W0057058

Flohr/Wauschkuhn
Vertriebsrecht Kommentar

Vertriebsrecht

Handelsvertreterrecht, Vertragshändlerrecht,
Franchiserecht, Kommissionsrecht

Kommentar

Herausgegeben von

Prof. Dr. Eckhard Flohr
Rechtsanwalt in Düsseldorf/Kitzbühel

Dr. Ulf Wauschkuhn
Rechtsanwalt in München

3. Auflage 2023

C.H.BECK

Zitiervorschlag:
Flohr/Wauschkuhn/Flohr BGB § 314 Rn. 1

www.beck.de

ISBN 978 3 406 77899 5

© 2023 Verlag C. H. Beck oHG
Wilhelmstraße 9, 80801 München
Satz, Druck und Bindung: Druckerei C. H. Beck Nördlingen
(Adresse wie Verlag)

chbeck.de/nachhaltig

Gedruckt auf säurefreiem, alterungsbeständigem Papier
(hergestellt aus chlorfrei gebleichtem Zellstoff)

Vorwort

Lagen zwischen der 1. und 2. Auflage des „Kommentar Vertriebsrecht" noch vier Jahre, so war es bereits nach drei Jahren notwendig, die 3. Auflage vorzulegen. Dies zeigt, wie schnell die Entwicklungen zum Vertriebsrecht sowohl in der Rechtsprechung als auch in der Gesetzgebung voranschreiten.

Nicht umsonst ist im Jubiläumsheft 1/2022 zum 10-jährigen Bestehen der Zeitschrift für Vertriebsrecht dargestellt worden, dass der *„Vertrieb als Brennpunkt des Wirtschaftsgeschehens beständige Innovation und Kombination nicht nur von Vertragstypen erfordert und weil er veränderlichen, ja mitunter höchst volatilen Rahmenbedingungen Rechnung tragen muss".* Diese Dynamik spiegelt sich auch in der 3. Auflage des „Kommentar Vertriebsrecht" wider. Nicht nur, dass die neuere Rechtsprechung berücksichtigt wurde, sondern es wurden auch die Entwicklungen in der Gesetzgebung nachgezogen; sei es, dass es um das „Gesetz zum Schutz von Geschäftsgeheimnissen" oder aber das „EU-Vertriebskartellrecht" geht, insbesondere in der Form der ab 1.6.2022 geltenden EU-Gruppenfreistellungsverordnung für vertikale Vertriebsbindungen.

Wie in der 2. Auflage, so sind auch in der 3. Auflage die für das Vertriebsrecht maßgeblichen Vorschriften des BGB, des HGB, der AEUV, des GWB, des UWG, dem MarkenG und dem StGB, sowie weitere Gesetzesbestimmungen umfassend erarbeitet worden, sodass die Kommentierung nun den aktuellen Stand in der Rechtsprechung und Gesetzgebung wiedergibt.

Um den „Kommentar Vertriebsrecht" noch praxisnäher zu gestalten, haben sich die Herausgeber, aber in Abstimmung mit dem Verlag, entschieden, solche Vorschriften nicht mehr zu kommentieren, die nicht unmittelbar für das Vertriebsrecht von Bedeutung sind. Dies bezieht sich insbesondere neben § 125 BGB und § 1 HGB auf die Vorschriften des Insolvenzrechts sowie des EuGVVO und des CISG. Insofern bedanken sich die Herausgeber bei Herrn Prof. Dr. Hanns-Christian Salger für die bisher von ihm vorgenommenen Kommentierungen.

Auch die 3. Auflage ist von Praktikern für die Praxis geschrieben worden, verzichtet aber genauso wenig wie bei den vorangegangenen Auflagen auf den notwendigen wissenschaftlichen Tiefgang. Dieser Kommentar ist aber nicht nur ein Gemeinschaftswerk der beteiligten Autoren. Vielmehr bedanken sich die Herausgeber nicht nur bei diesen Autoren, sondern auch bei den vielen Hilfskräften (u.a. Christoph Krieger bei Michael Fammler), die bei der Überarbeitung der 3. Auflage unterstützt haben.

Kitzbühel und München im Januar 2023   Eckhard Flohr
                                                                       Ulf Wauschkuhn

Bearbeiterverzeichnis

Herausgeber

Prof. Dr. Eckhard Flohr, Rechtsanwalt, LADM Rechtsanwälte, Düsseldorf/Kitzbühel
Dr. Ulf Wauschkuhn, Rechtsanwalt, Baker McKenzie, München

Autoren

Dr. Tom Billing, Rechtsanwalt, Noerr LLP, Berlin .... §§ 613a, 624 BGB Vorb § 84, §§ 84, 85, 92a, 92b HGB §§ 2, 5 ArbGG

Carsten Dau, LL. M., Rechtsanwalt, Osborne Clarke, Hamburg .... § 86, 86a (zusammen mit Teichmann), §§ 343, 344, 346, Vorb § 383, §§ 383, 384, 385, 386, 387, 388, 390, 391, 392, 393, 394, 395, 396, 397, 398, 399, 400, 401, 402, 403, 404, 405, 406 HGB, § 3 Abs. 1, 3 UWG iVm Nr. 14 des Anhangs zu § 3 Abs. 3 UWG, § 16 Abs. 2 UWG, § 254 ZPO

Dr. Michael Fammler, LL. M., Rechtsanwalt, Baker McKenzie, Frankfurt am Main .... §§ 11, 17, 23, 24, 27, 30 MarkenG

Dr. Philipp Feldmann, Rechtsanwalt, PF&P Rechtsanwälte, Ulm .... §§ 125; 138 139, 242 (zusammen mit Treumann) BGB

Prof. Dr. Eckhard Flohr, Rechtsanwalt, LADM Rechtsanwälte, Düsseldorf/Kitzbühel .... §§ 13, 14, 307, § 241 Abs. 2 iVm § 311, §§ 314, 355, 356, 492 iVm 510, 512–513, §§ 626, 675 iVm §§ 663 ff. BGB, § 89a HGB, §§ 4 Nr. 3, 5a, 8 UWG § 2 Nr. 9 SGB VI, § 7 IV SGB IV aF

Joachim Fröhlich, LL. M., Rechtsanwalt, Baker McKenzie, München .... §§ 86b, 87, 87a, 87b, 87c, 87d, 88, 88a HGB

Dr. Oliver Kaufmann, Rechtsanwalt, Streichenberg Rechtsanwälte, Zürich ... Praxis der Schweizerischen Wettbewerbskommission

Prof. Dr. Karsten Metzlaff, Rechtsanwalt, Noerr Partnerschaftsgesellschaft mbB, Berlin .... § 1 GWB, Art. 101 AEUV, Verordnung (EU) Nr. 2022/720 der Kommission vom 20. April 2010 über die Anwendung von Artikel 101 Absatz 3 des Vertrags über die Arbeitsweise der Europäischen Union auf Gruppen von vertikalen Vereinbarungen und abgestimmten Verhaltensweisen Horizontal-Leitlinien (zusammen mit Müller)

Dr. Bastian Müller, Noerr Partnerschaftsgesellschaft mbB, Hamburg .... § 1 GWB, Art. 101 AEUV, Verordnung (EU) Nr. 2022/720 der Kommission vom 10. Mai 2022 über die Anwendung des Artikels 101 Absatz 3 des Vertrags über die Arbeitsweise der Europäischen Union auf Gruppen von vertikalen Vereinbarungen und abgestimmten Verhaltensweisen Horizontal-Leitlinien (zusammen mit Metzlaff)

Katharina Spenner, LL. M., Rechtsanwältin, Baker McKenzie, München .... § 90a HGB, §§ 18, 19, 19a, 20, 21 GWB, Art. 102 AEUV, Verordnung (EU) Nr. 461/2010 der Kommission vom 27. Mai 2010 über die Anwendung von Artikel 101 Absatz 3 des Vertrags über die Arbeitsweise der Europäischen Union auf Gruppen von vertikalen Vereinbarungen und abgestimmten Verhaltensweisen im Kraftfahrzeugsektor

Bearbeiterverzeichnis

Christian Sperling, Prokurist, Allianz
Versicherungs-AG, München .... § 89b (zusammen mit Wauschkuhn), §§ 90, 92 HGB,
§ 34d GewO (Versicherungsvermittler)

Dr. Johannes Teichmann, Rechtsanwalt,
Luther, Frankfurt am Main .... §§ 54, 55, § 86a (zusammen mit Dau), Vor § 89 HGB,
§§ 91, 91a, 92c HGB, § 4 ProdHaftG, Art. 3, 4, 9
Rom-I VO

Christian Treumann, Rechtsanwalt,
Treumann Rechtsanwälte, Erfurt/
Berlin .... § 138, 139, 242 BGB (zusammen mit Feldmann)

Prof. Dr. Rolf Trittmann, LL. M., Rechts-
anwalt, Rothorn, Frankfurt am Main .... Neunter Teil. Vertriebsrecht und Schiedsgerichtsbarkeit

Dr. Florian Ufer, Rechtsanwalt, Ufer
Scharf Rechtsanwälte, München .... Vorbemerkung: Compliance, Unternehmensstrafrecht,
Einleitung, §§ 263, 266, 298–302, Vorb §§ 331–336,
§§ 333–336 StGB

Dr. Ulf Wauschkuhn, Rechtsanwalt, Baker
McKenzie, München .... §§ 89, 89b HGB (zusammen mit Sperling)

Antonia v. Wrede (geb. Rojahn),
LL. M., Rechtsanwältin, München ...... Vorb. zu §§ 312 ff., §§ 312, 312a–312m, §§ 357, 357a
BGB

Inhaltsverzeichnis

Erster Teil. Vorschriften des BGB

Zweiter Teil. Vorschriften des HGB

Inhaltsverzeichnis

Dritter Teil. Vorschriften des StGB

Inhaltsverzeichnis

Vierter Teil. Vorschriften des Wettbewerbsrechts

I. Deutsches Recht

II. Europäisches Recht

1. AEUV

2. Verordnung (EU) 2022/720 der Kommission

3. Verordnung (EU) Nr. 461/2010 der Kommission

Inhaltsverzeichnis

Abkürzungsverzeichnis

Abkürzungsverzeichnis

DVBl.	Deutsches Verwaltungsblatt
DZWiR	Deutsche Zeitschrift für Wirtschaftsrecht
ebd.	ebenda
EBE	Eildienst – Bundesgerichtliche Entscheidungen
ECLR	European Competition Law Review
ECU	European Currency Unit
ed.	editor, edition
E. E. C./EEC	European Economic Community
EFTA	European Free Trade Association/Europäische Freihandelszone
E. L. Rev./ELR	European Law Review
EG	Europäische Gemeinschaften
EGBGB	Einführungsgesetz zum Bürgerlichen Gesetzbuch
EG-Komm.	Kommission der Europäischen Gemeinschaften
EGKS.	Europäische Gemeinschaft für Kohle und Stahl
EG-RL	EG-Richtlinie
EGV	Vertrag zur Gründung der Europäischen Gemeinschaft (früherer Vertrag zur Gründung der Europäischen Wirtschaftsgemeinschaft (EWGV))
Einl.	Einleitung
EK-Preis	Einkaufspreis
EKG	Einheitliches Gesetz über den internationalen Kauf beweglicher Sachen
ELR/E. L. Rev.	European Law Review
endg.	endgültig
EStG	Einkommenssteuergesetz
et al.	und andere
etc.	et cetera
EU	Europäische Union
EuG	Gericht erster Instanz der Europäischen Gemeinschaften
EuG-ÜbK	Europäisches Gerichtsstands- und Vollstreckungsübereinkommen
EuGH	Europäischer Gerichtshof
EuGHE	Entscheidungen des Europäischen Gerichtshofes
EuGVÜ	Europäisches Übereinkommen über die gerichtliche Zuständigkeit und die Vollstreckung gerichtlicher Entscheidungen in Zivil- und Handelssachen
EUIPO	Amt der Europäischen Union für geistiges Eigentum
EuR	Europarecht (Zeitschrift)
EURATOM	Europäische Atomgemeinschaft
EUV	Vertrag über die Europäische Union (Maastricht-Vertrag)
EuZW	Zeitschrift für Europäisches Wirtschaftsrecht
EWG	Europäische Wirtschaftsgemeinschaft
EWGV	Vertrag zur Gründung der Europäischen Wirtschaftsgemeinschaft
EWiR	Entscheidungen zum Wirtschaftsrecht
EWR	Europäischer Wirtschaftsraum
EzA	Entscheidungssammlung zum Arbeitsrecht
f.	folgende
F. A. Z./FAZ	Frankfurter Allgemeine Zeitung
FeiertagsLohnG	Feiertagslohngesetz
ff.	fortfolgende
FIW	Forschungsinstitut für Wirtschaftsverfassung und Wettbewerb, Köln
FKVO	Fusionskontrollverordnung
Fn.	Fußnote
FS	Festschrift
FuE	Forschung und Entwicklung
Fußn.	Fußnote
GA	Goldtammer's Archiv für Strafrecht
GATS	General Agreement on Trade in Services

Abkürzungsverzeichnis

GATT	General Agreement on Tariffs and Trade/Allgemeine Zoll- und Handelsabkommen
GD	Generaldirektion
gem.	gemäß
GEMA	Gesellschaft für musikalische Aufführungs- und mechanische Vervielfältigungsrechte
GeschGehG	Geschäftsgeheimnisgesetz
GewO	Gewerbeordnung
GfN	Gesellschaft für Nebenbetriebe
GG	Grundgesetz
ggf.	gegebenenfalls
GGV	Verordnung (EG) Nr. 6/2002 des Rates vom 12. Dezember 2001 über das Gemeinschaftsgeschmacksmuster (ABl. 2012 Nr. L 112 S. 21)
GmbH	Gesellschaft mit beschränkter Haftung
GmbHR	GmbH-Rundschau (Zeitschrift)
GMV	Verordnung (EG) Nr. 207/2009 des Rates vom 29. Februar 2009 über die Gemeinschaftsmarke (ABl. Nr. L 78 S. 1)
GoA	Geschäftsführung ohne Auftrag
GRUR	Gewerblicher Rechtsschutz und Urheberrecht (Zeitschrift)
GRUR-Int.	Gewerblicher Rechtsschutz und Urheberrecht – Auslands- und internationaler Teil (Zeitschrift)
GS	Großer Senat
GUS	Gemeinschaft unabhängiger Staaten
GVG	Gerichtsverfassungsgesetz
GVO	Gruppenfreistellungsverordnung
GWB	Gesetz gegen Wettbewerbsbeschränkungen
Halbs.	Halbsatz
HBV	Gewerkschaft Handel, Banken, Versicherungen
HeilmittelwerbungsG	Heilmittelwerbungsgesetz
HGB	Handelsgesetzbuch
H. L.	herrschende Lehre
h. M./hM	herrschende Meinung
HOT	Home Order Television
Hrsg.	Herausgeber
Hs.	Halbsatz
HV	Handelsvertreter
HVR	Handelsvertreterrecht
i. d. R./idR	in der Regel
I. R. D. C.	Information Rapide Droit Commercial
IR-Marke	international registrierte Marke
ICC	International Chamber of Commerce
Inf.	Information über Steuer und Wirtschaft
insbes.	insbesondere
IPR	Internationales Privatrecht
IPRax	Praxis des internationalen Privat- und Verfahrensrechts (Zeitschrift)
IPRspr.	Die deutsche Rechtsprechung auf dem Gebiet des internationalen Privatrechts (Zeitschrift)
i. S. v./iSv	im Sinne von
JA	Juristische Arbeitsblätter (Zeitschrift)
Jahrb.	Jahrbuch
JR	Juristische Rundschau (Zeitschrift)
jur-pc	jur-pc-Zeitschrift für Rechtsinformatik
JuS	Juristische Schulung (Zeitschrift)
JW	Juristische Wochenschrift
JWTL	Journal of the World Trade Law
JZ	Juristen-Zeitung

KAGG	....	Gesetz über Kapitalgesellschaften
Kap.	....	Kapitel
KartVO	....	Kartellverordnung
Kat.	....	Katalog
KE	....	Kommissionsentwurf
KfH	....	Kammer für Handelssachen
KfZ	....	Kraftfahrzeug
KG	....	Kommanditgesellschaft/Kammergericht
KOME/KOM	....	Entscheidung der Europäischen Kommission
Komm.	....	Kommentar
KSchG	....	Kündigungsschutzgesetz
KWG	....	Gesetz über das Kreditwesen
KWKG	....	Kriegswaffenkontrollgesetz
LadenschlG	....	Gesetz über den Ladenschluß
LAG	....	Landesarbeitsgericht
Legal Stud.	....	Legal Studies
Lfg.	....	Lieferung
LG.	....	Landgericht
LKartB	....	Landeskartellbehörde
LM	....	Lindenmaier/Möhring, Nachschlagewerk des Bundesgerichtshofes in Zivilsachen
LStDV	....	Lohnsteuerdurchführungsverordnung
m.	....	mit
MA	....	Der Markenartikel (Zeitschrift)
MDR	....	Monatsschrift für Deutsches Recht
mglw.	....	möglicherweise
Mio.	....	Million
MitbestG	....	Gesetz über die Mitbestimmung der Arbeitnehmer
MOG	....	(gemeinsame) Marktorganisation
Mrd.	....	Milliarde
MRL	....	Richtlinie (EU) 2015/2436 des Europäischen Parlaments und des Rates vom 16. Dezember 2015 zur Angleichung der Rechtsvorschriften der Mitgliedstaaten über die Marken (Neufassung) (ABl. 2015 Nr. L 336 S. 1)
MRL aF	....	Erste Richtlinie des Rates zur Angleichung der Rechtsvorschriften der Mitgliedstaaten über die Marken (89/104/EGW) vom 21. Dezember 1988 (ABl. EG 1989 Nr. L 40 S. 1)
Muster-RL	....	Richtlinie 98/71/EG des Europäischen Parlaments und des Rates vom 13. Oktober 1998 über den rechtlichen Schutz von Mustern und Modellen (ABl. 1998 Nr. L 289 S. 28)
m. w. N./mwN	....	mit weiteren Nachweisen
MwSt	....	Mehrwertsteuer
M W V	....	Mineralölwirtschaftsverband
NAFTA	....	North American Free Trade Association
NB	....	Negativbescheinigung
nF	....	neue Fassung
NJW	....	Neue Juristische Wochenschrift (Zeitschrift)
NJW-CoR	....	Computerreport der NJW
NJW-RR	....	NJW-Rechtsprechungs-Report Zivilrecht (Zeitschrift)
NJWE-WettbR	....	NJW-Entscheidungsdienst Wettbewerbsrecht
No.	....	Number
NStZ	....	Neue Zeitschrift für Strafrecht
NVwZ	....	Neue Zeitschrift für Verwaltungsrecht
NZA	....	Neue Zeitschrift für Arbeitsrecht
o. ä.	....	oder ähnliches
OECD	....	Organization for Economique Cooperation and Development/Organisation für Wirtschaftliche Zusammenarbeit und Entwicklung

Abkürzungsverzeichnis

ÖFV	Österreichischer Franchiseverband
ÖOGH ÖBL	Österreichischer Oberster Gerichtshof, Österreichische Juristische Blätter
o. g.	oben genannt
OLG	Oberlandesgericht
OLGE	Entscheidungen der Oberlandesgerichte
ORDO/Ordo	Jahrbuch für Ordnung von Wirtschaft und Gesellschaft
OWIG	Gesetz über Ordnungswidrigkeiten
PAngV	Preisangabenverordnung
PartGG	Partnerschaftsgesellschaftsgesetz
PatG	Patentgesetz
PC	Personal Computer
PHG	Produkthaftungsgesetz
PHI	Produkt- und Umweltpflicht International (Zeitschrift)
PLZ	Postleitzahl
ProdHaftRL.	Produkthaftungs-Richtlinie
ProdHG/ProdukthG	Produkthaftungsgesetz
RabelsZ	Rabels Zeitschrift für ausländisches und internationales Privatrecht
RAG	Reichsarbeitsgericht
RdA	Recht der Arbeit (Zeitschrift)
R. D. C.	Revue de Droit Commercial
Rn.	Randnummer
RegE	Regierungsentwurf
RG	Reichsgericht
RGZ	Entscheidungen des Reichsgerichts in Zivilsachen
RIW/AWD	Recht der internationalen Wirtschaft/Außenwirtschaftsdienst des Betriebsberaters sowie Betriebsberaters (Zeitschrift) international
RL	Richtlinie
Rs.	Rechtssache
Rz.	Randziffer
S./S	Seite
SchO	Schiedsordnung
SGB	Sozialgesetzbuch
Slg.	Sammlung der Rechtsprechung des Gerichtshofes der Europäischen Gemeinschaften
sog.	sogenannt
Sp.	Spalte
st. Rspr.	ständige Rechtsprechung
t	Tonne
TB	Tätigkeitsbericht (des Bundeskartellamts)
TVG	Tarifvertragsgesetz
Tz	Textziffer
u. a.	unter anderem
u. ä.	und ähnliches
UFITA	Archiv für Urheber-, Funk-, Film- und Theaterrecht
UGB	Unternehmensgesetzbuch
UMV	Verordnung (EG) Nr. 207/2009 des Rates vom 26. Februar 2009 über die Unionsmarke (ABl. L 078 vom 24.3.2009, S. 1)
UmwG	Umwandlungsgesetz
UN	United Nations
UNCITRAL	United Nations Commission on International Trade Law
UNÜ	UN-Übereinkommen über die Anerkennung und Vollstreckung ausländischer Schiedsgespräche
UrhG	Urheberrechtsgesetz
Urt.	Urteil

usw.	und so weiter
UTS	Umzugs- und Transportsysteme
u. U./uU.	unter Umständen
UWG	Gesetz gegen den unlauteren Wettbewerb
VAG	Versicherungsaufsichtsgesetz
VerbrKrG	Verbraucherkreditgesetz
VersR	Versicherungsrecht
VertikalGVO	EU Gruppenfreistellungsverordnung für vertikale Vertriebsbindungen
VG	Verwaltungsgericht
Vgl.	vergleiche
VO	Verordnung
Vol.	Volume
Vorb.	Vorbemerkung
VP	Die Versicherungspraxis (Zeitschrift)
VSF	Vorschriftensammlung der Bundesfinanzverwaltung
VuR	Verbraucher und Recht
VW	Die Versicherungswirtschaft (Zeitschrift)
Warn. Rspr.	Warneyer. Die Rechtsprechung des Reichsgerichts
WG	Wechselgesetz
WiB	Wirtschaftsrechtliche Beratung (Zeitschrift)
WiR	Wirtschaftsrecht (Zeitschrift)
wistra	Wirtschaft-Steuer-Strafrecht (Zeitschrift)
WM/WPM	Wertpapiermitteilungen (Zeitschrift)
WpHG	Wertpapierhandelsgesetz
WRP	Wettbewerb in Recht und Praxis (Zeitschrift)
WTO	World Trade Organization/Welthandelsorganisation
WuW	Wirtschaft und Wettbewerb (Zeitschrift)
ZaöRV	Zeitschrift für ausländisches öffentliches Recht und Völkerrecht
ZAP	Zeitschrift für Anwaltspraxis
z. B.	zum Beispiel
ZBB	Zeitschrift für Bankrecht und Bankwirtschaft
ZEuP	Zeitschrift für Europäisches Privatrecht
ZfA	Zeitschrift für Arbeitsrecht
ZfB	Zeitschrift für Betriebswirtschaft
ZfG	Zeitschrift für das gesamte Genossenschaftswesen
ZfgGw	Zeitschrift für das gesamte Genossenschaftswesen
ZFgH	Zeitschrift für das gesamte Handelsrecht
ZfRV	Zeitschrift für Rechtsvergleichung
ZVertriebsR	Zeitschrift für Vertriebsrecht
ZFW	Zeitschrift für Wasserrecht
ZfZ	Zeitschrift für Zölle und Verbrauchssteuern
ZGR	Zeitschrift für Unternehmens- und Gesellschaftsrecht
ZgS	Zeitschrift für die gesamte Staatswissenschaft
ZHR	Zeitschrift für das gesamte Handels- und Wirtschaftsrecht
Ziff.	Ziffer
ZIP	Zeitschrift für Wirtschaftsrecht und Insolvenzpraxis
zit.	zitiert
ZK	Zollkodex
ZPO	Zivilprozeßordnung
ZSR	Zeitschrift für schweizerisches Recht
z. T.	zum Teil
zust.	zustimmend
ZVersWiss	Zeitschrift für die gesamte Versicherungswirtschaft
ZVglRWiss	Zeitschrift für vergleichende Rechtswissenschaft

Literaturverzeichnis

Werkabkürzung	Werk
Achenbach/Ransiek/Rönnau WirtschaftsStrafR-HdB	Achenbach/Ransiek/Rönnau, Handbuch Wirtschaftsstrafrecht, 5. Aufl. 2019
Arzt/Weber/Heinrich/Hilgendorf StrafR BT	Arzt/Weber/Heinrich/Hilgendorf, Strafrecht Besonderer Teil, 4. Aufl. 2021
Baumann/Weber/Mitsch/Eisele StrafR AT	Baumann/Weber/Mitsch/Eisele, Strafrecht Allgemeiner Teil, 13. Aufl. 2021
Bechtold/Bosch	Bechtold/Bosch, GWB, 10. Aufl. 2021
Bechtold/Bosch/Brinker	Bechtold/Bosch/Brinker, EU-Kartellrecht, 4. Aufl. 2023
BeckOF-V	Krauß/Weise, Beck'sche Online-Formulare Vertrag, 58. Aufl. 2021
BeckOK BGB	Hau/Poseck, BeckOK BGB, 65. Ed. 1.2.2023
BeckOK Markenrecht	KUV/v. Benkard/Albrecht, BeckOK Markenrecht, 32. Ed. 1.1.2023
BeckOK StGB	von Heintschel-Heinegg, BeckOK StGB, 56. Ed. 1.2.2023
BeckOK UWG	Fritzsche/Münker/Stollwerck, BeckOK UWG, 19. Ed. 1.1.2023
BeckOK ZPO	Vorwerk/Wolf, BeckOK ZPO, 47. Ed. 1.12.2022
BeckRA-HdB	Hamm, Beck'sches Rechtsanwalts-Handbuch, 12. Aufl. 2022
Benkard PatG	Benkard, Patentgesetz, 11. Aufl. 2015
Berg/Mäsch	Berg/Mäsch, Deutsches und Europäisches Kartellrecht, 4. Aufl. 2022
Brönneke/Föhlisch/Tonner Neues SchuldR	Brönneke/Föhlisch/Tonner, Das neue Schuldrecht, 1. Aufl. 2022
Büscher/Dittmer/Schiwy GewRS	Büscher/Dittmer/Schiwy, Gewerblicher Rechtsschutz, Urheberrecht, Medienrecht, 3. Aufl. 2014
Canaris HandelsR	Canaris, Handelsrecht, 24. Aufl. 2006
Dauses/Ludwigs EU-WirtschaftsR-HdB	Dauses/Ludwigs, Handbuch des EU-Wirtschaftsrechts, 54. Aufl. 2021
Dölling Korruptionspräventions-HdB	Dölling, Handbuch der Korruptionsprävention, 1. Aufl. 2007
Düringer/Hachenburg	Düringer/Hachenburg, Das Handelsgesetzbuch vom 10. Mai 1897, 3. Aufl. 1930
Ebenroth/Boujong/Joost/Strohn	Ebenroth/Boujong/Joost/Strohn, Handelsgesetzbuch (HGB), Band 1, 2, 4. Aufl. 2020
Ehrenberg HandelsR-HdB IV/1	Ehrenberg, Handbuch des gesamten Handelsrechts, Band 4, Abteilung 1, 1. Aufl. 1917
Ehrenberg HandelsR-HdB V/1	Ehrenberg, Handbuch des gesamten Handelsrechts, Band 5, Abteilung 1, 1. Aufl. 1926
Ekey/Bender/Fuchs-Wissemann	Ekey/Bender/Fuchs-Wissemann, Heidelberger Kommentar Markenrecht, 4. Aufl. 2019
Emde	Emde, Vertriebsrecht, 3. Aufl. 2014
Ennuschat/Wank/Winkler	Ennuschat/Wank/Winkler, Gewerbeordnung: GewO, 9. Aufl. 2020

Literaturverzeichnis

Ensthaler	Ensthaler, Gemeinschaftskommentar zum HGB mit UN-Kaufrecht, 8. Aufl. 2015
ErfK	Müller-Glöge/Preis/Schmidt, Erfurter Kommentar zum Arbeitsrecht, 22. Aufl. 2022
Erman	Erman, BGB, 16. Aufl. 2020
Ferrari IntVertrR	Ferrari/Kieninger/Mankowski/Otte/Saenger/Schulze/Staudinger, Internationales Vertragsrecht, 3. Aufl. 2018
Fezer Markenpraxis-HdB	Fezer, Handbuch der Markenpraxis, 3. Aufl. 2015
Fezer MarkenR	Fezer, Markenrecht, 4. Aufl. 2009
Fischer	Fischer, Strafgesetzbuch: StGB, 69. Aufl. 2021
FK-KartellR	Jaeger/Kokott/Pohlmann/Schroeder/Kulka, Frankfurter Kommentar zum Kartellrecht, 101. Aufl. 2022
Flohr Franchise-Vertrag	Flohr, Franchise-Vertrag, 4. Aufl. 2010
Flohr Masterfranchise-Vertrag	Flohr, Masterfranchise-Vertrag, 1. Aufl. 2004
Flohr/Petsche FranchiseR	Flohr/Petsche, Franchiserecht – Deutschland und Österreich, 2. Aufl. 2008
Foerste/Graf v. Westphalen ProdHaft-HdB	Foerste/Graf von Westphalen, Produkthaftungshandbuch, 3. Aufl. 2012
Giesler Praxis VertriebsR	Giesler, Praxis des Vertriebsrechts, 3. Aufl. 2018
Giesler/Nauschütt FranchiseR	Giesler/Nauschütt, Franchiserecht, 3. Aufl. 2015
Glanegger/Kirnberger/Kusterer/Ruß/Selder/Stuhlfelner	Glanegger/Kirnberger/Kusterer/Ruß/Selder/Stuhlfelner, Heidelberger Kommentar zum Handelsgesetzbuch, 7. Aufl. 2006
Graf v. Westphalen/Thüsing VertrR/AGB-Klauselwerke	Graf von Westphalen/Thüsing, Vertragsrecht und AGB-Klauselwerke, 47. Aufl. 2021
Graf/Jäger/Wittig	Graf/Jäger/Wittig, Wirtschafts- und Steuerstrafrecht, 2. Aufl. 2017
Grüneberg	Grüneberg, Bürgerliches Gesetzbuch, 81. Aufl. 2022
Hacker MarkenR	Hacker, Markenrecht, 5. Aufl. 2019
Harte-Bavendamm/Henning-Bodewig	Harte-Bavendamm/Henning-Bodewig, UWG, 5. Aufl. 2021
Heinrich StrafR AT	Heinrich, Strafrecht – Allgemeiner Teil, 6. Aufl. 2019
Heymann	Horn/Balzer/Borges/Herrmann, HGB, Band 1, 2, 3, 3. Aufl. 2019
Hildebrandt Marken	Hildebrandt, Marken und andere Kennzeichen – Handbuch für die Praxis, 6. Aufl. 2021
HK-BGB	Dörner/Ebert/Fries/Friesen/Himmen/Hoeren/Kemper/Saenger/Scheuch/Schreiber/Schulte-Nölke/Schulze/Staudinger/Wiese, Bürgerliches Gesetzbuch, 11. Aufl. 2021
HK-ZPO	Saenger, Zivilprozessordnung, 9. Aufl. 2021
Hopt	Hopt, Handelsgesetzbuch, 42. Aufl. 2023
Hopt HandelsvertreterR	Hopt, Handelsvertreterrecht, 6. Aufl. 2019
Immenga/Mestmäcker	Immenga/Mestmäcker, Wettbewerbsrecht, Band 1, 2, 3, 4, 5, 6. Aufl. 2019
Ingerl/Rohnke	Ingerl/Rohnke, Markengesetz: MarkenG, 3. Aufl. 2010
Jauernig	Jauernig, Bürgerliches Gesetzbuch, 18. Aufl. 2021
K. Schmidt GesR	K. Schmidt, Gesellschaftsrecht Unternehmensrecht II, 4. Aufl. 2002
K. Schmidt HandelsR	K. Schmidt, Handelsrecht: Unternehmensrecht I, 6. Aufl. 2014
Katzenmeier/Voigt	Katzenmeier/Voigt, Berliner Kommentare ProdHaftG, 7. Aufl. 2020
Kayser/Thole	Kayser/Thole, Heidelberger Kommentar Insolvenzordnung, 10. Aufl. 2020

KK–StPO .... Hannich, Karlsruher Kommentar zur Strafprozessordnung: StPO, 8. Aufl. 2019

Köhler/Bornkamm/
Feddersen .... Köhler/Bornkamm/Feddersen, UWG, 40. Aufl. 2022

Koller/Kindler/Roth/
Drüen .... Koller/Kindler/Roth/Drüen, HGB, 9. Aufl. 2019

Kühl StrafR AT .... Kühl, Strafrecht Allgemeiner Teil, 8. Aufl. 2017

Küstner/Thume VertriebsR–
HdB I .... Küstner/Thume, Handbuch des gesamten Vertriebsrechts Band 1: Das Recht des Handelsvertreters, 5. Aufl. 2016

Küstner/Thume VertriebsR–
HdB II .... Küstner/Thume, Handbuch des gesamten Vertriebsrechts Band 2: Der Ausgleichsanspruch des Handelsvertreters (Warenvertreter, Versicherungs- und Bausparkassenvertreter), 9. Aufl. 2014

Küstner/Thume VertriebsR–
HdB III .... Küstner/Thume, Handbuch des gesamten Vertriebsrechts Band 3: Besondere Vertriebsformen, 4. Aufl. 2014

Lackner/Kühl .... Lackner/Kühl, StGB, 29. Aufl. 2018

Landmann/Rohmer
GewO .... Landmann/Rohmer, Gewerbeordnung, 86. Aufl. 2021

Lange MarkenR .... Lange, Marken- und Kennzeichenrecht, 2. Aufl. 2012

Langen/Bunte .... Langen/Bunte, Kartellrecht, Band 1, 2. 13. Aufl. 2018

Liebscher/Flohr/Petsche
Gruppenfreistellungs-
VO–HdB .... Liebscher/Flohr/Petsche, Handbuch der EU-Gruppenfreistellungsverordnungen, 2. Aufl. 2012

LK–StGB .... Laufhütte/Rissing-van Saan/Tiedemann, Leipziger Kommentar Strafgesetzbuch: StGB, Band 1, 2, 3, 4, 5, 6, 7/1, 7/2, 8, 9/1, 9/2, 10, 11, 12, 13, 12. Aufl. 2012

Loewenheim/Meessen/
Riesenkampff/Kersting/
Meyer-Lindemann .... Loewenheim/Meessen/Riesenkampff/Kersting/Meyer-Lindemann, Kartellrecht, 4. Aufl. 2020

Löwe/Rosenberg .... Löwe/Rosenberg, Die Strafprozessordnung und das Gerichtsverfassungsgesetz: StPO, Band 1, 2, 3/1, 3/2, 4/1, 4/2, 5/1, 5/2, 6, 7, 8, 9, 10, 11, 12, 27. Aufl. 2017

Martinek Franchising ...... Martinek, Franchising, 1. Aufl. 1987

Martinek Vertragstypen II .. Martinek, Moderne Vertragstypen Bd. 2: Franchising, Know-how-Verträge, Management- und Consultingverträge, 1. Aufl. 1992

Martinek/Semler/Flohr
FormB VertriebsR .... Martinek/Semler/Flohr, Formularsammlung Vertriebsrecht, 2. Aufl. 2021

Martinek/Semler/Flohr
VertriebsR–HdB .... Martinek/Semler/Flohr, Handbuch des Vertriebsrechts, 5. Aufl. 2023

Mestmäcker/Schweitzer
EuWettbR .... Mestmäcker/Schweitzer, Europäisches Wettbewerbsrecht, 3. Aufl. 2014

Metzlaff Franchising-HdB .. Metzlaff, Praxishandbuch Franchising, 1. Aufl. 2003

MüKoBGB .... Krüger, Münchener Kommentar zum Bürgerlichen Gesetzbuch: Band 3: Schuldrecht Allgemeiner Teil II (§§ 311–432), 9. Aufl. 2022

MüKoBGB .... Säcker/Rixecker/Oetker/Limperg/Westermann, Münchener Kommentar zum Bürgerlichen Gesetzbuch: BGB, Band 4: Schuldrecht Besonderer Teil I (§§ 433–534), Finanzierungsleasing, CISG, Band 4, 8. Aufl. 2019

MüKoBGB .... Säcker/Rixecker/Oetker/Limperg/Henssler/Krüger, Münchener Kommentar zum Bürgerlichen Gesetzbuch: BGB, Band 5: Schuldrecht Besonderer Teil II (§§ 535-630h), BetrKV, HeizkostenV, WärmeLV, EFZG, TzBfG, KSchG, MiLoG, Band 5, 8. Aufl. 2020

Literaturverzeichnis

MüKoBGB	Säcker/Rixecker/Oetker/Limperg/Henssler, Münchener Kommentar zum Bürgerlichen Gesetzbuch: BGB, Band 6: Schuldrecht Besonderer Teil III (§§ 631–704), Band 6, 8. Aufl. 2020
MüKoBGB	Säcker/Rixecker/Oetker/Limperg/Habersack, Münchener Kommentar zum Bürgerlichen Gesetzbuch: BGB, Band 7: Schuldrecht Besonderer Teil IV §§ 705–853, PartGG, ProdHaftG, Band 7, 8. Aufl. 2020
MüKoBGB	Säcker/Rixecker/Oetker/Limperg/Gaier, Münchener Kommentar zum Bürgerlichen Gesetzbuch: BGB, Band 8: Sachenrecht (§§ 854–1296), WEG, ErbbauRG, Band 8, 8. Aufl. 2020
MüKoBGB	Säcker/Rixecker/Oetker/Limperg/Schwab, Münchener Kommentar zum Bürgerlichen Gesetzbuch: BGB, Band 10: Familienrecht II (§§ 1589–1921), SGB VIII, Band 10, 8. Aufl. 2020
MüKoBGB	Säcker/Rixecker/Oetker/Limperg/Kessal-Wulf, Münchener Kommentar zum Bürgerlichen Gesetzbuch: BGB, Band 11: Erbrecht (§§ 1922–2385), §§ 27–35 BeurkG, Band 11, 8. Aufl. 2020
MüKoBGB	Säcker/Rixecker/Oetker/Limperg/von Hein, Münchener Kommentar zum Bürgerlichen Gesetzbuch: BGB, Band 12: Internationales Privatrecht I, Europäisches Kollisionsrecht, Einführungsgesetz zum Bürgerlichen Gesetzbuche (Art. 1–26), Band 12, 8. Aufl. 2020
MüKoBGB	Säcker/Rixecker/Oetker/Limperg/von Hein, Münchener Kommentar zum Bürgerlichen Gesetzbuch: BGB, Band 13: Internationales Privatrecht II, Internationales Wirtschaftsrecht, Einführungsgesetz zum Bürgerlichen Gesetzbuche (Art. 50–253), Band 13, 8. Aufl. 2021
MüKoBGB	Säcker/Rixecker/Oetker/Limperg/Gaier, Münchener Kommentar zum Bürgerlichen Gesetzbuch: BGB, Band 8a: WEG nF, Band 8a, 8. Aufl. 2021
MüKoBGB	Säcker/Rixecker/Oetker/Limperg, Münchener Kommentar zum Bürgerlichen Gesetzbuch, Band 1, 2, 3, 9, 9. Aufl. 2021
MüKoHGB	K. Schmidt, Münchener Kommentar zum Handelsgesetzbuch: HGB, Band 3: Zweites Buch. Handelsgesellschaften und stille Gesellschaft. Zweiter Abschnitt. Kommanditgesellschaft. Dritter Abschnitt. Stille Gesellschaft §§ 161–237. Konzernrecht der Personengesellschaften, Band 3, 4. Aufl. 2019
MüKoHGB	K. Schmidt/Ebke, Münchener Kommentar zum Handelsgesetzbuch: HGB, Band 4: Drittes Buch. Handelsbücher §§ 238-342e HGB, Band 4, 4. Aufl. 2020
MüKoHGB	K. Schmidt/Herresthal, Münchener Kommentar zum Handelsgesetzbuch: HGB, Band 6: Bankvertragsrecht, Band 6, 4. Aufl. 2019
MüKoHGB	Herber/K. Schmidt/K. Schmidt, Münchener Kommentar zum Handelsgesetzbuch: HGB, Band 7: Transportrecht: §§ 407–619, Band 7, 4. Aufl. 2020
MüKoHGB	Drescher/Fleischer/K. Schmidt, Münchener Kommentar zum Handelsgesetzbuch: HGB, Band 1, 2, 5, 5. Aufl. 2021
MüKoInsO	Stürner/Eidenmüller/Schoppmeyer, Münchener Kommentar zur Insolvenzordnung, Band 1, 2, 3, 4, 4. Aufl. 2019
MüKoStGB	Joecks/Mansdörfer/Miebach, Münchener Kommentar zum Strafgesetzbuch, Band 6: JGG (Auszug), Nebenstrafrecht I, Band 6, 3. Aufl. 2017
MüKoStGB	Joecks/Miebach/Safferling, Münchener Kommentar zum Strafgesetzbuch, Band 8: Nebenstrafrecht III, Völkerstrafgesetzbuch, Band 8, 3. Aufl. 2018
MüKoStGB	Erb/Schäfer, Münchener Kommentar zum Strafgesetzbuch, Band 1, 2, 3, 4, 5, 7, 9, 4. Aufl. 2020
MüKoWettbR	Säcker/Bien/Meier-Beck/Montag, Münchener Kommentar zum Wettbewerbsrecht, Band 1, 2, 3. Aufl. 2020
MüKoZPO	Krüger/Rauscher, Münchener Kommentar zur ZPO, Band 1, 2, 3, 6. Aufl. 2020
Musielak/Voit	Musielak/Voit, ZPO, 19. Aufl. 2022

NK-StGB .... Kindhäuser/Neumann/Paeffgen, Strafgesetzbuch, 5. Aufl. 2017

Oetker .... Oetker, Handelsgesetzbuch (HGB), 7. Aufl. 2021
Otto StrafR AT .... Otto, Grundkurs Strafrecht, AT Allgemeine Strafrechtslehre, 7. Aufl. 2004

Pfeiffer Handelsgeschäfte-
HdB .... Pfeiffer, Handbuch der Handelsgeschäfte, 1. Aufl. 1999
Prütting/Wegen/
Weinreich .... Prütting/Wegen/Weinreich, BGB Kommentar, 16. Aufl. 2021

Röhricht/v. Westphalen/
Haas HGB .... Röhricht/Graf von Westphalen/Haas, HGB, 5. Aufl. 2019
Rolland ProdHaftR .... Rolland, Produkthaftungsrecht, 1. Aufl. 1990

Satzger/Schluckebier/
Widmaier StGB .... Satzger/Schluckebier/Widmaier, StGB – Strafgesetzbuch, 5. Aufl. 2020
Schlegelberger .... Schlegelberger, Handelsgesetzbuch, Band 1, 2, 3/1, 3/2, 4, 5, 6, 5. Aufl. 1973
Schönke/Schröder .... Schönke/Schröder, Strafgesetzbuch, 30. Aufl. 2019
Schröder KapMarktStrafR-
HdB .... Schröder, Handbuch Kapitalmarktstrafrecht, 4. Aufl. 2020
Schultze/Pautke/Wagener
Vertikal-GVO .... Schultze/Pautke/Wagener, Vertikal-GVO, 4. Aufl. 2018
Schultze/Wauschkuhn/
Spenner/Dau/Kübler
Vertragshändlervertrag ..... Schultze/Wauschkuhn/Spenner/Dau/Kübler, Der Vertragshändlervertrag, 5. Aufl. 2015
Soergel .... Soergel, Bürgerliches Gesetzbuch mit Einführungsgesetz und Nebengesetzen (BGB), Band 11, 32, 33, 14. Aufl. 2021
Spindler/Schuster .... Spindler/Schuster, Recht der elektronischen Medien, 4. Aufl. 2019
Staub .... Staub/Canaris/Habersack, Handelsgesetzbuch: HGB, Band 1, 2, 3, 4, 5, 6, 7/1, 7/2, 8/1, 8/2, 9, 10, 11/1, 11/2, 12, 13, 14, 15, 5. Aufl. 2009
Staudinger .... Staudinger, BGB – J. von Staudingers Kommentar zum Bürgerlichen Gesetzbuch mit Einführungsgesetz, 18. Aufl. 2018
Stein/Jonas .... Stein/Jonas, Kommentar zur Zivilprozessordnung, Band 1, 2, 3, 4, 5, 6, 8, 9, 10, 11, 23. Aufl. 2014
Straube .... Straube, Kommentar zum Handelsgesetzbuch, Band 1, 3. Aufl. 2003
Ströbele/Hacker/Thiering Ströbele/Hacker/Thiering, Markengesetz, 13. Aufl. 2020
Stumpf IntHandelsVertre-
terR .... Stumpf, Internationales Handelsvertreterrecht, 6. Aufl. 1987

Taschner/Frietsch .... Taschner/Frietsch, Produkthaftungsgesetz und EG-Produkthaftungsrichtlinie, 2. Aufl. 1990
Tiedemann Wirtschafts-
StrafR .... Tiedemann, Wirtschaftsstrafrecht, 5. Aufl. 2017

Ulmer Vertragshändler .... Ulmer, Der Vertragshändler – Tatsachen und Rechtsfragen kaufmännischer Geschäftsbesorgung beim Absatz von Markenwaren, 1. Aufl. 1969
Ulmer/Brandner/Hensen .. Ulmer/Brandner/Hensen, AGB-Recht, 13. Aufl. 2022

v. Gierke/Sandrock
HandelsR I .... von Gierke/Sandrock, Handels- und Wirtschaftsrecht, Band 1: Allgemeine Grundlagen, 1. Aufl. 1975
v. Schultz .... von Schultz, Kommentar zum Markenrecht, 3. Aufl. 2012

Wauschkuhn
Vertragshändlervertrag ..... Wauschkuhn, Der Vertragshändlervertrag, 3. Aufl. 2009

Literaturverzeichnis

Weidmann Kommissionsgeschäft	......	Weidmann, Kommissionsgeschäft – Weidmann, Kommissionsgeschäft, 1. Aufl. 1908
Westphal VertriebsR I	.....	Westphal, Vertriebsrecht, Band 1: Handelsvertreter, 1. Aufl. 1998
Wieczorek/Schütze	....	Wieczorek/Schütze, ZPO: Zivilprozessordnung, Band 1/1, 1/2, 2/1, 2/2, 3, 4, 5/1, 5/2, 6, 7, 8, 9, 10/1, 10/2, 11, 12, 13, 14, 4. Aufl. 2015
Wieczorek/Schütze	....	Wieczorek/Schütze, ZPO: Zivilprozessordnung, Band 1, 11, 5. Aufl. 2019
Wiedemann KartellR-HdB		Wiedemann, Handbuch des Kartellrechts, 4. Aufl. 2020
Zinnert Versicherungsmakler	....	Zinnert, Recht und Praxis des Versicherungsmaklers, 1. Aufl. 2008
Zöller	....	Zöller, ZPO – Zivilprozessordnung, 34. Aufl. 2022

Erster Teil. Vorschriften des BGB

§ 13 Verbraucher

Verbraucher ist jede natürliche Person, die ein Rechtsgeschäft zu einem Zwecke abschließt, der weder ihrer gewerblichen noch ihrer selbständigen beruflichen Tätigkeit zugerechnet werden kann.

Literatur: Annuß, Der Arbeitnehmer als solcher ist kein Verbraucher, NJW 2002, 2844; Armbrüster, Kapitalanleger als Verbraucher? Zur Reichweite des europäischen Verbraucherschutzrechts, ZIP 2006, 406; Benecke/Pils, Der Arbeitsvertrag als Verbrauchervertrag, ZIP 2005, 1956; Brors, Arbeitnehmer und Verbraucher – keine deckungsgleichen Begriffe!, ZGS 2003, 34; Bülow, Scheinselbständiger und Ich-AG als Verbraucher nach § 13 BGB, in: Festschrift Derleder, München 2005, 27; Bülow/Artz, Verbraucherkredit, 6. Auflage, Köln 2006; ders., Handbuch des Verbraucherprivatrechts, Heidelberg 2005; Dauner-Lieb/Dötsch, Ein „Kaufmann" als „Verbraucher"? – Zur Verbrauchereigenschaft des Personengesellschafters, DB 2003, 1666; Denkinger, Der Verbraucherbegriff, Berlin 2007; Dick, Das Verbraucherleitbild der Rechtsprechung: Der Einfluss von Verbraucherschutzkonzeptionen auf die Rechtsprechung am Beispiel der Rechtsprechung zur Verbraucherverschuldung und zur Verbraucherinformation, München 1995; Dreher, Der Verbraucher – Das Phantom in den opera des europäischen und deutschen Rechts?, JZ 1997, 167; Ebers, Wer ist Verbraucher? – Neuere Entwicklungen in der Rechtsprechung des BGH und EuGH, VuR 2005, 361; Faber, Elemente verschiedener Verbraucherbegriffe in EG-Richtlinien, zwischenstaatlichen Übereinkommen und nationalem Zivil- und Kollisionsrecht, ZEuP 1998, 854; Flohr, Unternehmereigenschaft von Existenzgründern, ZAP 2006, 389; ders., Unternehmer- und Verbraucherhandeln bei Rechtsgeschäften zur Vorbereitung einer Existenzgründung, ZAP 2008, 1025; ders., Franchise-Vertrag, 4. Auflage, München 2010; ders., in: Handbuch Vertriebsrecht, 5. Aufl., München 2023, § 8 Rn. 28 ff.; ders., Die Selbstständigkeit des Vertriebspartners nach deutschem Recht, ZVertriebsR 2012, 354; Grädler/Marquart, Die Verbrauchereigenschaft eines Existenzgründers, ZGS 2008, 850; Herresthal, Scheinunternehmer und Scheinverbraucher im BGB, JZ 2006, 695; Hommelhoff, Verbraucherschutz im System des deutschen und europäischen Vertragsrechts, Heidelberg 1996; Hümmerich, Der Verbraucher-Geschäftsführer – Das unbekannte Wesen, NZA 2006, 709; Kellermann, Der deutsche Verbraucherbegriff – eine Würdigung der streitigen Einzelfälle, JA 2005, 546; Kemper, Verbraucherschutzinstrumente, Baden-Baden 1994; Kern, Die Entwicklung des Verbraucherbegriffes, ZGS 2009, 456; Kieselstein/Rückebeil, Der Verbraucher im BGB, ZGS 2007, 54; Micklitz, Ein neues Kaufrecht für Verbraucher in Europa?, EuZW 1997, 229; Mohr, Der Begriff des Verbrauchers und seine Auswirkungen auf das neugeschaffene Kaufrecht und das Arbeitsrecht, AcP 204 (2004), 660; Müller, Der Arbeitnehmer als Verbraucher im Sinne des § 13 BGB, Berlin 2005; Pfeiffer, Der Verbraucher nach § 13 BGB in: Schulze/Schulte-Nölke, Die Schuldrechtsreform vor dem Hintergrund des Gemeinschaftsrechts, Tübingen 2001, 133; Piekenbrock/Ludwig, Zum deutschen und Europäischen Verbraucherbegriff, GPR 2010, 114; Prasse, Existenzgründer als Unternehmer oder Verbraucher? – Die neuere Rechtsprechung des BGH, MDR 2005, 691; Reich, Zur Theorie des europäischen Verbraucherrechts, ZeuP 1994, 381; Riesenhuber/v. Vogel, Sind Arbeitnehmer Verbraucher im Sinne von § 13 BGB?, Jura 2006, 81; Roth, Europäischer Verbraucherschutz und BGB, JZ 2001, 475; Schmidt, Verbraucherbegriff und Verbrauchervertrag – Grundlagen des § 13 BGB, JuS 2006, 1; Schmidt, „Unternehmer" – „Kaufmann" – „Verbraucher", BB 2005, 837; Schneider, Der Begriff des Verbrauchers im Recht, BB 1974, 764; Schünemann/Blomeyer, Existenzgründer: Unternehmer oder Verbraucher?, JZ 2010, 1156; Ultsch, Der einheitliche Verbraucherbegriff, Baden-Baden 2005; Weyer, Handelsgeschäfte (§§ 343 ff. HGB) und Unternehmergeschäfte (§ 14 BGB), WM 2005, 490; Wank, Selbstständige und angestellte Handelsvertreter, ZVertriebsR 2022, 207; Wolf/von Bismarck, Kaufmann, Unternehmer, Verbraucher – wann gilt das BGB, wann das HGB, wann Verbraucherrecht?, JA 2010, 841

Übersicht

A. Einleitung

I. Verbrauchereigenschaft des Franchise-Nehmers

1   Der in § 13 BGB niedergelegte Verbraucherbegriff hat im Vertriebsrecht größere Bedeutung, als man meint. Da ein Handelsvertreter eingetragener Kaufmann iSv § 1 HGB ist und bei einem Vertragshändler eine Verbraucher- bzw. Existenzgründereigenschaft bei Abschluss des Vertragshändlervertrages auszuschließen ist, da diese bei Vertragsabschluss idR Unternehmer (§ 14 BGB) sind, wird dem gegenüber das Franchiserecht dadurch gekennzeichnet, dass der Franchise-Nehmer bei Abschluss des Franchise-Vertrages Existenzgründer ist. Die Einordnung eines Existenzgründungs-Franchise-Nehmer als Verbraucher iSv § 13 BGB ist deswegen von grundsätzlicher Bedeutung, weil bei Hinzutreten einer Bezugsbindung aufgrund des abgeschlossenen Franchise-Vertrages iSv § 510 Abs. 1 S. 3 BGB sowie Nichtüberschreiten der Widerrufswertgrenze iSv § 513 BGB dieser Franchise-Nehmer über sein Widerrufsrecht gem. § 355 BGB zu belehren ist[1]. Insofern ist der Verbraucherbegriff des § 13 BGB mit dem des § 355 BGB identisch.

2   Demgemäß ist im Franchise-Recht die Einordnung eines Franchise-Nehmers als Verbraucher iSv § 13 BGB untrennbar mit der sich daran anschließenden Frage einer etwaigen Widerrufsbelehrung nach § 355 BGB verbunden. Dies erklärt auch die Bedeutung des § 13 BGB für den Abschluss von Franchise-Verträgen[2].

II. Verbraucherbegriff

3   § 13 ist durch das Gesetz über Fernabsatzverträge und andere Fragen des Verbraucherrechts sowie zur Umstellung der Vorschriften auf Euro vom 27.6.2000[3] in das BGB eingefügt worden. In der Sache ist die Vorschrift nicht neu. Diese fasst die bisher zum Teil unterschiedlichen Begriffe in früheren Verbraucherschutzgesetzen und anderen Vorschriften zusammen[4]. Erreicht werden sollte damit, dass der Begriff des Verbrauchers einheitlich verstanden wird und nicht unter Berufung auf den Kontext der jeweiligen Spezialregelung, in der der Verbraucherbegriff früher geregelt war, ausgelegt wird[5].

4   Die Stellung des Begriffs „Verbraucher" im Allgemeinen Teil des BGB hat zu der Frage geführt, ob der Verbraucherbegriff ähnlich wie die anderen im Allgemeinen Teil des BGB bestimmten Begriffe der natürlichen und juristischen Person ein Statusbegriff[6] ist. Allgemein wird diese Frage mit der Begründung verneint, Personen seien immer natürliche oder juristische Personen, und zwar unabhängig davon, in welchem rechtlichen Kontext sich diese bewegen. Insoweit würden juristische Personen nie die Rechte eines Verbrau-

---

[1] Siehe dazu Grüneberg BGB Vorb. v. § 355 Rn. 5.
[2] Ausführlich dazu Martinek/Semler/Flohr VertriebsR-HdB/Flohr § 7 Rn. 28 ff.; rechtpolitisch Böhner Jahrbuch Franchising 1992, 113 (114 f.).
[3] BGBl. I 897.
[4] Statt aller Schmidt-Räntsch in Bamberger/Roth BGB § 13 Rn. 1.
[5] Siehe auch insoweit Schmidt-Räntsch in Bamberg/Roth BGB § 13 Rn. 1.
[6] Siehe dazu vor allem Schmidt JuS 2006, 1.

chers und natürliche Personen nur dann genießen, wenn diese in der Rolle eines Verbrauchers am Rechtsverkehr teilnehmen[7].

B. Verbraucherbegriff

I. Natürliche Personen

Verbraucher sind nach deutschem[8] wie nach EU-Recht[9] grundsätzlich natürliche Personen. Dabei kommt es auf die Geschäftsfähigkeit aber auch die Rechtskunde oder Geschäftserfahrung eines Verbrauchers für die Anwendung des Verbraucherrechts nicht an[10]. Insofern unterfallen juristische Personen, auch Idealvereine und gemeinnützige Stiftungen nicht dem Verbraucherbegriff[11]. Umgekehrt sind alle natürlichen Personen ohne Rücksicht auf ihren intellektuellen und ökonomischen Status Verbraucher. Dies gilt auch für Unternehmer (§ 14 BGB), soweit diese außerhalb ihres gewerblichen oder beruflichen Tätigkeitskreises handeln und ebenso für solche Personen, die weder einer gewerblichen oder beruflichen Tätigkeit nachgehen[12]. **5**

Verbraucher sind auch die Gesellschafter einer Gesellschaft bürgerlichen Rechts, da diese keine juristische Person darstellen, sondern als Gruppe rechtsfähig sind[13]. Voraussetzung der Verbrauchereigenschaft einer Gesellschaft bürgerlichen Rechts ist aber, dass es sich um ein zu privaten Zwecken vorgenommenes Rechtsgeschäft handelt, das nicht einer gewerblichen oder selbständigen beruflichen Tätigkeit der Gesellschaft bürgerlichen Rechts zugerechnet werden kann[14]. **6**

II. Private Sphäre

Ein Handeln als Verbraucher liegt nur bei einem zu einem privaten Zweck vorgenommenen Rechtsgeschäfts vor. Zur privaten Sphäre gehören Urlaub, Freizeit, Sport, Gesundheitsvorsorge oder ähnliche Vorsorgemaßnahmen, wie der Abschluss eines Unfall- und/ oder Lebensversicherung aber auch die Verwaltung und Anlage von Vermögen[15]. Ausgenommen werden in § 13 BGB vom Verbraucherschutz nur solche Rechtsgeschäfte, die für selbständige berufliche Zwecke abgeschlossen werden. **7**

Auch der Arbeitnehmer ist Verbraucher, wenn ein Arbeitsvertrag mit ihm abgeschlossen, geändert oder aufgehoben wird[16]. **8**

Insofern ist auch ein GmbH-Geschäftsführer Verbraucher, wenn er ein zu privaten Zwecken vorgenommenes Rechtsgeschäft abschließt. Dies wird selbst dann angenommen, wenn dieser eine Schuld der GmbH mit übernimmt oder sich für diese verbürgt[17]. Dies gilt auch für den geschäftsführenden Alleingesellschafter[18]. **9**

---

[7] Siehe auch insoweit Schmidt-Räntsch in Bamberg/Roth BGB § 13 Rn. 2; ausführlich Denkinger, Der Verbraucherbegriff, S. 133 ff. mwN.

[8] Vgl. OLG Köln InVO 2004, 366 (367).

[9] EuGH NJW 2002, 205 – Idealservice.

[10] Schmidt-Räntsch in Bamberger/Roth BGB § 13 Rn. 5; siehe auch Grüneberg/Ellenberger BGB § 13 Rn. 2.

[11] EuGH NJW 2002, 205.

[12] Statt vieler Grüneberg/Ellenberger BGB § 13 Rn. 2.

[13] BGH NJW 2001, 1065; aus dem Schrifttum wiederum: Palandt/Ellenberger BGB § 13 Rn. 2.

[14] Vgl. Grüneberg/Ellenberger BGB § 13 Rn. 2; Schmidt-Räntsch in Bamberger/Roth BGB § 13 Rn. 6; Prütting in PWW BGB § 13 Rn. 8; umfassend Micklitz BGB § 13 Rn. 11 ff.

[15] Statt aller Grüneberg/Ellenberger BGB § 13 Rn. 3.

[16] BAG NJW 2005, 3305; BVerfG NJW 2007, 286.

[17] BGHZ 133, 71; BGH NJW 2000, 3133; 2006, 431.

[18] BGHZ 144, 370; BGH NJW 2006, 431; im Schrifttum ebenso Grüneberg/Ellenberger BGB § 13 Rn. 3 aE.

III. Abgrenzungsfragen

10   Für die Zuordnung eines Rechtsgeschäftes im privaten (§ 13 BGB) oder zum unternehmerischen (§ 14 BGB) Bereich entscheidet nicht der innere Wille des Handelnden[19]. Vielmehr ist durch Auslegung des Inhalts des Rechtsgeschäftes zu ermitteln, wobei in dieser Auslegung die Begleitumstände mit einzubeziehen sind[20]. Nach der Rechtsprechung kommt eine Zurechnung entgegen dem objektiv mit dem Rechtsgeschäft verfolgten Zweck nur in Betracht, wenn die dem Vertragspartner erkennbaren Umständen zweifelsfrei darauf hinweisen, dass beim Abschluss des jeweiligen Rechtsgeschäftes zum Zwecke der gewerblichen oder selbständigen beruflichen Tätigkeit gehandelt wurde[21].

11   Tritt allerdings eine natürliche Person bei einem Rechtsgeschäft entgegen den tatsächlichen Umständen des Einzelfalls als Unternehmer auf, so kann diese sich nicht auf den Schutz des § 13 BGB berufen, sondern ist im Hinblick auf den Abschluss des Rechtsgeschäftes als Unternehmer iSv § 14 BGB zu behandeln[22].

12   Kann der Vertragsgegenstand des Rechtsgeschäftes sowohl dem privaten als auch dem beruflichen Bereich zugeordnet werden, so ist nach der Rechtsprechung entscheidend, ob die private Nutzung (dann § 13 BGB) oder die gewerbliche Nutzung (dann § 14 BGB) überwiegt[23]. Allerdings muss dann derjenige, der sich auf die Verbrauchereigenschaft beruft, darlegen und beweisen, dass er das Rechtsgeschäft tatsächlich objektiv nur zum privaten Zweck abgeschlossen hat. Bleiben Zweifel, so finden die Schutzvorschriften des Verbraucherrechtes keine Anwendung[24].

IV. Verbraucherbegriff und AGB-Recht

13   Gemäß § 309 Nr. 12 BGB sind solche formularmäßige Klauseln unwirksam, in denen sich der Unternehmer vom anderen Teil bestätigen lässt, er sei gleichfalls Unternehmer[25]. Insofern ist es beim Abschluss von Franchise-Verträgen für die verbraucherschutzrechtliche Einordnung eines Franchise-Nehmers auch ohne Bedeutung, wenn im Rahmen des Franchise-Vertrages festgestellt wird, dass der Franchise-Nehmer bereits bei Abschluss des Franchise-Vertrages Unternehmer gewesen sei, um so nicht gegebenenfalls vor der Notwendigkeit einer Widerrufsbelehrung gem. § 355 BGB zu stehen oder aber, um daraus im Falle von Streitigkeiten die Wirksamkeit eines gesondert abgeschlossenen Schiedsgerichtsvertrages oder aber einer Gerichtsstandsvereinbarung ableiten zu können[26].

V. Handeln eines Vertreters

14   Handelt für den Verbraucher ein Vertreter, finden die Verbraucherschutzvorschriften grundsätzlich Anwendung, auch wenn der Verbraucher durch ein Unternehmen vertreten wird[27]. Dies gilt nur dann nicht, wenn es auf die Person des Handelnden und nicht auf die des Vertragspartners ankommt[28].

---

[19] Vgl. Grüneberg/Ellenberger BGB § 13 Rn. 2.
[20] BGH NJW 2008, 435.
[21] BGH NJW 2009, 3780.
[22] BGH NJW 2005, 1405; aus dem Schrifttum: Grüneberg/Ellenberger BGB § 13 Rn. 4; Micklitz BGB § 13 Rn. 30 ff. mit umfassenden Nachweisen; Schmidt-Räntsch in Bamberger/Roth BGB § 13 Rn. 9 ff.
[23] OLG Celle NJW-RR 2004, 1545; ZGS 2007, 354; Grüneberg/Ellenberger BGB § 13 Rn. 4; Micklitz BGB § 13 Rn. 40 ff.
[24] BGH NJW 2007, 2169; Grüneberg/Ellenberger BGB § 13 Rn. 4.
[25] Grüneberg/Ellenberger BGB § 13 Rn. 4 aE; aA Müller NJW 2003, 1974.
[26] Streitig: vgl. aus der Rspr.: OLG Frankfurt/Main, Urt. v. 8.12.2011 (4 U 251/20).
[27] Statt aller Grüneberg/Ellenberger BGB § 13 Rn. 5.
[28] So BGH NJW 2000, 2286; siehe auch insoweit Grüneberg/Ellenberger BGB § 13 Rn. 5.

C. Franchise-Nehmer als Existenzgründer

I. Anwendung des Verbraucherschutzes

Umstritten war, ob ein Existenzgründungs-Franchise-Nehmer mit Abschluss eines Fran- **15** chise-Vertrages seine Verbrauchereigenschaft iSv § 13 BGB behält oder aber seine Unternehmereigenschaft iSv § 14 BGB begründet[29]. Die Streitfrage ist durch den BGH mit Beschluss vom 24.2.2005[30] entschieden worden. Der BGH hat nämlich festgestellt, dass Unternehmer- (§ 14 BGB) und nicht Verbraucherhandeln (§ 13 BGB) vorliegt, wenn das Geschäft, das Gegenstand der Streitigkeit ist, im Zuge der Aufnahme einer gewerblichen oder selbständigen beruflichen Tätigkeit (sog. Existenzgründung) abgeschlossen wird. Mit dem Beschluss hat der BGH die Wandlung in der Rechtsprechung von einem auf dem ausschließlichen Existenzgründerschutz abstellenden Verbraucherbegriff zu einem Verbraucherbegriff vollzogen, der sich an der Realität des Wirtschaftslebens orientiert – eben situationsbedingt ist. Ein solcher Existenzgründungs-Franchise-Nehmer agiert eben nicht mehr „von seiner Rolle her als Verbraucher". Vielmehr gibt dieser dem Rechtsverkehr zu erkennen, dass er sich mit Abschluss des Franchise-Vertrages nunmehr dem Recht für Unternehmen unterwerfen und dieses auch für sich in Anspruch nehmen will[31].

Dieser für den Existenzgründungs-Franchise-Nehmer geltende Verbraucherbegriff ent- **16** spricht auch der Rechtsprechung des EuGH[32]. Danach ist der Verbraucherschutz bei solchen Verträgen zu untersagen, deren Zweck in einer beruflichen oder gewerblichen Tätigkeit besteht, auch wenn diese Tätigkeit erst für die Zukunft vorgesehen wird, da die Tatsache, dass es sich erst um ein zukünftig aufzunehmende Tätigkeit handelt, nichts an der beruflichen oder gewerblichen Natur dieser Tätigkeit ändert[33].

II. Vorbereitung Existenzgründung

Nicht als Unternehmer, sondern als Verbraucher handelt ein Existenzgründungs-Fran- **17** chise-Nehmer aber bei solchen Rechtsgeschäften, die nicht der Vorbereitung der Existenzgründertätigkeit, sondern Existenzgründungsentscheidung als solcher dienen, also der „eigentlichen" Existenzgründung „vorgelagert" sind[34]. Nach der Rechtsprechung des BGH sind nämlich solche Tätigkeiten, die nur der Ermittlung der betriebswirtschaftlichen Grundlagen und damit der Vorbereitung der Entscheidung zur Existenzgründung dienen, Rechtsgeschäfte „im Zuge der Aufnahme einer gewerblichen oder selbständigen beruflichen Tätigkeit". Insofern bleibt ein Franchise-Nehmer auch Existenzgründer, der zeitgleich mit dem Abschluss des Franchise-Vertrages einen Darlehensvertrag abschließt, auch wenn die Aufnahme des Darlehens im Zusammenhang mit seiner zukünftigen Tätigkeit als Franchise-Nehmer steht[35].

---

[29] Vgl. dazu OLG Koblenz NJW 1987, 74 einerseits und OLG Rostock NJW-RR 1989, 1081; OLGR 2003, 505; OLG Oldenburg NJW-RR 2002, 1641 andererseits.

[30] NJW 2005, 1273 mit Anm. Flohr ZAP 2005, 653.

[31] So schon OLG Oldenburg NJW-RR 2002, 641 (642); instruktiv insoweit auch: BGH NJW 2009, 3780.

[32] WM 1997, 1549 (1551).

[33] Siehe dazu ausführlich Bülow, Kreditvertrag und Verbraucherkreditrecht im BGB, in: Schulze/Schulte-Nölke BGB S. 153 ff.; Rösler, Europäisches Konsumentenvertragsrecht, München 2004, S. 100 ff. mit umfassenden Nachweisen; siehe auch BGH BeckRS 2009, 86675; ausführlich: Flohr, Franchise-Vertrag, S. 301 f. mit umfassenden Rechtsprechungs- und Literaturnachweisen in Fn. 832–836.

[34] BGH NJW 2008, 435; kritisch dazu Micklitz BGB § 13 Rn. 53, 54.

[35] Siehe aus der Rechtsprechung: OLG Stuttgart GWR 2009, 352; auch insoweit kritisch Micklitz BGB § 13 Rn. 54.

III. Existenzgründungs-Franchise-Nehmer und Widerrufsbelehrung

18   **1. Grundsätze.** Die Entscheidung des BGH vom 24.2.2005[36] darf jedoch nicht zu der Feststellung veranlassen, dass nunmehr auch bei den der Existenzgründung dienenden Erstgeschäften, also etwa dem Abschluss eines Franchise-Vertrages, eine Widerrufsbelehrung des Existenzgründungs-Franchise-Nehmers gem. § 355 BGB nicht mehr notwendig ist, soweit durch den Franchise-Vertrag eine Bezugsbindung (wiederkehrender Bezug der Vertragsprodukte des Franchise-Systems) begründet wird. Durch die mit Abschluss des Franchise-Vertrages erfolgte Begründung der Unternehmereigenschaft iSv § 14 BGB entfällt nämlich nicht automatisch die Notwendigkeit einer Widerrufsbelehrung gem. § 355 BGB iVm § 513 BGB. § 513 BGB bestimmt, dass die Vorschrift über den Verbraucherschutz für entsprechende Geschäfte zum Zwecke der Aufnahme einer gewerblichen oder selbständigen beruflichen Tätigkeit gelten, allerdings nur bis zur sog. Widerrufswertgrenze von 75.000,00 EUR. Damit werden auch Existenzgründungs-Franchise-Nehmer, soweit deren Investitionen unterhalb dieser Widerrufswertgrenze liegen, dem Verbraucher gleichgestellt. Daraus folgt zwar im Umkehrschluss, dass der Gesetzgeber den Existenzgründungsunternehmer grundsätzlich nicht als Verbraucher iSv § 13 BGB ansieht, von diesem Grundsatz aber dann eine Ausnahme macht, wenn das Investitionsvolumen des Franchise-Nehmers auf der Grundlage des abgeschlossenen Franchise-Vertrages nur bis zu 75.000,00 EUR beträgt. Betragen die Investitionen des Existenzgründungs-Franchise-Nehmers mehr als 75.000,00 EUR so greift § 513 BGB nicht. Eine Widerrufsbelehrung ist dann entbehrlich.

19   **2. Bestimmung der Widerrufswertgrenze.** Entscheidend ist damit bei einem Existenzgründungs-Franchise-Nehmer, ob dieser bei Abschluss eines Franchise-Vertrages über sein Widerrufsrecht gem. § 355 BGB zu belehren ist, wie die Widerrufswertgrenze iSv § 513 zu ermitteln ist.

20   Besteht die Investition lediglich in der vom Franchise-Nehmer zu leistenden Eintrittsgebühr, so wird diese idR unter 75.000,00 EUR liegen. Dann besteht die Notwendigkeit einer Widerrufsbelehrung gem. §§ 355, 513 BGB. Werden aber auch die Investitionen für den Ladenbau, die Ladeneinrichtung und die Warenerstausstattung miteinbezogen, so dürfte der Betrag idR einen solchen von 75.000,00 EUR übersteigen, so dass die Notwendigkeit einer Widerrufsbelehrung gem. § 513 BGB nicht mehr gegeben ist. Dabei ist auch zu berücksichtigen, dass nach dem Urteil des Brandenburgischen OLG vom 31.8.2005[37] bei der Feststellung der für den Wegfall des Verbraucherschutzes maßgeblichen Wertgrenze des § 513 nicht auf eine wirtschaftliche Betrachtungsweise abzustellen ist, die das Gesamtengagement aus den vom Widerruf betroffenen Verträgen wertmäßig zusammenfasst. Vielmehr ist jede auf den Abschluss des Vertrages gerichtete Willenserklärung gesondert zu bewerten. Dies bedeutet, dass der Franchise-Vertrag und die mit dem Franchise-Vertrag verbundenen Verträge gesondert zu sehen sind. Da idR die Eintrittsgebühren bei Franchise-Systemen unter 75.000,00 EUR liegen, bedeutet dies, dass grundsätzlich von der Notwendigkeit einer Widerrufsbelehrung auch beim Existenzgründungs-Franchise-Nehmer gem. § 355 Abs. 1 BGB auszugehen ist.

21   Demgegenüber geht das LG Dortmund in seinem Urteil vom 30.3.2012[38] davon aus, dass die Widerrufswertgrenze nach dem **„Wert der Bezugsbindung"**, bezogen auf die Dauer des Franchise-Vertrages, zu ermitteln ist. Die Konsequenz wäre eine Ermittlung der Widerrufswertgrenze nach wirtschaftlichen Gesichtspunkten. Insofern stehen sich die Rechtsprechung des LG Dortmund und die des OLG Brandenburg diametral gegenüber. Hier gilt es die weitere Entwicklung abzuwarten.

---

[36] NJW 2005, 1273 mit Anm. Flohr ZAP 2005, 653.
[37] NJW 2006, 159.
[38] ZVertriebsR 2013, 164.

Allerdings kommt der Widerrufswertgrenze nicht mehr die Bedeutung zu, die diese bis 22
zum 12.6.2014 hatte. Wurde nämlich eine Widerrufsbelehrung eines Existenzgründungs-
Franchise-Nehmers deswegen nicht vorgenommen, weil man irrtümlich davon ausging, die
Widerrufswertgrenze iSv § 513 BGB sei überschritten worden und damit eine Widerrufsbelehrung des Franchise-Nehmers entbehrlich, so war die Konsequenz die zeitlich unbefristete Widerrufbarkeit des Franchise-Vertrages gem. § 355 Abs. 3 BGB aF. Da nunmehr
die Verwirkungsgrenze von 1 Jahr und 14 Tagen (§ 356 Abs. 3 S 2BGB) greift, dürfte
kaum noch die Widerrufsbelehrung deswegen als Exit-Klausel bei Franchise-Verträgen
genutzt werden, weil man von einer unzutreffenden Widerrufswertgrenze ausgegangen
ist[39].

D. Verbrauchereigenschaft und Abschluss eines Handelsvertretervertrages

Die Vorschrift des § 13 BGB ist für den Abschluss von Handelsvertreterverträgen grund- 23
sätzlich ohne Bedeutung. Diese sind gem. § 1 HGB Kaufleute und demgemäß zugleich
auch Unternehmer iSv § 14 BGB. Insofern entfällt bei einem Handelsvertreter bei Abschluss eines Handelsvertretervertrages auch die Notwendigkeit, diesen über ein etwaiges
Widerrufsrecht gem. § 355 BGB zu belehren[40].

E. Verbrauchereigenschaft und Abschluss eines Vertragshändlervertrages

Nur in ganz seltenen Fällen wird ein Vertragshändler bei Abschluss des Vertragshänd- 24
lervertrages Verbraucher iSv § 13 BGB sein. Wird dessen Verbrauchereigenschaft aber
festgestellt, so gelten für diesen die gleichen Grundsätze wie für einen Franchise-Nehmer,
dh dieser erlangt mit Abschluss des Vertragshändlervertrages eine Unternehmereigenschaft
iSv § 14 BGB, ist aber über sein Widerrufsrecht gem. § 355 BGB zu belehren, wenn die
auf der Grundlage des Vertragshändlervertrages von ihm zu treffenden Investitionen nicht
die Widerrufswertgrenze von § 512 BGB übersteigen.

In der Regel ist ein Vertragshändler bereits Unternehmer, sodass sich der Abschluss eines 25
Vertragshändlervertrages als ein Rechtsgeschäft darstellt, das der gewerblichen Tätigkeit
zugerechnet werden kann[41].

F. Verbrauchereigenschaft und Abschluss eines Kommissionsagenturvertrages

Ist der Kommissionsagent bei Vertragsabschluss Existenzgründer, so gelten die Grund- 26
sätze wie bei Abschluss eines Franchise-Vertrages.

§ 14 Unternehmer

1. [1]Unternehmer ist eine natürliche oder juristische Person oder eine rechtsfähige
   Personengesellschaft, die bei Abschluss eines Rechtsgeschäfts in Ausübung ihrer
   gewerblichen oder selbständigen beruflichen Tätigkeit handelt.
2. [2]Eine rechtsfähige Personengesellschaft ist eine Personengesellschaft, die mit der
   Fähigkeit ausgestattet ist, Rechte zu erwerben und Verbindlichkeiten einzugehen.

---

[39] Siehe auch insoweit Martinek/Semler/Flohr VertriebsR-HdB/Flohr § 8 Rn. 34–39 mwN.
[40] Siehe dazu Küstner/Thume VertriebsR-HdB I Rn. 40 ff. mwN.
[41] Siehe dazu grds. Treumann/Warmuth, Formularsammlung des Vertriebsrechts, § 7 Rn. 3 mit umfassenden Nachweisen.

Literatur: siehe die umfassenden Schrifttumsnachweise zu § 13 BGB sowie speziell zum Unternehmer-begriff des österreichischen Vertriebsrechts: Hohenecker, Der neue § 454 UGB, Wien 2006; Zib/Dellinger, UGB-Unternehmergesetzbuch, Wien 2010.

Übersicht

A. Einleitung

I. Allgemeines

1　§ 14 definiert den Begriff des Unternehmers für das Verbraucherschutzrecht als Gegen-begriff zum Begriff des Verbrauchers. Der Unternehmerbegriff ersetzt im Verbraucherrecht den Begriff des Kaufmanns und zugleich den des Gewerbebetriebes[1]. Deckungsgleich mit dem Verbraucherbegriff in § 14 BGB ist der Begriff des Erwerbsgeschäftes iSv § 1822 Nr. 3 BGB und der Unternehmerbegriff des § 84 HGB[2]. Entsprechend stellt sich der Unternehmerbegriff in Österreich auf der Grundlage des dort seit dem 21.8.2003 geltenden Unternehmergesetzbuches (UGB) dar. Danach ist Unternehmer iSv § 1 Abs. 1 UGB, wer ein Unternehmen betreibt. Dabei ist ein Unternehmen nach § 1 Abs. 2 UGB jede auf Dauer angelegte Organisation selbständiger wirtschaftlicher Tätigkeit, auch wenn diese nicht auf Gewinn gerichtet ist[3].

II. Unternehmerbegriff

2　Gemäß § 14 BGB ist jede natürliche oder juristische Person oder rechtshängige Per-sonengesellschaft, die bei Abschluss eines Rechtsgeschäftes in Ausübung ihrer gewerblichen oder selbständigen beruflichen Tätigkeit handelt, Unternehmer. Die Definition setzt sich aus persönlichen, funktionalen und sachlichen Kriterien zusammen[4]. Erst wenn alle drei Kriterien erfüllt sind, ist § 14 BGB anwendbar.

3　**1. Natürliche Person.** Vom Unternehmerbegriff des § 14 Abs. 1 BGB werden alle natürlichen Personen erfasst. Damit können alle natürlichen Personen als Unternehmer agieren, dh diejenigen, die keine juristischen Personen sind. Dazu gehören Einzelhandels-kaufleute, Angehörige der freien Berufe, Künstler, Wissenschaftler, Landwirte und neuer-dings nach der Rechtsprechung auch Bauunternehmer, Werbeagenturen oder Autovermie-ter, die nicht von § 1 Abs. 2 HGB aF umfasst wurden[5]. § 14 Abs. 1 BGB definiert keine

---

[1] Allgemein dazu Grüneberg/Ellenberger BGB § 14 Rn. 1.
[2] Siehe auch insoweit Grüneberg/Ellenberger BGB, 2017 § 1.
[3] Umfassend Zib/Dellinger, UGB, Bd. I 1, § 1 Rn. 38–57 für den Unternehmerbegriff; Rn. 59–159 für den Unternehmensbegriff jeweils mwN.
[4] Ausführlich dazu Micklitz BGB § 14 Rn. 3 ff. mit umfassenden Nachweisen.
[5] Siehe auch insoweit: Micklitz BGB § 14 Rn. 5; des weiteren Bülow/Artz JuS 1998, 680; Larenz Handelsrecht § 2 Rn. 8; Henssler ZHR 161 (1997), 13 (21); Hopt ZGR 1987, 145 (176).

Bereichsausnahmen, wie diese traditionell für die Angehörigen der freien Berufe, Künstler oder Wissenschaftler bestehen, weil diese nicht als Gewerbetreibende behandelt werden[6].

Auch branchenfremde Nebengeschäfte[7] oder nebenberufliche unternehmerische Tätig- **4** keiten[8] unterfallen § 14 BGB, sowie die als „ebay-power-seller".

Der Rechtsgedanke des § 344 HGB, nachdem ein Rechtsgeschäft eines Kaufmanns im **5** Zweifel dem kaufmännischen Bereich zuzuordnen ist, ist wegen des Vorrangs der negativen Formulierung in § 13 Hs. 2 BGB bei einem als natürlicher Person handelnden Unternehmer grundsätzlich nicht anwendbar. Bleiben bei einem objektiven Verbrauchergeschäft Zweifel, ist daher von einem Verbrauchergeschäft auszugehen[9].

2. Gesellschaften. Gemäß § 14 Abs. 2 BGB ist eine rechtsfähige Personengesellschaft **6** eine Personengesellschaft, die mit der Fähigkeit ausgestattet ist, Rechte zu erwerben und Verbindlichkeiten einzugehen. Erfasst sind damit vor allem die OHG, die KG, die eingetragene Partnerschaft, die EWIV und die gleichfalls rechtsfähige Gesellschaft bürgerlichen Rechts[10].

Insofern ist ein Existenzgründungs-Franchise-Nehmer Unternehmer iSv § 14 BGB, **7** ohne dass insoweit auf die Entscheidung des BGH vom 24.2.2005[11] zurückzugreifen ist, wenn dieser seiner Tätigkeit als Franchise-Nehmer in der Rechtsform einer Personen- oder Kapitalgesellschaft oder in der Rechtsform einer Gesellschaft bürgerlichen Rechts nachgeht und diese „Franchise-Nehmer-Gesellschaft" bereits bei Abschluss des Franchise-Vertrages bestand.

3. Unternehmergesellschaft iSv § 5a GmbHG. Im Franchise-Recht ist die Tendenz **8** festzustellen, dass Franchise-Nehmer vor Abschluss eines Franchise-Vertrages eine Unternehmergesellschaft iSv § 5a GmbHG gründen – teilweise auf Empfehlung, teilweise aber auch aufgrund einer verpflichtenden Vorgabe des Franchise-Gebers. Da eine Unternehmergesellschaft eine Kapitalgesellschaft ist, ist diese Kraft Gesetzes Unternehmer iSv § 14 BGB. Dies bedeutet, dass ein solcher in der Rechtsform einer Unternehmergesellschaft iSd § 5a GmbHG den Franchise-Vertrag abschließender Franchise-Nehmer grundsätzlich nicht über sein Widerrufsrecht gem. § 355 BGB zu belehren wäre.

Die Gründung einer solchen Unternehmergesellschaft vor Abschluss eines Franchise- **9** Vertrages ist aber kritisch zu sehen. Die Gründung einer Unternehmergesellschaft ist mit einem Stammkapital von 1,00 EUR möglich. Im Verbraucherschutzrecht sieht aber § 513 BGB vor, dass auch ein Existenzgründungs-Unternehmer, der mit Abschluss des Franchise-Vertrages Unternehmer iSv § 14 BGB wird, über sein Widerrufsrecht zu belehren ist, wenn dessen Investitionen nicht die Widerrufswertgrenze von 75.000,00 EUR (§ 513 BGB) überschreiten. Würde man also eine Unternehmergesellschaft akzeptieren, die nur mit 1,00 EUR vom Existenzgründungs-Franchise-Nehmer gegründet wurde, so würde damit der von der Widerrufswertgrenze des § 513 BGB bezweckte Verbraucherschutz unterlaufen werden. Insofern dürfte in diesen Fällen zu erwarten sein, dass die Rechtsprechung ein solches Vorgehen als unzulässige Umgehung des Verbraucherschutzes ansieht und insofern eine als Unternehmergesellschaft iSv § 5a GmbHG bei Abschluss des Franchise-Vertrages auftretender Franchise-Nehmer gleichwohl über sein Widerrufsrecht gem. § 355 BGB zu belehren ist.

4. Gewerbliche Tätigkeit. § 14 BGB enthält zum Begriff der „gewerblichen Tätigkeit" **10** keine Legaldefinition. Deshalb ist auf die Definition des Gewerbebetriebs in § 1 Abs. 2

---

[6] Micklitz BGB § 14 Rn. 5.
[7] Siehe BGH WM 2009, 262 zur Kreditvergabe; BGH ZIP 2011, 1571 für den Verbrauchsgüterkauf; ebenso im Schrifttum Grüneberg/Ellenberger BGB § 14 Rn. 2.
[8] OLG Frankfurt a. M. NJW 2005, 1438; LG Berlin MMR 2007, 401; LG Mainz NJW 2006, 783; AG Radolfzell NJW 2004, 3342; AG Bad Kissingen NJW 2005, 2463.
[9] Umfassend dazu mit weiteren Nachweisen Grüneberg/Ellenberger BGB § 14 Rn. 2.
[10] Zur Rechtsfähigkeit einer GbR, siehe BGH NJW 2001, 1056.
[11] NJW 2005, 1273 mit Anm. Flohr ZAP 2005, 653.

HGB zurückzugreifen. Danach liegt ein Gewerbe vor, wenn eine planvolle (gewisse Dauer) angelegte, selbständige und wirtschaftliche Tätigkeit ausgeübt wird und dies nach außen hin vortritt[12]. Ob das Rechtsgeschäft wirksam ist oder nicht, dh ggf. gegen §§ 134, 138 BGB verstößt, ist für die Anwendbarkeit des § 14 BGB ohne Bedeutung. Entscheidend ist allein, ob dieses Rechtsgeschäft in Ausübung der gewerblichen Tätigkeit abgeschlossen wurde[13].

11   Entsprechend dem steuerrechtlichen Begriff des Gewerbebetriebes[14] ist es für die Anwendung von § 14 BGB ohne Bedeutung, ob nachhaltig durch diese gewerbliche Tätigkeit Gewinn erzielt wurde. Vielmehr ist ausschließlich entscheidend, ob das Rechtsgeschäft in Ausübung der gewerblichen Tätigkeit abgeschlossen wurde, ohne dass es für die Frage der Beurteilung als Rechtsgeschäft im Rahmen der gewerblichen Tätigkeit darauf ankommt, ob hiermit ein Gewinn oder Verlust erzielt bzw. erwirtschaftet wurde[15].

12   **5. Rechtsgeschäfte.** Die Beschränkung auf Rechtsgeschäfte ist in § 14 BGB genauso wie in § 13 BGB zu eng[16]. Die Pflichten, die das Verbraucherrecht dem Unternehmer auferlegt, betreffen nicht nur den Abschluss, sondern auch die Vorbereitung von Rechtsgeschäften[17]. Dies bedeutet, dass auch solche Rechtsgeschäfte von einem Franchise-Nehmer im Rahmen seiner gewerblichen Tätigkeit abgeschlossen werden, wenn diese der Vorbereitung des Abschlusses eines weiteren Franchise-Vertrages für ein weiteres Franchise-Outlet gelten, sei es für das Franchise-System, mit dem der Franchise-Nehmer bislang bereits einen Franchise-Vertrag abgeschlossen hat oder sei es, dass für ein weiteres Franchise-System ein weiterer Franchise-Vertrag abgeschlossen werden soll.

13   Dabei ist für die Frage der Anwendung des § 14 BGB ohne Bedeutung, ob möglicherweise in dem Abschluss des Franchise-Vertrages bei einem anderen Franchise-System ein Verstoß gegen das Wettbewerbsverbot des bereits abgeschlossenen Franchise-Vertrages liegt. Entscheidend ist die Tätigkeit als solche und nicht die Frage, ob das Rechtsgeschäft wirksam ist und sich möglicherweise als eine positive Vertragsverletzung eines bereits abgeschlossenen Franchise-Vertrages darstellt. Insofern ist es für die Anwendung des § 14 BGB noch nicht einmal notwendig, dass die Tätigkeit gesetzlich zulässig sein muss[18].

14   **6. Franchise-Nehmer und Unternehmerbegriff.** Ist ein Franchise-Nehmer bereits gewerblich tätig, liegt in dem Abschluss eines Franchise-Vertrages ein in Ausübung der gewerblichen Tätigkeit abgeschlossenes Rechtsgeschäft. Eine Widerrufsbelehrung gem. § 355 BGB ist in einem solchen Fall nicht notwendig, auch wenn bei dem Rechtsgeschäft, dh Abschluss des Rechtsgeschäftes die Widerrufswertgrenze des § 513 BGB iHv 75.000,00 EUR nicht überschritten wurde. Liegt also unternehmerisches Handeln iSv § 14 BGB vor, so ist die Widerrufswertgrenze iSv § 513 BGB ohne jede Bedeutung, da diese nur dann zur Anwendung kommt, wenn es um Verbraucherhandeln iSv § 13 BGB bei Abschluss eines Vertriebsvertrages geht.

15   War ein Franchise-Nehmer bereits für ein anderes Franchise-System tätig, hat dann aber diesen Franchise-Vertrag beendet ohne weiter einer gewerblichen oder selbständigen beruflichen Tätigkeit nachzugehen, so liegt in dem Abschluss eines neuen Franchise-Vertrages wiederum ein Existenzgründungs-Rechtsgeschäft mit der Konsequenz, dass ein solcher Franchise-Nehmer über sein Widerrufsrecht gem. § 355 BGB zu belehren ist, wenn die Widerrufswertgrenze iHv 75.000,00 EUR im Sinne von § 513 BGB nicht überschritten wurde.

---

[12] Micklitz BGB § 14 Rn. 18; Pfeiffer NJW 1999, 169 (172).
[13] Insoweit Micklitz BGB § 14 Rn. 18.
[14] Siehe zum steuerrechtlichen Begriff des Gewerbebetriebes Tipke/Lang/Hey, Steuerrecht, Rn. 8.413–8.418.
[15] Siehe insofern auch zur Gewinnerzielungsabsicht und Entgeltlichkeit Micklitz BGB § 14 Rn. 22.
[16] So auch Grüneberg/Ellenberger BGB § 14 Rn. 4.
[17] Siehe auch insoweit: Grüneberg/Ellenberger BGB § 14 Rn. 4.
[18] Siehe dazu mit zu Recht kritischen Äußerungen Micklitz BGB § 14 Rn. 26.

Dabei spielt es keine Rolle, dass dieser Franchise-Nehmer noch auf Erfahrungen als **16**
Franchise-Nehmer bei seinem früheren Franchise-System zurückgreifen kann. Entschei-
dend sind nicht diese möglicherweise vorhandenen unternehmerischen Kenntnisse und
Fähigkeiten. Entscheidend für § 14 BGB ist, ob das Rechtsgeschäft in Ausübung einer
gewerblichen Tätigkeit abgeschlossen wurde. Ist aber der Franchise-Nehmer – aus welchem
Grund auch immer – bei Abschluss des Franchise-Vertrages weder gewerblich noch selb-
ständig beruflich tätig, so ist dieser grundsätzlich trotz unternehmerischer Vorkenntnisse
Verbraucher iSv § 13 BGB und nicht Unternehmer iSv § 14 BGB.

B. Vertragshändler und Unternehmerbegriff

Für den Vertragshändler kommt der Bedeutung des § 14 BGB in der Regel keine **17**
Bedeutung zu. Vertragshändler sind in der Regel in der Rechtsform einer Personen- oder
Kapitalgesellschaft tätig. Auch ist der Abschluss eines Vertragshändlervertrages in der Regel
als Abschluss eines Rechtsgeschäftes anzusehen, das in Ausübung der gewerblichen Tätigkeit vorgenommen wird.

Ausnahmen sind allenfalls dann denkbar, wenn ein Vertragshändler als Existenzgrün- **18**
dungs-Unternehmer tätig wird. Dann greifen auch insoweit die Verbraucherschutzregelungen, wie bei einem Existenzgründungs-Franchise-Nehmer, dh insofern ist auch von
einer Begründung der Unternehmereigenschaft durch Abschluss des Vertragshändlervertrages auf der Grundlage des Beschlusses des BGH vom 24.2.2005[19] auszugehen.

C. Handelsvertreter und Unternehmerbegriff

Handelsvertreter sind Kaufleute iSv § 1 Abs. 2 HGB, bei deren Tätigkeit einen in kauf- **19**
männischer Weise eingerichteten Geschäftsbetrieb erforderlich macht. Insofern kommt
dem Unternehmerbegriff iSd § 14 BGB für den Abschluss eines Handelsvertretervertrages
keine Bedeutung zu.

Dabei kommt hinzu, dass die Selbständigkeit eines Handelsvertreters die Kriterien des **20**
§ 84 Abs. 1 S. 2 HGB bestimmt. Danach ist ein Handelsvertreter selbständig, wenn dieser
seine Tätigkeit im Wesentlichen frei gestalten und seine Arbeitszeit frei bestimmen kann.
Insofern liegt in dem Abschluss des Handelsvertretervertrages für den Handelsvertreter auch
ein Rechtsgeschäft, das in Ausübung seiner selbständigen beruflichen Tätigkeit abgeschlossen wird[20].

D. Kommissionsagent und Unternehmerbegriff

Ist der Kommissionsagent bei Vertragsabschluss Existenzgründer, so gelten die identi- **21**
schen Grundsätze wie für die Unternehmereigenschaft eines Franchise-Nehmers.

E. Unternehmer iSv § 1 UGB

Soweit Franchise-Systeme in Österreich tätig sind, kommt der Unternehmereigenschaft **22**
des Franchise-Nehmers iSv § 1 UGB grundsätzliche Bedeutung zu. Diesem Franchise-
Nehmer steht nämlich gem. § 454 UGB bei Vertragsbeendigung ein Investitionserstattungsanspruch zu. Danach hat ein Unternehmer (Franchise-Nehmer), der an einem ver-

---

[19] NJW 2005, 1273 mit Anm. Flohr ZAP 2005, 653.
[20] Umfassend dazu Schmidt-Räntsch in Bamberger/Roth BGB § 14 Rn. 11 mwN.; siehe aber auch Wank
ZVertriebsR 2022, 207 ff.

tikalen Vertriebsbindungssystem (Franchise-System) als gebundener Unternehmer[21] teilnimmt, bei Beendigung des Vertragsverhältnisses mit dem bindenden Unternehmer (Franchise-Geber) einen Anspruch auf Ersatz von Investitionen, die er nach dem Vertriebsbindungsvertrag (Franchise-Vertrag) für einen einheitlichen Vertrieb zu tätigen verpflichtet war, soweit diese bei der Vertragsbeendigung weder amortisiert noch angemessen verwertbar sind[22].

§ 138 [Sittenwidriges Rechtsgeschäft; Wucher]

(1) **Ein Rechtsgeschäft, das gegen die guten Sitten verstößt, ist nichtig.**

(2) **Nichtig ist insbesondere ein Rechtsgeschäft, durch das jemand unter Ausbeutung der Zwangslage, der Unerfahrenheit, des Mangels an Urteilsvermögen oder der erheblichen Willensschwäche eines anderen sich oder einem Dritten für eine Leistung Vermögensvorteile versprechen oder gewähren lässt, die in einem auffälligen Missverhältnis zu der Leistung stehen.**

Literatur: Boemke, Kontenkündigung als Sittenverstoß, JuS 2001, 444; Brammsen/Leible, Multi-Level-Marketing im System des deutschen Lauterkeitsrechts, BB Beilage 1997, Nr 10, 1–20; Emde, Die Entwicklung des Vertriebsrechts im Zeitraum10.2002 bis12.2003, VersR 2004, 1499; Emde, Parallelvertrieb zwischen Unternehmer und Vertriebsmittler, VersR 2012, 536; Evers, Die Nichtigkeit von Handelsvertreterverträgen wegen zu geringer Verdienstmöglichkeiten und ihre Rückabwicklung, BB 1992, 1365; Fezer, Die Nichtigkeit der Folgeverträge unlauterer Telefonwerbung, WRP 2007, 8; Flohr, Der Master-Franchise-Vertrag – Grundsätze des internationalen Franchise-Rechts und Hinweise zur Vertragsgestaltung, IHR 2005, 45; Flohr, Aktuelle Tendenzen im Franchise-Recht, BB 2006, 389; Flume, Zur Anwendung der Saldotheorie im Fall der Nichtigkeit eines Grundstücks-Kaufvertrags nach § 138 Abs 1 BGB wegen verwerflicher Gesinnung des Käufers, ZIP 2001, 1621; Forst/Degen, Mindestlohn und Sittenwidrigkeit, DB 2015, 863; Forsthoff, Drittwirkung der Grundfreiheiten – Das EuGH-Urteil Angonese, RIW 2000, 389; Hueck, Zur Frage der Nichtigkeit sogenannter Knebelungsverträge wegen Verstoßes gegen GG Art 12 Abs 1, AP Nr 1 zu Art 12 GG; Joerges, Status und Kontrakt im Franchise-Recht, AG 1991, 325; Kiene, Der Verkauf einer Handelsvertretung, NJW 2006, 2007; Kötz, Der Schutzzweck der AGB-Kontrolle – Eine rechtsökonomische Skizze, JuS 2003, 209; Maaß, Grundstückskauf nur noch mit Wertgutachten?: NJW 2001, 3467; Martinek, Franchising im Handelsrecht, ZIP 1988, 1362; Niebling, Die Beendigung von Vertragshändlerverträgen durch Befristung und ordentliche Kündigung, BB 1996, 1727; Ritter, Neue Werteordnung für die Gesetzesauslegung durch den Lissabon-Vertrag, NJW 2010, 1110; Sack, Die lückenfüllende Funktion der Sittenwidrigkeitsklauseln, WRP 1985, 1; Schreiber, Grundlagen des Franchising, Jura 2009, 115; Schwab, BGB AT: Änderung sittenwidriger Verträge, JuS 2012, 1027; Thelen, Unterfallen „Kundenzeitschriften" eines im Finanzdienstleistungsbereich tätigen Vertriebsunternehmens § 86a Abs. 1 HGB?, VersR 2009, 1025; Thume, Der Provisionsanspruch des Handelsvertreters: Grenzen der Vertragsgestaltung, BB 2012, 975; Ulmer, Wettbewerbsverbote in Unternehmensveräußerungsverträgen, NJW 1979, 1585; Wiedemann/Schultz, Grenzen der Bindung bei langfristigen Kooperationen, ZIP 1999, 1.

Übersicht

---

[21] ISd § 30a KartG 1988, da im Kartellgesetz 2005 diese Norm nicht mehr existiert.
[22] Vgl. Flohr/Petsche, Franchiserecht, Rn. 362 ff.

A. Handelsvertreter

I. Sittenwidriges Rechtsgeschäft

Ein Rechtsgeschäft, das gegen die guten Sitten verstößt, ist nichtig (§ 138 Abs. 1 BGB). **1** Der Wucher (§ 138 Abs. 2 BGB) ist dafür das markanteste Beispiel. Die guten Sitten ziehen damit der Vertragsfreiheit Grenzen.

Die dem Einzelnen von der Rechtsordnung gewährte Befugnis, seine Lebensverhältnisse **2** durch Rechtsgeschäft eigenverantwortlich zu gestalten, die Privatautonomie,[1] beinhaltet die Gefahr von Missbrauch, ohne dass die vielfältigen Missbrauchsmöglichkeiten durch bestimmt umschriebene Verbote[2] abschließend erfasst werden könnten. Sie bedarf daher als Korrektur einer Generalklausel, die der autonomen Rechtsgestaltung dort eine Grenze setzt, wo sie in Widerspruch zu den Grundprinzipien unserer Rechtsordnung und Sittenordnung tritt.[3] In den Fällen des 138 BGB gibt es demzufolge – anders als im Rahmen von

---

[1] Nach der ständigen Rechtsprechung des Bundesverfassungsgerichts ist die Gestaltung der Rechtsverhältnisse durch den Einzelnen nach seinem Willen im Teil der allgemeinen Handlungsfreiheit. Art. 2 Abs. 1 GG gewährleistet die Privatautonomie als „Selbstbestimmung des Einzelnen im Rechtsleben" (BVerfGE 89, 214). In seiner Stellungnahme zu dem „Grünbuch über die Umwandlung des Übereinkommens von Rom aus dem Jahr 1980 über das auf vertragliche Schuldverhältnisse anzuwendende Recht in ein Gemeinschaftsinstrument sowie über seine Aktualisierung" (KOM(2002) 654 endg.) hat der Europäische Wirtschafts- und Sozialausschuss unter Ziff. 3.1 Folgendes hervorgehoben: „Das Übereinkommen beruht auf einigen fundamentalen Grundsätzen und Werten, die Bestandteil der langen Tradition und des gemeinschaftlichen Erbes der Rechtssysteme der Rechtsstaaten sind, insbesondere: Grundsatz der Privatautonomie im IPR, d. h. Anerkennung der Vertragsfreiheit der Parteien als Hauptbestandteil ihrer Rechtsbeziehung".

[2] § 134 BGB schränkt die Privatautonomie zum Schutze der Allgemeinheit ein (BGHZ 13, 179). Einem Rechtsgeschäft, das gegen ein gesetzliches Verbot verstößt, wird die Wirksamkeit versagt, wenn sich nicht aus dem Gesetz ein anderes ergibt.

[3] Die Handlungsfreiheit im umfassenden Sinn ist durch Art. 2 Abs. 1 GG nur innerhalb der Schranken der verfassungsmäßigen Ordnung geschützt (BVerfGE 8, 274).

§ 134 BGB – keine Rechtsnorm, durch deren Auslegung sich die Nichtigkeitsfolge ergeben würde. § 138 BGB nimmt auf die (guten) Sitten Bezug, also auf eine ursprünglich außerhalb des Rechts verortete Ordnung. Als Generalklausel verweist § 138 BGB mithin auf eine gemeinrechtliche[4] Formel, nämlich auf die „guten Sitten".[5] § 138 BGB tritt ergänzend neben die Vorschriften der §§ 84–92 HGB, die typische Schutzvorschriften zugunsten des Handelsvertreters enthalten und insoweit die Missbrauchsgefahr eindämmen sollen.

3   Was als sittenwidriges Rechtsgeschäft iSd § 138 Abs. 1 BGB anzusehen ist, wurde in jahrelanger richterlicher Fortbildung der Norm konkretisiert. Die im Grundgesetz festgelegten Grundrechte und Menschenrechte beeinflussen die Entwicklung des modernen Zivilrechts, neuer Rechtsinstitute und die Rechtsfortbildung durch Rechtsprechung. Grundrechte gelten zunächst, insbesondere in Form der klassischen Abwehrrechte, als Mittel der Machtbegrenzung gegenüber Hoheitsträgern, also dem Staat.[6] Zusätzlich hat das Bundesverfassungsgericht im Lüth-Urteil[7] eine mittelbare Drittwirkung[8] der Grundrechte im Privatrecht zugelassen. Praktische Bedeutung entfaltet dies insbesondere bei unbestimmten Rechtsbegriffen, zum Beispiel bei der Anwendung von Generalklauseln wie „Treu und Glauben" (§ 242 BGB) oder den (guten) Sitten (§ 138 BGB). Die Grundrechte „strahlen über die Generalklauseln in das einfache Recht ein".[9] Weiterhin sind objektive Wertentscheidungen der Verfassung als Bestandteil der Grundrechte auch Beurteilungsmaßstäbe für privatrechtliche Rechtsbeziehungen und die Entscheidungen von Zivilgerichten. Sie beeinflussen die Entwicklung des modernen Zivilrechts, neuer Rechtsinstitute und die Rechtsfortbildung[10] durch Rechtsprechung. Eine ungenügende Beachtung dieser Maßstäbe macht Entscheidungen revisibel und eröffnet im Extremfall selbst im Zivilrecht die Möglichkeit

---

[4] Als Gemeines Recht wird heute vor allem das Römisch-kanonische Recht des Mittelalters, der Frühen Neuzeit und Neuzeit verstanden, wie es zunächst ab dem 11. Jahrhundert in der Wissenschaft, später auch in der Rechtspraxis europaweit gelehrt und angewandt wurde.

[5] Arnold in Erman, BGB, Kommentar, BGB § 138 Rn. 1.

[6] Gem. Art. 1 Abs. 3 GG sind Gesetzgebung, vollziehende Gewalt und Rechtsprechung an die Grundrechte gebunden. Art. 1 Abs. 3 GG bringt zum Ausdruck, dass die Grundrechte nicht nur „Programmsätze" sind, die der Staat beachten „kann". Vielmehr ist der Staat umfassend an die Grundrechte gebunden. Diese sind subjektive Rechte des Einzelnen, die er gegenüber jeder staatlichen Stelle geltend machen kann.

[7] BVerfGE 7, 198.

[8] Wollte man eine direkte Drittwirkung der Grundrechte annehmen, so würde dies zu widersinnigen Ergebnissen und in dem dann eröffneten Grundrechtskampf aller gegen alle zu unlösbaren Normenkonflikten führen. So wäre zB die grundrechtlich geschützte Vertragsfreiheit (Art. 2 Abs. 1 GG) praktisch entwertet, da niemand mehr, ohne den grundgesetzlichen Gleichheitssatz zu verletzen, ein Vertragsangebot nach seinem Belieben machen oder ablehnen könnte. Die klassische Grundrechtsordnung ginge dann unter im Widerstreit verfassungsrechtlich aufgeladener privater Interessenkonflikte. Eine unmittelbare Drittwirkung gilt jedoch für öffentliche Unternehmen, die unmittelbar und uneingeschränkt an die Grundrechte gebunden sind (BVerfG BeckRS 2016, 50169). Das in Art. 39 EG (früher Art. 48 EGV) angesprochene Verbot der Diskriminierung aufgrund der Staatsangehörigkeit gilt – abweichend von den Grundrechten – auch für Privatpersonen, d.h. entfaltet unmittelbare Drittwirkung, ebenso wie das allgemeine Diskriminierungsverbot des Art. 12 GG und die in der Arbeitnehmerfreizügigkeit, der Niederlassungsfreiheit und der Dienstleistungsfreiheit enthaltenen Diskriminierungsverbote. Allerdings lässt der EuGH bei einem Verstoß auch Rechtfertigungsgründe zu. Als ungeschriebenen Rechtfertigungsgrund nennt der EuGH „sachliche Erwägungen", wobei bei Verstößen Privater im Vergleich zu staatlichen Verstößen ein anderer Maßstab anzuwenden sei. Dies sei schon deshalb erforderlich um die Privatautonomie nicht zu untergraben. (EuGH NZA-RR 2001, 20; zur unmittelbaren Drittwirkung europäischer Diskriminierungsverbote vgl. Forsthoff RIW 2000, 389).

[9] Danach sollen die Grundrechte zwar in erster Linie die individuelle Freiheitssphäre vor Eingriffen der Staatsgewalt schützen. Darüber hinaus enthält die Grundrechtsordnung ein Wertesystem, das für alle Bereiche des Rechts gilt, insbesondere auch für die Auslegung und Anwendung von Privatrechtsnormen. Diese Wertentscheidungen sind folglich vom Zivilrichter zu beachten, namentlich bei gesetzlichen Generalklauseln wie etwa beim Begriff der „guten Sitten". Hier handelt es sich um „Einbruchstellen" der Grundrechte in das System des bürgerlichen Rechts.

[10] Art. 20 Abs. 3 GG bindet die Gerichte an „Gesetz und Recht". Art. 20 Abs. 2 S. 2 GG weist die Gesetzgebung der Legislative zu. Nach hM ist richterliche Rechtsfortbildung jedenfalls erlaubt, wenn es sich lediglich um eine Ergänzung und sinngemäße Weiterbildung des geschriebenen Rechts handelt, wenn also eine Rechtsprechung „im Sinne des Gesetzes" erfolgt.

einer Verfassungsbeschwerde.[11] Durch die mittelbare Drittwirkung der Grundrechte wurde der Schutz der Stellung des Handelsvertreters vor sittenwidrigen Schädigungen wesentlich gestärkt.

II. § 138 BGB und Inhaltskontrolle gemäß §§ 307 ff. BGB

Durch das Gesetz zur Regelung des Rechts der Allgemeinen Geschäftsbedingungen sollte **4** verhindert werden, dass Unternehmen und Kaufleute die Vertragspartner, insbesondere Verbraucher, mit formularhaften Klauselwerken an Bestimmungen binden, die einseitig zu Lasten der Kunden gehen. Vor der gesetzlichen Kodifizierung des Rechts der AGB durch das AGB-Gesetz[12] erfolgte die Kontrolle Allgemeiner Geschäftsbedingungen durch die Rechtsprechung anhand der Generalklauseln von § 138 BGB (Sittenwidrigkeit) und § 242 BGB (Treu und Glauben). Die Grundsätze, die die Rechtsprechung anhand dieser Normen zur Inhalts- und Ausübungskontrolle von AGB entwickelt hatte, wurden ohne wesentliche Änderungen zum Inhalt des AGB-Gesetzes.[13] Durch das Schuldrechtsmodernisierungs-gesetz[14] wurde das AGB-Gesetz aufgehoben und die materiell-rechtlichen Vorschriften zusammen mit anderen Verbraucherschutzregelungen weitgehend inhaltsgleich in das BGB überführt. Diese Vorschriften finden sich nun in den §§ 305–310 BGB. Hierdurch wurden Spezialvorschriften für die Kontrolle von AGB geschaffen, die den Generalklauseln der §§ 138 und 242 BGB vorgehen.[15] Allgemeine Geschäftsbedingungen werden seitdem nur noch in Ausnahmefällen überprüft, ob sie mit den „guten Sitten" vereinbar sind (näher s. unten III.).[16]

Handelsvertreterverträge werden häufig unter Verwendung von AGB[17] geschlossen **5** (§ 305 Abs. 1 BGB). Gegenüber Unternehmern (§ 14 BGB) ist der AGB-Schutz allerdings eingeschränkt (§ 310 BGB). Da der Handelsvertreter stets Unternehmer iSd § 310 BGB ist,[18] selbst wenn er nicht Kaufmann sein sollte,[19] finden § 305 Abs. 2, Abs. 3 BGB (Einbeziehung der AGB) und die §§ 308, 309 BGB (Inhaltskontrolle) auf Handelsvertreter-verträge keine Anwendung. Die geringe Schutzbedürftigkeit dieser Personen soll darin begründet liegen, dass sie von Berufs wegen ständig rechtsgeschäftliche Beziehungen eingehen und ihr Erfahrungspotenzial daher einen hinreichenden Schutz bieten soll. Im Verkehr zwischen Unternehmern werden jedoch AGB's gem. § 307 BGB auf ihre An-

---

[11] Die Verfassungsbeschwerde kann von jeder natürlichen oder juristischen Person mit der Behauptung erhoben werden, durch die deutsche öffentliche Gewalt in ihren Grundrechten (Art. 1–19 GG) oder bestimmten grundrechtsgleichen Rechten (Art. 20 Abs. 4, Art. 33, Art. 38, Art. 101, Art. 103, Art. 104 GG) verletzt zu sein.

[12] Gesetz zur Regelung des Rechts der Allgemeinen Geschäftsbedingungen (AGBG) vom 9.12.1976. (BGBl. I 3317), überwiegend in Kraft seit 1.4.1977, mit der Schuldrechtsmodernisierung 2002 aufgehoben.

[13] Gesetz zur Regelung des Rechts der Allgemeinen Geschäftsbedingungen (AGBG) vom 9.12.1976.

[14] (BGBl. 2001 I 3138), in Kraft ab 1.1.2002. Die materiell-rechtlichen Vorschriften des AGB-Gesetzes wurden weitgehend inhaltsgleich in das BGB überführt (§§ 305–310 BGB).

[15] MüKoBGB/Armbrüster § 138 Rn. 5.

[16] BGH NJW-RR 2003, 1056 zu den Voraussetzungen, unter denen ein Kommissions(agentur)vertrag, der mehrere den Kommissionär/Kommissionsagenten gemäß § 9 AGBG (nunmehr: § 307 BGB) unange-messen benachteiligende Bestimmungen enthält, gemäß § 6 Abs. 3 AGBG (nunmehr: § 306 Abs. 3 BGB) insgesamt unwirksam und/oder wegen Verstoßes gegen die guten Sitten gemäß § 138 Abs. 1 BGB nichtig ist.

[17] AGB sind vorformulierte Vertragsbedingungen, die Bestandteil einer Vielzahl von Verträgen sind (§ 305 Abs. 1 BGB).

[18] Schon nach dem gesetzlichen Leitbild sind Handelsvertreter Selbständige (§ 84 HGB). Die Unterneh-mereigenschaft im Einzelfall ergibt sich primär aus der Zweckrichtung des Handelns, ob in Ausübung einer gewerblichen oder selbständigen beruflichen Tätigkeit gehandelt wurde. (OLG Frankfurt a. M. RuS 2012, 207).

[19] Handelsvertreter und Handelsmakler sind unter den Voraussetzungen der §§ 1, 2 HGB Kaufleute, also entweder, wenn ihr Unternehmen nach Art und Umfang einen in kaufmännischer Weise eingerichteten Geschäftsbetrieb erfordert (§ 1 Abs. 2 HGB), oder wenn die Firma ihres Unternehmens im Handelsregister eingetragen ist (§ 2 HGB).

gemessenheit überprüft, wobei auf die geltenden Gewohnheiten und Gebräuche angemessen Rücksicht zu nehmen ist (§ 310 Abs. 1 S. 2 BGB).[20]

6   Nach § 307 Abs. 2 Nr. 1 BGB liegt eine unangemessene Benachteiligung vor, sofern die AGB-Klausel mit wesentlichen Grundgedanken der gesetzlichen Regelung nicht vereinbar ist.[21] Nach § 307 Abs. 2 Nr. 2 BGB sind Klauseln unwirksam, die gegen die Kardinalpflichten eines Vertrages verstoßen. Kardinalpflichten sind Verpflichtungen eines Vertrages, die diesen in seinen wesentlichen Strukturen charakterisieren. Klauseln sind bereits unwirksam, wenn durch sie der Vertragszweck gefährdet oder die Hauptleistungspflichten ausgehöhlt würden.

7   Die Inhaltskontrolle gemäß §§ 307 ff. BGB hat gegenüber § 138 BGB grundsätzlich Vorrang.[22] Die Wirksamkeitsschranke des § 138 BGB liegt erheblich höher als die des § 307 BGB. § 138 BGB setzt überdies eine grobe Interessenverletzung von erheblichem Gewicht voraus[23] und erfordert grundsätzlich subjektive Vorwerfbarkeit. Dagegen setzt § 307 BGB nur eine objektiv gegen Treu und Glauben verstoßende unangemessene Benachteiligung voraus und hat kein subjektives Tatbestandsmerkmal. Bei einem Missverhältnis von Leistung und Gegenleistung kann aber die Verwendung von unangemessenen AGB den Ausschlag für eine Bejahung des § 138 Abs. 1 BGB geben.

8   Die Häufung von unangemessenen AGB für sich allein führt nicht zum Sittenwidrigkeitsurteil des § 138 BGB, sofern nicht die essentialia negotii betroffen sind. Wie die Rechtsfolgen des § 306 Abs. 1 BGB zeigen, wird § 138 BGB durch den speziellen Zweck der §§ 307 ff. BGB verdrängt, soweit es um den Schutz vor unbilligen Klauseln in AGB geht.[24] Daran zeigt sich auch, dass der AGB-Kontrolle nach den §§ 307 ff. BGB der Vorrang vor § 138 BGB zukommt. Die Gesamtunwirksamkeit des Vertrages bestimmt sich ausschließlich nach dem für derartige Fälle geschaffenen § 306 Abs. 3 BGB.[25] Gerade bei einer Vielzahl von unangemessenen Klauseln ist der betroffene Kunde oft besonders schutzwürdig. Kann einer Vertragspartei eine völlig neue Vertragsgestaltung nicht zugemutet werden, so mag sie sich im Wege der Einrede des § 306 Abs. 3 BGB darauf berufen und selbst über die Geltung des Vertrages entscheiden.

9   Die §§ 307 ff. BGB verdrängen jedoch § 138 BGB nicht vollständig.[26] § 138 BGB ist anwendbar, wenn die Individualvereinbarung sittenwidrig ist.[27] Praktische Bedeutung hat § 138 BGB bei Formularverträgen vor allem, soweit § 310 BGB die Anwendbarkeit des AGB-Rechts beschränkt, die Maßstäbe des § 138 BGB im Einzelfall strenger als die des

---

[20] De facto finden die Klauselverbote über § 307 BGB Anwendung, wenn nicht spezifische Gründe des unternehmerischen Geschäftsverkehrs dagegensprechen (BGHZ 164, 196 zur Inhaltskontrolle für Allgemeine Einkaufsbedingungen eines Baumarktbetreibers).

[21] Ausgangspunkt der Prüfung ist daher zunächst die gesetzliche Regelung, bei Handelsvertreterverträgen die §§ 84 ff. HGB: OLG Hamm BeckRS 2015, 06896 (AGB in einem Personalvermittlungsvertrag – Leitbild: Maklervertrag); LG Aurich BeckRS 2013, 07343 (Handelsvertreter im Nebenberuf, Kündigungsfrist von 12 Monaten zum Jahresende).

[22] OLG Köln BeckRS 2012, 15923: Wenn es nur um die Benachteiligung des Vertragspartners durch unangemessene Klauseln (vorliegend im Bierlieferungsvertrag) geht, so ist die Wirksamkeitsprüfung allein und vorrangig einer Prüfung nach den Vorschriften der §§ 307 ff. BGB zu unterziehen.

[23] BGH NJW-RR 2012, 626: Eine Klausel, in der der Verwender missbräuchlich eigene Interessen auf Kosten des Vertragspartners durchzusetzen versucht, ohne von vornherein die Interessen seines Partners hinreichend zu berücksichtigen und ohne ihm einen angemessenen Ausgleich zuzugestehen, stellt eine unangemessene Benachteiligung des Vertragspartners des Klauselverwenders im Sinne von § 307 Abs. 1 S. 1 BGB dar.

[24] OLG Köln BeckRS 2012, 15923. Die frühere Rechtsprechung, die einzelne AGB-Klauseln unter dem Gesichtspunkt der Sittenwidrigkeit gem. § 138 BGB prüfte, ist nach der gesetzlichen Kodifizierung des AGB-Rechts überholt.

[25] Wegen einer möglichen Vertragsanpassung kann sich der Verwender nicht auf allgemeine gesetzliche oder außergesetzliche Rechtsinstitute berufen, weil das Gesetz in § 306 BGB für den Fall einer unwirksamen allgemeinen Geschäftsbedingung als lex specialis eine Sonderregelung vorsieht (LG Stuttgart ZIP 2014, 18).

[26] OLG Düsseldorf BeckRS 2009, 89466 (Formularmäßiger Franchisevertrag).

[27] OLG Hamburg IHR 2012, 247 zur Wirksamkeit eines nachvertraglich individuell vereinbarten Wettbewerbsverbots.

AGB-Rechts sind,[28] im AGB-Recht nicht bewertete Umstände die Sittenwidrigkeit ergeben oder die AGB sittenwidrig schützenswerte Interessen Dritter sowie der Allgemeinheit verletzen.[29] Oder aber es bestehen Bedenken gegen die AGB, die nicht in den Schutzbereich der §§ 307 ff. BGB fallen. Insbesondere die Ausnutzung einer Monopolstellung oder einer sonstigen Machtüberlegenheit des Verwenders kann die Sittenwidrigkeit von Allgemeinen Geschäftsbedingungen begründen.[30] Entsprechendes gilt, wenn der Vertrag insgesamt so einseitig gefasst ist, dass die Rechte des einen Teils die des anderen einseitig und unausgewogen überwiegen.

Nach dem AGB-Recht unwirksame Klauseln sind jedoch bei einem Formularvertrag in **10** die bei der Prüfung zu § 138 BGB gebotene Gesamtschau einzubeziehen.[31] Die Inhaltskontrolle von AGB nach §§ 307 ff. BGB schließt die Einbeziehung nichtiger Klauseln in die Überprüfung des Gesamtvertrages nach § 138 BGB nicht aus. Das trägt der § 138 BGB kennzeichnenden Gesamtwürdigung Rechnung und berücksichtigt, dass geschäfts- und rechtsunkundige Durchschnittskunden sich zumeist nach den unangemessenen AGB richten und dies durch den Verwender bei der Abfassung der AGB so kalkuliert wird.

In Abgrenzung zur Teilnichtigkeit gem. § 139 BGB bleibt gem. § 306 Abs. 1 BGB der **11** Vertrag im Übrigen erhalten. Dabei wird die nicht einbezogene oder unwirksame Klausel durch die gesetzlichen Bestimmungen oder solche ersetzt, die sich aus ergänzender Vertragsauslegung ergeben.[32] Eine geltungserhaltende Reduktion kommt jedoch nicht in Betracht.[33] Sollte jedoch das Festhalten am Vertrag für einen Vertragspartner eine unzumutbare Härte darstellen,[34] führt dies zur Unwirksamkeit des gesamten Vertrages, § 306 D Abs. 3 BGB.[35] Der Verwender kann sich nur ausnahmsweise auf eine unzumutbare Härte berufen: denn grundsätzlich trägt er das Risiko der Unwirksamkeit seines Klauselwerks. Deshalb reicht es nicht, dass er auf die Wirksamkeit der Klausel vertraut hat. Ebenso wenig reicht es, wenn der Verwender eine erhebliche Kostensteigerung erleidet oder im Vertrag ein bloßes Ungleichgewicht entstanden ist. Verlangt wird vielmehr eine grundlegende Störung der Äquivalenz, die das Vertragsgefüge völlig einseitig zu seinen Lasten verschiebt. Um die Nichtigkeit zu vermeiden, ist ausnahmsweise eine ergänzende Vertragsauslegung zulässig.[36]

---

[28] § 138 BGB erlaubt nicht nur ein Eingreifen aufgrund des Inhalts, sondern auch aufgrund der Art und Weise des Zustandekommens des Vertrags.

[29] Palm/Arnold in Erman, BGB, Kommentar, BGB § 138 Rn. 72.

[30] BGHZ 51, 55: Ist in einem Formularvertrag oder einem Vertrag, dessen wesentlicher Inhalt von allgemeinen Geschäftsbedingungen bestimmt ist, eine Vielzahl von Bedingungen wegen Verstoßes gegen die guten Sitten unwirksam, so ist der ganze Vertrag nichtig.

[31] BGHZ 80, 153; OLG Düsseldorf BeckRS 2009, 89466.

[32] BAG NZA 2016, 487: Eine sittengemäße Vergütung für die in der Normalarbeitszeit geleistete Arbeit kann nicht dadurch zur sittenwidrigen werden, dass der Arbeitgeber dem Arbeitnehmer in Verkennung der Rechtslage Vergütung von Mehrarbeit und Sonderformen der Arbeit vorenthält. Vielmehr sieht die Rechtsordnung in einem solchen Fall einen Anspruch auf – zusätzliche – Vergütung geleisteter Mehr- und Sonderarbeit vor. Im Übrigen werden die Lücken durch eine ergänzende Auslegung des Vertrages geschlossen.

[33] BGHZ 161, 189 (Entgeltklauseln für Wertpapierübertragung in ein anderes Depot); BGH NJW 2005, 1574 (Unwirksamer formularmäßiger beiderseitiger Kündigungsverzicht für mehr als vier Jahre).

[34] LG Tübingen BeckRS 2009, 12773 (Unwirksamkeit der Rückzahlungsverpflichtung von Provisionsvorschüssen in Geschäftsstellenleitervertrag).

[35] § 306 Abs. 3 BGB wird dahingehend einschränkend ausgelegt, dass die Unwirksamkeit nicht kraft Gesetzes eintritt, sondern nur, wenn sich die Parteien darauf berufen. Unzulässig wäre danach eine richterliche Feststellung der Unwirksamkeit, die die Parteien gar nicht wünschen.

[36] BGH BeckRS 2016, 11660: Die in Energieversorgungsstreitigkeiten entwickelte „Dreijahreslösung" des BGH vermeidet die bei einer Gesamtnichtigkeit des Versorgungsvertrages für den Kunden eintretenden nachteiligen Folgen einer bereicherungsrechtlichen (Rück-)Abwicklung, indem sie entsprechend den Zielsetzungen der Klauselrichtlinie darauf angelegt ist, die nach dem Vertrag bestehende formale Ausgewogenheit der Rechte und Pflichten der Vertragsparteien unter Heranziehung und Gewichtung ihrer Interessen durch eine materielle Ausgewogenheit zu ersetzen und auf diese Weise ein Gleichgewicht der Rechte und Pflichten tatsächlich wiederherzustellen. (Bestätigung und Fortführung BGH NJW 2013, 991 und BGH BeckRS 2013, 02809).

12 § 138 BGB stellt aber bereits im objektiven Bereich höhere Anforderungen an die eine Nichtigkeit des Vertrages begründenden Umstände als sie für die Unwirksamkeit einer Vertragsklausel nach § 307 Abs. 1 S. 1 BGB gegeben sein müssen.

III. Abgrenzung zwischen § 134 BGB und § 138 BGB

13 § 134 BGB konkretisiert die Rechtsfolgen von Verbotsgesetzen im Zivilrecht. Dabei ist dogmatisch zu beachten, dass sich die Nichtigkeit des verbotswidrigen Rechtsgeschäfts nicht wirklich aus § 134 BGB ableiten lässt, sondern durch die Auslegung des Verbotsgesetzes hergeleitet werden muss. Gegenüber der Generalklausel des § 138 Abs. 1 BGB ist § 134 BGB die speziellere Bestimmung. Hat der Gesetzgeber ein bestimmtes Verhalten ausdrücklich und konkret untersagt, so muss dem Zweck dieses Verbots durch eine vorrangige Anwendung von § 134 BGB als der gegenüber § 138 BGB spezielleren Norm Rechnung getragen werden. Der Gesetzgeber ist damit nicht nur in der Lage, einen Sachverhalt dem Anwendungsbereich des § 138 BGB völlig zu entziehen. Er kann darüber hinaus auch dadurch, dass er ein Verhalten durch ein Verbotsgesetz im Sinne von § 134 BGB konkret erfasst und mit dem Verbot einen bestimmten Regelungszweck verbindet, eine Einschränkung der Gesamtnichtigkeit bewirken; dies ist gerade Konsequenz des Normzweckvorbehalts, der die Ergänzung des Verbotsgesetzes um eine von der Gesamtnichtigkeit abweichende Rechtsfolge von der Zweckrichtung des Gesetzes abhängig macht. So kann eine begrenzte Schutzrichtung der §§ 84 ff. HGB die Aufrechterhaltung eines dagegen verstoßenden Rechtsgeschäfts zugunsten des Handelsvertreters gebieten. Derartige gesetzgeberische Wertungen dürfen nicht umgangen werden, indem über die Generalklausel des § 138 BGB eine weitergehende Nichtigkeit hergeleitet wird.[37] So ist § 90a Abs. 1 S. 2 HGB eine Spezialregelung zu § 138 BGB, soweit es um die Wirksamkeit einer Wettbewerbsabrede in zeitlicher, örtlicher und gegenständlicher Hinsicht geht. Nur wenn Umstände, die über die gesetzlich berücksichtigten Aspekte hinausgehen und die geeignet sein könnten, ein Sittenwidrigkeitsurteil zu tragen, kann die Wettbewerbsabrede nach § 138 BGB nichtig sein.[38] Dies gilt in gleicher Weise für die übrigen in §§ 84 ff. HGB kodifizierten Nichtigkeitsgründe.

IV. Nichtigkeit des Rechtsgeschäfts wegen Verstoß gegen die „guten Sitten"

14 **1. Rechtsbegriff der „guten Sitten" in § 138 BGB.** § 138 BGB beschränkt die Freiheit zu Rechtsgeschäften, mithin die Privatautonomie. Wann ein Rechtsgeschäft gegen die „guten Sitten"[39] verstößt, sagt das Gesetz nicht, sondern nennt nur ein Beispiel: den Wucher (§ 138 Abs. 2 BGB).[40] Die Rechtsprechung orientiert sich seit jeher am „Anstandsgefühl aller billig und gerecht Denkenden"[41] und ersetzt damit den abstrakten Begriff „gute Sitten" durch den nicht minder abstrakten Begriff „Anstandsgefühl".[42] Das Abstellen auf das Anstandsgefühl, mithin per definitionem eine Emotion, führt jedoch kaum zu Ergebnissen, die einer objektiven Überprüfung durch Dritte zugänglich sind. „Gute Sitten" sind das Mindestmaß an Anstand und Rücksicht, das man im geschäftlichen Verkehr erwarten darf. Die Sittenwidrigkeit hängt eng mit dem Grundsatz von Treu und Glauben (§ 242 BGB) zusammen.[43] § 138 BGB ist damit wie § 242 BGB eine Generalklausel, die

---

[37] MüKoBGB/Armbrüster § 138 Rn. 4.

[38] BGHZ 195, 27.

[39] Der Begriff der „guten Sitten" ist ein Rechtsbegriff (Staudinger/Rolf Sack/Philipp S. Fischinger (2011) BGB § 138 Rn. 12).

[40] Arnold in Erman, BGB, Kommentar, BGB § 138 Rn. 39.

[41] vgl. schon RGZ 48, 114 (124); BGHZ 10, 228; 34, 169; 69, 295; 141, 357.

[42] Eine Interpretation des Wortlauts der Anstandsformel führt zu keinen Ergebnissen, die bei der Konkretisierung der Sittenwidrigkeitsklauseln unmittelbar hilfreich sein könnten (Rolf Sack/Philipp S. Fischinger in Staudinger BGB § 138 Rn. 16 mN).

[43] Soweit nach den Grundsätzen von Treu und Glauben (§ 242 BGB) eine Korrektur oder Ergänzung des Rechtsgeschäfts möglich ist, wird dieser nach dem Prinzip der Verhältnismäßigkeit regelmäßig der Vorzug vor § 138 BGB zu geben sein, wenn dadurch ein Sittenverstoß mit der scharfen Folge der Nichtigkeit entfällt (BGH NJW 1952, 344; BAGE 16, 21; Arnold in Erman, BGB, Kommentar, BGB § 138 Rn. 2).

sich einer festen Definition entzieht. Der Maßstab „Anstandsgefühl aller billig und gerecht Denkenden" lässt sich in einer pluralistischen Gesellschaft nur schwierig ermitteln[44] und ist deswegen nur bedingt zur Bestimmung eines Sittenverstoßes geeignet, was durch die Beschränkung auf die „billig und gerecht Denkenden" noch verstärkt wird, denn dadurch kann auch einer rechtsgefährdenden Ideologisierung der Weg bereitet werden: Der Entscheidende kann nämlich mit Berufung auf das Anstandsgefühl Denkstrukturen, die von seinen gängigen Vorstellungen abweichen, als „nicht gerecht und nicht billig" ablehnen. § 138 BGB verweist daher heute vor allem auf die der Rechtsordnung immanenten rechtsethischen Werte und Prinzipien.[45]

Rechtsgeschäfte, die grundlegende Prinzipien der Rechtsordnung verletzen, sind gemäß **15** § 138 BGB nichtig. § 138 BGB bestraft nicht die verwerfliche Gesinnung,[46] sondern soll sittenwidrige Rechtsfolgen verhindern.[47] Dieser Aspekt des § 138 BGB steht, wenn auch meist unausgesprochen, in der praktischen Rechtsanwendung im Vordergrund. Wenn die Rechtsprechung Rechtsgeschäfte für sittenwidrig erklärt, geht es idR nicht um die Rezeption von außerrechtlichen Wertungen, sondern um die Konkretisierung von in der Rechtsordnung selbst angelegten Wertmaßstäben.[48]

Die Bestimmung der „guten Sitten" erfolgt in erster Linie über das Grundgesetz und die **16** dort enthaltenen Grundrechte.[49] Diese bilden eine verbindliche Wertordnung (Art. 20 Abs. 3 GG), die bestimmt, was im privaten Rechtsverkehr anständig ist und was nicht. Rechtsgeschäfte, die diese Wertordnung verletzen, sind sittenwidrig und nichtig, weil sie die Vertragsfreiheit missbrauchen.[50] Bei der Anwendung des § 138 BGB ist im Bereich des Vertriebsrechts insbesondere das Grundrecht der Berufsfreiheit (Art. 12 Abs. 1 GG) zu beachten.[51] Auszugehen ist davon, dass berufliche Tätigkeit regelmäßig der Schaffung einer

---

[44] Deshalb ist der Begriffsinhalt auch nicht durch demoskopische Umfragen zu ermitteln (Staudinger/Rolf Sack/Philipp S. Fischinger (2011) BGB § 138 Rn. 15 mN), sondern als Teil der rechtlichen Sollensordnung objektiv-normativ zu bestimmen: BVerwG NJW 1996, 1423 – zur Beurteilung der Sittenwidrigkeit einer Peep-Show; Arnold in Erman, BGB, Kommentar, BGB § 138 Rn. 12.

[45] Im Privatrechtsverkehr entfalten die Grundrechte ihre Wirkkraft als verfassungsrechtliche Wertentscheidungen durch das Medium der Vorschriften, die das jeweilige Rechtsgebiet unmittelbar beherrschen, damit vor allem auch durch die zivilrechtlichen Generalklauseln (BVerfGE 7, 198 – Lüth-Urteil; BVerfGE 42, 143). Der Staat hat auch insoweit die Grundrechte des Einzelnen zu schützen und vor Verletzung durch andere zu bewahren. Den Gerichten obliegt es, diesen grundrechtlichen Schutz durch Auslegung und Anwendung des Rechts zu gewähren und im Einzelfall zu konkretisieren, (BVerfGE 103, 89); Armbrüster in MüKo § 138 Rn. 11–13.

[46] Die Verfasser des BGB haben es ausdrücklich abgelehnt, den Begriff „gegen die guten Sitten" durch den Begriff „gegen die Sittlichkeit" zu ersetzen; der Begriff „gegen die guten Sitten" sichere der Vorschrift „einen umfassenderen Geltungsbereich und enthalte den richtigen objektiven Maßstab" (Prot. I 258 = Mugdan I 725).

[47] BGH NJW 1984, 2150; 2012, 2099; OLG Koblenz NJW-RR 2015, 467.

[48] Der Richter legt den Rechtsbegriff der „guten Sitten" mittels der juristischen Methoden der Gesetzesauslegung aus. In diesem Zusammenhang kommt es nicht auf die vielschichtige Problematik um die Berücksichtigung der Wertvorstellungen der Allgemeinheit und der beteiligten Verkehrskreise im Rahmen solcher Generalklauseln an. Die Verkehrssitte (§ 242 BGB) dagegen ist das den Verkehr beherrschende „tatsächliche Übung", eine erfahrbare, deskriptiv abzubildende Verhaltensweise.

[49] Deshalb sind die Zivilgerichte von Verfassungs wegen verpflichtet, bei der Auslegung und Anwendung der Generalklauseln die Grundrechte als „Richtlinien" zu beachten (so ausdrücklich BGHZ 142, 304). Zu diesen gesetzlichen Wertentscheidungen gehören vor allem und in erster Linie die der Verfassung, insbesondere die objektive Werteordnung der Grundrechtsnormen. Auf diesem Wege wirken die Grundrechtsnormen unserer Verfassung ins Zivilrecht hinein; man bezeichnet dies als die „mittelbare Drittwirkung" der Grundrechte. (BVerfGE 7, 198 – Lüth-Urteil; BVerfGE 42, 143 – Deutschland-Magazin; BVerfGE 81, 242 (zur Unvereinbarkeit des Karenzentschädigungsausschlusses nach § 90a Abs. 2 HGB aF mit Art. 12 Abs. 1 GG); BVerfGE 89, 214 – Bürgschaftsverträge; BVerfGE 115, 51 = BeckRS 2005, 31716 (Keine Vollstreckung aus sittenwidrigen Bürgschaften); BGHZ 80, 153 = BeckRS 9998, 103500 (zur Sittenwidrigkeit eines Ratenkreditvertrages); BGHZ 106, 336 – Sittenwidriger Schiedsvertrag; Boemke JuS 2001, 444 (445); MüKoBGB/Armbrüster § 138 Rn. 20–22; Rolf Sack/Philipp S. Fischinger in Staudinger BGB § 138 Rn. 53.

[50] BVerfGE 7, 198 – Lüth-Urteil; BVerfGE 89, 214 (zum generellen Ausschluss einer Karenzentschädigung bei Wettbewerbsverboten für Handelsvertreter in den Fällen des § 90a HGB aF).

[51] OLG Koblenz NJW-RR 1993, 611 zur Nichtigkeit eines Wettbewerbsverbots nach Beendigung eines partiarischen Rechtsverhältnisses.

Lebensgrundlage und damit der Existenzsicherung dient.[52] Zu den Wertentscheidungen, die den Rechtsbegriff der guten Sitten mitbestimmen, gehört aber auch die Sozialstaatsklausel.[53] Der in der Rechtsprechung seit langem anerkannte Grundsatz, dass mit Hilfe des § 138 BGB dem Missbrauch wirtschaftlicher Macht entgegenzuwirken ist, hat im Sozialstaatsprinzip seine Grundlage. Unvereinbar mit § 138 BGB sind Verträge, die eine Vertragspartei ungewöhnlich stark belasten und das Ergebnis strukturell ungleicher Verhandlungsstärke sind.[54] Neben der sich aus den Grundrechten ergebenden Werteordnung können auch die Wertentscheidungen einfacher Gesetze[55] sowie Rechtsquellen des Europarechts[56] zur Konkretisierung des § 138 BGB herangezogen werden.[57] Bei der Konkretisierung des Begriffs der „guten Sitten" sind nicht nur gesetzliche Wertmaßstäbe zu berücksichtigen, sondern auch außergesetzliche, die im positiven Recht (noch) keinen Niederschlag gefunden haben.[58] Die Wertmaßstäbe des positiven Rechts haben zwar Vorrang, bestimmen jedoch nicht ausschließlich den Inhalt der guten Sitten.[59] Zu den außergesetzlichen Wertmaßstäben gehören vor allem allgemeine Rechtsüberzeugungen[60] und allgemeine Rechtsüberzeugungen ohne gewohnheitsrechtliche Verfestigung.[61] Im Gegensatz zu allgemeinen Rechtsüberzeugungen sind bloße Mehrheitsmeinungen kein verbindlicher Maßstab für die Konkretisierung der guten Sitten.[62]

---

[52] BVerfGE 81, 242 (zur Unvereinbarkeit des Karenzentschädigungsausschlusses nach § 90a Abs. 2 HGB aF mit Art. 12 Abs. 1 GG).

[53] Das Sozialstaatsprinzip ist in Art. 20 Abs. 1 GG (demokratischer und sozialer Bundesstaat) und in Art. 28 Abs. 1 S. 1 GG (sozialer Rechtsstaat) verankert. Das Prinzip des Sozialstaates, aufbauend auf der sozialen Gerechtigkeit, bildet neben der Garantie auf Menschenwürde sowie der Menschenrechte die Grundlage der freiheitlich demokratischen Grundordnung. Es dient dazu, benachteiligte Bürger, wie zB finanziell Benachteiligte, Kranke oder anderweitig schutzbedürftige Personen zu unterstützen. Das BVerfG führt diesen Verfassungsgrundsatz sogar relativ häufig an. Sehr selten kann man allerdings erkennen, dass diesem Argument eine tragende Bedeutung zukommt. Das Sozialstaatsprinzip wird immer nur zusammen mit anderen Rechtsnormen, in der Regel Grundrechten, herangezogen. Insoweit kommt dem Sozialstaatsprinzip eine grundrechtsverstärkende Funktion zu. Das Sozialstaatsprinzip wird bei der Frage der Sittenwidrigkeit gem. § 138 BGB vor allem dann angeführt, wenn durch vertragliche Regelungen das Existenzminimum eines Vertragsteils gefährdet wird (BVerfGE 89, 214: Die Rechtsordnung könne nicht hinnehmen, dass das „Recht des Stärkeren" den Unterlegenen in eine lebenslang aussichtslose Lage bringe.).

[54] BVerfGE 89, 21 zur richterlichen Inhaltskontrolle von Bürgschaftsverträgen bei starkem Übergewicht eines Vertragspartners.

[55] Rolf Sack/Philipp S. Fischinger in Staudinger BGB § 138 Rn. 53; so sind bei der Bewertung von Wettbewerbsverboten nach § 138 BGB auch die Wertungen des GWB und des Art. 101 AEUV (ex Art. 81 EGV) zu berücksichtigen (Ulmer NJW 1979, 1585).

[56] BGHZ 142, 304: Die am Maßstab des Art. 12 GG vorgenommene Bewertung der vorliegenden Verbandsnorm steht im Übrigen in Einklang mit den Wertmaßstäben, die sich aus der in Art. 48 EGV aF (nunmehr Artikel 21 des Vertrages über die Arbeitsweise der Europäischen Union, AEUV) gewährleisteten Freizügigkeit innerhalb der Europäischen Gemeinschaft ergeben; A. Arnold in Erman, BGB, Kommentar, BGB § 138 Rn. 12a; Staudinger/Rolf Sack/Philipp S. Fischinger (2011) BGB § 138 Rn. 56; Ritter NJW 2010, 1110.

[57] OLGR Rostock 1996, 13: Maßstab für die Frage, ob der Franchise-Vertrag sittenwidrig ist, kann die EG-Verordnung vom 30.11.1988, ABl. 1988 L 359, 46 ff. sein.

[58] MüKoBGB/Armbrüster BGB § 138 Rn. 3.

[59] Rolf Sack/Philipp S. Fischinger (2011) Staudinger in BGB § 138 Rn. 58.

[60] BAGE 28, 83 zur Vorführung des Geschlechtsverkehrs auf einer Bühne; BGHZ 80, 153: § 138 BGB hat auch die Funktion, den wesentlichen Grundsätzen und grundlegenden Maßstäben der Rechtsordnung gegenüber einem Missbrauch der Vertragsfreiheit Achtung zu verschaffen. Der BGH konkretisiert diesen Ansatz dahingehend, dass der geltenden Rechtsordnung, auch unter Berücksichtigung des in verschiedenen Regelungen zum Ausdruck kommenden Verbraucherschutzgedankens, keine Grundsätze oder Maßstäbe entnommen werden können, nach der das Sittenwidrigkeitsurteil nach § 138 BGB bei Kreditgeschäften ohne jede Berücksichtigung anderer Umstände allein an die Höhe der Zinsen gebunden werden könnte; Sack WRP 1985, 1.

[61] Dies gilt insbesondere für einheitliche und gefestigte Standesauffassungen (BGHZ 22, 347 zur Nichtigkeit verlagsrechtlicher Optionsverträge); Rolf Sack/Philipp S. Fischinger in Staudinger BGB § 138 Rn. 59.

[62] Sack WRP 1985, 1 (8).

Ein Rechtsgeschäft ist erst dann sittenwidrig, wenn sein Inhalt, nämlich die erklärte oder **17** vereinbarte Rechtsfolge es ist.[63] Die Sittenwidrigkeit eines Vertrages ist nach seinem Gesamtcharakter zu beurteilen, wie er sich aus seinem Inhalt, den Beweggründen der Beteiligten und dem von ihnen verfolgten Zweck ergibt.[64] Auf die Begleitumstände, Motive, Absichten und Zwecke greift man zusätzlich dann zurück, wenn der Inhalt des Geschäfts zwar bedenklich, aber noch nicht sittenwidrig ist. Der Wuchertatbestand (§ 138 Abs. 2 BGB) demonstriert dies: Das grobe Missverhältnis zwischen Leistung und Gegenleistung ist zwar verdächtig, für sich allein aber noch nicht sittenwidrig. Erst die Ausbeutung des in die Enge getriebenen, unerfahrenen, kritiklosen oder willensschwachen Opfers stempelt das Geschäft als Wucher ab. Ausbeuten aber kann man nur mit verwerflicher Gesinnung. Beim wucherähnlichen Geschäft ist es genauso.

Der Rechtsbegriff der „guten Sitten" gem. § 138 BGB stimmt nicht mit demjenigen **18** des § 1 UWG aF[65] überein.[66] Ein Rechtsgeschäft ist nicht schon gem. § 138 BGB nichtig, weil es unter dem Einfluss eines sittenwidrigen Wettbewerbs zustande gekommen ist. Während § 138 BGB der autonomen Rechtsgestaltung beim Abschluss von Verträgen Grenzen setzt und Missbräuchen der Privatautonomie entgegenwirkt, schützte § 1 UWG aF die guten Sitten des Wettbewerbs und knüpfte an einen Verstoß – anders als § 138 BGB – gerade nicht die Rechtsfolge der Nichtigkeit, sondern die Verpflichtung zur Unterlassung und – bei Verschulden – zum Schadensersatz. Entscheidend für die Beurteilung eines Verstoßes gegen § 138 Abs. 1 BGB ist, ob das Rechtsgeschäft seinem Inhalt nach mit den grundlegenden Wertungen der Rechts- und/oder Sittenordnung unvereinbar ist. Das aber kann allein aus der wettbewerbsrechtlichen Anstößigkeit des Vorgehens nicht hergeleitet werden.[67] Gemäß § 134 BGB können allerdings Verträge nichtig sein, die zur Begehung unlauteren Wettbewerbs verpflichten. Voraussetzung hierfür ist jedoch, dass der rechtsgeschäftlichen Verpflichtung selbst das wettbewerbswidrige Verhalten innewohnt.[68]

In ähnlicher Weise beurteilen sich auch kartellrechtswidrige Abreden – horizontal wie **19** vertikal –, die nach § 1 GWB, § 134 BGB nichtig sind.

---

[63] BGHZ 107 (nichtige Klausel über Gesellschafterausschluss nach freiem Ermessen eines Gesellschafters); das BVerfG korrigiert zivilrechtliche Entscheidungen unter Rückgriff auf Art. 2 GG und das Sozialstaatsprinzip, wenn im Streitfall eine erhebliche strukturelle Unterlegenheit eines Vertragspartners vorliegt, die zu einem Vertragsabschluss geführt hat, dessen Folgen für ihn „ungewöhnlich belastend und als Interessenausgleich offensichtlich unangemessen" sind (Rolf Sack/Philipp S. Fischinger in Staudinger BGB § 138 Rn. 53).

[64] BGH WM 1981, 1128 zur fristlosen Kündigung eines Handelsvertretervertrages, der die spätere Übernahme des Handelsvertretungsunternehmens zum Gegenstand hat; LAG Rheinland-Pfalz BeckRS 2008, 51421: Die Sittenwidrigkeit eines Handelsvertretervertrages kommt nur in Betracht, wenn ein Gewinn infolge besonders harter Vertragsbedingungen in keinem Fall hätte herausgewirtschaftet werden können, so dass dem Unternehmer einseitig und unangemessen ein Vorteil zufließt, den er redlicherweise nicht beanspruchen kann.

[65] Sittenwidrige Werbung war bis zur Neufassung des UWG mit Wirkung ab 7.7.2004 verboten (§ 1 UWG aF). Der Tatbestand erforderte ein Handeln im geschäftlichen Verkehr zu Zwecken des Wettbewerbs (Wettbewerbsverhältnis) und einen Verstoß gegen die guten Sitten. Mit der Neufassung des UWG im Jahre 2004 verschwand der Begriff der sittenwidrigen Werbung aus dem Gesetz und wurde durch den der unlauteren Wettbewerbshandlung und 2008 durch den der unlauteren geschäftlichen Handlung ersetzt. Als Sittenverstoß wurden Handlungen erfasst, die dem Anstandsgefühl der verständigen Durchschnittsgewerbetreibenden widersprachen oder von der Allgemeinheit missbilligt und als untragbar angesehen wurden. Zur Konkretisierung der Generalklausel wurden in der Rechtsprechung Fallgruppen des unlauteren Kundenfangs, der individuellen sowie allgemeinen Behinderung, der Ausbeutung fremder Leistung und des Rechtsbruchs herausgearbeitet, die weitere Untergruppen typischer Wettbewerbsverstöße erfassten. (BGHZ 149, 247 und nachfolgend BVerfGE 107, 275 zum Unterlassungsanspruch gegen grob anstößige Werbemethoden, – Schockwerbung Benetton).

[66] BGH NJW 1998, 2531; BGHZ 110, 156.

[67] OLG Hamm BeckRS 2006, 00956.

[68] BGH NJW 1998, 2531 zur Sittenwidrigkeit im Zivil- und im Wettbewerbsrecht; MüKoBGB/Armbrüster § 138 Rn. 133–139.

20   **2. Maßgebender Beurteilungszeitpunkt.** Bei der Beurteilung der Sittenwidrigkeit ist auf die Verhältnisse im Zeitpunkt der Vornahme des Rechtsgeschäfts abzustellen,[69] nicht auf den der Erkenntnis der Rechtswirkungen. Ein Vertrag wird nicht sittenwidrig, wenn nachträglich ein Missverhältnis zwischen Leistung und Gegenleistung entsteht.[70] Etwas Anderes kann nur gelten, wenn das Rechtsgeschäft nachträglich geändert oder durch Zusatzvereinbarungen ergänzt wird.[71] § 138 BGB kann aber anwendbar sein, wenn eine als sicher zu erwartende künftige Erhöhung unberücksichtigt bleibt.[72]

21   Später erbrachte freiwillige Leistungen können bei der Prüfung, ob der Vertrag dem Maßstab des § 138 BGB standhält, nicht herangezogen werden. Ist ein Vertrag zum Zeitpunkt seines Abschlusses sittenwidrig und deshalb nichtig, so kann er aufgrund einer späteren Änderung der Sachlage nicht wieder wirksam werden, erst recht nicht gewissermaßen „Schritt für Schritt" durch im Laufe der Jahre erbrachte zusätzliche Leistungen des einen Vertragspartners.[73]

22   Ein Vertragspartner, der Ansprüche aus einem Vertrag, der zwar zum Zeitpunkt des Vertragsschlusses nicht nach § 138 BGB nichtig war, der aber nachträglich der beschriebenen Werteordnung widerspricht, einklagt, setzt sich dem Einwand unzulässiger Rechtsausübung aus (§ 242 BGB), denn die Rechtsordnung kann Ansprüche auf sittenwidrige Leistungen nicht zulassen.[74]

23   **3. Wandel des sittlichen Maßstabes.** Die sich aus den guten Sitten ergebenden Anforderungen unterliegen dem Wandel.[75] Ändern können sich sowohl die Grundwertung der Rechtsgemeinschaft als auch die in den beteiligten Verkehrskreisen anerkannten moralischen Anschauungen. Maßgebend für die Beurteilung des Rechtsgeschäfts sind grundsätzlich die im Zeitpunkt seiner Vornahme herrschenden Wertanschauungen. Ein zur Zeit seiner Vornahme gültiges Rechtsgeschäft wird durch einen Wandel der sittlichen Wertmaßstäbe nicht nichtig;[76] Umstandsänderungen oder Bewertungsänderungen können aber eine Anwendung des § 242 BGB (Rechtsmissbrauch) oder des § 313 BGB (Wegfall der Geschäftsgrundlage) rechtfertigen.[77]

---

[69] BGHZ 100, 353; 107, 92; 125, 26.

[70] BGHZ 123, 281; 126, 226; ein Sonderfall sind arbeitsvertragliche Vergütungsabreden. Bei ihnen ist auf die Verhältnisse im streitgegenständlichen Zeitraum und nicht auf den Zeitpunkt des Vertragsschlusses abzustellen. Eine Entgeltvereinbarung kann zum Zeitpunkt ihres Abschlusses wirksam sein, jedoch im Laufe der Zeit, wenn sie nicht an die allgemeine Lohn- und Gehaltsentwicklung angepasst wird, gegen die guten Sitten verstoßen (BAGE 118, 66; 130, 338; BGH NJW 2010, 1972 zu einer Stellenanzeige einer Anwaltskanzlei mit einem Angebot eines sittenwidrigen Einstiegsgehalts für anwaltliche Berufsanfänger).

[71] BGH WM 1977, 399; BGHZ 123, 281; BGH NJW 2012, 1570 (Berücksichtigung nachträglicher Änderungen bei der Prüfung eines auffälligen Missverhältnisses von Leistung und Gegenleistung).

[72] BGHZ 120, 272 (Prognose zur künftigen Leistungsfähigkeit).

[73] BGH GRUR 1984, 298; MüKoBGB/Armbrüster § 138 Rn. 23.

[74] BGHZ 126, 226 zur Anpassung der den Übernahmepreis regelnden Abgeltungsklausel; BGHZ 128, 230. Auch im Wege der ergänzenden Vertragsauslegung ist eine Korrektur der Vereinbarung möglich, wenn einem Vertragsteil ein unverändertes Festhalten an der vertraglichen Regelung nach den Maßstäben von Treu und Glauben nicht mehr zugemutet werden kann (OLG Frankfurt a. M. BeckRS 2013, 01842).

[75] BGH NJW 2008, 140 unter Aufgabe BGH NJW 1998, 2895 zur Sittenwidrigkeit der Entgeltforderung für Telefonsexdienstleistungen; BGHZ 151, 316. Jedenfalls im Bereich der Zivilgerichtsbarkeit verbietet sich, die Vollziehung von Urteilen wegen eines Wandels der Rechtsprechung für sittenwidrig iSd § 826 BGB zu werten. Ihr steht entgegen, dass die Berücksichtigung des Vertrauens einer Partei in die bisherige Rechtsprechung den Anspruch des Gegners auf die Anwendung des richtigen Rechts verletzen würde. Eine andere Frage ist, ob ein Rechtsprechungswandel einen der Anpassungsmechanismen auslösen kann, die das bürgerliche Recht für unvorhergesehene Einwirkungen auf bestehende Vertragsverhältnisse bereithält (BGH NJW 1989, 2129).

[76] AA Nassall in Herberger/Martinek/Rüßmann ua, jurisPK-BGB, 7. Aufl. 2014, BGB § 138 Rn. 23: Aus der Rechtsprechung zur sittenwidrigen Mithaftung vermögensloser Familienangehöriger ergebe sich vielmehr, dass ein Wandel der sittlichen Anschauungen ein zum Zeitpunkt seiner Vornahme als einwandfrei angesehenes Rechtsgeschäft sittenwidrig machen könne; diese Rechtsprechung habe zumindest in ihrer Anfangszeit durchweg Verträge betroffen, die zu Zeitpunkten abgeschlossen worden waren, zu denen sie als völlig unbedenklich gegolten hätten.

[77] BGHZ 126, 226 zur Anpassung der den Übernahmepreis regelnden Abgeltungsklausel.

4. Gesamtnichtigkeit ex tunc. Nach § 138 BGB ist ein sittenwidriges Rechtsgeschäft **24** grundsätzlich mit Wirkung ex tunc nichtig, also von Beginn an.[78] Ausnahmen von dem Grundsatz gelten nur für bereits vollzogene Arbeitsverträge[79] und Gesellschaftsverträge[80], bei denen die Nichtigkeit idR mit Wirkung ex nunc eintritt (sog. faktische Vertragsverhältnisse).

Nach § 138 BGB ist ein sittenwidriges Rechtsgeschäft zudem grundsätzlich in seinem **25** gesamten Umfang[81] nichtig. Wegen des mit § 138 BGB verfolgten Straf- und Abschreckungszwecks[82] sind nach gefestigter Rechtsprechung grundsätzlich weder § 140 BGB (Umdeutung) noch § 139 BGB (Teilnichtigkeit) anwendbar, um das Rechtsgeschäft aufrechtzuerhalten, soweit es nicht gegen die „guten Sitten" verstößt.[83] Hierfür spricht bereits der Wortlaut von § 138 Abs. 1 BGB: Im Gegensatz zu der gesetzlichen Nichtigkeit gem. § 134 BGB[84] wird angeordnet: „Ein Rechtsgeschäft, das gegen die guten Sitten verstößt, ist nichtig."[85] Zudem richtet sich der Vorwurf der Sittenwidrigkeit regelmäßig gegen den gesamten Gehalt des jeweiligen Rechtsgeschäfts, sei es wegen des Inhalts des Vereinbarten, sei es wegen der besonderen Art und Weise seines Zustandekommens.[86] Der wahre Grund für die Totalnichtigkeit eines Rechtsgeschäfts gem. § 138 BGB liegt jedoch in der Rechtsmoral begründet: Bei sittenwidrigen Rechtsgeschäften würde das Risiko der gesetzlich angeordneten Nichtigkeitssanktion entfallen, wenn der Begünstigte damit rechnen könnte, durch gerichtliche Festsetzung schlimmstenfalls das zu bekommen, was die Parteien nach Auffassung des Gerichts bei redlicher Denkweise als gerechten Interessenausgleich akzeptieren.[87]

Die Strafaktion des § 138 BGB ist nicht geboten, wenn die bei einem besonders groben **26** Missverhältnis zwischen Leistung und Gegenleistung bestehende tatsächliche Vermutung für eine verwerfliche Gesinnung des Begünstigten erschüttert ist.[88] Nur ausnahmsweise

---

[78] MüKoBGB/Armbrüster § 138 Rn. 157; Rolf Sack/Philipp S. Fischinger in Staudinger BGB § 138 Rn. 17.

[79] BAGE 5, 58; Rolf Sack/Philipp S. Fischinger in Staudinger BGB § 138 Rn. 124 f.

[80] BGHZ 55, 5; Rolf Sack/Philipp S. Fischinger in Staudinger BGB § 138 Rn. 124 und Rn. 126 f.

[81] BGH NJW 1989, 26 zum treuwidrigen kollusiven Zusammenwirken zwischen Vertreter einer Vertragspartei und Vertragsgegner mit der Folge der Nichtigkeit von Absprache und Hauptgeschäft.

[82] So die Begründung in den Motiven zum BGB; ähnlich die gesetzliche Wertung in § 817 S. 2 BGB. Es handelt sich dabei jedoch weniger um eine „Strafe" für sittenwidriges Verhalten, als vielmehr um die „Präventivfunktion" von § 138 BGB (MüKoBGB/Armbrüster § 138 Rn. 2). Damit gewährleistet § 138 BGB nicht nur eine gewissermaßen rückwirkenden Rechtsschutz, sondern steuert das Verhalten der Parteien idealiter schon von Anfang an in die „richtigen" Bahnen (Rolf Sack/Philipp S. Fischinger in Staudinger BGB § 138 Rn. 2). Für diese Sicht spricht, dass die Anwendung des § 138 Abs. 1 BGB weder das Vorliegen einer Schädigungsabsicht, noch das Bewusstsein der Sittenwidrigkeit erfordert (BGH NJW 1988, 1373; 1993, 1587).

[83] BGHZ 68, 204; Arnold in Erman, BGB, Kommentar, BGB § 138 Rn. 29.

[84] Ein Rechtsgeschäft, das gegen ein gesetzliches Verbot verstößt, ist nichtig, wenn sich nicht aus dem Gesetz ein anderes ergibt.

[85] Der Gesetzgeber hat trotz der Kritik in der Literatur an der Rechtsfolge der Totalnichtigkeit an § 138 Abs. 1 BGB festgehalten und sie damit gebilligt: Bis zum 31.8.1976 hatte § 138 Abs. 2 BGB folgenden Wortlaut: „Nichtig ist insbesondere ein Rechtsgeschäft, durch das Jemand unter Ausbeutung der Notlage, des Leichtsinns oder der Unerfahrenheit eines Anderen sich oder einem Dritten für eine Leistung Vermögensvorteile versprechen oder gewähren läßt, welche den Werth der Leistung dergestalt übersteigen, daß den Umständen nach die Vermögensvorteile in auffälligem Mißverhältnisse zu der Leistung stehen.": § 138 Abs. 1 BGB blieb unverändert (Art. 3 Erstes Gesetz zur Bekämpfung der Wirtschaftskriminalität (1.WiKG) v. 29.7.1976, BGBl. 1976 I 2034 ff.).

[86] BGHZ 68, 204; BGH NJW 1986, 2944.

[87] BGHZ 146, 37; BGH NJW 2009, 1135 zur Aufspaltung einer sittenwidrigen Vertragsklausel in einen wirksamen und einen unwirksamen Teil.

[88] BGH NJW 2002, 3165: Die im Fall des entgeltlichen Erwerbs eines Grundstücks bei einem besonders groben Missverhältnis zwischen Leistung und Gegenleistung bestehende tatsächliche Vermutung für eine verwerfliche Gesinnung des Begünstigten ist erschüttert, wenn sich die Vertragsparteien in sachgerechter, eine Übervorteilung regelmäßig ausschließender Weise um die Ermittlung eines den Umständen nach angemessenen Leistungsverhältnisses bemüht haben; BGH NJW 2004, 3553 zur tatrichterlichen Prüfung einer verwerflichen Gesinnung bei einem auffälligen Missverhältnis zwischen der vereinbarten und der marktüblichen Miete oder Pacht; BGH NJW 2002, 55 zur Feststellung eines auffälligen Missverhältnisses zwischen Leistung und Gegenleistung und Annahme der verwerflichen Gesinnung.

kommt eine Aufspaltung in einen wirksamen und einen unwirksamen Teil entsprechend § 139 BGB in Betracht, wenn konkrete, über allgemeine Billigkeitserwägungen hinausgehende Anhaltspunkte den Schluss rechtfertigen, dass die Aufspaltung dem entspricht, was die Parteien bei Kenntnis der Nichtigkeit ihrer Vereinbarung geregelt hätten.[89]

27   Von der undifferenzierten Folge der generellen Nichtigkeit muss insbesondere in den Fällen abgewichen werden, wenn der Vertragteil, der durch § 138 BGB geschützt werden soll, nicht hinnehmbare Nachteile erleiden würde. Insbesondere unter Zuhilfenahme der §§ 139, 242 BGB können dann sittenwidrige Geschäfte unter Zurückführung von Vertragspflichten auf ein mit den guten Sitten vereinbares Maß aufrechterhalten werden.[90]

28   **a) Geltungserhaltende Auslegung.** Bevor § 138 BGB angewandt wird, ist das Rechtsgeschäft gem. §§ 157, 242 BGB auszulegen. Wenn die Auslegung ergibt, dass ein Rechtsgeschäft entgegen dem ersten Anschein die Schranken des sittlich Erlaubten einhält, ist § 138 BGB unanwendbar.[91] Bei Auslegungsalternativen sollte die Möglichkeit gewählt werden, die einen Sittenverstoß vermeidet.[92] Auch einer nach „Treu und Glauben" (§ 242 BGB) möglichen Korrektur oder Ergänzung des Rechtsgeschäfts wird nach dem Prinzip der Verhältnismäßigkeit regelmäßig der Vorzug zu geben sein, wenn dadurch ein Sittenverstoß mit der scharfen Folge der Nichtigkeit entfällt. Soweit übermäßige Beschränkungen gemäß §§ 242, 314 BGB auf ein vertretbares Maß herabgesetzt werden können (Einwand unzulässiger Rechtsausübung, Kündigungsrecht aus wichtigem Grund), ist § 138 BGB nicht anzuwenden. Erst recht gilt das, wenn das Gesetz selbst eine Möglichkeit vorsieht, eine unangemessene Verpflichtung auf ein angemessenes Maß zurückzuführen wie etwa bei der Vertragsstrafe (§ 343 BGB).

29   **b) Umdeutung.** Nur in bestimmten Einzelfällen können sittenwidrige Geschäfte unter Zuhilfenahme der §§ 139, 242 BGB unter Zurückführung von Vertragspflichten auf ein mit den guten Sitten vereinbares Maß aufrechterhalten werden. Dies ist insbesondere bei langfristigen Lieferverträgen oder bei Wettbewerbsverboten der Fall, die oftmals unter Verminderung sittenwidriger Verpflichtungen auf ein sachlich, örtlich und zeitlich vertretbares Maß aufrechterhalten werden.[93] Gleiches gilt für die Aufrechterhaltung von Wohnungsmiet- bzw. Arbeitsverträgen unter Veränderung der Entgelte bei Mietwucher und beim Lohnwucher.[94] Stets abgelehnt worden ist bislang die Zurückführung sittenwidrig hoher Darlehenszinsen oder Kaufentgelte auf ein vertretbares Maß.[95]

30   **c) Teilnichtigkeit.** Nach § 139 BGB bewirkt die Nichtigkeit eines Vertragsbestandteils regelmäßig die Nichtigkeit des Gesamtvertrages, es sei denn, dass sich der Sittenverstoß auf einen eindeutig abtrennbaren Teil der Gesamtvereinbarung bezieht und dass die Aufrechterhaltung des „Restvertrages" ohne den sittenwidrigen Teil dem erklärten oder mutmaßlichen Willen beider Vertragsparteien entspricht.[96] Nach der Zielsetzung der Norm ist sie aber grundsätzlich auch dann anwendbar, wenn die Vertragschließenden an Stelle der

---

[89] BGHZ 107, 351: Eine gesellschaftsvertragliche Bestimmung, die einem Gesellschafter das Recht einräumt, einen oder mehrere Mitgesellschafter nach freiem Ermessen aus der Gesellschaft auszuschließen, und wegen dieses Inhalts grundsätzlich nichtig ist, kann insoweit wirksam sein, als sie die Ausschließung aus wichtigem Grund zulässt; BGH NJW 2009, 1135 zur Aufspaltung einer sittenwidrigen Vertragsklausel in einen wirksamen und einen unwirksamen Teil.

[90] BGH NJW 2006, 1059; Arnold in Erman, BGB, Kommentar, BGB § 138 Rn. 30.

[91] BGH NJW-RR 1988, 39.

[92] Vgl. etwa BGH NJW 1952, 344: Aus der übermäßigen Dauer eines Bierabnahmevertrages kann dessen Sittenwidrigkeit nicht hergeleitet werden, wenn der Gastwirt gemäß § 242 BGB eine Herabsetzung der Bierbezugspflicht verlangen kann; Arnold in Erman, BGB, Kommentar, BGB § 138 Rn. 2.

[93] BGH NJW 1997, 3089 zur Sittenwidrigkeit eines nachvertraglichen Wettbewerbsverbots im Gesellschaftsvertrag wegen Unangemessenheit und zur Frage der geltungserhaltenden Reduktion.

[94] BGH NJW 2006, 1059.

[95] BGHZ 44, 158; 68, 204; BGH NJW 1994, 1275.

[96] OLG Naumburg NJW-RR 2006, 421 zur Sittenwidrigkeit eines Steuerberatungspraxisübernahmevertrages.

unwirksamen Regelung, hätten sie die Nichtigkeit von Anfang an gekannt, eine andere auf das zulässige Maß beschränkte vereinbart hätten und sich der Vertragsinhalt in eindeutig abgrenzbarer Weise in den nichtigen Teil und den von der Nichtigkeit nicht berührten Rest aufteilen lässt.[97]

Die Anwendung des § 139 BGB auf sittenwidrige Rechtsgeschäfte in Einzelfällen steht **31** nicht in Widerspruch zum Schutzgedanken des § 138 BGB. Zwar dürfen sittenwidrige Rechtsgeschäfte für den Gläubiger nicht das Risiko verlieren, mit dem sie durch die gesetzlich angeordnete Nichtigkeitssanktion behaftet sind; das wäre aber der Fall, wenn der sittenwidrig handelnde Gläubiger im Allgemeinen damit rechnen könnte, schlimmstenfalls durch gerichtliche Festsetzung das zu bekommen, was gerade noch rechtlich vertretbar und damit sittengemäß ist.[98] Sittenwidrige und vor allem wucherische Rechtsgeschäfte sind daher grundsätzlich als Einheit zu werten und dürfen auch nicht durch eine geltungserhaltende Reduktion oder Umdeutung iSd § 140 BGB mit einem zulässigen Inhalt aufrechterhalten werden.[99]

Nur in bestimmten Einzelfällen ist unter Zuhilfenahme der §§ 139, 242 BGB die **32** Aufrechterhaltung sittenwidriger Geschäfte unter Zurückführung von Vertragspflichten auf ein mit den guten Sitten vereinbares Maß geboten.[100] Dies ist insbesondere bei langfristigen Lieferverträgen oder Wettbewerbsverboten durch Verminderung sittenwidriger Verpflichtungen auf ein sachlich, örtlich und zeitlich vertretbares Maß geboten.[101] Insbesondere werden Wohnungsmietverträge und Arbeitsverträge unter Veränderung der Entgelte bei Mietwucher[102] und beim Lohnwucher[103] aufrechterhalten, soweit dies der Schutz des Mieters bzw. Arbeitnehmers erforderlich macht. Für die Fälle des Miet-/Pachtwuchers und der wucherähnlichen Überhöhung von Miete/Pacht für gewerbliche Räume hat die Rechtsprechung bisher keine Teilnichtigkeit angenommen.[104] Stets abgelehnt worden ist bislang die Zurückführung sittenwidrig hoher Darlehenszinsen oder Kaufentgelte auf ein vertretbares Maß.[105]

d) Bestätigung. Nach § 141 Abs. 1 BGB kann man das nichtige Rechtsgeschäft nicht **33** eigentlich „bestätigen", sondern nur neu schließen (§ 141 Abs. 1 BGB).[106] „Bestätigung" bedeutet hier Neuvornahme und wirkt nicht zurück.[107] Nach der Auslegungsregel des § 141 Abs. 2 BGB sollen sich die Vertragspartner jedoch schuldrechtlich so stellen, als wäre der Vertrag von Anfang an gültig gewesen.[108] Die Neuvornahme muss alle Voraussetzungen

---

[97] BGHZ 107, 351 Aufspaltung einer Klausel über Gesellschafterausschluss in einen nichtigen Teil (Ausschluss nach freiem Ermessen) und einen wirksamen Teil (Ausschluss aus wichtigem Grund); BGHZ 146, 37 zur Ehegattenmithaftung aus Umschuldungsdarlehen.

[98] BGHZ 68, 204: Keine Umdeutung eines wegen sittenwidriger Übervorteilung nichtigen Rechtsgeschäfts; NJW 1979, 1605 f.

[99] BGHZ 68, 204; BGH NJW 2000, 1182.

[100] BGH NJW 1987, 2014: Soweit einem einheitlichen abstrakten Schuldanerkenntnis als Kausalgeschäfts trennbare Einzelverträge zugrunde liegen und soweit von den Parteien über Teilbeträge auch Teilschuldanerkenntnisse vereinbart worden wären, die nicht gegen § 138 Abs. 1 BGB verstoßen hätten, kann die Nichtigkeit betragsmäßig begrenzt werden. Der Sachverhalt einer derartigen Teilbarkeit des Geschäfts ist nicht mit den Fällen zu vergleichen, in denen es – mit Recht – abgelehnt wird, eine einheitliche Leistung, die wegen ihrer Höhe sittenwidrig ist, gerichtlich auf das gerade noch tragbare Maß zurückzuführen.

[101] Zu den Grenzen BGH NJW 1997, 3089.

[102] BGH NJW 2006, 1059 (unangemessene Benachteiligung des Mieters durch dessen einseitigen Verzicht auf sein ordentliches Kündigungsrecht).

[103] Rechtsfolge des Verstoßes gegen § 138 Abs. 1 BGB ist ein Anspruch auf die übliche Vergütung nach § 612 Abs. 2 BGB: BAGE 118, 66; BAG NZA 2016, 494; LAG Berlin-Brandenburg BeckRS 2016, 68134.

[104] BGH NJW-RR 2006, 16.

[105] BGHZ 44, 158; 68, 204; BGH NJW 1994, 1275.

[106] Das unwirksame Rechtsgeschäft kann von den Parteien nicht geändert oder ergänzt, sondern muss unter Änderungen oder Ergänzungen neu geschlossen werden (BGHZ 129, 371; BGH NJW 2012, 1570; Schwab JuS 2012, 1027).

[107] BGH NJW 1999, 3704; BAGE 113, 75; A. Arnold in Erman, BGB, Kommentar, BGB § 141 Rn. 6.

[108] BGHZ 32, 11: Heilung des Formfehlers nach § 313 S. 2 BGB aF, jetzt: § 311b Abs. 1 S. 2 BGB; BGH NJW 1979, 1985 allerdings kein rückwirkender Verzugseintritt bei Formmangelheilung eines Grundstückskaufvertrags.

des Geschäfts erfüllen und den Nichtigkeitsgrund vermeiden.[109] Das formfreie Geschäft kann man ebenso formfrei durch schlüssiges Verhalten bestätigen.[110] Ein nichtiges Geschäft „bestätigt" aber nur derjenige, der mit der Nichtigkeit wenigstens rechnet.[111] Sittenwidrige Rechtsgeschäfte können gem. § 141 BGB nur dann „bestätigt" werden, wenn die Gründe für die Sittenwidrigkeit weggefallen sind.[112] Ein wucherisches Geschäft kann nach Wegfall der subjektiven Voraussetzungen bestätigt werden.[113] Solange der Tatbestand der Sittenwidrigkeit erfüllt bleibt, ist allerdings keine Bestätigung des sittenwidrigen Vertrags möglich.[114]

34   **e) Heilung.** Eine Heilung des sittenwidrigen Geschäfts durch Zeitablauf oder Verwirkung der Geltendmachung der Nichtigkeit ist ausgeschlossen.[115] Eine Schuldumschaffung ist keine „Heilung", da bei einer Schuldumschaffung (Novation) der alte Vertrag erlischt und ein neuer Vertrag mit neuem Inhalt entsteht und der ursprüngliche – einschließlich aller Sicherungsrechte – erlischt.[116] Ob ein Vergleich über ein sittenwidriges Geschäft rechtswirksam oder ebenfalls wegen Verstoßes gegen die guten Sitten nichtig ist, ist für den nachfolgenden Vertrag gesondert zu prüfen. Die Voraussetzungen dafür sind nicht dieselben wie die, welche die Nichtigkeit des früheren Vertrages zur Folge hatten. Insbesondere braucht der Vergleich nicht schon deshalb nichtig zu sein, weil der Bewucherte die ihm durch den ersten Vertrag auferlegte Leistung durch den Vergleich ganz oder teilweise bestätigend anerkennt. Die Nichtigkeit des Vergleichs hängt vielmehr davon ab, ob auch zwischen den durch ihn festgesetzten beiderseitigen Leistungen ein auffälliges Missverhältnis besteht und beim Abschluss auch des Vergleichs der eine Teil die Notlage, den Leichtsinn oder die Unerfahrenheit des anderen Teils ausgebeutet (§ 138 Abs. 2 BGB) oder sonst in besonders verwerflicher Gesinnung gehandelt hat (§ 138 Abs. 1 BGB).[117]

35   **5. Einwand der unzulässigen Rechtsausübung.** Die Geltendmachung der Nichtigkeit eines gegen die guten Sitten verstoßenden Geschäfts kann idR nicht rechtsmissbräuchlich (§ 242 BGB) sein; andernfalls bestünde die Gefahr, dass das anstößige Geschäft auf dem Umweg über Treu und Glauben im Ergebnis doch wieder als wirksam zu behandeln wäre.[118] Da die Beteiligten grundsätzlich nicht an einem sittenwidrigen Rechtsgeschäft festgehalten werden sollen, bleibt für den Einwand der unzulässigen Rechtsausübung nur in

---

[109] BGHZ 11, 59; 110, 235; BGH NJW 2012, 1570: Um einem nach § 138 Abs. 1 BGB nichtigen Vertrag Rechtswirksamkeit zu verschaffen, müssen sich die Parteien nicht nur über die zur Beseitigung des Nichtigkeitsgrunds erforderlichen Änderungen oder Ergänzungen verständigen, sondern auch das Geschäft nach § 141 Abs. 1 BGB bestätigen oder insgesamt neu abschließen (Aufgabe von BGH NJ 2001, 534). Dient ein Ratenkreditvertrag ganz oder teilweise der Ablösung eines von den Parteien für wirksam gehaltenen früheren Kreditvertrages, führt zwar die Sittenwidrigkeit des früheren Vertrages allein nicht zur Nichtigkeit des neuen Vertrages nach § 138 Abs. 1 BGB; dem Kreditgeber stehen aber nach § 242 BGB aus dem neuen Vertrag nur die Ansprüche zu, die ihm bei Kenntnis und Berücksichtigung der Nichtigkeit des früheren Vertrages billigerweise auch eingeräumt worden wären (BGHZ 99, 333; BGH WM 2002, 955). Zu Folgeverträgen nach nichtigen Erstverträgen: Rolf Sack/Philipp S. Fischinger in Staudinger BGB § 138 Rn. 285 ff.
[110] BGHZ 11, 59; BGH NJW 1971, 1795; die Erfüllung des nichtigen Geschäfts allein genügt nicht, um von einer Bestätigung auszugehen.
[111] BGH NJW 1982, 1981 (Bestätigung eines nichtigen Ratenzahlungskreditvertrages); BGHZ 110, 235 (der Bestätigende muss zumindest Zweifel an der Wirksamkeit des Rechtsgeschäfts haben); BGHZ 129, 371 (Getränkebezugsvertrag, mit Mängeln der Widerrufsbelehrung); BGH NJW 1987, 1698: Ein „Nichtgeschäft" kann man nicht bestätigen; BGH NJW 2012, 1570 (Erforderlichkeit eines Neuabschlusses des nichtigen Geschäfts); BAGE 27, 331 (zur „Bestätigung" einer nichtigen Kündigung); OLG Frankfurt a. M. BeckRS 2015, 09132 (zur Genehmigung bzw. Bestätigung eines Darlehensvertrags durch Umschuldung während des anhängigen Rechtsstreits).
[112] BGH NJW 2012, 1570; 1982, 1981; 1997, 52; BGHZ 60, 12.
[113] Arnold in Erman, BGB, Kommentar, BGB § 141 Rn. 5.
[114] BGHZ 60, 102 zu den Rechtsfolgen arglistiger Konnossementausstellung; BGH NJW 1982, 1981 zur Bestätigung eines nichtigen Ratenzahlungskreditvertrages.
[115] Arnold in Erman, BGB, Kommentar, BGB § 138 Rn. 32.
[116] BGH NZM 2013, 545 zur Abgrenzung zwischen Vertragsänderung und Novation.
[117] BGH NJW 1963, 1197; WM 1966, 1221.
[118] Dirk Olzen/Dirk Looschelders in Staudinger BGB § 242 Rn. 490.

besonders gelagerten Ausnahmefällen Raum.[119] Entscheidend ist, ob die Nichtigkeit zu Ergebnissen führt, welche der Billigkeit (im Sinne von Individualgerechtigkeit) widersprechen.[120] Es geht darum, die Unwirksamkeit eines Rechtsgeschäfts mit Rücksicht auf Treu und Glauben zu überwinden und dem Gläubiger auf diese Weise einen an sich nicht gegebenen Anspruch zu gewähren.[121] Eine solche Ausnahme kann zB bei einem einseitigen Sittenverstoß in Betracht kommen, wenn sich der anstößig Handelnde zum Nachteil eines anderen Beteiligten auf die Nichtigkeit beruft,[122] oder auch bei einem nicht besonders gravierenden beiderseitigen Sittenverstoß, wenn die Beteiligten ein anstößiges Dauerschuldverhältnis bereits geraume Zeit durchgeführt haben, bevor der eine Teil seine auf die Vergangenheit entfallende Gegenleistung unter Berufung auf die anfängliche (ex tunc) Nichtigkeit des Geschäfts verweigert.[123]

6. Rückabwicklung. Bei Verstößen gegen das Wucherverbot des § 138 Abs. 2 BGB **36** trifft die Nichtigkeitssanktion nicht nur die Verpflichtungsgeschäfte, sondern auch die Erfüllungsgeschäfte.[124] Dies folgert man aus dem Tatbestandsmerkmal „oder gewähren lässt". Die Nichtigkeit erfasst auch die Bestellung von Sicherheiten durch den Bewucherten und seine Leistungen erfüllungshalber, zB die Hingabe eines Schecks oder Wechsels.[125] Ist das Verfügungsgeschäft gem. § 138 BGB nichtig, bestehen neben den Ansprüchen aus ungerechtfertigter Bereicherung auch dingliche Ansprüche (zB § 985 BGB).

Wenn ein Verpflichtungsgeschäft sittenwidrig ist, so erfasst die Nichtigkeitssanktion des **37** § 138 Abs. 1 BGB grundsätzlich nur dieses Verpflichtungsgeschäft, nicht jedoch ohne weiteres und in jedem Fall – anders als bei § 138 Abs. 2 BGB – auch die Erfüllungsgeschäfte.[126] Das gilt auch für wucherähnliche Geschäfte im Sinne von § 138 Abs. 1 BGB, weil das Äquivalenzmissverhältnis allein das Kausalgeschäft betrifft.[127] Das kausale Verpflichtungsgeschäft bildet mit dem abstrakten[128] Erfüllungsgeschäft grundsätzlich kein einheitliches Geschäft (Trennungsprinzip). Das Erfüllungsgeschäft kann jedoch nichtig sein, wenn es seinerseits sittenwidrig ist, insbesondere wenn die Sittenwidrigkeit gerade im Vollzug der Erfüllungsleistung liegt oder, wenn mit dem Erfüllungsgeschäft ein sittenwidriger Zweck verfolgt wird.[129] Verstößt nur das Verpflichtungsgeschäft gegen die guten Sitten, kommt ein Ausgleich nach Bereicherungsrecht (§§ 812 ff. BGB) in Betracht. Ein Bereicherungsanspruch kann aber durch § 817 S. 2 BGB ausgeschlossen sein.

[119] BGH NJW 1981, 1439.

[120] Die individuellen Interessen des Benachteiligten haben jedoch auch bei § 138 BGB eigenständige Bedeutung. Dies zeigt nicht zuletzt die Rechtsprechung des BVerfG zur verfassungsrechtlichen Notwendigkeit eines Schutzes der strukturell schwächeren Partei (BVerfGE 89, 214), die von den Zivilgerichten auf der Grundlage des § 138 Abs. 1 BGB umgesetzt wird (Dirk Olzen/Dirk Looschelders in Staudinger BGB § 242 Rn. 493).

[121] Dirk Olzen/Dirk Looschelders in Staudinger BGB § 242 Rn. 492.

[122] BGH WM 1972, 486; MDR 1967, 102.

[123] BGH NJW 1981, 1439.

[124] BGH WM 1984, 1545; NJW 1994, 1275.

[125] BGH NJW 1982, 2767; 1994, 1275.

[126] BGH NJW 1973, 613; 1988, 2362 (wirksame Eigentümerverbotsdienstbarkeit trotz sittenwidriger Bindungsdauer des mit der späteren Grundstücksveräußerung verbundenen Bezugsvertrags); BGH NJW 1988, 2364 zu einer (beschränkten persönlichen) Dienstbarkeit in einem Bierbezugsvertrag; BGH NJW-RR 1989, 519 zur Wirksamkeit einer Sicherungsdienstbarkeit im Zusammenhang mit Ausschließlichkeitsbindung; OLG Köln ZIP 1999, 2092 ff.: Die Nichtigkeit des Darlehensvertrages hat auch die Nichtigkeit der Grundschuldbestellung zur Folge (§ 138 Abs. 2 BGB).

[127] BGHZ 146, 298 zu einem wucherähnlichen Grundstücksgeschäft.

[128] Das Abstraktionsprinzip besagt, dass Verpflichtungsgeschäft und Verfügungsgeschäft rechtlich unabhängig voneinander zu behandeln sind.

[129] BGHZ 19, 12 zur Sittenwidrigkeit einer Forderungsabtretung; BGH NJW 1973, 613 zum Grundstückserwerb von einem geschäftsunfähigen und zu Unrecht eingetragenem Nichteigentümer; BGH WM 1984, 1545: Die Sittenwidrigkeit des schuldrechtlichen Grundgeschäfts schlägt bei Wucher ausnahmsweise auf das dingliche Erfüllungsgeschäft durch; BGH NJW 1985, 3006; 1988, 2364 zu einer unbedingten und unbefristeten Verbotsdienstbarkeit zur Absicherung oder Erreichung einer Getränkebezugsverpflichtung; BGH NJW-RR 1989, 519 zur Wirksamkeit einer Sicherungsdienstbarkeit in Zusammenhang mit Ausschließlichkeitsbindung.

38   Sittenwidrige Absatzverträge sind regelmäßig ex tunc nichtig und damit gem. §§ 812 ff. BGB rückabzuwickeln, und zwar entsprechend der Saldotheorie.[130] Beide Vertragspartner müssen empfangene Leistungen zurückgewähren.

V. Fallgruppen der Sittenwidrigkeit

39   Bei dem in § 138 Abs. 2 BGB geregelten Wuchergeschäft handelt es sich um einen Spezialfall eines gegen die guten Sitten verstoßenden Rechtsgeschäfts; deshalb ist § 138 Abs. 2 BGB vor § 138 Abs. 1 BGB zu prüfen. Liegen die Voraussetzungen des § 138 Abs. 2 BGB vor, ist die zusätzliche Prüfung des § 138 Abs. 1 BGB entbehrlich. Ist der Wuchertatbestand hingegen nicht erfüllt, ist weiter zu prüfen, ob das Rechtsgeschäft iSd § 138 Abs. 1 BGB gegen die guten Sitten verstößt. Für die Bejahung der Sittenwidrigkeit ist dann das Vorliegen weiterer – in § 138 Abs. 2 BGB nicht geregelter – Umstände erforderlich.[131]

40   Gesetzliche Generalklauseln – wie § 138 Abs. 1 BGB – sind nur über Fallgruppen fassbar, die freilich keine festen Tatbestände haben, sondern nach allen Seiten offen sind und fließend ineinander übergehen.[132] Dementsprechend legt sich die Rechtsprechung nie auf einen Aspekt fest, sondern zieht sich stets auf den „Gesamtcharakter" des Rechtsgeschäfts zurück.

41   Eine Fallgruppe bilden diejenigen Geschäfte, die schon ihrem Inhalt nach sittenwidrig sind. Entweder verträgt sich schon die vertragliche Bindung nicht mit den guten Sitten, oder sie ist maßlos, oder das vereinbarte Verhalten ist sittenwidrig, oder seine Verknüpfung mit einem Entgelt erregt Anstoß.[133] Die zweite Gruppe besteht aus denjenigen Geschäften, die unter anstößigen Begleitumständen zustande kommen oder anstößige Zwecke verfolgen. Gesetzliches Musterbeispiel ist der Wucher. Ihm verwandt ist das wucherähnliche Geschäft,[134] vor allem der sittenwidrige Ratenkredit.[135] Hierher gehören auch der sittenwidrige Geschäftszweck[136] und der schwere Verstoß gegen Standesrecht.[137]

42   **1. Der Wucher.** Der Wucher ist ein gesetzliches Beispiel für das sittenwidrige Geschäft (§ 138 Abs. 2 BGB: „insbesondere"). Er setzt ein auffälliges Missverhältnis zwischen Leistung und Gegenleistung, eine besondere Schwäche des Opfers[138] sowie die Ausbeutung dieser Schwäche durch den Wucherer voraus. Beim Handelsvertretervertrag fällt der Nachweis schwer, dass der Vertrag aufgrund einer besonderen Schwäche des Opfers und der Ausbeutung dieser Schwäche durch den Wucherer geschlossen wurde. Unzureichende Verdienstmöglichkeiten werden unter dem Stichwort „Hungerlohn" abgehandelt, da diese Fallgruppe in ihren Voraussetzungen flexibler ist als Wucher. Deshalb findet der Tatbestand des Wuchers auf Handelsvertreterverhältnisse nur in Ausnahmefällen Anwendung. So hatte

---

[130] OLG Dresden NJW-RR 1996, 1013.

[131] BGH NJW 1951, 397 zur Nichtigkeit eines Vergleichs wegen Sittenwidrigkeit; Arnold in Erman, BGB, Kommentar, BGB § 138 Rn. 39.

[132] LG Düsseldorf WuW 2003, 71.

[133] BGHZ 94, 268 – Schmiergeldvermittlung.

[134] BGHZ 146, 298 – Wucherähnliches Grundstücksgeschäft; BGH NJW 2014, 1652 – Sittenwidrigkeit eines Grundstückskaufvertrages.

[135] BGHZ 110, 336.

[136] BGH ZEuP 2013, 659 (Beteiligung an einem sittenwidrigen Geschäftsmodell).

[137] BGH NJW 2003, 3692 zur Wirksamkeit eines verbotswidrig unter Umgehung des gegnerischen Anwalts zustande gekommenen Vertrags; BGH NJW 1999, 2360 zur Standes- bzw. Sittenwidrigkeit eines Maklervertrags zur Vermittlung von Aufträgen an einen Architekten.

[138] Das Gesetz verlangt wahlweise eine Zwangslage, eine Unerfahrenheit, einen Mangel an Urteilsvermögen oder eine erhebliche Willensschwäche des Vertragspartners. Wie die Zwangslage beschaffen sein muss, wird in § 138 Abs. 2 nicht definiert. Sollte „Zwangslage" nur die wirtschaftliche Zwangslage meinen, ist die Ausbeutung jeder anderen Zwangslage nach § 138 Abs. 1 sittenwidrig. Unerfahrenheit ist Mangel an Lebens- und Geschäftserfahrung, schon Mangel an speziellen Berufs- und Geschäftskenntnissen. Urteils- und Willensschwäche sind Vorstufen zur Geschäftsunfähigkeit. Die Urteilskraft fehlt dann, wenn man die Vor- und Nachteile des Geschäfts nicht abwägen kann, während die Willensschwäche daran hindert, der richtigen Einsicht zu folgen.

das LG Paderborn im Zusammenhang mit einem Handelsvertretervertrag die Erfüllung des Wuchertatbestandes hilfsweise angenommen, in dem einem Vertreter gegen Zahlung von 3.420 DM die Befugnis eingeräumt wurde, gegen Provision in einem bestimmten Bezirk mit gastronomischen Betrieben Verträge über Werbung auf den Innenseiten von Toilettentüren abzuschließen.[139] Zugleich hatte der Unternehmer die finanzielle Notsituation der Handelsvertreterin und ihre schlechte körperliche Verfassung zum Zeitpunkt des Vertragsabschlusses ausgenutzt. Es liegt auf der Hand, dass sie unter diesen Umständen für die von dem Unternehmer angepriesene Idee leicht empfänglich war und die aussichtslose Verdienstmöglichkeit in ihrer Notlage verkannte.

2. Das wucherähnliche Geschäft. Ein Rechtsgeschäft, das die Voraussetzungen des **43** Wuchers nicht vollständig erfüllt,[140] ist allein deshalb noch nicht unbedenklich, sondern kann immer noch nach § 138 Abs. 1 BGB sittenwidrig sein. Denn der Wucher ist kein abgeschlossener Tatbestand, sondern nur ein krasses Beispiel für § 138 Abs. 1 S. 1 BGB.[141] Solche Umstände können sich sowohl aus den Vorgängen und Verhältnissen beim Vertragsschluss als auch aus Inhalt, Zweck oder Beweggründen des Rechtsgeschäfts allein oder aus dem Gesamtbild ergeben.[142] Durch derartige Umstände kann es zu einem wucherähnlichen Geschäft sogar auch dann kommen, wenn das Missverhältnis nicht auffällig ist.[143] Subjektiv ist zudem stets erforderlich, dass der durch das Missverhältnis Begünstigte in verwerflicher Gesinnung gehandelt hat.[144] Vorsatz oder bewusstes Ausnutzen der schwächeren Position des anderen Teils ist dazu nicht erforderlich; es genügt, dass sich der Begünstigte leichtfertig der Einsicht in die Verwerflichkeit seines Handelns verschließt.[145] Im Streitfall ist das grundsätzlich von dem zu beweisen, der sich auf Sittenwidrigkeit beruft.[146] Bei einem objektiv besonders groben oder krassen Missverhältnis von Leistung und Gegenleistung erleichtert die Rechtsprechung – jedenfalls zugunsten von benachteiligten Privatpersonen – die Beweisführung durch eine widerlegliche tatsächliche Vermutung der verwerflichen Gesinnung des durch das Geschäft Begünstigten.[147]

a) Provisionsvorschüsse.[148] Der Handelsvertreter hat mit der Ausführung des Geschäfts **44** durch den Unternehmer in jedem Fall einen Anspruch auf angemessenen Vorschuss (§ 87a

---

[139] LG Paderborn NJW-RR 1987, 672.

[140] An die Voraussetzungen zur Verwirklichung des subjektiven Tatbestands des § 138 Abs. 2 BGB stellt die Rechtsprechung verhältnismäßig strenge Anforderungen (BGH NJW 1994, 1275). Sie sind vielfach nicht gegeben oder nicht feststellbar. BGH NJW-RR 2011, 880: Aus einem auffälligen Missverhältnis von Leistung und Gegenleistung kann nicht auf einen Ausbeutungsvorsatz im Sinne von § 138 Abs. 2 BGB geschlossen werden. Das Äquivalenzmissverhältnis allein ist keine tragfähige Grundlage für die Vermutung eines Willens zur vorsätzlichen Ausbeutung von Schwäche des benachteiligten Vertragsteils.

[141] LAG Rheinland-Pfalz BeckRS 2011, 71736 zum Lohnwucher und zur Sittenwidrigkeit des Arbeitsentgelts.

[142] Allerdings erlaubt die Privatautonomie den Vertragspartnern, ihre Leistungen frei zu bewerten, weshalb in einem Handelsvertreterverhältnis ein auffälliges Missverhältnis zwischen Leistung und Gegenleistung für sich allein nur selten gegen die guten Sitten verstößt.

[143] BGH WM 1996, 2247 zur Darlehensgewährung durch eine politische Partei der DDR im Jahr 1990.

[144] BGHZ 146, 298 zur Kenntnis vom objektiven Wertverhältnis als Voraussetzung der Vermutung verwerflicher Gesinnung bei einem wucherähnlichen Grundstücksgeschäft (ebenso BGH NJW 2012, 1570); BGH NJW 1951, 397 zur Nichtigkeit eines Vergleichs wegen Sittenwidrigkeit; BGH NJW 1979, 805 zur Sittenwidrigkeit eines Darlehensvertrages; Maaß NJW 2001, 3467; Flume ZIP 2001, 1621).

[145] BGHZ 80, 153 zur Frage der Sittenwidrigkeit eines Ratenkreditvertrages.

[146] BGH NJW-RR 2010, 1529 zur Sittenwidrigkeit einer anfänglichen Übersicherung.

[147] BGHZ 146, 298: Bei Grundstückskaufverträgen genügt für die Annahme eines groben Missverhältnisses, dass der Kaufpreis etwa doppelt so hoch ist wie der Wert des Grundstücks. Dieses grobe Missverhältnis begründet eine tatsächliche Vermutung für die verwerfliche Gesinnung des Begünstigten; BGH NJW 2010, 363 zur Sittenwidrigkeit eines Wohnungskaufvertrages; BGH ZNotP 2010, 303; NJW 2012, 1570.

[148] Im Vertrag kann vereinbart werden, dass ausschließlich eine erfolgsabhängige Vergütung in Form von Provisionen gezahlt wird (LAG Berlin DB 1987, 1899) und hierauf Provisionsvorschüsse gewährt werden, die zurückzuzahlen sind, soweit sie nicht ins Verdienen gebracht werden (BAG NZA 1989, 843); LAG Hessen BeckRS 2013, 67402 zur Inhaltskontrolle einer Vergütungsvereinbarung mit Gewinnbeteiligung.

Abs. 1 S. 2 HGB). Losgelöst von diesem gesetzlich normierten Regelfall können pauschale Provisionsvorschüsse, die erkennbar zum Bestreiten des notwendigen laufenden Unterhalts sowie der Arbeits- und Werbungskosten dienen, einen sittenwidrigen Vertrag indizieren. Legitim und den beiderseitigen Interessen entsprechend sind Vorschussleistungen, die sich auf einen kürzeren Zeitraum zu Beginn des Vertragsverhältnisses beschränken. Je länger der Zeitraum der Vorschussleistungen und je höher die aufgelaufenen Rückzahlungsbeträge, umso mehr liegt es nahe anzunehmen, dass die Vertragsgestaltung der tatsächlichen Interessenlage nicht gerecht wird und auf eine unzulässige Knebelung des Handelsvertreters angelegt ist.[149] Dies gilt insbesondere, wenn der Rückzahlungssaldo auch nach längerer Zeit noch laufend anwächst und keine kompensierende Regelung gilt, dass zeitlich länger zurückliegende Vorschüsse nicht mehr zurückzuzahlen sind.

45　　Früher wurden solche Rückzahlungsvereinbarungen gemäß § 138 BGB verschiedentlich als nichtig angesehen, da sie gegen die guten Sitten verstoßen.[150] Nunmehr werden solche Rückzahlungsvereinbarungen vorwiegend unter dem Gesichtspunkt geprüft, ob hierdurch faktisch das Recht zur außerordentlichen Kündigung beeinträchtigt wird mit der Folge, dass die Vereinbarung wegen Verstoß gegen zwingendes Gesetzesrecht nichtig ist.[151] Das Recht zur außerordentlichen Kündigung nach § 89a Abs. 1 S. 1 HGB ist für beide Teile zwingend (§ 89a Abs. 1 S. 2 HBG), also weder im Voraus abdingbar noch beschränkbar, auch nicht mittelbar durch finanzielle Nachteile, zB Rückzahlung von pauschalen Provisionsvorschüssen. Geht von den Provisionsvorschüssen jedoch ein solcher wirtschaftlicher Druck aus, dass der Handelsvertreter nicht mehr frei ist, von seinem Recht zur fristlosen Kündigung Gebrauch zu machen, verstößt die Rückzahlungsvereinbarung gegen § 89a Abs. 1 S. 2 HGB und ist gem. § 134 BGB nichtig.[152] Über § 134 Hs. 2 BGB („wenn sich nicht aus dem Gesetz ein anderes ergibt") kann die Rechtsfolge der Nichtigkeit problemlos auf diese nichtige Bestimmung beschränkt werden,[153] während bei Anwendung der Nichtigkeit wegen Sittenwidrigkeit sich die Frage der Totalnichtigkeit des Vertrages stellt.

46　　Soweit das Recht zur fristlosen Kündigung durch die Rückzahlungsvereinbarung nicht beeinträchtigt wird, kommt die Sittenwidrigkeit einer Vergütungsvereinbarung mit der Verpflichtung zur Rückzahlung von Provisionsvorschüssen in Betracht, wenn die Provisionsabrede so getroffen ist, dass der Arbeitnehmer die geforderten Umsätze überhaupt nicht erbringen kann.[154]

47　　**b) Einstandsleistung.** Durch die Übernahme einer Handelsvertretung[155] erspart sich der Handelsvertreter die Aufbauarbeit und die erfahrungsgemäß hohen Anlaufkosten. Je

---

[149] LG Karlsruhe BB 1990, 1504 zu einer unwirksamen Rückzahlungsvereinbarung für Handelsvertreter.

[150] OLG Düsseldorf VersR 1972, 437 zur Frage der Wirksamkeit und Anwendbarkeit einer Vereinbarung über Rückzahlung von Provisionspauschalen bei nachvertraglicher Wettbewerbstätigkeit eines Versicherungsvertreters und über die Anforderungen an die Herabsetzung von Vertragsstrafen.

[151] OLG Karlsruhe VersR 2011, 526: Das Recht zur außerordentlichen Kündigung nach § 89a Abs. 1 S. 1 HGB ist für beide Teile zwingend (§ 89a Abs. 1 S. 2 HBG), also weder im Voraus abdingbar noch beschränkbar, auch nicht mittelbar durch finanzielle Nachteile, zB Rückzahlung von pauschalen Provisionsvorschüssen; zu der vergleichbaren Rechtsprechung der Arbeitsgerichte zu Bindungsklauseln und den Grenzen der Unternehmensbindung, vgl. ArbG Berlin BeckRS 2012, 76387.

[152] LG Berlin NJOZ 2006, 1085, nach OLG Oldenburg BeckRS 2012, 19040 ist eine unzulässige mittelbare Beschränkung der Kündigungsfreiheit bei einer einmaligen Vorschusszahlung zur Überbrückung finanzieller Schwierigkeiten in Höhe von insgesamt 2.000 Euro nicht gegeben; das LAG Hamm NZA-RR 2009, 631 löst den Fall dagegen bei Rückforderung übermäßig belastender Provisionsvorschüsse, die in AGB vereinbart wurden, auf dem Wege der unzulässigen Rechtsausübung gem. § 242 BGB.

[153] § 139 BGB (Teilnichtigkeit) mit seinem problematischen Tatbestandsmerkmal „wenn nicht anzunehmen ist, dass es auch ohne den nichtigen Teil vorgenommen sein würde" (hypothetische Parteiwille) ist neben der vorrangigen Regelung der Teilnichtigkeit in § 134 BGB nicht anwendbar (OLG Hamburg NJW-RR 2000, 458; MüKoBGB/Armbrüster § 134 Rn. 109); dies ergibt sich aus dem Schutzzweck der §§ 84 ff. HGB.

[154] BAG NZA 1989, 843; LAG Schleswig-Holstein BeckRS 2012, 65909 (Verpflichtung zur Rückzahlung nicht verdienter Vorschüsse).

[155] Kiene NJW 2006, 2007.

nach Vertragsgestaltung zahlt der Handelsvertreter entweder an seinen Vorgänger einen Ausgleich (Ausgleichsabwälzungsvereinbarung)[156] oder an den Unternehmer einen Einstand. Das Entgelt[157] wird meist in der Weise getilgt, dass die dem Handelsvertreter zustehenden Provisionen durch Einbehalte gemindert werden, bis die Einstandsleistung getilgt ist. Ausnahmsweise wird auch das Entgelt bei Vertragsbeginn zur Zahlung fällig oder es wird bis zum Vertragsende gestundet.

Grundlegende Bedenken an einer derartigen Übertragung von Abfindungsverpflichtun-   **48** gen des Unternehmers auf einen nachfolgenden Handelsvertreter bestehen nicht.[158] Voraussetzung ist allerdings, dass für den Kaufpreis tatsächlich etwas Geldwertes übergeben wird, anderenfalls kann die Vereinbarung gem. § 138 BGB nichtig sein. Dies ist beispielsweise der Fall, wenn zwischen der Höhe der übernommenen Verpflichtung und den zu erwartenden Provisionsforderungen[159] ein auffälliges, den Handelsvertreter ungebührlich benachteiligendes Missverhältnis besteht.

§ 138 BGB hat allerdings nicht den Sinn, die von den Vertragsparteien vorgenommene   **49** subjektive Bewertung des Gleichgewichts von Leistung und Gegenleistung über die richterliche Festlegung einer „Preisnorm" zu begrenzen.[160] Der Handelsvertreter als Kaufmann sollte grundsätzlich in der Lage sein, Chancen und Risiken der Vereinbarung bei Vertragsschluss realistisch gegeneinander abzuwägen. Der Preis ist lediglich sittenwidrig überhöht, wenn der Einstandszahlung kein reeller Gegenwert gegenübersteht.[161] Ein Gegenwert fehlt regelmäßig, wenn es keine Kunden gibt, die der Handelsvertreter zur sofortigen Erzielung von Provisionseinnahmen nutzen kann[162] oder die Abstandsverpflichtung ungefähr den Provisionserwartungen des Handelsvertreters für ein Geschäftsjahr entspricht: er müsste ein Jahr lang umsonst für den Unternehmer arbeiten, vorausgesetzt es gelingt ihm, den Umsatz in etwa zu halten. Eine solche Abrede könnte allenfalls wirksam sein, wenn der Vertreter

---

[156] BGH MDR 1968, 917 zur Übernahme der Ausgleichsschuld des Unternehmers durch den Nachfolger des Handelsvertreters; OLG München NJW-RR 1997, 986 zur Verpflichtung des Handelsvertreters zur Leistung einer „Einstandszahlung" bei Vertragsbeginn und Ausgleichsanspruch des Handelsvertreters bei vorzeitiger Vertragsbeendigung; LG Hamburg BeckRS 2016, 02433 zur Wirksamkeit einer vertraglichen Einstandszahlung bei einem Tankstellenvertrag.

[157] Nach BGH NJW-RR 1993, 375 ist das Entgelt als Preisabrede einer Inhaltskontrolle nach §§ 9–11 AGBG (jetzt § 307 Abs. 3 BGB) entzogen; ebenso LAG Hessen BeckRS 2013, 6742. Als solche unterliegt sie nach § 307 Abs. 3 BGB der Inhaltskontrolle nur insoweit, als zu überprüfen ist, ob sie überraschend iSv § 305c Abs. 1 BGB und ausreichend transparent iSv § 307 Abs. 1 S. 2 BGB ist (BAGE 141, 324; BAG BeckRS 2012, 76362).

[158] BGH NJW 1975, 1926 zur Frage der Wirksamkeit eines Provisionsbeteiligungsvertrages zwischen einem ausscheidenden Handelsvertreter und seinem Nachfolger; BGH NJW 1985, 58 zur Abfindungszahlung des Handelsvertreters an Bezirksvorgänger und zum Anspruch gegenüber Unternehmer bei (vorzeitiger) Vertragsbeendigung.

[159] Der Handelsvertreter erwirbt durch die Zahlung lediglich sog. „Vertretungsrechte", dh die Befugnis, den vorhandenen Kundenstamm provisionsmäßig zu nutzen. Dieser Kundenstamm wird aber bei der Berechnung eines möglichen Ausgleichsanspruchs grundsätzlich nicht berücksichtigt.

[160] OLG München NJW-RR 1997, 986 zur Verpflichtung des Handelsvertreters zur Leistung einer „Einstandszahlung" bei Vertragsbeginn und zum Ausgleichsanspruch des Handelsvertreters bei vorzeitiger Vertragsbeendigung.

[161] OLG München NJW-RR 2005, 1062 mit Anmerkung Emde EWiR 2005, 471: Die Regelung in einem Handelsvertretervertrag, in der sich der Handelsvertreter verpflichtet, dem Unternehmer für die Überlassung des vom Vorgänger geworbenen Kundenstammes 100.000,00 DM zu erstatten, der vom Vorgänger geworbene Kundenstamm jedoch ausgleichsrechtlich nicht als vom Handelsvertreter geworben gilt, ist wegen Verstoßes gegen § 89b Abs. 4 HGB unwirksam. LG Hamburg BeckRS 2016, 02433: Unwirksam sind lediglich Regelungen, durch die ein unangemessen hoher Übernahmepreis vereinbart wird oder bei denen eine zureichende Gegenleistung für das zu leistende Entgelt fehlt.

[162] BGH NJW-RR 1993, 375 zur Inhaltskontrolle einer formularmäßigen Entgeltvereinbarung für ein Alleinvertriebsrecht; OLG Düsseldorf BeckRS 2000, 16661 zur unwirksamen Vereinbarung einer Einstandszahlung des Handelsvertreters; LG Paderborn NJW-RR 1987, 672: dem Vertreter wurde gegen Zahlung von 3.420 DM die Befugnis eingeräumt, gegen Provision in einem bestimmten Bezirk mit gastronomischen Betrieben Verträge über Werbung auf den Innenseiten von Toilettentüren abzuschließen; vgl. auch Emde VersR 2004, 1499, zugleich zu Fragen der Beweislastverteilung.

weitere Handelsvertretungen innehat und nicht von der Vertretung allein seinen Unterhalt bestreiten muss und der Unternehmer dies weiß.[163]

50   Heute wird vielfach argumentiert, dass Einstandsvereinbarungen gegen die zwingende Vorschrift des § 89b Abs. 4 HGB verstoßen und deshalb unwirksam seien (§ 134 BGB).[164] Bei dieser Begründung braucht sich das Gericht nicht mit der Frage der Totalnichtigkeit des Vertrages gem. § 138 BGB auseinanderzusetzen und kann leichter begründen, weshalb der Vertrag trotz dieser Gesetzeswidrigkeit wirksam bleibt (Teilnichtigkeit gem. § 134 BGB, da „sich aus dem Gesetz ein anderes ergibt"). Begründet wird die Anwendbarkeit von § 89b Abs. 4 HGB damit, dass ein hohes Einstandsgeld sich wirtschaftlich als ein im Voraus vereinbarter Ausschluss des Ausgleichsanspruchs des Handelsvertreters darstellen kann und damit gegen § 89b Abs. 4 HGB verstößt.[165]

51   Auch im Hinblick auf § 89a Abs. 1 S. 2 HGB (Einschränkung der fristlosen Kündigung) sind derartige Einstandszahlungen problematisch, wenn sie das Recht des Handelsvertreters zur fristlosen Kündigung unzulässig beschränken (§ 134 BGB).[166] Ein Verstoß gegen § 89a Abs. 1 S. 2 HGB kann allerdings entfallen, wenn dem Handelsvertreter gegen Bezahlung der Einstandssumme andere Vorteile aus der Vertretung seines Vorgängers zufließen, beispielsweise, indem ihm die von seinem Vorgänger erworbenen Stammkunden ausgleichsrechtlich als Neukunden zugewiesen werden („Neukundenregelung").[167]

52   Verpflichtet ein ausscheidender Handelsvertreter seinen Nachfolger, ihn an künftig anfallenden Provisionen zu beteiligen, so liegt hierin in der Regel weder ein Gesetzes- noch ein Sittenverstoß, wenn der Ausscheidende den Abschluss des Handelsvertretervertrages mit seinem Nachfolger vermittelt und diesen bei der Kundschaft eingeführt hat. Dies gilt auch dann, wenn der ausscheidende Handelsvertreter dem Unternehmer hiervon keine Mitteilung macht, obwohl eine solche Vereinbarung möglicherweise gemäß § 89b Abs. 1 S. 1 Nr. 3 HGB bei der Bemessung des Ausgleichsanspruchs zu berücksichtigen wäre.[168]

53   Endet das Vertragsverhältnis wider Erwarten vorzeitig und hat der Handelsvertreter zu diesem Zeitpunkt seine Zahlungsverpflichtungen noch nicht vollständig erfüllt, wird hierdurch die Einstandszahlung nicht sittenwidrig, da es für § 138 BGB auf den Zeitpunkt des Vertragsschlusses ankommt und nicht auf den der Vertragsbeendigung. In diesem Fall wird der Vertrag jedoch entweder im Wege der ergänzenden Auslegung[169] oder nach den Grundsätzen des Wegfalls der Geschäftsgrundlage (§ 313 BGB) an die veränderten Umstän-

---

[163] OLGR Celle 2001, 196; aA OLGR Düsseldorf 2001, 317, wenn der Vertrag nicht von vornherein eine unangemessen kurze Laufzeit vorsieht.

[164] OLGR Düsseldorf 2001, 317.

[165] OLGR Celle 2002, 86: Der vorhandene Kundenstamm wird bei der Berechnung eines möglichen Ausgleichsanspruchs grundsätzlich nicht berücksichtigt. Liegt die durchschnittliche Jahresprovision des Vertretervorgängers nur unwesentlich höher als der zu zahlende Einstandsbetrag, sind die Parteien nach dieser Entscheidung von vornherein davon ausgegangen, dass ein möglicher späterer Ausgleichsanspruch des neuen Vertreters allenfalls in dieser Größenordnung entstehen werde. Da dies zur Folge hätte, dass der Vertreter im Falle der Wirksamkeit der Einstandsvereinbarung bei der zu erwartenden Geschäftsentwicklung regelmäßig nicht in den Genuss eines etwaigen Ausgleichsanspruchs käme, verstößt die Regelung gegen § 89b Abs. 4 S. 1 HGB.

[166] Zur unwirksamen Kündigungserschwernis gem. § 89 Abs. 2 S. 1 Hs. 2 HGB, § 134 BGB: LG Osnabrück ZVertriebsR 2015, 312 (Kündigungserschwerung durch Rückzahlungspflicht für „Fixumszahlungen"); das Urteil wurde insoweit abgeändert durch OLG Oldenburg NJW-RR 2015, 1071: Die Frage, ob eine unzulässige, gemäß § 89 Abs. 2 S. 1 Hs. 2 HGB, § 134 BGB unwirksame Kündigungserschwernis vorliegt, ist aufgrund der jeweiligen Umstände des Einzelfalls zu prüfen. Dabei kommt es insbesondere auf die Höhe der gegebenenfalls zurückzuerstattenden Zahlungen an, ferner auf den Zeitraum, für den die Zahlungen zurückzuerstatten sein sollen.

[167] OLGR Düsseldorf 2001, 317; OLG München NJW-RR 2005, 1062 zur Unwirksamkeit einer von der gesetzlichen Regelung abweichenden Vereinbarung über den Ausgleichsanspruch; durch ergänzende Auslegung des Vertrages vermeidet das LG Kiel (BeckRS 2007, 09508) eine Auseinandersetzung mit der Sittenwidrigkeit oder Gesetzeswidrigkeit von Einstandszahlungen, indem die übernommenen Kundenbeziehungen dem Handelsvertreter zugerechnet werden, „da er die Erstattung des Betrages übernahm, der an seinen Vorgänger für den Aufbau von neuen Kundenbeziehungen gezahlt worden war".

[168] BGH VersR 1975, 1045.

[169] BGH MDR 1968, 917; NJW 1985, 58; OLG Koblenz NJW-RR 2007, 1044.

de angepasst werden müssen. Dabei steht die Amortisation der Einstandsleistung im Vordergrund.[170]

c) Büroausstattung. Der Unternehmer hat dem Handelsvertreter (nur) die Unterlagen **54** kostenlos zur Verfügung zu stellen, auf die dieser zur Vermittlung oder zum Abschluss der den Gegenstand des Handelsvertretervertrages bildenden Verträge angewiesen ist. Dies ist für ein Softwarepaket zu bejahen, wenn zumindest einzelne Komponenten für die Tätigkeit des Handelsvertreters unverzichtbar sind, nicht aber für Werbegeschenke („Give-aways") und andere für die Tätigkeit des Handelsvertreters bloß nützliche oder seiner Büroausstattung zuzuordnende Artikel.[171] Kosten für die nicht nach § 86a Abs. 1 HGB vom Unternehmer geschuldeten Unterlagen hat er selbst zu tragen, selbst wenn er tatsächlich diese Ausstattung nur über den Unternehmer beziehen kann. Die an den Unternehmer zu entrichtenden Gebühren sind nicht nach § 86a Abs. 3 HGB unwirksam.[172] Die Benutzungsgebühr ist lediglich dann nichtig, wenn die Grenze zur Sittenwidrigkeit nach § 138 BGB überschritten wird.[173] Auch, wenn die Kosten für den einzelnen Arbeitsplatz sehr hoch erscheinen, reicht dies allein nicht, die Voraussetzungen des § 138 BGB anzunehmen. Ob ein „auffälliges Missverhältnis" durch Vergleich mit einem auf dem Markt zu erwerbenden Laptop samt Standardsoftware ermittelt werden kann oder zusätzlich weitere Leistungen, die zur IT-Struktur des Unternehmens gehören, berücksichtigt werden müssen, ist streitig.[174]

3. Sittenwidrig niedriges Entgelt (Hungerlohn).[175] Ein Lohn muss der Arbeit an- **55** gemessen sein.[176] Auch hier wird vermutet, dass die Parteien eigenverantwortlich das richtige Maß für die Lohnhöhe bestimmen können.[177] Allerdings kann ein Entgelt sittenwidrig niedrig sein, bei Arbeitnehmern auch dann, wenn es den Mindestlohn übersteigt.[178]

Den Maßstab für die Sittenwidrigkeit der Lohnhöhe liefern die Grundwerte der Ver- **56** fassung, vor allem die Würde und die Freiheit des Menschen.[179] Dieser unmittelbar ver-

---

[170] OLG Frankfurt a. M. NJW-RR 1995, 1395 mit Anm. Flohr WiB 1995, 346.

[171] BGH NJW 2017, 662 zur Vergütung für das Kassensystem eines Tankstellenhalters; zu der Frage, ob ein Prinzipal die Kosten für Kundenzeitschriften wegen § 86a Abs. 1 und Abs. 3 HGB zwingend selbst zu tragen hat vgl. Thelen VersR 2009, 1025 mit umfangreichen Rechtsprechungsnachweisen.

[172] OLG Köln RuS 2009, 87.

[173] LG Heidelberg BeckRS 2011, 21078.

[174] LG Heidelberg BeckRS 2011, 21078.

[175] Bei dem Begriff „Hungerlohn" handelt es sich um einen umgangssprachlichen Ausdruck für den sittenwidrigen Lohn, welcher wiederum Auslegungssache ist (LAG Berlin-Brandenburg BeckRS 2016, 68134: Stundenlohn von 3,40 Euro ist als Hungerlohn sittenwidrig).

[176] Aufgrund des Gesetzes zur Regelung eines allgemeinen Mindestlohns (Mindestlohngesetz – MiLoG) vom 11.8.2014 (BGBl. I 1348), geändert durch Artikel 2 Absatz 10 des Gesetzes vom 17.2.2016 (BGBl. I 203) haben Arbeitnehmer grundsätzlich ab 1.1.2015 einen Anspruch auf einen Mindestlohn in Höhe von 8,50 EUR, ab 1.1.2017 in Höhe von 8,84 EUR pro Stunde. Der Schutz des MiLoG gilt aufgrund der sozialen Abhängigkeit und der infolgedessen geschwächten Verhandlungsposition nur für abhängig Beschäftigte, nicht auch für Selbstständige.

[177] BVerfGE 81, 242 zur Beschränkung der Vertragsfreiheit bei faktischem Ungleichgewicht und Unvereinbarkeit des Karenzentschädigungsausschlusses nach § 90a Abs. 2 HGB aF mit Art. 12 Abs. 1 GG.

[178] BAG NJW 2016, 2359: Ein Mindestlohn bezeichnet lediglich das Minimum der Vergütung, berücksichtigt aber nicht die übliche Vergütung dieser Arbeit, worauf gerade die Prüfung der Sittenwidrigkeit abzielt. Zur Ermittlung eines auffälligen Missverhältnisses von Leistung und Gegenleistung iSd § 138 BGB ist auf die verkehrsübliche Vergütung abzustellen. Bei Fehlen eines üblichen Tarifentgelts ist auf das allgemeine Entgeltniveau im einschlägigen Wirtschaftszweig des maßgeblichen Wirtschaftsgebietes für den jeweiligen streitgegenständlichen Zeitraum abzustellen. Lohnvereinbarungen, die nicht einmal zwei Drittel des verkehrsüblichen Lohnes erreichen, sind nach § 138 BGB nichtig, mit der Folge, dass der tarifübliche Lohn zu zahlen ist (BAGE 130, 338). Fehlen entsprechende Zahlen, sind auch Schätzungen gem. § 287 Abs. 2 ZPO möglich (LAG Berlin-Brandenburg BeckRS 2016, 68134). Dies gilt auch dann, wenn der Mindestlohn überschritten wird (Forst/Degen DB 2015, 863).

[179] Art. 1 Abs. 1 GG iVm Art. 20 Abs. 1 GG begründen ein Grundrecht auf Gewährleistung eines menschenwürdigen Existenzminimums (BVerfGE 82, 60 ua zur Steuerfreiheit des Existenzminimums; BVerfGE 125, 175 zu den Anforderungen an die Ermittlung des Anspruchsumfangs zur Deckung des Existenzminimums; eingehend zu den verfassungsrechtlichen Wertungen: Rolf Sack/Philipp S. Fischinger in Staudinger BGB § 138 Rn. 52).

fassungsrechtliche Leistungsanspruch erstreckt sich nicht nur auf die zur Aufrechterhaltung eines menschenwürdigen Daseins unbedingt erforderlichen Mittel, sondern gewährleistet das gesamte Existenzminimum. Damit umfasst er sowohl die physische Existenz des Menschen[180] als auch die Sicherung der Möglichkeit zur Pflege zwischenmenschlicher Beziehungen und zu einem Mindestmaß an Teilhabe am gesellschaftlichen, kulturellen und politischen Leben.[181]

57   Aus der Würde und Freiheit des Menschen ergibt sich die Aufgabe für alle staatlichen Organe, einschließlich der Gerichte, auch im Verhältnis der Bürger untereinander für Gerechtigkeit und Menschlichkeit zu sorgen: Es soll eine Ausbeutung eines anderen verhindert werden, und zwar durch die Ausnutzung der Arbeitskraft zu unwürdigen Bedingungen und/oder unzureichendem Lohn.[182] Durch Verwertung seiner Arbeitskraft soll jeder in die Lage versetzt werden, seinen angemessenen Lebensunterhalt zu erwirtschaften.[183] Auf diesem verfassungsrechtlichen Gebot beruht die Rechtsprechung zur Sittenwidrigkeit wegen zu geringer Verdienstmöglichkeiten des Handelsvertreters.[184]

58   § 92a HGB soll Handelsvertreter begünstigen, die nicht für weitere Unternehmer tätig werden dürfen oder denen dies nach Art und Umfang der von ihnen verlangten Tätigkeit nicht möglich ist (sog. Einfirmenvertreter, erweitert um Versicherungsvertreter). § 92a HGB soll die notwendigen sozialen und wirtschaftlichen Bedürfnisse der wirtschaftlich schwachen Einfirmenvertreter sicherstellen.[185] § 92a HGB räumt dem Bundesminister für Justiz die Möglichkeit ein, durch Rechtsverordnung die untere Grenze der vertraglichen Leistung der Unternehmer festzusetzen.[186] Als bloße Verordnungsermächtigung enthält die Vorschrift keine im Verhältnis des Unternehmers zum Handelsvertreter verbindliche Regelung. Die Vorschrift des § 92a HGB allein stellt deshalb kein gesetzliches Verbot iSd § 134 BGB dar.[187] Diese Ermächtigung hat der Verordnungsgeber bislang jedoch weder ausgeübt, noch trägt er sich derzeit mit der entsprechenden Absicht.[188] De lege lata können Provisionen bei Einfirmenvertretern wie bei anderen Mehrfirmenvertretern deshalb nur überprüft werden, ob sie mit den guten Sitten zu vereinbaren sind.[189]

59   Liegt in objektiver Hinsicht ein auffälliges Missverhältnis zwischen Leistung und Gegenleistung vor, lässt sich jedoch nicht feststellen, dass der Wucherer eine Ausbeutungslage ausgenutzt hat, liegt kein Wuchergeschäft im Sinne von § 138 Abs. 2 BGB vor. Gleichwohl kann das Geschäft nach § 138 Abs. 1 BGB bei Hinzukommen weiterer Umstände wie einer verwerflichen Gesinnung als sogenanntes „wucherähnliches Geschäft" sittenwidrig sein. Allerdings kann auch bei Abwesenheit besonderer die Verwerflichkeit begründender Umstände das Maß des auffälligen Missverhältnisses ohne weiteres für eine verwerfliche Gesinnung[190] des Begünstigten sprechen. Dies ist dann der Fall, wenn es sich um ein

---

[180] BVerfGE 120, 125 zur Berücksichtigung von privaten Kranken- und Pflegeversicherungsbeiträgen als Sonderaufwendungen mit Hinblick auf die Steuerfreiheit des Existenzminimums.

[181] BVerfGE 125, 175 zum Hartz IV-Regelsatz.

[182] BVerfGE 81, 242 zur Unvereinbarkeit des Karenzentschädigungsausschlusses nach HGB § 90a Abs. 2 aF; BAGE 110, 79; BAG MDR 1960, 612.

[183] BVerfG WRP 2014, 45: Der Gesetzgeber darf die durch Art. 12 Abs. 1 GG geschützte Freiheit, das Entgelt für berufliche Leistungen einzelvertraglich zu vereinbaren, durch zwingendes Gesetzesrecht begrenzen, um sozialen oder wirtschaftlichen Ungleichgewichten entgegenzuwirken.

[184] hierzu ausführlich Evers BB 1992, 1365; LAG Hessen BeckRS 2013, 67402.

[185] Amtl. Begründung zu § 92a HGB, BT-Drs. I/3856, 40.

[186] Sonnenschein/Weitemeyer HGB § 92a Rn. 4.

[187] Evers BB 1992, 1365.

[188] Sonnenschein/Weitemeyer HGB § 92a Rn. 4.

[189] Evers BB 1992, 1365.

[190] Eine verwerfliche Einstellung des Begünstigten ist schon dann zu bejahen, wenn er sich leichtfertig der Erkenntnis verschlossen hat, dass sein Vertragspartner sich nur wegen seiner schwächeren Lage auf den ungünstigen Vertrag eingelassen hat (LAG Rheinland-Pfalz 17.2.2011 – 11 Sa 566/10 GWR 2011, 245, Rn. 53); LArbG Berlin-Brandenburg BeckRS 2016, 68134 (Ein vereinbarter Stundenlohn von 3,40 EUR brutto ist 2011–2014 ein Hungerlohn und damit sittenwidrig.).

besonders auffälliges, krasses Missverhältnis zwischen Leistung und Gegenleistung handelt.[191]

Eine arbeitsvertragliche Entgeltvereinbarung verstößt gegen den strafrechtlichen Wuchertatbestand des § 291 Abs. 1 S. 1 Nr. 3 StGB und auch gegen die guten Sitten (§ 138 BGB), wenn ein auffälliges Missverhältnis zwischen Leistung und Gegenleistung vorliegt.[192] Wann dies der Fall ist, beurteilt sich nach dem objektiven Wert der Leistung des Arbeitnehmers. Maßstab hierfür ist zunächst die tarifvertragliche Regelung, hilfsweise die verkehrsübliche Vergütung.[193] Eine ausschließlich erfolgsabhängige Vergütung (Provision) ist nicht ohne weiteres sittenwidrig, wenn dem Verdienstrisiko entsprechende Verdienstmöglichkeiten auch tatsächlich gegenüberstehen.[194] Ein auffälliges Missverhältnis zwischen Leistung und Gegenleistung im Sinne von § 138 Abs. 2 BGB liegt vor, wenn die Arbeitsvergütung nicht einmal zwei Drittel eines in der betreffenden Branche und Wirtschaftsregion üblicherweise gezahlten Tariflohns bzw. des allgemeinen Lohnniveaus für die ausgeübte Tätigkeit im Wirtschaftsgebiet erreicht.[195] **60**

Diese Rechtsprechung wird unter Berücksichtigung der besonderen Umstände des Handelsvertreterrechts auf Einfirmenvertreter und Handelsvertreter allgemein übertragen. Auch ein Handelsvertreterverhältnis kann wegen zu geringer Verdienstmöglichkeiten des Handelsvertreters nach § 138 BGB nichtig sein.[196] Typischerweise trägt der Handelsvertreter als selbständiger Kaufmann das Risiko, ob seine Tätigkeit gewinnbringend ist oder nicht.[197] Umstände aus seinem Risikobereich machen den Vertrag grundsätzlich nicht sittenwidrig. Ein mit Verlust abschließendes Geschäftsergebnis ist deshalb für sich allein noch kein verwertbarer Anhaltspunkt für die Annahme, dass der Handelsvertretervertrag sittenwidrig ist. Nicht ausreichend ist auch, wenn sich eine anfänglich erfolgversprechende Vertretung nicht mehr lohnt. Die Handelsvertreterverträge von Außendienstmitarbeitern und Werbern verstoßen nicht gegen die guten Sitten, wenn diese bei erfolgreicher Tätigkeit mehr als nur das Existenzminimum verdienen können.[198] **61**

Ein grobes Missverhältnis zwischen Leistung und Gegenleistung liegt regelmäßig vor, wenn die Provisionen und Aufwandsentschädigungen so niedrig sind, dass der Handelsvertreter trotz aller Mühe kein Einkommen in Höhe des Pfändungsfreibetrages erzielen kann. In diesen Fällen wird vermutet, dass der Unternehmer aus der schwächeren Lage des Handelsvertreters übermäßige Vorteile ziehen will. In subjektiver Hinsicht ist nur erforderlich, dass dem Unternehmer die wesentlichen Umstände bekannt sind, aus denen sich die Sittenwidrigkeit ergibt. Nicht maßgeblich ist, ob der Unternehmer sein Handeln selbst für sittenwidrig hält. **62**

Beruht die unzureichende Provision auf Ursachen, die von vornherein dem vom Handelsvertreter zu verantwortenden Bereich entzogen sind, kann Sittenwidrigkeit in Betracht kommen, wenn ein Gewinn infolge besonders harter Vertragsbedingungen in keinem Falle **63**

---

[191] LAG Rheinland-Pfalz GWR 2011, 245.

[192] BAG BeckRS 2012, 70997; NZA 1989, 843; Evers BB 1992, 1365.

[193] BAGE 110, 79 (Sittenwidriges Arbeitsentgelt); BAG NZA 2012, 1307: Ein auffälliges Missverhältnis zwischen Leistung und Gegenleistung im Sinne des § 138 Abs. 2 BGB liegt vor, wenn die Arbeitsvergütung nicht einmal zwei Drittel eines in der betreffenden Branche und Wirtschaftsregion üblicherweise gezahlten Tariflohns bzw. des allgemeinen Lohnniveaus für die ausgeübte Tätigkeit im Wirtschaftsgebiet erreicht. Bei einem jährlichen Mindesteinkommen von 100.000,00 Euro ist eine Sittenwidrigkeit nach § 138 BGB allerdings nicht ersichtlich.

[194] BAG NZA 1989, 843; LAG Berlin DB 1987, 1899; BAG MDR 1960, 612: Bei der Prüfung der Frage, ob ein solches Verhältnis wegen zu geringer Verdienstmöglichkeiten des Handelsvertreters sittenwidrig ist oder nicht, muss berücksichtigt werden, dass ein Handelsvertreter ein persönlich selbständiger Gewerbetreibender ist und er somit regelmäßig das Risiko trägt, ob seine Tätigkeit verdienstbringend ist oder nicht. Diese Maßstäbe gelten nicht in gleichem Umfang für Handelsvertreter iSd § 92a HGB.

[195] BAG NZA 2012, 137.

[196] Thume BB 2012, 975.

[197] BGHZ 58, 140.

[198] OLGR Schleswig 1997, 153.

erzielt werden konnte.[199] Gleiches gilt, wenn der Handelsvertreter mit einem hoffnungs-
losen Bezirk betraut wird und der Unternehmer die wirtschaftliche Sinnlosigkeit eines
solchen Unterfangens aus der Erfahrung der Vergangenheit kennt,[200] oder wenn der
Handelsvertreter einem straffen Direktionsrecht unterliegt, das ihm die Übernahme anderer
Vertretertätigkeiten faktisch unmöglich macht und es ihm angesichts gewährter Vorschüsse
nicht möglich ist, bei dem Unternehmen ohne Gefahr der Verschuldung für die Vorschüsse
aufzuhören[201]

64 Der Unternehmer darf den Bestandsprovisionssatz herabsetzen, wenn der höhere Provisionssatz auf einer jährlich abzuschließenden Sondervereinbarung beruhte; eine vorherige
zweijährige Praxis kann keinen Vertrauenstatbestand erzeugen. Ob es sich um eine sittenwidrige, weil existenzvernichtende Herabsetzung des Bestandsprovisionssatzes handelt muss
er schlüssig darlegen. Hierzu muss er gegenüberstellen, was er bei normalem Geschäfts-
fortgang und verringertem Bestandsprovisionssatz monatlich im Vergleich zum Vorjahr
verdient hätte und in welchem Maße sich durch die Kürzung der Bestandsprovisionssatz
sein Einkommen verringert.[202]

65 **4. Maßlose Vertragsbindung.** Sittenwidrig ist es, dem Vertragspartner die persönliche
oder wirtschaftliche Bewegungsfreiheit zu nehmen,[203] ihn sozusagen auf kaltem Wege zu
entmündigen.

66 **a) Sittenwidrigkeit langfristiger Verträge.** Der das Schuldrecht bestimmende Grundsatz der allgemeinen Vertragsfreiheit ermöglicht es, rechtsgeschäftliche Bindungen über
einen langen Zeitraum einzugehen.[204] Die ordentliche Kündigung gem. § 89 Abs. 1 HGB
kann grundsätzlich vertraglich abbedungen werden. Das Übermaß an Vertragsbindung
kann allerdings in einer überlangen Vertragsdauer liegen. Dagegen kann das Recht zur
fristlosen Kündigung nicht abbedungen werden (§ 89a Abs. 1 HGB). Eine unzulässige
Beschränkung der durch § 89a Abs. 1 S. 2 HGB geschützten Kündigungsfreiheit des
Handelsvertreters kann nicht nur unmittelbar, sondern auch mittelbar durch Erschwernisse
in Form von finanziellen oder sonstigen Nachteilen vorliegen.[205]

67 Die Grenzen der durch den Ausschluss des Rechts zur ordentlichen Kündigung bewirkten langfristen Vertragsbindung werden, soweit nicht § 624 BGB anwendbar ist,[206]

---

[199] BGH WM 1981, 1128; LAG Rheinland-Pfalz BeckRS 2008, 51421.

[200] BAG MDR 1960, 612.

[201] LAG München BeckRS 2009, 67767.

[202] OLG Köln BeckRS 2015, 03088 in Verbindung mit OLG Köln BeckRS 2015, 03035: die unberechtigte
Kürzung der Provision kann den Handelsvertreter zur einer fristlosen Kündigung des Vertrages berechtigen.

[203] BGHZ 37, 381 zur Verpflichtung des Gesellschafters, Einnahmen aus anderweitiger Tätigkeit über
einen Zeitraum von 30 Jahren abzuführen; BGHZ 83, 313 zur Frage der Unwirksamkeit der Klausel eines
Tankstellen-Stationärvertrages, durch die sich die Mineralölgesellschaft das unwiderrufliche Recht vorbehält,
nach Ablauf der Vertragszeit (hier von mehr als 25 Jahren) die Vertragsbeziehungen mit dem Tankstelleninhaber zu den Bedingungen des Angebots eines Dritten fortzusetzen; BGHZ 91, 1 zu Wettbewerbsklauseln
zwischen GmbH und Geschäftsführer; BGHZ 106, 336 zu einem sittenwidrigen Schiedsvertrag.

[204] BGH NJW 1995, 2350 zur Wirksamkeit vertraglichen Ausschlusses der Kündigung im Dauerschuldverhältnis; zu den Grenzen der Bindung bei langfristigen Kooperationen Wiedemann/Schultz ZIP 1999, 1;
Rolf Sack/Philipp S. Fischinger in Staudinger BGB § 138 Rn. 321 ff. zu knebelnden Zeitvereinbarungen.

[205] OLG Karlsruhe VersR 2011, 526 zu einer sofortigen Rückzahlungspflicht langfristiger Vorschusszah-
lungen bei Kündigung sowie zur sofortigen Fälligstellung ausstehender Darlehensvaluta und erstmaligem
Einsetzen einer Verzinsungspflicht; OLG Düsseldorf BeckRS 2014, 06492 zur unzulässigen Kündigungserschwernis bei Anspruch auf Rückzahlung nicht verdienter Provisionsvorschüsse.

[206] Zum Streitstand BGHZ 52, 171, der nur entschieden hat, dass bei „Stationärverträgen" § 624 BGB
keinesfalls anwendbar ist, ohne dass es bei dieser Vertragsgruppe noch auf besondere Umstände des Einzelfalls
ankommen kann; OLG Hamm BB 1978, 1445: Die Bestimmung von § 624 ist auf Handelsvertreterverträge
entsprechend anwendbar, wenn in der Ausgestaltung des Handelsvertreterverhältnisses dienstvertragliche
Elemente vorherrschend sind, was im Einzelfall geprüft werden muss. In Fällen, wo der Handelsvertreter
seinem Unternehmer wirtschaftlich gleichsteht oder ihm sogar überlegen ist, wird die entsprechende Anwendung von § 624 BGB dem Gesetzeszweck nicht gerecht. Gem. § 624 kann der Vertrag mit einer Frist von
sechs Monaten gekündigt werden, wenn er für die Lebenszeit einer Person oder für längere Zeit als fünf Jahre
eingegangen ist.

allein durch die guten Sitten (§ 138 BGB) und den Grundsatz von Treu und Glauben (§ 242 BGB) gezogen.[207] Die Sittenwidrigkeit langfristiger Vertragsbindungen lässt sich nicht generell, sondern nur unter Berücksichtigung und Abwägung der jeweiligen vertragstypischen und durch die Besonderheiten des Einzelfalls geprägten Umstände bestimmen. Eine Beschränkung der persönlichen und wirtschaftlichen Handlungsfreiheit ist die normale Folge jeder Vertragsbindung. Gegenstand des Unwerturteils nach §§ 138, 242 BGB kann nur ein nach Abwägung der beiderseitigen berechtigten Interessen nicht mehr hinnehmbares Übermaß sein. Hierfür muss eine nennenswerte Beeinträchtigung der wirtschaftlichen Entschließungs- und Bewegungsfreiheit der Vertragspartei durch ihren teilweisen Verzicht auf das Recht zur ordentlichen Vertragskündigung festgestellt werden.[208]

b) Knebelungsvertrag. Zum Wesen von Wirtschaftsverträgen gehört es, dass sie die **68** wirtschaftliche Betätigungsfreiheit der Vertragspartner in irgendeiner Weise beschränken.[209] Deshalb ist nicht jede Beschränkung der wirtschaftlichen Betätigungsfreiheit eines Vertragspartners ohne weiteres rechtlich zu missbilligen, die Grenzen sind vielmehr fließend.[210] Das Ausmaß der Beschränkungen kann jedoch den Vorwurf der Sittenwidrigkeit rechtfertigen.[211] Von einem Knebelungsvertrag spricht man dann, wenn der Vertrag einen Vertragspartner in unzumutbarer Weise der wirtschaftlichen Freiheit beraubt und nicht nur zulässigerweise beschränkt.[212] Eine sittenwidrige Knebelung liegt grundsätzlich vor, wenn ein Geschäftsinhaber seinem Gläubiger umfassende Eingriffs- und Kontrollbefugnisse oder gar umfassende Mitwirkungsrechte bei der Geschäftsführung einräumt.[213] Der Handelsvertreter muss so viel wirtschaftliche Bewegungsfreiheit behalten, dass er in seinem Unternehmen noch selbst entscheiden und andere Gläubiger angemessen befriedigen kann. Auf eine Schädigungsabsicht des Knebelnden kommt es nicht an, maßgeblich ist allein das Maß der auferlegten Beschränkungen.[214]

Sowohl Handelsvertreter, als auch Franchise-Nehmer können in diesen Fällen nicht mehr **69** den Status als „Selbständige", sondern den als „Arbeitnehmer" (unselbständiger Handlungsgehilfe)[215] des Unternehmers haben. Maßgeblich für die rechtliche Einordnung eines Ver-

---

[207] BGH NJW 1995, 2350 zur Wirksamkeit des vertraglichen Ausschlusses der ordentlichen Kündigung eines Handelsvertretervertrages durch den Unternehmer.

[208] BGH VersR 1995, 913 zur Wirksamkeit des vertraglichen Ausschlusses der ordentlichen Kündigung eines Handelsvertretervertrags durch den Unternehmer; BGH WM 1972, 767 zur Frage, unter welchen Umständen ein zwischen Großhändlern geschlossener Eigenhändlervertrag wegen unzumutbarer Behinderung der Auflösung des Vertrags durch Kündigung nichtig ist.

[209] RGZ 165, 1 zur Frage, ob das Vertragswerk einer Schuhmaschinenfabrik, wenn sie die von ihr hergestellten Maschinen nur mietweise abgibt und dabei die Abnehmer in der Art der Verwendung der Maschinen vertraglich bindet, gegen die guten Sitten verstößt, insbesondere ob der Vertrag als sittenwidrige Knebelung anzusehen ist.

[210] BGH NJW 1962, 102 zur Sittenwidrigkeit von Sicherungsverträgen wegen Knebelung und Kredittäuschung; BGH NJW 1970, 657 zur Bankhaftung wegen Krediten an zusammengebrochenes Unternehmen.

[211] Rolf Sack/Philipp S. Fischinger in Staudinger BGB § 138 Rn. 302; MüKoBGB/Armbrüster § 138 Rn. 71–74.

[212] Ein Vertrag ist sittenwidrig, wenn durch eine einseitige Vertragsgestaltung im Übermaß die persönliche oder geschäftliche Handlungsfreiheit einer Vertragspartei eingeschränkt wird, insbesondere dadurch, dass ein Vertragspartner seine wirtschaftliche Übermacht zur Fremdbestimmung des anderen Vertragsteils einsetzt (Rolf Sack/Philipp S. Fischinger in Staudinger BGB § 138 Rn. 302); Hueck AP GG Art. 12 Nr. 1.

[213] Deshalb ist es sittenwidrig, wenn eine effektive wirtschaftliche Betätigung des Darlehensnehmers vollständig von der Mitwirkung eines Darlehensgebers abhängig gemacht wird (BGH NJW 1993, 1587 zur Notarhaftung aus unterlassener Belehrung über die Sittenwidrigkeit einer knebelnden Vertragsklausel).

[214] LG Düsseldorf WuW 2003, 71 zur Wettbewerbsbeschränkung durch einen Franchisevertrag, der US-amerikanischem Vertragsrecht unterliegt.

[215] LAG Hamm (Westfalen) BeckRS 2015, 68146 zur Zulässigkeit des Rechtsweges zu den Arbeitsgerichten nach den sogenannten „Sic-non-Grundsätzen", wenn die als Handelsvertreter im schriftlichen Vertrag bezeichnete Person geltend macht, sie sei Arbeitnehmerin und „das Arbeitsverhältnis" sei durch die Kündigung nicht aufgelöst worden ist.

trages ist nicht dessen Bezeichnung, sondern sein Inhalt.[216] Die Auslegung des Vertrages gem. §§ 157, 242 BGB geht der Prüfung voraus, ob ein Vertrag sittenwidrig ist. Sollte es sich bei dem Vertrag letztlich um einen „Arbeitsvertrag" und nicht um einen „Handelsvertretervertrag" oder einen „Franchise-Vertrag" handeln, hat der Handelsvertreter bzw. Franchise-Nehmer gem. § 611 BGB Anspruch auf einem angemessenen Lohn und ist sozialversicherungspflichtig.[217] In diesem Falle stellt sich die Frage nach der „Sittenwidrigkeit" des Vertrages infolge „Knebelung" grundsätzlich nicht mehr.

70   So ist ein Postagenturvertrag nicht schon wegen Sittenwidrigkeit gemäß § 138 BGB unwirksam, wenn der Postagenturpartner (Handelsvertreter) für Bargelddifferenzen aufzukommen hat.[218] Die Post hatte dem Agenturpartner mit ihrem elektronischen Postschaltersystem (EPOS) unter Einbeziehung des Front-Office- und Back-Office-Moduls die Möglichkeit verschafft, einen Soll-Ist-Vergleich vorzunehmen. Dieser hatte die Möglichkeit, Daten abzurufen und Ausdrucke für seine Buchhaltung zu fertigen. Da der Postagenturpartner die Geschäftsvorgänge in seiner Filiale abwickelte, war es auch sachgerecht, dass er das Risiko etwaiger Fehlbeträge trug.

71   Die Verhaltensklausel eines Handelsvertretervertrages für die Zeit nach Beendigung des Vertrages ist sittenwidrig, wenn sie so allumfassend ist, dass dem Handelsvertreter keinerlei Bewegungsfreiheit mehr in dem wirtschaftlichen Bereich verbleibt, in welchem sich sein Vertragspartner betätigt, und dies für alle Zukunft.[219]

72   **5. Sittenwidrige Leistung.** Nichtig ist die Vereinbarung einer unsittlichen oder gar strafbaren Leistung. Dies ist beispielsweise der Fall, wenn sich ein gewerbsmäßiger Handelsvertreter gegenüber einem als gemeinnützig anerkannten Idealverein verpflichtet, neue Mitglieder anzuwerben, und sich dafür – was den zu werbenden Mitgliedern verschwiegen werden soll – eine Provision von bis zu 60 % der „für eine gute Sache" geleisteten Mitgliedsbeiträge und Spenden versprechen lässt, da es sich der Sache nach um einen Spendenbetrug handelt.[220]

73   Ähnlich sind eklatante Einschnitte in die Meinungsfreiheit des Handelsvertreters zu beurteilen. Eine zeitlich unbeschränkte Beschneidung der Äußerungsfreiheit des Handelsvertreters ist völlig unangemessen und daher sittenwidrig. Wird ihm auf Lebenszeit jede kritische Äußerung zum Geschäftsgebaren des Unternehmers verboten, widerspricht ein derartiges Verbot eklatant der grundgesetzlich geschützten Meinungsfreiheit. Ein Wirtschaftsunternehmen muss sich in einem freiheitlichen Rechtssystem berechtigter Kritik stellen und kann unlauterem Verhalten mit Verboten entgegentreten. An berechtigter Kritik des Gebarens wirtschaftlicher Unternehmen besteht ein öffentliches Interesse, das nicht durch vertragliche, allumfassende Informationsverbote unterlaufen werden darf.[221]

74   **6. Sittenwidriger Geschäftszweck.** Der Sittenverstoß kann auch im verwerflichen Zweck des Geschäfts liegen. Rechtsgeschäfte, die schon nach ihrem objektiven Inhalt sittlich-rechtlichen Grundsätzen widersprechen, sind ohne Rücksicht auf die Vorstellungen

---

[216] OLG Düsseldorf ZVertriebsR 2015, 249 zur Abgrenzung eines „selbständigen Handelsvertreters" von einem „Arbeitnehmer": Selbständig ist, wer im Wesentlichen frei seine Tätigkeit gestalten und seine Arbeitszeit bestimmen kann (§ 84 Abs. 1 S. 2 HGB); BAG NJW 2004, 461: Arbeitnehmer ist derjenige Mitarbeiter, der nicht im Wesentlichen frei seine Tätigkeit gestalten und seine Arbeitszeit bestimmen kann. Zum Umfang des Spielraums der Arbeitszeitgestaltung ist der Arbeitnehmer darlegungs- und beweisbelastet; BGH NJW-RR 2000, 1436 zum Rechtsweg für einen Rechtsstreit zwischen dem Franchise-Geber und einer auf Provisionsbasis als Franchise-Nehmerin tätigen „Markleiterin".
[217] Zur Sozialversicherungspflicht von Handelsvertretern und der Abgrenzung „abhängige Beschäftigung" von „selbstständige Tätigkeit" bei Handelsvertretern: Landessozialgericht Baden-Württemberg BeckRS 2016, 68172 mit umfassendem Rechtsprechungsnachweis; zu der Rechtswegabgrenzung (ordentliche Gerichtsbarkeit/Arbeitsgerichtsbarkeit) bei Streitigkeit aus einem Handelsvertretervertrag, vgl. BGH NJW 2016, 316.
[218] OLG Koblenz GRURPrax 2011, 134.
[219] OLGR München 1994, 114 zu einer sittenwidrigen nachvertraglichen Verhaltensklausel.
[220] OLG Stuttgart NJW 1985, 1401: Sittenwidriger Vertrag bei Provisionszusagen von 50 % und 60 % der Mitgliederbeiträge bzw. Spenden.
[221] OLG München BeckRS 1994, 9969.

der das Rechtsgeschäft vornehmenden Personen nichtig. So ist ein Vertrag mit einem Vermittler unwirksam, dessen hauptsächliche Aufgabe darin besteht, einen Beamten im Interesse seines Auftraggebers mit Geldleistungen zu bestechen.[222]

Sittenwidrigkeit kann in Betracht kommen, wenn ein Rechtsgeschäft – bezogen auf **75** privatrechtliche Pflichten mindestens eines Partners – eine Pflichtverletzung gegenüber einem Dritten zum Inhalt hat. Praktisch häufiger sind Sachverhalte, in denen die Beteiligten mit einem inhaltlich zumeist neutralen Rechtsgeschäft gemeinsam in anstößiger Weise (durch kollusives Zusammenwirken) auf eine Beeinträchtigung von Rechten oder schuldrechtlichen Ansprüchen Dritter abzielen.[223] Hier steht im Vordergrund der Sittenwidrigkeit die für den Dritten nachteilige Zweckverfolgung durch bewusstes Zusammenwirken der Geschäftspartner.[224]

a) Schmiergeldabsprache. Vereinbarungen über die Zahlung eines „Schmiergelds" für **76** die künftige Bevorzugung bei der Vergabe von Aufträgen, die Angestellte, Bevollmächtigte oder sonstige Vertreter einer Partei heimlich mit dem anderen Vertragsteil treffen, verstoßen gegen die guten Sitten und sind gemäß § 138 Abs. 1 BGB nichtig.[225] Abreden über die Zahlung von Bestechungsgeld sind zudem unter den Voraussetzungen des § 299 StGB[226] wegen Verstoßes gegen ein gesetzliches Verbot nach § 134 BGB nichtig.[227] Bereits die Vereinbarung von Schmiergeldzahlungen oder eines vergleichbaren anderen Vorteils selbst ist wegen Sittenwidrigkeit nichtig, wenn der Versprechende weiß oder in Kauf nimmt, dass der zukünftige Vertragspartner von ihr nichts erfahren soll.[228] Dies gilt bei Zahlungsversprechen, die um einer in der Zukunft liegenden Bevorzugung willen gewährt oder versprochen werden; eine bloße Belohnung für bereits ausgeführte Leistungen genügt nicht. Als Schmiergeldempfänger kommen alle Personen in Betracht, die mit dem, dessen Geschäftsgebaren durch die Schmiergeldzahlung gesteuert werden soll, in irgendeinem

---

[222] BGHZ 94, 268 (Schmiergeldvermittlung).

[223] BGHZ 60, 102: Das Versprechen des Abladers („Revers"), den Verfrachter von Vermögensnachteilen freizustellen, die diesem aus der Ausstellung eines unrichtigen Konnossements entstehen können, ist sittenwidrig und damit nichtig; BGH NJW 1981, 2184 zur Mitwirkung eines Dritten an Vertragsbruch; BGH NJW 1988, 902 zur Frage, unter welchen Voraussetzungen eine Vereinbarung, deren Inhalt die Vereitelung schuldrechtlicher Rechte Dritter bezweckt, wegen Sittenwidrigkeit nichtig ist.

[224] Arnold in Erman, BGB, Kommentar, BGB § 138 Rn. 77.

[225] BGHZ 201, 129 zur Unwirksamkeit eines Frachtvertrages wegen einer Schmiergeldabrede; BGH NJW 1973, 363 (Schiffsmakler); BGH NJW 1989, 26; BGHZ 141, 357; OLG Stuttgart OLGR Stuttgart 1999, 162: Der mit einem Vertreter geschlossene Vertrag ist nach § 138 BGB unwirksam, wenn die Schmiergeldzahlung zu einer zuungunsten des Geschäftsherrn wirkenden Ausgestaltung des Vertrages geführt hat, für diesen also nachteilig ist, oder wenn die Schmiergeldvereinbarung und der Hauptvertrag nach den Vorstellungen der Parteien miteinander „stehen oder fallen" sollen; OLG Saarbrücken NJW-RR 1999, 1197 zur Wirksamkeit einer Schmiergeldabrede zwischen Handelsvertreter und Unternehmer.

[226] BGH NStZ-RR 2015, 278: Schutzgut des § 299 StGB ist die strafwürdige Störung des Wettbewerbs sowie die abstrakte Gefahr sachwidriger Entscheidungen. Danach ist das Tatbestandsmerkmal der Bevorzugung im Wettbewerb subjektiviert. Es reicht aus, wenn nach der Vorstellung des Täters der Wettbewerb unlauter beeinflusst werden soll. Der Vorstellung eines bestimmten verletzten Mitbewerbers bedarf es nicht. Zur Erfüllung des Tatbestandes braucht die vereinbarte Bevorzugung tatsächlich nicht eingetreten zu sein. Es muss auch keine objektive Schädigung eines Mitbewerbers eingetreten sein. Unter Vorteil iSd § 299 StGB ist jede Leistung zu verstehen, auf die der Empfänger keinen Rechtsanspruch hat und die seine wirtschaftliche, rechtliche oder auch nur persönliche Lage objektiv verbessert. Ein solcher Vorteil kann bereits in dem Abschluss eines Vertrages liegen.

[227] BGHZ 141, 357: Ein Geschäftsführer ist im Zweifel ohne vorherige Information seines Geschäftsherrn nicht befugt, für diesen einen Vertrag mit dem Verhandlungspartner abzuschließen, der den Geschäftsführer gerade bestochen hat; BGHZ 94, 268: Der Vertrag mit einem Vermittler, dessen hauptsächliche Aufgabe darin besteht, einen Beamten im Interesse seines Auftraggebers mit Geldleistungen zu bestechen, ist unwirksam.

[228] Der Geschäftsherr soll vor einer Verquickung seiner eigenen Interessen mit den eigennützigen Interessen des Vertreters, dem darin liegenden Missbrauch des dem Vertreter gewährten Vertrauens sowie den davon ausgehenden Gefahren geschützt werden (Axster GRUR 1973, 382, Anmerkung zu BGH NJW 1973, 363).

Treueverhältnis verbunden sind,[229] also nicht nur Angestellte und Mitglieder von Organen des Geschäftsherrn, sondern auch dessen Handelsvertreter.[230] Bei der Beurteilung von Zahlungen an einen Handelsvertreter ist maßgeblich, ob die Annahme einer „Provision" von Dritten mit der Treueverpflichtung des Handelsvertreters gegenüber seinem Prinzipal vereinbar ist. [231] Bei dieser Beurteilung ist in erster Linie auf die Auffassung der beteiligten Kreise abzustellen.

77 Die Nichtigkeit einer Schmiergeldabsprache erfasst auch den Hauptvertrag und die im Anschluss daran geschlossenen Folgeverträge.[232] Die Erstreckung der Nichtigkeit einer Schmiergeldvereinbarung auf den durch das Schmiergeld zustande gekommenen Hauptvertrag ist schon deshalb anzunehmen, weil der Vertreter im Zweifel ohne vorherige Information des Vertretenen nicht befugt ist, für diesen einen Vertrag mit dem Verhandlungspartner abzuschließen, den der Vertreter gerade bestochen hat.[233] Dies gilt stets dann, wenn die Schmiergeldabrede – beispielsweise aufgrund eines Aufschlags auf das ansonsten zu zahlende Entgelt – zu einer für den Geschäftsherrn nachteiligen Vertragsgestaltung geführt hat.[234] Etwas anderes gilt aber, wenn die Schmiergeldzahlung auf den Inhalt des Hauptvertrages keinen Einfluss gehabt haben kann,[235] ferner dann, wenn der Vertretene das sittenwidrige Handeln des „geschmierten" Vertreters im Nachhinein gebilligt hat.[236]

78 **b) Schneeballvertrieb.** Für die Sittenwidrigkeit des Geschäfts kommt es nicht allein auf den objektiven Inhalt des Rechtsgeschäfts an, vielmehr kann sich ein Sittenverstoß auch aus

---

[229] BGHZ 95, 81 zur Frage, unter welchen Voraussetzungen ein Vertrag nichtig ist, durch den einem steuerlichen Berater eine Provision dafür versprochen wird, dass er seine Mandanten zu einer bestimmten Vermögensanlage veranlasst; OLG Frankfurt a. M. DStR 2013, 2650 zur Pflicht eines steuerlichen Beraters, eine mit einem Dritten geschlossene Provisionsvereinbarung zu offenbaren.

[230] BGH BeckRS 1988, 31076631 zur Sittenwidrigkeit eines Schmiergeldversprechens an einen Handelsvertreter; OLG Saarbrücken NJW-RR 1999, 1197: Ob die an der Zuwendung Beteiligten den Geschäftsherrn benachteiligen wollen, ist unerheblich; auch kommt es nicht darauf an, ob solche Nachteile eingetreten sind. Zu missbilligen sind allein schon die Verquickung von eigennützigen Interessen des Vertreters mit den Interessen des Vertretenen, der darin liegende Missbrauch des dem Vertreter gewährten Vertrauens und die hiervon ausgehenden Gefahren.

[231] OLG Stuttgart BeckRS 2010, 10537: Vermittlungsaufträge sind wegen Sittenwidrigkeit gemäß § 138 BGB auch dann nichtig, wenn der maßgebliche Inhalt des Vermittlungsauftrags darauf gerichtet ist, eine Schmiergeldvereinbarung mit den zuständigen staatlichen Entscheidungsträgern herbeizuführen und Schmiergeld an diese weiterzuleiten; teilweise aA BGHZ 94, 268 zur Frage, ob und unter welchen Voraussetzungen ein Vertrag über die Vermittlung eines Regierungsauftrags in einem ausländischen Staat nichtig ist, wenn der Auftrag durch die Bestechung von Staatsbediensteten erlangt werden soll.

[232] BGHZ 201, 129 (mit umfassenden Rechtsprechungsnachweis) zur Nichtigkeit des Frachtvertrages wegen einer Schmiergeldabrede; BGH NJW 1989, 26: Eine Vereinbarung, die ein Vertreter einer Partei im Einverständnis mit dem Vertragsgegner zum eigenen Vorteil oder zum Vorteil naher Angehöriger treuwidrig zum Schaden des Vertretenen trifft, verstößt gegen die guten Sitten (§ 138 Abs. 1 BGB) und ist nichtig. Die Sittenwidrigkeit der Absprache erfasst auch das Hauptgeschäft zwischen den Vertragsparteien; OLGR Stuttgart 1999, 162 zur Sittenwidrigkeit eines Vertrages wegen Schmiergeldzahlung an Angestellte des Vertragspartners. Die bürgerlich-rechtlichen Nichtigkeitsgründe eines Gesetzesverstoßes iSd § 134 BGB und der Sittenwidrigkeit des Rechtsgeschäfts iSd § 138 BGB werden auf die Folgeverträge unlauteren Wettbewerbs grundsätzlich nicht angewandt (Fezer WRP 2007, 8).

[233] BGHZ 141, 357: Ein im Zusammenhang mit einer Bestechung abgeschlossener Architektenvertrag ist nicht ohne weiteres nichtig; BGH NJW 2001, 1065: Cic-Haftung aus unterlassener Offenlegung der Schmiergeldzahlung an den Verhandlungsvertreter des den Vertrag selbst abschließenden Geschäftsherrn.

[234] BGH NJW 1989, 26 zum treuwidrigen kollusiven Zusammenwirken zwischen Vertreter einer Vertragspartei und Vertragsgegner; BGH NJW-RR 1990, 442, zum Übergreifen der Nichtigkeit eines sittenwidrigen Vertrages auf einen anderen, nicht zwischen denselben Parteien geschlossenen Vertrag; BGH NJW 2001, 1065 zur cic-Haftung aus unterlassener Offenlegung der Schmiergeldzahlung.

[235] BGH NJW-RR 1990, 442.

[236] BGH NJW-RR 2003, 895 zur Tragweite eines Entlastungs- oder Generalbereinigungsbeschlusses; BGH NJW 1977, 671: Hat der Handelsvertreter den Kundenstamm mit Hilfe von Schmiergeldzahlungen aufgebaut und ist dies unter Mitwirkung des Unternehmens erfolgt (hier: durch Erhöhung der Angebotspreise um die Schmiergelder und Erstattung der vom Handelsvertreter gezahlten Schmiergelder), so widerspricht es wegen der Schmiergeldzahlungen allein noch nicht der Billigkeit, dass der Handelsvertreter einen Ausgleich nach § 89 HGB fordert.

dem Gesamtcharakter des Rechtsgeschäfts ergeben.[237] Hierbei sind auch Umstände zu berücksichtigen, die zu dessen Vornahme geführt haben. Ist eine Vertriebsmethode darauf ausgelegt, dass die Anwerbung von nebenberuflichen Handelsvertretern nur dazu dient, nach Art eines Schneeballsystems[238] die geschäftliche Unerfahrenheit der geworbenen Personen dazu auszunutzen, um ihnen überteuerte Eigentumswohnungen zu verkaufen, so sind diese Verträge sittenwidrig.[239] Der Handelsvertreter hat keine Provision verdient, soweit der vermittelte Vertrag wegen Sittenwidrigkeit nichtig ist.[240]

c) Verstoß gegen Aufenthaltsgenehmigung. Schließt ein Ausländer mit einer inlän- **79** dischen Handelsgesellschaft einen Handelsvertretervertrag, so verstößt dieser Vertrag nicht gegen ein gesetzliches Verbot iSd § 134 BGB, wenn dem Ausländer nach der der Aufenthaltsgenehmigung beigefügten Auflage eine selbständige Erwerbstätigkeit untersagt ist. Ist der Vertrag aber nach Sinn und Zweck auf die Umgehung von Vorschriften des AuslG und des behördlichen Verbots, selbständig tätig zu sein, gerichtet, so ist er gemäß § 138 Abs. 1 BGB nichtig.[241]

d) Steuerhinterziehung. Eine Vereinbarung, die darauf hinausläuft, den Finanzbehör- **80** den erforderlichenfalls auch unrichtige Angaben über steuerlich erhebliche Tatsachen zu machen (§ 370 Abs. 1 Nr. 1 AO), ist diese sittenwidrig und nichtig (§ 138 Abs. 1 BGB).[242]

B. Franchise-Nehmer

Franchising bezeichnet eine Mischung aus indirektem Verkauf und direktem Verkauf. **81** Franchise-Verträge unterliegen jedoch besonderen Regeln. Der Vertragstyp ist gesetzlich nicht geregelt,[243] sondern wird regelmäßig vom Franchise-Geber formularmäßig gestal-

---

[237] BGHZ 107, 92.

[238] Ein Strukturvertriebssystem ist ein sittenwidriges Schneeballsystem, wenn der Käufer gegen Entgelt eine Ware erhält, deren Bezahlung ihm bei Werbung einer bestimmten Zahl anderer Kunden, die ihrerseits unter denselben Voraussetzungen in das System eingegliedert werden, ganz oder teilweise erlassen wird. Die dem System zugrundeliegende mathematische Gesetzmäßigkeit, darstellbar als geometrische Reihe, lässt den Abnehmerkreis nämlich lawinenartig anschwellen, macht die Kundenwerbung somit progressiv. Vertriebssysteme, die darauf angelegt sind, dass die meisten Teilnehmer deswegen, weil sie die Bedingungen wegen der Verengung des Marktes nicht erfüllen können, ihren Einsatz verlieren sind nach § 138 Abs. 1 BGB nichtig (BGH NJW 1997, 2314; OLGR Frankfurt 2000, 143; BGHZ 125, 218 zur Frage, unter welchen Voraussetzungen der Verkauf eines Anteils an einer Eigentumswohnung im sog. Time-Sharing-Modell sittenwidrig sein kann).

[239] BGHZ 125, 206: Eine Bürgschaft kann schon deshalb nichtig sein, weil ein besonders grobes Missverhältnis zwischen dem Verpflichtungsumfang und der Leistungsfähigkeit des Bürgen besteht und dieser aus Geschäftsunerfahrenheit ohne wesentliches Eigeninteresse gehandelt hat.; LG Paderborn VuR 1998, 92 zur Nichtigkeit eines Time-Sharing-Vertrages und des Finanzierungs-Kreditvertrages wegen überhöhten Preises und des Vertriebssystems.

[240] BGH NJW-RR 2012, 625: Ein Anlagevermittler hat keinen Anspruch auf Scheingewinne, die sich daraus ergeben, dass die vermittelten Beteiligungen an der Insolvenzschuldnerin als sogenanntes „Schneeballsystem" wegen Sittenwidrigkeit nichtig gewesen sind (§ 138 Abs. 1 BGB).

[241] LG Hamburg NJW 1987, 2165: Schließt ein Ausländer mit einer inländischen Handelsgesellschaft einen Handelsvertretervertrag, so verstößt dieser Vertrag nicht gegen ein gesetzliches Verbot iSd § 134 BGB, wenn dem Ausländer nach der einer Aufenthaltsgenehmigung beigefügten Auflage eine selbständige Erwerbstätigkeit untersagt ist. Ist der Vertrag aber nach Sinn und Zweck auf die Umgehung von Vorschriften des AuslG und des behördlichen Verbots, selbständig tätig zu sein, gerichtet, so ist er gemäß § 138 Abs. 1 BGB nichtig.

[242] BGH WM 1992, 1319 zur Nichtigkeit einer Vereinbarung mit einem Handelsvertreter zu Täuschung des Finanzamtes.

[243] Die Verordnung (EWG) Nr. 4087/88 der Kommission vom 30.11.1988 über die Anwendung von Artikel 85 Absatz 3 des Vertrags auf Gruppen von Franchisevereinbarungen, (ABl. 1988 L 359, 46 ff.) definiert die Verträge wie folgt: Franchisevereinbarungen umfassen im Wesentlichen das Recht zur Erteilung von Lizenzen für die Nutzung von Rechten an gewerblichem oder geistigem Eigentum wie Warenzeichen, sonstigen der Unterscheidung dienenden Zeichen oder Know-how; derartige Lizenzen können mit Liefer- oder Bezugspflichten für Waren verbunden sein. Entsprechend ihrem jeweiligen Gegenstand sind verschiedene Arten von Franchisen voneinander zu unterscheiden. Industrielle Franchisen beziehen sich auf die Herstellung von Erzeugnissen, Vertriebsfranchisen auf den Warenvertrieb und Dienstleistungsfranchisen auf die Erbringung von Dienstleistungen. Vgl. auch die Leitlinien für vertikale Beschränkungen (Text von Bedeutung für den EWR), ABl. 2010 C 130, 1 ff. Rn. (31)–(45), (92), (189)–(191).

tet.[244] Es handelt sich typischerweise um einen Vertrag sui generis. Beim Franchising stellt ein Konzessionsgeber einem Konzessionsnehmer die (regionale) Nutzung eines Geschäftskonzeptes gegen Entgelt zur Verfügung. Dem Franchise-Geber kommt zB die Pflicht zur Überlassung der Franchise mit allen Kennzeichnungsrechten und Unterlagen, zur Förderung des Absatzes des Franchise-Nehmers, zur Schulung desselben sowie eine Unterstützungs- und Beratungspflicht in Bezug auf die Franchise-Nehmer zu. Die Betriebsförderungspflicht umfasst die Pflicht zur fortlaufenden Überlassung etwaigen neuen Knowhows und Erfahrungswissens und zur Unterstützung der Franchise-Nehmer bei der Werbung sowie die Gewährung eines (begrenzten) Gebietsschutzes. Die typische Hauptleistungspflicht des Franchise-Nehmers besteht in der Absatzförderung des Franchise-Geber-Geschäfts, der Zahlung der Gebühren und der Unterordnung unter das in Teilen bestehende Weisungs- und Kontrollrecht des Franchise-Gebers. Außerdem bestehen für ihn Unterlassungs-, Geheimhaltungs-, Bezugs- und Kennzeichnungspflichten.[245]

82   Beim Abschluss eines Franchise-Vertrages herrscht in der Regel eine starke Informationsasymmetrie[246] zwischen Franchise-Geber und Franchise-Nehmer.[247] Diese beruht ua auf der Erfahrung des Franchise-Gebers, die dieser in das System einfließen und sich auch (direkt oder indirekt) vergüten lässt. Dem Franchise-Nehmer bleibt zunächst kaum eine andere Wahl, als auf die Angaben des Franchise-Gebers zu vertrauen. Als Beispiel seien die vom Franchise-Geber genannten Umsätze bzw. Umsatzentwicklungen genannt, auf die der potentielle Franchise-Nehmer seine Kalkulationen aufbaut, um seine Entscheidung für oder gegen einen Vertragsabschluss zu treffen. Ein weiterer kritischer Punkt ist die in manchen Franchiseverträgen vorgesehene ausschließliche Bezugsbindung des Franchise-Nehmers. Beim Franchising ist hier vor allem an die existentielle Abhängigkeit des Franchise-Nehmers von dem System zu denken.

83   Aus dieser Informationsasymmetrie und der Bindungswirkung ergeben sich die zivilrechtlichen Probleme bei der Frage nach der Nichtigkeit des Vertrages aufgrund Sittenwidrigkeit (§ 138 BGB). In Ergänzung zu den einschlägigen kartellrechtlichen Anforderungen an Franchise-Verträge schützt § 138 BGB die wirtschaftliche Bewegungsfreiheit des Franchise-Nehmers. Für das Franchising von Bedeutung sind vor allem die Fälle der Sittenwidrigkeit wegen besonders groben Missverhältnisses von Leistung und Gegenleistung und wegen Knebelung. Die Anwendung des § 138 BGB ist dabei auf solche Fälle beschränkt, die nicht schon durch die Inhaltskontrolle von Formularverträgen nach § 307 BGB erfasst werden. Die obigen Ausführungen zur Sittenwidrigkeit eines Handelsvertretervertrages gelten grundsätzlich auch für Franchise-Verträge.

84   Allerdings werden an die Unwirksamkeit bzw. Sittenwidrigkeit von Franchise-Verträgen hohe Anforderungen gestellt. Die Unwirksamkeit eines Franchise-Vertrags ist nur in besonderen Ausnahmefällen gegeben, und hieran sind – dem Wesen des Franchising geschuldet – systembedingt besondere Anforderungen zu stellen. Im Falle der Bejahung der Sittenwidrigkeit hat der Franchise-Geber erhaltene Zahlungen unter Abzug von Warenlieferungen, Nebenkosten und Fernsprechgebühren zurückzuerstatten. Probleme bereiten dabei immaterielle Leistungen des Franchise-Gebers, insbesondere das Know-how. Es ist

---

[244] Schreiber JURA 2009, 115: Erst die Praxis habe das Franchising geprägt. Die für den Franchise-Vertrag typischen Problemfelder sind die vorvertraglichen Aufklärungspflichten, die Sittenwidrigkeit des Franchise-Vertrages, der Anwendungsbereich der AGB, das Widerrufsrecht des Franchise-Nehmers und das Kündigungsrecht. Im Bereich des Kartellrechts stehen die Bezugsbindung, die Einhaltung von Einkaufsvorteilen und die Preisbindung im Vordergrund. Handlungen eines Franchise-Gebers oder Franchise-Nehmers können auch gegen wettbewerbsrechtliche Regelungen verstoßen.

[245] M. Dickersbach in Erman, BGB, Kommentar, Vorbemerkung Rn. 18–20.

[246] Leitlinien für vertikale Beschränkungen (Text von Bedeutung für den EWR), ABl. 2010 C 130, 1 ff. Rn. (207), (208); zu der Innenbeziehung zwischen Franchise-Geber und Franchise-Nehmer und der Frage nach dem Gerechtigkeitsgehalt einer durch Asymmetrien, durch eine ungleiche Verteilung von Einflusschancen und Risiken gekennzeichneten Vertragsbeziehung: Joerges AG 1991, 325; Flohr BB 2006, 389.

[247] Aus diesem Grunde trifft den Franchise-Geber eine umfassende vorvertragliche Aufklärungspflicht (Flohr IHR 2005, 45).

dann festzustellen, ob das erhaltene Fachwissen einen saldierungsfähigen wirtschaftlichen Wert besitzt, was der Franchise-Geber darzulegen und zu beweisen hat. Von einer Werthaltigkeit ist regelmäßig nicht auszugehen (insbesondere, wenn die Leistungen ausschließlich im Zusammenhang mit weiteren Leistungen des Franchise-Gebers genutzt werden könnten), sofern die Leistungen nicht Ausdruck des franchise-spezifischen Know-hows sind.

1. Sittenwidrigkeit langfristiger Verträge. Der Franchise-Vertrag wird durch eine 85 besonders intensive Vertragsbindung des Franchise-Nehmers mit dem Franchise-Geber gekennzeichnet.[248] Die Vertragsfreiheit ermöglicht, vertraglich die ordentliche Kündigung auszuschließen, was bei Franchise-Verträgen häufig anzutreffen ist. Die Sittenwidrigkeit langfristiger Vertragsbindungen kann nicht generell, sondern nur unter Berücksichtigung und Abwägung der jeweiligen vertragstypischen und durch die Besonderheiten des Einzelfalles geprägten Umstände bestimmt werden.[249] Wird der Franchise-Nehmer durch den Franchise-Vertrag auf unabsehbare Zeit gebunden, ist der Vertrag sittenwidrig, da der Franchise-Nehmer in seiner persönlichen Entfaltungsfreiheit unangemessen einschränkt wird. Eine Vertragsdauer von zehn Jahren stellt hingegen im Regelfall keine übermäßige Einschränkung seiner Entfaltungsfreiheit dar.[250] Bei der Beurteilung der Vertragslaufzeit sind die Interessen von Franchise-Geber und Franchise-Nehmer gegeneinander abzuwägen. Von Bedeutung ist dabei, ob sich die Investitionen des Franchise-Nehmers innerhalb der Vertragslaufzeit amortisieren. Dies kann in Ausnahmefällen sogar dazu führen, dass eine zwanzigjährige Erstlaufzeit des Vertrages noch akzeptabel erscheint.[251] Der Kapitalaufwand des Franchise-Nehmers wird somit zum entscheidenden Kriterium für die Angemessenheit der Laufzeit von Franchise-Verträgen. Eine sittenwidrige langfristige Vertragsbindung bewirkt regelmäßig keine Gesamtnichtigkeit; vielmehr kommt, soweit die Sittenwidrigkeit sich nicht auch auf den Inhalt der Bindung bezieht, eine Verkürzung der Bindungsfrist auf ein noch hinnehmbares Maß in Betracht.[252]

2. Knebelungsvertrag. Eine sittenwidrige Knebelung ist dadurch gekennzeichnet, dass 86 eine Partei in ihren wirtschaftlichen Entfaltungsmöglichkeiten in einem Maße beeinträchtigt wird, dass sie ihre Selbständigkeit und wirtschaftliche Handlungsfreiheit im Wesentlichen eingebüßt hat.[253] Eine enge Einbindung des Franchise-Nehmers in das System ist franchisetypisch und dient der Sicherung des einheitlichen Auftretens und der Qualität des Systems.[254]. Für Vertriebsfranchise-Verträge ist eine Bezugspflicht des Franchise-Nehmers beim Franchise-Geber sogar charakteristisch.[255]

Eine sittenwidrige Knebelung wird bei Franchise-Verträgen angenommen, wenn der 87 Franchise-Nehmer annähernd vollkommen dem Willen des Franchise-Gebers unterworfen

---

[248] Niebling BB 1996, 1727.

[249] BGH NJW 1995, 2350 zur Wirksamkeit des vertraglichen Ausschlusses der ordentlichen Kündigung eines Handelsvertretervertrages durch den Unternehmer.

[250] OLGR Rostock 1996, 13; so auch BGHZ 147, 279: Eine in AGB vereinbarte Laufzeit einer Bierbezugsverpflichtung von 10 Jahren benachteiligt den Gastwirt jedenfalls im Regelfall nicht unangemessen iSd § 9 Abs. 1 AGBG (jetzt § 307 BGB); OLG Düsseldorf BeckRS 2007, 06691.

[251] So Flohr BB 2006, 389 unter Hinweis auf LG Waldshut-Tiengen 16.7.1998 – 1 O 63/98; LG München I 20.10.1998, nv.

[252] Arnold in Erman, BGB, Kommentar, BGB § 138 Rn. 12. Eine geltungserhaltende Reduktion der überlangen Bindung soll allerdings nicht möglich sein, wenn die Zeitdauer der Bindung auch gegen das AGB-Recht (§ 306 BGB) verstößt (BGHZ 143, 95 zum Bürgschaftsvertrag).

[253] BGH NJW 1993, 1587 zur Haftung eines Notars wegen unterlassener Belehrung über die Sittenwidrigkeit einer knebelnden Vertragsklausel; BGH NJW 2009, 1135 zur Aufspaltung einer sittenwidrigen Vertragsklausel in einen wirksamen und einen unwirksamen Teil.

[254] LG Kiel BeckRS 2014, 13988.

[255] EuGH NJW 1986, 1415 – Pronuptia: Die Bezugspflicht kann wettbewerbsbeschränkenden Charakter haben; derartige Klauseln können unter bestimmten Umständen als vertragsimmanent eingestuft und auf diese Weise dem Anwendungsbereich von Art. 101 Abs. 1 AEUV entzogen werden.

und faktisch zum Angestellten im eigenen Betrieb wird.[256] Neben der wirtschaftlichen Betätigungsmöglichkeit muss auch die Risikoverteilung berücksichtigt werden. Anhaltspunkte für eine übermäßige, zur Sittenwidrigkeit führende Bindung können umfassende Weisungs- und Zustimmungsrechte des Franchise-Gebers sowie deren Umfang sein.[257]

88 Typischerweise enthält ein Franchise-Vertrag eine sittenwidrige Knebelung, wenn der Franchise-Nehmer hinsichtlich der Ausstattung der Räumlichkeiten, des Warensortiments und der Öffnungszeiten an die Weisungen des Franchise-Gebers gebunden ist, ohne ansonsten seine Tätigkeit im Wesentlichen frei gestalten zu können, und es insbesondere an der Möglichkeit mangelt, einer nennenswerten anderweitigen Erwerbstätigkeit nachzugehen.[258] Dabei ist zu prüfen, in welchem Maße in die unternehmerische Selbstständigkeit des Franchise-Nehmers eingegriffen wird bzw. ob die Eingriffsrechte in die Selbständigkeit des Franchise-Nehmers weiterreichender sind, als dies durch das Know-how des Franchise-Systems und dessen Sicherstellung sowie die Amortisierung der Investitionen des Franchise-Nehmers geboten ist.[259] Auch die Anzahl der einseitig belastenden Klauseln, die einer Inhaltskontrolle nach den §§ 305 ff. BGB nicht standhalten, kann den Franchise-Vertrag bei der gebotenen Gesamtschau als sittenwidrig erscheinen lassen.

89 Allerdings ist bei der im Rahmen des § 138 BGB stets vorzunehmenden Gesamtbetrachtung zu berücksichtigen, dass gewisse Weisungsrechte und Kontrollbefugnisse für ein Franchise-Verhältnis typisch und notwendig sind, um auch im Interesse des Franchise-Nehmers die Einhaltung einheitlicher Qualitätsstandards zu gewährleisten und die korrekte Anwendung des vom Franchise-Geber zur Verfügung gestellten Know-hows sicherzustellen.[260] Auch ein Franchise-System, das eine nahezu 100 %-ige Kooperation mit dem Franchise-Geber verlangt, führt nicht ohne weitere Anhaltspunkte zur Sittenwidrigkeit des Vertrages, solange unternehmerische Gestaltungsspielräume verbleiben.[261] Dies ist beispielsweise der Fall, wenn das unternehmerische Risiko auf beide Vertragsparteien verteilt ist und jedenfalls das Rechnungswesen (Buchhaltung, Kassenführung, Zahlungsverkehr) in den Händen des Franchise-Nehmers liegt.[262] Ein geringer unternehmerischer Spielraum stellt sich noch nicht als sittenwidrige Knebelung dar, wenn die Regelungen zur Einhaltung der systemtypischen Qualitätsstandards und der korrekten Anwendung des zur Verfügung gestellten Know-hows dienen und der Bindung des Franchise-Nehmers Verpflichtungen des Franchise-Gebers von bedeutendem Gewicht gegenüberstehen, die dem Franchise-Nehmer zugutekommen. Diese stellen insoweit einen ausreichenden Ausgleich für die Beschränkung seiner unternehmerischen Handlungsfreiheit dar, als sie diese nicht unbeträchtlichen organisatorischen Schwierigkeiten bei Einrichtung und Betrieb des Geschäfts und den damit verbundenen finanziellen Belastungen abnehmen bzw. ersparen.[263]

90 Fehlt es allerdings an einem auch nur annähernd angemessenen Ausgleich für eine erhebliche Einschränkung der wirtschaftlichen Betätigungsfreiheit, so ist der Franchise-

---

[256] OLGR Naumburg 2007, 168: Unterwirft sich ein Franchise-Nehmer einem System, dass eine nahezu 100 %-ige Kooperation mit dem Franchise-Geber verlangt, kann hieraus nicht ohne weitere Anhaltspunkte auf eine Sittenwidrigkeit des Vertrages geschlossen werden, solange unternehmerische Gestaltungsspielräume verbleiben.

[257] OLG Düsseldorf BeckRS 2009, 89466 (Formularmäßiger Franchise-Vertrag).

[258] Das Arbeitsverhältnis unterscheidet sich vom Rechtsverhältnis eines freien Franchise-Nehmers durch den Grad der persönlichen Abhängigkeit bei der Erbringung der Werk- oder Dienstleistungen. Arbeitnehmer ist danach, wer weisungsgebunden die vertraglich geschuldete Leistung im Rahmen einer von seinem Vertragspartner bestimmten Arbeitsorganisation erbringt. Insoweit enthält § 84 Abs. 1 S. 2 HGB ein typisches Abgrenzungsmerkmal, das über den unmittelbaren Anwendungsbereich hinaus eine allgemeine gesetzgeberische Wertung erkennen lässt (BGH NJW-RR 2000, 1436). Soweit – wie im Regelfall – der Franchise-Vertrag nicht als Arbeitsvertrag zu werten ist, setzt die Prüfung ein, ob die Grenzen der „guten Sitten" überschritten und der Vertrag gem. § 138 BGB nichtig ist.

[259] OLG München BeckRS 2002, 30268497; Flohr BB 2006, 389.

[260] OLG Düsseldorf BeckRS 2009, 89466.

[261] OLG Naumburg BeckRS 2007, 0309.

[262] OLGR Oldenburg 2008, 24; OLG Hamm NZG 2000, 1169.

[263] OLG Düsseldorf BeckRS 2009, 89466.

Vertrag als sittenwidrig zu qualifizieren und damit nichtig (§ 138 Abs. 1 BGB).[264] In Extremfällen kann auch die übermäßige Erhebung von Franchise-Gebühren zur Sittenwidrigkeit führen. In diesem Sinne hat der BGH einen Vertrag gewertet, in dem der Franchise-Geber mit 22 % am Gewinn des Franchise-Nehmers, mindestens aber mit 13,5 % am Umsatz beteiligt war; die Kündigungsmöglichkeit des Franchise-Nehmers änderte hieran nichts.[265] Auch die Kombination von Weisungen und einer erfolgsunabhängigen Franchisegebühr kann zur Sittenwidrigkeit führen. Das OLG Hamm[266] erklärte einen Franchise-Vertrag für sittenwidrig, bei dem der Franchise-Nehmer von Weisungen des Franchise-Gebers abhängig und die vereinbarte Franchise-Gebühr nicht als eine Beteiligung am gemeinsamen Erfolg, sondern als erfolgsunabhängige Mindestgebühr ausgestaltet war, weil diese Vertragsgestaltung nicht dem Leitbild des partnerschaftlichen Koalitionsfranchisings entsprochen habe.

3. Wettbewerbsverbot. Das Wettbewerbsrecht legt allgemeinverbindliche Regeln fest, **91** die im Wettbewerb um das Angebot und den Bezug von wirtschaftlichen Leistungen einzuhalten sind. Dabei sollen Mitbewerber, Verbraucher sowie sonstige Marktteilnehmer vor unlauteren Handlungen und Geschäftspraktiken geschützt und ein freier sowie fairer Wettbewerb ermöglicht werden. Das Wettbewerbsrecht im deutschen Recht umfasst das Recht des unlauteren Wettbewerbs (das Lauterkeitsrecht)[267] und das Recht gegen Wettbewerbsbeschränkungen (das Kartellrecht).[268]

Zur Gewährleistung eines funktionierenden Franchise-Systems können während der **92** Vertragslaufzeit Wettbewerbsverbote vereinbart werden.[269] Der Franchise-Nehmer ist in das Franchise-System eingegliedert und unterliegt der Interessenwahrungs- und Absatzförderungspflicht. Wie ein Handelsvertreter unterliegt er auf Grund dessen einem Wettbewerbsverbot. Endet der Franchise-Vertrag, so endet auch das vertragliche Wettbewerbsverbot. Während der Laufzeit sind kaum Fälle denkbar, dass ein Wettbewerbsverbot gegen die guten Sitten verstoßen könnte und der Vertrag deshalb gem. § 138 BGB nichtig wäre.

Der Franchise-Geber hat ein wirtschaftliches Interesse daran, dass der Franchise-Nehmer **93** nach Vertragsbeendigung das Geschäft nicht nach den Regeln des Franchise-Vertrages weiterbetreibt, das Franchise-System sozusagen „kapert". Die Voraussetzungen für einen Unterlassungsanspruch nach § 4 Nr. 3a–c UWG sind regelmäßig nicht erfüllt.[270] Ein in Betracht kommender Weg zur Bekämpfung solcher Phänomene ist ein möglichst strenges nachvertragliches Wettbewerbsverbot. Allerdings greift die Vereinbarung eines nachvertraglichen Wettbewerbsverbots in die grundgesetzlich garantierte Berufsfreiheit des Franchise-

[264] OLG München BB 2002, 2521 zur unangemessenen Benachteiligung des Franchise-Nehmers durch eine Vielzahl von Klauseln, die die Nichtigkeit des Vertrages zur Folge hat.
[265] BGH BeckRS 2002, 06698; das OLG Frankfurt a. M. (25.1.2005 – 11 U (Kart) 12/04, zit. nach Haager NJW 2005, 3394, Fn. 51) hat die Anwendung des § 138 BGB allein deshalb abgelehnt, weil eine Kündigungsmöglichkeit des Franchise-Gebers mit einer Frist von wenigen Monaten möglich gewesen sei.
[266] OLG Hamm NZG 2000, 1169.
[267] Im deutschen Rechtsraum findet das Lauterkeitsrecht seine Grundlage im Wesentlichen im UWG, das allerdings von zahlreichen weiteren wettbewerbsrechtlichen Bestimmungen in anderen Gesetzen ergänzt wird, zum Beispiel dem Markengesetz, der Preisangabenverordnung oder dem Heilmittelwerbegesetz.
[268] Das Kartellrecht wurde im GWG normiert. Die Frage der kartellrechtlichen Wirksamkeit eines Wettbewerbsverbots stellt sich grundsätzlich nicht nur bei einem aus einer ausdrücklichen Vertragsklausel, sondern auch bei einem aus dem Gesetz hergeleiteten Wettbewerbsverbot (Vergleiche BGHZ 70, 331 – Gabelstapler-Vermietung).
[269] LG Düsseldorf WuW 2014, 1136: Eine der Sicherung der Funktionsfähigkeit des Franchise-Systems dienende Bezugsbindungsklausel ist AGB-rechtlich nicht zu beanstanden und stellt auch keine dem Art. 81 EG (heute: Art. 101 AEUV) unterfallende Wettbewerbsbeschränkung dar; ebenso OLG Düsseldorf BeckRS 2009, 89466; BGH NJW 2009, 1753. Doch auch eine kartellrechtliche Unwirksamkeit würde nicht zu einer Gesamtunwirksamkeit des Vertrages führen (LG Kiel BeckRS 2014, 13988). Zu den Grenzen eines sich aus § 86 HGB für einen Handelsvertreter ergebenden Wettbewerbsverbots aufgrund einer Ausschließlichkeitsbindung: BKartA Berlin WuW/E BKartA 2283 – Touristik-Union.
[270] OLG Schleswig SchlHA 2014, 241 zur Weiterführung von Fastfood-Restaurants durch ehemalige Franchisenehmer unter Beibehaltung des gleichen Verkaufskonzepts und der von ihnen selbst angeschafften Betriebsmittel.

Nehmers ein. Ein nachvertragliches Wettbewerbsverbot darf allerdings nur die illoyale Verwertung von Arbeitsergebnissen aus der gemeinsamen Tätigkeit umfassen[271] und nicht weitergehen als während der Vertragslaufzeit.[272]

94   Nachvertragliche[273] Wettbewerbsverbote sind nur dann mit den guten Sitten vereinbar und wirksam, wenn und soweit sie dem Schutz eines berechtigten Interesses des aus der Wettbewerbsabrede Berechtigten dienen und die Berufsausübung und wirtschaftliche Betätigung des Verpflichteten nach Ort, Zeit und Gegenstand nicht unbillig einschränken.[274] Ein lebenslanges und umfassend vereinbartes Verbot des Wettbewerbs in der jeweiligen Branche ist gemäß § 138 BGB nichtig.[275] Einem Franchise-Nehmer steht bei Vereinbarung einer nachvertraglichen Wettbewerbsabrede in entsprechender Anwendung des § 90a HGB ein Anspruch auf eine angemessene Karenzentschädigung zu.[276]

95   **4. Wucherähnliches Geschäft.** Besteht ein auffälliges Missverhältnis von Leistung und Gegenleistung, so kann das Rechtsgeschäft, wenn eine verwerfliche Gesinnung hinzutritt, als wucherähnliches Geschäft (§ 138 Abs. 1 BGB) nichtig sein. Lassen sich weder der Umfang der Leistungen des Franchise-Nehmers noch die vom Franchise-Geber zu erbringende Gegenleistung (Wert der Nutzung der gewerblichen Schutzrechte)[277] exakt feststellen, weil von den tatsächlichen Umsätzen abhängig, kann nicht festgestellt werden, dass ein auffälliges Missverhältnis zwischen Leistung und Gegenleistung besteht.[278] Beträgt die laufende Franchise-Gebühr 5 % der gesamten Einkünfte des Franchise-Nehmers, ist die Leistung unbestimmt, weil nicht feststeht, welche Einkünfte er haben wird. Hat er nämlich keine Einkünfte, so wird er auch keine laufende Franchise-Gebühr entrichten müssen. Hat er hohe Einkünfte, so wird die Franchise-Gebühr entsprechend steigen.

96   Ein Franchise-Vertrag über die Zurverfügungstellung einer bisher noch nirgendwo realisierten Geschäftsidee über ein „Buch der Persönlichkeiten" gegen eine Lizenzgebühr von 9.120 DM und monatlichen Lizenzzahlungen ist sittenwidrig und damit nichtig.[279]

97   **5. Sittenwidrige Leistung.** Franchise-Verträge innerhalb eines Multi-Level-Marketing-Systems[280] nach Art des sogenannten „Schneeballsystems", bei denen es dem Franchise-Geber in erster Linie nicht auf die Weiterveräußerung von Waren an Endabnehmer, sondern auf die progressive Anwerbung neuer Franchise-Nehmer und einen Warenabsatz an diese ankommt, sind nach § 138 BGB nichtig. Die Sittenwidrigkeit solcher Verträge ergibt sich aus dem „Gesamtcharakter des Geschäfts", insbesondere aus der „Täuschung" eines regelmäßig leichtgläubigen und unerfahrenen Interessentenkreises über die mit der progressiven Ausweitung des Systems regressiven Gewinnerzielungschancen.[281]

---

[271] OLG Hamm NJW-RR 2009, 1707 zur Reichweite eines nachvertraglichen Wettbewerbsverbotes für das Mini-Lernkreis-Nachhilfekonzept.

[272] OLG Hamm NJW-RR 2009, 177.

[273] Zu den Anforderungen an formularmäßige Wettbewerbsbedingungen: BGH NJW 2016, 401 (Intransparenz einer Formularklausel über ein nachvertragliches Verbot der Kundenabwerbung).

[274] OLG Hamm NJW-RR 2009, 1707: Ein nachvertragliches Wettbewerbsverbot ist zulässig, soweit die illoyale Verwertung der Arbeitsergebnisse aus der gemeinsamen Tätigkeit unterbunden werden soll. Was der Franchise-Nehmer von seinem Franchise-Geber gelernt hat, soll er nicht gewinnbringend für die eigene Erwerbstätigkeit verwerten dürfen.

[275] OLG Köln VersR 1998, 97.

[276] OLGR Celle 2008, 243.

[277] OLG Oldenburg DStR 1998, 903 mzustAnm Flohr DStR 1998, 903 (wonach der Franchise-Geber für die Werthaltigkeit eines von ihm erbrachten Know-how-Transfers und dem daraus vom Franchise-Nehmer zu ziehenden Nutzen darlegungs- und beweispflichtig ist; ob diese zu § 1b AbzG ergangene Entscheidung auch auf § 138 übertragen werden kann, ist nicht entschieden).

[278] OLGR Rostock 1996, 13.

[279] LG Karlsruhe NJW-RR 1989, 822.

[280] Zum MLM-Vertrieb und seiner Abgrenzung zum Pyramiden- und Schneeballsystem: Brammsen/Leible BB Beilage 1997, Nr. 10, 1–20.

[281] OLG München NJW 1986, 1880 mit zust. Anm. Gilles EWiR 1985, 843; Allgemein zur Sittenwidrigkeit der Leistung in Franchiseverträgen insbesondere Wagenseil, Die Sittenwidrigkeit von Franchise-Vereinbarungen aufgrund eines Leistungsmissverhältnisses, S. 86 ff., 196 ff.

6. Sittenwidrige Kündigung. Eine Kündigung kann ausnahmsweise sittenwidrig sein, **98** wenn sie aus verwerflichen Motiven, etwa aus Rachsucht oder Vergeltung erfolgt.[282] Eine Kündigung des Vertragsverhältnisses nur als Sanktion für den Widerstand der Tankstellen- verwalter ist sittenwidrig und deshalb gemäß § 138 BGB nichtig, wenn das Unternehmen mit der Kündigung bzw. deren Androhung die umsatzfördernden Maßnahmen durch- zusetzen wollte, die einzuführen die Tankstellenbetreiber vertraglich nicht verpflichtet gewesen waren und durch die sie wirtschaftlich erheblich beeinträchtigt worden wären.[283]

C. Vertragshändler

Der Vertragshändlervertrag ist gesetzlich nicht geregelt. Im Zuge zunehmender Indus- **99** trialisierung und (auch über die Grenzen reichender) Arbeitsteilung hat sich der Vertrags- händlervertrag als ein auf Dauer angelegter Rahmenvertrag zwischen Hersteller (Vorliefe- rer, Importeur oder Großhändler) und Vertragshändler (Eigenhändler) herausgebildet, wo- nach der Vertragshändler im eigenen Namen und auf eigene Rechnung Vertragswaren im Vertragsgebiet vertreibt und deren Absatz fördert, zugleich aber in das nach einheitlichen Grundsätzen errichtete Vertriebsnetz des Herstellers wirtschaftlich eingegliedert ist.[284] Rechtlich handelt es sich um Dienstverträge, denen eine Geschäftsbesorgung[285] zugrunde liegt.[286] Der Unterschied zum Handelsvertretervertrag (§§ 84 ff. HGB) bzw. Kommissions- agenturvertrag (§§ 383 ff. HGB) liegt insbesondere darin, dass der Vertragshändler auf eigene Rechnung tätig wird.[287]

Das Vertragshändlersystem steht dem Franchising begrifflich am nächsten. Dem Vertrags- **100** händler wird gestattet, die vom Vertragspartner hergestellten oder vertriebenen Erzeugnisse im eigenen Namen und auf eigene Rechnung zu vertreiben bzw. zu verkaufen. Im All- gemeinen sind die Interessen des Unternehmens zu wahren, ohne dass jedoch eine derart enge Bindung wie in einem Franchise-System besteht. Dem Vertragshändler fehlt zudem eine so weitgehende Identifizierung mit dem Unternehmen, wie sich dies bei Franchise- Systemen häufig findet. Das Marketing- und Werbekonzept ist nicht wie bei Franchise- Systemen zwingend einheitlich gestaltet. Die Entscheidungen zur Sittenwidrigkeit von Handelsvertreterverträgen und insbesondere von Franchise-Verträgen können grundsätzlich auch auf den Vertragshändlervertrag übertragen werden.

Auch im Falle von Vertragshändlerverträgen kann erst eine Gesamtschau des Vertrags- **101** verhältnisses zur Sittenwidrigkeit führen. So hat der BGH einen Bierverlagsvertrag[288] als mit § 138 Abs. 1 BGB unvereinbar angesehen, weil er die wirtschaftliche Bewegungs- freiheit des Vertragshändlers in unvertretbarer Weise einengte und ihn in eine mit den Anschauungen des redlichen geschäftlichen Verkehrs nicht mehr zu vereinbarende Abhän- gigkeit von der Brauerei brachte.[289] Entscheidend dafür war, dass nach der Vertragsgestal- tung im Einzelnen der Vertragshändler in seinen Verdienstmöglichkeiten während der

---

[282] OLG Hamburg GRUR-RR 2003, 325.

[283] BGH WM 1970, 715.

[284] Niebling BB 1996, 1727.

[285] Bei der weisungsgebundenen Absatzförderungspflicht im Interesse des Herstellers handelt es sich um ein dominantes geschäftsbesorgungsvertragliches Element (Martinek ZIP 1988, 1362).

[286] BGHZ 54, 338; 74, 136: Bei einem Vertragshändlervertrag handelt es sich um einen Vertrag eigener Art, der eine auf eine längere Zeit berechnete – agenturvertragsähnliche – Interessenverbindung zwischen Lieferant und Händler zum Inhalt hat und von den in seiner Ausführung abgeschlossenen einzelnen und rechtlich selbständigen Kaufverträgen zu trennen ist, auch wenn der Inhalt dieser Einzelverträge durch den Vertragshändlervertrag weitgehend vorgegeben ist.

[287] Niebling BB 1996, 1727.

[288] Ein Bierverlagsvertrag, der den Vertragspartner zum Betrieb einer früheren Niederlage der Brauerei „in eigener Regie und auf eigene Rechnung" berechtigt und verpflichtet, ist dem Bereich der Vertrags- oder Eigenhändlerverträge zuzuordnen oder kommt diesem Vertragstypus zumindest nahe (BGH NJW-RR 1987, 628).

[289] BGH NJW-RR 1987, 628.

langfristigen Dauer seiner Bezugsbindung weitgehend vom Belieben der Brauerei abhing und er zudem durch die für die Zeit nach der Vertragsbeendigung vorgesehenen Regelungen unbillig belastet wurde. Dem Vertragshändler war weder ein Alleinvertriebsrecht noch ein Gebietsschutz eingeräumt worden, während der Brauerei mangels Vereinbarung einer Absatzbindung das Recht zur unmittelbaren Belieferung neuer Kunden im Verkaufsgebiet zustehen sollte. Mangels Vereinbarung einer „Meistbegünstigungsklausel" konnte die Brauerei in Wettbewerb zu dem Vertragshändler treten[290] und diesem durch Preisunterbietung in existenzgefährdendem Maße Kunden entziehen. Bei Bierlieferungsverträgen kann der Wert der Gegenleistungen der Brauerei entscheidend dafür sein, ob eine derart langjährige Bezugsbindung für den Vertragspartner noch tragbar ist.[291] Eine zwanzigjährige Bezugsbindung soll dabei die äußerste Grenze des in einem Ausnahmefall gerade noch Zulässigen darstellen.[292]

102   § 138 BGB spielt im Zusammenhang mit Vertragshändlerverträgen insbesondere auch bei der Beurteilung der Lösungsmöglichkeiten vom Vertrag eine erhebliche Rolle. So war ein zwischen Großhändlern geschlossener Vertragshändlervertrag wegen unzumutbarer Behinderung der Auflösung des Vertrags durch Kündigung nichtig.[293] Auch eine Vertragsgestaltung, nach der das Fortbestehen von Vertragsbeziehungen allein vom Willen der Mineralölgesellschaft abhängig und es dem Tankstellenhalter auf Dauer verwehrt war, die Vertragsbeziehungen zu einem bestimmten Vertragspartner zu lösen, engte die wirtschaftliche Bewegungsfreiheit und Selbständigkeit des Tankstellenhalters bei der Wahl des Vertragspartners nach Ablauf der vereinbarten Vertragszeit unvertretbar ein und führte insoweit zu einer mit den Anschauungen des redlichen Geschäftsverkehrs nicht mehr zu vereinbarenden Abhängigkeit des Tankstellenhalters von der Mineralölgesellschaft. Eine solche Vereinbarung steht damit in Widerspruch zu den guten Sitten (§ 138 BGB).[294]

103   Kündigungen können unter ganz außergewöhnlichen Umständen gegen das Schikaneverbot (§ 226 BGB) oder die guten Sitten (§ 138 BGB) verstoßen und deshalb nichtig sein. Die Kündigung eines Tankstellenvertrages ist gem. § 138 BGB sittenwidrig, wenn sie als wirtschaftliches Druckmittel eingesetzt wird, um den Widerstand eines Pächters gegen die Einführung eines belastenden Rabattsystems zu brechen. Grundsätzlich ist aber die Frage, ob eine vertragsgemäß ausgesprochene Kündigung gegen die guten Sitten verstößt und deshalb nichtig ist, nur unter strengen Voraussetzungen zu bejahen.[295]

104   Schließlich ist § 138 BGB auch bei der Vertragsabwicklung von Vertragshändlerverträgen, insbesondere von Tankstellen-Stationärverträgen relevant. Als Beispiel sei hier auf einen Vertrag verwiesen, durch den sich die Mineralölgesellschaft das unwiderrufliche Recht vorbehielt, nach Ablauf der Vertragszeit von mehr als 25 Jahren die Vertragsbeziehungen mit dem Tankstelleninhaber zu den Bedingungen des Angebots eines Dritten fortzusetzen. Nach Auffassung des BGH war diese Regelung gem. § 138 BGB nichtig, weil sie die wirtschaftliche Bewegungsfreiheit und Selbständigkeit des Tankstellenhalters bei der Wahl des Vertrags-

---

[290] Ein einfacher Vermittlervertrag, der kaum über das Vergütungsinteresse des Mittlers hinausgehende finanzielle Risiken begründet, schafft kein Eigenvertriebsverbot zulasten des Unternehmers. In dieser Situation darf sich der Unternehmer grundsätzlich den Eigenvertrieb auch vertraglich vorbehalten, selbst durch AGB. Nur ausnahmsweise besteht ein Wettbewerbsverbot des Unternehmers: Je enger der Mittler in das Vertriebssystem des Unternehmers eingebunden wird und je höher seine finanziellen Risiken werden, umso eher ist von einem Wettbewerbsverbot des Unternehmers auszugehen. (Emde VersR 2012, 536).

[291] BGH WM 1984, 88.

[292] BGH NJW 1979, 865.

[293] BGH WM 1972, 767 zur Frage, unter welchen Umständen ein zwischen Großhändlern geschlossener Eigenhändlervertrag wegen unzumutbarer Behinderung der Auflösung des Vertrags durch Kündigung nichtig ist.

[294] BGHZ 83, 313 zur Frage der Unwirksamkeit der Klausel eines Tankstellen-Stationärvertrages, durch die sich die Mineralölgesellschaft das unwiderrufliche Recht vorbehält, nach Ablauf der Vertragszeit (hier von mehr als 25 Jahren) die Vertragsbeziehungen mit dem Tankstelleninhaber zu den Bedingungen des Angebots eines Dritten fortzusetzen.

[295] BGH NJW 1970, 855 zur Frage der Sittenwidrigkeit der Kündigung eines Tankstellenverwalter-Vertrages.

partners nach Ablauf der vereinbarten Vertragszeit unvertretbar einengte und insoweit zu einer mit den Anschauungen des redlichen Geschäftsverkehrs nicht mehr zu vereinbarende Abhängigkeit des Tankstellenhalters von der Mineralölgesellschaft führte.[296]

Eine vereinbarte Vertragsstrafe ist nicht allein wegen Überhöhung nichtig; bei unverhält- **105** nismäßiger Höhe greift vielmehr § 343 BGB ein (Ausnahme: § 348 HGB). Die Vertrags- strafe kann allerdings als wucherähnliches Rechtsgeschäft sittenwidrig sein, wenn ein auffäl- liges Missverhältnis zwischen Leistung und Gegenleistung besteht und ein vorsätzliches oder grob fahrlässiges Ausnutzen einer schwächeren Lage des Vertragspartners hinzukommt. Auch das Hinzutreten anderer Umstände kann die Sittenwidrigkeit einer Vertragsstrafe begründen. Das gilt besonders, wenn sie als unzulässiges Druckmittel ausgestaltet ist. Die Sittenwidrigkeit kann sich auch aus einer Mehrzahl von denkbaren Straffällen ergeben, wenn für jeden Fall eine überhöhte Vertragsstrafe vereinbart wurde.

Allein die Tatsache, dass die Parteien eine verschuldensunabhängige Vertragsstrafe ver- **106** einbart haben, begründet keinen Verstoß gegen § 138 BGB oder § 242 BGB.[297] Das Verschuldenserfordernis iSd § 339 BGB kann individualvertraglich[298] abbedungen werden. Verspricht der Kündigende seinem Vertragspartner eine Beendigungsvergütung zu zahlen, wenn er den Liefervertrag ordentlich kündigt, hängt die Verwirkung der Vertragsstrafe somit nicht von einem Verschulden ab. Auch die Tatsache, dass durch die Zahlung einer Beendigungsvergütung das Recht zur ordentlichen Kündigung eingeschränkt wird, ver- stößt für sich genommen nicht gegen §§ 138, 242 BGB. Die Beendigungsvergütung soll auch einen finanziellen Ausgleich dafür schaffen, dass die Beendigung der auf Dauer angelegten Lieferbeziehung eine Umstellung im Vertrieb bzw. im Einkauf der Produkte erfordert und mit finanziellen Einbußen verbunden ist.[299] Solange die Beendigungsver- gütung sich an diesen finanziellen Einbußen orientiert, ist sie auch nicht wucherähnlich überhöht.

D. Kommissionär

Das Kommissionsgeschäft hat aufgrund der wachsenden Zahl von Handelsvertretern und **107** Vertragshändlern sehr an Bedeutung verloren.[300] In der Entwicklung des Kommissions- geschäfts sind neue Vertriebsformen entstanden, die den Gedanken der Kommission auf- greifen. Zum Beispiel Rabattmärkte, Restpostenmärkte oder vergleichbare Onlineshops.[301]

Ein Kommissionsverkauf ist ein Verkaufsgeschäft in drei Schritten:[302] Ein Händler (Kom- **108** mittent, oftmals Eigentümer) übergibt seine Ware kostenlos an den Kommissionär. Der Kommissionär verkauft die Ware an Käufer und bekommt von diesen den Kaufpreis. Der Kommissionär bezahlt nach dem Verkauf den vereinbarten Preis an den Lieferanten. Nicht verkaufte Ware gibt er nach einer vereinbarten Zeit an den Händler zurück. Grundsätzlich ist der Kommissionär[303] gegenüber dem Kommittenten bei der Ausführung weisungs-

---

[296] BGHZ 83, 313 zur Frage der Unwirksamkeit der Klausel eines Tankstellen-Stationärvertrages.

[297] OLG Düsseldorf WuW 2011, 1259 zur Fortsetzung eines zunächst formunwirksamen Vertrages nach Gesetzesänderung.

[298] Allerdings nicht durch AGB (BGH NJW 1985, 57: Eine Formularklausel, in der sich der Verpächter auch für den Fall, dass das Pachtverhältnis auf Wunsch des Pächters vorzeitig einvernehmlich beendet wird eine Vertragsstrafe versprechen lässt, ist unwirksam.

[299] OLG Düsseldorf WuW 2011, 1259.

[300] Ebenroth/Boujong/Joost/Strohn/Füller HGB § 383 Rn. 3.

[301] Ebenroth/Boujong/Joost/Strohn/Füller HGB § 383 Rn. 4.

[302] BGH NJW-RR 2003, 1056.

[303] Ist der Kommissionär in der Weise in das Vertriebssystem des Kommittenten eingebunden, dass er diesem dauerhaft und mit seiner gesamten Arbeitskraft zur Ausführung der Geschäfte verpflichtet ist, wird er zum Kommissionsagenten, was aber nichts an der grundsätzlichen Anwendbarkeit des Kommissionsrechts ändert (BGH NJW-RR 2003, 1056). Auf das Vertragsverhältnis eines Kommissionsagenten sind regelmäßig die Vorschriften über den Ausgleichsanspruch von Handelsvertretern (§ 89b HGB) entsprechend anzuwenden (OLG Oldenburg ZVertriebsR 2016, 182).

gebunden,[304] darf aber, sofern mit dem Aufschub Gefahr verbunden ist, auch ohne Absprache handeln (§ 665 S. 2 BGB). Einzelheiten finden sich in § 383 ff. HGB.

109   Im Unterschied dazu handelt der Franchise-Nehmer, wenn er als Eigenhändler tätig wird, nicht nur in eigenem Namen, sondern auch auf eigene Rechnung. Er hat in einem solchen Fall die Ware vom Franchise-Geber entgeltlich zu erwerben, behält dafür aber den Erlös aus dem Warenabsatz als Eigengeschäft und hat dem Franchise-Geber für dessen Leistungen Gebühren zu entrichten.[305]

110   Die situative Unterlegenheit des Kommissionärs gegenüber dem Kommittenten erfordert einen Schutz vor AGB, die ihn entgegen Treu und Glauben unangemessen benachteiligen. Gleichsam legitimiert sie den nachträglichen richterlichen Eingriff in die durch Art. 2 Abs. 1 GG geschützte materielle Vertragsfreiheit der Parteien durch die inhaltliche Kontrolle der zwischen den Parteien vereinbarten Regelungen unter Anwendung der §§ 307 ff. BGB.[306] Soweit das AGB-Recht einen Schutz des Vertragspartners vor der generellen wirtschaftlichen Überlegenheit des Verwenders nicht ermöglicht, weil dieser seine Marktmacht missbraucht, kann der Vertrag wegen Verstoß gegen die guten Sitten gem. § 138 BGB nichtig sein. Hierzu genügt es nicht, dass in dem Kommissionsvertrag eine Vielzahl oder gar alle Klauseln nichtig sind. Diese werden durch das Gesetzesrecht ersetzt. Nach § 306 Abs. 3 BGB ist der Vertrag – in Abweichung von § 306 Abs. 1 BGB – insgesamt unwirksam, wenn ein Festhalten an ihm für eine der Vertragsparteien eine unzumutbare Härte bedeuten würde. Hierzu reicht allein der Umstand, dass der Vertrag infolge der Nichteinbeziehung oder Unwirksamkeit von AGB keine angemessene, den typischen Interessen der Vertragsparteien Rechnung tragende Lösung bietet, nicht aus. Erforderlich ist vielmehr eine grundlegende bzw. einschneidende Störung im Äquivalenzverhältnis. Die Unwirksamkeit des gesamten Vertrages ist zudem „ultima ratio". Sie kommt nur dann in Betracht, wenn das Festhalten am Vertrag auch unter Berücksichtigung der nach § 306 Abs. 2 BGB vorgesehen Änderung eine unzumutbare Härte darstellt. Da nicht nur die Lückenfüllung durch dispositives Recht nach § 306 Abs. 2 BGB, sondern auch die ergänzende Vertragsauslegung Vorrang vor der Unzumutbarkeitsprüfung nach § 306 Abs. 3 BGB hat, ist der Anwendungsbereich des § 306 Abs. 3 BGB umso geringer, je flexibler man bei der Lückenfüllung mittels ergänzender Vertragsauslegung bei Fehlen geeigneten dispositiven Rechts ist.[307] Im Hinblick auf den eingehend kodifizierten Kommissionsvertrag bedeutet das Festhalten an den Verträgen für den Kommissionär keine unzumutbare Härte iSd § 306 Abs. 3 BGB, selbst wenn alle Klauseln des Formularvertrages nichtig sind.[308]

---

[304] BGH NJW-RR 2003, 1056: Preisbindungsbestimmungen in einem Kommissionsvertrag sind AGB-rechtlich unbedenklich, da sie lediglich die im Gesetz enthaltene Regelung wiederholen, wonach der Kommissionär dem Kommittenten gegenüber einem Weisungsrecht unterliegt.

[305] BGH NJW-RR 2003, 1056.

[306] Kötz JuS 2003, 29.

[307] BGH BeckRS 2016, 11660 zur ergänzenden Vertragsauslegung bei Unwirksamkeit einer formularmäßig vereinbarten Preisänderungsklausel unter Ersetzung der missbräuchlichen Klausel durch eine dispositive nationale Vorschrift und deren Vereinbarkeit mit Gemeinschaftsrecht; OLG Düsseldorf BeckRS 2014, 12436: Können unwirksame Klauseln durch dispositives Recht oder im Wege der ergänzenden Vertragsauslegung ersetzt werden bzw. betreffen ersatzlos weggefallene unwirksame Klauseln keine wesentlichen Vertragsregelungen, tritt keine Gesamtnichtigkeit des Vertrages ein.

[308] BGH NJW-RR 2003, 1056. Anders kann die Rechtslage bei einem gesetzlich nicht geregelten Vertragstyp sein, bei dem Ungewissheit oder Streit über die beiderseitigen Rechte und Pflichten droht (BGH NJW 1983, 159 zur Frage der Gesamtnichtigkeit eines Automaten-Aufstellvertrages, wenn eine Vielzahl einzelner Bestimmungen in einem Formularvertrag zu beanstanden ist, die teils ersatzlos fortfallen, teils auf einen angemessenen Inhalt zurückgeführt werden müssten; BGH NJW 1985, 53 zur Frage der Gesamtnichtigkeit eines Automaten-Aufstellvertrages, wenn einige Klauseln in Allgemeinen Geschäftsbedingungen zu beanstanden sind).

§ 139 BGB [Teilnichtigkeit]

Ist ein Teil eines Rechtsgeschäfts nichtig, so ist das ganze Rechtsgeschäft nichtig, wenn nicht anzunehmen ist, dass es auch ohne den nichtigen Teil vorgenommen sein würde.

Literatur: Czibere/Weise, Zivilrechtliche Folgen von (Hardcore-)Kartellverstößen in Franchiseverhältnissen, ZVertriebsR 2014, 275; Emde, BB-Rechtsprechungs- und Literaturreport zum Vertriebsrecht 2010, BB 2011, 2755; Ensthaler, Entwicklung des Kfz-Vertriebsrechts unter der GVO 1400/02, BB 2009, 618; Flohr, Entwicklungen im nationalen und internationalen Franchise-Recht in: Eckhard Flohr/Ludwig Gramlich (Hrsg.), Aktuelle Aspekte des Franchising im In- und Ausland, Chemnitz 2009, 5 ff.; Flohr, Die Bedeutung der Widerrufswertgrenze für Franchise-Verträge, ZGS 2009, 205; Flohr, Franchising – Bezugsbindung, Einkaufsvorteile und Transparenz, BB 2009, 2159; Flohr, Ausgleichsanspruch des Franchise-Nehmers bei Vertragsbeendigung nach Handelsvertretergrundsätzen, ZAP Fach 6, 461; Sack, Folgeverträge unlauteren Wettbewerbs, GRUR 2004, 625; Steinhauer, Aktuelles Tankstellenrecht, BB 2009, 2386; Thume, Die Musterkollektion des Handelsvertreters, BB 1995, 1913.

Übersicht

A. Handelsvertreter

I. Nichtigkeit, Unwirksamkeit (Verbotsgesetz)

1 **1. Anwendbarkeit des § 139 BGB.** Nicht selten betrifft ein zur Unwirksamkeit führender Umstand eines Rechtsgeschäfts nur einen Teil desselben. Durch § 139 BGB wird die Vermutung[1] aufgestellt, dass ein Rechtsgeschäft in seiner Gesamtheit nichtig sein soll, auch wenn nur ein Teil des Rechtsgeschäftes von der Nichtigkeit betroffen ist. Ausnahmsweise bleibt der vom Nichtigkeitsgrund nicht betroffene Teil bestehen, wenn anzunehmen ist, dass die Parteien das Geschäft auch ohne den nichtigen Teil vorgenommen hätten.

2 Erheblich verengt wird der Anwendungsbereich von § 139 BGB jedoch dadurch, dass speziellere Normen Vorrang haben, die sich mit der Teilnichtigkeit befassen. Nicht zu unterschätzende Bedeutung hat dabei die Regelung des § 306 BGB im Recht der Allgemeinen Geschäftsbedingungen. Sie geht von der Wirksamkeit des übrigen Vertrages aus, wenn AGB ganz oder teilweise nicht Vertragsbestandteil oder unwirksam sind. Damit beinhaltet § 306 BGB eine Umkehrung zur Regelung des § 139 BGB: An die Stelle der nichtigen Bestimmungen treten die gesetzlichen Vorschriften. Fehlen gesetzliche Vorschriften, kommt im Rahmen von § 306 Abs. 2 BGB eine Vertragsergänzung entsprechend dem hypothetischen Parteiwillen in Betracht. Nur ausnahmsweise ist nach § 306 Abs. 3 BGB der ganze Vertrag unwirksam.[2]

3 Im Falle der Teilnichtigkeit wegen Verstoßes eines Teils der Regelung gegen ein gesetzliches Verbot (§ 134 BGB) wird § 139 BGB nicht angewandt, wenn sich aus dem Zweck der Verbotsnorm eine abweichende Regelung ergibt.[3] Das ist insbesondere dann der Fall, wenn sich die Teilnichtigkeit aus der Verletzung einer Norm ergibt, die den Schutz eines Vertragspartners bezweckt und eine Gesamtnichtigkeit gerade diesem Schutz zuwiderliefe.[4] Neben den ausdrücklichen Ausnahmen kann auch der Zweck einer Gesetzesbestimmung unabhängig vom hypothetischen Parteiwillen gegen eine Gesamtnichtigkeit sprechen.[5]

4 § 139 BGB ist dispositiv, seine Anwendung kann durch eine vertragliche Vereinbarung ausgeschlossen werden. Insbesondere können die Vertragsparteien rechtsgeschäftlich mit sogenannten „salvatorischen Klauseln" Vorsorge für den (erwarteten, befürchteten, jedenfalls nicht ausschließbaren) Fall der Teilnichtigkeit treffen.[6]

5 **2. Nichtigkeit eines Rechtsgeschäfts.** Ein Rechtsgeschäft ist nichtig,[7] wenn es so schwere Mängel aufweist, dass das Gesetz dem Rechtsgeschäft die gewollte Rechtsfolge

---

[1] Die Vorschrift enthält eine Auslegungsregel (BGHZ 85, 305 (Vertragsstrafe); BGH NJW 1994, 720). Sie greift ein, wenn bei Vornahme eines Rechtsgeschäfts keine Regelung für den Fall getroffen wurde, dass ein Teil des Rechtsgeschäfts nichtig ist.

[2] OLG Düsseldorf BeckRS 2014, 12436: Können unwirksame Klauseln durch dispositives Recht oder im Wege der ergänzenden Vertragsauslegung ersetzt werden bzw. betreffen ersatzlos weggefallene unwirksame Klauseln keine wesentlichen Vertragsregelungen, tritt keine Gesamtnichtigkeit des Vertrages ein.

[3] Wird entgegen § 276 Abs. 3 BGB die Haftung des Schuldners für Vorsatz vertraglich ausgeschlossen, ist nur dieser Haftungsausschluss, nicht aber der ganze Vertrag nichtig (Arnold in Erman, BGB, Kommentar, BGB § 139 Rn. 6); verstößt eine Bestimmung des Mietvertrages gegen das gesetzliche Verbot des § 5 WistrG, bleibt der Mietvertrag im Übrigen wirksam, da es Schutzzweck des § 5 WistrG ist, den Mieter vor Vereinbarungen überhöhter Miete zu schützen; dieser würde unterlaufen, wenn der Mietvertrag im Gesamten nichtig wäre (BGHZ 89, 316).

[4] BGHZ 40, 235: Eine den zwingenden Bestimmungen des § 89 HGB zuwiderlaufende Vereinbarung der Parteien hat nicht die Nichtigkeit des ganzen Vertrages zur Folge; vielmehr tritt an die Stelle der nichtigen Vereinbarung die gesetzliche Regelung; BGH NJW 1980, 2407: Die Nichtigkeit einer sittenwidrigen Gebührenabrede lässt die Wirksamkeit des Anwaltsvertrages grundsätzlich unberührt.

[5] Arnold in Erman, BGB, Kommentar, BGB § 139 Rn. 6.

[6] Arnold in Erman, BGB, Kommentar, BGB § 139 Rn. 10.

[7] Der Gesetzgeber bezeichnet ein Geschäft wegen des Mangels entweder als „nichtig" (§§ 105, 125, 134, 138 BGB) oder als „unwirksam" (§ 174 BGB (Einseitiges Rechtsgeschäft eines Bevollmächtigten)), § 344 BGB (Strafversprechen), § 388 BGB (Aufrechnung), §§ 779, 925 Abs. 2 BGB). Die Wirkung ist in beiden Fällen die Gleiche: die gewollte Rechtsfolge bleibt aus.

versagt. Rechtsgeschäfte können aus verschiedenen Gründen nichtig sein: wegen Formmangels, Fehlern bei der Willenserklärung, mangelnder Geschäftsfähigkeit des Erklärenden, Sittenwidrigkeit oder Gesetzesverstoßes. Dagegen ist die anfechtbare Willenserklärung zwar fehlerhaft, aber wirksam. Erst die Anfechtung vernichtet sie rückwirkend (§ 142 Abs. 1 BGB).[8]

3. Einheitliches Rechtsgeschäft. § 139 BGB greift ein, wenn ein Teil eines Rechts- **6** geschäfts nichtig ist. Erforderlich ist somit das Vorliegen eines einheitlichen Rechtsgeschäftes. Unproblematisch ist dieses Merkmal, wenn bei einem Rechtsgeschäft lediglich Einzelbestimmungen betroffen sind. Ein einheitliches Rechtsgeschäft iSd § 139 BGB liegt aber auch dann vor, wenn mehrere (formell getrennte) Verträge geschlossen werden, die nach dem Parteiwillen zum Zeitpunkt des Abschlusses ein einheitliches Ganzes bilden, also miteinander „stehen und fallen" sollen (Einheitlichkeitswille).[9] Dabei genügt der Einheitlichkeitswille einer Partei, wenn die andere Partei ihn anerkennt oder zumindest hinnimmt.[10] Ein bloß wirtschaftlicher Zusammenhang oder eine rein äußerliche Verbindung reichen dagegen nicht aus, um ohne Weiteres von einem Einheitlichkeitswillen auszugehen.[11] Werden die Teile jedoch in einer einheitlichen Urkunde zusammengefasst, besteht für die Einheitlichkeit eine Vermutung.[12] Dagegen besteht von vornherein kein Einheitlichkeitswillen, wenn die Parteien von der Teilnichtigkeit bei Abschluss des Geschäfts wissen. Dann kann nicht von einem einheitlichen Rechtsgeschäft ausgegangen werden.[13]

4. Teilbarkeit des Rechtsgeschäfts. Steht die Unwirksamkeit eines Teils eines (einheit- **7** lichen) Rechtsgeschäfts fest, kann nach der Auslegungsregel des § 139 BGB der vom Unwirksamkeitsgrund nicht betroffene übrige Teil des Rechtsgeschäfts nur aufrechterhalten werden, wenn die einzelnen Regelungsbestandteile teilbar sind und die Fortgeltung des nicht von dem Nichtigkeitsgrund erfassten Vertragsbestandteils dem Willen der Parteien entspricht.[14]

Dafür muss das Rechtsgeschäft überhaupt teilbar sein. Das wiederum erfordert, dass der **8** aufrechtzuerhaltende, von der Unwirksamkeit nicht betroffene Teil alle Tatbestandsmerkmale eines Rechtsgeschäftes umfasst. Teilbarkeit ist somit gegeben, wenn das nach Abtrennung des nichtigen Teils verbleibende Rechtsgeschäft auch alleine noch sinnvollerweise bestehen kann.[15] Die Abtrennung des als unwirksam zu qualifizierenden Teils muss also

---

[8] BGH NJW 1969, 1759: § 139 BGB ist auch anwendbar, wenn der Anfechtungsgrund nur einen Teil des Rechtsgeschäfts erfasst; ein Rücktritts- (oder Anfechtungs-)recht hinsichtlich der verbundenen Rechtsgeschäfte im Allgemeinen kann nur einheitlich ausgeübt werden (BGH WM 1976, 848).

[9] BGHZ 50, 8 zum Selbstkontrahieren bei zusammengesetzten Rechtsgeschäften; BGH NJW-RR 2007, 395 zum finanzierten Immobilienerwerb; BGH GRUR 2012, 1050 (Kooperationsvertrag zwischen Zahnärzten und einem Dentallabor).

[10] BGH NJW 1992, 3237 zur Belehrungspflicht über Beurkundungsbedürftigkeit einer Vollmacht zum Grundstückserwerb im Bauherrenmodell.

[11] Kaufverträge über Warennachlieferungen, die in Erfüllung einer in einem Franchise-Vertrag enthaltenen – wirksam widerrufenen – Bezugsverpflichtung abgeschlossen wurden, können trotz des wirtschaftlichen Zusammenhangs selbst bei weiter Auslegung des Begriffs des einheitlichen Rechtsgeschäfts nicht mehr im rechtlichen Sinne als Teil der Franchise-Vereinbarung angesehen werden (BGH NJW 1997, 933).

[12] BGH NJW 1990, 3011 zur Frage, ob sich bei einem Lieferungsvertrag über eine aus Hardware, Standardsoftware und Spezialsoftware bestehende EDV-Anlage der hinsichtlich der Spezialsoftware begründete Rücktritt des Erwerbers auch auf die restlichen Vertragsteile erstreckt.

[13] BGHZ 45, 376: Wissen die Parteien bei Vertragsabschluss, dass ein Teil ihrer Abmachungen wegen Nichtbeachtung der gesetzlich vorgeschriebenen Form unwirksam ist, so wird das Rechtsgeschäft lediglich von den übrigen Vertragsbestimmungen gebildet. Diese sind aber nur dann rechtswirksam, wenn sie mit diesem Inhalt von den Parteien für sich allein gewollt sind.

[14] BGH NJW 2009, 1135: Die Aufspaltung einer sittenwidrigen Vertragsklausel in einen wirksamen und einen unwirksamen Teil (sog. quantitative Teilbarkeit) kommt nur in Betracht, wenn konkrete, über allgemeine Billigkeitserwägungen hinausgehende Anhaltspunkte die Annahme rechtfertigen, dass die Aufspaltung dem entspricht, was die Parteien bei Kenntnis der Nichtigkeit ihrer Vereinbarung geregelt hätten.

[15] BGH NJW 1994, 1470; 1962, 912: Ist Testamentsvollstreckung für den ganzen Nachlass angeordnet, die Anordnung aber hinsichtlich eines Miterben wegen eines früheren Erbvertrages ungültig, so kann die Anordnung den anderen Erben gegenüber wirksam sein, wenn eine Teiltestamentsvollstreckung dem Willen des Erblassers entspricht.

noch ein als wirksam denkbares Geschäft übrig lassen. Eine gegen § 87a Abs. 1 S. 3 HGB verstoßende „Sprunghaftungsregelung" kann nicht teilweise aufrechterhalten werden, weil sie eben überhaupt nicht wirksam vereinbart werden kann.[16]

9 Die Teilnichtigkeit eines Rechtsgeschäfts kann in drei Varianten auftreten: a) In der Regel sind lediglich einzelne Bestimmungen eines Vertrages nichtig. Nach „Herausstreichen" der anstößigen Bestimmungen verbleibt ein Rest, der sämtliche Tatbestandsmerkmale eines Rechtsgeschäfts enthält und für sich gesehen wirtschaftlich sinnvoll bleibt. b) Soweit mehr als zwei Parteien an einem Rechtsgeschäft beteiligt sind, kann der Grund, der zur Unwirksamkeit führt, lediglich eine Partei erfassen und insoweit teilnichtig sein.[17] c) Teilbarkeit liegt aber auch dann vor, wenn die Parteien an Stelle der nichtigen Regelung, hätten sie die Nichtigkeit gekannt, eine andere, zulässige vereinbart hätten. Sie kommt vor allem in Betracht, wenn eine Vertragsklausel wegen des Übermaßes der in ihr enthaltenen Rechte oder Pflichten nichtig ist und angenommen werden kann, dass die Parteien bei Kenntnis dieses Umstands an ihrer Stelle eine auf das zulässige Maß beschränkte Regelung getroffen hätten.[18]

10 Entscheidend für die Aufrechterhaltung eines Teils eines Rechtsgeschäfts ist, dass sich der Vertragsinhalt in eindeutig abgrenzbarer Weise in einen nichtigen Teil und einen von der Nichtigkeit nicht berührten Rest trennen lässt. § 139 BGB ist nicht anwendbar, wenn an die Stelle der nichtigen Bestimmung eine von mehreren denkbaren wirksamen Regelungen gesetzt werden müsste.[19]

11 Eine Ausnahme bilden in Vollzug gesetzte Arbeits- und Gesellschaftsverträge. Bei deren Nichtigkeit gelten die Regeln des fehlerhaften Arbeitsverhältnisses bzw. des fehlerhaften Gesellschaftsverhältnisses: Das Rechtsgeschäft wird bis zu dem Zeitpunkt als wirksam behandelt, bis sich eine Partei auf dessen Unwirksamkeit beruft.[20] Bei Franchise-Verträgen bilden Rahmenvertrag und Einzelverträge kein einheitliches Rechtsgeschäft im Sinne von § 139 BGB, mit der Folge, dass eine Rückabwicklung der Einzelverträge infolge eines Widerrufs der Rahmenvereinbarung ausscheidet. Der Rahmenvertrag selbst (insbesondere zB die Bezugsverpflichtung) wird dagegen rückwirkend nichtig und damit auch die mit ihm verbundenen weiteren Geschäfte (zB Darlehen). Ein solches Vertragskonvolut wird dann nach Bereicherungsrecht (§§ 812 ff. BGB) abgewickelt.[21]

---

[16] BGH NJW 2015, 1754: Eine vertragliche Regelung in einem Handelsvertretervertrag über eine sog. Sprunghaftung, wonach dem Handelsvertreter ein Provisionsanspruch für von ihm vermittelte Zeitschriftenabonnementverträge nur dann zustehen soll, wenn der Kunde das Abonnement während der festgelegten Sprunghaftungsfrist voll bezahlt hat, ist wegen Verstoßes gegen § 87a Abs. 1 S. 3 HGB iVm § 139 BGB nichtig. Der Handelsvertreter kann als Provision den üblichen Satz gemäß § 87b Abs. 1 HGB verlangen.

[17] Die Teilung eines einheitlichen Rechtsgeschäfts und dessen teilweise Aufrechterhaltung ist insbesondere dann möglich, wenn auf einer Seite mehrere Personen beteiligt sind, der Nichtigkeitsgrund aber nur im Verhältnis zu einzelnen Personen vorliegt (BGH NJW 2001, 3327: Wirksamkeit einer Bürgschaft zugunsten Dritter bei mehreren unbestimmten und einem bestimmten Gläubiger); BGH NJW 2017, 243: Schließen mehrere Verbraucher als Darlehensnehmer mit einem Unternehmer als Darlehensgeber einen Verbraucherdarlehensvertrag, kann jeder von ihnen die auf Abschluss des Darlehensvertrags gerichtete Willenserklärung selbstständig widerrufen. Die Rechtswirkungen des Widerrufs im Verhältnis zwischen dem Darlehensgeber und den übrigen Darlehensnehmern richten sich nach § 139 BGB.

[18] BGHZ 105, 213 (Ein gesellschaftsvertraglich vereinbartes unbefristetes – und damit sittenwidriges – Kündigungsrecht in Anknüpfung an den Tod eines Mitgesellschafters kann in entsprechender Anwendung des § 139 BGB als zeitlich begrenztes Ausschließungsrecht aufrechterhalten werden); BAG NJW 2011, 3113 (altersdiskriminierende Vereinbarung der Dauer eines befristeten Arbeitsvertrags); BGH NJW 2017, 66: Bei einem Tankstellen-Agentur-Vertrag bezieht sich die Unwirksamkeit gemäß § 86a Abs. 3 iVm Abs. 1 HGB zunächst nur auf denjenigen Teil der Gesamtvergütung (Kassenpacht), mit dem die Übermittlung der Preise der Agenturwaren abgegolten wird, nicht hingegen auf denjenigen Teil der Gesamtvergütung, mit dem andere Funktionen des Kassensystems (zB Erstellung von Tagesabrechnungen, Umsatzsteuererklärungen, betriebswirtschaftliche Auswertungen etc) abgegolten werden. Haben die Parteien vertraglich für das Kassensystem eine nicht näher aufgeschlüsselte Vergütung vereinbart, ist der Umfang der Kostenfreiheit durch eine ergänzende Vertragsauslegung zu ermitteln.

[19] BGHZ 107, 351 (Teilwirksamkeit der nichtigen Klausel über Gesellschafterausschluss).

[20] BGHZ 13, 320 zur Gründergesellschaft als faktische Gesellschaft; BAGE 50, 370 zur Abwicklung eines Arbeitsvertrages nach den Grundsätzen des faktischen Arbeitsverhältnisses.

[21] BGH NJW 1997, 933 zur Rückabwicklung eines langjährig durchgeführten Getränkelieferungs- und Darlehensvertrages nach wirksamem Widerruf der auf die Bezugspflicht gerichteten Willenserklärung.

5. Hypothetischer Parteiwille. § 139 BGB enthält eine Vermutung, nach der im **12** Zweifel das gesamte Geschäft nichtig ist, unabhängig vom Nichtigkeitsgrund. Vorbehaltlich abweichender Vereinbarungen ist maßgebend, ob die Vertragsparteien an dem Vertragsschluss auch dann festgehalten hätten, wäre ihnen die teilweise Nichtigkeit bekannt gewesen[22] und erkennbar ist, welche Entscheidung sie bei Kenntnis der Sachlage nach Treu und Glauben und bei vernünftiger Abwägung der beiderseitigen Interessen getroffen hätten.[23] Dies bedeutet in der Regel, dass die Parteien das objektiv Vernünftige gewollt und eine gesetzeskonforme Regelung angestrebt hätten. Gegen den erklärten Parteiwillen darf ein Gericht den rechtskonformen Teil des Geschäfts jedoch nicht aufrechterhalten. Es müssen jedoch konkrete, über allgemeine Billigkeitserwägungen hinausgehende Anhaltspunkte vorliegen, die den Schluss rechtfertigen, dass die Alternative dem entspricht, was die Parteien bei Kenntnis der Nichtigkeit ihrer Vereinbarung geregelt hätten. Hierzu kann auf andere Rechtsbeziehungen der Parteien oder eine gesetzliche Regelung zurückgegriffen werden, aus denen sich konkrete Anhaltspunkte für das entnehmen lassen, worauf sich die Parteien bei Kenntnis der Unwirksamkeit ihrer Vereinbarung verständigt hätten (sog. Vorregelung).[24] Bei Organhandlungen juristischer Personen, die grundsätzlich objektiv auszulegen sind – wie etwa ein Hauptversammlungsbeschluss –, ist der mutmaßliche Wille durch Auslegung der Organhandlung zu ermitteln.[25]

Hierbei ist nach der normativen Auslegung nicht der tatsächliche Parteiwille, sondern ein **13** nach Treu und Glauben ermitteltes „vernünftiges Ergebnis" maßgeblich.[26] Zwar stellt die Rechtsprechung stereotyp auf den „hypothetischen Parteiwillen" ab, versteht darunter aber keine beweisbare Tatsache, sondern eine rechtliche Wertung. Dabei ist vorbehaltlich abweichender Vereinbarungen auf den mutmaßlichen Parteiwillen abzustellen. Maßgebend ist, welche Entscheidung die Parteien im Zeitpunkt des Geschäftsabschlusses bei Kenntnis der Sachlage nach Treu und Glauben und bei vernünftiger Abwägung der beiderseitigen Interessen getroffen hätten.[27] Letztlich geht es um die Entscheidung, ob den Parteiinteressen die Teilwirksamkeit oder die Gesamtnichtigkeit besser dient.[28] Ist nur eine Nebenabrede nichtig, mag das Gesetz die Lücke füllen. Unzulässig ist es dagegen darauf abzustellen, ob vernünftige Vertragsparteien bei Nichtigkeit der Regelung eine andere, im Vertrag nicht angelegte Vereinbarung getroffen hätten, durch die der wirtschaftliche Zweck des Vertrages zumindest im Wesentlichen zu erreichen gewesen wäre.[29]

Deutlich wird diese Vorgehensweise an dem Beispiel der Abtretung von Provisions- **14** ansprüchen, die von dem Abtretungsverbot des § 400 BGB[30] erfasst werden. Vereinbaren die Parteien eine Globalabtretung von Provisionsansprüchen, die unpfändbare Forderungen einschließt, ist lediglich die Abtretung der unpfändbaren Ansprüche nichtig. Im Übrigen bleibt die Globalabtretung wirksam, da der als Arbeitseinkommen nicht pfändbare Teil der Provisionsansprüche von den weitergehenden Ansprüchen getrennt werden kann. Nach

---

[22] BGH NJW 1996, 2087.

[23] BGH NJW 1986, 2576 zur Gesamthonorarvereinbarung für anwaltliche und Notartätigkeit; BGH NJW 1993, 1587 zum Zurechnungszusammenhang zwischen dem Schaden aus einem nachteiligen Prozessvergleich und der Amtspflichtverletzung des Notars unter Berücksichtigung der hypothetischen Aufrechterhaltung des Vertrags im Übrigen; BGH NJW-RR 1997, 684 zur Geltung einer salvatorischen Klausel und zur Anwendung des § 139 BGB bei einem teilweise formunwirksamen Bürgschaftsvertrag.

[24] BGH NJW 2009, 1135 (Grundsätzliche Gesamtnichtigkeit bei knebelnder Vertragsklausel).

[25] BGHZ 205, 319 zur Gesamtnichtigkeit eines Beschlusses über mehrere Satzungsänderungen.

[26] BGHZ 63, 132 zur Ersetzung einer unwirksamen Vertragsklausel im Wege der ergänzenden Vertragsauslegung durch eine gültige Klausel; Nassall in Herberger/Martinek/Rüßmann ua, jurisPK-BGB, 7. Aufl. 2014, BGB § 139 Rn. 41.

[27] BGH NJW 1996, 2087 (Gesamtnichtigkeit eines Praxiskaufvertrags).

[28] BAGE 4, 274 unter VI.: Es ist darauf abzustellen, welche Entscheidung die Parteien vernünftigerweise nach Treu und Glauben unter Berücksichtigung der Verkehrssitte (§ 157 BGB) getroffen hätten. Der übrige Inhalt des Rechtsgeschäfts ist daher dann aufrechtzuerhalten, wenn es für beide Parteien so viel praktischen Wert besitzt, dass sie es auch als selbständiges Rechtsgeschäft vereinbart hätten.

[29] BGH NJW 1996, 2087 (Praxiskauf).

[30] Abtretungsverbot von Forderungen, die nach §§ 850 ff. ZPO nicht der Zwangsvollstreckung unterliegen.

dem mit der Globalabtretung verfolgten Sicherungsinteresse ist anzunehmen, dass die Beteiligten das nicht pfändbare Arbeitseinkommen von der Globalabtretung ausgenommen hätten, wenn sie an die Bestimmung des § 400 BGB gedacht hätten.[31]

15 Soweit Schiedsgerichts- oder Gerichtsstandsvereinbarungen in einem Vertrag enthalten sind, dessen Wirksamkeit zwischen den Parteien streitig ist, so gelten diese im Zweifelsfall auch für den Streit über die Wirksamkeit des Vertrages.[32]

16 **6. Salvatorische Klausel.** Die Vermutung der Gesamtnichtigkeit gem. § 139 BGB kann durch salvatorische Klauseln umgekehrt werden. § 139 BGB ist dispositiv und kann abbedungen werden. Salvatorische Klauseln schließen die Rechtsfolge der Gesamtnichtigkeit nicht aus und führen lediglich zu einer Umkehrung der Vermutungsregel des § 139 BGB. Salvatorische Klauseln sind jedoch in den Fällen nicht anwendbar, wenn das gesamte Rechtsgeschäft (also nicht nur ein abtrennbarer Teil) zB wegen Formmangels[33] nichtig ist.

17 Bei salvatorischen Klauseln ist zwischen „Erhaltungsklauseln"[34] und „Ersetzungsklauseln"[35] zu unterscheiden. Erstere gehen dahin, dass der Vertrag, dessen Bestandteil sie sind, im Übrigen gültig bleiben soll, wenn einzelne Bestimmungen nicht wirksam geworden sind oder nicht durchgeführt werden (können). Salvatorische „Ersetzungsklauseln" zielen demgegenüber darauf ab, dass eine nichtige oder unwirksame Vertragsbestimmung durch eine solche zu ersetzen ist, die dem wirtschaftlich Gewollten in zulässiger Weise am nächsten kommt.[36]

18 Die Nichtigkeit des gesamten Vertrages tritt nur dann ein, wenn die Aufrechterhaltung des Rechtsgeschäfts trotz der salvatorischen Klausel im Einzelfall durch den (durch Vertragsauslegung zu ermittelnden) Parteiwillen nicht mehr getragen wird.[37] Die Darlegungs- und Beweislast für Umstände, die die Nichtigkeit des ganzen Vertrages begründen, trifft denjenigen, der sich darauf beruft.[38]

II. Teilnichtigkeit bei Gesetzesverstoß (§ 134 BGB)

19 Soweit die Gesamtnichtigkeit eines Vertrages wegen eines Verstoßes gegen eine Verbotsnorm im Sinne von § 134 BGB zu beurteilen ist, ist zu deren Bestimmung der Gesetzeszweck maßgeblich und geht § 139 BGB vor. § 134 BGB schreibt für ein Rechtsgeschäft, das gegen ein gesetzliches Verbot verstößt, nicht ausnahmslos Nichtigkeit vor. Im Gegensatz zu der Sittenwidrigkeit eines Rechtsgeschäfts nach § 138 BGB, die ohne weiteres zu dessen Nichtigkeit führt, macht § 134 BGB diese Rechtsfolge von der jeweiligen gesetzlichen Regelung abhängig. § 134 BGB kann deshalb nicht ohne Rückgriff auf das verletzte Verbot angewendet werden. Selbst wenn ein Gesetz eine Handlung unter Strafe stellt, hat dies nicht unabweisbar die Folge, dass auch das bürgerlich-rechtliche Rechtsgeschäft nichtig ist.[39]

---

[31] OLG Hamm BeckRS 2010, 05592 unter I.1.c.

[32] BGH HmbSchRZ 2009, 5; BeckRS 1991, 31064171: Durch Auslegung der Vereinbarung ist zu ermitteln, ob die Vertragschließenden dem Schiedsgericht die Entscheidung auch über die Wirksamkeit des Hauptvertrages übertragen haben; BGHZ 202, 168: Die Unwirksamkeit einer sogenannten Kompetenz-Kompetenz-Klausel führt nicht nach § 139 BGB zur Unwirksamkeit der gesamten Schiedsvereinbarung.

[33] § 311b Abs. 1 BGB, Verträge über Grundstücke.

[34] BGH NJW-RR 1997, 684 zur Geltung einer salvatorischen Klausel und zur Anwendung des § 139 BGB bei einem teilweise formunwirksamen Bürgschaftsvertrag.

[35] BGH NJW 2005, 2225 zur Trennbarkeit einer formularmäßigen unbedenklichen salvatorischen Erhaltungsklausel von einer bedenklichen Ersetzungsklausel bei Gewerberaummiete.

[36] Nassall in Herberger/Martinek/Rüßmann ua, jurisPK-BGB, 7. Aufl. 2014, BGB § 139 Rn. 42.

[37] BGH NJW 2010, 1660 (Umkehrung der Vermutung einer Gesamtnichtigkeit durch salvatorische Erhaltungsklausel).

[38] BGH NJW-RR 1997, 684 (Salvatorische Klausel bei teilweise formunwirksamem Bürgschaftsvertrag).

[39] BGH NJW 1968, 2286 zur Frage, ob ein Vertrag über Verkauf und Vertrieb eines Präparates gültig ist, obschon es sich um ein Arzneimittel handelt, das nur durch Apotheken und nur auf Grund einer ärztlichen Verschreibung abgegeben werden darf.

Ordnet das Gesetz selbst eine Rechtsfolge an, ist sie maßgeblich.[40] Fehlt eine verbotseigene Rechtsfolgenregelung, so sind Sinn und Zweck des verletzten Verbots für die Bestimmung der Gesamtnichtigkeit entscheidend. Dies erfordert eine normbezogene Abwägung, ob es mit dem Sinn und Zweck des Verbots vereinbar oder unvereinbar ist, die durch das Rechtsgeschäft getroffene Regelung hinzunehmen bzw. bestehen zu lassen.[41] Durch Auslegung des Verbotsgesetzes muss weiter ermittelt werden, ob im Falle der Teilnichtigkeit die Gesamtnichtigkeit des Rechtsgeschäfts nach § 139 BGB (hypothetische Parteiwille) bestimmt oder die Folgen der Teilnichtigkeit sich als „ungeschriebene Rechtsfolge" sich aus dem Verbotsgesetz selbst ergibt.[42] Zwingendes Gesetzesrecht, das den schwächeren Vertragspartner schützt, wie die §§ 84 ff. HGB, beseitigt nur die gesetzeswidrige Abrede und ersetzt sie durch die gesetzliche Regelung. Die Gesamtnichtigkeit würde dem gesetzlichen Zweck zuwiderlaufen. Die gesamte Judikatur zu § 134 BGB ist einzelfallbezogen; sie lässt sich nicht generalisieren.[43]

1. Schutzzweck der Norm. Der Schutzzweck einer Norm ermittelt sich durch Aus- **20** legung. Entscheidend ist, ob sich das Gesetz nicht nur gegen die Art und Weise des Abschlusses des Rechtsgeschäfts wendet, sondern auch gegen seine privatrechtliche Wirksamkeit und damit gegen seinen wirtschaftlichen Erfolg.[44] Für die nach § 134 BGB gebotene Abwägung ist wesentlich, ob sich das betreffende Verbot an alle Beteiligten des Geschäfts richtet, das verhindert werden soll, oder ob das Verbot nur eine Partei bindet. Sind beide Teile Adressaten des Verbots, kann regelmäßig angenommen werden, das verbotswidrige Geschäft solle keine Wirkungen entfalten. Richtet sich das Verbot dagegen nur gegen eine Partei, ist regelmäßig der gegenteilige Schluss berechtigt. [45] Dies gilt allerdings nicht bei einem Verstoß gegen ein Diskriminierungsverbot; eine solche Handhabung würde nicht nur Sinn und Zweck des § 134 BGB in ihr Gegenteil verkehren, sondern auch den mit dem Diskriminierungsverbot bezweckten Schutz des Betroffenen konterkarieren.[46] Die Unterscheidung führt dazu, dass in den Fällen, in denen das betreffende Verbot nur einen Vertragspartner trifft, die Nichtigkeit nach § 134 BGB nur in Betracht kommt, wenn dem Verbot ein Zweck zugrunde liegt, der die Nichtigkeit des ganzen Rechtsgeschäfts erfordert.[47]

Lässt sich die Nichtigkeitsfolge eines verbotswidrig vorgenommenen Geschäfts durch **21** Auslegung nicht eindeutig feststellen, greift die in § 134 BGB enthaltene Auslegungsregel ein, nach der das gegen ein gesetzliches Verbot verstoßende Geschäft im Zweifel als nichtig anzusehen ist.

Die Frage nach dem „Schutzzweck der Norm" steht in engem Zusammenhang zur **22** „teleologischen" Auslegung von Gesetzestexten. Sie beruht auf dem Gedanken, dass das Gesetz mit einer Regelung einen bestimmten Zweck zu verwirklichen sucht, der sich aus der zugrundeliegenden Interessenlage und ihrer Bewertung durch den Gesetzgeber ergibt.

---

[40] Ist bei einer Wahlschuld eine der Leistungen von Anfang an unmöglich oder wird sie später unmöglich, beschränkt sich nach § 265 S. 1 BGB das Schuldverhältnis auf die übrigen Leistungen.

[41] BGHZ 143, 283 mit umfangreichen Rechtsprechungsnachweisen unter 3.

[42] BGHZ 195, 207 zu § 90a HGB.

[43] Nassall in Herberger/Martinek/Rüßmann ua, jurisPK-BGB, 7. Aufl. 2014, BGB § 139 Rn. 86.

[44] BGHZ 88, 240 zur Gültigkeit eines Werkvertrages trotz fehlender Eintragung des Unternehmers in die Handwerksrolle.

[45] BGHZ 143, 283 mit umfassenden Rechtsprechungsnachweisen unter 3.c.

[46] BVerfG BeckRS 2016, 50169 zu Art. 56, Art. 267 Abs. 3 AEUV. EuGH EuZW 2000, 468 – Angonese: Das in Artikel 39 EG (früher Artikel 48 EG-Vertrag) ausgesprochene Verbot der Diskriminierung aufgrund der Staatsangehörigkeit, das allgemein formuliert ist und sich nicht speziell an die Mitgliedstaaten richtet, gilt auch für von Privatpersonen festgelegte Arbeitsbedingungen. Das gleiche gilt auch für die übrigen europäischen Diskriminierungsverbote.

[47] Eine solche Ausnahme liegt beispielsweise vor, wenn das Verbotsgesetz gerade dem Schutz des einzelnen Verbrauchers und damit auch des jeweiligen Vertragspartners dient (BGHZ 71, 358; BGH NJW 1979, 2092). Handelt es sich dagegen um bloße Ordnungsvorschriften, die ein sonst unbedenkliches Rechtsgeschäft aus gewerbepolizeilichen oder ordnungspolitischen Gründen untersagen, so bleibt die Gültigkeit eines dem Verbot zuwider geschlossenen Vertrages unberührt.

Der Zweck eines Gesetzes ergibt sich heute häufig bereits aus einer (einleitenden) Zweckbestimmung,[48] die im Gesetzestext selbst enthalten ist. Darüber hinaus kann er aus den Gesetzesmotiven ermittelt werden.[49] Die Auslegung läuft letztlich darauf hinaus, das in einem Gesetz zwar angelegte, aber nicht auf den ersten Blick erkennbare Regelungsprinzip – „den objektiven Willen des Gesetzes" – herauszuarbeiten.

23   **2. Einzelfälle zu § 134 BGB.** § 134 BGB stellt primär das Bindeglied zwischen öffentlich-rechtlichen Verbotsnormen und dem Zivilrecht dar.[50] Zivilrechtliche Verbotsnormen regeln dagegen die mit ihnen verbundenen Beschränkungen der Privatautonomie grundsätzlich selbst. Insoweit „ergibt sich aus dem Gesetz ein anderes".[51] § 134 BGB greift vor allem ein, wenn ein Rechtsgeschäft einen verbotenen Inhalt hat. Entscheidend ist, ob das Gesetz sich nicht nur gegen den Abschluss des Rechtsgeschäfts wendet, sondern auch gegen seine privatrechtliche Wirksamkeit und damit gegen seinen wirtschaftlichen Erfolg.[52] Ein gegen § 134 BGB verstoßendes Verpflichtungsgeschäft wird deshalb regelmäßig gesamtnichtig sein, wenn seine Ausführung, also die geschuldete Handlung, dem gesetzlichen Verbot widerspräche.[53] Richtet sich ein Verbotsgesetz hingegen nur gegen die Art und Weise des Abschlusses des Rechtsgeschäfts, so führt ein Verstoß im Zweifel nicht zur Unwirksamkeit des gesamten Geschäfts. Die Reichweite der Unwirksamkeit von Rechtsfolgen kann aber regelmäßig nur im Einzelfall bestimmt werden. § 134 BGB schließt eine ergänzende Vertragsauslegung nicht aus, durch die eine durch die Nichtigkeitsfolge entstandene Vertragslücke in einer den beiderseitigen Interessen der Vertragsparteien gerecht werdenden Weise ausgefüllt wird.[54]

24   **a) Gesundheitsschutz.** Im Heilmittelwerberecht führen Verstöße gegen gesetzliche Verbote nicht zwingend zu einer Gesamtnichtigkeit ex tunc. Der Bundesgerichtshof hat wegen der Bedeutung des (strafbewehrten) Verbotes für den Gesundheitsschutz einen Handelsvertretervertrag, der auf die Verletzung von Vorschriften des Heilmittelwerberechts gerichtet war, zwar für gesamtnichtig erachtet.[55] Dennoch hat er dem Handelsvertreter, der das Verbot nicht kannte, die vereinbarte Vergütung zugestanden und den Vertrag nur als ex nunc nichtig behandelt.[56] Bei Gutgläubigkeit des Handelsvertreters könne „eine billige Interessenabwägung und die Erfordernisse von Treu und Glauben" den Anspruch auf Vergütung für geleistete Tätigkeit rechtfertigen. Der Handelsvertreter darf jedoch seine Tätigkeit nicht fortführen[57].

25   **b) Kreditwesen.** Kreditinstitute, Finanzdienstleistungsinstitute und weitere Unternehmen aus dem Finanzdienstleistungsbereich im Sinne von §§ 1 ff. KWG bedürfen für ihre

---

[48] ZB § 1 UWG.

[49] Entwurf eines Gesetzes gegen den unlauteren Wettbewerb (UWG), Drucksache 15/1487.

[50] Art. 49 EGV (Art. 56 AEUV) ist mit Blick auf das darin enthaltene Diskriminierungsverbot Verbotsgesetz iSd § 134 BGB (BVerfG BeckRS 2016, 50169).

[51] BGHZ 196, 312: Verstößt ein Rechtsgeschäft gegen das Verbot der Einlagenrückgewähr, bleibt es wirksam, weil § 62 AktG die Rechtsfolgen des Verstoßes gegen § 57 AktG als spezialgesetzliche Vorschrift abweichend von § 134 BGB regelt.

[52] BGH DNotZ 2003, 431 zum kommunalrechtlichen Verbot, Vermögensgegenstände in der Regel nur zum vollen Wert zu veräußern und Gemeindevermögen nicht zu verschenken.

[53] Das verpflichtende Rechtsgeschäft ist wegen seines verbotenen Inhalts ebenfalls verboten und nichtig, wenn das Erfüllungsgeschäft nichtig ist, so bei illegalen Drogen- und Waffengeschäften (BGHSt 31, 145: Handeltreiben mit Betäubungsmitteln; BGH NStZ 2004, 554: Waffengeschäft).

[54] BGH NJW 2014, 3639 zur ergänzenden Vertragsauslegung bei Unwirksamkeit einer Preisänderungsklausel.

[55] BGHZ 53, 152 (noch zur HWVO; RGBl. I 587, abgelöst durch das Heilmittelwerbegesetz (HWG) v. 11.7.1965, BGBl. I 984). Auch bei gemäß § 134 BGB nichtigen Arbeits- oder Dienstverträgen kann derjenige, der ohne Kenntnis der Verbotsvorschrift seine Dienste geleistet hat, unter Umständen die vereinbarte Vergütung dafür verlangen.

[56] BGHZ 53, 152 zur Heilmittelwerbung gem. § 5 HWG vgl. BGH GRUR 2012, 647 zur Werbung für homöopathische Mittel mit der Angabe von Anwendungsgebieten gegenüber Fachkreisen.

[57] BGHZ 53, 152.

Geschäftstätigkeit gem. § 32 KWG einer Erlaubnis. Der Abschluss von Geschäften ohne diese Erlaubnis ist gem. § 54 KWG verboten. Die hM sieht in dieser Regelung kein Verbotsgesetz im Sinne von § 134 BGB, weil es sich um eine Ordnungsregelung für die Finanzdienstleistungsbranche handele, die nur einen der beiden Geschäftspartner betreffe.[58]

Die Gewährung eines Darlehens an einen Versicherungsvertreter zum Aufbau einer **26** Vertriebsstruktur führt bei einem einseitigen Regelverstoß des Versicherers bzw. Kreditgebers nicht zur Unwirksamkeit des Geschäfts.[59] Sowohl das Verbot des § 7 Abs. 2 S. 1 VAG als auch dasjenige des § 32 KWG richtet sich nur an das Versicherungsunternehmen bzw. den Kreditgeber, nicht an seine Vertragspartner.

c) Unlauterer Wettbewerb (UWG). Regelungen und/oder Handlungen, die im Zu- **27** sammenhang mit Handelsvertreterverträgen getroffen oder ausgeführt werden, und die gegen Vorschriften des UWG verstoßen, führen in der Regel nicht zu der Gesamtnichtigkeit des zugrundeliegenden Rechtsgeschäfts. Das UWG dient lediglich dem Schutz der Mitbewerber, der Verbraucher und der sonstigen Marktteilnehmer vor unlauteren geschäftlichen Handlungen sowie dem Interesse der Allgemeinheit an einem unverfälschten Wettbewerb (§ 1 UWG). Deshalb richten sich lauterkeitsrechtliche Verbote regelmäßig nur gegen die Partei, die dem fairen Wettbewerb zuwiderhandelt. Insofern wäre es unbillig, bei einem Verstoß gegen das UWG die Unwirksamkeit des gesamten Vertragsverhältnisses anzunehmen.

Unlauter handelt beispielsweise ein ausgeschiedener Handelsvertreter, der Aufzeichnun- **28** gen aus der ihm anvertrauten Kundenkartei anfertigt und diese verwendet, um Kunden des früheren Prinzipals abzuwerben.[60] Die mit den wettbewerbswidrig geworbenen Kunden geschlossenen Verträge sind trotz des Verstoßes gegen das Lauterkeitsrecht wirksam. Dagegen ist ein Basisvertrag, mit dem sich zB der Betreiber eines Call Centers gegenüber einem Auftraggeber verpflichtet, bei Dritten ohne deren Einwilligung Telefonwerbung zu betreiben, nach § 134 nichtig.[61]

d) Kartellrecht (GWB, AEUV). Verstöße gegen das Verbot wettbewerbswidriger **29** Absprachen (§ 1 GWB, Art. 101 AEUV) sowie gegen das Missbrauchsverbot (§§ 19 ff. GWB, Art. 102 AEUV) unterfallen als gesetzliche Verbote grundsätzlich dem Anwendungsbereich des § 134 BGB oder begründen unmittelbar die Unwirksamkeit der Regelung (Art. 101 Abs. 2 AEUV). Sie führen allerdings nicht zwingend zur Unwirksamkeit des gesamten Vertragsverhältnisses. Dies gilt auch für Sachverhalte mit grenzüberschreitendem Bezug, die sich nach Art. 101 AEUV beurteilen. Die Gesamtnichtigkeit bemisst sich ausschließlich anhand der jeweiligen nationalen Rechtsordnung,[62] weshalb zur Beurteilung der Unwirksamkeit des kartellrechtswidrigen Vertrages auf § 139 BGB und dessen allgemeine Grundsätze zurückgegriffen werden kann.

Für Absatzmittlungssysteme sind im Hinblick auf das Kartellverbot nach § 1 GWB, **30** Art. 101 AEUV insbesondere die Vorschriften der Vertikal-GVO[63] von herausgehobener Bedeutung, die nach § 2 Abs. 2 GWB auch in Rechtsbeziehungen mit einem rein nationalen Sachverhalt unmittelbare Anwendung finden. Soweit in Vertriebsverträgen beispielsweise Bezugsbindungen, Gebietsabsprachen oder Wettbewerbsverbote enthalten sind, können diese Wettbewerbseinschränkungen nach Maßgabe der Vertikal-GVO gerechtfer-

---

[58] BGHZ 162, 49 (Aufgaben des Bundesaufsichtsamts für Kreditwesen nur im öffentlichen Interesse); BGH NJW 2005, 2703; § 32 Abs. 1 S. 1 KWG ist Schutzgesetz iSd § 823 Abs. 2 BGB.

[59] OLG Hamm VersR 2010, 609 zur Darlehensgewährung an einen Versicherungsvertreter zum Aufbau einer Vertriebsstruktur durch die Tochtergesellschaft eines Versicherungsunternehmens.

[60] BGH NJW-RR 1999, 1131; Zur Frage der unlauteren Verwertung von Kundenanschriften durch einen ausgeschiedenen Handelsvertreter (§ 90 HGB; BGH NJW 1993, 1786 zum Vertragsstrafenversprechen für jeden Einzelfall der Zurückbehaltung einer Kundenanschrift.

[61] OLG Stuttgart NJW 2008, 3071.

[62] EuGH NJW 1984, 555; OLG Frankfurt a. M. WuW 2007, 792: Die Erstreckung der Nichtigkeit nach Art. 81 EGV auf das gesamte Rechtsgeschäft beurteilt sich nach nationalem Recht, also nach § 139 BGB.

[63] EU-VO 720/2022 vom 10.5.2022 der Kommission.

tigt sein. Aber auch wenn eine Freistellung auf Grundlage der Vertikal-GVO ausscheidet, führt dies noch nicht zwangsläufig zu einem Verbot der jeweiligen Vereinbarung, da diese auch nach § 2 Abs. 1 GWB, Art. 101 Abs. 3 AEUV gerechtfertigt werden kann, wenn der Vereinbarung ausnahmsweise eine wettbewerbsfördernde Wirkung zukommt.

31   Die Vertikal-GVO enthält – auch in ihrer neuen Fassung – in Art. 4 die Regel, dass ein Verstoß gegen Kernbeschränkungen – wie beispielsweise die Vereinbarung einer Preisbindung der zweiten Hand – dazu führt, dass die Anwendbarkeit der gesamten Vertikal-GVO auf den Vertrag entfällt (sog. „schwarze Klauseln"). Diese Rechtsfolge berührt jedoch nicht die Frage der Gesamtnichtigkeit der Vereinbarung, die sich auch im Falle einer Verletzung von Kernbeschränkungen anhand des nationalen Rechts beurteilt.[64] Da das Gemeinschaftsrecht keine Abschreckungsfunktion kennt,[65] führt auch die Vereinbarung von Kernbeschränkungen nicht zwingend zu einer Gesamtnichtigkeit des Vertrages, die nur anzunehmen ist, wenn sich die Unwirksamkeit des gesamten Vertragsverhältnisses aus den allgemeinen Grundsätzen des § 139 BGB ergibt.

32   Maßgeblich für die Beurteilung der Reichweite der Unwirksamkeit von kartellrechtswidrigen Abreden in Vertriebsverträgen sind deshalb in erster Linie die Trennbarkeit der betroffenen Regelungen und der hypothetische Parteiwille. Abreden zur Preisbindung und zur Gebietsaufteilung sind beispielsweise vom übrigen Vertragsinhalt abtrennbar.[66] Maßgebend ist dann, ob die Vertragsparteien den Vertrag ohne diese Bestimmungen geschlossen hätten.

33   **3. Teilnichtigkeit ohne die Folge der Gesamtnichtigkeit.** Bezieht sich der Gesetzesverstoß nur auf einen Teil eines Rechtsgeschäfts, kann der vom Verstoß nicht betroffene Rest nach § 139 BGB aufrechterhalten werden. Nach § 139 BGB beantwortet sich auch die Frage, ob die Nichtigkeit des Verpflichtungsgeschäftes die des Erfüllungsgeschäftes zur Folge hat, sofern nicht schon nach dem Verbotsgesetz auch das Erfüllungsgeschäft verboten ist.[67]

34   Der Gesetzeswortlaut „wenn sich nicht aus dem Gesetz ein anderes ergibt" bedeutet allerdings auch „soweit sich nicht aus dem Gesetz ein anderes ergibt". § 134 BGB eröffnet damit die Möglichkeit zu Lösungen zwischen den Alternativen Gesamtnichtigkeit und Gesamtwirksamkeit. Der in dem Verbotsgesetz liegende Eingriff in die Vertragsfreiheit darf letztlich nicht weitergehen, als Sinn und Zweck des Verbotsgesetzes es erfordern (Verhältnismäßigkeitsprinzip). Teilweise genügt eine – etwa quantitative oder zeitliche – Beschränkung der Nichtigkeit dem Sinn und Zweck des Verbots. Durch Auslegung des Verbotsgesetzes muss geklärt werden, ob zur Ermittlung der Gesamtnichtigkeit eine Prüfung gem. § 139 BGB (ob der verbleibende Teil dem hypothetischen Willen der Vertragsparteien entspricht) vorgenommen werden muss, wenn das Verbotsgesetz iVm § 134 BGB nur eine Teilnichtigkeit des Rechtsgeschäfts unter Aufrechterhaltung der nicht betroffenen Regelungen vorschreibt. Neben den ausdrücklichen Ausnahmen kann gelegentlich auch der Zweck einer Gesetzesbestimmung unabhängig vom hypothetischen Parteiwillen gegen eine Gesamtnichtigkeit sprechen. Das ist insbesondere dann der Fall, wenn sich die Teilnichtigkeit aus der Verletzung einer Norm ergibt, die den Schutz eines Vertragspartners bezweckt, und eine Gesamtnichtigkeit gerade diesem Schutz zuwiderliefe.[68]

35   Die Nichtigkeit von Dienst- und Arbeitsverträgen würde nach der allgemeinen Regel des § 139 BGB für die Vergangenheit unter Umständen den Vergütungsanspruch desje-

---

[64] EuGH NJW 1988, 620.

[65] Vgl. Weyer in Frankfurter Kommentar Kartellrecht, Lfg. 68 2009, EG 81 Z Rn. 71 ff.

[66] BGH NJW 1994, 1651 zur Wirksamkeit einer salvatorischen Klausel im Franchise-Vertrag (Pronuptia II).

[67] BGHZ 11, 59 (Bestätigungsvertrag).

[68] Arnold in Erman, BGB, Kommentar, BGB § 139 Rn. 6; BGH NJW 1980, 2407: Sollen gesetzliche Vorschriften einen Beteiligten vor Benachteiligungen schützen, so beschränkt sich die Nichtigkeit entsprechend dem Schutzzweck des Gesetzes auf die unzulässige Abrede; § 139 BGB ist insoweit nicht anwendbar (Gebührenverzicht eines Anwalts).

nigen ausschließen, der ohne Kenntnis der Verbotsvorschrift seine Dienste geleistet hat. In diesen Fällen wird die Nichtigkeitsfolge aus teleologischen Gründen zumindest für die zu schützende Vertragspartei zeitlich (auf die Zukunft) verschoben (Nichtigkeit ex nunc).[69]

a) Verstoß gegen zwingende Vorschriften der §§ 85 ff. HGB. Die in den §§ 84 ff. **36** HGB enthaltenen Regelungen dienen in erster Linie dem Schutz des Handelsvertreters. Soweit eine Vereinbarung in einem Handelsvertretervertrag gegen eine zwingende Vorschrift verstößt, ist sie unwirksam. Dies führt jedoch meist nicht zur Nichtigkeit des gesamten Vertrages. An die Stelle der unwirksamen Vereinbarung tritt grundsätzlich die gesetzliche Regelung. Das wird aus deren Schutzzweck hergeleitet. Zudem lässt sich aus dem Wortlaut einzelner Regelungen erkennen, dass der Gesetzgeber an einen Verstoß gegen diese Regelungen nicht die Folge der Unwirksamkeit des Handelsvertreterverhältnisses, sondern nur die Nichtigkeit der jeweils betroffenen Regelung knüpfen wollte (vgl. §§ 85, 86b, 87a, 87c, 89 Abs. 2, 89a, 89b und 90a HGB). Deshalb erhält der Vertrag den diesen zwingenden Bestimmungen entsprechenden Inhalt ohne Rücksicht auf einen insoweit abweichenden Willen der Parteien.[70]

Eine Ausnahme gilt, wenn wesentliche Schutzrechte verletzt werden und die Verein- **37** barung insgesamt für den Handelsvertreter nachteilig ist. So kann nach **§ 89b Abs. 4 S. 1 HGB** der Ausgleichsanspruch des Handelsvertreters nach Beendigung des Vertragsverhältnisses gegen den Unternehmer nicht im Voraus ausgeschlossen werden. Hieraus ergibt sich, dass Abreden, durch die der Ausgleichsanspruch eingeschränkt oder ausgeschlossen wird, nur wirksam sind, wenn sie nach Beendigung des Handelsvertretervertrages oder in einer Aufhebungsvereinbarung, die gleichzeitig den Vertrag beendet, getroffen werden. Dagegen sind ausgleichsausschließende Abreden unwirksam, wenn die gleichzeitig vereinbarte Auflösung des Handelsvertretervertrages erst zu einem späteren Zeitpunkt wirksam werden soll.[71] Die Unwirksamkeit einer Regelung über eine Ausgleichsforderung führt nicht zur Gesamtnichtigkeit des geschlossenen Vertrages. Die entstehende Lücke wird durch die gesetzliche Regelung ohne Rücksicht auf einen insoweit abweichenden Willen der Parteien ersetzt.[72] Die Nichtigkeit der Vereinbarung hat dann zur Folge, dass die zu zahlende Gesamtvergütung als die dem Handelsvertreter zu zahlende Provision anzusehen und auch für die Berechnung des Ausgleichsanspruchs zugrunde zu legen ist.[73]

Eine Vertragsbestimmung in einem Handelsvertretervertrag, wonach ein Teil der dem **38** Handelsvertreter laufend zu zahlenden Vergütung auf den künftigen Ausgleichsanspruch angerechnet werden soll, verstößt im Zweifel gegen die zwingende Vorschrift des **§ 89b Abs. 4 S. 1 HGB** und ist daher in der Regel gemäß § 134 BGB nichtig.[74] Eine solche Vertragsbestimmung ist nur dann rechtswirksam, wenn sich feststellen lässt, dass die Parteien auch ohne die Anrechnungsabrede keine höhere Provision vereinbart hätten, als dem Teil der Gesamtvergütung entspricht, der nach Abzug des abredegemäß auf den Ausgleichsanspruch anzurechnenden Teils verbleibt. Die Beweislast dafür, dass diese Voraussetzung vorliegt, trifft den Unternehmer. Ist eine derartige Vertragsbestimmung hiernach nichtig, so

---

[69] BAGE 4, 274: Enthält ein Arbeitsvertrag eine den Arbeitnehmer belastende, nichtige Bestimmung, so hat das nicht die Nichtigkeit des gesamten Arbeitsvertrages zur Folge, weil dies dem Zweck des Schutzgesetzes widersprechen und zu einem dem Arbeitnehmer nachteiligen Ergebnis führen würde: Er würde ungünstiger stehen, als wenn die ihn benachteiligende, unwirksame Norm angewandt würde.

[70] BGHZ 40, 235; OLG Nürnberg NJW-RR 1986, 782 (Abkürzung der Kündigungsfrist § 89 Abs. 1 HGB).

[71] BGH NJW 1990, 2889 (Abfindungsvereinbarung vor Beendigung des Handelsvertretervertrages).

[72] Anderer Ansicht noch LG Wuppertal BB 1996, 2268.

[73] BGHZ 58, 60.

[74] BGH NJW 2016, 1885: Zu einem Vertragshändlervertrag mit deutschem Recht als Vertragsstatut; Fortführung von BGH ZVertriebsR 2015, 122 zu den Voraussetzungen einer analogen Anwendung der Regelung über den Handelsvertreterausgleich.

ist der zur Anrechnung vorgesehene Teil der Vergütung als vom Unternehmer geschuldeter Teil der Gesamtvergütung anzusehen.[75]

39   Aus Regelungen, die dem gesetzlichen Leitbild zuwiderlaufen, ohne die Rechtsstellung des Geschützten, im Regelfall die des Handelsvertreters, zu beeinträchtigen, folgt keine Nichtigkeit der betroffenen Vereinbarung oder gar des gesamten Vertrages. Verpflichtet ein ausscheidender Handelsvertreter seinen Nachfolger, ihn an künftig anfallenden Provisionen zu beteiligen, so liegt hierin in der Regel weder ein Gesetzes- noch ein Sittenverstoß, wenn der Ausscheidende den Abschluss des Handelsvertretervertrages mit seinem Nachfolger vermittelt und diesen bei der Kundschaft eingeführt hat. Dies gilt auch dann, wenn der ausscheidende Handelsvertreter dem Prinzipal hiervon keine Mitteilung macht, obwohl eine solche Vereinbarung möglicherweise gemäß § 89b Abs. 1 S. 1 Nr. 3 HGB bei der Bemessung des Ausgleichsanspruchs zu berücksichtigen wäre. Der Vorschrift des **§ 89b Abs. 1 S. 1 HGB** kann kein gesetzliches Verbot entnommen werden, nach dem ein ausscheidender Vertreter eine solche Vereinbarung mit seinem Nachfolger nicht treffen darf, wenn er den Unternehmer hiervon nicht in Kenntnis setzt.[76]

40   Die Reichweite der Unwirksamkeit darf nur so weit gehen, wie es der Schutzzweck der jeweiligen Norm verlangt. Nach **§ 86a Abs. 1 HGB** ist der Unternehmer verpflichtet, dem Handelsvertreter die Kollektion kostenfrei zu überlassen. Es handelt sich um zwingendes Recht. Die Abrede, für die Kollektion einen Kaufpreis, eine Kaution oder eine andere Sicherheitsleistung zu entrichten, ist deshalb nichtig. Ein Verstoß gegen diese Regelung führt allerdings lediglich zur Unwirksamkeit der Vergütungsregel, da es erforderlich, aber auch ausreichend ist, die Unwirksamkeit insoweit zu beschränken und den Handelsvertretervertrag im Übrigen auszuführen, auch wenn es sich nicht um AGB, sondern um eine individuelle Abrede handelt.[77]

41   Eine Vereinbarung in einem Handelsvertretervertrag, wonach bei nicht erhobenen Einwendungen die Provisionsabrechnungen als anerkannt gelten, verstößt gegen **§ 87c Abs. 5 HGB** und ist nichtig, da sie die dem Handelsvertreter in § 87c HGB eingeräumten Kontrollrechte im Voraus einschränkt.[78] Die Nichtigkeit beschränkt sich wiederum auf diese Bestimmung.

42   **§ 89 HGB** stellt Mindesterfordernisse für Kündigungen auf. Es handelt sich insoweit um zwingendes Recht, das durch Parteivereinbarungen nicht abbedungen werden kann. Das gilt mangels einer anderen gesetzlichen Regelung auch für Probeverträge zwischen Unternehmer und Handelsvertreter. An die Stelle der nichtigen Vereinbarung tritt die gesetzliche Regelung.[79] Eine Vertragsbestimmung, wonach die Zahlung eines zweckgebundenen Bürokostenzuschusses an den Handelsvertreter davon abhängig gemacht wird, dass das Vertragsverhältnis im Zeitpunkt der Zahlung ungekündigt besteht, stellt jedenfalls dann eine erhebliche Erschwerung der Kündigungsmöglichkeit des Handelsvertreters dar, die gegen die zwingende Regelung in **§ 89 Abs. 2 S. 1 Hs. 2 HGB** verstößt und damit gemäß § 134 BGB unwirksam ist, wenn der Handelsvertreter für die ordentliche Kündigung des Vertrags eine mehrjährige Kündigungsfrist einzuhalten hat.[80]

---

[75] BGH IBRRS 2016, 2062 zur Wirksamkeit einer Vereinbarung über die Anrechnung eines Teils der dem Handelsvertreter laufend zu zahlenden Vergütung auf den künftigen Ausgleichsanspruch; BGHZ 58, 60 zur Berechnung des Ausgleichsanspruchs, wenn die laufend zu zahlende Vergütung auf den künftigen Ausgleichsanspruch angerechnet werden soll und im Zweifel gem. § 89b Abs. 4 HGB nichtig ist.

[76] BGH NJW 1975, 1926.

[77] Thume BB 1995, 1913.

[78] OLG Hamm NJW-RR 2004, 1266; ebenso LG Karlsruhe BB 1990, 1504 für missbräuchliche kündigungsbeschränkende Vereinbarungen über die Rückzahlung der dem Handelsvertreter gewährten Provisionsvorschüsse.

[79] BGHZ 40, 235: Eine den zwingenden Bestimmungen des § 89 HGB zuwiderlaufende Vereinbarung der Parteien hat nicht die Nichtigkeit des ganzen Vertrages zur Folge; vielmehr tritt an die Stelle der nichtigen Vereinbarung die gesetzliche Regelung.

[80] BGH NJW 2016, 242.

Die Vereinbarung der Rückforderung von pauschalen Provisionsvorschusszahlungen **43** kann als mittelbare Beschränkung[81] des Kündigungsrechts nach **§ 89a Abs. 1 S. 2 HGB** gem. § 134 BGB nichtig sein. Der Rückforderungsanspruch ist dann ausgeschlossen. Der Handelsvertretervertrag im Übrigen bleibt wirksam.[82]

Eine Darlehensgewährung kann die Kündigungsfreiheit beeinträchtigen und deshalb **44** gem. **§ 89a Abs. 1 S. 2 HGB** iVm § 134 BGB nichtig sein, wenn bei vorzeitiger Vertragsbeendigung eine vorgezogene Gesamtfälligkeit und erstmalig eine Verzinsungspflicht vorgesehen ist. Die Vereinbarung ist (nur) insofern unwirksam, als diese für den Fall einer Beendigung des Handelsvertretervertrages eine sofortige und verzinsliche Rückzahlungsverpflichtung der (restlichen) Darlehensvaluta durch den Handelsvertreter vorsieht. Diese Rechtsfolge kann der Unternehmer auch nicht dadurch umgehen, dass er Handelsvertreter- und Darlehensvertrag in zwei getrennten Urkunden niederlegt, die Fälligkeit des restlichen Darlehens und seine Verzinsung allerdings an die Beendigung des Handelsvertretervertrages koppelt. Ließe man dies zu, würde nicht nur die wirtschaftliche und rechtliche Verbundenheit der beiden Rechtsgeschäfte negiert, sondern die nach dem Willen des Gesetzgebers gerade auch mittelbare Beeinträchtigungen erfassende, gesetzlich zwingende Regelung des **§ 89a Abs. 1 S. 2 HGB** in unzulässiger Weise umgangen.[83] Eine derartige Darlehensgewährung lässt die Wirksamkeit des Vertragsverhältnisses im Übrigen jedoch unberührt.

Eine Regelung in einem Handelsvertretervertrag, mit der sich der Handelsvertreter **45** verpflichtet, dem Unternehmer für die Überlassung des vom Vorgänger geworbenen Kundenstamms Kosten zu erstatten, der vom Vorgänger geworbene Kundenstamm jedoch ausgleichsrechtlich nicht als vom Handelsvertreter geworben gilt, ist wegen Verstoßes gegen **§ 89b Abs. 4 HGB** unwirksam.[84] Zwar stellt die Vereinbarung eines Entgelts für die Übernahme des Kundenstammes selbst noch keinen Verstoß gegen § 89b Abs. 4 HGB dar. Gilt der vom Vorgänger geworbene Kundenstamm bei der Berechnung des Ausgleichsanspruchs jedoch nicht als vom Handelsvertreter geworben, ist die Regelung nichtig, da sie den Handelsvertreter bei der Berechnung seines Ausgleichsanspruchs benachteiligt, indem ihm die betroffenen Kunden bei der Berechnung des Ausgleichsanspruchs nicht zugerechnet werden, trotz Zahlung eines Übernahmepreises für die Übertragung der Gebietsvertretung. Der Ausgleichsanspruch errechnet sich nach § 89b HGB.

Eine Vertragsbestimmung in einem Handelsvertretervertrag, wonach ein Teil der dem **46** Handelsvertreter laufend zu zahlenden Vergütung auf den künftigen Ausgleichsanspruch angerechnet werden soll, verstößt im Zweifel gegen die zwingende Vorschrift des **§ 89b Abs. 4 S. 1 HGB** und ist daher in der Regel nichtig. Das hat dann zur Folge, dass die zu zahlende Gesamtvergütung als die dem Handelsvertreter zu zahlende Provision anzusehen und auch für die Berechnung des Ausgleichsanspruchs zugrunde zu legen ist.[85]

Die in einem Handelsvertretervertrag zwischen einem Mineralölunternehmen und einem **47** Tankstellenhalter getroffene Vereinbarung, dass 50 % der Gesamtvergütung des Tankstellenhalters für „verwaltende" Tätigkeit gezahlt werden, ist wegen Verstoßes gegen **§ 89b Abs. 4 S. 1 HGB** iVm § 134 BGB nichtig und als AGB nach § 307 Abs. 1 S. 1 BGB[86] unwirksam. Wegen der Unwirksamkeit der Vertragsklausel für die Frage, welche Anteile

---

[81] Maßgebend ist, ob über die Vereinbarung eines empfindlichen Nachteils ein mittelbarer Zwang ausgeübt werden soll oder wird, das Kündigungsrecht nicht auszuüben. Je nach Einkommen wird die Schwelle bei etwa ein Zwölftel des letzten durchschnittlichen Jahreseinkommens liegen. In Maklerverträgen wird die Vereinbarung einer pauschalen Aufwandsvergütung von mehr als 10 % bis 15 % der vereinbarten Erfolgsprovision als mittelbarer Zwang zum Kauf/Verkauf eines Grundstücks gewertet (OLG Frankfurt a. M. BeckRS 2011, 04757).

[82] OLG Karlsruhe VersR 2011, 526.

[83] OLG Karlsruhe VersR 2011, 526; OLG Oldenburg IHR 2013, 79 (Die Entscheidung war nicht Gegenstand der Revision, soweit es um die Beschränkung der Kündigungsfreiheit wegen der Pflicht zur Vorschussrückzahlung ging. – BGH NJW 2014, 381).

[84] OLG München NJW-RR 2005, 1062.

[85] BGHZ 58, 60; OLG München BeckRS 2000, 30109758.

[86] BGHZ 152, 121 (Formulärmäßige Feststellung der Zahlung der hälftigen Gesamtvergütung für verwaltende Tätigkeit des Tankstellenhalters).

der Vergütung bei der Berechnung des Ausgleichsanspruchs auf „werbende" und „verwaltende" Tätigkeiten des Tankstellenhalters entfallen, kommt es dann auf das tatsächliche Verhältnis zwischen „werbender" und „verwaltender" Tätigkeit an.[87]

48 Überschreitet die Wettbewerbsabrede die durch **§ 90a Abs. 1 S. 2 HGB** gezogenen Grenzen, so führt das nicht zu ihrer Unwirksamkeit. Sie bleibt vielmehr in diesen Grenzen wirksam. Das gilt sowohl im Fall der Überschreitung der Höchstdauer des Wettbewerbsverbots nach Halbsatz 1 als auch bei Überschreitung seiner örtlichen und gegenständlichen Vorgaben nach Halbsatz 2 der Vorschrift. Die Wettbewerbsabrede wird in diese gesetzlichen Schranken zurückgeführt.[88] Das ergibt sich aus einer historischen Auslegung der Vorschrift, nämlich aus der Gesetzesbegründung[89] zu § 90a Abs. 1 S. 2 Hs. 2 HGB.[90] § 90a HGB findet auch auf Wettbewerbsabreden Anwendung, die nach der formellen Beendigung des Handelsvertretervertrags vereinbart werden, wenn sich die Parteien über wesentliche Elemente der Wettbewerbsabrede schon während der Laufzeit des Handelsvertretervertrages geeinigt haben.[91]

49 Die Verpflichtung, bei Aufnahme einer Konkurrenztätigkeit nach Vertragsende einen erheblichen Teil der gezahlten Inkassoprovisionspauschale zurückzuzahlen, ist mit dem Schutzzweck des **§ 90a HGB** nicht zu vereinbaren. Die Entschädigung gem. § 90a HGB soll den Lebensbedarf des Handelsvertreters für die Dauer der ihm auferlegten Wettbewerbsbeschränkung sichern. Diesen Zweck können Zahlungen nicht erfüllen, die ihm während der Vertragsdauer mit ganz anderer Zweckbestimmung geleistet worden sind, nämlich als Aufbauhilfe und zur Sicherung der Existenz in der Aufbauphase.[92] Nach dem Schutzzweck des § 90a HGB führen Verstöße gegen diese Vorschrift in der Regel nicht zur Gesamtnichtigkeit der Vereinbarung, sondern der Vertrag erhält einen den zwingenden Gesetzesvorschriften entsprechenden Inhalt ohne Rücksicht auf den abweichenden Willen der Parteien.[93]

50 Die Klausel in einem Handelsvertretervertrag, nach der das Wettbewerbsverbot erst durch sein Aussprechen wirksam werden soll, mit der Folge, dass im Falle des Nichtaussprechens der Handelsvertreter keine Wettbewerbsentschädigung erhält, verstößt gegen das Benachteiligungsverbot des **§ 90a Abs. 4 HGB** und führt zur Nichtigkeit dieser Regelung. Die dadurch entstehende Vertragslücke ist unter Heranziehung des dem § 90a Abs. 2 HGB innewohnenden Rechtsgedankens und des gesetzlichen Schutzzwecks in der Weise zu schließen, dass der Handelsvertreter nach Beendigung des Vertrags so gestellt wird, als sei kein Wettbewerbsverbot vereinbart worden.[94]

51 **b) Abtretung von Provisionsansprüchen.** Die Abtretung von Provisionsansprüchen eines Versicherungsvertreters kann aus Gründen des Geheimnisschutzes nichtig sein. Selbstständige Versicherungsvertreter sind nach § 203 Abs. 1 Nr. 6 StGB zur Geheimhaltung verpflichtet. Dieser Geheimnisschutz beinhaltet bei einer privaten Personenversicherung nicht nur die gesundheitlichen Daten, sondern auch die Information, dass ein Betroffener

---

[87] BGH NJW-RR 2002, 1548 (Schätzung des Stammkundenumsatzanteils bei Tankstellenhalter).

[88] BGHZ 195, 27.

[89] BT-Drs. 11/3077, 10, zitiert in BGHZ 195, 27.

[90] § 90a Abs. 1 S. 2 Hs. 2 HGB ist durch Gesetz vom 23.10.1989 (BGBl. I 1910) eingeführt worden.

[91] BGHZ 195, 207: Eine Wettbewerbsabrede nach Vertragsende ist wegen Verstoß gegen § 90a Abs. 1 S. 2 Hs. 2 HGB nichtig, wenn nur durch die Wettbewerbsabrede der Handelsvertreter die Vorteile aus dem während der Laufzeit des Vertrages vereinbarten „Geschäftswertmodells" erlangt; Abgrenzung von BGHZ 51, 184 (die zwingenden Vorschriften des § 90a HGB gelten nicht, wenn die Wettbewerbsabrede erst nach Beendigung des Handelsvertreterverhältnisses oder zugleich mit dessen Beendigung durch Vereinbarung der Vertragsparteien getroffen wird).

[92] BGHZ 59, 387 zur Frage der Zulässigkeit von Rückzahlungsklauseln in einem Handelsvertretervertrag für den Fall, dass der Handelsvertreter nach Beendigung des Vertreterverhältnisses eine Tätigkeit für ein Konkurrenzunternehmen aufnimmt.

[93] BT-Drs. 11/3077, 10 zu § 90a Abs. 1 S. 2 HGB.

[94] LG Tübingen BB 1977, 671 (Umgehung der Karenzentschädigung für Wettbewerbsverbot eines Handelsvertreters) mzustAnm Küstner BB 1977, 673.

zur Absicherung gesundheitlicher Risiken Vorsorgemaßnahmen getroffen hat. Die Abtretung von Provisionsansprüchen eines Versicherungsvertreters, der Personenversicherungen vermittelt, ist deshalb wegen der mit der Abtretung verbundenen Pflicht des Zedenten, dem Zessionar nach § 402 BGB die zur Geltendmachung der abgetretenen Forderung nötigen Informationen zur Verfügung zu stellen, nach § 134 BGB nichtig.[95] Der Vertrag bleibt im Übrigen wirksam. § 139 BGB wird durch den Schutzzweck der gesetzlichen Regelung verdrängt.

III. Teilnichtigkeit bei Sittenwidrigkeit

1. Gesamtnichtigkeit ex tunc. Nach § 138 BGB entfaltet ein sittenwidriges Rechts- **52** geschäft grundsätzlich seine Nichtigkeitswirkung ex tunc und erstreckt sich auf das gesamte Rechtsgeschäft. Der Rückgriff auf den hypothetischen Parteiwillen zur Aufrechterhaltung des Vertrages ist ausgeschlossen, wenn die Gründe, die zur Teilunwirksamkeit des Rechtsgeschäfts geführt haben, auch seiner teilweisen Aufrechterhaltung nach dem hypothetischen Parteiwillen entgegenstehen.[96]

Die Möglichkeit einer geltungserhaltenden Reduktion[97] besteht nach hM bei einem **53** Verstoß gegen § 138 BGB grundsätzlich nicht. Sittenwidrige und vor allem wucherische Rechtsgeschäfte werden grundsätzlich als Einheit gewertet und dürfen auch nicht durch eine geltungserhaltende Reduktion oder Umdeutung iSd § 140 BGB mit einem zulässigen Inhalt aufrechterhalten werden.[98] Einmal wird darauf abgehoben, dass eine einheitliche Regelung nicht in einzelne – gültige und ungültige – Teile zerlegt werden könne.[99] Die geäußerten Hauptbedenken zielen jedoch darauf ab, dass anderenfalls der wirtschaftliche Gehalt des sittenwidrigen Geschäfts selbst rechtsgestaltend verändert werden müsste, damit der Einklang mit der Rechtsordnung hergestellt wird.[100] Gerade das stünde aber im Widerspruch zu Sinn und Zweck des § 139 BGB. Könnte derjenige, der seinen Vertragspartner in sittenwidriger Weise übervorteilt, damit rechnen, schlimmstenfalls durch gerichtliche Festsetzung das zu bekommen, was gerade noch vertretbar und damit sittengemäß ist, verlöre das sittenwidrige Rechtsgeschäft für ihn das Risiko, mit dem es durch die vom Gesetz angedrohte Nichtigkeitsfolge behaftet sein soll. Richtigerweise geht es insoweit jedoch nicht um Straferwägungen, die im Zivilrecht grundsätzlich unangebracht sind, sondern darum, dass es nicht Aufgabe des Richters ist, für die Parteien anstelle des sittenwidrigen Rechtsgeschäfts eine Vertragsgestaltung zu finden, die den beiderseitigen Interessen gerecht wird und die Folge der Sittenwidrigkeit – nämlich nach dem Grundsatz des § 139 BGB – Gesamtnichtigkeit – vermeidet.[101] Verstoßen in einem Vertrag nur einzelne, eindeutig abtrennbare Teile gegen die guten Sitten und ist das Geschäft auch ohne den sittenwidrigen Teil einer sinnvollen Geltung fähig, wird das Rechtsgeschäft nach § 139 BGB mit Ausnahme der nichtigen Regelung aufrechterhalten, wenn dies dem mutmaßlichen Willen der Beteiligten entspricht.[102]

Ein in örtlicher Hinsicht unbeschränktes Wettbewerbsverbot, das für die Zeit nach der **54** Beendigung des Handelsvertretervertrages vereinbart worden ist und das als zu weitgehend gem. § 138 BGB nichtig ist, soll im Allgemeinen nicht in der Weise einschränkend

---

[95] BGH NJW 2010, 2509 mit Anm. Geisler jurisPR-BGHZivilR 9/2010 Anm. 3, der dem Gläubiger den Weg der Titulierung und Pfändung der Provisionsansprüche empfiehlt, da hier die erforderlichen Auskünfte über §§ 807, 836 Abs. 3 ZPO erlangt werden können. Er weist weiter unter Bezugnahme auf BGH NJW 1993, 1912 auf die Möglichkeit einer stillen Zession hin.

[96] Nassall in Herberger/Martinek/Rüßmann ua, jurisPK-BGB, 7. Aufl. 2014, BGB § 139 Rn. 51.

[97] Bei der geltungserhaltenden Reduktion unwirksamer Klauseln geht es um deren partielle Aufrechterhaltung, so dass diese den rechtlichen Anforderungen gerade noch gerecht werden.

[98] BGHZ 146, 37 (Ehegattenmithaftung aus Umschuldungsdarlehen); BGH NJW 2009, 1135 (Aufspaltung einer sittenwidrigen Vertragsklausel in einen wirksamen und einen unwirksamen Teil).

[99] BGHZ 44, 158 (Zur Sittenwidrigkeit der Übertragung von Gesellschaftsrechten auf Treuhänder).

[100] BGHZ 68, 204 (Keine Umdeutung eines sittenwidrigen Rechtsgeschäfts).

[101] BGHZ 107, 351 zur Teilwirksamkeit der nichtigen Klausel über Gesellschafterausschluss.

[102] BGHZ 146, 37 (Mithaftung bei Darlehen); BGHZ 107, 351.

ausgelegt werden können, dass es nur für denjenigen örtlichen Bereich gilt, in dem der ausgeschiedene Handelsvertreter während der Vertragslaufzeit zum Unternehmer nicht in Wettbewerb treten durfte. Nach der seit dem 1.1.1990 geltenden Vorschrift des § 90a Abs. 1 S. 2 Hs. 2 HGB, wonach sich das nachvertragliche Wettbewerbsverbot nur auf den dem Handelsvertreter während der Vertragszeit zugewiesenen Bezirk oder Kundenkreis erstrecken darf, können allerdings in örtlicher Hinsicht zu weitgehende Wettbewerbsabreden gem. §§ 134, 139 BGB häufig auf einen begrenzten, nämlich den in der genannten Vorschrift umschriebenen Bereich zurückgeführt werden. Eine Gesamtnichtigkeit der Wettbewerbsvereinbarung gem. § 138 BGB wird dadurch vermieden.[103]

55 **2. Teilnichtigkeit.** Die vom Wortlaut des § 138 BGB vorgesehene Sanktion der vollen Nichtigkeit sittenwidriger Rechtsgeschäfte mit Wirkung ex tunc führt nicht immer zu angemessenen Entscheidungen.[104] Deshalb weicht die Rechtsprechung aus Gründen der Einzelfallgerechtigkeit[105] immer wieder von dem Grundsatz ab, dass sittenwidrige Rechtsgeschäfte insgesamt ex tunc unwirksam sind. Die Aufspaltung einer sittenwidrigen Vertragsklausel in einen wirksamen und einen unwirksamen Teil (sog. quantitative Teilbarkeit) kommt ausnahmsweise in Betracht, wenn konkrete, über allgemeine Billigkeitserwägungen hinausgehende Anhaltspunkte die Annahme rechtfertigen, dass die Aufspaltung dem entspricht, was die Parteien bei Kenntnis der Nichtigkeit ihrer Vereinbarung geregelt hätten.[106] Der Grenze zwischen der Verwirklichung des hypothetischen Parteiwillens und einer unzulässigen richterlichen Vertragsgestaltung kommt dabei eine besondere Bedeutung zu.[107]

56 **a) Durchgeführter Handelsvertretervertrag.** Eine Ausnahme vom Grundsatz der Gesamtnichtigkeit ist geboten, wenn durch § 138 Abs. 1 BGB ein Vertragspartner vor dem Missbrauch der wirtschaftlichen Verhandlungsmacht des anderen Teils geschützt werden soll und dieser Schutzweck durch die Unwirksamkeit des gesamten Rechtverhältnisses konterkariert würde.

57 In Handelsvertreterverhältnissen kann dies beispielsweise zur Erhaltung von Provisionsansprüchen der Fall sein. Ein Handelsvertreter, der aufgrund eines nach § 138 BGB nichtigen Handelsvertretervertrages tätig geworden ist, kann die vertragliche Vergütung für die erbrachten Dienstleistungen jedenfalls bei wirtschaftlicher und sozialer Überlegenheit des Unternehmers verlangen.[108] Auch der Ausgleichsanspruch bleibt erhalten, wenn der Unternehmer die vom Handelsvertreter hergestellten Geschäftsbeziehungen künftig weiterhin nutzen kann; denn auch dieser Vorteil beruht auf dem Handelsvertreterverhältnis, das nach seiner Invollzugsetzung bis zu seiner Beendigung wie ein fehlerfrei zustande gekommenes Dienstverhältnis zu behandeln ist.[109]

58 **b) Eindeutig abtrennbare Teile.** Eine Teilnichtigkeit kommt nur in Betracht, wenn der sittenwidrige Regelungsbestandteil von dem übrigen Vertragsverhältnis abtrennbar ist. Dies ist beispielsweise bei überlangen Vertragslaufzeiten regelmäßig gegeben. Deshalb sind

---

[103] OLG Hamburg BeckRS 2012, 09399.

[104] Sack in Staudinger BGB § 138 Rn. 92 ff., lehnt es ab, bei § 138 BGB das Alles-oder-Nichts-Prinzip anzuwenden, und befürwortet stattdessen, die Art der Sanktion vom Normzweck der verletzten Sittennorm abhängig zu machen; es sei dann eine Frage des § 139 BGB, ob diese quantitative Teilnichtigkeit die gesamte Vertragsklausel bzw. das gesamte Rechtsgeschäft erfasse.

[105] Einzelfallentscheidungen berücksichtigen immer die speziellen Gegebenheiten und Besonderheiten eines Falles, die persönlichen Umstände der beteiligten Personen und auch das kulturelle und soziale Umfeld.

[106] BGH NJW 2009, 1135 zur Übersicherung in einem Kaufvertrag durch Belastungsverbot und Verfallklausel (sittenwidrige Knebelung gem. § 138 BGB).

[107] BGHZ 107, 351 (Teilwirksamkeit der nichtigen Klausel über Gesellschafterausschluss nach freiem Ermessen für Ausschluss aus wichtigem Grund).

[108] BGHZ 53, 150 zur ungerechtfertigten fristlosen Kündigung eines Handelsvertretervertrages.

[109] BGHZ 129, 290 zum Ausgleichsanspruch des Handelsvertreters trotz Täuschungsanfechtung des Unternehmers bzw. nach wirksamer Kündigung wegen Krankheit bei gleichzeitigem Vorliegen wichtiger Kündigungsgründe für den Unternehmer.

solche Verträge durch Herabsetzung der Vertragsdauer auf ein noch vertretbares Maß aufrecht zu erhalten.[110] In derartigen Fällen wird in entsprechender Anwendung des § 139 BGB der Vertrag nach Zeitabschnitten aufgeteilt und der Teil, der einer noch gerade vertretbaren Vertragsdauer entspricht, bleibt bestehen. Anders beurteilen sich allerdings die Fälle, in denen eine eindeutige Abgrenzung des sittenwidrigen Regelungsbestandteils nicht möglich ist. So sind Rechtsgeschäfte insgesamt nichtig, wenn eine eindeutige Ausscheidung des sittenwidrigen Vertragsinhalts nicht möglich ist, weil außer der langen Vertragsdauer die vertraglichen Vereinbarungen noch in anderer Hinsicht zu beanstanden sind.[111]

3. Konkurrenz zwischen § 134 BGB und § 138 Abs. 1 BGB. Im Verhältnis zu **59** § 138 Abs. 1 BGB geht § 134 BGB vor: Verstößt ein Rechtsgeschäft sowohl gegen ein Verbotsgesetz als auch gegen die guten Sitten, so bemisst sich die Wirksamkeit des Rechtsgeschäfts grundsätzlich nach § 134 BGB. Soweit sich aus § 134 BGB noch nicht die Unwirksamkeit des gesamten Rechtsgeschäfts ergibt, ist zusätzlich auf § 138 BGB zu rekurrieren, wenn über die den Verbotsverstoß begründenden Tatsachen hinaus weitere Umstände vorliegen, die das Sittenwidrigkeitsurteil begründen.[112]

IV. Der Nichtigkeitsgrund beschränkt sich auf eines von mehreren verbundenen Geschäften

Schließen die Parteien mehrere Rechtsgeschäfte miteinander, zB einen Franchise-Vertrag **60** und Kauf einer Gaststätteneinrichtung oder Warenkauf, können sie die Geschäfte selbständig nebeneinander stellen oder zu einem einzigen Geschäft verbinden. Nach § 139 BGB sind im Zweifel alle verbundenen Geschäfte nichtig, auch wenn bei isolierter Betrachtung nur die Nichtigkeit eines Rechtsgeschäfts gegeben ist. Ob die Geschäfte getrennt oder verbunden sind, bestimmt sich allerdings vorrangig nach dem erklärten Parteiwillen.[113] Dabei genügt schon, dass eine Partei die Verbindung oder Trennung ersichtlich will und die andere dies hinnimmt.[114]

Die einheitliche Beurteilung der Rechtsgeschäfte hängt nicht davon ab, dass die ver- **61** bundenen Geschäfte zum gleichen Geschäftstyp gehören, dass das eine Geschäft zur Bedingung (§ 158 BGB) des anderen gemacht wird oder dass an allen Einzelgeschäften dieselben Personen beteiligt sind.[115] Nötig ist lediglich der gemeinsame Wille der Parteien, die Rechtsgeschäfte als verbundene zu behandeln. Da die Parteien ihn selten deutlich äußern, ergibt sich dieser in der Regel aus den Umständen. Eine Verbindung ist insbesondere anzunehmen, wenn die Einzelgeschäfte nach ihrem Sinn und Zweck miteinander stehen und fallen sollen.[116]

Im Prozess erleichtert die allgemeine Lebenserfahrung den Beweis. Sind die Einzel- **62** geschäfte in einer einzigen Urkunde zusammengefasst, gehören sie dem ersten Anschein

---

[110] BGH NJW 1972, 1459 (Bierbezugsvertrag).

[111] BGHZ 68, 204: Ein wegen sittenwidriger Übervorteilung nichtiges Rechtsgeschäft kann grundsätzlich nicht umgedeutet werden, auch nicht in der Weise, dass die Leistungsverpflichtung des Übervorteilten auf einen Teil beschränkt und damit auf ein erträgliches Maß zurückgeführt wird BGHZ 195, 207: Bei Freiberuflern hängt die Wirksamkeit der Wettbewerbsabrede davon ab, dass sie in räumlicher, gegenständlicher und zeitlicher Hinsicht das notwendige Maß nicht überschreitet. Überschreitet die Abrede ausschließlich die zeitlichen Grenzen, ist sie im Übrigen aber unbedenklich, kommt eine geltungserhaltende Reduktion auf die erlaubte Dauer in Betracht. Die Missachtung der gegenständlichen und räumlichen Grenzen führt dagegen zur Nichtigkeit des Verbots gemäß § 138 BGB. Diese Differenzierung wird damit begründet, dass bei einer nicht nur zeitlichen Überschreitung der zulässigen Grenzen das Gericht den übrigen Inhalt der Vereinbarung rechtsgestaltend festlegen müsste. Das überdehnt den dem Gericht eingeräumten Gestaltungsspielraum; eine eindeutige Regelung für die Lückenfüllung, wie nunmehr in § 90a HGB, fehlt.

[112] BGH NJW 1981, 1439; 2003, 3692 (Wirksamkeit eines Vertrags trotz Umgehung des Gegenanwalts).

[113] BGHZ 50, 8 (Selbstkontrahieren bei zusammengesetzten Rechtsgeschäften).

[114] BGHZ 76, 43 (Formbedürftigkeit eines Bauwerkvertrages über ein Fertighaus).

[115] BGH NJW 1976, 1931 (Mehrere Vereinbarungen als einheitliches Rechtsgeschäft).

[116] BGHZ 101, 393 (Treuhandvertrag im Rahmen eines Bauherrenmodells bedarf in aller Regel der notariellen Beurkundung).

nach untrennbar zusammen,[117] sind sie in verschiedenen Urkunden formalisiert, spricht dies für rechtlich selbstständige Rechtsgeschäfte.[118] Der Beweis des ersten Anscheins kann allerdings durch den Nachweis atypischer Umstände erschüttert werden.

63   Haben die Vertragsparteien zunächst eine Abfindungsvereinbarung aufgrund einer vorzeitigen Vertragsbeendigung des Handelsvertretervertrages getroffen und anschließend in einer gesonderten Urkunde ein Wettbewerbsverbot aufgenommen, ergibt sich bereits aus dieser Gestaltung die rechtliche Unabhängigkeit beider Vereinbarungen. Wurde die Trennung der Geschäfte – wenn auch nur von einer Partei – aus steuerlichen Gründen gewünscht, folgt auch und gerade hieraus, dass es sich um rechtlich voneinander unabhängige und selbständige Abreden handeln sollte. Ist das Wettbewerbsverbot mangels einer Karenzentschädigung gem. § 138 BGB nichtig, bleibt die Abfindungsvereinbarung als hiervon selbständiges Geschäft aufrechterhalten.[119]

64   Schmiergeldversprechen und Vergütungszusage sind nicht Teile eines einheitlichen Rechtsgeschäfts, wenn sie in getrennten Urkunden niedergelegt sind und die Trennung in erster Linie aus steuerlichen Gründen vorgenommen wurden.[120]

V. Nichtigkeitsgrund beschränkt sich auf eine Person

65   § 139 BGB ist auch dann anwendbar, wenn auf einer Vertragsseite mehrere Personen stehen und der Nichtigkeitsgrund sich auf eine Vertragspartei beschränkt.[121]

66   Die Beteiligung mehrerer Personen an einem Vertragsverhältnis ist bei Handelsvertreterverträgen beispielsweise bei der Ausgestaltung der Nachfolge eines Handelsvertreterverhältnisses unter Lebenden gegeben, bei der neben dem bisherigen Handelsvertreter und dem Unternehmer auch der Nachfolger des Handelsvertreters beteiligt ist. Diese können zB eine dreiseitige Vereinbarung über die Übernahme der Handelsvertretung treffen. Derartige Vereinbarungen sind rechtlich zulässig und führen dazu, dass der Nachfolger alle Rechte und Pflichten übernimmt, die nach dem – bestehenbleibenden – Vertrag für den ausscheidenden Handelsvertreter begründet waren. Das Ausscheiden des Handelsvertreters und der Eintritt des Nachfolgers in den Handelsvertretervertrag führt zur Beendigung des bisher zwischen dem Handelsvertreter und dem Unternehmer bestehenden Vertrages, wie sie in § 89b Abs. 1 HGB für das Entstehen eines Ausgleichsanspruchs vorausgesetzt ist.[122] Ausgleichsabträgliche Abreden in solchen dreiseitigen Verträgen sind dann unwirksam, wenn die gleichzeitig vereinbarte Auflösung des Handelsvertretervertrages erst in einem späteren Zeitpunkt wirksam werden soll.[123] Die Unwirksamkeit einer solchen Vereinbarung führt gem. § 139 BGB zur Gesamtnichtigkeit des zwischen den drei Vertragsparteien geschlossenen Vertrages. Es kann nicht angenommen werden, dass die Vertragsparteien die Weitergeltung des Restvertrages ohne die unwirksame Regelung gewollt hätten, zumal es sich bei dem Verzicht auf den Ausgleichsanspruch um einen der wesentlichen Vertragsbestandteile handelt.[124]

---

[117] BGHZ 54, 71 (Grundstücksverkauf).
[118] BGH NJW 1992, 3237 (Baubetreuungsvertrag).
[119] OLG VersR 1998, 97 (Sittenwidrigkeit einer Wettbewerbsabrede mit Handelsvertreter).
[120] BGH NJW-RR 1986, 346 (Maklervertrag).
[121] BGH NJW 2001, 3327 zur Wirksamkeit einer Bürgschaft zugunsten Dritter bei mehreren unbestimmten und einem bestimmten Gläubiger; OLG München IBRRS 2004, 3506 zur Gerichtsstandsabrede bei Beteiligung eines Bürgen.
[122] BGH NJW 1989, 35 zur Nachfolgeregelung bei einem Eigenhändlervertrag; BGH BeckRS 1990, 310631910: Nach § 89b Abs. 4 S. 1 HGB kann der Ausgleichsanspruch, der mit der rechtlichen Beendigung des Handelsvertreterverhältnisses entsteht, nicht „im Voraus" ausgeschlossen werden, jedoch in einem Vertrag nach Beendigung des Handelsvertretervertrages oder in einer Aufhebungsvereinbarung, die gleichzeitig den Vertrag beendet. Zur steuerlichen Behandlung des „Verzichts" auf den Ausgleichsanspruch in solchen dreiseitigen Verträgen: BFHE 162, 38.
[123] BGH NJW 1990, 2889 (Handelsvertretervertrag: Unwirksamkeit des Ausschlusses des Ausgleichsanspruchs vor Beendigung des Vertrages).
[124] LG Wuppertal BB 1996, 2268 (Wirksamkeit des Verzichts auf Ausgleichsanspruch des Handelsvertreters in einer Abfindungsvereinbarung).

Der mit einem Vertreter geschlossene Vertrag ist gemäß § 138 Abs. 1 BGB unwirksam, **67** wenn die Schmiergeldzahlung zu einer zu Ungunsten des Geschäftsherrn wirkenden Ausgestaltung des Vertrages geführt hat, für diesen also nachteilig ist, oder wenn die Voraussetzungen des § 139 BGB vorliegen, wenn also die Schmiergeldvereinbarung und der Hauptvertrag nach den Vorstellungen der Vertragsschließenden miteinander „stehen oder fallen" sollen.[125]

VI. Wegfall der Geschäftsgrundlage

Wo zwei Rechtsgeschäfte unverbunden nebeneinander stehen, kann das eine immer **68** noch die Geschäftsgrundlage des anderen sein.[126] In diesem Falle entnimmt man die Rechtsfolgen zwar nicht dem § 139 BGB, sondern dem § 313 BGB, aber der Unterschied ist gering, weil hier wie dort Treu und Glauben entscheiden.[127]

Wird ein Rechtsgeschäft erst aufgrund später eingetretener Gesetzesänderungen teilweise **69** unwirksam und war diese Teilunwirksamkeit zur Zeit des Vertragsschlusses in keiner Weise vorhersehbar,[128] ist § 139 BGB nicht anwendbar, weil nach § 139 BGB über den Bestand des Vertrages der zur Zeit des Vertragsschlusses vorhandene Wille der Parteien entscheidet[129] und eine zur Zeit des Vertragsschlusses von ihnen in keiner Weise vorauszusehende Änderung der gesetzlichen Vorschriften von ihrem Willen noch nicht hätte erfasst werden können.[130] In diesen Fällen ist die Geschäftsgrundlage des Vertrages gestört mit der Folge, dass er gem. § 313 BGB nach Billigkeitsgesichtspunkten an die veränderten Verhältnisse angepasst werden muss.

VII. Treu und Glauben (§ 242 BGB)

Wenn eine Partei sich auf die Nichtigkeit von einzelnen Bestimmungen, die nur dem **70** Vorteil und dem Schutz der anderen Partei dienen sollen, und damit auf die nach § 139 BGB eintretende Nichtigkeit des ganzen Vertrages zu dem Zweck beruft, sich ihrer Vertragspflichten insgesamt zu entledigen, kann die andere Partei, die an dem wirksamen Vertragsbestandteil festhalten will, die Einrede der Arglist entgegensetzen.[131]

Sind Vertriebsverträge aufgrund Kartellrechtsverstößen insgesamt unwirksam, so ist die **71** Arglisteinrede aus Gründen des öffentlichen Interesses an der Wiederherstellung des Wettbewerbs insoweit ausgeschlossen, soweit diese zur Durchsetzung der kartellrechtswidrigen Regelungen führen würde.[132] Allerdings kann es nach den Grundsätzen von Treu und Glauben einer Vertragspartei verwehrt sein, sich auf die aus der Gesamtnichtigkeit ergebenden Rechtsfolgen zu berufen, beispielsweise, wenn zwischen der zur Gesamtnichtigkeit führenden Regelung und dem geltend gemachten Anspruch kein Zusammenhang besteht.[133] Der Einwand der Arglist kann ausnahmsweise auch dann durchgreifen, wenn eine Partei aus der kartellrechtlich begründeten Nichtigkeit einer Vertragsklausel über § 139

---

[125] OLGR Stuttgart 1999, 162; BGH NJW-RR 1990, 442 zum Übergreifen der Nichtigkeit eines sittenwidrigen Vertrags auf einen anderen, nicht zwischen denselben Parteien geschlossenen Vertrag.

[126] OLG Köln VersR 1998, 97 zur Frage des rechtlichen Bestandes einer Abfindungsvereinbarung.

[127] BGHZ 97, 351 zur Frage, ob der Widerruf der Bezugsvereinbarung im Franchise-Vertrag die Geschäftsgrundlage der Einzelkaufverträge hat wegfallen lassen.

[128] RGZ 146, 369.

[129] BGH BeckRS 1952, 31204682: Ist bei einer Pachtzinsbestimmung die vereinbarte Wertsicherungsklausel unwirksam, so kann dies die Unwirksamkeit des ganzen Pachtvertrages zur Folge haben, wenn bereits bei Vertragsschluss die Rechtsunwirksamkeit der Wertsicherungsklausel bestand oder voraussehbar war.

[130] AA Nassall in Herberger/Martinek/Rüßmann ua, jurisPK-BGB, 7. Aufl. 2014, BGB § 139 Rn. 40, der in diesen Fällen § 139 BGB analog anwendet.

[131] BGH NJW 1967, 245.

[132] BGH BB 1974, 1221.

[133] BGH GRUR 1969, 701 (Unzulässige Rechtsausübung durch Berufung auf eine etwaige Nichtigkeit eines Alleinvertriebsvertrags mit Konkurrenzverbot gegenüber Schadensersatzansprüchen wegen Nichterfüllung der Abnahmepflicht).

BGB die Unwirksamkeit weiterer Vertragsbestimmungen herleiten wollte.[134] Das betraf aber Fälle, in denen die aus kartellrechtlichen Gründen nichtige Vertragsklausel zu Lasten der Partei ging, die sich darauf berief und die durch die Nichtigkeit dieser Klausel (= Teilnichtigkeit des Vertrages) besser gestellt wurde; diese Partei sollte nicht noch zusätzlichen Vorteil dadurch erlangen können, dass sie aus der Teilnichtigkeit über § 139 BGB die Unwirksamkeit weiterer, an sich unbedenklicher Vertragsbestimmungen herleitet.[135]

VIII. Salvatorische Klausel

72   Die weit verbreitete, in der Regel standardmäßig verwendete salvatorische Klausel, nach der ein nichtiges Rechtsgeschäft auch ohne die nichtige Klausel wirksam sein soll, entbindet nicht von der nach § 139 BGB vorzunehmenden Prüfung, ob die Parteien das teilnichtige Geschäft als Ganzes verworfen hätten oder aber den Rest hätten gelten lassen. Bedeutsam ist sie lediglich für die von § 139 BGB abweichende Zuweisung der Darlegungs- und Beweislast; diese trifft denjenigen, der entgegen der Erhaltensklausel den Vertrag als Ganzen für unwirksam hält.[136] Die Nichtigkeit des gesamten Vertrags tritt in einem solchen Fall allerdings dann ein, wenn die Aufrechterhaltung des Restgeschäfts trotz der salvatorischen Klausel im Einzelfall durch den im Wege der Vertragsauslegung zu ermittelnden Parteiwillen nicht mehr getragen wird. Das kommt insbesondere in Betracht, wenn nicht nur eine Nebenabrede, sondern eine wesentliche Vertragsbestimmung unwirksam ist und durch die Teilnichtigkeit der Gesamtcharakter des Vertrags verändert würde.[137]

73   Führt die Teilnichtigkeit des streitgegenständlichen Vertrages aufgrund einer salvatorischen Klausel und einer Ersetzungsklausel gemäß § 139 BGB nicht zu seiner Gesamtnichtigkeit, wirkt sich eine unterstellte Kartellnichtigkeit einzelner Klauseln nicht auf die Provisionszahlungsregelung eines Franchise- oder Partnerschaftsvertrags aus.[138]

74   Ein Franchise-Vertrag unterlag bis zum 31.12.1998 dem Formzwang nach § 34 GWB aF, wenn er wettbewerbsbeschränkende Abreden enthielt.[139] Salvatorische Klauseln konnten nicht zu einer Wirksamkeit der nicht kartellwidrigen Absprachen führen, da auch die salvatorische Klausel ihrerseits dem Formzwang unterlag und deshalb nichtig war.

B. Franchisenehmer

75   Die vorstehenden Ausführungen gelten entsprechend für den Franchise-Vertrag.

I. Teilnichtigkeit bei verbundenen Verträgen

76   In Franchise-Beziehungen werden regelmäßig neben den reinen vertriebsbezogenen Vereinbarungen auch weitere Regelungen getroffen, beispielsweise in Form eines Kauf-

---

[134] BGH NJW 1972, 2180: Der Einwand der unzulässigen Rechtsausübung kommt nur dann in Betracht, wenn die Vertragsbestimmungen, auf deren Nichtigkeit sich die Antragsgegnerin beruft, als solche keinen rechtlichen Bedenken begegnen würden und nur nach § 139 BGB als nichtig anzusehen wären.

[135] BGH NJW-RR 1989, 998: Ist die Nichtangriffsklausel in einem Patentlizenzvertrag hinsichtlich der Auslandsschutzrechte nach Art. 85 Abs. 1 EWG-Vertrag unwirksam, hinsichtlich inländischer Schutzrechte aber wirksam, so hat das Gericht im Rahmen des § 139 BGB zu prüfen, ob der gesamte Lizenzvertrag nichtig ist oder ob es dem hypothetischen Willen der Parteien zum Zeitpunkt des Vertragsabschlusses entsprach, eine auf die inländischen Schutzrechte beschränkte Nichtangriffsabrede zu vereinbaren. Dabei muss in Erwägung gezogen werden, dass Lizenzverträge über technische Schutzrechte fast immer erhebliche wirtschaftliche Investitionen zur Folge haben und es deshalb regelmäßig dem Interesse der Parteien entspricht, den Lizenzvertrag in seinem Bestande möglichst zu erhalten.

[136] BGH NJW 2003, 347 unter Aufgabe BGH NJW 1994, 1651 – Pronuptia II; danach war bei Vereinbarung einer salvatorischen Klausel bei kartellrechtswidrigen Bestimmungen § 139 BGB nicht anwendbar.

[137] BGH NJW 2010, 1660 (Umkehrung der Vermutung einer Gesamtnichtigkeit durch salvatorische Erhaltungsklausel); OLG München NJW-RR 2012, 684 (Abkauf eines titulierten Unterlassungsanspruchs).

[138] OLG Düsseldorf BeckRS 2011, 05484.

[139] Bis zum 31.12.1998 mussten gem. § 34 GWB aF Verträge, die kartellrechtlich relevante Beschränkungen der in den §§ 16, 18, 20 und 21 GWB aF bezeichneten Art enthielten, schriftlich abgefasst werden.

vertrages über die Erstausstattung[140], eines Überlassungsvertrages oder eines Untermietvertrags.[141] Ist der Franchise-Vertrag – also die eigentliche Vertriebsvereinbarung – unwirksam, dann stellt sich die Frage nach dem rechtlichen Schicksal der zwischen den Vertragsparteien geschlossenen weiteren Verträge.

Von herausgehobener wirtschaftlicher Bedeutung ist die Beurteilung der Reichweite der **77** Unwirksamkeit im Zusammenhang mit Widerrufsrechten. Franchise-Verträge, die eine Bezugsbindung enthalten und an deren Abschluss ein Existenzgründer[142] beteiligt ist, begründen ein gesetzliches Widerrufsrecht nach § 510 Abs. 1 S. 1 BGB. Allerdings ist zunächst nur die in dem Franchise-Vertrag enthaltene Bezugsvereinbarung widerruflich, das gesetzliche Widerrufsrecht erstreckt sich nicht auf dessen übrigen Teile.[143] Dennoch erstreckt sich die mit dem Widerruf verbundene Unwirksamkeit in der Regel auf den gesamten Franchisevertrag (§ 139 BGB). Die Rechtsfolge der Gesamtnichtigkeit tritt bereits ein, wenn der Franchisegeber den der anderen Vertragspartei erkennbaren Willen hatte, dem Franchisenehmer die Franchise nur dann einzuräumen, wenn dieser sich zum laufenden Bezug der Waren des Franchisegebers verpflichtete.[144]

Eine etwaige Unwirksamkeit des Franchise-Vertrages berührt die Wirksamkeit der erst **78** später geschlossenen einzelnen Kaufverträge dagegen nicht.[145] Diese können trotz des wirtschaftlichen Zusammenhangs selbst bei weiter Auslegung des Begriffs des einheitlichen Rechtsgeschäfts nicht mehr in rechtlichem Sinne als Teil der Franchise-Vereinbarung angesehen werden, zumal bei Abschluss des Franchise-Vertrages ungewiss ist, wann, wie oft und hinsichtlich welcher Produkte der Franchise-Nehmer Nachbestellungen vornehmen wird.

II. Verstöße gegen das Kartellverbot

Franchise-Verträge enthalten regelmäßig Regelungen, die wettbewerbsbeschränkende **79** Wirkung haben und deshalb an § 1 GWB, Art. 101 AEUV zu messen sind. Hierbei handelt es sich meist um Bezugsbindungen, Einschränkungen im Hinblick auf das Vertragsgebiet und sonstige Wettbewerbsverbote. Die Beurteilung der Reichweite der Unwirksamkeit beurteilt sich nach den vorstehend dargestellten Grundsätzen. Bei Verstößen gegen die Kernbeschränkungen nach Art. 101 AEUV iVm Art. 4 der Vertikal-GVO[146] wird die Meinung vertreten, dass bei derart schweren Verstößen zumindest die Vermutung bestehe,

---

[140] BGH NJW 1997, 2184: Die Verpflichtung des Franchise-Nehmers zum wiederkehrenden Warenbezug kann der Aufnahme einer neuen gewerblichen Tätigkeit iSv § 1 Abs. 1 VerbrKrG (jetzt § 510 Abs. 1 S. 1 BGB; vorübergehend § 507 BGB) dienen, so dass er als Verbraucher im Sinne dieses Gesetzes anzusehen wäre (im Anschluss an BGHZ 128, 156).

[141] BGHZ 97, 351 (Widerrufsrecht der Bezugsverpflichtung des Franchisenehmers).

[142] OLGR Düsseldorf 2006, 617: Betreibt ein ehemaliger GmbH-Geschäftsführer erstmals selbständig ein Gewerbe (hier: Fast-Food-Restaurant), so liegt eine den Verbraucherschutzbestimmungen unterliegende Existenzgründung vor (zu § 1 Abs. 1 VerbrKrG, jetzt § 510 Abs. 1 S. 1 BGB; vorübergehend § 507 BGB). Der ehemalige GmbH-Geschäftsführer als Unterfranchisenehmer ist zwar nicht Verbraucher im Sinne der genannten Bestimmung; er ist dem Verbraucher aber als so genannter Existenzgründer rechtlich gleichgestellt.

[143] BGH NJW 1983, 2027: § 139 BGB gilt für alle Arten der Unwirksamkeit von Rechtsgeschäften, deshalb auch für einen einheitlichen gemischten Vertrag (hier: Mietvertrag über die Räume, gekoppelt mit einem Abzahlungskauf hinsichtlich der Einrichtung), dessen einer Teil nach dem Abzahlungsgesetz wirksam widerrufen wurde und deshalb nicht wirksam zustande gekommen ist.

[144] OLG Düsseldorf ZMR 2001, 102: Ein Pachtvertrag ist gemäß § 139 BGB insgesamt nichtig, wenn die in ihm als wesentliche Vertragsbestimmung enthaltene Getränkebezugsverpflichtung wirksam (zur Zeit der Entscheidung nach § 7 VerbrKrG: Nachfolgevorschrift § 355 Abs. 3 S. 3 BGB aF, der dem heutigen § 355 Abs. 4 S. 3 BGB entspricht) widerrufen wird.

[145] BGH NJW 1997, 933: Rückabwicklung des langjährig durchgeführten Getränkebezugsvertrags nach Widerruf gemäß Abzahlungsgesetz (Rahmenvertrag).

[146] Vertikal-GVO 330/2010, ABl. 2010 L 129, 52. Zum 1.6.2010 hat sie die Alt-GVO 2790/99 abgelöst; seit dem 1.6.2022: EU-VO 720/2022 vom 10.5.2022.

dass damit der Vertrag insgesamt nichtig sei.[147] Das OLG Düsseldorf[148] hat bei einer wettbewerbswidrigen Bezugsbindung eine geltungserhaltende Reduktion vorgenommen. Emde[149] vertritt die Ansicht, eine kartellrechtliche Unwirksamkeit der Bezugsbindung würde nicht zu einer Gesamtunwirksamkeit (§ 139 BGB) des Vertrages führen. Eine Teilnichtigkeit hätte vielmehr zur Folge, dass der Franchise-Geber in der Weise in eine Abänderung einzuwilligen hätte, dass der Franchise-Nehmer berechtigt wäre, einen Teil der Vertragswaren von Dritten zu beziehen.[150]

C. Vertragshändler

80   Die vorstehenden Ausführungen gelten entsprechend für den Vertragshändlervertrag.

81   Bei der Würdigung, ob der Tankstellenverwalter wirtschaftlich als Handelsvertreter oder als Eigenhändler anzusehen ist, kommt es allein auf die vertragliche Risikoverteilung an. Deshalb sind Risiken wie ein Absatzrückgang, der beide Vertragspartner gleichermaßen trifft, oder Risiken, denen jeder Teilnehmer am allgemeinen Geschäftsleben ausgesetzt ist, etwa von Mitarbeitern betrogen zu werden, nicht Gegenstand der Abwägung.[151]

82   Die Übertragung des Unternehmens eines Vertragshändlers auf einen Dritten ist grundsätzlich als einheitliches Geschäft gem. § 139 BGB zu werten, selbst wenn die Regelungen beim Erwerb des (neuen) Standortes bzw. Autohauses in einen (notariell beurkundeten) Grundstückskaufvertrag und einem schriftlich beurkundeten Inventarkaufvertrag aufgespalten werden, an denen überdies unterschiedliche Vertragsparteien beteiligt waren und die nicht gleichzeitig abgeschlossen wurden.[152] Die Aufspaltung des Erwerbs eines Unternehmens in mehrere Einzelverträge ändert nichts an dem wirtschaftlichen Zusammenhang der Einzelverträge und schließt auch einen rechtlichen Zusammenhang der in verschiedenen Verträgen niedergelegten Regelungen nicht aus. Wenn es dem Erwerber darum gegangen ist, den betreffenden „Standort bzw. Markt" zu erwerben, dann folgt daraus, dass man nicht allein an dem Grundstück als solchem (das Gegenstand des Grundstückskaufvertrags war) interessiert war, sondern insbesondere auch an der Vertragshändlerstellung und dem Kundenstamm, was Gegenstand des „Inventarkaufvertrags" war. Dies spricht dafür, dass der Geschäftswille des Erwerbers sich auf beides bezog, insoweit ein einheitlicher Geschäftswille vorhanden war und eine Abhängigkeit der beiden Verträge in der Weise vorlag, dass man die in der einen Vertragsurkunde niedergelegten Regelungen nicht ohne die in der anderen Vertragsurkunde enthaltene Vereinbarung getroffen hätte und auch eine umgekehrte Abhängigkeit vorliegt. Der Inventarkaufvertrag hätte deshalb ebenfalls notariell beurkundet werden müssen. Da er wegen des Formverstoßes nichtig ist, erstreckt sich diese Nichtigkeit gem. § 139 BGB auch auf den notariell beurkundeten Grundstückskaufvertrag.

D. Kommissionär

83   Die vorstehenden Ausführungen gelten entsprechend für den Kommissionsvertrag.

---

[147] LG Hamburg BeckRS 2016, 04712 zu § 1 GWB und zur Gruppenfreistellungsverordnung (EG) Nr. 2790/1999 (Die Parteien haben sich in der Berufungsverhandlung verglichen); LG München I 13.6.2013 – 17 HK O 9678/11 – ratioform (nicht veröffentlicht), zur Vertikal-GVO 330/2010: Gesamtnichtigkeit eines Franchise-Vertrages wegen Kartellrechtsverstoß (Hardcore-Verstoß); Czibere/Weise ZVertriebsR 2014, 275.

[148] OLG Düsseldorf BeckRS 2007, 08367; LG Düsseldorf WuW 2014, 1136.

[149] Emde BB 2011, 2755.

[150] OLG Düsseldorf BeckRS 2007, 08367; LG Düsseldorf WuW 2014, 1136; aA LG Hamburg BeckRS 2016, 04712 (die Parteien haben vor dem OLG Hamburg den Rechtsstreit durch Vergleich beigelegt): Ein Franchise-Vertrag ist wegen Kartellrechtswidrigkeit nichtig, wenn in dem Franchise-Vertrag mit der Zuteilung der Vertragsgebiete wettbewerbsbeschränkende Vereinbarungen iSd § 1 GWB enthalten sind, die nicht über die Gruppenfreistellungsverordnung (EG) Nr. 2790/1999 freigestellt sind (vorliegend Internetvertrieb).

[151] OLG Hamburg WuW 2000, 886.

[152] OLGR Oldenburg 2007, 753.

Das Verbot abgestimmter Verhaltensweisen des § 1 GWB umfasst grundsätzlich auch **84** wettbewerbsbeeinträchtigende Vereinbarungen in Vertikalverhältnissen. Ob Handelsvertreter- und Kommissionsverträge in den Anwendungsbereich des § 1 GWB fallen, bestimmt sich danach, ob es sich um sog. „echte Handelsvertreter" mit nur geringem eigenem finanziellem und geschäftlichem Risiko handelt (keine Anwendung),[153] oder ob der Handelsvertreter bzw. Kommissionär hinsichtlich der zu tätigenden Investitionen und des Absatzes der Waren ein eigenes Risiko trägt. Bei der Abgrenzung können die Grundsätze in den Vertikalleitlinien der Kommission entsprechend herangezogen werden.[154] Ist eine Vertragsklausel wegen Verstoßes gegen § 1 GWB unwirksam, so reicht die Nichtigkeit nur soweit, wie die Voraussetzungen des § 1 GWB erfüllt sind. Die Rechtsfolgen beschränken sich auf die gegen § 1 GWB verstoßenden Vertragsbestimmungen, während die übrigen Teile von der Nichtigkeit nach § 134 BGB nicht erfasst werden. Allerdings ist gem. § 139 BGB das Rechtsgeschäft in seinem ganzen Umfang nichtig, es sei denn, die Parteien hätten es auch ohne den nichtigen Teil vorgenommen. Maßgeblich ist dabei der wirkliche oder mutmaßliche Wille.[155]

§ 242 BGB [Leistung nach Treu und Glauben]

Der Schuldner ist verpflichtet, die Leistung so zu bewirken, wie Treu und Glauben mit Rücksicht auf die Verkehrssitte es erfordern.

Literatur: Beuthien, Das Franchising im Gruppenwettbewerb des Handels, BB 1993, 77; Billing/Metzlaff, E-Commerce in Franchise- und anderen Vertriebssystemen – zulässiger Vertriebskanal oder vertragswidrige Konkurrenz durch den Franchise-Geber?, BB 2015, 1347; Böhner, Schadensersatzpflicht des Franchise-Gebers aus Verschulden bei Vertragsabschluß, NJW 1994, 635; Böhner, Vier Maximen zur ungefragten und gefragten Aufklärungspflicht bei Franchiseverträgen: Vertragszweck, Vertragsrisiko, Due Diligence und Beweislast, BB 2011, 2248; Braun, Aufklärungspflichten des Franchise-Gebers bei den Vertragsverhandlungen, NJW 1995, 504; Budde/Gruppe, Anforderungen an die außerordentliche Kündigung von Handelsvertreter- und Vertragshändlerverträgen wegen zu geringer Umsätze, ZVertriebsR 2014, 71; Emde, Vertriebsverträge – Wirksame und unwirksame AGB-Klauseln, MDR 2007, 994; Emmerich, Franchising, JuS 1995, 761; Engelhoven, Keine Weiterbelieferung einer an Wettbewerber veräußerten Handelsvertretung durch marktbeherrschendes Unternehmen, EWiR 2014, 465; Feuerriegel, Die vorvertragliche Phase im Franchising, S. 25 ff.; Flohr, Grundsätze des internationalen Franchise-Rechts und Hinweise zur Vertragsgestaltung, IHR 2005, 45; Flohr, Zur Frage der Verpflichtung des Franchise-Gebers zur Weitergabe von Einkaufsvorteilen an den Franchise-Nehmer, BB 2007, 741; Flohr, Franchise-Vertrag, Bearbeitet von Treumann, 4., vollständig überarbeitete Auflage 2010, Verlag C. H. Beck; Flohr, Franchising – Bezugsbindung, Einkaufsvorteile und Transparenz, BB 2009, 2159; Flohr, Franchise-Vertrag, Beck`sche Musterverträge Band 30, 4., Auflage 2010; Flohr, Die vorvertragliche Aufklärung beim Abschluss von Vertriebsverträgen, ZVertriebsR 2013, 71; Flohr, Editorial, ZVertriebsR 2016, 1; Fritzemeyer, Die Konkurrenzschutzpflicht des Franchise-Gebers – eine Zwischenbilanz, BB 2000, 472; Frost, „Vorvertragliche" und „vertragliche" Schutzpflichten, Duncker & Humblot (1981); Giesler/Nauschütt, Das vorvertragliche Haftungssystem beim Franchising, BB 2003, 435; Guski, Der Ausgleichsanspruch des Handelsvertreters und seine Verwirkung, GPR 2009, 286; Herbert, Neues zum Ausgleichsanspruch des Handelsvertreters, BB 1997, 1317; Kiethe/Groeschke, Die Durchsetzung von Schadensersatzansprüchen in Fällen der Betriebs- und Wirtschaftsspionage, WRP 2005, 1358; Kröll, Die Informationspflichten im Franchising, Lang, Frankfurt, 2016; Liesegang, Die Konkurrenzschutzpflicht des Franchise-Gebers, BB 1999, 857; Peters, Vorvertragliche Informationspflichten des Franchisegebers, Shaker Verlag GmbH (2002); Rafsendjani, Vorvertragliche Aufklärungspflichten für das Franchising: Materiellrechtliche Vorgaben und deren prozessuale Bedeutung, DB 2015, 2007; Schäfer, Die Pflicht des Franchisegebers zu vorvertraglicher Aufklärung, Nomos Universitätsschriften – Recht, Band 519; Scheja/Mantz, Vertraulichkeit von Verträgen vs. Offenlegungsanforderungen, CR 2009, 413; Schipper, Wirksamkeit der Verpflichtung des Handelsvertreters zur Rückzahlung von pauschalen Vorschüssen NJW 2010, 3067; Schulz, Die Schadensersatzansprüche des Franchisenehmers wegen vorvertraglicher Aufklärungspflichten, Logos Verlag Berlin, 2004; Thume, Die Musterkollektion des Handelsvertreters BB 1995, 1913; Weischer, Das Grundrecht auf

---

[153] BGH NJW-RR 2003, 1056 zu § 15 GWB aF: Preisbindungsbestimmungen in einem Kommissionsvertrag sind AGB-rechtlich unbedenklich, da sie lediglich die im Gesetz enthaltene Regelung wiederholen, wonach der Kommissionär dem Kommittenten gegenüber einem Weisungsrecht unterliegt.

[154] OLG Frankfurt a. M. ZVertriebsR 2015, 264.

[155] OLG Frankfurt a. M. ZVertriebsR 2015, 264 mit kritischer Anm. Stein ZVertriebsR 2015, 372: die fehlende Gesamtnichtigkeit ergebe sich bereits aus kartellrechtlichen Erwägungen.

Vertragsfreiheit und die Inhaltskontrolle von Absatzmittlungsverträgen – Zum Maßstab der AGB-Kontrolle des Bundesgerichtshofs, Berliner Wissenschafts-Verlag, 2013; Witt/Freudenberg, Der Entwurf der Richtlinie über den Schutz von Geschäftsgeheimnissen im Spiegel zentraler deutscher Verbotstatbestände, WRP 2014, 375; Zwecker, Inhaltskontrolle von Franchisesystemen, Europäische Hochschulschriften: Reihe 2, Rechtswissenschaften, Verlag Lang, Frankfurt am Main; Berlin; Bern; Bruxelles; New-York; Oxford; Wien, 2000.

Übersicht

A. Handelsvertreter

Obgleich der Gesetzgeber in den §§ 84 ff. HGB Schutzvorschriften zugunsten des Han- **1** delsvertreters normiert hat, ist es in einer Vielzahl von Fällen immer noch unerlässlich, unbillige Ergebnisse über § 242 BGB zu korrigieren.

I. Anwendungsbereich des § 242 BGB

Unmittelbarer Anwendungsbereich des § 242 BGB ist das Schuldrecht einschließlich des **2** Bereicherungsrechts. § 242 BGB gilt darüber hinaus für das gesamte Privatrecht innerhalb und außerhalb des BGB, so im Sachenrecht, im Arbeitsrecht und im Handelsrecht einschließlich des Handelsvertreterrechts.

II. Abgrenzung

1. Abgrenzung zur Auslegung §§ 133, 157 BGB. Ziel der Auslegung ist es, Sinn und **3** Tragweite einer Parteiabrede zu ermitteln und etwaige Lücken im Wege ergänzender Auslegung zu schließen. Dagegen enthält § 242 BGB einen objektiven Maßstab, der unabhängig vom Parteiwillen auf Inhalt und Bestand der Leistungspflicht und Rücksichtspflicht einwirkt. § 157 BGB betrifft das rechtliche Wollen, § 242 BGB das rechtliche Sollen. Die Anwendung der beiden Vorschriften, die auf denselben Wertmaßstäben basieren, greift ineinander. Die Auslegung – einschließlich der ergänzenden Auslegung – hat vor Anwendung des § 242 BGB den Vorrang;[1] erst wenn der Wille feststeht, ist zu prüfen, ob ein Rechtsverhältnis dem Maßstab des § 242 BGB genügt.

---

[1] BGHZ 164, 286 zur ergänzenden Vertragsauslegung bei Briefmarken bezüglich einer einjährigen Dauer des Umtauschrechts nach der Euro-Einführung.

4   **a) Auslegung.** Bei der Auslegung von Willenserklärungen und Verträgen nach §§ 133, 157 BGB ist der wirkliche Wille des Erklärenden zu erforschen. Dabei ist vom Wortlaut der Erklärung auszugehen und in erster Linie dieser und der ihm zu entnehmende objektiv erklärte Wille der Parteien zu ermitteln.[2] Auch der mit der Absprache verfolgte Zweck, die Interessenlage der Parteien und die sonstigen außerhalb des Erklärungsaktes liegenden Begleitumstände können in die Auslegung einbezogen werden, soweit sie einen Schluss auf den Sinngehalt der Erklärung zulassen und dem Erklärungsempfänger bekannt oder erkennbar waren.[3] Wenn in einem Handelsvertretervertrag der Verstoß gegen ein vertraglich vereinbartes Wettbewerbsverbot als wichtiger Grund für eine fristlose Kündigung benannt ist, so steht dies einer Vertragsauslegung nicht entgegen, nach der Wettbewerbsverstöße, die unter Würdigung aller Umstände so geringfügig sind, dass durch sie das Vertrauensverhältnis zwischen Unternehmer und Handelsvertreter bei verständiger Würdigung nicht grundlegend beschädigt wird, nicht – zumindest nicht ohne vorherige Abmahnung – zur fristlosen Kündigung berechtigen.[4]

5   **b) Ergänzende Auslegung.** Bei der ergänzenden Vertragsauslegung ist darauf abzustellen, was die Parteien bei einer angemessenen Abwägung ihrer Interessen nach Treu und Glauben vereinbart hätten, wenn sie den von ihnen nicht geregelten Fall bedacht hätten.[5] Dabei kommt zum Verständnis dessen, was Treu und Glauben entspricht, und den Wertungen, die in den gesetzlichen Vorschriften Ausdruck gefunden haben, entscheidende Bedeutung zu.[6] Hätten die Parteien bei Vertragsschluss den Fall bedacht, dass es vor Ablauf der vorgesehenen Vertragslaufzeit von drei Jahren zu einer ordentlichen Kündigung kommen würde, so hätten sie bei der gebotenen Abwägung ihrer Interessen nach Treu und Glauben als redliche Geschäftspartner vereinbart (§ 242 BGB), dass eine entsprechend geringere Einstandszahlung zu erbringen sei.[7] Als sachgerechte Lösung bietet sich an, die Zahlung auf den Anteil zu beschränken, der auf den bereits abgelaufenen Zeitraum entfällt.

6   **2. Abgrenzung zum Gesetzesverstoß § 134 BGB und zum Sittenverstoß § 138 BGB.** §§ 134 und 138 BGB enthalten Außenschranken für die Gültigkeit von Rechtsgeschäften. Dagegen legt § 242 BGB eine Binnenschranke für die Rechtsausübung fest,

---

[2] OLG Brandenburg BeckRS 2011, 05568 zur Einordnung eines „Beteiligungsvertrage" als Einstandsvereinbarung.

[3] OLG Düsseldorf ZVertriebsR 2012, 174 zur Auslegung des im Franchise-Vertrag verwendeten Begriffes der „Verkaufsstelle"; BGH NJW 2006, 3777 zur Frage, ob eine Zahlung „als auf den Abschluss eines Treuhandvertrags gerichtete Willenserklärung" ausgelegt werden muss.

[4] BGH NJW 2011, 608 (fristlose Kündigung bei geringfügigem Wettbewerbsverstoß); BGH NJW-RR 1988, 1381: Sind in einem Vertrag die Gründe im Einzelnen benannt, die eine vorzeitige Vertragsbeendigung rechtfertigen, hängt die Berechtigung zu einer außerordentlichen Kündigung nicht davon ab, dass zusätzlich noch besondere Umstände vorliegen, die ein Festhalten am Vertrag unzumutbar machen. Dagegen können besondere Umstände eine Ausübung des an sich gegebenen Kündigungsrechts als gegen Treu und Glauben verstoßend erscheinen lassen.

[5] Die Auslegung eines Vertrages führt dann nicht zu einer sinnvollen Entscheidung, wenn die Parteien über bedeutsame Fragen keine Vereinbarungen getroffen haben. Sehr häufig werden bei Abschluss eines Vertrages nicht alle denkbaren Komplikationen bedacht und auch nicht alle regelungsbedürftigen Einzelheiten geregelt. Eine Lücke in der vertraglichen Regelung kann entweder von Anfang an bestehen oder sich erst nachträglich ergeben. Wenn eine dispositive gesetzliche Bestimmung über die Rechtsfolgen fehlt, finden die Grundsätze über die ergänzende Vertragsauslegung Anwendung, die allerdings eher zur Vertragsergänzung durch Lückenfüllung als zur Vertragsauslegung führt.

[6] BGH NJW 2004, 2449 zur interessengerechten Auslegung einer undurchführbar gewordenen Altersversorgungsregelung; BAG NZA 2016, 487: Die ergänzende Vertragsauslegung hat sich nicht nur an dem hypothetischen Parteiwillen, sondern auch an dem objektiven Maßstab von Treu und Glauben zu orientieren. Maßgeblich ist, was die Parteien bei einer angemessenen, objektiv-generalisierenden Abwägung ihrer Interessen nach Treu und Glauben als redliche Parteien vereinbart hätten.

[7] BGH MDR 1968, 917 zur Übernahme der Ausgleichsschuld des Unternehmers durch den Nachfolger des Handelsvertreters; BGH NJW 1985, 58 zur Abfindungszahlung des Handelsvertreters an Bezirksvorgänger und zum Anspruch gegenüber Unternehmer bei Vertragsbeendigung; OLGR Hamm 1997, 217 zum Zahlungsanspruch des Handelsvertreters bei vorzeitiger Vertragsbeendigung und Erstattung der Ausgleichszahlungen an seinen Vorgänger.

berührt aber, auch soweit er Ansprüche aus Rechtsgeschäften betrifft, deren Gültigkeit nicht. Auch die Maßstäbe der §§ 138, 242 BGB unterscheiden sich; der Standard der „guten Sitten" in § 138 BGB ist enger als der von „Treu und Glauben" in § 242 BGB. Sittenwidrigkeit ist immer zugleich ein Verstoß gegen Treu und Glauben, umgekehrt ist aber nicht jede Treuwidrigkeit auch ein Sittenverstoß. Die Anwendung des § 242 BGB kann dazu führen, einen Anspruch auch dann ganz oder teilweise zu versagen, wenn das Rechtsgeschäft bei seinem Abschluss nicht sittenwidrig war. Andererseits können die einer Partei auferlegten Belastungen durch § 242 BGB der Art begrenzt werden, dass der Vertrag entgegen dem ersten Anschein nicht sittenwidrig ist.

III. Grundsatz

§ 242 BGB regelt seinem Wortlaut nach nur die Art und Weise der geschuldeten **7** Leistung, konkretisiert durch die Nebenpflichten.[8] Bestand und Inhalt der Leistungspflicht („ob" etwas und „was" geschuldet wird) werden bei wörtlicher Auslegung nicht berührt. Es ist aber seit langem anerkannt, dass § 242 BGB eine deutlich über den Wortsinn hinausgehende Bedeutung hat. Rechtsprechung und Lehre haben aus § 242 BGB den das gesamte Rechtsleben beherrschenden Grundsatz abgeleitet, dass jedermann in Ausübung seiner Rechte und Erfüllung seiner Pflichten nach Treu und Glauben zu handeln hat.[9] § 242 BGB beruht auf dem Gedanken, dass jedem Recht sozialethische Schranken immanent sind; er verpflichtet zu einer sozial angemessenen Rechtsausübung.[10] Es haben sich Fallgruppen[11] des Billigkeitsrechts herausgebildet, an denen die Rechtsprechung sich orientiert:[12]

a) **Bestimmung der Art und Weise der Leistung:** Nach seinem unmittelbaren Anwendungsbereich ist § 242 BGB als Maßstab dafür heranzuziehen, wie eine vertragliche oder gesetzliche Verpflichtung zu erfüllen ist.[13]

b) **Begründung vertraglicher Nebenrechte und Nebenpflichten:** Bei lückenhafter Vertragsgestaltung ist darauf abzustellen, wie die Parteien bei billiger und vernünftiger Berücksichtigung aller Umstände, vor allem der beiderseitigen Interessen, den offen gebliebenen Punkt geregelt haben würden; bei der Ausfüllung dieser Vertragslücke bildet der Grundsatz von Treu und Glauben den wichtigsten Maßstab.[14] Zu dieser Fallgruppe gehören insbesondere Auskunfts- und Informationsansprüche. Sie sind von erheblicher praktischer Bedeutung, weil das deutsche Recht keinen allgemeinen privat- oder prozessrechtlichen Auskunfts- oder Informationsanspruch und auch keine entsprechende prozessuale Last kennt. Auskunftsansprüche können sich ergeben, wenn die Partei eines Rechtsverhältnisses nach den Umständen selbst nicht imstande ist, sich von dem Inhalt ihrer Rechte ein Bild zu machen, sondern auf die Hilfe des Gegenübers

---

[8] Der Schuldner ist verpflichtet, die Leistung „so" zu bewirken, „wie" Treu und Glauben es erfordern.

[9] BGHZ 85, 39 zur Geltung von Treu und Glauben im Rahmen nichtiger Rechtsgeschäfte, hierzu Herbert BB 1997, 1317; BGH NJW 1981, 1439: Der Grundsatz von Treu und Glauben beherrscht das gesamte Rechtsleben und gilt daher auch im Rahmen nichtiger Rechtsgeschäfte. In der Rechtsprechung ist anerkannt, dass sich auch die Berufung auf Nichtigkeit nach § 138 BGB ausnahmsweise als unzulässige Rechtsausübung darstellen kann. Dies muss jedoch auf besonders gelagerte Ausnahmefälle beschränkt bleiben.

[10] BGH BPatGE 52, 291: Der Grundsatz von Treu und Glauben beherrscht über den Wortlaut der Norm (§ 242 BGB) hinaus das gesamte Rechtsleben und kann prinzipiell jedem Recht sozialethische Grenzen setzen (vorliegend zur Zulässigkeit des Einspruchs gegen das Streitpatent durch Drittbegünstigten).

[11] Um bei der Handhabung der Generalklauseln der § 242 BGB und § 307 BGB (Inhaltskontrolle von AGB) eine gewisse Rechtssicherheit zurreichen, sind Fallgruppen gebildet; die dabei entwickelten Regelungen bieten jedoch immer nur einen gewissen Anhaltspunkt.

[12] Zu den Fallgruppen vgl. Pfeiffer in Herberger/Martinek/Rüßmann ua, jurisPK-BGB, 7. Aufl. 2014, BGB § 242 Rn. 31; MüKoBGB/Schubert § 242 Rn. 144.

[13] Pfeiffer in Herberger/Martinek/Rüßmann ua, jurisPK-BGB, 7. Aufl. 2014, BGB § 242 Rn. 31.

[14] Pfeiffer in Herberger/Martinek/Rüßmann ua, jurisPK-BGB, 7. Aufl. 2014, BGB § 242 Rn. 33 ff.

angewiesen ist.[15] Der Inhalt des Auskunftsanspruchs ergibt sich aus einer Interessenabwägung, der Verkehrssitte und einer Würdigung aller Einzelfallumstände.[16]

c) **Abänderung der vertraglichen Leistungspflicht:** Auf § 242 BGB beruht auch die Lehre vom Wegfall der Geschäftsgrundlage, die entwickelt wurde, um bestehende Vertragsverhältnisse den einschneidenden Veränderungen der Inflationszeit der 20er Jahre des vergangenen Jahrhunderts anzupassen. Die hierzu ergangene Rechtsprechung wurde in § 313 BGB mit der amtlichen Überschrift „Störung der Geschäftsgrundlage" kodifiziert. Die Vorschrift regelt nicht nur den vollständigen Wegfall der Geschäftsgrundlage, sondern auch sonstige vertragswesentliche Störungen.[17]

d) **Begründung einer Leistungspflicht durch Erwirkung:**[18] Grundsätzlich setzt § 242 BGB ein Schuldverhältnis voraus und dient nicht zur Begründung eines Schuldverhältnisses. Die Rechtsprechung hat aber in Sonderfällen auch die Entstehung einer Leistungspflicht und mit ihr eines Schuldverhältnisses auf § 242 BGB gestützt. Vornehmlich gilt dies für Fälle der Erwirkung, die das positive Gegenstück zur Verwirkung darstellen. Dabei ist jedoch sorgfältig zu prüfen, wie weit der andere auf die Leistung vertrauen durfte, was der Leistende getan hat, dieses Vertrauen zu erwecken und wie schwerwiegend die Folgen eines Wegfalls sind.

e) **Einwand der unzulässigen Rechtsausübung:** Aus § 242 BGB ergibt sich über die §§ 226, 826 BGB hinaus der allgemeine Grundsatz, dass jede gegen Treu und Glauben verstoßende Rechtsausübung unzulässig ist. Bloße Unbilligkeit genügt nicht. Eine Fallgruppe der unzulässigen Rechtsausübung ist die Verwirkung: Durch Zeitablauf und Untätigkeit des Gläubigers ist beim Schuldner das Vertrauen entstanden, der Gläubiger werde eine bestimmte Forderung nicht mehr geltend machen. Eine weitere Fallgruppe sind die Fälle von Rechtsmissbrauch.

8   **1. Gerechtigkeit.** § 242 BGB hat mit Gerechtigkeit zu tun. Im Zivilrecht mildert der Grundsatz von Treu und Glauben unzumutbare Härten der vertraglichen und gesetzlichen Regelung.[19] Als Generalklausel enthält § 242 BGB – ebenso wie § 138 BGB – keinen Rechtssatz, aus dem durch bloße Subsumtion bestimmte Rechtsfolgen abgeleitet werden können. Definieren kann man Treu und Glauben nicht.[20] Die Verbindung von „Treu" und „Glauben" soll den in der Gemeinschaft herrschenden sozialethischen Wertvorstellungen Eingang in das Recht verschaffen. Sie verpflichtet zu Rücksichtnahme auf die schutzwürdigen Interessen des anderen Teils sowie zu einem redlichen und loyalen Verhalten. Der Inhalt des § 242 BGB wird durch die Wertentscheidungen des Grundgesetzes und des Europarechts mitgeprägt.

9   **2. Interessenabwägung.** § 242 BGB erfordert in allen Anwendungsfällen eine umfassende Interessenabwägung.[21] Dabei sind auch subjektive Elemente zu berücksichtigen. Die aufgrund von § 242 BGB eintretenden Nachteile setzen aber kein Verschulden voraus.

---

[15] BGHZ 173, 269 (Markenverletzungsklage).

[16] BGHZ 183, 182 (Anspruch auf Auskunft und Rechnungslegung über den mit dem Gegenstand der Erfindung erzielten Gewinn).

[17] Pfeiffer in Herberger/Martinek/Rüßmann ua, jurisPK-BGB, 7. Aufl. 2014, BGB § 242 Rn. 49.

[18] Pfeiffer in Herberger/Martinek/Rüßmann ua, jurisPK-BGB, 7. Aufl. 2014, BGB § 242 Rn. 35.

[19] BGHZ 68, 299 (Zwangsversteigerung zur Aufhebung der Bruchteilsgemeinschaft kann Rechtsmissbrauch sein). Nicht schon jedes Ungleichgewicht, nicht schon jede übermäßige wirtschaftliche Benachteiligung der Gegenseite macht eine Rechtsausübung unzulässig, sondern es muss sich um Ausnahmefälle einer grob unbilligen, mit der Gerechtigkeit nicht zu vereinbarenden Benachteiligung handeln (LG Koblenz NJW 2010, 159 zum Schadensersatzanspruch eines Käufers nach fehlerhafter Einstellung eines Angebots in die Handelsplattform von eBay).

[20] Treue bedeutet nach dem Wortsinn eine auf Zuverlässigkeit, Aufrichtigkeit und Rücksichtnahme beruhende äußere und innere Haltung gegenüber einem anderen. Glauben ist das Vertrauen auf eine solche Haltung.

[21] BGHZ 135, 323: Die Anwendung des Grundsatzes von Treu und Glauben erfordert eine Abwägung der Interessen aller an dem Rechtsverhältnis Beteiligten mit dem Ziel, als Rechtsfolge aus Gründen der Rechtssicherheit den geringstmöglichen Eingriff eintreten zu lassen.

Umgekehrt schließt das Verschulden einer Partei eine Interessenwertung zu ihren Gunsten nicht notwendig aus.

§ 242 BGB enthält jedoch keine Ermächtigung zu einer allgemeinen Billigkeitsjustiz;[22] er **10** gibt dem Richter nicht die Befugnis, frei nach Rechtsgefühl und Billigkeit zu entscheiden und die sich aus Vertrag oder Gesetz ergebenden Rechtsfolgen im Einzelfall durch vermeintlich „billigere" oder „angemessene" zu ersetzen.[23] Verträge sind zu halten, Gesetze zu befolgen. Rechte darf man – auch zum Schaden des Vertragsgegners – voll ausüben, Verpflichtungen sind penibel erfüllen.[24] Von dieser strengen Regel darf das Gericht nach § 242 BGB nur abweichen, wenn die vertragliche oder gesetzliche Lösung schlechthin unerträglich ist. Das aber ist eine außergewöhnliche Ausnahme, die sorgfältiger Begründung bedarf und von demjenigen darzulegen und zu beweisen ist, der sie geltend macht. Denn der Grundsatz von Treu und Glauben soll nur Rechtsmissbrauch verhindern und Auswüchse vermeiden.

3. Verkehrssitte. Nach § 242 BGB ist auch auf die Verkehrssitte Rücksicht zu nehmen. **11** Das ist die ständige Praxis der beteiligten Verkehrskreise,[25] etwa der Kaufleute oder Handelsvertreter zur Zeit der Rechtsausübung. Sie kann Anhaltspunkte dafür geben, was Treu und Glauben entspricht. Die missbräuchliche, insbesondere die gegen Treu und Glauben verstoßende Verkehrssitte ist aber unbeachtlich.

4. Abdingbarkeit. § 242 BGB ist als „Grundgebot der Redlichkeit" unabdingbar.[26] Die **12** Parteien können aber Regelungen treffen, die für bestimmte Fallgestaltungen die an sich denkbare Anwendung des § 242 BGB ausschließen. Sie können auch Rechtsfolgen des § 242 BGB vertraglich mildern oder verschärfen.

5. Prozessuale Fragen. Der Verstoß gegen Treu und Glauben ist im Prozess von Amts **13** wegen zu berücksichtigen. Die Beweislast für das Vorbringen, das eine Anwendung des § 242 BGB rechtfertigen könnte, trifft die Partei, die durch § 242 BGB begünstigt wird. § 242 BGB ist grundsätzlich keine Anspruchsgrundlage. Aus den auf § 242 BGB beruhenden Nebenpflichten können sich aber Klagansprüche ergeben.

IV. Schuldrechtsreform

Die Schuldrechtsreform[27] hat zwei auf der Grundlage des § 242 BGB herausgebildete **14** Rechtsinstitute, die Störung der Geschäftsgrundlage und das Kündigungsrecht aus wichtigem Grund unter Übernahme der von der Rechtsprechung entwickelten Grundsätze in § 313 BGB und § 314 BGB geregelt. § 242 BGB ist zwar weiterhin Grundlage für Nebenpflichten verschiedenster Art, soweit diese nicht – was die Regel ist – aus § 241 Abs. 2

---

[22] BGH NJW 1998, 3771 zur Rechtsfortbildungsmöglichkeit bei Kündigung einer Gesellschaft oder Ausschluss eines Gesellschafters wegen persönlicher Differenzen unter den Gesellschaftern und Fortbestand der Gesellschaft.

[23] BGH NJW 1985, 2580 zur Frage, ob der Nichtigkeitsfolge des § 142 Abs. 1 BGB nach Anfechtung wegen arglistiger Täuschung der Einwand der unzulässigen Rechtsausübung entgegengehalten werden kann; OLG Naumburg FGPrax 2016, 91.

[24] BGH NJW 1980, 1043: Ist in einem Vergleich vereinbart, dass eine Zahlung an einem bestimmten Termin zu leisten ist, widrigenfalls ein teilweiser Forderungserlass in Wegfall kommt, dann liegt in der Geltendmachung der ganzen Forderung durch den Gläubiger auch bei nur geringfügigem Überschreiten des Zahlungstermins in der Regel noch keine treuwidrige Wahrnehmung einer formalen Rechtsposition im Übermaß.

[25] Die Verkehrssitte hat nicht die Kraft eines Gewohnheitsrechts. Die Verkehrssitte ist in § 242 BGB zu berücksichtigen, da Erklärungen grundsätzlich so auszulegen sind, wie sie aus der Sicht des Erklärungsempfängers nach Treu und Glauben mit Rücksicht auf die Verkehrssitte zu verstehen sind (§§ 133, 157 BGB).

[26] Dies ist zwar nicht ausdrücklich im Gesetz niedergelegt, ergibt sich jedoch aus der Funktion der Vorschrift, die der Sicherheit des Rechtsverkehrs dienen, das Vertrauen Dritter schützen, und grobe Ungerechtigkeit verhindern und soziale Ungleichgewichte ausgleichen soll. Hiermit unvereinbar wäre, wenn derartige Vorschriften derogiert werden könnten.

[27] nachfolgend SMG = Gesetz zur Modernisierung des Schuldrechts vom 26.11.2001 (BGBl. I 3138).

BGB herzuleiten sind.[28] Teilweise handelt es sich um leistungsbezogene Nebenpflichten, wie Aufklärungs-, Beratungs- und Hinweispflichten, teilweise aber auch um Schutzpflichten, die das Integritätsinteresse des anderen Teils sichern, wie Obhuts- oder bestimmte Unterlassungspflichten.

15   **1. Kündigung aus wichtigem Grund (§ 89a Abs. 1 HBG, § 314 BGB).** Für Dauerschuldverhältnisse wurde bis zum Inkrafttreten des SMG ein außerordentliches Kündigungsrecht aus § 242 BGB hergeleitet,[29] soweit nicht gesetzliche Sonderregelungen für einzelne Schuldverhältnisse existierten. Die Kündigung aus wichtigem Grund wurde mit Inkrafttreten des SMG in § 314 BGB geregelt.[30] Für den Handelsvertretervertrag, ob befristet oder auf unbestimmte Zeit eingegangen, ist das Recht zur außerordentlichen Kündigung in § 89a Abs. 1 HGB geregelt. Jedoch unterliegt die außerordentliche Kündigung der Ausübungskontrolle nach § 242 BGB.[31]

16   **2. Wegfall der Geschäftsgrundlage (§ 313 BGB).** Verträge sind einzuhalten, wie auch immer sich die Verhältnisse entwickeln. Das ist die Hauptregel des Vertragsrechts. § 313 BGB rechtfertigt Ausnahmen nur dann, wenn die Vertragstreue einem Vertragspartner aus besonderen Gründen nicht mehr zuzumuten ist, weil sie die „Opfergrenze" überschreitet.[32]

17   **3. Nebenpflichten (§ 241 Abs. 2 BGB).** Die für das einzelne Schuldverhältnis kennzeichnenden Hauptleistungspflichten werden durch Nebenpflichten ergänzt. Diese können sich aus der – gemäß § 157 BGB auszulegenden – Parteivereinbarung oder aus besonderen gesetzlichen Vorschriften (§§ 86 ff. HGB für den Handelsvertretervertrag) ergeben. Soweit sich Nebenpflichten nicht aus besonderen gesetzlichen Vorschriften ergeben oder kraft Parteivereinbarung ausdrücklich festgelegt sind, können sie sich aus dem Inhalt des Vertrages ergeben. Dies folgt unmittelbar aus § 241 Abs. 2 BGB,[33] so dass es – entgegen dem früheren Recht – eines Rückgriffs auf § 242 BGB[34] nicht mehr bedarf. Bei der näheren Ausgestaltung der Nebenpflicht ist allerdings – wie sonst auch – der Grundsatz von Treu und Glauben zu beachten (Ergänzungsfunktion des § 242 BGB).[35]

18   Die **Leistungstreuepflicht** dient als ergänzende Nebenpflicht der Sicherung der Hauptpflicht.[36] Der Schuldner hat alles zu tun, um den Erfolg vorzubereiten, herbeizuführen und zu sichern; die Parteien haben alles zu unterlassen, was den Vertragszweck oder den Leistungserfolg beeinträchtigen oder gefährden könnte. Gläubiger und Schuldner sind verpflichtet, im Zusammenwirken die Voraussetzungen für die Durchführung des Vertrages zu schaffen und Erfüllungshindernisse zu beseitigen.

---

[28] Sutschet in BeckOK BGB § 242 Rn. 31.

[29] BGH NJW 1999, 1177 zur fristlosen Kündigung des Franchise-Nehmers.

[30] BGH NJW 2011, 608 (Fristlose Kündigung bei geringfügigem Wettbewerbsverstoß); OLGR München 2006, 414 (Fristlose Kündigung des Franchise-Nehmers wegen schwerwiegender Vertragsverletzung).

[31] LG Karlsruhe BeckRS 2010, 11043 beim Handelsvertreter; KG NJW-RR 2000, 1566 zur Verwirkung des Rechts zur fristlosen Kündigung aus wichtigem Grund; Budde/Gruppe ZVertriebsR 2014, 71.

[32] OLG Brandenburg BeckRS 2011, 05568: Ist die Geschäftsgrundlage – vorliegend die Kooperation mit einer Baumarktkette – für einen als Einstandsvereinbarung zu qualifizierenden „Beteiligungsvertrag" weggefallen, kann sich die Partei, die den Einstand gezahlt hat, gem. § 313 Abs. 3 BGB vom Vertrag lösen.

[33] Dirk Olzen/Dirk Looschelders in Staudinger BGB § 242 Rn. 186 ff. zur „Ergänzungsfunktion" von § 242 BGB: der Gesetzgeber hat – wie auch die Formulierungen der §§ 282 und 324 BGB zeigen – die Rücksichtnahmepflichten im Rahmen der Schuldrechtsmodernisierung eindeutig § 241 Abs. 2 BGB zugeordnet. Die leistungsbezogenen Nebenpflichten sind im Wege systematischer Auslegung heute von § 241 Abs. 1 BGB erfasst. Daraus folgt, dass § 242 BGB keine Grundlage mehr für die Entstehung der entsprechenden Pflichten bildet, sondern allein ihre Konkretisierung in seinen Anwendungsbereich fällt, und selbst diese „nur" neben § 133 und § 157 BGB.

[34] § 242 BGB als Grundlage für Nebenpflichten noch BGH NJW 1978, 260. Nebenpflichten sind insbesondere Vorbereitungspflichten und Obhutspflichten, Auskunftspflichten und Anzeigepflichten, Mitwirkungspflichten usw.

[35] Sutschet in BeckOK BGB § 241 Rn. 42.

[36] Sutschet in BeckOK BGB § 241 Rn. 46.

Erhaltungs- und Obhutspflicht: In Bezug auf den Schuldgegenstand trifft den Schuld- 19
ner bis zur Leistung eine Erhaltungs- und Obhutspflicht.[37] Auch vor Begründung einer
wirksamen Leistungsverpflichtung kann er zu leistungssichernden Maßnahmen verpflichtet
sein.[38] So muss er bei einem genehmigungsbedürftigen Geschäft sicherstellen, dass er für
den Fall der Genehmigung zur Erfüllung imstande ist.[39]

Ein Verstoß gegen die **Leistungstreuepflicht** mit der Folge einer Haftung aus § 280 BGB 20
liegt vor,[40] wenn der Schuldner die Erfüllung des Vertrages ernsthaft verweigert oder wenn er
durch eine schwere Unzuverlässigkeit die Vertrauensgrundlage des Vertrages gefährdet. Entsprechendes gilt für den Gläubiger, wenn er den Vertrag unberechtigt kündigt.[41]

Die **Mitwirkungspflicht** dient ebenso wie die Leistungstreuepflicht der Erreichung des 21
Vertragszweckes und des Erfolges.[42] Beide Vertragsparteien sind im Zusammenwirken mit
dem anderen Teil verpflichtet, die Voraussetzungen für die Durchführung des Vertrages zu
schaffen, Erfüllungshindernisse gar nicht erst entstehen zu lassen bzw. zu beseitigen und
dem anderen Teil den angestrebten Leistungserfolg zukommen zu lassen. Die Mitwirkungspflicht ist aber im Gegensatz zur allgemeinen Leistungstreuepflicht eine selbstständig
einklagbare Nebenpflicht.[43] Sie findet ihre Grenze in dem ausschließlichen Interessen- und
Risikobereich der anderen Seite.

Die Parteien sind gem. § 241 Abs. 2 BGB zur **Sicherung des Leistungserfolges** 22
verpflichtet.[44] Sie haben dafür zu sorgen, dass die dem anderen Teil auf Grund des Schuldverhältnisses gewährten Vorteile nicht wieder entzogen, wesentlich geschmälert oder
gefährdet werden. Eine solche Bindung, die unter Umständen auch nach beiderseitiger
Vertragserfüllung fortbesteht[45] und vor allem Unterlassungspflichten auslöst, besteht in
erster Linie bei Dauerschuldverhältnissen, die durch eine besondere Zusammenarbeit
geprägt sind. Zur Sicherung des Leistungserfolges besteht oftmals während der Vertragsdurchführung ein **Wettbewerbsverbot**.[46] Ein Handelsvertreter darf während der Vertragszeit nicht für einen Konkurrenten des Unternehmers tätig werden, ein Konkurrenzverbot
kann aber auch für den Unternehmer gegenüber seinem Handelsvertreter bestehen.[47]

Zu den wichtigsten Nebenpflichten zählen die unterschiedlichen **Aufklärungs-, An- 23
zeige-, Warn- und Beratungspflichten,** beispielsweise die Pflicht, den anderen Teil
unaufgefordert über entscheidungserhebliche Umstände zu informieren, die diesem verborgen geblieben sind.[48] Die Haftung beruht auf dem Gedanken, dass der Schuldner –
insbesondere auf Grund seiner überlegenen Fachkunde – zur Aufklärung verpflichtet ist,
wenn Gefahren für das Leistungs- oder Integritätsinteresse des Gläubigers bestehen, von
denen dieser keine Kenntnis hat.[49]

Eine vertragliche **Unterlassungs- und Verschwiegenheitspflicht** kann sich vor allem 24
dann ergeben, wenn durch den Vertrag besondere Treuepflichten zwischen den Parteien
begründet werden oder wenn der Vertrag von vornherein auf eine andauernde vertrauensvolle Zusammenarbeit der Parteien angelegt ist. Bei Arbeits- und Gesellschaftsverträgen

---

[37] Sutschet in BeckOK BGB § 241 Rn. 47–49.
[38] BGH NJW 1983, 113 zur Obhutspflicht eines Werkunternehmers, dem ein Kraftfahrzeug zur Instandsetzung übergeben worden ist.
[39] OLG Hamburg MDR 1972, 947.
[40] Sutschet in BeckOK BGB § 241 Rn. 50–54.
[41] OLG München NJW-RR 1995, 294 zur unberechtigten Kündigung eines Handelsvertretervertrages.
[42] Sutschet in BeckOK BGB § 241 Rn. 55.
[43] BGH WM 1963, 763 zum Anspruch auf Neuabschluss bei nichtiger Wertsicherungsklausel.
[44] Sutschet in BeckOK BGB § 241 Rn. 71–76.
[45] Sutschet in BeckOK BGB § 241 Rn. 99.
[46] Sutschet in BeckOK BGB § 241 Rn. 72.
[47] BGHZ 42, 59 zur Treupflicht des Unternehmers und des Untervertreters gegenüber dem Handelsvertreter; OLG Koblenz NJW-RR 2004, 23 zum wettbewerbsrechtlichen Unterlassungsanspruch des Versicherungsmaklers.
[48] Sutschet in BeckOK BGB § 241 Rn. 77–81.
[49] BGHZ 64, 46 zur Hinweispflicht des Verkäufers eines kosmetischen Präparates, wenn das von ihm
hergestellte und vertriebene Mittel allergische Reaktionen auslösen kann.

kommen Unterlassungspflichten in Gestalt sog. Wettbewerbsverbote vor, die vor allem auch erst für die Zeit nach Vertragsbeendigung Geltung haben.[50]

25   Wichtige Nebenpflichten sind die **Schutz-, Fürsorge- und Obhutspflichten,** dh die Pflicht, sich bei Abwicklung des Schuldverhältnisses so zu verhalten, dass Körper, Leben, Eigentum, Vermögen und sonstige Rechtsgüter des anderen Teils nicht verletzt werden. Jede Partei hat sich deshalb bei der Abwicklung des Schuldverhältnisses so zu verhalten, dass die Rechtsgüter des anderen Teils (Leben, Gesundheit, Eigentum, Vermögen usw) nicht verletzt werden.[51]

26   Unter die **nachwirkenden Treuepflichten** werden allgemein solche Pflichten eingeordnet, die von den Parteien nicht ausdrücklich vereinbart worden sind, sondern sich aus dem Vertrag erst durch Auslegung nach Treu und Glauben ergeben. Dazu gehören neben Unterlassungs-, Anzeige-, Mitteilungs- und Aufklärungspflichten vor allem auch das Verbot, dem Gläubiger die durch den Vertrag gewährten Vorteile zu entziehen, und die Pflicht, alles zu unterlassen, was den Vertragszweck gefährden oder vereiteln könnte.[52] Beim Franchise-Vertrag kann der Franchise-Nehmer einen Anspruch auf Rückkauf des restlichen Warenlagers haben.[53]

27   Rechtsfolgen einer Verletzung der Nebenpflichten sind grundsätzlich die allgemeinen Rechtsbehelfe des BGB, also Anspruch auf Erfüllung, bei Wettbewerbsverstoß auf Unterlassung, Schadensersatz (§ 280 BGB) und fristlose Kündigung. Diese allgemeinen Rechtsfolgen können allerdings durch das Rechtsinstitut der unzulässigen Rechtsausübung korrigiert werden.

V. Vertragliche Nebenpflichten des Handelsvertreters

28   **1. Gesetzlich geregelte Nebenpflichten.** Gemäß § 86 Abs. 1 Hs. 1 HGB obliegt dem Handelsvertreter als **Hauptleistungspflicht,** sich um die Vermittlung und – bei entsprechender Vollmacht – um den Abschluss von Geschäften zu bemühen. Er muss sich laufend bemühen, Geschäftsbeziehungen mit neuen Kunden herzustellen und den Umsatz mit vorhandenen Kunden zu steigern. Das Gesetz nennt ausdrücklich die Interessenwahrnehmungspflicht (§ 86 Abs. 1 Hs. 2 HGB),[54] Berichtspflichten (§ 86 Abs. 2 HGB) und die Verschwiegenheitspflicht (§ 90 HGB). Ergänzt werden diese Nebenpflichten durch Treu und Glauben und die Verkehrssitte (§ 242 BGB).

29   Auskunftspflichten des Handelsvertreters gegenüber dem Auftraggeber sind hingegen nicht normiert. Treu und Glauben (§ 242 BGB) können ihn dennoch zur Auskunft verpflichten, wenn der Unternehmer als Gläubiger über Bestand oder Umfang seines Rechts schuldlos nicht Bescheid weiß, sich die nötige Information nicht selbst beschaffen kann, während der Handelsvertreter sie leicht geben kann. Die Auskunft des Handelsvertreters soll dem Prinzipal aber nur die Rechtsausübung erleichtern, nicht die Beweislast abnehmen.

30   Ein Handelsvertreter, der ein Wettbewerbsverbot verletzt und sich dadurch schadensersatzpflichtig macht, hat dem Unternehmer Auskunft über die für Konkurrenten vermittelten Geschäfte zu erteilen.[55] Ist der Handelsvertreter ständig damit beauftragt, für

---

[50] Sutschet in BeckOK BGB § 241 Rn. 87–88.
[51] Sutschet in BeckOK BGB § 241 Rn. 89–91.
[52] Sutschet in BeckOK BGB § 241 Rn. 99–100.
[53] BGH NJW 1998, 540 (insoweit in BGHZ 137, 115 nicht abgedruckt).
[54] OLG Hamm NJW 1959, 677: Der Handelsvertreter verwirkt den Anspruch auf die ihm als Bezirksvertreter an sich zustehende Provision, wenn er es ablehnt, dem Verlangen des Unternehmers, sich um den Auftrag zu bemühen, zu entsprechen.
[55] BGH NJW 2014, 381 zum Umfang und Inhalt des Auskunftsanspruchs des Unternehmers nach Verstößen gegen ein Wettbewerbsverbot durch Vermittlung von Versicherungsverträgen für ein Konkurrenzunternehmen; BGH NJW 1996, 2097 zur Auskunftspflicht über verbotswidrig für Konkurrenzunternehmen vermittelte Geschäfte; OLG Brandenburg BeckRS 2008, 15842; OLG Oldenburg BeckRS 2012, 19040: Wird ein Versicherungsvertreter unter Verstoß gegen das ihm obliegende Wettbewerbsverbot für ein Konkurrenzunternehmen tätig, so kann der Unternehmer Auskunft über die vom Versicherungsvertreter unter Verstoß gegen das Wettbewerbsverbot vermittelten Geschäfte verlangen; der Auskunftsanspruch erstreckt sich aber nicht auf die Angabe von Namen und Anschriften der Kunden.

seinen Auftraggeber Geschäfte zu vermitteln und hat der Handelsvertreter Konkurrenzprodukte vermittelt, ohne dass eine Mehrfirmenvertretung vereinbart war, ist er dem Unternehmer nach Treu und Glauben zur Auskunft verpflichtet, damit dieser seinen Schadensersatzanspruch beziffern kann. Eine Vorlage von Unterlagen gemäß § 259 BGB kommt jedoch nicht in Betracht.[56]

2. Vertragliche Nebenpflichten des Unternehmers. Hauptleistungspflicht des **31** Unternehmers ist die Pflicht, an den Handelsvertreter fällige Provisionen als Entgelt für dessen Tätigkeit zu zahlen (§§ 87 ff. HGB). Das Gesetz nennt aber auch einzelne Nebenpflichten des Unternehmers: Er hat dem Handelsvertreter die zur Ausübung seiner Tätigkeit erforderlichen Unterlagen zur Verfügung zu stellen (§ 86a HGB).[57] Er hat dem Handelsvertreter die erforderlichen Nachrichten zu geben (§ 86a Abs. 2 HGB)[58]. Er ist gem. § 87c Abs. 3 HGB zur Auskunft verpflichtet, damit der Handelsvertreter seinen Provisionsanspruch berechnen kann. Diese gesetzlich normierten Nebenpflichten werden durch weitere, sich aus dem Grundsatz von Treu und Glauben und der Verkehrssitte (§ 242 BGB) ergebenden Pflichten ergänzt. Ein Handelsvertreter kann bei Beendigung des Handelsvertreterverhältnisses die ihm zustehenden Ausgleichsansprüche auch auf Basis der Unternehmervorteile anstatt der Provisionsverluste berechnen. Dabei steht ihm zur Ermittlung dieser Ausgleichsansprüche ein Auskunftsanspruch gem. § 242 BGB auch hinsichtlich solcher Tatsachen zu, die zur Berechnung seines Anspruchs erforderlich sind und sich nicht aus den Provisionsabrechnungen oder einem Buchauszug ergeben. Ein solcher Auskunftsanspruch gilt auch für Verträge, die vor der Änderung des § 89b HGB[59] zum 31.7.2009 geschlossen wurden, soweit sie sich nicht zu diesem Zeitpunkt bereits in Abwicklung befanden.[60]

a) Fürsorgepflicht. Den Unternehmer trifft ganz generell eine gesteigerte Fürsor- **32** gepflicht, die verlangt, dass er auf die schützenswerten Belange des Handelsvertreters angemessen Rücksicht nimmt und ihn vor Schaden bewahrt. Er hat alles zu unterlassen, was die Tätigkeit und den Erfolg des Handelsvertreters beeinträchtigen oder ihn schädigen kann.

---

[56] BGH NJW 1996, 2097: Der Handelsvertreter schuldet dem Unternehmer Auskunft über solche Geschäfte, die er verbotswidrig für ein Konkurrenzunternehmen vermittelt hat; OLG München BeckRS 2010, 30587(Auskunftspflicht über verbotswidrig für Konkurrenzunternehmen vermittelte Geschäfte).

[57] BGH NJW 2011, 2423 (Anspruch des Handelsvertreters auf kostenlose Überlassung von Hilfsmitteln); LG Berlin NJOZ 2006, 1085 (außerordentliche Kündigung durch Handelsvertreter, weil Unternehmer kein Werbematerial stellte); LG Hamburg BeckRS 2016, 02433: Stationscomputersysteme und so genannte Cash-Management-Units sind dem Tankstellenbetreiber vom Mineralöllieferanten kostenlos zur Verfügung zu stellen.

[58] LG Kiel BeckRS 2007, 09508: Ein Handelsvertreter kann gegenüber seinen Kunden nur kompetent auftreten, wenn ihm zu den Geschäftszeiten eine jederzeitige Kontaktaufnahme zum Unternehmer möglich ist, um Fragen des Kunden beantworten zu können. Die notwendigen Unterlagen müssen dem Handelsvertreter unentgeltlich überlassen werden: OLGR Düsseldorf 1995, 21 (Nichtigkeit der formularmäßigen Verpflichtung des Handelsvertreters, Musterteile käuflich zu erwerben); OLG München NJW-RR 1999, 1194 (Eine Vereinbarung, die den Handelsvertreter zum Kauf der ihm vom Unternehmer überlassenen Musterkollektion verpflichtet, ist auch als Individualabrede unwirksam.); OLGR München 2002, 82 (Eine Vereinbarung, die den Handelsvertreter zum Ankauf der ihm vom Unternehmer überlassenen Musterkollektion verpflichtet, ist unwirksam.).

[59] Das deutsche Recht verstieß gegen Art. 17 Abs. 2 Buchst. a der Richtlinie 86/653/EWG (EuGH BB 2009, 1607), soweit der Ausgleichsanspruch des Handelsvertreters von vornherein durch seine Provisionsverluste infolge der Beendigung des Vertragsverhältnisses begrenzt war, auch wenn die dem Unternehmer verbleibenden Vorteile höher zu bewerten waren. Dieser Verstoß wurde durch die seit 5.8.2009 geltende Neufassung des § 89b Abs. 1 HGB behoben (Gesetz zur Durchführung der EG-Richtlinie zur Koordinierung des Rechts der Handelsvertreter vom 31.7.2009, BGBl. I 1910).

[60] LG Düsseldorf ZVertriebsR 2015, 362 mit zust. Anm. Wauschkuhn ZVertriebsR 2016, 14, der auf die Berechnung des Ausgleichsanspruchs eingeht und mit zust. Anm. Thume IHR 2015, 276.

33   So darf er das Ausscheiden eines maßgeblichen Mitarbeiters seines Handelsvertreters nicht durch die Zusage weiterer Zusammenarbeit fördern.[61] Musste ein Handelsvertreter davon ausgehen, dass von ihm vertriebene Produkte gewerbliche Schutzrechte eines Dritten verletzen können, hat er ggf. allen Anlass, sich auf eine Inanspruchnahme wegen Gebrauchsmusterverletzung einzustellen. Hat er die Umstrukturierung seines Geschäftsherrn zum Anlass genommen, auf eine eigene Archivierung seiner Geschäftsdaten zu verzichten, legt ein solches Vorgehen den Verdacht einer systematischen Beweisvereitelung nahe und ist zumindest geeignet, eine gesteigerte Verpflichtung zur aktiven Informationsbeschaffung zu begründen. Unter anderem kann sich für den Handelsvertreter aus dem in § 242 BGB verankerten Grundsatz von Treu und Glauben ein Auskunftsanspruch gegen seinen Geschäftsherrn ergeben. Hat ein Prinzipal, für den ein Handelsvertreter tätig war, die entscheidende Ursache dafür gesetzt, dass dieser wegen Verletzung von Schutzrechten rechtskräftig zur Rechnungslegung verurteilt worden ist und sich ganz erheblichen Zwangsvollstreckungsmaßnahmen des Geschädigten ausgesetzt sieht, verlangt es die Fürsorgepflicht des Prinzipals, dem Handelsvertreter zB durch Zurverfügungstellung von Informationen den ihm möglichen Beistand zu leisten, um die drohende Zwangsvollstreckung abzuwenden.[62]

34   Aus der vertraglichen Treue- und Loyalitätspflicht folgt, dass der Unternehmer im Rahmen des Branchenüblichen und Möglichen verpflichtet ist, mit dem Handelsvertreter loyal zusammenzuarbeiten und dessen Vermittlungs- und Abschlussbemühungen zu unterstützen und zu fördern. Verstößt der Unternehmer gegen diese Verpflichtung, können nach Treu und Glauben Ansprüche auf Rückzahlung von Provisionsvorschüssen gegenüber dem Handelsvertreter ausgeschlossen sein.[63]

35   Überträgt ein Unternehmer einem Untervertreter seines Handelsvertreters dessen Vertretung, so ist ein Verhalten des Unternehmers und des Untervertreters jedenfalls dann treu- und vertragswidrig und somit zum Schadensersatz verpflichtend, wenn sich beide schon vor der Kündigung der Vertragsverhältnisse gegenüber dem Handelsvertreter hierüber abgesprochen haben.[64]

36   **b) Grenzen der Fürsorgepflicht: Dispositionsfreiheit des Unternehmers.** Bei der Auslegung der Fürsorgepflicht ist zu beachten, dass der Unternehmer grundsätzlich frei ist, in seinem Geschäftsbereich zu disponieren.[65] Dabei ist nach Treu und Glauben eine Interessenabwägung zwischen den grundsätzlich vorrangigen betrieblichen Entscheidungen einerseits und den schutzwürdigen Belangen des Handelsvertreters andererseits geboten, insbesondere bei Eingriffen in die Vertriebsstruktur, der Änderung von Vertriebsgebieten, der Einsetzung weiterer Vertragshändler sowie der Einführung eines parallelen Direktvertriebs – sei es auch nur begrenzt auf einzelne Großkunden.[66] Der Unternehmer muss sich bei seinen Entscheidungen nicht auf bewährte Maßnahmen beschränken, noch muss er gar den jeweils „sichersten Weg" gehen. Vielmehr fordert die Eigenart gewinnorientierter unternehmerischer Tätigkeit vielfach, dass neue Wege gesucht und auch risikobehaftete Entscheidungen getroffen werden.[67] Gleichwohl darf der Unternehmer

---

[61] BGH WM 1982, 535: Ein Unternehmer, der das Ausscheiden eines maßgeblichen Mitarbeiters seines Handelsvertreters durch die Zusage weiterer Zusammenarbeit fördert, begeht einen groben Treueverstoß. Ein wichtiger Grund zu einer auf das Ausscheiden dieses Mitarbeiters und die nicht rechtzeitige Einstellung einer Ersatzkraft gestützten Kündigung des Unternehmers ist in einem solchen Falle grundsätzlich nicht anzuerkennen.

[62] OLG Düsseldorf BeckRS 2009, 19731.

[63] LAG Hamm NZA-RR 2009, 631 zur Frage der unzulässigen Rechtsausübung der Rückforderung eines Provisionsvorschusses durch den Unternehmer/Arbeitgeber, wenn der zu erstattende Saldo durch eine Verletzung der Förderungs- und Rücksichtnahmepflicht gegenüber der Vermittlungstätigkeit des Provisionsempfängers mit entstanden ist.

[64] BGHZ 42, 59 (Treu- und vertragswidriges Zusammenwirken von Unternehmer und Untervertreter).

[65] BAG BeckRS 2012, 70996; NZA 2012, 137.

[66] OLG Schleswig 27.1.2012 – 16 U (Kart) 127/11.

[67] BGHZ 136, 295 (Umsatzeinbußen durch „Schockwerbung").

dabei den Interessen des Handelsvertreters nicht willkürlich ohne vertretbaren Grund zuwiderhandeln.[68] Unternehmerische Organisationsentscheidungen unterliegen allein einer Missbrauchskontrolle. Allein aus der allgemeinen Pflicht zur Rücksichtnahme auf die Interessen des Vertragspartners gemäß § 241 Abs. 2 BGB kann die Pflicht des Arbeitgebers, ein bestimmtes Vertriebssystem unverändert beizubehalten oder zu unterhalten, regelmäßig nicht abgeleitet werden.[69] Dementsprechend verstößt eine fristgemäße Kündigung des Vertrages mit einem Versicherungsvertreter durch den Versicherungsunternehmer nicht gegen die guten Sitten oder gegen Treu und Glauben, wenn der Unternehmer von seinem Kündigungsrecht Gebrauch macht, um eine günstigere Geschäftsentwicklung herbeizuführen.[70]

Will ein Unternehmer angesichts der Gesamtsituation einen noch expansiveren Wett- **37** bewerb betreiben[71], kann sich ein Handelsvertreter hiergegen nicht wehren, wenn ihm weder ein Alleinvertriebsrecht noch Gebietsschutz noch Schutz seines Kundenstammes zugesichert worden ist. Der Unternehmer ist in seinen geschäftlichen Dispositionen grundsätzlich frei und darf deshalb neben einem nicht exklusiv tätigen Handelsvertreter auch andere mit der Vermittlung und dem Abschluss gleicher Geschäfte beauftragen, selbst wenn sich dadurch das Arbeitsfeld des Handelsvertreters praktisch verkleinert. Es ist ihm allerdings nicht erlaubt, sich willkürlich und ohne vertretbaren Grund über schutzwürdige Belange des Handelsvertreters hinwegzusetzen, insbesondere ihn mit Schädigungsabsicht „auszuschalten".[72]

Der Unternehmer darf ein Geschäft allerdings nicht willkürlich, dh ohne beachtlichen **38** Grund, oder in der Absicht, den Handelsvertreter zu schädigen, ablehnen.[73] Dies schließt jedoch nicht die grundsätzliche Entscheidung eines Unternehmers zur Einstellung einer betrieblichen Tätigkeit, wie beispielsweise der Erzeugung der Ware, für deren Absatz der Handelsvertreter tätig ist, aus, auch wenn dadurch der Anspruch des Handelsvertreters auf Ausgleich gemäß HGB § 89b Abs. 1 Nr. 1 HGB entfällt, sofern der Prinzipal nicht willkürlich, sondern im Rahmen seiner kaufmännischen Entschließungsfreiheit auf Grund sachlicher wirtschaftlicher Erwägungen handelt.[74]

Eine nach außen als freiwillig dargestellte Preissenkungsaktion einseitig zu Lasten des **39** Handelsvertreters unter Ausübung wirtschaftlichen Drucks verstößt gegen die Treuepflicht, zumal wenn vorauszusehen ist, dass nur wenige Handelsvertreter sich anschließen (Tankstellen).[75]

Ein Handelsvertreter hat grundsätzlich keinen Anspruch auf Schadensersatz, wenn die **40** Kunden seine weitere Tätigkeit, sei es für denselben, sei es für einen anderen Unternehmer, zurückweisen, weil der Unternehmer **mangelhafte Ware** an die vom Handelsvertreter geworbene Kundschaft geliefert hat. Schadensersatzpflichtig macht sich der Unternehmer in einem solchen Fall nur dann, wenn er durch Lieferung mangelhafter Ware willkürlich, ohne irgendeinen vertretbaren Grund den Interessen des Handelsvertreters zuwiderhandelt.[76]

---

[68] BGHZ 26, 161 (Umsatzrückgang und Lieferung mangelhafter Ware); BGH NJW 1959, 1964 (Einstellung der Erzeugung durch Unternehmer); BGH BB 1960, 1221 (Treuepflicht des Unternehmers bei der Vertragsannahme); BGHZ 49, 39 (Umstellung des Vertriebssystems); BGH NJW 1986, 1931 (Betriebsumstellung aufgrund vorangegangener wirtschaftlicher Verluste); BGH NJW-RR 1993, 1122 (unrentable Investition im Interesse des Handelsvertreters); OLG Düsseldorf BeckRS 2007, 04524 (Ablehnung von Aufträgen durch den Unternehmer).

[69] BAG NZA 2012, 137.

[70] BGH VersR 1969, 445.

[71] Der Umsatz eines Handyladens (Handelsvertreters) brach ein, als noch ein weiterer Laden auf der anderen Straßenseite mit dem gleichen Erscheinungsbild aufmachte.

[72] OLG Düsseldorf IHR 2013, 118.

[73] BGH NJW 1961, 25.

[74] BGH NJW 1959, 1964.

[75] BGH NJW 1970, 855 zur Frage der Sittenwidrigkeit der Kündigung eines Tankstellenverwalter-Vertrages.

[76] BGH IHR 2006, 164.

41   Der Unternehmer muss den Handelsvertreter allerdings benachrichtigen, wenn er erkennt, dass er nur mit erheblichen qualitativen Einschränkungen liefern kann oder will.[77] Bei Verletzung der Benachrichtigungspflicht beschränkt sich der zu ersetzende Schaden auf das negative Interesse, das heißt auf den Ersatz der nutzlosen Aufwendungen des Handelsvertreters für den Vertrieb. Schadensersatz wegen ihm entgangener Provisionen könnte der Handelsvertreter als Folge einer Verletzung der Benachrichtigungspflicht nur unter der Voraussetzung verlangen, dass es ihm bei rechtzeitiger Benachrichtigung durch den Unternehmer möglich gewesen wäre, für einen anderen Unternehmer als Handelsvertreter tätig zu werden und dadurch Provisionseinnahmen zu erzielen.[78]

42   **c) Auskunftsanspruch.** Der Handelsvertreter kann gem. § 87c Abs. 3 HGB Mitteilung über alle Umstände verlangen, die für den Provisionsanspruch, seine Fälligkeit und seine Berechnung wesentlich sind. Diese Vorschrift zielt darauf ab, dem Handelsvertreter dasjenige Wissen zu verschaffen, das er benötigt, um seinen Provisionsanspruch beziffern und gegen den Geschäftsherrn durchsetzen zu können. Soweit es um die Durchsetzung anderer Ansprüche als Provisionsansprüche geht, kann der Handelsvertreter keinen Auskunftsanspruch aus § 87c Abs. 3 BGB geltend machen, ein solcher kann sich aber aus Treu und Glauben (§ 242 BGB) ergeben. Ob zur Vorbereitung eines Ausgleichsanspruchs nach § 89b Abs. 5 HGB Auskunft gem. § 87c HGB verlangt werden kann, ist strittig. Letztlich kann die Frage dahinstehen, da auch bei der Geltendmachung eines Ausgleichsanspruchs in jedem Fall eine vorgeschaltete Klage auf Auskunft gem. §§ 242, 259, 260 BGB zulässig ist.[79] Umfang und Grenze des Auskunftsrechts bestimmen sich nach den für die Berechnung des Ausgleichsanspruchs maßgeblichen und erforderlichen Umständen. So kann ein Versicherungsvertreter Angaben nur über solche Versicherungsverträge verlangen, die für die Berechnung seines Ausgleichsanspruchs von Relevanz sein können. Darüberhinausgehende Auskunftsansprüche stehen ihm nicht zu.

43   Bei der Verletzung von Schutzrechten durch den Vertrieb gebrauchsmusterverletzender Tintenpatronen hat der Handelsvertreter gegen das vertragswidrig handelnde Unternehmen gem. § 242 BGB Anspruch auf Auskunft, wenn er gegenüber dem Rechteinhaber zur Rechnungslegung verurteilt wurde. Der Unternehmer muss ihm diejenigen Informationen zur Verfügung stellen, die es ihm ermöglichen, seiner Rechnungslegungspflicht ordnungsgemäß nachzukommen, um die drohende Zwangsvollstreckung abzuwenden.[80]

44   **d) Wettbewerbsverbot.** Das HGB enthält lediglich Wettbewerbsverbote zu Lasten des Handelsvertreters, nicht aber zu Lasten des Prinzipals. Derartige Beschränkungen für Unternehmer müssen sich deshalb unmittelbar aus der Vertragsgestaltung und aufgrund der Ausgestaltung des Vertriebssystems wie beispielsweise durch die Einräumung von Vertragsgebieten ergeben.[81]

45   Grundsätzlich darf ein Unternehmer Maßnahmen des Direktvertriebes auch im Bezirk bzw. mit dem Kundenkreis des Handelsvertreters ausüben.[82] Diese wirtschaftliche Betätigungsfreiheit gilt jedoch nicht uneingeschränkt, da der Unternehmer nach dem Grundsatz von Treu und Glauben auf den Handelsvertreter Rücksicht nehmen muss. So darf er den

---

[77] BGHZ 26, 161; BGH IHR 2006, 164.
[78] BGH WM 1988, 1234 (zur Darlegungs- und Beweislast); BGH IHR 2006, 164.
[79] OLG München VersR 2010, 344; 2012, 440.
[80] OLG Düsseldorf BeckRS 2009, 19731.
[81] Hopt in Baumbach § 86a Rn. 17.
[82] BGH NJW 2012, 2110: Es kann eine unbillige Behinderung iSd § 20 Abs. 1 GWB darstellen, wenn ein marktbeherrschendes Unternehmen dazu übergeht, seine Waren oder Dienstleistungen ausschließlich im Direktvertrieb abzusetzen, ohne den bisher für ihn tätigen unabhängigen Absatzmittlern eine angemessene Umstellungsfrist zu gewähren. Direktvertrieb ist jedoch unzulässig bei Vereinbarung eines Kundenschutzes, BGH MDR 1959, 1004 oder einer Alleinvertretung, OLG Köln NJW-RR 2001, 1178 (Unzulässige Konkurrenz gegenüber alleinvertretungsberechtigten Vertragshändlern durch konzerneigene Vertriebsgesellschaften).

Handelsvertreter beispielsweise nicht schädigen, indem er dessen Stammkunden abwirbt.[83] Gegen Treu und Glauben verstößt auch die Weitergabe von Adressen von Kunden, die vom einem Handelsvertreter vermittelt wurden, an andere Handelsvertreter oder Händler.[84] Der Unternehmer darf nicht mit einem Untervertreter die Kündigung des Vertreter- und des Untervertretervertrags zwecks Übertragung der Vertretung auf den Untervertreter absprechen.[85] Er darf in dem Vertretergebiet Waren nicht billiger verkaufen, als es durch Vermittlung des Handelsvertreters zu dem ihm von dem Unternehmer gesetzten Preis geschehen konnte und ihn so daran hindern, die sonst gegebene Arbeits- und Verdienstmöglichkeit in seinem Vertretergebiet abzuschöpfen.[86]

e) Gleichbehandlungsgrundsatz. Der von der Rechtsprechung entwickelte „arbeits- **46** rechtliche" Gleichbehandlungsgrundsatz[87] gilt im Handelsvertreterverhältnis nicht.[88] Ein Unternehmer ist rechtlich nicht gehindert, mit seinen Handelsvertretern voneinander abweichende Verträge zu schließen. Er braucht auch Vergünstigungen, die er dem einen über die vertraglichen Abmachungen hinaus einräumt, nicht ohne weiteres in gleicher Weise dem anderen zu gewähren.[89] Der Unternehmer darf einen Handelsvertreter jedoch weder unmittelbar (§ 3 Abs. 1 AGG), noch mittelbar (§ 3 Abs. 2 AGG) wegen seines Alters oder seines Geschlechts benachteiligen.[90] Das in Art. 45 AEUV[91] ausgesprochene Verbot der Diskriminierung aufgrund der Staatsangehörigkeit, das allgemein formuliert ist und sich nicht speziell an die Mitgliedstaaten richtet, gilt auch für von Privatpersonen festgelegte Arbeitsbedingungen.[92] Gleiches gilt für das allgemeine Diskriminierungsverbot des Art. 18 AEUV[93] und die in der Arbeitnehmerfreizügigkeit, der Niederlassungsfreiheit und der Dienstleistungsfreiheit enthaltenen Diskriminierungsverbote. Allerdings lässt der EuGH bei einem Verstoß auch Rechtfertigungsgründe zu. Als ungeschriebenen Rechtfertigungsgrund nennt der EuGH „sachliche Erwägungen", wobei bei Verstößen Privater im Vergleich zu staatlichen Verstößen ein anderer Maßstab anzuwenden sei. Dies sei schon deshalb erforderlich um die Privatautonomie nicht zu untergraben. Verstöße gegen diese Diskriminierungsverbote[94] führen über § 134 BGB zur Nichtigkeit des diskriminierten Rechtsgeschäfts[95] und verpflichten gem. §§ 242, 280 BGB zum Schadensersatz.[96]

3. Vor- und nachvertragliche Nebenpflichten. Rechtsgrundlage für die Neben- **47** pflichten ist das jeweilige Schuldverhältnis. Ein Schuldverhältnis ohne primäre Leistungspflicht entsteht bereits durch Anbahnung von Vertragsverhandlungen; schon vor Begründung der Leistungspflicht bestehen Schutzpflichten und Aufklärungspflichten, deren Ver-

---

[83] BGH NJW 1959, 1679. Ein Unternehmer darf jedoch auf eine Vertragsauflösung unter Einhaltung der gesetzlichen oder vertraglichen Bestimmungen (Kündigungs-, Anfechtungs- oder Widerrufsfristen) hinwirken und Kunden abwerben (OLG München BeckRS 2012, 05453).

[84] OLGR Düsseldorf 2005, 169.

[85] BGHZ 42, 59; BGH BB 1982, 1626; aA von Brunn DB 1964, 1841.

[86] OLG Bremen NJW 1967, 254.

[87] BAG NZA 2012, 680: Der gewohnheitsrechtlich anerkannte arbeitsrechtliche Gleichbehandlungsgrundsatz verbietet die sachfremde Schlechterstellung einzelner Arbeitnehmer gegenüber anderen Arbeitnehmern in vergleichbarer Lage ebenso wie eine sachfremde Differenzierung zwischen Gruppen von Arbeitnehmern; BAG NZA 2012, 137.

[88] Hiervon muss der Grundsatz der Gleichbehandlung von Handelsvertreter und Unternehmer zB bei der Abkürzung der Verjährungsfristen nach § 88 HGB aF unterschieden werden (OLG Stuttgart ZVertriebsR 2016, 233 zur Verjährung des Anspruchs des Handelsvertreters auf Erteilung eines Buchauszugs).

[89] BGH BB 1971, 584 zum Gleichbehandlungsgrundsatz im Handelsvertreterrecht; OLGR Hamm 1998, 48.

[90] BAG NZA 2012, 1307 (Gleichbehandlungsgrundsatz bzw. unterschiedliche Provisionsabrechnung im Handelsvertreterrecht).

[91] ex-Artikel 39 EGV, davor Art. 48 EG-Vertrag.

[92] EuGH EuZW 2000, 468 – Angonese.

[93] ex-Artikel 12 EGV.

[94] EuGH EuZW 2000, 468 – Angonese.

[95] BVerfG EuZW 2000, 468.

[96] Und im vorvertraglichen Schuldverhältnis gem. § 311 Abs. 2, § 241 Abs. 2, 280 BGB.

letzung zu einer Haftung wegen Verschulden bei Vertragsschluss[97] führen kann. Andererseits können einzelne Nebenpflichten auch nach Erfüllung der Hauptpflicht fortwirken.

48   **a) Vorvertragliche Pflichten.** Das SMG hat das Verschulden bei Vertragsverhandlungen in § 311 Abs. 2 BGB normiert. Danach begründet schon die „Aufnahme von Vertragsverhandlungen", die „Anbahnung eines Vertrags" oder „ähnliche geschäftliche Kontakte" ein Schuldverhältnis nach Art des § 241 Abs. 2 BGB. Damit ist das Verschulden bei Vertragsverhandlungen mit der positiven Forderungsverletzung und der allgemeinen Leistungsstörung gleichgeschaltet. Auch das vorvertragliche Schuldverhältnis verpflichtet nach §§ 311 Abs. 2, 241 Abs. 2 BGB zur Rücksicht auf die Rechte und Rechtsgüter des Verhandlungspartners. Die nachvertraglichen Pflichten eines Handelsvertreters zur Wahrung der Geschäfts- und Betriebsgeheimnisse regelt § 90 HGB. Gem. §§ 311 Abs. 2, 241 Abs. 2 BGB, § 90 HGB analog können die Geheimhaltungspflichten des Handelsvertreters bei der Vertragsanbahnung konkretisiert werden.[98] Wer diese Rücksicht vermissen lässt, ist dem anderen Teil zum Schadensersatz verpflichtet.[99] Bei der Anbahnung eines Handelsvertretervertrages ist der Handelsvertreter zB verpflichtet, Geschäftsgeheimnisse[100] auch bei Nichtzustandekommen des Vertrages geheimzuhalten.[101] In welchem Umfange er berechtigt ist, sie zu eigenem Vorteil zu nutzen, richtet sich nach den Vorschriften über den lauteren Wettbewerb (§ 3 UWG) sowie nach Treu und Glauben und der Verkehrssitte (§ 242 BGB).[102]

49   **b) Nachvertragliche Pflichten.** Mit beiderseitiger Vertragserfüllung erlöschen nicht nur die vertraglichen Ansprüche (§ 362 BGB), sondern auch das ganze Vertragsschuldverhältnis. Die Vertragsparteien können allerdings Vereinbarungen für die Zeit nach Vertragsende treffen, wie bspw. Wettbewerbsabreden (§ 90a HGB)[103]; teilweise sind sie gesetzlich geregelt, so in § 89b HGB (Ausgleichsanspruch) und § 90 HGB (Geschäfts- und Betriebsgeheimnisse)[104]. Pflichtenlagen können nach Treu und Glauben gelegentlich über das Vertragsende nachwirken. Es handelt sich dabei vor allem um Unterlassungs-, Mitteilungs- oder Aufklärungspflichten.

50   Ein Geschäftsherr ist aus dem kartellrechtlichen Behinderungs- und Diskriminierungsverbot nicht zu einer Weiterbelieferung des ausgeschiedenen Handelsvertreters verpflichtet, wenn die Handelsvertretung an einen Konkurrenten des Geschäftsherrn veräußert worden ist, dieser daraufhin den Handelsvertretervertrag fristlos gekündigt hat und der neue Inhaber für das erworbene Ersatzteil- und Reparaturgeschäft nunmehr eine Weiterbelieferung begehrt.[105] Das OLG Düsseldorf lehnte eine nachvertragliche Rücksichtnahmepflicht des Geschäftsherrn mit der Begründung ab, dass aus dem Grundsatz von Treu und Glauben

---

[97] §§ 311 Abs. 2 und Abs. 3 BGB iVm §§ 241 Abs. 2, 280 Abs. 1 BGB; OLG Köln BeckRS 2012, 08584 zur Eigenhaftung des Vertreters wegen Verschuldens bei der Anbahnung von Vertragsverhandlungen bei Vermittlung einer fondsgebundenen Lebensversicherung.

[98] Scheja/Mantz CR 2009, 413 zur Vertraulichkeit der offenbarten Verträge und den hierin enthaltenen Informationen bei der Vertragsanbahnung.

[99] BGH NZG 2012, 631 zur Haftung einer Vertriebsorganisation für das strafbare Verhalten ihres Handelsvertreters, der die Fondsanlage eines Kunden nach Beendigung der eigentlichen Vermittlungsleistung auflöst und den hierbei erzielten Erlös veruntreut hat.

[100] Einen Überblick über den Schutz von Geschäftsgeheimnissen bieten Witt/Freudenberg, Der Entwurf der Richtlinie über den Schutz von Geschäftsgeheimnissen im Spiegel zentraler deutscher Verbotstatbestände, WRP 2014, 375.

[101] Hopt in Baumbach § 90 Rn. 1.

[102] Kiethe/Groeschke WRP 2005, 1358.

[103] OLGR Düsseldorf 2003, 252: Aus der Verpflichtung, Verschwiegenheit über Kundenlisten zu bewahren, folgt noch nicht die Verpflichtung, die Kunden des Unternehmers nicht zu umwerben. Er darf hierbei nur nicht gegen §§ 1, 17 UWG und auch nicht gegen § 90 HGB verstoßen. Ein lediglich für die Vertragszeit vereinbartes Wettbewerbsverbot wirkt grundsätzlich nicht nach Vertragsende fort (LG Krefeld NJW-RR 1988, 1063). Will der Geschäftsherr das verhindern, muss er mit dem Handelsvertreter ein Wettbewerbsverbot vereinbaren, wie es in § 90a HGB vorgesehen ist.

[104] Zum nachwirkenden Kundenschutz vgl. BGH NJW 1993, 1786; 2009, 1420.

[105] OLG Düsseldorf ZVertriebsR 2014, 12.

gem. § 242 BGB regelmäßig nur Neben- und Schutzpflichten, aber keine vertraglichen Hauptleistungspflichten begründet werden könnten; zudem würden die vertraglich vereinbarten Kündigungsfristen unterlaufen, wenn es nachvertragliche Hauptleistungspflichten gäbe; ungeachtet dieser grundsätzlichen Erwägungen sei die Handelsvertretung auch nicht schutzbedürftig: Sie habe den Handelsvertretervertrag mit dem Geschäftsherrn selbst gekündigt und sich hierdurch des Anspruchs auf die Lieferpflicht freiwillig begeben; zugleich habe sie sich durch die Kündigung ihrer eigenen vertraglichen Pflichten entledigt; insbesondere bestehe für die Handelsvertretung nach Vertragsende nicht mehr die gesetzliche Pflicht aus § 86 Abs. 1 HGB, die Interessen des Geschäftsherrn zu wahren; es bestünden daher keine wechselseitigen Hauptleistungspflichten mehr.[106]

VI. Unzulässige Rechtsausübung und Rechtsmissbrauch

Unzulässige Rechtsausübung und Rechtsmissbrauch sind austauschbare Begriffe, denn sie **51** meinen beide das Gleiche: die Rechtsausübung wider Treu und Glauben. Treu und Glauben bilden eine allen Rechten, Rechtslagen und Rechtsnormen immanente Leistungsbegrenzung („Innentheorie").[107] Die gegen § 242 BGB verstoßende „Rechtsausübung" oder Ausnutzung einer „Rechtslage" ist als Rechtsüberschreitung missbräuchlich und unzulässig. Welche Anforderungen sich aus Treu und Glauben ergeben, lässt sich nur unter Berücksichtigung der Umstände des Einzelfalles entscheiden.

Durch Rechtsmissbrauch kann man nicht nur ein subjektives Recht, sondern auch jede **52** andere vertragliche oder gesetzliche Rechtsfolge verlieren. Missbrauchen kann man zB die Vertragsfreiheit[108] und die Rechtsform der juristischen Person,[109] die Formnichtigkeit (§ 125 BGB)[110] und die Nichtigkeit wegen Verstoßes gegen die guten Sitten (§ 138 BGB). Die **Rechtsfolge** ist, dass ein Berufen auf die Vertragsklausel oder die Selbständigkeit der juristischen Person, die Formnichtigkeit oder die Sittenwidrigkeit ausscheidet.

Rechtsmissbrauch begründet, wenn schon der Erwerb anstößig ist, eine rechtshindernde, **53** sonst eine rechtsvernichtende Einwendung. Nicht erforderlich ist deshalb, dass sich eine Partei darauf beruft. Das Gericht wendet § 242 BGB von sich aus an und versagt derjenigen Partei eine vertragliche oder gesetzliche Rechtsfolge, die daraus treuwidrig profitieren will. Dementsprechend stehen alle Rechtsfolgen unter dem Vorbehalt von Treu und Glauben.

Eine gegen § 242 BGB verstoßende Rechtsausübung kann bei Änderung der maßgeb- **54** lichen Umstände wieder zulässig werden; umgekehrt kann eine Änderung der Verhältnisse dazu führen, dass die zunächst zulässige Rechtsausübung missbräuchlich wird. § 242 BGB begründet daher eine Relativität des Rechtsinhalts. Maßgebender Beurteilungszeitpunkt ist die Geltendmachung des Rechts, im Rechtsstreit die letzte Verhandlung.

Rechtsmissbrauch und unzulässige Rechtsausübung sind allerdings so wenig definierbar **55** wie Treu und Glauben und wiederum nur über Fallgruppen fassbar. So kann ein Rechtsmissbrauch in Fällen eines unredlichen Erwerbs und der unredlichen Verhinderung fremden Erwerbs, des widersprüchlichen Verhaltens und der Verpflichtung zur sofortigen Rückgabe, des fehlenden Eigeninteresses, des Übermaßverbots und der Formnichtigkeit, der Inhaltskontrolle von Verträgen, des Wegfalls der Geschäftsgrundlage und der Verwirkung angenommen werden.

---

[106] Engelhoven EWiR 2014, 465.

[107] BGH NJW-RR 2005, 619 (Rechtsmissbräuchliche Berufung des Versicherers auf den Ablauf der Frist zur Klageerhebung).

[108] BGHZ 130, 371: Die Geltendmachung des übergegangenen Provisionsanspruches eines früheren DDR-„Zwangsvertreters" durch die Bundesrepublik Deutschland stellt eine unzulässige Rechtsausübung dar.

[109] BGH NJW 1981, 1785: Mit Treu und Glauben ist es jedenfalls nicht in Übereinstimmung zu bringen, wenn sich der Unternehmer einerseits – gleichviel unter welchem Namen oder in welcher Rechtsform – die Dienste des Handelsvertreters verschafft und nutzbar macht, andererseits aber das dafür zugesagte Entgelt nicht entrichtet.

[110] LG Wiesbaden BeckRS 2011, 03364: Verstoß gegen Treu und Glauben bei Berufung auf vertraglichen Formmangel (Franchise-Vertrag).

56 **1. Unredlicher Rechtserwerb.** Ein Recht darf nicht ausüben, wer es wider Treu und Glauben erworben hat.[111] Niemand darf aus dem selbst begangenen Unrecht rechtliche Vorteile ziehen. Gesetzliches Vorbild ist § 162 Abs. 2 BGB, der die treuwidrige Manipulation einer Bedingung mit einer Fiktion überwindet.

57 **2. Unredliche Verhinderung fremden Rechtserwerbs.** Die §§ 162 Abs. 1, 815 BGB enthalten den allgemeinen Rechtsgedanken, wer fremdes Recht wider Treu und Glauben verhindert oder vereitelt, sich so behandeln lassen muss, als sei das Recht doch entstanden oder bestehe noch. Dieser Rechtsgedanke gilt über § 242 BGB für alle Rechtsverhältnisse.

58 Es widerspricht Treu und Glauben, wenn ein Unternehmer Abschluss und Ausführung eines Geschäfts ablehnt, dieses aber durch ein anderes Unternehmen, das er beherrscht und dessen wirtschaftliche Interessen er teilt, ausführen lässt und damit die für den Geschäftsabschluss maßgebliche Tätigkeit des Handelsvertreters ausnutzt, aber gleichwohl nicht vergütet.[112]

59 **3. Verletzung eigener Pflichten.** Der oben zu § 162 Abs. 2 dargestellte Rechtsgedanke gilt über § 242 BGB in allen Rechtsverhältnissen. Die Vertragsparteien sind zur gegenseitigen Rücksichtnahme verpflichtet. Diese verletzt ein Beteiligter bereits dann, wenn er aus einem Verstoß hiergegen zum Nachteil der Gegenpartei eigene Rechte oder Rechtspositionen begründet, die bei redlichem Verhalten nicht entstanden wären.[113] Eigene Rechtsverstöße führen allerdings dann nicht zu einem Wegfall des Gläubigeranspruchs, wenn das eigene Verhalten für das vertragswidrige Verhalten der Gegenseite nicht mehr relevant wurde oder es dafür nie relevant war oder mit den Pflichten aus dem Vertragsverhältnis in keinem inneren Zusammenhang stand.[114]

60 Es gibt aber keinen allgemeinen Grundsatz, dass nur derjenige Rechte geltend machen kann, der sich selbst rechtstreu verhalten hat.[115] Rechtsverstöße begründen unter den im Gesetz vorgesehenen Voraussetzungen Schadensersatzansprüche und geben dem anderen Teil die Befugnisse aus § 273 BGB (Zurückbehaltungsrecht) und § 320 BGB (Einrede des nicht erfüllten Vertrags), führen aber nur ausnahmsweise zu einem Wegfall des Gläubigeranspruchs.

61 **a) Provisionsansprüche.** Der Handelsvertreter hat Anspruch auf Provision für alle während des Vertragsverhältnisses abgeschlossenen Geschäfte, die auf seine Tätigkeit zurückzuführen sind oder mit Dritten abgeschlossen werden, die er als Kunden für Geschäfte der gleichen Art geworben hat (§ 87 Abs. 1 S. 1 HGB). Ein Wettbewerbsverstoß berechtigt den Unternehmer grundsätzlich nicht zur Versagung der verdienten Provision.[116] Der Unternehmer ist mit dem Recht zu einer außerordentlichen Vertragskündigung (§§ 89a, 89b Abs. 3 Ziffer 2 HGB) sowie begleitenden Schadensersatzansprüchen aus den §§ 280 ff. BGB hinreichend geschützt.[117] Allenfalls in besonderen Ausnahmefällen lässt sich eine Verwirkung der Provisionsansprüche begründen, etwa bei groben Verstößen gegen den Unternehmer selbst betreffende Schutz- oder Rücksichtnahmepflichten.[118]

---

[111] Böttcher/Hohloch in Erman, BGB, Kommentar, BGB § 242 Rn. 107–110.

[112] BGH NJW 1981, 1785 (Handelsvertretertätigkeit für wirtschaftlich abhängiges Unternehmen); BGH NJW-RR 1987, 547 (Provisionspflicht bei wirtschaftlicher Einheit zwischen zwei Gesellschaften).

[113] OLG Düsseldorf NJW-RR 1991, 1484: Die Berufung des Mieters auf Befreiung von der Mietzinspflicht wegen Nichtgewährung des Gebrauchs des Mietobjekts ist rechtsmissbräuchlich, wenn der Mieter selber infolge Zahlungsverzuges vertragsuntreu geworden ist und den Gebrauch der Mietsache aufgegeben hat.

[114] MüKoBGB/Schubert § 242 Rn. 345.

[115] BGH NJW 1971, 1747 (Schadensersatzansprüche wegen Vertragsverletzung bei eigenem vertragsuntreuen Verhalten).

[116] OLG Karlsruhe 18.3.1988 – 15 U 105/87 (Leitsatz juris).

[117] LG Bonn BeckRS 2010, 04041.

[118] OLG Koblenz BB 1973, 866 zur Verwirkung der Handelsvertreter-Provision wegen Verletzung der Interessenwahrungspflicht.

Eine Provision wird dem Bezirksvertreter für die Geschäfte, die ohne seine Mitwirkung **62** zustande kommen (§ 87 Abs. 2 HGB), allgemein deshalb zugebilligt, weil sie eine Gegenleistung für seine dem Unternehmer vertraglich geschuldeten Bemühungen um die Beschaffung von Aufträgen sein soll, die nicht unmittelbar von ihm verantwortet sind. Daher verliert er, wenn er diese vertraglich übernommene Pflicht zum Tätigwerden schuldhaft nicht erfüllt, gemäß § 242 BGB den Anspruch auf die ihm an sich gebührende Provision. Das ist besonders dann der Fall, wenn der Unternehmer ein Tätigwerden des Bezirksvertreters wünscht und dieser ohne ersichtlichen Grund sich weigert, diesem Wunsch zu entsprechen.[119] Anders wäre es nur dann, wenn der Unternehmer den Bezirksvertreter bei den Verhandlungen mit dem Kunden bewusst ausschaltet und auf diese Weise daran hindert, sich die Provision zu verdienen und seinen vertraglichen Pflichten zu entsprechen.[120]

Der Unternehmer ist im Rahmen des Branchenüblichen und Möglichen verpflichtet, mit **63** dem Handelsvertreter loyal zusammenzuarbeiten und seine Vermittlungs- und Abschlussbemühungen zu unterstützen und zu fördern. Dies folgt aus der vertraglichen Treue- und Loyalitätspflicht. Verstößt der Unternehmer gegen diese Verpflichtung zur Rücksichtnahme und Förderung, stehen ihm nach Treu und Glauben gegenüber dem Handelsvertreter keine Ansprüche auf Rückzahlung von Provisionsvorschüssen zu, wenn der negative Provisionsvorschusssaldo durch die konkrete Ausgestaltung der Tätigkeit des Handelsvertreters entstanden ist.[121]

Die Rückforderung eines Provisionsvorschusses durch den Unternehmer stellt eine unzulässige Rechtsausübung dar, wenn dieser dem Provisionsempfänger nur ein solches **64** Kundenpotential zugesteht, aus dem der Provisionsempfänger kein Provisionseinkommen erzielen kann, das die Provisionsvorschüsse abdecken wird.[122] Die Forderung auf Rückzahlung der nicht ins Verdienen gebrachten pauschalen Vorschüsse kann rechtsmissbräuchlich sein, wenn der Unternehmer vor Vertragsschluss falsche Angaben über die Verdienstmöglichkeiten gemacht hat.[123] Ein Wettbewerbsverstoß berechtigt den Unternehmer grundsätzlich nicht zur Versagung der verdienten Provision; etwas anderes gilt ausnahmsweise dann, wenn sich der andere Teil bei seinen geschäftlichen Aktivitäten grob unanständig gegenüber dem durch das Verbot Geschützten verhalten hat.[124]

Der Insolvenzverwalter kann die Auszahlung von in „Schneeballsystemen" erzielten **65** Scheingewinnen durch den späteren Insolvenzschuldner als objektiv unentgeltliche Leistung nach § 134 Abs. 1 InsO anfechten.[125] Die Zahlung einer Provision für die Vermittlung von Kapitalanlagen, die auf der Einbeziehung von Scheingewinnen beruht, sowie die Leistung einer hierauf bezogenen Folgeprovision sind ebenfalls unentgeltlich und müssen insoweit vom Handelsvertreter dem Insolvenzverwalter zurückerstattet werden.[126] Die Geltendmachung des Rückgewähranspruchs aus § 143 Abs. 1 S. 1 InsO verstößt regel-

---

[119] OLG Hamm NJW 1959, 677: Der Handelsvertreter verwirkt den Anspruch auf die ihm als Bezirksvertreter an sich zustehende Provision, wenn er es ablehnt, dem Verlangen des Unternehmers, sich um den Auftrag zu bemühen, zu entsprechen; OLG Koblenz BB 1973, 866 (Verwirkung der Handelsvertreter-Provision wegen Verletzung der Interessenwahrungspflicht).

[120] OLGR Köln 2002, 11 zum Einwand der Treuwidrigkeit gegen Provisionsansprüche.

[121] LAG Hamm NZA-RR 2009, 631 zur Frage der unzulässigen Rechtsausübung der Rückforderung eines Provisionsvorschusses durch den Unternehmer/Arbeitgeber, wenn der zu erstattende Saldo durch eine Verletzung der Förderungs- und Rücksichtnahmepflicht gegenüber der Vermittlungtätigkeit des Provisionsempfängers mit entstanden ist.

[122] LAG Hamm NZA-RR 2009, 631 zur unzulässigen Rechtsausübung bei Rückforderung eines nicht ins Verdienen gebrachten Provisionsvorschusses.

[123] Schipper NJW 2010, 3067.

[124] OLG Karlsruhe 18.3.1988 – 15 U 105/87 (Leitsatz juris).

[125] BGHZ 179, 137: Keine Aufrechenbarkeit vorkonkurslicher Schadensersatzansprüche eines getäuschten Anlegers gegen Ansprüche des Insolvenzverwalters auf Rückgewähr ausgezahlter Scheingewinne.

[126] BGH ZInsO 2011, 183: Provisionen für den Vertrieb eines Anlagemodells unterliegen als objektiv unentgeltliche Leistung der Anfechtung, wenn der Betrag der an Anleger ausgezahlten Scheingewinne ihre Berechnungsgrundlage bildet.

mäßig nicht gegen Treu und Glauben (§ 242 BGB). Nur in Extremfällen hindert § 242 BGB die Durchsetzung dieses Anspruchs.[127]

66   **b) Außerordentliche Kündigung.** Handelsvertreterverträge, die auf unbestimmte Zeit geschlossen sind, können sowohl vom Handelsvertreter als auch vom Unternehmer innerhalb der Fristen des § 89 Abs. 1 HGB gekündigt werden. Sowohl der Unternehmer als auch der Handelsvertreter können den Handelsvertretervertrag gem. § 89a Abs. 1 HGB darüber hinaus jederzeit fristlos außerordentlich aus wichtigem Grund kündigen. Dieses Recht kann nicht ausgeschlossen oder beschränkt werden (§ 89a Abs. 1 S. 2 HGB). Ein wichtiger Grund liegt vor, wenn dem Kündigenden unter Berücksichtigung aller Umstände des Einzelfalls und bei Abwägung der beiderseitigen Interessen die Fortsetzung des Vertrages zur vereinbarten Beendigung oder bis zum Ablauf der ordentlichen Kündigungsfrist nicht zugemutet werden kann.[128] Zudem muss die außerordentliche Kündigung des Handelsvertretervertrages gem. § 314 Abs. 3 BGB innerhalb einer angemessenen Frist erfolgen.[129] Eine fristlose Kündigung durch den Unternehmer kann insbesondere bei einem Verstoß gegen ein vertraglich vereinbartes oder allgemeines Konkurrenzverbot,[130] bei Täuschungsversuchen des Handelsvertreters, wie zum Beispiel die Fälschung von Kundenunterschriften oder Auftragsmanipulationen, in einer groben Vernachlässigung des Bezirks des Handelsvertreters oder des ihm zugewiesenen Abnehmerkreises, sowie der groben Missachtung von Weisungen des Unternehmers trotz Abmahnung[131] begründet sein.

67   Das Recht zur fristlosen Kündigung kann dennoch gemäß § 242 BGB ausgeschlossen sein, wenn der Prinzipal vom Vorliegen einer vom Mitbewerber provozierten Entgleisung des Wettbewerbsverhältnisses ausgehen musste und im Rahmen seiner Fürsorgepflicht nicht in ausreichendem Umfang zuvor eingeschritten war.[132]

68   Ein willkürliches und ohne Grund gegen die Interessen des Handelsvertreters gerichtetes vertragswidriges Verhalten des Unternehmers kann zum Ausschluss des Rechts zur fristlosen Kündigung führen, soweit dem Kündigenden nach Treu und Glauben ein vorläufiges Festhalten an den Verträgen zuzumuten wäre.[133] So handelt ein Unternehmer grundsätzlich nicht vertragswidrig, wenn er mit anderen Handelsvertretern zusammenarbeitet, selbst wenn hierdurch das Arbeitsfeld des Handelsvertreters verkleinert wird. Allerdings würde er gegen seine Fürsorgepflicht verstoßen, wenn er Unkorrektheiten der Konkurrenten toleriert und es im Verhältnis zum Handelsvertreter pflichtwidrig unterlässt, etwaige sich für

---

[127] BGHZ 179, 137; BGH NJW-RR 2012, 625 (Vorinstanz OLG München NZI 2011, 108), das OLG hatte entschieden, dass der von der Schuldnerin über den „Schneeballcharakter" des Anlagemodells getäuschte Handelsvertreter, der seine beruflichen Kapazitäten unwiederbringlich zugunsten der Schuldnerin eingesetzt hat, dem auf den Überhöhungsbetrag gerichteten Rückforderungsverlangen des Insolvenzverwalters § 242 BGB entgegensetzen könne. In Abänderung des Urteils hat der BGH entschieden, dass die Durchsetzung des Rückgewähranspruchs nur dann treuwidrig wäre, wenn die Vergütung an Betreuungsdienste anknüpft, die bei dem Handelsvertreter einen entsprechenden Aufwand verursacht haben (zB Vermögensopfer zur Bestandspflege).

[128] BGH NJW 2000, 1866: Der Begriff des wichtigen Grundes zur außerordentlichen Kündigung iSd § 89b Abs. 3 Nr. 2 HGB stimmt inhaltlich mit dem Begriff des wichtigen Grundes iSd § 89a Abs. 1 S. 1 HGB überein.

[129] Diese sollte nach der Rechtsprechung unter zwei Monaten liegen (BGH NJW 1994, 722; KG NJW-RR 2000, 1566 zur früheren Rechtslage unter dem Gesichtspunkt der Verwirkung).

[130] Der Handelsvertreter ist grundsätzlich berechtigt, sich in anderer Weise wirtschaftlich zu betätigen, sei es in Form der Ausübung einer Vertretung für weitere Unternehmen, sei es in sonstiger Weise. Auch ohne vertragliche Absprache (§ 92a HGB) ist es ihm jedoch nicht gestattet, eine Konkurrenztätigkeit aufzunehmen (§ 86 Abs. 1 HGB, OLG Hamm NJW-RR 1987, 1114 zur Pflichtverletzung eines selbständigen Handelsvertreters durch Geschäftsabwicklungen über eine Scheinfirma). Ob eine Konkurrenz zwischen den vertretenen Unternehmen herrscht, beurteilt sich letztlich aus Sicht des Kunden, das heißt, es ist zu fragen, ob der Kunde das eine Produkt zu Lasten des anderen erwerben würde. Richtet sich der Absatz von vornherein an verschiedene Kundenkreise, so kann eine Wettbewerbssituation nicht eintreten.

[131] OLG Saarbrücken NJW-RR 2002, 542.

[132] LG Karlsruhe BeckRS 2010, 11043.

[133] OLG München VersR 1998, 1017.

diese hieraus ergebenden Beeinträchtigungen zu verhindern. Derartige Pflichtwidrigkeiten muss der Handelsvertreter im Streitfall allerdings konkret darlegen und bewiesen.

Ein Unternehmer, der das Ausscheiden eines maßgeblichen Mitarbeiters seines Han- **69** delsvertreters durch die Zusage weiterer Zusammenarbeit fördert, begeht einen groben Treueverstoß.[134] Ein wichtiger Grund zu einer auf das Ausscheiden dieses Mitarbeiters und die nicht rechtzeitige Einstellung einer Ersatzkraft gestützte Kündigung des Unternehmers ist in einem solchen Falle grundsätzlich nicht anzuerkennen.[135] Im Übrigen kann sich der Unternehmer durch seinen Treueverstoß (Pflichtverstoß) schadensersatzpflichtig machen.

c) Verjährung. Der Provisionsanspruch des Handelsvertreters entsteht aufschiebend **70** bedingt bereits mit Abschluss des Vertrages zwischen dem Unternehmer und dessen Kunden. Die aufschiebende Bedingung für den Provisionsanspruch tritt nach § 87a Abs. 1 S. 1 HGB ein, wenn der Unternehmer das Geschäft ausgeführt hat, zusätzlich auflösend bedingt, dass der Dritte nicht leistet, § 87a Abs. 2 HGB.[136] Der Provisionsanspruch wird am letzten Tag des Monats fällig, in dem nach § 87c Abs. 1 HGB über den Anspruch abzurechnen ist (§ 87a Abs. 4 HGB). Bis zum 15.12.2004 galt für alle Ansprüche aus dem Handelsvertretervertragsverhältnis eine einheitliche Verjährung von vier Jahren gemäß § 88 HGB. Diese Vorschrift wurde aufgehoben. Es gilt die allgemeine Verjährung des BGB von drei Jahren.[137] Gem. § 202 BGB können nunmehr die gesetzlichen Verjährungsfristen generell verkürzt oder verlängert werden.[138]

Der Handelsvertreter kann sich im Falle der vertraglich vereinbarten kurzen Verjährungs- **71** frist von sechs Monaten dann auf § 242 BGB berufen, wenn ihm rechtlich zustehende Provisionsansprüche infolge des Verhaltens des Unternehmers unbekannt geblieben waren und die Ansprüche hierdurch verjährt sind. Das gilt jedoch nicht für bloße Abrechnungsfehler, die der Handelsvertreter durch bloße Nachprüfung der Provisionsabrechnung feststellen kann.[139]

Rechtsmissbräuchlich ist die Erhebung der Verjährungseinrede nicht nur dann, wenn **72** eine Partei durch aktives Tun in arglistiger Weise die Gegenseite in ihrem Vertrauen bestärkt, auch ohne Klage zu ihrem Recht zu kommen, und sie dadurch von der rechtzeitigen Erhebung der Klage abhält.[140] Auch ein unabsichtliches Verhalten genügt, wenn es für die Unterlassung einer rechtzeitigen Klageerhebung ursächlich ist und die spätere Verjährungseinrede unter Berücksichtigung aller Umstände des Einzelfalls mit dem Gebot von Treu und Glauben unvereinbar ist.[141] Wird der Handelsvertreter durch Verschweigen des Umwandlungsvorgangs, des damit verbundenen Erlöschens seines ursprünglichen Vertragspartners und des Einrückens der Beklagten als deren Rechtsnachfolgerin davon abgehalten, die Klage fristgerecht gegen die „richtige" Schuldnerin zu erheben, ist die Erhebung der Verjährungseinrede durch die Beklagte rechtsmissbräuchlich (§ 242 BGB).[142]

---

[134] BGHZ 42, 59 zur Treupflicht des Unternehmers und des Untervertreters.
[135] BGH BB 1982, 1626: Der Unternehmer ist verpflichtet, alles zu unterlassen, was eine Schädigung der Interessen seines Handelsvertreters herbeizuführen geeignet ist.
[136] BGH NJW 1990, 1665.
[137] Für Ansprüche, die vor dem 15.12.2004 entstanden und an diesem Tag noch nicht verjährt waren, gelten die Übergangsregelungen des Art. 229 EGBGB (Gesetz zur Anpassung von Verjährungsvorschriften an das Gesetz zur Modernisierung des Schuldrechts vom 9.12.2004 (BGBl. I 3214, gültig ab 15.12.2004)).
[138] OLG Düsseldorf BeckRS 2011, 06078 (Stufenklage: Auskunft, Provision).
[139] OLG Karlsruhe BB 1974, 904 zur Verjährung von gesetzwidrig abbedungenen Handelsvertreter-Ansprüchen.
[140] BGH NJW 1988, 265 (Schadensersatz gegen Rechtsanwalt).
[141] BGH NJW 1991, 974 (Klageeinreichung bei früherem Verzicht auf die Verjährungseinrede).
[142] BGH NJW 2002, 3110 zur rechtsmissbräuchlichen Berufung auf die Einrede der Verjährung, wenn der übertragende und der neue Rechtsträger – auch unabsichtlich – den Gläubiger von der Erhebung der Klage gegen den „richtigen" Schuldner abgehalten haben.

73   Soweit der Unternehmer geschuldete Provisionen aufgrund seiner unrichtigen Auslegung des Handelsvertretervertrages zu Unrecht einbehält, verstößt seine Berufung auf die darin abweichend von § 88 HGB[143] stark abgekürzte Verjährungsfrist gegen § 242 BGB.[144]

74   **d) Ausgleichsansprüche.** § 89b Abs. 3 Nr. 2 HGB ist richtlinienkonform dahin auszulegen, dass der Ausgleichsanspruch nur dann ausgeschlossen ist, wenn zwischen dem schuldhaften Verhalten des Handelsvertreters und der Kündigung des Unternehmers ein unmittelbarer Ursachenzusammenhang besteht, der wichtige Grund also ursächlich für die Kündigung geworden ist.[145] Nicht ausreichend ist, dass der Unternehmer den Vertrag fristlos hätte kündigen können und dies mangels Kenntnis der Pflichtwidrigkeit unterlassen hat. In der Vergangenheit hatten die Gerichte den Ausgleichsanspruch zurückgewiesen, weil der Handelsvertreter treuwidrig handeln würde, wenn er trotz seiner eigenen schweren Pflichtwidrigkeit den Ausgleichsanspruch geltend machte.[146] Die richtlinienkonforme Auslegung des § 89b Abs. 3 Nr. 2 HGB gilt nicht nur für Handelsvertreterverhältnisse, sondern auch für das Recht der Vertragshändler. Der Ausgleichsanspruch des Handelsvertreters dürfte im Hinblick auf die richtlinienkonforme Auslegung des § 89b HGB auch dann begründet sein, wenn bei seinem Tod ein Grund zur fristlosen Kündigung gegeben war.[147]

75   Auf den Ablauf der Ausschlussfrist des § 89b Abs. 3 Nr. 2 HGB kann sich der Unternehmer nicht berufen, wenn er selbst dazu beiträgt und Anlass gibt, dass die in seinem Interesse liegende Frist für die Geltendmachung des Ausgleichsanspruchs nicht eingehalten wird.[148]

76   **e) Vertragsstrafe.** Der Geltendmachung einer Vertragsstrafe[149] durch den Gläubiger kann der Einwand des Rechtsmissbrauchs entgegengesetzt werden, wenn der Schuldner durch das Verhalten des Gläubigers veranlasst worden ist, vertragswidrig zu handeln.[150]

77   **4. Fehlen eines schutzwürdigen Eigeninteresses.** Die Rechtsausübung ist missbräuchlich, wenn ihr kein schutzwürdiges Eigeninteresse zu Grunde liegt. Diese Fallgruppe orientiert sich an § 226 BGB.[151] Dieser Rechtsgedanke gilt über § 242 BGB für alle Rechtsverhältnisse. So ist eine Rechtsausübung missbräuchlich, wenn die Geltendmachung eines Rechts keinen anderen Zweck haben kann als die Schädigung eines anderen, wenn der Rechtsausübung kein schutzwürdiges Eigeninteresse zugrunde liegt oder wenn das Recht nur geltend gemacht wird, um ein anderes, vertragsfremdes oder unlauteres Ziel zu erreichen.[152]

---

[143] Vorschrift aufgehoben durch das Gesetz zur Anpassung von Verjährungsvorschriften an das Gesetz zur Modernisierung des Schuldrechts vom 9.12.2004 (BGBl. I 3214, in Kraft ab 15.12.2004); gem. § 202 BGB können die gesetzlichen Verjährungsfristen verkürzt oder verlängert werden.

[144] OLG Karlsruhe VersR 1973, 857.

[145] BGH NJW-RR 2011, 614 zur Unzulässigkeit des Nachschiebens eines Rechts zur außerordentlichen Kündigung, Anschluss an EuGH NJW 2011, 835 und Aufgabe von BGHZ 40, 13 und BGHZ 48, 222.

[146] Guski GPR 2009, 286, vertritt weiterhin die Meinung, dass es für den Ausschluss des Ausgleichsanspruchs nur darauf ankomme, ob dem Handelsvertreter eine (hypothetisch zur Kündigung berechtigende) schwere Pflichtverletzung vorzuwerfen sei. Zu diesem Ergebnis gelangt er.

[147] AA noch BGH BB 1958, 1108 zum Ausgleichsanspruch bei Tod des Handelsvertreters.

[148] BGH NJW-RR 1987, 157 zur Frage der Anwendung der Grundsätze von Treu und Glauben auf die Versäumung der Frist zur Geltendmachung des Ausgleichsanspruchs.

[149] OLG München BeckRS 2010, 20437: Die Vereinbarung einer Vertragsstrafe in AGB ist grundsätzlich zulässig. Allerdings unterliegt eine Vertragsstrafenklausel im kaufmännischen Geschäftsverkehr der Inhaltkontrolle nach § 307 BGB. Die zulässige Ausgestaltung einer in AGB vereinbarten Vertragsstrafe lässt sich allerdings nicht allgemein gültig bestimmen.

[150] BGH NJW 1971, 1126: Ist der Schuldner durch das Verhalten des Gläubigers veranlasst worden, vertragswidrig zu handeln, so steht der Geltendmachung der Vertragsstrafe durch den Gläubiger der Einwand des Rechtsmissbrauchs entgegen.; BGH NJW 1984, 919 (Vertragsstrafe für versuchte Vertreterabwerbung); OLG Düsseldorf DB 1992, 86 (Vertragsstrafenvereinbarung für den Fall des „Vertragsbruchs" und des Wettbewerbsverstoßes in einem Handelsvertretervertrag).

[151] Der Tatbestand des Schikaneverbotes ist zu eng gefasst, um größere praktische Bedeutung zu erlangen, da es entscheidend auf die nach der objektiven Sachlage bestehende Exklusivität des Schädigungszwecks ankommt.

[152] BGH NJW 2008, 3438 (Unzulässige Rechtsausübung durch Ausnutzen fremden Vertragsbruchs).

Beispielsweise entfällt der Anspruch des Handelsvertreters auf Erteilung eines Buchaus- **78** zuges gem. § 87c Abs. 2 HGB, wenn bereits eine Einigung über die Provisionen erfolgt ist[153] oder ausnahmsweise der Missbrauchseinwand gem. § 242 BGB durchgreift.[154] Ein schutzwürdiges Eigeninteresse an der Erteilung eines Buchauszuges fehlt, wenn der Anspruchsteller keinerlei wirtschaftliches Eigeninteresse an einer Buchauszugsklage hat, weil zB die Ansprüche zum Zwecke der Sammelklage an einen Dritten (zB Prozessfinanzierer) abgetreten wurden.[155] Wird der Anspruch auf Buchauszug nach HGB § 87c Abs. 2 HGB nur geltend gemacht, um ihn als Droh- und Druckmittel in den Verhandlungen über eine Abfindung einzusetzen, ist dies rechtsmissbräuchlich.[156] Der Anspruch entfällt weiterhin, wenn der Unternehmer nachweist, dass der Handelsvertreter positiv weiß, dass ihm bereits sämtliche in einem Buchauszug gehörende Angaben zur Verfügung stehen und bei objektiver Würdigung auch die insoweit erforderliche übersichtliche und geordnete Form gewahrt ist. In diesen Fällen kann sein Auszugsverlangen ausnahmsweise als Schikane anzusehen und rechtsmissbräuchlich sein.[157] Unschädlich ist es allerdings, wenn der Handelsvertreter neben dem Interesse an der Erteilung des Buchauszugs auch eine Verbesserung der Verhandlungsposition bei der Durchsetzung des Ausgleichsanspruchs anstrebt.[158] Auch unverhältnismäßig hohe Kosten für einen Buchauszug machen dessen Erstellung grundsätzlich nicht unzumutbar, weil der Geschäftsherr rechtzeitig Vorsorge für eine einfache und kostengünstige Erfüllung seiner Verpflichtung treffen muss.[159]

5. Geringfügige Interessenverletzung. Es gibt keinen allgemeinen Rechtsgrundsatz, **79** dass **geringfügige Rechtsverletzungen** ohne Rechtsfolgen bleiben. Rechtsmissbrauch ist nur gegeben, wenn an einen geringfügigen, im Ergebnis folgenlos gebliebenen Verstoß weitreichende eindeutig unangemessene Rechtsfolgen geknüpft werden oder wenn der Gläubiger wiederholt Verstöße toleriert hat und dadurch für den Schuldner ein Vertrauenstatbestand entstanden ist. Es handelt sich insbesondere um Fälle, bei denen eine Vertragspartei nur einen geringfügigen Teil der geschuldeten Leistung nicht fristgerecht erbracht hat und der Gläubiger hierauf mit einer fristlosen Kündigung reagiert, und andererseits um Verletzungen von Obliegenheitspflichten.[160]

6. Unzumutbarkeit. Auch nach Treu und Glauben darf man private Rechte voll **80** ausüben. § 242 BGB hilft erst dann, wenn die Rechtsausübung aus besonderen Gründen unerträglich und „schlechthin unzumutbar" wird.

Benötigt der Unternehmer vom Versicherungsvertreter Auskünfte über die unter Ver- **81** stoß gegen ein Wettbewerbsverbot geschlossenen Verträge, um seinen Schadensersatzanspruch durchsetzen zu können, findet dieses Auskunftsrecht seine Grenze, wenn der Versicherungsvertreter ohne Einwilligung des Kunden dabei Geheimnisse offenbaren müsste, die ihm als Angehöriger eines Unternehmens der privaten Kranken-, Unfall- oder

---

[153] BGH NJW 1996, 588 (Widerspruchslose Hinnahme von Provisionsabrechnungen als negatives Schuldanerkenntnis mit der Folge des Verzichts auf weitere Provisionen und Buchauszüge).

[154] OLG Karlsruhe OLGR Karlsruhe 2005, 847: Allein die Tatsache, dass der Kläger das Begehren auf Erteilung von Buchauszügen erst im Rahmen einer umfangreichen außergerichtlichen Korrespondenz erhoben und erst einige Monate nach Ende des Vertragsverhältnisses im Wege der Stufenklage eingeklagt hat, lässt die Berechtigung zur Forderung von Buchauszügen nicht entfallen.

[155] LG Münster IHR 2012, 159: Zur Abtretung des Anspruchs auf Erteilung eines Buchauszugs an einen Prozessfinanzierer ohne Erfolgsbeteiligung und ohne Kostenrisiko für Handelsvertreter.

[156] LG Hannover VersR 2001, 764; Anm. Emde EWiR 2001, 731, der allerdings auf das Fehlen des Rechtsschutzbedürfnisses abhebt.

[157] OLG Düsseldorf ZVertriebsR 2015, 249.

[158] OLG München RuS 2005, 135.

[159] OLG Düsseldorf ZVertriebsR 2015, 249.

[160] BGH NJW 1980, 1043: Ist in einem Vergleich vereinbart, dass eine Zahlung an einem bestimmten Termin zu leisten ist, widrigenfalls ein teilweiser Forderungserlass in Wegfall kommt, dann liegt in der Geltendmachung der ganzen Forderung durch den Gläubiger auch bei nur geringfügigem Überschreiten des Zahlungstermins in der Regel noch keine treuwidrige Wahrnehmung einer formalen Rechtsposition im Übermaß.

Lebensversicherung anvertraut oder bekannt geworden sind. Dies gilt nicht nur für gesundheitliche Daten des Kunden, sondern auch für die Tatsache, dass ein Betroffener zur Absicherung bestehender oder künftiger gesundheitlicher Risiken finanzielle Vorsorgemaßnahmen getroffen hat.[161] Auch die Tatsache, dass sich ein Kunde bei einem Konkurrenzunternehmen versichert hat, unterliegt der Geheimhaltungspflicht. Dem Versicherungsvertreter sind derartige Auskünfte unzumutbar, da er sich anderenfalls gem. § 203 Abs. 1 Nr. 6 StGB strafbar machen würde.[162] Zulässig wäre eine Weitergabe der Daten an einen zur Berufsverschwiegenheit verpflichteten Dritten, der dem Unternehmer dann lediglich die Tatsache der Vertragsverletzung und die Höhe des entstandenen Schadens weitergibt, nicht jedoch personenbezogene Daten der Kunden.

82 **7. Verhältnismäßigkeit.** Es gibt keinen allgemeinen Rechtsgrundsatz, dass die Rechtsfolgen einer Pflichtverletzung in einem angemessenen Verhältnis zu der Schwere stehen müssen **(Verhältnismäßigkeit)**. Eine geringfügige Fahrlässigkeit kann eine Schadensersatzpflicht in existenzvernichtender Höhe begründen. Soweit bei einer Pflichtverletzung mehrere Reaktionen möglich sind, kann § 242 BGB aber, vor allem bei Dauerschuldverhältnissen oder Bestehen einer besonders engen Bindung, dazu verpflichten, die mildere Reaktion zu wählen.

83 Die **Verjährungsfrist für Provisionsansprüche** darf grundsätzlich verkürzt werden. Auf diese Weise kann eine zügige Abwicklung des Vertrages und eine baldige Klärung der beiderseitigen Rechte und Pflichten bewirkt werden. Eine derartige Regelung hat jedoch zu beachten, dass die kurze Verjährungsfrist in gleicher Weise für Ansprüche des Handelsvertreters, als auch für solche des Unternehmers gelten muss.[163] Die Regelung muss zudem ausschließen, dass die Interessen des Handelsvertreters unangemessen benachteiligt werden. Eine Regelung ist unangemessen (unverhältnismäßig), wenn die Abkürzung der Verjährung auch Provisionsansprüche umfasst, bevor der Handelsvertreter überhaupt von ihrer Existenz Kenntnis erlangt hat. Es ist ein Gebot von Treu und Glauben, dass die Verjährung eines Anspruchs zu Lasten des Berechtigten nicht beginnen kann, solange dieser nicht in der Lage ist, den Anspruch geltend zu machen und eine bereits laufende Verjährung durch Klageerhebung zu unterbrechen.[164] Auch eine in einem Individualvertrag ausgehandelte Regelung, die diesen Erfordernissen nicht gerecht wird, verstößt gegen Treu und Glauben. Sie beinhaltet eine unangemessene Benachteiligung des Handelsvertreters und ist unwirksam.[165]

84 Die Verletzung des Wettbewerbsverbotes berechtigt den Unternehmer grundsätzlich, den Vertrag aus wichtigem Grund vorzeitig aufzulösen.[166] Nur in Ausnahmefällen kann die Ausübung des Rechts zur fristlosen Kündigung seitens des Unternehmers wegen der Aufnahme einer Konkurrenztätigkeit des Handelsvertreters auch bei Fortbestehen des Vertragsverhältnisses nach Treu und Glauben (§ 242 BGB) unzulässig sein mit der Folge, dass das Vertragsverhältnis nur durch ordentliche Kündigung beendet werden kann.[167] Dies kann

---

[161] BGH NJW 2010, 2509 (Nichtige Abtretung von Provisionsansprüchen eines Versicherungsvertreters).
[162] OLG München BeckRS 2010, 20437: Ein Auskunftsanspruch darf nicht gegen Datenschutznormen verstoßen.
[163] BGH NJW-RR 1991, 35 zur Zulässigkeit der Abkürzung der vierjährigen Verjährungsfrist gem. § 88 HGB aF auf sechs Monate; LG Münster IHR 2012, 159: In Handelsvertreterverträgen kann die gesetzliche Verjährungsfrist „für alle Ansprüche aus dem Vertrag" bei Wahrung des Grundsatzes der Gleichbehandlung von Handelsvertreter und Unternehmer und bei Bestehen eines anerkennenswerten Interesses jedenfalls dann durch Formularklausel rechtswirksam auf sechs Monate abgekürzt werden, wenn für den Beginn des Laufs der abgekürzten Frist die Kenntnis von der Anspruchsentstehung Voraussetzung ist.
[164] OLG Hamm NJW-RR 1999, 1712.
[165] OLG München BeckRS 2000, 30143312.
[166] BGH NJW 2011, 3361 (Fristlose Kündigung eines Handelsvertretervertrages wegen Fortsetzung der verbotswidrigen Konkurrenztätigkeit nach verspäteter Abmahnung).
[167] BGH NJW-RR 1992, 481 (Fristlose Kündigung des Versicherungsvertretervertrags nach Nichteinigung über eine durch aufsichtsbehördliche Verfügung notwendig gewordene Provisionsneuregelung und beidseitiger Vertragsverletzung); BGH NJW-RR 2003, 981 (missbräuchliche neuerliche fristlose Kündigung wegen Konkurrenztätigkeit nach Kündigung).

bei ganz unerheblichen Wettbewerbsverstößen der Fall sein oder wenn der Unternehmer selbst eine Ursache für das Verhalten des Handelsvertreters gesetzt hat. Hierzu bedarf es jedoch, einer Abwägung aller Umstände des Einzelfalls.

Die Belastung mit außergewöhnlich hohen Kosten, die mit der Erstellung des Buch- **85** auszugs verbunden sind, kann der Unternehmer dem Anspruch auf Erteilung eines Buchauszugs nicht entgegenhalten.[168] Die umfangreichen Kosten haben ihren Grund letztlich darin, dass die Buchführung des Geschäftsherrn nicht darauf eingerichtet ist, die für einen ordnungsgemäßen Buchauszug notwendigen Daten zusammenzufassen.[169]

Gemäß § 88a HGB steht dem Handelsvertreter nur wegen seiner fälligen Ansprüche **86** auf Provision und Ersatz von Aufwendungen ein Zurückbehaltungsrecht an den ihm zur Verfügung gestellten Unterlagen und damit der Kollektion zu. Eine Wertrelation zwischen der Höhe der ausstehenden Provisions- und Aufwendungsansprüche des Handelsvertreters einerseits und dem Wert der Musterkollektion andererseits sieht das Gesetz nicht vor. Allerdings verstößt es gegen Treu und Glauben, wenn der Handelsvertreter wegen geringfügiger offener Forderungen eine wertvolle Kollektion insgesamt zurückbehält.[170]

Hat der Unternehmer dem Handelsvertreter Vorratsware mit der Bestimmung überge- **87** ben, sie bei seiner Handelsvertretertätigkeit in seinem Interesse an Käufer weiterzugeben, so hat der Handelsvertreter nach Vertragsbeendigung wegen seiner fälligen Provisionsansprüche ein kaufmännisches Zurückbehaltungsrecht nach § 369 Abs. 1 HGB an dem noch in seinem Besitz befindlichen Restbestand der dem Unternehmer gehörenden Vorratsware. Die Ausübung des Zurückbehaltungsrechts an der restlichen Vorratsware ist nicht treuwidrig (§ 242 BGB), auch wenn die Ausübung eines Zurückbehaltungsrechts nahezu zwangsläufig dazu führt, dass der Unternehmer am Ende Gegenstände mit Wertverlust zurückerhält. Der Handelsvertreter braucht diesen Wertverlust nicht ausgleichen.[171] Der Unternehmer hätte die Ausübung des Zurückbehaltungsrechts jederzeit durch Sicherheitsleistung nach §§ 232 ff. BGB abwenden können (§ 369 Abs. 4 HGB).

Der Grundsatz von Treu und Glauben kann auch die Geltendmachung einer Vertrags- **88** strafe ausschließen. Ein Strafversprechen soll den Schuldner von einer möglichen Zuwiderhandlung abhalten. Es kann für den Anspruch deshalb keine entscheidende Rolle spielen, ob die mit Vertragsstrafe belegte Handlung tatsächlich zu einer Gefährdung oder Schädigung von Interessen des Gläubigers geführt hat. Der Anspruch auf Zahlung der Vertragsstrafe wird auch nicht dadurch ausgeschlossen, dass der Gläubiger mit Erfolg einen Unterlassungsanspruch wegen wettbewerbswidrigen Verhaltens hätte gerichtlich geltend machen können. Denn zu den Zwecken einer Vertragsstrafenregelung gehört es auch, den Gläubiger der Notwendigkeit einer prozessualen Durchsetzung seines Unterlassungsanspruchs zu entheben.[172]

Der Geschäftsherr darf grundsätzlich die Bezirke der Handelsvertreter ändern.[173] Die **89** Wegnahme eines erheblichen Teils des Vertragsgebietes eines Bezirksvertreters durch den

---

[168] BGH NJW 2001, 2333; NJW-RR 2007, 246.

[169] Beim Buchauszug schuldet der Unternehmer detaillierte Angaben über die vom Handelsvertreter vermittelten Kundenbeziehungen. Die hierfür erforderlichen Angaben – einschließlich zu etwaigen Retouren sowie nach § 87a Abs. 3 HGB provisionspflichtigen oder noch schwebenden Geschäften – lassen sich regelmäßig nicht den Handelsbüchern im Sinne der §§ 238 f. HGB entnehmen, die eine von den Kontrollrechten des Handelsvertreters nach § 87c HGB verschiedene Funktion haben. (BGH NJOZ 2002, 1413: Für die Erstellung eines Buchauszugs mussten ua mehr als 20.000 Einzelrechnungen durchgesehen werden, wobei jeder einzelne Vertrag auf provisionspflichtige Vertragsbestandteile zu überprüfen war.).

[170] Thume BB 1995, 1913.

[171] OLG Düsseldorf BB 1990, 1086.

[172] BGH NJW 1984, 919 (Vertragsstrafe für versuchte Vertreterabwerbung).

[173] Im Spannungsfeld zwischen der unternehmerischen Dispositionsbefugnis und dem Provisionsinteresse des Handelsvertreters ist von dem Grundsatz auszugehen, dass die wirtschaftliche Entschließungsbefugnis des Unternehmers dem Interesse des Handelsvertreters vorgeht. Die Grenze liegt da, wo sich das vertretene Unternehmen willkürlich und ohne vertretbaren Grund oder sogar in Schädigungsabsicht über die Belange des Handelsvertreters hinwegsetzt.

Unternehmer stellt allerdings eine übermäßige und damit unzulässige Rechtsausübung dar, wenn sie in keinem angemessenen Verhältnis zu dem vom Handelsvertreter gegebenen Anlass steht.[174]

90 **8. Widersprüchliches Verhalten.** Die Rechtsordnung lässt widersprüchliches Verhalten grundsätzlich zu. Die Parteien dürfen ihre Rechtsansicht ändern, der Kläger die Klagebegründung, der Beklagte seine Rechtsverteidigung. Jeder Partei steht es idR auch frei, sich auf die Nichtigkeit der von ihr abgegebenen Erklärung zu berufen oder ein unter ihrer Beteiligung zu Stande gekommenes Rechtsgeschäft anzugreifen. Missbräuchlich ist widersprüchliches Verhalten erst, wenn für den anderen Teil ein Vertrauenstatbestand entstanden ist oder wenn andere besondere Umstände die Rechtsausübung als treuwidrig erscheinen lassen. Ein Verschulden ist nicht erforderlich.

91 Kommen Unternehmer und Handelsvertreter überein, eine fristlose Kündigung als ordentliche gelten zu lassen, stellt es eine unzulässige Rechtsausübung dar, wenn der Unternehmer die Gründe, auf die er die fristlose Kündigung gestützt hatte, nunmehr dem Verlangen des Handelsvertreters auf Rückzahlung der Einstandssumme entgegenhält.[175]

92 Ein Unternehmer, der für die Wettbewerbsenthaltung des Handelsvertreters nichts zahlen will, obwohl er angemessen zahlen müsste, handelt in unzulässiger Rechtsausübung, wenn er trotzdem mittels Vertragsstrafen eine Erfüllung des Wettbewerbsverbots durch den anderen Teil erzwingen will.[176]

93 **9. Verpflichtung zur sofortigen Rückgabe.** Wer etwas einfordert, was er ohnehin sofort wieder zurückgeben muss, handelt unredlich, wenn er den fraglichen Anspruch geltend macht („dolo agit, qui petit, quod statim redditurus est").

94 Unredlich handelt ein Handelsvertreter, wenn er aufgrund einer Vorschussvereinbarung Provisionen fordert, die er sofort zurückzahlen müsste, da sie nicht ins Verdienen gebracht wurden.[177] Unredlich handelt ein Handelsvertreter, der Provisionen aus einem Vertrag herleitet, zu dessen Abänderung er sich verpflichtet hat und aus dem er nach der Vertragsänderung keine Provisionsansprüche herleiten kann.[178] Treuwidrig stellt sich ein Verhalten auch dar, wenn ein Prinzipal die Rückzahlung von Provisionsvorschüssen verlangt, obgleich er den Handelsvertreter durch vertragswidriges Verhalten zur fristlosen Kündigung veranlasst hat: dann stünde dem Handelsvertreter ein Schadensersatzanspruch in Höhe des zurückzuzahlenden Betrags aus § 89a HGB zu.[179]

VII. Verwirkung

95 Grundsätzlich steht es dem Berechtigten frei, bei der Geltendmachung seiner Rechte die durch Gesetz oder Vertrag bestimmten Fristen voll auszunutzen.[180] Die Verwirkung begründet – in Ergänzung etwaiger Verjährungsfristen und Ausschlussfristen – eine zeitliche Grenze für die Rechtsausübung. Ein Recht ist verwirkt, wenn der Berechtigte es über einen längeren Zeitraum hinweg nicht geltend gemacht hat, der Verpflichtete sich darauf eingerichtet hat und er sich nach dem gesamten Verhalten des Berechtigten auch darauf einrichten durfte, dass dieser das Recht nicht mehr geltend machen werde.[181] Die Verwirkung ist ein Fall der unzulässigen Rechtsausübung wegen widersprüchlichen Verhaltens.

---

[174] BGH VersR 1971, 462 zum Gleichbehandlungsgrundsatz im Handelsvertreterrecht.
[175] OLG München NJW-RR 1998, 174.
[176] BAGE 15, 335.
[177] LAG Schleswig-Holstein BeckRS 2012, 6599.
[178] OLG Köln BeckRS 2010, 26772.
[179] LG Berlin NJOZ 2006, 1085.
[180] LAG Schleswig-Holstein BeckRS 2012, 65909: Allein der Umstand, dass der Geschäftsherr den Handelsvertreter über mehrere Monate nicht auf Rückzahlung der Provisionsvorschüsse in Anspruch genommen hat, macht sein Vorgehen nicht treuwidrig. Zwar ist durch dieses Vorgehen der Handelsvertreter am Ende des Arbeitsverhältnisses mit einer erheblichen Rückzahlungsforderung belastet; letztlich ist die Nichtbeitreibung von Forderungen aber für den Schuldner regelmäßig günstiger.
[181] BGH NJW 2003, 824 (Rechtsverwirkung, Vertrauenstatbestand beim Umstandsmoment).

Der Verstoß gegen Treu und Glauben liegt in der illoyalen Verspätung der Rechtsausübung. Der Schuldner kann sich zur Abwehr eines gegen ihn gerichteten Anspruchs allerdings nicht auf die Grundsätze von Treu und Glauben berufen, wenn er sich selbst unredlich verhalten und dadurch die verspätete Geltendmachung des gegen ihn gerichteten Anspruchs veranlasst hat.[182]

In der bewussten langdauernden Nichtausübung eines Rechts kann gegebenenfalls auch **96** ein stillschweigend erklärter Verzicht (Erlass gem. § 397 Abs. 1 BGB) liegen (§ 157 BGB);[183] demgegenüber ist die Verwirkung kein rechtsgeschäftlicher Tatbestand[184] und damit vom Willen des Berechtigten unabhängig; auch die Kenntnis des Rechts (Voraussetzung für einen Verzichtswillen) ist für die Verwirkung nicht erforderlich; maßgebend ist das in der verspäteten Rechtsausübung liegende widersprüchliche Verhalten. Vereinzelt argumentiert die Rechtsprechung statt mit „Verwirkung" mit einem stillschweigenden „Verzicht" durch konkludentes Verhalten.

1. Außerordentliche Kündigung. Eine Kündigung des Handelsvertretervertrages aus **97** wichtigem Grund (§ 89a HGB) muss in angemessener Frist ausgeübt werden, wobei alle Umstände des Einzelfalles zu berücksichtigen sind. § 626 Abs. 2 S. 1 BGB ist auf das Handelsvertreterverhältnis und das ihm ähnliche Vertragshändlerverhältnis nicht anwendbar, auch nicht analog.[185] Eine außerordentliche Kündigung muss innerhalb einer angemessenen Frist nach Kenntnisnahme von dem Kündigungsgrund ausgesprochen werden; ein zweimonatiges Zuwarten wird in der Regel nicht mehr als angemessene Zeitspanne zur Aufklärung des Sachverhalts und zur Überlegung der daraus zu ziehenden Folgen angesehen und unterfällt in der Regel der Verwirkung.[186] Allerdings können verfristete Gründe unterstützend vorgebracht werden, soweit ein sachlicher Zusammenhang zu dem vorrangig geltend gemachten Kündigungsgrund besteht[187] oder der Kündigende erst während des Rechtsstreits von den tatsächlichen Grundlagen dieses Kündigungsgrundes Kenntnis erlangt hat und ein gewichtiges Fehlverhalten des Handelsvertreters vorliegt.[188] Ein „Nachschieben" wichtiger Kündigungsgründe ist nur möglich, wenn die ausgesprochene Kündigung als außerordentliche bezeichnet worden ist. Die Erklärung ist aber, soweit sie die Kündigung nicht rückwirkend rechtfertigen kann, in aller Regel als neue Kündigung aus wichtigem Grunde auszulegen.[189]

Ein Kündigungsausspruch ist allerdings nicht verspätet, wenn das Versicherungsunterneh **98** men zunächst die strafgerichtliche Verurteilung abwartet, obwohl es frühzeitig vom Kunden auf die Verfehlung hingewiesen worden war. Dies gilt jedenfalls dann, wenn der Versicherungsvertreter seine strafrechtliche Verantwortlichkeit in Abrede stellt.[190]

Probleme einer Versicherungsgesellschaft bei der zeitnahen Auszahlung der Verwaltungs **99** provision bzw. der Abschlussprovision rechtfertigen im Folgejahr keine fristlose Kündigung des Vertragsverhältnisses seitens des Versicherungsagenten, wenn diese Probleme zwischenzeitlich behoben sind. Der Versicherungsagent hat nach Behebung der Probleme sein Kündigungsrecht verwirkt.[191]

---

[182] BGHZ 25, 47 (Geltendmachung von Schadensersatzansprüchen durch einen einzelnen Gesellschafter; zur Verwirkung).

[183] BGH NJW 1996, 588 (Anspruch auf Buchauszug und Provisionsabrechnung des Handelsvertreters) unter Aufgabe BGH NJW 1965, 1136.

[184] BGHZ 82, 274 zum Bereicherungsanspruch des Vertragserben bei Schenkung eines Grundstücks.

[185] BGH NJW 1987, 57.

[186] BGH NJW 1994, 722 unter Aufgabe von BGH NJW 1982, 2432; OLGR München 1998, 43; OLG Düsseldorf BeckRS 2011, 19141, teilw. abgeändert durch BGH NJW 2011, 3361; OLG Köln IHR 2015, 114 (ein Jahr).

[187] BGH NJW-RR 2002, 173 zur Kündigung eines GmbH-Geschäftsführers; BGHZ 157, 151 (Nachschieben von Gründen für die fristlose Kündigung eines Geschäftsführerdienstvertrages).

[188] OLG Köln NJW-RR 2003, 398; OLGR Bremen 2006, 489.

[189] BGH VersR 1961, 270.

[190] OLG München VersR 2004, 470.

[191] LG Hannover RuS 2004, 351.

100   Setzt der Handelsvertreter eine ihm vertraglich verbotene Konkurrenztätigkeit ungeachtet einer Abmahnung des Unternehmers fort, so ist eine hierauf gestützte außerordentliche Kündigung aus wichtigem Grund nicht deswegen unwirksam, weil der Unternehmer die Abmahnung erst mehrere Monate nach dem Zeitpunkt ausgesprochen hat, zu dem er von der verbotswidrigen Konkurrenztätigkeit Kenntnis erlangt hat.[192]

101   **2. Berichtspflicht.** Allein aus dem Umstand, dass der Unternehmer längere Zeit widerspruchslos akzeptiert hat, dass der Handelsvertreter Mitteilungen nur in längeren, unregelmäßigen Abständen macht, kann noch nicht der Schluss gezogen werden, der Unternehmer habe auch für den Fall einer wesentlichen Änderung der Umstände (zB bei einem erheblichen Umsatzrückgang) ein für alle Mal auf dieses Recht verzichtet.[193]

102   **3. Statusklage.** Eine Statusklage drei Jahre nach Beendigung des Vertragsverhältnisses und eineinhalb Jahre nach Abschluss eines amtsgerichtlichen Vergleichs im Rechtsstreit um die Schlussabrechnung (Handelsvertreter) ist verwirkt. Nach Abschluss dieses Rechtsstreits und einem Zeitablauf von über weiteren eineinhalb Jahren durfte der Unternehmer berechtigterweise darauf vertrauen, aus dem beendeten Vertragsverhältnis nicht mehr wegen der Frage der rechtlichen Einordnung des Vertrages und wegen weiterer Ansprüche daraus in Anspruch genommen zu werden. Der berechtigte Vertrauensschutz des Unternehmers überwiegt angesichts dieser Umstände das Interesse des Handelsvertreters/Arbeitnehmers an einer Prüfung des von ihm behaupteten Anspruchs derart, dass ihm die Einlassung auf die nicht mehr innerhalb angemessener Frist erhobene Klage nicht mehr zuzumuten ist.[194]

103   **4. Erteilung eines Buchauszuges.** Der Anspruch auf den Buchauszug kann vertraglich nicht ausgeschlossen werden (§ 87c Abs. 5 HGB) und besteht auch dann, wenn der Handelsvertreter die Abrechnung über viele Jahre widerspruchslos hingenommen hat. Der Handelsvertreter kann den Anspruch auf Erteilung eines Buchauszuges geltend machen, solange er sich mit dem Unternehmer über die Abrechnung noch nicht geeinigt hat, also uU auch für bereits länger zurückliegende Zeiträume. Die Duldung kann nicht als ein sich ständig wiederholendes negatives Schuldanerkenntnis des Handelsvertreters ausgelegt werden mit der Folge, dass ihm Ansprüche auf Erteilung eines Buchauszuges und auf Zahlung weiterer Provision nicht zustehen.[195] Für eine Einigung über die Abrechnung ist vielmehr eine eindeutige Willenserklärung des Handelsvertreters erforderlich. Eine solche kann darin gesehen werden, dass der Handelsvertreter den von dem Unternehmer für einen bestimmten Zeitpunkt festgestellten Saldo seines Kontos zur Kenntnis genommen und dagegen keine Einwendung erhoben hat.[196]

104   Der Anspruch auf Erteilung eines Buchauszuges ist nicht deshalb verwirkt, weil sich der Unternehmer eines EDV-Buchhaltungssystems bedient und der Handelsvertreter sich im Vertragsvollzug auf die vom Unternehmer praktizierte Art der Abrechnung eingelassen hat. Ein solches Verhalten lässt nach Treu und Glauben und der Verkehrssitte keineswegs darauf schließen, dass der Handelsvertreter damit auf seinen Anspruch auf Buchauszug verzichtet hat.[197]

105   Ein Versicherungsunternehmen ist gehalten, dem Versicherungsvertreter während des Vertragsverhältnisses durch die Übermittlung zeitnaher Stornogefahrmitteilungen Gelegenheit zur Nachbearbeitung notleidender Versicherungsvertragsverhältnisse zu geben. Der Versicherungsvertreter kann sich nach Beendigung des Vertrages nach Treu und Glauben (§ 242 BGB) nicht mehr auf diesbezügliche Pflichtverletzungen des Versicherers berufen,

---

[192] BGH NJW 2011, 3361.
[193] BGH NJW 1966, 882.
[194] LAG Hessen BeckRS 1999, 30875228.
[195] BGH NJW 1996, 588 unter Aufgabe BGH NJW 1965, 1136.
[196] BGHZ 34, 310 zum Ausgleichsanspruch eines Bausparkassenvertreters, Berücksichtigung entgangener Inkassoprovisionen und Abschlussprovisionen.
[197] OLG München OLGR München 2000, 304.

nachdem er diese während der gesamten Dauer des Vertragsverhältnisses rügelos hingenommen hat, obgleich ihm nicht verborgen geblieben war, dass Vertragsstornierungen erfolgten und ihm sodann Provisionsvorschüsse rückbelastet wurden.[198]

5. Vertragsstrafe. Eine Vertragsstrafe ist nicht verwirkt, wenn der Gläubiger zunächst **106** den weiteren Verlauf der auf Initiative des Schuldners begonnenen Abwerbungsgespräche abwartet, um sowohl ausreichende Beweise für ein vertragswidriges Verhalten des Vertragsgegners in die Hand zu bekommen, als auch zu sehen, wie weit dieser geht und mit welchen Methoden seines Vorgehens (eventuell auch in Zukunft) gerechnet werden muss.[199]

VIII. Vertrauenshaftung (Erwirkung)

Das Rechtsinstitut der Erwirkung bewirkt, dass an sich nicht bestehende Ansprüche zur **107** Entstehung gelangen.[200] Nicht dagegen können über die Fürsorgepflicht eine Hauptleistungspflicht des Unternehmers begründet werden; dies lässt sich weder mit einer Auslegung der vertraglichen Regelungen noch mit §§ 241 Abs. 2, 242 BGB begründen.[201] Die Voraussetzungen einer „Erwirkung" beruhen – ähnlich wie die Verwirkung – auf einem Vertrauenstatbestand auf Seiten des Berechtigten und in der Zurechnung auf Grund des Verschuldens- oder Risikoprinzips auf Seiten des Haftenden.[202] Gegen die Erwirkung wird eingewandt, dass in den Fällen, in denen mit Hilfe der Rechtsgeschäftslehre kein Vertrag begründet werden kann, auch keine Ansprüche entstehen könnten, weil wegen des Vorrangs der §§ 145 ff. BGB ein Rückgriff auf § 242 BGB unzulässig sei.[203] Für die Rechtsfolgenbestimmung ist dieser Streit jedoch unerheblich, da sich schon aus § 162 Abs. 2 BGB ergibt, dass die Vereitelung von Rechtspositionen des Gegners und die Begründung eigener Rechtspositionen nahe beieinander liegen.[204] Ein zu missbilligendes früheres Verhalten kann vorliegen, wenn das Handeln der Partei geeignet ist, die Rechte der Gegenpartei zu vereiteln. Dieses Verhalten ist rechtlich unbeachtlich und der Gegenpartei wird eine Rechtsstellung zuerkannt, als ob dieses Verhalten nicht geübt worden wäre.[205] Wie fließend die Übergänge sind, zeigt das Beispiel der Missachtung eines Formerfordernisses, deren Unschädlichkeit zumeist auf die Weise hergeleitet wird, dass man die Berufung der Gegenpartei auf die Formnichtigkeit für rechtsmissbräuchlich und daher unbeachtlich erklärt, damit aber der Sache nach ein nach Maßgabe des § 125 BGB eigentlich nicht bestehendes Recht eben dennoch gewährt wird.[206]

Der gleiche Gedanke liegt der Durchgriffshaftung zugrunde. Indem das Gesetz die **108** juristische Person als selbständige Rechtspersönlichkeit anerkennt, trennt es zwischen den Rechten und Pflichten der juristischen Person und den Rechten und Pflichten der Mit-

---

[198] OLG Saarbrücken RuS 2001, 87.

[199] BGH NJW 1983, 941.

[200] Die wichtigsten Fälle werden im Arbeitsrecht unter dem Schlagwort betriebliche Übung diskutiert (BAGE 5, 44).

[201] LAG München BeckRS 2012, 70996, Urteil bestätigt durch BAG BeckRS 2012, 70996.

[202] MüKoBGB/Schubert § 242 Rn. 203–205: Aberkennung und Zuerkennung von Rechten und günstigen Rechtslagen sind nur zwei Seiten derselben Medaille, wobei die „destruktive" Funktion dieser Anwendungsform von Treu und Glauben ganz im Vordergrund steht, die „rechtsschaffende" oder „anspruchsbegründende" die Ausnahme bildet und auch nicht immer als solche klar erkannt oder akzeptiert wird.

[203] Dirk Olzen/Dirk Looschelders Staudinger BGB § 242 Rn. 19 ff. der der Meinung ist, die meisten der unter dem Oberbegriff „Erwirkung" behandelten Fälle seien ohne weiteres mit den Vertragsschluss- und Auslegungsregeln zu lösen.

[204] BGH NJW 1982, 2552: Wer die vertragliche Verpflichtung, im Falle der Anpachtung eines Jagdbezirks einen bestimmten Mitpächter aufzunehmen, dadurch zu umgehen sucht, dass er in einer gegen Treu und Glauben verstoßenden Weise seine Ehefrau den Jagdbezirk anpachten lässt, muss sich nach § 162 Abs. 1 BGB so behandeln lassen, als hätte er selbst gepachtet.

[205] MüKoBGB/Schubert § 242 Rn. 203–205.

[206] MüKoBGB/Schubert § 242 Rn. 203–205; BGH NJW-RR 1987, 1073 zur Frage des Zustandekommens eines Vertragshändlervertrages im Falle der Nichteinhaltung der an sich vorgesehenen Schriftform.

glieder. Der Gläubiger einer juristischen Person darf sich deshalb nur an die juristische Person halten; deren Mitglieder haften ihm nicht. Auf die Mitglieder, Hintermänner oder Drahtzieher der juristischen Person darf der Gläubiger nur zugreifen, wenn sie die Rechtsform der juristischen Person missbrauchen. Diese „Durchgriffshaftung" bedarf stets besonderer Rechtfertigung aus Treu und Glauben. Deshalb nimmt die Rechtsprechung die Durchgriffshaftung eines Mitglieds für Verbindlichkeiten der juristischen Person und – umgekehrt – eine Haftung der juristischen Person für Verbindlichkeiten des Mitglieds – nur an, wenn der Trennungsgrundsatz „zu Ergebnissen führen würde, die mit Treu und Glauben nicht in Einklang stehen und wenn die Ausnutzung der rechtlichen Verschiedenheit zwischen der juristischen Person und den hinter ihr stehenden natürlichen Personen einen Rechtsmissbrauch bedeutet. Es ist Aufgabe des Richters, einem treuwidrigen Verhalten der hinter der juristischen Person stehenden natürlichen Personen entgegenzutreten und die juristische Konstruktion hintanzusetzen, wenn die Wirklichkeit des Lebens, die wirtschaftlichen Bedürfnisse und die Macht der Tatsachen eine solche Handhabung gebieten".[207]

109   Eine Vertrauenshaftung ist insbesondere im Vertragsrecht des Handelsvertreters geboten, das durch ein gesteigertes Vertrauensverhältnis geprägt ist. Es widerspricht Treu und Glauben, wenn ein Unternehmer Abschluss und Ausführung eines Geschäfts für seine Person ablehnt, dieses aber durch ein anderes Unternehmen, das er beherrscht und dessen wirtschaftliche Interessen er teilt, ausführen lässt und damit die für den Geschäftsabschluss maßgebliche Tätigkeit des Handelsvertreters ausnutzt, aber gleichwohl nicht vergütet. In einem solchen Fall schuldet er die Provision.[208]

110   Eine KG kann sich als Partner des Handelsvertretervertrages gegenüber dem Provisionsanspruch des Handelsvertreters nicht auf ihre rechtliche Selbständigkeit im Verhältnis zu einer GmbH berufen, wenn zwischen ihr und der GmbH, die die Kaufverträge abschloss, wirtschaftlich weitgehend eine Einheit bestand, weil beide Firmen von dem gleichen alleinigen Gesellschafter und Geschäftsführer geführt und beherrscht werden.[209] Übernimmt eine GmbH die Geschäfte ihrer Tochtergesellschaft, einer KG, und beliefert sie Kunden mit Produkten, für welche die Tochtergesellschaft dem Handelsvertreter Provision zu zahlen hätte, so wäre es objektiv missbräuchlich, wenn sich die GmbH auf die rechtliche Selbständigkeit der Unternehmen berufen könnte.[210] Besteht ein Handelsvertreterverhältnis zwischen dem Handelsvertreter und mehreren Schwesterunternehmen, so sind im Falle eines Vertrauensverstoßes des Handelsvertreters alle Unternehmen berechtigt, eine fristlose Kündigung auszusprechen. Angesichts der engen Verflechtung aller Unternehmen kann, soweit ein Handelsvertreter auch nur gegenüber einer dieser (rechtlich selbständigen) Firmen einen Abrechnungsbetrug begangen hat, für alle Firmen die Fortsetzung des Vertragsverhältnisses mit dem Handelsvertreter unzumutbar sein.[211]

---

[207] BGHZ 78, 318; 68, 312: In der Rechtsprechung sind für einen direkten Haftungsdurchgriff der Gläubiger einer Kapitalgesellschaft gegen dahinterstehende Gesellschafter insbesondere Fälle in Betracht gezogen worden, in denen der Alleingesellschafter den Eindruck persönlicher Haftung hervorruft, in denen der Alleingesellschafter sein Privatvermögen mit dem Gesellschaftsvermögen vermischt oder in denen der Gesellschafter die juristische Person vorschiebt, um Vorteile (Schmiergelder) empfangen und behalten zu können, die er, wenn er sie unmittelbar erlangte, seinem Auftraggeber nach § 667 BGB abführen müsste.

[208] BGH NJW 1981, 1785: Zur Frage der Provisionspflicht des Unternehmers, wenn sich dieser die Vermittlungstätigkeit seines Handelsvertreters im Rahmen eines Unternehmens zunutze macht, mit dem er zwar nicht rechtlich, wohl aber wirtschaftlich weitgehend gleichzusetzen ist.

[209] BGH BB 1987, 1417.

[210] OLGR Düsseldorf 2000, 425.

[211] OLG Köln NJW-RR 2003, 398; OLG Bremen BeckRS 2011, 16453 (Außerordentliche Kündigung wegen unterlassener Aufklärung über die Reduzierung von Reisekosten bei bestehender Pauschalvereinbarung und wegen der Ausstellung eines falschen Eigenbelegs).

IX. Inhaltskontrolle

1. Allgemeine Geschäftsbedingungen. Vor Inkrafttreten des AGBG knüpfte die **111** Inhaltskontrolle von AGB an § 242 BGB an[212]. Durch die Kodifizierung der Inhaltskontrolle in den Spezialnormen (jetzt) der §§ 307 ff. BGB[213] ist die Anwendung von § 242 BGB zur Inhaltskontrolle von AGB nicht mehr zulässig. Sie legen gegenüber § 242 BGB abschließend fest, unter welchen Voraussetzungen AGB unwirksam sind.

a) Altverträge. Soweit es um Altverträge aus der Zeit vor dem Inkrafttreten des AGBG **112** geht (früher § 28 AGBG), ist die Inhaltskontrolle weiterhin anhand von § 242 BGB vorzunehmen.[214] Die §§ 305 ff. BGB gelten nach Art. 229 § 5 EGBGB grundsätzlich nur für Verträge, die nach dem 31.12.2001 abgeschossen worden sind. Für Dauerschuldverhältnisse gelten jedoch die §§ 305 ff. BGB gem. Art. 229 § 5 S. 2 EGBGB seit dem 1.1.2003; sie erfassen auch die vor dem 1.1.2002 begründeten Dauerschuldverhältnisse. Da altes und neues Recht durchweg inhaltsgleich sind, kann in der Regel offen bleiben, welches Recht anzuwenden ist.

b) Ausübungskontrolle. Nach allgemeinen Grundsätzen ist es allerdings nicht aus- **113** geschlossen, dass die Berufung des Verwenders von Allgemeinen Geschäftsbedingungen auf eine an sich wirksame Klausel unter besonderen Umständen des Einzelfalls gegen Treu und Glauben (§ 242 BGB) verstoßen kann.[215] Aus § 242 BGB (widersprüchliches Verhalten) wird das Verbot hergeleitet, dass der Verwender sich nicht auf die Unwirksamkeit seiner eigenen AGB berufen darf.[216]

2. Individualvereinbarungen. Ist eine Klausel individuell ausgehandelt worden, liegen **114** keine AGB vor (§ 305 Abs. 1 S. 1 BGB). Eine Vertragsbedingung ist ausgehandelt, wenn ihr Inhalt nicht nur vom Verwender, sondern ebenso von der Gegenseite in deren rechtsgeschäftlichen Gestaltungswillen aufgenommen worden ist und somit Ausdruck der rechtsgeschäftlichen Selbstbestimmung und Selbstverantwortung beider Vertragsparteien ist.[217] Über § 242 BGB kann der Inhalt von Individualvereinbarungen kontrolliert werden.[218]

B. Franchise-Nehmer

Franchise-Verträge sind regelmäßig Formularverträge, entworfen für eine Vielzahl von **115** Vertragsabschlüssen. Eine Inhaltskontrolle der Vertragsklauseln erfolgt deshalb vorrangig nach den Vorschriften des AGB-Rechts (§§ 305 ff. BGB)[219] und nicht mehr – wie früher – nach § 242 BGB.

---

[212] Grundlegend BGHZ 22, 90 (Unwirksamkeit einzelner Klauseln in AGB).

[213] Das Gesetz zur Modernisierung des Schuldrechts hat die materiellrechtlichen Vorschriften des AGBG fast unverändert als §§ 305–310 in das BGB eingeordnet.

[214] BGHZ 143, 128: AGB unterliegen nach § 242 BGB jedenfalls nicht in weitergehendem Umfang der Inhaltskontrolle, als eine solche nach § 8 AGBG für die in den zeitlichen Geltungsbereich des AGB-Gesetzes fallenden Verträge vorgesehen ist.

[215] BGHZ 105, 71 (Schönheitsreparaturen in Formularmietvertrag über Wohnraum: anteilige Renovierungskosten; renoviert überlassener Wohnraum).

[216] BGH NJW-RR 1998, 594 (Architektenvertrag mit Aufwendungsersatzklausel für Kündigungsfall).

[217] BGH NJW 1977, 624 zu den Anforderungen an das Aushandeln von vorformulierten Bedingungen; BGHZ 104, 232 (Abgrenzung Allgemeine Geschäftsbedingung – Individualvereinbarung in einem Leasingvertrag); Umfassend zu den Anforderungen des „Aushandelns" in Vertriebsmittlerverträgen: Weischer S. 116 ff.

[218] OLG Hamm BeckRS 2012, 06496: Ein umfassender Gewährleistungsausschluss kann gem. § 242 BGB treuwidrig sein; ein Verstoß gegen Treu und Glauben kann sich ferner aus einer unverständlichen Gestaltung des Vertrages ergeben.

[219] Grundsätzlich werden in den Formularvertrag auch das Handbuch und Richtlinien einbezogen, die außerhalb der eigentlichen Vertragsurkunde gefertigt werden. Diese werden mithin auch einer Inhaltskontrolle nach dem AGB-Recht unterzogen. BGH NJW-RR 2007, 1286 (Inhaltskontrolle eines vorformulierten Vertragswerks zum Abschluss eines Tankstellenpachtvertrags).

116   Der Franchise-Nehmer ist selbständiger Unternehmer, auch wenn er Existenzgründer[220] ist. Die Klauselverbote mit und ohne Wertungsmöglichkeit der §§ 308 und 309 BGB finden gemäß § 310 BGB auf Franchise-Nehmer keine Anwendung. Sie unterliegen lediglich der allgemeinen Inhaltskontrolle nach § 307 BGB.[221] Sie sind unwirksam (§ 306 BGB), wenn sie den Franchise-Nehmer wider Treu und Glauben unangemessen benachteiligen. Nach § 307 Abs. 2 BGB wird das vermutet, wenn entweder die Bestimmung mit wesentlichen Grundgedanken der gesetzlichen Regelung nicht vereinbar ist oder die Bestimmung die Erreichung des Vertragszweckes gefährdet.[222] Eine unangemessene Benachteiligung kann sich auch daraus ergeben, dass die Bestimmung nicht klar und verständlich abgefasst ist (§ 307 Abs. 1 S. 2 BGB). Die Unwirksamkeit bezieht sich dann aber – abgesehen vom Ausnahmefall des § 306 Abs. 3 BGB – nicht auf den gesamten Franchise-Vertrag, sondern nur auf die inkriminierten Vertragsklauseln.[223] Soweit dispositives Recht zur Lückenfüllung fehlt, sind diese nach Treu und Glauben und der Verkehrssitte gemäß § 242 BGB zu schließen.

117   Vorschriften des Handelsvertreterrechts sind auf einen Franchise-Vertrag entsprechend anwendbar, wenn der hinter einer Einzelbestimmung stehende Grundgedanke wegen der Gleichheit der Interessenlage auch auf das Verhältnis zwischen Franchise-Geber und Franchise-Nehmer zutrifft.[224]

118   § 242 BGB ist auf den Franchise-Vertrag uneingeschränkt anwendbar, insbesondere bei der Begründung von Pflichten bei der Vertragsanbahnung und der Ausübungskontrolle des geschlossenen Vertrags. Auf die vorstehenden Ausführungen zum Handelsvertretervertrag wird deshalb Bezug genommen werden, insbesondere zu den sich aus § 242 BGB ergebenden Ausübungsschranken.[225]

I. Vorvertragliche Aufklärung

119   Die Vertragsanbahnung begründet bereits ein rechtsgeschäftsähnliches Schuldverhältnis: Durch die Aufnahme von Vertragsverhandlungen (§ 311 Abs. 2 Nr. 1 BGB) oder durch die Anbahnung eines Vertrags (§ 311 Abs. 2 Nr. 2 BGB) kann es zur Begründung eines Schuldverhältnisses mit Schutz- oder Rücksichtspflichten iSd § 241 Abs. 2 BGB kommen.[226] Liegen die genannten Voraussetzungen vor, von denen § 311 Abs. 2 Nr. 1–3 BGB die Entstehung eines Schuldverhältnisses aus cic abhängig macht, so treffen beide Parteien zum Schutz des jeweils anderen Teils die in § 241 Abs. 2 BGB genannten Schutz- oder

---

[220] BGHZ 162, 253: Dabei reicht es aus, wenn die Unternehmereigenschaft erst durch die Unterzeichnung des Formularvertrages begründet wird.

[221] Emde MDR 2007, 994.

[222] OLG Köln BeckRS 2012, 13656: Eine Abweichung des Vertrages vom gesetzlichen Leitbild kommt mangels einer gesetzlichen Regelung des Franchisevertrages nicht in Betracht. Maßstab für die Beurteilung von AGB kann lediglich sein, ob die Erreichung des Vertragszwecks gemäß § 9 Abs. 2 Nr. 2 AGBG (jetzt § 307 Abs. 2 Nr. 2 BGB) gefährdet wäre.

[223] OLG Düsseldorf BeckRS 2014, 12436: Können unwirksame Klauseln durch dispositives Recht oder im Wege der ergänzenden Vertragsauslegung ersetzt werden bzw. betreffen ersatzlos weggefallene unwirksame Klauseln keine wesentlichen Vertragsregelungen, tritt keine Gesamtnichtigkeit des Vertrages ein.

[224] BGH NJW-RR 1987, 612 zu den Voraussetzungen der analogen Anwendung des § 90a Abs. 1 S. 3 HGB (Karenzentschädigung) auf einem Heimgetränkedienst; BGH NJW-RR 2002, 1554 zur fristgerechten Kündigung analog § 89 HGB; LG Kiel BeckRS 2014, 13988 nachvertragliches Wettbewerbsverbot gem. 90a HGB; BGHZ 204, 166 keine analoge Anwendung des Ausgleichsanspruchs nach § 89b HGB auf im Wesentlichen anonyme Massengeschäfte.

[225] BGHZ 136, 295 zur Ausweitung der analogen Anwendung der Vorschriften des Ausgleichsanspruchs für Handelsvertreter auf Vertragshändlerverträge und Franchiseverträge; BGH NJW-RR 2004, 898 zum Ausgleichsanspruch eines Tankstellenpächters wegen seiner Tätigkeit im sogenannten „Shop-Geschäft"; BGHZ 204, 166: Bei Franchiseverträgen, die ein im Wesentlichen anonymes Massengeschäft betreffen, rechtfertigt eine bloß faktische Kontinuität des Kundenstamms nach Vertragsbeendigung eine analoge Anwendung von § 89b HGB nicht; OLG Hamm BeckRS 2016, 03186 zum Handelsvertreterausgleich für die Tätigkeit eines Tankstellenpächters im Waschgeschäft.

[226] Daneben kommt § 311 Abs. 2 Nr. 3 BGB (ähnliche geschäftliche Kontakte) eine eigenständige Bedeutung im Sinne eines Auffangtatbestandes zu (MüKoBGB/Emmerich BGB § 311 Rn. 42).

Rücksichtspflichten. Es soll in erster Linie den Gefahren begegnet werden, die daraus resultieren, dass durch und während der Vertragsverhandlungen der eine Teil dem anderen die Möglichkeit zur Einwirkung auf seine Rechte, Rechtsgüter und Interessen gewährt oder dass er diese ihm anvertraut (§ 311 Abs. 2 Nr. 2 BGB). Neben den Verkehrssicherungspflichten werden hierdurch vor allem Obhutspflichten, Aufklärungs- und Informationspflichten sowie generell die Pflicht zu loyalem Verhalten gegenüber dem anderen Teil (§§ 241 Abs. 2, 242 BGB) begründet.[227]

Nach den allgemeinen zivilrechtlichen Grundsätzen ist es vor Abschluss eines Vertrages **120** Aufgabe einer jeden Vertragspartei, sich selbst über die Vor- und Nachteile eines Vertragsabschlusses zu informieren. Obwohl sich die Parteien bei den Vertragsverhandlungen gewöhnlich mit entgegengesetzten Interessen gegenüberstehen und deshalb (legitimerweise) auf ihren eigenen Vorteil bedacht sind, bleiben sie doch nach § 242 BGB verpflichtet, loyal miteinander umzugehen und nach Treu und Glauben auf die Rechte, Rechtsgüter und Interessen des anderen Teils Rücksicht zu nehmen (§§ 311 Abs. 2, 241 Abs. 2, 242 BGB).[228] Einen Franchise-Geber treffen deshalb in Abweichung von dem anfangs genannten Grundsatz vor Abschluss des Franchise-Vertrages Aufklärungspflichten gegenüber dem zukünftigen Franchise-Nehmer. Grund für diese Pflichten des Franchise-Gebers ist zum einen das Wissensgefälle zwischen den Vertragsparteien: Der Franchise-Geber kennt sein Franchise-System, die einzelnen in den Franchise-Betrieben erzielten Umsätze und damit auch die Erfolgsaussichten seines Franchise-Systems insgesamt und steht dem (existenzgründenden) Franchise-Nehmer mit überlegenem Wissen gegenüber. Zum anderen tätigt der Franchise-Nehmer meist erhebliche Anfangsinvestitionen in seinem Franchise-Betrieb, so dass er erwarten darf, zumindest über die wesentlichen Umstände des Franchise-Systems aufgeklärt zu werden. Mangels gesetzlicher Regelungen[229] sind die Grundsätze zum Umfang der vom Franchise-Geber ungefragt zu erteilenden Informationen durch die Rechtsprechung aus Treu und Glauben und der Verkehrssitte (§ 242 BGB) entwickelt worden.[230] Sind durch den Franchise-Geber die vorvertraglichen Aufklärungspflichten[231] verletzt worden, stehen dem Franchise-Nehmer Schadensersatzansprüche aus cic gemäß §§ 311, 241 Abs. 2, 242, 280 BGB zu: Der Franchise-Nehmer ist vom Franchise-Geber[232] so zu stellen, als ob er den fraglichen Franchise-Vertrag nicht abgeschlossen hätte. Im Falle der Übervorteilung durch arglistige Täuschung besteht zudem die Möglichkeit, den Franchise-Vertrag gemäß § 123 BGB anzufechten.[233]

---

[227] MüKoBGB/Emmerich § 311 Rn. 50.

[228] MüKoBGB/Emmerich § 311 Rn. 160. Auch wenn es in Deutschland noch keine spezialgesetzliche Regelung gibt, die Offenbarungspflichten zwischen den Parteien eines künftigen Franchisevertrages festlegt, ergeben sich Aufklärungspflichten aus dem vorvertraglichen Schuldverhältnis (§§ 311 Abs. 2 Nr. 1 u. 2, 241 Abs. 2 BGB), wobei die Pflichten im Einzelnen aus Treu und Glauben und der Verkehrssitte hergeleitet werden (Rafsendjani DB 2015, 2007).

[229] Nach Flohr Editorial ZVertriebsR 2016, 1, sei der Gedanke einer gesetzlichen Sonderregelung für Franchise-Verträge oder der vorvertraglichen Aufklärungspflichten des Franchise-Gebers wieder aufgelebt: ein Forschungsvorhaben zu diesem Thema sei ausgeschrieben worden. Er nennt die Untersuchungsgegenstände, auf die sich das Vorhaben erstrecken solle.

[230] Die wesentlichen Grundsätze zu den vorvertraglichen Aufklärungspflichten eines Franchise-Gebers sind in Urteilen des OLG München entwickelt worden, auf die in der Literatur und von anderen Instanzgerichten immer wieder zurückgegriffen wird: OLG München BB 1988, 865 mit Anm. Skaupy BB 1988, 865 und Braun NJW 1995, 504; OLG München NJW 1994, 667 mit Anm. Böhner NJW 1994, 635; OLG München BB 2001, 1759; 2003, 443 mit Anm. Giesler/Nauschütt BB 2003, 435. Eine Entscheidung des BGH zu den Aufklärungspflichten eines Franchise-Gebers vor Abschluss eines Franchise-Vertrages ist bis heute nicht ergangen.

[231] Flohr ZVertriebsR 2013, 71 zu den Grundsätzen, die die vorvertragliche Aufklärung prägen; Böhner BB 2011, 2248 zu der Aufklärungspflicht des Franchise-Gebers über Vertragszweck, Vertragsrisiko und Due Diligence.

[232] BGH NJW-RR 2006, 993 zur persönlichen Haftung des Verhandlungsführers für ein Franchise-Geschäft.

[233] BGHZ 87, 27 (Aufklärung des Warenlieferanten über wirtschaftliche Verhältnisse der GmbH); BGHZ 114, 87 (Offenlegung der werklohnverteuernden Provisionszusage an den künftigen Baubetreuer des Auftraggebers).

120a   Nach einem Urteil des OLG Frankfurt a. M.[234] kann ein Franchise-Nehmer im Falle der Bejahung von vorvertraglichen Aufklärungspflichten die Zahlung der Eintrittsgebühr verweigern. Der Franchise-Geber kann die Zahlung der Eintrittsgebühr nicht verlangen, wenn dem Franchise-Nehmer dagegen die Einrede nach § 242 BGB zusteht, indem der Franchise-Geber die erhaltene Eintrittsgebühr dem Franchise-Nehmer wegen der Verletzung vorvertraglicher Aufklärungspflichten zurückgewähren müsste. Dies ist bislang noch von keinem Gericht mit dieser Deutlichkeit im Zusammenhang mit der Verletzung vorvertraglicher Aufklärungspflichten entschieden worden. Auch ist aufgrund dieser Entscheidung davon auszugehen, dass zukünftig Franchise-Nehmer, wenn diesen ein Schadenersatzanspruch wegen Verletzung vorvertraglicher Aufklärungspflichten zusteht, daraus eine Einrede nach § 242 BGB herleiten können, wenn der Franchise-Geber von ihnen weitere Leistungen auf der Grundlage des abgeschlossenen Franchise-Vertrages verlangt.

121   **1. Falsche Angaben über vertragswichtige Umstände.** Eine Täuschung durch positives Tun kann zB durch Behauptungen über Zustände oder Ereignisse, durch Vorspiegeln, Unterdrücken oder Entstellen von Tatsachen, durch mündliche oder schriftliche Äußerungen erfolgen.[235] Der Inhalt der Täuschung ist durch Auslegung zu ermitteln. Dabei sind Halbwahrheiten und unvollständige Angaben regelmäßig der aktiven Täuschungshandlung zuzuordnen. Falsche Angaben über vertragswichtige Umstände verpflichten auch dann zum Schadensersatz, wenn keine Offenbarungspflicht besteht.[236]

122   Der Franchise-Geber darf sein System in der Werbung und bei Verhandlungen mit den Franchise-Nehmern nicht erfolgreicher darstellen, als es tatsächlich ist.[237] Der Franchise-Geber darf nicht wahrheitswidrig damit werben, es gebe eine große Zahl erfolgreicher Franchise-Nehmer.[238] Er darf nicht ins Blaue hinein[239] behaupten, dass man als Franchise-Nehmer regelmäßig „viel Geld sicher verdienen" könne, während utopische Umsatzzahlen als „vorsichtige Schätzung" bezeichnet wurden.[240] Er darf nicht wahrheitswidrig behaupten, es bestehe ein bundesweites Netz von Master-Franchise-Nehmern und deshalb ein reichhaltiger Erfahrungsschatz. Ebenso darf er keine falschen Angaben zu der Erprobung und zu dem bisher erzielten Markterfolg des Franchise-Systems oder zu der Frage machen, ob in dem Einzugsbereich des Franchise-Nehmers bereits Kunden vorhanden sind. Dies gilt auch für die unrichtige Behauptung, es sei ein bestimmtes Know-how vorhanden, und man wolle für den Franchise-Nehmer ein „Handelsvertreterteam aufbauen". Auch darf er nicht behaupten, der Erfolg sei „praktisch vorprogrammiert", obwohl von 135 Franchise-Nehmern 28 Unternehmen wirtschaftliche Schwierigkeiten hatten[241] oder das Franchise-System als „krisensichere Zukunft" anpreisen, während in dem Franchise-System tatsächlich erhebliche Schwierigkeiten bestanden. Der Franchise-Geber muss den Franchise-Nehmer in die

---

[234] OLG Frankfurt a. M. ZvertriebsR 2022, 59.
[235] Umfassend zur Wahrheitspflicht: Feuerriegel ZVertriebsR 2013, 166.
[236] BGH NJW-RR 1997, 144 (Schadensersatz infolge unrichtiger Angaben bei Grundstückskaufverhandlungen); BGH NJW-RR 2011, 1661: Bei einer Inanspruchnahme aus § 823 Abs. 2 BGB iVm § 263 StGB wegen eines Eingehungsbetruges durch fehlerhafte Beratung verbleibt die Darlegungs- und Beweislast für den Fortbestand des Irrtums beim Anspruchsteller.
[237] Giesler/Nauschütt BB 2003, 435, die die nachfolgenden Fälle aus vielfach unveröffentlichten Entscheidungen zitieren.
[238] OLG München BB 1988, 865 zu den Aufklärungspflichten bei Vertragsverhandlungen über einen Franchisevertrag.
[239] OLGR Rostock 1996, 13.
[240] OLG München NJW 1994, 667 zur Aufklärung über die Rentabilität des Geschäftssystems; OLG Düsseldorf ZVertriebsR 2014, 46.
[241] OLG München BB 2001, 1759 zur Schadensersatzpflicht des Franchise-Gebers wegen Verletzung der vorvertraglichen Aufklärungspflicht über Scheiterungsquote.

Lage versetzen, eigenverantwortlich entscheiden zu können, ob er das Risiko eingeht, den Franchisevertrag abzuschließen.[242]

2. Offenbarungspflicht.[243] Das Verschweigen von Umständen, die für die Willensent- **123** schließung des Erklärungsgegners wesentlich sind, kann ebenfalls eine Täuschung darstellen. Zu unterscheiden ist, ob auf eine Frage wahre Tatsachen verschwiegen werden oder ob auch ohne ausdrückliche Nachfrage eine Offenbarungspflicht besteht. Auf ausdrückliche Fragen muss der Vertragspartner, sofern er die Beantwortung nicht vollkommen ablehnt, grundsätzlich vollständig und richtig antworten.[244] Große Schwierigkeiten bereitet die Begründung von Aufklärungspflichten ohne solche Nachfrage.

a) Allgemeines wirtschaftliches Risiko. Grundsätzlich besteht keine allgemeine Auf- **124** klärungspflicht, den Vertragspartner hinsichtlich aller Einzelheiten und Umstände zu informieren, die die Willensentschließung beeinflussen könnten.[245] Zum Wesen der Privatautonomie gehört die Selbstverantwortung für rechtsgeschäftliches Handeln. Insofern ist es im Grundsatz jedermanns eigene Angelegenheit, die für die eigene Willensentscheidung notwendigen Informationen auf eigene Kosten und auf eigenes Risiko selbst zu beschaffen.[246] Zudem hat der Franchise-Geber als Vertragspartei nicht die Aufgaben eines Existenzgründungsberaters. Ihm obliegt es insbesondere nicht, den Franchise-Nehmer über die allgemeinen Risiken einer beruflichen Selbstständigkeit – auch nicht über die „Durststrecke" in der Aufbauphase – aufzuklären oder für ihn umfassende Kalkulationen zu erstellen, die ein mit betriebswirtschaftlichen Grundkenntnissen vertrauter Franchise-Nehmer selbst erstellen kann.[247]

Der Franchise-Geber übernimmt auch nicht die Erfolgsgarantie für das Franchise-Sys- **125** tem;[248] er garantiert nicht die Rentabilität des vom Franchise-Nehmer geplanten Geschäfts. Der Franchise-Nehmer trägt vielmehr das allgemeine wirtschaftliche Risiko seines Schritts in die Selbständigkeit.[249]

b) Aufklärungspflichten des Franchise-Gebers. Wann und in welchem Ausmaß **126** diesbezügliche Aufklärungspflichten ausnahmsweise bestehen, hat der Gesetzgeber nicht normiert, weil ihm eine generelle Regelung unmöglich erschien. Die Rechtsprechung bejaht eine Pflicht zur Mitteilung auch ohne Nachfrage dann, wenn eine Aufklärung nach Treu und Glauben (§ 242 BGB) und den im Verkehr üblichen Gewohnheiten geboten ist und ein Vertragspartner daher mit einer Aufklärung der Sachlage redlicherweise rechnen darf.[250]

---

[242] In den vorgehenden Fällen kommt grundsätzlich eine Haftung auf Schadensersatz wegen Betrug (§ 823 Abs. 2 BGB, § 263 StGB) in Betracht (OLG München BB 2003, 443 mAnm Giesler/Nauschütt BB 2003, 435); in der zivilgerichtlichen Praxis wird jedoch auch in diesen Fällen regelmäßig mit der Verletzung der Aufklärungspflicht argumentiert (§§ 280 Abs. 1, 241 Abs. 2, 242, 311 Abs. 2 BGB), da die culpa in contrahendo geringere Anforderungen an die Behauptungs- und Beweislast stellt.

[243] Die nachfolgenden Ausführungen orientieren sich an Flohr Franchise-Vertrag, 36 ff.

[244] OLG Frankfurt a. M. BeckRS 2011, 26726: Die Frage, ob andere Franchise-Nehmer insolvent geworden seien, muss wahrheitsgemäß beantwortet werden.

[245] BGH NJW 1983, 2493 (Aufklärung über Senkung des Herstellerlistenpreises während Vertragsverhandlungen).

[246] BGH NJW 1989, 763 (Aufklärungspflichten bei Abschluss eines Praxisübernahmevertrages).

[247] OLG Schleswig NJW-RR 2009, 64 zu den Grenzen vorvertraglicher Aufklärungspflichten des Franchise-Gebers.

[248] Böhner NJW 1994, 635.

[249] LG Krefeld BeckRS 2007, 17915 zu der vorvertraglichen Aufklärungspflicht bezüglich der Umsatzzahlen.

[250] OLG Hamm ZVertriebsR 2012, 177: Der Franchise-Geber ist verpflichtet, den Franchise-Nehmer vor Vertragsschluss über die Rentabilität des Franchisesystems aufzuklären. Die Rentabilitätsvorschau und die angegebenen Umsatzzahlen müssen auf einem Vergleich des vorgesehenen konkreten Standortes mit anderen Standortfaktoren basieren und dürfen nicht lediglich den Charakter einer Schätzung aufweisen.

127 Aufklärungspflichten kommen in erster Linie dort in Betracht, wo die Funktionsvoraussetzungen der Privatautonomie nicht gewährleistet oder erheblich beeinträchtigt sind.[251] Das trifft insbesondere zu, wenn dem Partner die erforderliche Geschäftserfahrung fehlt und daher von Selbstbestimmung in Selbstverantwortung nur noch sehr eingeschränkt die Rede sein kann. Den Franchise-Geber treffen vor Abschluss eines Vertrages erhöhte Aufklärungspflichten, da zumeist unternehmerisch weniger erfahrene Menschen den Weg in die Selbständigkeit über ein Franchise-System wählen.[252] Sie erhoffen sich durch die starke Anbindung an den Franchise-Geber ein schlüssiges Geschäftskonzept und Unterstützung bei Aufbau und Durchführung des Unternehmens.[253] Die Aufklärungspflichten setzen bereits ein, wenn der Franchise-Geber erstmalig einem potentiellen Franchise-Nehmer das Franchise-System im Einzelnen darstellt.[254]

128 Privatautonomer Selbstschutz versagt regelmäßig auch dort, wo der eine Vertragspartner nicht in der Lage ist, sich die erforderlichen Informationen selbst zu beschaffen, und darauf angewiesen ist, dass der andere ihn informiert. Dabei handelt es sich typischerweise um Fälle, in denen besonderes Vertrauen des Vertragspartners berechtigterweise in Anspruch genommen wird.[255] Wer einen Vertrag abschließt, erkennt das Interesse des Kontrahenten an dessen Durchführung an[256] und muss den zukünftigen Vertragspartner über solche Umstände aufklären, die die Durchführung gefährden oder vereiteln können und dem anderen Teil nicht bekannt sind.

129 Die Reichweite der Aufklärungspflicht bestimmt sich entscheidend nach dem Informationsbedarf und den Informationsmöglichkeiten des Franchise-Nehmers sowie den Informationsmöglichkeiten und der Funktion des Franchise-Gebers.[257] Der Franchise-Geber muss zunächst das System entwickeln und die Konzeption zur Marktreife vorantreiben, bevor er es vermarktet. Hieraus ergibt sich für ihn ein Informationsvorsprung, den der Franchise-Nehmer mit eigenen Mitteln grundsätzlich nicht mehr ausgleichen kann.[258] Die Reichweite der Aufklärungspflichten bei Vertragsverhandlungen richtet sich entscheidend nach dem Informationsbedarf und den Informationsmöglichkeiten des anderen Vertragsteils sowie den Informationsmöglichkeiten des Verpflichteten. Der Franchise-Geber hat den Franchise-Nehmer vor Abschluss des Vertrages richtig und vollständig über die Rentabilität des Systems zu informieren; ihn treffen erhöhte Aufklärungspflichten, damit sich der Franchise-Nehmer aufgrund der Informationen ein Bild von der Zukunftsfähigkeit und den Entwicklungsmöglichkeiten des Unternehmens machen kann.[259] Der Franchise-Geber muss ua Wirkungsweise und Erfolgsaussichten des Franchise-Systems offenlegen, wenn er mit Interessenten über die Veräußerung des Systemnutzungsrechts verhandelt.[260] Der Unternehmer, der als Franchise-Geber ein bewährtes System anpreist, darf dem Franchise-Nehmer das Geschäftsrisiko nicht uneingeschränkt aufladen, sondern muss ihn je nach den Umständen beraten und vor Fehlinvestitionen bewahren. So müssen Franchise-Geber ua Wirkungsweise und Erfolgsaussichten des Franchise-Systems offenlegen, wenn sie mit Interessenten über die Veräußerung der Systemnutzungsrechte verhandeln. Bestand und

---

[251] Zu Informationsasymmetrien in Franchisesystemen: Zwecker S. 44 ff.

[252] Die Erfahrenheit als maßgebliches Kriterium ablehnend: Peters S. 94 ff.

[253] OLG Düsseldorf BeckRS 2007, 06691; Schulz S. 35 ff., betont eine besondere Fürsorgepflicht des Franchise-Gebers aufgrund der durch die Systemanbindung entstehenden Interessenlage; eine solche sei in generalisierender Weise abzulehnen, da bereits nach den allgemeinen Grundsätzen jeweils die Informationsmöglichkeiten und das Informationsbedürfnis des Einzelfalls maßgeblich sind und darüber hinaus durch den Abschluss eines Franchisevertrages kein besonderer Vertrauenstatbestand geschaffen werde.

[254] Flohr, Franchise-Vertrag, S. 46.

[255] Umfassend zu den Gesichtspunkten des Vertrauensschutzes: Peters S. 43 ff.

[256] Reinhard Singer in Staudinger BGB § 123 Rn. 10.

[257] Vgl. Schäfer S. 76; zur Begründung eines objektiv bestimmten Vertrauensbegriffs vgl. Frost S. 93 ff.

[258] Kröll weist zu Recht darauf hin, dass aufgrund dieser Entwicklungsleitung der Franchise-Geber typischerweise einen Informationsvorsprung hat, die vertragsimmanent ist und für sich allein noch keine umfassende Aufklärungspflicht begründet (Kröll S. 136 f.).

[259] OLG Frankfurt a. M. BeckRS 2013, 22599.

[260] OLG Hamburg BeckRS 2003, 01724.

Ausmaß der Aufklärungspflichten hängen allerdings von den Umständen des Einzelfalles und von Treu und Glauben (§ 242 BGB) ab.[261]

Welche Informationen zu erteilen sind, ist im Einzelfall von Franchise-System zu Fran- **130** chise-System unterschiedlich. Allgemein gilt jedoch, dass der Franchise-Geber nach Treu und Glauben (§ 242 BGB) verpflichtet ist, die Zahlen und Informationen zur Verfügung zu stellen, die den Franchise-Nehmer in die Lage versetzen, die Rentabilität seines geplanten Franchise-Betriebes zu kalkulieren, um die Chancen der Gewinnrealisierung beurteilen zu können.[262]

Regelmäßig wird die Rentabilitäts- oder Wirtschaftlichkeitsberechnung selbst bzw. ein **131** im Einzelfall ausgearbeiteter, auf die Zukunft ausgelegter Entwicklungsplan Gegenstand der Verhandlungen sein.[263] In diesem Entwicklungsplan werden vom Franchise-Geber eine bestimmte finanzielle Entwicklung des Geschäfts sowie die zu erwartenden Umsatz- und Gewinnzahlen dargelegt. Sofern der Franchise-Geber seine Verhandlungen wesentlich auf derartige Ausarbeitungen stützt, muss das darin enthaltene Zahlenwerk nachvollziehbar und richtig sein.[264] Der Franchise-Geber muss insbesondere offenlegen, ob bzw. in welchem Umfang die Ausarbeitung auf Schätzungen, bestimmten Berechnungen oder eigenen Erfahrungen (möglicherweise in einem von ihm selbst erfolgreich betriebenen Filialsystem) beruhen. Gerade dieser Unterschied zwischen lediglich grober Schätzung, fundierter Berechnung und vorzeigbarer Erfahrung ist für den potentiellen Vertragspartner im Rahmen seiner Entscheidung von erheblicher Bedeutung. Festzuhalten bleibt jedoch, dass eine umfassende Rentabilitätsvorschau durch den Franchise-Geber nicht grundsätzlich geschuldet wird.[265]

Insbesondere eine Standortanalyse schuldet der Franchise-Geber nach dem gegenwärti- **132** gen Stand der Rechtsprechung nur, wenn er sich hierzu vertraglich verpflichtet hat. Das OLG München hatte zunächst angenommen, dass der Franchise-Geber dem Franchise-Nehmer eine Standortanalyse schuldet.[266] Mittlerweile kann jedoch mit dem OLG Schleswig davon ausgegangen werden, dass eine solche Analyse nur in Ausnahmefällen geschuldet wird oder aber wenn sie vertraglich vereinbart ist.[267]

---

[261] OLG München BB 2001, 1759 (Verletzung der vorvertraglichen Aufklärungspflicht über Scheiterungsquote); OLG Düsseldorf BeckRS 2005, 06865(Inhalt und Grenzen der Aufklärungs- und Informationspflichten des Franchise-Gebers werden nicht nur von vertragsartbezogenen Kriterien, sondern auch durch die Umstände des Einzelfalles bestimmt, wobei insbesondere der Verlauf der Geschäftsanbahnung sowie der Erfahrungsschatz des Franchise-Nehmers von wesentlicher Bedeutung sind).

[262] OLG München BB 2001, 1759; OLG Düsseldorf BeckRS 2004, 12148; OLG Brandenburg NJW-RR 2006, 51: Nach der vertragstypischen Interessenlage im Franchisevertrag ist es vielmehr ausschließlich Sache des Franchise-Nehmers, aus dem Datenmaterial die Franchise-Gebers Rückschlüsse auf die Erfolgsaussichten des geplanten Franchisegeschäfts zu ziehen und zu diesem Zweck eine Wirtschaftlichkeitsprüfung durchzuführen oder von dritter Seite einzuholen; OLG Frankfurt a. M. BeckRS 2013, 22599 zur Kündigung eines Franchisevertrags wegen Verletzung der Aufklärungspflicht über die Rentabilität des Franchisesystems.

[263] OLG Düsseldorf BeckRS 2004, 12148: Der Franchise-Geber muss in aller Regel über das Franchisekonzept informieren und dem Franchise-Nehmer das Datenmaterial zur Verfügung stellen, mit dessen Hilfe dieser einen Überblick über seinen Kapital- und Arbeitseinsatz sowie Kalkulationsgrundlagen für die Rentabilität seines beabsichtigten Franchisebetriebes gewinnen kann; Böhner NJW 1994, 635.

[264] OLG München BB 2003, 443 zur Täuschung des Franchise-Nehmers vor Vertragsschluss über erzielbaren Umsatz; OLG Köln BeckRS 2011, 21445: Der Franchise-Geber hätte den Franchise-Nehmer darauf hinweisen müssen, dass die in dem von ihm betriebenen Pilot-Shop erzielten Umsätze eine Prognose nicht rechtfertigten, wie sie in dem Businessplan enthalten war; OLG Hamburg ZVertriebsR 2015, 107 (mit Anm. Flohr ZVertriebsR 2015, 109): Ein Franchise-Geber macht sich schadensersatzpflichtig, wenn er während der Vertragsverhandlungen zum Abschluss eines Franchisevertrages über ein Bekleidungsgeschäft dem Franchise-Nehmer erwartete Umsätze nennt, die nicht auf einer nachvollziehbaren, realistischen Grundlage basieren und beim Franchise-Nehmer unzutreffende Vorstellungen über die Rentabilität erwecken (fehlerhafte Angaben zu den Netto-Quadratmeterumsätzen).

[265] Schäfer S. 208 ff.

[266] OLG München NJW-RR 1997, 812 mit Anm. Martinek EWiR 1996, 1103 zu den Anforderungen an die Entwicklung eines Franchisekonzepts; OLG Rostock BeckRS 1995, 31131130.

[267] OLG Schleswig NJW-RR 2009, 64 zu den Grenzen vorvertraglicher Aufklärungspflichten des Franchise-Gebers.

133 Eng mit der Standortanalyse ist die Frage von Anmietung oder Ankauf einer Immobilie verbunden. Häufig mieten die Franchise-Geber die gewerblichen Räumlichkeiten, um diese ihrerseits an den Franchise-Nehmer unterzuvermieten. Dies verhilft dem Franchise-Geber zu einem verstärkten Einfluss auf den Vertragspartner, der mittelbar durch den Mietvertrag ausgeübt werden kann. Wird eine Immobilie gemietet oder gekauft, so muss auch hier gemeinsam mit dem potentiellen Vertragspartner des Franchise-Vertrages im Rahmen der Verhandlungen die Frage der Lage, sowie der Qualität des Objekts ausreichend erörtert werden.

134 Es besteht keine gesetzliche Pflicht des Franchise-Gebers, die von ihm ausgehandelten Einkaufsvorteile in vollem Umfang an die Franchise-Nehmer herauszugeben. Denn der Franchise-Geber hat ein berechtigtes Interesse, einen Teil der Einkaufsvorteile behalten zu dürfen, um damit zusätzlich von ihm zu erbringende Leistungen vergütet zu erhalten. Dies ist insbesondere dann der Fall, wenn der Franchise-Geber die Funktion eines Großhändlers übernimmt.[268] Auch die Kombination der Alleinbezugsverpflichtung mit einer nicht vollständigen Weitergabe der Einkaufsvorteile begründet keine Unbilligkeit iSd § 20 Abs. 1 GWB.[269] Etwas anderes gilt für den Fall, dass nach dem Vertrag alle Einkaufsvorteile den Franchise-Nehmern oder dem Franchise-System zufließen sollen. In diesem Falle muss der Franchise-Geber, der die Einkaufskonditionen nicht selbst aushandelt, sondern dies seiner Muttergesellschaft überlässt, sich die entsprechenden Kenntnisse seiner Muttergesellschaft zurechnen lassen und handelt dann – auch ohne eigenes Wissen von dem geheimen Rückvergütungssystem – schuldhaft.[270]

135 Über welche Umstände der Franchise-Nehmer nach Treu und Glauben erwarten kann, vollständig und wahrheitsgemäß informiert zu werden, hat Flohr umfassend zusammengestellt.[271] Eine Grenze der Auskunfts- und Beratungspflichten findet sich im berechtigten Interesse des Franchise-Gebers, Betriebsgeheimnisse und wesentliche Teile des Knowhow nicht vorvertraglich preisgeben zu müssen.[272] Aus den Grundsätzen von Treu und Glauben kann keine Aufklärungsverpflichtung hergeleitet werden, die den Franchise-Geber verpflichtet, auf eigene Kosten eine ins Einzelne gehende Rentabilitätsberechnung für ein Franchise-Outlet durchzuführen und sogar noch für deren Richtigkeit einzustehen.[273]

136 **c) Vorvertragliche Aufklärung durch den Franchise-Nehmer.** Aber auch der Franchise-Nehmer ist verpflichtet, seine beruflichen Fähigkeiten, seine persönlichen Eigenschaften und finanziellen Möglichkeiten dem Franchise-Geber zutreffend und vollständig zu offenbaren, soweit diese für den Abschluss des Franchise-Vertrages von Bedeutung sind.[274] Unterbleibt das, so macht sich der Franchise-Nehmer gegenüber dem Franchise-Geber nicht nur nach den Grundsätzen der cic gemäß §§ 311, 241 Abs. 2, 280 BGB schadenersatzpflichtig, sondern gibt dem Franchise-Geber auch das Recht, den abgeschlossenen Franchise-Vertrag gegebenenfalls wegen arglistiger Täuschung gem. §§ 123, 142 BGB anzufechten. Im Rahmen des dann dem Franchise-Geber zustehenden Schadenersatzanspruches hat der Franchise-Nehmer ua die nutzlos gewordenen Aufwendungen für die Vertragsverhandlungen und eine etwaige bereits begonnene Schulung des Franchise-Nehmers zu erstatten.[275]

---

[268] BGH NJW 2009, 1753: Auch die Kombination einer hundertprozentigen Bezugsbindung mit einer nicht vollständigen Weitergabe von Einkaufsvorteilen ist grundsätzlich keine unbillige Behinderung.
[269] LG Hamburg BeckRS 2015, 20432.
[270] OLG München BB 2007, 14 mit Anm. Flohr BB 2007, 741.
[271] vgl. die Zusammenstellung der erforderlichen Informationen bei Flohr, Franchise-Vertrag, S. 47; Flohr ZVertriebsR 2013, 71.
[272] OLG Düsseldorf BeckRS 1999, 31362537 zur Vertragsstrafenklausel wegen Nichtrückgabe des Franchise-Handbuchs; Braun NJW 1995, 504.
[273] OLG Brandenburg NJW-RR 2006, 51; OLG Düsseldorf BeckRS 2004, 12148.
[274] Vgl. bspw. Kröll S. 118 ff.
[275] Flohr, Franchise-Vertrag, S. 52.

d) Dolo agit-Einwand. Ein geschädigter Franchise-Nehmer kann seinen Schadens- **137** ersatzanspruch, soweit er auf Befreiung von der Klageforderung gerichtet ist, im Wege des dolo-agit-Einwandes den Forderungen des Franchise-Gebers entgegensetzen. Der dolo-agit-Einwand gründet auf dem Vorwurf rechtsmissbräuchlichen Verhaltens (§ 242 BGB) mit der Folge, dass das Gericht diesen Aspekt bei entsprechender Sachlage – als Verstoß gegen Treu und Glauben – von Amts wegen zu berücksichtigen hat.[276]

e) Beweislast. Der Anspruch auf Schadensersatz aus § 280 BGB setzt die Verletzung **138** einer schuldrechtlichen Pflicht sowie einen Schaden und einen Kausalzusammenhang zwischen Pflichtverletzung und Schaden voraus. Die Beweislast ergibt sich aus dem materiellen Recht, bei einer Verletzung der vorvertraglichen Aufklärung aus § 242 BGB.

Wer eine Aufklärungs- oder Beratungspflichtverletzung behauptet, trägt dafür die Be- **139** weislast. Die mit dem Nachweis einer negativen Tatsache verbundenen Schwierigkeiten werden dadurch ausgeglichen, dass die andere Partei die behauptete Fehlberatung substantiiert bestreiten und darlegen muss, wie sie ihren Vertragspartner im Einzelnen beraten bzw. aufgeklärt hat. Diese Pflicht zum substantiierten Bestreiten ergibt sich aus der materiellen Aufklärungspflicht. Dem Anspruchsteller obliegt dann der Nachweis, dass diese Darstellung nicht zutrifft.[277] Auch hier ist das Verschulden des Schuldners keine Anspruchsvoraussetzung. Vielmehr muss der Schuldner sich nach § 280 Abs. 1 S. 2 BGB entlasten und nachweisen, dass er die vorvertragliche Pflichtverletzung nicht zu vertreten hat.

Wer eine vorvertragliche Aufklärungs- oder Beratungspflicht verletzt, muss nachweisen, **140** dass der andere sich nicht aufklärungsgerecht verhalten hätte, der Kausalzusammenhang zwischen Pflichtverletzung und Schaden wird in diesem Fall vermutet. Die Rechtsprechung rechtfertigt diese Vermutung für ein „aufklärungsrichtiges" Verhalten mit Sinn und Zweck der vertraglichen Aufklärungspflicht, die den Gläubiger auch vor dieser Beweisschwierigkeit schützen soll.[278] Allerdings kehrt der BGH, wenn ein Franchise-Geber seine Aufklärungspflicht verletzt, die Beweislast nicht vollständig um, sondern beschränkt sich auf Beweiserleichterungen durch den Beweis des ersten Anscheins, was einen typischen Geschehensablauf voraussetzt.[279] Typisch ist das Geschehen dann, wenn die richtige Aufklärung nach allgemeiner Lebenserfahrung ein bestimmtes Verhalten des Mandanten nahelegt. Der Franchise-Geber muss die ernsthafte Möglichkeit eines anderen Geschehensablaufs substantiiert darlegen.[280]

---

[276] OLG Brandenburg NJW-RR 2006, 51.

[277] Zur Beweislast beim Franchisevertrag: OLG München BB 1988, 865; OLG Schleswig NJW-RR 2009, 64; OLG Hamm ZVertriebsR 2012, 177; BGH NJW-RR 2011, 1661; OLG Frankfurt a. M. BeckRS 2013, 22718: In einem Rechtsstreit auf Rückgängigmachung eines Franchisevertrages wegen Aufklärungspflichtverletzung des Franchise-Gebers obliegt es diesem im Rahmen der sogenannten sekundären Darlegungslast, die Prognosegrundlage des dem Franchise-Nehmer vor Vertragsschluss vorgelegten Zahlenwerks darzulegen, weil nur er hinreichenden Einblick in die Umstände und Faktoren hatte, die der Rentabilitätsvorschau konkret zugrunde lagen. Der Franchise-Geber ist insoweit gehalten, sich im Hinblick auf die ihm vorgeworfene Aufklärungspflichtverletzung zu entlasten, nachdem der Franchise-Nehmer seinerseits die ihm an die Hand gegebene schriftliche Rentabilitätsvorschau vorgelegt hat.

[278] BGH NJW-RR 2011, 1661: Grundsätzlich kann bei Verstößen gegen die Beratungs- und Aufklärungspflicht vor Vertragsschluss von der Vermutung ausgegangen werden, dass sich der Geschädigte bei vertragsgerechtem Handeln beratungsgemäß verhalten hätte. Dieser Grundsatz kommt nur dann zur Anwendung, wenn eine bestimmte Entschließung des zutreffend informierten Vertragspartners im Hinblick auf die Interessenlage oder andere objektive Umstände mit Wahrscheinlichkeit zu erwarten ist.

[279] OLG Hamm ZVertriebsR 2012, 177: Der Franchise-Geber ist verpflichtet, den Franchise-Nehmer vor Vertragsschluss über die Rentabilität des Franchisesystems aufzuklären. Die Rentabilitätsvorschau und die angegebenen Umsatzzahlen müssen dabei auf einem Vergleich des vorgesehenen konkreten Standortes mit anderen Standortfaktoren basieren und dürfen nicht lediglich den Charakter einer Schätzung aufweisen.

[280] OLG Hamm ZVertriebsR 2012, 177.

II. Durchführung des Franchise-Vertrages

141 Die Pflichten der Vertragsparteien werden in den Formularverträgen und den Franchise-Handbüchern[281] niedergelegt. Die Inhaltskontrolle der AGB-Klauseln erfolgt nach §§ 305 ff. BGB. § 242 BGB hat insoweit keine Bedeutung mehr. Lücken im Vertrag werden häufig durch Rückgriff auf das Recht der Handelsvertreter geschlossen,[282] Nebenpflichten werden über Treu und Glauben und die Verkehrssitte (§ 242 BGB) begründet. Vor allem aber wird die Ausübung der Rechte durch Treu und Glauben und die Verkehrssitte begrenzt.

142 Aus Treu und Glauben (§ 242 BGB) ist ein Auskunftsanspruch gegeben, wenn die zwischen den Parteien bestehenden Rechtsbeziehungen es mit sich bringen, dass der Anspruchsberechtigte in entschuldbarer Weise über das Bestehen oder den Umfang eines ihm zustehenden Rechts im Ungewissen ist und wenn der Verpflichtete in der Lage ist, unschwer die zur Beseitigung dieser Ungewissheit erforderliche Auskunft zu erteilen.[283]

143 Kommt der Franchise-Geber vertraglich übernommenen Beratungs- und Werbungspflichten nicht nach, steht dem Franchise-Nehmer in der Regel kein Zurückbehaltungs- oder Leistungsverweigerungsrecht zu, weder nach § 320 BGB noch gem. § 242 BGB. Bei Verträgen ohne gesetzliche Gewährleistungsvorschriften führt die Schlechterfüllung ausschließlich zu Schadenersatzansprüchen nach den Grundsätzen der positiven Vertragsverletzung.[284] Die in den Franchise-Verträgen übernommenen Beratungs- und Werbungspflichten sind Dienstleistungen.[285]

144 Der Franchise-Geber ist verpflichtet, alle Franchise-Nehmer des Systems gleich zu behandeln,[286] sofern keine sachlichen Gründe für eine Ungleichbehandlung vorliegen. Er darf Franchise-Nehmer nicht diskriminieren. Ein Diskriminierungsverbot ergibt sich unter kartellrechtlichen Gesichtspunkten bereits aus § 20 Abs. 2 GWB. Das in Art. 45 AEUV[287] angesprochene Verbot der Diskriminierung aufgrund der Staatsangehörigkeit gilt auch für Privatpersonen, dh es entfaltet unmittelbare Drittwirkung, ebenso das allgemeine Diskriminierungsverbot des Art. 18 AEUV[288] und die in der Arbeitnehmerfreizügigkeit, der Niederlassungsfreiheit und der Dienstleistungsfreiheit enthaltenen Diskriminierungsverbote. Allerdings lässt der EuGH bei einem Verstoß auch Rechtfertigungsgründe zu. Als ungeschriebenen Rechtfertigungsgrund nennt der EuGH „sachliche Erwägungen", wobei bei Verstößen Privater im Vergleich zu staatlichen Verstößen ein anderer Maßstab anzuwenden sei. Dies sei schon deshalb erforderlich, um die Privatautonomie nicht zu untergraben.[289] Das BVerfG hat den Gerichten aufgetragen, die europäischen Diskriminierungsverbote als gesetzliches Verbot gem. § 134 BGB zu beachten und die zu entscheidende Rechtsfrage gegebenenfalls dem EuGH zur Entscheidung vorzulegen.[290]

145 Kontrollrechte des Franchise-Gebers sind grundsätzlich hinzunehmen, soweit sie sich im Rahmen des Erforderlichen bewegen. Dies gilt, soweit der Franchise-Geber den Franchise-Nehmer darauf kontrolliert, ob die Qualitätsstandards eingehalten sind, weil dies zur

---

[281] Master-Franchise-Verträge stellen wie Franchise-Verträge sog. „Allgemeine Geschäftsbedingungen" dar. Diese unterliegen demgemäß der Inhaltskontrolle gem. §§ 305 ff. BGB, Flohr IHR 2005, 45.

[282] BGH NJW 1996, 2159 zu den Voraussetzungen für Ausgleichsanspruch des Vertragshändlers analog Handelsvertreterrecht.

[283] BGH NJW 2002, 3771; 2014, 155.

[284] BGH NJW 1983, 1188; Ullrich NJW 1984, 585 ff.

[285] OLG Naumburg OLG-NL 2003, 28; BGH NJW 1983, 1188 zur Haftung aus positiver Vertragsverletzung.

[286] LG Hamburg BeckRS 2015, 20432: Eine unterschiedliche Behandlung von Franchise-Nehmern ist nicht zu beanstanden, wenn sie auf sachgerechten betriebswirtschaftlichen und kaufmännischen Erwägungen fußt.

[287] ex-Artikel 39 EGV, davor Art. 48 EGV.

[288] ex-Artikel 12 EGV, davor Art. 6 EGV.

[289] EuGH NZA-RR 2001, 20.

[290] BVerfG BeckRS 2016, 50169.

Sicherung von Identität und Integrität des Franchise-Systems notwendig ist. Auch das Interesse des Franchise-Gebers an einer ordnungsgemäßen Abrechnung der Franchise-Gebühr ist zu berücksichtigen. Der Franchisegeber ist berechtigt, die Geschäftsbücher, Bilanzen etc des Franchise-Nehmers einzusehen.[291]

In einem Franchise-Verhältnis stellt sich ein allgemeines Weisungsrecht ohne einen **146** konkreten Bezug auf bestimmte franchise-vertragliche Systemrichtlinien als eine Verletzung der grundsätzlich dem Franchise-Nehmer zustehenden unternehmerischen Selbständigkeit dar.[292] Denn die unternehmerische Selbständigkeit des Franchise-Nehmers bringt es mit sich, dass diesem ein Kernbereich eigener wirtschaftlicher Entfaltungsmöglichkeit und Entscheidungsfreiheit verbleiben muss. Diese wird aber durch das uneingeschränkte Verbot jedweder anderen Tätigkeit faktisch aufgehoben.

Dem Franchise-Geber bleibt es im Rahmen seiner Gestaltungs- und Organisations- **147** hoheit freigestellt, eigenverantwortlich Entscheidungen zu treffen, die die Art und Weise der Führung seines Geschäftsbetriebs betreffenden. Ihn trifft jedoch die allgemeine Verpflichtung, auf die Interessen seiner Franchise-Nehmer Rücksicht zu nehmen (§ 242 BGB, § 84a HGB analog). Sein Handeln darf sich nicht willkürlich oder ohne vertretbaren Grund gegen deren Belange richten. Diese Verpflichtung beruht auf der langfristig angelegten Einbindung der Franchise-Nehmer, die hierfür erhebliche Investitionen tätigen mussten.[293] Die Pflicht zur Rücksichtnahme auf die Belange der Vertriebsmittler darf jedoch nicht dazu führen, dass der Unternehmer bei seinen Entscheidungen nur auf bewährte Maßnahmen beschränkt ist oder gar den jeweils „sichersten Weg" gehen muss. Vielmehr fordert die Eigenart gewinnorientierter unternehmerischer Tätigkeit vielfach, dass neue Wege gesucht und auch risikobehaftete Entscheidungen getroffen werden.[294] Die aus Sicherheitsgründen gerechtfertigte unternehmerische Entscheidung des Franchise-Gebers, im Rahmen seines Vertriebssystems Funktionen zur Umwandlung von Text- in Bilddateien nur für vereinzelte Anwendungen (wie etwa zur Versendung von Küchenplanungen an Montageunternehmen) zur Verfügung zu stellen, ist von Franchise-Nehmern hinzunehmen.[295]

Im kaufmännischen Geschäftsverkehr ist ein Liefervorbehalt in AGB-Klauseln zur an- **148** gemessenen Risikoabsicherung des Lieferanten wirksam.[296] Gleiches gilt auch für Franchise-Verträge. Lieferfähigkeitsvorbehalte sind jedoch nach Treu und Glauben und der Verkehrssitte (§ 242 BGB) so auszulegen, dass sie dem Franchise-Geber keinen „Freibrief" verschaffen, sondern ihn nur vor einer Haftung für unverschuldete Lieferhindernisse schützen sollen.[297]

Überzogene Sanktionsfolgen bei Verletzung einer Mindestabnahmepflicht stellen regel- **149** mäßig eine unangemessene Benachteiligung dar und sind daher unwirksam. Der Franchise-Geber ist zur Kündigung des Vertragsverhältnisses oder zu einer Verkleinerung des Vertragsgebietes nur berechtigt, wenn er dem Franchise-Nehmer eine realistische „Aufholmöglichkeit" gewährt.[298] Diese Pflicht ergibt sich aus Treu und Glauben (§ 242 BGB) unter dem Gesichtspunkt der Verhältnismäßigkeit.

Das formularvertragliche Verbot, Fremdwaren zu beziehen und abzusetzen, stellt eine **150** unangemessene Benachteiligung dar, wenn die Fremdwaren in keiner Konkurrenz zu den Vertragsprodukten stehen, eine identische oder vergleichbare Qualität haben, das Ziel des

[291] OLG Düsseldorf BeckRS 2014, 12436 – Subway.
[292] BGHZ 140, 11 (Rechtswegbestimmung).
[293] BGHZ 136, 295 zur Schadensersatzpflicht eines Herstellers wegen Umsatzeinbußen durch „Schockwerbung" (Benetton).
[294] BGHZ 136, 295.
[295] OLG Düsseldorf ZVertriebsR 2012, 174; BeckRS 2013, 08016; weitergehend zur Konkurrenzschutzpflicht des Franchise-Gebers OLGR Celle 2009, 158.
[296] BGHZ 124, 351; 92, 396; OLG München WM 1985, 362: Eine AGB-Klausel mit dem Vorbehalt der Liefermöglichkeit stellt einen Rücktrittsvorbehalt dar.
[297] Giesler in Röhricht/Graf von Westphalen/Haas, HGB, 4. Aufl. 2014, Franchising, Rn. 91.
[298] Giesler in Röhricht/Graf von Westphalen/Haas, HGB, 4. Aufl. 2014, Franchising, Rn. 97.

einheitlichen Auftritts nicht beeinträchtigen und zugleich das Marken- und Systemimage nicht gefährden können.[299]

151 Der Franchise-Geber muss den Franchise-Nehmer vor einer existenzbedrohenden internen Konkurrenz innerhalb des Systems schützen.[300] Enthält ein Franchise-Vertrag die Verpflichtung des Franchise-Gebers, im unmittelbaren Einzugsgebiet des Franchise-Betriebs des Franchise-Nehmers ohne vorherige Kontaktaufnahme mit diesem keinen weiteren Franchise-Vertrag abzuschließen, solange der vorliegende Vertrag nicht gekündigt ist, ist der Internetvertrieb von dieser Bestimmung, die sich auf stationäre Baumärkte bezieht, sachlich nicht erfasst. Eine den Franchise-Geber über vertragliche Regelungen hinaus treffende Konkurrenzschutzpflicht kann im Einzelfall allenfalls dann angenommen werden, wenn durch die konkurrierende Tätigkeit des Franchise-Gebers die wirtschaftliche Existenz des Franchisenehmers nachhaltig gefährdet ist. Eine nachhaltige Gefährdung ist nicht indiziert, wenn die Ertragssituation des von dem Franchise-Nehmer unterhaltenen Baumarktes seit der Aufnahme des Internethandels keine sichtbare Verschlechterung erfahren hat, sondern im Gegenteil nahezu konstant geblieben ist.[301]

152 Aus der entsprechenden Anwendung der für die Handelsvertreter geltenden Vorschrift des § 86 Abs. 1 HGB ergibt sich die allgemeine Interessenwahrungspflicht des Franchise-Nehmers. Danach hat seine gesamte Tätigkeit auch den berechtigten Interessen des Franchise-Gebers zu dienen. Er hat dessen Interessen fortlaufend bei der Führung des Franchise-Betriebes zu beachten.[302] Ferner ergibt sich aus der Rechtsnatur des Franchise-Verhältnisses jedenfalls für die Vertragszeit auch ohne ausdrückliche Vereinbarung ein allgemeines Konkurrenzverbot für den Franchise-Nehmer.[303] Die Förderung von Konkurrenten außerhalb des Franchise-Systems ist mit dieser Pflicht grundsätzlich unvereinbar.[304] Franchise-Nehmer, die gegen ihre Vertragstreuepflichten verstoßen haben, können von dem Franchise-Geber nicht verlangen, dass dieser ihnen eine (nicht betriebsnotwendige) Software überlässt, die zwangsläufig mit Missbrauchsgefahren verbunden ist.[305]

153 Das Nutzungsrecht des Franchise-Nehmers an der Marke erlischt mit Beendigung des Franchise-Vertrages.[306] Allerdings unterliegt der Franchise-Nehmer keinem nachvertraglichen Wettbewerbsverbot, es sei denn, es ist vertraglich vereinbart und der Franchise-Nehmer erhält eine angemessene Entschädigung.[307] Der Franchise-Geber muss in der Lage sein, durch ein zeitlich angemessen begrenztes nachvertragliches Wettbewerbsverbot das

---

[299] Giesler in Röhricht/Graf von Westphalen/Haas, HGB, 4. Aufl. 2014, Franchising, Rn. 89: Um ein einheitliches Erscheinungsbild der Systembetriebe mit einem einheitlichen Qualitätserlebnis zu erreichen, muss jedoch regelmäßig das Individualinteresse des Franchise-Nehmers hinter dem „Systeminteresse" zurücktreten.

[300] Streitig ist, ob eine Konkurrenzschutzpflicht des Franchise-Gebers auch über eine vertragliche Regelung hinaus besteht: OLG Düsseldorf ZVertriebsR 2012, 174 mit Anm. Flohr ZVertriebsR 2012, 176: Voraussetzung für eine auf Grund der allgemeinen Treue- und Fürsorgepflicht bestehende, immanente Konkurrenzschutzpflicht und einen korrespondierenden vertragsimmanenten Unterlassungsanspruch ist jedenfalls, dass durch die konkurrierende Tätigkeit des Franchise-Gebers die wirtschaftliche Existenz des Franchise-Nehmers nachhaltig gefährdet ist; weitergehend OLGR Celle 2009, 158; Liesegang BB 1999, 857; Fritzemeyer BB 2000, 472.

[301] OLG Düsseldorf ZVertriebsR 2016, 44; Billing/Metzlaff BB 2015, 1347 zur Ausgestaltung des E-Commerce in Vertriebssystemen.

[302] OLG Düsseldorf BeckRS 2013, 08016.

[303] OLG München OLGR München 2001, 245.

[304] AGB-Konkurrenzverbotsklauseln sind in Franchiseverträgen grundsätzlich wirksam.

[305] OLG Düsseldorf BeckRS 2013, 08016.

[306] OLG München ZVertriebsR 2015, 256 mit krit. Anm. Böhner ZVertriebsR 2015, 258: zum Schutzumfang eingetragener Marken und solcher Marken, die von Waren oder Dienstleistungen abgeleitet werden; der Schutz richtet sich nach Maßgabe der Eigenprägung und der Unterscheidungskraft, die dem Zeichen die Eintragungsfähigkeit verleiht.

[307] OLG Schleswig SchlHA 2014, 241: Keine unbillige Behinderung durch Weiterführung von Fastfood-Restaurants durch ehemalige Franchise-Nehmer unter Beibehaltung des gleichen Verkaufskonzepts und der von ihnen selbst angeschafften Betriebsmittel; OLG Düsseldorf BeckRS 2014, 12436: § 90a Abs. 1 S. 3 HGB findet auf Franchise-Verträge Anwendung, so dass nachvertragliche Wettbewerbsverbote nur wirksam sind, wenn sie eine Karenzentschädigung vorsehen.

dem Franchise-Nehmer überlassene Know-how zu schützen, um zu verhindern, dass sich der ehemalige Franchise-Nehmer das übertragene Know-how und den gewonnenen Kundenstamm zu seinem Vorteil und zum Nachteil des Franchise-Gebers zunutze macht.[308]

III. Fristlose Kündigung von Franchise-Verträgen

Franchise-Verträge können mangels einer Sonderregelung gem. § 314 BGB[309] fristlos **154** gekündigt werden, wenn ein „wichtiger Grund" vorliegt.

Die eigene Vertragsuntreue des Kündigenden kann allerdings zu einem Ausschluss des **155** Rechts zur fristlosen Kündigung führen (§ 242 BGB). [310] So berechtigen zwar ein längerer Verzug mit vertraglich geschuldeten Zahlungen, Verstöße gegen das Wettbewerbsverbot und schwerwiegende Vertragsverstöße wie das Unterlaufen des Kontrollrechts grundsätzlich zur fristlosen Kündigung des Franchisevertrages. Die Geltendmachung dieses Rechts ist allerdings dann ausgeschlossen, wenn der Franchise-Nehmer sein vertragswidriges Verhalten vor allem deshalb fortgesetzt hatte, weil der Franchise-Geber zuvor zu Unrecht die fristlose Kündigung ausgesprochen hatte.

Das Recht zur Kündigung von Franchise-Verträgen aus wichtigem Grund kann nur **156** innerhalb angemessener Zeit (§ 242 BGB) ausgeübt werden, nachdem der Berechtigte von dem Kündigungstatbestand Kenntnis erlangt hat.[311]

C. Vertragshändler

§ 242 BGB ist auf den Vertragshändlervertrag uneingeschränkt anwendbar, weshalb auf **157** die vorstehenden Ausführungen zum Handelsvertreter zunächst Bezug genommen wird, insbesondere zu den sich aus § 242 BGB ergebenden Ausübungsschranken. Abweichungen ergeben sich jedoch wegen der unterschiedlichen Hauptpflichten bei den Nebenpflichten. Diese ergänzen die Hauptleistungspflichten.

I. Wettbewerb

Der Vertrag zwischen Hersteller und Vertragshändler beruht auf einer engen wirtschaft- **158** lichen Zusammenarbeit und unterliegt deshalb in höherem Maße als andere Verträge der gegenseitigen Treuepflicht. Der Umstand, dass der Vertragshändler nicht nur seine Tätigkeit, sondern auch seinen Geschäftsbetrieb und das in ihm investierte Kapital weitgehend den Interessen des Herstellers unterordnet, verpflichtet diesen, den schutzwürdigen Belangen des Vertragshändlers angemessen Rechnung zu tragen und dessen Interessen nicht ohne begründeten Anlass zuwiderzuhandeln.[312] Der Grad der gebotenen Rücksichtnahme auf die Interessen des Vertragshändlers hängt von der Ausgestaltung des Vertragshändlerverhältnisses ab. Ist dem Händler ein Alleinvertriebsrecht oder eine dem nahekommende Position eingeräumt, sind Eingriffe in das geschützte Absatzgebiet – wie etwa die Einsetzung weiterer Vertragshändler oder die Verkleinerung des Vertriebsgebietes – nur aus schwerwiegenden Gründen und bei angemessener Berücksichtigung der nachteiligen Fol-

---

[308] LG Kiel BeckRS 2014, 13988.

[309] OLG Düsseldorf BeckRS 2012, 02249; KG NJWE-WettbR 1998, 110 hat § 89a HGB analog angewandt.

[310] KG NJWE-WettbR 1998, 110.

[311] BGH NJW 1985, 1894.

[312] BGHZ 93, 29 Zur Zulässigkeit von Formularbestimmungen in einem Vertragshändlervertrag der Kraftfahrzeug-Branche; BGH WM 1972, 1092 zur Frage, ob beim Eigenhändlervertrag der Hersteller berechtigt ist, die unter das Alleinverkaufsrecht des Eigenhändlers fallende Ware in lediglich anderer äußerer Aufmachung und unter anderer Bezeichnung in das Vertragsgebiet zu liefern; OLG Frankfurt a. M. BeckRS 2016, 12703: Im Rahmen eines Vertragshändlervertrages bestehen gegenseitige Rücksichtnahmepflichten, aufgrund derer der Hersteller Bestellungen des Händlers nicht willkürlich ablehnen darf.

gen zulässig.[313] Geringeren Schutz genießt der Vertragshändler dagegen, wenn ihm die Vertriebskonzeption des Herstellers nach dem Gesamtinhalt des Vertrages gerade kein alleiniges Betätigungsfeld überlässt.[314] Eine Treuepflicht trifft den Hersteller aber auch im Verhältnis zu einem nicht alleinvertriebsberechtigten Vertragshändler.[315] Wo deren Grenzen verlaufen, muss anhand des im Wege der Auslegung zu ermittelnden Vertragsinhalts im Einzelfall bestimmt werden. Hat sich der Vertragshändler aber nicht den Vertriebsinteressen des Herstellers weitgehend untergeordnet und ist ihm bei Fortbestand der Vertragsbeziehung der unbeschränkte Vertrieb von Konkurrenzprodukten gestattet, kann und darf er nicht erwarten, dass der Hersteller Rücksicht auf seine Marktinteressen nimmt und keine weiteren Vertragshändler einsetzt.[316]

159   Wenn ein Hersteller seine Produkte systematisch im Wege des Direktvertriebes an Fachhändler in einem Gebiet liefert, das er langfristig einem Vertragshändler übertragen hatte, und dies zu derart niedrigen Preisen geschieht, dass der Vertragshändler aufgrund seiner Kostenstruktur in der Preisgestaltung nicht wettbewerbsfähig ist, so kann ein solches Verhalten mit Treu und Glauben unvereinbar sein. Entscheidend sind allerdings die jeweiligen Umstände des Einzelfalls (zB Einführung des Produkts durch den Vertragshändler, vertragliches Wettbewerbsverbot, Service, Garantiedienst). In einem solchen Fall kann der Hersteller im Wege der einstweiligen Verfügung dazu verpflichtet werden, zwecks Herstellung vergleichbarer Vertriebsbedingungen beim Direktvertrieb an Fachhändler einen Aufschlag (vorliegend von 15 %) auf die dem Vertragshändler gewährten Einkaufspreise vorzunehmen.[317] Je stärker ein Vertragshändler in die Vertriebsorganisation eingegliedert ist und den Unternehmer durch Einsatz von Kapital und Personal zu unterstützen hat, desto kritischer sind Direkt- und Parallelvertrieb.[318]

II. Auskunftsanspruch

160   Ein Auskunftsanspruch ist nach Treu und Glauben (§ 242 BGB) gegeben, wenn die zwischen den Parteien bestehenden Rechtsbeziehungen es mit sich bringen, dass der Anspruchsberechtigte in entschuldbarer Weise über das Bestehen oder den Umfang seines Rechts im Ungewissen ist und wenn der Verpflichtete in der Lage ist, unschwer die zur Beseitigung dieser Ungewissheit erforderliche Auskunft zu erteilen.[319] Soll die begehrte Auskunft einen vertraglichen Schadensersatzanspruch belegen, muss dieser nach allgemeiner Meinung nicht bereits dem Grunde nach feststehen; vielmehr reicht schon der begründete

---

[313] BGHZ 89, 206 zur Wirksamkeit einer Klausel, die dem Verwender ein einseitiges Änderungsrecht hinsichtlich des dem Vertragshändler zugewiesenen Marktverantwortungsgebiets einräumt; OLG Düsseldorf ZVertriebsR 2013, 224 zur Direktbelieferung von Kunden durch den Hersteller.

[314] BGH NJW-RR 1988, 1077 zur Verpflichtung eines Kraftfahrzeuglieferanten, nach Beendigung eines Vertragshändlervertrages infolge beiderseits zu vertretender Kündigung ein vom Vertragshändler gehaltenes Ersatzteillager zurückzunehmen und dessen Wert zu vergüten; BGHZ 54, 338 zur Pflicht, ein Depot oder Ausstellungslager bei Vertragsbeendigung zurückzunehmen.

[315] BGHZ 93, 29 (Formularbestimmungen in Vertragshändlervertrag der Kraftfahrzeugbranche).

[316] OLG Düsseldorf GRUR-RR 2009, 109 zur Treuepflicht des Herstellers gegenüber dem nicht alleinvertriebsberechtigten Vertragshändler im Hinblick auf den Einsatz weiterer Vertragshändler.

[317] OLG München CR 1991, 731.

[318] Zum Vertragshändler BGHZ 164, 11; BGH NJW-RR 1993, 678: Ein Hersteller kann den Absatz seiner Erzeugnisse so organisieren, wie es ihm am zweckmäßigsten erscheint. Dieser unternehmerischen Freiheit begibt er sich indessen in gewissem Umfang, wenn er sich dazu entschließt, seine Produkte durch selbständige Unternehmen vertreiben zu lassen. In welchem Maße der Hersteller auf die Interessen seiner Haupthändler Rücksicht zu nehmen hat, hängt entscheidend davon ab, welchen Pflichten und Beschränkungen er diesen entsprechend seinem Vertriebsinteresse unterworfen hatte. Je mehr die Händler sich in die Vertriebsorganisation des Herstellers eingegliedert haben und diese durch den Einsatz von Kapital und Personal unterstützen, umso mehr Rücksicht auf ihre legitimen Marktinteressen dürfen sie erwarten.

[319] BGH NJW 2001, 821 zur Schadensschätzung bei Verletzung eines vertraglich eingeräumten Kraftfahrzeugvertriebsrechts.

Verdacht einer Vertragspflichtverletzung aus.[320] Soweit der Hersteller in einem Einzelfall unter Verletzung der vertraglich begründeten Pflicht Kunden direkt beliefert hat, besteht der Verdacht, dass er in weiteren Fällen gegen seine Pflicht verstoßen hat. Zur Klärung seiner Schadensersatzansprüche hat der Vertragshändler Anspruch auf Auskunft, welche Verträge der Hersteller selbst abgeschlossenen hat.[321]

III. Fristlose Kündigung

Verstößt der Vertragshändler gegen das im Vertrag enthaltene Wettbewerbsverbot, kann **161** der Hersteller gem. § 314 BGB zur außerordentlichen Kündigung des Händlervertrages berechtigt sein.[322] Ist in einem Vertragshändlervertrag der Verstoß gegen ein vertraglich vereinbartes Wettbewerbsverbot als wichtiger Grund für eine fristlose Kündigung benannt, so steht dies einer Vertragsauslegung nicht entgegen, nach der Wettbewerbsverstöße, die unter Würdigung aller Umstände so geringfügig sind, dass durch sie das Vertrauensverhältnis zwischen Unternehmer und Vertragshändler bei verständiger Würdigung nicht grundlegend beschädigt wird, nicht – zumindest nicht ohne vorherige Abmahnung – zur fristlosen Kündigung berechtigen.[323] Soweit die Auslegung des Vertrages wegen seiner eindeutigen Formulierung eine solche Auslegung verbietet, ist gleichwohl zu prüfen, ob der Unternehmer gegen Treu und Glauben handelt, wenn er sich auf das vertragliche Kündigungsrecht beruft.[324]

Die außerordentliche Kündigung eines Vertragshändlervertrages muss innerhalb an- **162** gemessener Frist nach Kenntnisnahme von dem Kündigungsgrund ausgesprochen werden.[325] Dem zur Kündigung Berechtigten ist eine angemessene Überlegungszeit zuzustehen, deren Dauer sich nach den Umständen des jeweiligen Falles richtet. Sie ist regelmäßig kürzer als zwei Monate, denn ein zweimonatiges Zuwarten kann in der Regel nicht mehr als angemessene Zeitspanne zur Aufklärung des Sachverhalts und zur Überlegung der hieraus zu ziehenden Folgerungen angesehen werden, weil es darauf hindeutet, dass der Kündigende das beanstandete Ereignis selbst nicht als so schwerwiegend empfunden hat, dass eine weitere Zusammenarbeit mit dem anderen Teil bis zum Ablauf der Frist für eine ordentliche Kündigung unzumutbar ist.[326]

Das Recht zur fristlosen Kündigung ist nicht durch Zeitablauf verwirkt, wenn ein **163** umfängliches Verfahren zur Prüfung der Vertragsverstöße notwendig war und der Vertragshändler die Mitwirkung an der Aufklärung dieser Vertragsverstöße verweigert und damit zusätzlich Anlass für eine intensive und zeitaufwendige Prüfung durch den Hersteller gegeben hat.[327]

Strittig ist, ob die Überlegungszeit bei einem fortlaufenden Verstoß gegen das Konkur- **164** renzverbot bereits mit der (hinreichend sicheren) Kenntnis des Kündigungsgrundes beginnt

---

[320] BGH NJW 2002, 3771 zum Auskunftsanspruch eines Vertragshändlers gegen den Hersteller über Verträge, welche die mit diesem verbundenen Unternehmen im Bezirk des Vertragshändlers über die Produkte des Herstellers geschlossen haben; OLG Düsseldorf BB 2017, 464 (nicht rechtskräftig) mit Anm. Creutzig IHR 2017, 93: Einem Vertragshändler steht nach beendetem Vertragshändlervertrag ein auf § 242 BGB gestützter Auskunftsanspruch zu, wenn er im Unklaren über seinen Anspruch ist und es daher weiterer Auskünfte bedarf. Kritik wird an der Entscheidung geübt, dass das Gericht den Ausgleichsanspruch grundsätzlich nur unter Zugrundelegung der Provisionsverluste und lediglich in Ausnahmefällen unter Zugrundelegung der Unternehmervorteile berechne, weshalb nur im Einzelfall eine Auskunft über die durch die Tätigkeit des Vertragshändlers (Handelsvertreters) erlangten Unternehmensvorteile besteht.

[321] BGH NJW 2002, 3771.

[322] BGH NJW 2011, 3361 (analog § 89a HGB): Die Frage, ob ein wichtiger Grund vorliegt, bestimmt sich nunmehr nach der Legaldefinition in § 314 Abs. 1 S. 2 BGB.

[323] BGH NJW 2011, 608 (Handelsvertretervertrag).

[324] BGH NJW-RR 1988, 1381: Besondere Umstände können eine Ausübung des an sich gegebenen Kündigungsrechts als gegen Treu und Glauben verstoßend erscheinen lassen.

[325] BGH NJW 1982, 2432.

[326] BGH NJW 1994, 722; RuS 1999, 439.

[327] OLGR Braunschweig 1998, 291: Ein wichtiger Grund ist gegeben, wenn der Vertragshändler durch Scheinverkäufe Zuschüsse des Herstellers erschlichen hat.

oder ob auf den Abschluss des Dauersachverhalts abzustellen ist.[328] Setzt der Vertragshändler eine ihm vertraglich verbotene Konkurrenztätigkeit ungeachtet einer Abmahnung des Unternehmers (Herstellers/Importeurs) fort, so ist eine hierauf gestützte außerordentliche Kündigung nicht deswegen unwirksam, weil der Unternehmer die Abmahnung erst mehrere Monate nach dem Zeitpunkt ausgesprochen hat, zu dem er von der verbotswidrigen Konkurrenztätigkeit erstmalig Kenntnis erlangt hat.[329]

165   Ein fristlos vom Kraftfahrzeughersteller gekündigter Kraftfahrzeugvertragshändler kann im Wege der einstweiligen Verfügung die Weiterbelieferung mit Kraftfahrzeugen verlangen, sofern von der Weiterbelieferung seine Existenzgrundlage abhängig ist und er glaubhaft macht, dass die Kündigung verfristet war.[330]

IV. Dolo petit-Einwand bei ordentlicher Kündigung

166   In Ausnahmefällen kann auch eine ordentliche Kündigung treuwidrig sein. So durfte ein marktbeherrschendes Unternehmen das Vertragsverhältnis mit einem anderen Unternehmen nicht aus Gründen beenden, aus denen es den Abschluss des Vertrages nicht hätte ablehnen dürfen, ohne damit gegen das Diskriminierungsverbot zu verstoßen.[331] Unterliegt der Unternehmer einem Kontrahierungszwang, zB einer Belieferungspflicht oder einer Bezugspflicht, kann – wenn die Verhältnisse ansonsten vergleichbar sind – ein laufendes Vertragsverhältnis nicht ohne Weiteres, sondern nur bei Vorliegen besonderer Gründe gekündigt werden. Denn der Kündigende wäre anderenfalls zum sofortigen erneuten Vertragsschluss verpflichtet.[332] Im Grundsatz gilt nichts Anderes, wenn es dem Unternehmer bei der Begründung des Vertragsverhältnisses untersagt ist, gleichartige Unternehmen ohne sachlich gerechtfertigten Grund unterschiedlich zu behandeln, und er daher die Auswahl unter den Anbietern nach fairen und objektiven Auswahlkriterien, gegebenenfalls im Wege der Ausschreibung, zu treffen hat.[333]

V. Übermaßverbot bei ordentlicher Kündigung

167   Vertragshändlerverträge können grundsätzlich innerhalb der Frist von einem Jahr ordentlich gekündigt werden. Die Auflösung des Vertrages mit einer einjährigen Kündigungsfrist verstößt nicht gegen Treu und Glauben (§ 242 BGB).[334] Etwas anderes gilt allerdings, wenn aufgrund der einjährigen Kündigungsfrist die Grenze des zumutbaren Risikos des Vertragshändlers überschritten ist.[335] Hierbei ist zu berücksichtigen, dass der Hersteller oder Lieferant bei Beendigung eines Eigenhändlervertrages im Allgemeinen verpflichtet ist, ein auf sein Verlangen vom Eigenhändler unterhaltenes Depot oder Ausstellungslager zurückzunehmen, zumindest aber bei dessen Verwertung mitzuhelfen, wenn dem Eigenhändler nicht zugemutet werden kann, das Lager selbst ohne Mithilfe des Herstellers abzusetzen.[336]

168   Verhält sich der Händler selbst treuwidrig, indem er ohne triftigen Grund seinen Vertrag fristlos kündigt, kann er sich auf eine nachwirkende Treuepflicht seines Vertragspartners, aufgrund derer dieser zum Rückkauf des Ersatzteillagers verpflichtet wäre, nicht berufen. Wenn er in diesem Fall nicht in der Lage ist, sein Warenlager selbst zu verwerten, liegt dies in dem von ihm geschaffenen Gefahrenbereich.[337]

---

[328] Hopt in Baumbach HGB § 89a Rn. 30 mwN.
[329] BGH NJW 2011, 3361 (außerordentliche Kündigung wegen fortgesetztem Wettbewerbsverstoß).
[330] OLG Köln BeckRS 2001, 30182845.
[331] BGH NJW-RR 2003, 1348.
[332] BGHZ 107, 273 – Staatslotterie.
[333] BGHZ 101, 72 – Krankentransporte.
[334] BGH NJW-RR 1995, 1260: kein Verstoß einer formularmäßigen Kündigungsfrist von einem Jahr gem. § 9 AGBG (jetzt § 307 BGB).
[335] BGH NJW-RR 1995, 1260 (ordentliche Kündigung von Kfz-Vertragshändlerverträgen).
[336] BGHZ 54, 338.
[337] OLG München NJW-RR 1998, 1563.

Ein Fahrzeughersteller verhält sich nicht dadurch im Sinne von § 242 BGB widersprüch- **169** lich, indem er erst langjährig bestehende Händler- und Werkstattverträge dahingehend ändern lässt, dass eine formale Begründungspflicht für eine ordentliche Kündigung entfällt und diese derartig geänderten Verträge dann 1 Jahr später ohne Begründung kündigt. Die Ausübung des Kündigungsrechts ist hier auch nicht als unzulässige Rechtsausübung an-zusehen.[338]

VI. Knebelung

Ein Mineralölunternehmen handelt rechtsmissbräuchlich im Sinne einer Knebelung, **170** wenn es die Belieferung einer Tankstelle mit Kraftstoffen unter Berufung auf ein Zurück-behaltungsrecht wegen offener Forderungen gegen den Tankstellenbetreiber einstellt, die-sen aber gleichzeitig an dem vertraglichen Verbot, Konkurrenzprodukte zu vertreiben, festhält und ihm dadurch den Betrieb der Tankstelle und damit die Erzielung von Ein-nahmen unmöglich macht. Eine derartige Knebelung des Vertragspartners, die über kurz oder lang zur Vernichtung seiner wirtschaftlichen Existenz führen muss, ist auch dann rechtsmissbräuchlich, wenn gegen ihn eine Forderung besteht, derentwegen grundsätzlich ein Zurückbehaltungsrecht geltend gemacht werden kann.[339]

D. Kommissionär

§ 242 BGB ist auf den Kommissionsvertrag uneingeschränkt anwendbar, weshalb auf die **171** vorstehenden Ausführungen zunächst Bezug genommen wird, insbesondere zu den sich aus § 242 BGB ergebenden Ausübungsschranken. Im Hinblick auf die detaillierte gesetzliche Regelung ist der Rückgriff auf Treu und Glauben nur ausnahmsweise geboten, und zwar bei Beratungs- und Aufklärungspflichten sowie bei der Ausübung von Rechten.

I. Beratungs- und Aufklärungspflichten

Beratungs- und Aufklärungspflichten sind im Rahmen des Interessenwahrungsverhält- **172** nisses zu beachten. Eine umfassende vorvertragliche Beratungspflicht ist allerdings nicht zwingend gegeben. Wird jedoch der Auftrag übernommen, wird auch für unrichtige vorvertragliche Auskünfte gehaftet. Wenn besondere Vereinbarungen fehlen, richten sich Inhalt und Umfang der Auskunfts- und Rechenschaftspflicht nach Treu und Glauben, der Verkehrssitte und den Umständen des Einzelfalles, insbesondere am Maßstab der Erforder-lichkeit und der Zumutbarkeit (§ 242 BGB).[340]

Eine Bank, die eigene Anlageprodukte empfiehlt, ist grundsätzlich nicht verpflichtet, **173** darüber aufzuklären, dass sie mit diesen Produkten Gewinne erzielt; denn in einem solchen Fall ist es für den Kunden offensichtlich, dass die Bank eigene (Gewinn-)Interessen verfolgt, so dass darauf nicht gesondert hingewiesen werden muss.[341] Nichts Anderes gilt, wenn fremde Anlageprodukte im Wege des Eigengeschäfts (§ 2 Abs. 3 S. 2 WpHG) zu einem über dem Einkaufspreis liegenden Preis veräußert werden.[342]

Soweit Banken Wertpapiergeschäfte dagegen als Kommissionär ausführen, müssen sie den **174** Kunden über etwaige Rückvergütungen und deren Höhe aufklären.[343] Durch derartige Vergütungen wird für den Kunden eine Gefährdungssituation geschaffen, da in Folge der versteckten Zahlungen ein Interessenkonflikt besteht. Aufklärungspflichtige Rückver-

---

[338] OLG Frankfurt a. M. ZVertriebsR 2016, 244.

[339] BGH NJW-RR 2006, 615 (rechtsmissbräuchliche Belieferungseinstellung durch Mineralölunterneh-men); OLG Nürnberg NJW 1972, 2270 (missbräuchliche Ausnutzung der Bezugsbindung eines Tankstellen-pächters).

[340] OLG Frankfurt a. M. BeckRS 2012, 07270.

[341] BGHZ 189, 13.

[342] BGH BB 1959, 978.

[343] BGHZ 170, 226; BGH NJW 2009, 1416; OLG München BeckRS 2012, 03334.

gütungen liegen dann vor, wenn beispielsweise Teile der Ausgabeaufschläge oder Verwaltungsgebühren, die der Kunde an einen Dritten zahlt, hinter seinem Rücken an die beratende Bank – regelmäßig umsatzabhängig – zurückfließen, so dass diese ein für den Kunden nicht erkennbares besonderes Interesse hat, gerade dieses Produkt zu empfehlen.[344]

II. Dolo-petit-Einwand

175   Ein Auktionator ist nach Treu und Glauben gehindert, sich auf die Haftungsbeschränkung in den (wirksamen) Versteigerungsbedingungen zu berufen, wenn er selbst bei der Annahme des gefälschten Bildes die ihm gegenüber dem Ersteigerer obliegende Sorgfaltspflicht (nur) fahrlässig verletzt hat. Die Beweislast, dass der Auktionator die im Verkehr erforderliche Sorgfalt beachtet hat, trägt dieser.[345] Bei dieser Einschränkung der Haftungsfreizeichnung handelt es sich nicht etwa um eine im Gewährleistungsrecht systemwidrige Verschuldenshaftung oder um eine Haftung aus culpa in contrahendo aufgrund fahrlässig falscher Angaben über die Eigenschaften einer Sache, für die im Gewährleistungsrecht kein Raum wäre,[346] sondern lediglich um die sich aus Treu und Glauben (§ 242 BGB) ergebende Begrenzung der Befugnis, sich im Einzelfall auf einen formularmäßigen Ausschluss des Wandlungsrechts zu berufen.[347]

§ 307 Inhaltskontrolle

(1) [1]Bestimmungen in Allgemeinen Geschäftsbedingungen sind unwirksam, wenn sie den Vertragspartner des Verwenders entgegen den Geboten von Treu und Glauben unangemessen benachteiligen. [2]Eine unangemessene Benachteiligung kann sich auch daraus ergeben, dass die Bestimmung nicht klar und verständlich ist.

(2) Eine unangemessene Benachteiligung ist im Zweifel anzunehmen, wenn eine Bestimmung
1. mit wesentlichen Grundgedanken der gesetzlichen Regelung, von der abgewichen wird, nicht zu vereinbaren ist oder
2. wesentliche Rechte oder Pflichten, die sich aus der Natur des Vertrags ergeben, so einschränkt, dass die Erreichung des Vertragszwecks gefährdet ist.

(3) (Nicht abgedruckt)

Literatur: Budde, Findet AGB-Recht auf Kaufverträge, die unter einem Rahmenliefervertrag abgeschlossen werden, Anwendung?, ZVertriebsR 2019, 348; Ekenga, Die Inhaltskontrolle von Franchise-Verträgen, Heidelberg 1990; Erdmann, Die Laufzeit von Franchise-Verträgen im Lichte des AGB-Gesetzes, BB 1992, 755; Flohr, Wirksamkeit von Formularklauseln in Händlerverträgen, ZAP 2005, 287; ders., Aktuelle Tendenzen im Franchiserecht, BB 2006, 398; ders., Begründung eines Handelsvertreterverhältnisses durch Einstandszahlung des Handelsvertreters – zum Urteil des OLG München vom 4. Dezember 1996 (7 U 3915/96), WiP 1997, 540; ders., Franchise-Vertrag, 4. Auflage, München 2010; ders., Franchise-Recht – Ein Konglomerat Rechtsgebiet, ZVertriebsR 2022, 5, 8 f.; Flohr/Klapperich, Dauerschuldverhältnisse nach der Schuldrechtsreform, Münster 2003; Hoeren/Flohr, Vertragsgestaltung nach der Schuldrechtsreform, Münster 2003; Horsch, Die Handelsvertretung im EG-Kartellrecht unter besonderer Berücksichtigung der Gruppenfreistellungsverordnung Nr. 2790/1999 und der Leitlinien für vertikale Beschränkungen, Münster 2005; Leuschner, AGB-Recht im unternehmerischen Rechtsverkehr, München 2021; Kessel/Stomps, Haftungsklauseln im Geschäftsverkehr zwischen Unternehmen – Plädoyer für eine Änderung der Rechtsprechung, DB 2009, 2666; Liesegang, Die Bedeutung des AGB-Gesetzes für Franchise-Verträge, BB 1991, 2381; Martinek/Semler/Flohr, Handbuch Vertriebsrecht, 5. Auflage, München 2023; Müller/Griebeler/Pfeil, Für eine maßvolle AGB-Kontrolle im unternehmerischen Rechtsverkehr, BB 2009, 2658; Oltmanns/Teichmann, Gilt deutsches AGB-Recht für lokale Verträge, die unter einem globalen Rahmenvertrag mit ausländischem Recht abgeschlossen werden?, ZVertriebsR 2020, 1804; Pfeifer, Die Inhaltskontrolle von Franchise-Verträgen, Baden-Baden 2005; Riehm, Die „Würdigung aller Umstände des Einzelfalles" – Ein unbekanntes Phänomen, RW 2013, 1; Ring, Arbeitsbuch AGB, Recklinghausen 2007; Sim, Das selektive Vertriebssystem

---

[344] BGHZ 170, 226; 191, 119 – Lehman Brothers I.
[345] OLG Hamm NJW 1994, 1967.
[346] BGHZ 60, 319 (Sachmängelhaftung und culpa in contrahendo).
[347] BGH VersR 1980, 551.

und der Vertragshändlervertrag im Bereich des Kfz-Vertriebs in der EG, Frankfurt/Main 2007; Sommerfeld, Wie sinnvoll ist eine Rechtsflucht ins Schweizer Recht vor der deutschen AGB-Kontrolle in Handelsverträgen? IWRZ 2022, 64; Stoffels, AGB-Recht, 2. Auflage, München 2009; Teichmann/Laitenberger, Findet AGB-Recht auf Kaufverträge, die unter einem Rahmenliefervertrag geschlossen werden, Anwendung? ZVertriebsR 2019, 214; Teichmann/Bunsen, Gilt AGB-Recht für eigene Standardklauseln, die in ein Vertragswerk des Vertragspartners eingebracht werden? ZVertriebsR 2022, 287; Ulmer/Brandtner/Hensen, AGB-Recht, 10. Auflage, Köln 2006; von Hoyningen-Huene, Die Inhaltskontrolle nach § 9 AGB-Gesetz, Heidelberg 1991; Wagenseil, Die Sittenwidrigkeit von Franchisevereinbarungen aufgrund eines Leistungsmissverhältnisses, Berlin 2005; Weischer, Das Grundrecht auf Vertragsfreiheit und die Inhaltskontrolle von Absatzmittlungsverträgen – zum Maßstab der ABG-Inhaltskontrolle des Bundesgerichtshof, Baden-Baden 2013; Westphalen, Graf von, Franchising in: Vertragsrecht und AGB-Klauselwerke, Stand München 2016; Wolf/Horn/Lindacher/Pfeifer, AGB-Recht, 5. Auflage, München 2009; Zwecker, Inhaltskontrolle von Franchise-Verträgen, Frankfurt/Main 2001.

Übersicht

A. Vorbemerkung

1   **Vertriebsverträge** und damit sowohl Franchise-, Handelsvertreter- und Vertragshändlerverträge werden in der Regel vom Franchise-Geber bzw. Unternehmer bzw. Automobilhersteller **formularmäßig ausgestaltet.** Hierzu zwingt nicht nur die Notwendigkeit, das Vertriebssystem gegenüber allen Vertriebsmittlern einheitlich zu gestalten, sondern auch der Grundsatz der Gleichbehandlung aller Vertriebspartner gem. § 242 BGB[1]. Insoweit sind Franchise-, Handelsvertreter- und Vertragshändlerverträge sog. Formularverträge iSv § 305 Abs. 1 S. 1 BGB.

2   Vertriebsverträge unterliegen daher wie Allgemeine Geschäftsbedingungen der Inhaltskontrolle. Allerdings beschränkt sich die Darstellung nur auf die Darstellung der üblichen Klauseln bei Franchise-, Handelsvertreter- und Vertragshändlerverträgen verbunden mit Hinweisen zur Vertragsgestaltung. Dabei werden solche Klauseln in Vertriebsverträgen erläutert, mit dessen sich bereits die Rechtsprechung befasst. Die Umsetzung dieser Rechtsprechung hat nämlich in der Praxis der inhaltlichen Gestaltung von Vertriebsverträgen größte praktische Relevanz.

B. AGB-Kontrolle und Individualvertrag

3   Vertriebsverträge werden in der Regel vom Unternehmen vorformuliert vorgegeben und sind demgemäß nicht verhandelbar.

4   Wird demgegenüber im Vertriebsvertrag normiert, dass dieser individuell ausgehandelt worden ist, um diesen als Individualvertrag bezeichnen zu können, obwohl dem Absatzmittler keine Möglichkeit der Vertragsanpassung eingeräumt wurde, so verliert ein Vertriebsvertrag durch diese Formulierung nicht seinen Charakter als nach §§ 305 ff. BGB der Inhaltskontrolle unterliegendes Klauselwerk[2]. Entscheidend ist nämlich immer, ob dem Vertriebsmittler eine Gestaltungsfreiheit eingeräumt wurde und davon auszugehen ist, dass die Regelungen „im Einzelnen ausgehandelt" wurden.

5   Dies galt auch für den Fall, dass im Nachhinein die Regelungen eines Vertriebsvertrages abgeändert werden. Allein dadurch verliert der Vertriebsvertrag nicht seinen Charakter als „Allgemeine Geschäftsbedingung". Dies ist nur dann der Fall, wenn die nachträgliche Änderung des Vertriebsvertrages in einer Weise erfolgt ist, die es rechtfertigt, diesen wie einen von vornherein betroffenen Individualvertrag zu behandeln. Das ist nicht der Fall, wenn das Unternehmen auch nach Vertragsabschluss dem Vertriebspartner keine Gestaltungsfreiheit einräumt[3].

6   Deutlich wird diese Abgrenzung zwischen Individual- und Formularvertrag auch durch die Leitsätze der Entscheidung des BGH vom 20.3.2014[4], wenn es in den Leitsätzen der Entscheidung heißt:

- **Der Verwender vorformulierter Klauseln kann sich zur Darlegung eines Aushandelns nach § 305 Abs. 1 S. 3 BGB nicht ausschließlich auf eine individualrechtliche Vereinbarung berufen, nach der über die Klauseln „ernsthaft und ausgiebig verhandelt wurde".**
- **Mit dem Schutzzweck der §§ 305 ff. BGB ist nicht zu vereinbaren, wenn Vertragsparteien unabhängig von den Voraussetzungen des § 305 Abs. 1 S. 3 BGB**

---

[1] Vgl. Eckenga, Die Inhaltskontrolle von Franchise-Verträgen, Heidelberg 1990, S. 110 ff.; von Westphalen BB 2010, 195 mwN; Dauner-Lieb/Axer ZIP 2010, 309 ff.; Berger NJW 2010, 465 ff.; siehe aus der Rspr. BGH 17.2.2010 – VIII ZR 67/09, BeckRS 2010, 6687.
[2] Siehe BGH NJW-Aktuell 15/2013, 6; NJW 2013, 856.
[3] Siehe auch insoweit BGH NJW-Aktuell 5/2013, 6; aus dem Schrifttum: Teichmann/Bunsen ZVertriebsR 2022, 287; Flohr ZVertriebsR 2022, 5, 8 ff.
[4] BGH 20.3.2014 – VII ZR 248/13, BeckRS 2014, 8248.

die Geltung des Rechts der Allgemeinen Geschäftsbedingungen individualrechtlich ausschließen.

Der BGH betont damit, dass „Aushandeln mehr als für Handeln" ist. Nach seiner Recht- 7 sprechung kann von einem Aushandeln in diesem Sinne nur dann gesprochen werden, wenn der Verwender zunächst den in seinen Allgemeinen Geschäftsbedingungen enthaltenen gesetzesfremden Kerngehalt inhaltlich ernsthaft zur Disposition stellt und dem Verhandlungspartner Gestaltungsfreiheit zur Wahrung eigener Interessen einräumt mit der zumindest realen Möglichkeit, die inhaltliche Ausgestaltung der Vertragsbedingungen zu beeinflussen. Übertragen auf das Vertriebsrecht bedeutet dies, dass sich der Unternehmer deutlich und ernsthaft mit der vom Absatzmittler gewünschten Änderung einzelner Klauseln des Vertriebsvertrages einverstanden erklären muss[5]. Insofern sind auch in Vertriebsverträgen enthaltene Klauseln wie „alle Vertragsbedingungen hätten zur Disposition gestanden" oder „Vertragsklauseln seien ausgiebig und ernsthaft verhandelt worden" zur Darlegung eines Aushandelns des Vertriebsvertrages ohne Bedeutung und führen nicht dazu, dass aus dem Franchise-Formularvertrag ein der Inhaltskontrolle gem. §§ 305 ff. BGB entzogener Individualvertrag wird.

C. Inhaltskontrolle bei Franchise-Verträgen

I. Unangemessene Benachteiligung (§ 307 Abs. 1 S. 1 BGB)

Gemäß § 307 Abs. 1 S. 1 BGB sind **Bestimmungen** in **Franchise-Verträgen** dann 8 **unwirksam,** wenn diese den Franchise-Nehmer entgegen den Geboten von **Treu und Glauben** (§ 242 BGB) **unangemessen benachteiligen.**

Ob eine solche unangemessene Benachteiligung vorliegt, ist nach ständiger Rechtspre- 9 chung durch Interessenabwägung festzustellen[6]. Dabei ist einerseits das Interesse des Franchise-Gebers an einer straffen Organisation seines Vertriebssystems mit umfassenden Kontroll-, Weisungs- und Informationsmöglichkeiten zu berücksichtigen, andererseits das Interesse des Franchise-Nehmers an Selbständigkeit und wirtschaftlicher Betätigungsfreiheit.

Unter dem Gesichtspunkt der **Inhaltskontrolle** von **Franchise-Verträgen** gem. § 307 10 Abs. 1 S. 1 BGB sind insbesondere folgende **Klauseln** zu prüfen:

- Absatzvorgaben,
- Änderungsvorbehalte,
- Ausgleichsanspruch,
- Belieferungspflicht,
- Berichtspflichten,
- Berichtspflichten,
- Bezugsbindungen,
- Buchhaltung/Controlling,
- Direktvertrieb des Franchise-Gebers,
- Dynamische Verweisung,
- Einkaufsvorteile,
- Einsichts- und Kontrollrechte,
- Eintrittsgebühr,
- Gebiets-/Standortschutz,
- Geheimhaltungsvereinbarungen,
- Haftungsfreizeichnungs- oder Haftungsbegrenzungsklausel,

---

[5] So insbesondere BGH GRUR 2013, 462 Rn. 10.
[6] Vgl. Esser S. 51 ff.; Giesler/Nauschütt Franchiserecht, Kap. 9 Rn. 1 ff. mit umfassender Darstellung; aus der Rspr. siehe: OLG Hamm NJW 1981, 1050, BGH NJW 2010; BB 2010, 915; IHR 2010, 71; OLG München MDR 2009, 703; LG Koblenz NJW-RR 2009, 1063; BAG DB 2009, 569; BGH BB 2010, 1047; ZIP 2010, 734.

- Internetvertrieb des Franchise-Gebers,
- Investitionserstattungsanspruch,
- Kündigungsregelungen,
- Laufende Franchise-Gebühren/Marketing-Gebühren,
- Laufzeitregelungen,
- Mindestumsatz,
- Nebentätigkeitsverbote,
- Preisvereinbarungen/Preisanpassungsklauseln,
- Rechtsfolgen der Beendigung eines Franchise-Vertrages,
- Richtlinien zur Wahrung der Corporate Identity sowie des Qualitätsstandards,
- Rücknahmeverpflichtungen des Franchise-Gebers bei Beendigung des Franchise-Vertrages,
- Schriftformklauseln[7],
- Sonderkündigungsrechte[8],
- Steuerberaterklausel,
- Teilkündigung,
- Übertragungsverbot,
- Veräußerungsverbot,
- Verkleinerung des Vertragsgebietes,
- vertragliche und nachvertragliche Wettbewerbsverbote,
- Vertragsstrafenregelungen[9]

11   Diese Aufzählung ist keinesfalls vollzählig, dh stellt nicht alle möglichen Klauseln dar, die im Rahmen eines Franchise-Vertrages einer Inhaltskontrolle gem. § 307 Abs. 1 S. 1 BGB unterliegen können. Entscheidend ist nämlich immer, ob die jeweilige vertragliche Regelung, die der Inhaltskontrolle unterliegt, den Franchise-Nehmer unangemessen benachteiligt, und zwar deswegen, weil die vertragliche Regelung mit wesentlichen Grundgedanken der gesetzlichen Regelung, von der abgewichen wird, nicht zu vereinbaren ist (§ 307 Abs. 2 S. 1 BGB) oder wesentliche Rechte und Pflichten, die sich aus der Natur des jeweiligen Franchise-Vertrages ergeben, so eingeschränkt werden, dass die Erreichung des mit dem Franchise-Vertrag verfolgten Zweck gefährdet ist (§ 307 Abs. 2 S. 2 BGB).

12   Entscheidend ist damit immer, ob in zulässiger Weise von einem **gesetzlichen Wertungsmodell** abgewichen wird oder aber die vertraglichen Regelungen den Franchise-Nehmer so stark einengen, dass dieser entweder unangemessen benachteiligt wird oder möglicherweise der mit dem Franchise-Vertrag verfolgte Zweck gefährdet ist. Dies ist immer eine Einzelfallentscheidung, sodass ggf. auch Regelungen zu einem nachvertraglichen Wettbewerbsverbot des Franchise-Nehmers, bei Dienstleistungs-Franchise-Verträgen zulässig sind, bei einer Einzelhandels-Franchise aber unwirksam sein können, weil dieses zum Schutz des Know-how des Franchise-Systems nicht notwendig ist.

13   Insofern wird auch die Frage einer unangemessen Benachteiligung des Franchise-Nehmers gem. § 307 Abs. 1 S. 2 BGB immer danach zu bestimmen sein, welcher Zweck mit dem abgeschlossenen Franchise-Vertrag verfolgt wird und in welchem Wirtschaftsbereich die Franchise-Rechte verliehen werden (zB Einzelhandels- oder Dienstleistungsfranchise-Rechte). Insofern ist auch unter der Geltung der §§ 305 ff. BGB für die Inhaltskontrolle von Franchise-Verträgen nach wie vor von einer auf § 242 BGB gestützten Einzelfallwürdigung auszugehen[10].

---

[7] Nicht grundsätzlich unzulässig – immer in Abhängigkeit von der Ausgestaltung und dem Anwendungsbereich – siehe Ring, Arbeitsbuch AGB, Recklinghausen 2007, § 307 Rn. 30.

[8] VGl. BGH WRP 2004, 1378; siehe auch die Kommentierung zu → BGB § 314 Rn. 23–26.

[9] Siehe auch die ausführliche Zusammenstellung von Vertragsklauseln bei Giesler/Nauschütt, Franchiserecht, Kap 9 Rn. 43 ff. mwN.

[10] Siehe grundsätzlich dazu und zur Entwicklung der Inhaltskontrolle im Vertragsrecht Stoffels, AGB-Recht, § 2 Rn. 20 ff.; Leuschner, AGB-Recht, BGB § 305 Rn. 2 ff.

II. Transparenzgebot (§ 307 Abs. 1 S. 2 BGB)

Durch § 307 Abs. 1 S. 2 BGB wird seit Schuldrechtsreform das **Transparenzgebot** 14 gesetzlich geregelt. Danach ist es notwendig, Franchise-Verträge „klar und verständlich" zu gestalten. Durch das Transparenzgebot wird der Franchise-Geber als Verwender des Franchise-Vertrages verpflichtet, diesen systematisch und sprachlich so abzufassen, dass der rechtsunkundige Franchise-Nehmer in der Lage ist, etwa ihn benachteiligende Regelungen ohne Einholung von Rechtsrat zu erkennen[11]. Es kommt dabei nicht auf die Verhältnisse der konkreten Vertragspartei an, weitergehende Kenntnisse (insbesondere Rechtskenntnis) ändern nichts an einer Verletzung des Transparenzgebotes.

Die Intransparenz einer Klausel im Rahmen eines Franchise-Vertrages beurteilt sich 15 daher aus der Erkenntnismöglichkeit eines typischerweise bei Verträgen zu erwartenden durchschnittlichen Vertragspartners (= Franchise-Nehmers). Für diesen stellen sich die Fragen: ist die Klausel für diesen verständlich, klar und transparent formuliert? Werden ihm situationsbedingt – auch alle wirtschaftlichen Nachteile und Belastungen eröffnet?[12] Ein Sonderwissen eines Franchise-Nehmers hat dabei außer Betracht zu bleiben[13].

Unklarheiten, die zu einem Verstoß gegen das Transparenzgebot iSv § 307 Abs. 1 S. 2 16 BGB führen, können sich bei einem Franchise-Vertrag ergeben aus:

- einer fehlenden formalen Strukturierung des Franchise-Vertrages;
- einer unterbliebenen Zusammenfassung gegenüber einer „verstreuten" Darstellung von Zahlungsverpflichtungen des Franchise-Nehmers in unterschiedlichen Stellen des Franchise-Vertrages;
- einer fehlenden Bestimmtheit, zB bei der Berechnungsgrundlage für die Ermittlung der monatlich laufenden Franchise-Gebühr[14];
- Klausel zur Rückerstattung von Fortbildungskosten bei vorzeitiger Beendigung des Franchise-Vertrages[15].

Mangelnde Transparenz und damit fehlende Verständlichkeit einer Regelung im Rah- 17 men eines Franchise-Vertrages kann sich aber auch aus der Unvollständigkeit der Klausel ergeben. Auch die Gefahr einer Irreführung verstößt gegen das Transparenzgebot[16].

Allerdings dürfen die **Anforderungen** an das **Transparenzgebot** nicht zu einer un- 18 angemessenen Benachteiligung des Franchise-Gebers als des Verwenders führen. Insofern besteht dessen Pflicht zur klaren und verständlichen Formulierung der Regelungen des Franchise-Vertrages nur im Rahmen des Möglichen[17]. Insofern verpflichtet das Transparenzgebot zum Beispiel dazu, alle Regelungen, die Zahlungsverpflichtungen des Franchise-Nehmers begründen, in einer Regelung zusammenzufassen und nicht an unterschiedlichen Stellen im Franchise-Vertrag zu regeln, so dass die Zahlungsverpflichtungen für den Franchise-Nehmer nicht ohne weiteres erkennbar sind.

Dies gilt insbesondere dann, wenn der Franchise-Nehmer auf der Grundlage des Fran- 19 chise-Vertrages eine Eintrittsgebühr, eine monatlich laufende Franchise-Gebühr, eine monatlich laufende Marketing- oder Werbegebühr, eine Schulungsgebühr, eine Gebühr für Teilnahme an Pflichtveranstaltungen, eine Gebühr für die Inanspruchnahme des Buchhaltungsservice des Franchise-Systems zu zahlen hat. Werden dann diese Regelungen zu den Leistungs-(Zahlungs-)Verpflichtungen eines Franchise-Nehmers nicht in einer Regelung zusammengefasst, so sind für einen Franchise-Nehmer auf den ersten Blick die

---

[11] Siehe dazu aus der alten Rspr. BGHZ 106, 49; BGH NJW 2000, 651.
[12] So ausdrücklich Ring, Arbeitsbuch AGB, BGB § 307 Rn. 10 mwN.
[13] Siehe auch insoweit Ring Arbeitsbuch AGB Rn. 10 aE.
[14] Siehe dazu beispielhaft aus der Rspr. BGH NJW 1996, 455; 1986, 3135.
[15] Vgl. für den vergleichbaren Fall der Transparenz einer Klausel über die Rückzahlung von Fortbildungskosten in einem Arbeitsvertrag: BAG NJW 2013, 410.
[16] BGH NJW 1996, 455; 1986, 3155; Ring § 307 Rn. 11 f.
[17] Vgl. BGH NJW 1998, 3114 (3116); zum Ganzen Hoeren/Flohr, Vertragsgestaltung nach der Schuldrechtsreform, Recklinghausen 2003, Rn. 17 mwN.

Regelungen, die eine Zahlungspflicht enthalten, nicht erkennbar. Eine solche verstreute Darstellung der Regelungen zu den einzelnen Zahlungsverpflichtungen des Franchise-Nehmers verstößt gegen das Transparenzgebot iSd § 307 Abs. 2 S. 2 BGB.

III. Inhaltskontrolle und EU-Gruppenfreistellungsverordnung für Vertikale Vertriebsbindungen

20   Vor dem Hintergrund der BGH-Entscheidung vom 13.7.2004[18] kommt § 307 Abs. 1 S. 1 BGB grundsätzlich Bedeutung zu. Die Bedeutung der Entscheidung für die Inhaltskontrolle von Franchise-Verträgen liegt aber darin, dass nach Ansicht des BGH die Klauseln eines Franchise-Vertrages zugleich § 307 Abs. 1 S. 1 BGB unwirksam sind, wenn diese den Franchise-Nehmern Beschränkungen auferlegen, die nicht nur die EU-Gruppenfreistellungsverordnung für vertikale Vertriebsbindungen vom Verbot des Art. 101 AEUV freigestellt sind. Insofern kommt dieser Entscheidung genau wie der Apollo-Optik-Entscheidung des BGH vom 20.5.2003[19] besondere Bedeutung für die Wirksamkeit von Regelungsinhalten eines Franchise-Vertrages zu.

21   Insoweit ist für die Inhaltskontrolle von Regelungen eines Franchise-Vertrages davon auszugehen, dass die jeweilige Gruppenfreistellungsverordnung für Vertikale Vertriebsbindungen einen Interessenausgleich zwischen dem Franchise-Geber und dem Franchise-Nehmer verfolgt, indem diese den Franchise-Nehmern größere Freiheiten und geschäftliche Selbständigkeit verschaffen soll. Da die Gruppenfreistellungsverordnung somit auch den Schutz des Franchise-Nehmers bezweckt, kommt ihren Bestimmungen Ordnungs- und Leitbildfunktion iSv § 307 Abs. 2 Nr. 1 BGB zu.

IV. Einzelklauseln

22   Unter diesem Gesichtspunkt sind folgende Klauseln eines Franchise-Vertrages einer Inhaltskontrolle zu unterziehen:

- Beschränkung der Nutzung der Investitionen des Franchise-Nehmers für das Franchise-System, auch wenn deren anderweitige Verwendung nicht zu einem Abfluss des Know-hows des Franchise-Systems an Dritte führt;
- Verpflichtung des Franchise-Nehmers, das vom Franchise-Geber geschulte Personal nicht anderweitig einzusetzen;
- Festlegung von Mindestumsätzen und Mindestabsatzmengen bei einem gleichzeitigen Verbot von Querlieferungen innerhalb des Franchise-Systems;
- Änderungen der Vertriebspolitik des Franchise-Gebers ohne inhaltliche und klare Eingrenzung des Begriffs der „Vertriebspolitik"
- Verpflichtung des Franchise-Nehmers zu einer Musterausstellung aller Vertragsprodukte, auch wenn es sich um einen umsatzschwachen Franchise-Nehmer-Betrieb handelt und die Verpflichtung, die gesamte Produktpalette in der Ausstellung bereit zu halten, übermäßig belastet ist;
- Vereinbarung eines außerordentlichen Kündigungsrechts bei Nichterzielen von Absatzzielen des Franchise-Nehmers unter Berücksichtigung der den Franchise-Nehmer insoweit treffenden sog. „Bemühenspflicht"[20].

23   Soweit bei internationalen Franchise-Verträgen Franchise-Nehmer verpflichtet waren, betriebsbezogene Daten an den Vereinigten Staaten ansässigen Franchise-Geber zu übermitteln, war umstritten, ob die Weitergabe solcher Daten überhaupt zulässig ist. Erst durch

---

[18] WRP 2004, 1378 mAnm Flohr ZAP 2005, 287.

[19] BB 2003, 2254.

[20] Siehe auch dazu die umfassende Darstellung bei Giesler/Nauschütt, Franchiserecht, Kap. 9 Rn. 43 ff.; siehe aus der Rspr. insbesondere zum Sonderkündigungsrecht bei Nichterreichen von Absatzzielen bzw. vereinbarten Mindestumsätzen: BGH WRP 2004, 1378 – Citroën-Vertragshändler; siehe dazu umfassend Budde/Gruppe ZVertriebsR 2014, 71.

den Abschluss des Datenschutzabkommens[21] zwischen der EU und den USA vom 2.6.2016 ist nun sichergestellt, dass auch insoweit der Datenschutz beachtet wird und entsprechende in einem internationalen Franchise-Vertrag enthaltene Klauseln nicht gem. § 307 Abs. 1 S. 1 BGB unwirksam sind. Hier werden sich Franchise-Geber noch auf eine weitergehende Inhaltskontrolle einzustellen haben, wenn die Regelungen der EU-Datenschutzgrundverordnung[22] zum 25.5.2018 in Kraft treten.

Soweit durch Franchise-Systeme **Kundenbindungsprogramme** ausgearbeitet werden, **24** sei es durch den Franchise-Geber oder aber durch Franchise-Nehmer, sind die Grundsätze der Entscheidung des BGH vom 11.11.2009[23] zu berücksichtigen. Dies gilt insbesondere dann, wenn die Kundenbindungsprogramme oder auch Rabattsysteme darauf ausgelegt sind, Daten für die Marktforschung sowie das Marketing des Franchise-Systems insgesamt zu sammeln. Hier halten dann nur solche Regelungen einer Inhaltskontrolle stand, wenn diese nicht entsprechend § 307 Abs. 1 S. 1 BGB von den Regelungen des Bundesdatenschutzgesetzes abweichen.

Soweit es um das sog. **Franchise-Handbuch** geht, findet sich in Franchise-Verträgen **24a** eine sog. **dynamische Verweisung,** dh es wird darauf verwiesen, dass ein Franchise-Nehmer beim Betreiben seines Franchise-Outlets die Regelungen des Franchise-Handbuches in der jeweils gültigen Fassung zu beachten hat bzw. die aktuelle Liste der von ihm in seinem Franchise-Outlet abzusetzenden Produkte des Franchise-Systems. Eine solche Anpassungsklausel stellt keine unangemessene Benachteiligung des Franchise-Nehmers iSv § 307 Abs. 1 BGB dar[24]. Unterstrichen wird die AGB-rechtliche Zulässigkeit einer solchen in Franchise-Verträgen enthaltenen dynamischen Klausel auch durch die Entscheidung des EuGH vom 24.4.2017[25]. In dieser Entscheidung hat der EuGH ausdrücklich festgehalten, dass Klauseln in Individual-Arbeitsverträgen, die „dynamisch" auf Tarifverträge verweisen, zulässig sind. Die Grundgedanken dieser EuGH-Entscheidung sind auch auf dynamische Klauseln in Franchise-Verträgen anwendbar. Damit dürften auch letzte Zweifel an der AGB-rechtlichen Zulässigkeit solcher dynamischen Klauseln in Franchise-Verträgen ausgeräumt sein.

Gegen § 307 Abs. 1 S. 1 BGB verstößt auch keine Regelung im Rahmen eines Fran- **24b** chise-Vertrages, mit der sich der **Franchise-Geber** trotz vereinbarten Gebietsschutzes vorbehält, einen **Online-Handel** zu betreiben und damit auch Kunden im Vertragsgebiet des Franchise-Nehmers anzusprechen. Eine solche Klausel stellt nur dann eine unbillige Beeinträchtigung des Franchise-Nehmers dar, wenn dadurch dessen wirtschaftliche Situation nachhaltig gefährdet wird[26].

V. Grundsatz der kundenfreundlichsten Auslegung

Nach der APOLLO-OPTIK-Entscheidung des BGH vom 20.5.2003[27] gilt für die Inhalt- **25** skontrolle von Franchise-Verträgen der Grundsatz der „**kundenfreundlichsten Auslegung**". Maßgebend ist danach in erster Linie der Wortlaut der Klausel, so wie diese der redliche (potentielle) Franchise-Nehmer unter Berücksichtigung der beiderseitigen Interessenlage verstehen darf.

---

[21] EiÜ 20/16.

[22] EU-DSGVO (EU VO 2016/679) v. 27.4.2016 ABl. 2016 L 119, 1; ausführlich dazu Gola, DS-GVO, München 2017; Determann/Lutz/Nebel IWRZ 2022, 204.

[23] BeckRS 2009, 88774 – Happy Digits; dazu Ernst LMK 2010, 297158.

[24] Vgl. zum Begriff der dynamischen Verweisung: Kroll ZVertriebsR 2016, 285; aus der Rspr. BAG MDR 2009, 271; siehe unmittelbar zur dynamischen Verweisung bei Franchise-Verträgen: OLG Düsseldorf 7.9.2009 – 16 U 62/08, BeckRS 2009, 89466– Kamps Backshop gegen LG Düsseldorf 14.3.2008 – 12 U 346/06

[25] RL C-680/15; EuGH 24.4.2017 – C-681/15, BeckRS 2017, 108049.

[26] So ausdrücklich OLG Düsseldorf ZVertriebsR 2016, 44.

[27] BB 2003, 2254.

26   Soweit eine vertragliche Klausel in einem Franchise-Vertrag unklar ist, muss der Franchise-Geber gem. § 305c Abs. 2 BGB als Verwender der von ihm vorformulierten Vertragsbestimmung die für den Franchise-Nehmer günstigste (kundenfreundlichste) Auslegung gegen sich gelten lassen[28].

D. Preisanpassungsklauseln bei Franchise-Verträgen

I. Vorbemerkung

27   **Regelungen** zur **Anpassung laufender Franchise-Gebühren,** wie diese sich in zahlreichen Franchise-Verträgen finden, sind nicht nur Gegenstand der Diskussionen im Rahmen der vorvertraglichen Aufklärung, sondern auch immer wieder Ansatzpunkt für Diskussionen während der Dauer der Vertragsbeziehungen; – insbesondere dann, wenn der Franchise-Geber auf der Grundlage solcher Anpassungsklauseln eine Erhöhung der vom Franchise-Nehmer zu leistenden laufenden Franchise-Gebühren vornimmt. Unabhängig von der Frage einer Sittenwidrigkeitskontrolle der Anpassung der laufenden Franchise-Gebühren anhand der Parameter des § 138 BGB stellt sich immer die Frage, ob Preisanpassungsklauseln als solche der Inhaltskontrolle gem. § 307 Abs. 1 BGB unterliegen oder aber als selbständige Preisabsprachen einer AGB-Kontrolle entzogen sind.

II. Vertragliche Regelungen

28   **1. Allgemeine Regelungen.** Die vertraglichen Regelungen, die sich in Franchise-Verträgen zur Anpassung laufender Franchise-Gebühren finden, sind unterschiedlich. Üblich sind in der Regel folgende Klauseln:

29   *„… Die derzeit gültigen laufenden Franchise-Gebühren sind der Anlage … zu diesem Franchise-Vertrag zu entnehmen. Die Anlage ist in ihrer jeweils gültigen Fassung Bestandteil dieses Franchise-Vertrages und wird vom Franchise-Geber jeweils zu Beginn eines Quartals aktualisiert. … "*

ODER

30   *„… Die Berechnung der vom Franchise-Nehmer geschuldeten laufenden Franchise-Gebühren ergibt sich aus Anlage … zu diesem Franchise-Vertrag. Diese Anlage ist in ihrer jeweils gültigen Fassung Bestandteil dieses Franchise-Vertrages.*

31   *Anpassungen der laufenden Franchise-Gebühren werden dem Franchise-Nehmer mit einer Vorankündigungsfrist von 3 Monaten mitgeteilt. … "*

ODER

32   *„… Die Berechnung der laufenden Franchise-Gebühren ergibt sich aus Anlage … zu diesem Franchise-Vertrag. Diese Anlage ist in ihrer jeweils gültigen Fassung Bestandteil dieses Franchise-Vertrages. Der Franchise-Geber ist berechtigt, die laufenden Franchise-Gebühren anzupassen, soweit dies billigem Ermessen entspricht. Die erhöhten laufenden Franchise-Gebühren sind dann vom 01. des übernächsten Monats an zu leisten, der auf die Ankündigung der Erhöhung der laufenden Franchise-Gebühren folgt. … "*

ODER

33   *„… Der Franchise-Nehmer hat monatlich laufende Franchise-Gebühren i. H. v. 3 % seines Nettoumsatzes zu leisten. Der Franchise-Geber ist zur Erhöhung der laufenden Franchise-Gebühren berechtigt. … "*

---

[28] Flohr DStR 2004, 95 (96).

Diese Auswahl üblicher Klauseln in Franchise-Verträgen zur Anpassung der laufenden **34** Franchise-Gebühren zeigt, dass es nicht **„die"** Klausel zur Erhöhung der laufenden Franchise-Gebühren während der Vertragslaufzeit gibt. Gemeinsam haben aber alle vertraglichen Klauseln, dass der Franchise-Vertrag einen sog. **Änderungsvorbehalt** enthält; also das dem Franchise-Geber eingeräumte Recht, einseitig die laufenden Franchise-Gebühren nach den im Franchise-Vertrag oder den Anlagen zum Franchise-Vertrag festgelegten Parameter zu erhöhen[29].

2. Indexklausel. Möglich ist aber auch eine sog. **Indexklausel,** dh die Kopplung der **35** Erhöhung der laufenden Franchise-Gebühren an die Erhöhung des Lebenserhaltungskostenindex. Üblich sind hier Klauseln in Franchise-Verträgen wie etwa:

„… Verändert sich der vom Statistischen Bundesamt jeweils festgestellte Verbraucherpreisindex **36** *für Deutschland (Basis 2005 = 100) künftig gegenüber seinem Stand zum Zeitpunkt des Abschlusses dieses Franchise-Vertrages um 3 % oder mehr nach oben, so ist jede Vertragspartei berechtigt, die vom Franchise-Nehmer zu leistende jährlich laufende Franchise-Gebühr angemessen zu erhöhen, höchstens jedoch im gleichen prozentualen Verhältnis, in dem sich der vom Statistischen Bundesamt jeweils festgestellte Verbraucherpreisindex für Deutschland nach oben verändert hat. Die Erhöhung tritt mit Beginn des auf den Zugang des schriftlichen Erhöhungsverlangens einer Vertragspartei bei der jeweils anderen Vertragspartei folgenden Kalenderjahres in Kraft.*

Verändert sich der vom Statistischen Bundesamt jeweils festgestellte Verbraucherpreisindex für **37** *Deutschland (Basis 2005 = 100) künftig gegenüber seinem Stand zum Zeitpunkt des Vertragsabschlusses um 3 % oder mehr nach unten, so ist jede Vertragspartei berechtigt, die vom Franchise-Nehmer zu leistende jährlich laufende Franchise-Gebühr angemessen zu senken, höchstens jedoch im gleichen prozentualen Verhältnis, in dem sich der vom Statistischen Bundesamt jeweils festgestellte Verbraucherpreisindex für Deutschland nach unten verändert hat. Die Senkung tritt mit Beginn des auf den Zugang des schriftlichen Senkungsverlangens einer Vertragspartei bei der jeweils anderen Vertragspartei folgenden Kalenderjahres in Kraft.*

Ist aufgrund der vorstehenden Klausel eine Anpassung der jährlich laufenden Franchise-Gebühr **38** *und der Kappungsgrenze durchgeführt worden, bleibt die vorstehende Klausel in gleicher Weise anwendbar, wenn sich der vom Statistischen Bundesamt jeweils festgestellte Verbraucherpreisindex für Deutschland (Basis 2005 - 100) künftig gegenüber seinem Stand zum Zeitpunkt der letzten Anpassung der jährlich laufenden Franchise-Gebühr um 3 % oder mehr nach oben oder unten verändert. … "*

3. Ergänzungsvereinbarung zum Franchise-Vertrag. Neben einem solchen Änderungsvorbehalt bzw. einer solchen Indexklausel kann im Rahmen des Franchise-Vertrages **39** auch festgelegt werden, dass eine Erhöhung der laufenden Franchise-Gebühren durch eine **Ergänzungsvereinbarung** zum **Franchise-Vertrag** möglich sind, etwa durch folgende Regelung:

„… Der Franchise-Nehmer hat monatlich laufende Franchise-Gebühren i. H. v. … % seines **40** *Nettoumsatzes zu leisten. Zwischen den Vertragsparteien kann jederzeit die Erhöhung der laufenden Franchise-Gebühren vereinbart werden, die dann vom 01. des Monats zu leisten sind, der auf die Einigung zwischen den Vertragsparteien auf Erhöhung der laufenden Franchise-Gebühren folgt. … "*

Eine solche Klausel unterscheidet sich aber von einem Änderungsvorbehalt bzw. einer **41** Indexklausel dadurch, dass der Franchise-Geber nicht einseitig die laufenden Franchise-Gebühren erhöhen kann, sondern es dazu einer Ergänzungsvereinbarung zum abgeschlossenen Franchise-Vertrag bedarf. Franchise-Geber und Franchise-Nehmer müssen demgemäß die geänderten tatsächlichen Grundlagen und die daraus folgende Notwendigkeit der

---

[29] Siehe dazu grundsätzlich OLG Jena ZVertriebsR 2021, 26 mAnm Rohrßen.

Anpassung der laufenden Franchise-Gebühren erörtern und dann in einer Ergänzungsvereinbarung zum abgeschlossenen Franchise-Vertrag die Höhe der monatlich zu leistenden Franchise-Gebühren festlegen.

III. Inhaltskontrolle von Gebührenanpassungsklauseln

42   **1. Vorbemerkung.** Geht es um die rechtliche Überprüfung eines Änderungsvorbehaltes oder einer Indexklausel zur Anpassung der laufenden Franchise-Gebühren so ist zunächst die Frage aufzuwerfen, ob die Möglichkeit der **Anpassung** der **laufenden Franchise-Gebühren** überhaupt der **AGB-Kontrolle** unterliegt oder es sich insoweit um eine **selbständige Preisabsprache** handelt, die der AGB-Kontrolle entzogen ist. Wird dies bejaht, so ist der Maßstab für die Zulässigkeit der Anpassung der laufenden Franchise-Gebühren in den Regelungen des § 315 BGB zu entnehmen.

43   Wird dem gegenüber die AGB-rechtliche Prüfung bejaht, so stellt sich die Frage, ob die im Vertrag enthaltene Klausel zur Anpassung der laufenden Franchise-Gebühren den Franchise-Nehmer unangemessen benachteiligt (§ 307 Abs. 1 S. 1 BGB) oder aber die Parameter für die Anpassung der laufenden Franchise-Gebühren intransparent sind (§ 307 Abs. 1 S. 2 BGB)[30].

44   Vorgelagert ist dabei die Frage, ob möglicherweise gegenüber der Anpassung der laufenden Franchise-Gebühr auch die Einwendung der Sittenwidrigkeit gem. § 138 Abs. 2 BGB (Wuchertatbestand) erhoben werden kann[31].

45   **2. Wuchertatbestand (§ 138 Abs. 2 BGB).** Wird die laufende Franchise-Gebühr angepasst, wird in der Regel vom Franchise-Nehmer die Einwendung erhoben, die Anpassung der laufenden Franchise-Gebühr sei sittenwidrig (wucherisch), weil diese zu einem **auffälligen Missverhältnis von Leistung und Gegenleistung** führen würde, dh die Leistungen des Franchise-Gebers (laufende Beratung/Weiterentwicklung des Know-hows, etc) in keinem Verhältnis zur Gegenleistung des Franchise-Nehmers (laufende Franchise-Gebühr) stehen würde. Vielmehr sei insoweit aufgrund der Gebührenerhöhung von einem auffälligen Missverhältnis auszugehen.

46   Ein solches den Wuchertatbestand gem. § 138 Abs. 2 BGB ausfüllendes auffälliges Missverhältnis kann nach der Rechtsprechung jedoch erst dann angenommen werden, wenn der Wert der Leistung (Know-how des Franchise-Systems und dessen Weiterentwicklung) den der Gegenleistung (laufende Franchise-Gebühren) um mehr als 100 % übersteigt[32]. Insofern wird sich in der Regel eine Verletzung des Wuchertatbestandes iSv § 138 Abs. 2 BGB durch Erhöhung der laufenden Franchise-Gebühren nur feststellen lassen, wenn dazu ein Gutachten eines Sachverständigen eingeholt wird, sei es, Franchise-Geber und Franchise-Nehmer haben sich bereits im Vorfeld einer etwaigen gerichtlichen Auseinandersetzung auf die Einholung eines solchen Gutachtens eines unabhängigen Sachverständigen verständigt oder im Rahmen einer gerichtlichen Auseinandersetzung wird ein solcher Sachverständiger durch einen Beweisbeschluss des Gerichts bestimmt, das über die Zulässigkeit der vom Franchise-Geber vorgenommenen Anpassung der laufenden Franchise-Gebühren zu entscheiden hat.

47   Hinzu kommt aber ein weiterer Aspekt: die Rechtsprechung hat mittlerweile erkannt, dass sich die Sittenwidrigkeitskontrolle von Regelungen eines Franchise-Vertrages zu einer AGB-Kontrolle verlagert hat, dh nicht mehr die Prüfung des Sittenwidrigkeitseinwands

---

[30] Dazu vor allem aus der Rechtsprechung OLG Jena ZVertriebsR 2021, 26.

[31] Insgesamt zur rechtlichen Zulässigkeit eines Änderungsvorbehalts für die laufenden Franchise-Gebühren oder einer Indexklausel zur Anpassung der laufenden Franchise-Gebühren Giesler/Nauschütt Franchiserecht Kap. 9 Rn. 153 ff. mwN; Erdmann in Praxishandbuch Franchising, § 17 Rn. 63–66 mwN.

[32] Grds. BGH WM 2008, 967 Rn. 31; siehe aus dem Schrifttum allgemein: Grüneberg/Heinrichs BGB § 138 Rn. 27–29 mit umfassenden Rechtsprechungsnachweisen; Wagenseil, Die Sittenwidrigkeit von Franchise-Vereinbarungen aufgrund eines Leistungsmissverhältnisses, Berlin 2005, insbes. S. 89 ff. mit umfassender Darstellung der Rechtsprechung.

gem. § 138 Abs. 1 BGB bzw. des Wuchertatbestandes gem. § 138 Abs. 2 BGB steht im Vordergrund, sondern die Inhaltskontrolle von Regelungen des Franchise-Vertrages – entweder wegen unangemessener Benachteiligung des Franchise-Nehmers gem. § 307 Abs. 1 S. 1 BGB oder wegen Missachtung des Transparenzgebotes, dh des Gebotes zur inhaltlich klaren Gestaltung eines Franchise-Vertrages gem. § 307 Abs. 1 S. 2 BGB. Dies ist zuletzt noch vom OLG Bamberg im Urteil vom 11.4.2012[33] bestätigt worden. Insoweit spielt bei der rechtlichen Beurteilung des Änderungsvorbehaltes zur Anpassung der laufenden Franchise-Gebühr in der Praxis die Einwendung des Wuchertatbestandes kaum noch eine Rolle – die Diskussion hat sich auf eine AGB-Kontrolle verlagert[34].

3. AGB-rechtliche Kontrolle von Klauseln zur Anpassung der laufenden Fran- **48** **chise-Gebühr.** Eine AGB-rechtliche Kontrolle des Änderungsvorbehaltes zur Anpassung der laufenden Franchise-Gebühren kann aber dann nicht erfolgen, wenn es sich um Preisvereinbarungen handelt, dh vertragliche Regelungen, die Art und Umfang der vom Franchise-Nehmer geschuldeten monatlichen laufenden Franchise-Geber unmittelbar regeln[35].

a) Grundsätze der Rechtsprechung. Der BGH hat sich wiederholt mit der Preis- **49** anpassung bzw. Preis- und Leistungsänderungsklauseln in Allgemeinen Geschäftsbedingungen befasst[36]. Dabei ist jedoch zu prüfen, ob diese Entscheidungen auf die konkrete vertragliche Regelung des zu beurteilenden Franchise-Vertrages Anwendung finden, da es sich teilweise um Einzelfallentscheidungen handelt, die auf bestimmte Vertragstypen bezogen sind, wie einen Wartungsvertrag für eine gekaufte Telefonanlage[37], oder eine Entgelt-Erhöhungsklausel in C-TV-Abonnement-Verträgen[38] oder aber um eine Preis- und Leistungsänderungsklausel für einen Internetzugang[39] oder aber eine Preisanpassungs-AGB in einem Flüssiggas-Belieferungsvertrag[40].

Von Bedeutung für Gebührenanpassungsklauseln bei Franchise-Verträgen ist hingegen **50** die Entscheidung des BGH vom 6.10.1999[41], die sich mit der Anpassung von Lieferungs- und Zahlungsbedingungen in Vertragshändlerverträgen der Kraftfahrzeugbranche befasst. Der BGH sah deswegen die vertragliche Regelung, Preise anzupassen, als gegen § 9 AGBG (Vorgängervorschrift zu § 307 BGB) verstoßend an, weil durch Änderungen der Rabatte, Boni, Zuschüsse und Finanzierungsbedingungen und Versandeinheiten in die vertraglich gesicherte wirtschaftliche Position des Vertragshändlers eingegriffen wurde.

Diese Entscheidung lässt sich aber auch nur bedingt auf einen im Rahmen eines **51** Franchise-Vertrages vereinbarten Änderungsvorbehalt auf Anpassung der laufenden Franchise-Gebühren anwenden. Der Bundesgerichtshof hatte nämlich in dieser Entscheidung eine Preisliste zu beurteilen, bei der sich der neue erhöhte Preis aus der Preisliste als solcher ableiten ließ, nicht aber eine vertragliche Regelung, bei der die jeweilige Berechnung der laufenden Franchise-Gebühr gesondert auf der Grundlage der vertraglich getroffenen Vereinbarungen erfolgen musste.

b) Maßstäbe in der Rechtsprechung. Bei sog. **Preiserhöhungsklauseln** hat der **52** BGH aber bereits sehr früh im Verkehr unter Kaufleuten das Preisbestimmungsrecht eines Unternehmers unbeanstandet gelassen[42]. Im Übrigen werden in Verträgen mit Untermeh-

---

[33] OLG Bamberg 11.4.20123 – U 215/11; siehe auch OLG München, Beschluss vom 9.1.2009 – 25 U 3709/08.
[34] Umfassend dazu Weischer, Die Inhaltskontrolle von Absatzmittlungsverträgen, S. 97 ff.
[35] Ständige Rechtsprechung – vgl. BGH NJW 2010, 150; 2010, 2789.
[36] Siehe dazu insbesondere Erdmann in Praxishandbuch Franchising, § 17 Rn. 63, insbes. 65 f.
[37] BGH-NJW 2003, 886.
[38] BGH NJW 2008, 360.
[39] BGH NJW-RR 2008, 134.
[40] BGH NJW 2007, 1054.
[41] NJW 2000, 1515 – Kawasaki.
[42] BGH NJW 1985, 426 (427).

mern Preiserhöhungsklauseln selbst dann für zulässig erachtet, wenn die Erhöhungskriterien nicht angegeben sind[43]. Insofern hat zuletzt noch das OLG Düsseldorf im Beschluss vom 7.9.2009[44] festgestellt, dass Preisänderungsvorbehalte in einem Franchise-Vertrag wirksam sind.

53   Begründet wird dies vom OLG Düsseldorf damit, dass der Franchise-Geber auf den wirtschaftlichen Erfolg des Franchise-Nehmers anstrebt und insofern willkürlich und unangemessene Preiserhöhungen nicht zu befürchten sind. Weiterhin sei zu beachten, dass die Klausel bereits einen dynamischen Bezug mit der Verweisung auf die „jeweils aktuelle" Preisliste umfasse und insofern dies auch der Notwendigkeit entspringe, dass bei Dauerlieferungsverträgen eine Anpassungsklausel für den Lieferanten aus der Natur der Sache heraus von Nöten sei. Die Rechtsprechung geht also bei Franchise-Verträgen von der grundsätzlichen Zulässigkeit des Anpassungsvorbehaltes (Erhöhungsklausel für laufende Franchise-Gebühren) aus, dh solchen Klauseln, bei denen die in der Anlage von Franchise-Verträgen beigefügte Preisliste gegen aktualisierte Preislisten durch den Franchise-Geber ausgetauscht wird.

54   Allerdings darf diese Rechtsprechung nicht dazu führen, dass bei B2B-Verträgen (und dazu sind Vertriebs- und insbesondere Franchise-Verträge zu rechnen) die Grundsätze der AGB-Kontrolle nicht zur Anwendung kommen. Es gilt insofern § 310 Abs. 1 BGB. Unangemessen ist danach eine Benachteiligung des Franchise-Nehmers durch Verwendung von Preiserhöhungsklauseln, wenn der Franchise-Geber versucht, durch einseitige Vertragsgestaltung missbräuchlich eigene Interessen auf Kosten des Franchise-Nehmers durchzusetzen, ohne von vornherein auch dessen Belange hinreichend zu berücksichtigen, bzw. diesem einen angemessenen Ausgleich zuzugestehen.[45]

55   c) **Unbilligkeit von Vertragsanpassungen.** Aber selbst wenn man davon ausgehen sollte, dass ein solcher Änderungsvorbehalt, dh die Möglichkeit, die laufenden Franchise-Gebühren durch einseitige Erklärung des Franchise-Gebers (etwa Austausch der Anlagen zum Franchise-Vertrag) anzupassen, den Franchise-Nehmer belastet, folgt daraus nicht in jedem Fall, dass eine solche Klausel den Franchise-Nehmer unangemessen iSv § 307 Abs. 1 S. 2 BGB benachteiligt. Die ist vom BGH bereits in seinem Urteil vom 17.12.2002[46] festgestellt worden. Mit dieser Entscheidung hat der BGH deutlich gemacht, dass die Laufzeit von Franchise-Verträgen auch danach zu beurteilen ist, welche Investitionen vom bindenden Teil (dem Franchise-Geber) erbracht werden.

56   In diese Betrachtung passt sich auch das Urteil des BGH vom 21.9.2005[47] ein. Insgesamt zeichnet sich also die Tendenz ab, in Franchise-Verträgen grundsätzlich von der Zulässigkeit eines Änderungsvorbehalts im Hinblick auf die Anpassung der laufenden Franchise-Gebühren auszugehen – vorausgesetzt die mit der Gebührenerhöhung verbundene Gegenleistung des Franchise-Gebers (zB Weiterentwicklung des Know-hows oder der Vertragsprodukte) kann dargestellt werden.

57   d) **Rücktritts- oder Sonderkündigungsrecht des Franchise-Nehmers als Regulativ?** In der Entscheidung vom 13.12.2012[48] hält der BGH fest, dass bei Preisanpassungsklauseln die Interessen des anderen Vertragspartners zu berücksichtigen sind, in dem diesem ggf. ein „**Rücktritts- oder Sonderkündigungsrecht**" eingeräumt wird. Damit macht der BGH deutlich, dass im Rahmen der Inhaltskontrolle nach § 307 Abs. 1 S. 1 BGB auch zu berücksichtigen ist, welche Möglichkeiten dem gebundenen Partner zur Verfügung

---

[43] So Erdmann in Praxishandbuch Franchising, Rn. 66 aE.
[44] BeckRS 2009, 89466; siehe auch OLG Jena ZVertriebsR 2021, 26.
[45] Umfassend dazu Kroll ZVertriebsR 2016, 284 ff. (287); s. zu dieser Rücksichtnahmeverpflichtung des Franchise-Gebers aus der Rechtsprechung BGH NJW 1997, 3304; OLG Düsseldorf 13.3.2013 – VI U (Kart) 13/12,Juris Rn. 53.
[46] NJW 2003, 886.
[47] NJW-RR 2005, 1717.
[48] NJW 2007, 1054.

stehen, um sich ggf. bei Anpassungen des Preisgefüges vom abgeschlossenen Vertrag zu lösen.

Solche Rücktritts- oder Sonderkündigungsrechte machen somit nur dort einen Sinn, wo **58** sich die Preisanpassungsklausel ausschließlich auf eine Änderung der Preisliste bezieht, ohne dass weitere Gegenleistungen vom bindenden Unternehmen erbracht werden. Hier kann den Interessen eines Vertragspartners nur durch ein solches Rücktritts- oder Sonderkündigungsrecht Rechnung getragen werden. Da aber die Erhöhung der laufenden Franchise-Gebühr aufgrund des im Rahmen des Franchise-Vertrages vereinbarten Änderungsvorbehaltes auf eine Weiterentwicklung des Know-hows verbesserte Dienstleistungen oder verbesserte und neue Vertragsprodukte des Franchise-Systems zurückgehen, ist darin genau **die** Gegenleistung zu sehen, die der BGH für die Zulässigkeit solcher Anpassungsklauseln zuletzt noch in seiner Entscheidung vom 13.12.2012[49] gefordert hat.

4. § 315 BGB als Wertungsmaßstab für die Anpassung laufender Franchise- **59** **Gebühren.** Findet eine AGB-Kontrolle der Regelungen zur Anpassung der laufenden Franchise-Gebühren nicht gem. § 307 Abs. 1 BGB statt, weil es sich um eine selbständige Preisabsprache handelt, so bewegt sich gleichwohl die Anpassung der laufenden Franchise-Gebühren nicht in „rechtsfreiem" Raum. Vielmehr handelt es sich dann um eine Preisanpassung nach § 315 BGB. Dies bedeutet, dass die Anpassung der laufenden Franchise-Gebühren vorgenommen werden kann, wobei „im Zweifel anzunehmen" ist, dass **die Bestimmung,** dh Erhöhung der laufenden monatlichen Franchise-Gebühren, **nach billigem Ermessen zu treffen ist.** Der Maßstab dafür findet sich in § 315 Abs. 1 S. 1 BGB. Danach ist die Anpassung für den Franchise-Nehmer verbindlich, wenn diese der Billigkeit entspricht. Entspricht diese nicht der Billigkeit, so wird eine Bestimmung durch Urteil getroffen[50].

Dies bedeutet zweierlei: zum einen kann der Franchise-Geber selbst die Erhöhung der **60** laufenden Franchise-Gebühren vorgeben, zum anderen ist der **Anpassungsrahmen** für die Erhöhung der laufenden Franchise-Gebühren die **„Billigkeit".** Geht der Franchise-Nehmer dem gegenüber davon aus, dass die Anpassung nicht der Billigkeit entspricht, so ist nicht die entsprechende Anpassung unwirksam, sondern dann muss der Umfang der Anpassung der laufenden Franchise-Gebühren durch Gerichtsurteil festgelegt werden. Hierin liegt auch der Vorteil gegenüber der AGB-rechtlichen Prüfung. Ist nämlich eine Anpassungsklausel für laufende Franchise-Gebühren wegen unangemessener Benachteiligung des Franchise-Nehmers gem. § 307 Abs. 1 S. 1 BGB unwirksam, so ist die Anpassung insgesamt unwirksam, da das AGB-Recht nicht dem **Grundsatz der geltungserhaltenen Reduktion** kennt[51].

Allerdings darf die Anwendung von § 315 BGB nicht zu einer Ausweitung einseitiger **61** Änderungsbefugnisse des Franchise-Gebers oder zu einer Lockerung der Forderungen an die AGB-Kontrolle eines Franchise-Vertrages führen[52]. Der nach § 315 BGB vom Franchise-Geber zu beachtende Billigkeitsmaßstab ist somit nicht als ein Maßstab anzusehen, mit dem dem Franchise-Geber die Möglichkeit einer einseitigen Veränderung der Leistungsumstände und damit die Möglichkeit eines einseitigen Eingriffs in das vertraglich festgelegte Verhältnis von Leistung und Gegenleistung eröffnet wird.[53]

5. Intransparente Anpassungsklausel. Intransparent ist eine vertragliche Regelung **62** gem. § 307 Abs. 1 S. 2 BGB, wenn die vertragliche Regelung zur Gebührenanpassung im

---

[49] NJW 2007, 1054.

[50] Siehe auch insoweit: Grüneberg BGB § 315 Rn. 10 ff.; siehe aus der Rechtsprechung: BGHZ 41, 271; BGH WM 2009, 1180; BAG NZA 2005, 359.

[51] Grundsätzlich Von Hoyningen-Huene, Die Inhaltskontrolle nach § 9 AGBG, Heidelberg 1991, Rn. 96; ständige Rechtsprechung seit BGH NJW 1982, 2309; 1986, 1610.

[52] BGHZ 89, 206 (213); 93, 29 (34); BGH ZIP 2005, 1785 (1790 f.); aus dem Schrifttum statt vieler Kroll ZVertriebsR 2016, 284 (286 f.).

[53] Siehe auch insoweit Kroll ZVertriebsR 2016, 284 (287) unter Hinweis auf Giesler/Nauschütt, Franchiserecht, Kap. 9 Rn. 32.

Rahmen eines Franchise-Vertrages unklar oder undurchschaubar ist. Insofern verpflichtet das **Transparenzgebot** den Franchise-Geber, **Gebührenanpassungsklauseln klar, einfach und präzise** darzustellen[54]. Dabei gebieten die Grundsätze von Treu und Glauben (§ 242 BGB) auch, dass die Klausel wirtschaftliche Nachteile und Belastungen für den Franchise-Nehmer so weit erkennen lässt, wie dies nach den Umständen gefordert werden kann[55]. Allerdings dürfen die Anforderungen an die Transparenz einer vertraglichen Klausel zur Anpassung der laufenden Franchise-Gebühren auch nicht überspannt werden[56]. Die Verpflichtung, den Klauselinhalt klar und verständlich zu formulieren, besteht nämlich in der Regel nur im Rahmen des Möglichen[57].

63   Bei der Beurteilung, ob die Regelung zur Anpassung der laufenden Franchise-Gebühren dem Transparenzgebot iSd § 307 Abs. 1 S. 2 BGB entspricht, ist nicht auf den flüchtigen Betrachter, sondern auf den aufmerksamen und sorgfältigen Teilnehmer am Wirtschaftsverkehr abzustellen[58].

64   Ob also eine Gebührenanpassungsklausel im Rahmen eines Franchise-Vertrages intransparent und damit gem. § 307 Abs. 1 S. 2 BGB unwirksam ist, hängt demgemäß von der jeweiligen Einzelformulierung ab. Wird zB im Zusammenhang mit der Erhöhung der laufenden Franchise-Gebühren von „Sonderbedingungen" oder „besonderen Bedingungen" gesprochen, ohne dass diese definiert werden, ist von einer intransparenten vertraglichen Regelung auszugehen[59]. Entsprechendes gilt, wenn die Erhöhung der laufenden Franchise-Gebühr mit „Bearbeitungskosten" beim Franchise-Geber begründet wird, ohne dass diese vom Franchise-Geber zu erbringenden Leistungen näher konkretisiert werden[60], oder auch für solche Preiserhöhungsklauseln, die nicht den Umfang der zulässigen Erhöhung der laufenden Franchise-Gebühr erkennen lassen[61].

65   Entscheidend ist und bleibt aber, dass es auf den jeweiligen Einzelfall ankommt und es **keinen allgemeinen Beurteilungsmaßstab** für die Beurteilung der Intransparenz einer Gebührenanpassungsklausel nach § 307 Abs. 1 S. 2 BGB gibt.

66   **6. Anpassung der laufenden Franchise-Gebühren aufgrund einer Indexklausel.**
Sollen laufende Franchise-Gebühren aufgrund einer Indexklausel angepasst werden können, so sind die Regelungen des Gesetzes über das Verbot der Verwendung von Preisklauseln bei der Bestimmung von Geldschulden (Preisklauselgesetz) vom 7.9.2007[62] zu beachten. Das Preisklauselgesetz hat das Genehmigungsverfahren abgeschafft, für das früher das Bundesamt für Wirtschaft- und Ausfuhrkontrolle zuständig war.

67   Damit wurde das Genehmigungssystem durch ein System von Legalausnahmen ersetzt[63]. Entscheidend für Franchise-Verträge ist die Regelung in § 3 PrKlG. So sind Preisanpassungsklauseln in Franchise-Verträgen nur dann zulässig, wenn der Franchise-Vertrag eine vertragliche Mindestlaufzeit von 10 Jahren hat, dh auf die Dauer von 10 Jahren unkündbar abgeschlossen wird und während dieser Zeit nur eine fristlose Kündigung des abgeschlossenen Franchise-Vertrages für die Vertragsparteien gem. § 314 Abs. 1 BGB zulässig ist. Diese vertragliche Vorgabe an die Zulässigkeit einer Anpassungsklausel steht aber zunehmend die Rechtsprechung zur Inhaltskontrolle von Laufzeitklauseln in Franchise-Verträgen entgegen. Hier zeichnet sich in der Rechtsprechung die Tendenz ab, nur noch eine 5- oder 7-jährige Erstlaufzeit eines Franchise-Vertrages als angemessen anzusehen, es sei denn, die

---

[54] Vgl. aus der Rechtsprechung BGH NJW 2008, 1438; 2010, 3152; 2011, 1801.
[55] Vgl. BGH NJW 2011, 1801; NJW-RR 2011, 1144.
[56] Vgl. insoweit BGHZ 112, 119; BGH NJW 1993, 2054.
[57] So ausdrücklich BGH NJW 1998, 3114 (3116).
[58] So ausdrücklich Grüneberg BGB § 307 Rn. 23 mwN.
[59] Vgl. insoweit beispielhaft OLG Frankfurt a. M. NJW-RR 1995, 283.
[60] Beispielhaft LG Dortmund NJW-RR 2001, 1205.
[61] Vgl. beispielhaft BGH NJW 1980, 2518; 1986, 3155; OLG Stuttgart NJW-RR 2005, 858; OLG Jena ZVertriebsR 2021, 26.
[62] BGBl. I 2246.
[63] Umfassend Grüneberg BGB Anhang zu § 245 Rn. 1 ff.

Investitionen des Franchise-Nehmers sind so hoch, dass eine höhere Erstlaufzeit des Vertrages gerechtfertigt ist. Insofern bestimmt in der Rechtsprechung mehr und mehr die Höhe der Investitionen des Franchise-Nehmers die zulässige Erstlaufzeit eines abgeschlossenen Franchise-Vertrages[64].

Wenn also im Rahmen eines Franchise-Vertrages die Erhöhung der laufenden Franchise- **68**
Gebühren auf der Grundlage einer Indexklausel erfolgen soll, so muss sich der Franchise-Geber immer zunächst fragen, ob überhaupt eine 10-jährige Laufzeit des Franchise-Vertrages gerechtfertigt ist oder aber mangels entsprechender Investitionen des Franchise-Nehmers nur von einer 5 oder 7-jährigen Erstlaufzeit des Franchise-Vertrages ausgegangen werden kann – mit der Konsequenz, dass dann eine Indexklausel nicht vereinbart werden kann. Das gesetzliche Erfordernis einer 10-jährigen Erstlaufzeit des Franchise-Vertrages, um eine Indexklausel vereinbaren zu können, hat demgemäß bei Franchise-Systemen immer mehr zu der Erkenntnis geführt, auf eine solche Indexklausel zu verzichten und stattdessen auf andere vertragliche Gestaltungen der Anpassung der laufenden Franchise-Gebühren zurückzugreifen.

7. Aktuelle Tendenzen. Mit den aktuellen Tendenzen hat sich nun das OLG Jena in **69**
seinem Urteil vom 22.4.2020[65] befasst. Insbesondere der 2. Leitsatz, der der Entscheidung vorangestellt ist, dürfte zukünftig als Grundsatz für die Behandlung und AGB-rechtliche Überprüfung von Preisanpassungsklauseln in einem Franchise-Vertrag anzusehen sein, wenn es dort heißt:

„… Preisanpassungsklauseln müssen den Grund und den Umfang der Preisfestsetzung erken- **70**
nen lassen. Sie müssen derart gefasst sein, dass der andere Vertragsteil bereits bei Vertrags-
abschluss erkennen kann, in welchem Umfang Preiserhöhungen auf ihn zukommen können,
und dass er die Berechtigung der Erhöhung auch dann dem Umfang nach überprüfen kann.
Preiserhöhungen nach Belieben und Willkür müssen ausgeschlossen sein. …“

Das OLG Jena macht damit deutlich, dass intransparente Anpassungsklauseln des § 307 **71**
Abs. 1 S. 2 BGB unwirksam sein können. Zu beachten ist aber, dass die Grundsätze von Treu und Glauben (§ 242 BGB) gebieten, dass die Klausel wirtschaftliche Nachteile und Belastungen für den Franchise-Nehmer soweit erkennen lässt, wie dies nach den Umständen gefordert werden kann[66]. Allerdings dürfen die Anforderungen an die Transparenz einer vertraglichen Klausel zur Anpassung der laufenden Franchise-Gebühren auch nicht überspannt werden[67]. Die Verpflichtung, den Klauselinhalt klar und verständlich zu formulieren, besteht nämlich in der Regel nur im Rahmen des Möglichen[68].

Bei der Beurteilung, ob die Regelung zur Anpassung laufender Franchise-Gebühren dem **72**
Transparenzgebot iSv § 307 Abs. 1 S. 2 BGB entspricht, ist somit nicht nur auf den flüchtigen Betrachter, sondern auf den aufmerksamen und sorgfältigen Teilnehmer am Wirtschaftsverkehr abzustellen.

Ob eine Gebührenanpassungsklausel im Rahmen eines Franchise-Vertrages intransparent **73**
und damit gem. § 307 Abs. 1 S. 2 BGB unwirksam ist, hängt demgemäß von der jeweiligen Einzelformulierung ab. Wird zB im Zusammenhang mit der Erhöhung der laufenden Franchise-Gebühren von „Sonderbedingungen“ oder „besonderen Bedingungen“ gesprochen, ohne dass diese Kriterien definiert werden, so ist eine solche Anpassungsklausel intransparent und daher gem. § 307 Abs. 1 S. 2 BGB unwirksam.

Entsprechendes gilt, wenn die Erhöhung der laufenden Franchise-Gebühr mit „Bearbei- **74**
tungskosten“ beim Franchise-Geber begründet wird, ohne dass diese vom Franchise-Geber

---

[64] Siehe zu den weiteren Kriterien der Laufzeitkontrolle von Franchise-Verträgen etwa Giesler/Nauschütt Franchiserecht Kap. 9 Rn. 80 ff. mwN; Flohr, Franchise-Vertrag, S. 260 f.
[65] ZVertriebsR 2021, 26 mAnm Rohrßen.
[66] Siehe dazu BGH NJW 2011, 1801; NJW-RR 2011, 1144.
[67] Siehe insoweit BGHZ 112, 119; BGH NJW 1993, 2054.
[68] So ausdrücklich: BGH NJW 1998, 3114 (3116).

zu erbringenden Leistungen näher konkretisiert werden[69] oder auch für solche Preisanpassungsklauseln, die nicht den Umfang der zulässigen Erhöhung der laufenden Franchise-Gebühren erkennen lassen[70].

75   Gerade bei der Beurteilung der Zulässigkeit von Preisanpassungsklauseln zeigt sich, welche Bedeutung die AGB-rechtliche Inhaltskontrolle für die inhaltliche Gestaltung eines Franchise-Vertrages hat.

E. Inhaltskontrolle von Handelsvertreterverträgen

I. Grundsatz

76   Wie bei Franchise-Verträgen stellt sich auch bei Handelsvertreterverträgen die Frage, ob einzelne Regelungen des Handelsvertretervertrages den Handelsvertreter
- unangemessen iSv § 307 Abs. 1 S. 1 BGB benachteiligen oder
- intransparent iSv § 307 Abs. 1 S. 2 BGB gestaltet sind[71].

77   **Wirksam** können im Rahmen eines Handelsvertretervertrages folgende Regelungen vereinbart werden:
- Begründung eines Handelsvertreterverhältnisses durch Einstandszahlung[72]
- Rückzahlungspflicht nicht verdienter Provisionsansprüche[73]
- Vertragsstrafe für missbräuchliche Nutzung von Kundenanschriften[74]
- Bestimmungsrecht über die Höhe eines zinslosen Agenturkredites[75]

78   **Unwirksam** iSv § 307 Abs. 1 S. 1 BGB sind hingegen folgende Regelungen im Rahmen eines Handelsvertretervertrages:
- Laufzeitregelung, die eine Beendigung des Handelsvertretervertrages gegen den Willen des Unternehmers ausschließt[76]
- Entgelt für Ausbildung oder Vertragsabschluss ohne entsprechende Gegenleistung des Unternehmers[77]
- Befugnis zur Abbuchung von Verkaufserlösen, die ein Tankstellenpächter noch nicht vereinnahmt hat[78]
- Verpflichtung des Handelsvertreters bei Vertragsbeendigung die mit Familienangehörigen bestehenden Arbeitsverhältnisse auf seine Kosten zu beenden[79]
- Abhängigkeit einer Unterprovisionszahlung von der Provisionszahlung an den Hauptvertreter[80]
- bindende Festlegung eines von einem Handelsvertreter zu erzielenden Mindestumsatzes[81]
- Ausschluss von sog. Überhangprovisionen[82]
- Zugriffsmöglichkeit auf ein elektronisches Agenturinformationssystem anstelle eines ordnungsgemäßen Buchauszugs[83]

---

[69] Beispielhaft LG Dortmund NJW-RR 2001, 1205.
[70] Vgl. bespielhaft BGH NJW 1980, 2518; 1986, 3155; OLG Stuttgart NJW-RR 2005, 858.
[71] Vgl. aus der neueren Rspr. BGH ZVertriebsR 2017, 364 (Vertragsstrafe), OLG Köln ZVertriebsR 2018, 100 (Verbotsklausel Kundenberatung).
[72] OLG München WiP 1997, 540; BGH NJW-RR 1993, 376.
[73] BAG NJW 2010, 2455.
[74] BGH NJW 1993, 1787.
[75] BGH NJW-RR 2007, 1286.
[76] OLG München NJW-RR 1997, 1057.
[77] OLG Hamm NJW-RR 1990, 567; LG Mönchengladbach NJW-RR 1991, 1207.
[78] BGH NJW-RR 2006, 399.
[79] BGH NJW 2006, 1792.
[80] OLG München NJW-RR 2009, 1699.
[81] BGH WRP 2004, 1378 – Citroén-Vertragshändler.
[82] BGH NJW 2010, 289.
[83] BGH 20.9.2006 – VIII ZR 100/05, BeckRS 2006, 12946.

- Festlegung eines Anteils von 50 % der Gesamtvergütung eines Handelsvertreters für verwaltende Tätigkeit[84]
- Vereinbarung in einem Tankstellenvertrag wonach die Übernahme der Tankstelle als Tätigkeit eines Handelsvertreters im Nebenberuf anzusehen ist[85]
- Ausschluss der Leistung einer Karenzentschädigung nach § 90a HGB bei Vereinbarung eines nachvertraglichen Wettbewerbsverbotes nach Vertragsbeendigung[86]

II. Einzelfragen

Auch bei Handelsvertreterverträgen beurteilt sich jeweils im Einzelfall, ob eine verein- **79** barte Klausel den Handelsvertreter so unangemessen benachteiligt, dass diese gem. § 307 Abs. 1 S. 1 BGB unwirksam ist.

1. Kündigungsfristen. Das OLG Oldenburg hat dazu mit seinem Urteil vom **80** 24.7.2012[87] festgestellt, dass es keine unangemessene Benachteiligung eines Handelsvertreters im Nebenberuf darstelle, wenn die im Handelsvertretervertrag geregelte Kündigungsfrist länger ist als die gesetzliche Kündigungsfrist für einen hauptberuflichen Handelsvertreter. Insofern halte die in einem solchen Handelsvertretervertrag enthaltene Klausel, nach der die ordentliche Kündigungsfrist nach einer Vertragslaufzeit von 3 Jahren nur noch unter Einhaltung von einer Frist von 12 Monaten auf das Ende eines Kalenderjahres zulässig sei, einer Inhaltskontrolle gem. § 307 Abs. 1 S. 1 BGB stand[88].

2. Vertragsstrafenklausel. Wird im Rahmen eines Handelsvertretervertrages eine Ver- **81** tragsstrafe vereinbart, so verpflichtet sich der Handelsvertreter, für jedes einzelne vermittelte Geschäft zur Zahlung einer Vertragsstrafe, wenn er während der Laufzeit des Vertrages unter Verletzung des Wettbewerbsverbotes konkurrierende Produkte anbietet, so ist eine solche Vertragsstrafenklausel dann wegen unangemessener Benachteiligung des Handelsvertreters gem. § 307 Abs. 1 S. 1 BGB unwirksam, wenn sich diese auf das 3-fache der erstjährigen Abschlussprovision beläuft[89].

3. Kündigungserschwerung. In entsprechender Weise ist zu prüfen, ob eine Kündi- **82** gungsregelung nach § 307 Abs. 1 S. 2 BGB unvereinbar ist, wenn für den Fall der ordentlichen Kündigung vom Handelsvertreter die Rückzahlung zahlbarer Vorschüsse verlangt wird. Dies stellt eine unzulässige Kündigungserschwernis dar[90].

F. Inhaltskontrolle von Vertragshändlerverträgen

I. Grundsätze

Auch für die Inhaltskontrolle der Klausel eines Vertragshändlervertrages gelten die **83** Grundsätze die an die Inhaltskontrolle eines Franchise- bzw. Handelsvertretervertrages gestellt werden. Insofern orientiert sich die Inhaltskontrolle solcher Regelungen eines Vertragshändlervertrages ebenfalls daran, ob der Vertragshändler unangemessen benachteiligt wird (§ 307 Abs. 1 S. 1 BGB) oder die Regelungen intransparent (§ 307 Abs. 1 S. 2 BGB) sind, wobei sich die unangemessene Benachteiligung eines Vertragshändlers nach den Kriterien des § 307 Abs. 2 BGB beurteilt, ob also ohne Grund von einem gesetzlichen

---

[84] BGH 10.7.2002 – VIII ZR 58/00, BeckRS 2002, 7678.
[85] BGH 18.4.2007 – VIII ZR 117/06, BeckRS 2007, 10251.
[86] Streitig – siehe BGHZ 51, 184 = NJW 1969, 504; BGH EWiR 2013, 13; BB 2012, 3098.
[87] IHR 2013, 74.
[88] AA: OLG Celle OLGR 2005, 650; siehe umfassend Budde/Gruppe ZVertriebsR 2014, 71 ff.
[89] OLG Oldenburg IHR 2013, 74.
[90] OLG Oldenburg IHR 2013, 79; entsprechend OLG Karlsruhe VersR 2011, 526.

Wertungsmodell abgewichen wird oder aber die Regelungen des Vertragshändlervertrages so einengend sind, dass der Vertragszweck als solcher gefährdet wird[91].

II. Einzelklauseln

84   Diese Inhaltskontrolle bei Vertragshändlerverträgen bezieht sich in der Regel auf folgende Klauseln:

- Änderungsvorbehalt des Vertragshändlers im Hinblick auf die Produktpolitik[92];
- Klauseln zur Haftungsbegrenzung[93];
- Regelungen zur Mindestabnahmepflicht des Vertragshändlers[94];
- Klauseln zur nachträglichen Preisanpassung[95];
- Klauseln zur Belieferung des Vertragshändlers mit den Vertragsprodukten;
- Kündigungsregelungen[96];
- Schriftformklauseln[97];
- Änderung der Margen des Vertragshändlers verbunden mit einer Kündigungsfrist für das Unternehmen von einem Monat;
- Vereinbarung eines nachvertraglichen Wettbewerbsverbots auf die Dauer von zwei Jahren ohne Karenzentschädigung[98];
- Vorgabe von Standards mit einer Umsetzungsfrist von 3–maximal 6 Monaten bei Androhung der fristlosen Kündigung bei Nichtumsetzung;
- einseitige Änderungsmöglichkeiten des Unternehmens bei Rabatten, Boni und Prämien.

85   Werden im Rahmen eines Vertragshändlervertrages Mindestabnahmepflichten oder -mengen vereinbart, so ist eine solche Regelung nur dann nicht unangemessen, wenn solche Absatzvorgaben vorgegeben werden, die auf die konkrete Umsatzstärke des einzelnen Vertragshändlers abstellen.

86   Ist das Nichterreichen der Mindestabnahmepflichten und -mengen zugleich mit einem Sonderkündigungsrecht für das Unternehmen verbunden, kann dieses Sonderkündigungsrecht nur dann ausgeübt werden, wenn festgestellt wird, dass der Vertragshändler im Hinblick auf die Erzielung mit Mindestabnahmepflichten und -mengen nicht seiner sog. Bemühenspflicht nachgekommen ist. Dies ist die Konsequenz aus der Entscheidung des BGH vom 13.7.2004[99]. Kann eine Verletzung der Bemühenspflicht nicht festgestellt werden, so kann das Unternehmen von dem ihm eingeräumten Sonderkündigungsrecht keinen Gebrauch machen. Diesem ist zuzumuten, bis zum Ablauf der vertraglich vereinbarten Festdauer bzw. der ordentlichen Kündigungsfrist am Vertragshändlervertrag festzuhalten.

87   Auch die Vereinbarung einer ordentlichen Kündigung mit 2-Jahres-Frist gegenüber einem Vertragshändler ist gem. § 307 Abs. 1 S. 1 BGB zulässig und nur unter außergewöhnlichen Umständen rechtsmissbräuchlich iSd § 242 BGB, wie das OLG Frankfurt a. M. mit Urteil vom 21.12.2015[100] festgestellt hat.

88   Dabei ist diese Entscheidung nicht nur für die AGB-rechtliche Beurteilung einer 2-jährigen ordentlichen Kündigungsfrist von Bedeutung, sondern auch für die Frage, unter welchen Voraussetzungen eine erklärte ordentliche Kündigung eines Vertragshändlervertrages gem. § 242 BGB unwirksam ist. Das OLG Frankfurt a. M. stellt nämlich zu Recht

---

[91] Siehe insoweit statt vieler Wauschkuhn, Der Vertragshändlervertrag, S. 3.

[92] Siehe aus der Rspr. BGH BB 1992, 461; NJW 2000, 550; Wauschkuhn, Der Vertragshändlervertrag, S. 59.

[93] Siehe auch insoweit Wauschkuhn, Der Vertragshändlervertrag, S. 114 mwN in Fn. 95.

[94] BGH WRP 2004, 1378 – Citroën-Vertragshändler.

[95] Siehe insoweit Wauschkuhn, Der Vertragshändlervertrag, S. 97 mwN in Fn. 62–64; aus der Rspr.: BGH ZIP 1994, 461.

[96] Siehe auch insoweit: Wauschkuhn, Der Vertragshändlervertrag, S. 121.

[97] Wauschkuhn, Der Vertragshändlervertrag, S. 136.

[98] Siehe aus der Rspr. OLG Naumburg ZVertriebsR 2014, 111 mAnm Rahlmeyer.

[99] WRP 2004, 1378 – Citroën-Vertragshändler.

[100] ZVertriebsR 2016, 247 mAnm Wegner/Berger.

fest, dass an die Unwirksamkeit einer solchen ordentlichen Kündigung wegen Rechtsmissbräuchlichkeit hohe Maßstäbe zu setzen sind. Demgemäß ist eine ordentliche Kündigung weder rechtsmissbräuchlich noch treuwidrig, wenn diese nur wenige Wochen nach dem Wirksamwerden einer schon vor längerer Zeit vereinbarten einvernehmlichen Vertragsänderung ausgesprochen wird. Dies gilt nach Ansicht des OLG Frankfurt a. M. auch dann, wenn infolge der vereinbarten Vertragsänderung ein Formerfordernis entfallen ist bzw. über die fragliche einvernehmliche Änderung des Vertragshändlervertrages über mehrere Monate verhandelt wurde. Insofern wird durch das OLG Frankfurt a. M. bestätigt, dass die Messlatte für eine Unwirksamkeit einer ordentlichen Kündigung eines Vertragshändlervertrages nach § 242 BGB sehr hochzuhängen ist, weil die Regelung eine eng auszulegende Ausnahmeregelung darstellt[101]; dem Grunde nach die Rechtsmissbräuchlichkeit nur greift, wenn von einem schikanösen Verhalten der kündigenden Vertragspartei auszugehen ist[102].

G. Inhaltskontrolle von Kommissionsagenturverträgen

Gesonderte Rechtsprechung zur Inhaltskontrolle von Kommissionsagenturverträgen gibt **89** es nicht. Insoweit kann auf die Rechtsprechung zur Inhaltskontrolle von Franchise-Verträgen zurückgegriffen werden. Problematisch sind daher insbesondere:

- Absatzvorgaben
- Klauseln zur gesonderten Aufbewahrung der Kommissionsware
- Berichtspflichten
- Gebührenregelungen (zB Eintrittsgebühr)
- Kündigungsregelungen
- Haftungsklauseln
- vertragliche/nachvertragliche Wettbewerbsverbote
- Regelungen zur Einschränkung der unternehmerischen Selbständigkeit[103].

§ 241 Pflichten aus dem Schuldverhältnis

(1) [1]Kraft des Schuldverhältnisses ist der Gläubiger berechtigt, von dem Schuldner eine Leistung zu fordern. [2]Die Leistung kann auch in einem Unterlassen bestehen.

(2) Das Schuldverhältnis kann nach seinem Inhalt jeden Teil zur Rücksicht auf die Rechte, Rechtsgüter und Interessen des anderen Teils verpflichten.

§ 311 Rechtsgeschäfte und rechtsgeschäftliche Schuldverhältnisse

(1) Zur Begründung eines Schuldverhältnisses durch Rechtsgeschäft sowie zur Änderung des Inhalts eines Schuldverhältnisses ist ein Vertrag zwischen den Beteiligten erforderlich, soweit nicht das Gesetz ein anderes vorschreibt.

(2) Ein Schuldverhältnis mit Pflichten nach § 241 Abs. 2 entsteht auch durch

1. die Aufnahme von Vertragsverhandlungen,
2. die Anbahnung eines Vertrags, bei welcher der eine Teil im Hinblick auf eine etwaige rechtsgeschäftliche Beziehung dem anderen Teil die Möglichkeit zur Einwirkung auf seine Rechte, Rechtsgüter und Interessen gewährt oder ihm diese anvertraut, oder
3. ähnliche geschäftliche Kontakte.

---

[101] So auch Wegner/Berger ZVertriebsR 2016, 247 (249) aE.
[102] Siehe insoweit für den vergleichbaren Fall einer Rechtsmissbräuchlichkeit eines Widerrufs bei einem Verbraucherkreditvertrag BGH 16.3.2016 – VIII ZR 146/15, BeckRS 2016, 7523.
[103] Vgl. LAG Düsseldorf JAQUES WEINDEPOT; dazu Flohr, Franchise-Vertrag, S. 79 ff. mwN.

(3) [1]Ein Schuldverhältnis mit Pflichten nach § 241 Abs. 2 kann auch zu Personen entstehen, die nicht selbst Vertragspartei werden sollen. [2]Ein solches Schuldverhältnis entsteht insbesondere, wenn der Dritte in besonderem Maße Vertrauen für sich in Anspruch nimmt und dadurch die Vertragsverhandlungen oder den Vertragsschluss erheblich beeinflusst.

Literatur: Böhner, Schadensersatzpflicht des Franchise-Gebers aus Verschulden bei Vertragsabschluss, NJW 1994, 635; ders. Vier Maximen zur ungefragten und gefragten Aufklärungspflicht bei Franchise-Verträgen, BB 2011, 2248; Braun, Aufklärungspflichten des Franchise-Gebers bei Vertragsverhandlungen, NJW 1995, 504; Bräutigam, Deliktische Außenhaftung im Franchising, Baden-Baden 1994; Erdmann, Vorvertragliche Aufklärungs- und Offenlegungspflichten bei Franchise-Verträgen nach deutschem Recht in: Gedächtnisschrift für Walther Skaupy, München 2003, S. 49; Feuerriegel, Vorvertragliche Phase im Franchising – eine rechtsvergleichende Untersuchung des deutschen und spanischen Rechts, Münster 2004; Flohr, Vorvertragliche Aufklärungspflichten des Franchise-Gebers, WiB 1996, 1137; ders., Art und Umfang der Informationspflichten eines Franchise-Gebers vor Abschluss eines Franchise-Vertrages, Jahrbuch Franchising 1999/2000, 13; ders., Die vorvertragliche Aufklärung beim Abschluss von Vertriebsverträgen, ZVertriebsR 2013, 71; ders., Die vorvertragliche Aufklärung beim Abschluss von Franchise-Verträgen, in: Festschrift Gramlich, München 2021, 113 ff.; ders., Franchiserecht – Ein Konglomerat Rechtsgebiet?, ZVertriebsR 2022, 5, 7 ff. mwN.; Frost, Vorvertragliche und vertragliche Schutzpflichten, Berlin 1981; Giesler, Die Prospekthaftung des Franchise-Gebers, ZIP 1999, 2131; Giesler/Nauschütt, Das vorvertragliche Haftungssystem beim Franchising, BB 2003, 435; Grigoleit, Vorvertragliche Informationshaftung, München 1997; Hahn, Umfang und Inhalt der vorvertraglichen Aufklärungspflicht des Franchise-Gebers, Baden-Baden 2019; dies., Franchising und vertragliche Aufklärung im englischen Recht, ZVertriebsR 2019, 293; Hueck, Der Treuegedanke im modernen Privatrecht, München 1947; Kroll, Informationspflichten im Franchising, Frankfurt/Main 2001; Kunkel, Franchising und asymmetrische Informationen, Wiesbaden 1994; Liesegang, Keine Prospekthaftung des Franchise-Gebers, in: Gedächtnisschrift für Walther Skaupy, München 2003, 225; ders., Und immer wieder vorvertragliche Aufklärung – Ein Update zum Stand der Rechtsprechung und der Rolle der Richtlinien des DFV, Jahrbuch Franchising 2011, 184; Martinek, Standortanalyse und Wirtschaftlichkeitsberechnung für Franchise-Betriebe, in: Gedächtnisschrift für Walther Skaupy, München 2003, 241; Pasderski, Die Außenhaftung des Franchise-Gebers, Mainz 1998; Peters, Vorvertragliche Informationspflichten des Franchise-Gebers, Frankfurt/Main 2002; Rehm, Aufklärungspflichten im Vertragsrecht, München 2003; Schäfer, Die Pflicht des Franchise-Gebers zur vorvertraglichen Aufklärung, Frankfurt/Main 2007; Schulz, Schadensersatzansprüche des Franchise-Nehmers wegen Verletzung vorvertraglicher Aufklärungspflicht, Köln 2004; Treumann, Vorvertragliche Aufklärung in Theorie und Praxis, Jahrbuch Franchising 2008, 163; Vom Dorp, Haftung des Franchise-Gebers aus c. i. c. – Tendenzwende zur Rentabilitätsgarantie, WiB 1995; 285. Wagner, Vorvertragliche Aufklärungspflichten im internationalen Franchise-Recht, Frankfurt 2005; Willich, Die Haftung Dritter im Rahmen der vorvertraglichen Aufklärung des Franchise-Nehmers, Berlin 2019.

Rechtsprechung zur vorvertraglichen Aufklärung
– BAG 24.4.1980 – 3 AZR 911, 77
– OLG München BB 1998, 865
– OLG München NJW 1994, 667
– OLG München NJW-RR 1997, 812
– OLG München BB 2001, 1759 – Aufina
– OLG München BB 2003, 443 – Personal Total
– OLG München BB 2007, 14 – BayWa
– OLG Düsseldorf 30.6.2004 – U Kart. 40/02, BeckRS 2004, 12148 – Pizzahut
– OLG Brandenburg NJW-RR 2006, 51
– OLG Celle 28.12.2006 – 13 W 102/06
– OLG Düsseldorf 28.2.2007 – VIII-U Kart. 27/06 – Arbeitnehmerüberlassung
– OLG Schleswig NJW-RR 2009, 64
– OLG Celle 28.1.2008 – 13 U 127/07 – Real-Supermarkt
– OLG Naumburg 24.10.2008 – 1 W 11/08, BeckRS 2008, 25865
– OLG Frankfurt a. M. 12.5.2011 – 22 U 181/08, BeckRS 2011, 26726
– OLG Hamm ZVertriebsR 2012, 177
– OLG Düsseldorf ZVertriebsR 2014, 46
– LG Hamburg ZVertriebsR 2014, 112
– OLG Hamburg ZVertriebsR 2015, 107 – Tom Tailor
– OLG Dresden ZVertriebsR 2016, 320 – Krankendienst
– OLG Frankfurt a. M. ZVertriebsR 2016, 313
– OLG München 23.6.2021 – 7 U 6141/19 – Unternehmenskaufvertrag Franchise-Nehmer
– OLG Frankfurt 1.12.21 – 12 U 7/21 – grenzüberschreitender Masterfranchise-Vertrag
– OLG Frankfurt 8.12.21 – 4 U 251/20 – grenzüberschreitender Masterfranchise-Vertrag

Übersicht

A. Vorbemerkung

1　§§ 241, 311 BGB legen ua die Verpflichtungen fest, die die Vertragsparteien im Rahmen der Vertragsverhandlungen treffen. Dabei ist die Literatur, die sich mit der vorvertraglichen Aufklärung beim Abschluss von Franchise-Verträgen befasst, kaum noch zu überschauen[1]. Entsprechendes gilt für die Rechtsprechung, beginnend mit den ersten Entscheidungen des OLG München vom 13.11.1987[2] und vom 16.9.1993[3], über die Entscheidung des OLG Schleswig[4] bis hin zur Entscheidung des OLG Hamm vom 22.12.2011[5] und zuletzt noch des OLG Dresden vom 18.6.2016[6]. Demgegenüber sucht man Entscheidungen zur vorvertraglichen Aufklärung des Unternehmens beim Abschluss von Handelsvertreter- bzw. Vertragshändlerverträgen vergeblich. Selbst in der Literatur zum Handelsvertreter- und Vertragshändlerrecht wird auf die vorvertragliche Aufklärung nicht eingegangen – noch nicht einmal im Stichwortverzeichnis.

2　Wenn Entscheidungen zur vorvertraglichen Aufklärung erwähnt werden, so etwa bei Emde[7], so handelt es sich um die Entscheidungen, die sich mit der vorvertraglichen Aufklärung beim Abschluss von Franchise-Verträgen befassen. In der Neuauflage von Küstner/Thume[8] findet sich überhaupt kein Hinweis auf die Notwendigkeit einer vorvertraglichen Aufklärung bei Handelsvertreterverträgen. Insofern stellt sich zurecht die Frage, warum die vorvertragliche Aufklärung beim Abschluss von Franchise-Verträgen so

---

[1] Billing, Vorvertragliche Aufklärung beim Abschluss von Franchise-Verträgen, ZVertriebsR 2017; Böhner, Schadensersatzpflicht des Franchise-Gebers aus Verschulden bei Vertragsabschluss, NJW 1994, 635; ders., Vier Maximen zur ungefragten und gefragten Aufklärungspflicht bei Franchise-Verträgen BB 2011, 2248; Braun, Aufklärungspflichten des Franchise-Gebers bei Vertragsverhandlungen, NJW 1995, 504; Bräutigam, Deliktische Außenhaftung im Franchising, Baden-Baden 1994; Erdmann, Vorvertragliche Aufklärungs- und Offenlegungspflichten bei Franchise-Verträgen nach deutschem Recht, in: Franchising im Wandel, GS Walther Skaupy, München 2003, 49; Feuerriegel, Vorvertragliche Phase im Franchising – eine rechtsvergleichende Untersuchung des deutschen und spanischen Rechts, Münster 2004; Flohr, Vor-vertragliche Aufklärungspflichten des Franchise-Gebers, WiB 1996, 1137; ders., Art und Umfang der Informationspflichten eines Franchise-Gebers vor Abschluss eines Franchise-Vertrages, Jahrbuch Franchising 1999/2000, 13; ders., Die vorvertragliche Aufklärung beim Abschluss von Vertriebsverträgen, ZVertriebsR 2013, 71; ders., Die vorvertragliche Aufklärung beim Abschluss von Franchise-Verträgen, in Festschrift Gramlich, München 2021, 113 ff.; Frost, Vorvertragliche und vertragliche Schutzpflichten, Berlin 1981; Giesler, Die Prospekthaftung des Franchise-Gebers, ZIP 1999, 2131; Giesler/Nauschütt, Das vorvertrag-liche Haftungssystem beim Franchising, BB 2003, 435; Grigoleit, Vorvertragliche Informationshaftung, München 1997; Holtz, Die Prospekthaftung im Franchise-Recht, ZVertriebsR 2014, 23; Hahn, Umfang und Inhalt der vorvertraglichen Aufklärungspflicht des Franchise-Gebers, Baden-Baden 2019; Hueck, Der Treuegedanke im modernen Privatrecht, München 1947; Kroll, Informationspflichten im Franchising, Frankfurt/Main 2001; Kunkel, Franchising und asymmetrische Informationen, Wiesbaden 1994; Liesegang, Keine Prospekthaftung des Franchise-Gebers, GS Walther Skaupy, München 2003, 225; Liesegang, Und immer wieder vorvertragliche Aufklärung – Ein Update zum Stand der Rechtsprechung und der Rolle der Richtlinien des DFV, Jahrbuch Franchising 2011, 184; Martinek, Standortanalyse und Wirtschaftlich-keitsberechnung für Franchise-Betriebe, GS Walther Skaupy, München 2003, 241; Pasderski, Die Außen-haftung des Franchise-Gebers, Mainz 1998; Peters, Vorvertragliche Informationspflichten des Franchise-Gebers, Frankfurt/Main 2002; Rehm, Aufklärungspflichten im Vertragsrecht, München 2003; Schäfer, Die Pflicht des Franchise-Gebers zur vorvertraglichen Aufklärung, Frankfurt/Main 2007; Schulz, Schadens-ersatzansprüche des Franchise-Nehmers wegen Verletzung vorvertraglicher Aufklärungspflicht, Köln 2004; Treumann, Vorvertragliche Aufklärung in Theorie und Praxis, Jahrbuch Franchising 2008, 163; Vom Dorp, Haftung des Franchise-Gebers aus c. i. c. – Tendenzwende zur Rentabilitätsgarantie, WiB 1995; 285. Wagner, Vorvertragliche Aufklärungspflichten im internationalen Franchise-Recht, Frankfurt 2005; Wil-lich, Die Haftung Dritter im Rahmen der vorvertraglichen Aufklärung des Franchise-Nehmers, Berlin 2019.

[2] BB 1988, 865 mAnm Skaupy.

[3] NJW 1994, 667.

[4] NJW-RR 2009, 65.

[5] ZVertriebsR 2012, 177.

[6] ZVertriebsR 2016, 320 – Krankendienst.

[7] Vertriebsrecht, Kommentierung zu §§ 84–92c HGB, Berlin 2009, vor § 84 Rn. 25.

[8] Küstner/Thume VertriebsR-HdB I Kap. II Rn. 41 ff.

problematisiert wird, während sich diese beim Abschluss von Handelsvertreter- und Vertragshändlerverträgen offensichtlich noch nicht einmal stellt.

B. Rücksichtspflichten bei Begründung eines Schuldverhältnisses (§ 241 Abs. 2 BGB)

Schuldverhältnisse und damit Vertriebsverträge erschöpfen sich nicht in der Herbeifüh- **3** rung der geschuldeten Leistungsverpflichtungen bzw. dem wechselseitigen Leistungsaustausch und der Erfüllung der vertraglich vereinbarten Pflichten bzw. Inanspruchnahme der vertraglich vereinbarten Rechten. Vielmehr ergibt sich aus § 241 Abs. 2 BGB, dass bei Schuldverhältnissen wechselseitige Treuepflichten bestehen. Dies gilt erst recht dann, wenn ein Dauerschuldverhältnis begründet werden soll und sich damit die Zusammenarbeit der Vertragsparteien nicht nur in einem einmaligen Leistungsaustausch erschöpft, sondern sich über die gesamte Dauer der vertraglich vereinbarten Festlaufzeit entspricht. Schutzgegenstand ist dabei das „**Integritätsinteresse**" des anderen Teils[9].

Durch § 241 Abs. 2 BGB werden jedoch die Rücksichtspflichten, die die Vertragspar- **4** teien wechselseitig treffen, nicht festgelegt. Vielmehr hängen diese Rücksichtspflichten und damit auch die vorvertraglichen Aufklärungspflichten vom Vertragszweck, der Verkehrssitte und den Anforderungen des redlichen Geschäftsverkehrs ab[10].

Diese Fürsorgepflichten entstehen bereits mit der Vertragsanbahnung und sind Grundlage **5** für eine Haftung wegen Verletzung vorvertraglicher Aufklärungspflichten nach den Grundsätzen der culpa in contrahendo (§ 311 Abs. 2, 3 BGB). Insoweit wird auch teilweise von einer „**vorvertraglichen Informationshaftung**"[11] gesprochen. Unter § 241 Abs. 2 BGB fallen daher beim Abschluss eines jeden Vertriebsvertrages die zu beachtenden Aufklärungspflichten[12].

Zugleich bedingen die aus § 241 Abs. 2 BGB abzuleitenden Rücksichtspflichten, dass im **6** Rahmen der Vertragsverhandlungen bei Abschluss eines Vertriebsvertrages die Informationsasymmetrie beseitigt wird, die grundsätzlich zwischen dem Unternehmen und dem Vertriebspartner besteht diese Informationsasymmetrie ist insbesondere beim Abschluss von Franchise-Verträgen festzustellen, da der Franchise-Geber alles über das Franchise-System und damit auch über die Risiken weiß, die mit dem Abschluss eines Franchise-Vertrages verbunden sind, währen der Franchise-Nehmer weder über diese Informationen verfügt noch sich diese Informationen verschaffen kann, also insofern darauf angewiesen ist, dass die ihm vermittelten Informationen richtig und vollständig sind. Insofern ist die vorvertragliche Aufklärung beim Abschluss eines Franchise-Vertrages Ausschluss der Treuepflichten, auf die § 241 Abs. 2 BGB abstellt.

C. Vertragsverhandlungen durch Dritte (§ 311 Abs. 3 S. 2 BGB)

§ 311 Abs. 3 BGB stellt klar, dass auch ein vertragsähnliches Verhältnis zu Personen **7** bestehen kann, die nicht Vertragspartei hätten werden sollen. Hierbei handelt es sich in erster Linie um die **Eigenhaftung des Vertreters oder Verhandlungsgehilfen.** Hier liegt eine **Abweichung vom bisherigen Recht:** Für die Eigenhaftung des Vertreters war bis zum 31.12.2001 ein Eigeninteresse des Vertreters erforderlich[13], so dass in der Regel nur eine deliktische Haftung des Vertreters gem. § 823 Abs. 2 BGB iVm § 263 StGB in

---

[9] So ausdrücklich Grüneberg BGB § 241 Rn. 6.
[10] BGH NJW 2010, 1135; Grüneberg BGB § 241 Rn. 7.
[11] So Grigoleit, Vorvertragliche Informationshaftung, München 1997; siehe auch Rehm, Aufklärungspflichten im Vertragsrecht.
[12] Siehe auch insoweit Grüneberg BGB § 241 Rn. 7.
[13] 326 Vgl. BGHZ 14, 318; 88, 86; BGH NJW 1990, 1907.

Betracht kam[14]. Nunmehr reicht es aus, wenn der Vertreter im Rahmen der Vertrags-verhandlungen Vertrauen für sich in Anspruch nimmt und dadurch die Vertragsverhand-lungen oder den Vertragsabschluss erheblich beeinflusst[15].

8   Für die Vertragsverhandlungen und den Abschluss von Dauerschuldverhältnissen bedeu-tet dies seit dem 1.1.2002, dass die in die Vertragsverhandlungen eingebundenen Vertreter viel eher als nach dem bis zum 31.12.2001 geltenden Recht auf Leistung von Schadens-ersatz nach den Grundsätzen der culpa in contrahendo in Anspruch genommen werden können.

9   Dies hat insbesondere für die **Geschäftsführer einer GmbH** oder deren **Gesellschaf-ter** Konsequenzen. Allein das allgemeine Interesse des Geschäftsführers oder des Gesell-schafters am Erfolg des Unternehmens begründete nämlich bis zum 31.12.2001 keine Eigenhaftung[16]. Sind nunmehr die Geschäftsführer in die Vertragsverhandlungen einge-bunden und nehmen durch ihre Einbringung ein besonderes Maß an Vertrauen für sich in Anspruch, das die Vertragsverhandlungen und/oder den Abschluss des Dauerschuldvertrags beeinflusst, so kann eine Haftung gegeben sein.

D. Einzelfragen zur vorvertraglichen Aufklärung bei Abschluss eines Franchise-Vertrages

I. Allgemeines

10   Der Abschluss von Franchise-Verträgen unterscheidet sich von dem Abschluss eines Handelsvertreter- bzw. Vertragshändlervertrages dadurch, dass in der Regel Existenzgrün-der Franchise-Verträge abschließen, dh den Schritt in die Selbständigkeit durch die Zu-sammenarbeit mit einem Franchise-Geber auf der Grundlage eines am Markt erprobten Franchise-Konzeptes wagen. Zwar hat der BGH mit Beschluss vom 24.2.2005[17] festgestellt, dass Unternehmer- (§ 14 BGB) und nicht Verbraucherhandel (§ 13 BGB) vorliegt, wenn der Vertrag im Zuge der Ausnahme einer gewerblichen oder selbständigen beruflichen Tätigkeit abgeschlossen wird, doch bedeutet dies nicht, dass dann der Franchise-Nehmer im Hinblick auf die Beurteilung der Erfolgsaussichten des Franchise-Konzeptes auf sich selbst gestellt ist. Vielmehr stellt sich bei Abschluss eines Franchise-Vertrages immer die Frage, auf welche Unterlagen der Franchise-Nehmer zurückgreifen kann, um die mit dem Abschluss eines Franchise-Vertrages verbundenen rechtlichen, aber insbesondere wirt-schaftlichen Schwierigkeiten beurteilen zu können.

11   Das Franchise-Prospekt oder die Company-Broschüre des Franchise-Gebers spielen dabei eine große Rolle, vorausgesetzt, diese Unterlagen enthalten auch Angaben zu den wirtschaftlichen Eckdaten des Systems, insbesondere eine Ertragsvorschau oder aber die Grundlagen, nach denen der Franchise-Nehmer für das jeweilige Vertragsgebiet – allerdings nach den Vorgaben des Franchise-Gebers – eine sog. Standortanalyse erstellt hat.

12   Die rechtlichen Einzelheiten zum Franchise-Prospekt und zur Notwendigkeit einer Standortanalyse sind nach wie vor unstrittig; insbesondere, ob auch die Verpflichtung zur Erstellung einer Standortanalyse besteht, wenn der Franchise-Vertrag keine entsprechende Regelung enthält[18]. Dies ist Ausdruck der in der Rechtsprechung erkannten Notwendig-keit, insbesondere den Existenzgründungs-Franchise-Nehmer vor falschen Informationen über das Franchise-System und vor Gefahren unvollständiger, unrichtiger Angaben oder

---

[14] Vgl. dazu insbesondere BGHZ 56, 83; 88, 68; siehe auch Grüneberg/Heinrichs, BGB-Ergänzungsband, § 311 Rn. 52 ff.

[15] Siehe dazu aus der bisherigen Rspr. BGHZ 88, 69; BGH NJW-RR 1991, 1242; OLG Celle NJW-RR 1994, 615; ausführlich dazu: Willich, Die Haftung Dritter im Rahmen der vorvertraglichen Aufklärung des Franchise-Nehmers, Berlin 2019, S. 42 ff. mwN.

[16] Vgl. BGHZ 126, 183; BGH NJW 1990, 389; 1995, 154; OLG Köln BB 1997, 112.

[17] NJW 2005, 1273.

[18] Siehe dazu den Ansatzpunkt bei Böhner NJW 1994, 635.

irreführender Auskünfte des Franchise-Gebers zu schützen. Insofern geht es nicht nur um die Standortanalyse, sondern auch um die Informationen, die einem Franchise-Nehmer zur Rentabilität des Franchise-Systems im Allgemeinen und zu der seines Franchise-Outlets im Besonderen vermittelt werden[19].

II. Vorvertragliche Aufklärung allgemein

Läuft der Kontakt zwischen Franchise-Geber und Franchise-Nehmer auf den Abschluss **13** eines Franchise-Vertrages hinaus bzw. liegt ein ähnlicher geschäftlicher Kontakt vor, ist der Franchise-Geber verpflichtet, vorvertragliche Aufklärung zu leisten. Diese vorvertragliche Aufklärung ist in Deutschland nicht gesetzlich geregelt – wird somit von der Rechtsprechung bestimmt; insbesondere von den Entscheidungen des OLG München[20]. Das zwischen Franchise-Geber und Franchise-Nehmer entstandene Vertrauensverhältnis verpflichtet den Franchise-Geber in besonderem Maße, dem Franchise-Nehmer die für die spätere Zusammenarbeit erheblichen Informationen wahrheitsgemäß offen zu legen.

Hierzu zählen etwa Angaben über: **14**

• Ergebnisse und Erfahrungen bestehender Franchise-Betriebe
• Leistungen der Systemzentrale
• Investitionssummen (Mindestkapital, Verhältnis zum Fremdkapital)
• Notwendiger Arbeitseinsatz des Franchise-Nehmers
• Durchschnittlicher Jahresumsatz der Franchise-Nehmer oder Pilotbetriebe
• Angaben zum Franchise-Geber-Betrieb (Beginn, wirtschaftliche Entwicklung etc)

Durch diese Informationen soll der Franchise-Nehmer in den Stand versetzt werden, die **15** mit dem Abschluss des Franchise-Vertrages verbundenen unternehmerischen Risiken einschätzen zu können[21].

III. Umfang der vorvertraglichen Aufklärungspflichten eines Franchise-Gebers

1. Grundsätze der Rechtsprechung. Mit seinem Urteil vom 16.9.1993[22] hat das OLG **16** München zum zweiten Mal den Umfang der vorvertraglichen Aufklärungspflichten eines Franchise-Gebers festgelegt, nachdem es sich bereits erstmals zu der Problematik mit Urteil vom 13.11.1987[23] geäußert hatte. Das OLG München hat seiner Entscheidung zwei Leitsätze vorangestellt, die zugleich die besondere Bedeutung von vorvertraglichen Aufklärungspflichten des Franchise-Gebers unterstreichen, und zwar:

• Der Franchise-Geber muss den Franchise-Nehmer richtig und vollständig über die Rentabilität des Systems unterrichten.
• Der Franchise-Geber, der wegen der vorvertraglichen Aufklärungspflicht schadensersatzpflichtig ist, kann dem Franchise-Nehmer nicht als Mitverschulden entgegenhalten, dass er leichtfertig den Anpreisungen des Franchise-Gebers vertraut hat.

Dieses Urteil stellt zwar eine wichtige Fortentwicklung in der Rechtsprechung zum **17** Umfang der Schadensersatzverpflichtung des Franchise-Gebers nach den Grundsätzen der culpa in contrahendo dar, doch darf diese Rechtsprechung nicht als Tendenzwende angesehen und so verstanden werden, dass der Franchise-Geber Rentabilitätsgarantien zu geben hat, quasi sich für den Franchise-Nehmer der geschäftliche Erfolg nur aufgrund

---

[19] Umfassend dazu Martinek FS Walther Skaupy, 2003, 241 ff.; Flohr Jahrbuch Franchising 1999/2000, 13 ff.; vom Dorp WiB 1995, 285 ff.; Flohr FS Gramlich, 2021, 113 (116 ff.).
[20] Vgl. NJW 1994, 667; NJW-RR 1997, 812; NJW 2001, 1759; BB 2003, 443; 2007, 14 mAnm Flohr BB 2007, 6 ff.
[21] Umfassend zur vorvertraglichen Aufklärung beim Abschluss von Franchise-Verträgen Martinek/Semler/Flohr VertriebsR-HdB/Flohr, § 33 Rn. 1–127 mwN; Flohr, Franchise-Vertrag, S. 34 ff. mwN.
[22] NJW 1994, 667.
[23] BB 1988, 865 mAnm Skaupy.

seiner Tätigkeit als Franchise-Nehmer einstellt. Der Franchise-Geber darf nur eins **nicht, sein System** in der Werbung und bei Verhandlungen mit den Franchise-Nehmern **erfolgreicher darstellen, als es tatsächlich ist**[24].

18   **2. Einzelfragen.** Das Urteil des OLG München vom 16.9.1993 darf aber auch nicht als Vorreiter einer sog. **Disclosure-Rechtsprechung** zu Franchise-Verträgen angesehen werden, also einem Rückgriff auf die sog. Disclosures, wie sie beim Abschluss von Franchise-Verträgen im angloamerikanischen Bereich, aber auch in Frankreich, Spanien und Italien üblich sind. Danach treffen den Franchise-Geber umfassende, gesetzlich normierte Informationspflichten vor dem Abschluss des Franchise-Vertrages[25]. Dies zeigen auch die nachfolgenden Entscheidungen des OLG München vom 17.11.1996[26] und vom 24.4.2011[27] sowie die Urteile vom 1.8.2002 und vom 27.7.2006[28]. Dabei hebt das OLG München in seiner Entscheidung vom 17.11.1996[29] hervor, dass jeder Franchise-Nehmer einen Anspruch auf ein „eindeutiges, schlüssiges und nachvollziehbares Marketingkonzept" sowie auf „das durch ausreichende Erprobung des Geschäftskonzeptes gewonnene Erfahrungswissen" hat.

19   Insofern stellt das OLG München Anforderungen an die Entwicklung eines Franchise-Systems bis zur Marktreife (umfangreiche Markterhebungen, Standortanalyse, Probeläufe in mehreren Geschäften, Sicherung der Produkt- und Leistungsqualität), bevor der erste Franchise-Nehmer gewonnen und diesem gegenüber auch Auskunft über die erforderlichen Investitionen und die zu erwartenden Umsätze erteilt werden kann. Franchise-Geber müssen entsprechend dem Urteil des OLG München vom 24.4.2001[30] ua „Wirkungsweise und Erfolgsaussichten" des Franchise-Systems offenlegen, wenn diese mit Interessenten über die Erteilung der Systemnutzungsrechte verhandeln. Durch falsche Auskünfte, denen irreführende Angaben gleichzusetzen sind, werden demgemäß vorvertragliche Aufklärungspflichten verletzt. Standortanalysen und Wirtschaftlichkeitsberechnungen bei der Franchise-Nehmer-Akquisition müssen daher an den strengen Erfordernissen der Klarheit, der Vollständigkeit und der inhaltlichen Richtigkeit gemessen werden, soweit solche Angaben vom Franchise-Geber gemacht werden; und zwar unabhängig davon, ob zu einer solchen Informationserteilung eine Verpflichtung für den Franchise-Geber besteht oder nicht. Unter keinen Umständen dürfen hinsichtlich des Umsatzes in der Anfangsphase Angaben „ins Blaue hinein" gemacht werden[31]. Die Aufklärungspflicht bei Franchise-Systemen und bei der Franchise-Nehmer-Akquisition erstreckt sich daher auch auf Umstände, deren Eintritt zwar noch nicht feststeht, die aber den Erfolg des Franchise-Outlets oder des Franchise-Systems gefährden, beeinträchtigen oder vereiteln können[32].

20   Dies gilt erst recht, wenn zwischen Franchise-Geber und Franchise-Nehmer neben dem Franchise-Vertrag zeitgleich ein Unternehmenskaufvertrag abgeschlossen wird. Auch insoweit besteht dann auch bezogen auf den Unternehmenskaufvertrag eine umfassende vorvertragliche Aufklärungspflicht des Franchise-Gebers[33].

---

[24] Vgl. zum Ganzen Böhner NJW 1994, 635 f.; ders. BB 2011, 2248; vom Dorp WiB 1995, 285 f.; Flohr ZAP Fach 6, 209 (226 f.); Flohr WiB 1996, 1137 ff.; siehe aus der neueren Rspr.: OLG München Urt. v. 23.6.2021 – 7 U 6141/19.

[25] Umfassend zu diesen Informationspflichten Erdmann RIW 1997, 822.

[26] NJW-RR 1997, 812 (814).

[27] BB 2001, 1759 – Aufina; dazu Böhner BB 2001, 1749.

[28] BB 2003, 443; dazu Giesler/Nauschütt BB 2003, 435 ff.

[29] NJW-RR 1997, 812 mAnm Martinek EWiR 1996, 1103.

[30] BB 2001, 1759 – Aufina.

[31] Siehe dazu auch OLG Rostock NJW 1996, 53; OLG Brandenburg 17.8.2005 – 4 U 37/05.

[32] Dazu aus der Rspr. BGHZ 72, 282 (288); BGH WM 1978, 611 (612); ZIP 1982, 169; 1992, 552 (554); aus dem Schrifttum Giesler ZIP 1999, 2135 (2136); Flohr/Petsche, Franchiserecht, Rn. 99 ff. mwN.

[33] OLG München 23.6.2021 – 7 U 6141/19.

In gleicher Weise trifft den Franchise-Geber auch eine umfassende Aufklärungspflicht bei **21** grenzüberschreitenden Masterfranchise-Verträgen[34].

Auch ist eine Haftung wegen Verletzung vorvertraglicher Aufklärungspflichten gegeben, **22** wenn zwar der Musterbetrieb des Franchise-Gebers entsprechende Zahlen vorweisen kann, es jedoch keinem einzigen Franchise-Nehmer des Systems gelungen ist, derartige Umsätze zu erreichen und der Franchise-Geber diesen Umstand verschweigt[35].

3. Vorvertragliche Aufklärung und Treu und Glauben. Entscheidend ist jedoch, **23** dass der Franchise-Geber über alle Punkte Informationen und Aufklärung vermittelt, für die nach den Grundsätzen von Treu und Glauben (§ 242 BGB) Aufklärung verlangt werden kann. Damit sind auch solche Punkte gemeint, von denen auch der Franchise-Geber annehmen muss, dass diese für die Entscheidung des Franchise-Nehmers, den Franchise-Vertrag abzuschließen, von entscheidender Bedeutung sind[36].

IV. Vorvertragliche Aufklärung und geschäftliche Unerfahrenheit des Franchise-Nehmers

Allerdings kann die geschäftliche Unerfahrenheit, die es ggf. zu schützen gilt, nicht so **24** weit gehen, dass der Franchise-Geber die Funktion eines Existenzgründungs- oder Unternehmensberaters des Franchise-Gebers übernimmt. Dies ist zu Recht vom OLG Schleswig[37] abgelehnt worden. Diese stärkere Betonung der unternehmerischen Selbständigkeit und der Verpflichtung des Franchise-Nehmers, unternehmerisches Risiko zu übernehmen, dokumentiert auch die Rechtsprechung der Instanzgerichte. So stellen das OLG Brandenburg und das OLG Düsseldorf und das OLG Lüneburg[38] ausdrücklich fest, dass aus den Grundsätzen von Treu und Glauben keine Aufklärungsverpflichtung hergeleitet werden kann, die den Franchise-Geber verpflichtet, auf eigene Kosten eine ins einzelne gehende Rentabilitätsberechnung für ein Franchise-Outlet durchzuführen und sogar noch für deren Richtigkeit einzustehen.

Das OLG Düsseldorf hält daher in seinem Urteil vom 30.6.2004[39] zu recht ausdrücklich **25** fest, dass die Auskunfts- und Beratungspflichten des Franchise-Gebers in der Regel darauf beschränkt sind, den Franchise-Nehmer über das Franchise-Konzept zu unterrichten und ihm Datenmaterial zur Verfügung zu stellen, mit dessen Hilfe dieser sich einen Überblick über seinen Kapital- und Arbeitseinsatz sowie die Rentabilität des beabsichtigten Franchise-Outlets machen kann. Auch ein abweichendes Verhalten eines Franchise-Nehmers von einem im Rahmen der Vertragsverhandlungen erörterten Businessplans oder einer Muster-Wirtschaftlichkeitsrechnung geht nach der Rechtsprechung zu dessen Lasten, wenn dieser die der Wirtschaftlichkeitsberechnung zugrundeliegenden Öffnungszeiten nicht eingehalten hat, wie der Beschluss des OLG Celle vom 28.12.2006[40] zeigt.

---

[34] Siehe dazu: OLG Frankfurt/Main 1.12.21 – 12 U 7/21 und OLG Frankfurt/Main 8.12.21 – 4 U 251/20.

[35] So auch Giesler ZIP 1999, 2131 (2135).

[36] Siehe Flohr/Petsche Rn. 124; aus der Rspr. OLG Nürnberg NJW-RR 2001, 1558; BGH BB 2001, 1167 mAnm Louven BB 2001, 2390; BGH BB 2001, 1548.

[37] NJW-RR 2009, 65.

[38] OLG Brandenburg NJW-RR 2006, 51, OLG Düsseldorf 30.6.2004 – U (Kart) 40/02, BeckRS 2004, 12148 OLG Lüneburg 21.8.2006 – 4 U 193/06; siehe ergänzend aus der neueren Rspr. der Instanzgerichte: OLG Naumburg 24.10.2008 – 1 W 11/08, BeckRS 2008, 25865; OLG Celle 29.1.2008 – 13 U 127/07; LG Krefeld 26.10.2006 – 3 O 243/06, BeckRS 2007, 17915 LG Magdeburg 9.1.2008 – 7 O 1178/08; OLG Celle 28.12.2006 – 13 W 102/06.

[39] U (Kart) 40/02, BeckRS 2004, 12148.

[40] OLG Celle 28.12.2006 – 13 W 102/06.

V. Vorvertragliche Aufklärung und Realisierung des unternehmerischen Risikos

26 Es kann aber nicht von der Realisierung des unternehmerischen Risikos des Franchise-Nehmers gesprochen werden, wenn dieser sein Franchise-Outlet mangels Rentabilität wieder schließen muss, weil ihm unzutreffende Daten im Rahmen der Vertragsverhandlungen vermittelt worden sind. So hat das OLG Köln bereits in seinem Beschluss vom 16.5.1994[41] festgestellt, dass der Franchise-Geber nicht nur über den erforderlichen Kapitalbedarf aufklären muss, sondern zugleich auch den Franchise-Nehmer in die Lage zu versetzen hat, dass dieser sich anhand entscheidungserheblicher Zahlen und Informationen konkret über die Rentabilität seines Franchise-Betriebes, die zu erwartenden Anfangsverluste, aber auch die Gewinnchancen unterrichten kann. Die dem Franchise-Nehmer für eine Ertragsvorschau zur Verfügung zu stellenden Zahlen dürfen nicht geschönt sein, wie das OLG Düsseldorf in seinem Urteil vom 28.2.2007[42] festgestellt hat, sodass auch veraltetes Zahlenmaterial zu einer Verletzung der vorvertraglichen Aufklärungspflichten des Franchise-Gebers führen kann.

27 Zum unternehmerischen Risiko, das vom Franchise-Nehmer mit dem Abschluss des Franchise-Vertrages übernommen wird, ist aber auch die zwischenzeitlich von der Rechtsprechung betonte Verpflichtung des Franchise-Nehmers zur Eigenaufklärung zu rechnen, insbesondere dann, wenn ihm durch den Franchise-Geber die Möglichkeit eröffnet wird, sich bei bestehenden Franchise-Betrieben über deren Umsätze zu informieren. Hier weist die Entscheidung des LG Krefeld vom 26.10.2006[43] in dieselbe Richtung wie auch das Urteil des OLG Celle vom 29.1.2008[44]. Dies hat nämlich festgestellt, dass bei Klärungsbedarf der Franchise-Nehmer auch von seiner Möglichkeit Gebrauch machen muss, nachzufragen – ggf. bei Franchise-Nehmern des Franchise-Systems –, bevor der Franchise-Vertrag abgeschlossen wird.

VI. Standortanalyse und Rentabilitätsberechnung als Bestandteil der vorvertraglichen Aufklärung

28 **1. Standortanalyse/Rentabilitätsvorausschau.** Ob eine vom Franchise-Geber durchzuführende **Standortanalyse** Bestandteil der vorvertraglichen Aufklärung ist, wird in der Rechtsprechung nach wie vor kontrovers diskutiert. Seit der Entscheidung des Brandenburgischen OLG vom 17.8.2005[45] schien in Übereinstimmung mit der Entscheidung des OLG Düsseldorf vom 30.6.2004[46] festzustehen, dass es sich bei der Standortanalyse um eine ureigene Aufgabe des Franchise-Nehmers handelt. Dieser hat den Standort für sein Franchise-Outlet als Ausdruck seiner Unternehmertätigkeit selbst auszuwählen.

29 Allerdings ist der Franchise-Geber verpflichtet, dem Franchise-Nehmer Kriterien an die Hand zu geben, anhand deren der geeignete Standort für das Franchise-Outlet gefunden werden kann. Sind diese Informationen nicht zutreffend und wird dann ein nicht geeigneter Standort ausgewählt, so liegt eine Verletzung der vorvertraglichen Aufklärungspflichten des Franchise-Gebers vor, die diesen zur Leistung von Schadensersatz nach den Grundsätzen des Verschuldens bei Vertragsabschluss (culpa in contrahendo) gem. §§ 311, 208 BGB verpflichtet. Darin drückt sich die dem Franchise-Geber im Rahmen der vorvertraglichen Aufklärung auferlegte Verpflichtung aus, zwar nicht über jeden einzelnen Punkt

---

[41] OLG Köln 16.5.1994 – 2 W 14/94, BeckRS 2009, 3716.
[42] OLG Düsseldorf, 28.2.2007 – VI – U (Kart) 27/06; in entsprechender Weise schon OLG München BB 2003, 443.
[43] LG Krefeld 26.10.2006 – 3 O 243/06, BeckRS 2007, 17915.
[44] OLG Celle 29.1.2008 – 13 U 127/07.
[45] OLG Brandenburg 17.8.2005– 4 U 37/05; dazu Flohr BB 2006, 389 (392).
[46] OLG Düsseldorf 30.6.2004 – VI U Kart. 40/02, BeckRS 2004, 12148.

aufzuklären, aber von sich aus auch Auskunft über solche Punkte zu erteilen, die vom Franchise-Nehmer nicht abgefragt worden sind.

Da die Rechtsprechung mittlerweile dazu tendiert, auch im Rahmen der vorvertragli- **30** chen Aufklärung verstärkt wieder die Stellung des Franchise-Nehmers als wirtschaftlich selbständigen Unternehmer zu sehen, der wie jeder andere Geschäftsmann auch die mit dem Abschluss des Franchise-Vertrages verbundenen wirtschaftlichen Risiken zu tragen hat, ist insoweit im Rahmen der vorvertraglichen Aufklärung **keine Verpflichtung** des Franchise-Gebers zur Vorlage

- einer Standortanalyse und/oder
- einer realistischen Rentabilitätsvorausschau

anzunehmen. Dies sind eigene Aufgaben des Franchise-Nehmers. Der Franchise-Geber ist ggf. lediglich gehalten, dem Franchise-Nehmer die Tools an die Hand zu geben, anhand deren er für den beabsichtigten Standort eine Standortanalyse durchführen bzw. eine Rentabilitätsvorausschau für sein Franchise-Outlet zu Finanzierungszwecken erstellen kann. Die Zeiten, in denen die Rechtsprechung eine Standortanalyse des Franchise-Gebers als dessen ureigene Aufgabe ansah, auch wenn dies nicht im Franchise-Vertrag vertraglich geregelt war, sind endgültig vorbei[47].

2. Neuere Rechtsprechung. Allerdings darf nicht übersehen werden, dass das OLG **31** Hamm mit Urteil vom 22.12.2011[48] entgegen der bisherigen Rechtsprechung nunmehr wieder fordert, dass der Franchise-Geber nicht nur eine Rentabilitätsanalyse vorzulegen habe, sondern diese nicht auf Schätzungen, sondern auf vom Franchise-Geber selbst angestellten Markterhebungen beruhen müssen. Hier gilt es die weitere Entwicklung in der Rechtsprechung abzuwarten, die in den letzten Jahren ständig zwischen der Betonung der Schutzwürdigkeit des Franchise-Nehmers und der daraus resultierenden umfassenden Aufklärungspflicht und einer die unternehmerische Selbständigkeit des Franchise-Nehmers und damit verbundenen reduzierten Aufklärungspflicht des Franchise-Gebers „hin und her" pendelt. Dies zeigt auch die Entscheidung des OLG Frankfurt a. M. vom 6.12.2011[49], die an eine Rentabilitätsvorausschau eines Franchise-Gebers nicht die gleichen strengen Anforderungen stellt, wie das OLG Hamm. Diese Tendenz hin zum verstärkten Franchise-Nehmerschutz ergibt sich auch aus den Entscheidungen des OLG Düsseldorf[50], des LG Hamburg[51] und des OLG Hamburg[52], wobei das OLG Dresden[53] sogar im zweiten Leitsatz der Entscheidung folgendes festhält:

„... *Im Falle der Verletzung vorvertraglicher Aufklärungspflichten gehen Unsicherhei-* **32** *ten hinsichtlich der Frage, wie sich der Franchise-Nehmer im Falle einer ordnungsgemäßen Aufklärung verhalten hätte, zu Lasten des Franchise-Gebers. Im Zweifel ist davon auszugehen, dass der Franchise-Nehmer den Vertrag nicht abgeschlossen hätte.* ..."

Diese Entscheidung darf allerdings nicht verallgemeinert werden. Diese beruht auf der **33** Feststellung, dass dem Franchise-Nehmer im Rahmen der vorvertraglichen Aufklärung hochgerechnete Schätzungen bezüglich möglicher Umsatzzahlen kommuniziert wurden, ohne dass ausdrücklich auf den Schätzungscharakter dieser Umsatzzahlen hingewiesen wurde.

Insgesamt wird die weitere Entwicklung der Rechtsprechung der Oberlandesgerichte **34** abzuwarten sein. Eine abschließende Klärung wird möglicherweise erst eine Entscheidung des VII. Senats des BGH bringen, die aber zurzeit nicht vorhersehbar ist.

---

[47] Zum Ganzen Böhner BB 2011, 2248 ff.
[48] ZVertriebsR 2012, 177 mAnm Flohr.
[49] OLG Frankfurt a. M. 6.12.20113 – U 22/10.
[50] ZVertriebsR 2014, 46.
[51] ZVertriebsR 2014, 112.
[52] ZVertriebsR 2015, 78.
[53] ZVertriebsR 2016, 320.

35   Allerdings darf nicht übersehen werden, dass die vorvertragliche Aufklärung auch eine subjektive Komponente hat, dh sich der Umfang der vorvertraglichen Aufklärung auch nach der geschäftlichen Erfahrenheit eines Franchise-Nehmers bestimmt. Ist dieser bereits Unternehmer iSv § 14 BGB, so ist dieser in der Lage, ein Franchise-Konzept anders zu beurteilen als ein Existenzgründungs-Franchise-Nehmer, der mit dem Abschluss des Franchise-Vertrages den ersten Schritt in die unternehmerische Selbständigkeit unternimmt. Dieses subjektive Element erlangt zunehmend Bedeutung bei der Frage, in welchem Umfang eine vorvertragliche Aufklärung geboten ist. Insofern lässt sich als Tendenz festhalten, dass der Umfang der vorvertraglichen Aufklärung von der beruflichen Ausbildung aber auch beruflichen Erfahrung und Geschäftserfahrung eines Franchise-Nehmers abhängig ist. Daher sind an die vorvertragliche Aufklärung eines Existenzgründers viel strengere Voraussetzungen zu stellen als an die beim Abschluss eines Franchise-Vertrages mit einem Unternehmer. Allerdings darf sich die vorvertragliche Aufklärung nicht ausschließlich auf Zukunftserwartungen und Prognosen des Franchise-Gebers stützen, wenn diese nicht dem Franchise-Nehmer mitgeteilt bzw. auf Schätzungen, die dem Franchise-Nehmer nicht kommuniziert werden[54].

36   Auf Reservierungsvereinbarungen, die als Vorvertrag zum eigentlichen Franchise-Vertrag abgeschlossen werden, sind die Grundsätze der vorvertraglichen Aufklärung für Franchise-Verträge nicht anwendbar. Dies ist vom OLG Frankfurt a. M. mit Urt. v. 3.6.2016[55] festgestellt worden. Entsprechendes dürfte damit auch für Vorverträge allgemein gelten, da diese auch den Regelungsinhalt einer Reservierungsvereinbarung abdecken, soweit das zukünftige Vertragsgebiet zugunsten des Franchise-Nehmers für die Dauer des Vorvertrages geschützt wird[56].

37   Hier wird die weitere Entwicklung in der Rechtsprechung der Oberlandesgerichte abzuwarten sein. Bis dahin werden weiterhin sich zum Teil diametral widersprechende Entscheidungen der Obergerichte die Diskussion, aber auch den etwaigen Umfang der vorvertraglichen Aufklärung zur Standortanalyse prägen.

VII. Notwendigkeit eines Dokumentes zur vorvertraglichen Aufklärung?

38   Im Falle einer Verletzung der Aufklärungs- und Informationspflicht kann der Grundsatz des Zivilrechts über das Verschulden bei Vertragsabschluss („culpa in contrahendo") vor Gericht angewandt werden, dh ein entsprechender Schadensersatzanspruch gem. §§ 311, 280 Abs. 1 BGB geltend gemacht werden. Daher ist es ratsam, die vorvertragliche Aufklärung von beiden Seiten (der des Franchise-Gebers und der des Franchise-Nehmers) zu dokumentieren, beispielsweise durch Unterzeichnung einer entsprechenden Erklärung[57].

39   Im Rahmen dieses **Dokumentes zur vorvertraglichen** Aufklärung, das im Anschluss an die Vertragsverhandlungen vom Franchise-Nehmer zu unterzeichnen ist, sind die Risiken darzustellen, die für den Franchise-Nehmer mit dem Abschluss des Franchise-Vertrages verbunden sind. Dabei ist nicht grundsätzlich über alle Punkte Aufklärung zu vermitteln und damit auch nicht über solche Punkte, die vom Franchise-Nehmer nicht abgefragt worden sind.

40   Der Franchise-Geber ist aber verpflichtet – auch unaufgefordert – über solche Punkte und Risiken, die mit dem Abschluss des Franchise-Vertrages verbunden sind, aufzuklären, wenn erkennbar ist, dass von einer Information über diese Punkte die Entscheidung des Franchise-Nehmers, den Franchise-Vertrag abzuschließen, abhängig ist oder wenn der Franchise-Nehmer für den Franchise-Geber erkennbar eine für den Abschluss des Fran-

---

[54] Siehe dazu OLG Hamburg ZVertriebsR 2015, 78; OLG Dresden ZVertriebsR 2016, 320 mAnm Niklas.
[55] ZVertriebsR 2016, 313 mAnm Güntzel.
[56] Insgesamt zu Reservierungsvereinbarungen und Vorverträgen bei Franchise-Verträgen: Martinek/Semler/Flohr VertriebsR-HdB/Flohr § 33 Rn. 129–163 mit umfassenden Nachweisen.
[57] Dazu vor allem Metzlaff in Praxishandbuch Franchising, Anh. 5.

chise-Vertrages grundsätzliche Information nicht oder nicht richtig verstanden hat. Ebenso sind Irrtümer des Franchise-Nehmers aufzuklären, sofern der Franchise-Geber diese erkennt[58]. Diese Verpflichtungen des Franchise-Gebers werden ebenfalls durch ein schriftliches Dokument zur vorvertraglichen Aufklärung erleichtert. Insoweit sollte jeder Franchise-Geber für die Vertragsverhandlungen ein solches Dokument verfügbar haben.

VIII. Einkaufsvorteile und vorvertragliche Aufklärung

Insofern stellt sich im Rahmen der vorvertraglichen Aufklärung selbst dann, wenn dies **41** vom Franchise-Nehmer nicht abgefragt wird, auch die Frage, inwieweit Franchise-Nehmer über Kick-Backs zu unterrichten sind, die dem Franchise-System von Systemlieferanten aufgrund der von Franchise-Nehmern generierten Umsätze zufließen. Werden diese nicht an die Franchise-Nehmer weitergeleitet (auch nicht anteilig), so ist der potenzielle Franchise-Nehmer darüber zu belehren, da der Erhalt von Kick-Backs (Boni, Skonti, Werbekosten-Zuschüsse etc) für die Rentabilitätsberechnung des Franchise-Nehmers von Bedeutung ist. Wird über die Boni, Skonti, Werbekostenzuschüsse, kurz **„Kick-Backs"** genannt, nicht im Rahmen der vorvertraglichen Aufklärung unterrichtet, so kann möglicherweise ein **geheimes Abrechnungssystem** vorliegen, so dass dann der Franchise-Geber nach den Grundsätzen des Urteils des OLG München vom 27.7.2006[59] zur Auskehr der Einkaufsvorteile nach den Grundsätzen des Verschuldens bei Vertragsabschluss gem. §§ 311, 280 Abs. 1 BGB verpflichtet ist[60].

Aufgrund der Entscheidung des OLG Düsseldorf vom 13.12.2006[61] und vom **42** 16.1.2008[62] sowie des BGH[63] steht allerdings fest: ein gesetzlicher Anspruch auf Auskehr solcher „Kick-Backs" besteht nicht. Vielmehr kann sich ein solcher Anspruch des Franchise-Nehmers nur aus den Regelungen des Franchise-Vertrages ergeben, sei es unmittelbar oder durch „kunden(Franchise-Nehmer)freundliche" Auslegung des Franchise-Vertrages und der dort normierten Leistungen des Franchise-Gebers[64].

IX. Vorvertragliche Aufklärung und anderweitige Vertriebswege des Franchise-Systems

In den Bereich der vorvertraglichen Aufklärung fällt auch die Verpflichtung des Fran- **43** chise-Gebers, den Franchise-Nehmer über andere Vertriebswege des Franchise-Systems zu unterrichten, insbesondere dann, wenn über das Internetportal des Franchise-Systems die Vertragsprodukte auch an Kunden vertrieben werden können, die ihren Sitz im Vertragsgebiet des Franchise-Nehmers haben. Unterbleibt diese Unterrichtung, so liegt darin eine Verletzung der dem Franchise-Nehmer eingeräumten Exklusivität.[65]

Im Rahmen der vorvertraglichen Aufklärung stellt sich für einen Franchise-Nehmer **44** natürlich auch die Frage, ob dieser berechtigt ist, die Produkte des Franchise-Systems neben seinem stationären Handel auch online zu vertreiben. Vertraglich kann ein solcher Onlinehandel des Franchise-Nehmers nicht ausgeschlossen werden, da es sich hierbei um sog. „passives Marketing" handelt. Möglich ist nur der Ausschluss des „aktiven Marketings",

---

[58] Siehe insoweit Giesler/Güntzel in Praxis des Vertriebsrechts, § 4 Rn. 1–69 mit umfassender Rechtsprechungsdarstellung; s. auch zum Muster einer solchen Checkliste zur vorvertraglichen Aufklärung Metzlaff Franchising-HdB/Metzlaff Anh. 5.

[59] BB 2007, 14; siehe dazu auch Flohr BB 2007, 6 ff.

[60] Umfassend dazu Liesegang, Lieferantenvorteile in Franchise-Systemen, Diss. Chemnitz 2016, S. 70–90 mwN.

[61] BB 2007, 238; dazu Flohr BB 2007, 741 ff.

[62] OLG Düsseldorf 16.1.2008 – VI Kart. 11/06, BeckRS 2008, 4897.

[63] WM 2009, 374 – Praktiker.

[64] Dazu Böhner Jahrbuch Franchising 2009, 260 ff.; Flohr BB 2009, 2159; Liesegang Jahrbuch Franchising 2011, 184.

[65] Siehe dazu aus der Rspr. LG Berlin 21.6.2001 – 14 O 177/01, BeckRS 2001, 161799 – Vivawasser; dazu Flohr, Franchisevertrag, S. 122 f.

soweit diese Marketingmaßnahmen des Franchise-Nehmers außerhalb des ihm eingeräumten Vertragsgebietes oder außerhalb des geschützten Standortes erfolgen. Insofern muss jedem Franchise-Nehmer grundsätzlich die Möglichkeit eröffnet werden, einen solchen Onlinehandel zu betreiben. Der Ausschluss des Onlinehandels kann auch nicht damit begründet werden, dass die Produkte des Franchise-Systems so beratungsintensiv sind, als dass diese nicht online vertrieben werden können. Dies ist die Konsequenz der EuGH-Entscheidung vom 13.10.2011[66]. Allerdings lässt die Entscheidung des Kammergerichts Berlin vom 19.9.2013[67] erkennen, dass auch Einschränkungsmöglichkeiten bestehen, wenn und soweit es sich um Produkte eines Markenherstellers handelt. Hier kann die Qualität der Produkte dazu zwingen, dass ein Onlineverkauf nicht möglich ist; allerdings kann nicht auf der einen Seite der Onlinehandel des Franchise-Nehmers ausgeschlossen werden, wenn andererseits diese Produkte vom Franchise-Geber selbst über Warendiscounter abgesetzt werden. Dies wird zu Recht vom Kammergericht Berlin in der Entscheidung vom 19.9.2013[68] betont. Auf diesen Überlegungen beruhen sowohl die Asics-Entscheidung[69] als auch die Adidas-Entscheidung[70] des Bundeskartellamtes.

45 Soweit es um die Frage geht, den Franchise-Nehmer darüber aufzuklären, ob er für den Absatz der Produkte des Franchise-Systems sog. „Drittplattformen" in Anspruch nehmen darf oder nicht, gilt es die weitere Entwicklung in der Rechtsprechung zu beachten und damit insbesondere den Beschluss des LG Frankfurt a. M. vom 22.12.2015[71] bzw. den Vorlagebeschluss des OLG Frankfurt a. M. vom 19.4.2016[72] und die insoweit zu erwartende EuGH-Entscheidung.

46 Bislang wurde davon ausgegangen, dass ein Franchise-Nehmer entweder gem. § 314 Abs. 1 BGB zur fristlosen Kündigung des Franchise-Vertrages oder aber dessen Anfechtung wegen arglistiger Täuschung gem. §§ 123, 142 BGB berechtigt ist, wenn der Franchise-Geber dem Franchise-Nehmer in dem exklusiv eingeräumten Vertragsgebiet durch das Betreiben eines Internetportals Konkurrenz macht. Davon ist nach der Entscheidung des OLG Düsseldorf vom 15.10.2014[73] nicht mehr uneingeschränkt auszugehen. Deutlich wird dies auch in den ersten beiden Leitsätzen dieser Entscheidung:

> *„1. Ist der Franchise-Geber vertraglich verpflichtet im unmittelbaren Einzugsgebiet des Franchise-Betriebs des Franchise-Nehmers ohne vorherige Kontaktaufnahme mit dem Fn keinen weiteren Franchise-Vertrag abzuschließen, ist der Internetvertrieb hiervon sachlich nicht erfasst.*
>
> *2. Eine Konkurrenzschutzpflicht trifft den Franchise-Geber über die vertraglichen Regelungen hinaus nur dann ausnahmsweise dann, wenn durch die konkurrierende Tätigkeit des Franchise-Gebers die wirtschaftliche Existenz des Franchise-Nehmers nachhaltig gefährdet ist. ..."*

47 Insofern kann nicht mehr uneingeschränkt davon ausgegangen werden, dass einem Franchise-Nehmer Schadensersatz bei einem Onlinevertrieb des Franchise-Gebers im Vertragsgebiet des Franchise-Nehmers zusteht. Allerdings darf die Entscheidung des OLG Düsseldorf nicht verallgemeinert werden. Entscheidend ist immer die konkrete Ausgestaltung des Franchise-Vertrages sowie der Umfang des Eingriffs in die Tätigkeit des Franchise-Nehmers.

---

[66] ZVertriebsR 2012, 55 – Pierre Fabré mAnm Rahlmeyer; entsprechend auch EuGH ZVertriebsR 2018, 52; siehe dazu Metzlaff/Schaper ZVertriebsR 2018, 1 ff.; Rohrßen ZVertriebsR 2018, 277.
[67] ZVertriebsR 2014, 104.
[68] ZVertriebsR 2014, 104.
[69] ZVertriebsR 2014, 332.
[70] BKartA 27.6.2014 – B3–137/12.
[71] ZVertriebsR 2016, 123 mAnm Schaper/Pahlen.
[72] ZVertriebsR 2016, 249.
[73] ZVertriebsR 2016, 44.

X. Prospekthaftung des Franchise-Gebers

Das OLG München hat mit Urteil vom 24.4.2001[74] festgestellt, dass die Prospekthaf- **48** tungsgrundsätze auf Franchise-Systeme nicht anwendbar sind[75]. Begründet wird dies damit, dass der Franchise-Nehmer entgegen einem Kapitalanleger über weitere Informationsquellen als dem „Prospekt" verfügt[76].

Man wird nicht grundsätzlich sagen können, dass eine Prospekthaftung im Franchise- **49** Recht nicht besteht. Vielmehr ist eine einzelfallbezogene Betrachtung notwendig. Die heutige Prospekthaftung geht von einer Zweigleisigkeit aus. Zum einen verbirgt sich hierhinter die speziell geregelte Prospekthaftung, wie sie sich in den Vorschriften der §§ 45, 46 BörsG oder aber bei sog. Verkaufsprospekte beim Vertrieb von Anteilen an inländischen Kapitalanlagegesellschaften (§§ 19, 20 KAGG) findet; zum anderen steht daneben die sog. zivilrechtliche Prospekthaftung, die vom BGH zur Begründung einer Haftung für die Vollständigkeit und Richtigkeit von Prospekten zur Werbung von Kapitalanlegern auf dem grauen, nicht organisierten Kapitalmarkt entwickelt worden ist[77]. Hier werden die Prospekte von der Rechtsprechung nicht mehr als Werbemittel der Anbieterseite betrachtet, sondern als Medium der Erfüllung vorvertraglicher Aufklärungspflichten beurteilt[78]. Damit wird dem Umstand eines sog. Informationsgefälles[79] zwischen dem Anbieter und Investor Rechnung getragen.

Die derzeitigen von Franchise-Gebern zu ihrem System ausgegebenen Prospekte haben **50** in der Regel nur werbenden Charakter. Zunehmend sind aber auch den Prospekten Rentabilitätsberechnungen oder Umsatz- und Gewinnerwartungen bzw. Umsatzprognosen beigefügt. Beschränkt sich das Prospekt lediglich auf die allgemeine Darstellung des Systems, ohne Angaben zur Rentabilität, zum Umsatz oder Renditeerwartungen zu machen, so wird man die Grundsätze der Prospekthaftung nicht anwenden können. Geht das Prospekt aber weit über diese allgemeine Beschreibung des Franchise-Systems hinaus und vermittelt Angaben zur Rentabilität des Franchise-Systems, so ist dieses Prospekt mit einem solchen Prospekt vergleichbar, mit dem Kapitalanleger für eine Beteiligung geworben werden sollen. Hier greift dann auch eine Prospekthaftung des Franchise-Gebers[80].

Dabei ist allerdings wieder zu berücksichtigen, dass nach der Rechtsprechung des BGH **51** auch unsichere Erwartungen und damit Risiken dargestellt werden können, soweit die die Erwartung stützenden Tatsachen sorgfältig ermittelt worden sind und die darauf gestützte Prognose der zukünftigen Entwicklung aus der damaligen Sicht (Zeitpunkt der Zeichnung der Beteiligung) vertretbar ist[81].

XI. Deliktische Haftung des Franchise-Gebers

Im Rahmen der Verletzung der vorvertraglichen Aufklärungspflichten kann sich auch **52** eine deliktische Haftung des Franchise-Gebers gem. § 823 Abs. 2 BGB iVm § 263 StGB ergeben.

---

[74] BB 2001, 1759 – Aufina; dazu Böhner BB 2001, 1749.
[75] Vgl. allgemein zur zivilrechtlichen Prospekthaftung: Kouba VersR 2004, 570 ff. mit ausführlichen Rspr.-Nachweisen; BGH GWR 2010, 90 mAnm Schwenicke BGH DStR 2010, 123.
[76] Zum Ganzen Böhner NJW 1994, 635 f.; Flohr, Franchiserecht, Rn. 137; Giesler ZIP 1999, 2131; Giesler/Nauschütt Franchiserecht Kap. 5 Rn. 47 ff.; Liesegang GS Skaupy, 2003, 225 ff. mwN; aus der neueren Rspr.: BGH NJW 2010, 1077.
[77] Vgl. Assmann in Handbuch des Kapitalanlagerechts, 1990, Rn. 1 ff.; siehe auch BGH NJW-Rente 2005, 772.
[78] Vgl. Assmann § 7 Rn. 1.
[79] Zum Begriff Assmann in Handbuch des Kapitalanlagerechts, 1990, § 7 Rn. 8.
[80] Dazu ausführlich Giesler ZIP 1999, 2131; Giesler, Franchise-Verträge, Rn. 180 ff. mwN; Flohr WiB 1996, 1137 (1142); Flohr DStR 2001, 710 (712).
[81] BGH ZIP 2009, 2377 mAnm Brocker EWiR § 676 BGB 1/10; dabei wird auch der „Lehmann-Brothers"-Rspr. Bedeutung zukommen – siehe dazu ua LG Hamburg ZIP 2009, 1211 und allgemein BGH GWR 2009, 197.

53   Der BGH hat zuletzt mit Urteil vom 19.7.2011[82] Grundsätze dazu aufgestellt, unter welchen Voraussetzungen zum einen der Franchise-Geber deliktisch für eine umfassende vorvertragliche Aufklärung haftet, zum anderen aber auch, welche umfassende Beweislast den klagenden Franchise-Nehmer hinsichtlich der Verwirklichung des Schutzgesetzes trifft. Auszugehen ist zukünftig von folgenden Grundsätzen:

- Stützt sich der Anspruchsteller (der Franchise-Nehmer) auf eine deliktische Haftung wegen der Verletzung eines Schutzgesetzes, hat er grundsätzlich alle Umstände darzulegen und zu beweisen, aus denen sich die Verwirklichung der einzelnen Tatbestandsmerkmale des Schutzgesetzes ergibt.
- Bei einer Inanspruchnahme (des Franchise-Gebers) aus § 823 Abs. 2 BGB iVm § 263 StGB wegen eines Eingehungsbetruges durch fehlerhafte Beratung verbleibt die Darlegungs- und Beweislast für den Fortbestand des Irrtums beim Anspruchsteller (dem Franchise-Nehmer).

54   Aus der Entscheidung wird deutlich, dass nur unter eingeschränkten Voraussetzungen ein deliktischer Schadensersatzanspruch gegen einen Franchise-Geber wegen Verletzung vorvertraglicher Aufklärungspflichten durchgesetzt werden kann. Entscheidend ist insbesondere, dass beim Eingehungsbetrag der Betrugsvorsatz nicht schon dann gegeben ist, wenn der Täuschende finanzielle Verluste des Getäuschten durch den Abschluss des Vertrages für möglich hält. Die bloße Kenntnis einer potentiellen Vermögensgefährdungslage genügt für die Annahme des subjektiven Tatbestandes hinsichtlich des Vermögensschadens iSd § 263 StGB nicht. Der Vorsatz des die vorvertragliche Aufklärungspflicht verletzenden Franchise-Gebers muss sich vielmehr mit seinen kognitiven und voluntativen Bestandteilen auf die eventuelle Vermögensgefährdung des Franchise-Nehmers beziehen. Dies setzt voraus, dass der Franchise-Nehmer aus Sicht des Franchise-Gebers ernstlich mit wirtschaftlichen Nachteilen zu rechnen hat. Dieses Erfordernis ist dann nicht erfüllt, wenn der Eintritt wirtschaftlicher Nachteile bei Vertragsabschluss nicht überwiegend wahrscheinlich ist, sondern von zukünftigen Ereignissen, wie zB der Entwicklung des Franchise-Outlets des Franchise-Nehmers aber insbesondere auch dessen Arbeitseinsatz abhängt[83].

XII. Grenzen der Aufklärungspflicht

55   Die Frage nach Inhalt und Umfang der Aufklärungspflichten heißt zugleich auch die Frage nach den Grenzen dieser vorvertraglichen Aufklärungspflichten des Franchise-Gebers zu stellen. Diese dürfen jedoch nicht so weit gehen, dass durch übersteigerte Anforderung die Expansions- und Innovationsfreudigkeit der Systemträger von vornherein lahmgelegt wird[84]. Auch der Franchise-Nehmer geht ein unternehmerisches Risiko ein. Verhindert werden soll nur durch die vorvertragliche Aufklärungspflicht, dass der Franchise-Nehmer durch unzutreffende und unvollständige Angaben zum Abschluss eines Franchise-Vertrages veranlasst wird.

56   Insofern darf die Anwendung der Grundsätze der culpa in contrahendo auch nicht dazu führen, dass sich die vorvertragliche Aufklärungspflicht in eine Rentabilitätsgarantie für den Franchise-Nehmer wandelt. Die Schadensersatzhaftung nach den Grundsätzen für culpa in contrahendo darf daher nicht auf eine solche, für den Nichteintritt eines bewusst unsicher prognostizierten Elements hinauslaufen[85]. Hingegen besteht eine Haftung für falsche Angaben bei den einer Prognose zugrundeliegenden Tatsachen und für eine schuldhaft fehlerhafte Herleitung von Prognosen[86]. Insofern muss mitgeteilt werden, ob die Prognose über erzielbare Umsätze auf fundierte Berechnungen und gesicherte Erfahrungen zurückzuführen ist oder lediglich auf bloßen Schätzungen und damit unsicheren Annahmen basiert[87].

---

[82] ZVertriebsR 2013, 96.
[83] Umfassend zur BGH-Entscheidung Timmermann ZVertriebsR 2013, 166 f.
[84] Martinek, Moderne Vertragstypen II, S. 88.
[85] So auch zu Recht Martinek GS Skaupy, 2003, 251; siehe auch: Flohr FS Gramlich, 2021, 113 (120 ff.).
[86] Vgl. Giesler ZIP 1999, 2131 (2135); Martinek, Franchising, S. 315.
[87] Dazu vor allem Braun NJW 1995, 504 (505); aus der Rspr.: OLG Dresden ZVertriebsR 2016, 320.

Diese von der Rechtsprechung gezogenen Grenzen der vorvertraglichen Aufklärung hat **57** auch de lege ferenda eine etwaige gesetzliche Regelung zum Franchise-Recht bzw. zur vorvertraglichen Aufklärung beim Abschluss von Franchise-Verträgen zu beachten, die zurzeit erneut diskutiert wird, und zwar ausgehend von einem vom Bundesamt der Justiz vergebenen Forschungsvorhaben zum Thema „**Gesetzliche Sonderregelungen über den Franchise-Vertrag im internationalen Vergleich**" mit dem Schwerpunkt „**Vorvertragliche Aufklärungspflichten des Franchise-Gebers**"[88]. Andernfalls besteht nämlich die Gefahr, dass sich die vorvertragliche Aufklärung de lege ferenda nur noch an solchen gesetzlichen Regelungen orientiert und keine weiteren Informationen vermittelt werden, auch wenn erkennbar ist, dass diese Informationen für die Entscheidung des Franchise-Nehmers, den Franchise-Vertrag abzuschließen, nicht ausreichend sind. Dem trägt aber in allen Facetten die derzeitige Rechtsprechung Rechnung, sodass eine gesetzliche Regelung zur vorvertraglichen Aufklärung beim Abschluss von Franchise-Verträgen mehr als entbehrlich ist.

XIII. Mitverschulden des Franchise-Nehmers

Maßgebend ist auch insoweit das Urteil des OLG München vom 16.9.1993, wenn es im **58** zweiten Leitsatz heißt:

„Der Franchise-Geber, der wegen vorvertraglicher Aufklärungspflicht schadensersatzpflichtig ist, **59** *kann dem Franchise-Nehmer nicht als Mitverschulden entgegenhalten, dass er leichtfertig den Anpreisungen des Franchise-Gebers vertraut hat."*

Dieser Leitsatz gilt nicht uneingeschränkt. Man wird zu differenzieren haben zwischen **60** solchen Franchise-Nehmern, die Existenzgründer sind und solchen Franchise-Nehmern, die bereits über kaufmännische Erfahrung verfügen, etwa ein eigenes Einzelhandelsgeschäft bereits betreiben und den Franchise-Vertrag zB deswegen abschließen, um sich im Zuge der Ausweitung des Geschäftsbetriebes ein „sog. zweites Standbein" zu verschaffen.

XIV. Möglichkeit der Haftungsfreizeichnung durch den Franchise-Geber

Immer wieder versuchen Franchise-Geber, sich von jeglicher Haftung wegen Verletzung **61** vorvertraglicher Aufklärungspflichten freizuzeichnen. So finden sich in Prospekten oder Franchise-Broschüren Formulierungen wie:

„Die mitgeteilten Zahlen, insbesondere die Ergebnisvorausschau, beruhen auf den durchschnitt- **62** *lichen Zahlen des Franchise-Gebers und stellen keine Garantie dafür dar, dass der Franchise-Nehmer einen entsprechenden Gewinn in seinem Franchise-Outlet erzielen kann."*

Derartige Haftungsfreizeichnungsklauseln schützen grundsätzlich vor einem Schadens- **63** ersatzanspruch nach den Grundsätzen der culpa in contrahendo nicht. Wenn der Franchise-Geber positiv darum, dass er den Franchise-Nehmer nicht richtig und nicht vollständig und nicht wahrheitsgemäß unterrichtet hat, hilft ihm keine Haftungsfreistellungserklärung, selbst wenn die Grenze der Sittenwidrigkeit (§ 138 BGB) nicht überschritten wurde. Hinzu kommt, dass in solchen Fällen die Haftungsfreizeichnungsklausel, da sie ja in einer Vielzahl von Fällen Verwendung findet, als „Allgemeine Geschäftsbedingung" anzusehen ist. Diese Klausel benachteiligt aber den Franchise-Nehmer unangemessen, so dass sie gem. § 307 Abs. 1 S. 1 BGB (= § 9 ABGB) unwirksam ist.

§ 307 Abs. 1 S. 1 BGB wird zunehmend verstärkte Bedeutung bei der Inhaltskontrolle **64** von Franchise-Verträgen erhalten, wie die Rechtsprechung des BGH insbesondere die Entscheidungen vom 13.7.2004 und 20.7.2005[89] zeigen; dies auch deswegen, weil sich die

---

[88] Siehe dazu Flohr Editorial ZVertriebsR 5/2013; Editorial ZVertriebsR 1/2016; ausführlich zu den Forschungsergebnissen: Gesmann-Nuissl, Internationales Franchiserecht, Frankfurt/Main 2019, S. 8–19.
[89] WRP 2004, 1378; BGH NJW-RR 2005, 1496.

Sittenwidrigkeitskontrolle zwischenzeitlich zu einer Inhaltskontrolle nach §§ 305 ff. BGB verlagert hat, wie das OLG Bamberg zutreffend in seinem Urteil vom 11.4.2012[90] festgestellt hat.

XV. Vorvertragliche Aufklärung des Franchise-Nehmers gegenüber dem Franchise-Geber

65   Wenn von vorvertraglichen Aufklärungspflichten gesprochen wird, so bedeutet dies aber auch die Verpflichtung des Franchise-Nehmers, seine beruflichen Fähigkeiten, persönlichen Eigenschaften und finanziellen Möglichkeiten, soweit diese für den Abschluss des Franchise-Vertrages von Bedeutung sind, rechtlich und vollständig darzulegen[91].

66   Unterbleibt dies, so macht sich der Franchise-Nehmer gegenüber dem Franchise-Geber nicht nur nach den Grundsätzen der culpa in contrahendo gem. § 311 BGB schadensersatzpflichtig, sondern gibt dem Franchise-Geber auch das Recht, den abgeschlossenen Franchise-Vertrag ggf. wegen arglistiger Täuschung gem. §§ 123, 142 BGB anzufechten. Im Rahmen des dann dem Franchise-Geber zustehenden Schadensersatzanspruches hat der Franchise-Nehmer ua die Kosten des Franchise-Gebers zu erstatten, soweit diese durch Vertragsverhandlungen und eine etwaige bereits begründende Schulung des Franchise-Nehmers entstanden sind.

67   Vorvertragliche Aufklärung bei Franchise-Verträgen bedeutet demgemäß, dass Franchise-Geber und Franchise-Nehmer einander gegenseitig richtig und vollständig und wahrheitsgemäß über die beiderseitigen Voraussetzungen der Franchise-Partnerschaft informieren müssen[92].

E. Entwicklungstendenzen bei der vorvertraglichen Aufklärung beim Abschluss von Franchise-Verträgen

I. Betonung der unternehmerischen Selbständigkeit

68   Aufgrund der Entscheidung des OLG Schleswig[93] und der des OLG Brandenburg[94], OLG Düsseldorf[95] und OLG Lüneburg[96] war davon ausgegangen worden, dass eine Tendenzwende in der Rechtsprechung zur vorvertraglichen Aufklärung ansteht. Während die bis dahin ergangenen Entscheidungen die Interessen des Franchise-Nehmers in den Vordergrund stellten, wird nun wieder von der Rechtsprechung verstärkt auf die unternehmerische Selbständigkeit des Franchise-Nehmers und das von diesem als Unternehmer zu übernehmende unternehmerische Risiko abgestellt. Insofern stellte das OLG Schleswig[97] zu Recht fest, dass der Franchise-Geber nicht Existenzgründungsberater des Franchise-Nehmers ist und man von einem Franchise-Nehmer verlangen könne, dass dieser die mit Abschluss des Franchise-Vertrages verbundenen wirtschaftlichen Risiken selbst einschätzen kann. Zugleich ging das OLG Schleswig auch davon aus, für den Franchise-Geber bestehe weder eine Verpflichtung zur Erstellung einer Standortanalyse noch zur Vorlage einer Rentabilitätsberechnung und genauso wenig der Franchise-Geber verpflichtet sei, den Franchise-Nehmer über die sog. Durststrecke aufzuklären.

---

[90] OLG Bamberg 11.4.20123 – U 215/11.
[91] Dazu Flohr WiP 1996, 1137 f.; Flohr Jahrbuch Franchising 1999/2000, 13 ff. mwN.
[92] Vgl. Flohr WiP 1996, 1137; Flohr Jahrbuch Franchising 1999/2000, 16 ff.; Kroll, Informationspflichten im Franchising, Frankfurt 2001, S. 118 ff.; Feuerriegel, Die vorvertragliche Phase im Franchising, Münster 2004, S. 281–283.
[93] NJW-RR 2009, 65.
[94] NJW-RR 2006, 51.
[95] OLG Düsseldorf 30.6.2004 – U (Kart.) 40/02, BeckRS 2004, 12148.
[96] OLG Lüneburg 21.8.2006 – 4 U 193/06.
[97] NJW-RR 2009, 65.

II. Darstellung eines reellen Bezugssystems

Diese das unternehmerische Risiko des Franchise-Nehmers betonende Tendenz wird **69** aber nun durch das Urteil des OLG Hamm vom 22.12.2011[98] wieder in Frage gestellt. Danach ist der Franchise-Geber verpflichtet den potenziellen Franchise-Nehmer nicht nur umfassend und vollständig aufzuklären, sondern einer Rentabilitätsvorausschau und den darin angegebenen Umsatzzahlen muss ein reelles Bezugssystem in der Form zugrunde liegen, dass die Modellrechnung auf nachvollziehbaren und einen Vergleich mit dem konkreten vorgesehenen Standort zugänglichen Faktoren anderer Standorte basiert. Damit betont das OLG Hamm aber wieder verstärkt den Schutz des Franchise-Nehmers und verlagert die mit dem Abschluss eines Franchise-Vertrages verbundenen wirtschaftlichen Risiken auf den Franchise-Geber. Dies entspricht aber nicht der beim Abschluss eines Franchise-Vertrages durch den Franchise-Nehmer begründeten Unternehmerstellung iSv § 14 BGB; und erst recht dann nicht, wenn der Franchise-Nehmer bereits vor Abschluss des Franchise-Vertrages Unternehmer ist und zB durch den Abschluss des Franchise-Vertrages das Unternehmen um eine weitere Sparte erweitert werden soll.

Wurde noch aufgrund der Entscheidung des OLG Schleswig[99] davon ausgegangen, dass **70** auch im Rahmen der vorvertraglichen Aufklärung die Übernahme unternehmerischen Risikos durch den Franchise-Nehmer berücksichtigt werden muss, scheint sich das Pendel nunmehr in Richtung eines verstärkten Franchise-Nehmer-Schutzes zu bewegen, wie die Entscheidungen des OLG Hamm[100], das OLG Düsseldorf[101], das LG Hamburg[102], das OLG Hamburg[103] sowie das OLG Dresden[104] zeigen.

Bleibt es bei dieser den Franchise-Nehmer-Schutz betonenden Rechtsprechung, so darf **71** dies aber nicht zugleich bedeuten, dass die vorvertragliche Aufklärung sich damit wieder einer „Rentabilitätsgarantie" für den Franchise-Nehmer nähert. Wenn ein Franchise-Nehmer als selbständiger Unternehmer tätig werden will, so bleibt es in seiner Verpflichtung, sich über die mit dem Abschluss des Franchise-Vertrages verbundenen Risiken auch selbst zu informieren, zB durch Befragung anderer Franchise-Nehmer des Franchise-Systems.

Insofern greifen Schadensersatzverpflichtungen eines Franchise-Gebers wegen Verletzung **72** vorvertraglicher Aufklärungspflichten nach den Grundsätzen der culpa in contrahendo insbesondere dann, wenn durch diesen vorsätzlich unzutreffende Angaben zum Franchise-System gemacht werden oder aber nicht darauf hingewiesen wird, dass Ertrags- bzw. Rentabilitätsberechnungen nur den Charakter von Schätzungen haben und nicht auf reale Zahlen des Franchise-Systems bzw. vergleichbare Franchise-Outlets zurückgehen, sondern auf geschätzte Umsatzerwartungen am „Point of sale" des Franchise-Nehmers.

F. ABC der vorvertraglichen Aufklärung bei Franchise-Verträgen

Im Wesentlichen betreffen die Grundsätze zur vorvertraglichen Aufklärung die Rentabili- **73** tät des Franchise-Outlets des Franchise-Nehmers aber auch des Franchise-Systems insgesamt. Insofern lassen sich folgende Grundsätze zur vorvertraglichen Aufklärung im Rahmen der Vertragsverhandlungen zwischen Franchise-Geber und Franchise-Nehmer zusammenfassen:

- der Franchise-Geber muss den Franchise-Nehmer richtig und vollständig über die Rentabilität des Franchise-Systems unterrichten[105];

---

[98] ZVertriebsR 2012, 177.
[99] NJW-RR 2009, 65.
[100] ZVertriebsR 2012, 177.
[101] ZVertriebsR 2014, 46.
[102] ZVertriebsR 2014, 112.
[103] ZVertriebsR 2015, 78.
[104] ZVertriebsR 2016, 320.
[105] OLG München NJW 1994, 667 ff.; ebenso OLG Rostock DB 1995, 2006; OLG Hamm ZVertriebsR 2012, 50.

- die Umsatzprognosen des Franchise-Gebers müssen auf nachvollziehbaren Grundlagen vergleichbarer Franchise-Betriebe beruhen[106];
- aufzuklären ist über die wirtschaftliche Situation des Franchise-Systems und anderer Franchise-Betriebe, insbesondere im Vertragsgebiet oder in der Nähe des Vertragsgebietes des Franchise-Nehmers;
- die Fluktuations- oder Floprate eines Franchise-Systems ist dem Franchise-Nehmer darzustellen, insbesondere wenn sich daraus Erkenntnisse für die Rentabilität des Franchise-Systems insgesamt ableiten lassen;
- die Konkurrenz- und Wettbewerbssituation des Franchise-Systems im Allgemeinen und am Standort des Franchise-Nehmers im Besonderen ist darzustellen, wobei der Franchise-Nehmer im Hinblick auf die Konkurrenzsituation am Standort seines Franchise-Outlets zur Mitarbeit verpflichtet ist;
- der Franchise-Geber hat irreführende Angaben im Rahmen der Vertragsanbahnungsphase zu unterlassen, insbesondere die Erklärung, ein bestimmtes Ertragsziel könnte vom Franchise-Nehmer leicht erreicht werden[107];
- das Scheitern und eine schlechte wirtschaftliche Situation anderer Franchise-Nehmer, gerade in Nähe des künftigen Vertragsgebietes/des Standortes des Franchise-Nehmers darf nicht verschleiert werden[108];
- der Franchise-Geber darf den Franchise-Nehmer nicht durch wahrheitswidrige Behauptungen zum Abschluss eines Franchise-Vertrages verleiten[109];
- die dem Franchise-Nehmer mitgeteilte Umsatz- oder Planzahlen müssen grundsätzlich auf nachvollziehbaren und sachlich richtigen Grundlagen vergleichbarer Franchise-Nehmer-Betriebe basieren;
- auf Prognosen beruhende mitgeteilte Umsatzzahlen sind als solche gegenüber dem Franchise-Nehmer deutlich zu machen und besonders zu kennzeichnen[110];
- dem Franchise-Nehmer mitgeteilte Kostenkalkulationen müssen auf sachlich richtiger Grundlage ermittelt sein, wobei zu erwartende Kostenänderungen für das Franchise-Outlet dem Franchise-Nehmer zu offenbaren sind;
- werden dem Franchise-System von zum Franchise-System gelisteten Lieferanten Einkaufsvorteile geleistet, so sind diese dem Franchise-Nehmer insbesondere dann darzustellen, wenn dieser danach fragt[111]

74 Instruktiv sind die Einzelfälle, in denen die Rechtsprechung eine Verletzung vorvertraglicher Aufklärungspflichten anerkannt hat, sei es, dass es sich um die Verletzung echter oder unechter Aufklärungspflichten handelt oder aber die Verletzung der vorvertraglichen Aufklärungspflichten auf falsche oder irreführende Behauptungen des Franchise-Gebers zurückgeht, wie etwa:

- unzutreffende Scheiterungsquote der Franchise-Nehmer des Systems;[112]
- unzutreffende Angaben zum durchschnittlichen Umsatz eines Franchise-Nehmers;[113]
- richtige Angaben auf Fragen des Franchise-Nehmers;[114]
- Offenlegung bei fehlendem Schutz (zB keine Markeneintragung oder aber wesentliche Angriffe Dritter gegen die eingetragene Marke);
- Hinweis auf das Nichtbestehen eines Pilot-Betriebes;[115]

---

[106] OLG Hamm ZVertriebsR 2012, 50.
[107] OLG Schleswig 30.6.2004 – 16 U 80/02.
[108] Siehe Giesler/Günzel NJW 2007, 3099; Emde BB 2008, 2755 ff.
[109] Metzlaff in Praxishandbuch Franchising § 7 Rn. 18; Emde BB 2008, 2755.
[110] OLG München BB 2001, 1759.
[111] OLG München BB 2006, 14; siehe auch Flohr BB 2007, 741; Emde BB 2008, 2755.
[112] OLG München BB 2001, 1759 – Aufina.
[113] OLG München BB 2003, 443 – Personal Total.
[114] BGH 26.9.1997 – 5 ZR 29/96; OLG Frankfurt a. M. 12.5.2011 – 22 U 181/08, BeckRS 2011, 26726.
[115] OLG München NJW-RR 1997, 812; OLG Stuttgart 13.7.2001 – 2 U 223/00, BeckRS 2001, 6278.

- Aufklärung über den erforderlichen Kapitalbedarf;[116]
- Beweislast beim Franchise-Geber für eine vorgegebene Umsatzprognose;[117]
- Verpflichtung des Franchise-Nehmers zum Nachfragen bei Klärungsbedarf;[118]
- Offenlegung aller Gebühren (Einstiegsgebühr, laufende Gebühr, Werbegebühr) sowie aller indirekten Kosten (Schulungen, Werbematerial, etc);
- Verschweigen des Erhalts von Rückvergütungen von Systemlieferanten durch den Franchise-Geber trotz entgegenstehendem Inhalt des Franchise-Vertrages.[119]

G. Vorvertragliche Aufklärung beim Abschluss eines Handelsvertretervertrages

I. Vorbemerkung

Handelsvertreter ist gem. § 84 HGB derjenige, der als selbständiger Gewerbetreibender **75** ständig damit betraut ist, für einen anderen Unternehmer Geschäfte zu vermitteln oder in dessen Namen abzuschließen[120]. Im Gegensatz zu einem Franchise-Nehmer, der in der Regel als Existenzgründungsunternehmer tätig ist und seine Unternehmereigenschaft erst durch Abschluss des Franchise-Vertrages erhält[121], ist der Handelsvertreter bereits bei Abschluss des Handelsvertretervertrages als selbständiger Gewerbetreibender tätig und gleichzeitig Kaufmann iSv § 1 HGB, da seine Tätigkeit einen nach Art und Umfang in kaufmännischer Weise eingerichteten Geschäftsbetrieb erfordert (§ 1 Abs. 2 HGB)[122].

Schon diese unterschiedliche rechtliche Stellung des Existenzgründungs-Franchise-Neh- **76** mers einerseits und des Handelsvertreters andererseits bei Abschluss eines Franchise- bzw. Handelsvertretervertrages zeigt, warum der vorvertraglichen Aufklärung bei Abschluss eines Handelsvertretervertrages kaum Bedeutung zukommt: Der Franchise-Nehmer bedarf deswegen einer umfassenden vorvertraglichen Aufklärung, weil er in der Regel geschäftlich unerfahren ist; eine solche geschäftliche Unerfahrenheit kennzeichnet aber einen Handelsvertreter nicht – und dies schon aufgrund seiner Stellung als Kaufmann iSv § 1 HGB. Der Handelsvertreter hat demgemäß bei Abschluss des Handelsvertretervertrages bereits die Stellung inne, die ein Existenzgründungs-Franchise-Nehmer erst durch Abschluss des Franchise-Vertrages erlangt.

Hinzu kommt aber ein weiterer – entscheidender – Aspekt. Dem Franchise-Nehmer **77** wird durch Abschluss des Franchise-Vertrages eine Geschäftsidee zur Verfügung gestellt und damit das Know-how des Franchise-Gebers. Diese Geschäftsidee soll der Franchise-Nehmer aufgrund des ihm vermittelten Know-hows an seinem Point of Sale umsetzen. Vermarktet wird also durch den Abschluss eines Franchise-Vertrages eine Geschäftsidee. Dies bedingt, dass der Franchise-Nehmer auch darüber belehrt werden muss, ob sich diese Geschäftsidee bereits erfolgreich am Markt durchgesetzt hat und welche Risiken mit der Umsetzung der Geschäftsidee verbunden sind. Gänzlich anders ist die Situation beim Abschluss eines Handelsvertretervertrages. Hier geht es nicht um die Überlassung einer Geschäftsidee, sondern darum, dass der Handelsvertreter in der Regel Kaufverträge für Unternehmen vermittelt, also Verträge für die Gegenstände, die vom Unternehmen hergestellt werden. Fragen der Investition und deren Amortisierung, die den Abschluss eines Franchise-Vertrages im Hinblick auf das einzurichtende Franchise-Outlet des Franchise-Nehmers prägen, stellen sich somit beim Abschluss eines Handelsvertretervertrages nicht.

---

[116] OLG Köln BeckRS 2009, 03716.
[117] LG Magdeburg 9.1.2008 – 7 O 1178/06, BeckRS 2008, 4848.
[118] OLG Celle 29.1.2008 – 13 U 127/07 – Real.
[119] OLG München BB 2007, 14 – BAYWA.
[120] Umfassend dazu: Küstner/Thume I Kap. I Rn. 1 ff. mit umfassenden Nachweisen – insbesondere zur Selbständigkeit des Handelsvertreters.
[121] BGH NJW 2005, 1273.
[122] Siehe auch insoweit Küstner/Thume I Kap. I Rn. 40 ff. mit umfassenden Nachweisen.

Auch von daher gesehen, kommt der vorvertraglichen Aufklärung bei Abschluss eines Handelsvertretervertrages kaum Bedeutung zu.

II. Vorvertragliche Aufklärung allgemein

78   Dies bedeutet aber nicht, dass grundsätzlich eine vorvertragliche Aufklärung dem Abschluss eines Handelsvertretervertrages fremd ist. Dies zeigt schon die Entscheidung des OLG Karlsruhe vom 16.12.1998[123].

79   Auch beim Abschluss eines Handelsvertretervertrages sind Konstellationen denkbar, in denen das Unternehmen zu einer Aufklärung gegenüber dem Handelsvertreter verpflichtet ist und bei einer unzutreffenden vorvertraglichen Aufklärung entsprechend einem Franchise-Geber nach den Grundsätzen der culpa in contrahendo gem. §§ 280 Abs. 1, 311 BGB Schadensersatz zu leisten hat.

80   So ist von einer Verletzung der vorvertraglichen Aufklärungspflichten des Unternehmens bei Abschluss eines Handelsvertretervertrages bei:

- unrichtigen Angaben des Unternehmens über den zu erwartenden Umsatz aus dem überlassenen Kundenstamm,
- unzutreffende Angaben des Unternehmens zum Kundenverhalten,
- unzutreffende Angaben des Unternehmens zum sog. „Eintrittsgeld" oder der „Einstandszahlung" oder aber
- bei einer Täuschung des Handelsvertreters über die tatsächlichen Umsatzzahlen in dem zu übernehmenden Vertragsgebiet

auszugehen.

81   Umgekehrt ist auch der Handelsvertreter gegenüber dem Unternehmen zur vorvertraglichen Aufklärung verpflichtet. Dies bedeutet, dass zB eine Verletzung vorvertraglicher Aufklärungspflichten des Handelsvertreters vorliegt, bei:

- unzutreffenden Angaben des Handelsvertreters über seine Person (berufliche Ausbildung/Berufserfahrung/finanzielle Möglichkeiten)
- unzutreffende Angaben des Handelsvertreters über seinen Kundenstamm.

82   Generell gilt aber für ein Unternehmen, das Handelsvertreterverträge abschließt, der Grundsatz, der auch die vorvertragliche Aufklärung beim Abschluss eines Franchise-Vertrages prägt: Das Unternehmen darf sich in der Werbung und bei den Verhandlungen mit dem Handelsvertreter nicht erfolgreicher darstellen, als es tatsächlich ist[124]. Entscheidend ist somit auch für den Abschluss eines Handelsvertretervertrages, dass das Unternehmen über alle Punkte Informationen und Aufklärung vermittelt, für die nach den Grundsätzen von Treu und Glauben (§ 242 BGB) vom Handelsvertreter Aufklärung verlangt werden kann.

83   Allerdings dürfen die Anforderungen an die vorvertragliche Aufklärung beim Abschluss eines Handelsvertretervertrages nicht überspannt werden. Der Handelsvertreter ist als eingetragener Kaufmann iSv § 1 HGB in der Lage, die Angaben des Unternehmens, die zum Abschluss des Handelsvertretervertrages gemacht werden, zu überprüfen. Insofern kann bei einem Handelsvertreter, der einen Schadensersatzanspruch wegen Verletzung vorvertraglicher Aufklärungspflichten geltend macht, nicht davon ausgegangen werden, dass diesem nicht als Mitverschulden entgegengehalten werden kann, leichtfertig den Angaben des Unternehmens vertraut zu haben[125].

---

[123] HVR-Nr. 976.

[124] Vgl. insoweit beim Abschluss eines Franchise-Vertrages Böhner NJW 1994, 635 f.; Vom Dorp WIP 1985, 285 f.

[125] Siehe OLG München NJW 1994, 667, das beim Abschluss eines Franchise-Vertrages vom Gegenteil ausgeht, nämlich davon, dass einem Franchise-Nehmer nicht als Mitverschulden entgegengehalten werden kann, dass dieser den Anpreisungen des Franchise-Gebers vertraut hat.

III. Entwicklungstendenzen bei der vorvertraglichen Aufklärung beim Abschluss von Handelsvertreterverträgen

Während nach wie vor beim Abschluss von Franchise-Verträgen die Rechtsprechung **84** immer wieder die Schutzbedürftigkeit des Franchise-Nehmers betont, gleichzeitig aber auch gesehen wird, dass ein Franchise-Nehmer mit Abschluss eines Franchise-Vertrages ein unternehmerisches Risiko eingeht und sich durch den Abschluss des Franchise-Vertrages unternehmerischem Handeln iSv § 14 BGB unterwirft, gilt dies nicht für den Abschluss von Handelsvertreterverträgen. Dieser ist bei Abschluss des Handelsvertretervertrages Kaufmann iSv § 1 HGB, verfügt über einen kaufmännisch eingerichteten Geschäftsbetrieb und ist demgemäß selbst in der Lage, die Risiken zu beurteilen, die mit dem Abschluss eines Handelsvertretervertrages verbunden sind.

Soweit vom Unternehmen gegenüber dem Handelsvertreter vorsätzlich bei Abschluss des **85** Handelsvertretervertrages unzutreffende Angaben über den Kundenstamm, den zu erwartenden Umsatz oder das Kundenverhalten gemacht werden, handelt es sich hierbei um Umstände, die dem Grunde nach dem Fall des Eingehungsbetruges iSv § 263 StGB zuzuordnen sind, so dass sich insofern ein Schadensersatzanspruch des Handelsvertreters gemäß § 823 Abs. 2 BGB iVm § 263 StGB ergibt. Es bedarf insoweit keines Rückgriffs auf die Grundsätze der Verletzung vorvertraglicher Aufklärungspflichten und eines etwaigen Schadensersatzanspruches des Handelsvertreters nach den Grundsätzen der culpa in contrahendo gem. §§ 280, Abs. 1, 311 BGB.

H. Vorvertragliche Aufklärung beim Abschluss eines Vertragshändlervertrages

I. Vorbemerkung

Rechtsprechung zur Verletzung vorvertraglicher Aufklärungspflichten bei Vertragshänd- **86** lerverträgen existiert so gut wie gar nicht. Wauschkuhn[126], Schultze/Wauschkuhn/Spenner/Dau[127] und Niebling[128] befassen sich in ihren Darstellungen zum Vertragshändlerrecht mit der vorvertraglichen Aufklärung beim Abschluss von Vertragshändlerverträgen überhaupt nicht, so dass sich noch nicht einmal ein entsprechender Hinweis im Stichwortverzeichnis findet.

Unterschieden sich der Abschluss eines Franchise- und Handelsvertretervertrages noch **87** dadurch, dass beim Handelsvertretervertrag nicht wie bei einem Franchise-Vertrag ein Geschäftsmodell und das Know-how des Franchise-Gebers zur Verfügung gestellt wird, so greift diese Differenzierung im Verhältnis eines Vertragshändlervertrages zu einem Franchise-Vertrag nicht. Der Vertragshändler ist ähnlich einem Franchise-Nehmer in die Absatzorganisation des Unternehmens eingebunden und erhält von diesem in gleicher Weise wie ein Franchise-Nehmer Vorgaben zum Marketing und zur Werbung für die von ihm abzusetzenden KFZ-Fahrzeuge. Allerdings hat die Einbindung des Vertragshändlers in die Absatzorganisation des Unternehmens nicht den Grad der vertikalen Verdichtung, wie dieser den Abschluss eines Franchise-Vertrages kennzeichnet. Die Freiheiten, die einem Vertragshändler zugestanden werden, sind ungleich größer als die Freiheiten eines Franchise-Nehmers, wenn es um die Umsetzung von Werbe- und Marketingkonzepten geht[129].

Auch ist ein Vertragshändler bei Abschluss des Vertragshändlervertrages in der Regel **88** Unternehmer iSv § 14 BGB und erlangt seine Unternehmereigenschaft nicht erst durch

---

[126] Vertragshändlervertrag, 3. Aufl., München 2009.
[127] Der Vertragshändlervertrag, 4. Aufl., Frankfurt/Main 2008.
[128] Vertragshändlerrecht, 2. Aufl., Köln 2003.
[129] Siehe dazu ausführlich Flohr Formularsammlung Vertriebsrecht § 1, S. 4 ff. mit umfassenden Nachweisen.

den Abschluss des Vertragshändlervertrages. Von daher gesehen ist ein Vertragshändler durchaus in der Lage, die Risiken, die mit dem Abschluss eines Vertragshändlervertrages – anders als ein Franchise-Nehmer – verbunden sind, aufgrund seiner eigenen beruflichen und geschäftlichen Erfahrung einzuschätzen und zu beurteilen.

II. Vorvertragliche Aufklärung allgemein

89   Dies bedeutet aber nicht, dass grundsätzlich Konstellationen, die zu einer Verletzung vorvertraglicher Aufklärungspflichten beim Abschluss eines Vertragshändlervertrages führen, nicht erkennbar sind. So kommen als Umstände für die Verletzung vorvertraglicher Aufklärungspflichten in Betracht:

- unzutreffende Angaben des Vertragshändlers über seine Person, (berufliche Ausbildung/ Berufserfahrung)
- unzutreffende Angaben des Herstellers zu den Absatzmöglichkeiten der von ihm produzierten Kraftfahrzeuge,
- unzutreffende Angaben des Herstellers zum Kundenpotential im Vertragsgebiet,
- unzutreffende Angaben des Herstellers zu gescheiterten Vertragshändlern seiner Absatzorganisation,
- unzutreffende Angaben des Herstellers über die vom Vertragshändler in die Werkstatt/ Verkaufsräume zu tätigenden Investitionen,
- unzutreffende Angaben des Herstellers über die Produktpalette und deren Weiterentwicklung, (Fahrzeuge/Fahrzeugentwicklung/Verbrauchswerte).

90   Bei all diesen Konstellationen handelt es sich aber um solche, bei denen die Angaben tatsächlich unzutreffend sind, dh der Vertragspartner durch unzutreffende – unwahre – Angaben zum Abschluss eines Vertragshändlervertrages veranlasst worden ist. Auch insofern prägen also die vorvertragliche Aufklärung beim Abschluss eines Vertragshändlervertrages solche Konstellationen, die sich als ein Eingehungsbetrug iSd § 263 StGB darstellen. Die Konsequenz ist dann ein Schadensersatzanspruch des Unternehmens bzw. des Vertragshändlers gem. § 823 Abs. 2 BGB iVm § 263 StGB.

III. Tendenzen bei der vorvertraglichen Aufklärung beim Abschluss von Vertragshändlerverträgen

91   Entsprechend der Situation beim Abschluss eines Handelsvertretervertrages ist auch bei Vertragshändlerverträgen nicht davon auszugehen, dass das Problem der vorvertraglichen Aufklärung Bedeutung erlangen wird und sich die Rechtsprechung zunehmend mit diesem Problemkreis befassen wird. Auch bei dem Abschluss von Vertragshändlerverträgen wird sich die Verletzung vorvertraglicher Aufklärungspflichten auf die Fälle beschränken, in denen vorsätzlich unzutreffende Informationen vermittelt wurden; Fälle, die als Eingehungsbetrug iSv § 263 StGB zu beurteilen sind, so dass für einen Schadensersatzanspruch nicht auf die Grundsätze der culpa in contrahendo (§§ 280 Abs. 1, 311 BGB) zurückgegriffen werden muss.

I. Vorvertragliche Aufklärung beim Abschluss von Kommissionsagenturverträgen

92   Auch ein Kommissionsagent ist bei Vertragsabschluss über die mit dem Vertragsabschluss verbundenen Risiken aufzuklären. Insoweit entspricht die Rechtslage der bei Abschluss eines Franchise-Vertrages. Gesonderte Rechtsprechung zu den Grundsätzen, dem Inhalt und den Grenzen der vorvertraglichen Aufklärung für Kommissionsagenturverträge gibt es – soweit feststellbar – nicht. Daher kann bei Problemen auf die Rechtsprechung zur vorvertraglichen Aufklärung bei Franchise-Verträgen zurückgegriffen werden.

Vorbemerkung zu §§ 312 ff.:

I. Entwicklung

Die §§ 312 ff. dienen im Wesentlichen der Umsetzung der **RL 2011/83/EU** über die **1** Rechte der Verbraucher[1] **(VerbrRRL),** aber auch der **RL 2002/65/EG** über den Fernabsatz von Finanzdienstleistungen[2] **(Finanzdienstleistungs-Fernabsatz-RL)** sowie den Vorgaben der **RL 2000/31/EG** über den elektronischen Geschäftsverkehr[3] **(E-Commerce-RL).**

Im Zuge der Umsetzung der VerbrRRL wurden die §§ 312 ff. mit Wirkung zum **2** 13.6.2014 größtenteils neu gestaltet.[4] Die VerbrRRL verfolgt im Gegensatz zu ihren beiden Vorläuferrichtlinien[5] einen **Vollharmonisierungsansatz,** der es den Mitgliedstaaten grundsätzlich nicht erlaubt, strengere oder weniger strenge Verbraucherschutzvorschriften vorzusehen (Art. 4 VerbrRRL).[6] Zu den Neuerungen durch die Umsetzung der VerbrRRL zählten insbesondere die erstmalige Einführung von allgemeinen Vorgaben für alle Verbraucherverträge sowie eine weitgehende Angleichung des Fernabsatzrechts und des Rechts der Haustürgeschäfte, die sich nun in dem deutlich weiter gefassten Begriff der **außerhalb von Geschäftsräumen geschlossenen Verträge** wiederfinden.

Die VerbrRRL wurde durch die **RL 2019/2161/EU** zur besseren Durchsetzung und **3** Modernisierung der Verbraucherschutzvorschriften der Union[7] **(Modernisierungs-RL)** geändert, was wiederum einige Änderungen und Ergänzungen der §§ 312 ff. erforderlich machte. Durch das Gesetz zur Änderung des Bürgerlichen Gesetzbuchs und des Einführungsgesetzes zum Bürgerlichen Gesetzbuche in Umsetzung der Modernisierungs-RL und zur Aufhebung der Verordnung zur Übertragung der Zuständigkeit für die Durchführung der Verordnung (EG) Nr. 2006/2004 auf das Bundesministerium der Justiz und für Verbraucherschutz vom 10.8.2021[8], welches am **28.5.2022** in Kraft getreten ist, wurde ein neuer § 312l eingeführt, der iVm Art. 246d EGBGB nun **Informationspflichten für Betreiber von Online-Marktplätzen** normiert (§ 312l trat am 28.5.2022 vorläufig unter § 312k in Kraft und wurde mit Wirkung zum 1.7.2022 zu § 312l). Gemäß dem neu eingefügten Art. 246e EGBGB kann das Umweltbundesamt **grenzüberschreitende Verstöße** ua gegen einige Bestimmungen der §§ 312 ff. als **Ordnungswidrigkeit** verfolgen und erhebliche Bußgelder verhängen. Zudem gibt es einige kleinere Änderungen ua in den §§ 312, 312e, 312j, 356, 357, Art. 246, 246a EGBGB und § 357a wurde neu eingefügt.

Weitere Änderungen wurden durch die Umsetzung der **RL 2019/770/EU** über be- **4** stimmte vertragsrechtliche Aspekte der Bereitstellung digitaler Inhalte und digitaler Dienst-

---

[1] Richtlinie 2011/83/EU des Europäischen Parlaments und des Rates v. 25.10.2011 über die Rechte der Verbraucher, ABl. 2011 L 304, 64.

[2] Richtlinie 2002/65/EG des Europäischen Parlaments und des Rates vom 23. September 2002 über den Fernabsatz von Finanzdienstleistungen an Verbraucher und zur Änderung der Richtlinie 90/619/EWG des Rates und der Richtlinien 97/7/EG und 98/27/EG, ABl. 2002 L 271, 16.

[3] Richtlinie 2000/31/EG des Europäischen Parlaments und des Rates vom 8. Juni 2000 über bestimmte rechtliche Aspekte der Dienste der Informationsgesellschaft, insbesondere des elektronischen Geschäftsverkehrs, im Binnenmarkt, Abl. 2000 L 178, 1.

[4] Durch das Gesetz zur Umsetzung der Verbraucherrechterichtlinie und zur Änderung des Gesetzes zur Regelung der Wohnungsvermittlung vom 20.9.2013 (BGBl. 2013 I 3642).

[5] Richtlinie 85/577/EWG des Rates vom 20.12.1985 betreffend den Verbraucherschutz im Falle von außerhalb von Geschäftsräumen geschlossenen Verträgen und die Richtlinie 97/7/EG des europäischen Parlamentes und des Rates v. 20.5.1997 über den Verbraucherschutz bei Vertragsabschlüssen im Fernabsatz.

[6] BT-Drs. 17/12637, 33.

[7] Richtlinie (EU) 2019/2161 des europäischen Parlaments und des Rates vom 27. November 2019 zur Änderung der Richtlinie 93/13/EWG des Rates und der Richtlinien 98/6/EG, 2005/29/EG und 2011/83/EU des Europäischen Parlaments und des Rates zur besseren Durchsetzung und Modernisierung der Verbraucherschutzvorschriften der Union, Abl. 2019 L 328.

[8] BGBl. 2021 I 3483.

leistungen[9] **(Digitale-Inhalte-RL)** erforderlich. Durch das Gesetz zur Umsetzung der Digitale-Inhalte-RL vom 25.6.2021[10], welches am **1.1.2022** in Kraft getreten ist, wurde der § 312 Abs. 1 neu gefasst, ein neuer Abs. 1a eingefügt und § 312f Abs. 3 redaktionell geändert.

5   Durch das **Gesetz für faire Verbraucherverträge** vom 10.8.2021[11] wurde ein neuer § 312k eingefügt, der bestimmte Pflichten im Hinblick auf die **Kündigung von Verbraucherverträgen im elektronischen Geschäftsverkehr** enthält. § 312k basiert nicht auf europäischen Vorgaben, sondern wurde vom Bundestagsausschuss für Recht und Verbraucherschutz, basierend auf einer Stellungnahme der Verbraucherkommission Baden-Württemberg über deren Landesregierung empfohlen.[12] Der neue § 312k trat am **1.7.2022** in Kraft und ist nach Art. 229 § 60 EGBGB auch auf Altverträge, die vor dessen Inkrafttreten abgeschlossen worden sind, anzuwenden.

II. Systematik

6   Die §§ 312–312m sind in vier Kapitel eingeteilt:

7   §§ 312 und 312a (Kapitel 1) gelten für alle Verbraucherverträge, unabhängig von der Vertriebsform. § 312 bestimmt den Anwendungsbereich der §§ 312 ff. und setzt in § 312 Abs. 1 und Abs. 1a einen **Verbrauchervertrag** voraus, bei dem sich der Verbraucher zu der Zahlung eines Preises oder zur Bereitstellung personenbezogener Daten verpflichtet. § 312 Abs. 2–8 enthalten Sonderregelungen für bestimmte Leistungsgegenstände. In § 312a befinden sich allgemeine Grundsätze und Pflichten bei Verbraucherverträgen, insbesondere Offenlegungspflichten bei Telefonanrufen, allgemeine **Informationspflichten im stationären Handel,** sowie Regelungen für zusätzliche Entgelte.

8   §§ 312b–312h (Kapitel 2) enthalten Regelungen für **außerhalb von Geschäftsräumen abgeschlossene Verträge** und **Fernabsatzverträge.** §§ 312b und 312c definieren die Begriffe dieser beiden Vertriebsformen; §§ 312d–312f enthalten insbesondere **Informations- und Dokumentationspflichten,** die sich größtenteils in Art. 246–246b EGBGB finden. § 312g Abs. 1 gewährt Verbrauchern ein **Widerrufsrecht** bei diesen beiden Vertriebsformen und § 312g Abs. 2 enthält einige Ausnahmen dazu. Die allgemeinen Regelungen zum Widerrufsrecht finden sich in §§ 355 ff. Schließlich enthält § 312h Bestimmungen zur Kündigung und Vollmacht zur Kündigung von Dauerschuldverhältnissen.

9   §§ 312i–312l (Kapitel 3) enthalten Pflichten für **Verträge im elektronischen Geschäftsverkehr und Online-Marktplätze.** § 312i regelt Informationspflichten im E-Commerce und ist als einzige Vorschrift auch zwischen zwei Unternehmern anwendbar. § 312j ergänzt diese Pflichten für Verbraucherverträge und setzt die **Button-Lösung** der VerbrRRL um. § 312k enthält zusätzliche Pflichten des Unternehmers im Hinblick auf die Kündigung von Verbraucherverträgen. § 312l regelt allgemeine Informationspflichten für Betreiber von Online-Marktplätzen.

10   § 312m (Kapitel 4) enthält ein Verbot abweichender Vereinbarungen, ein **Umgehungsverbot** und regelt die **Beweislast** hinsichtlich der Erfüllung der Informationspflichten.

11   Durch den seit 28.5.2022 geltenden Art. 246e EGBGB können bestimmte grenzüberschreitende Verstöße gegen zivilrechtliche Verbraucherschutzvorschriften (ua Verstöße gegen §§ 312a, 312d, 312e, 312f, 312j und 312l) nunmehr als Ordnungswidrigkeiten verfolgt werden; der Bußgeldrahmen ist mit bis zu maximal 4 % des Jahresumsatzes des jeweiligen Unternehmers erheblich.

---

[9] Richtlinie (EU) 2019/770 des europäischen Parlaments und des Rates vom 20. Mai 2019 über bestimmte vertragsrechtliche Aspekte der Bereitstellung digitaler Inhalte und digitaler Dienstleistungen, ABl. 2019 L 136, 1.
[10] BGBl. 2021 I 2123.
[11] BGBl. 2021 I 3433.
[12] Stiegler VuR 2021, 443 mwN.

§ 312 Anwendungsbereich

(1) Die Vorschriften der Kapitel 1 und 2 dieses Untertitels sind auf Verbraucherverträge anzuwenden, bei denen sich der Verbraucher zu der Zahlung eines Preises verpflichtet.

(1a) Die Vorschriften der Kapitel 1 und 2 dieses Untertitels sind auch auf Verbraucherverträge anzuwenden, bei denen der Verbraucher dem Unternehmer personenbezogene Daten bereitstellt oder sich hierzu verpflichtet. Dies gilt nicht, wenn der Unternehmer die vom Verbraucher bereitgestellten personenbezogenen Daten ausschließlich verarbeitet, um seine Leistungspflicht oder an ihn gestellte rechtliche Anforderungen zu erfüllen, und sie zu keinem anderen Zweck verarbeitet.

(2) Von den Vorschriften der Kapitel 1 und 2 dieses Untertitels ist nur § 312a Absatz 1, 3, 4 und 6 auf folgende Verträge anzuwenden:

1. notariell beurkundete Verträge
   a) über Finanzdienstleistungen, die außerhalb von Geschäftsräumen geschlossen werden,
   b) die keine Verträge über Finanzdienstleistungen sind; für Verträge, für die das Gesetz die notarielle Beurkundung des Vertrags oder einer Vertragserklärung nicht vorschreibt, gilt dies nur, wenn der Notar darüber belehrt, dass die Informationspflichten nach § 312d Absatz 1 und das Widerrufsrecht nach § 312g Absatz 1 entfallen,
2. Verträge über die Begründung, den Erwerb oder die Übertragung von Eigentum oder anderen Rechten an Grundstücken,
3. Verbraucherverträge nach § 650i Absatz 1,
4. [aufgehoben]
5. [aufgehoben]
6. Verträge über Teilzeit-Wohnrechte, langfristige Urlaubsprodukte, Vermittlungen und Tauschsysteme nach den §§ 481 bis 481b,
7. Behandlungsverträge nach § 630a,
8. Verträge über die Lieferung von Lebensmitteln, Getränken oder sonstigen Haushaltsgegenständen des täglichen Bedarfs, die am Wohnsitz, am Aufenthaltsort oder am Arbeitsplatz eines Verbrauchers von einem Unternehmer im Rahmen häufiger und regelmäßiger Fahrten geliefert werden,
9. Verträge, die unter Verwendung von Warenautomaten und automatisierten Geschäftsräumen geschlossen werden,
10. Verträge, die mit Betreibern von Telekommunikationsmitteln mit Hilfe öffentlicher Münz- und Kartentelefone zu deren Nutzung geschlossen werden,
11. Verträge zur Nutzung einer einzelnen von einem Verbraucher hergestellten Telefon-, Internet- oder Telefaxverbindung,
12. außerhalb von Geschäftsräumen geschlossene Verträge, bei denen die Leistung bei Abschluss der Verhandlungen sofort erbracht und bezahlt wird und das vom Verbraucher zu zahlende Entgelt 40 Euro nicht überschreitet, und
13. Verträge über den Verkauf beweglicher Sachen auf Grund von Zwangsvollstreckungsmaßnahmen oder anderen gerichtlichen Maßnahmen.

(3) Auf Verträge über soziale Dienstleistungen, wie Kinderbetreuung oder Unterstützung von dauerhaft oder vorübergehend hilfsbedürftigen Familien oder Personen, einschließlich Langzeitpflege, sind von den Vorschriften der Kapitel 1 und 2 dieses Untertitels nur folgende anzuwenden:

1. die Definitionen der außerhalb von Geschäftsräumen geschlossenen Verträge und der Fernabsatzverträge nach den §§ 312b und 312c,
2. § 312a Absatz 1 über die Pflicht zur Offenlegung bei Telefonanrufen,
3. § 312a Absatz 3 über die Wirksamkeit der Vereinbarung, die auf eine über das vereinbarte Entgelt für die Hauptleistung hinausgehende Zahlung gerichtet ist,

4. § 312a Absatz 4 über die Wirksamkeit der Vereinbarung eines Entgelts für die Nutzung von Zahlungsmitteln,

5. § 312a Absatz 6,

6. § 312d Absatz 1 in Verbindung mit Artikel 246a § 1 Absatz 2 und 3 des Einführungsgesetzes zum Bürgerlichen Gesetzbuche über die Pflicht zur Information über das Widerrufsrecht und

7. § 312g über das Widerrufsrecht.

(4) [1] Auf Verträge über die Vermietung von Wohnraum sind von den Vorschriften der Kapitel 1 und 2 dieses Untertitels nur die in Absatz 3 Nummer 1 bis 7 genannten Bestimmungen anzuwenden. [2] Die in Absatz 3 Nummer 1, 6 und 7 genannten Bestimmungen sind jedoch nicht auf die Begründung eines Mietverhältnisses über Wohnraum anzuwenden, wenn der Mieter die Wohnung zuvor besichtigt hat.

(5) [1] Bei Vertragsverhältnissen über Bankdienstleistungen sowie Dienstleistungen im Zusammenhang mit einer Kreditgewährung, Versicherung, Altersversorgung von Einzelpersonen, Geldanlage oder Zahlung (Finanzdienstleistungen), die eine erstmalige Vereinbarung mit daran anschließenden aufeinanderfolgenden Vorgängen oder eine daran anschließende Reihe getrennter, in einem zeitlichen Zusammenhang stehender Vorgänge gleicher Art umfassen, sind die Vorschriften der Kapitel 1 und 2 dieses Untertitels nur auf die erste Vereinbarung anzuwenden. § 312a Absatz 1, 3, 4 und 6 ist daneben auf jeden Vorgang anzuwenden. [2] Wenn die in Satz 1 genannten Vorgänge ohne eine solche Vereinbarung aufeinanderfolgen, gelten die Vorschriften über Informationspflichten des Unternehmers nur für den ersten Vorgang. [3] Findet jedoch länger als ein Jahr kein Vorgang der gleichen Art mehr statt, so gilt der nächste Vorgang als der erste Vorgang einer neuen Reihe im Sinne von Satz 3.

(6) Von den Vorschriften der Kapitel 1 und 2 dieses Untertitels ist auf Verträge über Versicherungen sowie auf Verträge über deren Vermittlung nur § 312a Absatz 3, 4 und 6 anzuwenden.

(7) [1] Auf Pauschalreiseverträge nach den §§ 651a und 651c sind von den Vorschriften dieses Untertitels nur § 312a Absatz 3 bis 6, die §§ 312i, 312j Absatz 2 bis 5 und § 312m anzuwenden; diese Vorschriften finden auch Anwendung, wenn der Reisende kein Verbraucher ist. [2] Ist der Reisende ein Verbraucher, ist auf Pauschalreiseverträge nach § 651a, die außerhalb von Geschäftsräumen geschlossen worden sind, auch § 312g Absatz 1 anzuwenden, es sei denn, die mündlichen Verhandlungen, auf denen der Vertragsschluss beruht, sind auf vorhergehende Bestellung des Verbrauchers geführt worden.

(8) Auf Verträge über die Beförderung von Personen ist von den Vorschriften der Kapitel 1 und 2 dieses Untertitels nur § 312a Absatz 1 und 3 bis 6 anzuwenden.

Literatur: Bauer/Arnold/Zeh, Widerruf von Arbeits- und Aufhebungsverträgen – Wirklich alles neu?, NZA 2016, 449; Brinkmann/Ludwigkeit, Neuerungen des situativen Anwendungsbereichs besonderer Vertriebsformen, NJW 2014, 3270; Brönneke/Schmidt, Der Anwendungsbereich der Vorschriften über die besonderen Vertriebsformen nach Umsetzung der Verbraucherrechterichtlinie, VuR 2014, 3; Buchmann, Das neue Fernabsatzrecht 2014 – Teil 3: Anwendungsbereich und Ausnahmen vom Widerrufsrecht bei Fernabsatzverträgen über Waren, K&R 2014, 369; Clausnitzer/Delfs, Die EU-Verbraucherrechterichtlinie – Praxisfragen und Antworten der Leitlinien der Europäischen Kommission (Teil 1), ZVertriebsR 2014, 343; Ehmann/Forster, Umsetzung der Verbraucherrechterichtlinie – Teil 1: Der neue „allgemeine Teil" des Verbraucherschutzrechts, GWR 2014, 163; Ernst, Widerruf von Anwaltsverträgen im Fernabsatz?, NJW 2014, 817; Fischinger/Werthmüller, Der Aufhebungsvertrag im Irish Pub, Die Neuregelungen der §§ 312 ff. BGB und die Widerruflichkeit arbeitsrechtlicher Aufhebungsverträge, NZA 2016, 193; Föhlisch/Löwer, Das Widerrufsrecht bei Gutscheinen im Fernabsatz, K&R 2015, 298; Hau, Verbraucherschützende Widerrufsrechte im Wohnraummietrecht, NZM 2015, 435; Härting, Anwaltsverträge im Fernabsatz, NJW 2016, 2937; Herresthal, Die rechtliche Einordnung des Kfz-Leasings mit Kilometerabrechnung, ZVertriebsR 2020, 355; Hoffmann, Personalsicherheiten als Außergeschäftsraumverträge, ZIP 2015, 1365; Janal, Alles neu macht der Mai: Erneute Änderungen im Recht der besonderen Vertriebsformen, WM 2012, 2314; Kamanabrou, Eindeutig kein Widerrufsrecht bei Aufhebungsverträgen am Arbeitsplatz?, NZA 2016, 919; Kehl, Alles auf Anfang? – Die Widerruflichkeit von Verbraucherbürgschaften nach der Neufassung des § 312 Abs. 1 BGB, WM 2022, 507; Koch, Ausweitung des Verbraucherschutzrechts: Der Widerruf im Mietrecht, VuR 2016, 92; Kulke, Sicherheiten als Haustürgeschäfte, MDR 2021, 526; Leverenz, Auswirkungen des § 312e BGB auf das Versicherungsgeschäft im Internet, VersR 2003, 698; Maume, Der umgekehrte Verbrauchervertrag, NJW 2016, 1041; Maume/Wilser, Viel Lärm um nichts?, Zur Anwendung von § 651 BGB auf IT-Verträge, CR 2010, 209; Schwab/Hromek, Alte Streitstände im neuen Verbraucherprivatrecht, JZ 2015, 271; Schimikowski, Das Widerrufsrecht beim digitalen Versicherungsmaklervertrag, r+s 2020, 606; von Loewenich, § 312 Abs. 1 BGB und von Verbrauchern gestellte Bürgschaften sowie andere von Verbrauchern gestellte Sicherheiten, WM 2015, 113; Wendehorst, Das neue Gesetz zur Umsetzung der Verbraucherrechterichtlinie, NJW 2014, 577; Zwickel, Vertragsbeziehungen, Leistungsstörungen und Gestaltungsmöglichkeiten beim Gutscheingeschäft, NJW 2011, 2753.

Übersicht

I. Allgemeines

1. Historie. § 312 wurde im Zuge des Gesetzes zur Umsetzung der **VerbrRRL** und zur **1** Änderung des Gesetzes zur Regelung der Wohnungsvermittlung vom 20.9.2013[1] neu gefasst und dient der Umsetzung des Art. 3 VerbrRRL. Aufgrund des **Vollharmonisierungsgebots** (Art. 4 VerbrRRL) orientiert sich der Wortlaut des § 312 eng an der VerbrRRL. Obwohl Mietverträge über Wohnraum gemäß Art. 3 Abs. 3f) VerbrRRL ausdrücklich vom Anwendungsbereich ausgenommen sind, ist die deutsche Umsetzung, die den Wohnraummietvertrag über § 312 Abs. 4 in den (eingeschränkten) Anwendungsbereich der §§ 312 ff. einbezieht, wirksam. Erwägungsgrund 13 der VerbrRRL erlaubt die Ausdehnung auf weitere Vertragstypen ausdrücklich.[2]

Durch das Dritte Gesetz zur Änderung reiserechtlicher Vorschriften vom 17.7.2017[3] **2** wurde Abs. 2 Nr. 4 mit Wirkung zum 1.7.2018 aufgehoben und Abs. 7 eingefügt. Das

---

[1] BGBl. 2013 I 3642.
[2] Vgl. zur ebenfalls vollharmonisierenden Verbraucherkreditrichtlinie von 2008: EuGH WM 2012, 2049 Rn. 40.
[3] BGBl. 2021 I 2394.

Gesetz zur Umsetzung der Richtlinie über bestimmte vertragsrechtliche Aspekte der Bereitstellung digitaler Inhalte und digitaler Dienstleistungen vom 25.6.2021[4] hat mit Wirkung zum **1.1.2022** Abs. 1 geändert und Abs. 1a eingefügt; beide Änderungen sollen nach Ansicht des Gesetzgebers nur klarstellende Funktion im Hinblick auf das „Bezahlen mit Daten" haben.[5]

3   Durch das Gesetz zur Änderung des Bürgerlichen Gesetzbuchs und des Einführungsgesetzes zum Bürgerlichen Gesetzbuche in Umsetzung der EU-Richtlinie zur besseren Durchsetzung und Modernisierung der Verbraucherschutzvorschriften der Union und zur Aufhebung der Verordnung zur Übertragung der Zuständigkeit für die Durchführung der Verordnung (EG) Nr. 2006/2004 auf das Bundesministerium der Justiz und für Verbraucherschutz vom 10.8.2021[6], welches am **28.5.2022** in Kraft getreten ist, wurde Abs. 2 Nr. 5 aufgehoben und Abs. 8 eingefügt; in Abs. 7 S. 1 wurde der Verweis auf § 312k durch die Angabe § 312l ersetzt. Durch das Gesetz für faire Verbraucherverträge vom 10.8.2021[7] wurde die Angabe § 312l durch § 312m mit Wirkung zum **1.7.2022** ersetzt.

4   **2. Überblick.** § 312 bestimmt in Abs. 1 den Anwendungsbereich insbesondere der §§ 312a–312h und enthält in Abs. 2–8 Bereichsausnahmen für bestimmte Rechtsgeschäfte, auf die die §§ 312a–312h nur eingeschränkt anwendbar sind. Hintergrund der Ausnahmetatbestände ist, dass es für diese Vertragstypen bzw. Rechtsgeschäfte spezielle Informationspflichten und Widerrufsrechte gibt, sodass ein zusätzlicher Schutz nicht erforderlich ist.[8] Darüber hinaus sollen auch Verträge von geringem Gegenstandswert ausgenommen werden.

II. Erfasste Verbraucherverträge

5   Voraussetzung nach Abs. 1 und Abs. 1a ist ein **Verbrauchervertrag,** bei dem sich der Verbraucher zur **Zahlung eines Preises** oder zur **Bereitstellung personenbezogener Daten** verpflichtet.

6   **1. Verbrauchervertrag.** Der Begriff des Verbrauchervertrages ist in § 310 Abs. 3 legal definiert. Voraussetzung ist danach ein Vertrag zwischen einem Unternehmer (§ 14) und einem Verbraucher (§ 13). Bei gemischter Zwecksetzung (dual use) kommt es darauf an, welche Benutzung überwiegt (→ BGB § 13 Rn. 10 ff.). Aufgrund der Negativformulierung in § 13 ist im Zweifel Verbraucherhandeln anzunehmen[9].

7   Der **Existenzgründer** ist kein Verbraucher iSd § 13. Er wird lediglich, soweit § 512 anwendbar ist, bei dem Gründungsgeschäft dem Verbraucher gleichgestellt.[10]

8   **2. Austauschverhältnis.** Abs. 1 und Abs. 1a erfordern ein **Austauschverhältnis.** Gegenstand des Verbrauchervertrags kann **jede beliebige Leistung eines Unternehmers** sein, dh es ist unerheblich, ob sich der Verbrauchervertrag auf Waren, Dienstleistungen oder andere Gegenstände bezieht (vgl. dazu auch → BGB § 312i Rn. 7 ff.).

9   Für die Leistung des Unternehmers muss der Verbraucher eine **Gegenleistung** erbringen. Der Wortlaut des Abs. 1 wurde durch die Umsetzung der Digitale-Inhalte-Richtlinie dahingehend geändert, dass nicht mehr auf die Entgeltlichkeit der Leistung abgestellt wird, sondern auf die **Zahlung eines Preises** bzw. gemäß des neu eingefügten Abs. 1a auf die **Bereitstellung von personenbezogenen Daten** durch den Verbraucher.

10   **Preis** erfordert ein Austauschverhältnis und ist nach der Legaldefinition in Art. 2 Nr. 7 der Digitale-Inhalte-RL Geld oder eine digitale Darstellung eines Wertes (vgl. § 327 Abs. 1

---

[4] BGBl. 2021 I 2123.
[5] BT-Drs. 19/27653, 34.
[6] BGBl. 2021 I 3483.
[7] BGBl. 2021 I 3433.
[8] BT-Drs. 17/12637, 45.
[9] Grüneberg/Grüneberg Rn. 2; vgl. auch Erwägungsgrund 17 der VerbrRRL.
[10] BGH NJW 2005, 1273; 2008, 435.

S. 2). Dies umfasst zB virtuelle Währungen, E-Coupons oder elektronische Gutscheine.[11] Der Begriff des Preises ist richtlinienkonform **weit auszulegen;** es genügt auch eine Leistung an einen Dritten.[12]

Die Zahlung eines Preises muss sich auf die **Hauptleistung** beziehen. Es genügt nicht, **11** dass der Verbraucher etwaige Nebenleistungen wie zum Beispiel die Versandkosten tragen muss. Gewährt der Unternehmer einem Verbraucher beispielsweise eine kostenlose Garantie für ein Mobiltelefon, schickt der Verbraucher das Telefon auf seine Kosten an den Unternehmer macht die Tatsache, dass der Verbraucher die Versandkosten nicht ersetzt bekommt (wenn sich später herausstellt, dass kein Garantiefall vorliegt), sind die Voraussetzungen des Abs. 1 nicht erfüllt.

Die Vorschriften der §§ 312 ff. finden auch auf Verträge Anwendung, bei denen der **12** Verbraucher an Stelle oder neben der Zahlung eines Preises **personenbezogene Daten bereitstellt oder sich zu deren Bereitstellung verpflichtet.** Der neue Abs. 1a benennt die objektiven Voraussetzungen, unter denen dies gilt. Personenbezogene Daten sind gemäß Art. 4 Nr. 1 DS-GVO alle Informationen, die sich auf eine identifizierte oder identifizierbare natürliche Person beziehen. Auf die Frage der datenschutzrechtlichen Rechtmäßigkeit der Datenverarbeitung kommt es für die Anwendbarkeit der §§ 312 ff. nicht an.[13]

Der Begriff der **Bereitstellung** personenbezogener Daten ist **weit auszulegen;** es **13** kommt nicht darauf an, dass der Verbraucher dem Unternehmer seine personenbezogenen Daten aktiv übermittelt.[14] Es genügt, dass der Verbraucher die Verarbeitung seiner personenbezogenen Daten durch den Unternehmer zulässt. Dies kann bereits im Zeitpunkt des Vertragsschlusses geschehen sein oder auch im weiteren Verlauf erfolgen. Eine Bereitstellung liegt auch vor, wenn der Unternehmer Cookies setzt oder Metadaten wie Informationen zum Gerät des Verbrauchers oder zum Browserverlauf erhebt, soweit der betreffende Sachverhalt als Vertrag anzusehen ist.[15]

Gemäß Abs. 1a S. 2 sind die §§ 312 ff. nicht anwendbar, wenn der Unternehmer die **14** vom Verbraucher bereitgestellten personenbezogenen Daten ausschließlich zur **Erfüllung einer Leistungspflicht** (zB Name, Postanschrift oder E-Mail-Adresse des Verbrauchers, die der Unternehmer benötigt, um seinem Vertragspartner die vereinbarte Leistung zukommen zu lassen) oder **gesetzlicher Anforderungen** (zB nach Steuer- oder Ordnungsrecht) erhebt. Erfasst sein dürften insbesondere Datenverarbeitungen auf der Grundlage von Art. 6 Abs. 1 S. 1b), c) und e) DS-GVO.[16]

Abs. 1a S. 2 greift nur dann, wenn der Unternehmer die erhobenen Daten nach deren **15** Erhebung auch **zu keinem anderen Zweck** verwendet. Erhebt der Unternehmer personenbezogene Daten des Verbrauchers auf der Grundlage von Art. 6 Abs. 1 S. 1b), c) und e) DS-GVO und verwendet diese Daten dann auch zu einem anderen Zweck, etwa zur Werbung, so sind die Vorschriften der §§ 312 ff. anwendbar.[17]

Auf die **Bürgschaft** ist § 312 in der Regel mangels Gegenleistung des Unternehmers **16** nicht anwendbar.[18] Etwas anderes dürfte gelten, wenn der Bürge, der Verbraucher ist, für die Eingehung der Bürgschaftsverpflichtung einen geldwerten Vorteil erhält.[19] Gleiches gilt auch für die Bestellung sonstiger akzessorischer Sicherungsrechte.[20]

---

[11] Vgl. auch Grüneberg/Grüneberg Rn. 3a; BT-Drs. 19/27653, 35.
[12] Grüneberg/Grüneberg Rn. 3a; BGH NJW 2003, 1190; 2017, 2823.
[13] BT-Drs. 19/27653, 36.
[14] BT-Drs. 19/27653, 36; Grüneberg/Grüneberg Rn. 3b.
[15] BT-Drs. 19/27653, 36; vgl. auch Erwägungsgrund 25 der Digitale-Inhalte-RL.
[16] BT-Drs. 19/27653, 36.
[17] BT-Drs. 19/27653, 37; Grüneberg/Grüneberg Rn. 3b.
[18] BGH NJW 2020, 3649 (Aufgabe von BGH NJW 1998, 2356); aA Kulke MDR 2021, 526; Kehl, WM 2022, 507, 510 ff.; vgl. auch BeckOK BGB/Martens Rn. 12.
[19] Grüneberg/Grüneberg Rn. 5.
[20] Vgl. im Detail Grüneberg/Grüneberg Rn. 6.

17   **Arbeitsverträge** und arbeitsrechtliche Änderungs-, und Aufhebungsverträge fallen ebenfalls nicht unter den Anwendungsbereich des Abs. 1.[21] Selbst wenn man Arbeitsverträge als Verbraucherverträge nach § 312 Abs. 1 einordnet, ist es der Arbeitnehmer (Verbraucher), der die vertragliche Leistung erbringt, wofür der Arbeitgeber eine Vergütung zahlt.[22] Werden Arbeitnehmern hingegen am Arbeitsplatz Waren oder Dienstleistungen angeboten, die keinen Bezug zur Tätigkeit des Arbeitnehmers haben, greift § 312b Abs. 1 (→ BGB § 312b Rn. 18).

18   Ebenfalls nicht anwendbar sind die §§ 312 ff. auf Prozesshandlungen.[23]

III. Eingeschränkter Anwendungsbereich (Abs. 2)

19   Gemäß Abs. 2 sind auf bestimmte Verträge nur einzelne Vorschriften der §§ 312 ff. anwendbar. Für diese Rechtsgeschäfte gibt es teilweise spezielle Informationspflichten und Widerrufsrechte, die es rechtfertigen, diese Verträge von den allgemeinen Regelungen auszunehmen. Zudem sollen auch Verträge mit geringem Gegenstandswert nicht umfasst sein.[24] Für die in Abs. 2 genannten Verträge gelten lediglich **§§ 312a Abs. 1, 3, 4 und 6.** Darüber hinaus bleiben die **§§ 312i–312m** anwendbar.

20   **1. Notariell beurkundete Verträge (Nr. 1).** Die Ausnahme nach Nr. 1 gilt zum einen für **Verträge über Finanzdienstleistungen, die außerhalb von Geschäftsräumen des Unternehmers** (zB im Büro des Notars) **geschlossen** werden, unabhängig davon, ob die notarielle Beurkundung gesetzlich vorgeschrieben (zB § 311b) oder lediglich vertraglich vereinbart wurde (Nr. 1a).

21   Zum anderen gilt Nr. 1 für **Verträge über andere Leistungen** als Finanzdienstleistungen, wenn für diese Verträge die **notarielle Beurkundung gesetzlich vorgeschrieben** ist (Nr. 1b). Ist die notarielle Beurkundung nicht gesetzlich vorgeschrieben, sondern haben die Parteien diese vertraglich vereinbart, gilt die Ausnahme nach Nr. 1b) nur, wenn der Notar zuvor über den Wegfall der Informationspflichten nach § 312d Abs. 1 und des Widerrufsrechts nach § 312g Abs. 1 belehrt hat. Die Konsequenz einer unterbliebenen Belehrung des Notars ist, dass die §§ 312 ff. zwar anwendbar sind, das Widerrufsrecht aber nach § 312g Abs. 2 S. 1 Nr. 13 entfällt.

22   Nr. 1 gilt auch insoweit, als sich bestimmte gesetzlich begründete Beurkundungspflichten nach der Rechtsprechung des BGH[25] auf für sich allein genommen nicht formbedürftige Vereinbarungen erstrecken, wenn diese nach dem Willen der Parteien mit dem beurkundungspflichtigen Vertrag rechtlich zusammenhängen.[26] Zudem gilt Nr. 1 aufgrund von § 127a auch für den gerichtlichen Vergleich.[27]

23   **2. Immobiliengeschäfte (Nr. 2).** Die **Begründung,** der **Erwerb** und die **Übertragung von Eigentum an Grundstücken** oder anderen Rechten an Grundstücken bleiben ebenfalls nach Nr. 2 vom Anwendungsbereich ausgenommen, unabhängig davon ob das Gesetz die notarielle Beurkundung der Verträge vorschreibt oder nicht.[28] Bei Grundstücksverträgen, die eine Einheit mit einem Vertrag über Finanzdienstleistungen bilden, besteht die Informationspflicht nach § 312d Abs. 2 fort.[29] Zu den anderen Rechten an Grundstücken zählen zum einen grundstücksgleiche Rechte (zB Erbbaurecht nach § 11 Abs. 1 ErbbauRG) und das Wohnungseigentum und zum anderen alle beschränkt dinglichen

---

[21] BAG NJW 2019, 1966 Rn. 13.
[22] Vgl. BeckOK BGB/Martens Rn. 13.
[23] BGH NJW 2021, 2436 (Rechtsbehelfsverzicht im Mahnverfahren vor Vollstreckungsbescheid).
[24] BT-Drs. 17/12637, 45.
[25] vgl. BGH NJW 1988, 132 zu § 311b und BGH NJW 2002, 142 zu § 15 Abs. 4 S. 1 GmbHG.
[26] BT-Drs. 17/12637, 46.
[27] Grüneberg/Grüneberg Rn. 9.
[28] BT-Drs. 17/12637, 46.
[29] Art. 6 Abs. 3c) FernAbsFinanzDL-RL.

Rechte, wie Grunddienstbarkeiten (zB ein Leitungsrecht[30], Nießbrauch, Hypothek, Grundschuld).[31]

3. Verbraucherbauverträge (Nr. 3). Der Ausnahmetatbestand erfasst Verbraucher- 24 bauverträge nach § 650i Abs. 1.[32] Darunter fallen Verträge über den **Bau von neuen Gebäuden** sowie **erhebliche Umbaumaßnahmen** an bestehenden Gebäuden. Der Begriff der erheblichen Umbaumaßnahmen ist im Sinne des Verbraucherschutzes eng auszulegen.[33] Nach Erwägungsgrund 26 der VerbrRRL sind solche Umbaumaßnahmen umfasst, die dem Bau eines neuen Gebäudes vergleichbar sind, zB Baumaßnahmen bei denen nur die Fassade des alten Gebäudes erhalten bleibt.[34] Maßgeblich sind Umfang und Komplexität des Eingriffs sowie das Ausmaß des Eingriffs in die bauliche Substanz des Gebäudes.[35] Verträge zur Errichtung von Anbauten, zB einer Garage oder eines Wintergartens, sowie zur Instandsetzung bzw. Renovierung von Gebäuden, ohne dass es sich dabei um erhebliche Umbauarbeiten handelt, wie zB Einbau einer neuen Heizungsanlage, neuer Fenster und Türen, eine Treppenrenovierung[36], Bestellung einer Aufzugsanlage[37] oder die Neueindeckung eines Daches, sind nicht erfasst.[38] Ebenfalls nicht erfasst sind Kauf- oder sonstige Verträge, die nur im Zusammenhang mit der Errichtung von Gebäuden oder Umbaumaßnahmen geschlossen werden, nicht aber diese Errichtung bzw. Maßnahmen selbst zum Gegenstand haben[39], wie etwa ein Architektenvertrag, auch wenn die Planungsleistungen auf die Errichtung eines neuen Gebäudes gerichtet sind.[40]

4. Reiseleistungen (Nr. 4). Die bisherige Ausnahme für Reiseleistungen ist durch das 25 Dritte Gesetz zur Änderung reiserechtlicher Vorschriften vom 17.7.2017[41] mit Wirkung ab 1.7.2018 aufgehoben und durch **Abs. 7** ersetzt worden (→ BGB § 312 Rn. 54–56).

5. Personenbeförderung (Nr. 5). Die Ausnahme für Personenbeförderung wird durch 26 das Gesetz zur Änderung des Bürgerlichen Gesetzbuchs und des Einführungsgesetzes zum Bürgerlichen Gesetzbuche in Umsetzung der EU-Richtlinie zur besseren Durchsetzung und Modernisierung der Verbraucherschutzvorschriften der Union und zur Aufhebung der Verordnung zur Übertragung der Zuständigkeit für die Durchführung der Verordnung (EG) Nr. 2006/2004 auf das Bundesministerium der Justiz und für Verbraucherschutz vom 10.8.2021[42] mit Wirkung zum 28.5.2022 aufgehoben und durch **Abs. 8** ersetzt (→ BGB § 312 Rn. 57 f.).

6. Verträge über Teilzeitwohnrechte ua (Nr. 6). Verträge über Teilzeit-Wohnrech- 27 te, langfristige Urlaubsprodukte, Vermittlungen und Tauschsysteme nach den §§ 481–481b sind nach Nr. 6 vom Anwendungsbereich des Abs. 1 ausgenommen. Für diese Verträge existieren spezielle Informationspflichten und ein eigenes Widerrufsrecht, sodass der Verbraucher durch die §§ 481 ff. ausreichend geschützt ist.

7. Behandlungsverträge (Nr. 7). Ein eingeschränkter Anwendungsbereich gilt auch 28 für **medizinische Behandlungsverträge nach § 630a.** Der notwendige Patientenschutz wird durch die Informations-, Aufklärungs- und Dokumentationspflichten nach §§ 630c,

[30] OLG Dresden BeckRS 2020, 34801 Rn. 10.
[31] BeckOK BGB/Martens Rn. 21.
[32] Der Verweis auf § 650i ist durch das BauVertRRG eingefügt worden, ohne dass damit eine inhaltliche Änderung verbunden ist (BT-Drs. 18/8486, 38).
[33] BeckOK BGB/Martens Rn. 23; BT-Drs. 17/12637, 46.
[34] BGH WM 2018, 1902 (1903); BT-Drs. 17/12637, 46.
[35] BT-Drs. 18/8486, 61; BT-Drs. 17/12637, 46.
[36] AG Bad Segeberg NJW-RR 2015, 921.
[37] BGH WM 2018, 1902 (1903).
[38] vgl. BT-Drs. 17/12637, 46; BeckOK BGB/Martens Rn. 23.
[39] BeckOK BGB/Martens Rn. 23; MüKoBGB/Wendehorst Rn. 61.
[40] OLG Köln NJW-Spezial 2017, 525; OLG Stuttgart NJW 2018, 3394.
[41] BGBl. 2021 I 2394.
[42] BGBl. 2021 I 3483.

630e und 630 f. ausreichend gewährleistet. Ferner wäre ein Widerrufsrecht etwa bei Hausbesuchen von Ärzten oder bei telefonischer ärztlicher Beratung kaum angemessen.[43]

29 Verträge über die **Abgabe von Arzneimitteln** und den **Vertrieb von Medizinprodukten** sollen jedoch von §§ 312 ff. erfasst sein. Schließt der Patient gleichzeitig mit dem Behandlungsvertrag einen weiteren Vertrag, zB über den Verkauf eines Medizinprodukts oder eines Gesundheitspräparats ab, hat er den Verbraucher hinsichtlich dieses Vertrages entsprechend den gesetzlichen Vorgaben zu informieren.[44] Dies führt jedoch zu dem Ergebnis, dass der Arzt zwar hinsichtlich der Behandlung während des Hausbesuches von den §§ 312 ff. ausgenommen ist, diese Vorschriften aber im Hinblick auf Arzneimittel oder Medizinprodukte anwendbar sind. Um diese unsachgemäße Differenzierung zu vermeiden, sollten sich die §§ 312 ff. auf solche Arzneimittel und Medizinprodukte beschränken, die nicht schon im Entgelt für die medizinische Leistung erfasst sind und die mit der eigentlichen konkreten Behandlung nicht im Zusammenhang stehen.[45]

30 **8. Verträge über Lebensmittel und Haushaltsgegenstände des täglichen Bedarfs (Nr. 8).** Ausgenommen sind ferner Lieferungen von Lebensmitteln, Getränken und sonstigen Haushaltsgegenständen des täglichen Bedarfs, die am Wohnsitz, am Aufenthaltsort oder am Arbeitsplatz eines Verbrauchers von einem Unternehmer im Rahmen häufiger und regelmäßiger Fahrten geliefert werden. Der Regelfall dieser Ausnahme dürfte die Bestellung von Lebensmitteln oder Getränken über das Telefon, Webseiten oder Apps, welche dann im Rahmen regelmäßiger und häufiger Fahrten geliefert werden, wie zB Pizzalieferung, Lebensmittelbringdienste oder Lieferdienst eines Getränkemarktes.[46]

31 **Sonstige Haushaltsgegenstände des täglichen Bedarfs** sind Gegenstände, die im Haushalt ge- oder verbraucht werden, wie zB Wasch- und Putzmittel, Hygienebedarf, Kosmetika, einfache Schreib- und Bastelwaren.[47] Langlebige Konsumgüter, die ein Supermarkt liefert, wie zB Tennisschläger, Kaffeemaschinen, oder andere Elektrohaushaltsgeräte sind dagegen nicht umfasst.[48] Ebenso sind Zeitungen und Zeitschriften keine Haushaltsgegenstände des täglichen Bedarfs.[49]

32 Aus dem Zusammenhang und dem Wortlaut der Regelung muss der **Unternehmer** die **Auslieferung selbst vornehmen oder organisieren.** Nach Sinn und Zweck muss dem die Lieferung durch ein Transportunternehmen gleichstehen, welches der Unternehmer als Erfüllungsgehilfen beauftragt und häufig und regelmäßig Lieferungen für ihn vornimmt.[50] Erfolgt die Lieferung durch die Deutsche Post AG oder einem vergleichbaren Logistik-Unternehmen, welches Aufträge von jedermann entgegennimmt, soll der Ausnahmetatbestand keine Anwendung finden.[51] Ob diese Differenzierung aufrechterhalten werden kann, ist im Hinblick auf jüngere Marktentwicklungen fraglich. So ist es kaum einzusehen, weshalb eine Supermarktkette von der Ausnahme umfasst sein soll, wenn sie ein eigenes Tochterunternehmen für die Lieferung unterhält, nicht aber, wenn sie eine Kooperation mit einem allgemeinen Logistik-Unternehmen eingegangen ist.[52]

33 Ferner muss die Auslieferung im Rahmen **häufiger und regelmäßiger Fahrten** erfolgen. Dies richtet sich danach, wie der Unternehmer abstrakt und allgemein sein Angebot ausgestaltet hat. Der Unternehmer muss allgemein auf eine Vielzahl von regelmäßigen Fahrten eingerichtet sein; diese müssen auch tatsächlich anfallen. Dies ist zB bei einem

---

[43] BT-Drs. 17/12637, 47.
[44] BT-Drs. 17/12637, 47.
[45] vgl. MüKoBGB/Wendehorst Rn. 85.
[46] Spindler/Schuster/Schirmbacher Rn. 49.
[47] Vgl. dazu im Detail MüKoBGB/Wendehorst Rn. 87; BeckOK BGB/Martens Rn. 33.
[48] vgl. Buchmann K&R 2014, 369 (370); MüKoBGB/Wendehorst Rn. 87.
[49] BGH BeckRS 2011, 27329.
[50] So auch MüKoBGB/Wendehorst Rn. 89; BeckOK BGB/Martens Rn. 34.
[51] BGH BeckRS 2011, 27329; Grüneberg/Grüneberg Rn. 16; BeckOK BGB/Martens Rn. 34.
[52] MüKoBGB/Wendehorst Rn. 89; vgl. zu Restaurant-Lieferdiensten auch Spindler/Schuster/Schirmbacher Rn. 52.

Supermarkt der Fall, der nach telefonischer Bestellung die Waren seinen Kunden nach Hause liefert. Es kommt hingegen nicht darauf an, ob ein bestimmter Verbraucher bei einem bestimmten Unternehmer häufig Lebensmittel oÄ bestellt. Nr. 8 gilt also nicht nur für Stammkunden. Somit fällt bereits die erste Bestellung eines Verbrauchers bei einem Unternehmer unter den Ausnahmetatbestand, sofern sein Betrieb auf eine Vielzahl von regelmäßigen Fahrten eingerichtet ist. Es genügt, wenn er einem Verbraucher wöchentlich einen Bedarf an Lebensmitteln liefert.[53] Auf Verträge über die Lieferung von Heizöl ist Nr. 8 nicht anwendbar, da die Belieferung mit Heizöl nicht häufig und auch nicht regelmäßig erfolgt.[54]

9. Warenautomaten und automatisierte Geschäftsräume (Nr. 9). Verträge, die **34** unter Verwendung von Warenautomaten und automatisierten Geschäftsräumen (zB Münzwaschmaschinen im Waschsalon, Zigarettenautomaten, Kaffeeautomaten, Schließfachanlage) werden von beiden Vertragsparteien in der Regel sofort erfüllt. Bei solchen Verträgen ist die Auferlegung von Informationspflichten und die Einräumung eines Widerrufsrechts nicht sinnvoll und teilweise schon gar nicht durchführbar.[55]

10. Benutzungsverträge an öffentlichen Fernsprechern (Nr. 10). Verträge, die mit **35** Betreibern von Telekommunikationsmitteln mit Hilfe öffentlicher Münz- und Kartentelefone zu deren Nutzung geschlossen werden, haben einen eingeschränkten Anwendungsbereich. Auch diese Verträge sind auf einen sofortigen Leistungsaustausch gerichtet. Bei solchen Verträgen können die Informationspflichten nur rudimentär, ein Widerrufsrecht indessen gar nicht durchgeführt werden und wäre damit nicht sinnvoll. Angesichts des weder vom deutschen noch vom europäischen Gesetzgeber bedachten technischen Fortschritts ist die Ausnahme im Wege der Analogie auch auf modernere automatisierte Kommunikationsgeräte wie zB öffentliche Faxgeräte und E-Mail-Terminals anzuwenden.[56]

11. Telekommunikationsgestützte Einzelnutzungsverträge (Nr. 11). Gemäß **36** Nr. 11 sind von der Ausnahme auch Verträge zur Nutzung einer einzelnen, von einem Verbraucher hergestellten Telefon-, Internet- oder Faxverbindung. Hierunter fallen insbesondere sogenannte **Call-by-Call-Dienstleistungen,** die auf Veranlassung des Verbrauchers unmittelbar, in einem Mal erbracht und über die Telefonrechnung abgerechnet werden.[57] Diese Verträge sind ebenfalls auf einen sofortigen Leistungsaustausch gerichtet. Für diese Verträge enthält das TKG verbraucherschützende Sonderregelungen, zB die Preisansagepflicht gemäß § 66b TKG.

Ebenfalls erfasst ist die **kurzfristige Herstellung einer Internetverbindung** zB über **37** ein öffentliches WLAN-Netz.[58] Unternehmen, die Hotspots für eine kurzfristige Verbindung zum Internet anbieten, wie zB an Flughäfen, an Bahnhöfen, in Hotels oder Cafés, sind gemäß Nr. 11 von den Pflichten nach §§ 312 ff. ausgenommen.[59]

12. Vollzogene Kleingeschäfte (Nr. 12). Außerhalb von Geschäftsräumen geschlosse- **38** ne Verträge, bei denen die Leistung bei Abschluss der Verhandlungen sofort erbracht und bezahlt wird und das vom Verbraucher zu zahlende Entgelt **40,00 EUR** nicht überschreitet, unterfallen ebenfalls dem eingeschränkten Anwendungsbereich.

Mit der Regelung sollen **Bagatellgeschäfte des täglichen Lebens** aus dem Anwen- **39** dungsbereich ausgeschlossen werden. Der Wert von 40,00 EUR schließt sowohl Nebenkosten als auch die Umsatzsteuer ein.[60] Die vollständige Erfüllung der gegenseitigen

---

[53] BT-Drs. 14/3195, 30.
[54] vgl. Grüneberg/Grüneberg Rn. 16.
[55] BT-Drs. 14/2658, 32; Grüneberg/Grüneberg Rn. 17; MüKoBGB/Wendehorst Rn. 90.
[56] BeckOK BGB/Martens Rn. 39; MüKoBGB/Wendehorst Rn. 92; Grüneberg/Grüneberg Rn. 18.
[57] BT-Drs. 17/12637, 47.
[58] Spindler/Schuster/Schirmbacher Rn. 59; MüKoBGB/Wendehorst Rn. 93.
[59] Spindler/Schuster/Schirmbacher Rn. 59; MüKoBGB/Wendehorst Rn. 93.
[60] Grüneberg/Grüneberg Rn. 20; MüKoBGB/Wendehorst Rn. 96.

Pflichten muss zeitlich unmittelbar auf den Vertragsschluss folgen. Die Aufteilung eines einheitlichen Geschäfts in mehrere Teile unter 40,00 EUR ist eine gemäß § 312m Abs. 1 S. 2 unzulässige Umgehung.[61]

40   **13. Zwangsvollstreckungsmaßnahmen (Nr. 13).** Schließlich enthält Nr. 13 eine Ausnahme für bewegliche Sachen, die aufgrund von Zwangsvollstreckungsmaßnahmen (§§ 815 ff. ZPO) oder anderen gerichtlichen Maßnahmen (§ 825 ZPO) verkauft werden.

IV. Weitere Einschränkungen (Abs. 3–8)

41   Gemäß Abs. 3–8 sind bei Verträgen über soziale Dienstleistungen, Vermietung von Wohnraum, Finanzdienstleistungen, bei Versicherungsverträgen, Pauschalreiseverträgen und Verträgen über die Personenbeförderung nur bestimmte Regelungen der §§ 312 ff. anwendbar.

42   **1. Verträge über soziale Dienstleistungen (Abs. 3).** Bei Verträgen über soziale Dienstleistungen sind nur die §§ 312a Abs. 1, 3, 4 und 6, 312b, 321c, § 312d Abs. 1 iVm Art. 246a § 1 Abs. 2 und 3 EGBGB sowie 312g anwendbar.

43   Soziale Dienstleistungen unterliegen besonderen rechtlichen Anforderungen außerhalb des BGB, sodass die in §§ 312 ff. genannten Informationspflichten nicht uneingeschränkt passen. Dazu gehören ua Dienstleistungen für besonders benachteiligte, schutzbedürftige oder einkommensschwache Personen, Dienstleistungen für Kinder und Jugendliche, Unterstützung für Familien, Alleinerziehende, ältere Menschen und Migranten, häusliche Pflegedienste und betreute Wohnformen, insbesondere auch Sozialdienstleistungen privater Anbieter.[62]

44   **2. Verträge über Vermietung von Wohnraum (Abs. 4).** Auch bei Wohnraummietverträgen[63], bei denen vorher keine Besichtigung stattgefunden hat, sind grundsätzlich nur die **§§ 312a Abs. 1, 3, 4 und 6, 312b, 321c, § 312d Abs. 1 iVm Art. 246a § 1 Abs. 2 und 3 EGBGB, und 312g** anwendbar. Der Schutz des Mieters wird in der Regel schon durch die §§ 535 ff. gewährleistet. Der Wortlaut des Abs. 4 S. 1 umfasst auch die Änderung (zB Zustimmung zur Mieterhöhung) oder Beendigung von Wohnraummietverträgen (zB Aufhebungsvertrag) und dies unabhängig davon, ob es zuvor zu einer Besichtigung der Wohnung gekommen ist[64] oder die Änderung wesentlich ist[65]. Der BGH ist jedoch der Ansicht, dass Abs. 4 S. 1 in der Situation einer im Fernabsatz gegebenen Zustimmung eines Mieters zu einer einvernehmlichen Mieterhöhung nach §§ 558a Abs. 1, 558b Abs. 1 teleologisch zu reduzieren sei, da der Mieter in dieser Konstellation nach den §§ 558 ff. bereits ausreichend geschützt sei und keine Überrumpelungsgefahr bestehe; ein Widerrufsrecht auf der Grundlage von §§ 355 Abs. 1, 312g Abs. 1 und 312c stehe dem Mieter daher in solchen Fällen nicht zu.[66]

45   Abs. 4 S. 2 bestimmt, dass nur die **§§ 312a Abs. 1, 3, 4 und 6** Anwendung finden für Verträge über die **Begründung eines Mietverhältnisses über Wohnraum,** wenn der Mieter die Wohnung zuvor besichtigt hat. Eine Besichtigung iSd Abs. 4 S. 2 liegt nur dann vor, wenn der Verbraucher die Wohnung tatsächlich in Augenschein genommen hat, dh wenn er vor Ort physisch anwesend war. Eine virtuelle Besichtigung genügt ebenso wenig, wie die bloß angebotene, aber nicht wahrgenommene Möglichkeit einer Besichtigung.[67]

---

[61] Grüneberg/Grüneberg Rn. 20.
[62] BT-Drs. 17/12637, 48.
[63] Zum Begriff vgl. Grüneberg/Grüneberg § 549 Rn. 5.
[64] So bereits zu § 312 aF BGH NJW 2017, 2823 Rn. 12; vgl. BeckOK BGB/Martens Rn. 60.
[65] LG Berlin WuM 2017, 280 Rn. 32.
[66] BGH NJW 2019, 303 Rn. 39 ff.; vgl. BeckOK BGB/Martens Rn. 60 mwN.
[67] BeckOK BGB/Martens Rn. 48; MüKoBGB/Wendehorst Rn. 107.

3. Finanzdienstleistungen (Abs. 5). Bei Verträgen über Finanzdienstleistungen sind **46** die §§ 312 ff. nur auf bestimmte Geschäfte innerhalb einer Rahmenvereinbarung anwendbar.

Gemäß Abs. 5 sind Finanzdienstleistungen Bankdienstleistungen sowie Dienstleistungen **47** im Zusammenhang mit einer Kreditgewährung, Versicherung, Altersversorgung von Einzelpersonen[68], Geldanlage oder Zahlung. Die Definition entspricht fast wörtlich der Definition der Richtlinie 2002/65/EG über den Fernabsatz von Finanzen[69] **(FernAbs-FinanzDL-RL).** Unter den Begriff fallen ua Darlehensvermittlungsverträge[70], Verbraucherdarlehensverträge[71], Depotverträge, Dispokreditverträge, Festgeldverträge, Girokontoverträge, Sparverträge, Überweisungsverträge, Wertpapierdienstleistungen, Finanzierungsleasingverträge[72], der Erwerb von Fondsanteilen sowie alle anderen Bank- und Finanzdienstleistungen iSd § 1 KWG. Nicht unter Abs. 5 fallen Bürgschaften und andere Kreditsicherheiten von Verbrauchern.[73] Eine Änderungsvereinbarung zu einem Darlehensvertrag ist kein Finanzdienstleistungen betreffender Vertrag, wenn durch sie lediglich der ursprünglich vereinbarte Zinssatz geändert wird, ohne die Laufzeit des Darlehens zu verlängern oder dessen Höhe zu ändern, und die ursprünglichen Bestimmungen des Darlehensvertrags den Abschluss einer solchen Änderungsvereinbarung oder (für den Fall, dass eine solche nicht zustande kommen würde) die Anwendung eines variablen Zinssatzes vorsahen.[74]

Abs. 5 nennt zwei Fallgruppen, nämlich zum einen die **Vereinbarung „mit daran 48 anschließenden aufeinanderfolgenden Vorgängen"** und zum anderen die **Vereinbarung mit sich daran anschließender Reihe „getrennter, in einem zeitlichen Zusammenhang stehender Vorgänge der gleichen Art."** Die beiden Fallgruppen haben keine eigene Bedeutung. Wie sich aus Erwägungsgrund 16 der FernAbsFinanzDL-RL ergibt, ist der europäische Gesetzgeber davon ausgegangen, dass Rahmen-, Dauerschuldverträge und Sukzessivlieferungsverträge, die von Abs. 5 erfasst werden, in den europäischen Mitgliedstaaten in rechtlicher Hinsicht unterschiedlich ausgestaltet sind. Die Regelung in Art. 1 Abs. 2 FernAbsFinanzDL-RL dient daher in erster Linie, die unterschiedlichen Konstruktionen der Mitgliedstaaten zu erfassen.[75]

Was mit **„Vorgängen"** gemeint ist, ergibt sich beispielhaft aus dem Erwägungsgrund 17 **49** der FernAbsFinanzDL-RL. Darin wird beispielsweise als erste Dienstleistungsvereinbarung eine Kontoeröffnung, der Erwerb einer Kreditkarte oder der Abschluss eines Portfolioverwaltungsvertrages genannt. Als „Vorgänge" gelten unter anderem Einzahlungen auf das eigene Konto oder Abhebungen vom eigenen Konto, Zahlungen per Kreditkarte oder Transaktionen im Rahmen des Portfolioverwaltungsvertrages.

Gestaltet sich demnach das Verhältnis von Vereinbarung und anschließendem Vorgang **50** so, dass der Einzelvorgang der Ausfüllung der Vereinbarung dient, also ein Rahmenvertrag vorliegt, gelten dann die besonderen Vorschriften der §§ 312 ff. nur für den **Rahmenvertrag.** Auf die **Folgeverträge** (= „Vorgänge") sind nur die §§ 312a Abs. 1, 3, 4 und 6 anwendbar. Die Folgeverträge dürfen dann aber nicht produktfremd sein. Von Abs. 5 werden demnach keine Vereinbarungen erfasst, die die erste Vereinbarung, also den Rah-

---

[68] Insofern enthält Abs. 6 jedoch eine speziellere Sonderregelung, soweit es sich dabei um Versicherungen handelt.
[69] Richtlinie 2002/65/EG des Europäischen Parlaments und Rates vom 23.9.2002 über den Fernabsatz von Finanzdienstleistungen an Verbraucher und zur Änderung der Richtlinie 90/619/EWG des Rates und der Richtlinien 97/7/EG und 98/27/EG.
[70] BT-Drs. 15/2946, 18.
[71] BGH NJW 2019, 3771; BT-Drs. 15/2946, 19.
[72] OLG München NJW-RR 2020, 1248; MüKoBGB/Wendehorst Rn. 131; Grüneberg/Grüneberg Rn. 26; a. A. im Zusammenhang mit Kfz-Leasing mit Kilometerabrechnung Herresthal, ZVertriebsR 2020, 355, 365; vgl. zu aktuellen EuGH-Vorlagen im Bereich Kfz-Leasing BeckOK BGB/Martens Rn. 63.1; vgl. auch → BGB § 312g Rn. 32.
[73] BGH NJW 2020, 3649.
[74] EuGH BeckRS 2020, 12786.
[75] MüKoBGB/Wendehorst Rn. 148.

menvertrag, abändern. Nach Erwägungsgrund 17 der FernAbsFinanzDL-RL ist die Erweiterung einer ersten Vereinbarung um neue Komponenten, zum Beispiel die Möglichkeit ein elektronisches Zahlungsinstrument zusammen mit dem vorhandenen Bankkonto zu nutzen, kein „Vorgang" iSd FernAbsFinanzDL-RL und damit von Abs. 5. Die zeitliche Grenze nach S. 4 gilt nicht, da diese sich nur auf S. 3 bezieht.

51   Die in Satz 3 geregelte Fallgruppe ist dadurch gekennzeichnet, dass eine Rahmenvereinbarung fehlt, aber gleichartige Vorgänge in einem zeitlichen Zusammenhang abgeschlossen und abgewickelt werden. Beispiel ist ein Wäschedienst. Hier besteht immer ein Widerrufsrecht nach § 312g, die Informationspflichten sind dagegen nur beim ersten Vertrag zu erfüllen. Nur wenn der letzte Vorgang mehr als ein Jahr zurückliegt, muss der Unternehmer erneut informieren.

52   **4. Versicherungsverträge und deren Vermittlung (Abs. 6).** Der Anwendungsbereich der §§ 312 ff. ist für Versicherungsverträge und deren Vermittlung[76] auf §§ 312a Abs. 3, 4 und 6 beschränkt. Versicherungsverträge sind solche iSd VVG[77], auch fondsgebundene Lebensversicherungsverträge.[78]

53   Der eingeschränkte Anwendungsbereich der §§ 312 ff. erklärt sich damit, dass die Vorschriften der FernAbsFinanzDL-RL aus Gründen des Sachzusammenhangs durch das VVG in nationales Recht umgesetzt wurden (vgl. §§ 7 ff., 152 VVG und die VVG-InfoV).

54   **5. Pauschalreiseverträge (Abs. 7).** Durch das Dritte Gesetz zur Änderung reiserechtlicher Vorschriften vom 17.7.2017[79] wurde Abs. 2 Nr. 4 aufgehoben und Abs. 7 eingefügt. Durch die Änderung ist § 312a Abs. 1 auf Pauschalreiseverträge nicht mehr anwendbar, anzuwenden ist dagegen jetzt auch § 312a Abs. 5. Zudem unterscheidet Abs. 7 S. 1 nicht mehr danach, ob der Reisevertrag im Rahmen einer besonderen Vertriebsform geschlossen worden ist oder nicht.

55   Auf Pauschalreiseverträge iSd §§ 651a und 651c sind gemäß Abs. 7 S. 1 nur die § 312a Abs. 3–6, die §§ 312i, 312j Abs. 2–5 und § 312m anzuwenden, unabhängig davon, ob der Reisende ein Verbraucher ist oder nicht.

56   Abs. 7 S. 2 sieht für den Verbraucher ein Widerrufsrecht nach § 312g Abs. 1 bei Pauschalreiseverträgen nach § 651a vor, die außerhalb von Geschäftsräumen geschlossen worden sind, es sei denn, die mündlichen Verhandlungen, auf denen der Vertragsschluss beruht, sind auf **vorhergehende Bestellung des Verbrauchers** geführt worden.[80] Eine Bestellung iSd Abs. 7 S. 2 ist keine Willenserklärung, sondern eine geschäftsähnliche Handlung.[81] Der Verbraucher muss den Unternehmer schriftlich, mündlich oder telefonisch[82] zu Vertragsverhandlungen außerhalb von Geschäftsräumen eingeladen haben.[83] Eine provozierte Bestellung des Verbrauchers kann unbeachtlich sein[84], zB wenn sich der Verbraucher in einem nicht von ihm veranlassten Telefonanruf mit dem Besuch einverstanden erklärt.[85]

57   **6. Personenbeförderung (Abs. 8).** Abs. 8 wurde durch das Gesetz zur Änderung des Bürgerlichen Gesetzbuchs und des Einführungsgesetzes zum Bürgerlichen Gesetzbuche in Umsetzung der EU-Richtlinie zur besseren Durchsetzung und Modernisierung der Verbraucherschutzvorschriften der Union und zur Aufhebung der Verordnung zur Übertragung der Zuständigkeit für die Durchführung der Verordnung (EG) Nr. 2006/2004 auf das

---

[76] Vgl. zu Versicherungsmaklerverträgen Schimikowski r+s 2020, 606.
[77] BGH NJW 1995, 324; Grüneberg/Grüneberg Rn. 29.
[78] EuGH NJW 2012, 1709; Grüneberg/Grüneberg Rn. 29.
[79] BGBl. 2021 I 2394.
[80] Vgl. BT-Drs. 18/10822, 64.
[81] Grüneberg/Grüneberg Rn. 31 mit weiteren Beispielen zur Bestellung.
[82] BGH NJW 2001, 509.
[83] Grüneberg/Grüneberg Rn. 31; vgl. BGH NJW 1990, 181.
[84] vgl. BGH NJW 2010, 2868.
[85] BGH NJW 1990, 181.

Bundesministerium der Justiz und für Verbraucherschutz vom 10.8.2021[86] mit Wirkung zum 28.5.2022 eingefügt und der frühere Abs. 2 Nr. 5 aufgehoben. Die Änderung erweitert den Anwendungsbereich des § 312a für Personenförderungsverträge um § 312a Abs. 5, der eine Regelung zu dem vom Verbraucher zu zahlendem Entgelt für telefonische Auskünfte zur Vertragsabwicklung enthält.

Der eingeschränkte Anwendungsbereich für die Beförderung von Personen erklärt sich **58** damit, dass andere Normen, wie zB die FluggastVO dem Verbraucher ausreichenden Schutz bieten. Der Begriff der Personenbeförderung umfasst zB den öffentlichen Nahverkehr, Chauffeurservices, Taxis, Bahntickets[87], BahnCard100, Flugreisen und Fernbusreisen. Trotz der Entscheidung des EuGH[88] umfasst Nr. 5 keine **Automietverträge,** weil die Vermietung von Kfz zur Personenbeförderung in § 312g Abs. 2 S. 1 Nr. 9 eine eigene Regelung erfahren hat.[89] Das gleiche gilt für die Nutzung von Kfz über Car-Sharing Anbieter. Diese Verträge sind daher nicht vom Anwendungsbereich der §§ 312 ff. insgesamt ausgenommen; es besteht lediglich kein Widerrufsrecht (vgl. auch → BGB § 312g Rn. 32. Nicht erfasst werden nach Ansicht des EuGH Sachverhalte, in denen der Verbraucher als Gegenleistung nicht unmittelbar eine Beförderungsleistung erhält, sondern vielmehr das Recht erhält, bei künftig abzuschließenden Beförderungsverträgen einen Rabatt zu erhalten, wie es etwa bei der „Bahn-Card 25" bzw. der „Bahn-Card 50" der Fall ist.[90] Ebenfalls nicht Gegenstand der Ausnahme sind Verträge über die Vermittlung von Beförderungsverträgen, so dass je nach Ausgestaltung insbesondere Verträge mit App-Betreibern (MyTaxi, Uber, Lyft) über die Suche und die Buchung von Taxis oder (semi-)privaten Beförderungsdienstleistungen nicht von der Ausnahmebestimmung erfasst sind.[91]

§ 312a Allgemeine Pflichten und Grundsätze bei Verbraucherverträgen; Grenzen der Vereinbarung von Entgelten

(1) **Ruft der Unternehmer oder eine Person, die in seinem Namen oder Auftrag handelt, den Verbraucher an, um mit diesem einen Vertrag zu schließen, hat der Anrufer zu Beginn des Gesprächs seine Identität und gegebenenfalls die Identität der Person, für die er anruft, sowie den geschäftlichen Zweck des Anrufs offenzulegen.**

(2) **¹Der Unternehmer ist verpflichtet, den Verbraucher nach Maßgabe des Artikels 246 des Einführungsgesetzes zum Bürgerlichen Gesetzbuche zu informieren. ²Der Unternehmer kann von dem Verbraucher Fracht-, Liefer- oder Versandkosten und sonstige Kosten nur verlangen, soweit er den Verbraucher über diese Kosten entsprechend den Anforderungen aus Artikel 246 Absatz 1 Nummer 3 des Einführungsgesetzes zum Bürgerlichen Gesetzbuche informiert hat. ³Die Sätze 1 und 2 sind weder auf außerhalb von Geschäftsräumen geschlossene Verträge noch auf Fernabsatzverträge noch auf Verträge über Finanzdienstleistungen anzuwenden.**

(3) **¹Eine Vereinbarung, die auf eine über das vereinbarte Entgelt für die Hauptleistung hinausgehende Zahlung des Verbrauchers gerichtet ist, kann ein Unternehmer mit einem Verbraucher nur ausdrücklich treffen. ²Schließen der Unternehmer und der Verbraucher einen Vertrag im elektronischen Geschäftsverkehr, wird eine solche Vereinbarung nur Vertragsbestandteil, wenn der Unternehmer die Vereinbarung nicht durch eine Voreinstellung herbeiführt.**

---

[86] BGBl. 2021 I 3483.
[87] OLG Frankfurt a. M. BeckRS 2010, 14553.
[88] EuGH NJW 2005, 3055.
[89] BeckOK BGB/Martens Rn. 55b; Spindler/Schuster/Schirmbacher Rn. 44; MüKoBGB/Wendehorst Rn. 124, aA Grüneberg/Grüneberg Rn. 13.
[90] EuGH BeckRS 2020, 3315; OLG Frankfurt a. M. BeckRS 2018, 25993.
[91] Spindler/Schuster/Schirmbacher Rn. 43.

(4) Eine Vereinbarung, durch die ein Verbraucher verpflichtet wird, ein Entgelt dafür zu zahlen, dass er für die Erfüllung seiner vertraglichen Pflichten ein bestimmtes Zahlungsmittel nutzt, ist unwirksam, wenn

1. für den Verbraucher keine gängige und zumutbare unentgeltliche Zahlungsmöglichkeit besteht oder
2. das vereinbarte Entgelt über die Kosten hinausgeht, die dem Unternehmer durch die Nutzung des Zahlungsmittels entstehen.

(5) ¹Eine Vereinbarung, durch die ein Verbraucher verpflichtet wird, ein Entgelt dafür zu zahlen, dass der Verbraucher den Unternehmer wegen Fragen oder Erklärungen zu einem zwischen ihnen geschlossenen Vertrag über eine Rufnummer anruft, die der Unternehmer für solche Zwecke bereithält, ist unwirksam, wenn das vereinbarte Entgelt das Entgelt für die bloße Nutzung des Telekommunikationsdienstes übersteigt. ²Ist eine Vereinbarung nach Satz 1 unwirksam, ist der Verbraucher auch gegenüber dem Anbieter des Telekommunikationsdienstes nicht verpflichtet, ein Entgelt für den Anruf zu zahlen. ³Der Anbieter des Telekommunikationsdienstes ist berechtigt, das Entgelt für die bloße Nutzung des Telekommunikationsdienstes von dem Unternehmer zu verlangen, der die unwirksame Vereinbarung mit dem Verbraucher geschlossen hat.

(6) Ist eine Vereinbarung nach den Absätzen 3 bis 5 nicht Vertragsbestandteil geworden oder ist sie unwirksam, bleibt der Vertrag im Übrigen wirksam.

Art. 246 Informationspflichten beim Verbrauchervertrag

(1) Der Unternehmer ist, sofern sich diese Informationen nicht aus den Umständen ergeben, nach § 312a Absatz 2 des Bürgerlichen Gesetzbuchs verpflichtet, dem Verbraucher vor Abgabe von dessen Vertragserklärung folgende Informationen in klarer und verständlicher Weise zur Verfügung zu stellen:

1. die wesentlichen Eigenschaften der Waren oder Dienstleistungen in dem für den Datenträger und die Waren oder Dienstleistungen angemessenen Umfang,
2. eine Identität, beispielsweise seinen Handelsnamen und die Anschrift des Ortes, an dem er niedergelassen ist, sowie seine Telefonnummer,
3. den Gesamtpreis der Waren und Dienstleistungen einschließlich aller Steuern und Abgaben oder in den Fällen, in denen der Preis auf Grund der Beschaffenheit der Ware oder Dienstleistung vernünftigerweise nicht im Voraus berechnet werden kann, die Art der Preisberechnung sowie gegebenenfalls alle zusätzlichen Fracht-, Liefer- oder Versandkosten und alle sonstigen Kosten oder in den Fällen, in denen diese Kosten vernünftigerweise nicht im Voraus berechnet werden können, die Tatsache, dass solche zusätzlichen Kosten anfallen können,
4. gegebenenfalls die Zahlungs-, Liefer- und Leistungsbedingungen, den Termin, bis zu dem sich der Unternehmer verpflichtet hat, die Waren zu liefern oder die Dienstleistungen zu erbringen, sowie das Verfahren des Unternehmers zum Umgang mit Beschwerden,
5. das Bestehen eines gesetzlichen Mängelhaftungsrechts für die Waren oder die digitalen Produkte sowie gegebenenfalls das Bestehen und die Bedingungen von Kundendienstleistungen und Garantien,
6. gegebenenfalls die Laufzeit des Vertrags oder die Bedingungen der Kündigung unbefristeter Verträge oder sich automatisch verlängernder Verträge,
7. gegebenenfalls die Funktionalität der Waren mit digitalen Elementen oder der digitalen Produkte, einschließlich anwendbarer technischer Schutzmaßnahmen, und
8. gegebenenfalls, soweit wesentlich, die Kompatibilität und die Interoperabilität der Waren mit digitalen Elementen oder der digitalen Produkte, soweit diese Informationen dem Unternehmer bekannt sind oder bekannt sein müssen.

(2) Absatz 1 ist nicht anzuwenden auf Verträge, die Geschäfte des täglichen Lebens zum Gegenstand haben und bei Vertragsschluss sofort erfüllt werden.

(3) ¹Steht dem Verbraucher ein Widerrufsrecht zu, ist der Unternehmer verpflichtet, den Verbraucher in Textform über sein Widerrufsrecht zu belehren. ²Die Widerrufsbelehrung

muss deutlich gestaltet sein und dem Verbraucher seine wesentlichen Rechte in einer dem benutzten Kommunikationsmittel angepassten Weise deutlich machen. [3] Sie muss Folgendes enthalten:

1. einen Hinweis auf das Recht zum Widerruf,
2. einen Hinweis darauf, dass der Widerruf durch Erklärung gegenüber dem Unternehmer erfolgt und keiner Begründung bedarf,
3. den Namen und die ladungsfähige Anschrift desjenigen, gegenüber dem der Widerruf zu erklären ist, und
4. einen Hinweis auf Dauer und Beginn der Widerrufsfrist sowie darauf, dass zur Fristwahrung die rechtzeitige Absendung der Widerrufserklärung genügt.

Art. 246e Verbotene Verletzung von Verbraucherinteressen und Bußgeldvorschriften

§ 1 Verbotene Verletzung von Verbraucherinteressen im Zusammenhang mit Verbraucherverträgen

(1) Die Verletzung von Verbraucherinteressen im Zusammenhang mit Verbraucherverträgen, bei der es sich um einen weitverbreiteten Verstoß gemäß Artikel 3 Nummer 3 oder einen weitverbreiteten Verstoß mit Unions-Dimension gemäß Artikel 3 Nummer 4 der Verordnung (EU) 2017/2394 des Europäischen Parlaments und des Rates vom 12. Dezember 2017 über die Zusammenarbeit zwischen den für die Durchsetzung der Verbraucherschutzgesetze zuständigen nationalen Behörden und zur Aufhebung der Verordnung (EG) Nr. 2006/2004 (ABl. L 345 vom 27.12.2017, S. 1), die zuletzt durch die Richtlinie (EU) 2019/771 (ABl. L 136 vom 22.5.2019, S. 28) geändert worden ist, handelt, ist verboten.

(2) Eine Verletzung von Verbraucherinteressen im Zusammenhang mit Verbraucherverträgen im Sinne des Absatzes 1 liegt vor, wenn

1. gegenüber dem Verbraucher ein nach § 241a Absatz 1 des Bürgerlichen Gesetzbuchs nicht begründeter Anspruch geltend gemacht wird,
2. von einem Unternehmer in seinen Allgemeinen Geschäftsbedingungen eine Bestimmung empfohlen oder verwendet wird,
   a) die nach § 309 des Bürgerlichen Gesetzbuchs unwirksam ist oder
   b) deren Empfehlung oder Verwendung gegenüber Verbrauchern dem Unternehmer durch rechtskräftiges Urteil untersagt wurde,
3. eine Identität oder der geschäftliche Zweck eines Anrufs nicht nach § 312a Absatz 1 des Bürgerlichen Gesetzbuchs offengelegt wird,
4. der Verbraucher nicht nach § 312a Absatz 2 Satz 1 oder § 312d Absatz 1 des Bürgerlichen Gesetzbuchs informiert wird,
5. eine Vereinbarung nach § 312a Absatz 3 Satz 1, auch in Verbindung mit Satz 2, des Bürgerlichen Gesetzbuchs nicht ausdrücklich getroffen wird,
6. eine nach § 312a Absatz 4 Nummer 2 oder Absatz 5 Satz 1 des Bürgerlichen Gesetzbuchs unwirksame Vereinbarung abgeschlossen wird,
7. von dem Verbraucher entgegen § 312e des Bürgerlichen Gesetzbuchs die Erstattung der Kosten verlangt wird,
8. eine Abschrift oder eine Bestätigung des Vertrags nach § 312f Absatz 1 Satz 1, auch in Verbindung mit Satz 2, oder nach Absatz 2 Satz 1 des Bürgerlichen Gesetzbuchs nicht zur Verfügung gestellt wird,
9. im elektronischen Geschäftsverkehr gegenüber Verbrauchern
   a) eine zusätzliche Angabe nicht nach den Vorgaben des § 312j Absatz 1 des Bürgerlichen Gesetzbuchs gemacht wird,
   b) eine Information nicht nach den Vorgaben des § 312j Absatz 2 des Bürgerlichen Gesetzbuchs zur Verfügung gestellt wird oder
   c) die Bestellsituation nicht nach den Vorgaben des § 312j Absatz 3 des Bürgerlichen Gesetzbuchs gestaltet wird,
10. der Verbraucher nicht nach § 312l Absatz 1 des Bürgerlichen Gesetzbuchs informiert wird,
11. eine Sache bei einem Verbrauchsgüterkauf nicht innerhalb einer dem Unternehmer nach § 323 Absatz 1 des Bürgerlichen Gesetzbuchs gesetzten angemessenen Frist geliefert wird,

12. nach einem wirksamen Widerruf des Vertrags durch den Verbraucher
    a) Inhalte entgegen § 327p Absatz 2 Satz 1 in Verbindung mit § 357 Absatz 8 des Bürgerlichen Gesetzbuchs genutzt werden,
    b) Inhalte nicht nach § 327p Absatz 3 Satz 1 in Verbindung mit § 357 Absatz 8 des Bürgerlichen Gesetzbuchs bereitgestellt werden,
    c) eine empfangene Leistung dem Verbraucher nicht nach § 355 Absatz 3 Satz 1 in Verbindung mit § 357 Absatz 1 bis 3 des Bürgerlichen Gesetzbuchs zurückgewährt wird oder
    d) Ware nicht nach § 357 Absatz 7 des Bürgerlichen Gesetzbuchs auf eigene Kosten abgeholt wird,
13. im Falle eines Rücktritts des Verbrauchers von einem Verbrauchsgüterkauf eine Leistung des Verbrauchers nicht nach § 346 Absatz 1 des Bürgerlichen Gesetzbuchs zurückgewährt wird,
14. der Zugang eines Widerrufs nicht nach § 356 Absatz 1 Satz 2 des Bürgerlichen Gesetzbuchs bestätigt wird oder
15. eine Sache dem Verbraucher nicht innerhalb der nach § 433 Absatz 1 Satz 1 in Verbindung mit § 475 Absatz 1 Satz 1 und 2 des Bürgerlichen Gesetzbuchs maßgeblichen Leistungszeit übergeben wird.

(3) Eine Verletzung von Verbraucherinteressen im Zusammenhang mit Verbraucherverträgen nach Absatz 1 liegt auch vor, wenn

1. eine Handlung oder Unterlassung die tatsächlichen Voraussetzungen eines der in Absatz 2 geregelten Fälle erfüllt und
2. auf den Verbrauchervertrag das nationale Recht eines anderen Mitgliedstaates der Europäischen Union anwendbar ist, welches eine Vorschrift enthält, die der jeweiligen in Absatz 2 genannten Vorschrift entspricht.

§ 2 Bußgeldvorschriften

(1) Ordnungswidrig handelt, wer vorsätzlich oder fahrlässig entgegen § 1 Absatz 1 Verbraucherinteressen im Zusammenhang mit Verbraucherverträgen nach § 1 Absatz 2 oder 3 verletzt.

(2) [1]Die Ordnungswidrigkeit kann mit einer Geldbuße bis zu fünfzigtausend Euro geahndet werden. [2]Gegenüber einem Unternehmer, der in den von dem Verstoß betroffenen Mitgliedstaaten der Europäischen Union in dem der Behördenentscheidung vorausgegangenen Geschäftsjahr mehr als eine Million zweihundertfünfzigtausend Euro Jahresumsatz erzielt hat, kann eine höhere Geldbuße verhängt werden; diese darf 4 Prozent des Jahresumsatzes nicht übersteigen. [3]Die Höhe des Jahresumsatzes kann geschätzt werden. [4]Liegen keine Anhaltspunkte für eine Schätzung des Jahresumsatzes vor, beträgt das Höchstmaß der Geldbuße zwei Millionen Euro. [5]Abweichend von den Sätzen 2 bis 4 gilt gegenüber einem Täter oder einem Beteiligten, der im Sinne des § 9 des Gesetzes über Ordnungswidrigkeiten für einen Unternehmer handelt, und gegenüber einem Beteiligten im Sinne von § 14 Absatz 1 Satz 2 des Gesetzes über Ordnungswidrigkeiten, der kein Unternehmer ist, der Bußgeldrahmen des Satzes 1. [6]Das für die Ordnungswidrigkeit angedrohte Höchstmaß der Geldbuße im Sinne von § 30 Absatz 2 Satz 2 des Gesetzes über Ordnungswidrigkeiten ist das nach den Sätzen 1 bis 4 anwendbare Höchstmaß.

(3) Die Ordnungswidrigkeit kann nur im Rahmen einer koordinierten Durchsetzungsmaßnahme nach Artikel 21 der Verordnung (EU) 2017/2394 geahndet werden.

(4) Verwaltungsbehörde im Sinne des § 36 Absatz 1 Nummer 1 des Gesetzes über Ordnungswidrigkeiten ist das Umweltbundesamt.

Literatur: Alexander, Die Umsetzung der Verbraucherrechte-Richtlinie und die Auswirkungen auf das Lauterkeitsrecht § 5a Abs. 3 UWG, WRP 2014, 501; Buchmann, Das neue Fernabsatzrecht 2014 – Teil 4: Die neuen Informationspflichten bei Warenkäufen, K&R 2014, 453; Buchmann, Das neue Fernabsatzrecht 2014 – Teil 6: Besonderheiten bei digitalen Inhalten, K&R 2014, 621; Ehmann/Forster Umsetzung der Verbraucherrechterichtlinie – Teil 1: Der neue „allgemeine Teil" des Verbraucherschutzrechts, GWR 2014, 162; Hoeren/Fröhlich, Ausgewählte Praxisprobleme des Gesetzes zur Umsetzung der Verbraucherrechterichtlinie, CR 2014, 242; Müller, Kundenhotline zum „Grundtarif" Auswirkung von § 312c Abs. 4 BGB-E auf Mehrwertdienste, MMR 2013, 76; Omlor, Zahlungsentgelte unter dem Einfluss von Verbraucherrechte- und Zahlungsdienste-Richtlinie, NJW 2014, 1703; Oelschlägel, Neues Verbraucherrecht mit Auswirkungen auf den Fernabsatz/E-Commerce, MDR 2013, 1317; Omlor, Zahlungsentgelte unter dem Einfluss von

Verbraucherrechte- und Zahlungsdienste-Richtlinie, NJW 2014, 1703; Rodi, Der neue § 312a Abs. 3 S. 1 BGB – das Ende des erhöhten Beförderungsentgelts?; VuR 2015, 14; Rodi, Die Sanktionsklausel des neuen Art. 8b der Klauselrichtlinie, EuZW 2021, 108; Schirmbacher/Grasmück, Neues Verbraucherrecht: Kostenpflichtige Zusatzleistungen im E-Commerce, ITRB 2014, 66; Schirmbacher/Freytag, Neues Verbraucherrecht: Entgelte für Zahlungsmittel und Kundenhotlines, ITRB 2014, 144; Schirmbacher/Schmidt, Verbraucherrecht 2014 – Handlungsbedarf für den E-Commerce, CR 2014, 107; Schomburg, Mehr Verbraucherschutz bei Kosten für Nebenleistungen – Die Regelungen des neuen § 312a Abs. 2 BGB bis § 312a Abs. 6 BGB, VuR 2014, 18; Schubert/Schmitt/Jacobs, Art. 246e EGBGB – Zivilrechtlicher Verbraucherschutz durch das Ordnungswidrigkeitenrecht, BKR 2021, 689; Strobl, Neue Vorgaben für den Kunst- und Kulturgüterhandel durch die Umsetzung der Verbraucherrechterichtlinie, NJW 2015, 721; Tamm, Informationspflichten nach dem Umsetzungsgesetz zur Verbraucherrechterichtlinie, VuR 2014, 9; Wendehorst, Das neue Gesetz zur Umsetzung der Verbraucherrechterichtlinie, NJW 2014, 557.

Übersicht

I. Allgemeines

1. Historie. Abs. 1 dient der **Umsetzung** des Art. 8 Abs. 5 VerbrRRL und des Art. 3 **1** Abs. 3 der **FernAbsFinanzDL-RL** und war auch schon in ähnlicher Form von Art. 4 Abs. 3 in der Richtlinie 85/577/EWG **(FernAbsRL)**[1] vorgegeben und in § 312c Abs. 2 aF umgesetzt. Nach dem Wortlaut des § 312a Abs. 1 gilt die Offenlegungspflicht für sämtliche Telefonanrufe. Nach Art. 8 Abs. 5 VerbrRRL gilt die Regelung nur für Fernabsatzverträge. Der deutsche Gesetzgeber hat den Anwendungsbereich gegenüber der

---

[1] Richtlinie 85/577/EWG des Rates vom 20.12.1985 betreffend den Verbraucherschutz im Falle von außerhalb von Geschäftsräumen geschlossenen Verträgen und die Richtlinie 97/7/EG des europäischen Parlamentes und des Rates v. 20.5.1997 über den Verbraucherschutz bei Vertragsabschlüssen im Fernabsatz.

Richtlinie geringfügig erweitert, was trotz des in Art. 4 VerbrRRL statuierten Prinzips der Vollharmonisierung durch Erwägungsgrund 13 S. 4 der VerbrRRL möglich ist.

2   Abs. 2 normiert in **Umsetzung** des Art. 5 **VerbrRRL** Informationspflichten im stationären Handel. Abs. 3 setzt Art. 22 VerbrRRL um und soll den Verbraucher davor schützen, sich vertraglich in einem größeren Umfang zu verpflichten, als er es tatsächlich will.[2] Abs. 4 dient der Umsetzung des Art. 19 Nr. 2 VerbrRRL (Abs. 4 Nr. 2) und entspricht der bisherigen Rechtsprechung des BGH[3] (Abs. 4 Nr. 1). Abs. 5 dient der Umsetzung des Art. 21 VerbrRRL.

Art. 246 Abs. 1 Nr. 5, 7 und 8 EGBGB wurden durch das Gesetz zur Änderung des Bürgerlichen Gesetzbuchs und des Einführungsgesetzes zum Bürgerlichen Gesetzbuche in Umsetzung der EU-Richtlinie zur besseren Durchsetzung und Modernisierung der Verbraucherschutzvorschriften der Union und zur Aufhebung der Verordnung zur Übertragung der Zuständigkeit für die Durchführung der Verordnung (EG) Nr. 2006/2004 auf das Bundesministerium der Justiz und für Verbraucherschutz vom 10.8.2021[4], mit Wirkung zum **28.5.2022** angepasst.

3   **2. Überblick.** § 312a normiert eine Reihe verschiedener Pflichten: Abs. 1 und 2 enthalten **Informationspflichten** und Abs. 3–5 Regelungen zu **Entgeltvereinbarungen.**

4   Abs. 1 gilt generell für sämtliche Telefonanrufe. Abs. 2 legt dem Unternehmer für Verbraucherverträge im stationären Handel Informationspflichten auf. Abs. 3–5 enthalten Bestimmungen im Hinblick auf Vereinbarungen zu Zahlungsmitteln, kostenpflichtige Anrufe sowie Nebenleistungen. Diese Regelungen gelten grundsätzlich unabhängig von der Vertriebsform.

II. Offenlegungspflichten bei Telefonaten (Abs. 1)

5   Abs. 1 legt dem Unternehmer besondere Pflichten im Rahmen des Telefonmarketings auf. Sofern das Telefongespräch, das einen Vertrag anbahnen soll, vom Unternehmer veranlasst wird, muss er bzw. sein Gehilfe seine Identität und den **Zweck seines Anrufs** zu Beginn des Gesprächs offenlegen. Dem Verbraucher soll bewusst werden, dass es sich um ein kommerzielles Gespräch handelt, bei dem sein Gesprächspartner rein wirtschaftliche Interessen verfolgt.[5]

6   Zweck des Anrufes muss mithin die **Vertragsanbahnung** sein. Bloße Informationsgespräche oder Meinungsumfragen unterfallen nicht dem Anwendungsbereich von Abs. 1. An die **Identität** des Anrufers bzw. der Person, in deren Namen oder Auftrag der Anrufer handelt, sind nicht die gleichen strengen Anforderungen zu stellen wie an die Identitätsangabe nach Art. 246 Abs. 1 Nr. 2, Art. 246a Abs. 1 Nr. 2 oder Art. 246b Abs. 1 Nr. 1 EGBGB.[6] Genügen dürfte daher normalerweise die Angabe des **Firmennamens des Unternehmers;** der Name der anrufenden Person muss nicht angegeben werden.[7] Beauftragt der Unternehmer beispielsweise ein Call-Center für ihn anzurufen, muss also nicht der Name des Call-Center Mitarbeiters angegeben werden. Es genügt die Angabe des Namens des Call-Centers sowie der Firmenname des Unternehmers.

7   Unter Umständen kann das Telefonat auch vom Unternehmer veranlasst sein, obwohl der Verbraucher anruft. Dies ist der Fall, wenn der Verbraucher auf Grund einer vorherigen Aufforderung des Unternehmers, zB per E-Mail, bei diesem anruft. Bei einem Fernabsatzvertrag sind die Informationspflichten gemäß § 312d iVm Art. 246a Abs. 1 EGBGB zusätzlich zu beachten; ggf. greifen hier die Erleichterungen nach Art. 246a § 3 EGBGB.

---

[2] Grüneberg/Grüneberg Rn. 4.
[3] BGH MMR 2010, 677; OLG Frankfurt a. M. NJW-RR 2013, 829.
[4] BGBl. 2021 I 3483.
[5] LG Ravensburg EnWZ 2017, 326.
[6] So auch MüKoBGB/Wendehorst Rn. 4.
[7] BGH NJW 2018, 3242 Rn. 21 ff.

Abs. 1 sieht keine besonderen Rechtsfolgen vor, wenn der Unternehmer seine Offenle- 8
gungspflicht verletzt. Grundsätzlich kommt zwar ein Schadensersatzanspruch des Verbrauchers nach § 280 Abs. 1, § 241 Abs. 2 in Betracht, aber es ist schwer vorstellbar, dass dem
Verbraucher ein ersatzfähiger Schaden dadurch entsteht, dass der Unternehmer seinen
Offenlegungspflichten zu Beginn des Telefonanrufs nicht nachkommt.[8] In Betracht kommen daher nur **Unterlassungsansprüche nach § 2 UKlaG und § 3a UWG,** die jeweils
an Verstöße gegen verbraucherschützende Normen wie § 312a Abs. 1 anknüpfen.[9] Anonyme Werbeanrufe können darüber hinaus auch eigene Tatbestände unlauteren Handelns
nach § 5 Abs. 1 Nr. 3 UWG, § 5a Abs. 6 UWG, § 7 Abs. 2 Nr. 4 UWG darstellen und
bereits deshalb Unterlassungsansprüche nach §§ 8, 3 UWG begründen.[10]

Grenzüberschreitende Verstöße gegen die Pflicht des Unternehmers nach Abs. 1 kann 9
das Umweltbundesamt auf der Grundlage des seit 28.5.2022 geltenden Art. 246e EGBGB
als **Ordnungswidrigkeit** verfolgen (im Detail dazu → Rn. 69 ff.).

Die wettbewerbsrechtliche Zulässigkeit von Telefonwerbung bleibt von Abs. 1 unbe- 10
rührt; Verkaufsgespräche am Telefon sind gemäß § 3 Abs. 1, 3 iVm Anhang Nr. 26
UWG[11] nur mit ausdrücklicher vorheriger Einwilligung des Verbrauchers rechtmäßig.[12]
Der durch das **Gesetz für faire Verbraucherverträge** vom 10.8.2021[13] neu eingefügte
§ 7a UWG (Dokumentationspflicht der Einwilligung) sowie die Aufnahme des § 7 und
§ 7a UWG in die Bußgeldvorschrift des § 20 UWG mit Wirkung zum 1.10.2021 haben
den Schutz des Verbrauchers weiter ausgebaut.[14]

III. Informationspflichten im stationären Handel (Abs. 2)

1. Anwendungsbereich. Abs. 2 gilt nur für **Verbraucherverträge** iSv § 312 Abs. 1, 11
1a (dh Verbraucherverträge, bei denen sich der Verbraucher zu der Zahlung eines Preises
oder zur Bereitstellung personenbezogener Daten verpflichtet), die im **stationären Handel**
geschlossen werden. Nicht anwendbar sind S. 1 und S. 2 auf außerhalb von Geschäftsräumen geschlossene Verträge, Fernabsatzverträge und Verträge über Finanzdienstleistungen (S. 3); für diese Verträge gelten die spezielleren Informationspflichten nach § 312d
iVm Art. 246a und 246b EGBGB.

Ferner gilt Abs. 2 nicht für **Bargeschäfte des täglichen Lebens,** die bei Vertragsschluss 12
sofort erfüllt werden (Art. 246 Abs. 2 EGBGB). Maßgeblich für die Einordnung ist, dass
die Verkehrsauffassung das Geschäft zu den alltäglichen zählt; insoweit besteht ein Gleichlauf mit § 105a.[15]

Gemäß Abs. 2 S. 3 sind auch **Finanzdienstleistungen** iSv § 312 Abs. 5 S. 1 aus dem 13
Anwendungsbereich ausgenommen. Schließlich sind die Informationspflichten auch auf die
in **§ 312 Abs. 2–8** genannten Vertragstypen nicht anwendbar.[16]

Der Unternehmer ist von seinen Informationspflichten nach Abs. 1 befreit, sofern sich 14
die Informationen schon aus den Umständen ergeben. Eine Information ist insofern entbehrlich, als ihr Inhalt für jedermann dermaßen offenkundig wäre, dass mit Zweifeln nicht
zu rechnen ist bzw. wenn sie für den Verbraucher ohne weiteres Suchen zur Verfügung
steht.[17] Bei konkludent geschlossenen Verträgen über die Lieferung von Strom, Gas, Fernwärme oder Wasser wird dieser vom Grundversorger in der üblichen Qualität zum fest-

---

[8] BeckOK BGB/Martens Rn. 9.
[9] BeckOK BGB/Martens Rn. 9.
[10] BeckOK BGB/Martens Rn. 9.
[11] Gilt seit 28.5.2022 und entspricht weitgehend § 7 Abs. 2 Nr. 2 UWG aF.
[12] Spindler/Schuster/Schirmbacher Rn. 6, UWG § 7 Rn. 62 ff.
[13] BGBl. 2021 I 3433.
[14] Vgl. dazu Brönnecke/Föhlisch/Tonner/Tonner § 9 Rn. 55.
[15] BT-Drs. 17/12637, 74.
[16] → § 312 Rn. 19 ff.
[17] BT-Drs. 17/12637, 74; vgl. auch Strobl NJW 2015, 721 (723) speziell zum Kunst- und Kulturgüterhandel; MüKoBGB/Wendehorst Rn. 15.

gelegten Preis geliefert; die weiteren Informationen erhält der Verbraucher mit der nachfolgenden Vertragsbestätigung des Unternehmers.[18]

15   **2. Allgemeine Informationspflichten (Art. 246 Abs. 1 EGBGB). a) Wesentliche Eigenschaften (Nr. 1).** Der Unternehmer hat den Verbraucher über die wesentlichen Eigenschaften der Waren oder Dienstleistungen in dem für den Datenträger und die Waren oder Dienstleistungen angemessenen Umfang zu informieren. Hinsichtlich des Umfangs und des Inhalts der zu erteilenden Informationen kommt es auf die konkrete Ware bzw. Dienstleistung an. In jedem Fall muss allerdings der Vertragstyp deutlich erkennbar werden.[19] Notwendig ist eine Beschreibung, aus der der Verbraucher die für seine Entscheidung **maßgeblichen Merkmale** entnehmen kann, bei Bekleidung ist dies zB die Größe, Farbe, und das Material der Textilien.[20] Auch die Angabe des Herstellers kann wesentlich sein, etwa wenn dieser selbst sichtbar auf dem Produkt genannt ist.[21] Was wesentlich ist, kann sich auch aus den Angaben des Unternehmers selbst ergeben, die dieser in einem anderen Zusammenhang, etwa in einem Werbeprospekt, macht.[22] So genügten bei einem Sonnenschirm Angaben zu Maß, Form und Farbe nicht, sondern der Unternehmer hätte auch über das Material des Bezugsstoffes und des Gestells informieren müssen, da er hiermit in einem Prospekt geworben hatte.[23] Die Angabe des genauen Gewichts eines Sonnenschirms ist dagegen entbehrlich, solange es sich im allgemein üblichen Rahmen hält.[24] Die Informationen, dass ein Smartphone bereits zum Zeitpunkt des Anbietens Sicherheitslücken aufweist, ist für den Verbraucher keine wesentliche Information iSd Nr. 1.[25]

16   Der Begriff „**Datenträger**" dürfte so zu verstehen sein, dass jedes Medium der Informationserteilung verwendet werden kann, einschließlich einer mündlichen Erläuterung oder Demonstration am Objekt. Im Hinblick auf andere Sprachfassungen der VerbrRRL ist daher „Datenträger" nicht so zu verstehen, dass die Informationen stets auf einem Medium gespeichert sein müssen.[26]

17   **b) Identität ua (Nr. 2).** Der Unternehmer muss seine Identität, dh beispielsweise seinen **Handelsnamen** (mit Rechtsformzusatz) und die **Anschrift** des Ortes, an dem er niedergelassen ist, sowie seine **Telefonnummer** angeben. Die Aufzählung in Nr. 2 ist **beispielhaft.** Der Unternehmer muss solche Informationen erteilen, die eine schnelle Kontaktaufnahme und eine unmittelbare und effiziente Kommunikation ermöglichen; statt der Telefonnummer kann daher auch die Faxnummer, eine Internetadresse, E-Mailadresse, eine elektronische Anfragemaske, eine Rückrufoption oder Chat-Möglichkeit genügen.[27] Wenn es sich bei dem Unternehmer um eine juristische Person handelt, muss auch der Name und die ladungsfähige Anschrift eines Vertretungsberechtigten angegeben werden.[28]

18   **c) Gesamtpreis (Nr. 3).** Der Unternehmer hat gemäß Nr. 3 den Verbraucher über den Gesamtpreis[29] der Waren und Dienstleistungen, einschließlich aller Steuern und Abgaben

---

[18] Grüneberg/Grüneberg EGBGB Art. 246 Rn. 2; BT-Drs. 17/12637, 74; MüKoBGB/Wendehorst Rn. 15.

[19] LG Berlin GRUR-RS 2020, 23338: als Kauf verschleierter Mietvertrag.

[20] BT-Drs. 17/12637, 74; vgl. auch Grüneberg/Grüneberg EGBGB Art. 246 Rn. 5, der zusätzlich noch den Schnitt und die Waschbarkeit bei Bekleidung anführt.

[21] OLG Düsseldorf BeckRS 2016, 21066.

[22] BeckOK BGB/Martens EGBGB Art. 246 Rn. 11.

[23] OLG Hamburg MMR 2014, 818; LG München BB 2018, 1556.

[24] OLG Hamm BeckRS 2017, 106829; aA OLG München WRP 2019, 502 Rn. 40.

[25] OLG Köln GRUR-RR 2020, 32 Rn. 54 ff., 66 f.

[26] MüKoBGB/Wendehorst Rn. 16.

[27] EuGH NJW 2019, 3365; OLG Schleswig GRUR 2019, 314; OLG Köln BeckRS 2016, 16575; EuGH NJW 2008, 3553; OLG Hamm NJW-RR 2004, 1045; Grüneberg/Grüneberg EGBGB Art. 246 Rn. 6.

[28] Grüneberg/Grüneberg EGBGB Art. 246 Rn. 6.

[29] Zum Begriff Alexander WRP 2014, 501 (503).

zu informieren. Mit Gesamtpreis ist der **Endpreis iSd § 1 Abs. 1 S. 1 PAngV** gemeint.[30] Von Steuern ist insbesondere die Umsatzsteuer umfasst; die Angabe von Netto-Preisen genügt daher nicht.[31] Kann der Gesamtpreis aufgrund der Beschaffenheit des Vertragsgegenstands vernünftigerweise nicht im Voraus berechnet werden, muss der Unternehmer über die Art der Preisberechnung informieren.

Zusätzlich sind alle anfallenden **Fracht-, Liefer- oder Versandkosten** und sonstigen 19 Kosten anzugeben. Diese Kosten müssen aber nicht zwingend getrennt ausgewiesen werden, sondern können auch in dem Gesamtpreis integriert sein.[32] Der Unternehmer ist nicht zu einer Aufschlüsselung des Gesamtpreises verpflichtet. Zu den sonstigen Kosten iSd Nr. 3 zählen etwa Bearbeitungs- und Verwaltungskosten.[33] Hat der Unternehmer nicht über diese Kosten informiert, kann er sie gemäß § 312a Abs. 2 S. 2 auch nicht verlangen (vgl. → BGB § 312a Rn. 26).

Wenn die genauen Fracht-, Liefer- oder Versandkosten nicht im Voraus berechnet 20 werden können, genügt nach Nr. 3 die Angabe der Tatsache, dass entsprechende Kosten anfallen können. Bei Flugbuchungen sind im Hinblick auf etwaig anfallende Kosten für Gepäck zudem die Vorgaben der LuftverkehrsdiensteVO zu beachten.[34] Informiert werden muss zudem über etwaige am Schalter zu zahlende Check-In-Kosten.[35]

d) Leistungsbedingungen (Nr. 4). Der Unternehmer hat den Verbraucher über die 21 Zahlungs-, Liefer- und Leistungsbedingungen sowie den Liefertermin zu informieren. Im Ladengeschäft ist hinsichtlich der Zahlungsmodalitäten nach den Umständen von Barzahlung und gängigen Methoden bargeldloser Zahlung auszugehen; hinsichtlich letzterer ist es zweckmäßig durch Angabe der entsprechenden Symbole auf der Eingangstür zu informieren.[36] Im Hinblick auf die Liefer- und Leistungsbedingungen ist über alle Umstände zu informieren, die ein durchschnittlicher und vernünftig denkender Verbraucher wissen möchte, also vor allem der im Gesetz gesondert genannte (späteste) Zeitpunkt der Lieferung, der Leistungsort sowie alle sonstigen Umstände, auf die sich der Verbraucher einstellen muss.[37] Aus praktischen Gründen wird man „Zeitpunkt" nicht als „Termin" lesen dürfen, sondern muss die Angabe einer Zeitspanne genügen lassen.[38] Der Lieferungszeitraum muss hinreichend bestimmt sein. Dies ist bei der Angabe „Der Artikel ist bald verfügbar" nicht der Fall.[39]

Zudem hat der Unternehmer Angaben zu dem Verfahren des Unternehmers zum 22 Umgang mit Beschwerden zu machen. Mitzuteilen ist ua die Anschrift der Beschwerdestelle und die Art und Weise, wie sich der Verbraucher an diese wenden soll.[40]

e) Mängelhaftung (Nr. 5). Ferner besteht eine Informationspflicht über das gesetzliche 23 Mängelhaftungsrecht für die Waren und digitalen Produkte gegebenenfalls das Bestehen und die Bedingungen von Kundendienstleistungen und Garantien.

Ausreichend ist ein bloßer Hinweis darauf, dass die gesetzlichen Mängelrechte beste- 24 hen.[41] Weicht der Unternehmer von den gesetzlichen Mängelrechten ab, muss er detailliert über die geltenden Mängelrechte informieren.[42] Auf Kundendienstleistungen und Garantien ist nur insoweit hinzuweisen, als der Unternehmer oder der Hersteller diese anbietet.

---

[30] BGH NJW 2006, 211.
[31] Grüneberg/Grüneberg EGBGB Art. 246 Rn. 7.
[32] BeckOK BGB/Martens EGBGB Art. 246 Rn. 15; MüKoBGB/Wendehorst Rn. 22.
[33] BeckOK BGB/Martens EGBGB Art. 246 Rn. 15.
[34] OLG Dresden GRUR-RR 2019, 264 Rn. 20.
[35] LG Frankfurt a. M. GRUR-RS 2021, 3329 Rn. 40.
[36] MüKoBGB/Wendehorst Rn. 26.
[37] MüKoBGB/Wendehorst Rn. 26 f.
[38] Vgl. LG München I BeckRS 2017, 129889; Hoeren/Fröhlich CR 2014, 242 (244); Buchmann K&R 2014, 453 (458) mwN; MüKoBGB/Wendehorst Rn. 27.
[39] OLG München GRUR-RR 2019, 31 Rn. 41.
[40] Grüneberg/Grüneberg EGBGB Art. 246 Rn. 8.
[41] vgl. auch Grüneberg/Grüneberg EGBGB Art. 246 Rn. 9; MüKoBGB/Wendehorst Rn. 29.
[42] Grüneberg/Grüneberg EGBGB Art. 246 Rn. 9.

Dabei genügt die Information über das bloße Bestehen von Kundendienstleistungen und/ oder Garantien nicht[43], sondern es muss spezifiziert werden, welche Rechte diese beinhalten. Inhaltlich müssen die Informationen dem Maßstab des § 479 genügen.[44]

25   Unklar ist, ob die Informationspflicht nach Nr. 5 jegliche Kundendienstleistungen und Garantien, die sich auf den Vertragsgegenstand beziehen, umfasst oder nur solche, die der Unternehmer entweder selbst in einen Zusammenhang mit dem Vertrag gebracht hat, indem er etwa bei den Vertragsverhandlungen auf sie hingewiesen hat[45], sein Warenangebot einen Hinweis auf das Bestehen einer Garantie enthält[46] oder bei erkennbar allgemein im Verkehr für wesentlich erachteten Herstellergarantien und/oder -dienstleistungen um diese wusste bzw. wissen musste[47]. Von einer allgemeinen Nachforschungspflicht nach dem Bestehen von etwaigen Herstellergarantien und/oder Dienstleistungen kann nicht ausgegangen werden.[48]

26   Der BGH hat dem EuGH in diesem Zusammenhang folgende Fragen zur Entscheidung vorgelegt:[49] 1. Löst allein schon das bloße Bestehen einer Herstellergarantie die Informationspflicht aus? 2. Für den Fall, dass Frage 1 verneint wird: Wird die Informationspflicht durch die bloße Erwähnung einer Herstellergarantie im Angebot des Unternehmers ausgelöst oder wird sie ausgelöst, wenn die Erwähnung für den Verbraucher ohne Weiteres erkennbar ist? Besteht eine Informationspflicht auch, wenn für den Verbraucher ohne Weiteres erkennbar ist, dass der Unternehmer nur Angaben des Herstellers zu der Garantie zugänglich macht? 3. Muss die erforderliche Information über das Bestehen und die Bedingungen einer Herstellergarantie dieselben Angaben enthalten wie eine Garantie nach Art. 6 Abs. 2 Verbrauchsgüterkauf-RL oder genügen weniger Angaben?

27   **f) Laufzeit (Nr. 6).** Diese Informationspflicht gilt sinngemäß nur für **echte Dauerschuldverhältnisse** wie zB Miete, Pacht, Leasing sowie **Verträge über wiederkehrende Leistungen** wie zB Zeitungsabonnements und Mitgliedschaft im Fitnessstudio.[50] Mitzuteilen ist die **Laufzeit des Vertrages** und wenn zur Beendigung des Vertrages eine Kündigung erforderlich ist, auch die Voraussetzungen für eine Kündigung einschließlich der Dauer der **Kündigungsfrist.** Bei sich automatisch verlängernder Verträge sind die Mindestlaufzeit sowie Verlängerungs- und Kündigungsmodalitäten anzugeben; gibt es keine Mindestlaufzeit, ist auch dies mitzuteilen.[51]

28   **g) Funktionalität von Waren mit digitalen Elementen oder digitaler Produkte und deren Kompatibilität und Interoperabilität (Nr. 7 und 8).** Schließlich hat der Unternehmer gemäß Nr. 7 bei Verträgen über die Lieferung von Waren mit digitalen Elementen (§ 327a Abs. 3 S. 1) oder digitaler Produkte (§ 327 Abs. 1, 2) über die **Funktionalität,** dh die Fähigkeit eines digitalen Produkts, seine Funktionen seinem Zweck entsprechen zu erfüllen (Legaldefinition in § 327e Abs. 2 S. 2), einschließlich anwendbarer technischer Schutzmaßnahmen (zB digitale Rechteverwaltung und Regionalcodierung[52]),

[43] Vgl. OLG Hamm GRUR-RS 2016, 18361; LG Berlin LSK 2018, 32215 Ls. 2; LG Essen BeckRS 2019, 21248 Rn. 4.
[44] BeckOK BGB/Martens EGBGB Art. 246 Rn. 22; unklar OLG Hamm GRUR-RS 2016, 18361 Rn. 34 ff.; von BGH GRUR 2021, 739 im Hinblick auf Herstellergarantien dem EuGH vorgelegt.
[45] OLG Celle ZVertriebsR 2020, 189 Rn. 34 ff.
[46] OLG Hamm BeckRS 2019, 35802.
[47] Vgl. LG Bielefeld GRUR-RS 2021, 8355 Rn. 34, wonach eine Informationspflicht nur dann besteht, wenn der Unternehmer mit der Garantie wirbt oder sie wenigstens erwähnt; insgesamt dazu im Detail BeckOK BGB/Martens EGBGB Art. 246 Rn. 23 f.
[48] OLG Celle ZVertriebsR 2020, 189 Rn. 40 ff.; aA LG Bochum GRUR-RS 2019, 38904; offengelassen bei OLG Hamm BeckRS 2019, 35802.
[49] BGH GRUR 2021, 739.
[50] MüKoBGB/Wendehorst Rn. 31.
[51] Grüneberg/Grüneberg EGBGB Art. 246 Rn. 10.
[52] Erwägungsgrund 19 der VerbrRRL; BT-Drs. 17/12637, 73.

zu informieren. Die meisten in diesem Zusammenhang zu erwartenden Angaben dürften jedoch schon nach Nr. 1 zu machen sein.[53]

Zudem hat der Unternehmer nach Nr. 8 die Pflicht, soweit wesentlich, über die Kompatibilität und die Interoperabilität der Waren mit digitalen Elementen oder der digitalen Produkte zu informieren, soweit diese Informationen dem Unternehmer bekannt sind oder bekannt sein müssen. Kompatibilität ist die Fähigkeit eines digitalen Produkts, mit Hardware oder Software zu funktionieren, mit der digitale Produkte derselben Art in der Regel genutzt werden, ohne dass sie konvertiert werden müssen (Legaldefinition in § 327e Abs. 2 S. 3). Interoperabilität ist die Fähigkeit eines digitalen Produkts, mit anderer Hardware oder Software als derjenigen, mit der digitale Produkte derselben Art in der Regel genutzt werden, zu funktionieren (Legaldefinition in § 327e Abs. 2 S. 3). **29**

Während Funktionalität auf die Funktionsweise der digitalen Produkte selbst abstellt, betreffen Kompatibilität und Interoperabilität das Funktionieren der digitalen Produkte im Verbund mit anderer Hard- und Software. Dabei wird unterschieden zwischen Hard- und Softwareprodukten, welche in der Regel gemeinsam mit den digitalen Produkten genutzt werden (betrifft die Kompatibilität) und solchen Hard- und Softwareprodukten, bei denen dies nicht der Fall ist (betrifft die Interoperabilität)[54], wie zB das Betriebssystem, die notwendige Version und bestimmte Eigenschaften der Hardware (Erwägungsgrund 19 der VerbrRRL).[55] **30**

Die Informationen müssen nur erteilt werden, soweit diese **wesentlich** sind, dh es müssen nur für den Verbraucher üblicherweise wichtige Informationen über die Kompatibilität und Interoperabilität angegeben werden.[56] Der Unternehmer muss daher nicht damit rechnen, dass der Verbraucher ein veraltetes, kaum noch gebräuchliches Betriebssystem verwendet.[57] **31**

3. Form und Zeitpunkt. Die Informationen müssen dem Verbraucher **vor Abgabe seiner Vertragserklärung klar und verständlich** mitgeteilt werden. Eine Mindestfrist zwischen Erteilung der Information und dem Vertragsschluss gibt es nicht; maßgeblich sind die Umstände des Einzelfalls. Die Informationen müssen aber so rechtzeitig erteilt werden, dass sie ihren Zweck erfüllen können.[58] Besonders effektiv wäre es, wenn schon die Hersteller durch entsprechende Aufdrucke auf Verpackungen einen Großteil oder alle der Informationen erteilen.[59] **32**

4. Informationen über das Widerrufsrecht (Art. 246 Abs. 3 EGBGB). a) Anwendungsbereich. Steht dem Verbraucher ein Widerrufsrecht zu, hat der Unternehmer den Verbraucher darüber zu belehren. Die Norm hat nur einen begrenzten Anwendungsbereich, da für die meisten Widerrufsrechte des Verbrauchers detaillierte Sonderregelungen bestehen. Im Wesentlichen gilt die Regelung nur noch für das Widerrufsrecht bei **Ratenlieferungsverträgen nach § 510 Abs. 2**[60] und für den Widerruf nach **§ 4 FernUSG** und **§ 305 KAGB**.[61] **33**

Für Teilzeit-Wohnrechteverträge, Verträge über langfristige Urlaubsprodukte, Vermittlungsverträge und Tauschsystemverträge gelten vorrangig die §§ 482a, 483 BGB iVm Art. 242 § 2 EGBGB iVm Anlage V der RL 2008/22/EG. Für außerhalb von Geschäftsräumen geschlossene Verträge und Fernabsatzverträge gelten vorrangig Art. 246a § 1 Abs. 2 und 3 EGBGB iVm dem Muster-Widerrufsformular in Anlage 2 sowie bei Verträgen über **34**

---

[53] MüKoBGB/Wendehorst Rn. 33; Buchmann K&R 2014, 621 (623) mwN.
[54] BT-Drs. 19/27653, 55.
[55] BT-Drs. 17/12637, 73, 74; vgl. weitere Details in der Checkliste von Angaben zur Funktionsweise und Interoperabilität im Umsetzungsleitfadens GD Justiz 81 f.
[56] BT-Drs. 17/12637, 74.
[57] Grüneberg/Grüneberg EGBGB Art. 246 Rn. 11; BT-Drs. 17/12637, 74.
[58] Grüneberg/Grüneberg EGBGB Art. 246 Rn. 3.
[59] Tamm VuR 2014, 9 (11); MüKoBGB/Wendehorst Rn. 37.
[60] BT-Drs. 17/12637, 74.
[61] MüKoBGB/Wendehorst Rn. 42.

Finanzdienstleistungen Art. 246b § 1 Abs. 1 Nr. 12 EGBGB. Für Verbraucherdarlehensverträge gelten § 495 Abs. 2 Nr. 1 iVm Art. 247 § 3 EGBGB, ebenso für Zahlungsaufschübe und sonstige Finanzierungshilfen (§ 506 Abs. 1).[62]

35   **b) Inhalt und Form.** Die Widerrufsbelehrung muss in **Textform (§ 126b)** erfolgen, sie muss **deutlich gestaltet** sein und den Verbraucher über seine **wesentlichen Rechte** in einer dem benutzten Kommunikationsmittel angepassten Weise deutlich machen. Ein Verweis auf die AGB, in denen sich die Widerrufsbelehrung befindet, kann im Einzelfall nicht ausreichend sein.[63]

36   Inhaltlich muss die Widerrufsbelehrung Folgendes enthalten: Einen Hinweis auf das Recht des Widerrufs, einen Hinweis darauf, dass der Widerruf durch Erklärung gegenüber dem Unternehmer erfolgt und keiner Begründung bedarf, den Namen und die ladungsfähige Anschrift desjenigen, gegenüber dem der Widerruf zu erklären ist, die Dauer und den Beginn der Widerrufsfrist, sowie einen Hinweis darauf, dass zur Fristwahrung die rechtzeitige Absendung der Widerrufserklärung genügt.[64]

37   **5. Rechtsfolgen bei Verletzung der Informationspflichten.** Bei Verletzung der Informationspflicht über Fracht-, Liefer- oder Versandkosten gemäß Art. 246 Abs. 1 Nr. 3 EGBGB (→ BGB § 312a Rn. 16 f.) kann der Unternehmer diese Kosten gemäß § 312a Abs. 2 S. 2 nicht vom Verbraucher verlangen.

38   Im Übrigen gibt es keine speziellen Sanktionsvorschriften, so dass die **allgemeinen Vorschriften** gelten. In Betracht kommt eine Anfechtung wegen Irrtums nach §§ 119 ff. oder Täuschung nach § 123 f., sowie eine Schadensersatzpflicht aus **cic** gemäß §§ 280 Abs. 1, 241 Abs. 2, 311 Abs. 2.

39   Unrichtige Angaben durch den Unternehmer können trotz Fehlen einer § 312d Abs. 1 S. 2 entsprechenden Regelung Vertragsinhalt werden. Die wesentlichen Eigenschaften der Waren und Dienstleistungen iSv Art. 246 Abs. 1 Nr. 1 haben daher Einfluss auf die vereinbarte Beschaffenheit und sind damit wesentlich für die Feststellung eines Sachmangels (§§ 434 ff., 633 ff.).[65]

40   Grenzüberschreitende Verstöße gegen die Pflicht des Unternehmers nach Abs. 2 S. 1 kann das Umweltbundesamt auf der Grundlage des seit dem 28.5.2022 geltenden Art. 246e EGBGB als **Ordnungswidrigkeit** verfolgen (im Detail dazu → Rn. 69 ff.).

IV. Entgeltliche Nebenleistungen und Zusatzentgelte (Abs. 3)

41   Satz 1 sieht vor, dass eine entgeltliche Nebenleistung bzw. ein Zusatzentgelt von einem Unternehmer mit einem Verbraucher nur **ausdrücklich vereinbart** werden kann. Im elektronischen Geschäftsverkehr wird eine entgeltliche Nebenleistung nur Vertragsbestandteil, wenn der Unternehmer die Vereinbarung über die Nebenleistung **nicht durch eine Voreinstellung herbeiführt** (Satz 2). Die Regelungen sollen den Verbraucher davor schützen, sich vertraglich in einem größeren Umfang zu verpflichten, als er es tatsächlich will.[66]

42   Die vereinbarte Hauptleistung muss **entgeltlich** sein. Wird beispielsweise eine kostenlose Mitgliedschaft in einem sozialen Netzwerk oder bei einem Musikstreaming-Dienst beworben und bei der Registrierung des Nutzers eine kostenpflichtige Premium-Mitgliedschaft vorausgewählt, ist § 312a Abs. 3 nicht anwendbar.[67]

43   **1. Abgrenzung zu Abs. 2 und § 312e.** Abs. 3 betrifft nach dem Wortlaut nicht nur **entgeltliche Nebenleistungen,** sondern auch **Zusatzentgelte** wie zB Bearbeitungs- und

---

[62] Vgl. MüKoBGB/Wendehorst Rn. 43.
[63] Siehe zu § 312d: LG Berlin BeckRS 2016, 13955.
[64] MüKoBGB/Wendehorst Rn. 44.
[65] MüKoBGB/Wendehorst Rn. 39.
[66] BT-Drs. 17/12637, 53; Grüneberg/Grüneberg Rn. 4.
[67] Ggf. aber nach UWG irreführend; vgl. Spindler/Schuster/Schirmbacher Rn. 25.

Verwaltungsentgelte mit Bezug auf die Hauptleistung.[68] Insofern bestehen **Abgrenzungsschwierigkeiten zu Abs. 2** (für andere als außerhalb von Geschäftsräumen geschlossene Verträge und Fernabsatzverträge) und **§ 312e**, wonach der Unternehmer Fracht-, Liefer-, Versandkosten oder sonstige Kosten nur verlangen kann, wenn er den Verbraucher nach Maßgabe der Art. 246 Abs. 1 Nr. 3 bzw. Art. 246a § 1 Abs. 1 S. 1 Nr. 7 EGBGB informiert hat.[69] Überzeugend ist es, Abs. 3 auf Vereinbarungen über zusätzliche Leistungen, die nach der Verkehrsauffassung und den Umständen des Einzelfalls für die Durchführung des Vertrags über die Hauptleistung nicht typischerweise erforderlich ist, anzuwenden. Fracht-, Liefer- oder Versandkosten fallen nur in den Anwendungsbereich von Abs. 3, wenn die Abholung der Ware durch den Verbraucher nach der Verkehrsauffassung und den konkreten Umständen eine zumutbare und naheliegende Alternative ist und die Lieferung sich daher als echte Option darstellt.[70] Wenn beispielsweise eine Ware, die der Verbraucher direkt mitnehmen würde, nicht vorrätig ist, der Unternehmer diese daher bestellt und an den Verbraucher geliefert wird, muss über etwaige Lieferkosten eine ausdrückliche Vereinbarung getroffen werden. Beim klassischen Versandhandel zB wäre dagegen die Annahme, dass der Verbraucher die Ware selbst abholt, fernliegend, so dass eine „ausdrückliche Vereinbarung" über die Lieferung nicht erforderlich ist.[71] Anders wäre dies dagegen bei einer „Expresslieferung" gegen Aufpreis.[72]

2. Vereinbarung einer zusätzlichen Zahlung. Der Begriff der entgeltlichen Zusatz- **44** leistungen ist **weit auszulegen,** da Art. 22 VerbrRRL „jede Extrazahlung" erfasst. Umfasst sind beispielsweise **besondere Versandarten** (zB Expresslieferung, Geschenkverpackung), **zusätzliche Versicherungen** (zB Reiserücktrittsversicherung, Handyversicherungen), oder **andere Zusatzleistungen** (zB Priority-Check-in bei Fluggesellschaften, Zusatzgepäck[73], Sitzplatzauswahl, Verpflegung an Bord).[74] Abzugrenzen sind solche Zusatzleistungen von Wahlmöglichkeiten des Verbrauchers, mithilfe deren die vertragliche Hauptleistung überhaupt erst konkretisiert wird.[75] Zusatzkosten, die im Rahmen eines Mobilfunkvertrags für weitere Datenvolumina zur Höchstgeschwindigkeit zu zahlen sind, sind keine entgeltlichen Nebenleistungen iSd Abs. 3, sondern gehören zur Hauptleistung.[76] Daneben fallen auch **zusätzliche Bearbeitungs- oder Verwaltungsentgelte** im Rahmen der Hauptleistung[77] unter den Begriff, nicht dagegen das erhöhte Beförderungsentgelt für „Schwarzfahrer".[78]

Die Vereinbarung der Parteien über ein zusätzliches Entgelt für diese Leistungen muss **45** **ausdrücklich** erfolgen. Der Begriff der ausdrücklichen Vereinbarung wird in der europäischen Gesetzgebung häufig verwendet[79]. Nach der Gesetzesbegründung ist eine konkludente oder stillschweigende Zustimmung des Verbrauchers nicht ausreichend. Ausdrücklich ist die Zustimmung des Verbrauchers danach nur, wenn er seinen (auch) auf den Erhalt und die Bezahlung der Nebenleistung gerichteten Geschäftswillen unmittelbar in einer Erklärung äußert.[80] So reichen etwa Trinkgeldempfehlungen von Reiseveranstaltern in

---

[68] Grüneberg/Grüneberg Rn. 4; MüKoBGB/Wendehorst Rn. 57.
[69] Ausführlich dazu MüKoBGB/Wendehorst Rn. 57–59.
[70] MüKoBGB/Wendehorst Rn. 59.
[71] Ähnlich Hoeren/Fröhlich CR 2014, 242 (248); MüKoBGB/Wendehorst Rn. 59.
[72] Buchmann K&R 2014, 453 (456); MüKoBGB/Wendehorst Rn. 59.
[73] Vgl. dazu BGH BeckRS 2021, 27513.
[74] Spindler/Schuster/Schirmbacher Rn. 15; Schirmbacher/Schmidt CR 2014, 107 (118).
[75] BeckOK BGB/Martens Rn. 20; Spindler/Schuster/Schirmbacher Rn. 22.
[76] BGH MMR 2018, 160 Rn. 20.
[77] Grüneberg/Grüneberg Rn. 4.
[78] Rodi VuR 2015, 14; Grüneberg/Grüneberg Rn. 4.
[79] ZB in Umsetzung der VerbrRRL auch in §§ 356 Abs. 4, 357 Abs. 4 und § 357a Abs. 2 BGB; Zahlungsverzugsrichtlinie (2011/7/EU) und entsprechend der deutschen Umsetzung in § 271a Abs. 1 BGB.
[80] BT-Drs. 17/12637, 53; so auch Spindler/Schuster/Schirmbacher Rn. 27; Wendehorst NJW 2014, 557 (579).

Form einer Widerspruchslösung (Opt-out-Gestaltung) nicht aus.[81] Erforderlich ist vielmehr ein gesonderter aktiver Erklärungsakt in Worten oder gleichwertigen Zeichen, etwa durch das Setzen eines Hakens in einem entsprechenden Feld auf einer Internetseite.[82] Insofern kann Abs. 3 S. 2 als Beispiel herangezogen werden, wann keine ausdrückliche Vereinbarung vorliegt (→ Rn. 47). Die Entgeltlichkeit der Nebenleistungen kann auch in **AGB** vereinbart werden[83], wenn der Verbraucher die AGB-Klausel ausdrücklich akzeptiert.[84]

46   **3. Besonderheiten im elektronischen Geschäftsverkehr.** Bei Verträgen im elektronischen Geschäftsverkehr[85] darf die Vereinbarung über entgeltliche Zusatzleistungen nicht durch eine Voreinstellung herbeigeführt werden. Voreinstellungen sind solche, die der Verbraucher ablehnen muss, um sich nicht zu der Extrazahlung zu verpflichten (zB Opt-out)[86]. Bei vorangekreuzten Häkchen-Feldern kann der Verbraucher die Zusatzleistungen nur aus dem Leistungsumfang seiner Bestellung entfernen, indem er aktiv durch Anklicken der Häkchen-Felder die Häkchen wieder herausnimmt.[87] Ein solches **Opt-out** genügt nicht den Anforderungen des S. 2. Zulässig ist dagegen, Häkchen-Felder vorzusehen, die der Verbraucher aktiv anklicken muss, um die zusätzliche entgeltliche Nebenleistung zu buchen **(Opt-in)**.[88]

47   Abs. 3 S. 2 kann nicht im Umkehrschluss entnommen werden, dass Voreinstellungen außerhalb des elektronischen Geschäftsverkehrs zulässig wären.[89] Eine ausdrückliche Vereinbarung iSv Abs. 3 S. 1 liegt allgemein nur dann vor, wenn der Verbraucher seinen auf die einzelne Vertragsklausel gerichteten Geschäftswillen unmittelbar in einer Erklärung äußert (→ Rn. 45). Daher genügen Voreinstellungen des Unternehmers, die der Verbraucher korrigieren müsste, allgemein nicht den Anforderungen an eine ausdrückliche Vereinbarung.[90]

48   **4. Rechtsfolge bei Verstoß.** Bei einem Verstoß gegen Abs. 3 ist nur die **Vereinbarung über die Nebenleistung unwirksam,** der Vertrag im Übrigen bleibt gemäß Abs. 6 wirksam. Der Verbraucher muss die zusätzliche Zahlung nicht leisten; hat er bereits gezahlt, kann er nach § 812 Abs. 1 S. 1 Alt. 1 Rückerstattung des Gezahlten verlangen.[91]

49   Grundsätzlich hat der Verbraucher auch die Möglichkeit, seine Erklärung nach **§ 119 Abs. 1 Alt. 1** anzufechten, wenn ein Irrtum ursächlich für die Abgabe seiner Willenserklärung war. Wenn sich die Fehlvorstellung des Verbrauchers im Einzelfall nur auf eine geringe zusätzliche Zahlungspflicht bezog, kann dieser Ursächlichkeitszusammenhang zweifelhaft sein. Vor allem aber ist im Falle der Anfechtung der gesamte Vertrag nach § 142 Abs. 1 nichtig. Der Verbraucher verliert damit zugleich seinen Anspruch auf die Hauptleistung des Unternehmers, die vom Verbraucher ja gerade gewollt ist.[92] Möchte der Verbraucher die Erfüllung der entgeltlichen Zusatzleistung erreichen, ohne dieser ausdrücklich zugestimmt zu haben, müssen die Parteien zur Wirksamkeit der Zusatzleistung

---

[81] OLG Koblenz NJW-RR 2019, 1140 Rn. 8.

[82] BeckOK BGB/Martens Rn. 22, MüKoBGB/Wendehorst Rn. 64.

[83] Spindler/Schuster/Schirmbacher Rn. 28; Grüneberg/Grüneberg Rn. 4 (arg. III 2); Wendehorst NJW 2014, 557 (579); BT-Drs. 17/12637, 53.

[84] Spindler/Schuster/Schirmbacher Rn. 28; Schirmbacher/Grasmück ITRB 2014, 66 (67); Oelschlägel MDR 2013, 1317 (1318); Ehmann/Forster GWR 2014, 162 (166); aA MüKoBGB/Wendehorst Rn. 63; Wendehorst NJW 2014, 557 (579); Schomburg VuR 2014, 18 (19 f.) verlangt wenigstens einen Hinweis auf die in AGB versteckte Vereinbarung.

[85] Zum Begriff vgl. → § 312i Rn. 6 ff.

[86] Grüneberg/Grüneberg Rn. 4.

[87] BT-Drs. 17/12637, 53.

[88] Spindler/Schuster/Schirmbacher Rn. 33; Schirmbacher/Grasmück ITRB 2014, 66 (68); Schomburg VuR 2014, 18 (19 f.).

[89] BeckOK BGB/Martens Rn. 23; MüKoBGB/Wendehorst Rn. 66.

[90] So auch BeckOK BGB/Martens Rn. 23; MüKoBGB/Wendehorst Rn. 66.

[91] Vgl. ausführlich zu den Rechtsfolgen MüKoBGB/Wendehorst Rn. 67 ff.

[92] BT-Drs. 17/12637, 53.

eine Bestätigung des Rechtsgeschäfts nach § 141 Abs. 1 vornehmen.[93] Darüber hinaus kommen Rechtsfolgen nach dem UKlaG und/oder dem UWG in Betracht.

Grenzüberschreitende Verstöße gegen die Pflicht des Unternehmers nach Abs. 3 kann **50** das Bundesumweltamt auf der Grundlage des seit dem 28.5.2022 geltenden Art. 246e EGBGB als **Ordnungswidrigkeit** verfolgen (im Detail dazu → Rn. 69 ff.).

5. Speziellere Regelungen. Soweit es speziellere Regelungen im Unionsrecht gibt, **51** gehen diese nach Art. 3 Abs. 2 der VerbrRRL dem Abs. 3 vor, insoweit sie mit Abs. 3 kollidieren.[94] Insoweit gilt beispielsweise **§ 675g Abs. 2 S. 1,** der in Umsetzung von Art. 42 Abs. 6, 44 Abs. 1 der RL 2007/64/EG vorsieht, dass die Zustimmung des Verbrauchers zur Änderung eines Zahlungsdiensterahmenvertrags unter bestimmten Voraussetzungen fingiert wird, vorrangig.[95] Soweit der Zahlungsdienstleister und der Zahlungsdienstnutzer den besonderen Änderungsmechanismus nicht im Zahlungsdiensterahmenvertrag vereinbart haben, kommt Abs. 3 auf die dann nach allgemeinen Grundsätzen zu erfolgende Vertragsänderung wieder zur Anwendung.[96]

Dagegen stehen die Vorgaben nach **Art. 23 Abs. 1 VO (EG) Nr. 1008/2008**[97] (Flug- **52** gastrechte) neben den Pflichten aus Abs. 3, da diese aufgrund ihres ähnlichen Gehalts und vergleichbarer Zielrichtung kompatibel sind.[98] Danach sind dem Kunden fakultative Zusatzkosten über den Flugpreis hinaus auf klare, transparente und eindeutige Art und Weise zu Beginn jedes Buchungsvorgangs mitzuteilen; die Annahme der fakultativen Zusatzkosten durch den Kunden erfolgt auf „Opt-in" Basis.[99]

V. Entgelt für bestimmte Zahlungsmittel (Abs. 4)

Nr. 1 bestimmt, dass der Unternehmer in Verbraucherverträgen zumindest eine gängige **53** und zumutbare unentgeltliche Zahlungsmöglichkeit vorsehen muss. Dies entspricht der **Rechtsprechung des BGH**[100] zur Klauselkontrolle nach § 307.

Zahlungsmittel umfasst jede Art der Zahlung, die der Schuldner mit dem Gläubiger für **54** die Erfüllung einer Geldschuld vereinbaren kann.[101] Preisnachlässe, die der Unternehmer dem Verbraucher für die Nutzung bestimmter Zahlungsmittel gewährt bleiben grundsätzlich unberührt von Abs. 4; dabei muss aber sichergestellt werden, dass der Verbraucher zunächst tatsächlich mit dem höheren Preis konfrontiert wird.[102] Soweit der ursprüngliche Preis aus Sicht eines durchschnittlichen Verbrauchers während des Bestellvorgangs bei der Nutzung eines bestimmten Zahlungsmittels steigt, gelten die Schranken des Abs. 4.[103] Unzulässig ist es daher, wenn bei den vom Unternehmer vorgegebenen Einstellungen zunächst ein Preis angezeigt wird, der nur für den Fall der Zahlung mit einer bestimmten, von ihm in Zusammenarbeit mit einem Kreditinstitut herausgegebenen Kreditkarte erhältlich ist, und bei Auswahl eines anderen Zahlungsmittels eine zusätzliche „Servicegebühr" anfällt, auch wenn die „Servicegebühr" als Kalkulationsposten des zuerst angezeigten Preises ausgewiesen ist, dort aber durch einen „Rabatt" in gleicher Höhe kompensiert wird.[104]

[93] Spindler/Schuster/Schirmbacher Rn. 35; BT-Drs. 17/12637, 53.
[94] Siehe MüKoBGB/Wendehorst Rn. 47; missverständlich BT-Drs. 17/12637, 53; Grüneberg/Grüneberg Rn. 4.
[95] BT-Drs. 17/12637, 53; MüKoBGB/Wendehorst Rn. 49.
[96] MüKoBGB/Wendehorst Rn. 49.
[97] VO (EG) Nr. 1008/2008 des europäischen Parlaments und des Rates v. 24.9.2008 über gemeinsame Vorschriften für die Durchführung von Luftverkehrsdiensten in der Gemeinschaft.
[98] MüKoBGB/Wendehorst Rn. 48.
[99] BT-Drs. 17/12637, 54.
[100] BGH NJW 2010, 2719; Omlor NJW 2014, 1703 hält daher Nr. 1 für Klauselverbot iSv § 308.
[101] Grüneberg/Grüneberg Rn. 5; vgl. auch BT-Drs. 17/12637, 52; Schomburg VuR 2014, 18 (21); Spindler/Schuster/Schirmbacher Rn. 46 mit weiteren Beispielen.
[102] BeckOK BGB/Martens Rn. 30.
[103] OLG Hamburg GRUR-RR 2021, 162 Rn. 30; BeckOK BGB/Martens Rn. 30.
[104] BGH BeckRS 2021, 27513.

55   Eine **Vereinbarung** iSd Abs. 4 setzt nicht voraus, dass das Entgelt ausdrücklich für die Nutzung eines Zahlungsmittels vereinbart wird, sondern es genügt nach Sinn und Zweck, dass der Unternehmer für dieselbe Leistung bei Nutzung verschiedener Zahlungsmittel verschiedene Preise verlangt.[105] Erfasst sind daher etwa auch sogenannte **„Servicegebühren",** die bei der Buchung von Flugstrecken nur dann anfallen, wenn ein bestimmtes Zahlungsmittel nicht benutzt wird.[106]

56   Ein Zahlungsmittel ist **gängig,** wenn es hinreichend weit verbreitet ist.[107] Dies soll nach Ansicht der Rechtsprechung beispielsweise nicht der Fall sein bei einer „Visa Entropay"-Karte und „Viabuy Prepaid MasterCard" (Verbreitungsgrad unter 5 %)[108], bei einer „MasterCard GOLD"[109] oder „Visa Electro"-Karte[110]. Gängige Zahlungsmittel sind in der Regel auch **zumutbar.** Die Unzumutbarkeit kann sich jedoch aus besonderen Umständen ergeben, wie einem den Verbrauchern entstehenden Mehraufwand, eintretenden Verzögerungen und ihrer Bedeutung im Lichte des Vertragszwecks, sowie Sicherheitsaspekten.[111] Unzumutbar ist die Nutzung eines Zahlungssystems, das einem erheblichen Teil der Kunden ein vertragswidriges Verhalten abverlangt.[112] Eine unentgeltliche „Sofortüberweisung" ist zumutbar.[113] Weitere Beispiele für gängige und zumutbare Zahlungsmöglichkeiten sind Barzahlung, Zahlung mit EC-Karte[114], Überweisung auf ein Bankkonto oder Einziehung vom Bankkonto des Verbrauchers.[115]

57   Nr. 2 sieht vor, dass der Verbraucher nicht verpflichtet werden kann, ein **Entgelt für ein Zahlungsmittel** zu entrichten, wenn das vereinbarte Entgelt über die dem Unternehmer entstandenen **Kosten für dessen Nutzung** hinausgeht.[116] Dies sind Kosten, die der Unternehmer für den jeweiligen Zahlungsvorgang an Dritte zu vergüten hat, nicht aber zusätzlich seine Gemeinkosten für Terminalmiete oder Personal.[117] Der Unternehmer soll also nur Kosten, die ihm selbst entstehen, weitergeben dürfen.[118] Die Regelung bezweckt die **Förderung des Wettbewerbs** und der **Nutzung effizienter Zahlungsmittel.**[119]

58   Durch den seit 31.1.2018 geltenden **§ 270a BGB**[120] hat Abs. 4 erheblich an Bedeutung verloren. Nach § 270a BGB sind Vereinbarungen, durch die der Schuldner verpflichtet wird, ein Entgelt für die Nutzung einer SEPA-Basislastschrift, einer SEPA-Firmenlastschrift, einer SEPA-Überweisung oder einer Zahlungskarte zu entrichten, verboten. Unter die genannten Bezahlarten fallen alle Überweisungen (auch Sofortüberweisung und PayPal[121]) und Lastschriften in EUR innerhalb der EU (Art. 1 Abs. 1 SEPA-VO). Entgelte, die für andere Dienstleistungen als die Überweisung verlangt werden, wie zB eine Bonitätsprüfung, sind von dem Verbot nicht umfasst.[122] Zudem umfasst § 270a die gängigsten Debit-

---

[105] OLG Dresden MMR 2021, 75 Rn. 25; BeckOK BGB/Martens Rn. 31.

[106] OLG Dresden MMR 2021, 75 Rn. 25; BeckOK BGB/Martens Rn. 31.

[107] Grüneberg/Grüneberg Rn. 5.

[108] OLG Hamburg GRUR-RR 2021, 162 Rn. 27 f.

[109] BGH BeckRS 2021, 27513 Rn. 24; OLG Dresden GRUR-RR 2020, 519 (Vorinstanz).

[110] BGH MMR 2010, 677.

[111] BGH NJW 2017, 3289 Rn. 21.

[112] BGH NJW 2017, 3289 Rn. 25.

[113] Grüneberg/Grüneberg Rn. 4; BGH NJW 2017, 3289 ist seit Einführung des § 270a BGB überholt.

[114] BGH NJW-RR 2021, 975.

[115] BeckOK BGB/Martens Rn. 33; vgl. auch Buchmann K&R 2016, 644 (649).

[116] Oelschlägel MDR 2013, 1317 (1318); Spindler/Schuster/Schirmbacher Rn. 35.

[117] Vgl. BGH NJW 2019, 3771; Schomburg VuR 2014, 18 (str.); Grüneberg/Grüneberg Rn. 5; aA Spindler/Schuster/Schirmbacher Rn. 46.

[118] Schomburg VuR 2014, 18 (21); BT-Drs. 17/12637, 51 f.; Spindler/Schuster/Schirmbacher Rn. 45.

[119] Erwägungsgrund 54 der VerbrRRL; BT-Drs. 17/12637, 52.

[120] Art. 62 der PSD II; Richtlinie 2015/2366 des Europäischen Parlaments und des Rates vom 25.11.2015 über Zahlungsdienste im Binnenmarkt, zur Änderung der Richtlinien 2002/65/EG, 2009/110/EG und 2013/36/EU und der Verordnung Nr. 1093/2010 sowie zur Aufhebung der Richtlinie 2007/64/EG, ABl. 2015 L 337, 35.

[121] BGH NJW-RR 2021, 975.

[122] BGH NJW-RR 2021, 975; Grüneberg/Grüneberg BGB § 270a Rn. 2.

und Kreditkarten.[123] Für die Kartenzahlungen gelten die Beschränkungen gem. § 270a S. 2 nur für den B2C-Bereich, nicht gegenüber Unternehmen.

Vereinbarungen, die gegen Abs. 4 verstoßen, sind **unwirksam.** Der Verbraucher hat 59 daher überhaupt kein Entgelt für die Nutzung des betreffenden Zahlungsmittels zu entrichten. Zudem ist ein Verstoß gegen Abs. 4 nach § 4 Nr. 11 UWG wettbewerbswidrig.

Grenzüberschreitende Verstöße gegen die Pflicht des Unternehmers nach **Abs. 4 Nr. 2** 60 kann das Umweltbundesamt auf der Grundlage des seit dem 28.5.2022 geltenden Art. 246e EGBGB als **Ordnungswidrigkeit** verfolgen (im Detail dazu → Rn. 69 ff.).

VI. Entgelt für bestimmte telefonische Auskünfte (Abs. 5)

Die Regelung soll erreichen, dass der Verbraucher den **telefonischen Kontakt** zum 61 **Unternehmer** wegen Fragen oder Erklärungen zu einem zwischen den Parteien geschlossenen Vertrag nicht deshalb meidet, weil hierdurch gesonderte Kosten entstehen. Der Schutz des Verbrauchers wird durch **§ 66g TKG** ergänzt, der den **Einsatz von telefonischen Warteschleifen** regelt. Der Verbraucher soll lediglich verpflichtet sein, das Entgelt zu zahlen, das er für die Inanspruchnahme der Telekommunikationsdienstleistung als solche schuldet.[124] Ein darüber hinaus gehendes Entgelt soll der Verbraucher nicht entrichten müssen. Die Regelung ist insofern unklar, als es keine allgemeinen Regeln gibt, zu welchem Entgelt der Telekommunikationsdienstleister seine Dienste anbieten muss. Jedenfalls ist aber eine Konstruktion unzulässig mittels derer **finanzielle Rückflüsse an den Unternehmer** stattfinden oder zumindest nicht auszuschließen sind.[125]

Dadurch soll sichergestellt werden, dass der Unternehmer aus dem Betrieb einer **Kun-** 62 **dendienst-Hotline** keine Gewinne erzielt. In Deutschland gewährleisten dies zurzeit unter anderem **folgende im TKG genannte Rufnummern:** Entgeltfreie Rufnummern (zB 0800), ortsgebundene Rufnummern, Rufnummern für mobile Dienste (015, 016 oder 017), Rufnummern für Service-Dienste iSv § 3 Nr. 8b TKW (0180), wenn von dem Anbieter für das Gespräch kein Entgelt an den Unternehmer abgeführt wird, persönliche Rufnummern (0700) oder nationale Teilnehmernummern (032).[126] Bei diesen Rufnummern bleiben zumindest direkte Rückflüsse an den Unternehmer aus, doch entstehen bei einigen der genannten Nummern durchaus „höhere Kosten" für den Verbraucher.[127]

Das LG Stuttgart hat dem EuGH die Frage vorgelegt, ob grundsätzlich eine 0180- 63 Nummer von einem Unternehmer zur Kontaktaufnahme werden darf.[128] Der EuGH hat entschieden, dass Art. 21 VerbrRRL dahingehend auszulegen ist, dass die Kosten eines auf einen geschlossenen Vertrag bezogenen Anrufs unter einer von einem Unternehmer eingerichteten Service-Rufnummer die Kosten eines Anrufs unter einer gewöhnlichen geografischen Festnetznummer oder einer Mobilfunknummer nicht übersteigen dürfen. Soweit diese Grenze beachtet wird, ist es unerheblich, ob der betreffende Unternehmer mit dieser Service-Rufnummer Gewinne erzielt.[129] Abs. 5 S. 1 muss daher richtlinienkonform teleologisch reduziert werden.[130] Die Nutzung von 0180-Rufnummern ist damit ausgeschlossen. Unklarheit besteht jedoch nach wie vor über die zulässige Höhe des Entgelts bei Kundenhotlines, da es einen einheitlichen Grundtarif für Anrufe aus dem Festnetz oder über eine Mobilfunknummer nicht mehr gibt.[131]

Abs. 5 erfasst beispielsweise Anrufe eines Verbrauchers, mit denen er sich über den **Ver-** 64 **tragsinhalt** oder den **Lieferstatus** informiert, **Mängelrechte** geltend macht, oder eine

---

[123] Vgl. dazu im Detail Grüneberg/Grüneberg BGB § 270a Rn. 3.
[124] BT-Drs. 17/12637, 52; vgl. auch Müller MMR 2013, 76; Hoeren/Föhlisch CR 2014, 242.
[125] MüKoBGB/Wendehorst Rn. 93.
[126] BT-Drs. 17/12637, 52.
[127] MüKoBGB/Wendehorst Rn. 93, Hoeren/Föhlisch CR 2014, 242.
[128] LG Stuttgart BeckRS 2016, 00368.
[129] EuGH NJW 2017, 1229.
[130] LG Hamburg GRUR-RS 2021, 19230 Rn. 19; vgl. auch EuGH GRUR 2019, 212.
[131] Vgl. BeckOK BGB/Martens Rn. 44.

Rechnung beanstandet. Die telefonische Erfüllung der Hauptleistung, wie zB telefonische Beratung durch einen Rechtsanwalt oder Arzt, oder Anrufe von Interessenten, die überhaupt erst einen Vertragsschluss ermöglichen sollen, fallen dagegen nicht unter Abs. 5.[132]

65   Abgrenzungsschwierigkeiten bestehen bei sogenannten **Helplines,** bei denen der Kunde Beratung zur Funktion und Nutzung eines vom Unternehmer erworbenen Produkts erhält. Insbesondere bei technischen Produkten oder digitalen Inhalten kann der Betrieb solcher Helplines hohe Kosten für den Unternehmer verursachen. Sofern der Unternehmer seinen vertraglichen Verpflichtungen zur Lieferung einer verständlichen und vollständigen Gebrauchsanleitung nachgekommen ist, steht Abs. 5 der Forderung eines separaten Entgelts nicht entgegen.[133]

66   Für den Fall einer **unwirksamen Vereinbarung** nach S. 1, ist der Verbraucher gegenüber keinem der beteiligten Unternehmer, dh auch gegenüber dem Anbieter des Telekommunikationsdienstes nicht verpflichtet, ein Entgelt für den Anruf zu zahlen. Diese Regelung geht zu Lasten des am Vertragsschluss zwischen Unternehmer und Verbraucher unbeteiligten Anbieters des Telekommunikationsdienstes. Zum wirksamen Schutz des Verbrauchers ist eine solche Regelung erforderlich, da es für diesen nicht erkennbar und nachweisbar ist, in welcher Höhe das Entgelt über den Tarif für die bloße Nutzung des Telekommunikationsdienstes hinausgeht.[134]

67   Im Hinblick auf Verträge, die Unternehmer mit Verbrauchern ab dem 28.5.2022 schließen, kann das Umweltbundesamt Grenzüberschreitende Verstöße gegen die Pflicht des Unternehmers nach Abs. 5 kann das Umweltbundesamt auf der Grundlage des seit dem 28.5.2022 geltenden Art. 246e EGBGB als **Ordnungswidrigkeit** verfolgen (im Detail dazu → Rn. 69 ff.).

VII. Wirksamkeit des Vertrages (Abs. 6)

68   Ist eine Vereinbarung nach den Abs. 3–5 nicht Vertragsbestandteil geworden oder ist sie unwirksam, bleibt der **Vertrag im Übrigen wirksam.** Bereits gezahlte Entgelte kann der Verbraucher zurückverlangen. Der Unternehmer hat, soweit er kein Entgelt fordern darf, auch keine gesetzlichen Ansprüche (zB nach §§ 812 ff.).

VIII. Bußgeld nach Art. 246e EGBGB

69   Durch das Gesetz zur Änderung des Bürgerlichen Gesetzbuchs und des Einführungsgesetzes zum Bürgerlichen Gesetzbuche in Umsetzung der EU-Richtlinie zur besseren Durchsetzung und Modernisierung der Verbraucherschutzvorschriften der Union und zur Aufhebung der Verordnung zur Übertragung der Zuständigkeit für die Durchführung der Verordnung (EG) Nr. 2006/2004 auf das Bundesministerium der Justiz und für Verbraucherschutz vom 10.8.2021[135], welches am **28.5.2022** in Kraft getreten ist, wurde ein neuer Art. 246e EGBGB eingeführt. Danach kann das Umweltbundesamt **grenzüberschreitende Verstöße** gegen bestimmte Verbotstatbestande auf der Grundlage von Art. 246e EGBGB als **Ordnungswidrigkeit** verfolgen und erhebliche **Bußgelder** verhängen.

70   Art. 246e § 1 Abs. 1 EGBGB verbietet die **Verletzung von Verbraucherinteressen im Zusammenhang mit Verbraucherverträgen,** bei der er sich um einen **weitverbreiteten Verstoß** gemäß Art. 3 Nr. 3 oder einen **weitverbreiteten Verstoß mit Unions-Dimension** gemäß Art. 3 Nr. 4 der CPC-Verordnung[136] handelt. Eine Verlet-

---

[132] BT-Drs. 17/12637, 52; Grüneberg/Grüneberg Rn. 6; MüKoBGB/Wendehorst Rn. 90.

[133] MüKoBGB/Wendehorst Rn. 92.

[134] BT-Drs. 17/12637, 52.

[135] BGBl. 2021 I 3483.

[136] Verordnung (EU) 2017/2394 des Europäischen Parlaments und des Rates vom 12.12.2017 über die Zusammenarbeit zwischen den für die Durchsetzung der Verbraucherschutzgesetze zuständigen nationalen Behörden und zur Aufhebung der Verordnung (EG) Nr. 2006/2004 (ABl. 2017 L 345, 1), die zuletzt durch die Richtlinie (EU) 2019/771) (ABl. 2019 L 136, 28) geändert worden ist.

zung von Verbraucherinteressen im Zusammenhang mit Verbraucherverträgen liegt in den in Art. 246e § 1 Abs. 2 EGBGB genannten Fällen vor (insgesamt 15 Verbotstatbestände, ua bei Verstoß gegen §§ 312a, 312d, 312e, 312f, 312j, 312l). Zudem setzt der Verbotstatbestand einen **weitverbreiteten Verstoß** gemäß Art. 3 Nr. 3 oder einen **weitverbreiteten Verstoß mit Unions-Dimension** gemäß Art. 3 Nr. 4 der CPC-Verordnung voraus.

Der Begriff des **„weitverbreiteten Verstoßes"** erfasst gemäß Art. 3 Nr. 3 CPC-Ver- **71** ordnung

> *„a) jede Handlung oder Unterlassung, die gegen Unionsrecht zum Schutz der Verbraucher-*
> *interessen verstößt und die Kollektivinteressen von Verbrauchern geschädigt hat, schädigt*
> *oder voraussichtlich schädigen kann, die in mindestens zwei anderen Mitgliedstaaten als dem*
> *Mitgliedstaat ansässig sind, in dem*
> > *i) die Handlung oder die Unterlassung ihren Ursprung hatte oder stattfand,*
> > *ii) der für die Handlung oder Unterlassung verantwortliche Unternehmer niedergelassen ist,*
> > *oder*
> > *iii) Beweismittel oder Vermögensgegenstände des Unternehmers vorhanden sind, die einen*
> > *Zusammenhang mit der Handlung oder der Unterlassung aufweisen, oder*
> *b) alle Handlungen oder Unterlassungen desselben Unternehmers, die gegen Unionsrecht zum*
> *Schutz der Verbraucherinteressen verstoßen und die Kollektivinteressen von Verbrauchern*
> *geschädigt haben, schädigen oder voraussichtlich schädigen können, und in mindestens drei*
> *Mitgliedstaaten gleichzeitig stattfinden sowie gemeinsame Merkmale aufweisen, einschließ-*
> *lich derselben unerlaubten Verhaltensweise und derselben verletzten Interessen;,,*

Ein **„weitverbreiteter Verstoß mit Unions-Dimension"** gemäß Art. 3 Nr. 4 CPC-Verordnung ist ein „ein weitverbreiteter Verstoß, der in mindestens zwei Dritteln der Mitgliedstaaten, die zusammen mindestens zwei Drittel der Bevölkerung der Union ausmachen, die Kollektivinteressen von Verbrauchern geschädigt hat, schädigt oder voraussichtlich schädigen kann".

Vereinfacht gesagt, müssen **Kollektivinteressen von Verbrauchern** in **mindestens drei EU-Mitgliedstaaten** betroffen sein oder ein und dasselbe Unternehmen muss in mindestens drei EU-Mitgliedstaaten gleichzeitig durch dasselbe unerlaubte Verhalten Kollektivinteressen von Verbrauchern beeinträchtigen.[137]

Ob **Kollektivinteressen von Verbrauchern** betroffen sind oder es sich lediglich um **72** einen Einzelfall handelt, ist durch Auslegung zu ermitteln. Da AGB schon aufgrund der Definition in § 305 BGB für eine Vielzahl von Verwendungen konzipiert sind, wird bei Verwendung rechtswidriger AGB (Abs. 2 Nr. 2) der Nachweis eines Einzelfalls schwieriger sein als z. B. bei fehlender Bestätigung über den Zugang eines Widerrufs (Abs. 2 Nr. 14) aufgrund einer zeitweisen technischen Fehlfunktion.[138]

Für die Frage, **welche Mitgliedstaaten betroffen** sind, lässt sich auf die Auslegungsgrundsätze zu Art. 6 Abs. 1 Rom II-VO, Art. 6 Abs. 1b) Rom I-VO und Art. 17 Abs. 1c) EuGVVO zurückgreifen, die ebenfalls auf die kollektiven Verbraucherinteressen anknüpfen bzw. darauf abstellen, ob die Tätigkeit des Unternehmers auf ein bestimmtes Land ausgerichtet ist.[139]

Abs. 3 erweitert den Anwendungsbereich auf Fälle, auf die nicht das deutsche Recht, **73** sondern das nationale Recht eines anderen Mitgliedstaats Anwendung findet. Voraussetzung ist, dass dieses eine Vorschrift enthält, die der jeweiligen in Abs. 2 genannten Vorschrift entspricht. Durch den unionsrechtlichen Hintergrund der in Abs. 2 genannten Vorschriften (mit Ausnahme des § 309 BGB) ist hiervon faktisch auszugehen.[140]

---

[137] Schubert/Schmitt/Jacobs BKR 2021, 689 (691); vgl. dort auch zur Auslegungshilfe des Begriffs „Kollektivinteressen von Verbrauchern".
[138] BeckOK BGB/Maume Art. 246e EGBGB Rn. 7 mit weiteren Beispielen.
[139] Schubert/Schmitt/Jacobs BKR 2021, 689 (691); BeckOK BGB/Maume Art. 246e EGBGB Rn. 8.
[140] BT-Drs. 19/27655, 40 f.; BeckOK BGB/Maume Art. 246e EGBGB Rn. 12.

74   Bei **vorsätzlicher oder fahrlässiger Verletzung** von Verbraucherinteressen im Zusammenhang mit Verbraucherverträgen iSd § 1 liegt eine **Ordnungswidrigkeit** vor, die mit einem **Bußgeld** bis zu maximal **4 % des Jahresumsatzes** des jeweiligen Unternehmens geahndet werden kann (Art. 246e § 2 Abs. 2 S. 2 EGBGB). Dies gilt jedoch nur gegenüber Unternehmen, die in den von dem Verstoß betroffenen Mitgliedstaaten in dem vorausgegangenen Geschäftsjahr mehr als 1,25 Mio. Euro Jahresumsatz erzielt haben. Das Umweltbundesamt kann die Höhe des Jahresumsatzes allerdings schätzen (Art. 246e § 2 Abs. 2 S. 3 EGBGB); liegen keine Anhaltspunkte für eine solche Schätzung vor, beträgt das Höchstmaß der Geldbuße 2 Mio. Euro (Art. 246e § 2 Abs. 2 S. 4 EGBGB). In allen sonstigen Fällen beträgt das Bußgeld bis zu 50.000 Euro (Art. 246e § 2 Abs. 2 S. 1 EGBGB).

75   Gemäß Art. 246e § 2 Abs. 3 EGBGB kann die Ordnungswidrigkeit nur im Rahmen einer sog. **koordinierten Durchsetzungsmaßnahme** geahndet werden. Bislang war die Anzahl von Durchsetzungsmaßnahmen auf der Basis koordinierter Aktionen sehr gering[141]; es bleibt abzuwarten, wie relevant der Bußgeldtatbestand des Art. 246e EGBGB in der Praxis tatsächlich sein wird.

76   Die relevanten Bestimmungen für koordinierte Aktionen finden sich in den Art. 15 ff. CPC-Verordnung. Eine koordinierte Aktion soll stattfinden, wenn eine mitgliedstaatliche Behörde den begründeten Verdacht für einen weitverbreiteten Verstoß gegen Verbraucherrechte schöpft (Art. 16 CPC-Verordnung).[142]

77   Zuständige Behörde ist nach Abs. 4 das **Umweltbundesamt.** Diese etwas überraschende Zuständigkeit ist Ergebnis einer zum 1.8.2022 in Kraft getretenen Aufgabenübertragung in Verbrauchersachen vom Bundesamt für Justiz zum Umweltbundesamt.[143]

§ 312b Außerhalb von Geschäftsräumen geschlossene Verträge

(1) [1]**Außerhalb von Geschäftsräumen geschlossene Verträge sind Verträge,**

1. **die bei gleichzeitiger körperlicher Anwesenheit des Verbrauchers und des Unternehmers an einem Ort geschlossen werden, der kein Geschäftsraum des Unternehmers ist,**
2. **für die der Verbraucher unter den in Nummer 1 genannten Umständen ein Angebot abgegeben hat,**
3. **die in den Geschäftsräumen des Unternehmers oder durch Fernkommunikationsmittel geschlossen werden, bei denen der Verbraucher jedoch unmittelbar zuvor außerhalb der Geschäftsräume des Unternehmers bei gleichzeitiger körperlicher Anwesenheit des Verbrauchers und des Unternehmers persönlich und individuell angesprochen wurde, oder**
4. **die auf einem Ausflug geschlossen werden, der von dem Unternehmer oder mit seiner Hilfe organisiert wurde, um beim Verbraucher für den Verkauf von Waren oder die Erbringung von Dienstleistungen zu werben und mit ihm entsprechende Verträge abzuschließen.**

[2]**Dem Unternehmer stehen Personen gleich, die in seinem Namen oder Auftrag handeln.**

(2) [1]**Geschäftsräume im Sinne des Absatzes 1 sind unbewegliche Gewerberäume, in denen der Unternehmer seine Tätigkeit dauerhaft ausübt, und bewegliche Gewerberäume, in denen der Unternehmer seine Tätigkeit für gewöhnlich ausübt.** [2]**Gewerberäume, in denen die Person, die im Namen oder Auftrag des Unternehmers handelt, ihre Tätigkeit dauerhaft oder für gewöhnlich ausübt, stehen Räumen des Unternehmers gleich.**

---

[141] Rodi EuZW 2021, 108 (112): Zum Stand Januar 2021 gab es 12 an andere Mitgliedstaaten ausgehende Durchsetzungsersuche und 0 an Deutschland gerichtete Durchsetzungsersuche; vgl. auch Schubert/Schmitt/Jacobs BKR 2021, 689 (696).

[142] Schubert/Schmitt/Jacobs BKR 2021, 689 (696) mit weiteren Einzelheiten.

[143] BeckOK BGB/Maume EGBGB Art. 246e Rn. 6.

Literatur: Brennecke, Verbraucherbürgschaften als außerhalb von Geschäftsräumen geschlossene Verträge ZJS 2014, 236; Brinkmann/Ludwigkeit, Neuerungen des situativen Anwendungsbereichs besonderer Vertriebsformen, NJW 2014, 3270; Clausnitzer/Delfs, Die EU-Verbraucherrechterichtlinie – Praxisfragen und Antworten der Leitlinien der Europäischen Kommission (Teil 1), ZVertriebsR 2014, 343; Edelmann/Mackenroth, Unwiderruflichkeit von Zeichnungsschein-Vollmachten bei Immobilienfinanzierungsfällen DB 2007, 730; Hilbig-Lugani, Neuerungen im Außergeschäftsraum- und Fernabsatzwiderrufsrecht – Teil 1, ZJS 2013, 441; Hoffmann, Personalsicherheiten als Außergeschäftsraumverträge, ZIP 2015, 1365; Hoffmann, Verbraucherwiderruf bei Stellvertretung, JZ 2012, 1156; Jost, Das Verbraucherwiderrufsrecht bei Außergeschäftsraumverträgen nach Umsetzung der Verbraucherrechterichtlinie, jM 2016, 94; Kehl, Alles auf Anfang? – Die Widerruflichkeit von Verbraucherbürgschaften nach der Neufassung des § 312 Abs. 1 BGB, WM 2022, 507; Kieffer, Digitalisierung des stationären Vertriebs und automatisierte Geschäftsräume, DB 2019, 1888; Meier, Sind Bürgschaften wieder unwiderruflich? Eine Untersuchung zu Inhalt und Reichweite des § 312 Abs. 1 BGB n. F., ZIP 2015, 1156; Reich, Die wettbewerbsrechtliche Beurteilung der Haustürwerbung, GRUR 2011 589; Schwab/Hromek, Alte Streitstände im neuen Verbraucherprivatrecht, JZ 2015, 271.

Übersicht

I. Allgemeines

1. Historie. Die früheren Haustürgeschäfte wurden erstmals durch die Richtlinie 85/ **1** 577/EWG des Rates vom 20.12.1985 betreffend den Verbraucherschutz im Falle von außerhalb von Geschäftsräumen geschlossenen Verträgen **(HausTWRL)**[1] und einigen weiteren Vorschriften anderer Richtlinien in deutsches Recht umgesetzt.[2] Die HausTWRL wurde zunächst mit Wirkung zum 1.5.1986 durch das Haustürwiderrufgesetz **(HWiG)** in deutsches Recht umgesetzt. Zum 31.12.2001 wurde das HWiG aufgehoben und die Kernvorschriften wurden durch das Schuldrechtsmodernisierungsgesetz zum 1.1.2002 als § 312 aF in das BGB übernommen. Mit Wirkung zum 11.6.2010 wurde § 312 Abs. 2 aF geändert.[3]

Im Zuge der Umsetzung der **VerbrRRL**[4] wurde das Haustürgeschäft durch die Figur **2** des außerhalb von Geschäftsräumen geschlossenen Vertrages abgelöst. Dieser Begriff lag bereits der HausTWRL zugrunde. § 312b setzt Artikel 2 Nr. 8 und 9 der VerbrRRL nahezu wortgleich um. Anders als die HausTWRL sieht die VerbrRRL gem. Art. 4 eine Vollharmonisierung vor. Sofern also in der VerbrRRL nicht anders bestimmt, ist es den Mitgliedstaaten verwehrt, abweichende innerstaatliche Regeln einzuführen.[5]

2. Überblick. § 312b enthält in Abs. 1 Definitionen für Verträge, die außerhalb von **3** Geschäftsräumen geschlossen werden sowie in Abs. 2 die Definition von Geschäftsräumen.

---

[1] ABl. 1985 L 372, 31.

[2] Vgl. zur Historie Martinek/Semler/Flohr VertriebsR-HdB/Martinek § 9 Rn. 1 ff.

[3] BT-Drs. 16/11643, 69; wie sich der Gesetzesentwurfsbegründung entnehmen lässt, dient die Änderung allein der Klarstellung und sollte keine inhaltlichen Änderungen mit sich bringen.

[4] Durch das Gesetz zur Umsetzung der VerbrRRL und zur Änderung des Gesetzes zur Regelung der Wohnungsvermittlung vom 20.9.2013 (BGBl. 2013 I 3642).

[5] Vgl. Reform der §§ 312 ff. → Vor § 312 Rn. 3.

4 Anders als § 312 aF über Haustürgeschäfte knüpft § 312b Abs. 1 mit Ausnahme von Abs. 1 S. 1 Nr. 4 nicht mehr ausschließlich an das Vorliegen besonderer, für den Direktvertrieb typischer Situationen an, wie zB Verhandlungen am Arbeitsplatz oder in einer Privatwohnung, sondern stellt allgemein darauf ab, ob der Vertrag außerhalb der Geschäftsräume des Unternehmers verhandelt oder geschlossen wurde.[6] Zudem ist das in § 312 aF enthaltene Kausalitätserfordernis weggefallen, sodass der Verbraucher nicht mehr darlegen und beweisen muss, dass die Überrumpelungssituation für die Abgabe seiner Willenserklärung kausal war. Die Definition in Abs. 1 ist damit weiter als diejenige des früheren Haustürgeschäfts in § 312 aF. Ferner lässt die VerbrRRL auch keine Ausnahme mehr zu für durch den Verbraucher bestellte Besuche.[7]

5 Hintergrund der Regelungen des § 312b ist, dass der Verbraucher außerhalb von Geschäftsräumen möglicherweise **psychisch unter Druck** oder **einem Überraschungsmoment ausgesetzt** ist.[8]

6 Liegt ein außerhalb von Geschäftsräumen geschlossener Vertrag nach § 312b vor, begründet § 312g für den Verbraucher ein **Widerrufsrecht** und legt dem Unternehmer in § 312d iVm Art. 246a EGBGB **Informationspflichten** auf. Die Informationspflichten werden durch die Verpflichtung ergänzt, dem Verbraucher die wesentlichen Informationen nach Vertragsschluss auf Papier oder einem anderen dauerhaften Datenträger zur Verfügung zu stellen (§ 312f Abs. 1) (→ BGB § 312f Rn. 3 ff.). Ergänzt wird dieser Schutz durch das Lauterkeitsrecht: Das überraschende Ansprechen von Straßenpassanten, das Unterlassen der Widerrufsbelehrung oder die unaufgeforderte Haustürwerbung können nach unlauter sein.[9]

7 Zu beachten ist in prozessualer Hinsicht ferner **§ 29c ZPO**, der als **Gerichtsstand** für Klagen aus außerhalb von Geschäftsräumen geschlossenen Verträgen zugunsten des Verbrauchers den Wohnort bzw. den Ort des gewöhnlichen Aufenthalts des Verbrauchers regelt.

II. Anwendungsbereich

8 Voraussetzung für die Anwendbarkeit des § 312b ist nach § 312 Abs. 1, 1a zunächst ein **Verbrauchervertrag,** bei dem sich der Verbraucher zu der **Zahlung eines Preises** oder zur **Bereitstellung personenbezogener Daten** verpflichtet (→ BGB § 312 Rn. 8 ff.). Verträge mit umgekehrter Leistungserbringung, in denen sich der Verbraucher zur Lieferung einer Ware verpflichtet, sind nicht erfasst.[10] Die §§ 312 ff. sind eindeutig darauf zugeschnitten, dass der Unternehmer die vertragscharakteristische Leistung erbringt.[11]

9 **Bürgschaften** sind nach der Rechtsprechung des BGH[12] mangels Entgeltlichkeit keine Verbraucherverträge iSv § 312 Abs. 1 (→ BGB § 312 Rn. 16). Durch diese Rechtsprechung hat der BGH der Debatte um die Frage, ob bei Bürgschaften die Voraussetzungen des § 312b nur beim Bürgschaftsvertrag oder auch bei der Hauptschuld vorliegen müssen, ein Ende gesetzt.[13]

III. Geschäftsräume des Unternehmers (Abs. 2)

10 Abs. 2 definiert den für § 312b zentralen Begriff des Geschäftsraums. Danach fallen unter diesen Begriff unbewegliche Gewerberäume, in denen der Unternehmer seine Tätig-

[6] BT-Drs. 17/12637, 49.
[7] Erwägungsgrund 21 der VerbrRRL; BT-Drs. 17/12637, 49.
[8] Erwägungsgrund 21 der VerbrRRL; BT-Drs. 17/12637, 49.
[9] BeckOK BGB/Maume Rn. 4; zT str., siehe Reich GRUR 2011, 589; MüKoBGB/Wendehorst Rn. 60 ff.
[10] A.A. BeckOK BGB/Maume Rn. 8 m. w. N.; ausführlich zur Diskussion auch MüKoBGB/Wendehorst § 312 Rn. 27 ff.
[11] MüKoBGB/Wendehorst § 312 Rn. 27.
[12] BGH BeckRS 2020, 27470.
[13] Kritisch Kulke MDR 2021, 526; Kehl, WM 2022, 507; BeckOK BGB/Maume Rn. 12 f.; vgl. zur Debatte Meier ZIP 2015, 1156; Hoffmann ZIP 2015, 1365.

keit dauerhaft ausübt, und bewegliche Gewerberäume, in denen der Unternehmer seine Tätigkeit für gewöhnlich ausübt.

Unbewegliche Gewerberäume, in denen der Unternehmer seine Tätigkeit dauerhaft, **11** dh ständig, ausübt, sind zB Ladengeschäfte (auch Pop-Up -Store)[14]; uU kann auch eine Privatwohnung darunterfallen, wenn der Unternehmer seine geschäftliche Tätigkeit erkennbar dort ausübt.[15]

Bewegliche Gewerberäume, in denen der Unternehmer seine Tätigkeit für gewöhn- **12** lich ausübt, sind nach der Gesetzesbegründung beispielsweise Stände, Verkaufswagen, Verkaufsstätten, in denen der Unternehmer seine Tätigkeit saisonal ausübt (zB während der Skisaison in einem Skiort), grundsätzlich auch Markt-, Messe- und Ausstellungsstände iSd §§ 64, 65 GewO, wenn der Unternehmer sein Gewerbe dort für gewöhnlich ausübt.[16]

Im Hinblick auf den Schutzzweck ist für die Abgrenzung maßgeblich, ob der Ver- **13** braucher mit dem Auftreten des Unternehmers rechnen musste oder ob eine **Überrumpelungssituation** vorliegt.[17] Keine Überrumpelungsgefahr wird regelmäßig vorliegen, wenn dieselben Händler wiederholt ihre Stände aufbauen und für einen Wochenmarkt typische Waren verkaufen.[18] Wenn der Unternehmer fachfremde Waren und Dienstleistungen anbietet, mit dem er Verbraucher auf dem (Wochen-) Markt oder der Messe bzw. Ausstellung nicht rechnen muss[19] und dies auch nur sporadisch geschieht (zB fliegender Händler), kann daher eine Überrumpelungsgefahr vorliegen. Beispiele sind der Verkauf von Weichwasserautomaten auf einem Jahrmarkt[20] oder eines Dampfsaugers auf einer Reisemesse.[21] Entscheidend ist aber auch hier, ob die Ausübung der gewerblichen Tätigkeit für den Verbraucher erkennbar ist, denn es ist für seine Schutzbedürftigkeit unerheblich, ob der Unternehmer ausnahmsweise oder regelmäßig am Marktgeschehen teilnimmt.[22]

Nach der Rechtsprechung des BGH kommt es für die Beurteilung der Frage, ob ein **13a** Messestand auf einer Verkaufsmesse ("Grüne Woche") ein "beweglicher Gewerberaum" ist in dem der Unternehmer seine Tätigkeit für gewöhnlich ausübt, auf das konkrete Erscheinungsbild dieses Standes an, insbesondere darauf, ob besondere Umstände aus der Sicht eines angemessen aufmerksamen und verständigen Verbrauchers den Stand als einen Ort erscheinen lassen, an dem dieser nicht mit einer Ansprache durch Mitarbeiter des Unternehmers zum Zweck eines auf der Messe zu schließenden Vertrags rechnen muss. Ist der Messeauftritt klar erkennbar so aufgeteilt, dass in einem Bereich die Geräte vorgeführt und in einem anderen Bereich die Verträge abgewickelt werden, so muss ein Durchschnittsverbraucher mit einer dort ausgeübten Verkaufstätigkeit rechnen. Der dem Publikumsverkehr dienende Gang zum Messestand ist hingegen kein Geschäftsraum. "Teilautomatisierte" Verkaufsräume, in denen der Vertragsschluss unter Anwesenheit des Verkaufspersonals elektronisch erfolgt, sind Geschäftsräume iSd Abs. 2 S. 1.[23]

Nicht unter den Begriff der Geschäftsräume fallen nach Erwägungsgrund 22 der **14** VerbrRRL der **Öffentlichkeit zugängliche Orte** wie Straßen, Einkaufszentren, Strände, Sportanlagen, und öffentliche Verkehrsmittel, die der Unternehmer ausnahmsweise für seine Geschäftätigkeiten nutzt, sowie Privatwohnungen oder Arbeitsplätze. Wenn der Unternehmer in seiner Privatwohnung auch seine geschäftliche Tätigkeit erkennbar ausübt,

---

[14] Grüneberg/Grüneberg Rn. 2; aA Clausnitzer/Delfs ZVertriebsR 2014, 343 (345).

[15] Brinkmann/Ludwigkeit NJW 2014, 3270; Grüneberg/Grüneberg Rn. 2.

[16] EuGH EuZW 2018, 742; BGH NJW-RR 2019, 1069 (Kamin auf „Grüne Woche"); BGH NJW-RR 2019, 753 (Einbauküche auf klassischer Verkaufsmesse); Erwägungsgrund 22 der VerbrRRL; BT-Drs. 17/ 12637, 49 f.; vgl. Clausnitzer/Delfs ZVertriebsR 2014, 343 (345).

[17] Grüneberg/Grüneberg Rn. 2.

[18] BT-Drs. 17/12637, 50; BeckOK BGB/Maume Rn. 30.

[19] BT-Drs. 17/12637, 50; Grüneberg/Grüneberg Rn. 2.

[20] LG Bielefeld BeckRS 2017, 108081.

[21] AG Pinneberg BeckRS 2016, 02899; vgl. aber OLG Karlsruhe BeckRS 2016, 11358: Dampfstaubsauger in Messehalle „Haustechnik".

[22] Jost jM 2016, 94 (100); BeckOK BGB/Maume Rn. 30.

[23] Kieffer DB 2019, 1888 (1889)).

kann diese Geschäftsraum sein. Ladengeschäfte anderer Unternehmer, in denen der Unternehmer einmalig oder sporadisch einen Stand aufstellt und Kunden anspricht[24] sind keine Geschäftsräume.

15   Satz 2 erfasst auch Gewerberäume als Geschäftsräume, die nicht Räume des Unternehmers sind, wenn die Person, die im Namen oder Auftrag des Unternehmers handelt, ihre Tätigkeit dort dauerhaft oder für gewöhnlich ausübt.[25]

IV. Die einzelnen Tatbestände (Abs. 1 Nr. 1–4)

16   Die Aufzählung in Abs. 1 schließt wegen der Vollharmonisierung der Richtlinie eine erweiterte Auslegung und eine Analogie aus.[26] Es ist aber unter Umständen zu prüfen, ob ein Umgehungsgeschäft iSd § 312m Abs. 1 S. 2 vorliegt.

17   Bei Nr. 1, 2, und 4 ist der Ort des Vertragsschlusses oder der Abgabe der Erklärung des Verbrauchers maßgeblich; in Nr. 3 kommt es auf den Ort des werbemäßigen Ansprechens an.

18   **1. Vertragsschluss außerhalb der Geschäftsräume (Abs. 1 S. 1 Nr. 1).** Hierunter fallen Verträge, die **bei gleichzeitiger körperlicher Anwesenheit des Verbrauchers und des Unternehmers** nicht in Geschäftsräumen iSv Abs. 2 geschlossen werden. Hierzu gehören insbesondere Verträge, die in einer Privatwohnung, am Arbeitsplatz (soweit der Unternehmer nicht der Arbeitgeber ist, da es sich sonst um die Geschäftsräume des Unternehmers handelt[27]), ein Restaurant (das nicht Geschäftsraum des Unternehmers ist), ein Kurhaus oder allgemein zugängliche Verkehrsflächen.[28]

19   Auf die Bestimmung der Privatwohnung usw kommt es nicht mehr an; erfasst werden daher auch sog. Partyverkäufe in der Wohnung eines Dritten, ein Vertragsschluss im Seniorenheim, in einem Hotelzimmer, auf einem Campingplatz, im Wohnmobil, auf dem Hausboot, im Auto[29] oder in der Privatwohnung des Unternehmers oder der für ihn handelnden Person[30]. Anders als nach § 312 Abs. 3 aF greift das Widerrufsrecht auch bei vorheriger Bestellung des Unternehmers durch den Verbraucher.[31]

20   **2. Vertragsangebot des Verbrauchers (Abs. 1 S. 1 Nr. 2).** Durch Nr. 2 wird der Anwendungsbereich von Nr. 1 auf Verträge erweitert, bei denen der Verbraucher in der Situation der Nr. 1 ein bindendes Vertragsangebot abgegeben hat, der Unternehmer den Antrag aber erst später und möglicherweise in seinem Geschäftsraum annimmt.[32] Nr. 2 setzt voraus, dass der **Unternehmer bei der Angebotsabgabe des Verbrauchers körperlich anwesend** ist, weil nur dann die Druck- oder Überrumpelungsgefahr, vor der § 312b schützen soll, gegeben ist.[33] Für die Schutzbedürftigkeit des Verbrauchers macht es keinen Unterschied, ob auch der Unternehmer seine Vertragserklärung außerhalb seiner Geschäftsräume abgegeben hat.[34] Wenn der Unternehmer bei gleichzeitiger Anwesenheit ein bindendes Angebot abgibt und der Verbraucher es erst später annimmt, besteht keine psychische Drucksituation mehr, so dass Nr. 2 nicht anwendbar ist.[35]

21   **3. Persönliches und individuelles Ansprechen (Abs. 1 S. 1 Nr. 3).** Nr. 3 erfasst Verträge, die in den Geschäftsräumen des Unternehmers oder durch Fernkommunikations-

---

[24] Erwägungsgrund 22 der VerbrRRL; BT-Drs. 17/12637, 50; Grüneberg/Grüneberg Rn. 2.
[25] BT-Drs. 17/12637, 50.
[26] Grüneberg/Grüneberg Rn. 3.
[27] Aufhebungsverträge am Arbeitsplatz sind daher nicht von § 312b Abs. 1 S. 1 Nr. 1 umfasst; vgl. Schwab/Hromek JZ 2015, 271 (272 f.).
[28] Vgl. BT-Drs. 17/12637, 49; Grüneberg/Grüneberg Rn. 4.
[29] OLG Köln BauR 2018, 142.
[30] BGH NJW-RR 2006, 1715; Grüneberg/Grüneberg Rn. 4.
[31] BT-Drs. 17/12637, 49.
[32] Vgl. BT-Drs. 17/12637, 49.
[33] Grüneberg/Grüneberg Rn. 5.
[34] BT-Drs. 17/12637, 49.
[35] BeckOK BGB/Maume Rn. 17.

mittel geschlossen werden, bei denen der Verbraucher jedoch unmittelbar zuvor außerhalb der Geschäftsräume des Unternehmers persönlich und individuell angesprochen wurde, beispielsweise im öffentlichen Verkehrsraum, vor dem Geschäft des Unternehmers oder in den Geschäftsräumen eines anderen Unternehmers (arg. Überrumpelungsgefahr).[36] Unter welchen Voraussetzungen in diesen Konstellationen gleichzeitig ein Fernabsatzvertrag vorliegt, vgl. → BGB § 312c Rn. 7.[37]

Der Vertragsschluss muss unmittelbar nachfolgen. Dh es muss ein **enger zeitlicher** **22** **Zusammenhang zwischen Ansprechen und Abgabe** der zum Vertragsschluss führenden Willenserklärung bestehen. Es gibt keine feste Zeitgrenze, vielmehr sind die Umstände des Einzelfalls maßgeblich und ob das Überraschungsmoment noch fortbesteht. Entscheidend ist, ob sich das Ansprechen und das Betreten des Geschäfts (bzw. die Kontaktaufnahme via Fernkommunikation) als **einheitlicher Lebenssachverhalt** darstellt.[38] Ein einheitlicher Lebenssachverhalt liegt vor, wenn der Verbraucher sofort in den Laden geht und die angebotene Ware kauft oder per Handy bestellt; auf die Motivation des Verbrauchers (zB „Loswerden des Werbers") kommt es nicht an.[39] Ein einheitlicher Lebenssachverhalt dürfte auch dann noch zu bejahen sein, wenn der Verbraucher nicht direkt nach dem Ansprechen das Geschäft aufsucht und sich zunächst entfernt, dann aber zurückkehrt und das Ladengeschäft für den Vertragsschluss aufsucht.[40] Kehrt der Verbraucher erst am Folgetag in das Ladengeschäft zurück, dürfte ein einheitlicher Lebenssachverhalt zu verneinen sein.[41]

Nicht umfasst sind Fälle, in denen der Unternehmer in die Wohnung des Verbrauchers **23** kommt, um ohne jede Verpflichtung des Verbrauchers lediglich Maße aufzunehmen oder eine Schätzung vorzunehmen, und der Vertrag erst danach zu einem späteren Zeitpunkt in den Geschäftsräumen des Unternehmers oder mittels Fernkommunikationsmittel auf der Grundlage der aufgenommenen Maße oder der Schätzung des Unternehmers abgeschlossen wird. In diesen Fällen ist davon auszugehen, dass der Verbraucher genügend Zeit hatte, vor Vertragsschluss über einen Vertragsschluss nachzudenken.[42]

Die **Ansprache** muss **persönlich** und **individuell** erfolgen. Damit ist allgemein gehal- **24** tene Werbung oder Ansprachen an größere Personengruppen vom Anwendungsbereich ausgenommen.[43] Der Schutz gegen übertriebenes Anlocken erfolgt hier ggf. durch die §§ 3, 4 UWG. Typischer Anwendungsfall ist neben der direkten Ansprache das Verteilen von Flugblättern vor dem Ladengeschäft.[44] Auch das Ansprechen auf einem dem Publikumsverkehr dienenden Gang auf einer Messe mit anschließendem Vertragsschluss am Verkaufsstand des Unternehmers fällt unter Abs. 1 S. 1 Nr. 3.[45]

4. Ausflugsveranstaltungen (Abs. 1 S. 1 Nr. 4). Nr. 4 umfasst Verträge, die auf **25** einem Ausflug geschlossen werden, der von einem Unternehmer oder mit seiner Hilfe organisiert wurde, um beim Verbraucher für den Verkauf von Waren oder die Erbringung von Dienstleistungen zu werben. Damit erweitert Nr. 4 den Anwendungsbereich der Nr. 1, indem er auch Verträge erfasst, die anlässlich einer Ausflugsveranstaltung in den Geschäftsräumen des Unternehmers geschlossen werden.

---

[36] BT-Drs. 17/12637, 39.
[37] Vgl. auch Brinkmann/Ludwigkeit NJW 2014, 3270 (3274 f.).
[38] BeckOK BGB/Maume Rn. 20.
[39] Grüneberg/Grüneberg Rn. 6.
[40] BeckOK BGB/Maume Rn. 20; aA BeckOGK BGB/Busch Rn. 19; HK-BGB/Schulte-Nölke Rn. 4: Ausschluss schon bei wenigen Minuten, jedenfalls ab einer Stunde.
[41] BeckOK BGB/Maume Rn. 20; Hilbig-Lugani ZJS 2013, 441 (448).
[42] Vgl. dazu Erwägungsgrund 21 der VerbrRRL sowie BT-Drs. 17/12637, 49; Grüneberg/Grüneberg Rn. 6; BeckOK BGB/Maume Rn. 20.
[43] BeckOK BGB/Maume Rn. 21.
[44] BT-Drs. 17/12637, 49; BeckOK BGB/Maume Rn. 21.
[45] EuGH BeckRS 2019, 32923.

26   Darunter fallen insbesondere die klassischen „Kaffeefahrten"[46], sowie Ausflugsfahrten zur Unterhaltung, Erholung oder Bildung[47] oder zu Sportereignissen, Filmvorführungen[48] und Wanderlagerveranstaltungen[49], nicht dagegen der Abschluss von Fitness-Verträgen im Anschluss an ein Probetraining im Sportstudio.[50]

27   Nr. 4 ist auch anwendbar, wenn der Ausflug zu einem Geschäftsraum des Unternehmers führt bzw. dort endet, in dem die Verträge geschlossen werden.[51] Ferner greift der Schutzzweck des § 312b auch dann ein, wenn die Werbeveranstaltung im Programm angekündigt war und als solche keine Überraschung für den Verbraucher bedeutet.[52] Wichtig ist jedoch der überwiegende Freizeitcharakter. Kein Ausflug begründet etwa eine organisierte Fahrt zu einem Fabrik-Outlet, bei dem der Verkaufszweck völlig im Vordergrund steht.[53] Bei Ausflügen steht der Erlebniswert für den Verbraucher im Vordergrund, der ihn in eine unbeschwerte Stimmung versetzt und es ihm uU erschwert, sich dem Geschäftsschluss zu entziehen[54], während der Vertriebszweck in den Hintergrund tritt.

28   **Veranstalter** kann auch ein **Dritter** sein, der die Veranstaltung organisiert und mit Hilfe des Unternehmers durchführt.[55] Das ist bereits zu bejahen, wenn der Dritte weiß und duldet, dass der Unternehmer Werbung und Verkaufstätigkeit entfaltet.[56] Der Dritte muss keinen eigenen wirtschaftlichen Vorteil erstreben.[57]

V. Vertreterhandeln und Zurechnung

29   Wenn die Vertragspartner Unternehmer und Verbraucher nicht persönlich aufeinander treffen, sondern der eine oder der andere einen Dritten einschaltet, zB der Unternehmer einen Handelsvertreter, stellt sich die Frage, ob der später geschlossene Vertrag von § 312b erfasst ist oder nicht. Insbesondere stellt sich die Frage, ob eine während der Vertragsanbahnung entstandene Situation des Abs. 1 S. 1 den späteren Vertragsparteien zuzurechnen ist.

30   **1. Dritter auf Unternehmerseite (Abs. 1 S. 2).** Gemäß Abs. 1 S. 2 stehen dem Unternehmer Personen gleich, die in seinem Namen oder Auftrag handeln. Tritt der Unternehmer daher nicht persönlich in Erscheinung, sondern handelt ein Dritter in seinem Namen oder für seine Rechnung, muss der Unternehmer sich dessen Verhandlung in einer Situation des Abs. 1 S. 1 zurechnen lassen.[58] Wann dies der Fall ist, ist allein anhand der **objektiven Umstände** festzustellen. Ob der Unternehmer davon Kenntnis hatte oder hätte wissen müssen, dass ein Dritter in einer Situation nach Abs. 1 S. 1 werbend für ihn tätig wird, ist gleichgültig. Einer Zurechnung nach den Grundsätzen des **§ 123 Abs. 2 hat der EuGH**[59] **eine Absage** erteilt. Dem hat sich der BGH angeschlossen.[60]

31   Die Beziehung zwischen dem Unternehmer und dem Dritten, die notwendig ist, um dem Unternehmer das Handeln des Dritten zuzurechnen, ist **nicht allein rechtlich,**

---

[46] BT-Drs. 17/12637, 49.

[47] OLG München NJW-RR 1991, 122; KG NJW-RR 2009, 195, Grüneberg/Grüneberg Rn. 7.

[48] LG Hanau NJW 1995, 1100, Grüneberg/Grüneberg Rn. 7.

[49] OLG Hamm NJW-RR 1989, 117, Grüneberg/Grüneberg Rn. 7; § 56a GewO wurde durch das Gesetz zur Stärkung des Verbraucherschutzes im Wettbewerb und Gewerberecht mit Wirkung zum 28.5.2022 angepasst und verbietet den Vertrieb von Nahrungsergänzungsmitteln, Medizinprodukten und Finanzanlagen auf sog. „Kaffeefahrten".

[50] Schwab/Hromek JZ 2015, 271, Grüneberg/Grüneberg Rn. 7.

[51] BT-Drs. 17/12637, 49.

[52] MüKoBGB/Wendehorst Rn. 50; OLG Düsseldorf NJW-RR 1996, 1269.

[53] MüKoBGB/Wendehorst Rn. 51.

[54] Für „Freizeitveranstaltung" iSd § 312 aF BGH NJW 2004, 363; 2002, 3100; OLG Düsseldorf NZM 1998, 344; BeckOK BGB/Maume Rn. 22.

[55] Grüneberg/Grüneberg Rn. 7.

[56] Siehe BGH NJW-RR 1991, 1524; AG Würzburg NJW-RR 2015, 1149; Grüneberg/Grüneberg Rn. 7.

[57] Grüneberg/Grüneberg Rn. 7.

[58] Vgl. EuGH NJW 2005, 3555; BGH NJW 2006, 497, 1340; NZM 2007, 60.

[59] EuGH NJW 2005, 3555 – Crailsheimer Volksbank.

[60] BGH NJW 2006, 497 vgl. auch BeckOK BGB/Maume Rn. 28, Hoffmann ZIP 2015, 1365 (1371); aA (Rückkehr zur EuGH-Entscheidung) Schwab/Hromek JZ 2015, 271 (275).

sondern auch **wirtschaftlich** zu verstehen. Das LG Ravensburg hat dem EuGH die Frage vorgelegt, ob Abs. 1 S. 2 nur das rechtsgeschäftliche, oder auch das nicht rechtsgeschäftliche Handeln umfasst.[61] In welchem persönlichen Verhältnis der Dritte zu dem Verbraucher steht, ist grundsätzlich egal, solange der Dritte **allgemein werbend** für den Unternehmer tätig wird.[62] Beispielsweise können für den Unternehmer handeln: Handelsvertreter, Makler, Sammelbesteller und Partyverkäufer[63], aber auch der Ehegatte oder nahe Angehörige des Verbrauchers, der für den Unternehmer tätig ist[64], Nachbarn, Freunde, Arbeitskollegen oder Mitgesellschafter, die auf Veranlassung des Unternehmers handeln[65]. Welche **Qualität die wirtschaftliche Beziehung** haben muss, ist in der Rechtsprechung allerdings nicht rechtssicher geklärt. **Unproblematisch** sind die Fälle, in denen ein Vertriebsmittler im Auftrag und im Namen des Unternehmers Verträge vermittelt und/oder abschließt. Ein Unternehmer muss sich also die Situation nach Abs. 1 S. 1, in der sein **Handelsvertreter** einen Vertrag anbahnt oder abschließt, zurechnen lassen. Dies gilt unabhängig davon, ob dem Handelsvertreter Abschlussvollmacht eingeräumt wurde[66] oder der Handelsvertreter Verträge nur vermitteln, also anbahnen[67] darf. Denn es kommt entscheidend darauf an, ob der Verbraucher in einer Situation nach Abs. 1 S. 1 werbend angesprochen wurde und nicht, ob in der Situation nach Abs. 1 S. 1 der Vertrag abgeschlossen wurde. **Problematisch** sind hingegen die Fälle, in denen der Dritte nicht als ständiger Vertriebsmittler in den Vertrieb eines Unternehmers eingebunden ist. In einer Vielzahl von Entscheidungen zu Rechtsstreitigkeiten über kreditfinanzierte Finanzanlagen wird die Qualität der wirtschaftlichen Beziehung bedauerlicherweise gar nicht thematisiert.[68] Aufgrund des Schutzzwecks des § 312b wird man an die Qualität der wirtschaftlichen Beziehung keine allzu hohen Anforderungen stellen dürfen. Eine Situation nach Abs. 1 S. 1 ist einem Unternehmer jedenfalls dann zuzurechnen, wenn sie objektiv vorgelegen hat und der Dritte mit dem Unternehmer über einen **längeren Zeitraum in Geschäftskontakt** stand und über die **Formulare des Unternehmers verfügte**.[69] Umgekehrt kann nach dem Schutzzweck des § 312b die von einem Dritten geschaffene Situation nach Abs. 1 S. 1 dem Unternehmer nicht zugerechnet werden, wenn das Handeln des Dritten **allein auf Aufträgen und Weisungen des Verbrauchers** beruht und der Vermittler ausschließlich „im Lager" des Verbrauchers steht.[70] Dann fehlt der rechtliche und wirtschaftliche Zusammenhang zwischen der Tätigkeit des Dritten und der des Unternehmers.[71] An dem notwendigen rechtlichen oder wirtschaftlichen Zusammenhang zwischen der Tätigkeit des Dritten in der Situation nach Abs. 1 S. 1 und dem Gewerbe des Unternehmers fehlt es auch, wenn ein Ehegatte dem anderen in der ehelichen Wohnung eine Vertragserklärung auf Veranlassung des Unternehmers zur Unterschrift vorgelegt hat.[72] Dies gilt auch im Verhältnis zwischen nahen Angehörigen.[73] Unerheblich ist, ob der Verbraucher und der Dritte im selben Haushalt leben oder getrennt.[74] § 312b dient nämlich nicht dem Schutz vor Überredungskünsten von Familienangehörigen, Freunden und Personen mit ähnlichem Näheverhältnis zum Verbraucher.

---

[61] LG Ravensburg BeckRS 2021, *31766* insbes. Rn. 56 ff.
[62] BGH NJW 1996, 3414 (3415).
[63] Grüneberg/Grüneberg Rn. 9.
[64] Siehe BGH NJW 1996, 3414 (Sohn); NJW-RR 2006, 1715 (Cousin der Mutter).
[65] OLG Koblenz ZIP 2007, 2022 (2024); aA KG NJW 1996, 1480.
[66] OLG Frankfurt a. M., BeckRS 2021, *37583;* LG Wiesbaden, BeckRS 2021, *49441.*
[67] Vgl. LG Ravensburg BeckRS 2021, 25325.
[68] EuGH NJW 2005, 3555 – Crailsheimer Volksbank; BGH NZM 2007, 60; NJW 2006, 1340; 2006, 497.
[69] BGH BKR 2006, 448 Rn. 15.
[70] Siehe BGH NJW 2008, 3423; NJW-RR 2009, 836.
[71] BGH NJW-RR 2009, 836 Rn. 22.
[72] BGH NJW 1993, 1594.
[73] BGH NJW 1987, 184.
[74] BGH NJW 1996, 191.

32   **2. Dritter auf Verbraucherseite.** Handelt für den Verbraucher ein Dritter, sind zwei Rechtsverhältnisse zu unterscheiden: Zum einen die Phase der **Vertragsanbahnung mit dem Vertragsschluss,** zum anderen die **Vollmachterteilung.** Handelt in der Phase der Vertragsanbahnung bis zum Vertragsschluss ein Verbraucher als Stellvertreter, kommt es für die Situation des Abs. 1 S. 1 allein auf den Stellvertreter an[75], es sei denn der Vertreter hat auf Grund bestimmter Weisung keinen Spielraum[76]. Tritt für den Verbraucher ein Unternehmer als Stellvertreter auf, entfällt das Widerrufsrecht, weil § 312b nach seinem Sinn und Zweck auf das Handeln eines Unternehmers nicht angewandt werden kann. Ob möglicherweise die Vollmacht in einer Situation des Abs. 1 S. 1 erteilt wurde, ist in Bezug auf den abgeschlossenen Vertrag unerheblich.[77]

33   Sieht man die Vollmacht in richtlinienkonformer Auslegung des § 312b als widerruflich an[78], kommt eine Rückabwicklung des Geschäfts nur in Betracht, wenn der Verbraucher die Vollmacht widerruft; ein Widerruf des Vertreters genügt nicht[79]. Der Unternehmer wird in der Regel durch § 172 geschützt; er hat bei einem Vertragsschluss mit einem Vertreter idR keine Veranlassung anzunehmen, die Vollmacht sei außerhalb von Geschäftsräumen erteilt und der Verbraucher nicht belehrt worden (→ § 172 Rn. 2).

34   Schließlich sind noch die Fälle zu bewerten, die mit einem Verbraucher **außerhalb einer Situation nach Abs. 1 S. 1 abgeschlossen werden, die aber mit einem anderen Verbraucher in einer Situation nach Abs. 1 S. 1 angebahnt wurden.** Wird ein Vertrag außerhalb der Geschäftsräume des Unternehmers nach Abs. 1 S. 1 angebahnt und ist zunächst ein Verbraucher Verhandlungsführer, wird der Vertrag aber später von einem anderen Verbraucher abgeschlossen, ist die Frage, ob der Vertrag in einer Situation nach Abs. 1 S. 1 geschlossen wurde danach zu beantworten, ob die Situation nach Abs. 1 S. 1 durch den Wechsel des Verhandlungsführers/Vertragspartners noch fortwirkt. Dies wird man bejahen können, wenn zwischen dem früheren Verhandlungsführer und dem späteren Vertragspartner eine enge persönliche Beziehung bestand und der Wechsel aus persönlicher Verbundenheit erfolgte (zB Ehemann/Ehefrau, Vater/Tochter etc).

35   Bei einem Vertragsschluss durch einen **Ehegatten** kommt es für den nach § 1357 Mitverpflichteten auf die Situation des Abs. 1 S. 1 beim Abschließenden an.[80]

VI. Beweislast

36   Nach **allgemeinen Grundsätzen** trägt die Beweislast der Verbraucher.[81] Der Verbraucher hat mithin die Tatbestandsvoraussetzungen sowie seine Verbrauchereigenschaft nach § 13 zu beweisen. Letztere liegt bei Handeln einer natürlichen Person grundsätzlich vor.[82] Die Angabe einer geschäftlichen Rechnungsadresse kann diese Grundannahme allein nicht widerlegen.[83] Ist der Vertrag dem äußeren Anschein nach nicht in einem Geschäftsraum abgeschlossen worden, muss der Unternehmer beweisen, dass er dort seine Tätigkeit dauerhaft oder für gewöhnlich ausübt.[84]

37   Da das noch in § 312 aF normierte Kausalitätserfordernis weggefallen ist, muss der Verbraucher nicht mehr darlegen und beweisen, dass die Überrumpelungssituation für die Abgabe seiner Willenserklärung kausal war. Es genügt allein das Vorliegen eines der Tatbestände in Abs. 1.[85]

---

[75] Siehe BGH NJW 2005, 664 (668); 2006, 2118 Rn. 18; BVerfG NJW 2004, 151.
[76] Siehe BGH NJW 2000, 2268, Gedanke des § 166 Abs. 2.
[77] BGH NJW 2000, 2268; 2004, 154 (155); Grüneberg/Grüneberg Rn. 8.
[78] Grüneberg/Grüneberg Rn. 8; Hoffmann JZ 2012, 1156; aA Edelmann/Mackenroth DB 2007, 730.
[79] BGH NJW 2000, 2268 (2270).
[80] Vgl. Grüneberg/Grüneberg Rn. 9.
[81] Siehe BGH NJW 2009, 431; 2010, 2868; Grüneberg/Grüneberg Rn. 3.
[82] BGH NJW 2009, 3780; vgl. BeckOK BGB/Maume Rn. 39.
[83] AG Bonn BeckRS 2015, 12231; vgl. BeckOK BGB/Maume Rn. 39.
[84] Grüneberg/Grüneberg Rn. 3.
[85] Vgl. auch OLG Celle BeckRS 2022, 442.

§ 312c Fernabsatzverträge

(1) **Fernabsatzverträge sind Verträge, bei denen der Unternehmer oder eine in seinem Namen oder Auftrag handelnde Person und der Verbraucher für die Vertragsverhandlungen und den Vertragsschluss ausschließlich Fernkommunikationsmittel verwenden, es sei denn, dass der Vertragsschluss nicht im Rahmen eines für den Fernabsatz organisierten Vertriebs- oder Dienstleistungssystems erfolgt.**

(2) **Fernkommunikationsmittel im Sinne dieses Gesetzes sind alle Kommunikationsmittel, die zur Anbahnung oder zum Abschluss eines Vertrags eingesetzt werden können, ohne dass die Vertragsparteien gleichzeitig körperlich anwesend sind, wie Briefe, Kataloge, Telefonanrufe, Telekopien, E-Mails, über den Mobilfunkdienst versendete Nachrichten (SMS) sowie Rundfunk und Telemedien.**

Literatur: Brinkmann/Ludwigkeit, Neuerungen des situativen Anwendungsbereichs besonderer Vertriebsformen, NJW 2014, 3270; Buchmann, Aktuelle Entwicklungen im Fernabsatzrecht 2020/2021, K&R 2021, 617; Ernst, Widerruf von Anwaltsverträgen im Fernabsatz?, NJW 2014, 817; Härting/Schirmbacher, Fernabsatzgesetz – Ein Überblick über den Anwendungsbereich, die Systematik und die wichtigsten Regelungen, MDR 2000, 918; Winkemann, Die (Nicht)Einhaltung von Informationspflichten des BGB im Rahmen der Nutzung von Sprachassistenten auf digitalen Marktplätzen, CR 2020, 451.

Übersicht

I. Allgemeines

1. Historie. Die Richtlinie 97/7/EG des Europäischen Parlaments und des Rates vom **1** 20.5.1997 über den Verbraucherschutz bei Vertragsabschlüssen im Fernabsatz **(FernAbsRL)** [1] wurde zunächst mit Wirkung zum 30.6.2000 durch das Fernabsatzgesetz **(FernAbsG)** in deutsches Recht umgesetzt. Das FernAbsG wurde zum 31.12.2001 aufgehoben und die Kernvorschriften durch das Schuldrechtsmodernisierungsgesetz zum 1.1.2002 in das BGB übernommen. Mit Wirkung zum 8.12.2004 wurde die FernAbsFinanzDL-RL in deutsches Recht umgesetzt. Dies führte zu einer inhaltlichen Änderung von § 312b Abs. 1 und Abs. 3 Nr. 3 aF sowie zur Ergänzung durch die Abs. 4 und 5 aF Mit Wirkung zum 23.2.2011 wurde § 312b Abs. 3 Nr. 2 aF aufgrund der neu eigefügten §§ 481a und b erweitert.

Durch das Gesetz zur Umsetzung der VerbrRRL[2] hat die Regelung zu Fernabsatzver- **2** trägen geringfügige inhaltliche Änderungen erfahren. Die Definition des Fernabsatzvertrages in Abs. 1 entspricht Art. 2 Nr. 7 VerbrRRL.

2. Überblick. § 312c enthält in Abs. 1 die Definition des Fernabsatzvertrages und Abs. 2 **3** definiert die Fernkommunikationsmittel.

Die Schutzbedürftigkeit des Verbrauchers bei Fernabsatzverträgen ergibt sich aus der **4** **„Unsichtbarkeit des Vertragspartners und des Produktes"**[3]. Sie wird dadurch ver-

---

[1] ABl. 1997 L 144, 19.
[2] Gesetz zur Umsetzung der VerbrRRL und zur Änderung des Gesetzes zur Regelung der Wohnungsvermittlung vom 20.9.2013 (BGBl. 2013 I 3642).
[3] BGH NJW 2004, 3699.

stärkt, dass die übermittelten Informationen häufig nicht verkörpert sind und daher beim Verbraucher nicht zuverlässig gespeichert werden können.[4]

5　　Liegt ein Fernabsatzvertrag nach § 312c vor, begründet § 312g für den Verbraucher ein **Widerrufsrecht** und legt dem Unternehmer in § 312d iVm Art. 246a EGBGB **Informationspflichten** auf. Die **Informationspflichten** werden durch die Verpflichtung ergänzt, dem Verbraucher die wesentlichen Informationen nach Vertragsschluss auf einem dauerhaften Datenträger zur Verfügung zu stellen (§ 312f Abs. 2) (→ BGB § 312f Rn. 8 ff.).

II. Anwendungsbereich

6　　Voraussetzung für die Anwendbarkeit des § 312c ist nach § 312 Abs. 1, 1a zunächst ein **Verbrauchervertrag,** bei dem sich der Verbraucher zu der **Zahlung eines Preises** oder zur **Bereitstellung personenbezogener Daten** verpflichtet (→ BGB § 312 Rn. 8 ff.).

7　　Die Anwendung des § 312b und § 312c schließen sich tatbestandlich aus.[5] Telefonische Vertragsschlüsse fallen, auch wenn der Unternehmer angerufen hat, nicht unter § 312b, sondern unter § 312c.[6] Die Regelungen des Fernabsatzrechts werden durch die Bestimmungen im elektronischen Geschäftsverkehr nach §§ 312i und 312j ergänzt.

III. Fernabsatzvertrag

8　　Der Begriff des Fernabsatzvertrages ist in Abs. 1 legal definiert. Umfasst sind alle Verträge über Waren und Dienstleistungen (→ BGB § 312 Rn. 7 ff.), die zwischen einem Unternehmer und einem Verbraucher (→ BGB § 312 Rn. 5) **unter ausschließlicher Verwendung von Fernkommunikationsmitteln, dh „ohne gleichzeitige körperliche Anwesenheit des Unternehmers und des Verbrauchers"**[7], im Rahmen eines für den **Fernabsatz organisierten Vertriebssystems** abgeschlossen werden. Der Begriff knüpft somit ausschließlich an die Art und Weise des Vertragsschlusses und nicht an den Inhalt des Vertrages an.[8]

9　　**1. Ausschließliche Verwendung von Fernkommunikationsmitteln.** Nach § 312c Abs. 1 S. 1 muss der Vertragsschluss unter ausschließlicher Verwendung von Fernkommunikationsmitteln geschlossen werden.

10　　**a) Fernkommunikationsmittel.** Was **Fernkommunikationsmittel** sind, wird in **§ 312c Abs. 2 legal definiert.** Fernkommunikationsmittel sind nach Abs. 2 alle Kommunikationsmittel, die zur Anbahnung oder zum Abschluss eines Vertrages ohne gleichzeitige körperliche Anwesenheit der Vertragsparteien verwendet werden können. Abs. 2 nennt beispielhaft Briefe,[9] Kataloge,[10] Telefonanrufe, Telekopien, E-Mails, SMS, Rundfunk sowie Tele- und Mediendienste; die Aufzählung ist nicht abschließend[11]. Chat-Nachrichten, Nachrichten innerhalb von sozialen Netzwerken oder Apps sind ebenfalls erfasst. Fernkommunikation ist auch die Verbindung von digitalen Plakatwänden mit der Bluetooth-Schnittstelle mobiler Endgeräte, die Kommunikation über Sprachassistenzsysteme und die Kommunikation im Smart Car oder über andere an das Internet angeschlossenen Geräte.[12]

11　　Der Begriff der **Telemedien** entspricht dem in **§ 1 TMG.** Für § 312c relevante Telemedien sind zB Angebote im Bereich der Individualkommunikation (zB Telebanking),

---

[4] Grüneberg/Grüneberg Rn. 1.
[5] Siehe Brinkmann/Ludwigkeit NJW 2014, 3270 (3274 f.) bzgl. möglicher Überschneidungen.
[6] Grüneberg/Grüneberg Rn. 9 und § 312b Rn. 4.
[7] Art. 2 Nr. 7 VerbrRRL.
[8] Grüneberg/Grüneberg Rn. 2.
[9] Dazu ausdrücklich BGH NJW 2019, 303.
[10] Vgl. zu Werbeprospekten mit Bestellpostkarte BGH MMR 2020, 235.
[11] BT-Drs. 14/2658, 31; Spindler/Schuster/Schirmbacher Rn. 5; MüKoBGB/Wendehorst Rn. 12.
[12] Spindler/Schuster/Schirmbacher Rn. 6; vgl. auch Winkemann, CR 2020, 451 (452).

Angebote von Waren und Dienstleistungen in elektronisch abrufbaren Datenbanken mit interaktivem Zugriff und unmittelbarer Bestellmöglichkeit und das Teleshopping.[13] Telemedien, die nicht der Vorbereitung eines Vertragsschlusses dienen, sondern „Verteildienste" erbringen, fallen nicht unter § 312c[14].

b) Ausschließliche Verwendung. Bei Vertragsschluss müssen **ausschließlich** Fern- **12** kommunikationsmittel eingesetzt werden. Es müssen die für den Vertragsschluss notwendigen Willenserklärungen, also **Angebot und Annahme**[15], durch Fernkommunikationsmittel abgegeben werden. Welche Fernkommunikationsmittel der jeweilige Vertragspartner dabei verwendet ist egal. Es können also sowohl **gleiche** als auch **unterschiedliche Fernkommunikationsmittel** verwendet werden.

Fernkommunikationsmittel werden auch dann ausschließlich verwendet, wenn der Ver- **13** braucher sein Angebot unter Verwendung von Fernkommunikationsmitteln abgibt und der **Unternehmer das Angebot durch Erfüllung seiner Vertragspflicht konkludent annimmt,** insbesondere die bestellte Ware zusendet.[16] Dies lässt sich mit dem Schutzzweck des § 312c begründen: Fernabsatzverträge zeichnen sich ganz grundsätzlich dadurch aus, dass der Anbieter und der Abnehmer sich nicht physisch begegnen und der Abnehmer die fragliche Ware oder Dienstleistung vor Vertragsschluss nicht prüfen kann.[17] Hieraus ergibt sich die besondere Schutzbedürftigkeit des Verbrauchers. Wenn der Unternehmer die per Fernkommunikationsmittel bestellte Ware zusendet und so ein Kaufvertrag zustande kommt, ist eine Situation entstanden, die für Fernabsatzverträge typisch ist.

Ein Fernabsatzvertrag liegt auch vor, wenn der Verbraucher per Fernkommunikations- **14** mittel Ware bestellt und der Unternehmer zur Erfüllung einen **Boten** einschaltet, der dem Verbraucher über den Vertragsinhalt und/oder die Beschaffenheit des Vertragsgegenstands keine nähere Auskunft geben kann. So liegt beispielsweise ein Fernabsatzvertrag vor, wenn ein Unternehmer die Deutsche Post AG beauftragt, im Wege des sog. **Postident-Verfahrens** beim Verbraucher eine Unterschrift einzuholen (Vertragsannahme) und ihm die Vertragsware sodann auszuhändigen. Der mit der Ausführung betraute Postmitarbeiter kann keine Auskünfte über Vertragsinhalt und -leistung geben.[18] Der Postmitarbeiter ist bildlich gesprochen ein „lebendes Fernkommunikationsmittel". Vor dem Hintergrund, dass § 312c den Verbraucher vor den Gefahren schützen sollen, die davon ausgehen, dass er vor Abschluss eines Vertrags die Ware nicht prüfen kann, rechtfertigt die Einordnung als Fernabsatzvertrag.

Hat vor dem eigentlichen Abschluss des Fernabsatzvertrags im Rahmen der **Vertrags-** **15** **anbahnung** ein **persönlicher Kontakt** zwischen Unternehmer und Verbraucher stattgefunden, kann zweifelhaft sein, ob ein Fernabsatzvertrag vorliegt. Die Beantwortung dieser Frage richtet sich danach, ob sich der Verbraucher während der Vertragsanbahnungsphase über alle für den Vertragsschluss wesentlichen Umstände informiert hat und der Vertrag im unmittelbaren zeitlichen Zusammenhang mit diesem persönlichen Kontakt zustande gekommen ist.[19] § 312c ist demnach dann nicht anwendbar, wenn der Verbraucher zunächst das Geschäftslokal des Unternehmers aufsucht, sich dort umfänglich beraten lässt, dieses anschließend wieder verlässt, um sich anderweitig umzusehen und dann später telefonisch die fragliche Ware beim Unternehmer, bei dem er sich vor hat beraten lassen, bestellt.[20]

---

[13] Grüneberg/Grüneberg Rn. 3.
[14] BT-Drs. 14/6040, 171.
[15] Vgl. im Detail Buchmann, K&R 2020, 642.
[16] OLG Schleswig NJW 2004, 231.
[17] BT-Drs. 14/2658, 15.
[18] BGH NJW 2004, 3699; vgl. auch OLG Brandenburg BeckRS 2021, 26806 Rn. 23.
[19] AG Frankfurt a. M. MMR 2011, 804; BGH NJW 2018, 1387; vgl. auch OLG Köln BeckRS 2019, 7676 zu § 312c aF; MüKoBGB/Wendehorst Rn. 20 f.
[20] Erwägungsgrund 20 der VerbrRRL; OLG Hamburg WM 2014, 1538; OLG Saarbrücken NJW-RR 2014, 1521.

15a   Nach jüngster Rspr. des OLG Hamm liegt kein Fernabsatzgeschäft vor, wenn der Abschluss eines Kilometer-Leasingvertrages über ein Kfz in einem vom Leasinggeber dazu autorisierten Autohaus in Absprache mit dem Leasingnehmer vorbereitet wird und es dadurch zu einem entsprechenden Vertragsabschluss zwischen Leasingnehmer und Leasinggeber unter ausschließlicher Verwendung von Fernkommunikationsmitteln kommt.[21] Auch kein Fernabsatzvertrag liegt vor, wenn die Parteien einen Vertrag über Gartenbauarbeiten durch schriftliches Angebot des Unternehmers und telefonische Annahme des Kunden geschlossen haben, wenn dem Vertragsschluss zur Vorbereitung des Angebots ein gemeinsamer Ortstermin voranging.[22]

16   Dagegen ist ein Fernabsatzvertrag anzunehmen, wenn der Verbraucher den Geschäftsraum nur zur Information über das Produkt aufgesucht hat, die eigentlichen Vertragsverhandlungen einschließlich des Vertragsschlusses aber per Fernkommunikationsmittel vornimmt.[23] Eine abstrakte klare Abgrenzung zwischen bloßer Information und Vertragsverhandlungen ist nicht möglich und kann nur wertend im Einzelfall erfolgen.[24] Dabei sind an den Begriff der Vertragsverhandlungen keine zu hohen Anforderungen zu stellen.[25] Es muss genügen, wenn der Verbraucher sich wie bei einem Ladengeschäft über den wesentlichen Vertragsinhalt informieren konnte und direkten Kontakt mit dem Unternehmer oder Personen seiner Sphäre hatte, sodass er ggf. nachfragen und die bei Fernabsatzgeschäften typischen Informationsdefizite auf diese Weise beseitigen konnte.[26]

17   Nach dem Schutzzweck ist § 312c auch nicht anzuwenden, wenn der Verbraucher wiederholt **gleichartige Waren beim Unternehmer kauft.** Dabei ist zunächst an Fallgestaltungen zu denken, in denen der **Erstvertrag aufgrund eines persönlichen Kontaktes** zwischen dem Verbraucher und dem Unternehmer zu Stande kommt und der Verbraucher später die **identische Ware bzw. Dienstleistung** beim Unternehmer telefonisch nachbestellt bzw. nachfragt. Da der Verbraucher die notwendigen Informationen bereits beim Erstkontakt erhalten hat, entfällt in derartigen Konstellationen das für Fernabsatzverträge typische Informationsgefälle. Er ist nicht schutzwürdig.

18   **2. Fernabsatzsystem.** Der Vertragsschluss muss im Rahmen eines für den Fernabsatz organisierten Vertriebs- oder Dienstleistungssystems abgeschlossen werden. Ein Vertriebs- oder Dienstleistungssystem ist für den Fernabsatz organisiert, wenn der Unternehmer **durch die personelle und sachliche Ausstattung die Voraussetzungen geschaffen hat, um im Fernabsatz regelmäßig Verträge abzuschließen.**[27] Es ist eine gewisse **Planmäßigkeit** erforderlich, jedoch keine aufwendigen organisatorischen Maßnahmen oder ein automatisiertes Verfahren.[28] Die Grenze zum organisierten Fernabsatzsystem ist dann überschritten, wenn der Inhaber eines Unternehmens Waren **nicht nur gelegentlich** versendet, sondern systematisch auch mit dem Angebot der Bestellung per Fernkommunikationsmittel und Zusendung der Waren wirbt und seinen Betrieb so organisiert, dass Verträge regelmäßig im Fernabsatz abgeschlossen und abgewickelt werden können.[29] Unschädlich ist, wenn noch andere Vertriebskanäle bestehen und genutzt werden; jeder einzelne Vertriebsweg ist gesondert zu betrachten.[30] Umgekehrt scheiden Verträge aus, die unter gelegentli-

---

[21] OLG Hamm NJW-RR 2022, *423;* zustimmend BeckOK BGB/Martens Rn. 14.1.

[22] OLG Schleswig ZfBR 2022, *58;* BeckOK BGB/Martens Rn. 14.1.

[23] Grüneberg/Grüneberg Rn. 4; Erwägungsgrund 20 der VerbrRRL; siehe auch Brinkmann/Ludwigkeit NJW 2014, 3270.

[24] BeckOK BGB/Martens Rn. 15.

[25] BeckOK BGB/Martens Rn. 15.

[26] vgl. insoweit BGH NJW 2018, *1387* im Hinblick auf den Abschluss eines Darlehens; vgl. auch OLG Köln WM 2019, *825* Rn. *3* zu § *312c* aF; BeckOK BGB/Martens Rn. 15.

[27] BGH NJW 2004, 3699 (3701); BT-Drs. 14/2658, 30.

[28] Vgl. BGH NJW 2019, 303.

[29] BT-Drs. 14/2658, 30/3; Grüneberg/Grüneberg Rn. 6; vgl. auch BGH NJW 2019, 303: Durch individualisiertes Schreiben; BGH NJW 2004, 3699: Durch Bestell-Hotline; BGH NJW 2017, 337; OLG Celle NJW 2020, 2341: Durch Nutzung der Online-Plattform eines anderen Betreibers.

[30] Spindler/Schuster/Schirmbacher Rn. 19; Härting/Schirmbacher MDR 2000, 918.

chem, eher zufälligem Einsatz von Kommunikationsmitteln abgeschlossen werden. Es liegt also dann kein Fernabsatzvertrag vor, wenn der Inhaber eines Unternehmens, der seine Ware in einem Ladengeschäft vertreibt, nur gelegentlich und ausnahmsweise telefonische Bestellungen oder Bestellungen per E-Mail entgegennimmt.[31] Ein organisiertes Fernabsatzsystem setzt nicht voraus, dass der Unternehmer sein Geschäft ausschließlich im Fernabsatz betreibt. Ein für den Fernabsatz organisiertes Vertriebs- oder Dienstleistungssystem liegt auch dann vor, wenn der Unternehmer sein Geschäft sowohl im Fernabsatz als auch im persönlichen Kontakt mit dem Kunden, zum Beispiel im Ladenlokal, betreibt.[32] Als **Ausnahmetatbestand** ist die Regelung **eng auszulegen.** Die Voraussetzungen eines auf den Fernabsatz eingerichteten Dienstleistungssystems sind schnell erreicht[33].

Umfasst sein sollen auch Situationen, in denen der Verbraucher die Geschäftsräume **19** lediglich zum Zwecke der Information über die Waren oder Dienstleistungen aufsucht und anschließend den Vertrag aus der Ferne verhandelt und abschließt. Dagegen soll ein Vertrag, der in den Geschäftsräumen eines Unternehmers verhandelt und letztendlich über ein Fernkommunikationsmittel geschlossen wird, nicht als Fernabsatzvertrag gelten. Ebenso wenig sollen Verträge erfasst werden, die **über ein Fernkommunikationsmittel angebahnt** und schließlich in den Geschäftsräumen eines Unternehmers geschlossen werden (Erwägungsgrund 20 der VerbrRRL). Die Situation, dass Webseiten lediglich zur Information über den Unternehmer, seine Waren oder Dienstleistungen und seine Kontaktdaten enthalten, genügt daher wohl nicht.

Ebenfalls nicht umfasst sein sollen **Reservierungen** des Verbrauchers über Fernkom- **20** munikationsmittel im Hinblick auf eine Dienstleistung (Erwägungsgrund 20 der VerbrRRL). Meldet sich ein Verbraucher beim Friseur, Arzt oder Rechtsanwalt an, um dessen Dienstleistungen in Anspruch zu nehmen, ist § 312c daher in der Regel nicht anwendbar, weil der Vertrag erst zustande kommt, wenn die zu erbringende Leistung beim persönlichen Kontakt konkret bestimmt wird.[34] Wird der Vertrag dagegen bereits online geschlossen, zB möglich bei Online-Reservierung eines Handwerker-Termins, ist Fernabsatzrecht anwendbar.[35]

Wenn ein Autohaus darauf eingerichtet ist, am Telefon Kaufverträge über Neuwagen **21** anzubahnen und der Kaufvertrag auf dem Postweg verschickt wird, liegt eine Planmäßigkeit vor.[36] Gleiches gilt für die Anbahnung im Internet und Vertragsschluss per Telefax.[37] Wird ein Rechtsanwalt für geschädigte Kapitalanleger tätig und schließt er die Mandatsverträge ausschließlich mit Fernkommunikationsmitteln und kommt er im Rahmen der Abwicklung der Vertretung ohne persönlichen Kontakt aus, liegt ein Fernabsatzsystem vor.[38]

Die subjektive Sicht des Unternehmers ist irrelevant; liegt objektiv ein Fernabsatzsystem **22** vor, ist dem Unternehmer der Beweis des Gegenteils verwehrt.[39] Das Gleiche gilt, wenn sich der Auftritt des Unternehmers für den Verbraucher als Fernabsatzsystem darstellt. Selbst wenn eine hinreichende Organisation nicht vorliegt, bleibt es bei der Anwendbarkeit des Fernabsatzrechts, wenn aus Sicht eines verständigen Verbrauchers von der häufigen Abwicklung von Fernabsatzgeschäften ausgegangen werden muss.[40]

---

[31] BT-Drs. 14/2658, 30; Spindler/Schuster/Schirmbacher Rn. 15; vgl. auch BGH NJW 2019, 303 (304 f.); NJW-RR 2017, 368; OLG Celle NJW 2020, 2341; BGH NJW 2017, 1024; OLG Hamm WM 2011, 1412: Beratung durch Sparkasse.
[32] BT-Drs. 14/2658, 30.
[33] Spindler/Schuster/Schirmbacher Rn. 18.
[34] Erwägungsgrund 20 der VerbrRRL; s. auch Ernst NJW 2014, 817; BGH NJW 2018, 690; 2021, 304; AG Wiesloch JZ 2002, 671; Grüneberg/Grüneberg Rn. 6; MüKoBGB/Wendehorst Rn. 16 f.
[35] Spindler/Schuster/Schirmbacher Rn. 18.
[36] LG Wuppertal BeckRS 2008, 17726; Spindler/Schuster/Schirmbacher Rn. 16.
[37] LG Stendal BeckRS 2008, 11539; Spindler/Schuster/Schirmbacher Rn. 16.
[38] AG Offenbach BeckRS 2013, 19026; AG Brandenburg NJW-RR 2018, 186; vgl. auch BGH NJW 2021, 304; aA LG Köln BeckRS 2019, 19258.
[39] Spindler/Schuster/Schirmbacher Rn. 20 mwN.
[40] Spindler/Schuster/Schirmbacher Rn. 20; MüKoBGB/Wendehorst Rn. 24.

IV. Vertreterhandeln und Zurechnung

23   Wird der Vertrag mittels **Vertreter** abgeschlossen, ist für die Frage, ob Verbraucher-
oder Unternehmerhandeln vorliegt, auf den Vertretenen abzustellen.[41] Dies bestimmt
Abs. 1 für den Unternehmer („oder eine in seinem Namen oder Auftrag handelnde
Person") ausdrücklich. Ein persönlicher Kontakt des vertretenen Verbrauchers mit dem
Unternehmer schließt analog § 166 Abs. 2 eine Anwendung des § 312c aus, wenn der
Vertreter nach bestimmten Weisungen handelt[42]: Es soll verhindert werden, dass etwa der
Verbraucher die Ware im Laden untersucht und dann den Vertreter zu einer telefonischen
Bestellung veranlasst und sich so ein Widerrufsrecht verschafft.

V. Beweislast

24   Ausgehend von dem Grundsatz, dass im Zivilprozess jede Partei die Darlegungs- und
Beweislast für die Tatsachen trägt, die zum Tatbestand einer ihr günstigen Rechtsnorm
gehört, gilt hinsichtlich der Darlegungs- und Beweislast Folgendes: Der **Verbraucher,** der
sich auf die ihm günstigen Folgen eines Fernabsatzvertrags beruft, trägt die Darlegungs- und
Beweislast dafür, dass er Verbraucher ist und einen Vertrag über die Lieferung von Waren
oder über die Erbringung von Dienstleistungen mit einem Unternehmer unter ausschließlicher Verwendung von Fernkommunikationsmitteln abgeschlossen hat. Wie sich aus der
negativen Formulierung des § 312c Abs. 1 S. 1 ergibt („es sei denn"), wird zu Gunsten des
Verbrauchers vermutet, dass der Vertragsschluss im Rahmen eines für den Fernabsatz
organisierten Vertriebs- oder Dienstleistungssystems erfolgte. Der **Unternehmer** hat die
Ausnahmetatbestände darzulegen und ggf. zu beweisen: Er muss darlegen und beweisen,
dass der Vertragsschluss nicht im Rahmen eines für den Fernabsatz organisierten Vertriebs-
oder Dienstleistungssystems erfolgte[43]. Auch obliegt ihm die Darlegungs- und Beweislast
für die ungeschriebenen Ausnahmen, wie zum Beispiel den persönlichen Kontakt in der
Phase der Vertragsanbahnung.[44] Für ihn sind diese Ausnahmetatbestände günstig, weshalb
er sie darlegen und beweisen muss.

VI. Internationaler Anwendungsbereich

25   Zum internationalen Anwendungsbereich im Fernabsatz → BGB § 312i Rn. 54.

§ 312d Informationspflichten

(1) [1]**Bei außerhalb von Geschäftsräumen geschlossenen Verträgen und bei Fernabsatzverträgen ist der Unternehmer verpflichtet, den Verbraucher nach Maßgabe des Artikels 246a des Einführungsgesetzes zum Bürgerlichen Gesetzbuche zu informieren.** [2]**Die
in Erfüllung dieser Pflicht gemachten Angaben des Unternehmers werden Inhalt des
Vertrags, es sei denn, die Vertragsparteien haben ausdrücklich etwas anderes vereinbart.**

(2) **Bei außerhalb von Geschäftsräumen geschlossenen Verträgen und bei Fernabsatzverträgen über Finanzdienstleistungen ist der Unternehmer abweichend von
Absatz 1 verpflichtet, den Verbraucher nach Maßgabe des Artikels 246b des Einführungsgesetzes zum Bürgerlichen Gesetzbuche zu informieren.**

---

[41] Vgl. auch BeckOK BGB/Martens Rn. 29.
[42] Vgl. auch BeckOK BGB/Martens Rn. 29.
[43] BT-Drs. 14/2658, 31; BGH NJW 2019, 303.
[44] Vgl. BGH BeckRS 2016, 09148.

Art. 246a – Informationspflichten bei außerhalb von Geschäftsräumen geschlossenen Verträgen und Fernabsatzverträgen mit Ausnahme von Verträgen über Finanzdienstleistungen

§ 1 Informationspflichten

(1) [1] Der Unternehmer ist nach § 312d Absatz 1 des Bürgerlichen Gesetzbuchs verpflichtet, dem Verbraucher folgende Informationen zur Verfügung zu stellen:

1. die wesentlichen Eigenschaften der Waren oder Dienstleistungen in dem für das Kommunikationsmittel und für die Waren und Dienstleistungen angemessenen Umfang,
2. seine Identität, beispielsweise seinen Handelsnamen sowie die Anschrift des Ortes, an dem er niedergelassen ist, sowie gegebenenfalls die Identität und die Anschrift des Unternehmers, in dessen Auftrag er handelt,
3. seine Telefonnummer, seine E-Mail-Adresse sowie gegebenenfalls andere von ihm zur Verfügung gestellte Online-Kommunikationsmittel, sofern diese gewährleisten, dass der Verbraucher seine Korrespondenz mit dem Unternehmer, einschließlich deren Datums und deren Uhrzeit, auf einem dauerhaften Datenträger speichern kann,
4. zusätzlich zu den Angaben gemäß den Nummern 2 und 3 die Geschäftsanschrift des Unternehmers und gegebenenfalls die Anschrift des Unternehmers, in dessen Auftrag er handelt, an die sich der Verbraucher mit jeder Beschwerde wenden kann, falls diese Anschrift von der Anschrift nach Nummer 2 abweicht,
5. den Gesamtpreis der Waren oder der Dienstleistungen einschließlich aller Steuern und Abgaben, oder in den Fällen, in denen der Preis auf Grund der Beschaffenheit der Waren oder der Dienstleistungen vernünftigerweise nicht im Voraus berechnet werden kann, die Art der Preisberechnung
6. gegebenenfalls den Hinweis, dass der Preis auf der Grundlage einer automatisierten Entscheidungsfindung personalisiert wurde,
7. gegebenenfalls alle zusätzlich zu dem Gesamtpreis nach Nummer 5 anfallenden Fracht-, Liefer- oder Versandkosten und alle sonstigen Kosten, oder in den Fällen, in denen diese Kosten vernünftigerweise nicht im Voraus berechnet werden können, die Tatsache, dass solche zusätzlichen Kosten anfallen können,
8. im Falle eines unbefristeten Vertrags oder eines Abonnement-Vertrags den Gesamtpreis; dieser umfasst die pro Abrechnungszeitraum anfallenden Gesamtkosten und, wenn für einen solchen Vertrag Festbeträge in Rechnung gestellt werden, ebenfalls die monatlichen Gesamtkosten; wenn die Gesamtkosten vernünftigerweise nicht im Voraus berechnet werden können, ist die Art der Preisberechnung anzugeben,
9. die Kosten für den Einsatz des für den Vertragsabschluss genutzten Fernkommunikationsmittels, sofern dem Verbraucher Kosten berechnet werden, die über die Kosten für die bloße Nutzung des Fernkommunikationsmittels hinausgehen,
10. die Zahlungs-, Liefer- und Leistungsbedingungen, den Termin, bis zu dem der Unternehmer die Waren liefern oder die Dienstleistung erbringen muss, und gegebenenfalls das Verfahren des Unternehmers zum Umgang mit Beschwerden,
11. das Bestehen eines gesetzlichen Mängelhaftungsrechts für die Waren oder die digitalen Produkte,
12. gegebenenfalls das Bestehen und die Bedingungen von Kundendienst, Kundendienstleistungen und Garantien,
13. gegebenenfalls bestehende einschlägige Verhaltenskodizes gemäß Artikel 2 Buchstabe f der Richtlinie 2005/29/EG des Europäischen Parlaments und des Rates vom 11. Mai 2005 über unlautere Geschäftspraktiken im binnenmarktinternen Geschäftsverkehr zwischen Unternehmen und Verbrauchern und zur Änderung der Richtlinie 84/450/EWG des Rates, der Richtlinien 97/7/EG, 98/27/EG und 2002/65/EG des Europäischen Parlaments und des Rates sowie der Verordnung (EG) Nr. 2006/2004 des Europäischen Parlaments und des Rates (ABl. L 149 vom 11.6.2005, S. 22; L 253 vom 25.9.2009, S. 18), die zuletzt durch die Richtlinie (EU) 2019/2161 (ABl. L 328 vom 18.12.2019, S. 7) geändert worden ist,) und wie Exemplare davon erhalten werden können,
14. gegebenenfalls die Laufzeit des Vertrags oder die Bedingungen der Kündigung unbefristeter Verträge oder sich automatisch verlängernder Verträge,
15. gegebenenfalls die Mindestdauer der Verpflichtungen, die der Verbraucher mit dem Vertrag eingeht,

16. gegebenenfalls die Tatsache, dass der Unternehmer vom Verbraucher die Stellung einer Kaution oder die Leistung anderer finanzieller Sicherheiten verlangen kann, sowie deren Bedingungen,

17. gegebenenfalls die Funktionalität der Waren mit digitalen Elementen oder der digitalen Produkte, einschließlich anwendbarer technischer Schutzmaßnahmen,

18. gegebenenfalls, soweit wesentlich, die Kompatibilität und die Interoperabilität der Waren mit digitalen Elementen oder der digitalen Produkte, soweit diese Informationen dem Unternehmer bekannt sind oder bekannt sein müssen, und

19. gegebenenfalls, dass der Verbraucher ein außergerichtliches Beschwerde- und Rechtsbehelfsverfahren, dem der Unternehmer unterworfen ist, nutzen kann, und dessen Zugangsvoraussetzungen.

2 Wird der Vertrag im Rahmen einer öffentlich zugänglichen Versteigerung geschlossen, können anstelle der Angaben nach Satz 1 Nummer 2 bis 4 die entsprechenden Angaben des Versteigerers zur Verfügung gestellt werden.

(2) 1 Steht dem Verbraucher ein Widerrufsrecht nach § 312g Absatz 1 des Bürgerlichen Gesetzbuchs zu, ist der Unternehmer verpflichtet, den Verbraucher zu informieren

1. über die Bedingungen, die Fristen und das Verfahren für die Ausübung des Widerrufsrechts nach § 355 Absatz 1 des Bürgerlichen Gesetzbuchs sowie das Muster-Widerrufsformular in der Anlage 2,

2. gegebenenfalls darüber, dass der Verbraucher im Widerrufsfall die Kosten für die Rücksendung der Waren zu tragen hat, und bei Fernabsatzverträgen zusätzlich über die Kosten für die Rücksendung der Waren, wenn die Waren auf Grund ihrer Beschaffenheit nicht auf dem normalen Postweg zurückgesendet werden können, und

3. darüber, dass der Verbraucher dem Unternehmer bei einem Vertrag über die Erbringung von Dienstleistungen, für die die Zahlung eines Preises vorgesehen ist, oder über die nicht in einem bestimmten Volumen oder in einer bestimmten Menge vereinbarte Lieferung von Wasser, Gas, Strom oder die Lieferung von Fernwärme einen angemessenen Betrag nach § 357a Absatz 2 des Bürgerlichen Gesetzbuchs für die vom Unternehmer erbrachte Leistung schuldet, wenn der Verbraucher das Widerrufsrecht ausübt, nachdem er auf Aufforderung des Unternehmers von diesem ausdrücklich den Beginn der Leistung vor Ablauf der Widerrufsfrist verlangt hat.

2 Der Unternehmer kann diese Informationspflichten dadurch erfüllen, dass er das in der Anlage 1 vorgesehene Muster für die Widerrufsbelehrung zutreffend ausgefüllt in Textform übermittelt.

(3) Der Unternehmer hat den Verbraucher auch zu informieren, wenn

1. dem Verbraucher nach § 312g Absatz 2 Satz 1 Nummer 1, 2, 5 und 7 bis 13 des Bürgerlichen Gesetzbuchs ein Widerrufsrecht nicht zusteht, dass der Verbraucher seine Willenserklärung nicht widerrufen kann, oder

2. das Widerrufsrecht des Verbrauchers nach § 312g Absatz 2 Satz 1 Nummer 3, 4 und 6 sowie § 356 Absatz 4 und 5 des Bürgerlichen Gesetzbuchs vorzeitig erlöschen kann, über die Umstände, unter denen der Verbraucher ein zunächst bestehendes Widerrufsrecht verliert.

§ 2 Erleichterte Informationspflichten bei Reparatur- und Instandhaltungsarbeiten

(1) Hat der Verbraucher bei einem Vertrag über Reparatur- und Instandhaltungsarbeiten, der außerhalb von Geschäftsräumen geschlossen wird, bei dem die beiderseitigen Leistungen sofort erfüllt werden und die vom Verbraucher zu leistende Vergütung 200 Euro nicht übersteigt, ausdrücklich die Dienste des Unternehmers angefordert, muss der Unternehmer dem Verbraucher lediglich folgende Informationen zur Verfügung stellen:

1. die Angaben nach § 1 Absatz 1 Satz 1 Nummer 2 und 3 sowie

2. den Preis oder die Art der Preisberechnung zusammen mit einem Kostenvoranschlag über die Gesamtkosten.

(2) Ferner hat der Unternehmer dem Verbraucher folgende Informationen zur Verfügung zu stellen:

1. die wesentlichen Eigenschaften der Waren oder Dienstleistungen in dem für das Kommunikationsmittel und die Waren oder Dienstleistungen angemessenen Umfang,

2. gegebenenfalls die Bedingungen, die Fristen und das Verfahren für die Ausübung des Widerrufsrechts sowie das Muster-Widerrufsformular in der Anlage 2 und

3. gegebenenfalls die Information, dass der Verbraucher seine Willenserklärung nicht widerrufen kann, oder die Umstände, unter denen der Verbraucher ein zunächst bestehendes Widerrufsrecht vorzeitig verliert.

(3) Eine vom Unternehmer zur Verfügung gestellte Abschrift oder Bestätigung des Vertrags nach § 312f Absatz 1 des Bürgerlichen Gesetzbuchs muss alle nach § 1 zu erteilenden Informationen enthalten.

§ 3 Erleichterte Informationspflichten bei begrenzter Darstellungsmöglichkeit

[1] Soll ein Fernabsatzvertrag mittels eines Fernkommunikationsmittels geschlossen werden, das nur begrenzten Raum oder begrenzte Zeit für die dem Verbraucher zu erteilenden Informationen bietet, ist der Unternehmer verpflichtet, dem Verbraucher mittels dieses Fernkommunikationsmittels zumindest folgende Informationen zur Verfügung zu stellen:

1. die wesentlichen Eigenschaften der Waren oder Dienstleistungen,
2. die Identität des Unternehmers,
3. den Gesamtpreis oder in den Fällen, in denen der Preis auf Grund der Beschaffenheit der Waren oder Dienstleistungen vernünftigerweise nicht im Voraus berechnet werden kann, die Art der Preisberechnung,
4. gegebenenfalls die Bedingungen, die Fristen und das Verfahren für die Ausübung des Widerrufsrechts nach § 355 Absatz 1 des Bürgerlichen Gesetzbuches und
5. gegebenenfalls die Vertragslaufzeit und die Bedingungen für die Kündigung eines Dauerschuldverhältnisses.

[2] Die weiteren Angaben nach § 1 hat der Unternehmer dem Verbraucher in geeigneter Weise unter Beachtung von § 4 Absatz 3 zugänglich zu machen.

§ 4 Formale Anforderungen an die Erfüllung der Informationspflichten

(1) Der Unternehmer muss dem Verbraucher die Informationen nach den §§ 1 bis 3 vor Abgabe von dessen Vertragserklärung in klarer und verständlicher Weise zur Verfügung stellen.

(2) [1] Bei einem außerhalb von Geschäftsräumen geschlossenen Vertrag muss der Unternehmer die Informationen auf Papier oder, wenn der Verbraucher zustimmt, auf einem anderen dauerhaften Datenträger zur Verfügung stellen. [2] Die Informationen müssen lesbar sein. [3] Die Person des erklärenden Unternehmers muss genannt sein. Der Unternehmer kann die Informationen nach § 2 Absatz 2 in anderer Form zur Verfügung stellen, wenn sich der Verbraucher hiermit ausdrücklich einverstanden erklärt hat.

(3) [1] Bei einem Fernabsatzvertrag muss der Unternehmer dem Verbraucher die Informationen in einer den benutzten Fernkommunikationsmitteln angepassten Weise zur Verfügung stellen. [2] Soweit die Informationen auf einem dauerhaften Datenträger zur Verfügung gestellt werden, müssen sie lesbar sein, und die Person des erklärenden Unternehmers muss genannt sein. [3] Abweichend von Satz 1 kann der Unternehmer dem Verbraucher die in § 3 Satz 2 genannten Informationen in geeigneter Weise zugänglich machen.

Literatur: Alexander, Die Umsetzung der Verbraucherrechte-Richtlinie und die Auswirkungen auf das Lauterkeitsrecht § 5a Abs. 3 UWG, WRP 2014, 501; Buchmann, Das neue Fernabsatzrecht 2014 – Teil 1: Ausgewählte Probleme zum Widerrufsrecht bei Warenkäufen, K&R 2014, 221; Buchmann, Das neue Fernabsatzrecht 2014 – Teil 4: Die neuen Informationspflichten bei Warenkäufen, K&R 2014, 453; Buchmann/Hoffmann, Erleichterte Informationspflichten bei Fernabsatzverträgen mit Waren, K&R 2016, 462; Buchmann/Großbach, Belehrungspflicht über Herstellergarantien bei Fernabsatzverträgen (?), K&R 2020, 259; Kramme, Die Einbeziehung von Pflichtinformationen in Fernabsatz- und Außergeschäftsraumverträge, NJW 2015, 279; Leier, Ein europäisches Muster für die vorvertragliche Information bei Onlineverträgen über digitale Inhalte, VuR 2014, 281.; Mankowski, Fernabsatzrecht: Information über das Widerrufsrecht und Widerrufsbelehrung bei Internetauftritten; CR 2001, 767; Meyer, Elektronischer Geschäftsverkehr des Unternehmers mit Verbrauchern und Unternehmern: Anforderungen gemäß § 312e BGB und Rechtsfolgen bei Pflichtverstößen, DB 2004, 2739; Vander, Verhaltenskodizes im elektronischen Geschäftsverkehr, K&R 2003, 339; Vander, Reform des Fernabsatzrechts – Probleme und Fallstricke der neuen Widerrufsbelehrung, MMR 2015, 75; Vierkötter, Der Status Quo der Rechtsprechung zur OS-Plattform – was gilt insbesondere auf Online-Marktplätzen?, K&R 2017, 217.

Übersicht

I. Allgemeines

1   **1. Historie.** § 312d wurde in seiner jetzigen Form durch das Gesetz zur Umsetzung der **VerbrRRL**[1] neu ins Gesetz eingefügt. Durch Abs. 1 iVm Art. 246a EGBGB wird Art. 6

---

[1] Gesetz zur Umsetzung der VerbrRRL und zur Änderung des Gesetzes zur Regelung der Wohnungsvermittlung vom 20.9.2013 (BGBl. 2013 I 3642).

VerbrRRL umgesetzt; Abs. 2 iVm Art. 246b EGBGB geht auf Art. 3 und 5 der **FernAbs-FinanzDL-RL** zurück und erstreckt dessen Anwendungsbereich neben den Fernabsatzverträgen auch auf Verträge, die außerhalb von Geschäftsräumen geschlossen werden. Dieses Vorgehen ermöglicht Erwägungsgrund 32 der VerbrRRL.

Durch das Gesetz zur Änderung des Bürgerlichen Gesetzbuchs und des Einführungs- **2** gesetzes zum Bürgerlichen Gesetzbuche in Umsetzung der EU-Richtlinie zur besseren Durchsetzung und Modernisierung der Verbraucherschutzvorschriften der Union und zur Aufhebung der Verordnung zur Übertragung der Zuständigkeit für die Durchführung der Verordnung (EG) Nr. 2006/2004 auf das Bundesministerium der Justiz und für Verbraucherschutz vom 10.8.2021[2], wurden einige Bestimmungen des Art. 246a EGBGB mit Wirkung zum **28.5.2022** angepasst.

2. Überblick. § 312d legt dem Unternehmer umfangreiche Informationspflichten auf, **3** die in Art. 246a und 246b EGBGB geregelt sind. Abs. 2 iVm Art. 246b EGBGB enthält die Informationspflichten für Fernabsatzverträge und außerhalb von Geschäftsräumen geschlossenen Verträgen über Finanzdienstleistungen und geht Abs. 1 als lex specialis vor. Diese Informationspflichten betreffen sowohl den vorvertraglichen als auch den nachvertraglichen Zeitraum. Abs. 1 iVm Art. 246a EGBGB betrifft alle anderen Fernabsatzverträge und außerhalb von Geschäftsräumen geschlossenen Verträge. Für diese Verträge regelt § 312d Abs. 1 lediglich die **vorvertraglichen Informationspflichten,** die **formfrei** erteilt werden können. **Nachvertragliche Informationspflichten** finden sich in § 312f; diese sind formgebunden.

Schematisch lassen sich die einzelnen Informationspflichten wie folgt zusammenfassen **4** (ohne Finanzdienstleistungen):

a) Außerhalb von Geschäftsräumen geschlossene Verträge.

	vorvertragliche Pflichten, § 312d	nachvertragliche Pflichten, § 312f	**5**
Zeitpunkt	vor Vertragsschluss (Art. 246a § 4 Abs. 1 EGBGB)	alsbald (§ 312f Abs. 1)	
Inhalt	viele Einzelheiten (Art. 246a § 1 EGBGB)	– unterzeichnete Abschrift des Vertragsdokuments oder – Bestätigung des Vertrages mit Vertragsinhalt – alle vorvertraglichen Informationen (Art. 246a § 1 EGBGB), sofern nicht bereits vorvertraglich auf einem dauerhaften Datenträger zur Verfügung gestellt (§ 312f Abs. 1)	
Form	– in klarer und verständlicher Form (Art. 246a § 4 Abs. 1 EGBGB) – auf Papier oder mit Zustimmung des Verbrauchers auf einem anderen dauerhaften Datenträger (Art. 246a § 4 Abs. 2 EGBGB) – lesbar und Person des erklärenden Unternehmers genannt (Art. 246a § 4 Abs. 2 EGBGB)	auf Papier oder mit Zustimmung des Verbrauchers auf einem anderen dauerhaften Datenträger mit (§ 312f Abs. 1)	

---

[2] BGBl. 2021 I 3483.

b) Fernabsatzverträge.

6		vorvertragliche Pflichten, § 312d	nachvertragliche Pflichten, § 312f
	Zeitpunkt	vor Vertragsschluss (Art. 246a § 4 Abs. 1 EGBGB)	– innerhalb angemessener Frist nach Vertragsschluss – spätestens bei der Lieferung (§ 312f Abs. 2)
	Inhalt	viele Einzelheiten (Art. 246a § 1 EGBGB)	– Bestätigung des Vertrages mit Vertragsinhalt (§ 312f Abs. 2), – alle vorvertraglichen Informationen (Art. 246a § 1 EGBGB), sofern nicht bereits vorvertraglich auf einem dauerhaften Datenträger zur Verfügung gestellt (§ 312f Abs. 2)
	Form	– in klarer und verständlicher Form (Art. 246a § 4 Abs. 1 EGBGB) – mediengerecht (Art. 246a § 4 Abs. 3 EGBGB) – wenn auf dauerhaften Datenträger, dann lesbar und Person des erklärenden Unternehmers genannt (Art. 246a § 4 Abs. 3 EGBGB)	auf einem dauerhaften Datenträger (§ 312f Abs. 2)

II. Informationspflichten (Abs. 1)

7   **1. Informationen nach Art. 246a § 1 Abs. 1 EGBGB.** Die in Art. 246a § 1 Abs. 1 EGBGB aufgeführten Pflichten gelten nur für außerhalb von Geschäftsräumen abgeschlossene Verträge iSd § 312b sowie für Fernabsatzverträge iSd § 312c. Die nach Abs. 1 zu erfüllenden Informationen sind zT mit denen nach § 312a Abs. 2 iVm § 246 EGBGB identisch, gehen aber auch teilweise über diese hinaus.

8   **a) Wesentliche Eigenschaften (Nr. 1).** Entspricht Art. 246 Abs. 1 Nr. 1 EGBGB (→ BGB § 312a Rn. 13 f.).

9   **b) Identitätsangaben und Kontaktdaten (Nr. 2 und 3).** Nr. 2 entspricht teilweise Art. 246 Abs. 1 Nr. 2 EGBGB (→ BGB § 312a Rn. 15). Zusätzlich hat der Unternehmer ggf. die **Identität des Unternehmers, in dessen Auftrag er handelt,** anzugeben.

10   Mit Unternehmer ist der Vertragspartner gemeint. Nicht anzugeben ist daher die Identität eines etwaigen Stellvertreters oder Verhandlungsgehilfen.[3] Erfasst werden sollen die Fälle, in denen der Unternehmer einen anderen Unternehmer mit der Vertragserfüllung beauftragt.[4] Bietet der Anbieter von Mobiltelefonen seinen Kunden beispielsweise Serviceleistungen für die Reparatur der Geräte an und führt diese Serviceleistungen für ihn faktisch ein anderer Unternehmer aus, muss dem Verbraucher auch die Identität dieses Unternehmers angegeben werden. Sinn und Zweck der Regelung ist es, dass dem Verbraucher die Identität derjenigen Personen bekannt ist, gegen die er ggf. Ansprüche geltend machen kann.

11   Zudem hat der Unternehmer gemäß der mit Wirkung zum 28.5.2022 neu eingefügten Nr. 3 seine Telefonnummer, seine E-Mail-Adresse sowie ggf. andere von ihm zur Ver-

---

[3] Vgl. dazu auch MüKoBGB/Wendehorst Rn. 21.
[4] Vgl. dazu auch MüKoBGB/Wendehorst Rn. 21.

fügung gestellte Online-Kommunikationsmittel (zB Messengerdienste[5], elektronisches Kontaktformular, Rückrufsystem, Internet-Chat) anzugeben, sofern diese gewährleisten, dass der Verbraucher sie auf einem dauerhaften Datenträger iSd § 126b S. 2 abspeichern kann. Die aufgeführten Kommunikationsmittel sollen sicherstellen, dass der Verbraucher schnell Kontakt zum Unternehmer aufnehmen und effizient mit ihm kommunizieren kann.[6]

Der Unternehmer ist nunmehr verpflichtet, eine Telefonnummer und E-Mail-Adresse **12** anzugeben; er muss also ggf. eine solche Kommunikationsmöglichkeit einrichten.[7] Dabei genügt es jedenfalls, wenn eine Telefonnummer eines Unternehmers dergestalt auf seiner Website zu finden ist, dass einem Durchschnittsverbraucher suggeriert wird, dass der Unternehmer diese Telefonnummer für seine Kontakte mit Verbrauchern nutzt.[8]

Wird der Vertrag im Rahmen einer öffentlich zugänglichen Versteigerung geschlossen, **13** können gemäß Art. 246a § 1 Abs. 1 S. 2 EGBGB die Identitätsangaben nach Nr. 2–4 durch die entsprechenden Angaben des Versteigerers erfüllt werden. Zum Begriff der öffentlich zugänglichen Versteigerung → BGB § 312g Rn. 36.

c) Beschwerdeadresse (Nr. 4). Der Unternehmer hat den Verbraucher zusätzlich zu **14** den Angaben gemäß Nr. 2 die **Geschäftsanschrift** des Unternehmers und gegebenenfalls die **Anschrift des Unternehmers, in dessen Auftrag er handelt,** falls diese Anschrift von der Anschrift unter Nr. 2 abweicht, mitzuteilen. Der Verbraucher soll sich gezielt an die richtige Stelle wenden können in Fällen, in denen der Unternehmer eigene Abteilungen für Kundendienst oder Beschwerden hat. Wie bei Nr. 2 gilt auch, dass der Verbraucher sich in den Fällen, in denen der Unternehmer einen Sub-Unternehmer mit der Vertragsleistung beauftragt, direkt an den Sub-Unternehmer wenden kann.

Wie bei Nr. 2 können die Identitätsangaben bei öffentlich zugänglichen Versteigerungen **15** durch die entsprechenden Angaben des Versteigerers erfüllt werden.

d) Gesamtpreis, Fracht-, Liefer- oder Versandkosten, Hinweis auf personalisier- 16 ten Preis (Nr. 5, 6 und 7). Nr. 5 und 7 entsprechen Art. 246 Abs. 1 Nr. 3 EGBGB (→ BGB § 312a Rn. 16 f.).

Nr. 6 wurde mit Wirkung zum 28.5.2022 neu eingefügt und verpflichtet den Unterneh- **17** mer, Verbraucher darüber zu informieren, wenn sie den Preis des konkreten Angebots auf der Grundlage einer automatisierten Entscheidungsfindung personalisiert haben. Den Verbrauchern soll mit der neu eingeführten Informationspflicht die Möglichkeit gegeben werden, die bei einer automatisierten Entscheidungsfindung bestehenden Risiken, insbesondere die erhebliche Informationsasymmetrie und das Ausnutzen des präzisen Wissens des Unternehmers über den Verbraucher, bei ihrer Entscheidung über den Vertragsschluss zu berücksichtigen.[9] Die Informationspflicht muss in klarer und verständlicher Weise und spezifisch vor Abschluss des konkreten Vertrags mit dem bestimmten Verbraucher erfolgen; sie kann also nicht dadurch erfüllt werden, dass der Unternehmer zum Beispiel in seinen Allgemeinen Geschäftsbedingungen generell darauf hinweist, dass Preise gegebenenfalls auf der Grundlage einer automatisierten Entscheidungsfindung personalisiert sein können.[10] Die Informationspflicht soll nicht für Techniken wie die dynamische Preissetzung oder die Preissetzung in Echtzeit gelten, bei denen sich der Preis in sehr flexibler und schneller

---

[5] Vgl. BT-Drs. 19/27655, 33.
[6] Die Aufteilung in die Nr. 2 und 3 dient der besseren Lesbarkeit der Vorschrift; der Hinweis auf die Angabe der Faxnummer wurde aufgrund der technologischen Entwicklungen gestrichen und durch die Information über sonstige Online-Kommunikationsmittel ersetzt; vgl. BT-Drs. 19/27655, 33.
[7] BeckOK BGB/Martens EGBGB Art. 246a Rn. 6a; MüKoBGB/Wendehorst Rn. 23.
[8] EuGH NJW 2020, 2389 Rn. 37; BGH GRUR 2021, 84 Rn. 29; BeckOK BGB/Martens EGBGB Art. 246a Rn. 6a.
[9] BT-Drs. 19/27655, 33.; vgl. im Detail dazu auch MüKoBGB/Wendehorst Rn. 27 ff.
[10] BT-Drs. 19/27655, 33 f.

Weise in Abhängigkeit von der Marktnachfrage ändert, ohne dass eine Personalisierung auf der Grundlage einer automatisierten Entscheidungsfindung erfolgt.[11]

18   **e) Gesamtpreis bei unbefristeten Verträgen (Nr. 8).** Nr. 5 konkretisiert Nr. 4 für den Fall **unbefristeter Verträge** oder **Abonnement-Verträge.** Auch bei diesen Verträgen hat der Unternehmer den Verbraucher über den Gesamtpreis zu informieren. Dieser umfasst die pro Abrechnungszeitraum anfallenden Gesamtkosten und, wenn für einen solchen Vertrag Festbeträge in Rechnung gestellt werden, ebenfalls die monatlichen Gesamtkosten.

19   Wenn ein genauer Preis noch nicht angegeben werden kann, ist die Angabe der **Berechnungsgrundlage** zulässig und erforderlich.

20   **f) Fernkommunikationskosten (Nr. 9).** Nr. 6 ergänzt § 312a Abs. 5 im Hinblick auf die **Vertragsabschlusskosten.** Es ist über solche Kosten zu informieren, die über den Grundtarif[12] hinausgehen. Bedeutung hat die Vorschrift insbesondere für die Nutzung von Telekommunikationsnetzen.

21   **g) Zahlungs-, Liefer- und Leistungsbedingungen, Beschwerden (Nr. 10).** Entspricht Art. 246 Abs. 1 Nr. 4 EGBGB (→ BGB § 312a Rn. 18 f.).

22   **h) Gesetzliches Mängelhaftungsrecht für Waren oder digitale Produkte (Nr. 11), Kundendienst und Garantien (Nr. 12).** Entsprechen Art. 246 Abs. 1 Nr. 5 EGBGB (→ BGB § 312a Rn. 20 f.).

Für den Internethandel hat der BGH nunmehr eine Reihe von Fragen dem **EuGH** zur Klärung vorgelegt[13], insbesondere, ob schon das bloße Bestehen einer Herstellergarantie die Informationspflicht auslöst, ob es der Erwähnung einer Herstellergarantie im Angebot des Unternehmers bedarf oder ob die Informationspflicht erst ausgelöst wird, wenn die Erwähnung für den Verbraucher ohne Weiteres erkennbar ist.[14] Ebenso möchte der BGH wissen, ob eine Informationspflicht auch besteht, wenn für den Verbraucher ohne Weiteres erkennbar ist, dass der Unternehmer nur Angaben des Herstellers zu der Garantie zugänglich macht, und ob hinsichtlich des Inhalts die entsprechenden Vorgaben der Verbrauchsgüterkauf-RL (bzw. künftig der Warenkauf-RL) entsprechend anwendbar sind.[15]

23   **i) Verhaltenskodizes (Nr. 13).** Verhaltenskodizes iSv Nr. 10 sind Regelwerke, denen sich der Unternehmer unabhängig vom Vertragsschluss freiwillig unterwirft.[16] Hat sich der Unternehmer keinem derartigen Kodex unterworfen, bedarf es keiner Negativanzeige.[17]

24   **j) Laufzeit und Kündigungsbedingungen (Nr. 14).** Entspricht Art. 246 Abs. 1 Nr. 6 EGBGB (→ BGB § 312a Rn. 22).

25   **k) Mindestdauer von Verpflichtungen (Nr. 15).** Der Unternehmer hat die Mindestdauer der Verpflichtungen, die der Verbraucher mit dem Vertrag eingeht, anzugeben. Diese wird nur dann Vertragsinhalt, wenn sie den Anforderungen der §§ 307 ff. (307, 308 Nr. 4 und 8, 309 Nr. 9) entspricht.[18]

26   **l) Finanzielle Sicherheiten (Nr. 16).** Zu informieren ist ferner über die Stellung einer **Kaution** oder die Leistung **anderer finanzieller Sicherheiten,** sowie deren Bedingun-

---

[11] BT-Drs. 19/27655, 33 f.
[12] Art. 6 Abs. 1f) VerbrRRL.
[13] BGH GRUR 2021, *739;* zu den vorinstanzlichen Entscheidungen auch Buchmann/Großbach K&R 2020, 259.
[14] MüKoBGB/Wendehorst Rn. 42.
[15] MüKoBGB/Wendehorst Rn. 42.
[16] BT-Drs. 14/6040, 171; Vander K&R 2003, 339 (340).
[17] Grüneberg/Grüneberg EGBGB Art. 246a Rn. 4, Meyer DB 2004, 2739 (2741).
[18] Grüneberg/Grüneberg Art. 246a Rn. 5.

gen. Mitzuteilen sind ua die Art der Kaution (zB Barkaution, Sperrung eines Betrags auf der Kredit- oder Debitkarte) sowie die Voraussetzungen und Form der Rückzahlung.[19]

m) Funktionalität von Waren mit digitalen Elementen oder digitaler Produkte 27 (Nr. 17), deren Kompatibilität und Interoperabilität (Nr. 18). Entsprechen Art. 246 Abs. 1 Nr. 7 und 8 EGBGB (→ BGB § 312a Rn. 23 f.). Im Anhang I zum Umsetzungsleitfaden der GD Justiz finden sich Muster für die Darstellung von Verbraucherinformationen zu digitalen Onlineprodukten.[20]

n) Außergerichtliche Beschwerde- und Rechtsbehelfsverfahren (Nr. 19). Dem 28 Verbraucher sind etwaige außergerichtliche Beschwerde- und Rechtsbehelfsverfahren, denen der Unternehmer unterworfen ist, und die der Verbraucher nutzen kann, und dessen Zugangsvoraussetzungen, mitzuteilen.

Davon umfasst sind zB **Verbraucherschlichtungsstellen** nach dem Verbraucherstreit- 29 beilegungsgesetz (VSBG), welches sowohl die ADR-Richtlinie[21] in deutsches Recht umsetzt als auch Ausführungsbestimmungen zur ODR-Verordnung[22] enthält. Das VSBG und die ODR-Verordnung enthalten speziellere Informationspflichten, wodurch die Regelung in Nr. 19 an praktischer Bedeutung verloren hat.

Gemäß Art. 14 Abs. 1 der ODR-Verordnung sind alle in der EU niedergelassenen 30 Unternehmer, die online Kauf- oder Dienstleistungsverträge schließen oder Online-Marktplätze betreiben, verpflichtet ua auf ihren Webseiten und in Angeboten per E-Mail einen Link zu der von der Europäischen Kommission geschaffenen **Online-Plattform zur Alternativen Streitbeilegung ("OS-Plattform")**[23] einzustellen und Informationen in ihre AGB aufnehmen. Nach Art. 14 Abs. 2 der ODR-Verordnung müssen Unternehmer, die sich verpflichtet haben oder verpflichtet sind eine Stelle für alternative Streitbeilegung zur nutzen, die Verbraucher über die Existenz der OS-Plattform und die Möglichkeit, diese für die Beilegung ihrer Streitigkeiten zu nutzen, informieren. Im Hinblick auf die Frage, ob auch ein Unternehmer der auf einem Online-Marktplatz Angebote einstellt zusätzlich zu dem Marktplatzbetreiber verpflichtet ist in seinem Händlershop einen Link zur OS-Plattform bereitzustellen, ist die Rechtsprechung uneinheitlich.[24]

§§ 36, 37 VSBG normiert weitere Informationspflichten für alle Unternehmer, die 31 entweder eine Website unterhalten oder AGB verwenden und die zum Ende des Vorjahres mehr als zehn Mitarbeiter hatten. Gemäß § 36 VSBG müssen Unternehmer auf ihren Webseiten bzw. in ihren AGB Verbraucher darüber informieren, ob sie bereit oder verpflichtet sind, an **Streitbeilegungsverfahren** teilzunehmen. Zudem müssen sie den Verbraucher klar und verständlich auf die **zuständige Verbraucherschlichtungsstelle** hinweisen. § 37 VSBG enthält weitere Informationspflichten nach Entstehen der Streitigkeit.

Nicht umfasst sind Ansprüche nach dem **UKlaG**.[25]   32

2. Informationen bei Bestehen eines Widerrufsrechts (§ 1 Abs. 2). a) Bedingun- 33 **gen, Fristen, Verfahren (Nr. 1).** Steht dem Verbraucher nach § 312g Abs. 1 ein Widerrufsrecht zu, hat der Unternehmer ihn zunächst über die Bedingungen, Fristen und das Verfahren für die Ausübung des Widerrufsrechts nach § 355 Abs. 1 zu informieren. Gemäß Art. 246a § 1 Abs. 2 S. 2 EGBGB können die einzelnen Angaben (im Einzelnen dazu

---

[19] Grüneberg/Grüneberg EGBGB Art. 246a Rn. 5.

[20] Vgl. auch Leier VuR 2014, 281 ff.

[21] RL 2013/11/EU des Europäischen Parlaments und des Rates vom 21.5.2013 über die alternative Beilegung verbraucherrechtlicher Streitigkeiten und zur Änderung der Verordnung (EG) Nr. 2006/2004 und der Richtlinie 2009/22/EG (ABl. 2009 L 165, 63).

[22] VO (EU) Nr. 524/2013 des Europäischen Parlaments und des Rates vom 21.5.2013 über die Online-Beilegung verbraucherrechtlicher Streitigkeiten und zur Änderung der Verordnung (EG) Nr. 2006/2004 und der Richtlinie 2009/22/EG (ABl. 2009 L 165, 1).

[23] www.ec.europa.eu/consumers/odr.

[24] Dafür: OLG Hamm BeckRS 2017, 121013; OLG Koblenz BeckRS 2017, 100782; dagegen: OLG Dresden BeckRS 2017, 101117; vgl. zur Thematik auch Vierkötter K&R 2017, 217 (220) mwN.

[25] MüKoBGB/Wendehorst Rn. 49.

unter → §§ 355, 356 Rn. 1 ff.) im Hinblick auf Bedingungen, Fristen und Verfahren durch das zutreffende Ausfüllen der **Muster-Widerrufsbelehrung in Anlage 1** des Art. 246a EGBGB erfüllt werden. Obwohl die Verwendung dieser Musterbelehrung nicht zwingend ist, ist unbedingt zu empfehlen, diese unverändert[26] zu verwenden, um von der **Schutzwirkung** der Musterbelehrung nach Abs. 2 S. 2 zu profitieren.[27] Sachliche Änderungen oder eine unzutreffende Ausfüllung des Musters heben die Schutzwirkung unabhängig von ihrem Gewicht und ihrer Kausalität auf.[28] Enthält der Text neben der Belehrung noch weitere Angaben, muss sich die Belehrung hiervon deutlich abheben.[29] Keine Schutzwirkung nach Abs. 2 S. 2 besteht, wenn der Verbraucher durch eine weitere unrichtige Belehrung irregeführt wird.[30] Das Muster muss dem Verbraucher in **Textform (§ 126b)** zugehen. Die Übermittlung per Fax oder E-Mail ist daher grundsätzlich ausreichend. Eine lediglich ins Internet gestellte Belehrung genügt nicht.[31]

34   Bei Angabe der Telefonnummer im Impressum oder auf der Startseite des Internetauftritts als Kontaktmöglichkeit muss diese auch in der Belehrung mitgeteilt werden.[32]

35   Zudem hat der Unternehmer dem Verbraucher das **Muster-Widerrufsformular gemäß Anlage 2** des Art. 246a EGBGB zur Verfügung zu stellen; eine bloße Information darüber ist nicht ausreichend.[33] Bei einem außerhalb von Geschäftsräumen geschlossenen Vertrag muss der Unternehmer das Muster-Widerrufsformular dem Verbraucher in Papierform oder, wenn der Verbraucher zustimmt, auf einem dauerhaften Datenträger zur Verfügung stellen; ein Internet-Link genügt nicht.[34] Bei einem Vertragsschluss im Internet genügt ein Link, über den der Verbraucher barrierefrei Zugriff auf das Musterformular erhält.[35] Wichtig ist die Information, dass der Verbraucher sein Widerrufsrecht mittels dieses Formulars ausüben kann, dass dies aber nicht erforderlich ist und er seine Erklärung auch auf andere Weise abgeben kann.[36]

36   **b) Kosten der Rücksendung (Nr. 2).** Ferner muss der Unternehmer den Verbraucher über die Kosten für die Rücksendung der Waren informieren. Holt der Unternehmer die Waren nicht ab (§ 357 Abs. 6), übernimmt er nicht die Kosten für die Rücksendung (§ 357 Abs. 5) oder muss er diese nicht von Gesetzes wegen übernehmen (§ 357 Abs. 7), hat der Unternehmer den Verbraucher darüber zu informieren, dass der Verbraucher im Falle des Widerrufs die Kosten für die Rücksendung der Waren zu tragen hat. Bei Fernabsatzverträgen ist zusätzlich über die Höhe der Kosten für die Rücksendung, wenn die Waren aufgrund ihrer Beschaffenheit nicht auf dem normalen Postweg zurückgesendet werden können.

37   **c) Anteilige Vergütungspflicht (Nr. 3).** Zudem hat der Unternehmer darüber zu informieren, dass der Verbraucher ggf. einen angemessenen Betrag für erbrachte entgeltliche Dienstleistungen oder die Lieferung von Wasser, Gas, Strom oder Fernwärme zu entrichten hat, wenn er den Vertrag widerruft, nachdem er ausdrücklich erklärt hat, dass mit der Ausführung der Dienstleistung begonnen werden soll (§ 357a Abs. 2).

38   **3. Informationen bei Nicht-Bestehen eines Widerrufsrechts (§ 1 Abs. 3).** Der Unternehmer hat den Verbraucher auch darüber zu informieren, dass ihm gemäß § 312g

---

[26] BGH NJW 2014, 2022.
[27] Vgl. auch BGH NJW-RR 2021, 177.
[28] Siehe BGH NJW 2011, 1061; 2012, 3428; NJW-RR 2012, 183.
[29] Grüneberg/Grüneberg EGBGB Art. 246a Rn. 8.
[30] BGH NJW 2021, 3122.
[31] BGH NJW 2010, 3566; 2014, 2857; siehe auch EuGH NJW 2012, 2637.
[32] BGH NJW-RR 2021, 762; GRUR 2021, 84.
[33] EuGH WRP 2019, 312 (315); BGH WRP 2019, 1176; OLG Düsseldorf GRUR-RS 2016, 08022; BeckOK BGB/Martens EGBG Art. 246a § 1 Rn. 30; Grüneberg/Grüneberg EGBGB Art. 246a Rn. 7.
[34] BGH NJW-RR 2021, 177BeckOK BGB.
[35] BeckOK BGB/Martens EGBGB Art. 246a § 1 Rn. 30; strenger MüKoBGB/Wendehorst § 312d Rn. 56: Zusendung absolut zwingend).
[36] BeckOK BGB/Martens EGBG Art. 246a Rn. 30.

Abs. 2 S. 1 Nr. 1, 2, 5, 7–13 **kein Widerrufsrecht** zusteht (Nr. 1) oder dieses unter bestimmten Umständen nach § 312g Abs. 2 S. 1 Nr. 3, 4, 6 oder § 356 Abs. 4, 5 **vorzeitig erlöschen kann** (Nr. 2). Nicht einschlägige Ausschlusstatbestände müssen nicht angeführt werden.[37] Ausreichend ist es, wenn der Unternehmer die einschlägigen Ausschlusstatbestände abstrakt umschreibt und über die Umstände informiert, unter denen das Widerrufsrecht vorzeitig erlischt; es muss nicht für jeden einzelnen Artikel klargestellt werden, ob ein Widerrufsrecht besteht oder nicht.[38] Die Wiedergabe des Gesetzeswortlauts genügt.[39]

4. Vereinfachte Informationspflichten. a) Bagatellklausel für Handwerkerverträge (Art. 246 § 2 EGBGB). aa) Anwendungsbereich. Der Anwendungsbereich ist begrenzt auf **Werkverträge über Reparaturen und Instandhaltungsarbeiten,** die **außerhalb von Geschäftsräumen** geschlossen werden, wie zB Schlüsseldienste, Heizungsreparaturen, Klempnerarbeiten. Der Verbraucher muss den **Besuch** des Dienstleisters ausdrücklich **angefordert** haben. Die Vergütung für diese Leistungen darf nicht höher sein als **200 EUR** und muss **sofort bewirkt** werden. **39**

bb) Informationspflichten. Vor Vertragsschluss hat der Unternehmer gemäß § 2 Abs. 1 Nr. 1 und 2 seine **Identität** und seine **Kontaktdaten** (entspricht Art. 246 § 1 Abs. 1 S. Nr. 2 und 3 EGBGB) und den **Preis** bzw. die **Preisberechnung** inklusive eines **Kostenvoranschlags über die Gesamtkosten** anzugeben. Diese Informationen hat der Unternehmer auf einem **dauerhaften Datenträger** zur Verfügung zu stellen, was sich aus Art. 246a § 4 Abs. 1 und Abs. 2 S. 4 EGBGB rückschließen lässt. **40**

Darüber hinaus hat der Unternehmer den Verbraucher gemäß Art. 246 § 2 Abs. 2 Nr. 1–3 über die **wesentlichen Eigenschaften der Ware oder Dienstleistungen** (entspricht § 1 Abs. 1 Nr. 1), **Bedingungen, Fristen und Verfahren für die Ausübung des Widerrufsrechts** sowie das Muster-Widerrufsformular in Anlage 2 (entspricht Art. 246 § 1 Abs. 2 Nr. 1) sowie ggf. die Information über das **Nicht-Bestehen eines Widerrufsrechts** (entspricht Art. 246 § 1 Abs. 3 Nr. 1 und 2) zu informieren. Diese Informationen kann der Unternehmer mit dem Einverständnis des Verbrauchers in beliebiger Form, dh zB auch **mündlich,** erfüllen (Art. 246a § 4 Abs. 2 S. 4 EGBGB). **41**

Zudem muss der Unternehmer dem Verbraucher eine **Vertragsabschrift** oder Bestätigung nach § 312f Abs. 1, die alle **Informationen nach Art. 246 § 1** enthält, zur Verfügung stellen. **42**

b) Begrenzte Darstellungsmöglichkeit (Art. 246 § 3 EGBGB). aa) Anwendungsbereich. Die Vorschrift gilt für **Fernabsatzverträge,** die mittels eines Fernkommunikationsmittels geschlossen werden, auf dem für die **Darstellung** der zu erteilenden Informationen nur **begrenzter Raum** oder eine **begrenzte Zeit** zur Verfügung stehen[40], wie zB eine beschränkte Anzahl der Zeichen auf bestimmten Displays von Mobiltelefonen oder dem Zeitrahmen für Werbespots im Fernsehen (vgl. Erwägungsgrund 36 VerbrRRL). **43**

Auf Vorlage des BGH[41] hat der EuGH für Werbeprospekten mit Bestellpostkarte entschieden, dass bei der Beurteilung, ob in einem konkreten Fall auf dem Kommunikationsmittel für die Darstellung der Informationen nur begrenzter Raum bzw. begrenzte Zeit zur Verfügung steht sämtliche technische Eigenschaften der Werbebotschaft des Unternehmers zu berücksichtigen seien. Zu prüfen sei, ob – unter Berücksichtigung des Raumes und der Zeit, die von der Botschaft eingenommen werden, und der Mindestgröße des Schrifttyps, der für einen durchschnittlichen Verbraucher, an den diese Botschaft gerichtet ist, an- **44**

---

[37] BGH NJW 2010, 989 (991).
[38] BGH NJW 2010, 989 Rn. 24; Buchmann K&R 2014, 221 (225); Buchmann K&R 2014, 453 (455 f.); Vander MMR 2015, 75 (76).
[39] Grüneberg/Grüneberg EGBGB Art. 246a Rn. 10.
[40] BT-Drs. 17/12637, 75; vgl. im Detail auch BeckOK BGB/Martens EGBGB Art. 246a § 3 Rn. 2 ff.
[41] BGH BeckRS 2017, 116531.

gemessen ist, – alle erforderlichen Informationen objektiv in dieser Botschaft dargestellt werden könnten. Irrelevant seien indes die vom betreffenden Unternehmer getroffenen Entscheidungen hinsichtlich der Aufteilung und der Nutzung des Raumes und der Zeit, über die er gemäß dem Kommunikationsmittel verfügt, für das er sich entschieden hat.[42] Soweit die Informationen in einem Werbeprospekt des Unternehmers gegeben werden, muss die Werbebotschaft gegenüber den Verbraucherinformationen nicht zurücktreten. Dies ist aber jedenfalls nicht der Fall, wenn die vollständige Pflichtinformation nicht mehr als 20 % der verfügbaren Fläche des Werbemediums benötigt.[43] Wird für die verpflichtenden Verbraucherinformationen nebst Muster-Widerrufsformular mehr als 20 % des für die konkrete Printwerbung verfügbaren Raums benötigt, muss das Muster-Widerrufsformular nicht in der Werbung abgedruckt und kann sein Inhalt auf andere Weise in klarer und verständlicher Sprache mitgeteilt werden; es ist dann zu prüfen, ob die übrigen Pflichtangaben immer noch mehr als ein Fünftel des Raums der Printwerbung in Anspruch nehmen.[44]

45   Willkürliche Beschränkungen der Informationspflichten infolge der Gestaltung des Werbemediums sind als Umgehung des § 3 unbeachtlich (§ 312m Abs. 1 S. 2 analog).[45]

46   **bb) Informationspflichten.** Die zu übermittelnden Information entsprechen denjenigen in § 246a § 1 Abs. 1 Nr. 1, 2, 5, und 14, § 1 Abs. 2 S. 1 Nr. 1 (→ BGB § 312d Rn. 6 ff.).

47   Der Unternehmer hat dem Verbraucher die Informationen mittels des verwendeten Fernkommunikationsmittels zur Verfügung zu stellen. Die weiteren Angaben kann der Unternehmer **in geeigneter Weise** (Art. 246 § 4 Abs. 3) zugänglich machen, indem er ihn an eine andere Informationsquelle verweist, zB durch Angabe einer gebührenfreien Telefonnummer oder eines Hypertext-Links zu einer Webseite des Unternehmers, auf der die einschlägigen Informationen unmittelbar abrufbar und leicht zugänglich sind.[46]

48   **5. Formale Anforderungen (Art. 246 § 4 EGBGB). a) Allgemeines.** Die Informationen nach Art. 246a §§ 1–3 müssen dem Verbraucher **vor Abgabe seiner Vertragserklärung** mitgeteilt werden. Es muss ein gewisser zeitlicher Zusammenhang bestehen zwischen Informationserteilung und Vertragsschluss, ggf. müssen Informationen wiederholt werden.[47]

49   Die Informationen sind dem Verbraucher ferner **klar und verständlich** mitzuteilen. Hinsichtlich der Anforderungen kann man sich am AGB-rechtlichen Transparenzgebot orientieren.[48] Die Informationen sind so zu fassen, dass der rechtsunkundige Durchschnittsverbraucher in der Lage ist, den Inhalt der Informationen ohne Einholung von Rechtsrat zu erfassen.[49]

50   Die Informationen können auch in die AGB des Unternehmers einbezogen werden, solange dadurch die Klarheit und Verständlichkeit der Informationen beibehalten wird. Nach Ansicht des LG Berlin ist für die Information, unter welchen Bedingungen der Kunde eines Dating-Portals den sich automatisch verlängerten Vertrag kündigen kann, ein bloßer Verweis auf die AGB des Unternehmers nicht ausreichend.[50] Nach dem LG Oldenburg kann die Information über das Nicht-Bestehen eines Widerrufsrechts zwar grundsätzlich in AGB geregelt werden. Es müsse dann aber mit Hilfe eines entsprechenden Links deutlich darauf verwiesen werden. Der vom Unternehmer verwendete Hinweis

---

[42] EuGH BeckRS 2019, 334.
[43] BGH BeckRS 2019, 16060.
[44] BGH BeckRS 2019, 16060.
[45] Grüneberg/Grüneberg EGBGB Art. 246a § 3 Rn. 1.
[46] Erwägungsgrund 36 der VerbrRRL; BT-Drs. 17/12637, 75; Grüneberg/Grüneberg EGBGB Art. 246a § 3 Rn. 2.
[47] Buchmann K&R 2014, 453 (454); MüKoBGB/Wendehorst Rn. 79.
[48] MüKoBGB/Wendehorst Rn. 80; vgl. im Detail BeckOK BGB/Martens EGBGB Art. 246 § 4 Rn. 3 ff.
[49] Vgl. zu den Anforderungen BGH NJW 1999, 2279 (2280).
[50] LG Berlin BeckRS 2016, 13955.

„andere wichtige Regelungen zum Vertrag finden Sie in unseren AGB", genüge dem Transparenzerfordernis nicht.[51]

Weder das Gesetz noch die VerbrRRL enthält eine ausdrückliche Regelung, in welcher **51** **Sprache** die Informationen zu erteilen sind. Ist Deutsch die Verhandlungssprache bzw. ist die Webseite auf Deutsch und unterliegt der Vertrag deutschem Recht, so sind die Informationen auch auf Deutsch zu erteilen.[52] Bei dem Vertrieb von Spezialartikeln für einen versierten Kundenkreis, bei dem sich die englische Sprache als allgemeine Verkehrssprache durchgesetzt hat, kann eine Information in englischer Sprache genügen, nicht aber ohne weiteres gegenüber dem deutschen Durchschnittsverbraucher.[53]

b) Bei außerhalb von Geschäftsräumen geschlossenen Verträgen (Abs. 2). Bei **52** außerhalb von Geschäftsräumen geschlossenen Verträgen muss der Unternehmer die Informationen **auf Papier** oder wenn der Verbraucher zustimmt, auf einem **anderen dauerhaften Datenträger iSv § 126b** zur Verfügung stellen. Auszuhändigen sind auch die Widerrufsbelehrung und die Information über das Muster-Widerrufsformular nach Anlage 2.[54] Da die Verträge unmittelbar vor Ort bei körperlicher Anwesenheit beider Parteien geschlossen werden, dürfte die Zurverfügungstellung in Papierform den Regelfall darstellen.

Die Informationen müssen **lesbar** sein und die **Person des erklärenden Unterneh-** **53** **mers muss genannt** sein.

Im Hinblick auf die vereinfachten Informationspflichten bei Handwerksverträgen iSv **54** Art. 246a § 2 Abs. 1 EGBGB kann der Unternehmer einige Informationen auch mündlich erteilen und muss diese nicht auf einem dauerhaften Datenträger zur Verfügung stellen, sofern sich der Verbraucher hiermit ausdrücklich einverstanden erklärt.

c) Bei Fernabsatzverträgen (Abs. 3). Bei einem Fernabsatzvertrag muss der Unter- **55** nehmer die Informationen in einer den benutzten Fernkommunikationsmitteln **angepass-** **ten Weise** zur Verfügung stellen.

Die Hinweise müssen so angeordnet und gestaltet sein, dass sie von einem Durchschnitts- **56** verbraucher bei flüchtiger Betrachtung nicht übersehen werden können und klar erkennen lassen, welche Art von Informationen sich dahinter verbergen.[55] Anhang I zum Umsetzungsleitfaden der GD Justiz enthält ein Muster für die Darstellung von Verbraucherinformationen zu digitalen Onlineprodukten.[56]

Der Verbraucher muss vom Inhalt der Informationen **in zumutbarer Weise Kenntnis** **57** nehmen können. Werden die Informationen auf einem **dauerhaften Datenträger** zur Verfügung gestellt, müssen sie **lesbar** sein und die **Person des erklärenden Unterneh-** **mers muss genannt** sein. Im Hinblick auf Fernkommunikationsmitteln mit beschränkter Darstellungsmöglichkeit ist auf Art. 246a § 3 EGBGB (→ BGB § 312d Rn. 39 ff.) zu verweisen.

6. Informationen als Vertragsinhalt (Abs. 1 S. 2). Die in Erfüllung der Informati- **58** onspflichten nach Abs. 1 S. 1 gemachten Angaben werden gemäß Abs. 1 S. 2 **Vertrags-** **inhalt** und können nur durch eine **ausdrückliche Vereinbarung** der Vertragsparteien **geändert** werden.[57] Dies dürfte für eine Vielzahl der Informationen auch ohne die ausdrückliche Anordnung gelten.[58] Für andere Angaben passt die Vorschrift nicht; denn

---

[51] LG Oldenburg 13.3.2015 – 12 O 215/14.

[52] Grüneberg/Grüneberg EGBGB Art. 246 Rn. 4; vgl. auch MüKoBGB/Wendehorst Rn. 82; vgl. auch KG MMR 2016, 601.

[53] BT-Drs. 14/2658, 38; MüKoBGB/Wendehorst Rn. 82; Buchmann K&R 2014, 453 (455): immer Landessprache.

[54] BGH NJW-RR 2021, 177.

[55] MüKoBGB/Wendehorst Rn. 86; Mankowski CR 2001, 767 (770 f.).

[56] Vgl. auch Leier VuR 2014, 281 ff.

[57] Vgl. dazu im Detail Kramme NJW 2015, 279.

[58] Spindler/Schulz/Schirmbacher Rn. 20; Gegenäußerung BT-Drs. 17/12637, 97.

inwiefern die Telefonnummer des Unternehmers „Inhalt des Vertrages" werden soll, ist unverständlich.[59]

59   Übersendet der Unternehmer dem Verbraucher nach erfolgter Information AGB, die abweichende Angaben enthalten, werden die ursprünglichen Angaben nur dann geändert, wenn der Verbraucher den AGB ausdrücklich zugestimmt hat. Sollten bereits die gemeinsam mit den ursprünglichen Informationsangaben überreichten bzw. versandten AGB von den Informationsangaben abweichen bzw. diesen widersprechen, verhält sich der Unternehmer widersprüchlich, so dass er sich nicht auf die von der Information abweichende Bestimmung in den AGB berufen kann (§ 242).[60] Die erteilten Informationen werden auch dann Vertragsinhalt, wenn sie unvollständig, unrichtig oder im Übrigen nicht ordnungsgemäß sind.[61]

III. Rechtsfolgen bei Verletzung der Informationspflichten

60   **1. Kosten, § 312e.** Soweit der Unternehmer nicht ordnungsgemäß gemäß Art. 246a § 1 Nr. 7 EGBGB über Fracht-, Liefer- oder Versandkosten und alle sonstigen Kosten informiert hat, kann er diese gemäß § 312e auch nicht vom Verbraucher verlangen (→ BGB § 312e Rn. 3 f.).

61   **2. Verlängerung der Widerrufsfrist § 356 Abs. 3.** Die Widerrufsfrist beginnt gemäß **§ 356 Abs. 3** erst zu laufen, wenn der Unternehmer den Verbraucher entsprechend den Anforderungen des Art. 246a § 1 Abs. 2 S. 1 Nr. 1 EGBGB über das Widerrufsrecht belehrt hat (→ BGB § 356 Rn. 6). Eine Verletzung der übrigen Informationspflichten hat dagegen keinen Einfluss auf den Beginn der Widerrufsfrist.

62   Hat der Unternehmer den Verbraucher nicht nach Art. 246a § 1 Abs. 2 S. 1 Nr. 2 EGBGB über etwaige Rücksendekosten bei Ausübung des Widerrufsrechts informiert, muss der Unternehmer diese Kosten gemäß **§ 357 Abs. 5** selbst (→ BGB § 357 Rn. 7) tragen.

63   Zudem kann der Unternehmer bei Verletzung der Belehrungspflichten nach Art. 246a § 1 Abs. 2 S. 1 Nr. 1 EGBGB keinen Wertersatz- oder Schadensersatzanspruch wegen Beschädigung der Ware nach **§ 357a Abs. 1** geltend machen. Auch für eine erbrachte Dienstleistung oder leitungsgebundene Versorgung nach § 357a Abs. 2 kann keine anteilige Vergütung verlangt werden.

64   **3. Unterlassungsanspruch.** In Betracht kommt ferner ein Unterlassungsanspruch wegen verbraucherschutzrechtswidriger Praktiken nach **§ 2 UKlaG** im Wege der Verbandsklage sowie ggf. nach § 1 UKlaG. Zudem kann der Unternehmer unter Umständen auch aus §§ 8 ff. UWG auf Unterlassung in Anspruch genommen werden.[62]

65   **4. Allgemeines Zivilrecht.** Hat der Unternehmer unzutreffende Informationen erteilt, muss er sich an diese aufgrund der Vorschrift des § 312d Abs. 1 S. 2 festhalten lassen. Belehrt der Unternehmer den Verbraucher beispielsweise über ein Widerrufsrecht, obwohl dies nach § 312g Abs. 2 eigentlich nicht bestünde, kann dies **vertraglich begründet** werden (→ BGB § 312g Rn. 8). Das gleiche gilt für den Verbraucher günstige Modifizierungen des Widerrufsrechts, etwa wenn der Unternehmer eine Widerrufsfrist von 30 Tagen angibt.[63]

66   Eine Verletzung der Pflichten aus Abs. 1 S. 1 kann einen Schadensersatzanspruch gemäß **§§ 311 Abs. 2, 241 Abs. 2, 280** wegen Verletzung vorvertraglicher Pflichten begründen. Voraussetzung ist, dass dem Verbraucher durch die Nichterfüllung bzw. die nicht voll-

---

[59] Vgl. im Detail zu dieser Vorschrift Spindler/Schulz/Schirmbacher Rn. 19 ff.; MüKoBGB/Wendehorst Rn. 8 ff.
[60] BT-Drs. 17/12637, 54.
[61] Grüneberg/Grüneberg Rn. 2.
[62] Vgl. MüKoBGB/Wendehorst Rn. 154; im Einzelnen: Alexander WRP 2014, 501 (507).
[63] Vgl. OLG Frankfurt a. M. BeckRS 2015, 10310.

ständige Erfüllung der Pflichten des Unternehmers ein Schaden (insbesondere Abschluss oder ungünstiger Inhalt des Vertrages) ursächlich entstanden ist und dies vom Unternehmer zu vertreten war. Ein **Schaden** wird auf Grund des Widerrufsrechts in der Regel nicht vorliegen bzw. schwer nachweisbar sein.[64] In den Fällen, in denen gemäß § 312g Abs. 2 kein Widerrufsrecht besteht, ist ein solcher Schadensersatzanspruch deutlich realistischer, insbesondere wenn er nicht auf Schadensersatz in Geld, sondern auf **Rückabwicklung** oder **Anpassung** gerichtet ist.In Betracht kommt ferner auch eine Anfechtung des Verbrauchers wegen Irrtums nach **§ 119 Abs. 1.**

Die Einbeziehung von AGB hängt allein davon ab, dass der Unternehmer seine Oblie- **67** genheiten aus § 305 erfüllt. Die Einhaltung der Informationspflichten aus Abs. 1, 2 iVm Art. 246a, b EGBGB ist zur Einbeziehung weder erforderlich noch ausreichend, die Verletzung einer Informationspflicht kann aber zur Anwendung von § 305c führen.[65]

5. Bußgeld nach Art. 246e EGBGB. Grenzüberschreitende Verstöße gegen die Infor- **68** mationspflichten des § 312d Abs. 1 kann das Umweltbundesamt auf der Grundlage des seit dem 28.5.2022 geltenden Art. 246e EGBGB als **Ordnungswidrigkeit** verfolgen (im Detail dazu → BGB § 312a Rn. 69 ff.).

IV. Beweislast

Gemäß § 312m Abs. 2 hat der Unternehmer zu beweisen, dass er die Informations- **69** pflichten erfüllt hat. Um diesen Nachweis erbringen zu können, sollte der Unternehmer sich den Erhalt der Informationen vom Verbraucher bestätigen lassen.[66]

V. Informationspflichten bei Finanzdienstleistungen (Abs. 2)

Es ist auf die ausführliche Kommentierung im MüKoBGB/Wendehorst § 312d **70** Rn. 93 ff. zu verweisen.

§ 312e Verletzung von Informationspflichten über Kosten

Der Unternehmer kann von dem Verbraucher Fracht-, Liefer- oder Versandkosten und sonstige Kosten nur verlangen, soweit er den Verbraucher über diese Kosten entsprechend den Anforderungen aus § 312d Absatz 1 in Verbindung mit Artikel 246a § 1 Absatz 1 Satz 1 Nummer 7 des Einführungsgesetzes zum Bürgerlichen Gesetzbuche informiert hat.

Literatur: Bierekoven/Crone, Umsetzung der Verbraucherrechterichtlinie MMR 2013, 687; Schomburg, Mehr Verbraucherschutz bei Kosten für Nebenleistungen – Die Regelungen des neuen § 312a Abs. 2 BGB bis § 312a Abs. 6 BGB, VuR 2014, 18; Tamm, Informationspflichten nach dem Umsetzungsgesetz zur Verbraucherrechterichtlinie, VuR 2014, 9.

I. Allgemeines

1. Historie. § 312e wurde in Umsetzung des Art. 6 Abs. 6 VerbrRRL durch das Gesetz **1** zur Umsetzung der VerbrRRL[1] in das BGB aufgenommen. Die Regelung entspricht weitgehend der ohnehin nach den allgemeinen Vorschriften geltenden Rechtslage.[2] Durch das Gesetz zur Änderung des Bürgerlichen Gesetzbuchs und des Einführungsgesetzes zum Bürgerlichen Gesetzbuche in Umsetzung der EU-Richtlinie zur besseren Durchsetzung und Modernisierung der Verbraucherschutzvorschriften der Union und zur

---

[64] Vgl. MüKoBGB/Wendehorst Rn. 157.
[65] Grüneberg/Grüneberg Rn. 4.
[66] MüKoBGB/Wendehorst Rn. 158.
[1] Gesetz zur Umsetzung der VerbrRRL und zur Änderung des Gesetzes zur Regelung der Wohnungsvermittlung vom 20.9.2013 (BGBl. 2013 I 3642).
[2] BT-Drs. 17/12637, 54.

Aufhebung der Verordnung zur Übertragung der Zuständigkeit für die Durchführung der Verordnung (EG) Nr. 2006/2004 auf das Bundesministerium der Justiz und für Verbraucherschutz vom 10.8.2021[3], wird mit Wirkung zum **28.5.2022** der Verweis auf Art. 246a § 1 Abs. 1 S. 1 Nr. 4 EGBGB durch Nr. 7 ersetzt.

2   **2. Überblick.** § 312e bezieht sich nur auf § 312d Abs. 1 und gilt daher lediglich für Fernabsatzverträge und außerhalb von Geschäftsräumen abgeschlossene Verträge. Die Vorschrift findet keine Anwendung auf Verträge, die Finanzdienstleistungen betreffen. Eine Parallelvorschrift für Verträge, die weder Fernabsatzverträge noch außerhalb von Geschäftsräumen geschlossene Verträge sind, enthält § 312a Abs. 2 S. 2. Für Rücksendekosten findet sich in § 357 Abs. 5 eine ähnliche Regelung.

II. Informationspflichten über Kosten

3   § 312e knüpft den Anspruch des Unternehmers auf Zahlung von Fracht-, Liefer- oder Versandkosten und sonstige Kosten iSv Art. 246a § 1 Abs. 1 S. 1 Nr. 7 EGBGB[4] daran, dass der Unternehmer den Verbraucher hierüber informiert hat.[5] Soweit der Unternehmer über die Kosten nicht ordnungsgemäß informiert hat, kann er diese auch nicht vom Verbraucher verlangen. Diese Rechtsfolge ergibt sich schon aus den **allgemeinen Vorschriften,** die von § 312e unberührt bleiben.[6] Auf diese ist bei Verträgen über Finanzdienstleistungen zurückzugreifen, da weder § 312a Abs. 2 S. 2 noch § 312e auf Finanzdienstleistungen anwendbar sind und die Finanzdienstleistungs-RL keine entsprechende Regelung enthält.

4   § 312e enthält keine eigenständige Informationspflicht, sondern verweist hinsichtlich der konkreten Anforderungen auf § 312d Abs. 1 S. 1 iVm Art. 246a § 1 Abs. 1 S. 1 Nr. 7 EGBGB. Danach muss der Unternehmer über die Kosten informieren, soweit diese vernünftigerweise im Voraus berechnet werden können; andernfalls darüber, dass solche zusätzlichen Kosten anfallen können. Es genügt daher, dass der Unternehmer bei der Werbung für das einzelne Produkt den Hinweis „zzgl. Versandkosten" aufnimmt, wenn sich bei Anklicken dieses Hinweises ein Fenster mit einer übersichtlichen und verständlichen Erläuterung der allgemeinen Berechnungsmodalitäten für die Versandkosten öffnet und zusätzlich die konkret anfallenden Kosten beim Aufrufen des virtuellen Warenkorbs gesondert ausgewiesen werden.[7]

5   Hat der Verbraucher die Kosten bereits geleistet, kann er diese nach §§ 812 ff. zurückverlangen.[8] Für Rücksendekosten bei einem Widerruf des Verbrauchers enthält § 357 Abs. 5, 7 eine spezielle Regelung (→ BGB § 357 Rn. 6).

III. Verhältnis zu § 312a Abs. 3

6   Nach der Gesetzesbegründung soll § 312e neben § 312a Abs. 3 insbesondere dann anwendbar sein, wenn der Verbraucher zwar ausdrücklich zugestimmt hat, weitere Kosten zu tragen, der Unternehmer den Verbraucher aber nicht entsprechend den Anforderungen des § 312d Abs. 1 iVm Art. 246a § 1 Abs. 1 S. 1 Nr. 7 EGBGB über diese zusätzlichen Kosten informiert hat, zB wenn der Verbraucher ausdrücklich zugestimmt hat „die üblichen Versandkosten" zu tragen, aber ein genauer Preis nicht angegeben war.[9] Überzeugend ist es dagegen, den Anwendungsbereich des § 312a Abs. 3 auf Vereinbarungen über zusätzliche Leistungen zu beschränken, die nach der Verkehrsauffassung und den Umständen

---

[3] BGBl. 2021 I 3483.

[4] Vgl. → § 312d Rn. 11.

[5] BT-Drs. 17/12637, 54.

[6] Vgl. Bierekoven/Crone MMR 2013, 687 (689); Schomburg VuR 2014, 18 (19); Tamm VuR 2014, 9 (16).

[7] BGH NJW-RR 2010, 915 Rn. 27; vgl. auch BeckOK BGB/Martens Rn. 5.

[8] Grüneberg/Grüneberg Rn. 2; MüKoBGB/Wendehorst Rn. 1.

[9] BT-Drs. 17/12637, 55.

des Einzelfalls für die Durchführung des Vertrags über die Hauptleistung nicht typischerweise erforderlich sind.[10] Insofern ist zwischen **selbstständiger Nebenleistung** (dann primär § 312a Abs. 3 anzuwenden, ergänzend § 312e) und **unselbstständiger Nebenleistung** (dann primär § 312e anzuwenden) zu unterscheiden. Bei Überschneidung des Anwendungsbereichs steht es dem Verbraucher frei, auf welche der Bestimmungen er sich beruft.

IV. Beweislast

Die Beweislast für die Erfüllung der Informationspflicht liegt gemäß § 312m Abs. 2 beim **7** Unternehmer.

V. Bußgeld nach Art. 246e EGBGB

Grenzüberschreitende Verstöße gegen § 312e kann das Umweltbundesamt auf der **8** Grundlage des seit dem 28.5.2022 geltenden Art. 246e EGBGB als **Ordnungswidrigkeit** verfolgen (im Detail dazu → BGB § 312a Rn. 69 ff.).

§ 312f Abschriften und Bestätigungen

(1) **Bei außerhalb von Geschäftsräumen geschlossenen Verträgen ist der Unternehmer verpflichtet, dem Verbraucher alsbald auf Papier zur Verfügung zu stellen**

1. **eine Abschrift eines Vertragsdokuments, das von den Vertragsschließenden so unterzeichnet wurde, dass ihre Identität erkennbar ist, oder**
2. **eine Bestätigung des Vertrags, in der der Vertragsinhalt wiedergegeben ist. Wenn der Verbraucher zustimmt, kann für die Abschrift oder die Bestätigung des Vertrags auch ein anderer dauerhafter Datenträger verwendet werden. Die Bestätigung nach Satz 1 muss die in Artikel 246a des Einführungsgesetzes zum Bürgerlichen Gesetzbuche genannten Angaben nur enthalten, wenn der Unternehmer dem Verbraucher diese Informationen nicht bereits vor Vertragsschluss in Erfüllung seiner Informationspflichten nach § 312d Absatz 1 auf einem dauerhaften Datenträger zur Verfügung gestellt hat.**

(2) **¹Bei Fernabsatzverträgen ist der Unternehmer verpflichtet, dem Verbraucher eine Bestätigung des Vertrags, in der der Vertragsinhalt wiedergegeben ist, innerhalb einer angemessenen Frist nach Vertragsschluss, spätestens jedoch bei der Lieferung der Ware oder bevor mit der Ausführung der Dienstleistung begonnen wird, auf einem dauerhaften Datenträger zur Verfügung zu stellen. ²Die Bestätigung nach Satz 1 muss die in Artikel 246a des Einführungsgesetzes zum Bürgerlichen Gesetzbuche genannten Angaben enthalten, es sei denn, der Unternehmer hat dem Verbraucher diese Informationen bereits vor Vertragsschluss in Erfüllung seiner Informationspflichten nach § 312d Absatz 1 auf einem dauerhaften Datenträger zur Verfügung gestellt.**

(3) **Bei Verträgen über digitale Inhalte (§ 327 Absatz 2 Satz 1), die nicht auf einem körperlichen Datenträger bereitgestellt werden, ist auf der Abschrift oder in der Bestätigung des Vertrags nach den Absätzen 1 und 2 gegebenenfalls auch festzuhalten, dass der Verbraucher vor Ausführung des Vertrags**

1. **ausdrücklich zugestimmt hat, dass der Unternehmer mit der Ausführung des Vertrags vor Ablauf der Widerrufsfrist beginnt, und**
2. **seine Kenntnis davon bestätigt hat, dass er durch seine Zustimmung mit Beginn der Ausführung des Vertrags sein Widerrufsrecht verliert.**

(4) **Diese Vorschrift ist nicht anwendbar auf Verträge über Finanzdienstleistungen.**

---

[10] → § 312a Rn. 36; MüKoBGB/Wendehorst Rn. 3, iE so auch BeckOK BGB/Martens Rn. 9.

Literatur: Buchmann, Das neue Fernabsatzrecht 2014 – Teil 1: Ausgewählte Probleme zum Widerrufsrecht bei Warenkäufen, K&R 2014, 221; Janal, Der Beginn der Widerrufsfrist im neuen Fernabsatzrecht, VuR 2015, 43; Reiff, Zur Anforderung an die Mitteilung einer Widerrufsbelehrung in Textform, VersR 2014, 845; Tamm, Informationspflichten nach dem Umsetzungsgesetz zur Verbraucherrechterichtlinie, VuR 2014, 9; Wendehorst, Das neue Gesetz zur Umsetzung der Verbraucherrechterichtlinie, NJW 2014, 577.

I. Allgemeines

1   **1. Historie.** § 312f wurde in Umsetzung der Art. 7 Abs. 2 und 8 Abs. 7 VerbrRRL durch das Gesetz zur Umsetzung der VerbrRRL[1] neu in das BGB eingefügt. Abs. 3 wurde durch das Gesetz zur Umsetzung der Richtlinie über bestimmte vertragsrechtliche Aspekte der Bereitstellung digitaler Inhalte und digitaler Dienstleistungen vom 25.6.2021[2] mit Wirkung zum 1.1.2022 redaktionell geändert.

2   **2. Überblick.** § 312f enthält zum Schutz des Verbrauchers Dokumentationspflichten des Unternehmers bei außerhalb von Geschäftsräumen abgeschlossenen Verträgen (Abs. 1) und bei Fernabsatzverträgen (Abs. 2). Abs. 3 enthält zusätzliche Dokumentationspflichten bei Verträgen über digitale Inhalte. Dort geht es insbesondere um den Wegfall des Widerrufsrechts nach § 357a Abs. 3[3]. Die Legaldefinition der digitalen Inhalte findet sich in § 327 Abs. 2 S. 1. Gemäß Abs. 4 gilt die Vorschrift nicht für Verträge über Finanzdienstleistungen; für diese sind die Informationen schon vor Vertragsschluss auf einem dauerhaften Datenträger zur Verfügung zu stellen (§ 312d Abs. 2, Art. 246b § 2 EGBGB).

II. Dokumentationspflichten bei außerhalb von Geschäftsräumen abgeschlossenen Verträgen (Abs. 1)

3   Der Unternehmer hat dem Verbraucher bei außerhalb von Geschäftsräumen abgeschlossenen Verträgen eine **Abschrift des Vertragsdokuments** zur Verfügung zu stellen. Das Vertragsdokument muss die **Identität der Vertragspartner** darlegen, zB durch eine Namensunterschrift oder ein sonstiges Handzeichen (Namensabkürzung, Paraphe). Erkennbarkeit erfordert nicht Lesbarkeit, sondern lediglich **Bestimmbarkeit des Unterzeichners.**[4] Alternativ kann der Unternehmer dem Verbraucher auch eine **Vertragsbestätigung** überlassen, welche den Vertragsinhalt wiedergeben muss. Zum Vertragsinhalt gehören auch in den Vertrag einbezogene AGB und die Informationen nach Art. 246a EGBGB.[5]

4   Die Informationen nach Art. 246a EGBGB müssen aber gemäß Abs. 1 S. 3 nicht in der Bestätigung enthalten sein, wenn der Unternehmer sie **bereits vor Vertragsschluss** in Erfüllung seiner Informationspflichten nach § 312d Abs. 1 auf einem **dauerhaften Datenträger** zur Verfügung gestellt hat. Da bei außerhalb von Geschäftsräumen geschlossenen Verträgen die Angaben gemäß Art. 246a § 4 Abs. 2 EGBGB immer bereits vor Vertragsschluss in **Papierform** oder auf einem anderen dauerhaften Datenträger zu übermitteln sind, ist eine **nachvertragliche Bestätigung nur in zwei Fällen relevant**[6]: (1) Wenn die Pflichtangaben vor Vertragsschluss nicht bzw. nicht auf einem dauerhaften Datenträger erteilt wurden aufgrund der Bagatellklausel für Handwerkerverträge gemäß Art. 246a § 2 iVm § 4 Abs. 2 S. 4 EGBGB, oder (2) wenn pflichtwidrig entgegen Art. 246a § 4 Abs. 2 EGBGB die vorvertragliche Belehrung auf einem dauerhaften Datenträger unterblieben ist.

5   Die Bestätigung bzw. Abschrift ist grundsätzlich in **Papierform** zu erfüllen. Gemäß Abs. 1 S. 2 kann mit Zustimmung des Verbrauchers davon abgewichen werden und statt-

---

[1] Gesetz zur Umsetzung der VerbrRRL und zur Änderung des Gesetzes zur Regelung der Wohnungsvermittlung vom 20.9.2013 (BGBl. 2013 I 3642).

[2] BGBl. 2021 I 2123.

[3] BT-Drs. 17/12637, 55.

[4] Grüneberg/Grüneberg Rn. 2.

[5] BT-Drs. 17/12637, 55; Grüneberg/Grüneberg Rn. 2.

[6] Vgl. MüKoBGB/Wendehorst Rn. 9.

dessen ein **anderer dauerhafter Datenträger** iSv § 126b S. 2 verwendet werden, wie zB E-Mail, Computerfax, CD-Rom, DVD oder USB-Stick, der dem Verbraucher zugehen muss. Der Hinweis auf eine Webseite des Unternehmers genügt nicht.[7]

Die Abschrift oder Bestätigung ist dem Verbraucher „**alsbald**" zur Verfügung zu stellen. **6** Welcher Zeitraum davon noch erfasst wird, bestimmt das Gesetz nicht. Auch Art. 7 Abs. 2 VerbrRRL trifft hinsichtlich des Zeitpunkts keine explizite Aussage. Man könnte sich an der in Abs. 2 für Fernabsatzverträge bestimmten Frist orientieren, wonach die Abschrift oder Bestätigung spätestens bei Lieferung der Ware bzw. vor Ausführung der Dienstleistung zur Verfügung zu stellen ist.[8]

Zur Verfügung Stellen bedeutet, dass der Verbraucher die Abschrift oder Bestätigung **7** ohne großen Aufwand zur Kenntnis nehmen kann.[9]

III. Dokumentationspflichten bei Fernabsatzverträgen (Abs. 2)

Bei Fernabsatzverträgen hat der Unternehmer dem Verbraucher eine **Vertragsbestäti-** **8** **gung,** welche den Vertragsinhalt wiedergeben muss, auf einem **dauerhaften Datenträger** iSv § 126b S. 2 zur Verfügung zu stellen.

Die Vertragsbestätigung muss dem Verbraucher **nach Vertragsschluss, spätestens** **9** **aber mit der Lieferung** der Waren oder vor Ausführung der Dienstleistung zur Verfügung stehen.

Da die vorvertraglichen Informationen bei Fernabsatzverträgen nach Art. 246a § 4 Abs. 3 **10** EGBGB nicht auf einem dauerhaften Datenträger zur Verfügung gestellt werden müssen[10], besteht die Pflicht nunmehr nach Abs. 2 S. 2, sofern der Unternehmer diese Pflichten nicht bereits zuvor (freiwillig) erfüllt hat.[11]

IV. Besonderheiten bei der Lieferung digitaler Inhalte (Abs. 3)

Abs. 3 gilt sowohl für außerhalb von Geschäftsräumen geschlossene Verträge als auch für **11** Fernabsatzverträge. In aller Regel wird es sich aber bei der Online-Lieferung digitaler Inhalte um Fernabsatzverträge handeln, so dass meist nur eine Bestätigung nach Abs. 2 erforderlich ist.[12]

Digitale Inhalte sind **in § 327 Abs. 2 S. 1 legal definiert.** Danach sind digitale Inhalte **12** Daten, die in digitaler Form erstellt und bereitgestellt werden. Umfasst sind Computerprogramme, Anwendungen (Apps), Video-, Audio-, und Musikdateien, digitale Spiele, und E-Books, unabhängig davon, ob auf sie durch Herunterladen oder Herunterladen in Echtzeit (Streaming), von einem **körperlichen Datenträger** oder in sonstiger Weise zugegriffen wird (Erwägungsgrund 19 der VerbrRRL).

Der Verbraucher hat auch beim Erwerb digitaler Inhalte, die nicht auf einem körper- **13** lichen Datenträger (wie zB auf einer CD-ROM, DVD, USB-Stick) geliefert werden, ein Widerrufsrecht. Dieses erlischt jedoch unter den Voraussetzungen des **§ 356 Abs. 5** vorzeitig, dh wenn der Unternehmer die Ausführung des Vertrages mit vorheriger ausdrücklicher Zustimmung des Verbrauchers und der Bestätigung von dessen Kenntnisnahme, dass er hierdurch sein Widerrufsrecht verliert, begonnen hat.[13]

Die **Abschrift oder Bestätigung des Vertrages** muss daher auch die **ausdrückliche** **14** **Zustimmung** des Verbrauchers zur Ausführung des Vertrages vor Ablauf der Widerrufsfrist sowie die **Bestätigung seiner Kenntnis** davon, dass er dadurch sein Widerrufsrecht

---

[7] BT-Drs. 17/12637, 55; Grüneberg/Grüneberg Rn. 2.
[8] Strenger MüKoBGB/Wendehorst Rn. 13 wonach die Übermittlung während der andauernden körperlichen Anwesenheit beider Vertragsteile erfolgen müsse.
[9] Grüneberg/Grüneberg Rn. 2.
[10] Siehe Reiff VersR 2014, 845.
[11] Grüneberg/Grüneberg Rn. 3.
[12] Vgl. MüKoBGB/Wendehorst Rn. 25.
[13] BT-Drs. 17/12637, 56.

verliert, enthalten. Es genügt, wenn der Unternehmer die (in der Regel per E-Mail übermittelte) Bestätigung vor Beginn der Ausführung abschickt, sie muss nicht bereits zugegangen sein.[14]

15   Die Vorschrift hat insbesondere Bedeutung für die Beweisführung des Unternehmers. Bei Nichterfüllung der Pflichten nach Abs. 3 wird dem Unternehmer in der Regel der Beweis für ein Erlöschen des Widerrufsrechts nicht gelingen, so dass die reguläre Widerrufsfrist gilt.[15]

V. Rechtsfolgen bei Verstoß

16   Kommt der Unternehmer seinen Pflichten nicht nach, kommt ein **Schadensersatzanspruch** des Verbrauchers aufgrund der Verletzung einer Nebenpflicht in Betracht (**§§ 280 Abs. 1, 241 Abs. 2**). Darüber hinaus kann hierdurch im Einzelfall ein **Rücktrittsgrund** entstehen (**§ 324**). Dies ist der Fall, wenn dem Verbraucher auf Grund der Pflichtverletzung das Festhalten an dem Vertrag nicht mehr zuzumuten ist. Weicht der Inhalt der Vertragsbestätigung von dem geschlossenen Vertrag ab, darf dem Verbraucher hieraus jedoch kein Nachteil entstehen;[16] es gilt die für den Verbraucher günstigere Regelung.[17] Insbesondere finden die Grundsätze über die Behandlung eines kaufmännischen Bestätigungsschreibens keine Anwendung.[18]

17   Nach der bis zum 27.5.2022 geltenden Rechtslage verliert der Verbraucher sein Widerrufsrecht nach rechtzeitiger Zustimmung und Bestätigung der Kenntnis auch dann, wenn der Unternehmer ihm dies nicht nach Abs. 3 bestätigt hat. Dies hat sich seit der Neufassung des § 356 Abs. 5 zum 28.5.2022 geändert, der für das Erlöschen des Widerrufsrechts in § 356 Abs. 5 Nr. 2d) die Bestätigung des § 312f voraussetzt. Demnach bleibt das Widerrufsrecht des Verbrauchers bestehen, wenn der Unternehmer keine Bestätigung nach § 312f zur Verfügung stellt. Wertersatz hat der Verbraucher nicht zu leisten (§ 357a Abs. 3).

18   Grenzüberschreitende Verstöße gegen § 312f kann das Bundesumweltamt auf der Grundlage des seit dem 28.5.2022 geltenden Art. 246e EGBGB als **Ordnungswidrigkeit** verfolgen (im Detail dazu → BGB § 312a Rn. 69 ff.).

§ 312g Widerrufsrecht

(1) **Dem Verbraucher steht bei außerhalb von Geschäftsräumen geschlossenen Verträgen und bei Fernabsatzverträgen ein Widerrufsrecht gemäß § 355 zu.**

(2) [1]**Das Widerrufsrecht besteht, soweit die Parteien nichts anderes vereinbart haben, nicht bei folgenden Verträgen:**

1. **Verträge zur Lieferung von Waren, die nicht vorgefertigt sind und für deren Herstellung eine individuelle Auswahl oder Bestimmung durch den Verbraucher maßgeblich ist oder die eindeutig auf die persönlichen Bedürfnisse des Verbrauchers zugeschnitten sind,**
2. **Verträge zur Lieferung von Waren, die schnell verderben können oder deren Verfallsdatum schnell überschritten würde,**
3. **Verträge zur Lieferung versiegelter Waren, die aus Gründen des Gesundheitsschutzes oder der Hygiene nicht zur Rückgabe geeignet sind, wenn ihre Versiegelung nach der Lieferung entfernt wurde,**
4. **Verträge zur Lieferung von Waren, wenn diese nach der Lieferung auf Grund ihrer Beschaffenheit untrennbar mit anderen Gütern vermischt wurden,**

---

[14] Umsetzungsleitfaden der GD Justiz, 2014, 44 f.; vgl. kritisch zu Abs. 3 MüKoBGB/Wendehorst Rn. 27; BeckOK BGB/Martens Rn. 17.
[15] Grüneberg/Grüneberg Rn. 4; BT-Drs. 17/12637, 56.
[16] BT-Drs. 17/12637, 55.
[17] Grüneberg/Grüneberg Rn. 5.
[18] BT-Drs. 17/12637, 55.

5. Verträge zur Lieferung alkoholischer Getränke, deren Preis bei Vertragsschluss vereinbart wurde, die aber frühestens 30 Tage nach Vertragsschluss geliefert werden können und deren aktueller Wert von Schwankungen auf dem Markt abhängt, auf die der Unternehmer keinen Einfluss hat,

6. Verträge zur Lieferung von Ton- oder Videoaufnahmen oder Computersoftware in einer versiegelten Packung, wenn die Versiegelung nach der Lieferung entfernt wurde,

7. Verträge zur Lieferung von Zeitungen, Zeitschriften oder Illustrierten mit Ausnahme von Abonnement-Verträgen,

8. Verträge zur Lieferung von Waren oder zur Erbringung von Dienstleistungen, einschließlich Finanzdienstleistungen, deren Preis von Schwankungen auf dem Finanzmarkt abhängt, auf die der Unternehmer keinen Einfluss hat und die innerhalb der Widerrufsfrist auftreten können, insbesondere Dienstleistungen im Zusammenhang mit Aktien, mit Anteilen an offenen Investmentvermögen im Sinne von § 1 Absatz 4 des Kapitalanlagegesetzbuchs und mit anderen handelbaren Wertpapieren, Devisen, Derivaten oder Geldmarktinstrumenten,

9. Verträge zur Erbringung von Dienstleistungen in den Bereichen Beherbergung zu anderen Zwecken als zu Wohnzwecken, Beförderung von Waren, Kraftfahrzeugvermietung, Lieferung von Speisen und Getränken sowie zur Erbringung weiterer Dienstleistungen im Zusammenhang mit Freizeitbetätigungen, wenn der Vertrag für die Erbringung einen spezifischen Termin oder Zeitraum vorsieht,

10. Verträge, die im Rahmen einer Vermarktungsform geschlossen werden, bei der der Unternehmer Verbrauchern, die persönlich anwesend sind oder denen diese Möglichkeit gewährt wird, Waren oder Dienstleistungen anbietet, und zwar in einem vom Versteigerer durchgeführten, auf konkurrierenden Geboten basierenden transparenten Verfahren, bei dem der Bieter, der den Zuschlag erhalten hat, zum Erwerb der Waren oder Dienstleistungen verpflichtet ist (öffentlich zugängliche Versteigerung),

11. Verträge, bei denen der Verbraucher den Unternehmer ausdrücklich aufgefordert hat, ihn aufzusuchen, um dringende Reparatur- oder Instandhaltungsarbeiten vorzunehmen; dies gilt nicht hinsichtlich weiterer bei dem Besuch erbrachter Dienstleistungen, die der Verbraucher nicht ausdrücklich verlangt hat, oder hinsichtlich solcher bei dem Besuch gelieferter Waren, die bei der Instandhaltung oder Reparatur nicht unbedingt als Ersatzteile benötigt werden,

12. Verträge zur Erbringung von Wett- und Lotteriedienstleistungen, es sei denn, dass der Verbraucher seine Vertragserklärung telefonisch abgegeben hat oder der Vertrag außerhalb von Geschäftsräumen geschlossen wurde, und

13. notariell beurkundete Verträge; dies gilt für Fernabsatzverträge über Finanzdienstleistungen nur, wenn der Notar bestätigt, dass die Rechte des Verbrauchers aus § 312d Absatz 2 gewahrt sind.

(3) Das Widerrufsrecht besteht ferner nicht bei Verträgen, bei denen dem Verbraucher bereits auf Grund der §§ 495, 506 bis 513 ein Widerrufsrecht nach § 355 zusteht, und nicht bei außerhalb von Geschäftsräumen geschlossenen Verträgen, bei denen dem Verbraucher bereits nach § 305 Absatz 1 bis 6 des Kapitalanlagegesetzbuchs ein Widerrufsrecht zusteht.

Literatur: Becker/Föhlisch, Von Quelle bis eBay: Reformaufarbeitung im Versandhandelsrecht NJW 2005, 3377; Buchmann, Das neue Fernabsatzrecht 2014 – Teil 3: Anwendungsbereich und Ausnahmen vom Widerrufsrecht bei Fernabsatzverträgen über Waren, K&R 2014, 369; Buchmann, Aktuelle Entwicklungen im Fernabsatzrecht 2015/2016, K&R 2016, 644; Clausnitzer/Delfs, Die EU-Verbraucherrechterichtlinie – Praxisfragen und Antworten der Leitlinien der Europäischen Kommission (Teil 2), ZVertriebsR 2015, 3; Cebulla/Pützhoven, Geschäfte nach dem Haustürwiderrufsgesetz und die Schlüsselgewalt des § 1357 I BGB, FamRZ 1996, 1124; Föhlisch/Dyakova, Das Widerrufsrecht im Onlinehandel – Änderungen nach dem Referentenentwurf zur Umsetzung der Verbraucherrechterichtlinie, MMR 2013, 71; Friesen, Der „Widerrufs-Joker" im Fernabsatzgeschäft, EWS 2017, 29; Hoeren/Fröhlich, Ausgewählte Praxisprobleme des Gesetzes zur Umsetzung der Verbraucherrechterichtlinie, CR 2014, 242; Kotowski, Gibt es ein Recht auf teilweisen Widerruf?, VuR 2016, 291; Klink, Urteilsanmerkung zu BGH v. 25.11.2009, VIII ZR 318/08

(Widerruf nichtiger Bestellung), ZJS 2010, 246; Klocke, Die Widerrufbarkeit von Verträgen über Türöffnungen, NJW 2017, 2151; Lang/Schulz, Das Widerrufsrecht beim Verbraucherdarlehen – zwischen Ewigkeit und Rechtsmissbrauch, ZBB 2014, 273; Mankowski, Apps und fernabsatzrechtliches Widerrufsrecht, CR 2013, 508; Sesing, Zum Ausschluss des Widerrufsrechts in Fernabsatz wegen Rechtsmissbrauchs oder unzulässiger Rechtsausübung, EWiR 2016, 465; Schirmbacher/Schmidt, Verbraucherrecht 2014 – Handlungsbedarf für den E-Commerce, CR 2014, 107; Schwab/Hromek, Alte Streitstände im neuen Verbraucherprivatrecht, JZ 2015, 1114; Kirschbaum/Stepanova, Widerrufsrecht beim Handel mit Kryptowährungen, BKR 2019, 286.

Übersicht

I. Allgemeines

1   **1. Historie.** § 312g wurde in Umsetzung der Art. 9 Abs. 1 und Art. 16 VerbrRRL durch das Gesetz zur Umsetzung der VerbrRRL[1] eingefügt. Die Vorschrift vereint die bisher in § 312 Abs. 1 S. 1 aF und in § 312d Abs. 1 S. 1 aF für die unterschiedlichen Vertriebsformen jeweils getrennt eingeräumten Widerrufsrechte. Die bisher bestehende Möglichkeit, das Widerrufsrecht unter bestimmten Umständen durch ein Rückgaberecht zu ersetzen, war mit der VerbrRRL nicht vereinbar und wurde gestrichen. § 312g Abs. 2 Nr. 8 setzt Art. 6 Abs. 2a der FernAbsFinanzDL-RL um und erweitert die Ausnahme auf außerhalb von Geschäftsräumen geschlossene Verträge über Finanzdienstleistungen. Durch das Dritte Gesetz zur Änderung reiserechtlicher Vorschriften vom 17.7.2017[2] wurde Abs. 2 Nr. 9 geändert und Abs. 2 S. 2 aufgehoben.

2   **2. Überblick.** Abs. 1 räumt dem Verbraucher bei außerhalb von Geschäftsräumen geschlossenen Verträgen und bei Fernabsatzverträgen ein Widerrufsrecht gemäß § 355 ein. Abs. 2 enthält gesetzliche Ausnahmen zum Widerrufsrecht, wobei diese vertraglich abdingbar sind. Die Ausnahmetatbestände des Abs. 2 sind eng auszulegen.[3] Abs. 3 regelt das Verhältnis des § 312g zu anderen Widerrufsrechten.

---

[1] Gesetz zur Umsetzung der VerbrRRL und zur Änderung des Gesetzes zur Regelung der Wohnungsvermittlung vom 20.9.2013 (BGBl. 2013 I 3642).
[2] BGBl. 2021 I 2394.
[3] LG Wuppertal BeckRS 2022, *7425* Rn. *14* ff.; AG Bad Segeberg NJW-RR 2015, *921 (923);* BeckOK BGB/Martens Rn. 11.

Bei außerhalb von Geschäftsräumen geschlossenen Verträgen ist der Verbraucher oftmals **3** **psychologischem Druck** und einer **Überrumpelungssituation** ausgesetzt. Bei Fernabsatzverträgen kann der Verbraucher die **Leistung** bei Vertragsschluss **nicht in Augenschein nehmen** und prüfen. Das Widerrufsrecht soll daher dem Verbraucher die Möglichkeit geben, sich ohne Angabe von Gründen vom Vertrag wieder zu lösen.

II. Widerrufsrecht

Gemäß Abs. 1 hat der Verbraucher bei außerhalb von Geschäftsräumen geschlossenen **4** Verträgen und bei Fernabsatzverträgen ein Widerrufsrecht nach § 355. Die Einzelheiten zur Ausübung des Widerrufsrechts, zur Widerrufsfrist und den Rechtsfolgen eines Widerrufs sind in §§ 355 ff. geregelt.

Das Widerrufsrecht besteht im Falle des **§ 1357** auch für den anderen Ehegatten[4] und im **5** Falle des § 179 für den Vertreter ohne Vertretungsmacht.[5] Das Widerrufsrecht besteht grundsätzlich auch bei einem nichtigen Vertrag.[6]

Bei der **Lieferung mehrerer Sachen,** die nur teilweise unter Abs. 2 fallen, richtet sich **6** das Widerrufsrecht nach der **Hauptleistung.**[7] Der Verbraucher kann seinen Widerruf auch nur auf einen Teil eines einheitlichen Vertrages beschränken, wenn der Vertrag im rechtlichen Sinne teilbar ist.[8]

Kaufverträge über Gutscheine (→ BGB § 312 Rn. 10 ff.), die als Fernabsatzverträge **7** oder außerhalb von Geschäftsräumen abgeschlossene Verträge zu qualifizieren sind, können ebenfalls nach Abs. 1 widerrufen werden. Zu den Rechtsfolgen vgl. → BGB § 357 Rn. 8 f.

III. Ausschluss des Widerrufsrechts (Abs. 2)

1. Anderweitige Vereinbarung. Die Parteien können auch für Verträge, für die nach **8** Abs. 2 grundsätzlich kein gesetzliches Widerrufsrecht besteht, ein solches Widerrufsrecht vereinbaren.[9]

2. Rechtsmissbrauch. Nach Ansicht des BGH sollen die Motive eines Verbrauchers, **9** einen Fernabsatzvertrag zu widerrufen, ohne Belang sein; der Einsatz des Widerrufsrechts als **Druckmittel** für eine nachträgliche Korrektur des Kaufpreises sei nicht zweckwidrig und damit auch nicht rechtsmissbräuchlich iSv § 242.[10]

Obwohl der **Zweck des Widerrufsrechts** bei Fernabsatzverträgen gemäß Erwägungs- **10** grund 37 der VerbrRRL die **Kompensation der fehlenden Prüfungsmöglichkeit** der Ware vor Vertragsschluss ist, hat der BGH angenommen, dass der Zweck des Widerrufsrechts gerade nicht hierauf beschränkt ist. Das Widerrufsrecht verfolge vielmehr den Zweck, dem Verbraucher ein an keine materiellen Voraussetzungen gebundenes, einfach auszuübendes Recht zur einseitigen Lösung vom geschlossenen Vertrag zu gewähren.[11]

Der BGH verkennt dabei die maßgebliche Perspektive: Insoweit kommt es nicht auf eine **11** besondere Schutzbedürftigkeit des Unternehmers, sondern auf eine erkennbar fehlende Schutzbedürftigkeit des Verbrauchers an.[12] Der Verbraucher ist beispielsweise dann nicht schutzwürdig, wenn er den Zweck des Widerrufsrechts bewusst überschreitet und das ihm zustehende Widerrufsrecht benutzt, um die Konditionen des geschlossenen Vertrages neu

---

[4] Grüneberg/Grüneberg § 355 Rn. 2; Cebulla/Pützhoven FamRZ 1996, 1124.
[5] Grüneberg/Grüneberg § 355 Rn. 2.
[6] BGH NJW 2010, 610 für Fernabsatzvertrag.
[7] Becker/Föhlisch NJW 2005, 3377 (3379); Grüneberg/Grüneberg Rn. 3.
[8] MüKoBGB/Wendehorst Rn. 4; BeckOK BGB/Martens Rn. 7; AG Wittmund BeckRS 2008, 16403; vgl. auch Kotowski VuR 2016, 291.
[9] Zum Fristbeginn bei vertraglich vereinbartem Widerrufsrecht BGH NJW 2013, 155; 2013, 159.
[10] BGH NJW 2016, 1951.
[11] BGH NJW 2016, 1951; Sesing EWiR 2016, 465 (466), vgl. auch Buchmann K&R 2016, 644 (646); Friesen EWS 2017, 29 (35).
[12] Sesing EWiR 2016, 465 (466); so auch Klinck ZJS 2010, 246 (250); vgl. auch OLG Hamburg BeckRS 2016, 08820.

zu verhandeln.[13] Nicht in Betracht kommt eine Verwirkung des Widerrufsrechts, wenn der Verbraucher nicht ordnungsgemäß über sein Widerrufsrecht informiert worden ist.[14]

12   **3. Die einzelnen Tatbestände. a) Kundenspezifikation, Zuschnitt auf persönliche Bedürfnisse (Nr. 1).** Zunächst besteht das Widerrufsrecht des Verbrauchers nicht, wenn die bestellte Ware **nach Kundenspezifikationen angefertigt** wurde oder eindeutig auf die **persönlichen Bedürfnisse des Kunden** zugeschnitten wurde. Die Waren dürfen nicht vorgefertigt sein und es muss für deren Herstellung eine individuelle Auswahl oder Entscheidung durch den Verbraucher maßgeblich sein.[15] Als Beispiel nennt Artikel 2 Nr. 4 VerbrRRL nach Maß gefertigte Vorhänge. Unter den Ausnahmetatbestand sind Waren zu fassen, die sich dadurch auszeichnen, dass sie aufgrund ihrer „Personalisierung" nicht oder nur mit erheblichen Abschlägen nach einem Widerruf durch den Verbraucher vom Unternehmer weiterverkauft werden können.[16] Entscheidend ist nicht, dass die Waren auf Kundenbestellung erst gefertigt oder beschafft werden,[17] sondern die persönliche Anpassung an Kundenwünsche. Ein Widerrufsrecht des Verbrauchers besteht zB, bei einem Kraftfahrzeug, das über eine gängige Sonderausstattung mit vorgefertigten Serienbauteilen verfügt,[18] wenn die bestellte Ware, wie bei einem Laptop, aus seriell gefertigten Einzelteilen zusammengesetzt wird, die einfach, dh ohne erhebliche Kosten, wieder getrennt werden können,[19] oder wenn die Ware ohne Auftrag des Verbrauchers angefertigt worden ist.[20] Dass die Ware durch die Ingebrauchnahme erheblich an Wert verliert, schließt das Widerrufsrecht nicht aus.[21] Von Nr. 1 erfasst sind nur Kauf- und Werklieferungsverträge, Werkverträge dagegen nicht[22]; das gleiche gilt für Architektenverträge.[23] Nr. 1 setzt nicht voraus, dass die Ware tatsächlich bereits hergestellt ist oder der Herstellungsprozess begonnen wurde.[24]

13   **b) Verderblichkeit, Verfallsdatum (Nr. 2).** Weiter sind Verträge über Waren vom Widerrufsrecht ausgenommen, die schnell verderben können oder deren Verfalldatum schnell überschritten würde. Maßgeblich ist eine objektive Beurteilung ex ante, inwieweit die Ware noch verwendbar und absetzbar ist und dies so ermittelte Verwendbarkeit und Absetzbarkeit ist ins Verhältnis zu der 14-tägigen Widerrufsfrist zu setzen. Wäre im Falle eines solchen regulären Widerrufs ein erheblicher Teil der Lebensdauer der Ware abgelaufen, greift der Ausschluss der Nr. 2 ein.[25] Unter Nr. 2 fallen insbesondere **frische Lebensmittel und Schnittblumen**[26]; wurzelnackte lebende Bäume[27] sowie Baum- oder Rosensetzlinge sind dagegen nicht verderblich. Auch die Lieferung von Strom und Gas ist von Nr. 2 umfasst, weil der sofortige Verbrauch eine besondere Form des Verderbs ist.[28] Die Lieferung von Kosmetika und Medikamenten kann von Nr. 2 erfasst sein, jedoch nur insoweit, als sie auf Grund nicht fachgerechter Lagerung oder Behandlung durch den Verbraucher vom Unternehmer nicht mehr problemlos verkauft werden können, so zB wenn ein Medikament immer gekühlt aufbewahrt werden muss und die Unterbrechung

---

[13] Sesing EWiR 2016, 465 (466); Lang/Schulz ZBB 2014, 273 (284 f.).
[14] EuGH NJW 2022, *40, (48)* Rn. *126.*
[15] BT-Drs. 17/12637, 56.
[16] Vgl. AG Siegburg VuR 2015, 63.
[17] LG Düsseldorf BeckRS 2016, 20917; OLG Celle NJW 2020, 2341.
[18] OLG München NJW-RR 2020, 1248.
[19] Vgl. BGH NJW 2003, 1665; AG Marienberg VuR 2014, 332: Reifen nach Aufziehen auf Felge; AG Dortmund NJW-RR 2015, 1193: Couch-Garnitur.
[20] OLG Brandenburg GRUR-RR 2018, 73.
[21] OLG Dresden NJW-RR 2001, 1710; arg. § 357 Abs. 7 Nr. 1; Grüneberg/Grüneberg Rn. 4.
[22] BGH GRUR 2021, 1531; NJW 2018, 3380; LG München BeckRS 2020, 27039 Rn. 19; AG Bad Segeberg NJW-RR 2015, 921.
[23] EuGH NJW 2020, 2872.
[24] EuGH BeckRS 2020, 27321 Rn. 24 ff.; aA AG München BeckRS 2016, 20254.
[25] BeckOK BGB/Martens Rn. 23; MüKoBGB/Wendehorst Rn. 22.
[26] Grüneberg/Grüneberg Rn. 5; Spindler/Schuster/Schirmbacher Rn. 19.
[27] OLG Celle CR 2013, 196.
[28] Grüneberg/Grüneberg Rn. 5.

der Kühlkette das Medikament unbrauchbar macht oder jedenfalls droht, unbrauchbar zu machen. Es besteht ein großer Überschneidungsbereich mit Nr. 3. Ein genereller Ausschluss des Widerrufsrechts bei Medikamenten ist nach dem OLG Naumburg[29] nicht möglich.

Die **Überschreitung des Verfallsdatums** schließt das Widerrufsrecht nur aus, wenn es **14** in Übereinstimmung mit anerkannten technischen Normen festgesetzt worden ist, nicht aber, wenn der Unternehmer es individuell besonders kurz festlegt, um das Widerrufsrecht zu unterlaufen.[30]

c) **Versiegelte Waren (Nr. 3).** Nr. 3 enthält eine Ausnahme für versiegelt geliefert **15** Waren, die aus Gründen des **Gesundheitsschutzes** oder der **Hygiene** nicht zur Rückgabe geeignet sind, sofern deren Versiegelung nach der Lieferung entfernt wurde.[31]

Die Vorschrift dient dem Zweck, den Unternehmer nicht unangemessen zu belasten, **16** weil zB die zurückzunehmende Ware schwer verkäuflich oder wertlos ist.

Entscheidend ist, ob hygienische Gründe eine Weiterveräußerung der Ware durch den **17** Unternehmer entgegenstehen[32] und ob die Verkehrsfähigkeit der Waren durch Reinigung wiederhergestellt werden kann.[33] Ein guter Anhaltspunkt für die Bewertung ist, ob ein durchschnittlicher Verbraucher die Ware bei gebrochenem Siegel kaufen würde.[34] Erfasst sind insbesondere Waren, **die bei bestimmungsgemäßer Nutzung intensiv mit dem Körper in Kontakt kommen,** wie zB Lippenstifte, Zahnbürsten, E-Zigaretten, In-Ear-Kopfhörer, Hörgeräte, Kontaktlinsen und Erotikspielzeug.[35] Kosmetikartikel, wie zB Cremes, bei deren Öffnung der Wiederverkauf aus hygienischen Gründen ausgeschlossen erscheint, weil der Unternehmer nicht mit zumutbaren Aufwand prüfen kann, ob der Inhalt verunreinigt wurde, sind ausgeschlossen.[36] Ob Parfums von Nr. 3 erfasst sind, ist unklar. Zum einen spricht die Gleichbehandlung mit anderen Kosmetika für eine Erfassung, zum anderen ist eine Verunreinigung anders als bei Cremes unwahrscheinlich.[37] Die Tatsache, dass der Inhalt ggf. nicht mehr vollständig vorhanden ist, schließt die Ausübung des Widerrufsrechts nicht unbedingt aus.[38]

Lebensmittel, die in versiegelten Behältnissen verkauft werden, fallen unter Nr. 3, wenn **18** eine mögliche Verunreinigung des Käufers eine Weiterveräußerung des Unternehmers bei Entfernung des Siegels unmöglich macht, zB bei Alkoholika, losem Tee, Fertiggerichte.[39]

Kleidung, die direkt auf dem Körper getragen wird, wie zB Unterwäsche oder Bademo- **19** de, wird nicht von Nr. 3 erfasst.[40] Bettwäsche, Matratzen[41] oder Schlafsäcke sind nicht vom Widerrufsrecht ausgenommen, da sich diese Ware in der Regel wieder verkaufsfähig machen lässt.[42]

---

[29] BeckRS 2017, 118597; vgl. auch OLG Karlsruhe VuR 2018, 274 (278).
[30] Grüneberg/Grüneberg Rn. 5.
[31] BT-Drs. 17/12637, 56.
[32] OLG Hamm BeckRS 2016, 119049; Föhlisch/Dyakova MMR 2013, 71 (72); Schirmbacher/Schmidt CR 2014, 107 (112); Spindler/Schuster/Schirmbacher Rn. 22.
[33] Grüneberg/Grüneberg Rn. 6; LG Düsseldorf BeckRS 2016, 20917.
[34] Clausnitzer/Delfs ZVertriebsR 2015, 3 (4); Hoeren/Foehlisch CR 2014, 242 (245 f.).
[35] Vgl. OLG Hamm BeckRS 2016, 119049; OLG Koblenz MMR 2011, 377; OLG Hamm BeckRS 2016, 119049; Spindler/Schuster/Schirmbacher Rn. 23.
[36] Schirmbacher/Schmidt CR 2014, 107 (112); Spindler/Schuster/Schirmbacher Rn. 24; anders noch OLG Köln MMR 2010, 683 wonach ein Ausschluss geöffneter Kosmetika vom Widerrufsrecht nach altem Recht nicht bestand.
[37] Spindler/Schuster/Schmidt CR 2014, 107 (112); Spindler/Schuster/Schirmbacher Rn. 24.
[38] Schirmbacher/Schmidt CR 2014, 107 (112); Spindler/Schuster/Schirmbacher Rn. 24.
[39] Schirmbacher/Schmidt CR 2014, 107 (112); Spindler/Schuster/Schirmbacher Rn. 25; Grüneberg/Grüneberg Rn. 6; vgl. auch Art. 14 VO (EG) Nr. 178/2002.
[40] vgl. Föhlisch/Dyakova MMR 2013, 71 (72); Schirmbacher/Schmidt CR 2014, 107 (113); Spindler/Schuster/Schirmbacher Rn. 26; Grüneberg/Grüneberg Rn. 6; aA Clausnitzer/Delfs ZVertriebsR 2015, 3 (4).
[41] BGH NJW 2019, 2842 Rn. 20 f.; EuGH NJW 2019, 1507 Rn. 43 ff.; Vorlagefrage vom BGH NJW 2018, 453.
[42] Schirmbacher/Schmidt CR 2014, 107 (112); Spindler/Schuster/Schirmbacher Rn. 26.

20   Ebenfalls vom Widerrufsrecht ausgeschlossen sind versiegelte Waren, die aus Gründen des Gesundheitsschutzes nicht zur Rückgabe geeignet sind. Darunter fallen insbesondere **Arzneimittel,** da in der Regel eine Weiterveräußerung von Arzneimitteln, die zunächst an einen Verbraucher versendet wurden, gesetzlich verboten ist.[43]

21   Welche Anforderungen an die Verpackung zu stellen sind, insbesondere ob eine **Kunststofffolie als Versiegelung** zu werten ist oder ob die Verpackung qualifizierten Anforderungen genügen muss, ist umstritten. Die Anforderungen sind deutlich niedriger als bei Nr. 6.[44] Jedenfalls ist erforderlich, dass durch das Öffnen eine offenkundige und irreversible Beschädigung der betreffenden Verpackung bewirkt wird. Ferner muss die Verpackung so gestaltet sein, dass ihre Öffnung nach der Verkehrsauffassung einen Vorgang endgültiger Aneignung darstellt oder sie muss durch einen deutlichen Hinweis als Siegel gekennzeichnet sein.[45] Das Entfernen einer Schutzfolie, Aluverschweißung oder eines Klebefilms vermittelt dem Verbraucher das Gefühl, sich die Ware anzueignen.[46] Dementsprechend kann es sich bei Siegeln auch um eine Schutzverpackung oder eine Folie/ Film handeln.[47]

22   Der Ausnahmetatbestand darf dann nicht eingreifen, wenn auch in einem Ladengeschäft das Öffnen der Verpackung zu Probezwecken nach der Verkehrsauffassung üblich wäre.[48]

23   **d) Untrennbare Vermischung mit anderen Gütern (Nr. 4).** Ausgeschlossen nach Nr. 4 sind Waren, die nach der Lieferung aufgrund ihrer Beschaffenheit untrennbar mit anderen Gütern vermischt werden. Erfasst ist zB die Lieferung von Heizöl.[49]

24   **e) Alkoholische Getränke (Nr. 5).** Hierunter fallen etwa Verträge über die Lieferung von Wein, bei denen die Lieferung erst lange nach dem Abschluss eines Kaufvertrags spekulativer Art erfolgen soll (**„vien en primeur").**[50] Der Verbraucher soll nicht davon profitieren können, dass sich der Preis bis zur Lieferung der Ware nach unten entwickelt.[51]

25   **f) Entsiegelte Datenträger (Nr. 6).** Das Widerrufsrecht besteht des Weiteren nicht bei der Lieferung von versiegelten Datenträgern, die Musik, Filme oder Software enthalten (zB CD-ROM oder DVD), wenn der Datenträger vom Verbraucher entsiegelt wurde und dies nicht zur Prüfung der Funktionsfähigkeit der mitgekauften Hardware erforderlich ist.[52] Die Vorschrift soll den Unternehmer davor schützen, dass der Verbraucher die Aufzeichnungen unbefugt kopiert und sich damit ihren wirtschaftlichen Wert innerhalb der Widerrufsfrist nahezu vollständig und irreversibel zuführt.[53] Das Siegel muss eindeutig als solches zu erkennen sein. Ein Siegel im Sinn dieser Vorschrift liegt nicht vor, wenn der Datenträger nur eingeschweißt ist; ebenso genügen (insoweit anders als bei Nr. 3) wegen der erhöhten Missbrauchsgefahr Klarsichtfolien oder Klebestreifen nicht.[54] Eine digitale Versiegelung ist nicht ausreichend.[55]

---

[43] § 7b Abs. 2 S. 1 AMGrHdlBetrV; vgl. OLG Stuttgart BeckRS 2020, 14225 Rn. 14.

[44] MüKoBGB/Wendehorst Rn. 26; BeckOK BGB/Martens Rn. 28; Hoeren/Föhlisch CR 2014, 242 (245); Buchmann K&R 2014, 369 (373).

[45] MüKoBGB/Wendehorst Rn. 26; Grüneberg/Grüneberg Rn. 6.

[46] Hoeren/Föhlisch CR 2014, 242 (245).

[47] Vgl. auch DG Justice Guidance Document concerning Directive 2011/83/EU, S. 55; Clausnitzer/Delfs ZVertriebsR 2015, 3 (4).

[48] MüKoBGB/Wendehorst Rn. 27; BeckOK BGB/Martens Rn. 28; aA Buchmann K&R 2014, 369 (373).

[49] BT-Drs. 17/12637, 56.

[50] BT-Drs. 17/12637, 56; Erwägungsgrund 49 der VerbrRRL.

[51] Spindler/Schuster/Schirmbacher Rn. 38.

[52] AG Berlin-Mitte MDR 2012, 1455; AG Kehlheim DAR 2013, 388; Grüneberg/Grüneberg Rn. 9.

[53] Vgl. MüKoBGB/Wendehorst Rn. 33; Spindler/Schuster/Schirmbacher Rn. 40.

[54] OLG Hamm VuR 2010, 350; vgl. auch Grüneberg/Grüneberg Rn. 9; MüKoBGB/Wendehorst Rn. 34; aA für Folienhülle: Spindler/Schuster/Schirmbacher Rn. 45; Hoeren/Föhlisch CR 2014, 242 (245); Mankowski CR 2013, 508 (510).

[55] Schwab/Hromek JZ 2015, 1114; Grüneberg/Grüneberg Rn. 9.

g) Zeitungen, Zeitschriften, Illustrierte (Nr. 7). Das Widerrufsrecht besteht auch **26** nicht bei der Lieferung von periodisch erscheinenden Presseerzeugnissen, wie zB Zeitungen, Zeitschriften und Illustrierten, wohl auch Internetzeitschriften.[56] Der Grund dafür liegt darin, dass derartige Waren nach der Benutzung wertlos werden und deshalb ein Widerrufsrecht für den Unternehmer nicht zumutbar ist.[57] Ein uneingeschränktes Widerrufsrecht besteht dagegen für Zeitungs- bzw. Zeitschriften-Abonnements. Für Abonnementverträge besteht möglicherweise auch das gemäß Abs. 3 unberührt bleibende Widerrufsrecht nach § 510.

h) Schwankungen am Finanzmarkt (Nr. 8). Ein Widerrufsrecht besteht weiterhin **27** nicht für Verträge über die Lieferung von Waren oder die Erbringung von Finanzdienstleistungen, die einem schwankenden Preis unterliegen. Die Preisschwankungen müssen außerhalb des Einflussbereichs des Unternehmers liegen und die Schwankungen müssen bereits innerhalb der Widerrufsfrist auftreten können. Würde man in derartigen Fällen dem Verbraucher ein Widerrufsrecht einräumen, würde das Preisschwankungsrisiko während des Laufs der Widerrufsfrist vollständig zu Lasten des Unternehmers gehen.[58] Es kommt nicht darauf an, ob die Preise innerhalb der Widerrufsfrist tatsächlich schwanken, sondern **ob die Preise schwanken können.**

Beispiele sind Aktien und sonstige Wertpapiere, Devisen, Derivate, Anlagegold und **28** Geldmarktinstrumente,[59] sowie der Handel mit Edelmetallen[60], an Börsen gehandelten Rohstoffen und anderen Waren, fondgebundene Rentenversicherungsverträge,[61] finanzmarktabhängige Zertifikate,[62] der Handel mit Kryptowährungen[63]. Nr. 8 gilt nicht für eine Heizölbestellung zum Festpreis[64] oder Waren, deren Preis nur mittelbar von Marktschwankungen abhängt, wie zB der Kauf von Schmuck aus Gold oder Edelsteinen[65].

i) Termingebundene Bereitstellung von Kapazitäten (Nr. 9). Erfasst sind bestimm- **29** te Dienstleistungen, wenn der Vertrag für die Dienstleistungserbringung einen **spezifischen Termin oder Zeitraum** vorsieht. Die Vorschrift dient dem Schutz des Unternehmers, der Kapazitäten bereitstellt, die er bei einem Widerruf möglicherweise nicht mehr anderweitig nutzen kann.[66] Die Leistungszeit muss konkretisiert und eingrenzbar sein, sodass der Unternehmer seine Ressourcen tatsächlich für den Verbraucher reservieren, bzw. Vorkehrungen treffen muss, um zu gegebener Zeit leistungsfähig zu sein.[67] „Spezifisch" iSd Abs. 2 Nr. 9 darf daher nicht zu eng verstanden werden. Vielmehr kann der vertraglich vereinbarte Zeitraum, innerhalb dessen die Leistung zu erbringen ist, durchaus auch mehrere Wochen betragen.[68] Es genügt allerdings nicht, wenn nur eine Reihe von Veranstaltungen angeboten wird, deren Termine in dreimonatlich versandten Prospekten mitgeteilt werden.[69] Wird lediglich ein Gutschein, der eine allgemeine Befristung enthält, verkauft, bleibt das Widerrufsrecht bestehen.[70]

---

[56] Spindler/Schuster/Schirmbacher Rn. 48; BeckOK BGB/Martens Rn. 35.
[57] BT-Drs. 14/2658, 44.
[58] Vgl. OLG Saarbrücken BeckRS 2021, 29631 Rn. 61.
[59] BT-Drs. 15/2946, 45.
[60] Vgl. BGH NJW 2013, 1223; Spindler/Schuster/Schirmbacher Rn. 51.
[61] BGH NJW-RR 2017, 485 (486).
[62] BGH MMR 2013, 372 (Lehman Zertifikate); BGH NJW 2013, 1223.
[63] Kirschbaum/Stepanova BKR 2019, 286.
[64] BGH WM 2015, 1588.
[65] BeckOK BGB/Martens Rn. 38.
[66] Erwägungsgrund 49 der VerbrRRL; BT-Drs. 17/12637, 57.
[67] OLG Frankfurt a. M. MMR 2010, 535; BeckOK BGB/Martens Rn. 40.
[68] BeckOK BGB/Martens Rn. 41; MüKoBGB/Wendehorst Rn. 43.
[69] LG Halle BeckRS 2017, 122141 Rn. 12 f.
[70] AG Hamburg VuR 2008, 79; Abgrenzung zu EuGH NJW 2005, 3055; vgl. Spindler/Schuster/Schirmbacher Rn. 63.

30   Mit dem Begriff **Beherbergung** sind vorübergehende touristische Unterbringungen gemeint, wie zB Hotels, Pensionen, Ferienwohnungen, Campingplätze. Nicht erfasst sind auf Dauer angelegte Mietverträge über Wohnraum.[71]

31   Der **Transport von Waren** umfasst zB Umzug und Entsorgung.[72]

32   **Automietverträge**[73], inklusive der Nutzung von Kfz über **Car-Sharing**-Anbieter, sind ebenfalls von Nr. 9 erfasst, nicht aber Kfz-Leasing.[74] Das OLG Frankfurt a. M. hat dem EuGH in diesem Zusammenhang die Frage vorgelegt, ob Kfz-Leasingverträge mit einem Verbraucher mit Kilometerabrechnung mit einer Laufzeit von 48 Monaten Dienstleistungen in dem Bereich „Mietwagen" darstellen und deshalb dem Ausnahmetatbestand für ein fernabsatzrechtliches Widerrufsrecht gemäß Art. 16i) der VerbrRRL unterfallen.[75]

33   Ausgenommen ist auch die **Lieferung von Speisen und Getränken,** zB über Catering-Service[76] oder Lieferdienste, die Essen aus verschiedenen Restaurants an den Kunden liefern (zB Deliveroo, Foodora etc).

34   Unter **sonstige Dienstleistungen** fallen weitere Dienstleistungen im Zusammenhang mit Freizeitbetätigungen. Dazu gehören zB Tickets für Konzerte, Kino und Sportveranstaltungen. Die Frage, ob auch Verträge erfasst sein sollen, durch die der Verbraucher nur ein Recht auf die einem Dritten erbrachte Dienstleistung erwirbt (Vermittlungstätigkeiten), hat das AG Bremen dem EuGH zur Entscheidung vorgelegt.[77] Nicht vergleichbar und daher nicht von Nr. 9 erfasst sind Online-Kurse, wie zB Online-Kurse zur Vorbereitung der Theorie-Prüfung für Sportbootführerschein[78].

35   Nr. 9 gilt nicht für Verträge über Reiseleistungen nach § 651a, die außerhalb von Geschäftsräumen geschlossen wurden, soweit nicht eine vorherige Bestellung des Verbrauchers vorliegt (→ BGB § 312 Rn. 54 ff.).

36   **j) Öffentlich zugängliche Versteigerungen (Nr. 10).** Ein Widerrufsrecht besteht nicht für Verträge, die im Wege einer öffentlich zugänglichen Versteigerung zustande kommen. Der Begriff ist in Nr. 10 legal definiert. Der Ausnahmetatbestand gilt ausdrücklich nur für Versteigerungen iSd § 156. § 156 gilt für alle freiwilligen und die im Privatrecht vorgesehenen Versteigerungen. Er gilt auch für Versteigerungen im Wege der Zwangsvollstreckung mit Ausnahme der Versteigerung von Grundstücken. Im letzten Fall gelten die §§ 7 ff. ZVG. Insbesondere gilt Nr. 10 **nicht für reine Internet-Versteigerungen** (insbesondere Veräußerungen über eBay), da den Verbrauchern nach dem Wortlaut der Nr. 10 zumindest die Möglichkeit gegeben werden muss, persönlich anwesend zu sein.[79] Der Versteigerer muss die persönlichen Anforderungen gem. § 383 Abs. 3 S. 1 BGB, § 34b Abs. 5 GewO nicht erfüllen.[80]

37   **k) Dringende Reparatur- oder Instandhaltungsarbeiten (Nr. 11).** Nr. 11 erfasst insbesondere **Werkverträge.** Reparaturarbeiten sind dringend, wenn sie zur sofortigen Wiederherstellung der Funktionstauglichkeit erforderlich sind und der Verbraucher darauf angewiesen ist.[81] Es genügt, wenn die Arbeiten aus Sicht eines objektiven Betrachters in der

---

[71] Spindler/Schuster/Schirmbacher Rn. 55.

[72] BT-Drs. 17/12637, 57.

[73] EuGH NJW 2005, 3055.

[74] OLG München NJW-RR 2020, 1248; BeckOK BGB/Martens Rn. 42; MüKoBGB/Wendehorst Rn. 45; Spindler/Schuster/Schirmbacher Rn. 57; aA LG Stuttgart BeckRS 2021, 21487.

[75] OLG Frankfurt a. M. BeckRS 2021, 28244; vgl. auch BGH BeckRS 2021, 3466.

[76] BT-Drs. 17/12637, 57.

[77] AG Bremen BeckRS 2021, 218. Vgl. dazu auch AG Wernigrode MMR 2007, 402; verneinend AG München MMR 2007, 743; offengelassen AG Bremen BeckRS 2020, 25056; ablehnend BeckOK BGB/Martens Rn. 44.

[78] OLG Hamm BeckRS 2013, 06547, im konkreten Fall verneint.

[79] Erwägungsgrund 24 VerbrRRL; Grüneberg/Grüneberg Rn. 13; MüKoBGB/Wendehorst Rn. 48; BeckOK BGB/Martens Rn. 47; BGH NJW 2005, 53.

[80] BGH NJW 2021, 2281 Rn. 43.

[81] OLG Hamm BeckRS 2017, 156307; LG Bochum BeckRS 2017, 112667; AG Bad Segeberg NJW-RR 2015, 921.

Person des Unternehmers keinen Aufschub von mindestens 14 Tagen dulden, sodass eine etwaige Widerrufsfrist nicht abgewartet werden kann.[82] Nicht erfasst sind Verträge, die nur im Zusammenhang mit Reparatur- und Instandhaltungsmaßnahmen stehen, wie etwa die Miete von Trocknungsgeräten bei einem Wasserschaden.[83] Bei Türöffnungen durch Schlüsselnotdienste liegt keine Reparaturmaßnahme vor.[84]

Es sind nur solche Verträge vom Widerrufsrecht ausgenommen, bei denen der Ver- **38** braucher den Unternehmer zuvor ausdrücklich aufgefordert hat, ihn aufzusuchen, um dringende Reparatur- oder Instandhaltungsarbeiten durchzuführen.[85] Der Verbraucher muss den Unternehmer schriftlich, mündlich, telefonisch oder auf andere Weise[86] zu Vertragshandlungen eingeladen haben.[87] In der Praxis dürften überwiegend außerhalb von Geschäftsräumen geschlossene Verträge betroffen sein; denn ein Vertrag über Reparatur- und Instandhaltungsarbeiten dürfte in der Regel nicht bereits im Fernabsatz im Rahmen der Vereinbarung eines Termins geschlossen werden, sondern erst, wenn sich der Unternehmer an Ort und Stelle einen Eindruck von den zu erbringenden Leistungen gemacht hat.[88] Zur Verhandlung muss es auf Wunsch des Verbrauchers und nicht auf Initiative des Unternehmers gekommen sein.[89] Die Aufforderung durch einen Angehörigen fällt nicht unter Nr. 11, die des Ehegatten nur im Rahmen von § 1357.[90] Die Einladung zur Erörterung eines Kostenvoranschlags genügt nicht.[91]

l) Wett- und Lotteriedienstleistungen (Nr. 12). Das Widerrufsrecht der Verbraucher **39** besteht weiterhin nicht bei der Erbringung von Wett- und Lotterie-Dienstleistungen. Fraglich ist, ob sie staatlich anerkannt und die Verträge gemäß § 763 verbindlich sein müssen.[92] Nr. 12 gilt nicht, wenn der Verbraucher seine Vertragserklärung (Angebot oder Annahme) telefonisch abgegeben hat. Die Verbraucher sind vor Verträgen zu schützen, die gerade im Rahmen unerbetener Telefongespräche geschlossen werden.[93] Ebenso ist Nr. 12 nicht anwendbar bei außerhalb von Geschäftsräumen geschlossenen Verträgen iSv § 312b.

m) Notariell beurkundete Verträge (Nr. 13). Da beurkundungspflichtige Verträge **40** nach § 312 Abs. 2 Nr. 1 von dem Anwendungsbereich der § 312 ff. ausgeschlossen sind, hat die Ausnahme vom Widerrufsrecht grundsätzlich nur Bedeutung für Verträge, die notariell beurkundet werden, obwohl keine entsprechende Pflicht besteht.[94] Etwas anderes gilt für Fernabsatzverträge über Finanzdienstleistungen, welche unabhängig davon, ob sie gesetzlich beurkundungspflichtig sind oder nicht in den Anwendungsbereich der Nr. 13 fallen. Das Widerrufsrecht entfällt in diesen Fällen aber nur dann, wenn der Notar die Einhaltung der Informationspflichten nach § 312d Abs. 2 in eigener Verantwortung bestätigt hat. Der notariellen Beurkundung steht nach § 127a ZPO die richterliche Protokollierung gleich, so dass ein Widerrufsrecht auch bei einem gerichtlichen Vergleich ausgeschlossen ist.[95] Zudem erfasst Nr. 13 freiwillig beurkundete Verträge, die keine Finanzdienstleistungen betreffen, wenn der Notar entgegen § 312 Abs. 2 Nr. 1b) nicht darüber belehrt hat, dass die Informationspflichten und das Widerrufsrecht entfallen.[96]

---

[82] BeckOK BGB/Martens Rn. 50; OLG Celle BeckRS 2022, 442 Rn. 32 mwN.
[83] LG Münster BeckRS 2016, 05178.
[84] Vgl. dazu im Detail Klocke NJW 2017, 2151.
[85] BT-Drs. 17/12637, 57.
[86] BGH NJW 2001, 509.
[87] BGH 109, 127.
[88] BT-Drs. 17/12637, 57.
[89] BGH NJW 2010, 2868.
[90] Grüneberg/Grüneberg Rn. 14; siehe BGH NJW 1991, 923.
[91] OLG Stuttgart NJW 1988, 1986; OLG Jena VuR 2003, 100.
[92] So Grüneberg/Grüneberg Rn. 15; aA MüKoBGB/Wendehorst Rn. 54; BeckOK BGB/Martens Rn. 53; LG Wuppertal BeckRS 2022, 7425 Rn. 14.
[93] BT-Drs. 17/12637, 57.
[94] BT-Drs. 17/12637, 57.
[95] AG Hanau BeckRS 2015, 14439; BeckOK BGB/Martens Rn. 56.
[96] Grüneberg/Grüneberg Rn. 16.

IV. Verhältnis zu anderen Widerrufsrechten (Abs. 3)

41   Abs. 3 regelt, welches Widerrufsrecht zur Anwendung kommt, wenn neben dem Widerrufsrecht nach Abs. 1 weitere Widerrufsrechte bestehen. In diesem Fall gilt das Widerrufsrecht nach Abs. 1 subsidiär. Dem Verbraucher steht deshalb kein Widerrufsrecht nach Abs. 1 zu, bei denen ihm bereits auf Grund der **§§ 495, 506–512** ein Widerrufsrecht zusteht. Bei außerhalb von Geschäftsräumen geschlossenen Verträgen iSv § 312b geht das Widerrufsrecht nach **§ 305 KAGB** einem Widerrufsrecht nach Abs. 1 vor.

V. Beweislast

42   Der Unternehmer hat die Voraussetzungen eines Ausnahmetatbestandes zu beweisen.

§ 312h Kündigung und Vollmacht zur Kündigung

Wird zwischen einem Unternehmer und einem Verbraucher nach diesem Untertitel ein Dauerschuldverhältnis begründet, das ein zwischen dem Verbraucher und einem anderen Unternehmer bestehendes Dauerschuldverhältnis ersetzen soll, und wird anlässlich der Begründung des Dauerschuldverhältnisses von dem Verbraucher

1. die Kündigung des bestehenden Dauerschuldverhältnisses erklärt und der Unternehmer oder ein von ihm beauftragter Dritter zur Übermittlung der Kündigung an den bisherigen Vertragspartner des Verbrauchers beauftragt oder

2. der Unternehmer oder ein von ihm beauftragter Dritter zur Erklärung der Kündigung gegenüber dem bisherigen Vertragspartner des Verbrauchers bevollmächtigt,

bedarf die Kündigung des Verbrauchers oder die Vollmacht zur Kündigung der Textform.

Literatur: Köhler, Neue Regelungen zum Verbraucherschutz bei Telefonwerbung und Fernabsatzverträgen, NJW 2009, 2567; Vander, Telefonmarketing im Fadenkreuz – Gesetzesentwurf zur Bekämpfung unerlaubter Telefonwerbung und zur Verbesserung des Verbraucherschutzes bei besonderen Vertriebsformen, MMR 2008, 639.

I. Allgemeines

1   **1. Historie.** Die Vorschrift wurde durch das Gesetz vom 29.7.2009[1] als § 312f mit Wirkung zum 4.8.2009 in das BGB eingefügt. Durch eine Gesetzesänderung durch Gesetz vom 27.7.2011[2] mit Wirkung zum 4.8.2011 wurde § 312f zu § 312h. § 312h blieb im Rahmen der Umsetzung der VerbrRRL[3] unverändert.

2   **2. Überblick.** Anlass für die Regelung war die Belästigung von Verbrauchern durch Telefonwerbung mit dem Ziel, den Verbraucher zum Anbieterwechsel im Bereich der Lieferung von Strom, Gas, Wasser, Presseerzeugnissen oder Telekommunikationsdienstleistungen zu bewegen.[4]

3   Kündigt der Verbraucher unter Mithilfe eines Unternehmers ein Dauerschuldverhältnis, das zwischen ihm und einem Dritten (Unternehmer) besteht und soll dieses Dauerschuldverhältnis durch ein neues Dauerschuldverhältnis zwischen Verbraucher und Unternehmer ersetzt werden, so bedarf die Kündigungserklärung oder die Vollmacht des Unternehmers, die Kündigung im Namen des Verbrauchers auszusprechen, gemäß § 312h der Textform. § 312h ist neben den Informationspflichten und dem Widerrufsrecht ein **weiteres Schutzinstrument,** um den Verbraucher vor übereilten Vertragsschlüssen zu schützen. Mit dem

---

[1] BGBl. I 2413.
[2] BGBl. I 1600.
[3] Durch Gesetz zur Umsetzung der VerbrRRL und zur Änderung des Gesetzes zur Regelung der Wohnungsvermittlung vom 20.9.2013 (BGBl. 2013 I 3642).
[4] Vgl. dazu näher Vander MMR 2008, 639.

Textformerfordernis soll das „Unterschieben" von Verträgen erschwert werden. Der Verbraucher soll gewarnt werden, dass er bei Widerruf des neu abgeschlossenen Vertrages an die Kündigung des bisherigen Dauerschuldverhältnisses gebunden bleibt.[5] Das alte Vertragsverhältnis lebt mit dem Widerruf nämlich nicht wieder auf. Der Verbraucher steht in diesem Fall vertraglos dar. Nach Auffassung des Gesetzgebers bieten die allgemeinen Regelungen keinen ausreichenden Schutz. Insbesondere reicht § 174 zum Schutz des Verbrauchers nicht aus. Danach ist eine Kündigung unwirksam, wenn der Kündigungsempfänger die Kündigung durch einen Vertreter ohne Vollmachtsurkunde zurückweist. Bei der Regelung in § 174 handelt es sich jedoch nur um ein Recht und keine Pflicht. Der bisherige Vertragspartner kann die ohne Vollmachtsurkunde ausgesprochene Kündigung einfach hinnehmen. Zudem kann es dem gekündigten Vertragspartner aus kartellrechtlichen Gründen versagt sein, sich auf § 174 zu berufen.[6] Die Regelung des § 174 bleibt allerdings neben § 312h bestehen.[7]

II. Anwendungsbereich

§ 312h ist auf Dauerschuldverhältnisse anwendbar, die „nach diesem Untertitel" abge- **4** schlossen werden. Es ist nicht erforderlich, dass das neue Dauerschuldverhältnis außerhalb von Geschäftsräumen nach § 312b oder im Wege des Fernabsatzes nach § 312c bzw. im Wege des elektronischen Geschäftsverkehrs gemäß § 312i abgeschlossen wird. Es genügt, dass der Verbrauchervertrag in den Anwendungsbereich der § 312 ff. fällt, der in § 312 definiert wird.[8]

III. Voraussetzungen

1. Dauerschuldverhältnis zwischen Verbraucher und Unternehmer. § 312h ist **5** nur auf Verträge zwischen einem **Verbraucher** (§ 13) und einem **Unternehmer** § 14) anwendbar.

Zudem muss es sich bei dem abgeschlossenen Vertrag um ein **Dauerschuldverhältnis** **6** handeln, das die Parteien abschließen. Unter Dauerschuldverhältnis versteht man ein Schuldverhältnis, aufgrund dessen sich die Vertragsparteien ein dauerndes Verhalten oder wiederkehrende Leistungen schulden, so dass der Gesamtumfang der auszutauschenden Leistungen von der Dauer der Rechtsbeziehung abhängt. Während der Laufzeit des Dauerschuldverhältnisses entstehen ständig neue Leistungs-, Neben- und Schutzpflichten.[9] Hiervon zu unterscheiden sind Ratenlieferungsverträge iSv § 510 Abs. 1 S. 1 Nr. 1. Ratenlieferungsverträge (auch als Sukzessivlieferungsverträge bezeichnet) zeichnen sich dadurch aus, dass eine von vornherein im Umfang feststehende Gesamtleistung in Teilleistungen erbracht wird. Das Dauerschuldverhältnis kann **alle möglichen Leistungen zum Gegenstand** haben, am häufigsten werden sie jedoch die Lieferung von Strom, Gas, Wasser oder Presseerzeugnisse oder die Erbringung von Telekommunikationsdienstleistungen zum Gegenstand haben. § 312h ist nur auf **besonders qualifizierte Dauerschuldverhältnisse** anzuwenden, nämlich Dauerschuldverhältnisse, die ein bereits zwischen dem Verbraucher und einem dritten Unternehmer bestehendes Dauerschuldverhältnis ersetzen sollen. Es muss also auf Unternehmerseite ein **Anbieterwechsel** stattfinden. Hinzukommen muss, dass das bisherige Dauerschuldverhältnis unter **Mithilfe des neuen Unternehmers** gekündigt werden soll. Es werden sowohl die Fälle erfasst, in denen der Verbraucher die

---

[5] BT-Drs. 16/10734, 12.
[6] BGH NJW-RR 2007, 1705 Rn. 17 ff.
[7] BT-Drs. 16/10734, 12.
[8] BeckOK BGB/Martens Rn. 4; Grüneberg/Grüneberg Rn. 1; MüKoBGB/Wendehorst Rn. 3, 4; aA Spindler/Schuster/Schirmbacher Rn. 7; die Verwirrung ist offenbar dadurch entstanden, dass die Regelung in § 312h im Regierungsentwurf ursprünglich vergessen, in der Beschlussempfehlung des Rechtsausschusses (BT-Drs. 17/13951, 100) wieder aufgenommen wurde.
[9] Grüneberg/Grüneberg § 314 Rn. 2.

Kündigung des bestehenden Dauerschuldverhältnisses selbst erklärt und der neue Unternehmer oder eine beauftragte dritte Person als **Bote** mit der Übermittlung der Kündigungserklärung an den bisherigen Unternehmer beauftragt wird (§ 312h Nr. 1), als auch die Fälle, in denen der neue Unternehmer oder eine beauftragte dritte Person zur Erklärung der Kündigung gegenüber dem bisherigen Unternehmer **bevollmächtigt** wird (§ 312h Nr. 2).

7   § 312h gilt nicht für Erklärungen des Verbrauchers gegenüber Telekommunikationsunternehmen in Bezug auf Tarifwechsel oder Änderung der Bertreibervorauswahl (Preselektion).[10]

8   **2. Kündigung oder Kündigungsvollmacht in Textform.** Ist auf den Abschluss eines Dauerschuldverhältnisses § 312h anwendbar, so hat als Rechtsfolge die Kündigungserklärung des Verbrauchers oder die entsprechende Vollmacht in **Textform gemäß § 126b** zu erfolgen. Im Fall des § 312h Nr. 1 bedarf die Kündigungserklärung der Textform, im Fall des § 312h Nr. 2 die Vollmacht. Das bedeutet, dass keine Schriftform erforderlich ist, sondern die Erklärung per **E-Mail oder Telefax** abgegeben werden kann.[11] Auf diese Art und Weise soll sichergestellt werden, dass der Verbraucher die Folgen seiner Kündigungserklärung erkennt. Nicht ausreichend ist das Ausfüllen eines elektronischen Formulars auf einer Internetseite.[12] Die eigentliche Kündigungserklärung des bevollmächtigten neuen Unternehmers gegenüber dem bisherigen Unternehmer kann formfrei erfolgen. Gleiches gilt für die Beauftragung und Unterbevollmächtigung eines Dritten.[13]

IV. Rechtsfolgen bei Verstoß

9   Die Einhaltung der Textform ist Voraussetzung für die Wirksamkeit der Kündigung, **§ 125.** Im Fall des § 312h Nr. 1 ergibt sich die Unwirksamkeit unmittelbar aus § 125. Die Kündigung kann nach § 141 Abs. 1 bestätigt werden und gilt dann als Neuvornahme. Diese unterliegt ebenfalls dem Textformzwang, wenn sie nach Maßgabe des § 312h Nr. 1 oder Nr. 2 an den bisherigen Anbieter weitergeleitet werden soll, denn der Verbraucher wird die Kündigung auch dann als eine technische Einzelheit ansehen.[14] Außerdem kann nur so eine Umgehung verhindert werden (§ 312m Abs. 1 S. 2).

10   Im Fall des § 312h Nr. 2 ergibt sich die Unwirksamkeit aus **§ 180 S. 1.** Ist die Kündigungsvollmacht nicht wirksam erteilt, kann der Verbraucher die vom neuen Unternehmer als Vertreter ohne Vertretungsmacht ausgesprochene Kündigung gemäß §§ 180 S. 2, 177 Abs. 1 genehmigen. Bis dahin ist die Kündigung schwebend unwirksam; das alte Dauerschuldverhältnis besteht weiter. Gemäß § 182 Abs. 1 bedarf die Genehmigung nicht der Textform gemäß § 312h. Die formfreie Genehmigung gemäß § 182 Abs. 1 findet jedoch dort ihre Grenze, wo sie sich als Verstoß gegen das Umgehungsverbot darstellt (§ 312m Abs. 1 S. 2).

11   § 312h schützt den Verbraucher nicht davor, zwei Verträge über dieselbe Leistung abzuschließen und sich entsprechend doppelt zu verpflichten. Sollte die Kündigung gegenüber dem bisherigen Unternehmer mangels Form unwirksam sein, steht dem Verbraucher gegenüber seinem neuen Unternehmer ggf. ein Anspruch auf Schadensersatz gemäß **§§ 311 Abs. 2, 241 Abs. 2, 280 (Verschulden bei Vertragsverhandlung)** zu, weil dieser nicht für die Einhaltung des Formerfordernisses gemäß § 312h gesorgt hat. Diesen Anspruch kann der Verbraucher dem neuen Unternehmer ggf. als dolo-agit-Einwendung (von Amts wegen zu beachten) entgegenhalten, wenn er von seinem bisherigen Vertragspartner weiterhin in Anspruch genommen werden sollte.

---

[10] MüKoBGB/Wendehorst Rn. 6; Köhler NJW 2009, 2567 (2571).
[11] Spindler/Schuster/Schirmbacher Rn. 16.
[12] LG München I, GRUR-RS 2021, 35995 Rn. 68.
[13] So auch Grüneberg/Grüneberg Rn. 2.
[14] BeckOK BGB/Martens Rn. 11.

Umstritten ist, ob ein wettbewerbsrechtlicher Unterlassungsanspruch wegen Verstoßes **12** gegen § 4 Nr. 4 UWG besteht, wenn ein Wettbewerber ohne formgültige Vollmacht Kündigungen für Kunden erklärt.[15] Das OLG Köln[16] sieht in § 312h eine reine Formvorschrift zum Schutz der Verbraucher im Rahmen eines Anbieterwechsels ohne wettbewerbsrechtlichen Gehalt, so dass ein entsprechender Unterlassungsanspruch nach § 8 UWG der Mitbewerber nicht in Betracht komme.[17]

V. Beweislast

Nach den **allgemeinen Grundsätzen** muss derjenige, der sich auf die Unwirksamkeit **13** der Kündigung beruft, beweisen, dass das Formerfordernis gilt und nicht eingehalten wurde.[18]

Verlangt der Verbraucher vom bisherigen Lieferanten weiter Leistung und beruft sich der **14** Lieferant auf die Kündigung, hat der Lieferant darzulegen und zu beweisen, dass die Kündigung wirksam, also in Textform erfolgte. Verlangt der Lieferant weiter Leistung vom Verbraucher und beruft sich der Verbraucher auf die Kündigung, so muss der Verbraucher darlegen und beweisen, dass die Kündigung wirksam, also in Textform erfolgte.

§ 312i Allgemeine Pflichten im elektronischen Geschäftsverkehr

(1) **Bedient sich ein Unternehmer zum Zwecke des Abschlusses eines Vertrags über die Lieferung von Waren oder über die Erbringung von Dienstleistungen der Telemedien (Vertrag im elektronischen Geschäftsverkehr), hat er dem Kunden**

1. **angemessene, wirksame und zugängliche technische Mittel zur Verfügung zu stellen, mit deren Hilfe der Kunde Eingabefehler vor Abgabe seiner Bestellung erkennen und berichtigen kann,**
2. **die in Artikel 246c des Einführungsgesetzes zum Bürgerlichen Gesetzbuche bestimmten Informationen rechtzeitig vor Abgabe von dessen Bestellung klar und verständlich mitzuteilen,**
3. **den Zugang von dessen Bestellung unverzüglich auf elektronischem Wege zu bestätigen und**
4. **die Möglichkeit zu verschaffen, die Vertragsbestimmungen einschließlich der Allgemeinen Geschäftsbedingungen bei Vertragsschluss abzurufen und in wiedergabefähiger Form zu speichern.**

Bestellung und Empfangsbestätigung im Sinne von Satz 1 Nummer 3 gelten als zugegangen, wenn die Parteien, für die sie bestimmt sind, sie unter gewöhnlichen Umständen abrufen können.

(2) **¹Absatz 1 Satz 1 Nummer 1 bis 3 ist nicht anzuwenden, wenn der Vertrag ausschließlich durch individuelle Kommunikation geschlossen wird. ²Absatz 1 Satz 1 Nummer 1 bis 3 und Satz 2 ist nicht anzuwenden, wenn zwischen Vertragsparteien, die nicht Verbraucher sind, etwas anderes vereinbart wird.**

(3) **Weitergehende Informationspflichten auf Grund anderer Vorschriften bleiben unberührt.**

Art. 246c Informationspflichten bei Verträgen im elektronischen Geschäftsverkehr

Bei Verträgen im elektronischen Geschäftsverkehr muss der Unternehmer den Kunden

1. über die einzelnen technischen Schritte, die zu einem Vertragsschluss führen,

---

[15] So OLG München BeckRS 2019, 3274.
[16] BeckRS 2019, 8944.
[17] So auch BeckOK BGB/Martens Rn. 12.
[18] Spindler/Schuster/Schirmbacher Rn. 20.

2. darüber, ob der Vertragstext nach dem Vertragsschluss von dem Unternehmer gespeichert wird und ob er dem Kunden zugänglich ist,
3. darüber, wie er mit den nach § 312i Absatz 1 Satz 1 Nummer 1 des Bürgerlichen Gesetzbuchs zur Verfügung gestellten technischen Mitteln Eingabefehler vor Abgabe der Vertragserklärung erkennen und berichtigen kann,
4. über die für den Vertragsschluss zur Verfügung stehenden Sprachen und
5. über sämtliche einschlägigen Verhaltenskodizes, denen sich der Unternehmer unterwirft, sowie über die Möglichkeit eines elektronischen Zugangs zu diesen Regelwerken unterrichten.

Literatur: Bergt, Schutz personenbezogener Daten bei der E-Mail-Bestätigung von Online-Bestellungen NJW 2011, 3752; Boente/Riehm, Besondere Vertriebsformen im BGB, Jura 2002, 222; Dörner, Rechtsgeschäfte im Internet, AcP 202, 2002, 363; Ernst, Widerruf von Anwaltsverträgen im Fernabsatz?, NJW 2014, 817; Grigoleit, Rechtsfolgenspezifische Analyse „besonderer" Schutzpflichten am Beispiel der Reformpläne für den E-Commerce, WM 2001, 597; Grigoleit, Besondere Vertriebsformen im BGB, NJW 2002, 1151; Hassemer, Elektronischer Geschäftsverkehr im Regierungsentwurf zum Schuldrechtsmodernisierungsgesetz, MMR 2001, 635; Hoffmann, Die Entwicklung des Internet-Rechts bis Mitte 2003, NJW 2003, 2576; Kaufhold, Internationale Webshops – anwendbares Vertrags- und AGB-Recht im Verbraucherverkehr, EuZW 2016, 247; Keck/Wäßle, Rechtswahlklauseln im internationalen Verbrauchsgüterhandel: Welche Möglichkeiten der Gestaltung gibt es noch?, K&R 2016, 591; Kieffer, Digitalisierung des stationären Vertriebs und automatisierte Geschäftsräume, DB 2019, 1888; Klimke, Korrekturhilfen beim Online-Vertragsschluss CR 2005, 582; Koch/Schmidt-Hern, Alexa, wo bitte geht es hier zum BGH, WRP 2018, 671; Leverenz, Auswirkungen des § 312e BGB auf das Versicherungsgeschäft im Internet, VersR 2003, 698; Lubitz, Entwicklung des E-Commerce im Jahre 2003, K&R 2004, 116; Mankowski, Welche Bedeutung hat das Fernabsatzrecht für die Wohnungswirtschaft?, ZMR 2002, 317; Mankowski, Klingeltöne auf dem vertraglichen Prüfstand, VuR 2006, 209; Meyer, Elektronischer Geschäftsverkehr des Unternehmers mit Verbrauchern und Unternehmern: Anforderungen gemäß § 312e BGB und Rechtsfolgen bei Pflichtverstößen, DB 2004, 2739; Schmittmann, Aktuelle Entwicklungen im Fernabsatzrecht, K&R 2003, 385; Schneider, Zur Umsetzung der E-Commerce-Richtlinie im Regierungsentwurf zur Schuldrechtsmodernisierung, K&R 2001, 344; Spindler, Die zivilrechtliche Verantwortlichkeit von Internetauktionshäusern – Haftung für automatisch registrierte und publizierte Inhalte?; MMR 2001, 737; Stiegler, Click & Collect: Anwendbarkeit des Verbraucher-Fernabsatzrechts?, JA 2021, 711; Taeger/Rose, Informationspflichten beim Klingeltonvertrieb im M-Commerce, K&R 2007, 233; Tamm, Informationspflichten nach dem Umsetzungsgesetz zur Verbraucherrechterichtlinie, VuR 2014, 9; Ulmer, Online-Vertragsschluss – ein Verfahren wird populär?, CR 2002, 208; Vander, Verhaltenscodices im elektronischen Geschäftsverkehr, K&R 2003, 339; Wendehorst, Platform Intermediary Services and Duties under the E-Commerce Directive and the Consumer Rights Directive, EuCML 2016, 30.

Übersicht

I. Allgemeines

1. Historie. § 312i setzt Art. 10 und 11 der Richtlinie 2000/31/EG vom 8.6.2000 über **1** den elektronischen Geschäftsverkehr (**E-Commerce-RL**)[1] in deutsches Recht um. Die Vorschrift wurde als § 312e im Rahmen des Schuldrechtsmodernisierungsgesetzes zum 1.1.2002 in das BGB eingefügt und danach mehrfach geändert. Durch das Gesetz zur Umsetzung der Verbraucherkreditrichtlinie, des zivilrechtlichen Teils der Zahlungsdiensterichtlinie sowie zur Neuordnung der Vorschriften über das Widerrufs- und Rückgaberecht vom 26.7.2009[2] wurde die Vorschrift mit Wirkung zum 11.6.2010 redaktionell neu gefasst. Durch Gesetz vom 27.7.2011[3] wurde § 312e mit Wirkung zum 4.8.2011 zu § 312g. Durch Gesetz vom 10.5.2012[4] wurde § 312g mit Wirkung zum 1.8.2012 um die Abs. 2–4 ergänzt, so dass die früheren Abs. 2 und 3 zu den Abs. 5 und 6 wurden. Im Zuge des Gesetzes zur Umsetzung der VerbrRRL und zur Änderung des Gesetzes zur Regelung der Wohnungsvermittlung vom 20.9.2013[5] wurde § 312g Abs. 1, Abs. 5 sowie Abs. 6 S. 1 inhaltsgleich in § 312i verankert, während § 312g Abs. 2–4 in den neu eingefügten § 312j aufgingen.

2. Überblick. Durch § 312i Abs. 1 werden dem Unternehmer besondere Pflichten **2** auferlegt, wenn er einen Vertrag über die Lieferung von Waren und die Erbringung von Dienstleistungen mit einem Kunden im Wege des **elektronischen Geschäftsverkehrs** schließt. Die Regelung soll neben der Rechtssicherheit für die Anbieter auch einen effektiven Schutz für die „Kunden" gewährleisten, die als Verbraucher oder Unternehmer auf elektronischem Weg angebotene Waren und Dienstleistungen elektronisch „bestellen".[6]

§ 312i ergänzt damit die Regelungen für Fernabsatzverträge iSv § 312c, insbesondere die **3** Informationspflichten aus § 312d. Wichtiger Unterschied zu den Regelungen des Fernabsatzvertrages ist, dass § 312i Pflichten im elektronischen Geschäftsverkehr enthält, die der Unternehmer unabhängig vom Vorliegen eines Verbrauchervertrages zu erfüllen hat. Spezielle Pflichten für den elektronischen Geschäftsverkehr, die der Unternehmer zusätzlich bei Verbraucherverträgen erfüllen muss, regelt § 312j.

Übersicht Informationspflichten: **4**

Fernabsatzvertrag	Unternehmer	Verbraucher
Einsatz von elektronischen Kommunikationsmitteln	312i	§§ 312d, 312f, 312i, 312j
Kein Einsatz von elektronischen Kommunikationsmitteln	–	§ 312d

---

[1] ABl. 2000 L 178, 1.
[2] BGBl. 2009 I 2355.
[3] BGBl. 2011 I 1600.
[4] BGBl. 2012 I 1084.
[5] BGBl. 2013 I 3642.
[6] BT-Drs. 14/6040, 169.

II. Anwendungsbereich

5   Die Informationspflichten betreffen alle Fernabsatzverträge, die im elektronischen Geschäftsverkehr und nicht ausschließlich durch individuelle Kommunikation (zB durch Austausch individuell formulierter E-Mails) geschlossen werden.

6   **1. Vertrag im elektronischen Geschäftsverkehr.** § 312i ist anwendbar, wenn ein Unternehmer zum Zwecke eines Vertragsschlusses über die Lieferung von Waren oder Erbringung von Dienstleistungen Telemedien einsetzt. § 312i Abs. 1 definiert den auch für § 312a Abs. 3 S. 2 und § 312k relevanten Vertrag im elektronischen Geschäftsverkehr.

7   **a) Lieferung von Waren und Erbringung von Dienstleistungen.** Der Vertrag muss die Lieferung von Waren oder die Erbringung von Dienstleistungen zum Gegenstand haben.

8   Der Begriff **„Waren"** ist in § 241a legal definiert. Danach sind Waren bewegliche Sachen, die nicht auf Grund von Zwangsvollstreckungsmaßnahmen oder anderen gerichtlichen Maßnahmen verkauft werden. Waren mit digitalen Elementen (§ 327a Abs. 3 S. 1) dürften ebenfalls umfasst sein; das gleiche gilt für **digitale Inhalte** (§ 327 Abs. 1 S. 1), wenn die Lieferung in verkörperter Form erfolgt.[7] Waren sind ferner Strom und Gas[8], Wasser, und Fernwärme, wenn diese in einem begrenzten Volumen bzw. einer bestimmten Menge angeboten werden.[9] Standardsoftware sind ebenfalls Waren, da sie durch die entsprechende Anwendung von Kaufrecht Waren faktisch gleichgestellt sind.[10]

9   Der Begriff der **„Dienstleistung"** ist weit auszulegen und umfasst jede Leistung, die nicht in der Lieferung einer Ware besteht[11], wie zB Dienst-, Werk-, Geschäftsbesorgungs-, Anwalts-[12], Reise-, Makler-[13], Partnerschaftsvermittlungs-[14] und Versicherungsverträge[15]. Umfasst sind ferner Finanzdienstleistungen[16], digitale Dienstleistungen (§ 327 Abs. 2 S. 2), die Erstellung von individueller Software sowie die Lieferung digitaler Inhalte, wenn die Übermittlung in nichtverkörperter Form (zB als Download) erfolgt.[17]

10   Schwierig ist die Einordnung von **Gutscheinen** in die Gruppe der Vertragsgegenstände, die die §§ 312 ff. unterscheiden, nämlich Waren, digitale Inhalte und Dienstleistungen. Diese Einordnung ist für die Anwendbarkeit der speziellen Vorschriften in § 356 erforderlich.

11   **Verkörperte Gutscheine** über eine Ware oder Dienstleistung sind als kleine Inhaberpapiere iSv § 807 einzuordnen. Der Wertgutschein ist ein Vorvertrag, wobei die näheren Umstände des Hauptvertrags noch nicht vollständig bestimmt sind. Durch den Vorvertrag erhält der Käufer einen Anspruch auf Abschluss des Hauptvertrages, der durch Hingabe des Gutscheins erfüllt werden kann. Der Gutschein erfüllt damit zwei Funktionen: Er verbrieft das vorvertragliche Recht auf Abschluss eines Hauptvertrages und dient zugleich der Erfüllung des Hauptvertrages.[18] Der Kauf eines verkörperten Gutscheins ist zugleich

---

[7] Vgl. BT-Drs. 17/12637, 44 f.; Spindler/Schuster/Schirmbacher Rn. 6.
[8] BGH BeckRS 2009, 10780.
[9] Spindler/Schuster/Schirmbacher Rn. 6; BeckOK BGB/Maume Rn. 8.
[10] ZB BGH NJW 2007, 2394; nicht aber Erstellung von Individualsoftware, vgl. Maume/Wilser CR 2010, 209; BeckOK BGB/Maume Rn. 8.
[11] BeckOK BGB/Maume Rn. 9; Spindler/Schuster/Schirmbacher Rn. 7; vgl. zum Kauf einer BahnCard EuGH ZIP 2020, 619.
[12] AG Hildesheim VuR 2015, 396; Härting NJW 2016, 2937; Ernst NJW 2014, 817; vgl. auch EuGH NJW 2015, 1289; aA AG Berlin-Charlottenburg NJW-RR 2016, 184.
[13] BGH NJW-RR 2017, 368; OLG Düsseldorf NZM 2015, 225.
[14] Grüneberg/Grüneberg Rn. 3.
[15] Vgl. § 8 Abs. 4 VVG; Leverenz VersR 2003, 698 (699).
[16] Spindler/Schuster/Schirmbacher Rn. 8.
[17] Grüneberg/Grüneberg § 241a Rn. 12; Spindler/Schuster/Schirmbacher Rn. 7.
[18] Föhlisch/Löwer K&R 2015, 298 (299); vgl. auch BeckOK BGB/Gehrlein § 807 Rn. 1; MüKoBGB/Habersack § 807 Rn. 12; Zwickel NJW 2011, 2753 (2755).

Rechtskauf und Sachkauf, weil zur Ausübung des Rechts der Besitz am Papier erforderlich ist.[19]

Bei dem Kauf eines **Gutscheins in elektronischer Form** (Gutscheincode) handelt es **12** sich dagegen um einen reinen Rechtskauf. Gegenstand ist die Verpflichtung, einen weiteren Vertrag, den Hauptvertrag, zu schließen. Dabei handelt es sich ebenfalls um einen Vorvertrag, wobei die näheren Umstände des Hauptvertrages noch nicht vollständig bestimmt sind.[20]

Kaufverträge über Rechte sind wie Kaufverträge über Waren zu behandeln.[21] Zum **13** Widerrufsrecht vgl. → BGB § 312g Rn. 7 und zu den Rechtsfolgen eines Widerrufs von Gutscheinen → BGB § 357 Rn. 8 f.

Nicht erforderlich ist, dass sich der Verbraucher zu der Zahlung eines Preises oder zur **14** Bereitstellung personenbezogener Daten verpflichtet.[22] Diese Anforderungen werden in dem Anwendungsbereich in § 312 Abs. 1 ausdrücklich nur für außerhalb von Geschäftsräumen abgeschlossene Verträge und Fernabsatzverträge bestimmt. Erfasst sind damit insbesondere auch Online-Suchmaschinen, Datenbanken, Freeware-Programme etc, bei denen sich der Anbieter regelmäßig über eingeblendete Werbung, gesammelte Nutzerdaten oÄ finanziert.[23] Auch sonstige unentgeltliche Verträge, wie zB der Abschluss eines Vertrages über die Nutzung eines sozialen Netzwerkes oder die Mitgliedschaft auf einer B2B-Handelsplattform sind den Regelungen des § 312i unterworfen.[24]

b) Telemedien. Die Pflichten des Abs. 1 treffen den Unternehmer nur, wenn er sich **15** zum Abschluss des Vertrags zwischen ihm und dem Kunden der **Telemedien** bedient. Der Begriff „Telemedien" weicht von der E-Commerce-RL ab, welche in Art. 2a) den Begriff „Dienste der Informationsgesellschaft" verwendet[25]. Der Begriff der Telemedien entspricht dem in § 1 Abs. 1 S. 1 TMG, der dort von Telekommunikationsdiensten und dem Rundfunk abgegrenzt, aber **nicht legal definiert** wird.[26] Danach sind Telemedien alle elektronischen Informations- und Kommunikationsdienste, soweit sie nicht Telekommunikationsdienste nach § 3 Nr. 24 TKG, die ganz in der Übertragung von Signalen über Telekommunikationsnetze bestehen, telekommunikationsgestützte Dienste nach § 3 Nr. 25 TKG oder Rundfunk nach § 2 RStV sind.

Unter Telemedien fällt zB das **Internet** mit seinen Vertriebsangeboten für Waren und **16** Dienstleistungen (Onlinedienste, wie Internetsuchmaschinen, Webseiten privater und gewerblicher Anbieter, Online-Shops, Online-Auktionshäuser[27] oder andere Online-Verkaufsplattformen[28]), die kommerzielle Verbreitung von Informationen über Waren- und Dienstleistungsangebote per E-Mail oder Video-On-Demand.[29] Unter § 312i fallen auch Angebote im Bereich der Individualkommunikation (zB Telebanking), Datenaustausch, Datendienste wie Verkehrs-, Wetter- oder Börsendaten, Podcasts, Chatrooms, Dating-Communities, Dash-Buttons[30], Webportale, sonstige Angebote zur Nutzung des Internet oder anderer Netze[31], Angebote von Waren und Dienstleistungen in elektronisch abruf-

---

[19] Vgl. Grüneberg/Weidenkaff § 453 Rn. 1, 10.
[20] Föhlisch/Löwer K&R 2015, 298 (299).
[21] Föhlisch/Löwer K&R 2015, 298 (300).
[22] MüKoBGB/Wendehorst Rn. 42; Spindler/Schuster/Schirmbacher Rn. 9; BeckOK BGB/Maume Rn. 7.
[23] BeckOK BGB/Maume Rn. 7, Spindler/Schuster/Schirmbacher Rn. 9.
[24] Spindler/Schuster/Schirmbacher Rn. 9.
[25] Eingehend MüKoBGB/Wendehorst Rn. 9 ff.; BeckOK BGB/Maume Rn. 11.
[26] Grüneberg/Grüneberg Rn. 2.
[27] BeckOK BGB/Maume Rn. 13.
[28] LG Braunschweig GRUR-RR 2005, 25 (26); Spindler MMR 2001, 737; LG Köln CR 2001, 417; Spindler/Schuster/Schirmbacher Rn. 12.
[29] Erwägungsgrund 18 der E-Commerce-RL, ABl. 2000 L 178, 1.
[30] LG München I BeckRS 2018, 2468.
[31] BeckOK BGB/Maume Rn. 13.

baren Datenbanken mit interaktivem Zugriff und unmittelbarer Bestellmöglichkeit[32] sowie das Teleshopping[33]. Auch moderne Sprachassistenten wie Alexa, Siri und Cortana fallen unter den Begriff des Telemediums, da auch sie Bestellmöglichkeiten bieten.[34] Das Gleiche gilt für vollautomatisierte Geschäftsräume und Verkaufsterminals, wenn die Leistungen nicht sofort ausgetauscht werden.[35] Auch Verträge, die über Mobiltelefone (in ihrer Funktion als mobile Endgeräte) geschlossen werden, sind erfasst,[36] unabhängig davon ob dies über einen mobilen Browser, per App, SMS oder über eine Bluetooth-Schnittstelle geschieht. Ob internetbasierte Dienste wie WhatsApp, GMail oder SkypeOut ein Telemedium iSd § 1 TMG darstellen, ist derzeit noch umstritten.[37]

17   Der sachliche Anwendungsbereich des § 312i ist enger als der des § 312c. Der Begriff des Fernabsatzvertrages iSv § 312c erfasst jede Form des Vertragsschlusses unter physisch abwesenden Personen, § 312i nur Verträge im elektronischen Geschäftsverkehr. Insbesondere fallen Verträge, die per Brief, Telefax[38] oder Telefon[39] abgeschlossen werden sowie der Versand von Klingeltönen[40], nicht unter § 312i.[41] Zudem ist § 312i nicht auf per Rundfunk oder Telekommunikation geschlossene Verträge anwendbar.[42]

18   Der Unternehmer muss sich der Telemedien **zum Zwecke des Abschlusses eines Vertrags** bedienen. Damit wird der im Vergleich zur E-Commerce-RL weitere Anwendungsbereich der Telemedien wieder eingeschränkt.[43] Das jeweilige Telemedium muss also mit dem Ziel eingesetzt werden, einen Vertrag zu schließen. Telemedien, die diesem Zweck nicht dienen, fallen nicht in den Anwendungsbereich des § 312i. Da es sich bei den Pflichten nach Abs. 1 S. 1 um vorvertragliche Pflichten handelt, kommt es für deren Anwendung nicht darauf an, ob es im Einzelfall tatsächlich zu einem Vertragsschluss mit dem Kunden kommt. Maßgeblich ist vielmehr, dass der Unternehmer sich der eingesetzten Telemedien zum Abschluss von Verträgen bedient und dem Kunden die Abgabe elektronischer Bestellungen ermöglicht.[44] Telemedien, die nicht der Vorbereitung eines Vertragsschlusses dienen, sondern „Verteildienste" erbringen oder die integraler Bestandteil einer Gesamtdienstleistung sind[45], fallen nicht unter § 312i.[46]

19   **2. Vertrag zwischen Unternehmer und Kunde.** In Abs. 1 ist nicht vom Verbraucher die Rede, sondern vom Kunden: Der Vertrag muss zwischen einem Unternehmer und einem Kunden geschlossen werden. Abs. 1 gilt demnach auch für Verträge **zwischen zwei Unternehmern.** Mit Ausnahme des Abs. 2 S. 2, der nur für Verträge zwischen Unternehmern gilt, ist § 312i mithin sowohl im B2C als auch im B2B-Bereich anwendbar.[47]

20   Wird der Vertrag mit einem Verbraucher mit Hilfe eines Telemediums abgeschlossen, gelten neben § 312i die §§ 312 ff., denn jeder Vertrag, der im Wege des elektronischen Geschäftsverkehrs geschlossen wird, ist gleichzeitig Fernabsatzvertrag (aber nicht umgekehrt). Ist der Kunde Unternehmer, gilt nur § 312i.

[32] Grüneberg/Grüneberg Rn. 2; BeckOK BGB/Maume Rn. 13; LG Berlin MMR 2002, 630.
[33] Grüneberg/Grüneberg Rn. 2.
[34] Koch/Schmidt-Hern WRP 2018, 671 (674).
[35] Kieffer DB 2019, 1888 (1892); vgl. auch BeckOK BGB/Maume Rn. 13.
[36] Spindler/Schuster/Schirmbacher Rn. 12.
[37] OVG Münster BeckRS 2020, 2401; vgl. JA 2021, 711 (713) für weitere Nachweise.
[38] AG Bonn BeckRS 2008, 25629.
[39] BT-Drs. 14/6040, 171.
[40] AG Berlin-Mitte MMR 2010, 817; Taeger/Rose K&R 2007, 233.
[41] BeckOK BGB/Maume Rn. 13.
[42] BT-Drs. 14/7040, 169; Spindler/Schuster/Schirmbacher Rn. 11.
[43] BT-Drs. 14/6040, 170; Boente/Riehm JURA 2002, 222 (226); BeckOK BGB/Maume Rn. 15.
[44] BeckOK BGB/Maume Rn. 16; OLG Brandenburg MMR 2018, 248.
[45] EuGH EuZW 2018, 1313 für Uber.
[46] BT-Drs. 14/6040, 170.
[47] Spindler/Schuster/Schirmbacher Rn. 19, Grüneberg/Grüneberg Rn. 3.

3. Unternehmer als Plattformbetreiber. Ebenfalls von § 312i erfasst sind Unterneh- **21** mer, die als **Plattformbetreiber** (zB Uber, Airbnb, Book a Tiger, ebay) agieren.[48] Dabei besteht der vom Plattformbetreiber gegenüber dem Kunden erbrachte Dienst in der **Zurverfügungstellung der Plattform** selbst mit den in ihr eingebetteten **Such-, Vergleichs- und Vermittlungsleistungen.**[49] Hinsichtlich dieser Leistungen ist der Plattformbetreiber allein aus § 312i verpflichtet.

Im Hinblick auf die weiteren Verträge, die über die Plattform geschlossen werden (zB **22** Kauf-, Mietverträge) ließe sich argumentieren, dass der Plattformbetreiber die Pflichten nach § 312i schon deshalb nicht treffen, da er nicht Vertragspartner des Kunden ist.[50] Dies würde aber dazu führen, dass der Kunde nur dann den Schutz des § 312i genießt, wenn der Vertragspartner des Kunden, der die Ware oder Dienstleistung über die Plattform verkauft, Unternehmer ist. Vermietet zB ein Verbraucher über die Plattform eine Unterkunft, so würde der Kunde nicht den Schutz von § 312i erhalten. Richtigerweise treffen daher den Plattformbetreiber die Pflichten aus § 312i ebenfalls für die über die Plattform zu schließenden Verträge analog §§ 311 Abs. 3, 241 Abs. 2 aufgrund des besonderen in Anspruch genommenen **Vertrauens des Kunden** in die faire Gestaltung der Vertragsschlussmechanismus durch den Plattformbetreiber. Dies ist auch deshalb gerecht, da technisch meist nur der Plattformbetreiber als Gestalter der Webseite in der Lage ist, die Pflichten aus § 312i zu erfüllen. Diese Pflicht gilt jedenfalls dann, wenn der Vertragsschluss über eine vom Plattformbetreiber zur Verfügung gestellten Infrastruktur angebahnt und durchgeführt wird und der Plattformbetreiber dem Kunden nicht nur einen Link auf den Internetshop des Verkäufers liefert (zB bei Preisvergleichen).[51]

Ist der Vertragspartner des Kunden selbst Unternehmer, haften der Plattformbetreiber **23** und der Verkäufer **gesamtschuldnerisch im Außenverhältnis** für die Erfüllung der Pflichten nach § 312i. Wer im Innenverhältnis zwischen den beiden Unternehmern die Folgen einer Nichterfüllung zu tragen hat, richtet sich nach den vereinbarten Pflichten im Innenverhältnis. Ist der Verkäufer dagegen kein Unternehmer, bleibt es bei der Verpflichtung allein des Plattformbetreibers.[52]

Zu den speziellen Informationspflichten für Betreiber von Online-Marktplätzen vgl. **24** → BGB § 312l Rn. 1 ff.

4. Ausnahme: Individuelle Kommunikation, Abs. 2 S. 1. Abs. 1 S. 1 Nr. 1–3 **25** findet keine Anwendung, wenn der **Vertrag ausschließlich durch individuelle Kommunikation geschlossen** wird. Durch diese Ausnahme sollen Vertragsschlüsse von den Pflichten des Abs. 1 (mit Ausnahme der Pflicht nach Abs. 1 Nr. 4) entlastet werden, die unmittelbar zwischen einem Unternehmer und einem Kunden mittels zielgerichteter Nachrichten zustande kommen, zB indem der Unternehmer dem Kunden an dessen E-Mail-Adresse oder per SMS ein Verkaufsangebot übersendet. Maßgeblich ist, dass im Rahmen dieser Kommunikation lediglich gewöhnliche Erklärungen ausgetauscht werden, nur dass deren Übermittlung elektronisch erfolgt.[53] Derartige Vertragsschlüsse ähneln solchen per Brief oder Telefon und weisen nicht die spezifischen Besonderheiten des Online-Einkaufs auf.[54] Keine individuelle Kommunikation liegt vor, wenn der Unternehmer in einem **E-Mail Newsletter** ein konkretes Angebot unterbreitet, dass die Kunden per E-Mail annehmen können. Auch handelt es sich nicht um individuelle Kommunikation, wenn der Kunde auf ein Angebot im Online-Shop per E-Mail eine Bestellung vor-

---

[48] Vgl. dazu im Detail Wendehorst EuCML 2016, 30; vgl. auch Spindler MMR 2001, 737.
[49] MüKoBGB/Wendehorst Rn. 36.
[50] Vgl. auch OLG Frankfurt GRUR-RS 2021, 1946: Betrieb der Website durch KG, Vertragsschluss mit Komplementärin; in diesem Fall kommt eine Zurechnung über § 830 Abs. 1 BGB in Betracht.
[51] MüKoBGB/Wendehorst Rn. 38, 45.
[52] MüKoBGB/Wendehorst Rn. 46.
[53] BT-Drs. 14/7040, 172; Grigoleit NJW 2002, 1151 (1152).
[54] BT-Drs. 14/6040, 172; Grüneberg/Grüneberg Rn. 9.

nimmt; erforderlich ist eine Kommunikation über einen **individuellen Austausch**.[55] Antwortet der Unternehmer auf eine solche individuelle Bestellung per E-Mail und wird über den Vertragsschluss weiter per E-Mail kommuniziert, handelt es sich um individuelle Kommunikation.[56] „**Ausschließlich**" bedeutet, dass für die gesamte Kommunikation (Vertragsanbahnung und Vertragsschluss) nicht auf weitere Informationsquellen Bezug genommen und damit der Rahmen des Kommunikationsmediums nicht verlassen werden darf. Der Rahmen des Kommunikationsmediums wir beispielsweise verlassen, wenn vertragsrelevante Informationen auf einer Internetseite verlinkt sind.[57] In Bezug auf „Click & Collect"-Modelle ist deren tatsächliche Ausgestaltung von entscheidender Bedeutung. Insbesondere ein Vertragsabschluss isoliert über E-Mail, SMS oder Messengerdienste (zB WhatsApp) kann im Zweifel die Ausnahmebestimmung des Abs. 2 S. 1 eingreifen lassen.[58]

26   **5. Abweichende Vereinbarung (Abs. 2 S. 2).** Bei Verträgen zwischen **zwei Unternehmern** kann von Abs. 1 S. 1 Nr. 1–3 und S. 2 abgewichen werden. Unabdingbar ist dagegen die Pflicht des Unternehmers aus § Abs. 1 S. 1 Nr. 4 (→ Rn. 40 f.).

27   Ungeklärt ist, ob eine solche Vereinbarung durch **AGB** getroffen werden kann. Dies ist abzulehnen, da derartige AGB vom Grundgedanken des Abs. 1 abweichen und daher wegen Verstoßes gegen § 307 Abs. 2 Nr. 1 unwirksam wären.[59]

III. Pflichten des Unternehmers (Abs. 1)

28   Nach Abs. 1 treffen den Unternehmer im elektronischen Geschäftsverkehr besondere Pflichten.

29   **1. Korrekturmöglichkeit (Abs. 1 S. 1 Nr. 1).** Gemäß Abs. 1 S. 1 Nr. 1 muss der Unternehmer angemessene, wirksame und zugängliche technische Mittel bereitstellen, mit deren Hilfe der Kunde **Eingabefehler** erkennen und berichtigen kann, bevor er seine Bestellung abschließt. Der Begriff der Bestellung ist weit auszulegen. Erfasst werden neben Angebot und Annahme des Kunden auch eine invitatio ad offerendum.[60] Im Hinblick auf die Angemessenheit der Korrekturmöglichkeit, darf die Möglichkeit, Eingabefehler zu erkennen und zu korrigieren, nicht von einer besonderen Sachkunde oder besonderen Fertigkeiten abhängen, sondern muss vom durchschnittlichen Kunden ohne weiteres ergriffen werden können[61]. Der Unternehmer erfüllt seine Pflicht, wenn er dem Kunden eine **Übersicht der eingegebenen Daten** zur Verfügung stellt und ihm Gelegenheit gibt, diese zu ändern, bevor der Kunde seine Bestellung abgibt.[62]

30   Stellt der Unternehmer dem Kunden keine Korrekturmöglichkeit zur Verfügung, kann er aus Eingabefehlern des Kunden (Erklärungsirrtum) keine Rechte herleiten[63]; insbesondere ist ihm ein Schadensersatzanspruch nach § 122 verwehrt.[64]

31   **2. Informationspflichten (Abs. 1 S. 1 Nr. 2). a) Einzelnen Pflichten nach Art. 246c EGBGB. aa) Vertragsschluss (Nr. 1).** Der Unternehmer muss den Kunden in **laiengerechter Sprache**[65] über die einzelnen technischen Schritte, die zu einem Vertragsschluss führen, unterrichten. Insbesondere umfasst dies die Information darüber, welche

---

[55] Spindler/Schuster/Schirmbacher Rn. 21; vgl. Art. 11 Abs. 3 E-Commerce-RL.
[56] Spindler/Schuster/Schirmbacher Rn. 21.
[57] BT-Drs. 17/7745, 12; Grüneberg/Grüneberg Rn. 9; Spindler/Schuster/Schirmbacher Rn. 22.
[58] Stiegler JA 2021, 711 (713); BeckOK BGB/Maume Rn. 20a.
[59] Vgl. Grüneberg/Grüneberg Rn. 10; Meyer DB 2004, 2739.
[60] Klimke CR 2005, 582 (584); Grüneberg/Grüneberg Rn. 5; Beschlussempfehlung und Bericht des Rechtsausschusses, BT-Drs. 14/7052, 192; Schneider K&R 2001, 344 (345).
[61] BeckOK BGB/Maume Rn. 23.
[62] Martinek/Semler/Flohr VertriebsR-HdB/Martinek § 10 Rn. 18; Grigoleit NJW 2002, 1151 (1157); Lubitz K&R 2004, 116 (120); Meyer DB 2004, 2739 (2740).
[63] Spindler/Schuster/Schirmbacher Rn. 41.
[64] Spindler/Schuster/Schirmbacher Rn. 41; Grüneberg/Grüneberg Rn. 5.
[65] Grüneberg/Grüneberg EGBGB Art. 246c Rn. 2; MüKoBGB/Wendehorst Rn. 72.

Erklärungen den Kunden binden und durch welche Handlung der Vertrag zustande kommt. Es ist also ggf. darauf hinzuweisen, dass in der Online-Präsentation kein verbindliches Angebot, sondern eine invitatio ad offerendum liegt[66] und dass eine Empfangsbestätigung des Unternehmers iSv Abs. 1 S. 1 Nr. 3 noch keine rechtsverbindliche Annahme ist.[67]

bb) Vertragstext (Nr. 2). Abs. 1 S. 1 Nr. 4 bestimmt, dass der Kunde bei Vertrags- **32** schluss die Möglichkeit haben muss, die Vertragsbedingungen abzurufen (→ Rn. 40 f.). Gemäß Nr. 2 muss der Unternehmer den Kunden darüber informieren, ob ihm die **Vertragsbedingungen** auch **nach dem Vertragsschluss noch zugänglich** sind und der Kunde diese abrufen kann, damit dieser die Möglichkeit hat, den Vertragstext rechtzeitig abzurufen und zu speichern. Aus Nr. 2 folgt allerdings keine rechtliche Verpflichtung des Unternehmers, den Vertragstext zu speichern und/oder dem Kunden zugänglich zu machen.[68] Der Hinweis, die für die Geschäftsabwicklung nötigen Daten würden unter Einhaltung der geltenden datenschutzrechtlichen Bestimmungen gespeichert, genügt nicht.[69]

cc) Eingabefehler (Nr. 3). Die Vorschrift ist neben Abs. 1 S. 1 Nr. 1 überflüssig.[70] Es **33** genügt ein Hinweis, dass alle Eingaben nach Anklicken des Bestellbuttons noch einmal in einem Bestätigungsfenster angezeigt und dort korrigiert werden können.[71]

dd) Sprachen (Nr. 4). Der Unternehmer muss den Kunden über die für den Vertrags- **34** schluss zur Verfügung stehenden Sprachen informieren. Das bedeutet jedoch nicht, dass der Unternehmer verpflichtet ist mehrere Sprachen anzubieten. Werden jedoch mehrere Sprachen angeboten, müssen alle Informationen in diesen Sprachen zur Verfügung stehen und der Kunde muss durch eine sichere Navigation zu der ihm vertrauten Sprache hingeführt werden.[72] Der Unternehmer kann auf die Möglichkeit der Nutzung verschiedener Sprachen beispielsweise durch symbolische Hinweise, etwa durch die Darstellung entsprechender Landesflaggen auf der Eingangsseite des Online-Angebots, hinweisen. Ein Sprachwechsel während des Buchungsvorgangs ist unzulässig, es sei denn, der Unternehmer teilt dem Kunden vor der Buchung mit, dass mit einer Buchungsbestätigung und weiteren Informationen nur noch in einer anderen Sprache gerechnet werden kann.[73]

ee) Verhaltenskodizes (Nr. 5). Schließlich hat der Unternehmer den Kunden über **35** sämtliche einschlägigen Verhaltenskodizes, denen sich der Unternehmer unterwirft, sowie über die Möglichkeit eines elektronischen Zugangs zu diesen Regelwerken, zu informieren.

Verhaltenskodizes iSv Nr. 5 sind Regelwerke, denen sich der Unternehmer unabhängig **36** vom Vertragsschluss freiwillig unterwirft.[74] Hat sich der Unternehmer keinem derartigen Kodex unterworfen, bedarf es keiner Negativanzeige.[75] Der Unternehmer ist auch nicht verpflichtet, dem Kunden die Regelwerke als solche zur Verfügung zu stellen. Es genügt ein Hinweis, ob und ggf. wie ein elektronischer Zugang zu den Regelwerken besteht. Ein elektronischer Link zu den Regelwerken ist nicht erforderlich, genügt den Anforderungen der Nr. 5 aber in jedem Falle.[76]

b) Zeitpunkt und Form der Information. Die Informationen sind dem Kunden **37** **rechtzeitig vor Abgabe seiner Bestellung** mitzuteilen. Die Informationen müssen dem

---

[66] So BGH NJW 2005, 976; OLG Nürnberg K&R 2010, 58 (59).
[67] MüKoBGB/Wendehorst Rn. 72; BeckOK BGB/Maume EGBGB Art. 246c Rn. 4.
[68] Grigoleit NJW 2002, 1151 (1157); Leverenz VersR 2003, 698 (701 ff.).
[69] LG Stuttgart NJW-RR 2004, 911.
[70] Grüneberg/Grüneberg EGBGB Art. 246c Rn. 4; OLG Hamburg K&R 2010, 520 (521); Mankowski ZMR 2002, 317 (326).
[71] OLG Hamburg GRUR-RR 2010, 480; Grüneberg/Grüneberg EGBGB Art. 246c Rn. 4.
[72] Grüneberg EGBGB Art. 246c Rn. 5.
[73] LG Essen VuR 2012, 491; BeckOK BGB/Maume EGBGB Art. 246c Rn. 10.
[74] BT-Drs. 14/6040, 171; Vander K&R 2003, 339 (340).
[75] Grüneberg/Grüneberg EGBGB Art. 246c Rn. 6, Meyer DB 2004, 2739 (2741).
[76] BeckOK BGB/Maume EGBGB Art. 246c Rn. 11.

Kunden im Rahmen des Bestellvorgangs auf der Webseite mitgeteilt werden, dh bevor der Kunde den Abschluss des Vertrages „bindend anträgt bzw. zumindest den Eindruck gewonnen haben kann, nunmehr durch bloße Abstandnahme nicht mehr das Zustandekommen eines Vertrages verhindern zu können". Letzteres soll insbesondere dann der Fall sein, wenn der Kunde hinsichtlich seiner Entscheidung zum Vertragsschluss „beliebig lange Zeit hat".[77]

38   **Nicht rechtzeitig** ist die Mitteilung, wenn der Kunde die Information erst bei Anklicken des Bestell-Buttons erhält. Dies lässt bei einem durchschnittlichen Verbraucher den Schluss zu, dass er sich bereits mit Bestätigen des Buttons rechtlich bindet und die daraufhin erfolgten Informationen lediglich der Bestellabwicklung dienen.[78]

39   Die Informationen müssen dem Kunden **klar und verständlich** mitgeteilt werden. Es gilt das **Transparenzgebot.** Die Informationen sind so zu fassen, dass der rechtsunkundige Durchschnittsverbraucher in der Lage ist, den Inhalt der Informationen ohne Einholung von Rechtsrat zu erfassen.[79] Die Informationen können auch in die **AGB** des Unternehmers einbezogen werden, solange dadurch die Klarheit und Verständlichkeit der Informationen beibehalten wird.[80]

40   Ist Deutsch die Verhandlungssprache bzw. ist die Webseite auf Deutsch und unterliegt der Vertrag deutschem Recht, so sind die Informationen auch auf Deutsch zu erteilen.[81]

41   Nicht ausreichend ist es, die Informationen in einer **Scroll-Box** bereitzuhalten, bei der der Kunde jeweils nur einen kleinen Teil der Informationen lesen kann. Es genügt der Hinweis auf die Informationen über einen **Hyperlink.**[82] Der Link muss in Bezug auf die darunter bereitgehaltenen Informationen eindeutig bezeichnet und mit maximal zwei Klicks zu erreichen sein.[83] Die bloße Angabe einer URL ohne Verlinkung ist nicht ausreichend.[84] Es ist auch nicht erforderlich, dass sich alle Informationen konzentriert an einem Ort (zB in den AGB oder einer gesonderten Informationsseite) befinden.[85] Vielmehr genügt es und ist sogar wünschenswert, wenn die Informationen jeweils so in den Bestellprozess eingebunden werden, dass der Kunde sie da erhält wo er sie braucht. Einer erneuten Anzeige oder Verlinkung in der Bestellübersicht bedarf es nicht.[86]

42   **3. Zugangsbestätigung (Abs. 1 S. 1 Nr. 3, S. 2).** Nach Abs. 1 S. 1 Nr. 3 muss der Unternehmer den Zugang der Bestellung (auch einer invitatio ad offerendum) unverzüglich auf elektronischem Wege bestätigen. Der Kunde soll Gewissheit darüber bekommen, dass der Unternehmer die Bestellung erhalten hat und vor Doppelbestellungen geschützt werden.[87]

43   Für die Bestätigung kommt es nicht darauf an, ob die Erklärung dem Unternehmer tatsächlich iSd § 130 zugegangen ist. Zulässig ist daher die Versendung einer Bestätigung per **Auto-Responder,** mit der jede eingehende E-Mail ungeachtet ihres Inhalts automatisiert beantwortet wird.[88] Dagegen ist der Zugang iSd § 130 wirksam, auch wenn die Zugangsbestätigung unterbleibt; eine unterbliebene Bestätigung kann aber eine Ersatzpflicht aus cic begründen.[89]

---

[77] OLG Hamburg MMR 2005, 318 (319); Spindler/Schuster/Schirmbacher Rn. 444.
[78] LG Bonn WRP 2009, 1314; Spindler/Schuster/Schirmbacher Rn. 45.
[79] Vgl. zu den Anforderungen BGH NJW 1999, 2279 (2280).
[80] MüKoBGB/Wendehorst Rn. 88; Spindler/Schuster/Schirmbacher Rn. 48 empfiehlt, einen eigenen Abschnitt mit Verlinkung auf die Informationen in den AGB vorzusehen.
[81] Grüneberg/Grüneberg EGBGB Art. 246 Rn. 4; Spindler/Schuster/Schirmbacher Rn. 47; vgl. auch KG MMR 2016, 601.
[82] Spindler/Schuster/Schirmbacher Rn. 49 f.; OLG Frankfurt a. M. MMR 2007, 603.
[83] BGH NJW 2006, 3633 (3635); Spindler/Schuster/Schirmbacher Rn. 50.
[84] Spindler/Schuster/Schirmbacher Rn. 50; OLG Frankfurt a. M. MMR 2007, 603.
[85] Spindler/Schuster/Schirmbacher Rn. 50.
[86] BGH MMR 2006, 101 (102).
[87] Spindler/Schuster/Schirmbacher Rn. 51; BeckOK BGB/Maume Rn. 26.
[88] LG Hamburg MMR 2005, 121; MüKoBGB/Wendehorst Rn. 94; Spindler/Schuster/Schirmbacher Rn. 52.
[89] Grüneberg/Grüneberg Rn. 7; Spindler/Schuster/Schirmbacher Rn. 52; vgl. → § 312i Rn. 42 ff.

Unverzüglich ist iSd § 121 Abs. 1 S. 1 („ohne schuldhaftes Zögern") zu verstehen und **44** jedenfalls dann gegeben, wenn der Unternehmer die Bestätigung per Auto-Responder versendet.[90] Von Unverzüglichkeit ist jedenfalls auszugehen, wenn der Unternehmer die Empfangsbestätigung mittels eines Auto-Responders versenden lässt, so dass sie binnen Sekunden beim Kunden eintrifft.[91] Erfolgt die Bestellbestätigung manuell, dürfte eine Frist von vier bis fünf Bürostunden ab Zugang der Erklärung ausreichend sein; im Einzelfall auch noch am nächsten Bürotag[92] Zu empfehlen ist bei einer manuellen Bestellbestätigung ein ausdrücklicher Hinweis im Rahmen der Information nach Art. 246c EGBGB, dass die Bestellung nur manuell bearbeitet wird.[93]

Bei einer Bestätigung per E-Mail sind die Bestimmungen des Datenschutzgesetzes, ins- **45** besondere Art. 5 Abs. 1f), Art. 32 DS-GVO, § 64 BDSG zu beachten.[94]

Die Zugangsbestätigung ist keine Willenserklärung, insbesondere keine Annahme, son- **46** dern eine **Wissenserklärung.**[95] Die Verbindung von Wissenserklärung und Vertrags- annahme ist aber möglich.[96] Dies ist durch Auslegung zu ermitteln.[97] Dem Besteller sollte in diesem Fall aber klar zur Kenntnis gebracht werden, dass für den Abschluss des Vertrages weitere Schritte des Unternehmers erforderlich sind.[98] Ist aber bei objektiver Betrachtung klar, dass wesentliche Vertragsbestandteile nicht feststehen, muss der Empfänger der Bestä- tigung davon ausgehen, dass noch kein Vertragsschluss vorliegt.[99]

Gemäß Abs. 1 S. 2 gelten Bestellung und Empfangsbestätigung als zugegangen, wenn die **47** Parteien, für die sie bestimmt sind, sie unter gewöhnlichen Umständen abrufen können. Nach hM besteht bereits eine **Abrufmöglichkeit** bei technischer Möglichkeit des Abrufs der Erklärung, mithin mit Eingang der Erklärung auf dem Server des Providers des Erklärungsempfängers.[100] Die Formulierung **„unter gewöhnlichen Umständen"** wurde in Abweichung von der E-Commerce-RL eingefügt, um Gleichlauf mit den allgemeinen Zugangsregeln nach § 130 herzustellen.[101] In richtlinienkonformer Auslegung muss jedoch auf die **technische Möglichkeit des Abrufs** abzustellen sein, also den Eingang der Erklärung auf dem Server des Empfängerproviders.[102] Nur diese Auslegung verhindert eine durch die Einfügung von „unter gewöhnlichen Umständen" ermöglichte Verkürzung der Unternehmerpflichten im Vergleich zu den Richtlinienvorgaben.[103]

4. Vertragsbestimmungen (Abs. 1 S. 1 Nr. 4). Dem Kunden muss schließlich die **48** Möglichkeit eingeräumt werden, die Vertragsbestimmungen einschließlich der AGB **bei Vertragsschluss abzurufen** und **in wiedergabefähiger Form** zu speichern (Abs. 1 S. 1 Nr. 4). Die Norm korrespondiert einerseits mit Art. 246c Nr. 2 EGBGB, wonach eine Information über die spätere Speicherung und Zugänglichkeit erfolgen muss. Eine Pflicht

---

[90] Spindler/Schuster/Schirmbacher Rn. 54.
[91] MüKoBGB/Wendehorst Rn. 99.
[92] Spindler/Schuster/Schirmbacher Rn. 54; vgl. auch LG München GRUR-RS 2022, 4058: Auch noch erfüllt wenige Stunden nach der Bestellung und bei Bestellung in den späten Abendstunden am nächsten Tag zu den üblichen Geschäftszeiten.
[93] So auch MüKoBGB/Wendehorst Rn. 99.
[94] Bergt NJW 2011, 3752; Grüneberg/Grüneberg Rn. 7; Spindler/Schuster/Schirmbacher Rn. 56.
[95] BGH NJW 2013, 598; Spindler/Schuster/Schirmbacher Rn. 53.
[96] BGH NJW 2013, 598; Spindler/Schuster/Schirmbacher Rn. 53; vgl. auch OLG Nürnberg K&R 2010, 58 (60).
[97] OLG Düsseldorf NJW-RR 2016, 1073.
[98] Anschaulich BGH NJW 2005, 976: „Ihr Auftrag wird jetzt bearbeitet. Wir bedanken uns für den Auftrag …" (als Annahmeerklärung gewertet); ausf. Schmittmann K&R 2003, 385 (393); Hoffmann NJW 2003, 2576; s. auch OLG Frankfurt a. M. MDR 2003, 677; LG Hamburg NJW-RR 2004, 1568.
[99] BGH NJW 2013, 598.
[100] Spindler/Schuster/Schirmbacher Rn. 66; BeckOK BGB/Maume Rn. 28, MüKoBGB/Wendehorst Rn. 94.
[101] BT-Drs. 14/6040, 172.
[102] MüKoBGB/Wendehorst Rn. 94; BeckOK BGB/Maume Rn. 28, 44; aA Staudinger/Thüsing § 312g Rn. 53 f. mwN.
[103] AA Staudinger/Thüsing § 312g Rn. 54.

zur Speicherung nach erfolgtem Vertragsschluss durch den Unternehmer besteht dagegen nicht. Andererseits ergänzt Abs. 1 S. 1 Nr. 4 für den Bereich des elektronischen Geschäftsverkehrs § 312f Abs. 2 S. 1, wonach dem Verbraucher eine Bestätigung des Vertrages zu übermitteln ist, die auch die AGB enthält.

49   Etwas unklar ist, wie die Zeitbestimmung „bei Vertragsschluss" zu interpretieren ist. Richtigerweise kann nicht angenommen werden, dass die Pflicht genau im oder bis zum Zeitpunkt des Vertragsschlusses erfüllt werden muss, dh bei Zugang der zweiten auf Vertragsschluss gerichteten und korrespondierenden Willenserklärung. Vielmehr muss dem Verbraucher die Möglichkeit **während einer angemessenen Zeitspanne** eingeräumt werden, die spätestens bei Zugang der zweiten korrespondierenden Willenserklärung beginnt und frühestens nach vollständiger Leistungserbringung endet.[104] In der Praxis am einfachsten dürfte es sein, die Vertragsbestimmungen **zusammen mit der Annahme als E-Mail zuzuschicken,** wobei dann für die wirksame Einbeziehung zumindest eine vorhergehende Anzeige der AGB notwendig ist.[105]

50   Mit dieser Pflicht erfüllt der Unternehmer in der Regel auch seine Obliegenheiten aus § 305 Abs. 2 Nr. 1 und Nr. 2.[106] Ob die **AGB** Vertragsinhalt geworden sind, beurteilt sich aber allein nach § 305 Abs. 2.[107]

IV. Rechtsfolgen bei Verstoß

51   Die Rechtsfolgen eines Verstoßes gegen die Pflichten aus Abs. 1 sind nicht in § 312i geregelt. Sie richten sich nach den allgemeinen Bestimmungen, insbesondere dem Leistungsstörungsrecht des BGB[108] sowie dem UKlaG.

52   Ein Verstoß gegen Abs. 1 **wirkt sich nicht auf die Wirksamkeit des Vertragsschlusses aus,** da die Pflichten nach Abs. 1 vertragliche Nebenpflichten sind. Ein Vertrag kommt also auch zustande, wenn der Unternehmer gegen die Pflichten aus Abs. 1 Nr. 1–4 verstößt.[109] Solange der Vertrag nicht aus anderen Gründen unwirksam ist, hat der Kunde folglich nach wie vor einen Anspruch auf nachträgliche Erfüllung der Unternehmerpflichten, soweit dies sinnvoll geschehen kann.[110]

53   Eine Verletzung der Pflichten aus Abs. 1 S. 1 kann einen **Schadensersatzanspruch** gemäß §§ 311 Abs. 2, 241 Abs. 2, 280 wegen Verletzung vorvertraglicher Pflichten begründen.[111] Voraussetzung ist, dass dem Kunden durch die Nichterfüllung bzw. die nicht vollständige Erfüllung der Pflichten des Unternehmers ein Schaden (insbesondere Abschluss oder ungünstiger Inhalt des Vertrages) ursächlich entstanden ist und dies vom Unternehmer zu vertreten war. Der Anspruch ist gemäß § 249 auf Schadensersatz in Geld gerichtet, unter Umständen auch auf Rückabwicklung oder Anpassung des Vertrages.[112]

54   Bei einer Verletzung der Pflichten nach Abs. 1 kann der Kunde den Vertrag unter Umständen auch nach § 119 Abs. 1 **anfechten.**[113] In diesem Fall wäre dann ein Schadensersatzanspruch des Unternehmers nach § 122 Abs. 1 ausgeschlossen.[114] Einem solchen

---

[104] MüKoBGB/Wendehorst Rn. 107; etwas abweichend BeckOK BGB/Maume Rn. 30.

[105] MüKoBGB/Wendehorst Rn. 107.

[106] Grüneberg/Grüneberg Rn. 8; zu den Schwierigkeiten beim Vertragsschluss per SMS: Mankowski VuR 2006, 209; Martinek/Semler/Flohr VertriebsR-HdB/Martinek § 10 Rn. 27.

[107] Meyer DB 2004, 2739 (2741); Grüneberg/Grüneberg Rn. 8, BT-Drs. 14/6040, 172.

[108] BT-Drs. 14/6040, 173; Tamm VuR 2014, 9 (16); BeckOK BGB/Maume Rn. 35.

[109] BGH NJW 2008, 2026 Rn. 25; BT-Drs. 14/6040, 173; anders aber die „Button-Lösung" für Verbraucherverträge nach § 312j Abs. 4.

[110] BT-Drs. 14/6040, 173; Ulmer CR 2002, 208 (210); BeckOK BGB/Maume Rn. 35.

[111] Vgl. BGH WRP 2008, 958 (961) – im konkreten Fall abgelehnt; Grüneberg/Grüneberg Rn. 11; Grigoleit WM 2001, 597; BeckOK BGB/Maume Rn. 37.

[112] Vgl. BT-Drs. 14/6040, 173; Hassemer MMR 2001, 635 (639); BeckOK BGB/Maume Rn. 37.

[113] Selten, aber möglich, kann auch der Unternehmer die Anfechtung erklären, wenn er einen falschen Preis in das Warensystem eingegeben hat oder durch einen Softwarefehler der falsche Preis an den Kunden übermittelt wird, BGH NJW 2005, 976 (977).

[114] Grüneberg/Grüneberg Rn. 5.

würde nämlich die dolo agit-Einwendung gemäß § 242 entgegenstehen, da die Informationspflichten den Kunden gerade vor Irrtümern bewahren sollen.[115] Dies gilt insbesondere für die Pflichten nach Abs. 1 S. 1 Nr. 1 und nach Abs. 1 S. 1 Nr. 2 iVm Art. 246c EGBGB.[116]

Weiter können sich Ansprüche auf **Unterlassung** einer nach § 3 UKlaG berechtigten **55** Stelle[117] gemäß § 2 Abs. 1, 2 Nr. 2 UKlaG ergeben. § 312i dient der Umsetzung der Art. 10 und 11 E-Commerce-RL, so dass die Voraussetzungen eines Unterlassungsanspruchs nach § 2 Abs. 1, 2 Nr. 2 UKlaG erfüllt sind. Da dies mangels Beschränkung der Art. 10, 11 E-Commerce-RL auf Verbraucherverträge auch für Verträge mit Unternehmern gilt, ist trotz der ausdrücklichen Bezugnahme in § 2 Abs. 1 UKlaG auf Verbraucherschutzgesetze eine teleologische Reduktion der Regelung in § 2 Abs. 2 Nr. 2 UKlaG auf eine Pflichtverletzung gegenüber Verbrauchern nicht gerechtfertigt.[118]

Schließlich kommt auch eine **wettbewerbsrechtliche Unterlassungsklage** nach §§ 3, **56** 8 ff. UWG in Betracht.[119]

Anders als nach altem Recht hat die Nichterfüllung einer Pflicht aus Abs. 1 keinen **57** Einfluss auf den Beginn der **Widerrufsfrist.**[120]

V. Kollisionsregelung (Abs. 3)

Durch die Regelung in Abs. 3 wird klargestellt, dass weitergehende Informationspflich- **58** ten auf Grund anderer Vorschriften von der Regelung in § 312i unberührt bleiben. Dies gilt vor allem für die Informationspflichten aus § 312d, aber auch aus § 5 f. TMG[121], § 55 Rundfunkstaatsvertrag (Anbieterkennzeichnung) und aus der PAngV.

VI. Beweislast

Die Beweislast für die Erfüllung der Informationspflichten gegenüber **Verbrauchern 59** liegt gemäß **§ 312m Abs. 2** stets beim Unternehmer. Das Gleiche sollte im Verbrauchergeschäft auch für die übrigen, letztlich informationsähnlichen Pflichten nach § 312i Abs. 1 gelten.[122]

Ansonsten trifft den Kunden die volle Darlegungs- und Beweislast für alle An- **60** spruchsvoraussetzungen, insbesondere das Vorliegen einer Pflichtverletzung inklusive deren Entstehungsvoraussetzungen und deren Verletzung, wenn der Kunde einen Schadensersatzanspruch gegen den Unternehmer wegen Verletzung der Pflichten aus Abs. 1 geltend macht. Gleiches gilt, wenn der Kunde den Vertrag gemäß §§ 119, 123 anficht.

Nach den allgemeinen Grundsätzen trägt der Kunde die Beweislast dafür, dass der **61** Unternehmer sich eines Tele- oder Mediendienstes bedient hat.[123] Ist dem Kunden der entsprechende Nachweis gelungen, obliegt dem Unternehmer der Nachweis, dass der Einsatz des Telemediums nicht zum Zweck des Vertragsschlusses erfolgt ist, denn wenn der Vertragsschluss unter Verwendung der Telemedien erfolgte, spricht eine tatsächliche Vermutung dafür, dass der Dienst zum Zwecke der Absatzförderung eingesetzt wurde.[124]

Beruft sich der Unternehmer auf einen Ausnahmetatbestand des Abs. 2, hat er nach den **62** allgemeinen Grundsätzen dessen Voraussetzungen darzulegen und zu beweisen.

---

[115] BT-Drs. 14/6040, 173; MüKoBGB/Wendehorst Rn. 108; iErg ebenso Dörner AcP 202 (2002), 363 (382): Anwendung des § 122 Abs. 2.

[116] Siehe auch BeckOK BGB/Maume Rn. 36.

[117] LG Stuttgart NJW-RR 2004, 911; BT-Drs. 14/6040, 173.

[118] BeckOK BGB/Maume Rn. 38.

[119] Vgl. OLG Hamburg MMR 2010, 696; LG Berlin MMR 2003, 630; BT-Drs. 14/6040, 173 f. zum UWG aF; BeckOK BGB/Maume Rn. 39.

[120] Grüneberg/Grüneberg Rn. 11; BeckOK BGB/Maume Rn. 35.

[121] BGH GRUR 2016, 957; OLG Hamm NJW-RR 2004, 1045.

[122] MüKoBGB/Wendehorst Rn. 113; MüKoBGB/Wendehorst § 312m Rn. 16 ff.

[123] MüKoBGB/Wendehorst Rn. 39.

[124] MüKoBGB/Wendehorst Rn. 39.

VII. Internationaler Anwendungsbereich

63   Im internationalen Onlinehandel stellt sich die Frage, welches Recht auf den im Internet geschlossenen Vertrag Anwendung findet und welche rechtlichen Anforderungen der Betreiber eines Onlineshops erfüllen muss, wenn er auf dem internationalen Markt tätig ist. Durch die VerbrRRL wurde innerhalb der EU zwar grundsätzlich ein einheitliches Schutzniveau geschaffen; gleichwohl kann es in den Rechtsordnungen der Mitgliedstaaten aber zu leichten Abweichungen kommen. Gemäß Art. 6 Abs. 1b) Rom-I-Verordnung[125] **(Rom I-VO)** ist im Grundsatz das Recht des Staates anwendbar, in dem der **Verbraucher seinen gewöhnlichen Aufenthalt** hat. Art. 6 Abs. 2 Rom I-VO regelt zudem, dass von zwingendem Recht nicht zum Nachteil des Verbrauchers abgewichen werden kann. Die §§ 312 ff. sind als **zwingendes Recht** zugunsten deutscher Vertragspartner daher stets anzuwenden (vgl. → BGB § 312m Rn. 3).

64   In der Praxis werden international tätige Unternehmen stets eine **Rechtswahlklausel** in ihren AGBs verwenden, um eine einheitliche Rechtsanwendung zu erzielen.[126] Dabei wird der Unternehmer vor einige Herausforderungen gestellt. Der **EuGH** hat entschieden[127], dass eine Rechtswahlklausel **missbräuchlich** ist, sofern sie den Verbraucher in die Irre führt, indem sie den Eindruck vermittelt, auf den Vertrag sei nur das Recht des gewählten Mitgliedstaates anwendbar, ohne ihn darüber zu unterrichten, dass er nach Art. 6 Abs. 2 Rom I-VO auch den Schutz der zwingenden Bestimmungen des Rechts des Staates genießt, welches ohne die Rechtswahlklausel anzuwenden wäre.[128] Diese Entscheidung ist für den deutschen Rechtsanwendungsbereich nicht überraschend, da der BGH bereits im Jahr 2012 die Rechtswahlklausel einer Internet-Versandapotheke in ihren AGB als unwirksam angesehen hat.[129]

65   Um der Entscheidung des EuGH gerecht zu werden, wäre beispielsweise folgende Klausel denkbar: „Es gilt ausschließlich deutsches Recht, soweit nicht die zwingenden Vorschriften des Rechts in dem Staat, in dem Sie sich gewöhnlich aufhalten, gelten."[130] Ob eine solche Klausel dem **AGB-rechtlichen Transparenzgebot** genügen würde, ist jedoch zweifelhaft. Es ist sicherlich nicht von einem durchschnittlichen Verbraucher zu erwarten, dass er die zwingenden Bestimmungen im Sinne von Art. 6 Abs. 2 der Rom I-VO kennt und im konkreten Fall einordnen kann.[131]

66   Nach dem OLG Hamm gelten im kaufmännischen Verkehr andere Maßstäbe.[132] Eine Rechtswahlklausel sowie eine Vereinbarung über den Erfüllungsort ist nach Art. 3 Abs. 1 Rom I-VO wirksam.

§ 312j Besondere Pflichten im elektronischen Geschäftsverkehr gegenüber Verbrauchern

(1) **Auf Webseiten für den elektronischen Geschäftsverkehr mit Verbrauchern hat der Unternehmer zusätzlich zu den Angaben nach § 312i Absatz 1 spätestens bei Beginn des Bestellvorgangs klar und deutlich anzugeben, ob Lieferbeschränkungen bestehen und welche Zahlungsmittel akzeptiert werden.**

(2) **Bei einem Verbrauchervertrag im elektronischen Geschäftsverkehr, der den Verbraucher zur Zahlung verpflichtet, muss der Unternehmer dem Verbraucher die**

---

[125] Verordnung (EG) Nr. 593/2008 des Europäischen Parlaments und des Rates vom 17.6.2008 über das auf vertragliche Schuldverhältnisse anzuwendende Recht (Rom I) (ABl. 2008 L 177, 6).
[126] Vgl. auch Kaufhold EuZW 2016, 247.
[127] EuGH K&R 2016, 587.
[128] Vgl. Keck/Wäßle K&R 2016, 591.
[129] BGH K&R 2013, 267 (268).
[130] Keck/Wäßle K&R 2016, 591.
[131] Keck/Wäßle K&R 2016, 591.
[132] OLG Hamm ZVertriebsR 2015, 235.

Informationen gemäß Artikel 246a § 1 Absatz 1 Satz 1 Nummer 1, 5 bis 7, 8, 14 und 15 des Einführungsgesetzes zum Bürgerlichen Gesetzbuche, unmittelbar bevor der Verbraucher seine Bestellung abgibt, klar und verständlich in hervorgehobener Weise zur Verfügung stellen.

(3) ¹Der Unternehmer hat die Bestellsituation bei einem Vertrag nach Absatz 2 so zu gestalten, dass der Verbraucher mit seiner Bestellung ausdrücklich bestätigt, dass er sich zu einer Zahlung verpflichtet. ²Erfolgt die Bestellung über eine Schaltfläche, ist die Pflicht des Unternehmers aus Satz 1 nur erfüllt, wenn diese Schaltfläche gut lesbar mit nichts anderem als den Wörtern „zahlungspflichtig bestellen" oder mit einer entsprechenden eindeutigen Formulierung beschriftet ist.

(4) Ein Vertrag nach Absatz 2 kommt nur zustande, wenn der Unternehmer seine Pflicht aus Absatz 3 erfüllt.

(5) ¹Die Absätze 2 bis 4 sind nicht anzuwenden, wenn der Vertrag ausschließlich durch individuelle Kommunikation geschlossen wird. ²Die Pflichten aus den Absätzen 1 und 2 gelten weder für Webseiten, die Finanzdienstleistungen betreffen, noch für Verträge über Finanzdienstleistungen.

Literatur: Alexander, Neuregelungen zum Schutz vor Kostenfallen im Internet, NJW 2012, 1985; Bierekoven/Crone, Umsetzung der Verbraucherrechterichtlinie MMR 2013, 687; Bierekoven, Neuerungen für Online-Shops nach Umsetzung der Verbraucherrechterichtlinie, MMR 2014, 283; Blasek, Kostenfallen im Internet – ein Dauerbrenner, GRUR 2010, 396; Duden, Verbraucherschutz und Vertragsschluss im Internet der Dinge, ZRP 2020, 102; Fervers, Die Button-Lösung im Lichte der Rechtsgeschäftslehre, NJW 2016, 2289; Föhlisch, Auflistung oder Verlinkung wesentlicher Merkmale bei der „Button-Lösung"?, MMR 2017, 447; Heinig, Verbraucherschutz – Schwerpunkte der EU-Verbraucherrechte-Richtlinie, MDR 2012, 323; Hergenröder, Die Vereinbarkeit sogenannter „Dash Buttons" mit den zivilrechtlichen Regelungen zum E-Commerce, VuR 2017, 174; Lange/Werneburg, Makler und Verbraucher im Internet, NJW 2015, 193; Koch/Schmidt-Hern, Alexa, wo bitte geht es hier zum BGH, WRP 2018, 671; Leeb, Rechtskonformer Vertragsabschluss mittels Dash Button? Innovativer Wocheneinkauf 4.0 auf dem Prüfstand, MMR 2017, 89; Rauschenbach, Onlinebestellungen per Knopfdruck – Offene Rechtsfragen zur Verwendung eines Dash Buttons, K&R 2017, 221; Sesing-Wagenpfeil, Die Nicht-Berücksichtigungsfähigkeit des Kontexts im Rahmen der „Button-Lösung", VuR 2022, 253; Stiegler, Anforderungen an den Internet-Bestellbutton, NJW 2022, 1421, Weiss, Die Untiefen der „Button"-Lösung, JuS 2013, 590; Winkemann, Informationspflichten im Voice-Commerce, CR 2020, 451.

Übersicht

I. Allgemeines

1. Historie. Die Abs. 2–4 wurden durch das Gesetz vom 10.5.2012¹ zur Bekämpfung **1** von Kostenfallen im Internet ursprünglich in § 312g aF eingefügt. Dadurch wurde die

---

¹ BGBl. 2012 I 1084.

durch die VerbrRRL vorgeschriebene „Buttonlösung" vorzeitig umgesetzt und sollte damit doppelten Umsetzungsaufwand ersparen.[2]

2   Im Zuge des Gesetzes zur Umsetzung der VerbrRRL und zur Änderung des Gesetzes zur Regelung der Wohnungsvermittlung vom 20.9.2013[3] wurden Teile des § 312g aF (Abs. 3, Abs. 4 und Abs. 5 S. 1) inhaltsgleich in § 312j verankert. Abs. 1 wurde zur Umsetzung des Art. 8 Abs. 3 VerbrRRL eingefügt und Abs. 2 wurde zur Umsetzung des Art. 8 Abs. 2 VerbrRRL angepasst. § 312g Abs. 5 S. 2 aF wurde gestrichen und in § 312j Abs. 5 S. 2 durch eine Ausnahme für Finanzdienstleistungen ersetzt.[4]

2a   Durch das Gesetz zur Änderung des Bürgerlichen Gesetzbuchs und des Einführungsgesetzes zum Bürgerlichen Gesetzbuche in Umsetzung der EU-Richtlinie zur besseren Durchsetzung und Modernisierung der Verbraucherschutzvorschriften der Union und zur Aufhebung der Verordnung zur Übertragung der Zuständigkeit für die Durchführung der Verordnung (EG) Nr. 2006/2004 auf das Bundesministerium der Justiz und für Verbraucherschutz vom 10.8.2021[5] wurde Abs. 2 mit Wirkung zum **28.5.2022** angepasst, um einen Gleichlauf mit der Neufassung des § 312 Abs. 1 zu schaffen.

3   **2. Überblick.** Bei **Verbraucherverträgen,** die im elektronischen Geschäftsverkehr abgeschlossen werden, treffen den Unternehmer neben § 312i weitere Pflichten. § 312j gilt nicht für den B2B-Bereich. Ziel der Regelung ist ein besserer Schutz des Verbrauchers vor **Kostenfallen im Internet.**[6] Der Schutz besteht aus **zwei Elementen:** Zum einen besteht eine **qualifizierte Informationspflicht,** indem der Unternehmer dem Verbraucher besonders wichtige Informationen in hervorgehobener Art und Weise zur Verfügung stellen muss (Abs. 2) und zum anderen in der **sog. Button-Lösung,** die sich dadurch auszeichnet, dass der Unternehmer seine Internetseite so gestalten muss, dass der Verbraucher unmissverständlich erkennt, dass er mit dem Klick auf einen bestimmten Link eine verbindliche Willenserklärung abgibt, die seinerseits eine Leistungspflicht auslöst (Abs. 3). Abs. 4 regelt die Folgen, wenn der Unternehmer die Verpflichtungen aus Abs. 3 nicht einhält. Nach Abs. 5 finden die Pflichten, die in Abs. 2–4 geregelt werden, unter den dort näher geregelten Voraussetzungen keine Anwendung.

II. Informationspflichten bei Beginn des Bestellvorgangs (Abs. 1)

4   **1. Anwendungsbereich.** Die Informationspflichten nach Abs. 1 gelten bei **Webseiten für den elektronischen Geschäftsverkehr mit Verbrauchern.** Der Begriff des elektronischen Geschäftsverkehrs ist iSd § 312i Abs. 1 (→ BGB § 312i Rn. 6 ff.) und der Begriff des Verbrauchers iSd § 13 (→ BGB § 13 Rn. 3 ff.) zu verstehen. Unerheblich ist, ob sich eine Webseite überwiegend an Verbraucher oder Unternehmer richtet. Vielmehr ist ausschlaggebend, ob zumindest erwartet werden kann, dass auch Verbraucher Bestellungen in die Wege leiten. Dies ist nicht der Fall bei Webseiten, bei denen sich der Adressatenkreis zB durch Registrierung auf Gewerbekunden beschränkt. Dies ist aufgrund der Privatautonomie grundsätzlich möglich.[7] Erfolgt der Ausschluss der Verbraucher lediglich durch Hinweis des Webseitenbetreibers, so muss dieser Hinweis klar, transparent und unmissverständlich sein.[8] Hinweise wie „Willkommen liebe Geschäfts- und Gewerbekunden"

---

[2] BT-Drs. 17/7745, 9.
[3] BGBl. 2013 I 3642.
[4] Siehe insgesamt Begr. BT-Drs. 17/12637, 58.
[5] BGBl. 2021 I 3483.
[6] BT-Drs. 17/7745, 6; zu weiteren zivil- und wettbewerbsrechtlichen Sanktionsmöglichkeiten gegen Kostenfallen-Betreiber vgl. Blasek GRUR 2010, 396.
[7] OLG Hamm BeckRS 2016, 20464.
[8] BeckOK BGB/Maume Rn. 4; LG Dortmund MMR 2016, 460.

oder „B2B-Marktplatz für Geschäftskunden" sind nicht ausreichend.[9] Gleiches gilt für den AGB-Hinweis, nur an Gewerbetreibende zu verkaufen.[10]

Auch wenn der Wortlaut des Abs. 1 dies nicht ausdrücklich erwähnt, muss die Webseite **5** auf die Erbringung einer **entgeltlichen Leistung** gerichtet sein.[11] Dies ergibt sich zum einen aus der Bezugnahme auf Zahlungsmittel und der Tatsache, dass Abs. 2 ebenfalls auf entgeltliche Verträge (Zahlungsverpflichtung des Verbrauchers) abstellt. Im Ergebnis kommen beide Auffassungen jedoch zum gleichen Ergebnis, da bei Anwendung auf einen unentgeltlichen Vertrag der Verweis auf die Zahlungsmittel auf Rechtsfolgenseite leerläuft.[12]

Gemäß Abs. 5 S. 2 gelten die Pflichten aus Abs. 1 weder für Webseiten, die Finanz- **6** dienstleistungen betreffen, noch für Verträge über Finanzdienstleistungen.

2. Informationspflichten. Der Unternehmer hat anzugeben, ob Lieferbeschränkungen **7** bestehen und welche Zahlungsmittel er akzeptiert.

Zu den **Lieferbeschränkungen** zählen zB geographische Einschränkungen, Mindest- **8** oder Höchstbestellmengen oder begrenzte Warenvorräte.[13]

Der Begriff des Zahlungsmittels ist ebenso weit zu verstehen wie bei § 312a Abs. 4 **9** (→ BGB § 312a Rn. 45). **Zahlungsmittel** sind beispielsweise Kauf auf Rechnung, Vorkasse, Überweisung, Lastschrift, Kreditkarte oder sonstige Kartenzahlung, sonstige mobile oder elektronische Zahlungen wie Paypal oder SOFORT-Überweisung. Der Unternehmer muss angeben, welche Zahlungsmittel er allgemein akzeptiert ohne dem Kunden im konkreten Einzelfall jedes der angegeben Zahlungsmittel einzuräumen.[14] Er kann sich vorbehalten, bestimmte Zahlungsmittel, zB die Zahlung auf Rechnung, bei der er in Vorleistung tritt, von einer Bonitätsprüfung abhängig zu machen.[15]

3. Zeitpunkt und Form. Die nach Abs. 1 zu erteilenden Informationen sind **spätes- 10 tens bei Beginn des Bestellvorgangs** (nicht: der Bestellung) anzugeben. Bei Internetbestellungen beginnt der Bestellprozess, wenn der Kunde von ihm ausgewählte Produkte in den virtuellen Warenkorb legt.[16] Informationsangaben erst bei Aufrufen der Bestellseite („zur Kasse gehen") ist daher zu spät.[17]

Die Informationen müssen **klar und deutlich** angegeben werden, mithin dem Trans- **11** parenzgebot genügen (vgl. → BGB § 312i Rn. 32 ff.).

III. Informationspflichten vor Abgabe der Bestellung (Abs. 2)

1. Anwendungsbereich. Die Pflichten nach Abs. 2 gelten ebenfalls nur bei **Verbrau- 12 cherverträgen** im **elektronischen Geschäftsverkehr** (→ BGB § 312j Rn. 4).

Abs. 2 verlangt ferner eine Zahlungspflicht des Verbrauchers. Diese Bezugnahme ist **13** erforderlich, da § 312 Abs. 1 sich nur auf §§ 312a–h bezieht. Problematisch ist das Tatbestandsmerkmal dann, wenn die Zahlungspflicht nur mittelbar aus dem Vertragsschluss folgt, etwa bei einem **Onlinemaklervertrag.**[18] Die Zahlungspflicht des Kunden entsteht

---

[9] LG Leipzig VuR 2013, 472; BeckOK BGB/Maume Rn. 4.
[10] OLG Hamm BeckRS 2016, 20464; MMR 2008, 469 zu Ebay-Auktionen; BeckOK BGB/Maume Rn. 4.
[11] Spindler/Schuster/Schirmbacher Rn. 6; Grüneberg/Grüneberg Rn. 4; BeckOK BGB/Maume Rn. 5; aA BeckOGK/Busch BGB § 312j Rn. 8.
[12] BeckOK BGB/Maume Rn. 5.
[13] Grüneberg/Grüneberg Rn. 3; BeckOK BGB/Maume Rn. 6; MüKoBGB/Wendehorst Rn. 7, 8.
[14] BT-Drs. 17/12637, 58; BeckOK BGB/Maume Rn. 6; MüKoBGB/Wendehorst Rn. 10; Spindler/Schuster/Schirmbacher Rn. 15; Bierekoven/Crone MMR 2013, 687 (690).
[15] BT-Drs. 17/12637, 58.
[16] BGH MMR 2010, 237 (238); zur PAngV: BGH NJW 2008, 1384 (1387); vgl. auch Bierekoven MMR 2014, 283.
[17] BeckOK BGB/Maume Rn. 7; Spindler/Schuster/Schirmbacher Rn. 17. MüKoBGB/Wendehorst Rn. 11.
[18] Lange/Werneburg NJW 2015, 193 (195); BeckOK/BGB/Maume Rn. 11a.

nämlich nicht bereits mit der Erfüllung durch den Makler, sondern erst, wenn der Kunde den Hauptvertrag mit dem Veräußerer oder Vermieter abschließt. In diesem Fällen ist das Tatbestandsmerkmal wohl zu bejahen, da der Verbraucher durch sein Handeln die Ursache für die etwaige spätere Zahlungspflicht setzt und nach Sinn und Zweck des Abs. 2 darüber in Kenntnis gesetzt werden muss.[19] Ein Ausweg von den Informationspflichten des § 312i und 312j könnte sein, den Vertrag durch individuelle Kommunikation (§ 312j Abs. 5) zu schließen.[20]

14 Gem. Abs. 5 S. 1 findet Abs. 2 keine Anwendung, wenn der Vertrag ausschließlich durch **individuelle Kommunikation** geschlossen wird (vgl. → BGB § 312i Rn. 18). Zudem gelten die Pflichten aus Abs. 2 weder für Webseiten, die Finanzdienstleistungen betreffen, noch für Verträge über Finanzdienstleistungen (Abs. 5 S. 2).

15 **2. Inhalt der Informationspflichten nach Abs. 2.** Der Unternehmer hat dem Verbraucher die Informationen gemäß Art. 246a § 1 Abs. 1 S. 1 Nr. 1, 5–7, 8, 14 und 15 EGBGB zur Verfügung zu stellen (im Einzelnen → BGB § 312d Rn. 5, 11 ff., 18 f.).

16 Damit hat der Unternehmer die **wesentlichen Eigenschaften** der Ware oder Dienstleistung (Nr. 1) sowie den **Gesamtpreis** inklusive Steuern sowie ggf. **Versandkosten** anzugeben (Nr. 5 und 7) und ggf. darauf hinzuweisen, dass der Preis auf der Grundlage einer automatisierten Entscheidungsfindung personalisiert wurde (Nr. 6). Bei unbefristeten Verträgen oder Abonnements bezieht sich dies auf den Gesamtpreis pro Abrechnungszeitraum (Nr. 8). Bei Dauerschuldverhältnissen sind außerdem **Laufzeit bzw. Kündigungsbedingungen** (Nr. 14) sowie ggf. **Mindestdauer der Verpflichtungen** (Nr. 15) anzugeben.

17 Diese Informationen, die bereits vorvertraglich gegeben werden, sollten nicht einfach wiederholt werden, sondern der konkreten Situation innerhalb des Bestellvorgangs angemessen dargestellt werden.[21] Für die Darstellung der wesentlichen Eigenschaften der Leistung iSv Art. 246a Abs. 1 S. 1 Nr. 1 EGBGB bedeutet dies eine **sachgerecht verkürzte Darstellung,** welche es dem Verbraucher insbesondere ermöglicht, Irrtümer rechtzeitig zu erkennen.[22] Nach dem LG Arnsberg sind bei einem Sonnenschirm Angaben zu Material, Stoffbeschaffenheit, Größe und Gewicht wesentliche Merkmale, die in der Bestellübersicht anzugeben sind.[23] Denn die vollständige Einblendung aller, ggf. sehr umfangreichen Produktinformationen erschwert es dem Verbraucher, insbesondere bei Bestellung mehrerer Produkte, erheblich, Irrtümer aufzuklären.[24]

18 **3. Zeitpunkt und Form.** Nach Abs. 2 S. 1 muss der Unternehmer bei einem Vertrag mit einem Verbraucher über eine entgeltliche Leistung, den er im elektronischen Geschäftsverkehr abschließt, dem Verbraucher bestimmte Informationen **klar und verständlich** in **hervorgehobener Weise** zur Verfügung stellen. Er muss diese Informationen zur Verfügung stellen **unmittelbar** bevor der Verbraucher seine **Bestellung** abgibt.

19 Die Informationen müssen klar und deutlich angegeben werden, mithin dem Transparenzgebot genügen. Ablenkende, mehrdeutige oder unvollständige Informationen sind daher zu unterlassen.[25] Die Darstellung in hervorgehobener Weise ist dann erfüllt, wenn die Informationen einfach erkennbar und nicht bloß versteckt vorhanden sind.[26]

---

[19] BeckOK BGB/BGB/Maume Rn. 10.
[20] Vgl. im Detail Lange/Werneburg NJW 2015, 193 (195); vgl. zum Widerrufsrecht auch BGH NJW 2017, 1024 mAnm Hamm.
[21] MüKoBGB/Wendehorst Rn. 15; vgl. Spindler/Schuster/Schirmbacher Rn. 26–28.
[22] MüKoBGB/Wendehorst Rn. 18; aA OLG Köln BeckRS 2016, 119172 Rn. 39; OLG Hamburg MMR 2014, 818.
[23] LG Arnsberg 14.1.2016 – 8 O 119/15, BeckRS 2016, 5962.
[24] MüKoBGB/Wendehorst Rn. 15.
[25] MüKoBGB/Wendehorst Rn. 16; vgl. auch Spindler/Schuster/Schirmbacher Rn. 37; Grüneberg/Grüneberg Rn. 6, § 312g Rn. 6.
[26] MüKoBGB/Wendehorst Rn. 16; BT-Drs. 17/7745, 11.

Die Information muss erfolgen, „unmittelbar bevor der Verbraucher seine Bestellung **20** abgibt". Die Information muss in zweierlei Hinsicht „unmittelbar" erfolgen, nämlich zum einen in zeitlicher Hinsicht und zum anderen in räumlicher Hinsicht.[27] **Zeitlich** bedeutet, dass die Informationen dem Verbraucher so kurz wie möglich vor der Abgabe seiner verbindlichen Willenserklärung gegeben werden müssen.[28] Eine dazwischentretende Abfrage oder Erteilung weiterer Informationen unterbricht den direkten zeitlichen Zusammenhang und führt zur Unwirksamkeit der Informationsangabe.[29] Nach Ansicht des OLG München fehlt es bei sogenannten **Dash-Buttons**[30] an dem unmittelbar zeitlichen Zusammenhang, da die Mitteilung der entsprechenden Informationen bei der Einrichtung der Dash-Button-Funktion über die Shopping App vor dessen erster Verwendung erfolgt und nicht unmittelbar vor der konkreten Bestellung.[31] **Räumlich** bedeutet, dass die Informationen in direkter Nähe der Schaltfläche zur Verfügung gestellt werden müssen, mit dem der Verbraucher seine Bestellung abschickt. Dafür ist nach dem OLG Köln eine Erteilung „vor" der Schaltfläche im Sinne von „oberhalb" nicht erforderlich.[32] Nach der Gesetzesentwurfsbegründung ist die Voraussetzung erfüllt, wenn die Informationen und die Schaltfläche bei üblicher Bildschirmauflösung gleichzeitig zu sehen sind, ohne dass der Verbraucher scrollen muss.[33] Ob dies angesichts der unterschiedlichen Bildschirmgrößen der verschiedenen Computer, Handys etc praktikabel ist, ist sehr zweifelhaft. Nicht ausreichend soll jedenfalls sein, wenn die Informationen nur über einen Link oder per Download erreichbar sind.[34]

IV. Gestaltung der Bestelloberfläche, sog. Button-Lösung (Abs. 3)

Mit der Regelung in Abs. 3 hat der Gesetzgeber die sog. Button-Lösung verwirklicht. **21** Gemäß Abs. 3 S. 1 wird gefordert, dass der Unternehmer die Bestellsituation so zu gestalten hat, dass der Verbraucher mit seiner Bestellung ausdrücklich bestätigt, dass er sich zu einer Zahlung verpflichtet. Es muss dem Verbraucher also unmissverständlich deutlich gemacht werden, dass er sich verpflichtet, eine Zahlung zu leisten, wenn er eine bestimmte Leistung in Anspruch nehmen möchte. Erforderlich ist also eine Erklärung des Verbrauchers, die sich gerade auf den Umstand der **Zahlungspflicht** bezieht.[35] Ein konkludenter Vertragsschluss mit Verbrauchern ist damit online unmöglich.[36] Abs. 1 S. 1 ist die allgemeine Norm, die Raum für technische Entwicklungen (zB Bestellung durch Sprachassistenten (Alexa, Siri, Cortana)[37]) lässt.

Abs. 3 S. 2 regelt einen Unterfall des S. 1, nämlich, dass die Bestellung über eine Schalt- **22** fläche erfolgt. Das ist im Internet der Regelfall. In diesem Fall liegt eine **ausdrückliche Bestätigung** nur vor, wenn die Schaltfläche den Anforderungen des Abs. 3 S. 2 entspricht. Diese Anforderungen können als Maßstab für die allgemeine Regelung in Abs. 1 S. 1

---

[27] BT-Drs. 17/7745, 10; aA Spindler/Schuster/Schirmbacher Rn. 31.
[28] Vgl. dazu Föhlisch MMR 2017, 447.
[29] Grüneberg/Grüneberg Rn. 7.
[30] Dash-Buttons sind mit WLAN verbundene Geräte, welche mit einem Knopf ausgestaltet und mit einem vom Kunden gewählten Produkt verknüpft sind. Drückt der Kunde den Knopf, bestellt er damit das voreingestellte Produkt.
[31] OLG München GRUR-RR 2019, 372 Rn. 75 f. (rechtskräftig); aA BeckOK BGB/Maume Rn. 14, wonach es bei Verträgen über wiederkehrende identische Leistungen, die durch Dash-Buttons ausgelöst werden, genügen soll, wenn die notwendigen Informationen in der zuvor abgeschlossenen Rahmenvereinbarung übermittelt werden und für den Verbraucher jederzeit abrufbar sind; vgl. allgemein zu Dash-Buttons auch Leeb MMR 2017, 89; Hergenröder VuR 2017, 174; Rauschenbach K&R 2017, 221.
[32] OLG Köln GRUR-RR 2015, 447.
[33] OLG Köln NJW-RR 2015, 1453; BT-Drs. 17/7745, 10 f.
[34] OLG München MMR 2019, 249; Grüneberg/Grüneberg Rn. 7; differenzierend BeckOK BGB/Maume Rn. 16.
[35] BT-Drs. 17/7745, 11.
[36] BeckOK BGB/Maume Rn. 20.
[37] Vgl. dazu Koch/Schmidt-Hern WRP 2018, 671 (674); Duden ZRP 2020, 102 (103) betr. mündliche Bestätigung; zu „Voice-Commerce" im Überblick Winkemann CR 2020, 451.

herangezogen werden.[38] Der Begriff der **Schaltfläche** ist weit auszulegen, um einen umfassenden und wirksamen Verbraucherschutz zu gewährleisten. Nach der Gesetzesentwurfsbegründung sollen damit alle grafischen Bedienelemente erfasst werden, die es dem Verbraucher erlauben, eine Aktion in Gang zu setzen, um dem Unternehmer eine Rückmeldung zu geben. Erfasst sind damit auch andere Bedienelemente, die eine ähnliche Funktion wie ein Bedienknopf haben, zB ein einfacher **Hyperlink** oder eine **Checkbox.**[39]

23   Die Schaltfläche darf mit nichts anderem als den Wörtern **„zahlungspflichtig bestellen"** oder mit einer entsprechenden eindeutigen Formulierung beschriftet sein. Die Vorgabe „mit nichts anderem" bedeutet, dass bereits die Beschriftung mit mehr als zwei bis drei Worten unzulässig sein kann. Die Formulierung „Jetzt verbindlich anmelden! (Zahlungspflichtiger Reisevertrag)" wurde vom LG Berlin als nicht eindeutig abgelehnt.[40] Ebenso wurde die Beschriftung einer Schaltfläche mit „jetzt anmelden" und dem darunter in deutlich kleinerer und dünnerer Schrift befindliche Hinweis „Gewerblichen Zugang zahlungspflichtig bestellen" für unzulässig gehalten.[41]

24   Bei Verwendung **alternativer Formulierungen** ist zu beachten, dass diese ausdrücklich auf die Zahlungspflicht hinweist. Der EuGH konkretisierte dies kürzlich dahingehend, dass die jeweilige Formulierung dahingehend zu überprüfen ist, ob sie in der deutschen Sprache sowohl im allgemeinen Sprachgebrauch als auch in der Vorstellung des normal informierten, angemessen aufmerksamen und verständigen Durchschnittsverbrauchers zwangsläufig und systematisch mit der Begründung einer Zahlungsverpflichtung in Verbindung gebracht wird.[42] Für die Bestimmung des Sinngehalts der Formulierung ist **ausschließlich auf die Schaltfläche selbst** abzustellen.[43] Dies ist bei den Formulierungen wie „kostenpflichtig bestellen", „kaufen", oder „zahlungspflichtig Vertrag schließen" erfüllt.[44] Die Formulierungen „Anmeldung", „weiter"[45], „bestellen", „bestellt", „Bestellung abschicken"[46], „bestellen und kaufen"[47] oder „jetzt anmelden"[48] sind nicht ausreichend, da sie nicht auf eine Zahlungspflicht hinweisen.[49] Bei Auktionsplattformen wie eBay ist die Formulierung „Gebot abgeben" oder „Gebot bestätigen" ausreichend.[50] Unklar ist die Zulässigkeit von „verbindlich herunterladen".[51] Die Formulierung „kostenlos testen" ist bei einem Abo-Vertrag, der sich nach einem kostenlosen Monat automatisch verlängert, fehlerhaft.[52] Auch die Formulierungen „jetzt gratis testen – danach kostenpflichtig"[53], „Mitgliedschaft beginnen – kostenpflichtig nach Gratismonat"[54], „Ihre Selbstauskunft kostenpflichtig absenden"[55] oder „Jetzt verbindlich anmelden! (zahlungspflichtiger Reisevertrag)"[56] wurden wegen fehlender Eindeutigkeit als unzulässig abgelehnt.[57] Aufgrund der Unsicherheit der Recht-

---

[38] OLG München BeckRS 2019, 11873.

[39] BT-Drs. 17/7745, 12; Spindler/Schuster/Schirmbacher Rn. 47.

[40] LG Berlin VuR 2013, 474.

[41] LG Leipzig VuR 2013, 472 (473).

[42] EuGH NJW 2022, *1439* Rn. 33; vgl. auch Stiegler NJW 2022, *1421*.

[43] EuGH NJW 2022, *1439* Rn. 28; vgl. BeckOK BGB/Maume Rn. 28; Sesing-Wagenpfeil VuR 2022, *253 (255).*

[44] BT-Drs. 17/7745, 12; vgl. auch Grüneberg/Grüneberg Rn. 9; aA AG KölnBeckRS 2014, 10701.

[45] BT-Drs. 17/7745, 12.

[46] OLG Hamm BeckRS 2014, 02228.

[47] AG Köln MMR 2014, 736; kritisch BeckOK BGB/Maume Rn. 29.

[48] AG Bonn BeckRS 2013, 17520; AG Mönchengladbach BeckRS 2013, 14741; LG Berlin MMR 2013, 780; LG Dortmund MMR 2016, 460.

[49] BT-Drs. 17/7745, 12.

[50] Grüneberg/Grüneberg Rn. 9; Spindler/Schuster/Schirmbacher Rn. 52.

[51] Alexander NJW 2012, 1985 (1988).

[52] LG München I VuR 2013, 393.

[53] OLG Köln WRP 2016, 497.

[54] KG GRUR-RR 2020, 273.

[55] LG Hagen BeckRS 2019, 15887.

[56] LG Berlin VuR 2013, 474.

[57] OLG Köln WRP 2016, 497, KG GRUR-RR 2020, 273; vgl. zu weiteren Beispielen Spindler/Schuster/Schirmbacher Rn. 52 f.

sprechung empfiehlt es sich für den Rechtsanwender, die Musterformulierung des Gesetzes „zahlungspflichtig bestellen" zu verwenden, auch wenn sie sachlich nur teilweise passt.[58]

Unklar ist, wie Verträge zu beurteilen sind, in denen der Verbraucher nur unter **24a** zusätzlichen Voraussetzungen zu einer Zahlung verpflichtet ist. Der BGH hat in einer Entscheidung im Mietrecht die Beschriftung „Mitsenkung beauftragen" im Zusammenhang mit einem Vertrag, in dem der Verbraucher nur im Erfolgsfall (bei erfolgreicher Beitreibung einer bestehenden Forderung) zur Entgeltzahlung verpflichtet sein soll, als ausreichend angesehen.[59] In einem ähnlichen Fall ergänzte der BGH, dass eine Button mit der Aufschrift „kostenpflichtig bestellen" den Mieter eher verwirrt als hilft, weil die Leistung nicht in jedem Fall kostenpflichtig sein soll, die Buttonaufschrift dies aber nicht zum Ausdruck bringt.[60] Inzwischen hat das LG Berlin dem EuGH die Frage zur Vorabentscheidung vorgelegt, ob der Anwendungsbereich von Art. 9 Abs. 2 VerbrRRL in Fällen eröffnet ist, in denen der Verbraucher nur unter zusätzlichen Voraussetzungen zu einer Zahlung verpflichtet ist.[61]

Die Schaltfläche muss **gut lesbar** sein. Erforderlich ist eine ausreichende Schriftgröße **25** und gewisse farbliche Kontraste; die grafische Umsetzung darf nicht vom Text ablenken.[62]

Die sogenannten **Dash-Buttons**[63] genügen den Anforderungen des Abs. 3 nicht, weil **26** der Verbraucher beim Auslösen des Bestellvorgangs durch Drücken des Schalters am Dash-Button nicht ausdrücklich bestätigt, sich zu einer Zahlung zu verpflichten.[64] Lösbar wäre dieses Problem zB über einen zweistufigen Vertragsschluss, bei der der Verbraucher die Bestellung auf dem Smartphone oder einem anderen Gerät bestätigen muss.[65]

Gem. Abs. 5 S. 1 findet Abs. 3 keine Anwendung, wenn der Vertrag ausschließlich **27** durch **individuelle Kommunikation** geschlossen wird (→ BGB § 312i Rn. 18).

V. Rechtsfolgen bei Verstoß

Gemäß Abs. 4 kommt der Vertrag nur zustande, wenn der Unternehmer seine Pflicht **28** aus Abs. 3 erfüllt. Der Verbraucher hat bei einem Verstoß gegen Abs. 3 kein Wahlrecht,[66] ob er den Unternehmer an dessen Vertragserklärung festhalten will; nur in Ausnahmefällen kann dies nach § 242 anders sein.[67] Der Vertrag bleibt aber anfechtbar.[68]

Verstößt der Unternehmer hingegen gegen die Pflicht aus Abs. 1 und/oder Abs. 2, ist **29** der Vertrag wirksam, sofern nach den allgemeinen Vorschriften ein Vertrag zustande gekommen ist. Dem Verbraucher steht in diesem Fall unter Umständen ein **Anfechtungsrecht nach §§ 119, 123** zu oder ein **Schadensersatzanspruch gemäß §§ 311 Abs. 2, 241 Abs. 2, 280**. Letzterer kann auch bestehen, wenn der Vertrag wegen Verstoßes gegen Abs. 3 nicht zustande gekommen ist.[69] Weiter kann der Verbraucher Ansprüche aus dem UKlaG sowie dem UWG[70] geltend machen.

---

[58] BeckOK BGB/Maume Rn. 30.
[59] BGH NJW-RR 2022, 376.
[60] BGH BeckRS 2022, 9856 Rn. 54; vgl. ausführlich BeckOK BGB/Maume Rn. 31.
[61] LG Berlin BeckRS 2022, 12182.
[62] Grüneberg/Grüneberg Rn. 9; Spindler/Schuster/Schirmbacher Rn. 54.
[63] → Rn. 20.
[64] OLG München GRUR-RR 2019, 372 Rn. 68 ff. (rechtskräftig); vgl. allgemein zu Dash-Buttons auch Leeb MMR 2017, 89; Hergenröder VuR 2017, 174; Rauschenbach K&R 2017, 221.
[65] BeckOK BGB/Maume Rn. 32; Duden ZRP 2020, 102 (103).
[66] Grüneberg/Grüneberg Rn. 8.
[67] Grüneberg/Grüneberg Rn. 8; Heinig MDR 2012, 323; Weiss JuS 2013, 590; aA Fervers NJW 2016, 2289 für unentgeltliche Verträge.
[68] BGH MMR 2010, 174 für den Widerruf eines nichtigen Rechtsgeschäfts; Spindler/Schuster/Schirmbacher Rn. 56.
[69] Grüneberg/Grüneberg Rn. 8; Weiß JuS 2013, 590.
[70] LG Arnsberg BeckRS 2016, 05962.

30 Grenzüberschreitende Verstöße gegen § 312j Abs. 1–3 kann das Bundesumweltamt auf der Grundlage des seit dem 28.5.2022 geltenden Art. 246e EGBGB als **Ordnungswidrigkeit** verfolgen (im Detail dazu → BGB § 312a Rn. 69 ff.).

31 Die **Beweislast** für die eindeutige Gestaltung der Bestellsituation zum Zeitpunkt des fraglichen Vertragsschlusses trifft den Unternehmer.[71]

VI. Internationaler Anwendungsbereich

32 Zum internationalen Anwendungsbereich vgl. → § 312i Rn. 53 ff. und → Rom I-VO Art. 3 Rn. 2 ff.

§ 312k Kündigung von Verbraucherverträgen im elektronischen Geschäftsverkehr

(1) [1]Wird Verbrauchern über eine Webseite ermöglicht, einen Vertrag im elektronischen Geschäftsverkehr zu schließen, der auf die Begründung eines Dauerschuldverhältnisses gerichtet ist, das einen Unternehmer zu einer entgeltlichen Leistung verpflichtet, so treffen den Unternehmer die Pflichten nach dieser Vorschrift. [2]Dies gilt nicht

1. für Verträge, für deren Kündigung gesetzlich ausschließlich eine strengere Form als die Textform vorgesehen ist, und
2. in Bezug auf Webseiten, die Finanzdienstleistungen betreffen, oder für Verträge über Finanzdienstleistungen.

(2) [1]Der Unternehmer hat sicherzustellen, dass der Verbraucher auf der Webseite eine Erklärung zur ordentlichen oder außerordentlichen Kündigung eines auf der Webseite abschließbaren Vertrags nach Absatz 1 Satz 1 über eine Kündigungsschaltfläche abgeben kann. [2]Die Kündigungsschaltfläche muss gut lesbar mit nichts anderem als den Wörtern „Verträge hier kündigen" oder mit einer entsprechenden eindeutigen Formulierung beschriftet sein. [3]Sie muss den Verbraucher unmittelbar zu einer Bestätigungsseite führen, die

1. den Verbraucher auffordert und ihm ermöglicht Angaben zu machen
   a) zur Art der Kündigung sowie im Falle der außerordentlichen Kündigung zum Kündigungsgrund,
   b) zu seiner eindeutigen Identifizierbarkeit,
   c) zur eindeutigen Bezeichnung des Vertrags,
   d) zum Zeitpunkt, zu dem die Kündigung das Vertragsverhältnis beenden soll,
   e) zur schnellen elektronischen Übermittlung der Kündigungsbestätigung an ihn und
2. eine Bestätigungsschaltfläche enthält, über deren Betätigung der Verbraucher die Kündigungserklärung abgeben kann und die gut lesbar mit nichts anderem als den Wörtern „jetzt kündigen" oder mit einer entsprechenden eindeutigen Formulierung beschriftet ist.

[4]Die Schaltflächen und die Bestätigungsseite müssen ständig verfügbar sowie unmittelbar und leicht zugänglich sein.

(3) Der Verbraucher muss seine durch das Betätigen der Bestätigungsschaltfläche abgegebene Kündigungserklärung mit dem Datum und der Uhrzeit der Abgabe auf einem dauerhaften Datenträger so speichern können, dass erkennbar ist, dass die Kündigungserklärung durch das Betätigen der Bestätigungsschaltfläche abgegeben wurde.

(4) [1]Der Unternehmer hat dem Verbraucher den Inhalt sowie Datum und Uhrzeit des Zugangs der Kündigungserklärung sowie den Zeitpunkt, zu dem das Vertrags-

---

[71] BT-Drs. 17/7745, 12; Grüneberg/Grüneberg Rn. 10; MüKoBGB/Wendehorst Rn. 40.

verhältnis durch die Kündigung beendet werden soll, sofort auf elektronischem Wege in Textform zu bestätigen. [2]Es wird vermutet, dass eine durch das Betätigen der Bestätigungsschaltfläche abgegebene Kündigungserklärung dem Unternehmer unmittelbar nach ihrer Abgabe zugegangen ist.

(5) **Wenn der Verbraucher bei der Abgabe der Kündigungserklärung keinen Zeitpunkt angibt, zu dem die Kündigung das Vertragsverhältnis beenden soll, wirkt die Kündigung im Zweifel zum frühestmöglichen Zeitpunkt.**

(6) [1]**Werden die Schaltflächen und die Bestätigungsseite nicht entsprechend den Absätzen 1 und 2 zur Verfügung gestellt, kann ein Verbraucher einen Vertrag, für dessen Kündigung die Schaltflächen und die Bestätigungsseite zur Verfügung zu stellen sind, jederzeit und ohne Einhaltung einer Kündigungsfrist kündigen.** [2]**Die Möglichkeit des Verbrauchers zur außerordentlichen Kündigung bleibt hiervon unberührt.**

Literatur: Güster/Booke, Kündigungsbutton-Pflicht bei Dauerschuldverhältnissen, MMR 2022, 450; Kulke, Neue Regelungen für faire Verbraucherverträge, MDR 2022, 129; Lauschke, Neuregelungen bei Verbraucherverträgen – kürzere Kündigungsfristen und der sog. „Kündigungsbutton" jetzt verpflichtend, BC 2021, 360; Lommatzsch/Albrecht, Gesetz für faire Verbraucherverträge – Neue Herausforderung für Unternehmen und Vorteil für Verbraucher?, GWR 2021, 363; Stiegler, Der Kündigungsbutton, VuR 2021, 443; Wais, Das Gesetz für faire Verbraucherverträge – Weitere Reaktionen auf die Digitalisierung, NJW 2021, 2833.

I. Allgemeines

§ 312k wurde durch das **Gesetz für faire Verbraucherverträge**[1] mit Wirkung zum **1** 1.7.2022 neu eingefügt. § 312k basiert nicht auf europäischen Vorgaben, sondern wurde vom Bundestagsausschuss für Recht und Verbraucherschutz, basierend auf einer Stellungnahme der Verbraucherkommission Baden-Württemberg über deren Landesregierung empfohlen.[2] Bislang gab es im Hinblick auf die Kündigung von Verbraucherverträgen lediglich die Informationspflichten nach Art. 246a § 1 Abs. 1 S. 1 Nr. 11 bzw. § 3 S. 1 Nr. 5 EGBGB (Laufzeit des Vertrags oder Bedingungen der Kündigung unbefristeter Verträge bzw. Dauerschuldverhältnisse). Wie die entsprechende Kündigung erfolgen soll, blieb jedoch dem Unternehmer überlassen.

Die Begründung zum Gesetzesentwurf verweist darauf, dass die Kündigung von im **2** elektronischen Geschäftsverkehr abgeschlossenen Verträgen Verbraucher oft vor besondere Herausforderungen stelle. Im Vergleich zum einfachen Abschluss eines solchen Vertrags sei dessen Kündigung direkt über eine Webseite teilweise gar nicht möglich oder werde häufig durch die Webseitengestaltung erschwert. Die Verpflichtungen des § 312k BGB sollen Verbraucher in Bezug auf Dauerschuldverhältnisse in die Lage versetzen, Kündigungs-

---

[1] BGBl. 2021 I 3433.
[2] Stiegler VuR 2021, 443 mwN.

erklärungen im elektronischen Geschäftsverkehr künftig – unter Berücksichtigung der Besonderheiten von Kündigungserklärungen – in vergleichbar einfacher Weise abzugeben wie Erklärungen zum Abschluss entsprechender Verträge.[3]

3   Die Pflichten des § 312k finden auch Anwendung auf Dauerschuldverhältnisse iSd § 312k Abs. 1, die bereits vor dem 1.7.2022 geschlossen wurden und noch bestehen (Art. 229 § 60 EGBGB). Bezugspunkt ist die Ausübung des Kündigungsrechts und nicht der Abschluss des Dauerschuldverhältnisses.[4]

II. Anwendungsbereich (Abs. 1)

4   Die Pflichten nach § 312k treffen den Unternehmer, wenn Verbrauchern ermöglicht wird über eine **Webseite** einen **Vertrag im elektronischen Geschäftsverkehr** zu schließen, der auf die Begründung eines **Dauerschuldverhältnisses** gerichtet ist, welches den Unternehmer zu einer **entgeltlichen Leistung** verpflichtet.

5   **1. Verbrauchervertrag im elektronischen Geschäftsverkehr.** Gemäß § 312i Abs. 1 S. 1 liegt ein Vertrag im elektronischen Geschäftsverkehr vor, wenn sich ein Unternehmer zum Zwecke des Abschlusses eines Vertrags über die Lieferung von Waren oder über die Erbringung von Dienstleistungen der Telemedien bedient (vgl. dazu im Detail → BGB § 312i Rn. 6 ff.). Nach dem Wortlaut genügt die **Möglichkeit** des Vertragsschlusses im elektronischen Geschäftsverkehr („ermöglicht […] zu schließen"), der Vertrag muss nicht zwingend auf diesem Weg abgeschlossen worden sein. Der Begriff des Verbrauchervertrages ist in § 310 Abs. 3 legal definiert (vgl. auch → BGB § 312 Rn. 6).

6   **2. Vertragsschluss über eine Webseite.** Der Vertrag muss über eine Webseite abgeschlossen werden **können**. Nicht relevant für die Pflicht der Bereitstellung des Kündigungsbuttons ist es daher, ob ein Vertrag tatsächlich über eine Webseite abgeschlossen wurde. Schließt ein Verbraucher zB einen Mobilfunkvertrag im Ladengeschäft ab, muss er die Möglichkeit haben, den Vertrag über den Kündigungsbutton auf einer Webseite des Anbieters wieder zu kündigen, wenn der Anbieter den Vertragsschluss grundsätzlich auch über die Webseite anbietet.[5]

7   Für die Auslegung des Begriffs „Webseite" kann auf die Rechtsprechung zum identischen Begriff in § 312j Abs. 1 zurückgegriffen werden.[6] Webseite bezeichnet insofern einen Internetauftritt eines Unternehmens, der von anderen Rechnern aus angesteuert werden kann und sich für die hier relevanten Zwecke nicht ausschließlich auf gewerbliche Besteller bezieht.[7] Umfasst sein dürften wie bei § 312j Abs. 3 auch andere grafische Bedienoberflächen, wie zB Smartphone-Apps, interaktive TVs und Spielekonsolen, über die ein Vertrag als Dauerschuldverhältnis im elektronischen Geschäftsverkehr abgeschlossen werden kann.[8]

8   Für die Begründung der Pflicht des Unternehmers nach § 312k macht es keinen Unterschied, ob der Vertragsschluss über eine vom Unternehmer selbst betriebene Webseite ermöglicht wird oder – wie zum Beispiel im Fall von Vermittlungsplattformen – über eine von einem Dritten betriebene Webseite.[9] Wird der Vertragsschluss auf einer nicht vom Unternehmer selbst betriebenen Webseite ermöglicht, hat der Unternehmer somit den Dritten als Betreiber der fremden Webseite hierzu vertraglich zu verpflichten.[10]

---

[3] BT-Drs. 19/30840, 15; vgl. zu Kritik an der neuen Vorschrift bei BeckOK BGB/Maume Rn. 5 f.; Güster/Booke MMR 2022, 450 (452).

[4] Vgl. allgemein auch Lauschke BC 2021, 360.

[5] Vgl. auch Brönneke/Föhlisch/Tonner/Buchmann/Panfili § 7 Rn. 33.

[6] BT-Drs. 19/30840, 16.

[7] Stiegler VuR 2021, 443 (444); vgl. zu § 312j OLG Hamm zu BeckRS 2016, 20464.

[8] Stiegler VuR 2021, 443 (444); BeckOK BGB/Maume § 312j Rn. 18.

[9] BT-Drs. 19/30840, 16; Wais NJW 2021, 2833 (2837); Brönneke/Föhlisch/Tonner/Buchmann/Panfili § 7 Rn. 30.

[10] BT-Drs. 19/30840, 16.

3. Dauerschuldverhältnis. Weitere Voraussetzung ist die Begründung eines Dauer- 9 schuldverhältnisses (vgl. dazu auch → BGB § 312h Rn. 6). Einschlägige Dauerschuldverhältnisse im Rahmen des § 312k werden zB Abonnementverträge, Mobilfunkverträge, Online-Game-Verträge, Telekommunikationsverträge und Energielieferungsverträge sein.[11]

4. Entgeltliche Leistung. Das Dauerschuldverhältnis muss auf eine entgeltliche Leis- 10 tung des Unternehmers gerichtet sein. Entgelt iSd § 312k sollte wörtlich als **Gegenleistung in Geld** ausgelegt werden.[12] Denn die Gesetzesbegründung weist darauf hin, dass Dauerschuldverhältnisse sich aufgrund der langfristigen Bindung für Verbraucher häufig als „Kostenfallen" erweisen können.[13] Der Verbraucher soll also vor finanziellen Schäden geschützt werden soll, die ihn wegen einer nicht rechtzeitigen Kündigung eines Dauerschuldverhältnisses ereilen können.[14] Eine weite Auslegung des Begriffs dahingehend, dass alle Leistungen, die einen bestimmten Marktwert haben, wie zB auch die Bereitstellung personenbezogener Daten, umfasst sein sollen (so auch die Auslegung der bis zum 31.12.2021 geltenden Fassung des § 312 Abs. 1 aF bzw. § 312j Abs. 2 aF) passt nicht zum Schutzzweck des § 312k.[15] Da § 312k nicht auf europäischen Vorgaben beruht, ist auch eine richtlinienkonforme Auslegung nicht erforderlich.

Kostenlose Probe-Abonnements und Mitgliedschaften sind daher nicht umfasst, es sei 11 denn sie wandeln sich nach Ablauf der kostenlosen Testphase in kostenpflichtige Abonnements bzw. Mitgliedschaften um.[16]

5. Ausnahmen. Abs. 1 S. 2 Nr. 1 nimmt Fälle vom Anwendungsbereich aus, in denen 12 die **Kündigung** einer strengeren Form als der Textform (§ 126b) bedarf. Dies umfasst somit auch das Formerfordernis der – im Vergleich zur Textform strengeren – elektronischen Form nach § 126a BGB, der Schriftform (§ 126) oder der notariellen Beurkundung (§ 128).[17] Etwaige Formerfordernisse für den Vertrag sind ohne Belang. Zudem muss es sich um ein gesetzliches Formerfordernis handeln. Vertraglich vereinbarte Formerfordernisse hinsichtlich der Kündigung nicht von der Ausnahmeregelung umfasst. § 312k BGB soll die Kündigungsmöglichkeiten des Verbrauchers erweitern, nicht jedoch die Abgabe von Kündigungserklärungen auf anderem Wege beschränken oder ausschließen. Insbesondere bleibt eine Vereinbarung in AGBs, dass der Verbraucher nur über die nach § 312k BGB zur Verfügung zu stellende Schaltfläche kündigen kann, weiterhin nach § 309 Nr. 13c) unwirksam.[18]

Ferner sind die Pflichten des § 312k Abs. 2–4 nicht anwendbar, wenn entweder die 13 Webseite Finanzdienstleistungen betrifft oder es sich bei den betreffenden Verträgen um Verträge über Finanzdienstleistungen handelt (Abs. 1 S. 3 Nr. 2). Der Begriff „Finanzdienstleistungen" ist in § 312 Abs. 5 S. 1 legaldefiniert (vgl. auch → BGB § 312 Rn. 47).

III. Kündigungs- und Bestätigungsbutton (Abs. 2)

Abs. 2 sieht ein **zweistufiges Verfahren**[19] zur Abgabe der Kündigungserklärung vor. 14 Nach Abs. 2 S. 1, 2 muss der Unternehmer zunächst eine mit den Wörtern **„Verträge hier kündigen"** bezeichnete Schaltfläche zur Verfügung stellen **(Kündigungsschaltfläche),** die den Verbraucher zu einer weiteren Seite führt, die als „Bestätigungsseite"

---

[11] Stiegler VuR 2021, 443 (444) mwN.
[12] Brönneke/Föhlisch/Tonner/Buchmann/Panfili § 7 Rn. 32; MüKoBGB/Wendehorst Rn. 4; Wais NJW 2021, 2833 (2836) Rn. 18.
[13] BT-Drs. 19/30840, 16.
[14] Brönneke/Föhlisch/Tonner/Buchmann/Panfili § 7 Rn. 32.
[15] So aber Stiegler VuR 2021, 443 (445).
[16] Brönneke/Föhlisch/Tonner/Buchmann/Panfili § 7 Rn. 32.
[17] BT-Drs. 19/30840, 16.
[18] BT-Drs. 19/30840, 16.
[19] Vgl. auch Brönneke/Föhlisch/Tonner/Buchmann/Panfili § 7 Rn. 38; Wais NJW 2021, 2833 (2837).

bezeichnet wird. Die Bestätigungsseite muss den Verbraucher zur Eingabe der in Abs. 2 S. 3 Nr. 1 genannten Angaben auffordern und ihm diese ermöglichen. Auf der Bestätigungsseite muss eine mit den Wörtern „jetzt kündigen" bezeichnete Schaltfläche (**Bestätigungsschaltfläche**) zu finden sein, mit welcher der Verbraucher die Kündigungserklärung abgeben kann (Abs. 2 S. 3 Nr. 2).

15   Die Verpflichtung des Unternehmers gelten nur für ordentliche und außerordentliche Kündigungen (Abs. 2 S. 1). Gewährleistungsrechtliche Kündigungen sowie andere Rechte zur Beendigung von Dauerschuldverhältnissen (einschließlich des Rücktritts sowie der Vertragsbeendigung wegen einer unterbliebenen Bereitstellung, eines Mangels oder einer nachteiligen Änderung digitaler Produkte sind damit nicht von dieser Regelung umfasst.[20]

16   **1. Kündigungsbutton.** Abs. 2 S. 2 und 3 stellen an die Gestaltung der Kündigungsschaltfläche einige Anforderungen, die sich weitgehend an § 312j Abs. 3 S. 2 (Button-Lösung) anlehnen (vgl. dazu → BGB § 312j Rn. 21 ff.):

17   Die Kündigungsschaltfläche muss **gut lesbar** sein (Abs. 2 S. 2) (vgl. dazu (→ BGB § 312j Rn. 25).[21]

18   Zudem soll sie mit nichts anderem als den Wörtern „**Verträge hier kündigen**" oder einer entsprechenden eindeutigen Formulierung beschriftet sein (Abs. 2 S. 2). Im Hinblick auf die Eindeutigkeit einer alternativen Formulierung ist, ist zu beachten, dass ebenso deutlich werden muss, dass mit Betätigung der Kündigungsschaltfläche die Kündigung noch nicht erklärt wird, sondern nur der Kündigungsvorgang eingeleitet wird. Verbrauchern soll durch die Formulierung auf jeden Fall verdeutlicht werden, dass sie bei Betätigen der Schaltfläche noch weitere Angaben machen können, bevor die Kündigungserklärung abgegeben werden kann.[22] Zudem kann die zu § 312j Abs. 3 S. 2 entwickelte Rechtsprechung herangezogen werden, da der Passus „entsprechend eindeutige Formulierung" von § 312j Abs. 3 S. 2 übernommen wurde (vgl. dazu auch → BGB § 312i Rn. 24).[23] Allerdings ist auch zu beachten, dass es anders als bei § 312j Abs. 3 hier weniger um Rechtsklarheit als vielmehr um die Vereinfachung des Kündigungsvorgangs geht. Daher dürften für die Beschriftung des Kündigungsbuttons nicht die gleichen strengen Anforderungen wie für den Bestellbutton angelegt werden.[24]

19   Die Kündigungsschaltfläche muss den Verbraucher **unmittelbar auf eine Bestätigungsseite führen** (Abs. 2 S. 3) mit den im Folgenden genannten Anforderungen.

20   **2. Bestätigungsbutton.** Die Bestätigungsseite muss den Verbraucher auffordern und ihm ermöglichen, die folgenden Angaben zu machen (Abs. 2 S. 3 Nr. 1a–d): **Art der Kündigung** und im Fall der außerordentlichen Kündigung den zugrundeliegenden **Kündigungsgrund** (Nr. 1a)), Angaben zu seiner eindeutigen **Identifizierung** (zB Name und Anschrift[25]) (Nr. 1b)) und zur eindeutigen **Bezeichnung des Vertrags** (zB Kunden-, Bestell- oder Vertragsnummer[26]) (Nr. 1c)), den **Zeitpunkt,** zu welchem die **Kündigung wirksam** werden soll (Nr. 1d)) sowie Angaben zur schnellen **elektronischen Übermittlung der Kündigungsbestätigung** (zB die E-Mail-Adresse[27] oder Mobilfunknummer[28]) (Nr. 1e)).

21   Diese Anforderungen können als „Pflichtfelder" gestaltet werden, mit Ausnahme der Angabe des Beendigungszeitpunkts nach Nr. 1d). Dies ergibt sich aus Abs. 5, wonach die Kündigungserklärung im Zweifel zum frühestmöglichen Zeitpunkt wirksam wird, wenn

---

[20] BT-Drs. 19/30840, 17; vgl. auch MüKoBGB/Wendehorst Rn. 10.
[21] Vgl. dazu auch Stiegler VuR 2021, 443 (446) mwN.
[22] BT-Drs. 19/30840, 17.
[23] Vgl. zu konkreten Formulierungsvorschlägen Stiegler VuR 2021, 443 (446); MüKoBGB/Wendehorst Rn. 15 und BeckOK BGB/Maume Rn. 21.
[24] BeckOK BGB/Maume Rn. 21; strenger Stiegler VuR 2021, 443 (447).
[25] BT-Drs. 19/30840, 18.
[26] BT-Drs. 19/30840, 18.
[27] BT-Drs. 19/30840, 18.
[28] Stiegler VuR 2021, 443 (448).

kein Kündigungszeitpunkt angegeben wird. Diesbezüglich sollte unter anderem auch die Angabe „schnellstmöglich" – oder eine ähnliche Formulierung, die den entsprechenden Wunsch zur Kündigung zum nächstmöglichen Zeitpunkt zum Ausdruck bringt – neben der Möglichkeit zur Eingabe eines konkreten Datums ermöglicht werden.[29] Umgekehrt darf der Unternehmer keine über die in Abs. 2 S. 3 Nr. 1 hinausgehenden Pflichtangaben verlangen, damit eine Kündigungserklärung über den Kündigungsbutton wirksam abgegeben werden kann.[30]

Gemäß Abs. 2 S. 3 Nr. 2 muss auf der Bestätigungsseite eine als **„Bestätigungsschalt- 22 fläche"** bezeichnete Schaltfläche zu finden sein, mit welcher der Verbraucher die Kündigungserklärung abgeben kann. Die Bestätigungsschaltfläche muss **gut lesbar** sein (vgl. dazu → BGB § 312j Rn. 25). Es gelten die gleichen Anforderungen wie bei der Ausgestaltung der Kündigungsschaltfläche nach Abs. 2 S. 2.

Diese Bestätigungsschaltfläche muss mit den Wörtern **„jetzt kündigen"** beschriftet sein. 23 Andere Angaben sind nur zulässig, wenn sie ebenso eindeutig sind. Im Hinblick auf die Eindeutigkeit einer alternativen Formulierung ist zu beachten, dass ebenso deutlich werden muss, dass mit Betätigung der Bestätigungsschaltfläche der Kündigungsprozess beendet und die Kündigungserklärung final vom Verbraucher als dessen Willenserklärung abgegeben wird.[31] Anders als der Kündigungsbutton dient der Bestätigungsbutton der Rechtsklarheit und ähnelt somit dem Bestellbutton nach § 312j Abs. 3. Hier sollten (anders als für den Kündigungsbutton) daher ähnlich strenge Maßstäbe wie beim Bestellbutton angelegt werden.[32]

Gemäß Abs. 2 S. 4 müssen die beiden Schaltflächen und die Bestätigungsseite **ständig 24 verfügbar sein.** Diese Regelung ist an das entsprechende Erfordernis in § 5 Abs. 1 TMG angelehnt.[33] Verbraucher müssen somit jederzeit und ohne sich hierfür zunächst auf der Webseite anmelden zu müssen auf die beiden Schaltflächen und die Bestätigungsseite zugreifen können. Eine nur vorübergehende technisch bedingte Unerreichbarkeit wegen Wartungsarbeiten ist hingegen unschädlich.[34]

Zudem müssen die beiden Schaltflächen und die Bestätigungsseite **unmittelbar** und 25 **leicht zugänglich** sein. Diese Anforderung orientiert sich an Art. 246d § 2 Abs. 2 EGBGB (vgl. → BGB § 312l Rn. 21 f.). Die leichte Zugänglichkeit ist Frage des Einzelfalls, sollte aber jedenfalls dann zu bejahen sein, wenn ein gesonderter Menüpunkt im Außenframe einer Webseite verfügbar ist.[35]

IV. Speichermöglichkeit und Kündigungsbestätigung (Abs. 3, 4)

Nach Abs. 3 muss der Unternehmer sicherstellen, dass der Verbraucher seine abgegebene 26 Kündigungserklärung mit dem Datum und der Uhrzeit der Abgabe auf einem dauerhaften Datenträger so speichern kann, dass erkennbar ist, dass sie durch das Betätigen des Kündigungsbuttons abgegeben wurde. Es handelt sich also um eine Art **Empfangsbestätigung,** ähnlich der Vorgabe in § 312i Abs. 1 S. 1 Nr. 4.[36] Entsprechend wird auch hier lediglich eine elektronische Form für die Speicherung gemeint sein, dh es genügt die Möglichkeit, die Daten auf einen dauerhaften Datenträger (§ 126b S. 2) herunterzuladen.[37] Denkbar sind aber auch andere technische Abrufmöglichkeiten, wie zB per Hyperlink oder innerhalb einer App.[38] Schließlich kann die Empfangsbestätigung auch an die vom Verbraucher

[29] BT-Drs. 19/30840, 18.
[30] So im Ergebnis auch BT-Drs. 19/30840, 18; Stiegler VuR 2021, 443 (448); Wais NJW 2021, 2833 (2837).
[31] Stiegler VuR 2021, 443 (449) mit Beispielen alternativer Formulierungen.
[32] BeckOK BGB/Maume Rn. 29; vgl. auch Stiegler VuR 2021, 443 (449).
[33] BT-Drs. 19/30840, 18.
[34] BT-Drs. 19/30840, 19; vgl. auch OLG Düsseldorf BeckRS 2008, 24458.
[35] BeckOK BGB/Maume Rn. 36; Lommatzsch/Albrecht GWR 2021, *363 (365).*
[36] Stiegler VuR 2021, 443 (450).
[37] Stiegler VuR 2021, 443 (450); vgl. auch Brönneke/Föhlisch/Tonner/Buchmann/Panfili § 7 Rn. 52.
[38] Stiegler VuR 2021, 443 (450).

gemäß Abs. 2 S. 3 Nr. 1e) angegebene E-Mail-Adresse oder andere elektronische Übermittlungsmöglichkeit versendet werden.

27   Die Verpflichtung des Unternehmers zur Bestätigung nach Abs. 4 S. 1 betrifft den **Zugang der Kündigungserklärung** beim Unternehmer. Der Unternehmer hat dem Verbraucher Inhalt, Datum und Uhrzeit des Zugangs der Kündigungserklärung sowie den Zeitpunkt, zu dem das Vertragsverhältnis durch die Kündigung beendet werden soll, **sofort** auf elektronischem Wege in **Textform** zu bestätigen. „Sofort" kann als unverzüglich iSd § 121 Abs. 1 S. 1 verstanden werden; die Bestätigung kann automatisiert erfolgen.[39] Bezüglich des Datums und der Uhrzeit des Zugangs der Kündigungserklärung enthält Abs. 4 S. 2 eine widerlegliche Vermutungsregelung, wonach die Kündigungserklärung unmittelbar nach ihrer Abgabe zugegangen ist. Dadurch soll dem Verbraucher, der keinen Einblick in die technischen Vorgänge bei der Übermittlung der Kündigungserklärung hat, die Beweisführung hinsichtlich des Zugangs der Kündigungserklärung beim Unternehmer erleichtern.[40] In der Praxis wird der Entlastungsbeweis kaum gelingen können.[41] Eine abweichende Gestaltung durch AGB scheitert an § 312m.[42]

28   Im Hinblick auf die Bestätigung des Beendigungszeitpunkts sollte dem Unternehmer ein gewisser zeitlicher Beurteilungsspielraum gewährt werden. Denn Abs. 4 S. 1 verlangt eine sofortige Bestätigung des Unternehmers, was ihm kaum ausreichend Zeit geben dürfte, um die Richtigkeit des vom Verbraucher angegebenen Beendigungszeitpunktes hinreichend zu beurteilen.[43] Hat der Verbraucher keinen Kündigungszeitpunkt angegeben, wirkt die Kündigung gemäß Abs. 5 im Zweifel zum nächstmöglichen Zeitpunkt.[44]

V. Rechtsfolgen bei Verstoß (Abs. 6)

29   Werden die Schaltflächen und die Bestätigungsseite nicht entsprechend Abs. 1 und 2 zur Verfügung gestellt, kann der Verbraucher den Vertrag, für dessen Kündigung die beiden Schaltflächen zur Verfügung zu stellen sind, jederzeit und ohne Einhaltung einer Kündigungsfrist kündigen (Abs. 6 S. 1). Für Verstöße gegen die Speichermöglichkeit und Bestätigungspflicht nach Abs. 3 und 4 gilt dies nicht.

     Weiter kommen Verbraucher Unterlassungsansprüche des Verbrauchers aus dem UKlaG sowie dem UWG in Betracht.[45]

30   Für das Vorliegen der Tatbestandsvoraussetzungen des § 312k soll der Verbraucher nach der Gesetzesbegründung darlegungs- und beweispflichtig sein.[46] Dies entspricht den allgemeinen Beweisregeln, widerspricht aber § 312l Abs. 2, wenn man die Pflichten nach § 312k Abs. 1 und 2 als Informationspflichten einordnet.[47]

§ 312l Allgemeine Informationspflichten für Betreiber von Online-Marktplätzen

     (1) Der Betreiber eines Online-Marktplatzes ist verpflichtet, den Verbraucher nach Maßgabe des Artikels 246d des Einführungsgesetzes zum Bürgerlichen Gesetzbuche zu informieren.

     (2) Absatz 1 gilt nicht, soweit auf dem Online-Marktplatz Verträge über Finanzdienstleistungen angeboten werden.

---

[39] BT-Drs. 19/30840, 18.
[40] BT-Drs. 19/30840, 18.
[41] BeckOK BGB/Maume Rn. 39; MüKoBGB/Wendehorst Rn. 26.
[42] Kulke MDR 2022, 129 (134).
[43] Stiegler VuR 2021, 443 (450).
[44] Zu beachten ist dabei die ab 1.10.2022 gültige Fassung des § 309 Nr. 9, wonach in AGB eine Kündigungsfrist von mehr als einem Monat zum Vertragsende bei Dauerschuldverhältnissen unzulässig ist.
[45] Näher dazu Stiegler, VuR 2021, 443 (451).
[46] BT-Drs. 19/30840, 19.
[47] So Stiegler VuR 2021, 443 (451); Brönneke/Föhlisch/Tonner/Buchmann/Panfili § 7 Rn. 58.

(3) **Online-Marktplatz ist ein Dienst, der es Verbrauchern ermöglicht, durch die Verwendung von Software, die vom Unternehmer oder im Namen des Unternehmers betrieben wird, einschließlich einer Webseite, eines Teils einer Webseite oder einer Anwendung, Fernabsatzverträge mit anderen Unternehmern oder Verbrauchern abzuschließen.**

(4) **Betreiber eines Online-Marktplatzes ist der Unternehmer, der einen Online-Marktplatz für Verbraucher zur Verfügung stellt.**

Art. 246d Allgemeine Informationspflichten für Betreiber von Online-Marktplätzen

§ 1 Informationspflichten

Der Betreiber eines Online-Marktplatzes muss den Verbraucher informieren

1. zum Ranking der Waren, Dienstleistungen oder digitalen Inhalte, die dem Verbraucher als Ergebnis seiner Suchanfrage auf dem Online-Marktplatz präsentiert werden, allgemein über
   a) die Hauptparameter zur Festlegung des Rankings und
   b) die relative Gewichtung der Hauptparameter zur Festlegung des Rankings im Vergleich zu anderen Parametern,
2. falls dem Verbraucher auf dem Online-Marktplatz das Ergebnis eines Vergleichs von Waren, Dienstleistungen oder digitalen Inhalten präsentiert wird, über die Anbieter, die bei der Erstellung des Vergleichs einbezogen wurden,
3. gegebenenfalls darüber, dass es sich bei ihm und dem Anbieter der Waren, Dienstleistungen oder digitalen Inhalte um verbundene Unternehmen im Sinne von § 15 des Aktiengesetzes handelt,
4. darüber, ob es sich bei dem Anbieter der Waren, Dienstleistungen oder digitalen Inhalte nach dessen eigener Erklärung gegenüber dem Betreiber des Online-Marktplatzes um einen Unternehmer handelt,
5. falls es sich bei dem Anbieter der Waren, Dienstleistungen oder digitalen Inhalte nach dessen eigener Erklärung gegenüber dem Betreiber des Online-Marktplatzes nicht um einen Unternehmer handelt, darüber, dass die besonderen Vorschriften für Verbraucherverträge auf den Vertrag nicht anzuwenden sind,
6. gegebenenfalls darüber, in welchem Umfang der Anbieter der Waren, Dienstleistungen oder digitalen Inhalte sich des Betreibers des Online- Marktplatzes bei der Erfüllung von Verbindlichkeiten aus dem Vertrag mit dem Verbraucher bedient, und darüber, dass dem Verbraucher hierdurch keine eigenen vertraglichen Ansprüche gegenüber dem Betreiber des Online- Marktplatzes entstehen, und
7. falls ein Anbieter eine Eintrittsberechtigung für eine Veranstaltung weiterverkaufen will, ob und gegebenenfalls in welcher Höhe der Veranstalter nach Angaben des Anbieters einen Preis für den Erwerb dieser Eintrittsberechtigung festgelegt hat.

§ 2 Formale Anforderungen

(1) Der Betreiber eines Online-Marktplatzes muss dem Verbraucher die Informationen nach § 1 vor Abgabe von dessen Vertragserklärung in klarer, verständlicher und in einer den benutzten Fernkommunikationsmitteln angepassten Weise zur Verfügung stellen.

(2) Die Informationen nach § 1 Nummer 1 und 2 müssen dem Verbraucher in einem bestimmten Bereich der Online-Benutzeroberfläche zur Verfügung gestellt werden, der von der Webseite, auf der die Angebote angezeigt werden, unmittelbar und leicht zugänglich ist.

Literatur: Schmidt, Neue Anforderungen für Online-Marktplätze und Bewertungsplattformen im Zivil- und Lauterkeitsrecht, VuR 2022, 131; Weiden, Neue Informationspflichten im Namen des Verbraucherschutzes, NJW 2021, 2233.

Übersicht

I. Allgemeines

1   Durch das Gesetz zur Änderung des Bürgerlichen Gesetzbuchs und des Einführungsgesetzes zum Bürgerlichen Gesetzbuche in Umsetzung der EU-Richtlinie zur besseren Durchsetzung und Modernisierung der Verbraucherschutzvorschriften der Union und zur Aufhebung der Verordnung zur Übertragung der Zuständigkeit für die Durchführung der Verordnung (EG) Nr. 2006/2004 auf das Bundesministerium der Justiz und für Verbraucherschutz vom 10.8.2021[1], welches am **28.5.2022** in Kraft getreten ist, wurden Informationspflichten für Betreiber von Online-Marktplätzen zunächst unter § 312k eingeführt. § 312k wurde mit Inkrafttreten des Gesetzes für faire Verbraucherverträge[2] am 1.7.2022 zu § 312l.

2   Ziel der Neuregelungen soll sein, eine größere Transparenz für Verbraucher zu erreichen, die auf Online-Marktplätzen Verträge schließen, und damit insgesamt das Verbraucherschutzniveau zu erhöhen.[3] Ebenfalls auf der Grundlage der Modernisierungs-RL wurden einige Änderungen im UWG eingefügt, die den Informationspflichten nach § 312l zum Teil sehr ähnlich sind.[4]

3   Abs. 1 bestimmt allgemeine Informationspflichten für Betreiber von Online-Marktplätzen, die in Art. 246d EGBGB konkretisiert werden. Art. 246d EGBGB § 1 Nr. 1, 4 und 5 setzen die Vorgaben des in der VerbrRRL neu eingefügten Art. 6a Abs. 1 um.[5] Art. 246d EGBGB § 1 Nr. 2, 3 und 7 basieren auf der Öffnungsklausel des neuen Art. 6a Abs. 2 VerbrRRL und sind daher autonomes deutsches Recht.

II. Anwendungsbereich

4   Die Informationspflichten nach § 312l Abs. 1 iVm Art. 246d EGBGB gelten für den **Betreiber eines Online-Marktplatzes.**

5   Abs. 3 definiert den **Online-Marktplatz** als einen Dienst, der es Verbrauchern ermöglicht, durch die **Verwendung von Software,** die vom Unternehmer oder im Namen des Unternehmers betrieben wird, einschließlich einer Webseite, eines Teils einer Webseite oder einer Anwendung, **Fernabsatzverträge** mit anderen Unternehmern oder Verbrauchern abzuschließen.[6] Die Definition ist technologieneutral formuliert und die Begriffe „Online-Marktplatz" und „Software" sind weit zu verstehen.[7] Webseiten und Anwendungen sind in der Definition nur als Beispiele genannt; daher können auch andere Technologien wie zB Sprachassistenztechnologie oder ein Display in einem Auto ein Online-Marktplatz sein, wenn sie es ermöglichen, Fernabsatzverträge zu schließen.[8] Ein Online-Marktplatz liegt auch dann vor, wenn sowohl eigene Produkte des Marktplatz-Betreibers

---

[1] BGBl. 2021 I 3483.
[2] BGBl. 2021 I 3433.
[3] BT-Drs. 19/27655, 28.
[4] Vgl. dazu Brönnecke/Föhlisch/Tonner/Schmidt § 1 Rn. 8 ff., § 9 Rn. 36 ff.; Weiden NJW 2021, 2233.
[5] Eingefügt durch Art. 4 Nr. 5 Modernisierungs-RL.
[6] Dieselbe Definition findet sich in § 2 Abs. 1 Nr. 6 UWG.
[7] BT-Drs. 19/27655, 28.
[8] HK-BGB/Schulte-Nölke Rn. 1.

als auch Produkte anderer Unternehmer angeboten werden.[9] Bei solchen in der Praxis häufig vorkommenden **hybriden Plattformen,** ist § 312l aber grundsätzlich nur anwendbar, soweit Fernabsatzverträge mit anderen Personen als dem Betreiber betroffen sind.[10] Vermittlungs- oder Vergleichswebseiten fallen nur dann unter den Begriff des Online-Marktplatzes, wenn ihre Software den Abschluss von Fernabsatzverträgen ermöglicht.[11] Eine reine Weiterleitung genügt nicht.[12]

Der Begriff des Online-Marktplatzes ist ein Unterfall eines Online-Vermittlungsdienstes **6** iSd Art. 2 Nr. 2 der VO EU 2019/1150 **(P2B-Verordnung)**[13], sodass deren Anforderungen bei der Auslegung im Zweifel herangezogen werden können.[14] Zudem enthält der ab 28.6.2022 geltende § 2 Abs. 1 Nr. 6 UWG dieselbe Legaldefinition von „Online-Marktplatz"; entstehende Rechtsprechung hierzu könnte daher in Zukunft auch im Rahmen des § 312l herangezogen werden.

Die in § 312l Abs. 1 iVm Art. 246d EGBGB normierten Pflichten gelten für den **7** **Betreiber** eines Online-Marktplatzes. Gemäß Abs. 4 ist dies ein Unternehmer, der einen Online-Marktplatz für Verbraucher zur Verfügung stellt.

Gemäß Abs. 2 gelten die Informationspflichten nicht, soweit auf dem Online-Marktplatz **8** Verträge über Finanzdienstleistungen iSd § 312 Abs. 5 S. 1 angeboten werden.

III. Informationspflichten

1. Informationen nach Art. 246d § 1 EGBGB. Art. 246d § 1 EGBGB führt sieben **9** neue Transparenzpflichten für Betreiber von Online-Marktplätzen gegenüber Verbrauchern ein.

a) Ranking[15] **(Nr. 1).** Werden dem Verbraucher auf einem Online-Marktplatz als **10** Ergebnis seiner Suchanfrage Waren, Dienstleistungen oder digitale Inhalte präsentiert, muss der Betreiber des Online-Marktplatzes über die **Hauptparameter** (=wesentliche Kriterien) zur Festlegung des **Rankings** und deren **Gewichtung** im Vergleich zu anderen Parametern informieren.

Ein **Ranking** ist die relative Hervorhebung von Produkten, wie sie vom Gewerbetrei- **11** benden dargestellt, organisiert oder kommuniziert wird, unabhängig von den technischen Mitteln, die für die Darstellung, Organisation oder Kommunikation verwendet werden.[16] **Parameter für das Ranking** sind alle allgemeinen Kriterien, Prozesse und spezifischen Signale, die in Algorithmen eingebunden sind, oder sonstige Anpassungs- oder Rückstufungsmechanismen, die im Zusammenhang mit dem Ranking eingesetzt werden.[17]

Beispiele für solche Parameter sind die Anzahl der Aufrufe des Angebots, das Datum der **12** Einstellung des Angebots, die Bewertung des Angebots oder des Anbieters, die Anzahl der Verkäufe des Produkts oder die Nutzung der Dienstleistung („Beliebtheit"), Provisionen oder Entgelte, die Verwendung von Editorprogrammen und ihre Fähigkeit, das Ranking dieser Waren oder Dienstleistungen zu beeinflussen sowie Elemente, die die Ware oder die

---

[9] BT-Drs. 19/27655, 29.
[10] HK-BGB/Schulte-Nölke Rn. 1; vgl. auch Schmidt, VuR 2022, 131 (132).
[11] BT-Drs. 19/27655, 29; vgl. auch HK-BGB/Schulte-Nölke Rn. 1; zur Abgrenzung zum Begriff „Online-Vermittlungsdienst" vgl. MüKoBGB/Wendehorst Rn. 8 f.
[12] BeckOK BGB/Maume Rn. 6; differenzierend MüKoBGB/Wendehorst Rn. 10.
[13] Vgl. dort Erwägungsgrund 11.
[14] HK-BGB/Schulte-Nölke Rn. 1.
[15] Die Vorgaben des Art. 246d § 1 Nr. 1 EGBGB entsprechen dem ebenfalls durch die Modernisierungs-RL eingefügten Art. 7 Abs. 4a UGP-RL, welche im neuen UWG mit § 5b Abs. 2 eingeführt wurden. Vgl. zudem die Informationspflichten nach Art. 5 P2B-VO.
[16] BT-Drs. 19/27655, 35; vgl. auch Erwägungsgrund 19 der RL 2019/2161; vgl. auch Definition in § 2 Abs. 1 Nr. 7 UWG (in der ab 28.5.2022 geltenden Fassung).
[17] BT-Drs. 19/27655, 35.

Dienstleistung selbst nicht oder nur entfernt betreffen, etwa Darstellungsmerkmale des Online-Angebots.[18]

13   Die Beschreibung der Hauptparameter kann allgemeiner Natur sein und muss nicht in einer jeweils auf die einzelne Suchanfrage zugeschnittenen Form erfolgen.[19] Im Hinblick auf die relative Gewichtung der jeweiligen Hauptparameter im Vergleich zu den anderen Parametern ist für jeden Hauptparameter anzugeben, welche Gewichtung er im Vergleich zu den anderen Hauptparametern und sonstigen Parametern besitzt.[20] Details der Funktionsweise der Rankingsysteme, einschließlich der Algorithmen müssen nicht offengelegt werden.[21]

14   Die Informationspflicht aus Nr. 1 ähnelt den Transparenzanforderungen für Rankings gemäß Art. 5 Abs. 1 und Abs. 2 der P2B-Verordnung, deren Auslegung hier daher herangezogen werden kann.[22] Zudem hat die Europäische Kommission Leitlinien zur Transparenz des Rankings erlassen, welche indirekt über Art. 5 Abs. 7 P2B-VO auch für die Auslegung der Verbraucherrechte-RL Bedeutung haben.[23] Die Erläuterungen sollen über eine einfache Aufzählung hinausgehen und mindestens eine „zweite Ebene" von Informationen zur Veranschaulichung enthalten (Leitlinien Nr. 22); ein Zuviel an Informationen ist aber ebenfalls zu vermeiden (Leitlinien Nr. 25).[24]

15   **b) Vergleich (Nr. 2).** Nr. 2 verpflichtet den Betreiber eines Online-Marktplatzes, der neben der bloßen Auflistung der Angebote auch einen Vergleich der Angebote ermöglicht, den Verbraucher darüber zu informieren, welche Anbieter in den Vergleich einbezogen wurden (Positivliste der Anbieter[25]). Die Angabe der Namen oder Handelsnamen ist ausreichend; nicht erforderlich ist zB eine ladungsfähige Anschrift.[26]

16   Anbieter iSd Nr. 2 kann auch der Betreiber des Online-Marktplatzes selbst sein, wenn seine eigenen Waren, Dienstleistungen oder digitalen Inhalte in den Vergleich einbezogen werden.[27] Vergleichsportale, auf deren Software oder Webseite keine Möglichkeit zum Vertragsabschluss besteht, sind von der Regelung ebenso wenig erfasst wie Online-Marktplätze, auf denen kein Vergleich der präsentierten Angebote vorgenommen wird.[28]

17   **c) Verbundene Unternehmen (Nr. 3).** Handelt es sich bei dem Betreiber des Online-Marktplatzes und dem Anbieter der Waren, Dienstleistungen oder digitalen Inhalte um verbundene Unternehmen iSd § 15 AktG, so hat der Betreiber den Verbraucher auch darüber zu informieren.

18   **d) Informationen über Vertragspartner (Nr. 4–6).** Gemäß Nr. 4 hat der Betreiber des Online-Marktplatzes darüber zu informieren, ob es sich bei dem Anbieter **nach dessen eigener Erklärung** um einen Unternehmer oder Verbraucher iSd §§ 13, 14 handelt.[29] Der Betreiber des Online-Marktplatzes ist nicht dazu verpflichtet, den Rechtsstatus des Anbieters zu überprüfen.[30] Die Pflicht zur Angabe des Rechtsstatus gilt auch für den Betreiber des Online-Marktplatzes selbst, wenn er eigene Waren, Dienstleistungen oder digitale Inhalte auf dem Marktplatz anbietet.[31]

---

[18] BT-Drs. 19/27655, 35.
[19] BT-Drs. 19/27655, 35.
[20] BT-Drs. 19/27655, 35.
[21] BT-Drs. 19/27655, 35; Erwägungsgrund 23 der RL 2019/2161.
[22] HK-BGB/Schulte-Nölke Rn. 2; vgl. auch detailliert hierzu MüKoBGB/Wendehorst Rn. 21.
[23] MüKoBGB/Wendehorst Rn. 22.
[24] MüKoBGB/Wendehorst Rn. 22.
[25] BT-Drs. 19/27655, 36.
[26] BT-Drs. 19/27655, 36.
[27] BT-Drs. 19/27655, 36.
[28] BT-Drs. 19/27655, 36.
[29] Vgl. dazu auch § 5b Abs. 1 Nr. 6 UWG, wonach die Informationen über die Unternehmereigenschaft als wesentlich gelten.
[30] BT-Drs. 19/27655, 36; vgl. auch Erwägungsgrund 28 der RL 2019/2161; Brönnecke/Föhlisch/Tonner/Schmidt § 1 Rn. 23; Schmidt, VuR 2022, 131 (134); vgl. mit weiteren Details auch MüKoBGB/Wendehorst Rn. 34 ff.
[31] BT-Drs. 19/27655, 36.

Ist der Anbieter nach seiner eigenen Erklärung Verbraucher iSd § 14, so hat der Betreiber **19** nach Nr. 5 zusätzlich darüber zu informieren, dass die besonderen Vorschriften für Verbraucherverträge im Falle des Vertragsschlusses mit dem konkreten Anbieter keine Anwendung finden. Der Betreiber muss jedoch die konkret entfallenden Verbraucherrechte nicht auflisten.[32]

Übernimmt der Betreiber des Online-Marktplatzes einzelne vertragliche Verpflichtungen **20** des Anbieters als Erfüllungsgehilfe, so hat er den Verbraucher darüber zu informieren, in welchem Umfang er dies tut (zB Versand der Ware) und dass dem Verbraucher dadurch keine eigenen vertraglichen Ansprüche gegenüber dem Betreiber entstehen (Nr. 6).

e) Preisinformationen zu Veranstaltungstickets (Nr. 7). Nr. 7 normiert eine Infor- **21** mationspflicht im Hinblick auf den Sekundärmarkt für Veranstaltungstickets.[33] Wenn ein Anbieter über einen Online-Marktplatz eine Eintrittsberechtigung für eine Veranstaltung weiterverkaufen möchte, so hat der Betreiber des Online-Marktplatzes darüber zu informieren, ob der Veranstalter nach Angaben des Anbieters einen Preis für den Erwerb der Eintrittsberechtigung festgelegt hat und wenn ja, in welcher Höhe. Ist kein Preis für diese konkrete Eintrittsberechtigung festgelegt, etwa, weil es sich um eine Freikarte oder eine Eintrittsberechtigung aus einem Abonnement handelt, hat er dies ebenfalls anzugeben.[34]

Die Information hat auf Grundlage der Angaben des Anbieters, der die Eintrittsberechti- **22** gung weiterverkaufen will, zu erfolgen. Der Betreiber ist nicht verpflichtet, die Angaben des Anbieters zu überprüfen.[35] Auch der Betreiber des Online-Marktplatzes selbst muss den vom Veranstalter festgelegten Preis angeben, wenn er auf dem Marktplatz eine Eintrittsberechtigung für eine Veranstaltung weiterverkauft.[36]

2. Formale Anforderungen (Art. 246d § 2 EGBGB). Gemäß § 2 Abs. 1 müssen die **23** Informationen nach § 1 dem Verbraucher vor Abgabe seiner Vertragserklärung in **klarer, verständlicher und in einer den benutzten Fernkommunikationsmitteln angepassten Weise** zur Verfügung gestellt werden. Dies entspricht den Anforderungen aus Art. 246a § 4 EGBGB (vgl. dazu → BGB § 312d Rn. 49 f.). Die Informationen müssen gut auffindbar sein und grafisch so gestaltet werden, dass sie für den durchschnittlichen Nutzer ohne Probleme lesbar sind, unabhängig davon, welche Hard- und Software verwendet werden („klar").[37] Textlich sind sie so zu formulieren, dass ein rechtsunkundiger Durchschnittsverbraucher sie verstehen kann, ohne zuerst rechtskundige Personen zu Rate ziehen zu müssen („verständlich").[38]

§ 2 Abs. 2 sieht darüber hinaus für die Informationen nach § 1 Nr. 1 und 2 weitere **24** Besonderheiten vor. Danach müssen diese Informationen in einem **bestimmten Bereich der Online-Benutzeroberfläche** zur Verfügung gestellt werden, der von der Webseite, auf der die Angebote angezeigt werden, **unmittelbar und leicht zugänglich** ist. Hierbei kann auf die Lösungen zur Umsetzung der Impressumspflicht zurückgegriffen werden, wonach diese Angaben einerseits von jeder Seite eines mehrseitigen Angebots aus über eine leicht auffindbare Verlinkung aufrufbar sein müssen, es andererseits aber genügt, dass die Informationen maximal zwei Klicks von der Webseite entfernt sind, auf der die Angebote angezeigt werden.[39]

---

[32] Erwägungsgrund 27 der RL 2019/2161.
[33] Vgl. auch Nr. 23a des Anhangs zu § 3 Abs. 3 UWG, welche den automatisierten Erwerb von Tickets zum Weiterverkauf untersagt.
[34] BT-Drs. 19/27655, 37.
[35] BT-Drs. 19/27655, 37.
[36] BT-Drs. 19/27655, 37.
[37] Brönneke/Föhlisch/Tonner/Schmidt § 1 Rn. 29 mwN.
[38] Brönneke/Föhlisch/Tonner/Schmidt § 1 Rn. 29 mwN.
[39] Brönneke/Föhlisch/Tonner/Schmidt § 1 Rn. 31 mwN.

IV. Rechtsfolgen bei Verletzung der Informationspflichten

25   Die Rechtsfolgen einer Verletzung der Informationspflichten eines Online-Marktplatzbetreibers hat der Gesetzgeber offengelassen. Letztlich handelt es sich um die allgemeinen zivilrechtlichen Konsequenzen, wie sie auch bei Verletzung der Informationspflichten nach § 312d iVm Art. 246a und 246b EGBGB eintreten können (im Detail dazu → BGB § 312d Rn. 65 ff.).[40]

26   Zudem kann das Umweltbundesamt grenzüberschreitende Verstöße gegen § 312l Abs. 1 auf der Grundlage des seit dem 28.5.2022 geltenden Art. 246e EGBGB als Ordnungswidrigkeit verfolgen (im Detail dazu → BGB § 312a Rn. 69 ff.).

27   Weiter kommen Verbraucher Unterlassungsansprüche des Verbrauchers aus dem UKlaG sowie dem UWG in Betracht.[41]

§ 312m Abweichende Vereinbarungen und Beweislast

(1) [1]**Von den Vorschriften dieses Untertitels darf, soweit nichts anderes bestimmt ist, nicht zum Nachteil des Verbrauchers oder Kunden abgewichen werden.** [2]**Die Vorschriften dieses Untertitels finden, soweit nichts anderes bestimmt ist, auch Anwendung, wenn sie durch anderweitige Gestaltungen umgangen werden.**

(2) **Der Unternehmer trägt gegenüber dem Verbraucher die Beweislast für die Erfüllung der in diesem Untertitel geregelten Informationspflichten.**

Literatur: Mesch, Verbraucherschutz bei Wohnungsmaklerverträgen, VuR 2015, 251; Wendehorst, Das neue Gesetz zur Umsetzung der Verbraucherrechterichtlinie, NJW 2014, 577.

I. Allgemeines

1   **1. Historie.** § 312m fasst die ursprünglich in § 5 HaustürWG aF und § 5 FernAbsG aF geregelten verbraucherschutzrechtlichen Umgehungsverbote zusammen. Im Zuge des Gesetzes zur Umsetzung der VerbrRRL und zur Änderung des Gesetzes zur Regelung der Wohnungsvermittlung vom 20.9.2013[1] wurde der Regelungsgehalt des § 312i aF zur Umsetzung des Art. 25 VerbrRRL in § 312k Abs. 1 aF verankert. § 312k Abs. 2 aF wurde in Umsetzung des Art. 6 Abs. 9 VerbrRRL neu eingefügt.

1a   Durch das Gesetz zur Änderung des Bürgerlichen Gesetzbuchs und des Einführungsgesetzes zum Bürgerlichen Gesetzbuche in Umsetzung der EU-Richtlinie zur besseren Durchsetzung und Modernisierung der Verbraucherschutzvorschriften der Union und zur Aufhebung der Verordnung zur Übertragung der Zuständigkeit für die Durchführung der Verordnung (EG) Nr. 2006/2004 auf das Bundesministerium der Justiz und für Verbraucherschutz vom 10.8.2021[2], wurde § 312k aF mit Wirkung zum 28.5.2022 zu § 312l; durch das Gesetz für faire Verbraucherverträge vom 10.8.2021[3] wurde § 312l mit Wirkung zum 1.7.2022 zu § 312m. Inhaltliche Änderungen sind damit nicht verbunden.

2   **2. Überblick.** Nach Abs. 1 S. 1 darf von den in den §§ 312–312l enthaltenen Schutzvorschriften nicht zu Lasten des Verbrauchers bzw. Kunden abgewichen werden. Zudem soll Direktvertreibern durch Abs. 1 S. 2 die Nutzung möglicher Lücken in den Tatbeständen der §§ 312 ff. unmöglich gemacht werden. Ferner trägt der Unternehmer nach Abs. 2 gegenüber Verbrauchern die Beweislast hinsichtlich der Erfüllung der ihn treffenden Informationspflichten.

---

[40] MüKoBGB/Wendehorst Rn. 47.
[41] Vgl. auch zu den neuen UWG-Regelungen Weiden NJW 2021, 2233; Brönnecke/Föhlisch/Tonner/ Tonner § 9 Rn. 36 ff.
[1] BGBl. 2013 I 3642.
[2] BGBl. 2021 I 3483.
[3] BGBl. 2021 I 3433.

II. Unabdingbarkeit (Abs. 1 S. 1)

Nach S. 1 darf von den Vorschriften dieses Untertitels (§§ 312–312l) grundsätzlich nicht **3** zum Nachteil des Verbrauchers oder Kunden abgewichen werden. Die Vorschriften dieses Untertitels sind also **halbzwingend:** Vertragliche Abweichungen zugunsten des Verbrauchers oder Kunden sind zulässig, Abweichungen zu seinem Nachteil nicht (vgl. aber § 312i Abs. 2 S. 2 und § 312d Abs. 1 S. 2 als lex specialis). Dies gilt iVm Art. 6 Abs. 2 Rom I-VO auch für **Abweichungen durch Rechtswahl.**[4] Unbeachtlich ist, wer die Abweichung initiiert hat; insoweit ist der Gesetzeswortlaut eindeutig.[5] Das Verbot gilt bis zur vollständigen Abwicklung des Vertrages.

Ein in Kenntnis des Widerrufsrechts erklärter **Verzicht** hierauf ist grundsätzlich **unwirk-** **4** **sam.**[6] Dagegen lässt **§ 356 Abs. 4** eine **Ausnahme** zu. Danach erlischt das Widerrufsrecht des Verbrauchers, wenn der Unternehmer eine geschuldete Dienstleistung vollständig erbracht und der Verbraucher vorab seine ausdrückliche Zustimmung zur Erbringung erteilt hat sowie über das Erlöschen des Widerrufsrechts informiert wurde. Dies legitimiert zumindest teilweise die für Partnervermittlungen[7] und Wohnungsmaklerverträge[8] etablierte Praxis, dass die Dienstleistung des Unternehmers erst nach dem Verzicht des Verbrauchers auf sein Widerrufsrecht erbracht wird.[9] Der Verzicht muss sich aber eng am Wortlaut des § 356 Abs. 4 orientieren; ein pauschaler Ausschluss des Widerrufsrechts ist unwirksam.

Die Unwirksamkeit beschränkt sich abweichend von § 139 auf die vom Gesetz abwei- **5** chende Vereinbarung.[10] Es gelten stattdessen die Vorschriften der §§ 312 ff., von denen hätte abgewichen werden sollen; alle übrigen Teile der Vereinbarung bleiben wirksam (vgl. § 306 BGB).

Abs. 1 S. 1 steht dem **Abschluss eines Vergleichs** nicht entgegen.[11] Hiergegen lässt **6** sich zwar einwenden, dass durch eine derartige Vereinbarung eine vom Gesetz abweichende Regelung getroffen wird. Würde man aber in einem Vergleich eine abweichende Regelung iSd Abs. 1 S. 1 sehen, würde man den Verbraucher oder Kunden in einen vielleicht aussichtslosen Prozess mit den damit verbundenen Kostenrisiken treiben. Dies ist aber nicht Sinn und Zweck der Regelung, so dass § 312m teleologisch zu reduzieren ist. Ein Vergleich sollte daher unter folgenden Voraussetzungen zulässig sein: Der Unternehmer seine Informationspflichten bereits erbracht haben, der Vergleich muss von beiderseitigem Nachgeben geprägt sein und der Verbraucher darf keine ihm besonders günstige Verfahrensposition aufgeben, ohne dafür bei wertender Betrachtung ausreichend kompensiert zu werden.[12]

III. Umgehungsverbot (Abs. 1 S. 2)

Nach Abs. 1 S. 2 dürfen die §§ 312 ff. grundsätzlich nicht durch anderweitige Gestal- **7** tung umgangen werden. Eine Regelung wird umgangen, wenn eine vom Gesetz verbotene Regelung bei gleicher Interessenlage durch eine andere Gestaltung erreicht werden soll. Die „andere Gestaltung" kann sowohl rechtlicher als auch tatsächlicher Natur sein.[13] Es genügt das Vorliegen der **objektiven Voraussetzungen,** eine **Umgehungs-** **absicht** ist **nicht erforderlich.** In vielen Fällen kann einem Umgehungsversuch schon

---

[4] BeckOK BGB/Maume Rn. 3.
[5] Vgl. BeckOK BGB/Maume Rn. 4.
[6] LG Fulda NJW-RR 1987, 1460.
[7] AG Neumarkt BeckRS 2015, 07762.
[8] Str., siehe Mesch VuR 2015, 251 (254).
[9] BeckOK BGB/Maume Rn. 6.
[10] Grüneberg/Grüneberg Rn. 2.
[11] Im Ergebnis so auch Grüneberg/Grüneberg Rn. 2; BeckOK BGB/Maume Rn. 5; MüKoBGB/Wendehorst Rn. 5 f.
[12] BeckOK BGB/Maume Rn. 5 mwN.
[13] Grüneberg/Grüneberg Rn. 3.

durch erweiternde Auslegung oder analoge Anwendung des Gesetzes begegnet werden. Beispiele für eine Umgehung sind die Aufspaltung eines Vertragsschlusses in einen fernkommunikativen (§ 312c) und einen „stationären" Teil, um die Schutzvorschriften für Fernabsatzverträge zu umgehen[14], die Umgehung der Informationspflichten nach § 312i durch Abgabe eines verbindlichen Angebots seitens des Verbrauchers über die Internetseite des Unternehmers, woraufhin der Vertrag später in den Geschäftsräumen des Unternehmers unterzeichnet wird[15], Vertragsgestaltungen, bei denen im elektronischen Geschäftsverkehr die nach § 312a Abs. 3 notwendige ausdrückliche Vereinbarung über zusätzliche Entgelte durch ein „Opt-out"-System ersetzt wird[16], das Anbieten nicht verbreiteter kostenloser Zahlungsmöglichkeiten als Umgehung von § 312 Abs. 4 Nr. 1 im Rahmen einer Online-Flugbuchung[17], oder die Personalisierung der Ware („Ihr persönliches Exemplar"), um einen Ausschluss des Widerrufsrechts nach § 312g Abs. 2 Nr. 1 zu erreichen.[18]

8   Kunden, die über einen bestimmten Zeitraum eine Vielzahl von Bestellungen tätigen und durch Ausübung des Widerrufsrechts die Waren wieder zurücksenden oder die Ware mehrfach offensichtlich übermäßig gebraucht haben **(Vielretournierer)**, können Lieferungen verweigert werden.[19] Die Verweigerung ist jedoch nur unter strengen Voraussetzungen zulässig.[20] Die Kunden dürfen nicht schon beim ersten oder zweiten Widerruf darauf hingewiesen werden, dass sie nicht mehr beliefert werden können[21], das Retoure-Verhalten des Kunden muss objektiv unvernünftig gewesen sein und der Kunde muss vor endgültiger Verweigerung weiterer Vertragsschlüsse gewarnt worden sein, um ihm die Gelegenheit zu geben, sein Bestellverhalten zu verändern.[22]

9   Liegt ein Umgehungstatbestand vor, finden die §§ 312 ff. Anwendung. Zudem werden durch Belehrungsmängel teilweise Kundenprivilegien ausgelöst, wie zB die Verlängerung der Widerrufsfrist nach § 356 Abs. 3.

IV. Beweislast (Abs. 2)

10   Nach Abs. 2 trägt der Unternehmer im Verhältnis zum **Verbraucher** die Beweislast für die Erfüllung der **Informationspflichten.** Dies umfasst die Pflicht zur Preisgabe der Identität bei Telefonaten (§ 312a Abs. 1), allgemeine Informationspflichten bei Verbraucherverträgen (§ 312a Abs. 2 iVm Art. 246 EGBGB), die spezielleren Informationspflichten für außerhalb von Geschäftsräumen geschlossene Verträge bzw. Fernabsatzverträge (§ 312d Abs. 1 bzw. bei Finanzdienstleistungen § 312d Abs. 2) sowie die Informationspflichten im elektronischen Geschäftsverkehr (§ 312i, § 312j und § 312l).

11   Abs. 2 bezieht sich nur auf Verbraucherverträge, dh die Informationspflichten gegenüber anderen Kunden nach § 312i iVm Art. 246c EGBGB sind nicht umfasst. Insoweit gelten die allgemeinen Regeln.[23]

12   § 312m Abs. 2 erleichtert dem Verbraucher die Durchsetzung seiner Ansprüche erheblich.[24] Denn beispielsweise im Falle eines Schadensersatzanspruches nach §§ 280 Abs. 1, 241 Abs. 2, 311 Abs. 2 würde der Unternehmer gemäß § 312m Abs. 2 die Beweislast für die Erfüllung seiner Informationspflichten tragen und das Vertretenmüssen würde nach

---

[14] GRUR-RS 2021, 1946.

[15] OLG Frankfurt a. M. BeckRS 2018, 41888.

[16] Voreingestellte Zahlung von Trinkgeld auf einer Kreuzfahrt, OLG Koblenz NJW-RR 2019, 1140.

[17] BGH MMR 2022, 390.

[18] BeckOK BGB/Martens Rn. 10 f.; MüKoBGB/Wendehorst Rn. 13; weitere Beispiele Grüneberg/Grüneberg Rn. 3.

[19] OLG Hamburg MMR 2005, 617.

[20] Drei Anforderungen erforderlich nach MüKoBGB/Wendehorst § 312g Rn. 62; siehe auch BeckOK BGB/Maume Rn. 13.

[21] Siehe dazu auch Spindler/Schuster/Schirmbacher Rn. 11.

[22] MüKoBGB/Wendehorst § 312g Rn. 62; BeckOK BGB/Maume Rn. 12.

[23] Vgl. → § 312i Rn. 50 ff.

[24] Vgl. Wendehorst NJW 2014, 577 (578).

§ 280 Abs. 1 S. 2 vermutet. Um Missbrauch zu vermeiden, sollte die Rechtsprechung hier hohe Anforderungen an den Vortrag des klagenden Verbrauchers stellen, zB im Wege einer sekundären Darlegungslast[25].

§ 314 Kündigung von Dauerschuldverhältnissen aus wichtigem Grund

(1) [1]**Dauerschuldverhältnisse kann jeder Vertragsteil aus wichtigem Grund ohne Einhaltung einer Kündigungsfrist kündigen.** [2]**Ein wichtiger Grund liegt vor, wenn dem kündigenden Teil unter Berücksichtigung aller Umstände des Einzelfalls und unter Abwägung der beiderseitigen Interessen die Fortsetzung des Vertragsverhältnisses bis zur vereinbarten Beendigung oder bis zum Ablauf einer Kündigungsfrist nicht zugemutet werden kann.**

(2) [1]**Besteht der wichtige Grund in der Verletzung einer Pflicht aus dem Vertrag, ist die Kündigung erst nach erfolglosem Ablauf einer zur Abhilfe bestimmten Frist oder nach erfolgloser Abmahnung zulässig.** [2]**§ 323 Abs. 2 findet entsprechende Anwendung.**

(3) **Der Berechtigte kann nur innerhalb einer angemessenen Frist kündigen, nachdem er vom Kündigungsgrund Kenntnis erlangt hat.**

(4) **Die Berechtigung, Schadensersatz zu verlangen, wird durch die Kündigung nicht ausgeschlossen.**

Literatur: Becker, Formen und Folgen der Beendigung eines Franchise-Vertrages, in: Praxishandbuch Franchising, München 2003; Böhner, Recht zur außerordentlichen Kündigung des McDonald's Franchise-Vertrages, NJW 1985, 2811; Erdmann, Die Laufzeit von Franchise-Verträgen im Lichte des AGB-Gesetzes, BB 1992, 795; ders., Laufzeiten und Ausstiegsklausel in Franchise-Systemen, Jahrbuch Franchising 2008, 203; Flohr, Fristlose Kündigung von Franchise-Verträgen, Jahrbuch Franchising 1992, 99; ders., Beendigung von Franchise-Verträgen, Jahrbuch Franchising 2010, 231; ders., Fristlose Kündigung von Franchise-Verträgen – zum Urteil des KG Berlin vom 21. November 1997 (5 U 5398/97), ZAP 1998, 405; ders., Grundsätze zur fristlosen Kündigung eines Franchise-Vertrages, ZVertriebsR 2018, 147; Flohr/Klapperich, Dauerschuldverhältnisse nach der Schuldrechtsreform – Vertragsanpassung und Vertragsgestaltung, Recklinghausen 2003; Giesler, Die Rückabwicklung gescheiterter Franchise-Verhältnisse, in: Festschrift für Dahs, Bonn 2000, 405 ff.; Höpfner, Kündigungsschutz und Ausgleichsansprüche des Franchise-Nehmers bei Beendigung von Franchise-Verträgen, Frankfurt/Main 1997; Oetker, Das Dauerschuldverhältnis und seine Beendigung, Tübingen 1994; Skaupy, Franchising, 2. Auflage, München 1995, S. 137 ff.; Stein/Wigger, Die Beendigung des Franchise-Vertrages, Basel 1999; Stummel, Rechtsfragen der außerordentlichen und fristlosen Kündigung von Franchise-Verträgen, in: Gedächtnisschrift für Walter Skaupy, München 2003, 413; Tiemann, Die Beendigung des Franchise-Vertrages durch Kündigung und Fristablauf, Frankfurt/Main 1990; Ullmann, Kündigungsschranken im Handels- und Gesellschaftsrecht, Zum Einfluss der Treuepflicht auf die einseitige Vertragsbeendigung, in: Festschrift für Möhring, München 1975, 295.

Entscheidungen zur fristlosen Kündigung eines Vertriebsvertrages:
– BGHZ 83, 313 – Tankstellen-Stationärvertrag
– BGH NJW 1969, 1662 – Tankstellen-Stationärvertrag
– OLG München 1.9.2009 – 25 U 3709/08 – Dienstleistungs-Franchise-Vertrag
– OLG Bamberg 11.4.2012 – 3 U 250/11 – Dienstleistungs-Franchise-Vertrag
– BGH BB 2003, 2254 – Apollo-Optik I
– BGH ZVertriebsR 2012, 54
– KG MDR 1997, 1041 – Burger King
– BGH NJW 1993, 1134 – Dauerschuldverhältnis
– BGH NJW 2012, 1434 – Dauerschuldverhältnis
– BGH ZIP 1984, 1494 – McDonald's
– KG NJW-RR 2000, 1566
– OLG München ZVertriebsR 2015, 81 – Burger King
– OLG Naumburg 12.2.2010 – 6 U 149/09.

---

[25] BeckOK BGB/Maume Rn. 16.

Übersicht

I. Vorbemerkung

1   § 314 BGB regelt die fristlose Kündigung eines sog. **Dauerschuldverhältnisses.** Dieses unterscheidet sich von dem auf ein einmalig geleistetes gerichtetes Schuldverhältnis dadurch, dass aus ihm während seiner Vertragslaufzeit ständig neue Leistungs-, Neben- und Schutzpflichten entstehen. Gekennzeichnet wird das Dauerschuldverhältnis durch seine zeitliche Dimension und das Merkmal ständiger Pflichtenanspannung. Begrifflich setzt das Dauerschuldverhältnis voraus, dass ein dauerndes Verhalten oder wiederkehrende Leistungen geschuldet werden[1].

---

[1] So ausdrücklich Grüneberg BGB § 314 Rn. 2.

Da auch ein Franchise-Vertrag von einem wechselseitigen Leistungsaustausch während **2** der Dauer der Vertragslaufzeit gekennzeichnet ist, sind Franchise-Verträge als Dauerschuldverhältnisse einzuordnen[2].

Bis zum 1.1.2002 war das Recht zur fristlosen Kündigung eines Franchise-Vertrages als **3** allgemeiner Rechtsgrundsatz anerkannt[3]. Seit dem 1.1.2002 ist für die fristlose Kündigung eines Franchise-Vertrages § 314 Abs. 1 BGB zu beachten.

§ 314 BGB stellt in seinem Kern zwingendes Recht dar, sodass das Recht zur fristlosen **4** Kündigung auch nicht durch Regelungen des Vertrages ausgeschlossen werden kann[4]. Aber auch durch eine Individualvereinbarung kann lediglich das Recht zur fristlosen Kündigung eines Dauerschuldverhältnisses beschränkt, aber nicht völlig ausgeschlossen werden[5].

II. Vorliegen eines wichtigen Grundes (§ 314 Abs. 1 BGB)

Gemäß § 314 Abs. 1 S. 1 BGB können Dauerschuldverhältnisse aus wichtigem Grund **5** ohne Einhaltung einer Kündigungsfrist gekündigt werden. Im Gegensatz zu § 626 BGB sowie § 89a HGB wird der Begriff des wichtigen Grundes in § 314 Abs. 1 S. 2 BGB definiert. Danach liegt ein wichtiger Grund vor, wenn im kündigenden Teil unter Berücksichtigung aller Umstände des Einzelfalls und unter Abwägung der beiderseitigen Interessen die Fortsetzung des Vertragsverhältnisses zum Ende der vertraglich vereinbarten Festlaufzeit oder bis zu Ablauf einer ordentlichen Kündigungsfrist nicht zugemutet werden kann.

Für das Vorliegen eines wichtigen Grundes ist eine schuldhafte Verletzung des anderen **6** Teils weder erforderlich noch ausreichend[6].

Liegt jedoch in der Person des Kündigenden eine Vertragsuntreue vor, so kann dessen **7** Kündigungsrecht nach § 242 BGB ausgeschlossen sein. Dies gilt insbesondere dann, wenn der Kündigende durch seine Vertragsuntreue die Störung des Vertrauensverhältnisses überwiegend verursacht hat[7].

Für die Frage, ob ein die fristlose Kündigung des Dauerschuldverhältnisses berechtigen- **8** der wichtiger Grund vorliegt, ist eine umfassende Würdigung der Besonderheiten des jeweiligen Vertragstyps vorzunehmen[8]. Insofern spielt es ua auch eine Rolle, wie lange die Vertragsparteien bereits zusammengearbeitet haben, auf welche Dauer die Vertragszusammenarbeit angelegt ist und welche Investitionen getätigt worden sind, die ggf. durch fristlose Kündigung des Dauerschuldverhältnisses verloren gehen. Insofern ist insbesondere für Franchise-Verträge anerkannt, dass die **fristlose Kündigung** als **ultima ratio**[9] anzusehen ist.

a) Änderung der Vertragsverhältnisse. Auch eine wesentliche Änderung der Ver- **9** tragsverhältnisse kann ein außerordentliches Kündigungsrecht begründen. Dieses Kündigungsrecht besteht aber dann nicht, wenn die Störungen dem eigenen Risikobereich des Kündigenden zuzuordnen sind[10], oder aber die Störung durch eine Anpassung des Vertrages gem. § 313 BGB an die veränderten Umstände beseitigt werden kann[11].

---

[2] Siehe aus der Rechtsprechung BGH NJW 1999, 1177; aus dem Schrifttum Gitter, Gebrauchsüberlassungsverträge, Handbuch des Schuldrechts, Band 7, Tübingen 1988, S. 462 ff.; Müller AcP 2003, 340; Grüneberg BGB § 314 Rn. 5; Flohr, Franchise-Vertrag, S. 286.

[3] Dazu ausführlich Flohr, Franchiserecht, Rn. 209 ff.

[4] BGH NJW 2012, 1431.

[5] Siehe auch insoweit Grüneberg BGB § 314 Rn. 3.

[6] BGH BB 1972, 2054; OLG München NJW-RR 2009, 57.

[7] Siehe dazu insgesamt BGH BB 1969, 1403; 1972, 2054; LG Hamburg NJW-RR 2005, 187; BGHZ 44, 275; BGH NJW 1981, 1265; Grüneberg BGB § 314 Rn. 7.

[8] So auch Grüneberg BGB § 314 Rn. 7.

[9] So ausdrücklich KG ZAP 1998, 405 mAnm Flohr; siehe aber auch BGH ZIP 1984, 1494 – McDonald's mAnm Böhner, 1985, 2811; BGH EWiR § 242 BGB 2/99, 303 mAnm Martinek; aus der arbeitsgerichtlichen Rechtsprechung siehe. BAG ZIP 2009, 20018.

[10] BGH NJW 2010, 1874.

[11] Siehe auch insoweit Grüneberg BGB § 314 Rn. 9.

10   **b) Kein Rückgriff auf § 626 BGB, § 89a HGB.** § 314 Abs. 1 BGB stellt für die fristlose Kündigung eines Dauerschuldverhältnisses eine abschließende Regelung dar. Insofern ist sowohl der Rückgriff auf § 626 BGB als auch der Rückgriff auf § 89a HGB verwehrt. Hierbei handelt es sich um Sondervorschriften, deren Anwendung auf das Recht der Dienstverträge (§ 626 BGB) bzw. die fristlose Kündigung eines Handelsvertretervertrages (§ 89a HGB) beschränkt ist. Lediglich die fristlose Kündigung eines Vertragshändlervertrages, der ebenfalls als Dauerschuldverhältnis einzuordnen ist, bestimmt sich nach § 314 Abs. 1 BGB.

11   **c) Enumerative Aufzählung der wichtigen Gründe?** Zahlreiche Vertriebsverträge, insbesondere Franchise- und Vertragshändlerverträge enthalten eine beispielhafte Aufzählung der wichtigen Gründe, die einerseits den Franchise-Geber bzw. den Automobilhersteller und andererseits den Franchise-Nehmer bzw. Vertragshändler zur fristlosen Kündigung des abgeschlossenen Franchise- bzw. Vertragshändlervertrages berechtigen[12].

12   Eine solche Aufzählung war bis zum 1.1.2002 notwendig, um zu konkretisieren, unter welchen Voraussetzungen eine fristlose Kündigung eines Franchise- bzw. Vertragshändlervertrages möglich ist. Diese Notwendigkeit ist entfallen, seit dem das Recht zur fristlosen Kündigung in § 314 Abs. 1 S. 1 BGB geregelt ist und § 314 Abs. 1 S. 2 BGB auch eine Legaldefinition des wichtigen Grundes enthält. Es kommt jetzt nicht mehr auf einzelne Gründe an, sondern darauf, ob der vom Kündigenden als „wichtiger Grund" die Intensitätsschwelle erreicht, die für einen wichtigen Grund in § 314 Abs. 1 S. 2 BGB normiert wird, dh ob unter Abwägung aller Umstände und der beiderseitigen Interessen ein so schwerer Vertrauensverlust eingetreten ist, dass eine Fortsetzung des Franchise- bzw. Vertragshändler-Vertrages bis zum Ende der vertraglich vereinbarten Festlaufzeit bzw. zum Ablauf der vertraglich vereinbarten Kündigungsfrist nicht möglich ist.

III. Fristlose Kündigung eines Franchise-Vertrages

13   **a) Fristlose Kündigung oder Anpassung an die veränderten vertraglichen Umstände?** Die fristlose Kündigung eines Franchise-Vertrages gem. § 314 Abs. 1 BGB stellt nur eine der Möglichkeiten einer vorzeitigen Beendigung des abgeschlossenen Franchise-Vertrages dar. In Betracht kommen für eine außerordentliche Beendigung des Franchise-Vertrages

- die fristlose Kündigung aus wichtigem Grund (§ 314 Abs. 1 BGB) oder
- die Anwendung der Grundsätze des Wegfalls der Geschäftsgrundlage (§ 313 BGB).

14   Für einen Franchise-Nehmer bzw. Franchise-Geber wird nur dann die Möglichkeit bestehen, eine Anpassung des Franchise-Vertrages gem. § 313 BGB nach den Grundsätzen des Wegfalls der Geschäftsgrundlage vorzunehmen, wenn diejenigen Umstände und allgemeinen Verhältnisse, deren Vorhandensein und Fortdauer objektiv für den Bestand des Franchise-Vertrages erforderlich sind und die die Intention zum Abschluss des Franchise-Vertrages der Vertragsparteien wiedergeben, nicht mehr bestehen[13]. Zugleich muss die Durchführung des Franchise-Vertrages durch den Wegfall der Geschäftsgrundlage erheblich gefährdet sein[14].

15   Gem. § 313 Abs. 2 BGB steht es einer Veränderung der Umstände, die zum Abschluss des Franchise-Vertrages führten, gleich, wenn wesentliche Vorstellungen, die Grundlage des Franchise-Vertrages sind, sich als falsch herausgestellt haben. Dabei darf der Umstand nicht in die Risikosphäre der Vertragspartei fallen[15]. In Betracht kommen auch bei Franchise-Verträgen Irrtümer der Vertragsparteien über die steuerlichen Folgen des abgeschlossenen Franchise-Vertrages, wie zB die irrtümlich angenommene Umsatzsteuerfreiheit der

---

[12] Siehe beispielhaft zum Vertragshändlervertrag Wauschkuhn, Der Vertragshändlervertrag, S. 120.
[13] Zum Ganzen Grüneberg BGB § 313 Rn. 4 mwN.
[14] So schon BGH NJW 1951, 836; vgl. auch BGHZ 41, 108.
[15] Grüneberg BGB § 313 Rn. 38 mwN.

laufenden Franchise-Gebühren[16]. Entsprechendes gilt, wenn die Vertragsparteien eines Home-Delivery-Franchise-Vertrages davon ausgehen, dass öffentlich rechtliche Sondernutzungsgebühren nicht zu leisten sind, obwohl die Vertragsprodukte durch den Franchise-Nehmer aus einem Verkaufswagen heraus verkauft werden, der auf öffentlichen Verkehrsflächen zum Verkauf anhält.

Kündigt ein Franchise-Nehmer den Franchise-Vertrag fristlos aus wichtigem Grund, **16** ohne dass ein solcher vorlag, kann er sich nicht hinterher auf die Unwirksamkeit der Kündigung berufen. Darin liegt ein Verstoß gegen das Verbot widersprüchlichen Verhaltens[17].

b) Fristlose Kündigung eines Franchise-Vertrages ohne vertragliche Regelung. 17

Ein Franchise-Vertrag kann, auch wenn dies nicht ausdrücklich vertraglich geregelt ist, fristlos aus wichtigem Grund gekündigt werden. Das Recht zur fristlosen Kündigung war insoweit als allgemeiner Rechtsgrundsatz anerkannt[18]. Seit dem 1.1.2002 ist das Recht zur fristlosen Kündigung von Dauerschuldverhältnissen und damit auch von Franchise-Verträgen in § 314 Abs. 1 BGB geregelt. Danach kann ein Franchise-Vertrag vorzeitig aus wichtigem Grund gekündigt werden, wenn das Vertragsverhältnis zwischen Franchise-Geber und Franchise-Nehmer so nachhaltig erschüttert ist, dass der anderen Vertragspartei eine Fortsetzung des Franchise-Vertrages nicht zugemutet werden kann. Dieses nunmehr gesetzlich geregelte Kündigungsrecht kann durch den Franchise-Vertrag nicht ausgeschlossen werden[19].

Die fristlose Kündigung eines Franchise-Vertrages verlangt eine Interessenabwägung. **18** Diese ist lediglich als ultima ratio in Betracht zu ziehen[20]. Dies bedingt eine Berücksichtigung der Interessen des Kündigenden aber auch des anderen Vertragspartners wie die Berücksichtigung der Vertragsdauer oder der getätigten Investitionen.

c) Notwendigkeit einer Abmahnung (§ 314 Abs. 2 BGB). 19

Voraussetzung für eine fristlose Kündigung gem. § 314 Abs. 2 S. 1 BGB ist grundsätzlich eine Abmahnung oder Ablehnungsandrohung[21]. Der Verweis in § 314 Abs. 2 S. 2 BGB auf § 323 Abs. 2 BGB regelt nunmehr ausdrücklich die Voraussetzungen der Entbehrlichkeit einer solchen Abmahnung. Danach ist eine Abmahnung entbehrlich, wenn

- der Franchise-Nehmer die Leistung ernsthaft und endgültig verweigert,
- der Franchise-Nehmer die Leistung zu einem im Franchise-Vertrag bestimmten Termin oder innerhalb der bestimmten Frist nicht bewirkt und der Franchise-Geber im Rahmen des Franchise-Vertrages für den Fortbestand seiner Leistungsinteresses an die Rechtzeitigkeit dieser Leistung des Franchise-Nehmers gebunden ist oder
- besondere Umstände vorliegen, die unter Abwägung der beiderseitigen Interessen die fristlose Kündigung aus wichtigem Grund rechtfertigen.

Allerdings reicht für eine solche Abmahnung die bloße Rüge vertragswidrigen Verhaltens **20** nichts aus. Darüber hinaus muss aus der Abmahnung für den Abgemahnten deutlich werden, dass die weitere vertragliche Zusammenarbeit auf dem Spiel steht und er für den Fall weiterer Verstöße mit rechtlichen Konsequenzen, dh der fristlosen Kündigung des

---

[16] Vgl. zu solchen steuerlichen Folgen BGH DB 1976, 234; KG BB 1982, 944; Kap BB 1979, 1207.

[17] So die Rspr. des BAG 12.3.2009 – 2 AZR 894/07, BeckRS 2009, 67570.

[18] Dazu ausführlich Flohr, Franchiserecht, Rn. 209 ff.

[19] Vgl. noch zum alten Recht: BGH NJW 1951, 136; BB 1973, 819; ausführlich Martinek FS zum 50jährigen Bestehen des BGH, München 2000, 118 ff. mwN; Stummel GS Walther Skaupy, 2003, 443 ff.

[20] Vgl. dazu: Skaupy, Franchising, S. 137 ff.; aus der Rspr. siehe insbesondere: BGH ZIP 1984, 1494 – McDonald's mAnm Böhner NJW 1985, 2811; BGH EWiR § 242 BGB 2/99, 303 mAnm Martinek; KG ZAP 1998, 405 mAnm Flohr; BGH VersR 2009, 355; siehe zu entsprechenden arbeitsgerichtlichen Rspr. BAG ZIP 2009, 2018.

[21] Vgl. Henssler/Graf von Westphalen, Praxis der Schuldrechtsreform, Recklinghausen 2002, § 314 Rn. 6; zum Ganzen Flohr/Klapperich Rn. 69 ff.

Dauerschuldverhältnisses rechnen muss. Dies ist zuletzt noch vom BGH mit Urteil vom 12.10.2011[22] festgestellt worden.

21   Im Gegensatz zur fristlosen Kündigung unterliegt die Abmahnung keiner Verhältnismäßigkeitskontrolle[23]. Erfolgt eine Abmahnung, obwohl diese entbehrlich ist, muss sich der Abmahnende daran nach § 242 BGB nicht nur festhalten lassen[24], sondern eine solche unberechtigte Abmahnung kann auch für den Abgemahnten einen wichtigen Grund iSd § 314 Abs. 1 BGB darstellen. Insofern wäre dann der Abgemahnte seinerseits berechtigt, die fristlose Kündigung des abgeschlossenen Franchise-Vertrages zu erklären.

22   **d) Fristlose Kündigung eines Franchise-Vertrages aufgrund vertraglicher Regelung.** Grundsätzlich berechtigen nur solche Gründe zu einer fristlosen Kündigung des Franchise-Vertrages, die das Vertrauensverhältnis in einem solchen Maß erschüttern, dass dem kündigenden Vertragspartner ein Festhalten am Vertrag nicht zugemutet werden kann. Kriterium ist also die Zumutbarkeit: es ist zu prüfen, ob das Vertrauensverhältnis so stark gestört ist, dass dem kündigenden Vertragspartner die Fortsetzung des Franchise-Vertrages bis zum Kündigungstermin bzw. zum Ablauf der vertraglich vereinbarten Laufzeit nicht zugemutet werden kann.

23   Ob ein wichtiger Grund vorliegt, bedarf nach der Rechtsprechung des Bundesgerichtshofes einer Gesamtabwägung der besonderen Umstände des einzelnen Falles unter Abwägung der beiderseitigen Interessen[25]. Teilweise werden im Franchise-Vertrag bestimmte „wichtige Gründe" enummerativ – und damit nicht abschließend – aufgeführt, die charakterisieren, wie schwerwiegend die Vertragsverletzungen sein müssen, um eine fristlose außerordentliche Kündigung des Franchise-Vertrages erklären zu können. Dabei sind zugleich die wichtigen Gründe, die eine fristlose Kündigung eines Franchise-Vertrages rechtfertigen, einer Inhaltskontrolle gem. § 307 Abs. 1 S. 1 BGB zu unterwerfen. Es ist demgemäß unangemessen, einen langfristig abgeschlossenen Franchise-Vertrag fristlos aus wichtigem Grund zu kündigen, wenn zB laufende Franchise-Gebühren nicht innerhalb von 10 Tagen nach Zahlungsaufforderung geleistet werden. Da jeder Franchise-Nehmer nicht unerhebliche Investitionen tätigt, kann in solchen Fällen allenfalls eine fristlose Kündigung aus wichtigem Grund gerechtfertigt sein, wenn der Zahlungsverzug 6 Wochen überschreitet[26].

24   **e) Wichtige Gründe zur fristlosen Kündigung eines Franchise-Vertrages.** In der Rechtsprechung und dem Schrifttum werden als wichtige Gründe für eine fristlose Kündigung eines Franchise-Vertrages angesehen:

- Zahlungseinstellung oder Antrag auf Eröffnung des Insolvenzverfahrens sowie Ablehnung der Eröffnung des Insolvenzverfahrens wegen Masseunzulänglichkeit oder Abgabe der eidesstattlichen Versicherung;
- Verletzung wesentlicher Vertragspflichten trotz entsprechender Abmahnung mit angemessener Fristsetzung;
- Strafrechtliche Verurteilung wegen eines Vermögensdeliktes;
- Verzug des Franchise-Nehmers mit Zahlungsverpflichtungen gegenüber dem Franchise-Geber von länger als 6 Wochen (auch im Hinblick auf einen etwa vom Franchise-

---

[22] ZVertriebsR 2012, 109 mAnm Metzlaff.

[23] LAG Schleswig-Holstein NZA-RR 2006, 180.

[24] So ausdrücklich Grüneberg BGB § 314 Rn. 8.

[25] BGH NJW-RR 2003, 1635 – Apollo-Optik; vgl. auch BAG MDR-Report 7/2009, R 13; insgesamt zum Kriterium der „Würdigung aller Umstände des Einzelfalles": Riehm RW 2013, 1 ff. mit umfassenden Rechtsprechungsnachweisen.

[26] Siehe allgemein zur Interessenabwägung und zu den Gründen einer fristlosen Kündigung eines Franchise-Vertrages: Skaupy, Franchising, S. 137 ff.; Martinek, Handbuch des Vertriebsrechts, 1996, § 29 Rn. 75 ff.; Flohr, Franchise-Handbuch 1996 Gruppe A(III/3.2.1), 1 ff.; Ströbl/Schumacher BB 2009, 1201; aus der Rspr. siehe insbesondere die sog. Mc Donald's-Entscheidung BGH ZIP 1984, 1454 (1495) mAnm Böhner NJW 1985, 2811 und daran jetzt wieder anknüpfend KG BB 1998, 607 mAnm Flohr BB 2006, 389 (397 f.); OLG Düsseldorf EWiR § 103 InsO 1/10 mAnm Ströbl – zugleich zu einem etwaigen Wahlrecht des Insolvenzverwalters gem. § 103 InsO; OLG München BB 2009, 2114.

Nehmer zu leistenden Mietzins aufgrund eines mit dem Franchise-Geber abgeschlossenen Untermietvertrages);
- Verstoß des Franchise-Nehmers gegen das vertragliche Wettbewerbsverbot trotz entsprechender Abmahnung;
- Vertragswidrige Nutzung der dem Franchise-Nehmer eingeräumten Schutzrechte und des ihm überlassenen Know-how bzw. Weitergabe von Geschäftsgeheimnissen des Franchise-Gebers an Dritte;
- Unberechtigter Drittbezug;
- Nachhaltige Verstöße gegen die Vorgaben des Franchise-Handbuches;
- Umstrukturierung des Franchise-Systems[27];
- Einstellung des Geschäftsbetriebes des Franchise-Nehmers aufgrund Zahlungsunfähigkeit;
- Missbrauch der vom Franchise-Geber für den Franchise-Nehmer übernommenen Verpflichtung einen Werbefond treuhänderisch zu verwalten[28];
- Geltendmachung eines Zurückbehaltungsrechts durch den Franchise-Geber wegen offener Forderungen bzw. Ausspruch eines Belieferungsverbotes und damit verbundene Unmöglichkeit für den Franchise-Nehmer Einnahmen zu erzielen und das Franchise-Outlet zu betreiben[29];
- Bestehen des hinreichenden Verdachts einer schweren Straftat durch den Franchise-Nehmer (Verdachtskündigung)[30];
- Rückdatierung und Veredelung von Rezepten bzw. Berechtigungsscheinen durch den Franchise-Nehmer und damit fehlerhafte Abrechnungen gegenüber der Krankenkasse[31];

f) Fristlose Kündigung eines Franchise-Vertrages mangels Rentabilität des 25
Franchise-Outlets? Entscheidend ist immer, dass der den Franchise-Nehmer zur fristlosen Kündigung des Franchise-Vertrages gem. § 89a Abs. 1 S. 1 HGB berechtigende wichtige Grund durch den Franchise-Geber gesetzt worden ist. Damit soll verhindert werden, dass der kündigende Franchise-Nehmer selbst einen „wichtigen Grund schafft", um alsdann die fristlose Kündigung des Franchise-Vertrages erklären zu können.

g) Fristlose Kündigung eines Franchise-Vertrages ohne wichtigen Grund. Auf- 26 grund der Apollo-Optik-Entscheidung des BGH vom 20.5.2003[32] ist davon auszugehen, dass eine fristlose Kündigung ohne Vorliegen eines wichtigen Grundes nicht erklärt werden kann. Wenn also Vertragsparteien im Rahmen eines Franchise-Vertrages die Kündigungsgründe normieren oder Kündigungsgründe vorsehen, die eine außerordentliche Beendigung des Franchise-Vertrages mit einer sog. Ausslauffrist ermöglichen sollen, so ist eine darauf gestützte fristlose Kündigung nur dann mit dem gesetzlichen Leitbild der fristlosen Kündigung iSv § 314 Abs. 1 BGB vereinbar, wenn diese einen wichtigen Grund darstellen.

IV. Vorzeitige Beendigung des Franchise-Vertrages aus anderen Gründen?

1. Sonderkündigungsrechte. Von Bedeutung ist dies insbesondere für die sog. **Son-** 27 **derkündigungsrechte.** So sehen Franchise-Verträge Sonderkündigungsrechte zB dann vor, wenn der Fn. die Vorgabe eines Businessplans aus von ihm zu vertretenden Gründen nicht erreicht oder die fristlose Kündigung ausgesprochen werden soll, weil sich der Franchise-Nehmer mit einer aus der Sicht des Franchise-Gebers gebotenen Verkleinerung seines Vertragsgebietes nicht einverstanden erklärt. Geht es um die Verkleinerung des

---

[27] BGH GRUR-Int 2006, 59; zur sog. Strukturkündigung bei Franchise-Verträgen siehe: Liesegang; Jahrbuch Franchising 2010, 251 ff. mit umfassenden Rechtsprechungsnachweisen.
[28] OLG München 25.8.2005 – 6 U 4084/04, BeckRS 2005, 30361821.
[29] Siehe BGH BB 2006, 517 für den vergleichbaren Fall eines Tankstellenvertrages.
[30] OLG Frankfurt a. M. 13.11.2009 – 2 U 76/09, BeckRS 2009, 86480.
[31] OLG Hamburg 27.3.2009 – 11 U 285/05.
[32] BB 2003, 2254.

Vertragsgebietes und ist insofern keine Anpassung im Franchise-Vertrag vereinbart, so bleiben Franchise-Geber und Franchise-Nehmer bis zu den durch § 313 BGB gezogenen Grenzen an den geschlossenen Franchise-Vertrag gebunden. Hier ist also zunächst an eine Änderung des Franchise-Vertrages unter Hinweis auf die Grundsätze des Wegfalls der Geschäftsgrundlage zu denken. Erst wenn der Wegfall der Geschäftsgrundlage nicht zu einer möglichen Anpassung des Franchise-Vertrages führen kann, kommt eine Kündigung des Franchise-Vertrages nach Maßgabe von § 313 Abs. 3 S. 2 BGB in Betracht.

28   Werden die Vorgaben des Businessplans nicht erreicht, so kommt es zunächst darauf an, ob der Franchise-Nehmer seiner sog. **Bemühenspflicht** nachgekommen ist, dieser also das Nichterreichen der Vorgaben des Businessplans gem. § 276 Abs. 1 BGB zu vertreten hat. Dies ist die Konsequenz aus der BGH-Entscheidung vom 13.7.2004[33]. Anderenfalls kann der Franchise-Geber von seinem Sonderkündigungsrecht keinen Gebrauch machen. Ihm ist zuzumuten, am Franchise-Vertrag festzuhalten.

29   **2. Strukturkündigung.** Nicht anwendbar auf Franchise-Verträge sind die Sonderkündigungsrechte des Vertragshändlerrechtes; dies gilt insbesondere für die **Strukturkündigung,** die vom Unternehmen mit einjähriger Frist gegenüber dem Vertragshändler bei einer Änderung der Vertriebsorganisation erklärt werden kann. Dazu mangelt es auch an einer entsprechenden Regelung in der EU-Gruppenfreistellungsverordnung für Vertikale Vertriebsbindungen[34]. Wird gleichwohl im Rahmen eines Franchise-Vertrages zugunsten des Franchise-Gebers ein solches Sonderkündigungsrecht für den Fall einer grundsätzlichen Änderung der Vertriebsstruktur des Franchise-Systems vereinbart, so müssen sich zum einen aus dem Franchise-Vertrag die Kriterien für eine solche Strukturkündigung ergeben und zum anderen muss vorgesehen werden, dass an den Franchise-Nehmer ein Ausgleich für die ggf. von ihm zu erleidenden Umsatz- und Gewinneinbußen geleistet wird. Andernfalls ist die entsprechende Regelung wegen unangemessener Benachteiligung des Franchise-Nehmers gem. § 307 Abs. 1 S. 1 BGB unwirksam[35].

30   Allerdings kann dann davon ausgegangen werden, dass der Franchise-Geber die Gründe wirtschaftlicher Effizienz für die Neuordnung des Vertriebssystems dann ausreichend dargelegt hat, wenn seine Vorgehensweise in einer konkreten Situation innerhalb des Spektrums der denkbaren Reaktionen eine vertretbare Maßnahme zur Abwendung andernfalls möglicher wirtschaftlicher Nachteile für das Franchise-System insgesamt war[36].

V. Kündigungsfrist (§ 314 Abs. 3 BGB)

31   **1. Gesetzlicher Grundsatz.** § 314 Abs. 3 BGB geht davon aus, dass die fristlose Kündigung innerhalb angemessener Frist zu erklären ist. Eine gesetzliche Definition dazu, was unter „angemessener Frist" zu verstehen ist, gibt es nicht. Insofern ist die Angemessenheit der Frist nach den jeweiligen Umständen des Einzelfalls zu bestimmen.

32   Dies entspricht auch der Intention des Gesetzgebers, der deswegen auf eine bestimmte Kündigungsfrist verzichtet hat, um so der Vielfalt der Dauerschuldverhältnisse und der jeweils bestehenden Interessenlage zu entsprechen.

33   **2. Kündigungsfrist.** Die in § 626 Abs. 2 BGB normierte zweiwöchige Frist ist allerdings nicht verallgemeinerungsfähig[37]. Insofern bestimmt sich die Angemessenheit der Kündigungsfrist iSv § 314 Abs. 2 BGB nicht nach den Grundsätzen der Kündigungsfrist nach § 626 Abs. 2 BGB, dh eine fristlose Kündigung eines Dauerschuldverhältnisses und

---

[33] WRP 2004, 1378 – Citroén-Vertragshändler; siehe auch zu sog. Abnahmepflichten Niebling WRP 2010, 631.

[34] BGH WuW/E DE-R 2747 – Nissan Vertragshändler; umfassend zur Strukturkündigung bei Franchise-Verträgen Liesegang Jahrbuch Franchising 2010, 251.

[35] Liesegang Jahrbuch Franchising 2010, 251 ff.

[36] Zur Plausibilität der Strukturkündigung eines Kfz-Händlervertrages siehe OLG Frankfurt a. M. WuW DE-R 2444; BGH BB 2009, 1817; dazu Emde BB 2009, 2330.

[37] KG NJW-RR 2000, 1566 mwN.

damit eines Franchise-Vertrages ist nicht innerhalb der Notfrist von zwei Wochen zu erklären.

Die Angemessenheit der Kündigungsfrist bestimmt sich nach den Interessen des Kündi- **34** genden und ist im Verhältnis zu den Interessen des zu Kündigenden an alsbaldiger Klärung abzuwägen[38].

Ergänzend kann dabei auf die Rechtsprechung zu § 89a HGB zurückgegriffen werden, **35** da auch eine fristlose Kündigung eines Handelsvertretervertrages innerhalb angemessener Frist zu erklären ist.

Welche Kündigungsfrist angemessen ist, ohne dass die Kündigung verfristet ist, ist jeweils **36** nach den konkreten Umständen des jeweiligen Einzelfalls zu bestimmen. Dabei ist davon auszugehen, dass dann keine Verfristung vorliegt, wenn die zwischen der Kenntnisnahme des Kündigungsgrundes und der Kündigungserklärung liegende Frist zur Aufklärung und Überlegung genutzt oder während dieser Zeit der Versuch unternommen wurde, zu einer Einigung über die Fortsetzung des Franchise-Vertrages unter veränderten Bedingungen zu kommen[39]. Allerdings wird durch solche außergerichtlichen Vergleichsgespräche zwischen den Vertragsparteien die Kündigungsfrist nicht gehemmt. § 203, S. 1 BGB findet insofern keine Anwendung, da die Vorschrift als lex specialis ausschließlich auf die Hemmung der Verjährung bei Verhandlungen abstellt.

Bei Eigenhändlerverträgen hat der BGH eine Frist von 2 Monaten für die Erklärung der **37** fristlosen Kündigung noch als angemessen angesehen[40]. Verstreicht eine Frist von 10 Monaten, so ist die Kündigung nicht mehr als in angemessener Zeit erfolgt anzusehen[41]. Im Hinblick auf diese Rechtsprechung des BGH wird man als Faustregel annehmen können, dass das Recht zur fristlosen Kündigung eines Franchise-Vertrages zwischen 2 Wochen und 2 Monaten nach Bekanntwerden des Kündigungsgrundes erlischt. eine danach erklärte fristlose Kündigung ist nicht mehr innerhalb angemessener Frist iSv § 314 Abs. 3 BGB erklärt worden und daher verfristet.

Die Grundsätze zur fristlosen Kündigung eines Handelsvertreter- bzw. Vertragshändler- **38** vertrages werden nunmehr abschließend durch die Entscheidung des BGH vom 29.6.2011[42] festgelegt, die jedoch auch auf die fristlose Kündigung eines Franchise-Vertrages anzuwenden sind. An diesen Grundsätzen hat sich zukünftig die fristlose Kündigung eines Franchise-Vertrages gem. § 314 Abs. 1 BGB zu orientieren, und zwar:

• § 89a HGB und damit auch § 314 BGB verdrängen als speziellere Vorschrift § 6226 BGB. Demgemäß muss die Kündigung eines solchen Absatzmittlungsvertrages nicht innerhalb von zwei Wochen (§ 626 Abs. 2 BGB) erklärt werden.
• Dem zur Kündigung Berechtigten ist eine angemessene Überlegungsfrist zum Ausspruch der fristlosen Kündigung zuzugestehen, deren Dauer sich nach den Umständen des jeweiligen Einzelfalls richtet.
• Diese Überlegungsfrist ist in der Regel kürzer als zwei Monate, den ein zweimonatiges Zuwarten kann in der Regel nicht mehr als angemessene Zeitspanne zur Aufklärung des Sachverhalts und zur Überlegung der hier herauszuziehenden Konsequenzen angesehen werden. Wird die Zweimonatsfrist überschritten, so gibt der Kündigende dadurch zu erkennen, dass er das Beanstanden des Ereignis selbst nicht also so schwerwiegend empfunden hat, als das eine weitere Zusammenarbeit mit dem anderen Vertragspartner bis zum Ablauf der vertraglich vereinbarten Festdauer oder aber bis zum Ablauf der Frist für eine ordentliche Kündigung unzumutbar ist.

---

[38] Flohr/Klapperich Rn. 71 aE; aus der Rspr.: KG NJW-RR 2000, 1566.
[39] Vgl. dazu aus der Rspr. etwa OLG Nürnberg DB 1985, 688; OLG Celle BB 1970, 228; insoweit gelten die gleichen Gesichtspunkte, die für die Beendigung eines Vertragshändlervertrages entwickelt worden sind – vgl. dazu Graf von Westphalen, Vertragsrecht und AGB-Klauselwerke, Rn. 30 mwN.
[40] BGH NJW 1982, 2432.
[41] BGH NJW 1985, 1894.
[42] ZVertriebsR 2012, 50 mAnm Flohr.

39   Insofern sind durch das Urteil des BGH vom 29.6.2011 die Grundsätze zur fristlosen Kündigung des Handelsvertretervertrages nach § 89a HGB und eines Franchise- bzw. Vertragshändlervertrages nach § 314 Abs. 1 BGB dem Grunde nach vereinheitlicht worden.

VI. Verwirkung des Kündigungsrechtes

40   Nach dem mittlerweile als Grundsatzentscheidung anerkannten Urteil des Kammergerichts Berlin vom 21.11.1997[43] kann das Recht auf fristlose Kündigung eines Franchise-Vertrages verwirkt werden. Diese Verwirkung wird dann angenommen, wenn die kündigende Vertragspartei in dem Zeitpunkt in dem die fristlose Kündigung erklärt wird, entweder selbst gegen den Franchise-Vertrag verstoßen oder die ihr nach dem Franchise-Vertrag obliegenden Verpflichtungen nicht erfüllt hat. Dieser Gedanke ist Ausdruck der Überlegung, dass bei einer fristlosen Kündigung eines Franchise-Vertrages wegen der nicht unerheblichen Investitionen Art und Dauer des Vertragsverhältnisses als Dauerschuldverhältnis, die Ausgestaltung der persönlichen und sachlichen Beziehungen sowie die bisherigen Leistungen der Vertragsparteien und das Verhalten des Kündigenden zu berücksichtigen sind.

41   Ob dieser Grundsatz auch unter Geltung von § 314 BGB zur Anwendung kommt, erscheint fraglich. Die Gesetzesbegründung zu § 314 BGB enthält den ausdrücklichen Hinweis, dass eigenes Verschulden das Kündigungsrecht nicht unbedingt ausschließt[44]. Es wird daher zukünftig jeweils im Einzelfall zu prüfen sein, ob die Pflichtwidrigkeit des Kündigenden zu einem Ausschluss des Kündigungsrechtes führt oder nicht.

42   Allerdings kann sich bei einer fristlosen Kündigung eines Franchise-Vertrages gem. § 314 Abs. 1 BGB nicht die Frage stellen, ob die erklärte fristlose Kündigung zur Unzeit erklärt wurde[45]. Eine fristlose Kündigung kommt immer überraschend und ist für den anderen Teil nicht vorhersehbar. Insofern schließen sich eine fristlose Kündigung und die Frage einer Kündigung zur Unzeit gegenseitig aus.

VII. Schadensersatzverpflichtung bei willkürlicher fristloser Kündigung (§ 314 Abs. 4 BGB)

43   Wird eine willkürliche fristlose Kündigung ausgesprochen, so ist der Kündigende zum Schadensersatz sowohl gem. § 823 Abs. 1 BGB unter dem Gesichtspunkt des Eingriffs in das Recht am eingerichteten und ausgeübten Gewerbebetrieb als auch aufgrund einer positiven Vertragsverletzung gem. § 280 BGB zur Leistung von Schadensersatz verpflichtet. Ob und inwieweit auch ein Schadensersatzanspruch gem. § 826 BGB vorliegt, hängt von den Umständen des Einzelfalls ab, insbesondere ob der Kündigende eine verwerfliche Absicht (planmäßige Schadenszufügung) verfolgte[46].

44   Zum Umfang des Schadensersatzanspruchs gehört auch der entgangene Gewinn (§ 252 BGB). Gegeben ist ein solcher Schadensersatzanspruch nur, wenn den kündigenden Vertragspartner ein Verschulden trifft.

VIII. Entwicklungstendenzen zur fristlosen Kündigung eines Franchise-Vertrages

45   Das OLG München hat in seinem Urteil vom 14.10.2014[47] mehrere Grundsätze aufgestellt, die zukünftig als Entwicklungstendenzen die fristlose Kündigung eines Franchise-Vertrages beeinflussen werden. Zum einen ist vor Ausspruch einer jeden fristlosen Kündi-

---

[43] BB 1998, 607 – Burger King; siehe auch BGH IHR 2009, 116 ff.
[44] Siehe dazu Albrecht/D. Flohr/Lange, Schuldrechtsreform, Recklinghausen 2001, S. 318 f.
[45] Vgl. dazu aus der Rspr.: BGH NJW 2001, 2994; 2003, 2674.
[46] Vgl. Grüneberg/Thomas BGB § 826 Rn. 55 mwN; siehe aus der Rspr.: BGH MDR 2009, 38 unter Fortführung von BGHZ 122, 9.
[47] ZVertriebsR 2015, 81 mAnm Flohr.

gung eines Franchise-Vertrages die Frage aufzuwerfen, ob ggf. die Interessen des Franchise-Nehmers am Fortbestand des Franchise-Vertrages den Vorrang gegenüber den Interessen des Franchise-Gebers und der aus seiner Sicht gebotenen fristlosen Kündigung haben. Dabei ist insbesondere zu berücksichtigen, ob durch das Verhalten des Franchise-Nehmers das Markenimage gefährdet ist oder ob ein Schaden der Marke des Franchise-Systems droht. Einzubeziehen ist auch die Restlaufzeit des Franchise-Vertrages, wobei die Interessen des Franchise-Nehmers bei einer noch langen Restlaufzeit des Franchise-Vertrages zurücktreten, da andernfalls der Franchise-Geber keine Möglichkeit hat, den Franchise-Vertrag vorzeitig durch eine fristlose Kündigung zu beenden.

Zu beachten ist auch der **„Grundsatz der Gleichbehandlung"**, dh es ist jeweils vor **46** Ausspruch einer fristlosen Kündigung zu prüfen, wie der Franchise-Geber in vergleichbaren Fällen entschieden hat, um hieraus dann Rückschlüsse auf die im Rahmen von § 314 Abs. 1 BGB erforderliche Gesamtabwägung aller Umstände ziehen zu können.

Auch zukünftig ist es unzulässig, durch vertragliche Gestaltungen den Ausspruch einer **47** fristlosen Kündigung eines Franchise-Vertrages zu erschweren, wenn bei Ausspruch der fristlosen Kündigung durch den Franchise-Nehmer die an diesen in den letzten 12 Monaten vor Beendigung des Franchise-Vertrages geleisteten Boni an den Franchise-Geber zurückzuerstatten sind.[48]

Nicht abschließend geklärt ist auch die Frage, ob bei einem sog. **„Multi-Unit-Fran- 48 chise-Nehmer"** die Möglichkeit besteht, sämtliche mit diesem abgeschlossene Franchise-Verträge fristlos aus wichtigem Grund zu kündigen, wenn nur bei einem Franchise-Vertrag ein zur fristlosen Kündigung berechtigender Grund iSv § 314 Abs. 1 BGB vorliegt. Dies wird ggf. dann anzunehmen sein, wenn der Verstoß so schwerwiegend ist, dass die Marke des Systems nicht nur gefährdet ist, sondern auch durch die Vertragsverletzung des Franchise-Nehmers Schäden (Umsatz- und damit Gewinneinbußen) bei den anderen Franchise-Nehmern des Franchise-Systems festzustellen sind.[49]

IX. Lossagen vom nachvertraglichen Wettbewerbsverbot

Enthält der Franchise-Vertrag ein nachvertragliches Wettbewerbsverbot, so ist die außer- **49** ordentliche fristlose Kündigung aus wichtigem Grund von Bedeutung für dessen Bestand.

1. Fristlose Kündigung durch den Franchise-Geber. Kündigt der Franchise-Geber **50** den Franchise-Vertrag wegen eins schuldhaft vom Franchise-Nehmer zu vertretenden wichtigen Grundes, so bleibt grundsätzlich das nachvertragliche Wettbewerbsverbot wirksam. § 90a Abs. 2 S. 2 HGB aF, wonach der Franchise-Nehmer dem vereinbarten nachvertraglichen Wettbewerbsverbot ohne Entschädigung unterlag, wurde vom Bundesverfassungsgericht[50] für verfassungswidrig erklärt. Insofern hat der Franchise-Geber nur die Möglichkeit für den Fall der fristlosen Kündigung, sich gem. § 90a Abs. 3 HGB mit schriftlicher Erklärung binnen einen Monats nach Ausspruch der Kündigung der Wettbewerbsabrede loszusagen, um sich damit auch von der Leistung der sog. Karenzentschädigung zu befreien.

2. Fristlose Kündigung durch den Franchise-Nehmer. Kündigt der Franchise-Neh- **51** mer den abgeschlossenen Franchise-Vertrag fristlos aus einem vom Franchise-Geber schuldhaft zu vertretenden wichtigen Grund, so kann dieser sich ebenfalls gem. § 90a Abs. 3 HGB vom nachvertraglichen Wettbewerbsverbot lossagen. Diese Lossagung muss schriftlich (§ 126 BGB) binnen einen Monat gegenüber dem Franchise-Geber erklärt werden. Mit Zugang der Erklärung (§ 130 Abs. 1 S. 1 BGB) beim Franchise-Geber, ist der Franchise-

---

[48] So OLG Naumburg 12.2.2010 – 6 U 149/09.
[49] Siehe dazu vor allem Martinek/Semler/Flohr VertriebsR-HdB/Flohr § 32 Rn. 61.
[50] NJW 1990, 1469.

Nehmer nicht mehr an das nachvertragliche Wettbewerbsverbot gebunden, hat aber auch keinen Anspruch auf Entschädigung[51].

52   Enthält der Franchise-Vertrag jedoch für den Franchise-Nehmer vom gesetzlichen Wertungsmodell abweichende nachteilige Vereinbarungen, so sind diese gem. § 90a Abs. 4 HGB unwirksam. Dies gilt auch für den immer wieder in Franchise-Verträgen vereinbarten Vorbehalt zugunsten des Franchise-Gebers, erst zu einem späteren Zeitpunkt zu entscheiden, ob das nachvertragliche Wettbewerbsverbot in Anspruch genommen wird[52].

X. Kündigung bei einer Personenmehrheit

53   Wird der Franchise-Vertrag mit einer Personenmehrheit abgeschlossen, etwa mit Ehepartnern oder einer Gesellschaft bürgerlichen Rechts, so ist es empfehlenswert im Rahmend es Franchise-Vertrages vertraglich festzulegen, dass eine fristlose Kündigung bereits dann erklärt werden kann, wenn der Grund in einer Person der Gesellschafter der Franchise-Nehmer-Gesellschaft gegeben ist.

54   Eine solche Regelung ist zweckmäßig, da dem Franchise-Nehmer eine Fortsetzung des Vertrages nicht mehr zugemutet werden kann, wenn das Vertrauensverhältnis zu einer der Personen gestört ist. Die Regelung ist auch nicht unangemessen iSv § 307 Abs. 2 S. 1 BGB. Die Eheleute oder die Gesellschafter der Gesellschaft bürgerlichen Rechts können sich ja untereinander einigen bzw. untereinander sicherstellen, dass der Kündigungsgrund wegfällt, ggf. bei einer Gesellschaft bürgerlichen Rechts den Gesellschafter, in dessen Person der Kündigungsgrund gegeben ist, aus der Gesellschaft ausschließen, um so den Wegfall des Kündigungsgrundes für den Franchise-Geber zu erreichen[53].

XI. Fristlose Kündigung eines Franchise-Vertrages und Betreiben mehrere Franchise-Outlets

55   Soweit ein Franchise-Nehmer auf der Grundlage des abgeschlossenen Franchise-Vertrages mehrere Franchise-Outlets betreibt, so dass bei einem wettbewerbswidrigen Verhalten des Franchise-Nehmers bei einem Franchise-Outlet eine durch den Franchise-Geber ausgesprochene fristlose Kündigung auch die Kündigung der weiteren Franchise-Outlets umfasst, so liegt darin eine unangemessene Benachteiligung des Franchise-Nehmers iSv § 307 Abs. 2 S. 1 BGB, soweit sich das vertragswidrige Verhalten nur auf ein Franchise-Outlet beschränkt. Handelt es sich jedoch um einen Verstoß, der grundsätzlich das Vertrauen in eine weitere vertragliche Zusammenarbeit zwischen Franchise-Geber und Franchise-Nehmer begründet (etwa bei Unterschlagung in allen Outlets eingesammelter Spenden), so ist insofern die fristlose Kündigung berechtigt, auch wenn dadurch der Franchise-Nehmer keines seiner Franchise-Outlets weiter betreiben darf.

XII. Fristlose Kündigung des Franchise-Gebers wegen Verlust der Vertriebsrechte

56   Soweit es um die fristlose Kündigung eines abgeschlossenen Franchise-Vertrages wegen eines in der Sphäre des Franchise-Gebers liegenden wichtigen Grundes geht, der diesen zur Kündigung berechtigt, gibt es kaum Entscheidungen.

57   Insofern ist der **Hinweisbeschluss des OLG München vom 26.10.2020**[54] von Bedeutung; insbesondere dann, wenn die Franchise-Geber-Gesellschaft eine Konzerngesellschaft

---

[51] Zum Ganzen Baumbach/Hopt/Hopt § 90a Rn. 25 ff. mit umfassenden Nachweisen.
[52] Siehe LG Tübingen BB 1997, 671 mAnm Küstner.
[53] In der Regel dürfte nämlich auch in einem wichtigen Grund, der eine fristlose Kündigung des Franchise-Vertrages rechtfertigt, ein wichtiger Grund zur Kündigung der Gesellschaft bürgerlichen Rechts gem. § 723 Abs. 1 BGB gegeben sein – vgl. dazu Grüneberg/Sprau BGB § 723 Rn. 4.
[54] ZVertriebsR 2021, 45.

ist und die Konzerngesellschaft Vertriebsrechte verliert, die im Rahmen eines Franchise-Vertrages einem Franchise-Nehmer zur Nutzung überlassen worden sind.

Dazu heißt es im Leitsatz der Entscheidung: **58**

> *„... Der Verlust des eigenen Vertriebsrechts wegen eines Verkaufs der vertriebenen Marke durch* **59** *eine Konzerngesellschaft kann die deutsche Vertriebsgesellschaft zur außerordentlichen Kündigung eines von ihr abgeschlossenen Handelsvertretervertrages gem. § 89a I HGB und § 314 BGB berechtigen ...*"

In dem vom OLG München entschiedenen Fall ging es zwar um einen Handelsvertreter- **60** vertrag, doch folgt aus der Bezugnahme auf § 314 BGB, dass die Grundsätze der Entscheidung auch für die fristlose Kündigung eines Franchise-Vertrages durch den Franchise-Geber bei Verlust von dessen Vertriebsrechten von Bedeutung sind.

Insofern sieht das OLG München den Verlust des eigenen Vertriebsrechts als einen **61** wichtigen Kündigungsgrund iSv § 314 Abs. 1 BGB dar, der zur fristlosen Kündigung des abgeschlossenen Handelsvertretervertrages berechtigt, auch wenn der Kündigungsgrund in der Sphäre des Unternehmens liegt[55].

Die Entscheidung des OLG München unterstreicht damit erneut, dass ein wichtiger **62** Grund iSv § 314 Abs. 1 BGB, der den Franchise-Geber zur fristlosen Kündigung des abgeschlossenen Franchise-Vertrages berechtigt, auch dann vorliegen kann, wenn dieser sich aus der Sphäre des Franchise-Gebers ergibt und nicht ein Fehlverhalten des Franchise-Nehmers zur fristlosen Kündigung des Franchise-Vertrages berechtigt.

In der Umkehrung bedeutet die Entscheidung allerdings auch, dass auch ein Franchise- **63** Nehmer die fristlose Kündigung des abgeschlossenen Franchise-Vertrages erklären kann, wenn ein wichtiger Grund in seiner Sphäre gegeben ist, also nicht durch den Franchise-Geber gesetzt wurde. Insofern haben Franchise-Nehmer schon immer versucht, die fristlose Kündigung des von ihnen abgeschlossenen Franchise-Vertrages zu erklären, wenn sich der wirtschaftliche Erfolg des Franchise-Outlets nicht eingestellt hat.

Bei der Akzeptanz eines solchen wichtigen Grundes ist allerdings Vorsicht geboten, da **64** dann ein Franchise-Nehmer veranlasst werden könnte, gezielt auf einen wirtschaftlichen Misserfolg hinzuarbeiten, um sich von einem von ihm nicht mehr gewünschten Franchise-Vertrag trennen zu können.

Insofern muss in solchen Fällen, in denen der wichtige Grund in der Sphäre des **65** Franchise-Nehmers liegt, feststehen, dass dieser seiner sog. **Bemühenspflicht** nachgekommen ist, also sich darum bemüht hat, den Franchise-Vertrag zu erfüllen und die Vorgaben des Franchise-Systems umzusetzen. Insofern gelten auch weiter die Grundsätze der BGH-Entscheidung vom 13.7.2004[56].

Daher ist es auch problematisch, wenn immer in Franchise-Verträgen festgehalten wird, **66** dass ein Franchise-Nehmer zur fristlosen Kündigung des von ihm abgeschlossenen Franchise-Vertrages berechtigt ist, wenn dieser nachhaltig wirtschaftlich nicht erfolgreich ist. Auch vor dem Hintergrund des Hinweisbeschlusses des OLG München vom 26.10.2020 wird man eine solche fristlose Kündigung nur dann als rechtmäßig anzusehen haben, wenn zum einen der Franchise-Nehmer seiner Bemühenspflicht bei der Umsetzung der ihm eingeräumten Franchise-Rechte nachgekommen ist und zum anderen feststeht, dass der wirtschaftliche Misserfolg des Franchise-Nehmers zB auf ein nicht tragfähiges Know-how des Franchise-Gebers zurückzuführen ist, also dann wieder ein Grund vorliegt, der letztlich in der Sphäre des Franchise-Gebers zu suchen ist.

Wenn also die fristlose Kündigung eines abgeschlossenen Franchise-Vertrages mit einem **67** Grund begründet wird, der in der Sphäre des Kündigenden liegt, ist nicht nur eine umfassende Interessenabwägung vorzunehmen, sondern auch zu prüfen, ob es sich nicht

---

[55] Siehe BGH NJW 1986, 1939; zur Entscheidung insgesamt: Wauschkuhn ZVertriebsR 2021, 47.
[56] WRP 2004, 1378 – Citroën-Vertragshändler.

um einen vorgeschobenen Kündigungsgrund handelt, um sich von einem unliebsamen Franchise-Vertrag lösen zu können.

XIII. Kartellrechtswidrige Kündigung

68   In Einzelfällen kann sich auch die Unwirksamkeit einer ausgesprochenen fristlosen Kündigung eines Franchise-Vertrages aus § 21 GWB ergeben[57]. Zwar wird kein Franchise-Geber nach § 21 GWB grundsätzlich gehindert, sein Absatzsystem nach eigenem Ermessen so zu gestalten, wie er dies für wirtschaftlich richtig und sinnvoll hält. Wenn aber eine Kündigung wegen einer Umstellung des Vertriebssystems ausgesprochen wird, darf der Franchise-Geber nicht Eigenfilialen anders behandeln als Franchise-Nehmer. Insofern trifft ihn kartellrechtlich gem. § 21 GWB die grundsätzliche Pflicht zur Gleichbehandlung. Eine Ungleichbehandlung von Eigenfilialen und Franchise-Nehmer-Outlets ist insoweit dann nur bei Vorliegen besonderer rechtfertigender Umstände möglich[58].

69   Normadressat der Verbote gem. §§ 19–21 GWB sind jedoch nur marktbeherrschende Unternehmen. Anknüpfungspunkt für eine kartellrechtswidrige Kündigung ist damit die absolute Marktmacht des beherrschenden Unternehmens, dh die des jeweiligen Franchise-Systems. Diese Frage nach der Marktbeherrschung ist anhand der Kriterien der §§ 19 Abs. 2 GWB zu prüfen. Danach ist ein Unternehmen und damit ein Franchise-System marktbeherrschend, wenn es im relevanten Markt ohne Wettbewerber ist bzw. keinem wesentlichen Wettbewerb ausgesetzt ist oder im Verhältnis zu seinen Mitbewerbern eine überragende Marktstellung innehat. Für die Beurteilung dieses Marktbeherrschungsgrades ist zunächst der sachliche, örtliche und ggf. zeitlich relevante Markt abzugrenzen, um so das Ausmaß der Beherrschung durch das fragliche Unternehmen (das Franchise-System) zu ermitteln[59].

70   Die Abgrenzung des sachlich-gegenständlich relevanten Marktes vollzieht sich in ständiger Rechtsprechung nach dem sog. Bedarfsmarktkonzept[60]. Danach kommt es auf die funktionale Austauschbarkeit der Waren oder Dienstleistungen aus der Sicht der Abnehmer (der Franchise-Nehmer) an. Dabei ist für die Schutzbedürftigkeit nach § 19 GWB der in seiner Handlungsfreiheit geschützte Personenkreis gegenüber der Unausweichlichkeitswirkung von Machtmarkt entscheidend[61].

71   Allerdings kann die Kündigung nur dann kartellrechtswidrig sein, wenn eine sachliche Rechtfertigung für die unterschiedliche Behandlung nicht feststellbar ist. Hier kommt es auf die jeweiligen Umstände des Einzelfalles an.

72   Gleichzeitig ist es notwendig, eine Interessensabwägung vorzunehmen. So wird für die Kartellrechtswidrigkeit einer Kündigung, wenn deren Voraussetzungen gegeben sind, insbesondere dann davon auszugehen sein, wenn die Kündigung für den betroffenen Franchise-Nehmer desaströse Auswirkungen, dh dessen Existenzgefährdung, wenn nicht sogar Existenzvernichtung zur Folge hat.

XIV. Herausgabe des angemieteten Ladenlokals

73   Soweit der Franchise-Geber aus Gründen der Standortsicherung den Mietvertrag abschließt und alsdann die Räumlichkeiten dem Franchise-Nehmer im Wege seiner Unter-

---

[57] Siehe dazu für den Fall einer kartellrechtswidrigen Kündigung eines Pressegrosso-Vertriebsvertrages: LG Hannover WuW DE-R 2735 – Pressegrossovertrieb Stade.
[58] Siehe dazu aus der Rspr.: BGH WuW/E DE-R 1144 – Schülertransporte; BGH WuW/E DE-R 1051 – Vorleistungspflicht; BGH WuW/E DE-R 20 – U-Bahn-Buchhandlungen.
[59] Siehe dazu Möschel in Immenga/Mestmäcker § 19 Rn. 18.
[60] KG WuW/E OLG 995 (996) – Handpreisauszeichner; KG WuW/E OLG 1745 (1748) – KFZ-Kupplungen; KG WuW/E OLG 2182 (2183) – Hydraulischer Schreitausbau; BGHZ 67, 104 (113 ff.) = WuW/E BGH 1435 (1440) – Vitamin B-12; BGH WuW/E BGH 1444 (1447) = NJW 1997, 675 (676) – Valium; BGH WuW/E BGH 2150 (2153) = GRUR 1986, 180 – Edelstahl-Bestecke; BGH WuW/E BGH 3026 (3028) – Backofenmarkt; BGH WuW/E BGH 3058 (3062) – P-TV-Durchleitung.
[61] OLG Düsseldorf WuW/E OLG 335 (337) – Inter-Mailand-Spiel.

mietvertrages zur Nutzung überlässt, stellt sich nur die Frage, ob der Franchise-Nehmer bei Beendigung des Franchise-Vertrages zur Herausgabe des Ladenlokals verpflichtet ist. Das OLG Hamburg[62] hat eine entsprechende Verpflichtung des Franchise-Nehmers angenommen und festgestellt, dass gegenüber dem Herausgabeanspruch des Franchise-Gebers gem. § 546 Abs. 1 BGB kein Zurückbehaltungsrecht am Ladenlokal geltend gemacht werden kann. Die Geltendmachung eines solchen Zurückbehaltungsrechts ist gem. § 546 Abs. 2 BGB ausgeschlossen, weil für den Franchise-Geber die Gefahr eines größeren Schadens durch die mangelnde Möglichkeit der Weiternutzung besteht.

Dies bedeutet jedoch nicht, dass nicht im Einzelfall der Geltendmachung des Heraus- **74** gabeanspruches die Einrede der unzulässigen Rechtsausübung (§ 242 BGB) entgegenstehen kann[63]. Dies könnte etwa dann der Fall sein, wenn der Franchise-Nehmer gegen den Franchise-Geber wegen Verletzung vorvertraglicher Aufklärungspflichten einen Schadensersatzanspruch nach den Grundsätzen der culpa in contrahendo oder einen solchen gem. § 826 BGB geltend macht. Es sind dann die Interessen des Franchise-Gebers auf Herausgabe des Geschäftslokals und die des Franchise-Nehmers auf Schadensersatz gegeneinander abzuwägen[64].

XV. Vertragsverlängerungsanspruchs des Franchise-Nehmers?

Skaupy[65] hat erstmals die Frage aufgeworfen, ob das in den USA und in Frankreich für **75** Franchise-Verträge in bestimmten Fällen anerkannte Recht des Franchise-Nehmers, sich einer vorzeitigen Beendigung des Franchise-Vertrages zu widersetzen, auf deutsches Recht zu übertragen ist.

Dies ist zu **verneinen**[66]. Weder das Zivilrecht noch das Gesellschafts- oder Handelsrecht **76** sehen eine gesetzliche Möglichkeit vor, ein frei vereinbartes und ordnungsgemäß auslaufendes Vertragsverhältnis gegen den Willen eines der Vertragspartner zu verlängern. Unbilligen Kündigungen gegenüber ist der Franchise-Nehmer nicht schutzlos ausgesetzt. Auch bei Franchise-Verträgen kann aus den Regelungen der §§ 138, 826 BGB ein Verbot willkürlicher fristloser Kündigungen abgeleitet werden. Insofern hat man sich schon bei der Beurteilung der Rechtmäßigkeit einer fristlosen Kündigung eines Franchise-Vertrages an den für den Vertragshändlervertrag und die für den Gesellschaftsvertrag entwickelten Kündigungsschranken kraft Treuepflicht zu orientieren[67]. Auf derartigen Treuepflichten beruht aber auch der Anspruch auf Vertragsfortsetzung.

Die gesteigerten Treuepflichten lassen vor dem Hintergrund der EU-Gruppenfreistel- **77** lungsverordnung für Vertikale Vertriebsbindungen (EU-VO 720/2022) nur dann einen Anspruch auf Vertragsverlängerung entstehen, wenn der Franchise-Nehmer auf Anweisung des Franchise-Gebers kurz vor Beendigung des Vertrages (in der Hoffnung des erneuten Abschlusses eines wiederum auf fünf Jahre laufenden Franchise-Vertrages) nicht unerhebliche Investitionen tätigt, zB in die Neugestaltung des „Show-Rooms" oder in die Erweiterung des Ladenlokals.

Allerdings gelten diese Überlegungen zu einer Vertragsverlängerung wegen nicht amorti- **78** sierter Investitionen des Franchise-Nehmers dann nicht, wenn eine entsprechende gesetzliche Regelung zum Investitionserstattungsanspruch des Franchise-Nehmers besteht. So schreibt § 454 des österreichischen UGB ausdrücklich vor, dass nicht amortisierte Investitionen, die vom Unternehmer (= Franchise-Geber) gegenüber dem Absatzmittler (= Franchise-Nehmer) veranlasst worden sind, diesen erstattet werden müssen. Die Regelung ist gem. § 454 Abs. 4 UGB auch nicht „zum Nachteil des gebundenen Unternehmers"

---

[62] WiB 1997, 480.
[63] So schon RGZ 160, 88 (91).
[64] Flohr WiB 1997, 481.
[65] Checklist Franchising, Berlin 1986, S. 159.
[66] So auch OLG München ZVertriebsR 2021, 105.
[67] Siehe insoweit Böhner NJW 1985, 2812 mwN in Fn. 12.

abdingbar, dh die Regelung darf im Rahmen des Franchise-Vertrages weder aufgehoben noch beschränkt werden[68]. Werden aber auf der Grundlage einer solchen gesetzlichen Regelung die nicht autorisierten Investitionen des Franchise-Nehmers erstattet, ist ein Vertragsverlängerungsanspruch ausgeschlossen.

XVI. Fristlose Kündigung eines Vertragshändlervertrages

79 **1. Grundsatz.** Mit seiner Entscheidung vom 29.6.2011[69] hat der BGH festgestellt, dass auf die fristlose Kündigung des Vertragshändlervertrages § 89a HGB Anwendung findet. Nach Ansicht des BGH verdrängt § 89a HGB genauso wie § 314 BGB für die fristlose Kündigung des Vertragshändlervertrages als speziellere Vorschrift § 626 BGB. Demgemäß muss die Kündigung eines Vertragshändlervertrages nicht innerhalb von 2 Wochen (§ 626 Abs. 2 BGB) erklärt werden.

80 Allerdings ist es vom Ergebnis her ohne Bedeutung, ob nun auf die fristlose Kündigung eines Vertragshändlervertrages § 89a HGB oder § 314 BGB zur Anwendung kommt. Beide Vorschriften regeln die fristlose Kündigung eines Vertriebsvertrages, wobei § 314 Abs. 1 BGB den Begriff des „wichtigen Grundes" definiert, während eine solche gesetzliche Definition des wichtigen Grundes in § 89a HGB nicht findet und daher auch zur Ausfüllung dieses Begriffes § 89a HGB auf die Legaldefinition des wichtigen Grundes in § 314 Abs. 1 BGB zurückgegriffen wird. Im Ergebnis macht es daher keinen Unterschied, ob die Berechtigung zur fristlosen Kündigung eines Vertragshändlervertrages aus § 89a HGB oder aus § 314 BGB hergeleitet wird. Insoweit gelten für die fristlose Kündigung eines Vertragshändlervertrages auch die Grundsätze, die für die fristlose Kündigung eines Franchise-Vertrages aufgestellt worden sind.

81 Im Gegensatz zu Franchise-Verträgen ist bei Vertragshändlerverträgen eine **Strukturkündigung** zulässig[70].

82 **2. Gründe für eine fristlose Kündigung eines Vertragshändlervertrages.** Bei den wichtigen Gründen, die eine fristlose Kündigung des Vertragshändlervertrages begründen ist zu differenzieren zwischen wichtigen Gründen für den Unternehmer und wichtigen Gründen für den Vertragshändler.[71]

83 **a) Wichtige Kündigungsgründe für den Unternehmer.** In der Rechtsprechung sind folgende Kündigungsgründe für den Unternehmer anerkannt:
- umfangreiche Belieferung des Graumarktes durch den Vertragshändler[72];
- Erschleichung von Werkszuschüssen durch den Vertragshändler aufgrund unrichtiger Angaben in erheblicher Größenordnung[73];
- Zahlungsunfähigkeit des Händlers[74];
- mangelnde Mitteilung der Änderung der Unternehmensstruktur des Vertragshändlers mit nachteiliger Berührung der Haftungssituation[75];
- Übernahme einer Zweitvertretung durch den Vertragshändler trotz vertraglichem Verbots[76];
- Spezielle schlechte Lage des Vertragshändlers[77];

---

[68] Siehe dazu ausführlich: Hohenecker, Der neue § 454 UGB, Wien 2006, insbes. S. 49 ff.
[69] ZVertriebsR 2012, 50.
[70] Siehe dazu Liesegang Jahrbuch Franchising 2010, 251 ff.; aus der Rspr.: BGH WuW/E DE-R 2747 – Nissan-Vertragshändler.
[71] → Rn. 25 f.
[72] Niebling, Vertragshändlerrecht, Rn. 146.
[73] OLG Braunschweig OLGR 1998, 291.
[74] OLG München BB 1998, 1332.
[75] BGH BB 1978, 982.
[76] BGH WuW 1979, 776; OLG Köln WuW 1985, 825.
[77] RGZ 35, 37.

- Wirres Zerwürfnis zwischen den Gesellschaftern eines Vertragshändlerunternehmens mit Unmöglichkeit der Weiterführung der erfolgreichen Vertriebstätigkeit[78];
- Fehlende Rentabilität als Voraussetzung für die weitere Erfüllung der Vertragspflichten[79];
- Verletzung von Abrechnungs- und Zahlungspflichten bei Verkauf aus einem Konsignationslager[80];
- Verdacht belastender Umstände mit unzureichender Entkräftung durch den Vertragshändler[81];
- Unwahre Angaben des Vertragshändlers bei den Vertragsverhandlungen über die wirtschaftliche Lage seines Unternehmens[82];
- Verletzung der vertraglich vereinbarten Geheimhaltungspflicht;
- Übernahme des Vertragshändlers von einem Wettbewerber des Automobilherstellers[83];

Entscheidend für eine fristlose Kündigung des Vertragshändlervertrages ist nicht, dass der **84** wichtige Grund den wichtigen Gründen entspricht, in denen bereits die Rechtsprechung eine fristlose Kündigung eines Vertragshändlervertrages als wirksam angesehen hat. Entscheidend ist vielmehr, dass es sich um einen Umstand handelt, iSv § 314 Abs. 1 S. 2 BGB zu einem nachhaltigen Zerwürfnis zwischen den Vertragsparteien kommt, dass dem Kündigenden eine Fortsetzung des Vertragshändlervertrages bis zum Ende der vertraglich vereinbarten Vertragsdauer oder bis zum Ablauf der ordentlichen Kündigungsfrist nicht zugemutet werden kann.

b) Wichtige Gründe für den Vertragshändler. In entsprechender Weise sind auch **85** die wichtigen Gründe zu bestimmen, unter denen ein Vertragshändler eine fristlose Kündigung des abgeschlossenen Vertragshändlervertrages erklären kann.

Anerkannt als Kündigungsgründe wurden bislang durch die Rechtsprechung: **86**

- Vertrieb der Vertragsprodukte ist in wirtschaftlich sinnvoller Weise nicht mehr möglich[84];
- Verletzung der Pflicht des Unternehmens, die Aufnahme eines parallelen Direktvertriebs zu unterlassen[85];
- Einsetzung eines weiteren Vertragshändlers im exklusiven Gebiet des Vertragshändlers[86];
- Erkrankung des Vertragshändlers mit nicht absehbarer Dauer und dadurch bedingter Nichtfortführung der Tätigkeit als Vertragshändler[87];
- Willkürliche und ohne vertretbare Gründe vorgenommene Ablehnung von Bestellung des Vertragshändlers[88];

Soweit Einzelkaufverträge zwischen dem Automobilhersteller und dem Vertragshändler **87** abgeschlossen werden, berechtigen Leistungsstörungen in den vertraglichen Beziehungen grundsätzlich nicht zur fristlosen Kündigung des Vertragshändlervertrages, es sei denn, diese wiederholen sich regelmäßig, sodass aufgrund der Häufigkeit der Leistungsstörungen ein Grund zur fristlosen Kündigung des Vertragshändlervertrages iSv § 314 Abs. 1 S. 2 BGB gegeben ist[89].

---

[78] BGH BB 1985, 218.
[79] RGZ 74, 33.
[80] BGH BB 1958, 894.
[81] BGH BB 1959, 540.
[82] OLG Nürnberg BB 1960, 956 (für den Handelsvertreter).
[83] Siehe insgesamt zu den wichtigen Kündigungsgründen für den Unternehmer: Schultze/Wauschkuhn/Spenner/Dau, Der Vertragshändlervertrag, Rn. 636, 634.
[84] BGH BB 1985, 1223; NJW-RR 1987, 628.
[85] BGH BB 1993, 2399.
[86] BGH BB 1967, 94; 1982, 515.
[87] BGH BB 1995, 1437.
[88] BGH BB 1972, 193.
[89] So auch Schultze/Wauschkuhn/Spenner/Dau, Der Vertragshändlervertrag, Rn. 637.

88   **3. Vereinbarung wichtiger Kündigungsgründe.** Soweit Vertragsparteien im Vertragshändlervertrag wichtige Kündigungsgründe vereinbaren, ist dies grundsätzlich zulässig. Damit die Aufstellung aber nicht abschließend ist, sollte ausdrücklich vermerkt sein, dass es sich nur um eine beispielhafte Aufzählung der Gründe handelt, die die Vertragsparteien jeweils zur fristlosen Kündigung des abgeschlossenen Vertragshändlervertrages berechtigen. Soweit es um die Wirksamkeit solcher vertraglich vereinbarter Kündigungsgründe geht, schiebt sich die Betrachtung in der Rechtsprechung aber mehr und mehr von einer auf die Verletzung der guten Sitten (§ 138 BGB) abstellenden Betrachtung hin zu einer Inhaltskontrolle der Regelungen, dh der Prüfung der Frage, ob die vertraglich vereinbarten Kündigungsgründe eine der Vertragsparteien unangemessen iSv § 307 Abs. 1 S. 1 BGB benachteiligen.

89   Von der Rechtsprechung anerkannt sind ua folgende vertraglich vereinbarte Kündigungsgründe in einem Vertragshändlervertrag:

- Änderung in der Geschäftsführung des Vertragshändlers mit der Konsequenz eines nicht ausreichend qualifizierten Geschäftsleiters[90];
- Änderung in der Zusammensetzung der Gesellschafterstruktur des Vertragshändlers mit Beeinträchtigung der Kapitalausstattung des Vertragshändlers bzw. der ungestörten Durchführung des Vertragshändlervertrages[91];
- Veräußerung, Übertragung oder Abtretung des Vertragshändlervertrages ohne schriftliche Einwilligung des Unternehmers[92];
- Verstoß des Vertragshändlers gegen ein vertraglich vereinbartes Wettbewerbsverbot[93];

90   Soweit die Vertragsparteien vertraglich vereinbaren, dass das Unternehmen dann zur fristlosen Kündigung des abgeschlossenen Vertragshändlervertrages berechtigt ist, wenn der Vertragshändler vereinbarte Umsatzziele oder aber Mindestabsatzmengen nicht erfüllt, ist eine solche Regelung nur wirksam, wenn vor Ausübung des Sonderkündigungsrechts positiv festgestellt wird, dass der Vertragshändler insoweit nicht seiner Bemühenspflicht nachgekommen ist. Dies ist die Konsequenz aus der BGH-Entscheidung vom 13.7.2004[94]. Andernfalls kann der Unternehmer von seinem Sonderkündigungsrecht keinen Gebrauch machen. Ihm ist zuzumuten, am Vertragshändlervertrag festzuhalten[95].

XVII. Fristlose Kündigung eines Handelsvertretervertrages

91   Auf die fristlose Kündigung eines Handelsvertretervertrages ist § 89a HGB anzuwenden[96]. Die starre Zweiwochenfrist des § 626 Abs. 2 BGB gilt für das Handelsvertreterverhältnis nicht. Allerdings ist die Kündigung nach dem Rechtsgedanken des § 314 Abs. 3 BGB in angemessener Frist nach Kenntniserlangung vom Kündigungsgrund durch den Kündigungsberechtigten zu erklären.[97]

XVIII. Fristlose Kündigung eines Kommissionsagenturvertrages

92   Auf die fristlose Kündigung eines Kommissionsagenturvertrages ist § 314 BGB anzuwenden, da auch dieser als Dauerschuldverhältnis rechtlich einzuordnen ist. Insoweit gelten die Grundsätze wie für die fristlose Kündigung eines Franchise-Vertrages. Damit kann auch auf die insoweit ergangene Rechtsprechung zurückgegriffen werden.

---

[90] BGH BB 1985, 218.
[91] BGH BB 1985, 218.
[92] BGH BB 1985, 218.
[93] BGH NJW-RR 1993, 682.
[94] WRP 2004, 1378 – Citroën-Vertragshändler.
[95] Insgesamt zur Vereinbarung wichtiger Kündigungsgründe Schultze/Wauschkuhn/Spenner/Dau, Der Vertragshändlervertrag, Rn. 638–644.
[96] Siehe aus der Rspr. beispielhaft: LG München I ZVertriebsR 2021, 250; LG Köln ZVertriebsR 2021, 198; OLG Köln ZVertriebsR 2021, 200; aus dem Schrifttum: Budde/Gruppe ZVertriebsR 2014, 71.
[97] Siehe dazu umfassend OLG München ZVertriebsR 2016, 35.

XIX. Fristlose Kündigung eines Vertriebsvertrages zur Unzeit

Soweit es um die Frage einer fristlosen Kündigung eines Vertriebsvertrages (eines Dauer- **93** schuldverhältnisses) zur Unzeit geht, gelten die Grundsätze zum Handelsvertretervertrag[98].

§ 355 Widerrufsrecht bei Verbraucherverträgen

(1) [1]Wird einem Verbraucher durch Gesetz ein Widerrufsrecht nach dieser Vorschrift eingeräumt, so sind der Verbraucher und der Unternehmer an ihre auf den Abschluss des Vertrags gerichteten Willenserklärungen nicht mehr gebunden, wenn der Verbraucher seine Willenserklärung fristgerecht widerrufen hat. [2]Der Widerruf erfolgt durch Erklärung gegenüber dem Unternehmer. [3]Aus der Erklärung muss der Entschluss des Verbrauchers zum Widerruf des Vertrags eindeutig hervorgehen. [4]Der Widerruf muss keine Begründung enthalten. [5]Zur Fristwahrung genügt die rechtzeitige Absendung des Widerrufs.

(2) [1]Die Widerrufsfrist beträgt 14 Tage. [2]Sie beginnt mit Vertragsschluss, soweit nichts anderes bestimmt ist.

(3) [1]Im Falle des Widerrufs sind die empfangenen Leistungen unverzüglich zurückzugewähren. [2]Bestimmt das Gesetz eine Höchstfrist für die Rückgewähr, so beginnt diese für den Unternehmer mit dem Zugang und für den Verbraucher mit der Abgabe der Widerrufserklärung. [3]Ein Verbraucher wahrt diese Frist durch die rechtzeitige Absendung der Waren. [4]Der Unternehmer trägt bei Widerruf die Gefahr der Rücksendung der Waren.

§ 356 Widerrufsrecht bei außerhalb von Geschäftsräumen geschlossenen Verträgen und Fernabsatzverträgen

(1) [1]Der Unternehmer kann dem Verbraucher die Möglichkeit einräumen, das Muster-Widerrufsformular nach Anlage 2 zu Artikel 246a § 1 Absatz 2 Satz 1 Nummer 1 des Einführungsgesetzes zum Bürgerlichen Gesetzbuche oder eine andere eindeutige Widerrufserklärung auf der Webseite des Unternehmers auszufüllen und zu übermitteln. [2]Macht der Verbraucher von dieser Möglichkeit Gebrauch, muss der Unternehmer dem Verbraucher den Zugang des Widerrufs unverzüglich auf einem dauerhaften Datenträger bestätigen.

(2) Die Widerrufsfrist beginnt

1. bei einem Verbrauchsgüterkauf,
   a) der nicht unter die Buchstaben b bis d fällt, sobald der Verbraucher oder ein von ihm benannter Dritter, der nicht Frachtführer ist, die Waren erhalten hat,
   b) bei dem der Verbraucher mehrere Waren im Rahmen einer einheitlichen Bestellung bestellt hat und die Waren getrennt geliefert werden, sobald der Verbraucher oder ein von ihm benannter Dritter, der nicht Frachtführer ist, die letzte Ware erhalten hat,
   c) bei dem die Ware in mehreren Teilsendungen oder Stücken geliefert wird, sobald der Verbraucher oder ein vom Verbraucher benannter Dritter, der nicht Frachtführer ist, die letzte Teilsendung oder das letzte Stück erhalten hat,
   d) der auf die regelmäßige Lieferung von Waren über einen festgelegten Zeitraum gerichtet ist, sobald der Verbraucher oder ein von ihm benannter Dritter, der nicht Frachtführer ist, die erste Ware erhalten hat,
2. bei einem Vertrag, der die nicht in einem begrenzten Volumen oder in einer bestimmten Menge angebotene Lieferung von Wasser, Gas oder Strom, die Liefe-

---

[98] Siehe Kommentierung zu → HGB § 89a Rn. 53 f.

rung von Fernwärme oder die Lieferung von nicht auf einem körperlichen Datenträger befindlichen digitalen Inhalten zum Gegenstand hat, mit Vertragsschluss.

(3) [1]Die Widerrufsfrist beginnt nicht, bevor der Unternehmer den Verbraucher entsprechend den Anforderungen des Artikels 246a § 1 Absatz 2 Satz 1 Nummer 1 oder des Artikels 246b § 2 Absatz 1 des Einführungsgesetzes zum Bürgerlichen Gesetzbuche unterrichtet hat. [2]Das Widerrufsrecht erlischt spätestens zwölf Monate und 14 Tage nach dem in Absatz 2 oder § 355 Absatz 2 Satz 2 genannten Zeitpunkt. [3]Satz 2 ist auf Verträge über Finanzdienstleistungen nicht anwendbar.

(4) [1]Das Widerrufsrecht erlischt bei einem Vertrag zur Erbringung von Dienstleistungen auch dann, wenn der Unternehmer die Dienstleistung vollständig erbracht hat und mit der Ausführung der Dienstleistung erst begonnen hat, nachdem der Verbraucher dazu seine ausdrückliche Zustimmung gegeben hat und gleichzeitig seine Kenntnis davon bestätigt hat, dass er sein Widerrufsrecht bei vollständiger Vertragserfüllung durch den Unternehmer verliert. [2]Bei einem außerhalb von Geschäftsräumen geschlossenen Vertrag muss die Zustimmung des Verbrauchers auf einem dauerhaften Datenträger übermittelt werden. [3]Bei einem Vertrag über die Erbringung von Finanzdienstleistungen erlischt das Widerrufsrecht abweichend von Satz 1, wenn der Vertrag von beiden Seiten auf ausdrücklichen Wunsch des Verbrauchers vollständig erfüllt ist, bevor der Verbraucher sein Widerrufsrecht ausübt.

(5) Das Widerrufsrecht erlischt bei einem Vertrag über die Lieferung von nicht auf einem körperlichen Datenträger befindlichen digitalen Inhalten auch dann, wenn der Unternehmer mit der Ausführung des Vertrags begonnen hat, nachdem der Verbraucher

1. ausdrücklich zugestimmt hat, dass der Unternehmer mit der Ausführung des Vertrags vor Ablauf der Widerrufsfrist beginnt, und
2. seine Kenntnis davon bestätigt hat, dass er durch seine Zustimmung mit Beginn der Ausführung des Vertrags sein Widerrufsrecht verliert.

Literatur: Artz, Neues Verbraucherkreditrecht im BGB, JbJZivRWiss 2001, 227 ff.; Bankowski, Verbraucherschutzrechtliche Widerrufsbelehrung und Sprachrisiko, VuR 359; Berger, Die Neuregelung des verbraucherrechtlichen Widerrufsrechts in § 316a BGB, JURA 2001, 289; Bodendiek, Verbraucherschutz – Die neue Musterwiderrufsbelehrung, MDR 2003, 1; Boxberger, Wirksamkeit der Musterwiderrufsbelehrung, Frankfurt/Main; Braun, Eine prozessuale Neuerung im kommenden Verbraucherkreditgesetz, WM 1990, 1359; Bröneke, Widerrufsrecht und Belehrungspflichten, Baden-Baden 2009; Buchmann, Die Widerrufsbelehrung im Spannungsfeld zwischen Gesetzgebung und Rechtsprechung, MMR 2007, 347; Bülow/Artz, Fernabsatzverträge und Strukturen eines Verbraucherprivatrechts im BGB, NJW 2000, 2049; Bülow, Das neue Verbraucherkreditgesetz, NJW 1991, 129; Bülow, Rechtsnachfolge bei Verbraucherkreditverträgen, ZIP 1997, 400; Bülow, Sicherungsgeschäfte als Haustür- oder Verbraucherkreditgeschäfte, NJW 1996, 2889; Bülow, Verbraucherkreditrecht im BGB, NJW 2002, 1145; Bülow, Widerruf und Anwendung der Vorschriften über den Rücktritt, WM 2000, 2361; Bülow/Artz, Handbuch Verbraucherprivatrecht, München 2005; Bülow, Verbraucherkreditrecht, 6. Auflage, Heidelberg 2006; Clausnitzer/Delfsk, Die EU-Verbraucherrechte-Richtlinie – Praxisfragen und Antworten der Leitlinien der EU-Kommission, ZVertriebsR 2014, 343 ff.; ZVertriebsR 2015, 3 ff.; Dauner-Lieb/Dötsch, Ein „Kaufmann" als „Verbraucher"?, DB 2003, 1666; Denkinger, Der Verbraucherbegriff, Berlin 2007; Domke, Ewiger Widerruf und zweifrige Ewigkeit, BB 2005, 1582; Domke, Fernabsatz von Finanzdienstleistungen: Die Länge der Widerrufsfrist bei nach Vertragsabschluss erfolgter Widerrufsbelehrung, BB 2006, 61; Dörrie, Der Verbraucherdarlehenvertrag im Fernabsatz, ZBB 2005, 121; Emmerich, Das Verbraucherkreditgesetz, JuS 1991, 705; Faustmann, Nach dem Muster ist vor dem Muster – Die 3. Verordnung zur Änderung der BGB-InfoV, ZGS 2008, 147; Faustmann, Zum Novellierungsbedarf des § 355 BGB, VuR 2007, 8; Faustmann, Zur Wirksamkeit von Widerrufsbelehrungen bei Übernahme des amtlichen Musters der BGB-InfoV, VuR 2006, 384; Föhlisch, Das Widerrufsrecht im Onlinehandel, München 2009; Flohr, Offene Rechtsfragen der Widerrufsbelehrung bei Franchise-Verträgen, ZGS 2007, 421; Flohr, Widerrufsbelehrung bei Franchise-Verträgen und BGB-Informationspflichtenverordnung, ZGS 2008, 289; Flohr, Das neue Recht der Widerrufsbelehrung und dessen Bedeutung für Franchise-Verträge, ZGS 2008, 203; Flohr, Die Widerrufsbelehrung bei Franchise-Verträgen in der aktuellen Rechtsentwicklung, Jahrbuch Franchising 2009, 111; Flohr, Die Widerrufsbelehrung – Neues und hoffentlich Endgültiges zu einem zweifelhaften Instrument des Verbraucherschutzes, ZVertriebsR 2012, 70; Flohr, Widerrufsbelehrung bei Franchise-Verträgen – Quo Vadis?, Festschrift Martinek, München 2020, 187; Fuchs, Das Fernabsatzgesetz im neuen System des Verbraucherschutzrechtes, ZIP 2000, 1273; Gessner, Widerrufsrecht und Widerrufsbelehrung im deutschen und europäischen Verbraucherrecht, Frankfurt 2009; Godefroid,

Verbraucherkreditverträge, 3. Auflage, München 2008; Grigoleit, Besondere Vertriebsformen im BGB, NJW 2002, 1151; Habersack/Mayer, Der Widerruf von Haustürgeschäften nach der „Heininger"-Entscheidung des EuGH, WM 2002, 253; Habersack, Verbraucherkredit- und Haustürgeschäfte nach der Schuldrechtsmodernisierung, BKR 2001, 72; Herting, Fernabsatzgesetz, München 2000; Heuplein, Rechtsfolgen unterlassener Belehrung über das Verbraucherwiderrufsrecht nach den Urteilen des EuGH vom 25.10.2005, NJW 2006, 1553; Hoffmann, Der Verbraucherbegriff des BGB nach Umsetzung der Finanz-Fernabsatzrichtlinie, WM 2006, 560; Kamanabrou, Die Umsetzung der Fernabsatzrichtlinie, WM 2000, 1417; Karollos, Grundfälle zum Verbraucherkreditgesetz, JuS 1993, 651; Laukemann, Gesondertes Widerrufsrecht in Pay-TV-Verträgen?, WRP 2000, 624; Lang/Rösler, Schadensersatz nach fehlerhafter Widerrufsbelehrung?, WM 2006, 513; Limbach, Die Haftung des Unternehmers bei Nichtbeachtung der Widerrufsbelehrungspflicht, ZGS 2006, 66; Lorenz, Umsetzung der Fernabsatzrichtlinie, JuS 2000, 833; Martis/Meinhof, Voraussetzungen des Widerrufs nach § 355 BGB, MDR 2004, 4; Martis, Aktuelle Entwicklungen im Recht der Haustürwiderrufsgeschäfte, MDR 1999, 198; Martis, Das Widerrufsrecht nach § 7 VerbrKG, MDR 1998, 1260; Martis, Die Anwendbarkeit des Verbraucherkreditgesetzes, MDR 1998, 1189; Marx/Bäuml, Die Informationen des Verbrauchers zum Widerrufsrecht im Fernabsatz, WRP 2004, 162; Masuch, Musterhafte Widerrufsbelehrung des Bundesjustizministeriums?, NJW 2002, 2931; Masuch, Neufassung des Musters zur Widerrufsbelehrung, BB 2005, 344; Masuch, Neues Muster für Widerrufsbelehrung, NJW 2008, 1700; Micklitz/Reich, Der Kommissionsvorschlag vom 8.10.2008 für eine Richtlinie über „Rechte der Verbraucher", EuZW 2009, 279; Medicus, Das Verbraucherkreditgesetz, JURA 1991, 561; Meller-Hannich, Verbraucherschutz im Schuldvertragsverhältnis, WM 2005; Ott, Muster ohne Wert: Missglückte Verordnung zur Widerrufsbelehrung, FLF 2003, 38; Reiner, Der verbraucherschützende Widerruf im Recht der Willenserklärungen, AcP 203 (2003), 1; Reinicke/Tiedtke, Zweifelsfragen bei Anwendung des Verbraucherkreditgesetzes, ZIP 1992, 217; Reinking/Nießen, Das Verbraucherkreditgesetz, 1991, 79; Reinking/Nießen, Problemschwerpunkte im Verbraucherkreditgesetz, 1991, 634; Rössel, Anmerkung zum LG Halle: Widerrufsbelehrung nach Muster der InfoV nichtig, ZR 2006, 711; Roth, Das Fernabsatzgesetz, JZ 2000, 1013; Sauer, Schadensersatzanspruch wegen nicht ordnungsgemäßer Widerrufsbelehrung, NZM 2006, 333; Schafflhuber, Das Schicksal des Haustürwiderrufsrechts bei vor dem 1.1.2002 entstandenen Schuldverhältnissen, WM 2005, 765; Schmelz/Klute, Zum Gesetzesentwurf für ein Verbraucherkreditgesetz, ZIP 1989, 1509; Schmidt, Verbraucherbegriff und Verbrauchervertrag – Grundlagen des § 13 BGB, JuS 2006, 1; Schmidt, Verbraucherschützende Widerrufsrechte als Grundlage der Vollstreckungsgegenklage nach neuem Recht, JuS 2000, 1096; Schmidt-Kessel, Die gesetzliche Ausweitung der Widerrufsrechte nach Heininger, ZGS 2002, 311; Schmidt-Räntsch, Gesetzliche Neuregelungen des Widerrufsrechts bei Verbraucherverträgen, ZIP 2002, 1100; Scholz, Anmerkungen zum neuen Verbraucherkreditgesetz, MDR 1991, 1091; Seibert, Handbuch zum Verbraucherkreditgesetz, Köln 1991; Staudinger/Schmidt-Bendun, Kein Ausschluss des Widerrufsrechts des Verbrauchers im Rahmen einer Internetauktion – ebay, BB 2005, 732; Steppler, Das neue Verbraucherkreditrecht, München 2002; Ulmer/Masuch, Verbraucherkreditgesetz und Vertragsübernahme – Widerruf der Vertragsübernahme und/oder Übergang des Widerrufsrechts?, JZ 1997, 654; Von Koppenfels, Das Widerrufsrecht bei Verbraucherverträgen im BGB, WM 2001, 1360; Von Westphalen/Emmerich/Von Rottenburg, Verbraucherkreditgesetz, 2. Auflage, Köln 1996; Weller, Internationaler Anwendungsbereich des Verbraucherkreditschutzrechts, NJW 2006, 1247; Weyer, Handelsgeschäfte (§§ 343 ff. HGB) und Unternehmergeschäfte (§ 14 BGB), WM 2005, 490; Witt, Widerrufsbelehrung inklusive Information über Verbraucherrechte – nichts Neues zur Musterbelehrung, NJW 2007, 3759; Woitkewitsch, Die fehlerhafte Musterbelehrung zur Widerrufsfrist, MDR 2007, 630.

(Anmerkung zur Kommentierung: Da das bis zum 12.6.2014 geltende Widerrufsrecht für bis dahin abgeschlossene Vertriebs-, insbesondere Franchise-Verträge weiterhin gilt, wird insoweit auf die Kommentierung in §§ 355, 360 BGB a. F. in der 1. Auflage verwiesen.)

Übersicht

A.

1   Es gibt kaum ein Problem, das zum einen das Vertriebsrecht als solches und zum anderen die Gestaltung von Vertriebsverträgen, insbesondere Franchise-Verträgen, mehr beeinflusst hat, als das der Widerrufsbelehrung als solcher, aber auch deren Formulierung und praktische Anwendung beim Abschluss von Vertriebsverträgen. Berücksichtigt man die unterschiedlichen Entscheidungen der Instanzgerichte, die sich ständig ändernde Rechtsprechung der Obergerichte, die teilweise jährlich erfolgten Gesetzesänderungen, so ist verständlich, dass die „richtige Widerrufsbelehrung" oder auch „rechtsprechungsfeste Widerrufsbelehrung" zu einem „Kunststück der Vertragsgestaltung bei Vertriebsverträgen" geworden ist[1].

Dabei beschränkt sich die Bedeutung der Widerrufsbelehrung im Wesentlichen auf den 2 Abschluss von Franchise-Verträgen. Bei Handelsvertreterverträgen ist mangels einer vertraglich vereinbarten Bezugsbindung eine Widerrufsbelehrung nicht vorzunehmen und bei Vertragshändlerverträgen kommt eine Widerrufsbelehrung in der Regel deswegen nicht in Betracht, weil dieser bei Abschluss des Vertragshändlervertrages in der Regel nicht Verbraucher iSv § 13 BGB, sondern Unternehmer iSv § 14 BGB ist und sein Unternehmen in der Rechtsform einer Personen- oder Kapitalgesellschaft betreibt.

Durch das zum 13.6.2014 in Kraft getretene Umsetzungsgesetz zur EU-Verbraucher- 3 rechte-Richtlinie[2] dürfte die Diskussion um die „richtige Widerrufsbelehrung" an ihrem Schlusspunkt angekommen sein. Nicht nur, dass das Widerrufsrecht innerhalb der 28 EU-Staaten voll harmonisiert wurde, sondern das Widerrufsrecht erlischt bei einer fehlenden oder unrichtigen Widerrufsbelehrung spätestens nach einem Jahr und zwei Monate (§ 356 Abs. 2 S. 2 BGB). Insofern wurde die bis zum 12.6.2014 geltende Rechtslage, die im Falle fehlender oder unrichtiger Belehrung ein unbefristetes Widerrufsrecht (§ 355 Abs. 3 S. 1 BGB) vorsah, korrigiert. Allerdings besteht ein Unterschied zu dem bis zum 12.6.2014 geltenden Verbraucherschutzrecht: bis zu diesem Zeitpunkt gab es nur ein amtliches Muster zur Widerrufsbelehrung in Anlage 1 zum EGBGB. Nunmehr ist die neue Muster-Widerrufsbelehrung komplexer und in ihrer praktischen Anwendung komplizierter.[3] Da insbesondere für Franchise-Verträge kein spezielles Muster zur Widerrufsbelehrung seit dem 13.6.2014 existiert, stellt sich erneut wieder die Frage nach der Verwerfungskompetenz der Instanzgerichte, wenn die Widerrufsbelehrung nicht dem Gesetz, insbesondere der Vorschriften des BGB zur Berechnung von Beginn und Ende der Widerrufsfrist (§§ 187 Abs. 1, 193 BGB) entspricht.[4]

Allerdings wurde durch das Umsetzungsgesetz die Forderung Schinkels[5] umgesetzt, das 4 Inkrafttreten der EU-Verbraucherrechte-Richtlinie zum Anlass für einen konzeptionellen Neubeginn des Widerrufsrechts in Deutschland zu nehmen.

Die Schwierigkeiten bei der Anwendung der Widerrufsbelehrung beim Abschluss von 5 Vertriebs-, insbesondere Franchise-Verträgen werden überlagert von der teilweise „notorischen Weigerung" von Franchise-Gebern, notwendige Widerrufsbelehrungen gegenüber einem Franchise-Nehmer vorzunehmen oder aber den Franchise-Nehmer bei Abschluss eines Franchise-Vertrages in einer solchen Weise über sein Widerrufsrecht zu belehren, dass diese Belehrung weder der jeweiligen Gesetzgebung noch den Anforderungen der Rechtsprechung an eine ordnungsgemäße Widerrufsbelehrung entspricht[6]. Diese Tendenzen in der Praxis des Vertriebsrechts sind aber nichts anderes als ein Spiegelbild der sich ständig ändernden Anforderung an eine Widerrufsbelehrung, einer uneinheitlichen

---

[1] Das Schrifttum zur Widerrufsbelehrung ist kaum noch zu überschauen: vgl. daher statt vieler aus dem neueren Schrifttum: Wege BB 2007, 1012; Faustmann VuR 2006, 384; Bodendiek MDR 2003, 1; Bonke/Gellmann NJW 2006, 3196; Schirmbacher CR 2006, 673; Faustmann ZGS 2007, 251; Gödde BB 2007, 1298; siehe auch zur Entwicklung der Rechtsprechung zur Widerrufsbelehrung: d'Avis GS Skaupy, München 2004, 29 ff. mit weiteren Nachweisen; Giessler/Nauschütt, Franchiserecht, Kap. 9 Rn. 104 ff.; zur Entwicklung der Rechtsprechung zur Widerrufsbelehrung insgesamt Flohr Jahrbuch Franchising 2008, 133 ff. mwN; Flohr FS Martinek, 2020, 187 ff.
[2] Gesetz zur Umsetzung der Verbraucherrechte-Richtlinie zur Änderung des Gesetzes zur Regelung der Wohnungsvermittlung v. 20.9.2013 BGBl. I 3642.
[3] So zu Recht Clausnitzer, Das neue Verbrauchervertragsrecht, 2014, Rn. 5.
[4] Siehe dazu zum alten Recht der Musterwiderrufsbelehrung entsprechend Anlage 2 zu § 14 BGB-InfoVO: Flohr ZGS 2009, 203 ff.; s. dazu aus der Rspr. Vor allem: LG Halle BB 2006, 1878; LG Münster ZGS 2006, 436; LG Siegen ZGS 2007, 279; LG Koblenz BB 2007, 239.
[5] JZ 2009, 774 (779).
[6] Siehe dazu die Beispielfälle Flohr ZVertriebsR 2012, 70 (71).

Rechtsprechung und einer mehr von Rück- als von Fortschritten geprägten Gesetzgebung[7].

B. Widerrufsbelehrung in der Entwicklung in der Gesetzgebung

I. Vertriebsverträge und Abzahlungsgesetz

6   Ordnet man das Widerrufsrecht und die Widerrufsbelehrung dem Verbraucherschutzrecht zu, so ist kaum erkennbar, warum die Widerrufsbelehrung bei Vertriebs-, insbesondere Franchise-Verträgen so grundsätzliche Bedeutung erlangt hat. Die Ursache dafür ist in der Entscheidung des BGH vom 16.4.1986[8] zu sehen. Mit diesem Urteil stellte der BGH fest, dass die Vorschriften des **Abzahlungsgesetzes** auf **Vertriebsverträge** und damit insbesondere auf Franchise-Verträge **Anwendung** finden. In entsprechender Weise hatte sich zuvor schon das OLG Schleswig[9] geäußert. Nachfolgend schloss sich das OLG Düsseldorf[10] dieser Rechtsprechung an. Seitdem wird die grundsätzliche Frage einer Anwendung von Vertrauensschutzbestimmung auf den Abschluss von Franchise-Verträgen nicht mehr diskutiert. Dies steht unumstößlich fest.

7   Ein Absatzmittler war damit über sein Widerrufsrecht gem. § 1b AbzG zu belehren. Unterblieb eine solche Belehrung oder entsprach diese nicht dem Gesetz, so konnte der Absatzmittler seine auf Abschluss des Absatzmittlervertrages gerichtete Willenserklärung zeitlich unbefristet widerrufen. Demgemäß stellte das OLG Schleswig in seiner Entscheidung vom 28.7.1988[11] dann auch fest:

8   *„Ein Franchisevertrag ist als Abzahlungsgeschäft zu bewerten und kann bei Fehlen einer Widerrufsbelehrung jederzeit vom Franchise-Nehmer widerrufen werden. …“*

9   Das OLG Frankfurt a. M.[12] führte – gleichsam in Ergänzung dieser Rechtsprechung – aus, dass auch nach langem Zeitablauf das Widerrufsrecht nach § 1b AbzG nicht gem. § 242 BGB verwirkt werden kann. Der Widerruf nach § 1b AbzG löste eine Rückabwicklung des abgeschlossenen Vertriebsvertrages gem. §§ 812 ff. aus[13], wobei umstritten war, ob auf eine solche Rückabwicklung zu Lasten des Vertriebspartners die bereicherungsrechtliche Saldotheorie Anwendung fand[14].

10   Das Abzahlungsgesetz trat zwar mit Inkrafttreten des Verbraucherkreditgesetzes zum 31.12.1990 außer Kraft[15]; das Problem der Widerrufsbelehrung blieb.

II. Vertriebsverträge und Verbraucherkreditgesetz

11   Das **Verbraucherkreditgesetz** trat zum 1.1.1991 in Kraft und diente der Umsetzung der EU-Verbraucherkreditrichtlinie (Richtlinie 87/102 EWG) vom 22.12.1986[16], ging aber über deren verpflichtende Mindestregelung hinaus[17].

---

[7] Flohr ZVertriebsR 2012, 70 (71); Flohr Jahrbuch Franchising 2008, 133 ff.; Flohr Jahrbuch Franchising 2009, 111 ff.; Reif Jahrbuch Franchising 2011, 226 ff. – jeweils mit umfassenden weiterführenden Nachweisen.
[8] BGHZ 94, 226 – ausführlicher abgedruckt NJW 1986, 1544.
[9] NJW 1984, 3024.
[10] EWiR § 1c AbzG 1/87, 311.
[11] NJW 1988, 3024.
[12] GRUR 1984, 691.
[13] Vgl. zur Rechtsprechung zur Rückabwicklung von Franchise-Verträgen: BGHZ 111, 287; OLG Oldenburg DStR 1998, 903 – ServiceMaster.
[14] So ausdrücklich OLG Dresden NJW-RR 1996, 1013.
[15] Gesetz über Verbraucherkredite zur Änderung der Zivilprozessordnung und anderer Gesetze vom 17.12.1990 BGBl. I 2840.
[16] ABl. 1987 L 42, 48; dazu Godefroid, Verbraucherkreditverträge, Rn. 11–17 mwN.
[17] Umfassend dazu Godefroid Rn. 25–28 mwN.

1. Fortgeltung des Abzahlungsgesetzes. Da das VerbrKG keine Überleitungsvor- **12** schrift enthielt, wurde allgemein davon ausgegangen, dass das AbzG seine ursprüngliche Bedeutung für Absatzmittlungsverträge, insbesondere für Franchise-Verträge nicht verloren hatte und nach wie vor auf bis zum 31.12.1990 abgeschlossene Absatzmittlungsverträge und damit insbesondere Franchise-Verträge anzuwenden war[18]. Selbst heute könnten solche Verträge, wenn diese sich aufgrund gezogener Optionen nur verlängert haben und nicht durch einen neuen Vertriebsvertrag ersetzt wurden, nach der Rechtsprechung[19] noch widerrufen werden; von Rechtssicherheit keine Spur.

2. Widerrufsbelehrung und Verbraucherkreditgesetz. Vom 1.1.1991 an war ein **13** Absatzmittler über sein Widerrufsrecht gem. § 7 Abs. 2 S. 2 VerbrKG zu belehren. Wegen der Folgen des Widerrufs wurde in § 7 Abs. 4 VerbrKG auf die Rechtsfolgeregelung in § 3 HWiG verwiesen. Das Widerrufsrecht erlosch bei nicht ordnungsgemäßer Belehrung spätestens ein Jahr nach Abgabe der auf Abschluss des Absatzmittlungsvertrages gerichteten Willenserklärung des Verbrauchers bzw. bei Franchise-Verträgen nach Abgabe der auf Abschluss des Franchise-Vertrages gerichteten Willenserklärung des Franchise-Nehmers. Zumindest diese Befristung trug – aber auch nur vorübergehend – zu einem Mindestmaß an Rechtssicherheit für die Vertriebssysteme bei.

Nach der im Verhältnis zum Abzahlungsgesetz engeren Legaldefinition in § 1 Abs. 1 **14** VerbrKG war Verbraucher jede natürliche Person, es sei denn, der Absatzmittlungsvertrag war nach dem Inhalt des Vertrages für eine bereits ausgeübte gewerbliche oder selbständige berufliche Tätigkeit bestimmt. Dann entfiel die Notwendigkeit einer Widerrufsbelehrung.

III. Vertriebsverträge und Fernabsatzgesetz

Durch das **„Gesetz über Fernabsatzverträge und andere Fragen des Verbraucher- 15 rechts sowie zur Umstellung von Vorschriften auf Euro"** vom 27.6.2000[20] wurde die Widerrufsbelehrung nicht nur neu gefasst, sondern – gleichsam für alle Vertriebsformen vor die Klammer gezogen – in § 361a BGB iVm § 7 VerbrKG geregelt.

Der Text der Widerrufsbelehrung und die Anforderungen, die an eine ordnungsgemäße **16** Widerrufsbelehrung zu stellen waren, änderten sich nicht. Auch erlosch das Widerrufsrecht bei nicht ordnungsgemäßer oder unterbliebener Belehrung spätestens ein Jahr nach Abgabe der auf Abschluss des Absatzmittlungsvertrages gerichteten Willenserklärung des Absatzmittlers.

Allerdings fand sich die Definition des „Verbrauchers" nicht im Verbraucherkreditgesetz. **17** Stattdessen wurden in das Bürgerliche Gesetzbuch die §§ 13, 14 BGB mit den Begriffsbestimmungen des „Verbrauchers" und des „Unternehmers" eingefügt. Mit den neu geschaffenen Regelungen der §§ 361a, 361b BGB (§ 7 Abs. 1 S. 1, 2 VerbrKG aF) wurden die Widerrufsfristen, deren Berechnungsweise und die Rechtsfolgen des Widerrufs aus den einzelnen Verbraucherschutzgesetzen weitgehend vereinheitlicht[21].

IV. Vertriebsverträge und Schuldrechtsreform

Durch das **„Gesetz zur Modernisierung des Schuldrechts vom 26. November 18 2001"**[22] wurde das Recht der Widerrufsbelehrung dann knapp ein Jahr später schon wieder neu gefasst. Die früheren Regelungen der §§ 361a, 361b BGB aF zum Widerrufsrecht fanden sich nunmehr in §§ 355, 356 BGB. Neu aufgenommen wurde eine Regelung in § 353 Abs. 3 BGB, die eine einheitliche Frist von sechs Monaten bestimmte, nach deren

---

[18] So ausdrücklich BGH NJW 1993, 64; siehe aus dem Schrifttum: Reiter BB 1991, 2322; Böhner NJW 1993, 3135 ff.

[19] OLG Frankfurt a. M. GRUR 1984, 691.

[20] BGBl. I 897.

[21] Siehe zu dieser Intention des Gesetzgebers: BT-Drs. 14/2658, 46 zu Nummer 2.

[22] BGBl. I 3138 – Schuldrechtsreform oder Schuldrechtsmodernisierungsgesetz genannt.

Ablauf das Widerrufsrecht des Verbrauchers für den Fall erlöschen sollte, wenn dieser nicht oder nicht ordnungsgemäß über sein Widerrufsrecht belehrt worden war. Der Gesetzgeber hielt eine solche vereinheitlichte Erlöschungsfrist für den Rechtsfrieden erforderlich[23]. Die Rechtsfolgen des Widerrufs waren einheitlich in § 357 BGB geregelt. Das entsprechende amtliche Muster zur Widerrufsbelehrung nach § 355 BGB wurde in § 14 der BGB-Informationspflichtenverordnung abgedruckt[24].

19   Zurückgehend auf die sogenannte Heininger-Rechtsprechung des EuGH[25] und des BGH[26], wurde § 355 Abs. 3 BGB dann schon wieder durch die **„Zweite Verordnung zur Änderung der BGB-Informationspflichten-Verordnung vom 1. August 2002"**[27] geändert. § 355 Abs. 3 BGB sah nunmehr vor, dass bei einer unterbliebenen oder nicht ordnungsgemäßen Widerrufsbelehrung das Widerrufsrecht zeitlich unbefristet ausgeübt werden konnte[28]. Die Neufassung der Widerrufsbelehrung galt seit dem 1.11.2002, dh bei Absatzmittlungsverträgen, bei denen die Widerrufsbelehrung vergessen war oder bei denen die nicht den gesetzlichen Vorschriften entsprach, war das Widerrufsrecht nicht mehr nach Ablauf von sechs Monaten nach Vertragsunterzeichnung verwirkt, sondern dieses konnte zeitlich unbefristet ausgeübt werden.

20   Allerdings galt die Neufassung der Widerrufsbelehrung auf der Grundlage von Art. 25 des **„OLG-Vertretungsänderungsgesetzes vom 23. Juli 2002"**[29] nur für alle nach dem 1.11.2002 abgeschlossenen Absatzmittlungsverträge. Altverträge, dh bis zum 31.10.2002 abgeschlossene Absatzmittlungsverträge blieben von dieser Gesetzesänderung unberührt. Durch diese Änderung von § 355 Abs. 3 BGB kehrte die Gesetzgebung wieder zum alten Rechtszustand der zeitlich unbefristeten Widerrufserklärung entsprechend der gem. § 1b AbzG[30] zurück.

V. Vertriebsverträge und Gesetz zur Umsetzung der Verbraucherkreditrichtlinie

21   Die nächste Änderung im Recht der Widerrufsbelehrung für Vertriebsverträge ergab sich dann auf der Grundlage des am 11.6.2010 in Kraft getretenen **„Gesetz zur Umsetzung der Verbraucher-Kreditrichtlinie vom 27.7.2009"**[31]. Durch § 360 Abs. 1 S. 1 Ziff. 1–4 BGB aF wurden die zwingenden Vorgaben zur Widerrufsbelehrung eines Absatzmittlers festgelegt. Danach musste die Widerrufsbelehrung folgende Vorgaben umfassen:

- **einen Hinweis auf das Recht zum Widerruf;**
- **einen Hinweis darauf, dass der Widerruf keiner Begründung bedurfte und in Textform oder durch Rücksendung der Sache innerhalb der Widerrufsfrist erklärt werden konnte;**
- **Name und ladungsfähige Anschrift desjenigen, gegenüber der der Widerruf zu erklären war und**
- **ein Hinweis auf die Dauer und den Beginn der Widerrufsfrist sowie darauf, dass zur Fristwahrung die rechtzeitige Absendung des Widerrufs oder der Sache genügte.**

22   Damit trug bereits diese gesetzliche Regelung mehr als alle vorangegangenen Gesetzesänderungen zur Klarheit zu den Vorgaben einer Widerrufsbelehrung bei.

---

[23] BT-Drs. 14/6040, 198.
[24] In der Fassung der 2. Änderungsverordnung BGBl. 2002 I 2850.
[25] NJW 2002, 81.
[26] NJW 2002, 1881.
[27] BGBl. I 2958 dazu: Flohr/Klapperich, Dauerschuldverhältnisse nach der Schuldrechtsreform, Rn. 46 ff.
[28] Insgesamt zur Widerrufsbelehrung nach der Schuldrechtsreform: Flohr/Klapperich Rn. 46 ff.
[29] BGBl. I 2850.
[30] Beispielhaft insoweit OLG Frankfurt a. M. GRUR 1984, 691; dazu Flohr, Franchiserecht, 1. Auflage, Münster 2002, Rn. 268 mwN.
[31] BGBl. 2009 I 2355.

Die eigentliche Bedeutung dieser Gesetzesänderung ergab sich aber aus § 360 Abs. 3 **23**
S. 2 BGB. Mit dieser Vorschrift wurde durch den Gesetzgeber festgehalten, dass dann
eine gegenüber einem Absatzmittler gem. § 355 Abs. 3 S. 1 BGB aF mitzuteilende
Widerrufsbelehrung den gesetzlichen Anforderungen entspricht, wenn das amtliche Muster der Widerrufsbelehrung entsprechen Anlage 1 zum EGBGB in Textform verwendet
wurde. Damit gab es zum ersten Mal, dh seit dem 11.6.2010 eine mit Gesetzeskraft
ausgestattete Widerrufsbelehrung. Damit war zugleich eine Verwerfungskompetenz der
Instanzgerichte für das vom Vertriebssystem verwendete Muster der Widerrufsbelehrung
gefallen.[32]

VI. Vertriebsverträge und Änderungsgesetz vom 26.5.2011

Eine weitere Änderung der Widerrufsbelehrung ging dann auf das **„Gesetz zur Neufas-** **24**
sung der Widerrufsbelehrung vom 26.5.2011"[33] zurück. Diese gesetzliche Änderung
trat zum 4.8.2011 in Kraft. Gleichzeitig wurde das Muster der Widerrufsbelehrung in
Anlage 1 zum EBGB neu gefasst, wobei dieses neue Muster wegen der 3-monatigen
Anpassungsfrist erst zum 5.11.2011 bei einer notwendigen Widerrufsbelehrung von Franchise-Nehmern verwendet werden musste.

VII. Widerrufsbelehrung und EU-Verbraucherrechte-Richtlinie

Am 28.9.2011 wurde von der EU-Kommission der Entwurf einer „EU-Verbraucher- **25**
rechte-Richtlinie"[34] vorgelegt und am 25.10.2011 die **„EU-Verbraucherrechte-Richt-**
linie (Richtlinie 2011/83 EU)"[35] verabschiedet. Am 14.7.2013 wurde dann das „Gesetz
zur Umsetzung der EU-Verbraucherrechte-Richtlinie und zur Änderung des Gesetzes zur
Regelung der Wohnungsvermittlung"[36] verabschiedet. Dieses Gesetz trat zum 13.6.2014 in
Kraft.

Von Bedeutung ist dieses Gesetz für Franchise-Nehmer deswegen, weil das Recht der **26**
Widerrufsbelehrung bis dahin in §§ 355, 360 BGB aF geregelt war umfassend geändert
wurde. Insofern mussten sich alle Franchise-Systeme darauf einstellen, vom 13.6.2014 an
die Widerrufsbelehrung, soweit die Voraussetzungen in der Person des Franchise-Nehmers
vorlagen, auf der Grundlage des neuen Rechts vorzunehmen.

Die neue gesetzliche Regelung bringt zwei für Franchise-Systeme bedeutende Änderun- **27**
gen mit sich:

- **zum einen ist zukünftig das Widerrufsrecht 1 Jahr und 14 Tage nach Abschluss**
  des Franchise-Vertrages (§ 356 Abs. 2 BGB nF) verwirkt;
- **zum anderen gibt es nicht mehr das Muster zur Widerrufsbelehrung mit Ge-**
  setzeskraft.

Die Verwirkung der Widerrufsfrist spätestens 1 Jahr und 14 Tagen nach Abschluss des **28**
Vertriebsvertrages trägt zur Rechtssicherheit bei. Vergangenheit ist damit die unbefristete
Widerrufbarkeit eines Franchise-Vertrages gem. § 355 Abs. 4 S. 3 BGB aF für den Fall,
dass eine notwendige Widerrufsbelehrung unterblieb oder diese nicht den gesetzlichen
Vorgaben entsprach. Damit entfällt seit dem 13.6.2014 die immer wieder von Franchise-
Nehmern genutzte Möglichkeit, sich bei einer unterbliebenen oder aber der entsprechend
gesetzlichen Widerrufsbelehrung von einem unbeliebt gewordenen Franchise-Vertrag nach

---

[32] Siehe insoweit zur Rspr. zur Widerrufsbelehrung gem. § 14 BGB InformationspflichtenVO LG Halle
BB 2016, 1878.
[33] BGBl. 2011 I 1600.
[34] EU-KUM 2008/0196 COD-PE CONS 26/11.
[35] ABl. 2011 L 304, 64.
[36] BR-Drs. 498/13.

Jahren lösen zu können[37], auch wenn der Franchise-Vertrag über Jahre zwischen den Parteien gelebt wurde[38].

29   Allerdings ist die neue Musterwiderrufsbelehrung komplexer als die bis zum 12.6.2014 geltende. Bis dahin gab es nur ein amtliches Muster zur Widerrufsbelehrung in Anlage 1 zum EGBGB, sodass auch feststand, dass dieses amtliche Muster der Widerrufsbelehrung beim Abschluss von Franchise-Verträgen mit Existenzgründungs-Franchise-Nehmern zugrunde zu legen ist, soweit der Franchise-Vertrag eine Bezugsbindung enthält und die Widerrufswertgrenze von 75.000,00 EUR (§ 512 BGB) nicht überschritten wird. Nunmehr lassen die amtlichen Muster zahlreiche unterschiedliche Widerrufsbelehrungen zu, sodass sich bei Franchise-Verträgen ggf. wieder die Frage nach der „rechtsprechungs-festen" Widerrufsbelehrung stellt und damit die Fragen, die zur Muster-Widerrufsbelehrung gem. Anlage 2 zu § 14 BGB-InfoVO diskutiert wurde.[39] Basiert aber die vom Franchise-Geber vorgenommene Widerrufsbelehrung auf den komplexen seit dem 13.6.2014 geltenden Mustern, so kann sich der Franchise-Geber in gleicher Weise auf den Vertrauensschutz berufen, wie dieser bei einer Verwendung des Musters entsprechend Anlage 2 zu § 14 BGB-InfoVO vom BGH in seinem Urteil vom 15.8.2012[40] festgestellt wurde.

30   Dieser Vertrauensschutz wird auch durch die Entscheidung des OLG Stuttgart vom 29.9.2015[41] unterstrichen. Im ersten Leitsatz dieser Entscheidung hält das OLG Stuttgart fest:

31   *„... Geringe textliche Abweichungen der Widerrufsbelehrung von der Musterbelehrung lassen die Schutzwirkung des § 14 I BGB – InfoVO jedenfalls dann entfallen, wenn die erteilte Belehrung aufgrund der vorgenommenen Änderungen nicht in gleichem Maße deutlich ist wie die Musterbelehrung. ..."*

32   Daraus folgt in der Umkehrung, dass solche Änderungen, die dem Deutlichkeitsgebot über die Widerrufsbelehrung nicht widersprechen, die Schutzfunktion des § 14 Abs. 1 BGB – InfoVO nicht entfallen lassen[42]. Damit unterstreicht das OLG Stuttgart auch die frühere Rechtsprechung zu Widerrufsbelehrung, wonach diese dem sog. **Deutlichkeitsgebot** entsprechen muss, dh sich aus der Widerrufsbelehrung unmissverständlich ergeben muss, dass ein Recht zum Widerruf besteht, innerhalb welcher Frist der Widerruf zu erklären ist und sich diese Widerrufsbelehrung als solche deutlich vom üblichen Vertragstext absetzt[43].

C. Widerrufsbelehrung (§ 355 Abs. 1 S. 1 BGB)

I. Bedeutung

33   Das Widerrufsrecht soll vor vertraglichen Bindungen schützen, die den Vertriebspartner möglicherweise übervorteilen ohne gründlich das Für und Wider des Vertragsabschlusses abgewogen zu haben. Damit durchbricht das Widerrufsrecht den Grundsatz „pacta sunt

---

[37] Siehe zu dieser Problematik der Widerrufsbelehrung „Exit-Klausel": Flohr ZVertriebsR 2012, 70 ff.

[38] Zu der sich nach langem Zeitablauf stellenden Frage der Rechtsmissbräuchlichkeit s. OLG Suttgart ZVertriebsR 2016, 4 – sowie BGH 16.3.2016 – VIII ZR 146/15, BeckRS 2016, 7523.

[39] S. beispielhaft LG Halle BB 2006, 1878.

[40] ZVertriebsR 2012, 378.

[41] ZVertriebsR 2016, 4.

[42] Siehe dazu BGH 12.7.2016 – XI ZR 564/15, BeckRS 2016, 17206 allerdings zu einem Widerruf bei einem Verbraucherdarlehensvertrag.

[43] Siehe zu dieser Rechtsprechung zum Deutlichkeitsgebot der Widerrufsbelehrung Flohr, Franchise-Vertrag, S. 70 f. mit einer Zusammenstellung der Entscheidungen in Fn. 243.

servanda"[44]. Soweit es der Verbraucherschutz gebietet, besteht das Widerrufsrecht auch bei einem nichtigen[45] oder einem gekündigten Vertriebsvertrag[46].

Das Widerrufsrecht ist ein Gestaltungsrecht und seinem Inhalt nach als besonderes Rücktrittsrecht ausgestaltet[47]. Das Rücktrittsrecht ist vererblich und kann mit den Rechten und Pflichten aus dem Vertriebsvertrag, nicht aber isoliert, übertragen werden[48]. **34**

Gleichzeitig stellt sich die Ausübung des Widerrufsrechts als die Ausübung einer einseitigen empfangsbedürftigen Willenserklärung dar. Wird also der Widerruf von einem Vertreter des Vertriebspartners erklärt, so muss dem der Widerruf gem. § 174, S. 1 BGB das Original der Vertretungsvollmacht vorgelegt werden. Die Vorlage einer beglaubigten Abschrift oder Fotokopie genügt nicht[49]. Auch die Vorlage einer Faxkopie der Vollmachtsurkunde ist nicht ausreichend[50]. Insofern kann die Vollmachtsurkunde auch nicht per E-Mail übermittelt werden[51]. Wird hingegen der erklärte Widerruf mangels vorgelegter Vollmacht gem. § 174, S. 2 BGB zurückgewiesen, so ist dafür ebenfalls eine Vollmacht notwendig. Diese Rückweisung ist nämlich ebenfalls eine einseitige empfangsbedürftige Willenserklärung iSv § 111 BGB[52]. **35**

II. Wirkung des Widerrufsrechts

Die Ausübung des Widerrufsrechts wandelt den Vertriebsvertrag ex nunc in ein Abwicklungsverhältnis nach Maßgabe von § 355 Abs. 3 BGB iVm § 357 BGB um. Nach Erlöschen des Widerrufsrechts werden die Erklärungen des Vertriebspartners im Vertrag endgültig unwirksam. Mängel des Vertrages bleiben davon unberührt[53]. **36**

Insofern löst der Widerruf keine Rückabwicklung des Vertragsverhältnisses gem. §§ 812 ff. BGB aus, wie noch bis zum Inkrafttreten des Schuldrechtsmodernisierungsgesetzes angenommen wurde[54]. Dabei war umstritten, ob auf die Rückabwicklung zu Lasten des Franchise-Nehmers die bereicherungsrechtliche Saldotheorie Anwendung findet[55]. **37**

III. Widerruf (§ 355 Abs. 1 S. 2 BGB)

1. Inhalt des Widerrufs. Der Widerruf bedarf keiner Begründung (§ 355 Abs. 1 S. 4 BGB)[56]. Dieser muss den Vertrag so bezeichnen, dass aufgrund des Widerrufs klar wird, auf welchen Vertrag sich dieser erstreckt[57]. Gleichzeitig muss der Vertriebspartner, der den Widerruf erklärt, erkennbar sein. Allerdings ist es nicht zwingend erforderlich, dass das Wort „Widerruf" verwendet wird. Es genügt eine Äußerung, aus der sich ergibt, dass der Vertriebspartner den Vertrag nicht mehr gegen sich gelten lassen will[58]. **38**

Die Erklärung des Widerrufs darf nicht an eine Bedingung geknüpft werden. Der Widerruf als solcher ist nämlich bedingungsfeindlich[59]. Zulässig ist es aber, einen Widerruf **39**

---

[44] Dazu insgesamt Grüneberg BGB § 355 Rn. 3.
[45] BGH NJW 2010, 610.
[46] LG Bamberg VersR 2011, 1251; aus dem Schrifttum Grüneberg BGB § 355 Rn. 3.
[47] Siehe aus der Rechtsprechung BGH BB 2004, 1246; OLG Koblenz NJW 2006, 1919 (1921).
[48] Grüneberg BGB § 355 Rn. 3, aE.
[49] BGH NJW 1981, 1210; 1994, 1472; OLG Hamm NJW-RR 2005, 134.
[50] OGL Hamm NJW 1991, 1185.
[51] Grüneberg/Ellenberger BGB § 174 Rn. 5.
[52] Grüneberg/Ellenberger BGB § 111 Rn. 5.
[53] Grüneberg BGB § 355 Rn. 5.
[54] Vgl. etwa aus der Rechtsprechung zur Rückabwicklung von Franchise-Verträgen: BGHZ 111, 287; OLG Oldenburg DStR 1998, 903 – ServiceMaster.
[55] So ausdrücklich OLG Dresden NJW-RR 1996, 1013; siehe dazu auch Flohr/Klapperich, Dauerschuldverhältnisse nach der Schuldrechtsreform, Recklinghausen 2003, Teil A Rn. 58 ff.
[56] BGH NJW 2016, 1951.
[57] Grüneberg BGB § 355 Rn. 6.
[58] Aus der Rechtsprechung siehe BGH NJW 1993, 128; 1996, 1964; aus dem Schrifttum: Grüneberg BGB § 355 Rn. 6.
[59] Grüneberg BGB § 355 Rn. 6.

als sog. Eventualwiderruf für den Fall zu erklären, dass die vom Vertriebspartner primär vorgetragene Rechtsverteidigung der Nichtigkeit des abgeschlossenen Vertriebsvertrags erfolglos bleiben sollte[60].

40   **2. Erklärung des Widerrufs durch einen Vertreter.** Der Widerruf kann auch durch einen anwaltlichen Vertreter des Vertriebspartners erklärt werden. Notwendig ist dann aber, dass gem. § 174, S. 1 BGB die Originalvollmacht vorgelegt wird. Die Vorlage einer Fotokopie oder deren Übermittlung per Telefax oder E-Mail reichen nicht aus[61]. Zugleich muss sich aus dieser Originalvollmacht ergeben, dass der Vertreter zur Erklärung des Widerrufs gem. § 355 BGB berechtigt ist.

41   Da der Widerruf den widerrufenen Vertrag so bezeichnen muss, dass dieser identifiziert werden kann, muss demgemäß auch die Originalvollmacht so ausgestellt sein, dass sich aus der Vollmacht ergibt, auf welchen zu widerrufenden Vertrag des Vertriebspartners sich diese Vollmacht bezieht. Die Formulierung „Widerruf des Franchise-Vertrages" reicht insbesondere dann nicht aus, wenn der anwaltlich vertretene Franchise-Nehmer mehrere Franchise-Verträge abgeschlossen hat. Dann kann anhand der Vollmacht nicht der zu widerrufende Vertrag identifiziert werden. Der erklärte Widerruf ist dann unwirksam.

42   **3. Erklärung des Widerrufs.** Die Erklärung des Widerrufs des Franchise-Nehmers gegenüber dem Franchise-Geber kann schriftlich und damit auch per Telefax erfolgen, aber auch in Textform, dh per E-Mail. Dies gilt auch für die Widerrufsbelehrung nach § 355 Abs. 1 BGB. Dies ist die Konsequenz der Neufassung von § 309 BGB zum 1.10.2016 durch das „Gesetz zur Verbesserung der zivilrechtlichen Durchsetzung verbraucherschützender Vorschriften des Datenschutzrechts" vom 17.2.2016.[62] Danach können in Zukunft auch Mitteilungen per E-Mail oder SMS etc erfolgen und damit den Ansprüchen einer Vertragsänderung genügen. Die Textform ersetzt damit grundsätzlich seit dem 1.10.2016 die Schriftform.

43   § 355 Abs. 1 S. 3 BGB stellt klar, dass sich aus der Erklärung der Entschluss des Franchise-Nehmers, den Widerruf des abgeschlossenen Franchise-Vertrages zu erklären „eindeutig" ergeben muss. Um hier keine unnötigen Auslegungsschwierigkeiten entstehen zu lassen, sollte neben der Widerrufsbelehrung auch dem Franchise-Nehmer zugleich ein „Muster-Widerrufsschreiben" übergeben werden.[63]

44   Die Erklärung bedarf im Gegensatz zum früheren Recht keiner Unterschrift oder elektronischen Signatur, muss aber den Erklärenden zweifelsfrei erkennen lassen[64]. Letztlich kann der Widerruf zum gerichtlichen Protokoll erklärt werden[65] oder auch in der mündlichen Verhandlung oder in einem im gerichtlichen Verfahren zu übergebenden Schriftsatz, vorausgesetzt, die Widerrufsfrist ist zu diesem Zeitpunkt noch nicht abgelaufen[66].

45   Die Erklärung des Widerrufs konnte bis zum 12.6.2014 auch durch Rücksendung der Sache erfolgen. Diese Möglichkeit kommt aber bei Vertriebsverträgen, insbesondere bei Franchise-Verträgen nicht in Betracht. Vielmehr warteten Franchise-Geber, bevor der Leistungsaustausch gegenüber dem Franchise-Nehmer erfolgte, solange ab, bis die Widerrufsfrist iSv § 355 Abs. 2 S. 1 BGB aF abgelaufen war. Dies galt insbesondere deswegen, weil im Rahmen des Franchise-Vertrages dem Franchise-Nehmer auch das Know-how des Franchise-Systems in der Regel durch Übergabe des Franchise-Handbuches zur Verfügung gestellt wird. Insoweit enthielten die Franchise-Verträge die Regelung, dass die Übergabe des Franchise-Handbuches und damit der Know-how-Transfer erst dann erfolgt, wenn eine

---

[60] Grüneberg BGB § 355 Rn. 6 aE.

[61] Siehe aus der Rspr.: BGH NJW 1981, 1210; 1994, 1472; OLG Hamm NJW-RR 2005, 134; OLG Hamm NJW 1991, 1185.

[62] BGBl. 2016 I 233.

[63] Siehe dazu die Richtlinien des Deutschen Franchise-Verband zur Widerrufsbelehrung, abgedruckt in: Jahrbuch Franchising 2016/2017, 325 ff.

[64] Siehe auch insoweit Grüneberg BGB § 355 Rn. 7.

[65] BGH NJW 1985, 1544.

[66] Siehe auch insoweit Grüneberg BGB § 355 Rn. 7.

etwaige dem Franchise-Nehmer einzuräumende Widerrufsfrist iSv § 355 Abs. 2 S. 1 BGB aF abgelaufen war.[67]

4. Rechtzeitigkeit des Widerrufs. Gemäß § 355 Abs. 2 S. 1 BGB beträgt die Wider- **46** rufsfrist 14 Tage, dh innerhalb dieser Widerrufsfrist muss vom Franchise-Nehmer seiner auf Widerruf des Franchise-Vertrages gerichteten Willenserklärung erklärt werden; aber nicht dem Franchise-Geber zugegangen sein. Entscheidend ist nachwievor die rechtzeitige Erklärung des Widerrufs aber nicht dessen Zugang, obwohl es sich bei dem Widerruf um eine einseitige empfangsbedürftige Willenserklärung handelt.

Die zum alten Recht erörterte Frage, welche Konsequenzen es für die Rechtzeitigkeit **47** des Widerrufs hat, wenn Franchise-Geber und Franchise-Nehmer den Franchise-Vertrag zu unterschiedlichen Zeitpunkten unterzeichnen, ist seit dem 13.6.2014 eine Frage der Vergangenheit. Diese Frage wird sich zukünftig nur noch für den Widerruf solcher Franchise-Verträge stellen, die bis zum 12.6.2014 abgeschlossen wurden. Nach altem Recht wurde die Diskussion nämlich deswegen geführt, um ggf. noch gem. § 355 Abs. 4 S. 3 BGB aF auch nach Ablauf der 14-tägigen Widerrufsfrist den Widerruf erklären zu können, weil die Nichteinhaltung des Widerrufs nach altem Recht ebenfalls zur zeitlichen unbefristeten Widerrufbarkeit führte. Nach neuem Recht wird sich diese Frage deswegen nicht mehr stellen, weil das Widerrufsrecht spätestens nach 1 Jahr und 14 Tage nach Vertragsabschluss verwirkt ist. Insofern trägt das neue Recht auch in diesem Punkt zur Rechtssicherheit bei.

IV. Widerrufsfrist (§ 355 Abs. 2 S. 1 BGB)

Grundsätzlich beträgt die Widerrufsfrist gem. § 355 Abs. 2 S. 1 BGB 14 Tage. Diese **48** Frist beginnt allerdings nur dann, wenn der Franchise-Nehmer bei Vertragsabschluss ordnungsgemäß iSv § 355 Abs. 1 BGB belehrt wurde. Da das bis zum 12.6.2014 geltende Recht der Widerrufsbelehrung für bis dahin abgeschlossene Franchise-Verträge mangels einer Überleitungsvorschrift im neuen Recht noch fort gilt, ist insofern für solche abgeschlossenen Alt-Franchise-Verträge zum einen § 360 Abs. 1 BGB aF zu beachten, nach der auch eine ordnungsgemäße Belehrung in Textform mitgeteilt werden musste.

Zum anderen verlängerte sich die Widerrufsfrist von 14 Tagen nach altem Recht gem. **49** § 355 Abs. 2 S. 3 BGB auf einen Monat, wenn die Belehrung erst nach Vertragsabschluss erfolgte oder aber eine versäumte oder nicht ordnungsgemäße Widerrufsbelehrung durch eine neue Widerrufsbelehrung nachgeholt wurde. Diese nachgeholte Widerrufsbelehrung musste den gesetzlichen Anforderungen entsprechen und einen deutlich erkennbaren Bezug zu dem abgeschlossenen Franchise-Vertrag aufweisen.[68] Die Widerrufsfrist konnte nach altem Recht weder vertraglich verlängert noch verkürzt werden.[69]

V. Fristbeginn (§ 355 Abs. 2 S. 2 BGB)

Begann nach dem bis zum 12.6.2014 geltenden Recht die Widerrufsbelehrung gem. **50** § 355 Abs. 3 S. 1 BGB nur dann, wenn der Franchise-Geber dem Franchise-Nehmer eine Belehrung in Textform übermittelt hatte, die den Anforderungen des § 366 BGB entsprach, so hält nunmehr § 355 Abs. 2 S. 2 BGB fest, dass die Widerrufsfrist mit Vertragsabschluss beginnt, also in dem Zeitpunkt, in dem der Franchise-Vertrag vom Franchise-Geber und Franchise-Nehmer unterzeichnet wird. Dadurch, dass der Gesetzgeber ausdrücklich hervorhebt, dass die Widerrufsfrist **„mit Vertragsschluss"** beginnt, entfällt eine

---

[67] Siehe zu dieser Formulierung im Text eines Franchise-Vertrages: Flohr, Franchise-Vertrag, S. 146.
[68] Siehe dazu aus der Rechtsprechung BGH NJW-RR 2011, 403; WM 2011, 655.
[69] So ausdrücklich Grüneberg BGB § 355 Rn. 14.

Berechnung des Fristbeginns nach § 187 Abs. 1 BGB, die bei dem bis zum 12.6.2014 abgeschlossenen Franchise-Verträgen immer wieder diskutiert wurde.[70]

51   Dies heißt aber nicht, dass für die Berechnung des Fristendes nicht § 188 Abs. 2 Alt. 1, 193 BGB zur Anwendung kommt. Insofern gilt auch für das neue Recht der Widerrufsbelehrung, dass dann, wenn das Fristende auf einen Samstag oder Sonntag oder gesetzlichen Feiertag fällt, die Widerrufsfrist erst um 0.00 Uhr des darauffolgenden Werktages endet.[71]

52   Allerdings enthält das neue Recht der Widerrufsbelehrung in diesem Grundsatz eine Ausnahme. Gemäß § 355 Abs. 2 S. 2 Alt. 2 BGB, wenn es dort im Hinblick auf den Beginn der Widerrufsfrist heißt „soweit nichts anderes bestimmt ist". Insofern kann die Widerrufsfrist verlängert, aber nicht verkürzt werden (§ 361 Abs. 2 S. 1 BGB).

VI. Widerrufsbelehrung (§ 356 Abs. 3 BGB)

53   Der Franchise-Nehmer hat ein Recht einen Rechtsanspruch auf Erteilung einer ordnungsgemäßen Widerrufsbelehrung, soweit die Voraussetzungen für eine solche Widerrufsbelehrung vorliegen. Insofern handelt es sich bei der Widerrufsbelehrung nicht nur um eine Obliegenheit, sondern eine Verpflichtung des Franchise-Gebers.[72] Aus § 355 Abs. 2 S. 2 Alt. 1 BGB folgt, dass die Widerrufsbelehrung erst in dem Augenblick vorgenommen werden kann, in dem der Franchise-Vertrag abgeschlossen wurde. Auch nach neuem Recht ist daher eine vorher, dh vor Vertragsabschluss erteilte Widerrufsbelehrung unwirksam.[73]

54   Gemäß § 356 Abs. 3 BGB setzt die ordnungsgemäße Widerrufsbelehrung und damit der Beginn der Widerrufsfrist aber voraus, dass dem Franchise-Nehmer eine Widerrufsbelehrung entsprechend den Anforderungen von Art. 246a § 1 Abs. 2 S. 1 Nr. 1 EGBGB oder gem. Art. 246b § 2 Abs. 2 EGBGB erfolgte.

55   Nach § 355 Abs. 3 S. 1 letzter Satzteil BGB aF musste das Widerrufsrecht in Textform „mitgeteilt" sein. Dies bedeutete, dass ein Exemplar der Widerrufsbelehrung beim Franchise-Nehmer verbleiben musste[74]. Nahm der Franchise-Geber dieses nach Vorgabe der Widerrufsbelehrung und Unterzeichnung durch den Franchise-Nehmer wieder an sich, begann der Lauf der Widerrufsfrist erst, wenn der Franchise-Nehmer die Belehrung dauerhaft zurückerhielt.[75]

56   § 357 Abs. 3 S. 1 BGB setzt nunmehr für den Beginn der Widerrufsfrist nur noch voraus, dass der Franchise-Nehmer über das ihm eingeräumte Recht der Widerrufsbelehrung durch ein Formular entsprechend den Vorgaben in Art. 246a, 246b EGBGB „unterrichtet" worden ist. Damit könnte man meinen, dass die strengen Anforderungen des alten Rechts nicht mehr gelten. Allerdings sollte aus Gründen der Rechtssicherheit die bisherige Übung beibehalten werden, dh dass sowohl die Ausfertigung des Franchise-Vertrages, die der Franchise-Geber erhält als auch die, die dem Franchise-Nehmer übergeben wird, eine vom Franchise-Nehmer unterzeichnete und mit Datum versehene Widerrufsbelehrung umfasst. Damit ist auf jeden Fall der Unterrichtungsverpflichtung iSv § 357 Abs. 3 S. 1 BGB genüge getan.

VII. Erlöschen des Widerrufsrechts (§ 356 Abs. 3 S. 2 BGB)

57   Da das neue Recht der Widerrufsbelehrung keine Überleitungsvorschrift enthält, ist im Hinblick auf das Erlöschen der Widerrufsfrist zwischen dem Rechtszustand bis zum 12.6.2014 und dem ab dem 13.6.2014 zu differenzieren.

---

[70] Ausführlich dazu Reif Jahrbuch Franchising 2011, 226 (232 ff.) mwN; siehe insoweit aus der Rspr. LG Halle BB 2006, 1878.

[71] Siehe zu dieser Problematik der Berechnung des Ende der Widerrufsfrist nach altem Recht Flohr, Franchise-Vertrag, S. 313 mwN.

[72] Siehe aus der früheren Rechtsprechung BGH NJW 1990, 181.

[73] Siehe dazu aus der Rechtsprechung zum alten Recht BGH NJW 2002, 3396.

[74] Siehe BGH NJW 1989, 540.

[75] Vgl. OLG Koblenz ZIP 2002, 1979.

Gemäß § 355 Abs. 4 S. 1 BGB aF erlischt das Widerrufsrecht für bis zum 12.6.2014 **58** abgeschlossene Franchise-Verträge spätestens 6 Monate nach Vertragsabschluss. Dies gilt aber für solche Franchise-Verträge nicht in allen Fällen. Abweichend von § 355 Abs. 4 S. 1 BGB aF erlischt nämlich das Widerrufsrecht dann nicht, wenn der Franchise-Nehmer nicht entsprechend den Anforderungen des § 360 Abs. 1 BGB aF belehrt wurde. In diesen Fällen kann das Widerrufsrecht zeitlich unbefristet und damit nach Ablauf von 6 Monaten ausgeübt werden. Insofern wurde in § 360 Abs. 3 S. 1 BGB aF ausdrücklich festgehalten, dass die Widerrufsbelehrung dann den Anforderungen des § 355 Abs. 1 BGB aF entspricht, wenn dieser entsprechend dem Muster der Anlage 1 zum EGBGB erfolgte.

Gänzlich anders stellt sich die Rechtslage für solche Franchise-Verträge dar, die seit dem **59** 13.6.2014 abgeschlossen worden sind. Hier endet die Widerrufsfrist bei einer unterbliebenen oder aber nicht den Mustern des Art. 246a, 246b EGBGB entsprechenden Widerrufsbelehrung mindestens 1 Jahr und 14 Tage nach Vertragsschluss iSv § 355 Abs. 2 S. 2 Alt. 1 BGB. Damit gehört für Franchise-Verträge die Diskussion um die „unbefristete Widerrufbarkeit" genauso der Vergangenheit an, wie eine unzureichende oder unzutreffende Widerrufsbelehrung nach Jahren der Vertragspraxis als „Exit-Klausel" genutzt wurde, um sich von einem unliebsam gewordenen Franchise-Vertrag zu trennen und auch noch Rückforderungsansprüche nach § 812 Abs. 1 S. 1 Alt. 1 BGB gegenüber dem Franchise-Geber geltend machen zu können. Die Erfahrung hat nämlich gezeigt, dass in der Regel bei einer unzutreffenden oder aber unterbliebenen Widerrufsbelehrung nicht das Widerrufsrecht innerhalb des ersten Jahres die Zusammenarbeit vom Franchise-Nehmer ausgeübt wurde, sondern in der Regel erst zu einem viel späteren Zeitpunkt und dann nicht, um ein eingeräumtes Verbraucherschutzrecht wahrnehmen zu können, sondern um sich von einem unliebsamen Franchise-Vertrag zu trennen. Teilweise wurde dann das Widerrufsrecht auch „missbraucht", um alsdann das Franchise-Outlet in eigener Verantwortung aber ohne Verpflichtung zur Leistung laufender Franchise-Gebühren aber unter Nutzung des im Rahmen der Zusammenarbeit vermittelten Know-how weiterführen zu können; auch weil dann durch den Widerruf mit ex-tunc-Wirkung ein vertraglich vereinbartes Wettbewerbsverbot für den Franchise-Nehmer entfiel.

In solchen Fällen konnte der Ausübung eines Widerrufsrechts durch den Franchise- **60** Nehmer auch nicht durch den Franchise-Geber die „Anwendung des Rechtsmissbrauchs" (§ 242 BGB) entgegengehalten werden[76].

VIII. Verwirkung/Rechtsmißbrauch und Widerrufsrecht

Da das seit dem 13.6.2014 geltende Widerrufsrecht für bis dahin abgeschlossene Fran- **60a** chise-Verträge nicht gilt, stellt sich für solche „Altverträge" immer die Frage der unbefristeten Widerrufbarkeit gem. § 355 Abs. 4 BGB aF und damit bei einem Widerruf nach mehreren Jahren oder sogar nach Beendigung des Franchise-Vertrages die Frage der Verwirkung des Widerrufs bzw. des Rechtsmissbrauchs. Nach dem Urteil des BGH vom 21.2.2017[77] ist zwar eine solche Verwirkung möglich aber nur unter sehr eingeschränkten Voraussetzungen[78]. Allein eine lange Zeitdauer zwischen Vertragsabschluss und Widerruf oder ein Widerruf, um konkurrierend zum Franchise-System tätig zu werden zu können, reichen nicht aus, um eine solche Verwirkung oder einen Rechtsmissbrauch anzunehmen[79].

---

[76] S. dazu aus der Rspr. BGH 16.3.2016 – VIII ZR 146/15, BeckRS 2016, 7523; OLG Stuttgart ZVertriebsR 2016, 4; OLG Frankfurt a. M. ZVertriebsR 2016, 88 insbes. Leitsatz 3 der Entscheidung.
[77] BGH 21.2.2017 – XI ZR 381/16, BeckRS 2017, 106963.
[78] Siehe auch BGH WM 2016, 1835; 2016, 1930 mit ausführlicher Darstellung der Rechtsfragen der Verwirkung bzw. des Rechtsmissbrauchs eines Widerrufes.
[79] Siehe aus der Rspr. Der Instanzgerichte: OLG Frankfurt a. M. 26.8.2015 – XVII U 202/14.

IX. Beweislast

61   Bestreitet der Franchise-Nehmer eine ordnungsgemäße Widerrufsbelehrung, so trägt auch nach neuem Recht der Franchise-Geber die Beweislast dafür, dass eine ordnungsgemäße Widerrufsbelehrung des Franchise-Nehmers entsprechend § 355 BGB iVm § 357 Abs. 3 BGB erfolgte (arg. aus § 361 Abs. 3 BGB). Aus diesem Grunde sollte auch nach neuem Recht die Übung beibehalten werden, dass die Widerrufsbelehrung als solche keine Zusätze enthält, die sich aus den Mustern entsprechend Art. 246a, 246b EGBGB ergeben und damit auch nicht zugleich das Empfangsbekenntnis für den Erhalt einer Ausfertigung des Franchise-Vertrages umfassen. Vielmehr sollte sich der Franchise-Geber nach wie vor die Vornahme der Widerrufsbelehrung in einer gesonderten Urkunde bestätigen lassen.

62   Allerdings kommt der Beweislast nach neuem Recht nicht mehr eine so große Bedeutung zu wie nach altem Recht. Konnte nämlich der Franchise-Geber nach altem Recht keine ordnungsgemäße Widerrufsbelehrung entsprechend § 355 Abs. 3 BGB aF nachweisen, galt der Grundsatz der unbefristeten Widerrufbarkeit gem. § 355 Abs. 4 S. 2 BGB aF. Nunmehr sieht § 356 Abs. 3 S. 2 BGB vor, dass selbst das Widerrufsrecht in den Fällen, in denen eine ordnungsgemäße Belehrung des Franchise-Nehmers nicht nachgewiesen werden kann, spätestens 1 Jahr und 14 Tage nach Vertragsschluss endet. Dadurch minimiert sich das Risiko, das ein Franchise-Geber zu tragen hat, wenn kein Nachweis über eine ordnungsgemäße Widerrufsbelehrung erfolgen kann.

D. Existenzgründungs-Franchise-Nehmer

63   Überlagert wird die Diskussion um die „rechtsprechungsfreie" Widerrufsbelehrung von der Frage, wann eine Widerrufsbelehrung vorzunehmen ist – wann also ein Absatzmittler **Verbraucher** iSd § 13 BGB oder **Unternehmer** iSd § 14 BGB ist.[80] Diese Frage ist deswegen von grundsätzlicher Bedeutung für die Widerrufsbelehrung, weil nur ein Verbraucher über sein Widerrufsrecht zu belehren ist. Insofern ist der Verbraucherbegriff des § 13 BGB mit dem des § 355 BGB identisch.[81]

64   **1. Franchise-Nehmer als Unternehmer iSv § 14 BGB.** Bei **Unternehmen iSv § 14 BGB** ist, auch wenn der Franchise-Vertrag eine Bezugsbindung gem. §§ 502, 505 BGB enthält, eine Widerrufsbelehrung kraft Gesetzes grundsätzlich nicht erforderlich.

65   Allerdings ist auch hier eine **Differenzierung** geboten: es erscheint nämlich fraglich, ob die Unternehmereigenschaft iSv § 14 BGB dann gegen ist, wenn der Franchise-Nehmer zwar bereits für ein Franchise-System aber in einem anderen Marktsegment tätig war, dann eine Zeit lang keiner selbständigen Tätigkeit nachging, um danach erneut einen Franchise-Vertrag zu unterzeichnen. Hier könnte in der Wiederaufnahme der Tätigkeit als Franchise-Nehmer erneut das sog. **kaufmännische Erstgeschäft** liegen. Die Konsequenz wäre, dass ein solcher Franchise-Nehmer nicht als Unternehmer, sondern als Existenzgründungs-Franchise-Nehmer einzustufen ist.[82]

66   Abzugrenzen ist dies vom **„Verbraucher".** Dieser wird in § 13 BGB definiert als jede natürliche Person, die ein Rechtsgeschäft zu Zwecken abschließt, die überwiegend weder der gewerblichen noch der selbständigen beruflichen Tätigkeit zugerechnet werden können. Nicht geregelt in § 13 BGB in der seit dem 13.6.2014 geltenden Fassung sind aber die sog. **Dual-Use-Produkte.** Hierbei handelt es sich um Verträge, die sowohl zu gewerblichen als auch zu nicht gewerblichen Zwecken abgeschlossen werden können. Hier soll es auf den überwiegenden Zweck ankommen. Diese Differenzierung ist aber für Vertriebsverträge ohne Bedeutung, da diese zu gewerblichen Zwecken oder zumindest aber zur

---

[80] Vgl. allgemein zum Verbraucherbegriff Denkinger, Der Verbraucherbegriff, S. 133 ff. mwN.
[81] Grüneberg BGB Vorb. v. § 355 Rn. 5.
[82] Vgl. zu dieser eher rechtspolitische Frage insbesondere Böhner Jahrbuch Franchising 1992, 113 (114 f.).

Ausübung einer selbständigen beruflichen Tätigkeit und nicht zu privaten Zwecken abgeschlossen werden.[83]

2. Existenzgründung-Nehmer iSv §§ 14, 505, 507 BGB. a) Abschluss Franchise- **67** **Vertrag als kaufmännisches Erstgeschäft.** Problematisch ist die Notwendigkeit einer Widerrufsbelehrung bei einem sog. **Existenzgründungs-Franchise-Nehmer,** dh bei demjenigen, der zwar Verbraucher iSd § 13 BGB ist, aber mit Abschluss des Franchise-Vertrages sein sog. kaufmännisches Erstgeschäft begeht also im Zeitpunkt des Vertragsabschlusses weder als eingetragener Kaufmann noch in der Rechtsform einer Personen- oder Kapitalgesellschaft tätig ist. Hier hat der Beschluss des BGH vom 24.2.2005[84] unter Bestätigung der Rechtsprechung des OLG Düsseldorf[85] sowie dies des OLG Rostock[86] Klarheit gebracht. Der BGH hat festgestellt, dass bei einem der Existenzgründung dienenden Geschäft Unternehmer- und nicht Verbraucherhandeln vorliegt.[87]

b) Franchise-Vertrag und die Existenzgründung vorbereitender Rechtsgeschäf- **68** **te.** Allerdings ist nicht jedes, von einem zukünftigen Franchise-Nehmer abzuschließendes Geschäft als ein solches anzusehen, durch das dessen Unternehmereigenschaft begründet wird. Vielmehr ist nach der Entscheidung des BGH vom 15.11.2007[88] das **Unternehmer-** **und Verbraucherhandeln gegeneinander abzugrenzen,** wenn es um ein Rechtsgeschäft geht, das lediglich der Vorbereitung einer Existenzgründung dient.

Zukünftig wird man also für die Unternehmereigenschaft eines Franchise-Nehmers iSd **69** § 14 BGB zu differenzieren haben zwischen solchen Rechtsgeschäften, die der Vorbereitung der Existenzgründung, dh der zukünftigen Tätigkeit als Absatzmittler dienen und solchen Rechtsgeschäften, mit denen unmittelbar die Existenz begründet wird. Nur solche Rechtsgeschäfte sind als Unternehmerhandeln anzusehen und begründen die Unternehmereigenschaft des Absatzmittlers iSd § 14 BGB. Daraus folgt im Umkehrschluss, dass bei Rechtsgeschäften des Absatzmittlers, die lediglich der Vorbereitung der Existenzgründung dienen und insofern Verbraucherhandeln darstellen, eine Widerrufsbelehrung nach § 355 Abs. 1 BGB vorzunehmen ist, wenn die insoweit normierten Voraussetzungen (Bezugsbindung) gegeben sind, ohne dass es insoweit auf die Widerrufswertgrenze iSd § 513 BGB ankommt.

E. Widerrufswertgrenze

Auch wenn der Bundesgerichtshof mit seinem Beschluss vom 24.2.2005[89] festgestellt hat, **70** dass Franchise-Nehmer mit der Unterzeichnung des Franchise-Vertrages Unternehmer iSv § 14 BGB werden, bestand noch immer die Notwendigkeit, bei einer durch den Franchise-Vertrag begründeten Bezugsbindung den Franchise-Nehmer über sein Widerrufsrecht zu belehren, vorausgesetzt die auf der Grundlage des Franchise-Vertrages zu tätigenden Investitionen überstiegen keinen Betrag von 50.000,00 EUR (sog. „**Widerrufswert-** **grenze**" iSv § 507 BGB aF)[90].

Diese Widerrufswertgrenze beträgt seit dem 11.6.2010 75.000,00 EUR (§ 513 BGB). **71** Nach wie vor ist aber keine wirtschaftliche Betrachtung bei Ermittlung der Widerrufswertgrenze zulässig, sondern es ist streng formal ausschließlich auf die Vorschriften des ab-

---

[83] Umfassend dazu: Bitter/Clausnitzer/Föhlisch, Das neue Verbrauchervertragsrecht, Köln 2014, Rn. 29.
[84] BGH NJW 2005, 1273.
[85] OLG Düsseldorf NJW-RR 2002, 641.
[86] OLG Rostock OLGR 2003, 505 (506 ff.).
[87] Zum Ganzen auch Flohr BB 2006, 389 (394).
[88] BGH WRP 2008, 111.
[89] NJW 2005, 1273; siehe auch BGH WRP 2008, 111; BGH EWiR § 13 BGB 1/10 mAnm Böttcher.
[90] Vgl. zur Widerrufswertgrenze und deren Ermittlung: Flohr/Petsche, Franchisrecht, Rn. 162; Flohr BB 2006, 389 (394); aus der Rspr. ua OLG Brandenburg NJW 2006, 159.

zuschließenden Franchise-Vertrages zu achten[91]. Ergeben sich aus dem Franchise-Vertrag und nicht aus nachfolgenden Kauf- oder Werkverträgen keine finanziellen Verpflichtungen des Franchise-Nehmers, die über 75.000,00 EUR hinausgehen, so ist dieser Franchise-Nehmer über sein Widerrufsrecht zu belehren, auch wenn mit Unterzeichnung des Franchise-Vertrages dessen Unternehmereigenschaft iSv § 14 BGB begründet wurde und diese Verträge zeitgleich mit dem Franchise-Vertrag unterzeichnet werden[92]. Andernfalls besteht nämlich Gefahr, dass durch eine wirtschaftliche Zusammenfassung (dh Betrachtung) der zwischen Franchise-Geber und Franchise-Nehmer abgeschlossenen Verträge die Widerrufswertgrenze von 75.000,00 EUR überschritten wird.

72   Dem gegenüber geht das LG Dortmund in seinem Urteil vom 30.3.2012[93] davon aus, dass die Widerrufswertgrenze nach dem „Wert der Bezugsbindung" bezogen auf die Dauer des Franchise-Vertrages zu ermitteln ist. Dies würde aber wieder bedeuten, dass die Widerrufswertgrenze nach wirtschaftlichen Gesichtspunkten bestimmt wird, obwohl das OLG Brandenburg genau dem widersprochen hat.

73   In einem Punkt hat die Widerrufswertgrenze jedoch ihre Bedeutung verloren: wird irrtümlich davon ausgegangen, dass die Widerrufswertgrenze überschritten wird und dem-gemäß keine Widerrufsbelehrung gegenüber dem Franchise-Nehmer vorgenommen, so war bis zum 12.6.2014 die zeitlich unbefristete Widerrufbarkeit des Franchise-Vertrages gem. § 355 Abs. 3 BGB aF die Konsequenz. Da nunmehr die Verwirkungsgrenze von einem Jahr und 14 Tagen (§ 356 Abs. 2 BGB) greift, dürfte kaum noch die Widerrufs-belehrung deswegen als Exit-Klausel genutzt werden, weil man von einer unzutreffenden Widerrufswertgrenze ausgegangen ist.

F. Einzelfragen zur Widerrufsbelehrung beim Abschluss von Franchise-Verträgen nach altem Recht

74   Da das neue Recht keine Überleitungsvorschrift enthält, gelten die Vorschriften der §§ 355, 360 BGB aF für solche Franchise-Verträge weiter, die bis zum 12.6.2014 abge-schlossen wurden. Dies zeigt insbesondere die Entscheidung des OLG Stuttgart vom 21.9.2015[94]. Dies bedeutet, dass nach wie vor sämtliche Einzelfragen zur Widerrufsbeleh-rung von Relevanz sind, die sich auf das Recht der Widerrufsbelehrung für bis zum 12.6.2014 abgeschlossene Franchise-Verträge beziehen.

I. Widerrufsbelehrung und Deutlichkeitsgebot

75   Die Entscheidungen zur Frage der **deutlichen Gestaltung** der Widerrufsbelehrung, dem **sog. Deutlichkeitsgebot,** sind kaum noch zu überschauen[95]. Der Bundesgerichtshof hat hierzu in seinem Urteil vom 27.4.1994 abschließend festgehalten, dass es bei einer im Vertragstext enthaltenen Widerrufsbelehrung nicht ausreicht, wenn sich die Widerrufs-belehrung nur durch Verwendung größerer Absätze und einem etwas geringeren Rand-abstand bei im Übrigen gleichem Schriftbild vom Franchise-Vertrag abhebt. Notwendig ist demgemäß, dass die Widerrufsbelehrung durch Sperrschrift, Unterstreichung, Einrahmung, Verwendung einer anderen Druckfarbe oder durch durchgezogene Trennungslinien her-vorgehoben wird oder auf einer gesonderten Seite erfolgt[96].

76   Da die Widerrufsbelehrung gesondert zu unterschreiben ist, darf sich die Unterzeichnung nur auf die Widerrufsbelehrung als solche beziehen. Eine Widerrufsbelehrung ist daher

---

[91] Damit wird der Grundsatz der Entscheidung des OLG Brandenburg NJW 2006, 159 festgeschrieben.
[92] BGH NJW 2005, 1273; WRP 2008, 111 mAnm Flohr ZAP Fach 2, 537.
[93] ZVertriebsR 2013, 164.
[94] ZVertriebsR 2016, 4.
[95] Beispielhaft etwa OLG Stuttgart ZIP 1993, 1570; NJW 1992, 3245; OLG Naumburg NJW-RR 1994, 377; aus dem Schrifttum beispielhaft Teske EWiR § 1 UWG 17/93, 1121.
[96] BGH WiB 1994, 648 mAnm Flohr.

unwirksam, wenn sich die Unterschrift auch auf der Aushändigung des Franchise-Vertrages und die Belehrung bezieht, also quasi einem Empfangsbekenntnis über den Erhalt des Franchise-Vertrages gleichkommt[97].

II. Widerrufsbelehrung und Widerrufsfrist

Noch problematischer war und ist die Bestimmung der Widerrufsfrist. Dies beruht auf **77** der Verkennung der Vorschriften des BGB, die auf die Berechnung der Widerrufsfrist anzuwenden sind. Allerdings kommt aufgrund der gesetzlichen Regelung zum Fristbeginn (… beginnt mit dem Vertragsschluss …) § 187 Abs. 1 BGB für die Berechnung des Beginns der Widerrufsfrist nicht mehr zur Anwendung. Hingegen kommt für das Ende der Widerrufsfrist §§ 182 Abs. 2, 193 BGB zur Anwendung. Die Widerrufsfrist endet am letzten Tag der Wochenfrist um 24:00 Uhr. Fällt dieser Tag auf einen Sonn- oder Feiertag, so endet die Frist um 24:00 Uhr des nächsten Werktages (§ 123 BGB). Bei der Widerrufs-belehrung bzw. der Angabe des Fristendes sollte daher immer darauf geachtet werden, ob ggf. das Ende der Wochenfrist auf einen Samstag oder Sonntag oder einen gesetzlichen Feiertag fällt. Möglicherweise sind dabei noch landesgesetzliche Besonderheiten zu berück-sichtigen, soweit es um kirchliche oder länderspezifische Feiertage geht, die nicht bundes-weit zu beachten sind (zB Maria Himmelfahrt oder Reformationstag).

Wird hier ein falsches Datum angegeben, ist die Widerrufsbelehrung unzutreffend. Dies **78** gilt nach der Rechtsprechung[98] auch dann, wenn die Datumsangabe in der Widerrufs-belehrung nicht in der Reihenfolge Tag/Monat/Jahr, sondern ohne Trenninterpunktion genau umgekehrt in der Folge Jahr/Monat/Tag erfolgt ist.

III. Unbefristetes Widerrufsrecht

Mangelt es an einer Widerrufsbelehrung oder entspricht die Widerrufsbelehrung nicht **79** dem Gesetz, so mussten sich Franchise-Geber in der Vergangenheit auf unterschiedliche gesetzliche Regelungen einstellen. Bei einer unterbliebenen Widerrufsbelehrung sah § 7 Abs. 2 VerbrKG iVm § 361a BGB aF zunächst vor, dass sich die Widerrufsfrist von einem Zeitraum von einer Woche auf einen solchen von einem Jahr, gerechnet vom Zeitpunkt des Vertragsabschlusses an, verlängerte. § 355 Abs. 3 S. 3 BGB aF sah in der bis zum 31.10.2002 geltenden Fassung vor, dass das Widerrufsrecht spätestens sechs Monate nach Vertragsabschluss als verwirkt anzusehen ist.

Davon ging § 355 Abs. 3 S. 1 BGB aF zwar noch immer aus, hielt aber abweichend von **80** diesem Grundsatz in § 355 Abs. 3 S. 3 BGB aF fest, dass das Widerrufsrecht zeitlich unbe-fristet ausgeübt werden kann, wenn der Franchise-Nehmer nicht ordnungsgemäß über sein Widerrufsrecht belehrt worden war, dh die Widerrufsbelehrung als solche nicht dem Gesetz entsprach oder aber eine Widerrufsbelehrung gänzlich unterblieb.

Allerdings existiert dieses „unbefristete Widerrufsrecht" seit dem 13.6.2014 aufgrund des **80a** Umsetzungsgesetzes zur EU-Verbraucherrechte-Richtlinie nicht mehr. Nunmehr endet das Widerrufsrecht auch bei einer unterbliebenen oder nicht den gesetzlichen Vorgaben entsprechenden Widerrufsbelehrung gem. § 356 Abs. 2 BGB nF ein Jahr und 14 Tage nach Abschluss des Franchise-Vertrages[99].

IV. Nachträgliche Widerrufsbelehrung

Wird eine an sich notwendige Widerrufsbelehrung, aus welchem Grund auch immer, bei **81** Abschluss eines Vertriebsvertrages vergessen, so ist eine neue (nachträgliche) Widerrufs-belehrung vorzunehmen, jedoch nicht mit einer Widerrufsfrist von 14 Tagen, sondern

---

[97] Siehe dazu: BGH NJW 1993, 64.
[98] OLG Koblenz NJW 1994, 2099 f.; siehe auch zur Rspr. zur unzutreffenden Angabe zum Fristbeginn: BGH MDR 2009, 818; ZIP 2009, 952.
[99] Dazu → Rn. 48, 49.

gem. § 355 Abs. 2 S. 3 BGB mit einer solchen von einem Monat. Dann muss allerdings bei der nachträglichen Widerrufsbelehrung der Ausgleich des Widerrufsmangels deutlich gemacht werden, dh auf den ursprünglichen Mangel (unterbliebene Widerrufsbelehrung oder deren Unrichtigkeit) muss hingewiesen werden. Dies ist die Konsequenz der Entscheidung des BGH vom 15.2.2011[100].

82   Wird also – aus welchem Grund auch immer – die Widerrufsbelehrung beim Abschluss eines Vertriebsvertrages vergessen, so muss nicht nur eine nachträgliche Widerrufsbelehrung mit einer einmonatigen Widerrufsfrist vorgenommen, sondern der Absatzmittler/ Vertriebspartner zugleich ausdrücklich darauf hingewiesen werden, dass diese nachträgliche Widerrufsbelehrung der Beseitigung des Widerrufsmangels bei Vertragsabschluss dient.

V. Widerrufsbelehrung vor Vertragsabschluss

83   Immer wieder stellt sich auch bei Franchise-Verträgen die Frage, ob eine Widerrufsbelehrung vor Abschluss des Franchise-Vertrages bereits ausreichend ist, etwa mit dem Zusatz, der Lauf der Widerrufsfrist beginne „nicht jedoch, bevor die auf Abschluss des Vertrages gerichtete Willenserklärung vom Auftraggeber abgegeben wurde". Maßgebend ist hier jetzt die Entscheidung des BGH vom 4.7.2002[101]: mit dieser Entscheidung hat der BGH festgestellt, dass ein solcher Zusatz nicht dem Deutlichkeitsgebot des § 355 Abs. 2 S. 1 BGB entspricht[102].

83a   Eine ordnungsgemäße Widerrufsbelehrung liegt auch dann nicht vor, wenn das Datum des Franchise-Vertrages und das der Widerrufsbelehrung zurückdatiert wird, etwa um einem Finanzierungsantrag zu entsprechen. Hier gilt das gleiche, wie für eine Widerrufsbelehrung vor Vertragsabschluss. Durch die Rückdatierung wird dem Franchise-Nehmer grundsätzlich die Möglichkeit genommen, seine auf Abschluss des Franchise-Vertrages gerichtete Willenserklärung zu widerrufen. Insofern steht diesem Franchise-Nehmer ein Widerrufsrecht für die Dauer von einem Jahr und 14 Tage nach Vertragsabschluss gem. § 356 Abs. 2 BGB nF zu.

VI. Wettbewerbswidrigkeit einer Widerrufsbelehrung

84   Soweit ein Franchise-Geber einen Franchise-Nehmer trotz gesetzlicher Verpflichtung nicht über dessen Widerrufsrecht gem. § 355 BGB belehrt, handelt der Franchise-Geber grundsätzlich wettbewerbswidrig iSv § 1 UWG[103]. Ein solcher Franchise-Geber kann auf Unterlassung in Anspruch genommen werden, dh zukünftig den Abschluss von Verträgen ohne die gesetzlich vorgeschriebene Widerrufsbelehrung zu unterlassen.

85   Wenn teilweise durch die Gerichte auch unzulässige Widerrufsbelehrungen als wettbewerbsrechtliche Bagatellverstöße angesehen werden, so ist aber streitig, ob gleichwohl wettbewerbswidriges Verhalten vorliegt. Das OLG Hamm[104] geht davon aus, dass eine unwirksame Widerrufsbelehrung wettbewerbsrechtlich als Bagatellverstoß zu werten ist, während das Kammergericht Berlin in seiner Entscheidung vom 8.8.2009[105] auch Bagatellverstöße bei Widerrufsbelehrungen für wettbewerbswidrig hält.

VII. Freiwillige Widerrufsbelehrung

86   Der Anwendungsbereich in § 355 BGB wird oft in den Fällen verkannt, in denen freiwillig eine Widerrufsbelehrung vorgenommen wird, obwohl der Franchise-Nehmer

---

[100] BeckRS 2011, 06776.
[101] BGH NJW 2002, 396 = GRUR 2002, 1085.
[102] Siehe dazu auch Fischer LMK 2003, 20 f.
[103] Insofern ist auch die Entscheidung BGH GRUR 2003, 622 (623 f.) für Franchise-Verträge von Bedeutung.
[104] OLG Hamm 5.11.2009 – I 4 U 121/09.
[105] KG Berlin 8.9.2009 – 5 W 105/09.

nicht Verbraucher iSv § 13 BGB ist. Entspricht dann nicht die Widerrufsbelehrung § 355 BGB iVm Anlage 1 zum EGBGB, so kann sich der Franchise-Geber als Verwender dieser Widerrufsbelehrung nicht darauf berufen, es habe keine gesetzliche Verpflichtung zur Widerrufsbelehrung bestanden. Der BGH geht nämlich davon aus, dass sich dann der Franchise-Geber an dieser Widerrufsbelehrung festhalten lassen muss[106].

Demgegenüber hat das OLG Naumburg mit Beschluss vom 24.10.2008[107] festgestellt, **87** dass für die Fristberechnung bzw. den Fristablauf eines vertraglich vereinbarten Widerrufs nur die vereinbarten, ggf. durch Auslegung zu ermittelnden Voraussetzungen und nicht die strengen formalen Voraussetzungen des § 355 BGB gelten, soweit nicht in der Vereinbarung auf die gesetzlichen Regelungen zum Widerruf Bezug genommen wird.

VIII. Widerrufsbelehrung und Anschrift des Widerrufsadressaten

Nach wie vor wird vergessen, in die Widerrufsbelehrung die Anschrift des Unterneh- **88** mens, gegenüber dem der Widerruf zu erklären ist, einzusetzen. Nur bei einer ordnungsgemäßen Angabe der ladungsfähigen Anschrift ist der Vertriebspartner in der Lage, festzustellen, an welche Anschrift er seinen Widerruf zu senden hat bzw. gegenüber „wem" zu erklären hat.

Jedes Absatzmittlungssystem sollte daher fortlaufend, insbesondere dann, wenn der Sitz **89** der Firmenzentrale verlegt wurde, kontrollieren, ob die Widerrufsbelehrung noch die aktuelle Anschrift des Sitzes der Firmenzentrale enthält. Gleichzeitig ist darauf zu achten, dass diese Anschrift postalisch genau (Ort/Straße mit Hausnummer) angegeben wird. Die Angabe einer Postfachanschrift stellt nämlich keine ordnungsgemäße Widerrufsbelehrung dar[108], da dies keine ladungsfähige Anschrift iSv § 360 Abs. 1 S. 1 Nr. 3 BGB ist. Auch in einem solchen Fall ist die Widerrufsbelehrung, selbst wenn deren Text Anlage 1 zum EGBGB entspricht, mit der Konsequenz einer zeitlich unbefristeten Widerrufbarkeit unwirksam[109].

IX. Angabe des Datums der Widerrufsbelehrung

Um den Beginn der Widerrufsfrist bestimmen zu können, muss das Datum feststehen, an **90** dem die Widerrufsbelehrung gegenüber dem Absatzmittler erfolgte[110]. Wird ein unzutreffendes Datum angegeben, so ist die Widerrufsbelehrung unzutreffend. Dies gilt nach der Rechtsprechung[111] auch dann, wenn die Datumsangabe in der Widerrufsbelehrung nicht in der Reihenfolge Tag/Monat/Jahr, sondern ohne Trenninterpunktion genau umgekehrt in der Folge Jahr/Monat/Tag gehalten ist[112].

Dabei muss die dem Absatzmittler übergebene Urkunde über die Widerrufsbelehrung **91** eindeutig Auskunft über den datumsmäßigen Beginn der Widerrufsfrist geben. Dafür genügt eine reine Datumsangabe ohne Bezug zur Widerrufsfrist nicht[113]. Nicht gefordert wird allerdings, den Beginn der Widerrufsfrist durch konkrete Kalenderdaten und/oder Wochentage tatsächlich zu bezeichnen. Es reicht aus, wenn die Widerrufsbelehrung zutreffend und unzweideutig den Zeitpunkt wiedergibt, zu dem gem. § 355 Abs. 2 S. 1 BGB

---

[106] Ständige Rspr. seit BGH WM 1992, 1027.

[107] BeckRS 2008, 25865.

[108] OLG Stuttgart NJW-RR 2001, 423 mit umfassender Darstellung der insoweit ergangenen Rechtsprechung; siehe aber in diesem Zusammenhang auch LG Krefeld 21.9.2006 – 3 O 243/06 – die Anschrift im Aktivrubrum des Vertrages ist ausreichend.

[109] Siehe aber BGH ZVertriebsR 2012, 118, für den Fall der Angabe eines Postfaches bei einer Widerrufsbelehrung entsprechend Anlage 2 zu § 14 BGB-InfoVO.

[110] Siehe allgemein zur Gestaltung der Widerrufsbelehrung Giesler/Nauschütt, Franchiserecht, Kap. 9 Rn. 1134 ff. mwN.

[111] OLG Koblenz NJW 1994, 2099.

[112] Siehe auch insoweit Godefroid, Verbraucherrechtverträge, Rn. 456 mwN.

[113] Siehe OLG Rostock BB 2001, 904; BGHZ 126, 56 (62); instruktiv auch: AG Remscheid NJW-RR 2001, 777.

die Widerrufsfrist beginnt. Hier genügen etwa Formulierungen wie „Fristbeginn nach Aushändigung dieser Urkunde" oder auch andere Formulierungen nicht. Unzureichend ist auch eine Belehrung mit dem Zusatz „binnen einer Woche ab heute"[114].

X. Beweislast einer ordnungsgemäßen Widerrufsbelehrung

92   Der dem Absatzmittler/Vertriebspartner zu übergebende Absatzmittlungsvertrag sollte genauso wie das Exemplar, das bei den Unterlagen des Unternehmens verbleibt, zumindest eine Ablichtung der vorgenommenen Widerrufsbelehrung enthalten. Andernfalls besteht nämlich die Gefahr, dass im Falle von Streitigkeiten nicht der Nachweis dafür erbracht werden kann, dass der jeweilige Absatzmittler/Vertriebspartner ordnungsgemäß über sein Widerrufsrecht iSv §§ 355, 360 BGB belehrt wurde. Insofern ist die Beweislastregelung des § 355 Abs. 2 S. 4 BGB nicht nur auf den Fristbeginn, sondern auch auf die Widerrufsbelehrung als solche zu erstrecken[115].

G. Widerrufsbelehrung und Franchise-Handbuch

93   Das Franchise-Handbuch dient dem Know-how-Transfer und vermittelt die Anweisungen, die der Franchise-Nehmer benötigt, um erfolgreich sein Franchise-Outlet betreiben zu können.[116] Damit kommt auch dem Franchise-Handbuch im Rahmen der Vertragsverhandlungen eine grundsätzliche Bedeutung zu. Dem Franchise-Nehmer ist zumindest während dieser Zeit ein Einblick in das Franchise-Handbuch zu gewähren bzw. eine Zugangsberechtigung zu gewähren, wenn das Handbuch online gestellt ist. Der tatsächliche Know-how-Transfer durch Überlassung des Franchise-Handbuches erfolgt allerdings erst dann, wenn eine etwaige dem Franchise-Nehmer als Existenzgründungs-Franchise-Nehmer einzuräumende Widerrufsfrist abgelaufen ist.

94   Angesichts der Bedeutung des Franchise-Handbuches erstaunt es nicht, dass immer wieder die Frage aufgeworfen wurde, ob eine ordnungsgemäße Widerrufsbelehrung auch voraussetzt, dass dem Franchise-Nehmer das **Franchise-Handbuch** im Zeitpunkt der Belehrung zur Verfügung gestellt wird. Diese Ansicht ist abzulehnen, und zwar selbst dann, wenn das Franchise-Handbuch im Franchise-Vertrag erwähnt wird, da hier die Geheimhaltungsinteressen des Franchise-Gebers gegenüber den Informationsbedürfnissen des Franchise-Nehmers vorrangig sind.

95   Etwas anderes gilt allerdings dann, wenn im Rahmen des Franchise-Vertrages das Franchise-Handbuch **ausdrücklich als dessen Anlage** bezeichnet wird. Dann wird man davon ausgehen, dass auch die Vorlage des Franchise-Handbuchs neben dem Franchise-Vertrag sowie alle Anlagen zum Franchise-Vertrag Voraussetzung für eine ordnungsgemäße Widerrufsbelehrung ist. In diesem Sinne ist zumindest die Entscheidung des **LG Heidelberg** vom 19.12.2006[117] zu verstehen, wenn es dort heißt:

96   *„(…) Dann aber ist es für die Kammer nicht nachvollziehbar, wie man allein aufgrund einer notwendigerweise relativ kurzfristigen Einsichtnahme eine zuverlässige Kenntnis des Inhalts (des Handbuchs) gewinnen kann. (…)"*

97   Insoweit sollte das Franchise-Handbuch nicht als Anlage zum Franchise-Vertrag genommen werden, sondern selbständig neben dem Franchise-Vertrag stehen[118].

---

[114] Siehe auch insoweit die Grundsatzentscheidung BGHZ 126, 56 (62) sowie die Entscheidung OLG Rostock BB 2001, 904.

[115] So auch Grüneberg BGB § 355 Rn. 15 aE, 23; Masuch (Fn. 8), § 355 Rn. 55 mwN.

[116] Umfassend zum Verhältnis Franchise-Vertrag und Franchise-Handbuch und dem Inhalt eines Franchise-Handbuches: Flohr, Franchise-Vertrag, S. 148 f.

[117] LG Heidelberg – 11 O 150/06 KfH.

[118] Allgemein zum Verhältnis von Franchise-Vertrag und Franchise-Handbuch Flohr, Franchisevertrag, S. 113.

H. Widerrufsbelehrung und Vertragssprache

Grundsätzlich hat die Widerrufsbelehrung **in deutscher Sprache** zu erfolgen. Etwas **98** anderes gilt nach der Rechtsprechung[119] dann, wenn die Verhandlungen mit dem Absatzmittler in einer anderen Sprache geführt werden oder der Absatzmittlungsvertrag in einer Sprache abgefasst ist, derer der Absatzmittler allein mächtig ist[120].

I. Widerruf bei nichtigem Franchise-Vertrag

Ist der zwischen den Parteien abgeschlossene Franchise-Vertrag etwa wegen Knebelung **99** und Einschränkung der unternehmerischen Selbständigkeit des Franchise-Nehmers gem. § 138 BGB nichtig, so steht dem Franchise-Nehmer, sofern nicht Treu und Glauben (§ 242 BGB) etwas anderes gebieten, gleichwohl ein Widerrufsrecht gem. § 355 Abs. 1 BGB zu[121]. Die Annahme eines Widerrufsrecht bei nichtigem Vertrag ist deswegen von Bedeutung, weil im Falle der Kenntnis der Nichtigkeit des Franchise-Vertrages und der darauf beruhenden Leistungen von Franchise-Geber und Franchise-Nehmer ein bereicherungsrechtlicher Rückforderungsanspruch gem. § 817 S. 2 BGB, der sich bei einem nichtigen Vertrag ergibt, ausgeschlossen sein könnte[122].

J. Amtliche Muster zur Widerrufsbelehrung

Da die jeweiligen gesetzlichen Regelungen, mit denen das Recht der Widerrufsbeleh **100** rung neu gefasst wurde, keine Übergangsvorschriften enthalten, gilt für bis zum 12.6.2014 abgeschlossene Franchise-Verträge das alte Recht der Widerrufsbelehrung gem. §§ 355, 360 BGB aF fort. Entsprechendes gilt, wenn noch eine Widerrufsbelehrung dem Franchise-Vertrag entsprechend dem Muster in Anlage 2 zu § 14 BGB-InfoVO beigefügt war. Daher ist sowohl die Rechtslage zur Widerrufsbelehrung aufgrund von Anlage 2 zu § 14 BGB-InfoVO darzustellen als auch auf der Grundlage von §§ 355, 360 BGB iVm Anlage 1 zum EGBGB aufgrund des bis zum 12.6.2014 geltenden Rechts und das derzeitige Recht seit dem 13.6.2014 geltende Recht der Widerrufsbelehrung auf Grundlage von §§ 355, 357 BGB iVm den im EGBGB veröffentlichten Mustern zur Widerrufsbelehrung.

I. Muster gem. Anlage 2 zu § 14 BGB-InfoVO

1. Beurteilung in der Rechtsprechung der Instanz-Gerichte. Dieses bis zum **101** 10.6.2010 vorgegebene Muster zur Widerrufsbelehrung war deswegen problematisch, weil dieses weder der Vorschrift über den Fristbeginn iSv § 187 Abs. 1 BGB noch der Rechtsprechung des BGH zur Widerrufsbelehrung entsprach[123]. Durch die dritte Änderung der BGB-Informationspflichtenverordnung vom 2.12.2004[124] wurde zwar das Muster der Widerrufsbelehrung im Hinblick auf die Fristberechnung, aber nicht der Rechtsprechung zu § 187 Abs. 1 BGB angepasst.

Insofern erstaunte es nicht, als das LG Halle mit Urteil vom 13.5.2006[125] feststellte, eine **102** Anlage 2 zu § 14 BGB-Info-VO entsprechende Widerrufsbelehrung sei wegen unzutref-

---

[119] Beispielhaft OLG Köln WM 2002, 1928.

[120] Allgemein zur Bedeutung der Vertragssprache bei Vertriebsverträgen Flohr ZVertriebsR 2012, 242.

[121] BGH NJW 2005, 1490; ZGS 2010, 78 mAnm Skamel ZGS 2010, 106.

[122] Siehe dazu die ausführliche Anmerkung von Schinkels LMK 2010, 298105 mwN; Skamel ZGS 2010, 106 ff.; Petersen JZ 2010, 315.

[123] Siehe insbesondere dazu: Masuch NJW 2003, 2931 (2932); Schneider ZGS 2002, 381.

[124] BGBl. 2004 I 3102; dazu: Masuch BB 2005, 344.

[125] BB 2006, 1878.

fender Angabe des Beginns der Widerrufsfrist nicht gesetzeskonform und daher nichtig – mit der Konsequenz einer zeitlich unbefristeten Widerrufbarkeit der auf Abschluss des Franchise-Vertrages gerichteten Willenserklärung gem. § 355 Abs. 3 BGB aF[126].

103 Im Anschluss an das Urteil des LG Münster vom 2.8.2006[127] wurden dann zwar Zweifel an der Entscheidung des LG Halle geäußert, weil das derzeitige Muster in Anlage 2 zu § 14 BGB-InfoVO auf das Änderungsgesetz vom 2.12.2004[128] zurückgeht. Insofern ging das LG Münster davon aus, die Regelungen der BGB-InfoVO würden nicht gegen höherrangiges Recht (BGB) verstoßen, so dass die Rechtsprechung des LG Halle nicht greife[129]. Dies erwies sich aber als ein Fehlschluss: das BVerfG hat nämlich in seinem Beschluss vom 13.9.2005[130] festgestellt, dass auch bei Änderungen einer Verordnung durch Gesetz das dadurch entstehende Regelwerk nach wie vor als Verordnung und nicht als gesetzliche Regelung zu qualifizieren ist.

104 Soweit Franchise-Systeme bei der Ausarbeitung des Musters zur Widerrufsbelehrung von der Musterbelehrung zu Anlage 2 zu § 14 BGB-Info aF abgewichen sind, gilt es die Entscheidung des OLG Stuttgart vom 29.9.2015[131] zu beachten – auch im Hinblick auf die Rechtsmissbräuchlichkeit des erklärten Widerrufs oder der Verwirkung des Widerrufsrechts.

105 Deutlich wird dies schon bei den ersten beiden Leitsätzen, die das OLG Stuttgart seiner Entscheidung vorangestellt hat, und zwar:

106 *„… 1. Geringe textliche Abweichungen der Widerrufsbelehrung von der Musterbelehrung lassen die Schutzwirkung des § 14 I BGB-InfoV jedenfalls dann entfallen, wenn die erteilte Belehrung aufgrund der vorgenommenen Änderungen nicht in gleichem Maße deutlich ist wie die Musterbelehrung.*

107 *2. Entscheidet sich der Verwender dafür, eine Belehrung zu den Widerrufsfolgen zu erteilen, obwohl ihm dies nach dem Gestaltungshinweisen der Musterbelehrung freigestellt ist, muss sie dem Muster entsprechend, um dem Verwender die Schutzwirkung zu erhalten. …“*

108 Entscheidend ist also für jede Abweichung von der Musterbelehrung in Anlage 2 zu § 14 BGB-InfoVO aF, dass diese nach wie vor ihre Schutzwirkung entfaltet.

109 In entsprechender Weise hat sich das OLG Frankfurt a. M. mit Urteil vom 27.1.2016[132] geäußert und im ersten Leitsatz der Entscheidung folgendes festgehalten:

110 *„… 1. Die Schutzwirkung des § 14 Abs. 1 BGB-InfoV besteht nach der Rechtsprechung grundsätzlich nur dann, wenn ein Formular verwendet wird, das dem Muster der Anlage 2 zu § 14 Abs. 1 BGB-InfoV a. F. sowohl inhaltlich als auch in der äußeren Gestaltung vollständig entspricht. …“*

111 Auch diese Entscheidung zeigt, dass Abweichungen von der Muster-Widerrufsbelehrung grundsätzlich problematisch sind, wobei nach altem Recht hinzukommt, dass dann eine zeitlich unbefristete Widerrufbarkeit bei Abschluss des Franchise-Vertrages gerichteten Willenserklärung gem. § 355 Abs. 4 BGB aF gegeben ist.

112 Gegenüber der Ausübung eines Widerrufsrechts durch den Franchise-Nehmer kann sich der Franchise-Geber in der Regel nicht auf den Einwand des Rechtsmissbrauchs berufen. Dies würde sowohl dem Gesetzestext als auch dem Zweck einer Widerrufsbelehrung als Schutzrecht widersprechen, wonach jeder Unternehmer (und damit auch Franchise-Geber) zu einer ordnungsgemäßen Belehrung über das Widerrufsrecht anzuhalten sind.[133]

---

[126] Umfassend Gödde BB 2007, 1298.
[127] ZGS 2006, 436.
[128] BGBl. I 3102; dazu Masuch BB 2005, 344.
[129] Vgl. auch LG Koblenz BB 2007, 839.
[130] NJW 2006, 1195; zu Recht darauf hinweisend Gödde BB 2007, 1298 (1300) aE.
[131] ZVertriebsR 2016, 4.
[132] ZVertriebsR 2016, 88.
[133] So schon BGH 13.1.1983 – III ZR 30/82, BeckRS 1983, 31069749; siehe auch zuletzt noch OLG Frankfurt a. M. ZVertriebsR 2016, 88.

Möglich ist demgegenüber eine Verwirkung des Widerrufsrechts, wenn seit der Mög- **113** lichkeit der Ausübung des Widerrufs für den Franchise-Nehmer eine längere Zeit verstrichen (Zeitmoment) und besondere Umstände hinzutreten, die die verspätete Geltendmachung als Verstoß gegen Treu und Glauben (Umstandsmoment) erscheinen lassen.[134] Ob diese Voraussetzungen gegeben sind, wird im jeweiligen Einzelfall zu prüfen sein. Allerdings reicht eine Frist von 22 Monaten zwischen Vertragsabschluss und erklärten Widerruf nicht aus, da dieser Zeitraum unter der regelmäßigen Verjährungsfrist zurückbleibt.

Umstritten ist dabei auch, auf welchen Zeitpunkt bei Berechnung des Fristbeginns des **113a** sog. Zeitmoments abzustellen ist. In der Regel wird auf den Zeitpunkt des Abschlusses des Franchise-Vertrages abgestellt. Dies dürfte aber möglicherweise nicht der richtige Zeitpunkt sein. Der Franchise-Nehmer weiß nämlich erst dann darum, dass wegen einer nicht den gesetzlichen Regelungen entsprechenden oder unterbliebenen Widerrufsbelehrung ein für ihn zeitlich unbefristetes Widerrufsrecht besteht, wenn er darüber aufgeklärt worden ist. Insofern könnte für den Beginn der Fristberechnung des Zeitmomentes erst auf den Zeitpunkt abzustellen sein, in dem der Franchise-Nehmer Kenntnis davon erlangt, dass er seine auf Abschluss des Franchise-Vertrages gerichtete Willenserklärung noch widerrufen kann. Von der Rechtsprechung ist diese Frage bislang noch nicht geklärt worden. Allerdings kommt dieser Frage nur noch theoretische Bedeutung bei Alt-Franchise-Verträgen, dh vor dem 13.6.2014 abgeschlossenen Franchise-Verträgen zu. Bei den nach dem 13.6.2014 abgeschlossenen Franchise-Verträgen stellt sich nämlich die Frage der Verwirkung schon deswegen nicht mehr, weil das Widerrufsrecht de lege, nämlich gem. § 356 Abs. 2 BGB nF ein Jahr und 14 Tage nach Abschluss des Franchise-Vertrages erlischt, selbst dann, wenn keine ordnungsgemäße Widerrufsbelehrung erfolgte oder eine solche unterblieben ist, obwohl dazu die Notwendigkeit bestand.

2. Amtliches Muster und Rechtsverordnung. Überträgt man diese Rechtsprechung **114** nun auf die Änderungen der BGB-InfoVO, so bedeutet dies, dass durch das Gesetz vom 2.12.2004 das amtliche Muster zur Widerrufsbelehrung nicht auf eine gesetzliche Grundlage gestellt worden ist, sondern nach wie vor auf die BGB-InfoVO – und damit auf eine Rechtverordnung – zurückzuführen ist. Da diese sich nicht mit der gesetzlichen Ermächtigung, nämlich den Vorschriften der §§ 355, 187 Abs. 1 BGB deckt, ist eine auf Anlage 2 zu § 14 BGB-InfoVO beruhende Widerrufsbelehrung nach wie vor unwirksam. Klarheit hätte hier eine Entscheidung des VIII. Senats des BGH bringen können, nachdem das LG Halle ausdrücklich die Revision zugelassen hatte[135], die dann aber nicht eingelegt wurde.

3. Rechtsprechung des BGH. Unberücksichtigt blieb allerdings bei der Diskussion um **115** das amtliche Muster entsprechend Anlage 2 zu § 14 BGB-InfoVO die Entscheidung des BGH vom 27.4.1994[136]. In dieser Entscheidung stellte der BGH nämlich fest, es wäre ausreichend, wenn die Widerrufsbelehrung zutreffend und zweideutig das Ereignis benennt, das nach dem Gesetz den Lauf der Widerrufsfrist auslöst, nämlich die Aushändigung der Vertragsurkunde etwa mit den Worten: „Fristbeginn nach Aushändigung dieser Urkunde". Diese Entscheidung des BGH hätte dann wieder die Vermutung nahegelegt, dass das Muster gem. Anlage 2 zu § 14 BGB-InfoVO als ein rechtsprechungsfestes Muster der Widerrufsbelehrung anzusehen ist. Leider wurde dieser Anwendungsbereich der Entscheidung des BGH vom 27.4.1994 verkannt.

Der Diskussion um die Wirksamkeit der Widerrufsbelehrung nach dem Muster der **116** BGB-InfoV hat nunmehr der BGH mit seinem Urteil vom 15.8.2012[137] ein Ende gesetzt. Im Leitsatz dieser Entscheidung heißt es:

---

[134] Siehe auch insoweit OLG Stuttgart ZVertriebsR 2016, 4 (9).
[135] So auch die Vermutung bei Gödde BB 2007, 1298 (1300).
[136] NJW 1994, 1800.
[137] ZVertriebsR 2012, 378 mAnm Flohr.

117   *„Der Verwender einer Widerrufsbelehrung kann sich auf die Schutzwirkung des § 14 Abs. 1 BGB-InfoV berufen, wenn er das in Anlage 2 zu § 14 Abs. 1 BGB-InfoV geregelte Muster für die Widerrufsbelehrung verwendet hat. "*

118   Damit wird für Franchise-Geber, deren Widerrufsbelehrung auf das amtliche Muster in Anlage 2 zu § 14 BGB-InfoVO zurückgeht, die Rechtssicherheit wieder hergestellt, die durch das Urteil des LG Halle vom 13.5.2006[138] verloren gegangen war.

119   Der BGH hält ausdrücklich fest, dass sich der Verwender einer Widerrufsbelehrung auf die Schutzwirkungen des § 14 Abs. 1 BGB-InfoVO berufen kann, wenn dieser das in Anlage 2 zu § 14 Abs. 1 BGB-InfoVO geregelte Muster für die Widerrufsbelehrung verwendet hat. Zwar ist diese Entscheidung des BGH nur für solche Widerrufsbelehrungen von Bedeutung, die bis zum 10.6.2010 auf dem vorgegebenen Muster (Anlage 2 zu § 14 Abs. 1 BGB-InfoVO) vorgenommen wurden. Da jedoch insbesondere Franchise-Verträge eine Erstlaufzeit von 5, 7 oder 10 Jahren haben, sind noch genügend Franchise-Verträge unter Rückgriff auf das amtliche Muster in Anlage 2 zu § 14 Abs. 1 BGB-InfoVO abgeschlossen worden, so dass insoweit die BGH-Entscheidung vom 15.8.2012 für diese Franchise-Verträge bzw. die entsprechende Widerrufsbelehrung von Bedeutung ist. Mit der Entscheidung des BGH vom 15.8.2012 kehrt daher Rechtsicherheit ein. Nunmehr steht fest, dass auf der Grundlage des Urteils des LG Halle vom 13.5.2006 nicht gem. § 355 Abs. 3 BGB aF die auf Abschluss eines Vertriebs-insbesondere Franchise-Vertrages gerichtete Willenserklärung zeitlich unbefristet widerrufen werden kann.

120   Insofern erteilte der BGH auch dem im Revisionsverfahren vorgebrachten Einwand, ein Unternehmen könne sich nicht auf ein schutzwürdiges Vertrauen in die Wirksamkeit der Widerrufsbelehrung entsprechend dem amtlichen Muster (Anlage 2 zu § 14 Abs. 1 BGB-InfoVO) berufen, eine Absage.

121   Zwar stellt der BGH in seinem Urteil vom 15.8.2012 fest, dass die Aussage in Anlage 2 zu § 14 BGB-InfoVO zum Beginn der Widerrufsfrist nicht in der erforderlichen Weise eindeutig und umfassend sei, weil die Verwendung des Wortes „frühestens" es dem Verbraucher nicht ermögliche, den Fristbeginn ohne Weiteres zu erkennen[139], doch führt dann zugleich aus, die Gesetzlichkeitsfiktion, die der Verordnungsgeber der Musterbelehrung durch § 14 Abs. 1 BGB-InfoVO beigelegt hat werde trotz der Abweichung vom Deutlichkeitsgebot des § 355 Abs. 2 S. 1 BGB aF[140] von der Ermächtigungsgrundlage des Art. 245 Nr. 1 EGBGB aF gedeckt. Unter Rückgriff auf die Materialien zur Schuldrechtsreform[141] legt der BGH dar, dass vorrangig der mit der Ermächtigung und dem darin für den Verordnungsgeber enthaltenen Gestaltungsaufwand erfolgte Zweck, die Geschäftspraxis der Unternehmen zu vereinfachen sowie Rechtssicherheit herzustellen, verfehlt wäre, wenn sich das Unternehmen auf die Gesetzlichkeitsfiktion der von ihm verwendeten Musterbelehrung entsprechend Anlage 2 zu § 14 Abs. 1 BGB-InfoVO nicht berufen könne. Dabei sei, so der BGH, auch zu berücksichtigen, dass die Musterwiderrufsbelehrung nicht umfassend zu sein brauche, sondern es lediglich notwendig sei, dem Verbraucher und damit auch dem Vertriebspartner (insbesondere Franchise-Nehmer) grundsätzlich seine Rechte darzustellen[142].

122   Die Entscheidung des BGH hat zumindest für Widerrufsbelehrungen, die noch auf das amtliche Muster entsprechend Anlage 2 zu § 14 Abs. 1 BGB-InfoVO zurückgehen, die immer wieder geforderte Rechtssicherheit gebracht. Entspricht die vom Unternehmen verwendete Widerrufsbelehrung diesem Muster, so steht trotz aller Unzulänglichkeiten im Hinblick auf den Fristbeginn dem Vertriebspartner nicht mehr das Recht zu, seine auf

---

[138] BB 2006, 1878.
[139] So auch BGH WM 2010, 721 Rn. 13, 15; 2011, 86 Rn. 12; 2011, 474 Rn. 14; 2011, 1799 Rn. 34; BGH 1.3.2012 – III ZR 83/11, BeckRS 2012, 6065 Rn. 15.
[140] Zur Widerrufsbelehrung und dem Deutlichkeitsgebot Flohr ZVertriebsR 2012, 70 (75).
[141] BT-Drs. 14/7052, 208.
[142] Vgl. auch insoweit: BT-Drs. 16/3595, 2.

Abschluss des Vertriebs-, insbesondere Franchise-Vertrages gerichtete Willenserklärung gem. § 355 Abs. 3 BGB aF zeitlich unbefristet zu widerrufen. Damit steht aber nicht zugleich fest, dass jede Widerrufsbelehrung, die auf Anlage 2 zu § 14 BGB-InfoVO zurückgeht, der Gesetzlichkeitsfiktion entspricht und daher eine zeitlich unbefristete Widerrufbarkeit nicht in Betracht kommt.

Wurde allerdings vom amtlichen Muster entsprechend Anlage 2 zu § 14 BGB-InfoVO **123** abgewichen, weil etwa Zusätze hinzugefügt oder das Datum des Fristbeginns entgegen § 187 Abs. 1 BGB im Text der Widerrufsbelehrung unzutreffend angegeben wurde, so kann sich das Unternehmen nicht auf die Entscheidung des BGH vom 15.8.2012 berufen. Entsprechendes gilt, wenn die Anschrift des Widerrufsadressaten nicht angegeben wurde[143]. Rechtsschutz genießen daher nur solche Unternehmen und damit Franchise-Geber die das amtliche Muster entsprechend Anlage 2 zu § 14 BGB-InfoVO unverändert umgesetzt, dh der Widerrufsbelehrung gegenüber dem jeweiligen Vertriebspartner zugrundegelegt haben.

II. Muster gem. Anlage 1 zum EGBGB

Seit dem 11.6.2010 war das amtliche Muster zur Widerrufsbelehrung entsprechend **124** Anlage 1 zum EGBGB zu verwenden. Dies bedeutete zugleich, dass das Muster Gesetzesrang hatte und damit die Verwerfungskompetenz der Instanzgerichte nicht mehr gegeben war. Erfolgte demgemäß vom 11.6.2010 an eine Widerrufsbelehrung auf der Grundlage des amtlichen Musters entsprechend Anlage 1 zum EGBGB, so entsprach diese Widerrufsbelehrung gem. §§ 355, 360 BGB den gesetzlichen Anforderungen – und dies, obwohl nach wie vor die Angaben zum Fristbeginn im amtlichen Muster nicht § 187 BGB entsprachen und insofern auch für das neue amtliche (gesetzliche) Muster die gleichen Erwägungen gelten, wie diese das LG Halle in seiner Entscheidung angesprochen und zur Feststellung veranlasst hatte, dass das amtliche Muster der Widerrufsbelehrung entsprechend Anlage 2 zu § 14 BB-InfoVO unwirksam sei und nicht den gesetzlichen Vorgaben der §§ 355 Abs. 1, 360 Abs. 1 BGB entspräche.

Das ab dem 11.6.2010 für die Widerrufsbelehrung zu beachtende Änderungsgesetz **125** brachte allerdings für Unternehmen die Gewissheit mit sich, dass bei Verwendung des amtlichen Musters zur Widerrufsbelehrung die gesetzlichen Anforderungen an die Widerrufsinformation als erfüllt gelten (sog. **Gesetzlichkeitsfiktion**). Damit wurde für Franchise-Verträge unterstrichen, dass eine Widerrufsbelehrung eines Franchise-Nehmers ordnungsgemäß erfolgte, wenn vom 11.6.2010 an die Musterwiderrufsbelehrung gem. Anlage 1 zu Art. 246 § 2 Abs. 1 S. 1 EGBGB verwendet wurde, da dieses Muster Gesetzesrang hatte, allerdings in der Fassung des weiteren Änderungsgesetzes vom 26.5.2011[144].

Widerrufsbelehrung

Widerrufsrecht

Sie können Ihre Vertragserklärung innerhalb von [14 Tagen] ohne Angabe von Gründen in Textform (z. B. Brief, Fax, E-Mail) [oder – wenn Ihnen die Sache vor Fristablauf überlassen wird – auch durch Rücksendung der Sache] widerrufen. Die Frist beginnt nach Erhalt dieser Belehrung in Textform. Zur Wahrung der Widerrufsfrist genügt die rechtzeitige Absendung des Widerrufs [oder der Sache]. Der Widerruf ist zu richten an:

Widerrufsfolgen

Im Falle eines wirksamen Widerrufs sind die beiderseits empfangenen Leistungen zurückzugewähren und ggf. gezogene Nutzungen (z. B. Zinsen) herauszugeben. Können Sie uns die empfangene Leistung sowie Nutzungen (z. B. Gebrauchsvorteile) nicht oder teilweise nicht oder nur in verschlechtertem Zustand zurückgewähren beziehungsweise herausgeben, müssen Sie uns insoweit Wertersatz leisten. [Für die Verschlechterung der Sache müssen Sie Wertersatz nur leisten, soweit die Verschlechterung auf einen Umgang mit der Sache zurückzuführen ist, der über die

---

[143] Siehe auch dazu Flohr ZVertriebsR 2012, 70 (76).
[144] BGBl. 2011 I 1600.

Prüfung der Eigenschaften und der Funktionsweise hinausgeht. Unter „Prüfung der Eigenschaften und der Funktionsweise" versteht man das Testen und Ausprobieren der jeweiligen Ware, wie es etwa im Ladengeschäft möglich und üblich ist. Paketversandfähige Sachen sind auf unsere [Kosten und] Gefahr zurückzusenden. Nicht paketversandfähige Sachen werden bei Ihnen abgeholt.] Verpflichtungen zur Erstattung von Zahlungen müssen innerhalb von 30 Tagen erfüllt werden. Die Frist beginnt für Sie mit der Absendung Ihrer Widerrufserklärung [oder der Sache], für uns mit deren Empfang.

Besondere Hinweise

(Ort), (Datum), (Unterschrift des Franchise-Nehmers)

III. Muster zur Widerrufsbelehrung entsprechend Art. 246a, 246b EGBGB

126 **1. Einleitung.** Da die seit dem 13.6.2014 zu verwendenden amtlichen Muster zur Widerrufsbelehrung kein gesondertes Muster zur Widerrufsbelehrung beim Abschluss von Franchise-Verträgen umfassen, stellt sich die Frage, in welcher Weise die Widerrufsbelehrung eines Franchise-Nehmers vorzunehmen ist.

127 Allerdings haben sich die gesetzlichen Voraussetzungen im Hinblick auf die Notwendigkeit einer Widerrufsbelehrung gegenüber einem Franchise-Nehmer gegenüber dem alten Recht nicht geändert. Neben der Existenzgründer- und damit Verbrauchereigenschaft eines Franchise-Nehmers iSv § 14 BGB ist nachwievor Voraussetzung für eine Widerrufsbelehrung, dass die Widerrufswertgrenze von 75.000,00 EUR (§ 512 BGB) nicht überschritten wird und der abzuschließende Franchise-Vertrag eine Bezugsbindung des Franchise-Nehmers entsprechend § 510 Abs. 1 S. 1. Nr. 1 BGB vorsieht.

128 Für die Bezugsbindung kommt es darauf an, ob Waren vom Franchise-Geber oder von einem vom Franchise-Geber benannten Dritten (den Systemlieferanten) bezogen werden. Dabei reicht für die Annahme einer Bezugsbindung auch eine mittelbare Bezugsverpflichtung aus, wie zB der Visitenkarten oder der Zeitschriften des Systems vom Franchise-Geber. Dies kann dann sogar bei Dienstleistungs-Franchise-Systemen dazu führen, dass eine entsprechende Bezugsbindung besteht die bei Vorliegen der weiteren Voraussetzungen den Franchise-Geber zur Widerrufsbelehrung verpflichtet.

129 Ist der Franchise-Nehmer Existenzgründer, wird im Abschluss des Franchise-Vertrages das sog. kaufmännische Erstgeschäft gesehen. Damit unterwirft sich zwar der Franchise-Nehmer den unternehmerischen Gesetzen, doch hat der BGH ausdrücklich festgestellt, dass weiterhin Verbraucherschutzrechte fortgelten und damit auch das einem Franchise-Nehmer eingeräumte Widerrufsrecht.[145]

130 Da in der Praxis Unklarheit darüber besteht, wie sich die Widerrufswertgrenze iHv 75.000,00 EUR (§ 512 BGB) beim Abschluss eines Franchise-Vertrages ermitteln lässt, etwa der Gesamtbetrag zu leistenden Franchise-Gebühren, die Eintrittsgebühr oder das Gesamtinvestment des Franchise-Nehmers oder der Gesamtwert der Bezugsbindung, ist bei Existenzgründungs-Franchise-Nehmern zu empfehlen, eine Widerrufsbelehrung gem. § 355 BGB vorzunehmen.

131 Wird irrtümlich angenommen, dass die Widerrufswertgrenze überschritten wird, aber doch nicht erreicht, so mangelt es an der notwendigen Widerrufsbelehrung. Gemäß § 355 Abs. 4 S. 3 BGB aF konnte der Franchise-Nehmer dann zeitlich unbefristet seine auf Abschluss seines Franchise-Vertrages gerichtete Willenserklärung widerrufen. Seit dem 13.6.2014 ist diese Frist zum Widerruf bei einer unterbliebenen oder unrichtigen Widerrufsbelehrung auf ein Jahr und 14 Tage (§ 356 Abs. 2 S. 2 BGB), gerechnet vom Zeitpunkt des Vertragsabschlusses an, beschränkt. Insofern hat die Widerrufswertgrenze und deren Beachtung seit dem 13.6.2014 nicht mehr die Bedeutung für Franchise-Verträge als bis zum 12.6.2014. Spätestens mit Ablauf dieser gesetzlichen Verwirkungsfrist ist dann die

---

[145] NJW 2005, 1273; siehe zu dieser Entscheidung auch Flohr ZAP 2005, 653.

Frage einer unzutreffenden Ermittlung der Widerrufswertgrenze iSv § 512 BGB ohne jegliche weitere Bedeutung.

2. Muster der Widerrufsbelehrung. Bis zum 12.6.2014 existierte nur ein Muster zur **132** Widerrufsbelehrung, sodass dieses Muster auch als das amtliche Muster zur Widerrufsbelehrung bei Franchise-Verträgen angesehen wurde, das mit Gesetzeskraft ausgestattet ist. Seit dem 13.6.2014 gibt es unterschiedliche Muster zur Widerrufsbelehrung, je nachdem, welcher Verbrauchervertrag abgeschlossen wird. Ein ausdrücklich gesetzliches Muster einer Widerrufsbelehrung existiert daher nicht. Insofern muss sich das Muster einer Widerrufsbelehrung beim Franchise-Vertrag an den allgemeinen gesetzlichen Vorgaben für ein Widerrufsrecht bei Ratenlieferungsverträge (§§ 512, 510 Abs. 1 Nr. 3, Abs. 2, 355, 356c, 357c BGB) orientieren.

Der Deutsche Franchise-Verband hat dazu Richtlinien zur Widerrufsbelehrung[146] aus- **133** gearbeitet. Insofern wird empfohlen, bei der Widerrufsbelehrung auf diese Muster zurückzugreifen.

Widerrufsbelehrung

Widerrufsrecht

Sie haben das Recht, innerhalb von 14 Tagen ohne Angabe von Gründen diesen Franchise-Vertrag zu widerrufen.

Die Widerrufsfrist beträgt 14 Tage ab dem Tag des Vertragsschlusses.

Um Ihr Widerrufsrecht auszuüben, müssen Sie uns

…(Name und Anschrift einfügen)…

Telefon: …

E-Mail: …

mittels einer eindeutigen Erklärung (z. B. per Brief, Telefon oder E-Mail) über Ihren Entschluss, diesen Vertrag zu widerrufen, informieren. Sie können dafür das beigefügte Muster-Widerrufsformular verwenden, das jedoch nicht vorbeschrieben ist.

Zur Wahrung der Widerrufsfrist reicht es auch, dass Sie die Mitteilung über die Ausübung des Widerrufsrechts vor Ablauf der Widerrufsfrist absenden.

Widerrufsfolgen

Im Fall eines wirksamen Widerrufs sind die beiderseits empfangenen Leistungen unverzüglich, spätestens von 14 Tagen zurück zu gewähren. Die Frist beginnt für Sie mit der Absendung Ihrer Widerrufserklärung, für uns mit deren Empfang.

Muster-Widerrufsformular

(Wenn Sie den Franchise-Vertrag widerrufen wollen, dann füllen Sie bitte dieses Formular aus und senden Sie es zurück.)

An: …

Hiermit widerrufe(n) ich/wir den von mir/uns abgeschlossenen Franchise-Vertrag über die Nutzung des …-Systems.

Datum des Vertragsschlusses: _____

Name des/der Franchise-Nehmer(s): _____

Anschrift des/der Franchise-Nehmer(s): _____

……………………………………………

Unterschrift des/der Franchise-Nehmer(s)

(nur bei Mitteilung auf Papier)

……………………………………………

(Datum)

---

[146] Abgedruckt im Jahrbuch Franchising 2016/2017, 325 ff.

134   Aber gerade die Angabe einer Telefonnummer für die Erklärung des Widerrufs zeigt, wie viel Unsicherheit nach wie vor mit einer „rechtsprechungsfesten" Widerrufsbelehrung beim Abschluss von Franchise-Verträgen verbunden ist.

135   Nach § 355 Abs. 1 S. 2 BGB aF musste der Widerruf in Textform gegenüber dem Unternehmer erklärt werden. Daher führte nach der früheren Rechtsprechung die Angabe einer Telefonnummer des Franchise-Gebers in der Widerrufsbelehrung zu deren Unwirksamkeit, da für den Franchise-Nehmer so der Eindruck erweckt wurde, dass Widerrufsbelehrungen auch telefonisch erklärt werden dürfen, obwohl nach dem Gesetzestext die Textform des Widerrufs ausdrücklich vorgeschrieben war[147].

136   Anders stellt sich nun die Rechtslage seit dem 13.6.2014 dar. Gemäß § 355 Abs. 1 S. 2 BGB nF muss der Widerruf nunmehr lediglich durch Erklärung gegenüber dem Franchise-Geber erfolgen. Insofern kann der Widerruf auf verschiedene Weise erklärt werden, zB per Brief, Telefax, E-Mail oder sogar per Telefon. Das vorgesehene Widerrufsformular, das in der Regel der Widerrufsbelehrung beigefügt ist, muss nicht verwendet werden. Es muss sich einzig und allein aus den Gesamtumständen hinreichend deutlich ergeben, dass der Franchise-Nehmer sein Widerrufsrecht ausgeübt hat.

137   Dies führt nun genau zur gegenteiligen Rechtsprechung: nunmehr muss in der Widerrufsbelehrung auch die Telefonnummer enthalten sein, um so dem Franchise-Nehmer die Möglichkeit zu eröffnen, telefonisch den Widerruf zu erklären. Die alleinige Angabe der Telefonnummer des Franchise-Gebers im Impressum ist nicht ausreichend. Unterbleibt also jetzt die Angabe der Telefonnummer des Franchise-Gebers, so ist die Widerrufsbelehrung unwirksam[148]. Das OLG Hamm hat sogar in seinem Urteil vom 10.8.2017[149] festgestellt, dass bei Fehlen der Telefonnummer in der Widerrufsbelehrung der sowohl in rechtlicher als auch in tatsächlicher Hinsicht zutreffende Eindruck erweckt werde, der Widerruf könne nur schriftlich erklärt werden.

138   Insofern erstaunte es auch nicht, dass der BGH dem EuGH mit Beschluss vom 7.3.2019 folgende Fragen zur Vorabentscheidung vorlegte:

• **Ist eine Telefonnummer iSd Gestaltungshinweises zur Muster-Widerrufsbelehrung gem. Anhang 1 Teil A RL 2011/83/EU „verfügbar", wenn der Unternehmer die Telefonnummer im Impressum nennt oder auf der Startseite seines Internetauftritts klar und deutlich darstellt?**

• **Ist eine Telefonnummer iSd Gestaltungshinweises zur Muster-Widerrufsbelehrung gem. Anhang 1 Teil A RL 2011/83/EU „verfügbar", wenn der Unternehmer den Telefonanschluss zwar geschäftlich nutzt, aber nicht für den Abschluss von Fernabsatzverträgen verwendet und daher auch nicht zur Rückabwicklung von Fernabsatzverträgen in Form einer Entgegennahme von Widerrufserklärungen vorhält?**

139   Dies hört sich noch ganz einfach an. Die Rechtsprechung sieht dies mittlerweile aber auch wieder viel komplizierter. Es geht nämlich um die Frage der **„Verfügbarkeit der Telefonnummer",** dh es muss sich um eine Telefonnummer handeln, die auch für die Entgegennahme zu Widerrufserklärungen genutzt wird. Dies ist die Konsequenz der Entscheidung des BGH vom 24.9.2020[150] und der vorangegangenen Entscheidung des EuGH vom 14.5.2020[151].

140   Es muss also jetzt bei der Widerrufsbelehrung darauf geachtet werden, dass diese iSd Rechtsprechung „verfügbar" ist, es sich also nicht nur um einen Telefonanschluss handelt, der geschäftlich genutzt wird, sondern auch um einen Telefonanschluss, der zur Entgegen-

---

[147] Siehe dazu OLG Hamm 2.7.2009 – 4 U 43/09, BeckRS 2009, 23356, im Anschluss an OLG Frankfurt a. M. 17.6.2004 – 6 U 158/07, BeckRS 2009, 9000.
[148] Siehe dazu LG Bochum ZVertriebsR 2015, 159; OLG Frankfurt a. M. 4.2.2016 – 6 W 10/16, BeckRS 2016, 4874.
[149] OLG Hamm 10.8.2017 – 4 U 101/15, BeckRS 2017, 155450.
[150] BGH 24.9.2020 – I ZR 169/17, GRUR-RS 2020, 34113 = ZVertriebsR 2021, 129.
[151] EuGH 14.5.2020 – C 266/19, GRUR-RS 2020, 8821.

nahme von Widerrufserklärungen vorgehalten wird – also tatsächlich durch eine natürliche Person besetzt ist und bei der zB nicht nur ein Anrufbeantworter geschaltet ist.

3. Gesetzesmäßigkeit der Widerrufsbelehrung. Man kann darüber streiten, ob nun **141** in dieser Widerrufsbelehrung das Datum für den Beginn der Widerrufsfrist zutreffend angegeben wird. Durch die Formulierung „ab dem Tag des Vertragsschlusses" könnte bei dem vertragsschließenden Franchise-Nehmer der Eindruck entstehen, dass die Widerrufs-frist im Augenblick der Unterzeichnung des Franchise-Vertrages beginnt. Gemäß § 187 Abs. 1 BGB beginnt jedoch die Widerrufsfrist erst um 0:00 Uhr des auf die Widerrufs-belehrung folgenden Tages. Wegen einer ähnlichen Formulierung in der Musterwiderrufs-belehrung in Anlage 2 zu § 14 BGB-InfoVO ging das LG Halle in seinem Urteil vom 13.5.2006[152] davon aus, dass eine solche Widerrufsbelehrung nicht gesetzeskonform ist und demgemäß der Franchise-Nehmer seine auf Abschluss des Franchise-Vertrages gerichtete Willenserklärung gem. § 355 Abs. 4 S. 3 BGB zeitlich unbefristet widerrufen kann. Al-lerdings ist nicht zu erwarten, dass diese Diskussion wieder erneut auflebt, da der Bundes-gerichtshof mit seinem Urteil vom 15.8.2012[153] dem Verwender dieses Musters der Wider-rufsbelehrung Vertrauensschutz zugesprochen hat. Insofern heißt es nämlich im Leitsatz der Entscheidung:

„... Der Verwender einer Widerrufsbelehrung kann sich auf die Schutzwirkung des **142** *§ 14 Abs. 1 BGB-InfoV berufen, wenn er das in Anlage 2 zu § 14 Abs. 1 BGB-InfoV geregelte Muster für die Widerrufsbelehrung verwendet hat. ..."*

Entsprechendes gilt für das vom DFV entwickelte Muster zur Widerrufsbelehrung, da **143** sich dieses an den gesetzlichen Vorgaben für ein Widerrufsrecht bei Ratenlieferungsver-trägen orientiert, auch wenn der DFV-Muster-Widerrufsbelehrung in einer gerichtlichen Auseinandersetzung keine für die Gerichte bindende Wirkung zukommt.

K. Widerrufsbelehrung seit dem 28.5.2022

Bereits im April 2018 hatte die EU-Kommission die erste Version ihres *„new deal for* **144** *consumer"* vorgestellt. Dieser *„new deal"* ist dann mit der EU-Richtlinie (EU-RL 2019/ 2116) umgesetzt worden. Diese sog. „Omnibus-Richtlinie" sieht die Änderung von vier bestehenden Richtlinien vor. Betroffen sind die Klausel-Richtlinie (EU 93/13/EWG), die Preisangabe-Richtlinie (EU 98/6 EG), die Richtlinie über unlautere Geschäftspraktiken (EU 2005/29/EG) und die Verbraucherrechte-Richtlinie (VRRL-EU RL 2011/83). Diese Richtlinie trat am 7.1.2020 in Kraft.

Der Deutsche Bundestag hat lange gebraucht, um diese Richtlinie umzusetzen. Am 10.6.2021 wurde dann das „Umsetzungsgesetz der Richtlinie zur besseren Durchsetzung und Modernisierung der Verbraucherschutzvorschriften" erlassen. Dieses Gesetz trat am 28.5.2022 in Kraft und umfasst – wieder einmal – Änderungen beim Widerrufsrecht. Diese Änderungen sind auch bei einer etwaigen Widerrufsbelehrung beim Abschluss von Fran-chise-Verträgen zu beachten.

Ein großer Streitpunkt war bei der Umsetzung der Verbraucherrechte-Richtlinie 2014 **145** die Frage, ob der Unternehmer, dh der Franchise-Geber verpflichtet ist, in der Widerrufs-belehrung gegenüber seinen Franchise-Nehmern seine Telefonnummer anzugeben. Dies war nämlich in der Rechtsprechung zu früheren gesetzlichen Vorgaben zur Widerrufs-belehrung umstritten, da dort der Gesetzgeber normierte, dass die Widerrufsbelehrung in schriftlicher Form zu erfolgen hat[154] und demgemäß eine Widerrufsbelehrung mit Angabe

---

[152] BB 2006, 1878.
[153] ZVertriebsR 2012, 378.
[154] Siehe dazu aus der älteren Rspr. etwa: OLG Stuttgart NJW-RR 2001, 423; BGH ZVertriebsR 2012, 118.

der Telefonnummer des Franchise-Gebers unwirksam war – mit der Konsequenz der seinerzeitigen unbefristeten Widerrufbarkeit[155].

146   Der EuGH hat dann in seiner Entscheidung vom 14.5.2020[156] festgestellt, dass eine Telefonnummer bei der Widerrufsbelehrung anzugeben ist, soweit diese Telefonnummer verfügbar ist. Insofern war es nun auch auf-grund der Entscheidung des BGH vom 24.9.2020[157] notwendig, in der Widerrufsbelehrung eine Telefonnummer anzugeben, um einen Franchise-Nehmer einen telefonischen Widerruf zu ermöglichen.

147   Zur *„Verfügbarkeit einer Telefonnummer"* bestand Einigkeit, dass es sich um eine Telefonnummer handeln muss, bei dem tatsächlich eine Nachricht über den Widerruf des Franchise-Vertrages entgegengenommen werden kann und nicht um eine automatisierte Telefonnummer, bei der man keine Nachricht hinterlassen kann.

Wäre eine solche Telefonnummer genannt worden, so hätte dies zu einer unwirksamen Widerrufsbelehrung und damit zu einem Widerrufsrecht nicht von 14 Tagen, sondern gem. § 356 III 2 BGB von 1 Jahr und 14 Tagen geführt.

148   Seit dem 28.5.2022 sieht nunmehr der Gestaltungshinweis 2 zur Musterwiderrufsbelehrung vor, dass die Telefonnummer in jedem Fall anzugeben ist, wobei es im Text der Muster-Widerrufsbelehrung heißt:

> *„… Fügen Sie Ihren Namen, Ihre Anschrift, Ihre Telefonnummer und Ihre E-Mail-Adresse ein …"*

Damit ist aber die Frage der „Verfügbarkeit der Telefonnummer" entfallen. Diese hat allenfalls noch historische Bedeutung.

Es reicht jetzt aus, wenn die Telefonnummer des Franchise-Gebers angegeben wird.

149   Da im Gestaltungshinweis 2 nur von der Telefonnummer und der E-Mail-Adresse gesprochen wird, besteht übereinstimmend die Ansicht, dass das neue seit dem 28.5.2022 geltende Widerrufsrecht nicht mehr vorsieht, dass in einer Widerrufsbelehrung die Telefaxnummer aufzunehmen ist.

Wird gleichwohl die Telefaxnummer weiter genannt, so liegt keine ordnungsgemäße Widerrufsbelehrung vor, dh es ist dann davon auszugehen, dass das Widerrufsrecht nicht 14 Tage beträgt, sondern ein Franchise-Nehmer berechtigt ist, seine auf Abschluss des Franchise-Vertrages gerichtete Willenserklärung innerhalb von 1 Jahr und 14 Tagen zu widerrufen.

150   Obwohl das Problem der „Verfügbarkeit der Telefonnummer" sich nicht mehr stellt, ist zu empfehlen, dass nur eine solche Telefonnummer angegeben wird, bei der auch eine telefonische Widerrufserklärung eines Franchise-Nehmers entgegengenommen und diese auch aufgezeichnet werden kann. Nur so kann der Nachweis dafür erbracht werden, wann die Widerrufserklärung durch den Franchise-Nehmer erfolgt ist. Dies ist insbesondere dann wichtig, wenn es um die Streitfrage geht, ob der Widerruf nun innerhalb der 14-Tagesfrist erklärt worden ist oder nicht.

151   Auch das alte Problem der Fristberechnung des Endes des Widerrufsrechts stellt sich nur noch bedingt.

Geht man von den Regelungen des Bürgerlichen Gesetzbuches aus, so beginnt eine nach Tagen oder Wochen bestimmte Frist gem. § 187 BGB erst mit dem auf die Aushändigung der Widerrufsbelehrung folgenden Tag und endet am letzten Tag der Wochenfrist um 24.00 Uhr. Fällt dieser Tag auf einen Sonn- oder Feiertag, so endet die Frist um 24.00 Uhr des nächsten Werktages[158].

Diese Berechnung der Fristen nach den Vorschriften des Bürgerlichen Gesetzbuches ist aber jetzt für die Berechnung der Widerrufsfrist ohne Bedeutung. Dadurch, dass nach Vorgaben der EU-Verbraucherrechte-Richtlinie ausdrücklich von einer Widerrufsfrist von

---

[155] So OLG Frankfurt, Urt. v. 17.6.2004 – 6 U 158/03; OLG Hamm ZAP 2009, 1238.
[156] C-266/19 – GRUR-RS 2020, 8821.
[157] I ZR 169/17 ZVertriebsR 2021, 129.
[158] § 123 BGB.

14 Tagen gesprochen wird, bedeutet dies, dass die Widerrufsfrist in dem Augenblick beginnt, in dem die Widerrufsbelehrung erklärt wird. Für den Fristbeginn der Widerrufsfrist ist also § 187 I BGB nicht mehr maßgebend.

Demgemäß hat nunmehr eine Widerrufsbelehrung eines Franchise-Nehmers wie folgt **152** zu erfolgen:

Widerrufsbelehrung

Widerrufsrecht

Sie haben das Recht, binnen vierzehn Tagen ohne Angabe von Gründen diesen Vertrag zu widerrufen.

Die Widerrufsfrist beträgt vierzehn Tage ab dem Tag des Vertragsabschlusses.

Um Ihr Widerrufsrecht auszuüben, müssen Sie uns

Franchise-Geber / Anschrift / Telefonnummer / E-Mail

mittels einer eindeutigen Erklärung (zB ein mit der Post versandter Brief oder eine E-Mail) über Ihren Entschluss, diesen Vertrag zu widerrufen, informieren. Sie können dafür das beigefügte Muster-Widerrufsformular verwenden, das jedoch nicht vorgeschrieben ist.

Zur Wahrung der Widerrufsfrist reicht es aus, dass Sie die Mitteilung über die Ausübung des Widerrufsrechts vor Ablauf der Widerrufsfrist absenden.

Folgen des Widerrufs

Wenn Sie diesen Vertrag widerrufen, haben wir Ihnen alle Zahlungen, die wir von Ihnen erhalten haben, einschließlich der Lieferkosten (mit Ausnahme der zusätzlichen Kosten, die sich daraus ergeben, dass Sie eine andere Art der Lieferung als die von uns angebotene, günstigste Standardlieferung gewählt haben), unverzüglich und spätestens binnen vierzehn Tagen ab dem Tag zurückzuzahlen, an dem die Mitteilung über Ihren Widerruf dieses Vertrages bei uns eingegangen ist. Für diese Rückzahlung verwenden wir dasselbe Zahlungsmittel, das Sie bei der ursprünglichen Transaktion eingesetzt haben, es sei denn, mit Ihnen wurde ausdrücklich etwas anderes vereinbart; in keinem Fall werden Ihnen wegen dieser Rückzahlung Entgelte berechnet.

Haben Sie verlangt, dass die Dienstleistungen während der Widerrufsfrist beginnen soll, so haben Sie uns einen angemessenen Betrag zu zahlen, der dem Anteil der bis zu dem Zeitpunkt, zu dem Sie uns von der Ausübung des Widerrufsrechts hinsichtlich dieses Vertrags unterrichten, bereits erbrachten Dienstleistungen im Vergleich zum Gesamtumfang der im Vertrag vorgesehenen Dienstleistungen entspricht.

Musterstadt, den _____

_____

(Franchise-Nehmer)

Empfangsbekenntnis über die Widerrufsbelehrung

Hiermit bestätige(n) ich/wir, am heutigen Tage über das Widerrufsrecht gem. § 355 BGB in einer gesonderten, von mir/uns unterzeichneten Urkunde, belehrt worden zu sein und ein Exemplar erhalten zu haben.

Musterstadt, den _____

_____

(Franchise-Nehmer)

Muster Widerrufsformular

(Wenn Sie den Vertrag widerrufen wollen, dann füllen Sie bitte dieses Formular aus und senden Sie es zurück).

An

Franchise-Geber/Anschrift/Telefon/E-Mail-Adresse

Hiermit widerrufe(n) ich/wir(*) den von mir/uns (*) abgeschlossenen Franchise-Vertrag.

Erhalten am

Name des/der Franchise-Nehmer

Anschrift des/der Franchise-Nehmer

Unter des/der Franchise-Nehmer (nur bei Mitteilung auf Papier)

Datum

_____

(*) *unzutreffendes streichen.*

L. Widerrufsbelehrung und Handelsvertreterverträge

153   Ein Handelsvertreter ist Kaufmann iSv § 1 Ziff. 2 HGB, da dieser ein Handelsgewerbe betreibt. Zugleich ist der Handelsvertreter damit Unternehmer iSv § 14 BGB.

154   Da der Handelsvertreter auch keiner Bezugsverpflichtung unterliegt, sondern lediglich Verträge für das Unternehmen vermittelt, besteht keine Notwendigkeit einen Handelsvertreter bei Abschluss eines Handelsvertretervertrages über das diesem möglicherweise zustehenden Widerrufsrecht gem. § 355 BGB zu belehren.

155   Etwas anderes würde nur dann gelten, wenn der Handelsvertreter als Existenzgründer den Handelsvertretervertrag abschließt und dieser sich gleichzeitig auf der Grundlage des Handelsvertretervertrages verpflichtet, fortlaufend für eigene Zwecke Produkte vom Unternehmen zu beziehen – wie etwa Drucksachen, Visitenkarten und insofern eine Bezugsverpflichtung des Handelsvertreters auf der Grundlage des Handelsvertretervertrages begründet wird.

M. Widerrufsbelehrung und Vertragshändlerverträge

156   Ein Vertragshändler ist Unternehmer iSv § 14 BGB. Wobei in der Regel Vertragshändler die Tätigkeit als Absatzmittler für ein Unternehmen der Automobilindustrie in der Rechtsform einer Personen- oder Kapitalgesellschaft schon bei Abschluss des Handelsvertretervertrages ausüben. Insofern sind Vertragshändler bei Abschluss des Handelsvertretervertrages Unternehmer iSv § 14 BGB. Eine Widerrufsbelehrung ist daher bei Abschluss eines Vertragshändlervertrages in der Regel nicht notwendig.

N. Widerrufsbelehrung und Kommissionsagenturverträge

157   Enthält der Kommissionsvertrag eine Verpflichtung zum dauernden Bezug der Kommissionsware iSv § 510 Abs. 1 Nr. 3 BGB, ist der Kommissionsagent zugleich Existenzgründer bzw. Existenzgründungsunternehmer iSv § 14 BGB und betragen die Investitionen nicht mehr als 75.000,00 EUR (Widerrufswertgrenze iSv § 512 BGB), so ist der Kommissionsagent über sein Widerrufsrecht gem. § 355 BGB zu belehren. Insoweit gelten die Grundsätze und die Rechtsprechung zur Widerrufsbelehrung eines Franchise-Nehmers. Ist der Kommissionsagentur jedoch bei Abschluss des Kommissionsagenturvertrages bereits Unternehmer iSv § 14 BGB, so entfällt eine Widerrufsbelehrung.

§ 357 Rechtsfolgen des Widerrufs von außerhalb von Geschäftsräumen geschlossenen Verträgen und Fernabsatzverträgen mit Ausnahme von Verträgen über Finanzdienstleistungen

(1) Die empfangenen Leistungen sind spätestens nach 14 Tagen zurückzugewähren.

(2) [1] Der Unternehmer muss auch etwaige Zahlungen des Verbrauchers für die Lieferung zurückgewähren. [2] Dies gilt nicht, soweit dem Verbraucher zusätzliche Kosten entstanden sind, weil er sich für eine andere Art der Lieferung als die vom Unternehmer angebotene günstigste Standardlieferung entschieden hat.

(3) [1] Für die Rückzahlung muss der Unternehmer dasselbe Zahlungsmittel verwenden, das der Verbraucher bei der Zahlung verwendet hat. [2] Satz 1 gilt nicht, wenn ausdrücklich etwas anderes vereinbart worden ist und dem Verbraucher dadurch keine Kosten entstehen.

(4) [1]Bei einem **Verbrauchsgüterkauf** kann der Unternehmer die Rückzahlung verweigern, bis er die Waren zurückerhalten hat oder der Verbraucher den Nachweis erbracht hat, dass er die Waren abgesandt hat. [2]Dies gilt nicht, wenn der Unternehmer angeboten hat, die Waren abzuholen.

(5) Der Verbraucher trägt die **unmittelbaren Kosten der Rücksendung** der Waren, wenn der Unternehmer den Verbraucher nach Artikel 246a § 1 Absatz 2 Satz 1 Nummer 2 des Einführungsgesetzes zum Bürgerlichen Gesetzbuche von dieser Pflicht unterrichtet hat. Satz 1 gilt nicht, wenn der Unternehmer sich bereit erklärt hat, diese Kosten zu tragen.

(6) Der Verbraucher ist nicht verpflichtet, die Waren zurückzusenden, wenn der Unternehmer angeboten hat, die Waren abzuholen.

(7) Bei außerhalb von Geschäftsräumen geschlossenen Verträgen, bei denen die Waren zum Zeitpunkt des Vertragsschlusses zur Wohnung des Verbrauchers gebracht worden sind, ist der Unternehmer verpflichtet, die Waren auf eigene Kosten abzuholen, wenn die Waren so beschaffen sind, dass sie nicht per Post zurückgesandt werden können.

(8) Für die Rechtsfolgen des Widerrufs von Verträgen über die Bereitstellung digitaler Produkte gilt ferner § 327p entsprechend.

Literatur: Föhlisch/Löwer, Das Widerrufsrecht bei Gutscheinen im Fernabsatz, K&R 2015, 298; Schwab, Der verbraucherschützende Widerruf und seine Folgen, JZ 2015, 644.

I. Allgemeines

§ 357 setzt Art. 13, 14, 6 Abs. 6, 7 Abs. 3, 8 Abs. 8 und 11 Abs. 2 VerbrRRL um. § 357 **1** ergänzt § 355 und regelt weitere Rechtsfolgen des Widerrufs bei außerhalb von Geschäftsräumen geschlossenen Verträgen und Fernabsatzverträgen.[1]

Durch das Gesetz zur Änderung des Bürgerlichen Gesetzbuchs und des Einführungs- **2** gesetzes zum Bürgerlichen Gesetzbuche in Umsetzung der EU-Richtlinie zur besseren Durchsetzung und Modernisierung der Verbraucherschutzvorschriften der Union und zur Aufhebung der Verordnung zur Übertragung der Zuständigkeit für die Durchführung der Verordnung (EG) Nr. 2006/2004 auf das Bundesministerium der Justiz und für Verbraucherschutz vom 10.8.2021[2], wurden mit Wirkung zum **28.5.2022** Abs. 5 und Abs. 6 in den Abs. 5–7 neu strukturiert und ein neuer Abs. 8 eingefügt. Die bisher in den Abs. 7–9 getroffenen Regelungen über den bei Widerruf zu leistenden Wertersatz wurden in den neu eingefügten § 357a verschoben.

II. Rückgewähr empfangener Leistungen (Abs. 1–8)

Nach Abs. 1 sind die empfangenen Leistungen spätestens **innerhalb von 14 Tagen 3** zurückzugewähren, wobei sich der Fristbeginn nach § 355 Abs. 3 S. 2 bestimmt. Auch die **Lieferkosten für die (Hin-)Lieferung** sind grundsätzlich zu erstatten (Abs. 2). Dies gilt nicht, „soweit" der Verbraucher nicht die günstigste Standardlieferung des Unternehmers gewählt hat. Aus dieser Formulierung wird deutlich, dass der Unternehmer in den Fällen, in denen der Verbraucher die teurere Lieferart gewählt hat, lediglich die Kosten der Standardlieferung erstatten muss.

Für die Rückzahlung muss der Unternehmer **dasselbe Zahlungsmittel** verwenden, das **4** der Verbraucher bei der Zahlung verwendet hat (Abs. 3). Nur wenn und soweit der Verbraucher zur Zahlung einen Gutschein eingesetzt hat, darf der Unternehmer wieder einen Gutschein ausstellen (Erwägungsgrund 46 der VerbrRRL). Abs. 3 S. 1 ist **abding-**

---

[1] Vgl. im Einzelnen Schwab JZ 2015, 644.
[2] BGBl. 2021 I 3483.

bar, dh die Parteien können ausdrücklich etwas anderes vereinbaren, soweit dem Verbraucher dadurch keine Kosten entstehen. Eine abweichende Vereinbarung durch AGB ist in der Regel jedoch unwirksam.[3]

5   Bei einem **Verbrauchsgüterkauf iSv § 474** kann der Unternehmer die Rückzahlung solange verweigern, bis er die Ware zurückerhalten hat oder der Verbraucher den Nachweis erbracht hat, dass er die Ware abgesendet hat (Abs. 4 S. 1).[4] Erhebt der Unternehmer im Prozess des Verbrauchers gegen Unternehmer auf Rückzahlung des Kaufpreises die Einrede des Abs. 4, ist die Klage als zurzeit unbegründet abzuweisen.[5] Das Zurückbehaltungsrecht gilt nicht, wenn der Unternehmer angeboten hat, die Ware beim Verbraucher abzuholen (Abs. 4 S. 2). Die Rückgewährpflichten sind dann Zug-um-Zug zu erfüllen.[6]

6   Nach Abs. 6 muss der Verbraucher die Waren auch dann nicht zurücksenden, wenn der Unternehmer angeboten hat, die Ware abzuholen.

7   Abweichend vom bisherigen Recht, trägt grundsätzlich der Verbraucher die **Kosten der Rücksendung,** vorausgesetzt der Unternehmer hat den Verbraucher hierüber ordnungsgemäß unterrichtet (Abs. 5 S. 1). Insoweit genügt der Hinweis gemäß Gestaltungshinweis 5 der Musterwiderrufsbelehrung. Dies gilt nicht, wenn der Unternehmer sich bereit erklärt hat, diese Rücksendungskosten zu tragen (Abs. 5 S. 2). Abs. 7 betrifft außerhalb von Geschäftsräumen geschlossene Verträge. Wird die Ware zum Zeitpunkt des Vertragsschlusses zur Wohnung des Verbrauchers geliefert, hat der Unternehmer die Ware nach Widerruf auf eigene Kosten abzuholen, wenn die Ware so beschaffen ist, dass sie normalerweise nicht per Post zurückgesendet werden kann.[7]

8   Hinsichtlich der Bereitstellung digitaler Produkte verweist der neu eingefügte Abs. 8 auf die Regelungen in § 327p, der den Umgang mit digitalen Produkten nach Vertragsbeendigung regelt.[8]

9   Grenzüberschreitende Verstöße gegen **§ 357 Abs. 1–3, Abs. 7 und Abs. 8** iVm § 327p Abs. 2, 3 kann das Umweltbundesamt auf der Grundlage des seit dem 28.5.2022 geltenden Art. 246e EGBGB als **Ordnungswidrigkeit** verfolgen (vgl. dazu im Detail → BGB § 312a Rn. 69 ff.).

III. Rechtsfolgen des Widerrufs bei Gutscheinen

10   Widerruft der Verbraucher den Kaufvertrag über einen **verkörperten Gutschein,** ohne ihn eingelöst zu haben, muss der Unternehmer dem Verbraucher gemäß § 357 Abs. 1 den gezahlten Kaufpreis zurückerstatten und der Verbraucher muss den verkörperten Gutschein zurückübertragen; bei **digitalen Gutscheinen** erfolgt die Rückgabe des Gutscheins durch Rückabtretung.[9] Hat der Verbraucher den Gutschein bereits eingelöst, hat er gemäß § 357a Abs. 1 für den eingelösten Gutschein Wertersatz zu leisten.

11   Ist der **Hauptvertrag bereits erfüllt,** richten sich die Regeln des Widerrufsrechts nach dem Gegenstand des Hauptvertrags. Bei Widerruf erhält der Verbraucher den Gutschein zurück, es erfolgt keine Auszahlung des entsprechenden Geldbetrages (→ § 357 Rn. 3).[10]

---

[3] Grüneberg/Grüneberg Rn. 4.
[4] Vgl. BGH NJW 2021, 307 Rn. 23; BKR 2021, 162.
[5] BGH WM 2022, *418* Rn. *17;* NJW-RR 2022, *130* Rn. *14;* BKR 2021, *162* Rn. *21.*
[6] Grüneberg/Grüneberg Rn. 5; OLG Düsseldorf NJW-RR 2015, 877.
[7] vgl. BT-Drs. 17/12637, 63.
[8] Vgl. Grüneberg/Grüneberg § 327p Rn. 2 ff.
[9] Föhlisch/Löwer K&R 2015, 298 (300).
[10] Föhlisch/Löwer K&R 2015, 298 (301).

§ 357a Wertersatz als Rechtsfolge des Widerrufs von außerhalb von Geschäftsräumen geschlossenen Verträgen und Fernabsatzverträgen mit Ausnahme von Verträgen über Finanzdienstleistungen

(1) Der Verbraucher hat Wertersatz für einen Wertverlust der Ware zu leisten, wenn

1. der Wertverlust auf einen Umgang mit den Waren zurückzuführen ist, der zur Prüfung der Beschaffenheit, der Eigenschaften und der Funktionsweise der Waren nicht notwendig war, und

2. der Unternehmer den Verbraucher nach Artikel 246a § 1 Absatz 2 Satz 1 Nummer 1 des Einführungsgesetzes zum Bürgerlichen Gesetzbuche über dessen Widerrufsrecht unterrichtet hat.

(2) ¹Der Verbraucher hat Wertersatz für die bis zum Widerruf erbrachten Dienstleistungen, für die der Vertrag die Zahlung eines Preises vorsieht, oder die bis zum Widerruf erfolgte Lieferung von Wasser, Gas oder Strom in nicht bestimmten Mengen oder nicht begrenztem Volumen oder von Fernwärme zu leisten, wenn

1. der Verbraucher von dem Unternehmer ausdrücklich verlangt hat, dass mit der Leistung vor Ablauf der Widerrufsfrist begonnen werden soll,

2. bei einem außerhalb von Geschäftsräumen geschlossenen Vertrag der Verbraucher das Verlangen nach Nummer 1 auf einem dauerhaften Datenträger übermittelt hat und

3. der Unternehmer den Verbraucher nach Artikel 246a § 1 Absatz 2 Satz 1 Nummer 1 und 3 des Einführungsgesetzes zum Bürgerlichen Gesetzbuche ordnungsgemäß informiert hat.

²Bei der Berechnung des Wertersatzes ist der vereinbarte Gesamtpreis zu Grunde zu legen. ³Ist der vereinbarte Gesamtpreis unverhältnismäßig hoch, ist der Wertersatz auf der Grundlage des Marktwerts der erbrachten Leistung zu berechnen.

(3) Widerruft der Verbraucher einen Vertrag über die Bereitstellung von nicht auf einem körperlichen Datenträger befindlichen digitalen Inhalten, so hat er keinen Wertersatz zu leisten.

Literatur: Mandl, Die Rechtsfolgen des Widerrufs von Verträgen über die Rabattierung von Beförderungsentgelten, EuZW 2020, 1033.

I. Allgemeines

Durch das Gesetz zur Änderung des Bürgerlichen Gesetzbuchs und des Einführungs- **1** gesetzes zum Bürgerlichen Gesetzbuche in Umsetzung der EU-Richtlinie zur besseren Durchsetzung und Modernisierung der Verbraucherschutzvorschriften der Union und zur Aufhebung der Verordnung zur Übertragung der Zuständigkeit für die Durchführung der Verordnung (EG) Nr. 2006/2004 auf das Bundesministerium der Justiz und für Verbraucherschutz vom 10.8.2021[1], wurde § 357a mit Wirkung zum **28.5.2022** neu eingefügt. Die bisher in § 357 Abs. 7–9 getroffenen Regelungen über den bei Widerruf zu leistenden Wertersatz wurden in den § 357a verschoben.

II. Wertersatzpflicht (Abs. 1–3)

Abs. 1–3 enthalten abschließende Regelungen über die Wertersatzpflicht des Verbrau- **2** chers, wenn er die empfangene Leistung nicht oder nur in verschlechtertem Zustand zurückgeben kann. Abs. 1 betrifft Warenlieferungsverträge, Abs. 2 erfasst Verträge über die Dienstleistungen sowie über die leitungsgebundene Lieferung von Wasser, Gas und Strom, während Abs. 3 für Verträge über die Bereitstellung von nicht auf einem körperlichen Datenträger befindlichen digitalen Inhalten gilt.

---

[1] BGBl. 2021 I 3483.

3 **1. Waren (Abs. 1).** Nach Abs. 1 hat der Verbraucher Ersatz für einen Wertverlust der Ware nur unter der Bedingung zu leisten hat, dass der Wertverlust auf einen Umgang mit der Ware zurückzuführen ist, der zur **Prüfung der Beschaffenheit, der Eigenschaft und der Funktionsweise der Ware** nicht notwendig war, und eine ordnungsgemäße vorvertragliche Verbraucherinformation (Unterrichtung über Widerrufsrecht gemäß Art. 246 § 1 Abs. 3 Nr. 1 EGBGB) gegeben ist.[2]

4 Die Reichweite der dem Verbraucher zustehende Prüfung der Ware stellt damit das zentrale Kriterium für das Bestehen einer Wertersatzpflicht dar. Nach Erwägungsgrund 47 VerbrRRL soll der Verbraucher mit der Ware nur so umgehen, wie er das in einem **Ladengeschäft** tun dürfte. Kleidungsstücke und Schuhe dürfen daher lediglich anprobiert und nicht auf der Straße getragen werden.[3] Produkte, die auch im Ladengeschäft nicht vollständig getestet werden können, im Ladengeschäft aber möglicherweise **Probeexemplare** bereitstehen, kann der Kunde grundsätzlich testen, ohne dass ein Wertersatzanspruch entsteht.[4] Der Umstand, dass beim Fernabsatz die im stationären Handel vielfach üblichen Vergleichs-, Vorführ- und Beratungsmöglichkeiten fehlen, ist durch die Einräumung angemessener Prüfungsmöglichkeiten zu Hause auszugleichen.[5] Bei bestimmten Produkten ist jedoch eine Prüfung durch bestimmungsgemäße Ingebrauchnahme (zB Kaffeemaschine, Grill, Rasenmäher, Kfz-Katalysator[6] oder schon ein Öffnen der Packung (Hygieneartikel, Medikamente, Kosmetik) nach der Verkehrssitte nicht üblich und kann zur Wertersatzpflicht führen.[7]

5 Für die Berechnung des Wertersatzes ist der **objektive Wert** der Ware maßgeblich, wenn dieser die vertraglich vereinbarte Leistung nicht übersteigt.[8] Dies folgt aus dem Umkehrschluss zu Abs. 2 S. 4, wonach sich der Wertersatz für in Anspruch genommene Dienstleistungen anhand der vereinbarten Gegenleistung bemisst.

6 **2. Dienstleistungen und Energielieferungen (Abs. 2).** Nach Abs. 2 hat der Verbraucher bei einem Widerruf eines Vertrages über die Erbringung von Dienstleistungen und bestimmter Verträge über die Lieferung von Wasser, Gas oder Strom Wertersatz zu leisten, wenn er bis zum Widerruf Leistungen in Anspruch genommen hat. Voraussetzung für den Wertersatzanspruch des Unternehmers ist, dass der Verbraucher von dem Unternehmer ausdrücklich verlangt hat, dass dieser mit der Leistung vor Ablauf der Widerrufsfrist beginnt (Nr. 1) und über Widerrufsrecht und die Wertersatzpflicht informiert wurde (Nr. 3). Bei außerhalb von Geschäftsräumen geschlossenen Verträgen besteht der Anspruch nur dann, wenn der Verbraucher sein Verlangen auf einem dauerhaften Datenträger übermittelt hat (Nr. 2).

7 Bei der Berechnung des Wertersatzes ist nach Abs. 2 S. 2 der vereinbarte Gesamtpreis – und nicht wie bei Abs. 1 der objektive Wert der Leistung – zu Grunde zu legen.[9] Ist der vereinbarte Gesamtpreis unverhältnismäßig hoch, ist der Wertersatz gem. Abs. 2 S. 3 auf der Grundlage des Marktwerts der erbrachten Leistung zu berechnen. Die Unverhältnismäßigkeit ist anhand einer Einzelfallabwägung zu ermitteln, wobei in Anlehnung an § 343 Abs. 1 und § 655 der Aufwand des Unternehmers und der wirtschaftliche Nutzen des Verbrauchers sowie ein Vergleich mit dem Preis anderer Unternehmer in die Abwägung

---

[2] Spindler/Schuster/Schirmbacher § 357aF Rn. 31.
[3] Spindler/Schuster/Schirmbacher § 357aF Rn. 34.
[4] BGH NJW 2011, 56 Rn. 23 (Befüllen der Matratze eines Wasserbetts zu Prüfzwecken); BeckOK/Müller-Christmann § 357a Rn. 6; Spindler/Schuster/Schirmbacher § 357aF Rn. 35.
[5] BT-Drs. 17/5097, 15; BGH ZIP 2016, 2319 Rn. 19.
[6] BGH ZIP 2016, 2319.
[7] BT-Drs. 17/12637, 63; BeckOK/Müller-Christmann § 357a Rn. 7.
[8] BGH NJW 2021, 307; Grüneberg/Grüneberg § 357aF Rn. 11; BeckOK/Müller-Christmann § 357a Rn. 13; anders zum früheren Recht BGH ZIP 2016, 2319 Rn. 47 ff. (vertragliche Entgeltabrede maßgeblich).
[9] AG Hamburg VuR 2020, 28: Berechnung des Wertersatzes bei Online-Partnervermittlungsverträgen; BeckOK/Müller-Christmann § 357a Rn. 17; Grüneberg/Grüneberg § 357aF Rn. 16.

einfließen.[10] Die Mitgliedschaftsgebühr bei Parship Verträgen[11] oder bei BahnCard Verträgen[12] ist grundsätzlich zeitanteilig zu erstatten; anders kann es liegen, wenn einzelnen Leistungen gesondert erbracht und vergütet werden.[13]

3. Digitale Inhalte (Abs. 3). Gemäß Abs. 3 besteht bei der Bereitstellung digitaler **8** Inhalte, die sich nicht auf einem körperlichen Datenträger befinden, keine Wertersatzpflicht.

III. Beweislast

Der Unternehmer trägt die Beweislast für die Tatsachen, die seine Rückgewähransprüche **9** nach § 355 Abs. 1 S. 1 begründen. Macht er Wertersatz geltend, muss er die tatsächlichen Voraussetzungen der § 357a Abs. 1 oder Abs. 2 darlegen und beweisen, dh eine Verschlechterung der Sache, die übermäßige Nutzung der Sache als Ursache der Verschlechterung, das ausdrückliche Leistungsverlagen des Verbrauchers, ggf. deren Übermittlung auf einem dauerhaften Datenträger, die ordnungsgemäße Belehrung bzw. den Umfang der Leistungserbringung.

§ 492 Schriftform, Vertragsinhalt

(1) [1]Verbraucherdarlehensverträge sind, soweit nicht eine strengere Form vorgeschrieben ist, schriftlich abzuschließen. [2]Der Schriftform ist genügt, wenn Antrag und Annahme durch die Vertragsparteien jeweils getrennt schriftlich erklärt werden. [3]Die Erklärung des Darlehensgebers bedarf keiner Unterzeichnung, wenn sie mit Hilfe einer automatischen Einrichtung erstellt wird.

§ 510 Ratenlieferungsverträge

(1) [1]Der Vertrag zwischen einem Verbraucher und einem Unternehmer bedarf der schriftlichen Form, wenn der Vertrag

1. die Lieferung mehrerer als zusammengehörend verkaufter Sachen in Teilleistungen zum Gegenstand hat und das Entgelt für die Gesamtheit der Sachen in Teilzahlungen zu entrichten ist,
2. die regelmäßige Lieferung von Sachen gleicher Art zum Gegenstand hat oder
3. die Verpflichtung zum wiederkehrenden Erwerb oder Bezug von Sachen zum Gegenstand hat.

[2]Dies gilt nicht, wenn dem Verbraucher die Möglichkeit verschafft wird, die Vertragsbestimmungen einschließlich der Allgemeinen Geschäftsbedingungen bei Vertragsschluss abzurufen und in wiedergabefähiger Form zu speichern. [3]Der Unternehmer hat dem Verbraucher den Vertragsinhalt in Textform mitzuteilen.

(2) Dem Verbraucher steht vorbehaltlich des Absatzes 3 bei Verträgen nach Absatz 1, die weder im Fernabsatz noch außerhalb von Geschäftsräumen geschlossen werden, ein Widerrufsrecht nach § 355 zu.

(3) [1]Das Widerrufsrecht nach Absatz 2 gilt nicht in dem in § 491 Absatz 2 Satz 2 Nummer 1 bis 5, Absatz 3 Satz 2 und Absatz 4 bestimmten Umfang. [2]Dem in § 491 Absatz 2 Satz 2 Nummer 1 genannten Nettodarlehensbetrag entspricht die Summe aller vom Verbraucher bis zum frühestmöglichen Kündigungszeitpunkt zu entrichtenden Teilzahlungen.

---

[10] EuGH NJW 2020, 3771; BeckOK/Müller-Christmann § 357a Rn. 18; Grüneberg/Grüneberg § 357aF Rn. 16.
[11] EuGH NJW 2020, 3771; BGH NJW-RR 2021, 1141; NJW 2021, 2885.
[12] Mandl EuZW 2020, 1033.
[13] BGH NJW 2021, 2885; Grüneberg/Grüneberg § 357aF Rn. 16.

§ 512 Abweichende Vereinbarungen

[1] Von den Vorschriften der §§ 491 bis 511, 514 und 515 darf, soweit nicht ein anderes bestimmt ist, nicht zum Nachteil des Verbrauchers abgewichen werden. [2] Diese Vorschriften finden auch Anwendung, wenn sie durch anderweitige Gestaltungen umgangen werden.

§ 513 Anwendung auf Existenzgründer

Die §§ 491 bis 512 gelten auch für natürliche Personen, die sich ein Darlehen, einen Zahlungsaufschub oder eine sonstige Finanzierungshilfe für die Aufnahme einer gewerblichen oder selbständigen beruflichen Tätigkeit gewähren lassen oder zu diesem Zweck einen Ratenlieferungsvertrag schließen, es sei denn, der Nettodarlehensbetrag oder Barzahlungspreis übersteigt 75 000 Euro.

Literatur: Bunte, Die Aufhebung des Schriftformerfordernisses nach § 34 GWB, BB 1998, 1600; Flohr, Unternehmereigenschaft von Existenzgründern, ZAP 2005, 653; Giesler/Nauschütt, Franchiserecht, 2. Auflage, Köln 2007, Kap. 9, Rn. 147 ff.; Hänlein, Franchise-Existenzgründungen zwischen Kartell-, Arbeits- und Sozialversicherungsrecht – eine neue Erwerbsform im Aufwind?, DB 2000, 374; Horn/Henssler, Der Vertriebsfranchisenehmer als selbständiger Unternehmer, ZIP 1998, 589; Jesch, Das kartellrechtliche Schriftformgebot (§ 34 GWB), Göttingen 1990; Schulze, Rechtsgeschäftliche Bestätigung oder Rückwirkung – das Übergangsrecht zu § 34 GWB, WRP 1999, 158; Scriba/Liesegang, E-Signing im Rahmen von Vertriebssystemen, ZVertriebsR 2021, 348; Waßer; Franchising zwischen Arbeitsrecht und Handelsrecht, Baden-Baden 1999; Weltrich, Zur Abgrenzung von Franchise- und Arbeitsvertrag, DB 1988, 806.

Übersicht

A. Vorbemerkung

1   Die §§ 492, 510–512, 513 BGB als Vorschriften des Verbraucherschutzes sind beim Abschluss von Vertriebsverträgen dann von Bedeutung, wenn der Vertrag mit einem Existenzgründer oder mit einem Verbraucher iSd § 13 BGB oder einem Existenzgründungsunternehmer iSd Entscheidung des BGH vom 24.2.2005[1] abgeschlossen wird. Dann ist das **verbraucherschutzrechtliche Schriftformerfordernis des § 492 Abs. 1 BGB**

---

[1] NJW 2005, 1273 mit Anm. Flohr ZAP 2005, 653.

zu beachten. Dies gilt im Wesentlichen für den Abschluss von Franchise-Verträgen mit Existenzgründern. Für Handelsvertreter- bzw. Vertragshändlerverträge kommt § 492 BGB mangels Verbrauchereigenschaft des Handelsvertreters bzw. Vertragshändlers nicht in Betracht.

Enthält der Franchise-Vertrag dann noch eine den Franchise-Nehmer verpflichtende **2** Bezugsbindung, so sind § 510 BGB und damit auch § 513 BGB zu beachten. § 513 BGB normiert dabei die für Existenzgründungs-Franchise-Nehmer zu beachtende Widerrufswertgrenze von 75.000,00 EUR. Dies bedeutet, dass zugunsten dieses Existenzgründungs-Franchise-Nehmers die Existenzgründungsvorschriften zur Anwendung kommen, soweit die auf der Grundlage des Franchise-Vertrages von diesem vorzunehmenden Investitionen einen Betrag von 75.000,00 EUR nicht übersteigen.

§ 492, §§ 510, 512, 513 BGB sind daher für solche Vertriebsverträge ohne Bedeutung, **3** bei denen der Vertragspartner bereits zum Zeitpunkt des Abschlusses des Franchise-Vertrages Unternehmer iSv § 14 BGB ist. Insofern finden die Vorschriften auf den Abschluss von Handelsvertreter- und Vertragshändlerverträgen keine Anwendung.

§ 510 BGB wurde mit Wirkung vom 13.6.2014 durch das Umsetzungsgesetz zur EU- **4** Verbraucherrechte-Richtlinie neu gefasst. § 510 Abs. 1 BGB enthält nur noch die Definition des Ratenlieferungsvertrages und die grundsätzlich zu beachtende Schriftform. Der Begriff des Ratenlieferungsvertrages ergibt sich aus § 510 Abs. 1 Nr. 1 BGB. Dabei enthält das Gesetz keine Legaldefinition, sondern bestimmt lediglich dessen Anwendungsbereich, und zwar bezogen auf Verträge zwischen Unternehmern und Verbrauchern. Dem gegenüber wird in § 510 Abs. 1 Nr. 2 BGB der Ratenlieferungsvertrag zwischen Unternehmern geregelt, bei denen auch ein abweichender Vertragsinhalt, insbesondere durch Allgemeine Geschäftsbedingungen oder einen Formularvertrag möglich ist.[2]

B. Verbraucherschutzrechtliches Schriftformerfordernis bei Abschluss von Franchise-Verträgen

I. Formfreiheit

Franchise-Verträge können grundsätzlich **formfrei abgeschlossen** werden. Die Par- **5** teien können jedoch auch die Schriftform vereinbaren. Die Schriftform eines Franchise-Vertrages ist zu empfehlen, damit die gegenseitigen Rechte und Pflichten schriftlich niedergelegt werden und gleichzeitig auch dokumentiert wird, welche gegenseitigen Rechte und Pflichten übernommen wurden. Insofern sehen Franchise-Verträge in der Regel auch eine Schriftformklausel vor, dh jegliche Änderung und Ergänzung, aber auch die Aufhebung des Franchise-Vertrages insgesamt bedürfen zu ihrer Wirksamkeit der Schriftform.[3]

Nach dem Urteil des OLG Hamm vom 4.10.2016[4] ist eine solche vertraglich vereinbarte **5a** Schriftform auch dann erfüllt, wenn die entsprechende Willenserklärung per E-Mail übermittelt wird und sich aus den Umständen kein entgegenstehender Wille ergibt.

II. Kartellrechtliche Schriftformerfordernis (§ 34 GBW aF)

Soweit § 34 GWB aF die Schriftform für Franchise-Verträge mit Bezugsbindungen fest- **6** legte, ist diese Vorschrift nur noch für solche Franchise-Verträge von Bedeutung, die vor dem 1.1.1999 abgeschlossen wurden.

---

[2] Zum Ganzen Grüneberg/Weidenkaff BGB § 510 Rn. 1.
[3] Umfassend: Metzlaff Franchising-HdB/Metzlaff § 8 Rn. 472 ff.; zur Schriftformklausel beim Abschluss von Franchise-Verträgen Flohr, Franchise-Vertrag, S. 328 f.; Giesler/Nauschütt FranchiseR, Kap. 9 Rn. 147 ff. jeweils mit umfassenden Nachweisen.
[4] OLG Hamm 4.10.2016 – 21 U 142/15, BeckRS 2016, 119491.

7   Wurde das **kartellrechtliche Schriftformerfordernis** missachtet, so war der Franchise-Vertrag mit ex tunc Wirkung nichtig (§ 125 BGB). Dieses kartellrechtliche Schriftformgebot ist mit der 6. GWB-Novelle ersatzlos gestrichen worden. Es hat jedoch noch Bedeutung für Ansprüche aus Franchise-Verträgen, die vor dem 1.1.1999 geschlossen und nicht durch eine entsprechende Vereinbarung bzw. Bestätigung gem. § 141 BGB geheilt wurden[5].

C. Verbraucherschutzrechtliches Schriftformerfordernis

I. Grundsatz

8   Selbst wenn der Franchise-Nehmer mit Abschluss des Franchise-Vertrages seine Unternehmereigenschaft begründet[6], so bedeutet dies nicht, dass die verbraucherschutzrechtlichen Vorschriften keine Anwendung finden. Vielmehr hat der BGH ausdrücklich festgestellt, dass auch auf solche abgeschlossenen Franchise-Verträge das verbraucherschutzrechtliche Schriftformerfordernis iSd § 492 Abs. 1 BGB zur Anwendung kommt.

9   Dieses Schriftformerfordernis bedingt gem. § 126 BGB, dass eine eigenhändige Unterzeichnung des Franchise-Vertrages notwendig ist. Die Geltung dieses verbraucherschutzrechtlichen Schriftformerfordernis für den Abschluss von Franchise-Verträgen kann auch nicht abbedungen werden. Dem steht das Umgehungsverbot des § 512 BGB entgegen.

II. Umfang des Schriftformerfordernisses

10   Für den Abschluss eines Franchise-Vertrages bedeutet das verbraucherschutzrechtliche Schriftformerfordernis, dass sich grundsätzlich alle leistungsbestimmenden Elemente aus dem abgeschlossenen Franchise-Vertrag ergeben müssen. Insofern entspricht der Regelungsinhalt des § 492 Abs. 1 BGB dem des § 4 VerbrKG aF.

11   Das Kammergericht Berlin hat hierzu für den Abschluss eines Franchise-Vertrages in seinem Beschluss vom 11.2.1993[7] folgendes ausgeführt:

12   *„Zur Wahrung der Schriftform ist es erforderlich, sämtliche Teile des Rechtsgeschäftes in die Urkunde aufzunehmen. Wegen Vormangels nichtig kann deshalb ein Franchise-Vertrag sein, bei dem sich beide Vertragspartner zwar einig über den Vertragsschluss für ein bestimmtes Vertragsgebiet sind, ohne jedoch schon den endgültigen Standort des Franchise-Nehmer-Geschäftes festzulegen, weil noch Verhandlungen über verschiedene Mietobjekte abzuschließen sind. Nach der vorliegenden Vertragsurkunde ist aber nicht nur der Geschäftssitz des Franchise-Nehmers noch offen. Es ist auch nicht erkennbar, welche Leistungen zu welchen Preisen im Rahmen des sog. Gesamtinvestitionsplans vom Franchise-Geber geschuldet und vom Franchise-Nehmer abzunehmen und zu bezahlen sind. Auch sämtliche Nebenabreden bedürfen nach § 4 I 1 VerbrKG der Schriftform und Aufnahme in die Urkunde. Nach § 6 I VerbrKG führen derartige Verstöße gegen das Schriftformerfordernis zur Nichtigkeit des Franchise-Vertrages. …"*

13   Auch wenn diese grundsätzlichen Ausführungen des Kammergerichts Berlin noch zum Verbraucherkreditgesetz ergangen sind, haben diese nichts von ihrer grundsätzlichen Bedeutung verloren. Die Grundsätze, die insoweit für § 4 VerbrKG galten, gelten nunmehr für § 492 Abs. 1 BGB. Insofern ist in den Fällen, in denen die Standortsuche

---

[5] Umfassend: Metzlaff Franchising-HdB/Metzlaff § 8 Rn. 475–478; Jesch, Das kartellrechtliche Schriftformgebot (§ 34 GWB); Schulze WRP 1999, 158; Flohr, Franchise-Vertrag, S. 61 mit weiterführenden Nachweisen; Scriba/Liesegang ZVertriebsR 2021, 348 (361).

[6] BGH NJW 2005, 1273 mit Anm. Flohr ZAP 2005, 653.

[7] KG Berlin 11.2.1993 – 2 W 706/93.

bei Abschluss des Franchise-Vertrages mit einem Existenzgründungs-Franchise-Nehmer noch nicht abgeschlossen ist, ein Vorvertrag abzuschließen oder aber zunächst den Wohnsitz des Franchise-Nehmers als Standort seines Franchise-Outlets festzulegen, um alsdann, nachdem ein geeignetes Ladenlokal gefunden wurde, den Sitz des Franchise-Nehmer-Outlets an diesen Standort aufgrund einer Ergänzungsvereinbarung zum Franchise-Vertrag zu verlegen.

§ 492 Abs. 1 BGB ist nicht durch das „Gesetz zur Verbesserung der zivilrechtlichen **14** Durchsetzung von verbraucherschützenden Vorschriften des Datenschutzrechtes" vom 17.2.2016[8] geändert worden. Geändert wurde nur § 309 Nr. 13 BGB, dh für Allgemeine Geschäftsbedingungen ist jetzt festgelegt worden, dass keine strengere Form für die Erklärungen als die Textform vorgesehen werden darf. Die Neufassung löst damit die bislang zulässige Vorgabe der Schriftform bei Allgemeinen Geschäftsbedingungen gem. § 126 BGB ab. Für das verbraucherschutzrechtliche Schriftformerfordernis bleibt es aber bei der bisherigen Rechtslage, dh bezogen auf eine mit einem Existenzgründungs-Franchise-Nehmer abzuschließenden Franchise-Vertrag: dieser bedarf der Schrift- und nicht lediglich der Textform.

D. Bezugsbindung bei Franchise-Verträgen (§ 510 BGB)

I. Grundsatz

§ 510 BGB ist unter Verbraucherschutzaspekten für den Abschluss von Franchise-Ver- **15** trägen von Bedeutung. Die Regelung kommt dann zur Anwendung, wenn der Franchise-Nehmer bei Abschluss des Franchise-Vertrages Existenzgründungs-Franchise-Nehmer ist und im Rahmen des abgeschlossenen Franchise-Vertrages für die von ihm in seinem Franchise-Outlet abzusetzenden Produkte eine verpflichtende sog. Bezugsbindung vereinbart wird. Dann liegt nämlich eine Sukzessivlieferungsvertrag iSd § 510 Abs. 1 S. 1 Ziff. 3 BGB vor. Für diesen Fall sieht § 510 Abs. 2 BGB vor, dass der Franchise-Nehmer über sein Widerrufsrecht gem. § 355 BGB zu belehren ist.

Von einer Bezugsbindung wird im Rahmen eines Franchise-Vertrages gesprochen, wenn **16** der Franchise-Nehmer verpflichtet ist, die von ihm abzusetzenden Produkte über den Franchise-Geber bzw. die von diesem zum Franchise-System gelisteten Lieferanten zu beziehen. Darin liegt eine Verpflichtung zum wiederkehrenden Erwerb von Sachen iSv § 510 Abs. 1 S. 1 Nr. 3 BGB.

II. Franchise-Vertrag und Bezugsbindung

Grundsätzlich sind Bezugsbindungen für Franchise-Verträge anerkannt[9]. **17**

Gemäß Artikel 3 Ziff. 1a der EU-Gruppenfreistellungsverordnung für Franchise-Verein- **18** barungen (EU-VO Nr. 4087/88) waren Bezugsbindungen dann nach europäischen Kartellrecht möglich, wenn die Produkte entweder selbst vom Franchise-Geber hergestellt wurden oder aber für die Produkte keine objektiven Qualitätskriterien aufgestellt werden konnten, dh die Produktüberwachung nur durch den Franchise-Geber erfolgen konnte[10]. Damit sollte sichergestellt werden, dass das Know-how des Franchise-Systems nicht Konkurrenten zugutekommt. Die seit dem 1.6.2010 geltende EU-Gruppenfreistellungsverordnung für vertikale Vertriebsbindungen (EU-VO 330/2010) enthält keine entsprechende

---

[8] BGBl. 2016 I 233.

[9] Umfassend dazu: Martinek/Semler/Flohr VertriebsR-HdB/Martinek § 28 Rn. 25 ff.; siehe aus der Rechtsprechung BGH WuW/E BGH 981 (984); BGH WuW/E BGH 1103; BGHZ 97, 317 und zuletzt noch mit grundsätzlichen Ausführungen zu einer Alleinbezugsverpflichtung: OLG Düsseldorf ZVertriebsR 2017, 313.

[10] Vgl. den Tätigkeitsbereich des Bundeskartellamtes 1985/86, 32, abgedruckt bei Flohr, Franchise-Handbuch Gruppe I/IV.

Vorgabe, so dass grundsätzlich eine Bezugsbindung im Rahmen des Franchise-Vertrages mit dem Franchise-Nehmer vereinbart werden kann.

19   Die Bezugsbindung darf allerdings nicht so weit gehen, dass auch der Bezug der Vertrags-produkte von anderen Franchise-Nehmern unzulässig ist. Querlieferungen innerhalb des Systems von Franchise-Nehmern untereinander dürfen nach der EU-Gruppenfreistellungs-verordnung für Franchise-Vereinbarungen und der für vertikale Vertriebsbindungen nicht verboten werden[11]. Dies sollte auch in Franchise-Verträgen durch eine entsprechende Regelung dargestellt werden:

20   *„Dem Franchise-Nehmer ist es untersagt, die Vertragsprodukte an gewerbliche Wiederverkäufer zu liefern. Ausgenommen davon sind andere Franchise-Nehmer des Franchise-Systems oder Querlieferungen innerhalb des Franchise-Systems. "*

21   Das OLG Düsseldorf hat mit Urteil vom 11.4.2007[12] die Nichtigkeit einer in einem Franchise-Vertrag vereinbarten Alleinbezugsverpflichtung eines Franchise-Nehmers fest-gestellt und den Franchise-Geber verurteilt, darin einzuwilligen, die Bezugsverpflichtung so abzuändern, dass der Franchise-Nehmer berechtigt ist, im Umfang von 20 % seiner auf der Grundlage des Einkaufswertes des jeweils vorangegangenen Kalenderjahres berechneten gesamten Einkäufe und Vertragswaren von Dritten zu beziehen und zu vertreiben. Damit knüpfte das OLG Düsseldorf an die Entscheidung des EuGH vom 28.1.1986[13] an. Der EuGH ging davon aus, dass eine 100 %-ige Bezugsbindung grundsätzlich dem kartellrecht-lichen Behinderungsverbot von Art. 81 Abs. 1 EG-Vertrag (= Art. 101 Abs. 1 AEUV) unterfällt und daher nichtig ist. Davon sind nach Ansicht des EuGH zwei Ausnahmen zulässig: zum einen, wenn es nicht möglich ist, einheitliche, objektive Qualitätskriterien festzulegen oder zum anderen die Überwachung der Standards wegen der hohen Anzahl der Franchise-Nehmer und der damit verbundenen Kosten nicht durchführbar ist. Diese Grundsätze gelten auch unter der EU-Vertikal-GVO fort.

22   Der Abschluss eines Franchise-Vertrages mit einem Existenzgründungsunternehmer be-deutet demgemäß bei Vereinbarung einer Bezugsbindung iSv § 510 Abs. 1 S. 1 Nr. 3 BGB, dass eine Widerrufsbelehrung nach Maßgabe von § 355 BGB.

E. Abweichende Vereinbarungen

23   Unterliegt der Franchise-Vertrag dem verbraucherschutzrechtlichen Schriftformerforder-nis und wird eine Bezugsbindung iSv § 510 Abs. 1 S. 1 Nr. 3 BGB vereinbart, so sind von den gesetzlichen Vorschriften abweichende Vereinbarungen zwischen Franchise-Geber und Franchise-Nehmer nach § 512 BGB nichtig, soweit zum Nachteil des Franchise-Nehmers von den gesetzlichen Regelungen abgewichen wurde.

24   Die Vorschrift normiert in § 511 S. 2 BGB ein sog. **Umgehungsverbot.** Zweck der Vorschrift ist es, einen Existenzgründungs-Franchise-Nehmer auch bei Abschluss eines Franchise-Vertrages und der darin liegenden Begründung seiner Unternehmereigenschaft den Verbraucherschutz wirksam zu erhalten[14].

25   Wird eine Regelung zum Nachteil des Franchise-Nehmers vereinbart, so ist diese Regelung gem. § 134 BGB nichtig. Dies hat zur Folge, dass dann die betreffende gesetzli-che Regelung zur Anwendung kommt[15].

---

[11] Vgl. aus der Rechtsprechung zur Zulässigkeit einer Bezugsbindung EuGH GRUR-Int 1986, 193 Rn. 21 – Pronuptia I.
[12] BB 2009, 2159 (2161) – BodyShop.
[13] NJW 1986, 1415 – Pronuptia I.
[14] Vgl. Grüneberg/Weidenkaff BGB § 511 Rn. 1.
[15] Grüneberg/Weidenkaff BGB § 511 Rn. 2 aE.

F. Widerrufswertgrenze (§ 513 BGB)

Zu den weiteren dann zu beachtenden Verbraucherschutzvorschriften bei Abschluss eines **26** Franchise-Vertrages mit einem Existenzgründungsunternehmer gehört die in § 513 BGB normierte Widerrufswertgrenze von 75.000,00 EUR.

I. Grundsatz

Der BGH hat zwar mit Beschluss vom 24.2.2005[16] festgestellt, dass zwar ein Existenz- **27** gründungs-Franchise-Nehmer mit Abschluss eines Franchise-Vertrages seine Unternehmereigenschaft begründet und das Rechtsgeschäft dem Unternehmerhandeln unterliegt, aber gleichzeitig auch festgestellt, dass der Verbraucherschutz insoweit bei einem solchen Existenzgründungs-Franchise-Nehmer aufrecht erhalten bleibt, als die Widerrufswertgrenze für Investitionen, die auf der Grundlage des Franchise-Vertrages vom Franchise-Nehmer zu treffen sind, nicht einen Betrag von 75.000,00 EUR (§ 513 BGB) übersteigen.

Ist zweifelhaft, ob die Investitionen des Franchise-Nehmers 75.000,00 EUR übersteigen, **28** so sollte auf jeden Fall eine Widerrufsbelehrung vorgenommen werden, da nach dem bis zum 12.6.2014 geltenden Recht der Franchise-Vertrag gem. § 355 Abs. 4 BGB aF zeitlich unbefristet widerrufbar war, soweit unter Verkennung der Widerrufswertgrenze eine Widerrufsbelehrung nicht vorgenommen wurde. Dieses Problem der Widerrufbarkeit stellt sich zwar auch nach dem ab dem 13.6.2014 geltenden Recht, jedoch ist dann das Widerrufsrecht gem. § 356 Abs. 3 S. 2 BGB nF spätestens nach 1 Jahr und 14 Tage nach Abschluss des Franchise-Vertrages verwirkt.

Soweit es noch um bis zum 12.6.2014 abgeschlossene Franchise-Verträge geht, konnte **29** die unterbliebene Widerrufsbelehrung durch eine nachträgliche Widerrufsbelehrung nachgeholt werden, wobei dann allerdings gem. § 355 Abs. 2 S. 3 BGB aF eine Widerrufsfrist von einem Monat vorzusehen war.

II. Berechnung der Widerrufswertgrenze

Die Gefahr einer unbefristeten Widerrufsbelehrung ist deswegen auch so groß, weil nach **30** dem Urteil des Brandenburgischen OLG vom 31.8.2005[17] bei der Feststellung der für den Wegfall des Verbraucherschutzes maßgeblichen Wertgrenze des § 507 BGB aF (= §§ 512 aF, 513 BGB) nicht auf eine wirtschaftliche Betrachtungsweise abzustellen ist, die das Gesamtengagement aus den vom Widerruf betroffenen und mit dem Franchise-Nehmer abgeschlossenen Verträgen wertmäßig zusammenfasst. Vielmehr ist jede, auf den Abschluss eines Vertrages gerichtete Willenserklärung gesondert zu bewerten. Dies bedeutet, dass nicht in einer Gesamtschau die Investitionen des Franchise-Nehmers, die mit Abschluss des Franchise-Vertrages begründet werden, wie etwa Leistung der Eintrittsgebühr, Umbaukosten für das Ladenlokal, Kosten des Ladenbaues und der Ladenausstattung sowie der Warenerstausstattung wirtschaftlich zusammenhängend zu sehen sind. Vielmehr sind alle abgeschlossenen Verträge gesondert zu sehen.

Nach den statistischen Feststellungen der Deutschen Bank Research (Stand November **31** 2007) zahlen 15 % aller Franchise-Nehmer bei Abschluss des Franchise-Vertrages keine Eintrittsgebühr; 45 % zahlen eine Eintrittsgebühr bis zu 10.000,00 EUR, 30 % eine Eintrittsgebühr zwischen 10.000,00 EUR und 20.000,00 EUR und lediglich 10 % eine solche von über 20.000,00–60.000,00 EUR.

Da idR somit eine Eintrittsgebühr bei Abschluss eines Franchise-Vertrages unter **32** 75.000,00 EUR liegt, bedeutet dies, dass grundsätzlich auch beim Existenzgründungs-

---

[16] ZIP 2005, 622 = NJW 2005, 1273.
[17] NJW 2006, 159.

Franchise-Nehmer weiterhin von der Notwendigkeit einer Widerrufsbelehrung gem. § 355 BGB auszugehen ist.

33   Diese Betrachtung wird sich aber auch nicht wesentlich ändern, wenn die Widerrufs-wertgrenze auf der Grundlage einer wirtschaftlichen Betrachtungsweise ermittelt wird. Nach den Feststellungen der Deutsche Bank Research (Stand November 2007) haben 5 % aller Franchise-Nehmer keine Investitionen bei Abschluss des Franchise-Vertrages zu tä-tigen; bei 45 % aller Franchise-Nehmer belaufen sich diese Investitionen auf maximal 50.000,00 EUR. Weitere 22 % der Franchise-Nehmer haben Investitionen iHv 50.000,00 EUR bis 100.000,00 EUR zu tätigen und lediglich 28 % aller Franchise-Neh-mer tätigen Investitionen über 100.000,00 EUR bis 650.000,00 EUR. Damit liegen die Investitionen von mehr als der Hälfte aller Franchise-Nehmer bei einer wirtschaftlichen Betrachtungsweise unterhalb der de lege ferenda geltenden Widerrufswertgrenze von 75.000,00 EUR.

34   Geht man allerdings von der Entscheidung des LG Dortmund vom 30.3.2012[18] aus, dann berechnet sich die Widerrufswertgrenze nach dem Wert der vertraglich verein-barten Bezugsbindung, dh es wird der Umfang der Bezugsbindung auf die Dauer der Laufzeit des Franchise-Vertrages hochgerechnet. Dadurch dürfte zwar in der Regel die Widerrufswertgrenze von 75.000,00 EUR überschritten werden, doch liegt darin eine Ermittlung der Widerrufswertgrenze nach wirtschaftlicher Betrachtungsweise, obwohl eine solche Betrachtungsweise vom OLG Brandenburg im Urteil vom 31.8.2005[19] für unzulässig erklärt wurde. Hier gilt es also die weitere Entwicklung in der Rechtspre-chung abzuwarten; insbesondere ob sich bei der Ermittlung der Widerrufswertgrenze beim Abschluss von Franchise-Verträge eine wirtschaftliche Betrachtungsweise durch-setzen wird.

G. Verbraucherschutzvorschriften und Handelsvertreter-/ Vertragshändler- und Kommissionsagenturverträge

35   Die Verbraucherschutzvorschriften des § 492 BGB bzw. der §§ 510, 512, 513 BGB sind für den Abschluss von Handelsvertreterverträgen ohne Bedeutung.

36   Zum einen ist der Handelsvertreter Kaufmann iSv § 1 Abs. 2 HGB und damit Unter-nehmer iSd § 14 BGB. Zum anderen wird im Rahmen eines Handelsvertretervertrages keine Bezugsbindung iSd § 510 Abs. 1 S. 1 Nr. 3 BGB vereinbart.

37   Entsprechendes gilt für den Abschluss von Vertragshändlerverträgen, auch wenn sich der Vertragshändler zur Bezugsbindung gegenüber dem Automobilhersteller verpflichtet und damit eine Bezugsbindung iSv § 510 Abs. 1 S. 1 Nr. 3 BGB vorliegt. Die Anwendung des Verbraucherschutzes und damit auch des verbraucherschutzrechtlichen Schriftformerfor-dernisses scheitert nämlich daran, dass der Vertragshändler entweder bei Abschluss des Vertragshändlervertrages bereits Unternehmer iSd § 14 BGB ist oder aber das Unterneh-men des Vertragshändlers bei Abschluss des Vertragshändlervertrages in der Rechtsform einer Personen- oder Kapitalgesellschaft betrieben wird.

38   Für einen Kommissionsagenturagenten sind die Verbraucherschutzvorschriften dann von Bedeutung, wenn dieser bei Abschluss des Kommissionsagenturvertrages Existenzgrün-dungsunternehmer iSv § 14 BGB ist. Insoweit ist dessen Rechtsstellung der eines Existenz-gründungs-Franchise-Nehmers vergleichbar. Ist der Kommissionsagent bei Vertrags-abschluss bereits Unternehmer iSv § 14 BGB, so sind die Verbraucherschutzvorschriften der §§ 492, 510–512 BGB ohne Bedeutung.

39   Werden im Rahmen eines Vertragshändlervertrages Mindestabnahmepflichten oder – mengen vereinbart, so ist eine solche Regelung nur dann nicht unangemessen, wenn solche

---

[18] ZVertriebsR 2013, 163.
[19] NJW 2006, 159.

Absatzvorgaben vorgegeben werden, die auf die konkrete Umsatzstärke des einzelnen Vertragshändlers abstellen.

Ist das Nichterreichen der Mindestabnahmepflichten und -mengen zugleich mit einem **40** Sonderkündigungsrecht für das Unternehmen verbunden, kann dieses Sonderkündigungsrecht nur dann ausgeübt werden, wenn festgestellt wird, dass der Vertragshändler im Hinblick auf die Erzielung mit Mindestabnahmepflichten und -mengen nicht seiner sog. Bemühenspflicht nachgekommen ist. Dies ist die Konsequenz aus der Entscheidung des BGH vom 13.7.2004[20]. Kann eine Verletzung der Bemühenspflicht nicht festgestellt werden, so kann das Unternehmen von dem ihm eingeräumten Sonderkündigungsrecht keinen Gebrauch machen. Diesem ist zuzumuten, bis zum Ablauf der vertraglich vereinbarten Festdauer bzw. der ordentlichen Kündigungsfrist am Vertragshändlervertrag festzuhalten.

H. Schriftformklausel bei Vertriebsverträgen

Vom gesetzlichen Schriftformerfordernis zu unterscheiden ist die im Rahmen eines Ver- **41** triebsvertrages und damit auch eines Franchise-/Handelsvertreter-/Vertragshändlervertrages vereinbarte **Schriftformklausel.** Danach unterliegen Änderungen und Ergänzungen des abgeschlossenen Vertriebsvertrages zu ihrer Wirksamkeit der Schriftform. Andernfalls könnten nämlich entsprechende vertragliche Absprachen kaum nachgewiesen werden.

Im Rahmen der Schriftformklausel muss dann aber auch gesondert festgelegt werden, **42** dass für den Abschluss eines Aufhebungsvertrages ebenfalls die schriftliche Form notwendig ist. Das BAG hat nämlich insoweit mit seinem Urteil vom 16.5.2000[21] festgestellt, dass die für eine Änderung und Ergänzung eines Arbeitsvertrages vereinbarte Schriftform nicht für die Aufhebung des Arbeitsvertrages gilt. Entsprechendes muss auch für einen Franchise-Vertrag gelten.

Allerdings zeichnet sich zunehmend in der Rechtsprechung die Tendenz ab, eine vor- **43** gesehene **doppelte Schriftformklausel,** dh auch die Abbedingung des Schriftformerfordernisses unterliegen der Schriftform, deswegen als nichtig anzusehen, weil diese eine Irreführung über die Möglichkeit einer individuellen Vertragsabrede darstelle[22].

I. E-Signing bei Vertriebsverträgen

Die Digitalisierung ist spätestens seit Ausbruch der COVID-19-Pandemie nicht mehr **44** aufzuhalten und das Interesse der Unternehmen, ihre Arbeitsprozesse durch digitale Bestandteile zu optimieren, scheint größer denn je. Dazu zählt auch das E-Signing, also das elektronische Signieren von Dokumenten und Verträgen. Durch E-Signing können Vertragsabschlüsse vereinfacht und flexibler gehandhabt werden. Das elektronische Signieren ist jedoch gerade bedingt durch die Auswirkungen der COVID-19-Pandemie zunehmend auch für Vertriebssysteme stärker in den Fokus gerückt. Vertriebssysteme können das E-Signing anstelle der eigenhändigen Unterschrift auf Papier für den Abschluss von Absatzmittlungsverträgen oder sonstigen vertragsbegleitenden rechtsgeschäftlichen Erklärungen einsetzen. Naben der praktischen Implementierung in die Unternehmensstruktur müssen sich Vertriebssysteme dabei mit verschiedenen Fragestellungen auseinandersetzen[23].

---

[20] WRP 2004, 1378 – Citroën-Vertragshändler.
[21] NJW 2000, 3155.
[22] BAG BB 2008, 2242; dem gegenüber aber LG Köln GWR 2010, 68: keine Vertragsergänzung per E-Mail bei doppelter Schriftformklausel; vgl. auch BGH NJW 2008, 2178 sowie 1281; OLG Rostock BB 2009, 2282; umfassende Darstellung bei Bloching/Ortlof NJW 2009, 3393 ff.
[23] Ausführlich zu allen Einzelfragen: Scriba/Liesegang ZVertriebsR 2021, 348 ff.

§ 613a Rechte und Pflichten bei Betriebsübergang

(1) [1] Geht ein Betrieb oder Betriebsteil durch Rechtsgeschäft auf einen anderen Inhaber über, so tritt dieser in die Rechte und Pflichten aus den im Zeitpunkt des Übergangs bestehenden Arbeitsverhältnissen ein. [2] Sind diese Rechte und Pflichten durch Rechtsnormen eines Tarifvertrags oder durch eine Betriebsvereinbarung geregelt, so werden sie Inhalt des Arbeitsverhältnisses zwischen dem neuen Inhaber und dem Arbeitnehmer und dürfen nicht vor Ablauf eines Jahres nach dem Zeitpunkt des Übergangs zum Nachteil des Arbeitnehmers geändert werden. [3] Satz 2 gilt nicht, wenn die Rechte und Pflichten bei dem neuen Inhaber durch Rechtsnormen eines anderen Tarifvertrags oder durch eine andere Betriebsvereinbarung geregelt werden. [4] Vor Ablauf der Frist nach Satz 2 können die Rechte und Pflichten geändert werden, wenn der Tarifvertrag oder die Betriebsvereinbarung nicht mehr gilt oder bei fehlender beiderseitiger Tarifgebundenheit im Geltungsbereich eines anderen Tarifvertrags dessen Anwendung zwischen dem neuen Inhaber und dem Arbeitnehmer vereinbart wird.

(2) [1] Der bisherige Arbeitgeber haftet neben dem neuen Inhaber für Verpflichtungen nach Absatz 1, soweit sie vor dem Zeitpunkt des Übergangs entstanden sind und vor Ablauf von einem Jahr nach diesem Zeitpunkt fällig werden, als Gesamtschuldner. [2] Werden solche Verpflichtungen nach dem Zeitpunkt des Übergangs fällig, so haftet der bisherige Arbeitgeber für sie jedoch nur in dem Umfang, der dem im Zeitpunkt des Übergangs abgelaufenen Teil ihres Bemessungszeitraums entspricht.

(3) Absatz 2 gilt nicht, wenn eine juristische Person oder eine Personenhandelsgesellschaft durch Umwandlung erlischt.

(4) [1] Die Kündigung des Arbeitsverhältnisses eines Arbeitnehmers durch den bisherigen Arbeitgeber oder durch den neuen Inhaber wegen des Übergangs eines Betriebs oder eines Betriebsteils ist unwirksam. [2] Das Recht zur Kündigung des Arbeitsverhältnisses aus anderen Gründen bleibt unberührt.

(5) Der bisherige Arbeitgeber oder der neue Inhaber hat die von einem Übergang betroffenen Arbeitnehmer vor dem Übergang in Textform zu unterrichten über:

1. den Zeitpunkt oder den geplanten Zeitpunkt des Übergangs,
2. den Grund für den Übergang,
3. die rechtlichen, wirtschaftlichen und sozialen Folgen des Übergangs für die Arbeitnehmer und
4. die hinsichtlich der Arbeitnehmer in Aussicht genommenen Maßnahmen.

(6) [1] Der Arbeitnehmer kann dem Übergang des Arbeitsverhältnisses innerhalb eines Monats nach Zugang der Unterrichtung nach Absatz 5 schriftlich widersprechen. [2] Der Widerspruch kann gegenüber dem bisherigen Arbeitgeber oder dem neuen Inhaber erklärt werden.

Literatur (Auswahl): Erfurter Kommentar zum Arbeitsrecht, 22. Auflage 2022 (zit. ErfK/Bearbeiter); Grobys/Panzer, Kommentar Arbeitsrecht, 3. Auflage 2017 (zit. Grobys/Panzer/Bearbeiter); Henssler/Willemsen/Kalb (Hrsg.), Arbeitsrecht Kommentar, 9. Auflage 2020; Moll (Hrsg.), Münchener Anwaltshandbuch Arbeitsrecht, 4. Auflage 2017 (zit. Moll/Bearbeiter), Teil J (§§ 53–55); Schaub, Arbeitsrechts-Handbuch, 19. Auflage 2021, §§ 117–119; Staudinger/Annuß, § 613a BGB (Neubearbeitung 2020); Wiebauer, Betriebsübergang und öffentlich-rechtliche Genehmigungen, NZA 2010, 733; Willemsen, Mehr Klarheit nach „Klarenberg"!, NZA 2014, 1010.

Übersicht

A. Überblick

I. Normzweck des § 613a BGB

Das BAG definiert in stRspr den Zweck des § 613a BGB in der Verfolgung dreier Ziele: **1** Für den Fall der Betriebsveräußerung – bzw. des **Betriebsübergangs** – sollen die bestehenden Arbeitsplätze geschützt, die Kontinuität des amtierenden Betriebsrats gewährleistet und die Haftung des alten und neuen Arbeitgebers geregelt werden.[1] Zweck des § 613a BGB ist somit in erster Linie der Schutz der Arbeitsverhältnisse der Arbeitnehmer, die in einem zu veräußernden Betrieb oder Betriebsteil arbeiten, und zwar sowohl in ihrem

---

[1] BAGE 42, 312 (321 f.); 32, 326 (331 f.); 26, 301 (306 ff.); BAG NJW 1991, 247 (248).

Bestand als auch in ihrem Inhalt.[2] Darüber hinaus soll die Vorschrift aber auch die Kontinuität des amtierenden Betriebsrates sicherstellen und die durch Betriebsvereinbarungen oder Tarifverträge kollektivrechtlich geregelten Arbeitsbedingungen aufrechterhalten.[3]

2 § 613a BGB regelt daher einen Übergang der bestehenden Arbeitsverhältnisse auf den Erwerber und damit einen – dem BGB grundsätzlich fremden – Vertragsübergang kraft Gesetzes.[4] § 613a BGB gewährt den betroffenen Arbeitnehmern zudem anlässlich der Veräußerung Kündigungsschutz und stellt den unveränderten Fortbestand ihres Arbeitsverhältnisses auch beim neuen Betriebsinhaber sicher, sofern sie dem Übergang ihres Arbeitsverhältnisses nicht widersprechen.

II. Relevanz von § 613a BGB für Vertriebssysteme im Allgemeinen

3 Bei der Frage, ob § 613a BGB im Rahmen von Vertriebssystemen zur Anwendung kommt, sind **zwei Fallkonstellationen** zu unterscheiden: Zum einen ist das Eingreifen von § 613a BGB in solchen Fällen denkbar, in denen der **Unternehmer** (dh der Prinzipal, Hersteller, Franchisegeber oder Kommittent) seinen Betrieb an einen Dritten veräußert und der Vertriebsmittler (dh der Handelsvertreter, Vertragshändler, Franchisenehmer oder Kommissionsagent) die Fortsetzung des Vertriebsmittlungsverhältnisses mit diesem verlangt **(Betriebsübergang auf Seiten des Unternehmers).** Zum anderen kann sich ein Anspruch der im Betrieb des Vertriebsmittlers tätigen Arbeitnehmer ergeben, wenn der **Vertriebsmittler** seinen Betrieb – beim Ausscheiden aus dem Vertriebsmittlungsverhältnis – auf einen Dritten oder den Unternehmer selbst überträgt **(Betriebsübergang auf Seiten des Vertriebsmittlers).**

4 So mag zB ein Hersteller mit seinem Vertragshändler übereinkommen, dass der Hersteller dem Vertragshändler den Standort abkauft und in diesem Rahmen in den Mietvertrag eintritt und sämtliche Betriebsmittel übernimmt (Umwandlung eines Vertragshändler-Standorts in einen sog. Company- bzw. Regiebetrieb). § 613a BGB steht (beispielhaft) ferner dann im Raum, wenn in einem Master-Franchisesystem ein oder mehrere Master-Franchisenehmer (mit Zustimmung des Master-Franchisegebers) ihre Master-Franchise an einen anderen Master-Franchisenehmer übertragen und der übernehmende Master-Franchisenehmer die Betriebe der aus dem Master-Franchisesystem ausscheidenden Master-Franchisenehmer weiterführt. Vergleichbar gelagert ist der Fall, in dem ein Tankstellenpächter die Tankstellenpacht beendet und ein neuer Tankstellenpächter die Tankstelle als Nachfolger übernimmt.[5]

B. Relevanz von § 613a BGB bei den einzelnen Vertriebssystemen

I. Handelsvertreter

5 **1. Übergang des Betriebes des Unternehmers.** Handelsvertreterverträge gehen – als Verträge zwischen zwei Unternehmern bzw. Selbständigen – im Falle der **Veräußerung des Betriebes des Unternehmers** nach einhelliger Auffassung **nicht** wie Arbeitsverhältnisse automatisch gem. **§ 613a BGB** auf den Betriebserwerber über; die Vorschrift ist weder direkt noch dem Rechtsgedanken nach auf das Handelsvertreterverhältnis anwendbar.[6] Möglich ist hingegen ein **Vertragsübergang nach § 25 HGB.**[7]

---

[2] BAG NJW 2009, 3260 (3261).
[3] BAG NJW 1980, 1124 (1125); ErfK/Preis § 613a Rn. 2.
[4] ErfK/Preis § 613a Rn. 3.
[5] Vgl. BGH NJW 2006, 1792.
[6] LG Aachen BeckRS 2015, 15323; Emde HGB vor § 84 Rn. 74; Küstner/Thume VertriebsR-HdB I Kap. II Rn. 8.
[7] OLG Köln BeckRS 2011, 02988; Emde HGB vor § 84 Rn. 74.

Ebenfalls nicht anwendbar ist die Regelung des § 613a BGB auf **arbeitnehmerähnliche** 6 **Handelsvertreter** iSd § 5 Abs. 3 ArbGG, da bei diesen lediglich das prozessuale, nicht aber das materielle Arbeitsrecht zur Anwendung kommt.[8] Handelt es sich bei dem Handelsvertreter hingegen nicht um einen Selbständigen, sondern um einen abhängig Beschäftigten (zu den Abgrenzungskriterien → HGB § 84 Rn. 14 ff.), kommt dem Handelsvertreter als Arbeitnehmer des Unternehmers der Schutz des § 613a BGB zugute.

2. Übergang des Betriebes des Handelsvertreters. Etwas anderes gilt, wenn der 7 Betriebsübergang nicht auf Seiten des Unternehmers, sondern **auf Seiten des Handelsvertreters** erfolgt. Das kann zB dann der Fall sein, wenn der Handelsvertreter den Handelsvertretervertrag kündigt und dessen Betrieb von einem Dritten oder dem Unternehmer übernommen wird (wie zB bei einem **Wechsel des Tankstellen-Pächters**).[9] Für einen Betriebsübergang iSd § 613a BGB kann es ausreichen, dass der Handelsvertreter den Handelsvertretervertrag und ein ihn zur Nutzung der vom Unternehmer angemieteten Geschäftsräume und dessen Inventar berechtigendes Rechtsverhältnis kündigt, dem Unternehmer keinen Nachfolger benennt und im Handelsvertretervertrag für diesen Fall bestimmt ist, dass der Unternehmer die vom Handelsvertreter geworbenen Kunden betreuen darf.[10] § 613a BGB kann dann zur Folge haben, dass die **Arbeitsverhältnisse der Mitarbeiter des Handelsvertreters** auf den Unternehmer übergehen.[11] Daher soll auch eine formularmäßige Verpflichtung im Handelsvertretervertrag (konkret in einem **Tankstellenvertrag**) gem. § 307 Abs. 1 S. 1 BGB schon im Hinblick auf § 613a Abs. 4 S. 1 BGB unwirksam sein, nach welcher der Handelsvertreter nach Beendigung die eingegangenen Arbeitsverhältnisse auf eigene Kosten beenden bzw. den Rechtsnachfolger von entstehenden Kosten freizustellen hat.[12]

§ 613a BGB kann jedoch **nur in Bezug auf die Arbeitsverträge** mit den Arbeitneh- 8 mern des Handelsvertreters zur Anwendung kommen. Für den Handelsvertretervertrag selbst hingegen ist die Norm schon ihrem Tatbestand nach nicht anwendbar; der Rechtsnachfolger des Handelsvertreters tritt nicht automatisch nach § 613a Abs. 1 S. 1 BGB als Handelsvertreter in das Vertragsverhältnis zum Unternehmer ein, zumal es sich bei diesem Verhältnis nicht um ein Arbeitsverhältnis, sondern um einen Vertrag zwischen zwei Selbständigen handelt.[13]

II. Vertragshändler

Bei einem Betriebsübergang auf Seiten des Unternehmers ist für § 613a BGB kein 9 Raum, da der Vertragshändler als selbständiger Unternehmer nicht in den **Schutzbereich der Norm,** die ausdrücklich nur auf Arbeitsverhältnisse Anwendung findet, fällt. Eine Ausnahme gilt nur für den (praktisch äußerst seltenen) Fall des abhängig beschäftigten Vertragshändlers (→ HGB § 84 Rn. 78).

Ähnlich wie beim Handelsvertreter kommt eine Anwendung des § 613a BGB somit nur 10 in solchen Fällen infrage, in denen der **Betriebsübergang auf Seiten des Vertragshändlers** stattfindet, und auch nur im Hinblick auf die bestehenden Arbeitsverhältnisse zwischen dem Vertragshändler und dessen Mitarbeitern. In der Praxis standen bisher Fälle im Vordergrund, in denen Mitarbeiter von Kfz-Vertragshändlern bzw. **Autohäusern** (insbesondere Kfz-Mechaniker und Autoverkäufer) nach Übergang des Betriebes auf einen Dritten die

---

[8] Emde HGB vor § 84 Rn. 74; Giesler/Klapperich § 2 Rn. 136; aA Martinek/Semler/Flohr VertriebsR-HdB/Flohr/Feldmann § 18 Rn. 43.
[9] BGH NJW 2006, 1792 zum Betriebsübergang auf einen Dritten.
[10] BAG DB 1988, 2155.
[11] Vgl. BAG DB 1988, 2155 f.
[12] BGH NJW 2006, 1792 (1793 f.).
[13] Vgl. auch BGH DB 1962, 1636, der die Übertragung der Rechte des Handelsvertretervertrages im Zuge der Übertragung des Handelsvertreterbetriebes ablehnt.

Wirksamkeit der gegen sie betriebsbedingt ausgesprochenen Kündigungen unter Hinweis auf § 613a Abs. 4 S. 1 BGB angegriffen haben.[14]

11   Liegen die Tatbestandsvoraussetzungen des § 613a BGB vor, tritt der Erwerber des Betriebs des Vertragshändlers **in die bestehenden Arbeitsverträge** mit den Mitarbeitern des Vertragshändlers ein. In das Vertragshändlerverhältnis zum Unternehmer kann der Erwerber hingegen nach § 613a BGB nicht eintreten, da es sich hierbei nicht um ein Arbeitsverhältnis handelt und die Norm ihrem Tatbestand nach ohnehin nicht anwendbar ist.

III. Franchisenehmer

12   Auch im Franchiserecht kommt § 613a BGB grds. nur in solchen Fällen zur Anwendung, in denen der Franchisenehmer seinen Betrieb auf einen Dritten oder den Franchisegeber selbst überträgt. Soweit die Tatbestandsvoraussetzungen des § 613a Abs. 1 S. 1 BGB vorliegen, gehen die bestehenden Arbeitsverhältnisse zwischen dem Franchisenehmer und seinen Mitarbeitern auf den Betriebserwerber über.[15] Der Erwerber tritt **jedoch nicht nach § 613a BGB in das Franchiseverhältnis** zum Franchisegeber ein, da es sich hierbei nicht um ein Arbeitsverhältnis handelt und die Norm ihrem Tatbestand nach ohnehin nicht anwendbar ist. Will der Erwerber die Rechte aus dem Franchisevertrag (also insbes. die Nutzungsrechte an **Marken** und **Know-how**) im erworbenen Betrieb nutzen, muss der Erwerber **selbst** mit dem Franchisegeber einen Franchisevertrag abschließen oder auf Grundlage einer vertraglichen Regelung **in den bestehenden Franchisevertrag eintreten.** Da § 613a BGB auch bei einem Dreiecks-Rechtsgeschäft zur Anwendung kommt (→ Rn. 37), stellt sich die Frage, wann die Neueröffnung des Systembetriebs durch einen Nachfolge-Franchisenehmer einen Betriebsübergang darstellt. Dies kommt nur bei engem zeitlichem Zusammenhang (sonst Betriebsstilllegung → Rn. 30 ff.) in Betracht; außerdem müssen neben einer bloßen Auftrags- bzw. Funktionsnachfolge auch (im)materielle Betriebsmittel übernommen werden (zB in Form des „Franchisepakets").[16]

13   Etwas anderes gilt nur in solchen Fällen, in denen der Franchisenehmer nicht selbständig, sondern abhängig beschäftigt ist (zur Abgrenzung zwischen selbständigen und angestellten Franchisenehmern → HGB § 84 Rn. 81 ff.). Dann geht das „Franchiseverhältnis" (als Arbeitsverhältnis) auch dann über, wenn der Unternehmer seinen Betrieb an einen Dritten veräußert.

IV. Kommissionsagent

14   Auf den selbständigen Kommissionsagenten ist § 613a BGB ebenfalls nur anwendbar, wenn der Kommissionsagent selbst seinen Betrieb auf einen Dritten überträgt und auch dann lediglich in Bezug auf die bestehenden Arbeitsverträge zu den Arbeitnehmern des Kommissionsagenten. Soweit der Kommissionsagent hingegen beim Unternehmer abhängig beschäftigt ist und somit selbst als Arbeitnehmer gilt (zur Abgrenzung → HGB § 84 Rn. 91), greift § 613a BGB auch zu dessen Gunsten ein, wenn der Unternehmer seinen Betrieb auf einen Dritten überträgt. Der Erwerber hat den Kommissionsagenten dann als Angestellten weiter zu beschäftigen.

---

[14] Beispielhaft LAG Hamm BeckRS 2006, 40713 und BeckRS 2005, 43018; LAG Rheinland-Pfalz BeckRS 2005, 42233 und BeckRS 2005, 42207; LAG Köln BeckRS 2003, 30463152.

[15] Beispielhaft BAGE 117, 361.

[16] Giesler/Nauschütt FranchiseR/Giesler Kap. 10 Rn. 102 ff.; LAG Hessen BeckRS 2003, 30448225 kein Betriebsübergang, da reine Funktionsnachfolge.

C. Überblick: Tatbestand und Rechtsfolgen des § 613a BGB

Abgesehen von der Notwendigkeit, bei der Anwendung von § 613a BGB zwischen den **15** verschiedenen Ebenen und Rechtsverhältnissen eines Vertriebssystems zu unterscheiden, ist in Rechtsprechung und Literatur **keine spezifisch vertriebsrechtliche Ausprägung** von § 613a BGB zu verzeichnen. Vielmehr gelten die von Rechtsprechung und Literatur zu § 613a BGB bislang herausgearbeiteten Grundsätze und Präzisierungen, deren Umfang und Komplexität jedoch erheblich sind und das Recht des Betriebsübergangs zu einem Spezialgebiet innerhalb des Arbeitsrechts haben werden lassen. Im Folgenden werden Tatbestand und Rechtsfolgen von § 613a BGB deshalb lediglich überblicksartig – im Sinne einer ersten Orientierung – dargestellt. Für Einzelheiten, einschließlich prozessualer Details, wird auf die (in der Literaturliste nur zum Teil wiedergegebene) **arbeitsrechtliche Spezialliteratur** verwiesen.[17]

I. Anwendungsbereich

§ 613a BGB ist nur auf Arbeitsverhältnisse im Sinne des deutschen Arbeitsrechts anwend- **16** bar. Somit werden sowohl Arbeitnehmer, Angestellte unter Einschluss leitender Angestellter[18] als auch Auszubildende[19] erfasst.[20] Nicht darunter fallen hingegen selbständige Dienstverhältnisse[21], zB von Organmitgliedern juristischer Personen wie Geschäftsführer und Vorstände[22], da es sich bei diesen nicht um Arbeitnehmer handelt.

Zum Schutz der betroffenen Arbeitnehmer ist die Vorschrift des § 613a BGB **zwingend** **17** und kann nicht abbedungen werden.[23]

II. Tatbestandsvoraussetzungen

Voraussetzung eines gesetzlichen Übergangs der Arbeitsverhältnisse nach § 613a Abs. 1 **18** BGB ist, dass ein Betrieb oder Betriebsteil durch Rechtsgeschäft auf einen anderen Inhaber übergeht **(Betriebsübergang).**

1. Übergang eines Betriebes oder Betriebsteils. a) Betriebsbegriff. Im Hinblick **19** auf die Vorabentscheidungskompetenz des EuGH ist § 613a BGB **europarechtskonform** im Lichte der Betriebsübergangsrichtlinie 2001/23/EG auszulegen. Art. 1 Abs. 1 lit. b der Richtlinie **definiert den Betriebsübergang** als „Übergang einer ihre Identität bewahrenden wirtschaftlichen Einheit im Sinne einer organisierten Zusammenfassung von Ressourcen zur Verfolgung einer wirtschaftlichen Haupt- oder Nebentätigkeit". Die **frühere Ansicht des BAG** verstand dagegen unter Betrieb jede **organisatorische Einheit,** im Rahmen welcher der Unternehmer und seine Mitarbeiter mit Hilfe sächlicher und immaterieller Mittel arbeitstechnische Zwecke fortgesetzt verfolgen.[24] Außer Acht ließ das BAG dabei lange Zeit personelle Betriebsmittel mit der Begründung, dass der Übergang der Arbeitsverhältnisse auf Rechtsfolgenseite gehöre und deshalb auf Tatbestandsseite unberücksichtigt bleiben müsse **(sog. Konfusionsargument).**[25] Indem der EuGH den Terminus der **wirtschaftlichen Einheit** geprägt hat, wurde das BAG zum Umschwenken

---

[17] ZB ErfK/Preis § 613a Rn. 5 ff.; MAH ArbR/Cohnen §§ 53–55; Staudinger/Annuß § 613a Rn. 35 ff.
[18] BAG BB 1978, 914.
[19] BAG NZA 2006, 1406.
[20] ErfK/Preis § 613a Rn. 67.
[21] BAG NZA 2003, 854 zu einem als freien Dienstvertrag klassifizierten Beraterverhältnis.
[22] BAG NZA 2003, 552: § 613a gilt aber freilich für ein (ruhendes) Arbeitsverhältnis, das neben dem mit der Organstellung verbundenen Dienstverhältnis besteht.
[23] BGH NJW 2006, 1792 (1793); 1982, 1607; MAH ArbR/Cohnen § 53 Rn. 2.
[24] Vgl. beispielhaft BAG NZA 1989, 799 f.; 1987, 123 f.
[25] BAG NJW 1986, 451 (452).

gezwungen:[26] Es hat seitdem die Terminologie des EuGH übernommen und ist ausdrücklich vom früher vertretenen Konfusionsargument abgerückt, weshalb seither **personelle Mittel** ein den materiellen und immateriellen Betriebsmitteln **gleichgestelltes Merkmal** darstellen.[27] Ein Betriebs(teil)übergang liegt danach vor, wenn ein neuer Rechtsträger eine bestehende wirtschaftliche Einheit unter Wahrung ihrer Identität fortführt.[28]

20   **b) Betriebsteil.** Die Rechtsfolgen des § 613a BGB werden auch dann ausgelöst, wenn nicht der Betrieb als Ganzes, sondern nur ein einzelner **Betriebsteil** auf den Erwerber übertragen wird. Seit sich das BAG an die Rechtsprechung des EuGH angepasst hat, hat diese begriffliche Unterscheidung jedoch an Bedeutung verloren; auch die Übertragung eines Betriebsteils setzt voraus, dass eine wirtschaftliche Einheit auf den Erwerber übergeht, was im Rahmen einer Gesamtbetrachtung zu ermitteln ist.[29] Ein Betriebsteil ist eine selbständige, abtrennbare organisatorische Einheit, die innerhalb des betrieblichen Gesamtzwecks einen Teilzweck erfüllt.[30] Im Betriebsteil muss kein andersartiger Zweck als im übrigen Betrieb verfolgt werden.[31] Ein untergeordneter Hilfszweck reicht aus, er muss allerdings abgrenzbar und funktionell verselbständigt sein.[32] Ob der auf Seiten des Veräußerers verbleibende Restbetrieb nach der Übertragung des Betriebsteils weiterhin lebensfähig ist bzw. eigenständig fortbetrieben werden kann, spielt keine Rolle.[33]

21   **c) Typologische Gesamtbetrachtung.** Die Ermittlung, ob eine wirtschaftliche Einheit im Einzelfall übergegangen ist, erfolgt im Wege einer typologischen Gesamtbetrachtung aller Umstände des Einzelfalls.[34] Dabei ist insbesondere der Schutzzweck der Richtlinie sowie des § 613a BGB zu beachten.[35] Der EuGH formuliert seine Anforderungen an einen Betriebsübergang wie folgt: „Bei der Prüfung, ob eine Einheit übergegangen ist, müssen **sämtliche den betreffenden Vorgang kennzeichnenden Tatsachen** berücksichtigt werden. Dazu gehören namentlich die Art des betreffenden Unternehmens oder Betriebes, der etwaige Übergang der materiellen Betriebsmittel wie Gebäude und bewegliche Güter, der Wert der immateriellen Aktiva im Zeitpunkt des Übergangs, die etwaige Übernahme der Hauptbelegschaft durch den neuen Inhaber, der etwaige Übergang der Kundschaft sowie der Grad der Ähnlichkeit zwischen den vor und nach dem Übergang verrichteten Tätigkeiten und die Dauer einer eventuellen Unterbrechung dieser Tätigkeiten. Diese Umstände sind jedoch **nur Teilaspekte** der vorzunehmenden Gesamtbewertung und **dürfen** deshalb **nicht isoliert betrachtet** werden."[36] Dieser Auffassung hat sich das BAG seit Aufgabe des Konfusionsargumentes angeschlossen und prüft das Vorliegen eines Betriebsübergangs nach einem sog. Sieben-Punkte-Katalog.[37] Reine Auftragsnachfolge oder die bloße Fortführung der Tätigkeit durch einen anderen (sog. Funktionsnachfolge) stellen jedenfalls keinen Betriebsübergang dar.[38]

---

[26] EuGH BeckRS 2004, 72554; NZA 1997, 433 f.; Slg. 1997, 1259 – Ayse Süzen; Slg. 1986, 1119 (1128), welche den später in Art. 1 Abs. 1 lit. b der Betriebsübergangsrichtlinie verankerten Betriebsbegriff aus teleologischen Gesichtspunkten entwickelten. Aus neuerer Rspr. vgl. EuGH NZA 2006, 29 (30).

[27] Vgl. ausdrückliche Aufgabe der früheren Rspr. in BAG NJW 1997, 3188 (3189 f.) unter Anschluss an EuGH NZA 1997, 433 f. – Ayse Süzen.

[28] BAG NZA 2020, 1091 (1097 f.); NZG 2016, 35 (37); AP BGB § 613a Nr. 423.

[29] ErfK/Preis § 613a Rn. 8.

[30] EuGH ZIP 2019, 1593 (1596) – Ellinika Nafpigeia; BAG NZA 2020, 1091 (1097); 2012, 504 (507 f.); 2003, 315 (317).

[31] BAG AP BGB § 613a Nr. 315; NZA 2011, 1231 (1232).

[32] BAG NZA 2006, 794 (796 f.); 2000, 144 (145).

[33] BAG AP BGB § 613a Nr. 315; Cohnen in Moll § 53 Rn. 12.

[34] Beispielhaft für eine solche Gesamtbetrachtung zuletzt BAG AP BGB § 613a Nr. 430; Nr. 461; für eine vertiefende Auseinandersetzung mit den Prüfungskriterien vgl. ErfK/Preis § 613a Rn. 10 ff.

[35] ErfK/Preis § 613a Rn. 10.

[36] EuGH NZA 2011, 148 (149) mwN; 2002, 265 (266); 1997, 433 (434).

[37] Grundlegend bereits BAG NJW 1997, 3188 (3189 f.); im Folgenden NJW 1998, 1883 (1884); NZA 1998, 253 (254); BeckRS 2011, 75933; zuletzt NJW 2015, 973 (974); Cohnen in Moll § 53 Rn. 16 ff.

[38] EuGH NZA 2011, 148 (150); BAG NZG 2016, 35 (37); NJW 2015, 973 (974).

Ob und in welchem Umfang materielle und immaterielle Betriebsmittel im Einzelfall **22** übergehen müssen, um den Tatbestand des § 613a BGB zu erfüllen, hängt wesentlich von der **Art des Unternehmens** ab.[39] Nach Ansicht des BAG soll dabei entscheidend sein, wo bei wertender Betrachtung der „Kern des zur Wertschöpfung erforderlichen Funktionszusammenhangs" liegt.[40] In **Produktionsbetrieben** machen sächliche Mittel wie Gebäude, Maschinen, Produktionsanlagen und Rohstoffe diesen Kern aus[41], wobei auch immaterielle Güter wie Patente, Know-how und Softwarelizenzen an Bedeutung gewinnen.[42] Bei **Handels–** und **Dienstleistungsbetrieben** stehen hingegen immaterielle und personelle Mittel im Vordergrund: So definiert sich der Kern der Wertschöpfung bei diesen in erster Linie aus Geschäftsbeziehungen zu Dritten, dem Kundenstamm und etwaigen Kundenlisten, Know-how, „Goodwill" und Warenzeichen.[43] Bei **Großhändlern** kommt es im Wesentlichen auf Lieferbeziehungen, eingetragene Warenzeichen und hiermit verbundene Geschmacksmuster an, während Betriebsräume von eher untergeordneter Rolle sind, da durch eine Fortführung des Betriebes an einem anderen Ort kein Verlust des Kundenstamms unmittelbar zu befürchten ist.[44] Bei **Einzelhändlern** hingegen ist die Übernahme des Ladenlokals und die Fortführung des annähernd gleichen Warenangebotes und Geschäftsmodells regelmäßig Voraussetzung für den Erhalt des Kundenstamms, weshalb diese Faktoren gleichermaßen zu berücksichtigen sind.[45] Der Bezug eines Ladenlokals in unmittelbarer Nähe ist unschädlich, wenn trotzdem der Kundenstamm erhalten werden kann aufgrund von gleichbleibendem Warensortiment und Betriebsform.[46] Übernimmt der Erwerber ein Warenlager, so bilden den Kern der Wertschöpfung nicht nur die sächlichen Betriebsmittel, sondern auch die Art der Lagerhaltung und die Lagerordnung sind für den Betrieb identitätsprägend.[47] In Branchen, in denen es im Wesentlichen auf die menschliche Arbeitskraft ankommt, kann auch die Gesamtheit von Arbeitnehmern, die durch die gemeinsame Tätigkeit verbunden sind, eine wirtschaftliche Einheit darstellen, besonders dann, wenn dies auch Führungspersonal einschließt, welches spezifisches Fachwissen, Kontakte und Marktkenntnisse mitbringt, die notwendig sind, um einen solchen Betrieb zu führen.[48]

Der **Übertragung von materiellen Betriebsmitteln** kommt weiterhin eine tragende **23** Bedeutung zu, wenngleich sie im Lichte der Rspr. des EuGH nicht mehr, wie früher noch vom BAG vertreten, zwangsläufig notwendig für die Anwendung des § 613a BGB ist.[49] Die Übertragung materieller Aktiva ist somit zwar weiterhin ein wichtiges Indiz für einen Betriebsübergang, die Nichtübertragung schließt umgekehrt einen Betriebsübergang jedoch nicht aus.[50] Im produzierenden Gewerbe, vor allem bei Massenfertigungen, und im Luftverkehr[51] ist die Relevanz der Übertragung materieller Betriebsmittel in der Gesamtbetrachtung höher, wobei hier auch die Fortführung der Produktion im Rahmen der bereits bestehenden Organisation maßgeblich sein soll.[52] Insofern spricht es trotz Übernahme der Produktionsanlagen gegen eine Betriebsübernahme, wenn sich der Betriebszweck ändert, zB wenn von einer Massenanfertigung auf eine handwerklich ausgerichtete

[39] ErfK/Preis § 613a Rn. 12.
[40] StRspr seit BAG NZA 2006, 723 (726); zuletzt BAG AP BGB § 613a Nr. 430; Nr. 461.
[41] Vgl. BAG AP BGB § 613a Nr. 444; NZA 2007, 793; 2006, 723.
[42] Vgl. BAG NZA 1995, 27 (28).
[43] BAG NZA 2006, 668 (670).
[44] BAG NZA 1989, 265 (266).
[45] BAG NZA 2006, 1357 (1359) lehnt trotz Übernahme von Geschäftslokal und Art der Verkaufsware (Möbelstücke) die Anwendbarkeit des § 613a BGB im Hinblick auf das veränderte Geschäftskonzept (Wechsel von beratungsintensiverem (Voll-)Sortimentsverkauf auf Verkauf von Abholmöbeln zu Discountpreisen) ab.
[46] BAG NZA 2000, 369 (370 f.).
[47] BAG NZA 2008, 1021 (1023 f.).
[48] BAG BeckRS 2013, 69658; BB 2012, 3144 (3146).
[49] ErfK/Preis § 613a Rn. 17.
[50] Vgl. EuGH NZA 2000, 587 (589); 1997, 433 f.
[51] EuGH EuZW 2016, 111 (113) – Ferreira da Silva e Brito ua; BAG NZA 2020, 1303 (1312).
[52] BAG NZA 2003, 93 (97 f.).

Einzel-/Musterfertigung umgestellt wird.[53] In Dienstleistungsbranchen und sonstigen betriebsmittelarmen Betrieben kann ein Betriebsübergang auch ohne relevante materielle Betriebsmittel erfolgen; die Übertragung solcher Mittel stellt hier lediglich ein schwaches, aber nicht unbedeutendes Indiz dar.[54] Die Übertragung selbst kann durch Veräußerung oder Nutzungsvereinbarung jeder Art, zB durch Pacht, Miete oder Nießbrauch geschehen.[55] Einzelne materielle Betriebsmittel sind hingegen regelmäßig nicht als Betriebsteil anzusehen, da sie zumeist nicht den Kern der Wertschöpfung ausmachen können.[56]

24   Auch der **Wert der immateriellen Aktiva** ist bei der Frage, ob ein Betriebsübergang vorliegt, zu berücksichtigen. Besonders Dienstleistungsunternehmen leben von den immateriellen Betriebsmitteln wie Know-how und „Goodwill"; deren Wert übersteigt den Wert der materiellen Aktiva regelmäßig.[57] Die Übernahme einer **öffentlich-rechtlichen Genehmigung** ist ein Indiz für einen Betriebsübergang.[58] Auch die Übernahme bzw. Nichtübernahme produktionsrelevanter **Patente** spricht deutlich für bzw. gegen einen Betriebsübergang.[59] Die Übertragung anderer **Schutzrechte** und **Lizenzen** kann ebenfalls für einen Betriebsübergang sprechen, insbesondere die Übertragung von **Warenzeichen** und damit verbundene **Geschmacksmuster,** da diese regelmäßig den Kundenkreis und „Goodwill" eines Unternehmens bestimmen.[60] Erweitert der Erwerber ein bisher exklusiv mit einer Marke betriebenes **Autohaus** um mehrere konkurrierende Marken, ist hiervon die Identität der beiden Betriebe grds. nicht betroffen, da der an die Marke gebundene **Kundenstamm** weiterhin angesprochen werden kann.[61] Ändert sich durch die hinzugetretenen Marken jedoch das Gepräge des Betriebes wesentlich, stellt dies ein Indiz für die fehlende Identität zwischen beiden Betrieben dar.[62]

25   Die **Übernahme von Arbeitnehmern** wird, in Anlehnung an die Auslegung des EuGH[63], nach neuerer Rechtsprechung auch vom BAG als Indiz für einen Betriebsübergang anerkannt.[64] In Branchen, in denen es im Wesentlichen auf die menschliche Arbeitskraft ankommt, kann eine Gesamtheit von Arbeitnehmern, die durch eine gemeinsame Tätigkeit dauerhaft verbunden sind, eine wirtschaftliche Einheit darstellen, die ihre Identität über den Übergang hinaus bewahrt, wenn der Erwerber einen **nach Zahl und Sachkunde wesentlichen Teil** des Personals übernimmt.[65] Bei Dienstleistungen, die einen **geringen Qualifikationsgrad** der Arbeitnehmer voraussetzen und deren Arbeitnehmer daher leicht austauschbar sind, muss eine entsprechend hohe Anzahl von diesen weiterbeschäftigt werden, um einen Betriebsübergang mitzubegründen.[66] Dabei soll ein Anteil von 75 % der Belegschaft noch nicht ausreichend sein, wenn der Erwerber die frühere Arbeitsorganisation nicht aufrecht erhält und die Arbeitsplätze keine hohen Anforderungen an die Qualifikation stellen.[67] Eine Übernahme von 85 % der früheren Beschäftigten eines Reinigungs-

---

[53] BAG AP BGB § 613a Nr. 273; NZA 2003, 93; Schaub ArbR-HdB § 117 Rn. 19.
[54] BAG AP BGB § 613a Nr. 430.
[55] BAG NZA 2006, 1101 (1104); 2006, 723 (726); 2006, 1105 (1108) unter Aufgabe der bisherigen Rspr., die eine eigenwirtschaftliche Nutzung vorausgesetzt hat, vgl. BAG NZA 1998, 532 (533).
[56] ErfK/Preis § 613a Rn. 21.
[57] ErfK/Preis § 613a Rn. 23.
[58] LAG Köln BeckRS 1994, 40507 unter Bezug auf BAG NZA 1993, 643; zustimmend Wiebauer NZA 2010, 733 (734).
[59] Vgl. BAG NZA 1998, 249 (250 f.); auch Patente können jedoch nur ein Indiz, kein allein ausschlaggebendes Kriterium für einen Betriebsübergang sein, vgl. BAG NZA 2012, 504 (508).
[60] Vgl. BAG NZA 1989, 265.
[61] LAG Baden-Württemberg BeckRS 2006, 30805972.
[62] LAG Baden-Württemberg BeckRS 2006, 30805972.
[63] Vgl. EuGH NZA 1997, 433.
[64] BAG NJW 1997, 3188 (3189 f.) unter ausdrücklicher Aufgabe der bisherigen Rspr.
[65] Zuletzt BAG NZG 2016, 35 (37) sowie NJW 2015, 973 (974); vgl. auch BAG BeckRS 2012, 74676; BB 2012, 3144 (3146 f.).
[66] BAG NZA 1998, 534 (535).
[67] BAG NZA 2006, 31 (33); NJW 1999, 1884 (1885).

dienstes soll hingegen nach Auffassung des BAG ausreichend sein, wenn die Einteilung der Arbeitnehmer im Wesentlichen unverändert bleibt.[68]

Bei Betrieben, die stärker vom **Spezialwissen** und der **Qualifikation** der Arbeitnehmer **26** abhängig sind, reicht es hingegen aus, dass der wegen ihrer Sachkunde wesentliche Teil der Belegschaft übernommen wird.[69] Werden mehr als 50% der Belegschaft übernommen, kann dieser Anteil den wesentlichen Kern der Belegschaft ausmachen, wenn hierunter auch die qualifizierten Führungskräfte fallen.[70] Bei Privatschulen reicht ein Anteil von 30% der Belegschaft jedoch auch dann nicht aus, wenn dieser Teil aus Lehrpersonal besteht, welches eine besondere Sachkunde hat.[71] Ob der Koch als wesentlicher Kern der Belegschaft anzusehen ist, hängt davon ab, ob die angebotenen Speisen (wie bei Imbissen oder Schnellrestaurants) austauschbar von jedem Koch zubereitet werden können oder ob ein (Spezialitäten-)Restaurant spezifisches Fachwissen voraussetzt.[72] Insofern hängt es von der Struktur des Betriebs ab, welcher nach Zahl und Sachkunde zu bestimmende Teil der Belegschaft übernommen werden muss, um die Rechtsfolgen des § 613a BGB auszulösen.[73] Es kommt jedoch nicht nur auf die Übernahme der Arbeitnehmer selbst, sondern der damit verbundenen **Arbeitsorganisation** und **Betriebsmethoden** an.[74] Wird das Personal nicht übernommen, spricht dies insbesondere bei Dienstleistungsbetrieben gegen die Wahrung einer wirtschaftlichen Einheit.[75] Kommt es hingegen für die wirtschaftliche Einheit nicht auf das Know-how des Personals an, kann ein Betriebsübergang auch dann angenommen werden, wenn keinerlei Personal übernommen wird.[76]

Die **Übernahme der Kundschaft** soll einen wesentlichen Faktor für die Übernahme **27** einer wirtschaftlichen Einheit darstellen. Diese kann zB durch die Übertragung einer **Kundenkartei** oder den Übergang einer **Vertriebsberechtigung** in einem bestimmten Gebiet erfolgen.[77] Der Erwerber kann den Kundenstamm auch halten, wenn er einer ähnlichen Tätigkeit am gleichen Ort bzw. in unmittelbarer Nähe nachgeht und dabei den gleichen Kundenkreis anspricht; maßgeblich ist also die Beibehaltung des Warensortiments und der Betriebsform, wobei dem Erwerb der Warenbestände nur geringe Bedeutung zukommt.[78] Eröffnet der Erwerber einen Betrieb am gleichen Standort und unter derselben Marke unmittelbar nach Ausscheiden des Veräußerers, stellt dies ein starkes Indiz für die Identität beider Betriebe dar, auch wenn es hinsichtlich der Vertriebsberechtigung und des Kundenstammes keine Vereinbarung zwischen den Parteien gibt.[79]

Die **Ähnlichkeit** der Tätigkeit wird von der Rechtsprechung ebenfalls als Indiz an- **28** erkannt. Dabei reicht es nicht aus, dass das gleiche Produkt hergestellt bzw. die gleiche Dienstleistung erbracht wird; vielmehr muss auch die Art und Weise der Tätigkeit ähnlich sein.[80] Bei Dienstleistungen und im Einzelhandel kommt es darauf an, ob die Tätigkeit auf Basis eines ähnlichen Konzepts erfolgt und daher auch denselben Kundenkreis anspricht. Bei einer Umstellung eines Möbelverkaufs von Markenmöbeln auf Abholmöbel zu Dis-

---

[68] BAG NJW 1998, 2306 (2307 f.); 1999, 1884 (1885) hält 75% der Arbeitnehmer eines Hol- und Bringdienstes eines Krankenhauses nicht für ausreichend.

[69] BAG NZA 1998, 534 (535).

[70] BAG AP BGB § 613a Nr. 373; Nr. 434; NZA 1999, 483 (485); 1999, 706 (707).

[71] BAG BeckRS 1999, 15052; vgl. auch BAG BeckRS 1998, 30776458 und die dazugehörigen Parallelentscheidungen, wonach bei Privatschulen die Weiterbeschäftigung von zehn von 21 Beschäftigten auch dann nicht ausreichend ist, wenn dabei sechs von bisher vierzehn besonders geschulten Lehrern übernommen wurden.

[72] BAG NZA 1998, 31 (33).

[73] BAG NZA-RR 2013, 179 (180); BeckRS 2012, 74676.

[74] BAG BeckRS 2012, 74676; NZA 1998, 534 (535).

[75] BAG NZA 1998, 31 (33).

[76] BAG BeckRS 2000, 30785091.

[77] BAG BeckRS 2012, 74676; EuGH Slg. 1996, I-01253 Rn. 30 = NJW 1996, 1199 (1200).

[78] BAG NZA 2000, 369 (371); ErfK/Preis § 613a Rn. 31.

[79] LAG Köln BeckRS 2003, 30463152.

[80] Ablehnend daher BAG NZA 2003, 93 bei einer Umstellung der Schuhproduktion von Massen- auf Einzelanfertigung.

countpreisen[81] ist dies ebenso abzulehnen wie bei einem Stilwechsel im Gaststätten-betrieb[82]. Trotz Ähnlichkeit der Tätigkeit soll hingegen kein Betriebsübergang vorliegen, wenn der Veräußerer lediglich den bisher durch eigene Mitarbeiter abgewickelten **Vertrieb** an ein bestehendes, fremdes Unternehmen **auslagert,** welches diesen fortan durch selbständige Handelsvertreter übernimmt.[83] In solchen Fällen fehlt es idR hinsichtlich der Arbeitsorganisation an einer Identität zwischen dem durch eigene Arbeitnehmer organisierten Betrieb des Veräußerers und dem auf ein System freier Handelsvertreter zurückgreifenden Vertriebsunternehmen.[84]

29   Schließlich ist die **Dauer der Unterbrechung** des Geschäftsbetriebes von Relevanz. Kurze, vorübergehende Unterbrechungen von wenigen Tagen oder Wochen sind irrelevant und lassen die Betriebsfortführung nicht entfallen.[85] Inwieweit eine darüber hinausgehende Unterbrechung des Geschäftsbetriebes gegen eine Betriebsübernahme sprechen kann, ist stark einzelfallabhängig. Eine Betriebspause spricht dann nicht gegen einen Betriebsübergang, wenn hierdurch der Wertschöpfungszusammenhang im Falle der Wiedereröffnung zur Erlangung des Markterfolges weiter genutzt werden kann.[86] Dies ist von den betrieblichen Gegebenheiten, insbes. von der durchschnittlichen Frequentierung durch den Kundenkreis, abhängig.[87] Bei **Einzelhandelsgeschäften** ist dabei zu berücksichtigen, ob Kunden sich innerhalb des Unterbrechungszeitraums üblicherweise zwischenzeitlich neu orientieren.[88] Bei **Gaststätten** soll eine mehr als fünfmonatige Unterbrechung als wirtschaftlich erheblich gelten und daher gegen einen Betriebsübergang sprechen, da besonders in Großstädten Gäste problemlos auf andere Lokale ausweichen können.[89] Ansonsten wird eine relevante Unterbrechung wohl ab sieben Monaten angenommen.[90] Bei **Saisongeschäften** sind hingegen besondere Maßstäbe anzulegen.[91] Als Indiz für einen wirtschaftlich nicht unerheblichen Zeitraum wertet es das BAG, wenn die Unterbrechung der Betriebstätigkeit länger als jede gesetzliche Kündigungsfrist nach § 622 Abs. 2 BGB anhält.[92]

30   **d) Betriebsstilllegung.** Wird der **Betrieb** vor dem Erwerb **stillgelegt,** findet kein Betriebsübergang iSd § 613a BGB statt; Betriebsstilllegung und Betriebsübergang schließen sich aus.[93] Soweit nach Betriebsstilllegung die sächlichen und immateriellen Betriebsmittel veräußert werden, handelt es sich dabei nicht um einen Betriebsübergang. In diesem Fall kann eine Kündigung als besonderes betriebliches Erfordernis iSd § 1 Abs. 2 S. 1 KSchG sozial gerechtfertigt sein, weshalb der Kündigungsschutz des § 613a Abs. 4 nicht greifen kann.

31   Daraus resultiert eine gewisse **Gefahr** der **Umgehung** des § 613a BGB, zB indem der Veräußerer seinen Betrieb zunächst stilllegt, seine Arbeitnehmer betriebsbedingt entlässt und anschließend das wesentliche Betriebssubstrat an den Erwerber veräußert. Deshalb fordert das BAG für eine Betriebsstilllegung den ernsthaften und endgültigen Entschluss des Arbeitgebers, den Betrieb auf Dauer oder zumindest für einen unbestimmten, aber wirtschaftlich nicht unerheblichen Zeitraum aufzuheben, wodurch sämtliche Beschäftigungs-

---

[81] BAG NZA 2006, 1357 (1359).
[82] BAG NZA 1998, 31 (32) bei einer Umstellung von „gutbürgerlicher Küche" auf arabische Spezialitäten.
[83] LAG München BeckRS 1998, 30853828.
[84] LAG München BeckRS 1998, 30853828.
[85] ErfK/Preis § 613a Rn. 35.
[86] Staudinger/Annuß § 613a Rn. 94.
[87] SWK-ArbR/Döring Betriebsübergang Rn. 33.
[88] Giesler/Nauschütt FranchiseR/Giesler Kap. 10 Rn. 103; BAG NZA 1997, 1050 (1052) lehnt den Betriebsübergang bei einer neunmonatigen Betriebspause eines Modefach- und damit stark saisonabhängigen Geschäfts ab, da sich modebewusste Kunden zwischenzeitlich bei Konkurrenzunternehmen eindecken würden.
[89] BAG NZA 1998, 31 (32); Giesler/Nauschütt FranchiseR/Giesler Kap. 10 Rn. 103 hält diesen Zeitraum für zu lange und befürwortet eine Dreimonats-Grenze.
[90] Giesler/Nauschütt FranchiseR/Giesler Kap. 10 Rn. 103.
[91] EuGH BeckEuRS 1987, 133264; ErfK/Preis § 613a Rn. 36.
[92] BAG NZA 1997, 1050 (1052).
[93] BAG NZA-RR 2012, 465 (468).

möglichkeiten entfallen.[94] An einem solchen Entschluss fehlt es, wenn sich der Arbeitgeber noch in Verhandlungen über eine Betriebsveräußerung befindet oder sich zum Zeitpunkt der Kündigung noch um neue Aufträge bemüht.[95]

e) Klarenberg-Rechtsprechung. An seine Grenzen stößt die Definition von EuGH **32** und BAG in Fällen, in denen die wirtschaftliche Einheit dadurch aufgelöst wird, dass der Betrieb **identitätszerstörend** in eine andere Arbeitsorganisation eingebunden wird. Dies hätte zur Folge, dass mangels Übertragung einer wirtschaftlichen Einheit kein Betriebsübergang vorläge, wodurch der Umgehung des § 613a BGB durch Umstrukturierungen Tür und Tor geöffnet wäre.[96] Im Rahmen eines Vorabentscheidungsverfahrens des LAG Düsseldorf[97] entschied der EuGH, dass ein Betriebsübergang auch dann vorliegen kann, „wenn der übertragene Unternehmens- oder Betriebsteil seine organisatorische Selbständigkeit nicht bewahrt, sofern die funktionelle Verknüpfung zwischen den übertragenen Produktionsfaktoren beibehalten wird und sie es dem Erwerber erlaubt, diese Faktoren zu nutzen, um derselben oder einer gleichartigen wirtschaftlichen Tätigkeit nachzugehen.“[98] Das BAG hat diese Rechtsprechung insoweit adaptiert, als dass der Erwerber in solchen Fällen zwar nicht die konkrete Organisation der Produktionsfaktoren, wohl aber deren **funktionelle Verknüpfung** übernehmen müsse.[99] Dabei wird zwar weiterhin eine Gesamtbewertung vorgenommen; die Anwendung des § 613a BGB kann in solchen Fällen jedoch nicht mit dem Argument verneint werden, dass die konkrete Arbeitsorganisation im Rahmen der Übertragung geändert wurde.[100] Anders als auf Erwerberseite kann auf das Erfordernis einer selbständigen wirtschaftlichen Einheit auf Veräußererseite vor dem Übergang nicht verzichtet werden.[101]

2. Übergang auf einen anderen Inhaber. a) Wechsel des Inhabers. Voraussetzung **33** eines Betriebsübergangs ist der Wechsel der Rechtspersönlichkeit des Betriebsinhabers; bleibt das Rechtssubjekt hingegen identisch, liegt kein Übergang vor.[102] Die Übertragung eines Betriebes von einer Gesellschaft auf eine andere innerhalb eines Konzerns stellt daher einen Betriebsübergang dar, da sich das Rechtssubjekt ändert.[103] Ein **Gesellschafterwechsel** innerhalb einer Gesellschaft hingegen hat keine Auswirkungen, da der Betriebsinhaber derselbe bleibt.[104] Auch der Wechsel der Rechtsform wirkt sich nicht auf die Identität des Rechtssubjektes aus.[105]

b) Tatsächliche Fortführung des Betriebes. Nach früherer Rechtsprechung genügte **34** grds. die konkrete Möglichkeit des Erwerbers, im Einvernehmen mit dem Veräußerer den Betrieb fortzuführen.[106] Von diesem Grundsatz ist das BAG im Rahmen seiner Adaption des Betriebsbegriffs des EuGH abgewichen: Entscheidend ist nicht die bloße Möglichkeit, sondern die **tatsächliche Betriebsfortführung.** Sofern der Erwerber den Betrieb gar nicht führt, tritt auch kein Betriebsübergang ein.[107] Der bisherige Inhaber muss seine wirtschaftliche Betätigung im Betrieb einstellen; unschädlich ist es allerdings, wenn er

---

[94] BAG NZA-RR 2012, 465 (468).
[95] BAG NZA-RR 2012, 465 (468).
[96] ErfK/Preis § 613a Rn. 7.
[97] LAG Düsseldorf NZA-RR 2008, 17; Volltext in BeckRS 2007, 48392.
[98] EuGH NZA 2009, 251 – Klarenberg.
[99] BAG NZA 2014, 1095 (1096); 2012, 504 (507); 2010, 499 (501 f.).
[100] ErfK/Preis § 613a Rn. 7.
[101] BVerfG ZIP 2015, 542; EuGH NZA 2014, 423 (424) – Amatori; BAG NZA 2012, 504.
[102] BAG NZA 2007, 1428 (1430).
[103] EuGH NZA 2000, 587 f.
[104] BAG NZA 2007, 1428 (1430); LAG Düsseldorf ZVertriebsR 2015, 364 (367) – Alemo-Herron; dies gilt sogar, wenn sämtliche Gesellschafter ausscheiden und ihre Anteile an Dritte übertragen, BAG NJW 1983, 2283.
[105] ErfK/Preis § 613a Rn. 44.
[106] BAG NZA 1995, 1155 (1156 f.).
[107] BAG NZA 1999, 704 (705) und 310 (311).

weiterhin im Betrieb auf Anweisung des Erwerbers tätig ist.[108] Von einer Veränderung der Eigentumslage ist der Betriebsübergang nicht abhängig, da ein Betrieb auch durch Miete oder Pacht fortgeführt werden kann. Daher kann weder beim **Rückfall der Pachtsache** noch beim Eigentumserwerb am Betriebsgrundstück auf einen Betriebsübergang geschlossen werden, wenn der Erwerber die betriebliche Tätigkeit nicht aufnimmt.[109]

35 **Verpflichtet** sich der Erwerber **vertraglich** zur Fortführung des Betriebes zu einem bestimmten Zeitpunkt, ist dies zwar als Indiz für einen Betriebsübergang zu diesem Zeitpunkt zu werten; eine solche Verpflichtung verlagert den Übernahmezeitpunkt jedoch nicht nach vorne, wenn der Erwerber den Betrieb tatsächlich erst zu einem späteren Zeitpunkt fortführt.[110] Sonst stünde es zur Disposition der Parteien, wann der Betriebsübergang nach § 613a BGB stattfinden soll, was nicht mit dem zwingenden Charakter der Norm vereinbar wäre.[111]

36 **3. Übergang durch Rechtsgeschäft.** Ein Betriebsübergang mit den Rechtsfolgen des § 613a BGB kommt nur infrage, wenn der Übergang des Betriebs oder des Betriebsteils **durch Rechtsgeschäft** erfolgt; ein Übergang durch Gesetz oder Hoheitsakt reicht demnach nicht.[112] Damit ist eine Anwendung des § 613a BGB im Rahmen eines Erbfalls ausgeschlossen, da dieser einen Fall der (gesetzlich angeordneten) **Gesamtrechtsnachfolge** darstellt.[113] In diesem Fall tritt der neue Betriebsinhaber gem. § 1922 BGB automatisch in die Rechtsposition und damit auch in die bestehenden Arbeitsverhältnisse des bisherigen Inhabers ein.[114] Bei der umwandlungsrechtlichen Gesamtrechtsnachfolge ist § 324 UmwG zu beachten, wobei der Spaltungs- oder Verschmelzungsvertrag das erforderliche „Rechtsgeschäft" darstellt.[115] Eine generelle analoge Anwendung des § 613a BGB kommt in diesen Fällen nicht in Betracht, da die Norm wegen ihrer Entstehungsgeschichte weder auf Tatbestands- noch auf Rechtsfolgenseite analogiefähig ist.[116]

37 Da der Betrieb iSd § 613a BGB als wirtschaftliche Einheit zu verstehen ist, die per se keinen Gegenstand darstellt, der „durch Rechtsgeschäft" übertragen werden kann, ist der Begriff „durch Rechtsgeschäft" **untechnisch** zu verstehen und meint vielmehr den **„derivativen Erwerb"** der Betriebsinhaberstellung.[117] Es kommt folglich darauf an, dass der Erwerber die Dispositionsbefugnis über die identitätsbildenden betrieblichen Merkmale durch Rechtsgeschäft erlangt.[118] Die Rechtsnatur des Rechtsgeschäfts ist unerheblich; es kann sich dabei zB um einen Kauf-, Schenkungs-, Pacht- oder Mietvertrag handeln, aber auch um die Erteilung eines Nießbrauchs oder den Abschluss eines Gesellschaftsvertrages.[119] Die Übertragung kann auch durch mehrere, verschiedenartige Geschäfte erfolgen, sodass auch ein Betriebsübergang unter der Voraussetzungen der Wahrung einer wirtschaftlichen Identität durch mehrere Rechtsgeschäfte (auch mit Dritten) erfasst wird.[120] Es muss sich

---

[108] BAG NZA 1987, 458 (459 f.).

[109] BAG NZA 1999, 704 unter Aufgabe seiner früheren Rspr., wonach die bloße Möglichkeit zur Fortführung ausreichend sein sollte.

[110] BAG NZA 2008, 825 (826 f.).

[111] Auch dass hierdurch der Arbeitnehmer ggf. bessergestellt wird, da die Haftung des Erwerbers früher greift, vermag nichts an der grundsätzlichen Unzulässigkeit einer solchen Regelung des Übergangszeitpunkts durch die Parteien zu ändern, BAG NZA 2008, 825 (827).

[112] ErfK/Preis § 613a Rn. 58.

[113] Dies gilt auch bei rechtsgeschäftlicher Erbeinsetzung (Testament, Erbvertrag). Bei einem Vermächtnis handelt es sich hingegen um einen schuldrechtlichen Anspruch, weshalb bei der Übertragung eines Betriebs vom Erben auf den Vermächtnisempfänger § 613a BGB zur Anwendung kommt, Staudinger/Annuß § 613a Rn. 120.

[114] ErfK/Preis § 613a Rn. 58.

[115] BGH NJW-RR 2020, 1065; MüKoBGB/Müller-Glöge § 613a Rn. 63.

[116] BAG NZA 1995, 479 (481 f.); Staudinger/Annuß § 613a Rn. 122; iE auch KR/Treber § 613a Rn. 59.

[117] BAG NZA 2012, 267 (269); ErfK/Preis § 613a Rn. 59.

[118] Staudinger/Annuß § 613a Rn. 111.

[119] ErfK/Preis § 613a Rn. 59.

[120] MüKoBGB/Müller-Glöge § 613a Rn. 65.

dabei **nicht einmal** um eine **unmittelbare** rechtsgeschäftliche Vereinbarung zwischen dem Veräußerer und dem Erwerber handeln: Ausreichend ist zB die Übergabe des Betriebes vom bisherigen an den neuen Pächter, wenn zwischen dem neuen Pächter und dem Verpächter ein Vertragsverhältnis besteht.[121] Bei Pachtverträgen gilt zudem der **Rückfall der Pachtsache** an den Verpächter infolge der Beendigung des Pachtvertrages als rechtsgeschäftlicher Übergang, sofern der Verpächter den Betrieb tatsächlich fortführt.[122] Bei **Auftragsgeschäften** kann ein Betriebsübergang sogar ohne Kenntnis des Vorinhabers stattfinden, wenn der Neuauftragnehmer eine im Wesentlichen unveränderte Arbeitsaufgabe auf vertraglicher Grundlage übernimmt und die Arbeitnehmer, die die Identität solcher Betriebe regelmäßig prägen, zu diesem Zweck einvernehmlich weiterbeschäftigt.[123]

Da es nach dem Schutzzweck des § 613a BGB nur auf die tatsächliche willentliche **38** Übernahme der Leitungsmacht ankommt, ist es für den Betriebsübergang grds. unschädlich, wenn das zugrundeliegende Rechtsgeschäft zB wegen Formmangels gem. § 125 BGB **nichtig** ist.[124] Dies ist aber auch im Lichte der Nichtigkeitsnorm zu betrachten: Ist der Erwerber **geschäftsunfähig** oder in der **Geschäftsfähigkeit beschränkt,** hat der Schutz der §§ 104 ff. BGB weiterhin vorzugehen, weshalb § 613a BGB nicht eingreift.[125] Unschädlich hingegen ist der umgekehrte Fall, wenn ein voll geschäftsfähiger Erwerber den Betrieb von einem geschäftsunfähigen Veräußerer übernimmt – hier steht der Schutzzweck der §§ 104 ff. BGB einem wirksamen Betriebsübergang nicht entgegen.[126] Ebenso wenig stehen der Nichteintritt einer aufschiebenden Bedingung oder die Einräumung eines vertraglichen Rücktrittsrechts einem Betriebsübergang entgegen, sofern die betriebliche Herrschaftsmacht tatsächlich übergeht.[127]

III. Rechtsfolgen

Rechtsfolge von § 613a ist das **Erlöschen des Arbeitsverhältnisses** zwischen dem **39** Arbeitnehmer und dem bisherigen Betriebsinhaber. **Der Erwerber des Betriebs tritt in die Rechte und Pflichten des bisherigen Betriebsinhabers ein.** Geht nur ein Teil des Betriebes über, muss der Arbeitnehmer diesem angehört haben; für das Eintreten in die Rechte und Pflichten reicht es nicht aus, dass er bloß einzelne Tätigkeiten für den übergehenden Betriebsteil verrichtet hat.[128] Der Zustand des Arbeitsverhältnisses, ob zB ruhend oder bereits gekündigt (vor Ablauf der Kündigungsfrist), wirkt sich auf den Eintritt in die Rechte und Pflichten nicht aus.[129] Die Rechtsfolgen treten in dem Zeitpunkt ein, in dem der Erwerber die Betriebstätigkeit aufnimmt und der Veräußerer sie einstellt.[130]

Die Rechtsfolgen des § 613a BGB sind unabdingbar, dh sie können nicht durch eine **40** Vereinbarung, gleich welcher Art, ausgeschlossen werden.[131] Sie **können auch nicht dadurch umgangen werden,** dass der Veräußerer und der Arbeitnehmer einen **Aufhebungsvertrag** schließen und der Arbeitnehmer zu diesem Zeitpunkt bereits ein Arbeitsverhältnis mit dem Betriebserwerber in Aussicht hat. Ein Aufhebungsvertrag in zeitlichem Zusammenhang mit dem Betriebsübergang ist nur wirksam, wenn der Arbeitnehmer endgültig aus dem Betrieb ausscheiden soll.[132] Eine unzulässige Umgehung der Rechts-

---

[121] BAG NJW 1981, 2212 f.; vgl. auch EuGH NJW 2004, 45 (46).
[122] ErfK/Preis § 613a Rn. 54. Die bloße Fortsetzungsmöglichkeit reicht nach Auffassung des BAG in solchen Fällen nicht aus, um die Rechtsfolgen des § 613a BGB auszulösen, BAG NZA 1999, 704.
[123] BAG NZA 1998, 534 (536).
[124] SWK-ArbR/Döring Betriebsübergang Rn. 36.
[125] ErfK/Preis § 613a Rn. 61; Staudinger/Annuß § 613a Rn. 119; KR/Treber § 613a Rn. 65; aA BAG NZA 1985, 735.
[126] ErfK/Preis § 613a Rn. 61; KR/Treber § 613a Rn. 65.
[127] BAG AP BGB § 613a Nr. 339.
[128] BAG AP BGB § 613a Nr. 315.
[129] BAG NZA 2008, 705 (707); AP BGB § 613a Nr. 11.
[130] BAG AP BGB § 613a Nr. 343.
[131] BAG NZA 2014, 1095 (1097); SWK-ArbR/Döring Betriebsübergang Rn. 51.
[132] BAG AP BGB § 613a Nr. 414; MAH ArbR/Cohnen § 53 Rn. 2.

folgen des § 613a BGB liegt auch dann vor, wenn der Arbeitnehmer im Rahmen eines Betriebsübergangs dazu veranlasst wird, seinen unbefristeten Arbeitsvertrag mit dem Veräußerer zu kündigen und mit dem Erwerber des Betriebs einen neuen befristeten Arbeitsvertrag abzuschließen.[133] Eine **einzelvertragliche Änderung** der Vergütung nach Betriebsübergang ist aber wirksam und stellt damit **keine Umgehung** der Rechtsfolgen dar.[134]

41   **1. Eintritt in Rechte und Pflichten (Abs. 1 S. 1).** Durch den Eintritt des Erwerbers in die **Rechte und Pflichten des bestehenden Arbeitsverhältnisses** wird der Arbeitnehmer inhaltlich so gestellt, als hätte es den Betriebsübergang nicht gegeben.[135] § 613a BGB schützt neben der Fortdauer des Arbeitsverhältnisses somit auch dessen Inhalt.[136] Es handelt sich um ein Eintreten in sämtliche Rechte und Pflichten. Rückständige Steuern und Sozialversicherungsbeiträge muss der Erwerber des Betriebs hingegen nicht leisten.[137] Eine bereits vor Betriebsübergang begründete betriebliche Übung bindet auch den neuen Arbeitgeber.[138] Der Eintritt in alle Rechte und Pflichten zieht es nach sich, dass bereits ergangene Urteile über Streitigkeiten zwischen dem Veräußerer und dem Arbeitnehmer nach dem Betriebsübergang Geltung für und gegen den Betriebserwerber erlangen.[139] Darüber hinaus muss der Erwerber sich eine Kenntnis des Veräußerers im Rahmen einer möglichen Verwirkung von Rechten des Arbeitnehmers zurechnen lassen.[140] Eine Vereinbarung zwischen Arbeitnehmer und Betriebsveräußerer mit dem Zweck, zu verhindern, dass der künftige Erwerber in sämtliche Rechte und Pflichten aus dem Arbeitsverhältnis eintritt, ist wegen Umgehung von § 613a Abs. 1 BGB gem. § 134 BGB unwirksam.[141]

42   **2. Fortgeltung von Tarifvertrag und Betriebsvereinbarung (Abs. 1 S. 2–4).** Laut § 613a Abs. 1 S. 2 BGB gehen auch in **Tarifverträgen und Betriebsvereinbarungen** geregelte Rechte und Pflichten auf den Erwerber des Betriebs über. Nach Ablauf eines Jahres können die übergegangenen, sich aus einem Tarifvertrag oder einer Betriebsvereinbarung ergebenden Rechte und Pflichten mit Zustimmung des Arbeitnehmers, zB durch einen Änderungsvertrag oder eine Änderungskündigung, modifiziert werden.

43   § 613a Abs. 1 S. 3 BGB bildet hiervon eine Ausnahme: Durch Tarifvertrag oder Betriebsvereinbarung transformierte Rechte und Pflichten unterliegen nicht der Änderungssperre von einem Jahr, wenn sie beim Betriebserwerber durch einen anderen Tarifvertrag oder eine andere Betriebsvereinbarung geregelt werden. Dahinter steckt der Gedanke, dass der Arbeitnehmer durch den Betriebsübergang **weder besser noch schlechter** als ohne ihn **gestellt** werden soll. Nach § 613a Abs. 1 S. 4 BGB gilt die einjährige Änderungssperre aus § 613a Abs. 1 S. 2 BGB zudem nicht, wenn der ursprüngliche Tarifvertrag oder die Betriebsvereinbarung ihre Geltung verlieren oder der Betriebserwerber mit dem Arbeitnehmer die Geltung eines Tarifvertrages vereinbart, an den die Parteien eigentlich nicht gebunden sind. Eine solche Vereinbarung kann inhaltlich nur einen kompletten Tarifvertrag und nicht nur einzelne Teile erfassen.[142]

44   **3. Haftung als Gesamtschuldner (Abs. 2).** Nach § 613a Abs. 2 BGB haftet der Betriebsveräußerer für die Verpflichtungen aus Absatz 1 mit dem Betriebserwerber als **Gesamtschuldner** nach § 421 BGB, soweit sie vor dem Betriebsübergang entstanden sind

---

[133] LAG Köln BeckRS 2012, 71553; allg. zur Anwendbarkeit des § 613a trotz Eigenkündigung des Arbeitnehmers BAG NZA 2013, 961.
[134] BAG NJW 2008, 939 f.
[135] BAG NJW 2009, 2153 (2154).
[136] BAG NZA 2009, 1091 (1093 f.).
[137] OLG München BeckRS 1974, 00015.
[138] BAG BeckRS 2004, 30345778.
[139] LAG Berlin NZA 1992, 762 (763).
[140] BAG NJW 2009, 2153 (2154 f.).
[141] BAG NZA 2009, 1091 (1094).
[142] ErfK/Preis § 613a Rn. 122.

und innerhalb eines Jahres danach fällig werden. Die Norm regelt das Verhältnis zwischen dem bisherigen Inhaber und dem Arbeitnehmer. Umfasst sind auch Verpflichtungen, die noch vor dem Betriebsübergang fällig geworden sind. Gem. § 426 Abs. 1 S. 1 BGB haften der bisherige und der neue Inhaber im Innenverhältnis als Gesamtschuldner zu gleichen Teilen, soweit nichts anderes bestimmt ist.[143] Eine Ausnahme davon besteht bei einem **Urlaubsabgeltungsanspruch:** Die Haftung bestimmt sich dann anteilig danach, während welchen Zeitraumes der Arbeitnehmer für den jeweiligen Gesamtschuldner tätig war.[144] Begrenzt wird die Haftung des bisherigen Betriebsinhabers durch § 613a Abs. 2 S. 2 BGB: Ist die Verpflichtung erst nach dem Betriebsübergang fällig geworden, haftet der bisherige Inhaber für sie anteilig. Die Höhe seines Teils berechnet sich nach dem Teil des Bemessungszeitraumes, den der Arbeitnehmer für den bisherigen Betriebsinhaber tätig war.

4. Ausnahme für die Haftung als Gesamtschuldner (Abs. 3). Die gesamtschuldne- **45** rische Haftung nach Absatz 2 gilt gem. § 613a Abs. 3 BGB nicht, wenn der bisherige Arbeitgeber eine juristische Person oder eine Personenhandelsgesellschaft war und diese durch Umwandlung erlischt. In diesem Fall gibt es den bisherigen Betriebsinhaber nicht mehr. Er kann daher auch nicht haften.

5. Unwirksamkeit einer Kündigung wegen Betriebsübergangs (Abs. 4). Nach **46** § 613a Abs. 4 BGB ist die **arbeitgeberseitige Kündigung wegen eines Betriebsüberganges unwirksam.** Eine Kündigung aus anderen Gründen ist aber möglich. Bei der Vorschrift handelt es sich um eine Ausprägung des § 613a Abs. 1 BGB. Es geht um die Fortdauer und die Bewahrung des Inhaltes des Arbeitsverhältnisses zum Schutze des Arbeitnehmers. Dieses eigenständige Kündigungsverbot besteht unabhängig von der Anwendbarkeit des KSchG.[145] Die Vorschrift greift nicht ein, wenn der Arbeitnehmer dem Betriebsübergang widerspricht und der bisherige Inhaber des Betriebs ihn nicht mehr beschäftigen kann.

a) **Kündigung.** Der Wortlaut umfasst ordentliche und außerordentliche Beendigungen **47** sowie Änderungskündigungen.

b) **Wegen des Übergangs eines Betriebes oder Betriebsteils.** § 613a Abs. 4 BGB **48** soll die **Umgehung von § 613a Abs. 1 BGB verhindern.** Demnach muss das Arbeitsverhältnis des Gekündigten zunächst überhaupt vom Betriebsübergang betroffen sein. Eine Kündigung wegen Betriebsübergangs liegt nicht vor, wenn durch einen Betriebsteilübergang insgesamt weniger Beschäftigungsbedarf besteht und dem Arbeitnehmer deshalb gekündigt wird, er dem übergegangenen Betriebsteil aber gar nicht angehört.[146] Ob die Kündigung wegen des Betriebsübergangs ausgesprochen wurde, ist **objektiv zu beurteilen.**[147] Für die Erfüllung des Merkmals muss der Betriebsübergang tragender Grund für die Kündigung sein. Das ist nicht der Fall, wenn es einen weiteren Grund gibt, der aus sich heraus eine Kündigung bereits rechtfertigt.[148] So kommt auch eine Veräußererkündigung in Betracht, wenn sich die erforderlichen betriebsbedingten Gründe aufgrund eines Erwerberkonzeptes zur Rationalisierung/Sanierung ergeben, dessen Durchführung im Zeitpunkt des Kündigungszugangs bereits begonnen hat.[149]

Maßgeblicher Zeitpunkt für die Beurteilung, ob die Kündigung wegen des Betriebs- **49** übergangs erfolgt, ist ihr Zugang.[150] In dessen Moment müssen die Tatsachen, die den Betriebsübergang ausmachen, mindestens greifbare Formen angenommen haben.[151] Ist dies

---

[143] SWK-ArbR/Döring Betriebsübergang Rn. 58 ff.
[144] BGH AP BGB § 613a Nr. 50.
[145] SWK-ArbR/Döring Betriebsübergang Rn. 61.
[146] BAG AP BGB § 613a Nr. 260.
[147] EuGH Slg. 1988, 3057 Rn. 18; vgl. auch LAG Düsseldorf BeckRS 2011, 72402.
[148] BAG NZA 2007, 387 (388).
[149] BAG NZA 2003, 1027.
[150] BAG NZA 1999, 706 (707).
[151] BAG NZA 1999, 147 (149); AP BGB § 613a Nr. 250.

nicht der Fall und kommt es planwidrig später doch noch zu einem Betriebsübergang, wird die Regelung in § 613a Abs. 1 S. 1 BGB nicht umgangen.[152]

50   Ergibt sich aber vor dem Ablauf der Kündigungsfrist durch einen Betriebsübergang noch eine **unvorhergesehene Möglichkeit der Weiterbeschäftigung** des Arbeitnehmers, kann dieser einen **Wiedereinstellungsanspruch** gegen den Betriebserwerber haben[153], wenn der Arbeitgeber noch keine weiteren Dispositionen getroffen hat und ihm die Einstellung zumutbar ist.[154] Dies gilt jedoch nicht im Falle eines Betriebsübergangs nach dem Ablauf der Kündigungsfrist bei einer insolvenzbedingten Kündigung.[155] Der Wiedereinstellungsanspruch besteht im Falle eines die Rechtsfolgen des § 613a Abs. 4 BGB umgehenden Aufhebungsvertrages erst, wenn dieser beseitigt worden ist.[156] Er muss binnen eines Monats ab Kenntnis des Betriebsübergangs geltend gemacht werden.[157] Eine Kündigung erfolgt nicht wegen des Betriebsüberganges, wenn der Betrieb verkleinert werden soll, um seine Verkaufschance zu erhöhen und er anderenfalls hätte stillgelegt werden müssen.[158]

51   **c) Folgen einer Kündigung wegen Betriebsübergangs.** Eine Kündigung wegen des Übergangs eines Betriebes oder eines Betriebsteils führt zu deren **Unwirksamkeit.** Auf diese können sich sowohl der Arbeitnehmer als auch die Arbeitgeberseite berufen. Beruft sich der Arbeitnehmer auf die Kündigung, trifft ihn die **Darlegungs– und Beweislast** dafür, dass diese wegen eines Betriebsübergangs erfolgte.[159] Ferner ist die dreiwöchige Klagefrist des § 4 KSchG einzuhalten.[160] Gewinnt der Arbeitnehmer die Kündigungsschutzklage, ist die Ungewissheit über den endgültigen Prozessausgang kein Grund dafür, dass er nicht weiter beschäftigt wird. Dies gilt sowohl im Verhältnis mit dem bisherigen als auch mit dem neuen Inhaber des Betriebs.[161]

52   **6. Unterrichtungspflicht gegenüber dem Arbeitnehmer (Abs. 5).** Nach § 613a Abs. 5 BGB hat der Betriebsveräußerer oder der Erwerber die von dem Betriebsübergang betroffenen Arbeitnehmer von dem Übergang zu **unterrichten.** Diese Unterrichtung muss in Textform gem. § 126b BGB erfolgen und über den geplanten Zeitpunkt des Betriebsübergangs, dessen Grund, seine rechtlichen, wirtschaftlichen und sozialen Folgen für die Arbeitnehmer und die hinsichtlich der Arbeitnehmer in Aussicht genommenen Maßnahmen informieren. Ein für jeden Arbeitnehmer eigens formuliertes Unterrichtungsschreiben ist nicht erforderlich, ausreichend ist vielmehr ein einheitliches Unterrichtungsschreiben, dem jeder Arbeitnehmer die konkreten Auswirkungen des Betriebsübergangs auf sein Arbeitsverhältnis entnehmen kann.[162]

53   Die Unterrichtungspflicht trifft den bisherigen und den neuen Betriebsinhaber als **Gesamtschuldner.**[163] Der Maßstab der inhaltlichen Richtigkeit bestimmt sich nach der Kenntnis der Gesamtschuldner im Zeitpunkt der Unterrichtung.[164] Die einfache Gesetzeswortlautwiedergabe reicht nicht aus. Erforderlich ist vielmehr eine **betriebsbezogene** Information, die auch ein juristischer Laie verstehen kann. Sie muss präzise und juristisch fehlerfrei sein.[165] Hat der Unterrichtende die Rechtslage gewissenhaft geprüft und vertritt

---

[152] BAG NZA 2003, 93 (99); 1989, 265 (268).
[153] BAG NZA 2008, 357 (358 f.).
[154] BAG NJW 1997, 2257 (2258 f.); ErfK/Preis § 613a Rn. 30.
[155] BAG NZA-RR 2012, 465 (471); NZA 2005, 405 (406 ff.).
[156] BAG NZA 2007, 866 (869).
[157] BAG NZA 2009, 29 (34).
[158] Vgl. BAG NZG 2016, 35 (37); NZA 1997, 148 (149 f.).
[159] BAG DB 2011, 2553 (2554).
[160] ErfK/Kiel KSchG § 4 Rn. 20; SWK-ArbR/Döring Betriebsübergang Rn. 61 mit Verweis auf den Gesetzentwurf BT-Drs. 15/1204, 13; aA BAG BeckRS 1985, 30715436.
[161] BAG ZIP 1986, 388 (393).
[162] BAG AP BGB § 613a Unterrichtung Nr. 15.
[163] BAG BeckRS 2010, 73535.
[164] BAG AP BGB § 613a Nr. 318.
[165] BAG AP BGB § 613a Nr. 318.

einen diesbezüglich vertretbaren Standpunkt, ist er der Unterrichtungspflicht nachgekommen.[166]

a) Zeitpunkt des (geplanten) Betriebsüberganges (Abs. 5 Nr. 1). Das Unterrich- **54** tungsschreiben muss den geplanten Zeitpunkt des Betriebsüberganges nennen. Die Unterrichtungspflicht soll dazu führen, dass der Arbeitnehmer eine **fundierte Entscheidungsgrundlage** bezüglich des Widerspruchs aus § 613a Abs. 6 BGB erhält.

b) Grund für den Betriebsübergang (Abs. 5 Nr. 2). Mit dem Grund des Betriebs- **55** überganges ist zunächst dessen Rechtsgrund, also zB Kauf oder Pacht, gemeint.[167] Darüber hinaus sind auch unternehmerische Gründe anzugeben, wenn diese sich auf die Widerspruchsentscheidung des Arbeitnehmers auswirken können.[168]

c) Rechtliche, wirtschaftliche und soziale Folgen (Abs. 5 Nr. 3). Die rechtlichen **56** Folgen des Übergangs für die Arbeitnehmer sind zunächst die sich aus dem Wortlaut des § 613a BGB ergebenden Folgerungen. Dazu gehört der Eintritt des Betriebserwerbers in die Rechte und Pflichten aus dem Arbeitsverhältnis sowie die gesamtschuldnerische Haftung und deren Beschränkung nach § 613a Abs. 2 BGB.[169] Der Arbeitnehmer muss aufgrund der Unterrichtung in der Lage sein, sich über den Betriebserwerber zu informieren. Ist dies noch nicht möglich, weil der Betriebserwerber noch nicht gegründet ist, muss diese Tatsache offen gelegt werden. Der Arbeitnehmer muss auch über seine Widerspruchsmöglichkeit nach § 613a Abs. 6 BGB sowie über das diesbezügliche Schriftformerfordernis unterrichtet werden.[170]

Wirtschaftliche Folgen des Betriebsüberganges sind solche, die sich nicht unmittelbar aus **57** der Bestimmung des § 613a BGB entnehmen lassen.[171] Über mittelbare Folgen des Betriebsüberganges muss der Arbeitnehmer unterrichtet werden, wenn seine **Arbeitsplatzsicherheit beim Betriebserwerber in gravierendem Maße gefährdet** ist. Das ist der Fall, wenn Letzterer sich offensichtlich in einer wirtschaftlichen Notlage, also zB in der Insolvenz, befindet.[172]

d) Hinsichtlich der Arbeitnehmer in Aussicht genommene Maßnahmen (Abs. 5 58 Nr. 4). Über die hinsichtlich der Arbeitnehmer in Aussicht genommenen Maßnahmen muss der Arbeitgeber unterrichten, soweit sie konkret geplant sind.[173] Es geht vor allem um die kündigungsrechtliche Situation.[174]

e) Folgen einer fehlerhaften Unterrichtung. Ist die Unterrichtung fehlerhaft, **be- 59 ginnt die Frist** für den Widerspruch nach Absatz 6 **nicht zu laufen.**[175] Der Arbeitnehmer kann nicht verlangen, so gestellt zu werden, als hätte er widersprochen.[176] Eine fehlerhafte Unterrichtung führt auch nicht zur Unwirksamkeit einer seitens des Arbeitgebers später ausgesprochenen Kündigung.[177] Die Fehlerhaftigkeit des Unterrichtungsschreibens muss der Arbeitnehmer darlegen, wenn sie nicht offensichtlich ist. Eine solche Offensichtlichkeit ist gegeben, wenn die Informationen über den Betriebserwerber oder die Umstände aus

---

[166] BAG ZIP 2006, 2143 (2145).
[167] BAG DB 2010, 58 (59).
[168] BAG AP BGB § 613a Nr. 318.
[169] LAG München BeckRS 2009, 67563; zum Umfang der Information über das Haftungssystem nach § 613a Abs. 2: BAG NZA 2010, 89 (93) sowie AP BGB § 613a Unterrichtung Nr. 15.
[170] BAG NZA-RR 2012, 507 (509).
[171] BAG AP BGB § 613a Unterrichtung Nr. 15.
[172] BAG NZA 2008, 642 (643 f.).
[173] BAG AP BGB § 613a Unterrichtung Nr. 15.
[174] BAG AP BGB § 613a Nr. 318.
[175] BAG DB 2010, 58 (59).
[176] BAG BeckRS 2011, 69270.
[177] BAG NZA 2005, 1302 (1304 f.).

§ 613a Abs. 5 BGB fehlen oder wenn das Informationsschreiben unverständlich oder auf den ersten Blick mangelhaft ist.[178]

60   **7. Widerspruchsmöglichkeit (Abs. 6).** Nach § 613a Abs. 6 BGB kann der Arbeitnehmer dem Betriebsübergang gegenüber dem bisherigen (also letzten)[179] Arbeitgeber oder dem neuen Inhaber einen Monat nach Zugang der Unterrichtung nach § 613a Abs. 5 BGB widersprechen. Dieser Widerspruch muss in Schriftform gemäß § 126 BGB erfolgen. Bei der Widerspruchsmöglichkeit handelt es sich um ein **Gestaltungsrecht**.[180] Der Widerspruch ist als einseitige empfangsbedürftige Willenserklärung nach den §§ 133, 157 BGB auszulegen.[181] Er ist bedingungsfeindlich[182] und anfechtbar.[183] Der Widerspruch ist auch noch möglich, wenn das Arbeitsverhältnis nicht mehr besteht.[184] Ein Widerruf des Widerspruchs ist nicht möglich.[185] Jedoch kann der Arbeitnehmer den Widerspruch zurücknehmen, wenn er, der Betriebserwerber und der bisherige Arbeitgeber darüber einig sind.[186]

61   Eine **Begründung des Widerspruchs** oder ein sachlicher Grund dafür ist **nicht nötig**.[187] Auch nach dem Betriebsübergang kann der Arbeitnehmer noch widersprechen. Der Widerspruch wirkt dann auf den Betriebsübergang zurück.[188] Ein Widerspruch ist nicht mehr möglich, wenn der Arbeitnehmer mit dem bisherigen Betriebsinhaber einig war, dass das Arbeitsverhältnis übergehen werde oder wenn er zugesagt hat, er werde nicht widersprechen.[189] Der Arbeitnehmer kann auf das Widerspruchsrecht **verzichten.** Ein solcher Verzicht ist allerdings nur wirksam, wenn die Unterrichtung nach Abs. 5 ordnungsgemäß erfolgt ist[190] und er eindeutig und zweifelsfrei zum Ausdruck gebracht wird.[191] Der Widerspruch geht ins Leere und ist damit unbeachtlich, wenn der ursprünglich geplante Betriebsübergang nicht stattfindet. Vergleichbar liegt es, wenn stattdessen ein **komplett anderer Betriebsübergang** durchgeführt wird.[192]

62   Veranlasst der Arbeitgeber die Untätigkeit des Arbeitnehmers bezüglich des Widerspruchs, verstößt dies gegen § 242 BGB.[193] Auch die Ausübung des Widerspruchsrechts kann **rechtsmissbräuchlich** sein. Das ist der Fall bei einem kollektiven Widerspruch, der den Zweck hat, Vergünstigungen zu erzielen, auf die die Arbeitnehmer eigentlich keinen Anspruch haben, oder wenn er den Betriebsübergang im Ganzen verhindern soll.[194] Es verstößt jedoch nicht gegen § 242 BGB, wenn der Arbeitnehmer widerspricht, weil er mit dem Betriebserwerber einen Arbeitsvertrag zu besseren Bedingungen abschließen möchte.[195] Rechtsfolge einer rechtsmissbräuchlichen Ausübung des Widerspruchsrechts ist die Unwirksamkeit des Widerspruchs. Das Arbeitsverhältnis geht dann auf den Betriebserwerber über.[196]

63   **a) Widerspruchsfrist.** Die einmonatige Widerspruchsfrist wird nur durch den Zugang der vollständigen und richtigen Unterrichtung nach § 613a Abs. 5 BGB in Gang gesetzt.

---

178 BAG AP BGB § 613a Unterrichtung Nr. 15.
179 BAG NZA 2015, 433 (434); 2014, 1074 (1075).
180 BAG NJW 1994, 2170 (2171).
181 BAG NZA 2006, 1406 (1407).
182 BAG NZA 2005, 1302 (1304).
183 BAG NJW 2012, 1677 (1678 f.); DB 2007, 1759 (1760).
184 LAG München BeckRS 2009, 67563.
185 BAG NZA 2004, 481 (482 f.).
186 BAG NZA 2004, 481 (483).
187 BAG ZIP 2009, 1779 (1781).
188 BAG NZA 2010, 1295 (1298).
189 BAG NZA 1984, 32 (33).
190 LAG Saarland BeckRS 2011, 65207.
191 BAG NZA 2019, 1279 (1284).
192 BAG NZA 2008, 357 (360).
193 BAG NJW 2009, 3260 (3262).
194 BAG ZIP 2005, 132 (133 f.).
195 BAG ZIP 2009, 1779 (1781).
196 BAG ZIP 2005, 132 (133).

Die Vervollständigung der Unterrichtung nach dem Betriebsübergang ist möglich.[197] Bei der Prüfung, ob die Widerspruchsfrist in Gang gesetzt wurde, ist es unerheblich, ob die Mangelhaftigkeit der Unterrichtung für die Verspätung des Widerspruchs kausal war.[198] Eine **generelle Höchstfrist** für die Widerspruchsausübung **gibt es nicht.**[199] Die Frist aus § 613a Abs. 6 BGB gilt auch, wenn der Arbeitnehmer den Betriebsübergang gegenüber dem Betriebserwerber geltend macht.[200]

b) Rechtsfolgen des Widerspruchs. Der Widerspruch des Arbeitnehmers hat zur Folge, **64** dass der Eintritt in die Rechte und Pflichten nach Abs. 1 nicht stattfindet[201] und das Arbeitsverhältnis zum bisherigen Arbeitgeber fortbesteht.[202] Die Rechtsfolgen des Widerspruchs treten auch ein, wenn der Arbeitnehmer nach Erlangung der Kenntnis von der Mangelhaftigkeit der Unterrichtung nach Abs. 5 an seinem Widerspruch festhält.[203] Auch eine Vereinbarung aller Beteiligten kann die Rechtswirkungen eines Widerspruchs herbeiführen.[204]

Der Widerspruch hat nicht zur Folge, dass die Verpflichtung des Arbeitgebers, bei einer **65** darauffolgenden Kündigung alle Möglichkeiten einer Weiterbeschäftigung des Arbeitnehmers auszuschöpfen, entfällt.[205] Ein wirksamer Widerspruch schließt es nicht automatisch aus, dass der Arbeitnehmer es nach **§ 615 S. 2 BGB** böswillig unterlässt, beim Betriebserwerber durch anderweitige Verwendung seiner Dienste einen Lohn zu erwerben. Etwas anderes gilt nur, wenn die Arbeit beim Betriebserwerber dem Arbeitnehmer unzumutbar ist. Eine solche Unzumutbarkeit kann sich aus der Person des Betriebserwerbers, der Art der dortigen Arbeit oder den sonstigen dortigen Arbeitsbedingungen ergeben.[206]

c) Verwirkung des Widerspruchrechts. Das Recht zum Widerspruch kann **verwirkt** **66** werden. Hinsichtlich des **Zeitmoments** kommt es dabei auf die Einzelfallumstände an.[207] Das **Umstandsmoment** ist erfüllt, wenn der Arbeitnehmer gegenüber dem Betriebserwerber über den Bestand seines Arbeitsverhältnisses disponiert. Das ist der Fall, wenn das Arbeitsverhältnis beendet oder auf eine völlig neue rechtliche Grundlage gestellt wird.[208] Das Umstandsmoment ist jedoch nicht erfüllt, wenn der Arbeitnehmer sich mit dem Betriebserwerber auf eine Änderung von nur einzelnen Arbeitsbedingungen einigt oder er widerspruchslos für den Betriebserwerber weiterarbeitet.[209] Eine Disposition über den Bestand des Arbeitsverhältnisses seitens des Arbeitnehmers liegt auch nicht vor, wenn eine Absprache, die schon mit dem bisherigen Betriebsinhaber getroffen wurde, durch den Betriebserwerber realisiert wird.[210] Umstands- und Zeitmoment beeinflussen sich gegenseitig. Je stärker das gesetzte Vertrauen oder die Umstände sind, die eine Geltendmachung eines Anspruchs oder eines Rechts für den Gegner unzumutbar machen, desto schneller können diese verwirken. Bezogen auf die Ausübung des Rechts aus § 613a Abs. 6 BGB gilt

---

[197] BAG DB 2010, 58 (59).
[198] BAG AP BGB § 613a Nr. 363.
[199] BAG AP BGB § 613a Nr. 363.
[200] BAG NZA 2011, 1162 (1165 f.).
[201] BAG DB 1977, 2146 (2147).
[202] BAG BB 1998, 1421 (1422).
[203] LAG Brandenburg 24.9.2003 – 6 Sa 118/03.
[204] BAG NZA 2012, 1101 (1103).
[205] BAG ZIP 2007, 1724 (1726).
[206] BAG ZIP 1998, 1080 (1083).
[207] LAG München BeckRS 2009, 67563.
[208] BAG NZA 2010, 393 (397).
[209] BAG AP BGB § 613a Unterrichtung Nr. 12; AP BGB § 613a Nr. 363; siehe aber BAG AP BGB § 613a Nr. 475: Wurde der Arbeitnehmer zwar nicht ordnungsgemäß iSv § 613a Abs. 5 BGB unterrichtet, aber im Rahmen einer Unterrichtung nach § 613a Abs. 5 BGB von dem bisherigen Arbeitgeber oder dem neuen Inhaber über den mit dem Betriebsübergang verbundenen Übergang seines Arbeitsverhältnisses unter Mitteilung des Zeitpunkts oder des geplanten Zeitpunkts sowie des Gegenstands des Betriebsübergangs und des Betriebsübernehmers (grundlegende Informationen) in Textform in Kenntnis gesetzt und über sein Widerspruchsrecht nach § 613a Abs. 6 BGB belehrt, führt eine widerspruchslose Weiterarbeit bei dem neuen Inhaber über einen Zeitraum von sieben Jahren regelmäßig zur Verwirkung des Widerspruchsrechts.
[210] BAG NZA 2011, 973 (976 f.).

umgekehrt, je mehr Zeit seit dem Betriebsübergang verstrichen ist und je länger der Arbeitnehmer bereits für den neuen Inhaber gearbeitet hat, desto geringer sind die Anforderungen an das Umstandsmoment.[211]

§ 624 Kündigungsfrist bei Verträgen über mehr als fünf Jahre

[1] **Ist das Dienstverhältnis für die Lebenszeit einer Person oder für längere Zeit als fünf Jahre eingegangen, so kann es von dem Verpflichteten nach dem Ablauf von fünf Jahren gekündigt werden.** [2] **Die Kündigungsfrist beträgt sechs Monate.**

Literatur: Billing/Röschenkemper, Zur AGB-rechtlichen Zulässigkeit von Laufzeitregelungen in Franchiseverträgen, ZVertriebsR 2015, 139; Boldt, Zur vorzeitigen Kündigung eines Handelsvertreterverhältnisses, BB 1962, 907; Emde, Handelsvertreterrecht – Relevante Vorschriften bei nationalen und internationalen Verträgen, MDR 2002, 190; Erfurter Kommentar zum Arbeitsrecht, 22. Auflage 2022 (zit. ErfK/Bearbeiter); Etzel/Bader/Fischermeier et al., KR – Gemeinschaftskommentar zum Kündigungsschutzgesetz und zu sonstigen kündigungsrechtlichen Vorschriften, 12. Auflage 2019 (zit. KR/Bearbeiter); Kühne, Ordentliche Kündigung ungeschriebener gewerblicher Dauerbezugsverträge, ZVertriebsR 2015, 156; Stoffels, Laufzeitkontrolle von Franchiseverträgen, DB 2004, 1871.

A. Handelsvertreter

I. Normzweck und Regelungscharakter

1   Sinn und Zweck des § 624 BGB besteht darin, eine überlange Bindung eines Dienstverhältnisses zu verhindern und mit dem eingeräumten Kündigungsrecht dem Schutz der persönlichen Freiheit des Dienstverpflichteten zu dienen.[1] § 624 BGB sieht deshalb ein besonderes (**außerordentliches**[2]) **Kündigungsrecht** für auf längere Dauer eingegangene **Dienstverhältnisse** vor: Wird der Dienstvertrag auf Lebenszeit oder für einen längeren Zeitraum als fünf Jahre geschlossen, so kann das Recht des Dienstverpflichteten auf eine ordentliche Kündigung vertraglich nicht vollends ausgeschlossen werden. Stattdessen wird ihm – und nur ihm[3] – in § 624 BGB ein Kündigungsrecht nach Ablauf von fünf Jahren eingeräumt. Diese Kündigungsmöglichkeit tritt neben § 89 HGB.[4]

2   Dabei geht § 624 BGB über den durch § 138 BGB gewährleisteten Schutz vor sittenwidrigen Bindungen hinaus: Für die Anwendbarkeit von § 624 BGB ist lediglich die vereinbarte Vertragslaufzeit entscheidend, während es für Sittenwidrigkeit neben einer langen Bindung insbesondere darauf ankommt, ob der Dienstverpflichtete hierdurch in seiner wirtschaftlichen Bewegungsfreiheit so stark beschränkt ist, dass er dem Dienstberechtigten „auf Gedeih und Verderb" ausgeliefert ist.[5] Insofern ist § 624 BGB neben § 138 BGB notwendig, um der Berufsfreiheit des Dienstverpflichteten Rechnung zu tragen und ihn vor überlangen Bindungen zu schützen, die mangels Sittenwidrigkeit wirksam bleiben.[6]

3   § 624 S. 1 BGB ist **zwingendes Recht**; vertraglich kann hiervon nicht abgewichen werden.[7] Das bedeutet nicht, dass der Dienstberechtigte gehindert wäre, sich auf Lebenszeit oder für mehr als fünf Jahre dienstvertraglich zu binden; ein ordentliches Kündigungsrecht steht ihm dann nicht zu.[8] Das Recht auf außerordentliche Kündigung nach § 626 BGB bleibt von § 624 BGB (für beide Parteien) unberührt. § 624 S. 2 BGB ist einseitig

---

[211] BAG NZA 2021, 1405 (1407).

[1] BAG NZA 1997, 597 (600 mwN).

[2] Grüneberg/Weidenkaff § 624 Rn. 1.

[3] Vgl. Grüneberg/Weidenkaff § 624 Rn. 5.

[4] Emde HGB vor § 84 Rn. 86; Oetker/Busche HGB § 89 Rn. 4; aA Boldt BB 1962, 906 (907).

[5] StRspr BGH NJW-RR 1993, 1460 (1461); BGHZ 64, 288 (291) mwN.

[6] Staudinger/Preis § 624 Rn. 1.

[7] Grüneberg/Weidenkaff § 624 Rn. 1; gleiches gilt für § 15 Abs. 4 TzBfG, der gem. § 22 TzBfG weder durch Arbeits- noch durch Tarifvertrag abbedungen werden kann.

[8] MüKoBGB/Henssler § 624 Rn. 14.

zwingend: Die Parteien können zwar kürzere, aber nicht längere Kündigungsfristen vereinbaren.[9]

II. Tatbestandsvoraussetzungen

§ 624 BGB setzt ein auf **bestimmte Zeit** eingegangenes Dienstverhältnis voraus[10]; für **4** auf bestimmte Zeit eingegangene Arbeitsverträge gilt nach § 620 Abs. 3 BGB das Teilzeit- und Befristungsgesetz, das jedoch mit § 15 Abs. 4 TzBfG eine identische Regelung enthält.[11]

1. Dienstverhältnis auf Lebenszeit. Das Dienstverhältnis muss nach § 624 S. 1 Alt. 1 **5** BGB auf Lebenszeit eingegangen worden sein. Dabei muss aus dem Vertrag **ausdrücklich** hervorgehen, dass das Verhältnis entweder auf Lebenszeit des Dienstverpflichteten, des Dienstberechtigten oder einer dritten Person eingegangen worden ist; ein lediglich unbefristetes Vertragsverhältnis reicht hierfür nicht aus.[12] Eine konkludent vereinbarte Anstellung auf Lebenszeit kann in aller Regel nicht angenommen werden, da es im Zweifel nicht dem Willen der Parteien entspricht, eine so lange Bindung einzugehen.[13] Auch sog. „unkündbare" Beschäftigte fallen schon deshalb nicht unter die 1. Alternative des § 624 BGB, da hiermit idR nur das Kündigungsrecht des Dienstberechtigten, nicht jedoch das ordentliche Kündigungsrecht des Dienstverpflichteten abbedungen werden soll.[14] Bei Einräumung einer „Lebens- und Dauerstellung" ist im Wege der Auslegung zu ermitteln, ob ein Dienstverhältnis auf Lebenszeit von den Parteien gewollt ist, ob lediglich eine Einschränkung der Kündigungsmöglichkeiten des Dienstberechtigten beabsichtigt ist oder ob diese untechnische Bezeichnung vielmehr nur der Anpreisung des Dienstverhältnisses dient.[15] Schon von einer Beschränkung der Kündigungsmöglichkeit kann jedoch nur bei besonderen Umständen ausgegangen werden, zB wenn der Dienstverpflichtete betont, dass er nur an einer Daueranstellung interessiert war und er hierfür einen sicheren Arbeitsplatz aufgegeben hat.[16]

2. Dienstverhältnis mit mehr als fünfjähriger Vertragsdauer. Alternativ ist § 624 **6** BGB dann anwendbar, wenn das Dienstverhältnis „für längere Zeit als fünf Jahre" eingegangen wurde. Das ist dann der Fall, wenn das Dienstverhältnis – **von vornherein**[17] – auf einen länger als fünf Jahre dauernden Zeitraum kalendermäßig befristet ist oder unter eine auflösende Bedingung gestellt oder zweckbefristet worden ist und die Bedingung oder Zweckerreichung erst nach Ablauf von fünf Jahren eintritt.[18]

Wird das Dienstverhältnis für fünf Jahre (oder für kürzere Zeit) eingegangen und bei zum **7** Laufzeitende ausbleibender Kündigung automatisch um weitere fünf Jahre (oder um einen sonstigen Zeitraum, der zusammen mit der Erstlaufzeit fünf Jahre übersteigt) verlängert **(Verlängerungsklauseln),** so ist § 624 BGB **grundsätzlich nicht anwendbar;**[19] Voraussetzung ist jedoch, dass sich das Dienstverhältnis nur dann um weitere fünf Jahre (oder einen sonstigen zusammen mit der Erstlaufzeit fünf Jahre übersteigenden Zeitraum) verlängert, wenn es nicht zuvor vom Dienstverpflichteten mit **angemessener Kündigungsfrist** – im Fall einer fünfjährigen Erstlaufzeit: zB von einem Jahr – gekündigt werden

---

[9] Staudinger/Preis § 624 Rn. 8; Grüneberg/Weidenkaff § 624 Rn. 1.
[10] Grüneberg/Weidenkaff § 624 Rn. 2.
[11] Grüneberg/Weidenkaff § 624 Rn. 2 mwN.
[12] BAG AP BGB § 138 Nr. 60; KR/Fischermeier § 624 Rn. 9.
[13] KR/Fischermeier § 624 Rn. 11; Staudinger/Preis § 624 Rn. 11.
[14] KR/Fischermeier § 624 Rn. 22; Staudinger/Preis § 624 Rn. 12.
[15] Ausführlich hierzu Staudinger/Preis § 624 Rn. 13 ff.
[16] Dann soll es zur Anwendung von § 1 KSchG ohne die in § 1 Abs. 1 S. 1 KSchG normierte Sechs-Monats-Frist kommen, BAG NJW 1967, 1152.
[17] Grüneberg/Weidenkaff § 624 Rn. 4.
[18] KR/Fischermeier § 624 Rn. 23; Staudinger/Preis § 624 Rn. 18.
[19] Vgl. BAG NZA 1992, 543 (544 ff.); Grüneberg/Weidenkaff § 624 Rn. 4.

kann.[20] Der Schutzzweck des § 624 BGB darf durch die Gestaltung der Vertragsverlängerung nicht unterlaufen werden.[21] Tritt die bindende Verlängerung also beispielsweise schon zu Beginn der Erstlaufzeit ein – und damit zu einem Zeitpunkt, in dem der Dienstverpflichtete kaum in der Lage ist, die Folgen einer längerfristigen Vertragsbindung zu überschauen –, kann das eine unzulässige Umgehung des § 624 BGB darstellen.[22]

8   **3. Darlegungs- und Beweislast.** Ist zwischen den Parteien streitig, ob ein Dienstverhältnis auf Lebenszeit oder über einen längeren Zeitraum als fünf Jahre geschlossen wurde, trägt derjenige die Beweislast, der sich auf § 624 BGB beruft (zB Geltendmachung eines Kündigungsrechts nach Ablauf der fünf Jahre), und zwar unabhängig davon, welche Parteirolle er im Prozess hat.[23]

III. Rechtsfolge: Kündigungsrecht

9   Liegt ein Dienstverhältnis iSd § 624 BGB vor, kann der Dienstverpflichtete nach Ablauf von fünf Jahren unter Einhaltung der in § 624 S. 2 BGB normierten Sechs-Monats-Frist kündigen. Die fünfjährige Vertragslaufzeit soll dabei nach hM noch nicht mit Vertragsschluss, sondern erst mit **Vollzug des Vertrages** beginnen.[24] Die Kündigungserklärung kann schon vor Ablauf der fünfjährigen Laufzeit erfolgen, die Kündigungsfrist beginnt jedoch erst nach deren Ablauf.[25] Vom Kündigungsrecht kann der Dienstverpflichtete auch lange nach Ablauf der fünf Jahre Gebrauch machen, es unterliegt weder einer Ausschlussfrist noch der Verwirkung.[26]

10   § 624 BGB begründet ein außerordentliches Kündigungsrecht des Dienstverpflichteten, wenngleich es mit einer Kündigungsfrist verbunden ist.[27] Die Möglichkeit einer außerordentlichen fristlosen Kündigung aus wichtigem Grund (§ 626 BGB) bleibt von § 624 BGB unberührt.

IV. Anwendbarkeit auf Handelsvertreter

11   **1. Grundsätze.** Im Hinblick auf die Rechtsnatur des Handelsvertretervertrags – Geschäftsbesorgungsvertrag mit Dienstleistungscharakter[28] – ist die **grundsätzliche Anwendbarkeit** von § 624 BGB auf Handelsvertreterverträge heute anerkannt.[29] Ebenso anerkannt ist jedoch die Ausnahme bei mehr unternehmensbezogenen Verträgen zB mit einem größeren Handelsvertreter-Unternehmen oder einer Handelsvertreter-Gesellschaft.[30] Es ist daher notwendig, über die Anwendbarkeit von § 624 BGB **im konkreten Einzelfall** zu entscheiden, und zwar danach, ob im Vertragsverhältnis das dienstvertragliche Element vorherrscht[31] und insoweit der mit § 624 BGB verbundene Schutzzweck berührt ist.[32] Das gilt erst recht für **gemischttypische Verträge,** bei denen § 624 BGB nur angewendet werden kann, wenn im Einzelfall die persönliche Dienstleistung vorherrscht.[33]

---

[20] Vgl. BAG NZA 1992, 543 (545).
[21] Vgl. BAG NZA 1992, 543 (545).
[22] Näher MüKoBGB/Hesse TzBfG § 15 Rn. 40; Staudinger/Preis § 624 Rn. 21.
[23] KR/Fischermeier § 624 Rn. 30.
[24] Staudinger/Preis § 624 Rn. 22; KR/Fischermeier § 624 Rn. 27.
[25] MüKoBGB/Henssler § 624 Rn. 11 f.; KR/Fischermeier § 624 Rn. 27.
[26] MüKoBGB/Henssler § 624 Rn. 12; KR/Fischermeier § 624 Rn. 28.
[27] Staudinger/Preis § 624 Rn. 24.
[28] Canaris HandelsR § 15 Rn. 15.
[29] Aus der Rechtsprechung KG KG-Report 1997, 198 (199); OLG Hamm BB 1978, 1335; aus der Literatur etwa Canaris HandelsR § 15 Rn. 94; Grüneberg/Weidenkaff § 624 Rn. 2; ErfK/Müller-Glöge § 624 Rn. 1; Emde HGB vor § 84 Rn. 86; Emde MDR 2002, 190 (192); KR/Rost ArbNähnl. Pers. Rn. 140.
[30] Emde HGB vor § 84 Rn. 86.
[31] Vgl. Grüneberg/Weidenkaff § 624 Rn. 2 unter Hinweis auf OLG Hamm BB 1978, 1335; vgl. auch KG KG-Report 1997, 198 (199); zustimmend Emde HGB vor § 84 Rn. 86.
[32] Vgl. KG KG-Report 1997, 198 (199); OLG Hamm BB 1978, 1335.
[33] Grüneberg/Weidenkaff § 624 Rn. 3 mwN.

2. Tankstellen-Stationärverträge als Beispiel eines gemischttypischen Vertrags. 12
Ein solcher gemischttypischer Vertrag ist zB ein **Tankstellenvertrag,** bei dem der Tankstelleninhaber Treib- und Schmierstoffe des Unternehmers (Prinzipal) als Handelsvertreter
vertreibt, das Grundstück jedoch dem Prinzipal zur Errichtung der Tankstelle miet- oder
pachtweise zur Verfügung stellt **(Stationärverträge).**[34] Soweit solche Verträge Rechtsbeziehungen schaffen, die über ein bloßes Handelsvertreterverhältnis hinausgehen, also
auch Elemente eines Werkvertrages, eines Darlehensvertrages, einer Miete und/oder einer
Pacht aufweisen, kann § 624 BGB hierauf **keine Anwendung** finden.[35] Dann nämlich ist
ein (eher) unternehmens- und nicht personenbezogener Charakter anzunehmen.[36]

Die Anerkennung langfristiger Stationärverträge mit Laufzeiten von 10, 20 und 25 Jahren 13
und die **Unanwendbarkeit des § 624 BGB** auf solche Verträge beruhen laut BGH[37] auf
der Erwägung, dass Mineralölgesellschaften **langfristig erhebliches Kapital** einsetzen, um
die Tankstelle zu errichten und auszugestalten, sei es, dass die Mineralölgesellschaft selbst
die erforderlichen Einrichtungen schafft und dem Stationär zur Verfügung stellt, sei es, dass
sie diesem zur Einrichtung der Tankstelle ein langfristiges Darlehen gewährt. In allen diesen
Fällen sei das investierte Kapital in der Regel nach und nach aus den Tankstelleneinnahmen
zu tilgen. Das mache eine **langfristige Bindung des Stationärs** an den Vertrag und die
Mineralölgesellschaft **erforderlich.** Denn nur dann erhalte diese die Gewähr, dass sich ihr
Kapital im Laufe der Zeit aus den Gewinnen der Tankstelle verzinse und amortisiere. Bei
einer nur wenige Jahre währenden Bindungsdauer würden Mineralölgesellschaften – zum
Nachteil der Tankstellenhalter, die am Abschluss solcher Verträge interessiert seien – zu
langfristigem Kapitaleinsatz normalerweise nicht mehr bereit sein. Es sei daher nicht grundsätzlich und generell zu beanstanden, wenn die Vertragsparteien eines Stationärvertrages für
die Dauer einer angemessenen, unter Amortisationsgesichtspunkten bestimmten Frist ihre
Vereinbarungen für unkündbar erklären.[38]

3. Angestellte Handelsvertreter. Für angestellte Handelsvertreter geht der für Arbeits- 14
verhältnisse speziellere **§ 15 Abs. 4 TzBfG** dem § 624 BGB vor; die für § 624 BGB
ergangene Rspr. ist aufgrund der inhaltlichen Kongruenz beider Normen auch auf § 15
Abs. 4 TzBfG übertragbar.[39]

B. Andere Vertriebsmittler

I. Vertragshändler und Franchisenehmer

1. Vertragshändler- und Franchaiseverträge. Teilweise wird die Anwendbarkeit des 15
§ 624 BGB auch auf **Vertragshändler- und Franchiseverträge** in der Literatur angenommen.[40] Im Hinblick auf den typengemischten Charakter von Vertragshändler- und
Franchiseverträgen vermag das schon angesichts der differenzierten Anwendung von § 624
BGB bei Handelsvertreterverträgen durch den BGH **nicht zu überzeugen.**[41] Hinzu
kommt, dass bei Vertragshändlern und Franchisenehmern – beide sind Eigenhändler – die
dienstvertragliche (Mit-)Prägung des Vertragstypus wesentlich schwächer ausfällt als bei
Handelsvertretern. Gegen die Vergleichbarkeit des Franchisenehmers mit dem Leitbild des

---

[34] Vgl. BGH NJW 1969, 1662 (1663); BGHZ 83, 313 (316); siehe auch Canaris HandelsR § 15 Rn. 95
mwN zur Diskussion.

[35] BGH NJW 1969, 1662 (1663); BGHZ 83, 313 (316 ff.).

[36] Vgl. Oetker/Busche HGB § 89 Rn. 4.

[37] BGHZ 83, 313 (316 f.).

[38] BGHZ 83, 313 (317).

[39] ErfK/Müller-Glöge TzBfG § 15 Rn. 13.

[40] Canaris HandelsR § 16 Rn. 11, § 18 Rn. 28; Emde HGB vor § 84 Rn. 86 mwN; für Vertragshändler
auch Giesler/Köhnen § 3 Rn. 312, sofern das dienstvertragliche Element vorherrscht.

[41] Ausführlich gegen die Anwendung von § 624 BGB auf Franchiseverträge (unter Aufgabe der konträren
Auffassung der Vorauflage) auch Giesler/Nauschütt FranchiseR/Höpfner Kap. 12 Rn. 40 ff.; sowie Stoffels
DB 2004, 1871 (1872).

Dienstverpflichteten spricht ferner, dass auch der Franchisegeber Dienstleistungen zur Förderung des Absatzerfolgs erbringt.[42] Im Franchiseverhältnis besteht ferner von vornherein ein Interesse der Vertragspartner an einer langfristigen Bindung, welches aus den beiderseitigen (Kapital-)Investitionen resultiert und dem einseitigen sozialen Schutzgedanken des § 624 BGB entgegensteht.[43] Nicht umsonst ist die Frage der entsprechenden Anwendbarkeit von § 624 BGB auf Vertragshändler- und Franchiseverträge bislang nicht praxisrelevant geworden. Angesichts der Investitionen, die ein Vertragshändler oder ein Franchisenehmer beim Aufbau seines Unternehmens regelmäßig vornehmen muss, wäre eine maximale Festlaufzeit von fünf Jahren in vielen Fällen zu kurz, um die angestrebte Amortisierung dieser Kosten hinreichend zu ermöglichen. Die Überlegungen des BGH zu Tankstellen-Stationären[44] lassen sich auf die Situation in Vertragshändler- oder Franchiseverhältnissen sinngemäß übertragen.

16   Geht man davon aus, dass eine maximale Laufzeit von fünf Jahren in der Praxis paritätisch vereinbart werden würde – § 624 BGB in der Praxis der Vertragsgestaltung seinem Regelungsgehalt nach (faktisch) also auch zugunsten des Herstellers oder Franchisegebers wirken würde – dann gäbe man einem Vertragshändler oder Franchisenehmer mit der Anwendbarkeit von § 624 BGB eher Steine statt Brot; **zu kurze Laufzeiten** sind auch nicht im Interesse von Vertragshändlern und Franchisenehmern.[45] Vielmehr muss bei Vertragshändler- und Franchiseverträgen die Möglichkeit bestehen, längere Laufzeiten als fünf Jahre für beide Seiten verbindlich zu vereinbaren.

17   Eine hinreichende (Angemessenheits-)Kontrolle der Laufzeit und Aufrechterhaltung der wirtschaftlichen Bewegungsfreiheit des Vertragshändlers oder Franchisenehmers ist über § 307 BGB flexibel genug möglich,[46] eine (de facto) **starre Laufzeit von fünf Jahren** sollte weder über § 624 BGB,[47] noch über eine Orientierung an Art. 5 Abs. 1 der Verordnung (EU) Nr. 330/2010 in Vertragshändler- oder Franchiseverhältnisse Einzug halten.

18   **2. Kommissionsagenten.** Aufgrund der typologischen Nähe zum Handelsvertreter ist für die Anwendung von § 624 BGB auf Kommissionsagenturverträge ebenso zu differenzieren wie beim Handelsvertreter (→ Rn. 11 ff.).

§ 626 Fristlose Kündigung aus wichtigem Grund

(1) **Das Dienstverhältnis kann von jedem Vertragsteil aus wichtigem Grund ohne Einhaltung einer Kündigungsfrist gekündigt werden, wenn Tatsachen vorliegen, auf Grund derer dem Kündigenden unter Berücksichtigung aller Umstände des Einzelfalles und unter Abwägung der Interessen beider Vertragsteile die Fortsetzung des Dienstverhältnisses bis zum Ablauf der Kündigungsfrist oder bis zu der vereinbarten Beendigung des Dienstverhältnisses nicht zugemutet werden kann.**

(2) [1]**Die Kündigung kann nur innerhalb von zwei Wochen erfolgen.** [2]**Die Frist beginnt mit dem Zeitpunkt, in dem der Kündigungsberechtigte von den für die Kündigung maßgebenden Tatsachen Kenntnis erlangt.** [3]**Der Kündigende muss dem anderen Teil auf Verlangen den Kündigungsgrund unverzüglich schriftlich mitteilen.**

Literatur: Deinert, Die Verdachtskündigung – Neues zu einem alten Thema?, AuR 2005, 285; Fiedler/Küntzer, Die Verdachtskündigung und das Nachschieben von Kündigungsgründen, FA 2005, 264; Flohr,

---

[42] Giesler/Nauschütt FranchiseR/Höpfner Kap. 12 Rn. 43.

[43] Giesler/Giesler/Güntzel § 4 Rn. 553 f.

[44] BGHZ 83, 313 (317).

[45] So für das Franchising zutreffend Stoffels DB 2004, 1871 (1874).

[46] ZB OLG Frankfurt a. M. ZVertriebsR 2015, 161; zu den AGB-rechtlichen Grenzen von Laufzeitregelungen in Franchiseverträgen ausführlich Billing/Röschenkemper ZVertriebsR 2015, 139.

[47] AA zwar nicht generell für Dienstleistungs-Franchising, aber zumindest für mehr personen- als unternehmensbezogene Franchiseverträge Martinek/Semler/Flohr VertriebsR-HdB/Flohr § 32 Rn. 23 f. mit dem Beispiel eines Franchise-Geschäfts, das von einem Einzelkaufmann allein oder ggf. nur mit einer Aushilfskraft betrieben wird.

Grundsätze zur fristlosen Kündigung eines Franchise-Vertrages, ZVertriebsR 2018, 147; Flohr/Liesegang, Feststellungsklage vor Erklärung der fristlosen Kündigung eines Vertriebsvertrages, ZVertriebsR 2018, 351; Giesler/Nauschütt, Franchiserecht, 2. Auflage, München 2007, Kap. 12, Rn. 43 ff.; Höpfner, Kündigungsschutz und Ausgleichsansprüche des Franchisenehmers bei der Beendigung von Franchiseverträgen, Frankfurt/Main 1997; Koch, Das Abmahnerfordernis bei der außerordentlichen Kündigung von Organmitgliedern einer Kapitalgesellschaft, ZIP 2005, 1621; Martinek/Semler/Flohr, Formularsammlung Vertriebsrecht, München 2013, § 11 Anm. 71–73; Martinek/Semler/Habermeier/Flohr, Handbuch des Vertriebsrechts, 3. Auflage, München 2010, § 29, Rn. 15 ff.; Metzlaff, Praxishandbuch Franchising, München 2003, Kap. 11, Rn. 52 ff.; Oetker, Das Dauerschuldverhältnis und seine Beendigung, Tübingen 1994; Rafsendjani, Der good-will Ausgleichsanspruch des Franchise-Nehmers, Saarbrücken 1999; Reuter, Das Verhältnis von ordentlicher und außerordentlicher Kündigung des Arbeitgebers – ein Stufenverhältnis? in: Festschrift für Richardi, München 2007, 361; Schulte/Westenberg, Die außerordentliche Kündigung im Spiegel der neueren Rechtsprechung, NZA-RR 2002, 561; NZA-RR 2005, 617; NZA-RR 2009, 401; Tiemann, Die Beendigung des Franchise-Vertrages durch Kündigung und Fristablauf, Frankfurt/Main 1990; Von Hase, Fristlose Kündigung und Abmahnung nach neuem Recht, NJW- 2002, 2278.

I. Allgemeines

Dem Anwendungsbereich des § 626 Abs. 1 BGB unterliegen alle Dienst- und Arbeits- **1** verhältnisse, die auf bestimmte und unbestimmte Zeit abgeschlossen werden, nicht aber auf den Abschluss von Verträgen mit Handelsvertretern. Die Vorschrift hat zwingenden Charakter und ist demgemäß nicht abdingbar.

Das **Recht** der **fristlosen Kündigung eines Handelsvertretervertrages** ist in **§ 89a** **2** **HGB** als **lex specialis** geregelt[1].

§ 626 BGB ist als **Sonderregelung zu § 314 BGB** anzusehen[2]. **3**

Dieses grundsätzliche Verhältnis zwischen § 89a HGB, § 314 BGB und § 626 BGB im **4** Hinblick auf Vertriebsverträge ist auch noch einmal durch das OLG München mit Urteil vom 14.10.2014[3] bestätigt worden.

Auch wenn bis zum Inkrafttreten des Gesetzes zur Modernisierung des Schuldrechts die **5** außerordentliche Kündigung eines Vertriebsvertrages analog aus §§ 626, 671, 723 BGB iVm § 89a HGB abgeleitet wurde, ist seit dem 1.1.2002 davon auszugehen, dass § 626 BGB auf die fristlose Kündigung eines Vertriebsvertrages keine Anwendung findet, sondern mit § 314 BGB eine allgemeine Vorschrift über das außerordentliche Kündigungsrecht bei Dauerschuldverhältnissen eingeführt und damit die bisherige Rechtsprechung gesetzlich verankert wurde[4].

II. Einzelfragen

1. Wichtiger Grund. Die grundsätzliche Anwendbarkeit des § 314 Abs. 1 BGB auf **6** die fristlose Kündigung eines Vertriebsvertrages bedeutet aber nicht, dass grundsätzlich auf § 626 BGB und für das Vorliegen eines wichtigen Grundes nicht auf die ergangene arbeitsgerichtliche Rechtsprechung für die fristlose Kündigung eines Franchise-, Handelsvertreter- oder Vertragshändlervertrages zur Konkretisierung zurückgegriffen werden darf. Vielmehr kann auf diese Rechtsprechung insoweit zurückgegriffen werden, soweit diese konkretisiert, dass das zwischen Unternehmen und Vertriebspartner bestehende Vertrauensverhältnis so nachhaltig gestört ist, dass eine Fortsetzung des Vertriebsvertrages bis zum Ablauf der vertraglich vereinbarten Festlaufzeit nicht in Betracht kommt.

Für die Beurteilung eines wichtigen Grundes iSd § 626 Abs. 1 BGB wird auf alle **7** Umstände des Einzelfalles zurückgegriffen. Diese gilt es zu berücksichtigen[5]. Es ist allerdings jeweils im Hinblick auf die arbeitsgerichtliche Rechtsprechung zum Vorliegen eines wichtigen Grundes zu prüfen, ob der wichtige Grund spezifisch dienst-/arbeitsvertraglich

---

[1] Siehe Grüneberg/Weidenkaff BGB § 626 Rn. 1.
[2] So ausdrücklich Grüneberg/Weidenkaff BGB § 626 Rn. 3.
[3] ZVertriebsR 2015, 110.
[4] So ausdrücklich Becker in Praxishandbuch Franchising, § 11 Rn. 54.
[5] Zum Ganzen Grüneberg/Weidenkaff BGB § 626 Rn. 37 ff.

bezogen ist oder aber so gelagert ist, dass die Grundsätze der jeweiligen Entscheidung auch auf die fristlose Kündigung eines Vertriebsvertrages angewandt werden können.

8   **2. Einzelfälle.** Insofern kommen aus der arbeitsgerichtlichen Rechtsprechung zu § 626 BGB folgende Gründe als wichtige Gründe für die firstlose Kündigung eines Vertriebsvertrages in Betracht:
- Irrtumserregung bei Abschluss des Vertriebsvertrages über die Qualifikationen des Vertriebspartners[6]
- Schuldhafte Insolvenzverschleppung[7]
- Verletzung der Buchführungspflicht, insbesondere der Nichteinreichung der Jahresabschlüsse beim Finanzamt durch den Vertriebspartner[8]
- Bildung einer schwarzen Kasse im Unternehmen des Vertriebspartners[9]
- Arbeitsunfähigkeit des Vertriebspartners durch Trunkenheit in schwerwiegenden Fällen[10]
- Annahme von finanziellen Sonderzuwendungen (Schmiergeldern) durch den Vertriebspartner von vom Franchise-System gelisteten Lieferanten[11]
- Verletzung der Schweigepflicht als Mitglied im Aufsichtsrat oder Beirat des Unternehmens[12]
- Vorsätzlich falsche Abrechnung von Auslagen zur Teilnahme an Beiratssitzungen des Absatzsystems[13]
- Betrug, Untreue zu Lasten des Unternehmens, zB durch Veruntreuung von Spendengeldern[14]
- Hehlerei mit Produkten eines gelisteten Lieferanten des Unternehmens[15]
- Straftaten gegen das Leben, die Gesundheit und Freiheit von Mitarbeitern, soweit diese vorsätzlich begangen werden[16]
- Sexuelle Belästigung der Mitarbeiter durch einen Vertriebspartner – aber abhängig von Äußerung und Umfang und Intensität[17]
- Sexueller Missbrauch des Kindes eines anderen Vertriebspartners der Absatzorganisation[18]
- Grobe, insbesondere strafbare Beleidigung des Unternehmens oder üble Nachrede.[19]

9   **3. Mitteilung des wichtigen Grundes.** Gemäß § 626 Abs. 2 S. 3 BGB hat der Kündigende dem anderen Teil auf Verlangen den Kündigungsgrund unverzüglich schriftlich mitzuteilen.

10   Die Angabe des Kündigungsgrundes ist nicht Wirksamkeitsvoraussetzung für eine fristlose Kündigung eines Vertriebsvertrages gem. § 314 Abs. 1 BGB. Gleichwohl hat der gekündigte Vertriebspartner oder auch in der Umkehrung das gekündigte Unternehmen einen Anspruch darauf, den wichtigen Grund zu erfahren, der zum Ausspruch der fristlosen Kündigung geführt hat. § 314 BGB enthält keine § 626 Abs. 2 S. 3 BGB entsprechende Vorschrift. Die Vorschrift ist jedoch Ausdruck eines allgemeinen aus § 242 BGB abzuleitenden Rechtsgedankens, dass der andere Vertragspartner jeweils Kenntnis davon haben muss, aus welchem Grund die fristlose Kündigung erklärt wird. Dies gebieten zugleich die Grundsätze von Treu und Glauben. Von daher kann § 626 Abs. 2 S. 3 BGB auch auf die

---

[6] Vgl. BAG BB 1970, 803.
[7] BGH NJW 2005, 3069; BAG NZA 2008, 648.
[8] BGH NZG 2009, 386.
[9] ArbG München NZA-RR 2009, 134.
[10] Grüneberg/Weidenkaff BGB § 626 Rn. 45.
[11] Umfassend Grüneberg/Weidenkaff BGB § 626 Rn. 48.
[12] BAG DB 1974, 1067.
[13] OLG Celle NZA-RR 2010, 299.
[14] Vgl. LAG Hamm DB 1986, 1338.
[15] Vgl. BAG NZA 2004, 1919.
[16] BAG NZA 2000, 1282.
[17] BAG NJW 2004, 3508; 2012, 407.
[18] BAG NJW 2011, 2231.
[19] BAG NZA 2010, 698.

fristlose Kündigung eines Vertriebsvertrages und damit eines Franchise-, Handelsvertreter- und Vertragshändlervertrages angewandt werden[20].

Insofern ist der jeweils andere Vertragspartner auf Anforderung verpflichtet, den Kündi- **11** gungsgrund unverzüglich, dh ohne schuldhaftes Zögern iSd § 121 Abs. 1 BGB mitzuteilen.

§ 675 Entgeltliche Geschäftsbesorgung

(1) **Auf einen Dienstvertrag oder einen Werkvertrag, der eine Geschäftsbesorgung zum Gegenstand hat, finden, soweit in diesem Untertitel nichts Abweichendes bestimmt wird, die Vorschriften der §§ 663, 665 bis 670, 672 bis 674 und, wenn dem Verpflichteten das Recht zusteht, ohne Einhaltung einer Kündigungsfrist zu kündigen, auch die Vorschriften des § 671 Abs. 2 entsprechende Anwendung.**

(2) **Wer einem anderen einen Rat oder eine Empfehlung erteilt, ist, unbeschadet der sich aus einem Vertragsverhältnis, einer unerlaubten Handlung oder einer sonstigen gesetzlichen Bestimmung ergebenden Verantwortlichkeit, zum Ersatz des aus der Befolgung des Rates oder der Empfehlung entstehenden Schadens nicht verpflichtet.**

Literatur: Böhner, Werbekostenzuschüsse und sonstige Einkaufsvorteile in Franchisesystemen, NJW 1998, 109; Böhner, Zivilrechtliche und kartellrechtliche Ansprüche wegen Vorenthaltung von Einkaufsvorteilen in Franchiseverhältnissen, WRP 2006, 1089; Creutzig, Investitionsersatzanspruch des Vertragshändlers: Vergessen, obwohl existenznotwendig?, NJW 2002, 3430; Flohr, Franchising – Bezugsbindung, Einkaufsvorteile und Transparenz, BB 2009, 2159; Forkel, Der Franchisevertrag als Lizenz am Immaterialgut Unternehmen, ZHR 153 (1989), 511; Giesler, Die Bedeutung der „Apollo"-Rechtsprechung für Franchiseverträge, ZIP 2004, 744; Kiethe, Schadensersatzansprüche von Franchisenehmern gegen Franchisegeber wegen unerlaubter Preisbindungen, WRP 2004, 1004; Liesegang, Einkaufsvorteile bei Franchiseverträgen, Diss. Chemnitz 2016; Kleinmann/Siegert, Rückgabe von Lagerwaren und Ersatzteilen nach Beendigung des KFZ-Händlervertrages, BB 2006, 785; Liesegang, Einkaufsvorteile und Transparenz in Franchise-Systemen, Jahrbuch Franchising 2008, 154; K. Schmidt, § 673 BGB bei Verschmelzungsvorgängen in Dienstleistungsunternehmen – oder: Geisterstunde im Umwandlungsrecht?, DB 2001, 1019; Skaupy, Das „Franchising" als zeitgerechte Vertriebskonzeption, DB 1982, 2446; Ströbl, Umfang des Aufwendungsersatzanspruches des Vertragshändlers bei Garantiearbeiten, BB 2012, 1625; Thume, Das Handelsvertreterrecht in Deutschland, IHR 2006, 191; v. Westphalen, Das Dispositionsrecht des Prinzipals im Vertragshändlervertrag, NJW 1982, 2465.

Übersicht

---

[20] Vgl. dazu ausdrücklich für den Handelsvertretervertrag Martinek/Semler/Flohr VertriebsR-HdB/Flohr § 35 Rn. 31; Küstner/Thume I Kap. VIII Rn. 190; aus der Rspr.: BAG NJW 1963, 1267.

A. Einleitung

1   § 675 Abs. 1 erklärt die Vorschriften des Auftragsrechts auf entgeltliche Geschäftsbesorgungsverträge für weitgehend entsprechend anwendbar. Die Regelungstechnik des Verweises des entgeltlichen Geschäftsbesorgungsrechts auf das unentgeltliche Auftragsrecht, steht im Widerspruch zur praktischen Bedeutung der beiden Gebiete: Entgeltliche Geschäftsbesorgungsverhältnisse sind nicht nur verbreiteter als Aufträge, sie bieten auch öfter Anlass zu gerichtlichen Entscheidungen.[1]

2   Der Geschäftsbesorger wird für den Geschäftsherrn tätig und nimmt dessen Interessen wahr. Er ist diesem gegenüber zur Loyalität verpflichtet, dessen Weisungen unterworfen und verpflichtet, die übertragenen Aufgaben sorgfältig und sachkundig wahrzunehmen.[2] Der Geschäftsherr ist zur Zahlung der vereinbarten Vergütung verpflichtet.

3   § 675 Abs. 1 erklärt die Vorschriften des Auftragsrechts auf Dienst- und Werkverträge für entsprechend anwendbar, die eine Geschäftsbesorgung zum Gegenstand haben. Handelsvertreter-,[3] Vertragshändler-,[4] Franchisenehmer-[5] und Kommissionsagentenverträge[6] sind Dienstverträge.

4   Der Begriff der Geschäftsbesorgung wird unterschiedlich verstanden. Einerseits wird die **Einheitstheorie** vertreten,[7] nach welcher der Begriff Geschäftsbesorgung iSd § 675 so zu verstehen sei wie derjenige des Auftrags iSd § 662, sodass jedes fremdnützige Verhalten als Geschäftsbesorgung angesehen wird. Insofern wird auch von einem weiten Geschäftsbesorgungsbegriff gesprochen. Demgegenüber hat sich die **Trennungstheorie** als herrschende Meinung herausgebildet. Sie geht von dem sogenannten engen Geschäftsbesorgungsbegriff aus, sodass nicht jeder Auftrag iSd § 662 auch Gegenstand einer Geschäftsbesorgung sein kann.[8]

5   Der BGH sieht als Geschäftsbesorgung eine „selbständige Tätigkeit wirtschaftlicher Art, für die ursprünglich der Geschäftsherr selbst zu sorgen hatte, die ihm aber durch einen anderen (den Geschäftsführer) abgenommen wird", an. Dieser muss also bereits bestehende Obliegenheiten des Geschäftsherrn wahrzunehmen haben, wie zB die Prozessführung, die Vermögens-Verwaltung und ähnliches. Dagegen fehlt es an dem Merkmal der Geschäfts-

---

[1] Staudinger/Martinek § 675 Rn. A 1 ff., insbes. A 5.
[2] MüKoBGB/Heermann § 675 Rn. 13.
[3] MüKoBGB/Müller-Gloge § 611 Rn. 153.
[4] v. Westphalen NJW 1982, 2465 (2469); MüKoBGB/Müller-Gloge § 611 Rn. 153.
[5] MüKoBGB/Müller-Gloge § 611 Rn. 152.
[6] Str.: vgl. MüKoBGB/Busche § 631 Rn. 267.
[7] Erman/Ehmann vor § 662 Rn. 12 ff.; MüKoBGB/Seiler § 662 Rn. 14.
[8] Staudinger/Martinek vor § 662 Rn. 16; MüKoBGB/Heermann § 675 Rn. 12; jeweils mwN; nun auch Erman/Berger § 675 Rn. 4.

besorgung für einen anderen, wenn der Aufgabenkreis des Geschäftsherrn mit Hilfe des Vertragspartners überhaupt erst geschaffen werden soll."[9]

I. Qualifikation eines Vertrages als Geschäftsbesorgung

Die Qualifikation eines Vertrages als Geschäftsbesorgung iSd § 675 erfolgt ausgehend **6** von der genannten Definition des BGH anhand der folgenden Kriterien.[10]

1. Selbstständige Tätigkeit. Erforderlich ist eine selbstständige Tätigkeit. Das Merkmal **7** der **Tätigkeit** erfasst rechtsgeschäftliche, rechtsgeschäftsähnliche und tatsächliche Handlungen.[11] Als Geschäftsbesorgung ausgeschlossen sind daher bloße Unterlassungen oder Duldungen.[12]

Die **Selbstständigkeit des Geschäftsbesorgers** setzt voraus, dass diesem die Gelegen- **8** heit zu eigenständiger Überlegung und Willensbildung verbleibt.[13] Der Selbstständigkeit des Geschäftsbesorgers steht ein Weisungsrecht des Geschäftsherrn gegenüber, das ebenjene begrenzt.[14] Insofern ist keine Unabhängigkeit des Geschäftsbesorgers erforderlich, vielmehr kommt es auf eine „relative Selbstständigkeit"[15] an.[16] Es besteht somit ein Spannungsverhältnis zwischen Weisungsrecht und Selbstständigkeit. Als Richtschnur kann davon ausgegangen werden, dass das Weisungsrecht umso ausgeprägter ist je mehr Risiken der Geschäftsherr trägt.[17]

2. Wirtschaftlicher Art/Vermögensbezug. Einerseits werden die Kriterien der Tätig- **9** keit wirtschaftlicher Art und der Tätigkeit mit Vermögensbezug als ein einziges Kriterium verstanden, sodass eine wirtschaftliche Tätigkeit vorliegen soll, wenn ein Vermögensbezug vorliegt.[18] Andererseits werden sie als zwei unterschiedliche Kriterien angesehen: Eine wirtschaftliche Tätigkeit sei seine solche, die der Art nach dem Wirtschaftsleben zuzuordnen sei;[19] ein Vermögensbezug liege vor, wenn die Tätigkeit einen Einfluss auf das Vermögen des Geschäftsherrn habe.[20] Vertriebsrechtlich kommt der Abgrenzung keine Bedeutung zu, da alle Vertriebsmittler wirtschaftlich tätig sind und ihre Tätigkeit einen Einfluss auf das Vermögen des jeweiligen Geschäftsherrn hat.

3. Fremde, bereits bestehende Obliegenheit. Als drittes Merkmal fordert der BGH, **10** dass für die Tätigkeit ursprünglich der Geschäftsherr selbst zu sorgen hatte, sie ihm aber von einem anderen abgenommen wird. Das Kriterium der fremden Obliegenheit wird auch als **Fremdnützigkeit** der Handlung des Geschäftsbesorgers bezeichnet.[21] Nicht erforderlich ist, dass die Tätigkeit ausschließlich fremdnützig ist, sodass eine gleichzeitig eigennützige Tätigkeit die Einordnung als Geschäftsbesorgung nicht ausschließt.[22]

Fraglich ist, ob der Geschäftsherr ursprünglich für die Tätigkeit zu sorgen hatte, ob diesen **11** also bereits eine Obliegenheit hinsichtlich dieser Tätigkeit treffen muss, bevor er einen anderen mit der Besorgung betraut. Dies war ursprünglich vom BGH gefordert worden.[23] Das Erfordernis einer bereits bestehenden Obliegenheit wird allerdings kritisiert;[24] auch

---

[9] BGHZ 45, 223 (229) = NJW 1966, 1452; bestätigend OLG Düsseldorf BeckRS 2011, 16026.
[10] Ausführlich Staudinger/Martinek § 675 Rn. A 9 ff.
[11] MüKoBGB/Heermann § 675 Rn. 5.
[12] Grüneberg/Sprau § 675 Rn. 3.
[13] Grüneberg/Sprau § 675 Rn. 3; Staudinger/Martinek § 675 Rn. A 11 ff.
[14] → Rn. 15 ff.
[15] Staudinger/Martinek § 675 Rn. A 12.
[16] Staudinger/Martinek § 675 Rn. A 12; MüKoBGB/Heermann § 675 Rn. 6.
[17] (nicht belegt).
[18] Grüneberg/Sprau § 675 Rn. 3.
[19] Staudinger/Martinek § 675 Rn. A 16; MüKoBGB/Heermann § 675 Rn. 7.
[20] Staudinger/Martinek § 675 Rn. A 18; MüKoBGB/Heermann § 675 Rn. 8.
[21] Staudinger/Martinek § 675 Rn. A 19 ff.
[22] Staudinger/Martinek § 675 Rn. A 19; MüKoBGB/Heermann § 675 Rn. 8.
[23] BGHZ 45, 223 (229) = NJW 1966, 1455; BGH NJW 1989, 1216 f.
[24] Staudinger/Martinek § 675 Rn. A 20; MüKoBGB/Heermann § 675 Rn. 8.

eine **„neu geschaffene"** Tätigkeit solle für ein Geschäftsbesorgungsverhältnis ausreichen.[25] In einer Entscheidung hat der BGH die Geschäftsbesorgung ohne das Merkmal der bereits bestehenden Tätigkeit definiert: „Die entgeltliche Geschäftsbesorgung ist dadurch gekennzeichnet, dass sich der Geschäftsbesorger gegenüber dem Geschäftsherrn verpflichtet, eine selbstständige Tätigkeit wirtschaftlicher Art zur Wahrnehmung fremder Vermögensinteressen zu führen."[26] Der BGH verweist in dieser Entscheidung sowohl auf die früheren BGH-Urteile, in denen eine bereits bestehende Obliegenheit gefordert wird, als auch auf die Kommentierung von Martinek, dessen Paraphrasierung der Geschäftsbesorgungsformel das Gericht verwendet.[27] Insofern ist unklar, ob der BGH noch am Erfordernis der bereits bestehenden Obliegenheit festhält.[28] In einer weiteren Entscheidung nutzt der BGH wieder die Formel mit dem Zusatz „für die ursprünglich der Geschäftsherr selbst zu sorgen hatte".[29] Bedeutung gewinnt diese Frage, insbesondere hinsichtlich der Pflicht des Franchisegebers zur Herausgabe von Einkaufsvorteilen.[30]

II. Einzelne Geschäftsbesorgungsverhältnisse

12   Als Geschäftsbesorgungsverhältnis anerkannt sind etwa Verträge mit Rechtsanwälten, Steuerberatern, Wirtschaftsprüfern, Banken, Baubetreuern sowie mit Schiedsrichtern und Schiedsgutachtern.[31] Zur Einordnung der einzelnen Vertriebsmittler als Geschäftsbesorger wird unten Stellung genommen.[32]

III. Verweis auf Vorschriften des Auftragsrechts

13   **1. Vorbemerkung.** Die durch § 675 in Bezug genommen Vorschriften regeln:

§ 663 Anzeigepflicht bei Ablehnung

[1] Wer zur Besorgung gewisser Geschäfte öffentlich bestellt ist oder sich öffentlich erboten hat, ist, wenn er einen auf solche Geschäfte gerichteten Auftrag nicht annimmt, verpflichtet, die Ablehnung dem Auftraggeber unverzüglich anzuzeigen. [2] Das Gleiche gilt, wenn sich jemand dem Auftraggeber gegenüber zur Besorgung gewisser Geschäfte erboten hat.

14   Die Anzeigepflicht bei Ablehnung der Geschäftsbesorgung ist für Vertriebsmittlungsverhältnisse weitgehend bedeutungslos.[33]

§ 665 Abweichung von Weisungen

[1] Der Beauftragte ist berechtigt, von den Weisungen des Auftraggebers abzuweichen, wenn er den Umständen nach annehmen darf, dass der Auftraggeber bei Kenntnis der Sachlage die Abweichung billigen würde. [2] Der Beauftragte hat vor der Abweichung dem Auftraggeber Anzeige zu machen und dessen Entschließung abzuwarten, wenn nicht mit dem Aufschub Gefahr verbunden ist.

15   **2. Weisungsgebundenheit.** Der Wortlaut des § 665 regelt selbst kein Weisungsrecht des Auftraggebers gegenüber dem Beauftragten, sondern setzt ein solches voraus. Grundsätzlich besteht daher gemäß §§ 675, 665 auch ein Weisungsrecht des Geschäftsherrn gegenüber dem Geschäftsbesorger. Die Weisungsgebundenheit ist nicht als „blinder Gehor-

---

[25] So: Staudinger/Martinek § 675 Rn. A. 20.
[26] BGH NJW-RR 2004, 989.
[27] Vgl. BGH NJW-RR 2004, 989 mit Verweis auf Staudinger/Martinek, 13. Aufl. 1995, § 675 Rn. A. 23.
[28] Daran festhaltend OLG Düsseldorf BeckRS 2011, 16026; Grüneberg/Sprau § 675 Rn. 4.
[29] BGHZ 168, 276 (278 ff.) = NJW-RR 2007, 50.
[30] Vgl. → Rn. 68 f.
[31] Ausführlich etwa MüKoBGB/Heermann § 675 Rn. 26 ff.; Staudinger/Martinek § 675 Rn. B 1 ff., jeweils mit alphabetischen Übersichten über (mögliche) Geschäftsbesorgungsverhältnisse.
[32] → Rn. 42 ff.
[33] Emde vor § 84 Rn. 82.

sam" gegenüber dem Geschäftsherrn zu verstehen, sondern verpflichtet den Geschäftsbesorger zu „denkendem Gehorsam".[34] Der Geschäftsbesorger kann jedoch dann von Weisungen abweichen, wenn er annehmen durfte, dass der Geschäftsherr bei Kenntnis der Sachlage die Abweichung billigen würde und eine Benachrichtigung und anschließendes Abwarten aufgrund einer mit dem Aufschub verbundenen Gefahr nicht in Betracht kommt.

a) Weisungsrecht. Das Weisungsrecht ist von Inhalt, Zweck und Gegenstand der Ge- **16** schäftsbesorgung abhängig.[35] Die Weisungstiefe ist also sowohl durch den Rahmen des zu besorgenden Geschäfts selbst, als auch durch die Selbstständigkeit des Geschäftsbesorgers begrenzt. Insbesondere darf der Geschäftsherr den Rahmen des zu erledigenden Geschäfts nicht ohne Zustimmung des Geschäftsbesorgers nachträglich erweitern.[36] Der Geschäftsbesorger ist auch dann verpflichtet, die Weisungen des Geschäftsherrn zu befolgen, wenn er diese nicht für sachdienlich erachtet.[37] Wurde die Geschäftsbesorgung aufgrund der besonderen Sachkunde übertragen, muss der Geschäftsbesorger aufgrund seiner allgemeinen Treuepflicht einen Hinweis auf diese Bedenken geben.[38]

Die genaue Abgrenzung zwischen Weisungsrecht und selbstständiger Tätigkeit der Ge- **17** schäftsbesorger kann Schwierigkeiten bereiten. Sofern eine besondere Sachkenntnis erforderlich ist (etwa Rechtsberatung) ist das Weisungsrecht stärker eingeschränkt, als in Fällen, die keine besondere Sachkenntnis erfordern.[39] Einen Anhaltspunkt kann die Differenzierung nach dem durch den Geschäftsherrn vorzugebendem Ziel und dem von dem Geschäftsbesorger zu wählenden Weg bieten.[40] Sie ist vertriebsmittlerspezifisch unterschiedlich, sodass bei weitergehender Integration des Vertriebsmittlers in das Vertriebssystem des Geschäftsherrn auch weitergehende Weisungen möglich sind. Der Grad der Integration ist anhand der Risikotragung zu messen.

b) Weisungsabweichung. Explizit regelt § 665 das Recht des Geschäftsbesorgers von **18** Weisungen des Geschäftsherrn abzuweichen. Eine eigenständige Abweichung, also ohne vorherige Rücksprache mit dem Geschäftsherrn, ist nur möglich, wenn bei Aufschub der Abweichung Gefahr droht, § 665 S. 2 aE. Anderenfalls besteht eine Pflicht, den Geschäftsherrn auf das Abweichungsinteresse hinzuweisen und dessen Entscheidung abzuwarten. § 665 enthält somit eine vorrangige Anzeige- und Wartepflicht, die bei Gefahr durch ein Abweichungsrecht ergänzt wird.[41]

Die **Anzeige- und Wartepflicht** entsteht, wenn die tatsächlichen Umstände von denen, **19** die der Geschäftsherr vorhergesehen und seinen Weisungen zugrunde gelegt hat, abweichen, sich die Sachlage also verändert hat.[42] Sie konkretisiert die Pflicht des § 666, dem Geschäftsherrn die erforderlichen Nachrichten zu geben.[43] Eine Veränderung der Sachlage liegt vor, wenn sich ein Umstand der für die Geschäftsbesorgung bedeutend ist, verändert hat.[44] Nicht erforderlich ist, dass es sich um eine Geschäftsgrundlage iSd § 313 handelt.[45]

Ist die Anzeige, dass sich die Umstände verändert haben, und das Warten auf die Ent- **20** scheidung des Geschäftsherrn wegen der mit dem Aufschub verbundenen Gefahr nicht möglich, tritt anstelle der Anzeige- und Wartepflicht, die Möglichkeit von der Weisung abzuweichen. Je nach Umständen des Einzelfalls kann es sich um eine Pflicht zur Abwei-

---

[34] Staudinger/Martinek § 675 Rn. 3; MüKoBGB/Seiler § 675 Rn. 2 jeweils mwN.
[35] Staudinger/Martinek § 665 Rn. 6.
[36] Grüneberg/Sprau § 665 Rn. 2.
[37] MüKoBGB/Seiler § 665 Rn. 14.
[38] BGH VersR 1984, 658 (659); MüKoBGB/Seiler § 665 Rn. 14.
[39] MüKoBGB/Seiler § 665 Rn. 12.
[40] MüKoBGB/Seiler § 665 Rn. 12 mwN.
[41] Staudinger/Martinek § 665 Rn. 12.
[42] MüKoBGB/Seiler § 665 Rn. 16.
[43] Dazu → Rn. 21 ff.
[44] MüKoBGB/Seiler § 665 Rn. 17.
[45] MüKoBGB/Seiler § 665 Rn. 17.

chung handeln.[46] Die Abweichung muss sich an dem mutmaßlichen Willen des Geschäftsherrn orientieren.

3. Auskunft und Rechenschaft
§ 666 Auskunfts- und Rechenschaftspflicht

Der Beauftragte ist verpflichtet, dem Auftraggeber die erforderlichen Nachrichten zu geben, auf Verlangen über den Stand des Geschäfts Auskunft zu erteilen und nach der Ausführung des Auftrags Rechenschaft abzulegen.

21 § 666 legt dem Geschäftsbesorger drei unterschiedliche Informationspflichten auf. Die Informationspflichten des Geschäftsbesorgers dienen dazu, dem Auftraggeber als Geschäftsherrn zur Sicherstellung seiner von dem Beauftragten wahrzunehmenden Interessen eine Intervention in die Ausführung durch Weisungen zu ermöglichen, Steuerungsmaßnahmen und anderweitige Dispositionen vorzubereiten oder vorzunehmen, sich auf den erreichten Stand der Geschäftsbesorgung einzustellen und die Wahrung seiner Rechte bei etwaiger mangelhafter Geschäftsführung durch den Beauftragten zu erleichtern.[47] Sie sind auf das jeweilige Geschäftsbesorgungsverhältnis begrenzt.[48]

22 **a) Erforderliche Nachrichten.** Erstens muss er die erforderlichen Nachrichten unaufgefordert geben, das heißt den Geschäftsherrn über alle Ereignisse, Vorkommnisse und Geschehnisse unterrichten, damit dieser seine Rechte und Pflichten wahrnehmen und die erforderlichen Entscheidungen treffen kann.[49]

23 **b) Stand des Geschäfts.** Zweitens besteht eine Informationspflicht auf Verlangen des Geschäftsherrn. Der Umfang dieser Pflicht ist einzelfallabhängig und zielt auf Auskunft über den Stand des Geschäfts in einem Umfang der im Geschäftsverkehr für vergleichbare Konstellationen unter Berücksichtigung von Treu und Glauben erwartet werden kann.[50]

24 **c) Rechnungslegung.** Drittens, trifft den Geschäftsbesorger die Pflicht zur vollständigen, richtigen, verständlichen und nachprüfbaren Rechenschaftslegung nach Beendigung des Geschäftsbesorgungsverhältnisses.[51] Der BGH hat festgestellt, „dass bei auf Dauer angelegten Geschäftsbesorgungsverhältnissen eine Rechenschaftslegung kraft ausdrücklicher oder stillschweigender Abrede auch in periodischen Zeitabschnitten verlangt werden kann."[52]

4. Herausgabepflicht
§ 667 Herausgabepflicht

Der Beauftragte ist verpflichtet, dem Auftraggeber alles, was er zur Ausführung des Auftrags erhält und was er aus der Geschäftsbesorgung erlangt, herauszugeben.

25 Die Herausgabepflicht des § 667 kennt zwei Varianten. Sie erstreckt sich einerseits auf das zur Ausführung der Geschäftsbesorgung Erhaltene und andererseits auf das aus der Geschäftsbesorgung Erlangte. Sie bewirkt zusammen mit § 670, dass der Auftrag im Ergebnis nur den Auftraggeber betrifft; diesem sollen die Vorteile aus der Auftragserfüllung zukommen und dieser soll die hierfür notwendigen Aufwendungen tragen.[53] Die Herausgabepflicht ist auf die meisten Geschäftsbesorgungsverhältnisse anwendbar,[54] findet ihre Grenzen aber dort, wo die Vertragskonzeption den Vorteil dem Geschäftsbesorger zuordnet, also etwa bei den auf eigene Rechnung handelnden Vertragshändlern und Franchisen-

---

[46] MüKoBGB/Seiler § 665 Rn. 26; Grüneberg/Sprau § 675 Rn. 6.
[47] BGH NJW 2012, 917 Rn. 15.
[48] Grüneberg/Sprau § 666 Rn. 1.
[49] MüKoBGB/Seiler § 666 Rn. 5.
[50] BGH NJW 2012, 917 Rn. 20; BGHZ 41, 318 (321) = NJW 1964, 1469.
[51] MüKoBGB/Seiler § 666 Rn. 8 ff.
[52] BGH NJW 2012, 58 Rn. 29.
[53] MüKoBGB/Seiler § 667 Rn. 1.
[54] MüKoBGB/Seiler § 667 Rn. 1; Staudinger/Martinek § 667 Rn. 4.

ehmern.[55] Die Fälligkeit des Anspruchs aus § 667 kann vertraglich – auch konkludent – bestimmt werden.[56] Daher wird der Anspruch auf Herausgabe des zur Ausführung Erhaltenen bei Vertriebsverträgen regelmäßig erst nach Ende des Vertrags, der auf Herausgabe des aus der Geschäftsbesorgung Erlangten jedoch regelmäßig zeitnah nach Erhalt fällig werden.[57] In Einzelfällen kann der Anspruch jedoch auch bei zur Ausführung Erhaltenem vor Ablauf der Vertragsbeendigung fällig werden. Dies ist etwa dann möglich, wenn die Gegenstände zu einem bestimmten Zweck (Sonderwerbekampagne, Saisonware) überlassen worden sind, und dieser Zweck entweder erreicht worden ist oder nicht mehr erreicht werden kann.

a) zur Ausführung Erhaltenes. Stellt der Geschäftsherr dem von ihm ausgewählten **26** Geschäftsbesorger Mittel zur Ausführung der Geschäftsbesorgung zur Verfügung, kann er diese nach deren Beendigung zurückverlangen. Besonderheiten hinsichtlich Vertriebsmittlern bestehen nicht. So fällt grundsätzlich alles, was dem Geschäftsbesorger zur Erledigung der Geschäftsbesorgung zur Verfügung gestellt worden ist, unter die Pflicht zur Herausgabe. Auch Gegenstände, die zur Verwendung bestimmt worden sind, sind – soweit sie noch vorhanden sind – herauszugeben.[58] Sind die Gegenstände bestimmungsgemäß verwendet worden, entsteht der Anspruch aus § 667 nicht, sind sie bestimmungswidrig verwendet worden, tritt an die Stelle des Herausgabeanspruchs ein Anspruch auf Schadensersatz, §§ 667, 280 ff.[59]

Es kommt eine Vielzahl an Gegenständen in Betracht, die zur Geschäftsbesorgung zur **27** Verfügung gestellt werden können, etwa:

• Anleitungen und Handbücher,
• Gegenstände der Geschäftsausstattung,
• Vertragsvordrucke und andere Unterlagen,
• Vertragswaren und Proben,
• Werkzeug,
• Werbematerialien,
• Vorschüsse.

Entscheidend ist allein, dass die Gegenstände zur Ausführung der Geschäftsbesorgung zur **28** Verfügung gestellt worden sind, also deren Zweckbindung.

b) aus der Geschäftsbesorgung Erlangtes. Demgegenüber bestehen bei der zweiten **29** Variante – der Herausgabe des aus der Geschäftsbesorgung Erlangten – vertriebsrechtliche Besonderheiten. Auf eigene Rechnung handelnde Vertriebsmittler (Vertragshändler und Franchisenehmer), sind naturgemäß nicht dazu verpflichtet, die – nach der Vertragskonzeption – ihnen zustehenden Umsatzerlöse an den Geschäftsherrn herauszugeben. An die Stelle der Herausgabepflicht der Umsatzerlöse, die allerdings Handelsvertreter und Kommissionsagenten trifft, tritt hier die Pflicht zur Zahlung des Einstandspreises der Vertragsprodukte. Auf fremde Rechnung handelnde Vertriebsmittler, die auf Provisionsbasis arbeiten, sind nach §§ 675, 667 bzw. § 384 Abs. 2 HGB zur Abtretung der gesamten Forderung verpflichtet. In der Praxis wird jedoch regelmäßig nur der bereits um die Provision reduzierte Betrag herausgegeben. Insoweit liegt eine Aufrechnung vor.[60]

Gegenstände sind aus der Geschäftsbesorgung erlangt, wenn sie in einem inneren Zu- **30** sammenhang mit dieser stehen.[61] Nicht ausreichend ist eine kausale Verknüpfung, entscheidend ist vielmehr, ob eine wertende Betrachtung dazu führt, den Gegenstand der

[55] → Rn. 54 und → Rn. 64.
[56] BGH WM 2005, 1956 (1957).
[57] BGH WM 2005, 1956 (1957).
[58] MüKoBGB/Seiler § 667 Rn. 5.
[59] MüKoBGB/Seiler § 667 Rn. 20.
[60] MüKoBGB/Seiler § 667 Rn. 18.
[61] MüKoBGB/Seiler § 667 Rn. 9; Staudinger/Martinek § 667 Rn. 7.

Geschäftsbesorgung zuzurechnen.[62] Daher fällt dasjenige, was zwar anlässlich allerdings auch nur bei Gelegenheit der Geschäftsbesorgung erhalten worden ist, nicht unter die Herausgabepflicht des § 667 Var. 2.[63] Hierzu zählen etwa Trinkgelder, nicht jedoch Schmiergelder und andere Sondervorteile, die der Geschäftsbesorger erhalten hat, um die Geschäftsbesorgung in einer Weise zu erfüllen, die den Interessen des Vorteilsgewährenden entspricht.[64]

5. Verzinsung
§ 668 Verzinsung des verwendeten Geldes

Verwendet der Beauftragte Geld für sich, das er dem Auftraggeber herauszugeben oder für ihn zu verwenden hat, so ist er verpflichtet, es von der Zeit der Verwendung an zu verzinsen.

31   Die Vorschrift kann zwar im Einzelfall auf Vertriebsmittlerverhältnisse anwendbar sein, allerdings ist die praktische Bedeutung der Zinspflicht bei Vertriebsmittlerverhältnissen gering.[65]

6. Vorschuss
§ 669 Vorschusspflicht

Für die zur Ausführung des Auftrags erforderlichen Aufwendungen hat der Auftraggeber dem Beauftragten auf Verlangen Vorschuss zu leisten.

32   Der Vorschrift kommt für Vertriebsmittlerverträge wenig Bedeutung zu. Die Pflicht zur Vorschusszahlung kommt mangels erstattungsfähiger Aufwendungen selten in Betracht.[66] Aufgrund anderweitiger Vergütungsvereinbarungen (Provisionsbasis oder Handelsspanne) findet ein Aufwendungsersatz nur bei außergewöhnlichen Aufwendungen statt.[67]

7. Aufwendungsersatz
§ 670 Ersatz von Aufwendungen

Macht der Beauftragte zum Zwecke der Ausführung des Auftrags Aufwendungen, die er den Umständen nach für erforderlich halten darf, so ist der Auftraggeber zum Ersatz verpflichtet.

33   Die Vorschrift ist auf Vertriebsmittler nur eingeschränkt anwendbar. Für Handelsvertreter und Kommissionsagenten gilt, dass ihre Vergütung grundsätzlich mit der Provision abgegolten ist, für Vertragshändler und Franchisenehmer kommt eine Anwendung nicht in Betracht, da diese beiden Vertriebsmittlerarten auf eigene Rechnung handeln. Ein Anspruch auf Aufwendungsersatz kann daher allenfalls für außergewöhnliche Aufwendungen bestehen.

34   § 670 verpflichtet den Geschäftsherrn dazu, dem Geschäftsbesorger die Aufwendungen, die dieser für die Geschäftsbesorgung für erforderlich halten durfte, zu ersetzen. Die Erforderlichkeit der Aufwendungen ist „nach einem subjektiv-objektiven Maßstab zu beurteilen und danach anzunehmen, wenn der Beauftragte (freiwillige) Vermögensopfer erbringt, die nach seinem verständigen Ermessen zur Verfolgung des Auftragszwecks geeignet sind, notwendig erscheinen und in einem angemessenen Verhältnis zur Bedeutung der Geschäftsführung für den Geschäftsherrn stehen".[68] Es ist im Einzelfall festzustellen, ob die Aufwendung erforderlich ist.[69] Neben freiwilligen Vermögensopfern sind auch notwendi-

---

[62] MüKoBGB/Seiler § 667 Rn. 9; Staudinger/Martinek § 667 Rn. 7.
[63] Staudinger/Martinek § 667 Rn. 12.
[64] MüKoBGB/Seiler § 667 Rn. 17; Staudinger/Martinek § 667 Rn. 12.
[65] Giesler/Klapperich, Praxis des Vertriebsrechts, § 2 Rn. 157; Emde vor § 84 Rn. 86.
[66] Emde vor § 84 Rn. 87.
[67] Dazu sogleich → Rn. 32.
[68] BGH NJW 2012, 2337 Rn. 20.
[69] BGH NJW 2012, 2337 Rn. 27.

gerweise mit der Geschäftsführung verbundene Kosten erstattungsfähig.[70] Die Rechtsprechung erkennt auch bei Zufallsschäden eine Erstattung an.[71]

8. Kündigung
§ 671 Abs. 2 Kündigung des Verpflichteten

(2) [1] Der Beauftragte darf nur in der Art kündigen, dass der Auftraggeber für die Besorgung des Geschäfts anderweit Fürsorge treffen kann, es sei denn, dass ein wichtiger Grund für die unzeitige Kündigung vorliegt. [2] Kündigt er ohne solchen Grund zur Unzeit, so hat er dem Auftraggeber den daraus entstehenden Schaden zu ersetzen.

§ 671 Abs. 2 kann auf einzelne Vertriebsmittlungsverhältnisse anwendbar sein. Der Ver- **35** weis des § 675 Abs. 1 ist jedoch dahingehend eingeschränkt, dass eine entsprechende Anwendung nur möglich sein soll, wenn dem Verpflichteten das Recht zusteht, ohne Einhaltung einer Kündigungsfrist zu kündigen. Allerdings wird bei entgeltlichen Geschäftsbesorgungsverhältnissen und insbesondere bei Dauerschuldverhältnissen regelmäßig eine Kündigungsfrist vereinbart worden sein. Der praktische Anwendungsbereich des § 671 Abs. 2 ist daher für Vertriebsmittlerverträge gering.

Eine Kündigung zur Unzeit liegt vor, wenn der Geschäftsherr keine anderweitige Für- **36** sorge treffen kann, ihm also keine zumutbare Möglichkeit verbleibt, das zu besorgende Geschäft selber zu erledigen beziehungsweise die Sorge hierfür einem Dritten aufzuerlegen.[72] Die Kündigung darf „nicht in einer die Interessen des Geschäftsherrn unbillig schädigenden Weise […] erfolgen".[73] Eine Kündigung aus wichtigem Grund ist jedoch weiterhin – also auch zur Unzeit – möglich.[74]

9. Tod Auftraggeber/Beauftrager
§ 672 Tod oder Geschäftsunfähigkeit des Auftraggebers

[1] Der Auftrag erlischt im Zweifel nicht durch den Tod oder den Eintritt der Geschäftsunfähigkeit des Auftraggebers. [2] Erlischt der Auftrag, so hat der Beauftragte, wenn mit dem Aufschub Gefahr verbunden ist, die Besorgung des übertragenen Geschäfts fortzusetzen, bis der Erbe oder der gesetzliche Vertreter des Auftraggebers anderweit Fürsorge treffen kann; der Auftrag gilt insoweit als fortbestehend.

§ 673 Tod des Beauftragten

[1] Der Auftrag erlischt im Zweifel durch den Tod des Beauftragten. [2] Erlischt der Auftrag, so hat der Erbe des Beauftragten den Tod dem Auftraggeber unverzüglich anzuzeigen und, wenn mit dem Aufschub Gefahr verbunden ist, die Besorgung des übertragenen Geschäfts fortzusetzen, bis der Auftraggeber anderweit Fürsorge treffen kann; der Auftrag gilt insoweit als fortbestehend.

Die Regelungen über den Fortbestand des Geschäftsbesorgungsverhältnisses sind mit **37** Ausnahme des § 673 S. 2 regelmäßig anwendbar. Allerdings dürften auch diesbezüglich in den meisten Fällen vertragliche Regelungen getroffen werden.

§ 672 bestimmt, dass der Auftrag im Zweifel nicht durch den Tod des Auftraggebers **38** erlischt. Es ist regelmäßig auch im Interesse der Erben, dass die Geschäftsbesorgung fortgeführt wird. § 672 S. 1 ist eine Auslegungsregel und stellt eine Vermutung für die fortdauernde Gültigkeit auf. § 672 S. 2 sieht, falls ein Erlöschen vereinbart worden ist, eine Pflicht zur Fortsetzung der Geschäftsbesorgung vor. Diese dauert an, bis der Erbe anderweitige Maßnahmen treffen kann, also entweder selbst die Geschäftsbesorgung übernimmt oder einen Dritten damit beauftragt. Trifft die Vereinbarung keine Regelung, erlischt der Auftrag also, kann dem Beauftragten ein Kündigungsrecht zustehen.[75]

---

[70] Grüneberg/Sprau § 670 Rn. 3; Staudinger/Martinek § 675 Rn. 7.
[71] BGHZ 89, 153 (157) = NJW 1984, 789; Staudinger/Martinek § 675 Rn. 19 mwN.
[72] MüKoBGB/Seiler § 671 Rn. 12.
[73] Creutzig NJW 2002, 3430 (3433).
[74] Zu den wichtigen Gründen → § 314 Rn. 4 ff.
[75] Thume IHR 2006, 191 (196).

39   § 673 stellt ebenfalls eine Auslegungsregel dar. Vermutet wird, dass der Tod des Beauftragten zum Erlöschen des Auftrags führt. Grund der Vermutung ist das besondere Vertrauen des Geschäftsherrn in den von ihm ausgewählten Geschäftsbesorger.[76]

40   Die Anwendbarkeit der §§ 672, 673 auf **juristische Personen** ist umstritten. Einerseits
wird eine entsprechende Anwendbarkeit bejaht.[77] Andererseits wird zumindest die Regelung des § 673 als unpassend betrachtet und stattdessen eine Anwendung des § 20 UmwG
befürwortet.[78] Die letztgenannte Auffassung verdient den Vorzug, da bei der Beauftragung
juristischer Personen der Gedanke des persönlichen Vertrauensverhältnisses in den Hintergrund tritt.

10. Fiktion
§ 674 Fiktion des Fortbestehens

Erlischt der Auftrag in anderer Weise als durch Widerruf, so gilt er zugunsten des Beauftragten
gleichwohl als fortbestehend, bis der Beauftragte von dem Erlöschen Kenntnis erlangt oder das
Erlöschen kennen muss.

41   Die Regelung ist anwendbar und schützt das Vertrauen des Geschäftsbesorgers in den
Fortbestand des zu besorgenden Geschäfts.

IV. Auskunftshaftung § 675 Abs. 2

42   Der Auskunftshaftung kommt vertriebsrechtlich keine Bedeutung zu. Ihr Hauptanwen-
dungsgebiet liegt bei unentgeltlichen Auskünften.[79]

B. Handelsvertreter

43   Die grundsätzliche Anwendbarkeit der § 675 iVm 665 ff. BGB auf Handelsvertreterverhältnisse und damit deren Einstufung als Geschäftsbesorger ist allgemein anerkannt.[80]
Bezüglich der einzelnen Vorschriften ist jedoch zu differenzieren.

44   Das in § 665 vorausgesetzte Weisungsrecht ist durch die Selbstständigkeit des Handelsvertreters begrenzt. Der BGH hat entschieden, dass die Weisungen des Geschäftsherrn die
rechtliche Selbstständigkeit des Handelsvertreters „nicht in ihrem Kerngehalt beeinträchtigen" dürfen.[81] Ist dies der Fall, gilt der als Handelsvertreter Bezeichnete als Angestellter iSd
§ 84 Abs. 2 HGB.[82] Das Weisungsrecht kann bei kartellrechtlich sogenannten **„echten
Handelsvertretern"** auch feste Endverbraucherpreise umfassen.[83] Einzelne weitere Weisungsrechte werden im Rahmen des § 86 kommentiert.[84]

45   Der praktische Nutzen des § 666 ist aufgrund der Benachrichtigungspflicht des § 86
Abs. 2 HGB eher gering. Auch diese Vorschrift verpflichtet den Handelsvertreter zur
Information des Geschäftsherrn.[85] Die Rechnungslegung erfolgt nach § 87c HGB ana-
log.[86]

---

[76] MüKoBGB/Seiler § 673 Rn. 1 mwN.

[77] RGZ 150, 289; LG Koblenz NJW-RR 1998, 38; Grüneberg/Sprau §§ 672, 673 jeweils Rn. 3.

[78] K. Schmidt DB 2001, 1019 ff.; OLG Köln BeckRS 2010, 26772; Staudinger/Martinek § 672 Rn. 8 und
§ 673 Rn. 6; MüKoBGB/Seiler § 672 Rn. 2 und § 673 Rn. 2.

[79] MüKoBGB/Heermann § 675 Rn. 111; Staudinger/Martinek § 675 Rn. C 1.

[80] BGH NJW 1993, 1786 (1787); 1970, 2294 (2295); Staudinger/Martinek § 675 Rn. B 216 ff.; Mü-
KoBGB/Heermann § 675 Rn. 104; Soergel/Benicke § 675 Rn. 25; Emde vor § 84 Rn. 81 ff.

[81] BGH NJW 1966, 882 (883).

[82] Vgl. → HSB § 84 Rn. 68.

[83] Vgl. → AEUV Art. 101 Rn. 171.

[84] Vgl. → § 86 Rn. 66 (Kommentierung zu § 86 – Flohr).

[85] Vgl. → § 86 Rn. 100 ff. (Kommentierung zu § 86 – Flohr).

[86] Vgl. → § 86 Rn. 53 MüKoHGB/von Hoyningen-Huene.

Die Herausgabepflicht des **§ 667** ist anwendbar.[87] Unter die Herausgabepflicht des § 667 **46** fallen etwa Kundenlisten, die der Handelsvertreter vom Geschäftsherrn erhalten hat und/ oder während des Vertragszeitraumes für diesen geführt beziehungsweise genutzt hat.[88] Auch die Pflicht zur Herausgabe eingezogener Beträge[89] – nicht jedoch deren Vorfinanzierung[90] – wurde ebenso wie die zur Herausgabe von Vertragswaren[91] als von § 667 umfasst angesehen.[92]

Die Verzinsungspflicht des **§ 668** kann zwar bestehen. Sie wird praktisch allerdings selten **47** relevant werden.[93]

Die Ansprüche aus **§§ 669, 670** auf Vorschusszahlung beziehungsweise Aufwendungs- **48** ersatz sind regelmäßig durch Vereinbarungen zur Handelsvertreterprovision abbedungen. § 87a Abs. 1 S. 2 HGB kennt ebenfalls ein Vorschussrecht.[94] Ein eigenständiger Anwendungsbereich verbleibt §§ 669, 670 daher nur für außergewöhnliche Aufwendungen.[95] Der Umkehrschluss aus § 87d HGB bestätigt, dass Aufwendungen außerhalb des regelmäßigen Geschäftsbetriebs ersatzfähig sind.[96]

Hinsichtlich der Kündigung sind regelmäßig die Fristen des § 89 HGB zu beachten.[97] **49** Der Anwendungsbereich des **§ 671 Abs. 2** ist daher eingeschränkt.

Die **§§ 672, 673** sind mit Ausnahme des § 673 S. 2 anwendbar. Die Erfüllung der **50** persönlichen Dienstpflicht wird beim Erben regelmäßig an den erforderlichen Kenntnissen scheitern.[98] Hinsichtlich juristischer Personen als Handelsvertreter gelten die Ausführungen unter → Rn. 39.

Auch **§ 674** ist anwendbar. Besonderheiten bestehen nicht. **51**

C. Vertragshändler

Die Anwendbarkeit einzelner Vorschriften zu Geschäftsbesorgungsverhältnissen auf Ver- **52** tragshändler ist weitgehend anerkannt.[99] Der BGH hat eine grundsätzliche Analogiefähigkeit des Handelsvertreterrechts des Handelsgesetzbuchs für Vertragshändler bejaht.[100]

Auch Ansprüche aus den Vorschriften über die Geschäftsbesorgung hat die Rechtspre- **53** chung im Einzelfall anerkannt. Unterschiede zum Handelsvertreter ergeben sich aufgrund des Handelns auf eigene Rechnung.

§ 665 ist anwendbar. Weisungen des Geschäftsherrn gegenüber dem Vertragshändler sind **54** grundsätzlich möglich. Dieser kann von diesen nach den gleichen Grundsätzen wie andere Geschäftsbesorger im Einzelfall abweichen. Die Weisungsbefugnis findet ihre Grenzen jedoch in der Selbstständigkeit der Vertragshändler. Unzulässig sind Vorgaben an den

---

[87] BGH NJW-RR 2006, 339 (340); NJW 1993, 1786 (1787); Emde vor § 84 Rn. 85.
[88] BGH GRUR 2009, 603 Rn. 19; NJW 1993, 1786 (1787).
[89] BGH NJW-RR 2006, 339 (340).
[90] BGH GRUR 2006, 786 Rn. 9.
[91] BGH NJW-RR 1993, 926.
[92] Zur oftmals vertraglich geregelten Konkretisierung der Herausgabepflicht; vgl. die Kommentierung zu → § 86 Rn. 109 – (Flohr).
[93] Emde vor § 84 Rn. 86.
[94] Vgl. → HSB § 87a Rn. 32.
[95] Emde vor § 84 Rn. 87; wohl auch Ebenroth/Boujong/Joost/Strohn/Löwisch § 84 Rn. 56, vgl. allerdings auch Ebenroth/Boujong/Joost/Strohn/Löwisch § 87a Rn. 43, in der eine grundsätzliche Unanwendbarkeit des § 669 statuiert wird.
[96] Vgl. bereits → HSB Vor § 84 Rn. 34.
[97] → HSB § 89 Rn. 87 ff.
[98] Vgl. bereits → HSB Vor § 84 Rn. 34.
[99] Emde vor § 84 Rn. 342; MüKoHGB/von Hoyningen-Huene vor § 84 Rn. 14; Staudinger/Martinek § 675 B 223 ff.; Soergel/Benicke § 675 Rn. 94; MüKoBGB/Heermann § 675 Rn. 109; aA Staub/Brüggemann vor § 84 Rn. 12.
[100] BGH WRP 2007, 1097 (1100).

Weiterverkaufspreis, da diese mit den Kartellverboten des Art. 101 AEUV, § 1 GWB unvereinbar sind.[101]

55   Auch die Informationspflichten des **§ 666** sind anwendbar. Allerdings gilt hier, dass nicht nach § 86 Abs. 2 HGB analog über jeden Geschäftsabschluss informiert werden muss, sondern nur die erforderlichen Informationen und regelmäßige Berichte über den allgemeinen Geschäftsverlauf erforderlich sind.

56   Regelmäßig unanwendbar sind hingegen die **§§ 667, 668, 669 und 670.**[102] Die Pflicht zur Herausgabe des Erlangten ist ebenso wie der Anspruch auf Aufwendungsersatz mit dem Handeln auf eigene Rechnung unvereinbar. Es ist für Vertragshändlerverhältnisse geradezu wesensbestimmend, dass der Vertragshändler das Risiko der Geschäfte selbst trägt und sich seine Verdienstmöglichkeit nach der Handelsspanne, also der Differenz zwischen Einstands- und Verkaufspreis richtet. Eine Anwendung der §§ 667 und 670 würde diese Grundsatzentscheidung umkehren und ist daher grundsätzlich nicht möglich.

57   Ein Anwendungsbereich verbleibt § 667 nur hinsichtlich seiner Variante 1, der Herausgabe dessen, was der Vertragshändler zur Geschäftsbesorgung erhalten hat. Eine Rückgabe der Vertragswaren und Ersatzteile scheidet aus.[103]

58   Hinsichtlich des Anspruchs auf Aufwendungsersatz gemäß **§ 670** hat das OLG Düsseldorf entschieden, dass ein solcher dann ausscheidet, wenn das in Betracht kommende Gesetzesrecht dem Vertragswillen der Parteien widerspricht.[104] Ein Vertragshändlervertrag gehe davon aus, „dass der Vertragshändler seine Einnahmen aus der Vertragshändlertätigkeit ausschließlich aus der Differenz zwischen dem Händlerabgabepreis der Beklagten und dem von ihr geforderten Endkundenpreis erzielt. Bereits dies schließt die Zubilligung eines Aufwendungsersatz- oder dienstrechtlichen Vergütungsanspruchs aus."[105] Ein Anspruch auf Aufwendungsersatz kommt jedoch dann in Betracht, wenn der Vertragshändler unentgeltlich tätig wird, also etwa vertraglich verpflichtet ist, Garantiearbeiten durchzuführen.[106] Die Vorschusspflicht des § 669 scheidet mangels Aufwendungsersatzanspruchs, die Zinspflicht des § 668 mangels Vereinnahmung für den Geschäftsherrn regelmäßig aus.

59   Die Einschränkung der Kündigungsmöglichkeit durch **§ 671 Abs. 2** kann grundsätzlich anwendbar sein. Allerdings werden auch Vertragshändlerverträge regelmäßig Kündigungsfristen vorsehen, sodass diese gemäß § 675 Abs. 1 vorrangig zu beachten sind.

60   Die **§§ 672, 673 und 674** sind anwendbar. Eine Geschäftsbesorgungspflicht des Erben besteht jedoch nicht. Hinsichtlich juristischer Personen als Vertragshändler gelten die Ausführungen unter → Rn. 39.

D. Franchisenehmer

61   In Franchisesystemen kommt eine Geschäftsbesorgungsstellung beider Vertragsparteien, also des Franchisenehmers einerseits und des Franchisegebers andererseits, in Betracht. Allerdings ist der Verweis auf die Vorschriften des Auftragsrechts ebenso wie bei den anderen Vertriebsmittlern nur eingeschränkt nützlich. Der Franchisevertrag ist zum einen als Rahmenvertrag und somit als Dauerschuldverhältnis angelegt und zum anderen wird der Franchisenehmer auf eigene Rechnung tätig.[107]

---

[101] Vgl. → Art. 101 Rn. 94.
[102] Emde vor § 84 Rn. 342.
[103] Kleinmann/Siegert BB 2006, 785 f.
[104] OLG Düsseldorf BeckRS 2009, 29052.
[105] OLG Düsseldorf BeckRS 2009, 29052.
[106] Ausführlich zum Umfang dieses Anspruches: Ströbl BB 2012, 1625.
[107] Metzlaff Franchising-HdB/Pour Rafsendjani § 6 Rn. 14.

I. Geschäftsbesorgung durch Franchisenehmer

Die **Rechtsnatur des Franchisevertrags ist umstritten.** Franchiseverträge enthalten **62**
lizenzvertragliche, dienstvertragliche und geschäftsbesorgungsrechtliche Elemente. Teilweise wird das lizenzvertragliche Element in den Vordergrund gerückt,[108] teilweise das Geschäftsbesorgungselement als dominant anerkannt.[109] Gemeinsam ist die Erkenntnis, dass es sich um einen typengemischten Vertrag handelt, der Geschäftsbesorgungselemente enthält.[110]

Trotz dieses Streits um die Rechtsnatur des Franchisevertrags wird die Anwendbarkeit **63**
der Geschäftsbesorgungsregeln auf den Franchisenehmer grundsätzlich anerkannt.[111] Es ist daher nach den allgemeinen Regeln zu ermitteln, ob die konkret vorliegende Tätigkeit eine Geschäftsbesorgung iSd § 675 darstellt, sodass dessen Anwendung sachgerecht ist.[112]

Das Weisungsrecht und das Recht, von Weisungen abzuweichen, iSd § 665 sind anwend- **64**
bar. Das Weisungsrecht wird wiederum durch die Selbstständigkeit des Franchisenehmers beschränkt. Es umfasst die Pflicht, die Franchise zu nutzen (**„Systemanwendungspflicht"**).[113] Diese Nutzungspflicht wird regelmäßig durch Franchisehandbücher (**„Manuals"**) konkretisiert.[114] Demgegenüber sind Pflichten, die beispielsweise einem Handelsvertreter hinsichtlich der Bonitätsprüfung der Endkunden auferlegt werden können, regelmäßig ausgeschlossen. Anders als dieser muss der Franchisenehmer, da er auf eigene Rechnung handelt, frei entscheiden können, welche Insolvenzrisiken er bereit ist zu tragen.[115]

Auch die Informationspflichten des **§ 666** sind – wenn auch modifiziert – anwendbar.[116] **65**
Die erste Pflicht, die erforderlichen Nachrichten zu geben, ist weitgehend anwendbar. Als erforderliche Nachricht kommen etwa Beobachtungen zu verändertem Nachfrageverhalten der Endverbraucher, zu Verhaltensweisen der Konkurrenten, zur Absatzlage generell oder zur Verletzung gewerblicher Schutzrechte in Betracht.[117] Auch hinsichtlich Erfahrungen bei der Anwendung des Know-hows besteht eine Informationspflicht.[118] Die zweite Pflicht, über den Stand der Dinge zu informieren, wird nicht durch eine Pflicht analog § 86 HGB, über jeden einzelnen Geschäftsabschluss zu informieren, modifiziert.[119] Vielmehr ist eine präzise Regelung im Franchisevertrag über Gegenstand, Form und Häufigkeit der Informationspflicht ratsam.[120] Der Franchisegeber ist aufgrund seiner Systemweiterentwicklungspflicht und seiner Informationspflicht gegenüber allen Franchisenehmern auf deren Rückmeldungen angewiesen.[121] Sofern sie nicht einzig der Kontrolle der Franchisenehmer dienen, sollen tägliche Berichtspflichten möglich sein.[122]

Die Vorschriften zur Herausgabepflicht des **§ 667,** zur Zinspflicht des **§ 668,** zur Vor- **66**
schusspflicht des **§ 669** und zum Aufwendungsersatz des **§ 670** sind, da Franchisenehmer auf eigene Rechnung handeln, grundsätzlich nicht anwendbar. Allerdings kann bei außer-

---

[108] Forkel ZHR 153 (1989), 511 (537 f.); Skaupy DB 1982, 2446 (2447).
[109] Martinek/Semler/Flohr VertriebsR-HdB/Martinek § 4 Rn. 46.
[110] Ausführlich zur Rechtsnatur des Franchisevertrags Metzlaff Franchising-HdB/Grunsky § 5 Rn. 1 ff.
[111] MüKoHGB/von Hoyningen-Huene HGB vor § 84 Rn. 18; Emde Vor § 84 Rn. 397; Soergel/Benicke § 675 Rn. 94; Metzlaff Franchising-HdB/Pour Rafsendjani § 6 Rn. 14; Metzlaff Franchising-HdB/Grunsky § 5 Rn. 33.
[112] Metzlaff Franchising-HdB/Grunsky § 5 Rn. 33.
[113] Metzlaff Franchising-HdB/Rauser § 16 Rn. 41; Giesler/Nauschütt, Franchiserecht, Kap. 5 Rn. 406 ff. mwN.
[114] Ausführlich dazu Metzlaff Franchising-HdB/Metzlaff § 8 Rn. 204 ff.
[115] Metzlaff Franchising-HdB/Rauser § 16 Rn. 48.
[116] OLG Naumburg BeckRS 2007, 03091.
[117] Metzlaff Franchising-HdB/Rauser § 16 Rn. 57.
[118] Giesler/Nauschütt, Franchiserecht, Kap. 5 Rn. 277 ff.
[119] Metzlaff Franchising-HdB/Rauser § 16 Rn. 55.
[120] Metzlaff Franchising-HdB/Rauser § 16 Rn. 55.
[121] Metzlaff Franchising-HdB/Metzlaff § 8 Rn. 230 ff.
[122] Giesler/Nauschütt FranchiseR/Giesler § 5 Rn. 168.

gewöhnlichen Aufwendungen – ebenso wie beim Vertragshändler – im Einzelfall eine Anwendung in Betracht kommen.[123]

67 Die Kündigungs- beziehungsweise Widerrufsvorschrift des **§ 671 Abs. 2** ist ebenfalls nicht anwendbar, da sie dem Charakter von Franchiseverträgen als entgeltlichen Dauerschuldverhältnissen widerspricht.[124] Darüber hinaus scheitert eine Anwendung an den insoweit vorrangig heranzuziehenden Vorschriften des Handelsvertreterrechts (insbesondere § 89 HGB).[125]

68 Die **§§ 672–674** sind anwendbar.[126] Hinsichtlich juristischer Personen als Franchisenehmer gelten die Ausführungen unter → Rn. 39.

II. Geschäftsbesorgung durch Franchisegeber

69 Die Einordnung des Franchisegebers als Geschäftsbesorger der Franchisenehmer ist je nach übernommener Tätigkeit unterschiedlich zu bewerten. Die Rechtsprechung hat eine Geschäftsbesorgerstellung hinsichtlich des Verhandelns systemweiter Einkaufskonditionen abgelehnt, hinsichtlich systemweiter Werbung jedoch bejaht.[127]

70 **1. Weitergabe von Einkaufsvorteilen.** Lange umstritten war, ob es einen gesetzlichen Anspruch auf Herausgabe von Einkaufsvorteilen gibt. Der BGH hat die Frage dahingehend entschieden, dass kein gesetzlicher Anspruch auf Herausgabe von Einkaufsvorteilen besteht.[128] Ein solcher kommt danach nur aufgrund vertraglicher Regelungen in Betracht.[129]

71 Eine vertragliche Pflicht zur Herausgabe von Einkaufsvorteilen (**„kick-backs"**) wurde aufgrund des Gebots der „kundenfreundlichsten Auslegung" in einem Franchisevertrag angenommen, der folgende Klausel verwendete: „[Der Franchisegeber] betreut den Partner hinsichtlich der Geschäftsentwicklung und des systemgerechten Betriebsablaufs und gibt Vorteile, Ideen und Verbesserungen zur Erreichung optimaler Geschäftserfolge an den Partner weiter."[130] Verneint wurde ein Anspruch auf Weitergabe von Einkaufsvorteilen jedoch bezüglich der Klausel: „[Der Franchisegeber verpflichtet sich,] falls durchführbar, den Lizenznehmer zu unterstützen bei der Erarbeitung von Verfahrensweisen hinsichtlich des Erwerbs von Material und Ausrüstung, die im Kraftfahrzeugvermietgeschäft benötigt werden".[131]

72 Umstritten ist, ob eine **vorvertragliche Pflicht** besteht, über die Regelungen zu Einkaufsvorteilen zu informieren.[132] Eine derartige Pflicht zu transparenter Aufklärung wird aufgrund gesteigerter Rücksichtnahme- und Treuepflichten in Franchisesystemen einerseits und der Bedeutung der Einkaufsvorteile für die Liquiditätsplanung der Franchisenehmer andererseits teilweise bejaht.[133] Ein solcher Anspruch ist jedoch nicht mit den Grundsätzen der vorvertraglichen Informationspflichten vereinbar, denen zufolge jede Partei selbst dafür verantwortlich ist, sich über die allgemeinen Marktverhältnisse zu informieren, und eine

---

[123] Vgl. → Rn. 56.
[124] Metzlaff Franchising-HdB/Pour Rafsendjani § 6 Rn. 15.
[125] Vgl. Metzlaff Franchising-HdB/Pour Rafsendjani § 6 Rn. 15.
[126] Metzlaff Franchising-HdB/Pour Rafsendjani § 6 Rn. 14; Metzlaff Franchising-HdB/Metzlaff § 8 Rn. 323 mit Beispielen für Vertragsklauseln; Emde vor § 84 Rn. 397; Martinek/Semler/Flohr VertriebsR-HdB/Flohr § 33 Rn. 4.
[127] OLG Düsseldorf BeckRS 2011, 23603.
[128] BGH NJW 2009, 1753 (1755) – Bau und Hobby; NJW 1999, 2671 (2675) – Preisbindung durch Franchisegeber I; OLG Düsseldorf BeckRS 2011, 23603; BB 2006, 738; aA Böhner NJW 1998, 109 (111 f.); Böhner WRP 2006, 1089 (1092); Emde EWiR 2004, 67 (68); Giesler ZIP 2004, 744 (745); umfassend Liesegang, Lieferantenvorteile in Franchiseverhältnissen, Diss. Chemnitz 2016.
[129] BGH NJW 2009, 1753 (1755) – Bau und Hobby; vgl. auch OLG Düsseldorf BeckRS 2011, 23603, dass neben §§ 675, 667, auch § 242, §§ 677, 683, 670, §§ 687 Abs. 2, 681, 667, § 812 und § 33 GWB als Anspruchsgrundlagen ablehnt; ausführlich auch Metzlaff Franchising-HdB/Metzlaff § 8 Rn. 172 ff.
[130] BGH NJW-RR 2003, 1635 ff. – Apollo Optik.
[131] BGH NJW-RR 2006, 776 Rn. 15.
[132] Dazu bereits Metzlaff Franchising-HdB/Metzlaff § 8 Rn. 176.
[133] Flohr BB 2009, 2159 (2163); Emde vor § 84 Rn. 422.

Aufklärungspflicht nur hinsichtlich nicht allgemein zugänglicher Informationen besteht.[134] Hinsichtlich Einkaufsvorteilen kann also keine Pflicht zu vorvertraglicher Aufklärung angenommen werden. Das Nichtbestehen eines gesetzlichen Anspruchs ist durch allgemein zugängliche Rechtsprechung bestätigt worden. Sofern eine vertragliche Regelung zur Weitergabe von Einkaufsvorteilen getroffen worden ist, ergibt sich bereits kein Bedürfnis für einen Anspruch aus vorvertraglicher Pflichtverletzung. Ein derartiger Anspruch aus §§ 280, 311 Abs. 2 kommt darüber hinaus nur in Betracht, wenn dem Franchisenehmer durch die unterbliebene Aufklärung ein Schaden entsteht, der Vertrag also bei vorgenommener Aufklärung nicht geschlossen worden wäre. Liesegang weist zu Recht darauf hin, dass ein Franchisevertrag – eben gerade anders als eine Einkaufskooperation – jedoch nicht wegen des Anspruchs auf Weitergabe von Einkaufsvorteilen geschlossen wird.[135]

2. Rechnungslegungspflichten bei systemweiter Werbung. Demgegenüber besteht **73** hinsichtlich **systemweiter Werbung** ein Geschäftsbesorgungsverhältnis. Die Werbung für die von ihnen vertriebenen Waren obliegt grundsätzlich den einzelnen Franchisenehmern. Sofern der Franchisegeber von diesen eine Werbekostenpauschale erhebt, schuldet er ihnen Auskunft und Rechnungslegung über die Verwendung der Mittel; die als Werbemittelpauschale gezahlten Beiträge sind treuhänderisch gebundenes Vermögen, das für den Zweck der Erhebung – eben gerade für Werbung – einzusetzen ist.[136]

E. Kommissionsagent

Die Anwendbarkeit der §§ 675 iVm 665 ff. auf den Kommissionsagenten ist allgemein **74** anerkannt.[137] Es ist unerheblich, dass der Kommissionsagent gegenüber den Endkunden in eigenem Namen handelt, da im Innenverhältnis Handelsvertreterrecht einschlägig ist. Besonderheiten ergeben sich durch § 384 HGB.[138] Dieser enthält in Abs. 1 Regelungen zu Sorgfaltspflichten und zur Interessenswahrungspflicht des Geschäftsbesorgers sowie zum Weisungsrechtsrecht des Geschäftsherrn. Abs. 2 regelt Informations-, Rechenschafts- und Herausgabepflichten. Diese Pflichten ergeben sich auch aus den § 665 ff., sodass § 384 HGB ein geringer eigenständiger Regelungsbereich verbleibt.[139] § 392 Abs. 2 HGB ist für Forderungen – nicht jedoch für bereits erlangte Kaufpreiszahlungen – lex specialis zu § 667.[140] Bezüglich der Anwendbarkeit der einzelnen Vorschriften wird daher einerseits auf die Erläuterungen zum Handelsvertreter andererseits auf die Kommentierung zu § 384 HGB verwiesen.[141]

---

[134] MüKoBGB/Emmerich § 311 Rn. 73.
[135] Liesegang Jahrbuch Franchising 2008, 154 (161).
[136] OLG Düsseldorf BeckRS 2011, 23603.
[137] Staudinger/Martinek § 675 Rn. B 225; Kiethe WRP 2004, 1004 (1007 f.).
[138] Ausführlich → § 384 Rn. 1 ff.
[139] MüKoHGB/Häuser § 384 Rn. 2; Ebenroth/Boujong/Joost/Strohn/Krüger § 384 Rn. 1.
[140] Dazu BGH NJW 2010, 3578 Rn. 15.
[141] → Rn. 48 ff., → § 384 Rn. 1 ff.

Zweiter Teil. Vorschriften des HGB

§ 54 Handlungsvollmacht

(1) Ist jemand ohne Erteilung der Prokura zum Betrieb eines Handelsgewerbes oder zur Vornahme einer bestimmten zu einem Handelsgewerbe gehörigen Art von Geschäften oder zur Vornahme einzelner zu einem Handelsgewerbe gehöriger Geschäfte ermächtigt, so erstreckt sich die Vollmacht (Handlungsvollmacht) auf alle Geschäfte und Rechtshandlungen, die der Betrieb eines derartigen Handelsgewerbes oder die Vornahme derartiger Geschäfte gewöhnlich mit sich bringt.

(2) Zur Veräußerung oder Belastung von Grundstücken, zur Eingehung von Wechselverbindlichkeiten, zur Aufnahme von Darlehen und zur Prozeßführung ist der Handlungsbevollmächtigte nur ermächtigt, wenn ihm eine solche Befugnis besonders erteilt ist.

(3) Sonstige Beschränkungen der Handlungsvollmacht braucht ein Dritter nur dann gegen sich gelten zu lassen, wenn er sie kannte oder kennen mußte.

§ 55 Abschlußvertreter

(1) Die Vorschriften des § 54 finden auch Anwendung auf Handlungsbevollmächtigte, die Handelsvertreter sind oder die als Handlungsgehilfen damit betraut sind, außerhalb des Betriebs des Prinzipals Geschäfte in dessen Namen abzuschließen.

(2) Die ihnen erteilte Vollmacht zum Abschluß von Geschäften bevollmächtigt sie nicht, abgeschlossene Verträge zu ändern, insbesondere Zahlungsfristen zu gewähren.

(3) Zur Annahme von Zahlungen sind sie nur berechtigt, wenn sie dazu bevollmächtigt sind.

(4) Sie gelten als ermächtigt, die Anzeige von Mängeln einer Ware, die Erklärung, daß eine Ware zur Verfügung gestellt werde, sowie ähnliche Erklärungen, durch die ein Dritter seine Rechte aus mangelhafter Leistung geltend macht oder sie vorbehält, entgegenzunehmen; sie können die dem Unternehmer (Prinzipal) zustehenden Rechte auf Sicherung des Beweises geltend machen.

Literatur: Billing, Zum Risiko einer Rechtsscheinhaftung des Franchisegebers, Jahrbuch Franchising 2009, 178; Böhme, Vollmacht des Versicherungsvertreters, DB 1957, 61; Bork, Notiz zur Dogmatik des § 54 HGB, JA 1990, 249; Brülle, Der Rechtsschein bei den gesetzlichen Vollmachten des Privatrechts mit besonderer Berücksichtigung des Handelsrechts, Diss. Breslau 1916; Buck-Heeb/Dieckmann, Der Franchisenehmer als Vertreter des Franchisegebers?, JuS 2008, 583; dies., Vertragliche Haftung von Franchisegebern und Muttergesellschaften, DB 2008, 855; Cassel, Stillschweigende Bevollmächtigung und Scheinvollmacht im Handelsrecht, Diss. Marburg 1934; Dichtl/Raffée/Nidetzky, Reisende oder Handelsvertreter, 1981; Drexl/Mentzel, Handelsrechtliche Besonderheiten der Stellvertretung, Jura 2002, 289, 375; Frey, Rechtsnachfolge in Vollmachtnehmer- und Vollmachtgeberstellungen, 1997; Honsell, Die Besonderheiten der handelsrechtlichen Stellvertretung, JA 1984, 17; Prehl, Handlungsvollmacht kraft Rechtsscheins, Diss. Jena 1936; Spitzbarth/Grooterhorst, Vollmachten in Unternehmen, 6. Aufl. 2014; Trost, Die Arten der Handlungsvollmacht, Diss. Leipzig 1933; Ullmann, Die Verwendung von Marke, Firma und Geschäftsbezeichnung im geschäftlichen Verkehr, insbes. des Franchising, NJW 1994, 1255; Graf v. Westphalen, Die Handlungsvollmacht – Erteilung, Umfang, Missbrauch und Erlöschen, DStR 1993, 1562; Weimar, Prokura und Handlungsvollmacht, MDR 1974, 121; Winter, Handlungsvollmacht und patentgerichtliches Beschwerdeverfahren, GRUR 1978, 233; Wolf, Der reisende Handlungsgehilfe und der Handelsvertreter als Bevollmächtigte, Diss. Würzburg 1971; Wolf/Ungeheuer, Vertragsrechtliche Probleme des Franchising, BB 1994, 1027.

Übersicht

A. Handelsvertreter

I. Regelungsgegenstand

1   Die Handlungsvollmacht nach § 54 ist neben der Prokura (§ 48) die zweite handelsrechtliche Vollmacht. In § 54 Abs. 1 ist die Handlungsvollmacht legaldefiniert. § 54 Abs. 2
nennt das Erfordernis einer besonderen Ermächtigung zur Vornahme von besonderen
Geschäften mit weitreichender Bedeutung für den Vertretenen und schränkt damit zugleich
den vermuteten Umfang der Handlungsvollmacht ein. § 54 Abs. 3 bezieht sich auf den
Schutz des guten Glaubens Dritter hinsichtlich des Umfangs der Handlungsvollmacht.
Nach der **Legaldefinition des § 54 Abs. 1** ist Handlungsvollmacht jede von einem Kaufmann erteilte Vollmacht, die zum Betrieb eines Handelsgewerbes oder zur Vornahme einer

bestimmten zu einem Handelsgewerbe gehörigen Art von Geschäften oder zur Vornahme einzelner zu einem Handelsgewerbe gehöriger Geschäfte ermächtigt, die keine Prokura ist. Die Begriffsbestimmung enthält zwei wesentliche Komponenten: Die **Erteilung** der Vollmacht durch den Kaufmann sowie ihren **Inhalt.** Die Erteilung der Handlungsvollmacht ist weder in § 54 noch an anderer Stelle im HGB geregelt; diese richtet sich nach den allgemeinen Vorschriften der §§ 164 ff. BGB.[1] Hinsichtlich des Inhalts der Handlungsvollmacht unterscheidet § 54 Abs. 1 zwischen **drei Grundtypen:** General-, Art- und Spezialhandlungsvollmacht. Die **Generalhandlungsvollmacht** bezieht sich auf den gesamten Betrieb des Handelsgewerbes, die **Arthandlungsvollmacht** auf bestimmte Arten von zu einem Handelsgewerbe gehörenden Geschäften und die **Spezialhandlungsvollmacht** auf einzelne zu einem Handelsgewerbe gehörende Geschäfte. Gegenstand der Handlungsvollmacht ist damit stets der Betrieb eines Handelsgewerbes. Die von einem Kaufmann erteilte Vollmacht ist also nur dann Handlungsvollmacht, wenn sie auf den Betrieb eines Handelsgewerbes gerichtet ist. Davon erfasst sind primär die zum laufenden Betrieb gehörenden Geschäfte.[2] Den Gegensatz dazu bilden Geschäfte, die die Grundlagen des Unternehmens betreffen; die Vornahme solcher Geschäfte ist damit nicht Gegenstand einer Handlungsvollmacht.[3] Auch auf private Geschäfte erstreckt sich die Handlungsvollmacht nicht.[4]

Die praktisch bedeutendste Frage ist, welchen **Umfang** die von einem Kaufmann erteilte 2 Handlungsvollmacht hat. Dieser ist in § 54 gesetzlich nicht zwingend festgelegt.[5] Der Kaufmann legt den Umfang der Handlungsvollmacht als rechtsgeschäftliche Vertretungsmacht originär fest. § 54 Abs. 1 stellt dabei eine **widerlegliche Vermutung** auf, zu welchen Geschäften General-, Art- und Spezialhandlungsvollmacht ermächtigen.[6] Die dadurch bewirkte Beweislastumkehr fördert den gesetzlichen Zweck der Handlungsvollmacht, die **Sicherheit und Leichtigkeit des Handelsverkehrs** zu gewährleisten.[7] Diese Funktion wird durch die Gutgläubensregelung in § 54 Abs. 3 verstärkt, wonach der Geschäftspartner Beschränkungen des Umfangs der Handlungsvollmacht nur dann gegen sich gelten zu lassen braucht, wenn er sie kannte oder kennen musste. Dem Schutzbedürfnis des Vertretenen kommt § 54 Abs. 2 entgegen, der bestimmte besondere Geschäfte mit weitreichender Bedeutung aus der widerleglichen Vermutung des Umfangs der Handlungsvollmacht ausklammert.

Nach **§ 55** ist auch die Handelsvertretern und Handlungsgehilfen im **Außendienst** 3 erteilte Abschlussvollmacht eine Handlungsvollmacht. Auf sie findet § 54 ebenso Anwendung. § 55 wird den Besonderheiten des Außendienstes gerecht, indem die widerlegliche Vermutung für den Vollmachtsumfang einerseits durch Abs. 2 und 3 über die in § 54 Abs. 2 genannten Geschäfte hinaus weiter beschränkt und andererseits durch Abs. 4 im Hinblick auf die Entgegennahme von mängelbezogenen Erklärungen und die Geltendmachung von Beweissicherungsrechten erweitert wird.

II. Erteilung der Handlungsvollmacht

1. Vollmachtgeber. Jeder **Inhaber eines Handelsgeschäfts** kann Vollmachtgeber 4 einer Handlungsvollmacht sein. Dazu zählen alle Kaufleute iSv §§ 1–6,[8] also Einzelkaufleute, Personenhandelsgesellschaften und juristische Personen.[9] Hinsichtlich Genossenschaften, nach § 17 Abs. 2 GenG iVm § 6 zudem Formkaufmann, statuiert § 42 Abs. 2 GenG ausdrücklich die Möglichkeit, Handlungsvollmacht zu erteilen. Ebenso können Vorgesell-

---

[1] Oetker/Schubert § 54 Rn. 1.
[2] Staub/Joost § 49 Rn. 17.
[3] Staub/Joost § 54 Rn. 29.
[4] Staub/Joost § 54 Rn. 29.
[5] HM Oetker/Schubert § 54 Rn. 2; Staub/Joost § 54 Rn. 3; aA nur MüKoHGB/Krebs § 54 Rn. 5.
[6] Oetker/Schubert § 54 Rn. 16; Staub/Joost § 54 Rn. 3.
[7] Oetker/Schubert § 54 Rn. 2; Oetker/Schubert § 55 Rn. 1.
[8] Baumbach/Hopt/Merkt § 54 Rn. 6; MüKoHGB/Krebs § 54 Rn. 7; Oetker/Schubert § 54 Rn. 4.
[9] Staub/Joost § 54 Rn. 11.

schaften einer juristischen Person Handlungsvollmacht erteilen, wenn sie bereits Träger eines kaufmännischen Unternehmens sind.[10] Eine Handlungsvollmacht kann auch durch eine Liquidationsgesellschaft[11] oder in der Insolvenz durch den Insolvenzverwalter zur Fortführung des Handelsgeschäftes erteilt werden.[12]

5   Die Erteilung der Handlungsvollmacht erfolgt durch den **Inhaber des Handelsgeschäfts bzw.** den **gesetzlichen oder organschaftlichen Vertreter** der Gesellschaft.[13] Bei der GmbH unterliegt die Bestellung von Handlungsbevollmächtigten zum gesamten Geschäftsbetrieb nach § 46 Nr. 7 Alt. 2 GmbHG einem Gesellschafterbeschluss. Da dies jedoch eine rein interne Zuständigkeitsverteilung ist, ist die Bevollmächtigung durch den Geschäftsführer auch bei Fehlen eines solchen Beschlusses nach außen wirksam.[14]

6   Im Gegensatz zur Prokura (§ 48 Abs. 1) kann die Handlungsvollmacht auch der **rechtsgeschäftliche Vertreter** erteilen,[15] zB der Prokurist.[16] Ein Generalbevollmächtigter oder ein Handlungsbevollmächtigter kann ebenfalls Handlungsvollmacht erteilen, wenn dies von dem Umfang ihrer eigenen Vollmacht gedeckt ist.[17] Ein rechtsgeschäftlicher Vertreter kann keine Handlungsvollmacht erteilen, die den Umfang seiner eigenen Vollmacht überschreitet. Die Übertragung der eigenen Handlungsvollmacht an einen Dritten steht nach § 58 unter dem Vorbehalt der Zustimmung durch den Inhaber des Handelsgeschäfts.

7   Die Streitfrage, ob § 54 auf **nichtkaufmännische Unternehmen** analog anwendbar ist,[18] ist für den Handelsvertreter ohne Bedeutung. Nach § 91 Abs. 1 gelten §§ 54, 55 auch für einen Handelsvertreter, der zum Abschluss von Geschäften für einen Unternehmer bevollmächtigt ist, der kein Kaufmann ist. Dies ist § 84 Abs. 1 geschuldet, wonach der Handelsvertreter für einen Kaufmann oder einen nichtkaufmännischen Unternehmer tätig werden kann.[19]

8   **2. Bevollmächtigter.** Mit Handlungsvollmacht können in erster Linie **natürliche Personen** bevollmächtigt werden. Beschränkte Geschäftsfähigkeit steht der Wirksamkeit der Bevollmächtigung aufgrund von § 165 BGB dabei nicht entgegen.[20] Der Bevollmächtigte muss vom Unternehmer **personenverschieden** sein.[21] Organen kann daher keine Handlungsvollmacht erteilt werden.[22] Aufsichtsratsmitglieder können nicht Generalhandlungsbevollmächtigte sein (bei der AG gilt § 105 Abs. 1 AktG; bei der GmbH gilt dies gemäß § 52 Abs. 1 GmbHG nur, soweit nicht im Gesellschaftsvertrag etwas anderes bestimmt ist). Prokuristen können nur zu Handlungsbevollmächtigten bestellt werden, wenn der Umfang über den der Prokura hinausgeht.[23] Beim Handelsvertreter spielen diese Fragen idR keine Rolle.

---

[10] MüKoHGB/Krebs § 54 Rn. 7 (für jede Vorgesellschaft); Staub/Joost § 54 Rn. 11; Oetker/Schubert § 54 Rn. 4.

[11] RGZ 72, 119 (123); Staub/Joost § 54 Rn. 13; Oetker/Schubert § 54 Rn. 5.

[12] OLG Düsseldorf BB 1957, 412; Staub/Joost § 54 Rn. 13; Oetker/Schubert § 54 Rn. 5.

[13] Staub/Joost § 54 Rn. 19; Oetker/Schubert § 54 Rn. 7.

[14] BGH NJW 1988, 1199 (1200); BGHZ 62, 166 (168); RGZ 75, 164 (166 ff.); Staub/Joost § 54 Rn. 19.

[15] Staub/Joost § 54 Rn. 20; Röhricht/Graf v. Westphalen/Wagner/Wöstmann § 54 Rn. 10.

[16] BGH DB 1952, 949.

[17] MüKoHGB/Krebs § 54 Rn. 48; Ebenroth/Boujong/Joost/Strohn/Weber § 54 Rn. 6.

[18] So Canaris HandelsR § 13 VII (für „kaufmannsähnliche Personen"); Schmidt HandelsR § 16 IV 2a aa; MüKoHGB/Krebs § 54 Rn. 8; aA Staub/Joost § 54 Rn. 12; Oetker/Schubert § 54 Rn. 6; Ebenroth/Boujong/Joost/Strohn/Weber § 54 Rn. 2; Röhricht/v. Westphalen/Wagner/Wöstmann § 54 Rn. 7.

[19] Staub/Joost § 55 Rn. 11.

[20] Staub/Joost § 54 Rn. 14; MüKoHGB/Krebs § 54 Rn. 9; GK-HGB/Schmidt § 54 Rn. 10; Oetker/Schubert § 54 Rn. 9; aA Koller/Kindler/Roth/Drüen/Roth § 54 Rn. 5; Ebenroth/Boujong/Joost/Strohn/Weber § 54 Rn. 4.

[21] MüKoHGB/Krebs § 54 Rn. 9; Staub/Joost § 54 Rn. 14.

[22] Ebenroth/Boujong/Joost/Strohn/Weber § 54 Rn. 4.

[23] RGZ 90, 299 (300); Staub/Joost § 54 Rn. 17; Röhricht/v. Westphalen/Wagner/Wöstmann § 54 Rn. 13; beispielsweise wenn der Prokurist entgegen § 49 Abs. 2 zur Veräußerung und Belastung von Grundstücken ermächtigt sein soll, der Kaufmann sich jedoch die Eintragung in das Handelsregister sparen möchte.

Die hM nimmt zu Recht an, dass die Handlungsvollmacht nach § 54 nur an solche **9** Personen erteilt werden kann, die als Hilfsperson des Kaufmanns **„von innen heraus"** aus dem Unternehmen handeln.[24] Für den Handelsvertreter ist dieser Streit nicht von Belang, weil für ihn die Sonderregelung des § 55 gilt, wonach dieser ausdrücklich Bevollmächtigter einer Handlungsvollmacht sein kann. Für die anderen **Vertriebsmittler,** → Rn. 59, 62, 67.

Nach zutreffender Ansicht ist die Erteilung einer Handlungsvollmacht auch zugunsten **10** **Personenhandelsgesellschaften, juristischer Personen** oder einer **GbR** möglich.[25] Die Gegenansicht argumentiert, eine Gesellschaft könne nicht von innen heraus aus dem Unternehmen handeln und unterliege daher nicht in gleichem Maße der Kontrolle des Geschäftsinhabers.[26] Diese Überlegung macht, wenn überhaupt, nur für die von § 54 erfassten Personen Sinn. Für den nicht von innen heraus agierenden Handelsvertreter gilt die Sonderregelung des § 55.[27] Nach § 55 Abs. 2 und 3 unterliegt dieser ohnehin weitergehenden Einschränkungen hinsichtlich des Umfangs seiner Handlungsvollmacht. Aufgrund dessen kann als handlungsbevollmächtigter Handelsvertreter auch eine der vorgenannten Gesellschaften bestellt werden.

§ 55 erfasst nur Handelsvertreter und Handlungsgehilfen, die **außerhalb des Betriebes** **11** des Unternehmers tätig sind. Nach dem Wortlaut von § 55 Abs. 1 sowie der Gesetzesbegründung[28] bezieht sich diese Einschränkung allerdings nur auf den **Handlungsgehilfen.** Nichtsdestotrotz wird sie nach allgM wegen der gleichen Interessenlage **auch** auf den **Handelsvertreter** erstreckt.[29] Der Gesetzgeber hatte wohl das Bild des typischen selbständigen Handelsvertreters vor Augen, der außerhalb des Betriebes des Unternehmers tätig ist.[30] Nur bei jemandem, der im Außendienst tätig ist, besteht das Bedürfnis, den Umfang der Vollmacht entsprechend § 55 Abs. 2 und 3 einzuschränken.[31] Die Handlungsvollmacht der wenigen Handelsvertreter, die innerhalb des Betriebes des Unternehmers tätig sind, beurteilt sich daher ausnahmsweise nach § 54.

Außerhalb des Betriebes des Unternehmers bedeutet, dass der Handelsvertreter im **12** **Außendienst,** also außerhalb der Geschäftsräume der Haupt- oder Zweigniederlassung des Unternehmers, Geschäfte abschließt.[32] Nach dem Wortlaut des § 55 kommt es daher nur auf den Ort des **Geschäftsabschlusses** an und nicht auf den Ort der Tätigkeit des Handelsvertreters.[33] Ist der Bevollmächtigte daher sowohl innerhalb als auch außerhalb des Betriebs des Unternehmers tätig, kommt § 55 nur zur Anwendung, soweit der Geschäftsabschluss im Außendienst erfolgt.[34] Ansonsten greift § 54. Dies rechtfertigt sich aus Gründen des Verkehrsschutzes, da ein Kunde idR nicht wissen kann, ob jemand, der im Innendienst das Geschäft abschließt, nun Handelsvertreter ist oder von innen heraus aus dem Unternehmen agiert.[35]

§ 55 findet nur auf diejenigen Handelsvertreter Anwendung, die zum Abschluss von **13** Verträgen für den Unternehmer berechtigt sind, sog. **Abschlussvertreter.**[36] Es genügt

---

[24] MüKoHGB/Krebs § 54 Rn. 10; Baumbach/Hopt/Merkt § 54 Rn. 1; Schmidt HandelsR § 16 IV 1a; aA Staub/Joost § 54 Rn. 10; Ebenroth/Boujong/Joost/Strohn/Weber § 54 Rn. 5.

[25] HM Baumbach/Hopt/Merkt § 54 Rn. 7; GK-HGB/Schmidt § 54 Rn. 10; Oetker/Schubert § 54 Rn. 11; Röhricht/v. Westphalen/Wagner/Wöstmann § 54 Rn. 12; Staub/Joost § 54 Rn. 15 (nur Spezialhandlungsvollmacht); zweifelnd: Schmidt HandelsR § 16 IV 1a; aA MüKoHGB/Krebs § 54 Rn. 11; Ebenroth/Boujong/Joost/Strohn/Weber § 54 Rn. 4.

[26] MüKoHGB/Krebs § 54 Rn. 11; Oetker/Schubert § 54 Rn. 11.

[27] So auch Oetker/Schubert § 54 Rn. 11.

[28] BT-Drs. 1/3856, 43.

[29] Staub/Joost § 55 Rn. 16; MüKoHGB/Krebs § 55 Rn. 11; Koller/Kindler/Roth/Drüen/Roth § 55 Rn. 4; Oetker/Schubert § 55 Rn. 3; Ebenroth/Boujong/Joost/Strohn/Weber § 55 Rn. 5.

[30] Staub/Joost § 55 Rn. 16; MüKoHGB/Krebs § 55 Rn. 11; Oetker/Schubert § 55 Rn. 3.

[31] Oetker/Schubert § 55 Rn. 3.

[32] Staub/Joost § 55 Rn. 18; MüKoHGB/Krebs § 55 Rn. 12; Oetker/Schubert § 55 Rn. 4.

[33] MüKoHGB/Krebs § 55 Rn. 13; aA Oetker/Schubert § 55 Rn. 4.

[34] MüKoHGB/Krebs § 55 Rn. 13; aA Staub/Joost § 54 Rn. 19; Oetker/Schubert § 55 Rn. 4; Röhricht/v. Westphalen/Wagner/Wöstmann § 55 Rn. 5.

[35] So auch Staub/Joost § 55 Rn. 16.

[36] Staub/Joost § 55 Rn. 24; MüKoHGB/Krebs § 55 Rn. 10.

nicht, dass der Handelsvertreter die Geschäftsabschlüsse lediglich vermittelt. Dies ergibt sich zwar nicht unmittelbar aus dem Wortlaut von § 55 Abs. 1, da sich danach die Einschränkung auf Fälle der Abschlussvollmacht scheinbar nur auf den Handlungsgehilfen bezieht. Allerdings sprechen Gesetzesbegründung[37] sowie Systematik des Gesetzes dafür, dass § 55 nur Handelsvertreter mit Abschlussvollmacht erfasst, weil ansonsten § 91 Abs. 2, der sich ausdrücklich auf den **Vermittlungsvertreter** bezieht, keinen Anwendungsbereich hätte.[38] Der Vermittlungsvertreter kann jedoch nach den Grundsätzen der Duldungs- und Anscheinsvollmacht zum Abschlussvertreter werden.

14   Für den **Versicherungsvertreter** gehen die §§ 69 ff. VVG als leges speciales den §§ 54, 55 vor.[39]

15   **3. Erteilung der Vollmacht.** Auf die Erteilung der Handlungsvollmacht finden die **allgemeinen Regelungen der §§ 164 ff. BGB** Anwendung. Die Handlungsvollmacht wird durch eine einseitige empfangsbedürftige Willenserklärung erteilt. Die Erklärung kann gegenüber dem zu Bevollmächtigenden (§ 167 Abs. 1 Alt. 1 BGB), dem Dritten, gegenüber, dem die Vertretung stattfinden soll (§ 167 Abs. 1 Alt. 2 BGB), oder durch öffentliche Bekanntmachung (§ 171 Abs. 1 BGB) erfolgen. Ferner ist eine Handlungsvollmacht nach den Grundsätzen der Duldungs- und Anscheinsvollmacht möglich.[40]

16   Für die Erteilung der Handlungsvollmacht ist keine besondere **Form** vorgeschrieben.[41] Die Bevollmächtigung kann deshalb nicht nur **ausdrücklich,** sondern auch durch **schlüssiges Handeln** erfolgen.[42] Die Rechtsprechung hat mehrfach eine konkludente Vollmachtserteilung angenommen.[43] Im Rahmen des § 54 liegt zB eine schlüssige Vollmachtserteilung vor, wenn der Unternehmer seiner Hilfsperson einen bestimmten Arbeitsplatz zuweist und die Erfüllung der damit verbundenen Aufgaben typischerweise eine Handlungsvollmacht voraussetzt.[44] Auf den Handelsvertreter kann dies nicht entsprechend angewandt werden. Durch die bloße Bestellung zum Handelsvertreter wird dieser nicht zugleich zum Abschlussvertreter ernannt, auf den die §§ 54, 55 anzuwenden wären. Im Zweifel ist der Handelsvertreter nur **Vermittlungsvertreter.**[45] Der Vermittlungsvertreter ist allerdings als Empfangsvertreter (§ 164 Abs. 3 BGB) ermächtigt, Vertragsangebote der Kunden entgegenzunehmen.[46]

17   Auf der anderen Seite wird durch die Bestellung zum Abschlussvertreter konkludent Handlungsvollmacht erteilt.[47] Die Ermächtigung des Handelsvertreters zum Abschluss von Geschäften stellt – wenn sie nicht gerade nur für ein einzelnes Geschäft erteilt wird (→ Rn. 26) – eine Spezial- oder Arthandlungsvollmacht dar. Aus diesem Grund ist die **Abschlussvollmacht** des Handelsvertreters regelmäßig **zugleich Handlungsvollmacht.**

18   In der Praxis erfolgt die Erteilung der Handlungsvollmacht meist durch Erklärung gegenüber dem Handelsvertreter (§ 167 Abs. 1 Alt. 1 BGB), weil der **Handelsvertretervertrag** gewöhnlich eine entsprechende Regelung enthält. Eine Erklärung gegenüber einem Dritten, gegenüber dem die Handlungsvollmacht ausgeübt werden soll (§ 167 Abs. 1 Alt. 2 BGB), macht in der Praxis nur in folgender Konstellation Sinn: Der Handelsvertreter ist eigentlich bloßer Vermittlungsvertreter des Unternehmers. Im Einzelfall ist er jedoch berechtigt, mit dem Dritten Geschäfte im Namen des Unternehmers abzuschließen. An-

---

[37] BT-Drs. 1/3856, 43.

[38] Zutr. Staub/Joost § 55 Rn. 24.

[39] BGHZ 116, 387 (389 f.).; Oetker/Schubert § 55 Rn. 9; Schwenker NJW 1992, 343; aA Staub/Joost § 55 Rn. 13.

[40] BGH NJW 1998, 1854 (Anscheinsvollmacht eines Handelsvertreters).

[41] Staub/Joost § 54 Rn. 23.

[42] BGH NJW-RR 2002, 967 (968); RGZ 90, 299 (300); Oetker/Schubert § 54 Rn. 12; Staub/Joost § 54 Rn. 23.

[43] Vgl. die Nachweise bei Staub/Joost § 54 Rn. 24 f.

[44] BGH NJW 2015, 2584 (2588); NJW-RR 2002, 967 (968).

[45] Baumbach/Hopt/Hopt § 84 Rn. 24.

[46] BGHZ 82, 221; Baumbach/Hopt/Merkt § 55 Rn. 4.

[47] Baumbach/Hopt/Merkt § 54 Rn. 8, § 84 Rn. 25.

sonsten bleibt es gerade Hauptaufgabe dieses Handelsvertreters, als Vermittlungsvertreter verschiedene Kunden für den Unternehmer zu akquirieren.

Da die Erteilung der Handlungsvollmacht keine in das Handelsregister eintragungsfähige **19** Tatsache ist, wird und kann sie auch **nicht in das Handelsregister eingetragen** werden.[48] Es gibt daher keinen Registerschutz der Handlungsvollmacht nach § 15. Der Schutz des guten Glaubens des Handelsverkehrs an das Bestehen einer Handlungsvollmacht wird nur über die Grundsätze der Rechtsscheinvollmacht[49] bzw. nach § 91a Abs. 1 gewährleistet.

III. Inhalt und Umfang der Handlungsvollmacht nach § 54 Abs. 1

Der Umfang der Handlungsvollmacht wird durch §§ 54, 55 nicht gesetzlich zwingend **20** festgelegt; der Wortlaut ist insofern missverständlich.[50] Als eine rechtsgeschäftliche Vertretungsmacht bestimmt vielmehr der Unternehmer durch den Inhalt seiner Vollmachtserklärung den Umfang der Bevollmächtigung. Die Erteilung der Vollmacht erfolgt durch eine einseitige empfangsbedürftige Willenserklärung, welche nach dem objektiven Empfängerhorizont auszulegen ist (§§ 133, 157 BGB).[51] Hierbei ist zu berücksichtigen, ob eventuelle Beschränkungen ausschließlich für das Innenverhältnis, oder aber für das Außenverhältnis gelten sollen und daher den Umfang der Vollmacht limitieren.[52] Erst wenn die Auslegung ergibt, dass der Unternehmer den Umfang der Vollmacht nicht näher bestimmt hat, kommt subsidiär die vom Gesetz in § 54 Abs. 1 und 2 sowie § 55 Abs. 2–4 geregelte **widerlegliche Vermutung** über den Umfang der Handlungsvollmacht zum Tragen.[53] Wegen des **Vorrangs der rechtsgeschäftlichen Erklärung** ist die praktische Bedeutung der §§ 54, 55 eher gering.[54]

Die Erteilung einer **Gesamthandlungsvollmacht,** die der Handlungsbevollmächtigte **21** nur zusammen mit einem Dritten ausüben kann, ist lediglich eine personelle Beschränkung der Handlungsvollmacht. Hierbei handelt es sich um **keine Beschränkung iSv § 54 Abs. 3,** weil davon systematisch nur sachliche, aber keine personellen Beschränkungen erfasst werden.[55] Der irrige Glaube des Geschäftspartners an eine Einzelvertretungsmacht ist daher nicht durch § 54 Abs. 3 geschützt.[56] Der Dritte im Falle einer Gesamthandlungsvollmacht kann ein anderer Handlungsbevollmächtigter (echte Gesamthandlungsvollmacht) oder eine andere Person, die kein Handlungsbevollmächtigter ist – Prokurist oder organschaftlicher Vertreter –, sein (gemischte Gesamthandlungsvollmacht). Die echte oder gemischte Gesamthandlungsvollmacht ist halbseitig, wenn nur der Handlungsbevollmächtigte auf die Mitwirkung des Dritten angewiesen ist, der Dritte aber auch allein handlungsberechtigt ist. Wenn Handlungsbevollmächtigter und Dritter nur gemeinsam handeln können, ist die Gesamthandlungsvollmacht allseitig.[57]

1. Grundtypen der Handlungsvollmacht. § 54 Abs. 1 nennt drei Grundtypen der **22** Handlungsvollmacht: Die Generalhandlungsvollmacht („zum Betrieb eines Handelsgewerbes"), die Arthandlungsvollmacht („zur Vornahme einer bestimmten zu einem Handelsgewerbe gehörigen Art von Geschäften") und die Spezialhandlungsvollmacht („zur Vornahme einzelner zu einem Handelsgewerbe gehöriger Geschäfte"). Worauf sich die Voll-

---

[48] Baumbach/Hopt/Merkt § 54 Rn. 8.
[49] Staub/Joost § 54 Rn. 27; Oetker/Schubert § 54 Rn. 14.
[50] MüKoHGB/Krebs § 54 Rn. 6; Ebenroth/Boujong/Joost/Strohn/Weber § 54 Rn. 8.
[51] MüKoHGB/Krebs § 54 Rn. 17; Oetker/Schubert § 54 Rn. 16.
[52] Oetker/Schubert § 54 Rn. 16; Ebenroth/Boujong/Joost/Strohn/Weber § 54 Rn. 9.
[53] Staub/Joost § 54 Rn. 31, 43; Ebenroth/Boujong/Joost/Strohn/Weber § 54 Rn. 8.
[54] Baumbach/Hopt/Merkt § 54 Rn. 4; Ebenroth/Boujong/Joost/Strohn/Weber § 54 Rn. 1.
[55] MüKoHGB/Krebs § 54 Rn. 22; Koller/Kindler/Roth/Drüen/Roth § 54 Rn. 10, 14; Oetker/Schubert § 54 Rn. 40; aA Drexl/Mentzel JURA 2002, 289 (297); Staub/Joost § 54 Rn. 71; Ebenroth/Boujong/Joost/Strohn/Weber § 54 Rn. 25.
[56] MüKoHGB/Krebs § 54 Rn. 22.
[57] Vgl. näher Staub/Joost § 54 Rn. 36 ff.; Oetker/Schubert § 54 Rn. 28 ff.

macht inhaltlich bezieht und welcher Vollmachtstyp dadurch vorliegt, bestimmt der Unternehmer. Erst nach Bestimmung des Vollmachtstypen schließt sich die Prüfung des Umfangs der Vollmacht an.[58]

23   **a) Generalhandlungsvollmacht.** Die Generalhandlungsvollmacht ist die Form der Handlungsvollmacht, die dem Vertreter die **umfassendsten Befugnisse** verleiht. Sie bezieht sich auf den gesamten Betrieb des Handelsgewerbes und erlaubt dem Vertreter, wie ein Geschäftsführer für den Unternehmer zu handeln.[59] Die Fälle, in denen einem Handelsvertreter Generalhandlungsvollmacht erteilt wird, sind deshalb allenfalls von theoretischer Bedeutung.

24   Die Generalhandlungsvollmacht darf nicht mit der **Generalvollmacht** verwechselt werden. Die Generalvollmacht ist keine handelsrechtliche, sondern eine bürgerlich-rechtliche Vollmacht, auch wenn sie sich auf ein Handelsgeschäft bezieht. Die Generalvollmacht geht über den Umfang der Gesamthandlungsvollmacht als auch über den der Prokura idR hinaus.[60] Sie umfasst nicht nur die zum Betrieb des Handelsgeschäfts gehörenden Geschäfte, sondern alle Geschäfte und Aufgaben, die in dem Handelsgeschäft anfallen können.[61]

25   **b) Arthandlungsvollmacht.** Die Arthandlungsvollmacht bevollmächtigt zur Vornahme einer **bestimmten Art von Geschäften,** die der Unternehmer bestimmt. Die Arthandlungsvollmacht ist eine Einschränkung gegenüber der Generalhandlungsvollmacht. Der Unternehmer bestimmt eine abgrenzbare Gruppe von Geschäften, für die er dem Vertreter Handlungsvollmacht einräumt.[62] Die Beschränkung kann sich nach verschiedenen Merkmalen richten, etwa wie die Größenordnung der Geschäfte (zB innerhalb eines finanziellen Rahmens), die Rechtsnatur der Geschäfte (zB Kaufvertrag), die Zeit der Geschäfte (zB während Verkaufsveranstaltungen), der Ort der Geschäfte (zB innerhalb Deutschlands), der Unternehmensbereich (zB Einkauf) oder die Kundengruppe (zB Bestandskunden).[63] Die Niederlassungsvollmacht,[64] mit der der Unternehmer die Vollmacht auf einzelne Niederlassungen beschränkt, ist idR Arthandlungsvollmacht.[65] Fraglich ist, ob auch Mischformen möglich sind, zB Leasingverträge über Fahrzeuge mit einem Listenpreis bis 50.000 EUR. Hierbei dürfte es sich indes um die Beschränkung einer Arthandlungsvollmacht für Leasinggeschäfte handeln, die im Rahmen von § 54 Abs. 3 Bedeutung erlangen kann (→ Rn. 51). Die Handlungsvollmacht des Tankstellenpächters als Handelsvertreter kann eine Arthandlungsvollmacht bezogen auf alle Geschäfte, die gewöhnlich in der Tankstelle anfallen, darstellen.

26   **c) Spezialhandlungsvollmacht.** Die Spezialhandlungsvollmacht ermächtigt zur **Vornahme einzelner Geschäfte,** deren Anzahl und Identität im Rahmen der Vollmachtserteilung noch nicht bestimmt sein muss.[66] Soll sich die Vollmacht nur auf ein einziges Geschäft beziehen, handelt es sich idR um keine Handlungsvollmacht, sondern um eine bürgerlich-rechtliche Vollmacht. Etwas anderes kann gelten, wenn dieses Geschäft eine gewisse Größenordnung erreicht (zB Bau einer Anlage).

27   **2. Umfang der Handlungsvollmacht.** Wurde dem Vertreter General-, Art- oder Spezialhandlungsvollmacht erteilt, so wird nach § 54 Abs. 1 widerleglich vermutet, dass

---

[58] Ähnlich Baumbach/Hopt/Merkt § 54 Rn. 10 f.

[59] BGH WM 2003, 747 (748); Oetker/Schubert § 54 Rn. 23; Röhricht/v. Westphalen/Wagner/Wöstmann § 54 Rn. 18.

[60] BGH WM 1962, 240; KG NJW-RR 1992, 34 (35); Baumbach/Hopt/Merkt § 54 Rn. 10; Oetker/Schubert § 54 Rn. 24; Ebenroth/Boujong/Joost/Strohn/Weber § 54 Rn. 11.

[61] KG NJW-RR 1992, 34 (35); Oetker/Schubert § 54 Rn. 24.

[62] Oetker/Schubert § 54 Rn. 25; Röhricht/v. Westphalen/Wagner/Wöstmann § 54 Rn. 22.

[63] BGH WM 1978, 1047; RGZ 52, 89 (90); Staub/Joost § 54 Rn. 48; Oetker/Schubert § 54 Rn. 25; Ebenroth/Boujong/Joost/Strohn/Weber § 54 Rn. 12.

[64] RG LZ 1911, 221.

[65] Ähnlich Oetker/Schubert § 54 Rn. 27.

[66] Oetker/Schubert § 54 Rn. 26; Ebenroth/Boujong/Joost/Strohn/Weber § 54 Rn. 13.

sich diese Vollmacht auf alle jeweiligen Geschäfte bezieht, die der Betrieb des Handelsgewerbes gewöhnlich mit sich bringt. Wegen des Vorrangs der rechtsgeschäftlichen Erklärung kann der Unternehmer die Vollmacht über den Umfang des § 54 Abs. 1 hinaus
erweitern.[67]

a) Betrieb eines derartigen Handelsgewerbes. Durch die Art des Handelsgewerbes **28**
(„derartiges") findet eine Einschränkung auf solche Geschäfte statt, die **typischerweise** zu
dem vom Unternehmer betriebenen Handelsgeschäft gehören.[68] Hier liegt der Unterschied
zur Prokura, die zu sämtlichen Geschäften berechtigt, die zu irgendeinem Handelsgewerbe
gehören können.[69] Daher kann zB der Handlungsbevollmächtigte eines Elektrohändlers
keine Fahrzeuggeschäfte tätigen.

b) Geschäfte, die das Handelsgewerbe gewöhnlich mit sich bringt. Durch die **29**
Beschränkung auf Geschäfte, die das Handelsgewerbe gewöhnlich mit sich bringt, werden –
anders als bei der Prokura – nur **branchenübliche** Geschäfte von dem widerleglichen
Umfang der Handlungsvollmacht erfasst.[70] Es kommt nicht darauf an, ob das Geschäft für
das konkrete Unternehmen gerade ungewöhnlich ist.[71] Dies ließe sich mit dem Verkehrsschutz nicht vereinbaren.[72] Die Beurteilung der Üblichkeit erfolgt daher nach objektiven
Aspekten, wobei mehrere Faktoren eine Rolle spielen, zB die Größe des Unternehmens,[73]
die wirtschaftlichen und finanziellen Folgen des Geschäfts,[74] die Beschränkung der unternehmerischen Entscheidungsfreiheit des Geschäftsinhabers[75] sowie die konkreten Vertragsbedingungen.[76] Nicht mehr gewöhnlich ist zB die Vereinbarung einer langjährigen Aus-
schließlichkeitsabrede.[77] Auch der Abschluss eines Automatenaufstellungsvertrages im Gast-
stättengewerbe soll nicht branchenüblich sein, weil dies den Charakter einer Gaststätte in
erheblichem Maße beeinflusst und verändern kann.[78]

IV. Beschränkungen der Abschlussvollmacht nach § 54 Abs. 2 sowie § 55 Abs. 2 und 3

Die widerlegliche Vermutung für den Umfang der Handlungsvollmacht des Abschluss- **30**
vertreters wird hinsichtlich der in § 55 Abs. 1 iVm § 54 Abs. 2 sowie in § 55 Abs. 2 und 3
genannten Rechtsgeschäfte und Rechtshandlungen eingeschränkt. Bei § 54 Abs. 2 handelt
es sich **besondere Geschäfte mit weitreichender Bedeutung** für den Unternehmer,[79]
und § 55 Abs. 2 und 3 berücksichtigt das **erhöhte Schutzbedürfnis des Unternehmers**
bei den im Außendienst tätigen Abschlussvertretern, die seiner Kontrolle nur eingeschränkt
unterliegen. Wegen des Vorrangs der rechtsgeschäftlichen Erklärung kann der Unternehmer den Umfang weiter einschränken, oder ihn aber erweitern, indem er den Abschlussvertreter zur Vornahme einzelner oder aller der in § 54 Abs. 2 und § 55 Abs. 2 und 3
genannten Rechtsgeschäfte und Rechtshandlungen eigens ermächtigt.[80]

---

[67] RGZ 88, 231 (236); Staub/Joost § 54 Rn. 35.
[68] Oetker/Schubert § 54 Rn. 18.
[69] Staub/Joost § 54 Rn. 45; Oetker/Schubert § 54 Rn. 19.
[70] Baumbach/Hopt/Merkt § 54 Rn. 10; Staub/Joost § 54 Rn. 46; Oetker/Schubert § 54 Rn. 20.
[71] Baumbach/Hopt/Merkt § 54 Rn. 10; Staub/Joost § 54 Rn. 48.
[72] Oetker/Schubert § 54 Rn. 20.
[73] BGH WM 2003, 749 (750); DB 1978, 2118 (2119).
[74] BGH WM 2003, 749 (750); RGZ 52, 89 (90).
[75] OLG Düsseldorf DB 1988, 1063.
[76] Staub/Joost § 54 Rn. 48; Oetker/Schubert § 54 Rn. 20.
[77] OLG Düsseldorf DB 1988, 1063.
[78] OLG Celle BB 1983, 1495; aA Baumbach/Hopt/Merkt § 54 Rn. 11.
[79] Staub/Joost § 54 Rn. 55.
[80] Staub/Joost § 54 Rn. 35, 56; Oetker/Schubert § 54 Rn. 22, § 55 Rn. 13.

31   **1. Ausnahmen nach § 54 Abs. 2. a) Veräußerung oder Belastung von Grundstücken.** Die Grundstücke des Unternehmers sind für diesen besonders wertvoll und genießen daher einen hohen Schutz. Zu den Grundstücken iSv § 54 Abs. 2 gehören auch Bruchteile von Grundstücken; zudem gilt die Vorschrift analog für grundstücksgleiche Rechte (Erbbaurecht, Wohnungseigentum), nicht jedoch für sonstige dingliche Rechte.[81] Veräußerung und Belastung umfassen sowohl das **dingliche Verfügungsgeschäft** als auch das **schuldrechtliche Verpflichtungsgeschäft**.[82] Veräußerung ist jede Eigentumsübertragung, auch die Einräumung eines Miteigentumsanteils oder das Einbringen des Grundstücks in eine Gesellschaft.[83] Unter der Belastung sind die Bestellung einer Hypothek, einer Grundschuld, eines Nießbrauchs, einer Dienstbarkeit, aber auch die Einräumung eines Vorkaufsrechts oder einer Vormerkung zu verstehen.[84] Miet- und Pachtverträge fallen nicht unter § 54 Abs. 2.[85]

32   **b) Eingehung von Wechselverbindlichkeiten.** Unter die Wechselverbindlichkeiten fallen Wechselausstellung, Akzept, Indossament und Erteilung einer Wechselbürgschaft, sowie die jeweiligen schuldrechtlichen Verpflichtungen, aufgrund derer die Wechselverbindlichkeiten eingegangen werden.[86] § 54 Abs. 2 bezieht sich nicht auf den Scheckverkehr.[87] Eine dem Abschlussvertreter erteilte Scheckvollmacht ermächtigt nicht zur Eingehung von Wechselverbindlichkeiten, weil bei der Scheckeinziehung die Verbindlichkeit durch ein Guthaben oder eine vorher eingeräumte Kreditlinie gedeckt ist.[88]

33   **c) Aufnahme von Darlehen.** Die Handlungsvollmacht umfasst weder die Aufnahme von **Gelddarlehen** (§ 488 BGB) noch von **Sachdarlehen** (§ 607 BGB).[89] Dies gilt auch für Dispositionskredite und Kontoüberziehungen.[90] Die Vollmacht zur Scheckzeichnung soll jedoch berechtigen, über einen eingeräumten Bankkredit mittels Scheckziehung zu verfügen.[91] Geschäfte mit Kreditcharakter, wie Zahlungsaufschub, Teilzahlungsgeschäfte oder Finanzierungsleasing fallen nicht unter die Ausnahme.[92] Die Kreditgewährung ist in diesen Fällen nicht Hauptleistung, sondern Nebenabrede.[93]

34   **d) Prozessführung.** Die Prozessführung meint die Vertretung des Unternehmers in **kontradiktorischen Verfahren** sowie in Verfahren vor einem **Schiedsgericht**.[94] Die Verfahren der freiwilligen Gerichtsbarkeit fallen demnach nicht unter § 54 Abs. 2,[95] insbes. patentgerichtliche Verfahren[96] oder auch Anmeldungen zu Registern.[97] Die Anmeldung zum Handelsregister ist indes ein Grundlagengeschäft, das weder von der Handlungsvollmacht noch von der Prokura gedeckt ist.[98]

---

[81] Oetker/Schubert § 49 Rn. 24; Ebenroth/Boujong/Joost/Strohn/Weber § 49 Rn. 16.
[82] Baumbach/Hopt/Merkt § 49 Rn. 4; MüKoHGB/Krebs § 49 Rn. 43; Ebenroth/Boujong/Joost/Strohn/Weber § 49 Rn. 16.
[83] Oetker/Schubert § 49 Rn. 26.
[84] Oetker/Schubert § 49 Rn. 28; Ebenroth/Boujong/Joost/Strohn/Weber § 49 Rn. 17.
[85] BGH NJW 1974, 1463; Baumbach/Hopt/Merkt § 49 Rn. 4; Staub/Joost § 49 Rn. 32; Ebenroth/Boujong/Joost/Strohn/Weber § 49 Rn. 17.
[86] Staub/Joost § 54 Rn. 65; Ebenroth/Boujong/Joost/Strohn/Weber § 54 Rn. 17.
[87] BGH WM 1976, 769.
[88] RG Recht 1926 Nr. 2409; Baumbach/Hopt/Merkt § 54 Rn. 13; Oetker/Schubert § 54 Rn. 33.
[89] MüKoHGB/Krebs § 54 Rn. 39; Baumbach/Hopt/Merkt § 54 Rn. 14; Oetker/Schubert § 54 Rn. 34.
[90] MüKoHGB/Krebs § 54 Rn. 39, der zu Recht wegen der heutigen Üblichkeit der Darlehensaufnahme auf rechtspolitische Bedenken hinweist.
[91] BGH NJW 1969, 694 (695).
[92] Baumbach/Hopt/Merkt § 54 Rn. 14; Oetker/Schubert § 54 Rn. 34.
[93] MüKoHGB/Krebs § 54 Rn. 39.
[94] Staub/Joost § 54 Rn. 67 f.; MüKoHGB/Krebs § 54 Rn. 40 f.; Oetker/Schubert § 54 Rn. 35, 37.
[95] Oetker/Schubert § 54 Rn. 37; Winter GRUR 1978, 233.
[96] BPatG GRUR 1989, 664 (665); BB 1977, 267; MüKoHGB/Krebs § 54 Rn. 40.
[97] Baumbach/Hopt/Merkt § 54 Rn. 15; Staub/Joost § 54 Rn. 68.
[98] BGH WM 1969, 43.

Die Prozessführung erstreckt sich auf **alle Verfahrenshandlungen,** die die Einleitung, **35** Durchführung und Beendigung eines Rechtsstreits betreffen.[99] Dazu gehört zB der Antrag auf Erlass eines Mahnbescheids und die Erteilung einer Prozessvollmacht an einen Rechtsanwalt.[100] Nicht erfasst von der Prozessführung ist der Abschluss eines außergerichtlichen Vergleiches, selbst wenn damit ein anhängiges Verfahren beendet werden soll.[101] Die Teilnahme an einer Mediation ist keine relevante Verfahrenshandlung.[102]

Gerichtsstands- oder Schiedsgerichtsvereinbarungen fallen nicht unter die Prozess- **36** führung iSv § 54 Abs. 2,[103] können aber zu einer unzulässigen Änderung eines abgeschlossenen Vertrages nach § 55 Abs. 2 führen, wenn sie nachträglich geändert werden (→ Rn. 38).

2. Änderungen abgeschlossener Verträge (§ 55 Abs. 2). Die Abschlussvollmacht **37** berechtigt den Abschlussvertreter nicht zur Änderung von abgeschlossenen Verträgen, insbes. zur Gewährung von Zahlungsfristen. § 55 Abs. 2 schützt den **Inhalt** eines einmal abgeschlossenen Vertrages und damit notwendigerweise auch dessen **Bestand,** weil dies die umfassendste Inhaltsänderung darstellt.[104] Ob der Vertrag von dem Abschlussvertreter oder dem Unternehmer bzw. einem anderen Vertreter abgeschlossen wurde, ist ohne Bedeutung.[105] Ebenso kommt es nicht darauf an, ob der Abschlussvertreter zum Abschluss des Vertrages mit den geänderten Bedingungen ursprünglich bevollmächtigt gewesen wäre.[106] Es spielt auch keine Rolle, ob die Änderung wesentlich oder unwesentlich ist, oder ob sie zum Vorteil oder zum Nachteil für den Unternehmer ist.[107]

Die **Gewährung von Zahlungsfristen** ist nur ein Beispielsfall einer **Inhaltsän- 38 derung.**[108] Hierunter fallen auch insbes. Änderungen des Preises, des Liefergegenstandes, der Zahlungs- und Lieferbedingungen, der Rechte des Kunden bei Mängeln,[109] sowie die Änderung von Allgemeinen Geschäftsbedingungen, die auf den Vertrag Anwendung finden. Auch die Änderung einer Gerichtsstandsvereinbarung, obwohl sie auf das materielle Recht keinen Einfluss hat, ist formal eine Inhaltsänderung.

Zu den **Bestandsänderungen** gehören ein vertraglicher oder gesetzlicher Rücktritt, **39** Kündigung, Aufhebungsvertrag,[110] Widerruf und Anfechtung, auch wenn der Handelsvertreter sich geirrt hat oder getäuscht bzw. bedroht wurde.

§ 55 Abs. 2 umfasst **nicht** Erklärungen oder Vereinbarungen, die lediglich der **Durch- 40 führung des** abgeschlossenen **Vertrages** dienen, wie **Mahnung, Fristsetzung** oder Erhebung von **Mängelrügen.**[111] Die in § 437 Nr. 2 und 3 BGB geregelten Sekundärrechte darf der Abschlussvertreter – mit Ausnahme von Schadensersatz neben der Leistung – dagegen nicht geltend machen, weil damit regelmäßig eine Änderung der vertraglichen Primärpflichten verbunden ist.

§ 55 Abs. 2 ist, obwohl Abs. 2 im Gegensatz zu Abs. 3 keine ausdrückliche Regelung **41** enthält, nicht zwingend und ist dementsprechend **abdingbar.**[112] Der Unternehmer kann den Abschlussvertreter zur Änderung von bereits abgeschlossenen Verträgen bevollmächtigen. Hierfür gelten die allgemeinen Regeln.

---

[99] MüKoHGB/Krebs § 54 Rn. 40; Staub/Joost § 54 Rn. 68.
[100] Staub/Joost § 54 Rn. 68.
[101] Staub/Joost § 54 Rn. 68; Oetker/Schubert § 54 Rn. 35.
[102] MüKoHGB/Krebs § 54 Rn. 41.
[103] OLG München NJW-RR 2009, 417 (419); MüKoHGB/Krebs § 54 Rn. 41.
[104] MüKoHGB/Krebs § 55 Rn. 18; Ebenroth/Boujong/Joost/Strohn/Weber § 55 Rn. 11.
[105] Baumbach/Hopt/Merkt § 55 Rn. 13; Oetker/Schubert § 55 Rn. 13.
[106] Staub/Joost § 55 Rn. 27.
[107] Staub/Joost § 55 Rn. 27; Oetker/Schubert § 55 Rn. 14.
[108] MüKoHGB/Krebs § 55 Rn. 20.
[109] Staub/Joost § 55 Rn. 30.
[110] Baumbach/Hopt/Merkt § 55 Rn. 13.
[111] Staub/Joost § 55 Rn. 32; Baumbach/Hopt/Merkt § 55 Rn. 7.
[112] Baumbach/Hopt/Merkt § 55 Rn. 13; Staub/Joost § 55 Rn. 28.

42 Der Versicherungsvertreter mit Abschlussvollmacht ist nach § 71 VVG bevollmächtigt, die Änderung oder Verlängerung von Versicherungsverträgen zu vereinbaren sowie Kündigungs- und Rücktrittserklärungen abzugeben.

43 **3. Annahme von Zahlungen (§ 55 Abs. 3).** Der Abschlussvertreter hat **keine Inkassovollmacht.** Er darf für den Unternehmer keine Barzahlungen oder Zahlungen mittels Barscheck, Kredit-, EC- oder Geldkarte entgegennehmen.[113] Leitet der Abschlussvertreter die erhaltene Zahlung nicht an den Unternehmer weiter, ist der Schuldner von seiner Zahlungspflicht gegenüber dem Unternehmer nicht frei geworden. § 55 Abs. 3 ist abdingbar. Der Unternehmer kann den Abschlussvertreter zur Entgegennahme von Zahlungen, auch stillschweigend, bevollmächtigen.[114] Die Grundsätze der Duldungs- und Anscheinsvollmacht sind anwendbar.[115] Der Schuldner muss allerdings beweisen, dass eine Inkassovollmacht besteht, wenn er sich auf die erfüllende Wirkung durch Zahlung an den Abschlussvertreter beruft.[116] Auch ohne eine Inkassovollmacht gilt § 370 BGB, wonach der Überbringer einer Quittung als ermächtigt gilt, die Leistung zu empfangen, sofern nicht die dem Leistenden bekannten Umstände der Annahme einer solchen Ermächtigung entgegenstehen.[117]

44 Der Versicherungsvertreter gilt gemäß § 69 Abs. 2 VVG als bevollmächtigt, Zahlungen, die der Versicherungsnehmer im Zusammenhang mit der Vermittlung oder dem Abschluss eines Versicherungsvertrages an ihn leistet, anzunehmen.

V. Erweiterung der Abschlussvollmacht nach § 55 Abs. 4

45 Der widerleglich vermutete Umfang der Abschlussvollmacht wird durch § 55 Abs. 4 im Hinblick auf die **Entgegennahme von mängelbezogenen Erklärungen** und die **Geltendmachung von Beweissicherungsrechten** für den Unternehmer erweitert. Diese Erweiterung kann der Unternehmer wegen des Vorrangs der rechtsgeschäftlichen Erklärung beschränken.[118] Der Zweck dieser Regelung liegt darin, dem Kunden die Geltendmachung seiner Mängelrechte zu erleichtern. Dies macht vor allem Sinn, wenn der Abschlussvertreter den Vertrag abgeschlossen hat und der Kunde diesen daher schon kennt.[119] § 55 Abs. 4 gilt jedoch nach seinem Wortlaut für alle Verträge des Unternehmers, unabhängig davon, ob sie der Abschlussvertreter, der Unternehmer selbst oder ein anderer Vertreter abgeschlossen hat.[120]

1. Ermächtigung zur Entgegennahme von mängelbezogenen Erklärungen.
46 Hierbei handelt es sich um eine reine **Passivvollmacht** (§ 164 Abs. 3 BGB).[121] Der Unternehmer trägt das Risiko der fehlenden Weiterleitung.[122] Die Weigerung des Abschlussvertreters, die Erklärung entgegenzunehmen, ist unbeachtlich.[123] Der Abschlussvertreter ist nicht berechtigt, eigene Willenserklärungen im Hinblick auf den Mangel abzugeben, zB die Anerkennung des Mangels oder die Gewährung einer Minderung.[124]

47 Die Vollmacht nach § 55 Abs. 4 umfasst zunächst die **Entgegennahme einer Mängelanzeige** des Dritten und dessen Erklärung, dass die Ware zur Verfügung gestellt und daher nicht als vertragsgemäße Erfüllung behalten wird. Insbes. die handelsrechtliche Mängelrüge

---

[113] MüKoHGB/Krebs § 55 Rn. 22.
[114] RG HRR 1931, Nr. 529.
[115] Staub/Joost § 55 Rn. 33.
[116] BGH WM 1976, 715 (716).
[117] Staub/Joost § 55 Rn. 36; Ebenroth/Boujong/Joost/Strohn/Weber § 55 Rn. 12.
[118] Staub/Joost § 55 Rn. 41 f.; MüKoHGB/Krebs § 55 Rn. 24.
[119] Staub/Joost § 55 Rn. 39.
[120] Koller/Kindler/Roth/Drüen/Roth § 55 Rn. 10; Oetker/Schubert § 55 Rn. 17; Ebenroth/Boujong/Joost/Strohn/Weber § 55 Rn. 13.
[121] Ebenroth/Boujong/Joost/Strohn/Weber § 55 Rn. 15.
[122] Staub/Joost § 55 Rn. 39.
[123] Oetker/Schubert § 55 Rn. 18.
[124] Baumbach/Hopt/Merkt § 55 Rn. 10; Oetker/Schubert § 55 Rn. 20.

(§§ 377, 391), als auch sonstige Mängelanzeigen nach bürgerlichem Recht sind davon erfasst.[125] Von § 55 Abs. 4 ist aber **nicht** die **Entgegennahme der mangelhaften Ware** gedeckt.[126] Allerdings fallen unter diese Vorschrift **ähnliche Erklärungen,** durch die ein Dritter seine Rechte aus mangelhafter Leistung geltend macht oder sie vorbehält. Das beinhaltet zB das Verlangen nach Nacherfüllung, Minderung, Rücktritt oder Schadensersatz, ferner Mahnung, Fristsetzung, Anfechtung, Kündigung, sowie die Geltendmachung von Zurückbehaltungs- und Leistungsverweigerungsrechten, soweit die Grundlage dafür ein Mangel ist.[127] Der Begriff des Mangels geht über den des § 433 Abs. 1 S. 2 BGB hinaus. § 54 Abs. 4 umfasst sämtliche Verletzungen einer Haupt- oder Nebenleistungspflicht, also beispielsweise auch die verspätete Leistung.[128]

2. Geltendmachung von Beweissicherungsrechten. Bei der Geltendmachung von **48** Beweissicherungsrechten handelt es sich um eine **Aktivvertretung.**[129] Hierunter fallen insbes. die Einholung eines Sachverständigengutachtens sowie die Einleitung eines selbständigen Beweisverfahrens nach §§ 485 ff. ZPO.[130] Dies gilt nach dem Wortlaut von § 55 Abs. 4 unabhängig davon, ob die Leistung des Unternehmers oder die des Geschäftspartners mangelhaft war.[131]

VI. Gutglaubensschutz (§ 54 Abs. 3)

1. Gegenstand des Gutglaubensschutzes. § 54 Abs. 3 schützt den guten Glauben an **49** den nach § 54 Abs. 1 widerleglich vermuteten Umfang der Handlungsvollmacht entsprechend der jeweiligen gesetzlichen Typen der Handlungsvollmacht (General-, Art- oder Spezialhandlungsvollmacht).[132] Er greift dann ein, wenn der Umfang der von dem Unternehmer erteilten Vertretungsmacht hinter dem in §§ 54 Abs. 1, 55 Abs. 4 beschriebenen Umfang zurückbleibt.[133] § 54 Abs. 3 setzt eine wirksame Vollmachterteilung voraus. **Gegenstand** des Gutglaubensschutzes ist grundsätzlich allein der **Umfang** der erteilten Vollmacht, **nicht** bereits **Existenz** sowie **Bestand** einer Vollmacht.[134] Bei Handelsvertretern ohne Abschlussvollmacht wird ausnahmsweise auch der gute Glaube an das Bestehen der Abschlussvollmacht nach § 91a Abs. 1 geschützt. Nicht geschützt ist der gute Glaube an einen bestimmten Typ der Handlungsvollmacht.[135]

§ 54 Abs. 3 findet **keine Anwendung** auf **§ 54 Abs. 2** und **§ 55 Abs. 2 und 3.** Der **50** Dritte wird nicht geschützt, wenn er eine vermeintliche Bevollmächtigung hinsichtlich der dort genannten Rechtsgeschäfte oder Rechtshandlungen angenommen hat, auch wenn er den Mangel der Vollmacht nicht kennen musste; unter Umständen greift aber eine Duldungs- oder Anscheinsvollmacht.[136] Der Dritte kann sich auch nicht im Hinblick auf die Beschränkungen der § 55 Abs. 2 und 3 darauf berufen, dass er den Abschlussvertreter ohne Fahrlässigkeit für einen Innendienstmitarbeiter gehalten habe.

Folgende relevante Beschränkungen iSv 54 Abs. 3 sind demnach als **Beispielsfälle 51** denkbar: Aus der Generalhandlungsvollmacht werden einzelne Rechtsgeschäfte oder Rechtshandlungen ausgeklammert; bei der Arthandlungsvollmacht werden Ausnahmen für

---

[125] Staub/Joost § 55 Rn. 48; Oetker/Schubert § 55 Rn. 19.
[126] Oetker/Schubert § 55 Rn. 19; Ebenroth/Boujong/Joost/Strohn/Weber § 55 Rn. 16.
[127] Oetker/Schubert § 55 Rn. 19; Ebenroth/Boujong/Joost/Strohn/Weber § 55 Rn. 16.
[128] AllgM, Staub/Joost § 55 Rn. 50; MüKoHGB/Krebs § 55 Rn. 30; Oetker/Schubert § 55 Rn. 19.
[129] Staub/Joost § 55 Rn. 53.
[130] MüKoHGB/Krebs § 55 Rn. 35; Ebenroth/Boujong/Joost/Strohn/Weber § 55 Rn. 16.
[131] Staub/Joost § 55 Rn. 54; aA MüKoHGB/Krebs § 55 Rn. 34; Baumbach/Hopt/Merkt § 55 Rn. 9 f.; Oetker/Schubert § 55 Rn. 21.
[132] Ebenroth/Boujong/Joost/Strohn/Weber § 54 Rn. 24.
[133] Staub/Joost § 54 Rn. 70 f.
[134] Staub/Joost § 54 Rn. 72; Oetker/Schubert § 54 Rn. 38; Ebenroth/Boujong/Joost/Strohn/Weber § 54 Rn. 24.
[135] Staub/Joost § 54 Rn. 72; Oetker/Schubert § 54 Rn. 38; Ebenroth/Boujong/Joost/Strohn/Weber § 54 Rn. 24.
[136] Staub/Joost § 54 Rn. 72; Ebenroth/Boujong/Joost/Strohn/Weber § 54 Rn. 18.

einzelne Rechtsgeschäfte gemacht, ohne aber die Art der Geschäfte, für die die Vollmacht erteilt wird, zu ändern.[137] Bei einer Spezialhandlungsvollmacht hingegen beschränkt sich die Vollmacht ohnehin nur auf einzelne Rechtsgeschäfte, so dass weitere Beschränkungen kaum vorkommen werden.[138] Schließlich liegt eine Beschränkung vor, wenn der Abschlussvertreter nicht zur Entgegennahme von mängelbezogenen Erklärungen oder zur Geltendmachung von Beweissicherungsrechten ermächtigt sein soll.

52   **2. Kennen oder Kennenmüssen.** Der Dritte braucht Beschränkungen des Vollmachtsumfangs nur dann gegen sich gelten zu lassen, wenn er diese positiv **kannte oder kennen musste.** Hinsichtlich des „Kennenmüssen" gilt die Definition des § 122 Abs. 2 BGB, so dass bereits einfache Fahrlässigkeit erfasst ist (§ 276 Abs. 2 BGB).[139] Das „Kennenmüssen" bezieht sich nur auf die Beschränkung des Vollmachtsumfangs selbst und nicht auf die äußeren Umstände, aus denen sich die Beschränkung ergeben könnte.[140] Für die im Verkehr erforderliche Sorgfalt ist hierbei der handelsrechtliche Maßstab der §§ 346, 347 anzulegen.[141] Zum Schutz des Handelsverkehrs darf sich der Dritte auf die ihm ohne Weiteres erkennbaren Umstände verlassen und ist idR nicht verpflichtet, eigene Nachforschungen anzustellen.[142] Der Dritte handelt nicht fahrlässig, wenn er ausgehängte AGB nicht gelesen hat.[143] Anders ist es, wenn er einen leicht erkennbaren Aushang in einem Geschäftslokal, dass nur an der Kasse zu bezahlen ist,[144] oder einen Aufdruck auf einem Bestellschein nicht beachtet.[145] Der Dritte darf sich nicht unbedingt auf Angaben des Vertreters über seinen Umfang der Handlungsvollmacht verlassen.[146]

53   **3. Rechtsfolgen.** Der gutgläubige Dritte hat nach zutreffender Ansicht ein **Wahlrecht,** ob er sich auf den Gutglaubensschutz berufen möchte oder nicht.[147] Er muss die Beschränkungen der Vertretungsmacht also nicht gegen sich gelten lassen und kann sich daher auf wirksame Vertretung berufen oder aber die Unwirksamkeit des Geschäftes vortragen. Wenn er den Gutglaubensschutz nicht geltend machen will, steht ihm gegenüber dem vollmachtlosen Vertreter allerdings kein Anspruch aus § 179 BGB zu.[148] Der Dritte ist durch das Wahlrecht bereits ausreichend geschützt; ein anerkennenswertes Bedürfnis, gegenüber dem Vertreter vorzugehen, besteht nicht.

VII. Erlöschen der Handlungsvollmacht

54   Das Erlöschen der Handlungsvollmacht ist in den §§ 54 ff. nicht geregelt. Es richtet sich – ebenso wie die Erteilung der Vollmacht – **nach den §§ 164 ff. BGB.** Die erloschene Vollmacht kann gegenüber gutgläubigen Dritten gemäß §§ 170–173 BGB bestehen bleiben.

---

[137] Oetker/Schubert § 54 Rn. 39.
[138] Oetker/Schubert § 54 Rn. 39.
[139] Staub/Joost § 54 Rn. 74; MüKoHGB/Krebs § 54 Rn. 44; Ebenroth/Boujong/Joost/Strohn/Weber § 54 Rn. 26.
[140] BGH NJW-RR 2004, 632; MüKoHGB/Krebs § 54 Rn. 44; Ebenroth/Boujong/Joost/Strohn/Weber § 54 Rn. 26.
[141] Oetker/Schubert § 54 Rn. 41.
[142] Staub/Joost § 54 Rn. 75; MüKoHGB/Krebs § 54 Rn. 44; Koller/Kindler/Roth/Drüen/Roth § 54 Rn. 16; Oetker/Schubert § 54 Rn. 41; Ebenroth/Boujong/Joost/Strohn/Weber § 54 Rn. 26.
[143] MüKoHGB/Krebs § 54 Rn. 45; Ebenroth/Boujong/Joost/Strohn/Weber § 54 Rn. 26.
[144] BGH NJW 1982, 1389 f.; Staub/Joost § 54 Rn. 76; MüKoHGB/Krebs § 54 Rn. 45; Ebenroth/Boujong/Joost/Strohn/Weber § 54 Rn. 26.
[145] RG HRR 1931, Nr. 529; Recht 1924, Nr. 658; Staub/Joost § 54 Rn. 76.
[146] RG LZ 1911, 221; Staub/Joost § 54 Rn. 76.
[147] Staub/Joost § 54 Rn. 77; Koller/Kindler/Roth/Drüen/Roth § 54 Rn. 17; Oetker/Schubert § 54 Rn. 42; aA OLG Braunschweig MDR 2002, 42; Baumbach/Hopt/Merkt § 54 Rn. 19; MüKoHGB/Krebs § 54 Rn. 46; GK-HGB/Schmidt § 54 Rn. 21.
[148] Staub/Joost § 54 Rn. 77, § 56 Rn. 46; MüKoHGB/Krebs § 54 Rn. 46; aA Oetker/Schubert § 54 Rn. 42.

1. Beendigung des Innenverhältnisses. Nach § 168 S. 1 BGB erlischt die Vollmacht **55** mit Beendigung des ihr **zugrunde liegenden Rechtsverhältnisses,** also idR mit Kündigung, vertraglicher Aufhebung oder Zeitablauf des Handelsvertretervertrages.[149]

2. Widerruf. Nach § 168 S. 2 BGB kann der Unternehmer die Handlungsvollmacht **56 jederzeit** frei widerrufen. Der **Widerruf** kann, anders als bei der Prokura (§ 52 Abs. 1), vertraglich ausgeschlossen werden.[150] Ein Recht zum Widerruf aus wichtigem Grund entsprechend § 314 BGB muss dem Unternehmer jedoch erhalten bleiben.[151] Soll der Abschlussvertreter künftig nur als Vermittlungsvertreter agieren, ist ein Widerruf der Abschlussvollmacht nötig. Die Kündigung des Handelsvertretervertrages stellt im Zweifel keinen konkludenten sofortigen Widerruf der Abschlussvollmacht dar, daher bleibt der Handelsvertreter auch während des Beendigungszeitraums noch Abschlussvertreter.[152]

3. Weitere Erlöschensgründe. Anders als bei § 54 sieht § 91 Abs. 1 explizit vor, dass **57** auch nichtkaufmännische Unternehmer Handelsvertretern Abschlussvollmacht erteilen können. Der Wegfall der Kaufmannseigenschaft des Vertretenen führt bei dem Abschlussvertreter daher nicht zum Erlöschen der Vollmacht. Die Handlungsvollmacht erlischt jedenfalls, wenn der Unternehmer sein **Geschäft** endgültig **aufgibt;**[153] allerdings noch nicht im Liquidationsstadium.[154] Mit der **Eröffnung des Insolvenzverfahrens** über das Vermögen des Unternehmers erlischt gemäß § 117 InsO die Handlungsvollmacht; der Insolvenzverwalter kann sie allerdings erneut erteilen.[155] Nach zutreffender Ansicht führt die Veräußerung des Geschäftes oder ein sonstiger Inhaberwechsel nicht zum Erlöschen der Vollmacht,[156] weil der Erwerber den Handelsvertretervertrag mit allen Rechten und Pflichten übernimmt. Auch der Tod des Unternehmers lässt die Vollmacht unberührt.[157]

VIII. Überschreiten der Vertretungsmacht

Wenn der Abschlussvertreter ohne Vertretungsmacht handelt oder die im Außenverhält- **58** nis geltenden Beschränkungen überschreitet, handelt er als **vollmachtloser Vertreter.** Die Folgen richten sich in erster Linie nach den §§ 177 ff. BGB. Nach § 91a Abs. 1 und 2 gilt das Geschäft jedoch als vom Unternehmer genehmigt, wenn dieser nicht unverzüglich, nachdem er von dem Handelsvertreter oder dem Dritten über den Abschluss und den wesentlichen Inhalt benachrichtigt worden ist, dem Dritten gegenüber das Geschäft ablehnt. Überschreitet der Abschlussvertreter die nur im Innenverhältnis geltenden Beschränkungen, so hat der Unternehmer einen Schadensersatzanspruch aus § 280 Abs. 1 BGB und kann unter Umständen, je nach Schwere des Verstoßes, den Handelsvertretervertrag außerordentlich kündigen. Handelt der Abschlussvertreter innerhalb seiner Vertretungsmacht, aber den Interessen des Unternehmers zuwider, kann das Geschäft wegen **Missbrauchs der Vertretungsmacht** unwirksam sein, wenn sich dem Dritten der Missbrauch aufdrängen musste.[158]

---

[149] Oetker/Schubert § 54 Rn. 47.
[150] 1966 Ein einseitiger Verzicht genügt nicht, vgl. BGH NJW-RR 1996, 848 (849); RGZ 109, 331 (333); Staub/Joost § 54 Rn. 84; Oetker/Schubert § 54 Rn. 45.
[151] BGH WM 1969, 1009; Ebenroth/Boujong/Joost/Strohn/Weber § 54 Rn. 30.
[152] AA wohl Ebenroth/Boujong/Joost/Strohn/Weber § 54 Rn. 29.
[153] RGZ 72, 119 (123); Staub/Joost § 54 Rn. 89; MüKoHGB/Krebs § 54 Rn. 62; Ebenroth/Boujong/Joost/Strohn/Weber § 54 Rn. 31.
[154] Staub/Joost § 54 Rn. 89; MüKoHGB/Krebs § 54 Rn. 62.
[155] Staub/Joost § 54 Rn. 90; Oetker/Schubert § 54 Rn. 49.
[156] Honsell JA 1984, 17 (21); MüKoHGB/Krebs § 54 Rn. 56; Spitzbarth/Grooterhorst S. 74 f.; Ebenroth/Boujong/Joost/Strohn/Weber § 54 Rn. 32; aA Staub/Joost § 54 Rn. 91; Oetker/Schubert § 54 Rn. 48; Röhricht/v. Westphalen/Wagner/Wöstmann § 54 Rn. 51.
[157] Staub/Joost § 54 Rn. 87; Oetker/Schubert § 54 Rn. 48; Ebenroth/Boujong/Joost/Strohn/Weber § 54 Rn. 32.
[158] Bork JA 1990, 249 (250 f.); Drexl/Mentzel JURA 2002, 289 (298); Staub/Joost § 54 Rn. 80.

B. Vertragshändler

59   **1. Keine analoge Anwendbarkeit von § 55.** Auf den Vertragshändler ist § 55 nicht analog anwendbar.[159] Der **Vertragshändler** kauft und verkauft die Ware im **eigenen Namen** und auf **eigene Rechnung**. Daher ist zumindest die **Interessenlage** mit derjenigen im Falle des Handelsvertreters **nicht vergleichbar**. Es macht zB keinen Sinn, den Vertragshändler gemäß § 55 Abs. 4 zur Entgegennahme von Mängelanzeigen zu ermächtigen, weil er für die von seinen Kunden ihm gegenüber geltend gemachten Mängel zunächst selbst verantwortlich ist und dann gegenüber dem Unternehmer geltend machen muss. Rügt der Vertragshändler einen Mangel gegenüber dem Unternehmer, muss er nach § 377 HGB die Reklamationen seiner Kunden an den Unternehmer weitergeben, um seine eigenen Mängelrechte zu erhalten.[160]

60   Soweit dem Vertragshändler Vollmacht erteilt wird, was in der Praxis eher selten vorkommen dürfte, richtet sich diese nach den **bürgerlich-rechtlichen Vorschriften**. Dem Vertragshändler kann aber keine Handlungsvollmacht nach § 54 erteilt werden, weil er nicht von innen heraus aus dem Unternehmen handelt.[161] Der Wortlaut von § 54 liefert hierfür zwar keinen Anhaltspunkt,[162] dafür spricht aber vor allem der systematische Zusammenhang mit § 55: Der Umfang der Vollmacht des Handelsvertreters, der dem Unternehmer näher steht als der Vertragshändler, ist gemäß § 55 Abs. 2 und 3 weiter beschränkt. Es wäre nicht einleuchtend, wenn der Vertragshändler, der ebenfalls nicht aus dem Unternehmen heraus agiert, diesen Beschränkungen nicht unterliegen würde, weil sich seine Vollmacht nach § 54 richtet. Auf den Vertragshändler finden daher ausschließlich die §§ 164 ff. BGB Anwendung.

61   **2. Gemischte Verträge.** In der Praxis finden sich auch gemischte Verträge, nach denen der Vertriebsmittler **sowohl als Handelsvertreter als auch als Vertragshändler** agieren kann. Dabei sind die Vertragsbestandteile, die sich auf die eine Vertriebsart beziehen auch nach den Vorschriften dieser Vertriebsart zu behandeln.[163] Wird dem Vertriebsmittler demnach Abschlussvollmacht erteilt, finden insoweit §§ 54, 55 Anwendung. Der Unternehmer tut in diesem Fall gut daran, die Vollmacht, soweit gewünscht, rechtsgeschäftlich zu beschränken. Der Beweislastumkehr hinsichtlich des Vollmachtumfangs sowie des Gutglaubensschutzes Dritter kann er sich allerdings nicht entziehen.

C. Franchisenehmer

62   **1. Keine analoge Anwendbarkeit von § 55.** Auf den Franchisenehmer ist **§ 55** nicht analog anzuwenden.[164] Der Franchisenehmer handelt wie der Vertragshändler im eigenen Namen und auf eigene Rechnung. Die Franchiseverträge sehen idR ausdrücklich vor, dass der Franchisenehmer keine Vollmacht für den Franchisegeber habe und gegenüber Dritten nicht den Eindruck erwecken darf, er sei Bevollmächtigter des Franchisegebers.[165] Soweit der Franchisenehmer als Bevollmächtigter des Franchisegebers handelt, richtet sich die

---

[159] AllgM, MüKoHGB/Krebs § 55 Rn. 5, Staub/Joost § 55 Rn. 12; Oetker/Schubert § 55 Rn. 9; Ebenroth/Boujong/Joost/Strohn/Weber § 55 Rn. 6.
[160] BGH NJW 1986, 3137.
[161] MüKoHGB/Krebs § 54 Rn. 10; Baumbach/Hopt/Merkt § 54 Rn. 1; Schmidt HandelsR § 16 IV 1a; aA (allerdings nicht auf den Vertragshändler bezogen) Staub/Joost § 54 Rn. 10; Ebenroth/Boujong/Joost/Strohn/Weber § 54 Rn. 5.
[162] Ebenroth/Boujong/Joost/Strohn/Weber § 54 Rn. 5.
[163] Schultze/Wauschkuhn/Spenner/Dau/Kübler Vertragshändlervertrag/Wauschkuhn Rn. 28.
[164] Für eine analoge Anwendung von § 56 beim Vertriebs- und Produktionsfranchising Giesler/Nauschütt/Zumbroich Kap. 6 Rn. 29 ff.
[165] Martinek/Semler/Flohr VertriebsR-HdB/Flohr § 30 Rn. 348.

Vollmacht ausschließlich nach den §§ 164 ff. BGB. **§ 54** findet aus den gleichen Gründen wie beim Vertragshändler **keine Anwendung** (→ Rn. 60).

2. Keine Stellvertretung bei unterschiedlichem Auftreten. Der BGH hatte sich   63 erstmals in seiner Entscheidung vom 18.12.2007 mit der Frage zu beschäftigen, wann der Franchisenehmer als Stellvertreter des Franchisegebers handelt.[166] Es ging dabei nicht um die Situation, dass der Franchisenehmer im Rahmen seines Franchise den Kunden Produkte oder Dienstleistungen anbot, sondern um eine Art Hilfs- oder Nebengeschäft, bei dem der Franchisenehmer einem Werkstattbetrieb den Auftrag zur Reparatur eines Kraftfahrzeugs erteilte. Der Franchisenehmer trat gegenüber dem Werkstattbetrieb unter einer **ähnlichen Bezeichnung wie der Franchisegeber** auf. Der BGH wandte die Grundzüge des unternehmensbezogenen Geschäftes an, wonach namens desjenigen Unternehmens gehandelt wird, für welches das fragliche Geschäft abgeschlossen werden soll, und verneinte zu Recht eine Stellvertretung. Er ließ jedoch ausdrücklich offen, ob eine Stellvertretung gegeben sei, wenn der Franchisenehmer unter einer identischen Bezeichnung auftritt.[167]

3. Stellvertretung bei identischem Auftreten? Bei identischem Auftreten wird in der   64 Kommentarliteratur zum BGB meist ohne nähere Begründung angenommen, dass der Franchisenehmer stets im Namen des Franchisegebers handle.[168] Dann würde der Kauf-, Dienst- oder Werkvertrag zwischen dem Kunden und dem Franchisegeber und nicht dem Franchisenehmer zustande kommen. Zu diesem Ergebnis gelangen auch Wolf/Ungeheuer, die sich erstmals mit diesem Problem ausführlich mit folgender Argumentation auseinandergesetzt haben:[169] Nach dem **Offenkundigkeitsprinzip** (§ 164 Abs. 2 BGB) müsse der Wille des Franchisenehmers, für den Franchisegeber zu handeln, erkennbar hervortreten. Die Franchisenehmer oder seine Angestellten erklären sich aber beim Verkaufsgespräch typischerweise nicht über die Person des möglichen Vertragspartners. Daher seien die Umstände des Vertragsschlusses heranzuziehen, wenn nicht ausnahmsweise eine Durchbrechung des Offenkundigkeitsgrundsatzes in Betracht kommt. Das Offenkundigkeitsprinzip werde durchbrochen vom Institut des rechtsgeschäftlichen Handels **„für den, den es angeht"**. Dies setzt allerdings voraus, dass es dem Vertragspartner gleichgültig ist, mit wem er das Geschäft abschließt. Der Vertragspartner möchte aber idR, so Wolf/Ungeheuer, mit dem Franchisegeber kontrahieren. Daher sei das Geschäft, für den, den es angeht, nicht anwendbar. Die **Umstände des Vertragsschlusses** (§ 164 Abs. 1 S. 2 BGB), auf die dann zurückgegriffen werden muss, sprächen für eine Verpflichtung des Franchisegebers. Wegen der Einheitlichkeit des äußeren Auftretens im Geschäftsverkehr durch die Verwendung eines gemeinsamen Logos, gemeinsamer Symbole und Handelsnamen entstehe für den Vertragspartner der Eindruck, er habe es mit einer Filiale eines einheitlichen Unternehmens zu tun; von der Existenz des Franchisesystems habe er zumeist keine Kenntnis. Irrelevant sei es nach der Rechtsprechung des BGH auch, dass der Franchisenehmer für sich selbst handeln wolle, also keinen **Vertretungswillen** habe.[170] Die weiterhin notwendige Vertretungsmacht ließe sich aus den Grundsätzen der **Rechtsscheinvollmacht** ableiten, weil es der Franchisegeber durch entsprechende Abrede mit dem Franchisenehmer verhindern könne, dass Vertragspartner beim Betreten des Ladenlokals des Franchisenehmers den Eindruck gewinnen, es mit einer Filiale des Franchisegebers zu tun zu haben. Diesen zurechenbar gesetzten Rechtsschein könne der Franchisegeber auch nicht mehr anfechten. Um diese Folge zu vermeiden, müsse der Franchisenehmer spätestens bei Vertragsschluss das Handeln in eigenem Namen klar und deutlich machen – ein Aufdruck auf einem Kassenzettel genüge nicht.[171]

---

[166] BGH NJW 2008, 1214 mit Anm. Witt NJW 2008, 1215.
[167] BGH NJW 2008, 1214 (1215); bejahend OLG Jena BeckRS 1999, 7816.
[168] Grüneberg/Ellenberger BGB § 164 Rn. 5; BeckOK BGB/Schäfer § 164 Rn. 26;.
[169] BB 1994, 1027 (1028 ff.); zust. Buck-Heeb/Dieckmann JuS 2008, 583.
[170] BGH WM 1970, 816; NJW 1962, 2196 (2197).
[171] Wolf/Ungeheuer BB 1994, 1027 (1028 ff.); Buck-Heeb/Dieckmann JuS 2008, 583 (584 ff.).

65   Die **Gegenansicht**[172] findet zwei Hauptangriffspunkte: Zum einen deuten die Umstände des Vertragsschlusses keineswegs auf einen Willen des Vertragspartners, mit dem Franchisegeber zu kontrahieren, hin. Allein der Umstand, dass der Franchisenehmer dabei Marken des Franchisegebers verwendet, ließe keinen Rückschluss dahingehend zu, dass der Dritte davon ausgehe, den Vertrag mit dem Franchisegeber zu schließen. Marke und Firma bzw. das dahinterstehende Unternehmen seien voneinander zu trennen, so dass von der jeweiligen Marke auch nicht per se ein Rückschluss auf das dahinterstehende Unternehmen möglich sei.[173] Außerdem werde mit der Marke zugleich stets auf die Firma des Franchisenehmers, bspw. auf Vertrags-, Bestell- oder Rechnungsformulare, hingewiesen.[174] Zum anderen liege keine Rechtsscheinhaftung vor, weil der Verkehr erfahrungsgemäß wisse, dass es Franchisesysteme gebe und damit ein einheitliches Auftreten einherginge. Der Vertragspartner würde erkennen, dass die Einheitlichkeit des äußeren Auftretens nicht von selbständigen Unternehmen getragen werde.[175]

66   **Stellungnahme:** Gegen die pauschale Verpflichtung des Franchisegebers spricht schon, dass in vielen Ladenlokalen der Franchisenehmer die **Allgemeinen Geschäftsbedingungen des Franchisenehmers** aushängen (§ 305 Abs. 2 Nr. 1 BGB),[176] die ihn und nicht den Franchisegeber als Vertragspartner nennen. Damit tritt schon der Wille des Franchisenehmers, in eigenem Namen zu handeln, erkennbar hervor. Ferner ist Wolf/Ungeheuer nicht zuzustimmen, dass der Vertragspartner regelmäßig mit dem Franchisegeber kontrahieren möchte. Dies wird vor allem bei Dienstleistungsfranchising deutlich. Hier kommt es für den geschäftlichen Erfolg weitaus mehr auf die persönlichen Eigenschaften des Franchisenehmers an, den die Kunden als individuellen Servicedienstleister wahrnehmen.[177] Im Bereich des Warenfranchisings ist das in heutiger Zeit nicht anders, weil auch beim Warenverkauf die Dienstleistungskomponente einen entscheidenden Stellenwert hat. Schließlich sind die Beratung und der anschließende Service durch den Franchisenehmer für den Kunden ein entscheidendes Kaufargument. Und überall dort, wo es dem Kunden darauf nicht ankommt, ist ihm die Person des Vertragspartners idR egal. Dann würden die Grundsätze des Geschäfts „für den, den es angeht" greifen. Deshalb handelt der Franchisenehmer im eigenen Namen und nicht als Vertreter des Franchisegebers.

D. Kommissionsagent

67   Auf den Kommissionsagenten ist § 55 nicht analog anwendbar.[178] Er schließt die Geschäfte im eigenen Namen und auf Rechnung des Unternehmers ab. Die von ihm abgeschlossenen Geschäfte wirken nicht gemäß § 164 Abs. 1 S. 1 BGB unmittelbar für und gegen den Unternehmer. Es handelt sich um einen Fall der **mittelbaren Stellvertretung**.[179] Der Kommissionsagent ist gegenüber dem Kommittenten zur Abtretung der Forderungen aus dem Ausführungsgeschäft verpflichtet (§ 384 Abs. 2 Hs. 2 BGB). Ihm kann jedoch Inkassovollmacht zur Einziehung der Forderungen erteilt werden. Eine ihm etwa erteilte Vollmacht richtet sich ebenso wie beim Vertragshändler nach den §§ 164 ff. BGB (→ Rn. 60). Bei der Verkaufskommission verfügt der Kommissionsagent über die im Eigentum des Kommittenten stehende Ware regelmäßig aufgrund einer Ermächtigung nach § 185 BGB.[180]

---

[172] Martinek/Semler/Flohr VertriebsR-HdB/Flohr § 30 Rn. 348 ff. (ausf.); Billing Jahrbuch Franchising 2009, 178 ff.; Ullmann NJW 1994, 1255 (1256); diff. Zumbroich in Giesler/Nauschütt Kap. 6 Rn. 11 ff.
[173] Billing Jahrbuch Franchising 2009, 181 f.; Martinek/Semler/Flohr VertriebsR-HdB/Flohr § 30 Rn. 353.
[174] Billing Jahrbuch Franchising 2009, 182.
[175] Billing Jahrbuch Franchising 2009, 185; Ullmann NJW 1994, 1255 (1256).
[176] Zur wirksamen Einbeziehung bei einem Aushang, vgl. Grüneberg/Grüneberg BGB § 305 Rn. 29.
[177] Giesler/Nauschütt FranchiseR/Giesler/Nauschütt Einl. Rn. 39.
[178] AllgM, MüKoHGB/Krebs § 55 Rn. 5, Staub/Joost § 55 Rn. 12; Oetker/Schubert § 55 Rn. 9; Ebenroth/Boujong/Joost/Strohn § 55 Rn. 6.
[179] Grüneberg/Ellenberger BGB Einf. v. § 164 Rn. 6.
[180] Grüneberg/Ellenberger BGB Einf. v. § 164 Rn. 6, § 185 Rn. 9; MüKoHGB/Häuser § 383 Rn. 91 ff.

Vorbemerkung zu §§ 84 ff.

Literatur: Appelt, Vertragsbeziehungen, Leistungsstörungen und Gestaltungsmöglichkeiten beim Gutscheingeschäft, NJW 2011, 2753; Billing, Garantieübernahmen durch Gesellschafter des Franchisenehmers in der AGB-Kontrolle, WM 2007, 245; Billing/Kirsch, Hinweispflicht, Internetmandat und SEPA-Firmen-Lastschrift – Zu drei praxisrelevanten Themen der SEPA-Lastschrift, ZVertriebsR 2015, 14; Billing/Lettl, Franchising und § 20 Abs. 1 GWB, WRP 2012, 773 (Teil 1), 906 (Teil 2); Billing/Metzlaff, E-Commerce in Franchise- und anderen Vertriebssystemen – zulässiger Vertriebskanal oder vertragswidrige Konkurrenz durch den Franchisegeber?, BB 2015, 1347; Billing/Röschenkemper, Zur AGB-rechtlichen Zulässigkeit von Laufzeitregelungen in Franchiseverträgen, ZVertriebsR 2015, 139; Budde/Gruppe, Anforderungen an die außerordentliche Kündigung von Handelsvertreter- und Vertragshändlerverträgen wegen zu geringer Umsätze, ZVertriebsR 2014, 71; Emde, Die Konkurrenz zwischen Ausgleichs- und Kündigungsschadensersatzansprüchen des Handelsvertreters, EuZW 2016, 218; ders., Die Handelsvertreter-Richtlinie 1986 und ihre Folgen, ZVertriebsR 2014, 218; ders., Handelsvertreterrecht – Relevante Vorschriften bei nationalen und internationalen Verträgen, MDR 2002, 190; ders., Die vertragliche Verpflichtung zur Übertragung des Kundenstammes als Voraussetzung des Ausgleichsanspruchs eines Eigenhändlers (ZVertriebsR 2020, 3); ders., Qualitativ-selektive Vertriebssysteme und Internetvertrieb – mehr als ein Jahr nach „Coty", ZVertriebsR 2019, 69; Emde/Valdini, Die Handelsvertreter-Richtlinie, ZVertriebsR 2016, 353 (Teil 1) und ZVertriebsR 2017, 3 (Teil 2); dies., Online-Hotelportale als Handelsvertreter, BB 2016, 899; Flohr, Die Widerrufsbelehrung – Neues und hoffentlich Endgültiges zu einem zweifelhaften Instrument des Verbraucherschutzes, ZVertriebsR 2012, 70; Franke/Rohrßen, Der Ausgleich geht um – Zugleich Besprechung von BGH, Az. I ZR 229/15: Ausgleichsanspruch bei Kommissionsagenten, IHR 2017, 62; Fröhlich, Zur analogen Anwendung des Ausgleichsanspruchs gemäß § 89b HGB auf Vertragshändlerverhältnisse, ZVertriebsR 2015, 280; Goyder, EU Distribution Law, Fifth Edition 2011; Gräfe/Giesa, Von Ingmar zu Unamar – Welche Beschränkungen der Rechts- und Gerichtswahlfreiheit ergeben sich aus der Entscheidung des EuGH vom 17.10.2013, C-184/12?, ZVertriebsR 2014, 29; Heidel/Schall, Handkommentar Handelsgesetzbuch, 3. Auflage 2020; Höpfer, Handelsvertreterrichtlinie gerettet, ZVertriebsR 2015, 273; Hopt, Das Vertragsverhältnis zwischen Verlag und Pressegrossisten – Ein Beispiel für einen Kommissionsagentenvertrag – in: Festschrift für Walther Hadding, 2004, 443; v. Hülsen, Ausgewählte praktische Probleme des selektiven Vertriebs aus kartellrechtlicher Sicht, ZVertriebsR 2012, 299; Kindler, Der lange Arm des deutschen Vertriebsrechts – Ausgleichsansprüche für Vertragshändler als international zwingender Schutzstandard, NJW 2016, 1855; Kroll, Ist der Franchisenehmer in eine fremde Absatzorganisation eingegliedert? – Zu den Voraussetzungen des Ausgleichsanspruchs gemäß § 89b HGB analog, ZVertriebsR 2014, 290; Latzel, Die analoge Anwendbarkeit von § 89b HGB auf Franchiseverträge unter Berücksichtigung der neuesten Rechtsprechung des BGH; Martinek, Vertriebsrecht und vertikale Integration in der BGH-Rechtsprechung, in: 50 Jahre Bundesgerichtshof – Festgabe aus der Wissenschaft, Bd. II, 2000, S. 101; ders., Vertriebsrecht als Rechtsgebiet und Aufgabe – Zur Programmatik der neuen ZVertriebsR, 2012, 2; ders., Neue Perspektiven zur Europäisierung des Handelsvertreterrechts – Plädoyer für eine Europäische Handelsvertreter-Verordnung, ZVertriebsR 2014, 139; ders., Die rechtsdogmatische Aporetik komplexer vertraglicher Vertriebssysteme, ZVertriebsR 2015, 350; Metzlaff, Category Management und Kartellrecht, ZVertriebsR 2012, 138; Metzlaff/Schaper, Der Online-Vertrieb von Markenartikeln über Drittplattformen nach dem Coty-Urteil des EuGH, ZVertriebsR 2018, 1; Meyer, Die aktuelle höchstrichterliche Rechtsprechung im Vertriebsrecht, ZVertriebsR 2014, 352; Niebling, Vertriebsrecht als AGB-Recht, ZVertriebsR 2012, 79; Omlor, Die neue Einzugsermächtigungslastschrift – Von der Genehmigungs- zur Einwilligungstheorie, NJW 2012, 2150; Peschke, Der Vertragshändlerausgleich in internationalen Verträgen, ZVertriebsR 2016, 144; Petsche/Lager/Kutsche, Ansprüche nach HVertrG im Strukturvertrieb (Multi-Level-Marketing), ZVertriebsR 2012, 268; Riehm, in: Langenbucher (Hrsg.), Europäisches Privat- und Wirtschaftsrecht, 4. Auflage 2018 (1. und 2. Auflage unter dem Titel „Europarechtliche Bezüge des Privatrechts"), S. 256 (Handelsvertreterrecht); Rohrßen, Internetvertrieb 2019/20 – Vertriebsvorgaben, (Best-)Preis & Platform-to-Business-Verordnung, ZVertriebsR 2019, 341; K. Schmidt, Vom Handelsvertreterrecht zum modernen Vertriebsrecht – Handelsrecht, Vertriebspraxis und Kartellrecht, JuS 2008, 665; Schultze/Pautke/Wagener, Vertikal-GVO, 4. Aufl. 2018; Rothermel/Dahmen, Unwirksame Klauseln in Vertriebsverträgen – Versuch einer Katalogisierung und Übersicht, IHR 2017, 45; Semler, Echte und unechte Handelsvertreter – Abgrenzungsfragen und kartellrechtliche Bedeutung, ZVertriebsR 2012, 156; Stoffels, Laufzeitkontrolle von Franchiseverträgen, DB 2004, 1871; Teichmann/Wauschkuhn, Die Anwendung der zwingenden Vorschriften der §§ 84 ff. HGB auf Handelsvertreter und Vertragshändler im internationalen Kontext, ZVertriebsR 2012, 274; Thume, Zur richtlinienkonformen Anwendung der §§ 84 ff. HGB im gesamten Vertriebsrecht, BB 2011, 1800; ders., Zum Ausgleichsanspruch des handelsvertreterähnlichen Vertriebsmittlers, BB 2016, 578; ders., Covid-19 und Vertriebsverträge, IHR 2020, 163; Wauschkuhn, Der Ausgleichsanspruch des Vertragshändlers, ZVertriebsR 2016, 79; Wijckmans/Tuytschaever, Vertical Agreements in EU Competition Law, Third Edition 2018; Winkler von Mohrenfels, Franchise- und Vertriebsverträge im internationalen Privatrecht, ZVertriebsR 2014, 281, Zwickel, Vertragsbeziehungen, Leistungsstörungen und Gestaltungsmöglichkeiten beim Gutscheingeschäft, NJW 2011, 275.

Übersicht

A. Die in der Praxis häufigsten Vertriebssysteme und ihre Absatzmittler

I. Überblick

1   **1. Die praxistypischen Vertriebssysteme.** Die in der Praxis des Vertriebsrechts am häufigsten anzutreffenden Vertriebssysteme sind **Handelsvertreter-**, **Vertragshändler-**, und **Franchisesysteme.** Im Vergleich zu diesen Vertriebssystemen kommen **Kommissionsagentursysteme** zwar weniger häufig vor;[1] sie sind jedoch insbesondere wegen ihrer (parallel zu Handelsvertretersystemen bestehenden) kartellrechtlichen Privilegierung – namentlich wegen des grundsätzlich nicht bestehenden Preisbindungsverbots[2] – aus der

---

[1] Vgl. auch Martinek ZVertriebsR 2012, 2 (4).

[2] Dazu näher insbesondere BGH NJW-RR 2003, 1056 (1059); Canaris HandelsR § 16 Rn. 5; Hopt/Hopt § 86 Rn. 35.

Gestaltungspraxis nicht wegzudenken. Deshalb konzentriert sich der Kommentar Vertriebs-recht neben Handelsvertreter-, Vertragshändler-, und Franchisesystemen auch auf Kommis-sionsagentursysteme.[3]

Weitere Vertriebsformen wie etwa reine **(Marken-)Lizenzverträge**[4] oder etwa **Multi-** 2
Level-Marketing Systeme („MLM")[5] sind dagegen in der Praxis vergleichsweise weni-ger stark verbreitet und auch als Gestaltungsalternative weniger bedeutsam (auch wenn die Relevanz gerade von MLM für bestimmte Industriezweige nicht zu unterschätzen ist und es deshalb zu kurz greifen würde, ausgehend von der Mehrheit der bekannt gewordenen Fälle in der Rechtsprechung MLM im Wesentlichen auf UWG-rechtliche Themen zu reduzieren[6]). Sie bleiben deshalb im Kommentar weitgehend außer Betracht, wobei zu berücksichtigen ist, dass viele Vertriebssysteme ohnehin Elemente verschiedener Vertriebs-formen kombinieren.[7]

2. Anwendungsbeispiele. In der Praxis sind Handelsvertreter-, Vertragshändler-, Fran- 3
chise- und Kommissionsagentursysteme häufig schon traditionell mit bestimmten Branchen oder Industrien verbunden. So ist etwa der Tankstellenpächter beim Verkauf von Kraftstoff an Tankstellen typischerweise **Handelsvertreter,**[8] ebenso der Vermittler von Telefon-dienstverträgen;[9] für den Versicherungsvertrieb geht bereits das Gesetz (zB in § 89b Abs. 5 und § 92 HGB) davon aus, dass dieser typischerweise im Wege der Handelsvertretung erfolgt (wie auch der Vertrieb von Finanz-/Kapitalanlageprodukten[10]). Mit **Vertragshänd-lern** ist typischerweise insbesondere der Kfz-Vertrieb assoziiert.[11] Vergleichbar ist das **Franchising** zB aus der Systemgastronomie[12] oder dem Baumarktbereich[13] nicht mehr wegzudenken und **Kommissionsagentursysteme** sind typischerweise im Einzelhandel anzutreffen[14] (dort oft in der Modebranche), aber etwa auch im Bereich des Pressegroß-handels (Pressegrosso).[15]

3. Die Wahl der passenden Vertriebsform. Für die **Wahl der passenden Vertriebs-** 4
form bzw. des passenden Vertriebssystems kommt es zum einen auf die **zivilrechtlichen Charakteristika** der einzelnen Vertriebssysteme an. Zum anderen – und in der Praxis oft von entscheidender Bedeutung – sind die mit den zivilrechtlichen Charakteristika ver-bundenen **kartellrechtlichen Rahmenbedingungen** des jeweiligen Vertriebssystems zu

---

[3] Vgl. auch die Schwerpunktsetzung von Martinek FS 50 Jahre BGH, 2000, 101 (102); ders. ZVertriebsR 2012, 2 ff.

[4] Vgl. etwa BGH GRUR 2020, 57; 2010, 1107 – JOOP!.

[5] Vgl. etwa OLG Hamm BeckRS 2016, 16768 (zur Anwendung von § 89 HGB auf einen Vertriebspart-nervertrag); LG Münster BeckRS 2019, 5345 (zur Kündigung gem. § 89a HGB im Rahmen eines MLM-Systems); LG Münster BeckRS 2012, 19715 (zur Frage des Buchauszugs nach § 87c Abs. 2 HGB bei einem MLM-System); LG Münster BeckRS 2010, 00332 (zur vertragsrechtlichen Thematik des sog. Linienschutzes in einem MLM-System); LG Düsseldorf BeckRS 2007, 17449 (ebenfalls zu § 87c HGB sowie zur Anwen-dung von § 89 HGB bei einem MLM-System); ua zur Frage des Ausgleichsanspruchs in MLM-Systemen aus der Perspektive des österreichischen Rechts Petsche/Lager/Kutsche ZVertriebsR 2012, 268.

[6] Das zeigen etwa OLG Frankfurt a. M. GRUR-RS 2020, 45668; LG Münster BeckRS 2012, 19715 sowie BeckRS 2010, 00332 und LG Düsseldorf BeckRS 2007, 17449. Zu MLM näher etwa Küstner/Thume VertriebsR-HdB III Teil VI Kap. 3, S. 577 ff.

[7] Instruktiv zu den verschiedenen Vertriebsmodellen Schmidt JuS 2008, 665 (666 ff.).

[8] Vgl. etwa BGH NJW 2010, 1275; NJW-RR 2004, 898.

[9] Vgl. etwa BGH NJW 2010, 298.

[10] Vgl. etwa BGH WM 2012, 837.

[11] Vgl. etwa BGH NJW 2011, 3438; NJW-RR 2010, 1263; mitunter werden jedoch auch Handels-vertreter eingesetzt, wie etwa in den 1990'iger Jahren die Vertriebsmittler von Mercedes-Benz, vgl. EuG WuW/E EU-R 933 (935) – DaimlerChrysler/Kommission.

[12] Vgl. etwa BGH NJW 2010, 1081; 1985, 1894; OLG Frankfurt a. M. BeckRS 2009, 86480; OLG Oldenburg BeckRS 2007, 16857; KG BB 1998, 607.

[13] Vgl. BGH NJW 2009, 1753 – Bau und Hobby; OLG Düsseldorf BeckRS 2013, 08016.

[14] Vgl. etwa BGH NJW 2017, 475; NJW-RR 2003, 1056; OLG Düsseldorf BeckRS 2009, 27109.

[15] Vgl. etwa OLG Schleswig BeckRS 2010, 02834 als Vorinstanz zu BGH NJW 2012, 773 – Grossisten-kündigung; Hopt FS Hadding, 2004, 443.

berücksichtigen. Schlagworte wie etwa „Preisbindungsverbot",[16] „Bezugsbindung und Einkaufsvorteile",[17] „Internetvertrieb als passiver Vertrieb",[18] „Category Management",[19] „Diskriminierungs- und Behinderungsverbot"[20] oder „Selektivvertrieb"[21] mögen das illustrieren.[22] So ist denn auch die Vertragsgestaltung im Vertriebsrecht maßgeblich geprägt durch die Vorgaben des **(Vertriebs-)Kartellrechts,**[23] nicht von ungefähr werden Vertriebssysteme und sonstige vertriebsrechtliche Fragestellungen auch und gerade von der kartellrechtlichen Literatur intensiv behandelt.[24]

5   Das soll nicht bedeuten, dass die vom **Zivil- und Handelsrecht,** insbesondere vom **AGB-Recht** ausgehenden Herausforderungen für die Vertragsgestaltung im Vertriebsrecht zu unterschätzen wären.[25] Jeder, der zB eine Vertragsstrafenregelung;[26] ein nachvertragliches Wettbewerbsverbot[27], eine Mithaftungsregelung[28] für einen Gesellschafter des Vertriebsmittlers oder eine Widerrufsbelehrung[29] belastbar zu formulieren hat, ein Gutscheingeschäft zu gestalten[30] oder ein Vertriebssystem (und dessen Einzugsermächtigungen) beim Eintritt in die neue „SEPA-Welt" zu begleiten hat;[31] wird dem vermutlich zustimmen können.

6   Der folgende Überblick skizziert deshalb nicht nur die zivilrechtlichen Charakteristika der praxistypischen Vertriebsformen bzw. von Handelsvertreter-, Vertragshändler-, Franchise- und Kommissionsagentursystemen, sondern auch die damit verbundenen (vertriebs)kartellrechtlichen Konsequenzen (zum **Kartellrecht** Vierter Teil. Vorschriften des Wettbewerbsrechts).

---

[16] Siehe hierzu etwa BGH NJW 1999, 2671 – Preisbindung durch Franchisegeber I; NJW-RR 2003, 1624 – Preisbindung durch Franchisegeber II.

[17] Dazu BGH NJW 2009, 1753 – Bau und Hobby.

[18] Dazu etwa EuGH GRUR-Int 2011, 1077 – Pierre Fabre Dermo Cosmétique; EuGH ZVertriebsR 2018, 52 – Coty; siehe dazu etwa Emde ZVertriebsR 2019, 69; Metzlaff/Schaper ZVertriebsR 2018, 1; Rohrßen ZVertriebsR 2019, 341; zum Internetvertrieb durch die Systemzentrale in Vertriebssystemen Billing/Metzlaff BB 2015, 1347.

[19] Dazu Metzlaff ZVertriebsR 2012, 138.

[20] Dazu etwa BGH NJW 2009, 1753 – Bau und Hobby; Billing/Lettl WRP 2012, 773 und 906.

[21] Dazu etwa v. Hülsen ZVertriebsR 2012, 299; EuGH ZVertriebsR 2018, 52 – Coty; BGH NZKart 2021, 574 – Porsche Tuning II.

[22] Vgl. auch die schlagwortartige Übersicht von Martinek ZVertriebsR 2012, 2 (10).

[23] Einen konzisen Überblick geben insbesondere Martinek FS 50 Jahre BGH, 2000, 101 (105 ff.); ders. ZVertriebsR 2012, 2 (9 f.); Schmidt JuS 2008, 665 (669 ff.).

[24] Etwa bei Schultze/Pautke/Wagener Vertikal-GVO, 4. Aufl. 2018; auch allein ein Blick in die Inhaltsverzeichnisse von Goyder, EU Distribution Law, Fifth Edition 2011 und Wijckmans/Tuytschaever, Vertical Agreements in EU Competition Law, Third Edition 2018 zeigt, wo bei der vertriebsrechtlichen Vertragsgestaltung der Schwerpunkt liegt.

[25] Eindrucksvoll LG München I ZVertriebsR 2022, 230 zu den AGB eines Mineralölunternehmens bei Abschluss eines Tankstellen-Handelsvertretervertrags; siehe auch etwa BGH NJW 2010, 1275 (unangemessene Benachteiligung eines Tankstellenpächters durch Abbuchungsauftragsverfahren); NJW 2010, 298 (kein Ausschluss von Überhangprovisionen eines Handelsvertreters durch AGB); OLG Frankfurt a. M. ZVertriebsR 2015, 161 mAnm Billing/Röschenkemper ZVertriebsR 2015, 139 (Laufzeitregelungen in Franchiseverträgen); einen Überblick gibt Niebling ZVertriebsR 2012, 79; näher auch Ulmer/Brandner/Hensen/Schmidt Teil 2, (19) Franchiseverträge; (24) Handelsvertreterverträge; Ulmer/Brandner/Hensen/Schäfer Teil 2, (57) Vertragshändlerverträge; zum AGB-Recht → BGB § 307 Rn. 8–68 (Franchiseverträge), → BGB § 307 Rn. 69–75 (Handelsvertreterverträge), → BGB § 307 Rn. 76–82 (Vertragshändlerverträge) und → BGB § 307 Rn. 84 (Kommissionsagenturverträge). Zum AGB-Recht der Vertriebsverträge s. auch Staudinger/Billing, 2022, Anh. zu §§ 305–310 Rn. 1 ff.

[26] Fälle des Scheiterns zeigen etwa OLG Köln BeckRS 2011, 04593; OLG München NJW-RR 1996, 1181.

[27] Welche Tücken hierbei lauern können, zeigt die – nicht überzeugende – Entscheidung des OLG Hamm NJW-RR 2009, 1707, nach der ein nachvertragliches Wettbewerbsverbot wohl kaum jemals durchgesetzt werden könnte; vgl. zur Thematik auch BGH NJW 2013, 2027.

[28] Den Fall des Scheiterns einer Gesellschaftergarantie zeigt BGH NJW 2006, 996; dazu Billing WM 2007, 245.

[29] Dazu etwa Flohr ZVertriebsR 2012, 70.

[30] Dazu Zwickel NJW 2011, 2753; Appelt NJW 2016, 1409.

[31] Vgl. zum Themenkomplex SEPA (Single Euro Payments Area) insbesondere BGH NJW 2010, 3510; 2012, 2571 (2576); Omlor NJW 2012, 2150; Billing/Kirsch ZVertriebsR 2015, 14.

II. Der Handelsvertreter

Nach § 84 Abs. 1 S. 1 HGB ist Handelsvertreter, wer als selbstständiger Gewerbetreiben- **7**
der ständig damit betraut ist, für einen anderen Unternehmer (Unternehmer) Geschäfte zu
vermitteln oder in dessen Namen abzuschließen. Der Handelsvertreter agiert dementsprechend **im fremden Namen** und **auf fremde Rechnung.** Der Handelsvertreter wird
demnach nicht selbst Vertragspartner des Kunden. So vertreiben die Betreiber von Mobil-
funkshops Mobilfunkdienstleistungen in der Regel im Namen und für Rechnung der
Mobilfunkunternehmen. Sie sind damit Handelsvertreter, genauso wie etwa der Pächter
einer Tankstelle, der den Kraftstoff stellvertretend und für Rechnung des Mineralölherstel-
lers vertreibt. Ebenfalls als Handelsvertreter einordnen lassen sich Online-Hotelportale, die
als Vermittler zwischen Kunde und Hotel auftreten und für die erfolgreiche Zimmerbele-
gung eine Provision von dem jeweiligen Hotel erhalten.[32] Selbst Call-Center sind unter
bestimmten Voraussetzungen als Handelsvertreter zu qualifizieren.[33] Dagegen unterliegen
externe IT-Dienstleister, die für ihren Auftraggeber einen Onlineshop betreiben, mangels
Auftreten als eigenständige Person gegenüber dem Endkunden wohl nicht dem Handelsvertreterrecht der §§ 84 ff. HGB.[34] Auch der Frage, ob Galeristen als Handelsvertreter
anstelle der in der Praxis üblicheren Kommission auftreten können, wird in der Literatur
nachgegangen.[35] Handelsvertreter als Vertriebsmittler sind dementsprechend in vielen
Branchen anzutreffen.[36]

Der entscheidende Vorteil dieser Vertriebsform liegt darin, dass der Unternehmer durch **8**
das **Kartellrecht** (Art. 101 AEUV, § 1 GWB) nicht gehindert ist, die **Vertriebskanäle**
festzulegen und den **Preis** gegenüber dem Endkunden zu bestimmen. Denn es ist nicht der
Handelsvertreter, sondern der Unternehmer selbst, der den Vertrag mit dem Endkunden
schließt.[37] Zwar ist deshalb das Kartellrecht – etwa in Form des Diskriminierungsverbots
nach §§ 19, 20 GWB – bei der Gestaltung von Handelsvertreterverträgen nicht irrelevant.[38]
Nur berührt das nicht die beiden zentralen Freiheiten des Herstellers, die Vertriebskanäle
festlegen und die Preise bestimmen zu können.

So ist es dem Unternehmer im Verhältnis zum Handelsvertreter möglich, sich den **9**
Internetvertrieb selbst vorzubehalten und den Handelsvertreter von diesem Vertriebskanal
dementsprechend auszuschließen.[39] Auch die **Preisgestaltung** obliegt allein dem Hersteller. Das aus Art. 101 AEUV und § 1 GWB folgende kartellrechtliche Verbot, den Vertriebsmittler in seiner Preisgestaltungsfreiheit zu beschränken, gilt nicht, wenn es sich bei
dem Vertriebsmittler um einen (echten) Handelsvertreter handelt.[40]

Dieses kartellrechtliche Privileg von Handelsvertretersystemen gilt jedoch nur, solange es **10**
sich auch wirklich um ein „echtes" **Handelsvertretersystem** handelt. Eine echte Handelsvertretung liegt nach den Richtlinien der Kommission und der Rechtsprechung nur
dann vor, wenn der Handelsvertreter keine oder nur unbedeutende Risiken bezüglich der

---

[32] Für die Einordnung von Online-Hotelportalen wie HRS und Booking.com als Handelsvertreter aus
handelsrechtlicher Sicht trotz hohem Automatisierungsgrad Emde/Valdini BB 2016, 899 (900 f.); Rohrßen
ZVertriebsR 2019, 153 (159). Dagegen handelt es sich bei solchen Portalen nach BKartA BeckRS 2014,
04343 wohl um echte (und damit unselbstständige) Handelsvertreter im kartellrechtlichen Sinne, weshalb das
Kartellverbot (§ 1 GWB/Art. 101 Abs. 1 AEUV) uneingeschränkt zur Anwendung kommt.
[33] BGH NJW 2015, 1754 f. für ein in der Rechtsform einer Kapitalgesellschaft betriebenes Call-Center.
[34] Vgl. Dieselhorst/Grages MMR 2011, 368 (371).
[35] Ausführlich Reinshagen ZVertriebsR 2012, 281.
[36] Siehe etwa BGH AnwBl 2016, 594: Die klagende Rechtsanwaltsgesellschaft hatte sich gegen eine
monatliche Pauschalvergütung sowie einen erfolgsabhängigen Bonus verpflichtet, unterschriftsreife Verträge
zur kostengünstigen Belieferung der Beklagten mit Rohstoffen zu vermitteln (inkl. Vertragserstellung,
Prüfung und Verhandlung der Konditionen); OLG Nürnberg NJW-RR 2018, 1390 (Partnervermittlung).
[37] Canaris HandelsR § 15 Rn. 40; kritisch zu diesem Begründungsansatz Schmidt JuS 2008, 665 (669 f.).
[38] Vgl. etwa Hopt/Hopt § 86 Rn. 34 ff. mwN.
[39] Vgl. BGH NJW-RR 2008, 1491 – Post-Wettannahmestelle.
[40] BGH NJW-RR 2021, 1404 (1407 f.) – Booking.com; BGHZ 97, 317 – Telefunken; Canaris HandelsR
§ 15 Rn. 40.

abgeschlossenen Verträge und der geschäftsspezifischen Investitionen trägt.[41] Ein echter Handelsvertreter trägt im Wesentlichen nur das Provisionsrisiko, während alle Risiken des vermittelten Geschäfts beim Hersteller oder Großhändler liegen. Als in die Vertriebsorganisation eingegliedertes Hilfsorgan des Unternehmers (Prinzipals) bildet der Handelsvertreter mit dem Prinzipal eine wirtschaftliche Einheit, weshalb es bereits an einer Vereinbarung zwischen (mehreren) Unternehmen iSd Art. 101 Abs. 1 AEUV bzw. § 1 GWB fehlt.[42] Handelt es sich dagegen um **„unechte"** **Handelsvertreter,** die angesichts der vertraglichen Ausgestaltung ihrer Beziehung zum Unternehmer erhebliche wirtschaftliche Risiken zu tragen haben und daher als eigene Wirtschaftsstufe behandelt werden, so ist die Preisbindung ebenso untersagt wie bei einem Eigenhändler bzw. Vertragshändler und Franchisenehmer.[43]

11 Folgen eines Verstoßes gegen Art. 101 AEUV oder § 1 GWB sind nicht nur das Risiko eines kartellrechtlichen **Bußgeldes,** sondern die zivilrechtliche **Nichtigkeit** der wettbewerbsbeschränkenden Vereinbarung (Art. 101 AEUV/§ 1 GWB iVm § 134 BGB) sowie **Unterlassungs- und Schadensersatzansprüche** (Art. 101 AEUV iVm § 823 Abs. 2 BGB; §§ 1, 33, 33a GWB).[44] Gemäß § 139 BGB führt die Nichtigkeit einzelner Vertragsbestimmungen zur Nichtigkeit des gesamten Vertrages, wenn nicht anzunehmen ist, dass die Parteien den Vertrag auch ohne die betreffende Vertragsbestimmung geschlossen hätten. Da kartellrechtswidrige Vereinbarungen wie etwa Preisbindungen oftmals als Kern des (unechten) Handelsvertretervertrages jedenfalls für eine Partei von besonderer Wichtigkeit sind, kann auch eine salvatorische Klausel, wie sie in einer Vielzahl von Vertriebsmittlerverträgen enthalten ist, die Wirksamkeit des übrigen Vertrages regelmäßig nicht retten.[45]

III. Der Vertragshändler

12 Als Vertragshändlervertrag wird ein auf gewisse Dauer gerichteter Rahmenvertrag eigener Art bezeichnet, durch den sich der Vertragshändler verpflichtet, Waren des Herstellers oder Lieferanten im eigenen Namen und auf eigene Rechnung zu vertreiben, und durch den der Vertragshändler in die Verkaufsorganisation des Herstellers bzw. Lieferanten eingegliedert wird.[46] Der Vertragshändler ist also ein Absatzmittler, der im Gegensatz zum Handelsvertreter **im eigenen Namen** und **auf eigene Rechnung** handelt. Für den Vertragshändler ist prägend, dass er zwar einerseits als Eigenhändler tätig ist, andererseits aber zugleich eine **intensive Bindung an die Interessen des Unternehmers** auf sich nimmt.[47] Beim Kfz-Vertrieb, dem geradezu typischen Einsatzgebiet für Vertragshändler, wird das besonders deutlich. Geht es dem Unternehmer darum, das Absatzrisiko nicht selbst zu übernehmen, wird er für den Vertrieb seiner Produkte keine Handelsvertreter- oder Kommissionsagenturstruktur wählen, sondern ein Vertragshändlernetz (oder Franchisesystem) aufbauen. Vertragshändlerverträge sind (wie auch Franchiseverträge) regelmäßig komplexer als Handelsvertreterverträge.[48]

---

[41] Vgl. Mitteilung der Europäischen Kommission vom 30.6.2022, Leitlinien für vertikale Beschränkungen, ABl. EU 2022/C 248/01, Rn. 30; BGH NJW-RR 2021, 1404 (1407 f.) – Booking.com; BGHZ 97, 317 – Telefunken; EuG WuW/E EU-R 933 – DaimlerChrysler/Kommission; EuGH EuZW 2007, 150 (153 f.) – Confederación/CEPSA; EuZW 2008, 668 (669 ff.) – CEPSA/LV Tobar e Hijos SL; vgl. zur Abgrenzung zu unechten Handelsvertretern auch EuGH EuZW 2009, 374 – Pedro/Total. Eine konzise Darstellung der Problematik findet sich bei Schmidt JuS 2008, 665 (669 f.) und Hopt/Hopt § 86 Rn. 38.

[42] Vgl. BGH NJW 2012, 2110 (2111).

[43] Vgl. Schmidt JuS 2008, 665 (670) mwN zum Stand der Diskussion.

[44] Semler ZVertriebsR 2012, 156 (157, 160).

[45] Semler ZVertriebsR 2012, 156 (160).

[46] ZB BGH NJW-RR 2003, 98.

[47] Canaris HandelsR § 17 Rn. 1.

[48] Vgl. zB den Mustervertrag von Rauser/Reiling in Walz, Beck'sches Formularbuch Zivil-, Wirtschafts- und Unternehmensrecht, S. 1126 ff.; zum Vertragshändlervertrag insgesamt zB SWSDK Der Vertragshändlervertrag.

Kartellrechtlich sind Vertragshändlerverhältnisse anders zu bewerten als Handelsvertreter- **13** verträge: Da der Vertragshändler für eigene Rechnung tätig wird und somit als selbständiger Wettbewerber am Markt auftritt, gilt für ihn das **Handelsvertreterprivileg nicht.**[49] Preisbindungen oder Beschränkungen von Vertriebswegen sind somit im Verhältnis Unternehmer – Vertragshändler nicht in wirksamer Weise möglich, sondern stellen regelmäßig einen Verstoß gegen Art. 101 AEUV und § 1 GWB dar (zum Kartellrecht → AEUV Art. 101 Rn. 187).[50]

IV. Der Franchisenehmer

Ein Franchisenehmer handelt wie auch ein Vertragshändler **im eigenen Namen** und **14** **auf eigene Rechnung.** Typologisch sind sich beide Vertriebsformen deshalb sehr ähnlich.[51] Im Unterschied zum Vertragshändler, der regelmäßig die Produkte des Herstellers lediglich an- und verkauft, stellt ein Franchisenehmer das Produkt mitunter selbst her. Hierbei nutzt er regelmäßig die gewerblichen Schutzrechte des Franchisegebers und insbesondere dessen Know-how; beredtes Beispiel hierfür ist das Franchisesystem von McDonald's.[52]

Franchiseverträge bedürfen wie Vertragshändlerverträge regelmäßig detaillierterer Rege- **15** lungen als Handelsvertreterverträge. Im Unterschied zu Vertragshändlerverträgen, bei denen regelmäßig allein der Warenvertrieb im Vordergrund steht, liegt bei Franchiseverträgen das Augenmerk stärker auf der **systemeinheitlichen** Nutzung der **gewerblichen Schutzrechte** und des **Know-hows** durch den Franchisenehmer.[53] Das zeigen nicht nur die Fälle, in denen der Franchisenehmer das an die Kunden zu vertreibende Produkt selbst herstellt, sondern auch die Situationen, in denen der Franchisenehmer allein die Marke und das **Dienstleistungskonzept** des Franchisegebers nutzt, die an die Kunden zu vertreibenden Waren jedoch von Dritten (Lieferanten) bezieht. Auf diese Besonderheit des Franchisings ist auch die **Entgeltstruktur** in Franchiseverträgen zugeschnitten;[54] deren wesentliches Element eine laufende, umsatzbezogene Franchisegebühr ist.[55]

Im Hinblick auf die kartellrechtliche Wirksamkeit von Franchiseverträgen, insbesondere **16** im Lichte des Art. 101 AEUV bzw. § 1 GWB, ergeben sich im Vergleich zu Vertragshändlerverträgen Besonderheiten: In seiner – für das Franchising geradezu berühmten – **Pronuptia-Entscheidung** hält der EuGH fest, dass aufgrund der besonderen Interessenlage und der Vielseitigkeit von Franchisevereinbarungen eine differenzierte, einzelfallbezogene kartellrechtliche Bewertung von Franchisebestimmungen vorzunehmen ist.[56] Jedenfalls sollen solche Bestimmungen in Franchiseverträgen schon keine Wettbewerbsbeschränkungen iSd Art. 101 Abs. 1 AEUV (vormals Art. 85 Abs. 1 EWGV) sein, die für den **Schutz des Know-hows** und der **Identität** des Franchisesystems **unerlässlich** sind.[57] Auch der BGH weist darauf hin, dass der Erfolg eines Vertriebsfranchisesystems im Wesentlichen darauf beruht, dass **Identität und Ansehen** der Vertriebsorganisation gewahrt werden; denn nur so kann der einzelne Franchisenehmer daraus einen Gewinn ziehen.[58]

---

[49] Canaris HandelsR § 17 Rn. 41.
[50] Vgl. etwa BGH NZKart 2021, 574 (575 f.) – Porsche Tuning II; NJW-RR 1990, 1190; OLG München BeckRS 2009, 20091.
[51] Canaris HandelsR § 17 Rn. 14 und § 18 Rn. 1.
[52] Canaris HandelsR § 18 Rn. 1; umfassend zum Franchising etwa Metzlaff, Praxishandbuch Franchising, 2003.
[53] Vgl. hierzu Metzlaff Franchising-HdB/Metzlaff § 8 Rn. 126 ff.; ein Mustervertrag findet sich etwa bei Rauser/Reiling in Walz, Beck'sches Formularbuch Zivil-, Wirtschafts- und Unternehmensrecht, S. 1153 ff.
[54] Canaris HandelsR § 18 Rn. 7.
[55] Näher zur Gebührenstruktur in Franchiseverträgen etwa Metzlaff Franchising-HdB/Metzlaff § 8 Rn. 257 ff.
[56] EuGH NJW 1986, 1415 ff. – Pronuptia; hieran anschließend OLG Hamburg WuW 1987, 393; beide noch zu Art. 85 Abs. 1 EWGV aF.
[57] EuGH NJW 1986, 1415 (1416) – Pronuptia.
[58] BGH NJW 2009, 1753 (1755) – Bau und Hobby im Anschluss an EuGH NJW 1986, 1415 – Pronuptia.

17   Vor diesem Hintergrund können Bestimmungen wie die Pflicht zur Anwendung des übermittelten Know-hows, Anforderungen an die Lage und die Einrichtung des Geschäftslokals, das Verbot, Rechte und Pflichten aus dem Vertrag ohne Zustimmung des Franchisegebers auf einen Dritten zu übertragen, die Beschränkung des Warensortiments sowie die Kontrollrechte des Franchisegebers im Hinblick auf Qualitätsstandards und Werbemaßnahmen aus kartellrechtlicher Sicht unbedenklich sein, ohne dass es auf eine Gruppenfreistellung (maßgeblich nach Art. 2 der Vertikal-Gruppenfreistellungsverordnung [EU] Nr. 2022/720, vormals Nr. 330/2010) ankommt.[59] Das kann insbesondere bei **Alleinbezugsverpflichtungen** dann von Bedeutung sein, wenn der Franchisevertrag mehr als fünf Jahre läuft; denn dann kommt wegen Art. 5 Abs. 1a) iVm Art. 1 Abs. 1f) der Verordnung (EU) Nr. 2022/720 eine Gruppenfreistellung nach Art. 2 grundsätzlich nicht in Betracht.[60]

18   Hingegen sind zB **Gebietsaufteilungen** und **Preisbindungen** auch im Rahmen von Franchisebeziehungen ohne Weiteres an Art. 101 Abs. 1 AEUV bzw. § 1 GWB zu messen, weil es sich bei ihnen um wettbewerbsbeschränkende Abreden handelt (zum Kartellrecht → AEUV Art. 101 Rn. 188 ff.).[61]

V. Der Kommissionsagent

19   Kommissionsagent ist, wer als selbständiger Gewerbetreibender ständig mit dem Abschluss von Geschäften im **eigenen Namen,** aber für **fremde Rechnung** betraut ist.[62] Den Unterschied zum gesetzlichen Leitbild des Kommissionärs (§ 383 Abs. 1 HGB) bildet das Merkmal der ständigen Betrauung.[63] Vom Vertragshändler und Franchisenehmer unterscheidet sich der Kommissionsagent insoweit, als er – wie ein Handelsvertreter – für Rechnung des Unternehmers tätig wird (Innenverhältnis);[64] im Gegensatz zum Handelsvertreter schließt er jedoch im Außenverhältnis Geschäfte im eigenen Namen ab wie ein Vertragshändler oder Franchisenehmer.[65] Der Kommissionsagent nimmt folglich eine Zwitterstellung zwischen Handelsvertreter und Vertragshändler ein.[66]

20   Aus kartellrechtlicher Sicht wird der Kommissionsagent ähnlich wie der Handelsvertreter behandelt, da beide für Rechnung eines anderen tätig werden, mithin nicht das mit dem Endkundengeschäft verbundene wirtschaftliche Risiko tragen. Auch für den Kommissionsagenten gilt das Preisbindungsverbot aus Art. 101 AEUV bzw. § 1 GWB deshalb **grundsätzlich nicht.**[67] Etwas anderes gilt jedoch, wenn der Kommissionsagent durch die Ausgestaltung des Vertrages nicht nur das bloße Provisionsrisiko, sondern vielmehr auch das Lager- und Kreditrisiko – mithin das wirtschaftliche Risiko des Endkundengeschäfts – selbst zu tragen hat.[68]

---

[59] EuGH NJW 1986, 1415 (1416) – Pronuptia.

[60] BGH NJW 2009, 1753 – Bau und Hobby konnte dagegen wegen der fünfjährigen Laufzeit des dortigen Franchisevertrags die Frage, ob es bereits an einer Wettbewerbsbeschränkung fehlt, offen lassen.

[61] EuGH NJW 1986, 1415 (1416) – Pronuptia; OLG Frankfurt a. M. BeckRS 1992, 09224; OLG Hamburg GRUR-Int 1987, 785 (786).

[62] Canaris HandelsR § 16 Rn. 2.

[63] Oetker/Busche § 84 Rn. 9; OLG Frankfurt a. M. ZVertriebsR 2020, 381 (383).

[64] Detailliert zur Abgrenzung des Kommissionsagenten von Franchisenehmern und Vertragshändlern BGH NJW-RR 2003, 1056 (1058).

[65] Zur Abgrenzung zwischen einem Handelsvertreter- und dem iE angenommenen Kommissionsagenturverhältnis OLG Oldenburg ZVertriebsR 2016, 182 (184); bestätigt durch BGH NJW 2017, 475 (476 f.).

[66] Oetker/Busche § 84 Rn. 9.

[67] BGH NJW-RR 2003, 1056 (1058 f.); Hopt/Hopt § 383 Rn. 3.

[68] BGH NJW-RR 2003, 1056 (1058 f.).

B. Struktur der §§ 84 ff. HGB und Verhältnis zum BGB

I. Struktur der §§ 84 ff. HGB

Das Handelsvertreterrecht lässt sich wie folgt strukturieren:[69]   **21**

§ 84   Legaldefinition des Handelsvertreters
§ 85   Form des Handelsvertretervertrages
Allgemeine Rechte und Pflichten
§ 86   Pflichten des Handelsvertreters
§ 86a   Pflichten des Unternehmers
Vergütung des Handelsvertreters
§ 86b   Delkredereprovision
§ 87   Provisionsanspruch
§ 87a   Weitere Voraussetzungen des Provisionsanspruchs
§ 87b   Berechnung des Provisionsanspruchs
§ 87c   Abrechnung der Provision
§ 87d   Aufwendungsersatz
Einreden aus dem Vertragsverhältnis
§ 88   weggefallen (früher: Verjährung)
§ 88a   Zurückbehaltungsrechte des Handelsvertreters
Ende des Vertragsverhältnisses
§ 89   Ordentliche Kündigung
§ 89a   Außerordentliche Kündigung
§ 89b   Ausgleichsanspruch nach Beendigung des Vertragsverhältnisses
Nachvertragliche Bindungen
§ 90   Verschwiegenheitspflichten
§ 90a   Wettbewerbsverbot
Vollmachten des Handelsvertreters
§ 91   Umfang der Vertretungsmacht
§ 91a   Mangel an Vertretungsmacht
Besondere Erscheinungsformen des Handelsvertreters
§ 92   Versicherungs- und Bausparkassenvertreter
§ 92a   Einfirmenvertreter
§ 92b   Handelsvertreter im Nebenberuf
§ 92c   Außereuropäischer Vertreter, Schiffslinienvertreter

II. Verhältnis des Handelsvertreterrechts zu Regelungen des BGB

Im Kern unterstehen Verträge mit den unter A. skizzierten Vertriebsmittlern direkt **22** oder jedenfalls in analoger Anwendung den Regelungen des HGB, insbesondere den §§ 84–92c HGB. Da es sich bei der Vertragsbeziehung zwischen dem Unternehmer und dem Vertriebsmittler in aller Regel um einen **Geschäftsbesorgungsvertrag mit Dienstleistungscharakter** handelt, kann sich hieraus jedoch daneben auch die Anwendbarkeit von Vorschriften des BGB ergeben. Im Wesentlichen kommen sowohl die Regelungen über den **Dienstvertrag** (§§ 611 ff. BGB) als auch das **Auftragsrecht** (§ 675 iVm §§ 663, 665–670, 672–674 BGB) subsidiär zur Anwendung, soweit das HGB keine abschließenden Regelungen enthält.[70] Das Werkvertragsrecht findet hingegen trotz Erfolgsbezogenheit der Vergütung des Handelsvertreters auf diesen schon

---

[69] Vgl. die Übersichten bei Emde vor § 84 Rn. 37 und GK-HGB/Genzow vor §§ 84–92c Rn. 82.
[70] Canaris HandelsR § 15 Rn. 15; K. Schmidt HandelsR § 27 Rn. 39; s auch OLG München ZVertriebsR 2022, 327.

deshalb keine Anwendung, weil der Handelsvertreter gemäß § 86 Abs. 1 HGB lediglich das Bemühen um den Abschluss von Geschäften, nicht hingegen den konkreten Erfolgseintritt schuldet.[71]

23   Die unter A. genannten Vertriebsmittlerverträge sind zudem in aller Regel auf eine dauerhafte Mittlertätigkeit angelegt (zum Tatbestandsmerkmal der „ständigen Betrauung" → § 84 Rn. 54 ff.) und stellen daher **Dauerschuldverhältnisse** dar. Subsidiär zu den §§ 84 ff. HGB kommen daher auch Regelungen aus dem allgemeinen Schuldrecht zur Anwendung, namentlich Regelungen zur Kündigung aus wichtigem Grund (§ 314 BGB)[72] und zur Störung der Geschäftsgrundlage (§ 313 BGB).[73] Als **gegenseitige** Vertragsbeziehungen unterliegen (auch) Vertriebsmittlerverträge zudem den §§ 320 ff. BGB.[74]

24   Soweit die §§ 84–92c HGB keine Sonderregelungen enthalten, gelten die Vorschriften des BGB auch sonst ohne Weiteres. Von besonderer Bedeutung ist hier die Inhaltskontrolle nach dem **AGB-Recht bzw. den §§ 305–310 BGB**, denn Handelsvertreter- und sonstige Vertriebsmittlerverträge sind in der Praxis regelmäßig als Allgemeine Geschäftsbedingungen zu qualifizieren (zum AGB-Recht → BGB §§ 305 ff. Rn. 1 ff.).[75] Nachdem der kontrollfreie Bereich nach § 307 Abs. 3 S. 1 BGB regelmäßig sehr eng begrenzt ist, nach ständiger Rechtsprechung nur die sog. Hauptleistungspflichten umfasst und nach § 307 Abs. 3 S. 2 BGB die Transparenzkontrolle ohnehin nicht ausschließt, unterliegen damit nahezu alle Regelungen eines Vertriebsmittlervertrags der materiellen Angemessenheitskontrolle nach § 307 Abs. 2, Abs. 1 S. 1 BGB. Auch die **Wirksamkeitskontrolle nach § 138 BGB** ist zu beachten,[76] wobei das scharfe Schwert des Sittenwidrigkeitsverdikts neben der AGB-rechtlichen Inhaltskontrolle in der Praxis eine vergleichsweise geringe Rolle spielt. Bei **§ 139 BGB** ist jedoch Zurückhaltung geboten, soweit dessen Anwendung den Schutzzweck des zwingenden Handelsvertreterrechts vereiteln würde.[77]

25   **1. Dienstvertragsrecht.** In der Literatur ist umstritten, ob neben den Regelungen des HGB zum Handelsvertreterrecht subsidiär **sämtliche** Regelungen des BGB-Dienstvertrags- und Geschäftsbesorgungsrechts auf den Handelsvertretervertrag zur Anwendung kommen.[78] Dies hätte zur Folge, dass selbst die durch das HGB verdrängten Vorschriften relevant werden, wenn dispositive HGB-Vorschriften vertraglich explizit abbedungen werden; denn in diesem Fall wären die subsidiären BGB-Vorschriften wieder anwendbar, sofern sich aus dem Vertrag nicht auch ein Ausschluss der parallelen BGB-Vorschrift entnehmen lässt.[79] Dies ist jedoch gerade im Hinblick auf die Normen des Dienstvertragsrechts nicht einleuchtend, die nicht mit dem Wesen des selbstständigen Handelsvertreters vereinbar sind.[80] Vielmehr muss bei der Anwendbarkeit des Dienstvertrags- und Geschäftsbesorgungsrechts im Einzelnen **differenziert** werden:

26   **a) Auf den Handelsvertretervertrag anwendbare Vorschriften.** Auf den Handelsvertreter anwendbar sind nach wohl einhelliger Auffassung ua **§ 613 BGB** (mit der Maßgabe, dass bei Vertreterunternehmen oder -gesellschaften zumindest eine personelle Kon-

---

[71] Emde vor § 84 Rn. 40.

[72] Der BGH greift mangels einer vertriebsrechtseigenen Definition auf die Legaldefinition des wichtigen Grundes in § 314 Abs. 1 S. 2 zurück, zuletzt BGH NJW 2011, 3361 f. und 608 (609); OLG München ZVertriebsR 2021, 45; so auch Canaris HandelsR § 15 Rn. 88.

[73] Canaris HandelsR § 15 Rn. 15; Ebenroth/Boujong/Joost/Strohn/Löwisch § 84 Rn. 71.

[74] Emde MDR 2002, 190.

[75] Überblicksartig Hopt/Hopt § 86 Rn. 8; Martinek ZVertriebsR 2012, 2 (7); Staudinger/Billing, 2022, Anh. zu §§ 305 – 310 Rn H 21.

[76] Hopt/Hopt § 86 Rn. 9.

[77] Vgl. Hopt/Hopt § 86 Rn. 11.

[78] Vgl. Emde vor § 84 Rn. 40 f.; ders. MDR 2002, 190.

[79] Emde vor § 84 Rn. 41.

[80] Küstner/Thume VertriebsR-HdB I Kap. II Rn. 4 ff.; Hopt/Hopt § 86 Rn. 5.

tinuität geschützt werden muss),[81] **§ 615 BGB**,[82] **§ 618 BGB** (als Ergänzung zu § 86a HGB, wenngleich wohl mit geringer praktischer Relevanz),[83] **§ 620 Abs. 1 BGB** (als Ergänzung zu § 89 Abs. 1 HGB, der nur die auf unbestimmte Zeit eingegangenen Verträge regelt)[84] und **§ 625 BGB** (insbesondere in Fällen, in denen das vertretene Unternehmen eine Änderungskündigung ausspricht, eine Einigung über den gleichzeitig angebotenen Vertrag auch über den Zeitpunkt des Wirksamwerdens der Kündigung hinaus noch nicht erzielt wurde und der Handelsvertreter ohne Widerspruch des Unternehmers seine Tätigkeit fortsetzt).[85]

b) Begrenzt oder nicht anwendbare Vorschriften. Für die Anwendung des **§ 611** 27 **BGB** bleibt eher kein Raum, da die §§ 84 ff. HGB, insbesondere die §§ 86 und 87 HGB, als leges speciales die Hauptleistungspflichten abschließend regeln.[86] Vertreten wird aber eine Anwendbarkeit für den Fall, dass eine von §§ 87 ff. HGB abweichende Vergütungsart (zB ein Festgehalt) verabredet wird.[87] **§ 612 BGB** wird durch §§ 87–87b HGB verdrängt.[88] Ausnahmsweise kann sich die Vergütung jedoch nach § 612 BGB richten, wenn sich nachträglich die Nichtigkeit des Handelsvertretervertrages herausstellt oder diese durch Anfechtung eintritt.[89]

Handelsvertreterverträge gehen – als Verträge zwischen zwei Unternehmern bzw. Selb- 28 ständigen – im Falle der Veräußerung des Unternehmens nach einhelliger Auffassung nicht wie Arbeitsverhältnisse automatisch gem. **§ 613a BGB** auf den Unternehmensnachfolger über; die Vorschrift ist weder direkt noch dem Rechtsgedanken nach auf das Handelsvertreterverhältnis anwendbar.[90] Möglich ist ein **Vertragsübergang nach § 25 HGB**.[91] Die Regelung des § 613a BGB ist ebenfalls nicht anwendbar auf arbeitnehmerähnliche Handelsvertreter iSd § 5 Abs. 3 ArbGG, da bei diesen lediglich das prozessuale, nicht aber das materielle Arbeitsrecht zur Anwendung kommt.[92] Außerhalb eines Identitätswechsels auf Seiten des Unternehmers kann § 613a BGB anwendbar sein, so etwa im Verhältnis zwischen einem Handelsvertreter und dem Unternehmer, wenn der Handelsvertreter den Handelsvertretervertrag und ein ihn zur Nutzung der vom Unternehmer angemieteten Geschäftsräume und dessen Inventar berechtigendes Rechtsverhältnis kündigt, dem Unter-

---

[81] BFHE 121, 21 (25); Emde MDR 2002, 190 (191); iE so auch Küstner/Thume VertriebsR-HdB I Kap. II Rn. 7; siehe hierzu vertiefend Emde vor § 84 Rn. 62 ff.

[82] BAG NJW 2002, 532 (534); OLG Köln VersR 2006, 407 (409); bei Vereinbarung einer Bezirksprovision ist § 615 BGB nicht anzuwenden, da der Anspruch eine Mitwirkung des Handelsvertreters beim Zustandekommen des provisionspflichtigen Geschäfts nicht voraussetzt, was auch eine Anrechnung von Ersparnissen oder anderweitigen Verwendungen iSd § 615 BGB ausschließt, vgl. BGH BB 1959, 718; 1992, 1162; aA: Martinek/Semler/Flohr VertriebsR-HdB/Flohr/Feldmann § 18 Rn. 45, die § 615 BGB auf Handelsvertreterverträge generell nicht anwenden wollen.

[83] Der Anwendungsbereich beschränkt sich auf solche Fälle, in denen der Unternehmer Räume, Vorrichtungen oder Gerätschaften für den Handelsvertreter zu beschaffen hat, denkbar bei Tankstellenvertretern; vgl. Emde vor § 84 Rn. 82; Emde MDR 2002, 190 (192); Küstner/Thume VertriebsR-HdB I Kap. II Rn. 13.

[84] Martinek/Semler/Flohr VertriebsR-HdB/Flohr/Feldmann § 18 Rn. 48; Emde vor § 84 Rn. 84; Küstner/Thume VertriebsR-HdB I Kap. II Rn. 15; s auch OLG München ZVertriebsR 2022, 327.

[85] Küstner/Thume VertriebsR-HdB I Kap. II Rn. 19; Emde vor § 84 Rn. 87; Hopt/Hopt § 89 Rn. 4, 24, wobei § 625 BGB bzgl. der Anforderungen an die stillschweigende Verlängerung von § 89 Abs. 3 HGB verdrängt werden soll (Rn. 22); aA Ebenroth/Boujong/Joost/Strohn/Löwisch § 89 Rn. 6 und zT MüKoHGB/Ströbl § 89 Rn. 3, wonach § 89 Abs. 3 HGB eine verdrängende Sonderregelung enthalten soll.

[86] Küstner/Thume VertriebsR-HdB I Kap. II Rn. 5; so iE auch Martinek/Semler/Flohr VertriebsR-HdB/Flohr/Feldmann § 18 Rn. 40, wenngleich hier darauf abgestellt wird, dass § 84 HGB lex specialis zu § 611 BGB ist.

[87] Emde vor § 84 Rn. 59; Emde MDR 2002, 190 (191); aA Küstner/Thume VertriebsR-HdB I Kap. II Rn. 5.

[88] Emde vor § 84 Rn. 60; Martinek/Semler/Flohr VertriebsR-HdB/Flohr/Feldmann § 18 Rn. 41.

[89] Küstner/Thume VertriebsR-HdB I Kap. II Rn. 6 unter Verweis auf BAG AP BGB § 138 Nr. 2.

[90] Emde vor § 84 Rn. 74; Küstner/Thume VertriebsR-HdB I Kap. II Rn. 8.

[91] OLG Köln BeckRS 2011, 02988; Emde vor § 84 Rn. 74.

[92] Giesler/Klapperich § 2 Rn. 136; aA Martinek/Semler/Flohr VertriebsR-HdB/Flohr/Feldmann § 18 Rn. 43.

nehmer keinen Nachfolger benennt und im Handelsvertretervertrag für diesen Fall bestimmt ist, dass der Unternehmer die vom Handelsvertreter geworbenen Kunden betreuen darf.[93] § 613a BGB kann dann zur Folge haben, dass die Arbeitsverhältnisse der Mitarbeiter des Handelsvertreters auf den Unternehmer übergehen.[94]

29   Für Handelsvertreter mit einer Provisionsvergütung kann **§ 616 BGB** nicht zur Anwendung kommen; hier trägt der Handelsvertreter selbst das Risiko einer vorübergehenden Verhinderung in seiner Dienstleistung.[95] Anders ist die Frage jedoch zu beantworten, wenn eine Festvergütung vereinbart ist. Hier bedarf es für das Entstehen eines Entlohnungsanspruchs des Handelsvertreters gerade nicht eines kausalen Beitrags für die Kundenwerbung, weshalb § 616 BGB für die Anwendung auf ein solches Handelsvertreterverhältnis geeignet ist.[96] Gleiches soll für einen Bezirksprovisionsanteil gelten, welcher ebenso wenig eine mitwirkende Kausalität für die Kundenwerbung erfordert.[97] Eine Anwendbarkeit des **§ 617 BGB** widerspräche dagegen der selbstständigen Stellung des Handelsvertreters.[98]

30   Sowohl die Kündigungsvorschriften der **§§ 621, 622 BGB** als auch die Vorschriften über die fristlose Kündigung in **§§ 626, 627 BGB** werden durch die speziellen Regelungen der §§ 89, 89a HGB verdrängt.[99] Daraus ergibt sich insbesondere auch, dass für den Handelsvertreter (und die anderen Vertriebsmittler) nicht die in § 626 Abs. 2 BGB normierte Zweiwochenfrist zur außerordentlichen Kündigung gilt, innerhalb derer die Kündigung ausgesprochen werden muss.[100] Stattdessen ist – auch im Rahmen von 89a Abs. 1 HGB – auf § 314 Abs. 3 BGB zurückzugreifen, der eine in „angemessener Frist" (ab Kenntniserlangung vom Kündigungsgrund) ausgesprochene Kündigung fordert.[101] Die Dauer der angemessenen Überlegungszeit (Kündigungsfrist) richtet sich nach den Umständen des jeweiligen Einzelfalls, ist für Handelsvertreter-, Vertragshändler- und Franchiseverträge nach Ansicht des BGH aber in der Regel (ohne Abmahnung) kürzer als zwei Monate.[102] Für den Fristbeginn kommt es auf den Wissensstand des zur Entscheidung über die fristlose Kündigung berufenen und bereiten Gremiums der Gesellschaft an.[103]

31   Umstritten bleibt in diesem Zusammenhang, wann die Kündigungsfrist bei Dauerverstößen[104] beginnt: Bereits mit Erlangung einer (hinreichend sicheren) Kenntnis des Kündigungsgrundes oder erst mit Abschluss des Dauerverstoßes?[105] Die hierfür im Rahmen des § 626 Abs. 2 BGB entwickelte Rechtsprechung des BGH[106], wonach die dort normierte

---

[93] BAG DB 1988, 2155.

[94] Vgl. BAG DB 1988, 2155 f.

[95] Küstner/Thume VertriebsR-HdB I Kap. II Rn. 11.

[96] Emde vor § 84 Rn. 80; aA Martinek/Semler/Flohr VertriebsR-HdB/Flohr/Feldmann § 18 Rn. 45 und Giesler/Klapperich § 2 Rn. 139, die eine Anwendung des § 616 BGB auf Handelsvertreterverhältnisse generell ausschließen.

[97] Emde vor § 84 Rn. 80.

[98] Martinek/Semler/Flohr VertriebsR-HdB/Flohr/Feldmann § 18 Rn. 46; Küstner/Thume VertriebsR-HdB I Kap. II Rn. 12; anders Emde vor § 84 Rn. 81, der § 617 BGB zwar grds. für anwendbar hält, ihm aus praktischer Sicht aber kaum Bedeutung zumisst.

[99] Martinek/Semler/Flohr VertriebsR-HdB/Flohr/Feldmann § 18 Rn. 49; Küstner/Thume VertriebsR-HdB I Kap. II Rn. 16, 20; s auch OLG München ZVertriebsR 2022, 327.

[100] OLG München ZVertriebsR 2016, 35 (39); K. Schmidt HandelsR § 27 Rn. 63; Küstner/Thume VertriebsR-HdB I Kap. II Rn. 20; Emde vor § 84 Rn. 88; aA OLG Karlsruhe DB 1978, 1396 und BB 1977, 1672, das jedenfalls den Rechtsgedanken des § 626 Abs. 2 BGB auch bei Handelsvertreterverträgen entsprechend heranziehen und berücksichtigen will.

[101] Aus der Rechtsprechung zuletzt BGH NJW 2011, 3361 (3362); OLG München BeckRS 2015, 07780; Canaris HandelsR § 15 Rn. 91; Hopt/Hopt § 89a Rn. 30.

[102] BGH NJW 2011, 3361 (3362) mAnm Flohr ZVertriebsR 2012, 50 f.; OLG Bamberg IBRRS 2016, 1090; MüKoHGB/Ströbl § 89a Rn. 66 f.; vgl. auch BT-Drs. 14/6040, 178.

[103] BGH ZVertriebsR 2013, 395 (398) mAnm Flohr, der die vom BGH im Rahmen von § 626 Abs. 2 BGB getroffenen Aussagen auf § 314 BGB überträgt.

[104] Ein Paradebeispiel hierfür im Vertriebsrecht ist der anhaltende Verstoß gegen ein vertragliches Wettbewerbsverbot, so auch die Konstellation in BGH NJW 2011, 3361.

[105] Die Frage dahinstehen lassend zuletzt OLG Stuttgart BeckRS 2015, 10423.

[106] BGH NJW 2005, 3069 (3070); 1995, 2850 (2851); 1975, 1698.

Zweiwochenfrist nicht vor Beendigung des Verstoßes beginnt, hat der BGH bisher nicht auf das Handelsvertreterrecht übertragen, sondern die Frage offen gelassen.[107]

Die Anwendbarkeit des **§ 624 BGB** auf **Handelsvertreterverträge** ist in Literatur und **32** Rechtsprechung noch immer umstritten. Zum Teil wird vertreten, dass § 624 BGB für alle Dienstverträge und somit auch für Handelsvertreterverträge gilt.[108] Richtiger erscheint aber eine differenzierte Auffassung, wie sie in der Rechtsprechung vertreten wird:[109] Danach soll die Anwendbarkeit des § 624 BGB davon abhängig sein, ob der ihm zugrundeliegende „volkswirtschaftliche und soziale Schutzzweck" im konkreten Einzelfall gegeben ist.[110] Ein solches Schutzbedürfnis kann dem Handelsvertreter grds. weder pauschal zu- noch abgesprochen werden.[111] Eine **Einschränkung** hiervon macht die Rechtsprechung aber in Bezug auf **Tankstellenverträge** (wobei der BGH mit seiner Formulierung **„Stationärverträge"** offen lässt, ob diese Ausführungen auch auf andere, wesensgleiche Vertragsverhältnisse anwendbar sind): Soweit solche Verträge Rechtsbeziehungen schaffen, die über ein bloßes Handelsvertreterverhältnis hinausgehen, also auch Elemente eines Werkvertrages, eines Darlehensvertrages, einer Miete und/oder einer Pacht aufweisen, kann § 624 BGB hierauf keine Anwendung finden.[112] Das ist regelmäßig bei Tankstellen der Fall, bei denen der Unternehmer (idR Mineralölgesellschaften) **auf eigene Kosten** eine Tankstelle errichtet und diese dem Handelsvertreter zur Verfügung stellt. In solchen Fällen tritt die Stellung des Handelsvertreters als schutzwürdiger Dienstverpflichteter hinter das Interesse eines selbstständig Gewerbetreibenden, geeignete Mittel zum Aufbau eines Betriebes zu empfangen, zurück.[113]

Auch auf **Vertragshändler- und Franchiseverträge** soll § 624 BGB nach einer **33** Ansicht in der Literatur anwendbar sein.[114] Im Hinblick auf den typengemischten Charakter von Vertragshändler- und Franchiseverträgen vermag das schon angesichts der differenzierten Anwendung von § 624 BGB bei Handelsvertreterverträgen durch den BGH nicht zu überzeugen.[115] Angesichts der Investitionen, die ein Vertragshändler oder Franchisenehmer beim Aufbau seines Unternehmens regelmäßig vornehmen muss, wäre eine maximale Festlaufzeit von fünf Jahren in vielen Fällen zu kurz, um eine hinreichende Amortisierung dieser Kosten zu ermöglichen. Geht man davon aus, dass eine maximale Laufzeit von fünf Jahren paritätisch zu vereinbaren wäre – § 624 BGB in der Praxis der Vertragsgestaltung seinem Regelungsgehalt nach (faktisch) also auch zugunsten des Herstellers oder Franchisegebers gelten würde – dann gäbe man einem Vertragshändler oder Franchisenehmer mit der Anwendbarkeit von § 624 BGB eher Steine statt Brot; **zu kurze Laufzeiten** sind auch nicht im Interesse von Vertragshändlern und Franchisen-

---

[107] BGH NJW 2011, 3361 (3362) mwN zum Meinungsstand in der Literatur.

[108] Emde vor § 84 Rn. 86; Emde MDR 2002, 190 (192).

[109] OLG Hamm DB 1978, 1445 f. unter Verweis auf BGH NJW 1969, 1662 (1663); so auch Canaris HandelsR § 15 Rn. 94 ff.

[110] BGH NJW 1969, 1662 (1663) mwN; eine andere, wenn auch ähnliche Abgrenzung macht OLG Stuttgart NJW 1964, 2255 (2257) mAnm Rittner, der darauf abstellen will, ob es sich bei dem Handelsvertretervertrag eher um einen persönlichkeits- oder einen bloß unternehmensbezogenen Vertrag handelt; so ähnlich auch Martinek/Semler/Flohr VertriebsR-HdB/Flohr/Feldmann § 18 Rn. 50 mit Verweis auf OLG Hamm DB 1978, 1445; vgl. K. Schmidt HandelsR § 27 Rn. 40 f. mit einer Gegenüberstellung der einzelnen Differenzierungsmöglichkeiten.

[111] Anders Küstner/Thume VertriebsR-HdB I Kap. II Rn. 18, der davon ausgeht, dass eine solche Schutzbedürftigkeit mangels persönlicher Abhängigkeit des Handelsvertreters in der Regel fehlt.

[112] BGH NJW 1969, 1662 (1663); 1982, 1692 f.; OLG Stuttgart NJW 1964, 2255 (2257).

[113] BGH NJW 1982, 1692 f.; OLG Celle BB 1962, 542 (543).

[114] Canaris HandelsR § 16 Rn. 11; Emde vor § 84 Rn. 86 mwN; Giesler/Köhnen § 3 Rn. 312 für Vertragshändlerverträge, sofern das dienstvertragliche Element überwiegt.

[115] Gegen die Anwendung von § 624 BGB auf Franchiseverträge auch Stoffels DB 2004, 1871 (1872) mit dem Argument mangelnder persönlicher Verpflichtung des Franchisenehmers; Giesler/Giesler/Güntzel § 4 Rn. 554 mit Hinweis auf die Natur des Vertrags als einen der „kompliziertesten Typenkombinationsverträge"; Giesler/Nauschütt FranchiseR/Höpfner Kap. 12 Rn. 41 ff. unter ausdrücklicher Aufgabe der gegenteiligen, in der Vorauflage vertretenen Ansicht.

ehmern.[116] Vielmehr muss bei Vertragshändler- und Franchiseverträgen die Möglichkeit bestehen, längere Laufzeiten als fünf Jahre für beide Seiten verbindlich zu vereinbaren.[117] Hierfür spricht neben der Amortisation getätigter Investitionen ein weiterer Aspekt, nämlich die Gewährung eines Mindestmaßes an Planungssicherheit.[118] Eine hinreichende (Angemessenheits-)Kontrolle der Laufzeit und Aufrechterhaltung der wirtschaftlichen Bewegungsfreiheit des Vertragshändlers oder Franchisenehmers ist über § 307 BGB flexibel genug möglich, eine (de facto) starre Laufzeit von fünf Jahren sollte weder über eine Orientierung an Art. 5 Abs. 1 der Vertikal-Gruppenfreistellungsverordnung (EU) Nr. 2022/720, noch über § 624 BGB in Vertragshändler- oder Franchiseverhältnissen Einzug halten.

34   **§ 628 Abs. 2 BGB** wird durch den spezielleren § 89a Abs. 2 HGB verdrängt.[119] Auch für **§ 628 Abs. 1 BGB** ist bei Provisionsvertretern kaum ein Anwendungsbereich eröffnet, wohl aber für Vertreter mit einem festen Vergütungsbestandteil.[120] Aufgrund der selbständigen Stellung des Handelsvertreters scheidet eine Anwendbarkeit des **§ 629 BGB** aus.[121] Umstritten ist jedoch, inwieweit **§ 630 BGB** auf den Handelsvertreter zur Anwendung kommt. Auch hier werden von der hM berechtigte Bedenken geäußert, inwiefern ein Handelsvertreter als selbstständiger Unternehmer überhaupt einen Zeugnisanspruch bei Vertragsbeendigung erlangen können soll, zumal es sich dabei nicht selten um eine Handelsvertretergesellschaft handeln kann.[122] Die Erteilung eines Zeugnisses ist dem Dienstberechtigten schließlich nur möglich, wenn er durch die betriebliche Einordnung des Dienstverpflichteten in seine Organisation den Arbeitswillen, die Arbeitsleistung und die Arbeitsweise des Dienstverpflichteten hinreichend beurteilen kann. Ein Handelsvertreter ist hingegen gerade nicht in dieser Weise in die betriebliche Organisation des Unternehmers eingebunden, weshalb der Unternehmer seine Einschätzung lediglich an den Erfolgen oder Misserfolgen des Handelsvertreters festmachen könnte.[123] Auch eine beschränkte Anwendung auf arbeitnehmerähnliche Handelsvertreter iSd § 5 Abs. 3 ArbGG, wie sie zum Teil von der Literatur vertreten wird, erscheint unter dem Aspekt der fehlenden Beurteilungsmöglichkeit als nicht sachdienlich.[124] Die bloße wirtschaftliche Abhängigkeit des Einfirmenvertreters vom Unternehmer ist als Abgrenzungskriterium für die Frage, ob einem Handelsvertreter ein Zeugnisanspruch zusteht oder nicht, ungeeignet.[125]

35   **2. Auftragsrecht.** Der Handelsvertretervertrag stellt einen Geschäftsbesorgungsvertrag iSd § 675 BGB dar, weshalb das Auftragsrecht auf das Handelsvertreterrecht grundsätzlich Anwendung findet.[126] Anwendbar sind insbesondere die **§§ 663, 667, 672, 673** und **674 BGB**.[127] **§ 665 BGB** konkretisiert das Weisungsrecht des Unternehmers; dieses Weisungsrecht muss jedoch im Hinblick auf die **Selbständigkeit** des Handelsvertreters beschränkt werden.[128]

---

[116] So für das Franchising zutreffend Stoffels DB 2004, 1871 (1874); vgl. auch Billing/Röschenkemper ZVertriebsR 2015, 139.

[117] In der Praxis sind Laufzeitvereinbarungen von 5–10 Jahren und automatische Verlängerungen um weitere 5 Jahre gängig, Emde vor § 84 Rn. 466; Metzlaff Franchising-HdB/Metzlaff § 8 Rn. 337; nach OLG Düsseldorf 12.7.2013 – VI-U (Kart) 1/13, BeckRS 2014, 12436 verstößt selbst eine Vertragslaufzeit von 20 Jahren nicht ohne weiteres gegen § 307 BGB.

[118] OLG Frankfurt a. M. ZVertriebsR 2015, 161 mAnm Billing/Röschenkemper ZVertriebsR 2015, 139.

[119] Küstner/Thume VertriebsR-HdB I Kap. II Rn. 21; Emde vor § 84 Rn. 90.

[120] Emde vor § 84 Rn. 90; Hopt/Hopt § 89a Rn. 2.

[121] Emde vor § 84 Rn. 91; Martinek/Semler/Flohr VertriebsR-HdB/Flohr/Feldmann § 18 Rn. 52; Küstner/Thume VertriebsR-HdB I Kap. II Rn. 22.

[122] Gegen eine Anwendung des § 630 BGB daher Küstner/Thume VertriebsR-HdB I Kap. II Rn. 23; Hopt/Hopt § 86 Rn. 5; aA Emde vor § 84 Rn. 92, der selbst bei Handelsvertretergesellschaften einen Zeugnisanspruch bejaht, und Giesler/Klapperich § 2 Rn. 151.

[123] Vgl. die Argumentation des OLG Celle BB 1967, 775.

[124] So aber Martinek/Semler/Flohr VertriebsR-HdB/Flohr/Feldmann § 18 Rn. 52 im Hinblick auf den Zeugnisanspruch.

[125] OLG Celle BB 1967, 775.

[126] Emde vor § 84 Rn. 93.

[127] Canaris HandelsR § 15 Rn. 15; Emde vor § 84 Rn. 94 ff.

[128] Hopt/Hopt § 86 Rn. 6, 15 f.

Wenngleich theoretisch möglich, wird **§ 666 BGB** neben dem für den Handelsvertreter günstigeren § 87c HGB kaum zur Anwendung kommen.[129] Für den Handelsvertreter ebenso eher praxisfern ist **§ 668 BGB,** da der Handelsvertreter selten Gelder für den Unternehmer verwahren wird.[130] **§§ 669, 670 BGB** kommen idR nicht zur Anwendung, da die Aufwendungen des Handelsvertreters durch die Provision abgegolten werden.[131] Aus dem **Gegenschluss zu § 87d HGB** wird jedoch gefolgert, dass Aufwendungen außerhalb des regelmäßigen Geschäftsbetriebes nach § 670 BGB dann ersetzt werden müssen, wenn der Handelsvertreter diese den Umständen nach für erforderlich halten konnte.[132] Zudem muss **§ 673 S. 2 BGB** von der Anwendung auf Handelsvertreterverhältnisse ausgenommen werden, da der Erbe die persönliche Dienstpflicht regelmäßig schon mangels erforderlicher Kenntnisse nicht erfüllen kann.[133] Dagegen ist bei den im eigenen Namen und auf eigene Rechnung handelnden Vertragshändlern und Franchisenehmern bei der Anwendung des Auftragsrechts Zurückhaltung geboten, im Einzelfall können einzelne Vorschriften des Auftragsrechts ausnahmsweise anwendbar sein.[134]

C. Die entsprechende Anwendung der §§ 84 ff. HGB

Das HGB enthält in den §§ 84–92c HGB das Recht des Handelsvertreters, in den §§ 93– **36** 104 HGB Vorschriften über den (dem Handelsvertreter ähnlichen[135]) Handelsmakler und in den §§ 383–406 HGB Regelungen über das Kommissionsgeschäft. Andere Absatzmittlungsverhältnisse regelt das HGB nicht, auch sonst fehlt es an einem kodifizierten Recht insbesondere der Vertragshändler und Franchisenehmer. Damit kommt der Frage, unter welchen Voraussetzungen das Handelsvertreterrecht auf gesetzlich nicht geregelte Absatzmittlungsverhältnisse – insbesondere Vertragshändler, Franchisenehmer und Kommissionsagenten – entsprechende (analoge) Anwendung findet, erhebliche Bedeutung zu.

I. Allgemeine Analogievoraussetzung: Eingliederung in die Absatzorganisation

Der BGH hat sich mit der Frage der analogen Anwendung handelsvertreterrechtlicher **37** Vorschriften maßgeblich im Rahmen von **Vertragshändlerverträgen** auseinandergesetzt. Nach dessen ständiger Rechtsprechung setzt hier die analoge Anwendung handelsvertreterrechtlicher Vorschriften voraus, dass sich das Rechtsverhältnis zwischen dem Vertragshändler und dem Hersteller oder Lieferanten nicht in einer bloßen Käufer-Verkäufer-Beziehung erschöpft, sondern der Vertragshändler so in die **Absatzorganisation** des Herstellers oder Lieferanten **eingegliedert** ist, dass er wirtschaftlich in erheblichem Umfang dem Handelsvertreter **vergleichbare Aufgaben** zu erfüllen hat.[136] Wenn der BGH diese Analogievoraussetzung mitunter abweichend formuliert,[137] ist damit – wie sein Verweis auf Urteile

---

[129] Hopt/Hopt § 86 Rn. 6; Emde vor § 84 Rn. 96.

[130] Emde vor § 84 Rn. 98; Giesler/Klapperich § 2 Rn. 157.

[131] Emde vor § 84 Rn. 99; Giesler/Klapperich § 2 Rn. 158.

[132] OLG Naumburg BeckRS 2002, 30245520; K. Schmidt HandelsR § 27 Rn. 61.

[133] Emde vor § 84 Rn. 101; ders. MDR 2002, 190 (193).

[134] Näher Emde vor § 84 Rn. 380, 445.

[135] Zur Abgrenzung etwa Hopt/Hopt § 84 Rn. 20; Hopt/Roth § 93 Rn. 11 mwN; OLG Düsseldorf BeckRS 2012, 00828.

[136] Zuletzt BGH NJW 2021, 69 (70); ZVertriebsR 2016, 120; NJW-RR 2011, 389; 2010, 1263 (1264); 2007, 1327 (1328 f.); 2006, 1692 (1693); 2004, 898.

[137] Vgl. BGH NJW-RR 2003, 98 im Rahmen der Analogieprüfung von § 89 Abs. 1 S. 2 HGB: „Auf dieses Vertragsverhältnis ist Handelsvertreterrecht entsprechend anwendbar, wenn der Vertragshändler durch den Rahmenvertrag handelsvertretertypische Rechte und Pflichten übernommen hat und in erheblichem Umfang Aufgaben erfüllt, wie sie auch vom Handelsvertreter wahrgenommen werden (vgl. BGH NJW-RR 1988, 1305 unter D 2).“ Vgl. auch BGH NJW-RR 2002, 1554 (1555), ebenfalls im Rahmen der Analogieprüfung von § 89 HGB: „Vorschriften des Handelsvertreterrechts sind auf einen Franchise-Vertrag entsprechend anwendbar, wenn der hinter einer Einzelbestimmung stehende Grundgedanke wegen der Gleichheit der Interessenlage auch auf das Verhältnis zwischen Franchisegeber und Franchisenehmer zutrifft (vgl. BGH NJW-RR 1987, 612)“.

mit der gewohnten Formulierung zeigt – ein Unterschied in der Sache nicht verbunden. Bei der Prüfung dieser Analogievoraussetzung sind die konkreten vertraglichen Abreden zwischen den Parteien in ihrer **Gesamtheit** zu betrachten.[138]

38   Ist diese Analogievoraussetzung erfüllt, finden auf das Absatzmittlungsverhältnis **diejenigen Vorschriften** der §§ 84 ff. HGB entsprechende Anwendung, die nicht auf der Besonderheit der handelsvertretertypischen bloßen Vermittlungstätigkeit ohne Abschluss des Kundenvertrags im eigenen Namen und auf eigene Rechnung beruhen.[139] Bei Vorliegen der allgemeinen Analogievoraussetzung sind die Bestimmungen des Handelsvertreterrechts dementsprechend nicht in ihrer Gesamtheit (generell) entsprechend anzuwenden, vielmehr geht es jeweils um die Anwendung des hinter den **Einzelbestimmungen** des Handelsvertreterrechts bestehenden gesetzgeberischen Grundgedankens.[140] Mit anderen Worten: Die in Rede stehende Einzelbestimmung muss „passen". Hingegen ist die Analogiefähigkeit einer Norm (zB § 89b Abs. 3 HGB) allgemein abzulehnen, soweit sie sich in Gegensatz zu zwingenden Vorschriften der Handelsvertreterrichtlinie, insbesondere Art. 18, setzen würde.[141]

39   Diese Analogievoraussetzung wendet die Rechtsprechung auch auf andere Vertriebsmittler an, wie zB **Franchisenehmer**[142] und **Markenlizenznehmer.**[143]

40   Dagegen bedarf es einer solchen Gesamtbetrachtung bei einem **Kommissionsagenten** wegen dessen typologischer Ähnlichkeit mit dem Handelsvertreter regelmäßig nicht. Ist der Vertriebsmittler als Kommissionsagent zu qualifizieren, sind die Vorschriften des Handelsvertreterrechts grundsätzlich entsprechend anzuwenden.[144] Die Thematik der analogen Anwendung handelsvertreterrechtlicher Vorschriften konzentriert sich damit auf Fälle, in denen der Absatzmittler im eigenen Namen und auf eigene Rechnung handelt, mithin als Eigenhändler auftritt.

41   **1. Eingliederung in die Absatzorganisation von der Rspr. bejaht.** Die einem Handelsvertreter vergleichbare Eingliederung des Absatzmittlers in die Absatzorganisation des Herstellers oder Lieferanten ist anhand der Bestimmungen des jeweiligen Vertriebsvertrags zu ermitteln.[145] Ist danach der Absatzmittler zB auf

– ein **bestimmtes Vertragsgebiet** festgelegt sowie insbesondere verpflichtet,
– den Vertrieb durch Werbung, Teilnahme an Messen und Ähnlichem zu fördern **(Absatzförderungspflicht),**
– den **Geschäftsbetrieb** in bestimmter Weise **zu gestalten,**
– **Serviceleistungen** zu erbringen,
– dem Hersteller oder Lieferanten regelmäßig über die Geschäftsentwicklung und alle Abschlüsse **zu berichten** und
– ihnen **Einsicht in die Geschäftsunterlagen** zu gewähren,

---

[138] ZB zum Markenlizenzvertrag BGH GRUR 2010, 1107 (1109) – JOOP!; OLG Köln BeckRS 2010, 12320.

[139] OLG Köln BeckRS 2010, 12320; Ebenroth/Boujong/Joost/Strohn/Löwisch § 84 Rn. 196.

[140] Vgl. BGH NJW-RR 1987, 612 (613) – Aquella; Canaris HandelsR § 17 Rn. 15, § 18 Rn. 23; Heidel/Schall/Prasse Anh. FranchiseR Rn. 41.

[141] BGH ZVertriebsR 2021, 47 (51) mAnm Muhl im Anschluss an EuGH ZVertriebsR 2018, 169 (172) – CMR; dazu Emde EWiR 2021, 237.

[142] BGH NJW 2017, 475 (478); OLG Celle BB 2007, 1862 (1863 ff.) – City Map; mit abweichender Formulierung BGH NJW-RR 2002, 1554 (1555): Analogie dann, wenn der hinter einer Einzelbestimmung stehende Grundgedanke wegen der Gleichheit der Interessenlage auch auf das Verhältnis zwischen Franchisenehmer und Franchisegeber zutrifft.

[143] BGH GRUR 2010, 1107 (1108 f.) – JOOP!.

[144] Vom BGH bislang allerdings (weil die Analogievoraussetzungen vorlagen) offen gelassen, s. BGH NJW 2017, 475 (478); NJW-RR 2003, 1056 (1059); gegen ein vorschnelles, pauschales Bejahen der Analogie und BGH NJW-RR 2003, 1056 deshalb zu weitgehend kritisierend Canaris HandelsR § 16 Rn. 6 mit Fn. 5, wobei auch nach der Formulierung des BGH Ausnahmen vom Grundsatz bestehen können und Canaris keine Vorschrift nennt, bei der die Analogie zumindest zweifelhaft sein könnte.

[145] Vgl. etwa BGH NJW 2000, 1413; OLG München ZVertriebsR 2020, 72 (76 f.).

ist eine dem Handelsvertreter vergleichbare Eingliederung in die Absatzorganisation an-zunehmen.[146] Diese Vertragspflichten müssen jedoch **nicht kumulativ** vorliegen, es kann genügen, wenn der Absatzmittler **einzelne** handelsvertretertypische Pflichten übernom-men hat.[147] Auf eine bestimmte quantitative Anzahl erfüllter Kriterien kommt es nicht an, entscheidend ist immer eine wertende **Gesamtbetrachtung** des Vertragsverhältnis-ses.[148]

So wird die **Verpflichtung zur Absatzförderung** (nach besten Kräften durch geeig-   **42** nete Werbe-, Verkaufsförderungs- und PR-Maßnahmen) in der Mehrzahl der Fälle zwar ein starkes Indiz für die Eingliederung in die Absatzorganisation sein,[149] die Absatzför-derungspflicht muss jedoch für sich genommen nicht ausreichen, den Eingliederungstat-bestand anzunehmen.[150] Auch **Kontroll- und Überwachungsbefugnisse** des Herstellers oder Lieferanten werden den Eingliederungstatbestand regelmäßig indizieren;[151] ihr Fehlen schließt diesen jedoch nicht notwendig aus.[152] Das gilt auch für die Verpflichtung des Absatzmittlers zur **Bonitätsprüfung** anfragender Kunden.[153] Stellt der Hersteller oder Lieferant umfangreiche **Abrechnungs- und Auswertungsleistungen** zur Verfügung und übernimmt er die **Schulung der Mitarbeiter** des Absatzmittlers, spricht auch das (unter anderem) dafür, den Eingliederungstatbestand anzunehmen.[154] Auch die **Pflicht zur Rückgabe von Unterlagen** bei Vertragsbeendigung und die Abrede, dass die während der Vertragslaufzeit **neu geworbenen Kunden** allein dem Hersteller oder Lieferanten zustehen sollen, sprechen dafür, eine Eingliederung in die Absatzorganisation anzuneh-men.[155] Ein mögliches Kriterium ist auch die vertretertypische Interessenwahrungspflicht und ein daraus folgendes (ungeschriebenes) Wettbewerbsverbot des Vertragshändlers.[156] Hingegen ist ein **Alleinvertriebsrecht** für ein bestimmtes Gebiet (auch in Verbindung mit einer ausschließlichen Bezugsbindung) für sich genommen lediglich ein eher schwaches Indiz für eine dem Handelsvertreter vergleichbare Einordnung in die Absatzorganisation des Herstellers oder Lieferanten;[157] hier müssen in jedem Fall weitere handelsvertreter-typische Verpflichtungen hinzutreten.[158] Die aus kartellrechtlichen Gründen bestehende Preisgestaltungsfreiheit des Franchisenehmers soll das Kriterium der Eingliederung nicht entfallen lassen.[159]

Eine umfassende **Eingliederung in ein Franchisesystem** liegt nach der Rechtspre-   **43** chung des BGH vor, wenn der Franchisenehmer seinen Geschäftsbetrieb weitgehend auf das Vertriebskonzept des Franchisegebers zuzuschneiden hat.[160] Dazu gehören neben der **Verwendung der Standardverträge** des Franchisegebers insbesondere die **Benutzung**

---

[146] BGH NJW 2000, 1413; 2021, 69 (71); OLG Frankfurt a. M. BeckRS 2019, 15476 Rn. 67 (für Vertragshändler); vgl. auch BGH NJW-RR 2002, 1554 (1555); 1987, 612, jeweils zu Franchisenehmern und BGH NJW 2017, 475 (478) zum Kommissionsagenten.
[147] Vgl. BGH NJW-RR 2003, 98: Pflicht zur Prüfung der Bonität der anfragenden Kunden kann genügen.
[148] OLG Köln BeckRS 2013, 02968.
[149] Vgl. BGH NJW 2000, 1413; siehe auch BGH NJW-RR 1987, 612 (613) – Aquella.
[150] Vgl. BGH GRUR 2010, 1107 (1109) – JOOP!.
[151] Vgl. BGH NJW-RR 2003, 98; 1988, 1305; 1987, 612 (613) – Aquella.
[152] BGH NJW-RR 1992, 421 (422).
[153] Vgl. BGH NJW-RR 2003, 98.
[154] Vgl. BGH NJW-RR 1987, 612 (613) – Aquella; OLG Hamm ZVertriebsR 2017, 167 (170).
[155] Vgl. BGH NJW-RR 1987, 612 (613) – Aquella.
[156] OLG München BB 1997, 595; Küstner/Thume VertriebsR-HdB II Kap. II Rn. 64; anders wenn lediglich Ausfluss des vereinbarten Alleinvertriebsrechts BGH NJW-RR 2007, 1327 (1328).
[157] BGH NJW-RR 2007, 1327 (1328); OLG Köln BeckRS 2010, 12320.
[158] Vgl. OLG Köln BeckRS 2010, 12320; siehe auch BGH NJW-RR 1987, 612 (613) – Aquella.
[159] Kroll ZVertriebsR 2014, 290 (293); wohl aA hins. der Preisgestaltungsfreiheit eines Tankstellenpächters OLG Hamm BeckRS 2013, 18759; siehe auch OLG Hamm ZVertriebsR 2017, 167 (171): „Gegen eine Einbindung … in die Absatzorganisation … spricht ferner der Umstand, dass der Kläger … in der Preis-gestaltung gegenüber dem Endkunden frei war und sich insofern in einem weiteren wesentlichen Punkt gerade nicht seiner unternehmerischen Freiheit begeben hatte."
[160] Vgl. BGH NJW-RR 2002, 1554 (1555).

der Marke des Franchisegebers auf den Vertragsgegenständen und den Geschäftsunterlagen sowie die **Gestaltung der Geschäftsräume** und die **Uniformierung des Personals** nach den Vorgaben des Franchisegebers.[161] Von der Eingliederung in eine fremde Absatzorganisation wird bei Franchisesystemen idR ohne weitere Ausführungen – so etwa im **Kamps-Urteil**[162] des BGH – ausgegangen. Gleichwohl kommt es darauf an, was die Parteien individuell miteinander vereinbart haben;[163] entscheidend sind mit anderen Worten die Umstände des konkreten Einzelfalls.

44   Erfasst ein Handelsvertretervertrag gleichermaßen auch den Vertrieb des Absatzmittlers in Form von Eigengeschäften, liegt es ebenfalls nahe, den Eingliederungstatbestand zu bejahen bzw. auch auf die Eigengeschäfte des Absatzmittlers Handelsvertreterrecht anzuwenden (**Duplizität der Vertriebswege** ohne Differenzierung zwischen den Vertriebsarten).[164] Neben einem Auftreten des Absatzmittlers als Handelsvertreter (bzw. neben der Vermittlung von Geschäftsabschlüssen) kann ein Vertrieb durch den Absatzmittler im Wege von Eigengeschäften von den Parteien deshalb für sinnvoll gehalten werden, wenn bei internationalen Abnehmern Vorbehalte gegen einen Vertragsabschluss mit einem deutschen Unternehmen (dem Prinzipal) vorliegen. Solchen Abnehmern soll auf Verkäuferseite der Absatzmittler selbst als Vertragspartner zur Verfügung stehen können, damit ein Erwerb nach der ausländischen (im Fall des OLG Düsseldorf: der spanischen) Rechtsordnung möglich ist.[165]

45   **2. Eingliederung in die Absatzorganisation von der Rspr. verneint.** Die Eingliederung in eine Absatzorganisation setzt zunächst voraus, dass der Hersteller oder Lieferant überhaupt eine **Absatzorganisation** unterhält, in die der Absatzmittler eingebunden sein könnte. Den Absatzinteressen eines Herstellers auf einem bestimmten Markt (zB China) kann in bestmöglicher Weise dadurch gedient sein, dass er eine exklusive Lieferbeziehung zu einem Absatzmittler aufnimmt, der seinerseits Zugang zu diesem Markt hat.[166] Kann im Hinblick auf die Besonderheiten dieses Marktes eine weiter gehende Absatzförderung nicht erfolgen, ist zumindest zweifelhaft, ob der Hersteller eine für die Anwendung handelsvertreterrechtlicher Vorschriften notwendige Absatzorganisation unterhält.[167] Auch ein eingetragener Verein, der Publikationen herausgibt und hierin einem Anzeigenvermittler Anzeigenraum zur Verfügung stellt, verfügt nicht notwendig über eine Absatzorganisation zur Vermarktung seines Anzeigenraums.[168]

46   Fehlt es (kumulativ) an einer **Absatzförderungspflicht** des Vertragshändlers, an einem nennenswerten **Weisungsrecht** des Herstellers, an inhaltlichen **Vorgaben für den Vertrieb** sowie an Vorgaben hinsichtlich der zur **Werbung** aufzuwendenden Kosten und auch an **Kontroll- und Überwachungsbefugnissen** des Herstellers, ist die handelsvertreterähnliche Eingliederung zu verneinen.[169] Der BGH hat die Eingliederung in die Absatzorganisation ferner verneint, wenn der Absatzmittler seine **Bezugsquellen** für die in seiner Verkaufsstätte angebotenen Waren selbst bestimmen kann und bzgl. der Shop-Ausgestaltung keinerlei Vorgaben unterliegt.[170] Fehlt es an einer vertraglichen Bezugsverpflichtung, führt der Hinweis des Absatzmittlers auf eine **faktische Bezugsbindung**[171] jedenfalls dann nicht zu einer handelsvertreterähnlichen Einbindung in die Absatzorganisation, wenn der

---

[161] BGH NJW-RR 2002, 1554 (1555).
[162] BGH NJW 2015, 945 f.; die maßgeblichen Aussagen des Urteils betreffen die zweite Analogievoraussetzung (→ Rn. 55).
[163] BGH NJW-RR 2000, 1159 (1160).
[164] Vgl. OLG Düsseldorf BeckRS 2007, 07179.
[165] OLG Düsseldorf BeckRS 2007, 07179.
[166] BGH NJW-RR 2007, 1327 (1328).
[167] BGH NJW-RR 2007, 1327 (1328).
[168] BGH NJW-RR 2003, 894 f.
[169] Vgl. OLG Köln BeckRS 2013, 02968.
[170] BGH NJW-RR 2004, 898 betreffend die Tätigkeit eines Tankstellenpächters im Shop-Geschäft.
[171] In BGH NJW-RR 2004, 898 trug der klagende Tankstellenpächter vor, er sei, um seine Stellung als Tankstellenpächter nicht zu verlieren, gezwungen gewesen, sich dieser Lieferanten zu bedienen.

Absatzmittler in erheblichem Umfang Waren vertreibt, die nicht zum Sortiment des empfohlenen Systemlieferanten gehören oder die zwar dessen Sortimentsbestandteil sind, vom Absatzmittler jedoch wegen günstigerer Einkaufskonditionen bei einem anderen Lieferanten bezogen werden.[172]

Auch ein **Alleinvertriebsrecht** eines Händlers für ein bestimmtes Gebiet führt nicht **47** notwendig dazu, den Eingliederungstatbestand anzunehmen.[173] Selbst wenn zu einer Gebietsschutzregelung bzw. einem Alleinvertriebsrecht noch weitere Bestimmungen hinzu kommen, wie sie der Sache nach auch Handelsvertreterverträge enthalten (Informationspflichten, Verbot der Kundenwerbung außerhalb des Vertragsgebiets, Festlegung von Absatzmengen, Vorgaben zur Lagerhaltung, Verpflichtung zur Bewerbung der Produkte), kann die notwendige Gesamtbetrachtung ergeben, dass die Schwelle zur handelsvertreterähnlichen Eingliederung in die Absatzorganisation des Herstellers noch nicht überschritten ist.[174] Im Fall des OLG Köln (der wohl den Vertrieb von Lebensmitteln auf dem slowenischen Markt betraf) war hierfür entscheidend, dass die Vorgaben zur Lagerhaltung und zur Bewerbung der Produkte – im Vergleich zu Verträgen mit Kfz-Vertragshändlern – allgemein gehalten waren und auch sonst typische Elemente von Kfz-Vertragshändlerverträgen fehlten, wie das Zutrittsrecht des Herstellers zu Geschäfts- und Lagerräumen oder die Verpflichtung des Händlers, die Buchführung einem firmeneinheitlichen Rahmen anzupassen.[175]

An einer Eingliederung fehlt es auch dann, wenn ein Markenlizenznehmer keine Waren **48** des Lizenzgebers oder mit dem Lizenzgeber verbundener Unternehmen vertreibt, sondern lediglich Waren, die sich der Markenlizenznehmer von dritter Seite beschafft hat, mit der Marke des Lizenzgebers versieht.[176] Eine Lizenzvereinbarung kann dahin auszulegen sein, dass der Schwerpunkt der vertraglichen Abreden zwischen den Parteien auf der **Erteilung einer Lizenz für die Benutzung der Marke** des Lizenzgebers gegen Entgelt liegt und es nach der Systematik und dem Zweck des Lizenzvertrags nicht darum geht, den Lizenznehmer in ein Warenabsatzsystem des Lizenzgebers einzubinden.[177] Vergleichbar kann es insbesondere bei **Franchiseverhältnissen** dann liegen, wenn dem Franchisenehmer nicht der Vertrieb von Produkten des Franchisegebers, sondern die Nutzung eines **Dienstleistungskonzepts** unter Nutzung der Marke und des Know-hows des Franchisegebers zugewiesen ist.[178] Ob die einem Handelsvertreter vergleichbare Eingliederung in die Absatzorganisation gegeben ist, bedarf deshalb auch beim Franchising einer Prüfung des konkreten Einzelfalls.[179]

II. Sonderfall § 89b HGB: Zusätzliche Analogievoraussetzung

1. Verpflichtung zur Übertragung des Kundenstamms. Der Ausgleichsanspruch **49** nach § 89b HGB ist im Rahmen der Analogiethematik ein Sonderfall. Bei ihm (und nur bei ihm) kommt nach der Rechtsprechung eine zweite Analogievoraussetzung hinzu. Neben der Eingliederung in die Absatzorganisation erfordert der Ausgleichsanspruch die **Verpflichtung des Absatzmittlers,** dem Hersteller oder Lieferanten seinen **Kundenstamm zu übertragen,** sodass sich der Hersteller oder Lieferant bei Vertragsende die Vorteile des Kundenstamms sofort und ohne Weiteres (direkt für sich selbst oder über

---

[172] BGH NJW-RR 2004, 898.
[173] → Rn. 41; OLG Köln BeckRS 2010, 12320.
[174] Vgl. OLG Köln BeckRS 2010, 12320.
[175] Vgl. OLG Köln BeckRS 2010, 12320.
[176] BGH GRUR 2010, 1107 (1109) – JOOP!.
[177] BGH GRUR 2010, 1107 (1109) – JOOP!.
[178] Vgl. BGH GRUR 2010, 1107 (1110) – JOOP!; vgl. OLG Schleswig ZVertriebsR 2015, 48 (49); Metzlaff ZVertriebsR 2012, 54 (55) neben Dienstleistungs- auch für Produktions- und Vertriebsfranchising.
[179] So auch Kroll ZVertriebsR 2014, 290 (291 f.).

nachfolgende Vertriebsmittler)[180] nutzbar machen kann.[181] Den Kundenstamm zu übertragen heißt, **Kundendaten zu übermitteln.**[182] Diese Voraussetzung ist abzulehnen bei einer Informationspflicht, die lediglich Kundendaten in anonymisierter Form betrifft.[183] Ob der Hersteller oder Lieferant die übermittelten Kundendaten auch tatsächlich nutzt, ist für die Analogiefrage unerheblich,[184] die Nutzungsmöglichkeit insofern ausreichend.

50   **a) „Verpflichtung" von der Rspr. bejaht.** Einer ausdrücklichen Verpflichtung zur Übertragung des Kundenstamms (erst bei Vertragsende) bedarf es nicht, es genügt eine **Verpflichtung zur laufenden Unterrichtung** des Herstellers oder Lieferanten über Namen und Adressen der Kunden während der Vertragszeit.[185] Eine solche Verpflichtung kann dem Absatzmittler zB durch eine regelmäßige **Berichtspflicht über alle Geschäftsabschlüsse** vertraglich auferlegt sein.[186] Auch eine vertragliche Verpflichtung des Absatzmittlers, alle Endkunden anzuhalten, (im Rahmen eines Software-Kaufs) eine **Lizenzkarte** ausgefüllt und unterschrieben an den Hersteller zu übersenden, kann ausreichend sein.[187] Es kommt in diesem Zusammenhang nicht darauf an, **welchen Zweck** der Hersteller oder Lieferant mit der vertraglich begründeten Verpflichtung zur Offenbarung verfolgt[188] und ob die Übermittlung von Kundendaten **lückenlos** ist.[189] Überlässt der Absatzmittler die Kundenkartei nicht nur entsprechend der vertraglichen Pflicht dem Hersteller, sondern auch einem Dritten, ist der Ausgleichsanspruch nicht automatisch ausgeschlossen.[190]

51   **b) „Verpflichtung" von der Rspr. verneint.** Die Pflicht des Absatzmittlers zur vorübergehenden Überlassung von Kundendaten an ein **Marketingunternehmen** (zur Durchführung von Kundenbindungsprogrammen) begründet dagegen keine Pflicht zur Übertragung des Kundenstamms, wenn das Marketingunternehmen hinsichtlich der Kundendaten als Treuhänder agiert und verpflichtet ist, die vom Absatzmittler treuhänderisch übergebenen Kundendaten nicht an den Hersteller weiterzugeben (und diese Pflicht im Verhältnis Marketingunternehmen – Hersteller auch nicht durch die Vertragspraxis konterkariert wird).[191]

52   Der Hersteller bzw. Lieferant kann die ihm vom Vertragshändler überlassenen Kundendaten auch nicht ohne Weiteres für sich nutzbar machen, wenn er nach den vertraglichen Vereinbarungen verpflichtet ist, diese bei Vertragsende zu sperren, ihre Nutzung einzustellen und auf Verlangen des Vertragshändlers zu löschen.[192] Denn die rein faktische Zugriffsmöglichkeit unter Verletzung der Vertragspflichten ist nicht gleichzusetzen mit einer Übertragungsverpflichtung.[193]

---

[180] Thume BB 2016, 578 (580).
[181] Für **Vertragshändler** zuletzt BGH NJW 2021, 69 (70); 2017, 475 Rn. 29; 2015, 1300 (1301); 2015, 945 f. – Kamps; sowie bereits NJW-RR 2010, 1263 (1264); 2007, 1327 (1328); 2006, 1692 (1693); 2004, 898; NJW 1984, 2411; OLG Frankfurt a. M. ZVertriebsR 2020, 381 (384); OLG München ZVertriebsR 2014, 35 (36); aA Fröhlich ZVertriebsR 2015, 280 ff.; wohl auch LG Nürnberg-Fürth ZVertriebsR 2019, 50 mAnm Emde; zum Auskunftsanspruch zur Berechnung des Ausgleichsanspruchs OLG Düsseldorf BB 2017, 464; für **Franchisenehmer:** BGH NJW 2017, 475 (478); 2015, 945 f. – Kamps; OLG Hamm BeckRS 2016, 03185; OLG Celle BB 2007, 1862 (1864) – City Map; für **Kommissionsagenten:** BGH NJW 2017, 475 Rn. 32 ff.; OLG Frankfurt a. M. ZVertriebsR 2020, 381 (383); OLG München ZVertriebsR 2018, 27 (31 f.); für **Markenlizenznehmer:** BGH GRUR 2010, 1107 (1109) – JOOP!; umfassend zum Thema „vertragliche Verpflichtung zur Übertragung des Kundenstammes" Emde ZVertriebsR 2020, 3.
[182] BGH NJW-RR 1998, 390 (391).
[183] OLG München ZVertriebsR 2014, 35 (36).
[184] Thume BB 2016, 578 (579); Wauschkuhn ZVertriebsR 2016, 79 (80).
[185] BGH NJW 2015, 1300 (1301); 2000, 1413; 1997, 1503; NJW-RR 1994, 99 (100); 1993, 678 (680).
[186] BGH NJW 2000, 1413.
[187] BGH NJW 2000, 1413.
[188] BGH NJW 2000, 1413; 1994, 657 (658).
[189] BGH NJW 2000, 1413; NJW-RR 1994, 99 (101).
[190] Nach BGH NJW-RR 2006, 1692 aber Einfluss auf die Anspruchshöhe möglich.
[191] Vgl. BGH NJW-RR 1998, 390 (391); NJW 1996, 2159 (2161).
[192] BGH NJW 2015, 1300 (1302); ebenso die Vorinstanz OLG München ZVertriebsR 2014, 35 (37); krit. dazu Meyer ZVertriebsR 2014, 352 (357).
[193] BGH NJW 2015, 1300 (1303).

c) Kritik des Schrifttums und Reaktion des BGH. Teile des Schrifttums sind der 53
Ansicht, anstelle der Verpflichtung des Absatzmittlers zur Übertragung des Kundenstamms
durch Übermittlung der Kundendaten genüge auch die **faktische Kontinuität** des Kundenstamms.[194] Der BGH hat seine Ansicht im Hinblick auf diese Kritik überprüft, jedoch
daran festgehalten, dass die analoge Anwendbarkeit des § 89b HGB neben einer Einbindung in die Absatzorganisation die Verpflichtung des Absatzmittlers voraussetzt, dem
Hersteller oder Lieferanten den Kundenstamm zu übertragen.[195] Nur die vertragliche Verpflichtung zur Übertragung des Kundenstamms hindert den Absatzmittler (zB den Vertragshändler) in gleicher Weise wie den Handelsvertreter daran, den Kundenstamm nach
Vertragsende als seinen eigenen zu verwerten und gegen Zugriffe des Herstellers bzw.
Lieferanten zu sichern.[196] Aktuell sind in der Literatur nach wie vor Stimmen zu finden, die
der Rechtsprechungsansicht ablehnend gegenüberstehen.[197] Von anderen Literaturvertre-
tern erhält der BGH dagegen Zustimmung.[198]

2. Verpflichtung kann konkludent vereinbart werden. Die Verpflichtung zur 54
Übertragung des Kundenstamms muss jedoch nicht ausdrücklich und unmittelbar im
Händlervertrag vereinbart werden, sondern kann sich auch mittelbar aus anderen, dem
Vertragshändler auferlegten Pflichten ergeben.[199] Selbst aus den Umständen der Vertragsabwicklung kann sich ergeben, dass die Parteien **konkludent** eine vertragliche Verpflichtung zur Überlassung von Kundendaten vereinbaren wollten.[200] Hat der Vertriebsmittler zum Beispiel bei der Verwendung der Bestellmaske der vom Unternehmer
vorgegebenen EDV Kundendaten anzugeben, bildet dies eine konkludente Überlassungsvereinbarung.[201]

3. Faktisches Übermitteln der Kundendaten genügt nicht. Für das Zustandekom- 55
men einer entsprechenden konkludenten Abrede ist es nach ständiger Rechtsprechung
auch des BGH nicht ausreichend, dass es **nur faktisch** bei der Vertragsabwicklung zu einer
Übermittlung der Kundendaten des Absatzmittlers an den Hersteller oder Lieferanten
gekommen ist.[202] Der Wille zur Begründung einer Vertragspflicht kann der tatsächlichen
Handhabung der Vertragspraxis nur entnommen werden, wenn der Absatzmittler aufgrund
der Usancen des (Waren)Bestellsystems (oder eines sonstigen Meldesystems, zB sog. Dialog-
Programme[203]) faktisch gezwungen ist, die Kundendaten zu übermitteln oder sich mindestens dem Wunsch des Herstellers oder Lieferanten nach Bekanntgabe der Kundendaten
beugt.[204] Allgemeiner formuliert: Die Geschäftsabläufe zwischen den Parteien des Vertriebsvertrags müssen vertraglich so ausgestaltet sein, **dass sichergestellt wird,** dass der
Hersteller oder Lieferant umfassende Kenntnis von den Kunden des Absatzmittlers und
deren Adressen erlangt und sich so die Möglichkeit verschafft, den Kundenstamm des
Absatzmittlers zu nutzen.[205]

---

[194] Nachweise bei BGH NJW 1996, 2159 (2160); zusammenfassend Emde ZVertriebsR 2020, 3 (4 f.).
[195] Vgl. BGH NJW 2021, 69 (70); 2015, 945 – Kamps sowie BGH NJW 1996, 2159 (2160); NJW-RR
1998, 390 (391).
[196] BGH NJW-RR 1998, 390 (391); OLG Schleswig ZVertriebsR 2015, 48 (50); iE auch LG Hamburg
ZVertriebsR 2012, 115 mAnm Emde.
[197] Hopt/Hopt § 89b Rn. 14; Emde § 89b Rn. 43 unter Hinweis auf das österreichische Recht, welches
kein entsprechendes Erfordernis vorsieht; Oetker/Busche § 89b Rn. 61 f.
[198] Ebenroth/Boujong/Joost/Strohn/Löwisch § 89b Rn. 262; MüKoHGB/Ströbl § 89b Rn. 21; Metzlaff
Franchising-HdB/Rauser § 16 Rn. 212.
[199] BGH NJW 2015, 945 (946) – Kamps; vgl. auch BGH NJW 2000, 1413; 1997, 1503.
[200] LG Hamburg ZVertriebsR 2012, 115 (116) mAnm Emde; Emde ZVertriebsR 2020, 3 (9).
[201] LG Hamburg ZVertriebsR 2012, 115 (116) mAnm Emde unter Verweis auf OLG München
23.12.2009 – 7 U 3071/09.
[202] BGH NJW 2017, 475 (478); 1996, 2159 (2160); OLG Düsseldorf BeckRS 2014, 18249; LG Hamburg
ZVertriebsR 2012, 115 (116) mAnm Emde (für Vertragshändler).
[203] OLG Saarbrücken BeckRS 2007, 00760.
[204] LG Hamburg ZVertriebsR 2012, 115 (116) mAnm Emde.
[205] OLG Saarbrücken BeckRS 2007, 00760.

56   Ob generell eine analoge Anwendung des § 89b HGB auch beim Franchising in Betracht kommt, wurde vom BGH bislang offen gelassen.[206] Erforderliche Voraussetzung hierfür ist jedenfalls die Verpflichtung zur Übertragung des Kundenstamms.[207] Für Franchiseverträge, die ein im Wesentlichen **„anonymes Massengeschäft"**[208] betreffen, hat der BGH wiederholt klargestellt: Eine bloß faktische Kontinuität des Kundenstamms rechtfertigt eine entsprechende Anwendung des § 89b HGB nicht.[209] Für Franchiseverhältnisse, bei denen Kundendaten erhoben werden, dürfte dies erst recht gelten.[210] Mangels Vorliegen einer vertraglichen Verpflichtung zur Übertragung des Kundenstamms konnte der BGH die Frage der analogen Anwendbarkeit des § 89b auf Franchiseverträge daher wie bisher offen lassen.[211] Wird dem Franchisegeber vertraglich das Recht eingeräumt, für den Fall der Vertragsbeendigung (aus wichtigen, vom Franchisenehmer zu vertretenden Gründen) den Standort weiter zu führen, ergibt sich daraus keine Pflicht zur Übertragung, sondern allenfalls eine tatsächliche Übernahme des Kundenstamms.[212] Besonders in der Praxis von Franchisesystemen ist zur Standortsicherung oft eine Kopplung von Mietvertrag und Franchisevertrag vorgesehen. Die daraus folgende **Pflicht** des Vertriebsmittlers, die **Betriebsräume** nach Vertragsbeendigung **herauszugeben,** sodass der Franchisegeber diese selbst nutzen oder an einen neuen Franchisenehmer übergeben kann, ist aber nicht mit der Verpflichtung zur Überlassung des Kundenstamms gleichzusetzen.[213] Gleiches gilt für die vertragliche Verpflichtung des Absatzmittlers, an **Kundenbindungsprogrammen,** Kundenkarten und sonstigen Maßnahmen teilzunehmen.[214] So hat auch das OLG Hamm unter Berufung auf die Rechtsprechung des BGH entschieden: Der genutzte Kundenbindungsmechanismus führe nur zu einer faktischen Bindung des Kundenstamms, der im Wesentlichen anonym und daher für den Franchisegeber nicht ohne Weiteres nutzbar sei.[215]

57   Das **Interesse des Herstellers** an der Bekanntgabe von Kundendaten begründet keine Verpflichtung zu deren Offenlegung.[216] Selbst wenn der Absatzmittler, um die Zusammenarbeit mit dem Hersteller oder Lieferanten nicht zu gefährden, dem Wunsch von Mitarbeitern des Herstellers oder Lieferanten nach einer Benennung der Kundenanschriften nachkommt, so ist dies mangels ausdrücklichen Verlangens des Herstellers oder Lieferanten für die Annahme des Zustandekommens einer konkludenten vertraglichen Verpflichtung zur Herausgabe von Kundendaten nicht ohne Weiteres ausreichend.[217] Problematisch ist der umgekehrte Fall, in dem der Hersteller kein Interesse an den Kundendaten hat, der Vertriebsmittler ihm diese jedoch aufdrängt. Dies kann als Angebot zum Abschluss einer Überlassungsvereinbarung gedeutet werden, die der Unternehmer (ggf. konkludent) annehmen muss, bevor eine Überlassungspflicht besteht.[218]

58   Auch wenn die Übermittlung von Kundendaten **Voraussetzung für Gutschriften** zugunsten des Absatzmittlers ist (oder im Zusammenhang mit **besonderen Verkaufs-**

---

[206] Vgl. BGH NJW 2015, 945 (946); auch BGH NJW 2017, 475 (478) entscheidet diese Frage nicht.
[207] Vgl. BGH NJW 2017, 475 (478); 2015, 945 (946).
[208] ZB im Bereich von Systemgastronomie, Tankstellenshop-Geschäften oder Bäckerei-Franchisesystemen wie im Fall von BGH NJW 2015, 945 – Kamps.
[209] BGH NJW 2017, 475 (478); 2015, 945 f. – Kamps.
[210] Latzel ZVertriebsR 2015, 90 (92).
[211] BGH NJW 2015, 945 f. – Kamps; sowie die Vorinstanz OLG Düsseldorf BeckRS 2014, 18249; vgl. auch BGH NJW 1997, 3309 (3311) – Benetton; die Frage bejahend OLG Celle BB 2007, 1862 (1863 f.) – City Map, wobei keine franchisetypische Konstellation zugrunde lag.
[212] OLG Schleswig ZVertriebsR 2015, 48 (49).
[213] Vgl. BGH NJW 2015, 945 – Kamps unter Hinweis auf das Fehlen eines Ausgleichsanspruchs des Pächters für einen Wertzuwachs bei Beendigung des Pachtverhältnisses; OLG Schleswig ZVertriebsR 2015, 48 (49) und OLG Düsseldorf BeckRS 2014, 18249.
[214] OLG Schleswig ZVertriebsR 2015, 48 (50 f.) mit iE zustimmender Anm. Erdmann.
[215] OLG Hamm BeckRS 2016, 03185 und BeckRS 2016, 03186 im Hinblick auf Waschanlagen mit Tankstellenshop, welche an die Kunden Waschkarten mit dem Versprechen einer Gratiswäsche nach einer bestimmten Anzahl von Wäschen ausgegeben hatten.
[216] BGH NJW 1994, 657 (658); LG Hamburg ZVertriebsR 2012, 115 (116) mAnm Emde.
[217] LG Hamburg ZVertriebsR 2012, 115 (116) mAnm Emde.
[218] LG Hamburg ZVertriebsR 2012, 115 (117) mAnm Emde.

oder Prämienaktionen, an denen der Absatzmittler sich beteiligt, steht), genügt dies nicht, eine Verpflichtung zur Übermittlung anzunehmen.[219] Ein vornehmlich durch das eigene geschäftliche Interesse des Absatzmittlers begründeter Zwang zur Offenbarung von Kundendaten kann mit einer vertraglichen Verpflichtung zur Überlassung des gesamten Kundenstamms nicht gleichgesetzt werden.[220]

Kennt der Herausgeber von Publikationen den Kundenstamm des Anzeigenvermittlers **59** allein deshalb, weil die in den Zeitschriften des Herausgebers erscheinenden Anzeigen **notwendig die Namen und Anschriften der Werbung treibenden Kunden wiedergeben,** ersetzt auch das nicht die vertragliche Verpflichtung zur Übertragung des Kundenstamms.[221]

Ob aus der **Abwicklung von Garantiefällen** eine Verpflichtung des Absatzmittlers zur **60** Übermittlung von Kundendaten folgt, hängt davon ab, ob vom Absatzmittler in einem Garantiefall die maßgeblichen Kundendaten vertraglich zwingend zu übermitteln sind.[222] Beschränkt sich die Mitteilungspflicht (bei Kfz) auf das Datum der Erstzulassung, die Fahrgestellnummer, den festgestellten Mangel sowie die notwendigen Ersatzteile und die aufgewandte Arbeitszeit, fehlt es an einer Mitteilungspflicht über kundenbezogene Daten.[223]

III. Zur Analogiefähigkeit einzelner Vorschriften des Handelsvertreterrechts

1. Vertragshändler und Franchisenehmer. Für die Analogiefähigkeit handelsvertre- **61** terrechtlicher Vorschriften ist es irrelevant, ob der Absatzmittler als Vertragshändler oder Franchisenehmer zu qualifizieren ist.[224] Beide Absatzmittlertypen handeln im eigenen Namen und auf eigene Rechnung und sind daher in ihrer grundsätzlichen Funktionsweise austauschbar; das für die Abgrenzung charakteristische Merkmal der Know-how-Übertragung im Franchising ist für die Analogievoraussetzungen bedeutungslos. Dementsprechend wird die Frage der entsprechenden Anwendung handelsvertreterrechtlicher Bestimmungen in Rechtsprechung und Literatur soweit ersichtlich für Vertragshändler und Franchisenehmer in der Regel einheitlich beantwortet. Zugunsten der Übersichtlichkeit werden im Folgenden analogiefähige und analogieunfähige Bestimmungen deshalb für Vertragshändler und Franchisenehmer **gemeinsam dargestellt.**

a) Analogiefähigkeit bejaht. Für die Abgrenzung, ob ein Vertragshändler/Franchisen- **62** ehmer selbständig ist oder nicht, kann auf **§ 84 Abs. 1 S. 2 HGB** (selbständiger Gewerbetreibender) analog zurückgegriffen werden.[225] Auch **§ 85 HGB** ist analog anwendbar.[226] Die in **§ 86 Abs. 1 Hs. 2 HGB** enthaltene Verpflichtung zur Wahrung der Interessen des Unternehmers, namentlich das aus dem Gesetz hergeleitete vertragsbegleitende Wettbewerbsverbot, ist auf Vertragshändler und nach überwiegender Auffassung auch auf Franchisenehmer[227] analog anwendbar.[228] Auch **§ 86 Abs. 2 HGB** (Auskunftspflicht) soll in dem Sinne analog anwendbar sein, dass der Franchisenehmer (iVm §§ 675 Abs. 1, 666 BGB) verpflichtet ist, dem Franchisegeber auf Verlangen über die Geschäftsentwicklung Auskunft zu erteilen und sogar Rechenschaft abzulegen.[229] Auch **§ 86a HGB** soll nach

---

[219] OLG Saarbrücken BeckRS 2007, 00760; LG Hamburg ZVertriebsR 2012, 115 (117) mAnm Emde.

[220] OLG Saarbrücken BeckRS 2007, 00760 unter Hinweis auf BGH NJW 1994, 657 (658).

[221] BGH NJW-RR 2003, 894 (895).

[222] OLG Saarbrücken BeckRS 2007, 00760.

[223] OLG Saarbrücken BeckRS 2007, 00760.

[224] Hopt/Hopt § 84 Rn. 10 f.; Canaris HandelsR § 18 Rn. 23.

[225] Für Franchisenehmer: BGH NJW-RR 2000, 1436 (1437); OLG Naumburg BeckRS 2007, 03091 (inzident).

[226] Emde § 84 Rn. 382, § 85 Rn. 25; MüKoHGB/Ströbl § 85 Rn. 1; Canaris HandelsR § 18 Rn. 26.

[227] AA Giesler/Nauschütt FranchiseR/Kroll Kap. 7 Rn. 38 f.: bei Franchisenehmern weder generelle Analogie der allgemeinen Interessenwahrungspflicht noch des systemimmanenten Wettbewerbsverbots.

[228] MüKoHGB/Ströbl § 86 Rn. 3; Emde § 86 Rn. 9; Heidel/Schall/Prasse Anh. FranchiseR Rn. 42, 44; für Vertragshändler: BGH NJW 1984, 2101 (2102).

[229] OLG Naumburg BeckRS 2007, 03091; aA Giesler/Nauschütt FranchiseR/Kroll Kap. 7 Rn. 43 f. für franchisespezifische Bestimmung der Informationspflicht ohne Rückgriff auf § 86 Abs. 2 analog.

überwiegender Ansicht in der Literatur auf Vertragshändler- und (Subordinations-)Franchiseverträge entsprechend anwendbar sein, wenn der Vertriebsmittler auf Unterstützung und Loyalität des Unternehmers angewiesen ist.[230] Der Vorschrift kann jedoch aufgrund detaillierter Vereinbarungen im Vertriebsvertrag nur subsidiäre Gültigkeit zukommen.[231] Ebenso ist der Rechtsgedanke des **§ 88a Abs. 2 HGB** (Zurückbehaltungsrecht) auf Vertragshändler/Franchisenehmer entsprechend anwendbar, zB mit der Folge, dass dem Anspruch des Franchisegebers auf Übertragung von Telefonnummern bei Vertragsbeendigung nicht ein etwaiger Ausgleichsanspruch des Franchisenehmers analog § 89b HGB als Zurückbehaltungsrecht entgegengehalten werden kann.[232] Analogiefähig ist auch **§ 89 HGB** (Kündigungsfristen);[233] bei Kfz-Vertragshändlerverträgen sind bei der Frage der entsprechenden Anwendung des § 89 HGB jedoch uU noch (bei Altfällen) die gemeinschaftsrechtlichen Regelungen und Wertungen der alten Kfz-Gruppenfreistellungsverordnung[234] zu berücksichtigen, die der entsprechenden Anwendung des Grundsatzes der Fristenparität entgegenstehen können.[235] Der Rechtsgedanke des **§ 89a HGB** (Fristlose Kündigung) ist auf Vertragshändler-/Franchiseverträge entsprechend anwendbar,[236] seit der Schuldrechtsreform fehlt es jedoch an einer planwidrigen Regelungslücke und dem § 314 BGB sollte der Vorrang eingeräumt werden.[237] § 89a HGB – als speziellere Vorschrift – verdrängt dabei die Zweiwochenfrist des § 626 Abs. 2 BGB (mit der Folge, dass dem zur Kündigung Berechtigten eine angemessene Überlegungszeit zuzugestehen ist, deren Dauer sich nach den Umständen des jeweiligen Falles richtet, jedoch regelmäßig kürzer als zwei Monate ist; → Rn. 30).[238] Dass **§ 89b HGB** (Ausgleichsanspruch) analogiefähig ist, wurde bereits dargestellt.[239] Der hinter **§ 90a Abs. 1 S. 3 HGB** (Karenzentschädigung) maßgeblich stehende Gedanke, dem Handelsvertreter eine vertragliche Gegenleistung für ein im Vertrag vorgesehenes Unterlassen des Wettbewerbs zu gewähren, ist prinzipiell auch auf Vertrags-

---

[230] Ebenroth/Boujong/Joost/Strohn/Löwisch § 86a Rn. 65; differenzierend MüKoHGB/Ströbl § 86a Rn. 1; Oetker/Busche § 86a Rn. 34; Staub/Emde vor § 84 Rn. 307; ebenfalls differenzierend Dau in Flohr/Wauschkuhn § 86a Rn. 49 ff., 78 ff.

[231] Martinek/Semler/Flohr VertriebsR-HdB/Flohr § 30 Rn. 335; vgl. auch K. Schmidt HandelsR § 28 Rn. 19, 43.

[232] Differenzierend MüKoHGB/Ströbl § 88a Rn. 8; für Franchisenehmer siehe auch OLG Köln MMR 2005, 321 (322).

[233] Für Vertragshändler: BGH NJW 2009, 3646 (3647 f.); NJW-RR 2003, 98 (99); OLG Hamm BeckRS 2016, 16768 Rn. 40; OLG Köln BeckRS 2013, 02968 und BeckRS 2010, 12320, das den Eingliederungstatbestand in beiden Fällen jedoch nicht angenommen hat; für Franchisenehmer: BGH NJW-RR 2002, 1554 (1555); OLG Oldenburg BeckRS 2008, 12315 (Das OLG Oldenburg nimmt in dieser Entscheidung einen „Kettenvertrag" jedoch unzutreffend an, mit der nicht haltbaren Konsequenz, dass der im Fall auf bestimmte Zeit eingegangene Franchisevertrag als „auf unbestimmte Zeit eingegangen" gelten sollte und „mit einer Frist von sechs Monaten" hätte gekündigt werden können. Träfe die Auffassung des OLG Oldenburg zu, wären nahezu sämtliche auf bestimmte Zeit eingegangene Vertriebsverträge ordentlich kündbar. Das kann nicht richtig sein. Bei der Einordnung dieser Entscheidung ist zu berücksichtigen, dass die Einstufung als Kettenvertrag im Rahmen der Schadensberechnung erfolgte und dazu führte – und möglicherweise auch dazu führen sollte –, dass die Schadensersatzpflicht des Franchisenehmers zeitlich relativ stark begrenzt wurde); Giesler/Nauschütt FranchiseR/Kroll Kap. 7 Rn. 53.

[234] Kfz-GVO Nr. 1400/2002 vom 31.7.2002, abgelöst durch die neue KfZ-GVO Nr. 461/2010 vom 27.5.2010; die vertragsrechtlichen Vorgaben ua zu Kündigungsfristen sind in der neuen Kfz-GVO nicht mehr enthalten, Hopt/Hopt § 86 Rn. 38 (S. 375; dort auch näher zum Verhältnis der neuen Kfz-GVO zur (allgemeinen) Vertikal-GVO Nr. 330/2010, die von der neuen Kfz-GVO nicht verdrängt wird, jedoch mittlerweile durch die Vertikal GVO 2022/720 abgelöst worden ist; zu der Thematik Nolte BB 2013, 1667).

[235] BGH NJW 2009, 3646 (3647 f.) zur (mittlerweile außer Kraft getretenen) Kfz-GVO Nr. 1400/2002.

[236] Für Vertragshändler: BGH NJW 2011, 3361; 1994, 722 (723); für Franchisenehmer: OLG Oldenburg BeckRS 2008, 12315; KG BB 1998, 607 (608) – Burger King.

[237] So auch Giesler/Nauschütt FranchiseR/Kroll Kap. 7 Rn. 57 f.; Heidel/Schall/Prasse Anh. FranchiseR Rn. 44; Budde/Gruppe ZVertriebsR 2014, 71; offen lässt die Frage das OLG München BB 2015, 527.

[238] S. etwa MüKoHGB/Ströbl § 86a Rn. 5.

[239] → Rn. 49 ff.; für Vertragshändler zuletzt BGH ZVertriebsR 2016, 120 (121) und NJW 2015, 1300 (1301); OLG Düsseldorf ZVertriebsR 2017, 111 Rn. 22; für Franchisenehmer BGH NJW 2017, 475 (477 f.); 2015, 945 f. – Kamps.

händler/Franchisenehmer anwendbar.[240] Das gilt auch für den in **§ 92b Abs. 1 HGB** (Handelsvertreter im Nebenberuf) angeordneten Ausschluss der Anwendung von §§ 89 und 89b HGB, der, sofern er ausnahmsweise einmal praxisrelevant werden sollte, auch Vertragshändler- und Franchiseverhältnisse im Rahmen der Analogie erfasst; alles andere wäre inkonsistent.[241] Auf außerhalb des Gebiets der Europäischen Gemeinschaft oder der anderen Vertragsstaaten des Abkommens über den Europäischen Wirtschaftsraum (EWR) tätige Vertragshändler ist **§ 92c Abs. 1 HGB** (Handelsvertreter außerhalb der EU) analog anwendbar.[242] Ob die Norm auch in dem Sinne entsprechend anwendbar ist, dass der Ausgleichsanspruch auch gegenüber einem innerhalb des EWR tätigen Vertragshändler/ Franchisenehmer nach § 89b Abs. 4 S. 1 HGB nicht wirksam ausgeschlossen werden kann, ist dagegen zweifelhaft und umstritten.[243] Die Frage wurde allerdings jvom BGH unter Hinweis auf den Gleichlauf bei der rechtlichen Beurteilung der Ausgleichsansprüche von Handelsvertretern und Vertragshändlern entschieden und bejaht.[244]

b) Analogiefähigkeit verneint. Weil Vertragshändler/Franchisenehmer keine Provisi- **63** on erhalten, sondern ihre Vergütung unmittelbar aus eigenen Geschäften mit ihren Kunden erwirtschaften, sind **§ 87 Abs. 1 und Abs. 3 HGB** (Provisionsanspruch, Überhangprovision) grundsätzlich nicht analog anwendbar.[245] **§ 87 Abs. 2 HGB** (Bezirksvertreterprovision) kann auf die Rechtsbeziehung zwischen einem alleinvertretungsberechtigten Eigenhändler und einem Unternehmer ebenfalls grundsätzlich nicht angewandt werden[246] (dagegen soll der Grundgedanke des **§ 87a Abs. 2 HGB** auf Franchisenehmer und Vertragshändler anwendbar sein[247]). Franchisenehmer und Vertragshändler haben ihre Aufwendungen selbst zu tragen, weshalb ihnen kein Anspruch aus **§ 87d HGB** analog zusteht.[248] Auch die Sondervorschrift des **§ 92a HGB** (Mindestarbeitsbedingungen), die schon auf andere als in § 92a HGB genannte Handelsvertreter nicht analog angewandt wird, ist nicht analogiefähig.[249]

2. Kommissionsagent. Nach der zutreffenden Ansicht des BGH sind **grundsätzlich** **64** **sämtliche Regelungen** des Handelsvertreterrechts im Innenverhältnis auf Kommissionsagenten **entsprechend anwendbar,**[250] soweit die §§ 383 ff. HGB keine vorrangige Regelung für die Durchführung der Geschäftsbesorgung normieren.[251] Indem der BGH selbst von „grundsätzlicher" Anwendbarkeit spricht, dürfte eine jeweilige, einzelfallbezogene Absicherung der Analogie durch den Rückgriff auf den jeweiligen Normzweck[252] in der Rechtsprechung hinreichend sichergestellt sein, zumal der BGH seinerzeit die mittlerweile

---

[240] Ebenroth/Boujong/Joost/Strohn/Löwisch § 90a Rn. 7; für Franchisenehmer: BGH NJW-RR 1987, 612 (613) – Aquella; OLG Celle BB 2007, 1862 (1863) – City Map; LG München I ZVertriebsR 2017, 310 (311); Giesler/Nauschütt FranchiseR/Kroll Kap. 7 Rn. 102.

[241] → § 92b Rn. 23; aA Emde § 92b Rn. 5.

[242] BGH BB 2016, 845 (847) mAnm Ströbl; OLG Frankfurt a. M. ZVertriebsR 2017, 244 Rn. 68; Kindler NJW 2016, 1855 (1856); Winkler von Mohrenfels ZVertriebsR 2014, 281 (285).

[243] Ablehnend Küstner/Thume VertriebsR-HdB III Teil II Kap. 2 Rn. 71; Teichmann/Wauschkuhn ZVertriebsR 2012, 274 (280) mwN zur vorherrschenden Literaturauffassung, dass der vertragliche Ausschluss des Ausgleichsanspruchs auch bei außerhalb Deutschlands aber innerhalb des EWR tätigen Vertragshändlern wirksam ist; die Analogie bejahend: OLG Düsseldorf BeckRS 2007, 07179 für einen in Spanien tätigen Absatzmittler, der sowohl als Handelsvertreter wie auch als Vertragshändler auftrat; Hopt/Hopt § 92c Rn. 10, § 89b Rn. 76.

[244] BGH BB 2016, 845 (846 f.) mkritAnm Ströbl; ebenso krit. Teichmann ZVertriebsR 2016, 195; Kindler NJW 2016, 1855 (1857); zustimmend Peschke ZVertriebsR 2016, 144 (149).

[245] Oetker/Busche § 87 Rn. 41; für Franchisenehmer: OLG Celle BB 2007, 1862 (1863) – City Map.

[246] BGH NJW 1984, 2411 mit Nachweisen zu früherer Rechtsprechung; vgl. auch K. Schmidt HandelsR § 28 Rn. 43.

[247] Thume IHR 2020, 163 Rn. 39; Emde BB 2021, 2755 (2758).

[248] Oetker/Busche § 87d Rn. 11; Giesler/Nauschütt FranchiseR/Kroll Kap. 7 Rn. 51.

[249] → § 92a Rn. 24; für Franchisenehmer vgl. Heidel/Schall/Prasse Anh. FranchiseR Rn. 42.

[250] BGH NJW-RR 2003, 1056 (1059, obiter); vgl. auch OLG Schleswig BeckRS 2010, 02834.

[251] MüKoHGB/Ströbl vor § 84 Rn. 12.

[252] Vgl. Canaris HandelsR § 16 Rn. 6.

aufgehobene Vorschrift des § 88 HGB (betreffend die Verjährung) gerade nicht pauschal (und im Ergebnis überhaupt nicht) auf ein Kommissionsagenturverhältnis angewandt hat.[253] Die Aussage des BGH, Handelsvertreterrecht sei grundsätzlich analog anwendbar, als pauschal bzw. als zu weitgehend einzustufen,[254] ist deshalb nicht geboten. Angenommen wurde in der Rechtsprechung zB die analoge Anwendung des § 87c HGB, § 89 Abs. 1 S. 2 HGB und § 89b HGB auf einen Kommissionsagenten.[255] Als entsprechend anwendbare Vorschriften werden darüber hinaus in der Literatur die §§ 85, 86, 86a, 87, 87a Abs. 3, 87d, 88a, 89a, 90, 90a, 90b und 92c HGB aufgeführt; dagegen sollen für den Kommissionsagenten die §§ 91, 91a HGB sowie die sonstigen Vorschriften über die Provision und deren Abrechnung nicht gelten.[256]

D. Die europäische Handelsvertreter-Richtlinie 86/653/EWG

65   Dem deutschen Handelsvertreterrecht der §§ 84 ff. HGB liegt auf europäischer Ebene die **Handelsvertreter-Richtlinie der EG vom 18.12.1986**[257] zugrunde. Im Rahmen der Umsetzung dieser Richtlinie musste das bis dahin geltende Handelsvertreterrecht jedoch nur geringfügig modifiziert werden, weil das deutsche Recht für die Richtlinie Modell stand und diese daher kaum vom deutschen Regelungssystem abwich.[258] Von erheblicher Bedeutung ist die Richtlinie für das nationale Handelsvertreterrecht jedoch insoweit, als dass seither alle Vorschriften des deutschen Handelsvertreterrechts – auch diejenigen, deren Wortlaut im Rahmen der Umsetzung unverändert geblieben ist – im Lichte der Handelsvertreter-Richtlinie auszulegen und anzuwenden sind[259] (Gebot der **richtlinienkonformen Auslegung und Fortbildung**[260]). Bei Auslegungszweifeln ist demnach die Vorabentscheidungskompetenz des EuGH nach Art. 267 AEUV zu beachten.[261] Notfalls muss der Gesetzgeber Vorschriften des nationalen Handelsvertreterrechts an die europäischen Vorgaben (weiter) anpassen, wie geschehen in dem prominenten Fall der **Änderung von § 89b Abs. 1 HGB** – Provisionsverluste des Handelsvertreters sind kein eigenständiges Tatbestandsmerkmal des Ausgleichsanspruchs mehr, sondern stellen nur noch ein (allerdings namentlich besonders hervorgehobenes) Merkmal der Billigkeit dar – infolge einer Entscheidung des EuGH[262] aus dem Jahr 2009 (→ § 89b Rn. 4 ff., 142).[263]

I. Der sachliche Anwendungsbereich der Richtlinie

66   **1. Handelsvertreter.** Vorrangig soll die Richtlinie Handelsvertreter im Sinne ihrer Bestimmungen schützen.[264] In ihrem sachlichen Anwendungsbereich ist die Handelsvertreter-Richtlinie nach Art. 1 Abs. 2 dem Wortlaut nach auf **Warenvertreter** beschränkt. Warenvertreter sind solche selbständigen Gewerbetreibenden, die ständig damit betraut sind, für einen Unternehmer den Verkauf oder den Ankauf von Waren zu vermitteln oder diese Geschäfte im Namen und für Rechnung des Unternehmers abzuschließen. Damit gilt

---

[253] Vgl. BGHZ 79, 89 (97 f.).
[254] So Canaris HandelsR § 16 Rn. 6.
[255] OLG Frankfurt a. M. ZVertriebsR 2020, 381 (384); OLG München ZVertriebsR 2018, 27 (31); OLG Oldenburg ZVertriebsR 2016, 182 (184); bestätigt durch BGH NJW 2017, 475 (477 f.).
[256] Emde vor § 84 Rn. 469; Ebenroth/Boujong/Joost/Strohn/Löwisch § 84 Rn. 19.
[257] Richtlinie 86/653/EWG des Rates vom 18.12.1986 zur Koordinierung der Rechtsvorschriften der Mitgliedstaaten betreffend die selbständigen Handelsvertreter (ABl. 1986 L 382, 17).
[258] Näher etwa Canaris HandelsR § 15 Rn. 18; Langenbucher/Riehm § 4 Rn. 37 mwN.
[259] Vgl. BGH ZVertriebsR 2021, 47 (50 f.) mAnm Muhl im Anschluss an EuGH ZVertriebsR 2018, 169 (172) – CMR; Langenbucher/Riehm § 4 Rn. 37 mwN; Emde vor § 84 Rn. 28.
[260] Canaris HandelsR § 15 Rn. 18; Martinek/Semler/Flohr VertriebsR-HdB/Semler § 24 Rn. 3.
[261] Canaris HandelsR § 15 Rn. 19 ff.; Emde vor § 84 Rn. 35.
[262] EuZW 2009, 304 – Turgay Semen/Deutsche Tamoil GmbH.
[263] BGH NJW-RR 2012, 674 (675); Beschlussempfehlung und Bericht des Rechtsausschusses, BT-Drs. 16/13672, 22; vgl. dazu auch BGH NJW 2010, 3226 (3227).
[264] EuGH NJW 2001, 2007 (2008) – Ingmar.

die Handelsvertreter-Richtlinie nicht für Dienstleistungsvertreter;[265] und auch zB **Versicherungsvertreter** (oder etwa Bausparkassenvertreter oder Vermittler von Finanzprodukten) werden von ihr **nicht erfasst.**[266]

Jedoch sind die Vorschriften des deutschen Handelsvertreterrechts **grundsätzlich auch** **67** **bei solchen,** mithin bei **jedweden Handelsvertretern** richtlinienkonform auszulegen, die vom Wortlaut der Handelsvertreter-Richtlinie nicht erfasst werden.[267] So ist, um ein Beispiel zu nennen, Art. 20 der Handelsvertreter-Richtlinie sinnvollerweise auch dann für die Auslegung von § 90a Abs. 1 S. 2 HGB (und die Frage, ob ein gesetzwidriges Wettbewerbsverbot nur im Umfang der Gesetzesüberschreitung oder aber insgesamt unwirksam ist) heranzuziehen, wenn das nachvertragliche Wettbewerbsverbot mit einem Versicherungsvertreter vereinbart wurde; Vergleichbares gilt zB für Art. 18 der Handelsvertreter-Richtlinie.[268]

Das gebietet zwar nicht das Europarecht, jedoch **grundsätzlich** auch bei überschießen- **68** der Richtlinienumsetzung das **Erfordernis der einheitlichen Auslegung des nationalen Rechts.**[269] Nichtsdestotrotz ist – mit dem vormals für das Vertriebsrecht zuständigen VIII. Zivilsenat[270] – das Gebot der einheitlichen Auslegung des nationalen Rechts **nicht ohne Rücksicht** auf die **Besonderheiten des nationalen Rechts** anzuwenden, die es gebieten können, (Waren)Handelsvertreter und Versicherungs- oder Bausparkassenvertreter nicht gleichzubehandeln; einen solchen (Ausnahme)Fall bildet etwa § 89b Abs. 1 HGB aF, der bei Versicherungs- oder Bausparkassenvertreter nicht richtlinienkonform auszulegen oder fortzubilden ist.[271] Nach dem innerstaatlichen Recht ist eine für bestimmte Sachverhalte gebotene richtlinienkonforme Auslegung deshalb **nur dann** auf nicht von der Richtlinie erfasste Konstellationen zu erstrecken, **wenn der nationale Gesetzgeber die beiden Fallgestaltungen parallel regeln wollte.**[272] Dafür, dass der VII. Zivilsenat in seiner Entscheidung vom 25.10.2012[273] von dieser ständigen Rechtsprechung abweichen wollte, ist im Ergebnis jedoch kein Anhaltspunkt ersichtlich. Im konkreten Fall fehlte es lediglich an Anhaltspunkten dafür, dass der Gesetzgeber Handelsvertreter und Versicherungsvertreter hinsichtlich der nachvertraglichen Wettbewerbsabreden unterschiedlich behandeln wollte.[274] Überdies wird die aufgezeigte ständige Rechtsprechung durch weitere Urteile des VII. Zivilsenats sogar ausdrücklich bestätigt.[275]

2. Vertragshändler, Franchisenehmer, Kommissionsagenten. a) Grundsätzlich **69** **keine Ausstrahlung der Richtlinie.** Insbesondere Vertragshändler[276] und Franchisenehmer, aber auch Kommissionsagenten[277] liegen außerhalb des Anwendungsbereichs der Handelsvertreter-Richtlinie.[278] Die Handelsvertreter-Richtlinie ist deshalb **nicht unmittelbar** zur Auslegung dieser Rechtsverhältnisse heranzuziehen und kann insbesondere **keine Auswirkungen** auf die Frage haben, inwieweit nationale handelsvertreterrechtliche Vorschriften auf diese Rechtsverhältnisse überhaupt entsprechend anzuwenden sind.[279]

---

[265] Emde vor § 84 Rn. 19; Martinek ZVertriebsR 2014, 139 (141).

[266] So für Versicherungsvertreter BGH NJW 2013, 2027 (2030); für Bausparkassenvertreter BGH NJW-RR 2012, 674 (675).

[267] Vgl. zuletzt BGH NJW 2013, 2027 (2030) (VII. Zivilsenat).

[268] BGH NJW 2013, 2027; zu Artikel 18 s. BGH ZVertriebsR 2021, 47 (50 f.) mAnm Muhl.

[269] BGH NJW 2013, 2027 (2030); 2013, 220 (221); ZVertriebsR 2021, 47 (50 f.) mAnm Muhl; Gräfe/Giesa ZVertriebsR 2014, 29 (34); vgl. auch EuGH EuZW 2013, 956.

[270] Vgl. BGH NJW-RR 2012, 674 Rn. 26 mwN zur Rechtsprechung.

[271] Vgl. BGH NJW-RR 2012, 674 Rn. 24 ff.; siehe auch BGH BeckRS 2013, 04616 (VII. Zivilsenat).

[272] BGH ZVertriebsR 2021, 47 (50 f.) mAnm Muhl; NJW-RR 2012, 674 Rn. 26 mwN zur Rechtsprechung; BeckRS 2013, 04616; vgl. auch BGH NJW 2013, 220 (221 f.) und St. Lorenz NJW 2013, 207 ff.

[273] BGH NJW 2013, 2027; anders aber in BGH NZG 2021, 298 (301) bezüglich § 89b Abs. 3 HGB.

[274] BGH NJW 2013, 2027 (2030).

[275] BGH ZVertriebsR 2021, 47 (50 f.) mAnm Muhl; BGH BeckRS 2013, 04616.

[276] Ebenroth/Boujong/Joost/Strohn/Kindler Anh. §§ 84 ff. Rn. 43.

[277] EuGH BeckRS 2004, 77842.

[278] Vgl. etwa Langenbucher/Riehm § 4 Rn. 53; Emde ZVertriebsR 2014, 218 (220).

[279] Langenbucher/Riehm § 4 Rn. 53.

70   Auch soweit die Handelsvertreter-Richtlinie den **international zwingenden Charakter** von Vorschriften des deutschen Handelsvertreterrechts (etwa des Ausgleichsanspruchs nach § 89b HGB) bedingt, gelten die entsprechenden Grundsätze – bzw. die **Ingmar-Entscheidung** des EuGH[280] (→ Rn. 74) – **nicht** für Vertragshändler-, Franchise- oder Kommissionsagenturverträge, die einem ausländischen Recht unterstehen. Wer etwa den Ausgleichsanspruch nach § 89b HGB nur kraft (europarechtlich nicht gebotener) Analogie des deutschen Rechts hat,[281] kann sich bei Unanwendbarkeit bzw. Abwahl des deutschen Rechts nicht auf die europäische Herkunft der Vorschrift (bzw. auf „Ingmar") stützen, um zum international zwingenden Charakter von § 89b HGB zu kommen.[282] Insbesondere für die Vertragsgestaltung im grenzüberschreitenden Geschäftsverkehr ist das bei Vertragshändler-, Franchise- und Kommissionsagenturverträgen von erheblicher Relevanz.

71   **b) Ausnahme: Richtlinienkonforme Auslegung der §§ 84 ff. HGB, wenn deutsches Recht gilt.** Von den **europarechtlichen Konsequenzen** der Handelsvertreter-Richtlinie für die Anwendung des deutschen Rechts wiederum (wie auch beim Handelsvertreter) **zu unterscheiden** ist die Frage, ob die Vorschriften des nationalen Handelsvertreterrechts auch dann im Lichte der Handelsvertreter-Richtlinie auszulegen sind, wenn die §§ 84 ff. HGB **nur entsprechend angewandt** werden, etwa der Ausgleichsanspruch nach § 89b HGB in einem Rechtsverhältnis eines Vertragshändlers. Mit anderen Worten geht es um die Frage, ob das Gebot der einheitlichen Auslegung des nationalen Rechts auch insoweit, also über die Versicherungs- oder Bausparkassenvertreter hinaus ebenso bei Rechtsverhältnissen mit Vertragshändlern, Franchisenehmern und Kommissionsagenten greift und auch hier die **richtlinienkonforme Auslegung des Handelsvertreterrechts**[283] gilt.

72   Zur Vermeidung einer gespaltenen Auslegung **bejahen BGH und EuGH** in ständiger Rechtsprechung **diese Ausstrahlungswirkung**[284] für rein innerstaatliche Sachverhalte.[285] Demzufolge werden die Auswirkungen der Handelsvertreter-Richtlinie auf Auslegung und Anwendung handelsvertreterrechtlicher Bestimmungen **auch dann** untersucht, wenn es um das Rechtsverhältnis mit einem **Vertragshändler** geht.[286] Für **Franchiseverhältnisse** dürfte nichts anderes gelten, erst recht nicht für die typologisch eng mit dem Handelsvertreter verwandten **Kommissionsagenten.** Auslegungsfragen, die aus solchen – rein innerstaatlichen – Rechtsverhältnissen erwachsen, können dem EuGH vorgelegt werden,[287] der das zur Vermeidung künftiger Auslegungsdivergenzen (wenig überraschend) akzeptiert.[288] Die richtlinienkonforme Auslegung des Handelsvertreterrechts gilt damit nicht nur für Handelsvertreterverhältnisse, sondern auch für das Recht der Vertragshändler, Franchisenehmer und Kommissionsagenten.

---

[280] EuGH NJW 2001, 2007.

[281] Hopt/Hopt § 84 Rn. 12.

[282] OLG Frankfurt a. M. ZVertriebsR 2017, 244 (250); nach Teichmann/Wauschkuhn ZVertriebsR 2012, 274 (280) lassen sich auch der Entscheidung BGH NJW-RR 2011, 614 keine Aussagen für grenzüberschreitende Sachverhalte entnehmen; Gräfe/Giesa ZVertriebsR 2014, 29 (34).

[283] Vgl. BGH NJW-RR 2011, 614 (616).

[284] Emde ZVertriebsR 2014, 218 (224).

[285] BGH NJW 2016, 1885; dazu Kindler NJW 2016, 1855; EuGH EuZW 2016, 221 f. – Quenon; EuZW 2013, 956 (957) – Unamar; BGH NJW-RR 2010, 1263 (1267); in diesem Sinne wohl auch Hopt/Hopt § 84 Rn. 3, 11, § 92c Rn. 11.

[286] Vgl. BGH NJW 2016, 1885; dazu Kindler NJW 2016, 1855; BGH EuZW 2009, 667 (EuGH-Vorlage); nachfolgend EuGH NJW-RR 2011, 255 – Volvo Car; nachfolgend BGH NJW-RR 2011, 614; Emde ZVertriebsR 2014, 218 (225); krit. Anm. Thume IHR 2011, 210 f.

[287] Vgl. BGH EuZW 2009, 667.

[288] Vgl. EuGH NJW-RR 2011, 255 – Volvo Car.

II. Der internationale Anwendungsbereich der Richtlinie

Die Handelsvertreter-Richtlinie betrifft **alle Handelsvertreter, die ihren Sitz in** 73
einem EU-Mitgliedstaat haben bzw. dort ihre Tätigkeit ausüben.[289] Sie soll die
Rechtsbeziehungen zwischen den Parteien eines Handelsvertretervertrags unabhängig von
irgendwelchen grenzüberschreitenden Faktoren harmonisieren.[290] Ihr Anwendungsbereich
geht damit über den Anwendungsbereich der im Vertrag (dh im AEUV) vereinbarten
Grundfreiheiten hinaus.[291]

Nach Art. 3 Abs. 1 der Rom I-Verordnung der EG vom 17.8.2008[292], welche für nach 74
dem 17.12.2009 geschlossene Schuldverhältnisse gilt, unterliegt der Handelsvertretervertrag
im Grundsatz der freien (aber notwendigerweise ausdrücklichen bzw. eindeutigen) Rechtswahl der Vertragsparteien. Der gleiche Grundsatz gilt auch für Franchise- und Vertriebsverträge.[293] Bzgl. zwingender nationaler und europäischer Regelungen sind jedoch die
Ausnahmen in Art. 3 Abs. 3 und 4 sowie Art. 9 Rom I-Verordnung zu beachten.[294] Für
den innerhalb des Gebiets der EU tätigen Handelsvertreter gilt: Die **zwingenden Bestimmungen** der Handelsvertreter-Richtlinie – und die auf ihnen beruhenden Vorschriften des
nationalen Handelsvertreterrechts – sind selbst dann anzuwenden, wenn der Unternehmer
seinen Sitz in einem Nicht-EU-Staat (Drittland) hat und der Handelsvertretervertrag dem
Recht dieses Nicht-EU-Staates unterliegt. So sind – nach der geradezu berühmten **Ingmar-Entscheidung** des EuGH[295] – **Art. 17 und 18** der Handelsvertreter-Richtlinie, die
den Ausgleichsanspruch des Handelsvertreters regeln, auch dann anzuwenden, wenn der
Handelsvertreter seinen Sitz im Vereinigten Königreich hat und dort seine Tätigkeit ausübt
(starker Gemeinschaftsbezug), der Unternehmer in Kalifornien ansässig ist und die Parteien
den Handelsvertretervertrag kalifornischem Recht unterstellt haben.[296] Der EuGH begründet das nicht nur mit dem von der Handelsvertreter-Richtlinie bezweckten Schutz des
Handelsvertreters nach Vertragsbeendigung, sondern auch mit der Aufhebung der Beschränkungen der Ausübung des Handelsvertreterberufs, der Vereinheitlichung der Wettbewerbsbedingungen innerhalb der Gemeinschaft sowie der Stärkung der Sicherheit im
Handelsverkehr.[297] Dieser Zielsetzung widersprechen ua auch nationale Vorschriften, welche die Gültigkeit eines Handelsvertretervertrags von der Eintragung des Handelsvertreters
in ein dazu vorgesehenes Register abhängig machen.[298] Für die Begründung des zwingenden Charakters der Art. 17 und 18 zieht der EuGH **Art. 19 der Handelsvertreter-
Richtlinie** heran, wonach die Parteien vor Ablauf des Vertrages keine Vereinbarungen
treffen können, die von **Art. 17 und 18** zum Nachteil des Handelsvertreters abweichen.[299]
Der Ausgleichsanspruch nach **§ 89b HGB** ist demzufolge **international zwingendes**

---

[289] Langenbucher/Riehm § 4 Rn. 42; nach EuGH ZVertriebsR 2017, 182 Rn. 35 gilt dies unabhängig
von der Frage, ob der Unternehmer in der EU oder einem Drittland ansässig ist.

[290] EuGH NJW 2000, 3267 (3268) – Centrosteel.

[291] EuGH NJW 2000, 3267 (3268) – Centrosteel.

[292] Verordnung (EG) Nr. 593/2008 des Europäischen Parlaments und des Rates vom 17.6.2008 über das
auf vertragliche Schuldverhältnisse anzuwendende Recht (Rom I) (ABl. 2008 L 177, 6).

[293] Winkler von Mohrenfels ZVertriebsR 2014, 281 (283).

[294] Teichmann/Wauschkuhn ZVertriebsR 2012, 274 (275); vgl. auch Dauses/Kreuzer/Wagner/Reder
Kap. R Rn. 202; Ferrari IntVertragsR Rom I-VO Art. 3 Rn. 49–63 mwN auch hins. Verhältnis zur Ingmar-
Entscheidung des EuGH.

[295] EuGH NJW 2001, 2007; dazu etwa Staudinger NJW 2001, 1974; über Ingmar noch hinaus gehen die
Schlussanträge des Generalanwalts Nils Wahl in der Sache Unamar, BeckRS 2013, 80999.

[296] EuGH NJW 2001, 2007 – Ingmar; vgl. auch MüKoHGB/Ströbl § 89b Rn. 252; Teichmann/Wausch-
kuhn ZVertriebsR 2012, 274 (278 f.) mwN auch für Fälle, in denen Sitz und Tätigkeitsgebiet des Handelsvertreters auseinanderfallen.

[297] EuGH NJW 2001, 2007 (2008) – Ingmar; vgl. auch EuZW 2013, 956 (957) – Unamar.

[298] EuGH NJW 2000, 3267 (3268) – Centrosteel; EuZW 1998, 409 (410) – Bellone.

[299] EuGH NJW 2001, 2007 (2008) – Ingmar; vgl. auch EuZW 2006, 341 – Honyvem Informazioni
Commerciali.

Recht,[300] was für die Gestaltung von Handelsvertreterverträgen im grenzüberschreitenden Geschäftsverkehr mit Nicht-EU-Staaten außerordentlich relevant ist. An dem hierfür erforderlichen engen Unionsbezug fehlt es jedoch, wenn sich zwar der Sitz des Unternehmers innerhalb der EU befindet, der Handelsvertreter aber in einem Drittland (zB Türkei) ansässig ist und dort seine Tätigkeiten ausübt.[301]

75   Wird mit einem in Deutschland tätigen Handelsvertreter die Geltung des Rechts eines anderen Mitgliedstaates vereinbart, kommt das zwingende Gemeinschaftsrecht (Art. 17–19 der Handelsvertreter-Richtlinie) in der im Gerichtsstaat umgesetzten Form zur Anwendung, auch wenn diese für den Handelsvertreter gegenüber § 89b HGB ungünstiger ist.[302] Dies folgt zunächst aus dem Grundsatz der Vertragsautonomie sowie der daraus resultierenden Rechtswahlfreiheit.[303] Grund hierfür ist ferner, dass die Handelsvertreter-Richtlinie lediglich einen Mindestschutz garantiert.[304] Eine entsprechende Konstellation legte in der Rechtssache **Unamar** auch das angerufene belgische Gericht dem **EuGH** zur Vorabentscheidung vor: Der streitgegenständliche Handelsvertretervertrag enthielt eine Schiedsklausel, welche die Zuständigkeit der Industrie- und Handelskammer Sofia (Bulgarien) und die Anwendung bulgarischen Rechts, welches den von der Handelsvertreter-Richtlinie geforderten Mindestschutz umsetzt, vorsah.[305] Im Wesentlichen ging es um folgende Frage: Unter welchen Voraussetzungen können zwingende Bestimmungen eines EU-Mitgliedstaats (lex fori, hier: Belgien), die eine EU-Richtlinie über die Mindestvorgaben hinausgehend, ordnungsgemäß umsetzen, das ebenfalls die Richtlinie ordnungsgemäß umsetzende, vertraglich vereinbarte Recht eines anderen Mitgliedstaates (lex contractus, hier: Bulgarien) verdrängen?[306] Die Antwort des EuGH lautete: Das belgische Gericht kann zugunsten zwingender Vorschriften der lex fori das vertraglich vereinbarte, den Mindestvorgaben der Handelsvertreter-Richtlinie entsprechende bulgarische Recht nur unangewendet lassen, wenn es substantiiert feststellt, dass der belgische Gesetzgeber bei der Richtlinienumsetzung den umfassenderen Schutz der inländisch tätigen Handelsvertreter (hier Schadensersatzneben Ausgleichsanspruch)[307] für unerlässlich gehalten hat.[308]

76   **Vergleichbare Regelungen wie Art. 19** enthält die Handelsvertreter-Richtlinie in Art. 5 (betreffend die Regelungen in Art. 3 und 4), Art. 10 Abs. 4 (betreffend die Regelungen in Art. 10 Abs. 2 und 3), Art. 11 Abs. 3 (betreffend die Regelungen in Art. 11 Abs. 1), Art. 12 Abs. 3 (betreffend die Regelungen in Art. 12 Abs. 1 und 2), Art. 13 Abs. 1 S. 2 (betreffend die Regelung in Art. 13 Abs. 1 S. 1) und Art. 15 Abs. 2 S. 2 (betreffend die Regelung in Art. 15 Abs. 2 S. 1). Setzt man an die Stelle dieser Regelungen der Handelsvertreter-Richtlinie das jeweilige Pendant des deutschen Handelsvertreterrechts, so dürften die **§§ 85 S. 1, 86 Abs. 1 und 2, 86a Abs. 1 und 2, 87a Abs. 2 Hs. 1 sowie Abs. 3 und 4, 87c Abs. 1–3 sowie 89 Abs. 1 HGB ebenfalls international zwingendes Recht** darstellen. Im Hinblick auf den vom EuGH herangezogenen Schutz des Handelsvertreters sowie die Vereinheitlichung der Wettbewerbsbedingungen dürfte auch § 90a HGB dem international zwingenden Recht zuzuordnen sein, auch wenn § 90a

---

[300] Siehe auch Hopt/Hopt § 92c Rn. 10 mwN; MüKoHGB/Ströbl § 89b Rn. 252; ausdrücklich auf Fälle starken Binnenmarktbezugs begrenzt Martinek/Semler/Flohr VertriebsR-HdB/Lakkis § 57 Rn. 26 ff.

[301] EuGH ZVertriebsR 2017, 182 Rn. 33.

[302] Hopt/Hopt § 92c Rn. 10; Ferrari IntVertragsR Rom I-VO Art. 3 Rn. 63.

[303] Schlussanträge des Generalanwalts Nils Wahl in der Sache Unamar, BeckRS 2013, 80999; Gräfe/Giesa ZVertriebsR 2014, 29 (32).

[304] Schlussanträge des Generalanwalts Nils Wahl in der Sache Unamar, BeckRS 2013, 80999; MüKoBGB/Martiny Rom-I VO Art. 9 Rn. 29.

[305] EuGH EuZW 2013, 956 ff. – Unamar.

[306] Schlussanträge des Generalanwalts Nils Wahl in der Sache Unamar, BeckRS 2013, 80999; Gräfe/Giesa ZVertriebsR 2014, 29 (32).

[307] Ausführlich zur Zulässigkeit der belgischen Umsetzung des Art. 17 Handelsvertreter-Richtlinie: EuGH EuZW 2016, 221 – Quenon; sowie in derselben Rechtssache der Schlussantrag des Generalanwalts Nils Wahl BeckRS 2016, 80201; Emde EuZW 2016, 218.

[308] EuGH EuZW 2013, 956 (957 f.) – Unamar; vgl. auch MüKoBGB/Martiny Rom-I VO Art. 9 Rn. 29.

Abs. 4 HGB keine Entsprechung in Art. 20 der Handelsvertreter-Richtlinie zugrunde liegt.

Dabei besteht (zB) der Ausgleichsanspruch nicht nur als solcher, vielmehr begründet der **77** europarechtlich zwingende Charakter (zB) des Ausgleichsanspruchs auch flankierende Maßnahmen, die seine **Durchsetzung** sicherstellen. Die Auswirkungen der EuGH-Rechtsprechung beschränken sich damit nicht auf Fragen des anwendbaren Rechts, sondern bedingen auch die Wirksamkeit von Gerichtsstands- und Schiedsvereinbarungen.[309] So können die international zwingenden Vorschriften der Handelsvertreter-Richtlinie bzw. ihre Pendants im deutschen Handelsvertreterrecht im Ergebnis nicht dadurch vereitelt werden, dass über die Rechtswahl hinaus der (ausschließliche) **Gerichtsstand eines Dritt-staates** gewählt wird, dessen Recht dem Handelsvertreterausgleich entsprechende Ansprüche des Handelsvertreters nicht kennt;[310] das gilt entsprechend für die Vereinbarung eines **ausländischen Schiedsgerichts,** die den Handelsvertreter ebenfalls nicht daran hindert, seinen Ausgleichsanspruch vor deutschen Gerichten zu verfolgen.[311]

III. Vorerst keine Erweiterung der Richtlinie auf Vertragshändler

Im Rahmen seiner Entschließung vom 6.5.2010 zur Kfz-Gruppenfreistellungsverord- **78** nung forderte das Europäische Parlament die Kommission ua auf, sicherzustellen, dass Händler – auch im Automobilsektor – das gleiche Ausmaß an vertraglichem Schutz genießen wie dies derzeit bei Handelsvertretern der Fall sei.[312] Das Europäische Parlament vertritt die Ansicht, dass eine solche Anpassung auf dem Wege der Änderung der (Handels-vertreter-)Richtlinie 86/653/EWG und der teilweisen Ausweitung ihres Anwendungs-bereichs auf alle Vertriebsvereinbarungen zu erreichen wäre.[313] In ihrer Stellungnahme vom 6.9.2010 beschränkte sich die Kommission – angesichts des Ausgangspunktes der Entschließung des Europäischen Parlaments (die Kfz-Gruppenfreistellungsverordnung) nachvollziehbar – zunächst auf den Hinweis, dass sich die Kommission zurückhalten sollte bei der Einführung von Wettbewerbsregeln in Bereichen, die normalerweise durch nationales Vertrags- oder Handelsrecht reguliert würden.[314]

In einer Anfrage von Abgeordneten des Europäischen Parlaments vom 15.4.2011 wurde **79** die Kommission unter Bezug auf die Entschließung des Europäischen Parlaments vom 6.5.2010 ua gefragt, ob die Kommission die Ausweitung des Anwendungsbereichs der Richtlinie 86/653/EWG auf alle Vertriebsvereinbarungen und ihre entsprechende Anpas-sung in Erwägung ziehe oder ob sie andere Rechtsmittel prüfen werde.[315] In ihrer Antwort vom 7.6.2011 erteilt die Kommission einer Ausweitung der Richtlinie 86/653/EWG auf alle Vertriebsvereinbarungen eine **klare Absage:** „Die Ausweitung der Richtlinie 86/653/ EWG über Handelsvertreter stellt keine denkbare Lösung dar, da sie andere Situationen regelt, die sich grundlegend von der der Fahrzeughändler unterscheiden. Während der

---

[309] Dazu ausführlich Gräfe/Giesa ZVertriebsR 2014, 29 (31 f.).

[310] Unter der Annahme, dass das Gericht des Drittstaates den international zwingenden Ausgleichsanspruch nicht anwenden wird: OLG München WM 2006, 1556 (1558); jüngst der Sache nach bestätigt von BGH ZVertriebsR 2013, 89 (Vorinstanzen: OLG Stuttgart IHR 2012, 163 und LG Heilbronn); aA Teichmann/Wauschkuhn ZVertriebsR 2012, 274 (279); unter der geltenden Rom I-VO krit. auch Hopt/Hopt § 92c Rn. 10a.

[311] Vgl. OLG München WM 2006, 1556 (1558) sowie BGH ZVertriebsR 2013, 89; vgl. in diesem Zusammenhang auch die Schlussanträge des Generalanwalts Nils Wahl BeckRS 2013, 80999 (in der Sache Unamar).

[312] Vgl. die Entschließung des Europäischen Parlaments vom 6.5.2010 zur Kfz-Gruppenfreistellungsver-ordnung (2011/C 81 E/18), ABl. 2010 C 81 E, 89 (93).

[313] ABl. 2010 C 81 E, 89 (93).

[314] Vgl. das „Follow-up to the European Parliament resolution on the Motor Vehicle Block Exemption Regulation, adopted by the Commission on 6 July 2010", Dokument SP(2010)4415 vom 6.9.2010, abrufbar unter http://www.europarl.europa.eu/oeil/spdoc.do?i=18343&j=0&l=en.

[315] Anfrage zur schriftlichen Beantwortung E-003770/2011 an die Kommission vom 15.4.2011, Doku-ment P7_QE(2011)003770, abrufbar unter http://www.europarl.europa.eu/RegData/questions/ecrites/2011/003770/P7_QE(2011)003770_DE.doc.

Handelsvertreter den Verkauf oder Ankauf von Waren für andere Personen oder im Namen bzw. im Auftrag einer anderen Person – des Auftraggebers – tätigt, handelt der Fahrzeughändler – wie in Artikel 1 Absatz 2 dieser Richtlinie festgelegt – beim Kauf der Fahrzeuge vom Hersteller und beim Verkauf an die Kunden in seinem eigenen Namen."[316]

80   In der darauffolgenden Zeit wurde nicht nur in Deutschland lebhaft über die Zukunft der Handelsvertreter-Richtlinie diskutiert, wobei neben etwaigen Modifikationen auch die gänzliche Abschaffung zur Debatte stand. Als neues, die HV-Richtlinie ersetzendes Rechtsinstrument wurde beispielsweise eine Europäische Handelsvertreter-Verordnung erwogen.[317] Die EU-Kommission hat zum 25.7.2014 ein öffentliches Konsultationsverfahren zur ersten Bewertung (der Funktionsfähigkeit) der Handelsvertreter-Richtlinie seit deren Inkrafttreten eingeleitet.[318] Die Ergebnisse sollten in die Entscheidung über den Verbleib der Richtlinie einfließen. In dem Evaluationsbericht der EU-Kommission vom 16.7.2015 heißt es: Die Evaluierung kommt zu dem Schluss, dass die Handelsvertreter-Richtlinie ihren Zielen gerecht wird und ihre Funktion gut erfüllt. Die Richtlinie bringt mehr Nutzen als Kosten, ist nach wie vor relevant und weist immer noch einen EU-Mehrwert auf. Aufgrund dieser Erkenntnisse wird eine Beibehaltung der Richtlinie in ihrer derzeitigen Form empfohlen.[319] Damit scheint das Fortbestehen der Handelsvertreter-Richtlinie gesichert, was in der Literatur auf Zustimmung stößt.[320]

81   Indem die Abschaffung der Handelsvertreter-Richtlinie insgesamt abgewendet wurde, haben sich im Zuge dieser Diskussion auch die Bestrebungen, die Richtlinie auf Vertragshändler zu erstrecken oder eine vergleichbare Vertragshändler-Richtlinie zu schaffen, vorerst erledigt.[321]

§ 84 Begriff des Handelsvertreters

(1) [1]**Handelsvertreter ist, wer als selbständiger Gewerbetreibender ständig damit betraut ist, für einen anderen Unternehmer (Unternehmer) Geschäfte zu vermitteln oder in dessen Namen abzuschließen.** [2]**Selbständig ist, wer im Wesentlichen frei seine Tätigkeit gestalten und seine Arbeitszeit bestimmen kann.**

(2) **Wer, ohne selbständig im Sinne des Absatzes 1 zu sein, ständig damit betraut ist, für einen Unternehmer Geschäfte zu vermitteln oder in dessen Namen abzuschließen, gilt als Angestellter.**

(3) **Der Unternehmer kann auch ein Handelsvertreter sein.**

(4) **Die Vorschriften dieses Abschnittes finden auch Anwendung, wenn das Unternehmen des Handelsvertreters nach Art oder Umfang einen in kaufmännischer Weise eingerichteten Geschäftsbetrieb nicht erfordert.**

Literatur: Bauder, Zur Selbständigkeit des Franchise-Nehmers, NJW 1989, 78; Beuthien/Wehler, Stellung und Schutz der freien Mitarbeiter im Arbeitsrecht, RdA 1978, 2; Buchner, Das Recht der Arbeitnehmer, der Arbeitnehmerähnlichen und der Selbständigen – jedem das Gleiche oder jedem das Seine?, NZA 1998, 1144; Budde, Auswirkungen des Allgemeinen Gleichbehandlungsgesetzes auf Vertriebspartner, BB 2007, 731; Dieselhorst/Grages, Der Onlineshop-Betreiber als Handelsvertreter?, MMR 2011, 368; Ekkenga, Grund-

---

[316] Antwort der Kommission vom 7.6.2011, Dokument P7_RE(2011)003770, abrufbar unter: http://www.europarl.europa.eu/RegData/questions/reponses_qe/2011/003770/P7_RE(2011)003770_DE.doc.

[317] Hierfür plädiert Martinek ZVertriebsR 2014, 139.

[318] Die einzelnen Stellungnahmen des vom 25.7.2014 bis zum 31.10.2014 geöffneten Konsultationsverfahrens sind einsehbar unter http://ec.europa.eu/internal_market/consultations/2014/commercial-agents-directive/contributions_de.htm.

[319] Vgl. Pressemitteilung der Centralvereinigung Deutscher Wirtschaftsverbände für Handelsvermittlung und Vertrieb (CDH) eV vom 20.7.2015 ZVertriebsR 2015, 333 sowie die englische Version des Evaluationsberichts: Commission Staff Working Document: Evaluation of the Council Directive on the coordination of the laws of the Member States relating to self-employed commercial agents (Directive 86/653/EEC)/REFIT Evaluation, Dokument SWD(2015) 146 final.

[320] Emde EuZW 2016, 218; Döpfer ZVertriebsR 2015, 273.

[321] So bereits in der laufenden Diskussion Emde vor § 84 Rn. 18.

fragen der AGB-Kontrolle von Franchise-Verträgen, AG 1989, 301;Emde, Beschränkung des Auskunftsrechts des Handelsvertreters in mehrstufigen Vertriebssystemen, MDR 1999, 1108; Emde/Valdini, Online-Hotelportale als Handelsvertreter, BB 2016, 899; Flohr, Franchise-Vertrag, 4. Auflage 2010; ders., Franchise-Nehmer: Arbeitnehmer oder selbstständiger Absatzmittler? Bestandsaufnahme, Kriterien der Selbstständigkeit und Vertragsgestaltung, DStR 2003, 1622; ders., Die Selbständigkeit des Vertriebspartners nach deutschem Recht, ZVertriebsR 2012, 354; Forkel, Der Franchisevertrag als Lizenz am Immaterialgut Unternehmen, ZHR 153 (1989), 511; Giesler/Güntzel, Die Auswirkungen des Allgemeinen Gleichbehandlungsgesetzes auf das Franchising, ZIP 2008, 11; Griebeling, Die Merkmale des Arbeitsverhältnisses, NZA 1998, 1137; von Hoyningen-Huene, Der „freie Mitarbeiter" im Sozialversicherungsrecht, BB 1987, 1730; Hromadka, Zur Begriffsbestimmung des Arbeitnehmers, DB 1998, 195; ders. Arbeitnehmer oder freier Mitarbeiter, NJW 2003, 1847; Hümmerich, Arbeitsverhältnis oder Wettbewerbsgemeinschaft – Zur Abgrenzung von Arbeitnehmern und Selbständigen, NJW 1998, 2625; Jauernig, Zur Rechts- und Parteifähigkeit der Gesellschaft bürgerlichen Rechts, NJW 2001, 2231; Moritz, Zum Wegfall des Ausgleichsanspruchs bei Kündigung durch den Handelsvertreter, DB 1987, 875; Oberthür/Lohr, Der Handelsvertreter im Arbeits- und Sozialversicherungsrecht, NZA 2001, 126; Reinecke, Rechtsprechung des BAG zum Arbeitnehmerstatus – Eine kritische Bestandsaufnahme, NZA-RR 2016, 393; ders., Arbeitnehmer, arbeitnehmerähnliche und andere Selbständige in den Bereichen Handel und Vertrieb sowie Transport und Verkehr, ZVertriebsR 2014, 151; Reinshagen, Galerievertretung als Vertriebsvertrag im Sinne der Vorschriften der §§ 84 ff. HGB, ZVertriebsR 2012, 281; Rohrßen, Handelsvertreter als Ein- und Mehrfirmenvertreter sowie im Nebenberuf: Die Irrelevanz von Tätigkeitsort und -art (stationär, ambulant oder online, ZVertriebsR 2019, 153; Seel, Selbstständig oder doch Arbeitnehmer? – Eine Analyse der sozial- und steuerrechtlichen Behandlung von Beschäftigten, NZS 2011, 532; K. Schmidt, Die BGB-Außengesellschaft: rechts- und parteifähig, NJW 2001, 993; Schmidt/Schwerdtner, Scheinselbständigkeit, 2000; Skaupy, Das „Franchising" als zeitgerechte Vertriebskonstruktion, DB 1982, 2446; ders., Zu den Begriffen „Franchise", „Franchisevereinbarung" und „Franchising", NJW 1992, 1785; Stolterfoht, Die Selbständigkeit des Handelsvertreters, 1973; Thume, Einige Gedanken zum Ausgleichsanspruch nach § 89b HGB, BB 1999, 2309; Peter Ulmer, Der Vertragshändler, 1969; von Westphalen, Scheinselbständigkeiten nach § 2 Nr. 9 SGB VI und der Ausgleichsanspruch des Handelsvertreters, ZIP 1999, 1083; Wank, Arbeitnehmer und Selbständige, 1988; ders., Telearbeit, NZA 1999, 225.

Übersicht

A. Handelsvertreter

I. Der Handelsvertreter

1 **1. Person des Handelsvertreters.** Zur Aufnahme einer Tätigkeit als Handelsvertreter sind natürliche oder juristische Personen sowie sonstige zumindest teilrechtsfähige Personengesellschaften und Vereine fähig.[1] Besondere Anforderungen an die Person des Handelsvertreters gehen aus § 84 Abs. 1 S. 1 HGB nicht hervor; insbesondere stellt Abs. 4 klar, dass der Handelsvertreter eines in kaufmännischer Weise eingerichteten Gewerbebetriebes nicht bedarf.[2] Soweit es sich bei dem Handelsvertreter nicht um einen Versicherungsvermittler handelt (für Versicherungsvermittler ist der Erlaubnisvorbehalt nach § 34d GewO zu beachten), benötigt der Handelsvertreter zudem keine behördlichen Genehmigungen.[3]

2 **a) Natürliche Personen.** Ohne Weiteres fähig zur Aufnahme einer Tätigkeit als Handelsvertreter sind voll geschäftsfähige natürliche Personen. Beschränkt geschäftsfähige **Minderjährige** benötigen zum Abschluss eines Handelsvertretervertrages die Zustimmung des gesetzlichen Vertreters sowie die Genehmigung des Familiengerichts zum selbständigen Betrieb eines Erwerbsgeschäfts nach § 112 Abs. 1 S. 1 BGB.[4] Hierdurch erlangt der Minderjährige die volle Geschäftsfähigkeit im Hinblick auf alle mit dem Betrieb der Handelsvertretung im Zusammenhang stehenden Rechtsgeschäfte, soweit es sich nicht um Rechtsgeschäfte handelt, für die der gesetzliche Vertreter der Genehmigung des Familiengerichts bedarf (§ 112 Abs. 1 S. 2).[5] § 112 BGB kommt auch zur Anwendung, wenn es sich um eine arbeitnehmerähnliche Tätigkeit handelt.[6] Daneben kann aber auch § 113 BGB zur Anwendung kommen, der auf das Erfordernis der Genehmigung durch das Familiengericht verzichtet.[7] Auf diesem Weg kann der Minderjährige jedoch nur zur Eingehung des

---

[1] GK-HGB/Genzow § 84 Rn. 1; Oetker/Busche § 84 Rn. 14.
[2] Emde § 84 Rn. 16; Oetker/Busche § 84 Rn. 19; Ebenroth/Boujong/Joost/Strohn/Löwisch § 84 Rn. 18.
[3] Oetker/Busche § 84 Rn. 14; Ebenroth/Boujong/Joost/Strohn/Löwisch § 84 Rn. 7 f.
[4] Hopt/Hopt § 84 Rn. 7; Ebenroth/Boujong/Joost/Strohn/Löwisch § 84 Rn. 19.
[5] Oetker/Busche § 84 Rn. 16.
[6] MüKoBGB/Spickhoff § 112 Rn. 6.
[7] BAG NJW 1964, 1641 (1642 f.); Staudinger/Klumpp § 113 Rn. 5; aA LAG Baden-Württemberg DB 1963, 734 = BB 1963, 1193 und MüKoHGB/Ströbl § 84 Rn. 23, die je nach Grad der wirtschaftlichen Abhängigkeit § 112 oder § 113 exklusiv anwenden wollen.

Handelsvertreterverhältnisses selbst ermächtigt werden; für dessen Rechtsbeziehungen nach außen unterliegt er den allgemeinen Beschränkungen der §§ 107 ff. BGB.[8]

b) Juristische Personen, Personengesellschaften und sonstige Gemeinschaften. 3 Auch juristische Personen (insbesondere AG und GmbH, aber auch eingetragene Vereine oder eingetragene Genossenschaften) sowie (teil-)rechtsfähige Personengesellschaften (oHG, KG und GbR) können Handelsvertreter sein. Dies folgt aus ihrer Fähigkeit, Träger von Rechten und Pflichten zu sein.[9] Für die oHG und KG ergibt sich dies aus dem Gesetz (§ 124 Abs. 1 HGB), während die Teilrechtsfähigkeit der GbR, soweit sie als Außengesellschaft auftritt, heute allgemein anerkannt ist.[10] Nach früherer Rspr. und der hL wurden hingegen die Mitglieder selbst durch einen Handelsvertretervertrag berechtigt und verpflichtet (§ 431 BGB).[11] Dies gilt heute noch mangels Rechtsfähigkeit für die Erbengemeinschaft.[12] Bei stillen Gesellschaften ist Handelsvertreter stets nur der Inhaber des Handelsgeschäftes, nicht aber der stille Gesellschafter selbst.[13] Vereine sind zur Begründung eines Handelsvertreterverhältnisses nur dann in der Lage, wenn sie rechtsfähig sind oder im Rahmen des Nebenzweckprivilegs eines Idealvereins.[14]

2. Arten von Handelsvertretern. Handelsvertreter treten in der Praxis in verschiede- 4 nen Formen auf. Dabei kann zum einen hinsichtlich der Art der Tätigkeit, zum anderen aber auch nach der rechtlichen Stellung des Handelsvertreters differenziert werden.[15]

a) Abgrenzung nach der Art der Tätigkeit. Der **Warenvertreter,** dessen Tätigkeits- 5 bereich der Ein- und Verkauf von Waren und Erzeugnissen der von ihm vertretenen Unternehmen ist, stellt wohl das gesetzliche Leitbild des Handelsvertreters dar.[16] Eine ausdrückliche Regelung hält das Gesetz zudem für den **Versicherungsvertreter** bereit (§ 92 HGB), dessen Tätigkeit auf die Vermittlung und den Abschluss von Versicherungsverträgen ausgerichtet ist. Die Regelungen des § 92 Abs. 1–4 HGB sind nach § 92 Abs. 5 auch auf **Bausparkassenvertreter** anzuwenden. Die Besonderheit dieser beiden Handelsvertreter-Gruppen im Verhältnis zum klassischen Warenvertreter liegt vor allem in der Einmaligkeit der Vertragsabschlüsse, was durch eine besondere Provisionsregelung ausgeglichen wird.[17] Darüber hinaus kommen Handelsvertreter in einer **Vielzahl weiterer Wirtschaftszweige** zum Einsatz[18], so etwa in der Werbebranche als Anzeigenvertreter[19], bei der Vermittlung von Reisen[20] oder dem Vertrieb von Mobilfunkdienstleistungen.[21]

b) Abgrenzung hinsichtlich der rechtlichen Stellung. aa) Vermittlungs- und 6 **Abschlussvertreter.** Während der (in der Praxis weitaus häufiger anzutreffende[22]) **Vermittlungsvertreter** lediglich dazu verpflichtet ist, einen Vertragsschluss zwischen dem

---

[8] Soergel/Hefermehl § 113 Rn. 2; MüKoHGB/Ströbl § 84 Rn. 23.

[9] MüKoHGB/Ströbl § 84 Rn. 25 f.; Oetker/Busche § 84 Rn. 17; Hopt/Hopt § 84 Rn. 8.

[10] BGHZ 146, 341 (347) = NJW 2001, 1056 (1057 f.).

[11] MüKoHGB/Ströbl § 84 Rn. 26; Oetker/Busche § 84 Rn. 17; Hopt/Hopt § 84 Rn. 9; GK-HGB/Genzow § 84 Rn. 1.

[12] BGH NJW 2002, 3389 (3390); 2006, 3715; Oetker/Busche § 84 Rn. 17; Ebenroth/Boujong/Joost/Strohn/Löwisch § 84 Rn. 19.

[13] Hopt//Hopt § 84 Rn. 9; Ebenroth/Boujong/Joost/Strohn/Löwisch § 84 Rn. 31.

[14] Oetker/Busche § 84 Rn. 18; im Schrifttum wird hiergegen zT angeführt, dass mit der Anerkennung der Teilrechtsfähigkeit der GbR auch der nichtrechtsfähige Verein zumindest Teilrechtsfähigkeit erlangen muss, da auf ihn die Vorschriften über die GbR anzuwenden sind, § 54 S. 1 BGB (vgl. ua K. Schmidt NJW 2001, 993 (1002 f.); Jauernig NJW 2001, 2231 (2232)).

[15] Emde § 84 Rn. 107; MüKoHGB/Ströbl § 84 Rn. 7.

[16] Emde § 84 Rn. 111; MüKoHGB/Ströbl § 84 Rn. 8; vgl. auch die auf den Warenvertreter zugeschnittene und vom deutschen Gesetzgeber umgesetzte EG-Richtlinie RL 86/653/EWG.

[17] MüKoHGB/Ströbl § 84 Rn. 9.

[18] Für eine (nicht abschließende) Auflistung möglicher Tätigkeitsfelder siehe Emde § 84 Rn. 110 f.

[19] BGH NJW 2012, 2110.

[20] BGH NJW-RR 2004, 1206.

[21] OLG Düsseldorf BeckRS 2012, 20203.

[22] MüKoHGB/Ströbl § 84 Rn. 16.

Unternehmer und Dritten in die Wege zu leiten, ist es Aufgabe des **Abschlussvertreters,** solche Verträge im Namen und für Rechnung des vertretenen Unternehmers abzuschließen.[23] Insofern erstrecken sich die Befugnisse des Abschlussvertreters auch auf eine entsprechende Vertretungsmacht.

7   **bb) Bezirksvertreter. Bezirksvertretern** ist vertraglich ein bestimmter Bezirk oder ein bestimmter Kundenkreis zugewiesen. Dem misst das Gesetz in § 87 Abs. 2 S. 1 HGB Bedeutung zu, wonach der Bezirksvertreter vom Unternehmer für alle Geschäfte, die in seinem Bezirk oder Kundenkreis abgeschlossen werden, unabhängig von seinen Bemühungen im konkreten Einzelfall eine Provision verlangen kann. Insofern werden dem Bezirksvertreter die **Gesamtbemühungen** in dem ihm zugewiesenen Bezirk oder Kundenkreis vergütet.[24]

8   **cc) Alleinvertreter.** Noch etwas weiter geht die **Alleinvertretung.** Bei ihr ist dem Handelsvertreter nicht nur ein Bezirk zugewiesen, in dem der Unternehmer sämtliche Vertragsabschlüsse zu vergüten hat. Die Alleinvertretung gewährt dem Handelsvertreter darüber hinaus auch **Exklusivität:** Nur der Alleinvertreter darf in dem ihm zugewiesenen Bezirk Geschäfte für den Unternehmer vermitteln bzw. abschließen.[25] Der Unternehmer hingegen darf weder selbst noch durch andere Absatzmittler in diesem Bezirk tätig werden.[26]

9   **dd) Ein- und Mehrfirmenvertreter.** Eine praktisch wichtige Unterscheidung kann auch dahingehend getroffen werden, ob der Handelsvertreter lediglich einen Unternehmer **(Einfirmenvertreter)** oder gleichzeitig verschiedene Unternehmer **(Mehrfirmenvertreter)** vertreten darf.[27] Sofern beabsichtigt ist, dass der Handelsvertreter nur zur Vertretung eines einzelnen Unternehmers befugt ist, muss dies vertraglich ausdrücklich festgelegt werden.[28] Zudem ist zu prüfen, ob der Handelsvertreter dabei so sehr in die betriebliche Organisation des Unternehmers eingebunden wird, dass mangels Selbständigkeit § 84 Abs. 2 HGB zur Anwendung kommt und der Handelsvertreter als Arbeitnehmer einzuordnen ist.[29] Für Einfirmenvertreter kann das Bundesministerium der Justiz und für Verbraucherschutz Mindestarbeitsbedingungen festlegen (§ 92a HGB).

10   **ee) Untervertreter.** Der Handelsvertreter kann, sofern nichts anderes vereinbart ist, zur Erfüllung seiner Verpflichtung **Untervertreter** einsetzen.[30] Dabei muss unterschieden werden: Bei der **echten** Untervertretung betraut der Handelsvertreter einen Untervertreter im eigenen Namen zur Erfüllung seiner eigenen Verpflichtung gegenüber dem Unternehmer.[31] Diese Art der Untervertretung wird durch § 84 Abs. 3 HGB näher konkretisiert.[32] Zu unterscheiden ist dieser Fall von der **unechten** Untervertretung, bei welcher der Hauptvertreter im Namen des Unternehmers ein Untervertretungsverhältnis begründet.[33] Der unechte Untervertreter wird infolge dessen unmittelbar für den Unternehmer tätig,

---

[23] GK-HGB/Genzow § 84 Rn. 5; Emde § 84 Rn. 62 ff.
[24] GK-HGB/Genzow § 84 Rn. 6; MüKoHGB/Ströbl § 84 Rn. 18; Emde § 84 Rn. 121; Küstner/Thume VertriebsR-HdB I Rn. 173.
[25] MüKoHGB/Ströbl § 84 Rn. 19; GK-HGB/Genzow § 84 Rn. 7; Ebenroth/Boujong/Joost/Strohn/Löwisch § 84 Rn. 35; Küstner/Thume VertriebsR-HdB I Kap. I Rn. 176.
[26] OLG Düsseldorf ZVertriebsR 2013, 224 (225); Emde § 84 Rn. 115; Küstner/Thume VertriebsR-HdB I Kap. I Rn. 177.
[27] MüKoHGB/Ströbl § 84 Rn. 17; Küstner/Thume VertriebsR-HdB I Kap. I Rn. 170.
[28] Emde § 84 Rn. 122; Ebenroth/Boujong/Joost/Strohn/Löwisch § 84 Rn. 34.
[29] Küstner/Thume VertriebsR-HdB I Kap. I Rn. 172.
[30] GK-HGB/Genzow § 84 Rn. 9; als Beispiel vgl. etwa BGH NJW 2010, 298.
[31] MüKoHGB/Ströbl § 84 Rn. 20; Emde § 84 Rn. 127; Hopt/Hopt § 84 Rn. 31; vgl. auch BGH NJW 1972, 1662 (1663 f.).
[32] Ebenroth/Boujong/Joost/Strohn/Löwisch § 84 Rn. 155; BGH NJW 2010, 298; OLG Brandenburg BeckRS 2013, 01597.
[33] Emde § 84 Rn. 135; Ebenroth/Boujong/Joost/Strohn/Löwisch § 84 Rn. 159; Hopt/Hopt § 84 Rn. 32.

wobei er regelmäßig dem Handelsvertreter organisatorisch untergeordnet ist und von diesem eingearbeitet und überwacht wird.[34]

Ein Sonderfall der Untervertretung ist der sog. **Strukturvertrieb.** In diesem mehr- 11 stufigen Vertriebssystem setzt der Unternehmer Vertriebsmittler in Form von Handelsvertretern, Untervertretern oder freien Mitarbeitern ein.[35] Diese Systeme, die überwiegend im Finanzdienstleistungssektor oder im Versicherungsgeschäft zum Einsatz kommen, zeichnen sich durch eine hierarchische Struktur aus, in der die eigentliche Vermittlungstätigkeit im Wesentlichen durch die unterste Stufe erfolgt, während in den übergeordneten Stufen die systembedingt erforderliche Verwaltungstätigkeit dominiert.[36] Dabei ist auch auf die Strukturoberen Handelsvertreterrecht anwendbar, obwohl hier überwiegend gar keine reine Vermittlungstätigkeit mehr erbracht wird; ihnen werden vielmehr die Umsätze der überwachten Untervertreter zugerechnet, wodurch sie neben der vertraglichen Vergütung in Form einer sog. **Superprovision** einen Ausgleichsanspruch nach § 89b HGB erhalten.[37]

ff) Generalvertreter. Die Bezeichnung „Generalvertreter" ist, obgleich regelmäßig 12 anstelle des Begriffs des Hauptvertreters im Verhältnis zum Untervertreter verwendet, kein eindeutiger Rechtsbegriff.[38] Vielmehr wird der Begriff auch für einen Eigenhändler mit Alleinvertriebsrecht[39] oder auch für Bezirksvertreter verwendet. Die Reichweite seiner rechtlichen Stellung muss dementsprechend im Einzelfall anhand seines konkreten Rechtsverhältnisses ermittelt werden; aus der Bezeichnung „Generalvertreter" allein ergibt sich jedenfalls noch nicht, dass dem Vertriebsmittler ein Alleinvertriebs- oder Vertretungsrecht zustehen soll.[40]

II. Der selbständige Handelsvertreter nach § 84 Abs. 1 HGB

Handelsvertreter iSd § 84 Abs. 1 S. 1 HGB ist jeder selbständige Gewerbetreibende, der 13 ständig damit betraut ist, für einen Unternehmer Geschäfte zu vermitteln oder in dessen Namen abzuschließen. Insoweit stimmt die nationale Regelung mit der europäischen Handelsvertreterrichtlinie (RL 86/653/EWG) überein, wenngleich diese nach ihrem Wortlaut nur den Warenvertreter erfasst (→ Vor § 84 Rn. 66 ff.).

1. Abgrenzung von selbständigen Handelsvertretern und Arbeitnehmern, § 84 14 **Abs. 1 S. 2 HGB. a) Praktische Relevanz der Abgrenzung.** Die Frage, ob ein Handelsvertreter **selbständig** oder aber **Arbeitnehmer** ist, hat im Hinblick auf die mit ihr verbundene Weichenstellung zwischen dem Handelsvertreterrecht und dem Arbeitsrecht – und die mit der Anwendbarkeit des Arbeitsrechts verbundenen Konsequenzen – **zentrale Bedeutung.**[41]

aa) Unterschied zu inhaltlich verwandten Themenkomplexen. Vorab von der 15 Abgrenzung zwischen Selbständigen und Arbeitnehmern (bzw. der Scheinselbständigkeitsproblematik) zu unterscheiden sind zwei weitere Themenkomplexe, die zwar (hinsichtlich der Abgrenzungskriterien) teilweise Parallelen zur **Scheinselbständigkeitsproblematik** aufweisen, hinsichtlich der Rechtsfolgen aber dennoch klar von der Scheinselbständigkeitsproblematik zu trennen sind.

Das betrifft zum einen die ua in § 5 Abs. 1 S. 2 ArbGG (aber zB auch in § 12a TVG, § 2 16 BUrlG) genannte Figur der **arbeitnehmerähnlichen Person,** bei der es sich zwar um

---

[34] Vgl. BGH 29.10.1964 – VII ZR 86/63.
[35] MüKoHGB/Ströbl § 84 Rn. 20; Ebenroth/Boujong/Joost/Strohn/Löwisch § 84 Rn. 37; kritisch zum „Schneeballsystem" und dessen Herkunft Martinek/Semler/Flohr VertriebsR-HdB/Martinek § 3 Rn. 32.
[36] Küstner/Thume VertriebsR-HdB I Kap. I Rn. 190; Emde § 84 Rn. 110.
[37] BGHZ 56, 290 (293 ff.); Emde § 84 Rn. 111; zur Anwendbarkeit des Handelsvertreterrechts und insbes. zum Auskunftsanspruch nach § 87c Abs. 3 HGB Emde MDR 1999, 1108.
[38] Hopt/Hopt § 84 Rn. 32; GK-HGB/Genzow § 84 Rn. 10.
[39] BGH NJW 1970, 1040.
[40] MüKoHGB/Ströbl § 84 Rn. 21; OLG Celle BB 1956, 95.
[41] Vgl. MüKoHGB/Ströbl § 84 Rn. 27.

einen Selbständigen handelt, auf den jedoch bestimmte arbeitsrechtliche Vorschriften Anwendung finden, wie etwa in prozessualer Hinsicht die Zuständigkeit der Arbeitsgerichte (§ 5 Abs. 1 S. 2 iVm § 2 ArbGG).

17   Zum anderen ist damit die Thematik der **Rentenversicherungspflicht von Selbständigen** nach § 2 Nr. 9 SGB VI angesprochen, die ebenfalls von der Selbständigkeit des Vertriebsmittlers ausgeht. Demnach können, trotz Einstufung eines Handelsvertreters als Selbständigen, bestimmte arbeits- und sozialversicherungsrechtliche Vorschriften anwendbar sein, Handelsvertreter[42] oder etwa auch Franchisenehmer[43] also zB der Rentenversicherungspflicht unterliegen.

18   **bb) Prozessuale Relevanz.** Auch wenn die materiell-rechtlichen Konsequenzen von ungleich größerer Bedeutung sind, ist die Abgrenzung zwischen dem selbständigen und einem unselbständigen (als Arbeitnehmer handelnden) Handelsvertreter zunächst – und für den Praktiker nicht minder bedeutsam – in **prozessualer** Hinsicht dafür relevant, ob für einen Rechtsstreit zwischen dem Unternehmer und dem Handelsvertreter die sachliche Zuständigkeit der ordentlichen Gerichte oder der Arbeitsgerichte begründet ist.[44] Eine Vielzahl von Entscheidungen über die Frage, ob es sich um einen selbständigen Handelsvertreter oder um einen Angestellten handelt, ergeht daher im Rahmen der Abgrenzung des Rechtswegs.[45]

19   **cc) Materiell-rechtliche Relevanz.** In **materiell-rechtlicher** Hinsicht ist die Einordnung des Handelsvertreters als Selbständigen oder als Arbeitnehmer vor allem für die Frage entscheidend, ob für den Handelsvertretervertrag **Arbeitsrecht** gilt, mit den damit verbundenen **sozialversicherungs-** und **steuerrechtlichen** Konsequenzen. Angesprochen sind damit insbesondere Themen wie Tarifbindung und Entgelt(fort)zahlung, Kündigungsschutz, Betriebsverfassungsrecht, die Anwendbarkeit des Bundesurlaubsgesetzes[46], Abführung von Lohnsteuer und die Pflichtversicherung in allen Zweigen der Sozialversicherung.

20   **b) Abgrenzungskriterium.** § 84 Abs. 1 S. 2 HGB konkretisiert das Tatbestandsmerkmal der Selbständigkeit dahingehend, dass ein Handelsvertreter dann selbstständig ist, wenn er im Wesentlichen **frei** seine **Tätigkeit gestalten** und seine **Arbeitszeit bestimmen** kann. Dieses gesetzliche Abgrenzungskriterium bedarf weiterer Konkretisierung durch Rechtsprechung und Literatur.[47] Die Regelung des **§ 611a BGB** entspricht hinsichtlich der Abgrenzung von Arbeitsverhältnis und selbständiger Tätigkeit den Grundsätzen, die die Rspr. zu § 84 Abs. 1 S. 2 und § 84 Abs. 2 HGB entwickelt hat.[48] Anzumerken ist, dass diese Abgrenzung nur bei natürlichen Personen als Handelsvertreter vorzunehmen ist; eine auf eigenes Risiko am Wirtschaftsleben teilnehmende Kapitalgesellschaft ist stets selbständige Gewerbetreibende iSd § 84 Abs. 1 HGB.[49]

21   **aa) Persönliche Abhängigkeit – Prüfungskanon der Rechtsprechung.** Das BAG und die hL sehen als ausschlaggebendes Abgrenzungsmerkmal die **persönliche Abhängigkeit** des Vertriebsmittlers vom Unternehmer, die sich aus der Eingliederung in die fremde Arbeitsorganisation und dem Umfang des Weisungsrechts des Unternehmers ergibt.[50]

---

[42] BSG BeckRS 2010, 66916 und BSG BeckRS 2010, 69598; LSG Niedersachsen-Bremen BeckRS 2014, 73215; LSG Sachsen-Anhalt BeckRS 2011, 77339.
[43] BSG NJW 2010, 2539 – Kamps; SG Düsseldorf ZVertriebsR 2015, 164 (165 f.); SG Köln BeckRS 2012, 69153; vgl. im Hinblick auf den selbständigen Berater eines Direktvertriebsunternehmens auch LSG Berlin-Brandenburg ZVertriebsR 2013, 246 – Amway.
[44] Emde § 84 Rn. 20; MüKoHGB/Ströbl § 84 Rn. 28.
[45] Vgl. zB BGH NJOZ 2010, 2116; OLG Nürnberg BeckRS 2009, 23266.
[46] Vgl. OLG München WM 2012, 1743.
[47] So schon die Gesetzesbegründung zur Novelle 1953, BT-Drs. 01/3856.
[48] BAG NZA 2019, 490 (493) mwN zur Rspr.; MüKoHGB/Ströbl § 84 Rn. 32.
[49] BGH NJW 2015, 1754.
[50] BAG NZA-RR 2010, 172 (173); BAGE 115, 1 (7) mwN zur Entwicklung der Rechtsprechung; MüKoHGB/Ströbl § 84 Rn. 33; Hopt/Hopt § 84 Rn. 35.

Dabei bedarf es einer Beurteilung des Gesamtbildes des in Frage stehenden Rechtsverhältnisses unter Berücksichtigung sämtlicher Umstände des Einzelfalls. Das **BAG**[51] formuliert
den für die Praxis maßgeblichen **Prüfungskanon** folgendermaßen, wobei die maßgeblichen Kriterien nunmehr durch § 611a BGB kodifiziert sind:

Nach § 84 Abs. 1 S. 2 HGB ist selbstständig, wer im Wesentlichen frei seine Tätigkeit **22**
gestalten und seine Arbeitszeit bestimmen kann. Auch im Rahmen von § 84 Abs. 1 S. 2
HGB sind **alle Umstände des Falls** in Betracht zu ziehen und schließlich in ihrer
Gesamtheit zu würdigen (Gesamtbild der vertraglichen Gestaltung und der tatsächlichen
Handhabung)[52]. Abzustellen ist dagegen weder isoliert auf die von den Parteien gewählte
Einordnung und Bezeichnung des Vertrags noch allein auf die tatsächliche Durchführung
des Vertrags.[53] Die heranzuziehenden Anknüpfungspunkte müssen sich den gesetzlichen
Unterscheidungsmerkmalen zuordnen lassen.[54] Der objektive Geschäftsinhalt ist den **aus-
drücklich getroffenen Vereinbarungen** und der **praktischen Durchführung** des Vertrags zu entnehmen. Widersprechen sich Vereinbarung und tatsächliche Durchführung, ist
Letztere maßgebend.[55] Das bedeutet aber nicht, dass die Vertragstypenwahl der Parteien
gänzlich bedeutungslos wäre. Kann die vertraglich vereinbarte Tätigkeit typologisch sowohl
in einem Arbeitsverhältnis als auch selbständig erbracht werden, ist die Entscheidung der
Vertragsparteien für einen bestimmten **Vertragstypus** im Rahmen der bei jeder Status-
beurteilung erforderlichen Gesamtabwägung aller Umstände des Einzelfalls **zu berücksichtigen.**[56]

bb) Wirtschaftliche Abhängigkeit. Zu Recht wird allgemein abgelehnt, bei der Frage **23**
nach der Selbständigkeit des Handelsvertreters auf dessen **wirtschaftliche Abhängigkeit**
vom Unternehmer abzustellen.[57] Wirtschaftliche Abhängigkeit stellt zwar richtigerweise ein
charakteristisches Merkmal einer abhängigen Beschäftigung dar;[58] auch der selbständige
Handelsvertreter ist jedoch in wirtschaftlicher Hinsicht gerade im Hinblick auf die vom
Unternehmer durchzuführende Marktpflege und das Wettbewerbsverbot stets stark wirtschaftlich abhängig von dem mit ihm durch den Handelsvertretervertrag verbundenen
Unternehmer, ohne dass an seiner Selbständigkeit gezweifelt wird.[59] Insofern taugt die
wirtschaftliche Abhängigkeit für die Frage, ob es sich bei dem Vertriebsmittler um einen
Selbständigen handelt, nicht. Dies wird besonders durch § 92a HGB deutlich, der den
Einfirmenvertreter trotz seiner Bindung an den Unternehmer und der hieraus resultieren-
den wirtschaftlichen Abhängigkeit von diesem eindeutig der Gruppe der selbständigen
Handelsvertreter zuweist; grenzte man hiernach ab, ergäbe sich ein nicht aufzulösender
Wertungswiderspruch.[60]

Folgt man der Rspr. und der hL, wird die Intensität der wirtschaftlichen Abhängigkeit **24**
jedoch bei der Frage relevant, ob es sich bei dem Handelsvertreter um einen **arbeitneh-**

---

[51] BAG NZA-RR 2016, 288 (289 f.); NJW 2010, 2455 (2456).
[52] OLG München WM 2014, 1772 f.; vgl. auch LSG Baden-Württemberg BeckRS 2014, 66980 sowie
LAG Düsseldorf BeckRS 2010, 74863.
[53] BAG AP BGB § 611 Abhängigkeit Nr. 120; OLG Bamberg BeckRS 2015, 01034; OLG Dresden
BeckRS 2013, 14258; LAG Hamm ZVertriebsR 2017, 392 (394).
[54] BAG NJW 2010, 2455 (2456) verweist hier ua auf BAGE 95, 324 = NZA 2001, 210 und BAGE 93, 132
= NZA 2000, 1124.
[55] BAG AP BGB § 611 Abhängigkeit Nr. 120; NJW 2010, 2455 (2456) verweist hier auf BAGE 115, 1 =
AP BGB § 611 Abhängigkeit Nr. 117 und BAGE 90, 36 = NZA 1999, 374; vgl. auch OLG München WM
2014, 1772; LAG Rheinland-Pfalz BeckRS 2015, 66246 und BeckRS 2015, 70512.
[56] BAG NJW 2010, 2455 (2456); LAG Berlin-Brandenburg BeckRS 2013, 66071; LAG Düsseldorf
BeckRS 2010, 74853.
[57] BAG NJW 1967, 1982; AP BGB § 611 Abhängigkeit Nr. 74; LSG Baden-Württemberg BeckRS 2016,
68172; Gesetzesbegründung zur Novelle 1953, BT-Drs. 01/3856, 14; Griebeling NZA 1998, 1137 (1140);
MüKoHGB/Ströbl § 84 Rn. 58; Schmidt/Schwerdtner, Scheinselbständigkeit, Rn. 27.
[58] MüKoHGB/Ströbl § 84 Rn. 58.
[59] Schürr in Küstner/Thume I Kap. I Rn. 9; Martinek/Semler/Flohr VertriebsR-HdB/Wank § 14
Rn. 13 f.; Emde § 84 Rn. 23; aA Wank, Arbeitnehmer und Selbständige, 125 ff.
[60] Emde § 84 Rn. 23.

merähnlichen Selbständigen handelt, der punktuell arbeitsrechtlichen Schutz genießen soll (vgl. § 5 ArbGG, § 12a TVG, § 2 BUrlG ua).[61] Hier tritt die wirtschaftliche Abhängigkeit an die Stelle des Merkmals der persönlichen Abhängigkeit, die bei arbeitnehmerähnlichen Selbständigen nicht gegeben ist.[62]

25   **cc) Soziale Schutzbedürftigkeit.** Eine in der Literatur vertretene Auffassung will neben das Element der persönlichen Abhängigkeit die **soziale Schutzbedürftigkeit** des Handelsvertreters treten lassen.[63] Da das Arbeitsrecht auf das Merkmal der sozialen Schutzbedürftigkeit zurückgreife, müsse dieses auch bei der Frage nach der Selbständigkeit berücksichtigt werden.[64] Dabei wird jedoch übersehen, dass bei der Abgrenzung zwischen Selbständigen und Unselbständigen gerade darüber entschieden werden soll, ob der soziale Schutz des Arbeitsrechts zur Anwendung kommen soll; das Heranziehen dieses Merkmals schon zur Abgrenzung käme somit einem Zirkelschluss gleich.[65]

26   **c) Die Abgrenzung im Einzelnen.** Maßgeblich für die Entscheidung, ob ein Vertriebsmittler selbständig ist, kann somit nur das Kriterium der persönlichen Abhängigkeit sein, das eine **Gesamtwürdigung aller Umstände des Einzelfalls** anhand des Prüfungskanons der Rspr. erfordert (→ Rn. 21).[66] Dabei muss zum einen auf die vertragliche Gestaltung, vor allem aber auch auf die **tatsächlich gelebte Vertragspraxis** Rücksicht genommen werden, wobei auf den Schwerpunkt der Tätigkeit, dh deren prägende Elemente, abzustellen ist.[67] Zwar ist die Gestaltungsfreiheit der Vertragsparteien und deren Vertragstypenwahl zu beachten[68] – die vertragliche Bezeichnung des Vertriebsmittlers als „Handelsvertreter" oder „Angestellter" ist aber dann irrelevant, wenn sie (objektiv) dem Vertragsinhalt und/oder der tatsächlichen Vertragsdurchführung zuwiderläuft.[69] Schließlich soll es nicht möglich sein, durch vertragliche Gestaltung den Schutz zwingender Normen des Arbeitsrechts zu umgehen oder ihn zu erschleichen.[70] Lässt die tatsächliche Gestaltung der Tätigkeit eine eindeutige Zuordnung nicht zu, so ist der im Handelsvertretervertrag zum Ausdruck kommende Wille der Vertragsparteien bzw. die **Vertragstypenwahl** zu berücksichtigen.[71] Weichen Vertragsgestaltung und Vertragsdurchführung voneinander ab, hat die **tatsächliche Handhabung** des Vertrages Vorrang – schließlich bringt die gelebte Vertragsdurchführung jedenfalls konkludent den mutmaßlichen Parteiwillen zum Ausdruck.[72] Konkludenter Vertragsinhalt wird eine vom Ursprungsvertrag abweichende Handhabung allerdings nur bei Einverständnis beider Parteien und rechtlicher Zulässigkeit.[73] Lassen weder die tatsächliche Vertragsdurchführung noch der Parteiwille eine abschließen-

---

[61] Buchner NZA 1998, 1144 (1148).
[62] BAG NJW 1997, 2973 (2974); Schmidt/Schwerdtner, Scheinselbstständigkeit, Rn. 28.
[63] Beuthien/Wehler RdA 1978, 2 ff., die das Merkmal als Weiterentwicklung des Merkmals der wirtschaftlichen Abhängigkeit verstehen.
[64] Beuthien/Wehler RdA 1978, 2 ff.
[65] MüKoHGB/Ströbl § 84 Rn. 40.
[66] BAG NJW 2010, 2455 (2456).
[67] Küstner/Thume VertriebsR-HdB I Kap. I Rn. 3; Ebenroth/Boujong/Joost/Strohn/Löwisch § 84 Rn. 21; Oetker/Busche § 84 Rn. 26; GK-HGB/Genzow § 84 Rn. 12; aA Stolterfoht, Die Selbständigkeit des Handelsvertreters, S. 221 ff., der die Gefahr sich im Laufe der Vertragslaufzeit verschiebender Tätigkeitsschwerpunkte und eine damit verbundene andere rechtliche Einordnung des Vertragsverhältnisses als „Chamäleon-Effekt" kritisiert.
[68] Vgl. BAG NJW 2010, 2455 (2456).
[69] OLG Koblenz VersR 2007, 1222; LG Osnabrück ZVertriebsR 2015, 312 (314); LAG Hessen BeckRS 2012, 70263; LAG Köln ZVertriebsR 2019, 119 (120 f.); Emde § 84 Rn. 23; MüKoHGB/Ströbl § 84 Rn. 42, 44; Entsprechendes gilt im umgekehrten Fall, OLG Stuttgart BeckRS 2013, 15236.
[70] BAG NZA-RR 2010, 172 (173); MüKoHGB/Ströbl § 84 Rn. 42.
[71] LG Osnabrück ZVertriebsR 2015, 312 (314); BAG NJW 2010, 2455 (2456 f.); LAG Nürnberg BeckRS 2008, 29825; MüKoHGB/Ströbl § 84 Rn. 44.
[72] BAG NJW 2010, 2455 (2456); NZA-RR 2010, 172 (173); AP BGB § 611 Abhängigkeit Nr. 117; NZA 2000, 481 (482); MüKoHGB/Ströbl § 84 Rn. 44; Wank, Arbeitnehmer und Selbständige, S. 111.
[73] LSG Baden-Württemberg BeckRS 2014, 66980; Emde § 84 Rn. 24.

de Beurteilung zu, muss darauf abgestellt werden, von welcher der beiden Arten von Erwerbstätigkeit das Berufsleben der betroffenen Person geprägt ist.[74]

Für die Beurteilung des Einzelfalls hat die Rspr. eine ganze **Reihe von Abgrenzungs-** 27 **kriterien** entwickelt, wobei insbesondere Ort, Zeit und Art und Weise der Tätigkeit, Unternehmerrisiko[75] und die Art und Weise der Vergütung berücksichtigt werden.[76] Anknüpfungspunkt dieser Kriterien können dabei nur die in § 84 Abs. 1 S. 2 HGB (und § 611a BGB) genannten Unterscheidungsmerkmale sein, an denen die persönliche Abhängigkeit vom Unternehmer gemessen werden muss.[77] Dabei hat der **EuGH** klargestellt, dass einzelne Umstände (wie die Vornahme der Tätigkeit in den Geschäftsräumen des Unternehmers) zwar nicht der Einordnung eines Vertriebsmittlers als „Handelsvertreter" entgegenstehen müssen, jedoch dazu führen können, dass die Tätigkeit der betreffenden Person nicht mehr als „selbständige Tätigkeit" anzusehen ist.[78] Dagegen ist es aus der Perspektive des deutschen Rechts keine Frage der „Selbständigkeit", sondern betrifft allein die Einordnung als „Handelsvertreter", wenn der EuGH klarstellt, dass eine Person nicht notwendigerweise über die Möglichkeit verfügen muss, die Preise der Waren, deren Verkauf sie für Rechnung des Unternehmers besorgt, zu ändern, um als Handelsvertreter im Sinne der Richtlinie eingestuft zu werden.[79]

aa) Weisungsgebundenheit. Zentrale Bedeutung für die Beurteilung, ob der Handels- 28 vertreter persönlich unabhängig vom Unternehmer ist, hat das Merkmal der **Weisungsgebundenheit.**[80] Gemeint ist hiermit nicht in erster Linie die **fachliche** Weisungsgebundenheit: Auch bei freien Dienstverträgen kann der Dienstberechtigte die Art und den Inhalt der zu erbringenden Leistung bestimmen.[81] Entscheidend ist stattdessen die Weisungsgebundenheit in Fragen des Arbeitsablaufes und der Umstände, unter denen die Dienstleistung erbracht werden muss; also insbesondere im Hinblick auf den Ort, die Zeit und die Gestaltung der Tätigkeit.[82]

(1) Örtliche Weisungsgebundenheit. Der **örtlichen** Weisungsgebundenheit als Ab- 29 grenzungsmerkmal wird eine größere Bedeutung zuerkannt.[83] Ist der Beschäftigte verpflichtet, in den Räumen des Unternehmers zu arbeiten, so stellt dies ein sehr deutliches Zeichen für eine abhängige Beschäftigung dar.[84] Allerdings kann von einer solchen Verpflichtung nicht automatisch auf den Arbeitnehmerstatus geschlossen werden; insbesondere sind hier auch die dienstleistungsspezifischen Besonderheiten zu beachten.[85] Denn aus einer Bindung an die Räumlichkeiten des Auftraggebers folgt keine persönliche Abhängigkeit, wenn dieser Arbeitsort für die Tätigkeit typisch ist.[86] So muss für selbständige **Lehrkräfte**

---

[74] BSG AP BGB § 611 Abhängigkeit Nr. 30; v. Hoyningen-Huene BB 1987, 1730 (1734); ders. in MüKoHGB § 84 Rn. 44.

[75] Vgl. LAG Köln ZVertriebsR 2019, 119 (122 f.).

[76] Hopt/Hopt § 84 Rn. 36.

[77] BAG NJW 2010, 2455 (2456); NZA 2000, 481 (482); OLG Nürnberg BeckRS 2009, 23266; LAG Rheinland-Pfalz BeckRS 2005, 40344.

[78] EuGH BB 2019, 1226 (1227) – Zako SPRL/Sanidel SA; s. dazu Ehrhard EWiR 2019, 557.

[79] EuGH ZVertriebsR 2020, 252 (255) – Trendsetteuse SARL mAnm Kutscher-Puis; s. dazu auch Jung GPR 2021, 82.

[80] BAG NZA 2000, 385 (387); NJW 2010, 2455 (2456); AP BGB § 611 Abhängigkeit Nr. 117; Ebenroth/Boujong/Joost/Strohn/Löwisch § 84 Rn. 23, 25; Martinek/Semler/Flohr VertriebsR-HdB/Wank § 13 Rn. 28; Hromadka NJW 2003, 1847 f.

[81] OLG München ZVertriebsR 2020, 56 (58); MüKoHGB/Ströbl § 84 Rn. 50.

[82] Vgl. BAG NZA-RR 2016, 344 (346); NJW 2010, 2455 (2456); Martinek/Semler/Flohr VertriebsR-HdB/Wank § 13 Rn. 28; MüKoHGB/Ströbl § 84 Rn. 51.

[83] Martinek/Semler/Flohr VertriebsR-HdB/Wank § 13 Rn. 29; Hopt/Hopt § 84 Rn. 36; Emde § 84 Rn. 37.

[84] Ebenroth/Boujong/Joost/Strohn/Löwisch § 84 Rn. 12; Emde § 84 Rn. 37; aA LG Mannheim NZA-RR 2002, 542 (543 f.).

[85] BAG AP BGB § 611 Abhängigkeit Nr. 45 über die Verpflichtung eines nebenberuflichen Jugendbetreuers, die von ihm betreuten Veranstaltungen nur im Rahmen der Jugendeinrichtung anzubieten.

[86] BAG NZA-RR 2016, 344 (347).

(zB Volkshochschuldozenten) unerheblich sein, ob der Dienstvertrag sie zur Durchführung der Kurse an einen bestimmten Ort bindet, da eine für Lehrtätige so übliche Weisung typischerweise nicht zu einer persönlichen Abhängigkeit des Lehrenden führt.[87] Umgekehrt kann eine enge örtliche Bindung durch Vorgabe von **Tourenplänen** zu einer persönlichen Abhängigkeit des Beschäftigten führen, wenn solche Vorgaben für die Art der Dienstleistung maßgeblich sind.[88] Eine fehlende Vereinbarung über den Tätigkeitsort allein begründet andererseits noch nicht die Selbständigkeit des Beschäftigten; auch dies ist im Kontext des organisatorischen Aufbaus des Unternehmers bzw. Dienstleistungsberechtigten zu betrachten.[89] Ist dem Handelsvertreter kein bestimmter Arbeitsort vorgegeben, ist dies jedoch ein Indiz dafür, dass er seine Tätigkeit im Wesentlichen frei bestimmen kann.[90]

30   **(2) Zeitliche Weisungsgebundenheit (Arbeitszeitsouveränität).** Die **zeitliche** Weisungsgebundenheit bzw. die Frage der **Arbeitszeitsouveränität** hat einen hohen Stellenwert bei der Beurteilung der persönlichen Abhängigkeit; häufig ist sie ausschlaggebend für die Anerkennung oder die Ablehnung des Selbständigen-Status.[91]

31   **Gegen Arbeitszeitsouveränität** und somit für eine abhängige Beschäftigung können hierbei ua sprechen: Feste Arbeitszeiten mit einer Pflicht zum regelmäßigen Erscheinen[92], Vereinbarungen über einen Urlaubsanspruch und Zahlung von Urlaubsgeld[93], eine zeitlich umfangreiche Beschäftigung (bis hin zur Vollbeschäftigung)[94] sowie die Verpflichtung, Fehlzeiten nachzuweisen.[95]

32   **Für Arbeitszeitsouveränität** und somit für eine selbständige Tätigkeit sprechen umgekehrt die Möglichkeit der freien Arbeitseinteilung[96] sowie die genehmigungsfreie Wahl des Urlaubs, wobei eine Abstimmung der Urlaubswünsche mit dem Unternehmer unschädlich ist.[97]

33   Regelmäßiger Gegenstand richterlicher Entscheidungen ist die Frage, **in welchem Umfang** der Unternehmer dem Handelsvertreter Vorgaben hinsichtlich seiner Arbeitszeiten machen kann, ohne dass der Handelsvertreter seinen Status als Selbständiger verliert. Zeitliche Weisungsgebundenheit soll dann gegeben sein, wenn (vertraglich oder jedenfalls im Rahmen der Vertragsausübung) **ständige Dienstbereitschaft** erwartet wird oder der Handelsvertreter in nicht unerheblichem Umfang auch ohne entsprechende Vereinbarung herangezogen wird, ihm also die Arbeitszeit letztendlich vom Unternehmer zugewiesen wird.[98] Der Handelsvertreter gilt in seiner Tätigkeit nur solange als frei von Weisungen, wie ihm ein **erheblicher Spielraum** zur Bestimmung der Dauer und Lage seiner Arbeitszeit verbleibt.[99] Dies soll auch dann noch der Fall sein, wenn der Selbständige an einem Tag in der Woche über mehrere Stunden hinweg einer Anwesenheitspflicht unterliegt.[100] In diesem Rahmen ist auch die Verpflichtung zur Teilnahme an **Besprechungen** oder **Aus-**

---

[87] BAG AP BGB § 611 Lehrer, Dozenten Nr. 167 mwN; LAG Nürnberg BeckRS 2010, 74656; LAG Hamm BeckRS 2007, 41952.
[88] So ua für Promoter, LAG Köln BeckRS 2004, 30463005.
[89] BAG DB 1966, 546 (547).
[90] Vgl. BAG NJW 2010, 2455 (2457).
[91] Vgl. die Prüfungsreihenfolge bei BAG NJW 2010, 2455 (2456); Emde § 84 Rn. 30, 37; Hopt/Hopt § 84 Rn. 36; Martinek/Semler/Flohr VertriebsR-HdB/Wank § 13 Rn. 30.
[92] BGH NJW 1998, 2057 (2058); BAG NZA 1998, 364 (366).
[93] BGH NJW 2004, 461 (462); 1998, 2057 (2058); BAG NZA 1998, 364 (366); Schmidt/Schwerdtner, Scheinselbständigkeit, Rn. 84; Oberthür/Lohr NZA 2001, 126 (132).
[94] Martinek/Semler/Flohr VertriebsR-HdB/Wank § 13 Rn. 30.
[95] Emde § 84 Rn. 37; MüKoHGB/Ströbl § 84 Rn. 49.
[96] Vgl. BAG NJW 2010, 2455 (2456).
[97] Vgl. LAG Hamm ZVertriebsR 2017, 392 (394); Emde § 84 Rn. 30.
[98] BAG NZA 2012, 731 (732); NJW 2010, 2455 (2456).
[99] BAG NJW 2010, 2455 (2456); NZA 2000, 481 (483).
[100] LAG Rheinland-Pfalz BeckRS 2012, 67722; BAGE 93, 132 über eine wöchentliche Anwesenheitspflicht von vier Stunden; OLG Düsseldorf ZVertriebsR 2015, 249 (252) über eine Anwesenheitspflicht nur an Montagen.

bildungsveranstaltungen für die Selbständigkeit des Handelsvertreters unschädlich.[101] Dies gilt für Ausbildungsveranstaltungen umso mehr, die für die Einarbeitung des Handelsvertreters und damit zur Aufnahme der Tätigkeit erforderlich waren[102] oder mit deren Absolvierung durch den Handelsvertreter der Unternehmer ein berechtigtes Interesse im Hinblick auf die Effizienz und Qualität der Tätigkeit verfolgt.[103] Insbesondere schränkt eine solche Anwesenheitspflicht die persönliche Unabhängigkeit des Handelsvertreters nicht ein, wenn die Terminfindung einvernehmlich erfolgt.[104]

Verpflichtungen, bestimmte Termine zur Erledigung der aufgetragenen Arbeiten ein- **34** zuhalten, reichen nicht aus, um den Arbeitnehmerstatus des Beschäftigten zu begründen; viele selbständige Tätigkeiten sind schließlich termingebunden oder können nur innerhalb bestimmter Zeiten ausgeübt werden.[105] Selbst die Vorgabe fester **Öffnungszeiten** ist mit einer selbständigen Tätigkeit vereinbar.[106] Dies gilt jedoch nicht, wenn den Handelsvertreter während dieser Zeiten eine höchstpersönliche Leistungspflicht oder zumindest eine Anwesenheitspflicht trifft; schließlich kann er dann nicht frei über den zeitlichen Einsatz seiner Arbeitskraft verfügen.[107] Nicht ausreichend sind zudem bloße **„Empfehlungen"**, wann die geschuldeten Dienstleistungen erbracht werden sollen, da es sich hierbei nicht um vertragliche Verpflichtungen handelt und sie daher nicht geeignet sind, den Entscheidungsspielraum des Handelsvertreters einzuschränken.[108] Ähnlich verhält es sich mit der bloßen Erwartung des Unternehmers, dass der Handelsvertreter ab einer bestimmten Zeit seine Tätigkeit aufnimmt, da sich auch hieraus keine vertraglichen Konsequenzen bei der Nichteinhaltung dieser Erwartungen ergeben können.[109]

Auch **Urlaubsregelungen** können die Weisungsfreiheit des Selbständigen einschränken. **35** Die Beschränkung der möglichen Urlaubszeit kann für die Selbständigkeit unschädlich sein, wenn dies im Hinblick auf die Art der Dienstleistung nicht ungewöhnlich ist.[110] **Kurzfristige Urlaubssperren** wirken sich nur dann nicht negativ auf die Selbständigkeit des Handelsvertreters aus, wenn ihnen ein berechtigtes Interesse des Unternehmers zugrunde liegt, dem der Handelsvertreter wegen der Interessenwahrungspflicht aus § 86 Abs. 1 HGB nachzukommen hat.[111] Eine bloße Pflicht zur Anzeige des Urlaubs indiziert noch keinen Arbeitnehmerstatus, da der Unternehmer ein berechtigtes Interesse daran hat, über die urlaubsbedingte Abwesenheit seines Vertragspartners informiert zu sein.[112]

Durch die Vorgabe, ein bestimmtes **Mindestsoll** (zB in Form einer bestimmten Mindest- **36** anzahl von Kundenbesuchen pro Woche[113]) innerhalb einer festgelegten Zeitspanne zu erreichen, kann der Beschäftigte in zeitlicher Hinsicht weisungsgebunden sein, wenn dieses Mindestsoll ein so hohes Niveau erreicht, dass dem Handelsvertreter kein erheblicher

---

[101] BAG NJW 2010, 2455 (2456); NZA-RR 2010, 172 (174); NZA 2000, 481 (483); OLG Nürnberg BeckRS 2009, 23266; OLG Frankfurt a. M. BeckRS 2011, 22180; LAG München VersR 2004, 1175 (1176).

[102] OLG Naumburg NJOZ 2004, 2252.

[103] BAG NJW 2010, 2455 (2457).

[104] LAG Rheinland-Pfalz BeckRS 2012, 67722.

[105] BAG NZA 1992, 835 (836); AP BGB § 611 Abhängigkeit Nr. 45; zustimmend dazu auch BFHE 144, 225 (230); Schmidt/Schwerdtner, Scheinselbständigkeit, Rn. 73 ff.

[106] BSGE 51, 164 (169); Schmidt/Schwerdtner, Scheinselbständigkeit, Rn. 78.

[107] OLG Düsseldorf NZA-RR 1998, 145 (147); nach Oberthür/Lohr soll dies auch für die Vorgabe fester Tourenpläne, nach denen der Handelsvertreter seine Kunden nach festem Zeitplan besuchen muss, gelten, NZA 2001, 126 (132).

[108] LAG München NZA-RR 2004, 365.

[109] OLG Naumburg NJOZ 2004, 2252 (2254).

[110] BAGE 115, 1 über die Beschränkung der Leiterin einer Außenwohngruppe, während der Ferienzeiten aufgrund des erhöhten Betreuungsbedarfes keinen Urlaub zu nehmen.

[111] BAG NJW 2004, 461 (462) hat die Selbständigkeit eines Versicherungsvertreters bei einer mehrmonatigen Urlaubssperre im Rahmen einer Beitragssanierung verneint; LAG München VersR 2004, 1175 (1176) über eine Versicherungsvertreterin, die während der Beitragsanpassungszeiten (ca. vier bis acht Wochen pro Jahr) einer Urlaubssperre unterlag, da in dieser Zeit mit einer Vielzahl von kündigungswilligen Kunden zu rechnen ist.

[112] BAG NZA 2000, 534 (539); Oberthür/Lohr NZA 2001, 126 (132).

[113] Vgl. BAG NJW 2010, 2455 (2456).

Spielraum im Hinblick auf seine Arbeitszeiteinteilung verbleibt.[114] Dabei muss allerdings berücksichtigt werden, dass gerade beim hauptberuflichen Handelsvertreter die Vermittlung bzw. der Abschluss einer Vielzahl von Verträgen primäres Ziel der Tätigkeit ist, weshalb eine zu starke Einengung des Spielraums des Selbständigen nur vorsichtig anzunehmen ist.[115] Auch die Vorgabe von **Rahmenarbeitszeiten** durch den Unternehmer ist möglich, soweit (insbesondere im Verhältnis zu einem möglicherweise vorgegebenen Arbeitsumfang) diese dem Handelsvertreter einen erheblichen zeitlichen Spielraum belassen und sich der Zeitkorridor aus der Natur der Sache ergibt.[116] Demgemäß lehnte das BAG eine zeitliche Weisungsgebundenheit auch in einem nicht einen Handelsvertreter betreffenden Fall ab, bei dem ein ärztlicher Gutachter organisatorisch an die Öffnungszeiten der Service-Zentren gebunden war.[117] Schließlich ist die bloße **Bonusgewährung** für vom Unternehmer festgelegte Produktionswerte nicht ausreichend, eine persönliche Abhängigkeit zu begründen, da hiermit zwar mittelbar Druck zur Erreichung der Ziele auf den Handelsvertreter ausgeübt wird, der Handelsvertreter dennoch in der Bestimmung seiner Arbeitszeiten und seines Arbeitspensums frei bleibt, zumal ihm bei Nichterfüllung keine vertraglichen Konsequenzen drohen.[118]

37   Schließlich kann die Inanspruchnahme des Handelsvertreters bei **Abwesenheit anderer Beschäftigter** des Unternehmers für eine abhängige Beschäftigung sprechen, sofern der Umfang dieser Arbeitsverpflichtung eine wesentliche Einschränkung der freien Arbeitszeitgestaltung darstellt.[119]

38   **(3) Weisungen hinsichtlich der Art und Weise der Tätigkeitsausübung.** Auch Weisungen über die **Art und Weise** der Tätigkeitsausübung können auf eine persönliche Abhängigkeit vom Unternehmer hindeuten. Weitgehend unbedenklich sind **produkt-** und solche **tätigkeitsbezogenen** bzw. **fachlichen** Weisungen, die sich beispielsweise auf Kundenwerbung und Geschäftsabwicklung beziehen.[120] Weiterhin berühren auch solche Weisungen die Selbständigkeit des Handelsvertreters kaum, die dazu gedacht sind, Qualitätsstandards im Absatzsystem zu erhalten oder einer Schädigung des Unternehmers vorzubeugen (zB Vorgaben zur Person des Geschäftsgegners oder zu den Geschäftsbedingungen).[121] Grenze solcher Weisungen muss aber der **Kerngehalt** der selbständigen Tätigkeit sein – die Weisungen dürfen nicht so eng gestaltet sein, dass die Tätigkeit des Handelsvertreters nicht mehr im Wesentlichen frei gestaltet wird.[122]

39   Ein starkes Indiz für die Unselbständigkeit ist es, wenn der Handelsvertreter zur **höchstpersönlichen Leistung** verpflichtet ist; eine solche Pflicht stellt schließlich ein typisches Merkmal eines Arbeitsverhältnisses dar (vgl. § 611a BGB).[123] Die Beschäftigung **eigener Mitarbeiter** hingegen ist für einen Arbeitnehmer eher atypisch.[124] Lässt der Vertrag diese

---

[114] BAG NJW 2010, 2455 (2456 f.); NZA 2000, 481 (483); OLG Nürnberg BeckRS 2009, 23266.

[115] Vgl. BAG NJW 2010, 2455 (2456 f.).

[116] LAG Köln ZVertriebsR 2015, 306 (308); LAG Nürnberg BeckRS 2008, 57585.

[117] BAG NZA-RR 2016, 344 (346).

[118] LAG München VersR 2004, 1175 (1177).

[119] LAG Rheinland-Pfalz BeckRS 2012, 67722.

[120] OLG München ZVertriebsR 2020, 56 (58); OLG Nürnberg BeckRS 2009, 23266; so LSG Baden-Württemberg BeckRS 2014, 66980 bzgl. der Betreiber einer Postagentur unter Berücksichtigung der Partnerverträge; Oetker/Busche § 84 Rn. 32; BGH VersR 1986, 1072 (Ordnungsvorschriften hinsichtlich des Ausfüllens von Versicherungsanträgen); OLG Nürnberg MDR 1974, 144 (Weisungen über das Ausfüllen von Auftragsscheinen).

[121] Oetker/Busche § 84 Rn. 32; BGH BB 1960, 574 (Vorgabe, an bestimmte Personen nur in bar und an bestimmte Personen gar nicht zu verkaufen); LAG Rheinland-Pfalz BeckRS 2012, 67722 (Anweisung zur Durchführung eines Finanzchecks bei Interessenten).

[122] BAG NZA 1995, 649 (652); LSG Baden-Württemberg BeckRS 2016, 68172; Oetker/Busche § 84 Rn. 33; Hopt/Hopt § 84 Rn. 38, § 86 Rn. 16.

[123] Schmidt/Schwerdtner, Scheinselbständigkeit, Rn. 93; Emde § 84 Rn. 37; MüKoHGB/Ströbl § 84 Rn. 56; Oberthür/Lohr NZA 2001, 126 (133).

[124] Schmidt/Schwerdtner, Scheinselbständigkeit, Rn. 92; das LAG Bremen will dem Recht des Vertriebsmittlers (in diesem Fall eines Franchisenehmers), eigene Mitarbeiter einzustellen, jedoch keine allzu hohe Bedeutung zumessen, sondern es nur im Rahmen der Gesamtbetrachtung würdigen, vgl. LAG Bremen BeckRS 2008, 53877.

Möglichkeit ausdrücklich zu und ist der Einsatz weiterer Mitarbeiter aufgrund des zu erledigenden Arbeitsumfangs für den Handelsvertreter erforderlich, kann dies ein starkes Anzeichen für eine selbständige Tätigkeit sein.[125] Für die Selbständigkeit des Handelsvertreters spricht hier insbesondere dessen Recht, die Pflichten des Handelsvertretervertrages durch einen (von ihm gewählten) **Vertreter** erfüllen zu lassen.[126]

Hingegen kann die Anweisung, über einen bestimmten Zeitraum hinweg **Auszubilden-** **40** **de** des Unternehmers zu **betreuen,** der Selbständigkeit des Handelsvertreters entgegenstehen.[127]

Durch Weisungen über die Art und den Umfang der **Kundenbetreuung** (zB durch **41** Vorgabe bestimmter Reiserouten) kann die Selbständigkeit berührt werden.[128] Die Zuweisung eines **Vertragsgebietes** ist im Hinblick auf die Regelung des § 87 Abs. 2 HGB, der eine territoriale Beschränkung der Handelsvertretung ausdrücklich vorsieht, mit der Selbständigkeit des Handelsvertreters vereinbar.[129] Weder für noch gegen die Selbständigkeit des Handelsvertreters spricht die Überlassung von Arbeitsmaterialien, Ausstattungsstücken sowie Formularen und Informationsmaterial für die Kunden.[130]

Auch **Berichtspflichten** beeinträchtigen die Freiheit des Selbständigen grundsätzlich **42** nicht, da das Gesetz in § 86 Abs. 2 HGB in einem gewissen Rahmen Mitteilungspflichten des Handelsvertreters sogar ausdrücklich vorsieht.[131] Handelsvertreter ist danach auch ein „Vertriebsleiter", der in erster Linie Vertriebsmitarbeiter anstellen und leiten und nicht selbst unmittelbar Geschäfte vermitteln soll, wenn ihm Berichtspflichten und eine Anwesenheitspflicht an einem Wochenarbeitstag auferlegt sind.[132] Der umfassenden Kontrolle unterliegt jedoch nur der Arbeitnehmer; der Selbständige braucht sich diese nicht in gleichem Maße gefallen zu lassen.[133] Die **„erforderlichen Nachrichten"** iSd § 86 Abs. 2 HGB sind daher nur solche, die nach sachgerechter Abwägung der Interessen des Handelsvertreters mit den objektiven Interessen des Unternehmers nach Besonderheit und Dringlichkeit des Falles erforderlich sind.[134] Diese Grenze ist dann überschritten, wenn der Handelsvertreter umfassend über seine Tätigkeit Bericht erstatten soll, um dem Unternehmer die Möglichkeit zu geben, ihn zu überprüfen und durch entsprechende Sanktionsmöglichkeiten sicherzustellen, dass ein bestimmtes Mindestsoll erfüllt wird.[135] Mitentscheidend ist hierfür auch die Regelmäßigkeit der Berichterstattungspflicht.[136] Insbesondere eine Pflicht zur **täglichen** Berichterstattung ist mit der Selbständigkeit des Handelsvertreters kaum mehr zu vereinbaren, da diese lediglich der Kontrolle der Tätigkeit des Handelsvertreters dienen kann.[137]

bb) Vertretung mehrerer Unternehmer/Konkurrenzverbote. Hat der Handelsver- **43** treter das Recht, mehrere Unternehmer zu vertreten, so ist dies ein starkes Indiz für dessen

---

[125] BAG NZA 2000, 481 (484); Emde § 84 Rn. 31; MüKoHGB/Ströbl § 84 Rn. 56; auch hieraus kann aber nicht automatisch auf die Selbständigkeit geschlossen werden, vgl. LAG Hamm NZA-RR 2000, 318, das die Arbeitnehmereigenschaft trotz Beschäftigung von bis zu 100 Arbeitnehmern aufgrund anderer Umstände des Vertragsverhältnisses bejaht hat.

[126] BAGE 115, 1; LAG Nürnberg BeckRS 2010, 74656.

[127] LAG Rheinland-Pfalz BeckRS 2012, 67722; Emde § 84 Rn. 37.

[128] BAG NZA 1998, 364 (366); MüKoHGB/Ströbl § 84 Rn. 54; Emde § 84 Rn. 37; Oberthür/Lohr NZA 2001, 126 (132); offener OLG Stuttgart BB 1970, 1112, das die Möglichkeit der Vereinbarung von Reiserouten mit der Selbständigkeit des Handelsvertreters für vereinbar hält, sofern hierdurch keine übermäßig strengen Anforderungen an den Handelsvertreter gestellt werden.

[129] BAG NJW 2010, 2455 (2457); NZA 2000, 481 (484); ZIP 2000, 808 (811); Oberthür/Lohr NZA 2001, 126 (131); Emde § 84 Rn. 35; Ebenroth/Boujong/Joost/Strohn/Löwisch § 84 Rn. 24.

[130] OLG München WM 2014, 1772 (1773); Emde § 84 Rn. 35.

[131] BAG NJW 2010, 2455 (2457).

[132] OLG Düsseldorf ZVertriebsR 2015, 249 (252); bzgl. Vertriebsleitern als Handelsvertreter siehe auch BGH NJW 2014, 381.

[133] LAG Rheinland-Pfalz BeckRS 2012, 67722; OLG Nürnberg BeckRS 2009, 23266.

[134] BGH NJW-RR 1988, 287.

[135] BAG NZA 2000, 481 (483); OLG Nürnberg BeckRS 2009, 23266.

[136] LAG Rheinland-Pfalz BeckRS 2012, 67722.

[137] BGH BB 1989, 1076; Oberthür/Lohr NZA 2001, 126 (132); Emde § 84 Rn. 37.

Selbständigkeit.[138] Unschädlich ist insoweit eine vertragliche Vereinbarung, nach der es dem Handelsvertreter verboten ist, ein Konkurrenzunternehmen zu vertreten; ein solches Konkurrenzverbot ergibt sich schon aus der Interessenwahrungspflicht nach § 86 Abs. 1 HGB.[139] Ein generelles **Nebenbeschäftigungsverbot,** das nicht nur die Vertretung von Konkurrenzunternehmen, sondern sämtliche anderweitige Tätigkeiten des Handelsvertreters ausschließt, kann ein Indiz für eine abhängige Beschäftigung sein, sofern der Vertreter hierdurch faktisch gezwungen ist, den zeitlichen Umfang seiner Arbeit für den Unternehmer auszudehnen und somit hinsichtlich seiner Arbeitszeit persönlich vom Unternehmer abhängig ist.[140] Hierbei ist jedoch zu beachten, dass das Gesetz in § 92a HGB den Einfirmenvertreter als selbständigen Handelsvertreter anerkennt und ihm an einigen Stellen einen besonderen, arbeitnehmerähnlichen Schutz gewährt.[141] Insofern vermag ein Nebenbeschäftigungsverbot allein den Arbeitnehmerstatus des Handelsvertreters noch nicht zu begründen.[142]

44   **cc) Vergütung.** Im Hinblick auf die Relevanz der Vergütung für die Selbständigkeit des Handelsvertreters gehen die Ansichten in der Rspr. auseinander. Das BAG will der Art der Vergütung keine nennenswerte Rolle zuweisen, da nicht die (der Disposition der Parteien zugängliche) Abwicklung der Entgeltzahlung, sondern die Eigenart der Dienstleistung für die persönliche Abhängigkeit des Handelsvertreters entscheidend sein soll.[143] Nach Auffassung einiger Oberlandesgerichte hingegen kann die Art der vereinbarten Vergütung ein Indiz hinsichtlich der persönlichen Abhängigkeit darstellen.[144] Richtigerweise muss wohl differenziert werden: Die Vereinbarung einer **Provision** kann ein Indiz dafür sein, dass es sich um einen selbständigen Handelsvertreter handelt. Umgekehrt spricht die Vereinbarung von **festen Vergütungsbestandteilen** nicht automatisch für eine abhängige Beschäftigung, sondern ist mit beiden Vertragstypen vereinbar und wohl hinsichtlich der Gesamtwürdigung ein eher zu vernachlässigendes Merkmal.[145] Die Nichtgewähr von **Urlaubsentgelt** oder **Entgeltfortzahlungen** im Krankheitsfall können gerade dann keine Indizwirkung zugunsten einer selbständigen Tätigkeit entfalten, wenn diese vom Unternehmer aufgrund einer fehlerhaften rechtlichen Einordnung des Vertragsverhältnisses vorenthalten werden.[146]

45   **dd) Sonstige Kriterien.** Schließlich können auch **formale Kriterien** für die Abgrenzung zwischen dem selbständigen und dem angestellten Handelsvertreter zur Geltung kommen, wenngleich sie nicht sehr aussagekräftig und deshalb eher von nachrangiger Bedeutung sind.[147] Hierzu können ua die Eintragung einer Firma in das Handelsregister, eine kaufmännische Buchführung[148] und eine eigene Gewerbeanmeldung[149] zählen. Jedenfalls die eigene Abfuhr von Umsatz- und Gewerbesteuer und das eigenständige Aufkommen für Sozialversicherungsbeiträge sollen eine gewisse Indizwirkung für die Selbständigkeit des Handelsvertreters haben.[150] Umgekehrt wird jedoch die Relevanz solcher Krite-

---

[138] So schon die Gesetzesbegründung zu § 84 Abs. 2 HGB, BT-Drs. 1/3856, 17.
[139] BAG NZA 2000, 481 (484); OLG Nürnberg BeckRS 2009, 23266; OLG Brandenburg BeckRS 2008, 09609; LAG München VersR 2004, 1175 (1177).
[140] BAG NZA 2000, 534 (538 f.).
[141] OLG Nürnberg BeckRS 2009, 23266.
[142] BAG NZA 2000, 534 (538 f.); Emde § 84 Rn. 35; MüKoHGB/Ströbl § 84 Rn. 55.
[143] BAG NZA-RR 2016, 344 (347); NZA 2012, 731 (733); NJW 1992, 2110.
[144] OLG Nürnberg BeckRS 2009, 23266; OLG Karlsruhe VersR 2007, 207 (208); OLG Hamm VersR 2004, 1133; so wohl auch die hL, vgl. Hopt/Hopt § 84 Rn. 36; Emde § 84 Rn. 30; anders hingegen OLG Koblenz VersR 2007, 1222 (1223); MüKoHGB/Ströbl § 84 Rn. 60.
[145] So auch Oberthür/Lohr NZA 2001, 126 (134).
[146] LAG Hamburg BeckRS 2008, 51177.
[147] Oetker/Busche § 84 Rn. 30; Hopt/Hopt § 84 Rn. 36; MüKoHGB/Ströbl § 84 Rn. 59.
[148] OLG München NJW 1957, 1767.
[149] BGH NJW 1982, 1757 (1758).
[150] BGH BB 1982, 1876 (1877).

rien, insbes. die Zahlung von Lohnsteuer und Sozialversicherungsbeiträgen, hinsichtlich des Arbeitnehmerstatus zum Teil von der Rspr. negiert.[151]

2. Gewerbe. Der Handelsvertreter muss nach § 84 Abs. 1 S. 1 HGB **Gewerbetreiben-** 46 **der** sein. Verlangt ist demzufolge die auf Dauer angelegte Ausübung einer beruflichen Tätigkeit am Markt mit Gewinnerzielungsabsicht.[152] Dabei beschränkt sich § 84 Abs. 1 HGB, im Gegensatz zum Begriff des Istkaufmanns nach § 1 Abs. 1 HGB, nicht auf den Betrieb eines Handelsgewerbes (dies stellt Abs. 4 ausdrücklich klar), sondern ist offen auch für kleingewerbliche Handelsvertreter.[153] Die lediglich unentgeltliche Tätigkeit im Einzelfall schließt eine dauerhafte Gewinnerzielungsabsicht nicht aus.[154]

3. Tätigkeit für einen anderen Unternehmer. Der Handelsvertreter wird im Rah- 47 men seines Gewerbebetriebes gem. § 84 Abs. 1 S. 1 HGB „für einen anderen Unternehmer" tätig. Diese gesetzliche Formulierung gibt dabei zu erkennen, dass es sich sowohl bei dem Vertretenen als auch beim Handelsvertreter selbst um Unternehmer handeln muss.[155] Der **Unternehmerbegriff** des § 84 Abs. 1 S. 1 HGB soll dabei weit ausgelegt werden und über den Begriff des Gewerbetreibenden hinausgehen, also auch Unternehmer ohne Gewerbe erfassen.[156] Demnach sind auch Freiberufler, Künstler, Wissenschaftler und Land- und Forstwirte als Unternehmer zu qualifizieren.[157] Nach der heutigen Fassung des § 84 HGB ist, im Gegensatz zur früheren Gesetzesfassung vor 1953, die Kaufmannseigenschaft des anderen Unternehmers nicht mehr Voraussetzung.[158] Der Begriff ist weitgehend ähnlich dem Unternehmerbegriff des § 14 BGB, erfasst also auch alle natürlichen und juristischen Personen sowie (teil-)rechtsfähige Personengesellschaften.[159] In Frage kommen auch Körperschaften und Anstalten des öffentlichen Rechts, soweit sie sich am Privatrechtsverkehr beteiligen.[160] Sogar die Vermittlung öffentlicher Bauaufträge kann daher im Rahmen einer Handelsvertretertätigkeit geschehen.[161] Der Unternehmer kann auch selbst Handelsvertreter sein, § 84 Abs. 3 HGB (zu mehrstufigen Handelsvertreterverhältnissen → Rn. 71 ff.).

4. Geschäftsvermittlung/-abschluss für den Unternehmer. Aufgabe des Handels- 48 vertreters ist die **Vermittlung** oder der **Abschluss** von Geschäften für den Unternehmer. In diesem Merkmal unterscheidet er sich entscheidend von den anderen Arten der Vertriebsmittler, die in aller Regel im eigenen Namen mit den Kunden kontrahieren.[162] Die Frage, ob der Handelsvertreter als Vermittlungs- oder als Abschlussvertreter auftritt, ist für dessen rechtliche Einordnung als Handelsvertreter irrelevant, da das Gesetz beide Arten ausdrücklich gleichstellt; sie betrifft allein den Vertragsinhalt und den Umfang der darin gegebenen Bevollmächtigung.[163] Für die Statusbegründung des Handelsvertreters entscheidend ist insoweit lediglich, dass er jedenfalls einer dieser beiden Aufgaben für den Unternehmer nachgeht.

---

[151] OLG Koblenz VersR 2007, 1222 (1223).
[152] MüKoHGB/Ströbl § 84 Rn. 67; noch weiter Oetker/Busche § 84 Rn. 24, für den es auf die Gewinnerzielungsabsicht nicht ankommen soll.
[153] Hopt/Hopt § 84 Rn. 33.
[154] Emde § 84 Rn. 15; Ebenroth/Boujong/Joost/Strohn/Löwisch § 84 Rn. 18.
[155] Vgl. Oetker/Busche § 84 Rn. 36.
[156] BGHZ 43, 108 (109 f.); Hopt/Hopt § 84 Rn. 27.
[157] Emde § 84 Rn. 59; Oetker/Busche § 84 Rn. 37; Bedenken gegen eine so weite Auslegung OLG Hamburg GRUR 2006, 788 (789).
[158] Der frühere Wortlaut „für das Handelsgewerbe eines Anderen" machte die Kaufmannseigenschaft des vertretenen Unternehmers zur Voraussetzung, wodurch Unklarheit darüber bestand, welches Recht im Falle der Tätigkeit für einen Nichtkaufmann zur Anwendung kommen sollte.
[159] Hopt/Hopt § 84 Rn. 27; MüKoHGB/Ströbl § 84 Rn. 81.
[160] BGHZ 43, 108 (111); offen gelassen vom OLG Frankfurt a. M. ZVertriebsR 2016, 113 (114) für das beklagte Land bzw. Hessische Staatstheater Wiesbaden; Oetker/Busche § 84 Rn. 37.
[161] BGH NJW 1980, 1793.
[162] Emde § 84 Rn. 60.
[163] Oetker/Busche § 84 Rn. 43; Emde § 84 Rn. 60.

49   Der Gegenstand der Handelsvertretertätigkeit ist nicht begrenzt und kann sich nach der Parteivereinbarung auf alle denkbaren Geschäftsabschlüsse des Wirtschaftslebens beziehen; folglich sind auch Vermittlung und Abschluss von Handelsvertreter- oder Versicherungsvertreterverhältnissen möglich.[164]

50   **a) Vermittlungsvertreter.** Hauptleistungspflicht des Vermittlungsvertreters ist die Vorbereitung und Förderung von Vertragsabschlüssen durch Einwirkung auf den Dritten.[165] Es genügt die **Mitursächlichkeit** der Vermittlungstätigkeit des Handelsvertreters; der Vertragsschluss muss nicht ausschließlich auf dessen Bemühungen zurückzuführen sein.[166] Der Handelsvertreter muss am Abschluss nicht persönlich mitwirken, sondern kann sich Angestellter oder Untervertreter bedienen.[167] Dies kann sogar so weit gehen, dass sich der Handelsvertreter vertraglich verpflichtet, seine Pflichten ausschließlich und persönlich durch einen Dritten (Untervertreter) erbringen zu lassen.[168] Zwar schuldet er lediglich das **Bemühen** (vgl. § 86 Abs. 1 HGB), nicht aber den Abschlusserfolg[169], jedoch erhält er seine Provision nur für tatsächliche Vertragsabschlüsse. Der Abschluss eines Vermittlungsvertretervertrages ermächtigt den Handelsvertreter im Allgemeinen zur Entgegennahme von Vertragsangeboten Dritter.[170]

51   Bloße Hilfstätigkeiten reichen für die Statusbegründung des Handelsvertreters nicht aus; vielmehr hat die Vermittlung **konkreter** Vertragsabschlüsse zu erfolgen. Ungenügend sind demnach reine Werbetätigkeiten[171], die bloße Kontaktpflege und Kundenbetreuung oder das allgemeine Aufbauen von Geschäftsbeziehungen.[172] Auch ganz nebensächliche Beiträge wie Übersetzungs- und Schreibarbeiten reichen zur Begründung einer Handelsvertretertätigkeit nicht aus.[173] Auch sog. Ärztepropagandisten, die pharmazeutische Erzeugnisse bei Ärzten mit dem Ziel bewerben, dass die Ärzte ihren Patienten diese Erzeugnisse verschreiben bzw. empfehlen, sind demnach keine Vermittlungsvertreter. Solange sie sich weder an die Arzneimittelkonsumenten noch an den Apotheker, sondern an Ärzte wenden, die am konkreten Vertragsschluss über das jeweilige Medikament nicht beteiligt sind, beschränkt sich ihre Tätigkeit auf das bloße Werben und stellt noch keine Vermittlung von Geschäftsabschlüssen dar.[174]

52   Eines besonderen, werbenden Aufwandes bedarf es jedoch nicht, es reicht vielmehr das **Zusammenbringen abschlussbereiter Parteien.**[175] Vor diesem Hintergrund hat die Rechtsprechung ua die Betreiber einer Lotto-Annahmestelle[176], einer Vorverkaufsstelle[177], eines Reisebüros[178] und einer Selbstbedienungs-Tankstelle[179] als Handelsvertreter anerkannt. Ebenso als Vermittlungsvertreter treten **Online-Hotelportale** auf, indem sie allgemein ihre Vorzüge als Vergleichsportal und im Besonderen konkrete Angebote der in ihrem Buchungssystem registrierten Hotelunternehmen bewerben.[180] Die Frage, ob auch

---

[164] OLG Köln BeckRS 2015, 02080; MüKoHGB/Ströbl § 84 Rn. 78.
[165] BGH NJW 1983, 43; Hopt/Hopt § 84 Rn. 22; MüKoHGB/Ströbl § 84 Rn. 72; für bloße Vermittlung sprechende Umstände vgl. OLG Köln VersR 1998, 760.
[166] BGH NJW-RR 2012, 674 (676); BAG BB 1971, 492; MüKoHGB/Ströbl § 84 Rn. 72.
[167] Oetker/Busche § 84 Rn. 44; Hopt/Hopt § 84 Rn. 22.
[168] BGH ZIP 1998, 420.
[169] Emde § 84 Rn. 62.
[170] BGH NJW 1982, 377.
[171] Hopt/Hopt § 84 Rn. 23; Emde § 84 Rn. 67; offen gelassen in BGH NJW 1984, 2695.
[172] BGH NJW 1983, 42; LG Dortmund BeckRS 2015, 02118.
[173] LAG Baden-Württemberg DB 1971, 1016; OLG Köln BB 1971, 103 (104); Oetker/Busche § 84 Rn. 45.
[174] LG Dortmund DB 1971, 524; BGH NJW 1984, 2695; MüKoHGB/Ströbl § 84 Rn. 75.
[175] BGHZ 43, 108 (112); MüKoHGB/Ströbl § 84 Rn. 76.
[176] BGHZ 43, 108.
[177] BGH NJW-RR 1986, 709 (710).
[178] BGHZ 62, 71 (73) unter Hinweis auf § 92c Abs. 2 HGB; BGHZ 82, 219 (221).
[179] BGHZ 42, 244 (245); 52, 171 (174).
[180] So Emde/Valdini BB 2016, 899 (901) für Online-Hotelportale wie HRS und Booking.com; die Frage der vertriebsrechtlichen Einordnung solcher Portale bzw. Plattformen ist allerdings umstritten, Nachweise zur Diskussion bei Rohrßen ZVertriebsR 2019, 153 (159).

ein externer IT-Dienstleister als **Betreiber eines Onlineshops** in den Regelungsbereich der §§ 84 ff. HGB fällt, wenn er für seinen Auftraggeber Verkaufsplattformen im Internet einrichtet und unterhält, ist eher zu verneinen.[181]

b) Abschlussvertreter. Der Tätigkeitsumfang des Abschlussvertreters geht noch einen 53 Schritt weiter: Der Abschlussvertreter ist im Rahmen des Handelsvertretervertrages berechtigt und auch verpflichtet, die zum Geschäftsabschluss führenden rechtsgeschäftlichen Erklärungen im Namen des Unternehmers **selbst** abzugeben.[182] Daher stellt der Abschlussvertreter im Grunde einen Unterfall des Vermittlungsvertreters dar, der zum Abschluss von Verträgen im Namen des Unternehmers sonst im Zweifel nicht berechtigt ist.[183] Es bedarf somit im Handelsvertretervertrag ausdrücklich (oder zumindest konkludent) eines entsprechenden Auftrages verbunden mit einer Bevollmächtigung, die auch lediglich auf bestimmte Geschäftskreise oder gar einzelne Geschäfte beschränkt werden können.[184] Der Abschlussvertreter ist dann **Handlungsbevollmächtigter** nach §§ 55 Abs. 1, 54 HGB, der Umfang seiner Vollmacht richtet sich daher nach §§ 54, 55 Abs. 2, 3 und 4 HGB, wobei darüber hinaus auch die Rechtsscheinvollmacht in Frage kommt.[185] Handelt es sich bei dem vertretenen Unternehmer nicht um einen Kaufmann, kommt § 55 HGB über § 91 Abs. 1 HGB dennoch zur Anwendung.

5. Ständige Betrauung. Schließlich muss der Handelsvertreter mit der Vermittlung 54 bzw. mit dem Abschluss von Geschäften für den Unternehmer **ständig betraut** sein. Diese Betrauung stellt einen Dienstvertrag mit Geschäftsbesorgungscharakter (§§ 611 ff., 675 BGB) dar, dessen Hauptleistungspflicht darauf gerichtet ist, sich während der Vertragslaufzeit fortlaufend für den Abschluss einer unbestimmten Vielzahl von Verträgen einzusetzen.[186] Hinzu kommt, dass der Unternehmer dem Handelsvertreter die Wahrnehmung seiner Interessen anvertraut (vgl. Interessenwahrnehmungspflicht aus § 86 Abs. 1 HGB).[187] Insofern ist sie mehr als eine bloße, ständige Geschäftsverbindung, sondern begründet eine Pflicht zum Tätigwerden im Interesse des Unternehmers.[188]

In zeitlicher Hinsicht wird eine Tätigkeit des Handelsvertreters **über eine gewisse** 55 **Dauer** vorausgesetzt.[189] Dies muss keine langfristige Dauer oder gar eine solche auf unbestimmte Zeit sein; es genügt schon die Betrauung über eine Saison oder für eine Messe oder Ausstellung, solange der Handelsvertreter sich um eine unbestimmte Zahl an Geschäftsabschlüssen bemühen muss.[190] Eine Betrauung zur Vermittlung lediglich einzelner, bestimmter Geschäfte reicht hingegen auch über einen längeren Zeitraum hinweg nicht aus.[191] Wer also nur zur gelegentlichen Vermittlung verpflichtet wird, ist nicht Handelsvertreter, sondern unterfällt als **Gelegenheitsagent** lediglich dem Werkvertrags- und Auftragsrecht des BGB und erhält ggf. einen Provisionsanspruch aus § 354 HGB.[192]

Das Merkmal der ständigen Betrauung grenzt den Handelsvertreter vom **Handelsmak-** 56 **ler** (§ 93 HGB) ab. Der Tätigkeit des Handelsmaklers liegt kein festes Dauerschuldverhältnis zugrunde, sondern er vermittelt dem Unternehmer gewerbsmäßig Geschäfte ohne

---

[181] Vgl. Dieselhorst/Grages MMR 2011, 368; Rohrßen ZVertriebsR 2019, 153 (159).
[182] MüKoHGB/Ströbl § 84 Rn. 77.
[183] Hopt/Hopt § 84 Rn. 24.
[184] LAG Düsseldorf DB 1960, 813; Hopt/Hopt § 84 Rn. 24; Oetker/Busche § 84 Rn. 46.
[185] BGH NJW 1998, 1854.
[186] BGH BB 1972, 11; OLG Düsseldorf BeckRS 2012, 00828; OLG Hamm BeckRS 2009, 24245; MüKoHGB/Ströbl § 84 Rn. 70.
[187] OLG Hamburg GRUR 2006, 788 (789).
[188] BGH NJW 1992, 2818 (2819); vgl. auch BGH NJW 2015, 1754 (1755); OLG Frankfurt a. M. ZVertriebsR 2016, 113 (114) hat bei einem Theater-Besucherring die für die Handelsvertretereigenschaft erforderliche „ständige Betrauung" abgelehnt; Hopt/Hopt § 84 Rn. 41.
[189] Oetker/Busche § 84 Rn. 40; OLG Hamm BeckRS 2022, 32783 Rn 79.
[190] OLG Nürnberg BB 1959, 317 (318); NJW 1957, 1720; Hopt/Hopt § 84 Rn. 42.
[191] OLG Bamberg BB 1965, 1167 f.
[192] OLG Hamburg NJW-RR 1996, 869 (870 f.); Hopt/Hopt § 84 Rn. 44; Ebenroth/Boujong/Joost/Strohn/Löwisch § 84 Rn. 108.

ständige Betrauung lediglich von Fall zu Fall.[193] Der wesentliche Unterschied besteht folglich darin, dass der Handelsvertreter zum ständigen Tätigwerden verpflichtet ist, während der Handelsmakler (auch über einen langjährigen Zeitraum hinweg) zwar für den Unternehmer vermittelnd tätig werden kann, ihn diesbezüglich allerdings **keine Pflicht** trifft, es also an einem dauernden Pflichtenverhältnis fehlt.[194] Bei der Abgrenzung sind alle Umstände des Einzelfalls zu würdigen; maßgeblich ist nicht allein die von den Parteien gewählte Bezeichnung, sondern vielmehr die vertragliche Gestaltung und die tatsächliche Vertragsdurchführung.[195] Wird ein Vertriebsmittlungsverhältnis zunächst als Handelsvertretervertrag begründet, wird der Vertriebsmittler später nicht allein dadurch zum Handelsmakler, dass er im Außenverhältnis zu Kunden als „Makler" auftritt und sich mit dieser Bezeichnung in ein Vermittlerregister eintragen lässt.[196]

57   **6. Der Handelsvertretervertrag. a) Rechtsnatur.** Der Handelsvertretervertrag ist ein **Dienstvertrag** mit **Geschäftsbesorgungscharakter.**[197] Da der Handelsvertreter lediglich das Vermittlungsbemühen, nicht aber den Vermittlungserfolg schuldet, ist der Vertrag nicht als Werkvertrag einzuordnen, wenngleich die Vergütung erfolgsbezogen ist.[198]

58   **b) Vertragsabschluss und -abänderung.** Der Abschluss und die Änderung eines Handelsvertretervertrages sind **formlos** möglich und können daher mündlich oder allein durch schlüssiges Verhalten erfolgen.[199] Dies ist insbesondere anzunehmen, wenn der Vertrag tatsächlich von den Parteien durchgeführt wird.[200] Auch bei der erstmaligen Inanspruchnahme des Handelsvertreters durch den Unternehmer ist ein konkludent geschlossener Handelsvertretervertrag anzunehmen, wenn Letzterer durch sein Verhalten zu erkennen gibt, dass er den Handelsvertreter weiterhin ständig mit der Absatzmittlertätigkeit betrauen werde.[201] Entscheidend ist hierbei, dass der Wille beider Parteien zur ständigen Betrauung erkennbar zum Ausdruck kommt, zB durch Zuweisung eines Vertretungsbezirks, regelmäßige Übermittlung und Entgegennahme von Aufträgen, regelmäßige Provisionszahlung oder die Einladung zur Vertreterversammlung.[202] Auch die Grundsätze über das kaufmännische Bestätigungsschreiben sind auf den Handelsvertretervertrag anwendbar.[203] Durch **Schweigen** auf ein einseitiges Vertrags(änderungs-)angebot kommt ein solcher Vertrag jedoch nur zustande, wenn ein Fall des § 362 HGB vorliegt.[204]

59   Den Parteien steht es jedoch frei, die Schriftform zu vereinbaren. Einer formfreien Vertragsänderung steht eine solche **Schriftformklausel** jedoch nicht entgegen, da auch diese stillschweigend abbedungen werden kann.[205] Ein einseitiges Leistungsbestimmungs- oder Vertragsänderungsrecht kann in Individualverträgen vereinbart werden, wobei der Vertragspartner bei dessen Ausübung an das billige Ermessen der §§ 242, 315 BGB gebunden ist.[206] In Formularverträgen und AGB können solche Rechte jedoch nur ver-

---

[193] OLG Düsseldorf BeckRS 2012, 00828; Emde § 84 Rn. 81; s auch OLG Hamm BeckRS 2022, 32783 Rn 79.
[194] LG Köln ZVertriebsR 2019, 246 (249); LG Karlsruhe BeckRS 2013, 07028; Emde § 84 Rn. 81; Oetker/Busche § 84 Rn. 41.
[195] OLG Düsseldorf BeckRS 2012, 00828; OLG Hamm BeckRS 2009, 24245.
[196] LG Dortmund ZVertriebsR 2017, 240 (241 f.).
[197] OLG München ZVertriebsR 2022, 327; Ebenroth/Boujong/Joost/Strohn/Löwisch § 84 Rn. 67.
[198] MüKoHGB/Ströbl § 84 Rn. 84; Oetker/Busche § 84 Rn. 53.
[199] BGH NJW-RR 2000, 57; NJW 1992, 2818 (2819); Ebenroth/Boujong/Joost/Strohn/Löwisch § 84 Rn. 54 f.
[200] BGH NJW 1983, 1727 (1728); MüKoHGB/Ströbl § 84 Rn. 86.
[201] BGHZ 62, 74; Emde § 84 Rn. 90.
[202] BGH NJW-RR 1990, 354; BB 1987, 220.
[203] Oetker/Busche § 84 Rn. 58; Ebenroth/Boujong/Joost/Strohn/Löwisch § 84 Rn. 54.
[204] BGH BB 1955, 1009.
[205] Vgl. BGHZ 164, 133; Emde § 84 Rn. 93; Ebenroth/Boujong/Joost/Strohn/Löwisch § 84 Rn. 55.
[206] OLG Karlsruhe BeckRS 2008, 04094 zur einseitigen Provisionsbestimmung; Emde § 84 Rn. 93.

einbart werden, wenn dem anderen Vertragsteil ein angemessener Ausgleich für dieses Recht gewährt wird.[207] Eine Änderungskündigung ist jederzeit zulässig.[208]

c) Anfechtung und Nichtigkeit. Der Handelsvertretervertrag ist wie jeder andere **60** Vertrag anfechtbar, sofern ein zur **Anfechtung** berechtigender Willensmangel iSd §§ 119, 123 BGB vorliegt.[209] Hierbei kommen insbesondere Irrtümer über verkehrswesentliche Eigenschaften des Vertragspartners oder des zu vermittelnden Produkts sowie arglistige Täuschungen oder widerrechtliche Drohungen in Frage.[210] Bedenklich erscheint dies jedenfalls in Fällen, in denen der Handelsvertretervertrag bereits in Vollzug gesetzt wurde, da die Rückwirkung des § 142 Abs. 1 BGB zwangsläufig zu einer bereicherungsrechtlichen Rückabwicklung führen würde.[211] Daher kommt es in solchen Fällen zur Anwendung der Grundsätze zum **faktischen Vertrag,** welche die Rspr. im Bereich von Arbeits- und Dienstleistungsverträgen entwickelt und bereits auf sämtliche Vertriebsmittlerverträge ausgeweitet hat.[212] Dabei wird die Anfechtungsmöglichkeit auch nicht durch das Kündigungsrecht nach § 89a HGB als abschließende Sonderregelung verdrängt, da diese eine Störung während der Vertragsabwicklung voraussetzt, während sich das Anfechtungsrecht auf eine Störung bei Vertragsschluss stützt.[213]

Bei Nichteinhaltung einer rechtsgeschäftlich vereinbarten Form kommt **Nichtigkeit 61** nach § 125 S. 2 BGB in Frage. Weiterhin kann der Handelsvertretervertrag auch gegen ein gesetzliches Verbot (§ 134 BGB) oder die guten Sitten (§ 138 BGB) verstoßen, was ebenfalls die Nichtigkeit des Vertrages zur Folge hätte.[214] Ein Fall des § 134 BGB liegt nicht vor bei lediglich fehlender Gewerbeerlaubnis des Handelsvertreters.[215] Ob der gesamte Vertrag nach § 134 BGB nichtig sein soll, ist bei fehlender ausdrücklicher Regelung nach dem Sinn und Zweck der Verbotsnorm zu ermitteln.[216] Ein Verstoß gegen die guten Sitten kann ua dann vorliegen, wenn der Vertriebsmittlervertrag auf die Täuschung der Kunden gerichtet ist[217], wenn dem wirtschaftlich unterlegenen Handelsvertreter wesentliche Teile des Unternehmerrisikos auferlegt werden[218] oder bei einer unverhältnismäßig niedrigen, sog. Hungerprovision (§ 138 Abs. 2 BGB).[219] Ist von dem Verstoß nur eine einzelne Regelung betroffen, so ist entgegen § 139 BGB nicht der gesamte Vertrag nichtig; entstehende Lücken werden durch dispositives Recht entsprechenden Inhalts geschlossen.[220] Sollte eine „Kernabrede" betroffen sein, hat diese ausnahmsweise doch die Gesamtnichtigkeit des Vertrages zufolge, wenngleich auch in solchen Fällen die Lehre vom faktischen Vertrag bis zum Zeitpunkt der Entdeckung der Nichtigkeit zur Anwendung kommt, um einen bis dahin vollzogenen Vertrag zu erhalten.[221]

---

[207] BGHZ 89, 206 (216); BGH BB 2000, 60 (62).

[208] Vgl. BGH NJW 2007, 3493 (3495 f.); Ebenroth/Boujong/Joost/Strohn/Löwisch § 84 Rn. 55; Emde § 84 Rn. 93.

[209] MüKoHGB/Ströbl § 84 Rn. 87.

[210] Emde § 84 Rn. 100 mwN zur Rspr. des Reichsgerichts.

[211] Ebenroth/Boujong/Joost/Strohn/Löwisch § 84 Rn. 70; Canaris HandelsR § 15 Rn. 27 f. hält eine bereicherungsrechtliche Rückabwicklung hingegen für interessengerecht und ausreichend, so auch Oetker/Busche § 84 Rn. 62.

[212] BGH NJW 1995, 1958 zum Handelsvertreter; NJW 1997, 655 zum Vertragshändler; BGH NJW 1970, 609 (610) stellte noch auf eine arbeitnehmerähnliche Schutzbedürftigkeit ab, die heute allerdings nicht mehr vorausgesetzt wird.

[213] Emde § 84 Rn. 100; Oetker/Busche § 84 Rn. 62.

[214] MüKoHGB/Ströbl § 84 Rn. 88.

[215] OLG Karlsruhe VersR 2007, 1514 hins. § 32 KWG.

[216] OLG Karlsruhe VersR 2007, 1514; Emde § 84 Rn. 100.

[217] OLG Stuttgart DB 1985, 911 (912); Ebenroth/Boujong/Joost/Strohn/Löwisch § 84 Rn. 70.

[218] BGH DB 1981, 2274; MüKoHGB/Ströbl § 84 Rn. 88.

[219] BAG MDR 1960, 612.

[220] BGH NJW 1964, 350; Hopt/Hopt § 86 Rn. 11.

[221] Emde § 84 Rn. 102; OLG Stuttgart DB 1985, 911 hat für den Fall der Kundentäuschung ebenfalls Gesamtnichtigkeit angenommen.

62 **d) AGB und Inhaltskontrolle.** Insbesondere bei größeren Vertriebssystemen mit einer Mehrzahl von Vertriebsmitteln kommen regelmäßig einheitliche **Formularverträge** zum Einsatz, die dem Recht der Allgemeinen Geschäftsbedingungen gem. §§ 305 ff. BGB unterliegen[222] (zum ABG-Recht → BGB § 307 Rn. 69–75 [Handelsvertreterverträge]; → BGB § 307 Rn. 8–66 [Franchiseverträge]; → BGB § 307 Rn. 76–83 [Vertragshändlerverträge]; → BGB § 307 Rn. 84 [Kommissionsagenturverträge]).[223] Soweit der Handelsvertretervertrag nicht individuell ausgestaltet ist, sind vom gesetzlichen Leitbild abweichende Regelungen einer Inhaltskontrolle zu unterziehen. Dabei unterliegt der Vertrag jedoch nur der eingeschränkten Inhaltskontrolle gem. § 310 Abs. 1 S. 2 iVm § 307 Abs. 1 und 2 BGB, da es sich beim Handelsvertreter um einen Unternehmer gem. § 14 BGB handelt.[224] Dies gilt entgegen vereinzelter Stimmen in der Literatur auch, wenn der Vertragsschluss der Existenzgründung des Handelsvertreters dient und er erst dadurch zum Unternehmer wird.[225] Die Klauselverbote der §§ 308, 309 BGB kommen demnach nicht unmittelbar zur Anwendung, wenngleich deren Wertungen gem. § 310 Abs. 1 S. 2 BGB bei der Anwendung des § 307 BGB zu berücksichtigen sind. **Bedenken** hinsichtlich der Wirksamkeit können sich daher ua bei folgenden Klauseln ergeben: Zahlung einer Einstandssumme ohne entsprechende Gegenleistung des Unternehmers,[226] einseitiges Vertragsänderungsrecht[227] oder die Einschränkung des Provisions- oder Ausgleichsanspruchs.[228] Hingegen ist eine Klausel, wonach der Handelsvertreter mit der Geltendmachung des Ausgleichsanspruchs auf Leistungen aus einer unternehmerfinanzierten Altersversorgung (Treuegeld) verzichtet, wirksam.[229] Vertragsstrafen können grds. zu Lasten des Vertriebsmittlers vereinbart werden, sind aber in Fällen einer unangemessen hohen Strafe ebenfalls unwirksam.[230] An die Stelle einer unwirksamen Klausel tritt gem. § 306 Abs. 2 BGB die entsprechende gesetzliche Regelung.[231]

63 **7. Die Rechtsbeziehung zum Kunden.** Vertragsbeziehungen bestehen grds. nur zwischen dem Unternehmer und dem Handelsvertreter (der Handelsvertretervertrag) und zwischen dem Kunden und dem Unternehmer (vermittelter Vertrag). Unabhängig von der Frage, ob der Handelsvertreter als Abschluss- oder Vermittlungsvertreter auftritt, tritt er selbst grds. nicht in eine unmittelbare Vertragsbeziehung zum Kunden.[232]

64 **a) Das Rechtsverhältnis Handelsvertreter – Kunde.** Zwischen dem Handelsvertreter und dem Kunden besteht idR keine vertragliche Beziehung. Der Handelsvertreter ist lediglich dem Unternehmer, nicht aber dem Kunden gegenüber zur Wahrnehmung seiner Interessen verpflichtet.[233] Daher sind Beratungs- und Aufklärungstätigkeiten auch ohne eine entsprechende Klarstellung grds. dem Unternehmer zuzuordnen und begründen allein

---

[222] Zum AGB-Recht bei Vertriebsverträgen s. auch Staudinger/Billing, 2022, Anh. zu §§ 305–310 Rn. H 1 ff. sowie Leuschner, AGB-Recht im unternehmerischen Rechtsverkehr, 2021, passim; zu Handelsvertreterverträgen s LG München I ZVertriebsR 2022, 230 zu den AGB eines Mineralölunternehmens bei Abschluss eines Tankstellen-Handelsvertretervertrags.

[223] Emde vor § 84 Rn. 48.

[224] Ebenroth/Boujong/Joost/Strohn/Löwisch § 84 Rn. 73; Hopt/Hopt § 86 Rn. 8.

[225] BGH ZIP 2005, 622; OLG Oldenburg NJW-RR 1989, 1081; Ebenroth/Boujong/Joost/Strohn/Löwisch § 84 Rn. 73; Emde vor § 84 Rn. 50; Baumbach/Hopt/Hopt § 86 Rn. 8; aA OLG Koblenz NJW 1987, 74; Oetker/Busche § 84 Rn. 57.

[226] OLG Celle BeckRS 2000, 30150301; OLG Frankfurt a. M. NJW-RR 1987, 548 f.; aA Staudinger/Billing, 2022, Anh. zu §§ 305–310 Rn. H 49.

[227] BGHZ 142, 358; OLG München BB 1992, 455.

[228] Für eine detaillierte Übersicht über die rechtliche Bewertung einzelner Klauseln vgl. die umfassende Übersicht bei Emde vor § 84 Rn. 55 f.; s. auch Staudinger/Billing, 2022, Anh. zu §§ 305–310 Rn. H 50 ff.

[229] BGH NJW-RR 2017, 229 (232).

[230] OLG München BeckRS 2010, 20437; LAG Hamm BeckRS 2007, 43975; LG Erfurt BeckRS 2011, 23703; Staudinger/Billing, 2022, Anh. zu §§ 305–310 Rn. H 74 ff.

[231] MüKoHGB/Ströbl § 84 Rn. 89.

[232] Vgl. BGH NJW 2006, 2321; zu hiervon abweichenden vertraglichen Konstruktionen BGH ZIP 2000, 355; 1999, 193; 1998, 1753; OLG Köln MDR 2000, 99; kritisch zu diesen Oetker/Busche § 84 Rn. 80.

[233] BGH NJW 2006, 2321 (2322).

noch keine vertragliche Beziehung zum Handelsvertreter.[234] Ein eigenständiger **Auskunfts- oder Beratervertrag** kommt nur in besonderen Fällen zustande, wenn der Handelsvertreter dem Kunden erkennbar seine Beratung als zusätzliche und eigenverantwortliche Leistung anbietet.[235] Bei der Anlagevermittlung kommt ein Auskunftsvertrag zudem zumindest stillschweigend zustande, wenn der Kunde deutlich macht, dass er im Hinblick auf die Anlageentscheidung die besonderen Kenntnisse und Verbindungen des Vermittlers in Anspruch nehmen will und der Vermittler die gewünschte Tätigkeit aufnimmt.[236] Dann ist der Handelsvertreter zu richtiger und vollständiger Auskunft über diejenigen ihm bekannten tatsächlichen Umstände verpflichtet, die für die Entscheidung des Kunden von besonderer Bedeutung sind.[237]

Eine **Haftung nach cic** kommt zudem in Betracht, wenn der Handelsvertreter gegen- **65** über dem Kunden ein besonderes Vertrauen in Anspruch genommen und so die Vertragsverhandlungen oder den Vertragsschluss erheblich beeinflusst hat (§§ 280 Abs. 1, 311 Abs. 3, 241 Abs. 2 BGB).[238] Hierfür reicht jedoch nicht aus, dass der Handelsvertreter über die erforderliche Sachkunde verfügt und auf diese hinweist; er muss vielmehr beim Kunden den Eindruck erweckt haben, er werde die ordnungsgemäße Vertragsdurchführung gewährleisten.[239] Die Haftung nach cic besteht zudem auch dann, wenn der Handelsvertreter am Vertragsschluss ein unmittelbares eigenes wirtschaftliches Interesse hat.[240] Dieses muss jedoch über das reine Provisionsinteresse hinausgehen.[241]

Eine Haftung nach § 179 BGB kommt in Betracht, wenn der Handelsvertreter im **66** Namen des Unternehmers einen Vertrag mit dem Kunden abschließt, der nicht von seiner Vertretungsmacht gedeckt wird **(Vertreter ohne Vertretungsmacht)** und der Unternehmer dieses Geschäft auch nicht genehmigt (vgl. § 91a HGB). Denkbar ist zudem eine deliktische Haftung nach § 823 BGB oder bei vorsätzlicher Schädigung des Kunden sogar nach § 826 BGB,[242] zB bei vorsätzlich falschen Angaben über das vertriebene Produkt[243] oder im Fall von Provisionsschinderei.[244]

b) Das Rechtsverhältnis Unternehmer – Kunde. Kommt zwischen dem Unterneh- **67** mer und dem Kunden im Rahmen der Absatzmittlertätigkeit des Handelsvertreters ein Vertrag zustande, gelten für den Vertragsschluss die allgemeinen Grundsätze der Rechtsgeschäftslehre.[245] Der Unternehmer muss daher Umstände, die dem Handelsvertreter bekannt sind oder bekannt sein müssten, gegen sich gelten lassen (§ 166 Abs. 1 BGB; Ausnahme: Missbrauch der Vertretungsmacht).[246] Die Vorschrift ist auch analog auf den Vermittlungsvertreter anzuwenden.[247] Hat der Handelsvertreter den Kunden durch eine **arglistige Täuschung** zur erforderlichen Abgabe der Willenserklärung bestimmt, kann der Kunde seine Erklärung auch dann anfechten, wenn der Unternehmer von der Täuschung keine Kenntnis oder grob fahrlässige Unkenntnis hat; der Handelsvertreter steht „im Lager des Unternehmers" und ist daher nicht Dritter iSd § 123 Abs. 2 BGB.[248]

---

[234] Ebenroth/Boujong/Joost/Strohn/Löwisch § 84 Rn. 132; aA BGH ZIP 2005, 1082 (1083 f.) für einen Anlagevermittler, der nicht erkennbar für einen anderen Unternehmer gehandelt hat.

[235] Ebenroth/Boujong/Joost/Strohn/Löwisch § 84 Rn. 133.

[236] BGH ZIP 2005, 1082 (1083); NJW-RR 2003, 1690; ZIP 2000, 355 (356).

[237] BGH ZIP 2005, 1082 (1083); 2000, 355 (356); 1998, 1753; Ebenroth/Boujong/Joost/Strohn/Löwisch § 84 Rn. 133.

[238] BGH NJW 2006, 2321 (2322); MüKoHGB/Ströbl § 84 Rn. 105.

[239] BGH NJW 1997, 1233; 1990, 506; BB 1990, 1220.

[240] BGH NJW 2006, 2321 (2322); 1997, 1233; BB 1990, 1220.

[241] BGH NJW 2006, 2321 (2322); 1997, 1233; Oetker/Busche § 84 Rn. 80.

[242] Vgl. BGH EWiR 2003, 1185.

[243] Vgl. OLG Celle NJOZ 2006, 2159.

[244] BGH NJW 2004, 3423; Ebenroth/Boujong/Joost/Strohn/Löwisch § 84 Rn. 145.

[245] Oetker/Busche § 84 Rn. 77.

[246] MüKoHGB/Ströbl § 84 Rn. 110.

[247] BGH NJW-RR 2001, 127 (128); NJW 1996, 1339; Hopt/Hopt § 84 Rn. 53.

[248] OLG Hamburg BB 1959, 612; MüKoHGB/Ströbl § 84 Rn. 110; Hopt/Hopt § 84 Rn. 54.

68 Zudem hat der Unternehmer für das Verhalten des Handelsvertreters nach § 278 BGB einzustehen, da dieser als **Erfüllungsgehilfe** des Unternehmers auftritt.[249] Dies gilt auch und insbesondere im vorvertraglichen Bereich, unabhängig davon, ob es überhaupt zu einem Vertragsschluss kommt.[250] Eine deliktische Haftung nach § 831 BGB kann hingegen nur in seltenen Ausnahmefällen eingreifen, da es bei Handelsvertretern gem. § 84 Abs. 1 HGB regelmäßig an der hierfür erforderlichen Weisungsgebundenheit eines Verrichtungsgehilfen fehlt.[251] Auch eine Haftung nach § 31 BGB (analog) kommt nur in seltenen Fällen in Betracht.[252]

III. Der unselbständige Handelsvertreter nach § 84 Abs. 2 HGB

69 Wer einer Absatzmittlertätigkeit iSd § 84 Abs. 1 HGB nachgeht, ohne dabei selbständig zu sein, gilt gem. § 84 Abs. 2 HGB als Angestellter bzw. Arbeitnehmer. Abs. 2 beinhaltet insoweit die gesetzgeberische Klarstellung, dass der Absatzmittler **entweder** Handelsvertreter **oder** Arbeitnehmer ist, es jedoch keine Sonder- oder Mischform gibt.[253] Die Vertragsfreiheit der Parteien ist an dieser Stelle eingeschränkt, um bei unselbständig Tätigen die Umgehung zwingender Normen des Arbeitsrechts durch entsprechende Vertragsgestaltung zu unterbinden.[254] Umgekehrt verbietet Abs. 2 gleichzeitig die Beschäftigung eines per se selbständigen Handelsvertreters als Angestellten unter Ausschaltung handelsrechtlicher Vorschriften.[255] Auf die konkrete Bezeichnung im Vertrag kommt es daher bei der Beurteilung der Selbständigkeit auch nicht entscheidend an; vielmehr ist die tatsächliche Durchführung des Vertrags ausschlaggebend, wenn diese von der ausdrücklichen Vertragstypenwahl abweicht (→ Rn. 26).[256]

70 Auf einen angestellten Handelsvertreter finden anstelle der §§ 84 ff. HGB die arbeitsrechtlichen Vorschriften Anwendung.[257] Dabei richten sich die anwendbaren Vorschriften nach der Rechtsstellung des Arbeitgebers: Ist der Arbeitgeber Kaufmann, so gelten die Regelungen zum **Handlungsgehilfen** (§§ 59 ff. HGB); hat er nicht die Rechtsstellung eines Kaufmanns inne, so kommen auf das Vertragsverhältnis das allgemeine Dienstvertragsrecht des BGB sowie sonstige arbeitsrechtliche Vorschriften zur Anwendung.[258] Bei Vereinbarung einer Provision können zudem über § 65 HGB die §§ 87 Abs. 1–3, 87a–87c HGB zur Anwendung kommen.[259] Unabhängig von der Stellung des Arbeitgebers als Kaufmann finden auf jeden angestellten Handelsvertreter die **arbeitsrechtlichen Schutzvorschriften,** also insbes. die des KSchG und des EFZG, Anwendung (→ Rn. 19).[260] Der angestellte Handelsvertreter ist überdies idR lohnsteuer- und sozialversicherungspflichtig.[261] Zudem hat der Unternehmer bzw. Arbeitgeber bei Bestehen eines Betriebsrates dessen Mitwirkungsrechte bei der Einstellung und Eingruppierung nach § 99 Abs. 1 BetrVG zu beachten. Ist der Handelsvertreter Arbeitnehmer, können die Parteien überdies tarifvertraglichen Regelungen unterworfen sein; der in § 12a Abs. 4 TVG geregelte Ausschluss von Handelsvertretern aus dem Anwendungsbereich des TVG greift nicht, wenn es sich bei

---

[249] BGH ZIP 2017, 1225 (1226); NJW 2006, 2321 (2322); 2000, 2291 (2293).
[250] BGH ZIP 2000, 2291; MüKoHGB/Ströbl § 84 Rn. 107.
[251] Eine solche Haftung ist nur möglich, wenn der Handelsvertreter im Einzelfall den Weisungen des Unternehmers unterliegt; vgl. BGH NJW-RR 2013, 1513 (1514); NJW 1980, 941; OLG Köln WM 2006, 122 (125); MüKoHGB/Ströbl § 84 Rn. 109; Oetker/Busche § 84 Rn. 78.
[252] BGH NJW 2013, 3366 (3367); 1998, 1854 (1856 f.); OLG Köln VersR 2018, 550 (551 f.); Hopt/Hopt § 84 Rn. 55.
[253] Hopt/Hopt § 84 Rn. 39; Ebenroth/Boujong/Joost/Strohn/Löwisch § 84 Rn. 160.
[254] Ebenroth/Boujong/Joost/Strohn/Löwisch § 84 Rn. 160; Emde § 84 Rn. 8.
[255] Hopt/Hopt § 84 Rn. 39; Ebenroth/Boujong/Joost/Strohn/Löwisch § 84 Rn. 160.
[256] BAG NJW 2010, 2455 (2456); 2018, 1194 (1195); OLG Koblenz VersR 2007, 1222 (1223); LAG Hessen BeckRS 2013, 67368 und 2012, 70263; Emde § 84 Rn. 23; MüKoHGB/Ströbl § 84 Rn. 42, 44.
[257] MüKoHGB/Ströbl § 84 Rn. 138.
[258] Oetker/Busche § 84 Rn. 81; MüKoHGB/Ströbl § 84 Rn. 138.
[259] BAG AP HGB § 65 Nr. 6.
[260] Vgl. MüKoHGB/Ströbl § 84 Rn. 138.
[261] Emde § 84 Rn. 9.

dem Handelsvertreter in Wahrheit um einen Arbeitnehmer handelt. § 12a Abs. 4 TVG betrifft nur die selbständigen arbeitnehmerähnlichen Handelsvertreter.[262]

IV. Mehrstufige Handelsvertreterverhältnisse, § 84 Abs. 3 HGB

Nach § 84 Abs. 3 HGB sind auch mehrstufige Handelsvertretersysteme denkbar, in **71** denen der Handelsvertreter eines Unternehmers seinerseits einen Handelsvertreter (sog. Untervertreter) bestellt. Dabei müssen zwei Fälle unterschieden werden: Der Fall der **echten** Untervertretung und der Fall der **unechten** Untervertretung.

1. Unechte Untervertretung. Bei der unechten Untervertretung handelt es sich nicht **72** um einen Fall des § 84 Abs. 3 HGB, sondern um einen des Abs. 1: Hier kommt ein Vertrag unmittelbar zwischen dem Untervertreter und dem **Unternehmer,** idR vertreten durch den Hauptvertreter, zustande.[263] Aufgabe des Hauptvertreters ist insoweit die Einstellung, Koordination und Aufsicht der Untervertreter.[264] Er steht in keiner unmittelbaren rechtlichen Beziehung zu den Untervertretern und leitet seine Weisungsbefugnisse von denen des Unternehmers ab.[265] Daher besteht auch der Anspruch der Untervertreter auf Provision nicht gegenüber dem Hauptvertreter, sondern gegenüber dem Unternehmer als Vertragspartner selbst. Dem Hauptvertreter wird im Rahmen seiner Führungs- und Aufsichtstätigkeit der Vermittlungserfolg zugerechnet, weshalb auch er einen Provisionsanspruch gegen den Unternehmer erlangt (regelmäßig in Form einer **„Superprovision"** oder **Provisionsspitze**).[266]

2. Echte Untervertretung. Bei der echten Untervertretung iSd **§ 84 Abs. 3 HGB 73** besteht jeweils ein Handelsvertretervertrag zwischen dem Unternehmer und dem Hauptvertreter sowie zwischen dem Haupt- und dem Untervertreter.[267] Dabei tritt der Untervertreter im Verhältnis des Hauptvertreters zum Unternehmer als Erfüllungsgehilfe des Hauptvertreters auf.[268] Bei erfolgreicher Vermittlung eines Geschäfts durch den Untervertreter erhält nun einerseits der Untervertreter einen Provisionsanspruch gegen den Hauptvertreter auf Grundlage seines Handelsvertretervertrages, während auch der Hauptvertreter einen Provisionsanspruch gegen den Unternehmer erlangt, da ihm der Vermittlungserfolg **gem. § 278 BGB zuzurechnen** ist.[269] Gegen den Unternehmer selbst erlangt der Untervertreter hingegen keinen Provisionsanspruch, da es hierfür an einer vertraglichen Beziehung zwischen beiden fehlt. Der Provisionsanspruch des Untervertreters entsteht, soweit und sobald der Unternehmer das vermittelte Geschäft ausgeführt hat.[270] Eine Klausel eines Formularvertrages, nach der das Entstehen des Provisionsanspruchs des Untervertreters von der Zahlung des Unternehmers auf den Provisionsanspruch des Hauptvertreters abhängig ist, benachteiligt den Untervertreter unangemessen und ist gem. § 307 Abs. 2 Nr. 1 BGB unwirksam[271]; vergleichbares gilt für den Ausschluss von Überhangprovisionen.[272]

Regelmäßig wird der Hauptvertreter zum Einsatz von Untervertretern befugt sein. Das **74** ergibt sich schon aus seiner Stellung als **Selbständiger,** der sich zur Erfüllung seiner

---

[262] S. etwa ErfK/Franzen, § 12a TVG Rn. 8.
[263] MüKoHGB/Ströbl § 84 Rn. 118; Hopt/Hopt § 84 Rn. 32; Oetker/Busche § 84 Rn. 51.
[264] BFH DB 1999, 1988 (1989); Emde § 84 Rn. 135; Hopt/Hopt § 84 Rn. 32.
[265] MüKoHGB/Ströbl § 84 Rn. 119; Oetker/Busche § 84 Rn. 51.
[266] MüKoHGB/Ströbl § 84 Rn. 119; Emde § 84 Rn. 135; Ebenroth/Boujong/Joost/Strohn/Löwisch § 84 Rn. 159.
[267] Ein Beispiel ist etwa BGH NJW 2010, 298 sowie OLG Brandenburg BeckRS 2013, 01597.
[268] Hopt/Hopt § 84 Rn. 31.
[269] MüKoHGB/Ströbl § 84 Rn. 120; Emde § 84 Rn. 127.
[270] BGH NJW 1984, 2881 (2882); OLG Stuttgart BeckRS 2009, 33995.
[271] OLG München NJW-RR 2009, 1699 (1700); Staudinger/Billing, 2022, Anh. zu §§ 305–310 Rn. H 53.
[272] BGH NJW 2010, 298; OLG Düsseldorf ZVertriebsR 2020, 257 (261); Staudinger/Billing, 2022, Anh. zu §§ 305–310 Rn. H 54.

Aufgabe grds. Dritter bedienen können sollte.[273] Der Abschlussvertreter sollte im Zweifel in der Lage sein, dem Untervertreter eine Abschlussvollmacht für den Unternehmer zu erteilen.[274] Etwas anderes gilt aber, wenn dem Handelsvertreter der Einsatz von Untervertretern oder jedenfalls die Erteilung von Abschlussvollmachten an einen Untervertreter vertraglich untersagt ist.[275] Für die echte Untervertretung ist es unschädlich, wenn der Untervertreter bereits vom Unternehmer eine Abschlussvollmacht eingeräumt bekommen hat.[276] Die Beendigung des Hauptvertretervertrages hat nicht automatisch die Beendigung des Untervertretervertrages zur Folge; beide Verträge sind in ihrem Bestand voneinander unabhängig.[277]

75　　Der Hauptvertreter haftet gem. § 278 BGB dem Unternehmer gegenüber für ein Verschulden des Untervertreters. Daneben kann ihn auch ein eigenes Verschulden treffen, wenn er den Untervertreter nicht sorgfältig ausgewählt oder überwacht hat.[278] Ist dem Hauptvertreter der Einsatz eines Untervertreters vertraglich verboten, stellt schon der Einsatz eines Untervertreters eine Pflichtverletzung dar, weshalb er für hieraus entstandene Schäden auch ohne ein Verschulden des Untervertreters haftet.[279]

V. Der Handelsvertreter als Nicht-Kaufmann, § 84 Abs. 4 HGB

76　　Die Regelungen der §§ 84 ff. HGB finden unabhängig von der Handelsgewerblichkeit der Tätigkeit des Handelsvertreters Anwendung; das hält § 84 Abs. 4 HGB ausdrücklich fest.[280] Das Gewerbe des Handelsvertreters muss demnach einen nach Art und Umfang kaufmännisch eingerichteten Geschäftsbetrieb nicht erfordern, es reicht eine bloß kleingewerbliche Tätigkeit des Handelsvertreters.[281] Auch der kleingewerbliche Handelsvertreter, der sonst nicht in den Anwendungsbereich des HGB fällt, bleibt daher durch die Normen des Handelsvertreterrechts geschützt. Sofern sein Gewerbe einen nach Art und Umfang kaufmännisch eingerichteten Gewerbebetrieb erfordert, ist der Handelsvertreter ohnehin – auch ohne Eintragung ins Handelsregister – gem. § 1 Abs. 1, 2 HGB Kaufmann.[282]

B. Vertragshändler

I. Der selbständige Vertragshändler, § 84 Abs. 1 S. 2, Abs. 2 HGB analog

77　　Für die Abgrenzung, ob ein Vertragshändler (oder ein Franchisenehmer) selbständig ist oder nicht, kann auf § 84 Abs. 1 S. 2, Abs. 2 HGB (selbständiger Gewerbetreibender) analog zurückgegriffen werden.[283] § 84 Abs. 1 S. 1 HGB – die Definition des Handelsvertreters – ist dagegen für den Vertragshändler nicht einschlägig, eine analoge Anwendung kommt nicht in Betracht (zur Definition des Vertragshändlers → HGB Vor § 84 Rn. 12).

78　　Das Merkmal der Selbständigkeit ist beim Vertragshändler in der Praxis kaum Anlass für Diskussionen; Abgrenzungsschwierigkeiten wie beim Handelsvertreter treten praktisch nicht auf.[284] Der Vertragshändler ist zwar regelmäßig in seiner unternehmerischen Freiheit in gewissem Umfang eingeschränkt und im Hinblick auf das vom Unternehmer festgelegte und entwickelte Produktangebot sowie das Marketingkonzept wirtschaftlich vom Unter-

---

[273] MüKoHGB/Ströbl § 84 Rn. 121.
[274] Emde § 84 Rn. 133; MüKoHGB/Ströbl § 84 Rn. 121; aA Ebenroth/Boujong/Joost/Strohn/Löwisch § 84 Rn. 157.
[275] MüKoHGB/Ströbl § 84 Rn. 122.
[276] Hopt/Hopt § 84 Rn. 31.
[277] Emde § 84 Rn. 134.
[278] Emde § 84 Rn. 132; MüKoHGB/Ströbl § 84 Rn. 123.
[279] MüKoHGB/Ströbl § 84 Rn. 124.
[280] Hopt/Hopt § 84 Rn. 33; MüKoHGB/Ströbl § 84 Rn. 3.
[281] Ebenroth/Boujong/Joost/Strohn/Löwisch § 84 Rn. 18; Emde § 84 Rn. 17.
[282] MüKoHGB/Ströbl § 84 Rn. 68.
[283] Inzident OLG Naumburg BeckRS 2007, 03091 (für Franchisenehmer).
[284] Vgl. auch Martinek/Semler/Flohr VertriebsR-HdB/Wank § 16 Rn. 17.

nehmer abhängig. Da der Vertragshändler aber im eigenen Namen und auch auf eigene Rechnung tätig wird und dabei auch regelmäßig (und häufiger als ein Franchisenehmer) über eine eigene Unternehmensorganisation verfügt, ist **für eine angestellte Absatzmittlertätigkeit selten Raum.**[285] Ist die Abgrenzung im Einzelfall erforderlich, kann auf die für den Handelsvertreter entwickelten Kriterien (→ Rn. 26 ff.) zurückgegriffen werden[286], vor allem aber werden in einem solchen Ausnahmefall die für Franchisenehmer geltenden Abgrenzungskriterien heranzuziehen sein (→ Rn. 83 ff.).

II. Mehrstufige Vertragshändlersysteme, § 84 Abs. 3 HGB analog

Ebenfalls von geringer praktischer Relevanz, wenngleich möglich, ist der Einsatz eines **79** „Untervertragshändlers". Der Vertragshändler kann selbst Vertragshändler jedenfalls dann einsetzen, wenn der Unternehmer ihm dies im Rahmen des Vertragshändlerverhältnisses gestattet. In einem der wenigen zu solchen Konstruktionen ergangenen Urteile gewährte das OLG Köln dem Hauptvertragshändler nach dem Ausscheiden aus dem Vertragshändlervertrag mit dem Unternehmer einen Ausgleichsanspruch nach § 89b HGB analog und berücksichtigte bei der Bestimmung der Höhe des Anspruchs nicht nur den eigenen, sondern auch den Kundenstamm des Untervertragshändlers.[287]

III. Der Vertragshändler als Nicht-Kaufmann, § 84 Abs. 4 HGB analog

§ 84 Abs. 4 HGB, der die Anwendbarkeit des gesetzlichen Handelsvertreterrechts auch **80** für kleingewerbetreibende Handelsvertreter regelt, ist für den gesetzlich nicht geregelten Vertragshändler zwar nicht einschlägig. Eine analoge Anwendung kommt jedoch insoweit in Betracht, als die Kaufmannseigenschaft auch für die Einstufung eines Händlers als Vertragshändler nicht Voraussetzung ist. Die Stellung als Kaufmann iSd § 1 Abs. 1 HGB wird jedoch beim Vertragshändler der Regelfall sein.[288] Einen wesentlichen Unterschied macht die Kaufmannseigenschaft insbesondere im Hinblick auf erhöhte Sorgfalts- und Prüfungspflichten (§§ 347, 377 HGB), die Zinshöhe für die Berechnung von Verzugs- und Fälligkeitszinsen (§§ 352 f. HGB) sowie Gerichtsstandsvereinbarungen.[289]

C. Franchisenehmer

I. Der selbständige Franchisenehmer, § 84 Abs. 1 S. 2, Abs. 2 HGB analog

Für die Abgrenzung, ob ein Franchisenehmer (oder ein Vertragshändler) selbständig ist **81** oder nicht, kann auf § 84 Abs. 1 S. 2, Abs. 2 HGB (selbständiger Gewerbetreibender) analog zurückgegriffen werden.[290] § 84 Abs. 1 S. 1 HGB – die Definition des Handelsvertreters – ist dagegen für den Franchisenehmer nicht einschlägig, eine analoge Anwendung kommt nicht in Betracht (zur Definition des Franchisenehmers → HGB Vor § 84 Rn. 14 f.).

1. Die Relevanz der Scheinselbständigkeitsproblematik beim Franchising. Im **82** Gegensatz zum Vertragshändlerrecht hat die Abgrenzung von Selbständigen und Arbeitnehmern beim Franchising immer wieder praktische Relevanz. Nach dem Rechtsgedanken des § 84 Abs. 1 S. 2 HGB ist selbständig, wer im Wesentlichen frei seine Tätigkeit gestalten und seine Arbeitszeit bestimmen kann; diese allgemeine, durch § 611a BGB nunmehr

---

[285] Martinek/Semler/Flohr VertriebsR-HdB/Wank § 16 Rn. 18.
[286] Giesler/Vogels § 3 Rn. 17.
[287] OLG Köln NJOZ 2006, 3494.
[288] Giesler/Vogels § 3 Rn. 17.
[289] Giesler/Vogels § 3 Rn. 17, 29.
[290] Vgl. LAG Berlin-Brandenburg BeckRS 2013, 66071 (redaktionelle Zusammenfassung in ZVertriebsR 2012, 381; zu dieser Entscheidung näher Flohr ZVertriebsR 2012, 354); inzident auch OLG Naumburg BeckRS 2007, 03091.

weiter konkretisierte gesetzgeberische Wertung ist auch auf die Abgrenzung zwischen Selbständigen und Arbeitnehmern im Hinblick auf Franchisenehmer anzuwenden.[291] Wie auch beim Handelsvertreter hat die Abgrenzung daher nach dem **Grad der persönlichen Abhängigkeit** des Franchisenehmers vom Franchisegeber zu erfolgen. Unselbständig ist somit der Franchisenehmer, der persönlich vom Franchisegeber abhängig ist, da er hinsichtlich Inhalt, Durchführung, Zeit, Dauer und Ort der Ausführung der versprochenen Dienste einem umfassenden Weisungsrecht unterliegt oder weil der Freiraum für die Erbringung der geschuldeten Leistung durch die rechtliche Vertragsgestaltung oder die tatsächliche Vertragsdurchführung stark eingeschränkt ist.[292] Dabei ist stets eine **Gesamtbetrachtung** aller Umstände des Einzelfalls vorzunehmen.[293] Im Wesentlichen kann hierbei auf die zum Handelsvertreter entwickelten Kriterien zurückgegriffen werden, wenngleich **die Besonderheiten des Franchising** berücksichtigt werden müssen.[294] Es liegt in der Natur eines Franchisesystems, dass der Franchisegeber dem Franchisenehmer insbesondere in Form des Franchise-Handbuchs zahlreiche Weisungen auferlegt; hieraus allein darf noch nicht auf die persönliche Abhängigkeit des Franchisenehmers geschlossen werden.[295]

83   **2. Die Abgrenzung im Einzelnen. a) Für Selbständigkeit sprechende Indizien.** Für eine selbständige Tätigkeit des Franchisenehmers sprechen:

– das Recht des Franchisenehmers, seine Leistungen durch **Hilfspersonen** erbringen zu lassen[296]
– das Recht zur freien Wahl des Geschäftslokals[297]
– die Nichteinbindung des Franchisenehmers in das Abrechnungssystem des Franchisegebers[298]
– die freie Wahl der **Arbeits-** und **Urlaubszeiten**[299]
– der Abschluss der Anstellungsverträge im eigenen Namen.[300]

84   **b) Gegen Selbständigkeit sprechende Indizien.** Gegen eine selbständige Tätigkeit des Franchisenehmers sprechen folgende Indizien:

– Tätigkeit lediglich für den Franchisegeber ohne Möglichkeit, (nennenswerte) Einkünfte aus einer anderweitigen Tätigkeit zu erzielen[301]
– die fehlende Möglichkeit, eigene Arbeitnehmer zu beschäftigen[302]
– Pflicht zur **höchstpersönlichen Leistungserbringung**[303]
– das an bestimmte Voraussetzungen geknüpfte Recht des Franchisegebers, Kunden im Vertragsgebiet des Franchisenehmers selbst zu beliefern[304]

---

[291] BGH WM 2003, 353 (356); NJW-RR 2000, 1436 (1437); OLG München WM 2014, 1772 f.; LAG Düsseldorf BeckRS 2010, 74853; LAG Berlin-Brandenburg BeckRS 2013, 66071(redaktionelle Zusammenfassung in ZVertriebsR 2012, 381); Flohr, Franchise-Vertrag, S. 80.
[292] BGH WM 2003, 353 (357); NJW-RR 2000, 1436 (1437); LAG Düsseldorf BeckRS 2010, 74853.
[293] BGH ZIP 2019, 1485 f.; LSG Thüringen BeckRS 2016, 68950; OLG Frankfurt a. M. 7.3.2014 – 1 Ws 179/13, BeckRS 2014, 17893; LAG Berlin-Brandenburg BeckRS 2013, 66071(redaktionelle Zusammenfassung in ZVertriebsR 2012, 381); Metzlaff Franchising-HdB/Metzlaff § 8 Rn. 99; Flohr, Franchise-Vertrag, S. 80 f.
[294] Giesler/Nauschütt FranchiseR/Giesler § 10 Rn. 62; Giesler/Witt/Klapperich § 1 Rn. 154 f.
[295] Vgl. insbesondere OLG Düsseldorf BeckRS 2009, 05375 und BeckRS 2009, 89466; so im Ergebnis auch LAG Berlin-Brandenburg BeckRS 2013, 66071(redaktionelle Zusammenfassung in ZVertriebsR 2012, 381).
[296] BGH WM 2003, 353 (357); NJW-RR 2000, 1436 (1437); LAG Düsseldorf BeckRS 2010, 74853.
[297] BGH WM 2003, 353 (357); Flohr DStR 2003, 1622 (1625).
[298] BGH WM 2003, 353 (357).
[299] BGH NJW-RR 2000, 1436 (1437).
[300] BGH NJW-RR 2000, 1436 (1437); OLG Düsseldorf BeckRS 2009, 05375.
[301] BGH NJW 1999, 218 (221); BAG NJW 1997, 2973 (2974); OLG Saarbrücken BeckRS 2011, 08611; LAG Bremen BeckRS 2008, 53877; OLG Düsseldorf BeckRS 2005, 30358462.
[302] BGH NJW 1999, 218 (221); BAG NJW 1997, 2973 (2974).
[303] OLG Saarbrücken BeckRS 2011, 08611.
[304] BGH NJW 1999, 218 (220).

- detaillierte verbindliche Vorgaben im Handbuch (zB feste Tourenpläne, Gestaltung des Verkaufsgesprächs)[305]
- Mindestabnahmeverpflichtungen und Zwangsbelieferungen[306]
- **faktische Preisbindung** durch Angabe von Preisen im Werbematerial des Franchisegebers[307]
- Pflicht des Franchisenehmers, das Ladenlokal direkt vom Franchisegeber anzumieten[308]
- ein weitreichendes Tätigkeitsverbot, das neben Konkurrenztätigkeiten auch solche Tätigkeiten erfasst, die nicht vom vertraglichen Wettbewerbsverbot erfasst sind[309]
- fehlende Einbringung eigenen Kapitals oder sonstiger eigener Betriebsmittel[310]
- **engmaschiges Kontrollsystem** (Kontrollen mehrmals pro Woche ohne konkreten Anlass)[311]
- Pflicht zur durchgehenden Erreichbarkeit via Mobiltelefon[312]
- Warenbezugspflicht und festes Warensortiment, wenn der Franchisenehmer darüber hinaus ohne Zustimmung des Franchisegebers keine anderen Waren oder Dienstleistungen anbieten kann.[313]

c) Neutrale/status-unschädliche Indizien. Regelmäßig unproblematisch mit der **85** Stellung des Franchisenehmers als Selbständigen zu vereinbaren und damit **status-unschädlich** sind ua:

- Konkurrenz- und **Wettbewerbsverbot**[314]
- Vorgaben zur **Wahl** und **Ausstattung** des Standorts[315]
- eine **Warenbezugsbindung** sowie Vorgaben hinsichtlich eines festen Warensortiments; diese sollen jedenfalls dann unproblematisch sein, wenn dem Franchisenehmer daneben erlaubt bleibt, sein Sortiment durch andere Produkte oder Dienstleistungen (sog. Diversifikationsprodukte) zu erweitern[316]
- Pflicht des Franchisenehmers, ausschließlich das vom Franchisegeber vorgegebene Werbematerial zu verwenden[317]
- **Berichtspflichten** und Vorgaben zur Buchhaltung und Kassenführung[318]
- Pflicht, den Franchisebetrieb zu orts- und branchenüblichen **Öffnungszeiten** geöffnet zu halten, solange der Franchisenehmer im Rahmen dieser Öffnungszeiten nicht zur persönlichen Anwesenheit verpflichtet ist[319]
- ein **Systemhandbuch,** das sich im Wesentlichen auf Empfehlungen und die Beschreibung systemspezifischer Gegebenheiten und Strategien beschränkt, ohne dabei umfangreich verbindliche Weisungen zu erteilen[320]
- Möglichkeit, Rechte und Pflichten aus dem Vertrag nur mit Zustimmung des Franchisegebers auf Dritte zu **übertragen.**[321]

---

[305] BGH NJW 1999, 218 (220 f.); OLG Saarbrücken BeckRS 2011, 08611; LAG Rheinland-Pfalz BeckRS 2011, 72869.
[306] Giesler/Witt/Klapperich § 1 Rn. 157; Giesler/Nauschütt FranchiseR/Giesler § 10 Rn. 73.
[307] OLG Saarbrücken BeckRS 2011, 08611; OLG Düsseldorf BeckRS 2005, 30358462.
[308] BGH NJW 1999, 218 (221); BAG NJW 1997, 2973 (2974).
[309] BGH NJW-RR 2000, 1436 (1437); OLG Düsseldorf BeckRS 2005, 30358462.
[310] LAG Rheinland-Pfalz BeckRS 2011, 72869; LAG Bremen BeckRS 2008, 53877.
[311] LAG Bremen BeckRS 2008, 53877.
[312] OLG Düsseldorf BeckRS 2005, 30358462.
[313] BGH NJW-RR 2000, 1436 (1437).
[314] LAG Düsseldorf BeckRS 2010, 74853; OLG Düsseldorf BeckRS 2009, 05375.
[315] BGH WM 2003, 353 (357).
[316] BGH WM 2003, 353 (357); LAG Düsseldorf BeckRS 2010, 74853; OLG Düsseldorf BeckRS 2009, 05375.
[317] BGH WM 2003, 353 (357).
[318] LAG Düsseldorf BeckRS 2010, 74853; OLG Düsseldorf BeckRS 2009, 05375.
[319] BGH WM 2003, 353 (357); LAG Düsseldorf BeckRS 2010, 74853.
[320] LAG Düsseldorf BeckRS 2010, 74853.
[321] OLG Düsseldorf BeckRS 2009, 05375.

II. Der Franchisenehmer als Angestellter, § 84 Abs. 2 HGB analog

86   Dass der Abschluss eines Franchisevertrags das Tätigwerden des Franchisenehmers als Arbeitnehmer des Franchisegebers nicht ausschließt, wurde oben bereits thematisiert (→ Rn. 82 ff.). Der Franchisenehmer ist dann als Arbeitnehmer zu qualifizieren, wenn ein solcher Grad persönlicher Abhängigkeit erreicht ist, dass dem Franchisenehmer kein hinreichender Kernbereich eigener wirtschaftlicher Entfaltungsmöglichkeiten und unternehmerischer Entscheidungsfreiheit verbleibt.[322] Das hat wie beim Handelsvertreter die Anwendbarkeit arbeitsrechtlicher Schutzvorschriften ebenso zur Folge wie sozial- und steuerrechtliche Konsequenzen (→ Rn. 14 ff.).

III. Mehrstufige Franchisesysteme, § 84 Abs. 3 HGB analog

87   Mehrstufige Vertriebssysteme sind auch im Bereich des Franchising denkbar. In der Praxis wird jedoch das Recht des Franchisenehmers zur Vergabe weiterer Unterfranchisen (Subfranchisen, Unterlizenzen) in aller Regel vertraglich ausdrücklich ausgeschlossen.[323] Etwas anderes ist der Fall, wenn die Vergabe einer **Master-Franchise** vorgesehen ist: Dabei erhält der Master-Franchisenehmer das Recht, in einem weiträumigen Gebiet eigene Unter-Franchisen zu vergeben. Das dient häufig dem Zweck, das Franchisekonzept durch Erschließung anderer Staaten weiter zu verbreiten.[324] Aufgabe des Master-Franchisenehmers ist es dann idR, auf Basis des Hauptkonzeptes ein an die wirtschaftlichen, sozialen und kulturellen Verhältnisse des Expansionsgebietes angepasstes eigenes Franchisesystem zu entwickeln und durch den Einsatz neuer Unter-Franchisenehmer in dem Gebiet aufzubauen.[325]

IV. Der Franchisenehmer als Nicht-Kaufmann, § 84 Abs. 4 HGB analog

88   Auch für den Franchisenehmer gilt, dass die Kaufmannseigenschaft nicht Voraussetzung für seine Tätigkeit als Vertriebsmittler und die analoge Anwendung handelsvertreterrechtlicher Normen ist, § 84 Abs. 4 HGB analog. Wie der Vertragshändler wird auch der Franchisenehmer regelmäßig Kaufmann iSd § 1 Abs. 1, 2 HGB sein, wenn sein Gewerbe eines nach Art und Umfang kaufmännisch eingerichteten Gewerbebetriebs bedarf.

D. Kommissionsagent

89   Kommissionär iSd § 383 HGB ist, „wer es gewerbsmäßig übernimmt, Waren oder Wertpapiere für Rechnung eines anderen (des Kommittenten) in eigenem Namen zu kaufen oder zu verkaufen". Geschieht dies im Rahmen einer längerfristigen Vertragsbeziehung – wird der Kommissionär also ständig mit dieser Art der Absatzmittlung betraut – wird der Kommissionär als **Kommissionsagent** bezeichnet.[326] In Anlehnung an die Definition des Handelsvertreters in § 84 Abs. 1 HGB lässt sich somit formulieren: Kommissionsagent ist, wer als selbständiger Gewerbetreibender ständig damit betraut ist, Geschäfte für Rechnung eines anderen Unternehmers im eigenen Namen abzuschließen.[327] Im Außenverhältnis zum Kunden handelt der Kommissionsagent folglich wie ein Kommissionär, weshalb hier die §§ 383 ff. HGB zur Anwendung kommen.[328] Im Innenverhältnis zum Unternehmer besteht hingegen ein dem Handelsvertreterverhältnis ähnlicher **gemischttypischer Ver-**

---

[322] Emde vor § 84 Rn. 427.
[323] Vgl. Metzlaff Franchising-HdB/Metzlaff § 8 Rn. 318; Flohr, Franchise-Vertrag, S. 339.
[324] Metzlaff Franchising-HdB/Skaupy § 3 Rn. 16; Giesler/Giesler/Güntzel § 4 Rn. 89.
[325] Giesler/Giesler/Güntzel § 4 Rn. 89.
[326] Hopt/Hopt § 84 Rn. 19.
[327] Canaris HandelsR § 16 Rn. 2.
[328] Wichtig insbes. in Hinblick auf die Geltung des § 392 HGB, Martinek/Semler/Flohr VertriebsR-HdB/Flohr/Pohl § 34 Rn. 55.

trag mit kommissions-, geschäftsbesorgungs-, dienst- und handelsvertreterrechtlichen Elementen.[329]

Vom Vertragshändler und vom Franchisenehmer unterscheidet sich der Kommissions- **90** agent insoweit grundlegend, als dass er nicht für eigene, sondern **für Rechnung des Unternehmers** tätig ist.[330] Entscheidender Unterschied zum Handelsvertretervertrag ist, dass der Kommissionsagent zwar wie ein Handelsvertreter für Rechnung, aber nicht auch im Namen des Unternehmers, sondern vielmehr im **eigenen Namen** am Markt tätig ist.[331] Für die Qualifizierung eines Vertriebsvertrages als Kommissionsagentur kommt es allein auf die vertraglichen Regelungen im Verhältnis zwischen dem Prinzipal und dem Vertriebsmittler an; das Außenverhältnis zwischen Vertriebsmittler und Kunden ist insofern nicht maßgeblich.[332]

Der Kommissionsagent kann im Rahmen einer selbständigen oder einer abhängig be- **91** schäftigten Tätigkeit vom Unternehmer eingesetzt werden; die Abgrenzung erfolgt wie auch beim Handelsvertreter nach **dem Grad der persönlichen Abhängigkeit** vom Unternehmer.[333]

§ 85 Vertragsurkunde

[1]Jeder Teil kann verlangen, dass der Inhalt des Vertrages sowie spätere Vereinbarungen zu dem Vertrag in eine vom anderen Teil unterzeichnete Urkunde aufgenommen werden. [2]Dieser Anspruch kann nicht ausgeschlossen werden.

A. Handelsvertreter

I. Form des Vertragsschlusses

Der Handelsvertretervertrag kommt, auch das ist § 85 HGB zu entnehmen, **formfrei 1** zustande;[1] er muss nicht förmlich und ausdrücklich niedergelegt sein, sondern kann auch mündlich abgeschlossen werden oder gar schon durch schlüssiges Verhalten zustande kommen.[2] Für Letzteres kann die tatsächliche Handhabung der Parteien sprechen, wobei alle Umstände des Einzelfalls heranzuziehen und in ihrer Gesamtheit zu würdigen sind.[3] Im Hinblick auf die Tätigkeitspflicht nach § 86 Abs. 1 HGB und die Abgrenzung zum Handelsmakler, der im Gegensatz zum Handelsvertreter nicht zum Tätigwerden verpflichtet ist, kann das bloße Agierenlassen des Handelsvertreters durch den Unternehmer nicht ausreichen, um ein Handelsvertreterverhältnis zu begründen.[4] Soweit sich die Parteien über solche Einzelheiten der Vertragsmodalitäten nicht geeinigt haben, die für den Vertragsschluss nicht wesentlich sind, kann in der Durchführung des unvollständigen Vertrages der Rechtsbindungswille der Parteien zum Vorschein kommen mit der Folge, dass die Zweifelsregel des § 154 Abs. 1 BGB nicht zur Anwendung kommt.[5]

Der Handelsvertretervertrag kann auch unter den Voraussetzungen des **kaufmän- 2 nischen Bestätigungsschreibens** geschlossen oder abgeändert werden; dasselbe gilt für ein Zustandekommen durch Schweigen im Handelsverkehr gemäß § 362 HGB.[6] Ein

[329] Canaris HandelsR § 16 Rn. 4.
[330] Vgl. BGH NJW-RR 2003, 1056 (1058).
[331] Martinek/Semler/Flohr VertriebsR-HdB/Flohr/Pohl § 34 Rn. 18.
[332] OLG München ZVertriebsR 2018, 27 (29).
[333] BAG NZA 1997, 1302 (1303).
[1] OLG Brandenburg BeckRS 2008, 05186; vgl. auch die Schlussanträge der Generalanwältin Verica Trstenjak in der Rechtssache C–19/09, BeckRS 2010, 90033 Rn. 40.
[2] BGH NJW-RR 1990, 354 (355); NJW 1983, 1727 (1728).
[3] BGH NJW-RR 1990, 354 (355); 1987, 546; zuletzt OLG München BeckRS 2010, 07740.
[4] OLG München BeckRS 2010, 07740.
[5] BGH NJW 1983, 1727 (1728).
[6] Hopt/Hopt § 85 Rn. 3.

Bestätigungsschreiben erfüllt zudem in der Regel die Anforderungen an eine Vertragsurkunde nach § 85 HGB. Soweit es vom bisherigen Vertragsinhalt abweicht, kann es nach den Grundsätzen über das kaufmännische Bestätigungsschreiben konstitutive Wirkung entfalten.[7]

3   Soweit eine der Parteien bei Vertragsschluss eine Vertragsurkunde verlangt, kann dies so auszulegen sein, dass die Partei ohne eine solche Urkunde vertraglich noch nicht gebunden sein will; es gilt § 154 Abs. 2 BGB, wonach der Vertrag im Zweifel erst nach erfolgter Beurkundung als geschlossen gilt.[8] Eine vertragliche Regelung, wonach Änderungen des Handelsvertretervertrages der Schriftform bedürfen (vgl. § 127 BGB), führt schon deshalb nicht zu einem Schriftformerfordernis, weil eine solche vertragliche Regelung im Falle einer mündlichen Vertragsänderung als konkludent abbedungen gilt.[9] Individualvertraglich kann aber – jedenfalls unter Kaufleuten – die Schriftform derartig vereinbart werden, dass auch die Abbedingung der Schriftform schriftlich zu erfolgen hat (sog. **qualifizierte Schriftformklausel**).[10] In Form von AGB vermag jedoch auch eine qualifizierte Schriftformklausel aufgrund des **Vorrangs der Individualabrede** nach § 305b BGB kein zwingendes Formerfordernis zu begründen.[11]

4   **Ausnahmsweise formbedürftig** sind jedoch die Vereinbarung einer Delkredereprovision (§ 86b Abs. 1 S. 3 HGB) sowie die Vereinbarung eines nachvertraglichen Wettbewerbsverbotes (§ 90a Abs. 1 S. 1 HGB). Das kartellrechtliche Formerfordernis nach § 34 GWB aF für Handelsvertreterverträge, die eine Wettbewerbsbeschränkung iSd §§ 18, 20, 21 GWB aF beinhalten, gilt hingegen nur noch für Verträge, die bis zum 31.12.1998 geschlossen wurden.[12]

II. Anspruch auf Vertragsurkunde

5   In Anlehnung an Art. 13 Abs. 1 der Handelsvertreter-Richtlinie[13] enthält § 85 S. 1 HGB den (gemäß S. 2 unabdingbaren) Anspruch beider Vertragsparteien auf schriftliche Fixierung des Vertrages im Rahmen einer Urkunde. Da sich der Vertragsinhalt im Rahmen einer längerfristigen Beziehung (formfrei) ändern kann und somit schnell Unklarheiten über den vereinbarten Inhalt entstehen können, dient dieser Anspruch vor allem der Klarstellung und Beweiserleichterung.[14] Der Anspruch steht beiden Parteien zu, also sowohl dem Unternehmer als auch dem Handelsvertreter.

6   **1. Entstehen des Anspruchs und Anspruchsinhalt.** Der Anspruch entsteht mit Vertragsschluss und fortan bei jeder Vertragsänderung von neuem und wird mit Zugang des empfangsbedürftigen Verlangens als Willenserklärung fällig.[15] Er richtet sich auf die Erstellung einer Vertragsurkunde bzw. auf die Unterzeichnung einer bereits gefertigten Urkunde.[16] Dabei sind sämtliche getroffenen vertraglichen Abmachungen zu fixieren, nicht hingegen Weisungen des Unternehmers oder Regelungen, die sich unmittelbar aus dem Gesetz ergeben.[17] Ist im Falle einer Vertragsänderung der ursprüngliche Vertrag bereits durch eine ältere Fassung schriftlich fixiert, beschränkt sich der Anspruch aus § 85 HGB auf

---

[7] MüKoHGB/Ströbl § 85 Rn. 6; Emde § 85 Rn. 14.

[8] Hopt/Hopt § 85 Rn. 5; Ebenroth/Boujong/Joost/Strohn/Löwisch § 85 Rn. 1.

[9] Staudinger/Hertel BGB § 127 Rn. 59 mwN zur Rechtsprechung.

[10] BGHZ 66, 378 (382); für Nicht-Kaufleute hat der BGH dies bisher offen gelassen, während das BAG die individualvertragliche qualifizierte Schriftformklausel auch für Nicht-Kaufleute anerkannt hat, vgl. BAG NJW 2003, 3725 (3727).

[11] Zum Vorrang der Individualabrede vgl. BGH NJW 2006, 138 f.; 1985, 623 (630).

[12] Martinek/Semler/Flohr VertriebsR-HdB/Flohr/Feldmann § 18 Rn. 104.

[13] RL 86/653/EWG.

[14] BGH NJW-RR 2006, 755 unter Bezug auf BT-Drs. 1/3856, 18; Ebenroth/Boujong/Joost/Strohn/Löwisch § 85 Rn. 1.

[15] Emde § 85 Rn. 11.

[16] Hopt/Hopt § 85 Rn. 6.

[17] MüKoHGB/Ströbl § 85 Rn. 2 f.; Ebenroth/Boujong/Joost/Strohn/Löwisch § 85 Rn. 1.

die Dokumentation der Vertragsänderung.[18] Nur soweit ein berechtigtes Interesse besteht, richtet sich der Anspruch bei der Vertragsänderung auf die Ausstellung einer gänzlich neuen Urkunde.[19]

Soweit vertragliche Vereinbarungen in **Anlagen** ausgelagert sind, umfasst der Anspruch **7** nach § 85 HGB auch diese. Die Einbeziehung von Anlagen hindert die notwendige Einheitlichkeit und Vollständigkeit der Urkunde zwar grundsätzlich nicht; erforderlich ist jedoch auch nach der sog. „Auflockerungsrechtsprechung" des BGH[20], dass die Haupturkunde zweifelsfrei auf die Anlagen Bezug nimmt.[21]

2. Form der Vertragsurkunde. Die Vertragsurkunde bedarf der **Schriftform** nach **8** **§ 126 BGB.**[22] Es reicht jedoch eine lediglich vom Anspruchsgegner, nicht aber vom Anspruchssteller unterzeichnete Urkunde, sofern Ersterer nicht seinerseits den Anspruch nach § 85 HGB geltend macht.[23] Bisher nicht Gegenstand der Rechtsprechung war die Frage, ob eine bloße schriftliche Annahmeerklärung eines schriftlichen und den inhaltlichen Anforderungen des § 85 entsprechenden Vertragsangebotes ausreichen kann.[24] Unter Berücksichtigung des Wortlautes sowie des Normzwecks kann die schriftliche Form nicht durch die elektronische Form iSd § 126a BGB ersetzt werden.[25]

3. Erlöschen und Verjährung. Der Anspruch aus § 85 HGB erlischt **nicht auto-** **9** **matisch** mit Vertragsbeendigung, da der verfolgte Zweck der Beweiserleichterung noch nach Vertragsende zum Tragen kommen kann (zB bei noch offenen Provisionszahlungen, Ausgleichszahlungen oder Wettbewerbsabreden).[26] Vielmehr erlischt er erst, wenn

– der Anspruch infolge der Aushändigung einer vollständigen und jedenfalls vom Anspruchsgegner unterzeichneten Vertragsurkunde **erfüllt** worden ist (§ 362 BGB) oder das Vertragsverhältnis nach Beendigung **vollständig abgewickelt** worden ist[27] oder
– ohne vollständige Abwicklung nach Vertragsende ein berechtigtes Interesse für die Urkundenerstellung fehlt und das Verlangen **rechtsmissbräuchlich** ist, insbes. wenn hinsichtlich letzter noch offener Forderungen Einigkeit zwischen den Vertragsparteien besteht.[28]

Da der Anspruch gemäß § 85 S. 2 HGB nicht abdingbar ist, kann keine der Vertrags- **10** parteien während der Dauer der Vertragsbeziehung wirksam auf ihn **verzichten.** Mangels eines besonderen Schutzbedürfnisses kann hingegen nach Vertragsende wirksam auf den Urkundenanspruch verzichtet werden.[29] Ähnliches gilt für die **Verwirkung:** Eine Vertragspartei kann den Anspruch höchstens nach Ende der Vertragslaufzeit verwirken, wenn der andere Teil auf die Nichtgeltendmachung vertrauen durfte und infolge dessen Handlungen vorgenommen hat, die eine Beurkundung für diesen Teil unzumutbar machen.[30]

---

[18] Emde § 85 Rn. 12; MüKoHGB/Ströbl § 85 Rn. 11.
[19] Hopt/Hopt § 85 Rn. 6.
[20] Hiernach soll die feste Verbindung von weiteren Schriftstücken mit dem Hauptdokument zur Wahrung der Schriftform jedenfalls dann nicht erforderlich sein, wenn die Anlage zweifelsfrei auf die Haupturkunde Bezug nimmt, zB wenn es sich um ergänzende oder erläuternde Schriftstücke ohne eigenständigen Regelungsgehalt handelt, BGHZ 142, 158 (164), wenn sich die Einheit der Urkunde aus anderen eindeutigen Merkmalen ergibt (zB fortlaufende Paginierung und Nummerierung), BGHZ 136, 357, oder wenn im Hauptvertrag auf eine Anlage Bezug genommen und alle Blätter der Anlage von den Vertragsparteien paraphiert werden, BGH NJW 2000, 354 (357); ausführlich BGH NJW 2003, 1248 f.
[21] BGH NJW-RR 2006, 755 (756).
[22] BGH NJW-RR 2006, 755.
[23] MüKoHGB/Ströbl § 85 Rn. 5.
[24] Offen gelassen in BGH NJW-RR 2006, 755; bejahend Ebenroth/Boujong/Joost/Strohn/Löwisch § 85 Rn. 5.
[25] Ebenroth/Boujong/Joost/Strohn/Löwisch § 85 Rn. 5.
[26] Emde § 85 Rn. 16; Hopt/Hopt § 85 Rn. 6; MüKoHGB/Ströbl § 85 Rn. 18; Küstner/Thume VertriebsR-HdB I Kap. II Rn. 127.
[27] Hopt/Hopt § 85 Rn. 6; MüKoHGB/Ströbl § 85 Rn. 18; Emde § 85 Rn. 16.
[28] Ebenroth/Boujong/Joost/Strohn/Löwisch § 85 Rn. 7.
[29] MüKoHGB/Ströbl § 85 Rn. 19.
[30] MüKoHGB/Ströbl § 85 Rn. 20; Staub/Emde § 85 Rn. 15.

Der Anspruch **verjährt** drei Jahre nach Ende des Jahres, in dem Vertragsbeendigung eintritt.[31]

11   **4. Folgen der Nichterfüllung.** Kommt der Anspruchsgegner dem Verlangen des Anspruchsberechtigten nicht nach oder verweigert der Anspruchsgegner die Beurkundung der Vertragsbeziehung gar, kann dies das gegenseitige Vertrauen zwischen den Vertragsparteien erschüttern und daher unter Umständen zur **fristlosen Kündigung** gem. § 89a Abs. 1 S. 1 HGB berechtigen.[32] Zudem kann sich der Vertragspartner durch die Nichterfüllung des Begehrens schadensersatzpflichtig machen.[33]

12   **5. Wirkung der Vertragsurkunde.** Soweit der Vertragsurkunde nicht nach den Grundsätzen über das kaufmännische Bestätigungsschreiben wegen einer Abweichung von der getroffenen Vereinbarung konstitutive Wirkung zukommt (→ Rn. 2), ist sie lediglich deklaratorischer Natur.[34] Wird sie vorbehaltlos angenommen, begründet sie die **widerlegbare Vermutung der Richtigkeit und Vollständigkeit.**[35] Dies kann der Anspruchssteller nur durch Ablehnung einer seiner Auffassung zufolge falschen Urkunde verhindern.[36]

13   **6. Prozessuale Durchsetzung.** Der Anspruch aus § 85 HGB kann eingeklagt werden.[37] Soweit der Anspruchsgegner das Zustandekommen des Handelsvertretervertrages oder einzelne Vertragsbestimmungen bestreitet, trägt der Kläger die Beweislast; das erkennende Gericht kann nur solche Teile als Inhalt der Vertragsurkunde festlegen, die vom Kläger nachgewiesen wurden.[38] Der Anspruch auf Aushändigung einer Vertragsurkunde kann einerseits im Wege der Leistungsklage durchgesetzt werden, zulässig ist jedoch auch eine **Klage auf Feststellung,** dass der Vertrag den im Klageantrag beschriebenen Inhalt hat; das Feststellungsinteresse folgt in diesem Fall aus § 85 HGB.[39] Da die Urkunde selbst nur eine widerlegbare Vermutung der Richtigkeit und Vollständigkeit begründet, ein Feststellungsantrag hingegen in Rechtskraft erwächst, empfiehlt sich aus praktischer Sicht letzteres Vorgehen.[40]

14   Da es sich bei der Urkunde nicht um eine Willenserklärung, sondern lediglich um die Dokumentation eines bereits vollzogenen Vertragsschlusses handelt, richtet sich die **Zwangsvollstreckung** nicht nach § 894 ZPO, sondern auf Vornahme einer unvertretbaren Handlung nach § 888 ZPO.[41]

B. Andere Vertriebsmittler

15   Für Vertragshändler, Franchisenehmer und Kommissionsagenten und deren Unternehmer gilt § 85 HGB analog.[42] Es gelten die normalen Analogievoraussetzungen (→ Vor § 84 Rn. 36 ff.).

---

[31] Umstritten; wie hier Baumbach/Hopt/Hopt § 85 Rn. 7; Emde § 85 Rn. 18; MüKoHGB/Ströbl § 85 Rn. 21; aA Röhricht/Graf v. Westphalen/Haas/Thume § 85 Rn. 8.
[32] BGH NJW-RR 2006, 755 (756); Hopt/Hopt § 85 Rn. 10.
[33] Vgl. OLG München VersR 1957, 97; Emde § 85 Rn. 20; Hopt/Hopt § 85 Rn. 10.
[34] Emde § 85 Rn. 14; MüKoHGB/Ströbl § 85 Rn. 8.
[35] LAG Bremen DB 1960, 1212; Hopt/Hopt § 85 Rn. 10; Ebenroth/Boujong/Joost/Strohn/Löwisch § 85 Rn. 11.
[36] MüKoHGB/Ströbl § 85 Rn. 8.
[37] Hopt/Hopt § 85 Rn. 9.
[38] MüKoHGB/Ströbl § 85 Rn. 23; Küstner/Thume VertriebsR-HdB I Kap. II Rn. 125.
[39] BGH NJW 1999, 639 (640).
[40] Emde § 85 Rn. 22; Ebenroth/Boujong/Joost/Strohn/Löwisch § 85 Rn. 12.
[41] Umstritten; wie hier Hopt/Hopt § 85 Rn. 9; Ebenroth/Boujong/Joost/Strohn/Löwisch § 85 Rn. 12; GK-HGB/Genzow § 85 Rn. 4; MüKoHGB/Ströbl § 85 Rn. 24; aA Emde § 85 Rn. 23; Küstner/Thume VertriebsR-HdB I Kap. II Rn. 132.
[42] Emde § 85 Rn. 25; MüKoHGB/Ströbl § 85 Rn. 1; Canaris HandelsR § 16 Rn. 12, § 18 Rn. 26.

§ 86 Pflichten des Handelsvertreters

(1) **Der Handelsvertreter hat sich um die Vermittlung oder den Abschluß von Geschäften zu bemühen; er hat hierbei das Interesse des Unternehmers wahrzunehmen.**

(2) **Er hat dem Unternehmer die erforderlichen Nachrichten zu geben, namentlich ihm von jeder Geschäftsvermittlung und von jedem Geschäftsabschluß unverzüglich Mitteilung zu machen.**

(3) **Er hat seine Pflichten mit der Sorgfalt eines ordentlichen Kaufmanns wahrzunehmen.**

(4) **Von den Absätzen 1 und 2 abweichende Vereinbarungen sind unwirksam.**

Literatur: Birkhahn, Wettbewerbsverbote für Handelsvertreter auch ohne vertragliche Vereinbarung?, BB 1961, 1351; Böhner, Das Spannungsverhältnis zwischen Systembindung und Autonomie im Franchising, FIW Schriftenreihe Heft 175, Schwerpunkte des Kartellrechts, 1997, 61; v. Brunn, Das Wettbewerbsverbot im Handelsvertreterrecht beim Fehlen einer Vereinbarung, AcP 163 (1964), 487; ders., Unzulässige Verhandlungen über die Nachfolge eines Handelsvertreters vor Kündigung seines Vertrages?, DB 1964, 1841; Ebenroth, Absatzmittlungsverträge im Spannungsverhältnis von Kartell- und Zivilrecht, 1980; Ekkenga, Die Inhaltskontrolle von Franchise-Verträgen, 1990; Fischer, Der Handelsvertreter im deutschen und europäischen Recht, ZVglRWiss. 101 (2002), 143; Hopt, Wettbewerbsfreiheit und Treuepflicht des Unternehmers bei parallelen Vertriebsformen, ZIP 1996, 1533; Kapp, Das Wettbewerbsverbot des Handelsvertreters – Korrekturbedarf bei den Vertikal-Leitlinien der Kommission?, WuW 2007, 1218; Keller, Konsignationslager – Probleme aufgrund von Vereinfachungsregelungen in einzelnen EU-Mitgliedstaaten, UR 2000, 61; Kieninger, Informations-, Aufklärungs- und Beratungspflichten beim Abschluß von Versicherungsverträgen, AcP 199 (1999), 190; Maier, Das gesetzliche Wettbewerbsverbot für Handelsvertreter, BB 1979, 500; Ordemann, Die Berichtpflicht des Handelsvertreters, DB 1963, 1565; Riesenkampff, Die „derivativen" Wettbewerbsverbote und Wettbewerbsbeschränkungen unter besonderer Berücksichtigung des Kommissions- und des Agenturvertrags, BB 1984, 2026; Rittner, Das Wettbewerbsverbot im Handelsvertreterrecht, FS Reinhardt, 1972, 301; Rittner, Die EG-Kommission und das Handelsvertreterrecht – Zum geplanten EG-Recht über Vertikalverträge, DB 1999, 2097; Schriefers, Lagerrücknahme bei Vertragsbeendigung des Händlervertrags, BB 1992, 2158; Seifert, Vermittlung von Versicherungen durch angestellte und selbständige Vertreter, NZA Sonderheft 1999, 6; Thume, Die Musterkollektion des Handelsvertreters, BB 1995, 1913; ders., Das Wettbewerbsverbot des Handelsvertreters während der Vertragszeit, WRP 2000, 1033; ders., Das Handelsvertreterrecht in Deutschland, IHR 2006, 191; Ulmer/Habersack, Zur Beurteilung des Handelsvertreter- und Kommissionsagenturvertriebs nach Art. 85 Abs. 1 EGV, ZHR 159 (1995), 109; Niebling, Vertriebsrecht als AGB-Recht, ZVertriebsR 2012, 79; Hampe, Der Begriff der vertikalen Integration als Schlüssel zum Verständnis des modernen Vertriebsrechts, ZVertriebsR 2013, 21; Flohr, Die vorvertragliche Aufklärung beim Abschluss von Vertriebsverträgen, ZVertriebsR 2013, 71; Gräfe, Vertriebsverträge während der laufenden Kündigungsfrist – Rechte und Pflichten der Vertragsparteien, ZVertriebsR 2013, 362; Thume, Zum Ausgleichsanspruch des handelsvertreterähnlichen Vertriebsmittlers, BB 2016, 578; Emde/Valdini, Online-Hotelportale als Handelsvertreter, BB 2016, 899.

Übersicht

A. Handelsvertreter

I. Regelungsgegenstand und Zweck

Regelungsgegenstand des § 86 sind einige wesentliche Pflichten des Handelsvertreters **1** gegenüber dem Unternehmer. Dabei handelt es sich um die Pflicht, sich um die Vermittlung oder den Abschluss von Geschäften zu bemühen **(Abs. 1 Hs. 1),** die Interessenwahrnehmungspflicht **(Abs. 1 Hs. 2),** die allgemeine Benachrichtigungspflicht **(Abs. 2 Hs. 1)** und – als deren Ausprägung – die Pflicht zur unverzüglichen Mitteilung einer jeden Geschäftsvermittlung und eines jeden Geschäftsabschlusses **(Abs. 2 Hs. 2).** Nicht aufgeführt wird die Treuepflicht **(Art. 3 Abs. 1 HVRL).** Dasselbe gilt für die Pflicht des Handelsvertreters zur Befolgung von Weisungen **(Art. 3 Abs. 2 lit. c HVRL),** die allerdings Ausfluss der Interessenwahrnehmungspflicht ist und sich überdies aus dem Recht der entgeltlichen Geschäftsbesorgung ableiten lässt.

Abs. 3 verpflichtet den Handelsvertreter, seine Pflichten mit der Sorgfalt eines ordentli- **2** chen Kaufmanns wahrzunehmen. **Abs. 4** bestimmt, dass Vereinbarungen unwirksam sind, die von den grundlegenden in Abs. 1 und Abs. 2 genannten Pflichten abweichen.

Aufbau und Inhalt der Vorschrift ähneln § 384, auch wenn sie inhaltlich durch Art. 3 **3** und 5 HVRL geprägt ist.

II. Unionsrechtliche Präformation

§ 86 setzt Art. 3 und 5 HVRL (weitgehend) um. So basiert Abs. 1 Hs. 1 auf Art. 3 **4** Abs. 2 lit. a HVRL, Abs. 1 Hs. 2 auf Art. 3 Abs. 1 Hs. 1 HVRL, Abs. 2 auf Art. 3 Abs. 2 lit. b HVRL und Abs. 4 auf Art. 5 HVRL.

Die Umsetzung ist **nicht vollständig unionsrechtskonform.** Mit den Anforderungen **5** an die Transparenz der Richtlinienumsetzung ist der Verzicht[1] auf eine ausdrückliche Übernahme des Art. 3 Abs. 2 lit. c HVRL (Weisungsbefolgungspflicht) nicht zu vereinbaren,[2] auch wenn sich die Weisungsbefolgungspflicht aus der Interessenwahrnehmungspflicht (und auch aus dem Recht der entgeltlichen Geschäftsbesorgung (vgl. § 665 BGB)) ableiten lässt. Aus Transparenzgesichtspunkten ist es auch problematisch, dass entgegen Art. 5 HVRL im Hinblick auf die Weisungsbefolgungspflicht kein ausdrückliches Verbot abweichender Vereinbarungen (Begrenzungen und Erweiterungen) vorgesehen ist.[3] Nicht problematisch ist dagegen, dass der Gesetzgeber darauf verzichtet hat vorzusehen, dass der Handelsvertreter sich „in angemessener Weise" um die Vermittlung oder den Abschluss von Geschäften zu bemühen hat (Art. 3 Abs. 2 lit. a HVRL);[4] denn eine von Abs. 1 Hs. 1 abweichende Bedeutung hat diese Formulierung nicht.[5] Auch der Verzicht auf die Übernahme von Art. 3 Abs. 1 Hs. 2 HVRL (Pflicht des Handelsvertreters, sich nach den Geboten von Treu und Glauben zu verhalten) erscheint unionsrechtskonform, weil sich diese Pflicht bereits aus dem allgemeinen (dem durchschnittlichen Rechtsanwender geläufigen) Rechtsgrundsatz von Treu und Glauben[6] ergibt;[7] gleichwohl wäre es wünschenswert gewesen, die Treuepflicht ausdrücklich festzuschreiben. Die Regelungen in Abs. 2 Hs. 2 und Abs. 3, die in der HVRL keine ausdrückliche Entsprechung finden, sind unionsrechtskonform; Abs. 2 Hs. 2 ist lediglich eine Konkretisierung der allgemeinen Interessenwahr-

---

[1] Vgl. die verfehlte Begründung des BT-Rechtsausschusses, wonach der Unterschied zum Angestellten betont werden solle, BT-Drs. 11/4559, 9.

[2] Für unzureichend halten die Umsetzung insoweit auch; Ebenroth/Boujong/Joost/Strohn/Löwisch Rn. 79; Emde Rn. 7; Oetker/Busche Rn. 16; BeckOK HGB/Lehmann § 86 Rn. 103.

[3] Ebenroth/Boujong/Joost/Strohn/Löwisch Rn. 80; distanziert Emde Rn. 7.

[4] Ebenroth/Boujong/Joost/Strohn/Löwisch Rn. 78.

[5] Emde Rn. 7.

[6] MüKoBGB/Schubert § 242 Rn. 1 ff.; vgl. auch BeckOK HGB/Lehmann § 86 Rn. 103.

[7] Canaris HandelsR § 15 I 4c; Ebenroth/Boujong/Joost/Strohn/Löwisch Rn. 77; kritisch Emde Rn. 7.

nehmungspflicht bzw. der daraus folgenden allgemeinen Benachrichtigungspflicht,[8] und Abs. 3 steht damit ebenfalls in Einklang;[9] dies gilt jedenfalls im Zusammenspiel mit Art. 3 Abs. 1 Hs. 2 HVRL (Pflicht, sich nach den Geboten von Treu und Glauben zu verhalten).[10]

III. Verhältnis zu Vorschriften des BGB

6 § 86 regelt die Pflichten des Handelsvertreters nur unvollkommen; dies gilt auch für Art. 3 HVRL. Daher wird insbesondere die Interessenwahrnehmungspflicht in erheblichem Umfang als Grundlage bestimmter weiterer Pflichten des Handelsvertreters herangezogen. Im Übrigen ist grundsätzlich auf das **Recht der entgeltlichen Geschäftsbesorgung** (vgl. § 675 Abs. 1 BGB) zurückzugreifen, da der Handelsvertretervertrag als Dienstvertrag zu qualifizieren ist, der eine Geschäftsbesorgung zum Gegenstand hat (Geschäftsbesorgungsvertrag mit Dienstleistungscharakter → Vor § 84 Rn. 22). Dabei ist allerdings den Besonderheiten des Handelsvertreterrechts Rechnung zu tragen; dessen Regelungen sind gegenüber dem Recht der entgeltlichen Geschäftsbesorgung **spezieller**.[11]

IV. Pflicht, sich um die Vermittlung oder den Abschluss von Geschäften zu bemühen

7 **1. Regelungsgegenstand und Zweck.** Abs. 1 verpflichtet den Handelsvertreter dazu, **sich (je nach Vereinbarung) um die Vermittlung oder den Abschluss von Geschäften zu bemühen.** Dies sind die zentralen, im **Synallagma**[12] stehenden Pflichten des Handelsvertreters; der Unternehmer setzt ihn gerade zur Vermittlung bzw. zum Abschluss von Geschäften ein (vgl. § 84 Abs. 1 HGB).[13] Die Pflicht, sich um den Abschluss von Geschäften zu bemühen, ist dabei ein Unterfall der Pflicht, sich um die Vermittlung zu bemühen (→ § 84 Rn. 54).

8 Der Handelsvertreter schuldet das **Vermittlungsbemühen;** einen Vermittlungserfolg muss er, sofern nicht gesondert vereinbart, nicht herbeiführen. Darin kommt zum Ausdruck, dass es sich iSv § 675 Abs. 1 BGB um einen Dienstvertrag handelt, der eine Geschäftsbesorgung zum Gegenstand hat; ein Werkvertrag liegt dagegen nicht vor, obgleich der Handelsvertreter **erfolgsbezogen vergütet** wird (→ Vor § 84 Rn. 22; → § 84 Rn. 57).

9 **2. Vermittlung oder Abschluss von Geschäften. a) Art von Geschäften.** Während sich die HVRL auf die Vermittlung und den Abschluss von Geschäften über den Verkauf oder den Ankauf von Waren beschränkt, kommen nach § 86 Abs. 1 Hs. 1 sämtliche **Arten** von Geschäften als Gegenstand der Vermittlung (bzw. des Abschlusses) in Betracht,[14] also neben Kaufverträgen zB auch Werkverträge, Dienstverträge, Mietverträge, Versicherungsverträge, Reiseverträge, Lizenzverträge.

10 **b) Vermittlung.** Die **Vermittlung** von Geschäften umfasst sämtliche Tätigkeiten, die geeignet sind, den Abschluss eines Geschäfts zwischen einem Dritten und dem Unternehmer zu fördern, dh vorzubereiten, zu ermöglichen und/oder herbeizuführen.[15] Der Handelsvertreter hat also neue Kunden zu akquirieren und den Altkundenstamm zu pflegen, so

---

[8] Emde Rn. 7 stellt zusätzlich auf Treu und Glauben iSv Art. 3 Abs. 1 Hs. 2 HVRL ab.

[9] Emde Rn. 7; aA Ebenroth/Boujong/Joost/Strohn/Löwisch Rn. 77.

[10] Ebenso Emde Rn. 7.

[11] Emde/Valdini BB 2016, 899; Hampe ZVertriebsR 2013, 21 (24). Abgesehen davon ist das Recht der entgeltlichen Geschäftsbesorgung nicht auf Dauerschuldverhältnisse ausgelegt.

[12] MüKoHGB/Ströbl Rn. 22.

[13] BGH NJW 1959, 1430 (1431); Hopt/Hopt Rn. 12.

[14] MüKoHGB/Ströbl § 84 Rn. 78; Hopt/Hopt § 84 Rn. 26; Koller/Kindler/Roth/Drüen/Roth Rn. 4; vgl. auch die Übersicht bei Emde § 84 Rn. 75.

[15] MüKoHGB/Ströbl Rn. 22, und § 84 Rn. 72; Hopt/Hopt § 84 Rn. 22(„es genügt Mitursächlichkeit"); Emde Rn. 23 und § 84 Rn. 62.

dass es zu neuen Geschäftsabschlüssen kommt.[16] Wie er dies bewerkstelligt, ist ihm – soweit nicht anders vereinbart oder durch Weisungen des Unternehmers bestimmt[17] – grundsätzlich freigestellt.[18] Erforderlich ist letztlich, dass seine Einwirkung auf den Kunden für den konkreten Vertragsschluss mindestens **mitursächlich** ist[19] (dazu näher → § 84 Rn. 49 ff.).

Die Vermittlung bezieht sich im Zweifel auf das **gesamte Produkt- und Leistungs-** **11** **portfolio** des Unternehmers, soweit die Parteien nichts anderes vereinbart haben.[20] Typischerweise bestimmen die Parteien im Vertrag, ob sich die Vermittlungspflicht auch auf die vom Unternehmer **nach Vertragsabschluss** neu in sein Liefer- und Leistungsportfolio aufgenommenen Produkte bzw. Leistungen erstrecken soll. Fehlt es an einer solchen Vereinbarung, erstreckt sich die Vermittlungspflicht grundsätzlich trotzdem auch auf solche neu aufgenommenen Produkte bzw. Leistungen, sofern diese nicht branchenfremd sind.[21]

Vermittlungsvertreter sind idR als **Empfangsvertreter** des Unternehmers anzusehen **12** und **zur Weiterleitung von Angeboten** an den Unternehmer verpflichtet.[22] Im Übrigen ist für Vermittlungsvertreter § 91 Abs. 2 zu beachten, der im Wesentlichen den für Abschlussvertreter geltenden § 55 Abs. 4, 54 Abs. 3 entspricht; danach ist der Vermittlungsvertreter insbesondere dazu ermächtigt, Mängelanzeigen entgegenzunehmen, und Beweissicherungsrechte des Unternehmers geltend zu machen.

Schließt ein Vermittlungsvertreter trotz fehlender entsprechender Bevollmächtigung im **13** Namen des Unternehmers einen Vertrag ab, ist § 91a Abs. 1 relevant.

c) Abschluss. Der Handelsvertreter kann auch dazu verpflichtet sein, sich als **Ver-** **14** **treter** des Unternehmers um Vertragsabschlüsse mit Dritten zu bemühen **(Abschlussvertreter).** Der Abschlussvertreter kommt in der Praxis, gerade bei Geschäften zwischen Unternehme(r)n, allerdings selten vor.[23] Der Abschlussvertreter ist typologisch ein **Vermittlungsvertreter,** der **zusätzlich** mit der **Befugnis zum Abschluss von Verträgen mit Dritten** ausgestattet ist.[24]

aa) Handlungsvollmacht. Erforderlich ist das Vorliegen einer **Abschlussvollmacht,** **15** §§ 55 Abs. 1, 54 (iVm § 91 Abs. 1, falls der Unternehmer nicht Kaufmann ist); der Handelsvertreter ist dann **Handlungsbevollmächtigter.**[25] Damit gilt § 54 Abs. 1, wonach sich die Vollmacht auf alle Geschäfte und Rechtshandlungen erstreckt, die der Betrieb eines derartigen Handelsgewerbes oder die Vornahme derartiger Geschäfte gewöhnlich mit sich bringt. Dies umfasst bei Handelsvertretern in erster Linie die zum Vertragsabschluss führenden Handlungen, insbesondere die Abgabe der erforderlichen Willenserklärungen und die Entgegennahme und Abgabe vertragsbegleitender Willenserklärungen, aber auch Mahnungen und Fristsetzungen gegenüber dem Kunden sowie die Entgegennahme von Mängelrügen[26] (dazu näher → §§ 54, 55 Rn. 1 ff.).

Der **Umfang** der Vollmacht kann **durch Weisungen beschränkt** werden.[27] Da es dem **16** Unternehmer generell möglich ist, dem Handelsvertreter durch Weisungen Vorgaben hinsichtlich der Vermittlung von Geschäften zu machen, muss dies erst recht für den Abschlussvertreter und damit für die Konkretisierung des Umfangs der Vollmacht gelten;

---

[16] MüKoHGB/Ströbl Rn. 22; Emde § 84 Rn. 62.
[17] Hopt/Hopt § 84 Rn. 22.
[18] Hopt/Hopt § 84 Rn. 22.
[19] BGH NJW 1984, 2695 (2696); 1980, 1793; Hopt/Hopt § 84 Rn. 22; Emde § 84 Rn. 63.
[20] MüKoHGB/Ströbl Rn. 23; Emde Rn. 19; Heymann/Stöber Rn. 12.
[21] MüKoHGB/Ströbl Rn. 23; Hopt/Hopt Rn. 12; Emde Rn. 19.
[22] MüKoHGB/Ströbl Rn. 24; Hopt/Hopt § 84 Rn. 22; zur Ermächtigung, Vertragsangebote Dritter entgegenzunehmen BGH NJW 1982, 377.
[23] Emde § 84 Rn. 69.
[24] Hopt/Hopt § 84 Rn. 24; Emde § 84 Rn. 69.
[25] Emde § 84 Rn. 69.
[26] Emde Rn. 28; Westphal VertriebsR I Rn. 69.
[27] Emde Rn. 31; Schlegelberger/Schröder Rn. 13a.

weitergehende Beschränkungen, die nicht den Umfang der dem Abschlussvertreter erteilten Vollmacht betreffen, sind allerdings unzulässig.[28] Der Unternehmer darf dem Handelsvertreter demnach zB vorgeben, bestimmte Arten von Geschäften oder auch ein bestimmtes Geschäft nicht abzuschließen.[29]

17 Bei **Mängeln** der Vertretungsmacht ist § 91a Abs. 2 zu beachten.

18 **bb) Erteilung und Widerruf der Vollmacht.** Die Vollmacht kann im Handelsvertretervertrag selbst oder isoliert **erteilt** werden.[30] Sie ist **ohne weiteres widerruflich,** wenn sie außerhalb des Handelsvertretervertrages, also isoliert, erteilt wurde.[31] Wurde sie dagegen im Rahmen des Handelsvertretervertrages erteilt, kann ein Widerruf nach § 168 S. 2 Hs. 2 BGB ausgeschlossen sein. Für Einzelheiten zu Erteilung und Widerruf → §§ 54, 55 Rn. 4 ff.

19 **3. Bemühenspflicht.** Der Handelsvertreter hat sich (lediglich) um die Vermittlung bzw. den Abschluss von Geschäften zu **bemühen.** Für die Herbeiführung eines Erfolgs ist er nicht verantwortlich, auch wenn er erfolgsbezogen vergütet wird. Er trägt somit das Risiko, dass trotz seiner Bemühungen kein Vertrag zustande kommt. Hinsichtlich der **Intensität** der Bemühungen gilt der Sorgfaltsmaßstab des Abs. 3,[32] dh der Handelsvertreter hat seine Pflicht mit der **Sorgfalt eines ordentlichen Kaufmanns** wahrzunehmen. Dies bedeutet, dass er sich so intensiv um die Vermittlung bzw. den Abschluss von Geschäften bemühen muss, wie es erforderlich ist, um für den Unternehmer neue Abschlüsse zu generieren,[33] ohne allerdings dazu verpflichtet zu sein, so viele Abschlüsse zu generieren, wie dies theoretisch bei intensivster Anstrengung möglich ist.[34] Dieser Maßstab gilt auch dann, wenn sich der Unternehmer vertragswidrig verhält.[35]

20 In der Literatur wird teilweise formuliert, an **Einfirmenvertreter** (vgl. § 92a) oder **Vertreter mit Bezirks- bzw. Kundenschutz** seien höhere Anforderungen als an sonstige Handelsvertreter zu stellen; so habe sich ein Einfirmenvertreter grundsätzlich voll seiner Vertretung zu widmen.[36] Diese Formulierung ist irreführend. Für sämtliche Handelsvertreter gilt stets derselbe Sorgfaltsmaßstab. Lediglich bei dessen Konkretisierung kann es zu Unterschieden kommen; insoweit ist den Umständen des Einzelfalls Rechnung zu tragen, wobei der Handelsvertreter nicht deshalb weniger leisten muss, weil er mehrere Unternehmer vertritt.[37] Kann er seinen Pflichten nicht nachkommen, muss er sich darauf adäquat einstellen, zB indem er den Personalbestand erhöht.

21 Die Parteien können die Bemühenspflicht durch **vertragliche Vereinbarungen** konkretisieren. Sie können eine Verpflichtung (bzw. Garantie) des Handelsvertreters hinsichtlich der Erzielung von **Mindestumsätzen** vorsehen.[38] Dies gilt aber nur für Individualvereinbarungen. **AGB (Formularverträge),** die bestimmte Mindestumsätze festlegen und damit zumindest die gesetzlichen Folgen von Pflichtverletzungen (oder weitere, vertraglich vereinbarte Folgen wie zB die Berechtigung des Unternehmers zur fristlosen Kündigung) auslösen, sind nach § 307 Abs. 1 S. 1, Abs. 2 Nr. 1 BGB unwirksam,[39] weil eine **Abweichung vom gesetzlichen Leitbild** vorliegt; der Handelsvertreter schuldet nach Abs. 1 Hs. 1 nur ein Bemühen, jedoch nicht die Herbeiführung von Erfolgen. An der Unvereinbarkeit mit dem gesetzlichen Leitbild ändert es nichts, wenn dem Handelsvertreter zum

---

[28] Emde Rn. 33.
[29] Emde Rn. 33.
[30] Hopt/Hopt § 84 Rn. 25.
[31] BGH NJW 1990, 1721 (1722); 1988, 2603 f.; MüKoBGB/Schubert § 168 Rn. 38.
[32] Emde Rn. 14.
[33] Emde Rn. 14.
[34] OLG Celle Nds. Rpfl. 1959, 109 (110); MüKoHGB/Ströbl Rn. 24; Gräfe ZVertriebsR 2013, 362.
[35] OLG München BB 1955, 714.
[36] MüKoHGB/Ströbl Rn. 25.
[37] So aber offenbar MüKoHGB/Ströbl Rn. 25.
[38] Ebenroth/Boujong/Joost/Strohn/Löwisch Rn. 67; Koller/Kindler/Roth/Drüen/Roth Rn. 3.
[39] v. Westphalen, VertragsR, Handelsvertretervertrag, Rn. 22; einschränkend Emde Vor § 84 Rn. 55.

Ausgleich für eine Mindestumsatzgarantie eine erhöhte oder zusätzliche Provision versprochen wird.[40]

Der Unternehmer kann den Inhalt der Bemühenspflicht durch **Weisungen** konkretisie- **22** ren, zB indem er dem Handelsvertreter Richtlinien vorgibt, wie dieser bestimmte Kunden zu behandeln hat.[41]

4. Substitution. § 86 Abs. 1 Hs. 1 verpflichtet grundsätzlich **den Handelsvertreter** **23** **selbst** dazu, sich um die Vermittlung oder den Abschluss von Geschäften zu bemühen. Im Zweifel darf der Handelsvertreter weder das Geschäft als Ganzes noch abtrennbare Teile des Geschäfts auf Dritte übertragen (**„Substitution"**), § 613 S. 1 BGB oder § 664 Abs. 1 S. 1 BGB analog. Er darf jedoch **Erfüllungsgehilfen** (§ 278 S. 1 BGB) einschalten (→ § 84 Rn. 68).

V. Treuepflicht

1. Inhalt und Abgrenzung. Der Handelsvertreter hat sich gegenüber dem Unterneh- **24** mer **„nach den Geboten von Treu und Glauben zu verhalten"** (**Art. 3 Abs. 1** **HVRL; § 242 BGB**); ihn trifft eine **allgemeine Treuepflicht.** Da es sich bei dem Handelsvertretervertrag um ein Dauerschuldverhältnis handelt, besteht – wie auch bei anderen Vertriebsverträgen – ein **intensiveres Vertrauensverhältnis** als bei herkömmlichen, kurzzeitigen Austauschverhältnissen; der Grundsatz von Treu und Glauben prägt die Vertragsbeziehung in besonderem Maße.[42] Er verpflichtet den Handelsvertreter zu besonderer Rücksichtnahme gegenüber den Interessen des Unternehmers;[43] umgekehrt ist auch der Unternehmer gegenüber dem Handelsvertreter zu besonderer Treue verpflichtet (→ § 86a Rn. 36).

Aus der Treuepflicht folgt in erster Linie, dass **der Handelsvertreter eigene Interes-** **25** **sen, die Interessen des Unternehmers widersprechen, grundsätzlich zurückstellen** **muss.**[44] Dieser Vorrang der Interessen des Unternehmers ist insbesondere dann zu beachten, wenn der Handelsvertreter eigene Rechte ausüben möchte; er muss zB insbesondere das eigene Provisionsinteresse zurückstellen.[45] Will er seine eigenen Interessen bevorzugen, obwohl sie bei sachgerechter Abwägung nachrangig sind, muss er den Vertrag kündigen.[46] Darüber hinaus folgt aus der gesteigerten Treuepflicht die Verpflichtung des Handelsvertreters, vertrauliche Informationen des Unternehmers (insbesondere bezüglich der Geschäftsstrategie des Unternehmers) auch **vertraulich** zu behandeln[47] (zur Verschwiegenheitspflicht → Rn. 39); ferner beruht es im Wesentlichen auf der Treuepflicht, dass der Handelsvertreter die **Vertretung eines Wettbewerbers** des Unternehmers nur mit **Zustimmung** des Unternehmers übernehmen darf[48] (→ Rn. 50). **Mehrfirmenvertreter** müssen die Vertretung weiterer Unternehmer anzeigen.[49] Zudem folgt aus der Treuepflicht das generelle **Verbot illoyalen Verhaltens** des Handelsvertreters. Danach ist zB die Empfehlung gegenüber einem Kunden, vom Vertrag mit dem Unternehmer „Abstand zu

---

[40] v. Westphalen, VertragsR, Handelsvertretervertrag, Rn. 24.

[41] Hopt/Hopt Rn. 12.

[42] Martinek/Semler/Flohr VertriebsR-HdB/Martinek § 4 Rn. 10 mwN; MüKoBGB/Schubert § 242 Rn. 194.

[43] Im Rahmen der Interessenwahrungspflicht Emde Rn. 52.

[44] OLG Koblenz BB 1973, 866 (die misslungene Formulierung („Interessen des Unternehmers [...] zurückzustellen") ist offenkundig ein Versehen); MüKoHGB/Ströbl Rn. 28; Ebenroth/Boujong/Joost/ Strohn/Löwisch Rn. 5; vgl. Emde Rn. 53.

[45] OLG Koblenz BB 1973, 866; Schlegelberger/Schröder Rn. 18; Emde Rn. 54, Rn. 70.

[46] Emde Rn. 54; Ebenroth/Boujong/Joost/Strohn/Löwisch Rn. 12.

[47] Schlussanträge des Generalanwalts beim EuGH 28.10.2010 – C-203/09, BeckRS 2010, 91253 Rn. 44 – Volvo Car Germany GmbH.

[48] Schlussanträge des Generalanwalts beim EuGH 28.10.2010 – C-203/09, BeckRS 2010, 91253 Rn. 44 – Volvo Car Germany GmbH; ebenso bereits BGH GRUR 1968, 654 (656).

[49] Hopt/Hopt Rn. 24; Ebenroth/Boujong/Joost/Strohn/Löwisch.

nehmen",[50] oder auch die Verwertung der Kundenliste des Unternehmers zum eigenen Vorteil oder zum Vorteil Dritter verboten.[51]

26   Das **Verhältnis der Treuepflicht zur Interessenwahrnehmungspflicht** ist in Literatur und Rechtsprechung nicht geklärt; häufig wird nicht zwischen Verpflichtungen aus der Treuepflicht und solchen aus der Interessenwahrnehmungspflicht (→ Rn. 29 ff.) unterschieden; vielmehr werden Erstere häufig dem Bereich der Interessenwahrnehmungspflicht zugeordnet. Richtig ist, dass die Grenzen zwischen der Treue- und der Interessenwahrnehmungspflicht nicht klar gezogen werden können, zumal die Interessenwahrnehmungspflicht jedenfalls teilweise auf der Treuepflicht als Basis der Beziehung der Vertragsparteien beruht;[52] die Pflicht zur Wahrnehmung der Interessen des Unternehmers im Außenverhältnis lässt sich als Weiterentwicklung der besonderen Rücksichtnahmepflichten im Innenverhältnis begreifen. Praktisch spielt die Unterscheidung in aller Regel keine Rolle.

27   **2. Wirkung der Treuepflicht vor Vertragsschluss und nach Vertragsende.** Die Treuepflicht wirkt in gewissem Umfang bereits vor Vertragsschluss und auch nach Vertragsende. **Vor** Vertragsschluss, spätestens mit Aufnahme ernsthafter Vertragsverhandlungen,[53] ist der Handelsvertreter insbesondere verpflichtet,

– alles zu unterlassen, was die Erreichung des vorgesehenen Vertragszwecks beeinträchtigen oder sogar unmöglich machen könnte;[54]

– über die ihm von dem Unternehmer mitgeteilte vertrauliche Informationen Stillschweigen zu bewahren[55] (dies gilt auch dann, wenn die Verhandlungen scheitern; § 90 analog[56]); und

– den Unternehmer vollständig über alle Umstände zu informieren, die für den Unternehmer hinsichtlich des Vertragsabschlusses objektiv bedeutsam sein können,[57] zB die Kontakte des Handelsvertreters zu potenziellen Kunden,[58] problematische Vermögensverhältnisse des Handelsvertreters (soweit für den Unternehmer relevant),[59] Konkurrenzvertretungen, mangelnde oder bestehende Kenntnisse und Fähigkeiten.[60]

28   **Nach Vertragsende** treffen den Handelsvertreter – neben der Verschwiegenheitspflicht aus § 90 und eventuellen Beschränkungen aus einer Wettbewerbsabrede gemäß § 90a – sog. **„nachvertragliche Treuepflichten".** Danach ist der Handelsvertreter insbesondere verpflichtet,

– nichts zu unternehmen, was sich nachteilig auf ein von ihm während der Vertragslaufzeit vermitteltes Geschäft auswirken kann;[61] und

– seine Kunden auf die Beendigung des Handelsvertretervertrages hinzuweisen.[62]

---

[50] Hopt/Hopt Rn. 21; Oetker/Busche Rn. 20, allerdings jeweils zur Interessenwahrnehmungspflicht.

[51] Hopt/Hopt § 90 Rn. 3; Oetker/Busche Rn. 20.

[52] Ähnlich für Vertragshändlerverträge Schultze/Wauschkuhn/Spenner/Dau/Kübler Vertragshändlervertrag/Dau Rn. 146 f.

[53] Ebenroth/Boujong/Joost/Strohn/Löwisch Rn. 46; Emde Rn. 49; differenzierend Flohr ZVertriebsR 2013, 71 (76), wonach der vorvertraglichen Aufklärung bei Abschluss eines Handelsvertretervertrags kaum Bedeutung zukommt, diese jedoch nicht grundsätzlich ausgeschlossen ist.

[54] Emde Rn. 49.

[55] MüKoHGB/Ströbl Rn. 12; Hopt/Hopt Rn. 45; Emde Rn. 49.

[56] Ebenroth/Boujong/Joost/Strohn/Löwisch Rn. 6; MüKoHGB/Ströbl Rn. 12.

[57] Ebenroth/Boujong/Joost/Strohn/Löwisch Rn. 6; Schlegelberger/Schröder Rn. 30; Emde Rn. 49.

[58] Schlegelberger/Schröder Rn. 30; Hampe ZVertriebsR 2013, 21 (24); Flohr ZVertriebsR 2013, 71 (77).

[59] OLG Nürnberg BB 1960, 956; Schlegelberger/Schröder Rn. 30; Emde Rn. 49; vgl. Flohr ZVertriebsR 2013, 71 (77).

[60] Ebenroth/Boujong/Joost/Strohn/Löwisch Rn. 4; Emde Rn. 49; vgl. Flohr ZVertriebsR 2013, 71 (77).

[61] OLG Köln MDR 1976, 1026; Emde Rn. 51; Ebenroth/Boujong/Joost/Strohn/Löwisch Rn. 16.

[62] LG Düsseldorf WRP 1969, 462 (463); Emde Rn. 51; MüKoHGB/Ströbl Rn. 11; Oetker/Busche Rn. 7; nach Ansicht von Gräfe ZVertriebsR 2013, 362 (364) darf auch über eine bevorstehende Beendigung des Vertragsverhältnisses informiert werden.

VI. Interessenwahrnehmungspflicht

1. Allgemeine Interessenwahrnehmungspflicht. a) Regelungsgegenstand und **29** **Zweck.** Der Handelsvertreter ist gem. Abs. 1 Hs. 2 verpflichtet, bei dem Bemühen um die Vermittlung oder den Abschluss von Geschäften das Interesse des Unternehmers wahrzunehmen. Die gesetzliche Formulierung ist allerdings zu eng; denn die Pflicht zur Interessenwahrnehmung bezieht sich nicht allein auf das Bemühen um die Vermittlung oder den Abschluss von Geschäften. Vielmehr erfasst sie die **gesamte Ausübung der Tätigkeit des Handelsvertreters**[63] (vgl. Art. 3 Abs. 1 HVRL). Es handelt sich somit um eine **allgemeine** Interessenwahrnehmungspflicht.[64] Auch wenn die allgemeine Interessenwahrnehmungspflicht dogmatisch als **Nebenpflicht** zu qualifizieren ist,[65] ist sie **für den Handelsvertretervertrag wesensbestimmend** und beherrscht das gesamte Vertragsverhältnis.[66]

b) Inhalt. Die allgemeine Interessenwahrnehmungspflicht bedeutet nach herrschendem **30** Verständnis, dass der Handelsvertreter im Rahmen seiner Tätigkeit für den Unternehmer alles zu tun hat, was im Interesse des Unternehmers liegt, und alles zu unterlassen hat, was dessen Interessen widerspricht.[67] Diese gängige Definition ist als **Faustformel** verwendbar, aber in verschiedenerlei Hinsicht unpräzise. So ist der Handelsvertreter nicht zu unangemessenen (oder unrechtmäßigen) Anstrengungen verpflichtet; dies lässt sich bereits dem Sorgfaltsmaßstab des Abs. 3 entnehmen (→ Rn. 110). Er muss also keineswegs „alles" tun, was im Interesse des Unternehmers liegt (bzw. zu liegen scheint).

Zutreffender ist es, davon zu sprechen, dass der Handelsvertreter das Interesse des **31** Unternehmers im Rahmen einer dauerhaften entgeltlichen Geschäftsbesorgung so fördern muss, wie es von einem ordentlichen Kaufmann (Abs. 3) erwartet werden darf. Er ist als **Hüter der Interessen des Unternehmers**[68] dazu verpflichtet, diesen Interessen gegenüber den Belangen Dritter, insbesondere der (potenziellen) Kunden,[69] grundsätzlich Vorrang einzuräumen. Er muss das Geschäft des Unternehmers generell – im Rahmen der ihm übertragenen Aufgaben – fördern und versuchen, für den Unternehmer möglichst günstige Geschäftsabschlüsse zu generieren bzw. zu ermöglichen,[70] indem er zB den **Markt beobachtet** (im Hinblick auf das Interesse potenzieller Kunden an den Produkten),[71] bestehende **Kundenbeziehungen pflegt,**[72] die branchenüblichen **Fach- und Verkaufsmessen** besucht, **Kundenwünsche,** insbesondere zu Modifikationen des Lieferprogramms des Unternehmers, aufnimmt und weiterleitet.[73] Der Handelsvertreter muss etwaigen **Anhaltspunkten unverzüglich nachgehen, dass Geschäftsabschlüsse möglich sind;** dies gilt insbesondere aufgrund von entsprechenden Hinweisen des Unternehmers.[74] Er muss den

---

[63] Hopt/Hopt Rn. 20.
[64] Hopt/Hopt Rn. 20; Ebenroth/Boujong/Joost/Strohn/Löwisch Rn. 2; Emde/Valdini BB 2016, 899 (900).
[65] Ebenroth/Boujong/Joost/Strohn/Löwisch Rn. 2; Oetker/Busche Rn. 12; aA MüKoHGB/Ströbl Rn. 3.
[66] BGH NJW 1986, 2954 (2956); OLG Düsseldorf BeckRS 2012, 00828; Hopt/Hopt Rn. 20.
[67] Hopt/Hopt Rn. 21; Ebenroth/Boujong/Joost/Strohn/Löwisch Rn. 7; Koller/Kindler/Roth/Drüen/Roth Rn. 4; für den Bereich des Unterlassens interessenschädigender Tätigkeiten BGH NJW 1964, 1621 (1622).
[68] BGH BeckRS 1978, 31068565; Hopt/Hopt Rn. 20.
[69] BGH BeckRS 1978, 31068565(„nicht unparteiischer Makler" zwischen den Parteien); vgl. jedoch BGH WRP 2014, 57 (59 f.): „steht im Lager des Unternehmers und hat dessen Interessen im Auge zu behalten, ist aber in der Lage, den Kunden in einer dessen Bedürfnissen und Interessen angemessenen Weise zu beraten".
[70] Ströbl Ebenroth/Boujong/Joost/Strohn/Löwisch Rn. 9; MüKoHGB/Ströbl Rn. 29.
[71] OLG Hamm HVR (70) Nr. 432; MüKoHGB/Ströbl Rn. 45; Ebenroth/Boujong/Joost/Strohn/Löwisch Rn. 9; Hampe ZVertriebsR 2013, 21 (24).
[72] MüKoHGB/Ströbl Rn. 45; Ebenroth/Boujong/Joost/Strohn/Löwisch Rn. 9; Hampe ZVertriebsR 2013, 21 (24).
[73] Ebenroth/Boujong/Joost/Strohn/Löwisch Rn. 9.
[74] Ströbl Ebenroth/Boujong/Joost/Strohn/Löwisch Rn. 9.

Unternehmer **vor Schäden bewahren,** soweit ihm dies möglich und zumutbar ist.[75] **Mehrfirmenvertreter** müssen möglichen Interessenkonflikten hinsichtlich der Vertretung mehrerer Unternehmer vorbeugen.[76] Zur Frage, ob die Parteien vereinbaren dürfen, dass die Aufnahme weiterer **nicht als Konkurrenzvertretungen zu qualifizierender Handelsvertretungen** nur mit Zustimmung des Unternehmers erfolgen darf (→ Rn. 63).

32   Es gehört **nicht** zu den Pflichten des Handelsvertreters, die allgemeine Öffentlichkeitsarbeit für den Unternehmer zu übernehmen, indem er zB für diesen bzw. dessen Produkte allgemein Werbung schaltet,[77] oder das vermittelte Geschäft abzuwickeln.[78] Auch die Prüfung des Vorliegens etwaiger erforderlicher **öffentlich-rechtlicher Voraussetzungen,** zB von Erlaubnissen oder Konzessionen für die Durchführung des vermittelten Geschäfts, ist grundsätzlich **nicht** Aufgabe des Handelsvertreters,[79] die Parteien können aber jedenfalls individualvertraglich ausdrücklich oder konkludent eine solche Pflicht vereinbaren.[80] Dabei ist entgegen einer Auffassung im Schrifttum nicht schon dann eine konkludente Vereinbarung anzunehmen, wenn der Unternehmer einen Handelsvertreter mit ausgewiesenen Rechtskenntnissen und Erfahrungen auf diesem Gebiet beauftragt;[81] der Umstand allein genügt wie üblich nicht für eine konkludente Vereinbarung. Vielmehr ist eine entsprechende Willensübereinstimmung mit Rechtsbindungswillen erforderlich.

33   **c) Zeitliche Geltung.** Die Interessenwahrnehmungspflicht beginnt mit Vertragsbeginn (aber nicht mit Vertragsabschluss) und endet mit Vertragsende.[82]

34   **d) Verbot abweichender Vereinbarungen.** Mit der Relevanz der allgemeinen Interessenwahrnehmungspflicht korrespondiert die Unwirksamkeit abweichender Vereinbarungen, **Abs. 4** (und **Art. 5 HVRL**).[83] Das betrifft jedoch nur den **Kerngehalt** der Pflicht (→ Rn. 123).

35   **2. Wesentliche (auch) aus der allgemeinen Interessenwahrnehmungspflicht abzuleitende Pflichten. a) Pflichten bei Anbahnung und Abschluss einzelner Geschäfte (zB Bonitätsprüfungspflicht).** Der Handelsvertreter ist verpflichtet, im Rahmen der Vermittlung bzw. des Abschlusses einzelner Geschäfte für den Unternehmer **möglichst günstige Vertragsbedingungen** herbeizuführen.[84] Um den Unternehmer vor möglichen Schadensersatzansprüchen zu bewahren, hat er den Kunden über das jeweilige Geschäft **so aufzuklären und zu beraten,** wie es dem Unternehmer nach dem Gesetz obliegt.[85]

36   Ferner hat der Handelsvertreter die **Zahlungsfähigkeit** und die **Kredit- und Vertrauenswürdigkeit** potenzieller Kunden zu prüfen,[86] wobei sich Umfang und Intensität der Prüfung an dem Umfang und dem Risiko des beabsichtigten Geschäfts für den Unternehmer orientieren.[87] Sind die Kunden **neu,** ist der Handelsvertreter grundsätzlich zur Durchführung einer strengeren Prüfung verpflichtet, sofern nicht er und/oder der Unternehmer über hinreichende relevante Kenntnisse verfügen, während er bei **bekannten** Kunden grundsätzlich auf seine bisherigen Informationen zurückgreifen darf.[88] In

---

[75] Ebenroth/Boujong/Joost/Strohn/Löwisch Rn. 12.
[76] Ebenroth/Boujong/Joost/Strohn/Löwisch Rn. 15.
[77] Hopt/Hopt Rn. 13; Ebenroth/Boujong/Joost/Strohn/Löwisch Rn. 10 mwN.
[78] Vgl. OLG Stuttgart DB 1962, 405; Ebenroth/Boujong/Joost/Strohn/Löwisch Rn. 10 mwN.
[79] OLG Hamm BB 1968, 1017; Hopt/Hopt Rn. 13; Ebenroth/Boujong/Joost/Strohn/Löwisch Rn. 10; aA MüKoHGB/Ströbl Rn. 62.
[80] Hopt/Hopt Rn. 13; Ebenroth/Boujong/Joost/Strohn/Löwisch Rn. 10.
[81] So aber Ebenroth/Boujong/Joost/Strohn/Löwisch Rn. 10.
[82] MüKoHGB/Ströbl Rn. 11; Ebenroth/Boujong/Joost/Strohn/Löwisch Rn. 6 (mit Aufnahme ernsthafter Vertragsverhandlungen); Emde Rn. 48.
[83] Oetker/Busche Rn. 12.
[84] Ströbl Ebenroth/Boujong/Joost/Strohn/Löwisch Rn. 12 mwN.
[85] Ebenroth/Boujong/Joost/Strohn/Löwisch Rn. 12.
[86] OLG Karlsruhe DB 1969, 741 (742); Hopt/Hopt Rn. 21.
[87] Ebenroth/Boujong/Joost/Strohn/Löwisch Rn. 42.
[88] Küstner/Thume VertriebsR-HdB I Kap. III Rn. 27 ff.; Emde Rn. 59 ff.

jedem Fall erstreckt sich die Prüfungspflicht aber nur auf solche Informationen, die ohne Kosten und Schwierigkeiten zu beschaffen sind;[89] dh der Handelsvertreter muss ohne entsprechende Vereinbarung keine kostenpflichtigen Kreditauskünfte einholen[90] und darf sich, falls vorhanden, auf allgemeine Informationen über die Kredit- und Vertrauenswürdigkeit des jeweiligen potenziellen Kunden stützen, soweit er keine gegenteiligen Indizien hat.[91] Er kann durch Vereinbarung, auch durch **AGB (Formularvertrag),** verpflichtet werden, auch besonders aufwändige bzw. kostenpflichtige Maßnahmen zu ergreifen, um die Bonität bzw. Vertrauenswürdigkeit zu prüfen; eine solche Regelung ist aber jedenfalls in AGB (Formularverträgen) nur dann wirksam, wenn der Handelsvertreter für die zusätzlichen Pflichten angemessen vergütet wird.[92] Sonstige Erweiterungen dieser Prüfungspflichten sind nur im Wege der Individualvereinbarung, nicht aber durch **AGB (Formularvertrag)** zulässig.[93] **Zweifel** an der Bonität des potenziellen Kunden muss der Handelsvertreter dem Unternehmer mitteilen,[94] ebenso ihm bekannt gewordene negative Einschätzungen der Kreditwürdigkeit durch Dritte.[95] Er muss mit anderen Worten dem Unternehmer (spätestens bei Meldung des vermittelten Geschäfts[96]) die **Entscheidungsgrundlage verschaffen;** die Entscheidung, ob er ein wirtschaftliches Risiko eingeht, trifft der Unternehmer selbst.[97] Sind keine relevanten Informationen verfügbar, muss der Handelsvertreter dies dem Unternehmer mitteilen.[98] Erkennt der Handelsvertreter, dass der Unternehmer von falschen Annahmen über die Kreditwürdigkeit des potenziellen Kunden ausgeht, hat er ihn darauf hinzuweisen[99] (dies lässt sich auch der Benachrichtigungspflicht nach Abs. 2 Hs. 1 zuordnen). Ein **Abschlussvertreter** darf, wenn Zweifel an der Bonität des Kunden bestehen, ohne ein entsprechendes Votum des Unternehmers keinen Vertrag mit dem potenziellen Kunden schließen.[100] Generell muss der Abschlussvertreter die Kreditwürdigkeit der Kunden näher überprüfen als der Vermittlungsvertreter, da er anders als dieser einen Vertragsschluss für den Unternehmer herbeiführt.[101] Den Unternehmer kann bei Verkennung der tatsächlichen Situation ein anspruchsminderndes **Mitverschulden** (§ 254 Abs. 1 BGB) treffen, da die Bonitätsprüfungspflicht nicht allein dem Handelsvertreter obliegt.[102]

Der Handelsvertreter muss nicht für die Bonität des vermittelten Kunden einstehen **37** (Gegenschluss aus § 86b); er muss sie auch nicht nach Geschäftsabschluss weiter überwachen.[103] Erhält der Handelsvertreter allerdings **nach Geschäftsabschluss konkrete Hinweise auf eine Verschlechterung der Bonität,** so muss er diesen aufgrund seiner Interessenwahrnehmungspflicht nachgehen und den Unternehmer entsprechend unterrichten, selbst wenn er von der Richtigkeit der Hinweise nicht überzeugt ist, jedenfalls wenn diese Hinweise aus zuverlässiger Quelle stammen.[104]

---

[89] MüKoHGB/Ströbl Rn. 60; Ebenroth/Boujong/Joost/Strohn/Löwisch Rn. 42; Emde Rn. 59.

[90] MüKoHGB/Ströbl Rn. 60; Ebenroth/Boujong/Joost/Strohn/Löwisch Rn. 43; Emde Rn. 59.

[91] OLG Düsseldorf HVR (54) Nr. 59; Hopt/Hopt Rn. 21; Röhricht/Graf v. Westphalen/Haas/Thume Rn. 15.

[92] Ebenroth/Boujong/Joost/Strohn/Löwisch Rn. 43.

[93] Ebenroth/Boujong/Joost/Strohn/Löwisch Rn. 42.

[94] BGH BB 1969, 1196; Hopt/Hopt Rn. 21.

[95] Ebenroth/Boujong/Joost/Strohn/Löwisch Rn. 42; Hopt/Hopt Rn. 21.

[96] Ebenroth/Boujong/Joost/Strohn/Löwisch Rn. 42; Emde Rn. 59.

[97] OLG Düsseldorf HVR (54) Nr. 59; Küstner/Thume VertriebsR-HdB I Kap. III Rn. 29; Emde Rn. 59.

[98] Emde Rn. 60.

[99] Emde Rn. 59.

[100] Ebenroth/Boujong/Joost/Strohn/Löwisch Rn. 42.

[101] Ströbl; iErg ebenso Ebenroth/Boujong/Joost/Strohn/Löwisch Rn. 39.

[102] MüKoHGB/Ströbl Rn. 61; Hopt/Hopt Rn. 21; iErg ebenso Ebenroth/Boujong/Joost/Strohn/Löwisch Rn. 42.

[103] OLG Hamm HVR (70) Nr. 432; Hopt/Hopt Rn. 21; vgl. Hampe ZVertriebsR 2013, 21 (24); Oetker/Busche Rn. 18.

[104] BGH BB 1969, 1196; grds. ebenso, aber weniger differenziert: RGZ 18, 112; MüKoHGB/Ströbl Rn. 59; Ebenroth/Boujong/Joost/Strohn/Löwisch Rn. 42.

38   **b) Benachrichtigungspflichten.** Die in Abs. 2 geregelten Benachrichtigungspflichten sind ebenfalls Ausfluss der allgemeinen Interessenwahrnehmungspflicht. Näher zu Abs. 2 → Rn. 76 ff.

39   **c) Verschwiegenheitspflicht.** Der Handelsvertreter ist aus der Interessenwahrneh- mungs- und Treuepflicht[105] während der Vertragslaufzeit zur Verschwiegenheit verpflich- tet.[106] Diese Verpflichtung geht inhaltlich über den Schutz von Betriebs- und Geschäfts- geheimnissen (§ 90, für die Zeit nach Vertragsbeendigung) hinaus.[107] Der Handelsvertreter darf solche Informationen, die er im Rahmen seiner Tätigkeit für den Unternehmer erlangt, und deren Weitergabe für den Unternehmer nachteilig wäre, nicht an Dritte weitergeben.[108] So darf er zB Dritten (einschließlich branchenfremder Dritter[109]) gegenüber nicht die Namen der Kunden offenlegen, auch wenn er diese Kunden selbst für den Unternehmer geworben hat.[110]

40   Auch vorvertraglich ist der Handelsvertreter (in demselben Umfang wie während der Vertragslaufzeit[111]) bereits zur Verschwiegenheit verpflichtet (→ Rn. 27).

41   **d) Wettbewerbsverbot. aa) Regelungsgegenstand und Zweck.** Während der Ver- tragslaufzeit unterliegt der Handelsvertreter einem Wettbewerbsverbot.[112] Er hat sich da- nach „desjenigen Wettbewerbs zu enthalten, der geeignet ist, die Interessen des Geschäfts- herrn zu beeinträchtigen"[113]. Das Wettbewerbsverbot basiert nach verbreiteter Ansicht auf der **Interessenwahrnehmungspflicht** allein oder auf der Interessenwahrnehmungspflicht in Verbindung mit der **Treuepflicht**.[114] Letztere Ansicht erscheint zutreffend; da das Wettbewerbsverbot zur Rücksichtnahme auf die geschäftlichen Interessen des Unterneh- mers zwingt, basiert es jedenfalls auf der Treuepflicht. Da es zugleich im Verhältnis zu Dritten (Wettbewerbern des Unternehmers) die Wahrnehmung der Interessen des Unter- nehmers sichert, ist es auch eine Ausprägung der Interessenwahrnehmungspflicht.

42   **bb) Inhalt und Umfang des Wettbewerbsverbots. (1) Objektive Bestimmung des Umfanges.** Der Umfang des Wettbewerbsverbots ist **objektiv** vom Standpunkt des Unter- nehmers aus zu bestimmen, dh der Handelsvertreter muss prüfen, inwieweit nach dem wohlverstandenen Interesse des Unternehmers ein Wettbewerbsverbot besteht (→ Rn. 43 ff.);[115] dies folgt ohne weiteres aus der Interessenwahrnehmungspflicht und der Treuepflicht des Handelsvertreters. Daraus ergibt sich auch, dass der Handelsvertreter im Einzelfall, sobald und soweit eine Konkurrenzvertretung vorliegt bzw. entstehen könnte, die Zustimmung des Unternehmers bezüglich jener (möglichen) Konkurrenzvertretung einzuholen hat (→ Rn. 50). Das Unternehmerinteresse und auch sein Entscheidungsspiel- raum bezüglich der Zustimmung oder Ablehnung werden durch seine **Treuepflicht** gegenüber dem Handelsvertreter begrenzt (→ Rn. 48). Im Ergebnis hat sich der Handels- vertreter „desjenigen Wettbewerbs zu enthalten, der geeignet ist, die Interessen des Ge-

---

[105] Koller/Kindler/Roth/Drüen/Roth Rn. 10; aA Hopt/Hopt § 90 Rn. 1: Interessenwahrnehmungs- pflicht.
[106] Koller/Kindler/Roth/Drüen/Roth Rn. 10; Oetker/Busche Rn. 23.
[107] Hopt/Hopt § 90 Rn. 2; Oetker/Busche Rn. 23.
[108] MüKoHGB/Ströbl Rn. 57; Oetker/Busche Rn. 23; Heymann/Stöber Rn. 27.
[109] Hopt/Hopt § 90 Rn. 2; Oetker/Busche Rn. 23.
[110] Oetker/Busche Rn. 23; Hopt/Hopt § 90 Rn. 7.
[111] Hopt/Hopt § 90 Rn. 1; Oetker/Busche Rn. 23.
[112] BGH WM 2014, 2217; IHR 2014, 28 (30); NJW 1991, 490 (491); GRUR 1969, 698 (699); MüKoHGB/Ströbl Rn. 29, 33; Hopt/Hopt Rn. 26; Ebenroth/Boujong/Joost/Strohn/Löwisch Rn. 23; K. Schmidt HandelsR § 27 IV 1c.
[113] BGH NJW 1991, 490 (491).
[114] Koller/Kindler/Roth/Drüen/Roth Rn. 6; Emde Rn. 74; Hampe ZVertriebsR 2013, 21 (24); für die Ableitung aus der Treuepflicht (im Rahmen der HVRL) Generalanwalt Bot Schlussanträge zu Rs. EuGH 28.10.2010 – C-203/09, BeckRS 2010, 91253Rn. 44 – Volvo Car Germany GmbH.
[115] BGH HVR Nr. 164; Küstner/Thume VertriebsR-HdB I Kap. III Rn. 55; geringfügig aA Emde Rn. 89 f., wobei seine Auffassung zu identischen Ergebnissen führen dürfte.

schäftsherrn zu beeinträchtigen".[116] Zusammengefasst lässt sich formulieren, dass das wohl-verstandene, durch die Treuepflicht begrenzte **Interesse des Unternehmers** – und **nicht etwa der Unternehmer selbst**[117] – den Umfang des Wettbewerbsverbots bestimmt.

(2) Umfang des Wettbewerbsverbotes. In **persönlicher** Hinsicht betrifft das Wett- **43** bewerbsverbot grundsätzlich allein den Handelsvertreter selbst, nicht aber seine Mitarbeiter bzw. Angestellten. So werden etwa die Geschäftsführer einer Handelsvertreter-GmbH vom Wettbewerbsverbot nicht erfasst.[118] Dasselbe gilt für die Gesellschafter des Handelsvertreters;[119] allerdings kann aus einer vertraglichen Vereinbarung der Parteien im Einzelfall hervorgehen, dass auch der Alleingesellschafter und Geschäftsführer persönlich an ein (vertragliches) Wettbewerbsverbot gebunden sein soll.[120]

Das Vorschalten von **Strohmännern** hilft dem Handelsvertreter nicht;[121] generell ist **44** unerheblich, **auf welche Weise bzw. in welcher Form** der Handelsvertreter aktiv wird.[122]

In **sachlicher** Hinsicht sind nur solche Produkte relevant, auf die sich die jeweilige **45** Handelsvertretung bezieht, die also Gegenstand der Geschäftsvermittlung durch den Handelsvertreter sind.[123] Nicht vom Wettbewerbsverbot erfasst sind Fälle, in denen zwar andere Unternehmer, für die der Handelsvertreter ebenfalls tätig ist, jedoch nicht die von ihm vermittelten Produkte dieser anderen Unternehmer mit den Produkten des Unternehmers im Wettbewerb stehen; die Betrachtung ist **produktbezogen,** nicht unternehmensbezogen.[124] Eine Wettbewerbssituation liegt somit nur dann vor, wenn und soweit die von dem Unternehmer und dem anderen Unternehmen angebotenen Produkte (Waren oder Dienstleistungen) aus der Sicht der Marktgegenseite (also der Kunden) **austauschbar (substituierbar)** sind;[125] eine Identität der Produkte ist dagegen nicht erforderlich.[126] IdR ist vor allem auf die Qualität und die Eigenschaften der Produkte, ihren Preis, technische Besonderheiten und ihre Verwendungsmöglichkeiten abzustellen.[127] Diese Aufzählung ist nicht abschließend; auch andere Umstände können eine Rolle spielen. Da die Betrachtung **produktbezogen** ist, besteht die Wettbewerbssituation auch nur insoweit, als bestimmte Produkte in den Sortimenten der betroffenen Unternehmer austauschbar sind.[128] Ungenau ist es deshalb, auf Teilüberschneidungen von Sortimenten und nicht auf die Austauschbarkeit einzelner Bestandteile des Sortiments abzustellen.[129] Zu weit geht es, ein Wettbewerbsverbot auch dann anzunehmen, wenn lediglich „potenzieller Wettbewerb" be-

---

[116] BGH NJW 1991, 490 (491).
[117] So aber Ebenroth/Boujong/Joost/Strohn/Löwisch Rn. 24.
[118] Ebenroth/Boujong/Joost/Strohn/Löwisch Rn. 32.
[119] Ebenroth/Boujong/Joost/Strohn/Löwisch Rn. 32; Emde GmbHR 1999, 1005 (1013).
[120] BGH NZG 2005, 274 (275); Ebenroth/Boujong/Joost/Strohn/Löwisch Rn. 32. Hiervon zu unterscheiden ist die Parteivereinbarung, wonach der Handelsvertreter etwa seinen geschäftsführenden Gesellschafter entsprechend verpflichten muss; vgl. BGH BeckRS 2011, 03878 Rn. 33.
[121] OLG Hamm NJW-RR 1987, 1114; MüKoHGB/Ströbl Rn. 34; Ebenroth/Boujong/Joost/Strohn/Löwisch Rn. 37.
[122] Vgl. BGH BB 1970, 1374; MüKoHGB/Ströbl Rn. 34; Ebenroth/Boujong/Joost/Strohn/Löwisch Rn. 37; vgl. auch OLG München IHR 2015, 112 (113), wonach es nicht darauf ankommt, ob die Tätigkeit für ein Konkurrenzunternehmen im Rahmen eines Handelsvertreter- oder Angestelltenverhältnisses ausgeübt wird.
[123] MüKoHGB/Ströbl Rn. 36.
[124] MüKoHGB/Ströbl Rn. 36; Ebenroth/Boujong/Joost/Strohn/Löwisch Rn. 33; nach Ansicht des OLG München IHR 2015, 112 (113) sollen über die (produktbezogene) Kerntätigkeit der Vermittlung von Verträgen hinaus auch die Anwerbung und Schulung von (Unter-) Vertretern bei entsprechender Vereinbarung vom Wettbewerbsverbot erfasst sein.
[125] Emde Rn. 92.
[126] Hopt/Hopt Rn. 27; Ebenroth/Boujong/Joost/Strohn/Löwisch Rn. 33; Emde Rn. 92.
[127] Vgl. OLG Celle BB 1970, 228; MüKoHGB/Ströbl Rn. 36.
[128] Emde Rn. 93.
[129] So aber wohl OLG Düsseldorf HVR Nr. 1044; OLGR Düsseldorf 2002, 275 ff.; LG Hamburg VersR 1992, 743 ff.; Ebenroth/Boujong/Joost/Strohn/Löwisch Rn. 33; Hopt/Hopt Rn. 27; Küstner/Thume VertriebsR-HdB I Kap. III Rn. 56.

steht,[130] jedenfalls wenn dieser im kartellrechtlichen Sinne verstanden wird. Es kommt allein darauf an, ob die derzeit vom Handelsvertreter vertriebenen Produkte verschiedener Hersteller aus Sicht der Kunden austauschbar sind; nur dann besteht ein Risiko für den Unternehmer. Dagegen ist es das Risiko des Handelsvertreters, für andere Unternehmer tätig zu werden, die uU später als austauschbar geltende Produkte in ihr Sortiment aufnehmen (→ Rn. 47).

46   In **räumlicher** Hinsicht ist nicht nur der dem Handelsvertreter zugewiesene Kundenkreis bzw. das ihm zugewiesene Gebiet[131], sondern **das gesamte Absatzgebiet des Unternehmers** relevant.[132] Denn es macht für den Unternehmer keinen Unterschied, ob der Wettbewerb in dem dem Handelsvertreter zugewiesenen Gebiet oder in einem anderen Teil seines Absatzgebietes erfolgt; in beiden Fällen entspricht es dem Interesse des Unternehmers, dass seine Handelsvertreter ihm keinen Wettbewerb machen bzw. fremden Wettbewerb fördern.[133]

47   In **zeitlicher** Hinsicht umfasst das Wettbewerbsverbot die gesamte Vertragslaufzeit. Eine zunächst unproblematische **Mehrfirmenvertretung,** bei der der Handelsvertreter Geschäfte bezüglich nicht miteinander im Wettbewerb stehender Produkte vermittelt, kann durch Sortimentsänderungen eines der Unternehmer hochproblematisch werden; enthält das für den Vertrag relevante Sortiment Produkte, die mit denen eines anderen vom Handelsvertreter betreuten Unternehmers im Wettbewerb stehen, muss der Handelsvertreter die Unternehmer über die Konfliktlage informieren, diese klären oder, falls eine Klärung scheitert, notfalls den Vertrag mit dem Unternehmer, dessen Sortiment sich verändert hat, kündigen.[134] Es gilt das **Prioritätsprinzip,** dh der Handelsvertreter muss die Interessen desjenigen Unternehmers als vorrangig behandeln, der von der Sortimentsänderung des anderen Unternehmers betroffen ist.[135]

48   **(3) Einschränkungen.** Einschränkungen des Wettbewerbsverbotes können sich in Ausnahmefällen aus der **Treuepflicht des Unternehmers** gegenüber dem Handelsvertreter ergeben.[136] Sie begrenzt die Interessenwahrnehmungs- und Treuepflicht des Handelsvertreters,[137] aus denen allein sich ein schrankenloses Wettbewerbsverbot ergäbe. Der Unternehmer ist danach verpflichtet, auf die Interessen des Handelsvertreters angemessen **Rücksicht** zu nehmen.[138] Daraus kann nach zweifelhafter Rechtsprechung im Einzelfall folgen, dass unwesentliche Beeinträchtigungen der Unternehmerinteressen durch den Vertrieb von Konkurrenzprodukten für andere Unternehmer in begrenztem Umfang hinzunehmen sind.[139] Zudem wird teilweise hinsichtlich solcher Branchen, in denen der Vertrieb von

---

[130] So aber Hopt/Hopt Rn. 27; Oetker/Busche Rn. 25 (unter unzutreffender Bezugnahme auf OLG Düsseldorf HVR Nr. 1044).

[131] Die Zuweisung eines Gebietes ist letztlich nichts anderes als eine Zuweisung eines bestimmten Kundenkreises.

[132] Vgl. BGH MDR 1977, 289 (290); MüKoHGB/Ströbl Rn. 37; Hopt/Hopt Rn. 27; Ebenroth/Boujong/Joost/Strohn/Löwisch Rn. 34; Oetker/Busche Rn. 25; grds. differenzierend Emde Rn. 98 ff., und Maier BB 1979, 500 (501).

[133] BGH BeckRS 1976, 31065931.

[134] MüKoHGB/Ströbl Rn. 37; Küstner/Thume VertriebsR-HdB I Kap. III Rn. 62a; Emde Rn. 106.

[135] Hopt/Hopt Rn. 27; aA Emde Rn. 107.

[136] BGH NJW 1969, 1662 (1664 f.); GRUR 1968, 654 (657); MüKoHGB/Ströbl Rn. 40; zu den Grenzen nachvertraglicher Wettbewerbsverbote für Handelsvertreter siehe BGH NJW 2016, 401 ff.; vgl. hierzu auch BeckOK HGB/Lehmann § 86 Rn. 31.

[137] BGH GRUR 1968, 654 (657).

[138] BGH GRUR 1968, 654 (657).

[139] BGH GRUR 1968, 654 (657) mkritAnm Lieberknecht; BGH BB 2011, 528 (529): geringfügige Wettbewerbsverstöße berechtigen zumindest nicht ohne vorherige Abmahnung zur fristlosen Kündigung, siehe hierzu Niebling ZVertriebsR 2012, 79 (88); vgl. dagegen OLG München IHR 2016, 41 (43), wonach sogar dem Wettbewerbsverbot unterfallende Handlungen aus bloßer Gefälligkeit die Interessen des Geschäftsherrn beeinträchtigen und keine Ausnahme vom Wettbewerbsverbot rechtfertigen.

Konkurrenzprodukten üblich ist – zB Reisebüros[140], Vertrieb von Elektronik-Geräten[141] – die Übernahme einer Konkurrenzvertretung für zulässig gehalten.[142]

cc) Verstoß. (1) Vorliegen eines Verstoßes. Ein Verstoß liegt in jedem Verhalten des **49** Handelsvertreters, das **unmittelbar oder mittelbar die Interessen eines anderen Unternehmers fördert, hinsichtlich dessen Vertretung ein Wettbewerbsverbot besteht.**[143] Erfasst ist zB die Kritik an den Produkten des Unternehmers bei gleichzeitigem Lob der Produkte eines Wettbewerbers, dessen Beratung, die Überlassung von Kundenlisten etc,[144] aber auch die Beteiligung des Handelsvertreters (und wenn auch nur als stiller Gesellschafter) an einem Konkurrenzunternehmen.[145] Erfasst sind ferner Versuche, das Wettbewerbsverbot zu umgehen.[146] Ein Verstoß gegen das Wettbewerbsverbot liegt dagegen **nicht** schon dann vor, wenn sich der Handelsvertreter während der Vertragslaufzeit darum bemüht, **für die Zeit nach Vertragsschluss** neue potenzielle Auftraggeber zu finden oder sonstige (mögliche) Konkurrenztätigkeiten zu sondieren.[147] Er darf auch bereits während der Vertragslaufzeit Verträge mit anderen Unternehmern schließen, wonach er für diese als Handelsvertreter (oder sonstiger Vertriebsmittler) **nach Vertragsende** tätig wird.[148] Dasselbe gilt für Verträge über erst **nach Vertragsende** wirksam werdende Beteiligungen an Konkurrenzunternehmen.[149] Das Vertrauensverhältnis zwischen den Parteien wird dadurch grundsätzlich nicht gestört, sofern der Handelsvertreter gegenüber Dritten ausschließlich für den Unternehmer und nicht für den zukünftigen Prinzipal auftritt.[150] Nach Vertragsende gilt § 90a.

Besteht die Möglichkeit, dass eine die Interessen des Unternehmers beeinträchtigende **50** unerlaubte Konkurrenztätigkeit vorliegt oder vorläge, wenn der Handelsvertreter bestimmte zukünftige Handlungen vornähme, ist der Handelsvertreter aufgrund seiner Treuepflicht zur **Information** des Unternehmers verpflichtet, um dessen **Zustimmung (oder Ablehnung) einzuholen.**[151] Generell gebietet die **Treuepflicht** des Handelsvertreters eine Information des Unternehmers über Kontakte des Handelsvertreters mit Wettbewerbern des Unternehmers, sobald die Interessen des Unternehmers **negativ berührt sein können.** Dies ist zB zu **bejahen,** wenn der Handelsvertreter das Angebot erhält, für die Produkte eines Wettbewerbers des Unternehmers zu werben,[152] oder wenn er das Angebot erhält, als dessen Handelsvertreter tätig zu werden,[153] und zu **verneinen,** wenn ein Wettbewerber des Unternehmers dem Handelsvertreter die Aufnahme einer Handelsvertretung anbietet, der Handelsvertreter dies aber schlicht ablehnt; der Handelsvertreter muss den Unternehmer in solchen Fällen nicht unterrichten, sondern lediglich die jeweilige Handlung unterlassen. In jedem Fall muss der Unternehmer bei seiner Entscheidung über die Erteilung einer Zustimmung seiner **eigenen Treuepflicht** gegenüber dem Handelsvertreter Rechnung tragen (→ Rn. 48).

---

[140] BGH NJW 1991, 490.
[141] Westphal VertriebsR I Rn. 231; Ebenroth/Boujong/Joost/Strohn/Löwisch Rn. 25; vgl. BGH GRUR 1968, 654.
[142] BGH NJW 1991, 490; Ebenroth/Boujong/Joost/Strohn/Löwisch Rn. 25.
[143] Ebenroth/Boujong/Joost/Strohn/Löwisch Rn. 39.
[144] Ebenroth/Boujong/Joost/Strohn/Löwisch Rn. 39; Hopt/Hopt Rn. 28.
[145] Ebenroth/Boujong/Joost/Strohn/Löwisch Rn. 39; Schlegelberger/Schröder Rn. 42a; Westphal VertriebsR I Rn. 230; grds. aA Hopt/Hopt Rn. 26.
[146] OLG Hamm NJW-RR 1987, 1114; Ebenroth/Boujong/Joost/Strohn/Löwisch Rn. 39; Hopt/Hopt Rn. 29.
[147] Ebenroth/Boujong/Joost/Strohn/Löwisch Rn. 26.
[148] BGH HVR Nr. 246; Ebenroth/Boujong/Joost/Strohn/Löwisch Rn. 26.
[149] Ebenroth/Boujong/Joost/Strohn/Löwisch Rn. 26; so wohl auch BGH HVR Nr. 485.
[150] Ebenroth/Boujong/Joost/Strohn/Löwisch Rn. 26.
[151] BGH BeckRS 1976, 31065931; GRUR 1968, 654 (656); OLG Düsseldorf HVR Nr. 1044; MüKoHGB/Ströbl Rn. 40; Ebenroth/Boujong/Joost/Strohn/Löwisch Rn. 25.
[152] OLG Nürnberg BB 1961, 64; Ebenroth/Boujong/Joost/Strohn/Löwisch Rn. 39; Emde Rn. 88.
[153] Ebenroth/Boujong/Joost/Strohn/Löwisch Rn. 39; Emde Rn. 88.

51   **(2) Konsequenzen aus dem Bestehen eines Wettbewerbsverbots; Rechtsfolgen eines Verstoßes.** Besteht ein Wettbewerbsverbot, darf der Handelsvertreter eine Konkurrenzvertretung im Absatzgebiet des Unternehmers nur mit ausdrücklicher oder konkludenter[154] **Zustimmung** des Unternehmers übernehmen bzw. fortsetzen.[155] Dasselbe gilt für den Eigenvertrieb.[156]

52   Verstößt der Handelsvertreter hiergegen, macht er sich nicht nur **schadensersatzpflichtig**; der Verstoß berechtigt den Unternehmer auch idR zur **außerordentlichen Kündigung** des Handelsvertretervertrages (→ Rn. 117); im Übrigen kann eine Vertragsstrafe vorgesehen sein (→ Rn. 64).

53   **Dritte** können bei Verstößen gegen das Wettbewerbsverbot grundsätzlich nicht gegen den Handelsvertreter vorgehen;[157] ein Vertragsbruch begründet insbesondere nicht zugleich per se einen Verstoß gegen das Lauterkeitsrecht; weitere Unlauterkeitsmomente müssen hinzutreten.[158]

54   **dd) Erlöschen des Wettbewerbsverbots.** Das Wettbewerbsverbot erlischt mit **Beendigung** des Handelsvertretervertrags.[159] Eine etwaige **Freistellung** des Handelsvertreters im Zeitraum zwischen Kündigung und Vertragsablauf ändert daran nichts.[160] Für die Zeit nach Beendigung des Vertrages können die Parteien eine Wettbewerbsabrede gemäß § 90a Abs. 1 S. 1 treffen.

55   **ee) Mehrstufige Vertragsverhältnisse.** Der Handelsvertreter (Hauptvertreter) muss sicherstellen, dass **echte** Untervertreter das ihm aufgrund der Treue- und Interessenwahrnehmungspflicht bzw. aufgrund vertraglicher Vereinbarung obliegende Wettbewerbsverbot einhalten. Der Hauptvertreter muss für Wettbewerbsverstöße des echten Untervertreters gegenüber dem Unternehmer einstehen;[161] er kann sich seiner Verpflichtungen also nicht durch die Einschaltung von Untervertretern entledigen. **Unechte** Untervertreter sind gegenüber dem Unternehmer durch eigenständige Wettbewerbsverbote gebunden.[162]

56   **ff) Vertragliche Vereinbarungen über das Wettbewerbsverbot.** Das von Gesetzes wegen bestehende Wettbewerbsverbot kann durch vertragliche Vereinbarung konkretisiert werden. Ferner können die Parteien darüber disponieren.[163]

57   **(1) Konkretisierungen.** Die Parteien können das gesetzliche Wettbewerbsverbot **konkretisieren,** dh sie können unter Einhaltung der gesetzlichen Grenzen bestimmen, welche Tätigkeiten im Einzelnen vom Wettbewerbsverbot erfasst sein sollen.[164]

58   **(2) Einschränkungen des Wettbewerbsverbots; erlaubte Zweitvertretung.** Die Parteien können das Wettbewerbsverbot **beschränken** oder auch **vollständig abbedingen.**[165] Der Handelsvertreter darf für einen anderen oder mehrere andere Unternehmer

---

[154] OLG Hamm NJW-RR 1992, 364 (365) und Hopt/Hopt Rn. 30 verlangen grds. eine ausdrückliche Zustimmung, lassen eine konkludente Zustimmung aber auch ausreichen.

[155] OLG Hamm NJW-RR 1992, 364 (365); Schlussanträge des Generalanwalts beim EuGH 28.10.2010 – C-203/09, BeckRS 2010, 91253 Rn. 44 – Volvo Car Germany GmbH; Hopt/Hopt Rn. 30; Ebenroth/Boujong/Joost/Strohn/Löwisch Rn. 25.

[156] Hopt/Hopt Rn. 30.

[157] BGH GRUR 1976, 427 (428).

[158] BGH GRUR 1976, 427 (428).

[159] Ebenroth/Boujong/Joost/Strohn/Löwisch Rn. 40; Küstner/Thume VertriebsR-HdB I Kap. III Rn. 97.

[160] Küstner/Thume VertriebsR-HdB I Kap. III Rn. 97; Gräfe ZVertriebsR 2013, 362 (363).

[161] Ebenroth/Boujong/Joost/Strohn/Löwisch Rn. 32; Emde Rn. 80.

[162] Ebenroth/Boujong/Joost/Strohn/Löwisch Rn. 32.

[163] So Canaris HandelsR § 15 III 3b, der nur auf die Interessenwahrnehmungspflicht abstellt.

[164] Emde Rn. 72.

[165] BGH NJW 1986, 2954 (2956); Fischer ZVglRWiss 2002, 143 (151); Ebenroth/Boujong/Joost/Strohn/Löwisch Rn. 24; Emde Rn. 114 f.; Canaris HandelsR § 15 III 3b.

tätig werden, soweit der Unternehmer dies **gestattet.**[166] Einen Anspruch auf Gestattung hat der Handelsvertreter nicht; dies gilt auch dann, wenn der Unternehmer anderen Handelsvertretern Entsprechendes gestattet hat, da der Handelsvertreter grundsätzlich keinen Anspruch auf Gleichbehandlung mit anderen Handelsvertretern hat[167] (zu Unterschieden hinsichtlich der Pflicht zur Gleichbehandlung bzgl. der einzelnen Vertriebsmittler und deren Auswirkungen → § 86a Rn. 42, 60).

Eine Gestattung hat **erhebliche Folgen** für den Unternehmer. So kann sie idR nicht **59** (einseitig) zurückgenommen werden.[168] Dies ergibt sich bereits aus Gesichtspunkten des Vertrauensschutzes; denn eine Rücknahme würde die Interessen des Handelsvertreters, der seinen Betrieb auf die neue Lage eingestellt hat, in aller Regel erheblich beeinträchtigen. Abgesehen davon dürfte es sich in vielen Fällen nicht um eine einseitige Erklärung des Unternehmers handeln, sondern um eine vertragliche (Änderungs-)Vereinbarung;[169] eine erneute (Vertrags-)Änderung wäre dann nur mit Zustimmung des Handelsvertreters zulässig.[170]

Da eine Gestattung grundsätzlich nicht im Interesse des Unternehmers liegt, ist sie im **60** Einzelfall **nicht ohne weiteres anzunehmen.** Sofern sie vorliegt, ist sie **eng auszulegen.** Gestattet der Unternehmer dem Handelsvertreter die Übernahme einer oder mehrerer Konkurrenzvertretungen, so ist die spätere Übernahme weiterer Konkurrenzvertretungen davon nicht erfasst; somit darf der Handelsvertreter nach dem Ende einer Konkurrenzvertretung nicht ohne entsprechende neue Gestattung des Unternehmers eine andere Konkurrenzvertretung an Stelle der beendeten übernehmen.[171]

Gestattet der Unternehmer dem Handelsvertreter die Vertretung eines oder mehrerer **61** Konkurrenten, so muss der Handelsvertreter dem Unternehmer die damit verbundenen Geschäfte für den bzw. die Konkurrenten grundsätzlich **nicht offenlegen.**[172]

(3) Erweiterungen des Wettbewerbsverbots. Die Parteien können das Wettbewerbs- **62** verbot durch vertragliche Vereinbarung erweitern, wobei auf die schutzwürdigen Belange des Handelsvertreters Rücksicht zu nehmen ist.[173]

Nicht hierhin[174] gehört die (zu bejahende) Frage, ob die Parteien vereinbaren **63** dürfen, dass die Aufnahme weiterer **nicht als Konkurrenzvertretungen zu qualifizierender Handelsvertretungen** nur mit Zustimmung des Unternehmers (§ 315 BGB) erfolgen darf;[175] denn dann liegt bereits kein relevanter Wettbewerb vor. Solche Vereinbarungen **erweitern also nicht das gesetzliche Wettbewerbsverbot,** sondern **konkretisieren** lediglich die **allgemeine Interessenwahrnehmungspflicht.** Solche Vereinbarungen sind daher nicht nur in Individualvereinbarungen, sondern auch in **AGB (Formularverträgen)** grundsätzlich zulässig, soweit ein legitimes Interesse des Unternehmers an der Erweiterung besteht,[176] zB wenn ein Hersteller von Premium-Produkten vermeiden will, dass seine Handelsvertreter zugleich Discount-Ware anderer Hersteller vertreiben.

---

[166] MüKoHGB/Ströbl Rn. 40; Ebenroth/Boujong/Joost/Strohn/Löwisch Rn. 25; Emde Rn. 84, Rn. 114.

[167] BGH BB 1971, 584; MüKoHGB/Ströbl Rn. 40 und § 84 Rn. 73; ausnahmsweise kann dies wegen der Schutzwürdigkeit des Vertrauens des Handelsvertreters anders liegen, wenn der Unternehmer in der Vergangenheit sämtlichen Handelsvertretern Vergünstigungen gewährt hat, vgl. BGH BB 1971, 584.

[168] Ebenroth/Boujong/Joost/Strohn/Löwisch Rn. 25.

[169] Ebenroth/Boujong/Joost/Strohn/Löwisch Rn. 25.

[170] OLG Köln HVR Nr. 454; Ebenroth/Boujong/Joost/Strohn/Löwisch Rn. 25.

[171] Ebenroth/Boujong/Joost/Strohn/Löwisch Rn. 25.

[172] OLG Frankfurt a. M. HVR Nr. 1088; Ebenroth/Boujong/Joost/Strohn/Löwisch Rn. 25.

[173] MüKoHGB/Ströbl Rn. 41; Hopt/Hopt Rn. 26; Ebenroth/Boujong/Joost/Strohn/Löwisch Rn. 27.

[174] AA bspw. MüKoHGB/Ströbl Rn. 41; v. Westphalen, VertragsR, Handelsvertretervertrag, Rn. 27.

[175] OLG München NJW-RR 1994, 159 (160); MüKoHGB/Ströbl Rn. 41; Ebenroth/Boujong/Joost/Strohn/Löwisch Rn. 27.

[176] AA OLG München NJW-RR 1995, 292 (293); v. Westphalen, VertragsR, Handelsvertretervertrag, Rn. 28.

64   Auf **AGB (Formularverträgen)** basierende **Vertragsstrafen** müssen angemessen sein; idR ist eine Vertragsstrafe in Höhe einer durchschnittlichen Monatsprovision angemessen, zumal der dem Unternehmer entstehende Schaden zumeist wesentlich größer ist.[177] Ferner müssen Vertragsstrafen grundsätzlich verschuldensabhängig sein,[178] und eine Kumulation von Vertragsstrafe und Schadensersatz statt der Leistung ist unzulässig;[179] die Vertragsstrafe ist also auf den Schadensersatz anzurechnen. Schließlich ist nach der Rechtsprechung eine angemessene Begrenzung der Gesamthöhe der Vertragsstrafe (bei mehreren einzelnen Verstößen) erforderlich.[180] Auch wenn bei Vertragsstrafen grundsätzlich der Aspekt des Fortsetzungszusammenhangs zu beachten ist,[181] ist jedenfalls bei Vorliegen eines besonderen Interesses an der Durchsetzung des Wettbewerbsverbotes (zB im Hinblick auf vorsätzliche Verletzungen[182]) die Regelung zulässig, wonach die Vertragsstrafe pro Verstoß verwirkt wird.[183] Da die Durchsetzung des Wettbewerbsverbots regelmäßig große Bedeutung für den Unternehmer hat, spricht viel dafür, keine hohen Anforderungen an das Vorliegen eines besonderen Interesses zu stellen.[184]

65   **(4) Kartellrechtliche Schranken.** Zu etwaigen kartellrechtlichen Schranken bei vertraglichen Vereinbarungen → AEUV Art. 101 Rn. 177 ff.

66   **e) Pflicht zur Befolgung von Weisungen. aa) Regelungsgegenstand und Zweck.** Solange der Handelsvertreter aufgrund des Handelsvertretervertrages tätig ist, kann der Unternehmer ihm Weisungen erteilen, die der Handelsvertreter grundsätzlich befolgen muss.[185] § 86 legt dies nicht ausdrücklich fest. Die HVRL schreibt es jedoch **zwingend** vor, Art. 3 Abs. 2 lit. c, Art. 5 HVRL. Die Verpflichtung folgt ohnehin aus der Interessenwahrnehmungspflicht; die Weisungen konkretisieren die Unternehmerinteressen im Einzelnen.[186] Darüber hinaus enthält auch das Recht der entgeltlichen Geschäftsbesorgung die Verpflichtung zur Weisungsbefolgung, § 675 Abs. 1 iVm § 665 BGB.[187]

67   **bb) Definition und Rechtsnatur; Widerruflichkeit und Änderbarkeit.** Weisungen sind **einseitige, verbindliche, ausdrücklich oder konkludent erklärte Vorgaben des Unternehmers gegenüber dem Handelsvertreter nach Vertragsschluss,** die Anordnungen hinsichtlich der Ausführung des einzelnen Geschäfts oder verschiedener gleichgelagerter Geschäfte enthalten.[188] Sie **konkretisieren** Vertragspflichten des Handelsvertreters; abändern können sie diese nicht.[189] Sie können auch keine neuen Pflichten begründen.[190] Sie können sehr detailliert oder allgemein gehalten sein, müssen aber eindeutig sein.[191]

---

[177] v. Westphalen, VertragsR, Handelsvertretervertrag, Rn. 31; praktische Beispiele zur Vertragsstrafe bei Niebling ZVertriebsR 2012, 79 (87).

[178] BGH BeckRS 2013, 07331 Rn. 23 mwN.

[179] BGH NJW 1992, 1096 (1097); Hopt/Hopt Rn. 32; Oetker/Busche Rn. 34.

[180] BGH NJW 1993, 1786 (1788); OLG München NJW-RR 1996, 1181; zust. v. Westphalen, VertragsR, Handelsvertretervertrag, Rn. 31; grds. zust. auch Koller/Kindler/Roth/Drüen/Roth Rn. 13.

[181] Vgl. zur Abbedingung des Fortsetzungszusammenhangs v. Westphalen/Thüsing, VertragsR, Vertragsstrafe, Rn. 35.

[182] v. Westphalen/Thüsing, VertragsR, Vertragsstrafe, Rn. 35 mwN.

[183] v. Westphalen, VertragsR, Handelsvertretervertrag, Rn. 31; vgl. Niebling ZVertriebsR 2012, 79 (87).

[184] Ähnlich wohl auch v. Westphalen, VertragsR, Handelsvertretervertrag, Rn. 31.

[185] BGH NJW 1966, 882 (883) mwN.

[186] Emde Rn. 180; Küstner/Thume VertriebsR-HdB I Kap. III Rn. 149 mwN; Hampe ZVertriebsR 2013, 21 (24).

[187] BGH NZG 2009, 310 (313); Koller/Kindler/Roth/Drüen/Roth Rn. 9; Canaris HandelsR § 15 III 2a; Hampe ZVertriebsR 2013, 21 (24).

[188] Ebenroth/Boujong/Joost/Strohn/Löwisch Rn. 45; Emde Rn. 181.

[189] MüKoHGB/Ströbl Rn. 13; Ebenroth/Boujong/Joost/Strohn/Löwisch Rn. 46; Oetker/Busche Rn. 17; Emde Rn. 185.

[190] AG München HVR Nr. 147; Ebenroth/Boujong/Joost/Strohn/Löwisch Rn. 46; Oetker/Busche Rn. 17.

[191] BGH NZG 2009, 310 (313); Hopt/Hopt Rn. 15; Koller/Kindler/Roth/Drüen/Roth Rn. 9.

Weisungen sind **empfangsbedürftig**[192] **und bis zu ihrer Ausführung widerruflich.**[193] Als Minus zum Widerruf sind auch Änderungen von Weisungen zulässig. Der Widerruf (und auch die Änderung) ist selbst eine Weisung.[194] Weisungen sind **nicht formbedürftig,** die Parteien können jedoch eine bestimmte Form vereinbaren.

Weisungen sind grundsätzlich so **auszulegen,** wie sie der Handelsvertreter nach Treu **68** und Glauben unter Berücksichtigung des mutmaßlichen Willens des Unternehmers und der Verkehrssitte verstehen muss.[195] Kann der Handelsvertreter den Weisungsinhalt nicht zweifelsfrei ermitteln, muss er den Unternehmer zur Klärung kontaktieren.[196]

    cc) Mögliche Weisungsinhalte. Weisungen können produktbezogen bzw. tätigkeits- **69** bezogen sein.[197] Gegenstand von Weisungen können grundsätzlich zB die Geschäftsbesorgung durch den Handelsvertreter im Allgemeinen, die Ausgestaltung einzelner Pflichten (zB der Benachrichtigungspflicht,[198] der Marktbeobachtungspflicht[199]), verbindliche Mindest- oder Höchstpreise für das jeweilige zu vertreibende Produkt,[200] die Definition des anzusprechenden Abnehmerkreises oder eines Teils jenes Kreises, zu dem der Handelsvertreter die Beziehungen intensivieren soll,[201] oder auch (bei Abschlussvertretern) Vorgaben hinsichtlich des Inhalts der mit den Kunden abzuschließenden Verträge[202] sein.

    dd) Grenzen der Weisungsbefugnis. Die Weisungsbefugnis des Unternehmers wird in **70** mehrfacher Hinsicht begrenzt. In erster Linie ist insofern der **Handelsvertretervertrag** maßgeblich. Der Handelsvertreter muss Weisungen, die die Vertragspflichten nicht konkretisieren, sondern von ihnen abweichen, nicht befolgen.[203] Andernfalls gestände man nämlich dem Unternehmer das Recht zu, den Handelsvertretervertrag einseitig zu ändern.[204]

Weichen Weisungen von Inhalten des Handelsvertretervertrages ab, ist zu prüfen, ob **71** darin eine konkludente **Kündigung** des Vertrages bzw. ein gleichzeitiges **Angebot zum Abschluss eines neuen Vertrages** liegt.[205] Ergibt die Prüfung, dass tatsächlich ein Angebot zum Abschluss eines neuen Vertrages vorliegt, so gilt § 362 Abs. 1 S. 2, S. 1; der Handelsvertreter ist danach verpflichtet, wenn er der unwirksamen Weisung nicht folgen und somit das Vertragsangebot ablehnen will, dies dem Unternehmer unverzüglich mitteilen; andernfalls gilt sein Schweigen als Annahme des Antrags.

Eine wichtige weitere Begrenzung des Weisungsrechts ergibt sich aus der **Selbstständig-** **72** **keit** des Handelsvertreters. Diese darf nach der Rechtsprechung nicht im Kern angetastet werden.[206] Teilweise wird vertreten, dass dies der Vorgabe von Art. 3 Abs. 2 lit. c HVRL entspreche, dass Weisungen **angemessen** sein müssen.[207] Dies dürfte zwar im Ansatz

---

[192] MüKoBGB/Schäfer § 665 Rn. 7; Grüneberg/Sprau § 665 Rn. 2; Ebenroth/Boujong/Joost/Strohn/ Löwisch Rn. 45; aA Emde Rn. 181.

[193] BGH NJW 1988, 1320; MüKoBGB/Schäfer § 665 Rn. 12; Grüneberg/Sprau § 665 Rn. 4; Ebenroth/ Boujong/Joost/Strohn/Löwisch Rn. 45; Emde Rn. 181.

[194] BGH NJW 1988, 1320; MüKoBGB/Schäfer § 665 Rn. 12.

[195] Jauernig/Mansel § 665 Rn. 2.

[196] BGH NJW 1991, 487 (488); Jauernig/Mansel § 665 Rn. 2.

[197] OLG Saarbrücken NJW-RR 2002, 542 (543); Hopt/Hopt Rn. 15; Ebenroth/Boujong/Joost/Strohn/ Löwisch Rn. 46.

[198] MüKoHGB/Ströbl Rn. 19; Ebenroth/Boujong/Joost/Strohn/Löwisch Rn. 46; Emde Rn. 184.

[199] Ebenroth/Boujong/Joost/Strohn/Löwisch Rn. 46; Emde Rn. 184.

[200] BGH ZIP 2003, 1707 (1711) für eine Kommissionsagentur; Canaris HandelsR § 15 III 2c; Ebenroth/ Boujong/Joost/Strohn/Löwisch Rn. 46.

[201] Canaris HandelsR § 15 III 2b.

[202] Ebenroth/Boujong/Joost/Strohn/Löwisch Rn. 46; Westphal VertriebsR I Rn. 247.

[203] MüKoHGB/Ströbl Rn. 14; Ebenroth/Boujong/Joost/Strohn/Löwisch Rn. 44; Emde Rn. 188.

[204] So zutreffend MüKoHGB/Häuser § 384 Rn. 32 mwN.

[205] MüKoBGB/Seiler § 665 Rn. 13; Knütel ZHR 137 (1973), 285 (294).

[206] BGH NJW-RR 2007, 1327 Rn. 21; NJW 1966, 882 (883); zust. Ebenroth/Boujong/Joost/Strohn/ Löwisch Rn. 46 f.; Koller/Kindler/Roth/Drüen/Roth Rn. 9; Emde Rn. 182; Hampe ZVertriebsR 2013, 21 (24).

[207] So aber Oetker/Busche Rn. 17.

zutreffen, allerdings zu kurz greifen. Die Angemessenheit – letztlich nichts anderes als eine Konkretisierung des allgemeinen Verhältnismäßigkeitsgrundsatzes – bewahrt den Handelsvertreter umfassend vor unverhältnismäßigen Vorgaben durch den Unternehmer; dies wirkt sich nicht allein im Hinblick auf seine Selbstständigkeit aus. Vielmehr dürfen Weisungen den Handelsvertreter generell nicht unzumutbar belasten oder ihm unzumutbare Risiken auferlegen; sie dürfen auch generell nicht ihm zustehende Rechte beeinträchtigen.

73   **Beispielsweise** ist es im Hinblick auf die Selbstständigkeit des Handelsvertreters unzulässig, ihm per Weisung vorzugeben, wann er tätig zu werden hat,[208] dass er über jede Tätigkeit und jeden Kundenbesuch einen Bericht anfertigen muss,[209] und ob und wie viel Personal er einzustellen hat.[210]

74   **ee) Recht zur Abweichung von Weisungen.** Da die **Sachgerechtigkeit** von Weisungen grundsätzlich unerheblich ist, muss der Handelsvertreter auch nicht sachgerechte Weisungen befolgen.[211] Nach §§ 675 Abs. 1, 665 S. 1 BGB darf er jedoch von Weisungen abweichen, wenn er den Umständen nach annehmen darf, dass der Unternehmer bei Kenntnis der Sachlage die Abweichung billigen würde;[212] dies setzt aber grundsätzlich voraus, dass er dem Unternehmer diese Abweichung angezeigt und dessen Entschließung abgewartet hat, wenn nicht mit dem Aufschub der Tätigkeit Gefahr verbunden ist, §§ 675 Abs. 1, 665 S. 2 BGB. In diesem Fall muss der Handelsvertreter – wie bei jeder berechtigten Abweichung – dem Unternehmer nachträglich die Abweichung anzeigen.[213]

75   **ff) Abweichende Vereinbarungen. Art. 5 HVRL verbietet abweichende Vereinbarungen,** so dass trotz einer fehlenden entsprechenden Regelung im HGB die Weisungsbefolgungspflicht im Kern unter **richtlinienkonformer Auslegung** inhaltlich weder erweitert noch beschränkt werden kann, soweit der Anwendungsbereich der HVRL eröffnet ist.[214] Außerhalb des Anwendungsbereichs der HVRL können die Parteien das Weisungsrecht konkretisieren und beschränken, auch in **AGB (Formularverträgen);**[215] Erweiterungen müssen der Selbstständigkeit des Handelsvertreters Rechnung tragen, die unternehmerische Entscheidungsfreiheit darf in ihrem Kerngehalt nicht angetastet werden.[216] Andernfalls verschwimmt die Grenze zum Arbeitsverhältnis.[217] Wird sie in ihrem Kerngehalt angetastet, kann ein Arbeitsverhältnis vorliegen; dies ist im Einzelfall zu untersuchen.[218]

VII. Benachrichtigungspflicht

76   **1. Regelungsgegenstand und Zweck.** Der Handelsvertreter ist verpflichtet, dem Unternehmer die **erforderlichen Nachrichten** zu geben (Abs. 2 Hs. 1), und ihm namentlich von jeder Geschäftsvermittlung und jedem Geschäftsabschluss unverzüglich Mitteilung zu machen (Abs. 2 Hs. 2).

77   Der **Zweck** der (allgemeinen) **Benachrichtigungspflicht**[219] nach Abs. 2 Hs. 1 liegt darin zu gewährleisten, dass der Unternehmer jederzeit über die für ihn relevanten Informationen verfügt. Dies betrifft zum einen Informationen über die Marktsituation, die der Unternehmer benötigt, um seinen Interessen entsprechende absatzpolitische Maßnahmen

---

[208] Emde Rn. 185; Schlegelberger/Schröder Rn. 31a.
[209] AG München HVR Nr. 147; Küstner/Thume VertriebsR-HdB I Kap. III Rn. 158; Emde Rn. 185.
[210] Emde Rn. 185; Schlegelberger/Schröder Rn. 31a.
[211] Emde Rn. 185.
[212] Oetker/Busche Rn. 17; Schlegelberger/Schröder Rn. 32b.
[213] Grüneberg/Sprau BGB § 665 Rn. 6.
[214] Emde Rn. 189.
[215] Ebenroth/Boujong/Joost/Strohn/Löwisch Rn. 45; kritisch Emde Rn. 189.
[216] BGH NJW 1966, 882 (883); Canaris HandelsR § 15 III 2b.
[217] Ebenroth/Boujong/Joost/Strohn/Löwisch Rn. 45.
[218] Canaris HandelsR § 15 III 2b.
[219] Die Terminologie ist uneinheitlich; vgl. dazu Küstner/Thume VertriebsR-HdB I Kap. III Rn. 121.

ergreifen bzw. fortsetzen zu können, dh insbesondere Informationen über das Angebot von Wettbewerbern, die Absatzlage und die Nachfrage des Publikums.[220] Zum anderen betrifft dies Informationen, die der Unternehmer benötigt, um sich einen Überblick über die konkrete Vermittlungstätigkeit des Handelsvertreters verschaffen zu können.[221] Diese Informationen ermöglichen es dem Unternehmer, zur Sicherstellung seiner Interessen in die Handelsvertretung zu intervenieren, diese (soweit möglich) zu steuern, bestimmte Dispositionen vorzubereiten oder vorzunehmen, sich auf den jeweiligen aktuellen Stand der Geschäftsbesorgung einzustellen und die Wahrung seiner Rechte im Falle einer mangelhaften Handelsvertretung zu erleichtern.[222]

2. Allgemeine Benachrichtigungspflicht. a) Inhalt. Die allgemeine Benachrichtigungspflicht nach Abs. 2 Hs. 1 verpflichtet den Handelsvertreter dazu, dem Unternehmer die **„erforderlichen Nachrichten"** zu geben, wobei das Gesetz diesen Begriff nicht definiert. Unter Berücksichtigung des Zwecks der Benachrichtigungspflicht sind unter den „erforderlichen Nachrichten" solche Informationen zu verstehen, die der Unternehmer objektiv[223] im Einzelfall[224] benötigt, um entweder geeignete absatzpolitische Maßnahmen ergreifen bzw. fortsetzen zu können, oder sich einen Überblick über die konkrete Vermittlungstätigkeit des Handelsvertreters zu verschaffen. Die Beurteilung muss sich im Wesentlichen an den Interessen des Unternehmers und nicht jenen des Handelsvertreters orientieren, denn die Benachrichtigungspflicht dient dem Schutz des Unternehmers.[225] Nähere Vorgaben oder Differenzierungen etwa hinsichtlich der Art und des Umfangs von Nachrichten ergeben sich aus § 86 Abs. 2 nicht.

Die allgemeine Benachrichtigungspflicht umfasst insbesondere Informationen über 79

– den Stand der laufenden Bemühungen des Handelsvertreters und über die Aussicht auf Abschlüsse; entgegen § 666 Var. 2 BGB gilt dies nicht nur auf Verlangen;[226]
– Erkenntnisse aus der Marktbeobachtung, zB bezogen auf Angebote und Verkaufszahlen von Wettbewerbsprodukten, Empfehlungen hinsichtlich der Produktion;[227]
– spezielle Beobachtungen bei Kundenbesuchen;[228]
– Vertragsverletzungen durch Kunden;[229]
– die Kreditwürdigkeit von Kunden;[230]
– die allgemeine Absatzlage und die Geschmacksrichtung der (potenziellen) Kunden.[231]

Auch die (geplante) Aufnahme von Konkurrenztätigkeiten nach Vertragsschluss kann 80 hier eingeordnet werden,[232] erscheint aber angesichts der gleichzeitigen Ableitung auch aus der Treuepflicht als Teil der **Offenbarungspflicht** des Handelsvertreters (→ Rn. 93).

Sämtliche **Kundenanschriften,** dh auch die dem Handelsvertreter während seiner 81 Tätigkeit für den Unternehmer bekannt gewordenen Anschriften, hat der Handelsvertreter dem Unternehmer nach Beendigung des Vertragsverhältnisses herauszugeben. Dieser Anspruch kann sowohl auf die Benachrichtigungspflicht als auch die **Herausgabepflicht** gestützt werden. Nach hier vertretener Auffassung beruht der Anspruch auf der Heraus-

[220] BGH NJW-RR 1988, 287; Küstner/Thume VertriebsR-HdB I Kap. III Rn. 118.
[221] BGH NJW-RR 1988, 287; Küstner/Thume VertriebsR-HdB I Kap. III Rn. 119.
[222] BGH NJW 2012, 917 Rn. 15 mwN.
[223] Küstner/Thume VertriebsR-HdB I Kap. III Rn. 123.
[224] BGH NJW 1966, 882 (883); Küstner/Thume VertriebsR-HdB I Kap. III Rn. 122.
[225] BGH NJW 1966, 882 (883); Küstner/Thume VertriebsR-HdB I Kap. III Rn. 123.
[226] Ebenso wohl OLG Köln BB 1971, 543 und wohl auch OLG München BeckRS 2016, 12019; Emde Rn. 140; MüKoHGB/Ströbl Rn. 49; Ebenroth/Boujong/Joost/Strohn/Löwisch Rn. 48; aA (nur auf Verlangen) Hopt/Hopt Rn. 40.
[227] MüKoHGB/Ströbl Rn. 50; Emde Rn. 140.
[228] MüKoHGB/Ströbl Rn. 50; Emde Rn. 140.
[229] BGH BB 1979, 242; MüKoHGB/Ströbl Rn. 50; Emde Rn. 140.
[230] OLG München BeckRS 2016, 12019; MüKoHGB/Ströbl Rn. 50; Emde Rn. 140.
[231] MüKoHGB/Ströbl Rn. 50; Emde Rn. 140.
[232] Emde Rn. 140; aA Oetker/Busche Rn. 35.

gabepflicht[233] (→ Rn. 100 ff.), weil der Zweck der Benachrichtigungspflicht (→ Rn. 77) nicht einschlägig ist.

82   **b) Umfang.** Wie umfangreich bzw. detailliert die im Rahmen der Benachrichtigungspflicht zu übermittelnden Informationen sein müssen, hängt von den Umständen des Einzelfalles ab. Grundsätzlich gilt insoweit, dass die Informationen so detailliert ausfallen müssen, wie es dem Unternehmerinteresse entspricht;[234] idR brauchen die Informationen keinen hohen Detailgrad aufzuweisen, zumal detaillierte Informationen der Übersichtlichkeit schaden können. Im Übrigen ist die **Selbstständigkeit** der Tätigkeit des Handelsvertreters zu beachten, dh er darf nicht daran gehindert werden, seine Tätigkeit im Wesentlichen frei zu gestalten und seine Arbeitszeit selbst zu bestimmen;[235] so muss der Handelsvertreter grundsätzlich nicht über spezielle Arbeits- und Werbemethoden informieren.[236]

83   Gleichwohl kann im Einzelfall ein relevantes Informationsinteresse des Unternehmers hinsichtlich bestimmter Einzelheiten bestehen, da das Verhalten des Handelsvertreters dem Unternehmer zuzurechnen ist.

84   **c) Form.** Die Form der Benachrichtigung richtet sich in erster Linie nach der vertraglichen Vereinbarung.[237] **Abs. 2** selbst enthält keine Vorgaben hinsichtlich der **Form** der Benachrichtigung. Zweckmäßig, insbesondere aus Gründen der Dokumentation, ist jedenfalls idR die Benachrichtigung in Textform.[238] Bei einer Vielzahl von Kunden und bei der (typischen) Organisationsstruktur des Unternehmers, in der die Entscheidungsprozesse auf mehrere Personen verteilt sind, ergibt sich idR aus der Benachrichtigungspflicht die Pflicht, die für die Entscheidungen benötigten Informationen schriftlich festzuhalten, da sie nur dann für den Unternehmer bei Bedarf wieder in verlässlicher Weise abrufbar sind.[239] Das OLG Braunschweig hat insoweit bestimmte weitere Ausnahmen als uU zulässig erachtet.[240]

85   Der Unternehmer kann dem Handelsvertreter durch **Weisung** die Form der Mitteilung vorgeben.[241] So kann der Unternehmer verlangen, dass der Handelsvertreter bestimmte Vordrucke verwendet.[242] Insbesondere bei einer Verpflichtung des Handelsvertreters zu regelmäßigen Benachrichtigungen ergibt sich dabei häufig die Form eines auf bestimmte Informationen ausgelegten **Berichts.**[243] Von der Form der Berichterstattung strikt zu unterscheiden ist dabei die Frage, welche **Inhalte** zu berichten sind. Insoweit darf der Unternehmer keine solchen Vorgaben machen, die die **Selbstständigkeit** des Handelsvertreters im Kern beeinträchtigen (→ Rn. 82). Dies gilt insbesondere dann, wenn der Handelsvertreter für **CRM-Tools** des Unternehmers Informationen liefert; insofern empfiehlt es sich genau zu prüfen, welche Informationen dem Handelsvertreter (in welcher Häufigkeit) abverlangt werden dürfen ohne dessen Selbstständigkeit zu beeinträchtigen, auch wenn die **Form** der Benachrichtigung als solche unproblematisch erscheinen mag.

---

[233] Ebenso BGH NJW 2009, 1420 Rn. 19; 1993, 1786 (1787); Hopt/Hopt Rn. 17; aA jedenfalls hinsichtlich den während der Tätigkeit bekannt gewordenen Anschriften Emde Rn. 140 (Benachrichtigungspflicht als Grundlage).

[234] BGH NJW 1966, 882 (883).

[235] Küstner/Thume VertriebsR-HdB I Kap. III Rn. 130.

[236] OLG Köln BB 1971, 543; aA MüKoHGB/Ströbl Rn. 50.

[237] MüKoHGB/Ströbl Rn. 51.

[238] Küstner/Thume VertriebsR-HdB I Kap. III Rn. 126.

[239] OLG Braunschweig NJW-RR 1996, 1316 (1317); Hopt/Hopt Rn. 43.

[240] OLG Braunschweig NJW-RR 1996, 1316 (1317).

[241] BGH NJW-RR 1988, 287; MüKoHGB/Ströbl Rn. 51; Ebenroth/Boujong/Joost/Strohn/Löwisch Rn. 16.

[242] BAG BeckRS 1966, 30701518; MüKoHGB/Ströbl Rn. 51; Ulmer/Brandner/Hensen/Schmidt Handelsvertreterverträge Rn. 3.

[243] Vgl. zB BGH NJW-RR 1988, 287 („Muster eines Wochenberichts").

d) Zeitpunkt und Häufigkeit der Benachrichtigung. Nach **Abs. 2** ist der Handels- **86** vertreter dann zur Benachrichtigung verpflichtet, wenn der Unternehmer die jeweiligen Informationen über die Marktsituation bzw. über die Vermittlungsbemühungen des Handelsvertreters **objektiv benötigt.**[244] Dies kann auch dazu führen, dass der Handelsvertreter zur **unverzüglichen** Mitteilung verpflichtet ist,[245] wie es **Abs. 2 Hs. 2** hinsichtlich der Mitteilung von jeder Geschäftsvermittlung und von jedem Geschäftsabschluss bestimmt. Die Benachrichtigungspflicht endet auch hinsichtlich einzelner Geschäfte nicht mit deren Vermittlung bzw. Abschluss; da der Handelsvertreter dauernd die Interessen des Unternehmers wahrzunehmen hat, muss er dem Unternehmer auch nach Vermittlung bzw. Abschluss wesentliche Informationen übermitteln, zB Informationen über ihm bekannt gewordene Zahlungsschwierigkeiten von Kunden.[246]

Eine wesentliche **Grenze** der Benachrichtigungspflicht ergibt sich daraus, dass der **87** Handelsvertreter eine **selbstständige** Tätigkeit ausübt. Die Selbstständigkeit der Tätigkeit darf nicht im Kern angetastet werden;[247] der Handelsvertreter darf nicht daran gehindert werden, seine Tätigkeit im Wesentlichen frei zu gestalten.[248] Wann diese Grenze überschritten ist, ist eine Frage des **Einzelfalles.** So ist etwa eine Pflicht zur (regelmäßigen) täglichen Berichterstattung mit der Selbstständigkeit des Handelsvertreters grundsätzlich nicht vereinbar.[249] Gleichwohl ist die Unabhängigkeit des Handelsvertreters gegenüber dem Informationsinteresse des Unternehmers generell nachrangig.[250] Insbesondere wenn die **Umsätze mit den Produkten erheblich zurückgehen,** hat der Unternehmer idR ein starkes Interesse daran festzustellen, ob dies auf eine ungünstige Marktlage oder auf ein Nachlassen der Tätigkeit des Handelsvertreters zurückgeht, so dass der Handelsvertreter zu häufigen Mitteilungen verpflichtet werden kann.[251] Insoweit dürften auch Intervalle von weniger als einer Woche zulässig sein; eine tägliche Information wird allerdings kaum „erforderlich" sein.

e) Vereinbarungen über die Benachrichtigungspflicht. Die Parteien können die **88** Benachrichtigungspflicht **konkretisieren.**[252] Sie können sie auch grundsätzlich **einschränken,** soweit sie nicht in ihrem Kern angetastet, dh auf die Mitteilung erforderlicher Nachrichten vollständig verzichtet wird.[253] Insoweit ist die Benachrichtigungspflicht gemäß Abs. 4 (und Art. 5 HVRL für den Bereich der Warenvertreter) **unabdingbar.** Hinsichtlich **Erweiterungen** ergeben sich Grenzen aus der Selbstständigkeit der Tätigkeit des Handelsvertreters;[254] bei **AGB (Formularverträgen)** ist darüber hinaus zu berücksichtigen, dass das Merkmal der Erforderlichkeit der Nachrichten Leitbildcharakter hat. Verpflichtungen zur Mitteilung objektiv nicht erforderlicher Nachrichten sind damit nicht vereinbar.[255] In der Literatur wird ferner die Ansicht vertreten, dass Erweiterungen einer „Berichtspflicht" hinsichtlich einzelner Geschäfte durch **AGB (Formularverträge)** nur zulässig seien,

---

[244] Hopt/Hopt Rn. 42; Abstellen auf vertragliche Vereinbarung: Ebenroth/Boujong/Joost/Strohn/Löwisch Rn. 18; MüKoHGB/Ströbl Rn. 52; der Handelsvertreter ist auch nachvertraglich noch zur Benachrichtigung verpflichtet, jedenfalls, wenn der Unternehmer nach Vertragsende noch Auskünfte bezogen auf die Zeiter des Vertragsverhältnisses fordert und der Handelsvertreter seiner Benachrichtigungspflicht nicht nachgekommen ist, OLG München BeckRS 2016, 12019.

[245] MüKoHGB/Ströbl Rn. 52; Hopt/Hopt Rn. 42; Ebenroth/Boujong/Joost/Strohn/Löwisch Rn. 15.

[246] Schlegelberger/Schröder Rn. 25.

[247] BGH NJW-RR 1988, 287; NJW 1966, 882 (883); Küstner/Thume VertriebsR-HdB I Kap. III Rn. 130 f.

[248] Küstner/Thume VertriebsR-HdB I Kap. III Rn. 130.

[249] In diese Richtung BGH BB 1989, 1076; ebenso Küstner/Thume VertriebsR-HdB I Kap. III Rn. 131; Emde § 84 Rn. 35.

[250] BGH NJW 1966, 882 (883).

[251] BGH NJW 1966, 882 (883).

[252] Emde Rn. 146; ebenso (bezüglich einer „Berichtspflicht") Ebenroth/Boujong/Joost/Strohn/Löwisch Rn. 52.

[253] Emde Rn. 146.

[254] Emde Rn. 146.

[255] Ähnlich Emde Rn. 146.

soweit der Handelsvertreter hochwertige Produkte vertreibe.[256] Dies überzeugt nicht; denn auch beim Vertrieb preiswerter Massenartikel kann der Unternehmer ein erhebliches Interesse an erweiterten Informationspflichten haben, insbesondere wegen der großen Anzahl vertriebener Produkte und etwaiger Produkthaftungsrisiken.[257]

89   Bei **unechten** Handelsvertretern sind im Rahmen der Erweiterung der Informationspflichten kartellrechtliche Vorgaben zu beachten; dies gilt insbesondere dann, wenn der Handelsvertreter über von ihm ebenfalls vertriebene Produkte Dritter (also nicht über Vertragsprodukte) berichten soll.[258]

90   **3. Unverzügliche Mitteilung über jede Vermittlung und jeden Abschluss.** Gemäß Abs. 2 Hs. 2 hat der Handelsvertreter dem Unternehmer die erforderlichen Nachrichten zu geben, namentlich ihm von jeder Geschäftsvermittlung und von jedem Geschäftsabschluss unverzüglich iSv § 121 Abs. 1 S. 1 BGB Mitteilung zu machen. Abs. 2 Hs. 2 konkretisiert[259] damit die allgemeine Benachrichtigungspflicht. Gegenstand der Nachricht sind die Identität des Kunden und die vollständige Darstellung sämtlicher Einzelheiten des Geschäfts.[260] Dazu gehören auch etwaige weitere rechtlich relevante Erklärungen, insbesondere Nebenabreden.[261] Der Unternehmer muss als Geschäftsherr ein vollständiges Bild über sämtliche im Zusammenhang mit dem Geschäft getroffenen Abreden erhalten.[262] Der Unternehmer kann dem Handelsvertreter die Form der Benachrichtigung auch in Gestalt von **AGB (Formularvertrag)** vorgeben.[263]

91   **4. „Berichtspflicht".** Häufig wird im Zusammenhang mit Abs. 2 auch von einer „Berichtspflicht" des Handelsvertreters gesprochen.[264] Dabei wird nicht immer deutlich, was der Inhalt dieser Berichtspflicht sein und inwieweit sie sich überhaupt von der allgemeinen Benachrichtigungspflicht unterscheiden soll; jedenfalls ist sie im Gesetz nicht vorgesehen.[265] Eine Differenzierung zwischen der Benachrichtigungspflicht und einer „Berichtspflicht" erscheint nicht sinnvoll,[266] da nach Abs. 1 Hs. 1 ganz generell gilt, dass der Handelsvertreter dem Unternehmer die erforderlichen Nachrichten zu übermitteln hat (und zwar dann, wenn der Unternehmer sie **objektiv benötigt** (→ Rn. 86)).

92   Sofern man gleichwohl eine „Berichtspflicht" annimmt, sollte sie so verstanden werden, dass es sich um die Verpflichtung des Handelsvertreters zur regelmäßigen Unterrichtung des Unternehmers über bestimmte Belange in relativ umfassender Form (daher: Bericht) handelt,[267] die letztlich lediglich eine Konkretisierung von Abs. 2 Hs. 1 darstellt.[268] Gegenstand der Berichte sind dann typischerweise Informationen über die Marktsituation einschließlich des Wettbewerbsgeschehens, die Absatzlage, den Kundenkreis, Wünsche und Erwartungen der Kunden und etwaige Vorschläge zur Produktverbesserung.[269] Bereits angesichts der Begrifflichkeit erscheint es dagegen wenig überzeugend, eine „Berichtspflicht" dann anzunehmen, wenn der Handelsvertreter beabsichtigt, ein **unübliches Geschäft** zu tätigen.[270] Insoweit ergibt sich bereits aus Abs. 2 Hs. 1, dass der Handelsvertreter den Unternehmer hierüber rechtzeitig informieren muss. Hinsichtlich **Zeitpunkt**

---

[256] Ebenroth/Boujong/Joost/Strohn/Löwisch Rn. 52.
[257] Emde Vor § 84 Rn. 55 (Berichtspflicht).
[258] Emde Rn. 146; Wiemer WuW 2009, 750 (753 f.); vgl. auch Emde/Valdini BB 2016, 899 ff.
[259] AA wohl Roth in Koller/Kindler/Roth/Drüen Rn. 7 („dies geht über Art. 3 II HV-Rili hinaus").
[260] Ebenroth/Boujong/Joost/Strohn/Löwisch Rn. 48.
[261] Ebenroth/Boujong/Joost/Strohn/Löwisch Rn. 48; Schlegelberger/Schröder Rn. 24.
[262] Schlegelberger/Schröder Rn. 24.
[263] Ebenroth/Boujong/Joost/Strohn/Löwisch Rn. 48.
[264] OLG Köln FHArbSozR 17 Nr. 293; Schlegelberger/Schröder Rn. 20a.
[265] So zu Recht Ebenroth/Boujong/Joost/Strohn/Löwisch Rn. 51.
[266] Kritisch auch Emde Rn. 155.
[267] Ebenso Emde Rn. 155.
[268] Vgl. auch BGH NJW-RR 1988, 287.
[269] Emde Rn. 157; Röhricht/v. Westphalen/Haas/Thume Rn. 18.
[270] So aber Ebenroth/Boujong/Joost/Strohn/Löwisch Rn. 51.

und **Häufigkeit** der Berichte gilt das oben zur Benachrichtigungspflicht Gesagte entsprechend.

5. Offenbarungspflicht. Bestimmte Informationen sind für den Unternehmer nicht 93 nur im Hinblick auf sein Auftreten bzw. seine Stellung am Markt oder für die Ausführung des Vertrages durch den Handelsvertreter relevant; sie betreffen auch unmittelbar das Innenverhältnis der Parteien und können die vertrauensvolle Zusammenarbeit beeinträchtigen.[271] Insoweit ist nicht nur die **Interessenwahrnehmungspflicht,** sondern auch die **Treuepflicht** des Handelsvertreters von besonderer Bedeutung.[272] Dies betrifft insbesondere folgende Informationen (die im Übrigen als „erforderliche Nachrichten" im Sinne von Abs. 2 anzusehen sind):

– die Gründe für den Absatz solcher Produkte durch den Handelsvertreter, die mit den Produkten des Unternehmers im Wettbewerb stehen;[273]
– die beabsichtigte Übernahme einer weiteren Vertretung (bzw. sonstigen Absatzmittlung), wenn der jeweilige Unternehmer objektiv betrachtet Wettbewerber des Unternehmers ist.[274] Dies gilt auch dann, wenn der Handelsvertreter beabsichtigt, **nach Vertragsende** für einen Wettbewerber des Unternehmers tätig zu werden (→ § 89 Rn. 102 f.). Ob die Übernahme weiterer Vertretungen eine Pflicht zur Offenbarung auch dann begründet, wenn es sich nicht um Wettbewerber des Unternehmers handelt, ist umstritten;[275] insoweit ist im Einzelfall zu prüfen, ob die Interessen des Unternehmers beeinträchtigt werden. Jedenfalls wenn dieselbe Branche betroffen ist, hat der BGH angenommen, im Grundsatz sei der Handelsvertreter verpflichtet, den Unternehmer von der Übernahme einer weiteren Vertretung zu unterrichten, und die Unterlassung der Unterrichtung könne einen wichtigen Grund zur Kündigung darstellen.[276] Insgesamt wird deutlich, dass es sich empfiehlt, diese Konstellation vertraglich zu regeln;
– Informationen zu (wettbewerbs-)verbotswidrig für einen Wettbewerber des Unternehmers vermittelten Geschäften;[277]
– die Information, dass es dem Handelsvertreter aus bestimmten Gründen unmöglich ist, seinen Pflichten nachzukommen.[278]

VIII. Rechenschaftspflicht

Der Handelsvertreter ist **aufgrund seiner Benachrichtigungspflicht (Abs. 2 Hs. 1)** 94 auch zur Ablegung der Rechenschaft verpflichtet (vgl. § 666 Var. 3 BGB), dh zur Bekanntgabe der mit seiner Tätigkeit für den Unternehmer verbundenen Einnahmen und Ausgaben,[279] insbesondere von Dritten kassierte (Schmier-)[280]Gelder; der **Abschlussvertreter** ist nach jedem einzelnen abgeschlossenen Geschäft zur Ablegung der Rechenschaft verpflichtet.[281]

---

[271] Küstner/Thume VertriebsR-HdB I Kap. III Rn. 135; Emde Rn. 152; Brüggemann in Staub, 4. Aufl. 1995, Rn. 27.
[272] Emde Rn. 149.
[273] Emde Rn. 152.
[274] Küstner/Thume VertriebsR-HdB I Kap. III Rn. 138; Emde Rn. 152; Brüggemann in Staub, 4. Aufl. 1995, Rn. 27.
[275] Dafür OLG Düsseldorf BB 1969, 330; dagegen Küstner/Thume VertriebsR-HdB I Kap. III Rn. 140.
[276] BGH NJW 1995, 1958 (1959).
[277] BGH NJW 1996, 2097 (2098); 1964, 817; Emde Rn. 152.
[278] Ebenso iErg MüKoHGB/Ströbl Rn. 50; Brüggemann in Staub, 4. Aufl. 1995, Rn. 27; Emde Rn. 140, aber unter anderer Einordnung.
[279] MüKoHGB/Ströbl Rn. 53; Hopt/Hopt Rn. 41.
[280] Hopt/Hopt Rn. 41; Emde Rn. 178.
[281] Ebenroth/Boujong/Joost/Strohn/Löwisch Emde Rn. 140; aA Ebenroth/Boujong/Joost/Strohn/Löwisch Rn. 45 (nur auf Verlangen oder Weisung); MüKoHGB/Ströbl Rn. 53 (periodisch nach festen Zeiträumen).

95   Da die Rechenschaftspflicht dem Zweck dient, dem Geschäftsherrn solche Informationen zu verschaffen, die dieser zur Beurteilung seiner Rechtsstellung benötigt,[282] muss die Rechenschaft **vollständig, richtig, verständlich und nachprüfbar** sein.[283]

96   Ist die Rechenschaft **über eine mit Einnahmen und/oder Ausgaben verbundene Verwaltung abzulegen,** zB weil die Parteien dies vereinbart haben bzw. weil der Handelsvertreter eine Umsatzbeteiligung erhält,[284] gilt § 259 BGB **(Rechnungslegung).**[285] Gemäß § 259 Abs. 1 BGB hat der Handelsvertreter dem Unternehmer eine die geordnete Zusammenstellung der Einnahmen und Ausgaben enthaltende Rechnung zur Verfügung zu stellen. Der Unternehmer soll aufgrund der Informationen die **Ordnungsmäßigkeit der Tätigkeit** des Handelsvertreters überprüfen können.[286] Dies soll es ihm ermöglichen, bei Missständen Ansprüche geltend zu machen.[287] Soweit **Belege,** zB Rechnungen und Quittungen, nach der Verkehrssitte erteilt zu werden pflegen, sind diese gemäß § 259 Abs. 1 BGB vorzulegen und der Aufstellung von Einnahmen und Ausgaben in übersichtlicher Form zuzuordnen.[288] Bei Zweifeln hinsichtlich der inhaltlichen Richtigkeit der Informationen ist der Unternehmer berechtigt, die Abgabe einer eidesstattlichen Versicherung zu verlangen, sofern die Voraussetzungen von § 259 Abs. 2 BGB vorliegen.

97   Der Handelsvertreter muss die Rechenschaft nicht, wie in § 666 Var. 3 BGB vorgesehen, nur auf Verlangen des Unternehmers ablegen, sondern auch **aus eigener Initiative** tätig werden, wenn die Unternehmerinteressen dies objektiv erfordern;[289] dies ergibt sich aus dem Maßstab der **Erforderlichkeit** in Abs. 2 Hs. 1. Abs. 2 Hs. 1 verdrängt § 666 Var. 3 BGB im Wege der Spezialität.

98   Die **Häufigkeit** der Rechenschaftsablegung richtet sich zunächst nach entsprechenden Vereinbarungen der Parteien. Fehlt es daran, soll nach ganz hM der Handelsvertreter nicht verpflichtet sein, nach jeder einzelnen Geschäftsvermittlung bzw. jedem einzelnen Abschluss Rechenschaft abzulegen.[290] Vielmehr wird idR eine Pflicht zur periodischen Abrechnung angenommen, teilweise gemäß § 87c Abs. 1 S. 1 Hs. 1 analog.[291] Richtigerweise ist abzurechnen, wenn **die Unternehmerinteressen es objektiv erfordern;** dies folgt bereits daraus, dass die Pflicht zur Rechenschaftsablegung als Ausfluss der allgemeinen Benachrichtigungspflicht anzusehen ist,[292] für die das Kriterium der Erforderlichkeit gilt. IdR wird eine periodische, etwa monatliche Abrechnung im Interesse des Unternehmers liegen und eine häufigere Abrechnung nicht erforderlich sein; doch auch eine Ablegung der Rechenschaft nach jedem einzelnen Geschäft kann in Anbetracht der Unternehmerinteressen im Einzelfall jedenfalls vorübergehend erforderlich sein.

99   Eine Beschränkung bzw. Abbedingung der Rechenschaftspflicht ist in **Individualverträgen** zulässig,[293] wobei die allgemeinen Grenzen (insbesondere § 138 BGB) gelten.[294] Ein vollständiger Ausschluss der Rechenschaftspflicht lässt sich nicht mit Abs. 4 (Art. 5 HVRL) vereinbaren. Einer Erweiterung der Rechenschaftspflicht durch den Unternehmer in **AGB (Formularverträgen)** sind wegen des Merkmals der Erforderlichkeit in Abs. 2 Hs. 1 Grenzen gesetzt.

---

[282] Vgl. MüKoBGB/Schäfer § 666 Rn. 1.
[283] Vgl. BGH NJW 2008, 3055 (3058); MüKoBGB/Schäfer § 666 Rn. 31.
[284] Emde Rn. 178.
[285] Vgl. MüKoBGB/Schäfer § 666 Rn. 32; Schlegelberger/Schröder Rn. 34.
[286] Vgl. MüKoBGB/Krüger § 259 Rn. 1.
[287] MüKoBGB/Krüger § 259 Rn. 1.
[288] Vgl. MüKoBGB/Krüger § 259 Rn. 23.
[289] Ebenso wohl Emde Rn. 140, Rn. 178; aA Schlegelberger/Schröder Rn. 34.
[290] MüKoHGB/Ströbl Rn. 53; Oetker/Busche Rn. 38; Emde Rn. 179.
[291] MüKoHGB/Ströbl Rn. 53; aA Emde Rn. 179.
[292] Emde Rn. 178.
[293] Vgl. zu § 666 BGB MüKoBGB/Schäfer § 666 Rn. 2; Staudinger/Martinek § 666 Rn. 17.
[294] MüKoBGB/Schäfer § 666 Rn. 2.

IX. Herausgabepflicht und Aufbewahrungspflicht

1. Regelungsgegenstand und Zweck. Der Handelsvertreter hat dem Unternehmer **100**
gemäß § 667 BGB, der ergänzend zu § 86 anzuwenden ist,[295] alles **herauszugeben,** was er
zur Ausführung der Handelsvertretung erhält und was er daraus erlangt. Das Erlangte ist
wirtschaftlich nämlich dem Unternehmer zugeordnet und nicht dem Handelsvertreter, der
sich lediglich um die Vermittlung bzw. den Abschluss von Geschäften für ihn bemühen soll.
Solange der Handelsvertreter das Erlangte nicht herausgibt, muss er es **aufbewahren.**[296]
Auch dies folgt aus der Interessenwahrnehmungspflicht.[297]

2. Aufbewahrungspflicht. Der Handelsvertreter hat die ihm **vom Unternehmer** **101**
überlassenen Waren und die ihm gemäß § 86a Abs. 1 überlassenen (zur Ausübung seiner
Tätigkeit erforderlichen) Unterlagen, wie Muster, Zeichnungen, Preislisten, Werbedrucksachen, Geschäftsbedingungen, aufzubewahren; der Handelsvertreter darf sie, soweit nicht
anders vereinbart, nicht verbrauchen oder veräußern.[298] Hat der Unternehmer dem Handelsvertreter zB eine Musterkollektion überlassen, so muss der Handelsvertreter sie sorgfältig (§ 86 Abs. 3) aufbewahren[299], wobei die Sorgfaltsanforderungen auch von dem Wert
bzw. der Bedeutung der aufzubewahrenden Sachen abhängig sind (→ Rn. 111). Eine Versicherungspflicht besteht insoweit allerdings grundsätzlich nicht,[300] wobei sich etwas anderes
aus einem Handelsbrauch ergeben kann.[301] Der Handelsvertreter hat auch solche Sachen
aufzubewahren, die er im Zusammenhang mit seiner Tätigkeit für den Unternehmer **von
Dritten** erhält; dies gilt zB für Waren oder Warenproben, die von Kunden zurückgegeben
werden, von Dritten erfüllungshalber hingegebene Wechsel und Schecks, Korrespondenz
mit Kunden, eingezogene Gelder (§ 87 Abs. 4), auch Schmiergelder (falls er sie verbotswidrig annimmt).[302]

Schaltet der Handelsvertreter **Dritte** für die Aufbewahrung ein, ist er für deren Verhalten **102**
gemäß § 278 BGB verantwortlich.[303]

Unterhält der Handelsvertreter zur Erfüllung seiner Aufbewahrungspflichten ein Lager, **103**
so dient dies jedenfalls auch seinen eigenen Interessen; daher kann er für die Lagerunterhal-
tung grundsätzlich vom Unternehmer **keinen Aufwendungsersatz** verlangen.[304] Anders
kann dies dann liegen, wenn der Handelsvertreter vertraglich dazu verpflichtet ist, ein Lager
zu unterhalten (→ § 87d Rn. 11).

3. Herausgabepflicht. Die Herausgabepflicht betrifft sämtliche unter → Rn. 101 ge- **104**
nannte Gegenstände. Ferner hat der Handelsvertreter sämtliche Kundendaten an den
Unternehmer herauszugeben, dh sowohl die vom Unternehmer erhaltenen als auch die im
Rahmen seiner Tätigkeiten anderweitig erlangten Kundendaten.[305]

Das Erlangte ist grundsätzlich so herauszugeben, **wie der Handelsvertreter es erlangt** **105**
hat.[306] Mehr als das Erlangte muss er nicht herausgeben, auch wenn er nach vertraglicher

---

[295] BGH NJW 1993, 1786 (1787); MüKoHGB/Ströbl Rn. 55; Ebenroth/Boujong/Joost/Strohn/Löwisch
Rn. 49; Oetker/Busche Rn. 40.
[296] Oetker/Busche Rn. 40.
[297] Oetker/Busche Rn. 40.
[298] MüKoHGB/Ströbl Rn. 64; Ebenroth/Boujong/Joost/Strohn/Löwisch Rn. 13; Oetker/Busche
Rn. 41.
[299] BGH NJW-RR 1993, 926.
[300] MüKoHGB/Ströbl Rn. 54; Hopt/Hopt Rn. 17; Oetker/Busche Rn. 41 („zweifelhaft"); aA LG Hannover MDR 1984, 1028 f.
[301] MüKoHGB/Ströbl Rn. 54; Oetker/Busche Rn. 41.
[302] Oetker/Busche Rn. 42; vgl. auch MüKoHGB/Ströbl Rn. 56 (zur Herausgabepflicht).
[303] MüKoHGB/Ströbl Rn. 64.
[304] Oetker/Busche Rn. 41; Brüggemann in Staub, 4. Aufl. 1995, Rn. 25.
[305] BGH NJW 2009, 1420 Rn. 19; 1993, 1786 (1787).
[306] MüKoBGB/Schäfer § 667 Rn. 6, Rn. 11.

Vereinbarung mehr als das tatsächlich Erlangte hätte erlangen müssen.[307] Insoweit kommen aber Schadensersatzansprüche des Unternehmers in Betracht[308] (→ Rn. 120).

106   Falls die Parteien keinen Ort für die Leistung bestimmt haben und sich dieser auch nicht aus den Umständen ergibt, ist **Erfüllungsort** der Ort der gewerblichen Niederlassung des Handelsvertreters, § 269 Abs. 1, Abs. 2 BGB.[309]

107   Der Anspruch **entsteht,** sobald der Handelsvertreter etwas zur oder aus der Geschäftsbesorgung erlangt.[310] Im Hinblick auf das Insolvenzverfahren gilt der Anspruch schon als mit der Auftragserteilung bedingt entstanden.[311] Unterschiede ergeben sich hinsichtlich der **Fälligkeit** der Herausgabepflicht. Aus § 667 BGB folgt grundsätzlich eine Fälligkeit des Herausgabeanspruchs **spätestens mit der Beendigung des jeweiligen Auftrags.**[312] Im Einzelnen ist zu differenzieren: Das **zur Ausführung des Auftrags Erhaltene** kann dann zurückverlangt werden, wenn **der Zweck der Überlassung** erreicht oder endgültig verfehlt worden ist.[313] Dh dasjenige, was dem Handelsvertreter zur Vermittlung (bzw. zum Abschluss) einzelner Geschäfte überlassen wurde, muss der Handelsvertreter zurückgeben, nachdem er das jeweilige Geschäft vermittelt hat.[314] Was ihm zur Vermittlung einer Vielzahl von Geschäften überlassen wurde (zB Werbematerial oder allgemeine Preislisten), muss er erst nach Beendigung des Handelsvertretervertrages zurückgeben.[315] Hinsichtlich des **aus der Geschäftsbesorgung Erlangten** kommt es auf die Einzelfallumstände an.[316] IdR ist es aufgrund der Interessenwahrnehmungspflicht im Anschluss an die Vermittlung (bzw. Abschluss) des jeweiligen Geschäfts herauszugeben;[317] ist dies nicht praktikabel, zB wenn der Handelsvertreter im Rahmen seiner Inkassoberechtigung laufend Kleinstbeträge einzieht, deren sofortige Erstattung eine unzumutbare Belastung begründen würde, ist das Erlangte so bald wie möglich herauszugeben; unter Berücksichtigung der Interessen des Handelsvertreters kann uU auch eine Herausgabe in regelmäßigen Abständen ausreichen.[318] Sämtliche **Kundendaten,** dh sowohl die vom Unternehmer erhaltenen als auch die im Rahmen seiner Tätigkeiten erlangten Kundendaten, sind **nach Beendigung des Vertragsverhältnisses** an den Unternehmer herauszugeben.[319]

108   Soweit der Unternehmer einen Anspruch auf Herausgabe von Geldern hat, ist der Handelsvertreter im Zweifel **nicht zur Aufrechnung** wegen eigener Forderungen berechtigt, da er für den Unternehmer treuhänderisch tätig wird.[320] Aus denselben Gründen steht ihm auch **kein Zurückbehaltungsrecht** zu.[321] Ist der Handelsvertreter dagegen zum Inkasso befugt, so kann er auch dazu berechtigt sein, einen bestimmten (Provisions-)Anteil an den eingezogenen Beträgen einzubehalten.[322]

109   **4. Vertragliche Vereinbarungen.**[323] § 667 ist dispositiv,[323] so dass die Parteien die Rechtsfolgen einvernehmlich ändern oder auch aufheben können; in dem völligen oder

---

[307] Schlegelberger/Schröder Rn. 37b.
[308] Schlegelberger/Schröder Rn. 37b.
[309] Ebenroth/Boujong/Joost/Strohn/Löwisch Rn. 49.
[310] Vgl. BGH NJW 1989, 1353 (1354); BeckOK BGB/Fischer § 667 Rn. 3.
[311] BGH NZI 2005, 681; NJW 1978, 1807 (1808); BeckOK BGB/Fischer § 667 Rn. 3.
[312] BeckOK BGB/Fischer § 667 Rn. 4.
[313] BGH NJW 2005, 2927 (2929); BeckOK BGB/Fischer § 667 Rn. 4.
[314] MüKoHGB/Ströbl Rn. 55; Oetker/Busche Rn. 43.
[315] MüKoHGB/Ströbl Rn. 55; Oetker/Busche Rn. 43.
[316] BGH NZI 2005, 681; BeckOK BGB/Fischer § 667 Rn. 4.
[317] MüKoHGB/Ströbl Rn. 55; Oetker/Busche Rn. 43.
[318] Hopt/Hopt Rn. 17; Oetker/Busche Rn. 43; Ebenroth/Boujong/Joost/Strohn/Löwisch Rn. 49.
[319] BGH NJW 2009, 1420 Rn. 19; Oetker/Busche Rn. 43.
[320] OLG Hamm NJW-RR 1994, 158 (159); Oetker/Busche Rn. 44; Ebenroth/Boujong/Joost/Strohn/Löwisch Rn. 49.
[321] OLG Hamm NJW-RR 1994, 158 (159); Oetker/Busche Rn. 44; Ebenroth/Boujong/Joost/Strohn/Löwisch Rn. 49.
[322] Ebenroth/Boujong/Joost/Strohn/Löwisch Rn. 49.
[323] BGH NJW-RR 1997, 778; MüKoBGB/Schäfer § 667 Rn. 4 mwN.

teilweisen Verzicht auf die Herausgabe des Erlangten kann eine Schenkung liegen.[324] Eine Einschränkung der Herausgabe- bzw. Aufbewahrungspflicht in **AGB (Formularverträgen)** des Unternehmers ist unproblematisch möglich, da sie den Handelsvertreter nicht benachteiligt.

X. Sorgfalt eines ordentlichen Kaufmanns (Abs. 3)

Der Handelsvertreter ist gemäß Abs. 3 verpflichtet, **seine Pflichten mit der Sorgfalt 110 eines ordentlichen Kaufmanns wahrzunehmen.** Es handelt sich um denselben **Sorgfaltsmaßstab** wie in § 347 Abs. 1, der § 276 Abs. 2 BGB konkretisiert.[325] Eine § 347 Abs. 2 entsprechende Regelung findet sich in Abs. 3 nicht; § 347 Abs. 2 gilt daher hier nicht.[326] Entgegen einer teilweise vertretenen Auffassung kommt Abs. 3 neben § 347 Abs. 1 eine eigenständige Bedeutung zu.[327] Dies folgt bereits aus § 84 Abs. 4, wonach ein Handelsvertreter nicht Kaufmann sein muss. § 86 Abs. 3 greift daher auch dann ein, wenn der Handelsvertreter nicht Kaufmann ist; während § 347 Abs. 1 nur auf Kaufleute Anwendung findet.[328]

An die Sorgfalt des Handelsvertreters sind umso höhere Anforderungen zu stellen, je 111 bedeutender die jeweilige Angelegenheit ist,[329] insbesondere wenn sich für den Unternehmer durch das jeweilige Geschäft besondere Risiken bzw. Gefahren ergeben[330] oder besondere Vermögensinteressen des Unternehmers berührt werden (zB bei der Verwahrung besonders wertvoller Waren des Unternehmers).[331] Die **Beweislast** für die Einhaltung der Sorgfaltsanforderungen trägt gemäß § 280 Abs. 1 S. 2 BGB der Handelsvertreter.[332]

XI. Rechte des Unternehmers bei Pflichtverletzungen

Verletzt der Handelsvertreter schuldhaft seine vertraglichen Pflichten, so stehen dem 112 Unternehmer grundsätzlich **Schadensersatzansprüche** gemäß §§ 280 ff., 249 ff. BGB zu. Dabei muss **der Handelsvertreter darlegen und beweisen,** dass er die Pflichtverletzung nicht zu vertreten hat, § 280 Abs. 1 S. 2 BGB.[333] Hinsichtlich der übrigen Voraussetzungen ist **der Unternehmer darlegungs- und beweisbelastet.** Die Verjährungsfrist beträgt gemäß § 195 BGB drei Jahre.[334]

Schwerwiegende Pflichtverletzungen können die andere Vertragspartei zur **außer- 113 ordentlichen Kündigung** des Handelsvertretervertrages nach § 89a berechtigen.

1. Verletzung der Bemühenspflicht. Die schuldhafte Verletzung der Bemühenspflicht 114 kann **Schadensersatzansprüche** gemäß §§ 280 ff. BGB begründen (→ Rn. 112). Ferner kann sich der Unternehmer auf §§ 273, 320 BGB berufen.[335] Schließlich kommt bei hinreichender Schwere eine **außerordentliche Kündigung** nach § 89a in Betracht.[336] Dagegen wird ein etwaiges Rücktrittsrecht gemäß §§ 323 Abs. 1, 326 Abs. 5 BGB[337] ab Invollzugsetzung des Vertrages vom Recht zur außerordentlichen Kündigung verdrängt.[338]

---

[324] BGH NJW-RR 1997, 778.
[325] Ebenroth/Boujong/Joost/Strohn/Joost § 347 Rn. 1.
[326] Ebenroth/Boujong/Joost/Strohn/Löwisch Rn. 68; Oetker/Busche Rn. 45; Emde Rn. 174.
[327] Zutreffend BeckOK HGB/Lehmann Rn. 85; so aber MüKoHGB/Ströbl Rn. 58; Ebenroth/Boujong/Joost/Strohn/Löwisch Rn. 2; vgl. auch RegE, BT-Drs. 11/3077, 7.
[328] Emde Rn. 6.
[329] BGH BB 1993, 1105; MüKoHGB/Ströbl Rn. 58.
[330] Ebenroth/Boujong/Joost/Strohn/Löwisch Rn. 68; Emde Rn. 175; Schlegelberger/Schröder § 86b Rn. 2.
[331] BGH NJW-RR 1993, 926; Ebenroth/Boujong/Joost/Strohn/Löwisch Rn. 68; Emde Rn. 175; BeckOK HGB/Lehmann Rn. 32.
[332] OLG Karlsruhe DB 1969, 741 (742); MüKoHGB/Ströbl Rn. 58; aA Emde Rn. 193.
[333] Vgl. MüKoBGB/Ernst § 280 Rn. 34.
[334] MüKoBGB/Ernst § 280 Rn. 45.
[335] Koller in Staub Rn. 68.
[336] OLG Köln IHR 2015, 70 (72); Koller/Kindler/Roth/Drüen/Roth Rn. 13.
[337] Vgl. Koller/Kindler/Roth/Drüen/Roth Rn. 13.
[338] Vgl. Grüneberg/Grüneberg § 323 Rn. 4 mwN.

115   **2. Verletzung der Treue- und/oder der Interessenwahrnehmungspflicht.** Die schuldhafte Verletzung der Treue- und/oder der Interessenwahrnehmungspflicht begründet **Schadensersatzansprüche** gemäß §§ 280 ff. BGB (→ Rn. 112).

116   Da die Treuepflicht in gewissem Umfang bereits **im Rahmen der Vertragsverhandlungen** wirkt, kann ihre Verletzung in diesem Stadium Schadensersatzansprüche gemäß § 280 Abs. 1 iVm §§ 311 Abs. 2, 241 Abs. 2 BGB auslösen. Im Hinblick auf die Darlegungs- und Beweislast gilt dann bezüglich des Kausalzusammenhangs zwischen Verhalten und Schaden die **Vermutung „aufklärungsrichtigen Verhaltens"** (→ Rn. 119), soweit **Aufklärungspflichten** verletzt werden.

117   **3. Verletzung des Wettbewerbsverbotes.** Verletzt der Handelsvertreter schuldhaft das **Wettbewerbsverbot,** so kann der Unternehmer ihn auf **Schadensersatz** in Anspruch nehmen (→ Rn. 112), der insbesondere den Ersatz entgangenen Gewinns umfassen kann,[339] und **Unterlassung** verlangen.[340] Darüber hinaus berechtigt der Verstoß den Unternehmer aufgrund der massiven Beeinträchtigung des Vertrauensverhältnisses[341] idR auch zur **außerordentlichen und fristlosen Kündigung** des Handelsvertretervertrages.[342] Allerdings kann eine abweichende Beurteilung gerechtfertigt sein, wenn sich der Verstoß gegen das Wettbewerbsverbot daraus ergeben hat, dass sich das andere Unternehmen **erst während der Vertragslaufzeit** (durch die Ausweitung seines Sortiments) **zum Wettbewerber entwickelt** hat und der Handelsvertreter auch annehmen durfte, der Unternehmer sei mit einer Tätigkeit für das andere Unternehmen weiterhin einverstanden.[343] Unter diesen Umständen erscheint es dem Unternehmer zumutbar, dem Handelsvertreter zunächst die Neuordnung seiner geschäftlichen Tätigkeiten (einschließlich des Abbruchs der Geschäftsverbindung mit dem Wettbewerber) zu gewähren.[344] Ausnahmsweise kann dem Unternehmer die Fortsetzung des Vertragsverhältnisses gleichwohl **unzumutbar** sein; insoweit trägt er die **Darlegungs- und Beweislast.**[345]

118   Bei Verstößen gegen das Wettbewerbsverbot steht dem Unternehmer gegen den Handelsvertreter ein Anspruch auf **Auskunft** über den Umfang der für den/die anderen Unternehmer vermittelten Geschäfte zu.[346] Aufgrund dieser Auskunft lässt sich nämlich am ehesten erkennen, in welchem Umfang dem Unternehmer Gewinn entgangen ist.[347]

119   **4. Verletzung von Benachrichtigungspflichten.** Die schuldhafte Verletzung der Benachrichtigungspflichten (einschließlich der Rechenschaftspflicht) begründet **Schadensersatzansprüche** (→ Rn. 112). Soweit der Handelsvertreter den Unternehmer über bestimmte Umstände aufzuklären hat, ist die Anwendung der Grundsätze über die **„Vermutung aufklärungsrichtigen Verhaltens"**[348] angezeigt. Danach ist der Handelsvertreter auf Grund der Verletzung darlegungs- und beweispflichtig dafür, dass der Schaden auch bei pflichtgemäßem Verhalten eingetreten wäre. Er muss also darlegen und beweisen, dass der Unternehmer die pflichtgemäße Benachrichtigung unbeachtet gelassen hätte.[349] Diese Vermutung besteht nach der Rechtsprechung unter Umständen auch dann, wenn dem

---

[339] BGH NJW 2014, 381 (382); 2013, 2111 (2114); ZIP 2013, 2260 (2261); BeckRS 2013, 07331 Rn. 26; NJW-RR 2009, 1404 Rn. 14.
[340] Küstner/Thume VertriebsR-HdB I Kap. III Rn. 115.
[341] Vgl. Küstner/Thume VertriebsR-HdB I Kap. III Rn. 102.
[342] BGH NJW 1984, 2101 (2102) mwN; das OLG Köln IHR 2015, 70 (72) lässt bei einmaligem Wettbewerbsverstoß eine Abmahnungzur Wiederherstellung des Vertrauensverhältnisses ausreichen; nach LG Frankfurt a. M. ZVertriebsR 2018, 252 (256) kann der einer Abmahnung zugrundeliegende Lebenssachverhalt nicht als späterer Kündigungsgrund verwendet werden.
[343] BGH FHZivR 24 Nr. 4679; Emde Rn. 105.
[344] BGH FHZivR 24 Nr. 4679.
[345] BGH FHZivR 24 Nr. 4679.
[346] BGH NJW 2014, 381 (382); ZIP 2013, 2260 (2261); NJW 1996, 2097 (2098); LG Hamburg 20.7.2018 – 317 O 101/17, BeckRS 2018, 49632; Canaris HandelsR § 15 III 3a.
[347] BGH NJW 2014, 381 (382); ZIP 2013, 2260 (2261); NJW 1996, 2097 (2098).
[348] Vgl. BGH NJW 2002, 2703 (2704).
[349] Vgl. BGH NJW 2002, 2703 (2704); 2001, 2021 (2022); 1994, 512 (513).

Adressaten der Benachrichtigung verschiedene Handlungsalternativen offen standen.[350] Dem Unternehmer kann ein **Mitverschulden** anzulasten sein.[351]

5. Verletzung der Herausgabepflicht. Bei Verletzungen der Herausgabepflicht kom- 120 men Schadensersatzansprüche gem. §§ 280 ff. in Betracht (→ Rn. 112). Dabei ist insbesondere an §§ 280 Abs. 2, 286 BGB zu denken.

6. Verletzung der Pflicht zur Befolgung von Weisungen. Verstöße gegen **ver- 121 bindliche Weisungen** können Schadensersatzansprüche begründen (→ Rn. 112). Grundsätzlich rechtfertigt ein Verstoß gegen Weisungen keine außerordentliche Kündigung nach § 89a, allerdings kann dies im Einzelfall anders liegen, wenn weitere Umstände hinzutreten.[352]

XII. Unabdingbarkeit (Abs. 4)

Gemäß **Abs. 4** sind Vereinbarungen, die von den Absätzen 1 und 2 abweichen, unwirk- 122 sam. Dh die **Bemühenspflicht (Abs. 1 Hs. 1)**, die Pflicht zur **Interessenwahrnehmung (Abs. 1 Hs. 2)** und die **Benachrichtigungspflicht (Abs. 2)** sind zwingend. In richtlinienkonformer Auslegung ist darüber hinaus im Anwendungsbereich der HVRL die in § 86 nicht normierte **Weisungsbefolgungspflicht** zwingend **(Art. 3 Abs. 2 lit. c, Art. 5 HVRL)**; dasselbe gilt für die **Treuepflicht (Art. 3 Abs. 1, Art. 5 HVRL).**

Die Ausgestaltung der Regelungen als zwingend ist weder dogmatisch zu begrüßen noch 123 praktisch von wesentlichem Nutzen. In dogmatischer Hinsicht ist sie nicht zu begrüßen, denn die als zwingend ausgestalteten Elemente sind ohnehin **wesenstypisch** für Handelsvertreterverträge und nicht zufällig im Wesentlichen bereits im Recht der entgeltlichen Geschäftsbesorgung angelegt.[353] Demgegenüber schränkt sie die Vertragsfreiheit der Parteien stark ein. Ein wesentlicher praktischer Nutzen für diesen erheblichen Eingriff ist nicht erkennbar, zumal nach zutreffender ganz hM[354] **nur der Kernbereich der jeweiligen Pflichten nicht angetastet werden darf,** da andernfalls die Vertragsfreiheit der Parteien in der Tat unverhältnismäßig eingeschränkt würde.[355] Somit dürften allenfalls Unternehmer, soweit sie im Einzelfall marktmächtigen Handelsvertretern gegenüberstehen,[356] die zwingende Ausgestaltung begrüßen.

Die Parteien dürfen den unantastbaren Kernbereich der Pflichten vertraglich **konkreti- 124 sieren,**[357] zB indem sie festlegen, welche Nachrichten als „erforderlich" gelten und wie der Handelsvertreter seine Interessenwahrnehmungspflicht erfüllt;[358] es ist das Recht des Unternehmers zu definieren, wie seine Interessen beschaffen sind und damit auch, was in seinem Interesse liegt.[359]

Sie sind auch nicht gehindert, **weitere Pflichten** des Handelsvertreters in den Vertrag 125 aufzunehmen, die diesen Kernbereich nicht berühren oder als andersartige Pflichten anzusehen sind[360] (→ Rn. 128).

Umgekehrt sind sämtliche Ausflüsse der genannten Pflichten, die nicht zu ihrem Kern- 126 bereich gehören, (vollständig) **dispositiv**; dies gilt insbesondere für das (vollständig abding-

---

[350] BGH NJW 2002, 2703 (2704).
[351] Vgl. BGH NJW 2002, 2703 (2704).
[352] OLG Saarbrücken NJW-RR 2002, 542 (543).
[353] Daher ist es auch nur ein Scheinvorteil, dass, wie Canaris HandelsR § 15 III 1b meint, die Ausgestaltung dem Handelsvertretervertrag „feste Konturen" verleihe.
[354] Vgl. etwa BGH NJW 1991, 490 (491); Hopt/Hopt Rn. 50; Ebenroth/Boujong/Joost/Strohn/Löwisch Rn. 69; Canaris HandelsR § 15 III 1b; Emde Rn. 195.
[355] Canaris HandelsR § 15 III 1b.
[356] Canaris HandelsR § 15 III 1b.
[357] MüKoHGB/Ströbl Rn. 65; Ebenroth/Boujong/Joost/Strohn/Löwisch Rn. 67; Canaris HandelsR § 15 III 1b; Emde Rn. 196.
[358] MüKoHGB/Ströbl Rn. 65; Ankele DB 1989, 2211; Küstner/v. Manteuffel BB 1990, 291 (294).
[359] Ebenroth/Boujong/Joost/Strohn/Löwisch Rn. 70; Emde Rn. 196.
[360] Ebenroth/Boujong/Joost/Strohn/Löwisch Rn. 70; Canaris HandelsR § 15 III 1b; Emde Rn. 196.

bare) **Wettbewerbsverbot,**[361] die Bonitätsprüfungspflicht[362] und die Verschwiegenheitspflicht.[363]

127   Soweit Vereinbarungen gegen Abs. 4 verstoßen, sind sie **nichtig;** an ihre Stelle tritt die jeweilige gesetzliche Regelung.[364] Allerdings gilt dies nur dann, wenn es sich um einen Handelsvertretervertrag handelt; ob dies der Fall ist oder tatsächlich ein anderer Vertragstyp vorliegt, ist zu prüfen.[365]

XIII. Aufnahme nicht gesetzlich geregelter Pflichten in den Vertrag

128   Die Parteien können weitere Pflichten des Handelsvertreters im Vertrag regeln. Dabei handelt es sich zB um folgende Verpflichtungen:[366]

- Abwicklung der vermittelten oder abgeschlossenen Geschäfte;[367]
- allgemeine Markt-, Produkt- und Kundenpflege;[368]
- Inkasso der Beträge, die der Kunde dem Unternehmer schuldet (§ 87 Abs. 4);[369]
- Führung von Gerichtsverfahren gegen Kunden;[370]
- Lagerhaltung;[371]
- Auslieferung von Waren an Kunden;[372]
- Einstehen für Verbindlichkeiten aus einem Geschäft (§ 86b);[373]
- Mängelgewährleistung gegenüber Kunden;[374]
- Montage der vertriebenen Produkte;[375]
- Erbringung bestimmter Kundendienstleistungen;[376]
- Prüfung, ob bestimmte öffentlich-rechtliche Erlaubnisse für den Vertrieb von Produkten eingeholt werden müssen (→ Rn. 32).

129   Erhält der Handelsvertreter für die Übernahme zusätzlicher Pflichten auch eine erhöhte oder zusätzliche (angemessene) Provision, so stehen der Statuierung solcher Pflichten grundsätzlich keine Bedenken entgegen.[377]

B. Vertragshändler

I. Analoge Anwendbarkeit

130   Die §§ 84 ff. können analog auf Vertragshändlerverträge angewandt werden, wenn der jeweilige Vertragshändler aufgrund der vertraglichen Abmachungen und damit übernommener handelsvertreterrechtlicher Pflichten nach dem Gesamtbild seiner Bindungen und

---

[361] BGH NJW 1986, 2954 (2956); Fischer ZVglRWiss 2002, 143 (151); Ebenroth/Boujong/Joost/Strohn/Löwisch Rn. 24; Emde Rn. 113 f., Rn. 196; Canaris HandelsR § 15 III 3b.

[362] Emde Rn. 196.

[363] Ebenroth/Boujong/Joost/Strohn/Löwisch Rn. 14 (mit Verweis auf § 90 Rn. 18); Emde Rn. 196.

[364] Ebenroth/Boujong/Joost/Strohn/Löwisch Canaris HandelsR § 15 III 1b.

[365] Canaris HandelsR § 15 III 1b; Fischer ZVglRWiss 2002, 143 (150); Emde Rn. 195; vgl. auch BeckOK HGB/Lehmann Rn. 96.

[366] Vgl. insbes. Ebenroth/Boujong/Joost/Strohn/Löwisch Rn. 62 f. und Emde Rn. 198.

[367] Emde Rn. 198.

[368] Emde Rn. 198.

[369] OLG Stuttgart DB 1962, 405; Ebenroth/Boujong/Joost/Strohn/Löwisch Rn. 63; Koller/Kindler/Roth/Drüen/Roth Rn. 3; Emde Rn. 198; Röhricht/v. Westphalen/Haas/Thume Rn. 10.

[370] Schlegelberger/Schröder Rn. 4a; Emde Rn. 198.

[371] BGH NJW 1959, 1430 (1431); Hopt/Hopt Rn. 51; MüKoHGB/Ströbl Rn. 47; Koller/Kindler/Roth/Drüen/Roth Rn. 3; Emde Rn. 198; Röhricht/v. Westphalen/Haas/Thume Rn. 10.

[372] BGH NJW 1959, 1430 (1431); Hopt/Hopt Rn. 51; Emde Rn. 198; Röhricht/Graf v. Westphalen/Haas/Thume Rn. 10.

[373] BGH NJW 1959, 1430 (1431); Küstner/Thume VertriebsR-HdB I Kap. III Rn. 166; Emde Rn. 198.

[374] Ebenroth/Boujong/Joost/Strohn/Löwisch Rn. 62 f.; Emde Rn. 198.

[375] Röhricht/v. Westphalen/Haas/Thume Rn. 10; Emde Rn. 198.

[376] Röhricht/Graf v. Westphalen/Haas/Thume Rn. 10.

[377] v. Westphalen, VertragsR, Handelsvertretervertrag, Rn. 25.

Verpflichtungen so in die Absatzorganisation des Unternehmers eingegliedert ist, dass er wirtschaftlich in erheblichem Umfang einem Handelsvertreter vergleichbare Aufgaben zu erfüllen hat[378] (→ Vor § 84 Rn. 36 ff.). Ferner ist erforderlich, dass die jeweilige Vorschrift nach ihrer ratio legis in dem zu entscheidenden Fall zur Anwendung auf den jeweiligen Vertragshändlervertrag anzuwenden ist.[379]

Insgesamt sind die §§ 84 ff. auf Vertragshändlerverträge in begrenztem Umfang analog **131** anwendbar.[380] Dies gilt auch für die in § 86 enthaltenen Regelungen, wenn die Analogievoraussetzungen jeweils erfüllt sind. Im Einzelnen gilt Folgendes:

Die **Absatzförderungspflicht** des Vertragshändlers entspricht grundsätzlich der Ver- **132** pflichtung des Handelsvertreters, sich um die Vermittlung oder den Abschluss von Geschäften zu bemühen **(Abs. 1 Hs. 1)**. Es ist die Hauptaufgabe des Vertragshändlers (wie auch die des Handelsvertreters), sich für den Absatz der Vertragsprodukte nachhaltig einzusetzen.[381] Daher ist Abs. 1 Hs. 1 analog anwendbar. In aller Regel ist die Absatzförderungspflicht ohnehin ausdrücklich im Vertragshändlervertrag normiert.[382] Die **Interessenwahrnehmungspflicht (Abs. 1 Hs. 2)** ist auch für das Vertragshändlervertragsverhältnis typisch; Abs. 1 Hs. 2 ist analog anwendbar.[383] Das (auch) aus der Interessenwahrnehmungspflicht abgeleitete **Wettbewerbsverbot** des Handelsvertreters während der Vertragslaufzeit gilt nach wohl hM grundsätzlich entsprechend für den (vergleichbar eingegliederten) Vertragshändler,[384] jedoch nur innerhalb der **kartellrechtlichen Grenzen**[385] (→ Rn. 137; es ist äußerst zweifelhaft, ob angesichts der Wertungen des (EU-)Kartellrechts überhaupt eine analoge Anwendung des Wettbewerbsverbots in Betracht kommt). Die in § 86 nicht ausdrücklich vorgesehene **Weisungsbefolgungspflicht** ist analog anwendbar,[386] zumal sie Ausfluss des ebenfalls analog anwendbaren Abs. 1 Hs. 2 ist. Ob die **allgemeine Benachrichtigungspflicht (Abs. 2 Hs. 1)** auf Vertragshändlerverträge analog angewendet werden kann, ist umstritten.[387] Richtig erscheint es, die generalklauselartige Vorschrift zwar analog anzuwenden, jedoch den Umfang der Benachrichtigungspflicht erheblich enger zu fassen; für den Vertragshändler müssen erheblich niedrigere Anforderungen als für den Handelsvertreter gelten, weil er in eigenem Namen auf eigene Rechnung tätig wird[388] und es somit jedenfalls in Hinblick auf einzelfallbezogene Benachrichtigungen (anders als bei allgemeinen marktbezogenen Benachrichtigungen) oftmals an dem Schutzbedürfnis des Unternehmers fehlen wird. Die Pflicht zur unverzüglichen Mitteilung eines jeden Geschäftsabschlusses **(Abs. 2 Hs. 2)** ist nicht analog anzuwenden, weil sie auf die Tätigkeit

---

[378] Vgl. BGH NJW-RR 2003, 98; 1988, 1305; NJW 2015, 945 (946); OLG Hamm BeckRS 2016, 03185; OLG Schleswig BeckRS 2015, 01952; OLG Köln BeckRS 2013, 02968; BGH NJW 2017, 947; OLG Hamm ZVErtriebsR 2020, 274 (377).

[379] Canaris HandelsR § 17 II 1; Thume in Küstner/Thume III Teil II Kap. 2 Rn. 49.

[380] Schultze/Wauschkuhn/Spenner/Dau/Kübler Vertragshändlervertrag/Dau Rn. 146.

[381] Schultze/Wauschkuhn/Spenner/Dau/Kübler Vertragshändlervertrag/Dau Rn. 150; Hampe ZVertriebsR 2013, 21 (26); Gräfe ZVertriebsR 2013, 362.

[382] Thume in Küstner/Thume III Teil II Kap. 2 Rn. 55.

[383] Canaris HandelsR § 17 III 3a; Schultze/Wauschkuhn/Spenner/Dau/Kübler Vertragshändlervertrag/Dau Rn. 49; Westphal VertriebsR II Rn. 145–147; Thume in Küstner/Thume III Teil II Kap. 2 Rn. 55; Hampe ZVertriebsR 2013, 21 (26).

[384] BGH NJW 1984, 2101 (2102); Canaris HandelsR § 17 III 3a; Schultze/Wauschkuhn/Spenner/Dau/Kübler Vertragshändlervertrag/Dau Rn. 49; Emde Rn. 82; kritisch Thume in Küstner/Thume III Teil II Kap. 2 Rn. 55 und Kap. 5 Rn. 53 ff.; differenziert Martinek/Semler/Flohr VertriebsR-HdB/Manderla § 25 Rn. 68 f.

[385] Schultze/Wauschkuhn/Spenner/Dau/Kübler Vertragshändlervertrag/Dau Rn. 49; Emde Rn. 82; Westphal VertriebsR II Rn. 402.

[386] Canaris HandelsR § 17 III 3b; Emde Rn. 180; Hampe ZVertriebsR 2013, 21 (26); befürwortend wohl auch Westphal VertriebsR II Rn. 145.

[387] Dafür: Westphal VertriebsR II Rn. 160; Giesler/Vogels § 3 Rn. 189; für Analogie „zu 86" Emde Vor § 84 Rn. 382; dagegen: Thume in Küstner/Thume III Teil II Kap. 2 Rn. 56; offen gelassen Schultze/Wauschkuhn/Spenner/Dau/Kübler Vertragshändlervertrag/Dau Rn. 171.

[388] IErg wohl ebenso Westphal VertriebsR II Rn. 160 und Giesler/Vogels § 3 Rn. 189. Emde Vor § 84 Rn. 383 weist zu Recht auch darauf hin, dass eine Analogie zu § 666 Var. 1 BGB schon wegen Spezialität des § 86 Abs. 2 nicht überzeugend wäre.

des Handelsvertreters in fremdem Namen und auf fremde Rechnung zugeschritten ist.[389] Wie auch der Handelsvertreter ist der Vertragshändler zur **Treue** verpflichtet. Die Erwägungen unter → Rn. 24 gelten für den Vertragshändlervertrag entsprechend. **Abs. 3** ist ebenfalls analog anwendbar.[390] Hinsichtlich **Abs. 4** ist eine Analogie dagegen abzulehnen.[391] Auch wenn allgemein eine Tendenz festzustellen ist, zwingende Normen des Handelsvertreterrechts analog auf Vertragshändlerverträge anzuwenden,[392] besteht dafür im Grundsatz und **speziell im Hinblick auf Abs. 4** kein Bedürfnis und gibt es dafür auch keine Rechtfertigung. Verfehlt – da zu pauschal – ist es zu argumentieren, dass eine Analogie auch zu zwingenden Normen immer dann gerechtfertigt sei, wenn der Vertragshändler einem Handelsvertreter vergleichbar in die Absatzorganisation des Unternehmers eingebunden ist.[393] Dieses Argument betrifft nur das erste der beiden Analogiekriterien (Eingliederung; → Rn. 130) und berücksichtigt nicht, dass auch die ratio legis einschlägig sein muss. Diese mag zwar im Einzelfall einschlägig sein (vgl. etwa § 89 Abs. 2), sofern der jeweilige Vertragshändler wie ein Handelsvertreter in die Absatzorganisation eingegliedert ist (weil es im Hinblick auf die jeweilige Vorschrift keine relevanten strukturellen Unterschiede zwischen Vertragshändler und Handelsvertreter gibt). Allgemeine Geltung kann dieses Argument jedoch nicht beanspruchen. Vielmehr ist die analoge Anwendung zwingender Normen auf das Vertragshändlerrecht **im Grundsatz abzulehnen.** Erstens ist schon der Handelsvertreter als selbstständiger Gewerbetreibender nicht per se schutzbedürftig.[394] Sein Schutz durch zwingende Bestimmungen mag auf dem Gedanken beruhen, dass er praktisch relativ leicht in den Bereich totaler wirtschaftlicher Abhängigkeit geraten kann.[395] Ob dies einen Schutz durch zwingendes Recht rechtfertigt ist fraglich; jedenfalls trifft dieser Grundgedanke auf Vertragshändler nicht zu, da sie in eigenem Namen auf eigene Rechnung und damit in wesentlich höherem Maße auf eigenes unternehmerisches Risiko tätig werden.[396] Zweitens ist die Übertragung zwingenden Rechts in einen anderen Bereich, der vom Gesetzgeber bewusst gänzlich ungeregelt geblieben ist, kaum zu rechtfertigen. Drittens ist, wie bereits ausgeführt (→ Rn. 123), schon im Hinblick auf Handelsvertreterverträge dogmatisch nicht nachvollziehbar, weshalb Abs. 4 die Absätze 1 und 2 für zwingend erklärt. Ein praktisches Bedürfnis hierfür besteht für Vertragshändlerverträge ebenso wenig wie für Handelsvertreterverträge. Daher ist für eine analoge Anwendung von Abs. 4 auf Vertragshändlerverträge kein Raum.

133 **§ 667 BGB (Herausgabepflicht)** ist wegen des Handelns des Vertragshändlers in eigenem Namen und auf eigene Rechnung unanwendbar.[397]

II. Besonderheiten beim Vertragshändler

134 Soweit der Vertragshändler einem Handelsvertreter vergleichbar in die Absatzorganisation des Unternehmers eingebunden ist und Vorschriften des Handelsvertreterrechts auf ihn analog anzuwenden sind, gelten die folgenden Besonderheiten.

135 **1. Absatzförderungspflicht.** Der Vertragshändler ist wie auch der Handelsvertreter zur Förderung des Absatzes des Unternehmers verpflichtet. Insoweit bestehen allerdings für vertragliche Vereinbarungen andere Grenzen als für Verträge mit (echten) Handelsvertre-

---

[389] Westphal VertriebsR II Rn. 160.
[390] Emde Vor § 84 Rn. 382.
[391] AA Emde Vor § 84 Rn. 381, 387.
[392] Zu § 89b (einschließlich des zwingenden Charakters) etwa BGH NJW 1977, 896 f.; Thume in Küstner/Thume III Teil II Kap. 9 Rn. 178; Semler DB 1985, 2493 (2494); Thume BB 2016, 578 ff.
[393] Vgl. BGH NJW 2017, 475; OLG München ZVertriebsR 2020, 72 (76); Emde Vor § 84 Rn. 387.
[394] Brüggemann in Staub, 4. Aufl. 1995, Rn. 17.
[395] Brüggemann in Staub, 4. Aufl. 1995, Rn. 17.
[396] Brüggemann in Staub, 4. Aufl. 1995, Rn. 17; dies beachtet etwa Metzlaff Franchising-HdB/Rauser § 16 Rn. 25 (zum Franchiserecht) zu Unrecht nicht.
[397] So zu Recht für den Bereich des Franchising: Martinek/Semler/Flohr VertriebsR-HdB/Flohr § 30 Rn. 332; iErg ebenso Emde Vor § 84 Rn. 445 aE; Ebenroth/Boujong/Joost/Strohn/Löwisch § 84 Rn. 198.

tern. Insbesondere ist bei Verträgen mit Vertragshändlern wie auch bei Verträgen mit **unechten** Handelsvertretern zu beachten, dass bestimmte **Mindestumsatzverpflichtungen** (hier in der Regel in Form von Mindestabnahmeverpflichtungen) **kartellrechtlich problematisch** sein können (→ VO (EU) 330/2010 Rn. 35). Darüber hinaus unterliegen Vereinbarungen zu Mindestabnahmemengen der **AGB-Kontrolle,** wobei sie nicht per se unangemessen sind;[398] jedoch muss die festgelegte Menge realistisch sein, und die Sanktionen müssen verhältnismäßig sein.[399] Ferner darf nicht pauschal für alle Vertragshändler unabhängig von ihrer Umsatzstärke eine einheitliche Mindestabnahmeverpflichtung vorgegeben werden.[400] Im Übrigen ist der Vertragshändler im Rahmen seiner Verpflichtung, den Markt aktiv zu bearbeiten,[401] insbesondere (auf eigene Kosten[402]) zur Ergreifung geeigneter und zumutbarer **Werbemaßnahmen** zum Vertrieb der Vertragsprodukte verpflichtet.[403] Sinnvoll ist jedenfalls, dass der Vertragshändlervertrag eine Verpflichtung des Vertragshändlers zur Abstimmung seiner Werbemaßnahmen mit dem Unternehmer enthält.[404] Neben der Durchführung von Werbemaßnahmen schuldet der Vertragshändler auch auf eigene Kosten[405] den Besuch solcher **Messen,** die für den Vertrieb der Vertragsprodukte bedeutsam und ihm zumutbar sind; dies umfasst nicht nur den Besuch generell für den Vertrieb der Produkte im Vertragsgebiet wichtiger Messen, sondern insbesondere auch die Präsenz auf Messen, auf denen der Unternehmer selbst ausstellt.[406] Soweit der Vertragshändler an den Messen teilnimmt, besteht eine Verpflichtung, zur Einhaltung der Corporate Identity des Unternehmers beizutragen.[407] Im Rahmen der Absatzförderungspflicht trifft den Vertragshändler die Verpflichtung, die Vertragsprodukte **in eigenem Namen** zu vertreiben.[408]

2. Interessenwahrnehmungspflicht. Die Interessenwahrnehmungspflicht des Vertragshändlers ist in ihren **Konturen** der Interessenwahrnehmungspflicht des Handelsvertreters vergleichbar. Allerdings ist hinsichtlich ihrer **Intensität** im Einzelfall zu beachten, dass der Vertragshändler in stärkerem Maße als der Handelsvertreter zur Wahrnehmung eigener Interessen – er wird nicht nur fremdnützig tätig[409] – befugt ist. **136**

Nach wohl hM richtet sich das **Wettbewerbsverbot** des Vertragshändlers nach den zum Handelsvertreterrecht dargelegten Grundsätzen, wobei zu Recht darauf hingewiesen wird, dass dann die kartellrechtlichen Grenzen zu beachten sind (→ Rn. 132). Insbesondere deshalb empfiehlt sich eine ausdrückliche, eindeutige **Vereinbarung** im Vertrag, die den kartellrechtlichen Anforderungen an Wettbewerbsverbote genügt (→ VO (EU) 2022/720 Rn. 284 ff.). **Dritte** können bei Verstößen gegen das Wettbewerbsverbot (wie auch im Handelsvertreterrecht) grundsätzlich nicht auf Basis des Lauterkeitsrechts gegen den Vertragshändler vorgehen. Anders kann es dann liegen, wenn sich ein Händler nicht an **137**

---

[398] BGH GRUR 2005, 62 (65) – Citroën; Schultze/Wauschkuhn/Spenner/Dau/Kübler Vertragshändlervertrag/Dau Rn. 179 f.; Ulmer/Brandner/Hensen/P. Ulmer/C. Schäfer Vertragshändlerverträge Rn. 26; vgl. zu Abnahmeverpflichtungen in der Automobilindustrie Niebling ZVertriebsR 2012, 79 (83).

[399] Schultze/Wauschkuhn/Spenner/Dau/Kübler Vertragshändlervertrag/Dau Rn. 180.

[400] Schultze/Wauschkuhn/Spenner/Dau/Kübler Vertragshändlervertrag/Dau Rn. 180; Ulmer/Brandner/Hensen/P. Ulmer/C. Schäfer, Vertragshändlerverträge, Rn. 26.

[401] Giesler/Vogels § 3 Rn. 174.

[402] Viele Vertragshändlerverträge sehen allerdings eine Beteiligung des Unternehmers an den Kosten vor, vgl. Schultze/Wauschkuhn/Spenner/Dau/Kübler Vertragshändlervertrag/Dau Rn. 154.

[403] Schultze/Wauschkuhn/Spenner/Dau/Kübler Vertragshändlervertrag/Dau Rn. 153 f.; Küstner/Thume VertriebsR-HdB III Teil II Kap. 5 Rn. 47; Giesler/Vogels § 3 Rn. 173.

[404] Schultze/Wauschkuhn/Spenner/Dau/Kübler Vertragshändlervertrag/Dau Rn. 154.

[405] Schultze/Wauschkuhn/Spenner/Dau/Kübler Vertragshändlervertrag/Dau Rn. 161; Giesler/Vogels § 3 Rn. 184.

[406] Schultze/Wauschkuhn/Spenner/Dau/Kübler Vertragshändlervertrag/Dau Rn. 158; Giesler/Vogels § 3 Rn. 184.

[407] Giesler/Vogels § 3 Rn. 184.

[408] Schultze/Wauschkuhn/Spenner/Dau/Kübler Vertragshändlervertrag/Dau Rn. 162; vgl. Hampe ZVertriebsR 2013, 21 (26).

[409] Vgl. Canaris HandelsR § 17 III 3a, § 15 III 1a; Hampe ZVertriebsR 2013, 21 (26).

bestimmte Vertriebsbindungen hält und dadurch gegenüber vertragstreuen Konkurrenten einen **Vorsprung im Wettbewerb** verschafft.[410]

138   Der Vertragshändler ist wie auch der Handelsvertreter verpflichtet, angemessene **Weisungen** des Unternehmers zu befolgen. Dieses Weisungsrecht betrifft zB die Art der vom Vertragshändler zu schaltenden Werbung, die Organisation der Lagerhaltung, aber **nicht** die einzelnen zwischen dem Vertragshändler und dem jeweiligen Kunden zu schließenden Kaufverträge, da diese dem Bereich der eigenhändlerischen Tätigkeit des Vertragshändlers zuzurechnen sind.[411]

139   Der Vertragshändler ist nicht zur **Prüfung der Bonität bzw. Kredit- und Vertrauenswürdigkeit** potenzieller Kunden verpflichtet, da er die Verträge mit den Kunden im eigenen Namen auf eigene Rechnung abschließt und damit grundsätzlich nicht der Unternehmer, sondern nur er selbst das Kreditrisiko (also das Risiko der Insolvenz seiner Kunden) trägt.

140   **3. Benachrichtigungspflicht.** Der Vertragshändler ist wie der Handelsvertreter verpflichtet, dem Unternehmer die **erforderlichen** Nachrichten zu übermitteln. Allerdings ist diese Pflicht bei Vertragshändlerverträgen deutlich enger als bei Handelsvertreterverträgen. Bei Vertragshändlerverträgen sind lediglich solche Informationen erforderlich, die für den Unternehmer zur Erfüllung seiner Pflichten aus dem Vertragshändlervertrag notwendig sind[412] oder die der Hersteller benötigt, um seine Produktion und sein Vertriebssystem den Anforderungen des Marktes anzupassen,[413] etwa Marktbeobachtungen und –entwicklungen, Kundenwünsche, Akzeptanz der Vertragsprodukte und Aktivitäten von Wettbewerbern des Unternehmers.[414] Es empfiehlt sich, die einzelnen Pflichten im Vertrag so weit wie möglich zu konkretisieren,[415] insbesondere im Hinblick auf einen etwaigen Ausgleichsanspruch des Vertragshändlers analog § 89b (→ § 89b Rn. 1 ff.).

141   **4. Aufnahme nicht gesetzlich geregelter Pflichten in den Vertrag.** Die Parteien können in Vertragshändlerverträgen diverse weitere Pflichten des Vertragshändlers vorsehen, zB zur Abgabe verbindlicher **Vorausbestellungen.**[416] In **AGB (Formularverträgen)** ist eine solche Verpflichtung unwirksam, wenn dadurch das Risiko der fehlenden Absatzfähigkeit von bis dahin noch nicht in den Markt eingeführten Vertragsprodukten auf den Vertragshändler verlagert wird, während der Unternehmer sich das Entgelt für eine erste Warenlieferung von beträchtlichem Umfang sichert.[417] In bestimmten Branchen enthalten Vertragshändlerverträge häufiger Pflichten zur **Erbringung von Kundendienst- und Garantieleistungen** durch den Vertragshändler (zB in der Automobilindustrie).[418] Auch Bestimmungen zur Unterhaltung von **Ersatzteil-, Auslieferungs- oder Konsignationslagern**[419] finden sich in vielen Vertragshändlerverträgen.

---

[410] BGH GRUR 1976, 427 (428).
[411] Canaris HandelsR § 17 III 3b.
[412] Giesler/Vogels § 3 Rn. 188.
[413] Westphal VertriebsR II Rn. 453.
[414] Giesler/Vogels § 3 Rn. 188.
[415] Schultze/Wauschkuhn/Spenner/Dau/Kübler Vertragshändlervertrag/Dau Rn. 171 ff.
[416] Schultze/Wauschkuhn/Spenner/Dau/Kübler Vertragshändlervertrag/Dau Rn. 189 f.; Hampe ZVertriebsR 2013, 21 (26).
[417] OLG Hamm WM 1979, 1294 f.; Schultze/Wauschkuhn/Spenner/Dau/Kübler Vertragshändlervertrag/Dau Rn. 190.
[418] Schultze/Wauschkuhn/Spenner/Dau/Kübler Vertragshändlervertrag/Dau Rn. 201 ff.; Küstner/Thume VertriebsR-HdB III Teil II Kap. 5 Rn. 66 ff.; vgl. auch Niebling ZVertriebsR 2012, 79 (83 f.).
[419] Schultze/Wauschkuhn/Spenner/Dau/Kübler Vertragshändlervertrag/Dau Rn. 192 ff.; Giesler/Vogels § 3 Rn. 259 ff.; Küstner/Thume VertriebsR-HdB III Teil II Kap. 5 Rn. 77 ff.; vgl. Niebling ZVertriebsR 2012, 79 (87).

C. Franchisenehmer

I. Analoge Anwendbarkeit

Abs. 1 (Absatzförderungspflicht, Interessenwahrnehmungspflicht), Abs. 2 Hs. 1 **142** **(allgemeine Benachrichtigungspflicht)** und **Abs. 3 (Sorgfaltsmaßstab)** können grundsätzlich analog auf Subordinations-Franchiseverträge – aber nicht auf Verträge im Bereich des Partnerschaftsfranchising[420] – angewendet werden,[421] wenn die Analogievoraussetzungen erfüllt sind (→ Rn. 129 ff.). Ob die Analogie auch das aus der Interessenwahrnehmungs- und Treuepflicht abzuleitende **Wettbewerbsverbot** umfasst, ist zweifelhaft;[422] jedenfalls wird die Anwendung kartellrechtlicher Vorschriften dadurch nicht beschränkt (→ Rn. 148). Die **Weisungsbefolgungspflicht**[423] des Handelsvertreters ist analog auf Franchisenehmer zu erstrecken.

Dagegen kann der Franchisenehmer nicht verpflichtet sein, **analog § 86 Abs. 2 Hs. 2** **143** von jedem Geschäftsabschluss Mitteilung zu machen; insoweit fehlt es an einer mit dem Verhältnis von Unternehmer und Handelsvertreter vergleichbaren Interessenlage, da der Franchisenehmer im eigenen Namen und auf eigene Rechnung tätig wird.[424]

Abs. 4 ist auch auf Franchiseverträge aus den oben angeführten Gründen (→ Rn. 131) **144** nicht analog anwendbar.[425]

§ 667 BGB (Herausgabepflicht) ist wegen des Handelns des Franchisenehmers auf **145** eigene Rechnung unanwendbar.[426]

II. Besonderheiten beim Franchisenehmer

Soweit der Franchisenehmer einem Handelsvertreter vergleichbar in die Absatzorganisa- **146** tion des Unternehmers eingebunden ist und Vorschriften des Handelsvertreterrechts auf ihn analog anzuwenden sind, gelten die folgenden Besonderheiten.

1. Absatzförderungspflicht. Der Franchisenehmer hat sich darum zu bemühen, den **147** Absatz der Produkte (Waren oder Dienstleistungen) des Unternehmers zu fördern **(Hauptpflicht).**[427] Diese Pflicht steht entgegen einer Auffassung im Schrifttum[428] grundsätzlich auch beim Franchisenehmer im Synallagma;[429] der Franchisegeber schließt den Vertrag gerade ab, damit der Franchisenehmer den Absatz seiner Produkte fördert. Zur **System-**

---

[420] Vgl. dazu Martinek/Semler/Flohr VertriebsR-HdB/Flohr § 30 Rn. 376 ff.; Hampe ZVertriebsR 2013, 21 (28 f.).

[421] Vgl. dazu näher Martinek/Semler/Flohr VertriebsR-HdB/Flohr § 30 Rn. 338 f.; Martinek, Franchising, 319; offenbar für die analoge Anwendung sämtlicher Bestimmungen des § 86; K. Schmidt HandelsR § 28 III 1b bb; aA für § 86 Abs. 2 Emde Rn. 9 und für § 86 Abs. 1 Canaris HandelsR § 18 III 1; zu weitgehend ist die Annahme von Martinek/Semler/Flohr VertriebsR-HdB/Flohr § 30 Rn. 334 und Martinek, Franchising, 299, grundsätzlich seien sämtliche Vorschriften des Handelsvertreterrechts im Wege einer „Generalanalogie" auf Subordinationsfranchiseverträge anwendbar; für eine analoge Anwendung von § 86 Abs. 1 Hampe ZVertriebsR 2013, 21 (28).

[422] Vgl. in diesem Zusammenhang Martinek/Semler/Flohr VertriebsR-HdB/Martinek § 31 Rn. 7; für eine analoge Anwendung Metzlaff Franchising-HdB/Rauser § 16 Rn. 45; Emde Rn. 83; wohl auch Hampe ZVertriebsR 2013, 21 (28).

[423] Giesler/Nauschütt FranchiseR/Giesler Kap. 5 Rn. 406 ff.

[424] Metzlaff Franchising-HdB/Rauser § 16 Rn. 55; Martinek/Semler/Flohr VertriebsR-HdB/Flohr § 30 Rn. 338; Emde Rn. 141; Giesler in Giesler/Nauschütt Kap. 5 Rn. 416.

[425] AA Metzlaff Franchising-HdB/Rauser § 16 Rn. 61.

[426] Martinek/Semler/Flohr VertriebsR-HdB/Flohr § 30 Rn. 332; iErg ebenso Emde Vor § 84 Rn. 445 aE; Ebenroth/Boujong/Joost/Strohn/Löwisch § 84 Rn. 224.

[427] Metzlaff Franchising-HdB/Rauser § 16 Rn. 40; Giesler in Giesler/Nauschütt Kap. 5 Rn. 394; Hampe ZVertriebsR 2013, 21 (28).

[428] Metzlaff Franchising-HdB/Rauser § 16 Rn. 40.

[429] Ebenso wohl Ekkenga, Die Inhaltskontrolle von Franchiseverträgen, 84 ff., sofern der Franchisenehmer Mindestsätze oder bestimmte Gebühren entrichten muss; vgl. auch Giesler in Giesler/Nauschütt Kap. 5 Rn. 172, 205 ff., 227.

anwendungs- (oder **Systemeingliederungs-**) und **Förderungspflicht** → Rn. 153. Die Tätigkeit des Franchisenehmers ist anders angelegt als die des Handelsvertreters. Er handelt im eigenen Namen auf eigene Rechnung und hat wegen des oft hohen Kapitaleinsatzes für den Aufbau des Franchiseunternehmens ein noch größeres Interesse am Produktabsatz als der Handelsvertreter; das Spannungsverhältnis zwischen Autonomie des Franchisenehmers einerseits und der Systembindung andererseits ist ausgeprägt.[430] Wird der Franchisenehmer im Zuge der möglichen Erweiterung des Portfolios der Vertragsprodukte zu neuen Investitionen gezwungen, müssen diese verhältnismäßig sein; andernfalls ist seine Zustimmung erforderlich;[431] verweigert er diese, muss er die weiteren Produkte nicht vertreiben.

148   **2. Interessenwahrnehmungspflicht.** Der Franchisenehmer ist wie auch der Handelsvertreter zur Wahrnehmung der Interessen des Unternehmers verpflichtet,[432] wobei die Interessen des **Unternehmers bzw. des Systems (Treuepflicht)** grundsätzlich seinen eigenen Interessen vorgehen.[433] Auch insoweit ist jedoch zu berücksichtigen, dass der Franchisenehmer im eigenen Namen auf eigene Rechnung handelt.[434] Insbesondere im Hinblick auf die **Weisungsbefolgungspflicht** ist der gegenüber dem Handelsvertreter größeren Selbstständigkeit des Franchisenehmers Rechnung zu tragen.[435]

149   Soweit überhaupt eine analoge Anwendung des dem Handelsvertreter obliegenden **Wettbewerbsverbots** befürwortet wird, ändert diese jedenfalls nichts an der uneingeschränkten Geltung des Kartellrechts, wobei insbesondere der Relevanz des Know-how-Schutzes im Franchiserecht Rechnung zu tragen ist → VO (EU) 2022/720 Rn. 83 f., 311 ff. Insbesondere deshalb empfiehlt sich eine ausdrückliche, eindeutige **Vereinbarung** im Vertrag unter Einhaltung der kartellrechtlichen Anforderungen. Der EuGH hat explizit festgehalten, dass das Wettbewerbsverbot **räumlich** auch solche Gebiete umfasst, in denen der Franchisenehmer „zu einem der Mitglieder der Vertriebsorganisation in Wettbewerb treten könnte".[436]

150   Dem Franchisenehmer obliegt grundsätzlich **keine Pflicht zur Prüfung der Bonität bzw. Kredit- und Vertrauenswürdigkeit** potenzieller Kunden, da er die Verträge mit den Kunden im eigenen Namen auf eigene Rechnung abschließt und damit grundsätzlich nicht der Unternehmer, sondern nur er selbst das Risiko der Insolvenz seiner Kunden trägt.[437] Anders liegt es dann, wenn der Unternehmer aufgrund gehäufter Nachlässigkeiten des Franchisenehmers unmittelbar von Zahlungsausfällen der Kunden betroffen ist, zB wenn die Franchisegebühren am Umsatz orientiert sind und wegen des geringeren Umsatzes niedriger ausfallen.[438]

151   Der Franchisenehmer ist wegen der Verletzlichkeit des systemspezifischen Know-hows quantitativ und qualitativ noch umfassender zur **Verschwiegenheit** verpflichtet als der Handelsvertreter.[439]

152   **3. Benachrichtigungspflicht.** Der Franchisenehmer ist aufgrund seiner Funktion als die Interessen des Unternehmers wahrender Absatzmittler wie der Handelsvertreter dazu verpflichtet, dem Unternehmer die erforderlichen Nachrichten zu geben.[440] Im Rahmen der Beurteilung der **„Erforderlichkeit"** von Nachrichten ist zu beachten, dass der Fran-

---

[430] Metzlaff Franchising-HdB/Rauser § 16 Rn. 42; Böhner FIW Schriftenreihe Heft 175, Schwerpunkte des Kartellrechts, 1997, 61 ff.
[431] Metzlaff Franchising-HdB/Rauser § 16 Rn. 41.
[432] Metzlaff Franchising-HdB/Rauser § 16 Rn. 42; Martinek/Semler/Flohr VertriebsR-HdB/Flohr/§ 30 Rn. 339; Giesler/Nauschütt FranchiseR/Kroll Kap. 7 Rn. 38 f.
[433] Metzlaff Franchising-HdB/Rauser § 16 Rn. 44; Giesler/Giesler/Güntzel § 4 Rn. 224.
[434] Metzlaff Franchising-HdB/Rauser § 16 Rn. 42.
[435] Giesler/Nauschütt FranchiseR/Giesler Kap. 5 Rn. 409; für eine weitreichende Weisungsbindung des Franchisenehmers beim Subordinationsfranchising Hampe ZVertriebsR 2013, 21 (28 f.).
[436] EuGH 28.1.1986 – C-161/84 BeckRS 2004, 71870 Rn. 16 – Pronuptia.
[437] Metzlaff Franchising-HdB/Rauser § 16 Rn. 43.
[438] Metzlaff Franchising-HdB/Rauser § 16 Rn. 43.
[439] Metzlaff Franchising-HdB/Rauser § 16 Rn. 51.
[440] Martinek/Semler/Flohr VertriebsR-HdB/Flohr § 30 Rn. 338; Giesler/Giesler/Güntzel § 4 Rn. 235.

chisegeber Informationen auch dazu benötigt, das System zu steuern, insbesondere wesentliche Informationen an sämtliche Systemteilnehmer weiterzuleiten.[441] Der Franchisenehmer muss demnach auch solche Informationen weitergeben, die möglicherweise nicht unmittelbar für den Unternehmer selbst, aber für andere Systemteilnehmer relevant sind.

Dies wirkt sich auch hinsichtlich der **Häufigkeit** von Berichten des Franchisenehmers **153** aus, auch wenn wie bei Handelsvertreterverträgen eine Einzelfallbeurteilung angezeigt ist.[442] Für häufige Berichte spricht dabei grundsätzlich, dass der Franchisegeber insbesondere für die erfolgreiche Koordination der Systemteilnehmer regelmäßige Informationen benötigt; dies ist aber stets und pflichtenbezogen mit dem Interesse des gegenüber dem Handelsvertreter selbstständigeren Franchisenehmers an der Freiheit seiner Tätigkeit abzuwägen. Diese muss zB dann zurückstehen, wenn es zu erheblichen Umsatzeinbußen im Marktverantwortungsgebiet des Franchisenehmers kommt, denn dann muss die Systemzentrale überprüfen können, auf welchen Ursachen (zB Marktsituation; unzureichende Bemühungen des Franchisenehmers) die Umsatzeinbußen beruhen; für solche Fälle wird im Schrifttum vertreten, eine Pflicht zu wöchentlichen Berichten sei rechtmäßig.[443] Tatsächlich dürfte selbst eine **tägliche** Berichtspflicht rechtmäßig sein, soweit sie nicht allein der bloßen Kontrolle des Franchisenehmers dient; der Franchisegeber hat nämlich aufgrund seiner **Betriebsförderungspflicht**[444] (insbesondere Beratungs- und Unterstützungspflichten) ein berechtigtes Interesse daran, den Erfolg der dem System angehörenden Franchisenehmer zu prüfen, um diese zB bei Schwierigkeiten angemessen zu unterstützen.[445] Ist ein elektronisches Kassensystem vorgesehen, muss der Franchisenehmer diese Einrichtung nur dann installieren, benutzen und seine Verwendung per Daten(fern)abfrage dulden, wenn dies mit dem Unternehmer vereinbart ist.[446] Eine solche(Kontrollduldungs-)Pflicht kann auch durch **AGB (Formularvertrag)** vorgesehen werden.[447] Allerdings darf der Unternehmer ein elektronisches Kassensystem nicht dazu verwenden, dem Franchisenehmer die Endpreise vorzugeben (Preisbindung der zweiten Hand).[448]

Generell empfiehlt es sich, **im Franchisevertrag näher festzulegen,** welche Informationen in welcher Frequenz der Unternehmer benötigt. Der Spielraum ist – auch bei Standardverträgen – relativ groß.[449] **154**

4. Allgemeines zum Inhalt von Franchiseverträgen. Franchiseverträge zeichnen sich **155** idR durch einen im Vergleich mit anderen Vertriebsverträgen deutlich erhöhten Umfang aus,[450] wobei insbesondere die Rechte und Pflichten der Vertragsparteien regelmäßig detailliert geregelt werden. Im Hinblick darauf stellen die aus § 86 folgenden Pflichten, soweit sie im Einzelfall analog anwendbar bzw. nicht abbedungen oder modifiziert werden, nur einen Ausschnitt aus dem umfassenden Pflichtenkanon des jeweiligen Franchisenehmers dar. Typische Pflichten des Franchisenehmers sind etwa die **Systemanwendungs-** (oder **Systemeingliederungs-**) und **(System-)Förderungspflicht,** die Ausdruck der Absatzförderungspflicht des Franchisenehmers sind,[451] die Pflicht zur Zahlung der Franchi-

---

[441] Metzlaff Franchising-HdB/Rauser § 16 Rn. 56; Ekkenga, Die Inhaltskontrolle von Franchiseverträgen, 154 f.

[442] Metzlaff Franchising-HdB/Rauser § 16 Rn. 56 f.; Ekkenga, Die Inhaltskontrolle von Franchiseverträgen, 154 ff.

[443] Martinek/Semler/Flohr VertriebsR-HdB/Flohr § 30 Rn. 338.

[444] Vgl. Giesler/Giesler/Güntzel § 4 Rn. 154 ff.; Giesler/Nauschütt FranchiseR/Giesler Kap. 5 Rn. 271 ff.

[445] Giesler/Giesler/Güntzel § 4 Rn. 238.

[446] Giesler/Giesler/Güntzel § 4 Rn. 236.

[447] Giesler/Giesler/Güntzel § 4 Rn. 236; allg. Giesler/Nauschütt FranchiseR/Giesler Kap. 5 Rn. 418.

[448] Giesler/Giesler/Güntzel § 4 Rn. 236.

[449] Giesler/Giesler/Güntzel § 4 Rn. 235, 238.

[450] Vgl. Martinek/Semler/Flohr VertriebsR-HdB/Flohr § 30 Rn. 164 ff.

[451] Emde Vor § 84 Rn. 446; Hampe ZVertriebsR 2013, 21 (28) spricht von typischen Unterpflichten der Absatzförderung; vgl. auch BGH NJW-RR 2000, 1159; aA Canaris HandelsR § 18 III 1, der von einer „Ähnlichkeit" der Absatzförderungspflicht des Handelsvertreters mit der Systemanwendungs- und Förderungspflicht spricht.

segebühren, zur Bezahlung für besondere Werbe- und Beratungsleistungen durch den Franchisegeber, die Pflicht zur Teilnahme an bestimmten Schulungsprogrammen etc.[452]

D. Kommissionsagent

I. Analoge Anwendbarkeit

156 In der Literatur wird (zumeist ohne nähere Begründung) vertreten, die Vorschriften des § 86 seien auf den Kommissionsagenten analog anwendbar.[453] Einschränkend ist zunächst auf die Analogievoraussetzungen zu verweisen (→ Vorb. §§ 84 Rn. 36 ff., 64), die allerdings in der Regel erfüllt sein werden.

157 Zutreffend ist es jedenfalls, dass eine analoge Anwendung der Regelungen des § 86 **nicht grundsätzlich wegen entgegenstehender Normen bzw. einer damit nicht vereinbaren Systematik des Kommissionsrechts ausgeschlossen** ist. Insbesondere enthält § 384 zwar in erheblichem Umfang dem § 86 vergleichbare Regelungen, zB die Interessenwahrnehmungspflicht, § 384 Abs. 1 Hs. 2 Var. 1, und die Benachrichtigungspflicht, § 384 Abs. 2 Hs. 1 Var. 1. Diese Regelungen beziehen sich jedoch **auf einzelne Geschäfte** (vgl. insbesondere § 384 Abs. 1 Hs. 1: „das übernommene Geschäft"); § 384 ist anders als § 86 nicht auf Dauerschuldverhältnisse zugeschnitten. Gleichwohl ist die Struktur des Kommissionsagenturverhältnisses eine andere als die des Handelsvertreterverhältnisses; der Kommissionsagent handelt in eigenem Namen (wenn auch auf fremde Rechnung). Dies bringt bestimmte Eigenheiten mit sich. Diesen Eigenheiten, die den Kommissionsagenten zu einer **Mischform** aus Kommissionär und Handelsvertreter machen, ist im Wege einer **praktischen Konkordanz** der Normen des Handelsvertreter- und des Kommissionsrechts Rechnung zu tragen.[454] Im Hinblick auf die Anwendung von § 86 bedeutet dies im Einzelnen Folgendes:

158 Die **Absatzförderungspflicht (§ 86 Abs. 1 Hs. 1)** ist analog anwendbar.[455] Es ist die Hauptpflicht des Kommissionsagenten, sich um den Abschluss von Geschäften mit Dritten zu bemühen. Auch die **Interessenwahrnehmungspflicht (Abs. 1 Hs. 2)** ist analog anwendbar;[456] hinsichtlich einzelner Geschäfte gilt § 384 Abs. 1 Hs. 2 Var. 1. Das (auch) aus der Interessenwahrnehmungspflicht abgeleitete **Wettbewerbsverbot** des Handelsvertreters während der Vertragslaufzeit gilt entsprechend für den (vergleichbar eingegliederten) Kommissionsagenten.[457] Der Kommissionsagent ist wie auch der Handelsvertreter grundsätzlich verpflichtet, **Weisungen** des Unternehmers zu folgen **(Abs. 1 Hs. 2)**. Dies gilt aber nur, soweit sich die Weisungen nicht auf einzelne Geschäfte beziehen; soweit dies dagegen der Fall ist, folgt die Verpflichtung aus § 384 Abs. 1 Hs. 2 Var. 2 (was im Ergebnis allerdings keinen Unterschied macht). Der Kommissionsagent ist verpflichtet, dem Unternehmer die **erforderlichen Nachrichten** zu geben **(Abs. 2 Hs. 1)**. Diese beziehen sich allerdings nicht auf einzelne Geschäfte. Insoweit ist § 384 Abs. 2 vorrangig, gewissermaßen „spezieller", da die Norm den Eigenheiten des Kommissionsgeschäfts Rechnung trägt. Daher kommt eine analoge Anwendung von **Abs. 2 Hs. 2** nicht in Betracht.[458] Die

---

[452] Vgl. dazu bspw. näher Martinek/Semler/Flohr VertriebsR-HdB/Flohr § 30 Rn. 167; Canaris HandelsR § 18 III; Emde Vor § 84 Rn. 447; Flohr, Franchise-Vertrag.

[453] Vgl. etwa MüKoHGB/Ströbl Rn. 3; Ebenroth/Boujong/Joost/Strohn/Löwisch § 84 Rn. 167; Oetker/Busche Rn. 49; Emde Rn. 9 und Vor § 84 Rn. 469; BeckOK HGB/Lehmann § 86 Rn. 95; Küstner/Thume VertriebsR-HdB III Teil III Kap. 2 Rn. 12; offenbar gegen eine analoge Anwendung Giesler/Okonek § 5 Rn. 17.

[454] Verfehlt ist es, von einer „Verdrängung" des Kommissionsrechts durch das Handelsvertreterrecht auszugehen; so aber Koller in Staub § 383 Rn. 34.

[455] Ulmer/Habersack ZHR 159 (1995), 109 (130).

[456] Ulmer/Habersack ZHR 159 (1995), 109 (130); ebenso (nicht ausdrücklich) Emde Vor § 84 Rn. 469.

[457] So wohl auch BGH NJW-RR 2003, 1056 (1059); ebenso Ulmer/Habersack ZHR 159 (1995), 109 (130); Emde Rn. 81.

[458] Zu pauschal daher Staub/Koller § 383 Rn. 38.

Grundsätze zur **Treuepflicht** gelten auch für die Kommissionsagentur. **Abs. 3** ist ebenfalls analog anwendbar. Hinsichtlich **Abs. 4** ist aus den bereits oben genannten Gründen (→ Rn. 132 aE) eine Analogie abzulehnen.

II. Besonderheiten beim Kommissionsagenten

Der Kommissionsagent steht dem Handelsvertreter besonders nahe, was die Ausgestal-   **159** tung des Innenverhältnisses zum Unternehmer anbelangt.[459] Daher gelten für den Kommissionsagenten hier keine Abweichungen oder Besonderheiten.

§ 86a Pflichten des Unternehmers

(1) **Der Unternehmer hat dem Handelsvertreter die zur Ausübung seiner Tätigkeit erforderlichen Unterlagen, wie Muster, Zeichnungen, Preislisten, Werbedrucksachen, Geschäftsbedingungen, zur Verfügung zu stellen.**

(2) **¹Der Unternehmer hat dem Handelsvertreter die erforderlichen Nachrichten zu geben. ²Er hat ihm unverzüglich die Annahme oder Ablehnung eines vom Handelsvertreter vermittelten oder ohne Vertretungsmacht abgeschlossenen Geschäfts und die Nichtausführung eines von ihm vermittelten oder abgeschlossenen Geschäfts mitzuteilen. ³Er hat ihn unverzüglich zu unterrichten, wenn er Geschäfte voraussichtlich nur in erheblich geringerem Umfange abschließen kann oder will, als der Handelsvertreter unter gewöhnlichen Umständen erwarten konnte.**

(3) **Von den Absätzen 1 und 2 abweichende Vereinbarungen sind unwirksam.**

Schrifttum: v. Brunn, Unzulässige Verhandlungen über die Nachfolge eines Handelsvertreters vor Kündigung seines Vertrages?, DB 1964, 1841; Emde, Vorgaben des Unternehmers zur CI eines Handelsvertreters – eine Unternehmerentscheidung, ZIP 2022, 106; Evers/Keine, Auslagerung von Finanzdienstleistungen auf Handelsvertreter: Anforderungen an die Einwilligungserklärung hinsichtlich der Weitergabe von Kundendaten, DB 2003, 2762; Fruhmann, Dispositionsfreiheit des Unternehmers gegenüber seinem Vertragshändler – nur ein Lippenbekenntnis des BGH?, MDR 1995, 433; Hopt, Moderne Vertriebsformen und Einzelheiten ihrer handelsrechtlichen Zulässigkeit, ZIP 1996, 1809; ders., Wettbewerbsfreiheit und Treuepflicht des Unternehmers bei parallelen Vertriebsformen, ZIP 1996, 1533; Hübsch, Der Unterlagenbegriff nach § 86a HGB im Tankstellenvertrieb, ZVertriebsR 2018, 88; Kehr/Willich, Die Grenzen des § 86a I HGB, ZVertriebsR 2022, 159; Matthießen, Arbeits- und handelsvertreterrechtliche Ansätze eines Franchisenehmerschutzes, ZIP 1988, 1089; Roth, Zur unentgeltlichen Überlassung von Unterlagen an den Handelsvertreter, BB 2010, 2000; Thelen, Unterfallen „Kundenzeitschriften“ eines im Finanzdienstleistungsbereich tätigen Vertriebsunternehmers § 86a Abs. 1 HGB?, VersR 2009, 1025; Thume, Die Musterkollektion des Handelsvertreters, BB 1995, 1913; ders., Paralleler Online-Vertrieb des Herstellers im Spannungsfeld seiner Dispositionsfreiheit und Treuepflicht, BB 2018, 770.

Übersicht

---

[459] Canaris HandelsR § 16 I 2; K. Schmidt HandelsR § 28 II 1; Küstner/Thume VertriebsR-HdB III Teil III Kap. 2 Rn. 7.

A. Handelsvertreter

I. Bedeutung

1   Nach den Pflichten des Handelsvertreters in § 86 folgen in § 86a die Pflichten des Unternehmers. Während in § 86 Haupt- (Bemühenspflicht, Abs. 1 Hs. 1) und Nebenpflichten des Handelsvertreters geregelt sind, betrifft § 86a nur **Nebenpflichten des Unternehmers.**[1] Die Provisionszahlungspflicht als Hauptpflicht des Unternehmers folgt erst in § 87.[2]

2   Nach **Abs. 1** hat der Unternehmer den Handelsvertreter zu unterstützen und dementsprechend die **Pflicht,** diesem die für die Ausübung seiner Tätigkeit **erforderlichen Unterlagen** zur Verfügung zu stellen. **Abs. 2** regelt Mitteilungspflichten des Unterneh-

---

[1] Ebenroth/Boujong/Joost/Strohn/Löwisch Rn. 2; Heymann/Stöber Rn. 1.
[2] Oetker/Busche Rn. 1; Baumbach/Hopt/Hopt Rn. 1.

mers. Abs. 2 S. 1 betrifft dabei eine **allgemeine Mitteilungspflicht,** wonach der Unternehmer dem Handelsvertreter die **erforderlichen Nachrichten** mitzuteilen hat. Abs. 2 S. 2 und 3 konkretisieren die Mitteilungspflicht im Hinblick auf für den Handelsvertreter **wichtige Fälle:** Nach Abs. 2 S. 2 Alt. 1 ist der Unternehmer verpflichtet, den Handelsvertreter über die Annahme oder Ablehnung eines vom Handelsvertreter vermittelten oder ohne Vertretungsmacht abgeschlossenen Geschäfts bzw. nach Abs. 2 S. 2 Alt. 2 über die Nichtausführung eines von ihm vermittelten oder abgeschlossenen Geschäfts zu informieren. Ferner ist der Unternehmer nach Abs. 2 S. 3 verpflichtet, den Handelsvertreter unverzüglich zu unterrichten, wenn er Geschäfte voraussichtlich nur in erheblich geringerem Umfang abschließen kann oder will, als es der Handelsvertreter unter gewöhnlichen Umständen erwarten darf. Nach Abs. 3 sind die in Abs. 1 und 2 genannten Pflichten des Unternehmers zwingend.

Die in Abs. 1 (Pflicht, Unterlagen zur Verfügung zu stellen) und Abs. 2 (Mitteilungs- **3** pflicht) genannten Nebenpflichten sind **Konkretisierungen der allgemeinen Treuepflicht des Unternehmers** (→ Rn. 36) gegenüber dem Handelsvertreter. Die Treuepflicht folgt bereits aus dem Handelsvertretervertrag iVm § 242 BGB.[3] Sie steht der Interessenwahrungspflicht des Handelsvertreters gem. § 86 Abs. 1 Hs. 2 gegenüber.[4] Die allgemeine Treuepflicht besagt grundlegend, dass der Unternehmer auf die Belange des Handelsvertreters Rücksicht nehmen und ihn bei seinen Aufgaben unterstützen muss.[5] Daraus und in Verbindung mit den Abs. 1 und 2 lassen sich die Nebenpflichten des Unternehmers unterteilen in: (i) **Pflicht zur Förderung** der Tätigkeit des Handelsvertreters; (ii) **Pflicht zur Mitteilung und Information;** sowie (iii) **Pflicht zur Rücksichtnahme** auf die Belange des Handelsvertreters.

Die Übergänge zwischen den einzelnen Ausprägungen der allgemeinen Treuepflicht sind **4** fließend. Welche konkreten Pflichten sich daraus ableiten lassen, hängt im Einzelfall von der **Ausgestaltung des Handelsvertretervertrages** und einer **Abwägung der Interessen** des Unternehmers und des Handelsvertreters ab.[6] Im Rahmen der Interessenabwägung ist die **Dispositionsfreiheit des Unternehmers** (→ BGB § 242 Rn. 36 ff.) zu beachten. Sie begrenzt den Umfang der Pflichten gegenüber dem Handelsvertreter.[7] Aufgrund der unternehmerischen Dispositionsfreiheit steht dem Unternehmer grundsätzlich das Recht zu, seinen **Betrieb so einzurichten und gegebenenfalls umzugestalten, wie es ihm wirtschaftlich vernünftig und sinnvoll erscheint;** er darf sich dabei nur nicht willkürlich und ohne einen vertretbaren Grund über die schutzwürdigen Belange des Handelsvertreters hinwegsetzen (→ Rn. 30, 38).[8] Der Unternehmer kann also zu nichts verpflichtet werden, was nicht in seinem geschäftlichen Interesse liegt.[9] In der Praxis stellt sich häufig die Frage, ob der Treuepflicht oder der Dispositionsfreiheit des Unternehmers der Vorrang einzuräumen ist.[10]

Da der Handelsvertreter selbstständiger Unternehmer ist, können die im Arbeitsrecht **5** wegen der sozialen Abhängigkeit des Arbeitnehmers stärker ausgeprägten Treuepflichten idR nicht auf das Handelsvertreterverhältnis übertragen werden.[11] Die in § 86a genannten Pflichten sind allerdings **nicht abschließend.**[12] Des Weiteren findet als gesetzliche Rege-

---

[3] Baumbach/Hopt/Hopt Rn. 1; Röhricht/v. Westphalen/Thume Rn. 19.
[4] Oetker/Busche Rn. 2, 4; Baumbach/Hopt/Hopt Rn. 1; Ebenroth/Boujong/Joost/Strohn/Löwisch Rn. 2.
[5] BGH NJW 1958, 219; OLG Düsseldorf BeckRS 2012, 20203; Oetker/Busche Rn. 4; Baumbach/Hopt/Hopt Rn. 15; Küstner/Thume VertriebsR-HdB I Kap. IV Rn. 1.
[6] Schultze/Wauschkuhn/Spenner/Dau/Kübler Vertragshändlervertrag/Dau Rn. 227 (Vertragshändler).
[7] Ebenroth/Boujong/Joost/Strohn/Löwisch Rn. 7.
[8] BGH NJW 1968, 394; Emde Rn. 73 ff.
[9] MüKoHGB/Ströbl Rn. 22.
[10] Küstner/Thume VertriebsR-HdB I Kap. IV Rn. 4 u. 83 ff. (ausf.).
[11] OLG München BB 1958, 247; Ebenroth/Boujong/Joost/Strohn/Löwisch Rn. 6; Baumbach/Hopt/Hopt Rn. 15; Heymann/Stöber Rn. 2.
[12] Baumbach/Hopt/Hopt Rn. 1; Emde Rn. 22; MüKoHGB/Ströbl Rn. 1.

lung bspw. § 618 Abs. 1 und 3 BGB (Ausprägungen der Pflicht zur Rücksichtnahme) gleichfalls Anwendung.[13]

II. Entstehungsgeschichte

6   Die Vorschrift des § 86a ist mit der Novelle aus dem Jahr 1953 in das HGB eingefügt worden.[14] Die heutige Fassung beruht auf Art. 1 Nr. 2 des **Gesetzes zur Durchführung der EG-Richtlinie zur Koordinierung des Rechts für Handelsvertreter vom 23.10.1989**[15], mit dem die Handelsvertreter-RL in nationales Gesetz umgesetzt wurde. § 86a geht auf die Art. 4 und 5 der Handelsvertreter-RL zurück. Aufgrund von Art. 4 Abs. 3 der Handelsvertreter-RL wurden in Abs. 2 S. 2 die Worte „und die Nichtausführung eines von ihm vermittelten oder abgeschlossenen Geschäfts" und aufgrund von Art. 4 Abs. 2 lit. b der Handelsvertreter-RL wurde in Abs. 2 S. 3 „unverzüglich" eingefügt. Aufgrund von Art. 4 Abs. 2 lit. b der Handelsvertreter-RL wurde in Abs. 2 S. 3 „als nach den Umständen zu erwarten ist" durch „als der Handelsvertreter unter gewöhnlichen Umständen erwarten konnte" ersetzt. Abs. 3 beruht auf Art. 5 der Handelsvertreter-RL und wurde neu eingefügt; zuvor war lediglich der Anspruch aus Abs. 2 S. 3 zwingend. Durch die Handelsvertreter-RL unangetastet blieben Abs. 1 und Abs. 2 S. 1. Abs. 1 sah durch die beispielhafte Aufzählung der erforderlichen Unterlagen bereits eine detailliertere Regelung als Art. 4 Abs. 2 lit. a der Handelsvertreter-RL vor[16] und Abs. 2 S. 1 ist nahezu wortgleich mit Art. 4 Abs. 2 lit. b Hs. 1 der Handelsvertreter-RL. Einzig Art. 4 Abs. 1 der Handelsvertreter-RL, wonach sich als allgemeiner Grundsatz der Unternehmer gegenüber dem Handelsvertreter nach den Grundsätzen von Treu und Glauben zu verhalten hat, wurde nicht explizit umgesetzt. Der Gesetzgeber war der Ansicht, dass sich dies bereits aus nationalem Recht aus § 242 BGB ergeben würde.[17] Wegen der fehlenden Umsetzung von Art. 4 Abs. 1 der Handelsvertreter-RL wird vertreten, der deutsche Gesetzgeber habe die **Handelsvertreter-RL nicht effektiv umgesetzt,** weil sich die Unabdingbarkeit nach Abs. 3 nicht auf § 242 BGB beziehe.[18] Abs. 3 könne daher Anlass zu einer Vorlage an den EuGH gem. Art. 267 AEUV geben.[19] Dies ist unzutreffend, weil im deutschen Recht eine Vereinbarung, sich nicht an Treu und Glauben zu halten, gerade wegen eines Verstoßes gegen das unabdingbare Gebot von Treu und Glauben unwirksam wäre und damit ohnehin zur Rechtsfolge von Abs. 3 führen würde.[20]

III. Pflicht, erforderliche Unterlagen zur Verfügung zu stellen (Abs. 1)

7   **1. Sinn und Zweck der Regelung.** Nach Abs. 1 hat der Unternehmer dem Handelsvertreter die zur Ausübung seiner Tätigkeit erforderlichen Unterlagen zur Verfügung zu stellen. Diese Bestimmung ist eine Ausprägung der allgemeinen **Pflicht** des Unternehmers, den Handelsvertreter bei seiner Tätigkeit **zu unterstützen** und **zu fördern.**[21] Insofern hat der Handelsvertreter einen entsprechenden einklagbaren Anspruch gegen den Unternehmer.[22]

8   **2. Unterlagen.** Zu den Unterlagen gehören nach dem Gesetz Muster, Zeichnungen, Preislisten, Werbedrucksachen und Geschäftsbedingungen. Entsprechend des Wortlauts

---

[13] Baumbach/Hopt/Hopt Rn. 1 Oetker/Busche Rn. 2.
[14] Gesetz zur Änderung des Handelsgesetzbuches vom 6.8.1953, BGBl. I 771 f.
[15] BGBl. I 1910.
[16] Emde Rn. 2.
[17] BT-Drs. 11/3077, 7.
[18] Oetker/Busche Rn. 1.
[19] Oetker/Busche Rn. 1.
[20] IErg auch Canaris HandelsR § 15 Rn. 21; Emde Rn. 2; Baumbach/Hopt/Hopt Rn. 1.
[21] OLG Köln BeckRS 2009, 88067.
[22] MüKoHGB/Ströbl Rn. 3.

(„wie") ist die Aufzählung **beispielhaft und nicht abschließend.**[23] Der Begriff der Unterlagen ist weit zu verstehen.[24] Vom Begriff der Unterlagen ist alles erfasst, was dem Handelsvertreter zur Ausübung seiner Vermittlungs- und Abschlusstätigkeit dient, vor allem **zur Anpreisung der Waren bei Kunden,** und aus der Sphäre des Unternehmers stammt.[25] Unterlagen sind allerdings nur **körperliche Gegenstände** oder solche, die, wie Software, verkörpert werden können. Unkörperliche Hilfsmittel, wie Schulungen, können vom Wortlaut her keine Unterlagen sein.[26] Die darin vermittelten Inhalte können aber zu den Nachrichten nach Abs. 2 S. 1 gehören.

3. Erforderlichkeit. a) Restriktive Auslegung. Die Rechtsprechung hatte sich insbesondere im Zusammenhang mit Finanzdienstleistungen mehrmals mit der Frage zu befassen, welche Unterlagen erforderlich sind. Nach Ansicht des OLG Köln und des OLG Celle ist der Begriff weit auszulegen. Erforderlich sind danach alle Hilfsmittel, die der Handelsvertreter aus seiner Sicht mit guten Gründen für den Erfolg seiner Tätigkeit für notwendig hält.[27] Der BGH befürwortet in seinem grundlegenden Urteil vom 4.5.2011 zu Recht eine **restriktive Auslegung.**[28] Danach sind nur solche Unterlagen erforderlich, die **für die spezifische Anpreisung der Ware unerlässlich** sind.[29] Der Handelsvertreter hat Anspruch auf kostenlose (→ Rn. 12) Überlassung von nur solchen Unterlagen, auf die er **für seine konkrete Vertriebstätigkeit angewiesen** ist.[30] Dies ergibt sich aus den in Abs. 1 genannten Beispielen, wie Preislisten und Geschäftsbedingungen, die einen engen Produktbezug haben.[31] Zur spezifischen Anpreisung der Waren bei Kunden gehören nur **produktspezifische Hilfsmittel.** Produktunspezifische, allgemeine Hilfsmittel, die auch ein Handelsvertreter benötigt, der andere Produkte vertreibt, fallen nicht darunter.[32] Begründet wird dies auch mit den vom Handelsvertreter zu tragenden Risiken: Den Handelsvertreter trifft als selbstständigen Unternehmer das Risiko, dass sich die von ihm getätigten Aufwendungen für seine Absatzbemühungen rentieren. Dementsprechend trägt der Handelsvertreter nach § 87d im Grundsatz die in seinem regelmäßigen Geschäftsbetrieb anfallenden Kosten selbst.[33] Zu den nicht produktspezifischen Hilfsmitteln gehören insbesondere Ladenräume,[34] Büroausstattung, Büromaterialien und alle sonstigen Kosten des eigenen Betriebs und der Repräsentation gegenüber den Kunden.[35] Eine Unterlage ist nicht schon deshalb als erforderlich einzustufen, weil der Unternehmer spezifische Anforderungen an die Handelsvertretertätigkeit stellt.[36] Eine vom Unternehmer vorgeschriebene Corporate Identity (CI) führt daher nicht automatisch dazu, dass von ihm die Kosten für sämtliche, die CI vermittelnde Hilfsmittel zu tragen wären.[37] Ob der Handelsvertreter auf

9

---

[23] OLG Hamm BeckRS 2016, 13804; OLG Köln BeckRS 2009, 88067; Ebenroth/Boujong/Joost/Strohn/Löwisch Rn. 29; MüKoHGB/Ströbl Rn. 5.

[24] BGH NJW 2011, 2423 Rn. 24; OLG Hamm BeckRS 2016, 13804; Emde Rn. 103.

[25] BGH NJW 2011, 2423 Rn. 20; Oetker/Busche Rn. 5; Emde Rn. 103; Küstner/Thume VertriebsR-HdB I Kap. IV Rn. 5.

[26] OLG Celle BeckRS 2009, 88792; aA Emde Rn. 103; offen gelassen von BGH NJW 2011, 2423.

[27] OLG Köln BeckRS 2009, 88067; OLG Celle BeckRS 2009, 88792 mAnm Eckhoff GWR 2010, 11 und Hesse BB 2010, 1052; Ebenroth/Boujong/Joost/Strohn/Löwisch Rn. 29. Emde Rn. 104 befürwortet ebenfalls eine weite Auslegung, lehnt aber eine auf den Handelsvertreter abgestellte subjektive Sichtweise ab. Erforderlich sei alles, was objektiv zur Ausübung der Vertriebstätigkeit benötigt würde, so auch (und daher insofern widersprüchlich) OLG Celle BeckRS 2009, 88792.

[28] NJW 2011, 2423 Rn. 23 mAnm Rasmussen-Bonne GWR 2011, 260; OLG Hamm BeckRS 2016, 13804; Kehr/Willich ZVertriebsR 2022, 159.

[29] BGH NJW 2011, 2423 Rn. 23; so auch LG Bonn BeckRS 2009, 15914; Roth BB 2010, 2000 (2003); Thelen VersR 2009, 1025 (1030 f.).

[30] BGH NJW 2011, 2423 Rn. 24; Rasmussen-Bonne GWR 2011, 260.

[31] BGH NJW 2011, 2423 Rn. 24.

[32] OLG Köln BeckRS 2009, 88067.

[33] BGH NJW 2011, 2423 Rn. 25.

[34] LG München I BeckRS 2020, 15838.

[35] BGH NJW 2011, 2423 Rn. 35; OLG Köln BeckRS 2009, 88067; Emde Rn. 104.

[36] OLG Hamm NJOZ 2021, 718 Rn. 61 f.

[37] AA Emde ZIP 2022, 106 (113 ff.).

die Unterlagen für die konkrete Vertriebstätigkeit angewiesen ist, hängt von den Umständen des Einzelfalls unter **Berücksichtigung der Branchenüblichkeit, der abzusetzenden Produkte und des Tätigkeitsfelds des Handelsvertreters** ab.[38] Bei **multifunktionalen Systemen** kann eine **Teilung in eine erforderliche und eine nichterforderliche Unterlage** erfolgen.[39] Verlangt das Prinzipal eine Vergütung für das Gesamtsystem, so führt dies nicht unbedingt zur Gesamtunwirksamkeit der Vergütungsabrede. Vielmehr kann die ergänzende Vertragsauslegung ergeben, dass die Vergütungsabrede entsprechend der Funktionen des Systems aufgeteilt wird mit der Folge, dass der Handelsvertreter eine anteilige Vergütung nur für den erforderlichen Teil zu entrichten hat.[40] Dies gilt auch im Falle eines Standardvertrages. Ein Verstoß gegen das Verbot geltungserhaltender Reduktion liegt nicht vor, weil die gegen § 86a Abs. 1 verstoßende Vergütungsabrede eine Hauptleistungspflicht betrifft und damit keine Regelung, durch die von Rechtsvorschriften abgewichen wird oder diese ergänzt werden (§ 307 Abs. 3 BGB).[41]

10 **b) Beispiele.** Nach den oben genannten Grundsätzen (→ Rn. 9) gehören zu den erforderlichen Unterlagen iSv Abs. 1 neben den im Gesetz genannten Beispielen (vorbehaltlich einer anderweitigen Einzelfallbetrachtung):

– **Kassensysteme,** soweit dadurch die Preisdaten für die Agenturwaren übermittelt werden, nicht aber im Hinblick auf von der Agenturware unabhängige Funktionen, wie betriebswirtschaftliche Auswertungen, die Kommunikation zwischen den Parteien[42] oder die Abwicklung von unbaren Bezahlungsvorgängen (auch nicht die Entstehung von Gebührenbelastungen im Rahmen der Zahlungsabwicklung im Kreditkartengeschäft)[43]
– **Kundenlisten** des Unternehmers, wenn der Handelsvertreter für ein Gebiet verantwortlich ist, das zuvor vom Unternehmer oder einem anderen Handelsvertreter betreut wurde und der Unternehmer über solche Listen verfügt,[44] weil durch die Überlassung eine effiziente Anpreisung der Ware durch den Handelsvertreter erst ermöglicht wird. Beziehen sich die Informationen in den Kundenlisten auf natürliche Personen (im Gegensatz zu juristischen Personen), hat der Unternehmer das BDSG zu beachten und ggf. eine Einwilligung der Kunden einzuholen, bevor die Kundenlisten übergeben werden;[45]
– **Musterstücke/-kollektion** (je nach Branche),[46] dazu zählt auch ein Vorführwagen bei einem Kfz-Handelsvertreter;[47]
– Produktbeschreibungen/-broschüren und Bedienungsanleitungen,[48]

---

[38] OLG Köln BeckRS 2009, 88067; OLG München BB 1999, 2320; Küstner/Thume VertriebsR-HdB I Kap. IV Rn. 5; Oetker/Busche Rn. 5; Baumbach/Hopt/Hopt Rn. 5; MüKoHGB/Ströbl Rn. 3 ff.; Martinek/Semler/Flohr VertriebsR-HdB/Flohr/Pohl § 18 Rn. 70.
[39] BGH ZVertriebsR 2017, 40 mAnm Teichmann ZVertriebsR 2017, 44, Ströbl BB 2017, 147, Emde NJW 2017, 665.
[40] BGH ZVertriebsR 2017, 40 Rn. 32; vgl. dazu auch Hübsch ZVertriebsR 2018, 88 (92 ff.).
[41] OLG Hamm NJOZ 2021, 718 Rn. 88.
[42] BGH ZVertriebsR 2017, 40 mAnm Teichmann ZVertriebsR 2017, 44.
[43] OLG Hamm ZVertriebsR 2021, 193; OLG München NJW 2022, 2625 (wo die konkrete Umwälzung der Disagiolast auf den Handelsvertreter als AGB unwirksam war).
[44] OLG München HVR Nr. 1124; Emde Rn. 100; Baumbach/Hopt/Hopt Rn. 6; MüKoHGB/Ströbl Rn. 5; Ebenroth/Boujong/Joost/Strohn/Löwisch Rn. 33; Küstner/Thume VertriebsR-HdB I Kap. IV Rn. 34.
[45] Vgl. auch Evers/Kiene DB 2003, 2762; Emde Rn. 105; Ebenroth/Boujong/Joost/Strohn/Löwisch Rn. 33.
[46] OLG München BB 1999, 2320; OLG Düsseldorf HVR Nr. 770; Emde Rn. 105; Baumbach/Hopt/Hopt Rn. 6; Ebenroth/Boujong/Joost/Strohn/Löwisch Rn. 31; Küstner/Thume VertriebsR-HdB I Kap. IV Rn. 14 ff.; Röhricht/v. Westphalen/Thume Rn. 5 ff.; Thume BB 1995, 1913, Roth BB 2010, 2000 (2004); Thelen VersR 2009, 1025 (1026).
[47] OLG Frankfurt a. M. BeckRS 2009, 13200; Emde Rn. 105.
[48] Emde Rn. 105.

– spezielle **Vertriebssoftware,** insbesondere mit der der Handelsvertreter auf den Daten- und Vertragsbestand des Unternehmers (relevant bei Versicherungen und Finanzdienstleistern) sowie auf Produkt- und Preisübersichten zugreifen kann.[49]

Keine erforderlichen Unterlagen iSv Abs. 1 sind: **11**

– **Briefpapier, Visitenkarten** und **Datenerhebungsbögen,** auch wenn sie einheitlich gestaltet und mit einem Logo des Unternehmers versehen sind. Diese gehören zur allgemeinen Büroausstattung. Das einheitliche Logo vermittelt nur einen Werbeeffekt und wertet das Briefpapier nicht zu einem produktspezifischen Hilfsmittel auf;[50]
– **Computerhardware** und **Standardsoftware,**[51] sowie sich auf Hardware und Standardsoftware beziehende EDV-Unterstützungsleistungen,[52] die zur allgemeinen Büroausstattung zählen;
– betriebsinterne **Geschäftsunterlagen** des Unternehmers;[53]
– **Kundenzeitschrift,** da sie nur der allgemeinen Kundenpflege dient und allgemein das Interesse der Kunden an den Leistungen des Handelsvertreters und den Produkten des Unternehmers wecken soll (anders als eine Produktbroschüre, die sich auf konkrete Produkte des Unternehmers bezieht);[54]
– **Musterkoffer** und andere handelsübliche Behältnisse, in denen Muster zweckmäßigerweise befördert werden,[55] anders, wenn ein Spezialkoffer für das konkrete Produkt unerlässlich ist und der Handelsvertreter mit dem Muster vereinbarungsgemäß auf Reisen geht;[56]
– **Pkw;**[57]
– **Schulungen** und **Fortbildungsmaßnahmen,** weil es sich dabei nicht um körperliche Gegenstände handelt (→ Rn. 8).[58] Selbst wenn man der Ansicht folgt, dass unkörperliche Hilfsmittel unter Abs. 1 fallen, wären nur Schulungen erfasst, die den Inhalt der erforderlichen Unterlagen nach Abs. 1 (zB Produktinformationen oder Geschäftsbedingungen) zum Gegenstand haben.[59] Die Vermittlung von Fachkenntnissen, die der Handelsvertreter für den Vertrieb bestimmter Produkte allgemein benötigt, fallen keinesfalls unter die erforderlichen Unterlagen iSd Abs. 1.[60] Ungeachtet dessen trifft den **Unternehmer grundsätzlich keine Pflicht, Schulungen anzubieten.**[61] Er kann dem Handelsvertreter die Informationen, die durch Schulungen vermittelt werden, auch auf anderen Wege mitteilen;
– **Warenvorrat,** den der Handelsvertreter an die Kunden des Unternehmers ausliefern soll, weil dieser der Erfüllung bereits geschlossener Kaufverträge und nicht erst der Anbahnung des Kaufvertrages dient;[62]

---

[49] BGH NJW 2011, 2423 Rn. 30; OLG Hamm BeckRS 2016, 13804; OLG Bremen NJW-RR 2011, 1542; OLG Köln VersR 2006, 407; Emde Rn. 74; Ebenroth/Boujong/Joost/Strohn/Löwisch Rn. 30; Baumbach/Hopt/Hopt Rn. 5; Röhricht/v. Westphalen/Thume Rn. 11.
[50] BGH NJW 2011, 2423 Rn. 27; aA OLG Celle BeckRS 2009, 88792; Emde Rn. 106.
[51] OLG Hamm BeckRS 2016, 13804; OLG Köln VersR 2006, 407; Emde Rn. 106; Baumbach/Hopt/Hopt Rn. 5.
[52] LG Bonn BeckRS 2009, 15914; Emde Rn. 106.
[53] Emde Rn. 106; Ebenroth/Boujong/Joost/Strohn/Löwisch Rn. 35.
[54] BGH NJW 2011, 2423 Rn. 29; LG Bonn BeckRS 2009, 15914; Thelen VersR 2009, 1025; aA OLG Köln BeckRS 2009, 88067; OLG Celle BeckRS 2009, 88792; Emde Rn. 106.
[55] OLG Hamburg HVR Nr. 101; Baumbach/Hopt/Hopt Rn. 5; Emde Rn. 106; Martinek/Semler/Flohr VertriebsR-HdB/Flohr/Pohl § 18 Rn. 70; Küstner/Thume VertriebsR-HdB I Kap. IV Rn. 31; aA Ebenroth/Boujong/Joost/Strohn/Löwisch Rn. 35.
[56] Emde Rn. 106.
[57] Emde Rn. 106; Baumbach/Hopt/Hopt Rn. 5.
[58] OLG Celle BeckRS 2009, 88792; iErg auch Baumbach/Hopt/Hopt Rn. 5.
[59] OLG Hamm NJW-RR 1990, 567; Emde Rn. 105; Ebenroth/Boujong/Joost/Strohn/Löwisch Rn. 35; offen gelassen von BGH NJW 2011, 2423 Rn. 37.
[60] BGH NJW 2011, 2423 Rn. 37.
[61] Schultze/Wauschkuhn/Spenner/Dau/Kübler Vertragshändlervertrag/Dau Rn. 256 (Vertragshändler).
[62] OLG Düsseldorf BB 1990, 1086 (1087); Baumbach/Hopt/Hopt Rn. 5; Emde Rn. 106; Martinek/Semler/Flohr VertriebsR-HdB/Flohr/Pohl § 18 Rn. 70.

– **Werbeartikel** („Give-aways"), anders als die in Abs. 1 aufgeführten (produktspezi-fischen) Werbedrucksachen. Die Werbeartikel dienen der allgemeinen Kundenpflege und sollen nach dem BGH „dazu beitragen, ein Klima zu schaffen und aufrechtzuerhalten, das Geschäftsabschlüsse erleichtert".[63]

12 **4. Überlassung der Unterlagen. a) Kostenlose Überlassung.** Die notwendigen Un-terlagen sind dem Handelsvertreter zur Verfügung zu stellen. Der Handelsvertreter erhält die Unterlagen **kostenlos.**[64] Durch eine Beteiligung an den Kosten des Unternehmers für die Unterlagen wäre der Handelsvertreter andernfalls verpflichtet, auch bei erfolglosen Absatzbemühungen für die überlassenen Unterlagen zu zahlen und so einen Teil des unternehmerischen Risikos zu tragen.[65] Handelt es sich um erforderliche Unterlagen und vereinbaren die Parteien ein Entgelt für die Überlassung, dann ist die Entgeltvereinbarung gem. Abs. 3 unwirksam.[66] Ein bereits bezahltes Entgelt kann der Handelsvertreter nach § 812 Abs. 1 S. 1 Alt. 1 BGB zurückfordern.[67]

13 **b) Ort und Zeit.** Bei der Überlassung handelt es sich um eine **Bringschuld**[68] des Unternehmers, die dort zu erfüllen ist, wo der Handelsvertreter seinen geschäftlichen Sitz hat oder vertragsgemäß seine Tätigkeit erbringt.[69] Die Kosten für die Übersendung sind vom Unternehmer zu tragen.[70]

14 Da es sich um Unterlagen handelt, die der Anpreisung der Waren beim Kunden dienen, sind die Unterlagen **mit Aufnahme der Absatz- und Vermittlungstätigkeit** des Han-delsvertreters zu überlassen, also idR mit oder unmittelbar nach Vertragsbeginn.[71] Die Unterlagen sind laufend zu **aktualisieren,**[72] bspw. bei Veränderungen der Produktpalette des Unternehmers. Der Handelsvertreter hat die Unterlagen an den Unternehmer **zurück-zugeben,** wenn er sie für seine Tätigkeit nicht mehr benötigt.[73] Das ist spätestens bei Beendigung des Handelsvertretervertrages der Fall, ggf. auch schon früher, bspw. wenn das Produkt, auf das sich die Unterlagen beziehen, nicht mehr vertrieben wird. Unterlagen, die der Handelsvertreter bestimmungsgemäß an die Kunden des Unternehmers weitergegeben hat, sind nicht mehr zurückzugeben.[74]

15 **c) Eigentum.** Dem Handelsvertreter ist der unmittelbare Besitz an den Unterlagen zu verschaffen oder zumindest die Möglichkeit, auf die Unterlagen zugreifen zu können.[75] Die Unterlagen verbleiben idR im **Eigentum des Unternehmers.**[76] Es ist nicht Aufgabe des Unternehmers, die von ihm kostenlos überlassenen Unterlagen auch noch gegen Beschä-digung, Zerstörung und Verlust zu versichern. Hierfür ist der Handelsvertreter verantwort-lich, weil sich die Unterlagen in seinem Gewahrsam befinden und er damit am besten abschätzen kann, welchen Risiken sie ausgesetzt sind.[77] Der Unternehmer kann darüber

---

[63] BGH NJW 2011, 2423 Rn. 28; Baumbach/Hopt/Hopt Rn. 5; aA OLG Köln BeckRS 2009, 88067; OLG Celle BeckRS 2009, 88792; Emde Rn. 105.

[64] BGH NJW 2011, 2423 Rn. 19; OLG München OLG-Report 2002, 82; Baumbach/Hopt/Hopt Rn. 5; Emde Rn. 109; Emde BB 2012, 3029 (3032); Thume BB 1995, 1913 (1914 f.).

[65] BGH NJW 2011, 2423 Rn. 19.

[66] BGH NJW 2011, 2423 Rn. 30; Emde Rn. 109; aA Heymann/Stöber Rn. 6.

[67] OLG Hamm BeckRS 2016, 13804.

[68] Oetker/Busche Rn. 6; Baumbach/Hopt/Hopt Rn. 6; Ebenroth/Boujong/Joost/Strohn/Löwisch Rn. 36; Emde Rn. 113.

[69] Oetker/Busche Rn. 6; Ebenroth/Boujong/Joost/Strohn/Löwisch Rn. 36.

[70] OLG München BB 1999, 2320; Oetker/Busche Rn. 6.

[71] Ebenroth/Boujong/Joost/Strohn/Löwisch Rn. 36; MüKoHGB/Ströbl Rn. 8.

[72] Oetker/Busche Rn. 6.

[73] Baumbach/Hopt/Hopt Rn. 6; MüKoHGB/Ströbl Rn. 10.

[74] Emde Rn. 112; MüKoHGB/Ströbl Rn. 10.

[75] Oetker/Busche Rn. 6.

[76] Baumbach/Hopt/Hopt Rn. 6; Oetker/Busche Rn. 6.

[77] LG Hannover MDR 1984, 1028; Schlegelberger/Schröder Rn. 6; aA Baumbach/Hopt/Hopt Rn. 6; Oetker/Busche Rn. 6; Röhricht/v. Westphalen/Thume Rn. 8.

hinaus die Stellung einer Kaution verlangen.[78] Für von den Unterlagen ausgehende Gefahren, bspw. bei technischen oder chemischen Produkten, ist der Unternehmer nach § 618 Abs. 1, 3 BGB verantwortlich.[79]

In Standardverträgen ist eine Verpflichtung des Handelsvertreters, die **Musterkollektion 16 am Ende der Saison** gegen Nachlass auf den Verkaufspreis **zu kaufen,** unwirksam,[80] wenn es sich bei der Musterkollektion in der jeweiligen Branche um erforderliche Unterlagen handelt (→ Rn. 10). Damit würde vom gesetzlichen Leitbild des Handelsvertreters abgewichen werden, weil das Risiko der Verkaufsfähigkeit der vom Unternehmer vertriebenen Produkte auf den Handelsvertreter abgewälzt wird.[81] Die Auffassung, wonach allerdings eine entsprechende individualvertragliche Vereinbarung möglich sei, hat viel für sich.[82] Nach dieser Ansicht läge kein Verstoß gegen Abs. 3 vor,[83] weil die Überlassungspflicht nicht eingeschränkt, sondern dem Handelsvertreter nur eine zusätzliche Pflicht auferlegt würde.[84] Man kann zugunsten dieser Meinung argumentieren, dass der Kern der Überlassungspflicht (→ Rn. 44) erhalten bliebe. Nach der klaren Aussage des BGH, dass die Überlassung der erforderlichen Unterlagen kostenlos zu erfolgen hat (→ Rn. 12),[85] dürfte diese Ansicht allerdings schwer zu halten sein.[86]

IV. Benachrichtigungspflichten

1. Übermittlung der erforderlichen Nachrichten (Abs. 2 S. 1). a) Sinn und 17 Zweck der Regelung. Nach Abs. 2 S. 1 ist der Unternehmer verpflichtet, dem Handelsvertreter die erforderlichen Nachrichten zu geben. Diese Bestimmung ist wie Abs. 1 eine Ausprägung der allgemeinen Pflicht des Unternehmers, den Handelsvertreter bei seiner Tätigkeit zu unterstützen und dahingehend zu fördern. Die **allgemeine Mitteilungspflicht** bezweckt, dass der Handelsvertreter vom Unternehmer alle Informationen bekommt, die er für die erfolgreiche und effiziente Ausübung seiner Tätigkeit benötigt. Eine erfolgreiche Vertriebstätigkeit des Handelsvertreters kommt auch dem Unternehmer zugute. Zudem soll der Handelsvertreter davor geschützt werden, dass er nutzlose Anstrengungen für eine nicht aussichtsreiche Vermittlungstätigkeit unternimmt, bspw. weil der Unternehmer das Geschäft ohnehin nicht abschließen will.[87] Dies ist Ausdruck des allgemeinen Rücksichtnahmegebots des Unternehmers.

b) Erforderliche Nachrichten. Ebenso wie die Unterlagen in Abs. 1 müssen die zu 18 übermittelnden Informationen in Abs. 2 S. 1 erforderlich sein. Eine restriktive Auslegung wie in Abs. 1 (→ Rn. 9) findet hier allerdings nicht statt. Abs. 2 S. 1 enthält keine Beispiele für Informationen mit engem Produktbezug; zudem belastet das Überlassen von Informationen den Unternehmer nicht finanziell. Abs. 1 ist vorrangig, dh es genügt nicht, wenn der Unternehmer die in den erforderlichen Unterlagen iSv Abs. 1 ggf. enthaltenen erforderlichen Nachrichten iSv Abs. 2 S. 1 nur mitteilt; er muss nach wie vor dem Handelsvertreter nach Abs. 1 auch die Unterlagen überlassen. Erforderlich nach Abs. 2 S. 1 ist grds. alles, was sich **objektiv auf die Vertriebstätigkeit des Handelsvertreters auswirken**

---

[78] Ebenroth/Boujong/Joost/Strohn/Löwisch Rn. 38 (individualvertraglich); aA Thume BB 1995, 1913 (1914).

[79] Baumbach/Hopt/Hopt Rn. 6; Oetker/Busche Rn. 6.

[80] OLG München BB 1999, 2320; OLG Düsseldorf HVR Nr. 770; LG Stuttgart HVR Nr. 690; Baumbach/Hopt/Hopt Rn. 6; Heymann/Stöber Rn. 8.

[81] OLG Düsseldorf HVR Nr. 770.

[82] OLG Düsseldorf HVR Nr. 770; Ebenroth/Boujong/Joost/Strohn/Löwisch Rn. 38; Schlegelberger/Schröder Rn. 6; Heymann/Stöber Rn. 8.

[83] Heymann/Stöber Rn. 6.

[84] Heymann/Stöber Rn. 8.

[85] BGH NJW 2011, 2423 Rn. 19.

[86] Roth BB 2010, 2000 (2002), der noch auf OLG Köln BeckRS 2009, 88067 und OLG Celle BeckRS 2009, 88792 Bezug nimmt; iErg auch OLG München BB 1999, 2320; HVR Nr. 991; Baumbach/Hopt/Hopt Rn. 6; Oetker/Busche Rn. 6; Thume BB 1995, 1913; MüKoHGB/Ströbl Rn. 11.

[87] Emde Rn. 122; MüKoHGB/Ströbl Rn. 16.

kann, gleich ob positiv oder negativ, **soweit es nicht die Aufgabe des Handelsvertreters ist, sich die Informationen selbst zu beschaffen.**[88] Dazu zählen nicht nur Informationen über die Produkte, sondern auch über das Vertriebsgebiet, die Kunden und den Unternehmer selbst. Die Erforderlichkeit ist weit auszulegen, weil der Erfolg der Vertriebstätigkeit des Handelsvertreters mit einer umfassenden Informationsbereitstellung durch den Unternehmer zusammenhängt.[89] Der Unternehmer hat auf den Handelsvertreter Rücksicht zu nehmen, indem er ihm **unerwartete geschäftliche Dispositionen** mitteilt, die die Vertriebsmöglichkeiten des Handelsvertreters einschränken können.[90] Die Informationsplicht entfällt, wenn dem Handelsvertreter die erforderlichen Nachrichten bereits bekannt oder wenn sie öffentlich bekannt sind.[91] Der Handelsvertreter kann verlangen, dass der Unternehmer die dem Handelsvertreter durch einen Dritten bekannt gewordenen Informationen bestätigt oder uU ergänzt.[92] Hinsichtlich des **Zeitpunkts** gilt grundsätzlich, dass die Informationen vom Unternehmer dann bereitzustellen sind, sobald sie für die Vertriebstätigkeit des Handelsvertreters erforderlich sind.[93] Es kommt immer auf die konkreten Umstände des Einzelfalls an.

19   **c) Geheimhaltungsinteresse des Unternehmers.** Die Informationspflicht wird, in sachlicher sowie in zeitlicher Hinsicht, durch das aus der unternehmerischen Freiheit folgende berechtigte **Geheimhaltungsinteresse des Unternehmers beschränkt.**[94] Ob das Interesse des Unternehmers, betriebsinterne Vorgänge nicht offenzulegen, das Interesse des Handelsvertreters an frühzeitiger Information über alle Umstände, die seinen Verdienst beeinflussen können, überwiegt, ist im Einzelfall durch Abwägung der unterschiedlichen Interessen zu entscheiden.[95] In diesem Zusammenhang ist zu beachten, dass der Unternehmer nicht ohne Weiteres durch unerwartete geschäftliche Dispositionen den Erfolg der Arbeit des Handelsvertreters beeinträchtigen darf.[96] In der Praxis kommt es meist auf den **Zeitpunkt der Informationspflicht** des Unternehmers an.[97] Dabei ist zugunsten des Unternehmers zu berücksichtigen, ob eine zu frühe Mitteilung den Erfolg der beabsichtigten Maßnahmen gefährden oder zu einer Verschlechterung seiner wirtschaftlichen Verhältnisse führen kann.[98] Ihm ist diesbezüglich ein erheblicher **Ermessensspielraum** zuzugestehen.[99]

20   **d) Beispiele.** Zu den erforderlichen Informationen iSd Abs. 2 S. 1 zählen:
- Technische und qualitative **Daten der Produkte,** geplante **Änderungen** der Produkte sowie der Preise und Lieferbedingungen;[100]
- Lieferung unter qualitativen Einschränkungen;[101]

---

[88] Baumbach/Hopt/Hopt Rn. 8; Emde Rn. 124; MüKoHGB/Ströbl Rn. 18.
[89] MüKoHGB/Ströbl Rn. 18; Küstner/Thume VertriebsR-HdB I Kap. IV Rn. 42.
[90] BGHZ 26, 165; Baumbach/Hopt/Hopt Rn. 8.
[91] Emde Rn. 124; Ebenroth/Boujong/Joost/Strohn/Löwisch Rn. 26.
[92] Baumbach/Hopt/Hopt Rn. 12.
[93] Baumbach/Hopt/Hopt Rn. 8.
[94] MüKoHGB/Ströbl Rn. 18; Emde Rn. 124; Martinek/Semler/Flohr VertriebsR-HdB/Flohr/Pohl § 18 Rn. 72; Baumbach/Hopt/Hopt Rn. 9; Ebenroth/Boujong/Joost/Strohn/Löwisch Rn. 26; Küstner/Thume VertriebsR-HdB I Kap. IV Rn. 43.
[95] Oetker/Busche Rn. 22; Küstner/Thume VertriebsR-HdB I Kap. IV Rn. 43; Schultze/Wauschkuhn/Spenner/Dau/Kübler Vertragshändlervertrag/Dau Rn. 229 (Vertragshändler).
[96] BGH NJW 1958, 219; Baumbach/Hopt/Hopt Rn. 8; Küstner/Thume VertriebsR-HdB I Kap. IV Rn. 50.
[97] Schultze/Wauschkuhn/Spenner/Dau/Kübler Vertragshändlervertrag/Dau Rn. 233 (Vertragshändler).
[98] Baumbach/Hopt/Hopt Rn. 12.
[99] BGH NJW 1985, 623 (628) (Vertragshändler); Schultze/Wauschkuhn/Spenner/Dau/Kübler Vertragshändlervertrag/Dau Rn. 235.
[100] Oetker/Busche Rn. 18; MüKoHGB/Ströbl Rn. 17; Ebenroth/Boujong/Joost/Strohn/Löwisch Rn. 41; Küstner/Thume VertriebsR-HdB I Kap. VI Rn. 41.
[101] BGH NJW 1958, 219; Küstner/Thume VertriebsR-HdB I Kap. IV Rn. 50, 116 ff.

– **Verkaufsfördernde Informationen** wie Auszeichnungen und Preise für die Vertriebs-
produkte (zB Stiftung Warentest) oder Teilnahme an Ausstellungen und Messen;[102]
– **Liefer- und Leistungsfähigkeit** des Unternehmers sowie Kapazitätsauslastung;[103]
– Informationen über **potentielle neue Kunden;**[104]
– Einschränkung der Verkaufsmöglichkeiten des Handelsvertreters durch **Umstellung des
Vertriebs** durch den Unternehmer.[105]

Wegen des vorrangigen Geheimhaltungsinteresses des Unternehmers hat der Handels- **21**
vertreter idR keinen Anspruch auf die Mitteilung von folgenden Informationen:

– Schlechte **wirtschaftliche Lage des Unternehmers,** auch bei zu befürchtender Zahlungsunfähigkeit des Unternehmers.[106] Das Interesse des Handelsvertreters kann aber
vorrangig sein, zB wenn er dem Unternehmer mitgeteilt hat, dass er einen Vertriebsvertrag mit einem anderen Prinzipal abschließen kann und diesen auch abschließen
würde, wenn zu befürchten ist, dass der Unternehmer seinen Betrieb bald einstellt[107] oder
aber wenn die schlechte wirtschaftliche Lage des Unternehmers zu erheblichen Lieferschwierigkeiten führen würde[108];
– voraussichtliche Produktionsentwicklung und Unternehmensstrategie;[109]
– Bei einem geplanten **Modellwechsel** besteht keine Pflicht des Unternehmers, den
Handelsvertreter innerhalb einer bestimmten Frist zu informieren. Dem Unternehmer
kann nicht zugemutet werden, das Risiko eines Verkaufsrückgangs des auslaufenden
Modells wegen einer frühzeitigen Bekanntgabe der geplanten Modelländerung auf sich
zu nehmen.[110]

Zu weiteren Beispielen, insbesondere im Zusammenhang mit der erheblich beschränkten **22**
Auftragsannahme (Abs. 2 S. 3), → Rn. 35.

**2. Unverzügliche Mitteilung der Annahme, Ablehnung oder Nichtausführung 23
des Geschäfts (Abs. 2 S. 2). a) Sinn und Zweck der Regelung.** Nach Abs. 2 S. 2 hat
der Unternehmer dem Handelsvertreter unverzüglich die Annahme oder Ablehnung eines
vom Handelsvertreter vermittelten oder ohne Vertretungsmacht abgeschlossenen Geschäfts
(Alt. 1) und die Nichtausführung eines von ihm vermittelten oder abgeschlossenen Geschäfts mitzuteilen (Alt. 2). Diese Regelung ist eine Konkretisierung der allgemeinen
Benachrichtigungspflicht nach Abs. 1. Die in Abs. 2 S. 2 genannten Informationen betreffen den für den Handelsvertreter wichtigen **Provisionsanspruch.** Dieser wird fällig, wenn
der Unternehmer das Geschäft mit dem Kunden abschließt (§ 87a Abs. 1 S. 1) und ist nach
§ 87a Abs. 1 aufschiebend bedingt durch die Ausführung des Geschäfts.[111] Die frühzeitige
Information des Handelsvertreters über die Ablehnung oder Nichtausführung von Geschäften erspart ihm zudem künftiges Tätigwerden gegenüber Kunden, mit denen der Unter-

---

[102] Oetker/Busche Rn. 18; MüKoHGB/Ströbl Rn. 19; Ebenroth/Boujong/Joost/Strohn/Löwisch
Rn. 41.
[103] Oetker/Busche Rn. 18; MüKoHGB/Ströbl Rn. 17, 19; Ebenroth/Boujong/Joost/Strohn/Löwisch
Rn. 41; Küstner/Thume VertriebsR-HdB I Kap. IV Rn. 41.
[104] Oetker/Busche Rn. 18; MüKoHGB/Ströbl Rn. 17; Ebenroth/Boujong/Joost/Strohn/Löwisch
Rn. 41; Küstner/Thume VertriebsR-HdB I Kap. IV Rn. 41.
[105] BGH NJW 1968, 394 (auf Grund von Rationalisierungsmaßnahmen Verkauf nur noch an Groß-
abnehmer); Baumbach/Hopt/Hopt Rn. 11; MüKoHGB/Ströbl Rn. 42; Küstner/Thume VertriebsR-HdB I
Kap. IV Rn. 46.
[106] BGH NJW 1960, 1292; Baumbach/Hopt/Hopt Rn. 12; MüKoHGB/Ströbl Rn. 19; Küstner/Thume
VertriebsR-HdB I Kap. IV Rn. 43; Schultze/Wauschkuhn/Spenner/Dau/Kübler Vertragshändlervertrag/
Dau R. 236 (Vertragshändler); aA Oetker/Busche Rn. 18; Ebenroth/Boujong/Joost/Strohn/Löwisch
Rn. 52.
[107] MüKoHGB/Ströbl Rn. 19; Küstner/Thume VertriebsR-HdB I Kap. IV Rn. 43.
[108] Schultze/Wauschkuhn/Spenner/Dau/Kübler Vertragshändlervertrag/Dau Rn. 236 (Vertragshändler).
[109] Baumbach/Hopt/Hopt Rn. 9; Küstner/Thume VertriebsR-HdB I Kap. IV Rn. 43.
[110] BGH NJW 1985, 623 (Kfz-Vertragshändler); Küstner/Thume VertriebsR-HdB I Kap. IV Rn. 44;
Schultze/Wauschkuhn/Spenner/Dau/Kübler Vertragshändlervertrag/Dau Rn. 234 f.
[111] MüKoHGB/Ströbl Rn. 21.

nehmer keine Geschäfte abschließen will oder bei denen es zu keiner erfolgreichen Ausführung eines abgeschlossenen Geschäfts kommt.[112] Insofern ist in Abs. 2 S. 2 das **allgemeine Rücksichtnahmegebot des Unternehmers** enthalten. Schließlich ist diese Regelung **Ausdruck der Entschließungs- oder Dispositionsfreiheit des Unternehmers.**[113] Der Unternehmer ist idR in seiner Entscheidung frei, ob er ein beigebrachtes Geschäft annimmt bzw. ein abgeschlossenes Geschäft ausführt.[114]

24   **b) Annahme oder Ablehnung eines vom Handelsvertreter vermittelten oder ohne Vertretungsmacht abgeschlossenen Geschäfts (Alt. 1).** Alt. 1 betrifft die von einem Handelsvertreter vermittelten oder ohne Vertretungsmacht abgeschlossenen Geschäfte. Es muss sich also um solche Geschäfte handeln, bei denen der **Handelsvertreter mitgewirkt hat.** Geschäfte, bei denen der Handelsvertreter nicht beteiligt war, die dennoch einen Provisionsanspruch auslösen können, weil der Handelsvertreter Bezirksvertreter ist (§ 87 Abs. 2 S. 1) oder weil es sich um ein Folgegeschäft handelt (§ 87 Abs. 1 S. 1 Alt. 2), lösen keine Benachrichtigungspflicht des Unternehmers nach dieser Vorschrift aus.[115] Insofern erfährt der Handelsvertreter die erforderlichen Informationen über § 87c Abs. 2 und 3.

25   Die „vermittelten" Geschäfte betreffen den als solchen auftretenden **Vermittlungsvertreter** und die „ohne Vertretungsmacht abgeschlossenen" Geschäfte sowohl den **als Abschlussvertreter auftretenden Vermittlungsvertreter** (§ 91a Abs. 1) als auch den **Abschlussvertreter, der seine Vollmacht überschreitet** (§ 91a Abs. 2).[116] Den im Rahmen seiner Abschlussvollmacht handelnden Abschlussvertreter erfasst Abs. 2 S. 2 Alt. 1 nicht,[117] weil das von ihm abgeschlossene Geschäft den Unternehmer unmittelbar verpflichtet, er es also weder annehmen muss noch ablehnen kann.

26   Hinsichtlich dieser Geschäfte hat der Unternehmer die Annahme oder die Ablehnung zu erklären. Die Mitteilung ist gegenüber dem Handelsvertreter zu machen. Sie betrifft nur das **Innenverhältnis** zwischen dem Unternehmer und dem Handelsvertreter und nicht das Außenverhältnis zwischen dem Unternehmer und dem Dritten.[118] Die Erklärung der Annahme führt nicht zum Abschluss des Geschäfts zwischen dem Unternehmer und dem Dritten und der Erklärung der Ablehnung steht nicht entgegen, dass das Geschäft dennoch zustande kommt. Für das Zustandekommen des Geschäfts kommt es auf die Einigung zwischen dem Unternehmer und dem Dritten an, in diesem Fall ist das Geschäft iSv § 87 Abs. 2 S. 1 abgeschlossen. Hat der Handelsvertreter das Geschäft ohne Vertretungsmacht abgeschlossen, so stellt die ihm gegenüber erklärte Annahme idR zugleich eine **Genehmigung des Geschäfts nach § 177 BGB** dar, weil die Genehmigung sowohl gegenüber dem Handelsvertreter als auch dem Dritten erklärt werden kann.[119] Eine Ablehnung des Geschäfts muss der Unternehmer auch gegenüber dem Dritten erklären, um die Genehmigungswirkung nach § 91a (→ § 91a Rn. 14) auszuschließen.[120]

27   **c) Nichtausführung eines vom Handelsvertreter vermittelten oder abgeschlossenen Geschäfts (Alt. 2).** Nach Alt. 2 hat der Unternehmer dem Handelsvertreter die Nichtausführung eines vom Handelsvertreter vermittelten oder abgeschlossenen Geschäfts

---

[112] Ebenroth/Boujong/Joost/Strohn/Löwisch Rn. 46; MüKoHGB/Ströbl Rn. 21.

[113] Küstner/Thume VertriebsR–HdB I Kap. IV Rn. 91.

[114] Baumbach/Hopt/Hopt Rn. 13.

[115] Emde Rn. 130; Baumbach/Hopt/Hopt Rn. 10; MüKoHGB/Ströbl Rn. 21; Oetker/Busche Rn. 10; aA Ebenroth/Boujong/Joost/Strohn/Löwisch Rn. 47.

[116] Oetker/Busche Rn. 11; Baumbach/Hopt/Hopt Rn. 10; MüKoHGB/Ströbl Rn. 27; aA (nur Vermittlungsvertreter) Ebenroth/Boujong/Joost/Strohn/Löwisch Rn. 46; Heymann/Stöber Rn. 13.

[117] Baumbach/Hopt/Hopt Rn. 10.

[118] MüKoHGB/Ströbl Rn. 31; Oetker/Busche Rn. 12; Ebenroth/Boujong/Joost/Strohn/Löwisch Rn. 25.

[119] Oetker/Busche Rn. 12; Ebenroth/Boujong/Joost/Strohn/Löwisch Rn. 25; MüKoHGB/Ströbl Rn. 32.

[120] Oetker/Busche Rn. 12; MüKoHGB/Ströbl Rn. 32.

mitzuteilen. Alt. 2 gilt nach seinem Wortlaut sowohl für den Vermittlungs- als auch den Abschlussvertreter.[121] Es handelt sich um **bereits abgeschlossene Geschäfte** zwischen dem Unternehmer und dem Dritten. Der Handelsvertreter soll darüber informiert werden, dass ein provisionspflichtiges Geschäft zustande gekommen ist, aber sein Provisionsanspruch wegen der Nichtausführung des Geschäfts nicht entstanden ist (§ 87a Abs. 1 S. 1).[122] Wegen seines Sinn und Zwecks erfasst Alt. 2 sowohl die vollständige als auch die teilweise Nichtausführung des Geschäfts.[123] Die Ausführung des Geschäfts hat der Unternehmer nicht mitzuteilen. Die Mitteilungspflicht bezieht sich nur auf Geschäfte, bei denen der Handelsvertreter mitgewirkt hat (→ Rn. 24), nicht auf Bezirks- (§ 87 Abs. 2 S. 1) oder Folgegeschäfte (§ 87 Abs. 1 S. 1 Alt. 2).[124]

d) Unverzügliche Mitteilung. Der Unternehmer hat die Annahme oder Ablehnung 28 eines vermittelten oder ohne Vertretungsmacht abgeschlossenen Geschäfts (Alt. 1) bzw. die Nichtausführung eines Geschäfts (Alt. 2) dem beteiligten Handelsvertreter unverzüglich, dh ohne schuldhaftes Zögern (§ 121 Abs. 1 S. 1 BGB), mitzuteilen.[125] Die Pflicht zur unverzüglichen Mitteilung gegenüber dem Handelsvertreter bedeutet aber keine Pflicht zur unverzüglichen Entscheidung des Unternehmers hinsichtlich des Geschäftsabschlusses.[126] Wenn der Unternehmer sich lange Zeit nimmt für seine Entscheidung, ob er das Geschäft annimmt oder ablehnt, hat er dem Handelsvertreter Zwischennachricht zu geben, damit dieser evtl. bestehende Hindernisse, sei es bei dem Unternehmer oder dem Dritten, uU ausräumen kann.[127]

e) Dispositionsfreiheit und Pflicht zur Rücksichtnahme. aa) Grundsatz der Ab- 29 **lehnungs- und Ausführungsfreiheit des Unternehmers.** Abs. 2 S. 2 ist auch Ausdruck der Entschließungs- oder Dispositionsfreiheit des Unternehmers (→ Rn. 4).[128] Der Unternehmer ist grundsätzlich frei in seiner Entscheidung, ob er ein von seinem Vermittlungsvertreter beigebrachtes Geschäft annimmt oder ablehnt **(Grundsatz der Ablehnungsfreiheit)**[129] bzw. ein von seinem Abschlussvertreter abgeschlossenes Geschäft oder von seinem Vermittlungsvertreter zunächst beigebrachtes und angenommenes Geschäft ausführt **(Grundsatz der Ausführungsfreiheit)**[130].

bb) Grenze: Willkür oder Schädigungsabsicht. Die Ablehnungsfreiheit des Unter- 30 nehmers (Abs. 2 S. 2 Alt. 1) steht im **Spannungsverhältnis zu seiner Pflicht zur Rücksichtnahme** auf die Belange des Handelsvertreters (→ Rn. 4). Der Handelsvertreter hat ein Interesse daran, dass die von ihm unter Investition von Zeit und Geld beigebrachten Geschäfte vom Unternehmer angenommen werden, weil er sich dadurch seine Provision verdient (§ 87 Abs. 1 S. 1). Die Ablehnung ist kein Dienstannahmeverzug nach § 615 BGB.[131] Die Grenze der unternehmerischen Entscheidungsfreiheit ist überschritten, wenn der Unternehmer sich **willkürlich und ohne vertretbaren Grund** über schutzwürdige Belange des Handelsvertreters hinwegsetzt, insbesondere wenn er mit **Schädigungs-**

---

[121] Oetker/Busche Rn. 13; Ebenroth/Boujong/Joost/Strohn/Löwisch Rn. 46; aA Baumbach/Hopt/Hopt Rn. 10, der insofern vom gleichen Anwendungsbereich von Alt. 1 und 2 ausgeht und nach dem daher neben den Vermittlungsvertretern nur diejenigen Abschlussvertreter erfasst seien, die ihre Vollmacht überschreiten (§ 91a Abs. 2).

[122] Begr. RegE BT-Drs. 1/3077, 7.

[123] Oetker/Busche Rn. 13; Baumbach/Hopt/Hopt Rn. 10; MüKoHGB/Ströbl Rn. 29.

[124] Oetker/Busche Rn. 10.

[125] Oetker/Busche Rn. 10; MüKoHGB/Ströbl Rn. 30.

[126] MüKoHGB/Ströbl Rn. 30.

[127] MüKoHGB/Ströbl Rn. 30; Heymann/Stöber Rn. 15.

[128] MüKoHGB/Ströbl Rn. 22.

[129] BGH NJW 1958, 218; Ebenroth/Boujong/Joost/Strohn/Löwisch Rn. 10; Baumbach/Hopt/Hopt Rn. 13, § 87 Rn. 8; Küstner/Thume VertriebsR-HdB I Kap. IV Rn. 91.

[130] Ebenroth/Boujong/Joost/Strohn/Löwisch Rn. 10.

[131] Baumbach/Hopt/Hopt Rn. 13; Ebenroth/Boujong/Joost/Strohn/Löwisch Rn. 10.

absicht gegenüber dem Handelsvertreter handelt (→ Rn. 4).[132] Es genügt also jeder vertretbare Grund des Unternehmers für die Ablehnung.[133] Willkürlich ist die Ablehnung erst
dann, wenn sie auf sachfremden Erwägungen beruht.[134] Vertretbare Gründe können auch
außerhalb des Betriebes liegen.[135] Es kommt dabei auf die subjektive Sicht des Unternehmers zum Zeitpunkt seiner Entscheidung an.[136] Vertretbare Gründe sind in jedem Fall
Lieferschwierigkeiten, Qualitätsprobleme oder Zweifel an dem vom Handelsvertreter beigebrachten Kunden. Schädigungsabsicht des Unternehmers kann bspw. vorliegen, wenn
der Unternehmer das Geschäft ablehnt, um den Provisionsanspruch des Handelsvertreters
zu verhindern, es aber durch ein anderes, vom ihm beherrschtes Unternehmen, ausführt
(Umgehungsgeschäft).[137] Es besteht grundsätzlich eine Vermutung, dass die Ablehnung auf
vertretbaren Gründen des Unternehmers beruht, weil auch der Unternehmer idR ein
wirtschaftliches Interesse an dem Abschluss des Geschäfts hat. Der Unternehmer muss daher
die Ablehnung **nicht begründen**.[138] Ihn trifft allerdings die sekundäre Darlegungslast,
wenn der Handelsvertreter Auskunft verlangt und konkrete Umstände für ein willkürliches
oder bewusst schädigendes Verhalten des Unternehmers darlegt.[139] In Standardverträgen
kann ein freies Ablehnungsrecht des Unternehmers (ohne die Grenze der Willkür) vereinbart werden.[140]

31   Gegenüber der Ausführungsfreiheit des Unternehmers (Abs. 2 S. 2 Alt. 2) ist die Pflicht
zur Rücksichtnahme weniger ausgeprägt, weil der Handelsvertreter auch bei Nichtausführung durch den Unternehmer wegen § 87a Abs. 3 S. 1 idR seinen Anspruch auf Provision
behält. Der Unternehmer hat die Nichtausführung des Geschäfts auf Verlangen des Handelsvertreters daher insoweit zu begründen, dass der Handelsvertreter prüfen kann, ob sein
Provisionsanspruch ausnahmsweise nach § 87a Abs. 3 S. 2 entfallen ist oder nicht.[141]

32   **3. Mitteilung der erheblich beschränkten Auftragsannahme (Abs. 2 S. 3).**
a) Sinn und Zweck der Regelung. Nach Abs. 2 S. 3 hat der Unternehmer den Handelsvertreter unverzüglich zu informieren, wenn er Geschäfte voraussichtlich nur in erheblich
geringerem Umfang abschließen kann oder will, als der Handelsvertreter unter gewöhnlichen Umständen erwarten durfte. Diese Regelung ist eine **Konkretisierung der allgemeinen Benachrichtigungspflicht** nach Abs. 2 S. 1 und Ausdruck des Gebots der
Rücksichtnahme auf die Belange des Handelsvertreters.[142] Die Regelung bezweckt, dass
der Handelsvertreter davor bewahrt wird, zwecklos für den Unternehmer zu arbeiten.[143]
Der Handelsvertreter kann sein Verhalten den veränderten geschäftlichen Dispositionen des
Unternehmers anpassen und seine künftigen Verdienstmöglichkeiten prüfen, wenn er
rechtzeitig informiert wird.[144] Abs. 2 S. 3 setzt voraus, dass der Unternehmer die Geschäfte
abschließt und ist daher auf **Vermittlungsvertreter** zugeschnitten.[145]

---

[132] BGH NJW 1968, 394; BB 1960, 1221; NJW 1958, 219 (220); OLG Düsseldorf BeckRS 2012, 20203;
Oetker/Busche Rn. 30; Baumbach/Hopt/Hopt Rn. 14; Küstner/Thume VertriebsR-HdB I Kap. IV
Rn. 91.
[133] Oetker/Busche Rn. 30; Ebenroth/Boujong/Joost/Strohn/Löwisch Rn. 10; MüKoHGB/Ströbl
Rn. 23 f.
[134] Oetker/Busche Rn. 30; Ebenroth/Boujong/Joost/Strohn/Löwisch Rn. 17; MüKoHGB/Ströbl
Rn. 25.
[135] Ebenroth/Boujong/Joost/Strohn/Löwisch Rn. 17.
[136] BGH NJW 1959, 1964 (1965); Ebenroth/Boujong/Joost/Strohn/Löwisch Rn. 17.
[137] Ebenroth/Boujong/Joost/Strohn/Löwisch Rn. 18; MüKoHGB/Ströbl Rn. 25.
[138] AA MüKoHGB/Ströbl Rn. 24: Unternehmer muss die Gründe insoweit darlegen, als der Handelsvertreter erkennen kann, ob die Ablehnung willkürlich oder mit Schädigungsabsicht erfolgte.
[139] Ebenroth/Boujong/Joost/Strohn/Löwisch Rn. 13.
[140] Baumbach/Hopt/Hopt Rn. 13; aA Ulmer/Brandner/Hensen/Schmidt, Teil 2, (24) Handelsvertreterverträge Rn. 2.
[141] Ebenroth/Boujong/Joost/Strohn/Löwisch Rn. 46; MüKoHGB/Ströbl Rn. 24.
[142] BGH NJW 1958, 219; Ebenroth/Boujong/Joost/Strohn/Löwisch Rn. 49; MüKoHGB/Ströbl Rn. 33.
[143] BT-Drs. 1/3856, 9, 20; Oetker/Busche Rn. 14.
[144] BGH NJW 1968, 394 (395); MüKoHGB/Ströbl Rn. 33.
[145] Oetker/Busche Rn. 14; MüKoHGB/Ströbl Rn. 33.

b) Geschäftsabschlüsse in erheblich geringerem Umfang. Abs. 2 S. 3 setzt voraus, 33
dass der Unternehmer künftig Geschäfte in wesentlich geringerem Umfang abschließen
kann oder will. Nach dem Wortlaut („Umfang") betrifft die Vorschrift den Rückgang von
Geschäften in **quantitativer Hinsicht;** nicht bei qualitativen Minderlieferungen (dort gilt
die allgemeine Benachrichtigungspflicht nach Abs. 2 S. 1, → Rn. 20).[146] Abs. 2 S. 3 bezieht sich auf den **allgemeinen Geschäftsbetrieb** des Unternehmers und nicht auf
einzelne Geschäfte, auch wenn diese ein großes Volumen haben oder einen wichtigen
Kunden betreffen.[147] Aus dem Wortlaut („kann oder will") ergibt sich auch, dass es nicht
darauf ankommt, ob die Gründe für die bevorstehende erhebliche beschränkte Auftragsannahme beim Unternehmer liegen oder in von ihm nicht beeinflussbaren Umständen.[148]
Den Unternehmer trifft wie bei Abs. 2 S. 2 eine sekundäre Begründungspflicht
(→ Rn. 30).[149] Die Mitteilungspflicht besteht nicht erst, wenn der Unternehmer tatsächlich
weniger Aufträge annimmt, sondern bereits dann, wenn erheblich geringere Geschäftsabschlüsse zu erwarten sind („voraussichtlich") und erfordert eine **Prognose des Unternehmers.**[150] Die Erheblichkeit des Rückgangs ist anhand eines Vergleichs mit dem
bisherigen Geschäftsumfang zu ermitteln.[151] Im Hinblick auf die **Erheblichkeit** stellt die
Vorschrift seit der Neufassung (→ Rn. 6) darauf ab, was der Handelsvertreter unter gewöhnlichen Umständen erwarten durfte. Dies bedeutet jedoch nicht, dass es hier auf die
subjektiven Erwartungen des Handelsvertreters ankommen würde.[152] Vielmehr müssen sich
die Erwartungen des Handelsvertreters an den gewöhnlichen Umständen, mithin einem
objektiven Kriterium, orientieren. Dabei kommt es auf den Handelsvertretervertrag, dessen
tatsächliche Handhabung und darauf an, ob der Handelsvertreter auf die Fortsetzung des
bisherigen Geschäftsumfangs vertrauen durfte.[153] Von einem erheblichen Rückgang wird
in aller Regel auszugehen sein, wenn sich der Geschäftsumfang voraussichtlich um mehr als
25 % verringern wird.[154] Kurzfristige Rückgänge bleiben außer Betracht.[155] Die Mitteilungspflicht besteht nicht, wenn der Handelsvertreter nach den Umständen mit einer
erheblich beschränkten Auftragsannahme rechnen musste.[156]

c) Beispiele. Abs. 2 S. 3 ist ebenfalls auch Ausdruck der **Entschließungs- oder Dis- 34
positionsfreiheit des Unternehmers.** Dies ist auch im Wortlaut der Vorschrift verankert
(„will"). Der Unternehmer ist grundsätzlich frei im Hinblick auf seine Unternehmensstrategie und seine kaufmännische Betätigung, solange er nicht willkürlich oder mit Schädigungsabsicht gegenüber dem Handelsvertreter handelt (→ Rn. 30).[157] Die Informationspflicht des
Unternehmers wird durch sein **berechtigtes Geheimhaltungsinteresse** beschränkt
(→ Rn. 19).[158] Im Rahmen von Abs. 2 S. 3 kommt es darauf an, ab welchem Zeitpunkt das
Informationsinteresse des Handelsvertreters das Geheimhaltungsinteresse des Unternehmers
überwiegt, dh der Unternehmer die entsprechenden Mitteilungen machen muss.

---

[146] Oetker/Busche Rn. 15; Ebenroth/Boujong/Joost/Strohn/Löwisch Rn. 49; aA Baumbach/Hopt/
Hopt Rn. 11.
[147] Oetker/Busche Rn. 15; Ebenroth/Boujong/Joost/Strohn/Löwisch Rn. 49.
[148] Oetker/Busche Rn. 17; Ebenroth/Boujong/Joost/Strohn/Löwisch Rn. 49; Baumbach/Hopt/Hopt
Rn. 11.
[149] AA Oetker/Busche Rn. 21 (Begründungspflicht); Ebenroth/Boujong/Joost/Strohn/Löwisch Rn. 49
(keine Begründungspflicht).
[150] Oetker/Busche Rn. 17; Ebenroth/Boujong/Joost/Strohn/Löwisch Rn. 50.
[151] Oetker/Busche Rn. 16; MüKoHGB/Ströbl Rn. 36.
[152] Oetker/Busche Rn. 16; MüKoHGB/Ströbl Rn. 35.
[153] Oetker/Busche Rn. 16; MüKoHGB/Ströbl Rn. 35.
[154] MüKoHGB/Ströbl Rn. 36; aA Ebenroth/Boujong/Joost/Strohn/Löwisch Rn. 50 (20 %); Oetker/
Busche Rn. 16 (prozentuale Festlegung mit dem Gesetzeswortlaut unvereinbar).
[155] Ebenroth/Boujong/Joost/Strohn/Löwisch Rn. 50 spricht in diesem Zusammenhang von einem „nicht
nur vorübergehenden" Umsatzrückgang.
[156] MüKoHGB/Ströbl Rn. 38; Baumbach/Hopt/Hopt Rn. 12 (nur bei positiver Kenntnis, nicht bei
Kennenmüssen).
[157] BGH NJW 1958, 219; Küstner/Thume VertriebsR-HdB I Kap. IV Rn. 63.
[158] BGH NJW 1974, 795; Baumbach/Hopt/Hopt Rn. 12.

35   Von praktischer Bedeutung sind, neben den in → Rn. 20 f. genannten, folgende Vorgänge:

– Der Handelsvertreter ist über eine beabsichtigte **Betriebsstilllegung** zu informieren.[159] Die Informationspflicht entsteht spätestens mit dem Zeitpunkt des Beschlusses der Betriebsstilllegung.[160] Zuvor kann ein berechtigtes Geheimhaltungsinteresse des Unternehmers bestehen, um zB Sanierungsversuche nicht zu gefährden.[161] Das Informationsinteresse des Handelsvertreters ist gewichtig, weil eine Betriebsstilllegung zum vollständigen Verlust seiner Einnahmemöglichkeiten führt. Er muss daher ausreichend Zeit haben, um sich um eine Anschlussbeschäftigung zu bemühen.[162]

– Bei einer **Betriebsveräußerung** auf einen neuen Erwerber besteht eine Informationspflicht des Unternehmers.[163] Der Handelsvertretervertrag geht durch die Betriebsveräußerung in Form eines Asset-Deals nicht automatisch auf den neuen Erwerber über. Die Informationspflicht dient dazu, dass der Handelsvertreter sich erklären kann, ob er mit einem Übergang des Handelsvertretervertrages einverstanden ist.[164] Der Unternehmer muss den Handelsvertreter in diesem Zusammenhang auch über den neuen Erwerber informieren, damit der Handelsvertreter prüfen kann, ob er sich auf den neuen Vertragspartner einlassen will.

– Der Unternehmer muss den Handelsvertreter über **Betriebseinschränkungen** informieren, die sich auf die Vermittlungstätigkeit des Handelsvertreters erheblich auswirken können, zB weil sich der Unternehmer entschlossen hat, mit Kunden in dem dem Handelsvertreter übertragenen Vertragsgebiet keine Geschäfte mehr abzuschließen.[165]

V. Weitere Nebenpflichten des Unternehmers

36   **1. Allgemeine Treuepflicht.** Die in § 86a genannten Nebenpflichten des Unternehmers sind nicht abschließend (→ Rn. 5). Weitere Nebenpflichten ergeben sich aus der **Treuepflicht**[166] des Unternehmers gegenüber dem Handelsvertreter (→ Rn. 3). Die Treuepflicht folgt aus **§ 242 BGB iVm dem Handelsvertretervertrag:**[167] Bei dem Handelsvertretervertrag handelt es sich um eine längerfristige Verbindung zwischen dem Unternehmer und Handelsvertreter, für deren Ausgestaltung der Handelsvertreter teilweise recht hohe Aufwendungen an Zeit und Geld erbringt. Diese Aufwendungen werden von ihm in der Erwartung gemacht, dass es dann auch zu Geschäftsabschlüssen mit den von ihm bearbeiteten Kunden kommt und der Handelsvertreter entsprechende Provisionsgewinne erwirtschaftet.[168] Daher trifft den Unternehmer unter Berücksichtigung von Treu und Glauben (§ 242 BGB) die allgemeine Treuepflicht, auf die Belange des Handelsvertreters Rücksicht zu nehmen und ihn bei seinen Aufgaben zu unterstützen.[169] Der Rückgriff auf Treu und Glauben findet sich auch in Art. 4 Abs. 1 der Handelsvertreter-RL (→ Rn. 6). Aus der allgemeinen Treuepflicht lassen sich die **Pflicht zur Förderung bzw. Unterstützung** des Handelsvertreters sowie die **Pflicht zur**

---

[159] BGH NJW 1974, 795; Baumbach/Hopt/Hopt Rn. 11; Ebenroth/Boujong/Joost/Strohn/Löwisch Rn. 51; MüKoHGB/Ströbl Rn. 39; Küstner/Thume VertriebsR-HdB I Kap. IV Rn. 47.
[160] Ebenroth/Boujong/Joost/Strohn/Löwisch Rn. 51; MüKoHGB/Ströbl Rn. 39.
[161] Ebenroth/Boujong/Joost/Strohn/Löwisch Rn. 51; MüKoHGB/Ströbl Rn. 39.
[162] Ebenroth/Boujong/Joost/Strohn/Löwisch Rn. 51.
[163] BGH NJW 1963, 100 (101); Ebenroth/Boujong/Joost/Strohn/Löwisch Rn. 51; MüKoHGB/Ströbl Rn. 40; Küstner/Thume VertriebsR-HdB I Kap. IV Rn. 48.
[164] BGH NJW 1963, 100 (101).
[165] BGH NJW-RR 1987, 873; Baumbach/Hopt/Hopt Rn. 11; MüKoHGB/Ströbl Rn. 41; Küstner/Thume VertriebsR-HdB I Kap. IV Rn. 49.
[166] Teilw. wird auch von einer Loyalitätspflicht gesprochen, vgl. OLG Düsseldorf BeckRS 2012, 20203; Oetker/Busche Rn. 25.
[167] Baumbach/Hopt/Hopt Rn. 1; Röhricht/v. Westphalen/Thume Rn. 19.
[168] BGH NJW 1958, 219.
[169] BGH NJW 1958, 219; OLG Düsseldorf BeckRS 2012, 20203; Oetker/Busche Rn. 4; Baumbach/Hopt/Hopt Rn. 15; Küstner/Thume VertriebsR-HdB I Kap. IV Rn. 1.

Rücksichtnahme auf die Belange des Handelsvertreters ableiten, die weiterer Konkretisierung bedürfen. Die Konkretisierung hängt im Einzelfall von dem Handelsvertretervertrag, seiner tatsächlichen Ausgestaltung und einer Interessenabwägung ab (→ Rn. 4).[170]

2. Konkretisierungen der Pflicht zur Förderung und zur Rücksichtnahme. **37** **a) Allgemeines.** Auf Grund der **Förderpflicht** hat der Unternehmer den Handelsvertreter bei seinen Absatzbemühungen im Rahmen seiner Möglichkeiten und der Branchenüblichkeit zu unterstützen und zu fördern.[171] Das Gebot der **Rücksichtnahme** verpflichtet den Unternehmer grds. alles zu unterlassen, was die Tätigkeit und den Erfolg des Handelsvertreters beeinträchtigen oder schädigen kann.[172] Beide Pflichtenkategorien gehen ineinander über. Es ist nicht immer so, dass sich die Förderpflicht auf ein aktives Tun und die Pflicht zur Rücksichtnahme auf ein Unterlassen des Unternehmers bezieht. Die Informationspflichten nach Abs. 2 (aktives Tun) sind zB Ausdruck sowohl der Förder- als auch der Rücksichtnahmepflicht (→ Rn. 17). Die Abgrenzung spielt für die Praxis keine Rolle.

b) Abwägung mit der Dispositionsfreiheit des Unternehmers. Das Gebot der **38** Rücksichtnahme und die Pflicht zur Förderung der Tätigkeit des Handelsvertreters stehen in einem **Spannungsverhältnis zu der Entschließungs- und Dispositionsfreiheit** des Unternehmers (→ Rn. 30).[173] Der Unternehmer ist grundsätzlich frei, seinen Betrieb so einzurichten und ggf. umzugestalten, wie es ihm wirtschaftlich vernünftig und sinnvoll erscheint (→ Rn. 4).[174] Er hat zwar auf die schutzwürdigen Belange und Interessen seines Handelsvertreters Rücksicht zu nehmen, allerdings nur solange und soweit nicht sein Recht auf freie Entscheidung über die Art und Weise der Führung seines Geschäfts betroffen **(Geschäftsführungsfreiheit)**[175] und vorrangig ist.[176] Die Grenze der unternehmerischen Entscheidungsfreiheit ist demnach überschritten, wenn der Unternehmer sich **willkürlich und ohne vertretbaren Grund** über schutzwürdige Belange des Handelsvertreters hinwegsetzt, insbesondere wenn er mit **Schädigungsabsicht** gegenüber dem Handelsvertreter handelt.[177] Zu den Voraussetzungen von Willkür → Rn. 30.

c) Wettbewerbsverbot. Eine der praktisch relevantesten Fragen im Zusammenhang mit **39** der Pflicht zur Rücksichtnahme ist, ob und unter welchen Voraussetzungen sich daraus ein Wettbewerbsverbot des Unternehmers ergibt. **Grundsätzlich gilt, dass der Unternehmer keinem Wettbewerbsverbot unterliegt.**[178] Der Unternehmer darf also Direktgeschäfte mit Kunden des Handelsvertreters im Vertragsgebiet oder aus seinem Kundenkreis tätigen[179] und/oder konkurrierende Handelsvertreter einsetzen.[180] Sind schon konkurrierende Handelsvertreter im Einsatz, ist der Handelsvertreter nicht davor geschützt, dass der Unternehmer die Zahl der Handelsvertreter weiter erhöht.[181] Dem Unternehmer kann insbeson-

---

[170] Schultze/Wauschkuhn/Spenner/Dau/Kübler Vertragshändlervertrag/Dau Rn. 237 (Vertragshändler).
[171] Ebenroth/Boujong/Joost/Strohn/Löwisch Rn. 27.
[172] BGH NJW 1964, 1621; OLG München BB 1958, 247; Oetker/Busche Rn. 26; Baumbach/Hopt/Hopt Rn. 16; Ebenroth/Boujong/Joost/Strohn/Löwisch Rn. 54.
[173] Dazu ausf. Küstner/Thume VertriebsR-HdB I Kap. IV Rn. 83 ff.
[174] BGH NJW 1968, 394.
[175] Ebenroth/Boujong/Joost/Strohn/Löwisch Rn. 6.
[176] OLG Düsseldorf BeckRS 2012, 20203.
[177] BGH BB 1960, 1221; NJW 1958, 219 (220); OLG Düsseldorf BeckRS 2012, 20203; Oetker/Busche Rn. 30; Baumbach/Hopt/Hopt Rn. 14; Küstner/Thume VertriebsR-HdB I Kap. IV Rn. 91.
[178] Canaris HandelsR § 15 Rn. 77; Emde Rn. 44; Oetker/Busche Rn. 27; Baumbach/Hopt/Hopt Rn. 17.
[179] Canaris HandelsR § 15 Rn. 77 f.; Emde Rn. 44; Oetker/Busche Rn. 27; Baumbach/Hopt/Hopt Rn. 17.
[180] OLG Düsseldorf BeckRS 2012, 20203; Emde Rn. 44; Oetker/Busche Rn. 27; Baumbach/Hopt/Hopt Rn. 17; Hopt ZIP 1996, 1553; OLG München HVR Nr. 766 (nach Kündigung).
[181] OLG Düsseldorf BeckRS 2012, 20203.

dere nicht untersagt werden, einen expansiven Wettbewerb zu betreiben.[182] Der Direktvertrieb durch Unternehmer wird immer wichtiger, da sie in zunehmendem Maße ihre Produkte parallel online vertreiben.[183]

40   Ein Wettbewerbsverbot des Unternehmers kann sich jedoch **ausnahmsweise** aus den Umständen des Einzelfalls, unter Berücksichtigung des Inhalts des Handelsvertretervertrages, den berechtigten Erwartungen von Handelsvertreter und Unternehmer sowie der Ausgestaltung des Vertriebssystems, ergeben.[184] Dem Unternehmer ist demnach der Wettbewerb untersagt, wenn der Handelsvertreter zum **Alleinvertreter** bestellt wurde,[185] wobei im Einzelfall zu prüfen ist, ob dem Unternehmer nur der Einsatz von weiteren Handelsvertretern verboten ist oder ob auch Direktgeschäfte des Unternehmers ausgeschlossen sein sollen.[186] Im Zweifel wird vermutet, dass beides verboten ist;[187] dem Unternehmer ist daher zu raten, einen **Direktvorbehalt** ausdrücklich zu vereinbaren. Ein Direktvorbehalt bei einem Alleinvertriebsrecht ist jedoch nur in engen Grenzen möglich, zB durch Eingrenzung der Kundengruppen oder Anlässe, auf die sich der Vorbehalt (ausschließlich) bezieht.[188] Ein wirksamer Direktvorbehalt setzt allerdings nicht voraus, dass dem Handelsvertreter für Direktgeschäfte eine Entschädigung zu gewähren wäre.[189] Wenn dem Handelsvertreter **Bezirks- oder Kundenschutz** gewährt wird, sind ihm Direktgeschäfte in diesem Bezirk bzw. Kundenkreis zwar nicht untersagt, der Unternehmer darf aber nicht systematisch durch eigene Abschlusstätigkeit die Vermittlungstätigkeit des Handelsvertreters zum Erliegen bringen.[190] Die Rücksichtnahmepflicht des Unternehmers ist zwar gegenüber dem Alleinvertreter stärker als gegenüber dem Handelsvertreter mit Bezirks- oder Kundenschutz,[191] weil Letzterem ein Anspruch auf Provision nach § 87 Abs. 2 S. 1 auch dann zusteht, wenn das Geschäft ohne seine Mitwirkung zustande gekommen ist. Allerdings geht es beim Bezirks- und Kundenschutz auch um den Aufbau und die Erweiterung des Kundenstamms in dem geschützten Bezirk bzw. Kundenkreis und die damit verbundenen künftigen Verdienstmöglichkeiten des Handelsvertreters.[192]

41   Ergibt sich aus dem Vertrag weder eine Alleinvertretung noch ein Bezirks- oder Kundenschutz muss der Handelsvertreter die sich für den Unternehmer daraus ergebenden Gestaltungsspielräume bei seiner Planung und seinen Investitionen berücksichtigen.[193] Es kann sich, abhängig vom **Grad der Integration des Handelsvertreters in das Vertriebssystem des Unternehmers und Einsatzes von Personal und Kapital,** ausnahmsweise dennoch ein Wettbewerbsverbot des Unternehmers ergeben.[194] Die diesbezügliche Rechtsprechung des BGH zum Vertragshändlerrecht (→ Rn. 70)[195] kann unter angemessener Berücksichtigung der bestehenden Unterschiede zwischen den Rechtsbeziehungen auch im Verhältnis Unternehmer/Handelsvertreter übertragen werden.[196] Da der Handelsvertreter im Grundsatz nicht den Einsatz von Kapital und Personal wie ein Vertragshändler schuldet und auch weniger Risiken trägt, hat er allerdings Direktgeschäfte des Unterneh-

---

[182] BGH NJW 1985, 623 (628 f.); OLG Düsseldorf BeckRS 2012, 20203.
[183] Vgl. dazu Thume BB 2018, 770.
[184] Canaris HandelsR § 15 Rn. 77; Emde Rn. 44; Oetker/Busche Rn. 27.
[185] BGH DB 1961, 601; Emde Rn. 45; Baumbach/Hopt/Hopt Rn. 17; Ebenroth/Boujong/Joost/ Strohn/Löwisch Rn. 54; Oetker/Busche Rn. 27; MüKoHGB/Ströbl Rn. 51.
[186] Emde Rn. 45; Baumbach/Hopt/Hopt § 87 Rn. 24.
[187] Emde Rn. 45.
[188] Schultze/Wauschkuhn/Spenner/Dau/Kübler Vertragshändlervertrag/Dau Rn. 263 (Vertragshändler).
[189] MüKoHGB/Ströbl Rn. 53.
[190] Emde Rn. 48; Oetker/Busche Rn. 27; Küstner/Thume VertriebsR-HdB I Kap. IV Rn. 80, 106 f.
[191] Emde Rn. 48.
[192] Baumbach/Hopt/Hopt Rn. 17; Ebenroth/Boujong/Joost/Strohn/Löwisch Rn. 55; Oetker/Busche Rn. 27.
[193] OLG Düsseldorf BeckRS 2012, 20203.
[194] Baumbach/Hopt/Hopt Rn. 17; Oetker/Busche Rn. 27.
[195] BGH NJW 1994, 1060 – Daihatsu; 1985, 623 (628 f.).
[196] BeckRS 2012, 20203.

mers eher zu dulden als ein Vertragshändler.[197] Die wettbewerbsrelevanten Beschränkungen des Unternehmers gelten nur **für die Dauer des Handelsvertretervertrages.**[198]

Im Zusammenhang mit wettbewerbsrelevantem Verhalten des Unternehmers sind fol- **42** gende Nebenpflichten von Bedeutung:

– Der Unternehmer darf **Stammkunden des Handelsvertreters nicht abwerben,** indem er sie zum Direktbezug oder zum Bezug bei einem anderen Vertriebsmittler auffordert.[199] Das Abwerbeverbot gilt auch bei Kunden, mit denen der Handelsvertreter Vertragsverhandlungen führt[200], nicht aber im Hinblick auf **Untervertreter** (§ 84 Abs. 3), weil diese ohne eine vorherige Zusage des Unternehmers ihren Vertrag mit dem Hauptvertreter nicht kündigen würden und so in ihrer Wettbewerbsfreiheit beeinträchtigt wären.[201]

– Bei **Kundenschutz** muss der Unternehmer den Handelsvertreter über **direkt mit Kunden geführte Verhandlungen** oder abgeschlossene Geschäfte unterrichten. Eine grds. Verpflichtung zur Weitergabe der Kundenanfrage an den Handelsvertreter besteht nicht,[202] weil der Handelsvertreter gem. § 87 Abs. 2 S. 1 einen Provisionsanspruch hat (→ Rn. 40).

– Der Unternehmer darf **Anschriften der vom Handelsvertreter geworbenen Kunden** nicht an andere Vertriebsmittler weiterleiten.[203]

– Den Unternehmer trifft zwar grds. **keine Pflicht zur Gleichbehandlung** mehrerer Handelsvertreter.[204] Der Unternehmer darf aber nicht selbst oder durch andere Vertriebsmittler den **gleichen Kundenkreis des Handelsvertreters mit günstigeren Konditionen** beliefern, so dass der Handelsvertreter der Konkurrenz in seinem Gebiet nicht mehr standhalten kann.[205] Eine Verletzung gegen das Rücksichtnahmegebot kann auch vorliegen, wenn der Unternehmer im Bezirk des Handelsvertreters **Wettbewerbsprodukte** vertreibt;[206] allerdings kann dies nur dann gelten, wenn dem Handelsvertreter ein besonderer Schutz eingeräumt wurde (zB Alleinvertretung), der durch den Konkurrenzvertrieb ausgehöhlt werden würde.

d) Weitere Beispiele. Folgende weitere, praktisch bedeutende Nebenpflichten werden **43** als Konkretisierungen der Pflicht zur Förderung und zur Rücksichtnahme diskutiert (die Aufzählung ist nicht abschließend, je nach Tätigkeit des Handelsvertreters und Interessenlage kann es weitere Nebenpflichten geben) (vgl. auch → BGB § 242 Rn. 25 ff.):

– Der Unternehmer ist gegenüber dem Handelsvertreter nicht zur **Werbung** für die Vertragsprodukte verpflichtet.[207] Bei seinen Werbekampagnen hat er jedoch darauf zu achten, dass er dem Handelsvertreter keinen Schaden zufügt.[208]

– Den Unternehmer trifft eine **Pflicht zur Verschwiegenheit.**[209] Er darf ohne die Zustimmung des Handelsvertreters dessen Kundenberichte nicht an Dritte weiterge-

---

[197] MüKoHGB/Ströbl Rn. 53.
[198] OLG Köln HVR Nr. 822; Ebenroth/Boujong/Joost/Strohn/Löwisch Rn. 54.
[199] BGH BB 1959, 720; Oetker/Busche Rn. 28; Baumbach/Hopt/Hopt Rn. 17; MüKoHGB/Ströbl Rn. 54.
[200] Ebenroth/Boujong/Joost/Strohn/Löwisch Rn. 55.
[201] Canaris HandelsR § 15 Rn. 80; aA BGH NJW 1964, 1621 (1622); OLG Düsseldorf OLGR 2005, 169; Oetker/Busche Rn. 28; MüKoHGB/Ströbl Rn. 54; Baumbach/Hopt/Hopt Rn. 17 (einschränkend).
[202] AA Oetker/Busche Rn. 29; Ebenroth/Boujong/Joost/Strohn/Löwisch Rn. 27.
[203] OLG Düsseldorf HVR Nr. 1148; Baumbach/Hopt/Hopt Rn. 17; Ebenroth/Boujong/Joost/Strohn/Löwisch Rn. 54; Oetker/Busche Rn. 28.
[204] Canaris HandelsR § 15 Rn. 81; Oetker/Busche Rn. 26; Baumbach/Hopt/Hopt Rn. 15, § 86 Rn. 10.
[205] BGH NJW 1986, 2954 (2956); OLG Bremen NJW 1967, 254 (255) (Bezirksvertreter); LG Stuttgart HVR Nr. 668; Baumbach/Hopt/Hopt Rn. 17; Oetker/Busche Rn. 28; Küstner/Thume/Thume Rn. 77, 96.
[206] Emde Rn. 48; Baumbach/Hopt/Hopt Rn. 17; Oetker/Busche Rn. 28.
[207] Ebenroth/Boujong/Joost/Strohn/Löwisch Rn. 11.
[208] BGH NJW 1997, 3304 (3308) – Benetton I.
[209] Oetker/Busche Rn. 29; MüKoHGB/Ströbl Rn. 60.

ben.[210] Gleiches gilt für persönliche Geschäftsdaten des Handelsvertreters, wie bspw. seine Umsätze.[211] Dem Unternehmer ist es auch untersagt, sich Dritten gegenüber abfällig über den Handelsvertreter zu äußern.[212] Die Verschwiegenheitspflicht besteht grds. auch nach Beendigung des Handelsvertretervertrages fort.[213]

– Auch nach Beendigung des Handelsvertretervertrages besteht eine **nachvertragliche Pflicht** des Unternehmers, den Handelsvertreter nicht in seiner weiteren Tätigkeit zu behindern.[214] Zu der nachvertraglichen Treuepflicht des Unternehmers → Vor § 89 Rn. 3.

– Darüber hinaus bestehen schon vor Abschluss des Handelsvertretervertrages **vorvertragliche Informations- und Aufklärungspflichten** des Unternehmers → BGB § 311 Rn. 73 ff.

VI. Unwirksamkeit abweichender Vereinbarungen (Abs. 3)

44   Nach Abs. 3 sind von den Abs. 1 und 2 abweichende Vereinbarungen unwirksam. Die Parteien können den Inhalt der **Pflichten nach Abs. 1 und 2** jedoch **weiter konkretisieren,** indem sie zB die erforderlichen Unterlagen nach Abs. 1 benennen oder die Umstände anführen, über die der Unternehmer den Handelsvertreter nach Abs. 2 S. 1 zu informieren hat,[215] solange dadurch die Pflichten des Unternehmers in ihrem **Kern nicht eingeschränkt** werden.[216] Da Abs. 3 eine **Schutzvorschrift zugunsten des Handelsvertreters** ist, sind die Parteien nicht gehindert, die Pflichten des Unternehmers zu erweitern,[217] zB indem sich der Unternehmer vertraglich verpflichtet, auch Unterlagen kostenlos zur Verfügung zu stellen, die nicht erforderlich iSv Abs. 1 sind.

45   Das Verbot abweichender Vereinbarungen gilt nach dem Wortlaut nur für die in Abs. 1 und 2 normierten Pflichten. Hinsichtlich der **weiteren allgemeinen Nebenpflichten** des Unternehmers können die Parteien in den Grenzen von §§ 138, 242 BGB (→ Rn. 6) etwas anderes vereinbaren.[218] In vom Unternehmer gestellten Standardverträgen ist darauf zu achten, dass der Handelsvertreter nicht unangemessen benachteiligt (§ 307 Abs. 1 S. 1 BGB) wird. Eine unangemessene Benachteiligung liegt nicht schon vor, wenn die allgemeinen Nebenpflichten abgeändert werden.[219] Diese wäre zu pauschal, weil sich viele Nebenpflichten bzw. deren konkrete Ausprägung erst aus einer einzelfallbezogenen Abwägung ergeben. Es kommt auch hier für die Wirksamkeit darauf an, ob unter Berücksichtigung der schutzwürdigen Belange des Handelsvertreters der Kern der jeweiligen Nebenpflicht bestehen bleibt.

---

[210] LG Freiburg BB 1966, 999; Oetker/Busche Rn. 28; Ebenroth/Boujong/Joost/Strohn/Löwisch Rn. 55; MüKoHGB/Ströbl Rn. 45; Küstner/Thume VertriebsR-HdB I Kap. IV Rn. 81.

[211] Oetker/Busche Rn. 29; Küstner BB 1984, 1906.

[212] OLG Karlsruhe BB 1959, 1006; Oetker/Busche Rn. 29; Ebenroth/Boujong/Joost/Strohn/Löwisch Rn. 55; MüKoHGB/Ströbl Rn. 60; Küstner/Thume VertriebsR-HdB I Kap. IV Rn. 82.

[213] Oetker/Busche Rn. 29; Ebenroth/Boujong/Joost/Strohn/Löwisch Rn. 55 f.

[214] MüKoHGB/Ströbl Rn. 61; Heymann/Stöber Rn. 20.

[215] Oetker/Busche Rn. 33; Ebenroth/Boujong/Joost/Strohn/Löwisch Rn. 59; MüKoHGB/Ströbl Rn. 49; Baumbach/Hopt/Hopt Rn. 18.

[216] Ebenroth/Boujong/Joost/Strohn/Löwisch Rn. 59; Baumbach/Hopt/Hopt Rn. 18; Roth BB 2010, 2000 (2003).

[217] Ebenroth/Boujong/Joost/Strohn/Löwisch Rn. 59; aA Oetker/Busche Rn. 33; Baumbach/Hopt/Hopt Rn. 18; Thume BB 1995, 1913 (1914); Heymann/Stöber Rn. 27.

[218] Oetker/Busche Rn. 33; Ebenroth/Boujong/Joost/Strohn/Löwisch Rn. 59; Heymann/Stöber Rn. 28; Baumbach/Hopt/Hopt Rn. 18.

[219] So aber Ebenroth/Boujong/Joost/Strohn/Löwisch Rn. 59, weil diese Pflichten das gesetzliche Leitbild des Handelsvertretervertrages prägen würden.

VII. Rechtsfolgen bei Pflichtverletzungen

Die Rechtsfolgen von Nebenpflichtverletzungen durch den Unternehmer ergeben sich **46** aus dem allgemeinen Vertragsrecht. Dem Handelsvertreter steht zunächst ein **Erfüllungs-anspruch** auf Vornahme der vom Unternehmer geschuldeten Handlung zu.[220]

Eine schuldhafte Verletzung der Nebenpflichten des Unternehmers begründet einen **47** **Schadensersatzanspruch** des Handelsvertreters nach § 280 Abs. 1 BGB. Der Umfang der Schadensersatzpflicht ergibt sich aus § 249 Abs. 1 BGB, dh der Handelsvertreter ist so zu stellen, wie er stehen würde, wenn der Unternehmer seine Pflicht ordnungsgemäß erfüllt hätte. Verletzt der Unternehmer seine Informationspflichten nach Abs. 2 kann der Handels-vertreter seine **(nutzlosen) Aufwendungen** ersetzt verlangen, die er auf Grund der ver-späteten oder unzureichenden Information getätigt hat.[221] Darüber hinaus kann der Scha-densersatz auf **entgangenen Gewinn** nach § 252 BGB gerichtet sein, wenn der Handels-vertreter nachweisen kann, dass er ohne den Verstoß des Unternehmers gegen die Pflicht zur Förderung oder Rücksichtnahme bestimmte Geschäfte erfolgreich vermittelt bzw. abge-schlossen hätte.[222] Dies kann bspw. relevant werden, wenn der Unternehmer unzulässigen Direktvertrieb betreibt (→ Rn. 40). In diesem Fall kann dem Handelsvertreter auch ein **Auskunftsanspruch** gegen den Unternehmer zustehen, da er idR nicht weiß, in welchem Umfang der Unternehmer an die potentiellen Kunden des Handelsvertreters verkauft hat.[223] Dauert die Verletzungshandlung oder der pflichtwidrig geschaffene Zustand an, kann sich aus § 280 Abs. 1 BGB auch ein **Unterlassungsanspruch** ergeben.[224] Bei Handeln mit Schädigungsabsicht kann der Handelsvertreter seinen Schadensersatzanspruch auch auf § 826 BGB stützen.[225] Stellt die Pflichtverletzung des Unternehmers einen betriebsbezoge-nen Eingriff in den eingerichteten und ausgeübten Gewerbetrieb[226] des Handelsvertreters dar, können ein Schadensersatzanspruch aus § 823 Abs. 1 BGB und, bei Wiederholungs-gefahr, ein Unterlassungsanspruch aus § 1004 Abs. 1 S. 2 BGB analog[227] bestehen.

Ein schwerwiegender Verstoß gegen Nebenpflichten des Unternehmers kann einen **48** wichtigen Grund nach § 89a Abs. 1 S. 1 darstellen und den Handelsvertreter zur **außer-ordentlichen Kündigung** des Handelsvertretervertrages berechtigen, wenn er den Unter-nehmer zuvor erfolglos abgemahnt hat.[228]

B. Vertragshändler

I. Analoge Anwendung

Es ist allgemein anerkannt, dass **einzelne** handelsvertreterrechtliche Vorschriften auf den **49** Vertragshändler analog Anwendung finden können, wenn die allgemeinen Analogievoraus-setzungen vorliegen[229] (→ Vorb §§ 84 ff. Rn. 36 ff.). Daraus folgt jedoch gerade nicht, dass

---

[220] Ebenroth/Boujong/Joost/Strohn/Löwisch Rn. 60; MüKoHGB/Ströbl Rn. 15, 62.

[221] Ebenroth/Boujong/Joost/Strohn/Löwisch Rn. 61; MüKoHGB/Ströbl Rn. 44.

[222] Ebenroth/Boujong/Joost/Strohn/Löwisch Rn. 61; MüKoHGB/Ströbl Rn. 45.

[223] BGH NJW 1957, 1026 (Vertragshändler); Baumbach/Hopt/Hopt Rn. 17; Schultze/Wauschkuhn/Spenner/Dau/Kübler Vertragshändlervertrag/Dau Rn. 272.

[224] Grüneberg/Grüneberg BGB § 280 Rn. 33; Schultze/Wauschkuhn/Spenner/Dau/Kübler Vertrags-händlervertrag/Dau Rn. 270 (Vertragshändler).

[225] Ebenroth/Boujong/Joost/Strohn/Löwisch Rn. 62.

[226] Vgl. dazu Grüneberg/Sprau BGB § 823 Rn. 137 ff.

[227] Grüneberg/Herrler BGB § 1004 Rn. 4.

[228] Ebenroth/Boujong/Joost/Strohn/Löwisch Rn. 63; MüKoHGB/Ströbl Rn. 62.

[229] Vgl. BGHZ 136, 295 (299); BGH NJW 1958, 1138; OLG München ZVertriebsR 2020, 72 (76); Küstner/Thume VertriebsR-HdB III Teil II Kap. 2 Rn. 47 ff.; Schlegelberger/Schröder § 84 Rn. 20a; Marti-nek/Semler/Flohr VertriebsR-HdB/Flohr § 6 Rn. 9; Martinek/Semler/Flohr VertriebsR-HdB/Manderla § 25 Rn. 63 f. Röhricht/Graf von Westphalen/Haas/Thume § 84 Rn. 43; Staub/Emde Vor § 84 Rn. 544 ff.; Emde Vor § 84 Rn. 332; Koller/Kindler/Roth/Drüen/Roth Vor § 84 Rn. 8; Giesler/Vogels § 3 Rn. 30 ff.; Westphal VertriebsR I Rn. 155; Westphal. VertriebsR II Rn. 137; Hopt/Hopt § 84 Rn. 13 ff.; Hopt Handels-vertreterR § 84 Rn. 11; Oetker/Busche Rn. 34, § 84 Rn. 7; Canaris HandelsR § 17 Rn. 15.

unkritisch jede Norm des Handelsvertreterrechts ganz oder teilweise analog auf Vertragshändlerverträge anzuwenden wäre.[230] Vielmehr geht es darum, ob und inwiefern der **Sinn und Zweck** der jeweiligen Norm eine **analoge Anwendung gebietet**.[231] Maßgeblich ist also der der jeweiligen Norm jeweils zu Grunde liegende **gesetzgeberische Grundgedanke** (ratio legis).[232] In Bezug auf § 86a gebietet der gesetzgeberische Grundgedanke gerade **keine vollständige analoge Anwendung auf Vertragshändlerverträge**.[233] Vielmehr ist nach den einzelnen Regelungen zu differenzieren.[234]

50   **1. Pflicht, erforderliche Unterlagen zur Verfügung zu stellen (Abs. 1). Abs. 1** verpflichtet den Unternehmer zur Überlassung solcher Unterlagen an den Handelsvertreter, die **zur Ausübung der Tätigkeit** des Handelsvertreters „**erforderlich**" sind.

51   Anders als der Handelsvertreter ist der Vertragshändler jedoch nicht aus Sicht des Kunden „verlängerter Arm" des Unternehmers. Er ist in der Regel wegen seiner größeren wirtschaftlichen Unabhängigkeit auch nicht darauf angewiesen, dass ihm der Unternehmer die von Abs. 1 erfassten Unterlagen unentgeltlich überlässt. Einen Teil der in Abs. 1 genannten Unterlagen, wie etwa Preislisten für den Wiederverkauf, darf der Unternehmer dem Vertragshändler schon von Gesetzes wegen nicht zur Verfügung stellen; andernfalls würde er ggf. in die Preisgestaltungsfreiheit des Vertragshändlers eingreifen. Daher kann der Unternehmer auch nicht verpflichtet sein, dem Vertragshändler entsprechende Unterlagen unentgeltlich zu überlassen. Gleiches gilt in Bezug auf Allgemeine Geschäftsbedingungen. Während der Handelsvertreter die Allgemeinen Geschäftsbedingungen des Unternehmers zwingend für seine Tätigkeit benötigt (sei es als Vermittlungsvertreter oder als Abschlussvertreter), ist es eine freie unternehmerische Entscheidung des Vertragshändlers, ob er Allgemeine Geschäftsbedingungen verwendet und wie er sie ausgestaltet.

52   Soweit **teilweise** die Ansicht vertreten wird, der Unternehmer müsse dem Vertragshändler jedenfalls die **produktspezifischen** Unterlagen des Abs. 1 unentgeltlich zur Verfügung stellen,[235] spricht für diese Auffassung, dass es keinen vernünftigen Grund gibt, warum der Unternehmer derartige Unterlagen dem Vertragshändler vorenthalten sollte; zu einer generellen Überlassungspflicht wird man in aller Regel schon auf Grundlage der allgemeinen Treuepflicht kommen[236] (→ Rn. 59 ff.). Insoweit ist eine analoge Anwendung von Abs. 1 allerdings nicht geboten, weil Rechtsfolge der (teilweise) analogen Anwendung gerade die unentgeltliche Überlassungspflicht des Unternehmers wäre.[237] Da es sich bei diesen Unterlagen jedoch um Dokumente handelt, mit denen der Vertragshändler seine eigenen (auf eigene Rechnung getätigten) Geschäfte mit Dritten vorbereitet und fördert, ist nicht ersichtlich, weshalb der Unternehmer die Kosten für Werbeunterlagen und somit Kosten des Geschäftsbetriebes des Vertragshändlers tragen sollte.[238] Es handelt sich vielmehr um eigennützige Aufwendungen des Vertragshändlers, die er selbst tragen muss.[239] Eine

---

[230] So allerdings Ebenroth/Boujong/Joost/Strohn/Löwisch Rn. 62; Koller/Kindler/Roth/Drüen/Roth Vor § 84 Rn. 10; differenzierend MüKoHGB/Ströbl Rn. 1; Heymann/Stöber Vor § 84 Rn. 12; Küstner/Thume VertriebsR-HdB III Teil II Kap. 2 Rn. 50.

[231] BGHZ 29, 83 (87); Küstner/Thume VertriebsR-HdB III Teil II Kap. 2 Rn. 50 ff.; Hopt/Hopt § 84 Rn. 13 ff.

[232] Vgl. BGH NJW-RR 1987, 612 (613); Canaris HandelsR § 17 Rn. 15.

[233] So aber wohl Koller/Kindler/Roth/Drüen/Roth Vor § 84 Rn. 10; nur Abs. 2: Röhricht/Graf von Westphalen/Haas/Thume § 84 Rn. 43; Westphal VertriebsR II Rn. 158; zT wird § 86a HGB insgesamt für analog anwendbar erklärt, vgl. HK-HGB/Ruß § 84 Rn. 2.

[234] IErg auch Staub/Emde Rn. 14; Emde Rn. 14.

[235] Staub/Emde Rn. 14.

[236] So wohl auch Ulmer Vertragshändler 433.

[237] Küstner/Thume VertriebsR-HdB III Kap. II Rn. 57; Schultze/Wauschkuhn/Spenner/Dau/Kübler Vertragshändlervertrag/Dau Rn. 23; vgl. Westphal VertriebsR II Rn. 158; Ulmer Vertragshändler 433.

[238] Schultze/Wauschkuhn/Spenner/Dau/Kübler Vertragshändlervertrag/Dau Rn. 239; vgl. auch Ulmer Vertragshändler 433; Emde Rn. 14.

[239] In diesem Sinne wohl auch BGH NJW 2017, 662 Rn. 31 ff.; LG Hamburg ZVertriebsR 2018, 110 Rn. 26 (jeweils zur Aufteilung der Kassenpacht zwischen Unternehmer und Handelsvertreter nach Funktion).

Analogie scheidet aus, weil der Vertragshändler nicht namens und für Rechnung des Unternehmers handelt; Abs. 1 rechtfertigt sich jedoch gerade aus der Fremdnützigkeit seines Handelns. Daher fehlt es hier an einer mit dem Handelsvertreter vergleichbaren Interessenlage.

Die obigen Ausführungen zeigen, dass Abs. 1 auf Handelsvertreterverträge zugeschnitten **53** ist, so dass es schon an der **Analogiefähigkeit** von Abs. 1 **fehlt**. Eine **analoge Anwendung von Abs. 1 auf Vertragshändler scheidet daher insgesamt aus.**[240]

2. Benachrichtigungspflichten (Abs. 2). Abs. 2 begründet eine **Informations-** **54** **pflicht** des Unternehmers; er hat dem Handelsvertreter gem. S. 1 die **„erforderlichen Nachrichten"** zu geben. Aus S. 2 und 3 folgt, dass sich die Informationspflicht des Abs. 2 in erster Linie auf die vom Unternehmer abgeschlossenen bzw. zukünftig abzuschließenden Geschäfte bezieht.

Aus **S. 1** ergibt sich, dass die **allgemeine Informationspflicht des Unternehmers** **55** **analog auch auf Vertragshändlerverträge Anwendung findet.**[241] Die Informationspflicht ist allerdings beschränkt; sie umfasst nur grundlegende aus der Sphäre des Unternehmers stammende Umstände.[242] Hierunter fällt die Einstellung von Vertragsprodukten, uU auch Produktänderungen oder Preisanpassungen.[243] Hieraus folgt jedoch nicht, dass der Unternehmer den Vertragshändler über diese Umstände stets frühzeitig informieren müsse.[244] Vielmehr ist stets das Informationsbedürfnis des Vertragshändlers gegen die Dispositionsfreiheit und das Geheimhaltungsinteresse des Unternehmers abzuwägen und danach Zeitpunkt und Umfang der Informationspflicht des Unternehmers zu bestimmen.[245] Dem Unternehmer kommt ein Ermessensspielraum zu.[246]

Während der S. 1 zugrundeliegende Sinn und Zweck der Norm eine analoge Anwen- **56** dung nicht ausschließt,[247] ist für eine **analoge Anwendung von S. 2 kein Raum.** S. 2 ist nur für den Provisionsanspruch des Handelsvertreters von Bedeutung.[248] Er läuft in Bezug auf Vertragshändlerverträge ins Leere,[249] schon weil die vom Vertragshändler beim Weiterverkauf realisierte Marge das Ergebnis des von ihm mit einem Dritten abgeschlossenen Geschäfts ist, an dem der Unternehmer nicht beteiligt ist. Es fehlt daher bereits an einem Informationsbedürfnis des Vertragshändlers.

Auch wenn **S. 3** sich dem Wortlaut nach ebenfalls (nur) auf die vom Unternehmer **57** getätigten bzw. zu tätigenden „Geschäfte" bezieht und somit auf den ersten Blick ebenfalls ein Informationsbedürfnis des Vertragshändlers zu fehlen scheint, ist S. 3 **auf den Vertragshändler analog anwendbar.**[250] Der Vertragshändler ist ebenso wie der Handelsvertreter darauf angewiesen, frühzeitig („unverzüglich") darüber informiert zu werden, ob er wegen bevorstehender Lieferengpässe weniger Vertragsprodukte vom Unternehmer beziehen kann, als er unter gewöhnlichen Umständen erwarten durfte. Dies folgt bereits aus der Informationspflicht des S. 1, die von S. 3 konkretisiert wird. Folglich gilt aber auch

---

[240] Westphal VertriebsR II Rn. 159; in diesem Sinne wohl auch Küstner/Thume VertriebsR–HdB III Teil II Kap. 2 Rn. 57; Ulmer Vertragshändler 433; Staub/Emde Vor § 84 Rn. 575.

[241] Emde Rn. 14; Schultze/Wauschkuhn/Spenner/Dau/Kübler Vertragshändlervertrag/Dau Rn. 228; in diesem Sinne wohl auch Küstner/Thume VertriebsR–HdB III Teil II Kap. 2 Rn. 57.

[242] In diesem Sinne wohl auch Canaris HandelsR § 17 Rn. 36.

[243] Vgl. Ulmer Vertragshändler 434; Küstner/Thume VertriebsR–HdB III Teil II Kap. 5 Rn. 17; GK-HGB/Genzow Rn. 18.

[244] BGH NJW 1985, 623 (628); aA Genzow Vertragshändlervertrag Rn. 83; GK-HGB/Genzow Rn. 18; Giesler/Vogels § 3 Rn. 291.

[245] Schultze/Wauschkuhn/Spenner/Dau/Kübler Vertragshändlervertrag/Dau Rn. 229, 234; Küstner/Thume VertriebsR–HdB III Teil II Kap. 5 Rn. 18 ff.

[246] BGH BB 1972, 193; 1985, 218; Schultze/Wauschkuhn/Spenner/Dau/Kübler Vertragshändlervertrag/Dau Rn. 235.

[247] Westphal VertriebsR II Rn. 159; aA Staub/Emde Vor § 84 Rn. 575; ohne Differenzierung Küstner/Thume VertriebsR–HdB III Teil II Kap. 2 Rn. 57 f.

[248] Giesler/Vogels § 3 Rn. 291.

[249] Westphal VertriebsR II Rn. 159.

[250] Emde Rn. 14; vgl. Staub/Emde Vor § 84 Rn. 577.

hier ggf. der Vorrang des Geheimhaltungsinteresses des Unternehmers. Unter welchen Voraussetzungen der Unternehmer den Abschluss von Geschäften mit dem Vertragshändler verweigern kann, ist demgegenüber eine Frage der aus der Treuepflicht folgenden Lieferpflicht (→ Rn. 61 ff.).

58   Ausführungen zu etwaigen **vorvertraglichen Informationspflichten** finden sich im Rahmen der Kommentierung des § 311 BGB (→ BGB § 311 Rn. 5 ff.).

II. Allgemeine Treuepflicht

59   **1. Grundsatz.** Die in § 86a zum Ausdruck kommende Konkretisierung der **allgemeinen Treuepflicht** oder **Fürsorgepflicht** des Unternehmers gegenüber dem Handelsvertreter (→ Rn. 3) gilt vom Grundsatz her auch für das Verhältnis von Unternehmer und Vertragshändler.[251] Der Unternehmer muss daher wegen der ihn treffenden Fürsorgepflicht grundsätzlich alles unterlassen, was die Gewinnaussichten des Vertragshändlers beeinträchtigen könnte.[252] Die Fürsorgepflicht findet allerdings ihre **Grenze** in der **Dispositionsfreiheit des Unternehmers.**[253] Fürsorgepflicht und Dispositionsfreiheit des Unternehmers begrenzen einander.

60   **2. Lieferpflicht, Gleichbehandlung.** Aus der allgemeinen Treuepflicht folgt für das Vertragshändlerrecht eine **Rücksichtnahmepflicht** des Unternehmers auf die geschäftlichen Belange des Vertragshändlers[254] und somit im Ergebnis eine Einschränkung der **Entschließungsfreiheit** des Unternehmers.[255] Ihre dogmatische Grundlage ist umstritten.[256] Aus der Rücksichtnahmepflicht des Unternehmers wird zweierlei abgeleitet: zum einen eine (eingeschränkte) **Lieferpflicht** des Unternehmers[257] und zum anderen ein (eingeschränktes) **Gleichbehandlungsgebot** bzw. **Diskriminierungsverbot.**[258]

61   **a) Lieferpflicht.** Eine allgemeine (bedingungslose) **Lieferpflicht** des Unternehmers besteht nicht,[259] weil es sich bei dem Vertragshändlervertrag um einen Rahmenvertrag handelt, der (anders als ein Sukzessivlieferungsvertrag) nicht auf einen konkreten Warenaustausch gerichtet ist.[260] Allerdings darf der Unternehmer **Bestellungen** des Vertragshändlers **nicht willkürlich ablehnen.**[261] Hat der Unternehmer dem Vertragshändler darüber hinaus eine **Mindestabnahmeverpflichtung** und ein **Wettbewerbsverbot** bzw. eine **Alleinbezugsverpflichtung** auferlegt, wird der Unternehmer idR nur ausnahms-

---

[251] BGH DB 1994, 2283; NJW-RR 1993, 678 (682); BB 1972, 1204; OLG Zweibrücken BB 1983, 1301; OLG Frankfurt a. M. BB 1983, 1435 f.; OLG München WuW DE-R 2004, 1260 (1262) (für Kfz-Vertragshändler); Ulmer Vertragshändler 431; K. Schmidt HandelsR § 28 II 2c); Staub/Emde Rn. 25; GK-HGB/Genzow vor §§ 84–92c Rn. 20; Martinek/Semler/Flohr VertriebsR-HdB/Manderla § 25 Rn. 16; Schultze/Wauschkuhn/Spenner/Dau/Kübler Vertragshändlervertrag/Dau Rn. 225 ff.
[252] BGH NJW-RR 1993, 678 (681 f.); Genzow Vertragshändlervertrag Rn. 81.
[253] Vgl. Darstellung bei Staub/Emde Rn. 42 ff., 47, 53.
[254] BGH NJW 1958, 1138; 1959, 1964 (zum Handelsvertreter); Küstner/Thume VertriebsR-HdB III Teil II Kap. 2 Rn. 59; Küstner/Thume VertriebsR-HdB III Teil II Kap. 5 Rn. 9 ff.; vgl. Canaris HandelsR § 17 Rn. 35; K. Schmidt HandelsR § 28 II 2c; Genzow Vertragshändlervertrag Rn. 81; vgl. Ulmer Vertragshändler 431.
[255] BGH NJW 1958, 1138; Heymann/Stöber Vor § 84 Rn. 13.
[256] Vgl. für den Handelsvertreter Staub/Emde Rn. 30 und für den Vertragshändler Schultze/Wauschkuhn/Spenner/Dau/Kübler Vertragshändlervertrag/Dau Rn. 226.
[257] Küstner/Thume VertriebsR-HdB III Teil II Kap. 5 Rn. 10.
[258] Küstner/Thume VertriebsR-HdB III Teil II Kap. 5 Rn. 25 ff.; vgl. Genzow Vertragshändlervertrag Rn. 86; Ulmer Vertragshändler 434.
[259] BGH NJW 1958, 1138; Ulmer Vertragshändler 431; Martinek/Semler/Flohr VertriebsR-HdB/Manderla § 25 Rn. 15, 64; Schultze/Wauschkuhn/Spenner/Dau/Kübler Vertragshändlervertrag/Dau Rn. 282; Küstner/Thume VertriebsR-HdB III Teil II Kap. 5 Rn. 3; so wohl auch Canaris HandelsR § 17 Rn. 34 ff.
[260] Vgl. Genzow Vertragshändlervertrag Rn. 82; Ulmer Vertragshändler 298 f.
[261] BGH BB 1972, 193; 1958, 540 (541); OLG Bremen BB 1966, 756; GK-HGB/Genzow Rn. 17; Martinek/Semler/Flohr VertriebsR-HdB/Manderla § 25 Rn. 15, 64; Staub/Emde Rn. 75; Giesler/Vogels Rn. 285; Küstner/Thume VertriebsR-HdB III Teil II Kap. 5 Rn. 2; Schultze/Wauschkuhn/Spenner/Dau/Kübler Vertragshändlervertrag/Dau Rn. 282.

weise berechtigt sein, Bestellungen des Vertragshändlers abzulehnen.[262] Hieraus ergibt sich jedoch gerade nicht, dass der Unternehmer uneingeschränkt verpflichtet wäre, Bestellungen des Vertragshändlers bis zum Erreichen der Mindestabnahmemenge anzunehmen[263] oder dass er zur Annahme von Bestellungen verpflichtet wäre, wenn der Grundrabatt des Vertragshändlers vertraglich festgelegt ist.[264] Auch im Fall der Vereinbarung einer Mindestabnahmeverpflichtung in Kombination mit einem Wettbewerbsverbot bzw. einer Alleinbezugsverpflichtung bleibt der Unternehmer berechtigt, Bestellungen des Vertragshändlers aus sachlichem Grund abzulehnen.[265] Ein sachlicher Grund zur Ablehnung von Bestellungen des Vertragshändlers liegt beispielsweise vor, wenn der Vertragshändler kurz vor Vertragsende ungewöhnlich hohe Bestellungen platziert (**Übermaßbestellungen** → § 89 Rn. 142). Übermaßbestellungen muss der Unternehmer nicht annehmen.[266] Ein sachlicher Grund kann sich auch daraus ergeben, dass es auf Seiten der Vorlieferanten des Unternehmers zu vom Unternehmer nicht zu vertretenden Produktions- oder Lieferengpässen kommt oder dass der Vertragshändler ein Auslaufmodell bestellt, das nicht mehr lieferbar ist.[267] Dem Unternehmer bleibt daher eine Änderung seiner Modellpolitik unbenommen.[268]

Über die grundsätzliche Lieferpflicht hinaus trifft den Unternehmer auch die Pflicht zur **62** Belieferung des Vertragshändlers mit **Ersatzteilen.**[269] Diese Pflicht besteht jedoch in sachlicher[270] wie zeitlicher[271] Hinsicht nicht uneingeschränkt und besteht etwa dann nicht, wenn das jeweilige Produkt preiswert und von allgemein kurzer Lebensdauer ist oder wenn Ersatzteile am Markt in ausreichender Menge verfügbar sind.[272] Eine andere Frage ist, ob den Unternehmer aus dem Kaufvertrag selbst die Verpflichtung zur Lieferung von Ersatzteilen trifft. Eine solche Verpflichtung kann sich – je nach Produkt – entweder aus der den Unternehmer als Verkäufer treffenden Mängelhaftung oder aufgrund der ihn treffenden nachvertraglichen Leistungstreuepflicht ergeben.[273]

Die Lieferpflicht des Unternehmers kann sich im Einzelfall auch aus §§ 19, 20 GWB **63** ergeben.[274]

b) Gleichbehandlung. Ob den Unternehmer generell die Pflicht trifft, seine Vertrags- **64** händler nicht ohne sachlichen Grund ungleich zu behandeln (umfassendes Gleichbehandlungsgebot), ist **umstritten.**[275] Die **Rechtsprechung** geht davon aus, dass der Unternehmer zur Gleichbehandlung seiner Vertragshändler nur verpflichtet ist, wenn die Voraus-

---

[262] BGH BB 1972, 193; BGHZ 124, 358; Martinek/Semler/Flohr VertriebsR-HdB/Manderla § 25 Rn. 15, 64; vgl. GK-HGB/Genzow Rn. 17; Canaris HandelsR § 17 Rn. 34; Genzow Vertragshändlervertrag Rn. 82.
[263] So aber BGH BB 1972, 193; Genzow Vertragshändlervertrag Rn. 82; Küstner/Thume VertriebsR-HdB III Teil II Kap. 5 Rn. 3; Canaris HandelsR § 17 Rn. 34.
[264] So aber Canaris HandelsR § 17 Rn. 34.
[265] Schultze/Wauschkuhn/Spenner/Dau/Kübler Vertragshändlervertrag/Dau Rn. 286.
[266] Staub/Emde Rn. 75.
[267] BGH BB 1985, 218; Küstner/Thume VertriebsR-HdB III Teil II Kap. 5 Rn. 6, 8.
[268] Canaris HandelsR § 17 Rn. 36; vgl. Genzow Vertragshändlervertrag Rn. 83.
[269] Staub/Emde Rn. 75; Schultze/Wauschkuhn/Spenner/Dau/Kübler Vertragshändlervertrag/Dau Rn. 323 ff.
[270] Schultze/Wauschkuhn/Spenner/Dau/Kübler Vertragshändlervertrag/Dau Rn. 334.
[271] Schultze/Wauschkuhn/Spenner/Dau/Kübler Vertragshändlervertrag/Dau Rn. 337.
[272] Staub/Emde Rn. 75; Giesler/Vogels § 3 Rn. 104 ff.; Schultze/Wauschkuhn/Spenner/Dau/Kübler Vertragshändlervertrag/Dau Rn. 335, 336.
[273] Insoweit nicht zwischen dem Vertragshändlervertrag und den einzelnen Kaufverträgen differenzierend: Staub/Emde Rn. 75.
[274] Staub/Emde Rn. 75; Küstner/Thume VertriebsR-HdB III Teil II Kap. 8 Rn. 6; Schultze/Wauschkuhn/Spenner/Dau/Kübler Vertragshändlervertrag/Dau Rn. 330 ff.; Genzow Vertragshändlervertrag Rn. 82 (zu § 26 Abs. 2 GWB aF); Ulmer Vertragshändler 436 f. (zu § 26 Abs. 2 GWB aF).
[275] Martinek/Semler/Flohr VertriebsR-HdB/Manderla § 25 Rn. 17; Staub/Emde Rn. 77 ff.; Küstner/Thume VertriebsR-HdB III Teil II Kap. 5 Rn. 25 ff.; Schultze/Wauschkuhn/Spenner/Dau/Kübler Vertragshändlervertrag/Dau Rn. 242 ff.; Giesler/Vogels § 3 Rn. 303 ff.; GK-HGB/Genzow Vor §§ 84–92c Rn. 23; K. Schmidt HandelsR § 28 II 2c); Genzow Vertragshändlervertrag Rn. 86; Ulmer Vertragshändler 434.

setzungen der § 20 Abs. 1 GWB vorliegen.[276] **Teile der Literatur** sind hingegen der Auffassung, dass den Unternehmer aufgrund seiner allgemeinen Treuepflicht eine Gleichbehandlungspflicht schon dann trifft, wenn die betreffenden Vertragshändler miteinander in Wettbewerb stehen.[277]

65   **(1) Allgemeine Grundsätze.** Ein allgemeiner Gleichbehandlungsgrundsatz ist dem Vertragshändlerrecht nach richtiger Ansicht fremd.[278] Eine Pflicht zur **absoluten Gleichbehandlung** gibt es daher nicht. Eine sachlich gerechtfertigte Ungleichbehandlung ist zulässig.[279] Soweit sich die Gleichbehandlungspflicht nicht aus § 20 Abs. 1 GWB ergibt, besteht eine Gleichbehandlungspflicht des Unternehmers in Bezug auf seine Vertragshändler allenfalls dann, wenn die von der Ungleichbehandlung betroffenen Vertragshändler miteinander in **Wettbewerb** stehen.[280] In diesem Fall würde die sachlich nicht gerechtfertigte Ungleichbehandlung zu einer willkürlichen Beeinträchtigung der Gewinnaussichten des benachteiligten Vertragshändlers führen; dies ist dem Unternehmer aufgrund seiner allgemeinen Treuepflicht untersagt.[281] Stehen die betreffenden Vertragshändler jedoch nicht in Wettbewerb zueinander, berührt eine Ungleichbehandlung unabhängig von ihrer sachlichen Rechtfertigung die Geschäftsinteressen der Vertragshändler nicht und ist zulässig.[282]

66   Von der Gleichbehandlungspflicht **nicht** erfasst wird die konkrete Ausgestaltung des Marktverantwortungsgebietes des einzelnen Vertragshändlers.[283]

67   **(2) Gleichbehandlung bei Lieferengpässen.** Von besonderer Bedeutung ist die Gleichbehandlungspflicht im Rahmen der aus der allgemeinen Treuepflicht folgenden Lieferpflicht des Unternehmers. Im Fall von **Lieferengpässen** ist der Unternehmer daher jedenfalls dazu verpflichtet, einen objektiven und sachlich gerechtfertigten Verteilungsschlüssel zur Anwendung zu bringen. Dies kann eine Verteilung nach zeitlichem Eingang der Bestellung[284] aber auch eine anteilige Belieferung sein.[285] Der Unternehmer kann dabei auch die Bestellhistorie der Vertragshändler berücksichtigen, da diese sich oftmals in seiner Produktionsplanung widerspiegeln dürfte. Dies gilt insbesondere dann, wenn sich der Vertragshändler im Fall von Produktionsengpässen mit einem Vorrat an Vertragsprodukten eindecken oder eine anteilige Belieferung nach Bestellvolumen zu seinen Gunsten beeinflussen will.[286] Unter Umständen kommt aufgrund der Umstände des Einzelfalls sogar eine bevorzugte Belieferung besonders wichtiger Vertragshändler oder solcher Vertragshändler in Betracht, mit denen Alleinbezugsvereinbarungen getroffen wurden oder denen gegenüber aus sonstigen Gründen besondere (gesteigerte) Treuepflichten bestehen.[287] Als Korrektiv greifen darüber hinaus im Einzelfall die allgemeine Treuepflicht und die Rücksichtnahmepflicht des Unternehmers ein.[288]

---

[276] BGH BB 1971, 484; 1984, 166; NJW 1992, 1827 (1828) (zu § 26 Abs. 2 GWB aF).

[277] Genzow Vertragshändlervertrag Rn. 86; Ulmer Vertragshändler 434; Küstner/Thume VertriebsR-HdB III Teil II Kap. 5 Rn. 25; Martinek/Semler/Flohr VertriebsR-HdB/Manderla § 25 Rn. 17.

[278] Ulmer Vertragshändler 435; Staub/Emde Rn. 80; Schlegelberger/Schröder § 86 Rn. 1 (zum Handelsvertreter); Westphal VertriebsR I Rn. 420 (zum Handelsvertreter).

[279] Ulmer Vertragshändler 437.

[280] Küstner/Thume VertriebsR-HdB III Teil II Kap. 5 Rn. 25; Ulmer Vertragshändler 434; Schultze/Wauschkuhn/Spenner/Dau Küblev Vertragshändlervertrag/Dau Rn. 244; eine Gleichbehandlungspflicht ablehnend: Canaris HandelsR § 17 Rn. 49.

[281] BGH BB 1993, 2399.

[282] Schultze/Wauschkuhn/Spenner/Dau/Kübler Vertragshändlervertrag/Dau Rn. 248; in diesem Sinne auch Ulmer Vertragshändler 435 und 437.

[283] Küstner/Thume VertriebsR-HdB III Teil II Kap. 5 Rn. 27; Giesler/Vogels § 3 Rn. 306; Genzow Vertragshändlervertrag Rn. 86.

[284] OLG München WM 1985, 362.

[285] BGH BB 1982, 461; vgl. Staub/Emde Rn. 33; Giesler/Vogels § 3 Rn. 288; Küstner/Thume VertriebsR-HdB III Teil II Kap. 5 Rn. 6, 8, 28.

[286] Schultze/Wauschkuhn/Spenner/Dau/Kübler Vertragshändlervertrag/Dau Rn. 300.

[287] Staub/Emde Rn. 75; Giesler/Vogels § 3 Rn. 289; Schultze/Wauschkuhn/Spenner/Dau/Kübler Vertragshändlervertrag/Dau Rn. 300.

[288] Staub/Emde Rn. 75.

**3. Direktgeschäfte des Unternehmers, Einsatz weiterer Vertragshändler. Um- 68
stritten** ist, ob und wenn ja in welchem Umfang, der Unternehmer das Recht hat, Direktgeschäfte mit Kunden in dem (dem Vertragshändler zugewiesenen) Vertragsgebiet abzuschließen oder aber dort weitere Vertragshändler einzusetzen.[289] Insoweit ist grundsätzlich danach zu differenzieren, ob dem Vertragshändler das Vertragsgebiet exklusiv
zugewiesen ist.[290]

Ist dem Vertragshändler das Vertragsgebiet **exklusiv zugewiesen,** ist der Unternehmer 69
verpflichtet, alle die Vertragsprodukte betreffenden Anfragen aus dem Vertragsgebiet an
den Vertragshändler weiterzuleiten, jedenfalls hat er im exklusiven Vertragsgebiet des Vertragshändlers die Vertragsprodukte betreffende **Direktgeschäfte zu unterlassen.**[291] Auch
der Einsatz weiterer Vertragshändler ist ihm in diesem Fall untersagt, soweit es um den
Vertrieb der Vertragsprodukte geht. Es ist dem Unternehmer auch untersagt, im exklusiven
Vertragsgebiet des Vertragshändlers Produkte zu vertreiben, die mit den vom Alleinvertriebsrecht umfassten Vertragsprodukten konkurrieren.[292]

Ist dem Vertragshändler das Vertragsgebiet **nicht exklusiv zugewiesen,** sind Direkt- 70
geschäfte grundsätzlich zulässig.[293] Gleiches gilt für den Einsatz weiterer Vertragshändler.
Direktgeschäfte sind jedoch unzulässig, sobald der Unternehmer in einer gegen seine
Treuepflicht verstoßenden Weise selbst auf der Absatzstufe des Vertragshändlers werbend
tätig wird.[294] Der Umfang der Treuepflicht hängt insoweit von der Ausgestaltung des
Vertragshändlervertrages im Einzelfall ab. Ist dem Vertragshändler vom Unternehmer eine
einem Alleinvertriebsrecht nahekommende **geschützte Position eingeräumt** worden,
sind Eingriffe in das Vertragsgebiet nur aus **schwerwiegenden Gründen** und bei **angemessener Berücksichtigung der nachteiligen Folgen für den Vertragshändler**
zulässig.[295] Der Vertragshändler genießt demgegenüber nur geringen Schutz, wenn ihm der
Vertragshändlervertrag gerade keinen eigenen geschützten Bereich einräumt.[296]

Generell gilt, je stärker der Vertragshändler seinen Betrieb an den Interessen des Unter- 71
nehmers ausgerichtet hat, in desto geringerem Maße ist es dem Unternehmer selbst erlaubt,
dem Vertragshändler auf seiner Absatzstufe Konkurrenz zu machen.[297] Der Einsatz weiterer
Vertragshändler (oder anderer Vertriebsmittler) ist demgegenüber grundsätzlich erlaubt.[298]

4. Nachvertragliche Treuepflicht. Ausführungen zur **nachvertraglichen Treue- 72
pflicht des Unternehmers** finden sich im Rahmen der Kommentierung Vor § 89
(→ Vorb § 89 Rn. 16 ff.).

III. Rechtsfolgen bei Pflichtverletzungen

Für den Vertragshändler gelten hier keine Abweichungen oder Besonderheiten.   73

IV. Abdingbarkeit

Wenn und soweit § 86a auch auf den Vertragshändler analog Anwendung findet, gilt 74
dies auch für **Abs. 3.**[299] Insofern gelten hier keine Abweichungen oder Besonderheiten.

---

[289] Vgl. Küstner/Thume VertriebsR-HdB III Teil II Kap. 5 Rn. 10 f.; Canaris HandelsR § 17 Rn. 45 f.

[290] Schultze/Wauschkuhn/Spenner/Dau/Kübler Vertragshändlervertrag/Dau Rn. 261 ff.

[291] BGH NJW-RR 1993, 682 (683); Graf von Westphalen ZIP 2016, S 091 (S 094).

[292] BGH BB 1972, 1204.

[293] BGH BB 1985, 218 ff.; 1993, 2399.

[294] BGH BB 1984, 1313; vgl. BGH NJW-RR 1987, 628 (629).

[295] BGH NJW 1984, 1182 (1183 f.); BB 1994, 885; Küstner/Thume VertriebsR-HdB III Teil II Kap. 5
Rn. 9; vgl. Canaris HandelsR § 17 Rn. 46.

[296] BGH NJW-RR 1988, 1077 (1080); BB 1993, 2399.

[297] BGH BB 1993, 2399; 1994, 885.

[298] AA Küstner/Thume VertriebsR-HdB III Teil II Kap. 5 Rn. 10.

[299] So auch Staub/Emde Rn. 15.

75   Abs. 3 gilt jedoch nicht für die aus der **allgemeinen Treuepflicht (Fürsorgepflicht)** folgenden Pflichten des Unternehmers. Diese Pflichten sind nicht zwingend und unterliegen grundsätzlich (jedenfalls individualvertraglich) der Disposition der Parteien.

76   So kann die **Lieferpflicht** durch **Freizeichnungs- oder Vorratsklauseln oder Selbstbelieferungsvorbehalte** eingeschränkt werden.[300] So ist es zulässig, dass sich der Unternehmer vorbehält, den Vertragshändler „nach Maßgabe seiner Liefermöglichkeiten" zu beliefern.[301] Gleiches gilt für Klauseln wie „Solange der Vorrat reicht",[302] „Lieferung vorbehalten"[303] oder „richtige und rechtzeitige Selbstbelieferung vorbehalten".[304] Ein solcher Vorbehalt ist auch im Rahmen von Allgemeinen Geschäftsbedingungen bzw. Standardverträgen möglich.[305]

77   Gleichfalls abdingbar ist der Schutz des Vertragshändlers vor **Direktgeschäften oder dem Einsatz weiterer Vertriebsmittler durch den Unternehmer.**[306] Soweit der Unternehmer hierzu nicht ohnehin berechtigt ist, muss er sich im Vertragshändlervertrag die entsprechenden Rechte ausdrücklich und aus Gründen der Transparenz so konkret wie möglichst vorbehalten.[307] Ein solcher Vorbehalt ist auch im Rahmen von Allgemeinen Geschäftsbedingungen bzw. Standardverträgen möglich.[308]

§ 86b Delkredereprovision

(1) [1]Verpflichtet sich ein Handelsvertreter, für die Erfüllung der Verbindlichkeit aus einem Geschäft einzustehen, so kann er eine besondere Vergütung (Delkredereprovision) beanspruchen; der Anspruch kann im voraus nicht ausgeschlossen werden. [2]Die Verpflichtung kann nur für ein bestimmtes Geschäft oder für solche Geschäfte mit bestimmten Dritten übernommen werden, die der Handelsvertreter vermittelt oder abschließt. [3]Die Übernahme bedarf der Schriftform.

(2) Der Anspruch auf die Delkredereprovision entsteht mit dem Abschluß des Geschäfts.

(3) [1]Absatz 1 gilt nicht, wenn der Unternehmer oder der Dritte seine Niederlassung oder beim Fehlen einer solchen seinen Wohnsitz im Ausland hat. [2]Er gilt ferner nicht für Geschäfte, zu deren Abschluß und Ausführung der Handelsvertreter unbeschränkt bevollmächtigt ist.

Literatur: Castan, Rechtsfragen des Handelsvertreter-Delkredere, BB 1957, 1124; Masing, Die Delkredere vereinbarung nach § 86b Abs. 3 HGB, BB 1995, 2589; Valdini, Die Delkrederehaftung des Handelsvertreters, ZVertriebsR 2016, 207.

Übersicht

---

[300] Canaris HandelsR § 17 Rn. 39; Schultze/Wauschkuhn/Spenner/Dau/Kübler Vertragshändlervertrag/Dau Rn. 287 ff.; vgl. Genzow Vertragshändlervertrag Rn. 83.
[301] BGH NJW 1958, 1628; BB 1994, 885; OLG München WM 1985, 363; Hopt/Hopt § 346 Rn. 40; Küstner/Thume VertriebsR-HdB III Teil II Kap. 5 Rn. 5; vgl. Genzow Vertragshändlervertrag Rn. 82.
[302] RGZ 103, 113 (116); OLG München WM 1985, 363.
[303] Hopt/Hopt § 346 Rn. 40.
[304] BGH NJW 1968, 1085 (1086).
[305] Vgl. Küstner/Thume VertriebsR-HdB III Teil II Kap. 5 Rn. 5; Schultze/Wauschkuhn/Spenner/Dau/Kübler Vertragshändlervertrag/Dau Rn. 290 ff.
[306] Küstner/Thume VertriebsR-HdB III Teil II Kap. 5 Rn. 4.
[307] OLG Köln BB 2000, 2595; Ulmer Vertragshändler 428.
[308] Schultze/Wauschkuhn/Spenner/Dau/Kübler Vertragshändlervertrag/Dau Rn. 263; aA Küstner/Thume VertriebsR-HdB III Teil II Kap. 2 Rn. 18.

A. Handelsvertreter

I. Regelungsgegenstand und Rechtsnatur

1. Regelungsgegenstand. Zwar trifft den Handelsvertreter im Rahmen seiner **Interes-** **1** **senwahrungspflicht** gegenüber dem Unternehmer unter anderem die Pflicht, die Zahlungsfähigkeit derjenigen Kunden, zu denen der Handelsvertreter in Kontakt tritt, zu überprüfen und dem Unternehmer die für dessen Entscheidungsfindung erforderlichen Informationen, wie etwa Bedenken über die ausreichende Bonität des Kunden, zu geben (→ § 86 Rn. 36). Verletzt der Handelsvertreter die vorgenannte Pflicht, kann dies einen Schadensersatzanspruch des Unternehmers begründen. Der Handelsvertreter haftet aber darüber hinaus nicht für die Bonität des Kunden. So hat der Unternehmer als Vertragspartner des Kunden grds. den Schaden zu tragen, der ihm daraus entsteht, dass der Kunde seinen Zahlungsverpflichtungen nicht nachkommt.[1]

Aufgrund der oftmals besseren Marktkenntnisse des Handelsvertreters gegenüber dem **2** Unternehmer können die Parteien jedoch ein Interesse an der Übernahme der Haftung für die Erfüllung einer Kundenverbindlichkeit durch den Handelsvertreter haben **(sog. Delkredere).** In diesem Fall können die Parteien gem. § 86b vertraglich eine entsprechende Einstandspflicht des Handelsvertreters vereinbaren. Aufgrund der hiermit zu Lasten des Handelsvertreters verbundenen erheblichen Risikoverlagerung und der Erweiterung seines Pflichtenkreises enthält § 86b zum Schutz des Handelsvertreters und als Interessenausgleich bestimmte Anforderungen an Inhalt und Form einer derartigen Vereinbarung.

---

[1] BT-Drs. 1/3856, 20.

3   **2. Rechtsnatur.** Ein Vergleich des Gesetzeswortlauts von Abs. 1 S. 1 und § 765 Abs. 1 BGB weist Parallelen insoweit auf, als dass in beiden Fällen durch entsprechende Vereinbarung eine eigene Einstandspflicht des Handelsvertreters bzw. des Bürgen begründet werden soll. Dies zeigt, dass eine Einstandsvereinbarung gem. Abs. 1 S. 1 rechtlich in der Regel eine **Bürgschaft** darstellt.[2] Das Bürgschaftsrecht (§§ 765 ff. BGB) findet insoweit ergänzend Anwendung.[3] Dem Handelsvertreter steht jedoch – soweit er Kaufmann ist – gem. § 349 S. 1 nicht die Einrede der Vorausklage (§ 771 BGB) zu (→ Rn. 19 f.).[4]

4   Den Parteien bleibt es jedoch unbenommen, die Delkrederehaftung anders auszugestalten.[5] In Betracht kommt die Vereinbarung einer **Garantie,** eines **Schuldbeitritts** oder eines **Schuldversprechens.**[6] § 86b gilt schon wegen seines zwingenden Charakters analog[7] – nach aA als lex specialis[8] – auch dann, wenn die Delkrederehaftung rechtlich in Form einer Garantie, eines Schuldbeitritts oder eines Schuldversprechens eingekleidet ist.

II. Übernahme der Einstandspflicht (Abs. 1)

5   **1. Vereinbarung zwischen Handelsvertreter und Unternehmer.** Die Begründung der Einstandspflicht des Handelsvertreters setzt den Abschluss einer entsprechenden **Vereinbarung zwischen dem Handelsvertreter und dem Unternehmer** voraus. Es gelten hierfür die allgemeinen Regeln (§§ 145 ff. BGB). Sowohl der Wille des Handelsvertreters, für die Erfüllung der Zahlungsverpflichtung eines Kunden einstehen zu wollen, als auch der Wille des Unternehmers, eine Delkredererevereinbarung zu treffen, müssen klar zum Ausdruck kommen.[9] Im Zweifel ist die Übernahme einer Einstandspflicht durch den Handelsvertreter zu verneinen.[10]

6   Die Delkredererevereinbarung muss zudem **rechtswirksam** sein, um eine Einstandspflicht des Handelsvertreters zu begründen. Voraussetzungen für die Rechtswirksamkeit der Delkredererevereinbarung ergeben sich unter anderem unmittelbar aus § 86b. So gilt für die zu sichernden Kundenverbindlichkeiten das **Bestimmtheitsgebot** gem. Abs. 1 S. 2 (→ Rn. 8 ff.). Abs. 1 S. 3 enthält ferner ein **Schriftformerfordernis** (→ Rn. 16 ff.). Darüber hinaus kann die Delkredererevereinbarung aber im Einzelfall auch aufgrund sonstiger **allgemeiner Gründe** nichtig sein. Zu denken ist hier etwa an einen Verstoß gegen die guten Sitten, welcher gem. § 138 Abs. 1 BGB zur Nichtigkeit des betroffenen Rechtsgeschäfts – hier der Delkredererevereinbarung – führt. Eine Delkredererevereinbarung ist bspw. dann sittenwidrig und somit nichtig, wenn der Unternehmer den Handelsvertreter aufgrund einer niedrigen, nicht kostendeckenden Vermittlungs- oder Abschlussprovision zum Abschluss einer Delkredererevereinbarung mit der Aussicht einer hohen Delkredereprovision veranlasst hat.[11] Gleiches gilt, wenn der Unternehmer dem Handelsvertreter bewusst Risiken verschweigt oder diese herunterspielt, um den Handelsvertreter zum Abschluss der Delkredererevereinbarung zu bewegen.[12] Dagegen ist Sittenwidrigkeit nicht schon deshalb zu bejahen, weil keine oder lediglich eine niedrige Delkredereprovision vereinbart wird.[13]

---

[2] Oetker/Busche Rn. 6; MüKoHGB/Ströbl Rn. 7; Emde Rn. 5; Küstner/Thume VertriebsR-HdB I Kap. III Rn. 168; Valdini ZVertriebsR 2016, 207 (209); aA Ebenroth/Boujong/Joost/Strohn/Löwisch Rn. 4; Koller/Kindler/Roth/Drüen/Roth Rn. 1: im Zweifel Bürgschaft.
[3] Oetker/Busche Rn. 6; MüKoHGB/Ströbl Rn. 7; Valdini ZVertriebsR 2016, 207 (209).
[4] Oetker/Busche Rn. 7; MüKoHGB/Ströbl Rn. 7.
[5] Oetker/Busche Rn. 6; Ebenroth/Boujong/Joost/Strohn/Löwisch Rn. 4.
[6] Oetker/Busche Rn. 6; Ebenroth/Boujong/Joost/Strohn/Löwisch Rn. 4.
[7] MüKoHGB/Ströbl Rn. 8; Baumbach/Hopt/Hopt Rn. 6.
[8] Emde Rn. 4.
[9] MüKoHGB/Ströbl Rn. 9.
[10] Emde Rn. 8; Ebenroth/Boujong/Joost/Strohn/Löwisch Rn. 6.
[11] LG Heidelberg BB 1958, 7; MüKoHGB/Ströbl Rn. 10; Emde Rn. 27; Ebenroth/Boujong/Joost/Strohn/Löwisch Rn. 17.
[12] Emde Rn. 27; Ebenroth/Boujong/Joost/Strohn/Löwisch Rn. 17.
[13] Oetker/Busche Rn. 5; MüKoHGB/Ströbl Rn. 32; Emde Rn. 27; aA LG Heidelberg BB 1958, 7.

Dies ergibt sich aus dem Grundsatz der Unabdingbarkeit des Anspruchs auf die Delkredere-provision (zur Anpassung zu niedriger Provisionen → Rn. 36).

Eine Delkrederevereinbarung kann nicht wirksam ausschließlich in **Allgemeinen Ge-** 7 **schäftsbedingungen** vereinbart werden, da beim konkreten Delkredere (→ Rn. 9 ff.) das Kundengeschäft und beim generellen Delkredere (→ Rn. 13 ff.) der Kunde bestimmt werden müssen.[14] Dies ist in Allgemeinen Geschäftsbedingungen, die für eine Vielzahl von Verträgen vorformuliert werden, offensichtlich nicht möglich. Wird jedoch das konkrete Kundengeschäft bzw. der konkrete Kunde von den Parteien individualvertraglich vereinbart und sind die sonstigen Bestandteile der Delkrederevereinbarung in Allgemeinen Geschäfts-bedingungen geregelt, sollte dies wirksam möglich sein.[15]

2. Kundenverbindlichkeit (Abs. 1 S. 2). Gem. Abs. 1 S. 2 kann der Handelsvertreter 8 nur für ein **bestimmtes Kundengeschäft** (→ Rn. 9 ff.) oder **Geschäfte mit bestimm-ten Kunden** (→ Rn. 13 ff.) eine Einstandspflicht übernehmen. Hiervon abweichende Delkrederevereinbarungen sind unwirksam.[16] Durch dieses Bestimmtheitsgebot soll der Handelsvertreter davor geschützt werden, eine Delkrederehaftung für eine unbestimmte Vielzahl von Geschäften einzugehen.

a) Bestimmtes Kundengeschäft (Abs. 1 S. 2 Alt. 1). Abs. 1 S. 2 Alt. 1 sieht die 9 Möglichkeit der Übernahme der Einstandspflicht für ein bestimmtes Kundengeschäft vor (sog. **konkretes Delkredere**). Dies setzt voraus, dass die Verbindlichkeit, für die der Handelsvertreter einstehen soll, nach allgemeinen Merkmalen individualisiert werden kann.[17] Eine Individualisierung kann insbesondere durch eine Bestimmung der Art und des Umfangs des Kundengeschäfts, der Identität des Kunden oder der Auftrags- und Rech-nungsunterlagen erfolgen.[18] Aus der Delkrederevereinbarung muss folglich **eindeutig fest-stellbar** sein, für welches Kundengeschäft der Handelsvertreter eine Einstandspflicht über-nommen hat.

Die Parteien können eine Delkrederevereinbarung auch für **noch nicht abgeschlossene** 10 **Kundengeschäfte** eingehen. Dies setzt jedoch wegen des Bestimmtheitsgebotes voraus, dass das jeweilige Kundengeschäft nach seinen wesentlichen Merkmalen bereits so kon-kretisierbar und von anderen Geschäften abgrenzbar ist, dass es Gegenstand einer individu-ellen Haftungsvereinbarung sein kann.[19] Steht der Rechnungsbetrag eines künftigen Kun-dengeschäfts noch nicht fest, kann die Einstandspflicht des Handelsvertreters auf einen bestimmten oder bestimmbaren Rechnungsbetrag begrenzt werden.[20]

Trotz des Wortlautes von Abs. 1 S. 2 Alt. 1 („für ein bestimmtes Geschäft") steht es den 11 Parteien frei, die Einstandspflicht auf **mehrere bestimmte Kundengeschäfte** zu erstre-cken.[21] Das Bestimmtheitsgebot soll den Handelsvertreter lediglich vor der Übernahme einer Einstandspflicht für eine unbestimmte Vielzahl von Kundengeschäften schützen. Dem ist jedoch hinreichend Rechnung getragen, wenn sämtliche zu sichernden Kundengeschäfte eindeutig bestimmbar sind und der Handelsvertreter damit sein Haftungsrisiko kennt.

Im Rahmen der 1. Alternative des Abs. 1 S. 2 ist es nicht erforderlich, dass das zu 12 sichernde Kundengeschäft durch den Handelsvertreter selbst (oder seinem Untervertreter) vermittelt oder abgeschlossen wird. Diese im Wortlaut des Abs. 1 S. 2 angelegte Ein-schränkung bezieht sich lediglich auf die 2. Alternative des Abs. 1 S. 2, → Rn. 14. Der Handelsvertreter kann damit auch eine Einstandspflicht für solche **Geschäfte** übernehmen, **an denen er nicht beteiligt gewesen ist,** wie etwa Bezirksgeschäfte, von anderen

---

[14] Oetker/Busche Rn. 4.
[15] MüKoHGB/Ströbl Rn. 10.
[16] MüKoHGB/Ströbl Rn. 11; Emde Rn. 16; Valdini ZVertriebsR 2016, 207.
[17] Oetker/Busche Rn. 9; MüKoHGB/Ströbl Rn. 12; Valdini ZVertriebsR 2016, 207.
[18] Oetker/Busche Rn. 9; MüKoHGB/Ströbl Rn. 12.
[19] MüKoHGB/Ströbl Rn. 13; Emde Rn. 18.
[20] Oetker/Busche Rn. 9; MüKoHGB/Ströbl Rn. 13.
[21] Oetker/Busche Rn. 10; MüKoHGB/Ströbl Rn. 14.

Handelsvertretern vermittelte/abgeschlossene Geschäfte oder Eigengeschäfte des Unternehmers.[22]

13 **b) Geschäfte mit bestimmten Kunden (Abs. 1 S. 2 Alt. 2).** Abs. 1 S. 2 Alt. 2 sieht die Möglichkeit der Übernahme der Einstandspflicht für eine unbestimmte Vielzahl von Geschäften mit einem bestimmten Kunden (Dritten), die der Handelsvertreter vermittelt oder abschließt (sog. **generelles Delkredere**). Anders als in Abs. 1 S. 2 Alt. 1 muss nicht das Kundengeschäft, sondern die **Identität des Kunden bestimmt** sein.[23]

14 Hinzu kommt als weitere Einschränkung, dass die Geschäfte mit dem bestimmten Kunden von dem Handelsvertreter **selbst** (oder seinem Untervertreter[24]) **vermittelt oder abgeschlossen** werden müssen.[25] Der Handelsvertreter hat es somit im Einzelfall in der Hand, nach einer Bonitätsprüfung des Kunden darüber zu entscheiden, ob er ein bestimmtes Geschäft vermitteln oder abschließen und damit seine Einstandspflicht auslösen möchte. Im Hinblick auf den **Bezirksvertreter** sind somit solche Kundengeschäfte ausgenommen, für die dieser zwar eine Bezirksprovision erhält, die er aber weder selbst noch durch seinen Untervertreter vermittelt oder abschließt.[26]

15 Die Parteien haben die Möglichkeit, die Delkredeverevereinbarung gem. Abs. 1 S. 2 Alt. 2 auf vom Handelsvertreter vermittelte oder abgeschlossene **Geschäfte mit mehreren Kunden** zu erstrecken. In diesem Fall müssen sämtliche Kunden und der Kreis der zu sichernden Geschäfte genau bestimmt sein.[27] Im Hinblick auf den Bezirksvertreter sind sämtliche Kunden des Bezirks als bestimmte Dritte iSv Abs. 1 S. 2 Alt. 2 zu qualifizieren.[28]

16 **3. Schriftform (Abs. 1 S. 3).** Die **Übernahme der Einstandspflicht** durch den Handelsvertreter **bedarf** gem. Abs. 1 S. 3 **der Schriftform.** Das Schriftformerfordernis bezieht sich dagegen nicht auch auf die Vertragserklärung des Unternehmers. Dies ist mit dem Zweck des Schriftformerfordernisses zu begründen, den Handelsvertreter vor den mit einer Delkredeverevereinbarung für ihn verbundenen Risiken zu warnen.[29] Gem. § 126 Abs. 1 BGB hat der Handelsvertreter demnach seine schriftliche Übernahmeerklärung eigenhändig durch Namensunterschrift oder mittels notariell beglaubigten Handzeichens zu unterzeichnen. Das Schriftformerfordernis ist **unabdingbar.**[30] Zudem ist Abs. 1 S. 3 **lex specialis zu § 350.**[31] Somit ist die Übernahme der Einstandspflicht des Handelsvertreters auch dann formbedürftig, wenn der Handelsvertreter Kaufmann ist. Ein Formverstoß führt gem. § 125 BGB zur **Nichtigkeit** der Delkredeverevereinbarung.

17 Eine formunwirksame Delkredeverevereinbarung in Form einer Bürgschaft kann gem. § 766 S. 3 BGB geheilt werden, in dem der Handelsvertreter eine Kundenverbindlichkeit, für die er eine Einstandspflicht übernommen hat, gegenüber dem Unternehmer erfüllt. Ist die Delkredeverevereinbarung in einer anderen rechtlichen Form als einer Bürgschaft ausgestaltet, ergibt sich dies aus einer analogen Anwendung des § 766 S. 3 BGB.[32]

18 Eine formunwirksame Delkredeverevereinbarung kann nicht nach § 140 BGB in eine formlos wirksame Haftungserklärung wie etwa eine Garantie, einen Schuldbeitritt oder ein Schuldversprechen umgedeutet werden.[33]

---

[22] Oetker/Busche Rn. 9; MüKoHGB/Ströbl Rn. 15.
[23] Valdini ZVertriebsR 2016, 207.
[24] Oetker/Busche Rn. 10.
[25] Oetker/Busche Rn. 10; MüKoHGB/Ströbl Rn. 16; Valdini ZVertriebsR 2016, 207.
[26] MüKoHGB/Ströbl Rn. 17; Ebenroth/Boujong/Joost/Strohn/Löwisch Rn. 10.
[27] Ebenroth/Boujong/Joost/Strohn/Löwisch Rn. 9; Emde Rn. 19.
[28] Ebenroth/Boujong/Joost/Strohn/Löwisch Rn. 10.
[29] BT-Drs. 1/3856, 20.
[30] MüKoHGB/Ströbl Rn. 19; Emde Rn. 14.
[31] MüKoHGB/Ströbl Rn. 19; Emde Rn. 14.
[32] MüKoHGB/Ströbl Rn. 20; Emde Rn. 14; so auch Oetker/Busche Rn. 5 und Ebenroth/Boujong/Joost/Strohn/Löwisch Rn. 16, die jedoch irrtümlicherweise auf § 766 S. 2 BGB analog abstellen.
[33] MüKoHGB/Ströbl Rn. 20; Ebenroth/Boujong/Joost/Strohn/Löwisch Rn. 17.

4. Einreden des Handelsvertreters. Ist die Delkrederevereinbarung als Bürgschaft, **19** Schuldbeitritt oder Schuldversprechen ausgestaltet, kann der Handelsvertreter dem Unternehmer für den Fall seiner Inanspruchnahme durch den Unternehmer die **Einreden aus §§ 768, 770 und** – sofern nichts Abweichendes vereinbart wurde – **771 BGB** (jeweils analog für den Fall des Vorliegens eines Schuldbeitritts oder eines Schuldversprechens[34]) entgegenhalten. Die Einrede der Vorausklage gem. § 771 BGB ist jedoch gem. § 349 dann ausgeschlossen, wenn der Handelsvertreter Kaufmann ist. Selbst in diesem Fall besteht aber nach Treu und Glauben die Verpflichtung des Unternehmers, vor der Inanspruchnahme des Handelsvertreters zunächst den **Versuch** zu unternehmen, **beim Kunden Befriedigung zu erlangen;**[35] eine hiervon abweichende Vereinbarung ist zulässig.[36] Der Unternehmer ist jedoch nicht verpflichtet, zuvor gegen den Kunden Klage zu erheben oder gar die Zwangsvollstreckung durchzuführen.[37]

Bei Delkrederevereinbarungen in Form eines Garantievertrages ist dagegen die Erhebung **20** der vorgenannten Einreden wegen der Natur der Garantie ausgeschlossen.[38] Umstritten ist jedoch, inwieweit der Unternehmer auch bei einer vom Handelsvertreter übernommenen Garantie nach Treu und Glauben zunächst versuchen muss, Befriedigung beim Kunden zu erlangen. Nach richtiger Auffassung werden die Parteien bei Abgabe eines Garantievertrages in der Regel eine unbedingte Einstandspflicht des Handelsvertreters begründen wollen, so dass ein vorheriger Befriedigungsversuch beim Kunden nicht erforderlich ist.[39]

5. Haftungsumfang. Die Delkrederevereinbarung begründet eine Wertersatzhaftung, **21** deren Umfang zur **Disposition der Parteien** steht, da § 86b insoweit nicht zwingend ist.[40] Im Regelfall wird es sich bei der gesicherten Verbindlichkeit um den Anspruch des Unternehmers gegen den Kunden auf die Gegenleistung, sprich Erfüllung des Geschäfts, handeln.[41] Darüber hinaus kann der Handelsvertreter aber auch für Ansprüche des Unternehmers gegen den Kunden wegen Nicht- oder Schlechterfüllung des Kunden wie etwa Schadensersatzansprüche wegen Nichterfüllung, Ansprüche aus Verzug und Sachmängelhaftung, Schadensersatzansprüche wegen sonstiger Pflichtverletzungen und weitere Ansprüche, die sich aus der Nichtigkeit, Aufhebung oder Anfechtung des Kundengeschäfts ergeben (etwa §§ 122, 346, 812 BGB), haften.[42] Der genaue Umfang der Einstandspflicht des Handelsvertreters ist für jeden Einzelfall gesondert durch **Auslegung** zu ermitteln.[43]

6. Rechtsfolgen unwirksamer Vereinbarungen. Im Falle einer unwirksamen Del- **22** krederevereinbarung wird **weder eine Einstandspflicht des Handelsvertreters** begründet, **noch** entsteht ein **Anspruch des Handelsvertreters auf Zahlung der Delkredereprovision.**[44] Eine formunwirksame Delkrederevereinbarung kann nicht in eine formlos wirksame Haftungserklärung umgedeutet werden (→ Rn. 18).

In Ausnahmefällen kommt bei einer zu weitgehenden, nicht den Anforderungen des **23** Abs. 1 entsprechenden Delkrederevereinbarung **Teilnichtigkeit** unter den Voraussetzungen des § 139 BGB in Betracht.[45] Teilnichtigkeit kann etwa dann angenommen werden, wenn die Einstandspflicht des Handelsvertreters für Geschäfte mit bestimmten Kunden

---

[34] Vgl. Oetker/Busche Rn. 7.
[35] Oetker/Busche Rn. 7; MüKoHGB/Ströbl Rn. 22; Küstner/Thume VertriebsR-HdB I Kap. III Rn. 170.
[36] Emde Rn. 6; Baumbach/Hopt/Hopt Rn. 8.
[37] Oetker/Busche Rn. 7; MüKoHGB/Ströbl Rn. 22; Ebenroth/Boujong/Joost/Strohn/Löwisch Rn. 21.
[38] Oetker/Busche Rn. 7.
[39] So wohl auch Heymann/Stöber Rn. 14; aA Baumbach/Hopt/Hopt Rn. 8 und wohl auch Oetker/Busche Rn. 7.
[40] Ebenroth/Boujong/Joost/Strohn/Löwisch Rn. 11; Emde Rn. 11.
[41] Emde Rn. 11.
[42] Oetker/Busche Rn. 11; MüKoHGB/Ströbl Rn. 23; Baumbach/Hopt/Hopt Rn. 7; weitergehend Ebenroth/Boujong/Joost/Strohn/Löwisch Rn. 11; Emde Rn. 11 (im Zweifel Einstandspflicht).
[43] Oetker/Busche Rn. 11.
[44] MüKoHGB/Ströbl Rn. 24.
[45] Oetker/Busche Rn. 5; MüKoHGB/Ströbl Rn. 25; Emde Rn. 30.

nicht auf solche Geschäfte beschränkt wurde, die von ihm vermittelt oder abgeschlossen werden. Die Delkredervereinbarung bleibt in diesem Fall insoweit wirksam, als es um die Haftung für vom Handelsvertreter vermittelte oder abgeschlossene Kundengeschäfte geht.[46]

III. Provisionsanspruch

24   **1. Entstehung (Abs. 2).** Der unabdingbare Anspruch auf Zahlung einer Delkredereprovision entsteht nur, wenn eine **wirksame Delkredervereinbarung** zwischen dem Handelsvertreter und dem Unternehmer geschlossen wurde (→ Rn. 25 ff.) und eine **wirksame Kundenverbindlichkeit** entstanden ist (→ Rn. 30 ff.).

25   **a) Wirksame Delkredervereinbarung.** Der Anspruch des Handelsvertreters auf Zahlung einer Delkredereprovision setzt zunächst voraus, dass sich der Handelsvertreter gegenüber dem Unternehmer dazu verpflichtet hat, für eine Kundenverbindlichkeit aus Geschäften gem. Abs. 1 S. 2 einzustehen. § 86b findet demnach **keine Anwendung** auf etwaige Einstandspflichten des Handelsvertreters, die dieser nicht gegenüber dem Unternehmer, sondern gegenüber dem Kunden (etwa für die Erfüllung der Verbindlichkeiten des Unternehmers) eingeht.[47] Ob und inwieweit der Handelsvertreter in diesem Fall eine Vergütung für die Übernahme der Einstandspflicht erhält, richtet sich nach den jeweiligen Parteivereinbarungen.

26   Gleiches gilt für den Fall, dass der Handelsvertreter eine Einstandspflicht für eine Verbindlichkeit des Kunden übernimmt, die der Kunde nicht gegenüber dem Unternehmer eingegangen ist, sondern lediglich in Zusammenhang mit einem Geschäft iSd Abs. 1 S. 2 steht. Hat der Handelsvertreter etwa sowohl einen Liefervertrag zwischen dem Kunden und dem Unternehmer als auch einen Finanzierungsvertrag zwischen dem Kunden und einem Kreditinstitut zur Finanzierung des Liefervertrages vermittelt und übernimmt der Handelsvertreter eine Einstandspflicht zu Gunsten des Kreditinstituts, so erhält er keine Delkredereprovision von dem Unternehmer.[48]

27   Des Weiteren entsteht ein Anspruch auf Zahlung einer Delkredereprovision nur dann, wenn die **Delkredervereinbarung** zwischen dem Handelsvertreter und dem Unternehmer **wirksam** ist. Ein Provisionsanspruch scheidet demnach aus, wenn die Delkredervereinbarung zB wegen Sittenwidrigkeit (→ Rn. 6), der Nichteinhaltung der Schriftform (→ Rn. 16 ff.), der Übernahme einer Einstandspflicht für andere als die in Abs. 1 S. 2 bezeichneten Geschäfte (→ Rn. 8 ff.) oder wegen erfolgter Anfechtung nichtig ist.

28   Der Handelsvertreter verliert bei einer wirksamen Delkredervereinbarung seinen Anspruch auf die Delkredereprovision nicht dadurch, dass der Unternehmer einseitig auf die Inanspruchnahme des Handelsvertreters verzichtet, obwohl der Kunde nicht erfüllt hat.[49] Dies würde nach § 397 BGB den Abschluss eines **Erlassvertrages** und damit das beiderseitige Einvernehmen der Parteien erfordern.[50]

29   Eine **vertragliche Aufhebung** der Delkredervereinbarung durch die Parteien ist möglich. Die Wirkung der Aufhebung hängt von dem Willen der Parteien ab. Hat der Handelsvertreter lediglich eine Einstandspflicht für ein bestimmtes Kundengeschäft gem. Abs. 1 S. 2 Alt. 1 übernommen, so entfällt der dazugehörige Provisionsanspruch des Handelsvertreters, auch wenn dieser bereits entstanden ist. Haftet der Handelsvertreter dagegen für Kundenverbindlichkeiten aus Geschäften mit bestimmten Dritten (Abs. 1 S. 2 Alt. 2), so erfasst der Aufhebungsvertrag im Zweifel nicht bereits entstandene Provisionsansprüche des Handelsvertreters.[51]

---

[46] MüKoHGB/Ströbl Rn. 25.
[47] MüKoHGB/Ströbl Rn. 27.
[48] MüKoHGB/Ströbl Rn. 26; v. Brunn NJW 1954, 56 (57).
[49] Oetker/Busche Rn. 14; MüKoHGB/Ströbl Rn. 28.
[50] Oetker/Busche Rn. 14; MüKoHGB/Ströbl Rn. 28.
[51] MüKoHGB/Ströbl Rn. 29; nicht differenzierend Oetker/Busche Rn. 14; Heymann/Stöber Rn. 16: regelmäßig kein Verlust bereits entstandener Provisionsansprüche.

b) Wirksame Kundenverbindlichkeit. Die Haftung des Handelsvertreters gegenüber **30** dem Unternehmer aus der Delkrederevereinbarung setzt den Bestand der Kundenverbindlichkeit voraus. Eine Einstandspflicht des Handelsvertreters scheidet daher trotz wirksamer Delkrederevereinbarung dann aus, wenn es an einer **wirksamen Kundenverbindlichkeit,** für die der Handelsvertreter in Anspruch genommen werden könnte, fehlt. Dies ist dann der Fall, wenn das Kundengeschäft nicht oder nicht wirksam abgeschlossen worden ist.

Ist das Kundengeschäft unter einer **aufschiebenden Bedingung** gem. § 158 Abs. 1 **31** BGB abgeschlossen worden, so entsteht der Provisionsanspruch erst mit Eintritt der Bedingung.[52] Ob das **Kundengeschäft tatsächlich ausgeführt** wird, ist für die Entstehung des Provisionsanspruchs irrelevant.[53] Maßgeblich für den Anspruch auf die Delkredereprovision ist gem. Abs. 2 allein der Abschluss des Kundengeschäfts.

Der Anspruch des Handelsvertreters auf die Delkredereprovision entfällt rückwirkend, **32** wenn das Kundengeschäft wirksam **angefochten** wird.[54]

In der Literatur umstritten ist die Frage, ob der Anspruch auf Delkredereprovision nach- **33** träglich entfällt, wenn das Kundengeschäft aufgrund eines vertraglichen oder gesetzlichen **Rücktrittsrechts** in ein Rückgewährschuldverhältnis umgewandelt wird.[55] Richtigerweise ist in einem solchen Fall grds. von einem Verlust des Provisionsanspruchs auszugehen, da das Kundengeschäft durch den Rücktritt **nachträglich mit Rückwirkung** hinfällig wird. Etwas anderes gilt jedoch dann, wenn der Unternehmer ausnahmsweise Ansprüche auf Grund der Rückabwicklung des bereits vollzogenen Kundengeschäfts gegen den Kunden hat und der Handelsvertreter auch für solche Ansprüche eine Einstandspflicht übernommen hat (→ Rn. 21).[56]

Im Gegensatz hierzu haben Umstände, die das Geschäft mit dem Kunden **nachträglich** **34** **ohne Rückwirkung** beenden, keine Auswirkungen auf den Anspruch des Handelsvertreters auf die Delkredereprovision. Dies gilt etwa bei **Kündigung**,[57] dem Eintritt einer **auflösenden Bedingung** gem. § 158 Abs. 2 BGB,[58] dem Abschluss einer **Vertragsaufhebung**[59] oder der Ausübung von **Mängelhaftungs- oder Zurückbehaltungsrechten**[60] durch den Kunden. In den vorgenannten Fällen hat der Handelsvertreter zumindest interimsweise das Risiko der Inanspruchnahme getragen und damit die Delkredereprovision verdient.[61]

2. Höhe, Fälligkeit, Verjährung. a) Höhe. § 86b enthält keine Regelung zur Höhe **35** des Anspruchs auf die Delkredereprovision. Maßgeblich ist damit in erster Linie die **Parteivereinbarung.** Wegen der zwingenden Natur des Provisionsanspruchs darf die vereinbarte Provisionshöhe nicht unterhalb des üblichen Provisionssatzes liegen. Im Rahmen der Bestimmung der Provisionshöhe sind die von dem Handelsvertreter durch die Delkrederevereinbarung übernommenen Risiken zu berücksichtigen.[62] Die Delkredereprovision muss einen **angemessenen Ausgleich** hierfür darstellen. So ist wohl eine höhere Provision zu vereinbaren, wenn der Handelsvertreter die Haftung statt für ein Bargeschäft für ein vom

---

[52] Oetker/Busche Rn. 15.
[53] Oetker/Busche Rn. 15; MüKoHGB/Ströbl Rn. 31; Emde Rn. 20.
[54] Oetker/Busche Rn. 15; MüKoHGB/Ströbl Rn. 30.
[55] Für das Entfallen des Provisionsanspruchs: Emde Rn. 20; Ebenroth/Boujong/Joost/Strohn/Löwisch Rn. 20; Gegen das Entfallen des Provisionsanspruchs: Oetker/Busche Rn. 15; Heymann/Stöber Rn. 17; MüKoHGB/Ströbl Rn. 30.
[56] Ebenroth/Boujong/Joost/Strohn/Löwisch Rn. 20; Emde Rn. 20.
[57] Emde Rn. 20; Ebenroth/Boujong/Joost/Strohn/Löwisch Rn. 20.
[58] Oetker/Busche Rn. 15; MüKoHGB/Ströbl Rn. 30; Emde Rn. 20; Ebenroth/Boujong/Joost/Strohn/Löwisch Rn. 20.
[59] Oetker/Busche Rn. 15; MüKoHGB/Ströbl Rn. 30; Emde Rn. 20; Ebenroth/Boujong/Joost/Strohn/Löwisch Rn. 20.
[60] Emde Rn. 20; Ebenroth/Boujong/Joost/Strohn/Löwisch Rn. 20.
[61] Emde Rn. 20; Ebenroth/Boujong/Joost/Strohn/Löwisch Rn. 20.
[62] MüKoHGB/Ströbl Rn. 32; Emde Rn. 26.

Unternehmer zu kreditierendes Kundengeschäft übernimmt.[63] Übernimmt der Handelsvertreter das Delkredere nach Abschluss des Kundengeschäfts, ist anzunehmen, dass die dem Handelsvertreter bereits gezahlte bzw. geschuldete (Abschluss- bzw. Vermittlungs-) Provision die angemessene Gegenleistung für die von ihm bisher geschuldeten Leistungen darstellt und nicht auch die zusätzlich übernommene Delkrederehaftung abgelten soll.[64]

36   Ist die vereinbarte Höhe der Delkredereprovision **unangemessen niedrig,** führt dies nicht zur Nichtigkeit der Delkredeveereinbarung. An die Stelle der zu niedrig bemessenen Provisionshöhe tritt in entsprechender Anwendung von § 87b Abs. 1[65] der am Ort, an dem der Handelsvertreter sein Gewerbe ausübt[66], **übliche Satz.** Dies ergibt sich aus dem Unabdingbarkeitsgrundsatz gem. Abs. 1 S. 1 Hs. 2 (→ Rn. 40 ff.), der anderenfalls leicht ausgehöhlt werden könnte.[67]

37   Für den Fall, dass weder eine wirksame Vereinbarung über die Höhe der Delkredereprovision getroffen wurde, noch ein üblicher Satz entsprechend § 87b Abs. 1 festzustellen ist, ist die Provisionshöhe gem. der §§ 315 ff. BGB zu ermitteln.[68] Der **Handelsvertreter** ist demnach gem. § 316 BGB **im Zweifel berechtigt, die Provisionshöhe einseitig nach billigem Ermessen zu bestimmen.** Die so erfolgte Bestimmung der Provisionshöhe unterliegt der gerichtlichen Überprüfung (§ 315 Abs. 3 BGB).

38   **b) Fälligkeit.** Die Fälligkeit des Anspruchs auf Zahlung der Delkredereprovision richtet sich nach dem Inhalt der **Parteivereinbarung.** Haben die Parteien keine Regelung über die Fälligkeit getroffen, wird der Anspruch auf die Delkredereprovision **gleichzeitig mit** dessen **Entstehung fällig** (§ 271 BGB).[69] Eine Unterscheidung zwischen Entstehung (→ Rn. 24 ff.) und Fälligkeit des Provisionsanspruchs, wie in den §§ 87 und 87a angelegt, sieht § 86b nicht vor.

39   **c) Verjährung.** Die **Verjährung** des Anspruchs auf Delkredereprovision richtet sich nach den **allgemeinen Vorschriften** des BGB (§§ 195 ff. BGB). Nach § 195 BGB gilt die regelmäßige Verjährungsfrist von drei Jahren. Diese Frist beginnt mit dem Schluss des Kalenderjahres, in dem der Provisionsanspruch entstanden ist (→ Rn. 24 ff.) und der Handelsvertreter von den Anspruch begründenden Umständen Kenntnis erlangt hat oder ohne grobe Fahrlässigkeit hätte erlangen müssen (§ 199 Abs. 1 BGB). Es gilt jedoch die zehnjährige Höchstfrist gem. § 199 Abs. 4 BGB.

40   **3. Unabdingbarkeit (Abs. 1 S. 1 Hs. 2).** Gem. Abs. 1 S. 1 Hs. 2 kann der Anspruch auf Zahlung der Delkredereprovision **nicht im Voraus ausgeschlossen werden.** Dies bedeutet, dass entgegenstehende Vereinbarungen unwirksam sind und den Anspruch des Handelsvertreters auf eine Delkredereprovision unberührt lassen. Der Handelsvertreter soll hierdurch davor geschützt werden, von dem Unternehmer in eine Delkrederehaftung gedrängt zu werden, ohne dafür einen angemessenen Ausgleich zu erhalten.

41   „Im Voraus" iSv Abs. 1 S. 1 Hs. 2 bedeutet **vor der Entstehung** (→ Rn. 24 ff.) des Anspruchs auf Zahlung der Delkredereprovision.[70] Demnach kann der Handelsvertreter nicht zeitlich vor Entstehung des Anspruchs auf die Delkredereprovision auf diesen verzichten. Mangels Schutzbedürftigkeit des Handelsvertreters ist jedoch der Abschluss eines (formlosen) Erlass- oder Verzichtsvertrages **nach Entstehung** des Provisionsanspruchs wirksam möglich. Dies bedeutet, dass für den Fall der Übernahme einer Einstandspflicht für zukünftige Kundengeschäfte ein Provisionsausschluss erst nach wirksamem Zustandekommen des Kundengeschäfts möglich ist. Übernimmt der Handelsvertreter hingegen eine

---

[63] Emde Rn. 26; Ebenroth/Boujong/Joost/Strohn/Löwisch Rn. 25.
[64] Emde Rn. 26; Ebenroth/Boujong/Joost/Strohn/Löwisch Rn. 25.
[65] Oetker/Busche Rn. 18; MüKoHGB/Ströbl Rn. 32; Emde Rn. 27; Valdini ZVertriebsR 2016, 207 (209).
[66] Emde Rn. 26; Ebenroth/Boujong/Joost/Strohn/Löwisch Rn. 26.
[67] Emde Rn. 27.
[68] Oetker/Busche Rn. 18; MüKoHGB/Ströbl Rn. 33; Emde Rn. 27 f.
[69] Oetker/Busche Rn. 16; MüKoHGB/Ströbl Rn. 34 mit weitergehenden Anmerkungen.
[70] Oetker/Busche Rn. 19; MüKoHGB/Ströbl Rn. 36.

Delkrederehaftung für zu diesem Zeitpunkt bereits abgeschlossene Kundengeschäfte, so entsteht der Anspruch auf die Delkredereprovision **zeitgleich** mit der Übernahme der Delkrederehaftung. Der Anspruch auf die Delkredereprovision kann somit in diesen Fällen zeitgleich mit der Begründung der Delkrederehaftung ausgeschlossen werden.[71] Dies ergibt sich aus dem eindeutigen Gesetzeswortlaut von Abs. 1 S. 1 Hs. 2.[72] Hiernach ist nur ein Ausschluss des Provisionsanspruchs „im Voraus" ausgeschlossen, nicht aber ein Ausschluss, der zeitlich mit der Entstehung des Provisionsanspruchs zusammenfällt.

Ein Ausschluss des Anspruchs auf die Delkredereprovision in Bezug auf ein aufschiebend **42** bedingtes Kundengeschäft (§ 158 Abs. 1 BGB) ist erst nach Eintritt der Bedingung wirksam möglich, weil der Provisionsanspruch erst zu diesem Zeitpunkt entsteht.[73]

Der Unabdingbarkeitsgrundsatz beschränkt jedoch nicht das Recht der Parteien, die **43** Delkrederevereinbarung als solche für zukünftige Kundengeschäfte mit der Folge aufzuheben, dass in Bezug auf diese Kundengeschäfte kein Rechtsgrund mehr für die Zahlung einer Delkredereprovision besteht.[74] Gleiches gilt für Vereinbarungen der Parteien, durch die der Zeitpunkt des Fälligwerdens des Anspruchs auf Zahlung der Delkredereprovision abweichend von § 271 BGB auf einen Zeitpunkt nach Entstehung des Anspruchs verlagert werden soll.[75]

IV. Ausnahmetatbestände (Abs. 3)

1. Überblick und gegenständliche Reichweite der Ausnahmen. a) Überblick. 44 Die in Abs. 1 normierten strengen Anforderungen an Inhalt und Form einer wirksamen Delkrederevereinbarung sowie der Kraft Gesetz entstehende Provisionsanspruch (Abs. 2) finden dann **keine Anwendung,** wenn der Handelsvertretervertrag nicht dem deutschen Recht unterliegt.[76] Auch kann der Anspruch eines außerhalb der Europäischen Union und des Europäischen Wirtschaftsraums tätigen Handelsvertreters auf die Delkredereprovision gem. § 92c wirksam ausgeschlossen werden.

Abs. 1 gilt gem. Abs. 3 auch nicht für Delkrederevereinbarungen (i) mit **ausländischen 45 Unternehmern** (Abs. 3 S. 1), (ii) über Geschäfte mit **Kunden im Ausland** (Abs. 3 S. 1) oder (iii) über Geschäfte, die der Handelsvertreter aufgrund einer **uneingeschränkten Vollmacht** des Unternehmers in eigener Verantwortung abschließen und vollständig ausführen darf (Abs. 3 S. 2). Die Ausnahmen in Abs. 3 S. 1 liegen darin begründet, dass der Unternehmer in diesen Fällen anders als der Handelsvertreter regelmäßig nicht die Möglichkeit hat, die Bonität des Kunden zu überprüfen.[77] Hintergrund der Ausnahme gem. Abs. 3 S. 2 ist das berechtigte Interesse des Unternehmers, dem Handelsvertreter eine Einstandspflicht für solche Geschäfte aufzubürden, deren Abschluss und Ausführung dem Handelsvertreter in eigener Verantwortung überlassen wurde. In beiden vorgenannten Konstellationen ist die Schutzbedürftigkeit des Handelsvertreters zu verneinen.[78]

b) Gegenständliche Reichweite der Ausnahmen. Das Vorliegen einer der Ausnah- **46** men des Abs. 3 hat zur Folge, dass die Delkrederevereinbarung **ohne die strengen inhaltlichen und förmlichen Voraussetzungen des Abs. 1 S. 1–3** abgeschlossen werden kann. Abs. 3 entbindet jedoch die Parteien nicht davon, die allgemeinen Anforderungen des deutschen Rechts an die Wirksamkeit von Bürgschaftsverträgen (oder des – je nach rechtlicher Ausgestaltung der Delkrederevereinbarung – im Einzelfall vorliegenden Ver-

---

[71] MüKoHGB/Ströbl Rn. 36; Emde Rn. 29; Ebenroth/Boujong/Joost/Strohn/Löwisch Rn. 24; aA Oetker/Busche Rn. 19; Küstner/Thume VertriebsR-HdB I Kap. III Rn. 190; Heymann/Stöber Rn. 20: Gleichstellung mit einem im Voraus vereinbarten Ausschluss.
[72] MüKoHGB/Ströbl Rn. 36.
[73] Emde Rn. 29.
[74] Emde Rn. 29.
[75] MüKoHGB/Ströbl Rn. 37; Küstner/Thume VertriebsR-HdB I Kap. III Rn. 191; Emde Rn. 29.
[76] Emde Rn. 31; Ebenroth/Boujong/Joost/Strohn/Löwisch Rn. 28.
[77] MüKoHGB/Ströbl Rn. 40; Ebenroth/Boujong/Joost/Strohn/Löwisch Rn. 28.
[78] MüKoHGB/Ströbl Rn. 38; Ebenroth/Boujong/Joost/Strohn/Löwisch Rn. 28; Heymann/Stöber Rn. 22.

tragstypus) einzuhalten.[79] So kann der Handelsvertreter entgegen des Bestimmtheitsgebotes des Abs. 1 S. 2 eine Einstandspflicht für eine Vielzahl von Kundengeschäften übernehmen, die nicht von ihm abgeschlossen oder vermittelt werden und nicht genau bestimmt, jedoch auf Grund von § 765 BGB hinreichend bestimmbar sein müssen.[80] Eine vereinbarte Delkredereprovision hat nicht einen angemessenen Ausgleich für die vom Handelsvertreter übernommenen Risiken darzustellen; davon unberührt bleibt aber ein möglicher Verstoß gegen die guten Sitten, § 138 BGB (→ Rn. 6).[81] Die Übernahme der Einstandspflicht bedarf zudem in den Fällen des Abs. 3 nicht der Schriftform gem. Abs. 1 S. 3. Ein Schriftformerfordernis kann sich jedoch aus § 766 S. 1 BGB ergeben, wenn die Delkredere-revereinbarung als Bürgschaft zu qualifizieren ist und die Übernahme der Einstandspflicht für den Handelsvertreter kein Handelsgeschäft darstellt (§ 350).[82]

47   Der Anspruch des Handelsvertreters auf die Zahlung einer Delkredereprovision kann ausgeschlossen werden.[83] Ein solcher **Ausschluss** kann **auch in Allgemeinen Geschäfts-bedingungen** erfolgen, da im Rahmen der Inhaltskontrolle nach § 307 BGB auch das Leitbild des Abs. 3 zu berücksichtigen ist.[84] **Umstritten** ist jedoch, **ob der Anspruch auf die Delkredereprovision** in den Fällen des Abs. 3 **überhaupt ausgeschlossen werden muss** oder ob ein solcher Anspruch ohnehin nicht existiert und damit auch nicht ausgeschlossen werden muss. Da Abs. 1 gem. Abs. 3 nicht „gilt", fehlt es an einer handels-vertreterspezifischen Anspruchsgrundlage für die Zahlung einer Delkredereprovision.[85] Gem. dem Wortlaut des Abs. 3 gilt aber nur Abs. 1 nicht. § 354 wird jedoch nicht ausdr. ausgeschlossen. Allerdings verdrängt Abs. 1 als lex specialis grds. § 354. Wird die Geltung der lex specialis, sprich Abs. 1, ausgenommen, lebt je nach richtiger Auffassung die verdrängte allgemeinere Norm, sprich § 354, nicht wieder auf.[86] Es empfiehlt sich in der Praxis für den Unternehmer wegen der bestehenden rechtlichen Unsicherheit und der Tatsache, dass sich ein Provisionsanspruch auch kraft **örtlichem Handelsbrauch**[87] ergeben kann, einen vermeintlichen Anspruch des Handelsvertreters auf Zahlung einer Delkredereprovision ausdr. auszuschließen. Mit einem solchen Ausschluss ist regelmäßig auch ein Provisions-anspruch aus § 354[88] und kraft örtlichem Handelsbrauch[89] ausgeschlossen. Um jegliches Restrisiko für den Unternehmer zu vermeiden, sollte dennoch im Rahmen des Ausschlus-ses klar zum Ausdruck gebracht werden, dass auch ein möglicher Anspruch aus § 354 und kraft örtlichem Handelsbrauch ausgeschlossen ist.

48   **2. Delkredere bei Auslandsbezug (Abs. 3 S. 1).** Abs. 1 findet gem. Abs. 3 S. 1 dann keine Anwendung, wenn der **Unternehmer oder** der **Kunde (Dritte)** seine **Nieder-lassung oder** beim Fehlen einer solchen seinen **Wohnsitz im Ausland** hat. In einer solchen Konstellation übernimmt der Handelsvertreter – wegen der idR fehlenden Mög-lichkeit des Unternehmers, die Bonität des Kunden zu überprüfen – üblicherweise das Delkredere als normale Vertragspflicht ohne die Vereinbarung einer zusätzlichen Delkrede-reprovision. Das hieraus resultierende wirtschaftliche Risiko des Handelsvertreters wird vielmehr bei der Festsetzung der normalen (Abschluss- bzw. Vermittlungs-)Provision berücksichtigt.[90] Der Ort der Niederlassung oder des Wohnsitzes des Handelsvertreters spielt für Abs. 3 S. 1 keine Rolle.[91]

---

[79] Emde Rn. 33; Ebenroth/Boujong/Joost/Strohn/Löwisch Rn. 29.
[80] Emde Rn. 33; Ebenroth/Boujong/Joost/Strohn/Löwisch Rn. 29.
[81] Emde Rn. 33; Ebenroth/Boujong/Joost/Strohn/Löwisch Rn. 29.
[82] Oetker/Busche Rn. 20.
[83] MüKoHGB/Ströbl Rn. 39; Emde Rn. 32.
[84] Emde Rn. 32; aA Ebenroth/Boujong/Joost/Strohn/Löwisch Rn. 29.
[85] Emde Rn. 32; Ebenroth/Boujong/Joost/Strohn/Löwisch Rn. 29.
[86] Emde Rn. 32; aA Ebenroth/Boujong/Joost/Strohn/Löwisch Rn. 29.
[87] Emde Rn. 32; Ebenroth/Boujong/Joost/Strohn/Löwisch Rn. 29.
[88] MüKoHGB/Ströbl Rn. 39; Emde Rn. 32.
[89] Emde Rn. 32.
[90] Oetker/Busche Rn. 21; MüKoHGB/Ströbl Rn. 40.
[91] MüKoHGB/Ströbl Rn. 41; Emde Rn. 35; Ebenroth/Boujong/Joost/Strohn/Löwisch Rn. 30.

Für den Ausnahmetatbestand des Abs. 3 S. 1 ist es ausreichend, wenn der Unternehmer **49** oder der Kunde seine Niederlassung bzw. seinen Wohnsitz im **europäischen Ausland** hat.[92] Grund hierfür ist, dass § 86b anders als § 92c statt von der Europäischen Union und dem Europäischen Wirtschaftsraum lediglich von „Ausland" spricht und der Gesetzgeber bei Änderung des Wortlauts von § 92c im Jahre 1990 von „Ausland" in die nunmehr geltende Fassung nicht auch gleichzeitig den Wortlaut des § 86b entsprechend geändert hat.[93]

Der **Begriff der „Niederlassung"** in Abs. 3 S. 1 umfasst wohl sowohl selbstständige als **50** auch unselbstständige Niederlassungen. Denn es ist nicht entscheidend, ob die Niederlassung rechtlich selbstständiger Rechtsträger ist. Vielmehr ist maßgeblich, ob die Niederlassung selbstständig über den Vertragsschluss entscheidet oder weitestgehend selbstständig wirtschaften darf.[94]

Verfügt der Unternehmer oder der Kunde über Niederlassungen im In- und Ausland, ist **51** entscheidend, ob die Delkrederevereinbarung bzw. das zu sichernde Kundengeschäft mit der ausländischen Niederlassung geschlossen werden soll.[95]

Bei nachträglicher Verlegung des Sitzes der Niederlassung bzw. des Wohnsitzes in das **52** Ausland kann die Delkrederevereinbarung mit Wirkung ab der **Sitzverlegung** geändert, sprich an die Rechtslage des Abs. 3 angepasst werden.[96] Bereits vor der Sitzverlegung entstandene Provisionsansprüche bleiben hiervon unberührt.[97]

3. Delkredere bei unbeschränkter Bevollmächtigung (Abs. 3 S. 2). Abs. 1 findet **53** gem. Abs. 3 S. 2 keine Anwendung, wenn es sich um Kundengeschäfte handelt, zu deren Abschluss und Ausführung der Handelsvertreter vom Unternehmer **unbeschränkt bevollmächtigt** wurde. Die Ausnahmeregelung gilt demnach nicht für Vermittlungsvertreter, sondern lediglich für solche **Abschlussvertreter,** die auch unbeschränkt berechtigt sind, das Kundengeschäft auszuführen. Unbeschränkt iSv Abs. 3 S. 2 bedeutet, dass der Handelsvertreter berechtigt sein muss, **im Wesentlichen frei** darüber **zu bestimmen,** ob, mit welchem Kunden und mit welchem Inhalt er ein Geschäft abschließt und in welcher Art dieses Geschäft ausgeführt werden soll.[98] Lediglich die verbindlichen Vorgaben des Unternehmers in Bezug auf das Produkt und dessen Preis muss der Handelsvertreter einhalten.[99] Unerheblich ist, ob die unbeschränkte Vollmacht den Absatz der gesamten Produktion des Unternehmers, einer bestimmten Art von Kundengeschäften oder gar nur eines einzelnen Kundengeschäfts betrifft.[100] Auch eine Alleinbevollmächtigung des Handelsvertreters ist nicht erforderlich.[101]

Die Anwendbarkeit des Abs. 3 S. 2 hängt nicht davon ab, ob der Handelsvertreter dem **54** Unternehmer im konkreten Fall wirtschaftlich überlegen ist und von der Vollmacht zur Ausführung des Kundengeschäfts tatsächlich Gebrauch macht.[102] Daher ist die Tatsache, dass der Handelsvertreter dem Unternehmer etwa die Auslieferung der Ware an den Kunden überlässt, unschädlich.[103] Einzig entscheidend ist, dass der Handelsvertreter zur Ausführung des Kundengeschäfts unbeschränkt bevollmächtigt ist und diese Vollmacht auch im Innenverhältnis zum Unternehmer ausüben darf.[104]

---

92 MüKoHGB/Ströbl Rn. 41; Emde Rn. 34; aA Baumbach/Hopt/Hopt Rn. 12 (zweifelhaft); Oetker/ Busche Rn. 21 (denkbar).
93 MüKoHGB/Ströbl Rn. 41; Staub/Emde Rn. 35.
94 Emde Rn. 35.
95 Emde Rn. 35; Ebenroth/Boujong/Joost/Strohn/Löwisch Rn. 30.
96 Emde Rn. 35; Ebenroth/Boujong/Joost/Strohn/Löwisch Rn. 30.
97 Ebenroth/Boujong/Joost/Strohn/Löwisch Rn. 30.
98 Vgl. LG Essen BB 1961, 425; Oetker/Busche Rn. 22; MüKoHGB/Ströbl Rn. 42; Emde Rn. 36.
99 Oetker/Busche Rn. 22; Emde Rn. 36; Ebenroth/Boujong/Joost/Strohn/Löwisch Rn. 31.
100 Oetker/Busche Rn. 23; MüKoHGB/Ströbl Rn. 42.
101 Oetker/Busche Rn. 22; MüKoHGB/Ströbl Rn. 42.
102 BGH BeckRS 1966, 31179675; Oetker/Busche Rn. 23; MüKoHGB/Ströbl Rn. 44.
103 BGH BeckRS 1966, 31179675; MüKoHGB/Ströbl Rn. 44; Staub/Emde Rn. 37.
104 Emde Rn. 36.

55   Unter Abs. 3 S. 2 fallen insbesondere **Tankstellenpächter**[105], die im Rahmen ihrer Absatzmittlertätigkeit (für Mineralölprodukte) frei über die Auswahl ihrer Kunden entscheiden können und die von ihnen abgeschlossenen Kundengeschäfte durch von ihnen verwaltete Bestände erfüllen. Gleiches gilt für **Reisebüros,** die Flugscheine für Luftfahrtgesellschaften verkaufen.[106]

V. Beweislast

56   Es gelten die **allgemeinen Beweislastregeln.** Der den Handelsvertreter auf Grund der Delkredere in Anspruch nehmende Unternehmer muss das Vorliegen sämtlicher Voraussetzungen der Delkrederehaftung beweisen[107], sprich eine wirksame Delkrederevereinbarung, eine wirksame aber nicht erfüllte Kundenverbindlichkeit und (soweit erforderlich) den gescheiterten Versuch der Inanspruchnahme des jeweiligen Kunden. Sofern der Handelsvertreter von dem Unternehmer die Delkredereprovision fordert, trifft ihn die Beweislast im Hinblick auf alle Voraussetzungen des Anspruchs auf die Delkredereprovision[108], also den Abschluss einer wirksamen Delkrederevereinbarung und des hierdurch gesicherten Kundengeschäfts sowie die Höhe der zu leistenden Delkredereprovision.

VI. Kartellrechtliche Auswirkung

57   Auf Handelsvertreterverträge im kartellrechtlichen Sinne[109] (auch als „echte" Handelsvertreterverträge bezeichnet[110]) finden die Kartellverbote des § 1 GWB und des Art. 101 Abs. 1 AEUV keine Anwendung, da der Handelsvertreter insoweit als in das Unternehmen des Unternehmers eingegliedert gilt und damit mit dem Unternehmer eine wirtschaftliche Einheit bildet (→ AEUV Art. 101 Rn. 149 ff. und → GWB § 1 Rn. 69 ff.). Soweit die Kartellverbote keine Anwendung finden, sind die in Handelsvertreterverträgen typischerweise enthaltenen Gebiets- und Kundenkreisbeschränkungen, Preis- und Konditionenvereinbarungen und Wettbewerbsverbote (sowie weitere eigentlich kartellrechtssensible Regelungen) kartellrechtlich nicht zu beanstanden (→ AEUV Art. 101 Rn. 174 ff.). Trägt der Handelsvertreter jedoch bestimmte finanzielle oder geschäftliche Risiken bzw. hat er bestimmte Kosten selbst zu tragen (zB durch die Verpflichtung zur Lagerung von Waren des Unternehmers auf Kosten und Risiko des Handelsvertreters; die Beteiligung des Handelsvertreters an Beförderungskosten; etc), kann dies dazu führen, dass der entsprechende Handelsvertretervertrag nicht als Handelsvertretervertrag im kartellrechtlichen Sinne zu qualifizieren ist (→ AEUV Art. 101 Rn. 156 ff.). Auch die Übernahme einer Delkrederehaftung durch den Handelsvertreter kann bedeuten, dass der entsprechende Handelsvertretervertrag nicht als Handelsvertretervertrag im kartellrechtlichen Sinne zu qualifizieren ist (→ GWB § 1 Rn. 71, → AEUV Art. 101 Rn. 160).[111] Dies ist deshalb von großer Bedeutung, da der jeweilige Handelsvertretervertrag in einem solchen Fall den Kartellverboten unterliegt und die in Handelsvertreterverträgen typischerweise enthaltenen kartellrechtssensiblen Regelungen (wie die vorgenannten) gegen deutsches/europäisches Kartellrecht zu verstoßen drohen. Zu den Rechtsfolgen eines Kartellrechtsverstoßes und den damit verbundenen Risiken → AEUV Art. 101 Rn. 74 ff. und → GWB § 1 Rn. 8 ff.

---

[105] LG Essen BB 1961, 425; Oetker/Busche Rn. 22; MüKoHGB/Ströbl Rn. 43; Emde Rn. 36.
[106] BGH BB 1982, 2008 (2009); Oetker/Busche Rn. 22; MüKoHGB/Ströbl Rn. 43; Emde Rn. 36.
[107] Oetker/Busche Rn. 24; Ebenroth/Boujong/Joost/Strohn/Löwisch Rn. 33.
[108] Oetker/Busche Rn. 24; Ebenroth/Boujong/Joost/Strohn/Löwisch Rn. 33.
[109] Siehe hierzu die Rn. 12 ff. der Vertikal-Leitlinien der Europäischen Kommission (210/C 130/01) zur bis zum 31.5.2022 gültigen Vertikal-GVO (dh Verordnung (EU) Nr. 330/2010) bzw. die Rn. 27 ff. in dem von der Europäischen Kommission am 9.7.2021 veröffentlichten Entwurf der neuen Vertikal-Leitlinien (C (2021) 5038 final) zum Entwurf der ab dem 1.6.2022 geltenden neuen Vertikal-GVO (C(2021) 5026 final).
[110] Die in den alten Vertikal-Leitlinien der Europäischen Kommission (2000/C 291/01) eingeführten Begriffe „echte" und „unechte" Handelsvertreterverträge wurden allerdings seit den Vertikal-Leitlinien (210/C 130/01) aufgegeben.
[111] Schultze/Pautke/Wagener Rn. 306; MüKoHGB/Ströbl Rn. 4.

B. Vertragshändler

Für den Vertragshändler nicht einschlägig. Eine analoge Anwendung des § 86b kommt **58** mangels vergleichbarer Interessenlage nicht in Betracht.[112] Grund hierfür ist, dass der Vertragshändler die Geschäfte in eigenem Namen und auf eigene Rechnung abschließt. Die Folgen eines Zahlungsausfalls eines Kunden treffen damit den Vertragshändler und nicht dessen Unternehmer.

C. Franchisenehmer

Für den Franchisenehmer nicht einschlägig. Eine analoge Anwendung des § 86b kommt **59** mangels vergleichbarer Interessenlage nicht in Betracht.[113] Grund hierfür ist, dass der Franchisenehmer die Geschäfte in eigenem Namen und auf eigene Rechnung abschließt. Die Folgen eines Zahlungsausfalls eines Kunden treffen damit den Franchisenehmer und nicht dessen Franchisegeber.

D. Kommissionsagent

Für den Kommissionsagenten nach richtiger Auffassung nicht einschlägig. Eine analoge **60** Anwendung des § 86b auf den Kommissionsagenten kommt – da dieser seine Geschäfte anders als der Handelsvertreter in eigenem Namen abschließt – mangels vergleichbarer Interessenlage nicht in Betracht.[114] Zur Delkrederehaftung des Kommissionsagenten gem. § 394 HGB → § 394 Rn. 17. Hat der Kommissionsagent im Einzelfall keine solche Delkrederehaftung übernommen, trägt er (wie der Handelsvertreter) grds. kein unternehmerisches Risiko in Bezug auf die Zahlungsverpflichtungen der Kunden und deren Erfüllung.[115]

§ 87 Provisionspflichtige Geschäfte

(1) [1]Der Handelsvertreter hat Anspruch auf Provision für alle während des Vertragsverhältnisses abgeschlossenen Geschäfte, die auf seine Tätigkeit zurückzuführen sind oder mit Dritten abgeschlossen werden, die er als Kunden für Geschäfte der gleichen Art geworben hat. [2]Ein Anspruch auf Provision besteht für ihn nicht, wenn und soweit die Provision nach Absatz 3 dem ausgeschiedenen Handelsvertreter zusteht.

(2) [1]Ist dem Handelsvertreter ein bestimmter Bezirk oder ein bestimmter Kundenkreis zugewiesen, so hat er Anspruch auf Provision auch für die Geschäfte, die ohne seine Mitwirkung mit Personen seines Bezirkes oder seines Kundenkreises während des Vertragsverhältnisses abgeschlossen sind. [2]Dies gilt nicht, wenn und soweit die Provision nach Absatz 3 dem ausgeschiedenen Handelsvertreter zusteht.

(3) [1]Für ein Geschäft, das erst nach Beendigung des Vertragsverhältnisses abgeschlossen ist, hat der Handelsvertreter Anspruch auf Provision nur, wenn

---

[112] Oetker/Busche Rn. 25; MüKoHGB/Ströbl Rn. 3; Ebenroth/Boujong/Joost/Strohn/Löwisch Rn. 32; Emde Rn. 9.

[113] Oetker/Busche Rn. 25; MüKoHGB/Ströbl Rn. 3; Ebenroth/Boujong/Joost/Strohn/Löwisch Rn. 32; Emde Rn. 9; Martinek/Semler/Flohr VertriebsR-HdB/Flohr § 30 Rn. 340.

[114] MüKoHGB/Ströbl Rn. 3; Emde Rn. 9; aA Oetker/Busche Rn. 25; Ebenroth/Boujong/Joost/Strohn/Löwisch Rn. 32; Staub/Emde Vor § 84 Rn. 691; Küstner/Thume VertriebsR-HdB III Teil III Kap. 2 Rn. 16; Canaris HandelsR § 16 Rn. 12.

[115] Martinek/Semler/Flohr VertriebsR-HdB/Martinek § 3 Rn. 12.

1. er das Geschäft vermittelt hat oder es eingeleitet und so vorbereitet hat, daß der Abschluß überwiegend auf seine Tätigkeit zurückzuführen ist, und das Geschäft innerhalb einer angemessenen Frist nach Beendigung des Vertragsverhältnisses abgeschlossen worden ist oder

2. vor Beendigung des Vertragsverhältnisses das Angebot des Dritten zum Abschluß eines Geschäfts, für das der Handelsvertreter nach Absatz 1 Satz 1 oder Absatz 2 Satz 1 Anspruch auf Provision hat, dem Handelsvertreter oder dem Unternehmer zugegangen ist.

[2] Der Anspruch auf Provision nach Satz 1 steht dem nachfolgenden Handelsvertreter anteilig zu, wenn wegen besonderer Umstände eine Teilung der Provision der Billigkeit entspricht.

(4) Neben dem Anspruch auf Provision für abgeschlossene Geschäfte hat der Handelsvertreter Anspruch auf Inkassoprovision für die von ihm auftragsgemäß eingezogenen Beträge.

Literatur: Ahle, Provision und Ausgleichsanspruch das Handelsvertreters bei Einsatz eines Nachfolgers, DB 1964, 611; v. Blomberg, Rückzahlungsklauseln in Provisionsgarantievereinbarungen, VersR 1968, 328; v. Brunn, Weitere Zweifelsfragen zum neuen Recht der Handelsvertreter, NJW 1954, 56; Christoph/Effenberger, Der Provisionsanspruch des Versicherungsvertreters bei Anfechtung des Versicherungsvertrags, VersR 2007, 593; Denny/Wastl, Zur Durchsetzbarkeit von Vertreterprovisionen der ehemaligen KOKO-Betriebe – veranschaulicht anhand des Beispiels der Firma Günther Forgber, DtZ 1993, 75; Eberstein, Zehn Jahre Rechtsprechung zum neuen Handelsvertreterrecht, BB 1964, 271; Ehlers, Die Aktivierung von Provisionsforderungen eines Handelsvertreters, DB 1963, 1440; Evers, Die Nichtigkeit von Handelsvertreterverträgen wegen zu geringer Verdienstmöglichkeiten und ihre Rückabwicklung, BB 1992, 1365; Glaser, Vergütungsfragen des Handelsvertreterrechts, DB 1956, 297; Habersack/Martinez-Sanz, Die Kontogeorgas-Entscheidung des EuGH und ihre Auswirkungen auf das deutsche und spanische Handelsvertreterrecht, EWS 1997, 289; Höft, Die provisionsrechtlichen Sonderregelungen für die Versicherungswirtschaft – Gründe und Unverzichtbarkeit, VersR 1976, 205; Hoffstadt, Rechtsstellung des Handelsvertreters im Konkurs des vertretenen Unternehmens, DB 1983, 645; Hohn, Wirtschaftliche Anspruchsfaktoren beim Ausscheiden des Handelsvertreters, BB 1974, 521; Holling, Die Aktivierung von Provisionsforderungen und Aufwendungen für schwebende Rechtsgeschäfte der Handelsvertreter, DB 1954, 521; ders., Die rechtliche Stellung des Handelsvertreters im Konkurs des von ihm vertretenen Unternehmens, DB 1957, 349; Killinger, Die Provisionsschuld des Geschäftsherrn gegenüber dem Handelsvertreter, BB 1981, 1925; Klinger, Zur Bemessung und Gestaltung der Vertreterprovision, DB 1957, 975; Knütel, Die Provisionsteilung bei Mitwirkung mehrerer Makler oder Handelsvertreter, ZHR 144 (1980), 289; Koch, Der Kundenschutz des Vermittlers, DB 1957, 85; Kollke, Die Mehrwertsteuer des Handelsvertreters, BB 1968, 1076; Korte/Harten, Keine Folgeprovision für Nachbestellungen von intensivierten Altkunden, ZVertriebsR 2021, 364; Krüger, Der Anspruch mehrerer Handelsvertreter auf Provision, DB 1964, 1399; Küstner, Je nach Vergütungsbestandteil – Zum Anspruch auf Urlaubsentgelt angestellter Vermittler, VW 2000, 1702; ders., Im Versicherungsvertreterrecht kehrt keine Ruhe ein, VersR 2002, 513; Lieb, Zur Problematik der Provisionsfortzahlung im Urlaubs-, Krankheits- und Feiertagsfall, DB 1976, 2207; Maier, Der Provisionsanspruch des Handelsvertreters bei Bestellungen von verbundenen Unternehmen oder Zweigniederlassungen, BB 1970, 1327; Peterek, Zur Bedeutung und zum Umfang allgemeiner Kundenschutzvereinbarungen, BB 1966, 351; Pfeffer, Vertragshändlerverträge in der Automobilbranche nach der neuen Gruppenfreistellungsverordnung, NJW 1996, 681; Reinicke, Auslegungsfragen zum neuen Recht der Handelsvertreter, NJW 1953, 1609; Roellecke, Pfändung von Handelsvertreterprovisionen, BB 1957, 1158; Schmidt, Vertragsfreiheit und EG-Handelsvertreterrichtlinie, ZHR 156 (1992), 512; Schmidt/Jungmann, Anmeldung von Insolvenzforderungen mit Rechnungslegungslast des Schuldners, NZI 2002, 65; Schnitzler, Provision für Eigengeschäfte des Handelsvertreters, DB 1965, 463; Schröder, Kundenschutz und Ausgleichsanspruch des Handelsvertreters, BB 1962, 738; ders., Gesetzlicher und vertraglicher Provisionsanspruch des Handelsvertreters, BB 1963, 567; ders., Außerbezirkliche Geschäfte des Handelsvertreters, DB 1963, 541; Schweizer/Heldrich, Überhangprovision des Handelsvertreters für sogenannte gestorbene Geschäfte, WRP 1976, 25; Siber, Zur Aktivierung der Forderungen von Handelsvertretern und Maklern, BB 1956, 916; Sosnitza, Rechtsfragen bei der Vermittlung von Reparaturaufträgen im Kfz-Unfallgeschäft, VersR 1998, 401; Stötter, Zur Anwendung des § 87a Abs. 3 HGB auf die Provisionsvorschuss-Rückgewährsansprüche der Versicherungen in den sog. Stornofällen, MDR 1981, 269; Stötter/Lindner/Karrer, Die Provision und ihre Abrechnung, 3. Aufl. 1980; Thamm, Die rechtliche Bedeutung des Begriffs „Kundenschutz", BB 1995, 790; Theis, Wann muss der Handelsvertreter seine Provisionsforderungen aktivieren?, DB 1958, 1255; Thume, Der Provisionsanspruch des Handelsvertreters: Grenzen der Vertragsgestaltung, BB 2012, 975; ders., Provisionsansprüche des Handelsvertreters beim Vertrieb von Dauerverträgen, MDR 2011, 703; ders., Überhangprovisionen des Handelsvertreters bei der Akquisition von Dauergeschäften, BB 2019, 835; Treffer, Pfändung von Provisionsansprüchen, MDR 1998, 384; v. Bodungen/Hesse, BGH: Kein pauschaler Ausschluss von Handelsvertreterprovisionen nach Vertragsende in AGB, BB 2010, 533; v. Gamm, Die neuere Rechtsprechung des BGH zum Handelsvertreterrecht, NJW 1979,

2489; Walter, Zugang ist nicht gleich Zugang – Nachvertraglicher Provisionsanspruch des Handelsvertreters und Unionsrecht, NJW 2019, 959; Wauschkuhn/Fröhlich, Der nachvertragliche Provisionsanspruch des Handelsvertreters, BB 2010, 524; Wessel, Provisionsanspruch des Bezirksvertreters bei Sitzverlegung eines Kunden in einen anderen Bezirk, BB 1962, 473; Westphal, Provisionskollisionen durch Zusammenwirken mehrerer Handelsvertreter für einen Geschäftsabschluss, BB 1991, 2027.

Übersicht

A. Handelsvertreter

I. Regelungsgegenstand

1   **1. Entstehungsgeschichte.** Vor der HGB-Novelle im Jahre 1953[1] war der Provisionsanspruch des Handelsvertreters in § 88 f. aF nur rudimentär geregelt. Im Rahmen der vorgenannten Novelle wurde sodann § 87 neugefasst, um zahlreiche Zweifelsfragen in Bezug auf § 88 aF zu klären.[2] Die Vorschrift regelt nunmehr die provisionspflichtigen Geschäfte des Handelsvertreters. Im gleichen Zuge wurden die §§ 87a–d neu eingefügt, die die Entstehung (§ 87a), die Höhe (§ 87b) und die Abrechnung des Provisionsanspruches (§ 87c) sowie den Aufwendungsersatzanspruch des Handelsvertreters (§ 87d) zum Gegenstand haben.

2   Das Provisionsrecht des Handelsvertreters ist teilw. europarechtlich präformiert (Art. 6–12 Handelsvertreter-RL). Dies hat die Möglichkeit von Vorlageverfahren an den EuGH (Art. 267 AEUV, Art. 234 EGV-Nizza) zur Folge. Die Umsetzung der Handelsvertreter-RL führte zu einer Einfügung der Worte „und soweit" in Abs. 1 S. 2 und Abs. 2 S. 2 und einer Neufassung des Abs. 3.[3]

---

[1] Art. 1 des Gesetzes zur Änderung des Handelsgesetzbuchs (Recht der Handelsvertreter) vom 6.8.1953, BGBl. I 771.

[2] BT-Drs. 1/3856, 9, 21 ff.

[3] Art. 1 Nr. 3 des Gesetzes zur Durchführung der EG-Richtlinie zur Koordinierung des Rechts der Handelsvertreter vom 23.10.1989, BGBl. I 1910.

Fröhlich

2. Inhalt und Zweck. Die Vorschrift des § 87 steht in einem engen Regelungszusam- **3** menhang mit den §§ 87a–87c. Gemeinsam sollen diese den Anspruch des Handelsvertreters auf Zahlung einer Provision abschließend regeln. § 87 Abs. 1–3 regelt den Kreis derjenigen Geschäfte, für die der Unternehmer dem Handelsvertreter in Ermangelung einer abweichenden Vereinbarung eine **Vermittlungs- oder Abschlussprovision** zu bezahlen hat. Liegen die Tatbestandsvoraussetzungen dieser Vorschrift vor, erwirbt der Handelsvertreter einen Provisionsanspruch, der unter der aufschiebenden Bedingung der Ausführung des Kundengeschäftes durch den Unternehmer oder den Dritten (Kunden) steht **(Provisions-anwartschaft).**[4] Diese Anwartschaft erstarkt erst unter den Voraussetzungen des § 87a zum Vollrecht. § 87b regelt die Höhe der Provision und § 87c deren Abrechnung. Abs. 4 stellt darüber hinaus klar, dass dem Handelsvertreter für die Einziehung von Kundengeldern eine gesonderte **Inkassoprovision** zusteht. Ergänzend regelt § 87d noch den Aufwendungsersatzanspruch des Handelsvertreters. In systematisch engem Zusammenhang zu den vorgenannten Vorschriften steht zudem § 86b, der den Anspruch des Handelsvertreters auf eine Delkredereprovision zum Gegenstand hat.

In Bezug auf die Vermittlungs- und Abschlussprovision gem. Abs. 1–3 unterscheidet das **4** Gesetz zwischen Kundengeschäften, die während des Handelsvertreterverhältnisses (Abs. 1 und 2) bzw. nach dessen Beendigung (Abs. 3) abgeschlossen werden. Gem. Abs. 1 S. 1 steht dem Handelsvertreter ein Provisionsanspruch für während des Handelsvertreterverhältnisses abgeschlossene Kundengeschäfte zu, die auf seine Tätigkeit zurückzuführen sind oder die mit von ihm für Geschäfte der gleichen Art geworbenen Dritten abgeschlossen werden. Sofern dem Handelsvertreter ein bestimmter Bezirk und/oder Kundenkreis zugeteilt worden ist, erhält er einen Provisionsanspruch auch für solche Kundengeschäfte, die während des Handelsvertreterverhältnisses ohne seine Mitwirkung mit Personen seines Bezirks oder Kundenkreises abgeschlossen werden. Unter den Voraussetzungen des Abs. 3 steht dem Handelsvertreter ein Provisionsanspruch auch für nach Beendigung des Handelsvertreterverhältnisses abgeschlossene Kundengeschäfte zu.

3. Sonderregelungen. Gem. § 92 Abs. 3 und 5 gelten Sonderregelungen für **Ver- 5 sicherungs- und Bausparkassenvertreter.** § 92 Abs. 3 S. 1 (iVm Abs. 5 für den Bausparkassenvertreter) bestimmt, dass diese grds. abweichend von Abs. 1 S. 1 nur einen Anspruch auf Vermittlungs- oder Abschlussprovision für solche Geschäfte haben, die auf ihre Tätigkeit zurückzuführen sind (→ Rn. 44; → § 92 Rn. 14 ff.). Darüber hinaus hat der Versicherungs- oder Bausparkassenvertreter gem. § 92 Abs. 3 S. 2 (iVm Abs. 5) keinen Anspruch auf eine Bezirks- oder Kundenkreisprovision (→ Rn. 74).

II. Provision und Abgrenzung

1. Begriff und Rechtsnatur. Das Gesetz geht gem. den §§ 87 ff. von der **Provision** als **6** der **typischen Vergütung** des Handelsvertreters aus.[5] Die Handelsvertreter-RL enthält für Warenvertreter in Art. 6 Abs. 2 eine Legaldefinition des Begriffs der „Provision", wonach „jeder Teil der Vergütung, der je nach Zahl oder Wert der Geschäfte schwankt", als Provision im Sinne dieser Richtlinie gelte. Im Regelfall wird als Provision ein im Einzelfall vereinbarter Prozentsatz vom Wert des ausgeführten Kundengeschäftes vereinbart.

Die Vermittlungs- oder Abschlussprovision stellt die Vergütung des Handelsvertreters **7** und damit die Gegenleistung für dessen Tätigkeit als Absatzmittler dar. Die Zahlung der Vermittlungs- oder Abschlussprovision ist die Hauptpflicht des Unternehmers und steht damit im Synallagma des Handelsvertreterverhältnisses.[6] Obwohl der Handelsvertreter keinen Vermittlungserfolg sondern lediglich Vermittlungsbemühungen schuldet, wird die

---

[4] BGH NJW 2004, 3118 (3120); MüKoHGB/Ströbl Rn. 3; Oetker/Busche Rn. 3; K. Schmidt HandelsR § 27 IV 2b Rn. 59.

[5] Vgl. Ebenroth/Boujong/Joost/Strohn/Löwisch Rn. 90 ff. zur steuer- und bilanzrechtlichen Behandlung der Provision.

[6] MüKoHGB/Ströbl Rn. 13; Emde Rn. 3; Ebenroth/Boujong/Joost/Strohn/Löwisch Rn. 5.

Vermittlungs- oder Abschlussprovision nur **erfolgsbezogen** und nicht leistungsbezogen geschuldet.[7] Dem Handelsvertreter steht selbst bei größter Vermittlungsbemühung keine Vermittlungs- oder Abschlussprovision zu, wenn der Unternehmer das vom Handelsvertreter angetragene Kundengeschäft nicht abschließt.[8] Bei Abschluss des Kundengeschäftes durch den Unternehmer erwirbt der Handelsvertreter einen doppelt bedingten Provisionsanspruch: Er ist einerseits aufschiebend bedingt durch die Ausführung des Kundengeschäftes durch den Unternehmer oder den Kunden (§ 87a Abs. 1 S. 1 und 3) und andererseits für den Fall der Vorleistung durch den Unternehmer auflösend bedingt bis zur Erfüllung durch den Kunden (§ 87a Abs. 2 Hs. 1).[9]

8   **2. Gegenstand des Provisionsanspruches.** Haben die Parteien des Handelsvertretervertrages nichts Abweichendes vereinbart, erwirbt der Handelsvertreter die Provisionsanwartschaft gem. Abs. 1 S. 1 lediglich als Gegenleistung für die erfolgreiche Vermittlung oder den erfolgreichen Abschluss eines Kundengeschäftes. Den Parteien steht es jedoch frei, diejenigen Leistungen, welche durch die Provision abgegolten sein sollen, vertraglich näher zu bestimmen.[10] So bleibt es den Parteien etwa offen, zu vereinbaren, dass mit der Provision auch die Abwicklung des Kundengeschäftes oder die Übernahme eines Inkassos durch den Handelsvertreter abgegolten wird. Die Parteien können jedoch auch vereinbaren, dass dem Handelsvertreter die Provision bereits mit dem Nachweis einer Abschlussgelegenheit zusteht.[11]

9   **3. Abgrenzung. a) Verwaltungsprovision.** Der Handelsvertreter erhält die Vermittlungs- oder Abschlussprovision als Gegenleistung für seine gem. dem Leistungsbild des Handelsvertreters iSv § 84 Abs. 1 S. 1 geschuldete Tätigkeit, namentlich also je nach Vereinbarung für seine Geschäftsvermittlung oder Abschlusstätigkeit. Darüberhinausgehende Leistungen des Handelsvertreters sind grds. gesondert zu vergüten.[12] So sieht das Gesetz bspw. für den Fall der Übernahme einer Delkredereverpflichtung durch den Handelsvertreter einen Anspruch gegen den Unternehmer auf Zahlung einer Delkredereprovision vor. Abs. 4 regelt zudem, dass der Unternehmer für Inkassotätigkeiten des Handelsvertreters eine Inkassoprovision schuldet (→ Rn. 128 ff.). Des Weiteren kann vereinbart werden, dass der Handelsvertreter zusätzlich besondere Verwaltungstätigkeiten wie etwa die Bestandspflege, die Lagerung der Produkte des Unternehmers und deren Auslieferung an den Kunden übernimmt. Auch solche Verwaltungstätigkeiten sind grds. nicht durch die Vermittlungs- oder Abschlussprovision gem. §§ 87 ff. abgegolten, sondern gesondert zu vergüten.[13] Die Parteien können hierfür die Zahlung sog. Verwaltungsprovisionen vereinbaren. Unter den Begriff der Verwaltungsprovision ist auch die gesetzlich normierte Inkassoprovision (Abs. 4) zu zählen (→ Rn. 128 ff.). Verwaltungsprovisionen sind nicht erfolgsbezogen, sondern **tätigkeitsbezogen.**[14] Der Anspruch auf Verwaltungsprovision erfordert daher grds. die Durchführung der von dem Handelsvertreter geschuldeten Verwaltungstätigkeit und endet damit mit der Einstellung dieser Verwaltungstätigkeit.[15] Die §§ 87 ff. sind auf tätigkeitsbezogene Verwaltungsprovisionen nicht anwendbar.[16]

---

[7] MüKoHGB/Ströble Rn. 13; Oetker/Busche Rn. 5; Küstner/Thume VertriebsR-HdB I Kap. V Rn. 3.

[8] LAG Bremen BB 1964, 328; MüKoHGB/Ströbl Rn. 13; Oetker/Busche Rn. 5f.; Küstner/Thume VertriebsR-HdB I Kap. V Rn. 3.

[9] BGH NJW 1990, 1665; Oetker/Busche Rn. 5.

[10] BAG DB 2000, 2530 f.; MüKoHGB/Ströble Rn. 14; Emde Rn. 4.

[11] MüKoHGB/Ströbl Rn. 14.

[12] Oetker/Busche Rn. 7; Heymann/Stöber Rn. 7.

[13] BGH NJW-RR 1988, 1061 (1062) hinsichtlich der Auslieferung der Produkte an den Kunden; OLG VersR 1977, 1002; Oetker/Busche Rn. 7; Heymann/Stöber Rn. 7.

[14] MüKoHGB/Ströbl Rn. 15; Heymann/Stöber Rn. 7; Küstner/Thume VertriebsR-HdB I Kap. V Rn. 13.

[15] Küstner/Thume VertriebsR-HdB I Kap. V Rn. 13.

[16] Ebenroth/Boujong/Joost/Strohn/Löwisch Rn. 8; Baumbach/Hopt/Hopt Rn. 3.

Die Abgrenzung zwischen Vermittlungs- oder Abschlussprovision einerseits und Verwaltungsprovision andererseits ist insbesondere für die Berechnung des Ausgleichsanspruchs gem. § 89b von Bedeutung (→ § 89b Rn. 151 ff., 209 und 224). **10**

b) Superprovision. Die sog. Superprovision (auch Leitungsprovision genannt) vergütet **11** (zumindest teilweise) werbende Tätigkeiten des Handelsvertreters.[17] Sie wird für Fälle vereinbart, in denen der Handelsvertreter zwar nicht unmittelbar am Abschluss des Kundengeschäftes beteiligt war, er für diesen aber dennoch mitursächlich ist.[18] Superprovisionen werden bspw. häufig dann vereinbart, wenn der Handelsvertreter „unechte" Untervertreter[19] anwirbt, leitet, überwacht und/oder betreut.[20] Ein anderes Bsp. für eine Superprovision ist die Bezirksprovision gem. Abs. 2 (→ Rn. 72 ff.). Die Superprovision ist damit **erfolgsbezogen**[21] und somit von den tätigkeitsbezogenen Verwaltungsprovisionen abzugrenzen. Sofern im Einzelfall Abgrenzungsschwierigkeiten bestehen, sind diese im Wege der Auslegung der Provisionsvereinbarung zu lösen.[22] Zur Berücksichtigung von Superprovisionen bei der Berechnung des Ausgleichsanspruchs → § 89b Rn. 155.

c) Sonstige Vergütungsformen. Die Vermittlungs- oder Abschlussprovision ist die **12** gesetzlich geregelte und auch von den Parteien in der Regel vereinbarte Vergütung des Handelsvertreters für dessen werbende Tätigkeit. Den Parteien steht es jedoch im Rahmen der Vertragsfreiheit frei, neben oder an Stelle der Vermittlungs- oder Abschlussprovision sonstige Vergütungsformen zu vereinbaren.[23] Die §§ 87 ff. sind bei Kombination verschiedener Vergütungsformen nur auf die erfolgsbezogenen Provisionsbestandteile, nicht aber auf etwaige unabhängig von dem konkreten Erfolg des Handelsvertreters im Hinblick auf seine Vermittlungs- oder Abschlusstätigkeit zu leistenden Vergütungen (wie etwa ein **Fixum** oder eine andere **Pauschalvergütung**) (→ Rn. 13)), anwendbar.[24]

In der Praxis weit verbreitet ist bspw. die Vereinbarung einer festen, erfolgsunabhängigen **13** Vergütung (**Fixum** oder eine andere **Pauschalvergütung**).[25] Das Fixum bzw. eine andere Pauschalvergütung (auf die die §§ 87 ff. keine Anwendung finden (→ Rn. 12)) wird häufig mit der Zahlung einer Vermittlungs- oder Abschlussprovision kombiniert, da die alleinige Zahlung eines Fixums die Gefahr birgt, als ein Indiz gegen die per Legaldefinition des Handelsvertreters gem. § 84 notwendige Selbstständigkeit des Handelsvertreters angesehen zu werden (ablehnend → § 84 Rn. 44).[26] Häufig wird ein Fixum zur Deckung der zum Zwecke der Geschäftsvermittlung notwendigen Aufwendungen des Handelsvertreters vereinbart.

In Betracht kommt auch eine **Beteiligung am Gesamtumsatz oder Gewinn** des **14** vertretenen Unternehmers, häufig als **Tantieme** oder **Boni** bezeichnet.[27] In der Regel ersetzt die Umsatz- oder Gewinnbeteiligung die Zahlung einer Vermittlungs- oder Abschlussprovision, so dass die §§ 87 ff. keine Anwendung finden.[28]

---

[17] Vgl. OLG München HVR Nr. 891 hinsichtlich der Frage, für welche Vertretertätigkeiten eine Superprovision geschuldet wird.

[18] Vgl. BGH NJW-RR 1989, 863; NJW 1972, 1664; MüKoHGB/Ströbl Rn. 16.

[19] Unechter Untervertreter deshalb, weil dessen (Unter-)Vertretungsvertrag direkt mit dem Unternehmer und nicht mit dem Hauptvertreter besteht.

[20] MüKoHGB/Ströbl Rn. 16; Küstner/Thume VertriebsR-HdB II Kap. IX Rn. 90.

[21] MüKoHGB/Ströbl Rn. 16; Küstner/Thume VertriebsR-HdB II Kap. IX Rn. 91.

[22] Siehe Bsp. hierzu in BGH NJW-RR 2006, 1542 Rn. 17; 2002, 1548 (1552).

[23] Vgl. auch die Übersichten in Ebenroth/Boujong/Joost/Strohn/Löwisch Rn. 8; Emde Rn. 16 ff.

[24] OLG Oldenburg IHR 2014, 112 (114); OLG Naumburg HVR Nr. 1108 (für § 87); OLG Schleswig VersR 1977, 1002; MüKoHGB/Ströbl Rn. 20; Oetker/Busche Rn. 8; Ebenroth/Boujong/Joost/Strohn/Löwisch Rn. 8.

[25] OLG Hamburg HVR Nr. 1046.

[26] Oetker/Busche Rn. 8; Ebenroth/Boujong/Joost/Strohn/Löwisch Rn. 9; Schröder BB 1963, 567.

[27] BAG BeckRS 2006, 42655 zur Abgrenzung einer Provision von einer Erfolgsbeteiligung; BAG BB 1967, 501; MüKoHGB/Ströbl Rn. 20; Oetker/Busche Rn. 8; Ebenroth/Boujong/Joost/Strohn/Löwisch Rn. 8.

[28] OLG Naumburg HVR Nr. 1108; OLG Karlsruhe BB 1966, 1169; Oetker/Busche Rn. 8; Ebenroth/Boujong/Joost/Strohn/Löwisch Rn. 8.

15   Das Fixum (oder eine andere Pauschalvergütung) darf nicht mit der Vereinbarung einer **Provisionsgarantie** verwechselt werden. Die Provisionsgarantie ist keine sonstige Vergütungsform. Sie sichert dem Handelsvertreter lediglich eine Mindestvergütung zu, welche jedoch nicht zusätzlich zu Vermittlungs- oder Abschlussprovisionen bezahlt wird. Vielmehr werden erworbene Vermittlungs- oder Abschlussprovisionen zunächst mit der Provisionsgarantie verrechnet.[29] Haben die Parteien eine „Mindestvergütung" vereinbart, so ist hierin im Zweifel die Vereinbarung einer Provisionsgarantie und nicht eines Fixums zu sehen.[30] Auch der **Provisionsvorschuss** stellt keine sonstige Vergütungsform dar. Im Falle eines Provisionsvorschusses vereinbaren die Parteien lediglich eine von § 87a abweichende Vorleistungspflicht des Unternehmers. Der Unternehmer hat demnach auf die zu erwartenden Provisionsansprüche einen Vorschuss zu zahlen. Der Vorschuss ist von dem Handelsvertreter insoweit zurückzuzahlen, als sein tatsächlich erworbener Provisionsanspruch den Vorschuss unterschreitet.[31] Oftmals besteht im Rahmen von Parteivereinbarungen Unklarheit darüber, ob die Parteien tatsächlich eine nicht zurückzuzahlende Provisionsgarantie oder einen (bei Unterverdienst) zurückzuzahlenden Provisionsvorschuss vereinbaren wollten.[32] In der Praxis sollte daher stets klar und deutlich geregelt werden, ob eine Provisionsgarantie oder ein Provisionsvorschuss geleistet werden soll.

16   **d) Vergütung nach § 354.** Der Unternehmer schuldet dem Handelsvertreter **für seine Vermittlungs- oder Abschlusstätigkeit** eine Provision gem. §§ 87 ff. Dem Handelsvertreter steht für diese Tätigkeit darüber hinaus **keine Vergütung nach § 354** zu, selbst wenn diese (noch) keinen Provisionsanspruch gem. § 87 ausgelöst hat.[33] Dem Handelsvertreter kann jedoch gem. § 354 auch ohne Vereinbarung ein zusätzlicher Provisionsanspruch zustehen, wenn er sonstige Tätigkeiten erbringt, die er nicht gem. dem Handelsvertretervertrag schuldet.[34] Gleiches gilt für die Erbringung sonstiger Tätigkeiten auf Grund einer im Handelsvertretervertrag enthaltenen Verpflichtung, wenn und soweit diese Tätigkeit nicht bereits durch die vereinbarte Vergütung abgegolten sein soll.[35] Voraussetzung für einen Provisionsanspruch gem. § 354 ist grds., dass zwischen dem Leistenden (hier dem Handelsvertreter) und dem Leistungsempfänger (hier dem Unternehmer) ein Vertragsverhältnis (hier also ein wirksamer Handelsvertretervertrag) besteht und der Leistende als Kaufmann die jeweilige Tätigkeit im Interesse des Leistungsempfängers und berechtigterweise (also entweder auf vertraglicher Grundlage im Handelsvertretervertrag oder sonst im Einverständnis mit dem Unternehmer) erbracht hat.[36] Ein Vergütungsanspruch gem. § 354 kann sich aber auch ohne Vertragsgrundlage, sprich ohne wirksamen Handelsvertretervertrag, ergeben, wenn der Unternehmer der Vermittlungtätigkeit des Leistenden stillschweigend zugestimmt hat und ihm aus den Umständen klar gewesen sein musste, dass der Leistende nur gegen eine Vergütung und nicht unentgeltlich tätig werden wollte.[37] Ein Vergütungsanspruch des Handelsvertreters gem. § 354 kommt bspw. in Betracht, wenn er in einem über das normale Maß hinausgehenden Umfang Mängelrügen von Kunden des Unternehmers mit diesen verhandeln und abwehren soll.[38] Dagegen ist ein Provisionsanspruch gem. § 354 zu verneinen, wenn der Handelsvertreter seine Zuständigkeit eigen-

[29] OLG München BeckRS 2010, 00590; MüKoHGB/Ströbl Rn. 21; Emde Rn. 20.
[30] OLG München BeckRS 2010, 00590; OLG Nürnberg BB 1964, 866; MüKoHGB/Ströbl Rn. 21; Oetker/Busche Rn. 8; Emde Rn. 20.
[31] OLG Frankfurt a. M. OLGR 2009, 409; LAG Rheinland-Pfalz BeckRS 2007, 45080; MüKoHGB/ Ströbl Rn. 22; Küstner/Thume VertriebsR-HdB I Kap. V Rn. 27; Emde Rn. 20.
[32] Siehe hierzu ausf. Küstner/Thume VertriebsR-HdB I Kap. V Rn. 18 ff.
[33] Küstner/Thume VertriebsR-HdB I Kap. V Rn. 30; Emde Rn. 27; aA wohl BGH NJW 1958, 180.
[34] MüKoHGB/Ströbl Rn. 6; Küstner/Thume VertriebsR-HdB I Kap. V Rn. 30.
[35] Oetker/Busche Rn. 7.
[36] Küstner/Thume VertriebsR-HdB I Kap. V Rn. 30; Baumbach/Hopt/Hopt § 354 Rn. 3.
[37] Küstner/Thume VertriebsR-HdB I Kap. V Rn. 30; Baumbach/Hopt/Hopt § 354 Rn. 3.
[38] BGH HVR Nr. 287; MüKoHGB/Ströbl Rn. 6; Oetker/Busche Rn. 7 mit weiteren Bsp.; Küstner/ Thume VertriebsR-HdB I Kap. V Rn. 30; Emde Rn. 28 mit weiteren Bsp.

mächtig überschreitet, indem er etwa außerhalb des ihm zugewiesenen Bezirks Abschlüsse tätigt.[39]

Für die Beurteilung der Frage, inwieweit die von dem Handelsvertreter über dessen **17** Vermittlungs- oder Abschlusstätigkeit hinausgehenden Tätigkeiten nach § 354 provisionspflichtig sind oder bereits durch die in dem jeweiligen Handelsvertretervertrag vereinbarten Vergütungen des Unternehmers abgegolten sind, sind – unter Berücksichtigung der Bestimmungen des Handelsvertretervertrages – die Einzelfallumstände und die Verkehrssitte maßgeblich.[40]

III. Vermittlungs- und Abschlussprovision (Abs. 1)

1. Allgemeines. Gem. Abs. 1 S. 1 steht dem Handelsvertreter ein Provisionsanspruch **18** für während des Handelsvertreterverhältnisses abgeschlossene Kundengeschäfte zu, die auf eine Tätigkeit des Handelsvertreters zurückzuführen sind (Alt. 1) oder die mit von dem Handelsvertreter für Geschäfte der gleichen Art geworbenen Dritten abgeschlossen werden (Alt. 2). In Bezug auf die vorgenannten Kundengeschäfte erwirbt der Handelsvertreter somit auf Grund seiner Tätigkeit eine Provisionsanwartschaft (→ Rn. 3).

2. Handelsvertreterverhältnis. Zunächst setzt die Entstehung des aufschiebend be- **19** dingten Provisionsanspruches gem. Abs. 1 S. 1 voraus, dass zwischen den Parteien ein wirksames Handelsvertreterverhältnis begründet worden ist. Fehlt es an dem Abschluss eines wirksamen Handelsvertreterverhältnisses, steht dem „Handelsvertreter" grundsätzlich kein Provisionsanspruch gem. Abs. 1 S. 1 zu. Etwas anderes gilt jedoch im Falle eines bereits in Vollzug gesetzten nichtigen Handelsvertretervertrages (bspw. gem. § 142 Abs. 1 BGB nach erfolgter Anfechtung). In diesem Fall finden nach richtiger Auffassung die für das Arbeitsrecht entwickelten Grundsätze zum faktischen Arbeitsverhältnis, wonach die Unwirksamkeit eines in Vollzug gesetzten Arbeitsverhältnisses nur für die Zukunft, nicht aber rückwirkend, geltend gemacht werden kann (→ § 84 Rn. 60 f.),[41] Anwendung.[42] Der nichtige Handelsvertretervertrag bleibt somit für die Vergangenheit mit allen Rechten und Pflichten (ua in Bezug auf die Provisionsansprüche des Handelsvertreters) bestehen. Folgt man der Gegenauffassung, die die Anwendung der Grundsätze zum faktischen Arbeitsverhältnis ablehnen und damit den Handelsvertretervertrag als von Anfang an nichtig betrachten, wird dem Handelsvertreter regelmäßig ein Provisionsanspruch gem. § 354[43] (→ Rn. 16 f.) bzw., wenn dessen Voraussetzungen nicht vorliegen, ein Bereicherungsanspruch gem. §§ 812 ff. BGB zustehen.[44]

3. Geschäftsabschluss während der Vertragslaufzeit (Abs. 1 S. 1). a) Geschäfts- 20 abschluss. aa) Begriff des Geschäftes. Gem. Abs. 1 S. 1 ist Voraussetzung für die Entstehung des aufschiebend bedingten Provisionsanspruches, dass während der Laufzeit des Handelsvertretervertrages ein Kundengeschäft abgeschlossen worden ist. Welche Kundengeschäfte im Einzelfall provisionspflichtig sind, bemisst sich nach dem **Inhalt des Handelsvertretervertrages.** Der Handelsvertreter erwirbt also nur in Bezug auf solche Kundengeschäfte eine Provisionsanwartschaft gem. dieser Vorschrift, mit deren Vermittlung bzw. Abschluss er nach dem Inhalt des Handelsvertretervertrages betraut worden ist. Ferner muss es sich um ein **entgeltliches**[45], nicht aber um ein für den Unternehmer

---

[39] MüKoHGB/Ströbl Rn. 6; Emde Rn. 27; Schröder DB 1963, 541 (542); Krüger DB 1964, 1399.

[40] MüKoHGB/Ströbl Rn. 7.

[41] MüKoHGB/Ströbl Rn. 24; Staub/Emde Rn. 50; ErfK/Preis 230 § 611 Rn. 145 ff.

[42] Vgl. zum Ausgleichsanspruch BGH NJW 1997, 655 (657); 1995, 1958; 1970, 609 (610); MüKoHGB/Ströbl Rn. 24; Küstner/Thume VertriebsR-HdB I Kap. II Rn. 140; Staub/Emde Rn. 50; Emde Rn. 46 ff.; aA Schlegelberger/Schröder Rn. 4.

[43] Staub/Emde Rn. 50.

[44] Staub/Emde Rn. 50.

[45] Oetker/Busche Rn. 10; Ebenroth/Boujong/Joost/Strohn/Löwisch Rn. 30.

gewinnbringendes[46] Kundengeschäft handeln. Eine konkludente Erweiterung der provisionspflichtigen Kundengeschäfte kann sich jedoch durch die tatsächliche Handhabung des Handelsvertreterverhältnisses bspw. dadurch ergeben, dass der Unternehmer dem Handelsvertreter Muster, Werbematerialien und/oder Preislisten für Produkte zur Verfügung stellt, die bislang nicht von der Absatzmittlertätigkeit des Handelsvertreters mit umfasst waren.[47] Entsprechendes kommt auch in Betracht, wenn ein provisionspflichtiges Kundengeschäft beendet und durch eine neue vertragliche Vereinbarung zwischen dem Unternehmer und dem Dritten ersetzt wird. Eine Auslegung des Handelsvertretervertrages kann ergeben, dass auch in Bezug auf die neue Vereinbarung mit dem Dritten eine Provisionspflicht besteht.[48]

21   Wenn und soweit der Handelsvertreter dagegen nicht mit der Vermittlung oder dem Abschluss eines bestimmten Kundengeschäftes betraut war, entsteht mit Abschluss dieses Kundengeschäftes keine Provisionsanwartschaft des Handelsvertreters gem. Abs. 1. Auch ein Provisionsanspruch gem. § 354 ist in diesem Fall zu verneinen (→ Rn. 16 f.). Dies gilt bspw. dann, wenn das Produktportfolio des Unternehmers zwar aus verschiedenen Produktbereichen besteht, dem Handelsvertreter aber lediglich das Vertriebsrecht für einen bestimmten Produktbereich übertragen wurde und er dennoch Kundengeschäfte für andere Produktbereiche vermittelt bzw. abschließt.[49]

22   In Standardverträgen vorgesehene Einschränkungen des Kreises der provisionspflichtigen Kundengeschäfte müssen für den Handelsvertreter klar erkennbar sein.[50] Nachträgliche Einschränkungen des Kreises der provisionspflichtigen Kundengeschäfte bedürfen grds. einer einvernehmlichen Vereinbarung der Parteien. Ein formularmäßiger Änderungsvorbehalt zu Gunsten des Unternehmers unterliegt der Inhaltskontrolle gem. §§ 307 ff. BGB.[51]

23   **bb) Abschluss des Geschäftes.** Die Entstehung der Provisionsanwartschaft setzt ferner den Abschluss des Kundengeschäftes voraus. Voraussetzung ist somit ein nach den allgemeinen Regeln endgültig **wirksamer Abschluss des Kundengeschäftes.** Der Handelsvertreter erwirbt somit keine Provisionsanwartschaft, wenn das Kundengeschäft von Beginn an nichtig ist[52] (zB wegen Formmangels nach § 125 BGB, wegen eines Verstoßes gegen § 134 BGB oder bei Sittenwidrigkeit gem. § 138 BGB) oder rückwirkend, zB durch Anfechtung[53] (§§ 119, 123 BGB) oder durch Ausübung eines (vertraglich vorbehaltenen oder gesetzlichen) Rücktrittsrechts[54], vernichtet und somit unausgeführt bleibt. Bei teilw. Nichtigkeit des Kundengeschäftes (vgl. § 139 BGB) entsteht die Provisionsanwartschaft lediglich in Bezug auf den wirksamen Teil des Kundengeschäftes.[55]

24   Ein wirksamer Geschäftsabschluss ist auch dann zu bejahen, wenn das Kundengeschäft unter einer **aufschiebenden Bedingung** abgeschlossen wird. Mit Abschluss des aufschiebend bedingten Kundengeschäftes erwirbt der Handelsvertreter gem. Abs. 1 S. 1 eine Provisionsanwartschaft.[56] Der Provisionsanspruch ist in solchen Fällen lediglich doppelt bedingt: Zum einen durch den Eintritt der vertraglich vereinbarten aufschiebenden Bedingung und zum anderen durch die Ausführung des Kundengeschäftes (§ 87a). Der

---

[46] OLG Köln VersR 2002, 1374; Oetker/Busche Rn. 10; Ebenroth/Boujong/Joost/Strohn/Löwisch Rn. 30.

[47] OLG Karlsruhe HVR Nr. 610; Oetker/Busche Rn. 10; Heymann/Stöber Rn. 9.

[48] BGH VersR 1986, 58; Oetker/Busche Rn. 10; Heymann/Stöber Rn. 9.

[49] MüKoHGB/Ströbl Rn. 25.

[50] OLG Karlsruhe BB 1971, 1123; Heymann/Stöber Rn. 9.

[51] OLG München BB 1992, 455; Oetker/Busche Rn. 10; Heymann/Stöber Rn. 9.

[52] MüKoHGB/Ströbl Rn. 28; Oetker/Busche Rn. 11; Küstner/Thume VertriebsR-HdB I Kap. V Rn. 33; Emde Rn. 53; Ebenroth/Boujong/Joost/Strohn/Löwisch Rn. 25.

[53] MüKoHGB/Ströbl Rn. 28; Küstner/Thume VertriebsR-HdB I Kap. V Rn. 33; Emde Rn. 53; Ebenroth/Boujong/Joost/Strohn/Löwisch Rn. 25.

[54] Oetker/Busche Rn. 11; Küstner/Thume VertriebsR-HdB I Kap. V Rn. 33; Emde Rn. 57; aA wohl Ebenroth/Boujong/Joost/Strohn/Löwisch Rn. 27.

[55] MüKoHGB/Ströbl Rn. 28; Oetker/Busche Rn. 11; Baumbach/Hopt/Hopt Rn. 7; Emde Rn. 60.

[56] OLG Düsseldorf OLGR 1997, 146; MüKoHGB/Ströbl Rn. 29; Baumbach/Hopt/Hopt Rn. 7; Küstner/Thume VertriebsR-HdB I Kap. V Rn. 147; Emde Rn. 56; aA Oetker/Busche Rn. 11; Ebenroth/Boujong/Joost/Strohn/Löwisch Rn. 24: Provisionsanwartschaft erst mit Bedingungseintritt.

Provisionsanspruch entsteht somit nur, wenn neben den Tatbestandsvoraussetzungen des § 87a auch die Bedingung eintritt.[57] Zur Provisionspflicht beim Abschluss von Vorverträgen und in Bezug auf Optionsrechte → Rn. 65 f.

Wird das Kundengeschäft unter einer **auflösenden Bedingung** abgeschlossen, liegt **25** zunächst ein wirksamer Abschluss eines Geschäftes iSv Abs. 1 S. 1 vor. Es entsteht somit eine Provisionsanwartschaft und – mit Ausführung des Kundengeschäftes – ein Provisionsanspruch des Handelsvertreters. Bei Eintritt der auflösenden Bedingung entfällt das Kundengeschäft (§ 158 Abs. 2 BGB) und damit auch die Provisionsanwartschaft bzw. der Provisionsanspruch rückwirkend,[58] es sei denn, dem Handelsvertreter kommt § 162 Abs. 2 BGB zugute.[59]

Wenn und soweit der Handelsvertreter zu Unrecht Vorschüsse oder Provisionen erhalten **26** hat, bestimmt sich deren Rückgabe grds. nach den §§ 812 ff. BGB;[60] dagegen finden im Anwendungsbereich des § 87a Abs. 2 Hs. 2 (und nach richtiger Auffassung auch bei einem Entfallen des Provisionsanspruches gem. § 87a Abs. 3 S. 2) auch die §§ 346 ff. BGB entsprechend Anwendung (→ § 87a Rn. 43 und 68). Hat der Unternehmer die Unwirksamkeit des Kundengeschäftes zu vertreten, etwa weil der Dritte das Kundengeschäft wegen arglistiger Täuschung des Unternehmers anficht (§ 123 BGB), kann er dem Handelsvertreter jedoch ggf. Schadensersatz schulden;[61] an dieser Stelle wird auch eine analoge Anwendung des § 87a Abs. 3 vertreten.[62]

cc) Vertragsparteien. Gem. Abs. 1 S. 1 ist Voraussetzung für das Vorliegen eines pro- **27** visionspflichtigen Geschäftes, dass der Handelsvertreter ein Geschäft im Namen des Unternehmers vermittelt oder abschließt. Dies setzt jedoch begrifflich die Beteiligung von **drei Personen** voraus, namentlich dem Handelsvertreter, dem Unternehmer und einem Dritten.[63] Provisionspflichtig ist daher grds. nur die Vermittlung oder der Abschluss von Geschäften mit Dritten (Kunden). **Eigengeschäfte** des Handelsvertreters sind demnach grds. **nicht provisionspflichtig.**[64] Den Parteien steht es jedoch natürlich frei, eine Provisionspflicht auch für Eigengeschäfte des Handelsvertreters zu vereinbaren. Eine Provisionspflicht für Eigengeschäfte kann sich allerdings auch aus einem entsprechenden Handelsbrauch ergeben, sofern dem Handelsvertreter nicht für Eigengeschäfte besondere Vergünstigungen wie etwa günstigere Preise eingeräumt werden.[65]

Der Dritte kann sowohl eine juristische als auch eine natürliche Person sein. Auch die **28** Vermittlung oder der **Abschluss** eines Geschäftes **mit** einer (rechtlich unselbstständigen) **Zweigniederlassung ist ausreichend**,[66] wobei in einem solchen Fall stets nur die Hauptniederlassung berechtigt und verpflichtet wird. Zu Kundengeschäften mit Zweigniederlassungen auch → Rn. 93.

Seitens des Unternehmers stellt sich die Frage der Provisionspflicht, wenn nicht der **29** Unternehmer das Kundengeschäft abschließt, sondern ein mit diesem **verbundenes drittes Unternehmen.** Dem Handelsvertreter steht insoweit gleichwohl ein Provisions-

[57] Emde Rn. 56.

[58] MüKoHGB/Ströbl Rn. 30; Baumbach/Hopt/Hopt Rn. 7; Küstner/Thume VertriebsR-HdB I Kap. V Rn. 150; Emde Rn. 56; aA Ebenroth/Boujong/Joost/Strohn/Löwisch Rn. 27.

[59] MüKoHGB/Ströbl Rn. 30; Emde Rn. 56.

[60] Küstner/Thume VertriebsR-HdB I Kap. V Rn. 445; Emde Rn. 53.

[61] MüKoHGB/Ströbl Rn. 28; Baumbach/Hopt/Hopt Rn. 7; Ebenroth/Boujong/Joost/Strohn/Löwisch Rn. 25; wohl auch Emde Rn. 59.

[62] Oetker/Busche Rn. 11; Canaris HandelsR § 15 Rn. 57.

[63] Die Notwendigkeit eines Dreipersonenverhältnisses ergibt sich auch aus dem Wortlaut des § 84 Abs. 1.

[64] MüKoHGB/Ströbl Rn. 26; Oetker/Busche Rn. 13 aE; Baumbach/Hopt/Hopt Rn. 14; Küstner/Thume VertriebsR-HdB I Kap. V Rn. 143; Ebenroth/Boujong/Joost/Strohn/Löwisch Rn. 23; Emde Rn. 66; Heymann/Stöber Rn. 12; Schlegelberger/Schröder Rn. 7; aA Schnitzler DB 1965, 463 f.

[65] Baumbach/Hopt/Hopt Rn. 15 und § 84 Rn. 23; MüKoHGB/Ströbl Rn. 26; Emde Rn. 66; Staub/Emde Rn. 75; aA LG Frankfurt a. M. ZVertriebsR 2018, 252 Rn. 50; OLG Hamburg OLGE 36, 258 f. (sofern er nicht Sonderkonditionen erhält).

[66] BGH NJW 1960, 433; MüKoHGB/Ströbl Rn. 100; Oetker/Busche Rn. 13; Ebenroth/Boujong/Joost/Strohn/Löwisch Rn. 43.

anspruch zu, wenn das Kundengeschäft zwar nicht von dem Unternehmer selbst, aber von einem von ihm beherrschten anderen Unternehmen abgeschlossen wird.[67] Schließt ein den Unternehmer beherrschendes anderes Unternehmen das Kundengeschäft ab, gilt Entsprechendes.[68] Ein Provisionsanspruch des Handelsvertreters besteht somit grds., wenn der Unternehmer und das das Kundengeschäft abschließende Unternehmen wirtschaftlich gleichzusetzen sind (wirtschaftliche Einheit).[69] Auf eine Umgehungsabsicht des Unternehmers kommt es nicht an.[70] Es genügt jedoch nicht schon jede Unternehmensverbindung iSv §§ 15 ff. AktG bzw. die Zugehörigkeit zum gleichen Konzern.[71] So besteht kein Provisionsanspruch des Handelsvertreters, wenn zwar eine personenidentische Schwestergesellschaft des Unternehmers mit dem gleichen Produktionsprogramm das Kundengeschäft abschließt, diese aber in Bezug auf Produktion und Vertrieb selbstständig handelt.[72]

30   **b) Abschluss während der Vertragslaufzeit.** Die Provisionspflicht gem. Abs. 1 S. 1 setzt weiter den Abschluss des Kundengeschäftes während der Laufzeit des Handelsvertreterverhältnisses voraus. Für den Fall einer Kündigung des Handelsvertreterverhältnisses sind daher auch diejenigen Kundengeschäfte provisionspflichtig, die zwar nach Ausspruch der Kündigung, aber vor deren Wirksamwerden, sprich während der Kündigungsfrist, abgeschlossen werden.[73] Bei bedingt abgeschlossenen Kundengeschäften kommt es einzig auf den **Zeitpunkt des Abschlusses des Kundengeschäftes,** nicht jedoch auf den Zeitpunkt des Eintritts der Bedingung an.[74] Hängt die Wirksamkeit eines Kundengeschäftes dagegen von der Genehmigung einer Behörde oder eines Dritten ab, so kann es für die Entstehung der Provisionsanwartschaft in Bezug auf dieses Kundengeschäft nur ab dem Zeitpunkt der Erteilung der Genehmigung als wirksam zustande gekommen angesehen werden.[75] Während der Laufzeit des Handelsvertretervertrages formunwirksam abgeschlossene Kundengeschäfte, die erst nach Beendigung des Handelsvertretervertrages geheilt oder bestätigt werden, lösen keine Provisionsanwartschaft gem. Abs. 1 S. 1 aus.[76] Es fehlt hierfür an einem während der Laufzeit des Handelsvertretervertrages wirksam abgeschlossenen Kundengeschäft.

31   Auf die Ausführung des Kundengeschäftes gem. § 87a kommt es für die Entstehung der Provisionsanwartschaft gem. Abs. 1 S. 1 nicht an.[77] Wird ein während der Laufzeit des Handelsvertretervertrages abgeschlossenes Kundengeschäft erst nach Vertragsende ausgeführt, spricht man von sog. Überhangprovisionen. Unter diesem Begriff sind also Provisionsansprüche aus Kundengeschäften zu verstehen, die während der Dauer des Handelsvertreterverhältnisses abgeschlossen wurden, bei denen aber die für ihre Entstehung maßgebliche Bedingung (Geschäftsausführung durch den Unternehmer oder Zahlung des

---

[67] BGH NJW-RR 1987, 547; NJW 1981, 1785; MüKoHGB/Ströbl Rn. 27; Oetker/Busche Rn. 13.

[68] BGH WM 1987, 546 (547 f.); MüKoHGB/Ströbl Rn. 27.

[69] BGH NJW-RR 1987, 547; NJW 1981, 1785; OLG Köln HVR Nr. 526; OLG München HVR Nr. 1103; OLG Schleswig HVR Nr. 996; MüKoHGB/Ströbl Rn. 27; Oetker/Busche Rn. 13; Baumbach/Hopt/Hopt Rn. 14; Heymann/Stöber Rn. 12.

[70] MüKoHGB/Ströbl Rn. 27; Baumbach/Hopt/Hopt Rn. 14.

[71] MüKoHGB/Ströbl Rn. 27; Baumbach/Hopt/Hopt Rn. 14.

[72] LG Münster MDR 1983, 673; MüKoHGB/Ströbl Rn. 27; Baumbach/Hopt/Hopt Rn. 14.

[73] MüKoHGB/Ströbl Rn. 32; Oetker/Busche Rn. 15; v. Gamm NJW 1979, 2489 (2492).

[74] OLG Düsseldorf OLGR 1997, 146; MüKoHGB/Ströbl Rn. 32; Baumbach/Hopt/Hopt Rn. 38; Heymann/Stöber Rn. 13; aA Ebenroth/Boujong/Joost/Strohn/Löwisch Rn. 24 für aufschiebend bedingte Kundengeschäfte.

[75] Emde Rn. 54; Schlegelberger/Schröder Rn. 10; differenzierend MüKoHGB/Ströbl Rn. 33 und Ebenroth/Boujong/Joost/Strohn/Löwisch Rn. 24 (Bei Rückwirkung der Genehmigung gilt das Kundengeschäft als während der Vertragsdauer abgeschlossen, selbst wenn die Genehmigung erst nach Ende des Vertragsverhältnisses erteilt wird.).

[76] MüKoHGB/Ströbl Rn. 33.

[77] MüKoHGB/Ströbl Rn. 32; Oetker/Busche Rn. 14; Baumbach/Hopt/Hopt Rn. 38; Heymann/Stöber Rn. 13.

Kaufpreises durch den Kunden) erst nach der Beendigung des Handelsvertretervertrages eintritt.[78]

Zu den Besonderheiten bei der Vermittlung oder dem Abschluss von **Sukzessivliefe-** 32 **rungs-, Rahmen-** und **Bezugsverträgen** → Rn. 58 ff.

c) Provisionspflichtige Geschäfte. Gem. Abs. 1 S. 1 steht dem Handelsvertreter eine 33 Provisionsanwartschaft nur für solche Kundengeschäfte zu, die auf seine Tätigkeit zurückzuführen sind (→ Rn. 34 ff.) oder die mit Dritten abgeschlossen werden, die er als Kunden für Geschäfte der gleichen Art geworben hat (→ Rn. 42 ff.). In beiden Fällen ist somit eine gewisse Ursächlichkeit des Handelsvertreters für den Abschluss des Kundengeschäftes erforderlich.

aa) Vermittlungstätigkeit des Handelsvertreters (Alt. 1). (1) Kausalerfordernis. 34 Abs. 1 S. 1 Alt. 1 setzt voraus, dass der Abschluss des jeweiligen Kundengeschäftes auf die Tätigkeit des Handelsvertreters zurückzuführen ist. Erforderlich ist demnach eine **Kausalität zwischen der Tätigkeit des Handelsvertreters und** dem **Abschluss des Kundengeschäftes** der Gestalt, dass das Kundengeschäft ohne die Tätigkeit des Handelsvertreters entweder überhaupt nicht oder nicht in derselben Form abgeschlossen worden wäre.[79] Der Handelsvertreter muss also nicht allein und ausschließlich den Abschluss des Kundengeschäftes herbeigeführt haben.[80] Ausreichend ist vielmehr, dass der Handelsvertreter mitursächlich war. Grds. genügt jegliche **Mitursächlichkeit** der Tätigkeit des Handelsvertreters, die den Abschluss des konkreten Kundengeschäftes gefördert und somit mitbewirkt hat.[81]

(2) Mitursächlichkeit. Es ist nicht erforderlich, dass die Mitursächlichkeit der Tätigkeit 35 des Handelsvertreters in Bezug auf den Geschäftsabschluss überwiegt. Ausreichend ist vielmehr, dass der Handelsvertreter das **Kundengeschäft „irgendwie" veranlasst** hat.[82] Es kommt auch nicht darauf an, wie groß jeweils der Anteil des Handelsvertreters und der Anteil des Unternehmers an dem Geschäftsabschluss waren.[83] Dies ergibt sich bereits durch einen Umkehrschluss zu Abs. 3 S. 1 Nr. 1, wo geregelt ist, dass ein Provisionsanspruch des ausgeschiedenen Handelsvertreters für nach Vertragsende abgeschlossene Kundengeschäfte ua dann ausnahmsweise besteht, wenn „der Abschluss überwiegend auf seine Tätigkeit zurückzuführen ist". Wenn der Gesetzgeber auch im Rahmen des Abs. 1 S. 1 Alt. 1 eine überwiegende Verursachung vorausgesetzt hätte, hätte er dies – wie in Abs. 3 – ausdr. regeln müssen.[84]

Ebenso ist es nicht erforderlich, dass der Handelsvertreter persönlich das Kundengeschäft 36 vermittelt oder abgeschlossen hat.[85] Die Tätigkeit seiner Angestellten, Beauftragten und Untervertreter ist ihm zuzurechnen.[86]

Die Mitursächlichkeit des Handelsvertreters ist in denjenigen Fällen, in denen der 37 Handelsvertreter das konkrete Kundengeschäft im Namen des Unternehmers selbst abge-

---

[78] BGH BB 1998, 391 (392); MüKoHGB/Ströbl Rn. 19; Küstner/Thume VertriebsR-HdB I Kap. V Rn. 156, 177; Emde Rn. 130; Wauschkuhn/Fröhlich BB 2010, 524 (525).

[79] MüKoHGB/Ströbl Rn. 35; Küstner/Thume VertriebsR-HdB I Kap. V Rn. 43; Emde Rn. 68; Ebenroth/Boujong/Joost/Strohn/Löwisch Rn. 36.

[80] MüKoHGB/Ströbl Rn. 35; Küstner/Thume VertriebsR-HdB I Kap. V Rn. 43.

[81] BGH NJW-RR 2006, 976 Rn. 7; LAG Köln NZA-RR 2007, 236 (237); BAG DB 1971, 779; 1969, 266; MüKoHGB/Ströbl Rn. 35; Oetker/Busche Rn. 17; Küstner/Thume VertriebsR-HdB I Kap. V Rn. 43; Baumbach/Hopt/Hopt Rn. 11; Ebenroth/Boujong/Joost/Strohn/Löwisch Rn. 37; Heymann/Stöber Rn. 22.

[82] OLG Nürnberg BB 1959, 391; Küstner/Thume VertriebsR-HdB I Kap. V Rn. 44.

[83] BAG HVR Nr. 435; MüKoHGB/Ströbl Rn. 38; Küstner/Thume VertriebsR-HdB I Kap. V Rn. 46.

[84] Küstner/Thume VertriebsR-HdB I Kap. V Rn. 46.

[85] LAG Hamm BB 1993, 2236; MüKoHGB/Ströbl Rn. 35; Küstner/Thume VertriebsR-HdB I Kap. V Rn. 45.

[86] BFH BeckRS 1999, 24000952; Küstner/Thume VertriebsR-HdB I Kap. V Rn. 45; Baumbach/Hopt/Hopt Rn. 11; Ebenroth/Boujong/Joost/Strohn/Löwisch Rn. 37.

schlossen hat **(Abschlussvertreter),** unproblematisch zu bejahen.[87] Denn der Abschlussvertreter ist stets unmittelbar an dem Abschluss des Kundengeschäftes beteiligt. Es ist daher sogar unschädlich, wenn der Kunde bereits vor Tätigwerden des Abschlussvertreters fest entschlossen war, das Geschäft ohne Mitwirkung des Handelsvertreters direkt mit dem Unternehmer abzuschließen.[88]

38   Ob der **Vermittlungsvertreter** für den konkreten Geschäftsabschluss mitursächlich war, bedarf dagegen einer genauen Prüfung unter Berücksichtigung der Umstände des Einzelfalls.[89] Es kann jedoch allgemein festgehalten werden, dass die Entstehung der Provisionsanwartschaft nicht an die Erbringung von Mitwirkungshandlungen des Handelsvertreters geknüpft werden kann, die dieser nach dem Handelsvertretervertrag überhaupt nicht schuldet. Hat der Handelsvertreter lediglich von dem Unternehmer genannte Kunden zu beraten und kommt er dieser Pflicht nach, so erwirbt der Handelsvertreter gem. Abs. 1 S. 1 Alt. 1 eine Provisionsanwartschaft selbst dann, wenn der Kunde bereits vor der Beratung durch den Handelsvertreter zum Abschluss des Geschäftes mit dem Unternehmer entschlossen war; die Entstehung der Provisionsanwartschaft kann nicht an weitere Anstrengungen des Handelsvertreters geknüpft werden.[90] Allerdings hängt die Entstehung der Provisionsanwartschaft des Handelsvertreters gem. Abs. 1 S. 1 Alt. 1 auch nicht davon ab, dass der Handelsvertreter in Bezug auf das konkrete Kundengeschäft sämtliche vertraglich geschuldeten Vermittlungsbemühungen erbracht hat.[91] Vielmehr ist auch in solchen Fällen jede Mitursächlichkeit ausreichend. Schuldet der Handelsvertreter also vertraglich bspw. das Auffinden von Kunden, deren Beratung und den Abschluss von Kundengeschäften im Namen des Unternehmers, erwirbt er auch dann eine Provisionsanwartschaft, wenn er etwa einen von dem Unternehmer benannten Kunden berät und dieser das Geschäft daraufhin direkt mit dem Unternehmer abschließt.[92]

39   **(3) Einzelfälle.**[93] Die bloße **Weiterempfehlung** solcher Kunden, die auf Grund der Tätigkeit des Handelsvertreters eine geschäftliche Beziehung mit dem Unternehmer haben, reicht im Regelfall nicht für die Entstehung einer Provisionsanwartschaft des Handelsvertreters gem. Abs. 1 S. 1 Alt. 1 aus.[94] So reicht es nicht schon aus, wenn verbundene Unternehmen des vom Handelsvertreter geworbenen Kunden Geschäfte mit dem Unternehmer abschließen.[95] Gleiches gilt für mit solchen Kunden zusammenarbeitende Unternehmen.[96] Nicht ausreichend ist ebenso, wenn solche Kunden die Produkte des Unternehmers weiterempfehlen, weil sie mit diesen zufrieden sind.[97] Eine ausreichende Mitursächlichkeit kann aber dann gegeben sein, wenn der Handelsvertreter auf einen Kunden oder einen Dritten in der Weise einwirkt, dass dieser einen Vierten zum Abschluss eines Kundengeschäftes mit dem Unternehmer motiviert und insoweit eine mittelbare mitverursachende Tätigkeit des Handelsvertreters vorliegt.[98]

40   Eine Mitursächlichkeit des Handelsvertreters ist bspw. in den folgenden Fällen anzunehmen: Ein Kunde wird durch eine **vom Handelsvertreter organisierte Ausstellung** auf

---

[87] MüKoHGB/Ströbl Rn. 36; Oetker/Busche Rn. 17.
[88] MüKoHGB/Ströbl Rn. 36; K. Schmidt HandelsR § 27 IV 2b Rn. 58; aA Canaris HandelsR § 15 Rn. 62.
[89] MüKoHGB/Ströbl Rn. 39; Oetker/Busche Rn. 17.
[90] BAG HVR Nr. 435; MüKoHGB/Ströbl Rn. 39.
[91] MüKoHGB/Ströbl Rn. 40.
[92] MüKoHGB/Ströbl Rn. 40.
[93] Siehe auch die Übersichten in Emde Rn. 72; Ebenroth/Boujong/Joost/Strohn/Löwisch Rn. 36 ff.
[94] MüKoHGB/Ströbl Rn. 41; Oetker/Busche Rn. 17; Küstner/Thume VertriebsR-HdB I Kap. V Rn. 50.
[95] OLG Celle BB 1970, 51 f.; MüKoHGB/Ströbl Rn. 41; Baumbach/Hopt/Hopt Rn. 13.
[96] MüKoHGB/Ströbl Rn. 41; Baumbach/Hopt/Hopt Rn. 13.
[97] MüKoHGB/Ströbl Rn. 41; Oetker/Busche Rn. 17; Baumbach/Hopt/Hopt Rn. 13.
[98] BGH NJW 1960, 433 (für die Bestellung von Zweigniederlassungen nach Einflussnahme des Handelsvertreters auf die Hauptniederlassung); MüKoHGB/Ströbl Rn. 41; Oetker/Busche Rn. 17; Küstner/Thume VertriebsR-HdB I Kap. V Rn. 50; Baumbach/Hopt/Hopt Rn. 13.

die Produkte des Unternehmers aufmerksam und setzt sich daraufhin unmittelbar mit dem Unternehmer in Verbindung, um ein Geschäft abzuschließen.[99] Nach einem von dem Handelsvertreter vermittelten oder unmittelbar abgeschlossenen **Musterkauf** eines Kunden erteilt dieser dem Unternehmer einen Direktauftrag.[100] Abschluss eines Kundengeschäftes unmittelbar mit einem Kunden, den der Handelsvertreter ausfindig gemacht hat und sodann vor dem Abschluss des Geschäftes ausf. beraten hat.[101] Abschluss eines Kundengeschäftes unmittelbar mit einem Kunden, den zwar der Unternehmer ausfindig gemacht hat, der aber vor dem Abschluss des Geschäftes von dem Handelsvertreter ausf. beraten und über das Produkt des Unternehmers informiert wurde.[102]

Als nicht mitursächlich für den Abschluss des Kundengeschäftes wurden etwa bloße **41** **Hilfsarbeiten** wie etwa die Tätigkeit des Handelsvertreters als Schreibhilfe zB beim Ausfüllen von Formularen[103] oder als Übersetzungshilfe[104]. Gleiches gilt für den Fall, dass der Handelsvertreter lediglich die Gelegenheit des Abschlusses eines Kundengeschäftes nachweist.[105]

bb) Nachbestellungen (Alt. 2). (1) Allgemeines. Nach Abs. 1 S. 1 Alt. 2 sind auch **42** solche Kundengeschäfte provisionspflichtig, die der Unternehmer mit denjenigen Kunden abschließt, die der Handelsvertreter zuvor für Geschäfte der gleichen Art geworben hat. Das Gesetz räumt dem Handelsvertreter somit durch diese Vorschrift einen provisionsrechtlichen Kundenschutz für solche Kunden ein, bezüglich derer er Geschäftsbeziehungen mit dem Unternehmer aufgebaut hat. Hintergrund hierfür ist der Gedanke, dass der Handelsvertreter den Kunden bereits samt Nachbestellungen (auch Folgeaufträge genannt) akquiriert und diese Geschäfte damit zumindest mittelbar auf die Tätigkeit des Handelsvertreters zurückgeführt werden können. Das Gesetz geht insoweit also von der Fortwirkung einer vorangegangenen Absatzmittlertätigkeit aus.[106] Es handelt sich hierbei um eine kraft Gesetzes **unwiderlegliche Vermutung der Mitursächlichkeit** des Handelsvertreters.[107] Dem Unternehmer ist also der Nachweis abgeschnitten, dass die Nachbestellung (bzw. der Folgeauftrag) des Kunden nicht auf die frühere Tätigkeit des Handelsvertreters zurückzuführen ist.[108] Der Handelsvertreter soll dadurch davor geschützt werden, dass der Unternehmer Geschäfte mit ursprünglich vom Handelsvertreter geworbenen Kunden abschließt, ohne den Handelsvertreter einzubinden und so eine Provisionspflicht zu vermeiden.[109] Der Handelsvertreter ist allerdings nicht daran gehindert, sich aktiv um Nachbestellungen zu bemühen. In diesem Fall ergibt sich seine Provisionsanwartschaft bereits aus Abs. 1 S. 1 Alt. 1. Dies kann bspw. dann relevant sein, wenn die Parteien eine niedrigere Provision für Nachbestellungen gem. Abs. 1 S. 1 Alt. 2 vereinbart haben oder eine Provision hierfür sogar vertraglich gänzlich ausgeschlossen haben.[110]

Das Gesetz verlangt in Abs. 1 S. 1 Alt. 2, dass der Kunde von dem Handelsvertreter **für** **43** **Geschäfte der gleichen Art geworben** worden ist. Dies bedeutet aber, dass eine Provisionsanwartschaft gem. Abs. 1 S. 1 Alt. 2 auch in Bezug auf Nachbestellungen von

[99] MüKoHGB/Ströbl Rn. 42; Küstner/Thume VertriebsR-HdB I Kap. V Rn. 48; Emde Rn. 72.

[100] OLG Düsseldorf DB 1956, 376; MüKoHGB/Ströbl Rn. 42; Küstner/Thume VertriebsR-HdB I Kap. V Rn. 48; Emde Rn. 72.

[101] BAG DB 1969, 266; MüKoHGB/Ströbl Rn. 42.

[102] BAG DB 1971, 779; MüKoHGB/Ströbl Rn. 42; Küstner/Thume VertriebsR-HdB I Kap. V Rn. 58.

[103] OLG Köln DB 1971, 327; MüKoHGB/Ströbl Rn. 43; Oetker/Busche Rn. 17; Ebenroth/Boujong/Joost/Strohn/Löwisch Rn. 44.

[104] LAG Baden-Württemberg DB 1959, 236; MüKoHGB/Ströbl Rn. 43; Oetker/Busche Rn. 17; Ebenroth/Boujong/Joost/Strohn/Löwisch Rn. 44.

[105] LAG Hamm DB 1959, 236; MüKoHGB/Ströbl Rn. 43; Oetker/Busche Rn. 17.

[106] BGH NJW-RR 1986, 1477 (1478); Oetker/Busche Rn. 19; Heymann/Stöber Rn. 23.

[107] BGH BB 1960, 1354 (1355); MüKoHGB/Ströbl Rn. 44; Oetker/Busche Rn. 19; Heymann/Stöber Rn. 23; Emde Rn. 85.

[108] BGH BB 1960, 1354 (1355); MüKoHGB/Ströbl Rn. 44; Oetker/Busche Rn. 19; Heymann/Stöber Rn. 23.

[109] MüKoHGB/Ströbl Rn. 44; Habersack/Martinez-Sanz EWS 1997, 289 (291).

[110] MüKoHGB/Ströbl Rn. 44; Emde Rn. 81; Habersack/Martinez-Sanz EWS 1997, 289 (291).

Altkunden des Unternehmers bestehen kann, wenn der Handelsvertreter den Altkunden für eine neue Art von Geschäften geworben hat (→ Rn. 45 f.). Genauso entsteht nicht für jede Nachbestellung eines von dem Handelsvertreter geworbenen Kunden eine Provisionsanwartschaft gem. dieser Vorschrift (→ Rn. 48 f.). Es ist alleine entscheidend, ob der Handelsvertreter den jeweiligen Kunden für Geschäfte der gleichen Art geworben hat.

44 Abs. 1 S. 1 Alt. 2 gilt nicht für **Versicherungs- und Bausparkassenvertreter.** Diesen steht gem. § 92 Abs. 3 S. 1 (iVm Abs. 5 für den Bausparkassenvertreter) ein Provisionsanspruch nur für Nachbestellungen zu, die direkt auf ihre Tätigkeit zurückzuführen sind (→ § 92 Rn. 15 ff.).

45 **(2) Geworbene Kunden.** Der Unternehmer schuldet eine Provision für Nachbestellungen nur, sofern der die Nachbestellung abgebende Kunde vom Handelsvertreter geworben wurde. Ein Kunde ist dann von dem Handelsvertreter iSd Abs. 1 S. 1 Alt. 2 geworben, wenn der Handelsvertreter die **Geschäftsbeziehung** zwischen dem Unternehmer und diesem Kunden gänzlich **neu hergestellt** hat. Ausreichend ist jedoch schon, wenn der Handelsvertreter die Geschäftsbeziehung zwischen dem Unternehmer und diesem Kunden nur für Geschäfte einer bestimmten Art hergestellt hat.[111] Es ist somit unerheblich, wenn ein Kunde vorher bereits Geschäfte einer anderen Art mit dem Unternehmer abgeschlossen hat.[112] Der Handelsvertreter erwirbt in diesem Fall gem. Abs. 1 S. 1 Alt. 2 eine Provisionsanwartschaft für alle späteren Nachbestellungen der neuen Art von Geschäften, für die der Handelsvertreter den Kunden geworben hat.

46 Nachbestellungen gleicher Art von **Altkunden** lösen keine Provisionsanwartschaft gem. Abs. 1 S. 1 Alt. 2 aus.[113] Als Altkunden sind dabei solche Kunden zu verstehen, die vor Begründung des Handelsvertreterverhältnisses mit dem Unternehmer bereits ein Geschäft gleicher Art mit dem Unternehmer abgeschlossen hatten.[114] In diesen Fällen kommt allenfalls eine Provisionsanwartschaft des Handelsvertreters gem. Abs. 1 S. 1 Alt. 1 in Betracht, wenn der Handelsvertreter den Abschluss des jeweiligen Nachbestellungsgeschäfts zumindest mitverursacht hat. Eine Ausnahme besteht jedoch nach der herrschenden Meinung dann, wenn der Handelsvertreter die **Geschäftsbeziehung** mit einem Altkunden derart **ausgeweitet** hat, dass dies wirtschaftlich der Werbung eines neuen Kunden entspricht.[115] Dies ist jedenfalls bei einer Steigerung des bei Übernahme der Handelsvertretung vom Altkunden getätigten Umsatzes um 100 % anzunehmen.[116] Ab diesem Zeitpunkt sind sämtliche Nachbestellungen dieses Kunden als Nachbestellungen eines neu geworbenen Kunden anzusehen.[117] Ebenso wird ein Altkunde zu einem von dem Handelsvertreter geworbenen Kunden gem. Abs. 1 S. 1 Alt. 2, wenn die **Geschäftsbeziehung** mit dem Unternehmer zwischenzeitlich **abgebrochen** oder zum Erliegen gekommen ist und der Handelsvertreter dem Unternehmer diesen **Kunden neu zuführt.**[118] Denn ein solcher neu zugeführter Kunde steht wirtschaftlich betrachtet einem neu geworbenen Kunden gleich.[119] Nach welchen Zeiträumen eine Geschäftsbeziehung als abgebrochen oder zum Erliegen gekommen angesehen werden kann, hängt von den Umständen des Einzelfalls ab. Zu berücksichtigen ist hier insbesondere der Nachbestellzyklus für das jeweilige Produkt des Unternehmers.[120]

---

[111] MüKoHGB/Ströbl Rn. 49; Emde Rn. 81; Ebenroth/Boujong/Joost/Strohn/Löwisch Rn. 46; Schlegelberger/Schröder Rn. 24.

[112] MüKoHGB/Ströbl Rn. 49; Emde Rn. 81; Ebenroth/Boujong/Joost/Strohn/Löwisch Rn. 46; Schlegelberger/Schröder Rn. 23a, 24.

[113] Küstner/Thume VertriebsR-HdB I Kap. V Rn. 67; Emde Rn. 81.

[114] Küstner/Thume VertriebsR-HdB I Kap. V Rn. 68; Emde Rn. 81.

[115] MüKoHGB/Ströbl Rn. 48; Oetker/Busche Rn. 19; Küstner/Thume VertriebsR-HdB I Kap. V Rn. 69; Emde Rn. 81; Heymann/Stöber Rn. 24; aA Korte/Harten ZVertriebsR 2021, 364 (366 ff.).

[116] BGH BeckRS 1999, 30057058 (in Bezug auf § 89b entschieden); NJW 1971, 1611 (in Bezug auf § 89b entschieden); OLG Celle BB 1970, 227; Emde Rn. 81.

[117] MüKoHGB/Ströbl Rn. 48; Emde Rn. 81; aA Korte/Harten ZVertriebsR 2021, 364 (366 ff.).

[118] MüKoHGB/Ströbl Rn. 48; Küstner/Thume VertriebsR-HdB I Kap. V Rn. 68; Emde Rn. 81.

[119] Küstner/Thume VertriebsR-HdB I Kap. V Rn. 68; Emde Rn. 81.

[120] Emde Rn. 81.

Kunden gelten auch als von dem Handelsvertreter geworben, wenn sie schon vor **47** Begründung des Handelsvertreterverhältnisses in einer Geschäftsbeziehung mit dem Handelsvertreter standen, nicht aber mit dem Unternehmer.[121] Führt der Handelsvertreter dem Unternehmer seinen bestehenden **Kundenstamm** zu, ist dieser von diesem Zeitpunkt an geschützt. Entscheidend ist nämlich, dass der Kunde für den Unternehmer neu ist.[122]

(3) Geschäfte der gleichen Art. Hat der Handelsvertreter für den Unternehmer einen **48** Kunden neu geworben, sind **nicht automatisch sämtliche Nachbestellungen** dieses neu geworbenen Kunden gem. Abs. 1 S. 1 Alt. 2 **provisionspflichtig.** Vielmehr setzt eine provisionspflichtige Nachbestellung gem. dieser Vorschrift voraus, dass diese sich auf ein Geschäft bezieht, für das der Handelsvertreter den Kunden ursprünglich neu geworben hat. Nur dann wirkt die frühere Absatzmittlertätigkeit des Handelsvertreters fort und rechtfertigt die Entstehung einer Provisionsanwartschaft in Bezug auf die Nachbestellungen, ohne dass sich der Handelsvertreter hierum aktiv bemüht haben muss.

Der Begriff des Geschäftes der gleichen Art kann nicht allgemein bestimmt werden. **49** Vielmehr ist für die Bestimmung der Gleichartigkeit die jeweilige **Verkehrsanschauung** maßgeblich.[123] Die Nachbestellungen müssen sich jedoch nicht notwendigerweise auf die gleichen Produkte des Unternehmers beziehen. Für die Gleichartigkeit ist es vielmehr ausreichend, wenn sich die Nachbestellungen innerhalb des von dem Handelsvertreter vertriebenen Sortiments bewegen.[124] Der Begriff des gleichartigen Geschäftes ist **wirtschaftlich zu betrachten** und im Einzelfall weit auszulegen.[125] Gleichartigkeit ist somit nicht nur bei Nachbestellungen genau desselben Produkts anzunehmen, sondern etwa auch bei Nachbestellungen von Produkten, die das bisher von dem Handelsvertreter vertriebene Produktportfolio ergänzen oder als Neuentwicklung (teilw.) ersetzen.[126] Demnach ist Gleichartigkeit etwa dann zu bejahen, wenn ein Kfz-Vertreter einen neuen Kunden zum Kauf eines Neuwagens geworben hat und dieser Kunde sodann in der Folge bei demselben Händler das jeweils neueste Modell derselben Marke kauft.[127]

4. Beteiligung mehrerer Handelsvertreter am Geschäftsabschluss. Sind mehrere **50** Handelsvertreter für den Abschluss des Kundengeschäftes mitursächlich geworden, stellt sich die Frage, ob jeder dieser beteiligten Handelsvertreter eine Provisionsanwartschaft in voller Höhe erwerben soll, oder ob eine Provisionsteilung zu erfolgen hat.[128] Zu unterscheiden ist hierbei, ob die Handelsvertreter nacheinander (→ Rn. 51) oder nebeneinander (→ Rn. 52 ff.) tätig geworden sind.

a) Tätigwerden nacheinander (Abs. 1 S. 2). Das Gesetz regelt in Abs. 1 S. 2 und **51** Abs. 3 ausschließlich den Fall, dass einem ausgeschiedenen Handelsvertreter eine Provisionsanwartschaft für erst nach Beendigung des Handelsvertreterverhältnisses abgeschlossene Kundengeschäfte zusteht, sein Nachfolger aber an dem Abschluss dieser Kundengeschäfte auch mitursächlich gem. Abs. 1 S. 1 Alt. 1 mitgewirkt hat. Haben der ausscheidende und der ihm nachfolgende Handelsvertreter in Bezug auf ein Kundengeschäft in dieser Weise nacheinander zusammengewirkt, steht der **Provisionsanspruch** für dieses Kundengeschäft nach Abs. 1 S. 2 iVm Abs. 3 S. 1 **grds. nur dem ausgeschiedenen Handelsvertreter** zu und der nachfolgende Handelsvertreter geht trotz einer etwaigen Mitwirkung leer aus. Eine

[121] MüKoHGB/Ströbl Rn. 50; Oetker/Busche Rn. 19; Emde Rn. 81.
[122] Emde Rn. 81; Ebenroth/Boujong/Joost/Strohn/Löwisch Rn. 46; Schlegelberger/Schröder Rn. 23a, 24.
[123] BT-Drs. 1/3856, 22; MüKoHGB/Ströbl Rn. 51; Oetker/Busche Rn. 20; Emde Rn. 82; Heymann/Stöber Rn. 24.
[124] MüKoHGB/Ströbl Rn. 51; Oetker/Busche Rn. 20; Küstner/Thume VertriebsR-HdB I Kap. V Rn. 71; Emde Rn. 82; Heymann/Stöber Rn. 24; Ebenroth/Boujong/Joost/Strohn/Löwisch Rn. 47.
[125] MüKoHGB/Ströbl Rn. 52; Oetker/Busche Rn. 20; Küstner/Thume VertriebsR-HdB I Kap. V Rn. 71; Emde Rn. 82; Ebenroth/Boujong/Joost/Strohn/Löwisch Rn. 47.
[126] Küstner/Thume VertriebsR-HdB I Kap. V Rn. 71.
[127] MüKoHGB/Ströbl Rn. 51.
[128] Ausf. hierzu Krüger DB 1964, 1399 ff.

Teilung des Provisionsanspruches zwischen dem ausscheidenden und dem ihm nachfolgenden Handelsvertreter kommt gem. Abs. 1 S. 2 iVm Abs. 3 S. 2 **nur ausnahmsweise** in Betracht, wenn dies auf Grund besonderer Umstände der Billigkeit entspricht (→ Rn. 121 ff.).

52   **b) Tätigwerden nebeneinander.** Gesetzlich nicht geregelt ist der Fall, dass der Abschluss eines Kundengeschäftes nicht lediglich auf die Tätigkeit eines Handelsvertreters, sondern mehrerer Handelsvertreter zurückzuführen ist. Denkbar sind hier sowohl gemeinsame als auch getrennt voneinander erbrachte Bemühungen dieser Handelsvertreter. Da grds. jede mitverursachende Tätigkeit eines Handelsvertreters eine Provisionsanwartschaft gem. Abs. 1 S. 1 auslöst (→ Rn. 35 ff.), stellt sich die Frage, ob der Unternehmer allen mitursächlich tätig gewordenen Handelsvertretern jeweils die volle Provision schuldet, oder aber die Provision nur einmal entsteht und unter den an dem Geschäftsabschluss beteiligten Handelsvertretern aufzuteilen ist.

53   Vorweg ist klarzustellen, dass eine solche **Kollision von Provisionsansprüchen** mehrerer Handelsvertreter für die Mitverursachung ein und desselben Kundengeschäftes nur dann gegeben ist, wenn die beteiligten Handelsvertreter jeweils in zulässiger Weise tätig geworden sind und daher nach den allgemeinen Regelungen einen Provisionsanspruch erworben haben.[129] So erwirbt ein Handelsvertreter bspw. keinen Provisionsanspruch für Geschäfte mit Kunden, die von seinem Vertriebsrecht ausgenommen sind, selbst wenn er sich entgegen den Bestimmungen seines Handelsvertretervertrages um dieses Kundengeschäft bemüht hat. Gleiches gilt für Bemühungen eines Bezirksvertreters, Geschäfte mit Kunden mit Sitz außerhalb seines Bezirks zu vermitteln, obwohl ihm dies vertraglich untersagt ist.[130] In solchen Fällen besteht schon keine Provisionskollision und damit auch kein Bedürfnis zur Provisionsaufteilung.

54   Nach der hM steht **grds.** jedem beteiligten Handelsvertreter ein **Anspruch auf die volle Provision** zu, soweit er in zulässiger Weise tätig geworden ist.[131] In einer Zusammenschau der Rechtsprechung des BGH[132] kann eine Tendenz dahingehend gesehen werden, dass auch der BGH die Möglichkeit des ungekürzten Bestehens von Provisionsansprüchen mehrerer Handelsvertreter für ein und dasselbe Kundengeschäft akzeptiert. Dies entspricht wohl auch der Intention des Gesetzgebers, der – Abs. 3 S. 2 ausgenommen – die Möglichkeit einer Provisionsaufteilung nicht gesetzlich normiert hat, obwohl er hierzu bei der Änderung des Handelsvertreterrechts im Jahre 1989 Gelegenheit gehabt hatte.[133]

55   Es besteht somit seitens des Unternehmers ein großes Bedürfnis, dort, wo durch die Verzahnung seines Vertriebssystems die Möglichkeit einer Provisionskollision besteht, diese durch entsprechende vertragliche Regelungen in seinen Handelsvertreterverträgen zu vermeiden. Der Unternehmer kann in seinen Handelsvertreterverträgen bspw. vereinbaren, ob und in welcher Höhe Provisionsansprüche bestehen sollen, wenn sich mehrere seiner Handelsvertreter mitursächlich um den Abschluss desselben Kundengeschäftes bemüht haben.[134] Denkbar ist hier unter anderem die Vereinbarung eines Provisionsanspruches nur zu Gunsten desjenigen Handelsvertreters, der den Geschäftsabschluss maßgeblich herbeigeführt hat oder das Vorsehen einer Provisionsteilung entsprechend der Tatbeiträge oder zu gleichen Teilen.[135] Soweit eine Aufteilung des Provisionsanspruches im Einzelfall festzule-

---

[129] Westphal BB 1991, 2027 ff.

[130] MüKoHGB/Ströbl Rn. 58; Schröder DB 1963, 541; Westphal BB 1991, 2027.

[131] LAG Hamm BB 1993, 2236; MüKoHGB/Ströbl Rn. 57; Oetker/Busche Rn. 18; Küstner/Thume VertriebsR-HdB I Kap. V Rn. 105; Canaris HandelsR § 15 Rn. 64; Emde Rn. 118 ff.; Heymann/Stöber Rn. 25; Ebenroth/Boujong/Joost/Strohn/Löwisch Rn. 55; Krüger DB 1964, 1399 ff.; Westphal BB 1991, 2027 ff.; aA Knütel ZHR 144 (1980), 289 ff.

[132] BGH VersR 1971, 464; NJW 1960, 1996; DB 1957, 1222.

[133] Küstner/Thume VertriebsR-HdB I Kap. V Rn. 105; Ebenroth/Boujong/Joost/Strohn/Löwisch Rn. 55.

[134] MüKoHGB/Ströbl Rn. 59; Oetker/Busche Rn. 18; Küstner/Thume VertriebsR-HdB I Kap. V Rn. 110.

[135] MüKoHGB/Ströbl Rn. 59; Küstner/Thume VertriebsR-HdB I Kap. V Rn. 110.

gen ist (wie etwa bei einer Aufteilung nach Tatbeiträgen), sollte auch vertraglich festgelegt werden, wer über die Höhe der einzelnen Provisionsteile entscheidet.[136]

Fehlt es im Einzelfall an einer ausdr. Vereinbarung der Parteien, ist auch eine **still- 56 schweigende Teilungsabrede** der Parteien **möglich,** die jedoch besonders strengen Anforderungen unterliegt.[137] Eine stillschweigende Teilungsabrede kann etwa dann bejaht werden, wenn der Unternehmer seine einzelnen Handelsvertreter von Beginn an und für diese erkennbar in ein aus einer Vielzahl von Handelsvertretern bestehendes Vertriebssystem in der Weise einsetzt, dass mitursächliche Beiträge vom System her angelegt sind.[138] Dagegen kann eine solche stillschweigende Teilungsabrede regelmäßig nicht angenommen werden, wenn der Handelsvertreter keine Kenntnis von der Tätigkeit eines anderen Handelsvertreters hat.[139]

Besteht weder eine ausdr. noch eine stillschweigende Teilungsabrede, dann hat in den 57 Fällen der Mitursächlichkeit jeder Handelsvertreter, der für den Abschluss des Kundengeschäftes mitursächlich geworden ist, Anspruch auf die Provision in voller Höhe.[140] Eine Aufteilung ergibt sich in solchen Fällen nicht aus § 420 BGB und nur in Ausnahmefällen aus § 242 BGB.[141]

5. Sonderfälle. a) Dauerverträge. Im Rahmen von Dauerverträgen stellt sich die 58 Frage, wie unter Provisionsgesichtspunkten der Abschluss des vom Handelsvertreter ausgehandelten Dauervertrages selbst und derjenigen Geschäfte, die vom Unternehmer in Ausführung dieses Dauervertrages abgeschlossen werden, zu behandeln ist. Hierbei ist zwischen den verschiedenen Arten von Dauerverträgen zu unterscheiden.

aa) „Echte" Sukzessivlieferungsverträge. Unter einem „echten" Sukzessivliefe- 59 rungsvertrag, auch Ratenlieferungsvertrag genannt,[142] versteht man einen Kauf- oder Werklieferungsvertrag über eine festgelegte Menge oder Höchstmenge, deren Lieferung in Teilmengen erfolgt.[143] Typisches Charakteristikum ist, das die Parteien den gesamten Dauervertrag übereinstimmend als einheitliches Rechtsgeschäft verstehen.[144] Als Bsp. kann ein Zulieferer genannt werden, der sich verpflichtet, für eine bestimmte Dauer ein von vornherein in Qualität und Menge bestimmtes Produkt in wöchentlichen Teilmengen zu liefern. Diese Fallgruppe stellt aber auch bei Zulieferverträgen eher die Ausnahme dar.

Bei **Ratenlieferungsverträgen** erwirbt der Handelsvertreter **bereits mit dessen Ab- 60 schluss eine Provisionsanwartschaft** gem. Abs. 1 S. 1 im Hinblick auf alle in Zukunft erfolgenden Teillieferungen.[145] Ob diese Teillieferungen vor oder nach Beendigung des Handelsvertreterverhältnisses ausgeführt werden, ist für die Entstehung der Provisionsanwartschaft gem. Abs. 1 S. 1 gleichgültig. Lediglich die Fälligkeit des Provisionsanspruches richtet sich danach, wann die einzelnen Teillieferungen ausgeführt werden.[146] Wenn und soweit die Ausführung des Ratenlieferungsvertrages (Erbringung der Teillieferungen) erst

---

[136] MüKoHGB/Ströbl Rn. 59; Küstner/Thume VertriebsR-HdB I Kap. V Rn. 110.

[137] MüKoHGB/Ströbl Rn. 60; Baumbach/Hopt/Hopt Rn. 21; Emde Rn. 124; Küstner/Thume VertriebsR-HdB I Kap. V Rn. 111; Heymann/Stöber Rn. 25; Ebenroth/Boujong/Joost/Strohn/Löwisch Rn. 55.

[138] OLG Celle BB 1956, 61 (62); MüKoHGB/Ströbl Rn. 60; Baumbach/Hopt/Hopt Rn. 21; Emde Rn. 124; Küstner/Thume VertriebsR-HdB I Kap. V Rn. 111.

[139] MüKoHGB/Ströbl Rn. 60; Emde Rn. 124; Canaris HandelsR § 17 Rn. 64.

[140] MüKoHGB/Ströbl Rn. 61; Oetker/Busche Rn. 18; Baumbach/Hopt/Hopt Rn. 21; Emde Rn. 123 ff.; Ebenroth/Boujong/Joost/Strohn/Löwisch Rn. 55.

[141] MüKoHGB/Ströbl Rn. 61; Baumbach/Hopt/Hopt Rn. 21; Emde Rn. 125.

[142] Grüneberg/Grüneberg BGB Überbl. v. § 311 Rn. 27; Thume MDR 2011, 703 (705).

[143] Küstner/Thume VertriebsR-HdB I Kap. V Rn. 251; Grüneberg/Grüneberg BGB Überbl. v. § 311 Rn. 27; Thume MDR 2011, 703 (705).

[144] Thume MDR 2011, 703 (705).

[145] MüKoHGB/Ströbl Rn. 63; Oetker/Busche Rn. 14; Baumbach/Hopt/Hopt Rn. 38; Emde Rn. 64; Thume MDR 2011, 703 (705); Thume BB 2019, 835 (836); Wauschkuhn/Fröhlich BB 2010, 524 (527).

[146] Martinek/Semler/Flohr VertriebsR-HdB/Semler § 23 Rn. 3 ff.; Thume BB 2019, 835 (837); Wauschkuhn/Fröhlich BB 2010, 524 (527).

nach Ende des Handelsvertreterverhältnisses erfolgt, sind die Provisionen als Überhangprovisionen zu qualifizieren und nach Abs. 1 provisionspflichtig.[147] Bei Ratenlieferungsverträgen liegen somit keine nachvertraglichen Geschäftsabschlüsse gem. Abs. 3 (→ Rn. 105 ff.) vor.

61   **bb) Rahmenverträge mit/ohne Abnahmeverpflichtung.** Eine weitere Unterart eines Dauervertrages stellt ein Rahmenvertrag dar, in dem sich ein Kunde zum Bezug von Waren oder Dienstleistungen von dem vertretenen Unternehmen entschließt, ohne dass jedoch eine genau abzunehmende Menge vereinbart wird. In diesem Zusammenhang ist zwischen den Fällen zu unterscheiden, in denen eine Ausschließlichkeitsbindung vereinbart wird, wonach der Kunde seinen gesamten oder einen bestimmten Prozentsatz seines Bedarfs an dem jeweiligen Produkt beim durch den Handelsvertreter vertretenen Unternehmer einkaufen muss, und solchen, bei denen der Kunde in seiner Bezugsentscheidung gänzlich frei bleibt.

62   Der Abschluss des **Rahmenvertrages ohne Abnahmeverpflichtung** selbst begründet noch kein Umsatzgeschäft und **löst** damit **keine Provisionsanwartschaft** gem. Abs. 1 S. 1 **aus.**[148] Denn ob und gegebenenfalls welche Einzelgeschäfte in Ausführung dieses Rahmenvertrages zustande kommen, ist zum Zeitpunkt der Vermittlung des Rahmenvertrages völlig offen. Insofern handelt es sich bei den eventuellen späteren Einzelgeschäften um einzelne und für sich abgeschlossene Geschäfte, die unter den Voraussetzungen des Abs. 1 S. 1 eine Provisionsanwartschaft auslösen können.[149] Einzelgeschäfte, die nach Beendigung des Handelsvertreterverhältnisses abgeschlossen werden, begründen nur unter den Voraussetzungen des Abs. 3 einen nachvertraglichen Provisionsanspruch (→ Rn. 105 ff.).[150]

63   Hiervon sind Rahmenverträge zu unterscheiden, bei denen sich der Kunde verpflichtet, seinen gesamten künftigen Bedarf oder einen bestimmten Prozentsatz hiervon bei dem vom Handelsvertreter vertretenen Unternehmen zu decken (im Folgenden „Bezugsvertrag"). Typisches Merkmal solcher Bezugsverträge ist, dass sie zwar regelmäßig auf unbestimmte oder längere Zeit abgeschlossen werden, sich aber nicht auf eine bestimmte Liefermenge beziehen, weil sich diese nach dem Bedarf des Kunden richtet.[151] Beispielhaft kann hier (a) der Handelsvertreter einer Brauerei genannt werden, der Verträge mit Gastwirten und Hotels vermittelt, in denen diese sich verpflichten, Bier in der jeweils von ihnen benötigten Menge von der Brauerei zu beziehen, sowie (b) ein in der Kfz-Industrie tätiger Handelsvertreter, der für seinen Unternehmer eine Serienbestellung über die Belieferung eines Kunden in Höhe eines bestimmten Lieferanteils vermittelt. **Bezugsverträge** sind (mangels Zahlungsverpflichtung des Kunden) keine unmittelbaren Umsatzgeschäfte und damit in der Regel **provisionsrechtlich unbedeutend.**[152] Es gilt der Grundsatz, dass nur ein Geschäft, gemäß dem der Kunde zur Zahlung an den Verkäufer verpflichtet ist, ein provisionspflichtiges Geschäft darstellen kann.[153] Ein von diesem Grundsatz abweichender

---

[147] Thume MDR 2011, 703 (705); Thume BB 2019, 835 (837); Wauschkuhn/Fröhlich BB 2010, 524 (527).

[148] Staub/Emde Rn. 69; Emde Rn. 65; Thume BB 2019, 835 (837); Wauschkuhn/Fröhlich BB 2010, 524 (527); aA teilw. MüKoHGB/Ströbl Rn. 64 und Thume MDR 2011, 703 (705 ff.), die die Entstehung einer Provisionsanwartschaft bereits bei Abschluss des Rahmenvertrages bejahen, wenn der Handelsvertreter mit dem Abschluss solcher Verträge beauftragt ist.

[149] Staub/Emde Rn. 71; Emde Rn. 65; Wauschkuhn/Fröhlich BB 2010, 524 (527 f.).

[150] BGH ZVertriebsR 2016, 242 Rn. 21 und 29; OLG Koblenz BeckRS 2007, 17218; OLG Düsseldorf DB 1977, 817; Martinek/Semler/Flohr VertriebsR-HdB/Semler § 23 Rn. 3 ff.; Staub/Emde Rn. 71; Emde Rn. 65; Wauschkuhn/Fröhlich BB 2010, 524 (527 f.).

[151] Küstner/Thume VertriebsR-HdB I Kap. V Rn. 254; Grüneberg/Grüneberg BGB Überbl. v. § 311 Rn. 28; Thume MDR 2011, 703 (705); Wauschkuhn/Fröhlich BB 2010, 524 (528).

[152] BGH ZVertriebsR 2015, 171 Rn. 11 ff.; Staub/Emde Rn. 71; Emde Rn. 65; Wauschkuhn/Fröhlich BB 2010, 524 (528); aA teilw. Thume MDR 2011, 703 (705 ff.) und Thume BB 2019, 835 (837), der die Entstehung einer Provisionsanwartschaft bereits bei Abschluss des Bezugsvertrages bejaht, wenn der Handelsvertreter mit dem Abschluss solcher Verträge beauftragt ist.

[153] Emde EWiR 2015, 413 (414).

Parteiwille ist jedoch möglich. Ob ein solcher abweichender Parteiwille im Einzelfall vorliegt, ist durch Auslegung der von den Parteien getroffenen Provisionsabrede zu bestimmen.[154] Hat der Unternehmer den Handelsvertreter beispielsweise damit beauftragt, Bezugsverträge abzuschließen bzw. zu vermitteln und wird ein solcher während der Laufzeit des Handelsvertretervertrages abgeschlossen, so stellt dieser Bezugsvertrag das provisionspflichtige Geschäft gem. § 87 dar, und zwar unabhängig von etwaigen in Ausführung dieses Bezugsvertrages im Nachgang erfolgender Einzelgeschäfte.[155] Ob der Handelsvertreter in einer solchen Konstellation auch Anspruch auf Provision für die Einzelgeschäfte hat, hängt wiederum vom Parteiwillen ab. Aus der Pflicht des Handelsvertreters, Bezugsverträge abzuschließen bzw. zu vermitteln, ergibt sich nicht zwangsläufig auch ein Provisionsanspruch des Handelsvertreters im Hinblick auf die unter dem Bezugsvertrag abgeschlossenen Einzelgeschäfte.[156] Ist der Bezugsvertrag dagegen im konkreten Fall provisionsrechtlich unbedeutend, erlangt der Handelsvertreter eine Provisionsanwartschaft ggf. im Hinblick auf die in Ausführung des Bezugsvertrages abgeschlossenen Einzelgeschäfte. Ob und inwieweit dies der Fall ist, bemisst sich für vor Beendigung des Handelsvertreterverhältnisses abgeschlossene Einzelgeschäfte nach Abs. 1 S. 1 (→ Rn. 20 ff.).[157] Für die gem. Abs. 1 S. 1 notwendige Mitursächlichkeit der Tätigkeit des Handelsvertreters in Bezug auf den Abschluss des jeweiligen Einzelvertrag kann die bloße Vermittlung des Bezugsvertrages durch den Handelsvertreter im Einzelfall nicht ausreichend sein.[158] Inwiefern der Handelsvertreter für nach Beendigung des Handelsvertreterverhältnisses abgeschlossene Einzelgeschäfte eine Provisionsanwartschaft erwirbt, richtet sich nach Abs. 3 (→ Rn. 105 ff.).[159]

Ein Vergütungsanspruch des Handelsvertreters gem. § 354 ist abzulehnen.[160] Zwar hat **64** der BGH einen Rechtsstreit, in dem ein Handelsvertreter im Jahre 1949 einen Bezugsvertrag vermittelt hatte, aber während des Handelsvertreterverhältnisses keine Bestellungen erfolgten, an das Berufungsgericht zurückgewiesen, weil dieses nicht untersucht hatte, ob der Handelsvertreter eine Vermittlungsvergütung nach § 354 beanspruchen kann.[161] Der BGH wandte in diesem Urteil aber die vor der Handelsvertreternovelle von 1953 geltende Rechtslage an, die keine zu Abs. 3 vergleichbare Regelung kannte. Er musste sich deshalb des Rückgriffs auf § 354 bedienen, um zu einem – vermeintlich – gerechten Ergebnis zu kommen. Eines solchen Umweges über § 354 bedarf es wegen Abs. 3 nun aber nicht mehr. Bei Bezugsverträgen ist es wegen der Subsidiarität von § 354[162] weder möglich noch nötig, auf § 354 zurückzugreifen.[163]

b) Vorverträge. Der Abschluss eines **Vorvertrages** stellt keinen Geschäftsabschluss iSd **65** Abs. 1 S. 1 dar und **löst** damit grds. **keine Provisionsanwartschaft aus**[164], es sei denn der Handelsvertreter ist im Einzelfall mit der Vermittlung von Vorverträgen betraut. Selbst wenn der Vorvertrag eine Verpflichtung zum Abschluss des Hauptvertrages vorsieht, ist das Umsatzgeschäft noch nicht in der Form effektuiert, wie es nach dem Handelsvertretervertrag und den Leistungspflichten des Handelsvertreters notwendig ist.[165]

---

[154] BGH ZVertriebsR 2015, 171 Rn. 12 und 21; MüKoHGB/Ströbl Rn. 64; Emde EWiR 2015, 413 (414); Thume BB 2019, 835 (837).
[155] MüKoHGB/Ströbl Rn. 64.
[156] MüKoHGB/Ströbl Rn. 64; aA Thume BB 2019, 835 (837).
[157] Emde Rn. 65; Wauschkuhn/Fröhlich BB 2010, 524 (528); Emde EWiR 2015, 413 (414).
[158] So auch Emde EWiR 2015, 413 (414).
[159] OLG Koblenz BeckRS 2007, 17218; OLG Düsseldorf DB 1977, 817; Küstner/Thume VertriebsR-HdB I Kap. V Rn. 257; Emde Rn. 65; Wauschkuhn/Fröhlich BB 2010, 524 (528).
[160] Wauschkuhn/Fröhlich BB 2010, 524 (528); so wohl nun auch Emde EWiR 2015, 413 (414).
[161] BGH NJW 1958, 180; so auch Martinek/Semler/Flohr VertriebsR-HdB/Semler § 23 Rn. 7.
[162] GK-HGB/Schmidt § 354 Rn. 3; Emde EWiR 2015, 413 (414).
[163] Siehe hierzu ausf. Wauschkuhn/Fröhlich BB 2010, 524 (528).
[164] MüKoHGB/Ströbl Rn. 66; Oetker/Busche Rn. 12; Baumbach/Hopt/Hopt Rn. 7; Emde Rn. 62; aA v. Gamm NJW 1979, 2489 (2492).
[165] MüKoHGB/Ströbl Rn. 66; Emde Rn. 62.

66   **c) Optionsrecht.** Der Vorvertrag ist vom Optionsrecht[166] zu unterscheiden. Ein Optionsrecht ergibt sich aus einem bereits abgeschlossenen, aufschiebend bedingten Kaufvertrag. Der Handelsvertreter erwirbt somit gem. Abs. 1 S. 1 eine **Provisionsanwartschaft bereits mit Abschluss des unter der Bedingung der Ausübung der Option** durch den Kunden **stehenden Kundengeschäftes.**[167]

67   **6. Abweichende Vereinbarungen.** Die Vorschrift des Abs. 1 über die provisionspflichtigen Geschäfte ist innerhalb der allgemeinen Grenzen (§§ 134, 138, 226, 242 BGB) **dispositiv.**[168] Erst der aufschiebend bedingt entstandene Provisionsanspruch ist gem. § 87a Abs. 5 in gewissem Umfang der Privatautonomie entzogen (→ § 87a Rn. 44 f.). Von Abs. 1 abweichende Allgemeine Geschäftsbedingungen unterliegen darüber hinaus der Inhaltskontrolle gem. §§ 307 ff. BGB.[169]

68   Denkbar ist somit eine Abbedingung von Abs. 1 S. 1, soweit hierin nicht eine Umgehung des Ausgleichsanspruchs des Handelsvertreters gem. § 89b zu sehen ist.[170] So kann bspw. der Anspruch des Handelsvertreters auf Provisionen für Nachbestellungen gem. Abs. 1 S. 1 Alt. 2 ausgeschlossen werden.[171]

69   Möglich ist bspw. auch, unter Beachtung von § 87a Abs. 3, den Kreis der provisionspflichtigen Geschäfte individualvertraglich auf diejenigen Geschäfte zu beschränken, die während der Laufzeit des Handelsvertretervertrages ausgeführt werden.[172] Die dem Handelsvertreter hierdurch entgehenden Überhangprovisionen sind im Rahmen des Ausgleichsanspruchs gem. § 89b zu berücksichtigen.[173] Eine solche Regelung sollte auch in Allgemeinen Geschäftsbedingungen wirksam möglich sein, weil die dem Handelsvertreter hierdurch entstehenden Provisionsverluste im Rahmen der Berechnung seines Ausgleichsanspruchs zu berücksichtigen sind und der Handelsvertreter somit regelmäßig ausgleichsrechtlich entschädigt wird.[174]

70   Die Entstehung der Provisionsanwartschaft gem. Abs. 1 S. 1 kann auch auf solche Kundengeschäfte beschränkt werden, die allein auf die Tätigkeit des Handelsvertreters zurückzuführen sind.[175] Im Falle einer solchen Vereinbarung löst die bloße Mitursächlichkeit des Handelsvertreters für den Abschluss des Kundengeschäftes keine Provisionsanwartschaft aus. Gleichermaßen ist eine Beschränkung auf Kundengeschäfte zulässig, deren Abschluss überwiegend auf der Tätigkeit des Handelsvertreters beruht.[176]

71   Es empfiehlt sich aus Sicht des Unternehmers, besondere Regelungen in den Handelsvertretervertrag für den Fall vorzusehen, dass mehrere Handelsvertreter gleichzeitig nebeneinander tätig werden (→ Rn. 52 ff.). Anderenfalls gilt in Ermangelung auch einer stillschweigenden Teilungsabrede der Grundsatz, dass jedem beteiligten Handelsvertreter der Provisionsanspruch in voller Höhe zusteht (→ Rn. 54).

---

[166] Grüneberg/Ellenberger BGB Einf. v. § 145 Rn. 23.

[167] OLG Düsseldorf OLGR 1997, 146; MüKoHGB/Ströbl Rn. 67; Küstner/Thume VertriebsR-HdB I Kap. V Rn. 148; Emde Rn. 62.

[168] BGH NJW-RR 1998, 629 (630); MüKoHGB/Ströbl Rn. 68; Oetker/Busche Rn. 39; Emde Rn. 13; Ebenroth/Boujong/Joost/Strohn/Löwisch Rn. 81; Thume BB 2012, 975 (977).

[169] MüKoHGB/Ströbl Rn. 68; Oetker/Busche Rn. 39; Emde Rn. 13; Thume BB 2012, 975 (979).

[170] BGHZ 141, 253; Oetker/Busche Rn. 39; Baumbach/Hopt/Hopt Rn. 48; Thume BB 2012, 975 (977).

[171] MüKoHGB/Ströbl Rn. 71; Emde Rn. 14; Ebenroth/Boujong/Joost/Strohn/Löwisch Rn. 84; aA Schmidt ZHR 156 (1992), 512 (519).

[172] BGH NJW 2010, 298 Rn. 19; 1960, 1996 (1997); MüKoHGB/Ströbl Rn. 69; Baumbach/Hopt/Hopt Rn. 48; Thume BB 2012, 975 (977).

[173] MüKoHGB/Ströbl Rn. 69; Küstner/Thume VertriebsR-HdB I Kap. V Rn. 158.

[174] Offen gelassen von BGH NJW 2010, 298 Rn. 22; bejahend: OLG Frankfurt a. M. BeckRS 2011, 7287; OLG Jena BeckRS 2010, 30695; Ebenroth/Boujong/Joost/Strohn/Löwisch Rn. 84; zweifelnd Thume BB 2012, 975 (979 ff.); ablehnend: MüKoHGB/Ströbl Rn. 69; Staub/Emde § 89b Rn. 144.

[175] MüKoHGB/Ströbl Rn. 70; Emde Rn. 14.

[176] MüKoHGB/Ströbl Rn. 70; Emde Rn. 14.

IV. Bezirks- und Kundenkreisprovision (Abs. 2)

1. Allgemeines. a) Grundgedanke. Ist dem Handelsvertreter ein bestimmter Bezirk **72** oder ein bestimmter Kundenkreis zugewiesen worden (sog. Bezirksvertreter), erwirbt der Handelsvertreter gem. Abs. 2 S. 1 eine Provisionsanwartschaft auch für solche Kundengeschäfte, die der Unternehmer während der Laufzeit des Handelsvertretervertrages ohne seine Mitwirkung mit Personen seines Bezirks oder seines Kundenkreises abschließt. Im Vergleich zu dem Provisionsanspruch des Handelsvertreters für Nachbestellungen gem. Abs. 1 S. 1 Alt. 2 (→ Rn. 42 ff.) sind bei der Bezirksprovision gem. Abs. 2 S. 1 die Anforderungen an die Kausalität der Tätigkeit des Handelsvertreters für den Abschluss des Kundengeschäftes noch weiter gelockert.[177] Es bedarf demnach für die Bezirksprovision keiner Mitwirkung des Handelsvertreters beim Abschluss des jeweiligen Kundengeschäftes durch den Unternehmer. Die Bezirksprovision rechtfertigt sich vielmehr dadurch, dass der Bezirksvertreter die Wahrnehmung der Belange des Unternehmers in einem bestimmten Bezirk oder für einen bestimmten Kundenkreis ganz allgemein übernimmt und ihm dadurch über die durch seine Bemühungen im Einzelfall verdienten Provisionen gem. Abs. 1 eine weitere Vergütung gewährt werden soll.[178] Die Bezirksprovision stellt somit die synallagmatische Gegenleistung des Unternehmers für die Gesamtheit der von dem Bezirksvertreter gegenüber dem Unternehmer in Bezug auf den zugewiesenen Bezirk oder Kundenkreis geschuldeten Bemühungen dar.[179] Die §§ 320 ff. BGB finden daher Anwendung.[180]

b) Verhältnis zu Abs. 1. Die Bezirksprovision gem. Abs. 2 schließt keine Provisions- **73** ansprüche gem. Abs. 1 aus, sondern ergänzt diese vielmehr.[181] Dem Bezirksvertreter wird jedoch durch Abs. 2 grds. **kein zusätzlicher Provisionsanspruch neben** dem Provisionsanspruch nach **Abs. 1** gewährt.[182] Steht dem Bezirksvertreter eine Provision bereits gem. Abs. 1 zu, weil der Abschluss des Kundengeschäftes auf seine Tätigkeit zurückzuführen ist oder eine provisionspflichtige Nachbestellung vorliegt, kann dieser nicht zusätzlich noch eine Bezirksprovision geltend machen. Dem Bezirksvertreter steht in diesem Fall keine zusätzliche Bezirksprovision nach Abs. 2, sondern nur eine Provision nach Abs. 1 zu. Die Unterscheidung kann unter anderem dann eine Rolle spielen, wenn die Parteien für die Bezirksprovision andere Bedingungen wie etwa einen niedrigeren Provisionssatz vereinbart haben.[183]

c) Versicherungs- und Bausparkassenvertreter. Gem. § 92 Abs. 3 S. 2 und Abs. 5 **74** gilt § 87 Abs. 2 nicht für Versicherungs- und Bausparkassenvertreter. Selbst wenn einem **Versicherungs- oder Bausparkassenvertreter** ein bestimmter Bezirk oder Kundenkreis zugewiesen wird, steht diesem somit keine Bezirksprovision gem. § 87 Abs. 2 zu. Grund für diese gesetzgeberische Wertung ist, dass eine solche Zuweisung in der Versicherungswirtschaft regelmäßig nicht die Bedeutung hat, dass der Vertreter eine Provision auch ohne seine Mitwirkung erhalten soll.[184]

2. Bezirksvertretereigenschaft. a) Vereinbarung. Der Handelsvertreter ist dann als **75** Bezirksvertreter zu qualifizieren, wenn ihm durch Vereinbarung die Kundenpflege für einen bestimmten Bezirk oder einen bestimmten Kundenkreis übertragen wird und er als

---

[177] Küstner/Thume VertriebsR-HdB I Kap. V Rn. 73.
[178] BGH NJW 1964, 1622 (1623); Küstner/Thume VertriebsR-HdB I Kap. V Rn. 90.
[179] BGH NJW 1984, 2411; BeckRS 1976, 31066636; NJW 1964, 1622 (1623); 1958, 180; Oetker/Busche Rn. 21; Baumbach/Hopt/Hopt Rn. 28; Küstner/Thume VertriebsR-HdB I Kap. V Rn. 90.
[180] BGH NJW 1959, 1490; MüKoHGB/Ströbl Rn. 75; Emde Rn. 97.
[181] MüKoHGB/Ströbl Rn. 76; Oetker/Busche Rn. 21; Küstner/Thume VertriebsR-HdB I Kap. V Rn. 92; Ebenroth/Boujong/Joost/Strohn/Löwisch Rn. 64.
[182] MüKoHGB/Ströbl Rn. 76; Küstner/Thume VertriebsR-HdB I Kap. V Rn. 92.
[183] MüKoHGB/Ströbl Rn. 76.
[184] BT-Drs. 1/3856, 9, 23.

Gegenleistung hierfür auch eine Provision in Bezug auf ohne seine Mitwirkung abgeschlossene Kundengeschäfte des Unternehmers innerhalb dieses Bezirks oder mit diesem Kundenkreis erhalten soll.[185] Eine solche Vereinbarung kann sowohl ausdr. als auch stillschweigend getroffen werden.[186] Die **Begründung einer Bezirksvertretung** ist nicht der gesetzliche Regelfall. Sie kann daher **nicht ohne hinreichende Anhaltspunkte** angenommen werden.[187] Letztlich kommt es auf das Ergebnis einer Auslegung des Handelsvertretervertrages an.[188]

76   Die bloße Zuweisung eines bestimmten Vertragsgebietes reicht in der Regel nicht für die Annahme der Begründung einer Bezirksvertretung aus.[189] Hierin ist in der Regel lediglich eine Begrenzung des Wirkungskreises des Handelsvertreters zu sehen, nicht aber die Begründung einer Bezirksvertretung. Auch die bloße Bezeichnung als „Generalvertreter" ist nicht eindeutig.[190] Dagegen ist von einer Bezirksvertretung auszugehen, wenn der Handelsvertreter in dem Handelsvertretervertrag ausdr. als „Bezirksvertreter" genannt ist.[191] Gleiches gilt, wenn dem Handelsvertreter eine Provision auch für solche Geschäfte versprochen wird, die innerhalb eines bestimmten Bezirks von Dritten[192] oder unabhängig von einer mitursächlichen Tätigkeit des Handelsvertreter abgeschlossen werden[193]. Auch eine Klausel, die eine Provisionspflicht für alle „direkten und indirekten" oder „unmittelbaren und mittelbaren" Kundengeschäfte statuiert, reicht zur Annahme einer Bezirksvertretung aus.[194] Um Rechtsunsicherheit zu vermeiden, sollte daher in dem Handelsvertretervertrag insbesondere klar zum Ausdruck gebracht werden, ob tatsächlich eine Bezirksvertretung oder lediglich eine Einschränkung des Wirkungskreises des Handelsvertreters gewollt ist.

77   Ist eine Bezirksvertretung begründet worden, ist dem Bezirksvertreter **nicht ohne Weiteres eine Tätigkeit außerhalb seines Bezirks oder seines Kundenkreises untersagt.**[195] Betätigt sich der Bezirksvertreter folglich mit Zustimmung des Unternehmers außerhalb seines Bezirks oder Kundenkreises und vermittelt dem Unternehmer hierdurch erfolgreich den Abschluss eines Kundengeschäftes, erwirbt er in der Regel auch für solche Kundengeschäfte die volle Provisionsanwartschaft gem. Abs. 1 S. 1.[196] Duldet der Unternehmer über einen längeren Zeitraum eine außerbezirkliche Tätigkeit des Bezirksvertreters, kann darin im Einzelfall eine stillschweigende Erweiterung des dem Bezirksvertreter zugewiesenen Bezirks oder Kundenkreises gesehen werden.[197]

78   Den Parteien steht es jedoch **frei, dem Bezirksvertreter eine außerbezirkliche Tätigkeit zu untersagen.** Dies ist unter anderem sinnvoll, um eine doppelte Provisionsbelastung des Unternehmers zu vermeiden (→ Rn. 52 ff. und 92). Eine Beschränkung des Bezirksvertreters auf den ihm zugewiesenen Bezirk oder Kundenkreis kann sich konkludent dann

---

[185] BT-Drs. 1/3856, 9, 23; MüKoHGB/Ströbl Rn. 79; Oetker/Busche Rn. 22.
[186] OLG Düsseldorf DB 1968, 611; MüKoHGB/Ströbl Rn. 79; Oetker/Busche Rn. 22; Emde Rn. 92.
[187] Vgl. OLG Düsseldorf DB 1968, 611; Oetker/Busche Rn. 22; Emde Rn. 91.
[188] BGH BeckRS 1982, 30390692; OLG Düsseldorf NJW 1982, 1231 (1232); OLG Karlsruhe HVR Nr. 1156; Oetker/Busche Rn. 22.
[189] BGH BeckRS 1982, 30390692; OLG Karlsruhe OLGR 2005, 847 (849); OLG Düsseldorf HVR Nr. 1083; wohl auch OLG München ZVertriebsR 2016, 31 Rn. 22 (im Ergebnis aber offen gelassen); MüKoHGB/Ströbl Rn. 83; Oetker/Busche Rn. 22; Ebenroth/Boujong/Joost/Strohn/Löwisch Rn. 60, 65 f.
[190] Oetker/Busche Rn. 22; Baumbach/Hopt/Hopt Rn. 25; Küstner/Thume VertriebsR-HdB I Kap. V Rn. 79.
[191] MüKoHGB/Ströbl Rn. 80; Küstner/Thume VertriebsR-HdB I Kap. V Rn. 79.
[192] BGH BeckRS 1982, 30390692; MüKoHGB/Ströbl Rn. 80.
[193] OLG Karlsruhe ZVertriebsR 2015, 40 Rn. 19 (dem Handelsvertreter waren bestimmte Gebiete als „exklusiv und somit in jedem Fall verprovisionierungspflichtig" übertragen worden); OLG München ZVertriebsR 2016, 31 Rn. 22 (der Handelsvertreter sollte eine Provision „für alle fakturierten Geschäfte innerhalb des Vertragsgebietes" erhalten).
[194] BGH DB 1956, 95; MüKoHGB/Ströbl Rn. 80; Küstner/Thume VertriebsR-HdB I Kap. V Rn. 79.
[195] BGH NJW-RR 2006, 976 Rn. 13; MüKoHGB/Ströbl Rn. 81; Oetker/Busche Rn. 23; Baumbach/Hopt/Hopt Rn. 28; Küstner/Thume VertriebsR-HdB I Kap. V Rn. 93; Emde Rn. 94.
[196] BGH NJW-RR 2006, 976 Rn. 17; MüKoHGB/Ströbl Rn. 81; Emde Rn. 94.
[197] BGH NJW-RR 2006, 976 Rn. 18; MüKoHGB/Ströbl Rn. 81.

ergeben, wenn das gesamte Absatzgebiet des Unternehmers in Kenntnis des Handelsvertreters in Bezirke mit Bezirksvertretern aufgeteilt ist.[198]

b) Abgrenzung zur Alleinvertretung. Die Bezirksvertretung ist von der Alleinvertretung zu unterscheiden. Während dem Bezirksvertreter lediglich ein Provisionsanspruch für sämtliche in dem ihm zugewiesenen Bezirk oder mit dem ihm zugewiesenen Kundenkreis abgeschlossenen Kundengeschäfte zusteht, wird dem Alleinvertreter in Bezug auf einen bestimmten Bezirk oder Kundenkreis das **exklusive Vertriebsrecht** eingeräumt.[199] Eine derartige **Exklusivität** ist **mit der Vereinbarung einer Bezirksvertretung regelmäßig nicht verbunden.**[200] Bezirksvertretung und Alleinvertretung schließen sich jedoch nicht aus. Vielmehr können sie miteinander verbunden werden. Maßgeblich ist der Inhalt der Parteivereinbarung. An die Annahme der Vereinbarung einer Alleinvertretung sind jedoch strengere Anforderungen zu stellen.[201] Es bedarf hierfür einer klaren und eindeutigen Vereinbarung zwischen den Parteien, dass dem Handelsvertreter das exklusive Vertriebsrecht für ein bestimmtes Gebiet oder einen bestimmten Kundenkreis eingeräumt werden soll.[202] Hierfür reicht die Bezeichnung „Generalvertreter" in der Regel nicht aus.[203]   **79**

Ist eine Alleinvertretung vereinbart, verstößt der Unternehmer bei einem Direktabschluss gegen seine Vertragspflichten, mit der Folge, dass dem Alleinvertreter Schadensersatzansprüche (insbesondere auf entgangenen Gewinn) gegen den Unternehmer zustehen.[204] Je nach Schwere des Verstoßes kann der Alleinvertreter auch zur fristlosen Kündigung des Handelsvertretervertrages aus wichtigem Grund gem. § 89a berechtigt sein.[205] Schließt der Unternehmer dagegen im Falle einer Bezirksvertretung ein Kundengeschäft direkt ab, erwirbt der Bezirksvertreter lediglich eine Provisionsanwartschaft.   **80**

3. Provisionspflichtige Geschäfte. a) Art der Geschäfte. Der Bezirksvertreter erwirbt gem. Abs. 2 eine Provisionsanwartschaft für solche Kundengeschäfte, die ohne seine Mitwirkung während der Laufzeit des Handelsvertretervertrages mit Kunden seines Bezirks oder seines Kundenkreises abgeschlossen werden.[206] Die Provisionsanwartschaft des Bezirksvertreters entsteht somit **auch bei Direktgeschäften des Unternehmers oder von Dritten vermittelte Kundengeschäfte.** Die Tatsache, dass ein anderer Vertreter an dem Abschluss des Kundengeschäftes mitgewirkt hat und diesem dafür ein Provisionsanspruch zusteht, hat somit keine Auswirkung auf die Entstehung der Provisionsanwartschaft zugunsten des Bezirksvertreters.[207]   **81**

Der Bezirksvertreter erwirbt eine Bezirksprovision jedoch nur in Bezug auf solche Kundengeschäfte, die von seiner Vermittlungs- bzw. Abschlusspflicht erfasst sind. Denn ebenso wie für die Provisionsansprüche gem. Abs. 1 bildet auch für die Provisionsansprüche gem. Abs. 2 stets der Handelsvertretervertrag die Grundlage des Anspruchs.[208] Einziger Unterschied zu dem Provisionsanspruch gem. Abs. 1 ist somit, dass für die Bezirksprovision   **82**

---

[198] Oetker/Busche Rn. 23; Baumbach/Hopt/Hopt Rn. 28; Emde Rn. 94; Ebenroth/Boujong/Joost/Strohn/Löwisch Rn. 63; aA wohl Küstner/Thume VertriebsR-HdB I Kap. V Rn. 93.

[199] OLG Karlsruhe OLGR 2005, 847 (848); MüKoHGB/Ströbl Rn. 88; Oetker/Busche Rn. 23; Baumbach/Hopt/Hopt Rn. 8.

[200] OLG Karlsruhe ZVertriebsR 2015, 40 Rn. 20; Oetker/Busche Rn. 23; Ebenroth/Boujong/Joost/Strohn/Löwisch Rn. 62.

[201] MüKoHGB/Ströbl Rn. 89.

[202] OLG Karlsruhe ZVertriebsR 2015, 40 Rn. 20; MüKoHGB/Ströbl Rn. 89.

[203] MüKoHGB/Ströbl Rn. 89.

[204] BGH BB 2001, 115; BeckRS 1975, 31066204; MüKoHGB/Ströbl Rn. 88; Baumbach/Hopt/Hopt Rn. 24; Küstner/Thume VertriebsR-HdB I Kap. V Rn. 79.

[205] OLG Düsseldorf HVR Nr. 468; MüKoHGB/Ströbl Rn. 88; Baumbach/Hopt/Hopt Rn. 24.

[206] EuGH EuZW 2008, 215 (216); MüKoHGB/Ströbl Rn. 90; Oetker/Busche Rn. 24.

[207] EuGH EuZW 1997, 248 (249); BGH NJW 1958, 180; Oetker/Busche Rn. 24; Baumbach/Hopt/Hopt Rn. 30.

[208] MüKoHGB/Ströbl Rn. 90.

gem. Abs. 2 **keine Mitwirkung des Bezirksvertreters** in Bezug auf das konkrete Kundengeschäft **notwendig** ist. Zum Verhältnis zwischen Abs. 1 und Abs. 2 → Rn. 73.

83   **b) Zugehörigkeit zum Bezirk oder Kundenkreis.** Die Entstehung der Bezirksprovision setzt ferner voraus, dass das Kundengeschäft mit einem Kunden geschlossen wird, der dem Bezirk oder Kundenkreis des Bezirksvertreters angehört. Es kommt also für die Entstehung der Bezirksprovision darauf an, ob der jeweilige Kunde bezirksansässig ist oder dem Kundenkreis des Bezirksvertreters zugerechnet werden kann.[209] Für die Bezirksansässigkeit kommt es **maßgeblich** auf den **Geschäftssitz des Kunden** an.[210] Grund hierfür ist der Sinn der Bezirksprovision, der darin liegt, dem Bezirksvertreter für die allgemeine Wahrnehmung der Belange des Unternehmers in einem bestimmten Bezirk oder für einen bestimmten Kundenkreis über die durch seine Bemühungen im Einzelfall verdienten Provisionen gem. Abs. 1 eine weitere Vergütung als Gegenleistung zu gewähren (→ Rn. 72). Unerheblich sind damit insbesondere der Leistungsort und der Erfüllungsort des vereinbarten Kundengeschäftes.[211] Auch auf den Ort des Geschäftsabschlusses kommt es nicht an.[212] Eine andere Beurteilung kann jedoch dann angezeigt sein, wenn der Kunde und der Unternehmer vorsätzlich zusammenwirken, um den Bezirksvertreter um die Bezirksprovision zu bringen.[213] Handelt es sich bei einem Kunden um eine juristische Person, deren Sitz nicht am Ort der Ausübung ihrer Geschäftätigkeit gelegen ist, ist nach Ansicht des EuGH der Ort ihrer tatsächlichen geschäftlichen Tätigkeit maßgeblich.[214] Übt eine juristische Person ihre geschäftliche Tätigkeit an verschiedenen Orten aus, können für die Feststellung des Schwerpunktes des vorgenommenen Kundengeschäftes andere Elemente, namentlich der Verhandlungsort, der Lieferort oder der Ort der die Bestellung aufgebenden Niederlassung, berücksichtigt werden.[215] Zu den Sonderfällen im Einzelnen → Rn. 93 ff.

84   Bspw. erhält der Bezirksvertreter für ein mit einem bezirksangehörigen Kunden abgeschlossenes Kundengeschäft eine Bezirksprovision unabhängig davon, dass die Ware an einen Ort außerhalb des ihm zugewiesenen Bezirks geliefert werden soll.[216] Die Bezirksprovision entsteht auch, wenn ein außerhalb des Bezirks sitzender Fabrikant im Namen und für Rechnung eines bezirksangehörigen Kunden Rohmaterialien bestellt, um diese sodann zu be- oder verarbeiten und anschließend an den bezirksangehörigen Kunden zu liefern.[217]

85   Dagegen ist bspw. eine nur vorübergehende Anwesenheit des Kunden im Bezirk im Zweifel nicht ausreichend.[218] Eine Bezirksprovision entsteht ebenso nicht, wenn ein außerbezirklicher Kunde Waren bei dem Unternehmer mit der Absicht bestellt, diese sogleich an einen bezirksangehörigen Dritten zu liefern.[219]

86   Die Frage, welcher Bezirk oder Kundenkreis dem Handelsvertreter vertraglich zugewiesen wurde, ist durch Vertragsauslegung unter Berücksichtigung der Verkehrssitte zu bestimmen.[220]

87   **c) Abschluss während der Vertragslaufzeit.** Gem. dem Wortlaut des Abs. 2 setzt die Entstehung des Bezirksprovisionsanspruches des Weiteren voraus, dass das Kundengeschäft

---

[209] MüKoHGB/Ströbl Rn. 91; Oetker/Busche Rn. 25; Küstner/Thume VertriebsR-HdB I Kap. V Rn. 81.
[210] BGH BeckRS 1976, 31066636; 1978, 31066783; Emde Rn. 102.
[211] BGH NJW 1958, 180; MüKoHGB/Ströbl Rn. 91; Küstner/Thume VertriebsR-HdB I Kap. V Rn. 81.
[212] BT-Drs. 1/3856, 22 f.; MüKoHGB/Ströbl Rn. 91; Baumbach/Hopt/Hopt Rn. 26; Küstner/Thume VertriebsR-HdB I Kap. V Rn. 81.
[213] Küstner/Thume VertriebsR-HdB I Kap. V Rn. 82.
[214] EuGH BeckRS 2004, 74064.
[215] EuGH BeckRS 2004, 74064.
[216] BGH NJW 1958, 180; vgl. auch OLG Celle DB 1956, 61; MüKoHGB/Ströbl Rn. 92.
[217] LG Bochum BB 1958, 895; MüKoHGB/Ströbl Rn. 92; Küstner/Thume VertriebsR-HdB I Kap. V Rn. 88.
[218] MüKoHGB/Ströbl Rn. 93; Oetker/Busche Rn. 25; Ebenroth/Boujong/Joost/Strohn/Löwisch Rn. 70.
[219] BGH BB 1960, 895; MüKoHGB/Ströbl Rn. 93.
[220] MüKoHGB/Ströbl Rn. 93.

während der Laufzeit des Handelsvertretervertrages abgeschlossen wird. Es bestehen insoweit keine Besonderheiten zum Provisionsanspruch gem. Abs. 1 (→ Rn. 30 ff.).

Abs. 2 setzt aber darüber hinaus voraus, dass dem Handelsvertreter zum Zeitpunkt des **88** Abschlusses des Kundengeschäftes eine Bezirksvertretung eingeräumt war. Wird die Bezirksvertretung etwa erst nachträglich, dh nach Begründung des Handelsvertretervertrages, vertraglich vereinbart, steht dem Handelsvertreter für die vor Vereinbarung der Bezirksvertretung abgeschlossenen Kundengeschäfte keine Bezirksprovision gem. Abs. 2 zu. Wird die Bezirksvertretung rechtswirksam aufgehoben, ohne den Handelsvertretervertrag zu beenden, erwirbt der Handelsvertreter für Kundengeschäfte, die nach Aufhebung der Bezirksvertretung abgeschlossen werden, keine Bezirksprovision mehr.

d) Mitwirkung des Handelsvertreters. Der Bezirksprovisionsanspruch entsteht **un-** **89** **abhängig von** einer **Mitwirkung des Bezirksvertreters** an dem Abschluss des Geschäftes mit dem bezirksangehörigen Kunden.[221] Grund hierfür ist, dass die Bezirksprovision die **Gegenleistung für** die **Gesamtbemühungen** des Bezirksvertreters statt für konkrete Vermittlungsbemühungen darstellt. Es ist somit für die Entstehung der Bezirksprovision unbedeutend, weshalb das konkrete Kundengeschäft ohne die Mitwirkung des Bezirksvertreters abgeschlossen worden ist. Eine krankheitsbedingte[222] oder aus anderen von ihm zu vertretenden oder nicht zu vertretenden Gründen[223] bedingte Untätigkeit des Bezirksvertreters (→ Rn. 95 ff.) ist somit grds. unschädlich. Entsprechend ist es auch unschädlich, wenn der Bezirksvertreter nach einer unberechtigten fristlosen Kündigung des Handelsvertretervertrages durch den Unternehmer seine Tätigkeit einstellt.[224] Schließt der Unternehmer in einem solchen Fall bis zum nächsten ordentlichen Kündigungstermin noch Kundengeschäfte ab, steht dem Bezirksvertreter hierfür eine Bezirksprovision zu.[225] Der Bezirksvertreter braucht sich etwaige ersparte Aufwendungen nicht anrechnen zu lassen.[226] Da es sich bei dem Anspruch auf Bezirksprovision um einen vertraglichen Erfüllungsanspruch und nicht um einen Schadensersatzanspruch handelt, kommt eine Minderung dieses Anspruchs unter dem Gesichtspunkt der Ersparnis oder der Möglichkeit eines anderweitigen Erwerbs (§ 615 S. 2 BGB) oder aus dem Gesichtspunkt der Vorteilsausgleichung nicht in Betracht.[227]

e) Mitwirkung des Unternehmers. Die Entstehung des Anspruchs auf Bezirksprovisi- **90** on setzt jedoch voraus, dass der Unternehmer an dem Abschluss des Geschäftes mit dem bezirksangehörigen Kunden beteiligt war. Eine Bezirksprovision entsteht damit nicht, wenn das Kundengeschäft mit einem Dritten (etwa ein selbstständiger Zwischenhändler) abgeschlossen wird, ohne dass der Unternehmer hieran unmittelbar oder zumindest mittelbar beteiligt gewesen ist.[228] Das Vorliegen einer solchen Beteiligung des Unternehmers ist unter Berücksichtigung des Schutzgedankens von Art. 7 Abs. 2 Handelsvertreter-RL und von Treu und Glauben zu bestimmen.[229]

---

[221] EuGH EuZW 1997, 249; NJW 2008, 1211; MüKoHGB/Ströbl Rn. 96, 108.
[222] BGH NJW 1964, 1622 (1623); OLG Braunschweig NJW-RR 1994, 34 (35); MüKoHGB/Ströbl Rn. 96, 108; Oetker/Busche Rn. 24; Baumbach/Hopt/Hopt Rn. 31.
[223] BGH BeckRS 1978, 31066783 (zeitweise Unterbrechung der Geschäftsverbindung); OLG Hamm HVR Nr. 964 (Wehrdienst).
[224] BGH NJW-RR 1992, 1059 (1060); MüKoHGB/Ströbl Rn. 96; Oetker/Busche Rn. 24; Baumbach/Hopt/Hopt Rn. 31.
[225] BGH NJW-RR 1992, 1059 (1060 f.); MüKoHGB/Ströbl Rn. 96; Oetker/Busche Rn. 24; Ebenroth/Boujong/Joost/Strohn/Löwisch Rn. 14, 68.
[226] BGH NJW-RR 1992, 1059 (1060); NJW 1959, 1490; OLG Köln HVR 565; Oetker/Busche Rn. 24; Ebenroth/Boujong/Joost/Strohn/Löwisch Rn. 14.
[227] BGH NJW-RR 1992, 1059 (1060); MüKoHGB/Ströbl Rn. 96; Oetker/Busche Rn. 24.
[228] EuGH NJW 2008, 1211 mit krit. Anm. Beier EWS 2008, 337; MüKoHGB/Ströbl Rn. 97; Emde Rn. 96.
[229] EuGH NJW 2008, 1211 (1212); MüKoHGB/Ströbl Rn. 97.

91 4. Beteiligung mehrerer Handelsvertreter am Geschäftsabschluss. a) Tätigwerden nacheinander (Abs. 2 S. 2). Der Anspruch auf Bezirksprovision entsteht gem. Abs. 2 S. 2 nicht für während der Vertragslaufzeit abgeschlossene Geschäfte mit bezirksansässigen Kunden, wenn und soweit die Provision gem. Abs. 3 dem ausgeschiedenen Handelsvertreter zusteht (→ Rn. 105 ff.). Für die Bezirksprovision gilt somit dasselbe wie für die Provision gem. Abs. 1 S. 1 (→ Rn. 51). **Soweit dem ausgeschiedenen Handelsvertreter** also für ein Kundengeschäft **ein Provisionsanspruch** gem. Abs. 3 zusteht, **entfällt der Anspruch seines Nachfolgers** auch auf die Bezirksprovision.

92 b) Tätigwerden nebeneinander. Wird ein Bezirksvertreter neben einem anderen Handelsvertreter tätig, stellt sich wie bei der Vermittlungs- und Abschlussprovision gem. Abs. 1 S. 1 auch in Bezug auf die Bezirksprovision gem. Abs. 2 die Frage, ob den nebeneinander tätigen Handelsvertretern trotz **Provisionskollision** der volle Provisionsanspruch zusteht. Besteht weder eine ausdr. noch eine stillschweigende Teilungsabrede, dann gilt auch in Bezug auf den Bezirksvertreter, dass es an einer **Rechtsgrundlage für eine Kürzung seines Anspruchs auf die Bezirksprovision fehlt,** nur weil ein anderer Handelsvertreter gem. Abs. 1 oder Abs. 2 für dasselbe Kundengeschäft ebenso einen Provisionsanspruch erworben hat.[230] Zu den Einzelheiten → Rn. 52 ff.

93 5. Sonderfälle. a) Haupt- und Zweigniederlassung. Schließt ein Unternehmer ein Kundengeschäft mit der Zweigniederlassung eines Kunden, dann ist, da die Zweigniederlassung über keine eigene Rechtspersönlichkeit verfügt, stets die Hauptniederlassung des Kunden Vertragspartner des Unternehmers. Zwar spricht dies formaljuristisch für die Entstehung einer Bezirksprovision zugunsten desjenigen Bezirksvertreters, der für den Bezirk der Hauptniederlassung zuständig ist. Dem Sinn und Zweck der Bezirksprovision als Gegenleistung für die Gesamtbemühungen des Bezirksvertreters in dem ihm zugewiesenen Bezirk entspricht dieses Ergebnis jedoch nicht. Hat die Hauptniederlassung ihrer Zweigniederlassung eine Geschäftsführungsbefugnis erteilt, ist die Zweigniederlassung selbstständig entscheidungsbefugt und somit berechtigt, selbst mit dem Unternehmer über den Abschluss eines Kundengeschäftes zu verhandeln. Kommt es sodann zu einem Vertragsabschluss, erwirbt der für den Bezirk der Zweigniederlassung zuständige Bezirksvertreter den Anspruch auf die Bezirksprovision, während der für die Hauptniederlassung zuständige Bezirksvertreter leer ausgeht.[231] Beauftragt dagegen die Hauptniederlassung den Unternehmer, erwirbt der für die Hauptniederlassung zuständige Bezirksvertreter den Anspruch auf die Bezirksprovision, selbst wenn die Ware an die in einem anderen Bezirk belegene Zweigniederlassung geliefert wird.[232] **Maßgeblich** ist somit, **ob** im Einzelfall die **Hauptniederlassung oder** die **Zweigniederlassung in selbstständiger Entscheidungsbefugnis das Kundengeschäft abgeschlossen hat.**[233] Im Einzelfall kann die Bestimmung, ob eine ausreichende selbstständige Entscheidung der Zweigniederlassung gegeben ist, schwierig sein.[234] In der Regel ist von einer ausreichenden selbstständigen Entscheidungsbefugnis der Zweigniederlassung auszugehen, wenn diese per Stammorder der Hauptniederlassung zur selbstständigen Aufgabe von Bestellungen im Namen und für Rechnung der Hauptniederlassung ermächtigt worden ist.[235]

94 b) Sitzverlegung eines Bezirkskunden. Verlegt ein Bezirkskunde seinen Sitz in einen anderen Bezirk, ergeben sich oft Probleme bei der Bestimmung, für welchen Bezirksver-

---

[230] MüKoHGB/Ströbl Rn. 99.
[231] BGH BeckRS 1976, 31066636; 1956, 31205531; MüKoHGB/Ströbl Rn. 100; Oetker/Busche Rn. 13, 25; Küstner/Thume VertriebsR-HdB I Kap. V Rn. 117.
[232] MüKoHGB/Ströbl Rn. 100; Küstner/Thume VertriebsR-HdB I Kap. V Rn. 116; Maier BB 1970, 1327 (1328).
[233] BGH BeckRS 1978, 31066783; 1956, 31205531; MüKoHGB/Ströbl Rn. 100; Küstner/Thume VertriebsR-HdB I Kap. V Rn. 117.
[234] vgl. BGH BeckRS 1978, 3106678.
[235] MüKoHGB/Ströbl Rn. 101; Küstner/Thume VertriebsR-HdB I Kap. V Rn. 117; Emde Rn. 105.

treter ein provisionspflichtiges Kundengeschäft vorliegt. Unstreitig entsteht die Bezirksprovision gem. Abs. 2 für alle bis zur Sitzverlegung abgeschlossenen Kundengeschäfte zugunsten des bisher zuständigen Bezirksvertreter und für alle nach Sitzverlegung abgeschlossenen Kundengeschäfte zugunsten des Bezirksvertreters, in dessen Bezirk der Kunde seinen Sitz verlegt hat.[236] Nach richtiger Auffassung verbleibt dem bislang zuständigen Bezirksvertreter aber für Nachbestellungen iSv Abs. 1 S. 1 Alt. 2 ein entsprechender Provisionsanspruch, wenn er den Kunden für Geschäfte der nach der Sitzverlegung abgeschlossenen Art geworben hat (→ Rn. 42 ff.).[237] Denn der Provisionsanspruch für Nachbestellungen gem. Abs. 1 S. 1 Alt. 2 ist anders als der Anspruch auf Bezirksprovision nicht von der Bezirkszugehörigkeit abhängig.[238] Bei der Sitzverlegung eines Kunden ist daher dem Unternehmer anzuraten, schnellstmöglich eine Teilungsabrede mit den beiden Handelsvertretern zu vereinbaren.

c) Untätigkeit des Bezirksvertreters. Bei Untätigkeit des Bezirksvertreters stellt sich **95** die Frage, ob dieser dennoch eine Provisionsanwartschaft gem. Abs. 2 erwirbt. Zu denken ist hier an eine Untätigkeit des Bezirksvertreters bedingt durch (i) Krankheit, (ii) unverschuldete Arbeitsunfähigkeit oder (iii) eine Pflichtverletzung des Bezirksvertreters.

Bei **krankheitsbedingter Untätigkeit** ist dem Bezirksvertreter die **Bezirksprovision 96** gem. den vertraglichen Regelungen **zu zahlen,** solange das Handelsvertreterverhältnis besteht.[239] **Gleiches gilt** im Falle der **unverschuldeten vorübergehenden Arbeitsunfähigkeit.**[240] Dagegen führt die dauernde Arbeitsunfähigkeit idR schnell zur Beendigung des Handelsvertretervertrages. Zum einen ist der Bezirksvertreter in diesem Fall zu einer seinen Ausgleichsanspruch gem. § 89b Abs. 3 Nr. 1 erhaltenden außerordentlichen Kündigung aus wichtigem Grund berechtigt, da ihm die Fortsetzung des Handelsvertretervertrages nicht zuzumuten ist.[241] Aber auch der Unternehmer kann die außerordentliche Kündigung des Handelsvertretervertrages aus wichtigem Grund erklären.[242]

Interessant ist die Frage nach der Provisionspflicht, wenn die Untätigkeit eine Pflicht- **97** verletzung des Bezirksvertreters darstellt. Da die Bezirksprovision als Gegenleistung für die Gesamtbemühungen des Bezirksvertreters in dessen Bezirk statt für konkrete Vermittlungsbemühungen geschuldet wird, erwirbt der Bezirksvertreter den Anspruch auf die Bezirksprovision gem. Abs. 2 grds. auch bei dessen Untätigkeit.[243] Der Unternehmer kann dem Provisionsanspruch nur die Einrede des nichterfüllten Vertrages gem. § 320 BGB entgegensetzen, wenn der Bezirksvertreter jedwede Tätigkeit für den Unternehmer unterlassen hat, nicht aber schon dann, wenn dessen allgemeine Vermittlungs- bzw. Abschlussbemühungen nicht ausreichen.[244] Im Ergebnis schuldet der Unternehmer also **im Zweifel auch** dann die **Bezirksprovision, wenn der Bezirksvertreter seinen Pflichten aus dem Handelsvertretervertrag nur mangelhaft nachkommt.** Allerdings kann die schuldhafte mangelhafte Erfüllung der vertraglichen Pflichten durch den Bezirksvertreter einen Schadensersatzanspruch des Unternehmers gegen den Bezirksvertreter begründen.[245] Im Übri-

---

[236] OLG Nürnberg BB 2001, 1169; MüKoHGB/Ströbl Rn. 102; Küstner/Thume VertriebsR-HdB I Kap. V Rn. 132; Emde Rn. 105.

[237] MüKoHGB/Ströbl Rn. 102; Oetker/Busche Rn. 26; Küstner/Thume VertriebsR-HdB I Kap. V Rn. 130 ff.; Ebenroth/Boujong/Joost/Strohn/Löwisch Rn. 73; Schröder DB 1963, 541; aA Wessel BB 1962, 473 (474).

[238] MüKoHGB/Ströbl Rn. 102.

[239] BGH NJW 1964, 1622 (1623); OLG Braunschweig NJW-RR 1994, 34 (35); MüKoHGB/Ströbl Rn. 108; Oetker/Busche Rn. 24; Küstner/Thume VertriebsR-HdB I Kap. V Rn. 95.

[240] Küstner/Thume VertriebsR-HdB I Kap. V Rn. 95.

[241] Küstner/Thume VertriebsR-HdB I Kap. V Rn. 95.

[242] Küstner/Thume VertriebsR-HdB I Kap. V Rn. 95.

[243] MüKoHGB/Ströbl Rn. 106; Baumbach/Hopt/Hopt Rn. 32; Küstner/Thume VertriebsR-HdB I Kap. V Rn. 94; Oetker/Busche Rn. 24.

[244] OLG Stuttgart HVR Nr. 423; Küstner/Thume VertriebsR-HdB I Kap. V Rn. 94.

[245] BGH NJW 1964, 1622 (1623); MüKoHGB/Ströbl Rn. 107; Küstner/Thume VertriebsR-HdB I Kap. V Rn. 94; Emde Rn. 108 ff.

gen kann der Anspruch ausnahmsweise nach Treu und Glauben gem. § 242 BGB entfallen, wenn der Bezirksvertreter seine vertragliche Pflicht zum Tätigwerden schuldhaft nicht erfüllt, indem er ein Tätigwerden für den Unternehmer grundlos ablehnt.[246]

98   **d) Messegeschäfte.** Bei Messen und ähnlichen Veranstaltungen stellt sich die Provisionspflichtigkeit deshalb, weil dort in der Regel mehrere Handelsvertreter des Unternehmers (oft auf dem gleichen Messestand des Unternehmers) tätig werden. Für die Bezirksprovision gem. Abs. 2 bleibt es auch bei Messegeschäften bei dem Grundsatz, dass nur derjenige Bezirksvertreter einen Anspruch hierauf erwirbt, in dessen Bezirk der jeweilige Kunde seinen Sitz hat (→ Rn. 83 ff.).[247] Dies gilt unabhängig von der Anwesenheit dieses Bezirksvertreters auf der Messe.[248] Es kommt für die Bezirksprovision daher nicht darauf an, wer das konkrete Kundengeschäft vermittelt oder abgeschlossen hat[249] oder in wessen Bezirk die Messe veranstaltet wird[250].

99   Daneben besteht grds. auch die Möglichkeit, dass der auf der Messe tätige und das jeweilige Kundengeschäft vermittelnde oder abschließende Handelsvertreter eine Provisionsanwartschaft gem. Abs. 1 S. 1 Alt. 1 erwirbt. Eine solche Provisionsanwartschaft scheidet jedoch bereits dann aus, wenn der Handelsvertreter durch die Vermittlung bzw. dem Abschluss des Messegeschäftes seine Befugnisse gem. dem Handelsvertretervertrag überschreitet.[251] Zudem ist bei einem gemeinsamen Tätigwerden mehrerer Handelsvertreter auf einer Messe als Team **im Zweifel die stillschweigende Vereinbarung** anzunehmen, dass bei Abschlüssen mit bezirkszugehörigen Kunden die **Provision in voller Höhe dem nach Abs. 2 berechtigten Bezirksvertreter zusteht.**[252]

100   Zur vollständigen Vermeidung des Risikos der Entstehung von Doppelprovisionen für den Unternehmer bietet es sich an, in dem jeweiligen Handelsvertretervertrag Sonderregelungen zur Provisionspflicht bei Messegeschäften aufzunehmen.[253]

101   **e) Belegschaftsverkauf.** Der Bezirksvertreter erwirbt **keinen Anspruch auf Bezirksprovision,** soweit der Unternehmer Produkte an unternehmensangehörige Arbeitnehmer für deren eigenen Gebrauch zu Sonderkonditionen verkauft.[254] Übersteigt der Verkauf von Produkten an die eigene Belegschaft dagegen die Grenzen des Eigenbedarfs, erwirbt der Bezirksvertreter den vollen Provisionsanspruch.[255]

102   **6. Abweichende Vereinbarungen.** Auch die Vorschrift des Abs. 2 über die Bezirksprovision ist innerhalb der allgemeinen Grenzen (§§ 134, 138, 226, 242 BGB) **dispositiv.**[256] Eine von Abs. 2 abweichende Individualvereinbarung ist somit innerhalb der vor-

---

[246] OLG Hamm NJW 1959, 677; MüKoHGB/Ströbl Rn. 107; Oetker/Busche Rn. 24; Küstner/Thume VertriebsR-HdB I Kap. V Rn. 94; Baumbach/Hopt/Hopt Rn. 33.

[247] MüKoHGB/Ströbl Rn. 103; Küstner/Thume VertriebsR-HdB I Kap. V Rn. 134 ff.; Baumbach/Hopt/Hopt Rn. 35; Ebenroth/Boujong/Joost/Strohn/Löwisch Rn. 71; Emde Rn. 104.

[248] Küstner/Thume VertriebsR-HdB I Kap. V Rn. 136; Ebenroth/Boujong/Joost/Strohn/Löwisch Rn. 71; Emde Rn. 104.

[249] Ebenroth/Boujong/Joost/Strohn/Löwisch Rn. 71; Emde Rn. 104.

[250] MüKoHGB/Ströbl Rn. 103; Küstner/Thume VertriebsR-HdB I Kap. V Rn. 139; Ebenroth/Boujong/Joost/Strohn/Löwisch Rn. 71; Emde Rn. 104.

[251] MüKoHGB/Ströbl Rn. 103.

[252] KG BB 1969, 1062; MüKoHGB/Ströbl Rn. 104 f.; Ebenroth/Boujong/Joost/Strohn/Löwisch Rn. 71; Emde Rn. 104; Baumbach/Hopt/Hopt Rn. 35 (Teamvereinbarung).

[253] Bspw. die Vereinbarung der Teilung der Provision zwischen dem Bezirksvertreter und dem Handelsvertreter, auf dessen Tätigkeit das konkrete Kundengeschäft zurückzuführen ist, nach einem bestimmten Schlüssel.

[254] MüKoHGB/Ströbl Rn. 105; Oetker/Busche Rn. 25; Ebenroth/Boujong/Joost/Strohn/Löwisch Rn. 74; Emde Rn. 100.

[255] MüKoHGB/Ströbl Rn. 105; Oetker/Busche Rn. 25; Ebenroth/Boujong/Joost/Strohn/Löwisch Rn. 74; Emde Rn. 100.

[256] BGH NJW 2014, 1735 (1736); OLG Karlsruhe OLGR 2005, 847 (848); MüKoHGB/Ströbl Rn. 109; Oetker/Busche Rn. 39; Emde Rn. 13; Ebenroth/Boujong/Joost/Strohn/Löwisch Rn. 81 ff.; Thume BB 2012, 975 (977).

genannten Grenzen möglich.[257] Von Abs. 2 abweichende Allgemeine Geschäftsbedingungen unterliegen jedoch darüber hinaus der Inhaltskontrolle gem. §§ 307 ff. BGB.[258]

Die Parteien können somit jedenfalls in Individualvereinbarungen im Einzelnen zum **103** Nachteil des Bezirksvertreters oder Unternehmers die Entstehung, das Aufteilen oder den Ausschluss der Provisionsanwartschaft abweichend von Abs. 2 regeln[259] sowie von der Erfüllung engerer[260] bzw. weiterer Voraussetzungen abhängig machen.[261] Der unter Berufung auf eine Entscheidung des EuGH[262] vereinzelt vertretenen Ansicht, eine vertragliche Beschränkung der Bezirksprovision sei nicht möglich, kann nicht gefolgt werden. Aus dieser Entscheidung kann eine solche Folgerung nicht abgeleitet werden.[263] Die Parteien können somit bspw. vereinbaren, dass der Bezirksvertreter für Kundengeschäfte, die ohne sein Mitwirken zustande kommen, eine niedrigere Provision erhält;[264] eine solche Vereinbarung ist nach richtiger Auffassung auch in Allgemeinen Geschäftsbedingungen möglich.[265] Nach richtiger Auffassung ist in Allgemeinen Geschäftsbedingungen auch ein Ausschluss der Provisionsanwartschaft abweichend von Abs. 2 wirksam möglich.[266] Denn schließen die Parteien die Möglichkeit der Entstehung einer Bezirksprovision insgesamt aus, liegt nach deren Willen rechtlich bereits keine Bezirksvertretung mehr vor. Vielmehr ist die Vereinbarung eines bestimmten „Bezirks" in einem solchen Fall lediglich als Beschränkung des Tätigkeitsgebiets des Handelsvertreters zu verstehen.[267]

Es empfiehlt sich aus Sicht des Unternehmers, auch mit einem Bezirksvertreter besondere **104** Regelungen für den Fall vorzusehen, dass mehrere Handelsvertreter gleichzeitig nebeneinander tätig werden (→ Rn. 92 und 52 ff.). Anderenfalls gilt in Ermangelung auch einer stillschweigenden Teilungsabrede der Grundsatz, dass jedem beteiligten Handelsvertreter der Provisionsanspruch in voller Höhe zusteht (→ Rn. 54).

V. Provision für nachvertragliche Geschäftsabschlüsse (Abs. 3)

1. Zweck. Während in Abs. 1 und 2 Provisionsansprüche des Handelsvertreters für **105** Geschäftsabschlüsse während des bestehenden Vertragsverhältnisses geregelt sind, enthält Abs. 3 **Sonderregelungen für nachvertraglich** (dh nach Beendigung des Handelsvertreterverhältnisses) **abgeschlossene Kundengeschäfte.** Von den Provisionsansprüchen aus nachvertraglichen Geschäftsabschlüssen gem. Abs. 3 sind begrifflich die **sog. Überhangprovisionen abzugrenzen.** Letztere sind Provisionsansprüche aus Kundengeschäften, die während der Dauer des Handelsvertretervertrages abgeschlossen wurden, bei denen aber die für ihre Entstehung maßgebliche Bedingung (Geschäftsausführung durch den Unternehmer oder Zahlung des Kaufpreises durch den Kunden) erst nach der Beendigung des Handelsvertretervertrages eintritt.[268] An die Sonderregelungen des Abs. 3 knüpfen sich

---

[257] BGH NJW 2014, 1735 (1736); BeckRS 1978, 31066783.

[258] MüKoHGB/Ströbl Rn. 68; Oetker/Busche Rn. 39; Emde Rn. 13; Ebenroth/Boujong/Joost/Strohn/Löwisch Rn. 83.

[259] Ebenroth/Boujong/Joost/Strohn/Löwisch Rn. 84; Schlegelberger/Schröder Rn. 59 f., 61b; GK-HGB/Genzow Rn. 19.

[260] LAG Hamm DB 1959, 236; Ebenroth/Boujong/Joost/Strohn/Löwisch Rn. 84.

[261] Ebenroth/Boujong/Joost/Strohn/Löwisch Rn. 84; Schlegelberger/Schröder Rn. 61b.

[262] EuGH EuZW 1997, 248.

[263] MüKoHGB/Ströbl Rn. 109; Baumbach/Hopt/Hopt Rn. 48; v. Hase BuW 2003, 685 (689).

[264] MüKoHGB/Ströbl Rn. 109.

[265] Graf v. Westphalen/Thüsing, VertragsR, Handelsvertretervertrag, Rn. 36.

[266] AA Graf v. Westphalen/Thüsing, VertragsR, Handelsvertretervertrag, Rn. 36; Thume BB 2012, 975 (981), Ebenroth/Boujong/Joost/Strohn/Löwisch Rn. 84 und GK-HGB/Genzow Rn. 20, die alle drei für Verzichtsklauseln zu Lasten des Handelsvertreters regelmäßig eine Surrogatsleistung des Unternehmers an den Handelsvertreter für notwendig halten.

[267] MüKoHGB/Ströbl Rn. 109.

[268] BGH BB 1998, 391 (392); Küstner/Thume VertriebsR-HdB I Kap. V Rn. 177; MüKoHGB/Ströbl Rn. 18; Emde Rn. 130; Wauschkuhn/Fröhlich BB 2010, 524 (525); in der Literatur werden die nachvertraglichen Provisionsansprüche gem. Abs. 3 teilw. auch als „Überhangprovisionen" bezeichnet. Dies ist jedoch abzulehnen. Im Falle des Abs. 3 erwirbt der Handelsvertreter die Provisionsanwartschaft erst nach Vertragsbeendigung, so dass nicht von einem „überhängen" gesprochen werden kann.

enge Voraussetzungen. Zweck des Abs. 3 ist es, eine Benachteiligung des Handelsvertreters zu vermeiden, welcher sich intensiv um einen Geschäftsabschluss bemüht, dieser jedoch auf Grund von ihm nicht beeinflussbarer Umstände erst nach der Beendigung seines Handelsvertreterverhältnisses zustande kommt.[269] Darüber hinaus soll der nachvertragliche Provisionsanspruch einer schnellen und sicheren Abwicklung des Handelsvertreterverhältnisses dienen.[270] Bis zur HGB-Novelle im Jahre 1953[271] galt der Grundsatz, dass ein Handelsvertreter nur für diejenigen Geschäftsabschlüsse Anspruch auf Provision hatte, die während seines Handelsvertreterverhältnisses zustande kamen.[272] Sodann wurde im Zuge der vorgenannten Novelle Abs. 3 aF eingefügt, der im Rahmen der Umsetzung der Handelsvertreter-RL nochmals erhebliche Änderungen erfuhr.[273]

106   In Abs. 3 S. 2 ist zudem unter bestimmten Voraussetzungen die **Möglichkeit der Provisionsteilung** zwischen dem ausgeschiedenen Handelsvertreter und dessen Nachfolger vorgesehen. Diese Regelung beruht auf den Grundgedanken, dass es unter besonderen Umständen nicht gerechtfertigt sein kann, den Provisionsanspruch des Nachfolgers wegen des Bestehens eines Provisionsanspruches des ausgeschiedenen Handelsvertreters gänzlich auszuschließen, wenn auch dieser am Geschäftsabschluss beteiligt gewesen ist.[274]

107   **2. Voraussetzungen des Provisionsanspruches (S. 1).** Abs. 3 S. 1 Nr. 1 erfordert, dass (i) der Handelsvertreter das nachvertragliche Kundengeschäft vermittelt hat oder (ii) es eingeleitet und so vorbereitet hat, dass der Abschluss überwiegend auf seine Tätigkeit zurückzuführen ist. Voraussetzung des Provisionsanspruches des Handelsvertreters gem. Abs. 3 S. 1 Nr. 2 ist dagegen, dass das Angebot des Kunden auf Abschluss eines Geschäftes, für das der Handelsvertreter grds. gem. Abs. 1 S. 1 oder Abs. 2 S. 1 einen Provisionsanspruch hätte, entweder dem Handelsvertreter oder dem Unternehmer vor Beendigung des Handelsvertretervertrages zugegangen ist. Es bestehen demnach also drei im Folgenden näher dargestellte Konstellationen, in denen dem Handelsvertreter ein nachvertraglicher Provisionsanspruch zusteht.

108   **a) Tätigkeit des Handelsvertreters (S. 1 Nr. 1).** Ist dem Handelsvertreter oder dem Unternehmer das Kundenangebot nicht vor Beendigung des Handelsvertretervertrages zugegangen (und liegt somit kein Fall des S. 1 Nr. 2 vor; → Rn. 117 ff.), so entsteht ein Provisionsanspruch des Handelsvertreters bei einem späteren Geschäftsabschluss nur unter besonderen sachlichen Voraussetzungen, die der Handelsvertreter zu beweisen hat[275]. Zudem hat der Geschäftsabschluss innerhalb einer angemessenen Frist nach Vertragsbeendigung zu erfolgen.

109   **aa) Sachliche Voraussetzungen. (1) Vermittlung des Geschäftes (Alt. 1).** Gem. Abs. 3 S. 1 Nr. 1 Alt. 1 steht dem Handelsvertreter ein Provisionsanspruch zu, wenn er ein in einer angemessenen Frist nach Beendigung des Handelsvertretervertrages abgeschlossenes Kundengeschäft vermittelt hat. Gem. amtlicher Begründung ist der Begriff des „Vermittelns" so zu definieren, dass der Handelsvertreter dem Unternehmer das Angebot eines Kunden zugehen lassen muss.[276] Die erste Alternative des Abs. 3 S. 1 Nr. 1 hat somit **keine**

---

[269] BT-Drs. 1/3856, 23 f.; MüKoHGB/Ströbl Rn. 113; Küstner/Thume VertriebsR-HdB I Kap. V Rn. 175; Wauschkuhn/Fröhlich BB 2010, 524 (525).

[270] BT-Drs. 1/3856, 24; Küstner/Thume VertriebsR-HdB I Kap. V Rn. 175; Wauschkuhn/Fröhlich BB 2010, 524 (525).

[271] Art. 1 des Gesetzes zur Änderung des Handelsgesetzbuchs (Recht der Handelsvertreter) vom 6.8.1953, BGBl. I 771.

[272] RGZ 78, 252 ff.

[273] Art. 1 Nr. 3 des Gesetzes zur Durchführung der EG-Richtlinie zur Koordinierung des Rechts der Handelsvertreter vom 23.10.1989, BGBl. I 1910.

[274] MüKoHGB/Ströbl Rn. 114; Oetker/Busche Rn. 28; Küstner/v. Manteuffel BB 1990, 291 (295).

[275] OLG Düsseldorf OLGR 1999, 453 (454); MüKoHGB/Ströbl Rn. 117.

[276] BT-Drs. 1/3856, 23.

eigenständige Bedeutung,[277] weil sie insofern dem Regelungsgehalt der Abs. 3 S. 1 Nr. 2 entspricht, gleichzeitig aber strengere Voraussetzungen an den zeitlichen Rahmen des Geschäftsabschlusses (→ Rn. 117 ff.) stellt.[278]

(2) Einleitung und Vorbereitung des Geschäftes (Alt. 2). Gem. der zweiten Alternative des Abs. 3 S. 1 Nr. 1 steht dem Handelsvertreter ein nachvertraglicher Provisionsanspruch auch dann zu, wenn er das Kundengeschäft eingeleitet und so vorbereitet hat, dass der Abschluss überwiegend auf seine Tätigkeit zurückzuführen ist und das Geschäft innerhalb einer angemessenen Frist nach Beendigung des Vertragsverhältnisses abgeschlossen wird. **110**

Auf Grund des Wortlauts der zweiten Alternative („eingeleitet und vorbereitet") ist weder ein Einleiten noch Vorbereiten allein ausreichend. Das **Einleiten des Kundengeschäftes muss durch ein Vorbereiten ergänzt werden.**[279] An die Art der Einleitungs- und Vorbereitungshandlung sind allerdings keine qualifizierten Anforderungen zu stellen.[280] **111**

Im Gegensatz zu Abs. 1 S. 1 muss der Geschäftsabschluss überwiegend auf die Tätigkeit des ausgeschiedenen Handelsvertreters zurückzuführen sein. Dies muss durch eine Gegenüberstellung aller Gründe, die zu dem Geschäftsabschluss geführt haben, bestimmt werden. Eine gleichstarke Mitverursachung im Verhältnis zu anderen Beteiligten reicht nicht aus, um einen Provisionsanspruch zu begründen.[281] Vielmehr hat der **Verursachungsanteil des ausgeschiedenen Handelsvertreters** die zusammengefassten Verursachungsbeiträge seines Nachfolgers, des Unternehmers und sonstiger Dritter **erheblich zu übersteigen.**[282] Dies setzt rechnerisch einen Verursachungsbeitrag des ausgeschiedenen Handelsvertreters von jedenfalls mehr als 60 % voraus.[283] **112**

Als überwiegende Einleitungs- und Vorbereitungshandlung können bspw. von dem Handelsvertreter vermittelte Musterverkäufe in der Textilbranche[284] oder die Aufnahme von Produkten des Unternehmers in einem Versandhauskatalog durch Vermittlung der Handelsvertreters zu werten sein; nicht ausreichend ist jedoch die Vermittlung eines Auftrags zur Herstellung von Werkzeug für später damit durchzuführende Aufträge.[285] **113**

Dem Wortlaut der zweiten Alternative lässt sich entnehmen, dass für den Provisionsanspruch gem. dieser Vorschrift ein persönliches Tätigwerden des Handelsvertreters notwendig ist. Folglich findet die zweite Alternative nicht auf Nachbestellungen Anwendung, die gem. Abs. 1 S. 1 Alt. 2 ohne erneute Tätigkeit des Handelsvertreters folgeprovisionspflichtig wären.[286] Gleiches gilt für den Bezirksvertreter und seinem Anspruch auf Bezirksprovision gem. Abs. 2.[287] **114**

bb) Zeitlicher Zusammenhang. Der Geschäftsabschluss muss nicht nur auf die überwiegende Tätigkeit des Handelsvertreters zurückzuführen sein. Er muss zudem auch **innerhalb einer angemessenen Frist** nach Beendigung des Handelsvertreterverhältnisses erfolgen. Was als angemessene Frist zu bewerten ist, ist für jeden **Einzelfall** gesondert unter **115**

---

[277] Vgl. MüKoHGB/Ströbl Rn. 118; Baumbach/Hopt/Hopt Rn. 41; Martinek/Semler/Flohr VertriebsR-HdB/Semler § 23 Rn. 2; Wauschkuhn/Fröhlich BB 2010, 524 (525).

[278] Im Gegensatz zur Fallkonstellation des Abs. 3 S. 1 Nr. 1 muss das Kundengeschäft gem. Abs. 3 S. 1 Nr. 2 nicht innerhalb einer angemessenen Frist abgeschlossen worden sein.

[279] MüKoHGB/Ströbl Rn. 119; Ebenroth/Boujong/Joost/Strohn/Löwisch Rn. 51; Emde Rn. 135.

[280] MüKoHGB/Ströbl Rn. 119; Emde Rn. 135; Wauschkuhn/Fröhlich BB 2010, 524 (526).

[281] MüKoHGB/Ströbl Rn. 119; Röhricht/Graf v. Westphalen/Thume Rn. 33; Wauschkuhn/Fröhlich BB 2010, 524 (526).

[282] MüKoHGB/Ströbl Rn. 120; Emde Rn. 136; Wauschkuhn/Fröhlich BB 2010, 524 (526).

[283] Ebenroth/Boujong/Joost/Strohn/Löwisch Rn. 51; Emde Rn. 136.

[284] BGH BeckRS 1957, 31387993.

[285] Küstner/Thume VertriebsR-HdB I Kap. V Rn. 182 ff. mit Bsp. aus der Textil- und Versandhausbranche, wann eine überwiegende Einleitungs- und Vorbereitungstätigkeit vorliegt; Wauschkuhn/Fröhlich BB 2010, 524 (526).

[286] MüKoHGB/Ströbl Rn. 121; Baumbach/Hopt/Hopt Rn. 42; Emde Rn. 132; Wauschkuhn/Fröhlich BB 2010, 524 (525).

[287] MüKoHGB/Ströbl Rn. 121; Röhricht/Graf v. Westphalen/Thume Rn. 32; Emde Rn. 132; Wauschkuhn/Fröhlich BB 2010, 524 (525).

Berücksichtigung von Art, Inhalt und Bedeutung des abgeschlossenen Kundengeschäftes und der Verkehrssitte zu bestimmen.[288] Für Geschäftsabschlüsse, die üblicherweise schnell zustande kommen, ist die angemessene Frist kürzer als in Fällen, in denen sich zwischen der Vermittlungstätigkeit des Handelsvertreters und dem Geschäftsabschluss typischerweise ein längerer Zeitraum erstreckt.[289] So wird bei sofort lieferbarer **Stapelware** die Frist kürzer zu bemessen sein als bei **Sonderanfertigungen,** also Produkten, die an kundenspezifische Wünsche angepasst werden.[290] In der Praxis wurden für technisch komplizierte Industrieanlagen Fristen von zehn Monaten (Aktenförderanlage)[291] bis zu zwei Jahren (Beregnungsanlage)[292] für angemessen gehalten. Im Fall von Einzelabschlüssen auf der Grundlage eines Rahmenvertrages über Produkte für ein spezielles Automobilmodell wurde sogar von einer angemessenen Frist von vier Jahren ausgegangen.[293] Kürzere Fristen gelten dementsprechend für schnelle Umschlagsgüter oder wenn üblicherweise keine langwierigen Vertragsverhandlungen erforderlich sind.

116   Umstritten ist, wann die angemessene Frist zu laufen beginnt. Die überwiegende Meinung in der Literatur stellt wegen des Wortlauts des Gesetzes auf das Ende des Handelsvertreterverhältnisses ab.[294] Allerdings bleibt hierbei unberücksichtigt, dass der Handelsvertreter damit einen Provisionsanspruch für einen eventuell lange vor Vertragsende initiierten Geschäftsabschluss erwerben könnte, der rein zufällig nach Ende seines Handelsvertretervertragsverhältnisses unerwartet doch noch zustande kommt (so genannte „gestorbene Geschäfte"). Dies entspricht nicht dem Sinn und Zweck des Abs. 3 S. 1 Nr. 1 nach schneller und sicherer Abwicklung des Vertragsverhältnisses (→ Rn. 105). Deswegen knüpft die Gegenansicht für den Beginn der angemessenen Frist zu Recht an den **Zeitpunkt der letzten relevanten Vermittlungstätigkeit** an.[295] Hierdurch werden etwaige Provisionsansprüche des Handelsvertreters aus Geschäften, die lange Zeit nach seiner Anbahnungs- und Vermittlungstätigkeit abgeschlossen werden, ausgeschlossen. Dies stellt die sachgerechtere Lösung des Problems der „gestorbenen Geschäfte" dar, weil sie die Entstehung ungerechtfertigter Ansprüche des Handelsvertreters verhindert. Folglich läuft nach Beendigung des Vertragsverhältnisses eine angemessene Frist für solche Geschäfte nicht mehr, bei denen die Tätigkeit des Handelsvertreters bereits lange zurückliegt und nicht mehr im direkten Zusammenhang mit dem Geschäftsabschluss steht.[296]

117   **b) Zugang eines Kundenangebotes vor Vertragsende (S. 1 Nr. 2).** Abs. 3 S. 1 Nr. 2 wurde wegen der Handelsvertreter-RL notwendig. Die Vorschrift gewährt dem Handelsvertreter einen Provisionsanspruch, wenn dem Handelsvertreter oder dem Unternehmer vor Beendigung des Handelsvertretervertrages ein **Angebot des Kunden** auf Abschluss eines Geschäftes **zugegangen** ist (§ 130 BGB).[297] Diese Vorschrift soll verhindern, dass der Unternehmer seine Provisionspflicht umgehen kann, indem er die Annahme eines Kundenangebotes auf einen Zeitpunkt nach Beendigung des Handelsvertreterverhältnisses hinausschiebt.[298]

---

[288] MüKoHGB/Ströbl Rn. 122; Ebenroth/Boujong/Joost/Strohn/Löwisch Rn. 52; Wauschkuhn/Fröhlich BB 2010, 524 (526).

[289] Küstner/Thume VertriebsR-HdB I Kap. V Rn. 187; MüKoHGB/Ströbl Rn. 122; Wauschkuhn/Fröhlich BB 2010, 524 (526).

[290] MüKoHGB/Ströbl Rn. 122.

[291] BGH 25.2.1977 – I ZR 84/76, zitiert bei v. Gamm NJW 1979, 2489 (2492).

[292] BGH 30.1.1964 – VII ZR 83/62, BeckRS 1964, 105105 zitiert bei v. Gamm NJW 1979, 2489 (2492).

[293] OLG Koblenz BeckRS 2007, 17218; MüKoHGB/Ströbl Rn. 122.

[294] MüKoHGB/Ströbl Rn. 122; Oetker/Busche Rn. 30; Küstner/Thume VertriebsR-HdB I Kap. V Rn. 188; Baumbach/Hopt/Hopt Rn. 43; Emde Rn. 140; Ebenroth/Boujong/Joost/Strohn/Löwisch Rn. 52; Martinek/Semler/Flohr VertriebsR-HdB/Semler § 23 Rn. 3.

[295] Wauschkuhn/Fröhlich BB 2010, 524 (526); Schweizer/Heldrich WRP 1976, 25 (30).

[296] Wauschkuhn/Fröhlich BB 2010, 524 (526).

[297] MüKoHGB/Ströbl Rn. 115; aA Walter NJW 2019, 959, der Abs. 3 S. 1 für mit der Handelsvertreter-RL unvereinbar hält, da diese auf den „Eingang" statt auf den „Zugang" abstellt, und somit den Eingang für maßgeblich erachtet; so wohl auch Emde BB 2020, 2754 (2760).

[298] MüKoHGB/Ströbl Rn. 115; Küstner/Thume VertriebsR-HdB I Kap. V Rn. 193; Wauschkuhn/Fröhlich BB 2010, 524 (526); Küstner/v. Manteuffel BB 1990, 291 (295).

Erforderlich für einen Provisionsanspruch gem. Abs. 3 S. 1 Nr. 2 ist im Gegensatz zur **118** Nr. 1 **weder ein überwiegendes noch ein mitursächliches Tätigwerden** des Handelsvertreters oder ein Geschäftsabschluss in angemessener Frist. Abs. 3 S. 1 Nr. 2 schützt damit insbesondere auch den Bezirksvertreter, der aus Abs. 3 S. 1 Nr. 1 meist keine Ansprüche herleiten kann.[299]

Abs. 3 S. 1 Nr. 2 erfordert nicht, dass der Geschäftsabschluss auf ein Kundenangebot iSd **119** § 145 BGB zurückzuführen ist. Denn dies hätte zur Folge, dass der Unternehmer durch eine leichte Abänderung des Angebotes des Kunden einen neuen eigenen Antrag auf Abschluss eines Kundengeschäftes stellen könnte. Bei Annahme dieses Angebotes des Unternehmers durch den Kunden würde das abgeschlossene Geschäft gerade nicht auf einem Angebot des Kunden iSd § 145 BGB basieren. Ein nachvertraglicher Provisionsanspruch wäre demnach zu verneinen. Diese Sichtweise würde jedoch dem Gesetzeszweck und dem Ziel der Handelsvertreter-RL entgegenlaufen. Der **Angebotsbegriff** ist deshalb vielmehr in einem **wirtschaftlichen Sinn** zu verstehen. Es reicht somit aus, dass der Kunde seine feste und ernsthafte Bereitschaft zum Abschluss eines Geschäftes erklärt hat.[300] Das Kundenangebot muss nur die wesentlichen Regelungen des abzuschließenden Geschäftes beinhalten; geringfügige Änderungen dieses Angebotes durch den Unternehmer schließen die Entstehung eines Provisionsanspruches nicht aus.[301]

3. Behandlung von Dauerverträgen. Die provisionsrechtliche Behandlung von Dau- **120** erverträgen und den in Ausführung dieser Dauerverträge abgeschlossenen Einzelgeschäfte ist von der Art des in Rede stehenden Dauervertrages abhängig (→ Rn. 58 ff.).

4. Provisionsteilung (S. 2). Sind die Voraussetzungen des Abs. 3 S. 1 erfüllt, erwirbt **121** der ausscheidende Handelsvertreter grds. den vollen Provisionsanspruch. Im Gegensatz zur früheren Gesetzesfassung enthält Abs. 3 S. 2 nunmehr eine Regelung, welche **ausnahmsweise** die **Provisionsteilung** mit dem Nachfolger des Handelsvertreters vorschreibt, falls eine solche Teilung auf Grund besonderer Umstände der **Billigkeit** entspricht. Dies ist dann der Fall, wenn nach Berücksichtigung aller wesentlichen Umstände und der Interessenlage beider Seiten im **Einzelfall** eine Provisionszahlung an beide Handelsvertreter angemessen ist. Hierfür ist es notwendig, dass der Nachfolger sich für den Abschluss des Kundengeschäftes eingesetzt und diesen somit mitursächlich herbeigeführt hat.[302] Allerdings führt nach dem Sinn und Zweck der Vorschrift nicht jede (geringfügige) Mitwirkung des Nachfolgers zu einer Provisionsteilung.[303] Vielmehr hat die Mitwirkung so erheblich zu sein, dass es der Billigkeit widerspräche, wenn der Nachfolger ungeachtet seiner Anstrengungen keinen (anteiligen) Provisionsanspruch erwerben würde. Eine spürbare Beeinflussung des Geschäftsabschlusses durch den Nachfolger ist damit notwendig. Entspricht eine Teilung der Billigkeit, kommt nach dem Wortlaut des Gesetzes („anteilig") nicht nur eine hälftige Teilung des Provisionsanspruches in Betracht, sondern **jede der Billigkeit entsprechende Aufteilung**.[304] Vielmehr erfolgt eine Provisionsteilung entsprechend dem Grad der Tätigkeit und der Verursachung.[305]

Obwohl das Ergebnis der Billigkeitsprüfung von den Umständen des Einzelfalls abhängt, **122** entspricht eine Teilung jedenfalls dann der Billigkeit, wenn im Rahmen des Abs. 3 S. 1 Nr. 2, bei dem es auf eine überwiegende Tätigkeit des ehemaligen Handelsvertreters nicht

---

[299] MüKoHGB/Ströbl Rn. 115; Küstner/Thume VertriebsR-HdB I Kap. V Rn. 194; Baumbach/Hopt/ Hopt Rn. 44; Wauschkuhn/Fröhlich BB 2010, 524 (526); Küstner/v. Manteuffel BB 1990, 291 (295).
[300] Martinek/Semler/Flohr VertriebsR-HdB/Semler § 23 Rn. 9; Wauschkuhn/Fröhlich BB 2010, 524 (526).
[301] MüKoHGB/Ströbl Rn. 116; Baumbach/Hopt/Hopt Rn. 45; Wauschkuhn/Fröhlich BB 2010, 524 (526); Küstner/v. Manteuffel BB 1990, 291 (295).
[302] MüKoHGB/Ströbl Rn. 123; Baumbach/Hopt/Hopt Rn. 46.
[303] MüKoHGB/Ströbl Rn. 124; Oetker/Busche Rn. 33; Emde Rn. 144; Wauschkuhn/Fröhlich BB 2010, 524 (526).
[304] Oetker/Busche Rn. 33; Heymann/Stöber Rn. 19.
[305] Emde Rn. 144.

ankommt, der nachfolgende Handelsvertreter noch erhebliche Änderungen an dem Angebot des Kunden verhandeln musste, um einen endgültigen Abschluss zu bewirken.[306] Dagegen ist eine Teilung aus Billigkeitsgesichtspunkten grds. abzulehnen, wenn der nachfolgende Handelsvertreter bloß unwesentlich bei Abschluss des Kundengeschäftes mitgewirkt hat.[307]

123   Abs. 3 S. 2 ist nach seinem eindeutigen Wortlaut allerdings dann nicht anwendbar, wenn nach Ende des Handelsvertreterverhältnisses nicht ein nachfolgender Handelsvertreter, sondern der Unternehmer selbst oder einer seiner Angestellten bei dem endgültigen Abschluss des Geschäftes mitgewirkt haben.[308] In diesen Fällen bleibt es bei dem vollen Provisionsanspruch des ausgeschiedenen Handelsvertreters.

124   Die Abs. 1 und 2 tragen jeweils in deren Satz 2 mit der Formulierung „und soweit" der Möglichkeit einer Aufteilung der Provisionsansprüche gem. Abs. 3 Rechnung.

125   **5. Auswirkungen auf den Ausgleichsanspruch nach § 89b.** Siehe zu der Frage der Auswirkung von nachvertraglichen Provisionsansprüchen gem. Abs. 3 (bzw. deren vertragliche Abbedingung) auf die Berechnung des Ausgleichsanspruchs gem. § 89b → § 89b Rn. 148 f.

126   **6. Abweichende Vereinbarung.** Die Vorschrift des Abs. 3 stellt **dispositives Recht** dar und kann demnach individualvertraglich abbedungen oder eingegrenzt werden.[309] Nach der richtigen Auffassung kann von Abs. 3 auch in Allgemeinen Geschäftsbedingungen abgewichen werden.[310]

127   Die Parteien können somit Provisionsansprüche für nachvertragliche Geschäftsabschlüsse gänzlich ausschließen oder auch nur beschränken. Dies empfiehlt sich bspw. in Bezug auf die Vermittlung von Rahmenverträgen (→ Rn. 61 ff.) und den daraus resultierenden provisionspflichtigen Einzelgeschäften. Denkbar ist etwa die Vereinbarung eines niedrigeren Provisionssatzes für nachvertragliche Geschäftsabschlüsse. Sollen Provisionsansprüche gem. Abs. 3 nicht insgesamt ausgeschlossen werden, empfiehlt es sich aus Gründen der Rechtssicherheit vertraglich einen bestimmten Zeitraum zu vereinbaren, innerhalb dessen der Abschluss eines Kundengeschäftes zu einem nachvertraglichen Provisionsanspruch des ausgeschiedenen Handelsvertreters führen kann.[311]

VI. Inkassoprovision (Abs. 4)

128   Die Einziehung von Entgelten, die die Kunden dem Unternehmer schulden, gehört nicht zu den originären Pflichten des Handelsvertreters und wird damit **nicht mit** der Zahlung einer **Vermittlungs- oder Abschlussprovision abgegolten.**[312] Erteilt der Unternehmer dem Handelsvertreter jedoch einen besonderen Inkassoauftrag gem. § 55 Abs. 3 und nimmt der Handelsvertreter diesen an, so steht ihm für auftragsgemäß eingezogene Beträge jeweils eine Inkassoprovision zu.[313] Letzteres stellt Abs. 4 klar.

---

[306] Küstner/Thume VertriebsR-HdB I Kap. V Rn. 197; Wauschkuhn/Fröhlich BB 2010, 524 (526).

[307] MüKoHGB/Ströbl Rn. 125; Oetker/Busche Rn. 33; Wauschkuhn/Fröhlich BB 2010, 524 (526); aA Baumbach/Hopt/Hopt Rn. 46.

[308] Oetker/Busche Rn. 33; Baumbach/Hopt/Hopt Rn. 46; GK-HGB/Genzow Rn. 27; Wauschkuhn/Fröhlich BB 2010, 524 (527).

[309] BGH NJW 1960, 1996; OLG Nürnberg BB 1963, 203; MüKoHGB/Ströbl Rn. 126; Oetker/Busche Rn. 39; Küstner/Thume VertriebsR-HdB I Kap. V Rn. 189; GK-HGB/Genzow Rn. 30; Wauschkuhn/Fröhlich BB 2010, 524 (528); Thume BB 2012, 975 (977).

[310] Siehe hierzu ausf. Wauschkuhn/Fröhlich BB 2010, 524 (528); Ebenroth/Boujong/Joost/Strohn/Löwisch Rn. 84; v. Bodungen/Hesse BB 2010, 533, die dies für wahrscheinlich halten; zweifelnd Graf v. Westphalen/Thüsing, VertragsR, Handelsvertretervertrag, Rn. 41; kritisch GK-HGB/Genzow Rn. 20; zweifelnd auch Thume BB 2012, 975 (981).

[311] MüKoHGB/Ströbl Rn. 126; Oetker/Busche Rn. 39; Küstner/Thume VertriebsR-HdB I Kap. V Rn. 190; Thume MDR 2011, 703 (708).

[312] MüKoHGB/Ströbl Rn. 127; Oetker/Busche Rn. 34; Emde Rn. 150; Ebenroth/Boujong/Joost/Strohn/Löwisch Rn. 76.

[313] MüKoHGB/Ströbl Rn. 127; Baumbach/Hopt/Hopt Rn. 47; Emde Rn. 150.

Zieht der Handelsvertreter ohne entsprechenden Auftrag Beträge ein, steht ihm weder **129** eine Inkassoprovision gem. Abs. 4 noch ein Anspruch gem. § 354 zu.[314] Dem Unternehmer steht es natürlich frei, die Einziehung nachträglich zu genehmigen und damit eine Inkassoprovision gem. Abs. 4 entstehen zu lassen. In der Geltendmachung der Herausgabe der vom Handelsvertreter ohne Auftrag eingezogenen Kundenentgelte kann eine solche nachträgliche Genehmigung jedoch nicht gesehen werden, da der Unternehmer insoweit nur sein Recht auf Herausgabe nach §§ 681, 667 BGB geltend macht.[315] Der Inkassoauftrag endet im Zweifel mit der Beendigung des Handelsvertretervertrages.[316] Für nach Beendigung des Inkassoauftrags eingezogene Beträge findet Abs. 4 keine Anwendung.

Dem Handelsvertreter steht eine Inkassoprovision gem. Abs. 4 auch für die Einziehung **130** von Entgelten aus solchen Geschäften zu, in Bezug auf welche ihm kein Provisionsanspruch gem. Abs. 1 oder Abs. 2 zusteht.[317] Die Höhe der Inkassoprovision bemisst sich in Ermangelung einer vertraglichen Festsetzung oder einem entsprechenden Handelsbrauch nach § 87b.[318] Der Anspruch auf Inkassoprovision ist nicht zwingend. Er kann somit (anders als die Delkredereprovision wegen § 86b Abs. 1 S. 1 Hs. 2; → § 86b Rn. 40 ff.) auch im Voraus abbedungen werden.[319]

Die Inkassoprovision ist in der Regel als **Verwaltungsprovision** zu qualifizieren.[320] Sie **131** wird daher im Rahmen der Berechnung des Ausgleichsanspruchs gem. § 89b nicht bei der Rohausgleichsberechnung, sondern nur bei der Berechnung des Ausgleichshöchstbetrages gem. § 89b Abs. 2 berücksichtigt (hierzu ausf. → § 89b Rn. 151 ff., 209 und 224).

VII. Beweislast

Es gilt die **allgemeine Beweislastregel,** wonach der Unternehmer und der Handels- **132** vertreter die für sie günstigen Voraussetzungen des § 87 darzulegen und zu beweisen haben. Den Handelsvertreter trifft demnach die Beweislast für sämtliche seinen Provisionsanspruch begründenden Tatbestandsmerkmale. Er ist also in Bezug auf Grund, Höhe und Berechnungsgrundlagen seines Provisionsanspruches darlegungs- und beweislastpflichtig.[321] Ihn trifft mitunter also die Beweislast im Hinblick auf das Bestehen eines Handelsvertretervertrages und den Abschluss eines provisionspflichtigen Kundengeschäftes.[322] Hinsichtlich der Beweislast des Handelsvertreters in Bezug auf seine Mitursächlichkeit für den Abschluss des Kundengeschäftes gem. Abs. 1 S. 1 Alt. 1 gelten die Grundsätze des Anscheinsbeweises. Diesbezüglich reicht es daher aus, wenn der Handelsvertreter eine Tätigkeit nachweist, die nach allgemeiner Erfahrung mitursächlich für den Geschäftsabschluss gewesen sein kann.[323] Wird der Handelsvertreter dem gerecht, hat der Unternehmer den Gegenbeweis einer ernsthaft anderen Möglichkeit anzutreten. Den Unternehmer trifft zudem bspw. die Beweislast für die Erfüllung des Provisionsanspruches oder den Ausschluss des Provisionsanspruches gem. Abs. 1 S. 2 oder Abs. 2 S. 2.[324]

---

[314] MüKoHGB/Ströbl Rn. 128; Heymann/Stöber Rn. 34.

[315] MüKoHGB/Ströbl Rn. 128.

[316] MüKoHGB/Ströbl Rn. 128; Emde Rn. 155.

[317] MüKoHGB/Ströbl Rn. 131; Emde Rn. 150.

[318] MüKoHGB/Ströbl Rn. 129; Oetker/Busche Rn. 34; Baumbach/Hopt/Hopt Rn. 47; Ebenroth/Boujong/Joost/Strohn/Löwisch Rn. 79; Emde Rn. 151.

[319] Oetker/Busche Rn. 34; Baumbach/Hopt/Hopt Rn. 47; Emde Rn. 151, 156.

[320] BGH NJW 1985, 860; im Tankstellenbereich wertet der BGH das Inkasso allerdings wegen der dortigen Besonderheiten als werbende Tätigkeit, BGH NJW-RR 2002, 1548; Emde Rn. 150; Röhricht/Graf v. Westphalen/Thume Rn. 43.

[321] BGH BeckRS 2010, 16879 Rn. 34 ff.; OLG Hamm BeckRS 2009, 87054; LG Bonn BeckRS 2010; 04041; MüKoHGB/Ströbl Rn. 53; Emde Rn. 159.

[322] Siehe für eine ausf. Auflistung Emde Rn. 160.

[323] MüKoHGB/Ströbl Rn. 54; Emde Rn. 160; Ebenroth/Boujong/Joost/Strohn/Löwisch Rn. 89.

[324] Emde Rn. 160 mit einer Auflistung weiterer vom Unternehmer zu beweisender Tatsachen; Ebenroth/Boujong/Joost/Strohn/Löwisch Rn. 89.

VIII. Zwangsvollstreckung

133   Der **Provisionsanspruch** des Handelsvertreters ist als Einkommen aus selbstständigen Dienstverhältnissen iSd § 850 Abs. 2 ZPO zu qualifizieren und **unterliegt** damit den besonderen **Pfändungsschutzvorschriften** der §§ 850a ff. ZPO, wenn die Erwerbstätigkeit des Handelsvertreters diesen vollständig oder zu einem wesentlichen Teil in Anspruch nimmt.[325] Bei Mehrfirmenvertretern ist die Frage, ob die Handelsvertretertätigkeit den Handelsvertreter vollständig oder zu einem wesentlichen Teil in Anspruch nimmt, nicht isoliert, sondern im Wege einer Gesamtbetrachtung zu bewerten.[326]

134   Nicht der Pfändung unterworfen sind gem. § 850a Nr. 3 ZPO etwa Aufwendungsentschädigungen des Handelsvertreters, die der Handelsvertreter vom Unternehmer für ihm aus Anlass seiner Vertretertätigkeit entstehende Auslagen oder Aufwendungen (zB für die Benutzung eines Fahrzeugs, Übernachtungen oder Mehraufwendungen für Verpflegung und Kleidung) erhält.[327]

135   Soweit die Provisionsansprüche des Handelsvertreters gem. §§ 850 ff. ZPO der Pfändung unterliegen, erstreckt sich die Pfändung nach § 832 ZPO auch auf künftige Provisionsansprüche.[328] Eine derartige Vorauspfändung ist dann problematisch, wenn der Handelsvertreter von dem Unternehmer zum Inkasso berechtigt worden ist und er auf Grund einer Verrechnungsabrede nur denjenigen Teilbetrag des eingezogenen Kundenentgelts an den Unternehmer weiterzuleiten hat, der ihm nach Abzug der ihm zustehenden Provisionsansprüche nicht zusteht. Nach ganz überwiegender Auffassung setzt sich eine solche Verrechnungsabrede nicht gegen eine spätere Pfändung durch.[329] Demnach hat der Handelsvertreter die eingezogenen Kundengelder vollständig, dh ohne Abzug seiner Provision, an den Unternehmer auszukehren. Der Unternehmer ist in Höhe des pfändbaren Teils der Provision von seiner Zahlungspflicht gegenüber dem Handelsvertreter befreit und muss diesen als Drittschuldner an den Pfändungsgläubiger auszahlen.

136   Eine grds. zulässige **Abtretung** des Provisionsanspruches[330] durch den Handelsvertreter ist gem. § 400 BGB unwirksam, soweit sich die Abtretung auf einen den Pfändungsschutzvorschriften gem. §§ 850 ff. ZPO unterliegenden Teil des Provisionsanspruches erstreckt und sie den unpfändbaren Teil nicht ausnimmt.[331]

IX. Umsatzsteuerrecht

137   **1. Grundsätze.** Der Handelsvertreter übt eine gewerbliche Tätigkeit selbstständig aus und ist damit als „Unternehmer" iSd § 2 Abs. 1 S. 1 UStG zu qualifizieren.[332] Die Vermittlungs- bzw. Abschlusstätigkeit, die der Handelsvertreter auf Basis des Handelsvertretervertrages für den Unternehmer erbringt, sind als „sonstige Leistungen" iSd § 3 Abs. 9 S. 1 UStG zu qualifizieren.[333] Umsatzsteuerlich sind diese typischerweise als Vermittlungsleistungen zu qualifizieren.[334] Solche Leistungen unterliegen – sofern nicht im Einzelfall eine

---

[325] BAG NJW 1962, 1221; OLG Hamm BB 1972, 855; MüKoHGB/Ströbl Rn. 132; Oetker/Busche Rn. 37; Emde Rn. 32; Ebenroth/Boujong/Joost/Strohn/Löwisch Rn. 16.
[326] Oetker/Busche Rn. 37; Baumbach/Hopt/Hopt Rn. 50; Küstner/Thume VertriebsR-HdB I Kap. V Rn. 615.
[327] OLG Hamm BB 1956, 668; MüKoHGB/Ströbl Rn. 133; Oetker/Busche Rn. 37.
[328] MüKoHGB/Ströbl Rn. 134; Oetker/Busche Rn. 37.
[329] LG Hamburg MDR 1961, 856; LG Dortmund MDR 1957, 750; MüKoHGB/Ströbl Rn. 134; Oetker/Busche Rn. 37; Küstner/Thume VertriebsR-HdB I Kap. V Rn. 623 ff.; Baumbach/Hopt/Hopt Rn. 50; Heymann/Stöber Rn. 36; Emde Rn. 33; aA LG Bochum BB 1957, 1158 f.
[330] OLG Hamm BeckRS 2010, 05592; Emde Rn. 30; Ebenroth/Boujong/Joost/Strohn/Löwisch Rn. 16.
[331] BAG NJW 1962, 1221; OLG Hamm BeckRS 2010, 05592; Baumbach/Hopt/Hopt Rn. 49 f.; Emde Rn. 30.
[332] Küstner/Thume VertriebsR-HdB I Kap. XII Rn. 47.
[333] Küstner/Thume VertriebsR-HdB I Kap. XII Rn. 47.
[334] BFH DStR 1998, 1789; anders verhält es sich, wenn der Handelsvertreter nach außen hin im eigenen Namen auftritt und etwa als Kommissionär beim Vertrieb einer Ware selbst eine Lieferung erbringt (für (fremde) Rechnung des Kommittenten).

Umsatzsteuerbefreiung vorliegt (→ Rn. 141 ff.) – gem. § 1 Abs. 1 Nr. 1 UStG der deutschen Umsatzsteuer, wenn der Handelsvertreter seine Vermittlungs- bzw. Abschlusstätigkeit „im Inland gegen Entgelt" erbringt (→ Rn. 138 ff.).

2. Leistungen im Inland. Gem. § 1 Abs. 1 Nr. 1 iVm § 3 Abs. 9 UStG unterliegen **138** „sonstige Leistungen" iSd Umsatzsteuergesetzes (dh auch die Vermittlungs- bzw. Abschlusstätigkeit des Handelsvertreters) nur dann der **Umsatzsteuerpflicht,** wenn sie **im Inland** ausgeführt werden. Seit Januar 2010 gibt es eine neue umsatzsteuerliche Grundregel, derzufolge sonstige Leistungen an andere Unternehmer an dem Ort ausgeführt werden, an dem der Empfänger der Leistung sein Unternehmen betreibt (§ 3a Abs. 2 UStG). Der Handelsvertreter erbringt seine Leistungen in der Regel an Auftraggeber, die umsatzsteuerlich als Unternehmen zu qualifizieren sind. Die Vermittlungs- bzw. Abschlusstätigkeit des Handelsvertreters wird deshalb grds. gem. § 3a Abs. 2 UStG an dem **Ort** ausgeführt, **von dem aus der Leistungsempfänger** (hier also der Unternehmer als Auftraggeber des Handelsvertreters) **sein Unternehmen betreibt.**[335]

Sitzt der Unternehmer, für den der Handelsvertreter die Vermittlungs- bzw. Abschluss- **139** tätigkeit erbringt, außerhalb Deutschlands, werden diese Leistungen des Handelsvertreters nicht im Inland (dh in Deutschland) erbracht. Sie sind insoweit nicht in Deutschland umsatzsteuerbar. Dagegen ist die Vermittlungs- bzw. Abschlusstätigkeit des Handelsvertreters dann in Deutschland umsatzsteuerpflichtig (sofern nicht im Einzelfall eine Umsatzsteuerbefreiung vorliegt (→ Rn. 141 ff.)), wenn der Empfänger der Leistung seinen Sitz in Deutschland hat oder der Handelsvertreter seine Tätigkeit für eine in Deutschland gelegene Betriebsstätte des im Ausland sitzenden Unternehmers erbringt (§ 3a Abs. 2 S. 2 UStG).

Erbringt der Handelsvertreter seine Tätigkeit für einen Unternehmer, der seinen Sitz **140** zwar nicht in Deutschland hat, aber in einem anderen Mitgliedstaat der Europäischen Union, ist seine Vermittlungs- bzw. Abschlusstätigkeit (nach dem vorstehend erläuterten Besteuerungsprinzip) nicht in Deutschland umsatzsteuerpflichtig. In einem solchen Fall ist der in einem anderen Mitgliedstaat der Europäischen Union sitzende Unternehmer mit den in diesem Mitgliedstaat geltenden Umsatzsteuersätzen umsatzsteuerpflichtig.[336] Er wird in den meisten Fällen allerdings einen gleichzeitigen Vorsteuerabzug erhalten, so dass eine definitive Umsatzsteuerbelastung vermieden werden kann.

3. Umsatzsteuerbefreiung. Liegt eine in Deutschland ausgeführte Vermittlungs- bzw. **141** Abschlusstätigkeit des Handelsvertreters vor und ist diese grds. umsatzsteuerbar, kann sie dennoch auf Grund einer gesetzlichen Bestimmung von der Umsatzsteuer befreit sein.

Eine Vielzahl typischer Vermittlungs- bzw. Abschlusstätigkeiten des Handelsvertreters ist **142** dann **umsatzsteuerbefreit,** wenn auch diejenige Leistung bzw. Lieferung, die nach dem von dem Handelsvertreter vermittelten bzw. abgeschlossenen Geschäft zu erbringen ist, umsatzsteuerbefreit ist.[337] So ist bspw.[338] die Vermittlung[339] (bzw. der Abschluss im Namen des Unternehmers) von (i) Lieferungen von Gegenständen in ein Land außerhalb der Europäischen Union (§ 4 Nr. 5, Nr. 1 iVm § 6 UStG), (ii) Krediten (§ 4 Nr. 8a UStG) und (iii) Anteilen an Gesellschaften und anderen Vereinigungen (§ 4 Nr. 8f UStG) umsatzsteuerbefreit. Gleichermaßen kann auch die Vermittlungs- bzw. Abschlusstätigkeit eines **Untervertreters** umsatzsteuerbefreit sein.[340]

Zum anderen sind Umsätze aus der Tätigkeit als **Versicherungs- bzw. Bausparkassen- 143 vertreter** (§ 92) von der Umsatzsteuerpflicht befreit (§ 4 Nr. 11 UStG).

---

[335] Küstner/Thume VertriebsR-HdB I Kap. XII Rn. 52.
[336] Küstner/Thume VertriebsR-HdB I Kap. XII Rn. 53.
[337] Küstner/Thume VertriebsR-HdB I Kap. XII Rn. 56.
[338] Siehe Küstner/Thume VertriebsR-HdB I Kap. XII Rn. 56 für weitere Steuerbefreiungen.
[339] Siehe zum Begriff der „Vermittlung" aus umsatzsteuerlicher Sicht Emde Rn. 163.
[340] BFH DStR 2008, 2474 (2475); EuGH DStR 2007, 1160 (1161 ff.); Küstner/Thume VertriebsR-HdB I Kap. XII Rn. 59 f.; Emde Rn. 163.

B. Vertragshändler

144 **1. Analoge Anwendung des § 87.** Nach vorherrschender Meinung scheidet eine analoge Anwendung des § 87 auf den Vertragshändler grds. aus.[341] Denn die Vorschrift ist auf eine Tätigkeit für fremde Rechnung ausgelegt, wohingegen der Vertragshändler, anders als der Handelsvertreter, in eigenem Namen und auf eigene Rechnung handelt.

145 Teilw. wird jedoch eine analoge Anwendung des Anspruchs auf Bezirksvertreterprovision gem. Abs. 2 auf den Vertragshändler diskutiert. Grds. kommt aber auch eine analoge Anwendung des Abs. 2 nicht in Betracht.[342] Es sind keine Fallkonstellationen denkbar, in denen eine analoge Anwendung des Abs. 2 auf den Vertragshändler angezeigt wäre.[343] So hat der BGH nach ständiger Rechtsprechung einen Anspruch des Vertragshändlers auf Zahlung einer Bezirksprovision analog Abs. 2 im Falle der Verletzung einer Alleinvertriebsvereinbarung verneint.[344] Verstößt der Unternehmer durch die Vornahme von Direktgeschäften in das Alleinvertriebsgebiet des Vertragshändlers gegen das Alleinvertriebsrecht des Vertragshändlers, ist der Unternehmer vielmehr (soweit er sich nicht wirksam vertraglich das Recht zu solchen Direktgeschäften vorbehalten hat, → Rn. 151) gem. den gesetzlichen Vorschriften schadensersatzpflichtig, so dass es einer analogen Anwendung des Abs. 2 gar nicht bedarf.[345] Soll dem Vertragshändler ein Alleinvertriebsrecht eingeräumt werden und der Unternehmer ungeachtet dessen berechtigt sein, Direktgeschäfte in das Alleinvertriebsgebiet des Vertragshändlers tätigen zu dürfen, ist zu überlegen, inwieweit dem Vertragshändler ein vertraglicher Entschädigungsanspruch für die Direktgeschäfte des Unternehmers eingeräumt werden soll (hierzu auch → Rn. 151 f.).

146 Nach richtiger Auffassung scheidet auch eine analoge Anwendung des Abs. 3 auf den Vertragshändler aus.[346] Zwar hat der ausscheidende Vertragshändler, wenn er ein Kundengeschäft schon so weit angebahnt hat, dass es nach Vertragsbeendigung zu einem Abschluss mit seinem Nachfolger oder dem Unternehmer kommt, dem Unternehmer Dienste geleistet. Dennoch wird der ausscheidende Vertragshändler in einer solchen Fallkonstellation regelmäßig keinen Anspruch auf die ihm entgehende Händlermarge geltend machen können. Denn anders als der Handelsvertreter hat der Vertragshändler den Zeitpunkt des Abschlusses des jeweiligen Geschäftes selbst in der Hand. Er ist damit nicht in gleichem Maße wie der Handelsvertreter schutzwürdig. In Einzelfällen ist jedoch ein Anspruch aus § 242 BGB, nicht aber aus Abs. 3, denkbar.[347]

147 **2. Vergütung des Vertragshändlers. a) Überblick.** Der Vertragshändler kauft die Vertragsprodukte vom Unternehmer in eigenem Namen und auf eigene Rechnung und verkauft diese sodann in eigenem Namen und auf eigene Rechnung weiter. Er erhält daher anders als der Handelsvertreter, der vom Unternehmer für seine Tätigkeit regelmäßig eine direkte Vergütung in Form von Provisionszahlungen auf Basis erhält, regelmäßig keine

---

[341] MüKoHGB/Ströbl Rn. 10; Oetker/Busche Rn. 41; Ebenroth/Boujong/Joost/Strohn/Löwisch Rn. 88; Baumbach/Hopt/Hopt § 84 Rn. 11; Ulmer Vertragshändler S. 397; Emde vor § 84 Rn. 382, § 87 Rn. 7; offen gelassen von BGH NJW 2000, 1191 (1192).

[342] BGH BB 1994, 885; NJW 1984, 2411; MüKoHGB/Ströbl Rn. 78; Baumbach/Hopt/Hopt Rn. 29; K. Schmidt HandelsR § 28 III 1. a) Rn. 43; Schultze/Wauschkuhn/Spenner/Dau/Kübler Vertragshändlervertrag/Dau Rn. 49; Emde vor § 84 Rn. 391; aA Ulmer Vertragshändler S. 397, 429 Fn. 96.

[343] AA für den Fall der Einräumung eines vergleichbaren Gebiets- oder Kundenschutzes ohne nähere Begründung MüKoHGB/Ströbl Rn. 78; Ebenroth/Boujong/Joost/Strohn/Löwisch Rn. 88; wohl auch BGH NJW 1964, 151 (152).

[344] BGH NJW 1984, 2411; 1966, 1117; 1964, 151 (152); 1957, 1026; Schultze/Wauschkuhn/Spenner/Dau/Kübler Vertragshändlervertrag/Dau Rn. 274.

[345] Emde vor § 84 Rn. 391.

[346] Schultze/Wauschkuhn/Spenner/Dau/Kübler Vertragshändlervertrag/Dau Rn. 49; Emde vor § 84 Rn. 401; aA MüKoHGB/Ströbl Rn. 114 und Ebenroth/Boujong/Joost/Strohn/Löwisch Rn. 88 ohne nähere Begründung; Martinek/Semler/Flohr VertriebsR-HdB/van der Moolen § 28 Rn. 1 f.

[347] Emde vor § 84 Rn. 401.

direkte Vergütung vom Unternehmer.[348] Die Verdienstmöglichkeit des Vertragshändlers besteht vielmehr in seiner Handelsspanne (oder Händlermarge). Zudem gewährt der Unternehmer dem Vertragshändler eine Geschäftschance und das Recht zur Nutzung und werblichen Herausstellung der Marke der vom Unternehmer vertriebenen Produkte.

b) Die einzelnen Vergütungsbestandteile. aa) Handelsspanne bzw. Händlermar- 148 **ge.** Dem Vertragshändler wird vom Unternehmer eine **Handelsspanne bzw. Händlermarge** in Form eines besonders günstigen Einkaufspreises für die Vertragsprodukte eingeräumt.[349] Sie besteht also im Wesentlichen aus der Differenz zwischen dem Einkaufs- und Verkaufspreis des Vertragshändlers. Aus dieser Differenz, abzüglich der dem Vertragshändler entstehenden Kosten, ergibt sich der Gewinn des Vertragshändlers. Denn der Vertragshändler finanziert sich im Wesentlichen durch die Vereinnahmung der Differenz zwischen seinem Einkaufs- und Verkaufspreis. Den Parteien steht es dabei grds. frei, wie sie die Handelsspanne bzw. Händlermarge des Vertragshändlers und somit letztlich die vom Vertragshändler zu zahlenden Einkaufspreise bestimmen. Die Höhe der Handelsspanne bzw. Händlermarge kann je nach Produkt, Produktgruppe und Branche schwanken. Siehe zur Wirksamkeit von **Änderungsvorbehalten** des Unternehmers, mit Hilfe derer der Unternehmer einseitig Einfluss auf die Handelsspanne bzw. Händlermarge des Vertragshändlers nehmen kann, → § 87b Rn. 63 ff. In vielen Fällen räumt der Unternehmer dem Vertragshändler abhängig von dem Einkaufsvolumen des Vertragshändlers zusätzliche Mengenrabatte ein. Der Vertragshändler muss jedoch aus kartellrechtlichen Gründen grds. in der Festsetzung seiner eigenen Verkaufspreise frei bleiben.

bb) Nebenleistungen. Der Unternehmer schafft darüber hinaus häufig **zusätzliche** 149 **Vertriebsanreize,** in dem er dem Vertragshändler die Zahlung von **Boni, Prämien, Incentives** und/oder anderen Nebenleistungen in Aussicht stellt. Auch eine etwaige Beteiligung des Unternehmers an den Kosten des Vertragshändlers für spezielle Marketing- oder Promotion-Aktivitäten vergrößert die Erwerbsmöglichkeiten des Vertragshändlers. Häufig anzutreffen ist zudem die Vereinbarung einer zusätzlichen Vergütung des Vertragshändlers, wenn dieser im Rahmen seiner Vertriebsleistung bestimmte qualitative Gesichtspunkte erfüllt. So wird in manchen Vertragshändlerverträgen eine separate Vergütung bspw. für die Teilnahme des Vertragshändlers an Schulungen, das Vorhalten einer bestimmten Zahl an Mitarbeitern oder gute Ergebnisse im Rahmen von Kundenzufriedenheitsumfragen geregelt. Zur Wirksamkeit von **Änderungsvorbehalten** des Unternehmers in Bezug auf freiwillige Nebenleistungen → § 87b Rn. 68.

Der Vertragshändler wird zudem dadurch „vergütet", dass ihm der Unternehmer eine 150 **Geschäftschance** bietet, die der Vertragshändler nutzen kann. Soweit dem Vertragshändler faktisch auch ein Kundenstamm übertragen wird, der Unternehmer ihm auch die Kundendienstbetreuung überlässt oder ihm ein Alleinvertriebsrecht eingeräumt wird, verschafft der Unternehmer dem Vertragshändler grds. einen Wettbewerbsvorsprung gegenüber anderen Händlern, wodurch der Vertragshändler bessere Umsatz- und Verdienstchancen hat.[350] Gleiches ergibt sich aus der Tatsache, dass der Vertragshändler am Goodwill des Unternehmers bzw. an der Sogwirkung der Marke des Unternehmers partizipiert. So wird dem Vertragshändler typischerweise das Recht eingeräumt, sich als „Vertragshändler" (oder „Fachhändler", „Vertriebspartner" oder ähnlich) des Unternehmers zu bezeichnen und insoweit auch die Marke des Unternehmers im Geschäftsverkehr zu nutzen.

---

[348] Bei besonderen Leistungen des Vertragshändlers (zB Kundendienstleistungen für den Unternehmer) wird oftmals entgegen dieses Grundsatzes eine direkte separate Vergütung des Unternehmers vereinbart.
[349] Schultze/Wauschkuhn/Spenner/Dau/Kübler Vertragshändlervertrag/Dau Rn. 342; Küstner/Thume VertriebsR-HdB III Teil II Kap. 4 Rn. 50.
[350] Schultze/Wauschkuhn/Spenner/Dau/Kübler Vertragshändlervertrag/Dau Rn. 343; Küstner/Thume VertriebsR-HdB III Teil II Kap. 4 Rn. 49; Ulmer Vertragshändler S. 286 f.

151　**cc) Ansprüche bei Direktgeschäften.** Ist dem Vertragshändler ein Alleinvertriebsrecht eingeräumt worden, stellt sich die Frage, inwieweit der Vertragshändler bei in das Alleinvertriebsgebiet des Vertragshändlers getätigten Direktgeschäften des Unternehmers an diesen mitpartizipiert. Hat sich der Unternehmer das Recht zur Vornahme von solchen Direktgeschäften **wirksam vertraglich vorbehalten,** steht dem Vertragshändler (soweit nicht etwas anderes vertraglich vereinbart wurde) kein Vergütungsanspruch oder sonstiger Entschädigungsanspruch gegen den Unternehmer für die vom Unternehmer getätigten Direktgeschäfte zu.[351] Vereinbaren die Parteien des Vertragshändlervertrages einen solchen Vorbehalt **individualvertraglich,** so ist diese Vereinbarung wirksam und durchsetzbar. Jedoch ist ein in **Allgemeinen Geschäftsbedingungen** des Unternehmers vorbehaltenes Recht des Unternehmers zur Vornahme von Direktgeschäften in das Alleinvertriebsgebiet des Vertragshändlers nach der Rechtsprechung nur dann wirksam, wenn dem Vertragshändler gleichzeitig ein angemessener Ausgleich für die Direktgeschäfte des Unternehmers gewährt wird.[352] Dies wird damit begründet, dass die entsprechende Bestimmung eine unangemessene Benachteiligung des Vertragshändlers gem. § 307 BGB darstellt, wenn dem Vertragshändler keine Entschädigung für die mit dem Direktbelieferungsvorbehalt einhergehende Beeinträchtigung angeboten wird.[353] Diese Auffassung berücksichtigt jedoch nicht hinreichend den Umstand, dass dem Vertragshändler, soweit dem Unternehmer ein Direktbelieferungsrecht zustehen soll, gerade kein Alleinvertriebsrecht eingeräumt wird. Weshalb der Unternehmer dem Vertragshändler dennoch eine Entschädigung für Direktgeschäfte zu zahlen haben soll, erscheint daher äußerst fraglich.[354] Wird im Rahmen von Allgemeinen Geschäftsbedingungen eine Entschädigungspflicht zugunsten des Vertragshändlers aufgenommen, hat diese gem. § 307 Abs. 1 S. 2 BGB zudem klar und verständlich zu sein.[355]

152　Tätigt der Unternehmer dagegen Direktgeschäfte in das Alleinvertriebsgebiet des Vertragshändlers, obwohl er sich ein solches Recht **nicht wirksam vertraglich vorbehalten** hat, steht dem Vertragshändler zwar gem. der ständigen Rechtsprechung des BGH keine Bezirksprovision analog Abs. 2 zu (→ Rn. 145). Der Unternehmer verletzt jedoch in einem solchen Fall die mit dem Vertragshändler getroffene Alleinvertriebsvereinbarung. Dies hat zur Folge, dass der Vertragshändler nach den gesetzlichen Vorschriften vom Unternehmer den ihm durch die Direktgeschäfte entstehenden Schaden (insbesondere seinen entgangenen Gewinn) ersetzt verlangen kann. Auch wenn der Unternehmer Direktgeschäfte in das Vertragsgebiet des Vertragshändlers tätigt, ohne dass dem Vertragshändler ein Alleinvertriebsrecht eingeräumt wurde, kann der Unternehmer im Einzelfall nach den gesetzlichen Vorschriften zum Ersatz des dem Vertragshändlers hieraus entstehenden Schadens verpflichtet sein. Dies setzt voraus, dass dem Unternehmer im Einzelfall solche Direktgeschäfte wegen dessen Treuepflicht gegenüber dem Vertragshändler untersagt sind.[356] Je stärker der Vertragshändler in die Absatzorganisation des Unternehmers eingebunden ist und diesen mit Einsatz von Kapital und Personal zu unterstützen hat, desto eher ist eine entsprechende Treuepflicht im Einzelfall anzunehmen.[357]

153　**dd) Aufwendungsersatz.** Soweit die Parteien den Ersatz von Aufwendungen des Vertragshändlers nicht gesondert vereinbart haben, hat der Vertragshändler **grds. keinen Aufwendungsersatzanspruch** gegen den Unternehmer (→ § 87d Rn. 27). Üblicherweise wird vereinbart, dass mit der eingeräumten Handelsspanne bzw. Händlermarge alle von

[351] Schultze/Wauschkuhn/Spenner/Dau/Kübler Vertragshändlervertrag/Dau Rn. 347.
[352] BGH NJW-RR 2005, 1496 (1498); NJW 1994, 1060 (1061); Pfeffer NJW 1996, 681 (683); BeckOF-V/Ströbl, 23.2 Vertragshändlervertrag, Rn. 9.
[353] BGH NJW-RR 2005, 1496 (1498).
[354] So auch BeckOF-V/Ströbl, 23.2 Vertragshändlervertrag, Rn. 9.
[355] BGH NJW-RR 2005, 1496 (1498); BeckOF-V/Ströbl, 23.2 Vertragshändlervertrag, Rn. 9.
[356] BGH NJW 1994, 1060 (1061); NJW-RR 1993, 678 (681 f.); BeckOF-V/Ströbl, 23.2 Vertragshändlervertrag, Rn. 8.
[357] BGH NJW 1994, 1060 (1061); NJW-RR 1993, 678 (681 f.).

dem Vertragshändler zu erbringenden Leistungen und seine damit verbundenen Aufwendungen abgegolten sind.

C. Franchisenehmer

1. Analoge Anwendung des § 87. Nach vorherrschender Meinung scheidet eine **154** analoge Anwendung des § 87 auf den Franchisenehmer grds. aus.[358] Denn die Vorschrift ist auf eine Tätigkeit für fremde Rechnung ausgelegt, wohingegen der Franchisenehmer ebenso wie der Vertragshändler (anders als der Handelsvertreter) im eigenen Namen und auf eigene Rechnung handelt. Demnach scheidet eine analoge Anwendung des Abs. 1 nach einhelliger Auffassung aus.

Auch eine analoge Anwendung des Abs. 2 über die Bezirksprovision kommt grds. nicht **155** in Betracht.[359] Teilw. wird jedoch eine analoge Anwendung von Abs. 2 auf den Franchisenehmer für geboten gehalten, und zwar in Fällen, in denen dem Franchisenehmer ein dem Abs. 2 vergleichbarer Bezirks- oder Kundenschutz eingeräumt wird.[360] Ähnlich wie bei Vertragshändlerverträgen (→ Rn. 144 ff.) wird aber auch bei Franchiseverträgen die Verletzung eines dem Franchisenehmer eingeräumten Bezirks- oder Kundenschutzes durch den Unternehmer zu einem Schadensersatzanspruch des Franchisenehmers statt zu einem Provisionsanspruch analog Abs. 2 führen.[361]

Nach richtiger Auffassung scheidet auch eine analoge Anwendung des Abs. 3 auf den **156** Franchisenehmer mangels vergleichbarer Interessenlage aus.[362] Zwar hat der ausscheidende Franchisenehmer, wenn er ein Kundengeschäft schon so weit angebahnt hat, dass es nach Vertragsbeendigung zu einem Abschluss mit seinem Nachfolger oder dem Unternehmer kommt, dem Unternehmer Dienste geleistet. Dennoch wird der ausscheidende Franchisenehmer in einer solchen Fallkonstellation regelmäßig keinen Anspruch auf die ihm entgehende Händlermarge geltend machen können. Denn anders als der Handelsvertreter hat der Franchisenehmer den Zeitpunkt des Abschlusses des jeweiligen Geschäftes selbst in der Hand. Er ist damit nicht in gleichem Maße wie der Handelsvertreter schutzwürdig.

2. Vergütung des Franchisenehmers. a) Überblick. Anders als der Handelsvertreter **157** vermittelt der Franchisenehmer keine Kundengeschäfte für den Franchisegeber. Vielmehr handelt der Franchisenehmer beim Betreiben seines Franchisegeschäftes in eigenem Namen und auf eigene Rechnung. Er erhält damit anders als der Handelsvertreter keine direkte Vergütung in Form von Provisionszahlungen für vermittelte Kundengeschäfte. Vielmehr ergibt sich die Verdienstmöglichkeit des Franchisenehmers insbesondere aus seiner Handelsspanne und der ihm von dem Franchisegeber eingeräumten Möglichkeit, dessen Franchise zu nutzen.

b) Die einzelnen Vergütungsbestandteile. Der Franchisenehmer erzielt seinen **Ge- 158 winn** im Wesentlichen aus der Differenz zwischen seinen Einkaufs- und Verkaufspreisen abzüglich der ihm entstehenden Kosten. Bezieht der Franchisenehmer die Vertragsprodukte direkt vom Franchisegeber, wird dieser ihm besonders günstige Einkaufspreise einräumen. Siehe zur Wirksamkeit von **Änderungsvorbehalten** des Unternehmers, mit Hilfe

---

[358] OLG Celle BB 2007, 1862 (1863) mzustAnm Flohr; MüKoHGB/Ströbl Rn. 10; Oetker/Busche Rn. 41; Ebenroth/Boujong/Joost/Strohn/Löwisch Rn. 88; Baumbach/Hopt/Hopt § 84 Rn. 11; Emde vor § 84 Rn. 445, § 87 Rn. 7.

[359] MüKoHGB/Ströbl Rn. 78; Baumbach/Hopt/Hopt § 84 Rn. 11; K. Schmidt HandelsR § 28 III 1. a) Rn. 43; Emde Rn. 7; Martinek/Semler/Flohr VertriebsR-HdB/Flohr § 30 Rn. 341; Metzlaff Franchising-HdB/Rauser § 16 Rn. 8.

[360] MüKoHGB/Ströbl Rn. 78; Emde Rn. 7.

[361] Martinek/Semler/Flohr VertriebsR-HdB/Flohr § 30 Rn. 341.

[362] OLG Celle BB 2007, 1862 (1863) mzustAnm Flohr; Baumbach/Hopt/Hopt § 84 Rn. 11; aA Emde vor § 84 Rn. 445 und § 87 Rn. 7 (ausnahmsweise analoge Anwendung bei vergleichbarer Situation); MüKoHGB/Ströbl Rn. 114; Martinek/Semler/Flohr VertriebsR-HdB/Flohr § 32 Rn. 127 (aA scheinbar in § 30 Rn. 340); Ebenroth/Boujong/Joost/Strohn/Löwisch Rn. 88; Matthießen ZIP 1988, 1089 (1095).

derer der Unternehmer einseitig Einfluss auf die Vergütung des Franchisenehmers nehmen kann, → § 87b Rn. 77 ff. Soweit der Franchisenehmer die Vertragsprodukte bei einem von dem Franchisegeber bestimmten Systemlieferanten einkaufen muss, wird der Franchisegeber in der Regel von diesem Systemlieferanten bestimmte Einkaufsvorteile (etwa Boni, Skonti, Werbekostenzuschüsse etc; kurz „Kick-Backs") in Abhängigkeit des vom Franchisenehmer generierten Umsatzes eingeräumt bekommen. Siehe zur Frage des Bestehens einer Pflicht des Franchisegebers zur Weitergabe von Einkaufsvorteilen an den Franchisenehmer (→ BGB § 242 Rn. 134 und → BGB § 311 Rn. 39 f.).

159   Zudem kann eine indirekte „Vergütung" des Franchisenehmers durch den Franchisegeber darin gesehen werden, dass der Franchisegeber dem Franchisenehmer das Recht zur Nutzung einer Gesamtheit von Rechten an gewerblichem und geistigem Eigentum zum Zwecke des Weiterverkaufs von Waren oder der Erbringung von Dienstleistungen an Endverbraucher einräumt. Dem Franchisenehmer wird dadurch eine **Geschäftschance** zuteil, die ihm anderenfalls nicht offen stehen würde. So partizipiert er bspw. durch die Einräumung von Nutzungsrechten an den Marken des Franchisegebers an deren Sogwirkung. Dem Franchisenehmer wird die **Franchise** jedoch oftmals nicht umsonst eingeräumt. Häufig sehen Franchiseverträge als Gegenleistung hierfür die Pflicht des Franchisenehmers zur Zahlung einer (einmaligen oder laufenden) **Franchisegebühr** vor. Teilw. schuldet der Franchisenehmer auch eine einmalige **Eintrittsgebühr,** die etwa als Gegenleistung für die Entwicklung und den Aufbau des Franchisesystems vereinbart wird (zur Rückerstattung der Eintrittsgebühr bei Vertragsbeendigung → Vor § 89 Rn. 94 ff.).

160   Soweit die Parteien den Ersatz von Aufwendungen des Franchisenehmers nicht besonders vereinbart haben, hat der Franchisenehmer grds. **keinen Aufwendungsersatzanspruch** gegen den Franchisegeber (→ § 87d Rn. 28).

D. Kommissionsagent

161   Der Kommissionsagent verdient wie der Handelsvertreter regelmäßig als Gegenleistung für seine Dienste eine Provision. Nach hM sind daher die §§ 87 ff. auf die Provisionsansprüche des Kommissionsagenten **analog anwendbar.**[363] Da der Kommissionsagent aber das jeweilige Ausführungsgeschäft in eigenem Namen abschließt, finden auf den Provisionsanspruch des Kommissionsagenten diejenigen Vorschriften keine Anwendung, die darauf abstellen, dass der Unternehmer das „Ausführungsgeschäft" selbst abschließt.[364]

162   Demnach steht dem Kommissionsagenten nach hM ein **Anspruch auf Bezirksprovision analog Abs. 2** zu, wenn die vertraglichen Regelungen entsprechend ausgestaltet sind.[365] Die Ausführungen zur Begründung einer Bezirksvertretereigenschaft des Handelsvertreters (→ Rn. 75 ff.) gelten entsprechend für den Kommissionsagenten. Steht dem Kommissionsagenten analog Abs. 2 eine Bezirksprovision zu, stellt diese eine zusätzliche Vergütung seiner Leistungen im Bezirk dar.

163   Ebenso ist Abs. 3 auf den Provisionsanspruch des Kommissionsagenten **analog anwendbar.**[366] Dem Kommissionsagenten steht demnach ein Provisionsanspruch auch für nach Beendigung des Kommissionsagenturvertrages durch den Unternehmer abgeschlossene Kundengeschäfte zu, wenn (i) er entweder das Kundengeschäft vermittelt oder es eingeleitet und so vorbereitet hat, dass der Abschluss überwiegend auf seine Tätigkeit zurückzuführen

---

[363] MüKoHGB/Ströbl Rn. 10; Baumbach/Hopt/Hopt § 84 Rn. 19; Canaris HandelsR § 16 Rn. 7; Staub/Koller § 383 Rn. 68; Küstner/Thume VertriebsR-HdB III Teil III Kap. 2 Rn. 14.

[364] MüKoHGB/Ströbl Rn. 10; Staub/Koller § 383 Rn. 68.

[365] RG JW 1917, 154 (156); MüKoHGB/Häuser § 406 Rn. 28; MüKoHGB/Ströbl Rn. 78; Ebenroth/Boujong/Joost/Strohn/Löwisch Rn. 88; Baumbach/Hopt/Hopt § 84 Rn. 19; Staub/Emde Vor § 84 Rn. 691; Staub/Koller § 383 Rn. 65; Küstner/Thume VertriebsR-HdB III Teil III Kap. 2 Rn. 14; Emde vor § 84 Rn. 469.

[366] MüKoHGB/Häuser § 406 Rn. 28; MüKoHGB/Ströbl Rn. 114; Staub/Emde Vor § 84 Rn. 691; Küstner/Thume VertriebsR-HdB III Teil III Kap. 2 Rn. 15; Emde vor § 84 Rn. 469.

ist und der Abschluss innerhalb einer bestimmten Frist nach Beendigung des Kommissions-agenturvertrages erfolgt (→ Rn. 109 ff.) oder (ii) bei Beendigung des Kommissionsagentur-vertrages das Angebot des Kunden dem Unternehmer bereits zugegangen ist (→ Rn. 117 ff.).[367]

§87a Fälligkeit der Provision

(1) ¹Der Handelsvertreter hat Anspruch auf Provision, sobald und soweit der Unter-nehmer das Geschäft ausgeführt hat. ²Eine abweichende Vereinbarung kann getroffen werden, jedoch hat der Handelsvertreter mit der Ausführung des Geschäfts durch den Unternehmer Anspruch auf einen angemessenen Vorschuß, der spätestens am letzten Tag des folgenden Monats fällig ist. ³Unabhängig von einer Vereinbarung hat jedoch der Handelsvertreter Anspruch auf Provision, sobald und soweit der Dritte das Ge-schäft ausgeführt hat.

(2) Steht fest, daß der Dritte nicht leistet, so entfällt der Anspruch auf Provision; bereits empfangene Beträge sind zurückzugewähren.

(3) ¹Der Handelsvertreter hat auch dann einen Anspruch auf Provision, wenn fest-steht, daß der Unternehmer das Geschäft ganz oder teilweise nicht oder nicht so ausführt, wie es abgeschlossen worden ist. ²Der Anspruch entfällt im Falle der Nicht-ausführung, wenn und soweit diese auf Umständen beruht, die vom Unternehmer nicht zu vertreten sind.

(4) Der Anspruch auf Provision wird am letzten Tag des Monats fällig, in dem nach §87c Abs. 1 über den Anspruch abzurechnen ist.

(5) Von Absatz 2 erster Halbsatz, Absätzen 3 und 4 abweichende, für den Handels-vertreter nachteilige Vereinbarungen sind unwirksam.

Literatur: Altmeppen, Provisionsansprüche bei Vertragsauflösung, 1987; Behrendt, Aktuelle handelsver-treterrechtliche Fragen in Rechtsprechung und Praxis, NJW 2003, 1563; Bonvie, Der Provisionsanspruch des ausscheidenden Versicherungsvertreters bei stornogefährdeten Verträgen, VersR 1986, 119; Dänekamp/ Kölln, Provisionsvergütung(en) bei der Vermittlung von Dauerbezugsverträgen, NJW 2015, 3126; Glaser, Vergütungsfragen des Handelsvertreterrechts, DB 1965, 297; Hans, Die Provision des Handelsvertreters – insbesondere des Versicherungsvertreters bei Nichtausführung des vermittelten Geschäfts, BB 1957, 1060; Höft, Der Provisionsanspruch des Handelsvertreters bei Nichtausführung des abgeschlossenen Geschäfts durch das vertretene Unternehmen, DB 1960, 79; Hoffstadt, Rechtsstellung des Handelsvertreters im Konkurs des vertretenen Unternehmens, DB 1983, 645; Holling, Der Provisionsanspruch des Handelsvertreters bei Nicht-ausführung eines abgeschlossenen Geschäfts durch das vertretene Unternehmen, DB 1960, 79; Kempfler, Der Provisionsanspruch bei Werk- und Werklieferungsverträgen, NJW 1963, 524; Killinger, Die Provisionsschuld des Geschäftsherrn gegenüber seinem Handelsvertreter, BB 1981, 1925; Knorr, „Nacharbeit" des Handels-vertreters, BB 1975, 111; Küstner, Stornogefahr und Nachbearbeitungspflicht – Ein neues Urteil zur „Ver-tragsrettung", VW 2000, 796; Rewolle, Die Provision des Handelsvertreters nach Rücktritt vom Vertrag nach dem Abzahlungsgesetz, DB 1964, 467; Roemer, Die Realisierung des Handelsvertreterprovisionsanspruchs, Diss. München 1981; Scherer, Nachforderung von Provision – Verzicht durch widerspruchslose Hinnahme der Abrechnungen?, BB 1996, 2205; Schröder, Gesetzlicher und vertraglicher Provisionsanspruch des Han-delsvertreters, BB 1963, 567; Sieg, Der Bereicherungsanspruch des Versicherers gegen seinen Vermittler, VersR 1993, 1198; Sundermann, Die Provision des Versicherungsvertreters bei Nichtausführung des ver-mittelten Geschäfts, BB 1958, 542; Treffer, Pfändung von Provisionsansprüchen, MDR 1998, 384; M. Wolf/ Ungeheuer, Provision des Handelsvertreters bei Kündigung nach §649 BGB, NJW 1994, 1497; Thume, Der Provisionsanspruch des Handelsvertreters: Grenzen der Vertragsgestaltung, BB 2012, 975.

[367] MüKoHGB/Häuser §406 Rn. 28; Küstner/Thume VertriebsR-HdB III Teil III Kap. 2 Rn. 15.

A. Handelsvertreter

I. Regelungsgegenstand

1   **1. Entstehungsgeschichte.** Die Vorschrift des § 87a hat ihren Ursprung in § 88 der ursprünglichen Fassung des HGB. Sie wurde im Rahmen der HGB-Novelle im Jahre 1953[1] neu in das Handelsvertreterrecht inkorporiert, um klarzustellen, dass die Provisionsanwartschaft gem. § 87 erst mit der Ausführung des Kundengeschäftes zum Vollrecht erstarkt. Sodann führte die Umsetzung der Handelsvertreter-RL zu weiteren Änderungen.[2] So wurde Abs. 1 S. 4 gestrichen. Die darin enthaltene Möglichkeit, den Anspruch auf Teilprovision auszuschließen, widersprach Art. 10 Abs. 2 und 4 der Handelsvertreter-RL.

---

[1] Art. 1 des Gesetzes zur Änderung des Handelsgesetzbuchs (Recht der Handelsvertreter) vom 6.8.1953, BGBl. I 771.

[2] Art. 1 Nr. 4 des Gesetzes zur Durchführung der EG-Richtlinie zur Koordinierung des Rechts der Handelsvertreter vom 23.10.1989, BGBl. I 1910.

Ferner wurde Abs. 3 S. 2 wegen Art. 11 Abs. 1 und 3 der Handelsvertreter-RL zu Gunsten des Handelsvertreters insoweit enger gefasst, als dass bei Nichtausführung des Kundengeschäftes der Provisionsanspruch nur entfällt, wenn und soweit diese auf Umstände beruht, die von dem Unternehmer nicht zu vertreten sind. Nach der alten Fassung entfiel der Provisionsanspruch bereits, wenn die Ausführung für den Unternehmer unzumutbar war, selbst dann, wenn der Unternehmer die die Unzumutbarkeit verursachenden Umständen zu vertreten hatte. Schließlich wurde das Verbot abweichender Vereinbarungen gem. Abs. 5 auf Abs. 2 Hs. 1 erstreckt.

2. Inhalt und Zweck. § 87 regelt die Tatbestandsvoraussetzungen, bei deren Vorliegen **2** der Handelsvertreter einen aufschiebend bedingten Provisionsanspruch erwirbt (Provisionsanwartschaft) (→ § 87 Rn. 3). Dagegen normiert § 87a in Abs. 1, wann die **Provisionsanwartschaft zum Vollrecht erstarkt** und der Provisionsanspruch somit entsteht. Bedingung hierfür ist, dass der Unternehmer oder der Dritte (Kunde) das Geschäft ausgeführt hat. Damit hält die Vorschrift an dem Grundsatz fest, dass die Handelsvertretervergütung **erfolgsbezogen** und nicht tätigkeitsbezogen geschuldet wird.[3] Denn der wirtschaftliche Erfolg des Kundengeschäftes, der in dem Austausch der vertragsgegenständlichen Leistungen zu sehen ist, tritt nicht bereits mit dem Abschluss des Kundengeschäftes ein, sondern erst mit dessen Ausführung.

Ist der Provisionsanspruch gem. Abs. 1 durch Vorleistung des Unternehmers entstanden, **3** steht er unter der auflösenden Bedingungen, dass der Dritte das Kundengeschäft endgültig nicht ausführt (Abs. 2). Dies ist interessengerecht, da auch in diesem Fall der wirtschaftliche Erfolg des Kundengeschäftes nicht eintritt. Abs. 3 dient dem Schutz des Handelsvertreters. Nach dieser Vorschrift entsteht der Provisionsanspruch trotz Nichtausführung des Kundengeschäftes, wenn und soweit der Unternehmer die Nichtausführung zu vertreten hat. Dem Unternehmer wird hierdurch die Möglichkeit genommen, sich durch Nichtausführung des Kundengeschäftes der Provisionspflicht entziehen zu können. Abs. 4 hat die Fälligkeit des Provisionsanspruches zum Gegenstand. Schließlich normiert Abs. 5 zum Schutz des Handelsvertreters, dass von Abs. 2 Hs. 1, Abs. 3 und Abs. 4 nicht zum Nachteil des Handelsvertreters abgewichen werden kann.

3. Anwendungsbereich. Die Vorschrift des § 87a **gilt für** die **erfolgsabhängigen 4 Vermittlungs- und Abschlussprovisionen** gem. § 87 Abs. 1–3. § 87a gilt jedoch nach richtiger Auffassung **nicht für die Verwaltungsprovisionen** (Inkasso-, Lagerhaltungs-, Bestandspflegeprovision) (→ § 87 Rn. 9 f.), die **Delkredereprovision** (§ 86b) und **sonstige Vergütungsformen** (→ § 87 Rn. 12 ff.).[4] Für die Verwaltungsprovisionen ist dies damit zu begründen, dass sie als Gegenleistung für konkrete Tätigkeiten des Handelsvertreters vereinbart werden, die gerade unabhängig von der Ausführung des Kundengeschäftes sind.[5] Der Kerngehalt des § 87a, nämlich die Erstarkung der Provisionsanwartschaft zum Vollrecht mit Ausführung des Kundengeschäftes, ist damit auf Verwaltungsprovisionen nicht übertragbar; diese entstehen vielmehr nach den vertraglich vereinbarten Bestimmungen.

Die Vorschrift gilt gleichermaßen für das Verhältnis zwischen **Hauptvertreter** und **5 Untervertreter** (→ Rn. 86 ff.).[6]

Für **Versicherungs- und Bausparkassenvertreter** gilt in Abweichung zu Abs. 1 S. 1 **6** die Sonderregelung des § 92 Abs. 4 (iVm Abs. 5 für den Bausparkassenvertreter). § 92 Abs. 4 stellt für die Entstehung des Provisionsanspruches nicht auf die Ausführung des Kundengeschäftes durch den Unternehmer, sondern auf die Zahlung der Prämie durch den Versicherungsnehmer ab (→ § 92 Rn. 30 ff.).

---

[3] BT-Drs. 1/3856, 24 f.; MüKoHGB/Ströbl Rn. 4; Oetker/Busche Rn. 1; Baumbach/Hopt/Hopt Rn. 1.
[4] OLG Schleswig VersR 1977, 1002; MüKoHGB/Ströbl Rn. 5; Oetker/Busche Rn. 3; Ebenroth/Boujong/Joost/Strohn/Löwisch Rn. 2; aA OLG Karlsruhe BB 1980, 226 (für bestimmte Treueprämien); Emde Rn. 13.
[5] MüKoHGB/Ströbl Rn. 5.
[6] BGH WM 2008, 923 Rn. 13; OLG Köln VersR 2006, 71; MüKoHGB/Ströbl Rn. 5; Emde Rn. 13.

II. Entstehung des Provisionsanspruches (Abs. 1)

7   **1. Überblick.** Die gem. § 87 erworbene Provisionsanwartschaft des Handelsvertreters erstarkt dann zum Vollrecht, wenn das Kundengeschäft entweder von dem Unternehmer (Abs. 1 S. 1) oder von dem Dritten (dh dem Kunden) (Abs. 1 S. 3) ausgeführt wird. Der Provisionsanspruch des Handelsvertreters steht somit unter der **aufschiebenden Bedingung der Ausführung des Kundengeschäftes durch eine der Parteien.** Das Gesetz sieht unterschiedliche Rechtsfolgen vor, je nachdem, welche Partei das Kundengeschäft zuerst ausführt. Tritt der Unternehmer in Vorleistung (Abs. 1 S. 1) (→ Rn. 8 ff.), steht der Provisionsanspruch des Handelsvertreters unter der auflösenden Bedingung, dass der Dritte das Geschäft endgültig nicht ausführt (Abs. 2). Geht dagegen der Dritte in Vorleistung (Abs. 1 S. 3) (→ Rn. 20 ff.), erwirbt der Handelsvertreter unmittelbar einen unbedingten Provisionsanspruch, da in diesem Fall der wirtschaftliche Erfolg auf Seiten des Unternehmers bereits eingetreten ist.[7]

8   **2. Geschäftsausführung (Abs. 1 S. 1 und 3). a) Ausführung durch den Unternehmer (Abs. 1 S. 1). aa) Begriff der Geschäftsausführung.** Während für die Entstehung der Provisionsanwartschaft der bloße Abschluss des Kundengeschäftes genügt (§ 87), ist gem. Abs. 1 S. 1 für die Erstarkung zum Vollrecht die Ausführung des Kundengeschäftes durch den Unternehmer erforderlich. Die Ausführung bedeutet, dass das Kundengeschäft vollzogen wird, die vertragsgegenständlichen Leistungen also ausgetauscht werden.[8] In Bezug auf Abs. 1 S. 1 ist für die Ausführung des Kundengeschäftes allein die **Vornahme der Leistungshandlung** erforderlich; der Eintritt des Leistungserfolgs ist hingegen nicht erforderlich.[9]

9   **bb) Vertragsgemäße Leistung – Leistungshandlung.** Die Leistungshandlung gilt dann als vorgenommen, wenn der Unternehmer die von ihm geschuldete Leistung **vertragsgemäß** erbringt. Was der Unternehmer wann zu leisten hat, bestimmt das die Provisionsanwartschaft zur Entstehung bringende Kundengeschäft. So hat der Unternehmer bspw. das Kundengeschäft im Falle eines Versendungskaufs bereits mit dem Absenden der Ware nach § 447 BGB und nicht erst mit dem Eingang der Ware beim Kunden ausgeführt.[10] Beim Verkauf einer Ware unter Eigentumsvorbehalt führt der Unternehmer das Kundengeschäft bereits mit der Übergabe der unter Eigentumsvorbehalt stehenden Ware und nicht erst mit dem Bedingungseintritt aus.[11] Bei einem Werkvertrag reicht für die Ausführung durch den Unternehmer iSd Abs. 1 S. 1 die Herstellung des Werks aus; die Abnahme des Werks durch den Dritten (§ 640 Abs. 1 BGB) ist für die Entstehung des Provisionsanspruches des Handelsvertreters gem. Abs. 1 S. 1 nicht erforderlich.[12]

10   **Keine Ausführung** des Kundengeschäftes durch den Unternehmer liegt dagegen vor, **wenn** der **Dritte** die vertragsgemäße Leistung des Unternehmers **unberechtigt zurückweist.**[13] Der Provisionsanspruch des Handelsvertreters folgt damit in einem solchen Fall nicht aus Abs. 1 S. 1, sondern aus Abs. 3.[14] Er entfällt folglich, wenn der Dritte nicht leistet.

---

[7] BGH NJW 1983, 629 (630); Oetker/Busche Rn. 4; Heymann/Stöber Rn. 13.

[8] MüKoHGB/Ströbl Rn. 7; Oetker/Busche Rn. 5; Heymann/Stöber Rn. 3; Emde Rn. 18.

[9] MüKoHGB/Ströbl Rn. 7; Oetker/Busche Rn. 6; Baumbach/Hopt/Hopt Rn. 5; Heymann/Stöber Rn. 3; Emde Rn. 17; Ebenroth/Boujong/Joost/Strohn/Löwisch Rn. 6.

[10] MüKoHGB/Ströbl Rn. 8; Ebenroth/Boujong/Joost/Strohn/Löwisch Rn. 6; Schlegelberger/Schröder Rn. 3; Emde Rn. 17.

[11] MüKoHGB/Ströbl Rn. 8; Ebenroth/Boujong/Joost/Strohn/Löwisch Rn. 6; Schlegelberger/Schröder Rn. 3; Emde Rn. 17.

[12] MüKoHGB/Ströbl Rn. 8; Ebenroth/Boujong/Joost/Strohn/Löwisch Rn. 6; Schlegelberger/Schröder Rn. 3; Emde Rn. 17.

[13] MüKoHGB/Ströbl Rn. 9; Oetker/Busche Rn. 6; Baumbach/Hopt/Hopt Rn. 5; aA Emde Rn. 18, jedoch mit demselben Ergebnis, dass der Provisionsanspruch des Handelsvertreters sich nach Abs. 3 bemisst.

[14] MüKoHGB/Ströbl Rn. 9; so im Ergebnis auch Emde Rn. 18.

cc) Nicht vertragsgemäße Leistung. Keine Ausführung iSv Abs. 1 S. 1 liegt auch 11 dann vor, **wenn** der **Dritte** die **nicht vertragsgemäße Leistung des Unternehmers berechtigt zurückweist,** etwa mangels Fälligkeit, als mangelhaft oder als unzulässige Teilleistung (§ 266 BGB).[15] Das Bestehen von Mängelhaftungsrechten oder Ersatzansprüchen verhindert, solange sie durchsetzbar sind, die Entstehung eines Provisionsanspruches gem. Abs. 1 S. 1.[16] Sie begründen aber bereits zu diesem Zeitpunkt einen Provisionsanspruch des Handelsvertreters nach Abs. 3 (→ Rn. 46 ff.). Dagegen hat der Handelsvertreter keinen einklagbaren Anspruch gegen den Unternehmer auf Ausführung des Kundengeschäftes.[17] Der Handelsvertreter hat ohne eine entsprechende Vereinbarung auch keinen Schadensersatzanspruch gegen den Unternehmer (→ Rn. 57).[18]

Nimmt der Dritte hingegen eine **nicht vertragsgemäße Leistung** des Unternehmers 12 uneingeschränkt **an, gilt das Kundengeschäft als** von dem Unternehmer **ausgeführt.**[19] Dem ist der Fall gleichzusetzen, dass der Dritte seiner kaufmännischen Rügepflicht (§ 377) nicht nachkommt und dadurch seine Mängelhaftungsrechte verloren hat.[20]

dd) Fremde Leistung. Der Ausführung durch den Unternehmer steht es gleich, wenn 13 ein nicht an dem Kundengeschäft Beteiligter im Rahmen der §§ 267 f. BGB für den Unternehmer erfüllt.[21] Die Wirkung für den Provisionsanspruch des Handelsvertreters ist insoweit gleich. Als Bsp. können etwa die Erfüllung durch den **Insolvenzverwalter** gem. § 103 InsO nach Ausübung seines Wahlrechts[22] oder die Leistungserbringung durch ein verbundenes **Unternehmen** des Unternehmers[23] genannt werden. Ebenso steht die Leistung eines **Bürgen** (§ 765 BGB) der Leistung des Unternehmers gleich.[24]

ee) Teilleistungen. Gem. Abs. 1 S. 1 erstarkt die Provisionsanwartschaft zum Vollrecht, 14 „soweit" der Unternehmer das Kundengeschäft ausgeführt hat. Führt der Unternehmer das Kundengeschäft folglich zunächst nur teilw. aus, erwirbt der Handelsvertreter einen **Teilprovisionsanspruch** gem. Abs. 1 S. 1 **in dem Umfang, der dem Verhältnis zwischen dem ausgeführten und dem nicht ausgeführten Teil des Kundengeschäftes entspricht.**[25] Dies setzt jedoch voraus, dass der Unternehmer zur vorgenommenen Teilleistung berechtigt war oder, wenn dies nicht der Fall war (§ 266 BGB), der Dritte die Teilleistung als Teilerfüllung angenommen hat.[26] Der insoweit entstandene Teilprovisionsanspruch steht unter der auflösenden Bedingung des Feststehens der Nichtleistung durch den Dritten gem. Abs. 2 (→ Rn. 34 ff.). Dessen Erfüllung durch den Unternehmer stellt im Verhältnis zum Handelsvertreter keine Teilzahlung iSd § 266 BGB dar.[27]

Im Hinblick auf den von dem Unternehmer nicht ausgeführten Teil des Kundengeschäf- 15 tes bleibt es bei der Provisionsanwartschaft des Handelsvertreters nach § 87. Führt der Unternehmer auch diesen Teil aus, entsteht der Provisionsanspruch auch insoweit nach Abs. 1 S. 1. Wird dagegen das Kundengeschäft über die Teilleistung hinaus von dem

---

[15] MüKoHGB/Ströbl Rn. 9; Ebenroth/Boujong/Joost/Strohn/Löwisch Rn. 9; Emde Rn. 18.

[16] Ebenroth/Boujong/Joost/Strohn/Löwisch Rn. 9; Emde Rn. 18.

[17] MüKoHGB/Ströbl Rn. 54.

[18] OLG Koblenz BB 1973, 866; MüKoHGB/Ströbl Rn. 54; Oetker/Busche Rn. 10; Baumbach/Hopt/ Hopt Rn. 23 (anders bei sittenwidriger Schädigung); aA Emde Rn. 78, der einen mit dem Provisionsanspruch des Handelsvertreters konkurrierenden Schadensersatzanspruch aus § 280 BGB für möglich hält.

[19] MüKoHGB/Ströbl Rn. 9; Baumbach/Hopt/Hopt Rn. 5; Heymann/Stöber Rn. 3; Ebenroth/Boujong/Joost/Strohn/Löwisch Rn. 9; Emde Rn. 18.

[20] Emde Rn. 18.

[21] Heymann/Stöber Rn. 13; Ebenroth/Boujong/Joost/Strohn/Löwisch Rn. 8; Emde Rn. 23.

[22] BGH NJW 1990, 1665; Heymann/Stöber Rn. 3; Ebenroth/Boujong/Joost/Strohn/Löwisch Rn. 8; Emde Rn. 23.

[23] BGH BB 1987, 1417; NJW 1981, 1785 (1786); Ebenroth/Boujong/Joost/Strohn/Löwisch Rn. 8; Emde Rn. 23.

[24] MüKoHGB/Ströbl Rn. 12; Emde Rn. 23.

[25] MüKoHGB/Ströbl Rn. 10; Oetker/Busche Rn. 6 und 7; Heymann/Stöber Rn. 5; Ebenroth/Boujong/Joost/Strohn/Löwisch Rn. 8; Emde Rn. 24.

[26] MüKoHGB/Ströbl Rn. 10; Emde Rn. 24.

[27] Ebenroth/Boujong/Joost/Strohn/Löwisch Rn. 8; Emde Rn. 24.

Unternehmer nicht mehr ausgeführt, bemisst sich der weitere Provisionsanspruch des Handelsvertreters nach Abs. 3. Der Provisionsanspruch nach Abs. 1 S. 1 und der übrige Provisionsanspruch nach Abs. 3 sind rechtlich voneinander unabhängig.[28]

16   **ff) Erfüllungssurrogate, Ersatzleistungen.** Der vertragsgemäßen Ausführung durch den Unternehmer (oder den Kunden, → Rn. 20 ff.) stehen solche Rechtshandlungen gleich, mit Hilfe derer die jeweilige Leistungspflicht ebenfalls erfüllt werden kann (sog. **Erfüllungssurrogate**), auch wenn sie wertmäßig der geschuldeten Leistung nicht gleich kommen.[29] Als Bsp. können die **Aufrechnung** des Dritten nach § 389 BGB[30], die **Hinterlegung** nach §§ 372 ff. BGB oder § 373 Abs. 1 HGB[31] oder der **Selbsthilfeverkauf bei Annahmeverzug** der anderen Partei gem. § 373 Abs. 2 und 3 HGB[32] genannt werden.

17   Ebenso lässt die Entgegennahme einer Leistung an **Erfüllungs Statt** (§ 364 Abs. 1 BGB) den Provisionsanspruch des Handelsvertreters voll entstehen, unabhängig davon, ob die entgegengenommene Leistung der vertraglich vereinbarten Leistung wertmäßig entspricht[33] und ihre Verwertung zusätzliche Kosten entstehen lässt[34]. Beides hat keinen Einfluss auf die Höhe des Provisionsanspruches. Denn sofern der Unternehmer im Verhältnis zum Dritten eine andere Leistung als vollwertig annimmt, muss dies auch im Verhältnis zum Handelsvertreter gelten.

18   **Ersatzleistungen** stehen der Ausführung des Kundengeschäftes nur gleich, soweit sie wertmäßig der geschuldeten Leistung entsprechen.[35] Ist die Ersatzleistung nicht vollwertig, entsteht der Provisionsanspruch anteilig in Höhe des Wertes, welcher der Ersatzleistung entspricht[36], sofern es dem Unternehmer im Einzelfall nicht ausnahmsweise auf den Erhalt der vereinbarten Kundenleistung ankommt[37]. Im Übrigen besteht die Provisionsanwartschaft des Handelsvertreters gem. § 87 fort. Zu berücksichtigende Ersatzleistungen sind etwa Ansprüche des Unternehmers gegen den Dritten auf **Schadensersatz statt der Leistung** (früher Schadensersatz wegen Nichterfüllung)[38], **Ersatz durch eine Versicherung**[39] oder eine Ersatzleistung nach **§ 649 BGB**[40]. Ein Provisionsanspruch des Handelsvertreters entsteht dagegen nicht, wenn der Unternehmer lediglich Verzugsschäden ersetzt bekommt (§§ 280 Abs. 2, 286 BGB), ihm aber kein Schadensersatz statt der Leistung zusteht.[41]

19   Bei der **Leistung erfüllungshalber** (wie etwa der Hingabe von Wechsel oder Schecks) gilt das Kundengeschäft noch nicht als ausgeführt. Der Provisionsanspruch des Handelsvertreters entsteht erst mit der Realisierung der erfüllungshalber übergebenen Leistung.[42]

---

[28] Emde Rn. 24.

[29] Baumbach/Hopt/Hopt Rn. 11; Ebenroth/Boujong/Joost/Strohn/Löwisch Rn. 12; Emde Rn. 25.

[30] MüKoHGB/Ströbl Rn. 14; Baumbach/Hopt/Hopt Rn. 11; Ebenroth/Boujong/Joost/Strohn/Löwisch Rn. 12; Emde Rn. 26.

[31] MüKoHGB/Ströbl Rn. 14; Ebenroth/Boujong/Joost/Strohn/Löwisch Rn. 12; Emde Rn. 26.

[32] MüKoHGB/Ströbl Rn. 14; Emde Rn. 26.

[33] BGHZ 85, 134 (138 f.); MüKoHGB/Ströbl Rn. 15; Baumbach/Hopt/Hopt Rn. 11; Ebenroth/Boujong/Joost/Strohn/Löwisch Rn. 12; Emde Rn. 26.

[34] Ebenroth/Boujong/Joost/Strohn/Löwisch Rn. 12.

[35] MüKoHGB/Ströbl Rn. 13; Oetker/Busche Rn. 6; Ebenroth/Boujong/Joost/Strohn/Löwisch Rn. 12; Emde Rn. 26.

[36] MüKoHGB/Ströbl Rn. 13; Oetker/Busche Rn. 6; Ebenroth/Boujong/Joost/Strohn/Löwisch Rn. 12; Emde Rn. 26.

[37] Ebenroth/Boujong/Joost/Strohn/Löwisch Rn. 12; offen gelassen durch Emde Rn. 26.

[38] BGH NJW-RR 1991, 156 (158); OLG Frankfurt a. M. NJW-RR 1991, 674 (677); MüKoHGB/Ströbl Rn. 13; Oetker/Busche Rn. 6; Ebenroth/Boujong/Joost/Strohn/Löwisch Rn. 12; Emde Rn. 26.

[39] OLG Köln VersR 2002, 1374 (1375); OLG Frankfurt a. M. NJW-RR 1991, 674 (677); MüKoHGB/Ströbl Rn. 13; Baumbach/Hopt/Hopt Rn. 11; Oetker/Busche Rn. 6; Ebenroth/Boujong/Joost/Strohn/Löwisch Rn. 12; Emde Rn. 26.

[40] Emde Rn. 26.

[41] BGH DB 1957, 185 f.; MüKoHGB/Ströbl Rn. 13.

[42] MüKoHGB/Ströbl Rn. 16; Baumbach/Hopt/Hopt Rn. 11; Ebenroth/Boujong/Joost/Strohn/Löwisch Rn. 12; Emde Rn. 26.

Sofern der Dritte seiner Zahlungsverpflichtung bspw. durch Hingabe eines Wechsels oder Schecks nachkommt, gilt das Kundengeschäft erst dann durch den Dritten gem. Abs. 1 S. 3 als ausgeführt (und der Provisionsanspruch des Handelsvertreters entsteht), wenn der Unternehmer den Wechsel bzw. Scheck eingelöst hat. Der Unternehmer schuldet dem Handelsvertreter allerdings die gehörige Realisierung der erfüllungshalber erhaltenen Leistung.[43]

b) Ausführung durch den Dritten (Abs. 1 S. 3). aa) Begriff der Geschäftsausfüh- 20 **rung.** Der Begriff der Ausführung in Abs. 1 S. 3 erfordert, anders als in Abs. 1 S. 1, nicht nur die Vornahme der Leistungshandlung durch den Dritten, sondern auch den **Eintritt des Leistungserfolges** beim provisionspflichtigen Unternehmer.[44] Denn erst wenn der Erfüllungsanspruch des Unternehmers gegen den Dritten zumindest teilw. erloschen ist, tritt der von dem Unternehmer bezweckte wirtschaftliche Erfolg ein. Der Provisionsanspruch des Handelsvertreters entsteht somit nicht bereits durch die Erbringung der Leistungshandlung des Dritten, sondern erst mit Eintritt des Leistungserfolges beim Unternehmer.

bb) Vertragsgemäße Leistung – Leistungserfolg. Für die Ausführung des Kunden- 21 geschäftes durch den Dritten und die Entstehung des Provisionsanspruches des Handelsvertreters gem. Abs. 1 S. 3 kommt es auch auf den Eintritt des Leistungserfolges beim Unternehmer an (→ Rn. 20). Unbedeutend für Abs. 1 S. 3 und die Entstehung des Provisionsanspruches ist es, wenn der Unternehmer das von dem Dritten Erlangte zB als Sicherheitsleistung einsetzen muss, um die eigene Leistung erbringen zu können.[45]

Verweigert der Unternehmer die Annahme der Leistung des Dritten unberechtigter- 22 weise, löst dies gem. §§ 162 Abs. 1, 242 BGB die Rechtsfolge des Abs. 1 S. 3 aus, ohne dass es auf Abs. 3 ankommt.[46]

cc) Nicht vertragsgemäße Leistung. Weist der Unternehmer eine **nicht vertrags-** 23 **gemäße Leistung** des Dritten etwa wegen vorzeitiger, verspäteter, mangelhafter, unvollständiger (hierzu auch → Rn. 26) oder andersartiger Leistung des Dritten **zurück,** liegt **keine Ausführung** iSd Abs. 1 S. 3 vor; vielmehr bestimmt sich der Provisionsanspruch des Handelsvertreters in diesen Fällen nach Abs. 3.[47] Bei fehlender Ausführung des Geschäftes durch den Dritten besitzt der Handelsvertreter gegen den Dritten mangels einer Vertragsbeziehung zwischen ihnen regelmäßig keinen Schadensersatzanspruch.[48]

Nimmt der Unternehmer dagegen eine solche **nicht vertragsgemäße Leistung** des 24 Dritten als Erfüllung der Kundenschuld **an, gilt das Kundengeschäft als** von dem Dritten **ausgeführt,**[49] solange nicht der Tatbestand der Nichtleistung gem. Abs. 2 vorliegt[50] (→ Rn. 34 ff.).

dd) Fremde Leistung. Die Leistung eines nicht am Kundengeschäft Beteiligten für den 25 Dritten steht der eigenen Leistungserbringung durch den Dritten gleich, wenn der Leistungserbringer bspw. gem. §§ 267 f. BGB zur Leistung berechtigt ist[51] oder der Unterneh-

---

[43] MüKoHGB/Ströbl Rn. 16; Ebenroth/Boujong/Joost/Strohn/Löwisch Rn. 12; Emde Rn. 26.

[44] BGH NJW 1983, 629 (630); Ebenroth/Boujong/Joost/Strohn/Löwisch Rn. 11; Baumbach/Hopt/ Hopt Rn. 5 und 10; Heymann/Stöber Rn. 13; zweifelnd Emde Rn. 36; aA wohl MüKoHGB/Ströbl Rn. 7 (aber MüKoHGB/Ströbl Rn. 17, wo ausdr. auf den Leistungserfolg abgestellt wird).

[45] BGH NJW 1983, 629 (630); Ebenroth/Boujong/Joost/Strohn/Löwisch Rn. 11; Baumbach/Hopt/ Hopt Rn. 10.

[46] BGH NJW 1990, 1665 (1666); Ebenroth/Boujong/Joost/Strohn/Löwisch Rn. 11; Emde Rn. 36.

[47] Ebenroth/Boujong/Joost/Strohn/Löwisch Rn. 15; Emde Rn. 36.

[48] Ebenroth/Boujong/Joost/Strohn/Löwisch Rn. 15; Emde Rn. 39.

[49] Ebenroth/Boujong/Joost/Strohn/Löwisch Rn. 15; Emde Rn. 36 (für mangelhafte Leistung); Baumbach/Hopt/Hopt Rn. 10 (für mangelhafte oder verspätete Leistung); Heymann/Stöber Rn. 13 (für vorzeitige Leistung) und Rn. 14 (für mangelhafte Leistung).

[50] Emde Rn. 36; Heymann/Stöber Rn. 14.

[51] OLG Köln OLGR 2002, 440 (441); MüKoHGB/Ströbl Rn. 12; Ebenroth/Boujong/Joost/Strohn/ Löwisch Rn. 13; Emde Rn. 36; Schlegelberger/Schröder Rn. 16.

mer dessen Leistung annimmt (zB bei einem **Ersatzgeschäft des Unternehmers** mit einem unbeteiligten Dritten)[52]. Auch insoweit tritt der von dem Unternehmer mit dem Kundengeschäft bezweckte Erfolg ein.[53]

26   **ee) Teilleistungen.** Eine Teilleistung des Dritten lässt, ebenso wie eine Teilleistung des Unternehmers (→ Rn. 14 f.), gem. Abs. 1 S. 3 einen (allerdings unabdingbaren) **Teilprovisionsanspruch** des Handelsvertreters entstehen.[54] Dies gilt jedoch nur, wenn der Dritte zur vorgenommenen Teilleistung berechtigt war oder, wenn dies nicht der Fall war (§ 266 BGB), der Unternehmer die Teilleistung als Teilerfüllung angenommen hat.[55] Nimmt der Unternehmer die Teilleistung befugtermaßen nicht an, liegt keine Ausführung des Kundengeschäftes gem. Abs. 1 S. 3 vor (hierzu auch → Rn. 23). Dagegen wird bei unbefugter Ablehnung durch den Unternehmer gem. §§ 162 Abs. 1, 242 BGB die Rechtsfolge des Abs. 1 S. 3 ausgelöst (→ Rn. 22).

27   **ff) Erfüllungssurrogate, Ersatzleistungen.** Für die Frage, inwieweit Erfüllungssurrogate bzw. Ersatzleistungen der Ausführung des Kundengeschäftes durch den Dritten iSv Abs. 1 S. 3 gleichzusetzen sind, wird auf die Ausführungen oben, → Rn. 16 ff., verwiesen. Es gelten keine Besonderheiten.

28   **3. Sonderfälle. a) Dauerschuldverhältnisse, Sukzessivlieferungsverträge.** Handelt es sich bei dem vermittelten Kundengeschäft um ein **Dauerschuldverhältnis,** etwa einen Sparvertrag, gilt schon der **Beginn der Erfüllung** des Vertrages (zB die Verwahrung der Spareinlage durch die Bank), als Ausführung iSv Abs. 1.[56]

29   Bei **Sukzessivlieferungsverträgen** bzw. **Ratenlieferungsverträgen** (zum Begriff → § 87 Rn. 59) sind die einzelnen Lieferungen und Zahlungen als **Teilleistungen** zu qualifizieren, zu denen die jeweilige Vertragspartei berechtigt ist und die damit jeweils einen Teilprovisionsanspruch des Handelsvertreters in entsprechender Höhe gem. Abs. 1 begründen (→ Rn. 14 f. und 26).[57]

30   **b) Gebrauchsüberlassungs- und Nutzungsverträge.** Gebrauchsüberlassungsverträge und Nutzungsverträge werden, unabhängig, ob diese für eine bestimmte oder unbestimmte Dauer abgeschlossen werden, bereits **mit der erstmaligen Gebrauchsüberlassung ausgeführt.**[58] Der Handelsvertreter erwirbt damit gem. Abs. 1 bereits in diesem Augenblick einen Provisionsanspruch und nicht erst mit dem Ende der Nutzung zum Vertragsende.[59] Für die Höhe der Provision → § 87b Rn. 5 ff., deren Berechnungsgrundlage → § 87b Rn. 38 ff. und für die Auswirkungen der vorzeitigen Beendigung von Gebrauchsüberlassungs- und Nutzungsverträgen → § 87b Rn. 53 ff.

31   **4. Abweichende Vereinbarung (Abs. 1 S. 2 und 3).** Gem. Abs. 1 S. 2 können die Parteien des Handelsvertretervertrages eine von Abs. 1 S. 1 **abweichende Vereinbarung in Bezug auf den Zeitpunkt der Entstehung** des Provisionsanspruches treffen. So kann die Entstehung des Provisionsanspruches zu Gunsten des Handelsvertreters bspw. auf einen Zeitpunkt vor Ausführung des Kundengeschäftes durch den Unternehmer vereinbart werden. Ebenso ist es möglich, den Provisionsanspruch bereits bei einer teilw. Ausführung des Kundengeschäftes durch den Unternehmer in voller Höhe entstehen zu lassen.

---

[52] MüKoHGB/Ströbl Rn. 17; Ebenroth/Boujong/Joost/Strohn/Löwisch Rn. 13; Emde Rn. 36.

[53] OLG Frankfurt a. M. NJW-RR 1991, 674 (677); MüKoHGB/Ströbl Rn. 17; Ebenroth/Boujong/Joost/Strohn/Löwisch Rn. 13.

[54] Ebenroth/Boujong/Joost/Strohn/Löwisch Rn. 13; Emde Rn. 38.

[55] MüKoHGB/Ströbl Rn. 10; Emde Rn. 38.

[56] OLG Frankfurt a. M. OLGR 2007, 500 (501); MüKoHGB/Ströbl Rn. 19; Emde Rn. 19.

[57] MüKoHGB/Ströbl Rn. 19; Ebenroth/Boujong/Joost/Strohn/Löwisch Rn. 6; Emde Rn. 19.

[58] MüKoHGB/Ströbl Rn. 20; Oetker/Busche Rn. 6; Baumbach/Hopt/Hopt Rn. 5; Ebenroth/Boujong/Joost/Strohn/Löwisch Rn. 6; Emde Rn. 19.

[59] MüKoHGB/Ströbl Rn. 20; Baumbach/Hopt/Hopt Rn. 5; Ebenroth/Boujong/Joost/Strohn/Löwisch Rn. 6; Emde Rn. 19.

Es ist aber gleichermaßen wirksam möglich, die Entstehung des Provisionsanspruches auf **32** einen Zeitpunkt nach Ausführung des Kundengeschäftes durch den Unternehmer zu verschieben. In der Praxis wird häufig vereinbart, dass der Provisionsanspruch nicht bereits gem. Abs. 1 S. 1 mit der Ausführung durch den Unternehmer entsteht, sondern erst verdient ist, wenn auch der Dritte das Geschäft ausgeführt hat. Eine von Abs. 1 S. 1 abweichende Verlagerung der Entstehung des Provisionsanspruches nach hinten lässt jedoch zwingend einen Anspruch des Handelsvertreters gegen den Unternehmer auf einen **angemessenen Provisionsvorschuss** entstehen, der (abweichend von Abs. 4) spätestens am letzten Tag des folgenden Monats fällig (Abs. 1 S. 2) und pfändbar[60] wird. Der Anspruch auf einen Vorschuss auf die Provision entsteht allerdings nicht, wenn der Handelsvertreter das Kundengeschäft an Stelle des Unternehmers ohne dessen Zustimmung selbst ausführt.[61] Was als angemessener Vorschuss anzusehen ist, hängt vom **Einzelfall** ab[62] und ist unter Berücksichtigung der Interessen beider Parteien festzustellen[63]. Insbesondere wird bei der Festsetzung der Höhe des Provisionsvorschusses der voraussichtliche Zeitpunkt der Gegenleistung durch den Dritten zu berücksichtigen sein.[64] Steht diese und damit auch die Entstehung des Provisionsanspruches kurz bevor, wird ein verhältnismäßig niedrigerer Vorschuss angemessen sein.[65] Die Parteien können vertraglich die Höhe des Vorschusses vereinbaren, soweit sich diese innerhalb der Grenze des Abs. 1 S. 2 bewegt, also objektiv angemessen ist.[66] In Allgemeinen Geschäftsbedingungen wird eine Bestimmung, die in allen denkbaren Einzelfällen den Anforderungen des Abs. 1 S. 2 gerecht wird, nur schwer zu treffen sein.[67] Können sich die Parteien nicht über die Höhe des Vorschusses einigen, ist der Unternehmer berechtigt, die Höhe nach billigem Ermessen zu bestimmen (§ 315 BGB).[68] Steht die Nichtleistung des Dritten gem. Abs. 2 fest, entfällt auch der Anspruch auf den Provisionsvorschuss.[69]

Abs. 1 S. 3 setzt zu Gunsten des Handelsvertreters jedoch **unabdingbar** fest, dass der **33** Provisionsanspruch spätestens entsteht, sobald und soweit der Dritte das Geschäft ausgeführt hat. Hiervon abweichende Vereinbarungen sind somit unwirksam. Der Provisionsanspruch des Handelsvertreters entsteht demnach spätestens mit der Ausführung des Kundengeschäftes durch den Dritten. Dies gilt gleichermaßen für den Provisionsanspruch eines Untervertreters (→ Rn. 86). Der BGH hat bspw. eine Bestimmung in einem Handelsvertretervertrag über die Vermittlung von Zeitschriftenabonnements wegen Verstoßes gegen Abs. 1 S. 3 für unwirksam erklärt, wonach der Provisionsanspruch des Handelsvertreters insgesamt ausgeschlossen sein sollte, wenn der Zeitschriftenkunde die für das Abonnement geschuldete Bezahlung innerhalb eines bestimmten Zeitraums nach Abschluss (sog. Sprunghaftungsfrist) nur teilweise leistet (sog. **Sprunghaftung**); da der Verstoß gegen Abs. 1 S. 3 die gesamte Bestimmung über die Sprunghaftung erfasst, bemisst sich die Höhe des Teilprovisionsanspruchs des Handelsvertreters nach § 87b Abs. 1.[70]

---

[60] Ebenroth/Boujong/Joost/Strohn/Löwisch Rn. 47; Emde Rn. 30; Treffer MDR 1998, 384 (385).

[61] MüKoHGB/Ströbl Rn. 25; Ebenroth/Boujong/Joost/Strohn/Löwisch Rn. 47; Emde Rn. 30.

[62] MüKoHGB/Ströbl Rn. 25; Ebenroth/Boujong/Joost/Strohn/Löwisch Rn. 48; Emde Rn. 31.

[63] Ebenroth/Boujong/Joost/Strohn/Löwisch Rn. 48; Emde Rn. 31; Schlegelberger/Schröder Rn. 15.

[64] MüKoHGB/Ströbl Rn. 25; Baumbach/Hopt/Hopt Rn. 9; Ebenroth/Boujong/Joost/Strohn/Löwisch Rn. 48; Emde Rn. 31.

[65] Siehe Emde Rn. 31 mit weiteren Bsp.

[66] MüKoHGB/Ströbl Rn. 25; Baumbach/Hopt/Hopt Rn. 9; Ebenroth/Boujong/Joost/Strohn/Löwisch Rn. 48; Emde Rn. 31.

[67] Emde Rn. 31.

[68] MüKoHGB/Ströbl Rn. 25; aA (zugunsten eines Bestimmungsrechts des Handelsvertreters gem. § 316 BGB): Ebenroth/Boujong/Joost/Strohn/Löwisch Rn. 48; Heymann/Stöber Rn. 28; Emde Rn. 29.

[69] Ebenroth/Boujong/Joost/Strohn/Löwisch Rn. 47; Schlegelberger/Schröder Rn. 14c; Emde Rn. 33.

[70] BGH ZVertriebsR 2015, 167 Rn. 15 ff.; zur Sprunghaftung ausf. Dänekamp/Kölln NJW 2015, 3126 (3130 ff.).

III. Entfallen des Provisionsanspruches (Abs. 2)

34   **1. Überblick.** Abs. 2 Hs. 1 bestimmt, dass der Provisionsanspruch des Handelsvertreters entfällt, wenn feststeht, dass der Dritte nicht leistet. Voraussetzung für die Anwendbarkeit dieser Vorschrift ist daher, dass der Provisionsanspruch bereits – als unbedingter – entstanden ist. Die Vorschrift findet demnach **nur dann Anwendung, wenn der Unternehmer das Kundengeschäft gem. Abs. 1 S. 1 bereits ausgeführt hat.**[71] Häufige Fälle des Abs. 2 sind solche, in denen der Unternehmer die Ware an den Dritten geliefert hat, der Dritte jedoch nicht zahlen kann oder möchte. Abs. 2 stellt eine **auflösende Bedingung** für den Provisionsanspruch dar.[72] Der Provisionsanspruch steht damit unter der aufschiebenden Bedingung der Ausführung des Geschäftes durch den Unternehmer und der auflösenden Bedingung des Feststehens der Nichtausführung durch den Dritten.[73]

35   Abs. 2 ist dagegen nicht anwendbar, wenn der Dritte bereits vor der Ausführung des Geschäftes durch den Unternehmer die Vertragserfüllung (egal ob berechtigt oder unberechtigt) ablehnt.[74] Mangels Ausführung ist in diesen Fällen noch kein unbedingter Provisionsanspruch entstanden, der gem. Abs. 2 „entfallen" könnte. Diese Fälle sind vielmehr allein nach Abs. 3 zu beurteilen (→ Rn. 46 ff.).[75]

36   Ferner ist Abs. 2 auch dann **nicht anwendbar, wenn die Nichtausführung durch den Dritten auf Gründen beruht, die der Unternehmer zu vertreten hat.**[76] In diesen Fällen hat Abs. 3 (insoweit lex specialis) Vorrang vor Abs. 2.[77] Aus dem Anwendungsbereich des Abs. 2 fallen daher diejenigen Fälle, in denen die Nichtausführung des Geschäftes aus der Sphäre des Unternehmers herrührt, er die Nichtausführung also entweder zu vertreten oder zurechenbar veranlasst hat.[78] So ist bspw. Abs. 3 und nicht Abs. 2 einschlägig, wenn der Dritte wegen mangelhafter Leistung des Unternehmers sein gesetzliches Rücktrittsrecht (§ 323 BGB) geltend macht. Gleiches gilt, wenn der Dritte bereits geleistet hat und sodann das vermittelte Geschäft – egal aus welchen Gründen – scheitert, zB wegen nicht vertragsgemäßer Leistung des Dritten oder des Unternehmers. Nach erfolgter Leistung des Dritten ist Abs. 2 unanwendbar, selbst wenn die von ihm an den Unternehmer geleistete Leistung etwa wegen Rücktritts zurückzugewähren ist.[79]

37   **2. Nichtleistung des Dritten.** Der Provisionsanspruch des Handelsvertreters entfällt nicht bereits dann, wenn der Dritte zunächst nicht leistet. Der Wortlaut des Abs. 2 setzt vielmehr ausdr. voraus, dass die **Nichtleistung durch den Dritten feststeht.** Eine Nichtleistung des Dritten ist dann gegeben, wenn dieser seine aus dem vom Handelsvertreter für den Unternehmer vermittelten oder abgeschlossenen Geschäft resultierende Leistungspflicht nicht erfüllt.[80] Das Gesetz stellt nur auf die Tatsache der Nichtleistung ab. Es kommt daher grds. nur auf diese Tatsache an und nicht auf die Gründe hierfür.[81] Beruht die Nichtleistung des Dritten aber auf Gründen, die der Unternehmer zu vertreten hat, kommt nur Abs. 3 und nicht Abs. 2 zur Anwendung (→ Rn. 36). Erhält der Unternehmer statt der von dem Dritten geschuldeten Leistung ein Erfüllungssurrogat oder eine Ersatzleistung, so

---

[71] BGH DB 1983, 2135; BeckRS 1960, 31188909; OLG Düsseldorf NJW-RR 1993, 1188 (1189); MüKoHGB/Ströbl Rn. 27; Oetker/Busche Rn. 17; Baumbach/Hopt/Hopt Rn. 13; Emde Rn. 42.
[72] MüKoHGB/Ströbl Rn. 27; Baumbach/Hopt/Hopt Rn. 13; Emde Rn. 42.
[73] BGH NJW 1990, 1665; MüKoHGB/Ströbl Rn. 27; Baumbach/Hopt/Hopt Rn. 1.
[74] MüKoHGB/Ströbl Rn. 28; Baumbach/Hopt/Hopt Rn. 13.
[75] BGH BeckRS 2008, 05534 Rn. 7; DB 1983, 2135 f.; BeckRS 1960, 31188909; MüKoHGB/Ströbl Rn. 28; Oetker/Busche Rn. 17; Baumbach/Hopt/Hopt Rn. 13.
[76] BGH WM 2008, 923 Rn. 15.
[77] MüKoHGB/Ströbl Rn. 29; Emde Rn. 43; Thume BB 2012, 975 (977).
[78] BGH BeckRS 2008, 05534 Rn. 12; zust. Anm. zu dem vorgenannten Urteil des BGH: Emde EWiR 2008, 559; MüKoHGB/Ströbl Rn. 29; Oetker/Busche Rn. 18; Baumbach/Hopt/Hopt Rn. 18; Ebenroth/Boujong/Joost/Strohn/Löwisch Rn. 5; Emde Rn. 43.
[79] MüKoHGB/Ströbl Rn. 29; Ebenroth/Boujong/Joost/Strohn/Löwisch Rn. 5; Emde Rn. 44.
[80] MüKoHGB/Ströbl Rn. 31; Oetker/Busche Rn. 18.
[81] MüKoHGB/Ströbl Rn. 31; Oetker/Busche Rn. 18.

gilt das Geschäft bei entsprechender Werthaltigkeit des Erfüllungssurrogates bzw. der Ersatzleistung als von dem Dritten ausgeführt (→ Rn. 27, 16 ff.). Der Handelsvertreter behält insoweit seinen Provisionsanspruch. Bleibt der Wert der Ersatzleistung dem Wert der geschuldeten Kundenleistung zurück, liegt in Höhe der Differenz eine Nichtleistung des Dritten iSv Abs. 2 vor (→ Rn. 27, 18).

Eine Nichtleistung des Dritten liegt bspw. dann vor, wenn dessen **Leistung unmöglich** **38** wird (§ 275 BGB).[82] Dagegen kann eine Nichtleistung des Dritten nicht angenommen werden, wenn der Dritte als Besteller einen Werkvertrag (§ 631 BGB) oder Werklieferungsvertrag (§ 651 BGB) gem. § 649 S. 1 BGB kündigt.[83] Denn in diesem Fall steht dem Unternehmer gem. § 649 S. 2 BGB weiterhin die Vergütung zu, er muss sich lediglich seine ersparten Aufwendungen anrechnen lassen

3. Feststehen der Nichtleistung. Die Nichtleistung des Dritten muss nach dem Wort- **39** laut des Abs. 2 feststehen. Es ist demnach in jedem Einzelfall positiv festzustellen, dass der Dritte nicht leistet. Dies ist anhand **objektiver Kriterien** zu beurteilen.[84] Nicht ausreichend ist daher die subjektive Meinung des Unternehmers oder einer anderen Person, der Dritte werde nicht leisten.[85]

Die Nichtleistung des Dritten steht etwa dann fest, wenn der Dritte wegen **Unmöglich-** **40** **keit** (§ 275 BGB) nicht mehr zu leisten braucht. Gleiches gilt, wenn der Dritte auf absehbare Zeit **zahlungsunfähig** ist.[86]

Dagegen reicht die bloße **Erfüllungsverweigerung** des Dritten nicht für das Feststehen **41** der Nichtleistung des Dritten aus. In solchen Fällen kann eine Nichtleistung des Dritten (mit der Folge des Verlustes des Provisionsanspruches durch den Handelsvertreter) solange nicht angenommen werden, wie dem Unternehmer die Erzwingung der Leistung des Dritten möglich und zumutbar ist.[87] Der Unternehmer hat daher seine Rechte im Regelfall auf dem **Klageweg** durchzusetzen.[88] Von Klage und Vollstreckung kann der Unternehmer nur in engen Ausnahmefällen absehen, etwa wenn es sich um Kleinverträge handelt[89] oder eine Vollstreckung aussichtslos ist[90]. Unzumutbarkeit einer klageweisen Geltendmachung eines Anspruches kann aber auch dann gegeben sein, wenn ein wichtiger ständiger Kunde des Unternehmers mit dem Abbruch der Geschäftsbeziehung droht.[91] Der bloße Wunsch des Kunden, ein Kundengeschäft zu stornieren, reicht dagegen noch nicht aus, um die gerichtliche Durchsetzung unzumutbar werden zu lassen.[92] Es gelten an dieser Stelle die zu Abs. 3 S. 2 ausgeführten Grundsätze entsprechend (→ Rn. 58 ff.). Allerdings können im Einzelfall strengere Anforderungen an das Feststehen der Nichtleistung als an das Nichtvertretenmüssen geboten sein.[93]

Der Provisionsanspruch des **Untervertreters** gegen den Hauptvertreter entfällt zudem **42** auch dann gem. Abs. 2, wenn feststeht, dass der (Haupt-)Unternehmer, selbst wenn er Zahlung von dem Dritten erhalten hat, den Provisionsanspruch des Hauptvertreters nicht erfüllt (→ Rn. 88).

---

[82] MüKoHGB/Ströbl Rn. 32; Baumbach/Hopt/Hopt Rn. 14; Emde Rn. 45.
[83] BGH WM 1984, 270 (271); MüKoHGB/Ströbl Rn. 33; Baumbach/Hopt/Hopt Rn. 14; Emde Rn. 48.
[84] MüKoHGB/Ströbl Rn. 34; Oetker/Busche Rn. 19; Baumbach/Hopt/Hopt Rn. 14; Emde Rn. 47.
[85] OLG Celle NJW 1972, 879; MüKoHGB/Ströbl Rn. 34; Oetker/Busche Rn. 19; Baumbach/Hopt/Hopt Rn. 14; Emde Rn. 47.
[86] OLG Düsseldorf NJW-RR 1993, 1188 (1190); MüKoHGB/Ströbl Rn. 37; Oetker/Busche Rn. 19; Baumbach/Hopt/Hopt Rn. 15.
[87] BGH BeckRS 1960, 31188909; MüKoHGB/Ströbl Rn. 35.
[88] MüKoHGB/Ströbl Rn. 35; Oetker/Busche Rn. 19; Baumbach/Hopt/Hopt Rn. 15.
[89] BGH DB 1983, 2135 (2136); BB 1971, 1430; MüKoHGB/Ströbl Rn. 35 und 37; Oetker/Busche Rn. 19; Baumbach/Hopt/Hopt Rn. 15.
[90] MüKoHGB/Ströbl Rn. 35; Oetker/Busche Rn. 19; Baumbach/Hopt/Hopt Rn. 15.
[91] BGH BB 1959, 864 (865); Oetker/Busche Rn. 19.
[92] BGH BB 1961, 147.
[93] MüKoHGB/Ströbl Rn. 35; Ebenroth/Boujong/Joost/Strohn/Löwisch Rn. 40; Emde Rn. 49.

43   **4. Rückgewährung bereits empfangener Beträge (Abs. 2 Hs. 2).** Steht die Nichtleistung des Dritten gem. Abs. 2 fest, entfällt der Provisionsanspruch des Handelsvertreters und etwaige bereits empfangene Beträge sind vom Handelsvertreter gem. Abs. 2 Hs. 2 zurückzugewähren. **Bei Teilerlöschen entsteht ein Teilrückzahlungsanspruch** des Unternehmers.[94] Bei dem Rückzahlungsanspruch des Unternehmers handelt es sich um einen **vertraglichen Rückgewähranspruch,** auf den die §§ 346 ff. BGB entsprechend anzuwenden sind.[95] Der Rückgewähranspruch des Unternehmers entfällt damit unabhängig von § 820 BGB nicht durch Wegfall der Bereicherung des Handelsvertreters.[96] Der Rückgewähranspruch ist gem. §§ 353 f. zu verzinsen.[97] Ein bereicherungsrechtlicher Anspruch gem. § 812 BGB kann konkurrieren.[98]

44   **5. Abweichende Vereinbarung (Abs. 5).** Gem. Abs. 5 kann nicht zu Lasten des Handelsvertreters von Abs. 2 Hs. 1 abgewichen werden. Abs. **2 Hs. 1** ist somit **einseitig zwingend** zugunsten des Handelsvertreters. Es können demnach von der gesetzlichen Regelung, dass der Provisionsanspruch des Handelsvertreters erst mit Feststehen der Nichtleistung des Dritten entfällt, nur Vereinbarungen zu Lasten des Unternehmers, nicht aber zu Lasten des Handelsvertreters, getroffen werden. Daher kann der Zeitpunkt des Entfallens des Provisionsanspruches bspw. nicht wirksam vorverlegt werden.[99] Ebenso unwirksam ist eine vertragliche Abrede, wonach der Provisionsanspruch nicht erst mit Feststehen der Nichtleistung des Dritten, sondern bereits bei geringsten Anhaltspunkten hierfür, entfallen soll.[100] Hierbei soll sichergestellt werden, dass das geschäftliche Risiko des Handelsvertreters nicht vorverlegt werden kann, in dem der Handelsvertreter zB bereits dann seinen Provisionsanspruch verliert, wenn der Dritte sich in Zahlungsschwierigkeiten befindet, dessen Nichtleistung aber noch nicht feststeht.[101]

45   Dagegen ist die Vorschrift des Abs. **2 Hs. 2 abdingbar,** nach der bereits empfangene Beträge bei Entfallen des Provisionsanspruches zurückzugewähren sind. Abreden, die den Rückgewähranspruch des Unternehmers näher regeln, ausgestalten oder ausschließen, sind somit wirksam.[102]

IV. Nicht vertragsgemäße Geschäftsausführung (Abs. 3)

46   **1. Überblick.** Der Handelsvertreter hat gem. Abs. 3 S. 1 auch dann einen Provisionsanspruch, wenn feststeht, dass der Unternehmer das Kundengeschäft ganz oder teilw. nicht bzw. nicht so ausführt, wie es abgeschlossen worden ist. Dies stellt den gesetzlichen Regelfall dar, in welchem dem Handelsvertreter ein **unentziehbarer**[103] **Provisionsanspruch** zusteht. Eine Ausnahme von diesem Regelfall bildet Abs. 3 S. 2. Hiernach entfällt der Anspruch des Handelsvertreters auf die Provision, wenn der Unternehmer diejenigen Umstände, auf denen seine Nichtausführung beruht, nicht zu vertreten hat. Die Vorschrift dient dem Schutz des Handelsvertreters davor, dass der Unternehmer die Ausführung des Kundengeschäftes ohne sachlichen Grund unterlässt.[104] Sie beruht insoweit auf dem Rechtsgedanken des § 162 BGB.[105]

---

[94] Emde Rn. 50; Schlegelberger/Schröder Rn. 26.
[95] Begr. RegE, BT-Drs. 1/3856, 26; MüKoHGB/Ströbl Rn. 38; Oetker/Busche Rn. 20; Baumbach/Hopt Rn. 19; Emde Rn. 50; Küstner/Thume VertriebsR-HdB I Kap. V Rn. 448.
[96] OLG Frankfurt a. M. OLGR 2003, 331 (334).
[97] BGH BB 1963, 8; Oetker/Busche Rn. 20; Baumbach/Hopt/Hopt Rn. 19.
[98] BGH BB 1963, 8; BAG MDR 2000, 818; Emde Rn. 50; Schlegelberger/Schröder Rn. 26.
[99] MüKoHGB/Ströbl Rn. 40; Baumbach/Hopt/Hopt Rn. 33.
[100] MüKoHGB/Ströbl Rn. 40; vgl. auch Emde Rn. 136 mwN.
[101] Thume BB 2012, 975 (977).
[102] Ebenroth/Boujong/Joost/Strohn/Löwisch Rn. 55; Emde Rn. 136.
[103] BGH NJW 2017, 3521 Rn. 46; Ebenroth/Boujong/Joost/Strohn/Löwisch Rn. 17; Emde Rn. 61.
[104] BGH NJW 2010, 298 Rn. 15; MüKoHGB/Ströbl Rn. 41; Emde Rn. 60.
[105] MüKoHGB/Ströbl Rn. 41; Ebenroth/Boujong/Joost/Strohn/Löwisch Rn. 17; Emde Rn. 58 f.; Altmeppen S. 51 f.

Abs. 3 hat als **lex specialis** Vorrang vor Abs. 2 (→ Rn. 36). Dagegen ist ein Rückgriff **47** auf Abs. 3 S. 1 nicht erforderlich, wenn der Dritte geleistet hat, obwohl feststeht, dass der Unternehmer das Kundengeschäft nicht ausführen wird.[106] In diesem Fall entsteht der Provisionsanspruch des Handelsvertreters bereits gem. Abs. 1 S. 3 (→ Rn. 20 ff.).

2. Entstehung des Provisionsanspruches (Abs. 3 S. 1). Der Provisionsanspruch des **48** Handelsvertreters entsteht in dem Zeitpunkt, in dem feststeht, dass der Unternehmer das Kundengeschäft (ganz oder teilw.) nicht ausführt (Alt. 1) (→ Rn. 49 ff.) oder nicht so ausführt, wie es abgeschlossen worden ist (Alt. 2) (→ Rn. 52 ff.).

a) Nichtausführung durch den Unternehmer (Alt. 1). Die vom Handelsvertreter **49** erworbene Provisionsanwartschaft erstarkt gem. Abs. 3 S. 1 Alt. 1 dann zum Vollrecht, wenn das zugrundeliegende Kundengeschäft vom Unternehmer ganz oder teilw. nicht ausgeführt wird. Dies setzt notwendigerweise voraus, dass den Unternehmer eine Leistungspflicht trifft, das **Kundengeschäft** also **wirksam** abgeschlossen worden ist. Ist wegen eines Dissens der Parteien bereits überhaupt kein Kundengeschäft zustande gekommen, ist das Kundengeschäft von Beginn an nichtig (zB wegen Formmangels nach § 125 BGB) oder wird es rückwirkend vernichtet (bspw. durch Anfechtung, § 142 BGB), hat der Handelsvertreter schon keine Provisionsanwartschaft erworben (→ § 87 Rn. 23).

Der Unternehmer führt das Kundengeschäft dann nicht aus, wenn er seine ihm obliegen- **50** den **Leistungspflichten** insgesamt **nicht erfüllt.**[107] Eine **teilw. Nichtausführung** ist dann anzunehmen, wenn der Unternehmer die von ihm geschuldete Leistung nur teilw. erbringt.[108] In diesem Fall bemisst sich der Provisionsanspruch des Handelsvertreters für den nicht ausgeführten Teil des Kundengeschäftes nach Abs. 3 und für den ausgeführten Teil nach Abs. 1.[109] Für die Anwendung des Abs. 3 S. 1 ist es unerheblich, aus welchen Gründen der Unternehmer das Kundengeschäft ganz oder teilw. nicht ausführt.[110] Diese spielen erst im Rahmen des Abs. 3 S. 2 eine Rolle.

Nichtausführung durch den Unternehmer gem. Abs. 3 S. 1 Alt. 1 ist bspw. dann **51** gegeben, wenn die Leistung des Unternehmers **objektiv unmöglich** ist[111], das Kundengeschäft **einvernehmlich rückgängig** gemacht wird[112] oder der Unternehmer wegen eigener **Insolvenz**[113], **mangels Wirtschaftlichkeit** des Kundengeschäftes[114] oder auf Grund einer **Kündigung** des Kundengeschäftes[115] nicht leistet. Abs. 3 S. 1 (und nicht Abs. 2) umfasst auch diejenigen Fälle, in denen der Dritte das Geschäft auf Grund von Umständen nicht ausführt, die der Unternehmer zu vertreten hat oder die er zurechenbar veranlasst hat (→ Rn. 36).

b) Abweichende Ausführung durch den Unternehmer (Alt. 2). Gem. Abs. 3 S. 1 **52** Alt. 2 erwirbt der Handelsvertreter auch dann einen Provisionsanspruch, wenn der Unternehmer das provisionspflichtige Kundengeschäft nicht so ausführt, wie es abgeschlossen worden ist. Eine derartige abweichende Ausführung ist dann zu bejahen, wenn der Unternehmer entweder **mangelhaft** leistet, etwas anderes leistet **(aliud-Lieferung), unvoll-**

---

[106] MüKoHGB/Ströbl Rn. 54; Emde Rn. 68.

[107] BGH NJW 2017, 3521 Rn. 49.

[108] BGH NJW 2017, 3521 Rn. 49.

[109] Baumbach/Hopt/Hopt Rn. 20; Ebenroth/Boujong/Joost/Strohn/Löwisch Rn. 21; Heymann/Stöber Rn. 7, 12.

[110] OLG Frankfurt a.M. NJW-RR 1990, 356; MüKoHGB/Ströbl Rn. 43; Baumbach/Hopt/Hopt Rn. 21; Ebenroth/Boujong/Joost/Strohn/Löwisch Rn. 20; Emde Rn. 65.

[111] Baumbach/Hopt/Hopt Rn. 22; Emde Rn. 69.

[112] MüKoHGB/Ströbl Rn. 43; Oetker/Busche Rn. 11; Baumbach/Hopt/Hopt Rn. 21; Heymann/Stöber Rn. 8.

[113] BGH NJW 2017, 3521 Rn. 49; 2010, 298 Rn. 25; WM 2008, 923 Rn. 18; Emde Rn. 69.

[114] MüKoHGB/Ströbl Rn. 43; Oetker/Busche Rn. 11; Heymann/Stöber Rn. 8.

[115] Ebenroth/Boujong/Joost/Strohn/Löwisch Rn. 20; Emde Rn. 69.

ständig leistet oder **verspätet** leistet.[116] Was der Unternehmer im Einzelfall vertragsgemäß zu leisten hat, bestimmt sich nach dem Inhalt des provisionspflichtigen Kundengeschäftes.[117] Nachträgliche Änderungen der Vertragsbedingungen des Kundengeschäftes beeinträchtigen den Provisionsanspruch des Handelsvertreters nicht.[118] Etwas anderes gilt nur, wenn Abs. 3 S. 2 Anwendung findet.[119]

53   Bei **mangelhafter Leistung** des Unternehmers sind provisionsrechtlich folgende Konstellationen zu unterscheiden. Weist der Dritte die Lieferung des Unternehmers als mangelhaft zurück, liegt noch keine Ausführung durch den Unternehmer vor. Die Nichtausführung des Kundengeschäftes kann in einem solchen Fall erst dann angenommen werden, wenn die Erbringung der Leistung durch den Unternehmer nicht mehr möglich ist.[120] Hat der Dritte dagegen die Leistung des Unternehmers zunächst entgegengenommen, erklärt er sodann aber den Rücktritt vom Vertrag (mit der Folge der Rückabwicklung der bereits erbrachten Leistungen), gilt das Kundengeschäft als nicht ausgeführt.[121] Der Provisionsanspruch bemisst sich nach Abs. 3 statt nach Abs. 2 (→ Rn. 36). Verlangt der Dritte Minderung, liegt ein Fall der teilw. Ausführung des Kundengeschäftes durch den Unternehmer vor: Soweit keine Reduzierung erfolgt, der Dritte also zur Gegenleistung verpflichtet bleibt, ergibt sich der Provisionsanspruch des Handelsvertreters aus Abs. 1 S. 1 und 3. Im Ausmaß der Reduzierung der Gegenleistung des Dritten gilt Abs. 3 S. 1, so dass der Handelsvertreter auch im Falle der Minderung die volle Provision erhält.[122] Macht der Dritte Schadensersatz statt der Leistung geltend, liegt ein Fall des Abs. 3 S. 1 Alt. 1 vor: Die Leistung des Unternehmers wird nicht mehr erbracht; sie ist nur noch Rechnungsposten im Rahmen der Schadensberechnung.[123]

54   Bei **verspäteter Ausführung** des Kundengeschäftes durch den Unternehmer erstarkt die Provisionsanwartschaft des Handelsvertreters in dem Zeitpunkt zum Vollrecht, in welchem der Unternehmer gemäß der vertraglichen Abrede mit dem Dritten das Kundengeschäft hätte ausführen müssen.[124] In diesem Zusammenhang spielt es keine Rolle, ob der Dritte wegen der Verspätung Ansprüche gegen den Unternehmer geltend macht oder ob er sich mit der verspäteten Lieferung einverstanden erklärt.[125]

55   **c) Feststehen der nicht vertragsgemäßen Ausführung.** Die Nichtausführung oder abweichende Ausführung des Kundengeschäftes durch den Unternehmer muss gem. dem Wortlaut des Abs. 3 S. 1 feststehen. Die Nicht- oder Andersausführung ist demnach in jedem Einzelfall positiv festzustellen. Dies hat anhand **objektiver Kriterien** zu erfolgen.[126] Nicht ausreichend ist daher etwa die subjektive Meinung des Handelsvertreters, der Unternehmer werde nicht leisten, oder eine tatsächlich hohe Wahrscheinlichkeit hierfür.[127] Dagegen steht die Nichtausführung durch den Unternehmer bspw. fest, wenn die Leistung des Unternehmers **objektiv unmöglich** geworden ist oder das Kundengeschäft **einvernehmlich aufgehoben oder rückgängig gemacht** worden ist.[128] Gleiches gilt, wenn

---

[116] MüKoHGB/Ströbl Rn. 44; Oetker/Busche Rn. 13; Ebenroth/Boujong/Joost/Strohn/Löwisch Rn. 18; Emde Rn. 70.

[117] MüKoHGB/Ströbl Rn. 44; Heymann/Stöber Rn. 10; Emde Rn. 66.

[118] MüKoHGB/Ströbl Rn. 44; Oetker/Busche Rn. 4; Ebenroth/Boujong/Joost/Strohn/Löwisch Rn. 4; Emde Rn. 66.

[119] MüKoHGB/Ströbl Rn. 44; Ebenroth/Boujong/Joost/Strohn/Löwisch Rn. 4.

[120] MüKoHGB/Ströbl Rn. 46; Emde Rn. 71.

[121] MüKoHGB/Ströbl Rn. 47; Emde Rn. 72.

[122] MüKoHGB/Ströbl Rn. 47; Emde Rn. 72.

[123] MüKoHGB/Ströbl Rn. 47; Emde Rn. 72.

[124] MüKoHGB/Ströbl Rn. 45; Emde Rn. 73.

[125] BGH HVuHM 1960, 367; MüKoHGB/Ströbl Rn. 45; Emde Rn. 73.

[126] MüKoHGB/Ströbl Rn. 48; Oetker/Busche Rn. 14; Ebenroth/Boujong/Joost/Strohn/Löwisch Rn. 19; Emde Rn. 76.

[127] Ebenroth/Boujong/Joost/Strohn/Löwisch Rn. 19; Heymann/Stöber Rn. 11; Emde Rn. 76.

[128] MüKoHGB/Ströbl Rn. 48; Oetker/Busche Rn. 14; Baumbach/Hopt/Hopt Rn. 22; Ebenroth/Boujong/Joost/Strohn/Löwisch Rn. 19.

der Unternehmer die **Ausführung** des Kundengeschäftes **verweigert** und sich der Dritte dagegen nicht zur Wehr setzt.[129]

Die Nicht- oder Andersausführung des Kundengeschäftes durch den Unternehmer muss **56** **nicht rechtskräftig festgestellt** sein.[130] Der Dritte ist mangels eigener Rechtsbeziehung mit dem Handelsvertreter diesem gegenüber nicht verpflichtet, die Leistung des Unternehmers klageweise geltend zu machen.[131]

d) Kein konkurrierender Schadensersatzanspruch. Den Unternehmer hat lediglich **57** gegenüber dem Dritten eine Pflicht zur Leistungserbringung. Der Handelsvertreter hat dagegen keinen einklagbaren Anspruch gegen den Unternehmer auf Ausführung des Kundengeschäftes. Vielmehr trifft den Unternehmer gegenüber dem Handelsvertreter nur die Obliegenheit, das Kundengeschäft auszuführen.[132] Sofern der Unternehmer das Kundengeschäft nicht ausführt, steht dem Handelsvertreter daher **nicht zusätzlich** zu seinem Provisionsanspruch gem. Abs. 3 noch ein **Schadensersatzanspruch** gegen den Unternehmer zu.[133] Diese Frage hat jedoch ohnehin wenig Praxisrelevanz. Selbst wenn man einen konkurrierenden Schadensersatzanspruch für möglich halten würde, wird dem Handelsvertreter durch die Nichtausführung regelmäßig kein wirtschaftlicher Schaden entstehen, da sein Provisionsanspruch wegen Abs. 3 grds. unberührt bleibt.[134]

3. Entfallen des Provisionsanspruches (Abs. 3 S. 2). a) Anwendungsbereich. **58** **aa) Nichtausführung.** Der Anspruch des Handelsvertreters auf die Provision entfällt ausnahmsweise gem. Abs. 3 S. 2, wenn und soweit die Nichtausführung des Kundengeschäftes durch den Unternehmer auf **Umständen beruht, die der Unternehmer nicht zu vertreten hat.** Die vor der Umsetzung der Handelsvertreter-RL[135] gültige Rechtslage sah dagegen bereits dann ein Entfallen des Provisionsanspruches vor, wenn die Ausführung für den Unternehmer unzumutbar war, und zwar unabhängig davon, ob der Unternehmer die die Unzumutbarkeit verursachenden Umstände zu vertreten hatte. Auch wenn der Wortlaut von Abs. 3 S. 2 nicht ausdr. den Fall der **teilweisen Nichtausführung** regelt, ist Abs. 3 S. 2 auch auf diesen Fall anwendbar; eine entsprechende Auslegung von Art. 11 Abs. 1 erster Spiegelstrich der Handelsvertreter-RL wurde von dem EuGH bestätigt,[136] so dass auch Abs. 3 S. 2 entsprechend auszulegen ist.

Abs. 3 S. 2 kommt nur in den Fällen des Abs. 3 S. 1 zur Anwendung. Die Vorschrift **59** setzt also voraus, dass **weder der Unternehmer noch der Dritte das Kundengeschäft ausgeführt** haben. Hat der Dritte geleistet, obwohl feststeht, dass der Unternehmer das Kundengeschäft nicht ausführen wird, steht dem Handelsvertreter ein Provisionsanspruch bereits gem. Abs. 1 S. 3 zu (→ Rn. 20 ff.).[137] Führt der Unternehmer das Kundengeschäft vertragsgemäß aus, steht dem Handelsvertreter ein Provisionsanspruch gem. Abs. 1 S. 1 zu, der nur gem. Abs. 2 nachträglich entfällt (→ Rn. 9).

Steht fest, dass beide Parteien des Kundengeschäftes nicht leisten werden, kommt nicht **60** Abs. 2, sondern Abs. 3 zur Anwendung. Denn Abs. 2 setzt voraus, dass der Provisionsanspruch des Handelsvertreters bereits gem. Abs. 1 S. 1 auf Grund der Ausführung durch den Unternehmer unbedingt entstanden ist (→ Rn. 34). Steht die Nichtleistung beider Parteien fest, ist entscheidend, ob der Unternehmer die Nichtleistung des Dritten zu

---

[129] MüKoHGB/Ströbl Rn. 48.

[130] Ebenroth/Boujong/Joost/Strohn/Löwisch Rn. 19.

[131] MüKoHGB/Ströbl Rn. 48; Baumbach/Hopt/Hopt Rn. 22.

[132] OLG Frankfurt a. M. VersR 1981, 480; MüKoHGB/Ströbl Rn. 54; Bonvie VersR 1986, 119 (121).

[133] OLG Koblenz BB 1973, 866 (867); MüKoHGB/Ströbl Rn. 54; Baumbach/Hopt/Hopt Rn. 23; aA OLG Schleswig BeckRS 2009, 15934; Emde Rn. 78, der zwar einen konkurrierenden Schadensersatzanspruch bejaht, diesen aber für meist überflüssig hält, weil das Provisionsrecht nicht entfällt.

[134] Vgl. Emde Rn. 78, dort Fn. 332.

[135] Art. 1 Nr. 4 des Gesetzes zur Durchführung der EG-Richtlinie zur Koordinierung des Rechts der Handelsvertreter vom 23.10.1989, BGBl. I 1910.

[136] EuGH ZVertriebsR 2017, 235 Rn. 43.

[137] MüKoHGB/Ströbl Rn. 50; Emde Rn. 68.

vertreten hat. Ist dies der Fall, steht dem Handelsvertreter ein Provisionsanspruch gem. Abs. 3 S. 1 zu. Leistet der Dritte dagegen aus Gründen nicht, die in keinem Zusammenhang zu der Nichtausführung oder nicht vertragsgemäßen Ausführung des Kundengeschäftes durch den Unternehmer stehen, steht dem Handelsvertreter wegen Abs. 3 S. 2 kein Provisionsanspruch gem. Abs. 3 S. 1 zu.[138]

61   **bb) Abweichende Ausführung.** Zwar umfasst der Wortlaut des Abs. 3 S. 2 nicht ausdr. auch den Fall der abweichenden Ausführung des Kundengeschäftes durch den Unternehmer. Dennoch kann der Provisionsanspruch des Handelsvertreters **auch im Falle der bloßen abweichenden Ausführung** durch den Unternehmer gem. Abs. 3 S. 2 entfallen.[139] Ein anderes Ergebnis wäre mit dem Sinn und Zweck des Abs. 3 nicht vereinbar.[140] Denn diese Vorschrift soll den Handelsvertreter nur davor schützen, dass der Unternehmer die Erstarkung der Provisionsanwartschaft zum Vollrecht ohne sachlichen Grund verhindert. Der Handelsvertreter ist aber sowohl bei Nichtausführung als auch bei abweichender Ausführung gleichermaßen nicht schützenswert, wenn die Nichtausführung bzw. abweichende Ausführung durch den Unternehmer auf Umständen beruht, die vom Unternehmer nicht zu vertreten sind. Bei gegenteiliger Auffassung würde sich die Frage stellen, wieso sich der Unternehmer nur bei Nichtausführung des Kundengeschäftes exkulpieren können soll, nicht aber bei dem weniger schwerwiegenden Fall der „bloßen" abweichenden Ausführung.[141]

62   **b) Nichtvertretenmüssen des Unternehmers.** Der Unternehmer hat die für die Nichtausführung oder abweichende Ausführung maßgebenden Umstände insbesondere dann zu vertreten, wenn ihm **eigenes Verschulden** (§ 276 BGB) oder **Verschulden seiner Erfüllungsgehilfen** (§ 278 BGB) zur Last gelegt werden kann.[142] Gleiches gilt, wenn der Unternehmer ein **Beschaffungsrisiko** (bspw. bei Gattungsschulden) übernommen hat.[143] Der Unternehmer hat aber auch diejenigen Umstände zu vertreten, die aus ihm **zurechenbaren Risiken** resultieren, also seiner unternehmerischen oder betrieblichen Risikosphäre zuzuordnen sind[144], oder die auf ein vom Unternehmer **übernommenes Risiko** beruhen[145]. Nichtvertretenmüssen des Unternehmers kann daher regelmäßig nur bei Zufall[146], höherer Gewalt[147] oder Umständen, die ausschließlich dem nicht von dem Unternehmer beeinflussbaren Risikobereich des Dritten zuzuordnen sind[148], in Betracht kommen. Die Beurteilung der Frage des Vertretenmüssens des Unternehmers hat unter Würdigung sämtlicher **Umstände des Einzelfalls** zu erfolgen.[149] Der Begriff „Umstände", die vom Unternehmer zu verstehen sind, bezieht sich dabei nicht nur auf Rechtsgründe, die unmittelbar zur Beendigung des Kundengeschäftes geführt haben, sondern auch auf alle vom Unternehmer zu vertretenden rechtlichen und tatsächlichen Umstände, auf denen die Nichtausführung des Kundengeschäftes beruht.[150]

---

[138] MüKoHGB/Ströbl Rn. 52; Emde Rn. 67 f.; Röhricht/Graf v. Westphalen/Thume Rn. 13; aA Ebenroth/Boujong/Joost/Strohn/Löwisch Rn. 22.

[139] MüKoHGB/Ströbl Rn. 53; Emde Rn. 80; Ebenroth/Boujong/Joost/Strohn/Löwisch Rn. 23; aA Oetker/Busche Rn. 21; Baumbach/Hopt/Hopt Rn. 20.

[140] MüKoHGB/Ströbl Rn. 53.

[141] Emde Rn. 78.

[142] BGH NJW 2017, 3521 Rn. 54.

[143] MüKoHGB/Ströbl Rn. 55; Oetker/Busche Rn. 22.

[144] BGH NJW 2017, 3521 Rn. 54; ZVertriebsR 2017, 224 Rn. 25; 2014, 98 Rn. 13; WM 2008, 923 Rn. 18; OLG Frankfurt a. M. NJW-RR 1991, 674 (676); OLGR 2007, 500 (501); MüKoHGB/Ströbl Rn. 55; Oetker/Busche Rn. 22; Baumbach/Hopt/Hopt Rn. 26; Ebenroth/Boujong/Joost/Strohn/Löwisch Rn. 24; Emde Rn. 81; Holling DB 1960, 79.

[145] BGH NJW 2017, 3521 Rn. 54; ZVertriebsR 2014, 98 Rn. 13; NJW 2010, 298 Rn. 25.

[146] MüKoHGB/Ströbl Rn. 55; Ebenroth/Boujong/Joost/Strohn/Löwisch Rn. 24; Emde Rn. 81.

[147] Ebenroth/Boujong/Joost/Strohn/Löwisch Rn. 24; Emde Rn. 81.

[148] Ebenroth/Boujong/Joost/Strohn/Löwisch Rn. 24; Emde Rn. 81.

[149] BGH NJW 2017, 3521 Rn. 54; MüKoHGB/Ströbl Rn. 55; Baumbach/Hopt/Hopt Rn. 26; Ebenroth/Boujong/Joost/Strohn/Löwisch Rn. 24; Emde Rn. 81.

[150] EuGH ZVertriebsR 2017, 235 Rn. 61.

Abs. 3 S. 2 findet für das Entfallen des Provisionsanspruches des **Untervertreters** gegen **63**
den Hauptvertreter mit der Maßgabe entsprechend Anwendung, dass sich der Begriff des
Unternehmers in dieser Vorschrift nicht auf den Hauptvertreter, sondern auf den Auftraggeber des Hauptvertreters bezieht (→ Rn. 86). Der Hauptvertreter kann sich also im Verhältnis zum Untervertreter nicht mit dem Argument exkulpieren, ihn treffe kein eigenes
Verschulden. Hat der Hauptvertreter allerdings im Einzelfall die Nichtausführung selbst zu
vertreten, gilt dieser als Unternehmer iSd Abs. 3 mit der Folge, dass dem Untervertreter ein
Provisionsanspruch gegen den Hauptvertreter gem. Abs. 3 S. 1 zusteht.[151]

c) Einzelfälle. Der Unternehmer hat ua folgende Umstände **zu vertreten:**[152]   **64**

– Nachträgliche Änderung, Rückgängigmachung oder Aufhebung des Kundengeschäf-
tes;[153]
– Stornierung des Kundengeschäftes[154] (allerdings kein Vertretenmüssen des Unternehmers
möglich, wenn ein guter und wichtiger Kunde anderenfalls mit dem Abbruch der
Geschäftsbeziehung droht[155]);
– Nichtausführung wegen Rohstoffmangel[156], Arbeitskräftemangel[157] oder Lieferschwierig-
keiten des Vorlieferanten[158];
– Eigene Leistungsunfähigkeit des Unternehmers;[159]
– Nichtausführung wegen Einstellung des Betriebs bzw. der Produktion;[160]
– Berechtigte Abnahmeverweigerung durch den Dritten, etwa bei Rücktritt des Dritten
wegen vertragswidrigen Verhaltens des Unternehmers;[161]
– Hinnahme eines vertragswidrigen Abspringens des Dritten ohne zumutbare Maßnahmen
zur Durchsetzung des eigenen Anspruches durch den Unternehmer;[162]
– Unterlassung der zumutbaren gerichtlichen Durchsetzung von Ansprüchen gegen den
Dritten (→ Rn. 41);
– Nichtausführung wegen Insolvenz des Unternehmers[163] (dies gilt jedoch nicht im Falle
einer ausnahmsweise unverschuldeten Insolvenz auf Grund höherer Gewalt[164]);
– Unterlassung der Geltendmachung von Ansprüchen gegen den Dritten wegen eines
Insolvenzverfahrens über das Vermögen des Dritten;[165]
– Nicht hinreichende Nachbearbeitung von Dauerverträgen, insbesondere Versicherungs-
und Bausparverträgen, die von der Beendigung bedroht sind.[166] So hat der Unternehmer
etwa geeignete Maßnahmen zur Stornoabwehr zu ergreifen, wenn der Versicherungs-

---

[151] MüKoHGB/Ströbl Rn. 57; Emde Rn. 98.
[152] Siehe auch die Auflistungen bei MüKoHGB/Ströbl Rn. 58; Emde Rn. 82.
[153] OLG Frankfurt a. M. NJW-RR 1990, 356; Ebenroth/Boujong/Joost/Strohn/Löwisch Rn. 25; Emde
Rn. 82.
[154] BGH NJW-RR 1998, 1561 (1562); BeckRS 1960, 31188909; MüKoHGB/Ströbl Rn. 58.
[155] BGH BeckRS 1960, 31188909; BB 1959, 564 (865); BAG AP HGB § 87a Nr. 2 mzustAnm Herschel
= SAE 1967, 203 (204 f.) mkritAnm Rittner; MüKoHGB/Ströbl Rn. 58.
[156] BGH DB 1959, 940; MüKoHGB/Ströbl Rn. 58; Emde Rn. 82; aA LAG Baden-Württemberg NJW
1951, 374 bei zufallsbedingtem Rohstoffmangel.
[157] BGH DB 1959, 940; MüKoHGB/Ströbl Rn. 58; Baumbach/Hopt/Hopt Rn. 26; Ebenroth/Boujong/
Joost/Strohn/Löwisch Rn. 25; Emde Rn. 82.
[158] BGH DB 1959, 940; LAG Düsseldorf BB 1960, 1075; MüKoHGB/Ströbl Rn. 58; Emde Rn. 82.
[159] Ebenroth/Boujong/Joost/Strohn/Löwisch Rn. 30; Emde Rn. 82.
[160] LAG Düsseldorf BB 1960, 1075; Ebenroth/Boujong/Joost/Strohn/Löwisch Rn. 30; Emde Rn. 82; aA
LAG Baden-Württemberg NJW 1951, 374 mAnm Reinicke.
[161] BGHZ 58, 140 (142 ff.); BGH BeckRS 1960, 31188909; MüKoHGB/Ströbl Rn. 58.
[162] Baumbach/Hopt/Hopt Rn. 26; Emde Rn. 82.
[163] MüKoHGB/Ströbl Rn. 58; Baumbach/Hopt/Hopt Rn. 26; Emde Rn. 82.
[164] BGH ZVertriebsR 2017, 224 Rn. 26; offen gelassen vom BGH noch in BGH WM 2008, 923 Rn. 20;
RGZ 63, 69 (71 f.); vgl. die Ausführungen in Emde Rn. 115.
[165] BGH WM 1991, 196 (199); MüKoHGB/Ströbl Rn. 58.
[166] BGH NJW-RR 2005, 1196 (1197); DB 1983, 2135 (2136); OLG Frankfurt a. M. VersR 1986, 461
(462); DB 1983, 1591 (1592); OLG Köln NJW 1978, 327; OLG Schleswig MDR 1984, 760; Küstner/
Thume VertriebsR-HdB I Kap. V Rn. 508 ff.; Ebenroth/Boujong/Joost/Strohn/Löwisch Rn. 29; Staub/
Emde Rn. 89 ff.; Thume BB 2012, 975 (977).

nehmer seine Vertragspflichten nicht erfüllt, dieser insbesondere die fällige Versicherungsprämie nicht leistet.[167] Der Umfang der Nachbearbeitungspflicht des Unternehmers ist jedoch teilw. umstritten.[168] In der Rechtsprechung anerkannt ist jedoch, dass eine Nachbearbeitungspflicht des Unternehmers nicht verlangt werden kann, wenn die ausstehenden Zahlbeträge seitens des Dritten verhältnismäßig gering sind.[169]

65   Dagegen hat der Unternehmer die Nichtausführung insbesondere dann **nicht zu vertreten**[170], wenn, wie der Gesetzeswortlaut vor der Gesetzesnovelle im Jahre 1990 es vorsah, „in der **Person des Dritten** ein wichtiger Grund für die Nichtausführung vorliegt". Die zu dieser alten Gesetzesfassung ergangene Rechtsprechung kann vorsichtig übernommen werden.[171] Hierher gehören etwa die folgenden Fälle:

- Ausübung vertraglicher oder gesetzlicher Rechte durch den Unternehmer auf Grund eines vertragswidrigen Verhaltens des Dritten;[172]
- Ausübung eines dem Unternehmer zustehenden Zurückbehaltungsrechts, allerdings wohl bloß, wenn der Dritte objektiv zahlungsunfähig ist oder ein berechtigter Insolvenzverdacht besteht;[173]
- Berechtigte Ausübung eines vertraglichen oder gesetzlichen Kündigungs- oder Rücktrittsrechts durch den Unternehmer;[174]
- Ausübung eines dem Dritten vertraglich vorbehaltenen Rücktrittsrechts oder eines dem Dritten nach dem Gesetz zustehenden Widerrufsrechts (§ 355 BGB; § 8 Abs. 1 VVG);[175]
- Änderung oder Einstellung des Betriebs des Dritten oder dessen drohende oder tatsächliche Insolvenz;[176]
- Erhebung der Unsicherheitseinrede (§ 321 BGB) durch den Unternehmer wegen einer Vermögensverschlechterung des Dritten und der damit einhergehenden Gefährdung des Kaufpreisanspruches;[177]
- Unterlassung der gerichtlichen Geltendmachung von Ansprüchen gegen eine Vielzahl von Dritten, die nicht abnahme- und zahlungswillig sind.[178]

66   Der Unternehmer hat ferner auch solche Umstände **nicht zu vertreten,** die als **höhere Gewalt** zu qualifizieren sind, etwa

- die zufällige Vernichtung der Produktionsstätte des Unternehmers;[179]
- Eingriffe von hoher Hand wie bspw. Material-, Transport- oder Export- und Importsperren[180] oder Herstellungsverbote nach Geschäftsabschluss[181], soweit diese Ein-

---

[167] OLG Düsseldorf ZVertriebsR 2017, 191 Rn. 9.
[168] Siehe hierzu ausf. Küstner/Thume VertriebsR-HdB I Kap. V Rn. 508 ff. und Staub/Emde Rn. 89 ff.
[169] BGH NJW 2015, 1754 Rn. 24 mwN; Staub/Emde Rn. 96; Emde BB 2016, 2819 (2822); einschränkend OLG Düsseldorf ZVertriebsR 2017, 191 Rn. 17 für die Versicherungsbranche, in der nicht nur auf den einzelnen Versicherungsvertrag abzustellen ist, sondern die gesamte Kundenbeziehung zu berücksichtigen ist, welche auch in Fällen von Kleinstorni die Nachbearbeitung zumutbar machen kann.
[170] Siehe auch weitere Bsp. in MüKoHGB/Ströbl Rn. 59; Emde Rn. 83.
[171] Baumbach/Hopt/Hopt Rn. 28; Emde Rn. 83.
[172] Emde Rn. 83.
[173] OLG München NJOZ 2007, 3599 (3602); MüKoHGB/Ströbl Rn. 59; aA Emde Rn. 83, der ein bloßes Zurückbehaltungsrecht genügen lässt.
[174] Küstner/Thume VertriebsR-HdB I Kap. V Rn. 33, 445; Emde Rn. 83; BGH ZVertriebsR 2014, 98 Rn. 10 ff. für den Fall der Ausübung eines mit Kunden eines Reisevertrages vereinbarten Rücktrittsrechts des Unternehmers bei Nichterreichung der Mindestteilnehmerzahl (ausdrücklich offen gelassen hat der BGH jedoch die Frage, ob die Provisionspflicht bei Ausübung eines vertraglich vereinbarten Rücktrittsrechts des Unternehmers stets entfällt).
[175] OLG Celle OLGR 2001, 267 (268); OLG Karlsruhe NJW-RR 1993, 1274; Ebenroth/Boujong/Joost/Strohn/Löwisch Rn. 31; Emde Rn. 83; MüKoHGB/Ströbl Rn. 59; Rewolle DB 1964, 467 (469).
[176] OLG München NJW-RR 2009, 1699 (1702); Ebenroth/Boujong/Joost/Strohn/Löwisch Rn. 31; Emde Rn. 83; MüKoHGB/Ströbl Rn. 59; Hans BB 1957, 1060 (1061).
[177] Baumbach/Hopt/Hopt Rn. 28; Emde Rn. 83.
[178] BGH BeckRS 2010, 20617; MüKoHGB/Ströbl Rn. 59.
[179] MüKoHGB/Ströbl Rn. 59.
[180] MüKoHGB/Ströbl Rn. 59; Baumbach/Hopt/Hopt Rn. 28; Emde Rn. 83; Holling DB 1960, 79.
[181] LAG Düsseldorf BB 1960, 1075; Emde Rn. 83; aA OLG Frankfurt a. M. WM 1991, 867 (869).

griffe unvorhersehbar waren und keine zumutbaren Ausweichmaßnahmen möglich sind[182];
- unvorhersehbare Betriebsstörungen beim Unternehmer etwa wegen Überschwemmung[183], sonstigen Verkehrshindernissen[184], Streiks beim Unternehmer oder dessen Vorlieferanten[185] oder unvermeidbaren Transportschwierigkeiten[186];
- Radikale Verteuerung mit der Folge, dass eine kostendeckende Herstellung unmöglich wird und deshalb die Geschäftsgrundlage wegfällt;[187]
- Nichtausführung aufgrund einer ausnahmsweise vom Unternehmer unverschuldeten **67** Insolvenz (→ Rn. 64).[188]

Der BGH hat zudem entschieden, dass das Scheitern eines bereits praktizierten Geschäftsmodells des Unternehmers durch ein rechtswidriges behördliches Einschreiten einhergehend mit der Rückabwicklung der vermittelten Geschäfte und der Insolvenz des Unternehmers ein Umstand iSd Abs. 3 S. 2 darstellt, der nicht dem unternehmerischen oder betrieblichen Risikobereich des Unternehmers zuzuordnen ist und damit nicht von ihm zu vertreten ist.[189] Jedoch hat der Unternehmer grundsätzlich erfolgversprechende Rechtsschutzmaßnahmen gegen rechtswidrige Bescheide zu ergreifen.[190]

d) Rückgewährung bereits empfangener Beträge. Entfällt der Provisionsanspruch **68** des Handelsvertreters gem. Abs. 3 S. 2, hat dieser etwaige bereits empfangene Beträge **analog Abs. 2 Hs. 2 iVm §§ 346 ff. BGB**[191] und gem. **§ 812** iVm § 818 Abs. 3 BGB[192] zurück zu gewähren (→ Rn. 43).

4. Abweichende Vereinbarung (Abs. 5). Gem. Abs. 5 kann nicht zu Lasten des **69** Handelsvertreters von Abs. 3 abgewichen werden. Auch Abs. **3** ist somit **einseitig zwingend** zugunsten des Handelsvertreters. Es können demnach von der gesetzlichen Regelung, wonach der Provisionsanspruch des Handelsvertreters bei Nichtausführung oder abweichender Ausführung des Kundengeschäftes durch den Unternehmer nur im Falle des Abs. 3 S. 2 entfällt, nur Vereinbarungen zu Lasten des Unternehmers, nicht aber zu Lasten des Handelsvertreters, wirksam getroffen werden.[193] Somit können die Parteien nicht wirksam vorsehen, dass der Provisionsanspruch bei Nichtausführung oder abweichender Ausführung des Kundengeschäftes durch den Unternehmer über die Fälle des Abs. 3 S. 2 hinaus eingeschränkt oder ausgeschlossen ist.[194] Unwirksam ist daher bspw. eine Vereinbarung, wonach der Handelsvertreter nur dann einen unbedingten Provisionsanspruch erwerben soll, wenn und soweit der Unternehmer das Kundengeschäft ausgeführt hat.[195] Gleiches gilt im Falle einer Klausel, die Provisionsansprüche auf solche Geschäfte beschränkt, die während der Dauer des Handelsvertretervertrages zu Stande kommen und die bis zu der Beendigung des Handelsvertretervertrages ausgeführt werden.[196] Ebenso unwirksam sind Vereinbarungen, die bei einer Vertragsänderung mit dem Dritten vor Auslieferung

---

[182] OLG München BeckRS 2010, 03002; Baumbach/Hopt/Hopt Rn. 28; Emde Rn. 83.
[183] Baumbach/Hopt/Hopt Rn. 28; Emde Rn. 83.
[184] Emde Rn. 83.
[185] Baumbach/Hopt/Hopt Rn. 28; Emde Rn. 83.
[186] Baumbach/Hopt/Hopt Rn. 28; Emde Rn. 83.
[187] Baumbach/Hopt/Hopt Rn. 28; Ebenroth/Boujong/Joost/Strohn/Löwisch Rn. 30; Emde Rn. 83; Schlegelberger/Schröder Rn. 37; vgl. auch OLG Köln VersR 1974, 287.
[188] BGH ZVertriebsR 2017, 224 Rn. 26.
[189] BGH NJW 2017, 3521 Rn. 58.
[190] BGH NJW 2017, 3521 Rn. 58.
[191] BGH NJW 2017, 3521 Rn. 46; ZVertriebsR 2017, 224 Rn. 18; BB 2008, 1030 mAnm Hilgard = EWiR 2008, 559 mAnm Emde; Ebenroth/Boujong/Joost/Strohn/Löwisch Rn. 35; Emde Rn. 101; Heymann/Stöber Rn. 24; aA Oetker/Busche Rn. 24, der nur einen Bereicherungsanspruch annimmt.
[192] Emde Rn. 101; Oetker/Busche Rn. 24; aA Ebenroth/Boujong/Joost/Strohn/Löwisch Rn. 35.
[193] Siehe Thume BB 2012, 975 (978) für Bsp. unwirksamer Vertragsbestimmungen.
[194] BGH NJW 2010, 298 Rn. 17, 22; BGHZ 33, 92 (94 f.); MüKoHGB/Ströbl Rn. 61.
[195] Thume BB 2012, 975 (978).
[196] OLG Hamburg BeckRS 2015, 119734 Rn. 49 f.

der Ware die Entstehung eines nur hälftigen Provisionsanspruches vorsehen.[197] Gleiches gilt für eine vertragliche Pflicht des Handelsvertreters zur (anteiligen) Übernahme der Kosten einer gegen den Dritten gerichteten Rechtsverfolgung durch den Unternehmer (bspw. bei Abnahmeverzug des Dritten).[198] Auch ist eine Vereinbarung unwirksam, derzufolge der Handelsvertreter bei Zahlungseinstellung oder Kündigung durch den Versicherungsnehmer bereits gezahlte Provisionen zurückzugewähren hat.[199]

70   Dagegen verstößt ein von den Parteien geschlossener **Erlassvertrag** nicht gegen Abs. 5, wenn dieser ausschließlich bereits unbedingt entstandene Provisionsansprüche des Handelsvertreters umfasst.[200] Ein Verzicht auf noch nicht unbedingt entstandene Provisionen hat, um nicht wegen Abs. 5 unwirksam zu sein, die Fälle des Abs. 3 auszunehmen.[201] So ist etwa ein Ausschluss von **Überhangprovisionen** (→ § 87 Rn. 31) unwirksam, wenn auch Provisionen für Kundengeschäfte umfasst sein sollen, der Unternehmer aus von ihm zu vertretenden Umständen nicht oder nicht vertragsgemäß ausführt.[202]

71   Wirksam ist bspw. auch eine Vereinbarung, wonach der Provisionsanspruch des Handelsvertreters bei von dem Dritten veranlassten Stornierungen entfällt.[203] Auch sind Abreden wirksam, die lediglich einen **klarstellenden Inhalt** haben, ohne eine Verschiebung des Risikobereichs des Unternehmers auf den Handelsvertreter zu begründen.[204] So ist eine Vereinbarung wirksam, die regelt, wann der Unternehmer seinen Anspruch gegen den leistungsunwilligen Dritten gerichtlich durchzusetzen hat oder inwieweit dem Handelsvertreter die Möglichkeit zur Nachbearbeitung einzuräumen ist.[205] Allerdings muss bei solchen Vereinbarungen die in Abs. 3 S. 2 getroffene Risikoverteilung gewahrt bleiben.[206] Auch eine Klausel, wonach der Handelsvertreter im Fall der teilweisen Nichtausführung des Kundengeschäftes zur anteiligen Rückzahlung seiner Provision verpflichtet ist, stellt keine Abweichung zum Nachteil des Handelsvertreters iSv Abs. 5 dar und ist somit wirksam, wenn der der Rückzahlungspflicht unterliegende Anteil der Provision im Verhältnis zum Ausmaß der Nichtausführung des Kundengeschäftes steht und diese Nichtausführung nicht auf Umständen beruht, die vom Unternehmer zu vertreten sind.[207] Wirksam möglich sind auch **für den Handelsvertreter vorteilhafte Regelungen**[208], ua also Bestimmungen, die die Anforderungen an das Entfallen des Provisionsanspruches gem. Abs. 3 S. 2 verschärfen[209], ein Entfallen nach Abs. 3 S. 2 gänzlich ausschließen[210] oder die Voraussetzungen für die Entstehung des Provisionsanspruches gem. Abs. 3 S. 1 abmildern[211].

V. Fälligkeit (Abs. 4)

72   **1. Zeitpunkt des Fälligwerdens.** Abs. 4 regelt den Zeitpunkt des Fälligwerdens des Provisionsanspruches des Handelsvertreters. Demnach wird der **Anspruch des Handelsvertreters auf die Provision am letzten Tag desjenigen Monats fällig, in dem der**

---

[197] OLG Karlsruhe BB 1980, 226; MüKoHGB/Ströbl Rn. 61.
[198] OLG Karlsruhe BB 1974, 904; MüKoHGB/Ströbl Rn. 61; Baumbach/Hopt/Hopt Rn. 33; Emde Rn. 138.
[199] OLG Frankfurt a. M. OLGR 2003, 331 (334); MüKoHGB/Ströbl Rn. 61.
[200] BGH NJW-RR 2003, 1615 (1616); MüKoHGB/Ströbl Rn. 62; Emde Rn. 139; Thume BB 2012; 975 (978).
[201] BGH NJW 2010, 298 Rn. 28; Emde Rn. 138; Thume BB 2012; 975 (978).
[202] BGH NJW 2010, 298 Rn. 22; BB 1998, 391 (392); OLG Düsseldorf ZVertriebsR 2020, 257 (261); Thume BB 2012; 975 (979).
[203] BGH NJW-RR 2003, 1615 (1616); MüKoHGB/Ströbl Rn. 61.
[204] MüKoHGB/Ströbl Rn. 61; Baumbach/Hopt/Hopt Rn. 33.
[205] MüKoHGB/Ströbl Rn. 61; Baumbach/Hopt/Hopt Rn. 33.
[206] MüKoHGB/Ströbl Rn. 61.
[207] EuGH ZVertriebsR 2017, 235 Rn. 51.
[208] OLG Düsseldorf WM 1984, 1287 (1289).
[209] Emde Rn. 139.
[210] Heymann/Stöber Rn. 27; Ebenroth/Boujong/Joost/Strohn/Löwisch Rn. 56; Emde Rn. 139; Thume BB 2012, 975 (978).
[211] Heymann/Stöber Rn. 27; Ebenroth/Boujong/Joost/Strohn/Löwisch Rn. 56; Emde Rn. 139.

Unternehmer gem. § 87c Abs. 1 über diesen Anspruch abzurechnen hat. Der Abrechnungszeitraum beträgt in Ermangelung einer anderweitigen Parteivereinbarung einen Monat (§ 87c Abs. 1 S. 1 Hs. 1). Die Parteien können den Abrechnungszeitraum auf maximal drei Monate ausdehnen (§ 87c Abs. 1 S. 1 Hs. 2) (→ § 87c Rn. 20). Die Abrechnung hat unverzüglich, spätestens jedoch bis zum Ende des dem Abrechnungszeitraum folgenden Monats, zu erfolgen (§ 87c Abs. 1 S. 2) (→ § 87c Rn. 32 ff.). Der Zeitpunkt des Fälligwerdens muss somit nicht für jeden Provisionsanspruch gesondert bestimmt werden. Vielmehr werden bspw. alle im Monat Januar endgültig entstandenen Provisionsansprüche bei einer Abrechnung pro Kalendermonat Ende Februar und bei einer dem Kalenderquartal entsprechenden Abrechnung Ende April zur Zahlung fällig. Die Fälligkeit tritt jedoch auch dann ein, wenn der Unternehmer entgegen seiner Abrechnungspflicht gem. § 87c Abs. 1 nicht abrechnet.[212] Der Unternehmer kann sich somit seiner Provisionszahlungspflicht nicht entziehen, indem er die gesetzlich geschuldete Abrechnung unterlässt bzw. verzögert.

Der Anspruch des Handelsvertreters gegen den Unternehmer auf Zahlung eines **Pro-** 73 **visionsvorschusses** gem. Abs. 1 S. 2 wird dagegen (abweichend von Abs. 4) **spätestens am letzten Tag der auf die Ausführung des Kundengeschäftes durch den Unternehmer folgenden Monats fällig** (→ Rn. 32).[213]

2. Verzug und Verjährung. Der Unternehmer kommt erst dann mit der Zahlung der 74 Provision in Verzug, wenn er von dem Handelsvertreter nach Eintritt der Fälligkeit (→ Rn. 72) eine **Mahnung** erhalten hat (§ 286 Abs. 1 BGB).[214] Die Mahnung ist nicht nach § 286 Abs. 2 Nr. 1 BGB entbehrlich. Denn trotz der notwendigen Abrechnung durch den Unternehmer gem. § 87c Abs. 1 ist der Zeitpunkt der Zahlung der Provision durch den Unternehmer nicht nach dem Kalender bestimmt. Grund hierfür ist, dass die unbedingte Entstehung des Provisionsanspruches von dem Eintritt einer Bedingung (nämlich der Ausführung bzw. dem Feststehen der Nichtausführung) abhängt, die eben nicht kalendermäßig bestimmt ist.[215] Die Abrechnung und damit auch die Fälligkeit knüpfen demnach an ein zeitlich nicht fixiertes Ereignis an.

Die **Verjährung** von Provisionsansprüchen richtet sich nach den **allgemeinen Vor-** 75 **schriften** des BGB (§§ 195 ff. BGB).[216] Nach § 195 BGB gilt die regelmäßige Verjährungsfrist von drei Jahren. Diese Frist beginnt mit dem Schluss des Kalenderjahres, in dem der Provisionsanspruch entstanden ist (§ 199 Abs. 1 Nr. 1 BGB; → Rn. 76) und der Handelsvertreter von den Anspruch begründenden Umständen Kenntnis erlangt hat oder ohne grobe Fahrlässigkeit hätte erlangen müssen (§ 199 Abs. 1 Nr. 2 BGB; → Rn. 77). Es gilt jedoch die zehnjährige Höchstfrist gem. § 199 Abs. 4 BGB.

Ein Anspruch gilt gem. § 199 Abs. 1 Nr. 1 BGB als entstanden, sobald er vom Gläubiger 76 (im Falle des Provisionsanspruchs also vom Handelsvertreter) klageweise geltend gemacht werden kann.[217] Die klageweise Durchsetzung setzt wiederum grds. die Fälligkeit des jeweiligen Anspruchs voraus.[218] Der Provisionsanspruch des Handelsvertreters wird gem. Abs. 4 am letzten Tag desjenigen Monats fällig, in dem der Unternehmer gem. § 87c Abs. 1 über diesen Anspruch abzurechnen hat (→ Rn. 72 f.). Der Handelsvertreter kann somit ab diesem Zeitpunkt seinen Provisionsanspruch geltend machen. Der Provisionsanspruch gilt somit ab diesem Zeitpunkt als entstanden iSv § 199 Abs. 1 Nr. 1 BGB.

---

[212] OLG Düsseldorf BeckRS 2012, 22930 = IHR 2013, 220 (224); MüKoHGB/Ströbl Rn. 64; Ebenroth/Boujong/Joost/Strohn/Löwisch Rn. 51; Schlegelberger/Schröder Rn. 43; Emde Rn. 103.

[213] Emde Rn. 30.

[214] MüKoHGB/Ströbl Rn. 65; Emde Rn. 105.

[215] BGH BB 1962, 543; OLG Oldenburg NJW 1959, 888; MüKoHGB/Ströbl Rn. 65; Ebenroth/Boujong/Joost/Strohn/Löwisch Rn. 51; Heymann/Stöber Rn. 25; Schlegelberger/Schröder Rn. 43; Emde Rn. 105.

[216] Die frühere Verjährungsbestimmung des § 88 HGB aF wurde am 14.12.2004 durch das Gesetz zur Anpassung von Verjährungsvorschriften an das Gesetz der Modernisierung des Schuldrechts (BGBl. I 3214) mit Wirkung zum 15.12.2004 aufgehoben.

[217] Grüneberg/Ellenberger BGB § 199 Rn. 3 mwN.

[218] Grüneberg/Ellenberger BGB § 199 Rn. 3 mwN.

77   Bei der zweiten Voraussetzung für den Beginn der Verjährung, namentlich der Kenntnis oder dem Kennenmüssen des Handelsvertreters von den Provisionsanspruch begründenden Umständen (§ 199 Abs. 1 Nr. 2 BGB), ist zu differenzieren: Unstreitig hat der Handelsvertreter Kenntnis von den anspruchsbegründen Umständen in Bezug auf solche Provisionsansprüche, über die der Unternehmer korrekt abgerechnet hat.[219] Gleiches gilt auch in Bezug auf Provisionsansprüche, über die der Unternehmer zwar abgerechnet hat, aber unter Zugrundelegung eines falschen Provisionssatzes.[220] Umstritten sind jedoch die beiden folgenden Konstellationen: (a) Der Unternehmer rechnet zwar ab, aber seine Abrechnung ist unvollständig; (b) der Unternehmer rechnet überhaupt nicht ab. In beiden Konstellationen stellt sich die Frage, ab wann Kenntnis oder Kennenmüssen des Handelsvertreters auch in Bezug auf die nicht abgerechneten Provisionsansprüche anzunehmen ist. Da positive Kenntnis des Handelsvertreters regelmäßig ausscheiden wird, kommt es in diesen beiden Konstellationen regelmäßig darauf an, ab wann von einem „Kennenmüssen" des Handelsvertreters iSd § 199 Abs. 1 Nr. 2 BGB in Bezug auf die nicht abgerechneten Provisionsansprüche ausgegangen werden kann. Richtigerweise ist dies in Konstellation (a) (der Unternehmer rechnet unvollständig ab) ab dem Zeitpunkt anzunehmen, ab dem der Handelsvertreter erstmals Anlass gehabt hat, an der Richtigkeit oder Vollständigkeit der übermittelten Abrechnungen zu zweifeln und in Konstellation (b) (der Unternehmer rechnet nicht ab) ab dem Ende des betreffenden Abrechnungszeitraums anzunehmen.[221] Beanstandet der Handelsvertreter im Hinblick auf Konstellation (a), dass eine vom Unternehmer erhaltene Provisionsabrechnung unvollständig ist, kann spätestens ab diesem Zeitpunkt zumindest von einem Kennenmüssen nicht abgerechneter Provisionsansprüche ausgegangen werden.[222] Dagegen kann wohl nicht automatisch von einem Kennenmüssen des Handelsvertreters in Bezug auf sämtliche in der Provisionsabrechnung des Unternehmers nicht abgerechneten Provisionsansprüche ausgegangen werden, wenn der Handelsvertreter keine Zweifel an der Provisionsabrechnung des Unternehmers äußert.[223] Dies würde den Handelsvertreter dazu zwingen, Verdachtsklagen gegen den Unternehmer zu erheben, um den Eintritt der Verjährung in Bezug auf etwaige nicht abgerechnete Provisionsansprüche zu verhindern. Das Dilemma wird am Beispiel des Bezirksvertreters offensichtlich: Rechnet der Unternehmer nicht über Provisionen für bestimmte Eigengeschäfte ab, kann wohl nicht automatisch angenommen werden, dass der Handelsvertreter über die Existenz solcher Provisionen Kenntnis haben müsste. Nach dem neuen Urteil des BGH vom 3.8.2017[224] zur Verjährung des Buchauszugsanspruchs gemäß § 87c Abs. 2 (→ § 87c Rn. 111 ff.) lässt sich allerdings auch vertreten, dass der Handelsvertreter trotz fehlender Zweifel an der Vollständigkeit der Provisionsabrechnung bei Ablauf des Abrechnungszeitraums den Buchauszug verlangen muss und die Nichtgeltendmachung des Buchauszugs das „Kennenmüssen" des Handelsvertreters im Hinblick auf nicht abgerechnete Provisionsansprüche begründet.

78   Die gesetzliche Verjährungsfrist von drei Jahren gem. § 195 BGB kann – auch in Allgemeinen Geschäftsbedingungen – grds. für sämtliche im Zusammenhang mit dem Handelsvertretervertrag stehende Ansprüche jedenfalls auf bis zu sechs Monate verkürzt werden.[225] Dies setzt jedoch voraus, dass (i) der Grundsatz der Gleichbehandlung von Handelsvertreter und Unternehmer durch die Klausel gewahrt wird, (ii) der Beginn der (verkürzten) Verjährungsfrist auf den Zeitpunkt der Kenntniserlangung durch den Handels-

---

[219] Emde Rn. 106.

[220] Emde Rn. 106; Küstner/Thume VertriebsR-HdB I Kap. V Rn. 602.

[221] OLG Düsseldorf BeckRS 2012, 22930 = IHR 2013, 220 (224) für den Fall der Nichtabrechnung; Emde Rn. 106.

[222] So im Ergebnis auch OLG Celle ZVertriebsR 2015, 358 (359) mzustAnm Haskamp.

[223] Emde Rn. 106; aA wohl Haskamp ZVertriebsR 2015, 360 (361).

[224] BGH BeckRS 2017, 121447.

[225] Verkürzung auf 6 Monate entschieden durch: BGH NJW-RR 1991, 35 (36 f.) und LG Münster BeckRS 2012, 19715; Verkürzung auf 12 Monate: OLG Stuttgart BeckRS 2016, 11836 = ZVertriebsR 2016, 233; OLG Düsseldorf BeckRS 2011, 06078; Verkürzung auf 13 Monate entschieden durch: OLG Celle ZVertriebsR 2015, 358 (359).

vertreter abstellt und (iii) anerkennenswerte Interessen zumindest einer der Vertragsparteien eine angemessene Beschränkung der Verjährungsfrist rechtfertigen.[226] Letzteres ist schon wegen des Interesses beider Vertragsparteien an einer zügigen Abwicklung des Handelsvertretervertrages und einer baldigen Klärung der beiderseitigen Rechte und Pflichten zu bejahen.[227] Nicht verkürzt werden kann jedoch die Verjährung von Ansprüchen wegen vorsätzlicher Vertragsverletzungen (§ 202 Abs. 1 BGB). Eine in Allgemeinen Geschäftsbedingungen enthaltene Verjährungsverkürzung, in der nicht ausdrücklich klargestellt ist, dass die gesetzliche Verjährung für Ansprüche wegen vorsätzlicher[228] oder grob fahrlässiger[229] Vertragsverletzungen unberührt bleibt, verstößt gegen die §§ 305 ff. BGB und ist somit unwirksam und nicht durchsetzbar.

3. Abweichende Vereinbarung (Abs. 5). Gem. Abs. 5 kann zu Lasten des Handels- **79** vertreters nicht von der Fälligkeitsvorschrift des Abs. 4 abgewichen werden. Auch Abs. 4 ist somit **einseitig zwingend** zugunsten des Handelsvertreters. Die Parteien können demnach nicht wirksam einen späteren Fälligkeitszeitpunkt als in Abs. 4 vorgesehen vereinbaren. Mittelbar ist es den Parteien jedoch möglich, Einfluss auf den Fälligkeitszeitpunkt zu nehmen. Gem. § 87c Abs. 1 S. 1 Hs. 2 kann der Abrechnungszeitraum von einem auf drei Monate verlängert und damit der Zeitpunkt des Fälligwerdens der Provisionsansprüche indirekt nach hinten verschoben werden. Zulässig ist demnach bspw. eine Vereinbarung, wonach die Abrechnung quartalsweise am 15. des dem Quartalsende folgenden Monats zu erfolgen hat und die Zahlung durch den Unternehmer sodann innerhalb von zehn Tagen nach Abrechnung zu tätigen ist.[230] Dagegen ist es den Parteien nicht wirksam möglich, den Eintritt der Fälligkeit unabhängig von dem Abrechnungszeitraum jeweils auf drei Monate nach Entstehen des Provisionsanspruches festzusetzen.[231]

VI. Beweislast

Der **Handelsvertreter** hat die **Entstehung und die Fälligkeit** seines Provisionsanspru- **80** ches zu beweisen.[232] Er hat demnach die Tatbestandsvoraussetzungen des Abs. 1 S. 1, Abs. 1 S. 3 oder Abs. 3 S. 1[233] und Abs. 4 zu beweisen. Dagegen sind die Tatbestandsvoraussetzungen des Abs. **3 S. 2**[234] **und des Abs. 2 Hs. 1** von dem **Unternehmer** zu beweisen.[235] Die gleichen Beweislastregeln gelten im Fall der **Untervertretung** für den Provisionsanspruch des Untervertreters gegen den Hauptvertreter.[236]

Der Handelsvertreter hat in Bezug auf Abs. 1 S. 1 zu beweisen, dass der Unternehmer **81** das Kundengeschäft ausgeführt hat. Haben die Parteien den Zeitpunkt, in dem der Provisionsanspruch entstehen soll, gem. Abs. 1 S. 2 nach hinten verlegt, hat der Handelsvertreter zu beweisen, dass der Dritte das Kundengeschäft ausgeführt hat (da spätestens in diesem Zeitpunkt die Provisionsanwartschaft zum Vollrecht erstarkt; Abs. 1 S. 3). Dem

---

[226] BGH NJW-RR 1991, 35 (36 f.); OLG Stuttgart BeckRS 2016, 11836 Rn. 14 = ZVertriebsR 2016, 233 Rn. 14; OLG Celle ZVertriebsR 2015, 358 (359); LG Münster BeckRS 2012, 19715.

[227] BGH NJW-RR 1991, 35 (36); OLG Stuttgart BeckRS 2016, 11836 Rn. 14 = ZVertriebsR 2016, 233 Rn. 14; OLG Celle ZVertriebsR 2015, 358 (359); LG Münster BeckRS 2012, 19715.

[228] OLG Stuttgart BeckRS 2019, 27594 Rn. 48 f.; 2016, 11836 Rn. 11 = ZVertriebsR 2016, 233 Rn. 11; OLG Hamm ZVertriebsR 2018, 375 Rn. 93; NJW-RR 2017, 934 Rn. 26 f.; Emde BB 2018, 1859 (1867).

[229] OLG Stuttgart BeckRS 2019, 27594 Rn. 49; OLG Celle BeckRS 2017, 113113 Rn. 19 = ZVertriebsR 2017, 230 Rn. 19; Emde BB 2018, 1859 (1867).

[230] MüKoHGB/Ströbl Rn. 66; Baumbach/Hopt/Hopt Rn. 34.

[231] MüKoHGB/Ströbl Rn. 66; Baumbach/Hopt/Hopt Rn. 34; Emde Rn. 103.

[232] LG Frankenthal BeckRS 2010, 08491; Heymann/Stöber Rn. 6; Schlegelberger/Schröder Rn. 42; Emde Rn. 141.

[233] BGH NJW-RR 1989, 865.

[234] BGH NJW-RR 1992, 868 (869); 1989, 865; NJW 1983, 629 (631); BB 1989, 1077; OLG Düsseldorf ZVertriebsR 2017, 191 Rn. 13; OLG Hamm HVR Nr. 466.

[235] OLG Hamm HVR Nr. 466; OLG Düsseldorf WM 1984, 1287 (1288).

[236] BGH NJW 1984, 2881 (2883); OLG Düsseldorf NJW-RR 1993, 1188 (1189); Ebenroth/Boujong/Joost/Strohn/Löwisch Rn. 77; Emde Rn. 141.

Handelsvertreter kommen aber Beweiserleichterungen dadurch zugute, dass der Unternehmer Provisionsabrechnungen zu erstellen hat (§ 87c Abs. 1) und der Handelsvertreter die Möglichkeit hat, von dem Unternehmer einen Buchauszug zu verlangen (§ 87c Abs. 2). Dagegen hat der Unternehmer darzulegen und zu beweisen, dass er unberechtigt Provisionen gezahlt hat, ihm also gegen den Handelsvertreter ein Rückforderungsanspruch zusteht. Er hat also diejenigen Umstände darzulegen und zu beweisen, die zu den Stornierungen der Provisionen geführt haben.[237]

82   Den Handelsvertreter trifft zudem die Beweislast dafür, dass ihm gem. Abs. 1 S. 2 ein Provisionsvorschuss zusteht. Fordert der Unternehmer die Rückzahlung von Provisionsvorschüssen, hat er die Höhe der an den Handelsvertreter geleisteten Vorschüsse zu beweisen.[238]

83   Im Hinblick auf den Rückzahlungsanspruch gem. Abs. 2 Hs. 2 hat der Unternehmer unabhängig von seiner Parteirolle[239] in einem streitigen Verfahren das Vorliegen der Voraussetzungen für dessen Bestehen gem. Abs. 2 Hs. 1 darzulegen und zu beweisen.[240]

84   Den Handelsvertreter trifft die Beweislast im Übrigen auch in Bezug auf Abs. 3 S. 1.[241] Er hat demnach darzulegen und zu beweisen, dass ein provisionspflichtiges Kundengeschäft abgeschlossen worden ist und feststeht, dass der Unternehmer dieses Geschäft ganz oder teilw. nicht oder nicht vertragsgemäß ausführt.[242] Dem Handelsvertreter kann der Beweis des Feststehens der Nichtausführung bzw. abweichenden Ausführung durch Indizien erleichtert werden, da dem Unternehmer wegen seiner Sachnähe der Gegenbeweis oftmals eher möglich sein wird.[243] Den Unternehmer trifft dagegen die Beweislast für die Voraussetzungen des Abs. 3 S. 2. Er hat demnach darzulegen und zu beweisen, dass die Nichtausführung oder abweichende Ausführung auf Umständen beruht, die er nicht zu vertreten hat.[244]

85   Der Handelsvertreter hat schließlich auch die Fälligkeit seines Provisionsanspruches zu beweisen (Abs. 4).[245]

VII. Untervertretung

86   Im Falle einer Untervertretung findet die Vorschrift des § 87a für die Entstehung des Provisionsanspruches des Untervertreters gegen den Hauptvertreter grds. mit der Maßgabe **entsprechend Anwendung, dass sich der Begriff des Unternehmers nicht auf den Hauptvertreter, sondern auf den Auftraggeber des Hauptvertreters** (dh dem Vertragspartner des vermittelten Kundengeschäftes) **bezieht.**[246] Im Einzelfall kann aber auch der Hauptvertreter Unternehmer iSd Abs. 3 sein, wenn ausnahmsweise der Hauptvertreter selbst die Nichtausführung zu vertreten hat.

87   Der Provisionsanspruch des Untervertreters entsteht damit gem. Abs. 1 S. 1, wenn und soweit der (Haupt-)Unternehmer (dh der Auftraggeber des Hauptvertreters) das vom Untervertreter vermittelte oder abgeschlossene Kundengeschäft ausgeführt hat.[247] Er ent-

---

[237] OLG Köln VersR 2003, 459; Emde Rn. 141.
[238] Ebenroth/Boujong/Joost/Strohn/Löwisch Rn. 76, Emde Rn. 142.
[239] Ebenroth/Boujong/Joost/Strohn/Löwisch Rn. 75 Emde Rn. 143.
[240] LG Frankenthal BeckRS 2010, 08491; Heymann/Stöber Rn. 24; Ebenroth/Boujong/Joost/Strohn/Löwisch Rn. 75; Schlegelberger/Schröder Rn. 42; Emde Rn. 143.
[241] BGH NJW-RR 1989, 865; LG Frankenthal BeckRS 2010, 08491.
[242] MüKoHGB/Ströbl Rn. 63; Baumbach/Hopt/Hopt Rn. 30; Emde Rn. 144.
[243] Emde Rn. 144.
[244] BGH BB 1989, 1077; OLG Frankfurt a. M. OLGR 2003, 331 (333); MüKoHGB/Ströbl Rn. 63; Ebenroth/Boujong/Joost/Strohn/Löwisch Rn. 74; Emde Rn. 144 f.
[245] Heymann/Stöber Rn. 6; Ebenroth/Boujong/Joost/Strohn/Löwisch Rn. 75; Schlegelberger/Schröder Rn. 42; Emde Rn. 146.
[246] MüKoHGB/Ströbl Rn. 21.
[247] BGH WM 2008, 923 Rn. 13; BGHZ 91, 370 (371 f.); OLG Düsseldorf NJW-RR 1993, 1188 (1189); OLG Frankfurt a. M. OLGR 2007, 500 (501); OLG Schleswig OLGR 2009, 514; MüKoHGB/Ströbl Rn. 21; Emde Rn. 20.

steht im Übrigen auch, wenn der (Haupt-)Unternehmer die Nichtausführung zu vertreten hat (Abs. 3 S. 1 und S. 2).[248] Damit entsteht der Provisionsanspruch des Untervertreters gegen den Hauptvertreter und der des Hauptvertreters gegen den Unternehmer grds. in gleicher Weise durch Ausführung des Kundengeschäftes zwischen dem Dritten und dem (Haupt-)Unternehmer.[249]

Der Provisionsanspruch des Untervertreters entfällt auch in gleicher Weise wie derjenige **88** des Hauptvertreters nach Abs. 2, wenn feststeht, dass der Dritte nicht an den (Haupt-) Unternehmer leistet.[250] Zusätzlich entfällt (auflösende Bedingung) der Provisionsanspruch des Untervertreters gegen den Hauptvertreter gem. Abs. 2 aber auch dann, wenn feststeht, dass der (Haupt-)Unternehmer, selbst wenn er Zahlung vom Dritten erhalten hat, den Provisionsanspruch des Hauptvertreters nicht erfüllt.[251] Grund hierfür ist, dass der Untervertreter am Erfolg, aber auch an dem Risiko, beteiligt ist, das der Hauptvertreter hinsichtlich seines Provisionsanspruches trägt, und er deshalb nicht in weitergehendem Maße provisionsberechtigt sein kann als der Hauptvertreter gegenüber dem (Haupt-)Unternehmer.[252]

Die Fälligkeit des Provisionsanspruches des Untervertreters richtet sich nach Abs. 4 in **89** entsprechender Anwendung und ist damit an die Abrechnungspflicht des Hauptvertreters gekoppelt (§ 87c).[253]

VIII. Provisionsansprüche in der Insolvenz

1. Insolvenz des Handelsvertreters. Die Eröffnung des Insolvenzverfahrens über das **90** Vermögen des Handelsvertreters führt nicht zum Erlöschen des Handelsvertretervertrages; die §§ 115 f. InsO sind nicht anwendbar.[254] Der Unternehmer ist allerdings berechtigt, den Handelsvertretervertrag bei Eröffnung des Insolvenzverfahrens über das Vermögen des Handelsvertreters **fristlos aus wichtigem Grund zu kündigen,** da ihm die Fortsetzung des Vertragsverhältnisses mit einem insolventen Handelsvertreter nicht zumutbar ist (→ § 89 Rn. 43).[255]

Bei Insolvenz des Handelsvertreters fällt dessen **gesamtes Vermögen,** folglich auch **91** sämtliche von ihm erworbenen Provisionsansprüche, gem. § 35 InsO **in die Insolvenzmasse.**[256] Die Provisionsansprüche stehen damit zur Befriedigung der Gläubiger des Handelsvertreters zur Verfügung.

2. Insolvenz des Unternehmers. Die Insolvenz des Unternehmers führt gem. § 116 **92** InsO iVm § 115 InsO automatisch zur **Beendigung** des Handelsvertretervertrages, ohne dass es einer Kündigung bedarf (→ § 89 Rn. 42).[257]

Provisionsansprüche des Handelsvertreters sind in der Insolvenz des Unternehmers **ein-** **93** **fache Insolvenzforderungen gem. § 38 InsO,** wenn der maßgebliche **Geschäftsabschluss** bereits **vor Eröffnung** des Insolvenzverfahrens erfolgt ist und der Handelsver-

---

[248] Ebenroth/Boujong/Joost/Strohn/Löwisch Rn. 72; Emde Rn. 20.

[249] BGH NJW 1984, 2881 (2882); OLG München BeckRS 2009, 03932; MüKoHGB/Ströbl Rn. 21; Emde Rn. 20.

[250] BGH NJW 1984, 2881 (2882); OLG Düsseldorf NJW-RR 1993, 1188 (1189); Ebenroth/Boujong/ Joost/Strohn/Löwisch Rn. 72; Emde Rn. 20.

[251] BGH NJW 1984, 2881 (2882); OLG Schleswig BeckRS 2009, 15934; OLG Frankfurt a. M. NJOZ 2007, 1478 (1480); OLG Düsseldorf NJW-RR 1993, 1188 (1190); LG Saarbrücken VersR 2000, 761 (762); Emde Rn. 20; aA Ebenroth/Boujong/Joost/Strohn/Löwisch Rn. 72, der die Erfüllung des Provisionsanspruches des Hauptvertreters durch den (Haupt-)Unternehmer als (weitere) aufschiebende Bedingung sieht.

[252] BGH NJW 1984, 2881 (2882).

[253] Ebenroth/Boujong/Joost/Strohn/Löwisch Rn. 72.

[254] MüKoHGB/Ströbl § 87 Rn. 135; Küstner/Thume VertriebsR-HdB I Kap. V Rn. 661.

[255] BGH NJW 1995, 1958 (1959); MüKoHGB/Ströbl § 87 Rn. 135; Küstner/Thume VertriebsR-HdB I Kap. V Rn. 661.

[256] MüKoHGB/Ströbl § 87 Rn. 135; Emde Rn. 124; Küstner/Thume VertriebsR-HdB I Kap. V Rn. 662.

[257] MüKoHGB/Ströbl § 89 Rn. 24; Küstner/Thume VertriebsR-HdB I Kap. V Rn. 631.

treter daher schon zu diesem Zeitpunkt eine Provisionsanwartschaft erworben hat.[258] Eine privilegierte Masseforderung iSd § 55 Abs. 1 Nr. 1 InsO ist in diesen Fällen abzulehnen. Dies gilt insbesondere dann, wenn der Insolvenzverwalter gem. § 103 InsO die Vertragserfüllung wählt.[259] Entscheidet sich der Insolvenzverwalter gem. § 103 InsO gegen die Erfüllung des Kundengeschäftes, entfällt der Provisionsanspruch des Handelsvertreters gem. Abs. 3 S. 1 grds. nicht nach Abs. 3 S. 2, da der Unternehmer seine eigene Insolvenz üblicherweise zu vertreten hat (→ Rn. 64). Auch in diesem Fall ist der Provisionsanspruch als einfache Insolvenzforderung einzustufen.[260]

94   Wird das **Kundengeschäft** dagegen erst **nach Eröffnung** des Insolvenzverfahrens durch den Insolvenzverwalter des Unternehmers **abgeschlossen,** ist der Provisionsanspruch des Handelsvertreters als vorab zu befriedigender **Masseanspruch gem. § 55 Abs. 1 Nr. 1 InsO** einzuordnen.[261] Unterbleibt dagegen ein Geschäftsabschluss durch den Insolvenzverwalter oder den Dritten, entsteht weder ein Provisionsanspruch des Handelsvertreters, noch kann dieser Schadensersatz verlangen, so dass sich die insolvenzrechtliche Beurteilung in diesem Fall erübrigt.[262]

B. Vertragshändler

95   Für den Vertragshändler nach hM **nicht einschlägig.** Eine analoge Anwendung des § 87a kommt nicht in Betracht.[263]

C. Franchisenehmer

96   Für den Franchisenehmer nach hM **nicht einschlägig.** Eine analoge Anwendung des § 87a kommt nicht in Betracht.[264]

D. Kommissionsagent

97   Der Kommissionsagent verdient wie der Handelsvertreter regelmäßig als Gegenleistung für seine Dienste eine Provision. Nach hM sind daher die §§ 87 ff. auf die Provisionsansprüche des Kommissionsagenten **analog anwendbar.**[265] Da der Kommissionsagent aber das jeweilige Ausführungsgeschäft in eigenem Namen abschließt, finden auf den Provisions-

---

[258] BGH NJW 1990, 1665; MüKoHGB/Ströbl § 87 Rn. 137; Baumbach/Hopt/Hopt § 87 Rn. 51; Emde Rn. 108.

[259] BGH NJW 1990, 1665,; MüKoHGB/Ströbl § 87 Rn. 139; Baumbach/Hopt/Hopt § 87 Rn. 51; Emde Rn. 116 ff.; kritisch Küstner/Thume VertriebsR-HdB I Kap. V Rn. 649 ff.

[260] BGH WM 2008, 923 Rn. 14 f.; MüKoHGB/Ströbl § 87 Rn. 139; Küstner/Thume VertriebsR-HdB I Kap. V Rn. 647; Emde Rn. 115.

[261] MüKoHGB/Ströbl § 87 Rn. 138; Küstner/Thume VertriebsR-HdB I Kap. V Rn. 642; Emde Rn. 112.

[262] MüKoHGB/Ströbl § 87 Rn. 138; Küstner/Thume VertriebsR-HdB I Kap. V Rn. 641.

[263] MüKoHGB/Ströbl Rn. 5; Oetker/Busche Rn. 31; Ebenroth/Boujong/Joost/Strohn/Löwisch Rn. 73; Emde Rn. 14; laut Thume in IHR 2020, 163 Rn. 39 erscheint es jedoch überlegenswert, den Grundgedanken dieser Bestimmung, wonach der Unternehmer bei Nichtausführung abgeschlossener Geschäfte grundsätzlich die Gefahr für die Vergütung des Vertriebsmittlers trägt, auch bei Vertragshändler- bzw. Franchiseverträgen zu berücksichtigen.

[264] MüKoHGB/Ströbl Rn. 5; Oetker/Busche Rn. 31; Ebenroth/Boujong/Joost/Strohn/Löwisch Rn. 73; Emde Rn. 14; laut Thume in IHR 2020, 163 Rn. 39 erscheint es jedoch überlegenswert, den Grundgedanken dieser Bestimmung, wonach der Unternehmer bei Nichtausführung abgeschlossener Geschäfte grundsätzlich die Gefahr für die Vergütung des Vertriebsmittlers trägt, auch bei Vertragshändler- bzw. Franchiseverträgen zu berücksichtigen.

[265] MüKoHGB/Ströbl § 87 Rn. 10; Baumbach/Hopt/Hopt § 84 Rn. 19; Canaris HandelsR § 16 Rn. 7; Staub/Koller § 383 Rn. 68; Küstner/Thume VertriebsR-HdB III Teil III Kap. 2 Rn. 14.

anspruch des Kommissionsagenten diejenigen Vorschriften keine Anwendung, die darauf abstellen, dass der Unternehmer das „Ausführungsgeschäft" selbst abschließt.[266]

Für § 87a bedeutet dies nach richtiger Auffassung, dass die **Abs. 4 und 5 analog** 98 **anwendbar** sind.[267]

Dagegen ist der Schutzgedanke des **Abs. 3 S. 2 nicht analog** auch auf den Kommis- 99 sionsagenten anwendbar.[268] Aufgrund der für das Kommissionsrecht existierenden Spezialvorschrift des § 396 Abs. 1 S. 2 fehlt es an einer planwidrigen Regelungslücke, die eine analoge Anwendung des Abs. 3 S. 2 auf den Kommissionsagenturvertrag rechtfertigen könnte (→ § 396 Rn. 44). Der Provisionsanspruch des Kommissionsagenten entfällt daher nicht bereits dann (abweichend zu § 396 Abs. 1 S. 2) analog Abs. 3 S. 2, wenn der Unternehmer bspw. die Unmöglichkeit nicht zu vertreten hat oder ihm die Belieferung des Kommissionsagenten nicht zuzumuten ist. Auch kommt eine **analoge Anwendung von Abs. 1 und Abs. 2** auf den Kommissionsagenten **nicht in Betracht.**[269] Abs. 1 S. 1 sieht vor, dass die Entstehung des Provisionsanspruches des Handelsvertreters von der Ausführung des Kundengeschäftes durch den Unternehmer abhängig ist. Diese Vorschrift setzt somit voraus, dass der Unternehmer das Kundengeschäft selbst abschließt. Dies ist aber im Rahmen einer Kommissionsagentur gerade nicht der Fall, da der Kommissionsagent (und nicht der Unternehmer) das sog. „Ausführungsgeschäft" in eigenem Namen abschließt. Da Abs. 2 nur dann zur Anwendung kommt, wenn der Unternehmer gem. Abs. 1 S. 1 das Kundengeschäft ausgeführt hat, scheidet auch eine analoge Anwendung des Abs. 2 auf den Kommissionsagenten aus. Stattdessen ist für die Entstehung des Provisionsanspruches des Kommissionsagenten § 396 Abs. 1 S. 1 und damit die Ausführung des Geschäftes durch den Dritten maßgeblich (→ § 396 Rn. 44 iVm 2 ff.).

§ 87b Höhe der Provision

(1) **Ist die Höhe der Provision nicht bestimmt, so ist der übliche Satz als vereinbart anzusehen.**

(2) [1]**Die Provision ist von dem Entgelt zu berechnen, das der Dritte oder der Unternehmer zu leisten hat.** [2]**Nachlässe bei Barzahlung sind nicht abzuziehen; dasselbe gilt für Nebenkosten, namentlich für Fracht, Verpackung, Zoll, Steuern, es sei denn, daß die Nebenkosten dem Dritten besonders in Rechnung gestellt sind.** [3]**Die Umsatzsteuer, die lediglich auf Grund der steuerrechtlichen Vorschriften in der Rechnung gesondert ausgewiesen ist, gilt nicht als besonders in Rechnung gestellt.**

(3) [1]**Bei Gebrauchsüberlassungs- und Nutzungsverträgen von bestimmter Dauer ist die Provision vom Entgelt für die Vertragsdauer zu berechnen.** [2]**Bei unbestimmter Dauer ist die Provision vom Entgelt bis zu dem Zeitpunkt zu berechnen, zu dem erstmals von dem Dritten gekündigt werden kann; der Handelsvertreter hat Anspruch auf weitere entsprechend berechnete Provisionen, wenn der Vertrag fortbesteht.**

Literatur: Evers, Die Nichtigkeit von Handelsvertreterverträgen wegen zu geringer Verdienstmöglichkeiten und ihre Rückabwicklung, BB 1992, 1365; Habscheid, Das Ausgleichsrecht des Handelsvertreters, FS

---

[266] MüKoHGB/Ströbl § 87 Rn. 10; Staub/Koller § 383 Rn. 68.

[267] So auch MüKoHGB/Ströbl Rn. 5; Oetker/Busche Rn. 31; Baumbach/Hopt/Hopt § 84 Rn. 19, die eine analoge Anwendung des § 87a ohne Differenzierung bejahen; aA Staub/Emde Vor § 84 Rn. 691, der wohl nur Abs. 3 für entsprechend anwendbar hält.

[268] AA Staub/Emde Vor § 84 Rn. 691; Staub/Koller § 383 Rn. 68; Canaris HandelsR § 16 Rn. 8; Emde vor § 84 Rn. 469; Bejahung der analogen Anwendung des gesamten § 87a ohne Differenzierung durch: MüKoHGB/Ströbl Rn. 5; Oetker/Busche Rn. 31; Baumbach/Hopt/Hopt § 84 Rn. 19; Ebenroth/Boujong/Joost/Strohn/Löwisch Rn. 73 (soweit der Kommissionsagent eine provisionsähnliche Vergütung erhält).

[269] So wohl im Ergebnis auch Staub/Emde Vor § 84 Rn. 691; Canaris HandelsR § 16 Rn. 8; Emde vor § 84 Rn. 469; aA MüKoHGB/Ströbl Rn. 5; Ebenroth/Boujong/Joost/Strohn/Löwisch Rn. 73; Oetker/Busche Rn. 31; Baumbach/Hopt/Hopt § 84 Rn. 19, die eine analoge Anwendung des § 87a ohne Differenzierung bejahen.

Schmidt-Rimpler, 1957, 335; Heckmann, Die Exportabgabe nach dem Absicherungsgesetz und der Provisionsanspruch des ausländischen Handelsvertreters, DB 1969, 990; Klinger, Zur Bemessung und Gestaltung der Vertreterprovision, DB 1957, 974; Kottke, Die Mehrwertsteuer des Handelsvertreters, BB 1968 1076; Küstner, Provisionen einfach gleichgesetzt – Beispiel für eine abwegige Ausgleichsberechnung, VW 2002, 759; Pfeffer, Vertragshändlerverträge in der Automobilbranche nach der neuen Gruppenfreistellungsverordnung, NJW 1996, 681; Preis/Stoffels, Die Inhaltskontrolle der Verträge selbständiger und unselbständiger Handelsvertreter, ZHR 160 (1996), 442; Schröder, Änderung der Vertragsbedingungen und Ausgleichsanspruch im Handelsvertreterverhältnis, DB 1958, 975; ders., Gesetzlicher und vertraglicher Provisionsanspruch des Handelsvertreters, BB 1963, 567; Ulmer/Habersack, Zur Beurteilung des Handelsvertreter- und Kommissionsagenturvertriebs nach Art 85 Abs. 1 EGV, ZHR 159 (1995), 109.

Übersicht

A. Handelsvertreter

I. Regelungsgegenstand

1. Entstehungsgeschichte. Die Vorschrift des § 87b hat ihren Ursprung in § 88 Abs. 3 **1** der ursprünglichen Fassung des HGB. § 88 Abs. 3 aF beschränkte sich jedoch auf den Inhalt des § 87b Abs. 1, wonach der Unternehmer in Ermangelung einer abweichenden Vereinbarung der Parteien die übliche Provision schuldet. Die übrigen Bestimmungen des § 87b wurden im Rahmen der HGB-Novelle im Jahre 1953[1] neu in das Handelsvertreterrecht inkorporiert. Einzig Abs. 2 S. 3 wurde später durch § 31 Abs. 2 des Umsatzsteuergesetzes vom 29.5.1976[2] eingefügt. Dort ist geregelt, dass die Umsatzsteuer Teil des für die Berechnung der Provision maßgeblichen Entgeltes ist.

2. Inhalt und Zweck. § 87b baut auf die §§ 87 und 87a auf, in denen in erster Linie der **2** Kreis der provisionspflichtigen Geschäfte und die Voraussetzungen für die Entstehung des Provisionsanspruches normiert sind. Der Vorschrift des § 87b können sodann Grundsätze über die **Höhe** (Abs. 1) **und** die Art und Weise der **Berechnung der Provision** (Abs. 2 und 3) entnommen werden. Diese finden jedoch keine Anwendung, wenn und soweit die Parteien des Handelsvertretervertrages etwas Abweichendes vereinbart haben. Denn § 87b ist in vollem Umfang dispositiv (→ Rn. 58 ff.). § 87b greift zudem auch dann nicht, wenn die Provisionshöhe durch eine gesetzliche Regelung hoheitlich bestimmt ist (→ Rn. 11).

3. Anwendungsbereich. Die Vorschrift gilt für **alle Handelsvertreter iSd § 84,** also **3** insbesondere sowohl für Waren- als auch Versicherungs- und Bausparkassenvertreter.[3] Ebenso beurteilt sich die Provision des **Untervertreters** gegen den Hauptvertreter in Ermangelung einer vertraglichen Abrede nach § 87b.

Gleichzeitig erfasst § 87b auch sämtliche den Handelsvertretern möglicherweise zuste- **4** hende Provisionen. § 87b gilt also nicht lediglich für die **Vermittlungs- und Abschlussprovision** (→ § 87 Rn. 18 ff.). Sie gilt gleichermaßen auch für alle sonstigen Arten von Provisionen.[4] So zB für die **Delkredereprovision** gem. § 86b, die **Inkassoprovision** nach § 87 Abs. 4 (→ § 87 Rn. 128 ff.) oder die **Superprovision** (auch **Leitungsprovision** genannt) (→ § 87 Rn. 11).[5]

II. Provisionshöhe (Abs. 1)

1. Vorrang vertraglicher Abrede. Abs. 1 ist vollumfänglich **dispositiv** (→ Rn. 58 ff.). **5** Die Vorschrift findet daher insbesondere dann Anwendung, wenn die Parteien des Handelsvertretervertrages die Provisionshöhe nicht vertraglich vereinbart haben.[6] Haben die Parteien zwar eine Vereinbarung über die Provisionshöhe getroffen, ist diese aber unwirksam (→ Rn. 6 und 59 f.), gilt ebenso Abs. 1.[7] Die Unwirksamkeit der Provisionsabrede berührt die Wirksamkeit des Handelsvertretervertrages im Übrigen nicht.[8] Liegt dagegen eine **wirksame vertragliche Abrede** der Parteien über die Höhe der Provision vor, ist diese für die Bestimmung der geschuldeten Provision maßgeblich. Die Vereinbarung über

---

[1] Art. 1 des Gesetzes zur Änderung des Handelsgesetzbuchs (Recht der Handelsvertreter) vom 6.8.1953, BGBl. I 771.

[2] BGBl. I 545.

[3] MüKoHGB/Ströbl Rn. 3; Oetker/Busche Rn. 3; Ebenroth/Boujong/Joost/Strohn/Löwisch Rn. 1; Küstner/Thume VertriebsR-HdB I Kap. V Rn. 296.

[4] MüKoHGB/Ströbl Rn. 3; Oetker/Busche Rn. 3; Ebenroth/Boujong/Joost/Strohn/Löwisch Rn. 1, 13.

[5] MüKoHGB/Ströbl Rn. 3; Oetker/Busche Rn. 3.

[6] MüKoHGB/Ströbl Rn. 10; Oetker/Busche Rn. 4; Ebenroth/Boujong/Joost/Strohn/Löwisch Rn. 2 und 40; Küstner/Thume VertriebsR-HdB I Kap. V Rn. 297; Emde Rn. 6.

[7] MüKoHGB/Ströbl Rn. 10; Küstner/Thume VertriebsR-HdB I Kap. V Rn. 297.

[8] BGH NJW 1964, 350; Küstner/Thume VertriebsR-HdB I Kap. V Rn. 307.

die Provisionshöhe erfordert keine bestimmte Form.[9] In der Praxis empfiehlt sich jedoch schon aus Beweisgründen stets eine schriftliche Vereinbarung. Die Provisionsvereinbarung kann zudem sowohl ausdr. als auch stillschweigend erfolgen.[10] Eine stillschweigende Vereinbarung über die Provisionshöhe kann bspw. dadurch begründet werden, dass der Unternehmer über einen längeren Zeitraum für eine bestimmte Art von Geschäften einen bestimmten Provisionssatz zahlt und auf Grund des Verhaltens der Parteien in der Vergangenheit angenommen werden kann, dass der Provisionssatz auch in Zukunft für derartige Geschäfte geleistet werden soll.[11] Dieser gilt dann als stillschweigend vereinbart.

6   Der Inhalt der Provisionsabrede kann grds. frei ausgehandelt werden.[12] So können die Parteien etwa unterschiedliche Provisionssätze für verschiedenartige Geschäfte vereinbaren oder die Provisionshöhe von der Marge des Unternehmers abhängen lassen. Dem Handelsvertreter steht die vereinbarte Provision auch dann zu, wenn diese über dem üblichen Satz liegt. Gleichermaßen kann der Handelsvertreter in aller Regel nicht den üblichen Satz gem. Abs. 1 verlangen, wenn die vereinbarte Provision darunter liegt. Etwas anderes gilt jedoch dann, wenn die getroffene Provisionsabrede unwirksam ist. Eine Provisionsabrede kann bspw. wegen eines Verstoßes gegen die guten Sitten gem. § 138 BGB unwirksam sein. Dies kann etwa bei der Vereinbarung von sog. **„Hungerprovisionen"** der Fall sein.[13] Eine Hungerprovision liegt dann vor, wenn die vom Unternehmer vertraglich geschuldete Provision so niedrig ist, dass sie keine angemessene Gegenleistung für die vom Handelsvertreter geschuldete Tätigkeit darstellt und die geschuldeten Leistungen der Parteien daher in einem besonders krassen Missverhältnis stehen.[14] Bei der Beurteilung der Frage der Sittenwidrigkeit ist jedoch zu berücksichtigen, dass der Handelsvertreter selbstständiger Gewerbetreibender ist und daher regelmäßig selbst das Risiko zu tragen hat, ob seine Tätigkeit für den Unternehmer gewinnbringend ist.[15] Unwirksam sind auch Provisionsvereinbarungen, die einer **Umgehung** der zwingenden Schutzvorschriften des § 87a Abs. 2 Hs. 1, Abs. 3 und Abs. 4 dienen sollen.[16] So sind etwa Provisionsverzichtsklauseln gem. § 87a Abs. 3, Abs. 5 unwirksam, wenn der Handelsvertreter hierin auf noch nicht unbedingt entstandene Provisionen verzichten soll und hiervon auch Provisionen für solche Geschäfte mit umfasst sein sollen, die der Unternehmer später aus von ihm zu vertretenden Gründen (teilw.) nicht (wie vereinbart) ausführt (→ § 87a Rn. 70).[17] Eine fehlende Einigung der Parteien über die Provisionshöhe **(Dissens)** führt nicht zur Nichtigkeit des gesamten Handelsvertretervertrages gem. § 154 BGB.[18] Vielmehr wird die fehlende Vertragslücke durch § 87b Abs. 1 geschlossen.

7   Die Parteien müssen die Höhe der Provision nicht zwingend einvernehmlich vereinbaren. Es steht ihnen frei, entweder einer Vertragspartei oder einem Dritten ein **einseitiges Bestimmungsrecht** in Bezug auf die geschuldete Provision einzuräumen (sog. Bestimmungsvorbehalt).[19] Der Bestimmungsberechtigte hat sein Bestimmungsrecht in Ermangelung einer abweichenden Vereinbarung im Zweifel nach billigem Ermessen (§§ 315, 317 BGB) auszuüben.[20] Eine einmal erfolgte Leistungsbestimmung ist für den Bestimmungsberechtigten unwiderruflich.[21] Ein in Allgemeinen Geschäftsbedingungen ausbedungenes

---

[9] Oetker/Busche Rn. 5.
[10] MüKoHGB/Ströbl Rn. 4; Oetker/Busche Rn. 5; Ebenroth/Boujong/Joost/Strohn/Löwisch Rn. 4; Küstner/Thume VertriebsR-HdB I Kap. V Rn. 302.
[11] MüKoHGB/Ströbl Rn. 4; Oetker/Busche Rn. 5.
[12] Oetker/Busche Rn. 5; Heymann/Stöber Rn. 4.
[13] MüKoHGB/Ströbl Rn. 10; Oetker/Busche Rn. 5; Ebenroth/Boujong/Joost/Strohn/Löwisch Rn. 11; Küstner/Thume VertriebsR-HdB I Kap. V Rn. 308.
[14] BGH DB 1981, 2274 (2275); BAG MDR 1960, 612 (613); OLG Düsseldorf ZIP 1998, 624 (626).
[15] BAG NJW 1966, 903 f.; MDR 1960, 612 (613).
[16] Küstner/Thume VertriebsR-HdB I Kap. V Rn. 309.
[17] Küstner/Thume VertriebsR-HdB I Kap. V Rn. 309.
[18] Küstner/Thume VertriebsR-HdB I Kap. V Rn. 310.
[19] OLG Karlsruhe OLGR 2008, 321 (322); MüKoHGB/Ströbl Rn. 5; Oetker/Busche Rn. 5.
[20] MüKoHGB/Ströbl Rn. 5; Oetker/Busche Rn. 5.
[21] BGH NJW-RR 2005, 762 (765); MüKoHGB/Ströbl Rn. 5.

einseitiges Leistungsbestimmungsrecht zugunsten des Verwenders dieser Allgemeinen Geschäftsbedingungen ist allerdings wegen Verstoßes gegen § 307 BGB unwirksam und nicht durchsetzbar (→ Rn. 9).

Denkbar ist auch, dass die Parteien die Provisionshöhe nur **teilw.,** zB nur für eine **8** bestimmte Art von Geschäften, festsetzen. Eine derartige lediglich teilw. Festsetzung der Provisionshöhe beinhaltet jedoch regelmäßig nicht die Vereinbarung der Parteien, der Handelsvertreter solle im Übrigen für andere Geschäfte keine Provisionsansprüche besitzen. Ein derartiger Provisionsausschluss kann nur angenommen werden, wenn die Parteien dies so eindeutig vereinbart haben.[22] Anderenfalls schuldet der Unternehmer, soweit die Parteien die Provisionshöhe vereinbart haben, die Provision in der vereinbarten Höhe. Im Übrigen steht dem Handelsvertreter für die anderen Geschäfte der übliche Provisionssatz gem. Abs. 1 zu.

Die Parteien können eine vertraglich vereinbarte Provisionshöhe grds. **nicht nachträg-** **9** **lich einseitig ändern.** Eine nachträgliche Änderung der Provisionshöhe kann vielmehr im Regelfall nur durch eine **Änderungsvereinbarung** der Parteien des Handelsvertretervertrages erfolgen. Vereinbaren die Parteien eine nachträgliche Änderung der Provisionshöhe, wirkt sich diese nicht auf die bereits aufschiebend bedingt entstandenen Provisionsansprüche des Handelsvertreters aus, es sei denn, die Parteien haben eine derartige Rückwirkung ausdr. vereinbart.[23] Eine Partei ist jedoch dann ausnahmsweise zu einer einseitigen Änderung der Provisionshöhe berechtigt, wenn die Parteien wirksam einen **Änderungsvorbehalt** dieser Partei vereinbart haben. Ein solcher Änderungsvorbehalt kann nach richtiger Auffassung individualvertraglich wirksam vereinbart werden.[24] Zwar läuft die nicht zur Änderung berechtigte Partei Gefahr, eine für sie ungünstige Änderung akzeptieren zu müssen. Dieses Risiko ist jedoch dadurch begrenzt, dass die einseitige Bestimmung der Provisionshöhe der Billigkeit zu entsprechen hat und gerichtlich nachprüfbar ist (§ 315 BGB).[25] Individualvertraglich vereinbarte Änderungsvorbehalte sind deshalb auch dann wirksam, wenn keine gewichtigen Gründe für dessen Vereinbarung vorliegen oder darin kein angemessener Änderungsrahmen bezeichnet wird.[26] Die gegenteilige Auffassung würde dem Grundsatz der Vertragsfreiheit nicht hinreichend Rechnung tragen. Dagegen verstößt ein in Allgemeinen Geschäftsbedingungen enthaltener uneingeschränkter Änderungsvorbehalt des Verwenders der Allgemeinen Geschäftsbedingungen gegen §§ 305c und 307 BGB und ist damit unwirksam und nicht durchsetzbar.[27] Nach ständiger Rechtsprechung sind in Allgemeinen Geschäftsbedingungen enthaltene einseitige Leistungsbestimmungs- und Änderungsrechte des Unternehmers zu Lasten des Handelsvertreters nur dann ausnahmsweise wirksam, wenn sie auf schwerwiegende, ausdr. in der jeweiligen Klausel genannte Gründe begrenzt werden.[28] In allen anderen Fällen wird das Recht des Handelsvertreters auf die Provision unangemessen eingeschränkt.[29]

Nimmt der Handelsvertreter über längere Zeit eine **einseitige Provisionsherabset-** **10** **zung** widerspruchslos hin, führt dies idR nicht zur Verwirkung des Anspruches des

---

[22] MüKoHGB/Ströbl Rn. 6.

[23] Ebenroth/Boujong/Joost/Strohn/Löwisch Rn. 14; Küstner/Thume VertriebsR-HdB I Kap. V Rn. 305; Emde Rn. 11.

[24] BGH NJW 1984, 1182 (1183); MüKoHGB/Ströbl Rn. 7; Ebenroth/Boujong/Joost/Strohn/Löwisch Rn. 14; Schlegelberger/Schröder Rn. 2d; Westphal VertriebsR I Rn. 590; Küstner RVR 1968, 149; Schröder DB 1958, 975 (976); offen gelassen durch Küstner/Thume VertriebsR-HdB I Kap. V Rn. 304; einschränkend Emde Rn. 12.

[25] MüKoHGB/Ströbl Rn. 7; Ebenroth/Boujong/Joost/Strohn/Löwisch Rn. 14; Schlegelberger/Schröder Rn. 2d.

[26] So Emde Rn. 12.

[27] MüKoHGB/Ströbl Rn. 8; Oetker/Busche Rn. 21; Ebenroth/Boujong/Joost/Strohn/Löwisch Rn. 14; Küstner/Thume VertriebsR-HdB I Kap. V Rn. 304; Emde Rn. 12; Ulmer/Brandner/Hensen/H. Schmidt Teil 2 (24) Rn. 4; Preis/Stoffels ZHR 160 (1996), 442 (447 f.).

[28] BGH NJW-RR 2005, 1496 (1501) mwN; NJW 1984, 1182 (1183); OLG München NJW-RR 2009, 458 (460 f.); MüKoHGB/Ströbl Rn. 8.

[29] MüKoHGB/Ströbl Rn. 8.

Handelsvertreters auf die volle Provision.[30] Der Handelsvertreter kann die zu wenig bezahlte Provision im Rahmen der Verjährungsfrist nachfordern. Auch das Schweigen auf eine (falsche) Provisionsabrechnung des Unternehmers schließt eine Nachforderung des Handelsvertreters nicht aus, selbst wenn der Handelsvertretervertrag eine entsprechende anspruchshindernde Regelung enthält.[31] Es gelten insoweit die zu § 87c ausgeführten Grundsätze (→ § 87c Rn. 37, 43 und 105).

11   **2. Vorrang gesetzlicher Bestimmung.** Den Parteien ist jedoch die Bestimmung der Höhe der Provision entzogen, wenn und soweit die Provisionshöhe **durch eine gesetzliche Bestimmung hoheitlich festgelegt** ist.[32] Auch ein Rückgriff auf den üblichen Provisionssatz gem. Abs. 1 scheidet in einem solchen Fall aus.[33] Eine hoheitliche Bestimmung bestand zB im Bereich der Versicherungswirtschaft in Bezug auf die Provision in der Kfz-Versicherung.[34] Die diesbezüglichen Vorschriften wurden jedoch in der Zwischenzeit aufgehoben.[35]

12   **3. Üblicher Satz.** Haben die Parteien die Provisionshöhe nicht (wirksam) vertraglich bestimmt (→ Rn. 5 ff.) und liegt auch keine Bestimmung der Provisionshöhe durch eine gesetzliche Bestimmung vor (→ Rn. 11), ist gem. Abs. 1 der **übliche Satz** als vereinbart anzusehen. Die Vorschrift setzt jedoch stillschweigend voraus, dass die Parteien über das Ob der Vergütung des Handelsvertreters einig sind.[36] In diesem Fall vervollständigt die Vorschrift den Handelsvertretervertrag in Bezug auf einen wesentlichen Vertragsbestandteil. Entgegen dem zu engen Wortlaut des Abs. 1 gilt nicht nur der übliche Provisionssatz als vereinbart, sondern auch die übliche Bemessungs- und Berechnungsgrundlage.[37]

13   Unter dem üblichen Satz ist diejenige Provision zu verstehen, die nach den **Gepflogenheiten des betreffenden Geschäftszweiges,** also der Branche, in der der Handelsvertreter tätig ist, üblicherweise für Vermittlungs- bzw. Abschlusstätigkeiten von Handelsvertretern gezahlt wird.[38] Dabei sind der Ort, an dem der Handelsvertreter tätig ist, die Geschäfte, die ihm zu verprovisionieren sind und die vom Handelsvertreter vertraglich geschuldeten Leistungen zu berücksichtigen.[39] Sofern ein **Handelsbrauch** existiert, ist dieser bei der Bestimmung der Üblichkeit zu berücksichtigen.[40] Für die Bestimmung des üblichen Provisionssatzes ist dagegen nicht von Bedeutung, in welcher Höhe der Unternehmer seine anderen Handelsvertreter mit gleichen oder zumindest ähnlichen Aufgaben vergütet.[41] Der Handelsvertreter, der mit seinem Unternehmer keine Vereinbarung über die Provisionshöhe getroffen hat, kann daher nicht unter Berufung auf den Gleichbehandlungsgrundsatz denselben Provisionssatz verlangen, den sein Unternehmer mit dessen

---

[30] OLG Karlsruhe OLGR 2008, 321; Küstner/Thume VertriebsR-HdB I Kap. V Rn. 301; Emde Rn. 8 und 12; aA LG Mannheim VersR 2005, 1532 (1533); MüKoHGB/Ströbl Rn. 7, der eine konkludente Änderungsvereinbarung für möglich hält.
[31] BGH BB 2006, 2492 Rn. 21 ff.; NJW 1996, 588 f.; Küstner/Thume VertriebsR-HdB I Kap. V Rn. 301.
[32] MüKoHGB/Ströbl Rn. 9; Oetker/Busche Rn. 4; Ebenroth/Boujong/Joost/Strohn/Löwisch Rn. 10; Küstner/Thume VertriebsR-HdB I Kap. V Rn. 306; Emde Rn. 16 f.
[33] MüKoHGB/Ströbl Rn. 9; Oetker/Busche Rn. 4.
[34] §§ 31 ff. der Verordnung über die Tarife in der Kraftfahrzeug-Haftpflichtversicherung vom 5.12.1984, BGBl. I 1437.
[35] Siehe VO vom 10.6.1994, BGBl. I 1223.
[36] Oetker/Busche Rn. 6.
[37] MüKoHGB/Ströbl Rn. 10; Baumbach/Hopt/Hopt Rn. 2; Ebenroth/Boujong/Joost/Strohn/Löwisch Rn. 16; Westphal VertriebsR I Rn. 598; Emde Rn. 18.
[38] BGH BB 1961, 424; MüKoHGB/Ströbl Rn. 11; Baumbach/Hopt/Hopt Rn. 2; Ebenroth/Boujong/Joost/Strohn/Löwisch Rn. 18; Küstner/Thume VertriebsR-HdB I Kap. V Rn. 311.
[39] Ebenroth/Boujong/Joost/Strohn/Löwisch Rn. 18; Küstner/Thume VertriebsR-HdB I Kap. V Rn. 311.
[40] MüKoHGB/Ströbl Rn. 11; Oetker/Busche Rn. 6; Ebenroth/Boujong/Joost/Strohn/Löwisch Rn. 18; Küstner/Thume VertriebsR-HdB I Kap. V Rn. 311; Emde Rn. 19.
[41] MüKoHGB/Ströbl Rn. 11; Oetker/Busche Rn. 6; Küstner/Thume VertriebsR-HdB I Kap. V Rn. 311.

übrigen Handelsvertretern vereinbart hat, es sei denn, dieser Provisionssatz entspricht zufällig dem „üblichen Satz".[42] Zeitlich gesehen kommt es allein auf den **Zeitpunkt des Abschlusses des jeweiligen Geschäftes** an, für das dem Handelsvertreter eine Provision zusteht.[43] Die gem. Abs. 1 zu bestimmende Provision kann daher je nach Zeitpunkt des Abschlusses des vom Handelsvertreter vermittelten bzw. abgeschlossenen Geschäftes schwanken. Auf den Zeitpunkt des Abschlusses des Handelsvertretervertrages kommt es dagegen nicht an.

Ist die Bestimmung des üblichen Provisionssatzes nicht ohne Weiteres möglich, kann als **14** Beweismittel (§§ 402 ff. ZPO) auch auf die Stellungnahme eines **Sachverständigen** (bspw. der Industrie- und Handelskammer oder eines Vertreter- oder Unternehmerverbandes) zurückgegriffen werden.[44]

In Ausnahmefällen kann der Unternehmer auch dann den üblichen Provisionssatz gem. **15** Abs. 1 schulden, wenn die Parteien eine bestimmte Provisionshöhe vereinbart haben. Dies kann zB dann der Fall sein, wenn das vom Handelsvertreter vermittelte bzw. abgeschlossene Geschäft soweit aus dem Rahmen des Handelsvertretervertrages fällt, sodass die vereinbarte Provision nach **Treu und Glauben** auf diese Art von Geschäft nicht mehr anwendbar erscheint. In einem solchen Fall ist folgerichtig bei der Bestimmung des üblichen Provisionssatzes auch nicht auf den in dem jeweiligen Geschäftszweig für „normale" Geschäfte üblichen Provisionssatz abzustellen, sondern auf denjenigen, der für diese besondere Art von Geschäft üblicherweise geschuldet wird.

4. Bestimmung nach billigem Ermessen. Kann im Einzelfall die Bestimmung des **16** üblichen Provisionssatzes nicht festgestellt werden und scheitert auch eine ergänzende Vertragsauslegung[45], finden **subsidiär** die **§§ 315 ff. BGB** Anwendung.[46] Der Handelsvertreter ist daher in einem solchen Fall gem. § 316 BGB ausnahmsweise befugt, die Höhe des Provisionssatzes nach billigem Ermessen (§ 315 Abs. 1 BGB) zu bestimmen und vom Unternehmer zu fordern. Der BGH hat aber richtigerweise darauf hingewiesen, dass eine solche einseitige Bestimmung durch den Handelsvertreter nur „im Zweifel" in Betracht kommt, da in der Regel nicht angenommen werden kann, dass sich der Unternehmer einer Festlegung der Provisionshöhe durch den Handelsvertreter unterwerfen wollte.[47] Entspricht die durch den Handelsvertreter bestimmte Provision nicht billigem Ermessen, so hat die Bestimmung durch richterliche Entscheidung zu erfolgen (§ 315 Abs. 3 BGB).[48]

III. Allgemeine Berechnungsgrundsätze (Abs. 2)

Ausgangspunkt der Berechnung der Provision ist, sofern keine abweichende Verein- **17** barung getroffen wurde, gem. Abs. 2 S. 1 das Entgelt, das der Dritte oder der Unternehmer gem. dem vom Handelsvertreter vermittelten bzw. abgeschlossenen Geschäft zu leisten hat. Abs. 2 enthält sodann weitere Berechnungsgrundsätze im Hinblick auf die Berücksichtigung von Nachlässen (Abs. 2 S. 2 Hs. 1), Nebenkosten (Abs. 2 S. 2 Hs. 2) und der Umsatzsteuer (Abs. 2 S. 3).

---

[42] MüKoHGB/Ströbl Rn. 11; Emde Rn. 19.
[43] OLG Karlsruhe OLGR 2008, 321 f.; MüKoHGB/Ströbl Rn. 11; Baumbach/Hopt/Hopt Rn. 2; Küstner/Thume VertriebsR-HdB I Kap. V Rn. 305.
[44] BGH LM HGB § 87b Nr. 1 III 2.; MüKoHGB/Ströbl Rn. 12; Baumbach/Hopt/Hopt Rn. 2; Ebenroth/Boujong/Joost/Strohn/Löwisch Rn. 19; Küstner/Thume VertriebsR-HdB I Kap. V Rn. 313; Emde Rn. 19.
[45] BGH NJW-RR 2000, 1560 (1562) (zu § 632 Abs. 2 BGB); NJW 1985, 1895 (1896) (zu § 653 Abs. 2 BGB); Oetker/Busche Rn. 6.
[46] BGH NJW-RR 2005, 762 (763); MüKoHGB/Ströbl Rn. 13; Oetker/Busche Rn. 6; Baumbach/Hopt/Hopt Rn. 3; Heymann/Stöber Rn. 6; Ebenroth/Boujong/Joost/Strohn/Löwisch Rn. 19; Küstner/Thume VertriebsR-HdB I Kap. V Rn. 315.
[47] BGH HVR Nr. 439; MüKoHGB/Ströbl Rn. 13; Küstner/Thume VertriebsR-HdB I Kap. V Rn. 315.
[48] BGH BB 1961, 424; MüKoHGB/Ströbl Rn. 13; Küstner/Thume VertriebsR-HdB I Kap. V Rn. 315.

18   **1. Umsatzprovision (Abs. 2 S. 1). a) Grundsatz.** Die Provision des Handelsvertreters, die als Erfolgsvergütung zu qualifizieren ist (→ § 87 Rn. 7 und → § 87a Rn. 2), bestimmt sich regelmäßig nach dem **provisionspflichtigen Umsatz** des Unternehmers. Dabei dient meistens der dem jeweiligen Dritten in Rechnung gestellte Rechnungsbetrag als Grundlage für die Bemessung der Provision.[49] Die Parteien können allerdings eine von Abs. 2 abweichende Vereinbarung über die Ermittlung und Berechnung der Provision treffen (→ Rn. 58 ff.). So steht es den Parteien etwa frei, eine andere Bezugsgröße zu vereinbaren, zB den vom Unternehmer erzielten Gewichtsumsatz oder die durch den Unternehmer verkaufte Menge des vom Handelsvertreter vertriebenen Produkts.[50] Den Parteien ist es auch möglich, bestimmte Leistungen oder vom Unternehmer erhaltene Vergütungen von der Provisionspflicht auszunehmen.[51] Denkbar ist auch eine Vereinbarung der Parteien, wonach die Höhe der Provision von der sich aus dem Geschäft mit den Dritten ergebenden Handelsspanne des Unternehmers abhängt.[52]

19   Haben die Parteien keine von Abs. 2 S. 1 abweichende Vereinbarung getroffen, ist gem. dieser Vorschrift die **Provision von dem Entgelt (dh idR von dem Kaufpreis) zu berechnen,** welches der Dritte (bei einem vom Handelsvertreter vermittelten bzw. abgeschlossenen Kundengeschäft des Unternehmers) bzw. der Unternehmer (bei einem vermittelten bzw. abgeschlossenen Lieferantengeschäft des Unternehmers) zu leisten hat. Im Hinblick auf Versicherungsverträge, die der Unternehmer als Versicherer eingeht, ist die Versicherungsprämie maßgeblich, die der Versicherungsnehmer gem. dem Versicherungsvertrag schuldet. Abs. 2 S. 1 gilt allerdings nicht nur in Fällen, in denen der Unternehmer bzw. der Dritte eine Geldleistung schuldet. Handelt es sich bei dem vom Handelsvertreter vermittelten bzw. abgeschlossenen Geschäft bspw. um ein Tauschgeschäft (§ 480 BGB) oder Kompensationsgeschäft, kommt es auf den in Geld auszudrückenden Wert derjenigen **Sachleistung** an, die nach dem Willen der Parteien für die Berechnung der Provision maßgeblich sein soll.[53] Ist ein solcher Wille der Parteien nicht feststellbar und sind die von den Parteien des provisionspflichtigen Geschäftes zu erbringenden Sachleistungen verschiedenwertig, ist der Geldwert der Sachleistung des Dritten maßgeblich, weil es dem Unternehmer auf den Erhalt dieser Sachleistung ankommt.[54]

20   **b) Entgeltmaßstab.** Für die Berechnung der Provision ist gem. Abs. 2 S. 1 grds. das **gesamte (Brutto-)Entgelt,** das der Dritte bzw. der Unternehmer zu leisten hat, maßgeblich.[55] Die Provision des Handelsvertreters vermindert sich nicht dadurch, dass der Unternehmer im Rahmen eines **Weiterverkaufs** des vom Dritten bezogenen Leistungsgegenstandes (bspw. Wertpapiere) einen geringeren Erlös als den vertraglich mit dem Dritten zugrunde gelegten erzielt.[56] Auch die Tatsache, dass der Unternehmer die Forderung gegen den Dritten unter ihrem Nennwert veräußert, hat auf die Höhe des Provisionsanspruches des Handelsvertreters keinen Einfluss, selbst dann nicht, wenn der Handelsvertreter den Dritten für zahlungsunfähig halten durfte.[57] Bei der Hinnahme einer **Erfüllung Statt** (§ 364 Abs. 1 BGB) (zB Gegengeschäfte in Anrechnung auf das vereinbarte Entgelt) bleibt das vereinbarte Entgelt für die Berechnung der Provision maßgeblich, auch

---

[49] MüKoHGB/Ströbl Rn. 15.

[50] OLG Hamm ZVertriebsR 2021, 193 Rn. 43 f.; MüKoHGB/Ströbl Rn. 15; Küstner/Thume VertriebsR-HdB I Kap. V Rn. 316.

[51] BGH NJW-RR 2004, 1206 (1207); Baumbach/Hopt/Hopt Rn. 18; Küstner/Thume VertriebsR-HdB I Kap. V Rn. 316.

[52] OLG München NJW-RR 1994, 103; Küstner/Thume VertriebsR-HdB I Kap. V Rn. 318.

[53] Oetker/Busche Rn. 8.

[54] MüKoHGB/Ströbl Rn. 17; Baumbach/Hopt/Hopt Rn. 4; Ebenroth/Boujong/Joost/Strohn/Löwisch Rn. 23; Emde Rn. 22; zT aA Heymann/Stöber Rn. 8.

[55] BGH NJW-RR 2004, 1206 (1207); MüKoHGB/Ströbl Rn. 18; Ebenroth/Boujong/Joost/Strohn/Löwisch Rn. 21; Emde Rn. 22.

[56] RGZ 121, 125 (126 f.); MüKoHGB/Ströbl Rn. 18; Oetker/Busche Rn. 9; Emde Rn. 22.

[57] OLG Celle NJW 1972, 879; MüKoHGB/Ströbl Rn. 18; Oetker/Busche Rn. 9; Baumbach/Hopt/Hopt Rn. 6; Emde Rn. 22.

wenn der Wert der an Erfüllung Statt erbrachten Leistung geringer oder höher ist als das ursprünglich vereinbarte Entgelt.[58] Ist das Entgelt in **ausländischen Devisen** zu erbringen, ist für die Provisionsberechnung der Umrechnungskurs zum Zeitpunkt des Eingangs der Devisenzahlung beim Unternehmer entscheidend.[59]

Für die Provisionsberechnung ist unerheblich, ob der Unternehmer einen Teil des **21** Entgeltes des Dritten etwa an einen **Lieferanten** abzugeben hat, um seine Leistung erbringen zu können.[60] So bemisst sich die Provision für einen vom Handelsvertreter vermittelten bzw. abgeschlossenen einheitlichen Auftrag über eine aus mehreren Teilen bestehende Sache (zB ein Omnibus bestehend aus Fahrgestell und Aufbau) mangels abweichender Vereinbarung auch dann nach dem vereinbarten Entgelt für die gesamte Sache, wenn der Unternehmer einen Teil dieser Sache (etwa das Fahrgestell) von einem Lieferanten zukauft.[61]

Das Entgelt iSv Abs. 2 S. 1 umfasst nicht nur den vom Dritten bzw. dem Unternehmer **22** zu zahlenden Geldbetrag, sondern auch jedwede **geldwerte Nebenleistung,** zu der sich der Schuldner des Entgeltes in dem provisionspflichtigen Geschäft verpflichtet hat, bspw. Preisnachlässe auf Lieferungen des Schuldners des Entgeltes,[62] sofern die Nebenleistung als Gegenleistung für die vom Gläubiger des Entgeltes geschuldete Leistung geleistet wird.[63]

Nach der heute wohl überwiegenden Meinung sind nachträgliche Erhöhungen des für **23** die Provision maßgeblichen Entgeltes ausnahmsweise dann bei der Berechnung der Provision zu berücksichtigen und erhöhen diese somit, wenn sie auf eine bereits bei Abschluss des Geschäftes vereinbarte **Preisgleitklausel** zurückzuführen sind.[64]

c) Rechtswirksam vereinbartes Entgelt. Für die Berechnung der Provision ist nur **24** dann das zwischen den Parteien des provisionspflichtigen Geschäftes vereinbarte Entgelt maßgeblich, wenn es rechtswirksam vereinbart wurde. Verstößt das vereinbarte Entgelt gegen anwendbare preisrechtliche Vorschriften und ist die Entgeltvereinbarung deshalb unwirksam, ist für die Berechnung der Provision auf das den gesetzlichen Vorschriften (noch) entsprechende Entgelt abzustellen.[65] Dies gilt unabhängig davon, welches Entgelt tatsächlich geleistet wurde.[66] Denn für Abs. 2 S. 1 ist allein entscheidend, in welcher Höhe eine rechtliche Verpflichtung besteht („zu leisten hat"), nicht dagegen die Höhe des tatsächlich geleisteten Entgeltes.[67]

d) Nachvertragliche Vertragsänderungen. Vereinbaren die Parteien des provisions- **25** pflichtigen Geschäftes nach dessen Abschluss und ohne Mitwirkung des Handelsvertreters Änderungen in Bezug auf dieses Geschäft, sind diese **nachvertraglichen Vertragsände-rungen** bei der Provisionsberechnung nicht zu berücksichtigen.[68] Etwas anderes gilt jedoch

---

[58] OLG Celle NJW 1972, 879; MüKoHGB/Ströbl Rn. 18; Oetker/Busche Rn. 9; Baumbach/Hopt/ Hopt Rn. 6; Küstner/Thume VertriebsR-HdB I Kap. V Rn. 333; Emde Rn. 22; zT aA Heymann/Stöber Rn. 9.

[59] MüKoHGB/Ströbl Rn. 18; Oetker/Busche Rn. 8; Baumbach/Hopt/Hopt Rn. 4; Emde Rn. 22.

[60] MüKoHGB/Ströbl Rn. 19; Ebenroth/Boujong/Joost/Strohn/Löwisch Rn. 21; Schlegelberger/Schrö-der Rn. 5a.

[61] OLG Braunschweig BB 1956, 226; MüKoHGB/Ströbl Rn. 19.

[62] MüKoHGB/Ströbl Rn. 20; Baumbach/Hopt/Hopt Rn. 7; Schlegelberger/Schröder Rn. 5a.

[63] Ebenroth/Boujong/Joost/Strohn/Löwisch Rn. 21; Emde Rn. 22.

[64] Oetker/Busche Rn. 9; Ebenroth/Boujong/Joost/Strohn/Löwisch Rn. 21; Küstner/Thume Ver-triebsR-HdB I Kap. V Rn. 341 ff.; Emde Rn. 22; Röhricht/Graf v. Westphalen/Thume Rn. 16; aA Stumpf/Stumpf I Rn. 331.

[65] MüKoHGB/Ströbl Rn. 21; Oetker/Busche Rn. 9; Baumbach/Hopt/Hopt Rn. 5; Heymann/Stöber Rn. 10.

[66] MüKoHGB/Ströbl Rn. 21; Oetker/Busche Rn. 9; Baumbach/Hopt/Hopt Rn. 5; Heymann/Stöber Rn. 10; Emde Rn. 22; aA (auf das tatsächlich geleistete Entgelt abstellend, auch wenn dieses unzulässig war) Schlegelberger/Schröder Rn. 5b.

[67] MüKoHGB/Ströbl Rn. 21; Emde Rn. 22.

[68] MüKoHGB/Ströbl Rn. 22; Oetker/Busche Rn. 9; Ebenroth/Boujong/Joost/Strohn/Löwisch Rn. 21; Emde Rn. 22.

dann, wenn die Vertragsänderungen von vornherein, also bereits bei Vertragsabschluss, angelegt waren, wie etwa bei Preisgleitklauseln (→ Rn. 23).[69] Soweit in einer nachträglich vereinbarten (und damit nicht bei der Provisionsberechnung zu berücksichtigenden) Vertragsänderung eine Nichtausführung des provisionspflichtigen Geschäftes liegt, gilt § 87a Abs. 2 und 3.[70]

26   Für Abs. 2 S. 1 ist allein das nach dem Inhalt des provisionspflichtigen Geschäftes geschuldete Entgelt bedeutend („zu leisten hat") (→ Rn. 24). Es ist daher ua unerheblich, ob das geschuldete Entgelt tatsächlich geleistet wird.

27   **2. Nachlässe (Abs. 2 S. 2 Hs. 1).** Sofern nichts Abweichendes vereinbart wurde, sind gem. Abs. 2 S. 2 Hs. 1 von dem bei der Provisionsberechnung zugrunde zu legenden Entgelt nach Abs. 1 „Nachlässe bei Barzahlung" nicht abzuziehen. Hierunter fallen **sämtliche Skontoabzüge** bei Bezahlung innerhalb der vereinbarten Zahlungsfrist, unabhängig davon, ob der Schuldner in bar oder auf andere Weise (bspw. elektronisch oder per Überweisung) leistet.[71] Solche Nachlässe mindern damit nicht die Höhe der vom Unternehmer geschuldeten Provision. Grund hierfür ist, dass der Handelsvertreter anderenfalls dafür bestraft werden würde, einen besonders zahlungswilligen Kunden vermittelt zu haben.[72] Hinzu kommt, dass eine schnelle bzw. pünktliche Zahlung des Kunden allein dem Unternehmer zugute kommt.[73] Es wäre daher nicht interessengerecht, wenn solche Nachlässe zum Vorteil des Unternehmers zu einer niedrigeren Provisionslast führen würden.

28   Skontoabzüge sind auch dann nicht von dem Entgelt abzuziehen (und mindern damit auch dann nicht die vom Unternehmer zu zahlende Provision), wenn sich die Provision nach dem **„Netto-Rechnungsbetrag"** bemessen soll;[74] es sei denn, die Parteien des Handelsvertretervertrages haben ausdr. etwas anderes vereinbart. Grund hierfür ist, dass Skontoabzüge üblicherweise nicht betragsmäßig in der Rechnung ausgewiesen sind, sondern entweder in gedruckten Vermerken innerhalb der Rechnung oder in sonstigen Allgemeinen Geschäftsbedingungen als Prozentsatz vom Preis angegeben sind. Selbst wenn im Einzelfall der Skontoabzug betragsmäßig in der Rechnung ausgewiesen und der Rechnungsbetrag entsprechend gekürzt ist, sollte nichts Anderes gelten.[75]

29   **Sonstige Nachlässe,** die die Parteien des provisionspflichtigen Geschäftes von Beginn an, dh bereits bei Vertragsabschluss, vereinbart haben, sind dagegen zu berücksichtigen, in dem sie von dem Entgelt abzuziehen sind und daher die Höhe der Provision mindern.[76] Solche die Provision idR mindernde Nachlässe sind etwa Mengenrabatte, Treuerabatte, Aktionsrabatte und Jahresumsatzboni.[77] Das Gesetz enthält keine Grundlage für einen Ausschluss der Berücksichtigung solcher Nachlässe im Rahmen der Provisionsberechnung. Das um diese Nachlässe geminderte Entgelt stellt die geschuldete Leistung dar. Nur diese kann für die Provisionsberechnung maßgeblich sein.

---

[69] Oetker/Busche Rn. 9; Emde Rn. 22.

[70] MüKoHGB/Ströbl Rn. 22; Ebenroth/Boujong/Joost/Strohn/Löwisch Rn. 21; Emde Rn. 22.

[71] Baumbach/Hopt/Hopt Rn. 9; Ebenroth/Boujong/Joost/Strohn/Löwisch Rn. 24 f.; Küstner/Thume VertriebsR-HdB I Kap. V Rn. 321.

[72] Begr. zum Entwurf eines Gesetzes zur Änderung des Handelsgesetzbuches (Recht der Handelsvertreter), BT-Drs. 1/3856, 9, 28; MüKoHGB/Ströbl Rn. 23; Oetker/Busche Rn. 11; Küstner/Thume VertriebsR-HdB I Kap. V Rn. 322.

[73] Küstner/Thume VertriebsR-HdB I Kap. V Rn. 322.

[74] OLG Düsseldorf DB 1955, 578 f.; MüKoHGB/Ströbl Rn. 23; Küstner/Thume VertriebsR-HdB I Kap. V Rn. 323.

[75] Küstner/Thume VertriebsR-HdB I Kap. V Rn. 323.

[76] OLG Düsseldorf OLGR 2000, 354 (357); OLG München NJW-RR 1994, 103; MüKoHGB/Ströbl Rn. 24; Oetker/Busche Rn. 11; Baumbach/Hopt/Hopt Rn. 8; Heymann/Stöber Rn. 11; Küstner/Thume VertriebsR-HdB I Kap. V Rn. 328; Emde Rn. 24.

[77] MüKoHGB/Ströbl Rn. 24; Oetker/Busche Rn. 11; Baumbach/Hopt/Hopt Rn. 8; vgl. auch OLG München DB 1993, 2379.

Dagegen sind **Nachlässe,** die die Parteien des provisionspflichtigen Geschäftes **nach** 30 **Geschäftsabschluss** vereinbaren, wiederum nicht von dem Entgelt abzuziehen.[78] Grund hierfür ist, dass sich die Vergütung des Handelsvertreters gem. § 87b nach dem zum Zeitpunkt des Geschäftsabschlusses vereinbarten Entgelt bemisst (→ Rn. 25 f.). So bleibt bspw. ein von dem Unternehmer (ohne vorherige Absprache) freiwillig gezahlter bzw. nachträglich vereinbarter Umsatzrabatt auf einen besonders hohen Jahresumsatz eines Kunden unberücksichtigt.[79] Gleiches gilt für andere mit dem Dritten nachträglich vereinbarte Sonderrabatte.[80]

Räumt der Unternehmer dem Dritten bei Geschäftsabschluss einen sog. **Naturalrabatt** 31 ein, liefert er dem Dritten also eine höhere als die von dem Dritten bestellte und schließlich dem Dritten in Rechnung gestellte Stückzahl, ist allein der in Rechnung gestellte Betrag für die von dem Dritten bestellte Stückzahl für die Provisionsberechnung maßgeblich.[81] Nichts anderes gilt, wenn die Parteien des provisionspflichtigen Geschäftes den Naturalrabatt nachträglich vereinbaren oder der Unternehmer diesen freiwillig leistet. Der Handelsvertreter kann auf den Wert des Naturalrabattes, dh der Differenz zwischen dem in Rechnung gestellten Entgelt für die bestellte Stückzahl und dem Preis für die tatsächlich gelieferte höhere Stückzahl, keine Provision fordern.[82]

Die dargestellten Grundsätze gelten gleichermaßen, wenn der Unternehmer in Bezug auf 32 das provisionspflichtige Geschäft die Stellung des Kunden einnimmt und somit **dem Unternehmer** etwaige **Nachlässe eingeräumt werden.** So sind dem Unternehmer eingeräumte Skontobeträge gem. Abs. 2 S. 2 Hs. 1 nicht von dem vom Unternehmer geschuldeten Entgelt abzuziehen.[83]

3. Nebenkosten (Abs. 2 S. 2 Hs. 2). Gem. Abs. 2 S. 2 Hs. 2 sind, sofern nichts 33 Abweichendes vereinbart ist, **Nebenkosten nicht** vom Entgelt **abzuziehen, wenn und soweit diese mit dem vereinbarten Entgelt abgegolten werden.** Derartige Nebenkosten wirken sich also nicht provisionsmindernd aus. Das Gesetz nennt in Abs. 2 S. 2 Hs. 2 beispielhaft Nebenkosten für Fracht, Verpackung, Zoll und Steuern (mit Ausnahme der Umsatzsteuer, für die Abs. 2 S. 3 gilt; → Rn. 37). Unter die Vorschrift fallen auch sonstige Nebenkosten wie etwa Versicherungskosten, Kosten für die Beibringung der notwendigen Versendungspapiere und Kosten für die Abnahme, Montage und Inbetriebnahme.[84] Den Parteien steht es jedoch frei, in Bezug auf die Provisionsberechnung zB den Abzug eines pauschalen Kostenbestandteils zu vereinbaren.[85]

Nebenkosten sind dagegen dann von dem für die Provisionsberechnung maßgeblichen 34 Entgelt **abzuziehen** und mindern somit den Provisionsanspruch des Handelsvertreters, **wenn und soweit** diese dem Dritten **besonders in Rechnung gestellt** werden. Dem liegt die Vermutung zugrunde, dass solche besonders in Rechnung gestellte Nebenkosten besondere Aufwendungen des Unternehmers für den Dritten darstellen.[86] Ein solcher Abzug setzt jedoch zwingend voraus, dass der Unternehmer gem. dem Kundengeschäft auch berechtigt gewesen ist, diese Nebenkosten gesondert in Rechnung zu stellen.[87] Die bloße gesonderte Inrechnungstellung reicht für sich allein nicht aus. So kann der Unterneh-

---

[78] OLG Düsseldorf OLGR 2000, 354 (357); OLG München NJW-RR 1994, 103; OLG Braunschweig BB 1956, 226; MüKoHGB/Ströbl Rn. 25; Baumbach/Hopt/Hopt Rn. 8; Heymann/Stöber Rn. 11; Küstner/Thume VertriebsR-HdB I Kap. V Rn. 321.

[79] MüKoHGB/Ströbl Rn. 25; Küstner/Thume VertriebsR-HdB I Kap. V Rn. 329.

[80] OLG Braunschweig BB 1956, 226; MüKoHGB/Ströbl Rn. 25.

[81] Ebenroth/Boujong/Joost/Strohn/Löwisch Rn. 25; Emde Rn. 24.

[82] Siehe Ebenroth/Boujong/Joost/Strohn/Löwisch Rn. 25 und Emde Rn. 24, die diese Ansicht für freiwillige Zusatzleistungen teilen; aA Küstner/Thume VertriebsR-HdB I Kap. V Rn. 332.

[83] OLG München NJW-RR 1994, 103; MüKoHGB/Ströbl Rn. 26.

[84] MüKoHGB/Ströbl Rn. 27.

[85] Küstner/Thume VertriebsR-HdB I Kap. V Rn. 326.

[86] Begr. RegE, BT-Drs. 1/3856, 28; MüKoHGB/Ströbl Rn. 28; Oetker/Busche Rn. 12.

[87] MüKoHGB/Ströbl Rn. 28; Oetker/Busche Rn. 12; Baumbach/Hopt/Hopt Rn. 10; Küstner/Thume VertriebsR-HdB I Kap. V Rn. 324.

mer bspw. die Provision des Handelsvertreters nicht dadurch mindern, dass er trotz vereinbarter versandfreier Lieferung den Gesamtpreis in einen Preis für den Liefergegenstand und in Versandkosten aufteilt.[88] Ebenso hat eine nachträglich vereinbarte Aufteilung des anfangs einheitlich vereinbarten Entgeltes keine Auswirkung auf die Berechnung des Provisionsanspruches.[89] Schließlich sind auch Nebenkosten, die lediglich rein informativ (etwa am Ende der Rechnung) abgedruckt sind, nicht von dem in der Rechnung angegebenen Gesamtpreis abzuziehen.[90]

35   Dagegen bleiben solche **Nebenkosten** im Rahmen der Provisionsberechnung **unberücksichtigt,** die im Zusammenhang mit Leistungen entstehen, welche der Unternehmer erst **nach Geschäftsabschluss** übernommen hat.[91] Dies gilt unabhängig davon, ob der Unternehmer diese Nebenkosten dem Dritten besonders in Rechnung stellt oder als Preiserhöhung abrechnet.

36   Obwohl der Wortlaut des Abs. 2 S. 2 Hs. 2 („dem Dritten besonders in Rechnung gestellt") etwas anderes vermuten lässt, gelten die dargestellten Grundsätze gleichermaßen, wenn der Unternehmer in Bezug auf das provisionspflichtige Geschäft die Stellung des Kunden einnimmt und somit der Dritte die für die Provisionsabrechnung maßgebliche Rechnung stellt.[92] Dies gilt schon deshalb, weil anderenfalls der Einkaufsvertreter und der Verkaufsvertreter unterschiedlich behandelt werden würden.[93]

37   **4. Umsatzsteuer (Abs. 2 S. 3).** Sofern nichts Abweichendes vereinbart ist, gilt die Umsatzsteuer, die allein auf Grund von steuerrechtlichen Vorschriften (§ 14 UStG) in der Rechnung gesondert ausgewiesen wird, gem. Abs. 2 S. 3 nicht als besonders in Rechnung gestellt iSv Abs. 2 S. 2 Hs. 2. Demnach ist die **Umsatzsteuer Teil des für die Provisionsberechnung maßgeblichen Entgeltes,** obwohl sie gesondert ausgewiesen wird.[94] Grund hierfür ist die gesetzgeberische Entscheidung, dass der Handelsvertreter nicht wegen der auf Grund des Umsatzsteuersystems notwendigen gesonderten Ausweisung der Umsatzsteuer benachteiligt werden soll.[95] Maßgeblich ist allein die nach den gesetzlichen Vorschriften geschuldete Umsatzsteuer, unabhängig von der Ausweisung eines hiervon abweichenden Betrages.[96] Ändert sich die Umsatzsteuer nach Geschäftsabschluss, ist derjenige Steuersatz maßgeblich, der bei Ausführung des Kundengeschäftes durch den Unternehmer gilt.[97] In der Praxis sind von Abs. 2 S. 3 abweichende Vereinbarungen der Parteien des Handelsvertretervertrages üblich.

IV. Berechnungsgrundlage bei Dauerverträgen (Abs. 3)

38   Da die Bestimmungen in Abs. 2 auf Warengeschäfte und andere Geschäfte mit einmaligem Leistungsaustausch zugeschnitten sind, führen diese für sich betrachtet bei Dauerverträgen nicht zu einem befriedigenden Ergebnis.[98] Aus diesem Grund enthält Abs. 3 be-

---

[88] MüKoHGB/Ströbl Rn. 28; Oetker/Busche Rn. 12; Baumbach/Hopt/Hopt Rn. 10; Heymann/Stöber Rn. 12.
[89] MüKoHGB/Ströbl Rn. 28; Baumbach/Hopt/Hopt Rn. 11; Heymann/Stöber Rn. 12.
[90] BGH HVR Nr. 250; Küstner/Thume VertriebsR-HdB I Kap. V Rn. 325.
[91] BGH HVR Nr. 250; MüKoHGB/Ströbl Rn. 29; Oetker/Busche Rn. 12; Baumbach/Hopt/Hopt Rn. 12.
[92] BGH HVR Nr. 250; MüKoHGB/Ströbl Rn. 29; Oetker/Busche Rn. 12; Heymann/Stöber Rn. 12; Emde Rn. 27.
[93] So auch Emde Rn. 27.
[94] BGH NJW 1973, 1744 f.; MüKoHGB/Ströbl Rn. 30; Oetker/Busche Rn. 13; Baumbach/Hopt/Hopt Rn. 12; Küstner/Thume VertriebsR-HdB I Kap. V Rn. 348.
[95] MüKoHGB/Ströbl Rn. 30; Oetker/Busche Rn. 13; Heymann/Stöber Rn. 13; Kottke BB 1968, 1076 (1077).
[96] Küstner/Thume VertriebsR-HdB I Kap. V Rn. 350.
[97] Oetker/Busche Rn. 13; Ebenroth/Boujong/Joost/Strohn/Löwisch Rn. 29.
[98] Vgl. die Begr. zum Entwurf eines Gesetzes zur Änderung des Handelsgesetzbuches (Recht der Handelsvertreter), BT-Drs. 1/3856, 9, 28.

stimmte (abdingbare) Sonderbestimmungen für die Berechnung der Provision bei der Vermittlung oder dem Abschluss von Gebrauchsüberlassungs- und Nutzungsverträgen.

1. Anwendungsbereich. Haben die Parteien des Handelsvertretervertrages nicht etwas **39** Abweichendes vereinbart, regelt Abs. 3 die Provisionsberechnung bei von dem Handelsvertreter vermittelten bzw. abgeschlossenen Gebrauchsüberlassungs- und Nutzungsverträgen. Die Besonderheit bei solchen Verträgen liegt darin, dass sie regelmäßig kein einmaliges Entgelt für eine bestimmte Leistung vorsehen. Vielmehr haben sie wiederkehrende Rechte und Pflichten zum Gegenstand, deren genauer Umfang bei Abschluss des jeweiligen Vertrages noch unbekannt ist.

Abs. 3 enthält lediglich Sonderbestimmungen in Bezug auf die für die Bestimmung der **40** Provision bei Gebrauchsüberlassungs- und Nutzungsverträgen maßgebliche Berechnungsgrundlage. Im Übrigen gelten auch im Hinblick auf Gebrauchsüberlassungs- und Nutzungsverträge die allgemeinen Vorschriften über die Entstehung bzw. das Entfallen des Provisionsanspruches (§§ 87, 87a), die Höhe der Provision (Abs. 1), die Berücksichtigung von Skontobeträgen, Nebenkosten und der Umsatzsteuer (Abs. 2), die Provisionsabrechnung (§ 87c) und die Fälligkeit (§ 87a Abs. 4). Abs. 3 unterscheidet zwischen Gebrauchsüberlassungs- und Nutzungsverträgen, die auf eine bestimmte Dauer abgeschlossen werden (→ Rn. 42 ff.) und solchen, die für eine unbestimmte Dauer eingegangen werden (→ Rn. 48 ff.).

Der in Abs. 3 enthaltene **Begriff der „Gebrauchsüberlassungs- und Nutzungsver-** **41** **träge"** ist **weit auszulegen.**[99] Die Vorschrift erfasst nach deren Sinn und Zweck sämtliche Dauerverträge, bei denen das jeweils vereinbarte Entgelt verbindlich vorausbestimmt und laufend nach festen Zeitabschnitten als Gegenleistung zu erbringen ist.[100] Demnach gilt Abs. 3 nicht nur für Miet- und Pachtverträge, sondern auch (sofern ein nach festen Zeitabschnitten festgelegtes Entgelt geschuldet ist) für Dienstverträge,[101] Versicherungsverträge,[102] Filmverleih-, Patentlizenz- und Grundstücksnutzungsverträge.[103] Abs. 3 erfasst dagegen nicht solche Dauerverträge, die eine variable, ergebnisbezogene Vergütung vorsehen.[104] Nicht von Abs. 3 umfasst sind daher bspw. Rahmenbezugsverträge (→ § 87 Rn. 61 ff.), Bedarfslieferungsverträge, Nutzungsverträge im EDV- und Telefon-Bereich oder Autorenverträge mit Verlagen.[105] Ebenso werden von Abs. 3 nicht solche Dauerverträge umfasst, die lediglich eine Einmalprovision als Vergütung für die gesamte Vertragsdauer vorsehen.[106] Für Dauerverträge, die nicht von Abs. 3 umfasst sind, ist die Provision nach dem Entgelt für jeden vergütungspflichtigen Vorgang zu bestimmen.[107]

2. Verträge von bestimmter Dauer (Abs. 3 S. 1). a) Begriff. Wird ein Gebrauchs- **42** überlassungs- bzw. Nutzungsvertrag iSv Abs. 3 (→ Rn. 41) für eine bestimmte Dauer abgeschlossen, gilt Abs. 3 S. 1. In diesem Fall ist die Provision von dem Entgelt für die gesamte fest vereinbarte Vertragsdauer zu berechnen. Ein Vertrag ist dann von bestimmter Dauer

---

[99] MüKoHGB/Ströbl Rn. 33; Baumbach/Hopt/Hopt Rn. 13; Küstner/Thume VertriebsR-HdB I Kap. V Rn. 356.

[100] MüKoHGB/Ströbl Rn. 33; Oetker/Busche Rn. 14; Baumbach/Hopt/Hopt Rn. 13; Küstner/Thume VertriebsR-HdB I Kap. V Rn. 356 f.

[101] MüKoHGB/Ströbl Rn. 33; Oetker/Busche Rn. 14; Baumbach/Hopt/Hopt Rn. 13; Heymann/Stöber Rn. 15; Küstner/Thume VertriebsR-HdB I Kap. V Rn. 356.

[102] MüKoHGB/Ströbl Rn. 33; Oetker/Busche Rn. 14; Baumbach/Hopt/Hopt Rn. 13; Heymann/Stöber Rn. 15; offen gelassen von BGH NJW-RR 2005, 1274 (1276).

[103] MüKoHGB/Ströbl Rn. 33; Küstner/Thume VertriebsR-HdB I Kap. V Rn. 356.

[104] MüKoHGB/Ströbl Rn. 33; Oetker/Busche Rn. 14; Baumbach/Hopt/Hopt Rn. 13; Ebenroth/Boujong/Joost/Strohn/Löwisch Rn. 31; Küstner/Thume VertriebsR-HdB I Kap. V Rn. 357; Emde Rn. 31.

[105] vgl. MüKoHGB/Ströbl Rn. 33; Oetker/Busche Rn. 14; Baumbach/Hopt/Hopt Rn. 13; Ebenroth/Boujong/Joost/Strohn/Löwisch Rn. 31; Küstner/Thume VertriebsR-HdB I Kap. V Rn. 357; Emde Rn. 31.

[106] Küstner/Thume VertriebsR-HdB I Kap. V Rn. 357.

[107] MüKoHGB/Ströbl Rn. 33; Baumbach/Hopt/Hopt Rn. 13; Ebenroth/Boujong/Joost/Strohn/Löwisch Rn. 31; Emde Rn. 31.

iSv Abs. 3 S. 1, wenn die **Vertragsdauer entweder im Vertrag** genau **bestimmt** ist (entweder kalendermäßig oder durch die Angabe eines bestimmten Vertragszeitraumes) **oder** auf Grund des Inhalts des Vertrages **hinreichend bestimmbar** ist. Hierunter fallen auch Verträge, die für einen bestimmten Zeitraum abgeschlossen werden, die jedoch unter einer auflösenden Bedingung stehen, vorzeitig gekündigt werden können oder von denen vorzeitig zurückgetreten werden kann.[108]

43   Ein Vertrag gilt auch dann als für eine bestimmte Dauer abgeschlossen, wenn eine der Parteien auf Grund einer **Verlängerungsoption** das Recht besitzt, den Vertrag durch einseitige Erklärung über einen fest vereinbarten Vertragszeitraum hinaus zu verlängern.[109] In einem solchen Vertrag bemisst sich die Provision gem. Abs. 3 S. 1 nach dem auf den fest vereinbarten Zeitraum entfallenden Entgelt. Verlängert sich der Vertrag durch Ausübung der Verlängerungsoption sodann um eine bestimmte Dauer, richtet sich der Provisionsanspruch auch für den Verlängerungszeitraum nach Abs. 3 S. 1. Verlängert sich der Vertrag hingegen auf unbestimmte Zeit, ist der Provisionsanspruch ab Beginn des Verlängerungszeitraumes gem. Abs. 3 S. 2 zu bemessen.[110]

44   Umstritten ist die Frage, ob ein Vertrag mit einer vereinbarten Mindestlaufzeit, der sich hiernach automatisch um Verlängerungszeiträume von bestimmter Dauer verlängert, es sei denn, eine der Parteien kündigt den Vertrag mit Wirkung zum Ende der Mindestlaufzeit oder eines Verlängerungszeitraumes, ebenso als Vertrag von bestimmter Dauer iSv Abs. 3 S. 1 gilt und damit entsprechend einem Vertrag mit Verlängerungsoption zu behandeln ist (→ Rn. 43). Nach richtiger Auffassung sind Dauerverträge mit einer solchen sog. **Verlängerungsklausel** keine Verträge auf bestimmte Dauer iSv Abs. 3 S. 1, denn ihre Gesamtlaufzeit ist gerade nicht bestimmt, sondern vielmehr unbestimmt.[111] Zwar hat der BGH[112] in Bezug auf Handelsvertreterverträge mit einer solchen Verlängerungsklausel entschieden, dass es sich hierbei wegen der vereinbarten Mindestlaufzeit nicht um Verträge auf unbestimmte Dauer gem. § 89 Abs. 1 handelt. Dieser Ansicht folgt weder das OLG Hamm[113] noch der überwiegende Teil der Literatur[114] (→ § 89 Rn. 61). Eine Übertragung der Entscheidung des BGH auf die Behandlung von Dauerverträgen mit Verlängerungsklausel im Rahmen des Abs. 3 ist zudem schon deshalb zu verneinen, weil dies wegen der dort enthaltenen klaren Differenzierung zwischen Verträgen mit bestimmter und unbestimmter Dauer zu einer Provisionsberechnung führen würde, die dem Willen des Gesetzgebers nicht entspräche.[115]

45   Vereinbaren die Parteien eines auf bestimmte Dauer abgeschlossenen Vertrages nachträglich die **Verlängerung** dieses Vertrages um einen weiteren bestimmten Zeitraum, ist dies rechtlich betrachtet als Abschluss eines neuen Vertrages auf bestimmte Dauer zu werten. Die Frage, ob der neue Vertrag provisionspflichtig ist, richtet sich nach den allgemeinen Vorschriften.[116]

46   **b) Provisionsberechnung.** Bei Verträgen auf bestimmte Dauer bemisst sich die Provision mangels abweichender Vereinbarung nach dem **Entgelt für die gesamte Vertragsdauer.** Der Handelsvertreter erwirbt somit bei Vermittlung oder Abschluss eines Vertrages auf bestimmte Dauer eine **Einmalprovision.**[117] Das Entgelt für die gesamte Vertragsdauer

---

[108] MüKoHGB/Ströbl Rn. 34.

[109] MüKoHGB/Ströbl Rn. 35; Oetker/Busche Rn. 15; Baumbach/Hopt/Hopt Rn. 14.

[110] MüKoHGB/Ströbl Rn. 35; Oetker/Busche Rn. 15; Heymann/Stöber Rn. 18.

[111] Küstner/Thume VertriebsR-HdB I Kap. V Rn. 361; Küstner BB 1973, 1239 (1241); Küstner BB 1975, 194 (195); aA MüKoHGB/Ströbl Rn. 35 mwN.

[112] BGH NJW 1975, 387.

[113] OLG Hamm BB 1973, 1233 f.

[114] MüKoHGB/Ströbl § 89 Rn. 39 f.; Froitzheim in Heymann § 89 Rn. 24; Ebenroth/Boujong/Joost/Strohn/Löwisch § 89 Rn. 19; Emde § 89 Rn. 41.

[115] Küstner/Thume VertriebsR-HdB I Kap. V Rn. 361.

[116] Küstner/Thume VertriebsR-HdB I Kap. V Rn. 364.

[117] MüKoHGB/Ströbl Rn. 36; Oetker/Busche Rn. 16; Heymann/Stöber Rn. 18; Ebenroth/Boujong/Joost/Strohn/Löwisch Rn. 20; Küstner/Thume VertriebsR-HdB I Kap. V Rn. 362.

ist auch dann maßgeblich, wenn der Handelsvertretervertrag früher endet als der Dauer-vertrag.[118] Denn nach allgemeinen Grundsätzen sind sämtliche während der Laufzeit des Handelsvertretervertrages abgeschlossenen Geschäfte mit Dritten provisionspflichtig, un-abhängig davon, ob sie auch vor Beendigung des Handelsvertretervertrages (vollständig) ausgeführt werden (→ Rn. 56 und → § 87 Rn. 31).[119]

Der Anspruch auf die Einmalprovision entsteht gem. § 87a mit der Ausführung des **47** jeweiligen Vertrages. Diese erfolgt bei Gebrauchsüberlassungs- und Nutzungsverträgen bereits mit der erstmaligen Gebrauchsüberlassung und nicht erst mit Vertragsende (→ § 87a Rn. 30). Dabei kommt es nicht darauf an, wann das festgelegte Entgelt, das für die Pro-visionsberechnung maßgeblich ist, von dem Schuldner zu leisten ist. Es ist somit irrelevant, ob das Entgelt bereits bei Vertragsbeginn, nach Vertragsende oder in Teilbeträgen über die Laufzeit des Vertrages (zB monatlich oder quartalsweise) geschuldet ist.[120]

3. Verträge von unbestimmter Dauer (Abs. 3 S. 2). a) Begriff. Ein Vertrag ist **48** dann von unbestimmter Dauer iSv Abs. 3 S. 2, wenn dessen **Vertragsdauer weder im Vertrag** genau **bestimmt** ist, noch auf Grund des Inhalts des Vertrages **hinreichend bestimmbar** ist (→ Rn. 42). Hierunter fallen auch Verträge mit einer Verlängerungs-klausel (→ Rn. 44).

b) Provisionsberechnung. Sofern die Parteien des Handelsvertretervertrages keine **49** abweichende Vereinbarung getroffen haben, erwirbt der Handelsvertreter bei Vermittlung bzw. Abschluss eines Vertrages auf unbestimmte Dauer zunächst nur eine **Erstprovision.** Diese bemisst sich nach dem **Entgelt,** das der Unternehmer oder der Dritte bis zu demjenigen Zeitpunkt zu zahlen hat, zu welchem der **Dritte den Vertrag erstmals ordentlich kündigen** kann.[121] Der Zeitpunkt, zu dem der Unternehmer den Vertrag erstmalig kündigen kann, ist unbedeutend. Dies gilt auch dann, wenn der Unternehmer Schuldner des Entgeltes ist.[122] Für die Berechnung der Erstprovision kommt es nicht darauf an, ob der Dritte das ihm zustehende Kündigungsrecht tatsächlich ausübt oder ungenützt lässt. Es ist ebenso unbedeutend, wie wahrscheinlich eine Ausübung dieses Kündigungs-rechtes durch den Dritten ist.[123] Anders ist jedoch der Fall zu beurteilen, dass der Dritte von Beginn an auf ein ihm zustehendes ordentliches Kündigungsrecht verzichtet hat. In einem solchen Fall ist der für den Dritten nächstmögliche Kündigungszeitpunkt entscheidend.[124]

Übt der Dritte sein erstmaliges ordentliches Kündigungsrecht aus und endet der Dauer- **50** vertrag damit, entsteht dem Handelsvertreter über die Erstprovision hinaus kein weiterer Provisionsanspruch. Nimmt der Dritte sein Kündigungsrecht dagegen nicht oder nicht vertragsgemäß (zB verspätet oder nicht in der vereinbarten Form) in Anspruch und **setzt sich der Vertrag** somit **fort,** steht dem Handelsvertreter **weiterhin Provision** zu. Diese berechnet sich entsprechend der Erstprovision. Dem Handelsvertreter steht somit für den Zeitraum vom ersten möglichen Kündigungstermin bis zu demjenigen Zeitpunkt, zu welchem der Dritte den Vertrag das nächste Mal ordentlich kündigen kann (und jeden weiteren darauffolgenden Zeitraum zwischen zwei Kündigungsterminen), ein weiterer Provisionsanspruch zu.[125] Maßgeblich ist jeweils das für den jeweiligen Zeitraum geschul-dete Entgelt.

---

[118] MüKoHGB/Ströbl Rn. 36; Oetker/Busche Rn. 15; Baumbach/Hopt/Hopt Rn. 17.

[119] MüKoHGB/Ströbl Rn. 43; Oetker/Busche Rn. 15.

[120] MüKoHGB/Ströbl Rn. 36; Oetker/Busche Rn. 16; Heymann/Stöber Rn. 18; Küstner/Thume Ver-triebsR-HdB I Kap. V Rn. 362; Emde Rn. 33.

[121] MüKoHGB/Ströbl Rn. 37; Oetker/Busche Rn. 18; Baumbach/Hopt/Hopt Rn. 15; Heymann/Stö-ber Rn. 19; Ebenroth/Boujong/Joost/Strohn/Löwisch Rn. 35; Küstner/Thume VertriebsR-HdB I Kap. V Rn. 365.

[122] MüKoHGB/Ströbl Rn. 37; Oetker/Busche Rn. 18.

[123] MüKoHGB/Ströbl Rn. 37.

[124] MüKoHGB/Ströbl Rn. 37.

[125] MüKoHGB/Ströbl Rn. 38; Oetker/Busche Rn. 18; Baumbach/Hopt/Hopt Rn. 15; Ebenroth/Bou-jong/Joost/Strohn/Löwisch Rn. 35; Küstner/Thume VertriebsR-HdB I Kap. V Rn. 365.

51 Ist der Dritte berechtigt, den Vertrag jederzeit, egal ob und mit welcher Kündigungsfrist, ordentlich zu kündigen, steht dem Handelsvertreter ein einziger, mit der Fortsetzung des Vertrages stetig **wachsender Provisionsanspruch** zu. Eine zeitliche Gliederung dieses einheitlichen Provisionsanspruches ergibt sich durch dessen Abrechnung nach den gem. § 87c maßgeblichen Abrechnungszeiträumen.[126]

52 **Wird der Dauervertrag** durch eine ordentliche Kündigung des Dritten wirksam **beendet und dann doch** von den Parteien **fortgesetzt,** liegt rechtstechnisch ein **Neuabschluss des Dauervertrages** vor. Dem Handelsvertreter entsteht für den neu abgeschlossenen Dauervertrag grds. kein Provisionsanspruch, selbst wenn dieser mit dem alten Dauervertrag inhaltsgleich ist.[127] Etwas anderes gilt jedoch zum einen dann, wenn dem Handelsvertreter nach den allgemeinen Vorschriften (§ 87) ein Provisionsanspruch auch in Bezug auf den neuen Dauervertrag zusteht, etwa weil er dessen Abschluss mitverursacht hat (§ 87 Abs. 1 S. 1 Alt. 1; → § 87 Rn. 34 ff.). Eine solche Mitverursachung ist bspw. dann anzunehmen, wenn der Handelsvertreter den Dritten erfolgreich dazu bewegt, seine Kündigung „zurückzunehmen" mit der rechtlichen Folge, dass der Dritte und der Unternehmer entweder ausdr. oder stillschweigend einen neuen Dauervertrag mit identischem Inhalt abschließen.[128] Eine Mitverursachung des Neuabschlusses durch den Handelsvertreter ist dagegen zu verneinen, wenn der Dritte und der Unternehmer eigenständig ohne Veranlassung des Handelsvertreters auf die Wirkung der Kündigung verzichten.[129] Zum anderen kann dem Handelsvertreter auch dann in Bezug auf den neu abgeschlossenen Dauervertrag ein Provisionsanspruch zustehen, wenn er beweisen kann, dass der Dritte und der Unternehmer den alten Dauervertrag fortsetzen wollten und nur deshalb der Dauervertrag neu abgeschlossen worden ist, um einen weiteren Provisionsanspruch des Handelsvertreters zu umgehen.[130]

53 **4. Vorzeitige Beendigung des Dauervertrages.** Abs. 3 enthält lediglich Sonderbestimmungen für die Berechnung der Provision bei der Vermittlung oder dem Abschluss von Gebrauchsüberlassungs- und Nutzungsverträgen. Die Vorschrift trifft keine Aussage über den Zeitpunkt der Entstehung der Provisionsanwartschaft und deren Erstarkung zum Vollrecht. Dies bestimmt sich nach den allgemeinen Vorschriften, namentlich den §§ 87 und 87a (→ Rn. 40).[131] Abs. 3 regelt demnach auch nicht die Provisionspflicht für den Fall der vorzeitigen Beendigung eines auf bestimmte oder unbestimmte Dauer abgeschlossenen Dauervertrages. Zum Schutz des Handelsvertreters ist auch hier der Grundgedanke des **§ 87a Abs. 3 analog** heranzuziehen, wonach der Unternehmer den Provisionsanspruch des Handelsvertreters **nicht durch sein Verhalten treuwidrig vereiteln** darf.[132]

54 Kündigt demnach der Unternehmer den Dauervertrag vorzeitig oder tritt er von dem Dauervertrag zurück, bleibt der Provisionsanspruch des Handelsvertreters grds. bestehen, es sei denn, der Grund für die Kündigung bzw. den Rücktritt liegt in einem nicht von dem Unternehmer zu vertretenden wichtigen Grund. Der Handelsvertreter hat insoweit eine bereits gezahlte Provision nicht zurückzuzahlen.[133] Kündigt dagegen der Dritte oder tritt dieser zurück, ist der Handelsvertreter grds. zur anteiligen Rückzahlung der an ihn bereits geleisteten Provision verpflichtet, es sei denn, der Unternehmer hat den Grund für die Kündigung bzw. den Rücktritt des Dritten zu vertreten.[134] Die vorstehenden Grundsätze

---

[126] MüKoHGB/Ströbl Rn. 38; Oetker/Busche Rn. 18; Baumbach/Hopt/Hopt Rn. 15; Heymann/Stöber Rn. 19.

[127] Ebenroth/Boujong/Joost/Strohn/Löwisch Rn. 39; Emde Rn. 38.

[128] MüKoHGB/Ströbl Rn. 39; Ebenroth/Boujong/Joost/Strohn/Löwisch Rn. 39; Emde Rn. 38.

[129] MüKoHGB/Ströbl Rn. 39; Ebenroth/Boujong/Joost/Strohn/Löwisch Rn. 39; Emde Rn. 38.

[130] MüKoHGB/Ströbl Rn. 39; Ebenroth/Boujong/Joost/Strohn/Löwisch Rn. 39; Emde Rn. 38.

[131] MüKoHGB/Ströbl Rn. 40; Baumbach/Hopt/Hopt Rn. 16; Küstner/Thume VertriebsR-HdB I Kap. V Rn. 367.

[132] MüKoHGB/Ströbl Rn. 40; Baumbach/Hopt/Hopt Rn. 16; Ebenroth/Boujong/Joost/Strohn/Löwisch Rn. 38; Küstner/Thume VertriebsR-HdB I Kap. V Rn. 372; Emde Rn. 39.

[133] MüKoHGB/Ströbl Rn. 41.

[134] MüKoHGB/Ströbl Rn. 41.

gelten gleichermaßen bei einer vorzeitigen Beendigung von Dauerverträgen von bestimmter oder unbestimmter Dauer.

Etwas anderes gilt jedoch im Falle einer wirksamen **ordentlichen Kündigung** eines auf 55
unbestimmte Dauer abgeschlossenen Vertrages. Dem Handelsvertreter steht in einem solchen Fall kein Provisionsanspruch für etwaige Zeiträume nach Wirksamwerden der ordentlichen Kündigung zu.[135] Dies gilt unabhängig davon, ob der Dritte oder der Unternehmer den Dauervertrag ordentlich kündigt und aus welchen Gründen dies geschieht. § 87a Abs. 3 ist insoweit unanwendbar, da der Dauervertrag von Beginn an unter dem Vorbehalt einer möglichen ordentlichen Kündigung stand.

5. Beendigung des Handelsvertretervertrages. a) Verträge von bestimmter 56
Dauer. Sofern nichts Abweichendes vereinbart wurde, hat die Beendigung des Handelsvertretervertrages auf Verträge mit bestimmter Dauer (→ Rn. 42 ff.), die der Unternehmer während der Laufzeit des Handelsvertretervertrages mit Dritten abschließt, keine für den Handelsvertreter negativen provisionsrechtlichen Folgen. Dem Handelsvertreter steht **trotz der Beendigung des Handelsvertretervertrages** die **volle Provision** für die gesamte Laufzeit des Vertrages mit bestimmter Dauer zu (zur Provisionsberechnung → Rn. 46 f.).[136] Dies gilt auch dann, wenn der Handelsvertretervertrag vor dem provisionspflichtigen Vertrag mit bestimmter Dauer endet. Es gilt mangels abweichender Vereinbarung der allgemeine Grundsatz, wonach die Entstehung der Provisionsanwartschaft (§ 87) lediglich voraussetzt, dass das jeweilige Geschäft mit dem Dritten (hier der Vertrag mit bestimmter Dauer) während der Dauer des Handelsvertretervertrages abgeschlossen wird (→ § 87 Rn. 20 ff.). Dagegen kommt es für die Provisionspflichtigkeit nicht darauf an, ob das Geschäft mit dem Dritten vor dem Ende des Handelsvertretervertrages auch (vollständig) ausgeführt wird.[137] Die Parteien des Handelsvertretervertrages können jedoch zB vereinbaren, dass die Provision nur von demjenigen Entgelt gem. dem Vertag mit bestimmter Dauer zu berechnen ist, das vor dem Ende des Handelsvertretervertrages fällig wird.[138]

b) Verträge von unbestimmter Dauer. Die Beendigung des Handelsvertretervertrages 57
hat nach richtiger Auffassung auch auf Verträge mit unbestimmter Dauer (→ Rn. 48 ff.), die der Unternehmer während der Laufzeit des Handelsvertretervertrages mit Dritten abschließt, keine für den Handelsvertreter negativen provisionsrechtlichen Folgen. Dem Handelsvertreter steht demnach **auch nach der Beendigung des Handelsvertretervertrages solange eine Provision zu, wie der Vertrag mit unbestimmter Dauer fortbesteht** (zur Provisionsberechnung → Rn. 49 ff.).[139] Etwas anderes gilt nur, wenn und soweit die Parteien des Handelsvertretervertrages eine wirksame Provisionsverzichtsklausel (→ Rn. 6 und → § 87a Rn. 70) vereinbart haben.[140] Der in der Literatur teilw. (noch) vertretenen anderen Auffassung, wonach der Provisionsanspruch des Handelsvertreters nach Beendigung des Handelsvertretervertrages nur für den Zeitraum fortbestehen soll, bis zu dem der Dritte den Vertrag erstmals ordentlich kündigen kann,[141] ist nicht zu folgen. Nach dieser Auffassung soll der Vertrag, wenn er über den vorgenannten Zeitpunkt hinaus fortgesetzt wird, provisionsrechtlich so zu behandeln sein, als wäre er erst nach Beendigung des Handelsvertretervertrages zustande gekommen. Die Fortsetzung des Vertrages mit dem

---

[135] MüKoHGB/Ströbl Rn. 42; Baumbach/Hopt/Hopt Rn. 16; Emde Rn. 39.

[136] MüKoHGB/Ströbl Rn. 43; Oetker/Busche Rn. 15; Baumbach/Hopt/Hopt Rn. 17.

[137] MüKoHGB/Ströbl Rn. 43; Oetker/Busche Rn. 15.

[138] MüKoHGB/Ströbl Rn. 43.

[139] BGH NJW 2010, 298 Rn. 32; OLG Düsseldorf BB 1977, 817; LAG Hamm DB 1984, 674 (675); MüKoHGB/Ströbl Rn. 44; Oetker/Busche Rn. 19; Baumbach/Hopt/Hopt Rn. 17; Heymann/Stöber Rn. 19; Ebenroth/Boujong/Joost/Strohn/Löwisch Rn. 35; Küstner/Thume VertriebsR-HdB I Kap. V Rn. 367; Emde Rn. 40.

[140] MüKoHGB/Ströbl Rn. 44; Küstner/Thume VertriebsR-HdB I Kap. V Rn. 367, 369.

[141] Schlegelberger/Schröder Rn. 14; Staub/Emde, 6. Aufl., Rn. 37.

Dritten stellt aber rechtlich betrachtet gerade keinen Neuabschluss dar.[142] Vielmehr wird der von dem Handelsvertreter vermittelte bzw. abgeschlossene Vertrag fortgesetzt. Die Zerlegung des Vertrages mit unbestimmter Dauer in einzelne Zeiträume (→ Rn. 49 ff.) hat lediglich Bedeutung für die Berechnung der Provision.[143] Auch in Bezug auf Verträge mit unbestimmter Dauer ist für die Provisionsberechnung der gesamte Wert des Geschäftes mit dem Dritten zugrunde zu legen. Maßgeblich ist somit die gesamte tatsächliche Dauer des Vertrages und nicht nur der Zeitraum bis zum nächstmöglichen Kündigungstermin des Dritten nach Beendigung des Handelsvertretervertrages.

V. Abweichende Vereinbarung

58 Die Vorschrift des § 87b ist insgesamt **dispositiv.**

59 Die Parteien sind daher **individualvertraglich** innerhalb der allgemeinen Vorschriften (§§ 134, 138, 242 BGB) vollkommen **frei,** von § 87b **abweichende Vereinbarungen zu treffen.**[144] Die Parteien des Handelsvertretervertrages können daher sowohl ausdr. als auch stillschweigend eine von dieser Vorschrift abweichende Vereinbarung über die Höhe, die Berechnungsweise und den Berechnungsmaßstab treffen.[145] Grds. kann in Bezug auf **Abs. 1** die Höhe des Provisionssatzes wirksam vereinbart werden (→ Rn. 5 ff.), soweit die Provisionshöhe nicht per Gesetz hoheitlich festgelegt ist (→ Rn. 11) und keine sog. „Hungerprovision" vereinbart wird (→ Rn. 6). Möglich ist somit grds. eine differenzierte Festsetzung der Provisionshöhe je nach Kunde, Art des Geschäftes und/oder Verdienstspanne des Unternehmers.[146] Den Parteien steht es abweichend von **Abs. 2 S. 1** frei, insbes. eine andere Bezugsgröße als das vereinbarte Entgelt als Grundlage für die Provisionsberechnung zu vereinbaren oder bestimmte Leistungen oder vom Unternehmer erhaltene Vergütungen von der Provisionspflicht auszunehmen (→ Rn. 18). Es kann zudem abweichend von **Abs. 2 S. 2** vereinbart werden, dass Skontoabzüge (→ Rn. 27 ff.) und/oder Nebenkosten (→ Rn. 33 ff.), auch wenn diese nicht gesondert in Rechnung gestellt werden, von dem bei der Provisionsberechnung zu Grunde zu legenden Entgelt nach Abs. 1 abzuziehen sind. Schließlich kann abweichend von **Abs. 2 S. 3** vereinbart werden, dass der Unternehmer auf die in Rechnung gestellte Umsatzsteuer keine Provision zu leisten hat.[147] Die Parteien des Handelsvertretervertrages können auch zu **Abs. 3** und den darin enthaltenen Bestimmungen zur Provisionsberechnung bei von dem Handelsvertreter vermittelten bzw. abgeschlossenen Gebrauchsüberlassungs- und Nutzungsverträgen (→ Rn. 38 ff.) Abweichendes regeln. So ist ua möglich, die Provision in Bezug auf Verträge mit bestimmter Dauer auf einen Teil des Entgeltes für die gesamte Vertragsdauer zu beschränken.[148] Den Parteien steht es hinsichtlich provisionspflichtigen Verträgen mit einer unbestimmten Dauer bspw. frei, die Provisionszahlungspflicht des Unternehmers auf eine einmalige Provision zu beschränken, welche nach einer bestimmten Vertragsdauer zu bemessen und unabhängig von der weiteren Fortsetzung des Vertrages ist.[149] Weitere Gestaltungsmöglichkeiten sind in den Ausführungen zu den jeweiligen Bestimmungen des § 87b enthalten.

---

[142] MüKoHGB/Ströbl Rn. 44; Oetker/Busche Rn. 19.

[143] MüKoHGB/Ströbl Rn. 44; Oetker/Busche Rn. 19; Heymann/Stöber Rn. 20.

[144] BGH NJW-RR 2005, 1274 (1276) (zu Abs. 2 und 3); 2004, 1206 (1207); LAG Berlin DB 1964, 189; MüKoHGB/Ströbl Rn. 45; Oetker/Busche Rn. 21; Baumbach/Hopt/Hopt Rn. 18, 19; Heymann/Stöber Rn. 3, 21; Ebenroth/Boujong/Joost/Strohn/Löwisch Rn. 40 f.; Emde Rn. 42.

[145] NJW-RR 2004, 1206 (1207); LAG Berlin DB 1964, 189; MüKoHGB/Ströbl Rn. 45; Ebenroth/Boujong/Joost/Strohn/Löwisch Rn. 40.

[146] vgl. LAG Hessen NZA 1992, 799 (geringerer Provisionssatz bei Vermittlung von Geschäften unter Listenpreis); OLG Karlsruhe HVR Nr. 494; Oetker/Busche Rn. 22; Baumbach/Hopt/Hopt Rn. 18.

[147] BAG BB 1983, 195 (197); OLG Düsseldorf DB 1955, 578 f.; MüKoHGB/Ströbl Rn. 46; Oetker/Busche Rn. 22; Baumbach/Hopt/Hopt Rn. 18.

[148] MüKoHGB/Ströbl Rn. 47; Oetker/Busche Rn. 22; Heymann/Stöber Rn. 23.

[149] BGH WM 2005, 1866 (1867); NJW 1959, 1430 (1433); MüKoHGB/Ströbl Rn. 47; Oetker/Busche Rn. 22; Baumbach/Hopt/Hopt Rn. 19; Heymann/Stöber Rn. 23.

In **Allgemeinen Geschäftsbedingungen** enthaltene Regelungen unterliegen der **In-** 60
haltskontrolle gem. den §§ 305 ff. BGB,[150] soweit sie nicht als Preishauptabrede[151] zu
qualifizieren sind. Dabei ist jedoch zu beachten, dass § 87b Abs. 2 nicht als gesetzliches
Leitbild iSv § 307 Abs. 2 Nr. 1 BGB zu werten ist.[152] Bspw. verstößt ein in Allgemeinen
Geschäftsbedingungen enthaltener uneingeschränkter Änderungsvorbehalt des Unternehmers in Bezug auf den Provisionssatz gegen §§ 305c und 307 BGB und ist damit unwirksam und nicht durchsetzbar (→ Rn. 9). Ebenso kann im Einzelfall eine Regelung in Allgemeinen Geschäftsbedingungen unwirksam und nicht durchsetzbar sein, die eine zu einer
Provisionskürzung führende Beteiligung des Handelsvertreters an vom Unternehmer gewährten Preisnachlässen beinhaltet.[153]

VI. Beweislast

Der Handelsvertreter, der seinen Provisionsanspruch einklagt, trägt die Beweislast für die 61
vereinbarte Provisionshöhe, die Berechnungsgrundlage und all diejenigen weiteren Umstände, von denen die Höhe seines Provisionsanspruches abhängt.[154] Behauptet der Handelsvertreter demnach also eine bestimmte mit dem Unternehmer getroffene Provisionsabrede, trägt er im Bestreitensfalle die Beweislast dafür. Erhebt der Unternehmer Einwände
gegen die vom Handelsvertreter behauptete Provisionsabrede und behauptet er eine anderweitige Provisionsvereinbarung, hat der Handelsvertreter zudem nach der hM die Einwände des Unternehmers sowie die vom Unternehmer behauptete Provisionsvereinbarung
auszuräumen.[155] Macht der Handelsvertreter den üblichen Provisionssatz gem. Abs. 1
geltend, muss der Handelsvertreter wegen der Nachrangigkeit dieser Vorschrift nach der
hM eine vom Unternehmer behauptete niedrigere Provisionsvereinbarung widerlegen.[156]
Sofern dem Handelsvertreter dies nicht gelingt, steht dem Handelsvertreter nur eine Provision in der vom Unternehmer behaupteten Höhe zu. Eine Ausnahme ist jedoch dann
angezeigt, wenn der Handelsvertreter eine Provisionsabrede behauptet und erfolgreich
nachweist. Behauptet der Unternehmer in einem solchen Fall eine (für ein spezielles
Geschäft) vereinbarte niedrigere Provision, obliegt dem Unternehmer insoweit die Beweislast.[157]

B. Vertragshändler

I. Analoge Anwendung

Für den Vertragshändler **nicht einschlägig.** Eine analoge Anwendung des § 87b kommt 62
nicht in Betracht.[158] Zur Vergütung des Vertragshändlers → § 87 Rn. 147 ff.

---

[150] Oetker/Busche Rn. 21; Baumbach/Hopt/Hopt Rn. 18; Emde Rn. 42.
[151] OLG München ZVertriebsR 2022, 248 Rn. 29 ff. (zur Qualifizierung einer Regelung über die Kürzung der Handelsvertreterprovision bei Kartenzahlung durch Tankkunden als Preisnebenabrede); KG ZVertriebsR 2022, 244 (246) (zur Qualifizierung einer Regelung über die Kürzung der Handelsvertreterprovision
bei Kartenzahlung durch Tankkunden als Preishauptabrede).
[152] BGH NJW-RR 2004, 1206 (1207); Oetker/Busche Rn. 21; Baumbach/Hopt/Hopt Rn. 18.
[153] Oetker/Busche Rn. 21; Baumbach/Hopt/Hopt Rn. 18; UHB/H. Schmidt Teil 2 (15) Rn. 4.
[154] Ebenroth/Boujong/Joost/Strohn/Löwisch Rn. 47; Küstner/Thume VertriebsR-HdB I Kap. V
Rn. 422; Emde Rn. 43.
[155] Vgl. BGH NJW 1983, 1782 f. (zum üblichen Werklohn gem. § 632 BGB); 1981, 1442 (1443 f.) (zum
üblichen Werklohn gem. § 632 BGB); Baumbach/Hopt/Hopt Rn. 2; Ebenroth/Boujong/Joost/Strohn/
Löwisch Rn. 47; Küstner/Thume VertriebsR-HdB I Kap. V Rn. 423.
[156] Vgl. BGH NJW 1983, 1782 f. (zum üblichen Werklohn gem. § 632 BGB); 1981, 1442 (1443 f.) (zum
üblichen Werklohn gem. § 632 BGB); MüKoHGB/Ströbl Rn. 14; Oetker/Busche Rn. 20; Baumbach/
Hopt/Hopt Rn. 2; Ebenroth/Boujong/Joost/Strohn/Löwisch Rn. 47; Küstner/Thume VertriebsR-HdB I
Kap. V Rn. 423; aA Emde Rn. 43.
[157] Küstner/Thume VertriebsR-HdB I Kap. V Rn. 424.
[158] MüKoHGB/Ströbl Rn. 3; Oetker/Busche Rn. 23; Küstner/Thume VertriebsR-HdB III Teil II Kap. 2
Rn. 60; Ebenroth/Boujong/Joost/Strohn/Löwisch Rn. 46; Emde Rn. 2.

II. Einseitige Änderung der Vergütung

63 **1. Allgemeines.** Die Vergütung des Vertragshändlers besteht im Wesentlichen aus seiner Handelsspanne bzw. Händlermarge, die ihm vom Unternehmer in Form eines besonders günstigen Einkaufspreises für die Vertragsprodukte eingeräumt wird (→ § 87 Rn. 148). Daneben wird der Unternehmer oftmals zusätzliche Vertriebsanreize für den Vertragshändler schaffen wollen, indem er ihm die Zahlung von Boni, Prämien, Incentives und/oder anderen Nebenleistungen in Aussicht stellt. In der Praxis stellt sich für den Unternehmer in aller Regel das Bedürfnis, einseitig Einfluss auf die Vergütung des Vertragshändlers, insbes. seine mit dem Vertragshändler vereinbarten Verkaufspreise, den dem Vertragshändler eingeräumten Händlerrabatt und/oder die an diesen zu zahlenden Nebenleistungen, nehmen zu können. Grds. ist der Unternehmer an die mit dem Vertragshändler in Bezug auf dessen Vergütung getroffenen Abreden gebunden, wenn und soweit er sich nicht wirksam einen **Änderungsvorbehalt** ausbedungen hat. In Ermangelung eines wirksamen Änderungsvorbehaltes steht dem Unternehmer grds. nur die in aller Regel für ihn wenig attraktive Möglichkeit offen, eine ordentliche **Änderungskündigung** auszusprechen, dh den gesamten Vertragshändlervertrag ordentlich zu kündigen und dem Vertragshändler gleichzeitig ein Angebot auf Abschluss eines neuen Vertragshändlervertrages mit geänderter Vergütung zu unterbreiten.[159]

64 Für den Vertragshändler sind Änderungsvorbehalte des Unternehmers, die seine Vergütungsbestandteile betreffen, offensichtlich gefährlich. Denn der Unternehmer erhält hierdurch die Möglichkeit, einseitig Einfluss auf die Ertragsmöglichkeiten des Vertragshändlers zu nehmen. Wohingegen **individualvertraglich** vereinbarte Änderungsvorbehalte des Unternehmers in Bezug auf die Vergütung des Vertragshändlers (innerhalb der Grenzen der §§ 138 und 315 BGB[160]) nicht zu beanstanden sind, bestehen Bedenken, wenn sich solche Vorbehalte in **Allgemeinen Geschäftsbedingungen** des Unternehmers wiederfinden (→ Rn. 66 ff.).

65 Sind die Parteien des Vertragshändlervertrages von der Geltung der bei Abschluss des Vertragshändlervertrages gültigen Preisliste des Unternehmers ausgegangen, ohne vereinbart zu haben, dass diese unverändert über die gesamte Laufzeit gelten sollte, so ist durch Auslegung von einem einseitigen Preisänderungsrecht des Unternehmers auszugehen, welches der Unternehmer in den Grenzen des § 315 BGB ausüben kann.[161]

66 **2. Formularmäßige Änderungsvorbehalte. a) Kontrollfähigkeit.** Sofern sich ein Unternehmer in seinen Allgemeinen Geschäftsbedingungen das einseitige Recht vorbehält, Vergütungsbestandteile des Vertragshändlers zu ändern, unterliegt die entsprechende Klausel der **Inhaltskontrolle gem. §§ 307 ff. BGB.**[162] Obwohl eine solche Klausel die Hauptleistungspflicht des Unternehmers betrifft, nämlich die Pflicht zur Zahlung des dem Vertragshändler für dessen Leistungen geschuldeten Entgeltes, ist sie nicht gem. § 307 Abs. 3 S. 1 BGB der Inhaltskontrolle entzogen. Denn durch solche Änderungsvorbehalte wird von dem Grundsatz abgewichen, dass Leistung und Gegenleistung im jeweiligen Vertrag festzulegen sind.[163]

67 **b) Grundsätze der Rechtsprechung.** Grds. sind Änderungsvorbehalte des Unternehmers nach der Rechtsprechung des BGH nur dann wirksam, wenn (i) die Klausel konkrete

---

[159] Schultze/Wauschkuhn/Spenner/Dau/Kübler Vertragshändlervertrag/Dau Rn. 352; Pfeffer NJW 1996, 681 (684).

[160] Emde vor § 84 Rn. 408.

[161] OLG Frankfurt a. M. ZVertriebsR 2013, 42; Emde BB 2014, 2435 (2439).

[162] BGH NJW-RR 2005, 1496 (1500) – Honda; NJW 2000, 515 (520) – Kawasaki; NJW 1994, 1060 (1063) – Daihatsu; 1985, 853 – Ford; Küstner/Thume VertriebsR-HdB III Teil II Kap. 4 Rn. 53; Martinek/Semler/Flohr VertriebsR-HdB/Manderla § 25 Rn. 48; Giesler Vertriebsrecht § 3 Rn. 123; Schultze/Wauschkuhn/Spenner/Dau/Kübler Vertragshändlervertrag/Dau Rn. 353.

[163] BGH NJW-RR 2005, 1496 (1500) – Honda; Küstner/Thume VertriebsR-HdB III Teil II Kap. 4 Rn. 53.

schwerwiegende Änderungsgründe nennt und (ii) in ihren Voraussetzungen und Folgen erkennbar die Interessen des Vertragshändlers angemessen berücksichtigt.[164] Diese Grundsätze sind insbesondere auf Änderungsvorbehalte anzuwenden, die die **Handelsspanne bzw. Händlermarge** des Vertragshändlers oder die **Verkaufspreise des Unternehmers** zum Gegenstand haben.

Anders sind Änderungsvorbehalte des Unternehmers zu beurteilen, die sich auf **zusätzli-** **68** **che und freiwillige Nebenleistungen** des Unternehmers beziehen, dh solche Nebenleistungen, auf die der Vertragshändler weder auf Grund vertraglicher Bestimmungen noch aus der Natur des Vertragshändlervertrages einen Anspruch gegen den Unternehmer hat. Die Besonderheit solcher freiwilligen Zusatzleistungen des Unternehmers liegt darin, dass diese gerade in keinem synallagmatischen Verhältnis zu einer Vertragspflicht des Vertragshändlers (wie etwa der Absatzförderungspflicht) stehen.[165] Genauso wie der Unternehmer sein Versprechen zur Zahlung solcher freiwilligen Zusatzleistungen daher ganz hätte weglassen können, kann er auch Inhalt und Umfang seines Versprechens hierzu frei ausgestalten.[166] Der Vertragshändler erwirbt daher von Beginn an einen Anspruch auf diese freiwilligen Zusatzleistungen lediglich in der vom Unternehmer ausgestalteten Form.[167] Änderungsvorbehalte des Unternehmers in Bezug auf solche freiwilligen Zusatzleistungen können daher von diesem selbst in Allgemeinen Geschäftsbedingungen frei ausgestaltet werden, ohne unangemessen zu sein.[168] So hat der BGH in der Daihatsu-Entscheidung eine Klausel für wirksam erachtet, die den Unternehmer berechtigte, die Zahlung von Quartals- und Jahresboni abzulehnen, da diese Boni in der Klausel ausdr. als zusätzliche und freiwillige Zusatzleistungen deklariert waren und die Vertragshändler damit auf diese eben keinerlei Anspruch hatten.[169] In der Kawasaki-Entscheidung entschied der BGH dagegen, dass es sich bei der Gewährung bestimmter Rabatte, Boni, Zuschüsse etc nicht um freiwillige Zusatzleistungen ohne Entgeltcharakter handelte, sondern diese verbindlich festgelegt wurden und der Vertragshändler hierauf einen Anspruch hatte.[170] Dies bedeutet für die Praxis, dass der Unternehmer in seinen Vertragshändlerverträgen stets nur solche Vergütungsleistungen erwähnen sollte, die er auch tatsächlich dauerhaft zahlen möchte; zusätzliche und freiwillige Leistungen sollte er stattdessen für jeden Einzelfall separat im Rahmen zeitlich begrenzter Nebenabreden vereinbaren und dabei deutlich auf den „zusätzlichen" und „freiwilligen" Charakter dieser Leistungen hinweisen.[171]

c) Beispielsklauseln. Nach den obigen Grundsätzen (→ Rn. 67) ist eine Klausel **un-** **69** **angemessen** iSd § 307 BGB und damit unwirksam und nicht durchsetzbar, die den Unternehmer berechtigt, **jederzeit und ohne vorherige Ankündigung** die Verdienstmöglichkeiten des Vertragshändlers (wie etwa Preise, Rabatte, Boni) zu ändern, ohne dabei an einschränkende Bedingungen geknüpft zu sein oder dem Vertragshändler einen angemessenen Ausgleich zahlen zu müssen.[172]

---

[164] BGH NJW-RR 2005, 1496 (1501) – Honda; NJW 2000, 515 (521) – Kawasaki; 1994, 1060 (1063) – Daihatsu; OLG Düsseldorf BeckRS 2019, 30841 Rn. 14; Küstner/Thume VertriebsR-HdB III Teil II Kap. 4 Rn. 54; Giesler Vertriebsrecht § 3 Rn. 132.

[165] BGH NJW 1994, 1060 (1064) – Daihatsu; Küstner/Thume VertriebsR-HdB III Teil II Kap. 4 Rn. 56; Giesler Vertriebsrecht § 3 Rn. 124.

[166] BGH NJW 1994, 1060 (1065) – Daihatsu; OLG Düsseldorf BeckRS 2019, 30841 Rn. 9; Küstner/Thume VertriebsR-HdB III Teil II Kap. 4 Rn. 56.

[167] BGH NJW 1994, 1060 (1065) – Daihatsu; Giesler Vertriebsrecht § 3 Rn. 124.

[168] BGH NJW 1994, 1060 (1065) – Daihatsu; Küstner/Thume VertriebsR-HdB III Teil II Kap. 4 Rn. 56; Giesler Vertriebsrecht § 3 Rn. 124; Pfeffer NJW 1996, 681 (684).

[169] BGH NJW 1994, 1060 (1064 f.) – Daihatsu.

[170] BGH NJW 2000, 515 (520 f.) – Kawasaki; kritisch hierzu Schultze/Wauschkuhn/Spenner/Dau/Kübler Vertragshändlervertrag/Dau Rn. 371 ff.

[171] Schultze/Wauschkuhn/Spenner/Dau/Kübler Vertragshändlervertrag/Dau Rn. 373.

[172] BGH NJW 2000, 515 (521) – Kawasaki; 1994, 1060 (1063) – Daihatsu; Küstner/Thume VertriebsR-HdB III Teil II Kap. 4 Rn. 55; Ulmer/Brandner/Hensen/Ulmer/Schäfer Teil 2 (57) Rn. 19; Martinek/Semler/Flohr VertriebsR-HdB/Manderla § 25 Rn. 48.

70   Der BGH hat in seiner Daihatsu-Entscheidung[173] eine Klausel für unwirksam erachtet, wonach der Unternehmer berechtigt sein sollte, die Höhe des dem Vertragshändler eingeräumten **Rabattsatzes** jederzeit einseitig zu ändern und durch Mitteilung die Änderung Vertragsbestandteil werden zu lassen.[174] Der BGH führte hierzu aus, eine Unangemessenheit dieser Klausel liege bereits deshalb vor, weil der Änderungsvorbehalt das wesentliche Recht des Vertragshändlers, nämlich dessen Verdienstmöglichkeiten, in einer solchen Weise einschränkt, dass die Erreichung des vom Vertragshändler erstrebten Vertragszweckes gefährdet wird.[175] Unter Berücksichtigung der oben genannten Grundsätze (→ Rn. 67) wird ein Änderungsvorbehalt in Bezug auf den dem Vertragshändler eingeräumten Rabattsatz (der üblicherweise auf die unverbindlichen Preisempfehlungen des Unternehmers für den Weiterverkauf an Endverbraucher gewährt wird) **grds. als unangemessen anzusehen sein.**[176] Denn der Unternehmer wird (anders als bei Listenpreisklauseln (→ Rn. 71 ff.) eigene Kostensteigerungen nicht als schwerwiegenden Änderungsgrund heranziehen können, um Änderungsvorbehalte in Bezug auf den Rabattsatz zu rechtfertigen.[177] Der Unternehmer kann somit auf den Rabattsatz des Vertragshändlers (mangels eines individualvertraglich vereinbarten Änderungsvorbehaltes) nur mittels einer ordentlichen Änderungskündigung Einfluss nehmen.

71   Dagegen kann der Unternehmer nach richtiger Auffassung sog. **Listenpreisklauseln** (oder auch **Preisanpassungsklauseln** genannt) auch in Allgemeinen Geschäftsbedingungen wirksam vereinbaren, wenn hierbei die Interessen des Vertragshändlers hinreichend gewahrt sind. Mittels einer Listenpreisklausel behält sich der Unternehmer das Recht vor, seine (Endkunden-)Preisliste, auf die dem Vertragshändler ein bestimmter Rabatt gewährt wird, anzupassen.[178] Die Interessen des Vertragshändlers sind im Rahmen von Listenpreisklauseln zumindest dann hinreichend gewahrt, wenn (i) sich der Unternehmer die Änderung seiner Preisliste nur vorbehält, um eigene Kostensteigerungen durchzureichen und (ii) der Unternehmer eine angemessene Ankündigungsfrist bis zum Wirksamwerden der Preiserhöhungen einzuhalten hat (so dass die Preisänderung insbesondere nicht für bereits abgeschlossene Einzelgeschäfte zwischen dem Vertragshändler und dem Unternehmer gilt).[179] Eine derart ausgestaltete Listenpreisklausel lässt dem Vertragshändler alle Möglichkeiten offen, die Preissteigerung an seine Kunden weiterzugeben. So bleibt ihm bis zum Ablauf der Ankündigungsfrist hinreichend Zeit, sich zu den alten Preisen beim Unternehmer einzudecken. Dies wird für den Vertragshändler insbes. dann von Interesse sein, wenn er gegenüber seinen Kunden bereits Verpflichtungen eingegangen ist und dabei auf Basis der alten Preise kalkuliert hat. Erfüllt die Listenpreisklausel die oben genannten Voraussetzungen, führt diese nicht zu einer unangemessenen Benachteiligung des Vertragshändlers.

72   Obwohl die Rechtsprechung des BGH den Anschein erwecken könnte, eine Listenpreisklausel sei stets als unangemessen zu beurteilen, wenn sie sich auch auf **bereits** zwischen dem Unternehmer und dem Vertragshändler **abgeschlossene Einzelgeschäfte** erstreckt, ist dem nach richtiger Auffassung nicht zuzustimmen.[180] Zwar hat der BGH in seiner Honda-Entscheidung die Ansicht vertreten, eine Klausel, wonach die Händlereinkaufspreise zum Zeitpunkt der Auslieferung an den Vertragshändler einschränkungslos gültig sein sollen, stelle eine unangemessene Benachteiligung für den Vertragshändler dar.[181] Auch in der Kawasaki-Entscheidung hat der BGH zu Recht eine Listenpreisklausel als unwirksam eingestuft, die ohne jegliche Einschränkung die Maßgeblichkeit derjenigen Preisbedingungen vorsah, die am Tag des Auftrages des Unternehmers an das Transport-

---

[173] BGH NJW 1994, 1060 – Daihatsu.
[174] BGH NJW 1994, 1060 (1063) – Daihatsu.
[175] BGH NJW 1994, 1060 (1063) – Daihatsu.
[176] Giesler Vertriebsrecht § 3 Rn. 134 f.; Pfeffer NJW 1996, 681 (684).
[177] Giesler Vertriebsrecht § 3 Rn. 135.
[178] Schultze/Wauschkuhn/Spenner/Dau/Kübler Vertragshändlervertrag/Dau Rn. 355.
[179] Giesler Vertriebsrecht § 3 Rn. 133; Emde vor § 84 Rn. 55a) bb).
[180] AA Martinek/Semler/Flohr VertriebsR-HdB/Manderla § 25 Rn. 48.
[181] BGH NJW-RR 2005, 1496 (1500 f.) – Honda.

unternehmen zur Auslieferung an den Vertragshändler gültig sind.[182] Diesen Entscheidungen ist jedoch keine generelle Wertung dahingehend zu entnehmen, dass Listenpreisklauseln, die auch bereits abgeschlossene Einzelgeschäfte mitumfassen, stets gegen § 307 BGB verstoßen und damit unwirksam sind. Im Ergebnis ist eine Listenpreisklausel des Unternehmers, die es dem Vertragshändler grds. ermöglicht, die Preiserhöhungen an seine Kunden weiterzugeben, nicht als unangemessen einzustufen.[183] Dem Vertragshändler ist eine Weitergabe der Preiserhöhungen dem Grunde nach möglich, wenn die Listenpreisklausel des Unternehmers bereits mit dem Vertragshändler abgeschlossene Einzelgeschäfte nur erfasst, wenn und soweit die Lieferung an den Vertragshändler **mindestens vier Monate nach Vertragsschluss** erfolgt.[184] Selbst ein Vertragshändler, der an Endverbraucher verkauft, kann (wenn er das Kundengeschäft abschließt, ehe er das Deckungsgeschäft mit dem Unternehmer tätigt) im Falle einer solchen Klausel die Preiserhöhungen gem. § 309 Nr. 1 BGB wirksam an seine Kunden durchreichen und somit eine Deckungslücke zu seinen Lasten vermeiden. Ein Preisänderungsrecht des Unternehmers **innerhalb der ersten vier Monate** nach Abschluss des Einzelgeschäftes mit dem Vertragshändler ist nur wirksam, wenn dieses Recht nicht für diejenigen Produkte des Unternehmers gilt, die der Vertragshändler bereits verkauft hat.[185] In jedem Fall ist auch hier entsprechend der obigen Grundsätze (→ Rn. 67) zu fordern, dass der Unternehmer auf Grund der Listenpreisklausel nur zu einer Preiserhöhung berechtigt ist, um eigene Kostensteigerungen an den Vertragshändler durchzureichen.

Fraglich ist, ob der Unternehmer formularmäßig in seinen Vertragshändlerverträgen eine **73** Listenpreisklausel der Gestalt wirksam vorsehen kann, wonach die bei Abschluss des Einzelgeschäftes zwischen dem Unternehmer und dem Vertragshändler **jeweils aktuelle Preisliste** des Unternehmers maßgeblich sein soll. Höchstrichterliche Rechtsprechung liegt hierzu nicht vor. Der BGH hat bislang lediglich eine entsprechende Listenpreisklausel zu beurteilen gehabt, die ein Unternehmer formularmäßig in seinen mit Kfz-Vertragshändlern abzuschließenden langfristigen Bezugsverträgen verwendete.[186] Der BGH erachtete diese Listenpreisklausel, die auf die jeweils gültige Preisliste des Unternehmers verwies, für angemessen, allerdings mit dem Hauptargument, dem Unternehmer war es auf Grund der instabilen Mineralölpreise kaum möglich gewesen, die Preise für die von ihm vertriebenen Schmiermittel bereits bei Abschluss der langfristigen Bezugsverträge festzusetzen.[187] Das OLG Düsseldorf hat zudem eine in einem Franchisevertrag enthaltene Listenpreisklausel, die die Gültigkeit der bei Abschluss des Einzelgeschäftes zwischen dem Unternehmer und dem Franchisenehmer jeweils aktuelle Preisliste des Unternehmers vorsah, für wirksam angesehen, weil (i) die Parteien des Franchisevertrages im Wesentlichen gleichgerichtete Interessen haben und damit keine willkürlichen und unangemessenen Preiserhöhungen zu befürchten seien und (ii) wegen der Verweisung auf die jeweils aktuelle Preisliste kein anfängliches Vertrauen des Franchisenehmers begründet worden sei, das durch eine Änderung der Preisliste verletzt zu werden droht (→ Rn. 78).[188] Die vorgenannten Argumente sind nach richtiger Auffassung auf die Interessenlage bei Vertragshändlerverträgen übertragbar. Auch der Unternehmer und der Vertragshändler haben im Wesentlichen gleichgerichtete Interessen, nämlich den bestmöglichen Absatz der Vertragsprodukte zu erreichen. Der Unternehmer kann deshalb eine derartige Listenpreisklausel nach richtiger Auffassung

---

[182] BGH NJW 2000, 515 (520 f.) – Kawasaki.

[183] Auch nach Ansicht des BGH ist die Frage, ob der Vertragshändler die Preiserhöhung an seine Kunden durchreichen kann, von wesentlicher Bedeutung für die Beurteilung der Wirksamkeit des Änderungsvorbehalts. Siehe hierzu BGH NJW 1994, 1060 (1063) – Daihatsu; NJW 1985, 853 (855) – Ford.

[184] Ulmer/Brandner/Hensen/Ulmer/Schäfer Teil 2 (57) Rn. 19; so wohl auch Giesler Vertriebsrecht § 3 Rn. 133.

[185] Ulmer/Brandner/Hensen/Ulmer/Schäfer Teil 2 (57) Rn. 19; Emde vor § 84 Rn. 55a) bb).

[186] BGH NJW 1985, 853 – Ford.

[187] BGH NJW 1985, 853 (855) – Ford.

[188] OLG Düsseldorf BeckRS 2009, 89466.

auch in seinen Vertragshändlerverträgen wirksam formularmäßig vereinbaren.[189] Zu derselben Auffassung ist auch das OLG Frankfurt a. M. in Bezug auf einen Vertragshändlervertrag mit einer Laufzeit von drei bis fünf Jahren gelangt.[190]

74   Für die Wirksamkeit von Listenpreisklauseln in Vertragshändlerverträgen ist es nicht notwendig, dass dem Vertragshändler bei Eintritt einer Preiserhöhung ein **Lösungsrecht** vom Einzelgeschäft eingeräumt wird.[191]

C. Franchisenehmer

I. Analoge Anwendung

75   Für den Franchisenehmer **nicht einschlägig.** Eine analoge Anwendung des § 87b kommt nicht in Betracht.[192] Zur Vergütung des Franchisenehmers → § 87 Rn. 157 ff.

II. Einseitige Änderung der Vergütung

76   Für den Unternehmer besteht auch im Rahmen von Franchiseverträgen in der Praxis in aller Regel das Bedürfnis, einseitig Einfluss auf die mit dem Franchisenehmer vereinbarte Vergütung (→ § 87 Rn. 157 ff.) nehmen zu können. Der Unternehmer hat also regelmäßig ein Interesse daran, insbes. seine Verkaufspreise oder einen etwaigen dem Franchisenehmer eingeräumten Händlerrabatt einseitig ändern zu dürfen. Grds. ist der Unternehmer an die mit dem Franchisenehmer in Bezug auf dessen Vergütung getroffenen Abreden gebunden, wenn und soweit er sich nicht wirksam einen **Änderungsvorbehalt** ausbedungen hat. In Ermangelung eines wirksamen Änderungsvorbehaltes steht dem Unternehmer grds. lediglich die Möglichkeit offen, eine ordentliche **Änderungskündigung** auszusprechen (→ Rn. 63).

77   Für den Franchisenehmer sind Änderungsvorbehalte des Unternehmers, die seine Vergütung betreffen, offensichtlich gefährlich. Denn der Unternehmer erhält hierdurch die Möglichkeit, einseitig Einfluss auf die Ertragsmöglichkeiten des Franchisenehmers zu nehmen. Dennoch können die Parteien derartige Änderungsvorbehalte **individualvertraglich** innerhalb der Grenzen der §§ 138 und 315 BGB wirksam vereinbaren.

78   Bedenken bestehen jedoch gegen solche Änderungsvorbehalte zu Gunsten des Unternehmers, wenn sie in **Allgemeinen Geschäftsbedingungen** des Unternehmers wiederzufinden sind. Die hierzu zu Vertragshändlerverträgen in der Automobilbranche ergangene Rechtsprechung des BGH[193] ist grds. auf Franchiseverträge übertragbar.[194] Es gelten somit in Bezug auf die Frage, welchen Anforderungen formularmäßige Änderungsvorbehalte des Unternehmers unterliegen, die obigen Ausführungen zum Vertragshändlervertrag entsprechend (→ Rn. 66 ff.). Das OLG Düsseldorf hat jedoch darüber hinaus zu Gunsten des Unternehmers auch eine Listenpreisklausel in einem Franchisevertrag für wirksam erachtet, wonach die bei Abschluss des Einzelgeschäftes zwischen dem Unternehmer und dem Franchisenehmer **jeweils aktuelle Preisliste** maßgeblich sein soll.[195] Das OLG Düsseldorf hat dies zu Recht damit begründet, dass die Parteien des Franchisevertrages im Wesentlichen gleichgerichtete Interessen haben und damit willkürliche und unangemessene Preiserhöhungen nicht zu befürchten seien.[196] Hinzu kommt, dass wegen der Verweisung auf

---

[189] Schultze/Wauschkuhn/Spenner/Dau/Kübler Vertragshändlervertrag/Dau Rn. 368.
[190] OLG Frankfurt a. M. BeckRS 2016, 12703 Rn. 37 ff.
[191] Giesler Vertriebsrecht § 3 Rn. 131; Emde vor § 84 Rn. 410.
[192] MüKoHGB/Ströbl Rn. 3; Oetker/Busche Rn. 23; Ebenroth/Boujong/Joost/Strohn/Löwisch Rn. 46; Emde Rn. 2.
[193] Siehe insbes. BGH NJW-RR 2005, 1496 – Honda; NJW 2000, 515 – Kawasaki; NJW 1994, 1060 – Daihatsu; NJW 1985, 853 – Ford.
[194] So wohl auch Giesler Vertriebsrecht § 4 Rn. 360.
[195] OLG Düsseldorf BeckRS 2009, 89466.
[196] OLG Düsseldorf BeckRS 2009, 89466.

die jeweils aktuelle Preisliste kein anfängliches Vertrauen des Franchisenehmers begründet wird, das durch eine Änderung der Preisliste verletzt zu werden droht.[197] Die Listenpreisklausel ist demnach angemessen, auch wenn darin keine Preiserhöhungsfaktoren genannt sind.[198]

D. Kommissionsagent

Der Kommissionsagent verdient wie der Handelsvertreter regelmäßig als Gegenleistung **79** für seine Dienste eine Provision. Nach hM sind daher die §§ 87 ff. auf die Provisionsansprüche des Kommissionsagenten **analog anwendbar.**[199] Da der Kommissionsagent aber das jeweilige Ausführungsgeschäft in eigenem Namen abschließt, finden auf den Provisionsanspruch des Kommissionsagenten diejenigen Vorschriften keine Anwendung, die darauf abstellen, dass der Unternehmer das „Ausführungsgeschäft" selbst abschließt.[200]

Für § 87b bedeutet dies nach richtiger Auffassung, dass diese Vorschrift auf den Pro- **80** visionsanspruch des Kommissionsagenten **analog anwendbar** ist;[201] es gelten hierfür keine Abweichungen oder Besonderheiten. Es sind keine Gründe ersichtlich, weshalb § 87b von der von der (wohl noch) hM vertretenen grds. analogen Anwendbarkeit der §§ 87 ff. auf den Kommissionsagenturvertrag ausgenommen werden sollte. Der Sinn und Zweck dieser Vorschrift, in Ermangelung einer vertraglichen Abrede Grundsätze über die Höhe (Abs. 1) und die Art und Weise der Berechnung der Provision (Abs. 2 und 3) aufzustellen, ist auf den Kommissionsagenturvertrag übertragbar. Die in der Literatur vertretene Gegenauffassung, die eine analoge Anwendung der Vorschrift auf den Provisionsanspruch des Kommissionsagenten verneint, lässt eine (überzeugende) Begründung vermissen.[202] So sind die vorgebrachten Argumente, die Vorschrift sei eine Spezialvorschrift des Handelsvertreterrechtes[203] bzw. auf die Tätigkeit des Handelsvertreters zugeschnitten[204], wenig überzeugend. Würde man diesen Argumenten folgen, wäre die von der hM vertretene analoge Anwendung der §§ 87 ff. insgesamt abzulehnen.

§ 87c Abrechnung über die Provision

(1) ¹**Der Unternehmer hat über die Provision, auf die der Handelsvertreter Anspruch hat, monatlich abzurechnen; der Abrechnungszeitraum kann auf höchstens drei Monate erstreckt werden.** ²**Die Abrechnung hat unverzüglich, spätestens bis zum Ende des nächsten Monats, zu erfolgen.**

(2) **Der Handelsvertreter kann bei der Abrechnung einen Buchauszug über alle Geschäfte verlangen, für die ihm nach § 87 Provision gebührt.**

(3) **Der Handelsvertreter kann außerdem Mitteilung über alle Umstände verlangen, die für den Provisionsanspruch, seine Fälligkeit und seine Berechnung wesentlich sind.**

---

[197] OLG Düsseldorf BeckRS 2009, 89466.

[198] OLG Düsseldorf BeckRS 2009, 89466; Anm. von Eckhoff GWR 2010, 57; Giesler/Nauschütt Franchiseverträge Rn. 112.

[199] MüKoHGB/Ströbl § 87 Rn. 10; Baumbach/Hopt/Hopt § 84 Rn. 19; Canaris HandelsR § 16 Rn. 7; Staub/Koller § 383 Rn. 68; Küstner/Thume VertriebsR-HdB III Teil III Kap. 2 Rn. 14.

[200] MüKoHGB/Ströbl § 87 Rn. 10; Staub/Koller § 383 Rn. 68.

[201] MüKoHGB/Ströbl Rn. 3; selber Ansicht wohl nunmehr Emde Rn. 2; so wohl auch (Bejahung der analogen Anwendung der §§ 87 ff., ohne dass § 87b hiervon explizit ausgenommen wird): Baumbach/Hopt/ Hopt § 84 Rn. 19; Canaris HandelsR § 16 Rn. 7; Staub/Koller § 383 Rn. 68; Küstner/Thume VertriebsR-HdB III Teil III Kap. 2 Rn. 14; im Zweifel für analoge Anwendung von § 87b ist Ebenroth/Boujong/Joost/ Strohn/Löwisch Rn. 1, 46.

[202] So wohl Staub/Emde Vor § 84 Rn. 691 (ohne Begründung); Oetker/Busche Rn. 23 (der § 87b für regelmäßig unanwendbar hält, weil die Vorschrift auf die Tätigkeit des Handelsvertreters zugeschnitten ist).

[203] So von Emde in Vorauflage (siehe Emde (2. Auflage) Rn. 1) noch vertreten.

[204] Oetker/Busche Rn. 23.

(4) **Wird der Buchauszug verweigert oder bestehen begründete Zweifel an der Richtigkeit oder Vollständigkeit der Abrechnung oder des Buchauszugs, so kann der Handelsvertreter verlangen, daß nach Wahl des Unternehmers entweder ihm oder einem von ihm zu bestimmenden Wirtschaftsprüfer oder vereidigten Buchsachverständigen Einsicht in die Geschäftsbücher oder die sonstigen Urkunden so weit gewährt wird, wie dies zur Feststellung der Richtigkeit oder Vollständigkeit der Abrechnung oder des Buchauszugs erforderlich ist.**

(5) **Diese Rechte des Handelsvertreters können nicht ausgeschlossen oder beschränkt werden.**

Literatur: Emde, Anerkenntnis von Provisionsabrechnungen durch Schweigen, MDR 1996, 331; ders., Beschränkung des Auskunftsrechts des Handelsvertreters in mehrstufigen Vertriebssystemen, MDR 1999, 1108; ders., Abrechnung und Buchauszug als Informationsrechte des Handelsvertreters, MDR 2003, 1151; ders./Kelm, Der Handelsvertretervertrag in der Insolvenz des Unternehmers, ZIP 2005, 58; ders., Die Verjährung der dem Handelsvertreter zustehenden Informationsrechte aus § 87c HGB, VersR 2009, 889; Evers, Erfordern Anerkenntnisse einen Verzichtwillen?, VW 2020, Heft 10, 78; Gräfe, Buchauszug und Ausgleichsanspruch − Zeitliche und inhaltliche Grenzen der Geltendmachung des Anspruchs auf Erteilung des Buchauszugs, ZVertriebsR 2015, 227; Grimberg/Peter, Außendienst, AiB 2001, 29; Harten, Der Buchauszug in der prozessrechtlichen Praxis, ZVertriebsR 2015, 288; Höft, Buchauszug, Bucheinsicht und Auskunft nach § 87c HGB, HVuHM 1973, 904; Holling, Der Anspruch des Handelsvertreters auf einen Buchauszug, BB 1959, 687; Knorr, Kosten der Abrechnungs- und Auskunftspflicht des Unternehmers gegenüber dem Handelsvertreter, BB 1972, 989; Küstner, Die Provisionsabrechnungspflicht des Unternehmers nach § 87c HGB, HVuHM 1967, 144; ders., Einzelprobleme zur Provisionsabrechnungspflicht nach § 87c Abs. 1 HGB, HVuHM 1967, 196 und 774; ders., Neuere Entscheidungen zum Versicherungsvertreterrecht, VW 2001, 1406; Kukat, Der Anspruch des Handelsvertreters auf Erteilung eines Buchauszugs gemäß § 87c Abs. 2 HGB, DB 2002, 1646; Löwisch, Verjährung und Vollstreckung des Anspruchs auf Buchauszug, IHR 2017, 192; Mayer-Wegelin, Anspruch des Handelsvertreters auf einen „Buchauszug", BB 1954, 883; Müller-Stein, Buchauszug nach § 87c Abs. 2 HGB − Anerkenntnisklausel in Provisionsabrechnungen nach § 87c Abs. 1 HGB, VersR 2001, 830; Reif/David, Zur Verjährung des Buchauszugsanspruchs des Handelsvertreters gemäß § 87c Abs. 2 HGB − 11 Jahre der Diskussion und kein Ende in Sicht, ZVertriebsR 2015, 343; Scherer, Nachforderung von Provision − Verzicht durch widerspruchslose Hinnahme der Abrechnungen?, BB 1996, 2205; Schröder, Anspruch des Handelsvertreters auf einen Auszug, BB 1955, 181; ders., Abrechnungszeitraum für neben Festgehalt gezahlte Provisionen, BB 1963, 651; Schulte, Verurteilung zur Auskunftserteilung − Bemessung von Rechtsmittelbeschwer und Kostenstreitwert, MDR 2000, 805; Seetzen, Die Kontrollrechte des Handelsvertreters nach § 87c HGB und ihre Durchsetzung, WM 1985, 213; Segger, Die Verteidigung des Versicherers gegen den Anspruch auf Buchauszug, NVersZ 2002, 102; Stötter, Einzelfragen der Provisionsabrechnung zwischen Unternehmer und Handelsvertreter, DB 1970, 1473; ders., Die Provisionsabrechnung nach § 87c Abs. 1 HGB (iVm. den anderen Hilfsansprüchen nach Abs. 2−4) und der Abschluß eines Schuldanerkenntnisvertrages, DB 1983, 867; Stötter/Lindner/Karrer, Die Provision und ihre Abrechnung, 2. Aufl. 1980; Treffer, Pfändung von Provisionsansprüchen, MDR 1998, 384; Wolff, Auskunftsrecht des Handelsvertreters zur Berechnung des Ausgleichsanspruchs, BB 1978, 1246.

Übersicht

A. Handelsvertreter

I. Regelungsgegenstand

1 **1. Entstehungsgeschichte.** Die Vorschrift des § 87c hat ihren Ursprung in den §§ 88 Abs. 4, 91 der ursprünglichen Fassung des HGB. Hiernach sollte der Unternehmer jeweils am Ende eines Kalenderhalbjahres über die Provisionen abrechnen (§ 88 Abs. 4 aF) und der Handelsvertreter berechtigt sein, über die durch seine Tätigkeit zustande gekommenen Geschäfte des Unternehmers einen Buchauszug zu fordern (§ 91 aF). Diese Regelungen wurden als defizitär empfunden, sodass die Vorschrift des § 87c im Rahmen der HGB-Novelle im Jahre 1953[1] ihre heutige Fassung erhielt. So wurden im Zuge dieser Novelle insbesondere der als zu lang angesehene Abrechnungszeitraum zu Lasten des Unternehmers erheblich verkürzt und die Kontrollrechte des Handelsvertreters deutlich erweitert.[2]

2 **2. Inhalt und Zweck.** Während die §§ 87–87b insbesondere den Kreis der provisionspflichtigen Geschäfte, die Voraussetzungen für die Entstehung des Provisionsanspruches sowie dessen Höhe und Berechnungsweise zum Gegenstand haben, regelt § 87c zunächst die Einzelheiten zur **Abrechnung** des Unternehmers über die Provisionsansprüche des Handelsvertreters (Abs. 1). Zur Überprüfung der Richtigkeit der Abrechnung des Unternehmers räumt die Vorschrift dem Handelsvertreter darüber hinaus weitgehende Informations- und Kontrollrechte ein. Der Handelsvertreter kann zunächst einen **Buchauszug** verlangen (Abs. 2). Des Weiteren kann er von dem Unternehmer bestimmte **Auskünfte** im Zusammenhang mit seinen Provisionsansprüchen einfordern (Abs. 3). Unter bestimmten Voraussetzungen ist der Handelsvertreter darüber hinaus auch berechtigt, **Einsicht** in die Bücher des Unternehmers geltend zu machen (Abs. 4). Von der Abrechnungspflicht des Unternehmers und den vorgenannten Informations- und Kontrollrechten des Handelsvertreters kann nicht zum Nachteil des Handelsvertreters abgewichen werden (Abs. 5).

3 Durch die jetzige Fassung der Vorschrift des § 87c wurde die Rechtsstellung des Handelsvertreters im Verhältnis zum Unternehmer erheblich gestärkt. Zum einen ist eine zeitnahe Abrechnung des Unternehmers über die Provisionsansprüche des Handelsvertreters sichergestellt. Dies ist deshalb für den Handelsvertreter von großer Bedeutung, weil die Fälligkeit seiner Provisionsansprüche an die Abrechnung durch den Unternehmer anknüpft (§ 87a Abs. 4). Zum anderen ist es dem Handelsvertreter auf Grund seiner Informations- und Kontrollrechte möglich, sich Klarheit darüber zu verschaffen, ob und inwieweit der Unternehmer seiner Hauptleistungspflicht aus dem Handelsvertretervertrag, die geschuldete Provision zu zahlen, ordnungsgemäß nachgekommen ist.[3]

4 **3. Anwendungsbereich.** Die Vorschrift gilt nur für **Provisionsvertreter.**[4] Dabei spielt es keine Rolle, welche Art von Provision dem Handelsvertreter zusteht. § 87c gilt nicht nur für die an den Handelsvertreter zu zahlende **Vermittlungs- und Abschlussprovision** (→ § 87 Rn. 18 ff.). Die Vorschrift gilt gleichermaßen auch für alle sonstigen Arten von Provisionen[5] wie etwa der **Delkredereprovision** gem. § 86b,[6] der **Inkassoprovision** nach § 87 Abs. 4[7] (→ § 87 Rn. 128 ff.) oder **sonstigen Verwaltungsprovisionen** (→ § 87 Rn. 9). Dagegen findet § 87c keine Anwendung auf erfolgsunabhängige Vergütungen wie etwa im Falle der Vereinbarung eines **Fixums,** einer **Pauschalvergütung**

---

[1] Art. 1 des Gesetzes zur Änderung des Handelsgesetzbuchs (Recht der Handelsvertreter) vom 6.8.1953, BGBl. I 771.

[2] Begr. RegE BT-Drs. 1/3856, 28 ff.

[3] BGH BeckRS 1961, 31185896.

[4] MüKoHGB/Ströbl Rn. 10; Oetker/Busche Rn. 3; Heymann/Stöber Rn. 1.

[5] MüKoHGB/Ströbl Rn. 10; Oetker/Busche Rn. 3.

[6] MüKoHGB/Ströbl Rn. 10; Oetker/Busche Rn. 3.

[7] OLG München VersR 1966, 235 (236); MüKoHGB/Ströbl Rn. 10; Oetker/Busche Rn. 3.

oder einer **Umsatz- oder Gewinnbeteiligung** (→ § 87 Rn. 12).[8] Stehen dem Handelsvertreter neben einer erfolgsunabhängigen Vergütung auch Provisionen zu, ist § 87c nur in Bezug auf die geschuldeten Provisionen anwendbar.[9] Haben die Parteien eine Umsatzbeteiligung des Handelsvertreters vereinbart, kann sich der Handelsvertreter zwar ebenso nicht auf § 87c berufen.[10] Er hat in einem solchen Fall jedoch einen Anspruch auf Rechnungslegung entsprechend §§ 666, 675, 259 BGB.[11]

Dem Handelsvertreter stehen die Informations- und Kontrollrechte gem. § 87c nicht zur **5** Durchsetzung seines **Ausgleichsanspruches** gem. § 89b zu.[12] Dies ergibt sich bereits aus dem klaren Wortlaut des § 87c und dessen systematischer Stellung bei den Bestimmungen zum Provisionsanspruch des Handelsvertreters. Zum allgemeinen Auskunftsanspruch des Handelsvertreters zur Durchsetzung des Ausgleichsanspruchs → § 89b Rn. 322 und 129. Auch scheidet eine analoge Anwendung der Ausschlusstatbestände des § 89b Abs. 3 auf die Informations- und Kontrollrechte gem. § 87c aus.[13]

Die Vorschrift gilt auch für die Provisionsansprüche von **Versicherungs- und Bau-** **6** **sparkassenvertretern**.[14] In einem mehrstufigen Vertriebssystem **(Strukturvertrieb)** bestehen die Informations- und Kontrollrechte gem. § 87c nur in dem jeweiligen Vertragsverhältnis. So stehen diese Rechte (i) dem **Untervertreter** gegen den Hauptvertreter und (ii) dem Hauptvertreter gegen den (Haupt-)Unternehmer zu.[15] Nur ausnahmsweise, nämlich wenn der Untervertreter anderenfalls überhaupt nicht in der Lage ist, seine Provisionsansprüche gegen den Hauptvertreter durchzusetzen, kann dem Untervertreter ein direkter Auskunftsanspruch gegen den (Haupt-)Unternehmer gem. § 242 BGB zustehen.[16]

II. Rechtsnatur und Rangfolge

1. Hilfsrechte. Die in § 87c geregelten Informations- und Kontrollrechte dienen dem **7** Schutz des Handelsvertreters. Der Handelsvertreter soll durch sie in die Lage versetzt werden, Klarheit über das Bestehen und die Höhe der durch seine Tätigkeit als Handelsvertreter erworbenen Provisionsansprüche zu bekommen. Die Ansprüche aus § 87c sind im Verhältnis zum Provisionsanspruch des Handelsvertreters als **unselbstständige Hilfsrechte** zu qualifizieren.[17] Sie können daher nicht unabhängig von den zugrundeliegenden Provisionsansprüchen abgetreten werden.[18] Vielmehr gehen sie bei **Abtretung** der Provisionsansprüche gem. § 401 BGB mit auf den Abtretungsempfänger über.[19] Die Ansprüche aus § 87c sind auch **nicht selbstständig verpfändbar**[20] **oder pfändbar**[21].

---

[8] MüKoHGB/Ströbl Rn. 10; Ebenroth/Boujong/Joost/Strohn/Löwisch Rn. 18.

[9] MüKoHGB/Ströbl Rn. 10.

[10] aA Ebenroth/Boujong/Joost/Strohn/Löwisch Rn. 18.

[11] OLG Karlsruhe BB 1966, 1169; MüKoHGB/Ströbl Rn. 10; Oetker/Busche Rn. 3; Heymann/Stöber Rn. 2.

[12] BGH NJW 1996, 2100 (2101); OLG Düsseldorf IHR 2017, 87 (90); OLG Celle r+s 2004, 349 (350); OLG Düsseldorf HVR Nr. 1082; MüKoHGB/Ströbl Rn. 10; Oetker/Busche Rn. 14; Emde NJW 2000, 796; Emde MDR 1999, 1108 (1111); Wolff BB 1978, 1246; ähnlich Ebenroth/Boujong/Joost/Strohn/Löwisch Rn. 19 (allenfalls ein ergänzender Auskunftsanspruch nach Abs. 3); aA Emde Rn. 10 ff.; Baumbach/Hopt/Hopt Rn. 13.

[13] OLG Hamm BeckRS 2020, 2145 Rn. 45.

[14] Emde Rn. 17.

[15] MüKoHGB/Ströbl Rn. 12; Ebenroth/Boujong/Joost/Strohn/Löwisch Rn. 75; Emde Rn. 20.

[16] MüKoHGB/Ströbl Rn. 12; Ebenroth/Boujong/Joost/Strohn/Löwisch Rn. 75.

[17] MüKoHGB/Ströbl Rn. 4; Oetker/Busche Rn. 1; Küstner/Thume VertriebsR-HdB I Kap. VI Rn. 2, 8; Ebenroth/Boujong/Joost/Strohn/Löwisch Rn. 5.

[18] OLG Hamm NJW-RR 1997, 1322 (1323); LAG Bremen BB 1955, 97; MüKoHGB/Ströbl Rn. 4; Oetker/Busche Rn. 1; Baumbach/Hopt/Hopt Rn. 1; Küstner/Thume VertriebsR-HdB I Kap. VI Rn. 8; Emde Rn. 21; aA Ebenroth/Boujong/Joost/Strohn/Löwisch Rn. 32.

[19] MüKoHGB/Ströbl Rn. 4; Küstner/Thume VertriebsR-HdB I Kap. VI Rn. 8.

[20] MüKoHGB/Ströbl Rn. 4; Küstner/Thume VertriebsR-HdB I Kap. VI Rn. 8; Emde Rn. 21.

[21] BGH NJW 2017, 3525 Rn. 13 ff. (in Bezug auf den Buchauszug); MüKoHGB/Ströbl Rn. 4; Emde Rn. 21; aA Ebenroth/Boujong/Joost/Strohn/Löwisch Rn. 32.

8   **2. Rechtsschutzbedürfnis.** Die Informations- und Kontrollrechte des § 87c sind insbesondere dann mangels eines **Rechtsschutzbedürfnisses** nicht (mehr) durchsetzbar, wenn und soweit feststeht, dass die fraglichen Provisionsansprüche nicht bestehen[22] oder die Provisionsansprüche des Handelsvertreters nicht entstanden sind, erfüllt worden sind, verjährt sind (zur Verjährung von Provisionsansprüchen → § 87a Rn. 75 ff.) oder aus anderen Gründen nicht (mehr) durchsetzbar sind, [23] etwa weil über die Provisionsansprüche rechtskräftig entschieden worden ist.[24] Gleiches gilt, wenn sich die Parteien des Handelsvertretervertrages über das Bestehen und die Höhe der Provisionsansprüche geeinigt haben.[25] An eine solche Einigung sind jedoch strenge Anforderungen zu stellen. So ist hierfür idR eine eindeutige Willenserklärung des Handelsvertreters notwendig.[26] Eine stillschweigende Hinnahme erteilter Abrechnungen des Unternehmers reicht hierfür idR nicht aus.[27]

9   **3. Rangfolge.** Die Informations- und Kontrollrechte des § 87c stehen in einer gewissen Rangfolge zueinander. Zunächst ist der Unternehmer auch ohne besondere Aufforderung durch den Handelsvertreter zur **Provisionsabrechnung** verpflichtet (Abs. 1) (→ Rn. 15 ff.). **Nach erfolgter Abrechnung** durch den Unternehmer kann der Handelsvertreter einen **Buchauszug** verlangen (Abs. 2) (→ Rn. 50 ff.). **Ergänzend** steht ihm ein **Auskunftsanspruch** gegen den Unternehmer gem. Abs. 3 (→ Rn. 70 ff.) zu. **Verweigert der Unternehmer die Erteilung eines Buchauszuges oder bestehen begründete Zweifel an der Richtigkeit oder Vollständigkeit der Provisionsabrechnung oder des Buchauszuges** des Unternehmers, kann der Handelsvertreter **Bucheinsicht** fordern (Abs. 4) (→ Rn. 82 ff.). Dem Wortlaut des Abs. 4 ist zu entnehmen, dass, sofern der Unternehmer die Erteilung eines Buchauszuges verweigert oder begründete Zweifel an der Richtigkeit oder Vollständigkeit der Provisionsabrechnung bestehen, die Stufe des Buchauszuges übersprungen werden kann. Der Handelsvertreter kann somit Bucheinsicht anstelle oder nach erteiltem Buchauszug verlangen, soweit die weiteren Voraussetzungen des Abs. 4 erfüllt sind.[28]

10   Der Handelsvertreter kann nicht gleichzeitig und nebeneinander Buchauszug und Bucheinsicht verlangen.[29] Macht der Handelsvertreter klageweise seinen Anspruch auf Buchauszug geltend, ist es ihm nicht möglich, auch Bucheinsicht zu fordern, soweit er diese stattdessen hätte fordern können.[30] Hat der Handelsvertreter ein rechtskräftiges Urteil auf Bucheinsicht erstritten, steht ihm kein Anspruch mehr auf Erteilung eines Buchauszuges zu.[31] Der Unternehmer kann die von dem Handelsvertreter geltend gemachte Erteilung eines Buchauszuges nicht dadurch umgehen, dass er dem Handelsvertreter Einsicht in seine Bücher anbietet.[32]

---

[22] BGH ZVertriebsR 2016, 242 Rn. 29.

[23] BGH NJW 1982, 235 (236); 1979, 764; BAG NJW 1973, 1343; OLG Stuttgart BeckRS 2019, 27594 Rn. 41 (für den Buchauszug); OLG Celle ZVertriebsR 2015, 358; OLG Hamm ZVertriebsR 2017, 117 Rn. 25 (zur Verjährung); OLG Düsseldorf BeckRS 2012, 22930 = IHR 2013, 220 (224) (zur Verjährung); MüKoHGB/Ströbl Rn. 4; Küstner/Thume VertriebsR-HdB I Kap. VI Rn. 9; Ebenroth/Boujong/Joost/Strohn/Löwisch Rn. 5; Emde Rn. 8, 43; Gräfe ZVertriebsR 2015, 227 (229).

[24] OLG Hamm BeckRS 30150686; LG Dortmund ZVertriebsR 2017, 240 Rn. 18.

[25] BGH BB 2006, 2492 Rn. 22; 1996, 176; Küstner/Thume VertriebsR-HdB I Kap. VI Rn. 9; Gräfe ZVertriebsR 2015, 227 (229).

[26] BGH BB 2006, 2492 Rn. 22; Küstner/Thume VertriebsR-HdB I Kap. VI Rn. 9; Röhricht/Graf v. Westphalen/Thume Rn. 16; Gräfe ZVertriebsR 2015, 227 (229).

[27] BGH NJW 1996, 588; WM 1982, 152 (153); OLG München ZVertriebsR 2017, 181 Rn. 9; Baumbach/Hopt/Hopt Rn. 19; Röhricht/Graf v. Westphalen/Thume Rn. 16.

[28] Küstner/Thume VertriebsR-HdB I Kap. VI Rn. 6.

[29] BGH NJW 1971, 1610 (1611); OLG München ZVertriebsR 2016, 31 Rn. 38; MüKoHGB/Ströbl Rn. 91; Oetker/Busche Rn. 33; Baumbach/Hopt/Hopt Rn. 28; Küstner/Thume VertriebsR-HdB I Kap. VI Rn. 4.

[30] OLG München ZVertriebsR 2016, 31 Rn. 38; Küstner/Thume VertriebsR-HdB I Kap. VI Rn. 4.

[31] OLG Nürnberg BB 1966, 265; Küstner/Thume VertriebsR-HdB I Kap. VI Rn. 5.

[32] OLG Frankfurt a. M. HVR Nr. 56; LG Frankfurt a. M. HVR Nr. 23; Küstner/Thume VertriebsR-HdB I Kap. VI Rn. 5.

Als **ultima ratio** steht dem Handelsvertreter neben den Informations- und Kontroll- 11
rechten des § 87c noch die Möglichkeit offen, von dem Unternehmer die Abgabe einer
eidesstattlichen Versicherung (über die Richtigkeit[33] und Vollständigkeit der vom
Unternehmer erhaltenen Informationen) entsprechend §§ 259, 260 BGB iVm 899–903
ZPO einzufordern.[34] Die eidesstattliche Versicherung kann jedoch erst dann gefordert
werden, wenn dem Handelsvertreter keine besseren und leichter zum Ziel führenden
Möglichkeiten zur Verfügung stehen, um Zweifel an der Richtigkeit und/oder Vollständigkeit der vom Unternehmer erhaltenen Informationen auszuräumen.[35] Insbesondere muss
der Handelsvertreter zuvor sämtliche Informations- und Kontrollrechte gem. § 87c erfolglos ausgeschöpft haben.[36] Hat der Unternehmer bspw. einen Buchauszug erteilt, ist er erst
dann zur Abgabe einer eidesstattlichen Versicherung verpflichtet, wenn der Handelsvertreter seine Möglichkeit gem. Abs. 4, die Richtigkeit und Vollständigkeit dieses Buchauszuges durch Bucheinsicht zu überprüfen, erfolglos erschöpft hat.[37]

Von der oben beschriebenen Reihenfolge (i) Abrechnung, (ii) Buchauszug und ergän- 12
zend Auskunft, (iii) Bucheinsicht und (iv) eidesstattliche Versicherung des Unternehmers
kann somit nur die Stufe des Buchauszuges unter den in Abs. 4 genannten Voraussetzungen
(→ Rn. 84 ff.) übersprungen werden.

4. Verhältnis zu weiteren Kontrollrechten. Nach richtiger Auffassung stehen dem 13
Handelsvertreter über die in § 87c geregelten Informations- und Kontrollrechte hinaus
(ergänzt durch die Möglichkeit der Einholung einer eidesstattlichen Versicherung des
Unternehmers) keine weiteren Kontrollrechte nach den allgemeinen Vorschriften zu.[38] Der
Handelsvertreter kann daher nicht ergänzend auf in allgemeinen Vorschriften geregelte
Kontrollrechte wie etwa dem Auskunftsanspruch gem. § 242 BGB oder dem Einsichtsrecht
nach § 810 BGB zurückgreifen, um Klarheit über das Bestehen und die Höhe der durch
seine Tätigkeit als Handelsvertreter erworbenen Provisionsansprüche zu bekommen. Dies
gilt selbst dann, wenn die Kontrollrechte nach den allgemeinen Vorschriften weiter gehen
als diejenigen gem. § 87c.[39] § 87c stellt eine für Handelsvertreterverträge **abschließende
Sonderregelung** dar.

In der Praxis ist die Frage, ob dem Handelsvertreter über § 87c hinaus weitere Kontroll- 14
rechte auf Grund von allgemeinen Vorschriften zustehen, von geringer Bedeutung. Der
Handelsvertreter wird im Zweifel seine umfassenden Rechte aus § 87c geltend machen.
Hierdurch wird er in aller Regel die erforderlichen Informationen erlangen und keinen
Bedarf haben, sich zusätzlich auf umstrittene Kontrollrechte zu berufen.

III. Provisionsabrechnung (Abs. 1)

1. Rechtsnatur der Abrechnung. Der Anspruch auf Provisionsabrechnung ist ein 15
unselbstständiges Hilfsrecht des Handelsvertreters zur Durchsetzung seines Provisionsanspruches gegen den Unternehmer (→ Rn. 7). Durch die ordnungsgemäße Abrechnung

---

[33] BGH NJW 1960, 1662; MüKoHGB/Ströbl Rn. 7; Ebenroth/Boujong/Joost/Strohn/Löwisch Rn. 106;
Westphal VertriebsR I Rn. 711; aA Emde Rn. 186, der den Inhalt der eidesstattlichen Versicherung wegen
des Wortlauts der §§ 259 Abs. 2 und 260 Abs. 2 BGB auf Vollständigkeit beschränkt sieht. Diese Ansicht
übersieht jedoch, dass der Begriff der „Vollständigkeit" iSd vorgenannten Vorschriften auch die Richtigkeit
beinhaltet (siehe MüKoBGB/Krüger BGB § 259 Rn. 42; Grüneberg/Grüneberg BGB § 259 Rn. 12).

[34] MüKoHGB/Ströbl Rn. 7; Ebenroth/Boujong/Joost/Strohn/Löwisch Rn. 106; Küstner/Thume VertriebsR-HdB I Kap. VI Rn. 7; Emde Rn. 186.

[35] BGH NJW 1998, 1636 (1637); MüKoHGB/Ströbl Rn. 7; Küstner/Thume VertriebsR-HdB I Kap. VI
Rn. 7.

[36] Küstner/Thume VertriebsR-HdB I Kap. VI Rn. 7.

[37] BGH NJW 1960, 1662 (1663); MüKoHGB/Ströbl Rn. 7.

[38] Ebenroth/Boujong/Joost/Strohn/Löwisch Rn. 6; siehe auch OLG Düsseldorf BeckRS 2012, 22930(das
OLG hat die Frage des Bestehens eines Auskunftsanspruchs gem. § 242 BGB neben § 87c zwar nicht
entschieden, hält dies aber für „zweifelhaft"); aA MüKoHGB/Ströbl Rn. 8; Oetker/Busche Rn. 1; Emde
Rn. 16; Emde BB 2011, 2755 (2760) (in Bezug auf § 242 BGB).

[39] Ebenroth/Boujong/Joost/Strohn/Löwisch Rn. 6.

erfüllt der Unternehmer seine Pflicht zur Abrechnung gem. Abs. 1 S. 1 Hs. 1. Der Anspruch des Handelsvertreters auf Provisionsabrechnung ist seiner Rechtsnatur nach ein Anspruch auf Rechnungslegung iSd § 260 BGB.[40] Die Provisionsabrechnung stellt nach herrschender Lehre einen Antrag auf Abschluss eines **abstrakten Schuldanerkenntnisses** (§ 781 BGB) dar,[41] der gem. § 782 BGB nicht der Schriftform bedarf (zur Form der Abrechnung im Übrigen → Rn. 31). Dieser Antrag kann von dem Handelsvertreter durch Anerkennung der Abrechnung (→ Rn. 37 f.) angenommen werden.[42] Erkennt der Handelsvertreter die Abrechnung des Unternehmers als richtig an, entfallen die ihm gem. § 87c zustehenden weiteren Informations- und Kontrollrechte (→ Rn. 39).[43]

16   **2. Abrechnungspflicht.** Der Unternehmer ist auch ohne ausdr. Aufforderung durch den Handelsvertreter zur Provisionsabrechnung gem. Abs. 1 verpflichtet.[44] Er kann sich von seiner **Abrechnungspflicht** nicht mit der Begründung entziehen, der Handelsvertreter sei bereits über alle provisionspflichtigen Geschäfte informiert (bspw. auf Grund der Übersendung von Rechnungskopien) und könne mittels der ihm zur Verfügung stehenden Unterlagen selbst seine Provisionsansprüche gegen den Unternehmer feststellen.[45] Der Unternehmer bleibt auch dann zur Abrechnung verpflichtet, wenn der Handelsvertreter falsche Angaben über sein Inkasso gemacht hat oder Beträge nicht an den Unternehmer abgeführt hat.[46] Zwar kann der Unternehmer nicht von dem Handelsvertreter verlangen, sich an der Abrechnung zu beteiligen.[47] So kann er dem Handelsvertreter insbesondere keine **Kosten** für die Abrechnung berechnen.[48] Der Handelsvertreter hat dem Unternehmer jedoch gem. § 86 Abs. 2 solche Informationen zu geben, die für die Erstellung der Abrechnung relevant sind und über die zwar der Handelsvertreter, nicht aber der Unternehmer, verfügt.[49]

17   Für die Erstellung der Provisionsabrechnung ist gem. Abs. 1 S. 2 eine Zeit nach dem Kalender iSv § 286 Abs. 2 Nr. 1 BGB bestimmt. Der Unternehmer kommt somit ohne Mahnung des Handelsvertreters in **Schuldnerverzug** (§ 286 BGB), wenn er nicht rechtzeitig abrechnet (→ Rn. 32 ff.), es sei denn, der Unternehmer hat diese Verzögerung nicht zu vertreten.[50] Der Unternehmer hat die nicht rechtzeitige Abrechnung bspw. dann nicht zu vertreten, wenn und soweit er nur deshalb nicht abrechnen konnte, weil der Handelsvertreter hierfür notwendige Informationen entgegen § 86 Abs. 2 nicht beigeschafft hat.[51]

18   **Zurückbehaltungsrechte** kann der insoweit vorleistungspflichtige Unternehmer[52] gegenüber dem Recht des Handelsvertreters auf eine Abrechnung (und den sonstigen Informations- und Kontrollrechten gem. § 87c) **nicht geltend machen,**[53] selbst wenn ihm

---

[40] Küstner/Thume VertriebsR-HdB I Kap. VI Rn. 10; Stötter DB 1970, 1473, der § 259 anwendet; vgl. auch OLG Hamm NJW 1959, 51.

[41] BGH WM 1990, 710 (711); MüKoHGB/Ströbl Rn. 24; Oetker/Busche Rn. 6; Baumbach/Hopt/Hopt Rn. 4; Küstner/Thume VertriebsR-HdB I Kap. VI Rn. 10.

[42] BGH WM 1990, 710 (711); MüKoHGB/Ströbl Rn. 24; Oetker/Busche Rn. 6; Baumbach/Hopt/Hopt Rn. 4; Küstner/Thume VertriebsR-HdB I Kap. VI Rn. 10.

[43] MüKoHGB/Ströbl Rn. 24; Oetker/Busche Rn. 6; Küstner/Thume VertriebsR-HdB I Kap. VI Rn. 9.

[44] MüKoHGB/Ströbl Rn. 26; Baumbach/Hopt/Hopt Rn. 5; Ebenroth/Boujong/Joost/Strohn/Löwisch Rn. 4.

[45] BGH BeckRS 1961, 31185896; MüKoHGB/Ströbl Rn. 26; Oetker/Busche Rn. 5; Baumbach/Hopt/Hopt Rn. 5; Küstner/Thume VertriebsR-HdB I Kap. VI Rn. 23a; Seetzen WM 1985, 213.

[46] BGH BeckRS 1961, 31185896; MüKoHGB/Ströbl Rn. 26; Oetker/Busche Rn. 5; Baumbach/Hopt/Hopt Rn. 5.

[47] Küstner/Thume VertriebsR-HdB I Kap. VI Rn. 23a; Küstner HVuHM 1967, 144.

[48] BGH WM 2001, 1258 (1262); Küstner/Thume VertriebsR-HdB I Kap. VI Rn. 23a.

[49] Küstner/Thume VertriebsR-HdB I Kap. VI Rn. 23a.

[50] MüKoHGB/Ströbl Rn. 27; Oetker/Busche Rn. 9; Küstner/Thume VertriebsR-HdB I Kap. VI Rn. 17.

[51] MüKoHGB/Ströbl Rn. 27; Baumbach/Hopt/Hopt Rn. 5.

[52] Oetker/Busche Rn. 5; Ebenroth/Boujong/Joost/Strohn/Löwisch Rn. 47; Emde Rn. 65.

[53] vgl. BGH BeckRS 1978, 31066644; MüKoHGB/Ströbl Rn. 28; Oetker/Busche Rn. 5, 36; Baumbach/Hopt/Hopt Rn. 29; Ebenroth/Boujong/Joost/Strohn/Löwisch Rn. 47; aA Schlegelberger/Schröder Rn. 2b.

bspw. Schadensersatzansprüche gegen den Handelsvertreter zustehen.[54] Dem Unternehmer können jedoch etwaige Zurückbehaltungsrechte gegenüber den Provisionsansprüchen (oder sonstigen Vergütungsansprüchen) des Handelsvertreters zustehen. Zuvor muss jedoch mittels der Informations- und Kontrollrechte des Handelsvertreters festgestellt werden, in welchem Umfang der Handelsvertreter überhaupt Provisionsansprüche gegen den Unternehmer erworben hat. Ein Zurückbehaltungsrecht des Unternehmers gegen die Informations- und Kontrollrechte gem. § 87c würde deren Sinn und Zweck zuwiderlaufen.

3. Abrechnungszeitraum. Grds. hat der Unternehmer **monatlich** über die Provision **19** des Handelsvertreters abzurechnen (Abs. 1 S. 1 Hs. 1). Gemeint ist damit **im Zweifel** die Pflicht des Unternehmers, für jeden **Kalendermonat** eine Abrechnung vorzunehmen.[55] Die Parteien sind jedoch nicht an den Kalendermonat gebunden. Es steht ihnen frei, einen vom Kalendermonat abweichenden monatlichen Abrechnungszeitraum (bspw. den 15. eines jeden Kalendermonats als Abrechnungsstichtag) zu vereinbaren.[56]

Die Parteien können den Abrechnungszeitraum durch Vereinbarung auf **bis zu drei** **20** **Monate** verlängern (Abs. 1 S. 1 Hs. 2). Auch hier sind die Parteien **nicht an das Kalendervierteljahr gebunden.** Sie können auch insoweit abweichende Abrechnungszeiträume von drei Monaten vereinbaren (bspw. durch Vereinbarung des 15.1., 15.4., 15.7. und 15.10. eines jeden Kalenderjahres als Abrechnungsstichtage).[57] Eine vertragliche Verlängerung des Abrechnungszeitraumes auf über drei Monate ist allerdings nicht wirksam möglich (Abs. 5). In einem solchen Fall ist der vereinbarte Abrechnungszeitraum im Wege der geltungserhaltenden Reduktion auf das maximal zulässige Höchstmaß von drei Monaten zu reduzieren (§ 140 BGB); § 139 BGB findet keine Anwendung.[58] Der Handelsvertreter kann somit jeweils nach Ablauf von drei Monaten eine Provisionsabrechnung verlangen.

4. Inhalt der Abrechnung. a) Grundsätze. Durch die Provisionsabrechnung soll der **21** Handelsvertreter unter Heranziehung seiner eigenen Unterlagen prüfen können, ob der Unternehmer alle ihm zustehenden Provisionsansprüche lückenlos erfasst hat und diese damit bei der Berechnung der an ihn geschuldeten Zahlung berücksichtigt wurden.[59] Der Unternehmer hat daher in seiner Abrechnung die provisionspflichtigen Geschäftsabschlüsse unter Nennung der Bemessungsgrundlage[60] und dem zugrunde gelegten (vertraglich vereinbarten) Provisionssatz[61] aufzuführen. Diese Pflicht kann jedoch bereits wegen der Rechtsnatur der Abrechnung als abstraktes Schuldanerkenntnis nur soweit gehen, wie der Unternehmer Provisionen **anerkennen und erfüllen** möchte.[62] Aus diesem Grund kann der Handelsvertreter dem Unternehmer im Rahmen seines Abrechnungsanspruchs beispielsweise keine Vorgaben dahingehend machen, dass sich die Abrechnung auf bestimmte Geschäfte beziehen oder auf der Basis eines bestimmten Provisionssatzes beziehen müsse.[63] Zudem hat der Unternehmer die Einzelprovisionen zusammen zu addieren und etwaige

---

[54] RGZ 102, 110 (111); MüKoHGB/Ströbl Rn. 28; Emde Rn. 65.

[55] MüKoHGB/Ströbl Rn. 29; Oetker/Busche Rn. 8; Baumbach/Hopt/Hopt Rn. 8; Heymann/Stöber Rn. 10.

[56] MüKoHGB/Ströbl Rn. 30; Oetker/Busche Rn. 8; Baumbach/Hopt/Hopt Rn. 8; Heymann/Stöber Rn. 10.

[57] MüKoHGB/Ströbl Rn. 30; Oetker/Busche Rn. 8; Baumbach/Hopt/Hopt Rn. 8; Heymann/Stöber Rn. 10.

[58] MüKoHGB/Ströbl Rn. 30; Oetker/Busche Rn. 8; Heymann/Stöber Rn. 10; Küstner/Thume VertriebsR-HdB I Kap. VI Rn. 12; Ebenroth/Boujong/Joost/Strohn/Löwisch Rn. 80.

[59] Vgl. BGH WM 1989, 1073 (1074); BeckRS 1961, 31185896; MüKoHGB/Ströbl Rn. 14, 17; Küstner/Thume VertriebsR-HdB I Kap. VI Rn. 22; Ebenroth/Boujong/Joost/Strohn/Löwisch Rn. 77.

[60] MüKoHGB/Ströbl Rn. 16; Oetker/Busche Rn. 5.

[61] MüKoHGB/Ströbl Rn. 16; Oetker/Busche Rn. 5; Küstner/Thume VertriebsR-HdB I Kap. VI Rn. 22.

[62] BGH WM 1990, 710 (711); MüKoHGB/Ströbl Rn. 22, 34; Oetker/Busche Rn. 7; Baumbach/Hopt/Hopt Rn. 3; Ebenroth/Boujong/Joost/Strohn/Löwisch Rn. 79.

[63] OLG Hamm ZVertriebsR 2022, 116 Rn. 33 ff.

bereits geleistete Provisionsvorschüsse abzuziehen.[64] Ebenso sind zu Unrecht gezahlte Provisionen (etwa weil diese in der Zwischenzeit gem. § 87a Abs. 2 entfallen sind) abzuziehen.[65] Die Aufstellung hat insgesamt **geordnet, übersichtlich, vollständig und aus sich heraus nachvollziehbar** zu sein.[66] Auf Grund dieser Grundsätze ergibt sich, dass sich der Unternehmer nicht darauf beschränken kann, dem Handelsvertreter lediglich Rechnungsdurchschriften zukommen zu lassen und für Abrechnungszwecke auf diese zu verweisen.[67] Es genügt ferner nicht, dass alle relevanten, für die Berechnung eines Provisionsanspruchs erforderlichen Informationen in den Abrechnungen auftauchen. Vielmehr müssen diese Informationen auch auf eine Weise geordnet sein, dass sich die Berechnungsweise der Provision hieraus erschließt und sich der Anspruch ohne weitere Erläuterungen für den Handelsvertreter nachvollziehen lässt.[68] Hat der Handelsvertreter nach Auffassung des Unternehmers in dem jeweiligen Abrechnungszeitraum keine Provision verdient, reicht es aus, wenn der Unternehmer dem Handelsvertreter mitteilt, ein Provisionsanspruch sei nicht entstanden (sog. **Fehlanzeige**).[69]

22   **b) Vermittlungs- und Abschlussprovision.** Der Handelsvertreter erwirbt mit Abschluss eines provisionspflichtigen Geschäftes durch den Unternehmer zunächst nur einen aufschiebend bedingten Provisionsanspruch (sog. Provisionsanwartschaft) (→ § 87 Rn. 3, 23 ff.). Diese Provisionsanwartschaft erstarkt lediglich unter den Voraussetzungen des § 87a, grds. also erst mit der Ausführung des provisionspflichtigen Geschäftes durch den Unternehmer oder den Dritten, zum Vollrecht.

23   Der Unternehmer hat unstreitig über solche Provisionsansprüche abzurechnen, die auf Grund der Ausführung des provisionspflichtigen Geschäftes durch eine der Parteien **unbedingt entstanden** sind (§ 87a Abs. 1) (→ § 87a Rn. 7 ff.). Ferner besteht eine Abrechnungspflicht des Unternehmers auch in Bezug auf solche Provisionsansprüche, die wegen des **Feststehens der nicht vertragsgemäßen Ausführung durch den Unternehmer** entstanden sind (§ 87a Abs. 3) (→ § 87a Rn. 46 ff.).[70] Gleichermaßen hat der Unternehmer über solche Provisionsansprüche abzurechnen, die unter der **auflösenden Bedingung** des Feststehens der Nichtleistung durch den Dritten (§ 87a Abs. 2) entstanden sind (→ § 87a Rn. 34 ff.).[71]

24   Umstritten ist, ob der Unternehmer auch über Vermittlungs- bzw. Abschlussprovisionen abzurechnen hat, die bis dato nur **aufschiebend bedingt** entstanden sind. Nach richtiger Auffassung kann die Provisionsabrechnungspflicht gem. § 87c nur unbedingt entstandene Provisionsansprüche umfassen.[72] Hierfür spricht zum einen bereits die Rechtsnatur der Provisionsabrechnung als Antrag auf Abschluss eines Schuldanerkenntnisses. Der Unternehmer kann bloß aufschiebend bedingt entstandene Provisionsansprüche nicht anerkennen, da deren Entstehung gerade nicht sicher ist.[73] Zudem ergibt sich auch aus dem bloßen

---

[64] BGH WM 1990, 710 (711); MüKoHGB/Ströbl Rn. 16; Oetker/Busche Rn. 5.
[65] OLG München VersR 1966, 235 (236); MüKoHGB/Ströbl Rn. 16; Oetker/Busche Rn. 5; Seetzen WM 1985, 213; Stötter DB 1970, 1473.
[66] BGH WM 1981, 991 (993); OLG Karlsruhe HVR Nr. 494; MüKoHGB/Ströbl Rn. 14 f.; Oetker/Busche Rn. 5; Baumbach/Hopt/Hopt Rn. 3; Heymann/Stöber Rn. 8.
[67] MüKoHGB/Ströbl Rn. 16.
[68] LAG Baden-Württemberg BeckRS 2020, 10032 Rn. 109.
[69] BGH WM 1990, 710 f.; MüKoHGB/Ströbl Rn. 15; Emde Rn. 62.
[70] MüKoHGB/Ströbl Rn. 17; Oetker/Busche Rn. 7; Ebenroth/Boujong/Joost/Strohn/Löwisch Rn. 77e; Küstner/Thume VertriebsR-HdB I Kap. VI Rn. 36; Emde Rn. 91.
[71] MüKoHGB/Ströbl Rn. 18; Baumbach/Hopt/Hopt Rn. 3; Ebenroth/Boujong/Joost/Strohn/Löwisch Rn. 77e; Röhricht/Graf v. Westphalen/Thume Rn. 13; Emde Rn. 99; aA Oetker/Busche Rn. 7.
[72] So auch OLG Nürnberg BB 1966, 265; MüKoHGB/Ströbl Rn. 17 ff.; Oetker/Busche Rn. 7; Baumbach/Hopt/Hopt Rn. 3; Heymann/Stöber Rn. 9; Ebenroth/Boujong/Joost/Strohn/Löwisch Rn. 77e; Emde Rn. 99; Seetzen WM 1985, 213; Stötter DB 1983, 867 (868); wohl auch Röhricht/Graf v. Westphalen/Thume Rn. 13, der Bedenken gegen eine Abrechnung über Provisionsanwartschaften äußert; aA Küstner/Thume VertriebsR-HdB I Kap. VI Rn. 26 ff.; GK-HGB/Genzow Rn. 7; Küstner HVuHM 1967, 144; Schröder BB 1955, 181.
[73] Emde Rn. 99.

Wortsinn der „Abrechnung", dass von einer solchen nur Provisionsansprüche mitumfasst sein können, die zahlbar sind.[74] Der Handelsvertreter wird darüber hinaus bereits gem. § 86a Abs. 2 S. 2, 3 in ausreichendem Maße über die Entstehung von Provisionsanwartschaften informiert.[75]

Den Unternehmer trifft eine Abrechnungspflicht auch in Bezug auf Provisionsansprüche **25** des Handelsvertreters für **nachvertraglich abgeschlossene Geschäfte** (dh nach Beendigung des Handelsvertretervertrages) des Unternehmers gem. § 87 Abs. 3 (→ § 87 Rn. 105 ff.).[76] Der Unternehmer ist insoweit also auch über die Beendigung des Handelsvertretervertrages hinaus zur Abrechnung gem. Abs. 1 verpflichtet (hierzu auch → Rn. 35 f.). Der ausgeschiedene Handelsvertreter kann somit gegen seinen bislang von ihm vertretenen Unternehmer einen Anspruch auf Abrechnung (sowie die sonstigen Informations- und Kontrollrechte gem. § 87c) geltend machen.

Der Unternehmer hat über sog. **Überhangprovisionen,** also Provisionen aus provi- **26** sionspflichtigen Geschäften des Unternehmers, die während der Dauer des Handelsvertretervertrages abgeschlossen wurden, bei denen aber die für ihre Entstehung maßgebliche Bedingung (Geschäftsausführung durch den Unternehmer oder Zahlung des Kaufpreises durch den Kunden) erst nach der Beendigung des Handelsvertretervertrages eintritt, im Rahmen von Nachtragsabrechnungen nach Ende des Handelsvertretervertrages abzurechnen.[77] Den Unternehmer trifft also auch in Bezug auf Überhangprovisionen eine nachvertragliche Abrechnungspflicht (hierzu auch → Rn. 35).

    c) **Provisionsvorschüsse.** Von der Abrechnungspflicht des Unternehmers gem. Abs. 1 **27** mitumfasst sind ebenso Ansprüche des Handelsvertreters auf gesetzliche (§ 87a Abs. 1 S. 2; → § 87a Rn. 32) oder vertraglich vereinbarte **Provisionsvorschüsse.**[78]

    d) **Sonstige Provisionen.** Der Unternehmer hat gleichermaßen auch über **Inkasso-** **28** **provisionen** (§ 87 Abs. 4; → § 87 Rn. 128 ff.), **Delkredereprovisionen** (§ 86b; → § 86b Rn. 24 ff.) und sonstige **Verwaltungsprovisionen** (→ § 87 Rn. 9) abzurechnen.[79]

    e) **Erfolgsunabhängige Vergütungen.** Nicht unter die Abrechnungspflicht des Unter- **29** nehmers gem. Abs. 1 fallen dagegen vertraglich vereinbarte erfolgsunabhängige Vergütungen, also Vergütungen, die unabhängig vom Erfolg der Tätigkeit des Handelsvertreters geschuldet sind. Der Unternehmer hat somit in seine Abrechnung nicht auch ein vertraglich vereinbartes **Fixum** (→ § 87 Rn. 13), eine andere **Pauschalvergütung** oder eine erfolgsunabhängige **Umsatz- bzw. Gewinnbeteiligung** (→ § 87 Rn. 14) aufzunehmen.[80] Der Handelsvertreter ist insoweit auf die allgemeinen Kontrollrechte angewiesen, so etwa dem Anspruch auf Rechnungslegung gem. §§ 666, 675, 259 BGB und dem allgemeinen Auskunftsanspruch gem. § 242 BGB.[81]

---

[74] MüKoHGB/Ströbl Rn. 18; Röhricht/Graf v. Westphalen/Thume Rn. 13; Emde Rn. 99; vgl. auch Oetker/Busche Rn. 7, der von „verdienten" Provisionen spricht.

[75] MüKoHGB/Ströbl Rn. 19; Oetker/Busche Rn. 7.

[76] MüKoHGB/Ströbl Rn. 21; Heymann/Stöber Rn. 9; Küstner/Thume VertriebsR-HdB I Kap. VI Rn. 37; Emde Rn. 82.

[77] MüKoHGB/Ströbl Rn. 21; Heymann/Stöber Rn. 9; Emde Rn. 92; aA Küstner/Thume VertriebsR-HdB I Kap. VI Rn. 40 (Abrechnungspflicht auch bei aufschiebend bedingter Entstehung dieser Provisionsansprüche).

[78] MüKoHGB/Ströbl Rn. 20; Emde Rn. 92; Westphal VertriebsR I Rn. 628; Stötter/Lindner/Karrer S. 90.

[79] MüKoHGB/Ströbl Rn. 20; Küstner/Thume VertriebsR-HdB I Kap. VI Rn. 41; Röhricht/Graf v. Westphalen/Thume Rn. 15; Emde Rn. 92.

[80] MüKoHGB/Ströbl Rn. 10 (zum Fixum und Pauschalvergütung); Baumbach/Hopt/Hopt Rn. 2 (zur Umsatzbeteiligung); Röhricht/Graf v. Westphalen/Thume Rn. 6 (zur Umsatzbeteiligung und zum Fixum); Ebenroth/Boujong/Joost/Strohn/Löwisch Rn. 18; Emde Rn. 99 (zum Fixum); Koller/Kindler/Roth/Drüen/Roth Rn. 1.

[81] OLG Karlsruhe BB 1966, 1169 (zu §§ 666, 675, 259 BGB); MüKoHGB/Ströbl Rn. 10 (zu §§ 666, 675, 259 BGB); Ebenroth/Boujong/Joost/Strohn/Löwisch Rn. 18; Emde MDR 2003, 1151 (1152); Koller/Kindler/Roth/Drüen/Roth Rn. 1 (zu §§ 666, 675, 259 BGB).

30   **f) Ausgleichsanspruch.** Aus dem Wortlaut des Abs. 1 ergibt sich, dass eine Abrechnungspflicht des Unternehmers nur in Bezug auf Provisionsansprüche des Handelsvertreters besteht. Die Vorschrift findet daher keine Anwendung auf einen Ausgleichsanspruch des Handelsvertreters gem. § 89b.

31   **5. Form der Abrechnung.** Der Unternehmer hat die Abrechnung gem. Abs. 1 nach richtiger Auffassung nicht zwingend in der Schriftform des § 126 BGB zu erteilen; vielmehr ist eine Abrechnung auch in der **Textform** des § 126b BGB möglich.[82] Zum einen ist die Textform nicht wegen eines gesetzlich geregelten Schriftformerfordernisses ausgeschlossen. Denn trotz der Rechtsnatur der Provisionsabrechnung als Antrag auf Abschluss eines abstrakten Schuldanerkenntnisses (§ 781 BGB) greift das in § 781 BGB vorgesehene Schriftformerfordernis (gem. § 782 BGB) nicht. Zum anderen erfüllt auch eine Abrechnung in Textform den Sinn und Zweck des Abs. 1, dem Handelsvertreter eine klare, vollständige und übersichtliche Zusammenstellung seiner erworbenen Provisionsansprüche an die Hand zu geben.

32   **6. Abrechnungsfrist (Abs. 1 S. 2). a) Während des Handelsvertretervertrages.** Der Unternehmer hat während der Laufzeit des Handelsvertretervertrages unverzüglich, dh **ohne schuldhaftes Zögern,**[83] **spätestens jedoch bis zum Ende des Monats, der dem jeweiligen Abrechnungszeitraum** (→ Rn. 19 f.) **folgt,** abzurechnen (Abs. 1 S. 2). Haben die Parteien als Abrechnungszeitraum den Kalendermonat bzw. (bei Verlängerung des Abrechnungszeitraumes auf drei Monate) das Kalendervierteljahr vereinbart, hat der Unternehmer spätestens bis zum Ende des dem jeweiligen Kalendermonat bzw. Kalendervierteljahr folgenden Kalendermonats abzurechnen. Ist der von den Parteien vereinbarte Abrechnungszeitraum dagegen nicht mit dem Kalendermonat bzw. dem Kalendervierteljahr identisch, kann der Unternehmer nicht bis zum Ende des darauffolgenden Kalendermonats warten.[84] Vielmehr ist in einem solchen Fall unter dem „Ende des nächsten Monats" gem. Abs. 1 S. 2 jeweils ein Zeitraum von einem Monat zu verstehen, der sich unmittelbar an das Ende des jeweiligen Abrechnungszeitraumes anhängt.[85] Endet der Abrechnungszeitraum bei monatlicher Abrechnung bspw. am 15. eines jeden Kalendermonats, hat der Unternehmer über die vom 15.1. bis 15.2. entstandenen Provisionsansprüche bis spätestens zum 15.3. abzurechnen.[86] Bei dreimonatiger Abrechnung gilt Entsprechendes: In diesem Fall ist bspw. für den Zeitraum vom 15.1. bis 15.4. bis spätestens zum 15.5. abzurechnen.[87]

33   Da das Gesetz gem. Abs. 1 S. 2 die Pflicht des Unternehmers zur unverzüglichen Abrechnung normiert, darf der Unternehmer den Zeitpunkt seiner Provisionsabrechnung **nicht willkürlich bis zum letztmöglichen Zeitpunkt hinausschieben.**[88] Der späteste Abrechnungszeitpunkt gem. Abs. 1 S. 2 stellt lediglich den Zeitpunkt dar, zu dem der Anspruch des Handelsvertreters auf Abrechnung ohne weiteres fällig wird und zu dem der Unternehmer ohne Mahnung in Schuldnerverzug gerät (→ Rn. 17).

34   Der gem. Abs. 1 S. 2 letztmögliche Abrechnungstermin ist auch für das Fälligwerden der Provisionsansprüche des Handelsvertreters von Bedeutung (→ § 87a Rn. 72). Gem. § 87a Abs. 4 tritt die Fälligkeit von Provisionsansprüchen mit dem Ende des dem Unternehmer für die Abrechnung zur Verfügung stehenden Monatszeitraumes ein. Rechnet der Unternehmer folglich bereits vor dem Ende des ihm maximal zur Verfügung stehenden Monats-

---

[82] So auch Küstner/Thume VertriebsR-HdB I Kap. VI Rn. 10; Röhricht/Graf v. Westphalen/Thume Rn. 19; Emde Rn. 101; strenger (Schriftform erforderlich): MüKoHGB/Ströbl Rn. 23; Oetker/Busche Rn. 5; Baumbach/Hopt/Hopt Rn. 6; Schlegelberger/Schröder Rn. 3b.
[83] MüKoHGB/Ströbl Rn. 31; Oetker/Busche Rn. 9; Küstner/Thume VertriebsR-HdB I Kap. VI Rn. 15.
[84] So aber Emde Rn. 105.
[85] MüKoHGB/Ströbl Rn. 32; Oetker/Busche Rn. 9; Baumbach/Hopt/Hopt Rn. 9; Heymann/Stöber Rn. 12; Küstner/Thume VertriebsR-HdB I Kap. VI Rn. 16.
[86] MüKoHGB/Ströbl Rn. 32; Küstner/Thume VertriebsR-HdB I Kap. VI Rn. 16.
[87] MüKoHGB/Ströbl Rn. 32; Küstner/Thume VertriebsR-HdB I Kap. VI Rn. 16.
[88] MüKoHGB/Ströbl Rn. 31; Oetker/Busche Rn. 9; Heymann/Stöber Rn. 12; Emde MDR 2003, 1151 (1154); Schröder DB 1963, 651.

zeitraumes ab, tritt die Fälligkeit der Provisionsansprüche dennoch erst mit dem Ablauf des Monatszeitraumes ein.

b) Nach Beendigung des Handelsvertretervertrages. Obwohl das Gesetz nicht **35** ausdr. eine Abrechnungspflicht des Unternehmers für die Zeit nach Beendigung des Handelsvertretervertrages regelt, schuldet der Unternehmer auch gegenüber dem ausgeschiedenen Handelsvertreter die Erteilung von Provisionsabrechnungen. Zunächst hat der Unternehmer nach Vertragsende über die seit der letzten Abrechnung unbedingt entstandenen Provisionsansprüche (→ Rn. 23) unabhängig vom Abrechnungszeitraum[89] **unverzüglich, dh ohne schuldhaftes Zögern,** abzurechnen und die entsprechenden Provisionen sofort auszuzahlen (vgl. § 614 S. 1 BGB).[90] Es kann hier wohl nicht bis zum Ende des Monats nach Vertragsende gewartet werden.[91] Des Weiteren hat der Unternehmer **zu dem jeweiligen Abrechnungstermin** gem. Abs. 1 (bzw. einem hiervon abweichenden, vertraglich wirksam vereinbarten Abrechnungstermin) über diejenigen Provisionsansprüche abzurechnen, die erst nach Beendigung des Handelsvertretervertrages unbedingt entstehen.[92] Der Unternehmer hat somit im Rahmen von **Nachtragsabrechnungen** über Provisionsansprüche für nachvertraglich abgeschlossene Geschäfte (→ Rn. 25) und Überhangprovisionen (→ Rn. 26) eine Abrechnung zu erteilen.

Soweit nicht vertraglich vereinbart, schuldet der Unternehmer **keine Schlussabrech-** **36** **nung.**[93]

7. Anerkennung der Abrechnung. Der Handelsvertreter kann die Provisionsabrech- **37** nung (und damit den Antrag des Unternehmers auf Abschluss eines abstrakten Schuldanerkenntnisses (→ Rn. 15)) anerkennen. Da der Handelsvertreter durch eine solche Anerkennung seine übrigen Informations- und Kontrollrechte gem. § 87c verliert (→ Rn. 39), bedarf eine solche Anerkennung idR einer **eindeutigen Willenserklärung** des Handelsvertreters.[94] Deshalb kann allein in der Tatsache, dass der Handelsvertreter über mehrere Jahre hinweg die Abrechnungen des Unternehmers nicht beanstandet hat, keine stillschweigende Anerkennung der Abrechnungen gesehen werden.[95] Ebenso ist in der Unterzeichnung eines Provisionsrechnungsentwurfes des Unternehmers durch den Handelsvertreter keine stillschweigende Anerkennung des Handelsvertreters zu sehen.[96] Konkludente (Einzel-)Anerkenntnisse des Handelsvertreters sind jedoch in begrenztem Umfang möglich, so bspw. durch Zustimmung des Handelsvertreters zu Warenrücksendungen. Eine Einigung der Parteien über erteilte Abrechnungen des Unternehmers kann auch in der Weise erfolgen, dass die Parteien ein Saldo zugunsten einer Partei ermitteln und mit dessen Begleichung alle (in der Vergangenheit bestrittenen) gegenseitigen Forderungen erledigt sein sollen (sog. **Saldoanerkenntnis**).[97]

---

[89] Zweifelnd Emde Rn. 107.

[90] BGH NJW 1981, 457; OLG München MDR 1958, 923; MüKoHGB/Ströbl Rn. 33; Oetker/Busche Rn. 10; Baumbach/Hopt/Hopt Rn. 10; Ebenroth/Boujong/Joost/Strohn/Löwisch Rn. 34, 80; Schlegelberger/Schröder Rn. 1, 2e; Küstner/Thume VertriebsR-HdB I Kap. VI Rn. 68; teilw. abweichend Emde Rn. 107 (wohl Zuwarten bis Ende des Kalendermonats nach Vertragsende möglich).

[91] Anders Emde Rn. 107, der ein solches Zuwarten für wohl möglich hält.

[92] Oetker/Busche Rn. 10; Ebenroth/Boujong/Joost/Strohn/Löwisch Rn. 81; Emde Rn. 107; aA (für eine Abrechnungspflicht unverzüglich nach Entstehung des Provisionsanspruches) MüKoHGB/Ströbl Rn. 33; wohl auch Küstner/Thume VertriebsR-HdB I Kap. VI Rn. 71.

[93] MüKoHGB/Ströbl Rn. 33; Oetker/Busche Rn. 10; Emde Rn. 108.

[94] BGH HVR Nr. 376; vgl. auch OLG Dresden BeckRS 2020, 7497 Rn. 4; OLG München BeckRS 2016, 13148 Rn. 20; OLG Nürnberg BB 1966, 877; VersR 1959, 801; MüKoHGB/Ströbl Rn. 24; Küstner/Thume VertriebsR-HdB I Kap. VI Rn. 50.

[95] BGH NJW-RR 2007, 246 Rn. 22; NJW 1996, 588; BAG AP HGB § 87c Nr. 18 Ls. 1; OLG Dresden BeckRS 2020, 7497 Rn. 4; OLG München BeckRS 2016, 13148 Rn. 21; MüKoHGB/Ströbl Rn. 24; Oetker/Busche Rn. 6; Baumbach/Hopt/Hopt Rn. 4; Küstner/Thume VertriebsR-HdB I Kap. VI Rn. 50; vgl. ach OLG Hamburg BB 1998, 971 (zur Handelsvertreter-GmbH).

[96] OLG Hamm VersR 2001, 1106 (1107); Oetker/Busche Rn. 6; Baumbach/Hopt/Hopt Rn. 4.

[97] BGHZ 56, 290 (295 f.); OLG Karlsruhe BB 1980, 226; Oetker/Busche Rn. 6; Baumbach/Hopt/Hopt Rn. 4; Küstner/Thume VertriebsR-HdB I Kap. VI Rn. 45 (dort Fn. 58).

38 **Anerkenntnisklauseln** in Handelsvertreterverträgen, die ein Anerkenntnis des Handelsvertreters für den Fall vorsehen, dass dieser der Provisionsabrechnung nicht innerhalb einer bestimmten Frist widerspricht, sind unwirksam, weil hiermit ein mit Abs. 5 nicht vereinbarer Verzicht des Handelsvertreters auf die Informations- und Kontrollrechte des § 87c verbunden ist.[98]

39 **8. Wirkung der Abrechnung.** Erkennt der Handelsvertreter die Provisionsabrechnung des Unternehmers als vollständig und richtig an, stellt auch dies ein Schuldanerkenntnisses iSd §§ 781 BGB dar.[99] Zudem liegt hierin eine Einigung der Parteien über die Richtigkeit und Vollständigkeit der Abrechnung des Unternehmers, die die weiteren Informations- und Kontrollrechte des § 87c entfallen lässt.[100] Denn diese weiteren Informations- und Kontrollrechte dienen gerade der Überprüfung der Richtigkeit und Vollständigkeit der Abrechnung. **Sobald die Parteien aber über den Inhalt der Abrechnung einig sind,** werden die weiteren **Informations- und Kontrollrechte gegenstandslos.**

40 Die Provisionsabrechnung ist für den Unternehmer **verbindlich.**[101] Sie begründet ferner zugunsten des Handelsvertreters die Vermutung der Richtigkeit und Vollständigkeit.[102] Stellt sich die Abrechnung doch als unrichtig heraus, ist jede Partei berechtigt, das erteilte Schuldanerkenntnis nach den Grundsätzen der ungerechtfertigten Bereicherung zurückzufordern, sofern sie die Unrichtigkeit des Schuldanerkenntnisses und damit den fehlenden Rechtsgrund nachweist (§ 812 Abs. 2 BGB).[103]

41 Dem Unternehmer ist zu empfehlen, in den Handelsvertretervertrag die Pflicht des Handelsvertreters aufzunehmen, ihm erteilte Abrechnungen sorgfältig zu prüfen und dem Unternehmer innerhalb einer angemessenen Frist (bspw. zwei Wochen nach Zugang der Abrechnung) entweder Einwendungen gegen die Abrechnung zukommen zu lassen bzw. deren Richtigkeit zu bestätigen.[104] Das OLG Hamm[105] hat keine Bedenken gegen die Wirksamkeit einer solchen Klausel erhoben.

42 **9. Untergang des Abrechnungsanspruches.** Der Anspruch des Handelsvertreters auf eine Abrechnung geht dann durch **Erfüllung** unter (§ 362 BGB), wenn der Unternehmer eine Abrechnung erteilt hat, die den **Mindestanforderungen an eine ordnungsgemäße Abrechnung** (→ Rn. 21) gerecht wird.[106] Dagegen tritt keine Erfüllungswirkung ein, wenn wesentliche Angaben bzw. ein relevanter Teil der provisionspflichtigen Geschäfte fehlen oder die erteilte Abrechnung in gänzlich unbrauchbarer Art und Weise erteilt worden ist. Im erstgenannten Fall kann der Handelsvertreter von dem Unternehmer **Ergänzung der erteilten Abrechnung,** im zweitgenannten Fall sogar die **Erteilung einer neuen Abrechnung** verlangen.[107] Bei lediglich einzelnen Unkorrektheiten, sonstigen Mängel oder sachlichen Beanstandungen tritt nichtsdestotrotz die Erfüllungswirkung ein. Folglich kann der Handelsvertreter in solchen Fällen weder die Ergänzung der erteilten

[98] BGH BB 2006, 2492 Rn. 23; BeckRS 1964, 31190906; OLG Hamm NJW-RR 2004, 1266; MüKoHGB/Ströbl Rn. 35; Oetker/Busche Rn. 6; Baumbach/Hopt/Hopt Rn. 4; Heymann/Stöber Rn. 7; Küstner/Thume VertriebsR-HdB I Kap. VI Rn. 57; Emde Rn. 80.
[99] OLG Karlsruhe HVR Nr. 445; OLG München VersR 1961, 1090; Küstner/Thume VertriebsR-HdB I Kap. VI Rn. 43.
[100] MüKoHGB/Ströbl Rn. 24; Oetker/Busche Rn. 6; Küstner/Thume VertriebsR-HdB I Kap. VI Rn. 45.
[101] MüKoHGB/Ströbl Rn. 25; Ebenroth/Boujong/Joost/Strohn/Löwisch Rn. 83.
[102] MüKoHGB/Ströbl Rn. 25; Ebenroth/Boujong/Joost/Strohn/Löwisch Rn. 83; Emde Rn. 112.
[103] MüKoHGB/Ströbl Rn. 25; Oetker/Busche Rn. 6; Baumbach/Hopt/Hopt Rn. 4; Ebenroth/Boujong/Joost/Strohn/Löwisch Rn. 83; Küstner/Thume VertriebsR-HdB I Kap. VI Rn. 44; Emde Rn. 112.
[104] Küstner/Thume VertriebsR-HdB I Kap. VI Rn. 45 ff.
[105] OLG Hamm OLGR 1997, 294 (295).
[106] BGH LM HGB § 87c Nr. 4a; OLG Köln MDR 1995, 1064; MüKoHGB/Ströbl Rn. 34; Ebenroth/Boujong/Joost/Strohn/Löwisch Rn. 58; Emde MDR 2003, 1151 (1158).
[107] OLG Köln BeckRS 2004, 08351; OLG Saarbrücken NJW-RR 2002, 391 (392); OLG Düsseldorf OLGR 1994, 270; Emde Rn. 30.

Abrechnung noch die Erteilung einer neuen Abrechnung verlangen.[108] Vielmehr ist er in diesen Fällen auf die weiteren Informations- und Kontrollrechte des § 87c angewiesen.

Zwar kann der Handelsvertreter wegen Abs. 5 nicht wirksam auf künftige Provisions- **43** abrechnungen verzichten. Der Handelsvertreter kann jedoch einen **Verzicht** auf Provisionsabrechnungen für zurückliegende Zeiträume (auch während der Laufzeit des Handelsvertretervertrages) erklären. Nach der Rechtsprechung[109] sind allerdings wegen des Schutzzwecks des § 87c an einen solchen Verzicht **strenge Maßstäbe** anzulegen. So kann in der bloßen widerspruchslosen Hinnahme der erteilten Abrechnung kein Verzicht auf weitergehende Informations- und Kontrollrechte gesehen werden.[110]

Der Anspruch des Handelsvertreters auf Provisionsabrechnung entfällt zudem dann, **44** wenn der Unternehmer unstreitig bereits alle Provisionsansprüche des Handelsvertreters erfüllt hat oder aus anderen Gründen feststeht, dass keine weiteren Provisionsansprüche mehr existieren (→ Rn. 8).

10. Durchsetzung. a) Klageverfahren. Kommt der Unternehmer seiner Abrech- **45** nungspflicht nicht nach, kann der Handelsvertreter die Erteilung der Abrechnung gem. Abs. 1 klageweise geltend machen. Er kann somit Klage auf Erteilung der Abrechnung erheben. Hierfür hat der Handelsvertreter wegen des Bestimmtheitsgebotes (§ 253 Abs. 2 Nr. 2 ZPO) den streitgegenständlichen Abrechnungszeitraum anzugeben und sonstige erforderliche Angaben zu machen.[111] Der Handelsvertreter kann dem Unternehmer jedoch (bereits wegen der Rechtsnatur der Abrechnung als abstraktes Schuldanerkenntnis (→ Rn. 15)) im Rahmen seines Abrechnungsanspruchs keine Vorgaben dahingehend machen, dass sich die Abrechnung auf bestimmte Geschäfte beziehen oder auf der Basis eines bestimmten Provisionssatzes beziehen müsse.[112] Zweckmäßig ist die Verbindung der Klage auf Abrechnung mit einer Klage auf Zahlung der sich aus der Abrechnung ergebenden Provisionen in Form einer **Stufenklage** (§ 254 ZPO).[113] Denn die isolierte Klage auf ein Hilfsrecht gem. § 87c (wie etwa auf Provisionsabrechnung) hemmt nicht auch die Verjährung für den Hauptanspruch, vorliegend also der Provisionsansprüche des Handelsvertreters.[114]

Der Handelsvertreter kann nach richtiger Auffassung **frühestens nach Erhalt der Pro-** **46** **visionsabrechnung** eine Klage auf Buchauszug gem. Abs. 2 erheben (→ Rn. 59). Für den Fall, dass der Unternehmer die Provisionsabrechnung verweigert, ist der Handelsvertreter nicht berechtigt, anstelle der klageweisen Durchsetzung seines Anspruches auf Provisionsabrechnung von dem Unternehmer unmittelbar Bucheinsicht zu verlangen.[115] Grund hierfür ist, dass ein Anspruch auf Bucheinsicht gem. Abs. 4 nach dessen klarem Wortlaut nur dann besteht, wenn der Unternehmer die Erteilung eines Buchauszuges verweigert hat oder begründete Zweifel an der Richtigkeit oder Vollständigkeit der Provisionsabrechnung oder des Buchauszuges bestehen.

Hat der Unternehmer eine Abrechnung erteilt, kann der Handelsvertreter deren **Ergän-** **47** **zung** bzw. die **Erteilung einer neuen Abrechnung** nur in begrenztem Umfang ver-

---

[108] So auch BGH WM 1990, 710 (711); OLG Köln BeckRS 2004, 08354; OLG Düsseldorf HVR Nr. 817; OLG Oldenburg HVR Nr. 601; MüKoHGB/Ströbl Rn. 34; Ebenroth/Boujong/Joost/Strohn/Löwisch Rn. 58; so wohl auch Küstner/Thume VertriebsR-HdB I Kap. VI Rn. 47; aA Emde Rn. 30; Emde MDR 2003, 1151 (1153).

[109] BGH HVR Nr. 528.

[110] BGH NJW-RR 2007, 246 Rn. 23; BeckRS 1961, 31185896; OLG Hamm NJW-RR 2004, 1266; MüKoHGB/Ströbl Rn. 35; Küstner/Thume VertriebsR-HdB I Kap. VI Rn. 66.

[111] MüKoHGB/Ströbl Rn. 37; Oetker/Busche Rn. 11.

[112] OLG Hamm ZVertriebsR 2022, 116 Rn. 33 ff.

[113] MüKoHGB/Ströbl Rn. 37; Oetker/Busche Rn. 11; Küstner/Thume VertriebsR-HdB I Kap. VI Rn. 76.

[114] BAG NJW 1996, 1693; OLG Düsseldorf BeckRS 2012, 22930; OLG Köln BB 1997, 2130; Grüneberg/Ellenberger BGB § 204 Rn. 2 und 13.

[115] MüKoHGB/Ströbl Rn. 38; Küstner/Thume VertriebsR-HdB I Kap. VI Rn. 74; aA Baumbach/Hopt/Hopt Rn. 26; Ebenroth/Boujong/Joost/Strohn/Löwisch Rn. 97.

langen (→ Rn. 42). In der Regel wird der Handelsvertreter darauf angewiesen sein, den ihm vermeintlich zustehenden Differenzbetrag an Provision, ggf. unter Zuhilfenahme der weiteren Informations- und Kontrollrechte des § 87c, im Rahmen einer Leistungsklage geltend zu machen.[116]

48   **b) Zwangsvollstreckung.** Die Zwangsvollstreckung eines auf Erteilung einer Abrechnung gerichteten Urteils richtet sich grds. nach **§ 887 ZPO,** da es sich bei der Abrechnung **in der Regel** um eine **vertretbare Handlung** handelt, die unter Zuhilfenahme der Bücher des Unternehmers auch von einem Dritten vorgenommen werden kann.[117] Der Handelsvertreter kann somit auf Antrag von dem Prozessgericht des ersten Rechtszuges ermächtigt werden, die Abrechnung auf Kosten des Unternehmers im Wege der Ersatzvornahme vornehmen zu lassen. Er kann sich in diesem Zusammenhang seiner Rechte auf Buchauszug (Abs. 2) und – unter den Voraussetzungen des Abs. 4 – Bucheinsicht bedienen.[118]

49   Scheidet eine Ersatzvornahme nach § 887 ZPO **ausnahmsweise** aus, ist gem. **§ 888 ZPO** zu vollstrecken.[119]

IV. Buchauszug (Abs. 2)

50   **1. Zweck.** Der Zweck des Buchauszuges geht weiter als der Zweck der Provisionsabrechnung. Die Provisionsabrechnung soll dem Handelsvertreter lediglich ermöglichen, anhand seiner eigenen Unterlagen prüfen zu können, ob der Unternehmer alle ihm zustehenden Provisionsansprüche lückenlos erfasst hat und diese damit bei der Berechnung der an ihn geschuldeten Zahlung berücksichtigt wurden. Dagegen soll der Handelsvertreter durch den Buchauszug in die Lage versetzt werden, Klarheit über seine Provisionsansprüche zu gewinnen und die Richtigkeit und Vollständigkeit erteilter oder noch zu erteilender[120] Provisionsabrechnungen in Bezug auf jedes einzelne provisionspflichtige Geschäft überprüfen zu können.[121] Der Buchauszug hat deshalb eine **detaillierte Bestandsaufnahme aller provisionspflichtigen Geschäfte** des Unternehmers zu enthalten (→ Rn. 51 ff.).

51   **2. Inhalt und Darstellung.** Der Buchauszug gem. Abs. 2 hat **sämtliche Geschäfte** des Unternehmers mit Dritten zu umfassen, die die Provisionsansprüche des Handelsvertreters berühren. Anders als die Provisionsabrechnung beschränkt sich der Buchauszug damit bspw. nicht auf unbedingt entstandene Provisionsansprüche. Vielmehr sind auch provisionspflichtige Geschäfte mitumfasst, in Bezug auf die der Handelsvertreter bislang nur eine Provisionsanwartschaft gem. § 87 erworben hat (hierzu ausf. → Rn. 22 ff.).[122] Der Buchauszug hat daher ua auch Angaben über noch nicht ausgeführte und stornierte Geschäfte zu enthalten.[123] Zur Vollständigkeit eines Buchauszuges gehört es auch, solche Geschäfte des

---

[116] BGH NJW-RR 1990, 1370 (1371); MüKoHGB/Ströbl Rn. 34; Oetker/Busche Rn. 11.

[117] OLG Celle NJW 1962, 1969; OLG Düsseldorf BB 1964, 191; OLG Hamburg MDR 1955, 43 f.; OLG Köln NJW-RR 1996, 100; OLG Nürnberg BB 1971, 491; MüKoHGB/Ströbl Rn. 39; Oetker/Busche Rn. 12; Baumbach/Hopt/Hopt Rn. 12; Küstner/Thume VertriebsR-HdB I Kap. VI Rn. 81; Emde Rn. 218; aA OLG München BB 1960, 188; OLG Neustadt NJW 1965, 257.

[118] MüKoHGB/Ströbl Rn. 39; Oetker/Busche Rn. 12.

[119] OLG Celle NJW 1962, 1968; MüKoHGB/Ströbl Rn. 39; Baumbach/Hopt/Hopt Rn. 12; Seetzen WM 1985, 213 (214).

[120] Folgende Fundstellen erwähnen ausdrücklich auch die Überprüfung „zu erteilender" Provisionsansprüche als Zweck des Buchauszugs: BGH NJW 2001, 2333; BeckRS 1981, 30373535; MüKoHGB/Ströbl Rn. 40; Reif/David ZVertriebsR 2015, 343 (346).

[121] BGH NJW-RR 2007, 246 Rn. 17; NJW 2001, 2333; 1981, 457; BeckRS 1981, 30373535; 1964, 31190906; 1961, 31185896; OLG Hamm DB 1967, 592 (593); OLG München BB 1964, 698; OLG Frankfurt a. M. HVR Nr. 56; MüKoHGB/Ströbl Rn. 40; Küstner/Thume VertriebsR-HdB I Kap. VI Rn. 92; Heymann/Stöber Rn. 14; Reif/David ZVertriebsR 2015, 343 (346); Holling BB 1959, 687 (688).

[122] BGH WM 1989, 1073 (1074); MüKoHGB/Ströbl Rn. 41; Oetker/Busche Rn. 18; Baumbach/Hopt/Hopt Rn. 13; Heymann/Stöber Rn. 18.

[123] OLG Frankfurt a. M. VersR 2004, 780 (781); OLG Hamburg BB 1998, 971; MüKoHGB/Ströbl Rn. 41; Oetker/Busche Rn. 18; Heymann/Stöber Rn. 18.

Unternehmers aufzunehmen, hinsichtlich derer die Parteien uneins darüber sind, ob sie Provisionsansprüche des Handelsvertreters begründen.[124] Denn der Buchauszug dient gerade auch dazu, solche Meinungsverschiedenheiten zu klären. Einzig Geschäfte des Unternehmers, die zweifelsfrei keine Provisionsansprüche des Handelsvertreters begründen, können unberücksichtigt bleiben.[125] Umstände, die allein die Geschäftsbeziehung zwischen dem Handelsvertreter und dem Unternehmer betreffen, sind nicht in den Buchauszug aufzunehmen.[126]

Die Angaben zu den provisionspflichtigen Geschäften sind wegen des Sinn und Zwecks **52** des Buchauszuges, dem Handelsvertreter einen Überblick zu verschaffen, in **klarer und übersichtlicher Weise vollständig** wiederzugeben.[127] Der Buchauszug hat in Bezug auf alle provisionspflichtigen Geschäfte diejenigen **Angaben** zu enthalten, **die für die Berechnung, Höhe und Fälligkeit der Provision von Bedeutung sind.**[128] Anzugeben sind insbesondere Name und Anschrift des Vertragspartners des Unternehmers, Gegenstand und Menge der Lieferung, Datum der Lieferung, Netto- und Bruttopreise, Rückgaben und Nichtausführungen sowie deren Gründe.[129] Bei Versicherungsgeschäften hat der Buchauszug insbesondere die Versicherungsprämie und deren Zahlungsweise, den Versicherungsbeginn, ggf. auch die Versicherungssumme (bei Lebensversicherungen), das Eintrittsalter des Versicherungsnehmers und die Laufzeit des Versicherungsvertrages zu enthalten.[130] Dagegen sind der Provisionssatz bzw. die Provisionsbeträge nicht auszuweisen; diese hat der Handelsvertreter selbst zu berechnen.[131] Soweit der Handelsvertreter zur Konkretisierung seines Buchauszugsanspruchs bestimmte Informationen verlangt, hat er insoweit darzulegen, dass diese provisionsrelevant sind; liegt dies auf der Hand, ist allerdings kein näherer Sachvortrag hierzu notwendig.[132] Bereits der Begriff „Buchauszug" macht deutlich, dass der Unternehmer in dem Buchauszug **nur solche Angaben zu machen hat, die sich aus seinen Büchern ergeben.**[133] Andere, außerhalb der Bücher des Unternehmers verfügbare Informationen müssen dagegen nicht in den Buchauszug aufgenommen werden.[134] Reichen die Angaben in dem Buchauszug nicht aus, kann sich der Handelsvertreter ergänzend seines Auskunftsrechtes gem. Abs. 3 bedienen (→ Rn. 70 ff.). Der Prinzipal kann den Buchauszug kann nicht aus datenschutzrechtlichen Erwägungen verweigern.[135]

---

[124] OLG Hamm JurBüro 2010, 266; OLG Düsseldorf DB 1971, 1857; Oetker/Busche Rn. 18; Heymann/Stöber Rn. 18; Küstner/Thume VertriebsR-HdB I Kap. VI Rn. 97.

[125] BGH WM 1989, 1073 (1074); OLG Düsseldorf IHR 2020, 28 (31); OLG München ZVertriebsR 2019, 254 Rn. 21; OLG Bamberg NJW-RR 2004, 475 (476); OLG Köln BeckRS 2002, 30296173; MüKoHGB/Ströbl Rn. 41; Küstner/Thume VertriebsR-HdB I Kap. VI Rn. 100.

[126] BGH NJW 2001, 2333 (2334 f.); OLG Düsseldorf IHR 2020, 28 (31); OLG Saarbrücken NJW-RR 2002, 391; OLG Celle NJW 1962, 1968; OLG Nürnberg BB 1999, 150 (151); Baumbach/Hopt/Hopt Rn. 15.

[127] BGH WM 1982, 152 (153); MüKoHGB/Ströbl Rn. 42; Oetker/Busche Rn. 19; Baumbach/Hopt/Hopt Rn. 15; Küstner/Thume VertriebsR-HdB I Kap. VI Rn. 96.

[128] BGH NJW 2001, 2333 f.; OLG München BeckRS 2016, 13148 Rn. 11; OLG Hamm BB 1997, 1329 f.; OLG Koblenz NJW-RR 1994, 358 (359); MüKoHGB/Ströbl Rn. 42; Küstner/Thume VertriebsR-HdB I Kap. VI Rn. 93.

[129] BGH NJW-RR 2007, 246 Rn. 18; NJW 2001, 2333 (2334 f.); WM 1989, 1073 (1074); BeckRS 1981, 30373535; OLG Köln BeckRS 2004, 08354; OLG München NJW-RR 2002, 1034 (1035); OLG Saarbrücken NJW-RR 2002, 391 f.; MüKoHGB/Ströbl Rn. 42; Oetker/Busche Rn. 18; Baumbach/Hopt/Hopt Rn. 15; Küstner/Thume VertriebsR-HdB I Kap. VI Rn. 94.

[130] OLG Köln BeckRS 2004, 08354; OLG Nürnberg BB 1999, 150 (151); OLG Hamm BB 1997, 1329 f.; Oetker/Busche Rn. 18; Baumbach/Hopt/Hopt Rn. 15; Küstner/Thume VertriebsR-HdB I Kap. VI Rn. 95.

[131] BGH NJW 2001, 2333 f.; OLG Nürnberg BB 1999, 150 (151); MüKoHGB/Ströbl Rn. 42; Oetker/Busche Rn. 18; Baumbach/Hopt/Hopt Rn. 15; Küstner/Thume VertriebsR-HdB I Kap. VI Rn. 101.

[132] OLG Hamm ZVertriebsR 2018, 375 Rn. 40.

[133] BGH NJW 2001, 2333 f.; WM 1982, 152 (153); 1989, 1073 (1074); OLG Düsseldorf IHR 2020, 28 (30); OLGR 2001, 387 (388); MüKoHGB/Ströbl Rn. 45; Oetker/Busche Rn. 15; Küstner/Thume VertriebsR-HdB I Kap. VI Rn. 101.

[134] OLG Celle NJW 1962, 1968; MüKoHGB/Ströbl Rn. 45; Oetker/Busche Rn. 15.

[135] OLG München ZD 2020, 43 ff. mAnm Schröder.

53 Das Gesetz macht keine Aussage über die von dem Unternehmer geschuldete Form des Buchauszugs. Eine mündliche Mitteilung des Buchauszugs ist allerdings nicht ausreichend. Der Buchauszug muss jedoch auch nicht in Schriftform (§ 126 BGB) erstellt werden.[136] **Textform** (§ 126b BGB) reicht aus.[137] So ist eine Übersendung des Buchauszugs in elektronischer Form auf einer CD ausreichend, sofern die übermittelten Daten für den Handelsvertreter lesbar sind.[138] Der Handelsvertreter hat **keinen Anspruch auf eine bestimmte Gestaltung des Buchauszuges** (bspw. in tabellarischer Form oder als EDV-Übersicht).[139] Vielmehr darf der Unternehmer die für ihn (kosten)günstigere Form wählen.[140] Die gewählte Form muss jedoch dem Informationsinteresse des Handelsvertreters gerecht werden und damit eine **klare, geordnete, übersichtliche und vollständige Aufstellung** gewährleisten.[141] Der Unternehmer wird dem nicht gerecht, wenn er dem Handelsvertreter lediglich eine Vielzahl an Unterlagen übergibt, aus denen sich der Handelsvertreter die relevanten Informationen herauszusuchen hat.[142] Es ist jedoch bei einem entsprechenden Umfang des Buchauszuges nicht erforderlich, dass dieser als einheitliches Werk vorgelegt wird. Ausreichend können in einem solchen Fall in sich abgeschlossene, nach Abrechnungszeiträumen getrennte Teillieferungen sein.[143] Zudem muss es dem Handelsvertreter im Falle eines EDV-gestützten Buchauszugs möglich sein, den Buchauszug abzuspeichern und auszudrucken.[144] Provisionsabrechnungen können einen Buchauszug nur dann ersetzen, wenn sie lückenlos für den gesamten relevanten Zeitraum vorliegen und sie entweder alle in einem Buchauszug vorzusehenden Angaben enthalten oder der Unternehmer mit ihrer Überlassung alle Angaben macht, die für einen ordnungsgemäßen Buchauszug erforderlich sind.[145]

54 **3. Geltendmachung. a) Verlangen und Einwände.** Der Unternehmer schuldet einen Buchauszug gem. Abs. 2 (anders als die Provisionsabrechnungen) **nur auf formloses Verlangen** des Handelsvertreters.[146] Der Handelsvertreter braucht sein Verlangen nicht weiter zu begründen.[147] Er hat ferner auch keine Zweifel an der Richtigkeit bzw. Vollständigkeit der Provisionsabrechnung des Unternehmers zu äußern, da diese nicht Voraussetzung für das Bestehen des Anspruches auf Buchauszug sind.[148] Die Verjährung des Buchauszugsanspruchs beginnt jedoch unabhängig von einem solchen Verlangen des Handelsvertreters (→ Rn. 115).

55 Der Handelsvertreter hat dann **keinen Anspruch** auf Buchauszug, **wenn im Einzelfall keine Meinungsverschiedenheiten** zwischen ihm und dem Unternehmer über die erteilten Provisionsabrechnungen bestehen und der Handelsvertreter die Provisionsabrechnungen als richtig und vollständig anerkannt hat (zur Anerkennung von Provisionsabrech-

[136] Emde Rn. 146; aA Schlegelberger/Schröder Rn. 6a.
[137] Emde Rn. 146.
[138] OLG Hamm BeckRS 2020, 2145 Rn. 54.
[139] BGH BeckRS 2011, 04459 Rn. 13; NJW 2001, 2333 (2335 f.); OLG München ZVertriebsR 2017, 181 Rn. 13; OLG Hamm BeckRS 2010, 02542; MüKoHGB/Ströbl Rn. 43; Oetker/Busche Rn. 19.
[140] BGH BeckRS 2011, 04459 Rn. 13; NJW 2001, 2333 (2336); OLG Hamm BeckRS 2010, 02542; MüKoHGB/Ströbl Rn. 43; Oetker/Busche Rn. 19; Baumbach/Hopt/Hopt Rn. 15.
[141] BGH BeckRS 2011, 04459 Rn. 13; NJW-RR 2009, 821 Rn. 14; 2007, 246 Rn. 17; WM 1982, 152 (153); OLG Hamm BeckRS 2010, 02542; MüKoHGB/Ströbl Rn. 42; Oetker/Busche Rn. 19; Baumbach/Hopt/Hopt Rn. 15; Küstner/Thume VertriebsR-HdB I Kap. VI Rn. 96.
[142] BGH NJW-RR 2007, 246 Rn. 19; OLG Hamm BB 1997, 1329 f.; MüKoHGB/Ströbl Rn. 43; vgl. auch Oetker/Busche Rn. 15.
[143] OLG Hamm HVR Nr. 1093; Oetker/Busche Rn. 19; Baumbach/Hopt/Hopt Rn. 15.
[144] Emde BB 2014, 2435 (2441).
[145] BGH NJW 2001, 2333 (2336); OLG München BeckRS 2016, 13148 Rn. 27; OLG Celle IHR 2017, 215 (216).
[146] MüKoHGB/Ströbl Rn. 46; Oetker/Busche Rn. 17; aA Baumbach/Hopt/Hopt Rn. 17.
[147] OLG Hamburg HVR Nr. 957; OLG Hamm OLGR 1998, 48 (49); MüKoHGB/Ströbl Rn. 46; Oetker/Busche Rn. 17; Baumbach/Hopt/Hopt Rn. 17; Küstner/Thume VertriebsR-HdB I Kap. VI Rn. 106; Seetzen WM 1985, 213 (214).
[148] BGH BeckRS 1981, 30373535; MüKoHGB/Ströbl Rn. 46; Küstner/Thume VertriebsR-HdB I Kap. VI Rn. 106.

nungen → Rn. 37 f.).[149] Gleiches gilt bei zweifelsfrei nicht provisionspflichtigen Geschäften.[150] In solchen Fällen fehlt es an dem notwendigen Rechtsschutzbedürfnis des Handelsvertreters, die Provisionsabrechnung des Unternehmers ua im Wege eines Buchauszuges zu überprüfen (zum fehlenden Rechtsschutzbedürfnis auch → Rn. 8).

Der Unternehmer kann dem Anspruch auf Buchauszug nur in Ausnahmefällen einen **56** **Missbrauchseinwand** entgegenhalten,[151] so etwa dann, wenn der Anspruch auf Buchauszug als Droh- bzw. Druckmittel in Vergleichsverhandlungen verwendet wird.[152] Allein der mit dem Buchauszug verbundene Aufwand seitens des Unternehmers macht das Buchauszugsverlangen des Handelsvertreters jedoch nicht rechtsmissbräuchlich.[153]

Der Unternehmer hat die **Kosten** des Buchauszuges zu tragen.[154] Unverhältnismäßig **57** hohe Kosten berechtigen den Unternehmer nicht, den Buchauszug gem. § 242 BGB zu verweigern.[155] Der Unternehmer kann gegen den Anspruch auf Buchauszug keine **Zurückbehaltungsrechte** geltend machen (→ Rn. 18).[156] **Erfüllungsort** für die Erteilung des Buchauszuges ist idR der Sitz oder die Niederlassung des Unternehmers.[157]

b) Zeitpunkt. Gem. dem Wortlaut des Abs. 2 kann der Handelsvertreter den Buch- **58** auszug „bei der Abrechnung" verlangen. Hieraus folgt aber nicht, dass der Buchauszug ausschließlich in einem engen zeitlichen Zusammenhang mit der Provisionsabrechnung verlangt werden kann. In der Formulierung „bei der Abrechnung" ist **keine zeitliche Beschränkung** des Anspruches auf Buchauszug zu sehen.[158] Der Handelsvertreter kann daher seinen Anspruch auf Buchauszug (auch über das Ende des Handelsvertretervertrages hinaus) solange geltend machen, wie hierfür ein Rechtsschutzbedürfnis besteht (hierzu → Rn. 8). So kann der Handelsvertreter keinen Buchauszug mehr verlangen, wenn und soweit er und der Unternehmer sich über die Provisionsabrechnung geeinigt haben[159] oder die zugrunde liegenden Provisionsansprüche verjährt sind[160].

Abs. 2 nennt vielmehr nur den frühestmöglichen Zeitpunkt, in dem der Handelsvertreter **59** einen Buchauszug fordern kann.[161] Erhält der Handelsvertreter vom Unternehmer innerhalb der Abrechnungsfrist (hierzu → Rn. 32 f.) eine Provisionsabrechnung, kann der Handelsvertreter gem. Abs. 2 ab diesem Zeitpunkt für den jeweiligen Abrechnungszeitraum einen Buchauszug verlangen. Erhält der Handelsvertreter dagegen keine Provisionsabrechnung innerhalb der Abrechnungsfrist, kann der Handelsvertreter einen Buchauszug nach richtiger Auffassung bereits ab Fälligkeit der Provisionsabrechnung geltend machen.[162] Der

---

[149] OLG Hamm OLGR 1997, 294; Oetker/Busche Rn. 16; Küstner/Thume VertriebsR-HdB I Kap. VI Rn. 106.

[150] BGH NJW-RR 1989, 738 (739); OLG Bamberg NJW-RR 2004, 475 (476); OLG Köln BeckRS 2004, 08351; MüKoHGB/Ströbl Rn. 46; Koller/Kindler/Roth/Drüen/Roth Rn. 8.

[151] OLG Karlsruhe OLGR 2005, 847 (848); OLG Frankfurt a. M. BeckRS 2007, 14339; LG Hannover VersR 2001, 764 (765); MüKoHGB/Ströbl Rn. 50; Oetker/Busche Rn. 16; Küstner/Thume VertriebsR-HdB I Kap. VI Rn. 106; Emde BB-Special 2007, Nr. 3, 12; Kukat DB 2002, 1646 (1648).

[152] LG Hannover EWiR § 87c 1/01, 731 mit Kurzkommentar Emde; MüKoHGB/Ströbl Rn. 50.

[153] OLG Hamm ZVertriebsR 2018, 375 Rn. 86 f.

[154] MüKoHGB/Ströbl Rn. 49; Oetker/Busche Rn. 20; Baumbach/Hopt/Hopt Rn. 15; Heymann/Stöber Rn. 23.

[155] BGH NJW-RR 2007, 246 Rn. 24; NJW 2001, 2333 (2336); OLG München VersR 2004, 470 (471); MüKoHGB/Ströbl Rn. 49; Baumbach/Hopt/Hopt Rn. 15.

[156] OLG München ZVertriebsR 2019, 254 Rn. 29.

[157] OLG Düsseldorf BeckRS 2008, 10938; NJW 1974, 2185 (2186 f.); MüKoHGB/Ströbl Rn. 49; Oetker/Busche Rn. 20; Baumbach/Hopt/Hopt Rn. 15; Heymann/Stöber Rn. 23.

[158] BGH BeckRS 1961, 31185896; OLG Nürnberg VersR 1959, 801 (802); OLG Hamm NJW 1959, 51; MüKoHGB/Ströbl Rn. 48; Oetker/Busche Rn. 16; Küstner/Thume VertriebsR-HdB I Kap. VI Rn. 104.

[159] BGH BeckRS 1981, 30373535; 1961, 31185896; MüKoHGB/Ströbl Rn. 48; Heymann/Stöber Rn. 24.

[160] BGH NJW 1996, 2100 (2101); 1982, 235 (236); 1979, 764; OLG Hamm OLGR 1998, 48 (49); Küstner/Thume VertriebsR-HdB I Kap. VI Rn. 107.

[161] MüKoHGB/Ströbl Rn. 47; Emde Rn. 149.

[162] Ebenroth/Boujong/Joost/Strohn/Löwisch Rn. 10; Emde Rn. 38; Reif/David ZVertriebsR 2015, 343 (348).

Handelsvertreter kann folglich in diesem Fall bereits mit Ablauf der Abrechnungsfrist einen Buchauszug für den jeweiligen Abrechnungszeitraum verlangen. Auf den Erhalt einer Provisionsabrechnung kommt es hier nicht an. Denn dem Wortlaut des Abs. 2 („bei der Abrechnung") kann nicht entnommen werden, dass Voraussetzung für das Verlangen eines Buchauszugs der vorherige Erhalt einer Provisionsabrechnung ist. Vielmehr bringt dieser Wortlaut lediglich zum Ausdruck, dass Provisionsabrechnung und Buchauszug auf einer Stufe stehen. Dieser Auffassung folgt auch die Rechtsprechung in zahlreichen Entscheidungen: So hat der BGH in einem Urteil vom 11.7.1980[163] entschieden, dass der Buchauszugsanspruch des Handelsvertreters ab demselben Zeitpunkt geltend gemacht werden kann, ab dem der Unternehmer über etwaige Provisionsansprüche abrechnen muss. In einem weiteren Urteil des BGH vom 3.8.2017 hat der BGH bestätigt, dass der Handelsvertreter seinen Anspruch auf Buchauszug gemeinsam mit dem Anspruch auf Provisionsabrechnung klageweise geltend machen kann, wenn der Unternehmer die Erteilung einer Provisionsabrechnung verweigert.[164] Auch das OLG Düsseldorf[165] und das LG Frankenthal[166] gehen davon aus, dass Provisionsabrechnung und Buchauszug auf einer Stufe stehen, wenn sie sich dahingehend äußern, dass ein Handelsvertreter im Rahmen einer Stufenklage auf der ersten Stufe entweder auf Erteilung von Provisionsabrechnungen oder auf Erteilung eines Buchauszugs klagen kann. Schließlich ist es dem Handelsvertreter gemäß dem OLG Köln[167] gestattet, gleichzeitig die Erteilung einer Provisionsabrechnung und eines Buchauszugs klageweise geltend zu machen. Der Auffassung, wonach der Handelsvertreter erst ab Erhalt der Provisionsabrechnung einen Buchauszug verlangen kann[168], ist daher dann nicht zu folgen, wenn der Handelsvertreter vom Unternehmer keine Provisionsabrechnung innerhalb der Abrechnungsfrist erhalten hat. Die Vertreter dieser Auffassung argumentieren regelmäßig mit dem Zweck des Buchauszuges. Der Buchauszug dient dem Handelsvertreter jedoch nicht nur dazu, bereits erteilte Provisionsabrechnungen überprüfen zu können. Der Buchauszug soll dem Handelsvertreter auch die Möglichkeit geben, noch zu erteilende Provisionsabrechnungen überprüfen zu können und sich (ganz allgemein) Klarheit über seine Provisionsansprüche verschaffen zu können (→ Rn. 50). Zudem würde diese Auffassung zur Konsequenz haben, dass der Unternehmer den Anspruch des Handelsvertreters auf Erteilung eines Buchauszugs vereiteln könnte, in dem er nicht über etwaige Provisionsansprüche abrechnet.[169] Jedenfalls entsteht der Anspruch auf einen Buchauszug nicht erst bei Beendigung des Handelsvertretervertrages.[170]

60 **4. Rechte bei Unvollständigkeit.** Der Handelsvertreter soll durch den Buchauszug in die Lage versetzt werden, die Richtigkeit und Vollständigkeit erteilter Provisionsabrechnungen in Bezug auf jedes einzelne provisionspflichtige Geschäft überprüfen zu können. Erfüllt der Buchauszug des Unternehmers diesen Zweck nicht, kann der Handelsvertreter **Ergänzung des erteilten Buchauszuges** verlangen.[171] Hierfür hat der Handelsvertreter darzulegen, in welcher Hinsicht der erteilte Buchauszug unvollständig ist, so dass sich hieraus der Ergänzungsbedarf ergibt.[172] Der Handelsvertreter kann im Übrigen auch seinen

---

163 BGH NJW 1981, 457.
164 BGH BeckRS 2017, 121447 Rn. 18.
165 OLG Düsseldorf BeckRS 2012, 22930.
166 LG Frankenthal BeckRS 2014, 00887.
167 OLG Köln DB 1972, 2104.
168 OLG Hamm BeckRS 2010, 02542; MüKoHGB/Ströbl Rn. 47; Oetker/Busche Rn. 16; Baumbach/Hopt/Hopt Rn. 18; Heymann/Stöber Rn. 16, 21; Küstner/Thume VertriebsR-HdB I Kap. VI Rn. 121 f.; Gräfe ZVertriebsR 2015, 227 (228).
169 Reif/David ZVertriebsR 2015, 343 (348).
170 BGH BeckRS 2017, 121447 Rn. 24; VersR 2009, 829 Rn. 28.
171 OLG Hamm BeckRS 2020, 2145 Rn. 53; OLG Bamberg NJW-RR 2008, 1422 (1423); OLG Köln NJW-RR 1996, 4100 (4101); MüKoHGB/Ströbl Rn. 52; Oetker/Busche Rn. 21; Küstner/Thume VertriebsR-HdB I Kap. VI Rn. 112; Emde MDR 2003, 1151 (1158).
172 BGH NJW-RR 2007, 1475 Rn. 19; OLG Nürnberg HVR Nr. 281; MüKoHGB/Ströbl Rn. 52; Küstner/Thume VertriebsR-HdB I Kap. VI Rn. 113.

Auskunftsanspruch gem. Abs. 3 oder sein Bucheinsichtsrecht gem. Abs. 4 geltend machen (und nachrangig die Abgabe einer eidesstattlichen Versicherung verlangen) (zur Rangfolge der Informations- und Kontrollrechte des § 87c → Rn. 9 ff.).

Dagegen kann der Handelsvertreter nur ausnahmsweise die **Neuerteilung eines Buch-** **61** **auszuges** verlangen. Ein Anspruch auf Erteilung eines neuen Buchauszuges setzt voraus, dass die vom Unternehmer zusammengestellten Unterlagen zwar von diesem als Buchauszug bezeichnet wurden, diese aber tatsächlich so schwere Mängel aufweisen und so unzulänglich sind, dass sie nicht als Buchauszug bezeichnet werden können und für den Handelsvertreter völlig unbrauchbar sind.[173] Eine Neuerteilung kann auch dann verlangt werden, wenn nur so die zur Nutzung des Buchauszugs notwendige Übersichtlichkeit gewahrt werden kann.[174]

5. Untergang des Anspruches auf Buchauszug. Der Anspruch des Handelsvertreters **62** auf Buchauszug geht dann durch **Erfüllung** unter (§ 362 BGB), wenn die vom Unternehmer zusammengestellten Unterlagen den Anforderungen an Inhalt und Darstellung eines Buchauszuges entsprechen (→ Rn. 51 ff.).[175] Der Unternehmer trägt nach allgemeinen Beweislastregeln die Beweislast dafür, dass der Anspruch auf Buchauszug erfüllt wurde.[176]

Der Handelsvertreter verliert seinen Anspruch auf Buchauszug auch dann, wenn er im **63** Einzelfall die Provisionsabrechnung des Unternehmers als richtig und vollständig **anerkannt** hat (zur Anerkennung von Provisionsabrechnungen → Rn. 37 f.). Gleiches gilt, wenn sämtliche Provisionsansprüche des Handelsvertreters erfüllt worden, verjährt oder aus anderen Gründen nicht (mehr) durchsetzbar sind (zum fehlenden Rechtsschutzbedürfnis auch → Rn. 8).

Zur **Verjährung** des Anspruches auf Buchauszug → Rn. 109 ff.   **64**

6. Durchsetzung. a) Klageverfahren. Verweigert der Unternehmer die Erteilung **65** eines Buchauszuges auf Verlangen des Handelsvertreters, kann der Handelsvertreter die Erteilung des Buchauszuges gem. Abs. 2 klageweise geltend machen. Er kann somit Klage auf Erteilung des Buchauszuges erheben. Diese muss bestimmt genug sein (§ 253 Abs. 2 Nr. 2 ZPO), anderenfalls droht diese unzulässig zu sein.[177] Hierfür ist es notwendig, dass der Handelsvertreter im Antrag sowohl die Geschäfte als auch die jeweils provisionsrelevanten Angaben, für die er Buchauszug verlangt, konkret bezeichnet.[178] Der Handelsvertreter kann auch die Klage auf Buchauszug (ebenso wie die Klage auf Provisionsabrechnung) mit einer Klage auf Zahlung der sich nach Abrechnung ergebenden Provisionen in Form einer **Stufenklage** (§ 254 ZPO) verbinden;[179] dies ist auch sinnvoll, da hierdurch auch die Verjährung der Provisionsansprüche gehemmt wird (→ Rn. 45).

Hat der Unternehmer einen **unvollständigen Buchauszug** erteilt, kann der Handels- **66** vertreter den Unternehmer auf **Ergänzung** verklagen (→ Rn. 60). Nur **bei völliger Unbrauchbarkeit** der vom Unternehmer zusammengestellten Unterlagen kann der Handelsvertreter klageweise die **Neuerteilung eines Buchauszuges** verlangen (→ Rn. 61).

Der Handelsvertreter kann nicht gleichzeitig und nebeneinander Buchauszug und Buch- **67** einsicht gem. Abs. 4 verlangen (zur Rangfolge der Informations- und Kontrollrechte des

---

[173] BGH NJW-RR 2007, 1475 Rn. 17; DB 1982, 376; BeckRS 1964, 31190906; OLG München BeckRS 2010, 11741; OLG Bamberg NJW-RR 2008, 1422 (1423); OLG Düsseldorf HVR Nr. 817; OLG Köln HVR Nr. 1102; OLG Nürnberg BB 1999, 150 (151); MüKoHGB/Ströbl Rn. 53; Oetker/Busche Rn. 21; Heymann/Stöber Rn. 28; Küstner/Thume VertriebsR-HdB I Kap. VI Rn. 112; Emde BB 2011, 2755 (2761).
[174] OLG Stuttgart BeckRS 2019, 27594 Rn. 34.
[175] MüKoHGB/Ströbl Rn. 54.
[176] BGH NJW-RR 2007, 1475 Rn. 19; MüKoHGB/Ströbl Rn. 55.
[177] Emde BB 2011, 2755 (2761).
[178] Emde BB 2015, 1539 (1544) mwN.
[179] MüKoHGB/Ströbl Rn. 59; Oetker/Busche Rn. 22; Baumbach/Hopt/Hopt Rn. 11, 24; Holling BB 1959, 687 (688).

§ 87c → Rn. 9 ff.).[180] Macht der Handelsvertreter klageweise seinen Anspruch auf Buchauszug geltend, ist es ihm nicht möglich, auch Bucheinsicht zu fordern, soweit er diese stattdessen hätte fordern können.[181] Hat der Handelsvertreter ein rechtskräftiges Urteil auf Bucheinsicht erstritten, steht ihm kein Anspruch mehr auf Erteilung eines Buchauszuges zu.[182] Ebenso kann der Handelsvertreter nach richtiger Auffassung nicht gleichzeitig und nebeneinander Buchauszug und Auskunft gem. Abs. 3 verlangen (→ Rn. 80).

68   **b) Zwangsvollstreckung.** Die Zwangsvollstreckung eines auf Erteilung eines Buchauszuges gerichteten Urteils richtet sich (ebenso wie ein Urteil auf Provisionsabrechnung) **grds.** nach **§ 887 ZPO,** da es sich auch bei der Erteilung/Ergänzung des Buchauszuges um eine **vertretbare Handlung** handelt, die von einem Dritten vorgenommen werden kann.[183] Der Handelsvertreter kann somit auf Antrag von dem Prozessgericht des ersten Rechtszuges ermächtigt werden, die Erteilung bzw. Ergänzung des Buchauszuges im Wege der Ersatzvornahme vornehmen zu lassen. Analog Abs. 4 ist ein vom Handelsvertreter zu bestimmender Wirtschaftsprüfer oder vereidigter Buchsachverständiger auf Kosten des Unternehmers mit der Ersatzvornahme zu beauftragen.[184] Der Unternehmer kann Erfüllung des Anspruches auf Buchauszug im Verfahren nach § 887 ZPO einwenden, sofern der Buchauszug des Unternehmers formal den Anforderungen des Urteilsausspruches im Erkenntnisverfahren entspricht;[185] Zweifel an der inhaltlichen Richtigkeit des Buchauszuges sind für die Erfüllung irrelevant.[186] Entscheidend für die Erfüllung ist allein der Vollstreckungstitel und nicht die materiell-rechtliche Rechtslage.[187]

69   Die Zwangsvollstreckung richtet sich nur ganz **ausnahmsweise** nach **§ 888 ZPO,** bspw. wenn der Unternehmer als Schuldner des Buchauszuges seinen Sitz im Ausland hat[188] oder der zur Durchführung der Ersatzvornahme Beauftragte hierfür interne Kenntnisse des Rechtssystems und des Programms des Unternehmers benötigt.[189]

V. Auskunftsanspruch (Abs. 3)

70   **1. Zweck.** Unter Umständen können die Provisionsabrechnung (Abs. 1) und ein erteilter Buchauszug (Abs. 2) noch Fragen in Bezug auf die Entstehung, Fälligkeit und Berechnung der Provisionsansprüche des Handelsvertreters offen lassen. In diesem Fall steht dem Handelsvertreter zusätzlich ein Auskunftsanspruch gegen den Unternehmer zu (Abs. 3), mit dessen Hilfe er vom Unternehmer Mitteilung über alle insoweit relevanten Umstände verlangen kann.[190] Dieser Auskunftsanspruch **ergänzt** somit die Ansprüche des Handelsvertreters auf Provisionsabrechnung und Buchauszug.[191] Durch ihn soll es dem

---

[180] BGH NJW 1971, 1610 (1611); MüKoHGB/Ströbl Rn. 91; Oetker/Busche Rn. 33; Baumbach/Hopt/Hopt Rn. 28; Küstner/Thume VertriebsR-HdB I Kap. VI Rn. 4.

[181] Küstner/Thume VertriebsR-HdB I Kap. VI Rn. 4.

[182] OLG Nürnberg BB 1966, 265; Küstner/Thume VertriebsR-HdB I Kap. VI Rn. 5.

[183] BGH NJW-RR 2007, 1475 Rn. 15; OLG Bamberg NJW-RR 2008, 1422 (1423); OLG Koblenz NJW 1994, 358; OLG Köln HVR Nr. 709; OLG Nürnberg BB 1971, 491 (492); MüKoHGB/Ströbl Rn. 62; Oetker/Busche Rn. 23; Baumbach/Hopt/Hopt Rn. 12; Küstner/Thume VertriebsR-HdB I Kap. VI Rn. 115; Emde Rn. 218; aA KG HVR Nr. 1004; OLG München BB 1960, 188; OLG Neustadt NJW 1965, 257.

[184] OLG Hamm HVR Nr. 360; OLG Koblenz NJW-RR 1994, 358 f.; MüKoHGB/Ströbl Rn. 62; Oetker/Busche Rn. 23; Küstner/Thume VertriebsR-HdB I Kap. VI Rn. 117.

[185] OLG Hamburg ZVertriebsR 2015, 316; Emde Rn. 226.

[186] BGH JurBüro 2009, 662; NJW-RR 2007, 1475 Rn. 16 f.; Küstner/Thume VertriebsR-HdB I Kap. VI Rn. 120; Emde BB 2011, 2755 (2761).

[187] BGH JurBüro 2009, 662; NJW-RR 2007, 1475 Rn. 17; OLG Brandenburg NJW-RR 2020, 544 Rn. 9; Küstner/Thume VertriebsR-HdB I Kap. VI Rn. 120; Emde BB 2011, 2755 (2761).

[188] OLG Frankfurt a. M. OLGR 2002, 102; Küstner/Thume VertriebsR-HdB I Kap. VI Rn. 116.

[189] OLG Hamm HVR Nr. 767; Küstner/Thume VertriebsR-HdB I Kap. VI Rn. 116.

[190] OLG Köln BB 1972, 467 (468); MüKoHGB/Ströbl Rn. 64; Oetker/Busche Rn. 24; Küstner/Thume VertriebsR-HdB I Kap. VI Rn. 148.

[191] BGH NJW 2001, 2333 (2334); OLG Hamm DB 1967, 592 (593); MüKoHGB/Ströbl Rn. 64; Oetker/Busche Rn. 24; Küstner/Thume VertriebsR-HdB I Kap. VI Rn. 148.

Handelsvertreter möglich sein, über solche **Umstände** informiert zu werden, **die sich nicht aus den Büchern des Unternehmers** ergeben, aber dennoch für die Entstehung, Fälligkeit und Berechnung seiner Provisionsansprüche erheblich sind.[192]

2. Inhalt und Grenzen. a) Inhalt. Der Auskunftsanspruch gem. Abs. 3 besteht in **71** Bezug auf sämtliche **Umstände, die für die Entstehung, Fälligkeit und Berechnung der Provisionsansprüche wesentlich sind, wenn und soweit sie sich nicht aus den Büchern** des Unternehmers **ergeben** (→ Rn. 70). Der Grund, wieso sich ein bestimmter Umstand im Einzelfall nicht aus den Büchern des Unternehmers ergibt, ist dabei unerheblich.[193] Denkbare Gründe sind etwa, dass der Unternehmer überhaupt keine Buchführung unterhält oder diese nur unvollständig, mangelhaft oder verschleiert durchführt.[194]

Grds. kann der Handelsvertreter mittels seines Auskunftsanspruches dieselben **Informa-** **72** **tionen** vom Unternehmer verlangen, die auch Gegenstand eines Buchauszuges (Abs. 2) sein können (→ Rn. 52).[195] Der Handelsvertreter kann somit insbes. Informationen über den Namen und die Anschrift des Vertragspartners des Unternehmers, den Liefergegenstand, das vereinbarte Lieferdatum, die Netto- und Bruttopreise, die Zahlungsbedingungen und die Ausführung des provisionspflichtigen Geschäftes verlangen.[196] Im Falle von Rückgaben und Nichtausführungen kann der Handelsvertreter zudem Mitteilung über die Gründe hierfür verlangen, um prüfen zu können, ob ihm trotz der Nichtausführung ein Provisionsanspruch gem. § 87a Abs. 3 zusteht (→ § 87a Rn. 46 ff.).[197] Darüber hinaus kann der Handelsvertreter auch Auskunft zu Preisnachlässen und Nebenkosten (§ 87b Abs. 2) sowie bei Dauerverträgen (§ 87b Abs. 3) zu den Kündigungsfristen verlangen.[198]

b) Grenzen. Der Auskunftsanspruch des Handelsvertreters gem. Abs. 3 ergänzt die **73** Ansprüche des Handelsvertreters auf Provisionsabrechnung und Buchauszug. Der Handelsvertreter kann auf diesen Auskunftsanspruch somit nur insoweit zurückgreifen, wie **trotz Provisionsabrechnung und Buchauszug noch Unklarheiten** in Bezug auf die Entstehung, Fälligkeit und Berechnung seiner Provisionsansprüche bestehen und sich diese nicht aus dem bloßen Inhalt der Bücher des Unternehmers klären lassen.[199] Der Auskunftsanspruch beschränkt sich auf Informationen, die über den Inhalt der Geschäftsbücher des Unternehmers hinausgehen (→ Rn. 70 f.). Abzulehnen ist die Auffassung, wonach der Handelsvertreter in Ausnahmefällen trotz eines vollständigen Buchauszuges des Unternehmers über Abs. 3 ergänzende Informationen vom Unternehmer verlangen, so etwa, wenn der Buchauszug so umfangreich ist, dass dieser vom Handelsvertreter nur mit unverhältnismäßig hohem Aufwand gesichtet werden kann und der Unternehmer die zusätzlichen Informationen ohne unzumutbaren Aufwand besorgen kann.[200]

Der Handelsvertreter kann gem. dem Wortlaut des Abs. 3 vom Unternehmer nur Mit- **74** teilung über solche Informationen verlangen, die für die Entstehung, Fälligkeit und Berechnung der Provisionsansprüche **„wesentlich"** sind. Der Handelsvertreter kann also nur solche Informationen vom Unternehmer verlangen, die für seinen Provisionsanspruch

---

[192] Begr. RegE BT-Drs. 1/3856, 29; so wohl auch BGH NJW 2001, 2333 (2334) wegen Zitierung der Gesetzesbegründung; MüKoHGB/Ströbl Rn. 64; Baumbach/Hopt/Hopt Rn. 23; Oetker/Busche Rn. 24; Ebenroth/Boujong/Joost/Strohn/Löwisch Rn. 11; Küstner/Thume VertriebsR-HdB I Kap. VI Rn. 148; aA Emde Rn. 163, 166.
[193] MüKoHGB/Ströbl Rn. 65.
[194] MüKoHGB/Ströbl Rn. 65; Heymann/Stöber Rn. 32; Seetzen WM 1985, 213 (219).
[195] Oetker/Busche Rn. 25.
[196] MüKoHGB/Ströbl Rn. 66; Oetker/Busche Rn. 25; Emde Rn. 167.
[197] MüKoHGB/Ströbl Rn. 66; Emde Rn. 167.
[198] MüKoHGB/Ströbl Rn. 66; Baumbach/Hopt/Hopt Rn. 23; Heymann/Stöber Rn. 32; Emde Rn. 167.
[199] Begr. RegE BT-Drs. 1/3856, 29; wohl auch BGH NJW 2001, 2333 f. wegen Zitierung der Gesetzesbegründung; OLG Hamm DB 1967, 592 (593); MüKoHGB/Ströbl Rn. 67; aA OLG München ZVertriebsR 2016, 31 Rn. 35; Emde Rn. 164; Baumbach/Hopt/Hopt Rn. 23.
[200] MüKoHGB/Ströbl Rn. 68; aA OLG Hamm NJW-RR 1994, 489 (490) (Buchauszug im Umfang von 3.000 Seiten); Oetker/Busche Rn. 24.

wesentlich sind. Im Streitfall hat der Handelsvertreter die Wesentlichkeit der geforderten Information für die Entstehung, Fälligkeit und Berechnung seiner Provisionsansprüche darzulegen und zu beweisen.[201]

75   Der Auskunftsanspruch des Handelsvertreters gem. Abs. 3 erstreckt sich **nicht auf Unterlagen Dritter.**[202]

76   **3. Geltendmachung.** Der Unternehmer schuldet nur auf **Verlangen** des Handelsvertreters Auskunft gem. Abs. 3. Der Handelsvertreter hat die Umstände, über die er Auskunft verlangt, genau anzugeben (für eine klageweise Durchsetzung → Rn. 79).

77   Der Auskunftsanspruch gem. Abs. 3 ergänzt die Provisionsabrechnung und den Buchauszug (→ Rn. 70). Der Handelsvertreter kann daher erst dann Auskunft gem. Abs. 3 verlangen, wenn der Unternehmer zwar einen Buchauszug erteilt hat, dieser aber nicht alle Unklarheiten in Bezug auf die Entstehung, Fälligkeit und Berechnung seiner Provisionsansprüche ausräumen konnte.[203] Der Auskunftsanspruch ist insoweit **nachrangig gegenüber dem Anspruch auf Buchauszug.**

78   Der Handelsvertreters hat dann keinen Anspruch auf Auskunft gem. Abs. 3, wenn im Einzelfall keine Meinungsverschiedenheiten zwischen ihm und dem Unternehmer über die erteilten Provisionsabrechnungen bestehen und der Handelsvertreter die **Provisionsabrechnungen** als richtig und vollständig **anerkannt** hat (zur Anerkennung von Provisionsabrechnungen → Rn. 37 f.).[204] Gleiches gilt, wenn sämtliche Provisionsansprüche des Handelsvertreters erfüllt, verjährt oder aus anderen Gründen nicht (mehr) durchsetzbar sind.[205] In solchen Fällen fehlt es an dem notwendigen Rechtsschutzbedürfnis des Handelsvertreters, sich ua mittels des Auskunftsanspruches Klarheit über die Provisionsabrechnung des Unternehmers zu verschaffen (zum fehlenden Rechtsschutzbedürfnis auch → Rn. 8).

79   **4. Durchsetzung. a) Klageverfahren.** Der Handelsvertreter kann auch seinen Anspruch auf Auskunft gem. Abs. 3 klageweise geltend machen. Hierfür reicht jedoch die bloße Wiedergabe des Wortlauts des Abs. 3 als Klageantrag nicht aus. Vielmehr kann der Handelsvertreter in seinem Klageantrag lediglich **Mitteilung über ganz bestimmte einzelne Umstände** verlangen.[206] Ist der Klageantrag nicht bestimmt genug, ist die Klage abzuweisen.[207]

80   Der Handelsvertreter kann seinen Anspruch auf Auskunft entgegen der überwiegend vertretenen Auffassung **nicht nebeneinander** mit seinen Ansprüchen auf Provisionsabrechnung und Buchauszug geltend machen.[208] Grund hierfür ist, dass der Auskunftsanspruch gegenüber dem Anspruch auf Buchauszug insoweit nachrangig ist, als dieser erst dann geltend gemacht werden kann, wenn der Unternehmer zwar einen Buchauszug erteilt hat, dieser aber nicht alle Unklarheiten in Bezug auf die Entstehung, Fälligkeit und Berechnung seiner Provisionsansprüche ausräumen konnte (→ Rn. 77). Der Handelsvertreter kann jedoch den Auskunftsanspruch analog § 254 ZPO im Wege einer **Stufenklage**

---

[201] MüKoHGB/Ströbl Rn. 69; Emde Rn. 169.

[202] OLG Dresden HVR Nr. 813; Oetker/Busche Rn. 25; Baumbach/Hopt/Hopt Rn. 23; einschränkend Emde Rn. 168 (Auskunft wohl auch in Bezug auf für den Unternehmer leicht zugängliche Unterlagen Dritter, wie etwa Unterlagen von mit dem Unternehmer verbundenen Unternehmen).

[203] OLG Bamberg HVR Nr. 936; OLG Hamm DB 1967, 592 (593); MüKoHGB/Ströbl Rn. 71; Oetker/Busche Rn. 24; Heymann/Stöber Rn. 32; Küstner/Thume VertriebsR-HdB I Kap. VI Rn. 149; aA Baumbach/Hopt/Hopt Rn. 23; Emde Rn. 164.

[204] MüKoHGB/Ströbl Rn. 70; Emde Rn. 171.

[205] MüKoHGB/Ströbl Rn. 70; Emde Rn. 171.

[206] OLG Hamm HVR Nr. 360; OLG München HVR Nr. 313; MüKoHGB/Ströbl Rn. 71; Baumbach/Hopt/Hopt Rn. 24; Küstner/Thume VertriebsR-HdB I Kap. VI Rn. 148, 151; Ebenroth/Boujong/Joost/Strohn/Löwisch Rn. 110; Stötter/Lindner/Karrer S. 105, 122; aA (Verallgemeinerungen zulässig) Oetker/Busche Rn. 26; Heymann/Stöber Rn. 33.

[207] Küstner/Thume VertriebsR-HdB I Kap. VI Rn. 148.

[208] MüKoHGB/Ströbl Rn. 73; aA OLG Köln BB 1972, 467 (468); Küstner/Thume VertriebsR-HdB I Kap. VI Rn. 151; Emde Rn. 164.

mit dem Anspruch auf Provisionsabrechnung und dem Anspruch auf Buchauszug verbinden.[209] Er wird sich in diesem Fall aber die notwendige Konkretisierung des Auskunftsanspruches bis zur Erteilung der Provisionsabrechnung und des Buchauszuges vorbehalten müssen.[210]

b) Zwangsvollstreckung. Sofern die vom Handelsvertreter verlangte Auskunft auch **81** von einem Dritten erbracht werden kann und damit eine **vertretbare Handlung** darstellt, richtet sich die Zwangsvollstreckung eines auf Erteilung einer bestimmten Auskunft gerichteten Urteils nach **§ 887 ZPO**. Da der Handelsvertreter allerdings mit seinem Auskunftsanspruch gem. Abs. 3 nur Mitteilung über solche Umstände verlangen kann, die sich nicht aus den Büchern des Unternehmers ergeben, wird die Auskunft **regelmäßig eine unvertretbare Handlung** darstellen, deren Vollstreckung sich daher nach **§ 888 ZPO** richtet.[211]

VI. Bucheinsicht (Abs. 4)

1. Zweck. Verweigert der Unternehmer die Erteilung eines Buchauszuges (Abs. 2) oder **82** bestehen begründete Zweifel an der Richtigkeit oder Vollständigkeit der Provisionsabrechnung (Abs. 1) oder des Buchauszuges des Unternehmers, kann der Handelsvertreter **Bucheinsicht** gem. Abs. 4 verlangen. Dem Handelsvertreter wird mit Hilfe der Bucheinsicht die Möglichkeit gegeben, zweifelhafte bzw. unvollständige Angaben des Unternehmers, die für die Berechnung seiner Provisionsansprüche wesentlich sind, zu überprüfen.[212]

Da die Bucheinsicht das am weitest gehende Kontrollrecht des Handelsvertreters darstellt, **83** ist es an strengere Voraussetzungen geknüpft als die übrigen Informations- und Kontrollrechte des § 87c (→ Rn. 84 ff.). Zudem können die übrigen Informations- und Kontrollrechte des § 87c nicht mehr geltend gemacht werden, sobald der Handelsvertreter berechtigt Bucheinsicht gefordert hat (zur Rangfolge der Informations- und Kontrollrechte des § 87c → Rn. 9 ff.).[213] Die Bucheinsicht wird deshalb in der Regel erst dann gefordert, wenn die übrigen Informations- und Kontrollrechte des § 87c nicht vollständig Klarheit über die Provisionsansprüche des Handelsvertreters gebracht haben.[214]

2. Voraussetzungen und Grenzen. a) Voraussetzungen. Der Handelsvertreter kann **84** Bucheinsicht gem. Abs. 4 verlangen, wenn der Unternehmer die Erteilung eines **Buchauszuges verweigert** hat (Alt. 1) **oder begründete Zweifel an der Richtigkeit oder Vollständigkeit der Provisionsabrechnung oder des Buchauszuges** des Unternehmers (Alt. 2) bestehen.[215] Die Bucheinsicht kann somit anstelle oder nach erteiltem Buchauszug verlangt werden (zur Rangfolge der Informations- und Kontrollrechte des § 87c → Rn. 9 ff.).

aa) Verweigerung des Buchauszuges (Alt. 1). Eine Verweigerung der Erteilung **85** eines Buchauszuges gem. Alt. 1 ist spätestens dann anzunehmen, wenn der Unternehmer eine vom Handelsvertreter gesetzte angemessene Frist erfolglos hat verstreichen lassen.[216] Der Verweigerung des Buchauszuges steht es gleich, wenn der Unternehmer Unterlagen zur Verfügung gestellt hat, die die an einen Buchauszug iSv Abs. 2 zu stellenden Mindestanforderungen (→ Rn. 53) nicht erfüllen.[217] Dagegen ist der Handelsvertreter für den Fall, dass der Unternehmer die Provisionsabrechnung verweigert, nicht berechtigt, anstelle der

---

[209] MüKoHGB/Ströbl Rn. 73.
[210] MüKoHGB/Ströbl Rn. 73.
[211] BGH ZVertriebsR 2016, 187 Rn. 14.
[212] Begr. RegE BT-Drs. 1/3856, 29; MüKoHGB/Ströbl Rn. 76.
[213] vgl. zuletzt OLGR Düsseldorf 2008, 52; Küstner/Thume VertriebsR-HdB I Kap. VI Rn. 133.
[214] BGH NJW 1959, 1964; Küstner/Thume VertriebsR-HdB I Kap. VI Rn. 137.
[215] Begr. RegE BT-Drs. 1/3856, 29.
[216] Ebenroth/Boujong/Joost/Strohn/Löwisch Rn. 97; Emde Rn. 175.
[217] Ebenroth/Boujong/Joost/Strohn/Löwisch Rn. 97; Emde Rn. 175.

klageweisen Durchsetzung seines Anspruches auf Provisionsabrechnung von dem Unternehmer unmittelbar Bucheinsicht gem. Abs. 4 zu verlangen (→ Rn. 46).

86 **bb) Begründete Zweifel (Alt. 2).** Die 2. Alternative des Abs. 4 geht weiter als das allgemeine Urkundeneinsichtsrecht des § 810 BGB (zu deren Verhältnis → Rn. 13 f.).[218] § 810 BGB setzt ein rechtliches Interesse an der Einsicht voraus, für dessen Annahme durchschnittliche und durchgängige Unrichtigkeiten notwendig sind.[219] Dagegen kann der Handelsvertreter nach allgemeiner Auffassung bereits dann Bucheinsicht gem. Abs. 4 verlangen, wenn **nur in einem Punkt** begründete Zweifel an der Richtigkeit oder Vollständigkeit der Provisionsabrechnung bzw. des Buchauszuges bestehen.[220] Dem ist dem Grunde nach zuzustimmen. Dennoch sind wegen der Tragweite des Bucheinsichtsrechtes Einschränkungen dahingehend geboten, dass bei einem ganz unerheblichen Verstoß gegen die Richtigkeit bzw. Vollständigkeit der Abrechnung bzw. des Buchauszuges (wie etwa im Falle eines Zahlendrehers oder Schreibfehlers) begründete Zweifel nicht angenommen werden können.[221]

87 Erforderlich sind allerdings **objektiv begründete Zweifel** an der Richtigkeit oder Vollständigkeit der Provisionsabrechnung bzw. des Buchauszuges. Nicht ausreichend sind damit bloße subjektive Zweifel des Handelsvertreters.[222] Ebenso genügen allgemeine Behauptungen oder Vermutungen ohne näheren Anhalt dafür, dass die Abrechnung bzw. der Buchauszug falsch oder unvollständig ist, nicht.[223] Der Handelsvertreter hat im Streitfalle einen Sachverhalt darzulegen und zu beweisen, der die Richtigkeit oder Vollständigkeit der Provisionsabrechnung bzw. des Buchauszuges für einen unbefangenen Dritten zweifelhaft erscheinen lässt.[224]

88 **b) Grenzen.** Der Handelsvertreter hat dann keinen Anspruch auf Bucheinsicht gem. Abs. 4, wenn im Einzelfall keine Meinungsverschiedenheiten zwischen ihm und dem Unternehmer über die erteilten Provisionsabrechnungen bestehen und der Handelsvertreter die **Provisionsabrechnungen** als richtig und vollständig **anerkannt** hat (zur Anerkennung von Provisionsabrechnungen → Rn. 37 f.).[225] Gleiches gilt, wenn sämtliche **Provisionsansprüche** des Handelsvertreters erfüllt, verjährt oder aus anderen Gründen **nicht (mehr) durchsetzbar** sind.[226] In solchen Fällen fehlt es an dem notwendigen Rechtsschutzbedürfnis des Handelsvertreters, sich ua mittels des Anspruches auf Bucheinsicht Klarheit über die Provisionsabrechnung des Unternehmers zu verschaffen (zum fehlenden Rechtsschutzbedürfnis auch → Rn. 8).

89 Wegen des Zwecks des Anspruches auf Bucheinsicht, die Berechnung der Provisionsansprüche durch den Unternehmer überprüfen zu können, besteht dieser **unabhängig von dem Fortbestand des Handelsvertretervertrages.** Er entfällt damit auch nicht allein auf Grund der Tatsache, dass der Handelsvertretervertrag vom Unternehmer wegen eines schuldhaften Verhaltens des Handelsvertreters fristlos gekündigt worden ist.[227] Ebenso ist der

---

218 MüKoHGB/Ströbl Rn. 77; Baumbach/Hopt/Hopt Rn. 25; Emde Rn. 176.
219 RGZ 87, 10 (16); MüKoHGB/Ströbl Rn. 77; Emde Rn. 176.
220 Begr. RegE BT-Drs. 1/3856, 29; OLG Düsseldorf OLGR 2000, 382 (385); OLG Celle BB 1962, 2; OLG Köln BeckRS 2000, 30126514; MüKoHGB/Ströbl Rn. 77; Oetker/Busche Rn. 30; Baumbach/Hopt/Hopt Rn. 25.
221 Küstner/Thume VertriebsR-HdB I Kap. VI Rn. 139 f.; ähnlich Emde Rn. 176, der Zweifel in Bezug auf nicht ganz unerhebliche Punkte fordert.
222 BGH BeckRS 1979, 31068599; MüKoHGB/Ströbl Rn. 78; Schlegelberger/Schröder Rn. 14; Emde Rn. 176.
223 BGH BeckRS 1979, 31068599; MüKoHGB/Ströbl Rn. 78; Schlegelberger/Schröder Rn. 14; Emde Rn. 176.
224 Begr. RegE BT-Drs. 1/3856, 29; MüKoHGB/Ströbl Rn. 78; Schlegelberger/Schröder Rn. 14; Küstner/Thume VertriebsR-HdB I Kap. VI Rn. 140; Emde Rn. 176.
225 MüKoHGB/Ströbl Rn. 79; Oetker/Busche Rn. 30; Baumbach/Hopt/Hopt Rn. 26.
226 BAG BB 1996, 271 f.; OLG Düsseldorf NJW 1965, 2351; MüKoHGB/Ströbl Rn. 79.
227 BGH BeckRS 1961, 31185896; MüKoHGB/Ströbl Rn. 80; Oetker/Busche Rn. 29; Baumbach/Hopt/Hopt Rn. 26.

Anspruch auf Bucheinsicht nicht während der Zeit, in der der Handelsvertreter schuldhaft gegen eine seiner Vertragspflichten verstößt, ausgeschlossen.[228] Auch in den vorgenannten Fällen kann das Rechtsschutzbedürfnis des Handelsvertreters nur dann entfallen, wenn sämtliche Provisionsansprüche des Handelsvertreters nicht (mehr) durchsetzbar sind.

3. Inhalt. Der Anspruch des Handelsvertreters auf Bucheinsicht besteht **nicht uneinge-** 90 **schränkt.** So ergibt sich bereits aus dem Wortlaut des Abs. 4, dass der Handelsvertreter nur insoweit Einsicht in die Geschäftsbücher oder die sonstigen Urkunden des Unternehmers verlangen kann, wie dies zur Feststellung der Richtigkeit oder Vollständigkeit der Provisionsabrechnung bzw. des Buchauszuges **erforderlich** ist.[229]

Der Handelsvertreter kann gem. Abs. 4 nicht nur Einsicht in die **Geschäftsbücher** des 91 Unternehmers nehmen. Vielmehr kann er auch Einsicht in alle **sonstigen Urkunden** des Unternehmers verlangen, die für die Feststellung der Richtigkeit oder Vollständigkeit der Abrechnung bzw. des Buchauszuges wesentliche Angaben enthalten.[230] Mit dem Begriff „Geschäftsbücher" iSd Abs. 4 ist die gesamte Buchführung des Unternehmers gemeint. Der Begriff „sonstige Urkunden" iSd Vorschrift umfasst dagegen insbes. sämtliche Vertragsurkunden, einschlägige Geschäftskorrespondenz (mit Kunden und anderen Dritten[231]) und Liefer- und Zahlungsbelege.[232] Von der Bucheinsicht umfasst sind auch **elektronisch** geführte Geschäftsunterlagen.[233]

4. Ausübung. Der Unternehmer kann frei[234] darüber entscheiden, ob er dem Handels- 92 vertreter oder einem von dem Handelsvertreter zu bestimmenden (zur Verschwiegenheit verpflichteten) Wirtschaftsprüfer oder vereidigten Buchsachverständigen Bucheinsicht gewährt. Der Grund für dieses **Wahlrecht** ist die mit einer direkten Einsichtnahme durch den Handelsvertreter verbundene Gefahr, dass dieser auch Kenntnis über solche Informationen erlangt und sodann verwertet, die in keinem Zusammenhang mit seinen Provisionsansprüchen stehen.[235] Der Unternehmer hat sein Wahlrecht durch (ggf. konkludente[236]) Erklärung gegenüber dem Handelsvertreter auszuüben.[237] Übt der Unternehmer sein Wahlrecht nicht aus und hat der Handelsvertreter ihm erfolglos eine Frist hierfür gesetzt, geht das Wahlrecht auf den Handelsvertreter über (§ 264 Abs. 2 BGB).[238]

Hat sich der Unternehmer für eine Bucheinsicht **durch den Handelsvertreter** ent- 93 schieden, steht es dem Handelsvertreter dennoch frei, sich hierfür eines Wirtschaftsprüfers oder Buchsachverständigen zu bedienen,[239] ohne dass dies in einem etwaigen Titel auf Bucheinsichtnahme besonders auszusprechen ist.[240] Das Wahlrecht des Unternehmers dient nur dem Schutz der Geheimhaltungsinteressen des Unternehmers gegenüber dem Handelsvertreter. Ist der Unternehmer jedoch der Meinung, dass er dem Handelsvertreter direkte Einsicht in seine Bücher und sonstigen Urkunden gewähren kann, soll dem Handelsver-

---

[228] MüKoHGB/Ströbl Rn. 80; Oetker/Busche Rn. 29; Baumbach/Hopt/Hopt Rn. 26; Küstner/Thume VertriebsR-HdB I Kap. VI Rn. 140; Emde NJW 2008, 3199; vgl. auch Schlegelberger/Schröder Rn. 14, der einen Ausschluss des Anspruches auf Bucheinsicht in diesem Fall für bedenklich hält; aA OLG Celle BB 1962, 2.

[229] Begr. RegE BT-Drs. 1/3856, 29; OLG Stuttgart BeckRS 2019, 31863 Rn. 24; OLG München NJW 1964, 2257; MüKoHGB/Ströbl Rn. 82; Oetker/Busche Rn. 30; Baumbach/Hopt/Hopt Rn. 25; Emde Rn. 172.

[230] Begr. RegE BT-Drs. 1/3856, 29; OLG Stuttgart BeckRS 2019, 31863 Rn. 23; OLG Düsseldorf OLGR 1999, 424; MüKoHGB/Ströbl Rn. 83; Küstner/Thume VertriebsR-HdB I Kap. VI Rn. 138; Emde Rn. 183.

[231] MüKoHGB/Ströbl Rn. 83; Emde Rn. 183.

[232] MüKoHGB/Ströbl Rn. 83; Oetker/Busche Rn. 31; Baumbach/Hopt/Hopt Rn. 25; Emde Rn. 183.

[233] OLG Stuttgart BeckRS 2019, 31863 Rn. 23.

[234] Schlegelberger/Schröder Rn. 17a; Emde Rn. 180.

[235] Begr. RegE BT-Drs. 1/3856, 29; MüKoHGB/Ströbl Rn. 84.

[236] OLG Frankfurt a. M. BB 2002, 427; Emde Rn. 180.

[237] MüKoHGB/Ströbl Rn. 84; Emde Rn. 180.

[238] MüKoHGB/Ströbl Rn. 84; Küstner/Thume VertriebsR-HdB I Kap. VI Rn. 142; Emde Rn. 180.

[239] OLG Frankfurt a. M. BB 2002, 427; KG DB 1971, 1204; MüKoHGB/Ströbl Rn. 85; Oetker/Busche Rn. 32; Baumbach/Hopt/Hopt Rn. 27; Emde Rn. 182; Knorrn BB 1972, 989 (990).

[240] OLG Frankfurt a. M. BB 2002, 427; Oetker/Busche Rn. 32; Baumbach/Hopt/Hopt Rn. 27.

treter hierdurch nicht die Möglichkeit genommen werden, sich bei der Bucheinsicht sachverständiger Unterstützung zu bedienen.[241]

94 Entscheidet sich der Unternehmer dagegen für die Bucheinsicht durch einen **Wirtschaftsprüfer oder Buchsachverständigen,** kann der Handelsvertreter eine konkrete Person aus einer der beiden Berufsgruppen wählen.[242] Dem Unternehmer ist es nicht möglich, dieses Bestimmungsrecht des Handelsvertreters auf eine der beiden Berufsgruppen zu beschränken, da beide Berufsgruppen seinem Geheimhaltungsinteresse gleichermaßen gerecht werden.[243] Der Handelsvertreter hat sein Bestimmungsrecht jedoch nach billigem Ermessen (§ 315 BGB) auszuüben.[244]

95 Im Rahmen der Bucheinsicht ist es dem Wirtschaftsprüfer/Sachverständigen bzw. Handelsvertreter gestattet, **Abschriften** und **Kopien** aus den Geschäftsbüchern und sonstigen Urkunden des Unternehmers anzufertigen.[245] Dies gilt jedoch nur in Bezug auf provisionsrechtlich relevante Unterlagen.[246] Der Handelsvertreter hat die erstellten Abschriften bzw. Kopien vertraulich zu behandeln.[247]

96 Der Unternehmer hat dem Handelsvertreter seine Geschäftsbücher und sonstigen Urkunden nicht notwendigerweise an dem Ort seines Sitzes oder seiner Niederlassung bereitzulegen.[248] Vielmehr kann der Unternehmer diese Unterlagen auch an einem anderen für den Handelsvertreter **gut zugänglichen Ort** bereithalten, ohne dass das Bucheinsichtsrecht des Handelsvertreters hierdurch eingeschränkt werden würde.[249] Aus denselben Gründen ist auch eine **elektronische Zurverfügungstellung** der Unterlagen **ausreichend,** sofern dem Handelsvertreter bei Bedarf die Möglichkeit eingeräumt wird, die Originaldokumente einzusehen.[250] Dagegen kann weder der Handelsvertreter noch der von ihm beauftragte Wirtschaftsprüfer oder Buchsachverständige verlangen, dass der Unternehmer die erforderlichen Unterlagen an einem anderen Ort als dem Sitz bzw. der Niederlassung des Unternehmers zur Verfügung stellt.[251]

97 **5. Kosten.** Abweichend von der Kostentragung bei den anderen Informations- und Kontrollrechten des § 87c **trägt zunächst der Handelsvertreter die Kosten der Bucheinsicht.**[252] Der Handelsvertreter kann aber die Kosten der Bucheinsicht vom Unternehmer als **Schadensersatz wegen positiver Vertragsverletzung** (§ 280 Abs. 1 BGB) ersetzt verlangen, wenn die Bucheinsicht die Unrichtigkeit oder Unvollständigkeit der Provisionsabrechnung[253] bzw. des Buchauszuges[254] ergibt,[255] oder als **Verzugsschaden** (§§ 284, 286 BGB), wenn sich der Unternehmer in Bezug auf ein Informations- bzw. Kontrollrecht des § 87c in Schuldnerverzug befand.[256]

---

[241] OLG Frankfurt a. M. BB 2002, 427; KG DB 1971, 1204; MüKoHGB/Ströbl Rn. 85; Oetker/Busche Rn. 32; Emde Rn. 182; Knorrn BB 1972, 989 (990).

[242] MüKoHGB/Ströbl Rn. 86; Oetker/Busche Rn. 32; Baumbach/Hopt/Hopt Rn. 27; Emde Rn. 181.

[243] MüKoHGB/Ströbl Rn. 86.

[244] MüKoHGB/Ströbl Rn. 86; Schlegelberger/Schröder Rn. 17b; Emde Rn. 181.

[245] MüKoHGB/Ströbl Rn. 87; Schlegelberger/Schröder Rn. 17d; Ebenroth/Boujong/Joost/Strohn/Löwisch Rn. 100; Emde Rn. 184.

[246] MüKoHGB/Ströbl Rn. 87; Emde Rn. 184.

[247] MüKoHGB/Ströbl Rn. 87; Schlegelberger/Schröder Rn. 17d; Emde Rn. 184.

[248] Emde Rn. 178; aA MüKoHGB/Ströbl Rn. 87; Oetker/Busche Rn. 32.

[249] Emde Rn. 178.

[250] Emde Rn. 178.

[251] OLG Stuttgart BeckRS 2019, 31863 Rn. 26; MüKoHGB/Ströbl Rn. 87.

[252] BGHZ 32, 302 (306); KG DB 1971, 1204; OLG München NJW-RR 1988, 290; MüKoHGB/Ströbl Rn. 88; Oetker/Busche Rn. 32; Baumbach/Hopt/Hopt Rn. 27; Küstner/Thume VertriebsR-HdB I Kap. VI Rn. 143; Schlegelberger/Schröder Rn. 17e; Emde Rn. 185.

[253] MüKoHGB/Ströbl Rn. 88; Baumbach/Hopt/Hopt Rn. 27; Emde Rn. 185; Küstner/Thume VertriebsR-HdB I Kap. VI Rn. 143; Emde Rn. 185.

[254] MüKoHGB/Ströbl Rn. 88; Baumbach/Hopt/Hopt Rn. 27; Emde Rn. 185.

[255] BGHZ 32, 302 (306 f.); KG DB 1971, 1204; OLG München NJW-RR 1988, 290; OLG Nürnberg BB 1971, 491 f.; Oetker/Busche Rn. 32; Heymann/Stöber Rn. 26.

[256] BGH NJW 1959, 1964; OLG Hamburg HVR Nr. 1127; Küstner/Thume VertriebsR-HdB I Kap. VI Rn. 143; Schlegelberger/Schröder Rn. 17e; Emde Rn. 185.

Hat sich der Unternehmer für die Bucheinsicht direkt durch den Handelsvertreter ent- **98** schieden, verstößt der Handelsvertreter grds. nicht gegen seine **Schadensminderungs-pflicht** (§ 254 Abs. 2 BGB), wenn er sich hierfür eines Wirtschaftsprüfers bzw. Buchsachverständigen bedient.[257] Etwas anderes gilt jedoch dann, wenn die Bucheinsicht im konkreten Fall nach Gelegenheit, Umfang und Schwierigkeit keine über die Fähigkeiten des Handelsvertreters hinausgehenden unzumutbaren Anforderungen stellt.[258] Der Handelsvertreter wird jedoch häufig nicht über die besonderen Kenntnisse und Erfahrungen zur eigenständigen Durchführung der Bucheinsicht verfügen.[259]

6. Durchsetzung. a) Klageverfahren. Der Handelsvertreter kann auch seinen An- **99** spruch auf Bucheinsicht gem. Abs. 4 klageweise geltend machen. Der Handelsvertreter hat dabei jedoch den **Umfang der verlangten Einsicht** im Klageantrag **genau anzugeben**.[260] Grund hierfür ist, dass der Anspruch auf Bucheinsicht nur besteht, soweit dies zur Feststellung der Richtigkeit oder Vollständigkeit der Abrechnung bzw. des Buchauszuges erforderlich ist (→ Rn. 90). Zudem ist in dem Klageantrag die Person zu nennen, die Einsicht nehmen soll.[261] Ist der Klageantrag nicht bestimmt genug, ist die Klage abzuweisen.

Der Handelsvertreter kann auch die Klage auf Bucheinsicht (ebenso wie die Klage auf **100** Provisionsabrechnung und Buchauszug) mit einer Klage auf Zahlung der sich nach Abrechnung ergebenden Provisionen in Form einer **Stufenklage** (§ 254 ZPO) verbinden;[262] dies ist auch sinnvoll, da hierdurch die Verjährung der Provisionsansprüche gehemmt wird (→ Rn. 45). Der Handelsvertreter kann seinen Anspruch auf Bucheinsicht jedoch **nicht neben** seinen Ansprüchen auf Provisionsabrechnung, Buchauszug und Auskunft **bzw. gleichzeitig** mit diesen Ansprüchen geltend machen.[263] Macht der Handelsvertreter bspw. klageweise seinen Anspruch auf Buchauszug geltend, ist es ihm nicht möglich, auch Bucheinsicht zu fordern. Hat der Handelsvertreter ein rechtskräftiges Urteil auf Bucheinsicht erstritten, steht ihm kein Anspruch mehr auf Erteilung eines Buchauszuges zu.[264]

Es kommt auch eine **einstweilige Verfügung** auf Einsichtnahme (§§ 935, 940 ZPO) in **101** Betracht, wenn zu besorgen ist, dass ein Aufschub der Einsichtnahme oder die Durchführung des Hauptverfahrens den Erfolg der Einsicht gefährden.[265]

Als ultima ratio (wenn also auch die Bucheinsicht keine Klarheit bringt) steht dem **102** Handelsvertreter noch die Möglichkeit offen, von dem Unternehmer die Abgabe einer **eidesstattlichen Versicherung** einzufordern (→ Rn. 11).

b) Zwangsvollstreckung. Die Zwangsvollstreckung eines auf Bucheinsicht gerichteten **103** Urteils richtet sich, soweit es sich um eine **vertretbare Handlung** handelt, nach **§ 887 ZPO**.[266] So hat die Zwangsvollstreckung bspw. dann durch Ersatzvornahme gem. § 887 ZPO zu erfolgen, wenn der Unternehmer den Zugang zu seinen Unterlagen insgesamt

---

[257] MüKoHGB/Ströbl Rn. 88; Oetker/Busche Rn. 32; Baumbach/Hopt/Hopt Rn. 27; Küstner/Thume VertriebsR-HdB I Kap. VI Rn. 144; Emde Rn. 185.

[258] KB DB 1971, 1204; MüKoHGB/Ströbl Rn. 88; Küstner/Thume VertriebsR-HdB I Kap. VI Rn. 144; Emde Rn. 185.

[259] OLG Düsseldorf HVR Nr. 383; Küstner/Thume VertriebsR-HdB I Kap. VI Rn. 144.

[260] MüKoHGB/Ströbl Rn. 89; Ebenroth/Boujong/Joost/Strohn/Löwisch Rn. 110; Seetzen WM 1985, 213 (218); Stöttner/Lindner/Karrer S. 107 f.; aA Emde Rn. 208 (der Umfang der Bucheinsicht ist nicht zu nennen).

[261] Ebenroth/Boujong/Joost/Strohn/Löwisch Rn. 110; Emde Rn. 208.

[262] MüKoHGB/Ströbl Rn. 90; Oetker/Busche Rn. 33; Baumbach/Hopt/Hopt Rn. 28.

[263] Röhricht/Graf v. Westphalen/Thume Rn. 37; so zum Verhältnis von Buchauszug und Bucheinsicht: BGH NJW 1971, 1610 (1611); MüKoHGB/Ströbl Rn. 91; Oetker/Busche Rn. 33; Baumbach/Hopt/Hopt Rn. 28; Küstner/Thume VertriebsR-HdB I Kap. VI Rn. 4.

[264] OLG Nürnberg BB 1966, 265; Küstner/Thume VertriebsR-HdB I Kap. VI Rn. 5.

[265] MüKoHGB/Ströbl Rn. 93; Oetker/Busche Rn. 33; Baumbach/Hopt/Hopt Rn. 28; Emde Rn. 210.

[266] OLG Stuttgart BeckRS 2019, 31863 Rn. 14; OLG Frankfurt a. M. NJW-RR 2002, 823 (824); MüKoHGB/v. Hoyningen-Huene Rn. 82; Oetker/Busche Rn. 34; Baumbach/Hopt/Hopt Rn. 28; Heymann/Stöber Rn. 29; Ebenroth/Boujong/Joost/Strohn/Löwisch Rn. 122 ff.; Emde Rn. 224; aA MüKoHGB/Ströbl Rn. 92.

versperrt und etwa Schlösser aufzubrechen sind oder wenn (vorhandene) Unterlagen, deren Standort bekannt ist, erst noch zusammengesucht werden müssen.[267] Ist bereits die bloße Überlassung der Geschäftsbücher und sonstigen Urkunden für den Handelsvertreter zweckmäßig, so richtet sich deren Vollstreckung nach **§ 883 ZPO.**[268]

VII. Abweichende Vereinbarung

104   Auf Grund von Abs. 5 sind die Ansprüche des Handelsvertreters auf Provisionsabrechnung, Buchauszug, Auskunft und Bucheinsicht gem. Abs. 1–4 **unabdingbar.** Sie können daher selbst durch individualvertragliche Vereinbarung nicht eingeschränkt oder ausgeschlossen, sondern nur zugunsten des Handelsvertreters erweitert werden.[269] Gegen dieses Abdingbarkeitsverbot verstoßende Vereinbarungen sind unwirksam. So ist bspw. eine Abrede, wonach eine Provisionsabrechnung des Unternehmers als genehmigt gelten soll, wenn der Handelsvertreter dieser nicht widerspricht, wegen Verstoßes gegen Abs. 5 unwirksam.[270] Dagegen sind **tarifvertragliche Ausschlussfristen** zulässig.[271]

105   Der Handelsvertreter kann jedoch nach den allgemeinen Regeln auf seine Informations- und Kontrollrechte gem. § 87c verzichten, soweit dieser **Verzicht bereits abgeschlossene Zeiträume** betrifft (zum Verzicht auf die Provisionsabrechnung auch → Rn. 43).[272] Allerdings sind an einen solchen Verzicht wegen des Schutzzwecks des § 87c **strenge Maßstäbe** anzulegen. Im Regelfall wird hierfür eine ausdr. Vereinbarung der Parteien zu verlangen sein, wohingegen die bloße Untätigkeit des Handelsvertreters grds. nicht die Annahme eines Verzichts rechtfertigen wird.[273] So kann etwa in der bloßen widerspruchslosen Hinnahme der erteilten Provisionsabrechnung kein Verzicht auf weitergehende Informations- und Kontrollrechte gesehen werden.[274]

106   Die Parteien des Handelsvertretervertrages können sich wirksam über das Bestehen und die Höhe der Provisionsansprüche einigen. Jedoch sind auch an eine solche **Einigung strenge Anforderungen** zu stellen (→ Rn. 8).

107   Die Parteien können auch den für die Provisionsabrechnung maßgeblichen **Abrechnungszeitraum** durch Vereinbarung auf bis zu drei Monate verlängern (→ Rn. 20). Der Unternehmer kann gegen die Informations- und Kontrollrechte des § 87c keine **Zurückbehaltungsrechte** geltend machen.

VIII. Beweislast

108   Die Darlegungs- und Beweislast in Bezug auf die Informations- und Kontrollrechte des § 87c richtet sich nach den **allgemeinen Regeln.** Macht der Handelsvertreter seinen Anspruch auf Provisionsabrechnung bzw. Buchauszug geltend, hat er das Bestehen des Handelsvertretervertrages und die Möglichkeit zumindest eines entstandenen Provisionsanspruches durch Abschluss bzw. Vermittlung eines provisionspflichtigen Geschäftes dar-

---

[267] OLG Frankfurt a. M. NJW-RR 2002, 823 (824); Emde Rn. 224.
[268] OLG Frankfurt a. M. NJW-RR 2002, 823 (824); Oetker/Busche Rn. 34; Baumbach/Hopt/Hopt Rn. 28; Emde Rn. 224.
[269] MüKoHGB/Ströbl Rn. 94; Oetker/Busche Rn. 36; Baumbach/Hopt/Hopt Rn. 29; Heymann/Ströber Rn. 38.
[270] BGH NJW-RR 2007, 246 Rn. 22 f.; AP HGB § 87c Nr. 1; BAG AP HGB § 87c Nr. 18; NJW 1973, 1343; MüKoHGB/Ströbl Rn. 95; Oetker/Busche Rn. 36; Heymann/Stöber Rn. 42.
[271] BAG BB 1983, 195 (196); MüKoHGB/Ströbl Rn. 95; Oetker/Busche Rn. 36; Baumbach/Hopt/Hopt Rn. 29.
[272] OLG Düsseldorf HVR Nr. 707; OLG Nürnberg HVR Nr. 370; MüKoHGB/Ströbl Rn. 95; Baumbach/Hopt/Hopt Rn. 29; Küstner/Thume VertriebsR-HdB I Kap. VI Rn. 66 (zur Provisionsabrechnung); Emde Rn. 77; Scherer BB 1996, 2205; aA Oetker/Busche Rn. 36.
[273] BGH NJW-RR 2007, 246 Rn. 22 f.; NJW 1996, 589; OLG Saarbrücken NJW-RR 2002, 391 (392); OLG Hamm VersR 2001, 1106; MüKoHGB/Ströbl Rn. 95.
[274] BGH NJW-RR 2007, 246 Rn. 23; BeckRS 1961, 31185896; OLG Hamm NJW-RR 2004, 1266; MüKoHGB/Ströbl Rn. 35; Küstner/Thume VertriebsR-HdB I Kap. VI Rn. 66.

zulegen und zu beweisen.[275] Bei Klage auf Auskunft, Bucheinsicht und eidesstattliche Versicherung hat der Handelsvertreter zudem die zusätzlichen Voraussetzungen des jeweiligen Anspruches darzulegen und zu beweisen.[276] Dagegen trifft den Unternehmer die Darlegungs- und Beweislast dafür, dass das vom Handelsvertreter geltend gemachte Informations- bzw. Kontrollrecht mangels Rechtsschutzbedürfnisses nicht (mehr) durchsetzbar ist (hierzu → Rn. 8).[277] Dem Handelsvertreter obliegt wiederum die Darlegungs- und Beweislast für die Unwirksamkeit einer Einigung mit dem Unternehmer über diejenigen Provisionsansprüche, deren Durchsetzung er mit Hilfe seiner Informations- und Kontrollrechte gem. § 87c verfolgt.[278]

IX. Verjährung

Zwar sind die Informations- und Kontrollrechte des § 87c unter anderem dann mangels **109** Rechtsschutzbedürfnisses nicht mehr durchsetzbar und damit gegenstandslos, wenn und soweit die zugrundeliegenden Provisionsansprüche des Handelsvertreters verjährt sind (→ Rn. 8). Nichtsdestotrotz verjähren die Informations- und Kontrollrechte nicht gemeinsam mit den zugrundeliegenden Provisionsansprüchen des Handelsvertreters. Sie sind nicht als Nebenleistungen iSd § 217 BGB zu verstehen.[279] Vielmehr gilt für sie, da sie von unterschiedlichen Voraussetzungen abhängen, jeweils eine **selbstständige Verjährung**.[280]

In Ermangelung einer abweichenden Vereinbarung der Parteien des Handelsvertreter- **110** vertrages (zur Möglichkeit der Abkürzung der Verjährungsfrist → § 87a Rn. 78) unterliegen die Informations- und Kontrollrechte der **regelmäßigen Verjährungsfrist** von drei Jahren, welche mit dem Schluss desjenigen Kalenderjahres beginnt, in dem der jeweilige Anspruch entstanden ist und der Handelsvertreter von den Anspruch begründenden Umständen Kenntnis erlangt hat oder ohne grobe Fahrlässigkeit hätte erlangen müssen (§§ 195, 199 BGB).[281] Demnach beginnt die Verjährungsfrist in Bezug auf ein Informations- bzw. Kontrollrecht nach allgemeiner Meinung[282] (frühestens) mit dem Schluss des Kalenderjahres, in dem der Handelsvertreter erstmals berechtigt war, den jeweiligen Anspruch geltend zu machen.[283] Die Informations- und Kontrollrechte unterliegen einer bestimmten Rangfolge (→ Rn. 9 ff.). Sie **entstehen** (und verjähren daher auch) **zu unterschiedlichen Zeitpunkten** (zur Entstehung des Anspruches auf Provisionsabrechnung → Rn. 32 ff., Buchauszug → Rn. 59, Auskunft → Rn. 77, Bucheinsicht → Rn. 84 ff. und eidesstattliche Versicherung → Rn. 11). Die Verjährung eines jeden Informations- bzw. Kontrollrechtes ist somit **eigenständig zu ermitteln.**

Oft diskutiert wird die Frage, wann die Verjährung des Anspruchs auf **Buchauszug 111** beginnt. Der Beginn der Verjährung setzt gem. § 199 Abs. 1 BGB voraus, dass (i) der Anspruch auf Buchauszug entstanden ist (→ Rn. 112) und (ii) der Handelsvertreter Kennt-

---

[275] BGH AP HGB § 87c Nr. 14; OLG Düsseldorf OLGR 2001, 387 (388); Ebenroth/Boujong/Joost/Strohn/Löwisch Rn. 111; Emde Rn. 125, 160.

[276] Oetker/Busche Rn. 35; Ebenroth/Boujong/Joost/Strohn/Löwisch Rn. 111; Seetzen WM 1985, 213 (219).

[277] Oetker/Busche Rn. 35; Ebenroth/Boujong/Joost/Strohn/Löwisch Rn. 111; vgl. auch OLG Jena HVR Nr. 1113.

[278] Oetker/Busche Rn. 35; Ebenroth/Boujong/Joost/Strohn/Löwisch Rn. 111.

[279] MüKoHGB/Ströbl Rn. 5; Ebenroth/Boujong/Joost/Strohn/Löwisch Rn. 60; Emde Rn. 35.

[280] BGH BeckRS 2017, 121447 Rn. 13; NJW 1982, 235; 1981, 457; 1979, 764; OLG München BeckRS 2016, 13148 Rn. 32; OLG Hamm ZVertriebsR 2017, 117 Rn. 25; OLG Stuttgart BeckRS 2016, 11836 Rn. 23 = ZVertriebsR 2016, 233 Rn. 23; MüKoHGB/Ströbl Rn. 5; Baumbach/Hopt/Hopt § 87 Rn. 53; Küstner/Thume VertriebsR-HdB I Kap. VI Rn. 83, 121; Emde Rn. 35; aA Harten ZVertriebsR 2015, 288 (290).

[281] BGH BeckRS 2017, 121447 Rn. 13 f.; OLG Hamm ZVertriebsR 2017, 117 Rn. 31; Küstner/Thume VertriebsR-HdB I Kap. VI Rn. 84; Emde Rn. 34.

[282] aA Ebenroth/Boujong/Joost/Strohn/Löwisch Rn. 62, der den Beginn der Verjährungsfrist an die Geltendmachung des jeweiligen Informations- bzw. Kontrollrechtes durch den Handelsvertreter knüpft.

[283] BGH BeckRS 2017, 121447 Rn. 14; LM HGB § 88 Nr. 8; Küstner/Thume VertriebsR-HdB I Kap. VI Rn. 84; Emde Rn. 34; Westphal VertriebsR I Rn. 712.

nis von den Anspruch begründenden Umständen und der Person des Schuldners erlangt hat oder ohne grobe Fahrlässigkeit objektiv hätte erlangen müssen (sog. Kennenmüssen) (→ Rn. 113).

112   Ein Anspruch gilt nach einhelliger Auffassung gemäß § 199 Abs. 1 BGB als **entstanden,** sobald er erstmals geltend gemacht und notfalls klageweise durchgesetzt werden kann (→ § 87a Rn. 76).[284] Der BGH vertritt im Hinblick auf den Buchauszugsanspruch des Handelsvertreters in seinem Urteil vom 3.8.2017 richtigerweise die Auffassung, dass der Handelsvertreter auch dann berechtigt ist, vom Unternehmer die Vorlage eines Buchauszugs (gemeinsam mit der Provisionsabrechnung) zu verlangen, wenn der Unternehmer keine Provisionsabrechnung erstellt hat.[285] Er bestätigt somit, dass der Handelsvertreter seinen Anspruch auf Buchauszug klageweise durchsetzen kann, auch ohne zuvor vom Unternehmer eine Provisionsabrechnung erhalten zu haben – und müsste somit eigentlich zu dem Ergebnis gelangen, dass der Anspruch auf Buchauszug unabhängig vom Erhalt einer Provisionsabrechnung bereits mit Ablauf der Abrechnungsfrist (zur Abrechnungsfrist → Rn. 32 f.) entsteht. Der BGH vertritt jedoch in demselben Urteil widersprüchlicher Weise die Auffassung, der Anspruch auf Buchauszug entstehe erst dann, wenn der Unternehmer dem Handelsvertreter eine abschließende Abrechnung erteilt hat.[286] Wegen des aufgezeigten Widerspruchs ist dieser (vorherrschenden) Auffassung nicht zu folgen. Nach richtiger Auffassung kann der Handelsvertreter im Falle des Unterbleibens einer Provisionsabrechnung innerhalb der Abrechnungsfrist mit Ablauf der Abrechnungsfrist vom Unternehmer einen Buchauszug verlangen (hierzu → Rn. 59). Erhält der Handelsvertreter vom Unternehmer keine Provisionsabrechnung, entsteht sein Anspruch auf Buchauszug somit nach richtiger Auffassung bereits nach Ablauf der Abrechnungsfrist.

113   Dem Handelsvertreter ist nach richtiger Auffassung nicht erst dann **Kenntnis oder Kennenmüssen** in Bezug auf die den Buchauszugsanspruch begründenden Umstände zu unterstellen, wenn ihm eine vollständige Abrechnung über jedes Geschäft im Abrechnungszeitraum erteilt worden ist.[287] Vielmehr hat der Handelsvertreter bereits **mit Erhalt einer (unvollständigen) Abrechnung** auch in Bezug auf darin nicht genannte Provisionsansprüche Kenntnis bzw. Kennenmüssen in Bezug auf die den Anspruch auf Buchauszug begründenden Umstände.[288] Dieser Auffassung folgt auch der BGH (sowie das OLG Hamm in der Vorinstanz), sofern die Provisionsabrechnung als abschließend zu verstehen ist.[289] Eine Provisionsabrechnung ist bereits dann als abschließend zu verstehen, wenn der Unternehmer sie ohne Einschränkungen und Vorbehalte erteilt hat.[290] Um eine vorbehaltlose Abrechnung seitens des Unternehmers nicht zu gefährden, sollte dieser auf Bestimmungen im Handelsvertretervertrag verzichten, wonach der Handelsvertreter die Abrechnungen des Unternehmers innerhalb eines gewissen Zeitraums zu prüfen hat.[291] Eine abschließende Provisionsabrechnung liegt auch dann vor, wenn der Unternehmer dem Handelsvertreter gegenüber erklärt, dass in dem jeweiligen Abrechnungszeitraum keine

[284] BGH BeckRS 2017, 121447 Rn. 14 mwN.
[285] BGH BeckRS 2017, 121447 Rn. 18.
[286] BGH BeckRS 2017, 121447 Rn. 15; so auch OLG Stuttgart BeckRS 2019, 27594 Rn. 42; OLG Düsseldorf IHR 2020, 28 (32); OLG München ZVertriebsR 2019, 254 Rn. 34; BeckRS 2016, 13148 Rn. 33; OLG Hamm ZVertriebsR 2018, 375 Rn. 92.
[287] OLG Stuttgart BeckRS 2016, 11836 Rn. 25, 28 = ZVertriebsR 2016, 233 Rn. 25, 28 mzustAnm Gräfe; KG BeckRS 2002, 30257373; Gräfe ZVertriebsR 2015, 227 (228 f.); aA OLG Oldenburg BeckRS 2011, 07655; Emde Rn. 38.
[288] OLG Stuttgart BeckRS 2016, 11836 Rn. 25, 28 = ZVertriebsR 2016, 233 Rn. 25, 28 mit zust. Anm. Gräfe; KG BeckRS 2002, 30257373; Gräfe ZVertriebsR 2015, 227 (228 f.); so wohl auch LG Münster BeckRS 2012, 19715; aA OLG Oldenburg BeckRS 2011, 07655; OLG München BeckRS 2010, 27223; Emde Rn. 38.
[289] BGH BeckRS 2017, 121447 Rn. 14, 21, 25; OLG Hamm ZVertriebsR 2017, 117 Rn. 44.
[290] BGH BeckRS 2017, 121447 Rn. 16 mwN; OLG Stuttgart BeckRS 2019, 27594 Rn. 43; OLG Düsseldorf BeckRS 2020, 7328 Rn. 18.
[291] Valdini EWiR 2017, 691.

Provisionsansprüche entstanden sind.[292] Grund dafür, dass die Verjährung des Buchauszugs-anspruchs auch bei einer unvollständigen Provisionsabrechnung zu laufen beginnen muss, ist bereits, dass es für die Geltendmachung des Buchauszugsanspruchs nicht erforderlich ist, dass der Handelsvertreter Zweifel an der Richtigkeit und Vollständigkeit der jeweiligen Provisionsabrechnung vorbringt.[293] Somit können derartige Zweifel auch nicht als Anspruch begründende Umstände iSd § 199 Abs. 1 Nr. 2 BGB betrachtet werden.[294] Erhält der Handelsvertreter somit vom Unternehmer eine (abschließende) Provisionsabrechnung, löst diese den Beginn der Verjährung des Anspruchs auf Buchauszug für den jeweiligen Abrechnungszeitraum zum Schluss des Kalenderjahres, in dem die Abrechnung erhalten wurde, einheitlich für sämtliche Geschäfte in dem jeweiligen Abrechnungszeitraum aus, unabhängig davon, ob die Provisionsabrechnung vollständig oder lückenhaft ist.[295] Aber auch der Sinn und Zweck des Buchauszugs unterstützt diese Auffassung. Der Buchauszug dient dem Handelsvertreter dazu, die vom Unternehmer erteilten oder zu erteilenden Provisionsabrechnungen überprüfen zu können (→ Rn. 50). Der Handelsvertreter soll also durch den Buchauszug die Möglichkeit haben, die Richtigkeit und Vollständigkeit einer erteilten Abrechnung zu kontrollieren, um gegebenenfalls nicht abgerechnete Provisionsgeschäfte aufzudecken.[296] Im Umkehrschluss bedeutet dies, dass die Vollständigkeit der Abrechnung nicht Voraussetzung des Buchauszugs und damit auch nicht ein den Buchauszugsanspruch begründender Umstand iSd § 199 Abs. 1 Nr. 2 BGB sein kann. Vielmehr ist das Verlangen nach einem Buchauszug im Falle der Vollständigkeit der Provisionsabrechnung überflüssig.[297] Schließlich ist es dem Handelsvertreter auch zumutbar, innerhalb von drei Jahren nach Schluss des Kalenderjahres, in dem der Handelsvertreter die Provisionsabrechnung erhalten hat, einen Buchauszug zu verlangen, wenn er Zweifel in Bezug auf die Vollständigkeit oder Richtigkeit der Abrechnung hegt.[298] Nach diesem Zeitraum überwiegt das Bedürfnis nach Rechtssicherheit und das Schutzbedürfnis des Unternehmers. Dies ist auch nicht unbillig, da der Handelsvertreter während dieses Zeitraums ausreichend lange die Möglichkeit gehabt hat, die Provisionsabrechnung auch mit Hilfe eines Buchauszugs zu kontrollieren. Hat der Handelsvertreter keine präsente Kenntnis über ein bestimmtes provisionspflichtiges Geschäft und kann er deshalb etwaige Ungereimtheiten bei Eingang der Provisionsabrechnung nicht direkt erkennen, ist es ihm – auch während des Bestehens des Handelsvertretervertrages[299] – zumutbar, geeignete Maßnahmen zu treffen, um die Provisionsabrechnung des Unternehmers zu überprüfen. Unterlässt es der Handelsvertreter, solche geeigneten Maßnahmen (wie etwa die Geltendmachung eines Buchauszugs) einzuleiten, kann dies nicht zu Lasten des Unternehmers gehen, dem ein anerkennenswertes Interesse an Rechtssicherheit zuzusprechen ist.[300] Dies entspricht im Übrigen auch dem Grundgedanken der Verjährungsvorschriften der §§ 194 ff. BGB, wonach bei Tatbeständen, die längere Zeit unangefochten geblieben sind, ab einem gewissen Zeitpunkt der Schutz des Schuldners und des Rechtsverkehrs überwiegen und daher Rechtssicherheit und Rechtsfrieden Einzug erhalten müssen.[301]

Erhält der Handelsvertreter von dem Unternehmer keine (abschließende) Provisions- **114** abrechnung, so ist dem Handelsvertreter nach richtiger Auffassung **Kenntnis oder Ken-**

---

[292] BGH BeckRS 2017, 121447 Rn. 16 mwN; OLG Stuttgart BeckRS 2019, 27594 Rn. 43.
[293] BGH BeckRS 2017, 121447 Rn. 20 (der BGH hält Zweifel des Handelsvertreters nicht erforderlich für die Entstehung des Buchauszugsanspruchs); OLG Stuttgart BeckRS 2016, 11836 Rn. 28 = ZVertriebsR 2016, 233 Rn. 28 mzustAnm Gräfe; Gräfe ZVertriebsR 2015, 227 (228) mwN.
[294] Gräfe ZVertriebsR 2015, 227 (228).
[295] BGH BeckRS 2017, 121447 Rn. 12 ff.; Gräfe ZVertriebsR 2015, 227 (228).
[296] BGH BeckRS 2017, 121447 Rn. 21; Reif/David ZVertriebsR 2015, 343 (346).
[297] BGH BeckRS 2017, 121447 Rn. 21; Reif/David ZVertriebsR 2015, 343 (346).
[298] OLG Oldenburg BeckRS 2011, 07655.
[299] BGH BeckRS 2017, 121447 Rn. 24.
[300] Haskamp ZVertriebsR 2015, 360 (361).
[301] BGH NJW-RR 1993, 1059 (1060); Grüneberg/Ellenberger BGB Überbl. v. § 194 Rn. 9; Reif/David ZVertriebsR 2015, 343 (347).

nenmüssen in Bezug auf die den Buchauszugsanspruch begründenden Umstände **mit Ablauf des Zeitpunkts, zu dem der Unternehmer spätestens hätte abrechnen müssen** (zur Abrechnungsfrist → Rn. 32 f.), zu unterstellen. Auf den Erhalt einer Provisionsabrechnung kann es in diesem Fall nicht ankommen. Denn der Erhalt einer Provisionsabrechnung ist nicht Voraussetzung für die Geltendmachung des Buchauszugsrechts (→ Rn. 59) und damit auch nicht ein den Buchauszugsanspruch begründender Umstand iSd § 199 Abs. 1 Nr. 2 BGB. Zudem ist es dem Handelsvertreter in Ermangelung einer Provisionsabrechnung zumutbar, innerhalb der drei Jahre ab Schluss des Kalenderjahres, in dem spätestens hätte abgerechnet werden müssen, seine Rechte wahrzunehmen, nämlich Klage auf Provisionsabrechnung oder Erteilung eines Buchauszugs zu erheben.[302] Die Verjährung beginnt somit bei nicht erfolgter Provisionsabrechnung nach richtiger Auffassung mit dem Schluss des Kalenderjahres, in dem der Unternehmer spätestens hätte abrechnen müssen.[303]

115   Abzulehnen ist dagegen die Auffassung, wonach die Verjährung der Hilfsrechte wie etwa der Buchauszuganspruch erst mit deren Geltendmachung beginnt und nicht bereits dann, wenn der Handelsvertreter das jeweilige Hilfsrecht erstmals hätte geltend machen können.[304] Denn diese Auffassung würde bedeuten, dass es der Handelsvertreter in der Hand hätte, die Verjährung des Hilfsanspruchs beliebig hinauszuzögern.[305] Auch der Auffassung, dass die Entstehung der Hilfsrechte die Beendigung des Handelsvertretervertrages voraussetzt, ist nicht zu folgen.[306]

116   Es sind somit Konstellationen möglich, in denen Provisionsansprüche mangels Kenntnis oder Kennenmüssen des Handelsvertreters noch nicht verjährt sind (zur Verjährung von Provisionsansprüchen → § 87a Rn. 75 ff.), der Anspruch auf Buchauszug dagegen schon.[307] Dies ist jedoch nicht widersprüchlich.[308] Vielmehr ist dies zwingende Konsequenz der selbständigen Verjährung des Anspruchs auf Buchauszug.[309]

117   Hat der Handelsvertreter bspw. nach Erhalt einer vermeintlich unrichtigen oder unvollständigen Provisionsabrechnung vom Unternehmer einen Buchauszug (Abs. 2) verlangt und diesen Anspruch klageweise geltend gemacht, beginnt die Verjährung des Anspruches auf Bucheinsicht (Abs. 4) nicht bereits mit dem Schluss desjenigen Kalenderjahres, in dem die Provisionsabrechnung erfolgt ist, sondern (frühestens) mit dem Schluss desjenigen Kalenderjahres, in dem der Handelsvertreter den Buchauszug erhalten hat.[310]

B. Vertragshändler

118   Für den Vertragshändler **nicht einschlägig.** Eine analoge Anwendung des § 87c kommt nicht in Betracht, da diese Vorschrift auf die Tätigkeit des Handelsvertreters und dessen üblicher Vergütung in Form von Provisionszahlungen zugeschnitten ist.[311] Der Vertragshändler erhält jedoch idR gerade keine Provision vom Unternehmer. → § 87 Rn. 147 ff.

---

[302] OLG Düsseldorf BeckRS 2012, 22930 = IHR 2013, 220 (224); LG Frankenthal BeckRS 2014, 00887; Emde BB 2015, 1539 (1544).

[303] AA BGH BeckRS 2017, 121447 Rn. 14, 19 (laut BGH ist der Buchauszugsanspruch in Ermangelung einer abschließenden Provisionsabrechnung noch nicht entstanden).

[304] Dieser abzulehnenden Auffassung folgen OLG Frankfurt a. M. BeckRS 2014, 11259 Rn. 77; LG Berlin ZVertriebsR 2015, 309 (310); Ebenroth/Boujong/Joost/Strohn/Löwisch Rn. 62; Löwisch IHR 2017, 192 (193); aA BGH BeckRS 2017, 121447 Rn. 22; OLG Hamm ZVertriebsR 2017, 117 Rn. 34; OLG Oldenburg BeckRS 2011, 07655.

[305] BGH BeckRS 2017, 121447 Rn. 22; OLG Oldenburg BeckRS 2011, 07655.

[306] BGH BeckRS 2017, 121447 Rn. 24; OLG München BeckRS 2016, 13148 Rn. 33.

[307] OLG Hamm ZVertriebsR 2017, 117 Rn. 58; OLG Stuttgart BeckRS 2016, 11836 Rn. 26 = ZVertriebsR 2016, 233 Rn. 26.

[308] Gräfe ZVertriebsR 2015, 227 (228); aA Harten ZVertriebsR 2015, 288 (290).

[309] KG BeckRS 2002, 30257373.

[310] BGH NJW 1979, 764 f. (zu § 88 aF); MüKoHGB/Ströbl Rn. 6.

[311] Oetker/Busche Rn. 37; Schultze/Wauschkuhn/Spenner/Dau/Kübler Vertragshändlervertrag/Dau Rn. 277.

zur üblichen Vergütung eines Vertragshändlers. Eine analoge Anwendung des § 87c scheidet nach richtiger Auffassung selbst dann aus, wenn der Unternehmer dem Vertragshändler ausnahmsweise gem. dem Vertragshändlervertrag eine provisionsähnliche Vergütung zu zahlen hat (bspw. für Direktgeschäfte des Unternehmers; hierzu → § 87 Rn. 151 f.).[312] Die gegenteilige Auffassung[313] verkennt, dass der Vertragshändler grds. ausschließlich durch seine Handelsspanne bzw. Händlermarge vergütet wird (→ § 87 Rn. 148) und sämtliche darüber hinausgehenden Vergütungsbestandteile (so zB eine Entschädigung des Vertragshändlers für Direktgeschäfte des Unternehmers) der Disposition der Parteien unterliegen.[314] Vereinbaren die Parteien im Einzelfall eine provisionsähnliche Vergütung, kann darin grds. nicht deren stillschweigende Anerkennung der analogen Anwendbarkeit des § 87c bzw. das nur irrtümliche Fehlen einer entsprechenden vertraglichen Regelung gesehen werden.[315] Vielmehr ist in einem solchen Fall anzunehmen, dass die Parteien keine dem § 87c entsprechenden Rechte des Vertragshändlers vereinbaren wollten.

Die Informationsrechte des Vertragshändlers bestimmen sich daher vielmehr nach den **119** allgemeinen Vorschriften, dh den §§ 666 und 242 BGB.[316]

C. Franchisenehmer

Für den Franchisenehmer **nicht einschlägig.** Eine analoge Anwendung des § 87c **120** kommt nicht in Betracht, da diese Vorschrift auf die Tätigkeit des Handelsvertreters und dessen üblicher Vergütung in Form von Provisionszahlungen zugeschnitten ist.[317] Der Franchisenehmer erhält jedoch idR gerade keine Provision vom Unternehmer. → § 87 Rn. 157 ff. zur üblichen Vergütung eines Franchisenehmers. Eine analoge Anwendung des § 87c scheidet nach richtiger Auffassung selbst dann aus, wenn der Unternehmer dem Franchisenehmer ausnahmsweise gemäß dem Franchisevertrag eine provisionsähnliche Vergütung zu zahlen hat.[318] Die gegenteilige Auffassung[319] verkennt, dass der Franchisenehmer grds. ausschließlich durch seine Handelsspanne vergütet wird (→ § 87 Rn. 157) und sämtliche darüber hinausgehenden Vergütungsbestandteile der Disposition der Parteien unterliegen. Es gelten daher die zum Vertragshändler gemachten weiteren Ausführungen entsprechend (→ Rn. 118).

Die Informationsrechte des Franchisenehmers bestimmen sich daher vielmehr nach den **121** allgemeinen Vorschriften, dh den §§ 666 und 242 BGB.[320]

D. Kommissionsagent

Der Kommissionsagent verdient wie der Handelsvertreter regelmäßig als Gegenleistung **122** für seine Dienste eine Provision. Nach hM sind daher die §§ 87 ff. auf die Provisions-

---

[312] Schultze/Wauschkuhn/Spenner/Dau/Kübler Vertragshändlervertrag/Dau Rn. 277.
[313] Für eine analoge Anwendung bei provisionsähnlicher Vergütung des Vertragshändlers: MüKoHGB/Ströbl Rn. 13; Ebenroth/Boujong/Joost/Strohn/Löwisch Rn. 74; Emde Rn. 18; Schlegelberger/Schröder Rn. 1; nicht abschließend entschieden von OLG Düsseldorf BeckRS 2013, 13370 = IHR 2014, 162 (166).
[314] Schultze/Wauschkuhn/Spenner/Dau/Kübler Vertragshändlervertrag/Dau Rn. 277.
[315] Schultze/Wauschkuhn/Spenner/Dau/Kübler Vertragshändlervertrag/Dau Rn. 277.
[316] BGH BeckRS 2002, 30273044 (in Bezug auf § 242 BGB); MüKoHGB/Ströbl Rn. 13; Ebenroth/Boujong/Joost/Strohn/Löwisch Rn. 74; Emde Rn. 18.
[317] Oetker/Busche Rn. 37.
[318] So in Bezug auf Vertragshändler auch Schultze/Wauschkuhn/Spenner/Dau/Kübler Vertragshändlervertrag/Dau Rn. 277.
[319] Für eine analoge Anwendung bei provisionsähnlicher Vergütung des Franchisenehmers: MüKoHGB/Ströbl Rn. 13; Ebenroth/Boujong/Joost/Strohn/Löwisch Rn. 74; Emde Rn. 18; Schlegelberger/Schröder Rn. 1.
[320] MüKoHGB/Ströbl Rn. 13; Ebenroth/Boujong/Joost/Strohn/Löwisch Rn. 74; Emde Rn. 18.

ansprüche des Kommissionsagenten **analog anwendbar.**[321] Da der Kommissionsagent aber das jeweilige Ausführungsgeschäft in eigenem Namen abschließt, finden auf den Provisions-anspruch des Kommissionsagenten diejenigen Vorschriften keine Anwendung, die darauf abstellen, dass der Unternehmer das „Ausführungsgeschäft" selbst abschließt.[322]

123   Für § 87c bedeutet dies nach richtiger Auffassung, dass diese Vorschrift auf den Pro-visionsanspruch des Kommissionsagenten **analog anwendbar** ist.[323] In der Praxis wird aber in Bezug auf Kommissionsagenturverträge **regelmäßig nur Abs. 1 über die Provisions-abrechnung relevant** sein. Insoweit gelten keine Abweichungen oder Besonderheiten zu den obigen Ausführungen. Dagegen sind die Abs. 2–4 für den Kommissionsagenten in aller Regel nicht von Bedeutung. Der Kommissionsagent ist auf die dort geregelten Informati-ons- und Kontrollrechte regelmäßig nicht angewiesen, weil er die seinen Provisionsansprü-chen zugrundeliegenden Ausführungsgeschäfte selbst und in eigenem Namen abschließt und daher Kenntnis von sämtlichen Umständen hat, die für die Berechnung seiner Pro-visionsansprüche von Nöten sind. Etwas anderes kann aber insbesondere dann gelten, wenn der Kommissionsagent zu einer Bezirksprovision analog § 87 Abs. 2 berechtigt ist (→ § 87 Rn. 162).

§ 87d Ersatz von Aufwendungen

Der Handelsvertreter kann den Ersatz seiner im regelmäßigen Geschäftsbetrieb ent-standenen Aufwendungen nur verlangen, wenn dies handelsüblich ist.

Literatur: Evers, Was zählt zum eigenen Geschäftsaufwand des Vertreters?, VW 2008, 1562; Nickel, Zur Problematik von Gewährleistungs- und Garantiekostenregelungen durch AGB im Verhältnis zwischen Her-steller und Händler, NJW 1981, 1490; Schröder, Unkostentragung nach Handelsvertreterrecht, DB 1956, 417 und 441; Steindorff, Wertersatz für Schäden als Aufwendungsersatz im Arbeits- und Handelsrecht, FS Dölle, Bd. 1, 1963, 273; Ströbl, Umfang des Aufwendungsersatzanspruchs des Vertragshändlers bei Garantie-arbeiten, BB 2012, 1625.

Übersicht

---

[321] MüKoHGB/Ströbl § 87 Rn. 10; Baumbach/Hopt/Hopt § 84 Rn. 19; Canaris HandelsR § 16 Rn. 7; Staub/Koller § 383 Rn. 68; Küstner/Thume VertriebsR-HdB III Teil III Kap. 2 Rn. 14.
[322] MüKoHGB/Ströbl § 87 Rn. 10; Staub/Koller § 383 Rn. 68.
[323] MüKoHGB/Ströbl Rn. 13; Ebenroth/Boujong/Joost/Strohn/Löwisch Rn. 74; Emde Rn. 18; Schle-gelberger/Schröder Rn. 1; Staub/Emde Vor § 84 Rn. 691; wohl auch (da Bejahung der analogen Anwen-dung der §§ 87 ff., ohne dass § 87c hiervon explizit ausgenommen wird): Baumbach/Hopt/Hopt § 84 Rn. 19; Canaris HandelsR § 16 Rn. 7; Staub/Koller § 383 Rn. 68; Küstner/Thume VertriebsR-HdB III Teil III Kap. 2 Rn. 14; aA Oetker/Busche Rn. 37.

A. Handelsvertreter

I. Regelungsgegenstand

1. Inhalt und Zweck. § 87d regelt den Umfang des Anspruches des Handelsvertreters **1** gegen den Unternehmer auf Ersatz seiner Aufwendungen. Die Vorschrift spricht dem Handelsvertreter – anders als der allgemeine Aufwendungsersatzanspruch gem. §§ 675, 670 im Rahmen von Geschäftsbesorgungsverträgen – nur insoweit einen Aufwendungsersatzanspruch zu, wie die Aufwendungen in seinem regelmäßigen Geschäftsbetrieb entstanden und handelsüblich sind. Die Vorschrift des § 87d ist dispositiv, so dass die Parteien grds. von § 87d abweichende Vereinbarungen treffen können, → Rn. 23 f.

Zweck dieser Vorschrift ist es, Handelsvertreter als selbstständige Gewerbetreibende den **2** übrigen Kaufleuten gleichzustellen.[1] Der Handelsvertreter hat somit wie auch die übrigen Kaufleute seine **Aufwendungen grds. selbst zu tragen bzw. durch** den **Verdienst von Provisionen abzudecken.**

2. Anwendungsbereich. a) Persönlicher Anwendungsbereich. Die Vorschrift des **3** § 87d gilt für **alle Handelsvertreter.** Sie findet somit gleichermaßen auf Abschluss- und Vermittlungsvertreter, Handelsvertreter im Nebenberuf, Bezirksvertreter sowie Versicherungs- und Bausparkassenvertreter Anwendung.[2]

b) Sachlicher Anwendungsbereich. In sachlicher Hinsicht regelt § 87d den Ersatz **4** von Aufwendungen nur für solche Tätigkeiten, die dem **regelmäßigen Geschäftsbetrieb des Handelsvertreters** (→ Rn. 10 ff.) zuzuordnen sind.

Beauftragt der Unternehmer dagegen den Handelsvertreter mit der Erbringung von **5** Leistungen, die nicht bereits auf Grund des Handelsvertreterverhältnisses vom Handelsvertreter geschuldet sind, gilt § 87d nicht. Stattdessen kann der Handelsvertreter in einem solchen Fall gem. §§ 675, 670 BGB Ersatz derjenigen Aufwendungen verlangen, die er zum Zwecke der Ausführung des Auftrages nach den Umständen für erforderlich halten durfte. Dies trifft insbesondere für diejenigen Aufwendungen zu, die der Handelsvertreter auf Weisung des Unternehmers hin macht. Die §§ 675, 670 BGB begründen damit eine für den Handelsvertreter günstigere Anspruchsgrundlage.

Erbringt der Handelsvertreter dagegen nicht von ihm auf Grund des Handelsvertreter- **6** verhältnisses geschuldete Leistungen ohne Auftrag des Unternehmers, kann er seine Aufwendungen hierfür nach den Grundsätzen der Geschäftsführung ohne Auftrag gem. §§ 670 iVm 677, 683 BGB ersetzt verlangen. Hierfür ist jedoch erforderlich, dass die Übernahme der Geschäftsführung ohne Auftrag des Unternehmers dem Interesse und (wirklichen oder mutmaßlichen) Willen des Unternehmers entspricht. Bei der Beurteilung dieser Frage ist von dem Regelfall auszugehen, wonach der Unternehmer neben der vereinbarten Provision und etwaigen weiteren nach dem Handelsvertretervertrag geschuldeten Vergütungen ohne ausdr. Vereinbarung keine weiteren Zahlungen an den Handelsvertreter leisten möchte.[3]

---

[1] BT-Drs. 1/3856, 30.
[2] Oetker/Busche Rn. 3; MüKoHGB/Ströbl Rn. 4.
[3] Emde Rn. 13; Ebenroth/Boujong/Joost/Strohn/Löwisch Rn. 4; Schröder DB 1956, 417.

7 **3. Verhältnis zu sonstigen Vorschriften.** § 87d regelt den Anspruch des Handelsvertreters auf Ersatz seiner im regelmäßigen Geschäftsbetrieb entstandenen Aufwendungen abschließend. Die Vorschrift ist somit **lex specialis** zu den §§ 675 und 670 BGB und verdrängt diese in ihrem Anwendungsbereich.[4]

8 § 87d enthält jedoch nicht die Aussage, dass Aufwendungen des Handelsvertreters für Tätigkeiten außerhalb seines regelmäßigen Geschäftsbetriebes stets vom Unternehmer zu tragen sind.[5] Vielmehr gelten für deren Ersatz die §§ 675, 670 BGB bzw. – in Ermangelung eines Auftrags des Unternehmers – die §§ 670 iVm 677, 683 BGB (→ Rn. 5 f.).

II. Voraussetzungen des Aufwendungsersatzes

9 **1. Allgemeiner Aufwendungsbegriff.** Der Begriff der Aufwendungen iSd § 87d entspricht grds. demjenigen des § 670 BGB. Er umfasst somit **Vermögensopfer,** die der Handelsvertreter **zum Zwecke der Ausführung** seines Geschäftsbetriebes freiwillig oder auf Weisung des Unternehmers tätigt **bzw. die sich als notwendige Folge der Ausführung** ergeben.[6] Umstritten ist die Frage, ob auch Zufallsschäden und sonstige unfreiwillige Vermögensopfer des Handelsvertreters unter den Begriff der Aufwendungen iSd § 87d zu subsumieren sind.[7] Diese Frage kann jedoch für die Zwecke des § 87d offen gelassen werden, da Zufallsschäden und sonstige unfreiwillige Vermögensopfer bei Ausführung des Handelsvertreterverhältnisses grds. nicht im regelmäßigen Geschäftsbetrieb des Handelsvertreters (→ Rn. 10 ff.) entstehen und damit ohnehin nicht vom Anwendungsbereich des § 87d erfasst sind.[8]

10 **2. Aufwendungen im regelmäßigen Geschäftsbetrieb. a) Begriff.** § 87d umfasst nicht sämtliche Aufwendungen des Handelsvertreters, sondern nur diejenigen, die mit dessen regelmäßigen Geschäftsbetrieb verbunden sind. Somit sind gem. § 87d ausschließlich solche Aufwendungen grds. nicht ersatzfähig, die dem Handelsvertreter **im Rahmen der Erfüllung seiner durch den Handelsvertretervertrag ohne besonderes Entgelt übertragenen Pflichten** entstehen.[9] Der Umfang der von der Ersatzpflicht ausgenommenen Aufwendungen bemisst sich demnach alleine nach dem **im Einzelfall** konkret vom Handelsvertreter übernommenen Pflichtenkreis.[10] Je weiter dieser ist, desto größer ist auch der gem. § 87d grds. von der Ersatzpflicht ausgeschlossene Umfang der Aufwendungen. Auf einen etwaigen von Handelsvertretern üblicherweise in einer bestimmten Sparte übernommenen Pflichtenkreis kommt es daher an dieser Stelle nicht an.[11]

11 Ist der Handelsvertreter bspw. vertraglich dazu verpflichtet, ein Auslieferungslager zu unterhalten, sind die ihm in diesem Zusammenhang entstehenden Aufwendungen (wie etwa Miete, Mietnebenkosten, Überwachungskosten, etc) seinem regelmäßigen Geschäftsbetrieb zuzuordnen und damit gem. § 87d grds. vom Handelsvertreter zu tragen. Betreibt der Handelsvertreter dagegen ein Auslieferungslager, ohne hierzu nach dem Handelsvertretervertrag verpflichtet zu sein, handelt es sich bei den im Zusammenhang mit dem Auslieferungslager anfallenden Aufwendungen nicht um solche, die im regelmäßigen Geschäftsbetrieb des Handelsvertreters entstehen. § 87d ist damit in diesem Fall nicht einschlägig. Eine Ersatzpflicht des Unternehmers kann sich in diesem Fall aber aus den §§ 675, 670 BGB bzw. §§ 670 iVm 677, 683 BGB ergeben (→ Rn. 5 f.).

---

[4] Oetker/Busche Rn. 1; MüKoHGB/Ströbl Rn. 7.

[5] MüKoHGB/Ströbl Rn. 6; Baumbach/Hopt/Hopt Rn. 5; aA vermutlich Koller/Kindler/Roth/Drüen/Roth Rn. 1.

[6] BGH NJW 1989, 1284 (1285); 1973, 46; Oetker/Busche Rn. 5; MüKoHGB/Ströbl Rn. 9; Baumbach/Hopt/Hopt Rn. 3.

[7] Bejahend: BGHZ 92, 270 (271); BGH NJW 1985, 269; Emde Rn. 7; ausf. Erman/Ehmann § 670 Rn. 18 ff.; verneinend: Baumbach/Hopt/Hopt Rn. 3.

[8] Oetker/Busche Rn. 5; MüKoHGB/Ströbl Rn. 9; Baumbach/Hopt/Hopt Rn. 3.

[9] Oetker/Busche Rn. 7; MüKoHGB/Ströbl Rn. 10; Ebenroth/Boujong/Joost/Strohn/Löwisch Rn. 7.

[10] MüKoHGB/Ströbl Rn. 10 f.; Emde Rn. 10.

[11] Emde Rn. 10; Baumbach/Hopt/Hopt Rn. 4.

b) Beispiele. Obwohl die Frage der Einordnung als Aufwendungen im regelmäßigen **12** Geschäftsbetrieb gem. § 87d von den Umständen des Einzelfalls abhängt, gibt es dennoch bestimmte Aufwendungen, die regelmäßig von § 87d umfasst sind bzw. nicht darunter zu subsumieren sind.

So stellen etwa die allgemeinen **Aufwendungen** des Handelsvertreters **für die Durch- 13 führung und Aufrechterhaltung des eigenen Geschäftsbetriebes,** wie etwa die Kosten für Personal, Geschäftsraummiete, Büroausstattung[12] und Gebühren für Post und Telekommunikation, im Rahmen des regelmäßigen Geschäftsbetriebes des Handelsvertreters anfallende Aufwendungen dar.[13] Gleiches gilt für **Reisekosten**[14], Kosten eines **Geschäftsfahrzeuges** und übliche **Repräsentationskosten.**[15] Auch die Kosten für die **eigenverantwortliche Teilnahme an Fortbildungen** sind im Rahmen des regelmäßigen Geschäftsbetriebes entstehende Aufwendungen.[16]

Soweit der Handelsvertreter nicht ausnahmsweise gem. dem Handelsvertretervertrag eine **14** der folgenden Tätigkeiten schuldet, gehören die hiermit verbundenen Aufwendungen des Handelsvertreters dagegen nicht seinem regelmäßigen Geschäftsbetrieb an: Unterhaltung eines **Auslieferungslagers**[17], **Warenauslieferung**[18], **Kundendienstleistungen**[19], **allgemeine Marktanalyse**[20], **Produkt und Kundenpflege**[21], **allgemeine Werbemaßnahmen**[22], **Versendung von Offerten, Verzeichnissen und Mustern**[23], Teilnahme an **Messen und Verkaufsausstellungen**[24] sowie **Einholung von Einfuhr- und Ausfuhrbewilligungen**[25]. In diesen Fällen ist § 87d unanwendbar. Eine Ersatzpflicht kann sich jedoch aus den §§ 675, 670 BGB bzw. §§ 670 iVm 677, 683 BGB ergeben (→ Rn. 5 f.).

3. Erstattungsfähigkeit. a) Grundsatz. Der Handelsvertreter kann gem. § 87d **grds. 15 nicht** seine im regelmäßigen Geschäftsbetrieb entstandenen Aufwendungen (→ Rn. 9 ff.) vom Unternehmer ersetzt verlangen, **es sei denn,** dies ist **handelsüblich** (→ Rn. 16 ff.) **oder** die Parteien haben eine von diesem Grundsatz abweichende **Vereinbarung** getroffen (→ Rn. 19 f.). Derartige Aufwendungen werden damit in der Regel mit der vom Unternehmer geschuldeten Provision abgegolten.

b) Handelsüblichkeit. Ausnahmsweise hat der Unternehmer dem Handelsvertreter **16** gem. § 87d die im Rahmen seines regelmäßigen Geschäftsbetriebes entstandenen Aufwendungen zu ersetzen, wenn und soweit dies **handelsüblich** ist. Hierauf kommt es jedoch nur an, wenn die Parteien weder ausdr. noch stillschweigend eine Ersatzpflicht des Unternehmers vereinbart haben.[26]

Für die Beurteilung der Frage, ob dem Handelsvertreter neben dem Anspruch auf **17** Zahlung der Provision ein Aufwendungsersatzanspruch gem. dieser Vorschrift zusteht, sind **die Gewohnheiten und Gebräuche der jeweiligen Branche** maßgeblich.[27] Die Erstattung von Aufwendungen ist dann als handelsüblich zu werten, wenn zumindest die überwiegende Mehrzahl der Unternehmer der betreffenden Branche die im regelmäßigen

---

[12] OLG Köln r+s 2009, 87; MüKoHGB/Ströbl Rn. 13.
[13] BT-Drs. 1/3856, 30; Oetker/Busche Rn. 8; MüKoHGB/Ströbl Rn. 13.
[14] OLG Düsseldorf OLGR 2003, 79; MüKoHGB/Ströbl Rn. 13.
[15] Oetker/Busche Rn. 8; MüKoHGB/Ströbl Rn. 13.
[16] OLG Köln r+s 2009, 87; MüKoHGB/Ströbl Rn. 13.
[17] MüKoHGB/Ströbl Rn. 14; Baumbach/Hopt/Hopt Rn. 4.
[18] LAG Bremen DB 1960, 1212; MüKoHGB/Ströbl Rn. 14; Baumbach/Hopt/Hopt Rn. 4.
[19] MüKoHGB/Ströbl Rn. 14; Baumbach/Hopt/Hopt Rn. 4.
[20] MüKoHGB/Ströbl Rn. 14; Baumbach/Hopt/Hopt Rn. 4.
[21] MüKoHGB/Ströbl Rn. 14; Baumbach/Hopt/Hopt Rn. 4; Ebenroth/Boujong/Joost/Strohn/Löwisch Rn. 20.
[22] MüKoHGB/Ströbl Rn. 14; Baumbach/Hopt/Hopt Rn. 4.
[23] RGZ 109, 254 (258); MüKoHGB/Ströbl Rn. 14.
[24] MüKoHGB/Ströbl Rn. 14; Küstner/Thume VertriebsR-HdB I Kap. VII Rn. 13.
[25] RGZ 109, 254 (258); MüKoHGB/Ströbl Rn. 14.
[26] Ebenroth/Boujong/Joost/Strohn/Löwisch Rn. 8; Emde Rn. 11.
[27] Oetker/Busche Rn. 9; MüKoHGB/Ströbl Rn. 16.

Geschäftsbetrieb des Handelsvertreters entstandenen Aufwendungen gesondert neben der Zahlung der Provision erstatten.[28] Ein Handelsbrauch kann durch Anfrage bei Unternehmensverbänden, Industrie- und Handelskammern, Handwerkskammern oder durch einen Sachverständigen ermittelt werden.

18   Der früheren Rechtsprechung[29], wonach zumindest im Ausland gezahlte **Schmiergelder** als erstattungsfähige Aufwendungen angesehen wurden, kann – nach dem der Gesetzgeber entsprechende Strafvorschriften erlassen hat (etwa die §§ 299 ff. StGB) – nicht mehr gefolgt werden.[30]

19   **c) Kraft Vereinbarung.** Sofern die Parteien einen Aufwendungsersatzanspruch des Handelsvertreters vereinbart haben, ist eine Prüfung der Voraussetzungen des § 87d HGB entbehrlich. Eine solche Vereinbarung kann **ausdr. oder stillschweigend** getroffen werden. Das LAG Bremen hat bspw. entschieden, dass ein Unternehmer zur Erstattung von vom Handelsvertreter getätigter Aufwendungen für Werbemaßnahmen verpflichtet war, da er von den laufenden Werbemaßnahmen des Handelsvertreters wusste und diese über einen längeren Zeitraum geduldet hatte.[31]

20   Den Parteien steht es frei, eine Ersatzpflicht des Unternehmers in pauschaler (zB durch Zahlung eines Spesenzuschusses oder Spesenfixums) oder nicht pauschaler Form (dh gegen konkreten Nachweis) zu vereinbaren.

III. Fälligkeit des Ersatzanspruches und Vorschuss

21   Der Aufwendungsersatzanspruch des Handelsvertreters ist **fällig,** sobald der Handelsvertreter die erstattungsfähige Aufwendung getätigt hat.[32] Er **verjährt** nach den allgemeinen Vorschriften des BGB (§§ 195 ff. BGB).

22   Der Handelsvertreter kann bei Bestehen eines Aufwendungsersatzanspruches vom Unternehmer einen **Vorschuss** analog § 669 BGB verlangen, über den der Handelsvertreter später abrechnen muss.[33] Der Unternehmer hat das Recht, gegen den Anspruch des Handelsvertreters auf Zahlung eines Vorschusses – wie grds. gegen jede andere Forderung des Handelsvertreters auch – mit eigenen Forderungen aufzurechnen.[34] Leistet der Unternehmer einen vom Handelsvertreter zu Recht geforderten Vorschuss nicht, ist der Handelsvertreter nichtsdestotrotz grds. nicht berechtigt, die Erbringung seiner Vertriebstätigkeit zu verweigern.[35] Der Handelsvertreter kann lediglich das konkrete Geschäft, für das der Vorschuss geschuldet ist, bis zum Erhalt des Vorschusses zurückstellen.[36]

IV. Abweichende Vereinbarungen

23   Die Vorschrift des § 87d ist **dispositiv.**[37] Die Parteien sind daher **individualvertraglich** vollkommen **frei,** von § 87d abweichende Vereinbarungen zu treffen. In **Allgemeinen Geschäftsbedingungen** enthaltene abweichende Regelungen sind jedoch wegen § 307

---

[28] Oetker/Busche Rn. 9; MüKoHGB/Ströbl Rn. 17; aA: Küstner/Thume VertriebsR-HdB I Kap. VII Rn. 17 und Emde Rn. 11: maßgeblich ist die Branche des Handelsvertreters; Ebenroth/Boujong/Joost/Strohn/Löwisch Rn. 8 (wenn für den Handelsvertreter und den Unternehmer unterschiedliche Bräuche festzustellen sind, dürfte die Branche des Handelsvertreters maßgeblich sein, wenn der Handelsvertreter danach eine bessere Rechtsstellung erlangen kann).
[29] BGH NJW 1985, 2405 (2406).
[30] Oetker/Busche Rn. 9; Ebenroth/Boujong/Joost/Strohn/Löwisch Rn. 20; Baumbach/Hopt/Hopt Rn. 4.
[31] LAG Bremen DB 1955, 535.
[32] Emde Rn. 14.
[33] MüKoHGB/Ströbl Rn. 17; Ebenroth/Boujong/Joost/Strohn/Löwisch Rn. 10; Emde Rn. 14.
[34] Emde Rn. 14; aA Ebenroth/Boujong/Joost/Strohn/Löwisch Rn. 10.
[35] Ebenroth/Boujong/Joost/Strohn/Löwisch Rn. 10; MüKoHGB/Ströbl Rn. 17.
[36] MüKoHGB/Ströbl Rn. 17.
[37] MüKoHGB/Ströbl Rn. 2; Oetker/Busche Rn. 10; Ebenroth/Boujong/Joost/Strohn/Löwisch Rn. 23; Emde Rn. 16.

Abs. 2 Nr. 1 BGB an dem in § 87d niedergelegten **gesetzlichen Leitbild** zu messen,[38] wonach im regelmäßigen Geschäftsbetrieb entstandene Aufwendungen des Handelsvertreters grds. nicht zu erstatten sind. Daher ist etwa eine vom Handelsvertreter vorgegebene Allgemeine Geschäftsbedingung, durch die der Unternehmer zum Ersatz sämtlicher vom Handelsvertreter im Rahmen seines regelmäßigen Geschäftsbetriebes getroffener Aufwendungen verpflichtet werden soll, unwirksam und nicht durchsetzbar.[39] Dagegen ist eine vom Unternehmer vorgegebene Allgemeine Geschäftsbedingung nicht zu beanstanden, die sämtliche im regelmäßigen Geschäftsbetrieb entstehenden Aufwendungen des Handelsvertreters durch die Zahlung der Provision für vollständig abgegolten erklärt.[40]

Haben die Parteien hinsichtlich einzelner Aufwendungen eine Regelung im Handels- **24** vertretervertrag getroffen, ist § 87d HGB grds. auch in Bezug auf solche Aufwendungen unanwendbar, für deren Ersatz die Parteien keine Vereinbarung getroffen haben; etwas Anderes ist nur dann anzunehmen, wenn eine Auslegung ergibt, dass die Parteien keine abschließende Regelung im Hinblick auf den Ersatz aller Aufwendungen treffen wollten.[41] Bleiben insoweit Zweifel, ist ein Rückgriff auf § 87d ausgeschlossen.[42]

V. Beweislast

Der Handelsvertreter hat alle Tatbestandsvoraussetzungen seines Aufwendungsersatz- **25** anspruches zu beweisen.[43] Ihn trifft damit insbesondere die Beweislast für das Vorliegen eines entsprechenden Handelsbrauchs.

VI. Kartellrechtliche Auswirkung

Die Frage des Bestehens eines Aufwendungsersatzanspruches des Handelsvertreters kann **26** auch kartellrechtlich von Bedeutung sein. Die Kartellverbote des § 1 GWB und des Art. 101 Abs. 1 AEUV finden zwar auf Handelsvertreterverträge im kartellrechtlichen Sinne[44] (auch als „echte" Handelsvertreterverträge bezeichnet[45]) keine Anwendung. Grund hierfür ist, dass der Handelsvertreter insoweit als in das Unternehmen des Unternehmers eingegliedert gilt und damit mit dem Unternehmer eine wirtschaftliche Einheit bildet (→ AEUV Art. 101 Rn. 149 ff. und → GWB § 1 Rn. 69 ff.). Soweit die Kartellverbote keine Anwendung finden, sind die in Handelsvertreterverträgen typischerweise enthaltenen Gebiets- und Kundenkreisbeschränkungen, Preis- und Konditionenvereinbarungen und Wettbewerbsverbote (sowie weitere eigentlich kartellrechtssensible Regelungen) kartellrechtlich nicht zu beanstanden (→ AEUV Art. 101 Rn. 174 ff.). Trägt der Handelsvertreter jedoch bestimmte finanzielle oder geschäftliche Risiken bzw. hat er bestimmte Kosten selbst zu tragen (zB durch die Verpflichtung zur Lagerung von Waren des Unternehmers auf Kosten und Risiko des Handelsvertreters; die Beteiligung des Handelsvertreters an Beförderungskosten; etc), kann dies dazu führen, dass der entsprechende Handelsvertretervertrag nicht als Handelsvertretervertrag im kartellrechtlichen Sinne zu qualifizieren ist und somit den Kartellverboten unterliegt (→ AEUV Art. 101 Rn. 156 ff.). In einem solchen Fall

---

[38] BGH NJW 2017, 662 Rn. 45; Ebenroth/Boujong/Joost/Strohn/Löwisch Rn. 23; Emde Rn. 16; Baumbach/Hopt/Hopt Rn. 6.

[39] Ebenroth/Boujong/Joost/Strohn/Löwisch Rn. 23.

[40] Ebenroth/Boujong/Joost/Strohn/Löwisch Rn. 23.

[41] Ebenroth/Boujong/Joost/Strohn/Löwisch Rn. 23.

[42] AA Ebenroth/Boujong/Joost/Strohn/Löwisch Rn. 23 (im Zweifel Rückgriff auf § 87d zulässig).

[43] Ebenroth/Boujong/Joost/Strohn/Löwisch Rn. 24; Emde Rn. 17.

[44] Siehe hierzu die Rn. 12 ff. der Vertikal-Leitlinien der Europäischen Kommission (210/C 130/01) zur bis zum 31.5.2022 gültigen Vertikal-GVO (dh Verordnung (EU) Nr. 330/2010) bzw. die Rn. 27 ff. in dem von der Europäischen Kommission am 9.7.2021 veröffentlichten Entwurf der neuen Vertikal-Leitlinien (C (2021) 5038 final) zum Entwurf der ab dem 1.6.2022 geltenden neuen Vertikal-GVO (C(2021 5026 final).

[45] Die in den alten Vertikal-Leitlinien der Europäischen Kommission (2000/C 291/01) eingeführten Begriffe „echte" und „unechte" Handelsvertreterverträge wurden allerdings seit den Vertikal-Leitlinien (210/C 130/01) aufgegeben.

drohen kartellrechtssensible Regelegungen (wie die vorgenannten) gegen deutsches/europäisches Kartellrecht zu verstoßen. Zu den Rechtsfolgen eines Kartellrechtsverstoßes und den damit verbundenen Risiken → AEUV Art. 101 Rn. 74 ff. und → GWB § 1 Rn. 8 ff. Die Parteien eines Handelsvertretervertrages sollten daher, wenn und soweit sie bestimmte Leistungspflichten des Handelsvertreters ohne gesonderte Vergütung und ohne Aufwendungsersatzanspruch vereinbaren wollen, stets prüfen, inwieweit dies kartellrechtliche Konsequenzen mit sich bringt. Gegebenenfalls ist die Vereinbarung eines Aufwendungsersatzanspruches des Handelsvertreters geboten, um sicher zu stellen, dass der Handelsvertreter keine kritischen Kosten oder Risiken trägt und der Handelsvertretervertrag damit nicht den Kartellverboten des § 1 GWB und Art. 101 Abs. 1 AEUV unterfällt.

B. Vertragshändler

27   Für den Vertragshändler nach richtiger Auffassung **nicht einschlägig.** Eine analoge Anwendung des § 87d kommt nicht in Betracht.[46] Grund hierfür ist, dass der Vertragshändler, anders als der Handelsvertreter, in eigenem Namen und auf eigene Rechnung handelt. Er hat als selbstständiger Kaufmann seine wirtschaftlichen Risiken selbst einzuschätzen und seine zu erwirtschaftende Marge entsprechend danach zu bemessen. Es besteht daher kein erkennbares Bedürfnis, dem Vertragshändler zusätzlich einen Aufwendungsersatzanspruch zuzusprechen. Vielmehr hat er seine **Betriebs- und Unternehmenskosten** grds. **aus seiner Marge zu decken.**[47] Ein Handelsbrauch, wonach der Vertragshändler von dem Unternehmer bestimmte Aufwendungen ersetzt verlangen kann, besteht nicht.[48] Ein Aufwendungsersatzanspruch des Vertragshändlers kann sich jedoch aus § 670 BGB dann ergeben, wenn der Vertragshändler im Auftrag des Unternehmers Garantiearbeiten erbringt.[49] Der Vertragshändler kann im Rahmen dieses Aufwendungsersatzanspruchs seine von ihm getätigten Aufwendungen ersetzt verlangen. Der Vertragshändler kann jedoch – entgegen der in der Literatur wohl noch überwiegend vertretenen Auffassung – nicht auch einen kalkulatorischen Gewinn beanspruchen.[50] Grund hierfür ist, dass der Vertragshändler die Garantiearbeiten regelmäßig im Rahmen eines Auftragsverhältnisses (statt im Rahmen eines Geschäftsbesorgungsvertrages) ausführt.[51] Der Beauftragte kann jedoch gem. § 670 BGB neben dem Ersatz seiner getätigten Aufwendungen nicht auch einen Gewinn verlangen.[52] Sofern sich die Gegenauffassung in der Literatur auf ein Urteil des BGH vom 22.1.1994, ist dies abzulehnen. Denn der BGH hat in diesem Urteil nicht über die Frage entschieden, ob dem Vertragshändler auch ein kalkulatorischer Gewinn zusteht. Der BGH hat vielmehr darin nur festgestellt, dass der Vertragshändler „Anspruch zumindest auf vollen Ersatz der erforderlichen Aufwendungen" hat.[53] Zur Frage des Bestehens eines Investitionsersatzanspruches des Vertragshändlers bei Beendigung des Vertragshändlervertrages → Vor § 89 Rn. 59 ff.

---

[46] Oetker/Busche Rn. 11; Schultze/Wauschkuhn/Spenner/Dau/Kübler Vertragshändlervertrag/Dau Rn. 49; Baumbach/Hopt/Hopt § 84 Rn. 11; Canaris HandelsR § 17 Rn. 22; Ulmer Vertragshändler S. 416 mit Fn. 36; MüKoHGB/Ströbl Rn. 4; aA Ebenroth/Boujong/Joost/Strohn/Löwisch Rn. 3; Emde Rn. 5.

[47] Schultze/Wauschkuhn/Spenner/Dau/Kübler Vertragshändlervertrag/Dau Rn. 348.

[48] BGH BB 1964, 616; Schultze/Wauschkuhn/Spenner/Dau/Kübler Vertragshändlervertrag/Dau Rn. 348; Küstner/Thume VertriebsR-HdB III Teil II Kap. 2 Rn. 61.

[49] BGH GRUR-Int 2005, 152 (159); NJW-RR 2005, 1496 (1502); NJW 1994, 1060 (1065); Schultze/ Wauschkuhn/Spenner/Dau/Kübler Vertragshändlervertrag/Dau Rn. 349; Emde BB 2012, 2627 (2629).

[50] OLG Köln BeckRS 2012, 18433; Ströbl BB 2012, 1625 ff. mwN; Nickel NJW 1981, 1490 (1494); aA Emde BB 2012, 2627 (2629) mwN.

[51] BGH GRUR-Int 2005, 152 (159); NJW-RR 2005, 1496 (1502); OLG Köln BeckRS 2012, 18433.

[52] BGH NJW-RR 2005, 1496 (1502); Ströbl BB 2012, 1625 (1627).

[53] BGH NJW 1994, 1060 (1065).

C. Franchisenehmer

Für den Franchisenehmer nach richtiger Auffassung **nicht einschlägig.** Eine analoge 28
Anwendung des § 87d kommt nicht in Betracht.[54] Es gelten die Ausführungen zur analogen Anwendung der Vorschrift auf Vertragshändlerverträge entsprechend (→ Rn. 27), da auch der Franchisenehmer in eigenem Namen und auf eigene Rechnung wirtschaftet. Auch der Franchisenehmer hat daher, in Ermangelung einer anderslautenden Vereinbarung, seine gesamten **Betriebs- und Unternehmenskosten** als selbstständiger Unternehmer grds. **selbst zu tragen.**[55] Es scheitert insoweit auch ein Aufwendungsersatzanspruch gem. §§ 675, 670 BGB. In Ausnahmefällen kann bei sehr außergewöhnlichen, im Interesse des Franchisegebers getätigten Aufwendungen des Franchisenehmers ein Ersatzanspruch aus Geschäftsführung ohne Auftrag gem. §§ 670 iVm 677, 683 BGB bestehen.[56] Zur Frage des Bestehens eines Investitionsersatzanspruches des Franchisenehmers bei Beendigung des Franchisevertrages → Vor § 89 Rn. 84 ff.

D. Kommissionsagent

Da der Kommissionsagent auf Rechnung des Unternehmers handelt, besteht im Hinblick 29
auf § 87d eine zum Handelsvertreter vergleichbare Interessenlage. Daher ist für den Kommissionsagenten eine **analoge Anwendung** des § 87d **zu bejahen,** allerdings nur, soweit nicht transaktionsbezogene Aufwendungen (dh solche Aufwendungen, die nicht unmittelbar aus den einzelnen Ausführungsgeschäften mit Dritten entstehen) betroffen sind (→ § 396 Rn. 47);[57] insofern ist stattdessen **§ 396 Abs. 2 iVm §§ 675, 670 BGB einschlägig** (→ § 396 Rn. 47 iVm 22 ff.) und damit (mangels planwidriger Regelungslücke) kein Platz für eine analoge Anwendung des § 87d. Im Übrigen bestehen keine Abweichungen oder Besonderheiten.

§ 88 (aufgehoben)

§ 88 wurde durch das Gesetz zur Anpassung von Verjährungsvorschriften an das Gesetz 1
zur Modernisierung des Schuldrechts vom 9.12.2004[1] mit Wirkung zum 15.12.2004 aufgehoben. Ansprüche aus Handelsvertreterverträgen unterliegen nunmehr, sofern nichts Abweichendes vereinbart wurde, der **Regelverjährung** (§§ 195 ff. BGB). Zur Verjährung der Provisionsansprüche → § 87a Rn. 74 ff.

§ 88a Zurückbehaltungsrecht

(1) **Der Handelsvertreter kann nicht im voraus auf gesetzliche Zurückbehaltungsrechte verzichten.**

---

[54] Oetker/Busche Rn. 11; Canaris HandelsR § 18 Rn. 25; Martinek/Semler/Flohr VertriebsR-HdB/Flohr § 30 Rn. 342; Metzlaff Franchising-HdB/Rauser § 16 Rn. 8; MüKoHGB/Ströbl Rn. 4; aA Ebenroth/Boujong/Joost/Strohn/Löwisch Rn. 3; Emde Rn. 5.
[55] Metzlaff Franchising-HdB/Rauser § 16 Rn. 8; Martinek/Semler/Flohr VertriebsR-HdB/Flohr § 30 Rn. 333; MüKoHGB/Ströbl Rn. 4.
[56] Martinek/Semler/Flohr VertriebsR-HdB/Flohr § 30 Rn. 333.
[57] Wie hier MüKoHGB/Häuser § 406 Rn. 29; Staub/Koller § 383 Rn. 66; Canaris HandelsR § 16 Rn. 8; für eine analoge Anwendung von § 87d auch MüKoHGB/Ströbl Rn. 4; Emde Rn. 5; Ebenroth/Boujong/Joost/Strohn/Löwisch Rn. 3; Oetker/Busche Rn. 11; Staub/Emde Vor § 84 Rn. 691.
[1] BGBl. I 3214.

(2) Nach Beendigung des Vertragsverhältnisses hat der Handelsvertreter ein nach allgemeinen Vorschriften bestehendes Zurückbehaltungsrecht an ihm zur Verfügung gestellten Unterlagen (§ 86a Abs. 1) nur wegen seiner fälligen Ansprüche auf Provision und Ersatz von Aufwendungen.

Literatur: Schneider, Aufrechnungsverbot und unabdingbares Zurückbehaltungsrecht nach § 88a HGB, DB 1969, 1229; Schnitzler, Gerichtsstandsvereinbarung und Zurückbehaltungsrecht des Handelsvertreters, DB 1966, 569.

Übersicht

A. Handelsvertreter

I. Inhalt und Zweck

1   Zweck des § 88a ist es, unter Berücksichtigung der besonderen Interessenlage im Rahmen von Handelsvertreterverhältnissen zum einen die Möglichkeit des Handelsvertreters, auf seine Zurückbehaltungsrechte zu verzichten (Abs. 1), und zum anderen die Möglichkeit des Handelsvertreters, Zurückbehaltungsrechte nach Beendigung des Handelsvertretervertrages (Abs. 2) geltend zu machen, angemessen zu beschränken.

2   **Abs. 1** dient dem **Schutz des Handelsvertreters.** Dem Handelsvertreter wird durch diese Vorschrift die Möglichkeit genommen, wirksam vorab auf seine gesetzlichen Zurückbehaltungsrechte verzichten zu können. Er wird demnach durch Abs. 1 vor dem meist überlegenen Unternehmer in der Weise geschützt, dass dieser nicht wirksam vom Unternehmer zu einem Vorabverzicht auf seine Zurückbehaltungsrechte gedrängt werden kann. Denn diese sind die einzigen, dem Handelsvertreter zur Verfügung stehenden rechtlichen Mittel, seine Ansprüche gegen den Unternehmer zu sichern.[1]

3   Dagegen dient **Abs. 2** dem **Schutze des Unternehmers.** Der Gesetzgeber hielt es für unbillig, dem Unternehmer die aus einer Zurückbehaltung der von ihm zur Verfügung gestellten Unterlagen gem. § 86a Abs. 1 möglicherweise resultierenden erheblichen Schä-

---

[1] BT-Drs. 1/3856, 30.

den bei jeglichen Ansprüchen des Handelsvertreters aufzubürden. Gem. Abs. 2 kann der Handelsvertreter daher nach Vertragsende etwaige gesetzliche Zurückbehaltungsrechte an diesen wichtigen Unterlagen nur wegen fälliger Ansprüche auf Provisionen und Ersatz von Aufwendungen geltend machen. Die Begründetheit und Höhe solcher Ansprüche kann – anders als bspw. der Ausgleichsanspruch des Handelsvertreters gem. § 89b – regelmäßig ohne längere Auseinandersetzungen geklärt werden. Demzufolge ist einerseits dem Interesse des Unternehmers Rechnung getragen, diese für ihn wichtigen Unterlagen nach Vertragsbeendigung schnellstmöglich einem Nachfolger übergeben zu können. Verstärkt wird dies durch die Möglichkeit des Unternehmers, die Zurückbehaltung durch Sicherheitsleistung gem. § 273 Abs. 3 BGB bzw. § 369 Abs. 4 abwenden zu können. Andererseits erfährt der Handelsvertreter nichtsdestotrotz ausreichend Schutz, da die ihn zur Zurückbehaltung berechtigenden Ansprüche für ihn von vorrangiger Bedeutung sind.[2]

II. Verbot des Vorabverzichts (Abs. 1)

1. Regelungsinhalt. Der Handelsvertreter kann **gem. Abs. 1 nicht im Voraus auf** 4 **ihm zustehende gesetzliche Zurückbehaltungsrechte verzichten.** Ein entgegen dieser Vorschrift erklärter Verzicht des Handelsvertreters ist **gem. § 134 BGB unwirksam** und bindet diesen daher nicht. Der Handelsvertreter kann sich daher ungeachtet eines erklärten Vorabverzichts auf ihm nach den allgemeinen Regelungen zustehende gesetzliche Zurückbehaltungsrechte berufen. Die Vorschrift setzt das Bestehen von gesetzlichen Zurückbehaltungsrechten voraus und begründet sie nicht.[3]

2. Anwendungsbereich. Abs. 1 gilt nur für **gesetzliche Zurückbehaltungsrechte** 5 (§§ 273 f. BGB, §§ 369 ff.). Die Vorschrift findet keine Anwendung auf vertragliche Zurückbehaltungsrechte. Der Handelsvertreter kann demnach auf privatautonom vereinbarte Zurückbehaltungsrechte selbst vor ihrer Entstehung verzichten.[4]

a) §§ 273 f. BGB. Der Handelsvertreter kann gem. § 273 BGB zur Zurückbehaltung 6 berechtigt sein, wenn er seinerseits **aus dem Handelsvertretervertrag** einen **fälligen Gegenanspruch gegen den Unternehmer** besitzt. Ein Zurückbehaltungsrecht kommt etwa dann in Betracht, wenn der Handelsvertreter gegen den Unternehmer aus dem Handelsvertretervertrag Anspruch auf die Zahlung einer Provision, eines Vorschusses oder eines Ausgleichs gem. § 89b hat oder den Ersatz von Aufwendungen bzw. Schadensersatz verlangen kann.[5] Steht dem Handelsvertreter ein Zurückbehaltungsrecht zu, kann er die Erbringung seiner **Leistung** gegenüber dem Unternehmer **verweigern, es sei denn,** der Unternehmer hat die Geltendmachung des Zurückbehaltungsrechtes **durch Sicherheitsleistung abgewendet** (§ 273 Abs. 3 BGB). Für den Fall einer klageweisen Geltendmachung der Leistung des Handelsvertreters durch den Unternehmer kann der Handelsvertreter bei Vorliegen eines Zurückbehaltungsrechtes nur zur Leistung **Zug um Zug** verurteilt werden (§ 274 BGB).

b) §§ 369 ff. Unter den Voraussetzungen des § 369 kann dem Handelsvertreter grds. 7 wegen einer **fälligen Forderung aus einem beiderseitigen Handelsgeschäft** auch ein **kaufmännisches Zurückbehaltungsrecht** gegen den Unternehmer zustehen. Der Handelsvertreter und der Unternehmer müssen daher **Kaufmann** sein.[6] Auch das kaufmännische Zurückbehaltungsrecht begründet ein **Leistungsverweigerungsrecht** des Handelsvertreters, **sofern** der Unternehmer die Ausübung des Zurückbehaltungsrechtes **nicht durch Sicherheitsleistung abgewendet** hat (§ 369 Abs. 4). Dem Handelsvertreter steht

---

[2] BT-Drs. 1/3856, 31.
[3] MüKoHGB/Ströbl Rn. 4; Emde Rn. 5.
[4] Oetker/Busche Rn. 2; MüKoHGB/Ströbl Rn. 11.
[5] MüKoHGB/Ströbl Rn. 5.
[6] Oetker/Busche Rn. 3; Baumbach/Hopt/Hopt Rn. 1.

daneben bei Vorliegen der Voraussetzungen des § 371 auch ein **Befriedigungsrecht** an den in Besitz des Handelsvertreters gelangten Gegenständen des Unternehmers zu.[7]

8   **c) Vereinbarkeit mit dem Handelsvertreterverhältnis.** Ein Zurückbehaltungsrecht des Handelsvertreters gem. §§ 273 f. BGB, §§ 369 ff. ist jedoch **ausgeschlossen, wenn und soweit** ein solches **nicht mit dem Inhalt des Handelsvertreterverhältnisses und der Treuepflicht des Handelsvertreters vereinbar** ist.[8] Daher darf der Handelsvertreter während der Laufzeit des Handelsvertretervertrages regelmäßig keine Gegenstände/Unterlagen zurückhalten, die für die laufende Geschäftsabwicklung unverzüglich ausgetauscht werden müssen (bspw. vom Handelsvertreter zu erstellende **Berichte**[9]).[10] Gleiches gilt für Gegenstände/Unterlagen, die der Unternehmer für die Abwicklung und Abrechnung der vom Handelsvertreter vermittelten Geschäfte benötigt.[11] An **Mustern und sonstigen** vom Unternehmer zur Verfügung zu stellenden **Unterlagen gem. § 86a Abs. 1** kann der Handelsvertreter während der Laufzeit des Handelsvertretervertrages nur sehr eingeschränkt ein Zurückbehaltungsrecht geltend machen (→ Rn. 23). Nach richtiger Auffassung ist die Geltendmachung eines Zurückbehaltungsrechtes durch den Handelsvertreter während der Laufzeit des Handelsvertretervertrages auch in Bezug auf die Weiterleitung von durch ihn eingezogenen **Inkassobeträgen** an den Unternehmer ausgeschlossen.[12]

9   **3. Vorabverzicht.** Abs. 1 ist wegen dessen Schutzzweck **weit auszulegen.**[13] Die Vorschrift umfasst daher nicht nur **einseitige Verzichtserklärungen** des Handelsvertreters, sondern gleichermaßen auch einen Verzicht des Handelsvertreters enthaltende **vertragliche Vereinbarungen** der Parteien.[14] Irrelevant ist auch, ob die Verzichtserklärung im Handelsvertretervertrag selbst oder nachträglich in einer separaten Vereinbarung enthalten ist.[15] Obwohl der Wortlaut des Abs. 1 nicht die Verzichtserklärung eines designierten Handelsvertreters vor Abschluss des Handelsvertretervertrages umfasst, ist die Vorschrift auch auf **Verzichtserklärungen im vorvertraglichen Stadium** entsprechend anzuwenden.[16] Anderenfalls könnte der durch Abs. 1 bezweckte Schutz des Handelsvertreters leicht umgangen werden, wodurch er lückenhaft wäre.

10   **Unzulässig ist** gem. Abs. 1 nicht nur der generelle Ausschluss der Möglichkeit der Geltendmachung eines gesetzlichen Zurückbehaltungsrechtes durch den Handelsvertreter, sondern **jede zum Nachteil des Handelsvertreters gereichende Abweichung von der gesetzlichen Regelung.**[17] So ist es etwa nicht wirksam möglich, die gesetzlich geregelten Voraussetzungen für die Entstehung des Zurückbehaltungsrechtes zum Nachteil des Handelsvertreters zu verschärfen[18] oder gesetzlich nicht vorgesehene Vorleistungspflichten des Handelsvertreters zu vereinbaren[19]. Ebenso ist die Vereinbarung eines von § 371 Abs. 4 abweichenden Gerichtsstandes[20] oder eine Beschränkung des Zurückbehaltungsrechtes auf Fälle von Meinungsverschiedenheiten[21] nicht wirksam möglich.

---

[7] Oetker/Busche Rn. 3; MüKoHGB/Ströbl Rn. 7.
[8] Oetker/Busche Rn. 4; MüKoHGB/Ströbl Rn. 5.
[9] Oetker/Busche Rn. 4; Ebenroth/Boujong/Joost/Strohn/Löwisch Rn. 2.
[10] Ebenroth/Boujong/Joost/Strohn/Löwisch Rn. 2; Röhricht/Graf v. Westphalen/Thume Rn. 2, 7; Schlegelberger/Schröder Rn. 2; MüKoHGB/Ströbl Rn. 19.
[11] Ebenroth/Boujong/Joost/Strohn/Löwisch Rn. 2; Schlegelberger/Schröder Rn. 3.
[12] So auch OLG Düsseldorf OLGR 2000, 382 (384); OLG Hamm HVR Nr. 973; NJW-RR 1994, 158 (159); Oetker/Busche Rn. 4; Emde Rn. 19; Heymann/Stöber Rn. 5; Röhricht/Graf v. Westphalen/Thume Rn. 2, 7; aA OLG Köln VersR 1970, 53 (54); MüKoHGB/Ströbl Rn. 8; Ebenroth/Boujong/Joost/Strohn/Löwisch Rn. 4; Baumbach/Hopt/Hopt Rn. 1; differenzierend Küstner/Thume VertriebsR-HdB I Kap. VI Rn. 176.
[13] Schneider DB 1969, 1229.
[14] Oetker/Busche Rn. 5; MüKoHGB/Ströbl Rn. 12.
[15] Oetker/Busche Rn. 5; MüKoHGB/Ströbl Rn. 12.
[16] Oetker/Busche Rn. 5.
[17] Oetker/Busche Rn. 6; MüKoHGB/Ströbl Rn. 13.
[18] Oetker/Busche Rn. 6; MüKoHGB/Ströbl Rn. 13.
[19] MüKoHGB/Ströbl Rn. 13.
[20] Oetker/Busche Rn. 6; MüKoHGB/Ströbl Rn. 13.
[21] Emde Rn. 7.

Dagegen ist ein zulässiges **vertragliches Aufrechnungsverbot nicht als Umgehung** 11
des Abs. 1 zu werten und daher nicht wegen eines Verstoßes gegen diese Vorschrift
§ 134 BGB unwirksam.[22] Grund hierfür ist, dass die Aufrechnung und die Zurückbehaltung zwei voneinander zu unterscheidende Rechtsbehelfe sind.[23] Selbst wenn die Parteien
ein wirksames Aufrechnungsverbot vereinbart haben, führt dies daher wegen Abs. 1 nicht
gleichzeitig auch zum Ausschluss etwaiger gesetzlicher Zurückbehaltungsrechte des Handelsvertreters.[24] Der Schutzzweck des Abs. 1 wird folglich durch ein vertragliches Aufrechnungsverbot nicht umgangen. Es ist also nicht notwendig, ein vertragliches Aufrechnungsverbot wegen Verstoßes gegen Abs. 1 für unwirksam zu erachten.

Abs. 1 hindert die Parteien auch nicht, Vereinbarungen hinsichtlich der Abwendung des 12
Zurückbehaltungsrechtes durch Sicherheitsleistung (§ 273 Abs. 3 BGB, § 369 Abs. 4) zu
treffen.[25] Auch steht es dem Unternehmer frei, über die einem Zurückbehaltungsrecht
unterliegenden Gegenstände (bspw. durch Eigentumsverzicht) zu verfügen (Ausnahme:
Aufrechnung) und somit ein ansonsten bestehendes Zurückbehaltungsrecht zum Erlöschen
zu bringen.[26]

Die Vorschrift verbietet gem. ihrem Wortlaut lediglich Verzichtserklärungen, die **im** 13
Voraus abgegeben werden. Maßgeblich hierfür ist die **Entstehung des gesetzlichen**
Zurückbehaltungsrechtes, mithin also der Zeitpunkt, in dem der Gegenanspruch des
Handelsvertreters entstanden und fällig geworden ist.[27] Vor Entstehung und Fälligkeit des
Gegenanspruches des Handelsvertreters (und damit vor der Entstehung des gesetzlichen
Zurückbehaltungsrechtes) kann der Handelsvertreter gem. Abs. 1 nicht wirksam auf seine
gesetzlichen Zurückbehaltungsrechte wegen dieses Anspruches verzichten[28], selbst wenn
der Verzicht unter der aufschiebenden Bedingung des Entstehens und der Fälligkeit des
Anspruches des Handelsvertreters erklärt wird.[29] Die Ausübung eines Zurückbehaltungsrechtes, auf welches in unwirksamer Weise „verzichtet" wurde, scheitert nicht an § 242
BGB.[30] Dagegen kann der Handelsvertreter nach Entstehung und Fälligkeit seines Gegenanspruches nachträglich wirksam auf etwaige Zurückbehaltungsrechte verzichten.[31] Ein
solcher nachträglicher Verzicht hindert den Handelsvertreter jedoch nicht, Zurückbehaltungsrechte wegen hiernach neu entstandener Gegenansprüche geltend zu machen.[32] Ein
nachträglicher Verzicht kommt insbesondere nach Beendigung des Handelsvertretervertrages in Betracht, wenn regelmäßig sämtliche Ansprüche des Handelsvertreters entstanden
und fällig sind und etwaige gesetzliche Zurückbehaltungsrechte damit derogierbar sind.[33]

4. Beweislast. Beruft sich der Handelsvertreter auf ein gesetzliches oder vertragliches 14
Zurückbehaltungsrecht, hat er das Vorliegen der Voraussetzungen für das Bestehen dieses
Zurückbehaltungsrechtes zu beweisen.[34] Dagegen hat der Unternehmer zu beweisen, dass
dem Handelsvertreter ein geltend gemachtes Zurückbehaltungsrecht nicht zusteht.[35] Glei

---

[22] MüKoHGB/Ströbl Rn. 13; Röhricht/Graf v. Westphalen/Thume Rn. 10; Küstner/Thume VertriebsR-HdB I Kap. VI Rn. 174 f.; Schneider DB 1969, 1229 (1230); offen gelassen von Emde Rn. 9; aA
Baumbach/Hopt/Hopt Rn. 2; Ebenroth/Boujong/Joost/Strohn/Löwisch Rn. 9; Oetker/Busche Rn. 8;
wohl auch verneinend OLG Hamm NJW-RR 1994, 158.
[23] OLG Köln VersR 1970, 53 (54); Emde Rn. 4, 9; Schneider DB 1969, 1229.
[24] OLG Köln VersR 1970, 53 (54); MüKoHGB/Ströbl Rn. 13; Schneider DB 1969, 1229 (1230).
[25] Emde Rn. 8; Ebenroth/Boujong/Joost/Strohn/Löwisch Rn. 10.
[26] Emde Rn. 8; Ebenroth/Boujong/Joost/Strohn/Löwisch Rn. 10; Heymann/Stöber Rn. 8; Küstner/
Thume I/Riemer I Kap. VI Rn. 159.
[27] Oetker/Busche Rn. 7; MüKoHGB/Ströbl Rn. 14.
[28] Oetker/Busche Rn. 7; MüKoHGB/Ströbl Rn. 14.
[29] Ebenroth/Boujong/Joost/Strohn/Löwisch Rn. 7.
[30] Emde Rn. 8; Ebenroth/Boujong/Joost/Strohn/Löwisch Rn. 7.
[31] Oetker/Busche Rn. 7; MüKoHGB/Ströbl Rn. 14.
[32] MüKoHGB/Ströbl Rn. 14.
[33] MüKoHGB/Ströbl Rn. 15; Emde Rn. 8.
[34] Emde Rn. 22.
[35] Oetker/Busche Rn. 9; Emde Rn. 22; Ebenroth/Boujong/Joost/Strohn/Löwisch Rn. 18.

ches gilt für das Vorliegen einer nicht gegen Abs. 1 verstoßenden Beschränkung des Zurückbehaltungsrechtes.[36]

15   **5. Abweichende Vereinbarung.** Die Vorschrift des **Abs. 1 ist zwingend.**[37] Demnach können gesetzliche Zurückbehaltungsrechte des Handelsvertreters nicht im Voraus ausgeschlossen oder eingeschränkt werden (→ Rn. 9 ff.). Dagegen steht Abs. 1 einem nachträglichen Verzicht auf bereits entstandene Zurückbehaltungsrechte nicht entgegen (→ Rn. 13).

16   Vertragliche Zurückbehaltungsrechte werden von Abs. 1 nicht erfasst (→ Rn. 5). Deren Entstehung und Umfang bemisst sich daher einzig anhand der vertraglichen Abrede der Parteien.[38]

III. Nachvertragliches Zurückbehaltungsrecht an Unterlagen (Abs. 2)

17   **1. Regelungsinhalt.** Nach Beendigung des Handelsvertretervertrages kann sich der Handelsvertreter grds. in vollem Umfang auf ihm zustehende gesetzliche Zurückbehaltungsrechte berufen. Etwaige sich aus dem Inhalt des Handelsvertreterverhältnisses und der Treuepflicht des Handelsvertreters ergebende Einschränkungen (→ Rn. 8) spielen nach Beendigung des Handelsvertretervertrages keine Rolle mehr.[39] Von diesem Grundsatz macht jedoch Abs. 2 eine Ausnahme. Der Unternehmer hat nach Beendigung des Handelsvertretervertrages ein schutzwürdiges Interesse daran, den unmittelbaren Besitz an den dem Handelsvertreter zum Zwecke der Leistungserbringung überlassenen Unterlagen gem. § 86 Abs. 1 rasch wiederzuerlangen. Der Handelsvertreter ist daher verpflichtet, dem Unternehmer diese Unterlagen nach Beendigung des Handelsvertretervertrages wieder herauszugeben (→ § 86 Rn. 104 iVm 101). Die Stellung des Unternehmers wird durch Abs. 2 insoweit verstärkt, als der Handelsvertreter ein **gesetzliches Zurückbehaltungsrecht an den Unterlagen gem. § 86a Abs. 1 nur wegen seiner fälligen Ansprüche auf Provision** (zum Fälligwerden des Provisionsanspruchs → § 87a Rn. 72 f.) **oder Ersatz von Aufwendungen** (→ § 87d Rn. 9 ff.) geltend machen kann. Dem Handelsvertreter steht ein gesetzliches Zurückbehaltungsrecht an den Unterlagen gem. § 86a Abs. 1 beispielsweise nicht wegen eines Anspruchs auf Auszahlung bzw. Freigabe einer Stornoreserve zu.[40]

18   **2. Sachlicher Anwendungsbereich.** In sachlicher Hinsicht beschränkt Abs. 2 die Geltendmachung der Zurückbehaltungsrechte des Handelsvertreters nur in Bezug auf **Ansprüche des Unternehmers auf Rückgabe von Unterlagen gem. § 86a Abs. 1.** Abs. 2 betrifft folglich nur dem Handelsvertreter vom Unternehmer zur Verfügung gestellte Unterlagen, die zur Ausübung der Tätigkeit des Handelsvertreters erforderlich waren (→ § 86a Rn. 7 ff.). Soweit der Unternehmer vom Handelsvertreter nach Beendigung des Handelsvertretervertrages die Rückgabe anderer Gegenstände verlangt, stehen dem Handelsvertreter Zurückbehaltungsrechte innerhalb der allgemeinen Grenzen uneingeschränkt zu.[41] Dies gilt etwa bei Ansprüchen des Unternehmers auf Herausgabe eines dem Handelsvertreter zur unmittelbaren Belieferung von Kunden überlassenen **Warenlagers**[42] oder eines dem Handelsvertreter für die Ausübung seiner Tätigkeit überlassenen **Firmen-PKW**[43]. Zurückbehaltungsrechte an **handelsüblichen Behältnissen,** die zur Aufbewah-

---

[36] Oetker/Busche Rn. 9; Ebenroth/Boujong/Joost/Strohn/Löwisch Rn. 18.
[37] MüKoHGB/Ströbl Rn. 22; Emde Rn. 21; Ebenroth/Boujong/Joost/Strohn/Löwisch Rn. 7.
[38] MüKoHGB/Ströbl Rn. 22.
[39] Oetker/Busche Rn. 11.
[40] Emde, BB-Rechtsprechungsreport zum Vertriebsrecht 2018 – Teil I, BB 2019, 2882 (2885).
[41] OLG Düsseldorf NJOZ 2006, 3489 (3493); MüKoHGB/Ströbl Rn. 17; Emde Rn. 16.
[42] MüKoHGB/Ströbl Rn. 17; Oetker/Busche Rn. 12; Baumbach/Hopt/Hopt Rn. 3.
[43] MüKoHGB/Ströbl Rn. 17; Oetker/Busche Rn. 12; Baumbach/Hopt/Hopt Rn. 3.

rung der Unterlagen gem. § 86a Abs. 1 überlassen wurden, werden ebenso nicht von Abs. 2 eingeschränkt.[44]

Abs. 2 gilt (genauso wie Abs. 1) lediglich für **gesetzliche Zurückbehaltungsrechte**.[45] **19** Die Geltendmachung vertraglicher Zurückbehaltungsrechte des Handelsvertreters wird daher durch Abs. 2 nicht eingeschränkt.[46] Ob und inwieweit dem Handelsvertreter vertragliche Zurückbehaltungsrechte nach Beendigung des Handelsvertretervertrages zustehen, ist ausschließlich anhand der wirksam getroffenen Parteiabreden zu bestimmen.[47]

Besteht ein gesetzliches Zurückbehaltungsrecht des Handelsvertreters an den Unterlagen **20** gem. § 86a Abs. 1, kann der Unternehmer dessen Geltendmachung durch Sicherheitsleistung abwenden (§ 273 Abs. 3 BGB, § 369 Abs. 4).[48]

3. Zeitlicher Anwendungsbereich. Abs. 2 gilt nur für die Zeit **nach Beendigung 21 des Handelsvertretervertrages.** Vor Beendigung des Handelsvertretervertrages gelten auch für gesetzliche Zurückbehaltungsrechte an den Unterlagen gem. § 86a Abs. 1 die allgemeinen Vorschriften (→ Rn. 8 und 23).

Maßgeblich ist der **Zeitpunkt der rechtlichen Beendigung des Handelsvertreter- 22 vertrages**[49] und nicht das faktische Vertragsende[50]. Es kommt somit für den Fall einer Beendigung durch Kündigung auf den Eintritt der Kündigungswirkung und nicht auf das Datum der Kündigungserklärung an.[51] Der Handelsvertretervertrag wird weder durch eine unberechtigte fristlose Kündigung noch durch ein hieraus ggf. resultierendes Beschäftigungsverbot oder eine erklärte Freistellung beendet.[52] Sagt sich etwa eine Partei unberechtigt einseitig und endgültig vom Handelsvertretervertrag los, muss dessen Vertragsende erst rechtlich bspw. durch fristlose Kündigung herbeigeführt werden, ehe Abs. 2 zum Schutz des Unternehmers greift.[53]

a) Zurückbehaltungsrecht vor Vertragsende. Obwohl Abs. 2 vor Beendigung des **23** Handelsvertretervertrages nicht gilt, besteht auch während der Dauer des Handelsvertretervertrages ein **Zurückbehaltungsrecht an den Unterlagen gem. § 86a Abs. 1 nur in Ausnahmefällen.**[54] Da der Handelsvertreter diese Unterlagen gem. den getroffenen Vereinbarungen zu verwenden hat, scheidet bereits insoweit ein Zurückbehaltungsrecht aus.[55] Dies ergibt sich für das kaufmännische Zurückbehaltungsrecht unmittelbar aus § 369 Abs. 3 und für das Zurückbehaltungsrecht gem. § 273 BGB aus der Unvereinbarkeit mit dem Inhalt des Handelsvertreterverhältnisses und der Treuepflicht des Handelsvertreters (→ Rn. 8). So scheidet bspw. ein Zurückbehaltungsrecht an zur Abgabe an Kunden bestimmte Gegenstände wie **Muster** und **Drucksachen** aus, da der Handelsvertreter diese an seine Kunden weiterzugeben hat.[56] Zur Vorführung bestimmte Gegenstände sind entsprechend Kunden vorzuführen. In Bezug auf **Vorführgegenstände** besteht daher zwar ein Recht des Handelsvertreters zur Zurückbehaltung, grds. aber nicht ein Recht zur Verwertung durch Verkauf.[57] Ein Zurückbehaltungsrecht an Unterlagen gem. § 86a Abs. 1 kommt insbesondere dann in Betracht, wenn und soweit der Unternehmer diese zurück-

---

[44] MüKoHGB/Ströbl Rn. 17; Baumbach/Hopt/Hopt Rn. 3.
[45] Oetker/Busche Rn. 12; Baumbach/Hopt/Hopt Rn. 5; Emde Rn. 15.
[46] Oetker/Busche Rn. 12; Emde Rn. 15.
[47] Emde Rn. 15.
[48] Emde Rn. 16.
[49] Emde Rn. 14; Ebenroth/Boujong/Joost/Strohn/Löwisch Rn. 13.
[50] Emde Rn. 14.
[51] Emde Rn. 14.
[52] Emde Rn. 14; Ebenroth/Boujong/Joost/Strohn/Löwisch Rn. 13.
[53] Ebenroth/Boujong/Joost/Strohn/Löwisch Rn. 13.
[54] Oetker/Busche Rn. 13; MüKoHGB/Ströbl Rn. 19; Ebenroth/Boujong/Joost/Strohn/Löwisch Rn. 3.
[55] Oetker/Busche Rn. 13; MüKoHGB/Ströbl Rn. 19; Ebenroth/Boujong/Joost/Strohn/Löwisch Rn. 3.
[56] MüKoHGB/Ströbl Rn. 19; Ebenroth/Boujong/Joost/Strohn/Löwisch Rn. 3.
[57] MüKoHGB/Ströbl Rn. 19.

gefordert hat oder soweit diese aus anderen Gründen nicht mehr vom Handelsvertreter für die Absatzmittlung verwendet werden sollen.[58]

24 **b) Zurückbehaltungsrecht nach Vertragsende.** Nach Beendigung des Handelsvertretervertrages ist die Zurückbehaltung der Unterlagen gem. § 86a Abs. 1 nicht mehr wegen § 369 Abs. 3 bzw. der Unvereinbarkeit mit dem Inhalt des Handelsvertretervertrages und der Treuepflicht des Handelsvertreters stark eingeschränkt.[59] Denn mit dem Vertragsende werden die Anweisungen des Unternehmers bzw. die Verpflichtungen des Handelsvertreters, in einer bestimmten Weise mit diesen Unterlagen zu verfahren, gegenstandslos.[60] **Gesetzliche Zurückbehaltungsrechte an den Unterlagen gem. § 86a Abs. 1** sind ab Beendigung des Handelsvertretervertrages jedoch insoweit beschränkt, als der Handelsvertreter sich auf diese **lediglich wegen fälliger Ansprüche gegen den Unternehmer auf Provision und Ersatz von Aufwendungen** berufen kann. Unter den Begriff „Provision" iSd Vorschrift fallen nicht nur **Vermittlungsprovisionen,** sondern auch **Inkasso-, Delkredere- und Bestandspflegeprovisionen.**[61] Zum Anspruch des Handelsvertreters auf Ersatz von Aufwendungen → § 87d Rn. 9 ff. Die vorgenannten Ansprüche des Handelsvertreters müssen nach allgemeinen Grundsätzen fällig sein.[62]

25 Der Handelsvertreter kann die Unterlagen gem. § 86a Abs. 1 nach Beendigung des Handelsvertretervertrages nicht wegen sonstiger nicht explizit in Abs. 2 genannter Ansprüche gegen den Unternehmer zurückbehalten. Abs. 2 schließt insoweit gesetzliche Zurückbehaltungsrechte des Handelsvertreters aus. Der Handelsvertreter hat diese Unterlagen daher bspw. trotz Bestehens eines Ausgleichsanspruches gem. § 89b[63], eines Anspruches auf Karenzentschädigung nach § 90a oder eines Schadensersatzanspruches gegen Unternehmer an diesen herauszugeben.[64] Gleiches gilt im Falle fälliger Hilfsansprüche des Handelsvertreters nach § 87c Abs. 2 auf Buchauszug, § 87c Abs. 3 auf Auskunft und § 87c Abs. 4 auf Bucheinsicht.[65]

26 **4. Geltendmachung.** Der Handelsvertreter hat ein Zurückbehaltungsrecht an den Unterlagen des Unternehmers gem. § 86a Abs. 1 **sofort geltend zu machen,** wenn der Unternehmer die Unterlagen nach Beendigung des Handelsvertretervertrages herausverlangt.[66] Ansonsten erlischt das Zurückbehaltungsrecht des Handelsvertreters und der Herausgabeanspruch des Unternehmers besteht sodann einredefrei.[67] Grund hierfür ist der mit Abs. 2 verfolgte Zweck, eine möglichst rasche Rückgabe der Unterlagen an den Unternehmer zu gewährleisten (→ Rn. 3 und 17). Eine grundlose Verweigerung der Rückgabe der Unterlagen durch den Handelsvertreter, obwohl dieser bei Beendigung des Handelsvertretervertrages seine ihm noch zustehenden Provisions- und/oder Aufwendungsersatzansprüche zumindest dem Grunde nach kennen sollte, würde dem vorgenannten Zweck widersprechen.[68]

27 Für eine wirksame Geltendmachung eines Zurückbehaltungsrechtes des Handelsvertreters hat dieser seine **zu sichernden Forderungen und** die von ihm **zurückbehaltenen Unterlagen des Unternehmers genau zu bezeichnen.**[69]

---

[58] Oetker/Busche Rn. 13; MüKoHGB/Ströbl Rn. 19.
[59] MüKoHGB/Ströbl Rn. 20.
[60] OLG Düsseldorf BB 1990, 1086 (1087).
[61] Oetker/Busche Rn. 13; MüKoHGB/Ströbl Rn. 20.
[62] Oetker/Busche Rn. 13; MüKoHGB/Ströbl Rn. 20.
[63] OLG Köln OLGR 2004, 426 (427); MüKoHGB/Ströbl Rn. 21.
[64] Oetker/Busche Rn. 14; MüKoHGB/Ströbl Rn. 21.
[65] MüKoHGB/Ströbl Rn. 21.
[66] Ebenroth/Boujong/Joost/Strohn/Löwisch Rn. 16; aA Emde Rn. 18: Der Handelsvertreter darf sich auch erst zu einem späteren Zeitpunkt, bspw. im Prozess, auf sein Zurückbehaltungsrecht berufen.
[67] Ebenroth/Boujong/Joost/Strohn/Löwisch Rn. 16.
[68] Ebenroth/Boujong/Joost/Strohn/Löwisch Rn. 16.
[69] Ebenroth/Boujong/Joost/Strohn/Löwisch Rn. 16.

5. Beweislast. Grds. hat die sich auf ein Zurückbehaltungsrecht berufende Partei, hier **28** also der Handelsvertreter, die Voraussetzungen des Zurückbehaltungsrechtes zu beweisen. Dies gilt trotz des Ausnahmecharakters der in Abs. 2 enthaltenen Einschränkungen auch im Rahmen dieser Vorschrift.[70] Der Handelsvertreter hat somit nachzuweisen, dass er gem. Abs. 2 ausnahmsweise zur Geltendmachung des Zurückbehaltungsrechtes berechtigt ist. Er hat daher nicht nur seine zu sichernden Forderungen und die rechtzeitige und ordnungsgemäße Geltendmachung des Zurückbehaltungsrechtes zu beweisen.[71] Der Handelsvertreter (und nicht der Unternehmer) trägt auch die Beweislast dafür, dass der Handelsvertretervertrag beendet ist, es sich bei den zurückbehaltenen Gegenständen um Unterlagen gem. § 86a Abs. 1 handelt und ihm fällige Ansprüche auf Provision und/oder Aufwendungsersatz gegen den Unternehmer zustehen.[72]

6. Abweichende Vereinbarung. Die Vorschrift des Abs. 2 **ist dispositiv.**[73] Den Par- **29** teien steht es somit frei, **individualvertraglich** von Abs. 2 abweichende Vereinbarungen zu treffen. Wegen Abs. 1, der auch nach Vertragsende gilt, kann jedoch nicht im Voraus zum Nachteil des Handelsvertreters von Abs. 2 abgewichen werden.[74] Eine Abbedingung der in Abs. 2 enthaltenen Einschränkungen des Zurückbehaltungsrechtes des Handelsvertreters ist jedoch auch im Voraus möglich.[75] Die Parteien können daher bspw. vereinbaren, dass dem Handelsvertreter nach Vertragsende ein Zurückbehaltungsrecht an den Unterlagen gem. § 86a Abs. 1 auch bei Bestehen nichtfälliger Ansprüche auf Provision oder Aufwendungsersatz zusteht.[76] Auch kann das Zurückbehaltungsrecht auf andere Ansprüche des Handelsvertreters als die in Abs. 2 explizit genannten erstreckt werden.[77] Vertragliche Zurückbehaltungsrechte stehen dagegen in vollem Umfang zur Disposition der Parteien.[78]

Im Voraus, zB in Handelsvertreterverträgen, zum Nachteil des Handelsvertreters von **30** Abs. 2 abweichende **Allgemeine Geschäftsbedingungen** sind bereits wegen Abs. 1 unwirksam.[79] Nach Beendigung des Handelsvertretervertrages von Abs. 2 abweichende Vereinbarungen werden in der Praxis oftmals nicht als Allgemeine Geschäftsbedingungen zu qualifizieren sein. Liegt im Einzelfall dennoch eine Allgemeine Geschäftsbedingung vor, so sind vom **gesetzlichen Leitbild** des Abs. 2 abweichende Bestimmungen wegen Verstoßes gegen § 307 Abs. 1, Abs. 2 Nr. 1 BGB unwirksam und nicht durchsetzbar.[80] An die Stelle der unwirksamen Regelung tritt die gesetzliche Regelung des Abs. 2.

B. Vertragshändler

Die Vorschrift des § 88a ist **analog** auf Vertragshändler **anwendbar,** sofern die Voraus- **31** setzungen für die analoge Anwendung einzelner Bestimmungen des Handelsvertreterrechtes auf Vertragshändlerverträge (→ Vor § 84 Rn. 36 ff.) im Einzelfall erfüllt sind.[81]

Dem Vertragshändler stehen anders als dem Handelsvertreter grds. keine Provisions- **32** ansprüche gegen den Unternehmer zu, da er keine Geschäfte gegen Zahlung einer Pro-

---

[70] Emde Rn. 22.
[71] So Oetker/Busche Rn. 15; Ebenroth/Boujong/Joost/Strohn/Löwisch Rn. 18.
[72] Emde Rn. 22; aA Oetker/Busche Rn. 15; Ebenroth/Boujong/Joost/Strohn/Löwisch Rn. 18.
[73] Oetker/Busche Rn. 16; MüKoHGB/Ströbl Rn. 22; Ebenroth/Boujong/Joost/Strohn/Löwisch Rn. 17.
[74] MüKoHGB/Ströbl Rn. 22; Ebenroth/Boujong/Joost/Strohn/Löwisch Rn. 17.
[75] Ebenroth/Boujong/Joost/Strohn/Löwisch Rn. 17.
[76] Ebenroth/Boujong/Joost/Strohn/Löwisch Rn. 17; Emde Rn. 21.
[77] Emde Rn. 21.
[78] MüKoHGB/Ströbl Rn. 22.
[79] Vgl. BGH NJW 1995, 1552 (1554) in Bezug auf eine in einem Versicherungsvertretervertrag enthaltene Allgemeine Geschäftsbedingung, durch die das Zurückbehaltungsrecht des Versicherungsvertreters an Unterlagen auf Ansprüche beschränkt werden sollte, in Bezug auf welche Meinungsverschiedenheiten bestehen.
[80] BGH NJW 1995, 1552 (1554) zum alten AGBG; Oetker/Busche Rn. 16; Ebenroth/Boujong/Joost/Strohn/Löwisch Rn. 17.
[81] Oetker/Busche Rn. 17; MüKoHGB/Ströbl Rn. 9.

vision vermittelt, sondern in eigenem Namen und auf eigene Rechnung wirtschaftet (zur Vergütung des Vertragshändlers → § 87 Rn. 147 ff.). Daher kann er ein Zurückbehaltungsrecht analog Abs. 2 nur dann gelten machen, wenn er fällige Ansprüche gegen den Unternehmer auf noch nicht erhaltenes Entgelt (wie etwa Boni und Prämien) oder Ersatz von Aufwendungen besitzt.[82] Im Übrigen gelten keine Abweichungen oder Besonderheiten.

C. Franchisenehmer

33   Die Vorschrift des § 88a ist **analog** auf Franchisenehmer **anwendbar,** sofern die Voraussetzungen für die analoge Anwendung einzelner Bestimmungen des Handelsvertreterrechtes auf Franchiseverträge (→ Vor § 84 Rn. 39 iVm 36 ff.) im Einzelfall erfüllt sind.[83]

34   Dem Franchisenehmer stehen anders als dem Handelsvertreter grds. keine Provisionsansprüche gegen den Unternehmer zu, da er keine Geschäfte gegen Zahlung einer Provision vermittelt, sondern in eigenem Namen und auf eigene Rechnung wirtschaftet (zur Vergütung des Franchisenehmers → § 87 Rn. 157 ff.). Daher kann er ein Zurückbehaltungsrecht analog Abs. 2 nur dann gelten machen, wenn ihm fällige Ansprüche gegen den Unternehmer auf noch nicht erhaltenes Entgelt (wie etwa Boni und Prämien) oder Ersatz von Aufwendungen zustehen.[84] Im Übrigen gelten keine Abweichungen oder Besonderheiten.

D. Kommissionsagent

35   Für den Kommissionsagenten gelten hier keine Abweichungen oder Besonderheiten. Die Vorschrift des § 88a ist **analog** auf Kommissionsagenten **anwendbar,** sofern die Voraussetzungen für die analoge Anwendung einzelner Bestimmungen des Handelsvertreterrechtes auf Kommissionsagentenverträge (→ Vor § 84 Rn. 40) im Einzelfall erfüllt sind.[85]

Vorbemerkung zu § 89 Folgen der Vertragsbeendigung

Schrifttum: Adams/Witte, Rechtsprobleme der Vertragsbeendigung von Franchise-Verträgen, DStR 1998, 251; Creutzig, Investitionsersatzanspruch des Vertragshändlers: Vergessen, obwohl existenznotwendig?, NJW 2002, 3430; dies., Der Investitionsschutz des Vertragshändlers bei ordentlicher Kündigung des Herstellers – Unter besonderer Berücksichtigung des Automobil-Vertragshändlervertrages, 2001; Ebenroth/Strittmatter, Fremdbestimmte Investitionen in der Umstrukturierung von Absatzmittlungsverhältnissen auf dem Automobilsektor, BB 1993, 1521; Ehinger, Die Beendigung der Geschäftsbeziehungen zum Automobilvertragshändler durch den Automobilhersteller, 1969; Emde, Strukturkündigung wegen GVO-Novellierung und Ausgleichsanspruch für Ersatzteile, GRUR 2006, 997; Enthaler/Gesmann-Nuissl/Stopper, Ausgleichsansprüche des Kfz-Vertragshändlers für drittbestimmte Investitionen und den Kundenstamm bei ordentlicher Kündigung oder Herabstufung, DB 2003, 257; Enthaler, Investitionsschutz für Vertriebshändler, NJW 2003, 3106; Finger, Die Stellung des Vertragshändlers bei Beendigung des Vertrages, DB 1970, 141; Foth, Der Investitionsersatzanspruch des Vertragshändlers, BB 1987, 1270; Haiber, Der Investitionsersatzanspruch des Eigenhändlers, 1995; Hansen, Der Investitionsschutz im Vertriebsrecht, 2006; Höpfner, Kündigungsschutz und Ausgleichsansprüche des Franchisenehmers bei der Beendigung von Franchiseverträgen, 1997; Kleinmann/Siegert, Rückgabe von Lagerwagen und Ersatzteilen nach Beendigung des Kfz-Händlervertrages, BB 2006, 785; Rafsendjani, Der Goodwill-Ausgleichsanspruch des Franchise-Nehmers, 1999; Schriefers, Lagerrücknahme bei Vertragsbeendigung des Händlervertrags, BB 1992, 2158; Wauschkuhn, Der Anspruch des

---

[82] MüKoHGB/Ströbl Rn. 9; so im Ergebnis wohl auch Emde Rn. 2; GK-HGB/Genzow Rn. 8.
[83] OLG Köln BeckRS 2004, 11626; Oetker/Busche Rn. 17; MüKoHGB/Ströbl Rn. 9.
[84] MüKoHGB/Ströbl Rn. 9; so im Ergebnis wohl auch Emde Rn. 2; GK-HGB/Genzow Rn. 8 (in Bezug auf Vertragshändler).
[85] Oetker/Busche Rn. 17; MüKoHGB/Ströbl Rn. 9; Staub/Emde Vor § 84 Rn. 691.

Vertragshändlers auf Rücknahme und Rückkauf seines Warenlagers bei Vertragsbeendigung, ZVertriebsR 2019, 148; Wauschkuhn/Teichmann, Der Investitionsersatzanspruch des Vertragshändlers im europäischen Vergleich, RIW 2009, 614; dies., Typische Probleme bei der Beendigung von Vertragshändlerverträgen, ZVertriebsR 2013, 139.

Übersicht

A. Handelsvertreter

I. Zu unterscheidende Zeiträume

1   Bei den Folgen der Vertragsbeendigung sind der **Zeitraum zwischen Kündigung und tatsächlicher Beendigung** des Handelsvertretervertrages und der nachvertragliche **Zeitraum ab tatsächlicher Beendigung** des Handelsvertretervertrages zu unterscheiden. Die nachfolgende Kommentierung zu Vorb. § 89 befasst sich ausschließlich mit dem nachvertraglichen Zeitraum ab tatsächlicher Beendigung des Handelsvertretervertrages. Der vorgelagerte Zeitraum zwischen Kündigung und tatsächlicher Beendigung wird im Rahmen der Kommentierung zu § 89 erläutert (→ § 89 Rn. 101 ff.).

II. Grundsatz

2   Der Handelsvertretervertrag geht ab tatsächlicher Beendigung in ein **Abwicklungsverhältnis** über, in dem die vertraglich vereinbarten und/oder gesetzlich geregelten Rechte und Pflichten zum Zwecke der nachvertraglichen Abwicklung zu erfüllen sind.[1] Die **nachvertraglichen Rechte und Pflichten** können bereits in dem **Handelsvertretervertrag** geregelt sein. Sie werden durch die Beendigung des Handelsvertretervertrages nicht berührt. Möglich und von praktischer Bedeutung ist auch, die nachvertraglichen Rechte und Pflichten nach Beendigung des Handelsvertretervertrages in einer **Abwicklungsvereinbarung** vertraglich zu regeln. Soweit die nachvertraglichen Rechte und Pflichten nicht, nicht vollständig oder in nicht zulässiger Weise vertraglich geregelt sind, greifen die gesetzlich geregelten Folgen der Vertragsbeendigung.

3   Hinsichtlich der **gesetzlich geregelten Folgen** der Vertragsbeendigung sind die spezialgesetzlichen Regelungen der §§ 84 ff. (→ Rn. 4) und die außerhalb der §§ 84 ff. geregelten Rechte und Pflichten (→ Rn. 5) zu unterscheiden. Zu der zweiten Gruppe gehören auch die sich aus der nachvertraglichen Treuepflicht durch Rechtsprechung und Literatur konkretisierten nachvertraglichen Rechte und Pflichten. Die nachvertragliche Treuepflicht ist die abgeschwächte Fortwirkung der bis zur Vertragsbeendigung bestehenden Treuepflicht des Unternehmers (→ § 86a Rn. 3) bzw. Interessenwahrnehmungspflicht des Handelsvertreters (§ 86 Abs. 1 Hs. 2).

III. Spezialgesetzliche Regelungen der §§ 84 ff.

4   Die wichtigste Folge der Vertragsbeendigung ist der **Ausgleichsanspruch** des Handelsvertreters nach § 89b. In § 87 Abs. 3 ist spezialgesetzlich geregelt, unter welchen Voraussetzungen der Handelsvertreter für nach Beendigung des Handelsvertretervertrages abgeschlossene Geschäfte einen **Anspruch auf Provision** hat (→ § 87 Rn. 105 ff.). Auf den Provisionsanspruch des vor der Vertragsbeendigung zustande gekommenen Geschäftes hat die Vertragsbeendigung keinen Einfluss;[2] dies ergibt sich schon aus dem Wortlaut von § 87 Abs. 1 S. 1. Weiterhin gilt nach § 90 die **Verschwiegenheitspflicht und das Verwer-**

---

[1] Emde § 89 Rn. 89; Ebenroth/Boujong/Joost/Strohn/Löwisch § 89 Rn. 56.
[2] Oetker/Busche § 89 Rn. 17; Ebenroth/Boujong/Joost/Strohn/Löwisch § 89 Rn. 56.

tungsverbot des Handelsvertreters auch für die Zeit nach Vertragsende (→ § 90 Rn. 12). Die Vereinbarung eines **Wettbewerbsverbots** des Handelsvertreters nach Vertragsende ist in § 90a geregelt.

IV. Außerhalb der §§ 84 ff. geregelte Rechte und Pflichten

1. Herausgabe von Unterlagen und Kundendaten. Der Handelsvertreter ist nach 5 Vertragsbeendigung verpflichtet, die ihm während der Vertragslaufzeit zur Verfügung gestellten Unterlagen (§ 86a Abs. 1) an den Unternehmer herauszugeben. Dies ergibt sich bereits aus einem Umkehrschluss zu § 88a Abs. 2, wonach der Handelsvertreter nach Vertragsbeendigung ein Zurückbehaltungsrecht an den ihm vom Unternehmer zur Verfügung gestellten Unterlagen nach § 86a Abs. 1 nur wegen seiner fälligen Provisionsansprüche und Ersatz von Aufwendungen hat. Gesetzliche Grundlage für die dem Handelsvertreter obliegende Herausgabepflicht sind die subsidiär anwendbaren **§§ 675 Abs. 1, 667 BGB** (Geschäftsbesorgung).[3] Ist der Unternehmer weiterhin Eigentümer der Gegenstände, ergibt sich daneben auch ein **Herausgabeanspruch** aus **§ 985 BGB**.[4] Mit Beendigung des Handelsvertretervertrages entfällt das Recht zum Besitz des Handelsvertreters (§ 986 BGB).

Die Herausgabepflicht nach §§ 675 Abs. 1, 667 BGB geht über die unter § 86a Abs. 1 6 fallenden erforderlichen Unterlagen (→ § 86a Rn. 8 ff.) hinaus. § 667 BGB erstreckt sich auf **alles, was der Handelsvertreter zur Ausführung der Geschäftsbesorgung von dem Unternehmer erhalten, sowie auf alles, was er aus der Geschäftsbesorgung für den Unternehmer erlangt hat.** Unter Letztgenanntes fällt jeder Vorteil, den der Handelsvertreter im inneren Zusammenhang mit der Führung des Geschäftes erlangt.[5] Unerheblich ist, ob der Handelsvertreter den Vorteil vom Unternehmer oder einem Dritten (zB Kunden) erhalten hat.[6] Die Herausgabepflicht erfasst daher auch die geschäftliche Korrespondenz des Handelsvertreters mit den Kunden des Unternehmers,[7] sowie Anbahnungsakten im Hinblick auf potentielle Neukunden, auch wenn diese keine Kunden des Unternehmers geworden sind.[8] Der Handelsvertreter hat sämtliche kundenbezogene Daten sowie die ihm bei Vertragsbeginn ggf. zur Verfügung gestellte Kundendatei herauszugeben.[9] Die Herausgabepflicht erstreckt sich auch auf die vom Handelsvertreter während der Laufzeit selbst aufgebaute Kundendatei[10] – soweit der Unternehmer die entsprechenden Informationen nicht bereits aufgrund der Mitteilungspflicht gem. § 86 Abs. 2 erlangt hat[11] – weil der Handelsvertreter die Kundendaten in Erfüllung seiner gegenüber dem Unternehmer während der Vertragslaufzeit bestehenden Bemühenspflicht nach § 86 Abs. 1 Hs. 1 und damit aus der Geschäftsbesorgung für den Unternehmer erlangt hat.

2. Nachvertragliche Lieferpflicht des Unternehmers. Im Gegensatz zum Vertrags- 7 händler (→ Rn. 16 ff.) hat der Handelsvertreter **keinen Anspruch auf** weitere **Belieferung** mit Vertragsprodukten **nach Vertragsbeendigung,** weil der Handelsvertreter mit dem Unternehmer keine Kaufverträge abschließt, aus denen sich ein Anspruch auf Lieferung (§ 433 Abs. 1 S. 1 BGB) ergeben könnte. In der Praxis kommt es allerdings vor, dass der Handelsvertreter an den Vertragsprodukten Wartungs- und Reparaturarbeiten vor-

---

[3] BGH BB 1993, 1105; Emde § 86 Rn. 37 ff.; MüKoHGB/Ströbl § 89 Rn. 79; Küstner/Thume VertriebsR-HdB I Kap. VIII Rn. 149; Baumbach/Hopt/Hopt § 89 Rn. 26; Ebenroth/Boujong/Joost/Strohn/Löwisch § 86 Rn. 55.

[4] Schultze/Wauschkuhn/Spenner/Dau/Kübler Vertragshändlervertrag/Wauschkuhn Rn. 694 (Vertragshändler); Giesler/Giesler/Güntzel § 4 Rn. 682 (Franchisenehmer).

[5] Grüneberg/Sprau BGB § 667 Rn. 3.

[6] Emde § 86 Rn. 37.

[7] Oetker/Busche § 89 Rn. 17; Baumbach/Hopt/Hopt § 89 Rn. 26.

[8] Küstner/Thume VertriebsR-HdB I Kap. VIII Rn. 149.

[9] MüKoHGB/Ströbl § 89 Rn. 79; Küstner/Thume VertriebsR-HdB I Kap. VIII Rn. 149.

[10] MüKoHGB/Ströbl § 89 Rn. 79; Emde § 86 Rn. 38; aA Küstner/Thume VertriebsR-HdB I Kap. VIII Rn. 149; Röhricht/v. Westphalen/Thume § 86a Rn. 10.

[11] Emde § 86 Rn. 38; ähnlich Baumbach/Hopt/Hopt § 86 Rn. 17.

nimmt und die für diese Arbeiten benötigten Ersatzteile vom Unternehmer im eigenen Namen und auf eigene Rechnung kauft. Dann kann im Hinblick auf die Ersatzteile im Einzelfall ein Belieferungsanspruch des Handelsvertreters nach Vertragsbeendigung unter den Voraussetzungen von Art. 102 AEUV, §§ 19 ff. GWB für eine Übergangszeit bestehen (kartellrechtlicher Umstellungsschutz).[12] Diese Problematik ist in erster Linie bei Vertragshändlern anzutreffen und wird dort ausführlich behandelt (→ Rn. 25 f.). Die bei den Vertragshändlern genannten Grundsätze sind bei vergleichbarer Interessenlage auf Handelsvertreter übertragbar.[13]

8   **3. Rücknahme und Rückforderung von Vertragsprodukten.** Ob der **Unternehmer berechtigt ist, Vertragsprodukte vom Handelsvertreter zurückzufordern** (Rücknahmerecht des Unternehmers sowie sein korrespondierender Rückgabeanspruch gegen den Handelsvertreter) oder ob der **Unternehmer verpflichtet ist, Vertragsprodukte vom Handelsvertreter zurückzunehmen** (Rückgaberecht des Handelsvertreters sowie sein korrespondierender Rücknahmeanspruch gegen den Unternehmer), hängt von der **Eigentumslage** ab: Wenn der Handelsvertreter nicht Eigentümer der Vertragsprodukte geworden ist, möchte der Unternehmer die weiterhin in seinem Eigentum stehenden Vertragsprodukte nach Vertragsbeendigung wieder zurückhaben. Wenn der Handelsvertreter allerdings Eigentum an den Vertragsprodukten erworben hat, liegt es idR im Interesse des Handelsvertreters, dass der Unternehmer verpflichtet ist, die Vertragsprodukte wieder zurückzunehmen.

9   Die erste **Konstellation,** wonach der **Unternehmer Eigentümer der Vertragsprodukte** ist, ist der Normalfall bei Handelsvertreterverträgen. Der Handelsvertreter erwirbt im Gegensatz zum Vertragshändler idR kein Eigentum an den Vertragsprodukten,[14] weil er mit dem Unternehmer keine Kaufverträge abschließt, aus denen sich ein Anspruch auf Übereignung der Vertragsprodukte ergibt (§ 433 Abs. 1 S. 1 BGB). Der **Handelsvertreter** kann jedoch **Besitzer** der Vertragsprodukte sein, zB wenn er ein Konsignationslager unterhält. In diesem Fall hat der Unternehmer gegen den Handelsvertreter einen Herausgabeanspruch[15] aus § 985 BGB. **Mit Beendigung** des Handelsvertretervertrages und des ggf. damit verbundenen Konsignationslagervertrages **entfällt** das **Recht** des Handelsvertreters **zum Besitz** an den Vertragsprodukten (§ 986 BGB). Mit diesem Herausgabeanspruch des Unternehmers korrespondiert ein aus der nachvertraglichen Treuepflicht abgeleiteter Rücknahmeanspruch des Handelsvertreters gegen den Unternehmer (→ Rn. 29),[16] weil der Handelsvertreter idR kein Interesse mehr daran hat, dass die nicht in seinem Eigentum befindlichen Waren seine Lagerkapazitäten einschränken.

10   Seltener ist die **Konstellation,** und daher im Handelsvertreterrecht kaum diskutiert, dass der **Handelsvertreter Eigentum** an den Vertragsprodukten **erwirbt** (zweite Konstellation in → Rn. 8). Dies ist insbesondere bei Ersatzteilen denkbar (→ Rn. 7). Dabei handelt es sich aber streng genommen nicht um Vertragsprodukte, weil die Vertragsprodukte idR die Waren sind, für die der Handelsvertreter Geschäfte für den Unternehmer vermittelt bzw. abschließt. Im Hinblick auf die dem Handelsvertreter gehörenden Produkte hat der Handelsvertreter idR ein Interesse daran, dass sie vom Unternehmer nach Vertragsbeendigung zurückgenommen werden. Hierfür gelten wegen der vergleichbaren Interessenlage die beim Vertragshändler ausführlich dargestellten Grundsätze zur **nachvertraglichen Rücknahmepflicht des Unternehmers** (→ Rn. 27 ff.).[17]

---

[12] OLG Frankfurt a. M. WuW/E OLG 4681 nach Zurückweisung durch BGH NJW-RR 1989, 1310 – Frankiermaschinen; Martinek/Semler/Flohr VertriebsR-HdB/Semler § 20 Rn. 44, § 23 Rn. 38.

[13] Martinek/Semler/Flohr VertriebsR-HdB/Semler § 20 Rn. 44.

[14] Martinek/Semler/Flohr VertriebsR-HdB/van der Moolen § 28 Rn. 5.

[15] Martinek/Semler/Flohr VertriebsR-HdB/Semler § 23 Rn. 37; Oetker/Busche § 89 Rn. 17.

[16] Schultze/Wauschkuhn/Spenner/Dau/Kübler Vertragshändlervertrag/Wauschkuhn Rn. 704 (Vertragshändler).

[17] Emde § 89 Rn. 89; Martinek/Semler/Flohr VertriebsR-HdB/Semler § 23 Rn. 37; Ebenroth/Boujong/Joost/Strohn/Löwisch § 86a Rn. 37.

4. Investitionsersatzanspruch. Über einen Investitionsersatzanspruch nach Vertrags- 11
ende ist nur im Rahmen von Vertragshändler- und Franchiseverträgen entschieden und
schwerpunktmäßig diskutiert worden. Es gibt aber auch vermehrt Handelsvertreter, zB in
der Automobilbranche, die im Hinblick auf die Durchführung des Handelsvertretervertrages erhebliche, spezifische Investitionen tätigen, die nach Beendigung des Handelsvertretervertrages für den Handelsvertreter nutzlos werden können.[18] In diesem Fall kann auf
den bei dem Vertragshändler ausführlich geschilderten Streitstand verwiesen werden
(→ Rn. 59 ff.), weil grundsätzlich eine vergleichbare Interessenlage besteht. Nach der hier
vertretenen Ansicht ist ein **Investitionsersatzanspruch** dem Vertragshändler **grundsätzlich zu versagen,** weil er die Mindestlaufzeiten und Kündigungsfristen in seinem Vertrag
kennt und daher **kein schutzwürdiges Vertrauen auf eine längere Laufzeit** verdient.
Dies trifft auf den Handelsvertreter gleichermaßen zu.

5. Anspruch auf Zeugnis. Der Handelsvertreter hat **keinen Anspruch auf ein Zeug-** 12
nis.[19] § 630 BGB ist auf den Handelsvertreter nicht entsprechend anwendbar. Dies wird
damit begründet, dass der Anspruch auf ein Zeugnis ein Über-/Unterordnungsverhältnis
voraussetzt, das bei einem Handelsvertreter, der selbstständiger Unternehmer ist, nicht
gegeben ist.[20] Dies ist auch zutreffend, weil der Unternehmer für ein qualifiziertes Zeugnis
(§ 630 S. 2 BGB) die Führung des nicht weisungsgebundenen Handelsvertreters nicht
beurteilen kann.

6. Sonstige, sich aus der nachvertraglichen Treuepflicht ergebende Rechte und 13
Pflichten. Die oben dargestellten Folgen der Beendigung des Handelsvertretervertrages
sind **nicht abschließend.** Insbesondere aus der nachvertraglichen Treuepflicht können
sich je nach den Umständen des Einzelfalls weitere nachvertragliche Rechte und Pflichten
beider Parteien ergeben. So darf der Handelsvertreter bspw. nichts unternehmen, was sich
nachteilig auf ein von ihm während der Vertragslaufzeit vermitteltes Geschäft auswirken
kann.[21] Er ist auch verpflichtet, im Geschäftsverkehr auf die Beendigung des Handelsvertretervertrages hinzuweisen.[22]

B. Vertragshändler

Für den Zeitraum zwischen Kündigung und tatsächlicher Beendigung des Vertragshänd- 14
lervertrages → § 89 Rn. 141 ff.

Die Folgen der Beendigung von Vertragshändlerverträgen sind oft Gegenstand von 15
Streitigkeiten und haben die Gerichte viel beschäftigt. Neben einem eventuellen Ausgleichanspruch analog § 89b (→ § 89b Rn. 373 ff.) ist relevant, ob der Unternehmer nach Vertragsende weiterhin verpflichtet sein kann, Vertragsprodukte und Ersatzteile zu liefern
(→ Rn. 16 ff.), ob der Vertragshändler einen Anspruch auf Rücknahme der Vertragsprodukte und Ersatzteile, die noch in seinem Warenlager sind, hat, bzw. ob der Unternehmer
diese zurückfordern kann (→ Rn. 27 ff.) und ob der Vertragshändler einen Ersatzanspruch
für seine noch nicht amortisierten Investitionen hat (→ Rn. 59 ff.). Daneben interessiert die
Parteien noch, welche Gegenstände der Vertragshändler an den Unternehmer zurückgeben
muss (→ Rn. 76) und ob der Vertragshändler noch Vergütungsansprüche hat (→ Rn. 77).
Es empfiehlt sich, diese Rechte und Pflichten, soweit sie nicht schon zulässigerweise im

---

[18] Zutr. Emde § 89 Rn. 81; Martinek/Semler/Flohr VertriebsR-HdB/Flohr/Feldmann § 19 Rn. 39;
Giesler/Vogels § 2 Rn. 521 f.; aA Baumbach/Hopt/Hopt § 89 Rn. 16.
[19] OLG Celle BB 1967, 775 = HVR Nr. 363; RGZ 87, 441; Baumbach/Hopt/Hopt § 86 Rn. 5, § 89
Rn. 26; MüKoHGB/Ströbl § 89 Rn. 82; Ebenroth/Boujong/Joost/Strohn/Löwisch § 89 Rn. 6; Küstner/
Thume VertriebsR-HdB I Kap. VIII Rn. 148; aA Emde Vor § 84 Rn. 92, § 89 Rn. 89.
[20] Küstner/Thume VertriebsR-HdB I Kap. VIII Rn. 148.
[21] OLG Köln MDR 1976, 1026; Emde § 86 Rn. 51; Ebenroth/Boujong/Joost/Strohn/Löwisch § 86
Rn. 15 f.
[22] LG Düsseldorf WRP 1969, 462 (463); Emde § 86 Rn. 51; MüKoHGB/Ströbl § 86 Rn. 11; Oetker/
Busche § 86 Rn. 7; aA Ebenroth/Boujong/Joost/Strohn/Löwisch § 86 Rn. 16.

Vertragshändlervertrag vereinbart worden sind, im Rahmen einer Aufhebungsvereinbarung einvernehmlich und abschließend zu regeln.

I. Nachvertragliche Lieferpflicht

16   Ob der Unternehmer auch nach Beendigung des Vertragshändlervertrages verpflichtet ist, den Vertragshändler weiterhin zu beliefern, hängt davon ab, ob es sich um Vertragsprodukte oder um Ersatzteile handelt. Mangels gegenteiliger Vereinbarungen im Vertragshändlervertrag ist grundsätzlich davon auszugehen, dass die Ersatzteile nicht zu den Vertragsprodukten gehören, weil Vertragsprodukte und Ersatzteile häufig über verschiedene Absatzkanäle vertrieben werden.[23]

17   **1. Von Vertragsprodukten.** Der Unternehmer ist nach Beendigung des Vertragshändlervertrages **nicht verpflichtet, neue Kaufverträge mit dem Vertragshändler über Vertragsprodukte zu schließen.** Er muss Bestellungen des Vertragshändlers nicht mehr annehmen.[24]

18   Problematisch ist hingegen, ob der Unternehmer vor Beendigung des Vertragshändlervertrages geschlossene Kaufverträge nach Beendigung gem. § 433 Abs. 1 S. 1 BGB zu erfüllen hat. Dies ist wegen des **Grundsatzes pacta sunt servanda** grundsätzlich zu bejahen, so dass der Vertragshändler diesbezüglich regelmäßig auf Vertragserfüllung bestehen kann.[25] **Mögliche Ausnahmen** können sich aus vertraglichen Vereinbarungen (→ Rn. 19), der nachvertraglichen Treuepflicht des Vertragshändlers (→ Rn. 20) oder aufgrund einer außerordentlichen Kündigung durch den Unternehmer (→ Rn. 21) ergeben.

19   Der Unternehmer kann sich **individualvertraglich vorbehalten, nach Beendigung** des Vertragshändlervertrages **keine Vertragsprodukte** mehr an den Vertragshändler **auszuliefern** und bspw. einen Rücktrittsvorbehalt in den jeweiligen Vertrag aufnehmen.[26] In **Standardverträgen** hingegen benachteiligen solche Klauseln den Vertragshändler unangemessen (§ 307 Abs. 1, 2 Nr. 2 BGB), die das Interesse des Vertragshändlers an seinem bereits geplanten Produktabsatz nicht berücksichtigen. Es sind daher nur solche Klauseln wirksam, die einen Vorbehalt lediglich dann zulassen, wenn der Vertragshändler nicht nachweisen kann, dass er für das konkrete Produkt bereits einen entsprechenden Anschlussverkauf getätigt hat.[27] Soweit er noch keinen Anschlussverkauf getätigt hat, bestehen keine Bedenken, wenn sich der Unternehmer den Rücktritt von bereits geschlossenen Kaufverträgen vorbehält, weil das Interesse des Vertragshändlers an Produktabsatz nach Beendigung des Vertragshändlervertrages nicht geschützt ist.[28]

20   Eine Einschränkung der Pflicht zur nachvertraglichen Ausführung von bereits vor Vertragsende abgeschlossenen Kaufverträgen kann sich auch aus der **nachvertraglichen Treuepflicht** des Vertragshändlers, dem Unternehmer keine unnötigen Kosten aufzubürden,[29] ergeben. Der Unternehmer ist unter bestimmten Voraussetzungen verpflichtet, nach Vertragsbeendigung den Lagerbestand des Vertragshändlers an Vertragsprodukten zurückzukaufen (→ Rn. 27 ff.). Der Unternehmer kann daher die Erfüllung von Kaufverträgen über solche Vertragsprodukte verweigern, die der Vertragshändler zum Zeitpunkt der Lieferung noch nicht weiterverkauft hat und die der Unternehmer deshalb zurücknehmen müsste.[30]

---

[23] Schultze/Wauschkuhn/Spenner/Dau/Kübler Vertragshändlervertrag/Spenner Rn. 144.
[24] Schultze/Wauschkuhn/Spenner/Dau/Kübler Vertragshändlervertrag/Wauschkuhn Rn. 677.
[25] Küstner/Thume VertriebsR-HdB III Kap. VIII Rn. 2; Schultze/Wauschkuhn/Spenner/Dau/Kübler Vertragshändlervertrag/Wauschkuhn Rn. 678.
[26] Martinek/Semler/Flohr VertriebsR-HdB/van der Moolen § 28 Rn. 11.
[27] BGH ZIP 2005, 1785 (1796); NJW 2000, 1191 (1192); Küstner/Thume VertriebsR-HdB III Kap. VIII Rn. 2; Ulmer/Brandner/Hensen/Ulmer/Schäfer Teil 2, (57) Vertragshändlerverträge Rn. 38; Giesler/Köhnen § 3 Rn. 438; Schultze/Wauschkuhn/Spenner/Dau/Kübler Vertragshändlervertrag/Wauschkuhn Rn. 681.
[28] Ulmer/Brandner/Hensen/Ulmer/Schäfer Teil 2, (57) Vertragshändlerverträge Rn. 38.
[29] Küstner/Thume VertriebsR-HdB III Kap. VIII Rn. 2; Schultze/Wauschkuhn/Spenner/Dau/Kübler Vertragshändlervertrag/Wauschkuhn Rn. 679.
[30] Schultze/Wauschkuhn/Spenner/Dau/Kübler Vertragshändlervertrag/Wauschkuhn Rn. 679.

Teichmann

Wenn der Unternehmer den Vertragshändlervertrag **außerordentlich kündigt,** dann   21
bezieht sich die Kündigung auch auf die von dem Unternehmer zum Beendigungszeitpunkt noch nicht erfüllten Kaufverträge. Dies gilt unabhängig davon, ob der Vertragshändler das Vertragsprodukt schon weiterverkauft hat.[31]

2. Von Ersatzteilen. Wie bei den Vertragsprodukten ist der Unternehmer nach Been-   22
digung des Vertragshändlervertrages nicht verpflichtet, neue Kaufverträge mit dem Vertragshändler über Ersatzteile zu schließen. Der **Vertragshändler kann** jedoch **verlangen,**
mit **nach Beendigung des Vertragshändlervertrages** bestellten[32] Ersatzteilen **beliefert
zu werden,** wenn es eine entsprechende Vereinbarung im Vertragshändlervertrag gibt
(→ Rn. 23), im Rahmen von Garantie-/Gewährleistungsarbeiten (→ Rn. 24) und ggf. aufgrund eines kartellrechtlichen Belieferungsanspruchs (→ Rn. 25 f.).

Nicht selten **sehen Vertragshändlerverträge ausdrücklich vor,** dass der Vertrags-   23
händler auch nach Vertragsbeendigung für eine gewisse **Übergangszeit** mit Ersatzteilen zu
beliefern ist.[33]

Die nachvertragliche Lieferpflicht kann sich **bei einem mangelhaften Vertragspro-**   24
dukt auch aus § 439 BGB ergeben. Wenn die Kunden des Vertragshändlers das Vertragsprodukt zur Beseitigung des Mangels dem Vertragshändler zur Verfügung stellen, beinhaltet
der Nacherfüllungsanspruch des Vertragshändlers gegenüber dem Unternehmer auch die
Lieferung der zur Reparatur erforderlichen Ersatzteile.[34] Gleiches gilt, wenn der Unternehmer eine **Herstellergarantie** übernommen hat; mangels entgegenstehender Regelungen
in den Garantiebedingungen wird der Kunde des Vertragshändlers auch nach Beendigung
des Vertragshändlervertrages die Garantieleistungen beim Vertragshändler einfordern können. Die für die Erbringung der Garantieleistungen erforderlichen Ersatzteile kann der
Vertragshändler von dem Unternehmer verlangen sowie Ersatz der dem Vertragshändler
entstandenen Aufwendungen, entsprechend der Vereinbarung in dem Vertragshändlervertrag, wie wenn dieser nicht beendet worden wäre.[35]

Eine nachvertragliche Pflicht zur Belieferung mit Ersatzteilen kann sich auch aus Kartell-   25
recht wegen des **Verbotes des Missbrauchs einer marktbeherrschenden Stellung oder
des Diskriminierungsverbots** ergeben (Art. 102 AEUV, §§ 19 ff. GWB).[36] Voraussetzung dafür ist zunächst, dass der Unternehmer eine marktbeherrschende Stellung hat
(→ GWB § 19 Rn. 7 ff.) oder zumindest marktstark (→ GWB § 20 Rn. 8 ff.) ist. Dabei sind
die Marktanteile, die der Unternehmer an den Vertragsprodukten hat, von denen an den
Ersatzteilen streng voneinander zu trennen. Es kommt nicht selten vor, dass es neben dem
Unternehmer keinen oder nur sehr wenige Hersteller von Ersatzteilen und damit Wettbewerber gibt. Durch das Know-how des Herstellers und die Tatsache, dass die Ersatzteile im
Fertigungsprozess des Herstellers meist „mitlaufen", können die Ersatzteile von anderen
Unternehmen oft nur mit unrentablem finanziellem Aufwand, wenn überhaupt, hergestellt
werden.[37] Weitere Voraussetzung ist, dass der marktbeherrschende oder marktstarke Unternehmer seine Stellung ausnutzt und durch die Nichtbelieferung mit Ersatzteilen **den Wettbewerb beeinträchtigt** und es dafür **keine objektive Rechtfertigung** gibt.

Die **Nichtbelieferung** eines Vertragshändlers, der **Wartungs- und Reparaturarbeiten**   26
an den **früheren Vertragsprodukten** erbringt, mit Ersatzteilen **kann** die **Wettbewerbs-**

---

[31] Giesler/Köhnen § 3 Rn. 439; Schultze/Wauschkuhn/Spenner/Dau/Kübler Vertragshändlervertrag/
Wauschkuhn Rn. 680; einschränkend Küstner/Thume VertriebsR-HdB III Kap. VIII Rn. 3, wonach der
Unternehmer noch verpflichtet ist, Kaufverträge über solche Vertragsprodukte zu erfüllen, die der Vertrags-
händler bereits weiterverkauft hat.

[32] Für vor Beendigung des Vertragshändlervertrages bestellte Ersatzeile → Rn. 18 ff., wenn diese zu den
Vertragsprodukten gehören.

[33] Schultze/Wauschkuhn/Spenner/Dau/Kübler Vertragshändlervertrag/Wauschkuhn Rn. 684.

[34] Genzow Rn. 136; Küstner/Thume VertriebsR-HdB III Kap. VIII Rn. 4; Giesler/Köhnen § 3 Rn. 443;
Schultze/Wauschkuhn/Spenner/Dau/Kübler Vertragshändlervertrag/Wauschkuhn Rn. 685.

[35] Küstner/Thume VertriebsR-HdB III Kap. VIII Rn. 4.

[36] OLG Düsseldorf ZVertriebsR 2014, 102 (103 f.).

[37] Schultze/Wauschkuhn/Spenner/Dau/Kübler Vertragshändlervertrag/Wauschkuhn Rn. 690.

möglichkeiten des Vertragshändlers **beeinträchtigen.**[38] Dies hat auch der EuGH in dem Fall Hugin/Liptons festgestellt.[39] Dort weigerte sich ein Hersteller von Registrierkassen, einen ehemaligen Vertragspartner, der aufgrund von längerfristigen Serviceverträgen mit seinen Kunden diese Kassen wartete, mit Ersatzteilen zu beliefern. Die Frage, ob dieses grundsätzlich wettbewerbsbeschränkende Verhalten des Herstellers durch sein Interesse, die Original-Ersatzteile nur innerhalb seines eigenen Vertriebsnetzes zu vertreiben, gerechtfertigt ist, hat der EuGH nicht entschieden.[40] Nach der zutreffenden Ansicht des BGH handelt der Hersteller allerdings nicht wettbewerbswidrig, wenn der Vertragshändler nach Beendigung des Vertragshändlervertrages für einen Wettbewerber des Herstellers tätig wird und der Hersteller den Vertragshändler nach einer Übergangszeit nicht mehr mit Ersatzteilen beliefert.[41] Dies leuchtet ein, weil der Vertragshändler, der Serviceleistungen erbringt, seinen Kunden in der Zukunft idR wieder neue Produkte verkaufen möchte. Die Kunden, die die Serviceleistungen bei dem Vertragshändler in Anspruch nehmen, haben meist schon Vertrauen zu diesem Vertragshändler gewonnen. Der Vertragshändler würde seinen Kunden kaum zum Kauf des (bei ihm nicht mehr erhältlichen) Produktes des früheren Unternehmers raten, sondern zum Kauf des Produktes des Wettbewerbers, dessen Produkte er nun vertreibt. Dies zu verhindern stellt einen plausiblen und schützenswerten Grund für den früheren Unternehmer dar.

II. Rücknahme des Warenlagers

27   Von praktisch großer Bedeutung ist die Frage, ob der Unternehmer bei Vertragsbeendigung verpflichtet ist, die an den Vertragshändler gelieferten und in seinem Lager befindlichen Vertragsprodukte und Ersatzteile zurückzunehmen. Im Gegensatz zum Handelsvertreter wird der **Vertragshändler regelmäßig Eigentümer** der **Vertragsprodukte** und **Ersatzteile.** Wenn der Vertragshändler ausnahmsweise nicht Eigentümer wird, kann auf die Ausführungen zum Handelsvertreter verwiesen werden (→ Rn. 9).

28   Es gibt keine spezialgesetzliche Regelung für einen Anspruch des Vertragshändlers auf Rücknahme des Warenlagers. Dieser ergibt sich aus der nachvertraglichen Treuepflicht (→ Rn. 29 ff.) und ggf. aus einem Schadensersatzanspruch (→ Rn. 40 ff.). Häufig regeln die Parteien die Rücknahmepflicht bereits in den Vertragshändlerverträgen; zahlreiche Standardklauseln (insbesondere in Kfz-Händlerverträgen) geben aber immer wieder Anlass zu gerichtlichen Entscheidungen (→ Rn. 44 ff.). Letztlich mag auch der Unternehmer ein Interesse daran haben, die Vertragsprodukte und Ersatzteile zurückzuverlangen, wenn der Vertragshändler nicht bereits die Rückgabe gefordert hat. Daher stellt sich die Frage, ob dem **Unternehmer** ein Rücknahmerecht **gegen den Vertragshändler** zusteht (→ Rn. 54 ff.).

29   **1. Anspruch des Vertragshändlers aufgrund der nachvertraglichen Treuepflicht. a) Voraussetzungen/Ausschlussgründe. Grundsätzlich** hat der Vertragshändler **keinen Anspruch auf Rücknahme** der bei ihm befindlichen Vertragsprodukte.[42] Der Vertragshändler trägt das Absatzrisiko der von ihm gekauften Vertragsprodukte. Etwas anderes gilt, wenn der **Vertragshändler vertraglich zur Einrichtung eines Warenlagers verpflichtet** ist. Dann hat der Unternehmer das Absatzrisiko des Vertragshändlers mitbeein-

---

[38] BGH NJW 1974, 141 – Buchungsmaschinen; NJW-RR 1989, 1310 – Frankiermaschinen; KG WuW/ E OLG 4951 – Kälteanlagen-Ersatzteile; OLG Düsseldorf ZVertriebsR 2014, 102 (103 f.); Küstner/Thume VertriebsR-HdB III Kap. VIII Rn. 6; Schultze/Wauschkuhn/Spenner/Dau/Kübler Vertragshändlervertrag/ Wauschkuhn Rn. 692.
[39] EuGH GRUR-Int 1980, 46 – Hugin Kassaregister.
[40] In dem entschiedenen Fall war das Verhalten des Herstellers nicht geeignet, den Handel zwischen den Mitgliedstaaten zu beeinträchtigen, vgl. EuGH GRUR-Int 1980, 46 (47) – Hugin Kassaregister.
[41] BGH NJW 1974, 141 – Buchungsmaschinen; NJW-RR 1989, 1310 – Frankiermaschinen; Küstner/ Thume VertriebsR-HdB III Kap. VIII Rn. 4; Schultze/Wauschkuhn/Spenner/Dau/Kübler Vertragshändlervertrag/Wauschkuhn Rn. 693.
[42] BGH NJW 1971, 29 (30); Kleinmann/Siegert BB 2006, 785; Schultze/Wauschkuhn/Spenner/Dau/ Kübler Vertragshändlervertrag/Wauschkuhn Rn. 697; aA Emde Vor § 84 Rn. 413.

flusst. Der Absatz der Vertragsprodukte ist dem Vertragshändler nach Vertragsbeendigung nicht mehr möglich oder mit unverhältnismäßigen Schwierigkeiten verbunden. Er ist nicht mehr in das System des Unternehmers eingebunden und darf nicht mehr unter Verwendung von dessen Marken auftreten.[43] Es wäre treuwidrig, wenn der Vertragshändler das vom Unternehmer mitbeeinflusste Absatzrisiko dann allein tragen müsste. Aus der **nachvertraglichen Treuepflicht** ergibt sich daher **grds.** eine **Rücknahmepflicht des Unternehmers** im Hinblick auf die vom Vertragshändler vorzuhaltenden Vertragsprodukte.[44] Eine Rücknahmepflicht besteht allerdings nicht, wenn die Lagerpflicht des Vertragshändlers nur sehr allgemein gefasst ist und der Vertragshändler den konkreten Lagerumfang selbst bestimmt.[45]

Weitere Voraussetzung für den **Rücknahmeanspruch** des Vertragshändlers gegen **30** den Unternehmer ist, neben der Pflicht zur Einrichtung eines **Warenlagers,** die **Vertragsbeendigung** des Vertragshändlervertrags. **Kein Rücknahmeanspruch** des Vertragshändlers besteht hingegen, wenn der Vertrag zwar beendet wurde, die Parteien aber die **Zusammenarbeit** auf Grundlage eines mit dem beendeten Vertrag **im Wesentlichen übereinstimmenden neuen Vertrages** fortsetzen.[46] Bei der Beurteilung, ob das fortgesetzte Geschäft dem beendeten Geschäft im Wesentlichen entspricht, ist nicht nur auf die vertragliche Vereinbarung abzustellen, sondern vor allem darauf, wie die Parteien ihre Geschäftsbeziehung tatsächlich leben und gelebt haben.[47] Eine wesentlich übereinstimmende Geschäftsfortführung liegt nicht vor, wenn ein Händlervertrag als Werkstattvertrag fortgeführt wird.[48]

Der Rücknahmeanspruch kann ferner ausgeschlossen sein, wenn der **Vertragshändler** **31** **die Kündigung** des Vertragshändlervertrages durch den Unternehmer **alleine verschuldet** hat.[49] In diesem Fall wäre es treuwidrig, wenn der Vertragshändler sich auf die Treuepflicht des Unternehmers berufen könnte, obwohl er das Risiko der schlechteren Verwertbarkeit der Lagerware selbst geschaffen hat.[50] Kündigt der Vertragshändler den Vertrag ordentlich, stellt dies kein Verschulden der Vertragsbeendigung dar, weil er damit nur ein vertragliches Recht ausübt.[51] Wenn beide Vertragspartner die Gründe für die Vertragsbeendigung zu vertreten haben, wird der Rücknahmeanspruch dadurch dem Grunde nach nicht ausgeschlossen; der Rücknahmepreis verringert sich dann aber entsprechend (→ Rn. 38).

b) Umfang der Rücknahmepflicht. Es gibt mehrere Gründe, die den Umfang der **32** Rücknahmepflicht des Unternehmers beschränken können. Der Unternehmer muss zunächst nur die **Lagerware** zurücknehmen, die er dem Vertragshändler **zur Erfüllung der Lagerhaltungsverpflichtung** vorgeschrieben hat.[52] Darüber hinaus vom Vertragshändler vorgehaltene Ware oder Lagerbestände, die auf dessen **Dispositionsfehlern** beruhen, muss

---

[43] Schultze/Wauschkuhn/Spenner/Dau/Kübler Vertragshändlervertrag/Wauschkuhn Rn. 698.
[44] BGH NJW-RR 2008, 1371 (1372) – Opel; NJW 1971, 29 (30); OLG Düsseldorf ZVertriebsR 2020, 87 (89); Martinek/Semler/Flohr VertriebsR-HdB/van der Moolen § 28 Rn. 7; Schultze/Wauschkuhn/Spenner/Dau/Kübler Vertragshändlervertrag/Wauschkuhn Rn. 698.
[45] OLG München ZVertriebsR 2020, 72 (78).
[46] BGH NJW-RR 2010, 353 (354) – Opel mAnm Salomon/Wegstein BB 2010, 275 und Zanier-Link GWR 2010, 32; vgl. auch Emde Vor § 84 Rn. 415.
[47] BGH NJW-RR 2010, 353 (355) – Opel.
[48] BGH NJW-RR 2008, 1371 (1372) – Opel; 2007, 1697 (1699 ff.) – Opel.
[49] BGH NJW-RR 1988, 1077 (1081) – Peugeot; NJW 1971, 29 (31); OLG München BB 1998, 1332; Giesler/Köhnen § 3 Rn. 411; Schultze/Wauschkuhn/Spenner/Dau/Kübler Vertragshändlervertrag/Wauschkuhn Rn. 703.
[50] Martinek/Semler/Flohr VertriebsR-HdB/van der Moolen § 28 Rn. 9; Küstner/Thume VertriebsR-HdB III Kap. VIII Rn. 13; Schultze/Wauschkuhn/Spenner/Dau/Kübler Vertragshändlervertrag/Wauschkuhn Rn. 703.
[51] BGH NJW 1995, 524 (525) – Suzuki; Martinek/Semler/Flohr VertriebsR-HdB/van der Moolen § 28 Rn. 9; Küstner/Thume VertriebsR-HdB III Kap. VIII Rn. 9; Schultze/Wauschkuhn/Spenner/Dau/Kübler Vertragshändlervertrag/Wauschkuhn Rn. 704. Dies kann allerdings anders sein, wenn der Vertragshändler nur einer Kündigung des Unternehmers wegen eines Verschuldens des Vertragshändlers zuvorkommen wollte.
[52] Schultze/Wauschkuhn/Spenner/Dau/Kübler Vertragshändlervertrag/Wauschkuhn Rn. 698.

der Unternehmer nicht zurücknehmen.[53] Der Vertragshändler muss darlegen, dass er die Ware, die er zurückgeben möchte, zur Erfüllung seiner Lagerhaltungspflicht erworben hat.[54] Eine Klausel, wonach der Vertragshändler alle Anstrengungen unternehmen soll, den erwarteten Bedarf an Ersatzteilen zur Erfüllung seiner vertraglichen Servicedienstleistungen durch Vorhalten eines entsprechenden Lagers im vereinbarten Umfang zu erfüllen, verpflichtet den Unternehmer nicht zur Rücknahme aller Ersatzteile, die der Vertragshändler von ihm während der Laufzeit des Vertrages von ihm erworben hat.[55] Wird der Vertragshändler zur Haltung eines „angemessenen" Lagers verpflichtet, dann bezieht sich die Rücknahmepflicht auf Warenbestände, deren Abnahme und Lagerung durch den Vertragshändler im Interesse ordnungsmäßiger Vertragserfüllung geboten war.[56] Setzen die Parteien ihre Zusammenarbeit auf Grundlage eines neuen Vertrages fort, muss der Unternehmer die Ware, zu deren Bevorratung der Vertragshändler aufgrund des neuen Vertrages verpflichtet ist, ebenfalls nicht zurücknehmen.[57]

33   Die **Rücknahmepflicht** des Unternehmers bezieht sich nur auf die **Ware,** die der Vertragshändler **von ihm** oder einem von **ihm benannten Dritten** bezogen hat.[58] Dies gilt jedenfalls außerhalb des selektiven Vertriebs. Innerhalb des selektiven Vertriebs, so der BGH in einer Entscheidung zu einem Kfz-Vertragshändler, bezieht sich die Rücknahmepflicht auch auf Vertragsprodukte und Ersatzteile, die der Vertragshändler von anderen Händlern gekauft hat.[59] Dies folgt aus der kartellrechtlichen **Querlieferungsfreiheit** (→ VO (EU) 330/20 Art. 4 Rn. 46 ff.), die eingeschränkt würde, wenn der Vertragshändler nur die beim Unternehmer gekauften Vertragsprodukte und Ersatzteile zurückgeben könnte. Die Entscheidung des BGH ist insofern bedenklich, als damit nicht die Lieferbeziehung zwischen dem Unternehmer und dem Händler rückabgewickelt wird, sondern die zwischen dem Händler und einem Dritten.[60] Sie ist in ihrem Anwendungsbereich aber hinzunehmen, weil der Rückgabeanspruch des Vertragshändlers dem Ausgleich seiner Lagerhaltungspflicht dient und das Lager auch mit (denselben) Produkten und Ersatzteilen von anderen Händlern des selektiven Vertriebssystems aufgefüllt werden kann.[61]

34   Von der Rücknahmepflicht sind **nur** die **Vertragsprodukte** und **Ersatzteile** umfasst. Der Vertragshändler kann **nicht die Rücknahme von Werkzeugen** verlangen.[62] Dies gilt auch für den Fall, dass der Unternehmer dem Vertragshändler die Nutzung von Spezialwerkzeugen vorgeschrieben haben sollte; auch hinsichtlich dieser hat der Vertragshändler bei Vertragsbeendigung keinen Rücknahmeanspruch gegen den Unternehmer. Die Vertragsprodukte und Ersatzteile waren bislang nur im Lager und haben dem Vertragshändler noch keinen Gewinn gebracht. Die Werkzeuge hingegen wurden während der gesamten Vertragslaufzeit benutzt und gewinnbringend eingesetzt.[63] Daher verdient der Vertragshändler im Hinblick auf sämtliche Werkzeuge keinen Schutz.[64] Zur Frage, ob er insoweit einen Investitionsersatzanspruch hat → Rn. 59 ff.

---

[53] BGH NJW-RR 2005, 1496 (1503) – Honda; NJW 1971, 29 (31); OLG Frankfurt a. M. WM 1986, 139; Martinek/Semler/Flohr VertriebsR-HdB/van der Moolen § 28 Rn. 9; Schultze/Wauschkuhn/Spenner/Dau/Kübler Vertragshändlervertrag/Wauschkuhn Rn. 702.

[54] OLG Frankfurt a. M. WM 1986, 139 (141).

[55] OLG Düsseldorf ZVertriebsR 2020, 87 (88 f.).

[56] OLG Frankfurt a. M. BeckRS 2019, 15476 Rn. 49 ff.

[57] BGH NJW-RR 2010, 353 Rn. 22 – Opel.

[58] Schultze/Wauschkuhn/Spenner/Dau/Kübler Vertragshändlervertrag/Wauschkuhn Rn. 701 mit Hinweis auf OLG Karlsruhe 30.4.2002 – 8 U 23/01 (nicht veröffentlicht); Küstner/Thume VertriebsR-HdB III Kap. VIII Rn. 10; Kleinmann/Siegert BB 2006, 785 (788).

[59] BGH NJW-RR 2005, 1496 (1502 f.) – Honda.

[60] Martinek/Semler/Flohr VertriebsR-HdB/van der Moolen § 28 Rn. 18; Kleinmann/Siegert BB 2006, 785 (788); Schultze/Wauschkuhn/Spenner/Dau/Kübler Vertragshändlervertrag/Wauschkuhn Rn. 701.

[61] Ähnlich Giesler/Köhnen § 3 Rn. 406.

[62] OLG Frankfurt a. M. BB 1982, 209; Schultze/Wauschkuhn/Spenner/Dau/Kübler Vertragshändlervertrag/Wauschkuhn Rn. 741; Küstner/Thume VertriebsR-HdB III Kap. VIII Rn. 16.

[63] Küstner/Thume VertriebsR-HdB III Kap. VIII Rn. 16.

[64] Küstner/Thume VertriebsR-HdB III Kap. VIII Rn. 16; Schultze/Wauschkuhn/Spenner/Dau/Kübler Vertragshändlervertrag/Wauschkuhn Rn. 741.

Unter Berücksichtigung der gerade genannten Beschränkungen des Umfangs muss der **35** Unternehmer grds. das **gesamte Lager** zurücknehmen. Fraglich ist, ob der Vertragshändler auch verlangen kann, dass der Unternehmer nur einen Teil des Lagerbestandes zurücknimmt. Soweit dies dem Unternehmer (wie im Normalfall) entgegenkommt, spricht nichts dagegen.[65] Es sind aber auch Fälle denkbar, in denen der Unternehmer gerade die Vertragsprodukte zurückhaben möchte, die der Vertragshändler zurückbehält,[66] zB wenn die Produktion dieser Produkte schon eingestellt wurde, auf dem Markt aber noch eine große Nachfrage herrscht. In diesem Fall wäre es unbillig, wenn sich der Vertragshändler auf die „Rosinentheorie" berufen und nur die Ladenhüter zurückgeben könnte. Dem Unternehmer steht dann, wenn der Vertragshändler die Rücknahme nur eines Teils des Warenlagers verlangt, ein Rückgabeanspruch gegen den Vertragshändler auf Herausgabe des restlichen Warenlagers zu – und zwar zu den gleichen Bedingungen, wie sie für den Rücknahmeanspruch des Vertragshändlers gegen den Unternehmer gelten. Damit wird dem Parteiwillen am besten Rechnung getragen, weil es dem Unternehmer unbenommen bleibt, ob er den Anspruch geltend macht oder nicht.

c) Rücknahmemodalitäten/Rücknahmepreis. Auf die Rückabwicklung des Waren-**36** lagers finden die Vorschriften über den Rücktritt (§§ 346 ff. BGB) entsprechende Anwendung.[67] Im Hinblick auf den Rücknahmepreis bedeutet das nach § 346 Abs. 1 BGB, dass der Vertragshändler grundsätzlich den Betrag, den er an den Unternehmer gezahlt hat, also den **Einkaufspreis** abzüglich gewährter Rabatte und Boni,[68] an den Unternehmer zurückzahlen muss. Problematisch ist insofern allerdings, dass die Vertragsprodukte mit längerer Lagerdauer an Wert verlieren. Die Wertminderung ist jedenfalls dann, wenn der Unternehmer die Vertragsbeendigung nicht verschuldet hat, auf den Rücknahmepreis anzurechnen,[69] so dass idR der Rücknahmepreis dem **Verkehrswert der zurückzunehmenden Produkte im Zeitpunkt der Rückgabe** entspricht.[70] Dies macht auch Sinn, weil die Wertminderung beim Vertragshändler durch die Standzeit in seinem Lager ohne Dazutun des Unternehmers eingetreten ist.[71] Falls der Verkehrswert allerdings höher als der Einkaufspreis sein sollte, ist als Rücknahmepreis nur der Einkaufspreis zu zahlen.[72] Darüber hinaus wird dem Unternehmer auch eine Pauschale für den Bearbeitungsaufwand zugestanden.[73] Die Höhe des pauschalen Abzugs für Wertminderung und Bearbeitung wird im Rahmen von Standardklauseln diskutiert → Rn. 49. Von dem Rücknahmepreis können auch noch die vom Vertragshändler gezogenen **Nutzungen** (§ 346 Abs. 1 BGB) bzw. deren Wert (§ 346 Abs. 2 Nr. 1 BGB) abgezogen werden; dies kann zB für (einzelne) Vorführgeräte von Bedeutung sein,[74] nicht aber für den gesamten Lagerbestand.

Der Vertragshändler hat **Wertersatz** zu leisten bei einer Verarbeitung oder Umgestaltung **37** der Lagerware sowie bei einer über die bestimmungsgemäße Ingebrauchnahme hinaus-

---

[65] Vgl. Giesler/Köhnen § 3 Rn. 409; aA LG Frankfurt a. M. BB 1977, 1475.

[66] Schultze/Wauschkuhn/Spenner/Dau/Kübler Vertragshändlervertrag/Wauschkuhn Rn. 722 mit „Alles-oder-Nichts-Prinzip".

[67] BGH NJW 1994, 1060 (1067) – Daihatsu; 1972, 1191 (1193); Giesler/Köhnen § 3 Rn. 421; Küstner/Thume VertriebsR-HdB III Kap. VIII Rn. 24; Schultze/Wauschkuhn/Spenner/Dau/Kübler Vertragshändlervertrag/Wauschkuhn Rn. 783.

[68] BGH NJW-RR 1988, 1077 (1081) – Peugeot; NJW 1971, 29 (31); OLG München BB 1996, 1685 (1686) mAnm Brosette WiB 1997, 543; Martinek/Semler/Flohr VertriebsR-HdB/van der Moolen § 28 Rn. 20; Giesler/Köhnen § 3 Rn. 420; Küstner/Thume VertriebsR-HdB III Kap. VIII Rn. 21.

[69] BGH NJW 1971, 29 (31); Giesler/Köhnen § 3 Rn. 420 (wenn der Vertragshändler die Vertragsbeendigung verschuldet hat).

[70] So auch Emde Vor § 84 Rn. 418; Schultze/Wauschkuhn/Spenner/Dau/Kübler Vertragshändlervertrag/Wauschkuhn Rn. 734; Wauschkuhn ZVertriebsR 2019, 148 (150).

[71] Schultze/Wauschkuhn/Spenner/Dau/Kübler Vertragshändlervertrag/Wauschkuhn Rn. 734.

[72] Wauschkuhn ZVertriebsR 2019, 148 (152).

[73] BGH NJW 1995, 524 (526) – Suzuki; NJW-RR 1988, 1077 (1081) – Peugeot; Giesler/Köhnen § 3 Rn. 420; Martinek/Semler/Flohr VertriebsR-HdB/van der Moolen § 28 Rn. 20.

[74] Giesler/Köhnen § 3 Rn. 421; Küstner/Thume VertriebsR-HdB III Kap. VIII Rn. 24; Schultze/Wauschkuhn/Spenner/Dau/Kübler Vertragshändlervertrag/Wauschkuhn Rn. 738.

gehenden **Verschlechterung** (§ 346 Abs. 2 Nr. 3 BGB). Dies erfolgt dergestalt, dass die dadurch eingetretene **Wertminderung vom Rücknahmepreis abgezogen** wird. Bei einer wesentlichen Verschlechterung der Lagerware, so dass sie nicht mehr verkaufsfähig ist, würden sich Ersatz für den Wertverlust und Rücknahmepreis gegenseitig aufheben. Daher entfällt in diesem Fall die Rücknahmepflicht des Unternehmers gänzlich. Entgegen der Rechtslage vor der Schuldrechtsreform kommt es jetzt nicht mehr darauf an, ob der Vertragshändler die Verschlechterung der Lagerware verschuldet hat (zB durch unsachgemäße Lagerung).[75] Die Pflicht zum Wertersatz entfällt, dh der Rücknahmepreis verringert sich nicht, wenn der Unternehmer die Verschlechterung zu vertreten hat bzw. sie auch bei ihm eingetreten wäre (§ 346 Abs. 3 Nr. 2 BGB). Zu den seit 2002 geltenden §§ 346 ff. BGB gibt es allerdings im Zusammenhang mit der Rücknahme des Warenlagers noch keine gesicherte Rechtsprechung.

38   Haben sowohl der **Unternehmer als auch der Vertragshändler die Beendigung des Vertrags verschuldet,** bleibt der Rücknahmeanspruch nach wie vor erhalten (→ Rn. 31). In diesem Fall hat der Vertragshändler jedoch den erschwerten Absatz der Vertragsprodukte mitverursacht. Der BGH deutet an, dass der Verschuldensanteil des Vertragshändlers bei der Höhe des Rücknahmepreises entsprechende Berücksichtigung finden wird.[76]

39   **d) Frist zur Geltendmachung.** Der Anspruch des Vertragshändlers auf Rücknahme des Warenlagers wird mit Vertragsbeendigung fällig.[77] Der Vertragshändler hat seinen Anspruch auf Rücknahme innerhalb einer **angemessenen Frist** geltend zu machen.[78] Die Grenze der Verwirkung bzw. die regelmäßige Verjährungsfrist von drei Jahren (§§ 195, 199 BGB) wird dabei den Interessen der Parteien nicht gerecht.[79] Der Vertragshändler muss seinerseits zwar genügend Zeit haben, seinen Lagerbestand zu inventarisieren und die Absatzmöglichkeiten zu prüfen.[80] Auf der anderen Seite hat der Unternehmer ein berechtigtes Interesse, so schnell wie möglich zu erfahren, ob er sich um den Absatz von Produkten bemühen muss, die mit längerer Lagerzeit idR immer mehr ihre Verkaufsfähigkeit verlieren.[81] Die Angemessenheit der Frist zur Geltendmachung des Rücknahmeanspruchs muss sich daher nach dem Umfang des Lagers, den technischen Erfassungsmöglichkeiten des Vertragshändlers im Hinblick auf das Lager und insbesondere nach der Art der Produkte richten. Hinsichtlich sich schnell entwickelnder Produkte (zB Computer, Smartphones) oder Güter mit beschränkter Haltbarkeit muss sich der Vertragshändler unter dem Gesichtspunkt der nachvertraglichen Treuepflicht gegenüber dem Unternehmer schnell entscheiden.

40   **2. Schadensersatzanspruch des Vertragshändlers.** Die Rücknahmeverpflichtung des Unternehmers kann sich auch aus einem Schadensersatzanspruch des Vertragshändlers ergeben.[82] In Rechtsprechung und Literatur wird meist ein Schadensersatzanspruch vorausgesetzt, ohne die Anspruchsgrundlage zu nennen. Richtigerweise ergibt sich der Schadens-

---

[75] BGH NJW 1972, 1191 (1192); so aber noch Küstner/Thume VertriebsR-HdB III Kap. VIII Rn. 25; Schultze/Wauschkuhn/Spenner/Dau/Kübler Vertragshändlervertrag/Wauschkuhn Rn. 701.

[76] BGH NJW-RR 1988, 1077 (1081) – Peugeot; Martinek/Semler/Flohr VertriebsR-HdB/van der Moolen § 28 Rn. 9; Küstner/Thume VertriebsR-HdB III Kap. VIII Rn. 14; Giesler/Köhnen § 3 Rn. 412; Schultze/Wauschkuhn/Spenner/Dau/Kübler Vertragshändlervertrag/Wauschkuhn (iRd Schadensersatzanspruchs des Vertragshändlers).

[77] OLG Frankfurt a. M. BeckRS 2010, 21415; Emde Vor § 84 Rn. 419.

[78] Schultze/Wauschkuhn/Spenner/Dau/Kübler Vertragshändlervertrag/Wauschkuhn Rn. 724; aA Emde Vor § 84 Rn. 419.

[79] So aber Giesler/Köhnen § 3 Rn. 428.

[80] Küstner/Thume VertriebsR-HdB III Kap. VIII Rn. 20.

[81] Schultze/Wauschkuhn/Spenner/Dau/Kübler Vertragshändlervertrag/Wauschkuhn Rn. 725.

[82] BGH NJW-RR 2007, 1697 (1700); NJW 1995, 524 (525) – Suzuki; 1971, 29; Martinek/Semler/Flohr VertriebsR-HdB/van der Moolen § 28 Rn. 8; Küstner/Thume VertriebsR-HdB III Kap. VIII Rn. 11; Schultze/Wauschkuhn/Spenner/Dau/Kübler Vertragshändlervertrag/Wauschkuhn Rn. 705.

ersatzanspruch aus **§ 89a Abs. 2,**[83] wobei diese Vorschrift auf Vertragshändler **analog** anzuwenden ist.[84]

a) Voraussetzungen. § 89a Abs. 2 setzt voraus, dass die (außerordentliche) Kündigung **41** des Vertragshändlers durch ein Verhalten veranlasst wurde, das der **Unternehmer zu vertreten** (§ 276 BGB) hat. Im Gegensatz zur Rücknahmepflicht aufgrund der nachvertraglichen Treuepflicht (→ Rn. 29 ff.) ist die Verpflichtung des Vertragshändlers zur Einrichtung eines Warenlagers hier keine Anspruchsvoraussetzung. Sofern ein Vertretenmüssen des Unternehmers vorliegt, kann der Anspruch ebenso bei einer einverständlichen Aufhebung des Vertrags bestehen.[85] Der Schadensersatzanspruch ist dem Grunde nach nicht schon deshalb ausgeschlossen, weil der Vertragshändler die Vertragsbeendigung mitverschuldet hat.[86] Wenn der Unternehmer aber ebenfalls aufgrund eines vertragswidrigen Verhaltens des Vertragshändlers zur außerordentlichen Kündigung berechtigt gewesen wäre, dann ist der Anspruch wegen Treu und Glauben (§ 242 BGB) ausgeschlossen.[87]

b) Rechtsfolgen. Nach **§ 249 Abs. 1 BGB** ist der Vertragshändler unter Anwendung **42** der **Differenzhypothese** so zu stellen, wie er stünde, wenn der Vertragshändlervertrag weiter bestanden hätte. Hätte der Vertragshändler bei Fortbestehen des Vertrags das Warenlager veräußern können (wofür ihn die Beweislast trifft), dann besteht der Umfang des Schadensersatzanspruches darin, dass der Unternehmer den Vertragshändler von den nunmehr nicht oder nur noch mit unverhältnismäßigen Schwierigkeiten zu veräußernden Waren durch Rücknahme befreit.[88] Der Anspruch kann nach § 252 BGB **auch** den **entgangenen Gewinn,** den der Vertragshändler durch den Verkauf der Lagerprodukte erwirtschaftet hätte, umfassen.[89] Allerdings muss sich der Vertragshändler die **Aufwendungen,** die er sich **erspart,** weil er die Vertragsprodukte nicht mehr absetzen muss, auf seinen Schadensersatzanspruch **anrechnen** lassen.

Wenn der Vertragshändler die Vertragsbeendigung **mitverschuldet** hat, findet § 254 **43** BGB Anwendung.[90] Der Vertragshändler muss dann einen seinem Verschulden entsprechenden Anteil an dem Absatzrisiko selbst tragen. Dies findet gem. § 254 Abs. 1 BGB bei der **Anspruchshöhe** Berücksichtigung, indem der Unternehmer das Warenlager zwar zurücknehmen muss, aber nur einen dem Verschulden des Vertragshändlers entsprechenden geringeren Rückkaufpreis zu zahlen hat.[91] Der Vertragshändler unterliegt gem. § 254 Abs. 2 S. 1 BGB immer der Obliegenheit zur **Schadensminderung.** Dies wirkt sich auf den **Umfang des Anspruchs** insofern aus, als der Vertragshändler nach den Umständen des Einzelfalls verpflichtet sein kann, einen Teil des Warenlagers anderweitig zu verkaufen.[92]

3. Vertragliche Beschränkungen der Rücknahmepflicht (insbesondere in Stan- **44** **dardverträgen). Individualvertragliche Beschränkungen** der Rücknahmepflicht sind möglich.[93] Die Rücknahmepflicht des Unternehmers kann daher auch ganz ausgeschlossen

---

[83] So auch Baumbach/Hopt/Leyens Einl. v. § 373 Rn. 42.

[84] BGH NJW 2011, 3361 Rn. 17 mAnm Flohr ZVertriebsR 2012, 50 f.; Oetker/Busche HGB § 89a Rn. 33 mwN.

[85] BGH NJW 1966, 347.

[86] BGH NJW-RR 2007, 1697 (1700); NJW 1995, 524 (525) – Suzuki.

[87] BGH NJW 1966, 347 (348); Giesler/Köhnen § 3 Rn. 405; Schultze/Wauschkuhn/Spenner/Dau/Kübler Vertragshändlervertrag/Wauschkuhn Rn. 705.

[88] BGH NJW-RR 2005, 1496 (1502) – Honda; NJW 1971, 29; OLG München BB 1996, 1685; Schultze/Wauschkuhn/Spenner/Dau/Kübler Vertragshändlervertrag/Wauschkuhn Rn. 705.

[89] Emde Vor § 84 Rn. 418.

[90] BGH NJW-RR 1988, 1077 (1081) – Peugeot.

[91] BGH NJW-RR 1988, 1077 (1081) – Peugeot; Kleinmann/Siegert BB 2006, 785 (787); Schultze/Wauschkuhn/Spenner/Dau/Kübler Vertragshändlervertrag/Wauschkuhn Rn. 706.

[92] Schultze/Wauschkuhn/Spenner/Dau/Kübler Vertragshändlervertrag/Wauschkuhn Rn. 721.

[93] Emde Vor § 84 Rn. 416; Kleinmann/Siegert BB 2006, 785 (786); Martinek/Semler/Flohr VertriebsR-HdB/van der Moolen § 28 Rn. 11; Schultze/Wauschkuhn/Spenner/Dau/Kübler Vertragshändlervertrag/Wauschkuhn Rn. 707.

werden, soweit sie nicht auf Vorsatz beruht (§ 276 Abs. 3 BGB).[94] Wird in einer Abwicklungsvereinbarung festgehalten, dass sich alle Ansprüche aus dem Vertragshändlervertrag und seiner Beendigung erledigt haben, dann erfasst dies auch den Anspruch des Vertragshändlers auf Rücknahme des Warenlagers.

45 Viel problematischer sind allerdings **Standardklauseln.** Sie haben in der Praxis nicht selten Anlass zu gerichtlichen Entscheidungen gegeben. Insbesondere die Kfz-Vertragshändler haben die Rechtsprechung vorangetrieben. Die Vorgaben der Rechtsprechung sind mittlerweile sehr differenziert.[95] Abweichungen von den oben geschilderten Voraussetzungen und Rechtsfolgen der Rücknahmepflicht sind nur unter engen Voraussetzungen möglich. Die folgende Thematisierung der Standardklauseln richtet sich nach der Gliederung für den Anspruch des Vertragshändlers aufgrund der nachvertraglichen Treuepflicht (→ Rn. 29 ff.).

46 **a) Voraussetzungen/Ausschlussgründe.** Bei der Wirksamkeitsprüfung von Standardklauseln ist insbesondere darauf zu achten, dass sich die Rücknahmepflicht des Unternehmers sowohl aus der nachvertraglichen Treuepflicht als auch aus einem auf Rücknahme gerichteten Schadensersatzanspruch des Vertragshändlers nach § 89a Abs. 2 analog ergeben kann und beide Ansprüche verschiedene Voraussetzungen und Rechtsfolgen haben. Eine **Klausel,** die nicht nach dem Rechtsgrund differenziert, muss daher die **Voraussetzungen und Rechtsfolgen beider Anspruchsgrundlagen beachten.** Standardklauseln, die nicht danach differenzieren, ob die Vertragsbeendigung vom Unternehmer, dem Vertragshändler oder von keinen der Parteien zu vertreten ist, sind nur dann wirksam, wenn sie den Vertragshändler auch in dem Fall nicht unangemessen benachteiligen, dass der Vertragshändler wegen eines wichtigen Grundes, den der Unternehmer zu vertreten hat, zur außerordentlichen Kündigung berechtigen.[96] Beschränkungen des Rücknahmeanspruchs des Vertragshändlers sind daher unwirksam, wenn sie sich auf Fälle beziehen, in denen die Beendigung des Vertragshändlervertrages auf einem Verschulden des Unternehmers beruht.[97] Nach dem Gesagten sind Klauseln, die den Rücknahmeanspruch des Vertragshändlers in den Fällen ausschließen, in denen der Vertragshändler die Vertragsbeendigung nicht verschuldet hat, auch unwirksam.[98] Demnach wurden von der Rechtsprechung folgende Klauseln als **unzulässig** verworfen:

– Ausschluss des Rückgaberechts bei einer ordentlichen Kündigung des Vertragshändlers;[99]
– Beschränkung des Rückgaberechts auf den Fall, dass der Vertragshändler berechtigt ist, den Vertrag außerordentlich zu kündigen;[100]
– Gewährung des Rückgaberechts nur, wenn der Vertragshändler die Vertragsbeendigung nicht zu vertreten hat.[101]

47 **b) Umfang der Rücknahmepflicht.** Nach der Rechtsprechung sind folgende Klauseln **wirksam:**

– Klauseln, die ohnehin nur die gesetzliche Lage wiedergeben, wie eine Beschränkung der Rücknahmepflicht auf die Ware, die der Vertragshändler für ordnungsgemäße Vertragserfüllung auf Lager halten musste.[102]

---

[94] Schultze/Wauschkuhn/Spenner/Dau/Kübler Vertragshändlervertrag/Wauschkuhn Rn. 707.
[95] Martinek/Semler/Flohr VertriebsR-HdB/van der Moolen § 28 Rn. 12 ff.
[96] Martinek/Semler/Flohr VertriebsR-HdB/van der Moolen § 28 Rn. 13.
[97] Martinek/Semler/Flohr VertriebsR-HdB/van der Moolen § 28 Rn. 13; Kleinmann/Siegert BB 2006, 785 (786); Schultze/Wauschkuhn/Spenner/Dau/Kübler Vertragshändlervertrag/Wauschkuhn Rn. 709.
[98] BGH NJW 1995, 524 – Suzuki; NJW-RR 1988, 1077 – Peugeot; Martinek/Semler/Flohr VertriebsR-HdB/van der Moolen § 28 Rn. 14; Schultze/Wauschkuhn/Spenner/Dau/Kübler Vertragshändlervertrag/Wauschkuhn Rn. 709.
[99] BGH NJW 1995, 524 (525) – Suzuki.
[100] BGH NJW 1995, 524 (525) – Suzuki.
[101] BGH NJW-RR 1988, 1077 (1081) – Peugeot.
[102] BGH NJW-RR 2005, 1496 (1502) – Honda.

– Klauseln, die nach den Gründen der Vertragsbeendigung unterscheiden und nach denen der Vertragshändler ein höheres Verwertungsrisiko trägt, wenn er die Vertragsbeendigung zu vertreten hat.[103]
– Klauseln, die die Rücknahmepflicht auf nicht gebrauchte, original verpackte und sachgerecht gelagerte Original-Vertragsprodukte und Ersatzteile beschränken, weil der Unternehmer wegen des Wiederverkaufs daran ein schützenswertes Interesse hat.[104]
– Nach dem OLG Köln ist auch eine Beschränkung der Rücknahmepflicht von Ersatzteilen auf 25 % des Jahreseinkaufs zulässig, wenn sich das Lager erfahrungsgemäß zweimal pro Jahr umschlägt.[105]

Nach der Rechtsprechung sind folgende Klauseln **unwirksam:**   48

– Eine Klausel, die das Rückgaberecht pauschal beschränkt auf Vertragsprodukte, die in einem (wieder-)verkaufsfähigen Zustand sind, wurde als unwirksam erachtet, wenn sie auch für den Fall gilt, dass der Vertragshändler die Vertragsbeendigung nicht verschuldet hat.[106] Solche Klauseln würden auch die Fälle erfassen, in denen die Ware ohne ein Fehlverhalten des Vertragshändlers ihre Verkaufsfähigkeit verloren hat, so etwa, wenn die Ware infolge der Entwicklung modernerer Teile veraltet ist.[107]
– Soweit es sich um ein selektives Vertriebssystem handelt, ist wegen einer potentiellen Beeinträchtigung der Querlieferungsfreiheit (→ Rn. 33) eine Klausel unwirksam, nach der der Vertragshändler nur die Vertragsprodukte zurückgeben kann, die er vom Unternehmer bezogen hat.[108]
– Für unwirksam wurde eine Klausel erachtet, die die Rücknahmepflicht auf Ersatzteile für Produkte beschränkt, die in den letzten zwei Jahren zum Verkaufsprogramm des Unternehmers gehört haben.[109] Die Klausel erfasste auch den Fall, dass der Unternehmer die Vertragsbeendigung verschuldet hat und somit einen Schadensersatzanspruch des Vertragshändlers. Als Schadensersatz könne er aber verlangen, so gestellt zu werden, als ob der Vertrag weiter bestanden hätte und er die Ware hätte weiterveräußern können. Insbesondere bei Ersatzteilen bestünde ein Bedarf auch im Hinblick auf Produkte, die älter als zwei Jahre sind.[110]
– Auch eine Klausel, die das Rückgaberecht beschränkt auf Ware, die innerhalb der letzten drei Jahre geliefert wurde, ist nach dem BGH unwirksam.[111] Damit werde auch Ware erfasst, deren Verwendbarkeit trotz längerer Lagerhaltung nicht beeinträchtigt ist, wie Ersatzteile, die zur Reparatur älterer Vertragsprodukte benötigt werden.[112]

c) Rücknahmemodalitäten/Rücknahmepreis. Der BGH hat in ständiger Recht-   49
sprechung einen **pauschalen Abzug von 10 % vom Einkaufspreis** für die schlechtere Verwertbarkeit der Vertragsprodukte und Ersatzteile sowie den Bearbeitungsaufwand für die Rückabwicklung als zulässig erachtet.[113] In der Praxis sind die Verluste und Aufwendungen des Unternehmers regelmäßig höher. Ob die Rechtsprechung höhere Abzüge tolerieren würde, ist ungewiss. Jedenfalls sind nach Ansicht des BGH 25 % zu viel.[114] Sollten die Gerichte einen pauschalen Abzug von 15 oder 20 % als unzulässig erachten,

---

[103] BGH NJW-RR 1988, 1077 (1081) – Peugeot.
[104] BGH NJW 1994, 1060 (1067) – Daihatsu.
[105] OLG Köln BB 1987, 148.
[106] BGH NJW 1994, 1060 (1066) – Daihatsu.
[107] BGH NJW 1994, 1060 (1066) – Daihatsu.
[108] BGH NJW-RR 2005, 1496 (1502) – Honda.
[109] BGH NJW 1994, 1060 (1066) – Daihatsu.
[110] BGH NJW 1994, 1060 (1066) – Daihatsu.
[111] BGH NJW 1995, 524 (525 f.) – Suzuki.
[112] Zu Recht kritisch: Kleinmann/Siegert BB 2006, 785 (788); Schultze/Wauschkuhn/Spenner/Dau/ Kübler Vertragshändlervertrag/Wauschkuhn Rn. 713.
[113] BGH NJW-RR 2005, 1496 (1504) – Honda; NJW 1995, 524 (526) – Suzuki; NJW-RR 1988, 1077 (1081) – Peugeot.
[114] BGH NJW 1995, 524 (526) – Suzuki.

wäre wegen des Verbotes der geltungserhaltenden Reduktion der gesamte Abzug unwirksam, so dass der Rücknahmepreis dem Einkaufspreis des Vertragshändlers abzüglich der Wertminderung (→ Rn. 36) entsprechen würde.[115] Hat der Unternehmer die Vertragsbeendigung zumindest auch zu vertreten, dann muss er den vollen ursprünglich berechneten Preis zahlen.[116]

50   Unwirksam sind Klauseln, die hinsichtlich der Bestimmung des Rücknahmepreises Bezug nehmen auf übliche **Bewertungsmaßstäbe** (zB steuerliche), weil dies einen Verstoß gegen das Transparenzgebot darstellt.[117] Nicht zu beanstanden ist, wenn der Vertragshändler die **Gefahr und die Kosten der Rücklieferung** zu tragen hat[118] und wenn bei dem Rücknahmepreis die beim Kauf der Vertragsprodukte vom Vertragshändler aufgebrachten **Fracht- und Nebenkosten** nicht mehr berücksichtigt werden.[119]

51   **d) Frist zur Geltendmachung.** Nach dem BGH ist eine Ausschlussfrist von **drei Monaten unwirksam,** wenn der Vertragshändler in diesem Zeitraum vollständige und detaillierte Listen über die zurückzunehmen Produkte vorlegen muss.[120] Insbesondere in der mit der Beendigung des Vertrages verbundenen Umstellungsphase sei der Vertragshändler ziemlich belastet.[121] Die Entscheidung mag im Jahre 1994 noch nachvollziehbar gewesen sein. Heutzutage kann aber von einem ordentlichen Kaufmann erwartet werden, dass er auf elektronische Listen zugreifen kann, mit denen er sich sofort einen Überblick über den aktuellen Lagerbestand verschaffen kann.[122] Wo die Rechtsprechung mittlerweile die genaue Grenze sehen würde, ist noch nicht geklärt. In jedem Fall zulässig ist die von der Literatur (zurückhaltend) vorgeschlagene Frist von sechs Monaten.[123]

52   **e) Beispielsklausel.** Eine der Rechtsprechung entsprechend wirksame Standardklausel (außerhalb des selektiven Vertriebs) wäre:[124]

53   *„Der Vertragshändler ist im Umfang der vereinbarten Lagerhaltungspflicht berechtigt, von dem Unternehmer nach Beendigung des Vertragshändlervertrages die Rücknahme eines Teiles oder der gesamten von ihm im Rahmen des ordnungsgemäßen Geschäftsverkehrs vom Unternehmer bezogenen Vertragsprodukte und Ersatzteile zu verlangen, soweit diese unbenutzt, unbeschädigt und originalverpackt sind. Der Rücknahmeanspruch besteht nicht, wenn der Vertragshändler die Vertragsbeendigung zu vertreten hat. Der Unternehmer hat für die zurückzunehmenden Vertragsprodukte und Ersatzteile als Kaufpreis den jeweiligen Verkehrswert zum Zeitpunkt der Geltendmachung des Rückkaufsanspruchs zu zahlen. Ist bei einem oder mehreren Vertragsprodukten der vom Vertragshändler gezahlte Einkaufspreis niedriger, so ist im Hinblick darauf nur der Einkaufspreis geschuldet. Für Ersatzteile, die der Unternehmer dem Vertragshändler zur Erfüllung von Garantiearbeiten unentgeltlich zur Verfügung gestellt hat, erhält der Vertragshändler kein Entgelt. Der Vertragshändler hat den Rücknahmeanspruch binnen sechs Monaten ab Vertragsbeendigung geltend zu machen. Der Vertragshändler trägt bei von ihm verlangter Rücknahme die Kosten und die Gefahr der Rücklieferung. Schuldet der Unternehmer den Rückkauf wegen einer Schadenersatzpflicht, so wird der Anspruch des Vertragshändlers durch die vorstehenden Regelungen nicht eingeschränkt.“*

---

[115] AA Martinek/Semler/Flohr VertriebsR-HdB/van der Moolen § 28 Rn. 21: nur Einkaufspreis.
[116] Wauschkuhn Der Vertragshändlervertrag S. 130.
[117] OLG München BB 1996, 1685; Küstner/Thume VertriebsR-HdB III Kap. VIII Rn. 22; Schultze/Wauschkuhn/Spenner/Dau/Kübler Vertragshändlervertrag/Wauschkuhn Rn. 735.
[118] BGH NJW 1995, 524 (526) – Suzuki.
[119] BGH NJW 2005, 1496 (1503 f.) – Honda.
[120] BGH NJW 1995, 524 (526) – Suzuki.
[121] BGH NJW 1995, 524 (526) – Suzuki.
[122] Martinek/Semler/Flohr VertriebsR-HdB/van der Moolen § 28 Rn. 23; Schultze/Wauschkuhn/Spenner/Dau/Kübler Vertragshändlervertrag/Wauschkuhn Rn. 728; Kleinmann/Siegert BB 2006, 785 (789).
[123] Martinek/Semler/Flohr VertriebsR-HdB/van der Moolen § 28 Rn. 23; Wauschkuhn Der Vertragshändlervertrag S. 130 f.
[124] Angelehnt an Wauschkuhn Der Vertragshändlervertrag S. 126 f., 130 f.; Wauschkuhn ZVertriebsR 2019, 148 (152).

4. Anspruch des Unternehmers auf Rückgabe. Der Unternehmer kann auch ein 54
Interesse daran haben, die Vertragsprodukte und Ersatzteile zurückzuverlangen, wenn der
Vertragshändler nicht bereits die Rücknahme durch den Unternehmer gefordert hat. War
der ehemalige Vertragshändler Teil eines **selektiven Vertriebssystems,** hat der Unternehmer ein Interesse daran, dass der nun aus dem System ausgeschiedene Händler die
Produkte nicht mehr weiter vertreibt.[125] Das Interesse des Unternehmers kann sich auch
daraus ergeben, dass er verhindern möchte, dass der nun ehemalige Vertragshändler die
Ware im Markt unter Wert verkauft. Dies kann sich einerseits nachteilig auf die Reputation
von Markenprodukten auswirken und andererseits einem vom Unternehmer neu eingesetzten Vertragshändler **ungewünschte Konkurrenz** machen[126] und damit auch zu An-
laufschwierigkeiten für diesen im Markt führen.

Bisher nicht diskutiert wurde, ob sich ein **Rücknahmerecht des Unternehmers** ohne 55
vertragliche Vereinbarung **aus der nachvertraglichen Treuepflicht** ergibt. Dies dürfte zu
bejahen sein, wenn der Unternehmer, wie bei einem selektiven Vertriebssystem, ein schutzwürdiges Interesse an dem Rückkauf hat. Da es hierzu jedoch keine gesicherte Rechtsprechung gibt, sollte sich der Unternehmer ein Rücknahmerecht in jedem Fall vertraglich
vorbehalten. Dagegen bestehen – auch in Standardverträgen[127] – grundsätzlich keine Bedenken, soweit es sich mit seiner Rücknahmepflicht deckt.[128] Der Unternehmer kann sich ein
Rücknahmerecht auch vorbehalten, wenn er bei entsprechendem Verlangen des Vertragshändlers nicht zur Rücknahme verpflichtet wäre.[129] Für ein Rücknahmerecht des Unternehmers (unabhängig davon, ob eine entsprechende Rücknahmepflicht des Unternehmers
besteht oder nicht)[130] gelten jedoch in Standardverträgen folgende Besonderheiten:

Der Unternehmer muss als Rückkaufpreis den vom Vertragshändler **ursprünglich** 56
gezahlten Preis (ohne Abzug) zahlen, weil er ihm die Verwertungsmöglichkeit der Ware
nimmt.[131] Die **Kosten sowie die Gefahr des Transports** trägt der Unternehmer.[132] Die
Ware, für die der Vertragshändler schon Anschlussverkäufe mit seinen Kunden getätigt hat,
ist von dem Rückgabeanspruch des Unternehmers auszunehmen, weil der Vertragshändler
ansonsten den Kaufvertrag mit seinen Kunden verletzen würde.[133] Darüber hinaus ist darauf
zu achten, dass der Vertragshändler zur Erfüllung etwaiger **Mängelhaftungsverpflichtun-**
gen gegenüber seinen Kunden einen entsprechenden Bestand an Vertragsprodukten (für
Ersatzlieferung, § 439 Abs. 1 Alt. 2 BGB) und Ersatzteilen (für Nachbesserung, § 439
Abs. 1 Alt. 1 BGB) vorhält. Darüber hinaus ist darauf zu achten, dass der Unternehmer den
Rückgabeanspruch binnen **kürzerer Frist** geltend machen muss, als der Vertragshändler
seinen Rücknahmeanspruch, damit sichergestellt ist, dass der Vertragshändler auch den
Rest seines Warenlagers an den Unternehmer zurückgeben kann, wenn dieser die Rück-
gabe nur eines Teils des Warenlagers verlangt.[134]

Ein Beispiel für eine danach wirksame Standardklausel ist:[135]   57

„Der Unternehmer ist berechtigt, von dem Vertragshändler nach Beendigung dieses Vertrags- 58
händlervertrages die Rückgabe eines Teiles oder des gesamten Bestandes des Vertragshändlers an
von ihm bezogenen Vertragsprodukten und Ersatzteilen gegen Zahlung des ursprünglich berech-

---

[125] Giesler/Köhnen § 3 Rn. 431.
[126] BGH NJW 1971, 29 (30).
[127] Kritisch Kleinmann/Siegert BB 2006, 785 (790).
[128] Schultze/Wauschkuhn/Spenner/Dau/Kübler Vertragshändlervertrag/Wauschkuhn Rn. 731.
[129] Schultze/Wauschkuhn/Spenner/Dau/Kübler Vertragshändlervertrag/Wauschkuhn Rn. 731.
[130] Insoweit   aA   Schultze/Wauschkuhn/Spenner/Dau/Kübler   Vertragshändlervertrag/Wauschkuhn
Rn. 731.
[131] Wauschkuhn Der Vertragshändlervertrag S. 131.
[132] Giesler/Köhnen § 3 Rn. 432.
[133] BGH NJW-RR 2005, 1496 (1504 f.) – Honda; NJW 2000, 1191 (1192) – Ferrari; Giesler/Köhnen § 3
Rn. 432; Martinek/Semler/Flohr VertriebsR-HdB/van der Moolen § 28 Rn. 24; Schultze/Wauschkuhn/
Spenner/Dau/Kübler Vertragshändlervertrag/Wauschkuhn Rn. 720.
[134] Wauschkuhn Der Vertragshändlervertrag S. 131.
[135] Wauschkuhn Der Vertragshändlervertrag S. 127.

neten Preises zu verlangen, soweit der Vertragshändler für diese keine Anschlussverkäufe getätigt hat und diese nicht für Mängelhaftungsverpflichtungen benötigt. Der Unternehmer hat den Rückgabeanspruch binnen drei Monaten ab Vertragsbeendigung geltend zu machen. Bei der von ihm verlangten Rückgabe trägt der Unternehmer die Kosten und die Gefahr der Rücklieferung."

III. Investitionsersatzanspruch

59   Vertragshändler tätigen zu Beginn oder während der Laufzeit des Vertragshändlervertrags regelmäßig Investitionen. Dabei kann es sich zB um Aufwendungen für Verkaufs- und Lagerräume, die Ausstattung von Werkstätten mit Spezialwerkzeugen oder die Ausbildung des Personals handeln. Sehr investitionsintensiv ist vor allem die Kfz-Branche. Nicht selten wird der **Vertragshändler vom Unternehmer veranlasst,** bestimmte **Investitionen zu tätigen.** Wenn der Unternehmer den Vertragshändlervertrag ordentlich kündigt und sich bis zum Beendigungszeitpunkt die Investitionen des Vertragshändlers noch **nicht amortisiert** haben, wird der Ruf nach einem **Investitionsersatzanspruch** des Vertragshändlers gegen den Unternehmer laut.[136]

60   **1. Anspruchsgrundlage.** Für einen Investitionsersatzanspruch des Vertragshändlers gibt es in Deutschland – im Gegensatz zu Österreich (§ 454 UGB) – **keine gesetzliche Grundlage.** Der Vertragshändler hat, wie das OLG Düsseldorf zutreffend festgestellt hat, keinen Aufwendungsersatzanspruch nach §§ 675 Abs. 1, 670 BGB (→ BGB § 675 Rn. 56).[137] Das OLG München lehnt einen selbstständigen Investitionskostenanspruch ab.[138] Der Vertragshändler hat keinen Anspruch auf Ersatz für noch nicht amortisierte Investitionen (→ Rn. 59 ff.). Die Investitionen führen auch zu keiner Erweiterung des Kündigungsschutzes des Vertragshändlers (→ Rn. 65 ff.). Der Streitstand wird im Folgenden dargestellt.

61   **a) Eigener Investitionsersatzanspruch. aa) Ergänzende Vertragsauslegung.** Der Investitionsersatzanspruch wird nach einer Auffassung aus einer ergänzenden Vertragsauslegung gem. §§ 133, 157 BGB iVm einem Verstoß gegen § 242 BGB wegen des **Widerspruchs zu früherem Verhalten** hergeleitet.[139] Dogmatisch gesehen gründet der Anspruch darauf, dass der Unternehmer zunächst einen **Vertrauenstatbestand** geschaffen habe, sich dann aber durch sein Verhalten in Widerspruch zu dem von ihm geschaffenen Vertrauenstatbestand setzt (§ 242 BGB) und die Rechtsfolgen dieses widersprüchlichen Verhaltens, da nicht im Vertragshändlervertrag geregelt, sich aus einer ergänzenden Vertragsauslegung (§§ 133, 157 BGB) ergeben.

62   Ein widersprüchliches Verhalten des Unternehmers wird darin gesehen, dass er auf der einen Seite den Vertragshändler zu Investitionen veranlasst und damit einen Vertrauenstatbestand dahingehend schafft, dass der Vertrag noch längere Zeit andauern werde und der Vertragshändler so die **Möglichkeit der Amortisation** habe, und auf der anderen Seite den Vertragshändlervertrag in nahem zeitlichen Zusammenhang zu der Investitionsveranlassung kündigt.[140] Allerdings ist zu berücksichtigen, dass der Vertragshändler die Kündigungsfristen in seinem Vertrag kennt und daher kein schutzwürdiges Vertrauen dahingehend genießt, dass der Unternehmer nicht den Vertrag entsprechend der vertraglichen Vereinbarung kündigt.[141]

---

[136] Nur wenige europäische Rechtsordnungen kennen eine ausdrückliche Regelung für einen Investitionsersatzanspruch des Vertragshändlers. Die bei Beendigung des Vertragshändlervertrages noch nicht erwirtschafteten Investitionen werden, wenn überhaupt, meist im Rahmen eines auf Grund einer unberechtigten Kündigung des Unternehmers entstehenden Schadensersatzanspruches berücksichtigt, vgl. dazu Wauschkuhn/Teichmann RIW 2009, 614 (rechtsvergleichend).

[137] OLG Düsseldorf BeckRS 2009, 29052.

[138] OLG München ZVertriebsR 2021, 105 (111).

[139] Foth BB 1987, 1270 (1271); Ebenroth/Strittmatter BB 1993, 1521 (1530); Martinek/Semler/Flohr VertriebsR-HdB der Moolen § 26 Rn. 80; Küstner/Thume VertriebsR-HdB III Kap. VIII Rn. 32; grds. auch LG Stuttgart 27.2.2006 – 36 O 178/05, BeckRS 2009, 87934.

[140] Küstner/Thume VertriebsR-HdB III Kap. VIII Rn. 33.

[141] Wauschkuhn/Teichmann RIW 2009, 614 (618).

Zudem wäre Voraussetzung für eine ergänzende Vertragsauslegung eine **auslegungs-** 63 **bedürftige Lücke** im Vertragshändlervertrag. Diese fehlt aber im Hinblick auf die veranlassten Investitionen.[142] Der Vertragszweck des Vertragshändlervertrages besteht in der Förderung des Absatzes der Vertragsprodukte durch den Vertragshändler unter Übernahme des wirtschaftlichen Risikos durch den Vertragshändler.[143] Der **Vertragshändler** ist selbständiger Unternehmer, der für seine **Risikokalkulation selbst verantwortlich** ist. Er tätigt die Investitionen regelmäßig im eigenen Interesse.[144] Weil es dem Vertragshändlervertrag immanent ist, dass der Vertragshändler das Investitionsrisiko trägt, liegt keine Lücke im Vertrag vor. Könnte der Vertragshändler ohne eine entsprechende Regelung im Vertragshändlervertrag das Investitionsrisiko auf den Unternehmer übertragen, entstünde ein unbilliges Ungleichgewicht. Die **Dispositionsfreiheit des Unternehmers** wäre eingeschränkt, wenn er den Vertragshändlervertrag nur noch um den Preis einer Ausgleichszahlung für die Investitionen des Vertragshändlers ordentlich kündigen könnte.[145]

bb) Kündigung zur Unzeit. Nach einer anderen, in der Literatur vertretenen Ansicht 64 soll sich der Investitionsersatzanspruch aus einer **Rechtsanalogie zu den Grundsätzen über die Kündigung zur Unzeit** gem. §§ 627 Abs. 2 S. 2, 671 Abs. 2 S. 2, 712 Abs. 2, 723 Abs. 2, 2226 S. 2 BGB ergeben. Das gemeinsame Prinzip dieser Regelungen sei eine Schadensersatzpflicht aufgrund der treuwidrigen Wahl eines überraschenden Kündigungszeitpunkts.[146] Für die Analogie ist jedoch eine vergleichbare Interessenlage erforderlich. Diese ergebe sich nach dieser Meinung einerseits daraus, dass die Kündigung für den Vertragshändler überraschend sei, wenn er vom Unternehmer zu Investitionen veranlasst wurde, die er gerade deshalb getätigt habe, um eine Kündigung zu verhindern. Andererseits würde der Unternehmer seine Rücksichtnahmepflicht verletzen, wenn er den Vertragshändlervertrag ordentlich kündige, obwohl sich die von ihm veranlassten Investitionen noch nicht amortisiert hätten.[147] Dem ist nicht zuzustimmen, weil **keine vergleichbare Interessenlage** vorliegt. Die genannten Vorschriften über die Kündigung zur Unzeit sehen keine Kündigungsfristen vor. Die entsprechenden Dauerschuldverhältnisse, auf die sie sich beziehen, können grds. jederzeit gekündigt werden. Dies trifft auf Vertragshändlerverhältnisse nicht zu, da hier die Kündigungsfristen von § 89 analog gelten (→ § 89 Rn. 121 ff.). Daher sind die Analogievoraussetzungen nicht gegeben.[148]

b) Erweiterter Kündigungsschutz durch Investitionsveranlassung. Der Investiti- 65 onsschutz des Vertragshändlers wurde von der Rechtsprechung im Rahmen der **Angemessenheitsprüfung von Kündigungsfristen** in Kfz-Standard-Händlerverträgen nach § 307 BGB[149] oder unter dem Gesichtspunkt des kartellrechtlichen Diskriminierungsverbotes nach § 19 GWB[150] aufgegriffen. Bei Kfz-Standard-Händlerverträgen scheint die Rechtsprechung Kündigungsfristen von mindestens einem Jahr für erforderlich zu halten (ausführl. → § 89 Rn. 136 ff.). Weder im Kfz-Bereich noch in anderen Bereichen kommt hingegen nach dem BGH eine Erstreckung der Kündigungsfrist bis zur vollständigen Amortisation der vom Vertragshändler getätigten Investitionen in Frage.[151]

---

[142] Creutzig NJW 2002, 3430 (3431); Schultze/Wauschkuhn/Spenner/Dau/Kübler Vertragshändlervertrag/Wauschkuhn Rn. 754; Wauschkuhn/Teichmann RIW 2009, 614 (618).

[143] OLG München NJW-RR 1995, 1137 (1139) – BMW.

[144] OLG München NJW-RR 1995, 1137 (1139) – BMW.

[145] Wauschkuhn/Teichmann RIW 2009, 614 (618).

[146] Creutzig NJW 2002, 3430 (3433 f.).

[147] Creutzig NJW 2002, 3430 (3434).

[148] Schultze/Wauschkuhn/Spenner/Dau/Kübler Vertragshändlervertrag/Wauschkuhn Rn. 755; Wauschkuhn/Teichmann RIW 2009, 614 (618).

[149] BGH NJW-RR 1995, 1260 – Citroën; OLG Stuttgart NJW-RR 1990, 491 – Fiat.

[150] BGH NJW 1987, 3197 – Freundschaftswerbung; OLG München NJW-RR 1995, 1137 – BMW; OLG Stuttgart WuW/E OLG 3415 – Daimler Benz.

[151] BGH NJW 1987, 3197 (3200) – Freundschaftswerbung.

66   Nicht eine Verlängerung der Kündigungsfrist, sondern eine **Kündigungsschranke** hat das OLG Stuttgart unter Anwendung von § 19 GWB angenommen. Danach könne der Unternehmer den Vertragshändlervertrag so lange, wie sich die Investitionen des Vertragshändlers zu wesentlichen Teilen noch nicht amortisiert haben, nicht ordentlich kündigen.[152] Nach dem OLG Köln sei Voraussetzung für § 19 GWB aber schon ein Machtungleichgewicht, das über die typische Abhängigkeit des Vertragshändlers vom Unternehmer hinausgeht oder eine Gefährdung der Existenzgrundlage des Vertragshändlers.[153] **Uneinheitlich** wird beantwortet, **welche Rechtswirkungen** die Kündigung des Unternehmers trotz der Kündigungsschranke hätte. Nach einer Ansicht habe der Unternehmer ein **Wahlrecht**, ob er den Vertragshändlervertrag fortsetze oder ob er um den Preis eines Investitionsersatzes beendet wird.[154] Nach anderer Ansicht ist die unberechtigte Kündigung eine **Verletzung gegen die Treuepflicht des Unternehmers,** so dass der Vertrag zwar beendet wird, der Vertragshändler aber einen **Schadensersatzanspruch** nach § 280 Abs. 1 BGB habe.[155] Letztere Ansicht hat viel für sich, weil durch die einmal ausgesprochene Kündigung das Dauerschuldverhältnis bereits gestört ist[156] und bei einer Fortsetzung des Vertrages Ungewissheit herrschen würde, ab welchem Zeitpunkt der Unternehmer wirksam kündigen kann.

67   Nach zutreffender Ansicht führt jedoch § 19 GWB trotz Investitionsveranlassung durch den Unternehmer zu **keiner Kündigungsschranke.** In seinem Urteil vom 21.1.1993 hat das OLG München zu einem Kfz-Händler entschieden, dass die Zielsetzung des § 19 GWB, den Wettbewerb zu schützen, in ihr Gegenteil verkehrt würde, wenn es möglich wäre, wegen der Folge einer Schadensersatzpflicht die Möglichkeit der Vertragsbeendigung durch ordentliche Kündigung praktisch auszuschließen.[157] Die ordentliche Kündigung eines Händlervertrages, so das OLG München, durch den Unternehmer zu einem Zeitpunkt, zu dem sich die auf seine Veranlassung vorgenommenen Investitionen noch nicht amortisiert haben, begründet **auch grundsätzlich keinen Schadensersatzanspruch** des Händlers.[158]

68   Weiter wird erwogen, die **Kündigungsschranke aus § 242 BGB** herzuleiten, wenn der Unternehmer einen Vertrauenstatbestand dahingehend gesetzt habe, dass er von einer Kündigung des Vertrages absehen werde, solange sich die Investitionen des Vertragshändlers noch nicht amortisiert hätten.[159] Die reine Investitionsveranlassung genügt nicht; es muss ein darüber hinaus gehendes vorwerfbares Verhalten hinzukommen.

69   Hierzu ist wie folgt **Stellung zu nehmen:** Sowohl der Unternehmer als auch der Vertragshändler sind Kaufleute, die ihre gegenseitigen Rechte und Pflichten regelmäßig schriftlich festhalten. Wenn der Vertragshändler zu Investitionsmaßnahmen veranlasst wird, kann er im Gegenzug darauf bestehen, dass der Unternehmer die Mindestlaufzeit des Vertrages bzw. die Kündigungsfristen entsprechend anpasst. Sollte sich der Unternehmer damit nicht einverstanden erklären, dann genießt der **Vertragshändler kein schutzwürdiges Vertrauen,** weil er damit rechnen muss, dass der Unternehmer den Vertragshändlervertrag jederzeit entsprechend den Kündigungsfristen beenden kann.[160] Wenn ihm die Investitionsmaßnahme zu riskant sein sollte, dann muss er vom Vertragsabschluss Abstand nehmen. Ansonsten handelt er auf sein **eigenes unternehmerisches Risiko.**

---

[152] OLG Stuttgart WuW/E OLG 3415 – Daimler Benz.

[153] OLG Köln NJW-RR 1995, 1140 (1141).

[154] Ensthaler/Gesmann-Nuissl/Stopper DB 2003, 257 (260 f.); Giesler/Köhnen § 3 Rn. 468; Martinek/Semler/Flohr VertriebsR-HdB/van der Moolen § 26 Rn. 81.

[155] LG Berlin 31.10.2003 – 102 O 10/03 Kart., unter Hinweis auf BGH NJW 1984, 1028; ähnlich Ensthaler/Gesmann-Nuissl/Stopper DB 2003, 257 (260 f.).

[156] Wauschkuhn/Teichmann RIW 2009, 614 (619).

[157] OLG München NJW-RR 1995, 1137 (1138) – BMW.

[158] OLG München NJW-RR 1995, 1137 (1139) – BMW.

[159] LG Berlin 31.10.2003 – 102 O 10/03 Kart.; Ensthaler/Gesmann-Nuissl/Stopper DB 2003, 257 (260 f.).

[160] OLG München ZVertriebsR 2021, 105 (111); Wauschkuhn/Teichmann RIW 2009, 614 (619).

Es besteht daher im Grundsatz **weder** eine **Kündigungsschranke**[161] noch ein **Investi-** 70
tionsersatzanspruch des Vertragshändlers[162] besteht. Das OLG München hat dem Investitionsersatzanspruch auch eine Absage erteilt und zutreffend darauf hingewiesen, dass sich
kein allgemeiner Rechtssatz des Inhalts aufstellen lässt, dass der Geschäftsherr, der eine
andere Person mit dem Vertrieb seiner Produkte beauftragt hat, aus dem Vertriebsvertrag
verpflichtet ist, dieser anderen Person die Amortisation von Investitionen zu ermöglichen,
die diese im Interesse und auf Aufforderung des Geschäftsherrn tätigt.[163] Die Investitionen
des Vertragshändlers können **allenfalls** im Rahmen eines **allgemeinen Schadensersatz-**
anspruches nach § 280 Abs. 1 BGB berücksichtigt werden, wenn der Unternehmer eine
vertragliche Leistungs- oder Nebenpflicht verletzt hat.[164] Die Ausübung der ordentlichen
Kündigung vor Amortisation ist allerdings per se keine Pflichtverletzung. Dieses wirtschaftliche Risiko trägt regelmäßig der Vertragshändler. Ansonsten würde das Investitionsrisiko
auf den Unternehmer übergehen. Dies wäre eine unzulässige Einschränkung seiner Dispositionsfreiheit. Die Amortisation von Investitionen auf den Vertrag fällt grundsätzlich in
den Risikobereich des Investierenden.[165] Nach dem OLG München bliebe nur dann Raum
für eine abweichende Risikoverteilung, wenn der Geschäftsherr besondere hohe Investitionen gefordert und in diesem Zusammenhang ein besonderes Vertrauen in den Fortbestand
des Vertrages geweckt habe. Dem könne mit den Rechtsinstitut des grundlosen Abbruchs
von Vertragsverhandlungen Rechnung getragen werden, das auch auf den Fall der Nichtverlängerung eines bestehenden Vertrages angewendet werden kann.[166]

c) Schadensersatz bei außerordentlicher Kündigung durch den Vertragshändler. 71
Wenn der Vertragshändler den Vertrag wegen eines wichtigen Grundes, den der Unternehmer zu vertreten hat, außerordentlich kündigt, steht dem Vertragshändler nach § 89a Abs. 2
analog ein Schadensersatzanspruch zu (→ Rn. 40).[167] Dieser kann **auf Investitionsersatz**
gerichtet sein. Dieser Schadensersatzanspruch spielt in der Praxis nur eine untergeordnete
Rolle. Die kontroverse Diskussion um den Investitionsersatzanspruch entfacht sich, wie hier,
wenn der Vertragshändlervertrag durch den Unternehmer ordentlich gekündigt wurde.

2. Voraussetzungen. Selbst wenn man dem Vertragshändler einen Investitionsersatz- 72
anspruch zuerkennt, sind nicht sämtliche Investitionen des Vertragshändlers ersatzfähig. Die
Investitionen müssen folgende Voraussetzungen erfüllen:

– Es muss sich um **vom Unternehmer veranlasste Investitionen** handeln.[168] Dies ist der
  Fall, wenn der Unternehmer den Vertragshändler vertraglich verpflichtet, die Investitionen zu tätigen.[169] Vom Vertragshändler selbst veranlasste Investitionen können nicht
  berücksichtigt werden, weil der Vertragshändler ansonsten nahezu sein ganzes wirtschaftliches Risiko auf den Unternehmer abwälzen könnte.
– Die Investitionen müssen **irreversibel** sein.[170]
– Die Investitionen dürfen **nicht weiterverwendbar oder veräußerbar** sein.[171] Nach
  dem BGH können zB Betriebsgelände und Betriebsräume im Allgemeinen auch für

---

[161] So auch Niebling, Recht des Automobilvertriebs (1998), S. 198.
[162] So auch Baumbach/Hopt/Leyens Einl. v. § 373 Rn. 42.
[163] OLG München ZVertriebsR 2021, 105 (111).
[164] Wauschkuhn/Teichmann RIW 2009, 614 (619).
[165] OLG München ZVertriebsR 2021, 105 (111).
[166] OLG München ZVertriebsR 2021, 105 (111).
[167] Martinek/Semler/Flohr VertriebsR-HdB/van der Moolen § 26 Rn. 76 (Schadensersatz aus positiver Vertragsverletzung).
[168] Giesler/Köhnen § 3 Rn. 462; Schultze/Wauschkuhn/Spenner/Dau/Kübler Vertragshändlervertrag/Wauschkuhn Rn. 758.
[169] Giesler/Köhnen § 3 Rn. 462; Schultze/Wauschkuhn/Spenner/Dau/Kübler Vertragshändlervertrag/Wauschkuhn Rn. 758.
[170] Ensthaler/Gesmann-Nuissl/Stopper DB 2003, 257 (262); Schultze/Wauschkuhn/Spenner/Dau/Kübler Vertragshändlervertrag/Wauschkuhn Rn. 758.
[171] Giesler/Köhnen § 3 Rn. 463; Schultze/Wauschkuhn/Spenner/Dau/Kübler Vertragshändlervertrag/Wauschkuhn Rn. 758; Creutzig NJW 2002, 3430 (3432).

andere Zwecke benutzt werden.[172] Ob es tatsächlich zu einer Weiterverwendung durch den Vertragshändler kommt, ist nicht entscheidend.[173] Damit stellt die Rechtsprechung auf eine abstrakte Weiterverwendbarkeit ab.[174] Die Grundausstattung des Vertragshändlerbetriebs ist nach diesen Grundsätzen nicht erstattungsfähig.[175] Für den Investitionsersatz bleiben idR die markenspezifischen Investitionen, die sich nach Vertragsbeendigung nicht oder nur unter großen Schwierigkeiten anderweitig verwenden lassen, weil sie auf die vertriebene Marke und das Erscheinungsbild des Unternehmers ausgerichtet sind.[176]

– Die Investitionen dürfen sich **noch nicht amortisiert** haben.[177] Wie die Amortisationsdauer zu bestimmen ist, ist nicht ganz klar. Teilweise wird auf eine übliche Amortisationsdauer abgestellt;[178] nach anderer, vorzugswürdiger Ansicht ist sie nach den Umständen des Einzelfalls zu bestimmen unter Berücksichtigung des Vorstellungshorizontes der Parteien bei Vornahme der Investitionen, weil zu diesem Zeitpunkt der Vertrauenstatbestand geschaffen wurde.[179]

– Die Investitionen müssen **vor der ordentlichen Kündigung** durch den Unternehmer getätigt worden sein.[180]

73 Der Investitionsersatzanspruch des Vertragshändlers setzt weiterhin voraus, dass der Vertragshändlervertrag **durch den Unternehmer ordentlich gekündigt wurde** (zur außerordentlichen Kündigung durch den Vertragshändler → Rn. 71). Hat allerdings der Vertragshändler die Vertragsbeendigung verschuldet, kann er keinen Investitionsersatz verlangen.[181] In diesem Fall hat er das Risiko, dass sich die Investitionen nicht amortisieren, selbst geschaffen. Gleiches gilt, wenn der Vertragshändler den Vertrag ordentlich kündigt. Haben sowohl der Vertragshändler als auch der Unternehmer die Kündigung verschuldet, so müsste der Investitionsersatzanspruch des Vertragshändlers um einen seinem Verschulden entsprechenden Anteil gekürzt werden. Hierzu liegen aber weder in Rechtsprechung noch Literatur gesicherte Erkenntnisse vor.

74 **3. Rechtsfolge.** Der Umfang des Investitionsersatzanspruches betrifft die unter → Rn. 72 genannten Investitionen, soweit sie sich nicht amortisiert haben.[182] Der Vertragshändler muss sich also eine **teilweise Amortisation anrechnen** lassen. Der entgangene Gewinn, den der Vertragshändler mit den Investitionen bis zum Ablauf der Amortisationsdauer hätte erwirtschaften können, wenn der Unternehmer den Vertrag nicht gekündigt hätte, ist nicht vom Investitionsersatzanspruch erfasst.[183] Das Ausbleiben von Gewinnen ist ein unternehmerisches Risiko, das der Vertragshändler alleine verantworten muss.[184]

75 **4. Abweichende Vereinbarungen.** Ein **Ausschluss** des Investitionsersatzanspruches ist **individualvertraglich möglich.** Wird in einer Abwicklungsvereinbarung festgehalten,

---

[172] BGH NJW-RR 1995, 1260 (1261) – Citroën.
[173] OLG München NJW-RR 1995, 1137 (1139) – BMW; aA Giesler/Köhnen § 3 Rn. 463; Creutzig NJW 2002, 3430 (3442).
[174] Giesler/Köhnen § 3 Rn. 463.
[175] Giesler/Köhnen § 3 Rn. 463; Ensthaler/Gesmann-Nuissl/Stopper DB 2003, 257 (262); Schultze/Wauschkuhn/Spenner/Dau/Kübler Vertragshändlervertrag/Wauschkuhn Rn. 758.
[176] Schultze/Wauschkuhn/Spenner/Dau/Kübler Vertragshändlervertrag/Wauschkuhn Rn. 756.
[177] Giesler/Köhnen § 3 Rn. 465; Schultze/Wauschkuhn/Spenner/Dau/Kübler Vertragshändlervertrag/Wauschkuhn Rn. 758; Martinek/Semler/Flohr VertriebsR-HdB/van der Moolen § 26 Rn. 83.
[178] Foth BB 1987, 1270 (1273); Martinek/Semler/Flohr VertriebsR-HdB/van der Moolen § 26 Rn. 83 (Vermutung der üblichen Amortisationsdauer).
[179] Giesler/Köhnen § 3 Rn. 465.
[180] Martinek/Semler/Flohr VertriebsR-HdB/van der Moolen § 26 Rn. 80.
[181] Giesler/Köhnen § 3 Rn. 461 (für den Fall der außerordentlichen Kündigung durch den Unternehmer).
[182] Martinek/Semler/Flohr VertriebsR-HdB/van der Moolen § 26 Rn. 84.
[183] Martinek/Semler/Flohr VertriebsR-HdB/van der Moolen § 26 Rn. 84; Foth BB 1987, 1270 (1273); Giesler/Köhnen § 3 Rn. 466; Schultze/Wauschkuhn/Spenner/Dau/Kübler Vertragshändlervertrag/Wauschkuhn Rn. 760; Wauschkuhn/Teichmann RIW 2009, 614 (619); aA Creutzig NJW 2002, 3430 (3434).
[184] Foth BB 1987, 1270 (1273); Martinek/Semler/Flohr VertriebsR-HdB/van der Moolen § 26 Rn. 84; Schultze/Wauschkuhn/Spenner/Dau/Kübler Vertragshändlervertrag/Wauschkuhn Rn. 760; Wauschkuhn/Teichmann RIW 2009, 614 (619).

dass sich alle Ansprüche aus dem Vertragshändlervertrag und seiner Beendigung erledigt haben, dann erfasst dies auch den Anspruch des Investitionsersatzanspruchs. In **Standardverträgen** ist, wenn man mit der (hier nicht vertretenen) Ansicht einen Investitionsersatzanspruch dem Grunde nach anerkennt, ein **Ausschluss** jedoch wegen eines Verstoßes gegen § 307 BGB **unwirksam**.[185]

IV. Herausgabe von Unterlagen und Geschäftsausstattung

Der Vertragshändler ist nach Vertragsbeendigung verpflichtet, die ihm während der **76** Vertragslaufzeit zur Verfügung gestellten Unterlagen (§ 86a Abs. 1 analog) an den Unternehmer herauszugeben. Die **Herausgabepflicht** ergibt sich aus §§ 675 Abs. 1, 667 BGB bzw. § 985 BGB und geht über die unter § 86a Abs. 1 fallenden erforderlichen Unterlagen hinaus; erfasst wird alles, was der Vertragshändler zur Ausführung der Geschäftsbesorgung sowie aus der Geschäftsbesorgung für den Unternehmer erlangt hat, wie Werbe- und Informationsmaterialien, Reparaturhandbücher, Muster, Zeichnungen, Pläne und Stücklisten.[186] Von der Herausgabepflicht umfasst ist ferner die markenspezifische Geschäftsausstattung.[187] Erfasst sind auch die vom Unternehmer zur Verfügung gestellten Kundenlisten,[188] nicht aber, wie beim Handelsvertreter (→ Rn. 6), die vom Vertragshändler erstellte Kundenkartei, soweit der Vertragshändler dazu nicht ausdrücklich verpflichtet ist. Zur Nutzung von Kundenlisten nach Vertragsbeendigung → § 90 Rn. 8 f.

V. Nachvertragliche Vergütungsansprüche

Die entstandenen Vergütungsansprüche des Vertragshändlers werden durch die Vertrags- **77** beendigung nicht berührt. Das betrifft insbesondere **Boni und Rabattvergütungen,** die sich der Vertragshändler durch den vorangegangenen Einkauf von Vertragsprodukten bei dem Unternehmer verdient hat. Der Ausschluss dieser Ansprüche ist in Standardverträgen unzulässig.[189] Anders verhält es sich aber bei **zusätzlichen und freiwilligen Leistungen des Unternehmers,** wie Jahres- oder Quartalsboni. Hier kann in Standardverträgen vorgesehen werden, dass der Anspruch des Vertragshändlers auf den Zusatzbonus für ein bestimmtes Jahr erlischt, wenn der Vertrag während des Jahres endet.[190] Wegen des Verbotes der geltungserhaltenden Reduktion in Standardverträgen ist darauf zu achten, dass von einer solchen Regelung nicht die regulären Boni und Rabattvergütungen erfasst werden.[191]

C. Franchisenehmer

Für den Zeitraum zwischen Kündigung und tatsächlicher Beendigung des Franchise- **78** vertrages → § 89 Rn. 153.

Nach Beendigung des Franchisevertrages unterliegen beide Parteien einer **nachvertrag-** **79** **lichen Treuepflicht,** die sie zu einer partnerschaftlichen Abwicklung des Franchisever-

---

[185] Giesler/Köhnen § 3 Rn. 469; Foth BB 1987, 1270 (1273); Martinek/Semler/Flohr VertriebsR-HdB/ van der Moolen § 26 Rn. 85 f. (der zu Recht darauf hinweist, dass es auch in Standardverträgen möglich sein muss, die Erstattungshöhe bzw. die Kündigungsfrist nach Vertragsdauer zu staffeln).

[186] Schultze/Wauschkuhn/Spenner/Dau/Kübler Vertragshändlervertrag/Wauschkuhn Rn. 694; Giesler/ Köhnen § 3 Rn. 401; MHSF/van der Moolen § 28 Rn. 84; Küstner/Thume VertriebsR-HdB III Kap. VIII Rn. 7.

[187] Giesler/Köhnen § 3 Rn. 401; Schultze/Wauschkuhn/Spenner/Dau/Kübler Vertragshändlervertrag/ Wauschkuhn Rn. 695.

[188] Schultze/Wauschkuhn/Spenner/Dau/Kübler Vertragshändlervertrag/Wauschkuhn Rn. 694.

[189] BGH NJW 1994, 1060 (1063 ff.) – Daihatsu; Küstner/Thume VertriebsR-HdB III Kap. VIII Rn. 26; Schultze/Wauschkuhn/Spenner/Dau/Kübler Vertragshändlervertrag/Wauschkuhn Rn. 743.

[190] BGH NJW 1994, 1060 (1064 f.) – Daihatsu; Küstner/Thume VertriebsR-HdB III Kap. VIII Rn. 26; Schultze/Wauschkuhn/Spenner/Dau/Kübler Vertragshändlervertrag/Wauschkuhn Rn. 743.

[191] BGH NJW 1994, 1060 (1063) – Daihatsu.

trages verpflichtet.[192] Wie bei Vertragshändlerverträgen (→ Rn. 15) ist im Zusammenhang mit den Folgen der Vertragsbeendigung für die Parteien regelmäßig von Interesse, ob der Franchisegeber nach Vertragsende weiterhin verpflichtet ist, Vertragsprodukte und Ersatzteile zu liefern (→ Rn. 80), ob der Franchisenehmer einen Anspruch auf Rücknahme der Vertragsprodukte und Ersatzteile, die noch in seinem Warenlager sind, hat (→ Rn. 81), welche Gegenstände der Franchisenehmer herausgeben muss bzw. welche nicht herauszugebenden Gegenstände er nicht mehr nutzen darf (→ Rn. 82 f.) und ob der Franchisenehmer bei einer ordentlichen Kündigung Investitionsschutz genießt (→ Rn. 84 ff.). Darüber hinaus interessiert im Franchiserecht, ob der Franchisenehmer eine von ihm entrichtete Einstandsgebühr (zumindest teilweise) zurückverlangen kann (→ Rn. 94 ff.).

I. Nachvertragliche Lieferpflicht

80   Hinsichtlich der nachvertraglichen Lieferpflicht des Franchisegebers von Vertragsprodukten und Ersatzteilen kann auf das Vertragshändlerrecht verwiesen werden, wenn, wie beim Warenfranchising, eine vergleichbare Interessenlage besteht (→ Rn. 16 ff.).[193] Es besteht nach zutreffender Ansicht jedoch eine Abweichung dahingehend, dass der Franchisegeber nach Vertragsbeendigung nur noch solche Kaufverträge erfüllen muss, für die der Franchisenehmer während der Vertragslaufzeit bereits bindende Anschlussverkäufe getätigt hat.[194] Andernfalls überwiegt das schützenswerte Interesse des Franchisegebers, dass die Ware nur unter Einhaltung seiner besonderen Systemvorgaben verkauft wird, worauf er nach Beendigung des Vertrages keinen Einfluss mehr hat.[195]

II. Rücknahme von Vertragsprodukten und Ersatzteilen

81   Zur Frage, ob der Franchisegeber nach Vertragsbeendigung zur Rücknahme von Vertragsprodukten und Ersatzteilen verpflichtet ist, kann wegen der Vergleichbarkeit auf das Vertragshändlerrecht, wo sich eine differenzierte Rechtsprechung entwickelt hat, verwiesen werden (→ Rn. 27 ff.).[196] Im Franchiserecht gibt es hierzu kaum Rechtsprechung.[197] Die Problematik, dass der Franchisenehmer neben den Vertragsprodukten und Ersatzteilen häufig auf das Systemprodukt zugeschnittene Ausstattungsgegenstände erworben hat, die mit Vertragsbeendigung nutzlos werden, gehört zum Investitionsersatzanspruch → Rn. 92.

III. Herausgabe-/Unterlassungsansprüche

82   Hinsichtlich der Herausgabepflicht des Franchisenehmers kann auf die Ausführungen zum Vertragshändler entsprechend verwiesen werden (→ Rn. 76). Von der Herausgabepflicht sind sämtliche Unterlagen, in denen das überlassene Know-how enthalten ist, wie Handbücher und Schulungsunterlagen, sowie alle zur Kennzeichnung des Systems verwendeten Ausstattungsgegenstände erfasst.[198]

83   Der **Franchisenehmer** ist **nach Vertragsbeendigung nicht mehr berechtigt, unter der Marke** oder der Geschäftsbezeichnung **des Franchisesystems aufzutreten.** Er hat daher das gesamte äußere Erscheinungsbild seines Betriebes anzupassen und alle typischen Ausprägungen des Franchisesystems zu entfernen.[199] Soweit nach dem unter → Rn. 81 Gesagten keine Verpflichtung des Franchisenehmers zur Rückgabe besteht, sich aber auf

---

[192] BGH NJW 1998, 540 (543); Giesler/Giesler/Güntzel § 4 Rn. 678.
[193] Giesler/Giesler/Güntzel § 4 Rn. 690, 697 f.
[194] Giesler/Giesler/Güntzel § 4 Rn. 698.
[195] Giesler/Giesler/Güntzel § 4 Rn. 698.
[196] Giesler/Giesler/Güntzel § 4 Rn. 693 ff.; Martinek/Semler/Flohr VertriebsR-HdB/Flohr § 32 Rn. 132 ff.; Küstner/Thume VertriebsR-HdB III Kap. V Rn. 18 ff.; Metzlaff Franchising-HdB/Metzlaff Rn. 390 ff.
[197] Vgl. nur BGH NJW 1998, 540 (543).
[198] Metzlaff Franchising-HdB/Metzlaff Rn. 404.
[199] Metzlaff Franchising-HdB/Metzlaff Rn. 387.

den Unterlagen und Gegenständen noch Hinweise (zB Logos) auf das Franchisesystem befinden – wie Werbebeschriftungen, Werbemittel, Druckschriften, Vordrucke etc oder auch Einrichtungsgegenstände und Berufskleidung – ist der Franchisenehmer verpflichtet, die **Nutzung** dieser **Unterlagen** und Gegenstände zu **unterlassen** oder sie entsprechend umzugestalten.[200] Dies gilt auch für nicht körperliche Gegenstände, wie Internetdomains oder Email-Adressen.[201] Er hat sich unverzüglich zu bemühen, dass er in Verzeichnissen (zB Telefonbüchern) nicht mehr in Bezug zu dem Franchisesystem zu finden ist.[202]

IV. Investitionsschutz

Über die Folgen der vom Franchisegeber veranlassten und zum Zeitpunkt der Beendi- **84** gung des Franchisevertrages noch nicht amortisierten Investitionen des Franchisenehmers haben die Gerichte noch nicht entschieden. Die Grundproblematik ist die Gleiche wie im Vertragshändlerrecht und daher kann, wie es auch die franchiserechtliche Literatur tut, auf die Argumentation dort verwiesen werden (→ Rn. 59 ff.). Beim Franchiserecht scheint allerdings, was die dogmatische Grundlage für einen möglichen Investitionsschutz des Franchisenehmers anbetrifft, eine Fokussierung auf § 242 BGB stattgefunden zu haben.

1. Vorzeitige Kündigung als Verstoß gegen § 242 BGB. Der dogmatische Ansatz **85** zur Begründung eines Investitionsschutzes zugunsten des Franchisenehmers über § 242 BGB ist auf Ulmer[203] und Ebenroth[204] zurückzuführen und wird folgendermaßen hergeleitet:[205] Der **Dauerschuldcharakter** des Franchisevertrages und die insbesondere den **Franchisenehmer** treffende Interessenwahrnehmungspflicht, im Rahmen derer er sich **den Interessen des Franchisegebers unterordnen müsse,** führe zu einer gesteigerten Pflicht zur gegenseitigen Rücksichtnahme. Wenn der Franchisegeber zur Verfolgung des gemeinsamen Kooperationszieles hohe Investitionen von dem Franchisegeber verlange, deren Amortisationsdauer über die Kündigungsfristen des Franchisevertrages hinausgehe, aber der Franchisegeber dann doch von seinem ordentlichen Kündigungsrecht Gebrauch mache, sei dies als widersprüchliches Verhalten zu qualifizieren und die Kündigung wäre im Sinne von § 242 BGB rechtsmissbräuchlich.

2. Rechtsfolgen. Welche Folgen der Verstoß gegen § 242 BGB haben soll, wird **un-** **86** **einheitlich** beantwortet.

a) Kündigungs- oder Auslaufschutz. Einer dergestalt rechtsmissbräuchlichen Kündi- **87** gung jede Rechtswirkung zu versagen, würde zu weit gehen. Unter dem Begriff des Auslaufschutzes wird aber erwogen, den **Wirksamkeitszeitpunkt der Kündigung** über den Ablauf der Kündigungsfrist hinaus bis zur Amortisation der Investitionen **zu verlängern.**[206]

b) Investitionsersatzanspruch. Eine weitere Möglichkeit besteht darin, dass die Kün- **88** digung den Franchisevertrag wie vertraglich vorgesehen beendet, aber der Franchisenehmer einen Investitionsersatzanspruch im Hinblick auf die noch nicht amortisierten Investitionen hat.[207] **Umstritten** ist hierbei der **Umfang des Schadensersatzanspruchs,** also ob nur der Vertrauensschaden, also den Teil der Investitionen, die sich zum Beendigungszeitpunkt

---

[200] Giesler/Giesler/Güntzel § 4 Rn. 686; Metzlaff Franchising-HdB/Metzlaff Rn. 387.
[201] Giesler/Giesler/Güntzel § 4 Rn. 686.
[202] Giesler/Giesler/Güntzel § 4 Rn. 684.
[203] Ulmer FS Möhring, 1975, 295 ff.
[204] Ebenroth, Absatzmittlungsverträge (1980), S. 172 ff.
[205] Dazu ausführl. Martinek/Semler/Flohr VertriebsR-HdB/Flohr § 32 Rn. 111 ff.
[206] Vgl. Foth BB 1987, 1270 (1272).
[207] Flohr, Franchise-Vertrag, S. 295 f.

noch nicht amortisiert haben,[208] oder sogar der entgangenen Gewinn des Franchisen-ehmers[209] ersatzfähig ist.

89   **c) Wahlrecht.** Schließlich wird vertreten, dass der Franchisegeber ein Wahlrecht habe, ob er den **Franchisevertrag mit einer Auslauffrist weiterlaufen** lassen möchte **oder** um den **Preis eines Investitionsersatzanspruches** auf die **ordentliche Kündigungs-frist** besteht.[210] An einem solchen Wahlrecht könne der Franchisegeber ein sachlich gerechtfertigtes Interesse haben, bspw. wenn er sein Absatzsystem umstellen möchte, aber bis zum Ablauf der Amortisationsdauer noch längerfristig und bei mehreren Franchisen-ehmern mit unterschiedlicher Dauer gebunden wäre.[211]

90   **3. Kritik und Stellungnahme.** Unabhängig von der Frage der dogmatischen Herlei-tung sind die **berechtigten Einwendungen gegen einen Investitionsschutz** des Fran-chisenehmers aus dem Vertragshändlerrecht bekannt (→ Rn. 61, 69): Es widerspricht der Unternehmereigenschaft des Franchisenehmers, wenn er mit einem Investitionsersatz-anspruch das Investitionsrisiko auf den Franchisegeber abwälzen könnte.[212] Darüber hinaus würde die Annahme eines Kündigungs- bzw. Auslaufschutzes die aus der grundgesetzlich geschützten Privatautonomie (Art. 2 Abs. 1 GG) resultierende Vertragsbeendigungsfreiheit zu weit einschränken.[213]

91   Nach Höpfner sei der Investitionsschutz des Franchisenehmers auf anderem Wege zu erreichen, indem ihm ein Ersatzanspruch nach §§ 675 Abs. 1, 670 BGB analog zustünde.[214] Diese Konstruktion ist aber schon deshalb abzulehnen, weil der Franchisenehmer auf eigene und nicht auf fremde Rechnung handelt (→ BGB § 675 Rn. 64).[215] Andere Autoren befürworten einen Investitionsschutz nur bei krass treuwidrigen Kündigungen[216] oder in Extremfällen[217], allerdings auch wieder unter Zuhilfenahme von § 242 BGB. Das bedeutet aber vom **Grundsatz** her, dass der Franchisenehmer **keinen Investitionsschutz** verdient. Dem ist, wie im Vertragshändlerrecht (→ Rn. 70), zuzustimmen. Der Franchisenehmer kann seine Investitionen nur ersetzt verlangen – von dem Fall der vom Franchisegeber zu vertretenden außerordentlichen Kündigung des Franchisevertrages durch den Franchisen-ehmer abgesehen (zur vergleichbaren Rechtslage beim Vertragshändler → Rn. 71) –, wenn der Franchisegeber eine vertragliche Leistungs- oder Nebenpflicht verletzt hat und dem Franchisenehmer ein **allgemeiner Schadensersatzanspruch nach § 280 Abs. 1 BGB** zusteht. Die Investitionen müssen dann allerdings in den Schutzbereich der vom Franchise-geber verletzten Pflicht fallen.

92   Wenn dem Franchisenehmer ein **Investitionsschutz** zuerkannt werden sollte, kann sich dieser **nur** auf **vom Franchisegeber veranlasste, irreversible, nicht weiterverwend-bare oder veräußerbare, noch nicht amortisierte Investitionen** beziehen, die vor Ausspruch der ordentlichen Kündigung vom Franchisenehmer getätigt worden sind. Hier-zu kann auf die Ausführungen zum Vertragshändler verwiesen werden (→ Rn. 72 f.). Ein Investitionsersatzanspruch wäre **nicht** auf den **entgangenen Gewinn** gerichtet, weil das Ausbleiben von Gewinnen ein unternehmerisches Risiko ist, das nicht auf den Franchisege-ber abgewälzt werden darf (→ Rn. 74.).

---

[208] Ulmer FS Möhring, 1975, 295 (310); Foth BB 1987, 1270 (1273).
[209] Martinek/Semler/Flohr VertriebsR-HdB/Flohr § 32 Rn. 113.
[210] Foth BB 1987, 1270 (1272).
[211] Martinek/Semler/Flohr VertriebsR-HdB/Flohr § 32 Rn. 113; Foth BB 1987, 1270 (1273).
[212] Joerges AG 1991, 325 (340).
[213] Giesler/Nauschütt FranchiseR/Höpfner Kap. 12 Rn. 138; Martinek/Semler/Flohr VertriebsR-HdB/Flohr § 32 Rn. 114.
[214] Höpfner, Kündigungsschutz und Ausgleichsansprüche des Franchisenehmers bei der Beendigung von Franchiseverträgen (1997), S. 182 ff.; Giesler/Nauschütt FranchiseR/Höpfner Kap. 12 Rn. 140.
[215] Dagegen auch Flohr, Franchise-Vertrag, S. 295 f.
[216] Martinek/Semler/Flohr VertriebsR-HdB/Flohr § 32 Rn. 115.
[217] Küstner/Thume VertriebsR-HdB III Kap. V Rn. 16.

Von dem Investitionsschutz im engeren Sinne ist die Frage zu unterscheiden, ob der **93** Franchisegeber wegen der **Verletzung einer Aufklärungspflicht** zum Schadensersatz verpflichtet ist, weil er den Franchisenehmer nicht vor geschäftlichen Fehlinvestitionen bewahrt hat.[218] Eine **Hinweispflicht** des Franchisegebers dergestalt, dass die Investitionsveranlassung an den ordentlichen Kündigungsfristen des Franchisevertrages nichts ändert, **besteht** allerdings **nicht,** so dass daraus auch **kein** dementsprechender **Schadensersatzanspruch** resultieren kann.

V. Rückerstattung der Eintrittsgebühr

Wird der Franchisevertrag **vorzeitig beendet,** stellt sich die Frage, ob und in welchem **94** Umfang eine vom Franchisenehmer zu Vertragsbeginn gezahlte Eintrittsgebühr zurückzuerstatten ist. In den Franchiseverträgen findet sich diesbezüglich selten eine Regelung.[219] Ob ein Anspruch auf Rückerstattung dem Grunde nach besteht, hängt von den Umständen der Vertragsbeendigung ab (→ Rn. 95 ff.) und dem Zweck, für den die Eintrittsgebühr gezahlt wurde (→ Rn. 98 ff.).

1. Umstände der vorzeitigen Vertragsbeendigung. Bei einem Franchiseverhältnis, **95** das durch Zeitablauf oder ordentliche Kündigung beendet wurde, kommt eine Rückerstattung der Eintrittsgebühr nicht in Betracht. Denn mit der Mindestvertragslaufzeit ist die Eintrittsgebühr in jedem Fall abgegolten. Zu einer Rückzahlungspflicht kann es nur bei einer vorzeitigen Vertragsbeendigung kommen, also wenn der Franchisevertrag **nie wirksam bestanden** hat oder wenn er **zu einem bei Vertragsschluss nicht vorgesehenen Zeitpunkt beendet** wurde.

Dass der Franchisevertrag nie wirksam bestanden hat, kann auf anfänglicher Unwirk- **96** samkeit beruhen, zB wegen Formnichtigkeit nach §§ 125 S. 1, 510 Abs. 2 S. 1 BGB oder aufgrund von Sittenwidrigkeit (§ 138 BGB). Eine anfängliche Unwirksamkeit kann kraft Fiktion auch wegen einer Anfechtung gegeben sein (§ 142 Abs. 1 BGB).

Die **vorzeitige Beendigung** des Franchisevertrages kann sich aus einer **außerordentli- 97 chen Kündigung** oder einem **Widerruf** (§ 355 BGB) ergeben oder durch einen **Aufhebungsvertrag**[220] erfolgt sein. Bei einer außerordentlichen Kündigung kommt eine Erstattung der Eintrittsgebühr grds. nur in Betracht, wenn der Franchisenehmer wegen eines wichtigen Grundes gekündigt hat.[221] Lag hingegen der wichtige Grund im Verhalten des Franchisenehmers und hat der Franchisegeber den Vertrag außerordentlich gekündigt, kommt es zu keiner Rückerstattung. Die Erwartung des Franchisegebers, die Eintrittsgebühr behalten zu dürfen, ist in diesen Fällen schützenswert, weil er für das vorzeitige Ende des Franchiseverhältnisses nicht verantwortlich ist.[222]

2. Zweck der Eintrittsgebühr. Hinsichtlich des Zweckes der Eintrittsgebühr sind zwei **98** Konstellationen möglich. Eine Alternative besteht darin, dass die Franchisegebühr für die **Übertragung des Know-hows** und die **Eingliederung in das System** des Franchisegebers gezahlt wird. Die Gegenleistung des Franchisenehmers für die Eintrittsgebühr wird regelmäßig mit Vertragsschluss und Übergabe der wesentlichen Systeminformationen erbracht. Daher kommt in diesem Fall eine Rückerstattung der Eintrittsgebühr nicht in Betracht.[223]

---

[218] Flohr, Franchise-Vertrag, S. 296; Pohl in Flohr/Petsche, Franchiserecht, Deutschland und Österreich (2008), Rn. 365.
[219] Martinek/Semler/Flohr VertriebsR-HdB/Flohr § 32 Rn. 130.
[220] Im Rahmen einer Aufhebungsvereinbarung werden die Parteien in aller Regel eine Vereinbarung hinsichtlich der Rückzahlung treffen, vgl. Giesler/Giesler/Güntzel § 4 Rn. 706.
[221] OLG Frankfurt a. M. NJW-RR 1995, 1395; Adams/Witte DStR 1998, 251 (255); Metzlaff Franchising-HdB/Metzlaff Rn. 410.
[222] Adams/Witte DStR 1998, 251 (255); Metzlaff Franchising-HdB/Metzlaff Rn. 410.
[223] OLG Hamburg EWiR 1986, 899; Martinek/Semler/Flohr VertriebsR-HdB/Flohr § 32 Rn. 130; Küstner/Thume VertriebsR-HdB III Kap. V Rn. 24; Rauser/Bräutigam DStR 1996, 587 (591).

99 Die zweite Alternative ist, dass die Eintrittsgebühr zeitabhängig ausgestaltet ist und damit **zukünftige Leistungen** des Franchisegebers im Voraus vergütet werden. Für einen derartigen Zweck spricht, wenn der Franchisegeber zu weiteren konkreten Leistungen verpflichtet ist (zB Werbung, Schulungen, Ausstattungsgegenstände) ohne diese gesondert in Rechnung stellen zu dürfen.[224] In diesem Fall kann eine Rückzahlungspflicht bestehen, wenn und soweit der vom Franchisenehmer geleistete Vorschuss bei vorzeitiger Vertragsbeendigung noch nicht vollständig „verbraucht" ist.[225]

100 Diese Abgrenzung kann im Einzelfall Schwierigkeiten bereiten. **Vorrangig** ist jedenfalls eine **vertragliche Abrede** über den **Zweck der Zahlung.** Sofern eine solche, wie meist, nicht vorliegt, ist der Zweck anhand der Merkmale des einzelnen Franchiseverhältnisses durch Auslegung zu ermitteln.[226] Indizien für die Auslegung sind auch die Höhe der Eintrittsgebühr und ihr wertmäßiges Verhältnis zu den laufenden, meist monatlich zu zahlenden Franchisegebühren. Ist die Eintrittsgebühr relativ hoch und sind die laufenden Franchisegebühren eher gering, so spricht einiges für die zweite Alternative (→ Rn. 99) und damit eine mögliche Rückerstattungspflicht. Eine relativ geringe Eintrittsgebühr deutet hingegen darauf hin, dass die Leistung des Franchisegebers mit Eingliederung des Franchisenehmers erbracht ist und keine Rückzahlung zu leisten ist (erste Alternative → Rn. 98).[227] Ob eine Eintrittsgebühr als hoch zu betrachten ist, ergibt sich aus einem Marktvergleich unter Berücksichtigung des Bekanntheitsgrades und der Reputation des Systemprodukts.[228]

101 **3. Umfang der Erstattungspflicht.** Soweit eine Rückerstattungspflicht nach dem unter → Rn. 99 Gesagten besteht, richtet sie sich nach den **§§ 812 ff. BGB.** Sofern ein wirksamer Franchisevertrag nicht zustande gekommen ist oder mit ex tunc-Wirkung beseitigt wurde (→ Rn. 96), hat der Franchisegeber die Eintrittsgebühr ohne Rechtsgrund erlangt, so dass sie nach § 812 Abs. 1 S. 1 Alt. 1 BGB herauszugeben ist bzw. bei Unmöglichkeit der Herausgabe ihr Wert zu ersetzen ist (§ 818 Abs. 2 Alt. 1 BGB).[229] Ist der Franchisevertrag mit ex nunc-Wirkung beendet worden (→ Rn. 97), ist Anspruchsgrundlage der Rückforderung § 812 Abs. 1 S. 2 Alt. 1 BGB.[230]

102 Nach dem OLG Oldenburg und dem OLG Dresden ist die Rückforderungssumme nach der **Saldotheorie** zu berechnen.[231] Nach der Saldotheorie sind die sich gegenüberstehenden Leistungen zu saldieren und der verbleibende Überschuss kann als Bereicherungsanspruch geltend gemacht werden.[232] Das bedeutet, dass der Franchisenehmer den Wert der Leistungen des Franchisegebers von seinem Rückzahlungsanspruch hinsichtlich der Eintrittsgebühr abziehen muss.[233] Diese Berechnungsmethode kann sehr komplex sein. Die Erfassung der geldwerten Leistungen des Franchisegebers ist aufgrund der Natur des Franchising nicht einfach. Hierbei sind ua auch Marke des Franchisegebers, Geschäftskonzept, das übertragene Know-how, die überlassenen gewerblichen Schutzrechte und das zu nutzende Gebiet zu berücksichtigen. Eine geldwerte Bezifferung dürfte schwer fallen und ein Sachverständigengutachten wird daher im Streitfall wohl immer erforderlich sein.[234] Als Vorteil der Saldotheorie wird hervorgehoben, dass sie zu exakten Ergebnissen führt, weil

---

[224] Martinek/Semler/Flohr VertriebsR-HdB/Flohr § 32 Rn. 131.

[225] OLG Frankfurt a. M. NJW-RR 1995, 1395; Küstner/Thume VertriebsR-HdB III Kap. V Rn. 24.

[226] Martinek/Semler/Flohr VertriebsR-HdB/Flohr § 32 Rn. 130; Rauser/Bräutigam DStR 1996, 587 (591).

[227] Martinek/Semler/Flohr VertriebsR-HdB/Flohr § 32 Rn. 131.

[228] Adams/Witte DStR 1998, 251 (254).

[229] Metzlaff Franchising-HdB/Metzlaff Rn. 409.

[230] BGH NJW 1995, 722 (724); OLG Frankfurt a. M. NJW-RR 1995, 1395; Martinek/Semler/Flohr VertriebsR-HdB/Flohr § 32 Rn. 131; Küstner/Thume VertriebsR-HdB III Kap. V Rn. 23.

[231] OLG Oldenburg DStR 1998, 903; OLG Dresden NJW-RR 1996, 1013; Rauser/Bräutigam DStR 1996, 587 (590).

[232] BGH NJW 1988, 3011; Grüneberg/Sprau BGB § 818 Rn. 46 ff.

[233] Giesler/Giesler/Güntzel § 4 Rn. 710.

[234] Rauser/Bräutigam DStR 1996, 587 (591).

auf den objektiven Wert des Franchise abgestellt wird und in die Berechnung alle für das Franchiseverhältnis relevanten Faktoren einfließen können.[235]

Das OLG Frankfurt a. M. vertritt hingegen eine **lineare Berechnungsweise.**[236] Danach **103** wird die zeitabhängige Eintrittsgebühr zunächst durch die vereinbarte Vertragslaufzeit geteilt und dann mit der tatsächlichen Laufzeit multipliziert. Die lineare Berechnung wird zwar nicht immer zu Ergebnissen führen, die den vorgenommenen und rückabzuwickelnden Leistungsaustausch im Franchiseverhältnis exakt widerspiegeln, bspw. wenn die Eintrittsgebühr nur teilweise als Einmalleistung bei Vertragsschluss (→ Rn. 98) zu sehen ist[237] oder die durch den Franchisegeber während der einzelnen Zeiteinheiten der Vertragsdauer zu erbringenden Leistungen nicht gleichwertig sind.[238] Allerdings lässt sich durch diese Berechnungsmethode in der Praxis ohne größeren Aufwand ein genauer Anspruchsbetrag errechnen.

Im Falle der **ex tunc**-Nichtigkeit macht nur die Berechnung nach der **Saldotheorie 104** Sinn. Der Vertrag hat nie bestanden bzw. wird so angesehen. Auf die tatsächliche Laufzeit, wie bei der linearen Betrachtungsweise, kann daher nicht abgestellt werden. Die rechtsgrundlos gezahlte Eintrittsgebühr ist zurückzuerstatten (§ 812 Abs. 1 S. 1 Alt. 1 BGB) abzüglich des Wertes der vom Franchisegeber erbrachten Leistungen.

Im Falle der **ex nunc**-Nichtigkeit ist die **lineare Berechnung** sachgerechter.[239] Die **105** Berechnung nach der Saldotheorie ist äußerst aufwendig und wird mit zunehmender Laufzeit des Franchisevertrages immer umfangreicher. Diese zeit- und kostenaufwändige Methode kommt indes auch nicht zwingend zu exakten Ergebnissen, da die Bezifferung immaterieller Güter Unsicherheiten und Berechnungsschwankungen unterliegt.

D. Kommissionsagent

Im Hinblick auf die Folgen der Beendigung des Kommissionsagenturvertrages kann auf **106** die Ausführungen zum Handelsvertreter entsprechend verwiesen werden (→ Rn. 1 ff.).

§ 89 Kündigung des Vertrages

(1) ¹**Ist das Vertragsverhältnis auf unbestimmte Zeit eingegangen, so kann es im ersten Jahr der Vertragsdauer mit einer Frist von einem Monat, im zweiten Jahr mit einer Frist von zwei Monaten und im dritten bis fünften Jahr mit einer Frist von drei Monaten gekündigt werden.** ²**Nach einer Vertragsdauer von fünf Jahren kann das Vertragsverhältnis mit einer Frist von sechs Monaten gekündigt werden.** ³**Die Kündigung ist nur für den Schluss eines Kalendermonats zulässig, sofern keine abweichende Vereinbarung getroffen ist.**

(2) ¹**Die Kündigungsfristen nach Absatz 1 Satz 1 und 2 können durch Vereinbarung verlängert werden; die Frist darf für den Unternehmer nicht kürzer sein als für den Handelsvertreter.** ²**Bei Vereinbarung einer kürzeren Frist für den Unternehmer gilt die für den Handelsvertreter vereinbarte Frist.**

(3) ¹**Ein für eine bestimmte Zeit eingegangenes Vertragsverhältnis, das nach Ablauf der vereinbarten Laufzeit von beiden Teilen fortgesetzt wird, gilt als auf unbestimmte Zeit verlängert.** ²**Für die Bestimmung der Kündigungsfristen nach Absatz 1 Satz 1 und 2 ist die Gesamtdauer des Vertragsverhältnisses maßgeblich.**

[235] Rauser/Bräutigam DStR 1996, 587 (591 f.).

[236] OLG Frankfurt a. M. NJW-RR 1995, 1395 mit zust. Anm. Flohr WiB 1995, 346; Martinek/Semler/ Flohr VertriebsR-HdB/Flohr § 32 Rn. 131; vgl. auch BGH NJW 1995, 722 (724) – Ceiling Doctor.

[237] Nach dem OLG Frankfurt a. M. NJW-RR 1995, 1395 soll dies jedenfalls bei einem geringem Anteil keine Rolle spielen.

[238] Martinek/Semler/Flohr VertriebsR-HdB/Flohr § 32 Rn. 131.

[239] Giesler/Giesler/Güntzel § 4 Rn. 714.

Literatur: Ankele, Das deutsche Handelsvertreterrecht nach der Umsetzung der EG-Richtlinie, DB 1989, 2211; Becker-Schaffner, Die Änderungskündigung aus materieller und prozessualer Sicht, BB 1991, 129; ders., Zugang der Kündigung, BB 1998, 422; Boldt, Zur vorzeitigen Kündigung eines Handelsvertreterverhältnisses, BB 1962, 906; Ebenroth, Absatzmittlungsverträge im Spannungsverhältnis von Kartell- und Zivilrecht, 1980; Eckert, Das neue Recht der Handelsvertreter – Die Umsetzung der EG-Richtlinie in deutsches Recht, NZA 1990, 384; Eckhoff, Analoge Anwendung des § 89 III HGB bei Befristung einzelner Teile eines sonst unbefristeten Handelsvertretervertrags, ZVertriebsR 2012, 112; Emde, Die Strukturkündigung Nissans, BB 2009, 2330; Emde/Kelm, Der Handelsvertretervertrag in der Insolvenz des Unternehmers, ZIP 2005, 58; Flohr, Der Franchise-Vertrag – Rechtliche Grundlagen und Hinweise zur Vertragsgestaltung, ZAP 2012, 799; Füssel, Teilkündigung eines Handelsvertretervertrags, DB 1972, 378; Günther-Gräff, Kündigung und Kündigungsschutz von Absatzmittlerverträgen, 1999; Hermes, Beendigung des Vertragshändlervertrages im deutschen und niederländischen Recht, RIW 1999, 81; Heyer, Zur vorzeitigen Kündbarkeit von Tankstellenverträgen, NJW 1965, 1573; Höft, Zur Anwendung des § 89 Abs. 3 HGB, VersR 1973, 600; Höpfner, Kündigungsschutz und Ausgleichsansprüche des Franchisenehmers bei der Beendigung von Franchiseverträgen, 1997; Küstner, Zur Teilkündigung von Handelsvertreterverträgen, VersVerm 1967, 236; ders., Bezirksverkleinerung durch Teilkündigung des Vertretervertrages?, RVR 1969, 109; ders., Die kündigungsrechtliche Behandlung von Handelsvertreterverträgen mit Verlängerungsklausel, BB 1973, 1239; ders., Handelsvertreterverträge mit Verlängerungsklausel, BB 1975, 195; Küstner/v. Manteuffel, Die Änderung des Handelsvertreterrechts aufgrund der EG-Harmonisierungsrichtlinie vom 18.12.1986, BB 1990, 291; Leo, Rechtsfragen zur Kündigung des Handelsvertretervertrags, DB 1961, 1518; Maier, Kündigung des Handelsvertretervertrags wegen Alters oder wegen Krankheit, BB 1978, 940; Matthießen, Arbeits- und handelsvertreterrechtliche Ansätze eines Franchisenehmerschutzes, ZIP 1988, 1089; Mesch, Die Gestaltung von Kündigungsklauseln in Vertragshändlerverträgen, ZVertriebsR, 2015, 8; Niebling, Vertriebsrecht als AGB-Recht, ZVertriebsR 2012, 79; Nolte, Weniger ist mehr: Die Neuerungen im EU-Kartellrecht für den Kfz-Vertrieb, BB 2013, 1667; Oetker, Das Dauerschuldverhältnis und seine Beendigung, 1994; Preis/Stoffels, Die Inhaltskontrolle der Verträge selbständiger und unselbständiger Handelsvertreter, ZHR 160 (1996), 442; Saenger, Recht des Handelsvertreters zur ausgleichswahrenden Eigenkündigung, DB 2000, 129; Schnitzler, Teilkündigung eines Handelsvertretervertrags, MDR 1959, 170; Schröder, Kündigung von Handelsvertreterverträgen mit Verlängerungsklausel, BB 1974, 298; ders., Handelsvertreterverträge auf bestimmte Zeit, FS Hefermehl, 1976, 113; Schwytz, Mindestkündigungsfrist bei Beendigung von Handelsvertreterverträgen, BB 1997, 2385; Steinhauer/Weppner, Der Handelsvertretervertrag in der umwandlungsrechtlichen Praxis, ZIP 2010, 1330; Ströbl/Schumacher, Außerordentliche Kündigung bei Insolvenz des Absatzmittlers, BB 2009, 1201; Ulmer, Kündigungsschranken im Handels- und Gesellschaftsrecht, FS Möhring, 1975, 295; Wauschkuhn/Teichmann, Typische Probleme bei der Beendigung von Vertragshändlerverträgen, ZVertriebsR 2013, 139; Graf v. Westphalen, Vertragshändlerverträge außerhalb der EG-VO 1475/95 und des Instrumentariums der richterlichen Inhaltskontrolle von AGB-Klauseln, Freundesgabe Gündisch, 1999, 70.

Übersicht

A. Handelsvertreter

I. Bedeutung

1. Entstehungsgeschichte. Die ursprünglich in § 92 enthaltene Vorschrift zur ordent- **1** lichen Kündigung des Handelsvertretervertrages wurde durch das **Gesetz zur Durchführung der EG-Richtlinie zur Koordinierung des Rechts der Handelsvertreter**[1]

---

[1] BGBl. I 1910.

vom 23.10.1989 erheblich geändert. Dies betraf insbesondere die in der Handelsvertreter-RL[2] vorgesehenen zwingenden Mindestkündigungsfristen (→ Rn. 88 ff.).

2   **2. Regelungsgegenstand und Zweck.** § 89 enthält in **Umsetzung der Art. 14 und 15 Handelsvertreter-RL** Regelungen zur ordentlichen Kündigung des auf unbestimmte Zeit eingegangenen Handelsvertreterverhältnisses sowie zur Fortsetzung und Kündigung von auf bestimmte Zeit abgeschlossenen Handelsvertreterverträgen, die nach Ende der Laufzeit von beiden Parteien fortgesetzt werden. Die Regelungen des § 89 gelten für die Kündigung sowohl durch den Handelsvertreter als auch durch den Unternehmer.

3   Aus der Rechtsprechung des für die Auslegung der Handelsvertreter-RL zuständigen **EuGH** ergeben sich **keine Feststellungen zum Normzweck** von Art. 14 und 15 und damit auch keine relevanten Vorgaben für die Auslegung von § 89.

4   Dagegen hat der **BGH** zum Zweck der Kündigungsfristen Stellung genommen. Danach gewähren die Kündigungsfristen dem Handelsvertreter Schutzfristen, damit er sich rechtzeitig für die Zeit nach Vertragsbeendigung auf eine Tätigkeit für einen oder mehrere andere Unternehmer oder auf anderen Geschäftsfeldern umstellen kann.[3] Die Fristen schützen allerdings auch den Unternehmer, damit er den Vertrieb im Vertragsgebiet rechtzeitig neu organisieren kann.[4] Das Gesetz geht dabei davon aus, dass der zur Verfügung stehende Zeitraum umso länger sein sollte, je länger das Vertragsverhältnis besteht, wie aus dem System gestaffelter Mindestfristen – entsprechend der Regelung in § 622 Abs. 2 S. 1 BGB[5] – erkennbar ist.

5   **Abs. 2 S. 1 Hs. 1** legt fest, dass die in Abs. 1 vorgesehenen Kündigungsfristen verlängert werden können; eine Verkürzung ist im Umkehrschluss ausgeschlossen.[6] Der Handelsvertreter ist damit vor für ihn nachteiligen Vereinbarungen im Hinblick auf die Kündigungsfristen geschützt.[7] Gemäß **Abs. 2 S. 1 Hs. 2, S. 2** darf für den Unternehmer keine kürzere Kündigungsfrist vereinbart werden als für den Handelsvertreter. Umgekehrt kann die Kündigungsfrist für den Unternehmer länger sein als die Frist für den Handelsvertreter. Insofern gibt das Gesetz den Parteien die Möglichkeit, den Handelsvertreter gegenüber dem Unternehmer zu bevorzugen.

6   Nach **Abs. 3** gilt ein für eine bestimmte Zeit eingegangenes Vertragsverhältnis, das nach Ablauf der vereinbarten Laufzeit von beiden Teilen fortgesetzt wird, als auf unbestimmte Zeit verlängert, wobei die Gesamtdauer des Vertragsverhältnisses für die Bestimmung der Kündigungsfristen nach Abs. 1 S. 1, S. 2 maßgeblich ist. Diese Regelung verschafft den Parteien bei einer Fortsetzung des Vertragsverhältnisses Rechtssicherheit.[8]

7   **3. Verhältnis zu den Vorschriften des BGB.** § 89 enthält eine **abschließende Sonderregelung** für die ordentliche Kündigung des Handelsvertretervertrages, die §§ 620 ff. BGB weitgehend verdrängt.[9] §§ 620 ff. BGB sind nur insoweit auf die Kündigung von Handelsvertreterverträgen anzuwenden, als § 89 nicht eingreift. Somit sind §§ 621, 622 Abs. 1–5, 623, 629, 630 BGB auf die ordentliche Kündigung nicht anwendbar.[10] Dagegen

---

[2] RL 86/653/EWG des Rates vom 18.12.1986 zur Koordinierung der Rechtsvorschriften der Mitgliedstaaten betreffend die selbständigen Handelsvertreter, ABl. 1986 L 382, 17.

[3] BGH NJW-RR 2002, 1554 (1555).

[4] Giesler/Nauschütt FranchiseR/Kroll Kap. 7 Rn. 52.

[5] Vgl. Begr. zum Entwurf eines Gesetzes zur Änderung des HGB (Recht der Handelsvertreter), BT-Drs. 1/3856, 31; zust. etwa MüKoHGB/Ströbl Rn. 2.

[6] Emde Rn. 93.

[7] MüKoHGB/Ströbl Rn. 1; Heymann/Froitzheim Rn. 3.

[8] LG Köln BeckRS 2012, 03969.

[9] Ebenroth/Boujong/Joost/Strohn/Löwisch Rn. 5; Küstner/Thume VertriebsR-HdB I Kap. II Rn. 15 ff.; Emde Rn. 37.

[10] Ebenroth/Boujong/Joost/Strohn/Löwisch Rn. 6; MüKoHGB/Ströbl Rn. 65; für eine Anwendbarkeit v. § 622 Abs. 6 BGB: MüKoHGB/Ströbl Rn. 65; dagegen: Ebenroth/Boujong/Joost/Strohn/Löwisch Rn. 6.

ist § 620 BGB im Falle befristeter Handelsvertreterverträge anwendbar.[11] § 625 BGB wird insoweit verdrängt, als § 89 Abs. 3 HGB anwendbar ist.[12]

Umstritten ist die **Anwendbarkeit von § 624 BGB** auf die ordentliche Kündigung **8** unbefristeter Handelsvertreterverträge.[13] Bejaht man die Anwendbarkeit von § 624 BGB neben § 89, steht dem Handelsvertreter eine alternative Kündigungsmöglichkeit zur Verfügung. Die Anwendung von § 624 BGB ist **nicht generell ausgeschlossen.** Denn die Zielrichtung der Norm ist eine gänzlich andere als diejenige des § 89; § 624 BGB will verhindern, dass die persönliche und berufliche Freiheit des Dienstpflichtigen übermäßig begrenzt wird.[14] § 624 BGB ist jedoch nur anwendbar, wenn der Handelsvertreter eine natürliche Person ist.[15] Ferner muss im konkreten Vertragsverhältnis das dienstvertragliche Element überwiegen.[16] Für Verträge mit **Tankstellenhaltern** hat der BGH die Anwendbarkeit von § 624 BGB zu Recht generell verneint.[17] Bei solchen Verträgen stellt der Tankstellenhalter im Regelfall das Tankstellengrundstück zur Verfügung, während die Mineralölgesellschaft die Tankstellenbaulichkeiten und -einrichtungen erstellt oder finanziert.[18] Der BGH führt zutreffend aus, es handele sich um ein komplexes Vertragsverhältnis, bei dem der Charakter des Dienstvertrages nicht so sehr überwiege, dass sich der Gesamtvertrag ausschließlich nach dessen Regeln richten müsse.[19] Zudem erfordere der Einsatz erheblichen Kapitals durch die Mineralölgesellschaft eine langfristige Vertragsbindung des Tankstellenhalters.[20] Diese Rechtsprechung hat in der Literatur[21] zu Recht Zustimmung gefunden.

4. Anwendungsbereich. § 89 gilt für **sämtliche Handelsvertretervertragsverhält- 9 nisse** mit Ausnahme von Verträgen mit Handels- und Versicherungsvertretern im Nebenberuf (§ 92b Abs. 1 S. 1). Die Vorschrift erfasst **jede ordentliche Kündigung** des Handelsvertretervertrages, also auch die Änderungskündigung und die Teilkündigung, soweit diese überhaupt zulässig ist (→ Rn. 81 ff.).[22]

§ 89 ist grundsätzlich nicht auf die **Ausübung von Weisungs- und Dispositions- 10 rechten** des Unternehmers anwendbar, und zwar auch dann nicht, wenn die Ausübung der vertraglich vorbehaltenen Befugnis zur Änderung einzelner Vertragsbedingungen führt.[23] Eine Ausnahme gilt nur insoweit, als die Ausübung von Weisungs- und Dispositionsrechten die Wirkung einer (Teil-)Kündigung hat.[24]

Die Regelungen von § 89 sind grundsätzlich **analog** auf Verträge mit Vertragshändlern, **11** Franchisenehmern und Kommissionsagenten anwendbar (→ Rn. 125 ff.).

---

[11] OLG München ZVertriebsR 2022, 327 Rn. 50; Baumbach/Hopt/Hopt Rn. 6; Koller/Kindler/Roth/Drüen/Roth Rn. 1.

[12] Ebenroth/Boujong/Joost/Strohn/Löwisch Rn. 6; unklar Baumbach/Hopt/Hopt Rn. 6, 22.

[13] Grds. für Anwendbarkeit v. § 624 BGB wohl: BGH NJW 1995, 2350 (2351); MüKoHGB/Ströbl Rn. 5; Baumbach/Hopt/Hopt Rn. 7; Emde Vor § 84 Rn. 86; GK-HGB/Genzow Rn. 1; dagegen beispielsweise LG Hamburg NJW 1963, 1550 (1551); Ebenroth/Boujong/Joost/Strohn/Löwisch Rn. 6.

[14] RGZ 80, 277 (279) mwN zur Entstehungsgeschichte; BGHZ 83, 313 = NJW 1982, 1692 (1693); BAG NZA-RR 2006, 416 (420); MüKoBGB/Henssler § 624 Rn. 1.

[15] Giesler/Vogels § 2 Rn. 378; Martinek/Semler/Flohr VertriebsR-HdB/Semler § 19 Rn. 4; BeckOK HGB/Lehmann Rn. 3; Emde Vor § 84 Rn. 86: bei HV-Gesellschaft sei idR von Abbedingung v. § 624 BGB auszugehen.

[16] KG MDR 1997, 1041 (1042); OLG Hamm BB 1978, 1335; Baumbach/Hopt/Hopt Rn. 7; Martinek/Semler/Flohr VertriebsR-HdB/Semler § 19 Rn. 4; Emde Die Handelsvertreter-GmbH, 201 f.; Rittner NJW 1964, 2255 (2256).

[17] BGH NJW 1982, 1692 f.; 1969, 1662 (1663).

[18] Anders die sog. „Pächterverträge", bei denen die Mineralölgesellschaft das Grundstück stellt.

[19] BGH NJW 1969, 1662 (1663).

[20] BGH NJW 1969, 1662 (1663).

[21] Küstner/Thume VertriebsR-HdB I Kap. I Rn. 161 f.; Oetker/Busche Rn. 4; Emde Rn. 32.

[22] Emde Rn. 1; Ebenroth/Boujong/Joost/Strohn/Löwisch Rn. 26 f.; Staub/Emde Rn. 2.

[23] Emde Rn. 1; Ebenroth/Boujong/Joost/Strohn/Löwisch Rn. 26; Schlegelberger/Schröder Rn. 9b.

[24] Emde Rn. 1.

II. Beendigungsgründe

12   **1. Überblick.** Die Kündigung stellt nur eine von mehreren Möglichkeiten dar, das Handelsvertreterverhältnis zu **beenden.** Dabei lassen sich Formen der **einvernehmlichen** Beendigung, beispielsweise die bei Vertragsschluss vereinbarte Befristung, die auflösende Bedingung oder der nachträglich vereinbarte Aufhebungsvertrag, von Formen der **nicht einvernehmlichen** Beendigung, wie insbesondere die ordentliche und außerordentliche Kündigung, unterscheiden.[25]

13   Die **Art** der Beendigung des Handelsvertretervertrages ist insbesondere im Hinblick auf den Ausgleichsanspruch nach § 89b und das nachvertragliche Wettbewerbsverbot des § 90a von Bedeutung, da bei diesen Normen die verschiedenen Beendigungsgründe unterschiedliche Rechtsfolgen auslösen können.

14   **2. Befristeter Vertrag.** Gemäß § 620 Abs. 1 BGB endet ein **für eine bestimmte Zeit abgeschlossenes Handelsvertreterverhältnis** mit dem Ablauf der Zeit, für die es eingegangen ist. Ob ein Vertragsverhältnis für eine bestimmte Zeit eingegangen ist, ergibt sich entweder aus einer ausdrücklichen Abrede oder aus den Umständen des Einzelfalles. Ein Handelsvertreterverhältnis ist ausdrücklich auf bestimmte Zeit abgeschlossen, wenn ein bestimmtes Enddatum oder eine bestimmte Laufzeit, beispielsweise in Monaten oder Jahren, festgelegt wurde.[26] Dagegen sind beispielsweise Verträge, in denen die Parteien eine automatische Verlängerung vorsehen, sofern keine Partei den Vertrag kündigt, nicht für eine bestimmte Zeit eingegangen.

15   Der **Zeitraum** einer Befristung des Vertrages muss mindestens den von § 89 genannten Kündigungsfristen entsprechen.[27]

16   Ein für eine bestimmte Zeit eingegangenes Vertragsverhältnis, das nach Ablauf der vereinbarten Laufzeit von beiden Teilen **fortgesetzt** wird, gilt gemäß Abs. 3 als auf unbestimmte Zeit verlängert.

17   Befristete Verträge **können grundsätzlich nicht nach § 89 gekündigt werden.**[28] Die Parteien können allerdings ein vertragliches Kündigungsrecht trotz Befristung extra vereinbaren.[29] Ferner besteht die Möglichkeit einer außerordentlichen Kündigung nach § 89a.

18   **3. Auflösende Bedingung.** Die Parteien können eine **auflösende Bedingung** gemäß § 158 Abs. 2 BGB vereinbaren, mit deren Eintritt das Vertragsverhältnis automatisch endet.[30] In Betracht kommt beispielsweise das Erreichen einer bestimmten Altersschwelle (→ Rn. 62) oder der Bestand eines anderen Vertragsverhältnisses.[31] Stets ist allerdings zu prüfen, ob die Parteien tatsächlich eine auflösende Bedingung oder nicht vielmehr einen **Grund für eine außerordentliche Kündigung** vereinbaren wollten.[32] Umgekehrt kann ein unklar formuliertes Kündigungsrecht als auflösende Bedingung auszulegen sein.[33]

19   Die Vereinbarung einer auflösenden Bedingung birgt **Risiken.** Erstens besteht die Möglichkeit, dass eine Partei den **Bedingungseintritt bewusst herbeiführt** und damit die automatische Beendigung des Vertrags bewirkt.[34] Der möglicherweise berechtigte Einwand gemäß §§ 162 Abs. 2, 242 BGB, der Bedingungseintritt sei treuwidrig herbeigeführt worden, begegnet in der Praxis Beweisschwierigkeiten.[35] Zweitens ist es möglich,

---

[25] Weiter differenzierend: MüKoHGB/Ströbl Rn. 5.
[26] MüKoHGB/Ströbl Rn. 9; Ebenroth/Boujong/Joost/Strohn/Löwisch Rn. 10; Baumbach/Hopt/Hopt Rn. 19.
[27] Emde Rn. 11.
[28] Emde Rn. 40.
[29] MüKoBGB/Hesse § 620 Rn. 11.
[30] Giesler/Giesler/Güntzel § 4 Rn. 532 (für Franchisenehmer); Emde Rn. 9.
[31] Giesler/Giesler/Güntzel § 4 Rn. 532 (für Franchisenehmer).
[32] Schlegelberger/Schröder Rn. 1d; Emde Rn. 9.
[33] BayObLG NJW-RR 1990, 87; Emde Rn. 9; Staudinger/Bork BGB Vorb. zu §§ 158 ff. Rn. 10.
[34] Emde Rn. 9.
[35] Emde Rn. 9.

dass die jeweilige Bedingung **tatsächlich nicht eintreten kann.** In diesem Fall ist durch Auslegung zu ermitteln, ob der Vertrag nach dem hypothetischen Parteiwillen als auf unbestimmte Zeit abgeschlossen gelten oder in dem Zeitpunkt enden soll, in dem sich erweist, dass der Eintritt der Bedingung unmöglich ist.[36] Drittens könnte die Vereinbarung einer auflösenden Bedingung als **Umgehung** von § 89 (bzw. § 89a) und damit als nichtig angesehen werden.[37] Dieses Risiko dürfte dann nicht bestehen, wenn die auflösende Bedingung inhaltlich die Anforderungen an einen wichtigen Grund iSv § 89a erfüllt.[38] In diesem Fall käme dann auch eine fristlose Kündigung gemäß § 89a in Betracht.[39] Das Risiko, dass die Vereinbarung einer auflösenden Bedingung als Umgehung angesehen werden könnte, dürfte ferner dann relativ gering (aber nicht auszuschließen) sein, wenn die auflösende Bedingung zwar nicht die Anforderungen an einen wichtigen Grund iSv § 89a, jedoch die folgenden Voraussetzungen erfüllt: Für die Vereinbarung besteht ein objektiv anerkennenswertes Interesse,[40] beispielsweise an dem Erreichen bestimmter, objektiv realistischer Umsatzschwellen innerhalb einer gewissen Zeitspanne;[41] die Bedingung knüpft an objektiv nachprüfbare Umstände und nicht an subjektive Wertungen an;[42] der Vertrag regelt die Voraussetzungen und Folgen des Bedingungseintritts in transparenter Weise, so dass diese bei Vertragsschluss vorhersehbar sind.[43] Unter diesen Umständen lässt sich nicht von einer Umgehung sprechen. Vielmehr schaffen die Parteien einen eigenständigen, die beiderseitigen Interessen hinreichend wahrenden Beendigungsgrund.

Insgesamt sind die zu beachtenden Risiken bei Vereinbarung einer auflösenden Bedin- **20** gung relativ hoch. Es ist auch nicht auszuschließen, dass ein Gericht eine Vorwarnung[44] der anderen Partei verlangt, bevor der Eintritt der auflösenden Bedingung geltend gemacht werden kann. Daher wird es häufig vorzugswürdig sein, statt einer auflösenden Bedingung ein (Sonder-)Kündigungsrecht in den Vertrag aufzunehmen, das den Interessen beider Parteien Rechnung trägt.[45]

§ 242 BGB kann in Ausnahmefällen hinsichtlich etwaiger vom Unternehmer verlangter **21** bzw. vertraglich vorausgesetzter[46] **Investitionen** des Handelsvertreters einen Schutz vor extremen finanziellen Folgen des jähen Bedingungseintritts gebieten.[47] Dem Unternehmer kann es danach versagt sein, sich auf den Eintritt der auflösenden Bedingung zu berufen.

4. Aufhebungsvertrag. Die Parteien können das Handelsvertreterverhältnis durch einen **22** einvernehmlichen **Aufhebungsvertrag** zu jedem beliebigen Zeitpunkt beenden.[48]

Wenn der Handelsvertreter den Vertrag unberechtigt fristlos kündigt, so liegt hierin **23** zugleich auch ein Angebot zu einer einvernehmlichen Vertragsaufhebung, das der Unternehmer annehmen kann.[49] Eine einverständliche Aufhebung ist auch dann anzunehmen,

---

[36] Küstner/Thume VertriebsR-HdB I Kap. VIII Rn. 122; MüKoHGB/Ströbl Rn. 11.

[37] Das Umgehungsproblem diskutieren etwa: MüKoHGB/Ströbl Rn. 12; Ebenroth/Boujong/Joost/Strohn/Löwisch Rn. 7; Emde Rn. 10; Martinek/Semler/Flohr VertriebsR-HdB/Semler § 19 Rn. 1.

[38] Emde Rn. 10.

[39] Emde Rn. 10.

[40] Emde Rn. 10.

[41] Emde Rn. 10; für die Nichtigkeit einer solchen Vereinbarung: MüKoHGB/Ströbl Rn. 12; einschränkend: Giesler/Giesler/Güntzel § 4 Rn. 533.

[42] Emde Rn. 10.

[43] Emde Rn. 10.

[44] Emde Rn. 10; Giesler/Giesler/Güntzel § 4 Rn. 534.

[45] Giesler/Giesler/Güntzel § 4 Rn. 534.

[46] Zu allg. auf „Investitionen" abstellend: Giesler/Giesler/Güntzel § 4 Rn. 533 (für Franchisenehmer); Emde Rn. 9 (allg. für „Vertriebsmittler").

[47] Ohne direkten Bezug zu § 242 BGB Giesler/Giesler/Güntzel § 4 Rn. 533 (für Franchisenehmer); Emde Rn. 9 (allg. für „Vertriebsmittler").

[48] Baumbach/Hopt/Hopt Rn. 9; MüKoHGB/Ströbl Rn. 13; Küstner/Thume VertriebsR-HdB I Kap. VIII Rn. 140; Heymann/Froitzheim Rn. 11.

[49] OLG München NJW-RR 1995, 95.

wenn die Parteien das Handelsvertreterverhältnis umwandeln, beispielsweise in ein Angestelltenverhältnis.[50] Dagegen stellt die längere Nichtausübung der Handelsvertretertätigkeit nicht ohne Weiteres eine stillschweigende Aufhebung dar.[51]

24   Heben die Parteien den Vertrag auf, so ist auf Grund der Einverständlichkeit ein Schutz des Handelsvertreters durch die Mindestkündigungsfristen nicht erforderlich.[52]

25   Von der Vertragsaufhebung zu unterscheiden sind Konstellationen, in denen die Parteien den **Vertrag ändern und danach fortsetzen.**

26   Die Parteien sind bei dem Abschluss des Aufhebungsvertrages **nicht an gesetzliche Formvorschriften gebunden.** Insbesondere ist § 623 BGB nicht anwendbar.[53] Die Parteien können jedoch im Handelsvertretervertrag vereinbaren, dass dieser nur schriftlich wirksam aufgehoben werden kann. Dies ist bereits aus Beweiserleichterungsgründen empfehlenswert.[54] Gleichwohl kann eine mündliche Aufhebungsvereinbarung wirksam sein, wenn die Parteien klar erkennbar gewollt haben, dass die mündliche Absprache maßgebend und eine etwaige Schriftformklausel außer Kraft gesetzt sein soll.[55] Eine mündliche Aufhebungsvereinbarung ist jedoch unwirksam, wenn in einem Individualvertrag auch bestimmt wird, dass das Formerfordernis nur durch schriftliche Vereinbarung aufgehoben werden kann[56] („qualifizierte" oder „doppelte" Schriftformklausel); denn eine solche Klausel bezweckt ersichtlich, die Aushöhlung des Schriftformerfordernisses durch die Parteien zu verhindern.[57]

27   Zu beachten ist, dass entsprechende Regelungen nicht wirksam in **Standardverträgen** getroffen werden können. Qualifizierte Schriftformklauseln in Standardverträgen werden in der Rechtsprechung entweder als nach § 307 Abs. 1 S. 1 BGB unwirksam angesehen[58] oder sollen jedenfalls gemäß § 305b BGB hinter Individualabreden zurücktreten.[59]

28   **5. Anfechtung.** Die Parteien können ihre zum Abschluss des Handelsvertretervertrages führenden Willenserklärungen wegen Irrtums nach §§ 119 ff. BGB **anfechten,** beispielsweise wegen Irrtums über den Inhalt oder eine verkehrswesentliche Eigenschaft einer Person (beispielsweise ist der Handelsvertreter wegen eines Vermögensdeliktes vorbestraft[60] oder der Unternehmer nicht vertrauenswürdig[61]). Die Anfechtungsregeln werden **nicht durch die Kündigungsvorschriften verdrängt;** die Kündigung betrifft Störungen in der Vertragsabwicklung, die Anfechtung hingegen Willensmängel bei Vertragsschluss.[62]

29   Hinsichtlich der Anfechtungswirkungen ist zwischen der Anfechtung **vor** und der Anfechtung **nach Vollzug** des Handelsvertreterverhältnisses zu unterscheiden.

30   Die Anfechtung **vor** Vollzug des Handelsvertreterverhältnisses, dh bevor der Handelsvertreter seine Tätigkeit mit Wissen und Billigung des Unternehmers aufgenommen hat, führt zur Nichtigkeit des Vertrages **ex tunc** (§ 142 Abs. 1 BGB).[63]

31   Bei einer Anfechtung **nach** Vollzug des Handelsvertreterverhältnisses stellt sich die Annahme einer Nichtigkeit ex tunc wegen der daraus resultierenden Rückabwicklungs-

---

[50] Emde Rn. 8.
[51] LG Düsseldorf HVR (54) Nr. 32; Baumbach/Hopt/Hopt Rn. 9.
[52] MüKoHGB/Ströbl Rn. 13.
[53] MüKoHGB/StröblRn. 13.
[54] Küstner/Thume VertriebsR-HdB I Kap. VIII Rn. 141.
[55] BGH NJW 1976, 1395; WM 1966, 1200 (1201); RG JW 1911, 94; Küstner/Thume VertriebsR-HdB I Kap. VIII Rn. 141; MüKoHGB/Ströbl Rn. 13.
[56] BGH NJW 1976, 1395.
[57] BGH NJW 1976, 1395.
[58] OLG Rostock NJW 2009, 3376; bzgl. arbeitsvertraglicher AGB vgl. BAG NJW 2009, 316 (319).
[59] OLG Düsseldorf BeckRS 2006, 07261; KG GE 2001, 278 (279).
[60] Emde § 84 Rn. 100.
[61] RG WarnRspr. 1920 Nr. 185; Emde § 84 Rn. 100.
[62] Oetker/Busche § 84 Rn. 62 mwN.
[63] MüKoHGB/Ströbl Rn. 16; Oetker/Busche Rn. 29; Heymann/Froitzheim Rn. 12.

schwierigkeiten[64] als nicht sachgerecht dar.[65] Vielmehr ist von einer kündigungsähnlichen Wirkung der Anfechtung infolge einer teleologischen Reduktion[66] des § 142 Abs. 1 BGB auszugehen; das Vertragsverhältnis wird mit Wirkung für die Zukunft – **ex nunc** – aufgelöst.[67]

Auch der **BGH** scheint einer solchen Lösung zuzuneigen. In einer Entscheidung betref-   **32** fend § 134 BGB hat der BGH knapp ausgeführt, es gehe nicht an, dass der Unternehmer die sich aus der Tätigkeit des Handelsvertreters ergebenden Vorteile genieße, diesem für die geleisteten Dienste jedoch keine Vergütung zahlen müsse.[68] Später hat sich der BGH in einem Anfechtungsfall auf diese Entscheidung bezogen und will sie so verstanden wissen, dass der Handelsvertreter „jedenfalls bei wirtschaftlicher und sozialer Überlegenheit des Unternehmers" die vertragliche Vergütung (und auch die Zahlung eines Ausgleichs) verlangen könne.[69] Das Handelsvertreterverhältnis sei in diesem Fall nach seiner Invollzugsetzung bis zu seiner Beendigung wie ein fehlerfrei zustande gekommenes Dienstverhältnis zu behandeln.[70]

Diese Lösung schützt den Handelsvertreter vor dem Verlust seiner Vergütungsansprüche   **33** und greift auf sachgerechte Regelungen anstelle der Vorschriften des **Bereicherungs- rechts**[71] zurück. Eine Anwendung des Bereicherungsrechts[72] würde insbesondere bedeuten, dass der Handelsvertreter das Risiko einer Entreicherung des Unternehmers tragen müsste. Es erscheint angesichts der wirtschaftlich oft starken Abhängigkeit des Handelsvertreters vom Unternehmer nicht angemessen, ihm dieses Risiko aufzuerlegen.[73]

6. Weitere Nichtigkeitsgründe und Rücktritt. Die Ausführungen hinsichtlich der   **34** Rechtsfolgen einer Anfechtung nach Vollzug des Handelsvertreterverhältnisses (→ Rn. 31 ff.) gelten in Anbetracht der angeführten Rückabwicklungsprobleme entsprechend für **alle weiteren Nichtigkeitsgründe.**[74] Es tritt keine Nichtigkeit ex tunc ein, wenn das jeweilige Handelsvertreterverhältnis bereits vollzogen worden ist, der Handelsvertreter also bereits mit Wissen und Billigung des Unternehmers für diesen tätig geworden ist. Vielmehr erlischt das Vertragsverhältnis ex nunc ohne Begründung eines Rückabwicklungsverhältnisses.[75] Dies gilt allerdings nur insoweit, als der jeweilige Normzweck keine Nichtigkeit ex tunc mit vollständiger Rückabwicklung verlangt;[76] der Minderjährigenschutz kann es gebieten, eine Nichtigkeit ex tunc anzunehmen.[77]

Wegen der Rückabwicklungsprobleme ist auch bei einem **Rücktritt** von einem voll-   **35** zogenen Handelsvertretervertrag nach §§ 323, 324, 326 Abs. 5 BGB[78] eine Beendigung ex nunc ohne Rückabwicklung zu bejahen.[79]

---

[64] Die Leistung des Handelsvertreters besteht regelmäßig in persönlicher Arbeitsleistung; diese kann tatsächlich nicht in natura zurückgewährt werden.

[65] Schultze/Wauschkuhn/Spenner/Dau/Kübler Vertragshändlervertrag/Spenner Rn. 653 ff.; Ebenroth/Boujong/Joost/Strohn/Löwisch Rn. 12; MüKoHGB/Ströbl Rn. 18 f.; Emde § 84 Rn. 100; Baumbach/Hopt/Hopt Rn. 5; Küstner/Thume VertriebsR-HdB I Kap. VIII Rn. 146 f.

[66] So für das fehlerhafte Arbeitsverhältnis zutr.: Grüneberg/Ellenberger § 119 Rn. 5.

[67] Vgl. für vollzogene Arbeits- und Gesellschaftsverhältnisse: Grüneberg/Ellenberger BGB § 119 Rn. 5; Grüneberg/Ellenberger BGB § 142 Rn. 2.

[68] BGH NJW 1970, 609 (610).

[69] BGH NJW 1995, 1958.

[70] BGH NJW 1995, 1958.

[71] BGH NJW 1970, 609 (610) merkt hierzu lediglich kurz an, die Vorschriften über die Herausgabe einer ungerechtfertigten Bereicherung seien in dem vorliegenden Fall unzulänglich, ohne dies näher zu begründen. BGH NJW 1995, 1958 geht auf das Bereicherungsrecht nicht ein.

[72] Hierzu ausf. Canaris HandelsR § 15 Rn. 27, 120 ff.; Herbert BB 1997, 1317 ff.

[73] Schultze/Wauschkuhn/Spenner/Dau/Kübler Vertragshändlervertrag/Spenner Rn. 655.

[74] MüKoHGB/Ströbl Rn. 19; Küstner/Thume VertriebsR-HdB I Kap. VIII Rn. 146.

[75] MüKoHGB/Ströbl Rn. 16; Küstner/Thume VertriebsR-HdB I Kap. VIII Rn. 146 f.; Emde § 84 Rn. 102; Baumbach/Hopt/Hopt Rn. 5; aA Martinek/Semler/Flohr VertriebsR-HdB/Semler § 19 Rn. 2.

[76] Ebenroth/Boujong/Joost/Strohn/Löwisch Rn. 12.

[77] MüKoHGB/Ströbl Rn. 19; vgl. auch BAG AP JArbSchG § 7 Nr. 3 mzustAnm Volmer.

[78] MüKoHGB/Ströbl Rn. 18.

[79] Ebenroth/Boujong/Joost/Strohn/Löwisch Rn. 12; MüKoHGB/Ströbl Rn. 18.

36   **7. Tod einer Vertragspartei. a) Tod des Handelsvertreters.** Da es sich bei dem Handelsvertretervertrag um einen Dienstvertrag handelt, der eine Geschäftsbesorgung zum Gegenstand hat, ist im Falle des **Todes** des Handelsvertreters § 673 BGB anzuwenden. Danach erlischt der Handelsvertretervertrag im Zweifel. Die Parteien können jedoch eine abweichende vertragliche Vereinbarung treffen.[80] Sie können beispielsweise vereinbaren, dass der Erbe des Handelsvertreters an dessen Stelle tätig werden soll.[81]

37   Vereinbaren die Parteien, dass einem Erben oder einem Dritten eine **Option** zur Fortsetzung des Vertrags zustehen soll, so ist der Unternehmer verpflichtet, den Vertrag mit dem Erben oder Dritten im Falle der Optionsausübung fortzusetzen.[82]

38   Der Tod – oder ein sonstiges Ausscheiden – eines der **Gesellschafter** einer Handelsvertretergesellschaft wirkt sich grundsätzlich allenfalls in praktischer Hinsicht, nicht aber auf das Bestehen des Handelsvertretervertrages aus.[83] Die Parteien können den Tod oder das Ausscheiden eines Gesellschafters jedoch durch Vereinbarung einer auflösenden Bedingung berücksichtigen.[84] Ferner kann dies im Einzelfall ausnahmsweise einen wichtigen Grund iSv § 89a darstellen und damit zur fristlosen Kündigung berechtigen.[85]

39   **b) Tod des Unternehmers.** Ist ausnahmsweise eine natürliche Person Unternehmer, so führt ihr **Tod,** solange die Parteien nichts Anderes vereinbart haben, gemäß §§ 672 S. 1, 675 BGB im Zweifel nicht zu einer Beendigung des Handelsvertretervertrages.[86] Der Vertrag wird dann mit den Erben fortgesetzt.[87]

40   Handelt es sich bei dem Unternehmer, wie regelmäßig, um eine Gesellschaft, so führt der Tod – oder das Ausscheiden – eines ihrer **Gesellschafter** nicht zur Vertragsbeendigung. Die Gesellschaft besteht bis zu ihrer vollständigen Liquidation fort.[88] Die verbleibenden Gesellschafter müssten den Handelsvertretervertrag dann ordnungsgemäß kündigen (lassen), um ihn zu beenden.[89] Die Parteien können allerdings als auflösende Bedingung vereinbaren, dass der Tod eines bestimmten Gesellschafters zur Vertragsbeendigung führen soll.[90]

41   **8. Auflösung einer Handelsvertretergesellschaft.** Umstritten ist, ob die **Auflösung** einer Handelsvertretergesellschaft zur automatischen Beendigung des Vertragsverhältnisses führt.[91] Angesichts des Fortbestehens der Gesellschaft als Liquidationsgesellschaft[92] (§ 145 HGB, § 66 GmbHG) ist die Annahme einer automatischen Beendigung – analog §§ 673,

---

[80] Emde § 89b Rn. 79.

[81] Emde § 89b Rn. 79; MüKoHGB/Ströbl Rn. 20.

[82] Emde § 89b Rn. 79.

[83] Baumbach/Hopt/Hopt Rn. 3; Emde Die Handelsvertreter-GmbH, 44; Emde Rn. 13; MüKoHGB/Ströbl Rn. 21; Ebenroth/Boujong/Joost/Strohn/Löwisch Rn. 14; vgl. etwa §§ 161 Abs. 2, 131 HGB und § 60 GmbHG. Das Ausscheiden des vorletzten Gesellschafters einer Personengesellschaft beendet diese allerdings faktisch.

[84] Emde Rn. 13; Ebenroth/Boujong/Joost/Strohn/Löwisch Rn. 14; Küstner/Thume VertriebsR-HdB I Kap. VIII Rn. 126.

[85] MüKoHGB/Ströbl Rn. 21; Emde Rn. 30; Ebenroth/Boujong/Joost/Strohn/Löwisch Rn. 14; Martinek/Semler/Flohr VertriebsR-HdB/Semler § 19 Rn. 1.

[86] MüKoHGB/Ströbl Rn. 21; Heymann/Froitzheim Rn. 16; Trinkhaus, 355; Küstner/Thume VertriebsR-HdB I Kap. VIII Rn. 26.

[87] MüKoBGB/Schäfer § 672 Rn. 7.

[88] MüKoHGB/Ströbl Rn. 23; Küstner/Thume VertriebsR-HdB I Kap. VIII Rn. 127.

[89] MüKoHGB/Ströbl Rn. 23; Küstner/Thume VertriebsR-HdB I Kap. VIII Rn. 128.

[90] MüKoHGB/Ströbl Rn. 23; vgl. Emde Die Handelsvertreter-GmbH, 207; Ebenroth/Boujong/Joost/Strohn/Löwisch Rn. 14; Küstner/Thume VertriebsR-HdB I Kap. VIII Rn. 126.

[91] Für die automatische Beendigung: Ebenroth/Boujong/Joost/Strohn/Löwisch Rn. 14; Schlegelberger/Schröder Rn. 41b; Ahle DB 1963, 227 (228 f.); wohl auch Schuler JR 1957, 44 (47); dagegen MüKoHGB/Ströbl Rn. 22; Emde Rn. 13mwN; Martinek/Semler/Flohr VertriebsR-HdB/Semler § 19 Rn. 1; Giesler/Emde § 2 Rn. 599.

[92] Vgl. zu § 145 MüKoHGB/Schmidt § 145 Rn. 20, 22; zu § 66 GmbHG Baumbach/Hueck/Haas GmbHG § 66 Rn. 2.

675 BGB[93] – nicht überzeugend.[94] Die Liquidatoren können den Handelsvertretervertrag gemäß § 70 S. 1 GmbHG (bzw. § 149 HGB) kündigen.[95] Unterlassen sie dies, so endet der Vertrag mit der Vollbeendigung der Gesellschaft.[96] Die Auflösung der Handelsvertretergesellschaft kann einen wichtigen Grund zur fristlosen Kündigung darstellen, wenn dem Unternehmer eine Zusammenarbeit mit der Liquidationsgesellschaft nicht zuzumuten ist.[97]

9. Insolvenz einer Vertragspartei. a) Insolvenz des Unternehmers. Die Eröffnung 42 des Insolvenzverfahrens über das Vermögen des Unternehmers führt zur automatischen **Beendigung des Handelsvertreterverhältnisses nach §§ 115 Abs. 1, 116 InsO,** so dass eine Kündigung nicht erforderlich ist.[98] Eine Verpflichtung zur weiteren Tätigkeit kann sich für den Handelsvertreter aber aus einer dahin gehend getroffenen Vereinbarung mit dem Insolvenzverwalter ergeben. Eine Vereinbarung mit dem Insolvenzverwalter, beispielsweise über die Fortsetzung des Altvertrages,[99] begründet ein neues Vertragsverhältnis.[100] Dieses wird regelmäßig entweder befristet oder unter der auflösenden Bedingung geschlossen sein, dass der Gläubigerausschuss oder die Gläubigerversammlung der Fortsetzung der Tätigkeit zustimmt.[101] Auch aus dem Gesetz – §§ 672 S. 2, 675 BGB bzw. §§ 116, 115 Abs. 2 InsO – kann sich eine Verpflichtung zur Fortsetzung der Tätigkeit ergeben, falls mit deren Aufschub Gefahr verbunden ist.[102] Das ist der Fall, wenn der Insolvenzverwalter das Geschäft nicht selbst besorgen kann.[103] Eine dem Handelsvertreter erteilte Abschlussvollmacht gilt dann gemäß § 117 Abs. 2 InsO als fortbestehend.[104] Sämtliche Ansprüche des Handelsvertreters auf Grund des weiteren Tätigwerdens infolge der Vereinbarung mit dem Insolvenzverwalter[105] oder auf Grund der Weiterführungspflicht aus § 115 Abs. 2 InsO[106] sind als vorab zu befriedigende Masseverbindlichkeiten gemäß § 55 Abs. 1 Nr. 1 InsO zu qualifizieren.

b) Insolvenz des Handelsvertreters. Die Eröffnung des Insolvenzverfahrens über das 43 Vermögen des Handelsvertreters **berührt die Wirksamkeit des Handelsvertretervertrages nicht.** Jedoch kann der Unternehmer in diesem Fall – wegen der Folgen im Verhältnis zu seinen Kunden – zur **fristlosen Kündigung aus wichtigem Grund** nach § 89a berechtigt sein.[107] § 112 InsO greift wohl insoweit (wie auch bei sonstigen Absatz-

[93] Ebenroth/Boujong/Joost/Strohn/Löwisch Rn. 15; Schlegelberger/Schröder Rn. 41b; Ahle DB 1963, 227 (228 f.).

[94] MüKoHGB/Ströbl Rn. 22; Sieg AG 1964, 293 (298); Emde Rn. 13mwN und eingehender Begr.

[95] Emde Rn. 13; Emde Die Handelsvertreter-GmbH, 199; MüKoHGB/Ströbl Rn. 22; MüKoHGB/Schmidt § 149 Rn. 10; Baumbach/Hueck/Haas GmbHG § 70 Rn. 4; aA Ebenroth/Boujong/Joost/Strohn/Löwisch Rn. 14, da nach § 70 GmbHG die werbende Tätigkeit ende. Gleiches gelte im Zweifel für den Vertragsschluss mit einer Handelsvertreter-Personengesellschaft, § 145 HGB.

[96] Emde Rn. 13; Emde, Die Handelsvertreter-GmbH, 199.

[97] Emde Rn. 13; iErg auch Emde GmbHR 1999, 1005 (1016).

[98] Baumbach/Hopt/Hopt Rn. 4; MüKoHGB/Ströbl Rn. 24; Emde Rn. 15; Ebenroth/Boujong/Joost/Strohn/Löwisch Rn. 15; MüKoInsO/Vuia Rn. 12; Uhlenbruck InsO/Sinz §§ 115, 116 Rn. 8; Küstner/Thume VertriebsR-HdB I Kap. VIII Rn. 135.

[99] BGHZ 103, 250 = NJW 1988, 1790; Küstner/Thume VertriebsR-HdB I Kap. VIII Rn. 135; Emde Rn. 16.

[100] MüKoHGB/Ströbl Rn. 24; Emde Rn. 16; Küstner/Thume VertriebsR-HdB I Kap. VIII Rn. 135; Heymann/Froitzheim Rn. 17; Ebenroth/Boujong/Joost/Strohn/Löwisch Rn. 15.

[101] Küstner/Thume VertriebsR-HdB I Kap. VIII Rn. 135.

[102] Küstner/Thume VertriebsR-HdB I Kap. V Rn. 633.

[103] Braun InsO/Kroth § 115 Rn. 6; Emde Rn. 17.

[104] MüKoHGB/Ströbl Rn. 25; Ebenroth/Boujong/Joost/Strohn/Löwisch Rn. 15.

[105] Emde/Kelm ZIP 2005, 58; Ebenroth/Boujong/Joost/Strohn/Löwisch Rn. 15.

[106] Braun InsO/Kroth § 115 Rn. 7; Küstner/Thume VertriebsR-HdB I Kap. V Rn. 632; Andres/Leithaus InsO/Andres § 117 Rn. 6; KPB InsO/Tintelnot §§ 115, 116 Rn. 12; krit. HK-InsO/Marotzke § 117 Rn. 6.

[107] OLG Hamm NJW-RR 2004, 1554; Baumbach/Hopt/Hopt Rn. 4; Emde Rn. 22; Ebenroth/Boujong/Joost/Strohn/Löwisch Rn. 15; Küstner/Thume VertriebsR-HdB I Kap. VIII Rn. 138; MüKoHGB/Ströbl Rn. 26; Ströbl/Schumacher BB 2009, 1201 ff.; Ströbl/Woltmann ZVertriebsR 2014, 236; aA GK-HGB/Genzow Rn. 6.

mittlungsverträgen[108]) unabhängig von der konkreten Gestaltung des Vertrages nicht ein, da die Absatzförderungspflichten im Vordergrund stehen.[109] Nach der hM sind auch §§ 103, 108 InsO (zumindest regelmäßig) nicht[110] im Falle der Insolvenz des Handelsvertreters anwendbar.

44   **10. Betriebseinstellung oder –veräußerung.** Eine Betriebseinstellung durch den Unternehmer **beendet das Vertragsverhältnis nicht,**[111] sofern nichts Anderes vereinbart wurde. Eine Betriebseinstellung kann aber für beide Parteien einen wichtigen Grund für eine fristlose Kündigung darstellen.[112]

45   Auch eine Betriebsveräußerung führt nicht zu einer Vertragsbeendigung, sofern nichts Anderes vereinbart wurde. Veräußert der Unternehmer den Betrieb, so tritt der erwerbende Unternehmer nicht nach § 613a BGB in das Vertragsverhältnis ein; § 613a BGB ist auf Handelsvertreterverträge auch nicht analog anwendbar.[113]

46   Stellt der **Handelsvertreter** den Betrieb ein bzw. veräußert diesen, so verletzt er den Handelsvertretervertrag, da er seinen Vertragspflichten nicht mehr nachkommen kann.

47   **11. Umwandlung.** Umwandlungen **wirken sich nicht auf das Bestehen des Handelsvertretervertrages aus,** es sei denn, die Parteien haben etwas Anderes vereinbart.[114] Bei einem Formwechsel nach §§ 1 Abs. 1 Nr. 4, 190 ff. UmwG bleibt der Rechtsträger erhalten (§ 202 Abs. 1 Nr. 1 UmwG). Der Vertrag wird mit dem bisherigen Rechtsträger fortgesetzt, der Formwechsel wirkt sich nicht aus.[115] Bei einer Umwandlung nach § 1 Abs. 1 Nr. 1–3 UmwG, dh Verschmelzung, Spaltung und Vermögensübertragung, wird der Handelsvertretervertrag mit dem übernehmenden Rechtsträger fortgesetzt.[116]

48   **12. Vertragsübernahme.** Die Parteien können vereinbaren, dass das Handelsvertreterverhältnis im Wege der **Vertragsübernahme** durch einen die Handelsvertretung übernehmenden Dritten endet.[117] Sie können bereits im Vertrag selbst vorsehen, dass der Handelsvertreter die Vertretung mit dem vorab erklärten Einverständnis des Unternehmers auf einen Dritten übertragen kann.[118]

49   Die **Beendigung** des Vertrages mit dem bisherigen Handelsvertreter tritt unabhängig davon ein, ob der Unternehmer und der Dritte den bisherigen Vertrag im Übrigen beibehalten oder einen neuen Vertrag abschließen.[119] Um eine Rechtsnachfolge im eigentlichen Sinne handelt es sich dabei nicht, da der Handelsvertreter seine Dienste gemäß §§ 613, 664 BGB in Person zu leisten hat.[120]

---

[108] Vgl. beispielsweise OLG Braunschweig BeckRS 2009, 10918; Emde Rn. 22; speziell für Franchiseverträge: Ströbl/Schumacher BB 2009, 1201 (1202 f.); iErg ebenso Torz ZInsO 2009, 1235 (1237).

[109] Ströbl/Schumacher BB 2009, 1201 (1203); Emde Rn. 22 mwN.

[110] OLG Düsseldorf NZI 2010, 105 (106); GK-HGB/Genzow Rn. 6; Wagner/Wexler-Uhlich BB 2010, 2454 (2455); Emde Rn. 23; Küstner/Thume VertriebsR-HdB I Kap. VIII Rn. 139; aA KPB InsO/Tintelnot § 103 Rn. 52; Wente ZIP 2005, 335 (337); vgl. aber BGH NJW 2013, 1159 zu Waren- und Energielieferverträgen.

[111] MüKoHGB/Ströbl Rn. 27; Emde Rn. 12; Ebenroth/Boujong/Joost/Strohn/Löwisch Rn. 14.

[112] Emde Rn. 12; Ebenroth/Boujong/Joost/Strohn/Löwisch Rn. 14; MüKoHGB/Ströbl Rn. 27 spricht nur davon, der Handelsvertreter könne bei Betriebseinstellung das Vertreterverhältnis kündigen.

[113] MüKoHGB/Ströbl Rn. 28; Emde Rn. 12.

[114] MüKoHGB/Ströbl Rn. 29; Ebenroth/Boujong/Joost/Strohn/Löwisch Rn. 14.

[115] MüKoHGB/Ströbl Rn. 29; Oetker/Busche Rn. 31; Emde Rn. 13; Ebenroth/Boujong/Joost/Strohn/ Löwisch Rn. 14.

[116] MüKoHGB/Ströbl Rn. 29; Oetker/Busche Rn. 31; Emde Rn. 13; Ebenroth/Boujong/Joost/Strohn/ Löwisch Rn. 14.

[117] BGH NJW 1989, 35 (36) = EWiR 1988, 685 mit Kurzkommentar Martinek; MüKoHGB/Ströbl Rn. 30; Emde Rn. 30.

[118] Emde Rn. 30.

[119] MüKoHGB/Ströbl Rn. 30; Emde Rn. 30.

[120] Emde Rn. 30, der zu Recht darauf hinweist, dass eine Firmenfortführung iSv § 25 HGB vorliegen kann.

Eine Vertragsübernahme **ohne Zustimmung des Unternehmers** ist ausgeschlossen. **50** Die Zustimmung kann auch nicht durch Abtretung der jeweiligen Erfüllungsansprüche „umgangen" werden, da § 613 S. 2 BGB anzuwenden ist.[121]

Zu beachten ist § 89b Abs. 3 Nr. 3 (→ § 89b Rn. 270). **51**

III. Ordentliche Kündigung

1. Unbefristeter Vertrag. § 89 ist anzuwenden, wenn ein Vertragsverhältnis **auf unbe-** **52** **stimmte Zeit** eingegangen wurde. Ein Vertragsverhältnis ist auf unbestimmte Zeit eingegangen, wenn seine Dauer nach dem Kalender weder bestimmt oder bestimmbar ist noch sich aus der Beschaffenheit oder dem Zweck der Dienste ergibt (vgl. § 620 Abs. 2 BGB).[122] Es bedarf dann eines anderen Beendigungstatbestands, der bei Vertragsschluss noch ungewiss war.[123] Insofern kommen insbesondere der Aufhebungsvertrag und die Kündigung in Betracht.[124] In einigen Fällen ist nicht ohne Weiteres erkennbar, ob der Vertrag für bestimmte oder unbestimmte Zeit gelten soll. Hierzu zählen insbesondere die folgenden Konstellationen.

a) Widerrufsklausel. Verträge, die eine **Widerrufsklausel** beinhalten, gelten nach **53** wohl allgM als auf unbestimmte Zeit geschlossen.[125] Widerrufsklauseln sind unwirksam, soweit sie zu einer Umgehung der in § 89 zwingend vorgegebenen Mindestkündigungsfristen führen.[126]

b) Kettenverträge. Der BGH qualifiziert Verträge zwischen denselben Parteien als **54** **Kettenverträge,** wenn befristete Verträge mehrfach kurz vor oder kurz nach ihrem Ablauf mit im Wesentlichen[127] gleichen Bedingungen[128] verlängert werden, ohne dass sie jeweils erneut ausgehandelt werden.[129]

Der BGH behandelt diese Verträge zu Recht wegen ihres engen zeitlichen und sachli- **55** chen Zusammenhangs als **einheitliches Vertragsverhältnis**[130] und wendet darauf § 89 an. Zutreffend verweist der BGH darauf, die Parteien eines Kettenvertrages dürften auf Grund der zwischen ihnen geübten Praxis darauf vertrauen, dass der Vertrag in der stets gleichen Weise erneut verlängert werde. Die Lage der Parteien ist derjenigen von Partnern eines unbefristeten Vertrages vergleichbar und die entsprechende Normanwendung sachgerecht.[131] Zu bedenken ist auch die Gefahr einer Umgehung von Abs. 1 und 2 durch Kettenverträge, die durch die entsprechende Normanwendung gebannt wird; Abs. 1 und 2 sollen nicht dadurch ausgehebelt werden, dass ein auf unbestimmte Dauer angelegtes Vertragsverhältnis in mehrere befristete Teile aufgespalten wird.[132]

Das Vertragsverhältnis endet nach der Rechtsprechung des BGH **nur dann mit dem** **56** **Ablauftermin des jeweils aktuellen befristeten Vertrages,** wenn es von einer Seite

---

[121] BGH NJW 1963, 100 (101).

[122] Oetker/Busche Rn. 6.

[123] Emde Rn. 41.

[124] MüKoHGB/Ströbl Rn. 31; Emde Rn. 41.

[125] OLG Bamberg HVR (52) Nr. 87; MüKoHGB/Ströbl Rn. 33; Emde Rn. 42; Heymann/Froitzheim Rn. 20; Baumbach/Hopt/Hopt Rn. 20; Westphal VertriebsR I Rn. 765; Oetker/Busche Rn. 6.

[126] MüKoHGB/Ströbl Rn. 33; Röhricht/Graf v. Westphalen/Haas/Thume Rn. 6.

[127] BGH BB 2002, 2036 (2038) hat es im Falle von aufeinander folgenden Franchise-Verträgen zB nicht als wesentliche Veränderung erachtet, dass das Vertragsgebiet des Franchisenehmers um weitere Städte erweitert wurde.

[128] Schließen die Parteien aufeinander folgende befristete Verträge, die inhaltlich wesentliche Unterschiede aufweisen, so handelt es sich nicht um Kettenverträge: MüKoHGB/Ströbl Rn. 36. Zu sog. „Saisonverträgen" Ebenroth/Boujong/Joost/Strohn/Löwisch Rn. 23.

[129] BGH NJW-RR 2002, 1554 (1555 f.); VersR 1959, 129.

[130] BGH NJW-RR 2002, 1554 (1555 f.); VersR 1959, 129 (131); BeckOK HGB/Lehmann Rn. 8.

[131] BGH NJW-RR 2002, 1554 (1556).

[132] Heymann/Froitzheim Rn. 21; MüKoHGB/Ströbl Rn. 35; Schlegelberger/Schröder Rn. 6; vgl. Hoß/ Lohr MDR 1998, 313 (314).

unter Einhaltung der Fristen des Abs. 1 zum Ablauftermin gekündigt wird,[133] wobei als Kündigungserklärung die Mitteilung ausreichend ist, keinen neuen Vertrag schließen zu wollen.[134] Die für die Berechnung der Kündigungsfrist maßgebliche Vertragsdauer iSv Abs. 1 S. 1, S. 2 entspricht der Gesamtdauer der ununterbrochenen (Ketten-)Vertragsbeziehung.[135] Wird das Vertragsverhältnis nicht gekündigt, so läuft es weiter und wird zu einem unbefristeten Vertragsverhältnis.[136]

57   Eine **Sondersituation** liegt vor, wenn der Unternehmer den Handelsvertreter zur Fortsetzung des Vertragsverhältnisses zu wesentlich geänderten Konditionen auffordert, der Handelsvertreter die Fortsetzung zu diesen Konditionen jedoch ablehnt. Das Vertragsverhältnis ist dann mit Ablauf des letzten Kettenvertrages beendet, unabhängig von der Einhaltung der Kündigungsfristen in Abs. 1; denn der Verwender von Kettenverträgen bedarf nicht des Schutzes der Kündigungsfristen.[137] In diesem Fall fehlt es in der Tat bereits an dem wesentlichen Argument für eine entsprechende Anwendung von Abs. 1: Der Unternehmer darf nicht darauf vertrauen, dass der Handelsvertreter einen solchen wesentlich geänderten Vertrag abschließen wird.

58   **c) Verlängerungsklausel.** Die Parteien können in einem Vertrag, den sie für eine bestimmte Laufzeit abschließen, eine **Verlängerungsklausel** vereinbaren. Zwei Gestaltungen sind denkbar. Die Parteien können etwa ein einseitiges (Options-)Recht zur Verlängerung des Vertragsverhältnisses vorsehen. Ferner können die Parteien eine automatische Verlängerungsklausel für beide vereinbaren. Denkbar ist in beiden Konstellationen, dass die Verlängerung entweder auf bestimmte oder auf unbestimmte Zeit erfolgt.

59   Vereinbaren die Parteien ein **Optionsrecht,** das eine oder beide Parteien berechtigt, das befristete Vertragsverhältnis durch eine einseitige Erklärung zu verlängern, so kann der Vertrag nicht mehr nach § 89 gekündigt werden, falls er auf bestimmte Zeit verlängert wird.[138] Wird der Vertrag dagegen durch das Optionsrecht auf unbestimmte Zeit verlängert, so ist er als auf unbestimmte Zeit eingegangen anzusehen.[139] Zum einen erscheint dies sachgerecht, denn ab diesem Moment ist das Vertragsverhältnis tatsächlich auf unbestimmte Zeit verlängert. Zum anderen ist dies dem Fall des Abs. 3 vergleichbar, wonach der Vertrag als auf unbestimmte Zeit verlängert gilt, wenn er von den Parteien fortgesetzt wird. Sachgerecht ist es, die Kündigungsfristen wie in Abs. 3 S. 2 nicht nach der Dauer ab Fortsetzung, sondern nach der Gesamtdauer ab Beginn des Vertragsverhältnisses zu bestimmen.

60   In **Standardverträgen** darf allerdings gemäß § 307 BGB ein einseitiges Verlängerungsrecht des Unternehmers, das, sofern es geltend gemacht wird, die ordentliche Kündigung des Handelsvertreters ausschließt, nicht vereinbart werden.[140]

61   Ein Vertrag, der sich nach der Parteivereinbarung (wiederholt) **automatisch verlängert,** wenn er nicht durch eine Partei gekündigt wird, ist unabhängig davon, ob die Verlängerung (wiederholt) auf bestimmte Zeit oder auf unbestimmte Zeit erfolgt, auf unbestimmte Zeit geschlossen.[141] Der Vertrag läuft ohne absehbares Ende weiter, solange er

---

[133] BGH NJW-RR 2002, 1554 (1556).

[134] BGH NJW 1996, 848; Küstner/Thume VertriebsR-HdB I Kap. VIII Rn. 63; MüKoHGB/Ströbl Rn. 35.

[135] BGH NJW-RR 2002, 1554 (1556); MüKoHGB/Ströbl Rn. 35; Emde Rn. 44; Baumbach/Hopt/Hopt Rn. 11.

[136] BGH NJW-RR 2002, 1554 (1556).

[137] Ebenroth/Boujong/Joost/Strohn/Löwisch Rn. 22; aA Küstner/Thume VertriebsR-HdB I Kap. VIII Rn. 63.

[138] Emde Rn. 42; Ebenroth/Boujong/Joost/Strohn/Löwisch Rn. 19.

[139] MüKoHGB/Ströbl Rn. 37.

[140] OLG München NJW-RR 1997, 1057; MüKoHGB/Ströbl Rn. 37.

[141] MüKoHGB/Ströbl Rn. 37; OLG Hamm BB 1973, 1233 f.; Alff HVR Rn. 182; FroitzheimHeymann/Froitzheim Rn. 24; Baumbach/Hopt/Hopt Rn. 20; Küstner/Thume VertriebsR-HdB I Kap. VIII Rn. 57; Küstner BB 1973, 1239 (1241); Küstner BB 1975, 195 (196); Koller/Kindler/Roth/Drüen/Roth Rn. 2; Westphal VertriebsR I Rn. 761; Ebenroth/Boujong/Joost/Strohn/Löwisch Rn. 19.

nicht gekündigt wird und kann nur durch rechtsgestaltende Erklärung beendet werden.[142] § 89 ist deshalb direkt anwendbar. Der BGH hat in einer älteren Entscheidung[143] indes eine direkte Anwendbarkeit von § 89 verneint, denn ein Vertrag, der automatische Laufzeitverlängerungen nach einer bestimmten Zeit unter dem Vorbehalt vorsehe, dass keine der Parteien widerspricht, soll auf bestimmte Zeit eingegangen sein.[144] Der BGH hat dabei zu Unrecht die Wirkung der Verlängerungsklausel außer Acht gelassen.[145] Gleichwohl gelangt er zu identischen Ergebnissen, da er die gesetzliche Fristenregelung des § 89 analog anwendet.[146]

d) Verträge mit Altersgrenze. Nach der BGH-Rechtsprechung steht die Verein- **62** barung, dass ein Vertrag mit dem Erreichen einer Altersgrenze enden soll, der **Annahme einer unbestimmten Vertragslaufzeit nicht entgegen.**[147] Dies ist zutreffend. Eine solche Vereinbarung führt nicht zu einer festen Vertragslaufzeit ohne die Möglichkeit einer fristgerechten (ordentlichen) Kündigung, denn die Parteien wollen diese Möglichkeit durch eine solche Vereinbarung nicht ausschließen.[148] Die Vereinbarung einer Altersgrenze soll lediglich sicherstellen, dass das Vertragsverhältnis spätestens mit deren Erreichung endet (Vertrag auf unbestimmte Zeit mit einem „Spätest-Endtermin"[149]), ohne dass es einer Kündigung bedarf.[150]

e) Verträge auf Lebenszeit. Ein auf **Lebenszeit** geschlossener Vertrag ist ein Vertrag, **63** der nach dem Willen der Vertragsparteien bis zum Tode einer Vertragspartei – zumeist des Handelsvertreters – gelten soll.[151] Der Vertrag ist als auf bestimmte Zeit geschlossen zu qualifizieren, denn er soll nicht durch ordentliche Kündigung beendet werden können.[152] § 89 ist somit nicht einschlägig. Insbesondere wegen des Ausschlusses des Kündigungsrechts aus § 89 ist bei der Auslegung, ob die Parteien einen Vertrag auf Lebenszeit schließen wollten, ein **strenger Maßstab** anzulegen.[153] Ein Vertrag auf Lebenszeit ist also nur dann anzunehmen, wenn ein entsprechender Wille der Parteien klar erkennbar ist.[154]

Eine **Kündigung nach § 89a und § 624 BGB** kommt jedoch in Betracht, sofern die **64** jeweiligen Voraussetzungen erfüllt sind.

f) Handelsvertretervertrag auf Probe. In einigen Fällen vereinbaren die Parteien eine **65** **Probezeit.** Regelmäßig wird eine der beiden folgenden Konstruktionen gewählt.

Die erste Konstruktion sieht vor, dass der Handelsvertreter nach Ablauf einer bestimmten **66** Probezeit, sofern er sich bewährt, mit separatem Vertrag in ein ordentliches Handelsvertreterverhältnis übernommen werden soll.[155] Damit ist eine Trennung der Verträge vorgesehen. Der erste Vertrag, der die Probezeit betrifft, ist befristet (**befristeter Probevertrag**[156]).

---

[142] OLG Hamm BB 1973, 1233 (1234); Schultze/Wauschkuhn/Spenner/Dau/Kübler Vertragshändlervertrag/Spenner Rn. 582 (für Vertragshändlerverträge).
[143] BGH NJW 1975, 387.
[144] BGH NJW 1975, 387.
[145] MüKoHGB/Ströbl Rn. 10; Küstner/Thume VertriebsR-HdB I Kap. VIII Rn. 57.
[146] BGH NJW 1975, 387 (388) hat offen gelassen, ob § 89 auch hinsichtlich der Vertragsendtermine von Handelsvertreterverträgen mit Verlängerungsklausel analog anzuwenden ist.
[147] BGH VersR 1969, 445 (446); aA Hromadka NJW 1994, 911 (912).
[148] Ebenroth/Boujong/Joost/Strohn/Löwisch Rn. 20; Röhricht/Graf v. Westphalen/Haas/Thume Rn. 8; Küstner/Thume VertriebsR-HdB I Kap. VIII Rn. 69; MüKoHGB/Ströbl Rn. 41; Emde Rn. 14; aA wohl: Hess BB 1954, 747 (betr. Arbeitsverhältnisse).
[149] Emde Rn. 14.
[150] Röhricht/Graf v. Westphalen/Haas/Thume Rn. 8.
[151] Küstner/Thume VertriebsR-HdB I Kap. VIII Rn. 70; MüKoHGB/Ströbl Rn. 42.
[152] Küstner/Thume VertriebsR-HdB I Kap. VIII Rn. 70; MüKoHGB/Ströbl Rn. 42.
[153] Küstner/Thume VertriebsR-HdB I Kap. VIII Rn. 72.
[154] Küstner/Thume VertriebsR-HdB I Kap. VIII Rn. 72; MüKoHGB/Ströbl Rn. 42.
[155] Emde Rn. 27.
[156] Nach der entspr. Terminologie im ArbR, vgl. ERFK BGB/Preis § 611a Rn. 157; APS BGB/Linck § 622 Rn. 79 ff.

Somit handelt es sich hierbei nicht um einen auf unbestimmte Zeit eingegangenen Vertrag iSv Abs. 1.[157]

67   Die zweite Konstruktion ist ein einheitlicher Vertrag, in dem besondere Regelungen für einen ersten Zeitabschnitt, die Probezeit, vorgesehen sind **(Vertrag mit vorgeschalteter Probezeit).** Das Vertragsverhältnis wird nach Ablauf der Probezeit jedoch automatisch fortgesetzt, sofern es nicht gekündigt wird.[158] Nach der zutreffenden hM sind solche Verträge von vornherein als unbefristet anzusehen, ungeachtet der jeweils vereinbarten Dauer der Probezeit, da es sonst möglich wäre, die in § 89 vorgesehenen Fristen durch Vereinbarung langer Probezeiten zu umgehen.[159] Sind vertraglich für die Probezeit vereinbarte Fristen kürzer als in § 89 vorgesehen, so tritt nach der zutreffenden Ansicht des BGH[160] an die Stelle der nichtigen Vereinbarung die gesetzliche Regelung, ohne dass der Vertrag im Ganzen nach § 139 BGB nichtig ist.

68   **2. Kündigungserklärung. a) Rechtsnatur.** Die Kündigung ist eine **einseitige, empfangsbedürftige Willenserklärung.** Ihr Zugang richtet sich nach §§ 130 ff. BGB. Die Erklärung muss eindeutig sein[161] und den Kündigungswillen zum Ausdruck bringen. Sie kann auch konkludent erfolgen.[162] Eine Kündigung durch bloßes Schweigen ist nicht möglich.[163] Für die Kündigung gilt § 174 BGB, wenn sich der Kündigungsberechtigte bei Abgabe der Erklärung vertreten lässt.[164] Falls nichts Anderes vereinbart ist[165] (§ 127 BGB), ist eine **formlose** Kündigung wirksam. § 623 BGB ist nicht anwendbar.[166] Haben die Parteien für die Kündigung Schriftform vertraglich vereinbart, genügt grundsätzlich auch eine Kündigung per Email dem Formerfordernis.[167] Die bisweilen vereinbarte Form des Einschreibebriefs dient im Zweifel lediglich Beweiszwecken, so dass bei Nichteinhaltung keine Unwirksamkeit wegen Verstoßes gegen § 125 S. 2 BGB vorliegt.[168]

69   Die ordentliche Kündigung muss **nicht zuvor angedroht** werden.[169] Die **Angabe** eines **Kündigungsgrundes** oder einer Rechtfertigung[170] ist nicht erforderlich. Der jeweilige Handelsvertretervertrag kann jedoch eine Begründungspflicht vorsehen. Schreibt der Vertriebsvertrag eine Begründung vor, so muss diese objektiv und transparent erfolgen und erkennen lassen, warum der Vertrag mit dem konkret betroffenen Vertriebsmittler nicht fortgesetzt werden soll.[171]

70   Die Kündigung kann als Gestaltungsrecht **nicht einseitig** durch Rücknahme oder Widerruf – außer nach § 130 Abs. 1 S. 2 BGB – **rückgängig** gemacht werden.[172] Für die

---

[157] MüKoHGB/Ströbl Rn. 43.
[158] BGH NJW 1964, 350; Baumbach/Hopt/Hopt Rn. 20; MüKoHGB/Ströbl Rn. 44; FroitzheimHeymann/Froitzheim Rn. 26; Küstner/Thume VertriebsR-HdB I Kap. VIII Rn. 80; Röhricht/Graf v. Westphalen/Haas/Thume Rn. 18; Emde Rn. 27.
[159] BGH NJW 1964, 350; MüKoHGB/Ströbl Rn. 44; zweifelnd: Emde Rn. 27.
[160] BGH NJW 1964, 350.
[161] OLG München ZVertriebsR 2017, 384 (385 f.); OLG Düsseldorf HVR (52) Nr. 24; MüKoHGB/Ströbl Rn. 45; Baumbach/Hopt/Hopt Rn. 15.
[162] BGH VersR 1961, 82 (83); MüKoHGB/Ströbl Rn. 45; Baumbach/Hopt/Hopt Rn. 15; Emde Rn. 47 („in seltenen Fällen"); aA offenbar: Ebenroth/Boujong/Joost/Strohn/Löwisch Rn. 37.
[163] Emde Rn. 55.
[164] Emde Rn. 54; Ebenroth/Boujong/Joost/Strohn/Löwisch Rn. 38; Schlegelberger/Schröder Rn. 24; s. auch KG BB 1998, 607; Lohr MDR 2000, 620; Seel MDR 2005, 1331.
[165] Die Vereinbarung der Form ist zulässig: Baumbach/Hopt/Hopt Rn. 15; MüKoHGB/Ströbl Rn. 46; Emde Rn. 72; Ebenroth/Boujong/Joost/Strohn/Löwisch Rn. 39.
[166] MüKoHGB/Ströbl Rn. 46; Ebenroth/Boujong/Joost/Strohn/Löwisch Rn. 39.
[167] OLG München WM 2013, 1743 = BeckRS 2012, 3202; GK-HGB/Genzow Rn. 10.
[168] Ganz hM; vgl. dazu Emde Rn. 54; Küstner/Thume VertriebsR-HdB I Kap. VIII Rn. 7.
[169] MüKoHGB/Ströbl Rn. 45; Ebenroth/Boujong/Joost/Strohn/Löwisch Rn. 37.
[170] BGH NJW-RR 1995, 1260 (1262) (Kündigung eines Vertragshändlervertrags); für Vertragshändlervertrag: Emde EWiR 1999, 411 (412); MüKoHGB/Ströbl Rn. 45; Ebenroth/Boujong/Joost/Strohn/Löwisch Rn. 40.
[171] OLG Frankfurt a. M. BeckRS 2014, 09888 = ZVertriebsR 2014, 307.
[172] MüKoHGB/Ströbl Rn. 45; Emde Rn. 72; Ebenroth/Boujong/Joost/Strohn/Löwisch Rn. 49; GK-HGB/Genzow Rn. 6.

Anfechtung der Kündigungserklärung gelten die allgemeinen Regelungen.[173] Jedoch ist die Anfechtung nach Ablauf der Kündigungsfrist ausgeschlossen.[174] Die Parteien können vor Ablauf der Kündigungsfrist vereinbaren, dass die Kündigungswirkungen aufgehoben werden und der Vertrag fortgesetzt wird (§ 311 Abs. 1 BGB).[175] Da der Rücknahme-, Widerrufs- oder auch einer (nicht erfolgreichen) Anfechtungserklärung ein Interesse an dem (Fort-)Bestehen einer vertraglichen Verbindung zu entnehmen ist, ist diese Erklärung als Angebot auf Abschluss eines Fortsetzungsvertrages auszulegen.[176]

Die Parteien können auf ein bestehendes Kündigungsrecht einseitig **verzichten.**[177] Ein **71** Verzicht auf künftige Kündigungsrechte kann nur durch Vereinbarung erfolgen.[178]

b) Kündigungsschranken. Stets ist im Ausgangspunkt zu berücksichtigen, dass jeder **72** Vertragspartner sein Kündigungsrecht **grundsätzlich uneingeschränkt** wahrnehmen darf.[179] Gleichwohl gelten für die Kündigung die durch das Bürgerliche Recht gesetzten **allgemeinen Schranken,** dh insbesondere §§ 134, 138 Abs. 1 und 242 BGB.[180]

§ 134 BGB kann beispielsweise bei einem Verstoß gegen das in § 20 Abs. 1 GWB **73** enthaltene **gesetzliche Verbot** der Diskriminierung und Behinderung eingreifen.[181]

Ein Verstoß gegen die **guten Sitten** gemäß § 138 Abs. 1 BGB kann beispielsweise **74** vorliegen, wenn der Unternehmer nur deshalb kündigt, weil der Handelsvertreter vertragswidrige Vorgaben nicht erfüllt[182] oder der Unternehmer ausschließlich eine Kürzung des Provisionssatzes durchsetzen[183] will. Es ist dagegen nicht sittenwidrig, wenn der Unternehmer kündigt, weil er mit der Geschäftsentwicklung nicht zufrieden ist und diese verbessern möchte.[184]

An die Unwirksamkeit einer ordentlichen Kündigung wegen eines Verstoßes gegen **75** **Treu und Glauben** gemäß § 242 BGB sind hohe Anforderungen zu setzen. Eine ordentliche Kündigung eines Vertragshändlervertrages ist auch dann weder rechtsmissbräuchlich noch treuwidrig, wenn sie nur wenige Wochen nach dem Wirksamwerden einer schon vor längerer Zeit vereinbarten einvernehmlichen Vertragsänderung ausgesprochen wird.[185] Generell dürfen die Interessen des Vertragspartners bei der Kündigung nicht unverhältnismäßig missachtet werden.[186] Im Rahmen der Bewertung, ob ein Verstoß gegen Treu und Glauben vorliegt, ist die Zahlung eines Ausgleichs nach § 89b nicht zu berücksichtigen,[187] da dieser Anspruch erst durch die Kündigung selbst ausgelöst wird und einem anderen Zweck dient, dem der Vergütung für den Aufbau des Kundenstamms. An einem Verstoß gegen § 242 BGB durch die Kündigung selbst kann eine Ausgleichszahlung nichts ändern.[188] Dies gilt grundsätzlich ebenfalls für sonstige **Kompensationszahlungen.** Anders liegt es jedoch dann, wenn der Unternehmer den Handelsvertreter zu erheblichen

---

[173] Baumbach/Hopt/Hopt Rn. 24.

[174] Ebenroth/Boujong/Joost/Strohn/Löwisch Rn. 49; Schlegelberger/Schröder Rn. 28; Emde Rn. 72.

[175] Baumbach/Hopt/Hopt Rn. 24; Emde Rn. 72; GK-HGB/Genzow Rn. 6.

[176] Vgl. BGH VersR 1960, 707 (708); Ebenroth/Boujong/Joost/Strohn/Löwisch Rn. 49; Emde Rn. 72; auf den „Widerruf" bezogen: Baumbach/Hopt/Hopt Rn. 24.

[177] Höft VersR 1973, 600.

[178] Ebenroth/Boujong/Joost/Strohn/Löwisch Rn. 49.

[179] BGH BeckRS 1969, 30387411 = VersR 1969, 445 (446) mzustAnm Boetius; Finke WM 1969, 1122 (1128); Weimar MDR 1959, 986; Ebenroth/Boujong/Joost/Strohn/Löwisch Rn. 35; Emde Rn. 78.

[180] Baumbach/Hopt/Hopt Rn. 16; Ebenroth/Boujong/Joost/Strohn/Löwisch Rn. 35; Heymann/Froitzheim Rn. 36; vgl. ausf. Ulmer FS Möhring, 1975, 295 (298 ff., 311, 316).

[181] OLG Düsseldorf ZVertriebsR 2020, 395 Rn. 27 ff.; LG Hannover 13.5.2009 − 21 O 6/09, BeckRS 2009, 12767.

[182] Emde Rn. 78.

[183] BGH NJW 1970, 855 (856); MüKoHGB/Ströbl Rn. 47; Baumbach/Hopt/Hopt Rn. 16; Emde Rn. 61.

[184] BGH BeckRS 1969, 30387411; OLG Hamburg BB 1953, 159; Baumbach/Hopt/Hopt Rn. 16.

[185] OLG Frankfurt a. M. ZVertriebsR 2016, 244 (245 f.) mzustAnm. Wegner; a A Ebenroth/Boujong/Joost/Strohn/Löwisch Rn. 35.

[186] Canaris HandelsR § 15 Rn. 85; Ebenroth/Boujong/Joost/Strohn/Löwisch Rn. 35.

[187] Emde Rn. 74; aA Baumbach/Hopt/Hopt Rn. 16; einschränkend: Canaris HandelsR § 15 Rn. 85.

[188] Emde Rn. 74; Ulmer FS Möhring, 1975, 295 (317).

Investitionen veranlasst hat und ohne besonderen Grund den Vertrag kündigt, ohne dass sich die Investitionen bereits amortisiert haben können.[189] Denn in diesem Fall ist gerade die finanzielle Belastung wesentlich für die Annahme der Treuwidrigkeit; diese entfällt, wenn eine vollständige finanzielle Schadlosstellung erfolgt.

76   In engen Grenzen kommt eine (uU zeitlich begrenzte) **Verwirkung** des Kündigungsrechts nach § 242 BGB in Betracht. Erforderlich ist, dass der Kündigende durch sein Verhalten den Anschein erweckt hat, dass er das Kündigungsrecht nicht ausüben werde (ein Verzicht auf die Ausübung des Kündigungsrechts ist möglich[190]) und der Gekündigte hierauf vertrauen durfte.[191]

77   Die dargestellten Schranken gelten auch für die von den Parteien bestimmten **Kündigungsmodalitäten.** So dürfen die Parteien die Kündigung nicht in gesetz- oder sittenwidriger Weise erschweren oder gar unmöglich machen oder daran erhebliche wirtschaftliche Nachteile knüpfen.[192] Die Frage, ob ein gemäß Abs. 2 S. 1 unwirksames Kündigungserschwernis vorliegt, ist nach den Umständen des Einzelfalles zu beurteilen.[193] Dies führt dazu, dass Regelungen in **Standardverträgen,** nach denen Ansprüche des Handelsvertreters auf Rückzahlung einer „Vertragsanschlussgebühr" für den Fall der Kündigung des Vertragsverhältnisses ausgeschlossen werden, unwirksam sein können.[194] Rückzahlungsklauseln für einzelne Provisionsvorschüsse im Fall der Kündigung können unter der Einschränkung, dass sie weder die Kündigung praktisch unmöglich machen noch sonst sitten- oder treuwidrig sind, zulässig sein.[195] Das OLG München[196] knüpft eine mögliche Unwirksamkeit gemäß Abs. 2 S. 1 an wesentliche, die Vertragsbeendigung erschwerende Nachteile wie bei einer Rückzahlungspflicht langfristiger, erheblicher Provisionsvorschüsse. Nach dem OLG Oldenburg [197] ist dies der Fall bei einer Vertragsklausel, nach der ein Handelsvertreter zur Rückerstattung monatlicher Zahlungen von 3.000,– EUR an den Unternehmer verpflichtet ist, wenn der Handelsvertreter den Handelsvertretervertrag vor Ablauf der 36-monatigen Laufzeit der Vereinbarung über die (zusätzlich zur Provision erbrachten) Zahlungen kündigt. Nach dem LG Freiburg[198] soll das Gleiche bei der Vereinbarung der sofortigen Fälligkeit im Falle der Kündigung eines sonst über zwei Jahre ratierrlich zurückzuzahlenden Provisionsvorschusses über anfänglich 95.000,– EUR gelten. Demgegenüber hat das LG München I[199] keine unwirksame Kündigungsbeschränkung bei einem an die Vertragskündigung gekoppelten Wegfall einer Pauschale und eines Zuschusses angenommen. Die Parteien können auch in **Standardverträgen** wirksam vereinbaren, dass vom Unternehmer übernommene Kosten für eine dem Handelsvertreter auch für spätere Tätigkeiten nützliche Schulung anteilig zurückzuerstatten sind, falls das Vertragsverhältnis vor Ablauf einer bestimmten Frist endet.[200]

78   Eine gemäß Abs. 2 S. 1 Hs. 2 unwirksame Kündigungserschwernis liegt in einer Vertragsbestimmung, nach der die Zahlung eines zweckgebundenen Bürokostenzuschusses davon abhängig gemacht wird, dass das Vertragsverhältnis im Zeitpunkt der Zahlung ungekündigt besteht, wenn der Handelsvertreter für die ordentliche Kündigung eine mehrjährige Kündigungsfrist einzuhalten hat.[201]

---

[189] Ebenroth/Boujong/Joost/Strohn/Löwisch Rn. 35; Canaris HandelsR § 15 Rn. 85 f.
[190] Höft VersR 1973, 600; Ebenroth/Boujong/Joost/Strohn/Löwisch Rn. 49; Emde Rn. 75.
[191] Emde Rn. 75.
[192] MüKoHGB/Ströbl Rn. 48; Heymann/Froitzheim Rn. 36.
[193] BGH ZVertriebsR 2016, 19 Rn. 27; OLG Oldenburg ZVertriebsR 2015, 247 (248).
[194] BGH NJW 1982, 181; Baumbach/Hopt/Hopt Rn. 16.
[195] OLG Düsseldorf DB 1972, 181 (182); Baumbach/Hopt/Hopt Rn. 16.
[196] OLG München ZVertriebsR 2017, 177 Rn. 23 ff.
[197] OLG Oldenburg ZVertriebsR 2014, 174(175 f.).
[198] LG Freiburg ZVertriebsR 2019, 251 (253 f.).
[199] LG München I ZVertriebsR 2019, 190 Rn. 28 ff.
[200] BAG DB 2003, 1633 f.
[201] BGH ZVertriebsR 2016, 19 (21 ff.) = BB 2016, 18 mAnm Thies.

c) **Kündigung vor Vertragsbeginn.** Das **Recht zur Kündigung** besteht ab dem 79
Moment des Vertragsschlusses.[202] Haben die Parteien vereinbart, dass das Vertragsverhältnis
erst zu einem späteren Zeitpunkt in Kraft treten soll, kann jede Partei den Vertrag somit
vor Vertragsbeginn kündigen.[203]

Kündigt eine Partei den Vertrag vor Vertragsbeginn, so beginnt die **Kündigungsfrist** 80
regelmäßig **sofort** und damit bereits vor einer Aufnahme der Tätigkeit durch den Handelsvertreter zu laufen.[204] Der Vertrag kann daher sogar enden, bevor er nach der Parteivereinbarung in Kraft treten sollte.[205] Ein Beginn der Kündigungsfrist vor Vertragsbeginn kann
sich aus einer entsprechenden Regelung im Vertrag ergeben. Doch auch dann, wenn die
Parteien keine solche Regelung getroffen haben, wird dies regelmäßig anzunehmen sein.
In diesem Fall kann die ergänzende Vertragsauslegung, wie sie vom BAG im Arbeitsrecht
angewendet wird,[206] zur Lückenfüllung herangezogen werden.[207] Es wird in der Regel dem
mutmaßlichen Parteiwillen entsprechen, dass die Kündigungsfrist auch bei einer Kündigung
vor Vertragsbeginn ab Zugang der Kündigungserklärung läuft; liefe die Kündigungsfrist
trotz früheren Zugangs erst ab Vertragsbeginn, wären die Parteien länger an ein bereits
gekündigtes Vertragsverhältnis gebunden.

d) **Teilkündigung.** Ein **Teilkündigungsrecht** erlaubt es einer Vertragspartei, sich von 81
einzelnen Rechten oder Pflichten aus dem Vertragsverhältnis zu lösen, ohne dass der
Bestand des Vertrages im Übrigen berührt wird.[208] **Beispiele** für Teilkündigungen sind die
Kündigung für Teile des bisherigen Vertragsgebietes[209] und die Wegnahme wesentlicher
Kunden des Handelsvertreters.[210]

Eine Teilkündigung beeinträchtigt das von den Parteien vereinbarte **Äquivalenz- und** 82
Ordnungsgefüge ohne Rücksicht darauf, dass Rechte und Pflichten der Parteien in
vielfachen inneren Beziehungen stehen und erlaubt es einer Partei, sich teilweise der
Vertragsbindung zu entziehen, ohne gleichzeitig auf ihre Rechte aus der Bindung der
anderen Partei zu verzichten.[211] Sie zwingt damit dem Vertragspartner einen Vertrag auf,
den dieser so nicht geschlossen hat.[212] Die Teilkündigung eines einheitlichen Vertragsverhältnisses ohne entsprechenden Vorbehalt im Vertrag ist daher **grundsätzlich unwirksam.**[213]

Der Vertragspartner kann das in einer unwirksamen Teilkündigung liegende **Angebot** 83
zur Vertragsänderung annehmen oder ablehnen und im Regelfall selbst aus wichtigem
Grund den gesamten Vertrag außerordentlich kündigen.[214]

Die Teilkündigung ist **ausnahmsweise zulässig,** wenn das Vertragsverhältnis aus meh- 84
reren selbstständigen Teilverträgen besteht, die eigenständig und unabhängig voneinander

---

[202] BGH BB 1984, 235 (237); Ebenroth/Boujong/Joost/Strohn/Löwisch Rn. 34; Emde Rn. 39.
[203] MüKoHGB/Ströbl Rn. 49; Emde Rn. 39; Küstner/Thume VertriebsR-HdB I Kap. VIII Rn. 31, 35;
Röhricht/Graf v. Westphalen/Haas/Thume Rn. 19.
[204] MüKoHGB/Ströbl Rn. 50; Emde Rn. 39; Ebenroth/Boujong/Joost/Strohn/Löwisch Rn. 34; Küst-
ner/Thume VertriebsR-HdB I Kap. VIII Rn. 34; APS/Linck BGB § 622 Rn. 69 f.; Westphal VertriebsR I
Rn. 781; aA Schlegelberger/Schröder Rn. 12.
[205] MüKoHGB/Ströbl Rn. 50; Emde Rn. 39; Röhricht/Graf v. Westphalen/Haas/Thume Rn. 19; Eben-
roth/Boujong/Joost/Strohn/Löwisch Rn. 34.
[206] BAG NZA 2004, 1089; NJW 1987, 148; AP BGB § 620 Nr. 2.
[207] MüKoHGB/Ströbl Rn. 50; FroitzheimHeymann/Froitzheim Rn. 30; Küstner/Thume VertriebsR-
HdB I Kap. VIII Rn. 33 f.
[208] BAG AP BGB § 620 Teilkündigung Nr. 5; OLG Karlsruhe DB 1978, 298.
[209] Für die Zulässigkeit einer Teilkündigung bzgl. eines Handelsvertreterbezirks: OLG Bamberg NJW
1958, 1830 mit abl. Anm. Thiede NJW 1959, 1444.
[210] OLG Stuttgart BB 1965, 926.
[211] BAG AP BGB § 620 Teilkündigung Nr. 5.
[212] Emde Rn. 28.
[213] Vgl. BGH HVR (92) Nr. 726; NJW-RR 1992, 481 (482); WM 1977, 589 (590); in der Lit. beispielsweise Baumbach/Hopt/Hopt Rn. 18; MüKoHGB/Ströbl Rn. 51; Ebenroth/Boujong/Joost/Strohn/Lö-
wisch Rn. 27; Röhricht/Graf v. Westphalen/Haas/Thume Rn. 16; Emde Rn. 28; Füssel DB 1972, 378;
Schnitzler MDR 1959, 170 (171).
[214] BGH NJW 2000, 515 (516); MüKoHGB/Ströbl Rn. 51.

sind und gelöst werden können.[215] Dies ist beispielsweise der Fall bei der Kündigung eines Bezirksleitervertrages, wenn der Versicherungsvertretervertrag fortbesteht.[216] Keinen selbst-ständigen Charakter hat dagegen eine Verpflichtung zur Erbringung von Kunden-, Re-paratur- und Wartungsdienstleistungen.[217]

85 In einem **Standardvertrag** muss stets ein wichtiger Grund für die Vereinbarung einer Teilkündigungsklausel existieren und dieser auch genau definiert werden. Erforderlich ist ferner, dass der Gekündigte eine angemessene Kompensation unabhängig von § 89b erhält[218] und die Teilkündigung sich nicht nachteilig auf den Ausgleichsanspruch nach § 89b und dessen Geltendmachung auswirkt.[219] Bei einer Teilkündigung sind die von Abs. 1 vorgegebenen Fristen einzuhalten. Weiter ist eine möglichst genaue Bestimmung der Voraussetzungen und des Umfangs des Teilkündigungsrechts notwendig.[220]

86 **e) Änderungskündigung.** Die **Änderungskündigung** ist eine ordentliche Kündigung, die mit dem innerhalb einer bestimmten Frist vor Ablauf der Kündigungsfrist anzunehmen-den Angebot verbunden wird, den Vertrag zu veränderten Bedingungen fortzusetzen.[221] Eine Änderungskündigung ist, anders als eine Teilkündigung, grundsätzlich immer zulässig.[222] Die Erklärung kann auch konkludent erfolgen, beispielsweise kann in einer die Tätigkeit des Handelsvertreters sehr einschränkenden Weisung ausnahmsweise eine Änderungskündigung liegen.[223] Für die **Annahme** des mit der Kündigung verbundenen Angebotes reicht bloßes Schweigen nicht aus,[224] weil der Gekündigte weder der Kündigung widersprechen noch ein Vertragsangebot annehmen muss.[225] Ohne Annahme des Angebotes läuft das alte Vertrags-verhältnis aus, es sei denn, der Handelsvertreter wird auch nach Vertragsende weiterhin für den Unternehmer, der nicht unverzüglich widerspricht, mit dessen Wissen tätig; dann gilt das Vertragsverhältnis gemäß § 625 BGB als auf unbestimmte Zeit verlängert.[226]

87 **f) Bedingte Kündigung.** Grundsätzlich ist die Kündigung als Ausübung eines Gestal-tungsrechts **bedingungsfeindlich;** der Kündigungsempfänger soll klar erkennen können, ob die Kündigung wirksam ist oder nicht. Vor diesem Hintergrund sind solche bedingten Kündigungen unbedenklich, die den Kündigungsempfänger nicht in Ungewissheit ver-setzen.[227] Daher ist eine bedingte Kündigung ausnahmsweise unbedenklich und wirksam, die den Eintritt oder Nichteintritt der Bedingung allein von der Willkür des Empfängers abhängig macht (Potestativbedingung).[228] Zulässig sind ferner Rechtsbedingungen.[229]

88 **3. Kündigungsfristen und Kündigungstermine. a) Gesetzliche Regelung. aa) Kündigungsfrist.** Abs. 1 S. 1 und 2 sehen **Mindestkündigungsfristen** vor, die sich abhängig von der Vertragsdauer verlängern. Im ersten Jahr der Vertragsdauer beträgt die

---

[215] MüKoHGB/Ströbl Rn. 51; Emde Rn. 28; Ebenroth/Boujong/Joost/Strohn/Löwisch Rn. 27.
[216] BGH DB 1977, 1844; Küstner/Thume VertriebsR-HdB I Kap. VIII Rn. 36; Baumbach/Hopt/Hopt Rn. 18; Emde Rn. 28.
[217] BGH 22.2.1960 – II ZR 118/58, unveröff. (zit. nach Emde Rn. 28).
[218] BGH NJW 2000, 515 (518) mit Anm. Emde BB 2000, 63 (64); BGH NJW 1994, 1060 (1063).
[219] BGH NJW 2000, 515 (518).
[220] BGH NJW 1984, 1182 (1183); Baumbach/Hopt/Hopt Rn. 18; Preis/Stoffels ZHR 160 (96), 442 (485).
[221] Baumbach/Hopt/Hopt Rn. 17; Hromadka DB 2002, 1322 (1323).
[222] MüKoHGB/Ströbl Rn. 52; Baumbach/Hopt/Hopt Rn. 17; Ebenroth/Boujong/Joost/Strohn/Lö-wisch Rn. 29; Heymann/Froitzheim Rn. 39; Röhricht/Graf v. Westphalen/Haas/Thume Rn. 17.
[223] OLG Stuttgart BB 1965, 926; Baumbach/Hopt/Hopt Rn. 17.
[224] BGH BeckRS 1955, 31200248; Baumbach/Hopt/Hopt Rn. 17; MüKoHGB/Ströbl Rn. 52; Emde Rn. 5; Ebenroth/Boujong/Joost/Strohn/Löwisch Rn. 31.
[225] Ebenroth/Boujong/Joost/Strohn/Löwisch Rn. 31; Emde Rn. 5.
[226] Küstner/Thume VertriebsR-HdB I Kap. VIII Rn. 48; Emde Rn. 73; für Anwendung des Abs. 3 mit gleichem Erg.: Ebenroth/Boujong/Joost/Strohn/Löwisch Rn. 6, 25.
[227] MüKoHGB/Ströbl Rn. 53; Küstner/Thume VertriebsR-HdB I Kap. VIII Rn. 39; Heymann/Froitz-heim Rn. 28; Röhricht/Graf v. Westphalen/Haas/Thume Rn. 17.
[228] MüKoHGB/Ströbl Rn. 53; Küstner/Thume VertriebsR-HdB I Kap. VIII Rn. 39; Emde Rn. 55; Heymann/Froitzheim Rn. 28.
[229] Ebenroth/Boujong/Joost/Strohn/Löwisch Rn. 37; Emde Rn. 55 („innerprozessuale Rechtsbedin-gung"); Grüneberg/Ellenberger BGB Einf. v. § 158 Rn. 13; ArbR: BAG NJW 2001, 3355 (3356).

Kündigungsfrist einen Monat, im zweiten Jahr zwei Monate, im dritten bis fünften Jahr drei Monate und in den folgenden Jahren sechs Monate.

Die jeweilige Frist beginnt mit dem **Zugang** der Kündigungserklärung.[230] Ihre **Länge** 89 bestimmt sich nach der Vertragsdauer, also dem ununterbrochenen[231] Zeitraum zwischen dem rechtlichen Beginn des Vertrages und dem Zugang der Kündigungserklärung.[232] Ob und in welchem Umfang der Handelsvertreter während dieses Zeitraums tatsächlich tätig geworden ist, ist unerheblich.[233] Haben die Parteien Kettenverträge abgeschlossen, so ist als Zeitpunkt des Beginns der Zeitpunkt des Abschlusses des zeitlich ersten Vertrages anzusehen.[234] Dasselbe gilt, wenn die Parteien einen neuen (auch unbefristeten) Vertrag schließen, der inhaltlich im Wesentlichen dem vorangegangenen Vertrag entspricht.[235]

Die **Kündigungsfrist** berechnet sich nach §§ 186 ff. BGB.[236] Der Tag des Zugangs der 90 Erklärung wird gemäß § 187 BGB nicht mitgerechnet. Die Frist steht dem Gekündigten in vollem Umfang zu, auch wenn der letzte Tag vor ihrem Beginn oder Ablauf ein Samstag, Sonntag oder Feiertag ist. § 193 BGB, der den Erklärenden schützt, ist daher unanwendbar, weil er die Frist reduzieren würde.[237]

Der Kündigende kann in der Kündigungserklärung eine **längere** als die vertragliche oder 91 gesetzliche Kündigungsfrist gewähren, ist dann jedoch auch an diese längere Frist gebunden,[238] es sei denn, es liegt ein offenkundiger Berechnungs- oder Schreibfehler vor.[239] Ist der Gekündigte mit dieser Frist nicht einverstanden, so muss er zur Herbeiführung eines früheren Vertragsendes selbst kündigen. Dagegen kann er – mangels entsprechender gesetzlicher Grundlage – nicht die Einhaltung der kürzeren gesetzlichen Frist verlangen.[240]

Sofern nicht eine längere Auslauffrist gewährt werden soll, muss die beabsichtigte Kündi- 92 gungsfrist oder der beabsichtigte Kündigungstermin in der Kündigungserklärung nicht angegeben werden; die Frist oder der Termin ergeben sich aus dem Vertrag oder der gesetzlichen Regelung des § 89.[241]

Wird in der Kündigungserklärung die gesetzliche Kündigungsfrist unterschritten, endet 93 das Vertragsverhältnis zum **nächsten** gemäß Abs. 1 S. 1 oder 2 möglichen Kündigungstermin.[242]

bb) Kündigungstermin. Der Vertrag endet gemäß Abs. 1 S. 3 mit dem Ende des 94 Monats, in dem die Kündigungsfrist abläuft.

b) Abweichende Vereinbarungen. Die Vertragsfreiheit erlaubt es den Vertragspartei- 95 en grundsätzlich, Kündigungsfristen und -termine **abweichend vom Gesetz** zu regeln (Abs. 1 S. 3 Hs. 2, Abs. 2) und das Recht zur ordentlichen Kündigung auszuschließen,

---

[230] Baumbach/Hopt/Hopt Rn. 14 MüKoHGB/Ströbl Rn. 56; Ebenroth/Boujong/Joost/Strohn/Löwisch Rn. 46; Emde Rn. 52; Heymann/Froitzheim Rn. 30.

[231] Baumbach/Hopt/Hopt Rn. 11; MüKoHGB/Ströbl Rn. 56; Ebenroth/Boujong/Joost/Strohn/Löwisch Rn. 47; Emde Rn. 46.

[232] MüKoHGB/Ströbl Rn. 56; Ebenroth/Boujong/Joost/Strohn/Löwisch Rn. 47; distanziert: Baumbach/Hopt/Hopt Rn. 11; aA (zu § 89 aF) Staub/Brüggemann, 4. Aufl. 1995, Rn. 10.

[233] MüKoHGB/Ströbl Rn. 56; Ebenroth/Boujong/Joost/Strohn/Löwisch Rn. 47; Emde Rn. 52.

[234] BGH NJW-RR 2002, 1554 (1556) – Franchise-Kettenvertragsverhältnis; v. Hoyningen-Huene EWiR 2003, 587 (588); Ebenroth/Boujong/Joost/Strohn/Löwisch Rn. 47.

[235] BGH NJW-RR 1987, 1112 (1113); Emde Rn. 52; Ebenroth/Boujong/Joost/Strohn/Löwisch Rn. 47.

[236] Baumbach/Hopt/Hopt Rn. 14.

[237] BGH NJW 2005, 1354 (1355) für sämtliche Kündigungsfristen im Anschluss an NJW 1972, 2083; Baumbach/Hopt/Hopt Rn. 14; MüKoHGB/Ströbl Rn. 57; Heymann/Froitzheim Rn. 30; Emde Rn. 51; Ebenroth/Boujong/Joost/Strohn/Löwisch Rn. 46.

[238] BGH BB 1969, 380 (381); Emde Rn. 60; Ebenroth/Boujong/Joost/Strohn/Löwisch Rn. 48; Heymann/Froitzheim Rn. 32.

[239] Emde Rn. 60.

[240] AA Emde Rn. 50; iErg ebenso Ebenroth/Boujong/Joost/Strohn/Löwisch Rn. 33; iErg wie hier Schlegelberger/Schröder Rn. 10.

[241] Emde Rn. 56.

[242] MüKoHGB/Ströbl Rn. 57; Ebenroth/Boujong/Joost/Strohn/Löwisch Rn. 48.

wobei die Schranken nach §§ 138, 242 BGB zum Schutz vor übermäßigen Einschränkungen der persönlichen und wirtschaftlichen Handlungsfreiheit zu berücksichtigen sind.[243] Ein Ausschluss des Rechts zur ordentlichen Kündigung in **Standardverträgen** ist unwirksam.[244]

96   **aa) Kündigungsfrist.** Die von Abs. 1 S. 1 und 2 vorgegebenen Fristen dürfen gemäß Abs. 2 S. 1 Hs. 1 **verlängert** werden, auch im Rahmen eines Standardvertrages auf 12 Monate.[245] Eine Verkürzung der Kündigungsfrist ist nicht wirksam.[246] Ein Verstoß gegen diese Vorgabe zieht allerdings nicht die Anwendung von § 139 BGB nach sich. Denn weder ist eine entsprechende Zielrichtung des Gesetzes erkennbar noch würde dies den Interessen der Parteien gerecht. Vielmehr ist davon auszugehen, dass das Vertragsverhältnis bestehen bleibt und an die Stelle der vereinbarten Frist die gesetzlichen Fristen gemäß Abs. 1 S. 1, S. 2 treten.[247] Eine Regelung in einem Standardvertrag, wonach eine Zuschussvereinbarung durch den Unternehmer isoliert vom Hauptvertrag gekündigt werden kann, kann gemäß § 307 BGB unwirksam sein, sofern für diese eine kürzere Kündigungsfrist als für den Hauptvertrag gelten soll.[248]

97   Die vereinbarte Kündigungsfrist darf gemäß Abs. 2 S. 1 Hs. 2 für den Unternehmer nicht kürzer sein als für den Handelsvertreter. Vereinbaren die Parteien dennoch eine kürzere Frist für den Unternehmer, so gilt gemäß Abs. 2 S. 2 die für den Handelsvertreter vereinbarte Frist. Der Handelsvertreter soll gegenüber dem Unternehmer nicht benachteiligt werden,[249] sog. **„Grundsatz der Fristenparität".**[250] Allerdings gilt dieser Grundsatz nur zugunsten des Handelsvertreters; die für ihn vereinbarte Frist darf kürzer sein als die für den Unternehmer fixierte.[251] Abs. 2 S. 2 verdrängt §§ 134, 139 BGB.[252] Wird in der **Kündigungserklärung** die vertraglich vereinbarte Kündigungsfrist unterschritten, endet das Vertragsverhältnis zum **nächsten** nach dem Vertrag möglichen Kündigungstermin.[253]

98   **bb) Kündigungstermin.** Vereinbarungen über den Kündigungstermin (Vertragsende), beispielsweise die Festlegung eines Kündigungstermins zum Ende des Quartals, sind gemäß Abs. 1 S. 3 zulässig. Allerdings müssen die gesetzlichen Vorgaben zur Länge der Kündigungsfristen gewahrt bleiben.[254]

99   Vereinbarungen über die Kündigungsfrist beinhalten grundsätzlich keine Absprache über den Kündigungstermin.[255]

100   Abs. 2 gilt nicht für Vereinbarungen über Kündigungstermine. Allerdings darf analog § 622 Abs. 6 BGB[256] die Kündigung durch den Handelsvertreter generell nicht gegenüber der Kündigung durch den Unternehmer erschwert werden, so dass die Bestimmung eines für ihn ungünstigeren Kündigungstermins unwirksam ist.[257]

---

[243] BGH NJW 1995, 2351; 1982, 1692 (1693); MüKoHGB/Ströbl Rn. 59; Emde Rn. 90; zu den Seefelder Maximen OLG Köln NJOZ 2006, 1547 (1549 f.).

[244] OLG München NJW-RR 1997, 1057; Ebenroth/Boujong/Joost/Strohn/Löwisch Rn. 58.

[245] Vgl. auch OLG München BB 2010, 2987; KG MDR 1997, 1041; OLG Schleswig HVR (97) Nr. 997; GK-HGB/Genzow Rn. 14.

[246] Vgl. zB BGH NJW 1982, 181, wonach Probezeit-Vereinbarungen nicht zu einer Umgehung dieser Regelung führen dürfen.

[247] MüKoHGB/Ströbl Rn. 60; Canaris HandelsR § 15 Rn. 83.

[248] LG Düsseldorf ZVertriebsR 2018, 49 (50).

[249] MüKoHGB/Ströbl Rn. 62.

[250] BGH NJW 2009, 3646 Rn. 12.

[251] MüKoHGB/Ströbl Rn. 62; Ebenroth/Boujong/Joost/Strohn/Löwisch Rn. 59; Emde Rn. 94; Eckert NZA 1990, 384 (385).

[252] Baumbach/Hopt/Hopt Rn. 30; nur auf § 134 BGB verweisend: MüKoHGB/Ströbl Rn. 62.

[253] Küstner/Thume VertriebsR-HdB I Kap. VIII Rn. 29; Schlegelberger/Schröder Rn. 22.

[254] Baumbach/Hopt/Hopt Rn. 27; MüKoHGB/Ströbl Rn. 65.

[255] LG Bielefeld HVR (55) Nr. 89.

[256] Aus § 622 Abs. 6 BGB leitet die Rspr. seit langer Zeit in analoger Anwendung ab, dass die Kündigung des Arbeitnehmers generell nicht ggü. derjenigen des Arbeitgebers erschwert werden darf; BGH NJW 2005, 3644 (3645); BAG NZA 1990, 147 (148) mwN.

[257] aA Ebenroth/Boujong/Joost/Strohn/Löwisch Rn. 6.

4. Folgen der Kündigung für das Vertragsverhältnis während der Kündigungs- 101
frist. Das Vertragsverhältnis zwischen Unternehmer und Handelsvertreter besteht während
der Kündigungsfrist, dh bis zum Kündigungstermin, mit allen gegenseitigen Rechten und
Pflichten unverändert fort.[258] Allerdings sind die folgenden Aspekte und Modifikationen zu
berücksichtigen.

a) Wettbewerbsverbot, Nachfolger und Informationspflicht. Die Kündigung wirkt 102
sich auf das **Wettbewerbsverbot** des Handelsvertreters nicht aus, es bleibt bis zum Kündigungstermin und, sofern wirksam gemäß § 90a vereinbart, sogar darüber hinaus, bestehen.[259] Der Handelsvertreter darf somit während der Kündigungsfrist nicht für einen neuen
Auftraggeber tätig werden[260] und schuldet bei Verstoß Auskunft über die für diesen vermittelten Geschäfte.[261] Er darf jedoch bereits angemessene Zeit vor Vertragsende **Kontakt**
zu anderen Unternehmern, auch Wettbewerbern des Unternehmers, aufnehmen, um einen
neuen Auftraggeber zu finden.[262] Ferner darf er eine spätere Tätigkeit für einen neuen
Auftraggeber vorbereiten, etwa einen Nachfolgevertrag unterzeichnen.[263] Die damit verbundenen Einschränkungen der Tätigkeit für den Unternehmer sind zulässig, da sozialadäquat,[264] aber so gering wie möglich zu halten.

Der Unternehmer darf ebenso wie der Handelsvertreter bereits während des Ablaufs der 103
Kündigungsfrist für die Zeit nach Vertragsende vorsorgen und einen **Nachfolger** des
Handelsvertreters suchen.[265] Er darf diesem jedoch nicht mit Wirkung vor Ablauf der
Kündigungsfrist das dem gekündigten Handelsvertreter zustehende Vertriebsrecht übertragen.[266] Allerdings darf er den Nachfolger mit Prospekten, Mustern und anderem Material
zur Vorbereitung der Tätigkeit ausstatten.[267] Hat der Handelsvertreter kein exklusives Vertretungsrecht und ist auch kein Bezirksvertreter, so darf der Unternehmer grundsätzlich
auch während des Laufes der Kündigungsfrist einen weiteren Vertriebsmittler zum Vertrieb
seiner Produkte einsetzen.

Umstritten ist, ob der Handelsvertreter, falls er nach Vertragsende für einen Wett- 104
bewerber des Unternehmers tätig werden will und die Parteien für diesen Fall keine
Mitteilungspflicht vereinbart haben, den Unternehmer hierüber dennoch **informieren**
muss. Soweit dies bejaht wird,[268] ist strittig, ob der Handelsvertreter eine entsprechende
Absicht aus eigener Initiative[269] oder nur auf Nachfrage des Unternehmers[270] offenlegen
muss und wann ggf. eine Offenlegung zu erfolgen hat.

Auf Basis von § 86 Abs. 2 und unter Berücksichtigung der Zäsur, die die Kündigung für 105
das Vertragsverhältnis und die Zusammenarbeit der Parteien mit sich bringt, ist eine Pflicht

---

[258] MüKoHGB/Ströbl Rn. 66; Ebenroth/Boujong/Joost/Strohn/Löwisch Rn. 51; Emde Rn. 61; Röh-
richt/Graf v. Westphalen/Haas/Thume Rn. 20.
[259] BGH NJW-RR 2003, 981 (982); v. Hoyningen-Huene LMK 2003, 187; MüKoHGB/Ströbl Rn. 67;
für den Franchisenehmer: OLG Oldenburg OLGR 2008, 24 (26).
[260] BGH NJW 1996, 2097 (2098); 1964, 817; Ebenroth/Boujong/Joost/Strohn/Löwisch Rn. 51; Schle-
gelberger/Schröder Rn. 32; Westphal VertriebsR I Rn. 785.
[261] BGH NJW 1996, 2097 (2098); Ebenroth/Boujong/Joost/Strohn/Löwisch Rn. 41.
[262] MüKoHGB/Ströbl Rn. 67; Ebenroth/Boujong/Joost/Strohn/Löwisch Rn. 52; Emde Rn. 62.
[263] Emde Rn. 62.
[264] Emde Rn. 62.
[265] Baumbach/Hopt/Hopt Rn. 25; MüKoHGB/Ströbl Rn. 67; Ebenroth/Boujong/Joost/Strohn/Lö-
wisch Rn. 52; Emde Rn. 63.
[266] Baumbach/Hopt/Hopt Rn. 25; MüKoHGB/Ströbl Rn. 67; Ebenroth/Boujong/Joost/Strohn/Lö-
wisch Rn. 52; Emde Rn. 63.
[267] Emde Rn. 63.
[268] Bejahend: OLG Saarbrücken RVR 1973, 100 (101); Küstner/Thume VertriebsR-HdB I Kap. VIII
Rn. 110; MüKoHGB/Ströbl Rn. 75; Ebenroth/Boujong/Joost/Strohn/Löwisch Rn. 52; Brüggemann im
Staub, 4. Aufl. 1995, Rn. 27; verneinend etwa: Schröder RVR 1973, 161 ff.; gegen eine Ableitung aus § 86
auch: Baumbach/Hopt/Hopt § 86 Rn. 42; Oetker/Busche § 86 Rn. 35.
[269] OLG Saarbrücken RVR 1973, 100 (101); Küstner/Thume VertriebsR-HdB I Kap. VIII Rn. 110.
[270] Hierfür votieren: MüKoHGB/Ströbl Rn. 75; Ebenroth/Boujong/Joost/Strohn/Löwisch Rn. 52;
Staub/Brüggemann, 4. Aufl. 1995, Rn. 27.

des Handelsvertreters zur initiativen Mitteilung dieser Information grundsätzlich anzunehmen.[271] Nach § 86 Abs. 2 hat der Handelsvertreter dem Unternehmer die erforderlichen Nachrichten zu geben. Der Handelsvertreter muss den Unternehmer danach von sich aus unaufgefordert informieren.[272] Eine Nachricht ist erforderlich, wenn sie nach objektiver Würdigung unter Berücksichtigung der Interessen des Unternehmers für ihn geschäftlich bedeutsam sein kann.[273] Der Handelsvertreter ist **Vertreter der Interessen des Unternehmers**[274] und zu deren umfassender Wahrnehmung verpflichtet.[275] Dies ist ein Ausfluss der vertraglichen Treuepflicht.[276] Im Falle der Kündigung des Vertragsverhältnisses können es die Interessen des Unternehmers gebieten, Schritte zur Vermeidung einer Schädigung seines eigenen Geschäftsbetriebes zu unternehmen.[277] Der Unternehmer kann in dieser Situation beispielsweise ein erhebliches Interesse daran haben, dass der Handelsvertreter nur noch solche Informationen erhält, die nach dem Vertrag für die Ausübung seiner Tätigkeit erforderlich sind, nicht aber solche, die der Handelsvertreter noch während der Vertragslaufzeit oder danach zum Nachteil des Unternehmers selbst verwerten oder an Dritte, die diese nutzen, weitergeben könnte.[278] Beispielsweise liegt es im Interesse des Unternehmers, zu verhindern, dass der Handelsvertreter von Vertragskonditionen mit bestimmten Kunden Kenntnis nimmt, die er nach Vertragsende an einen Wettbewerber des Unternehmers weitergeben und dieser zur Unterbreitung eines attraktiveren Angebots nutzen könnte. Der Unternehmer ist hiervor durch das Gesetz nicht hinreichend geschützt und kann sich auch durch vertragliche Vereinbarung nicht hinreichend schützen. Es wäre ihm etwa kaum möglich, nachzuweisen, dass der Handelsvertreter nachvertraglich Geheimnisse entgegen § 90 verwertet oder weitergibt. Es dürfte insbesondere kaum nachzuweisen sein, dass der Handelsvertreter das günstigere Angebot auf Grund seiner Kenntnis der vertraglichen Konditionen zwischen Unternehmer und Kunde abgegeben und damit unzulässiger Weise Geschäftsgeheimnisse verwertet hat. Daher muss der Unternehmer zur Wahrung seiner Interessen über eine nachvertragliche Tätigkeit des Handelsvertreters für einen Wettbewerber informiert sein; der Handelsvertreter hat auch insofern die unternehmerischen Interessen zu fördern. Das gilt allerdings erst ab dem Moment, ab dem eine Gefahr für die Interessen des Unternehmers besteht. Dies ist insbesondere bei Abschluss eines entsprechenden Handelsvertretervertrages[279] oder darauf gerichteten Vorvertrages der Fall, nicht aber bereits bei Bestehen einer bloßen dahingehenden Absicht des Handelsvertreters.

106   Der Unternehmer kann, nachdem er durch den Handelsvertreter über dessen zukünftige Tätigkeit für einen Wettbewerber informiert worden ist, die aus seiner Sicht erforderlichen Maßnahmen ergreifen, muss dabei allerdings die vertraglichen und gesetzlichen Grenzen beachten.

107   **b) Freistellung. Freistellungsklauseln** sollen es dem Unternehmer ermöglichen, Nachteile zu vermeiden, die ihm aus dem Verhalten des Handelsvertreters nach dem Zugang der Kündigungserklärung entstehen könnten. Regelmäßig besteht ihr vom BGH gebilligter Hauptzweck darin, es, soweit möglich, zu verhindern, dass der Handelsvertreter nach Vertragsende den von ihm geworbenen und betreuten Kundenstamm einem Wett-

---

[271] OLG Saarbrücken RVR 1973, 100 (101); Küstner/Thume VertriebsR-HdB I Kap. VIII Rn. 110.

[272] Ebenroth/Boujong/Joost/Strohn/Löwisch § 86 Rn. 17.

[273] LAG Bremen DB 1955, 123 (für angestellte Handelsreisenden); MüKoHGB/Ströbl § 86 Rn. 48; Ebenroth/Boujong/Joost/Strohn/Löwisch § 86 Rn. 17; Ordemann DB 1963, 1565; Schlegelberger/Schröder § 86 Rn. 20a, 21; vgl. Heymann/Stöber § 86 Rn. 28; Küstner/Thume VertriebsR-HdB I Kap. III Rn. 123 ff.

[274] BGH BeckRS 1978, 31068565.

[275] Westphal VertriebsR I Rn. 215 f.; Ebenroth/Boujong/Joost/Strohn/Löwisch § 86 Rn. 7.

[276] Ebenroth/Boujong/Joost/Strohn/Löwisch § 86 Rn. 7; Schlegelberger/Schröder § 86 Rn. 29.

[277] Abw.: Staub/Brüggemann, 4. Aufl. 1995, § 86 Rn. 27; Küstner/Thume VertriebsR-HdB I Kap. VIII Rn. 112; MüKoHGB/Ströbl Rn. 75.

[278] OLG Saarbrücken RVR 1973, 100.

[279] Küstner/v. Manteuffel I, 2. Aufl. 1992, Rn. 523 ff.; zweifelnd: Staub/Brüggemann, 4. Aufl. 1995, § 86 Rn. 27; abl. Emde § 86 Rn. 153.

bewerber des Unternehmers zuführt.[280] Die Freistellung entbindet den Handelsvertreter nach dem Zugang der Kündigungserklärung von der Pflicht zur Vermittlung oder zum Abschluss von Verträgen, ohne das Bestehen des Vertragsverhältnisses inklusive der Vergütungspflicht des Unternehmers im Übrigen anzutasten.[281]

Die Freistellungsregelung muss mit einer Verpflichtung zur ausreichenden **Entschädi-** **108** **gung** verbunden sein.[282] Der BGH hat es in einer eine Freistellungsklausel in einem Standardvertrag betreffenden Entscheidung als angemessen erachtet, dass der Handelsvertreter bis zum Vertragsende monatliche Zahlungen in Höhe des monatlichen Durchschnittsbetrags seiner Provisionseinnahmen des vorangegangenen Jahres erhalten sollte.[283] Der BGH ist in der Entscheidung davon ausgegangen, dass eine Entschädigung analog § 90a Abs. 1 S. 3 genügt und nicht sämtliche möglichen finanziellen Nachteile ausgeglichen werden müssen.[284]

Die Freistellung darf nicht im Zusammenspiel mit einem Wettbewerbsverbot während **109** der Vertragslaufzeit und einer echten nachvertraglichen Wettbewerbsabrede dazu führen, dass die gemäß § 90a Abs. 1 S. 2 zulässige Höchstdauer von zwei Jahren überschritten wird.[285]

Ansprüche, die dem Handelsvertreter unabhängig davon zustehen, ob er für den Unter- **110** nehmer tatsächlich tätig wird, bleiben von der Freistellung **unberührt.**[286] Dies betrifft die Provisionsansprüche gemäß § 87 Abs. 1 S. 1 Alt. 2 und § 87 Abs. 2.[287]

Neben einer Freistellung auf Grund einer Individualvereinbarung[288] ist regelmäßig auch **111** eine Freistellungsabrede in **Standardverträgen** wirksam.[289] Dagegen ist umstritten, ob bei **Fehlen einer vertraglichen Vereinbarung** eine **einseitige** Freistellung des Handelsvertreters durch den Unternehmer zulässig ist. Eine Ansicht hält eine einseitige Freistellung unter Verweis auf die Gefahr des Mitnehmens von Kunden zu Konkurrenzunternehmen durch den Handelsvertreter[290] bzw. die Herbeiführung eines ohne die Freistellung nicht vermeidbaren Schadens[291] für zulässig, wenn der Verdienstausfall finanziell ausgeglichen wird.[292] Nach zutreffender hM ist eine einseitige Freistellung ohne vertraglichen Vorbehalt dagegen **grundsätzlich unzulässig.**[293] Hierfür ist in erster Linie anzuführen, dass es für eine Freistellung, die nicht auf einer Parteivereinbarung basiert, an einer Rechtsgrundlage fehlt; die Freistellung ist dann vertragswidrig.[294] Ferner steht dem Handelsvertreter, der auf den Kontakt zu Kunden angewiesen ist, aus dem Vertrag ein Recht zur Tätigkeit zu.[295] Allerdings ist eine **Ausnahme** in solchen Fällen zu befürworten, in denen der Unternehmer den Vertrag zulässigerweise außerordentlich kündigen könnte, darauf jedoch verzich-

---

[280] Vgl. beispielsweise BGH NJW 1995, 1552 (1553).

[281] MüKoHGB/Ströbl Rn. 69.

[282] BGH NJW 1995, 1552 (1553); OLG Nürnberg VersR 1992, 1223.

[283] BGH NJW 1995, 1552 (1553).

[284] Zust.; Emde Rn. 67: Ausgleich aller finanziellen Nachteile.

[285] BGH NJW 1995, 1552 (1553).

[286] MüKoHGB/Ströbl Rn. 70; Küstner/Thume VertriebsR-HdB I Kap. VIII Rn. 89; Röhricht/Graf v. Westphalen/Thume Rn. 22.

[287] BGH NJW-RR 1992, 1059 (1061) (zu § 87 Abs. 2); MüKoHGB/Ströbl Rn. 70; Küstner/Thume VertriebsR-HdB I Kap. VIII Rn. 89.

[288] MüKoHGB/Ströbl Rn. 73; Küstner/Thume VertriebsR-HdB I Kap. VIII Rn. 87 ff.; Emde Rn. 67.

[289] BGH NJW 1995, 1552; Emde Rn. 67.

[290] Baumbach/Hopt/Hopt Rn. 25.

[291] LAG Hamm RVR 1973, 129 (133) (für angestellten Handelsreisenden); Küstner/Thume VertriebsR-HdB I Kap. VIII Rn. 100.

[292] Baumbach/Hopt/Hopt Rn. 25; Oetker/Busche Rn. 16: Ohne Ausgleich des Verdienstausfalls kann die Freistellung keinesfalls zulässig sein, denn dann wirkte sie wie ein vorgezogenes Wettbewerbsverbot gemäß § 90a.

[293] 73; Küstner/Thume VertriebsR-HdB I Kap. VIII Rn. 99; Emde Rn. 76; Westphal VertriebsR II Rn. 572.

[294] Emde Rn. 67.

[295] OLG Brandenburg BB 1996, 2115 f.; Emde Rn. 67.

Wauschkuhn

tet. In diesem Fall ist die einseitige Freistellung a maiore ad minus zulässig.[296] Liegt also ein wichtiger Grund iSv § 89a Abs. 1 S. 1 vor, so kann der Unternehmer den Handelsvertreter unter Zahlung einer angemessenen Entschädigung von der Tätigkeit freistellen.

112   Eine **unberechtigte Freistellung** durch den Unternehmer berechtigt den Handelsvertreter zur fristlosen Kündigung aus wichtigem Grund,[297] wobei eine vorherige Abmahnung erforderlich ist.[298] Zudem gerät der Unternehmer in Annahmeverzug. Es genügt bereits ein bloßer Widerspruch des Handelsvertreters gegen die Freistellung zur Begründung des Annahmeverzugs.[299] Im Falle des Annahmeverzugs kann der Handelsvertreter gemäß § 615 S. 1 BGB analog für die infolge des Verzugs nicht geleisteten Dienste die vereinbarte Vergütung verlangen, ohne zur Nachleistung verpflichtet zu sein.[300] Der Handelsvertreter muss sich nach § 615 S. 2 BGB analog auf den Provisionsanspruch die ersparten Aufwendungen anrechnen lassen.[301] Der unberechtigt freigestellte Handelsvertreter muss sich wie ein berechtigt freigestellter Handelsvertreter an die vertraglichen Regelungen und ein etwaiges Wettbewerbsverbot halten, sofern er das Vertragsverhältnis nicht selbst fristlos kündigt.[302]

113   Der Unternehmer darf eine **Freistellung rückgängig machen,** sofern die berechtigten Interessen des Handelsvertreters dadurch nicht beeinträchtigt werden.[303]

114   **c) Provisionsrechtliche Fragen.** Die Kündigung wirkt sich nicht auf die Ansprüche des Handelsvertreters auf Zahlung der vertraglich vereinbarten Provision aus.

115   **d) Sonstige Rechte und Pflichten.** Der Handelsvertreter ist wegen der Interessenwahrnehmungspflicht gemäß § 86 Abs. 1 Hs. 2 verpflichtet, einen etwaigen Nachfolger angemessen **einzuarbeiten.**[304] Aus Klarstellungsgründen sollte dies vertraglich vereinbart werden.[305]

116   Der Unternehmer ist grundsätzlich frei in der **Ablehnung von Geschäften,** die der Handelsvertreter vermittelt hat. Dies gilt auch nach Kündigung des Vertrages. Willkürliches oder ein der Schädigung des Handelsvertreters dienendes Verhalten ist jedoch unzulässig.[306] Somit darf der Unternehmer etwa nicht sämtliche vom Handelsvertreter vermittelten Geschäfte wegen des bevorstehenden Vertragsendes ablehnen,[307] weil er dessen Nachfolger einen erfolgreichen Start ermöglichen möchte.[308]

117   Der Unternehmer muss dem Handelsvertreter **keine Freizeit zur Stellensuche** einräumen, weil der Handelsvertreter seine Arbeitszeit frei gestalten kann; § 629 BGB ist nicht anwendbar.[309] Auch § 630 BGB ist grundsätzlich nicht anwendbar, so dass der Handelsvertreter keinen Anspruch auf Erteilung eines Zeugnisses hat.[310]

118   Wird der Handelsvertreter nach Vertragsende für einen Wettbewerber tätig, so kann es dem Unternehmer unzumutbar sein, bestimmtes **Know-how** auf den Handelsvertreter zu

---

[296] Schlegelberger/Schröder Rn. 32; Emde Rn. 68, der ferner annimmt, eine Freistellung sei auch nach außerordentlicher Kündigung mit Auslauffrist zulässig. Diese den § 89a betreffende Frage soll hier nicht weiter vertieft werden.
[297] Küstner/Thume VertriebsR-HdB I Kap. VIII Rn. 99.
[298] Emde Rn. 71; aA Ebenroth/Boujong/Joost/Strohn/Löwisch Rn. 53.
[299] Ebenroth/Boujong/Joost/Strohn/Löwisch Rn. 53; vgl. BGH NJW 2001, 287.
[300] MüKoHGB/Ströbl Rn. 73; Ebenroth/Boujong/Joost/Strohn/Löwisch Rn. 53; Emde Rn. 71.
[301] BGH NJW 1959, 1490 steht dem nicht entgegen. Die Entscheidung betrifft nur § 87 Abs. 2.
[302] BGH NJW-RR 2003, 981; 1992, 481 (482); Emde Rn. 71; Röhricht/Graf v. Westphalen/Haas/ Thume Rn. 24.
[303] Ebenroth/Boujong/Joost/Strohn/Löwisch Rn. 53.
[304] Baumbach/Hopt/Hopt Rn. 25 („in der Regel"); Emde Rn. 64.
[305] Emde Rn. 64.
[306] BGH BB 1960, 1221 (1222); MüKoHGB/Ströble Rn. 76.
[307] Baumbach/Hopt/Hopt Rn. 25; MüKoHGB/Ströbl Rn. 76.
[308] MüKoHGB/Ströbl Rn. 76.
[309] Baumbach/Hopt/Hopt Rn. 25; MüKoHGB/Ströbl Rn. 77.
[310] GK-HGB/Genzow Rn. 29.

übertragen, sofern dem Handelsvertreter dadurch keine wesentlichen Nachteile, beispielsweise erhebliche Umsatzeinbrüche, drohen.[311]

Jede Partei kann auch nach der ordentlichen Kündigung den Vertrag durch separate **119** Erklärung **außerordentlich fristlos kündigen,** falls ein wichtiger Grund vorliegt. Es ist jedoch nicht möglich, eine ordentliche Kündigung durch Nachschieben eines wichtigen Grundes in eine außerordentliche Kündigung umzuwandeln.[312] Auch rechtfertigen bei Ausspruch der ordentlichen Kündigung bereits bekannte Gründe keine nachträgliche außerordentliche Kündigung.[313] Der unberechtigte Widerspruch gegen die ordentliche Kündigung stellt keine Vertragsverletzung dar[314] und kann daher auch keinen wichtigen Grund für eine außerordentliche Kündigung bilden.

Will der Handelsvertreter oder der Unternehmer **Kunden** über die bevorstehende **120** Beendigung der Vertragsbeziehung **informieren,** so muss dies sachlich, angemessen und wahrheitsgemäß geschehen;[315] anderenfalls können dem Vertragspartner Schadensersatzansprüche zustehen.[316] Es empfiehlt sich, den Inhalt einer solchen Mitteilung mit dem Vertragspartner abzustimmen.[317] Die Mitteilung darf erst kurze Zeit vor der Vertragsbeendigung erfolgen, da die Absatzchancen des Handelsvertreters nicht beeinträchtigt werden dürfen.[318] In dem Vertrag sollte je nach den Einzelfallumständen ein Zeitraum von ein bis zwei Monaten vor Vertragsbeendigung vereinbart werden.[319]

5. Kündigung fortgesetzter Zeitverträge. Abs. 3 enthält Regelungen für einen spe- **121** ziellen Fall eines fortgesetzten Vertragsverhältnisses. Gemäß Abs. 3 S. 1 gilt ein für eine bestimmte Zeit eingegangenes Vertragsverhältnis, das nach Ablauf der vereinbarten Laufzeit von beiden Teilen fortgesetzt wird, als auf unbestimmte Zeit verlängert. Damit gelten insbesondere alle vertraglichen Regelungen mit Ausnahme der Regelung zur Vertragsdauer fort. Der Vertrag ist mit den Fristen des Abs. 1 kündbar, auf Grund von Abs. 3 S. 2 ist für die Bestimmung der Kündigungsfristen die Gesamtdauer des Vertragsverhältnisses unter Einschluss der Laufzeit aller direkt vorausgegangenen befristeten Verträge maßgeblich.

Der BGH hat zu Recht auf Basis der Begründung zum Gesetzentwurf der Bundes- **122** regierung[320] ausgeführt, Abs. 3 S. 1 sei nicht erfüllt, wenn die Tätigkeit einseitig fortgesetzt wird und der andere Teil nicht unverzüglich widerspricht.[321] Dagegen ist Abs. 3 S. 1 erfüllt, wenn der Handelsvertreter weiter für den Unternehmer tätig ist und dieser die vom Handelsvertreter beigebrachten Kundengeschäfte ausführt.[322] Eine erneute Einigung oder ein fortdauerndes Einigsein der Parteien über sämtliche Bedingungen ihrer Zusammenarbeit ist nicht erforderlich.[323]

§ 625 BGB, der die Verlängerung von Dienstverhältnissen bei Fortsetzung durch eine **123** Partei und Ausbleiben eines unverzüglichen Widerspruchs der anderen Partei auf unbestimmte Zeit anordnet, tritt gegenüber Abs. 3 zurück.[324]

---

[311] Emde Rn. 61.
[312] OLG Nürnberg BB 1957, 561; MüKoHGB/Ströbl Rn. 78.
[313] OLG Celle HVR (2003) Nr. 1131; Ebenroth/Boujong/Joost/Strohn/Löwisch Rn. 52.
[314] BGH NJW-RR 2003, 416; Ebenroth/Boujong/Joost/Strohn/Löwisch Rn. 52.
[315] Emde Rn. 64; Schlegelberger/Schröder Rn. 37a; Ebenroth/Boujong/Joost/Strohn/Löwisch Rn. 56.
[316] OLG Karlsruhe BB 1959, 1006 f.; → Rn. 675.
[317] Emde Rn. 64.
[318] Wauschkuhn, Der Vertragshändlervertrag, 129 (für Vertragshändlerverträge).
[319] Wauschkuhn, Der Vertragshändlervertrag, 129 (für Vertragshändlerverträge).
[320] BT-Drs. 11/3077, 9.
[321] BGH NJW-RR 2005, 762 (764); ebenso: Heymann/Froitzheim Rn. 42; Westphal VertriebsR I Rn. 760; unzutr. daher: Baumbach/Hopt/Hopt Rn. 21; MüKoHGB/Ströbl Rn. 85; Ebenroth/Boujong/Joost/Strohn/Löwisch Rn. 25; Emde Rn. 44.
[322] BGH NJW-RR 2005, 762 (765); Emde Rn. 44.
[323] BGH NJW-RR 2005, 762 (765); Emde Rn. 44.
[324] Im RegE, BT-Drs. 11/3077, 9, heißt es, § 625 BGB sei „bisher auch auf Handelsvertreterverträge" anwendbar gewesen. Demnach sollte § 625 BGB insoweit nicht länger anwendbar sein. IErg ebenso: Baumbach/Hopt/Hopt Rn. 22; Emde Rn. 44.

124 **6. Beweislast.** Die Beweislast ist nach den **allgemeinen Grundsätzen** verteilt. Wer Ansprüche auf Grund einer ordentlichen Kündigung eines Handelsvertretervertrages geltend macht, muss das Vorliegen aller Voraussetzungen einer wirksamen ordentlichen Kündigung nachweisen. Beispielsweise muss derjenige, der sich auf eine ordentliche Kündigung beruft, die Kündigungserklärung, deren Zugang sowie die für die Feststellung der Wirksamkeit der Kündigung erforderlichen Tatsachen nachweisen.[325] Ein non liquet geht zu Lasten des Beweispflichtigen.[326]

B. Vertragshändler

I. Analoge Anwendbarkeit

125 **1. Analoge Anwendbarkeit von Abs. 1.** Abs. 1 ist auf Vertragshändlerverträge analog anwendbar.[327]

126 Dies hat der BGH zu Recht für solche Vertragshändlerverträge angenommen, die den Vertragshändler wie einen Handelsvertreter in die Absatzorganisation des Unternehmers **eingliedern** (→ Vor § 84 Rn. 37).[328] Eine solche Eingliederung in die Absatzorganisation liegt vor, wenn der Vertragshändler handelsvertretertypische Rechte und Pflichten übernimmt und in erheblichem Umfang Aufgaben erfüllt, wie sie auch vom Handelsvertreter wahrgenommen werden.

127 Doch auch dann, wenn der Vertragshändler **nicht** einem Handelsvertreter vergleichbar in die Absatzorganisation **eingegliedert** ist, sind die Regelungen des Abs. 1 analog anzuwenden,[329] da sie auch in solchen Fällen eine planwidrige Gesetzeslücke bei vergleichbarer Interessenlage angemessen schließen;[330] die Parteien benötigen auch in diesem Fall eine gewisse Zeit für die angemessene Planung und Durchführung der erforderlichen Umstellungsmaßnahmen bis zum Kündigungstermin, die durch Abs. 1 gewährleistet wird. Jedenfalls im Hinblick auf diesen nicht durch die genannte BGH-Rechtsprechung abgedeckten Bereich vertritt die **Gegenauffassung,** dass die Länge der Kündigungsfristen durch ergänzende Vertragsauslegung gemäß §§ 133, 157 BGB zu bestimmen[331] und Abs. 1 nicht analog anzuwenden sei. Diese Auffassung ist indes nicht überzeugend. Insbesondere entspricht ihr Hauptargument häufig nicht den Tatsachen: die vom Vertragshändler getätigten Investitionen seien nach einer Kündigung überhaupt nicht oder nur unter Schwierigkeiten weiter zu nutzen, insbesondere wenn sie auf diese spezielle Geschäftsbeziehung (marken- oder unternehmensspezifisch) ausgerichtet gewesen seien;[332] der Vertragshändler müsse grundsätzlich die Möglichkeit haben, zumindest einen Teil dieser auch im Unternehmerinteresse getätigten Ausgaben wieder zu erwirtschaften.[333]

---

[325] OLG München BeckRS 2010, 07738; Emde Rn. 103; Ebenroth/Boujong/Joost/Strohn/Löwisch Rn. 65.

[326] OLG München BeckRS 2010, 07738; Emde Rn. 103.

[327] Eine analoge Anwendung von § 621 BGB kommt dagegen nicht in Betracht: Schultze/Wauschkuhn/Spenner/Dau/Kübler Vertragshändlervertrag/Spenner Rn. 590.

[328] BGH NJW-RR 2003, 98; DB 1966, 577; NJW 1962, 1107; OLG Hamm ZVertriebsR 2017, 166; OLG Köln BeckRS 2013, 02968; Schultze/Wauschkuhn/Spenner/Dau/Kübler Vertragshändlervertrag/Spenner Rn. 591.

[329] OLG Stuttgart BB 1972, 548 (550); Schultze/Wauschkuhn/Spenner/Dau/Kübler Vertragshändlervertrag/Spenner Rn. 591; Ebenroth/Boujong/Joost/Strohn/Löwisch Rn. 4; Emde Rn. 35; Wauschkuhn/Teichmann ZVertriebsR 2013, 139 (140); aA OLG Köln BeckRS 2013, 02968, das eine vereinbarte zweimonatige Kündigungsfrist bei einer Vertragsdauer von über 5 Jahren für wirksam hält.

[330] IErg ebenso: Schultze/Wauschkuhn/Spenner/Dau/Kübler Vertragshändlervertrag//Spenner Rn. 591; mit leichter Zurückhaltung: Emde Rn. 35.

[331] OLG Stuttgart NJW-RR 1990, 491; Martinek/Semler/Flohr VertriebsR-HdB/van der Moolen § 23 Rn. 25; Küstner/Thume VertriebsR-HdB III Teil II Kap. 7 Rn. 11; Mesch ZVertriebsR 2015, 8 (10); GK-HGB/Genzow Rn. 35 ff.

[332] Küstner/Thume VertriebsR-HdB III Teil II Kap. 7 Rn. 10.

[333] Küstner/Thume VertriebsR-HdB III Teil II Kap. 7 Rn. 10; Pfeffer NJW 1985, 1241 (1246); so auch im Rahmen der Angemessenheitsprüfung eines Standardvertrages BGH NJW-RR 1995, 1260 (1261).

Hiergegen ist einzuwenden, dass als berücksichtigungsfähige Investitionen regelmäßig nach Abzug der nicht vom Unternehmer, sondern vom Vertragshändler selbst veranlassten Investitionen[334] und der Ausgaben für Lagerhaltung[335] nur wenige vom Unternehmer verlangte bzw. vorausgesetzte markenspezifische Investitionen (betreffend Marke und Erscheinungsbild des Unternehmers) verbleiben.[336] Doch selbst wenn markenspezifische Investitionen anfallen, steht einer analogen Anwendung von Abs. 1 nichts entgegen. Unzureichende Amortisationschancen hängen in erster Linie mit vom Vertragshändler (bewusst) eingegangenen wirtschaftlichen Risiken bzw. einer vom Vertragshändler akzeptierten vertraglichen Gestaltung zusammen. Die Gesamtdauer des Vertrages und das Fehlen einer Vereinbarung bezüglich einer Mindestvertragslaufzeit sind wesentliche Gegenargumente. Maßgeblich ist also nicht die Länge der gesetzlichen Kündigungsfristen. Entscheidend ist vielmehr, dass der Vertragshändler bei Abschluss des Vertrages nicht auf eine hinreichend bemessene (Mindest-)Vertragsdauer, ein Kündigungsverzicht für eine bestimmte Phase[337] und/oder eine sonstige angemessene Regelung zur wirtschaftlichen Übernahme von Investitionsrisiken durch den Unternehmer bestanden hat. Dass der Vertragshändler seine eigenen Interessen schützt und für entsprechende Vereinbarungen eintritt, ist ihm ohne Weiteres zumutbar; er handelt selbstbestimmt und bewusst in wirtschaftlicher Selbstverantwortung,[338] die unter anderem die betriebswirtschaftliche Prüfung verlangter Investitionen erfordert.[339] Es ist nicht angemessen, solche Versäumnisse des Vertragshändlers im Wege der Unterstellung eines vermeintlichen Parteiwillens durch die ergänzende Vertragsauslegung zu korrigieren. Abgesehen davon führt die analoge Anwendung von Abs. 1 auch zur Rechtssicherheit, weil dann die Kündigungsfristen von vornherein feststehen. Aus den vorgenannten Gründen ist auch die von Genzow[340] angedachte Kündigungsschranke gemäß § 242 BGB abzulehnen.

128 Ohnehin wäre, wenn die Kündigungsfristen an der Amortisationschance ausgerichtet werden sollten, nur eine solche Regelung angemessen, die mit ansteigender Vertragsdauer und damit vermeintlich höherer Amortisationschance **zunehmend kürzere Kündigungsfristen** vorsieht.[341] Es ist jedoch nicht ersichtlich, dass eine solche Regelung gefordert wird.[342] Derart wesentlich scheint der Amortisationsaspekt also auch nach Ansicht der Gegner einer analogen Anwendung von Abs. 1 nicht zu sein.

129 Im Ergebnis ist eine analoge Anwendung von Abs. 1 auf **sämtliche Vertragshändlerverträge** zu befürworten. Die analoge Anwendung von Abs. 1 führt zur Rechtssicherheit, weil dann die Kündigungsfristen von vornherein feststehen. Deshalb sind auch die Urteile des OLG Köln[343] und des OLG Koblenz[344] abzulehnen. Beide Gerichte lehnten bei einem über 5 Jahre dauernden Vertragshändlervertrag, bei dem keine einem Handelsvertreter vergleichbare Integration in die Absatzbeziehung des Unternehmens gegeben war, eine analoge Anwendung von Abs. 1 ab. Das OLG Köln wendete eine Kündigungsfrist von lediglich 60 Tagen an und das OLG Koblenz gestützt auf §§ 624, 723 BGB ein Jahr. Das

---

[334] Hierzu: Schultze/Wauschkuhn/Spenner/Dau/Kübler Vertragshändlervertrag/Spenner Rn. 594 u. BGH NJW-RR 1995, 1260 (1261) im Rahmen der Angemessenheitsprüfung eines Standardvertrages.

[335] Schultze/Wauschkuhn/Spenner/Dau/Kübler Vertragshändlervertrag/Spenner Rn. 595.

[336] Schultze/Wauschkuhn/Spenner/Dau/Kübler Vertragshändlervertrag/Spenner Rn. 596.

[337] Schultze/Wauschkuhn/Spenner/Dau/Kübler Vertragshändlervertrag/Spenner Rn. 596.

[338] Schwytz BB 1997, 2385 (2386); Wauschkuhn/Teichmann RIW 2009, 614 (618) im Zusammenhang mit der Erörterung von Investitionsersatzansprüchen; Deister, Der Investitionsschutz des Absatzmittlers, 10 f., abrufbar unter: http://www.brainguide.de/data/publications/PDF/pub85888.pdf.

[339] Schultze/Wauschkuhn/Spenner/Dau/Kübler Vertragshändlervertrag/Spenner Rn. 596.

[340] GK-HGB/Genzow Rn. 39.

[341] Schultze/Wauschkuhn/Spenner/Dau/Kübler Vertragshändlervertrag/Spenner Rn. 596.

[342] So gehen beispielsweise Ulmer/Brandner/Hensen/Ulmer/Schäfer Rn. 33; Pfeffer NJW 1985, 1241 (1247); Graf v. Westphalen/v. Westphalen VertragsR Rn. 51 f. von starren Fristen aus; für Küstner/Thume VertriebsR-HdB III Teil II Kap. 7 Rn. 12 kommen gestaffelte Fristen (offenbar ansteigend) in Betracht; unklar: Genzow Vertragshändlervertrag Rn. 115.

[343] OLG Köln BeckRS 2013, 02968.

[344] OLG Koblenz BB 2013, 2131 mablAnm Ayad = BeckRS 2013, 09329.

OLG Düsseldorf[345] hat bei einem langjährigen Motorrad-Vertragshändlervertrag eine Verlängerung der vertraglichen sechsmonatigen Kündigungsfrist über § 307 BGB abgelehnt, weil der Vertragshändler eine unangemessene Benachteiligung nicht ausreichend dargelegt hatte.

130   Angesichts der analogen Anwendung von Abs. 1 ist **kein Raum für die ergänzende Vertragsauslegung.** Denn die Anwendung dispositiven Rechts hat demgegenüber Vorrang[346] und zum dispositiven Recht gehören auch die durch Rechtsfortbildung, wie etwa durch Analogie,[347] gewonnenen Ergebnisse.[348]

131   **2. Analoge Anwendbarkeit von Abs. 2.** Abs. 2 S. 1 und S. 2 sind analog auf Vertragshändlerverträge anzuwenden, bei denen der Vertragshändler wie ein Handelsvertreter in die Absatzorganisation des Unternehmers eingegliedert ist.[349] Denn im Falle einer vergleichbaren Eingliederung erscheint der Vertragshändler insoweit auch vergleichbar schutzbedürftig.[350] Ist er dagegen nicht einem Handelsvertreter vergleichbar in die Absatzorganisation eingebunden, bedarf er des Schutzes nach Abs. 2 nicht.[351]

132   Auf **Sonderkündigungsrechte** von Lieferanten in Vertragshändlerverträgen über den Vertrieb neuer Kraftfahrzeuge mit einjähriger Kündigungsfrist gemäß Art. 2 der inzwischen außer Kraft getretenen VO (EU) Nr. 461/2010 iVm Art. 3 Abs. 5 lit. b ii VO (EG) Nr. 1400/2002 (Strukturkündigung) war der **Grundsatz der Fristenparität** gemäß Abs. 2 S. 1 Hs. 2, S. 2 weder direkt noch analog anwendbar.[352] Der BGH hat zu Recht hervorgehoben, dass es sich um außerordentliche, an enge materielle Voraussetzungen gebundene Kündigungsrechte handelt, die mit dem Kündigungsrecht gemäß § 89 nicht vergleichbar sind.[353]

133   **3. Analoge Anwendbarkeit von Abs. 3.** Abs. 3 ist in Fällen der Fortsetzung von Vertragshändlerverträgen analog anzuwenden.[354] Dies ist sowohl bei gegebener als auch bei fehlender Eingliederung des Vertragshändlers in die Absatzorganisation des Unternehmers sachgerecht. Das Bedürfnis der Parteien nach einer Herstellung von Rechtssicherheit hinsichtlich der auf ihr Vertragsverhältnis anwendbaren Regelungen ist in beiden Fällen demjenigen zwischen den Parteien eines Handelsvertretervertrages vergleichbar und die Anwendung von Abs. 3 für die Beseitigung der Rechtsunsicherheit geeignet. Gegenüber einem Rückgriff auf § 625 BGB ist eine Anwendung von Abs. 3 als speziellere Regelung im Bereich des Vertriebsrechts vorzugswürdig.

II. Besonderheiten beim Vertragshändler

134   **1. Rechtsfolgen bei Nichtigkeitsgründen.** Anders als bei Handelsvertreterverträgen werden bei Vertragshändlerverträgen die Rechtsfolgen beim Vorliegen von Nichtigkeitsgründen nicht modifiziert. So wirkt die Anfechtung von Angebot bzw. Annahme zum Abschluss eines Vertragshändlervertrages gemäß § 142 Abs. 1 BGB **ex tunc.** Eine Aus-

---

[345] In ZVertriebsR 2020, 395 Rn. 9.
[346] BGH WM 1974, 11 (12); NJW 1963, 2071 (2075); Staudinger/Roth § 157 Rn. 23.
[347] Staudinger/Roth § 157 Rn. 23; Larenz Methodenlehre, 370 ff., 381 ff.
[348] Kötz FS Zeuner, 1994, 219 (231); Staudinger/Roth § 157 Rn. 23.
[349] BGH NJW 2009, 3646 Rn. 13 geht erkennbar davon aus, dass Abs. 2 grds. anwendbar sein kann; BGH NJW-RR 2003, 98; OLG Stuttgart BB 1972, 548 (559); Emde BB 2009, 2330 (2331); Schultze/Wauschkuhn/Spenner/Dau/Kübler Vertragshändlervertrag/Spenner Rn. 603; Küstner/Thume VertriebsR-HdB III Teil II Kap. 7 Rn. 13.
[350] Schultze/Wauschkuhn/Spenner/Dau/Kübler Vertragshändlervertrag/Spenner Rn. 603; Canaris HandelsR § 17 Rn. 23; Westphal VertriebsR II Rn. 559.
[351] Schultze/Wauschkuhn/Spenner/Dau/Kübler Vertragshändlervertrag/Spenner Rn. 603; Ulmer Vertragshändler, 445; für analoge Anwendung: Emde Vor § 84 Rn. 397.
[352] BGH NJW 2009, 3646 Rn. 12 ff.
[353] BGH NJW 2009, 3646 Rn. 14 f.
[354] Emde Vor § 84 Rn. 397; so auch für eine spezielle Fragestellung Eckhoff ZVertriebsR 2012, 112 (113); aA Staub/Brüggemann, 4. Aufl. 1995, Vor § 84 Rn. 22.

nahme von dieser gesetzlichen Vorgabe ist, anders als bei der Anfechtung von Willenserklärungen im Rahmen des Abschlusses von Handelsvertreterverträgen, auch nach Vertragsvollzug (→ Rn. 31 ff.) nicht gerechtfertigt. Der Vertragshändler bezieht, anders als
der Handelsvertreter, keine Provision aus einem Rahmenvertrag; für ihn ist die Händlermarge im Rahmen der einzelnen Kaufverträge relevant. Berührt die Anfechtung den
Rahmenvertrag zwischen den Parteien, so löst dies auch keine Rückabwicklungsschwie-
rigkeiten aus, die eine Einschränkung der Rechtsfolge von § 142 Abs. 1 BGB gebieten
würden.[355] Die Unwirksamkeit des Rahmenvertrages infolge der Anfechtung schlägt
auch nicht auf die Einzelkaufverträge zwischen den Vertragsparteien durch, da nicht
ersichtlich ist, dass diese und der Rahmenvertrag nach dem Parteiwillen miteinander
stehen und fallen sollen. Die Anfechtung von Willenserklärungen hinsichtlich des Abschlusses einzelner Kaufverträge wirkt ebenfalls uneingeschränkt ex tunc. Auch die
Rechtsfolgen sonstiger Nichtigkeitsgründe und Rücktrittsregelungen gelten uneingeschränkt.

2. Beurteilung von vertraglich vereinbarten Kündigungsfristen bei hohen Inves- 135
titionen des Vertragshändlers. a) Individualabrede. Treffen die Parteien eine **Individualabrede** hinsichtlich der Kündigungsfrist, so besteht auch bei Vereinbarung umfangreicher Investitionen seitens des Vertragshändlers weitgehende Vertragsfreiheit. Es obliegt
dem Vertragshändler, im Rahmen seiner wirtschaftlichen Selbstverantwortung bei den
Vertragsverhandlungen seine eigenen finanziellen Interessen, speziell im Hinblick auf die
Amortisation von Investitionen, zu wahren.[356] Die Parteien können aber auch so weit
gehen, das Recht zur ordentlichen Kündigung – in den Grenzen von §§ 138, 242 BGB[357]
– auszuschließen.[358] § 20 Abs. 1 GWB kann aber auch hier zu einer angemessenen Verlängerung der vertraglichen Kündigungsfrist führen, wenn der Händler darlegt, dass er vom
beklagten (Motorrad-)Hersteller unternehmensbedingt abhängig ist und es ihm zwischen
Zugang der Kündigungserklärung und Ablauf der Kündigungsfrist nicht möglich ist, einen
anderen Hersteller zu finden oder seinen Geschäftsbetrieb in anderer Weise wettbewerbsfähig umzugestalten.[359]

b) Standardverträge. Bei der Verwendung von **Standardverträgen** im Kfz-Handel 136
kann sich ein differenziertes Bild ergeben. In allen anderen Branchen als dem Kfz-Handel
ist eine vertragliche Vereinbarung von Kündigungsfristen entsprechend Abs. 1 S. 1, S. 2
angemessen.[360]

Der BGH hat im Jahr 1995 für einen Kfz-Händlervertrag eine Kündigungsfrist von 137
einem Jahr als „unterste Grenze" bezeichnet.[361] Im Einklang hiermit stehen verschiedene
OLG-Entscheidungen[362] und diverse Stimmen in der Literatur.[363] In seiner Entscheidung
hat der BGH im Rahmen der Interessenabwägung auf Seiten des Vertragshändlers im
Wesentlichen auf das auch von den Befürwortern einer ergänzenden Vertragsauslegung bei
fehlender Vereinbarung von Kündigungsfristen angeführte Argument der Wiedererwirt-

---

[355] Schultze/Wauschkuhn/Spenner/Dau/Kübler Vertragshändlervertrag/Spenner Rn. 655; aA offenbar:
Emde § 84 Rn. 102; Martinek/Semler/Flohr VertriebsR-HdB/van der Moolen § 23 Rn. 65; Giesler/
Köhnen § 3 Rn. 382; Westphal VertriebsR II Rn. 649.
[356] GK-HGB/Genzow Rn. 38.
[357] Schultze/Wauschkuhn/Spenner/Dau/Kübler Vertragshändlervertrag/Spenner Rn. 601.
[358] BGH BB 1995, 1257 (1258); 1975, 811; Schultze/Wauschkuhn/Spenner/Dau/Kübler Vertragshänd-
lervertrag/Spenner Rn. 616.
[359] OLG Düsseldorf ZVertriebsR 2020, 395 Rn. 27 ff.
[360] Schultze/Wauschkuhn/Spenner/Dau/Kübler Vertragshändlervertrag/Spenner Rn. 604.
[361] BGH NJW-RR 1995, 1260 (1261).
[362] OLG München NJW 2004, 2530 (2531); OLG Stuttgart NJW-RR 1990, 491 im Wege der erg.
Vertragsauslegung wegen nichtiger (Fristen zu kurz) Kündigungsfristklausel. Ebenso für einen Motorrad-
Händlervertrag: OLG Frankfurt a. M. OLGR 2001, 266 mit allerdings kurzer u. nicht überzeugender Begr.
[363] MüKoHGB/Ströbl Rn. 6; Westphal VertriebsR II Rn. 151; vgl. auch Küstner/Thume VertriebsR-
HdB III Teil II Kap. 7 Rn. 11; Genzow Vertragshändlervertrag Rn. 116 ff.; Emde Rn. 34 hält selbst zwölf
Monate für zu kurz.

schaftung erheblicher Investitionen, die der Unternehmer vom Vertragshändler erwartet, zurückgegriffen.[364] Berücksichtigt hat der BGH ferner, dass die zur Zeit der Entscheidung im Jahr 1995 geltende Kfz-GVO (EWG) Nr. 123/85 für eine Freistellungsfähigkeit der Vereinbarung ebenfalls eine einjährige Kündigungsfrist verlangte.[365] In einer Entscheidung vom 24.6.2009 hat der BGH hervorgehoben, dass bei der entsprechenden Anwendung des § 89 auf Kfz-Händlerverträge die Regelungen und Wertungen der (damals anwendbaren) VO (EG) Nr. 1400/2002 zu beachten seien.[366] Dementsprechend war nach Auffassung des BGH bis zum 31.5.2013 unter Berücksichtigung von Art. 3 Abs. 5 VO (EG) Nr. 1400/ 2002 iVm Art. 2 VO (EU) Nr. 461/2010 grundsätzlich eine zweijährige Kündigungsfrist erforderlich, wenn nicht eine Laufzeit von mindestens 5 Jahren (dann Mindestkündigungsfrist von 6 Monaten) oder eine angemessene Entschädigung (dann Mindestkündigungsfrist von einem Jahr) vertraglich vereinbart war.

Da seit dem 1.6.2013 die Händlerschutzvorschriften der VO (EG) Nr. 1400/2002 gemäß Art. 2, 3 VO (EU) Nr. 461/2010 nicht mehr gelten, ist die Rechtsprechung bei der Bemessung der Kündigungsfrist bei Kfz-Händlerverträgen an keine Vorgabe des Europäischen Verordnungsgebers mehr gebunden.[367] Die Mitgliedsunternehmen des Verbandes der Europäischen Automobilhersteller haben sich jedoch in einem Kodex der Selbstverpflichtung unterworfen, die Kündigungsfristen von Art. 3 Abs. 5 der inzwischen außer Kraft getretenen VO (EG) Nr. 1400/2002 auch weiter in ihren Kfz-Händlerverträgen zu verwenden.[368] Bei einer vereinbarten zweijährigen Kündigungsfrist scheidet eine eventuelle Abhängigkeit des Kfz-Händlers nach § 20 Abs. 2 GWB von vornherein aus.[369]

138   Das OLG Düsseldorf[370] hat bei einem langjährigen Motorrad-Vertragshändlervertrag eine Verlängerung der vertraglichen Kündigungsfrist über § 307 BGB abgelehnt, weil der Vertragshändler eine unangemessene Benachteiligung nicht ausreichend dargelegt hatte. Über § 20 Abs. 1 GWB kann aber eine angemessene Verlängerung der Kündigungsfrist vorzunehmen sein, wenn der Händler darlegt, dass er vom beklagten (Motorrad-)Hersteller unternehmensbedingt abhängig ist und es ihm zwischen Zugang der Kündigung und Ablauf der Kündigungsfrist nicht möglich ist, einen anderen Hersteller zu finden oder seinen Betrieb umzustellen. Bei einer vereinbarten zweijährigen Kündigungsfrist scheidet eine kartellrechtliche Abhängigkeit nach § 20 Abs. 2 GWB ohnehin aus.[371]

139   Es ist möglich, dass der BGH entgegen der hier vertretenen Auffassung (→ Rn. 136) bei der Verwendung von **Standardverträgen außerhalb des Kfz-Handels,** in denen der Unternehmer vom Vertragshändler **vergleichbar hohe Investitionen** verlangt, ebenfalls eine Jahresfrist als unterste Grenze ansieht. Wesentlich dürfte bei der Abwägung im Einzelfall für den BGH vor allem sein, wie leicht der jeweilige Vertragshändler einen neuen Vertragspartner finden kann und wie intensiv die Ausrichtung auf den Hersteller ist (insbesondere, wie umfangreich die hersteller- bzw. markenspezifischen Investitionen ausfallen, die nachvertraglich wirtschaftlich wertlos werden).

140   Generell ist zu beachten, dass eine Kontrolle einer standardvertraglichen Regelung **nicht ohne Berücksichtigung aller Umstände des Einzelfalls erfolgen** darf. Die einzelne Klausel ist in einer das Zusammenwirken mit dem Rest des Vertrages erfassenden Gesamtbetrachtung zu beurteilen.[372] Dabei kann eine **Kompensation** nachteiliger Regelungen

---

[364] BGH NJW-RR 1995, 1260 (1261).

[365] Art. 5 Abs. 2 Nr. 2 VO (EWG) Nr. 123/85.

[366] BGH NJW-RR 2009, 3646 Rn. 13 ff.

[367] Genzow ZVertriebsR 2013, 81 (82), wenn auch mit anderer Schlussfolgerung; Nolte BB 2013, 1667 (1671), der auf die Geltung von § 20 GWB in nationalem Kontext hinweist.

[368] Nolte BB 2013, 1667 (1671).

[369] OLG Frankfurt a. M. ZVertriebsR 2016, 244 Rn. 32.

[370] OLG Düsseldorf ZVertriebsR 2020, 395 Rn. 9 und OLG Düsseldorf ZVertriebsR 2020, 395 Rn. 27 ff.

[371] OLG Frankfurt a. M. ZVertriebsR 2016, 244 Rn. 32.

[372] UBH BGB/Fuchs § 307 Rn. 116; Grüneberg BGB § 307 Rn. 13.

durch andere, für den Vertragshändler günstige und mit der nachteiligen Regelung in sachlichem Zusammenhang stehende, Vorschriften erfolgen.[373] Insofern ist es etwa wesentlich, ob der Unternehmer vertraglich das wirtschaftliche Risiko hinsichtlich bestimmter Investitionen des Vertragshändlers (insbesondere markenspezifische Ausstattung) übernimmt. Denkbar ist ferner, dass der Unternehmer für einen bestimmten Startzeitraum einen Kündigungsverzicht erklärt.[374] Das Risiko, dass sich bestimmte Investitionen nicht amortisieren, kann somit vollständig und unabhängig von der Länge der Kündigungsfristen entfallen; auch das Hauptargument für die Sonderbehandlung von Kfz-Händlerverträgen entfiele. Insgesamt ist die einseitige Beurteilung von hohen Investitionen für die Dauer der Kündigungsfrist daher nicht überzeugend und Abs. 1 sollte der Rechtssicherheit wegen einheitlich auf alle Vertragshändlerverträge angewendet werden.[375]

3. Folgen der Kündigung für das Vertragshändlerverhältnis während der Kündi- **141** **gungsfrist.** Die Fürsorge- bzw. Treuepflichten zwischen den Vertragsparteien gebieten es, die Übergangszeit zwischen Kündigung und Vertragsende möglichst reibungslos zu gestalten.[376] Daraus ergibt sich die Notwendigkeit einer **Modifizierung** einzelner vertraglichen Rechte und Pflichten.[377] Folgende Aspekte sind hervorzuheben:

Die bevorstehende Beendigung kann es rechtfertigen, dass der Unternehmer den Ver- **142** tragshändler **nicht in demselben Umfang wie zuvor beliefern** muss.[378] Insbesondere hat er ein berechtigtes Interesse daran, dass der Vertragshändler die Vertragsprodukte nicht weit unterhalb des bisherigen Preises (und ggf. des Wertes) verkauft.[379] Ferner ist zu beachten, dass der Unternehmer das Risiko einer Fehldisposition seitens des Vertragshändlers nicht tragen muss. Daher muss er Bestellungen des Vertragshändlers nur noch in jenem Umfang annehmen, als dieser die Vertragsprodukte bis zum Vertragsende nach ordnungsgemäßem Geschäftsgang wird verkaufen können und nicht in ausreichendem Umfang in seinem Warenlager hat.[380] Umgekehrt kann der Unternehmer vom Vertragshändler keine Investitionen mehr verlangen, die sich nicht bis zum Vertragsende amortisieren.[381]

Beide Parteien dürfen sich nach **neuen Vertragspartnern** umsehen und mit ihnen in **143** Kontakt treten.[382] Dem Unternehmer ist es gestattet, einen neuen Vertragshändler bereits vor der Vertragsbeendigung in das Vertragsgebiet einzuführen, um Verluste infolge der Umstellung so weit wie möglich zu begrenzen.[383] Besteht ein vertragliches Wettbewerbsverbot zu Lasten des Vertragshändlers, so darf dieser seinen neuen Vertragspartner als Unternehmer, der gleichartige Produkte vertreibt, während der Kündigungsfrist noch nicht unterstützen.[384]

---

[373] UBH BGB/Fuchs § 307 Rn. 144, 151; Grüneberg BGB § 307 Rn. 14.

[374] Schultze/Wauschkuhn/Spenner/Dau/Kübler Vertragshändlervertrag/Spenner Rn. 605.

[375] Wauschkuhn/Teichmann ZVertriebsR 2013, 139 (140).

[376] Schultze/Wauschkuhn/Spenner/Dau/Kübler Vertragshändlervertrag/Wauschkuhn Rn. 668; Giesler/Köhnen § 3 Rn. 385.

[377] Schultze/Wauschkuhn/Spenner/Dau/Kübler Vertragshändlervertrag/Wauschkuhn Rn. 668; Giesler/Köhnen § 3 Rn. 385.

[378] Schultze/Wauschkuhn/Spenner/Dau/Kübler Vertragshändlervertrag/Wauschkuhn Rn. 669; Giesler/Köhnen § 3 Rn. 386.

[379] Vgl. hierzu u. zu weiteren Erwägungen: Schultze/Wauschkuhn/Spenner/Dau/Kübler Vertragshändlervertrag/Wauschkuhn Rn. 669.

[380] OLG Frankfurt a. M. 18.3.1997 – 5 U 127/95, BeckRS 2016, 16324; Schultze/Wauschkuhn/Spenner/Dau/Kübler Vertragshändlervertrag/Wauschkuhn Rn. 670 mwN.

[381] GK-HGB/Genzow Rn. 45.

[382] Schultze/Wauschkuhn/Spenner/Dau/Kübler Vertragshändlervertrag/Wauschkuhn Rn. 671; Giesler/Köhnen § 3 Rn. 387.

[383] OLG München 14.10.1993 – U (K) 5333/92; Schultze/Wauschkuhn/Spenner/Dau/Kübler Vertragshändlervertrag/Wauschkuhn Rn. 671; aA Giesler/Köhnen § 3 Rn. 388; Westphal Vertriebsrecht II Rn. 571.

[384] Schultze/Wauschkuhn/Spenner/Dau/Kübler Vertragshändlervertrag/Wauschkuhn Rn. 671; Giesler/Köhnen § 3 Rn. 387.

C. Franchisenehmer

I. Analoge Anwendbarkeit

144 Die Regelungen des Handelsvertreterrechts sind analog auf die Rechtsbeziehungen zwischen Franchisenehmer und Franchisegeber (= Unternehmer) anzuwenden, soweit der hinter den einzelnen Bestimmungen stehende **gesetzgeberische Grundgedanke** wegen der Gleichheit der Interessenlage auch auf das Franchisevertragsverhältnis zutrifft.[385]

145 Nach Auffassung des **BGH** ist § 89 zumindest dann analog anzuwenden, wenn der Franchisenehmer seinen Geschäftsbetrieb nach dem Vertrag weitgehend auf das Vertriebskonzept des Franchisegebers zuzuschneiden hat, etwa wenn er das Kundengeschäft ausschließlich in der Form des von dem Franchisegeber vorgegebenen Standardvertrages durchzuführen, das Zeichen des Franchisegebers im Geschäftsverkehr und auf Geschäftsunterlagen zu verwenden sowie die Geschäftsräume in vorgegebenen Farben zu gestalten hat und ihm der Franchisegeber vorgibt, wie die Uniformen des Personals aussehen müssen.[386]

146 Im Hinblick auf Verträge aus dem Bereich des **partnerschaftlich strukturierten Franchising**[387] ohne Absatzmittlungscharakter kommt eine analoge Anwendung von § 89 jedoch nicht in Betracht.[388] Insofern gelten vielmehr die Kündigungsregelungen des jeweils einschlägigen Vertragstyps.

147 Dagegen sind die Vorschriften des § 89 auf die ordentliche Kündigung von **Subordinationsfranchiseverträgen** analog anwendbar. Dies gilt zunächst insoweit, als – wie in aller Regel[389] – eine einem Handelsvertreter vergleichbar starke (oder stärkere) Einbindung des Franchisenehmers in das Vertriebssystem des Unternehmers vorliegt.[390] In diesen Fällen ist die Tätigkeit des Franchisenehmers stark auf die Wahrung der Interessen des Unternehmers ausgerichtet und besteht ein intensives Kooperationsverhältnis der Parteien,[391] zB durch die Einbindung des Franchisenehmers in das vom Franchisegeber entworfene Marketingkonzept sowie die spezifische Schulung des Franchisenehmers und seines Personals.[392] Die mit zunehmender Vertragsdauer längeren Fristen tragen den Interessen der Parteien angemessen Rechnung; die Orientierung der Länge der Fristen an der Dauer der Vertragsbeziehung ist sachgerecht.[393] Doch auch dann, wenn der (Subordinations-)Franchisenehmer **nicht** einem Handelsvertreter entsprechend in die Absatzorganisation des Franchisegebers **eingegliedert** ist, sind die Regelungen des Abs. 1 analog anzuwenden.[394] Die Parteien benötigen auch in dieser Konstellation wie die Parteien eines Handelsvertretervertrages im Falle einer Kündigung eine gewisse Zeit für die angemessene Planung und Durchführung der erforderlichen Umstellungsmaßnahmen. Dies gewährleisten die Regelungen in Abs. 1. Sind die Parteien der Ansicht, dass die Fristen zu kurz bemessen sind, so können sie längere Fristen vereinbaren.

---

[385] BGH NJW-RR 2002, 1554 (1555); DB 1987, 1039 (1040); Emde Vor § 84 Rn. 466; Giesler/Giesler/Güntzel § 4 Rn. 513 halten die Fristen für zu kurz.

[386] BGH NJW-RR 2002, 1554 (1555); Martinek Moderne Vertragstypen II § 16 II 2.

[387] Martinek/Semler/Flohr § 29 Rn. 24; Ebenroth/Boujong/Joost/Strohn/Löwisch § 84 Rn. 211.

[388] Ebenroth/Boujong/Joost/Strohn/Löwisch Rn. 4 u. § 84 Rn. 211.

[389] Matthießen ZIP 1988, 1089 (1090); Giesler/Nauschütt FranchiseR/Kroll Kap. 7 Rn. 77.

[390] Dies scheint auch die Position des BGH zu sein: BGH NJW-RR 2002, 1554 (1555) diskutiert diese Frage nicht einmal; Emde Vor § 84 Rn. 466; aA Metzlaff Franchising-HdB/Becker § 11 Rn. 43 unter Verweis auf die höheren Investitionen des Franchisenehmers.

[391] Martinek/Semler/Flohr § 32 Rn. 28.

[392] Matthießen ZIP 1988, 1089 (1090).

[393] So iErg auch: Giesler/Nauschütt FranchiseR/Kroll Kap. 7 Rn. 52 f.; Emde Vor § 84 Rn. 466.

[394] Martinek/Semler/Flohr § 32 Rn. 28.; so wohl auch: Küstner/Thume VertriebsR-HdB III Teil IV 5. Kap. Rn. 5 u. Giesler/Nauschütt FranchiseR/Kroll Kap. 7 Rn. 53; aA Giesler/Giesler/Güntzel § 4 Rn. 513: Fristen von mind. zwei Jahren (im Wege erg. Vertragsauslegung).

Abs. 2 S. 1 Hs. 1, der die Regelungen des Abs. 1 flankiert, ist ebenfalls regelmäßig **148** analog anwendbar.[395] Sofern, wie im Regelfall, das Innenverhältnis zwischen Franchisegeber und Franchisenehmer demjenigen zwischen Unternehmer und Handelsvertreter vergleichbar ausgestaltet ist, ist eine analoge Anwendung der Regelungen in Abs. 2 S. 1 Hs. 2 und Abs. 2 S. 2 zu befürworten.[396] Liegt dagegen ein **atypischer** Subordinationsfranchisevertrag vor, in dem lediglich ein Minimum an Kooperation mit dem Unternehmer und an Wahrung seiner Interessen vorgesehen ist, so kann wie bei einem nicht in die Absatzorganisation eingegliederten Vertragshändler ein Schutz des Franchisenehmers nach Abs. 2 entbehrlich sein. Beide Vertragspartner des Franchisevertrages haben ein schützenswertes Interesse an langen Vertragslaufzeiten und ausreichenden Kündigungsfristen, um die Amortisation von Investitionen und Planungssicherheit zu gewährleisten; die Regelung in einem Standardvertrag, die eine Erstlaufzeit von zwei Jahren sowie die mehrfache Verlängerung der Laufzeit von jeweils fünf Jahren vorsieht, wenn nicht mit einer Frist von zwölf Monaten zum Laufzeitende gekündigt wird, ist deshalb wirksam.[397]

Schließlich ist auf **Subordinationsfranchiseverträge** Abs. 3 analog anzuwenden.[398] **149** Dies ist sowohl bei gegebener als auch bei fehlender Eingliederung des Franchisenehmers in die Absatzorganisation des Franchisegebers sachgerecht. Das Bedürfnis der Parteien nach einer Herstellung von Rechtssicherheit hinsichtlich der auf ihr Vertragsverhältnis anwendbaren Regelungen ist in beiden Fällen demjenigen zwischen den Parteien eines Handelsvertretervertrages vergleichbar und die Anwendung von Abs. 3 für die Beseitigung der Rechtsunsicherheit geeignet. Gegenüber einem Rückgriff auf § 625 BGB ist eine Anwendung von Abs. 3 als speziellere vertriebsrechtliche Regelung vorzugswürdig.

II. Besonderheiten beim Franchisenehmer

§ 624 BGB ist auf Franchiseverträge weder direkt noch analog anwendbar.[399] Auch **150** wenn Franchiseverträge dienstvertragliche Elemente enthalten, stehen diese gegenüber den anderen Elementen, etwa des Miet- und Pachtrechts, Kauf- oder Werkvertragsrechts etc, nicht im Vordergrund.[400] Zudem erbringt regelmäßig nicht nur der Franchisenehmer, sondern auch der Franchisegeber Leistungen, die dem Dienst- und Geschäftsbesorgungsvertragsrecht zuzurechnen sind; eine analoge Anwendung von § 624 BGB scheidet aus, da es an einer vergleichbaren Interessenlage fehlt.[401]

Anders als bei Handelsvertreterverträgen werden bei Franchiseverträgen die Rechtsfolgen **151** beim Vorliegen von Nichtigkeitsgründen nicht modifiziert. Die **Anfechtung** der auf den Vertragsabschluss gerichteten Willenserklärung wirkt gemäß § 142 Abs. 1 BGB **ex tunc.**[402] Eine Ausnahme von dieser gesetzlichen Vorgabe ist, anders als bei der Anfechtung von Willenserklärungen im Rahmen des Abschlusses von Handelsvertreterverträgen, nicht gerechtfertigt. Die Unwirksamkeit des Rahmenvertrages infolge der Anfechtung schlägt regelmäßig auch nicht auf die Einzelkaufverträge zwischen den Vertragsparteien über einzelne zu liefernde Produkte durch.[403] Hierfür wäre erforderlich, dass diese und der Rahmenvertrag nach dem Parteiwillen miteinander stehen und fallen sollen.[404] Dies ist

---

[395] Metzlaff Franchising-HdB/Metzlaff § 8 Rn. 342; Martinek Franchising, 325.
[396] Ebenso für Abs. 2 S. 2 Metzlaff Franchising-HdB/Becker § 11 Rn. 43.
[397] OLG Frankfurt a. M. ZVertriebsR 2015, 161.
[398] Emde Vor § 84 Rn. 466 weist darauf hin, dass Franchiseverträge häufig eine Laufzeit von fünf bis zehn Jahren aufweisen.
[399] Flohr ZAP 2012, 799 (813).
[400] Giesler/Giesler/Güntzel § 4 Rn. 554; Giesler/Nauschütt FranchiseR/Höpfner Kap. 12 Rn. 34.
[401] Giesler/Giesler/Güntzel § 4 Rn. 554; Giesler/Nauschütt FranchiseR/Höpfner Kap. 12 Rn. 34.
[402] Giesler/Nauschütt FranchiseR/Giesler Kap. 5 Rn. 251; Giesler/Giesler/Güntzel § 4 Rn. 646.
[403] Giesler/Nauschütt FranchiseR/Giesler Kap. 5 Rn. 251; Giesler/Nauschütt FranchiseR/Jesse Kap. 13 Rn. 34 ff.
[404] Giesler/Nauschütt FranchiseR/Jesse Kap. 13 Rn. 34.

regelmäßig nicht der Fall, zumal bei Abschluss des Rahmenvertrages in der Regel ungewiss ist, wann, wie oft und hinsichtlich welcher Produkte Bestellungen erfolgen werden.[405] Auch die Rechtsfolgen **sonstiger Nichtigkeitsgründe** und Rücktrittsregelungen gelten uneingeschränkt.

152   Bezüglich der Beurteilung von **Kündigungsfristen bei erheblichen Investitionen** mit Standardverträgen (→ Rn. 137 ff.).

153   Im **Übergangszeitraum zwischen Kündigung und Vertragsende** können, wie auch bei Handelsvertreter- und Vertragshändlerverträgen, bestimmte Modifikationen von Rechten und Pflichten der Parteien eintreten. So kann in Anbetracht der Gefahr, dass der Franchisenehmer nachvertraglich zum Wettbewerber wird, die Verpflichtung des Franchisegebers zur Übertragung von Know-how entfallen.[406] Dies gilt allerdings nur insoweit, als dem Franchisenehmer für die verbleibende Vertragslaufzeit dadurch keine wesentlichen Nachteile wie etwa erhebliche Umsatzeinbußen zu entstehen drohen.[407] Ferner kann der Franchisegeber ausnahmsweise befugt sein, den Franchisenehmer nicht im vertraglich geschuldeten Umfang zu beliefern, soweit eine Belieferung die Vorbereitung einer (vertraglich gestatteten) konkurrierenden nachvertraglichen Vertriebstätigkeit durch den Franchisenehmer unterstützen würde.[408] Der Franchisenehmer kann nach § 275 Abs. 2 BGB ausnahmsweise zur Leistungsverweigerung berechtigt sein, sofern die Erfüllung bestimmter Pflichten voraussichtlich weitere nicht amortisierbare Investitionen erfordern würde.[409]

D. Kommissionsagent

I. Analoge Anwendbarkeit

154   § 89 ist nach ganz hM auf Verträge mit Kommissionsagenten analog anwendbar.[410] Diese Ansicht ist zutreffend. Die den einzelnen Regelungen des § 89 zugrunde liegenden Regelungszwecke sind auch im Verhältnis zwischen Kommissionsagent und Unternehmer einschlägig. Zudem ist das Innenverhältnis der Parteien regelmäßig dem Innenverhältnis zwischen Handelsvertreter und Unternehmer vergleichbar ausgestaltet; der Kommissionsagent ist wie auch der Handelsvertreter von Absatz-, Transport-, Vorausdispositions-, Gewährleistungs-, Garantie- und Kreditrisiken entlastet[411] und zur dauernden Wahrnehmung der Unternehmerinteressen verpflichtet.[412]

II. Besonderheiten beim Kommissionsagenten

155   Für den Kommissionsagenten gelten hier keine Abweichungen oder Besonderheiten.

---

[405] Vgl. beispielsweise BGH NJW 1986, 1988 (1990); OLG Brandenburg NJW-RR 2006, 51 (53); Giesler/Nauschütt FranchiseR/Jesse Kap. 13 Rn. 34.
[406] Giesler/Giesler/Güntzel § 4 Rn. 549.
[407] Giesler/Giesler/Güntzel § 4 Rn. 549.
[408] Giesler/Giesler/Güntzel § 4 Rn. 550.
[409] Giesler/Giesler/Güntzel § 4 Rn. 549.
[410] Vgl. hierzu bereits: RGZ 69, 363 (365); OLG München HVR (98) Nr. 894; MüKoHGB/Ströbl Rn. 6; Küstner/Thume VertriebsR-HdB III Teil III Kap. 2 Rn. 18; Ebenroth/Boujong/Joost/Strohn/ Löwisch Rn. 4; Schlegelberger/Hefermehl § 383 Rn. 97; Ebenroth Absatzmittlungsverträge, 158; Canaris HandelsR § 16 Rn. 9; Schmidt HandelsR § 28 III 1a; Emde Vor § 84 Rn. 468; zurückhaltend: Giesler/ Okonek § 5 Rn. 17.
[411] Martinek/Semler/Flohr VertriebsR-HdB/Martinek § 3 Rn. 12.
[412] K. Schmidt HandelsR § 28 II 1b.

§ 89a Fristlose Kündigung

(1) [1]Das Vertragsverhältnis kann von jedem Teil aus wichtigem Grund ohne Einhaltung einer Kündigungsfrist gekündigt werden. [2]Dieses Recht kann nicht ausgeschlossen oder beschränkt werden.

(2) Wird die Kündigung durch ein Verhalten veranlasst, das der andere Teil zu vertreten hat, so ist dieser zum Ersatz des durch die Aufhebung des Vertragsverhältnisses entstehenden Schadens verpflichtet.

Literatur: Abrahamcick, Der Handelsvertretervertrag, 3. Auflage, München 2007, S. 70 f.; Budde/Gruppe, Anforderungen an die außerordentliche Kündigung von Handelsvertreter- und Vertragshändlerverträgen, ZVertriebsR 2017, 77; Emde, Fristlose Kündigung des Handelsvertretervertrages ohne vorherige Abmahnung, EWiR 1999, 611; Gräfe, Vertriebsverträge während der laufenden Kündigungsfrist, ZVertriebsR 2013, 362; Holling, Gründe zur fristlosen Kündigung eines Handelsvertreterverhältnisses in der Rechtsprechung, BB 1961, 994; Jicheli, Der langfristige Vertrag, Baden-Baden 1996; Küstner/Thume, Handbuch des gesamten Vertriebsrechts, Band 1, Das Recht des Handelsvertreters, 4. Auflage, Frankfurt/Main 2012, Kap. VIII, S. 569 ff.; Martinek/Semler/Flohr, Handbuch Vertriebsrecht, Flohr § 35, Rn. 15 ff.; Oetker, Das Dauerschuldverhältnis und seine Beendigung, Tübingen 1994; Sänger, Das Recht des Handelsvertreters zur ausgleichswahrenden Eigenkündigung, DB 2000, 129; Schröder, Kündigung von Handelsvertreterverträgen und Verlängerungsklausel, BB 1974, 298; Schulze/Wauschkuhn/Spenner/Dau/Kübler, Der Vertragshändlervertrag, 5. Auflage, Frankfurt/Main 2015; Spenner, in: Martinek/Semler/Flohr, Formularsammlung Vertriebsrecht, 2. Auflage, München 2021, § 3 Handelsvertretervertrag (S. 35 ff.); Wauschkuhn, Vertragshändlervertrag, 3. Auflage, München 2009; Wauschkuhn/Teichmann, Typische Probleme bei Beendigung von Vertragshändlerverträgen, ZVertriebsR 2013, 139.

Übersicht

I. Vorbemerkung

1   § 89a HGB betrifft die außerordentliche (fristlose) Kündigung eines Handelsvertretervertrages. § 89a HGB ist Sondervorschrift zu § 314 BGB[1]. Insofern beurteilt sich die
fristlose Kündigung eines Handelsvertretervertrages ausschließlich nach § 89a HGB, während sich die fristlose Kündigung eines Franchise-Vertrages nach § 314 BGB beurteilt. Auf
Vertragshändlerverträge ist hingegen § 89a HGB analog anzuwenden.[2]

2   Allerdings sind die **Unterschiede** zwischen **§ 89a HGB** und **§ 314 BGB marginal,** da
§ 314 BGB nur die bisherige Rechtslage kodifiziert und für Vertriebsverträge, dh für
Franchise- und Vertragshändlerverträge bis zum Inkrafttreten des Schuldrechtsmodernisierungsgesetz vom 26.11.2001[3] am 1.1.2002 das Recht zur fristlosen Kündigung in Rechtsanalogie zu §§ 242, 612 BGB iVm § 89a HGB anerkannt war.

3   Aus diesem Grunde kann die Rechtsprechung zum Vorliegen eines wichtigen Grundes
iSd § 89a Abs. 1 HGB auch zur Bestimmung des wichtigen Grundes iSd § 314 Abs. 1 S. 2
BGB herangezogen werden und umgekehrt.

4   **§ 89a HGB** verdrängt für die fristlose Kündigung eines Handelsvertretervertrages als **lex
specialis § 626 BGB**[4]. Insofern findet auch die kurze als Ausschlussfrist gestaltete Kündigungsfrist des § 626 Abs. 2 BGB, die für die fristlose Kündigung von Arbeits- und Dienstverträgen vorgesehen ist, auf die fristlose Kündigung eines Handelsvertretervertrages keine
Anwendung[5].

II. Fristlose Kündigung (§ 89a Abs. 1 S. 1 HGB)

5   **1. Erklärung der außerordentlichen Kündigung. a) Grundsatz.** Entsprechend der
gesetzlichen Regelung kann jeder Teil des Handelsvertretervertrages, dh der Handelsvertreter oder das Unternehmen den auf bestimmte oder unbestimmte Zeit aus wichtigem
Grund ohne Einhaltung einer Kündigungsfrist kündigen (§ 89a Abs. 1 S. 1 HGB).

6   Auch eine mit Kündigungsfrist angesprochene Kündigung statt einer fristlosen ist eine
außerordentliche Kündigung, wenn klar zum Ausdruck kommt, dass eine fristlose Kündigung des Handelsvertretervertrages beabsichtigt ist[6].

7   **b) Fristlose Kündigung mit sozialer Auslauffrist.** Allerdings ist eine außerordentliche Kündigung mit sog. **sozialer Auslauffrist** nur bei einer entsprechenden ausdrück-

---

[1] OLG Saarbrücken HVR 2006, 1170; siehe auch OLG München ZVertriebsR 2015, 110 mAnm Flohr.
[2] Vgl. aus der Rspr. BGH ZVertriebsR 2012, 50.
[3] BGBl. 2001 I 3138.
[4] Zum Ganzen Baumbach/Hopt/Hopt § 89a Rn. 1 f.; Küstner/Thume I Kap. VIII Rn. 152 f.
[5] BGH HVR 152; ausdrücklich auch Küstner/Thume I Kap. VIII Rn. 154 aE; sowie OLG München ZVertriebsR 2016, 35.
[6] BGH NJW 2000, 1868; OLG Koblenz NJW-RR 2007, 1045; so auch Baumbach/Hopt HGB § 89a Rn. 4.

lichen Erklärung anzunehmen, andernfalls bleibt es bei der sofortigen Wirkung der erklärten fristlosen Kündigung[7].

Die Erklärung einer fristlosen Kündigung mit einer sozialen Auslauffrist ist allerdings **8** nicht unproblematisch. Die fristlose Kündigung kann nämlich nur bei Vorliegen eines wichtigen Grundes und damit eines Grundes, der zu einer nachhaltigen Erschütterung des Vertrauensverhältnisses zwischen den Vertragsparteien geführt hat, erklärt werden. Wird also eine zu lange soziale Auslauffrist gesetzt, wird damit das außerordentliche Kündigungsrecht iSd § 89a Abs. 1 S. 1 HGB konterkariert. Ist diese soziale Auslauffrist länger als 3 oder sogar 6 Monate lang, so wird man in der Regel davon ausgehen müssen, dass dann das Vertrauensverhältnis nicht so nachhaltig gestört ist, als dass eine Fortsetzung des Vertragsverhältnisses nicht bis zum Ende der vertraglich vereinbarten Laufzeit oder bis zum Zeitpunkt einer ordentlichen (fristgemäßen) Kündigung in Betracht kommt. Damit wäre die fristlose Kündigung aber unwirksam.

Entscheidend wird aber immer eine Einzelabwägung sein, dh es wird auf die Gründe **9** abzustellen sein, die zu einer fristlosen Kündigung mit einer sozialen Auslauffrist geführt haben, etwa weil noch bestehende Aufträge abgewickelt werden müssen oder aber auch noch Vertragsverhandlungen schweben, die im Interesse beider Vertragspartner beendet werden sollten, bevor die fristlose Kündigung gem. § 89a Abs. 1 HGB zur Beendigung des Handelsvertretervertrages führt.

2. Umdeutung einer fristlosen Kündigung in eine ordentliche Kündigung. Ist **10** eine außerordentliche Kündigung mangels Vorliegen eines wichtigen Grundes unwirksam, kann diese in eine ordentliche Kündigung zum nächstmöglichen Termin umgedeutet werden, dies gilt aber nicht in jedem Fall, sondern nur dann, wenn der Kündigende dies bei Kenntnis der Nichtigkeit gewollt und dies auch deutlich erkennbar erklärt hätte[8].

Allerdings darf nicht übersehen werden, dass eine unberechtigte, dh ohne Vorliegen eines **11** wichtigen Grundes durch den Handelsvertreter oder den Unternehmer erklärte fristlose Kündigung in eine ordentliche Kündigung umgedeutet werden kann, in einer ohne wichtigen Grund erklärten fristlosen Kündigung aber in der Umkehrung für den Kündigungsempfänger ein wichtiger Grund iSd § 89a Abs. 1 S. 1 HGB liegt. Insofern ist dieser dann seinerseits berechtigt, die fristlose Kündigung des Handelsvertretervertrages gem. § 89a Abs. 1 HGB zu erklären.

Wird eine vom Unternehmen erklärte aber mangels Vorliegen eines wichtigen Grundes **12** unwirksame fristlose Kündigung in eine ordentliche Kündigung umgedeutet, so steht dem Handelsvertreter das Recht zu, seine Tätigkeit sofort einzustellen[9].

Nicht abschließend geklärt ist aber die Frage, ob eine mangels Beachtung der Kündi- **13** gungsfrist erklärte fristlose Kündigung des Handelsvertreters oder des Unternehmens noch in eine ordentliche Kündigung umgedeutet werden kann. Dies dürfte zu bejahen sein, da das Nichtvorliegen eines wichtigen Grundes bzw. die Missachtung der Kündigungsfrist zur Unwirksamkeit der fristlosen Kündigung führt. Allerdings wird man auch hier eine Umdeutung in eine ordentliche Kündigung nur dann annehmen können, wenn anzunehmen ist, dass der Kündigende bei Kenntnis der Nichteinhaltung der Kündigungsfrist für die außerordentliche Kündigung iSd § 89a Abs. 1 S. 1 HGB die ordentliche Kündigung des Handelsvertretervertrages erklärt hätte.

III. Vorliegen eines wichtigen Grundes (§ 89a Abs. 1 S. 1 HGB)

1. Vorbemerkung. Ein wichtiger Grund iSd § 89a Abs. 1 S. 1 HGB ist dann gegeben, **14** wenn aufgrund eines Umstandes, den der Vertragspartner des Kündigenden zu vertreten hat, das **Vertrauensverhältnis** zwischen den Vertragsparteien so **nachhaltig gestört** ist,

---

[7] BGH NJW 1999, 946; siehe auch Baumbach/Hopt HGB § 89a Rn. 4 aE.
[8] BGH BB 1999, 381; 1992, 1163; aus dem Schrifttum Baumbach/Hopt/Hopt HGB § 89a Rn. 5.
[9] OLG Stuttgart BB 1960, 956; Baumbach/Hopt § 89a Rn. 5.

dass eine **Fortsetzung** des Handelsvertretervertrages bis zum **Ende** der **vertraglich vereinbarten Vertragslaufzeit** oder bis zum Ende einer **ordentlichen Kündigung nicht** in **Betracht** kommt oder diesem nicht zugemutet werden kann. Insofern kann für die Definition des wichtigen Grundes iSd § 89a Abs. 1 S. 1 HGB auf die Legaldefinition des wichtigen Grundes in § 314 Abs. 1 S. 2 BGB zurückgegriffen werden[10].

15   **2. Unzumutbarkeit des Abwartens.** Erklärt werden kann eine fristlose Kündigung iSd § 89a Abs. 1 HGB eines Handelsvertretervertrages nur, wenn ein **Abwarten unzumutbar** ist. Insofern gilt der entsprechende Grundsatz des § 314 Abs. 1 S. 2 BGB auch für den Abschluss eines Handelsvertretervertrages. Dieser ist Ausdruck des das Recht der fristlosen Kündigung beherrschenden allgemeinen Rechtsgedankens, wie die entsprechende Regelung in § 626 Abs. 1 letzter Satz BGB zeigt.

16   Im Rahmen dieser vorzunehmenden Interessenabwägung ist eine Gesamtbetrachtung aller Umstände vorzunehmen, dh der Art und Dauer des bestehenden Handelsvertretervertrages, der Ausgestaltung der persönlichen und sachlichen Beziehungen, die getätigten Investitionen aber auch das eigene Verhalten des Kündigenden spielt eine Rolle. So kann eine eigene Vertragstreue die fristlose Kündigung wegen eines Verstoßes des anderen Teil nach § 242 BGB ausschließen, falls diese nicht so gewichtig sind, dass die Fortsetzung trotz der eigenen Vertragsuntreue unzumutbar ist[11].

17   Die Unzumutbarkeit kann aber auch dazu führen, dass dem Kündigenden nach den Grundsätzen von Treu und Glauben (§ 242 BGB) das Festhalten am Handelsvertretervertrag zugemutet werden kann[12].

18   Diese im Rahmen der Zumutbarkeit vorzunehmende Gesamtabwägung kann es auch ermöglichen, dass eine Mehrzahl von Gründen eine fristlose Kündigung des abgeschlossenen Handelsvertretervertrages gem. § 89a Abs. 1 HGB rechtfertigt, auch wenn jeder Grund für sich genommen nicht für eine fristlose Kündigung ausreicht[13]. Insofern gibt es, wie **Hopt**[14] zu Recht ausführt, weder absolute Kündigungsgründe noch umgekehrt Tatsachen, die niemals eine fristlose Kündigung des Handelsvertretervertrages aus wichtigem Grund gem. § 89 Abs. 1 S. 1 HGB rechtfertigen können.

19   **3. Notwendigkeit der Abmahnung. a) Grundsatz.** Der fristlosen Kündigung muss grundsätzlich eine Abmahnung vorausgehen, auch wenn das Abmahnerfordernis in § 89a HGB nicht geregelt ist. Dies folgt aus der insoweit einen allgemeinen Rechtsgedanken enthaltenen Vorschrift des § 314 Abs. 2 HGB. Danach kann grundsätzlich eine fristlose Kündigung erst nach erfolglosem Ablauf der in der Abmahnung gesetzten Frist zulässig (§ 314 Abs. 2 S. 1 BGB). Allerdings ist eine Abmahnung in den Fällen des § 323 Abs. 2 BGB entbehrlich, dh wenn feststeht, dass insbesondere Umstände vorliegen, die unter Abwägung der beiderseitigen Interessen die fristlose Kündigung des Handelsvertretervertrages auch ohne Abmahnung rechtfertigen (§ 323 Abs. 2 Ziff. 3 BGB).

20   Einer Abmahnung bedarf es demgemäß nach Maßgabe des Verhältnismäßigkeitsgrundsatzes nur dann nicht, wenn bereits ex ante erkennbar ist, dass eine Verhaltensänderung in Zukunft auch nach einer Abmahnung noch nicht zu erwarten ist oder es sich um eine so schwere Pflichtverletzung handelt, dass seit deren erstmaliger Hinnahme dem Unternehmer

---

[10] Siehe dazu Baumbach/Hopt § 89a Rn. 6 f.; Küstner/Thume I Kap. VIII Rn. 156 ff.; Martinek/Flohr/Semler, Flohr § 35 Rn. 15–18, alle jeweils mit zahlreichen und umfassenden weiterführenden Nachweisen; siehe aus der Rspr. LG München I ZVertriebsR 2021, 250; LG Köln ZVertriebsR 2021, 198; OLG Köln ZVertriebsR 2021, 200.

[11] Siehe dazu umfassend: Baumbach/Hopt § 89a Rn. 8; Küstner/Thume I Kap. VIII Rn. 158 ff. – jeweils mit zahlreichen weiterführenden Rechtsprechungsnachweisen.

[12] Vgl. BGH BB 2060, 381.

[13] BGHZ 44, 274; OLG Saarbrücken NJW-RR 2002, 542; aus dem Schrifttum: Baumbach/Hopt HGB § 89a Rn. 9.

[14] Baumbach/Hopt HGB § 89a Rn. 9.

nach objektiven Maßstäben unzumutbar und damit offensichtlich – auch für den Handelsvertreter erkennbar – ausgeschlossen ist[15].

Für eine solche Abmahnung sind die Grundsätze der BGH-Entscheidung vom **21**
12.10.2011[16] zu beachten. Im Leitsatz dieser Entscheidung heißt es:

„Für eine Abmahnung nach § 314 BGB genügt die bloße Rüge vertragswidrigen Ver- **22**
haltens nicht; darüber hinaus muss aus der Erklärung des Gläubigers für den Schuldner
deutlich gemacht werden, dass die weitere vertragliche Zusammenarbeit auf dem Spiel steht
und er für den Fall weiterer Verstöße mit rechtlichen Konsequenzen rechnen muss. …"

Zwar betrifft diese Entscheidung des BGH eine Abmahnung im Rahmen eines Dauer- **23**
schuldverhältnisses nach § 314 Abs. 1 BGB. Doch finden die Grundsätze dieser Entscheidung in gleicher Weise auf die fristlose Kündigung eines Handelsvertretervertrages Anwendung. Insofern muss mit der Abmahnung der anderen Vertragspartei deutlich gemacht
werden, dass die Fortsetzung des vertragswidrigen Verhaltens bzw. das Nichtabstellen des
vertragswidrigen Verhaltens die weitere Fortsetzung des Handelsvertretervertrages als unzumutbar erscheinen lässt.

b) Fristlose Kündigung ohne Abmahnung. Ergibt sich damit aus der Entscheidung **24**
des BGH vom 12.10.2012[17] die grundsätzliche Verpflichtung zu einer Abmahnung vor
Ausspruch einer fristlosen Kündigung eines Handelsvertretervertrages, so heißt dies nicht,
dass auch eine fristlose Kündigung eines Handelsvertretervertrages gem. § 89a Abs. 1 S. 1
HGB ohne Ausspruch einer Abmahnung nicht möglich ist. Handelt es sich um besonders
gravierende Verstöße, so kann die fristlose Kündigung des Handelsvertretervertrages auch
ohne Abmahnung ausgesprochen werden. Dies ist anzunehmen bei:

- **einem Verstoß des Handelsvertreters gegen das vertraglich vereinbarte Wettbewerbsverbot**[18]
- **bewusste Verschleierung, Nichtabrechnung oder Nichtzahlung von Provisionen**
- **Aufnahme einer Konkurrenztätigkeit, ohne vorangegangene Abstimmung mit
dem Unternehmen**[19]
- **der Verstoß gegen die vertraglich vereinbarte Geheimhaltungspflicht**[20]

Notwendig ist aber auch insoweit immer eine Abwägung aller Umstände, da auch eine **25**
fristlose Kündigung eines Handelsvertretervertrages „ultima ratio" ist[21].

c) Abmahnung ohne Verzichtscharakter. Der erfolgten Abmahnung steht die frist- **26**
lose Kündigung eines Handelsvertretervertrages nicht entgegen, sofern die Auslegung der
Abmahnungserklärung ergibt, dass das Unternehmen die Angelegenheit mit der Abmahnung nicht als erledigt ansah und insofern also mit der Abmahnung keinen Verzicht auf
eine weitere Verfolgung des Vertragsverstoßes gewollt war. Dies ist so ausdrücklich vom
OLG München mit Urteil vom 18.11.2015[22] festgestellt worden und gilt erst recht dann,
wenn die fristlose Kündigung des Handelsvertretervertrages zu ihrer Wirksamkeit wegen
der Schwere des Vertragsverstoßes keiner Abmahnung bedarf. Dies ergibt sich aus dem
Rechtsgedanken des § 314 Abs. 2 BGB, der im Rahmen von § 89a HGB entsprechend
heranzuziehen ist.[23]

---

[15] Siehe dazu insbesondere für den Bereich des Arbeitsvertrages: BAG NJW 2013, 954.
[16] ZVertriebsR 2012, 109.
[17] ZVertriebsR 2012, 109.
[18] BGH NJW-RR 2003, 981.
[19] OLG Düsseldorf HVR Nr. 212.
[20] Siehe insgesamt zu diesen schweren Pflichtverletzungen Küstner/Thume I Kap. VIII Rn. 176; Baum-
bach/Hopt § 89a Rn. 10 mit umfassenden Rechtsprechungsnachweisen.
[21] Vgl. insoweit – allerdings für einen Franchise-Vertrag – KG BB 1998, 607 mit Anm. Flohr ZAP 1998,
405; aus dem Schrifttum Stöbl/Schumacher BB 2009, 1201.
[22] ZVertriebsR 2016, 35.
[23] S. auch insoweit: OLG München ZVertriebsR 2016, 35 (39).

IV. Kündigungserklärung

27   **1. Kündigung als einseitige empfangsbedürftige Willenserklärung.** Die fristlose Kündigung eines Handelsvertretervertrages ist eine einseitige empfangsbedürfte Willenserklärung. Dies bedeutet, dass im Falle der Erklärung der Kündigung durch einen Vertreter, der Kündigungserklärung das Original einer Kündigung (§ 174, S. 1 BGB) beigefügt werden muss. Die Vorlage einer beglaubigten Abschrift oder Fotokopie genügt genauso wenig, wie die einer Faxkopie oder einer E-Mail[24].

28   Ist die Vollmacht nicht beigefügt, so kann die Kündigung gem. § 174, S. 2 HGB zurückgewiesen werden, wobei die Zurückweisung unverzüglich, dh ohne schuldhaftes Verzögern iSv § 121 BGB zu erfolgen hat. Die Zurückweisung ihrerseits ist wiederum eine einseitig empfangsbedürftige Willenserklärung iSd § 111 BGB[25]. Insoweit muss bei deren Erklärung durch einen Vertreter eine Vollmacht im Original beigefügt werden.

29   Wird die Zurückweisung der fristlosen Kündigung des Handelsvertretervertrages mangels Vorlage einer Originalvollmacht gem. § 174, S. 2 BGB unverzüglich erklärt, so führt dies zur Unwirksamkeit der Kündigung. Dies bedeutet, dass die fristlose Kündigung erneut ausgesprochen werden muss. Dies kann dann aber problematisch sein, wenn die mangels Vorlage der Originalvollmacht unwirksame fristlose Kündigung des Handelsvertretervertrages zum Ende der insoweit zu beachtenden angemessenen Kündigungsfrist[26] ausgesprochen wurde. Eine erneut ausgesprochene fristlose Kündigung kann dann verfristet sein, weil diese dann nicht mehr innerhalb angemessener Frist erklärt wurde.

30   **2. Eindeutigkeit der Kündigungserklärung.** Die fristlose Kündigung muss klar und eindeutig ausgesprochen werden, dh es muss sich aus dem Wortlaut der Kündigungserklärung ergeben, dass eine außerordentliche Kündigung des Handelsvertretervertrages aus wichtigem Grund ausgesprochen wird[27]. Fehlt es an dieser erforderlichen Eindeutigkeit, so handelt es sich nicht um eine außerordentliche, sondern um eine ordentliche Kündigung, sodass der Handelsvertretervertrag erst zum Ende der vertraglich vereinbarten Festlaufzeit beendet werden kann[28].

31   **3. Begründung der Kündigung? a) Mitteilung des Kündigungsgrundes.** Die fristlose Kündigung des Handelsvertretervertrages gem. § 89a Abs. 1 S. 1 HGB braucht grundsätzlich nicht begründet zu werden. Allerdings findet auch auf die fristlose Kündigung des Handelsvertreterrechts insoweit ergänzend § 626 Abs. 2 S. 3 BGB als allgemeiner sich aus § 242 BGB abzuleitender Rechtsgedanke Anwendung. Danach muss der Kündigende auch bei einem Handelsvertretervertrag dem anderen Teil auf Verlangen den Kündigungsgrund unverzüglich mitteilen[29].

32   **b) Nachschieben von Gründen.** Möglich ist ein **Nachschieben von Kündigungsgründen.** Insoweit können im Rahmen der Mitteilung der Kündigungsgründe weitere Kündigungsgründe mitgeteilt werden, die bei Erklärung der fristlosen Kündigung nicht bekannt waren[30].

33   Ein neuer, dh nach der ersten erklärten fristlosen Kündigung entstandener Grund wirkt, falls er mit dem alten Grund nicht zusammenhängt, nur, wenn dieser ebenfalls die fristlose Kündigung trägt[31]. Insofern können neue nach der Kündigung entstandene Gründe nur

---

[24] Siehe aus der Rechtsprechung: BGH NJW 1981, 1210; 1994, 1472; OLG Hamm NJW-RR 2005, 134; NJW 1991, 1185.

[25] Siehe insgesamt dazu: Grüneberg/Ellenberger § 111 Rn. 105; § 174 Rn. 5 f.

[26] Dazu unter → Rn. 40, 41.

[27] So ausdrücklich: Küstner/Thume I Kap. VIII Rn. 177 f.

[28] Siehe auch insoweit: Küstner/Thume I Kap. VIII Rn. 178.

[29] So auch Martinek/Semler/Flohr VertriebsR-HdB/Flohr § 35 Rn. 31; Küstner/Thume I Kap. VIII Rn. 190; aus der Rspr. BAG NJW 1963, 1267.

[30] Siehe insoweit: Baumbach/Hopt § 89a Rn. 14.

[31] BGH BB 1961, 48; Baumbach/Hopt § 89a Rn. 15.

eine neue Kündigung rechtfertigen, nicht aber die bereits erklärte fristlose Kündigung, wenn sich deren wichtiger Grund als unzutreffend erwiesen hat. Allenfalls unter dem Aspekt des „Nachschieben" kann auch ein neuer Kündigungsgrund eine bereits ausgesprochene fristlose Kündigung des Handelsvertretervertrages rechtfertigen[32].

V. Wichtige Gründe iSv § 89a HGB

1. Vorbemerkung. § 89a HGB enthält genauso wenig wie § 626 BGB eine Legaldefinition dessen, was als „wichtiger Kündigungsgrund" anzusehen ist. **34**

Zurückzugreifen ist insofern auf die Regelung in § 314 Abs. 1 S. 2 BGB. Danach liegt **35** ein wichtiger Grund vor, wenn dem kündigenden Teil unter Berücksichtigung aller Umstände des Einzelfalles und unter Abwägung der beiderseitigen Interessen die Fortsetzung des Vertragsverhältnisses bis zu vereinbarten Beendigung oder bis zum Ablauf einer Kündigungsfrist nicht zugemutet werden kann.

Dieser Grundsatz des § 314 Abs. 1 BGB gilt auch für die fristlose Kündigung eines **36** Handelsvertretervertrages iSd § 89a HGB. Zur Ausfüllung des Begriffes ist auf die umfangreiche Kasuistik aus der Rechtsprechung[33] zurückzugreifen, wobei die Entscheidung darüber, ob ein wichtiger Grund iSd § 89a HGB vorliegt, immer eine Einzelwürdigung unter Berücksichtigung aller Interessen des Einzelfalls bedarf. Bereits von der Rechtsprechung anerkannte wichtige Gründe zur fristlosen Kündigung eines Handelsvertretervertrages haben demgemäß nur eine Indizwirkung dafür, ob im konkreten Fall die fristlose Kündigung des Handelsvertretervertrages durch den Handelsvertreter oder durch das Unternehmen begründet ist[34].

2. Kündigungsgründe für den Unternehmer. a) Grundsatz. Die umfangreiche **37** Kasuistik zu den wichtigen Gründen, die den Unternehmer zur fristlosen Kündigung eines Handelsvertretervertrages gem. § 89a Abs. 1 S. 1 HGB berechtigen ist nicht abschließend. Entscheidend ist immer der Einzelfall und entsprechend § 314 Abs. 1 S. 2 BGB, dass es sich um einen Grund handelt, durch den das Vertrauen zwischen den Vertragsparteien des Handelsvertretervertrages so nachhaltig gestört ist, dass eine Fortsetzung des Vertrages bis zum Ende der vertraglich vereinbarten Festlaufzeit oder zum Zeitpunkt der ordentlichen Kündigung nicht in Betracht kommt[35].

b) Kündigungsgründe. Als wichtige Kündigungsgründe iSd § 89a Abs. 1 S. 1 HGB **38** für den Unternehmer kommen ua in Betracht:

- **Verletzung der Pflicht zur Absatzförderung**[36]
- **der Verstoß des Handelsvertreters gegen ein vertraglich vereinbartes Wettbewerbsverbot**[37]
- **die Weitergabe von Betriebsgeheimnissen an einen Konkurrenten**[38]
- **die Einstellung des Geschäftsbetriebs durch den Handelsvertreter**
- **die Beantragung oder Eröffnung des Insolvenzverfahrens über das Vermögen des Handelsvertreters**[39]

---

[32] So auch: Baumbach/Hopt § 89a Rn. 15; Küstner/Thume I Kap. VIII Rn. 192.
[33] Siehe zum „ABC" der Kündigungsgründe, Küstner/Thume I Kap. VIII Rn. 248–477.
[34] So auch: Baumbach/Hopt § 89a Rn. 16; Martinek/Semler/Flohr VertriebsR-HdB/Flohr § 35 Rn. 17 f.; siehe zur Kasuistik der einzelnen Kündigungsgründe: Küstner/Thume I Kap. VIII Rn. 248 ff. mit der umfassenden Darstellung der Rechtsprechung zu den einzelnen möglichen wichtigen Kündigungsgründen; Martinek/Semler/Flohr VertriebsR-HdB/Flohr § 35 Rn. 23–28: wichtige Kündigungsgründe des Unternehmers; § 35 Rn. 29, 30: Wichtige Kündigungsgründe des Handelsvertreters; Baumbach/Hopt § 89a Rn. 17–25 mit umfassenden Rechtsprechungsnachweisen.
[35] So auch: Martinek/Semler/Flohr VertriebsR-HdB/Flohr § 35 Rn. 23; siehe auch: Thume Kap. VIII Rn. 248 ff.; Baumbach/Hopt § 89a Rn. 17–21.
[36] BGH NJW 1982, 1814; OLG Karlsruhe BB 1977, 1672.
[37] BGH BB 1999, 1516; OLG München ZVertriebsR 2016, 35.
[38] So Martinek/Semler/Flohr VertriebsR-HdB/Flohr § 35 Rn. 30 f.
[39] Martinek/Semler/Flohr VertriebsR-HdB/Flohr § 35 Rn. 29.

- das Ausscheiden einer „eingespielten Vertriebsmannschaft" beim Handelsvertreter ohne Möglichkeit in angemessener Zeit Ersatz zu schaffen[40]
- persönliche Zerwürfnisse zwischen dem Unternehmer und Handelsvertreter, insbesondere die Begehung von Straftaten, die einen Bezug zum Handelsvertreterverhältnis haben[41]
- ein Fehlbestand im Auslieferungslager des Handelsvertreters[42]
- Nichtbefolgung von rechtmäßigen Weisungen des Unternehmers[43]
- die Abwerbung von anderen Handelsvertretern oder von Mitarbeitern des Unternehmers[44]
- unzureichende Gebietsbetreuung (§ 87 Abs. 2 HGB) verbunden mit Umsatzrückgang[45]
- die Nichtmeldung von Geschäftsabschlüssen und Sachverhalten die für den Unternehmer von besonderer Wichtigkeit sind[46]
- die Nichtunterrichtung über die Aufnahme nicht genehmigter Nebentätigkeit und einer damit verbundenen Hintergehung des Unternehmers[47]
- die Nichtunterrichtung über Haftungsbeschränkung durch Umwandlung in eine GmbH & Co. KG[48]
- trotz Aufforderung nicht ausgeräumter Verdacht unzulässigen Wettbewerbs[49]
- die Übernahme einer weiteren noch nicht konkurrierenden Vertretung ohne die vertraglich vorgeschriebene Genehmigung des Unternehmers[50]
- Verdacht einer Steuerhinterziehung[51]
- Bestehen eines Insolvenzverfahrens[52]
- Wegfall der Vertriebstätigkeit des Unternehmens[53]

39   Ob ein „wichtiger Kündigungsgrund" iSd § 89a Abs. 1 S. 1 HGB vorliegt, bedarf immer einer Entscheidung unter „Würdigung aller Umstände des Einzelfalls"[54].

40   Ein mehrmaliger Verstoß gegen ein vertraglich vereinbartes Wettbewerbsverbot stellt nach dem Urteil des OLG München vom 18.11.2015[55] dann einen wichtigen Grund zur fristlosen Kündigung des Handelsvertretervertrages für das Unternehmen dar, wenn der Handelsvertreter im Rahmen des zuerst bekannt gewordenen Vorfalls wahrheitswidrig behauptet hat, es handele sich nur um eine einmalige Angelegenheit. In einem solchen Fall ist aufgrund der Verschleierungstaktik des Handelsvertreters von einer irreparabel gestörten Vertrauensgrundlage auszugehen, sodass die fristlose Kündigung des Handelsvertretervertrages erklärt werden kann.[56]

41   **c) Umsatz-/Absatzziele.** Entscheidend für das Vorliegen eines wichtigen Grundes, der den Unternehmer berechtigt, die fristlose Kündigung des Handelsvertretervertrages gem. § 89a Abs. 1 S. 1 BGB zu erklären, ist immer, dass dieser wichtige Grund vom Handels-

---

[40] BGH WM 1982, 535.
[41] Vgl. Baumbach/Hopt § 89a Rn. 17.
[42] KG R 1994, 28.
[43] BGH NJW-RR 1993, 741.
[44] BGH BB 1977, 1170.
[45] OLG München NJW-RR 2003, 401.
[46] OLG Köln BB 1971, 543.
[47] OLG Bamberg BB 1979, 101.
[48] BGH BB 1978, 982.
[49] OLG München HVR (98) Nr. 888.
[50] BGH WM 1977, 1318; OLG Nürnberg BB 1963, 203; OLG Bamberg BB 1979, 1000.
[51] OLG Köln ZVertriebsR 2021, 200.
[52] OLG Köln ZVertriebsR 2021, 280.
[53] LG München ZVertriebsR 2021, 250.
[54] Umfassend zur Würdigung aller Umstände des Einzelfalls Riehm RW 2013, 1 ff. mit umfassenden Nachweisen.
[55] ZVertriebsR 2014, 35.
[56] So auch die zutreffende Begründung des OLG München ZVertriebsR 2016, 35 (38).

vertreter zu vertreten ist. Insofern kommt die Nichterreichung von Sollabsatzzahlen ohne Rücksicht auf den Grund des Minderumsatzes als wichtiger Grund für eine Vertragskündigung nicht in Betracht. Damit greifen die vom BGH in seinem Urteil vom 13.7.2004[57] aufgestellten Grundsätze für einen Vertragshändler auch für einen Handelsvertreter. Werden demgemäß die Sollabsatzzahlen, oder aber die Vorgaben eines Businessplans nicht erreicht, so kommt es zunächst darauf an, ob der Handelsvertreter seiner sog. **Bemühenspflicht** nachgekommen ist.

d) Mangelnde Rentabilität. Der Unternehmer ist aber ausnahmsweise auch dann **42** berechtigt, die fristlose Kündigung des Handelsvertretervertrages zu erklären, wenn es sich um Umstände des Unternehmens handelt, zB die Betriebsein- und –umstellung des Unternehmens aus Gründen höherer Gewalt.[58] Insofern ist von der Rechtsprechung immer wieder festgestellt worden, dass der Unternehmer keine Pflicht hat, den geschäftlichen Niedergang abzuwarten, sondern berechtigt ist, schon vorher eine fristlose Kündigung des bzw. der abgeschlossenen Handelsvertreterverträge zu erklären[59]. Allerdings reicht es in diesem Zusammenhang nicht aus, wenn lediglich eine lange vorhersehbare Betriebsumstellung zu wirtschaftlichen Verlusten führt[60].

In entsprechender Weise kann in einem solchen Fall der Unternehmer nach den Grundsätzen von Treu und Glauben ausnahmsweise zur Einhaltung einer angemessenen Übergangsfrist verpflichtet sein, bevor die fristlose Kündigung des Handelsvertretervertrages erklärt wird[61].

3. Fristlose Kündigung und Ausgleichsanspruch. Sowohl die **Entscheidung des 43 LG Köln** vom **20.11.2020**[62] als auch der **Hinweisbeschluss des OLG Köln** vom **1.3.2021**[63] befassen sich mit der Frage, wann eine wirksame fristlose Kündigung eines Handelsvertretervertrages zum Ausschluss des Ausgleichsanspruchs gem. § 89b Abs. 3 S. 2 HGB führt.

Aufgrund der beiden vorgenannten Entscheidungen ist zu sehen, dass eine wirksame **44** fristlose Kündigung eines Handelsvertretervertrages nicht per se einen etwaigen Ausgleichsanspruch gem. § 89b HGB entfallen lässt. Sofern bei einer solchen fristlosen Kündigung auch Kündigungsgründe nachgeschoben werden können, ist dies bei Ausschluss des Ausgleichsanspruchs gem. § 89b Abs. 3 S. 2 HGB nicht möglich. Beim Ausschlusstatbestand des § 89b Abs. 3 HGB greifen nur solche Gründe, die im Zeitpunkt der Kündigung bekannt waren, dh die das Unternehmen zur fristlosen Kündigung des Handelsvertretervertrages veranlasst haben.

Insofern hält das OLG Köln zu Recht im Leitsatz seiner Entscheidung fest: **45**

> *„… dass der Ausgleichsanspruch nur dann ausgeschlossen ist, wenn zwischen dem schuldhaften Verhalten des Handelsvertreters und der Kündigung des Unternehmens ein unmittelbarer Ursachenzusammenhang besteht. Die Kündigung muss tatsächlich auf den wichtigen Grund gestützt werden. Der Unternehmer kann daher wichtige Kündigungsgründe nicht nachschieben …"*

Können also bei einer fristlosen Kündigung eines Handelsvertretervertrages gem. § 89a **46** HGB wichtige Gründe nachgeschoben werden und damit auch Gründe, die zum Zeitpunkt der erklärten fristlosen Kündigung des Handelsvertretervertrages noch nicht bekannt waren, so ist dies für den Ausschlusstatbestand gem. § 89b Abs. 3 S. 2 HGB nicht möglich. Vielmehr greift dieser Ausschlusstatbestand nur für den im Kündigungsschreiben angegebe-

---

[57] WRP 2004, 1378 – Citroën-Vertragshändler.
[58] Vgl. BGH VersR 1958, 243; Baumbach/Hopt § 89a Rn. 21.
[59] BGH VersR 1958, 244; NJW 2005, 1362.
[60] So BGH NJW 1986, 1931; siehe auch Martinek/Semler/Flohr VertriebsR-HdB/Flohr § 35 Rn. 23 mwN.
[61] Vgl. OLG Hamm NJW-RR 1988, 551; umfassend: Baumbach/Hopt § 89a Rn. 21 aE.
[62] ZVertriebsR 2021, 198.
[63] ZVertriebsR 2021, 200.

nen Grund. Kündigungsgründe, die erst nach Ausspruch der fristlosen Kündigung bekannt werden, können insofern nicht nachträglich zur Begründung des Ausschlusstatbestandes des § 89b Abs. 3 HGB herangezogen werden.

In entsprechender Weise sind diese Grundsätze auch durch den Hinweisbeschluss des KG vom 22.2.2021[64] bestätigt worden.

47 **4. Kündigungsgründe für den Handelsvertreter. a) Einzelne Kündigungsgründe.** Auch insoweit ist zu differenzieren zwischen Gründen, die durch den Unternehmer gesetzt worden sind und solcher Gründe, die sich als Eingriffe in die Vertragsstellung des Handelsvertreters darstellen und ggf. ebenfalls zur fristlosen Kündigung des abgeschlossenen Handelsvertretervertrages gem. § 89a Abs. 1 S. 1 HGB berechtigen.

48 Als wichtige Gründe für den Handelsvertreter sind ua zu nennen:

- **wiederholte Unrichtigkeit oder Säumigkeit bei der Provisionsabrechnung oder Provisionszahlung**[65]
- **Verletzung des Alleinvertretungsrechts des Handelsvertreters**[66]
- **verspätet oder mangelhafte Lieferungen des Unternehmers, wenn dadurch die Aussichten des Handelsvertreters auf Folgegeschäfte mit diesen Kunden schwerwiegend beeinträchtigt werden**[67]
- **vertragswidrige Beschneidung des für den Handelsvertreter geschützten Vertragsgebietes**[68]
- **unberechtigte strafrechtliche Vorwürfe des Unternehmers gegenüber dem Handelsvertreter, etwa der Unterschlagung**[69]
- **Stoppen des Zugangs zur Kundenkartei**[70]
- **Abwerben von Stammkunden des Handelsvertreters zum Direktbezug vom Unternehmer**[71]
- **Einsatz eines anderen Handelsvertreters im Bezirk des Alleinvertreters**[72]
- **ungekündigte Aufnahme des parallelen Direktvertriebs durch den Unternehmer**[73]
- **ungekündigte Aufnahme eines Online-Vertriebs durch den Unternehmer**[74]
- **Vorliegen eines Grundes zur Eröffnung des Insolvenzverfahrens über das Vermögen des Unternehmers**[75]
- **Wegfall eines wichtigen Kunden mit der Folge unvermeidbarer Existenzgründung, zB vom Hauptlieferanten des Unternehmers ohne gleichwertige Ersatzlieferanten**[76]

49 **b) Kündigung mangels Rentabilität der Handelsvertretung?** Entscheidend ist immer, dass der den Handelsvertreter zur fristlosen Kündigung des Handelsvertretervertrages gem. § 89a Abs. 1 S. 1 HGB berechtigende wichtige Grund durch den Unternehmer gesetzt worden ist. Damit soll verhindert werden, dass der kündigende Handelsvertreter selbst einen „wichtigen Grund schafft", um alsdann die fristlose Kündigung des Handelsvertretervertrages erklären zu können.

---

[64] ZVertriebsR 2021, 243.
[65] BGH BB 1989, 1076.
[66] BGH NJW-RR 1993, 682.
[67] BGH WM 1986, 622 f.
[68] BGH WM 1971, 561; OLG Stuttgart DB 1982, 800.
[69] OLG Nürnberg BB 1965, 688.
[70] Baumbach/Hopt/Hopt § 89a Rn. 22 aE.
[71] BGH MDR 1959, 911.
[72] OLG Düsseldorf HVR (72) Nr. 486.
[73] OLG München BB 1993, 1472.
[74] Vgl. dazu aus der Rspr. LG Berlin 21.6.2001 – 14 O 177/01, BeckRS 2001, 161799; aus dem Schrifttum Flohr, Franchise-Vertrag, S. 122 f.
[75] OLG Dresden ZIP 1996, 73.
[76] BGH DB 1981, 2275; OLG Köln HVR (02) Nr. 1097; Baumbach/Hopt § 89a Rn. 24 aE.

Von diesem Grundsatz scheint es eine Ausnahme darzustellen, wenn die Rechtsprechung **50** anerkennt, dass bei nachhaltiger fehlender Rentabilität, insbesondere dann, wenn die Weiterführung des Handelsvertretervertrages zu einer wirtschaftlichen Vernichtung der Person des Handelsvertreters führen wird, die fristlose Kündigung des Handelsvertretervertrages möglich ist[77]. Wird also die mangelnde Rentabilität der Handelsvertretung als ein wichtiger Grund anerkannt, der den Handelsvertreter zur fristlosen Kündigung des Handelsvertretervertrages gem. § 89a Abs. 1 S. 1 HGB berechtigt, so muss feststehen, dass dieser nicht die Gründe für die mangelnde Rentabilität zu vertreten hat. Hierzu kann auf die Grundsätze der BGH-Entscheidung vom 13.11.2004[78] zurückgegriffen werden. Nach dieser Entscheidung kann eine fristlose Kündigung eines Handelsvertretervertrages dann erklärt werden, wenn ein Vertragshändler nicht in der Lage ist, den vertraglich vereinbarten Mindestumsatz zu erreichen bzw. die Mindestumsatzziele abzusetzen. Gekündigt werden kann aber nur dann, wenn positiv feststeht, dass der Vertragshändler seiner sog. Bemühenspflicht nicht nachgekommen ist, also das Nichterreichen der Vorgaben des Businessplans gem. § 276 Abs. 1 BGB zu vertreten hat. Für eine fristlose Kündigung des Handelsvertreters bedeutet dies, dass dieser mangels Rentabilität der Handelsvertretung berechtigt ist, die fristlose Kündigung des abgeschlossenen Handelsvertretervertrages zu erklären, wenn feststeht, dass er sich in jeglicher Weise um die Rentabilität der Handelsvertretung bemüht hat und deren mangelnde Rentabilität nicht gem. § 276 Abs. 1 BGB zu vertreten hat.

c) Keine Präjudizierung. Die einzelnen Entscheidungen und deren Beurteilung von **51** wichtigen zur fristlosen Kündigung eines Handelsvertretervertrages nach § 89a Abs. 1 S. 1 HGB Gründen, sind aber nicht präjudizierend. Entscheidend ist immer die auf den konkreten Einzelfall bezogene Kündigung aller Umstände. Insoweit kommt den Entscheidungen nur die Funktion eines Gradmessers für die Intensität eines Vertragsverstoßes zu, der eine fristlose Kündigung des Handelsvertretervertrages rechtfertigt.

VI. Ausschluss des Kündigungsrechtes (§ 89a Abs. 1 S. 2 HGB)

1. Grundsatz. Das Recht zur fristlosen Kündigung des Handelsvertreters oder auch des **52** Unternehmers kann nicht durch vertragliche Vereinbarungen im Rahmen des Handelsvertretervertrages ausgeschlossen werden. Einem solchen Ausschluss steht § 89a Abs. 1 S. 2 HGB entgegen. Entsprechendes gilt, wenn das Recht zur fristlosen Kündigung des Handelsvertretervertrages beschränkt werden soll.

2. Vereinbarung eines Sonderkündigungsrechts. Dies gilt insbesondere dann, wenn **53** eine fristlose Kündigung des Handelsvertretervertrages ohne wichtigen Grund möglich sein soll. Aufgrund der Apollo Optik-Entscheidung des BGH vom 20.5.2003[79] ist davon auszugehen, dass eine fristlose Kündigung des Handelsvertretervertrages ohne Vorliegen eines wichtigen Grundes nicht erklärt werden kann. Wenn also die Vertragsparteien im Rahmen des Handelsvertretervertrages die Kündigungsgründe normieren oder Kündigungsgründe vorsehen, die eine außerordentliche Beendigung des Handelsvertretervertrages auch mit einer sog. Auslauffrist ermöglichen sollen, so ist eine darauf gestützte fristlose Kündigung nur dann mit dem gesetzlichen Leitbild der fristlosen Kündigung iSv § 89a Abs. 1 S. 1 HGB, § 314 Abs. 1 BGB vereinbar, wenn diese einen wichtigen Grund darstellt.

Von Bedeutung ist dies insbesondere für die sog. **Sonderkündigungsrechte.** So sehen **54** Handelsvertreterverträge Sonderkündigungsrechte zB dann vor, wenn der Handelsvertreter die Vorgabe eines Businessplans aus von ihm zu vertretenden Gründen nicht erreicht oder die fristlose Kündigung ausgesprochen werden soll, weil sich der Handelsvertreter mit einer aus der Sicht des Unternehmers gebotenen Verkleinerung seines Vertragsgebietes nicht einverstanden erklärt.

---

[77] Siehe aus der Rspr. beispielhaft: OLG Frankfurt a. M. WM 1984, 1009.
[78] WRP 2004, 1378 – Citroën-Vertragshändler.
[79] BB 2003, 2254.

55   Geht es um die Verkleinerung des Vertragsgebietes und ist insofern keine Anpassung im Handelsvertretervertrag vereinbart worden, so bleiben der Unternehmer und der Handelsvertreter in den durch § 313 BGB gezogenen Grenzen an den abgeschlossenen Handelsvertretervertrag gebunden. Hier ist also zunächst an eine Änderung des Handelsvertretervertrages unter Hinweis auf die Grundsätze des Wegfalls der Geschäftsgrundlage nicht zu einer möglichen Anpassung des Handelsvertretervertrages führen kann, kommt eine Kündigung des Handelsvertretervertrages nach Maßgabe von § 313 Abs. 3 S. 2 BGB in Betracht.

56   Werden die Vorgaben des Businessplans nicht erreicht, so kommt es zunächst darauf an, ob der Handelsvertreter seiner sog. **Bemühenspflicht** nachgekommen ist, dieser also das Nichterreichen der Vorgaben des Businessplans gem. § 276 Abs. 1 BGB zu vertreten hat. Dies ist Konsequenz aus der BGH-Entscheidung vom 13.7.2004[80]. Andernfalls kann der Unternehmer von seinem Sonderkündigungsrecht keinen Gebrauch machen. Ihm ist dann zuzumuten, am Handelsvertretervertrag festzuhalten.

57   Nicht anwendbar auf Handelsvertreterverträge sind die Sonderkündigungsrechte des Vertragshändlerrechts; dies gilt insbesondere für die **Strukturkündigung**[81], die vom Unternehmen mit einjähriger Frist gegenüber dem Vertragshändler bei einer Änderung der Vertriebsorganisation erklärt werden kann.

58   **3. Kündigungsabsprachen (§ 89a Abs. 1 S. 2 HGB).** Dies zeigt, dass Absprachen zur Erklärung der fristlosen Kündigung wegen § 89a Abs. 1 S. 2 HGB nur in engen Grenzen zulässig, aber nicht grundsätzlich ausgeschlossen sind. Absprachen, das bestimmte Tatbestände die fristlose Kündigung des Handelsvertretervertrages nicht rechtfertigen sollen, sind dagegen grundsätzlich unzulässig[82].

59   Dem gegenüber ist ein nachträglicher Verzicht auf das schon entstandene Recht zur fristlosen Kündigung des Handelsvertretervertrages möglich – auch stillschweigend[83].

VII. Kündigungserklärung

60   **1. Kündigungserklärung als solche.** Die fristlose Kündigung eines Handelsvertretervertrages muss als solche gekennzeichnet sein, ohne dass gerade die Worte „außerordentlich" oder „fristlos" verwendet werden müssen[84].

61   Da § 89a HGB keine Anforderungen an die Formalien einer fristlosen Kündigung normiert, kann diese grundsätzlich auch mündlich ausgesprochen werden. Dies dürfte aber nur in seltenen Fällen möglich sein, da grundsätzlich im Rahmen des Handelsvertretervertrages – auch zu Beweiszwecken – zu vereinbaren ist, dass die Kündigung (ordentlich oder fristlos/außerordentlich) zu ihrer Wirksamkeit der Schriftform bedarf.

62   **2. Kündigungsfrist.** Nach § 626 Abs. 1 S. 1 BGB kann ein Dienstverhältnis außerordentlich nur binnen 2 Wochen nach Bekanntwerden des Kündigungsgrundes gekündigt werden. Diese Ausschlussfrist des Arbeits- und Dienstvertragsrechts gilt für Handelsvertreterverträge nicht. Dies ist vom BGH zuletzt noch mit seinem Urteil vom 29.6.2011[85] festgestellt worden. Dieser Entscheidung können auch drei Grundsätze zur fristlosen Kündigung eines Handelsvertretervertrages entnommen werden:

• **§ 89a HGB und damit auch § 314 BGB verdrängen als speziellere Vorschrift § 6226 BGB. Demgemäß muss die Kündigung eines solchen Absatzmittlungsvertrages nicht innerhalb von zwei Wochen (§ 626 Abs. 2 BGB) erklärt werden.**

---

[80] WRP 2004, 1378 – Citroën-Vertragshändler; siehe auch zu sog. Abnahmepflichten Niebling WRP 2010, 631; siehe auch Budde/Gruppe ZVertriebsR 2014, 71..
[81] Siehe dazu Liesegang Jahrbuch Franchising 2010, 251.
[82] Insgesamt zu den Absprachemöglichkeiten: Baumbach/Hopt § 89a Rn. 26–28.
[83] OLG Köln BB 1972, 486; Baumbach/Hopt § 89a Rn. 29.
[84] BGH DB 1961, 612; Martinek/Semler/Flohr VertriebsR-HdB/Flohr § 35 Rn. 34.
[85] ZVertriebsR 2012, 50.

- **Dem zur Kündigung Berechtigten ist eine angemessene Überlegungsfrist zum Ausspruch der fristlosen Kündigung zuzugestehen, deren Dauer sich nach den Umständen des jeweiligen Einzelfalls richtet.**
- **Diese Überlegungsfrist ist in der Regel kürzer als zwei Monate, den ein zweimonatiges Zuwarten kann in der Regel nicht mehr als angemessene Zeitspanne zur Aufklärung des Sachverhalts und zur Überlegung der hier herauszuziehenden Konsequenzen angesehen werden. Wird die Zweimonatsfrist überschritten, so gibt der Kündigende dadurch zu erkennen, dass er das Beanstanden des Ereignis selbst nicht also so schwerwiegend empfunden hat, als das eine weitere Zusammenarbeit mit dem anderen Vertragspartner bis zum Ablauf der vertraglich vereinbarten Festdauer oder aber bis zum Ablauf der Frist für eine ordentliche Kündigung unzumutbar ist.**

Diese Grundsätze belegen, dass zukünftig sich die Beachtung der Kündigungsfrist bei **63** Ausspruch der fristlosen Kündigung eines Handelsvertretervertrages ausschließlich auf der Grundlage der BGH-Entscheidung vom 29.6.2011 beurteilt.

3. Verwirkung des Kündigungsrechtes. Das Recht zur fristlosen Kündigung eines **64** Handelsvertretervertrages kann auch gem. § 242 BGB verwirkt werden. Eine solche Verwirkung kann ua aus folgenden Gründen angenommen werden:

- **der Unternehmer erweckt nach Bekanntwerden eines Kündigungsgrundes beim Handelsvertreter den Eindruck, die Kündigung nicht aussprechen zu wollen;**
- **wenn der Handelsvertreter im Vertrauen auf das Unterbleiben einer Kündigung besondere Aufwendungen tätigt**[86]**;**
- **durch andersartige Reaktion auf die Verfehlung des Handelsvertreters, zB Verkleinerung des Vertragsgebietes des nachlässigen Handelsvertreters**[87]**;**

Entscheidend für die Annahme einer Verwirkung des Rechts zur fristlosen Kündigung **65** des Handelsvertretervertrages sind aber immer die Umstände des Einzelfalls. Diese sind einer Gesamtwürdigung zu unterziehen.

VIII. Folgen einer fristlosen Kündigung (§ 89a Abs. 2 HGB)

1. Berechtigte fristlose Kündigung. Bei einer berechtigten fristlosen Kündigung des **66** Handelsvertretervertrages endet das Vertragsverhältnis entweder fristlos oder mit Ablauf einer etwa vom Kündigenden gesetzten – zulässigen – Auslauffrist[88]. Der Kündigungsempfänger ist dann dem Kündigenden gegenüber zum Schadensersatz verpflichtet, da sich ein wichtiger Grund, der zur fristlosen Kündigung des Handelsvertretervertrages berechtigt, zugleich als eine positive Vertragsverletzung iSv § 280 Abs. 1 BGB darstellt.

Gleichzeitig hat die fristlose Kündigung des Handelsvertretervertrages durch den Unter- **67** nehmer Folgen für den Ausgleichsanspruch des Handelsvertreters (§ 89b Abs. 3 HGB) und eine etwa bestehende Wettbewerbsabrede (§ 90a Abs. 3 HGB)[89].

Jeder dem anderen Teil entstandene Schaden kann gem. § 287 Abs. 1 ZPO geschätzt **68** werden, wobei an die bisherige Entwicklung anzuknüpfen ist[90]. Macht der Unternehmer Umsatz- oder Gewinnausfall geltend, so sind nach der Rechtsprechung an den dem Unternehmer obliegenden Nachweis keine strengen Anforderungen zu stellen[91].

Nach den allgemeinen Grundsätzen des **Vorteilsausgleich** muss sich der Kündigende **69** aus seinem Schadensersatzanspruch dasjenige anrechnen lassen, was er durch die vorzeitige

---

[86] Siehe BGH NJW 1993, 682; NJW-RR 1996, 949; Martinek/Semler/Flohr VertriebsR-HdB/Flohr § 35 Rn. 36.
[87] OLG Nürnberg BB 1963, 447; Baumbach/Hopt § 89a Rn. 32.
[88] BGH NJW 1996, 1999; umfassend: Martinek/Semler/Flohr VertriebsR-HdB/Flohr § 35 Rn. 39 mit umfassenden Rechtsprechungsnachweisen; Küstner/Thume I Kap. VIII Rn. 211 ff.
[89] So auch Baumbach/Hopt § 89a Rn. 33.
[90] OLG Karlsruhe DB 1978, 1396.
[91] BGH NJW-RR 1990, 171; Martinek/Semler/Flohr VertriebsR-HdB/Flohr § 35 Rn. 23.

Beendigung des Handelsvertretervertrages erspart oder anderweitig erwirbt, soweit ein adäquater Kausalzusammenhang zwischen der vorzeitigen Beendigung des Handelsvertreterverhältnisses und dem anderweitigen Teil besteht und die Anrechnung aus Sicht des Kündigenden zumutbar ist[92].

70   Grundsätzlich gilt, dass der Kündigende nach §§ 249, 252 BGB zu stellen ist, als hätte der Vertragsverletzer den Vertrag bis zum Ablauf der vertraglich vereinbarten Festlaufzeit oder dem Zeitpunkt der ordentlichen Kündigung ordnungsgemäß erfüllt[93].

71   Ferner die trifft die zum Schadensersatz berechtigte Partei die allgemeine **Schadensminderungspflicht** gem. § 254 BGB. Der Unternehmer muss daher im zumutbaren Rahmen seinen Vertrieb anderweitig organisieren, um Kosten einzusparen und Umsatzverluste zu vermeiden; der Handelsvertreter muss die ihm zumutbaren Anstrengungen machen, anderweitige Tätigkeiten auszuüben[94].

72   **2. Unberechtigte fristlose Kündigung.** Ist die erklärte fristlose Kündigung unberechtigt, etwa weil kein zur fristlosen Kündigung des Handelsvertretervertrages berechtigender wichtiger Grund vorlag, die Erklärung der fristlosen Kündigung verfristet ist oder aber das Kündigungsrecht gem. § 242 BGB verwirkt ist, so steht dem anderen Teil

- **zum einen das Recht zur fristlosen Kündigung des Handelsvertretervertrages und**
- **zum anderen die Geltendmachung eines Schadensersatzanspruches**

zu.

73   Gleichzeitig ist zu überlegen, ob die unberechtigte fristlose Kündigung des Handelsvertretervertrages in eine ordentliche Kündigung umgedeutet werden kann[95].

IX. Kündigung zur Unzeit

74   Das Gebot, eine **Kündigung nicht** zur **Unzeit** zu erklären, gehört zu jenen Kündigungsbeschränkungen, die in §§ 627 Abs. 1, 671 Abs. 2, 723 Abs. 2 BGB gesetzlich normiert sind. Das gemeinsame Wertungsfundament dieser Vorschriften ist die durch die Grundsätze von Treu und Glauben gezogene Bindung einer jeden Rechtsausübung[96]. Insofern richtet sich das Institut der „Kündigung zur Unzeit" nicht gegen die Kündigung als solche, sondern gegen ihren Zeitpunkt, der im Hinblick auf die Interessen des Erklärungsempfängers gegen die Grundsätze von Treu und Glauben verstößt[97].

75   Die Grundsätze der „Kündigung zur Unzeit" können aber nicht auf eine fristlose Kündigung eines Handelsvertretervertrages gem. § 89a Abs. 1 S. 1 HGB angewandt werden. Ist das Vertrauensverhältnis zwischen den Vertragsparteien aufgrund des von der anderen Vertragspartei gesetzten Grundes so nachhaltig gestört, dass eine Fortsetzung des Vertrages bis zum Ende der vertraglich vereinbarten Festlaufzeit oder zum Zeitpunkt der ordentlichen Kündigung des Handelsvertretervertrages nicht in Betracht kommt, so ist entsprechend § 314 Abs. 1 S. 2 BGB eine fristlose Kündigung des Handelsvertretervertrages berechtigt. Hier dann mit dem Argument der „Kündigung zur Unzeit" zu argumentieren, würde das Recht zur fristlosen Kündigung des Handelsvertretervertrages auflösen, da eine solche für den Kündigungsempfänger dem Grunde nach immer „zur Unzeit" kommt. Das Korrektiv liegt also bei der fristlosen Kündigung eines Handelsvertreterver-

---

[92] So ausdrücklich: Martinek/Semler/Flohr VertriebsR-HdB/Flohr § 35 Rn. 41–43.

[93] So ausdrücklich: Baumbach/Hopt § 89a Rn. 34.

[94] Siehe auch insoweit: Martinek/Semler/Flohr VertriebsR-HdB/Flohr § 35 Rn. 40; aus der Rechtsprechung BGH WM 1970, 1513 (1515).

[95] Siehe zu den Rechtsfolgen bei Unwirksamkeit der fristlosen Kündigung eines Handelsvertretervertrages: Martinek/Semler/Flohr VertriebsR-HdB/Flohr § 35 Rn. 41 ff.; Küstner/Thume I Kap. VIII Rn. 211–228; Baumbach/Hopt § 89a Rn. 36–40 jeweils mit umfassenden Rechtsprechungsnachweisen.

[96] Grundsätzlich dazu: Oetker, Das Dauerschuldverhältnis und seine Beendigung, Tübingen 1994, S. 342 ff.

[97] Siehe auch insoweit: Oetker S. 312.

trages nicht im Rechtsinstitut der „Kündigung zur Unzeit", sondern darin, dass ggf. die Ausübung des Rechts zur fristlosen Kündigung als solches gem. § 242 BGB etwa deswegen unzulässig sein kann, weil der Kündigende selbst den abgeschlossenen Handelsvertretervertrag verletzt hat, also insofern sich selbst nicht vertragstreu verhalten hat.

X. Unwirksame Kündigungserschwernisse

Dem Handelsvertreter darf das Recht zur fristlosen Kündigung des abgeschlossenen **76** Franchise-Vertrages gem. § 89a HGB zu erklären, nicht unnötig durch Rahmen des Handelsvertretervertrages festgelegte Regelungen erschwert werden. Welche Kündigungserschwernisse unzulässig sind, ergibt sich beispielhaft aus dem Urteil des OLG Oldenburg vom 30.3.2015[98]. In den ersten drei Leitsätzen hält das OLG Oldenburg folgendes fest:

1. **Gegen Vereinbarungen zwischen einem Handelsvertreter und einem Unter- 77 nehmer, nach denen nicht „ins Verdienen" gebrachte Provisionsvorschusszahlungen bei vorzeitiger Beendigung des Vertragsverhältnisses vom Handelsvertreter zurückzuzahlen sind, bestehen keine generellen Bedenken; auch nicht aus dem Gesichtspunkt der unzulässigen Kündigungserschwernis.**

2. **Die Frage, ob eine unzulässige, gemäß § 89 Abs. 2 S. 1 Hs. 2 HGB, § 134 BGB 78 unwirksame Kündigungserschwernis vorliegt, ist aufgrund der jeweiligen Umstände des Einzelfalls zu prüfen. Dabei kommt es insbesondere auf die Höhe der gegebenenfalls zurückzuerstattenden Zahlungen an, ferner auf den Zeitraum, für den die Zahlungen zurückzuerstatten sein sollen.**

3. **Eine unzulässige Kündigungserschwernis ist jedenfalls dann zu verneinen, 79 wenn vereinbarungsgemäß Provisionsvorschusszahlungen von maximal 6.000 EUR monatlich für einen Zeitraum von 36 Monaten erbracht werden sollen, die vereinbarte Höhe der Vorschüsse auf den vom Handelsvertreter selbst mitgeteilten Umsatzerwartungen beruht und sämtliche monatlich abgerechneten Provisionen bis zum Ablauf von 36 Monaten zunächst in das Provisions-/Vorschusskonto eingestellt – also auch über 6.000 EUR monatlich hinausgehende Provisionen zunächst nicht an den Handelsvertreter ausgezahlt – werden.**

Entsprechendes gilt, wenn an die Kündigung des Handelsvertreters wesentliche, eine **80** Vertragsbeendigung erschwerende, Nachteile geknüpft werden[99], zB nach Kündigung des Handelsvertreters der Zugang zum Online-System gesperrt wird[100] oder bei einer Kündigung Garantiezahlungen zurückverlangt werden[101] oder bei einer Kündigung eine Vertragsstrafe verwirkt ist[102] bzw. eine Kündigung zur Rückforderung von Provisionsvorschüssen führt[103].

§ 89b Ausgleichsanspruch

(1) [1]Der Handelsvertreter kann von dem Unternehmer nach Beendigung des Vertragsverhältnisses einen angemessenen Ausgleich verlangen, wenn und soweit

1. der Unternehmer aus der Geschäftsverbindung mit neuen Kunden, die der Handelsvertreter geworben hat, auch nach Beendigung des Vertragsverhältnisses erhebliche Vorteile hat und

---

[98] ZVertriebsR 2015, 247; s. grundsätzlich schon BGH HVR Nr. 203.
[99] BGH ZVertriebsR 2016, 19; s. auch OLG Düsseldorf OLGR 2001, 317 = HVR Nr. 946.
[100] OLG München VersR 2014, 1080.
[101] OLG Oldenburg ZVertriebsR 2014, 174.
[102] OLG Karlsruhe VersR 2011, 526.
[103] Siehe aus der Rspr.: OLG Hamburg HVR Nr. 1046; OLG Karlsruhe VersR 2011, 526; OLG Oldenburg ZVertriebsR 2015, 247.

2. die Zahlung eines Ausgleichs unter Berücksichtigung aller Umstände, insbesondere der dem Handelsvertreter aus Geschäften mit diesen Kunden entgehenden Provisionen, der Billigkeit entspricht.

[2]Der Werbung eines neuen Kunden steht es gleich, wenn der Handelsvertreter die Geschäftsverbindung mit einem Kunden so wesentlich erweitert hat, daß dies wirtschaftlich der Werbung eines neuen Kunden entspricht.

(2) Der Ausgleich beträgt höchstens eine nach dem Durchschnitt der letzten fünf Jahre der Tätigkeit des Handelsvertreters berechnete Jahresprovision oder sonstige Jahresvergütung; bei kürzerer Dauer des Vertragsverhältnisses ist der Durchschnitt während der Dauer der Tätigkeit maßgebend.

(3) Der Anspruch besteht nicht, wenn

1. der Handelsvertreter das Vertragsverhältnis gekündigt hat, es sei denn, daß ein Verhalten des Unternehmers hierzu begründeten Anlaß gegeben hat oder dem Handelsvertreter eine Fortsetzung seiner Tätigkeit wegen seines Alters oder wegen Krankheit nicht zugemutet werden kann, oder

2. der Unternehmer das Vertragsverhältnis gekündigt hat und für die Kündigung ein wichtiger Grund wegen schuldhaften Verhaltens des Handelsvertreters vorlag oder

3. auf Grund einer Vereinbarung zwischen dem Unternehmer und dem Handelsvertreter ein Dritter anstelle des Handelsvertreters in das Vertragsverhältnis eintritt; die Vereinbarung kann nicht vor Beendigung des Vertragsverhältnisses getroffen werden.

(4) [1]Der Anspruch kann im voraus nicht ausgeschlossen werden. [2]Er ist innerhalb eines Jahres nach Beendigung des Vertragsverhältnisses geltend zu machen.

(5) [1]Die Absätze 1, 3 und 4 gelten für Versicherungsvertreter mit der Maßgabe, daß an die Stelle der Geschäftsverbindung mit neuen Kunden, die der Handelsvertreter geworben hat, die Vermittlung neuer Versicherungsverträge durch den Versicherungsvertreter tritt und der Vermittlung eines Versicherungsvertrages es gleichsteht, wenn der Versicherungsvertreter einen bestehenden Versicherungsvertrag so wesentlich erweitert hat, daß dies wirtschaftlich der Vermittlung eines neuen Versicherungsvertrages entspricht. [2]Der Ausgleich des Versicherungsvertreters beträgt abweichend von Absatz 2 höchstens drei Jahresprovisionen oder Jahresvergütungen. [3]Die Vorschriften der Sätze 1 und 2 gelten sinngemäß für Bausparkassenvertreter.

Literatur: Ahle, Ausgleichsanspruch des Handelsvertreters bei Rücknahme einer zeitweilig übertragenen Zusatzvertretung, DB 1962, 1069; ders., Vorwegerfüllung des Ausgleichsanspruchs der Handelsvertreter, DB 1962, 1329; ders., Probleme beim Ausgleichsanspruch nach § 89b HGB bei Handelsvertretungen durch juristische Personen oder Personengesamtheiten, DB 1963, 227; ders., Der Ausgleichsanspruch nach § 89b HGB bei Vertretungen von Anlagegütern, DB 1963, 1704; ders., Provision und Ausgleichsanspruch des Handelsvertreters bei Einsatz eines Nachfolgers, DB 1964, 611; Arndt, Alters- oder krankheitsbedingte Kündigung bei Handelsvertretungs-Gesellschaften: Erhaltung des Ausgleichsanspruchs durch Formwechsel?, DB 1999, 1789; Ball, Rechtsnatur und Funktion des Ausgleichsanspruchs nach § 89b HGB unter besonderer Berücksichtigung der Rechtsprechung des Bundesgerichtshofs, in Saenger/Schulze, Der Ausgleichsanspruch des Handelsvertreters, 2000, 17; Bamberger, Zur Frage des Ausgleichsanspruchs, insbesondere der Provisionsverluste des Handelsvertreters bei einer Vertriebsumstellung des Unternehmers, NJW 1984, 2670; Bechtold, Ausgleichsansprüche für Eigenhändler dargestellt am Beispiel des Automobilvertriebs, NJW 1983, 1393; ders., Rechtstatsachen zum Ausgleichsanspruch des Automobilhändlers, BB 1984, 1262; Beck/Kirschhöfer, Datenschutz in Vertragshändlerrecht – Ausgleichsanspruch und Verarbeitung von Kundendaten unter der DSGVO, ZVertriebsR 2019, 2; Behrend, Aktuelle handelsvertreterrechtliche Fragen in Rechtsprechung und Praxis, NJW 2003, 1563; Beiser, Der Ausgleichsanspruch des Handelsvertreters in der Handels- und Steuerbilanz, DB 2002, 2176; Bellstedt, Zur Umsatzsteuerpflicht des dem Vertragshändler vom ausländischen Hersteller gezahlten Ausgleichs gemäß § 89b HGB, UR 1994, 301; Bieder, Ausschluss des Handelsvertreterausgleichsanspruchs in analoger Anwendung des § 89b III HGB, NJW 2007, 3741; Bodewig, Der Ausgleichsanspruch des Franchisenehmers nach Beendigung des Vertragsverhältnisses, BB 1997, 637; Braun, Abzug der Versorgung vom Ausgleich. Zum Urteil des LG München v. 10.8.2000, VersVerm 2000, 500; Bredebusch/Marzin, Riester-Verträge und Ausgleichsanspruch, VW 2003, 1019; v. Brunn, Ausgleichsansprüche bei Eigenhändlerverträgen, DB 1961, 429; Brych, Ausgleichsanspruch bei jedweder Art von Eigenkündigung, BB 1992, 8; Budde, Das Ende der Einstandszahlung im Handelsvertreterrecht?, DB 2005, 2177; ders., Die

Geschäftsverbindung: Abgrenzung vom Vertragshändlervertrag und Frist zu ihrer Beendigung – zugleich eine Anmerkung zu OLG Hamm, Urteil vom 14.5.2020, ZVertriebsR 2020, 348; Christoph, Muss der Handelsvertreterausgleich neu berechnet werden?, NJW 2010, 647; Creutzig, Automobilvertrieb heute und morgen, DAR 1999, 16; Daum, Zur Wirksamkeit von Provisionsverzichtsklauseln bei der Vermittlung von „Riester-Verträgen", VersR 2011, 565; Dreyer/Haskamp, Die Unternehmervorteile bei der Berechnung des Ausgleichsanspruches eines Bausparkassenvertreters, ZVertriebsR 2016, 366; Eberstein, Bemerkungen zu den Urteilen des Bundesgerichtshofes zum Ausgleichsanspruch des Handelsvertreters, BB 1957, 663; ders., Zum Ausgleichsanspruch des Handelsvertreters, BB 1957, 1059; ders., Zehn Jahre Rechtsprechung zum neuen Handelsvertreterrecht, BB 1964, 271; ders., Vorauserfüllung oder Überwälzung des Handelsvertreter-Ausgleichsanspruchs durch vertragliche Regelung, BB 1971, 200; Eckert, Die analoge Anwendung des Ausgleichsanspruchs nach § 89b HGB auf Vertragshändler und Franchisenehmer, WM 1991, 1237; Ekkenga, Ausgleichsanspruch analog § 89b HGB und Ertragswertmethode, AG 1992, 345; ders., Ausgleichsanspruch analog § 89b HGB für Markenlizenznehmer?, WRP 2003, 468; Emde, Die betriebsbedingte außerordentliche Kündigung von Vertragshändlerverträgen durch den Unternehmer, BB 1996, 2260; ders., Die Entwicklung des Vertriebsrechts im Zeitraum Oktober 2002 bis Dezember 2003, VersR 2004, 1499; ders., Rechtsprechungs- und Literaturübersicht zum Vertriebsrecht im Jahre 2005 – Teil II, BB 2006, 1121; ders., Der Ausgleichsanspruch des Lizenznehmers analog § 89b HGB, WRP 2006, 449; ders., Der Ausgleichsanspruch des Versicherungsvertreters, FS Karsten Schmidt, 2009, 331; ders., Das Handelsvertreterausgleichsrecht muss neu geschrieben werden, DStR 2009, 1478; ders., BB-Rechtsprechungsreport zum Vertriebsrecht 2009 (Teil 2), BB 2010, 2447; ders., Die Novellierung des § 89b HGB – was hat sich ergeben?, WRP 2010, 844; ders., Der Ausgleichsanspruch des Kfz-Vertragshändlers analog § 89b HGB, MDR 2010, 537; ders., Die Handelsvertreter-Richtlinie 1986 und ihre Folgen, ZVertriebsR 2014, 218; ders., BB Rechtsprechungs- und Literaturreport zum Vertriebsrecht des Jahres 2013, BB 2014, 2435; ders., Internationale vertriebsrechtliche Schiedsverfahren, RIW 2016, 104; ders., Die Konkurrenz zwischen Ausgleichs- und Kündigungsschadensersatzansprüchen des Handelsvertreters; EuZW 2016, 218; ders., Der Ausgleichsanspruch des Handelsvertreters beim Vertrieb von Dauerschuldverhältnissen, BB 2017, 1289; ders., BB Rechtsprechungsreport zum Vertriebsrecht 2016, BB 2017, 2947; ders., BB Rechtsprechungsreport zum Vertriebsrecht 2017 – Teil II, BB 2018, 1923; ders., BB Rechtsprechungsreport zum Vertriebsrecht 2019/2020 – Teil II, BB 2020, 2827; ders., Die vertragliche Verpflichtung zur Übertragung des Kundenstammes als Voraussetzung des Ausgleichsanspruchs eines Eigenhändlers, ZVertriebsR 2019, 3; ders., Corona und VertriebsR – erste Gedanken, ZVertriebsR 2020,138; ders. BB Rechtsprechungsreport zum Vertriebsrecht 2020 – Teil II, BB 2021, 2824; Emde/Böken, Ausgleichsanspruch des Eigenhändlers und Datenschutzrecht, ZVertriebsR 2022, 87; Emde/Kelm, Der Handelsvertretervertrag in der Insolvenz des Unternehmers, ZIP 2005, 58; Ensthaler/Gesmann-Nuiss/Stopper, Ausgleichsansprüche des Kfz-Vertragshändlers für drittbestimmte Investitionen und den Kundenstamm bei ordentlicher Kündigung oder Herabstufung, DB 2003, 25; Ensthaler/Würmann, Auswirkungen des § 89b Abs. 3 Nr. 3 HGB bei der Veräußerung des Unternehmens eines Handelsvertreters, BB 2008, 230; Evers, Die Nichtigkeit von Handelsvertreterverträgen wegen zu geringer Verdienstmöglichkeiten und ihre Rückabwicklung, BB 1992, 1365; Evers/Kiene, Die Anrechenbarkeit von Versorgungsleistungen auf den Ausgleichsanspruch des Handelsvertreters – Teil I – Der Meinungsstand in Rechtsprechung und Literatur, ZfV 2001, 585; dies., Die Anrechenbarkeit von Versorgungsleistungen auf den Ausgleichsanspruch des Handelsvertreters – Teil II – Leistungen für die Altersversorgung als besonders günstige Vertragsbedingungen, ZfV 2001, 618; dies., Die Anrechenbarkeit von Versorgungsleistungen auf den Ausgleichsanspruch des Handelsvertreters – Schluss, ZfV 2001, 765; dies., Der Ausgleichsanspruch des Handelsvertreters: Anrechnung von Versorgungsleistungen nur bei Einstufung als „besonders günstige Vertragsbedingung", DB 2002, 1309; Felix, Betriebsaufgabe und Ausgleichsansprüche des Handelsvertreters nach § 89b HGB, BB 1987, 870; Finger, Die Stellung des Vertragshändlers bei Beendigung des Vertrags, DB 1970, 141; Flohr, Ausgleichsanspruch des Franchisenehmers bei Vertragsbeendigung nach Handelsvertretergrundsätzen, ZAP 2011, 785; ders., Der Franchisevertrag – Rechtliche Grundlagen und Hinweise zur Vertragsgestaltung, ZAP 2012, 799; Fock, Der nachvertragliche Schadensersatzanspruch des Handelsvertreters gem. Art. 17 Abs. 3 der EG-Handelsvertreterrichtlinie – Alternative oder Ergänzung zum Goodwill-Ausgleich des Vertreters? in Saenger/Schulze, Der Ausgleichsanspruch des Handelsvertreters, 2000, 62; Foth, Der Investitionsersatzanspruch des Vertragshändlers, BB 1987, 1270; ders., Neue Kehrtwende der Rechtsprechung zum Ausgleichsanspruch des Vertragshändlers in der Kraftfahrzeugbranche?, BB 1987, 1686; Frieseke, Steuerrechtliche Bedeutung des Ausgleichsanspruchs der Handelsvertreter, DB 1962, 8; Fritz, Die Geltendmachung des Ausgleichsanspruchs des Handelsvertreters nach § 89b HGB, NJW 1960, 1653; Fröhlich, Der Begriff des Neukunden für den Ausgleichsanspruch gemäß § 89b I 1 Nr. 1 HGB, GWR 2015, 313; ders., Praktische Probleme bei der einvernehmlichen Aufhebung von Handelsvertreterverträgen, ZVertriebsR 2018, 207; ders., Die Abdingbarkeit des Handelsvertreterausgleichsanspruches im internationalen Kontext, RIW 2021, 652; Fuchs-Baumann, Ausgleichsanspruch des Versicherungsvertreters: Anrechnung des Barwerts einer vom Versicherungsunternehmen finanzierten Versorgung, DB 2001, 2131; Gassner, Rückstellungen für künftig anfallende Ausgleichsansprüche der Handelsvertreter, DB 1968, 1645; Genzow, § 89b HGB: Die Falschabrechnung des Ausgleichsanspruchs, IHR 2014, 133; Gessler, Zum Ausgleichsanspruch des Handelsvertreters, BB 1957, 1164; Glaser, Vergütungsfragen des Handelsvertreterrechts, DB 1956, 297; ders., Steht dem Erben des Handelsvertreters ein Ausgleichsanspruch zu?, DB 1957, 1173; Görres, Der Ausgleichsanspruch der Erben des Handelsvertreters, DB 1955, 681; Gräfe, Buchauszug und Ausgleichsanspruch – zeitliche und inhaltliche Grenzen der Geltendmachung des Anspruches auf Erteilung des Buchauszuges, ZVertriebsR 2015, 227;

Gräfe/Börner, Aktuelle Entwicklungen beim Unternehmervorteil des Ausgleichsanspruchs nach § 89b Abs. 1 HGB – der neue „neugeworbene Stammkunde" und „intensivierte Altkunde" (?), ZVertriebsR 2017, 282; Gräfe/Giesa, „Neuer Kunde" im Sinne des § 89b Abs. 1 S. 1 Nr. 1 HGB – Produktbezogener Neukundenbegriff, ZVertriebsR 2014, 287; Günther, Zum Ausgleichsanspruch des Handelsvertreters, BB 1957, 1058; Günther, Der Versicherungsvertreter und sein Ausgleichsanspruch, 2004; Haas, Wegfall des Handelsvertreterausgleichsanspruchs gemäß § 89b Abs. 3 Nr. 1 HGB bei Eigenkündigung ohne besonderen Anlaß verfassungswidrig?, BB 1991, 1441 und BB 1992, 941; Habscheid, Das Ausgleichsrecht des Handelsvertreters, FS Walter Schmidt Rimpler, 1957, 335; Hartz, Zur bilanzmäßigen Behandlung der Ausgleichszahlung an den Handelsvertreter, DB 1958, 408; Hass, Noch einmal: Ausgleichsanspruch des Handelsvertreters auch bei Eigenkündigung?, BB 1992, 941; Heissmann, Ausgleichszahlung des Handelsvertreters und Pensionszusage, DB 1957, 395; Heitmann, Rückstellungen für den Ausgleichsanspruch und den Pensionsanspruch des Handelsvertreters, BB 1966, 1305; Helpensteller, Bilanzielle Behandlung von Ausgleichsansprüchen aus Verträgen mit Handelsvertretern gemäß § 89b HGB n. F., DB 1977, 2385; Hepting/Detzer, Die Abdingbarkeit des Ausgleichsanspruchs ausländischer Handelsvertreter und Vertragshändler, insbesondere durch Allgemeine Geschäftsbedingungen, RIW 1989, 337; Herbert, Neues zum Ausgleichsanspruch des Handelsvertreters, BB 1997, 1317; Hermes, Beendigung des Vertragshändlervertrags im deutschen und niederländischen Recht, RIW 1999, 81; Heuer, Aktivierungszeitpunkt für den Ausgleichsanspruch eines Handelsvertreters, DB 1963, 1738; Hintzen/Hintzen, Die Rückstellung für Ausgleichsansprüche der Handelsvertreter (§ 89b HGB) in der neueren Rechtsentwicklung, DB 1978, 2037 und 2087; Hirsch, Handelsvertretervertrag und Scheingeschäft, Jura 2008, 446; Höft, Beschränkung des ausgleichsberechtigten Erbenkreises für den Fall des Todes des Versicherungsvertreters, VersR 1965, 553; ders., Ausgleichpflichtiger Provisionsverlust der Versicherungs-(Bausparkassen-)Vertreter (§ 89b I 2 HGB), VersR 1966, 104; ders., Ausgleichsanspruch (§ 89b HGB) der Versicherungs- und Bausparkassenvertreter für künftig zustande kommende Verträge, VersR 1967, 524; ders., Nochmals: Kein Ausgleichsanspruch (§ 89b HGB) des Versicherungsvertreters für Inkasso- und sonstige Verwaltungsprovisionen, VersR 1970, 97; ders., Die provisionsrechtlichen Sonderregelungen für die Versicherungswirtschaft – Gründe und Unverzichtbarkeit, VersR 1976, 205; Hoffstadt, Rechtsstellung des Handelsvertreters im Konkurs des vertretenen Unternehmens, DB 1983, 645; Hohn, Wirtschaftliche Anspruchsfaktoren beim Ausscheiden des Handelsvertreters, BB 1972, 521; Hollmann, Zum Ausgleichsanspruch des Automobil-Vertragshändlers nach § 89b HGB, BB 1985, 1023; Honsel, Anrechnung einer Versorgungsanwartschaft auf den Ausgleichsanspruch eines Handelsvertreters, BB 1984, 365; Horn, Zum Ausgleichsanspruch des Eigenhändlers: Kundenstamm und werbende Tätigkeit, ZIP 1988, 137; v. Hoyningen-Huene, Die Billigkeit im Arbeitsrecht, 1978; Hübsch/Hübsch, Die neue Rechtsprechung des Bundesgerichtshofs zum Handelsvertreterrecht, WM 2005 Sonderbeilage Nr. 1 zu Nr. 9, 1; Intvenn, Praxisprobleme bei der Berechnung des Ausgleichsanspruchs eines KFZ-Vertragshändlers, BB 1999, 1881; Jayme, Zum internationalen Geltungswillen der europäischen Regeln über den Handelsvertreterausgleich – zu EuGH 9.11.2000, IPrax 2001, 190; Kämpf, Abzug der Versorgung vom Ausgleich, VersVerm 2002, 6; ders., AGB-Verfahren gegen den Abzug der Versorgung vom Ausgleichsanspruch, VersVerm 2002, 128; Kainz/Lieber/Puszkajler, Die Münchner Formel – oder: Berechnung des Vertragshändlerausgleichs in der Autobranche, BB 1999, 434; Kapp, Gehört der Ausgleichsanspruch des Handelsvertreters zum erbschaftssteuerpflichtigen Erwerb?, DB 1959, 242; Kiene, Der Verkauf einer Handelsvertretung, NJW 2006, 2007; ders., Die Beurteilung des Kundenstamms bei einer Agenturnachfolge, VersR 2006, 1024; ders., Das Recht des Handelsvertreters in Deutschland und Frankreich, RIW 2006, 344; Kindler, Rechtswahlfestigkeit des Handelsvertreterausgleichs bei Tätigkeitsausübung in Mitgliedstaat, aber Sitz des Unternehmens in Drittstaat, BB 2001, 11; ders., Der lange Arm des deutschen Vertriebsrechts, NJW 2016, 1855; Kirsch, Ist der Ausgleichsanspruch des Vertragshändlers analog § 89b HGB am Ende?, NJW 1999, 2779; Klinger, Zur Berechnung des Ausgleichsanspruchs der Handelsvertreter, DB 1957, 925; ders., Ausgleichsansprüche der Handelsvertreter und Pensionszusagen, DB 1958, 1192; Kluge, Die gewerbesteuerliche Behandlung des Ausgleichsanspruchs beim Handelsvertreter, BB 1972, 441; Köhler, Ausgleichsanspruch des Franchisenehmers: Bestehen, Benennung, Abwälzung, NJW 1990, 1689; Korte, Die Berechnung des Ausgleichsanspruchs des Handelsvertreters nach der Novellierung des § 89b HGB, DB 2011, 2761; Korte/Harten, Keine Folgeprovision für Nachbestellungen von intensivierten Altkunden, ZVertriebsR 2021, 364; Kraatz, Der Ausgleichsanspruch des Handelsvertreters nach Vertragsbeendigung, WM 1982, 498; Kreifels/Lang, Der Ausgleichsanspruch des Vertragshändlers, NJW 1970, 1769; Kroitzsch, Der Ausgleichsanspruch des Vertragshändlers und seine kartellrechtlichen Grenzen, BB 1977, 1631; Kroll, Ist der Franchisenehmer in eine fremde Absatzorganisation eingegliedert? – Zu den Voraussetzungen des Ausgleichsanspruchs gemäß § 89b HGB analog, ZVertriebsR 2014, 290; Krusche, Die Berechnung des handelsvertreterrechtlichen Ausgleichsanspruchs in Europa im Blickpunkt – Rechtsetzung, Umsetzung, Anwendung, EWS 2001, 523; Kümmel, Der Ausgleichsanspruch des Vertragshändlers, DB 1997, 27; ders., Der Ausgleichsanspruch des Kfz-Vertragshändlers – Berechnung nach der „Münchner Formel", DB 1998, 2407; Küstner, Berücksichtigung ersparter Unkosten beim Ausgleichsanspruch des Handelsvertreters, BB 1962, 432; ders., Der Ausgleichsanspruch des Bausparkassenvertreters, BB 1966, 269; ders., Zur Aktivierung erbrachter Anspruchsleistungen an Versicherungsvertreter in der Bilanz von Versicherungsunternehmen, BB 1967, 114; ders., Die Berechnung des Ausgleichsanspruchs nach § 89b HGB, NJW 1969, 769; ders., Neue Rechtsprechung zum Ausgleichsanspruch des Handelsvertreters nach § 89 HGB, BB 1972, 1300; ders., Der Ausgleichsanspruch des Krankenversicherungsvertreters, BB 1975, 493; ders., Neufassung des § 89 Abs. 3 HGB bei alters- oder krankheitsbedingter Kündigung des Handelsvertreters, BB 1976, 630; ders., Zum Einfluß des Betriebsrentengesetzes auf die Ausgleichsberechtigung des Handelsvertreters (§ 89b HGB), BB

1976, 1485; ders., Probleme des Ausgleichsanspruchs nach § 89b HGB und seiner Berechnung bei Bausparkassenvertretern, BB 1981, Beilage 12/1981 zu Heft 30/1981; ders., Berechnungsgrundlage für Höhe und Höchstgrenze des Handelsvertreter-Ausgleichsanspruchs, BB 1982, 275; ders., Die neuere Rechtsprechung zum Außendienstrecht, BB 1985, Beilage 12/1985 zu Heft 27/85; ders., Ausgleichsanspruch des Handelsvertreters und Altersversorgungsleistungen, BB 1994, 1590; ders., Vereinbarungstatbestände, die die Entstehung eines Ausgleichsanspruchs hindern sollen, FS Trinkner, 1995, 193; ders., Bestandswegnahme und Schadensersatz, VersR 1996, 944; ders., „Grundsätze" zur Errechnung der Höhe des Ausgleichsanspruchs im Sach-, Lebens-, Krankenversicherungs-, Bauspar- und Finanzdienstleistungsbereich, Heidelberg 1997; ders., Aktuelle Probleme des Vertriebsrechts, BB 1999, 541; ders., Ein „unglaublicher Reibach"? Zur Kritik des BVK an der Rechtsprechung zur Ausgleichsminderung infolge einer zugesagten Altersversorgung, VW 1999, 185; ders., Großeinsatz gegen die „Grundsätze", VW 1999, 1193; ders., „Maßlose Enttäuschung"? – Nochmals: Zur Problematik Ausgleichsanspruch (§ 89b HGB)/Altersversorgung, VW 1999, 1857; ders., Fehlentwicklungen beim Ausgleichsanspruch, VW 2000, 478; ders., Ausgleichsberechnung nach § 89b HGB – Fehler im Detail, BB 2000, Heft 20, „Die erste Seite"; ders., Versorgungszusage und Kapitalwertanrechnung – Zur Problematik der altersversorgungsbedingten Ausgleichsminderung gemäß § 89b Abs. 1 Ziff. 3 HGB, VW 2001, 416; ders., Zu den Schwierigkeiten der Berechnung des Ausgleichsanspruchs im Versicherungs- und Bausparbereich außerhalb der „Grundsätze", VW 2001, 754; ders., Im Versicherungsvertreterrecht kehrt keine Ruhe ein, VersR 2002, 513; ders., Doppelbelastung des Unternehmers und versorgungsbedingte Ausgleichsminderung, VersR 2004, 977; Küstner/v. Manteuffel, Berechnung des Ausgleichsanspruchs des Vertragshändlers, BB 1988, 1972; dies., Die Änderungen des Handelsvertreterrechts aufgrund der EG-Harmonisierungsrichtlinie vom 18.12.1986, BB 1990, 291; dies., Gedanken zum neuen Ausgleichs-Ausschlusstatbestand gemäß § 89b Abs. 3 Nr. 3 HGB, BB 1990, 1713; dies., Zur Problematik der Ausgleichsberechtigung nach § 89b HGB bei Bestandsübertragungen, VersVerm 1991, 162; dies., Probleme des Handelsvertreterrechts, ZIP 1988, 63; Küstner/Thume, Agenten- und Maklerrecht – Bausparkassenvertreter, Anm. zu OLG Celle 16.5.2002, VersR 2002, 980; Laber, Eigenkündigung des Handelsvertreters: Verfassungsmäßigkeit des Ausschlusses des Ausgleichsanspruchs, DB 1994, 1275; Lars/Eckhoff, EuGH: Berechnung des Ausgleichsanspruchs bei richtlinien-konformer Auslegung der Handelsvertreterrichtlinie, BB 2009, 1607; Latzel, Die analoge Anwendbarkeit von § 89b HGB auf Franchiseverträge unter Berücksichtigung der neuesten Rechtsprechung des BGH, ZVertriebsR 2015, 90; Laum, Der Ausgleichsanspruch des Handelsvertreters in der Rechtsprechung des Bundesgerichtshofes, BB 1967, 1359; Lilje, Die Unternehmervorteile bei der Berechnung des Handelsvertreterausgleichs im Versicherungsvertrieb, ZVertriebsR 2016, 219; List, Entspricht die Besteuerung außerordentlicher Einkünfte (§ 34 EStG) dem Grundgesetz?, BB 2003, 761; Littmann, Zweifelsfragen im Zusammenhang mit der steuerlichen Behandlung von Ausgleichsansprüchen der Handelsvertreter, BB 1959, 446; Löwe/Schneider, Zur Anrechnung einer betrieblichen Altersversorgung auf den Ausgleichsanspruch des Handelsvertreters, ZIP 2003, 1129; dies., Nochmals: Doppelbelastung des Unternehmers und versorgungsbedingte Ausgleichsminderung, VersR 2004, 1518; Lutz, Ausgleichsanspruch des Handelsvertreters und Pensionszusage, DB 1989, 2345; Maier, Kündigung des Handelsvertreters wegen Alters oder Krankheit, BB 1978, 940; Martin, Gesetzlicher Ausgleichsanspruch des Handelsvertreters und Versorgungszusagen, DB 1966, 1837; ders., Offene Handelsgesellschaften und Kommanditgesellschaften als Versicherungsvertreter, VersR 1967, 824; ders., Ausgleichsanspruch (§ 89b HGB) des Versicherungsvertreters und Wettbewerb zum Nachteil des Unternehmers, VersR 1968, 117; ders., Zum Ausgleichsanspruch des Versicherungsvertreters, VersR 1970, 796; Martinek, Franchising im Handelsrecht, ZIP 1988, 1362; Martinek/Bergmann, Künstler-Repräsentanten, -Agenten und -Manager als Handelsvertreter – Konkurrenzvertretung und Interessenwahrnehmung als Grundlagenprobleme des Handelsvertreterrechts, WRP 2006, 1047; Matthies, Der Ausgleichsanspruch des Handelsvertreters bei kurzer Vertragsdauer, DB 1986, 2063; Matthiessen, Arbeits- und Handelsvertreterrechtliche Ansätze eines Franchisenehmerschutzes, ZIP 1988, 1089; Melcher, Die Anwendung des Handelsvertreterrechts auf Kapitalanlageberater, BB 1981, 2101; Mellerowicz, Zur Bilanzierung der Ausgleichsansprüche von Handelsvertretern, BB 1959, 150; Merkel, Der Ausgleichsanspruch des Handelsvertreters, BB 1956, 420; Metzlaff, Ausgleichsanspruch des Franchisenehmers gemäß § 89b HGB analog bei Beendigung des Franchisevertrages?, DFV-Jahrbuch Franchising 2012, 165; ders., Anmerkung zu BGH I ZR 3/09 – JOOP!, ZVertriebsR 2012, 55; Meyer, Ausgleichsansprüche nach § 89b HGB beim Vertrieb langlebiger Wirtschaftsgüter, BB 1970, 780; Meyer, Die aktuelle höchstrichterliche Rechtsprechung im Vertriebsrecht, ZVertriebsR 2014, 354; Moritz, Zum Wegfall des Ausgleichsanspruchs bei Kündigung durch den Handelsvertreter, DB 1987, 875; Mücke, Ist § 89b HGB auf Vertragshändler anwendbar?, MDR 1956, 641; Müller, Ausgleichsanspruch des Handelsvertreters nach § 89b I 2 HGB wegen erweiterter Altkundenbeziehung auch bei Umsatzrückgang?, NJW 1997, 3432; Müller-Feldhammer, Der Ausgleichsanspruch des Vertragshändlers im deutsch-schweizerischen Handelsverkehr, RIW 1994, 926; Müller-Stein, Ausgleichsanspruch gemäß § 89b HGB nach Bestandsübertragungen aufgrund erteilter Makleraufträge?, VersR 1990, 561; ders., Berücksichtigung von Festvergütungen beim Ausgleichsanspruch, VW 2000, 1331; ders., Ausgleichsanspruch und Vorteilsausgleich, VW 2000, 1618; ders., BGH schafft wünschenswerte Klarheit, Anm. zu BGH 20.11.2002, VW 2003, 199; Neflin, Vorausregelung und Unabdingbarkeit des Ausgleichsanspruchs eines Handelsvertreters, DB 1956, 765; ders., Nochmals: Umstellung der Vertriebsorganisation vom Handelsvertreter auf Reisende, DB 1959, 579; ders., Der Industriepropagandist in handels- und steuerrechtlicher Sicht, DB 1961, 833; ders., Vorwegerfüllung des Ausgleichsanspruchs des Handelsvertreters, DB 1962, 1531; Neuburger/Gaa, Ausgleichsanspruch und Pensionsanspruch des Handelsvertreters, BB 1968, Beilage 10/1968 zu Heft 31/68; Niebling, Der Ausgleichsanspruch des Vertragshändlers – Grundlagen und Berechnung, BB 1997, 2388; ders., Ausgleichsansprüche nach § 89b HGB: auch für ausscheidende freie Mitarbeiter in Rechtsanwaltskanzleien, AnwBl. 1998, 123; ders., Automobilvertrieb im Umbruch, DAR 1999, 8; Nies, Kann einem Eigenhändler der Ausgleichsanspruch des § 89b HGB zustehen?, MDR 1961, 556; Niklas, Der Ausgleichsanspruch des Franchisenehmers beim anonymen Massengeschäft, ZVertriebsR 2016, 362; Noetzel, Der Billigkeitsgedanke beim Ausgleichsanspruch des Handelsvertreters, NJW 1958, 1325; ders., Die eigene Kündigung des Handelsvertreters und sein gesetzlicher Ausgleichsanspruch, DB 1993, 1557; Olzen, Offene Fragen um den Ausgleichsanspruch des Handelsvertreters, JR 2002, 45; Ordemann, Der „Generalvertreter" und sein Ausgleichsanspruch, BB 1964, 1323; ders., Die Entschädigung des Handelsvertreters für Wettbewerbsbeschränkungen (§ 90a HGB), BB 1965, 932; Ostendorf, Grenzen der analogen Anwendung von § 89b HGB auf Händler außerhalb des Kfz-Vertriebs, MDR 2008, 1377; Oswald, Rückstellungen für Ausgleichsansprüche der Handelsvertreter, BB 1978, 1501; ders., Wie wird der Ausgleich des Handelsvertreters gemäß § 89b HGB errechnet?, VersR 1979, 509; Otto, Gestaltungsmöglichkeiten zur Aufwandsvorverlagerung für die Ausgleichsverpflichtung nach § 89b HGB, BB 2004, 1900; Peschke, Der Vertragshändlerausgleich in internationalen Verträgen, ZVertriebsR 2016, 144; Peterek, Zur Bedeutung und zum Umfang allgemeiner Kundenschutzvereinbarungen, BB 1996, 351; Pollkläsener/Meinolf, Der handelsvertreterähnliche Ausgleichsanspruch nach § 89b HGB analog in der Mobilfunk-Telekommunikationsbranche, DB 2003, 927; Port/Schnorberger/Wauschkuhn, Die inländische Kapitalgesellschaft als Vertriebsmittler im internationalen Konzern – Rechtliche und steuerliche Gestaltungsüberlegungen (Teil 1), ZVertriebsR 2012, 17; Puls, Funktionsverlagerungsbesteuerung: Schadensersatz-, Entschädigungs- und Ausgleichsansprüche als „Transferpaket"-Ersatz nach § 8 FVerlV, IStR 2010, 89; Rau, Verbindung von Ausgleichsanspruch und Pensionszusage bei Handelsvertretern, BB 1967, 403; Reinicke, Auslegungsfragen zum neuen Recht der Handelsvertreter, NJW 1953, 1609; Retzer, Verfassungsmäßigkeit des § 89b Abs. 3 Nr. 1 HGB, BB 1993, 668, 963; Reufels/Lorenz, Kritik an der „Münchner Formel" zur Berechnung des Ausgleichsanspruchs von Kfz-Vertragshändlern, MDR 1998, 1490; dies., Pauschalisierung des Ausgleichsanspruchs für Kfz-Vertragshändler – ein Plädoyer gegen die „Münchner Formel", BB 2000, 1586; Risse, Die Rechtsnatur des Ausgleichsanspruches der Handelsvertreter und ihre Bedeutung und seine steuerliche Behandlung, BB 1956, 1135; ders., Zum Ausgleichsanspruch der Handelsvertreter, BB 1957, 669; ders., Zur bilanzmäßigen Behandlung der Ausgleichszahlung an den Handelsvertreter, DB 1958, 408; ders., Zur steuerlichen Beurteilung der Ausgleichsansprüche der Handelsvertreter, BB 1958, 337; ders., Zweifelsfragen im Zusammenhang mit der steuerlichen Behandlung der Ausgleichsansprüche der Handelsvertreter, BB 1958, 1089; Rittner, Der Ausgleichsanspruch des Handelsvertreters und die jüngste BGH-Rechtsprechung, DB 1998, 457; Rösseler, Zur Verbindung von Ausgleichsansprüchen und Pensionszusagen an Handelsvertreter, DB 1958, 752; Rothermel/Schulz, Vertragshändlerausgleich auch ohne Übertragung der Kundendaten, BB 2019, 1609; Saenger, Das Recht des Handelsvertreters zur ausgleichswahrenden Eigenkündigung, DB 2000, 129; Saenger/Schulze, Der Ausgleichsanspruch des Handelsvertreters, 1. Aufl. 2000; Sandrock, Der Ausgleichsanspruch des Vertragshändlers, FS für Robert Fischer, 1979, 657; Schaefer, Das rotierende Vertriebssystem auf der Grenze zwischen Arbeits- und Handelsvertreterrecht, NJW 2000, 320; Scherer, Ausschluss von Ausgleichsansprüchen des Handelsvertreters, DB 1996, 1709; Schiefelbein, Beschränkung des ausgleichsberechtigten Erbenkreises für den Fall des Todes des Versicherungsvertreters, VersR 1965, 552; Schlechtriem, Ausgleichsansprüche des Hauptvertreters, BB 1971, 1540; Schmidt, Pensionsvertrag mit Handelsvertretern und Ausgleichsanspruch, DB 1954, 994; ders., Frist zur Geltendmachung des Ausgleichsanspruchs des Handelsvertreters, BB 1965, 732; ders., Kundenstammüberlassung und „Sogwirkung der Marke": taugliche Kriterien für den Ausgleichsanspruch des Vertragshändlers?, DB 1979, 2357; ders., BGHZ 204, 166 = NJW 2015, 945 („Kamps") – oder: Vertriebsrecht als Aufgabe, Festschrift für Martinek, 2020, 711; Schmitz, Vertragshändlerausgleichsansprüche bei Asset Deals, ZIP 2003, 59; Schmülling, Der Ausgleichsanspruch des Kfz-Vertragshändlers entsprechend § 89b HGB, GWR 2015, 224; Schneider, Die Bemessungsumstände für den Ausgleichsanspruch des Handelsvertreters gemäß § 89b HGB, JurBüro 1968, 569; ders., Der Verzinsungsbeginn bei Ausgleichsansprüchen des Handelsvertreters, DB 1968, 1613; ders., Die Billigkeit beim Ausgleichsanspruch des Handelsvertreters, MDR 1970, 976; ders., Der Streitwert für Klagen des Handelsvertreters, BB 1976, 1298; Schnitzler, Zur Vorausregelung des Ausgleichsanspruchs nach § 89b HGB, MDR 1958, 556; ders., Der Ausgleichsanspruch arbeitsunfähiger Handelsvertreter, DB 1965, Beilage Nr. 15/65 zu Heft 37/65; Schoor, Die Besteuerung von Ausgleichszahlungen an Versicherungsvermittler, VW 2000, 66; Schreiber, Der Ausgleichsanspruch des Handelsvertreters aus prozessualer Sicht, NJW 1998, 3737; Schröder, Der Ausgleichsanspruch des Handelsvertreters, BB 1954, 477; ders., Steht ein Ausgleichsanspruch auch einem Eigenhändler (Vertragshändler) zu?, BB 1958, 252; ders., Zur Berechnung des Ausgleichsanspruchs der Handelsvertreter, DB 1958, 43; ders., Änderung der Vertragsbedingungen und Ausgleichsanspruch im Handelsvertreterverhältnis, DB 1958, 975; ders., Ausgleichsansprüche im Konkurs eines Handelsvertreters, der Selbstmord begangen hat, KTS 1960, 148; ders., Zum Ausgleichsanspruch des Eigenhändlers (Vertragshändlers), BB 1961, 809; ders., Kundenschutz und Ausgleichsanspruch des Handelsvertreters, BB 1962, 738; ders., Zweifelsfragen im Ausgleichsrecht der Handelsvertreter, DB 1962, 895; ders., Gesetzlicher und vertraglicher Provisionsanspruch des Handelsvertreters, BB 1963, 567; ders., Außerbezirkliche Geschäfte des Handelsvertreters, DB 1963, 541; ders., Wettbewerbsbeschränkende Wirkung der Ausgleichsleistung, DB 1964, 323; ders., Zur Berechnung des Ausgleichsanspruchs des Versicherungs-(Bausparkassen-)Vertreters, FS Nipperdey, 1965, 715; ders., Zum Ausgleichsanspruch des Eigenhändlers, DB 1966, 449; ders., Rechtsgeschäftliche Abwendung des Ausgleichsanspruchs nach § 89b HGB, DB 1967, 1303; ders., Ausgleichsanspruch nach § 89b HGB bei Veräußerung und Stilllegung des vertretenen Unternehmens, DB 1967, 2015; ders., Abwälzung des Ausgleichsanspruchs auf den Nachfolger des ausgeschiedenen Handelsvertreters, DB 1969, 291; ders., Zum Begriff der Unternehmervorteile beim Ausgleichsanspruch des Handelsvertreters nach § 89b HGB, DB 1973, 217; ders., Wichtige Gesetzesänderung im Ausgleichsrecht der Handelsvertreter, DB 1976, 1269; ders., Zum Begriff „Unternehmervorteile" im Ausgleichsrecht nach § 89b Abs. 1 Nr. 1 HGB, DB 1976, 1897; Schuler, Ausgleichsansprüche bei Beendigung des Handelsvertretervertrages, JR 1957, 44; ders., Der BGH und der Ausgleichsanspruch des Handelsvertreters, JR 1958, 94; ders., Die Bemessung des Ausgleichsanspruchs des Handelsvertreters, NJW 1958, 1113; ders., Ausgleichsanspruch des Eigenhändlers?, NJW 1959, 649; ders., Zum Ausgleichsanspruch des Eigenhändlers und des Handelsvertreters, NJW 1961, 758; Schwarz, Das internationale Handelsvertreterrecht im Lichte von „Ingmar" – Droht das Ende der Parteiautonomie im Gemeinschaftsprivatrecht? – Eine Besprechung von EuGH, Urt. vom 9.11.2000 – Rs. C-381/98, ZVglRWiss. 101 (2002), 45; Seithel, Abwälzung der Ausgleichsverpflichtung auf den Nachfolger des Handelsvertreters, BB 1963, 465; Selthorst, Der Ausschluss des Ausgleichs gemäß § 89b Abs. 3 HGB in Saenger/ Schulze, Der Ausgleichsanspruch des Handelsvertreters, 2000, 43; Semler, Aktuelle Fragen im Recht der Vertragshändler, DB 1985, 2493; ders., Deutscher Handelsvertreterausgleich und internationale Schiedsverfahren, FS für Wegen, 743; ders., Der Ausgleichsanspruch des deutschen Handelsvertreters in internationalen Handelsvertreterverhältnissen – Rechtswahl und Schiedsverfahren; ZVertriebsR 2016,139; Seydel, Ausgleichsanspruch des Handelsvertreters, Beweislast für erheblichen Vorteil, DB 1957, 476; Siebel, Ausgleichsverpflichtungen an Handelsvertreter, BB 1971, 464; Sieg, Rechtsnatur des Ausgleichsanspruchs des Versicherungsvertreters und Folgerungen hieraus, VersR 1964, 789; ders., Die Kündigung des Handelsvertretervertrages im Blickpunkt des Ausgleichsanspruchs, AG 1964, 293; ders., Einfluß des Wegfalls der Altersversorgung auf den festgestellten Ausgleichsanspruch, VersR 1968, 105; Siegert, Der Ausgleichsanspruch des Kfz-Vertragshändlers, NJW 2007, 188; Slomma, Zur Frage der Bildung von Rückstellungen für Ausgleichsansprüche von Handelsvertretern, BB 1978, 492; ders., Bildung von Rückstellungen für Ausgleichsansprüche der Handelsvertreter nach § 89b HGB, BB 1981, 1498; Specks, Der Ausgleichsanspruch des Versicherungsvertreters gemäß § 89b HGB, Karlsruhe 2002; Steindorff, Vereitelte Ansprüche und Wettbewerbsverbot des Handelsvertreters, ZHR 130 (1968), 82; Steinhauer, BGH: Berechnung des Ausgleichsanspruchs bei Neuwagenverkauf an Leasinggesellschaften, BB 2011, 208; ders., BB-Rechtsprechungsreport zum Tankstellenrecht 2011, BB 2012, 526; Stigler/Bist, Ausgleichszahlungen an Kfz-Vertragshändler nach § 89b HGB, DB 2000, 548; Stötter, Das Verbot des rechtsgeschäftlichen Ausschlusses des Ausgleichsanspruchs nach § 89b IV HGB, DB 1971, 709; ders., Vorwegerfüllung des Ausgleichsanspruchs des Handelsvertreters, BB 1972, 1036; Ströbl, Ausgleichsanspruch bei Verkauf der Kundendatei an einen Dritten, BB 2006, 2258; ders., Der Ausgleichsanspruch gem. § 89b HGB in der Telekommunikationsbranche, BB 2013, 1027; Ströbl/ Monschke/Krebs, Ausgleichsanspruch des Vertragshändlers nach § 89b HGB analog unter Berücksichtigung der DS-GVO, ZVertriebsR 2022, 211; Ströbl/Wentzel, Ausgleichsanspruch beim Vertrieb von Dauerschuldverhältnissen, BB 2017, 390; Stumpf, Vertragshändlerausgleich analog § 89b HGB – praktische und dogmatische Fehlverortung, NJW 1998, 12; Stumpf/Hesse, Der Ausgleichsanspruch des Vertragshändlers, BB 1987, 1474; Stumpf/Ströbl, Der Ausgleichsanspruch eines Kfz-Vertragshändlers, MDR 2004, 1209; Stumpf/ Zimmermann, Zu den Voraussetzungen des Anspruchs des Vertragshändlers auf Zahlung eines Ausgleichs, BB 1978, 429; Sturm/Liekefett, § 89b HGB und Unternehmenskauf – Ausgleichsansprüche von Handelsvertretern nach Betriebsveräußerung durch Asset Deal, BB 2004, 1009; Teichmann/Wauschkuhn, Die Anwendung der zwingenden Vorschriften der §§ 84 ff. HGB auf Handelsvertriebe und Vertragshändler im internationalen Kontext, ZVertriebsR 2012, 274; Theis, Ausgleichszahlungen an Handelsvertreter, DB 1955, 248; Thume, Der Ausgleichsanspruch des Handelsvertreters, BB 1990, 1645; ders., Der neue Ausgleichs-Ausschlusstatbestand nach § 89b Abs. 3 Nr. 3 HGB, BB 1991, 490; ders., Neues zum Ausgleichsanspruch des Handelsvertreters und des Vertragshändlers, BB 1994, 2358; ders., Neue Rechtsprechung zum Ausgleichsanspruch des Handelsvertreters und des Vertragshändlers, BB 1998, 1425; ders., Einige Gedanken zum Ausgleichsanspruch nach § 89b HGB, BB 1999, 2309; ders., Anrechnung einer Alters- und Hinterbliebenenversorgungszusage auf den Ausgleichsanspruch des Versicherungsvertreters – ein Handelsbrauch, BB 2002, 1325; ders., Der Ausgleichsanspruch des Handelsvertreters gemäß § 89b HGB im Lichte der Europäischen Union, BB 2004, 2473; ders. Ausgleichsanspruch und Altersversorgung, VersR 2009, 436; ders., Die Bedeutung des Kundenstammes im Vertriebsrecht, BB 2009, 1026; ders., Der neue § 89b Abs. 1 HGB und seine Folgen, BB 2009, 2490; ders., Zur richtlinienkonformen Anwendung der §§ 84 ff. HGB im gesamten Vertriebsrecht, BB 2001, 1800; ders., Neue Entwicklungen zum Ausgleichsanspruch gem. § 89b HGB, IHR 2011, 7; ders., Der alte und der neue Ausgleichsanspruch des Versicherungsvertreters und der anderen Vertriebsmittler, VersR 2012, 665; ders., Der Ausgleichsanspruch des Handelsvertreters beim Vertrieb von Dauerverträgen, BB 2015, 387; ders., Zum Ausgleichsanspruch des handelsvertreterähnlichen Vertriebsmittlers, BB 2016, 578; ders., Kein Ausgleichsanspruch beim Vertrieb von Dauerverträgen? – eine Erwiderung, BB 2017, 906; ders., Der ausgleichsrelevante alte Neukunde des § 89b HGB, BB 2020, 779; ders., Beim Ausgleichsanspruch tritt keine Ruhe ein: Berechnung anhand der Unternehmervorteile gem. § 89b Abs. 1 Nr. 1 HGB, BB 2021, 1672; Timmermann, Die Anrechnung gewährter Altersversorgung auf den Ausgleichsanspruch gemäß § 89b HGB – ein Thema auch für Franchise-Geber, BB 2011, 1784; Uelner, Pensionsrückstellungen beim Zusammentreffen von Pensionszusage und Ausgleichsanspruch bei Handelsvertretern, BB 1967, 489; Ulmer, Der Vertragshändler, 1969; ders., Kündigungsschranken im Handels- und Gesellschaftsrecht, FS Philipp Möhring, 1976, 205; Veith, Ausgleichsanspruch des Tankstellenhalters nach § 89b HGB, DB 1963, 1277; ders., Zum Ausgleichsanspruch eines Tankstellenhalters nach § 89b HGB, DB 1965, 65; Veltins, Zur analogen Anwendung von § 89b HGB auf den Ausgleichsanspruch des Eigenhändlers, NJW

1984, 2063; Wagner, Neues Verjährungsrecht in der zivilrechtlichen Beratungspraxis, ZIP 2005, 558; Waldner, Zur Verbindung von Ausgleichsansprüchen und Pensionszusagen an Handelsvertreter, DB 1958, 579; Wauschkuhn, Vereinbarungen im Hinblick auf den Ausgleichsanspruch des Vertragshändlers, BB 1996, 1517; ders., Der Ausgleichsanspruch des Vertragshändlers, ZVertriebsR 2016, 79; ders., Lohnt sich der Ausspruch einer außerordentlichen Kündigung durch den (Vertriebs-)Unternehmer bei unklarer Rechtslage?, ZVertriebsR 2018, 275; ders., § 89b HGB analog: Die vertragliche Verpflichtung zur Übertragung der Kundendaten im Lichte der DS-GVO, Festschrift für Martinek, 2020, 841; Wauschkuhn/Fröhlich, Der nachvertragliche Provisionsanspruch des Handelsvertreters, BB 2010, 524; Wauschkuhn/Meese, Die standard-vertragliche Abdingbarkeit zwingender Vorschriften des Handelsvertreterrechts – insbesondere: Abdingbarkeit des Ausgleichsanspruchs in Verträgen mit außerhalb der EG und des EWR tätigen Handelsvertretern, RIW 2002, 301; Wauschkuhn/Teichmann, Typische Probleme bei der Beendigung von Vertragshändlerverträgen, ZVertriebsR 2013, 139; Weber, Das Verhältnis von Ausgleichs- und Entschädigungsanspruch im Handels-vertreterrecht, BB 1961, 1220; Wendel/Ströbl, Kein Ausgleichsanspruch nach § 89b HGB bei Insolvenz des Händlers, WRP 2005, 999; Werner/Machunsky, Probleme und Voraussetzungen des Ausgleichsanspruchs des Vertragshändlers, BB 1983, 338; Westphal, Neues Handelsvertreterrecht, 1991; ders., Ausgleichsanspruch des Handelsvertreters bei Veräußerung des Unternehmerbetriebes, BB 1998, 1432; ders., Die Handelsvertreter-GmbH: Renaissance mit Unterstützung des BFH?, BB 1999, 2517; ders., Einstandszahlungen des Handels-vertreters, MDR 2005, 421; ders., Evolution statt Revolution – das neue Ausgleichsrecht des Handels-vertreters, DB 2010, 1333; Graf v. Westphalen, Die analoge Anwendung des § 89b HGB auf Vertrags-händlerverträge der Kfz-Branche, DB-Beilage 12/81 zu Heft 22/1981; ders., Handelsvertreterrecht und AGB-Gesetz, DB 1984, 2335 und 2392; ders., Der Ausgleichsanspruch des Vertragshändlers in der Kfz-Branche gemäß § 89b HGB analog unter Berücksichtigung der neuesten BGH-Judikatur, DB-Beilage Nr. 8/88 zu Heft 16/1988; ders., Scheinselbständigkeiten nach § 2 Nr. 9 SGB VI und der Ausgleichsanspruch des Handelsvertreters, ZIP 1999, 1083; ders., Ausgleichsanspruch des Versicherungsvertreters und Nichtanrech-nung einer Alters- und Hinterbliebenenversorgungszusage, DB 2000, 225; ders., Funktionelle Verwandtschaft zwischen Altersversorgung und Ausgleichsanspruch des Versicherungsvertreters? – BGH-Rechtsprechung auf dem Prüfstand, BB 2001, 1593; ders., Die Provisionsverzichtsklausel im Spannungsverhältnis zum Ausgleichs-anspruch des Versicherungsvertreters, DB 2003, 2319; Wiegand, Ausgleichsanspruch des Handelsvertreters bei nicht vom Unternehmer veranlasster Eigenkündigung, BB 1964, 375; Winter, Kein Ausgleichsanspruch beim Erlöschen des Vertrags durch Tod des Handelsvertreters, BB 1955, 496; ders., Ausgleichszahlungen an einen Handelsvertreter bei der Gewerbesteuer, GmbHR 1999, R 151; Wittmann, Zum Ausgleichsanspruch eines Tankstellenpächters, BB 1963, 1457; ders., Ausgleichsanspruch eines Tankstellenpächters, BB 1965, 473; Wolff, Auskunftsrecht des Handelsvertreters zur Berechnung des Ausgleichsanspruchs, BB 1978, 1246; ders., Der Ausgleichsanspruch nach § 89b HGB bei Insolvenz des Handelsvertreters/Vertragshändlers, ZVI 2008, 1; Zander/Pulverich, BGH bestätigt BVK: Zwingender Abzug der Versorgung vom Ausgleich ist rechtswidrig, VersVerm 2003, 6; dies., Abzug der Versorgung vom Ausgleich auch bei großen Fälligkeits-differenzen im Einzelfall zulässig, VersVerm 2003, 12.

Übersicht

A. Handelsvertreter

I. Bedeutung

1   Die Vorschrift über den Ausgleichsanspruch in § 89b ist nicht nur eine der **praxis-relevantesten** Vorschriften des Handelsvertreter- und Vertriebsrechts, sondern auch die Bestimmung, die den Gegenstand der meisten Rechtsstreitigkeiten im Vertriebsrecht bildet.[1]

---

[1] Baumbach/Hopt/Hopt Rn. 1; Emde Rn. 10; Giesler/Emde § 2 Rn. 526.

1. Entstehungsgeschichte. Die Vorschrift des § 89b ist mit der **Novelle vom** 2
6.8.1953[2] in das HGB eingefügt worden.

Inhaltliche Änderungen hat § 89b zunächst durch die HGB-Novelle aus dem Jahre 3
1976[3] und dann durch das Gesetz zur Durchführung der **EG-Richtlinie zur Koordinierung des Rechts für Handelsvertreter** vom 23.10.1989[4] erfahren, durch welches
das Handelsvertreterrecht der §§ 84 ff. der Richtlinie 86/653/EWG des Rates vom
18.12.1986 zur Koordinierung der Rechtsvorschriften der Mitgliedstaaten betreffend die
selbstständigen Handelsvertreter (Handelsvertreter-RL) angepasst wurde. Gemäß Art. 17
Handelsvertreter-RL ist es den Mitgliedsstaaten gestattet, entweder einen Ausgleichsanspruch gemäß Art. 17 Abs. 2 oder einen Schadensersatzanspruch gemäß Art. 17 Abs. 3
in die nationalen Gesetze zu übernehmen. Deutschland hat sich für das Ausgleichsmodell
entschieden und konnte bei der Umsetzung der Handelsvertreter-RL die bereits vorher
bestehende Regelung des § 89b im Wesentlichen unverändert lassen. Durch den Ausgleich
soll der Handelsvertreter gemäß der Handelsvertreter-RL einen Vergütungsanspruch gegen den Unternehmer erlangen, soweit er für den Unternehmer neue Kunden geworben
und/oder Geschäftsverbindungen mit bereits vorhandenen Kunden wesentlich erweitert
hat, der Unternehmer aus den Geschäftsverbindungen mit diesen Kunden nach nach
Beendigung des Handelsvertretervertrages noch erhebliche Vorteile ziehen kann und die
Zahlung des Ausgleichs der Billigkeit entspricht. Der **EuGH** hat mit **Urteil vom
3.12.2015**[5] zum belgischen Handelsvertreterrecht entschieden, dass Art. 17 Abs. 2 Handelsvertreter-RL einer nationalen Regelung, nach der ein Handelsvertreter bei Beendigung des Handelsvertretervertrages sowohl Anspruch auf eine Ausgleichszahlung für Kunden, die auf höchstens eine Jahresvergütung beschränkt ist, als auch, sofern dieser Ausgleich den tatsächlich erlittenen Schaden nicht vollständig deckt, auf zusätzlichen
Schadensersatz hat, nicht entgegensteht, soweit eine solche Regelung nicht zu einer
doppelten Entschädigung des Handelsvertreters für den Verlust der Provisionen infolge
der Beendigung des Handelsvertretervertrages führt. Nach deutschem Recht kann der
Handelsvertreter neben dem Ausgleichsanspruch deshalb nur einen zusätzlichen Kündi-
gungsschaden gemäß § 89a Abs. 2 oder § 280 BGB verlangen, falls die entsprechenden
Voraussetzungen erfüllt sind.[6]

Mit seinem **Urteil vom 26.3.2009**[7] hat der **EuGH** in Sachen **Semen/Tamoil** die 4
Unvereinbarkeit der Regelung des § 89b Abs. 1 S. 1 aF mit Art. 17 Abs. 2 Buchst. a der
Handelsvertreter-RL festgestellt. Nach dem Wortlaut von § 89b Abs. 1 S. 1 aF war neben
den dem Unternehmer bleibenden Vorteilen aus der Geschäftsverbindung mit neuen
Kunden und der Billigkeit weitere Voraussetzung des Ausgleichsanspruchs, dass dem
Handelsvertreter zugleich auch Provisionsverluste entstehen. Dies entsprach nicht den Vor-
gaben der Handelsvertreter-RL, die einen zwingenden Rechtsrahmen für die nationalen
Gesetzgeber setzen.[8]

Der deutsche Gesetzgeber nahm dieses Urteil des EuGH zum Anlass, mittels Art. 6a des 5
Gesetzes zur Neuregelung der Rechtsverhältnisse bei Schuldverschreibungen aus Gesamt-
emissionen und zur verbesserten Durchsetzbarkeit von Ansprüchen von Anlegern aus
Falschberatung **vom 31.7.2009**[9] **§ 89b zu novellieren** und den bisherigen Abs. 1 Nr. 2,
der Provisionsverluste des Handelsvertreters als zwingende Tatbestandsvoraussetzung forderte, zu streichen. Die Neuregelung von § 89b Abs. 1 S. 1 ist am **5.8.2009** ohne Über-

---

[2] Art. 1 des Gesetzes zur Änderung des Handelsgesetzbuches vom 6.8.1953, BGBl. I 771.
[3] Art. 1 Nr. 2 des Gesetzes über die Kaufmannseigenschaft von Land- und Forstwirten und dem Ausgleichsanspruch des Handelsvertreters vom 13.5.1976, BGBl. I 1197.
[4] BGBl. I 1910; vgl. ausführlich zur Handesvertreter-Richtlinie: Emde ZVertriebsR 2014, 218.
[5] EuGH ZVertriebsR 2016, 15.
[6] Emde EuZW 2016, 218 (220).
[7] EuGH EuZW 2009, 304 Rn. 33 – Semen/Tamoil.
[8] EuGH EuZW 2009, 304 Rn. 18 ff. – Semen/Tamoil.
[9] BGBl. I 2519.

gangsregelung **in Kraft getreten** und gilt deshalb für alle Verträge, auch wenn sie vor diesem Datum geschlossen oder beendet wurden.[10]

6 **2. Zweck und Rechtsnatur des Ausgleichsanspruchs.** Der Ausgleichsanspruch gemäß § 89b soll dem Handelsvertreter eine Vergütung dafür gewähren, dass er durch den Aufbau eines Kundenstammes eine Leistung an den Unternehmer erbracht hat, die während der Vertragslaufzeit noch nicht voll abgegolten worden ist; der Unternehmer kann den Kundenstamm nach der Beendigung des Handelsvertretervertrages weiter nutzen und der Handelsvertreter erhält keine Provisionen mehr.[11] Durch die geworbenen Neukunden und/oder die Erweiterung der Geschäftsbeziehung zu bestehenden Kunden steigert der Handelsvertreter den „goodwill", also den Firmenwert des Geschäftsbetriebs des Unternehmers.[12] Der BGH definiert den Ausgleichsanspruch als einen in Entstehung und Höhe durch Billigkeitsgesichtspunkte beeinflussten zusätzlichen **Vergütungsanspruch für die Schaffung des Kundenstamms.**[13] Im Vordergrund steht somit der Gedanke der Vergütung der noch nicht vollständig abgegoltenen Markterschließungsleistung des Handelsvertreters, von der der Unternehmer auch nach der Vertragsbeendigung noch profitiert. § 89b begünstigt also den Handelsvertreter.[14]

7 Bezweckt wird mit dem Ausgleichsanspruch aber auch ein **Schutz** des Handelsvertreters **gegen die Härten,** die mit der Beendigung seiner Vertriebstätigkeit verbunden sind. Außerdem stellt er zusätzlich einen „kleinen Kündigungsschutz"[15] gegenüber dem Unternehmer dar. Der Ausgleichsanspruch ist für den Unternehmer nicht nur nachteilig, da etwaige Abwerbeversuche im Hinblick auf die geworbenen Kunden für den Handelsvertreter erst nach Vertragsende lohnend sind; abgesprungene Kunden werden mangels erheblichen Vorteils für den Unternehmer (→ Rn. 99) grundsätzlich nicht für den Ausgleichsanspruch berücksichtigt.[16]

8 Zwar erhält der Handelsvertreter unter den Voraussetzungen des § 87 Abs. 3 noch nachvertraglich Provisionen für die Geschäfte, die von ihm eingeleitet, jedoch erst nach Beendigung des Handelsvertretervertrags von dem Unternehmer abgeschlossen werden. Abgesehen davon hat der Handelsvertreter aber keinen Anspruch auf Provisionen im Hinblick auf solche Nachbestellungen und Folgeaufträge, die erst nach Beendigung des Handelsvertretervertrages von dem Unternehmer akzeptiert werden. Dieser Nachteil soll durch den Ausgleichsanspruch analog § 89b ausgeglichen werden.[17]

9 Der Ausgleichsanspruch ist ein **Vergütungsanspruch eigener Art,** bestehend aus Entgelts- und Billigkeitskomponenten.[18] Er ist kein Schadensersatz- und kein Bereicherungsanspruch und auch keine Abfindung für eine Kündigung, so dass die jeweiligen Regeln hierzu nicht Anwendung finden.[19] Zur Durchsetzung des Ausgleichsanspruches wird vom Handelsvertreter als Druckmittel häufig der Anspruch auf Erteilung des Buchauszuges gemäß § 87c Abs. 2 HGB geltend gemacht, obwohl der Buchauszug ein Hilfsrecht im Hinblick auf noch möglicherweise offene Provisionsansprüche ist und gerade nicht der Vorbereitung eines Ausgleichsanspruches dienen soll.[20]

---

[10] BGH BeckRS 2009, 88043 Rn. 14; Emde Rn. 5; differenzierend Küstner/Thume VertriebsR-HdB I Kap. IX Rn. 24.

[11] BGHZ 45, 385 (386); vgl. Giesler/Emde § 2 Rn. 533; Koller/Kindler/Roth/Drüen/Roth Rn. 1.

[12] BGH ZVertriebsR 2020, 386 Rn. 16 mAnm Gräfe.

[13] BGHZ 41, 292 (296); BGH BB 1982, 2067; NJW 2010, 3226 (3227); NJW-RR 2011, 389 Rn. 29; NJW 2011, 848 Rn. 21; FG Münster EFG 2010, 757; Koller/Kindler/Roth/Drüen/Roth Rn. 1.

[14] BGHZ 40, 13 (15).

[15] Giesler/Emde § 2 Rn. 534.

[16] Giesler/Emde § 2 Rn. 535.

[17] MüKoHGB/Ströbl Rn. 3; Ebenroth/Boujong/Joost/Strohn/Löwisch Rn. 10; Heymann/Herrmann Rn. 3.

[18] BGH NJW 2010, 3226 Rn. 16; MüKoHGB/Ströbl Rn. 4; Oetker/Busche Rn. 1; Koller/Kindler/ Roth/Drüen/Roth Rn. 1; Schnabl NJW 2009, 955.

[19] Vgl. Küstner/Thume VertriebsR-HdB I Kap. IX Rn. 15.

[20] BGH NJW 1996, 2100 (2101); 1982, 235 (236); Graefe ZVertriebsR 2015, 227 (230).

Der Ausgleichsanspruch ist ein **zukünftiger Anspruch,** der **erst unmittelbar nach** 10
Vertragsbeendigung zur Entstehung gelangt (→ Rn. 311). Als zukünftiger Anspruch
kann er nach den allgemeinen Regeln bereits vor seiner Entstehung abgetreten (§ 398
BGB), verpfändet (§ 1204 BGB) und gepfändet (§ 829 ZPO) werden.[21] Bei der Pfändung
sind allerdings die Pfändungsschutzvorschriften der §§ 850 ff. ZPO zu beachten, weil es
sich bei dem Ausgleich um Arbeitseinkommen iSv § 850 Abs. 2 ZPO handelt.[22] Als
einmalige, nicht wiederkehrende Vergütung ist auf den Ausgleichsanspruch § 850i ZPO
anwendbar, wonach dem Handelsvertreter auf Antrag der Betrag zu belassen ist, dessen er
während eines angemessenen Zeitraums für seinen notwendigen Unterhalt und den seiner
unterhaltsberechtigten Angehörigen bedarf.[23] Als zukünftiger Anspruch ist der Ausgleichsanspruch auch vererbbar, obwohl er erst mit dem Tod des Handelsvertreters entsteht.[24] Bei
der Berechnung des Vermögenswerts beim Zugewinnausgleich unter Ehegatten gemäß
§ 1375 BGB ist der Ausgleichsanspruch jedoch nicht zu berücksichtigen, da insoweit nur
eine Erwerbschance vorliegt.[25]

Der Ausgleichsanspruch ist eine **Geldforderung** iSd § 288 Abs. 2 BGB.[26] Dem steht der 11
Mischcharakter des Anspruchs nicht entgegen. Der hinter § 288 Abs. 2 BGB stehende
Zweck, durch die Folgen des Zahlungsverzugs von der Überschreitung der Zahlungsfristen
im Geschäftsverkehr abzuschrecken, kann auch dann verwirklicht werden, wenn der Ausgleichsanspruch nicht nur Vergütungscharakter, sondern auch eine Billigkeitskomponente
hat.[27]

II. Voraussetzungen des Ausgleichsanspruchs (Abs. 1)

Nach der Neuregelung der Vorschrift seit dem 31.7.2009 (→ Rn. 5) setzt der Ausgleichs- 12
anspruch (i) die Beendigung des Handelsvertreterverhältnisses, (ii) erhebliche Vorteile des
Unternehmers aus der vom Handelsvertreter aufgebauten Geschäftsverbindung mit Kunden
und (iii) die Billigkeit der Ausgleichszahlung voraus. Alle vorgenannten Anspruchsvoraussetzungen müssen kumulativ erfüllt sein. Die Billigkeitsprüfung hat im Anschluss an die
Prüfung der Unternehmervorteile zu erfolgen.[28] Die dem Handelsvertreter durch die Vertragsbeendigung entstehenden Provisionsverluste stellen keine Tatbestandsvoraussetzung,
sondern nur noch ein besonderes Merkmal im Rahmen der Billigkeitsprüfung gemäß
Abs. 1 S. 1 Nr. 2 dar. Anspruchsberechtigt ist der Handelsvertreter und anspruchsverpflich-
tet der Unternehmer.

Bei der **Auslegung der einzelnen Tatbestandsmerkmale** des § 89b ist der **Grund–** 13
satz des Art. 288 Abs. 3 AEUV zu berücksichtigen, wonach die Handelsvertreter-RL
hinsichtlich der von ihr zu erreichenden Ziele verbindlich ist.[29] Die Handelsvertreter-RL
soll nach ihrem ersten Erwägungsgrund die Interessen der Handelsvertreter gegenüber den
Unternehmern schützen[30] und nach ihrem zweiten Erwägungsgrund die Sicherheit des
Handelsvertreters und damit die Rechtssicherheit auf dem Gebiet der Handelsvertretung
fördern.[31] Die einzelnen Tatbestandsmerkmale des § 89b dürfen deshalb zu Lasten des
Handelsvertreters nicht eng ausgelegt werden.[32]

---

[21] Küstner/Thume VertriebsR-HdB II Kap. XV Rn. 3; Baumbach/Hopt/Hopt Rn. 5; Koller/Kindler/
Roth/Drüen/Roth Rn. 1.
[22] BGHZ 96, 324 (327); BAG AP ZPO § 850 Nr. 3.
[23] Küstner/Thume VertriebsR-HdB II Kap. XV Rn. 9.
[24] BGHZ 24, 223; MüKoHGB/Ströbl Rn. 8.
[25] BGH NJW 1977, 949; OLG Hamm NJW-RR 2011, 1443 (1444); MüKoHGB/Ströbl Rn. 8.
[26] BGH NJW 2010, 3226 Rn. 14; BGHZ 68, 163 (168 f.); Oetker/Busche Rn. 3.
[27] BGH NJW 2010, 3226 Rn. 17.
[28] BGH NJW 1997, 655 (656); Küstner/Thume VertriebsR-HdB I Kap. IX Rn. 22.
[29] EuGH EuZW 2009, 304 Rn. 18 ff. – Semen/Tamoil.
[30] EuGH ZVertriebsR 2016, 172 Rn. 33; EuZW 2009, 304 Rn. 14 – Semen/Tamoil; Emde ZVertriebsR
2014, 218.
[31] EuGH EuZW 2009, 304 Rn. 31 – Semen/Tamoil.
[32] EuGH ZVertriebsR 2016, 172 Rn. 33; EuZW 2009, 304 Rn. 21 ff.; Emde Rn. 305.

14 **1. Anspruchsberechtigter. a) Handelsvertreter.** Grundsätzlich ist § 89b auf **alle Typen von Handelsvertretern**[33] iSd § 84 Abs. 1 anwendbar, unabhängig von der Rechtsform des Handelsvertreters und der Art der von ihm vermittelten oder abgeschlossenen Geschäfte. Ein Ausgleichsanspruch kann neben natürlichen auch juristischen Personen und rechtsfähigen Personengemeinschaften zustehen. Im Unterschied zur Handelsvertreter-RL (die gemäß deren Art. 1 Abs. 2 nur Warenvertreter umfasst) ist auch unerheblich, ob der Handelsvertreter Geschäfte über Waren, Leistungen, Versicherungen, Bausparverträge, Anzeigen oder Geschäfte anderer Art vermittelt. Keine Rolle spielt auch, ob es sich um einen Vermittlungs- oder Abschlussvertreter, Ein- oder Mehrfirmenvertreter oder Bezirks- oder Alleinvertreter handelt.

15 Weite Teile der juristischen Literatur[34] vertreten ohne nähere Begründung die Auffassung, dass auch ein **Einkaufsvertreter** einen Ausgleichsanspruch gemäß § 89b haben könnte, weil der Begriff des „Kunden" in dessen Abs. 1 S. 1 Nr. 1 weit auszulegen sei. Ein Einkaufsvertreter vermittelt entgegen dem Wortlaut des Abs. 1 S. 1 Nr. 1 aber keine Geschäfte mit „Kunden", sondern nur mit Lieferanten des Unternehmers. Das einzige zum vermeintlichen Ausgleichsanspruch des Einkaufsvertreters einschlägige Urteil des OLG Hamburg vom 10.11.1966[35] erwähnt zu Recht ausdrücklich, dass der Lieferant im allgemeinen Sprachgebrauch nicht als „Kunde" verstanden werden kann. Mit dem Argument, dass der Gesetzgeber an einen Einkaufsvertreter nicht gedacht habe, weil sie so selten seien, hat das OLG Hamburg entgegen dem Wortlaut des § 89b doch einen Ausgleichsanspruch zugunsten des Einkaufsvertreters bejaht. Ob dies zutreffend ist, ist zumindest zweifelhaft.

16 Dem **Untervertreter** steht ein Ausgleichsanspruch gegen seinen Vertragspartner zu. Bei der echten Untervertretung besteht mit der Beendigung des Untervertretervertrages ein Ausgleichsanspruch gegenüber dem Hauptvertreter, weil es hier keine vertraglichen Beziehungen zwischen dem Untervertreter und dem vom Hauptvertreter vertretenen Unternehmer gibt.[36] Beim unechten Untervertretervertrag besteht dagegen zwischen dem Untervertreter und dem Unternehmer der Handelsvertretervertrag, wobei der Untervertreter einem anderen Vertreter (Hauptvertreter) des Unternehmers organisatorisch unterstellt ist. Zum Hauptvertreter hat der Untervertreter in diesem Fall keine Vertragsbeziehung, selbst dann nicht, wenn die Untervertreterprovision vom Unternehmer über den Hauptvertreter abgerechnet wird. Die Beendigung des Handelsvertreterverhältnisses zwischen dem Unternehmer und dem Hauptvertreter hat im Hinblick auf den Ausgleichsanspruch keine Auswirkungen auf den unechten Untervertreter. Dem unechten Untervertreter steht nur bei Beendigung des Handelsvertretervertrages mit dem Unternehmer ein Ausgleichsanspruch gegen diesen zu.[37]

17 Bei der echten Untervertretung stellt im Prozess zwischen dem Untervertreter und dem Hauptvertreter der vom Unternehmer an den Hauptvertreter gezahlte Ausgleich wenn Untervertreter geworbene Kunden einen erheblichen Vorteil im Sinne von Art. 17 Abs. 2 lit. a erster Gedankenstrich Handelsvertreter-RL dar.[38] Die Zahlung eines Ausgleichs an den Untervertreter ist jedoch unbillig, wenn der Untervertreter mit diesem Kundenstamm nachfolgend unmittelbar für den Unternehmer tätig wird.[39] Der Ausgleichsanspruch des Untervertreters gegen den Hauptvertreter dann problematisch werden, wenn der zwischen dem Unternehmer und dem Hauptvertreter bestehende Handelsvertretervertrag beendet wird und der Ausgleichsanspruch **des Hauptvertreters** gemäß Abs. 3 Nr. 1 oder Nr. 2

---

[33] Koller/Kindler/Roth/Drüen/Roth Rn. 2; Röhricht/Graf v. Westphalen/Haas/Thume Rn. 26; GK-HGB/Genzow Rn. 4.

[34] MüKoHGB/Ströbl Rn. 11; Küstner/Thume VertriebsR-HdB II Kap. VI Rn. 2; Giesler/Emde § 2 Rn. 539.

[35] OLG Hamburg HVR Nr. 391.

[36] Küstner/Thume VertriebsR-HdB II Kap. II Rn. 43; Giesler/Emde § 2 Rn. 544; Röhricht/Graf v. Westphalen/Haas/Thume Rn. 28.

[37] MüKoHGB/Ströbl Rn. 10; Küstner/Thume VertriebsR-HdB II Kap. II Rn. 47 f.

[38] EuGH ZIP 2022, 2340 Rn. 31.

[39] EuGH ZIP 2022, 2340 Rn. 39.

ausgeschlossen ist. Grundsätzlich kann sich in einem solchen Fall der Hauptvertreter nicht darauf berufen, ihm seien durch den Wegfall des eigenen Ausgleichsanspruchs keine Vorteile aus dem vom Untervertreter aufgebauten Kundenstamm entstanden. Das Verhalten des Hauptvertreters, also die Eigenkündigung ohne Anlass gemäß Abs. 3 Nr. 1 oder das Herbeiführen eines wichtigen Kündigungsgrundes für den Unternehmer gemäß Abs. 3 Nr. 2, ist dann als schadensersatzbegründende Pflichtverletzung anzusehen.[40]

Auch auf die **Art der** vom Handelsvertreter **vermittelten Geschäfte kommt es nicht 18 an.** So hat die Rechtsprechung beispielsweise einem Toto-Lotto-Bezirksstellenleiter,[41] einem Tankstellenpächter,[42] einem Reisebürobetreiber,[43] einem Reedereiagenten[44] und dem Vertreter für einen Adressbuchverlag[45] einen Ausgleichsanspruch zugesprochen.

Angestellte Vertreter gemäß § 84 Abs. 2 können keinen Ausgleichsanspruch geltend 19 machen, da bei ihnen die arbeitsrechtlichen Vorschriften und nicht §§ 84 ff. anwendbar sind.

Gemäß § 92b Abs. 1 S. 1 steht dem Handelsvertreter im Nebenberuf ebenfalls kein 20 Ausgleichsanspruch zu. Kein Ausgleich besteht auch für den Handlungsgehilfen,[46] einen Innengesellschafter mit Geschäftsvermittlungs- oder Abschlusspflicht,[47] Ärzte- oder Industriepropagandisten[48] und den Pächter für den Goodwill des gepachteten Geschäfts, auch wenn der Verpächter stiller Gesellschafter des Pächters war.[49]

b) Analogie, andere mögliche Anspruchsberechtigte. Wie oben unter → Vor § 84 21 Rn. 36 ff. und nachfolgend unter B., C. und D. (→ Rn. 373 ff.) dargestellt, kann auch anderen Vertriebsmittlern ein Ausgleichsanspruch **analog § 89b** zustehen, wenn (i) das Rechtsverhältnis zwischen ihnen und dem Unternehmer so ausgestaltet ist, dass es sich nicht in einer losen Kaufvertragsbeziehung erschöpft, sondern den Vertriebsmittler so in die Vertriebsorganisation des Unternehmers eingliedert, dass er wirtschaftlich in erheblichem Umfang einem Handelsvertreter vergleichbare Aufgaben zu erfüllen hat und (ii) der Vertriebsmittler vertraglich verpflichtet ist, dem Unternehmer bei Vertragsende den Kundenstamm zu übertragen, dh seine Kundendaten zu übermitteln, so dass dieser sich die Vorteile des Kundenstammes sofort und ohne Weiteres nutzbar machen kann.

Markenlizenznehmern steht nach der Rechtsprechung[50] grundsätzlich kein Aus- 22 gleichsanspruch analog § 89b gegen den Lizenzgeber bei Beendigung des Markenlizenzvertrages zu, wenn wie im Regelfall der Markeninhaber und Lizenzgeber auf dem Gebiet der vom Lizenznehmer vertriebenen Produkte selbst nicht tätig ist.

Eine analoge Anwendung des § 89b auf Markenlizenzverträge scheitert bereits an der 23 fehlenden Vertriebsmittlereigenschaft des Markenlizenznehmers. Vertriebsverträge zeichnen sich durch ein Subordinationsverhältnis zwischen dem Vertriebsmittler und dem Unternehmer aus. Demgegenüber sind Markenlizenzverträge dadurch gekennzeichnet, dass sie nicht als Vertikalverträge zwischen Unternehmen auf verschiedenen Ebenen des Absatzgefüges ausgestaltet sind, sondern vielmehr zwischen Unternehmen auf horizontaler Ebene abgeschlossen werden. Darüber hinaus vertreibt der Lizenznehmer nicht die Produkte des Lizenzgebers, wie es bei einem typischen Handelsvertreter- oder anderen Vertriebsmittlervertrag der Fall ist, sondern verkauft vielmehr eigene, mit Marken des Lizenzgebers

---

[40] Emde Rn. 32.
[41] BGH BB 1975, 1409 (1410); BGHZ 59, 87.
[42] BGH BB 1985, 353; BGHZ 42, 244 (245).
[43] BGHZ 82, 219 (221); BGH DB 1990, 2585.
[44] OLG Hamburg VersR 1973, 572 (573) = MDR 73, 140.
[45] OLG Nürnberg NJW 1957, 1720.
[46] BAG BB 1958, 775; BGH HVR (58) Nr. 195.
[47] BGH BB 1978, 422.
[48] BGH NJW 1984, 2695.
[49] BGH NJW 1986, 2306.
[50] BGH GRUR 2010, 1107 Rn. 25 ff. – JOOP!; OLG Hamburg BeckRS 2009, 20807; zustimmend Metzlaff ZVertriebsR 2012, 54; Martinek/Wimmer-Leonhardt WRP 2006, 204; zweifelnd Emde WRP 2003, 468.

versehene Produkte. Zudem sind im Regelfall die Analogiekriterien für eine analoge Anwendbarkeit des § 89b, die einem Handelsvertreter vergleichbare Integration in die Vertriebsorganisation des Unternehmers und die Verpflichtung zur Mitteilung von Kundendaten, nicht erfüllt.[51]

24   **2. Anspruchsverpflichteter. a) Unternehmer.** Gemäß Abs. 1 S. 1 ist Anspruchsverpflichteter und **Schuldner** des Ausgleichsanspruchs der **Unternehmer,** wenn ihm nach der Beendigung des Handelsvertreterverhältnisses aus dem vom Handelsvertreter aufgebauten Kundenstamm Vorteile erwachsen. Wer Unternehmer ist, bestimmt § 84 Abs. 1 S. 1. Unternehmer ist diejenige natürliche oder juristische Person oder rechtsfähige Personengemeinschaft, die den **Handelsvertretervertrag mit dem Handelsvertreter abgeschlossen** hat, unabhängig davon, ob sie die Kaufmannseigenschaft besitzt.

25   Bei der echten Untervertretung ist der Hauptvertreter Unternehmer gegenüber dem Untervertreter.

26   **b) Betriebsveräußerung.** Da die arbeitsrechtliche Schutzvorschrift des **§ 613a BGB** auf den selbstständigen Handelsvertreter **nicht anwendbar** ist,[52] lässt eine Betriebsveräußerung die Schuldnerstellung des Unternehmers unberührt.

27   Handelt es sich bei dem Unternehmer um eine Gesellschaft, so hat ein **Gesellschafterwechsel** auf den Fortbestand des Handelsvertretervertrages keinen Einfluss. Der Handelsvertretervertrag besteht auch dann fort, wenn der Unternehmer den die Handelsvertretung betreffenden Teilbetrieb seines Geschäftes im Wege des sog. **Asset Deals** veräußert. Da der Unternehmer den Handelsvertretervertrag nach der Veräußerung nicht mehr erfüllen kann, muss er das Vertragsverhältnis kündigen.

28   Ein Betriebserwerber kann gegenüber dem Handelsvertreter unter den Voraussetzungen des § 25 auch für den Ausgleichsanspruch haften.[53]

29   Geht ein Handelsvertretervertrag durch eine auf der Seite des Unternehmers erfolgte Ausgliederung auf ein anderes Unternehmen nach § 131 Abs. 1 Nr. 1 iVm 123 Abs. 3 Nr. 1 UmwG über und wird der Handelsvertretervertrag nach dem Wirksamwerden der Ausgliederung beendet, so handelt es sich bei der Verbindlichkeit nach § 89b gegenüber dem Handelsvertreter um eine Verbindlichkeit iSv § 133 Abs. 1 UmwG, für die der Unternehmer als übertragender Rechtsträger haftet.[54]

30   **c) Schuldübernahme.** Wegen der **Regelung des Abs. 3 Nr. 3** spielt die Schuldübernahme des Ausgleichsanspruchs durch den Nachfolger des Handelsvertreters mit der Folge, dass der nachfolgende Handelsvertreter Ausgleichsschuldner wird, kaum noch eine Rolle. Gemäß Abs. 3 Nr. 3 ist der Ausgleichsanspruch ausgeschlossen, wenn auf Grund einer nicht vor Beendigung des Vertragsverhältnisses zwischen dem Unternehmer und dem Handelsvertreter getroffenen Vereinbarung ein neuer Handelsvertreter in das Vertragsverhältnis eintritt. Die gesetzliche Vermutung ist, dass in diesem Fall der nachfolgende Handelsvertreter dem ausscheidenden Handelsvertreter eine Vergütung für die Übernahme der Handelsvertretung zahlen wird und eine Doppelzahlung an den ausscheidenden Handelsvertreter vermieden werden soll (→ Rn. 270).

31   Liegen die Voraussetzungen des Abs. 3 Nr. 3 im Einzelfall nicht vor, ist eine Schuldübernahme durch den nachfolgenden Handelsvertreter möglich. Die Vereinbarung muss zwischen dem Unternehmer und dem nachfolgenden Handelsvertreter mit Zustimmung des ausscheidenden, ausgleichsberechtigten Handelsvertreters oder zwischen dem ausscheidenden und dem nachfolgenden Handelsvertreter mit Zustimmung des Unternehmers erfol-

---

[51] Fezer/Fammler HdB Markenpraxis Kap. II 1 B Rn. 161 ff.
[52] BGH NJW 1963, 100 (101); Ebenroth/Boujong/Joost/Strohn/Löwisch Rn. 54; Emde Rn. 72.
[53] MüKoHGB/Ströbl Rn. 266.
[54] BGHZ 206, 332 = DB 2015, 2141.

gen.[55] Wegen der Schutzvorschrift des Abs. 4 S. 1 darf der ausscheidende Handelsvertreter die Willenserklärung aber nur bei oder nach Vertragsende abgeben.[56]

3. Beendigung des Vertragsverhältnisses. Der Ausgleichsanspruch entsteht gemäß **32** Abs. 1 S. 1 nur und erst bei der Beendigung des Handelsvertretervertrages.

Für Abs. 1 S. 1 kommt es nur darauf an, dass der Handelsvertretervertrag wirksam **33** beendet worden ist; der **Beendigungsgrund** ist **erst bei** der Frage nach den Billigkeitserwägungen gemäß Abs. **1 S. 1 Nr. 2** und einem möglichen Ausschluss des Ausgleichsanspruches nach Abs. **3 zu berücksichtigen.**[57] Ein Ausgleichsanspruch besteht auch dann, wenn die Beendigung während der in dem Handelsvertretervertrag festgelegten Probezeit eintritt.[58]

a) Beendigungstatbestände. aa) Kündigung. Typische Beendigungstatbestände sind **34** die **ordentliche und außerordentliche Kündigung** des Handelsvertretervertrages. Welche Partei die Kündigung erklärt hat und aus welcher Veranlassung die Kündigung erfolgt ist, ist für die Frage der Erfüllung des Tatbestandsmerkmals der Beendigung des Handelsvertretervertrages unerheblich. Gemäß Abs. 3 ist der Ausgleichsanspruch aber ausgeschlossen, wenn (i) der Handelsvertreter die Kündigung ausspricht und keine der Unterausnahmen der Nr. 1 vorliegt oder (ii) der Unternehmer kündigt und für die Kündigung ein wichtiger Grund wegen schuldhaften Verhaltens des Handelsvertreters vorliegt (Nr. 2).

Auch bei Ausspruch einer **Änderungskündigung** steht dem Handelsvertreter zumindest **35** dem Grunde nach ein Ausgleichsanspruch zu, weil der bestehende Handelsvertretervertrag beendet wird.[59] Bei einer Änderungskündigung kündigt der Kündigende den bestehenden Vertrag verbunden mit dem Angebot, einen Neuvertrag mit geänderten Bedingungen abzuschließen (→ § 89 Rn. 86). Akzeptiert der Gekündigte das Angebot auf Abschluss des Neuvertrages, so ist Basis der Ausgleichsberechnung lediglich die Differenz der Unternehmervorteile aus dem – regelmäßig für den Handelsvertreter besseren – Altvertrag und dem Neuvertrag. Regelmäßig dürfte Basis der Ausgleichsberechnung dann die „Differenzprovision" zwischen der aus dem vom Handelsvertreter gemäß dem Altvertrag erzielten und der für ihn ungünstigen Provision aus dem Neuvertrag sein, weil der BGH auch nach der Streichung der Provisionsverluste als Tatbestandsmerkmal diese zur Berechnung des Ausgleichsanspruchs heranzieht (→ Rn. 126).[60]

bb) Aufhebungsvertrag. Auch der Abschluss eines **Aufhebungsvertrages** ist eine aus- **36** gleichsbegründende Vertragsbeendigung iSd Abs. 1 S. 1.[61]

cc) Zeitablauf, auflösende Bedingung. Auch die Beendigung des Handelsvertreter- **37** vertrages durch **Zeitablauf** bei einem auf bestimmte Dauer abgeschlossenen Vertrag und der Eintritt einer vereinbarten **auflösenden Bedingung** sind Beendigungstatbestände gemäß Abs. 1 S. 1. **Kettenverträge,** also Verträge, die mit gleichem oder wesentlich identischem Inhalt auf eine bestimmte Laufzeit abgeschlossen und jeweils für einen weiteren bestimmten Zeitraum verlängert werden, begründen bis zur endgültigen Beendigung keinen Ausgleichsanspruch, weil sie als auf unbestimmte Zeit abgeschlossen gelten (→ § 89 Rn. 55 f.).[62]

dd) Tod einer Vertragspartei. Beim **Tod des Handelsvertreters** entsteht der Aus- **38** gleichsanspruch zugunsten der Erben.[63] Zwar spricht § 673 BGB vom „Erlöschen" eines

[55] Thume BB 1991, 490 (491).
[56] Emde Rn. 71; Ebenroth/Boujong/Joost/Strohn/Löwisch Rn. 26.
[57] BGH NJW 1969, 1023; BGHZ 24, 214 (216 ff.); Baumbach/Hopt/Hopt Rn. 7; Oetker/Busche Rn. 6.
[58] EuGH ZVertriebsR 2018, 169 Rn. 38.
[59] BGH NJW 2007, 3493 Rn. 20 f.; BB 2000, 60 (62) mAnm Emde; BeckOK HGB/Lehmann Rn. 28.
[60] Emde Rn. 79.
[61] BGHZ 52, 12 (15).
[62] BGH NJW 1999, 2668; VersR 1959, 129.
[63] BGHZ 41, 129 (130); 24, 214 (217); MüKoHGB/Ströbl Rn. 39.

Auftrags bei Tod des Beauftragten, aber sowohl die Entstehungsgeschichte des Abs. 1 als auch eine rechtsvergleichende Betrachtung machen klar, dass auch der Tod des Handelsvertreters einen Ausgleichsanspruch auslöst. Führt aber der Erbe auf Grund einer zwischen dem Unternehmer und dem Handelsvertreter vor dessen Tod getroffenen Vereinbarung den Handelsvertretervertrag unverändert fort, so liegt keine Vertragsbeendigung vor.[64] Ist Vertragspartner des Unternehmers eine Gesellschaft, so berührt der Tod eines Gesellschafters den Bestand des Vertragsverhältnisses nicht, falls nicht vertraglich etwas Anderes vereinbart ist.

39   Nach der gesetzlichen Regelung der §§ 672, 675 BGB wird der Handelsvertretervertrag durch den **Tod des Unternehmers** nicht beendet; die Parteien können aber eine andere vertragliche Regelung treffen.[65]

40   **ee) Insolvenz einer Vertragspartei.** Mit der Eröffnung des **Insolvenzverfahrens** über das Vermögen des **Unternehmers** erlischt der Handelsvertretervertrag automatisch gemäß §§ 115 Abs. 1, 116 InsO.[66] Der Ausgleichsanspruch ist eine einfache Insolvenzforderung gemäß § 38 InsO.[67] Setzt der Handelsvertreter die Handelsvertretung auf Grund einer mit dem Insolvenzverwalter getroffenen Vereinbarung fort, so liegt darin regelmäßig die Begründung eines neuen Vertrages und der alte Vertrag bleibt beendet mit der Folge, dass dem Handelsvertreter ein Ausgleich zustehen kann.[68]

41   Problematisch ist bei der **Insolvenz des Unternehmers** für die Frage der Entstehung des Ausgleichsanspruchs regelmäßig, ob der Insolvenzmasse erhebliche Vorteile entstanden sind (→ Rn. 111).

42   Bei der **Insolvenz des Handelsvertreters** bedarf es dagegen zur Vertragsbeendigung der Kündigung.[69] Regelmäßig kann der Unternehmer den Handelsvertretervertrag bei einer Insolvenz des Handelsvertreters aus wichtigem Grund außerordentlich kündigen. Die Insolvenz des Handelsvertreters allein begründet kein schuldhaftes Verhalten iSd Abs. 3 Nr. 2 (→ Rn. 265), so dass dem Handelsvertreter auch im Falle der Insolvenz bei Vorliegen der sonstigen Voraussetzungen ein Ausgleichsanspruch zustehen kann. Obwohl der Ausgleichsanspruch rein formal erst unmittelbar nach Beendigung des Handelsvertreterverhältnisses, also nach Insolvenzeröffnung, entsteht, fällt er in die Insolvenzmasse, da er als nachträglicher Vergütungsanspruch seine Grundlage im bisherigen Vertragsverhältnis hat.[70] Kündigt der Unternehmer den Vertriebsvertrag, weil der Vertriebsmittler die Eröffnung des Insolvenzverfahrens über sein Vermögen beantragt hat, ist die nach Eröffnung erklärte Aufrechnung mit Forderungen gegen den Ausgleichsanspruch bei Vorliegen der Anfechtungsvoraussetzungen insolvenzrechtlich unwirksam.[71]

43   **ff) Betriebseinstellung, Liquidation.** Die bloße **Betriebseinstellung** des Geschäftsbetriebes des Unternehmers oder des Handelsvertreters beendet das Handelsvertreterverhältnis nicht. Auch in diesem Fall ist eine Kündigung erforderlich.

44   Stellt der Handelsvertreter nach Beendigung des Handelsvertretervertrages seinen Geschäftsbetrieb ein, so ist der Ausgleichsanspruch nicht deswegen von vornherein ausgeschlossen, weil ihm keine Provisionen entgehen.[72] Dies gilt auch dann, wenn die Betriebseinstellung auf die Insolvenz des Handelsvertreters zurückzuführen ist.[73]

---

[64] OLG Frankfurt a. M. HVR Nr. 368; Westphal, Neues Handelsvertreterrecht, 138 f.; Emde Rn. 79.
[65] MüKoHGB/Ströbl Rn. 41.
[66] OLG Karlsruhe ZIP 1985, 235 (236); Baumbach/Hopt/Hopt Rn. 7; Koller/Kindler/Roth/Drüen/Roth Rn. 3; Giesler/Emde § 2 Rn. 596.
[67] Emde Rn. 79, 502.
[68] OLG Karlsruhe ZIP 1985, 235 (236).
[69] Küstner/Thume VertriebsR-HdB II Kap. V Rn. 82.
[70] Emde Rn. 503; Küstner/Thume VertriebsR-HdB II Kap. V Rn. 180.
[71] BGH ZVertriebsR 2013, 385 (386); GK-HGB/Genzow Rn. 108.
[72] BGH BeckRS 2010, 26385 = ZIP 2010, 2350 (2352); NJW 1998, 1070 f.
[73] BGH BeckRS 2010, 26385 Rn. 24 = ZIP 2010, 2350 (2352).

Bei der Betriebseinstellung durch den Unternehmer kann es an der Voraussetzung des **45** künftigen Vorteils des Unternehmers wegen der fehlenden weiteren Nutzung des Kundenstammes fehlen (→ Rn. 108).

Auch bei der **Liquidation** einer Gesellschaft besteht das Handelsvertreterverhältnis in **46** rechtlicher Hinsicht zunächst unverändert fort. Auch hier bedarf es der Kündigung durch den Liquidator.[74]

gg) Betriebsveräußerung. Veräußert der Unternehmer den die Handelsvertretung **47** betreffenden Teilbetrieb seines Geschäftes im Rahmen eines sog. **Asset Deals** an ein anderes Unternehmen, geht der Handelsvertretervertrag nicht automatisch auf den Betriebsnachfolger über; der Unternehmer ist verpflichtet, den Handelsvertretervertrag rechtzeitig zu kündigen (→ Rn. 27).

Wird der Handelsvertretervertrag bei einer Betriebsveräußerung des Unternehmers ge- **48** kündigt, ist im Rahmen der Unternehmervorteile zu prüfen, ob der Unternehmer Vorteile aus dem vom Handelsvertreter geworbenen Kundenstamm durch Erzielung eines höheren Veräußerungserlöses hat (→ Rn. 106).

Vereinbart der Handelsvertreter durch dreiseitige Vereinbarung mit dem veräußernden **49** und dem erwerbenden Unternehmer die **Fortsetzung des Handelsvertreterverhältnisses,** so wird der Handelsvertretervertrag nicht beendet und es entsteht kein Ausgleichsanspruch.[75] Bei Beendigung des Handelsvertreterverhältnisses mit dem erwerbenden Unternehmer muss dieser bei der Berechnung des Ausgleichsanspruchs des Handelsvertreters aber die von diesem für den alten Unternehmer aufgebauten Geschäftsverbindungen gegen sich gelten lassen.[76]

Wechseln lediglich die Gesellschafter des Unternehmers oder des Handelsvertreters, **50** besteht der Handelsvertretervertrag unverändert fort (→ Rn. 27).

hh) Auswechslung des Handelsvertreters. Eine Beendigung des Handelsvertreterver- **51** trages iSd Abs. 1 S. 1 liegt auch dann vor, wenn der Handelsvertreter ausscheidet und ein neuer Handelsvertreter in das Handelsvertreterverhältnis eintritt. Dies gilt auch dann, wenn durch dreiseitige Vereinbarung der alte Handelsvertreter aus dem Handelsvertreterverhältnis ausscheidet und der neue Handelsvertreter unter Aufrechterhaltung der vollen Identität des bestehenden Handelsvertretervertrages das Vertragsverhältnis mit dem Unternehmer fortsetzt. Wenn es in diesem Falle bereits an den Tatbestandsmerkmalen der Beendigung des Vertrages fehlen sollte, würde die Ausnahmevorschrift des Abs. 3 Nr. 3, wonach der Ausgleichsanspruch in solchen Konstellationen ausgeschlossen sein kann (→ Rn. 270), keinen Sinn machen.[77]

ii) Umwandlung des Vertragsverhältnisses. Führen die Vertragsparteien ihre Ge- **52** schäftsbeziehung auf einer anderen rechtlichen Grundlage – etwa einem Vertragshändlervertrag oder einem Anstellungsvertrag – fort, so ist der Handelsvertretervertrag grundsätzlich mit der Folge beendet, dass zumindest dem Grunde nach ein Ausgleichsanspruch entsteht.[78] Bei der **Umwandlung** eines Handelsvertretervertrages in einen Vertragshändlervertrag und umgekehrt ist es bei entsprechender vertraglicher Gestaltung aber möglich, **Vorteile des Unternehmers zu vermeiden** und deshalb den Ausgleichsanspruch auf 0 zu reduzieren (beispielsweise bei Fortsetzung mit dem gleichen Kundenstamm durch Aufnahme einer sog. „Neukundenregelung" in den neuen Vertrag, nach der die vom Vertriebsmittler bereits während der Laufzeit des alten Vertrages geworbenen Kunden bei Beendigung des neuen Vertrages ausgleichsrechtlich als Neukunden zu beurteilen sind).[79]

---

[74] Emde Rn. 79; MüKoHGB/Ströbl Rn. 59.
[75] MüKoHGB/Ströbl Rn. 48; Semler ZVertriebsR 2012, 48 (49 f.); aA Schmitz ZIP 2003, 59 (63).
[76] MüKoHGB/Ströbl Rn. 48.
[77] BGH NJW 1989, 35; MüKoHGB/Ströbl Rn. 52; Wauschkuhn BB 1996, 1517 (1519).
[78] OLG Nürnberg BB 1958, 1151; MüKoHGB/Ströbl Rn. 53; Oetker/Busche Rn. 6.
[79] Schultze/Wauschkuhn/Spenner/Dau/Kübler Vertragshändlervertrag/Wauschkuhn Rn. 808; Emde Rn. 79.

Die Umwandlung von Vertriebsmittlerverhältnissen spielt insbesondere bei konzerninternen Vertriebsstrukturen aus steuerlichen Gründen eine erhebliche Rolle.[80]

53   Vereinbaren der Handelsvertreter und der Unternehmer den Abschluss eines neuen Handelsvertretervertrages unter Beibehaltung der wesentlichen wirtschaftlichen Konditionen des alten Vertrages, so liegt regelmäßig keine Beendigung des Handelsvertreterverhältnisses vor und es entsteht auch kein Ausgleichsanspruch.[81]

54   **jj) Ruhen des Vertrages; Tätigkeitsfreistellung.** Vereinbaren Unternehmer und Handelsvertreter einvernehmlich ein Ruhen des Vertrages, ist dieser nicht „beendet". Nichts anderes gilt bei einer vertraglich vorbehaltenen Tätigkeitsfreistellung ohne Beendigung.[82]

55   **b) Teilbeendigung.** Der Ausgleichsanspruch entsteht auch bei einer – soweit überhaupt (→ § 89 Rn. 81 f.) zulässigen – **Teilbeendigung** des Handelsvertretervertrages, die das bisherige Vertragsverhältnis **wesentlich ändert**.[83] Der Wortlaut des Abs. 1 S. 1 setzt zwar die Beendigung des Vertrages voraus, aber nach Sinn und Zweck der Vorschrift muss sie auch bei einer zulässigen Teilbeendigung eingreifen, weil dem Unternehmer auch dann im Hinblick auf den wegfallenden Teil ein noch nicht abgegoltener erheblicher Vorteil entstehen kann.

56   Wird der dem Handelsvertreter zugewiesene **Bezirk**[84] oder **Kundenkreis**[85] in zulässiger Weise wesentlich verkleinert, ist er im Hinblick auf den ausgeklammerten Teil ausgleichsberechtigt. Keine Teilbeendigung liegt dagegen bei einer angemessenen Verkleinerung des Warensortiments[86] oder einer angemessenen Provisionsherabsetzung[87] vor. Die Verlegung des Sitzes eines Kunden aus dem Bezirk des Handelsvertreters in einen anderen Bezirk ist auch keine ausgleichspflichtige Teilbeendigung; dies gilt zumindest dann, wenn damit nicht erhebliche Provisionsverluste verbunden sind.[88] Ein Handelsvertreter hat kein Recht an dem Erhalt des von ihm vermittelten Bestandes und deshalb entsteht kein Ausgleichsanspruch bei Übertragung einzelner Verträge auf einen Versicherungsmakler[89] oder der Verlegung des Sitzes eines Kunden eines Bezirksvertreters, wenn der Handelsvertretervertrag fortbesteht.[90]

57   Die Umstellung von einem Vertragshändler mit normalen Funktionen und Risiken zu einem sog. **Low Risk Distributor** durch eine Abschmelzung der Funktionen und Risiken im Rahmen eines Konzerns stellt eine Teilbeendigung dar, die zu einem Ausgleichsanspruch analog § 89b führen kann.[91]

58   Entsteht bei einer Teilkündigung ein Ausgleichsanspruch, so sind bei seiner **Berechnung** nur die Vorteile des Unternehmers und im Rahmen der Billigkeitsprüfung die Provisionsverluste des Handelsvertreters zu beachten, die sich auf den Teil beziehen, den der Handelsvertreter verliert.[92]

---

[80] Port/Schnorberger/Wauschkuhn ZVertriebsR 2012, 17.
[81] BGH NJW 1967, 248; MüKoHGB/Ströbl Rn. 53.
[82] Giesler/Emde § 2 Rn. 600.
[83] Baumbach/Hopf/Hopt Rn. 10; Emde Rn. 79; Oetker/Busche Rn. 6; GK-HGB/Genzow Rn. 14; Schultze/Wauschkuhn/Spenner/Dau/Kübler Vertragshändlervertrag/Wauschkuhn Rn. 810; offen gelassen von BGHZ 142, 358 (369) = NJW 2000, 515 (518); aA Heymann/Hermann Rn. 19.
[84] OLG Nürnberg BB 1958, 1151; Küstner/Thume VertriebsR-HdB II Kap. V Rn. 50 ff.; Westphal Neues Handelsvertreterrecht, 140.
[85] Küstner/Thume VertriebsR-HdB II Kap. V Rn. 53 ff.
[86] Küstner/Thume VertriebsR-HdB II Kap. V Rn. 57; Emde Rn. 79.
[87] Küstner/Thume VertriebsR-HdB II Kap. V Rn. 59; MüKoHGB/Ströbl Rn. 57.
[88] OLG Nürnberg NJW-RR 2002, 601.
[89] BGH BB 1994, 99 (100).
[90] OLG Nürnberg NJW-RR 2002, 601.
[91] Puls IStR 2010, 89 (90).
[92] Emde Rn. 79; Küstner/Thume VertriebsR-HdB II Kap. V Rn. 50.

c) Nichtiger Vertrag. Bei der Beendigung eines in Vollzug gesetzten **nichtigen oder** 59 **wirksam angefochtenen Handelsvertretervertrages** steht dem Handelsvertreter nach dem Wortlaut des Abs. 1 S. 1 mangels wirksamer vertraglicher Grundlage an sich kein Ausgleichsanspruch zu.

Wenn der Unternehmer die vom Handelsvertreter aufgebauten Geschäftsverbindungen 60 allerdings nach Beendigung der Zusammenarbeit weiter nutzen kann, so muss der Handelsvertreter nach Sinn und Zweck der Vorschrift doch ausgleichsberechtigt sein.[93] Auch dann können dem Unternehmer nach Vertragsbeendigung noch nicht abgegoltene erhebliche Vorteile aus den Kundenbeziehungen entstehen. Der faktische Vollzug des Handelsvertreterverhältnisses ist insoweit einem faktischen Dienst- oder Anstellungsverhältnis gleichzusetzen.

4. Erhebliche Vorteile des Unternehmers aus der Geschäftsverbindung mit den 61 **vom Handelsvertreter neu geworbenen Kunden.** Der Ausgleichsanspruch setzt gemäß Abs. 1 S. 1 Nr. 1 ferner voraus, dass der Unternehmer nach der Beendigung des Handelsvertretervertrages aus der Geschäftsverbindung mit den vom Handelsvertreter geworbenen neuen Kunden erhebliche Vorteile hat. Der Werbung eines neuen Kunden steht es nach Abs. 1 S. 2 gleich, wenn der Handelsvertreter die Geschäftsverbindung mit einem bestehenden Kunden wesentlich erweitert.

Damit bei der Beendigung des Vertragsverhältnisses kein Streit über die neu geworbenen 62 oder die wesentlich intensivierten Kunden aufkommt, empfiehlt es sich, dass die Vertragsparteien bei dessen Abschluss dem Handelsvertretervertrag als Anlage eine Liste beifügen, in der der Unternehmer die **zu Beginn des Vertragsverhältnisses vorhandenen Kunden** mit ihren Umsätzen in zumindest den letzten zwölf Monaten vor Vertragsbeginn aufführt. Anhand dieser Aufstellung lässt sich bei der Vertragsbeendigung feststellen, welche Kunden der Handelsvertreter geworben und mit welchen Kunden er die Geschäftsverbindung wesentlich erweitert hat.

a) Kunde. Kunde ist der Geschäftspartner des Unternehmers, der dessen Produkte kauft 63 oder Leistungen bestellt.[94] Grundsätzlich ist der Begriff **wirtschaftlich** und weit zu fassen.[95] Ob allerdings auch ein Lieferant als Kunde iSd Abs. 1 S. 1 Nr. 1 und damit ein Einkaufsvertreter als Handelsvertreter qualifiziert werden kann, ist zumindest zweifelhaft (→ Rn. 15).

Obwohl Abs. 1 S. 1 Nr. 1 von „Kunden" in der Mehrzahl spricht, kann es für den 64 Ausgleichsanspruch ausreichend sein, wenn der Handelsvertreter nur **einen Großkunden** als neuen Kunden wirbt.[96]

Berater, die Bestellungen zwar im Namen und auf Rechnung ihres Auftraggebers, aber 65 in eigener Entscheidung, wie beispielsweise Architekten, vergeben, können statt dem Auftraggeber in bestimmten Fällen als Kunde anzusehen sein, wenn sie vom Handelsvertreter geworben worden sind.[97] Weil er die wirtschaftliche Entscheidung über die Anschaffung des Fahrzeuges trägt, kann auch der Leasingnehmer – obwohl er nicht selbst Vertragspartner des Unternehmers wird – ausgleichsrechtlich dessen Kunde sein, wenn ihm die Entscheidung über die Auswahl des zu leasenden Produktes überlassen wird und das Leasingunternehmen lediglich zur Finanzierung als Erwerber des Leasinggegenstandes eingeschaltet wird.[98]

Entscheidend ist aber in jedem Fall die **Begründung einer Kundenbeziehung** durch 66 den Handelsvertreter. Es muss also mindestens ein Geschäft zwischen dem Unternehmer

---

[93] BGH NJW 1997, 655 (656 f.); BGHZ 129, 290 (293) = NJW 1995, 1958; Emde Rn. 76; Baumbach/Hopt/Hopt Rn. 8.
[94] Meyer BB 1970, 780; MüKoHGB/Ströbl Rn. 61.
[95] Döpfer EWiR 2009, 179 (180); Emde Rn. 84; GK-HGB/Genzow Rn. 12.
[96] OLG Frankfurt a. M. BeckRS 2008, 12081; OLG Hamburg DB 1980, 972 (973); Emde Rn. 86.
[97] OLG Düsseldorf HVR (77) Nr. 504; OLG Hamm HVR (61) Nr. 321; offen gelassen von BGH WM 1991, 196 (198); Koller/Kindler/Roth/Drüen/Roth Rn. 5.
[98] BGH NJW-RR 2011, 389 Rn. 24; Steinhauer BB 2011, 208 (212).

und dem Kunden abgeschlossen werden. Nicht ausreichend ist es, wenn eine vom Handelsvertreter geworbene ländliche Genossenschaft ihren bäuerlichen Genossen den Kauf von Produkten des Unternehmers bloß empfiehlt.[99]

67   **b) Neu. Neu** ist ein Kunde dann, wenn er zuvor hinsichtlich der Gattung der Produkte, die Gegenstand der vom Handelsvertreter vermittelten oder abgeschlossenen Geschäfte sind, nicht in einer Geschäftsbeziehung zum Unternehmer stand.[100] Wegen des Schutzzweckes von Art. 17 Abs. 2 der Handelsvertreter-RL, wonach zum Schutz des Handelsvertreters seine Verdienste beim Zustandekommen der ihm anvertrauten Geschäfte vollständig zu berücksichtigen sind, ist der Begriff des „neuen Kunden" gemäß dem **Urteil** des **EuGH vom 7.4.2016**[101] weit auszulegen. Dies kann dazu führen, dass auch bereits bestehende Kunden als Neukunden gegenüber dem Unternehmen gelten, wenn der Handelsvertreter diese für eine ihm neu zugewiesene Marke/Kollektion gewinnt.[102] Zu prüfen ist dabei, ob der Vertrieb der neu zugewiesenen Kollektion von Handelsvertreter Vermittlungsbemühungen und eine besondere Verkaufsstrategie im Hinblick auf die Begründung einer speziellen Geschäftsverbindung erfordert hat.[103] Dies kann insbesondere bei dem Einsatz für die neue Marke besonders geschulten und separaten Personals oder die Präsentation der neuen Marke in einem separaten Verkaufsraum der Fall sein.[104] Der Umstand, dass bereits eine Geschäftsbeziehung bestand und das Unternehmen dem Handelsvertreter die Kundendaten zur Verfügung stellt, führt dann zu einem substantiellen Abschlag im Rahmen der Billigkeit (→ Rn. 131).[105]

68   Bei der Beurteilung, ob es sich innerhalb eines **Konzerns** bei einem Kunden um einen neuen Kunden handelt, kommt es nicht auf dessen rechtliche Organisationsform an, sondern ob es sich um eine **separate wirtschaftlich-faktische Einheit** handelt.[106] Die bloße Umorganisation des Kunden, beispielsweise durch eine Ausgliederung eines Unternehmensteils, führt deshalb nicht zur Neuwerbung. Wirbt der Handelsvertreter dagegen eine unabhängig bestellende Gesellschaft eines Konzerns, können die mit ihr abgeschlossenen Geschäfte ausgleichsrelevant sein, selbst wenn andere Unternehmen des Konzerns bereits Kunden des Unternehmers sind.[107]

69   Entscheidend ist, dass die Kunden für den Unternehmer neu sind. Neue Kunden sind demnach auch solche Kunden, die der Handelsvertreter aus einer **früheren oder anderen Handelsvertretung** in das Vertragsverhältnis mit dem Unternehmer einbringt.[108]

70   Übernimmt eine **neu gegründete Gesellschaft auf Unternehmerseite** im Wege eines sog. Asset Deals die Kunden einer insolventen Gesellschaft und schließt einen Handelsvertretervertrag mit einem früheren Handelsvertreter der insolventen Gesellschaft, so sind nach neuer Rechtsprechung des BGH[109] alle zum ersten Mal mit dem neuen Unternehmen durch Einschaltung des Handelsvertreters Geschäfte tätigenden Kunden als neu anzusehen, auch wenn sie schon vorher Kunden des insolventen Unternehmers waren. Der BGH begründet dies damit, dass eine neu gegründete Gesellschaft noch keine Bestandskunden haben könne und ein **Handelsvertreter „der ersten Stunde"** notwendigerweise Neukunden werbe.[110] Dieses Urteil hat auch Auswirkungen auf sog. Asset Deals mit nicht

---

[99] BGH NJW 1959, 1677; MüKoHGB/Ströbl Rn. 61; Baumbach/Hopt/Hopt Rn. 14.

[100] BGH NJW 1999, 2668 (2670); Oetker/Busche Rn. 12; Schlegelberger/Schröder Rn. 5a.

[101] EuGH ZVertriebsR 2016, 172 Rn. 33.

[102] BGH BeckRS 2014, 13047 = ZIP 2014, 2088; OLG München BeckRS 2012, 23000 = ZVertriebsR 2013, 95 mAnm Semler; vgl. auch Gräfe/Giesa ZVertriebsR 2014, 287 und Fröhlich GWR 2015, 313 (314 ff.).

[103] EuGH ZVertriebsR 2016, 172 Rn. 38; BGH ZVertriebsR 2016, 384 Rn. 12; 2016, 386 Rn. 17.

[104] Emde BB 2017, 2947 (2953).

[105] EuGH ZVertriebsR 2016, 172 Rn. 42; OLG München BeckRS 2012, 23000.

[106] Emde Rn. 93.

[107] Emde Rn. 93.

[108] LG Bielefeld HVR Nr. 608; Oetker/Busche Rn. 12.

[109] BGH NJW 2012, 304 = ZVertriebsR 2012, 48 mAnm Semler.

[110] BGH NJW 2012, 304 Rn. 21 ff.

insolventen Unternehmen, bei denen der Kundenstamm mit übertragen wird. Schließt der Unternehmer mit dem bisherigen Handelsvertreter einen neuen Handelsvertretervertrag ab, muss er damit rechnen, dass die Weiterbetreuung der bisherigen Kunden durch diesen einen Ausgleichsanspruch auslöst.[111]

Neue Kunden sind auch solche, mit denen der Handelsvertreter durch seine Absatzmittlertätigkeit eine früher bestehende, dann aber **abgebrochene Kundenbeziehung reaktiviert.**[112] Eine dem Handelsvertreter zuzurechnende Reaktivierung der Kundenbeziehung liegt aber nur bei einer vorherigen vollständigen Unterbrechung des geschäftlichen Kontaktes zwischen dem Unternehmer und dem Kunden vor. **71**

Keine neuen Kunden sind solche, die der Handelsvertreter vor der Übernahme der Handelsvertretung **als Angestellter** des Unternehmers **geworben** hat.[113] Keine neuen Kunden sind auch solche, die der Handelsvertreter **von** seinem **Vorgänger übernommen** hat, selbst wenn im Einverständnis mit dem Unternehmer der Handelsvertreter eine Abfindung an seinen Vorgänger gezahlt hat;[114] im Regelfall wird der Handelsvertreter aber eine abweichende vertragliche Vereinbarung mit dem Unternehmer treffen. **72**

c) Werbung durch den Handelsvertreter. Einen Ausgleich erhält der Handelsvertreter nur für solche Neukunden, die er **selbst geworben** hat. Der Abschluss des Geschäftes zwischen dem Neukunden und dem Unternehmer muss auf die Tätigkeit des Handelsvertreters – oder seiner Untervertreter – zurückzuführen sein. **73**

Durch den Rechtsvorgänger des Handelsvertreters geworbene Kunden sind für den Ausgleichsanspruch zu berücksichtigen, wenn aus einer als OHG organisierten Handelsvertretung die OHG-Gesellschafter nach und nach ihre Anteile in eine GmbH einbringen und auf diese Weise letztlich das Vermögen der OHG analog § 738 BGB auf die GmbH übergeht.[115] **74**

Bei der unechten Untervertretung (→ Rn. 16) kann das Tatbestandsmerkmal der Werbung bereits erfüllt sein, wenn der das Vertriebssystem führende Hauptvertreter kraft Weisungsbefugnis über die unechten Untervertreter Neukunden für den Unternehmer akquiriert.[116] **75**

Kunden, die ohne Mitwirkung des Handelsvertreters bereits fest zur Bestellung entschlossen sind und diesen nur zur Weiterleitung der Bestellung an den Unternehmer nutzen, sind nicht vom Handelsvertreter geworben.[117] **76**

Ausreichend ist, dass der Handelsvertreter bei der Gewinnung des Kunden **irgendwie mitursächlich tätig** geworden ist.[118] Insbesondere von den **Automobilherstellern** wurde in diesem Zusammenhang gegenüber ihren Vertragshändlern immer wieder eingewandt, dass die Akquisition neuer Kunden allein auf der Sogwirkung der Marke des Herstellers und dessen Werbung und nicht auf den Werbebemühungen des Vertragshändlers beruhe. Der BGH[119] hält dieser Behauptung entgegen, dass nach der Lebenserfahrung für den Kaufentschluss des Kunden immer auch die Werbung des Vertragshändlers einschließlich seiner Betreuung und seiner Serviceleistungen mitursächlich sei. Der Gesichtspunkt der Sogwirkung der Marke des Herstellers spielt erst im Rahmen der Billigkeit der Ausgleichszahlung eine Rolle (→ Rn. 170). Auch eine **Monopolstellung** des Unternehmers auf dem **77**

---

[111] Hilgard BB 2011, 3090.

[112] OLG Nürnberg BB 1964, 1400; MüKoHGB/Ströbl Rn. 64.

[113] Küstner/Thume VertriebsR-HdB II Kap. VI Rn. 19; Baumbach/Hopt/Hopt Rn. 14.

[114] BGH NJW 1985, 58; OLG Nürnberg HVR Nr. 646; MüKoHGB/Ströbl Rn. 63; Oetker/Busche Rn. 12; Koller/Kindler/Roth/Drüen/Roth Rn. 5.

[115] OLG Stuttgart BB 2011, 1811 = BeckRS 2011, 16755 Rn. 29 ff.; aA Steinhauer BB 2012, 526 (528).

[116] BGH WM 1975, 931 (933); Emde MDR 1999, 1108 (1109).

[117] BGH NJW 1996, 2302 (2304) – Fiat/Lancia; OLG Karlsruhe BB 1960, 381; MüKoHGB/Ströbl Rn. 66.

[118] BGH NJW 1996, 2302 – Fiat/Lancia; BB 1982, 2067 (2068); Giesler/Emde § 2 Rn. 633; Koller/Kindler/Roth/Drüen/Roth Rn. 6.

[119] BGH BB 1993, 2401 (2402 f.); 1982, 2067 (2068).

relevanten Markt schließt eine mitursächliche Werbung durch den Handelsvertreter nicht aus.[120] Bei **Tankstellenpächtern** genügt für die Mitursächlichkeit das Offenhalten der betriebsbereiten Tankstelle,[121] auch wenn Kunden diese vor allem wegen der örtlichen Lage, der Marke oder des Preises aufsuchen.[122] Eigene Beiträge des Unternehmens, wie beispielsweise das Ausgeben von Kundenkarten, ändern an der Mitursächlichkeit nichts.[123]

78   Keine Mitursächlichkeit liegt vor und kein Ausgleichsanspruch besteht, wenn Kunden ohne Mitwirkung des **Bezirksvertreters** in dessen Bezirk geworben wurden, obwohl dem Bezirksvertreter für solche Geschäfte ein Provisionsanspruch gemäß § 87 Abs. 2 zusteht.[124] Bei Messekunden genügt allerdings die Mitarbeit des Bezirksvertreters im Messeteam für die Werbung von Kunden aus dem Bezirk.[125]

79   Gelingt es dem Handelsvertreter, einen zum **Abspringen entschlossenen Altkunden** für die Produkte des Unternehmers zu halten, so liegt darin noch keine Werbung.[126]

80   **d) Intensivierung der Geschäftsverbindung mit Altkunden.** Der Werbung eines neuen Kunden steht es gemäß Abs. 1 S. 2 gleich, wenn der Handelsvertreter **die Geschäftsverbindung** mit einem **vorhandenen Kunden so intensiviert,** dass dies wirtschaftlich der Werbung eines neuen Kunden entspricht. Die wesentliche Erweiterung der Geschäftsverbindung kann sowohl durch eine **qualitative,** also durch den Vertrieb der Produkte einer anderen Branche,[127] als auch durch eine **quantitative Umsatzsteigerung** begründet werden. In jedem Fall müssen die Vermittlungsbemühungen des Handelsvertreters für die Umsatzsteigerung zumindest mitursächlich sein.[128] Keine dem Handelsvertreter zuzurechnende wesentliche Erweiterung der Geschäftsverbindung mit einem vorhandenen Kunden liegt deshalb dann vor, wenn diese lediglich auf anderen Faktoren, beispielsweise allein auf steigender Preisentwicklung, beruht.[129] Dagegen schadet die allgemeine Wirtschaftsbelebung als neben die Tätigkeit des Handelsvertreters tretende Mitursache nicht.[130]

81   In **quantitativer Hinsicht** ist nach einem neuerem Urteil des OLG Celle ab einer **Steigerung der Umsätze um 50 %**[131] eine Intensivierung der Geschäftsverbindung – **inflations- und preissteigerungsbereinigt**[132] – zu bejahen. Ansonsten ist eine Einzelfallentscheidung unter Berücksichtigung aller Umstände des jeweiligen Falles anzustellen.[133] Dabei ist aber zu berücksichtigen, dass Abs. 1 S. 2 im Gegensatz zu Art. 17 Abs. 2 lit. a erster Spiegelstrich der Handelsvertreter-RL verlangt, dass die Erweiterung der Geschäftsverbindung wirtschaftlich der Werbung eines neuen Kunden entspricht. Die Regelung in Abs. 1 S. 2 stellt im Vergleich zum Text der Handelsvertreter-RL eine Verschärfung zum Nachteil des Handelsvertreters dar und ist deshalb möglicherweise unwirksam.[134]

82   Maßgeblich für die Betrachtung ist der **Vergleich** der Umsätze der betreffenden Kundenbeziehungen **bei Beginn** des Handelsvertretervertrages **und bei** dessen **Vertragsende.**[135]

---

[120] OLG Nürnberg BB 1963, 1313.
[121] BGH NJW 1998, 66 (69) – BP I; Koller/Kindler/Roth/Drüen/Roth Rn. 6.
[122] BGH WM 2003, 492 (495); NJW 1998, 66 (69) – BP I; aA Rittner DB 1998, 457.
[123] BGH WM 2003, 492 (495); Baumbach/Hopt/Hopt Rn. 14.
[124] Baumbach/Hopt/Hopt Rn. 14; MüKoHGB/Ströbl Rn. 67.
[125] KG BB 1969, 1062; Baumbach/Hopt/Hopt Rn. 14.
[126] Emde Rn. 97.
[127] BGHZ 56, 242 (245) = NJW 1971, 1611.
[128] BGHZ 56, 242 (245) = NJW 1971, 1611; Emde Rn. 103.
[129] OLG Celle BB 1970, 227.
[130] OLG Celle BB 1970, 227; MüKoHGB/Ströbl Rn. 69.
[131] OLG Celle ZVertriebsR 2017, 230 (= BB 2017, 1299) Rn. 34; anders noch 100 %: BGHZ 56, 242 (244 f.); OLG Celle NJW 1968, 1141 (1142); kritisch zu niedriger 50 % Grenze Gräfe/Börner ZVertriebsR 2017, 282 (287).
[132] Ebenroth/Boujong/Joost/Strohn/Löwisch Rn. 130; Emde Rn. 104.
[133] Korte/Harten ZVertriebsR 2021, 364 (365); vgl. auch MüKoHGB/Ströbl Rn. 70.
[134] Emde Rn. 104; Westphal DB 2010, 1333 (1135).
[135] BGH NJW 1997, 1503 – Renault II; NJW-RR 1991, 1050; OLG Frankfurt a. M. BeckRS 2009, 13200; Emde Rn. 104.

Ausgleichspflichtig ist insoweit allerdings nach zutreffender Ansicht[136] nicht der volle mit **83** dem Altkunden getätigte Gesamtumsatz, sondern **nur der über den vorgefundenen Umsatz hinausgehende Mehrumsatz.** Dies folgt aus dem Hauptzweck des § 89b, den Handelsvertreter für die Schaffung des Kundenstammes zu vergüten (→ Rn. 6). Deshalb bleiben die Umsätze, die die Altkunden schon vorher mit dem Unternehmer gemacht haben, bleiben also für die Berechnung des Ausgleichsanspruchs unberücksichtigt.

e) Geschäftsverbindung. Weitere Voraussetzung für den Ausgleichsanspruch gemäß **84** Abs. 1 S. 1 Nr. 1 ist, dass die vom Handelsvertreter geschaffenen Kundenbeziehungen zu einer **dauerhaften Geschäftsverbindung** zwischen Unternehmer und dem betreffenden Kunden führen können.[137] Wird ein Kunde insolvent, entsteht keine ausgleichspflichtige Geschäftsverbindung.[138]

Daraus folgt, dass ein Handelsvertreter für sog. **Einmalkunden,** hinsichtlich derer mit **85** dem Abschluss von Folgegeschäften nicht gerechnet werden kann, **keinen Ausgleich** erhält.

Nach der zutreffenden Auffassung des BGH[139] ist eine für den Unternehmer nutzbare **86** Geschäftsverbindung nur anzunehmen, wenn die vom Handelsvertreter geworbenen Kunden innerhalb eines **überschaubaren und in seiner Entwicklung abschätzbaren Zeitraumes** entweder schon **Nachbestellungen** vorgenommen haben oder mit diesen zu rechnen ist. Maßstab für den überschaubaren und abschätzbaren Zeitraum kann die übliche Nutzungszeit des jeweiligen Produktes sein (→ Rn. 122).[140] Ausgleichspflichtige Mehrfach- oder Stammkunden sind diejenigen Kunden, die in dem zuvor genannten Zeitraum bereits ein Folgegeschäft mit dem Unternehmer abgeschlossen haben oder voraussichtlich abschließen werden. Für einen Kfz-Vermieter soll Mehrfachkunde sein, wer mindestens zwei Mietverträge in den letzten zwei Vertragsjahren abgeschlossen hat (→ Rn. 95).[141]

Bei Dauerverträgen wie Kabelmietverträgen gelten keine Besonderheiten. Nicht ausrei- **87** chend ist, wenn dem Unternehmer nach Beendigung des Handelsvertretervertrages noch weiter Mieten gezahlt werden; auch ein Handelsvertreter, der Dauerverträge vermittelt, muss entweder ein Folgegeschäft werben oder aber der Kunde macht von einer Kündigungsmöglichkeit keinen Gebrauch, so dass sich der Dauervertrag verlängert.[142]

Ob Nachbestellungen zu erwarten sind, ist im Wege der **Prognose** bei Beendigung des **88** Handelsvertretervertrages nach den gewöhnlichen Umständen festzustellen.[143]

Grundsätzlich ist ausreichend, dass eine Geschäftsverbindung über **vergleichbare Pro- 89 dukte der gleichen Branche** vom Handelsvertreter aufgebaut worden ist. So genügt beim Zweitkauf eines Fahrzeuges das einer anderen Marke, wenn der Vertriebsmittler für beide Marken das Vertriebsrecht hatte.[144]

Genügend ist die **Chance des Unternehmers,** die vom Handelsvertreter aufgebaute **90** Geschäftsverbindung zu nutzen. Es spielt keine Rolle, dass der Fortbestand der Geschäftsverbindung von einer weiteren Tätigkeit des Unternehmers abhängig ist oder der Unternehmer für die Fortführung der Geschäftsverbindung einem nachfolgenden Handelsver-

---

[136] OLG Düsseldorf 27.9.1996 – 16 U 41/95; Schultze/Wauschkuhn/Spenner/Dau/Kübler Vertragshändlervertrag/Wauschkuhn Rn. 820; Wauschkuhn Der Vertragshändlervertrag, 145; wohl zustimmend Emde Rn. 107; Westphal DB 2010, 1333 (1335); aA Küstner/Thume VertriebsR-HdB II Kap. VI Rn. 43.

[137] BGH ZIP 2000, 540 (542) = NJW 2000, 1413; NJW 1997, 1503 – Renault II.

[138] Emde ZVertriebsR 2020, 138 (156).

[139] BGH BeckRS 2011, 03879 Rn. 18; NJW-RR 2011, 389 Rn. 19; BB 2011, 1235 mAnm Hilgard = BeckRS 2011, 00550 (= NJW 2011, 1143) Rn. 9; NJW 1998, 71 (73); 1998, 66 (68) – BP I.

[140] Hollmann BB 1985, 1023 (1032); Schultze/Wauschkuhn/Spenner/Dau/Kübler Vertragshändlervertrag/Wauschkuhn Rn. 828.

[141] LG Hamburg 30.4.2020 – 418 HK 097/10; Emde BB 2014, 2435 (2443).

[142] OLG Köln BeckRS 2015, 19345; Ströbl/Wentzel BB 2017, 390 (391); Gräfe/Börner ZVertriebsR 2017, 282 (285); aA OLG Düsseldorf ZVertriebsR 2020, 257 (258); OLG Stuttgart BeckRS 2013, 15236; Thume BB 2017, 906; Emde BB 2017, 1289.

[143] Emde Rn. 113.

[144] BGH BB 1996, 2265 (2267) = NJW 1996, 2302 – Fiat/Lancia; Emde Rn. 124.

treter Provisionen zahlt. Eine Geschäftsverbindung kann auch auf einem sog. dreistufigen Vertriebsweg entstehen, bei dem zwischen den vom Handelsvertreter akquirierten Kunden und dem Unternehmer keine direkten vertraglichen Beziehungen erforderlich sind.[145]

91 **aa) Mehrfachkunden.** Soweit die vom Handelsvertreter geworbenen Kunden innerhalb des überschaubaren und abschätzbaren Zeitraums **bereits vor** der **Beendigung** des Handelsvertretervertrages **Nachbestellungen** vorgenommen haben, ist grundsätzlich davon auszugehen, dass sie auch in Zukunft weitere Produkte des Unternehmers erwerben werden; sie sind daher grundsätzlich – und vorbehaltlich der Berücksichtigung einer Abwanderungsquote (→ Rn. 211) – als **Mehrfachkunden** zu berücksichtigen.[146]

92 Die Mehrfachkundeneigenschaft ist **nicht notwendig an eine Person gebunden;** Mehrfachkunden können auch Betriebs- und Familienangehörige (auch ohne häusliche Gemeinschaft) sein, wenn der zum Erstgeschäft führende Einfluss sich typischerweise auch für die Kaufentscheidung des Folgegeschäfts auswirkt.[147]

93 Bei Verkäufen an eine Leasinggesellschaft ist grundsätzlich der Leasingnehmer als Kunde anzusehen, weil er die wirtschaftliche Entscheidung über die Anschaffung des Produktes trifft.[148] Demgegenüber ist bei der Berechnung des Ausgleichsanspruches für Tankstellenhalter im Hinblick auf Flotten- und Firmenkundenkarten für die Beurteilung der Stammkundeneigenschaft nicht auf die einzelne Karte, sondern auf den Großkunden abzustellen, der mehrere Karten für seine Fahrer oder Fahrzeuge einsetzt.[149]

94 **bb) Potentielle Mehrfachkunden.** Hat der vom Handelsvertreter geworbene Kunde bis zur Beendigung des Handelsvertretervertrages lediglich ein Geschäft mit dem Unternehmer abgeschlossen, ist unter Berücksichtigung der branchenüblichen Besonderheiten eine Prognose anzustellen, ob bei diesem Erstkäufer nach Vertragsende noch ein Wiederholungskauf zu erwarten ist, sog. **„potentieller Mehrfachkunde".**[150]

95 Das notwendige Wiederholungsintervall für Folgegeschäfte ist bei **häufig benutzten Wirtschaftsgütern** kleiner zu bemessen als bei Geschäften über langlebige Wirtschaftsgüter.[151] Bei dem Vertrieb von Tiefkühlprodukten ist von einem Mehrfachkunden ab einer Anzahl von drei Einkäufen im Jahr auszugehen.[152] Kunden, die mindestens vier Mal im Jahr bei derselben Tankstelle tanken, sind im Regelfall als Mehrfachkunden zu qualifizieren.[153] Gleiches gilt für den Shopbereich einer Tankstelle.[154] Hierbei ist als Schätzungsgrundlage gemäß § 287 ZPO auf die Kartenzahler abzustellen. Sie können insoweit im Hinblick auf Häufigkeit und Zahlungsumfang bezüglich des Kraftstoffs als Richtwert auch für die Barzahler dienen.[155] Dass nahezu jeder Autofahrer mit oder ohne Tankkarte Stammkunde bei mehreren Tankstellen sein kann, schadet nicht.[156] Beim Kauf eines Neufahrzeuges

---

[145] OLG Bamberg BeckRS 2009, 09749 unter II. 1.

[146] BGH ZIP 1987, 1383 (1386) = NJW-RR 1988, 42.

[147] BGH NJW 2011, 3438 Rn. 19; 1996, 2302 (2305) – Fiat/Lancia; OLG Frankfurt a. M. BeckRS 2009, 13200; 2008, 13897; Emde Rn. 112; Baumbach/Hopt/Hopt Rn. 12; Oetker/Busche Rn. 9; aA Ebenroth/Boujong/Joost/Strohn/Löwisch Rn. 104, 107, 116 – streng personenbezogen.

[148] BGH NJW-RR 2011, 389 Rn. 24; Emde MDR 2010, 537 (538).

[149] BGH NJW-RR 2011, 389 Rn. 25; 2010, 1550 Rn. 26.

[150] BGH BB 1997, 852 (853) = NJW 1997, 1503 – Renault II; BB 1991, 1210 = NJW-RR 1991, 1050; Ebenroth/Boujong/Joost/Strohn/Löwisch Rn. 130; Schultze/Wauschkuhn/Spenner/Dau/Kübler Vertragshändlervertrag/Wauschkuhn Rn. 833.

[151] BGH BeckRS 2011, 03878 Rn. 24; 2010, 13559 Rn. 21; WM 2003, 499 (501) = NJOZ 2002, 2481; Oetker/Busche Rn. 9.

[152] OLG Düsseldorf IHR 2014, 154 (157).

[153] BGH BeckRS 2011, 03878 Rn. 13; BB 2007, 2475 Rn. 42 = NJOZ 2007, 5690; NJW 1997, 1503; OLG Hamm BeckRS 2011, 05225; Baumbach/Hopt/Hopt Rn. 12.

[154] BGH BeckRS 2011, 03879 Rn. 23; 2011, 03878 Rn. 28; NJW 2010, 1550 Rn. 25.

[155] BGH NJW-RR 2010, 43 Rn. 19; VersR 2010, 480 = BeckRS 2009, 88043 Rn. 6; 2009, 04365 Rn. 38; BB 2007, 2475 Rn. 28; differenzierend BGH BeckRS 2009, 88043 = GWR 2010, 9; OLG Hamm BeckRS 2011, 05225.

[156] OLG Hamburg BeckRS 2010, 13590.

durch einen Privatkunden genügt dagegen ein Zweitkauf, unabhängig davon, ob er sofort oder nach 5 Jahren erfolgt.[157]

Die Prognose, ob es sich bei einem Erstkunden um einen „potentiellen Mehrfachkun- **96** den" handelt, ist insbesondere bei dem Vertrieb von **langlebigen Wirtschaftsgütern** mit einem längeren Nachbestellungsintervall schwierig. Werden die vertriebenen Vertragspro- dukte auf Grund ihrer Langlebigkeit regelmäßig nur einmal – wie beispielsweise ein Fertighaus – vom Verbraucher angeschafft, so scheidet ein Ausgleichsanspruch aus.[158] Dennoch kann auch bei langlebigen Wirtschaftsgütern wie beispielsweise Industriefuß- böden zugunsten des Unternehmers eine ausgleichspflichtige Geschäftsverbindung auf- gebaut worden sein, wenn mit Folgeaufträgen expandierender Unternehmen oder mit Folgebestellungen von Kunden zu rechnen ist, die während der Lebensdauer der bezogenen Produkte außerhalb von Mängelhaftungsarbeiten gleichartiges Material zur Behebung von Schäden benötigen.[159] Im Bereich der Vermittlung von Immobiliengroßkunden kann dann ein Ausgleichsanspruch entstehen, wenn der Handelsvertreter mit einem von ihm gewor- benen Großkunden eine Vertriebsvereinbarung zugunsten des Unternehmers für eine Viel- zahl an Wohn- und/oder Gewerbeeinheiten ausgehandelt hat, jener Großkunde deshalb seitdem in einer ständigen Geschäftsbeziehung zum Unternehmer steht und beim Aus- scheiden des Handelsvertreters noch Wohn- und/oder Gewerbeeinheiten an Erwerber zu vermitteln sind.[160]

Bei vom Handelsvertreter vermittelten Massengeschäften kann der Anteil der potentiellen **97** Mehrfachkunden durch **freie Beweiswürdigung gemäß § 286 ZPO** oder auch durch **Schätzung gemäß § 287 ZPO** ermittelt werden.[161]

Hat der Handelsvertreter aber keine Massengeschäfte vermittelt, so ist das Entstehen einer **98** Kundenverbindung in Form der Mehrfachkundeneigenschaft für jeden Kunden separat festzustellen.[162]

f) Erhebliche Vorteile des Unternehmers. Letzte Voraussetzung des Abs. 1 S. 1 **99** Nr. 1 ist, dass der Unternehmer erhebliche Vorteile aus den vom Handelsvertreter geschaf- fenen Geschäftsverbindungen hat.

aa) Vorteile. Der Vorteil liegt für den Unternehmer in der **Aussicht auf** einen **zu- 100 künftigen Gewinn.**[163] Er ist das Spiegelbild zum Aufbau der Geschäftsverbindungen durch den Handelsvertreter. Nach dem Grundsatzurteil des BGH vom 24.9.2020[164] geht es bei der Bewertung der erheblichen Vorteile des Unternehmers aus den vom Handelsver- treter geschaffenen Geschäftsverbindungen um eine Bewertung des „goodwill" dieses Kundenstammes.

Der Vorteil kann sich aus dem Abschluss weiterer Geschäfte mit dem vom Handels- **101** vertreter aufgebauten Kundenstamm oder aus sonstigen Umständen ergeben.

(1) Abschluss weiterer Geschäfte. Im Regelfall entsteht der Vorteil des Unternehmers **102** aus der Möglichkeit, die vom Handelsvertreter aufgebauten Geschäftsverbindungen zu neu geworbenen oder wesentlich intensivierten Mehrfachkunden weiter zu nutzen und mit diesen **neue Geschäfte abzuschließen.** Ob der Unternehmer diese Vorteile tatsächlich

---

[157] BGH ZIP 2012, 277 (278) = NJW 2011, 3438 Rn. 22; NJW-RR 2010, 1263 Rn. 23; NJW 1997, 1503 – Renault II; Emde Rn. 120; Westphal DB 2010, 1333 (1335).
[158] BGH BB 1959, 754 = NJW 1959, 1677 für Ackerwagen eines Bauern; Schultze/Wauschkuhn/ Spenner/Dau/Kübler Vertragshändlervertrag/Wauschkuhn Rn. 835; Emde Rn. 129; HK-HGB/Ruß Rn. 17b.
[159] BGH NJW 2011, 1143 Rn. 14 = BB 2011, 1235 mAnm Hilgard; Küstner/Thume VertriebsR-HdB I Kap. IX Rn. 40.
[160] LG Hannover ZVertriebsR 2019, 318 Rn. 33 mAnm Dreyer/Haskamp.
[161] BGH NJW-RR 2003, 1340 (1341); MüKoHGB/Ströbl Rn. 73; Baumbach/Hopt/Hopt Rn. 12.
[162] Emde Rn. 114.
[163] Koller/Kindler/Roth/Drüen/Roth Rn. 7.
[164] BGH ZVertriebsR 2020, 386 Rn. 18.

nutzt, ist unerheblich. Ausreichend ist die Möglichkeit, die Geschäftsverbindungen nach Vertragsende zu nutzen.[165]

103   Der Vorteil liegt auch dann vor, wenn der Unternehmer seinen Vertrieb umstellt und seine Produkte nunmehr über den Großhandel vertreibt und die vom Handelsvertreter geworbenen Kunden die Produkte des Unternehmers über den Großhändler beziehen.[166]

104   Dass der Unternehmer aus dem vom Handelsvertreter aufgebauten Kundenstamm während einer Übergangsphase **keine Gewinne** erwirtschaftet, schließt den Ausgleichsanspruch nicht aus.[167]

105   **(2) Sonstige Vorteile.** Auch wenn der Unternehmer den vom Handelsvertreter aufgebauten **Kundenstamm nicht weiter nutzt,** können ihm Vorteile entstehen, weil er die geschaffenen Geschäftsverbindungen auf andere Weise für sich verwendet.

106   Dies kann dann der Fall sein, wenn er sein Unternehmen **veräußert** oder verpachtet.[168] Hier schlägt sich der Wert des Kundenstammes regelmäßig in einem **höheren Erlös** nieder.[169] Hat der Übernehmer des Unternehmens die Absicht, den von dem Veräußerer bisher praktizierten Vertrieb über dieselben Vertriebskanäle fortzusetzen, so spricht eine tatsächliche Vermutung dafür, dass in dem Übernahmepreis auch ein **Entgelt für den übernommenen Kundenstamm** enthalten ist; nicht erforderlich ist, dass der auf die Überlassung des Kundenstamms entfallende Teil des Unternehmenskaufpreises besonders beziffert ist.[170] Bringt der Unternehmer seinen Betrieb mit dem Kundenstamm in eine Gesellschaft als Sacheinlage ein, so entsteht der Vorteil durch den infolge des Kundenstammes erhöhten Wert der Beteiligung.[171]

107   Kein Ausgleichsanspruch entsteht, wenn der Unternehmer die vom Handelsvertreter aufgebauten Geschäftsverbindungen nicht zu seinem Vorteil nutzen kann, beispielsweise bei einer **Geschäftsaufgabe.**[172]

108   Dem Unternehmer ist es grundsätzlich **unbenommen,** den **Vertrieb** der Vertragsprodukte **einzustellen** oder sonst seinen Betrieb einzustellen. Dann liegt kein Vorteil vor, wenn er den vom Handelsvertreter aufgebauten Kundenstamm nicht weiter nutzt.[173] Der BGH begründet dieses Recht des Unternehmers zutreffend damit, dass er seinen Betrieb so einrichten und gegebenenfalls umgestalten kann, wie es ihm wirtschaftlich vernünftig erscheint; er darf sich dabei nur nicht willkürlich und ohne einen vertretbaren Grund über die schutzwürdigen Belange des Handelsvertreters hinwegsetzen.[174] Erfolgt die Entscheidung des Unternehmers zur Einstellung des Vertriebes und der Nutzung des Kundenstamms willkürlich und ohne vertretbaren Grund, steht dem Handelsvertreter aus dem Gesichtspunkt des allgemeinen Verbotes des Rechtsmissbrauchs dennoch ein Ausgleichsanspruch zu, weil die fehlende Nutzung des Kundenstamms dann nicht zu seinen Lasten gehen darf.[175]

109   Sind mit einer Geschäftsaufgabe oder Geschäftsänderung Vorteile verbunden, wie beispielsweise eine EG-Stilllegungsprämie[176] oder eine **Abfindung** für die Betriebsstilllegung,[177] so liegt ein ausgleichspflichtiger Vorteil des Unternehmers vor. Es ist somit

---

[165] Martinek/Semler/Flohr VertriebsR-HdB/Semler § 20 Rn. 19; Emde Rn. 139; Ebenroth/Boujong/Joost/Strohn/Löwisch Rn. 133.
[166] BGH NJW 1984, 2695 (2696); Bamberger NJW 1984, 2670; MüKoHGB/Ströbl Rn. 80.
[167] MüKoHGB/Ströbl Rn. 82.
[168] Koller/Kindler/Roth/Drüen/Roth Rn. 7.
[169] BGH ZIP 1996, 873 (874) = NJW 1996, 1752 – Daihatsu.
[170] BGH BB 1996, 1026 = NJW 1996, 1752 – Daihatsu; OLG Köln BeckRS 2013, 16612; s. auch OLG Hamm HVR Nr. 511; Westphal EWiR 1996, 561 (562).
[171] Westphal Neues Handelsvertreterrecht, 153.
[172] Baumbach/Hopt/Hopt Rn. 20.
[173] Vgl. OLG Nürnberg BB 1962, 155.
[174] BGH NJW 1986, 1931 (1932); BGHZ 49, 39 (42) = NJW 1968, 394.
[175] MüKoHGB/Ströbl Rn. 80; Ebenroth/Boujong/Joost/Strohn/Löwisch Rn. 141.
[176] Baumbach/Hopt/Hopt Rn. 20.
[177] OLG Frankfurt a. M. BB 1985, 687.

immer zu fragen, ob der Unternehmer die vom Handelsvertreter geschaffenen Geschäfts-verbindungen in irgendeiner Weise vorteilhaft nutzen kann.

Nach der zutreffenden Rechtsprechung des EuGH[178] und des BGH[179] muss der **erheb-liche Vorteil in** der **Person des Unternehmers selbst** festgestellt werden. Dies folgt aus dem Wortlaut und dem Zweck von Art. 17 Abs. 2a der Handelsvertreter-RL und auch dem Wortlaut von Abs. 1 S. 1 Nr. 1.[180] Die lediglich Konzerngesellschaften des Unterneh-mers zufließenden Vorteile begründen keine Vorteile des Unternehmers und sind für den Ausgleichsanspruch des Handelsvertreters nicht zu berücksichtigen.[181] Stellt der Unterneh-mer seine Vertriebstätigkeit ein und überträgt er seinen Kundenstamm ohne Entgelt auf ein konzernrechtlich verbundenes Unternehmen, so steht dem Handelsvertreter – sofern dies nicht willkürlich und ohne vertretbaren Grund erfolgt – kein Ausgleichsanspruch zu.[182] Vertreibt jedoch die Schwestergesellschaft die Produkte, die der Unternehmer herstellt und vor der Umstrukturierung selbst vertrieben hat, an den vom Handelsvertreter aufgebauten Kundenstamm, hat der Unternehmer einen ausgleichspflichtigen Vorteil, weil er den Kundenstamm weiter zum Absatz seiner Produkte nutzen kann.[183] Verkauft die Konzern-obergesellschaft die Marke und verliert im Zuge dessen der Unternehmer die Vertriebs-rechte ohne Entschädigung, so scheidet ein Ausgleichsanspruch des vom Unternehmer gekündigten Handelsvertreters aus.[184] **110**

Im Falle der **Insolvenz des Unternehmers** sind keine Vorteile gegeben, wenn das insolvente Unternehmen nur abgewickelt wird.[185] Setzt der Insolvenzverwalter die Er-werbstätigkeit aber über einen längeren Zeitraum fort und schließt mit dem vom Handels-vertreter aufgebauten Kundenstamm weiter Geschäfte ab oder erhöht dieser Kundenstamm den Verkaufserlös bei einer Veräußerung der Aktiva durch den Insolvenzverwalter, kann ein Vorteil vorliegen. **111**

Für die Frage des Ausgleichsanspruchs des **Untervertreters** gegenüber dem Hauptver-treter kann die vom Unternehmer an den Hauptvertreter erfolgte Ausgleichszahlung einen Vorteil darstellen, weil der vom Untervertreter aufgebaute Kundenstamm mit in die Be-rechnung des Ausgleichsanspruchs des Hauptvertreters eingeflossen ist.[186] **112**

(3) Entfall/Minderung des Vorteils. Der Vorteil des Unternehmers entfällt oder wird jedenfalls gemindert, wenn der vom Handelsvertreter aufgebaute **Kundenstamm** wegen seines Ausscheidens **abwandert**, obwohl der Nachfolger objektiv nicht schlechter ist.[187] Dasselbe gilt, wenn der Handelsvertreter nach Vertragsbeendigung für einen Konkurrenz-unternehmer tätig wird und die geworbenen Kunden mitnimmt.[188] Die Unternehmer-vorteile können auch dann gemindert sein, wenn der Handelsvertreter die **Daten des** von ihm aufgebauten **Kundenstamms** an einen Dritten **verkauft**.[189] **113**

Keine Minderung des Unternehmervorteils liegt vor, wenn der Handelsvertreter neben der Gewinnung neuer Kunden von ihm bei Beginn des Handelsvertretervertrages **über-nommene Kunden verloren** hat; dies kann aber im Rahmen der Billigkeitsprüfung zu berücksichtigen sein, soweit der Handelsvertreter dafür verantwortlich ist (→ Rn. 178).[190] **114**

---

[178] EuGH EuZW 2009, 304 Rn. 26 ff. – Semen/Tamoil.

[179] BGH NJW 1986, 1931 (1932).

[180] EuGH EuZW 2009, 304 Rn. 26 ff. – Semen/Tamoil.

[181] EuGH EuZW 2009, 304 Rn. 26 ff. – Semen/Tamoil; aA noch OLG Braunschweig NJW 1976, 2022.

[182] BGH NJW 1986, 1931 (1932).

[183] BGH NJW 1986, 1931 (1932).

[184] OLG München ZVertriebsR 2021, 45 (46) mAnm Wauschkuhn.

[185] OLG Karlsruhe WM 1985, 235 = ZIP 1985, 235; MüKoHGB/Ströbl Rn. 81; zur Liquidation: OLG München NJW-RR 1989, 163.

[186] BGHZ 52, 5 (10); Küstner/Thume VertriebsR-HdB II Kap. VII Rn. 76.

[187] BGH NJW 1985, 860 (861); Baumbach/Hopt/Hopt Rn. 19.

[188] BGH BB 1996, 2265 (2267) = NJW 1996, 2302 – Fiat/Lancia; WM 1981, 817 (818); BB 1960, 605 (606).

[189] BGH NJW-RR 2006, 1692 Rn. 17; MüKoHGB/Ströbl Rn. 87.

[190] BGH ZIP 1990, 1197 (1199); BB 1964, 1399 (1400).

Zu keiner Reduzierung des Unternehmervorteils führt eine vorübergehende geringere Geschäftstätigkeit des Unternehmers infolge des Ausscheidens des Handelsvertreters.[191] Keine Auswirkung auf die Unternehmervorteile hat ferner die Notwendigkeit der Vornahme umsatzfördernder Aufwendungen durch den Unternehmer wie insbesondere die Zahlung einer Provision an einen nachfolgenden Vertreter[192] oder die Gewährung von normalen Rabatten,[193] da dies zu den normalen Vertriebskosten des Unternehmers gehört.

115 Umstände, die zu einer Minderung der Unternehmervorteile führen, dürfen nicht erneut im Rahmen der Billigkeitsprüfung reduzierend berücksichtigt werden.[194]

116 **bb) Erheblich.** Die dem Unternehmer entstehenden Vorteile müssen **erheblich** sein. Ob die Vorteile erheblich sind, richtet sich nach den **Umständen des Einzelfalls.**[195]

117 Setzt der Unternehmer die Geschäftsverbindungen mit dem vom Handelsvertreter aufgebauten Kundenstamm fort, so richtet sich die Erheblichkeit danach, welchen Umsatz und welchen Gewinn der Unternehmer aus dem Fortbestehen der Geschäftsverbindungen erzielen kann.[196] Eine Umsatzsteigerung des Unternehmers ist keine Voraussetzung.[197] Sogar ein Rückgang des Gesamtumsatzes schließt nicht per se den Vorteil aus, kann aber nach Billigkeitsgesichtspunkten zu einer Reduzierung führen.[198] Keine Rolle für die Erheblichkeit spielt auch das Verhältnis zwischen dem Gesamtumsatz des Unternehmers zu dem vom Handelsvertreter durch den Aufbau des Kundenstammes zusätzlich vermittelten Umsatz,[199] die Größe des aufgebauten Kundenstammes oder die Anzahl der zu erwartenden Nachbestellungen.[200]

118 Unerheblich ist auch hier wieder, ob der Unternehmer den Kundenstamm in dem ihm möglichen Umfang tatsächlich nutzt.[201]

119 **cc) Prognoseentscheidung.** Die Vorteile des Unternehmers aus den vom Handelsvertreter aufgebauten Geschäftsverbindungen stehen bei Vertragsbeendigung noch nicht fest, sondern verwirklichen sich erst in der Zukunft. Es ist daher eine **Prognose über** die **zukünftige Entwicklung der Kundenbeziehung** anzustellen.[202] Diese Prognoseentscheidung erfolgt regelmäßig im Rahmen einer Schätzung gemäß § 287 ZPO und berücksichtigt neben den gegenwärtigen auch die vergangenen Umstände des Einzelfalls.[203]

120 In die Prognoseentscheidung sind **bezogen auf den Zeitpunkt der Beendigung** des Handelsvertretervertrages alle objektiven Umstände des Einzelfalls einzubeziehen, die für den Ausgleichsanspruch von Bedeutung sind. Entgegen der früheren Rechtsprechung des BGH[204] sind nach Vertragsbeendigung bis zur Entscheidung durch den Tatrichter eintretende Tatsachen grundsätzlich nicht zu berücksichtigen.[205] Dies ist deshalb zutreffend, weil der Ausgleichsanspruch an Umstände anknüpft, die durch den Handelsvertreter während

---

[191] OLG Oldenburg BB 1973, 1281; MüKoHGB/Ströbl Rn. 87.

[192] BGH NJW-RR 2011, 389 Rn. 21 f.; 2010, 1263 Rn. 20; BB 2007, 2475 Rn. 48; BGHZ 42, 244 (248).

[193] BGH DB 2010, 2496 (2497) = NJW-RR 2011, 389 Rn. 29; Emde Rn. 137.

[194] Thume BB 2009, 2490 (2492); Emde Rn. 140.

[195] Westphal Neues Handelsvertreterrecht, 151; Schultze/Wauschkuhn/Spenner/Dau/Kübler Vertragshändlervertrag/Wauschkuhn Rn. 841; Koller/Kindler/Roth/Drüen/Roth Rn. 7.

[196] BGH BB 2007, 2475 Rn. 47 = NJOZ 2007, 5690; NJW-RR 1991, 1050 (1052); OLG Nürnberg BB 1962, 155; MüKoHGB/Ströbl Rn. 88.

[197] BGH NJW 1990, 2889 (2890); BGHZ 42, 244 (247); Emde Rn. 137.

[198] BGHZ 42, 244 (247).

[199] BGH NJW 1998, 71 (74); NJW-RR 1991, 1050 (1052); Martinek/Semler/Flohr VertriebsR-HdB/ Semler § 20 Rn. 31.

[200] BGH NJW-RR 1991, 1050 (1052).

[201] BGH NJW-RR 1991, 1050 (1052); MüKoHGB/Ströbl Rn. 88.

[202] BGH NJW 1998, 71 (75); BGHZ 56, 242 (246); Schultze/Wauschkuhn/Spenner/Dau/Kübler Vertragshändlervertrag/Wauschkuhn Rn. 842; Oetker/Busche Rn. 15.

[203] BGH DB 2011, 173 Rn. 16 = NJW 2011, 1143 Rn. 16; Emde Rn. 142.

[204] BGHZ 56, 242 (246); Rittner DB 1998, 457 (458).

[205] BGH NJW 1998, 71 (75); OLG Koblenz NJW-RR 2007, 1044 (1045); Baumbach/Hopt/Hopt Rn. 16.

seiner Tätigkeit beeinflusst werden.[206] Nach Beendigung des Handelsvertretervertrages eintretende Umstände können nur dann berücksichtigt werden, wenn ihre Wurzel bereits im Handelsvertreterverhältnis angelegt war.[207] Ansonsten können zum Zeitpunkt der Beendigung des Handelsvertreterverhältnisses unvorhersehbare tatsächliche Entwicklungen die Höhe des Ausgleichsanspruchs nicht beeinflussen.[208]

Erweist sich die Prognoseentscheidung später als unrichtig, etwa weil neue Kunden nach **121** der Entscheidung über den Ausgleichsanspruch wider Erwarten doch abspringen oder der Mehrfachkundenanteil sich vermindert, steht dem Unternehmer **kein Erstattungsanspruch** etwa nach § 812 Abs. 1 S. 2 BGB zu.[209]

Im Rahmen der Prognoseentscheidung ist zu prüfen, **wie lange und in welchem** **122** **Umfang** der Unternehmer die **Geschäfte** mit dem vom Handelsvertreter aufgebauten Kundenstamm voraussichtlich **fortführen** kann.[210] Im Rahmen der Prüfung sind die Besonderheiten der jeweiligen Branche, die Markt- und Wettbewerbssituation, die Kundenfluktuation und die übliche Nutzungszeit des vertriebenen Produktes zu berücksichtigen.[211] Die Entwicklung der einzelnen vom Handelsvertreter aufgebauten Geschäftsverbindungen während der Dauer des Handelsvertretervertrages ist ein wichtiger Anhaltspunkt für die Prognoseentscheidung.[212]

Ob der Handelsvertreter das Handelsvertreterverhältnis (beispielsweise wegen Krankheit) **123** überhaupt fortsetzen könnte, ist für die Prognoseentscheidung unerheblich, da **allein auf** **das Fortbestehen der Geschäftsverbindungen** mit dem vom Handelsvertreter aufgebauten Kundenstamm **abzustellen** ist.[213]

Für die **Dauer des Prognosezeitraumes** ist entscheidend, wie lange die vom Handels- **124** vertreter aufgebauten Geschäftsverbindungen unter Berücksichtigung aller Umstände des Einzelfalls erfahrungsgemäß andauern werden.[214] **In der Regel** beträgt der Prognosezeitraum **zwei bis drei Jahre,** bei langlebigen Produkten bis zu fünf Jahren.[215] Da die Dauer des Prognosezeitraumes aber immer vom Einzelfall abhängt, kann auch ein Prognosezeitraum von sechs Jahren oder noch länger als überschaubarer und in seiner Entwicklung abschätzbarer Zeitraum anzusehen sein (→ Rn. 86).[216] Beim Kauf von Neuwagen durch Privatkunden wird von der Rechtsprechung regelmäßig ein Prognosezeitraum von fünf Jahren angesetzt.[217]

Beim Warenvertrieb ist in der Regel der **Zeitraum bis zum üblichen Neukauf des** **125** **Produktes** heranzuziehen, um zumindest die Nachbestellungen der im letzten Jahr vor Vertragsbeendigung vom Handelsvertreter geworbenen Kunden zu erfassen.[218]

g) Berechnung der erheblichen Vorteile. Vor dem Urteil des EuGH vom 26.3.2009 **126** (→ Rn. 4) und der Streichung der Provisionsverluste des Handelsvertreters als Tatbestandsmerkmal durch den Gesetzgeber (→ Rn. 5) erfolgte die Berechnung der erheblichen Unternehmervorteile anhand der **Faustformel,** dass die **Vorteile in der Regel mindes-**

---

[206] Oetker/Busche Rn. 15.
[207] BGH NJW 1998, 71 (75); OLG Koblenz NJW-RR 2007, 1044 (1045); Baumbach/Hopt/Hopt Rn. 16; Oetker/Busche Rn. 15.
[208] BGH NJW 1998, 71 (75); MüKoHGB/Ströbl Rn. 89; Küstner/Thume VertriebsR-HdB I Kap. IX Rn. 53.
[209] BGH NJW 1998, 71 (75); Baumbach/Hopt/Hopt Rn. 16.
[210] BGH NJW-RR 1993, 221; Oetker/Busche Rn. 15.
[211] BGH NJW-RR 1993, 221; MüKoHGB/Ströbl Rn. 89; Emde Rn. 145.
[212] BGH NJW-RR 1991, 1050 (1052).
[213] OLG Celle NJW 1968, 1141 (1142).
[214] BGH NJW-RR 1993, 221; MüKoHGB/Ströbl Rn. 90; Emde Rn. 145.
[215] BGH NJW 1985, 859 (860); OLG München BeckRS 2014, 10205; Baumbach/Hopt/Hopt Rn. 16.
[216] BGH NJW 1999, 2668 (2670).
[217] BGHZ 135, 14 (19) = NJW 1997, 1503 (1504) – Renault II; WM 2006, 1403 (1405); ZIP 2012, 277 (278) = NJW 2011, 3438 Rn. 17.
[218] BGH NJW 1985, 859; MüKoHGB/Ströbl Rn. 90; Baumbach/Hopt/Hopt Rn. 16; kritisch Meyer ZVertriebsR 2014, 354 (358).

tens ebenso hoch sind wie die gemäß Abs. 1 S. 1 Nr. 2 aF relevanten **Provisionsverluste** des Handelsvertreters.[219]

127   Auch nach der Streichung des Tatbestandsmerkmals der Provisionsverluste kann nach der Rechtsprechung des BGH im Regelfall diese **Faustformel als Berechnungsmethode beibehalten werden,** wenn der Handelsvertreter nicht darlegt, dass die Unternehmervorteile höher seien als die von ihm erlittenen Provisionsverluste oder der Unternehmer geringere Vorteile vorträgt.[220] Hierbei handelt es sich auch nach der Neufassung des Abs. 1 S. 1 um eine zulässige Schätzung des Tatrichters gemäß **§ 287 Abs. 2 ZPO.**[221] Mit dem Wortlaut des neugefassten Abs. 1 ist diese Berechnungsmethode allerdings kaum vereinbar.[222] Der EuGH hat jedoch mehrfach entschieden[223], dass die Handelsvertreter-RL keine detaillierten Hinweise zur Methode der Berechnung des Ausgleiches enthält und die Mitgliedstaaten deshalb einen Gestaltungsspielraum bei der Wahl der Methoden zur dessen Berechnung haben.

128   Nach der Neuregelung des Abs. 1 muss der Handelsvertreter geltend machen können, dass die Unternehmervorteile höher sind als der Betrag der dem Handelsvertreter entgehenden Provisionen. Dies spielt insbesondere eine Rolle, wenn dem Handelsvertreter nur geringe Provisionsverluste entstehen, wie beispielsweise bei der Vereinbarung einer Einmalprovision für die Werbung eines Kunden. Die Unternehmervorteile können weiter auch dann höher sein als die Provisionsverluste des Handelsvertreters, wenn der Handelsvertreter kurz vor seinem Ausscheiden eine erfolgreiche Marketingmaßnahme durchführt, der Unternehmer seinen Preis für die Vertragsprodukte kurz vor oder nach dem Ausscheiden des Handelsvertreters deutlich erhöht[224] oder der Handelsvertreter Stammkunden mitnimmt.[225]

128a   Nach dem Grundsatzurteil des BGH vom 24.9.2020[226] stellen die ausgleichspflichtigen erheblichen Vorteile des Unternehmers den „Goodwill" dar, die während der Dauer des Handelsvertretervertrages noch nicht mit den gezahlten Provisionen vergütet worden sind. Den „Goodwill" definiert der BGH als „die durch die vom Handelsvertreter durch die geworbenen Neukunden geschaffene oder die Erweiterung der Geschäftsbeziehung zu bestehenden Kunden herbeigeführte Steigerung des Geschäfts- oder Firmenwertes des Geschäftsbetriebes des Unternehmers".[227] Der BGH beruft sich insoweit zu Recht auf das Urteil des EuGH vom 26.3.2009[228] und den Bericht der EU-Kommission über die Anwendung von Art. 17 der Handelsvertreter-RL vom 23.7.1996[229], wonach der Begriff der Unternehmervorteile nicht neu definiert, sondern nur ausgesprochen wird, dass diese nicht von vornherein durch die Provisionsverluste des Handelsvertreters begrenzt werden. In Rn. 20 seines vorgenannten Urteils vom 24.9.2020 führt der BGH zur Bewertung des „Goodwill" aus: „Denn der Vorteil des Unternehmers besteht darin, die vom Handelsvertreter oder Vertragshändler geschaffene Geschäftsverbindung nach Beendigung des Ver-

---

[219] BGHZ 141, 248 (252 f.) = NJW 1999, 2668 f.; Martinek/Semler/Flohr VertriebsR-HdB/Semler § 20 Rn. 32.

[220] BGH ZVertriebsR 2020, 386 Rn. 16; NJW-RR 2011, 389 Rn. 20; NJW 2011, 848 Rn. 19; NJW-RR 2010, 1550 Rn. 12 f.; NJW 2010, 1263 Rn. 17; VersR 2010, 480 = BeckRS 2009, 88043 Rn. 14; OLG Düsseldorf ZVertriebsR 2017, 111 Rn. 39 mit zust. Anm. Rohrßen ZVertriebsR 2017, 188; Küstner/Thume VertriebsR-HdB I Kap. IX Rn. 26; Martinek/Semler/Flohr VertriebsR-HdB/Semler § 20 Rn. 34 ff.; Emde Rn. 142; Korte DB 2011, 2761 (2762); Westphal DB 2010, 1333 (1336); Kindler/Menges DB 2010, 1109 (1115); Emde DStR 2009, 1478 (1484); Thume BB 2009, 2490 (2493 ff.); BeckOK HGB/Lehmann Rn. 77.

[221] BGH NJW-RR 2011, 389 Rn. 20; OLG Düsseldorf ZVertriebsR 2017, 111 Rn. 39 mit zust. Anm. Rohrßen ZVertriebsR 2017, 188.

[222] Genzow IHR 2014, 133; GK-HGB/Genzow Rn. 22; Meyer ZVertriebsR 2014, 352 (356).

[223] EuGH EuZW 2016, 221 Rn. 16; 2009, 304 Rn. 17 f.; 2006, 341 Rn. 34 f.; NJW 2001, 2007 Rn. 21.

[224] Emde BB 2010, 2447 (2448); Baumbach/Hopt/Hopt Rn. 44.

[225] Thume BB 2021, 1672 (1673).

[226] BGH ZVertriebsR 2020, 386; vgl. auch Emde BB 2021, 2824 (2828 f.).

[227] BGH ZVertriebsR 2020, 386 Rn. 18.

[228] EuGH IHR 2009, 212 Rn. 24 f.

[229] KOM[96] 364 endg.

trags weiterhin nutzen zu können. Es geht damit um eine Bewertung des vom Handelsvertreter oder Vertragshändler geschaffenen Kundenstamms. Dieser Wert ist von der Gewinnmarge zu unterscheiden, die der Unternehmer insgesamt mit dem Vertrieb des Produktes erzielen kann. Der Beitrag des Handelsvertreters zu dem vom Unternehmer erzielten Gewinn besteht in der Vermittlung von Geschäften für den Unternehmer, für die er die vertraglich vereinbarte Provision erhält; der Handelsvertreter ist dagegen nicht für die Herstellung und die Qualität des vertriebenen Produkts verantwortlich. Der Vertragshändler, dem in entsprechender Anwendung des § 89b HGB nach Beendigung des Vertrags ein Ausgleichsanspruch gegen den Unternehmer zusteht, ist vergleichbar einem Handelsvertreter in die Absatzorganisation des Unternehmers eingegliedert und in gleicher Weise zur Förderung des Vertriebs des vom Unternehmer hergestellten Produkts und nach Beendigung des Vertrages zur Übertragung des Kundenstamms verpflichtet. Für ihn gelten diese Erwägungen deshalb entsprechend." Damit orientiert sich die Berechnung des Vorteils zunächst am Erlös des vertriebenen Produktes abzüglich des Aufwands des Unternehmers für dessen Herstellung/Einkauf und Qualität und Versand. Der nach Abs. 1 S. 1 Nr. 1 auszugleichende Vorteil betrifft nur die vertriebsrechtlichen und nicht die produktbezogenen Vorteile. Die auszugleichenden Vorteile sind also umso geringer, desto besser sich das vertriebene Vertragsprodukt aufgrund seiner Qualität, seiner Marktbekanntheit und Wettbewerbsfähigkeit ohnehin vertreiben lässt. Schließlich sind vom Erlös des Unternehmers noch alle weiteren Aufwendungen und Kosten des Unternehmers abzuziehen, die ihm im Zusammenhang mit der Erfüllung der nachvertraglichen Geschäfte bzw. gewinnbringenden Verwertung des übernommenen Kundenstammes entstehen, weil auch diese die zukünftigen Vorteile des Unternehmers schmälern.[230]

Die Bewertung des „Goodwill" der Unternehmervorteile bleibt dennoch schwierig: Die **128b** Unternehmervorteile können dann durch eine betriebswirtschaftlich-generalisierende Bewertung des vom Handelsvertreter aufgebauten Kundenstammes als **immaterielles Wirtschaftsgut** anhand der Grundsätze des IDW S 5 ermittelt werden, was allerdings im Einzelfall sehr aufwendig ist.[231] Eine andere Möglichkeit ist im Wege einer konkreten Berechnung eine Gegenüberstellung der tatsächlichen Vermögenssituation des Unternehmers mit derjenigen, in der er sich befinden würde, wenn er den vom Handelsvertreter aufgebauten Kundenstamm nicht hätte.[232] Eine weitere Möglichkeit der Berechnung ist die **Ermittlung des Kaufpreises,** den ein Käufer für den aufgebauten Kundenstamm zahlen würde. All diese Bewertungen setzen jedoch im Regelfall die Beauftragung eines Sachverständigen mit erheblichen Kosten voraus, die bei einem niedrigen Ausgleich sogar dessen Betrag übersteigen können. Damit kann sich die Frage der Wirtschaftlichkeit stellen, was angesichts der Vielzahl von Ausgleichsprozessen nicht vernachlässigt werden kann. Im Einzelfall ist die Ermittlung der Unternehmervorteile deshalb oft sehr schwierig, wenn der Handelsvertreter einen höheren Betrag als seine entgangenen Provisionen geltend machen will. Der Handelsvertreter hat im Regelfall keine Kenntnis über die Unternehmervorteile.

Fraglich ist, ob der Handelsvertreter/Vertragshändler zur Ermittlung der Unternehmer- **129** vorteile des Unternehmers einen Auskunftsanspruch gemäß § 242 BGB gegen diesen geltend machen kann insbesondere auf der ersten Stufe einer Stufenklage. Nach der Rechtsprechung[233] besteht ein solcher Auskunftsanspruch an sich dann, wenn der Berechtigte in entschuldbarer Weise über das Bestehen oder den Umfang seines Rechts im Ungewissen ist, er die zur Vorbereitung und Geltendmachung seines Zahlungsanspruchs notwendigen Auskünfte auf zumutbare Weise nicht selbst beschaffen kann und der Verpflichtete sie

---

[230] Thume BB 2021, 1672 (1676).

[231] Martinek/Semler/Flohr VertriebsR-HdB/Semler § 20 Rn. 37; Küstner/Thume VertriebsR-HdB I Kap. IX Rn. 46 ff.; Thume IHR 2011, 11 (12); Kindler/Menges DB 2010, 1109 (1115); Semler BB 2009, 2327 (2328); Wauschkuhn ZVertriebsR 2016, 79 (82); Gräfe ZVertriebsR 2020, 389 (390).

[232] Martinek/Semler/Flohr VertriebsR-HdB/Semler § 20 Rn. 35 f.

[233] BGH NJW 1996, 2100 (2101); OLG München Vers 2010, 344 = BeckRS 2009, 15554.

unschwer erteilen vermag. Das Oberlandesgericht Frankfurt/Main in einem Urteil vom 13.3.2019[234] und das LG Düsseldorf in einem Urteil vom 28.8.2015[235] hatten den Unternehmer gemäß § 242 BGB zur Erteilung von Auskunft über die erzielten **Deckungsbeiträge I** (= Erlös abzüglich variable Kosten) im Hinblick auf die vertriebenen Produkte verurteilt und wollten auf dieser Grundlage die Unternehmervorteile berechnen. Mangels Auskunftspflicht des Unternehmers hatte das OLG Düsseldorf das Urteil des LG Düsseldorf aufgehoben, weil der Handelsvertreter nicht plausibel dargelegt hatte, warum in dem betreffenden Fall die Unternehmervorteile ausnahmsweise höher sein sollten als seine Provisionsverluste.[236] Der BGH hat in seinem Grundsatzurteil vom 24.9.2020[237] das Urteil des OLG Frankfurt a. M. aufgehoben und einen Anspruch auf Erteilung von Auskunft über den erzielten Deckungsbeitrag I bzw. den Rohertrag zu Recht gänzlich verneint. Der Rohertrag hat keine Relevanz für den vom Handelsvertreter möglicherweise gesteigerten „Goodwill" des Unternehmers durch die Neukunden oder die vom Handelsvertreter mit bestehenden Kunden erweiterte Geschäftsbeziehung. Ob und in welchem Umfang bei einem substatiierten Vortrag des Handelsvertreters/Vertragshändlers zu den ausgleichsfähigen Unternehmervorteilen, insbesondere unter Abzug der vertriebsrechtlichen Vorteile und der erwarteten zukünftigen Vertriebskosten, ein Auskunftsanspruch gemäß § 242 BGB bestehen kann, hat der BGH in seinem Urteil vom 24.9.2020 offen gelassen.[238] Zu prüfen ist ohnehin, ob sich der Unternehmer gegen das Informationsbegehren des Handelsvertreters/Vertragshändlers auf den Charakter der Informationen als Geschäftsgeheimnis berufen kann.[239]

130   Ob und in welchem Umfang je nach Branche **lukrative Folgegeschäfte** mit Zubehör, Materialien und Ersatzteilen des Unternehmers bei der Vorteilsberechnung (wie beispielsweise der Verkauf von Druckerpatronen, wenn das Vertriebsrecht des Handelsvertreters sich nur auf Drucker bezieht) mit zu berücksichtigen sind, ist obergerichtlich noch nicht entschieden, aber wohl zu bejahen, weil auch insoweit Vorteile entstehen.[240] Das Urteil des BGH vom 2.7.1987[241], wonach sich der Ausgleichsanspruch nur auf das verkaufte Fahrzeug und nicht auf Ersatzteile bezieht, stellte zur alten Rechtslage nur fest, dass die Verwendung von Ersatzteilen in der Kundenwerkstatt des Vertragshändlers keine werbende Tätigkeit sei.

131   **5. Billigkeit der Zahlung eines Ausgleichs. a) Billigkeitsabwägung unter Berücksichtigung aller Umstände.** Als letzte Voraussetzung für das Entstehen des Ausgleichsanspruches setzt Abs. 1 S. 1 Nr. 2 nach der Neuregelung (→ Rn. 5) voraus, dass „die Zahlung eines Ausgleichs unter Berücksichtigung aller Umstände, insbesondere der dem Handelsvertreter aus Geschäften mit diesen Kunden entgehenden Provisionen, der Billigkeit entspricht". Unter Berücksichtigung dieses weiteren Tatbestandsmerkmals entsteht der Ausgleichsanspruch nicht, wenn er unter Würdigung aller Umstände des Einzelfalls unbillig wäre.[242]

132   In welchem Umfang dem Handelsvertreter beim Vertrieb von **Dauerverträgen** nach Beendigung des Handelsvertretervertrages ein Ausgleichsanspruch zusteht, richtet sich danach, ob er noch ein Folgegeschäft wirbt oder es zu einer Vertragsverlängerung im Hinblick auf das vermittelte Geschäft kommt (→ Rn. 87).[243]

133   Das **Billigkeitskriterium** hat durch das Urteil des EuGH in Sachen Semen/Tamoil und die darauf folgende gesetzliche Neufassung eine **Stärkung erfahren.** Es hat seinen be-

---

[234] OLG Frankfurt a. M. BeckRS 2019, 15476 Rn. 79 f.
[235] LG Düsseldorf ZVertriebsR 2015, 362; vgl. auch bereits LG Hamburg HVR Nr. 904.
[236] OLG Düsseldorf ZVertriebsR 2017, 111 Rn. 42.
[237] BGH ZVertriebsR 2020, 386 Rn. 18 u. 22.
[238] Thume BB 2021, 1672 (1677 f.).
[239] Emde Rn. 143.
[240] GK-HGB/Genzow Rn. 151.
[241] BGH NJW 1988, 42 (44).
[242] OLG Rostock NJW-RR 2009, 1631 (1632).
[243] OLG Köln BeckRS 2015, 19345; Stöbl/Wentzel BB 2017, 390.

grenzenden Charakter verloren.[244] Möglich ist daher, dass die Handelsvertreter gegenüber der alten Rechtslage stärker auf ausgleichserhöhende Merkmale abstellen[245] und daraus **höhere Ausgleichsbeträge** folgen.

Die überwiegende Meinung[246] vertrat bis zur gesetzlichen Neufassung die Ansicht, dass sich **134** aus Billigkeitsgründen kein höherer Ausgleich ergeben konnte, als er sich durch die Unternehmervorteile und die Verluste des Handelsvertreters errechnet. Demnach konnten Billigkeitsgesichtspunkte nur zu einer Minderung des nach Abs. 1 S. 1 Nr. 1 und 2 aF errechneten Ausgleichsanspruches führen. Diese Ansicht, so der **EuGH** in seinem **Urteil vom 26.3.2009,**[247] widerspricht jedoch einer richtlinienkonformen Auslegung des Art. 17 Abs. 2 der EU-Handelsvertreter-RL. Deshalb ist – in Ausnahmefällen – nach Abs. 1 S. 1 Nr. 2 **auch** eine **Erhöhung** des nach Abs. 1 S. 1 Nr. 1 errechneten Ausgleichsbetrages **möglich.**[248]

Ein Ausgleichsanspruch kann sich nicht rein aus Billigkeitsgesichtspunkten iSv Nr. 2 er- **135** geben. Die **Ermittlung des Ausgleichsanspruchs** läuft vielmehr in einem **gestuften Verfahren**[249] ab, bei dem die Billigkeit auf der zweiten Stufe steht. Zu dieser gelangt man naturgemäß erst nach Prüfung der ersten Stufe, also der Unternehmervorteile nach Nr. 1. Bei der Bemessung des Ausgleichsanspruchs müssen sowohl Abs. 1 S. 1 Nr. 1 als auch Abs. 1 S. 1 Nr. 2 herangezogen werden.[250] Durch Abs. 1 S. 1 Nr. 2 wird das unter Nr. 1 gewonnene Ergebnis korrigiert.

Die **Billigkeitsprüfung** dient aber nicht nur als ein Korrektiv des Ausgleichsanspruches. **136** Bei ihr handelt es sich vielmehr um eine **selbstständige Anspruchsvoraussetzung,** die gleichberechtigt neben den übrigen Voraussetzungen des Ausgleichsanspruches steht und ohne die dieser nicht entstehen kann.[251] Darüber hinaus beeinflusst die Billigkeit die Höhe des Ausgleichsanspruches.

Im Rahmen der Billigkeitsprüfung sind **alle Umstände des Einzelfalls zu berück- 137 sichtigen,**[252] soweit diese **mit dem Vertragsverhältnis in Zusammenhang** stehen.[253] Der Billigkeitsgrundsatz kann somit besonderen Umständen des konkreten Einzelfalls gerecht werden, die bei einer bloß abstrakten Berechnung gar nicht berücksichtigt würden. Wirtschaftliche und soziale Verhältnisse der Vertragsparteien bleiben dagegen grundsätzlich außer Betracht.[254] In besonderen Ausnahmefällen berücksichtigt die Rechtsprechung allerdings auch vertragsfremde Umstände (→ Rn. 189).[255]

Mindern einige Billigkeitsumstände den Ausgleichsanspruch des Handelsvertreters, kön- **138** nen andere Umstände, die den Anspruch erhöhen, dagegen wirken. Der BGH[256] hat noch zur alten Rechtslage festgestellt, dass im Einzelfall die für einen möglichst hohen Ausgleichsanspruch sprechenden Billigkeitsgesichtspunkte die anderen, für einen weniger hohen Anspruch sprechenden Umstände so sehr überwiegen können, dass trotz der mindernden Umstände dem Handelsvertreter der volle nach Abs. 1 S. 1 Nr. 1 errechnete Ausgleichsanspruch zuzusprechen sei. Nach der neuen Rechtslage können sie den Ausgleichsanspruch in Ausnahmefällen sogar erhöhen.

Da das generell gefasste Merkmal der Billigkeit ein **unbestimmter Rechtsbegriff** ist,[257] **139** ist maßgeblich, dass für den zu entscheidenden Sachverhalt ein **gerechter Ausgleich**

---

[244] So Emde WRP 2010, 844 (848 f.); Thume BB 2009, 2490 (2493).
[245] Steinhauer EuZW 2009, 887 (889).
[246] Vgl. nur Thume BB 2009, 2490 (2493).
[247] EuGH EuZW 2009, 304 – Semen/Tamoil.
[248] GK-HGB/Genzow Rn. 55.
[249] EuGH EuZW 2009, 304 Rn. 19 – Semen/Tamoil; vgl. Oetker/Busche Rn. 18.
[250] BGHZ 43, 154; BGH NJW 1985, 58 (59); 1997, 655 (656).
[251] BGH BB 1957, 1161; OLG Hamm HVR Nr. 511; Baumbach/Hopt/Hopt Rn. 23; Küstner/Thume VertriebsR-HdB II Kap. VIII Rn. 1 ff.
[252] Westphal Neues Handelsvertreterrecht, 161; Koller/Kindler/Roth/Drüen/Roth Rn. 8.
[253] Baumbach/Hopt/Hopt Rn. 25.
[254] Küstner/Thume VertriebsR-HdB II Kap. VIII Rn. 26 ff.
[255] BGH BB 1965, 395; NJW 2003, 1244 (1246); OLG Düsseldorf HVR Nr. 504.
[256] BGH BeckRS 1960, 31189117 (unter III.) = HVR Nr. 299; vgl. auch Emde Rn. 189.
[257] Vgl. MüKoHGB/Ströbl Rn. 94.

gefunden wird. Allerdings gibt es keine klaren Kriterien für die Billigkeitsprüfung. Diese werden mehr und mehr durch die Rechtsprechung konkretisiert, so dass sich – neben den nunmehr in Abs. 1 Nr. 2 ausdrücklich geregelten Provisionsverlusten – **vielzählige Sonderfälle** herausgebildet haben. Bei der Berücksichtigung dieser Umstände ist darauf zu achten, dass sie nicht „doppelt" angewandt werden, dh sowohl im Rahmen von Abs. 1 S. 1 Nr. 1 bei der Ermittlung der Unternehmervorteile als auch bei Nr. 2.[258] Fraglich ist insoweit die Gewichtung der Provisionsverluste mit anderen Billigkeitsgründen, da diese nun gleichgestellt sind.[259] Aus dem Wort „insbesondere" wollen Teile der Literatur[260] dem Merkmal der entgehenden Provisionen gegenüber den anderen Billigkeitsgründen einen Vorrang einräumen.

140   Im Prozess muss der Richter als objektiver Dritter[261] die einzelnen Billigkeitsgesichtspunkte bewerten und abwägen und in einer Gesamtschau sich nach der abstrakt erfolgten Berechnung für eine Anspruchserhöhung bzw. –minderung entscheiden. Die **Billigkeitsprüfung** ist der **Kernbereich des tatrichterlichen Schätzungsermessens** gemäß § 286 f. ZPO.[262] Die Würdigung des Tatrichters ist vom Revisionsgericht nur dahingehend überprüfbar, ob der Tatrichter verfahrensfehlerfreie und ausreichende Feststellungen zu den für seine Schätzung maßgeblichen Umständen getroffen hat.[263]

141   **b) Entgehende Provisionen.** Hinsichtlich der Provisionsverluste bzw. nunmehr entgehenden Provisionen hat sich seit dem Urteil des **EuGH** in Sachen **Semen/Tamoil**[264] eine Änderung vollzogen. Die frühere Fassung vor der gesetzlichen Neuregelung vom 31.7.2009 (§ 89b Abs. 1 S. 1 Nr. 1 und 2 aF) verlangte für das Bestehen des Ausgleichs, dass sich die wirtschaftlichen Vorteile des Unternehmers in den Provisionsverlusten des Handelsvertreters wiederfinden. Der Provisionsverlust war die Kehrseite der Vorteile des Unternehmers.[265] Dies führte regelmäßig zu einer Minderung des Ausgleichsanspruchs. Diese Auslegung entsprach jedoch nicht Art. 17 Abs. 2a der Handelsvertreter-RL.

142   Nach der Neuregelung des § 89b im Jahre 2009 **begrenzen** die dem Handelsvertreter **entgehenden Provisionen** in richtlinienkonformer Auslegung den **Ausgleichsanspruch nicht mehr** (→ Rn. 134). Da die „Billigkeit" das einzige Tatbestandsmerkmal neben den Unternehmervorteilen ist, kommen etwaige Provisionsverluste nunmehr ausschließlich innerhalb der Billigkeitsprüfung zum Tragen.[266] Sie sind nicht länger selbstständiges Tatbestandsmerkmal des § 89b.[267] Zwar kann im Regelfall auf die bisherige Rechtsprechung zur Berechnung der erheblichen Vorteile des Unternehmers (→ Rn. 127) zurückgegriffen werden. Die entgehenden Provisionen des Handelsvertreters gehen jedoch lediglich in das Gesamturteil der Billigkeit ein und sind nicht mehr abschließender Art.[268] Die entgehenden Provisionen sind nun bloßes Indiz für entsprechende Vorteile des Unternehmers.[269] Auch Verluste aus entgehenden Festvergütungen sind ausgleichspflichtig, wenn sie neben oder an Stelle der Provision vereinbart werden.[270]

143   Billigkeitsgesichtspunkte führen in der Regel zwar immer noch zu einer Minderung des nach Abs. 1 S. 1 Nr. 1 errechneten Ausgleichsanspruches. Eine Anpassung nur nach unten aus Billigkeitsgesichtspunkten würde aber gegen die Handelsvertreter-RL verstoßen, so dass

---

[258] Oetker/Busche Rn. 18.
[259] Vgl. Küstner/Thume VertriebsR-HdB I Kap. IX Rn. 65.
[260] Baumbach/Hopt/Hopt Rn. 24, 26; Oetker/Busche Rn. 18.
[261] Vgl. BGH NJW 2003, 1244 (1246); MüKoHGB/Ströbl Rn. 99.
[262] BGH NJW-RR 2012, 674 = MDR 2012, 235; NJW 2011, 3430 Rn. 31; 2011, 848 Rn. 47; BB 2007, 2475 Rn. 54.
[263] BGH BeckRS 2011, 03878 Rn. 32.
[264] EuGH EuZW 2009, 304 – Semen/Tamoil.
[265] Vgl. BGH NJW 1990, 2889 (2891); Oetker/Busche Rn. 19.
[266] EuGH EuZW 2009, 304 Rn. 19 f. – Semen/Tamoil.
[267] Vgl. Wauschkuhn/Fröhlich BB 2010, 524 (527).
[268] Baumbach/Hopt/Hopt Rn. 26.
[269] Oetker/Busche Rn. 19; Wauschkuhn/Fröhlich BB 2010, 524 (527); Thume BB 2009, 2490 (2493).
[270] OLG Oldenburg NJW-RR 2014, 814 (815); OLG Hamm IHR 2014, 231 (238).

eine Ausgleichserhöhung möglich ist, wenn die dem Unternehmer verbleibenden Vorteile höher sind als die Provisionsverluste des Handelsvertreters (→ Rn. 134).[271]

Somit ist es vorstellbar, dass hohe Provisionsverluste trotz niedrigerer Unternehmervor- **144** teile den Ausgleichsanspruch erhöhen können.[272] Andererseits kann ein Ausgleichsanspruch sogar entstehen, wenn die Provisionsverluste unerheblich sind oder ganz fehlen.[273] Da die Provisionsverluste nicht länger Voraussetzung für das Entstehen des Ausgleichsanspruchs sind, kann ausnahmsweise aus anderen Billigkeitsgründen dem Handelsvertreter ein Ausgleich zustehen, wenn dem Unternehmer dennoch Vorteile verbleiben.[274] Die entgehenden Provisionen sind nicht nur aus rechtlicher Perspektive zu betrachten. Vielmehr sind **wirtschaftliche Gesichtspunkte** bei ihrer Bestimmung zugrunde zu legen.[275] Die einzige verbleibende „Grenze" des Ausgleichsanspruchs ist nunmehr der Ausgleichshöchstbetrag des Abs. 2 (→ Rn. 222).[276]

Unter die entgehenden Provisionen fallen **sämtliche Provisionen,** die der Handels- **145** vertreter bei Bestehen des Vertrages mit den von ihm geworbenen Kunden erzielt hätte (Wortlaut Abs. 1 S. 1 Nr. 2: „aus Geschäften mit diesen Kunden entgehenden Provisionen"). Darunter können somit nicht nur Provisionsverluste aus zukünftigen Geschäften, sondern **auch aus bereits abgeschlossenen Geschäften** fallen.

Bei **Einmalprovisionen** hingegen[277] können dem Handelsvertreter naturgemäß keine **146** Provisionen nach der Vertragsbeendigung entgehen. Dennoch ist nach der Neuregelung ein Ausgleich denkbar, da es auf entgehende Provisionen nicht mehr ankommt und dem Unternehmer jahrelange Vorteile verbleiben können.[278]

Die **Beendigung des Vertrages** muss im Übrigen **Ursache** für die entgehenden Pro- **147** visionen sein (Wortlaut Abs. 1 S. 1 Nr. 2: „mit diesen Kunden", gemeint mit solchen aus Abs. 1 S. 1 Nr. 1, bei denen der Unternehmer noch erhebliche Vorteile nach Vertragsbeendigung hat). Nur wenn der Handelsvertreter bei einer hypothetischen Fortsetzung des Handelsvertreterverhältnisses Provisionen erhalten hätte, können ihm Provisionen entgehen.[279]

aa) Bereits abgeschlossene Geschäfte. In der Regel erhält der Handelsvertreter eine **148** Provision nach § 87 für abgeschlossene oder vermittelte Geschäfte. Ein Provisionsverlust ist demnach nur vorstellbar, wenn eine Zahlung der Provision unterblieben ist, beispielsweise bei Nichteintritt der Fälligkeit gemäß § 87a[280] oder **bei** – soweit wirksam – **vertraglichem Ausschluss von Überhangprovisionen**[281]. Auch für Geschäfte iSd **§ 87 Abs. 3,** bei denen der Handelsvertreter den Abschluss vorbereitet hat, die Provision jedoch vertraglich **abbedungen** wurde, können ihm Provisionen entgehen.[282] Dies ist auch bei einmalig abgeschlossenen Geschäften der Fall, wenn dem Handelsvertreter keine Provision gezahlt wurde.[283]

---

[271] EuGH EuZW 2009, 304 Rn. 23 f. – Semen/Tamoil; Küstner/Thume VertriebsR-HdB I Kap. IX Rn. 58.
[272] Emde Rn. 189; Küstner/Thume VertriebsR-HdB I Kap. IX Rn. 62; Emde DStR 2009, 1478 (1483); aA Westphal DB 2010, 1333.
[273] Vgl. BGH NJW-RR 2010, 1263 Rn. 17, 33; Küstner/Thume VertriebsR-HdB I Kap. IX Rn. 64; Emde DStR 2009, 1478 (1482).
[274] MüKoHGB/Ströbl Rn. 117.
[275] BGH NJW-RR 2010, 1263 Rn. 33.
[276] EuGH EuZW 2009, 304 Rn. 24 – Semen/Tamoil; Emde Rn. 158.
[277] BGH NJW 1972, 1664; vgl. Küstner/Thume VertriebsR-HdB II Kap. VIII Rn. 34, Kap. IX Rn. 5 ff.
[278] BGH ZVertriebsR 2020, 386 Rn. 21; OLG Düsseldorf ZVertriebsR 2017, 111 Rn. 42; Emde WRP 2010, 845 (847, 849); Thume BB 2009, 2490 (2491); vgl. Baumbach/Hopt/Hopt Rn. 26.
[279] MüKoHGB/Ströbl Rn. 116.
[280] MüKoHGB/Ströbl Rn. 103.
[281] Röhricht/Graf v. Westphalen/Haas/Thume Rn. 79; Oetker/Busche Rn. 21; Koller/Kindler/Roth/Drüen/Roth Rn. 10.
[282] BGHZ 33, 92 = NJW 1960, 1996.
[283] MüKoHGB/Ströbl Rn. 103.

149   **bb) Künftige Geschäfte.** Die entgehenden Provisionen **aus künftigen Geschäften** stellen den **Normalfall** für den Ausgleichsanspruch dar. Dem Handelsvertreter entgehen Provisionen, wenn ihm bei hypothetischer Vertragsfortsetzung Ansprüche hierauf zustünden, weil die vom Handelsvertreter neu geworbenen oder intensivierten Mehrfachkunden erst nach Ende des Handelsvertretervertrages mit dem Unternehmer Geschäfte abgeschlossen haben. Mitursächlichkeit des Handelsvertreters ist hierbei ausreichend (→ Rn. 77). Unerheblich ist, dass der Handelsvertreter bei tatsächlicher Fortsetzung des Handelsvertretervertragsverhältnisses nicht zur Vermittlung weiterer Geschäfte fähig gewesen wäre.[284] Dies gilt auch dann, wenn der Handelsvertreter auf Grund Todes[285] oder Krankheit[286] nicht weiter tätig sein könnte. Der BGH[287] fingiert dabei eine gleich bleibende Tätigkeit des Handelsvertreters für die Berechnung der Provisionsverluste. Eine ebenso gleiche Fiktion besteht bei Vertretern in einem Rotationsvertriebssystem.[288]

150   Umstritten ist, ob dies auch im Falle der **Insolvenz des Handelsvertreters** gelten soll. Teilweise wird dies verneint und vertreten, dass zum Zeitpunkt der Insolvenz absehbar sei, dass der Handelsvertreter auf Grund seiner schwerwiegenden finanziellen Krise mit seinen Mehrfachkunden keine Geschäfte oder zumindest nicht mehr in erheblichem Umfang abschließen könne, so dass dem Handelsvertreter bei (hypothetischer) Vertragsfortsetzung keine Nachbestellungen und Folgeaufträge entgingen.[289] Der BGH[290] hat jedoch entschieden, dass zwar der Rückgang des Gesamtumsatzes in der Billigkeit berücksichtigt werden könne. Der Anspruch sei aber per se nicht ausgeschlossen, wenn der Handelsvertreter den Geschäftsbetrieb (wegen Insolvenz) einstellt.

151   **cc) Ausgleichsrelevante Provisionsverluste.** Es sind nur diejenigen entgangenen Provisionen auszugleichen, die auf einer **werbenden Tätigkeit** des Handelsvertreters beruhen. Werbend sind alle Maßnahmen des Handelsvertreters, die den Verkauf fördern und vom Kunden wahrnehmbar sind.[291] Dies ist der Fall bei **Abschluss- oder Vermittlungsprovisionen,**[292] aber auch bei allen weiteren für die Verkaufsförderung gezahlten Vergütungen;[293] dies kann auch bei Festvergütungen der Fall sein.[294] Voraussetzung ist immer, dass das Entgelt für die Schaffung eines Kundenstamms gezahlt wird.[295] Ausreichend ist, dass eine Sonderprämie freiwillig gezahlt wird.[296]

152   Da mit einer **verwaltenden Tätigkeit** an sich **kein Kundenstamm geschaffen** wird, unterfallen diese nicht dem Ausgleichsanspruch nach Abs. 1.[297] Ein Teil der Literatur[298] findet die Aufteilung in werbende und verwaltende Anteile obsolet und tritt für eine Rechtsprechungsänderung ein. Es sei eine handelsvertreterfreundliche Auslegung, wie sie die Handelsvertreter-RL auch insoweit vorgäbe, geboten. Das Leitbild des Handelsvertre-

---

[284] BGH NJW 1998, 1070; DB 1981, 1772 (1773); Küstner/Thume VertriebsR-HdB II Kap.IX Rn. 112; Martinek/Semler/Flohr VertriebsR-HdB/Semler § 20 Rn. 48; Oetker/Busche Rn. 22.

[285] BGH BB 1957, 527 f.

[286] OLG Celle NJW 1968, 1141.

[287] BGH NJW-RR 2009, 824 Rn. 23 = BB 2008, 2594; NJW 1999, 2668; 1957, 1028 f.

[288] BGH BB 1999, 1399.

[289] Wendel/Ströbl WRP 2005, 999; Stumpf/Ströbl MDR 2004, 1209 (1211); krit. Emde BB 2006, 1121 (1125).

[290] BGH NJW 2011, 848 Rn. 24, 48 unter Hinweis auf NJW 1998, 1070; NJW-RR 1988, 42.

[291] Oetker/Busche Rn. 20.

[292] BGH BB 1988, 2199 (2200); NJW 1985, 860 (861); BGHZ 30, 98 = NJW 1959, 1430.

[293] Selbst wenn der Begriff „Provision" nicht verwandt wird: BGHZ 30, 98 (104) = NJW 1959, 1430; OLG München NJW-RR 1993, 357.

[294] BGHZ 43, 154 (158); Baumbach/Hopt/Hopt Rn. 27.

[295] MüKoHGB/Ströbl Rn. 107.

[296] BGH NJW-RR 2010, 1263 Rn. 32; OLG Düsseldorf ZVertriebsR 2020, 256 (260).

[297] BGH NJW 2011, 848 Rn. 45; BeckRS 2010, 13559 Rn. 14; NJW-RR 2005, 1274 (1275); NJW 1998, 71 (72 f.); 1998, 66 (69) – BP I; 1985, 860 (861); NJW-RR 1988, 1061; NJW 1959, 1430; Baumbach/Hopt/Hopt Rn. 26; Thume BB 1994, 2358 (2361); Thume BB 1999, 2309 (2311).

[298] So zB Küstner/Thume VertriebsR-HdB I Kap. IX Rn. 66, der auch Rechtsprechungsänderungen im Bereich der Sukzessivlieferungsverträge, Rotationsvertriebe und Rahmenverträge erwartet; Thume IHR 2011, 7 (9 ff.); Emde WRP 2010, 844 (846 f.); Emde DStR 2009, 1478 (1482); GK-HGB/Genzow Rn. 48.

ters habe sich geändert und auch die verwaltenden Tätigkeiten gehörten zum Berufsbild des Handelsvertreters, zumal er gar nicht die Vertretungen bekäme, übernähme er nicht auch die „Verwaltung".

Der BGH lehnt jedoch auch in seinen aktuellen Urteilen zu Recht eine Änderung seiner **153** Rechtsprechung[299] ab und hält richtigerweise den **für die Verwaltungstätigkeit gezahlten Provisionsanteil für nicht ausgleichspflichtig.** Es kann daher an der herkömmlichen Rechtsprechung zu den Verwaltungsprovisionen festgehalten werden.[300] Was konkret unter „verwaltende Tätigkeit" zu verstehen ist, ist speziell für jede Vertriebssparte zu ermitteln.[301] Steuerliche Gesichtspunkte sind insoweit nicht maßgeblich.[302] Grundsätzlich fallen hierunter:[303]

– **Bestandspflege**[304]
– **Buchführung und eigene Provisionsabrechnung**[305]
– **Delkredere (§ 86b)**[306]
– **Inkasso**[307]
– **Lagerhaltung**[308]
– **Warenauslieferung**[309]
– **Regalpflegedienste**
– **Personalkosten**
– **Schadensregulierung**[310]

Für den Sonderfall des Betreibens von Tankstellen hat der BGH andere Grundsätze **154** entwickelt. Tätigkeiten, die vor den Tankstellenkunden selbst ablaufen oder deren Ergebnis die Kunden beobachten können – wie beispielsweise Zustand, Ordnung und Sauberkeit der Tankstelle – gehören zur werbenden Tätigkeit und sind damit ausgleichspflichtig, da sie zu den essentiellen Tätigkeiten eines Tankstellenbetreibers gehören.[311] Außerdem fallen wegen ihrer hier angeblich werbenden Funktion in dieser Branche auch die Lagerhaltung, Auslieferung und Inkasso sowie die dazugehörigen Personalkosten beim Tankstellenhalter darunter.[312]

„Superprovisionen" (→ § 87 Rn. 11) hingegen entgehen iSd Abs. 1 Nr. 2 dann, wenn **155** sich diese Provision auf eine werbende Tätigkeit des Handelsvertreters bezieht.[313] Hier ist auf die Parteivereinbarungen abzustellen.[314] Auch Zusatz- oder Sonderprovisionen können unabhängig ob auf freiwilliger oder vertraglicher Verpflichtung beruhend ausgleichspflichtig sein.[315]

Provisionen der Untervertreter (→ Rn. 16) des ausscheidenden Handelsvertreters sind **156** dann bei seinem Ausgleichsanspruch zu berücksichtigen, wenn er diesen gegenüber „als

---

[299] BGH NJW-RR 2012, 674 Rn. 30 f. zum Versicherungsvertreter; NJW 2011, 848 Rn. 30; NJW-RR 2011, 614 Rn. 33; 2011, 389 Rn. 30; 2010, 1263 Rn. 29, 50, jeweils zum Vertragshändler.
[300] BGH NJW 2011, 848 Rn. 45; BeckRS 2009, 88043 Rn. 16; Baumbach/Hopt/Hopt Rn. 26, 28.
[301] BGH NJW 1998, 71 (72); 1998, 66 (69) – BP I; Baumbach/Hopt/Hopt Rn. 28.
[302] BGH NJW-RR 2005, 1274 (1275).
[303] Vgl. Küstner BB 1999, 541 (547); Baumbach/Hopt/Hopt Rn. 28; Ebenroth/Boujong/Joost/Strohn/ Löwisch Rn. 153 ff.; MüKoHGB/Ströbl Rn. 108.
[304] Koller/Kindler/Roth/Drüen/Roth Rn. 9; vgl. aber BAG DB 1986, 919.
[305] Baumbach/Hopt/Hopt Rn. 28.
[306] Oetker/Busche Rn. 20; Koller/Kindler/Roth/Drüen/Roth Rn. 9.
[307] BGH NJW 1985, 860; BGHZ 30, 98 (104) = NJW 1959, 1430.
[308] BGH NJW 1998, 71 (72 f.); 1998, 66 (69); 1985, 860 (861); Koller/Kindler/Roth/Drüen/Roth Rn. 9.
[309] BGH NJW 1998, 71 (72 f.); 1998, 66 (69); 1985, 860 (861).
[310] Baumbach/Hopt/Hopt Rn. 28.
[311] BGH BeckRS 2011, 03879 Rn. 14 f.; NJW 1998, 71 (72 f.); 1998, 66 (69) – BP I.
[312] BGH NJW-RR 2003, 821 (824 f.); 2002, 1548 (1553).
[313] BGH BB 1989, 1075; BGHZ 59, 125 (128); Küstner/Thume VertriebsR-HdB II Kap. IX Rn. 247 ff.; Oetker/Busche Rn. 20.
[314] Vgl. BGH NJW-RR 2006, 1542 Rn. 18; 2002, 1548 (1552).
[315] BGH NJW 2011, 848 Rn. 31 ff.; BB 2010, 600.

eine Art Generalvertreter mit Kontroll- und Aufsichtsbefugnissen"[316] aufgetreten ist. Ist dies der Fall, so ist unerheblich, ob die Untervertreter direkte vertragliche Beziehungen zum Unternehmer gehabt haben (unechte Untervertretung) oder nur zum Handelsvertreter (echte Untervertretung).[317]

157   Unterscheidet der zu beurteilende Handelsvertretervertrag im Hinblick auf die Provisionen nicht zwischen verwaltenden und werbenden Tätigkeiten, sondern wird eine **Gesamtprovision** gezahlt, **stellt** der Richter im Wege des § 287 Abs. 2 ZPO den **ausgleichsfähigen Anteil fest.**[318] Abzustellen ist dabei auf die tatsächlichen Verhältnisse (→ Rn. 336).[319]

158   **c) Anrechnung einer Alters- und Hinterbliebenenversorgung.** Eine dem Handelsvertreter vom Unternehmer gewährte Alters- und Hinterbliebenenversorgung (im Folgenden: „**Altersversorgung**") kann im Rahmen der Billigkeitsprüfung berücksichtigt werden und im Ergebnis die Entstehung des Ausgleichsanspruchs mindern oder gänzlich ausschließen.[320] Berücksichtigt wird die Altersversorgung nur, soweit der Unternehmer nachweisen kann, dass es sich um eine von ihm finanzierte zusätzliche Leistung handelt und die Fälligkeit der Altersrente in angemessener Zeit zum Vertragsende steht.[321] Die unternehmerfinanzierte Altersversorgung steht dabei als ein Kriterium gleichberechtigt neben ggf. weiteren Aspekten der Billigkeit.[322] Dabei ist es im Wesentlichen Sache des Tatrichters, die das „Gesamtbild der Billigkeit" ergebenden Umstände im Detail zu prüfen und zu bewerten.[323]

159   **aa) Grundsätzliche Berücksichtigung.** Der Ausgleichsanspruch einerseits und die Ansprüche aus einer Altersversorgung andererseits sind auf den ersten Blick sehr unterschiedlich: Mit einer Einmalzahlung nach Beendigung des Handelsvertretervertrages vergütet der **Ausgleichsanspruch** die erbrachte, bisher aber noch nicht vollständig abgegoltene Vertriebsleistung des Handelsvertreters (→ Rn. 6). Die **Altersversorgung** hingegen fließt dem ehemaligen Handelsvertreter regelmäßig als Rentenzahlung zu und versorgt ihn ab einer bestimmten Altersgrenze kontinuierlich mit Einkommen, ohne dass es auf seine Gegenleistung ankommt. Gleichwohl besteht eine „**funktionelle Verwandtschaft**" zwischen beiden Ansprüchen[324]: Der Ausgleichsanspruch ist kein reiner Vergütungsanspruch.[325] Er leistet auch einen Beitrag zur Verbesserung der wirtschaftlichen Situation und zur sozialen Absicherung des Handelsvertreters[326] nach Beendigung der Handelsvertretertätigkeit und dient damit unter anderem der Sicherung seiner Altersversorgung.[327] Für die „funktionelle Verwandtschaft" genügt es, dass Ausgleichsanspruch und

---

[316] BGH NJW 1996, 2298 (2301) – Volvo; WM 1987, 1462 (1465).

[317] BGH BB 1972, 938 f.

[318] BGH NJW 2011, 848 Rn. 47; BGHZ 56, 242; Küstner/Thume VertriebsR-HdB II Kap.IX Rn. 72.

[319] BGH NJW 1985, 860; Koller/Kindler/Roth/Drüen/Roth Rn. 9.

[320] Ständige Rechtsprechung seit BGH NJW 1966, 1962; zuletzt BGH NJW 2003, 1244 und NJW-RR 2006, 1542; OLG München VersR 2010, 209, rkr. durch BGH 15.2.2011 – VIII ZR 242/09 (Zurückweisung der Nichtzulassungsbeschwerde); OLG München VersR 2006, 1122, rkr. durch BGH 30.5.2006 – VIII ZR 201/05 (Zurückweisung der Nichtzulassungsbeschwerde) und Anm. dazu Thume IHR 2006, 169; Thume VersR 2009, 436; Ebenroth/Boujong/Joost/Strohn/Löwisch Rn. 165 ff.; MüKoHGB/von Hoyningen-Huene Rn. 125; Hopt HandelsvertreterR Rn. 39; Koller/Kindler/Roth/Drüen/Roth Rn. 11a; Busche in Oetker Rn. 23; ausf. Darstellung bei Thume BB 2002, 1325; Küstner in Küstner/Thume II Kap. X Rn. 1 ff.; Emde Rn. 253 ff.; Westphal VertriebsR I Rn. 1045 ff.; aA v. Westphalen BB 2001, 1593; Evers/Keine ZfV 2001, 585; interessante Hintergrundinformationen bei Küstner VW 1999, 185 u. 1857.

[321] Küstner in Küstner/Thume II Kap. X Rn. 19.

[322] Emde Rn. 262 ff.; Küstner in Küstner/Thume II Kap. X Rn. 6.

[323] BGH NJW 2003, 1244 (1246): Das Revisionsgericht kann nur noch nachprüfen, ob der Tatrichter bei der Abwägung seiner Entscheidung einen Rechtsirrtum oder einen Verstoß gegen Erfahrungssätze beging oder wesentliches Vorbringen der Parteien ersichtlich unberücksichtigt ließ.

[324] aA Ebenroth/Boujong/Joost/Strohn/Löwisch Rn. 21.

[325] Thume VersR 2009, 436 (438).

[326] BT-Drs. 1/3856, 33 ff.; BVerfG NJW 1996, 381.

[327] BGH NJW 1966, 1962 (1963); Ebenroth/Boujong/Joost/Strohn/Löwisch Rn. 10: Den Anspruch daneben möglicherweise ebenfalls rechtfertigende und ihn im Rahmen der Billigkeit beeinflussende Elemente des Sozialschutzes sind hingegen ohne ausschlaggebende Bedeutung.

Altersversorgung eine gleichartige Zielrichtung haben. Sie setzt nicht voraus, dass die Ansprüche identisch oder deckungsgleich sind.[328] Der gesetzgeberische Zweck des Ausgleichsanspruchs (Vorteilsausgleichung) wird mit dem Zufluss der Versorgungsleistung erfüllt, soweit der Wert des Zuflusses dem Wert der vom Unternehmer auszugleichenden Vorteile entspricht.[329] Besonders deutlich tritt diese Zweckerfüllung in Fällen zu Tage, in denen der Handelsvertretervertrag auf Grund des Ruhestandseintritts des Handelsvertreters endet.[330]

Die Altersversorgung übernimmt den praktischen Zweck der Ausgleichszahlung.[331] Sie   **160** beruht auf einer freiwilligen Leistung des Unternehmers,[332] entlastet den Handelsvertreter (mitunter weitgehend) von eigenen Vorsorgeaufwendungen[333] und kann bei langer Vertragsdauer einen ganz erheblichen Wert haben.[334] Es wäre unbillig, müsste der Unternehmer zusätzlich zur Altersversorgung den Ausgleichsanspruch in voller Höhe zahlen. Die damit einhergehende **Doppelbelastung** des Unternehmers wäre wirtschaftlich nicht zu rechtfertigen.[335] Diese doppelte Belastung tritt auch dann ein, wenn der Unternehmer die Altersversorgungszusage zur Realisierung **steuerlicher Vorteile**[336] während der Vertragsdauer nutzte.[337] In welcher Weise der Unternehmer die Altersversorgung des Handelsvertreters erwirtschaftet bzw. finanziert, ist ohne Belang.[338] Auf Vorteile des Unternehmers kommt es nicht an, sofern sie die Rechte des Handelsvertreters aus der Versorgungszusage unberührt lassen.[339] Bei der Billigkeitsbetrachtung ist allein maßgeblich, dass dem Handelsvertreter mit der Rentenzahlung ein Vorteil zufließt,[340] der dem vom Unternehmer auszugleichenden Vorteil gegenüber gestellt werden kann. Gerade nicht der Billigkeit entspräche es, könnte der Handelsvertreter quasi „doppelt kassieren".[341] Immer wieder wird auch vertreten, eine Doppelbelastung bestünde nicht, weil der Handelsvertreter durch **niedrigere Provisionen** die Altersversorgung selbst (mit-)finanziert bzw. durch faktischen Provisionsverzicht dazu beigetragen habe.[342] Wenn Thume demgegenüber unterstellt, dass Altersvorsorgeaufwendungen des Unternehmers allein von ihm finanziert seien,[343] dann völlig zu Recht[344] und entsprechend der rechtlichen Lebenswirklichkeit: Die Vertrags-

---

[328] OLG München VersR 2010, 209 (210).

[329] Küstner in Küstner/Thume II Kap. X Rn. 7.

[330] In dieser Situation scheiden Erwägungen zur Finanzierung einer neuen Geschäftstätigkeit mit dem Kapital des Ausgleichsanspruchs völlig aus; vgl. OLG München BB 1965, 345; Küstner in Küstner/Thume II Kap. X Rn. 9.

[331] BGH NJW 1966, 1962 (1963).

[332] Thume BB 2002, 1325 (1326).

[333] Mit der Finanzierung der Altersversorgung übernimmt der Unternehmer eine dem Handelsvertreter obliegende Aufgabe: BGH NJW 2003, 1244 (1246); Küstner in Küstner/Thume II Kap. X Rn. 14 ff.

[334] Vgl. zB OLG München VersR 2006, 1122 ca. 710.000 EUR; OLG München VersR 2010, 209 ca. 530.000 EUR.

[335] BGH NJW 1966, 1962 (1963); VersR 1984, 184; Küstner VersR 2004, 977 mwN in Fn. 3; Thume BB 2002, 1325 (1331).

[336] Einzelheiten zur steuerrechtlichen Gestaltung bei Otto BB 2004, 1900.

[337] BGH NJW 1966, 1962 (1964); VersR 1984, 184 (186); OLG München VersR 2006, 1122 (1123) mAnm Thume IHR 2006, 169; OLG München VersR 2010, 209; OLG Celle VersR 2002, 976 (979) mAnm Küstner, 980; Küstner VersR 2004, 977 (979 f.); Thume VersR 2009, 436 (441); aA Löwe/Schneider ZIP 2003, 1129; Löwe/Schneider VersR 2004, 1518.

[338] BGH VersR 1984, 184; Thume VersR 2009, 436 (441): im Sinne einer wirtschaftlichen Belastung können Aufwendungen sowohl laufende Beitragszahlungen des Unternehmers während der Vertragsdauer (zB Rentenversicherung) als auch laufende Rentenzahlungen des Unternehmers nach Vertragsbeendigung sein.

[339] BGH VersR 1984, 184.

[340] OLG München VersR 2006, 1122 (1123).

[341] Küstner VersR 2004, 977 (979 f.); im Fall OLG München VersR 2010, 209 beanspruchte der Handelsvertreter zB Leistungen von insgesamt ca. 830.000 EUR (Ausgleichsanspruch allein ca. 300.000 EUR), im Fall OLG München VersR 2006, 1122 insgesamt ca. 1.530.000 EUR (Ausgleichsanspruch allein ca. 820.000 EUR).

[342] Ebenroth/Boujong/Joost/Strohn/Löwisch Rn. 165 mwN in Fn. 1133 ohne weitere Begründung.

[343] Ebenroth/Boujong/Joost/Strohn/Löwisch Rn. 165 mit Verweis auf Thume BB 2002, 1325.

[344] OLG München VersR 2010, 209 (211); 2006, 1122 (1123).

partner des Handelsvertretervertrages einigen sich – idR bei Vertragsbegründung – über die Höhe der Provisionen, ohne einen Zusammenhang zur Altersversorgung herzustellen oder diese gar zur Bedingung zu machen (sie wird separat freiwillig vom Unternehmer – idR später – erteilt). Sollte die im Handelsvertretervertrag vereinbarte Provision im Marktvergleich niedriger als im Durchschnitt sein, muss der Handelsvertreter dies **vor** seiner Entscheidung für den Vertragsschluss berücksichtigen. Er kann die Hinnahme etwaig unterdurchschnittlicher Provisionen nicht erst viele Jahre später – nämlich anlässlich der Vertragsbeendigung – als seine Mitfinanzierung der Altersversorgung darstellen, die der Unternehmer mit der Altersversorgung habe kompensieren wollen.[345]

161   Für die Berücksichtigung der Altersversorgung kommt es – wie für die Entstehung des Ausgleichsanspruchs überhaupt – auf den **Zeitpunkt der Vertragsbeendigung** an.[346] Von hier aus ist mittels Prognose in die Zukunft zu blicken: Die nach der durchschnittlichen Lebenserwartung[347] zu erwartende Summe der Rentenzahlung (Barwert der unternehmerfinanzierten Versorgungsleistung[348]) ist den zu erwartenden Vorteilen des Unternehmers (→ Rn. 99 ff.) gegenüber zu stellen. Wenn der Barwert den nach Abs. 1 S. 1 Nr. 1 und sonstiger Billigkeit nach Abs. 1 S. 1 Nr. 2 ermittelten Ausgleichswert übersteigt bzw. soweit sich beide Werte decken, schuldet der Unternehmer dem Handelsvertreter keinen Ausgleich.[349]

162   **bb) Vereinbarung der Berücksichtigung.** Die Möglichkeit zur **Berücksichtigung** einer unternehmerfinanzierten Altersversorgung resultiert bereits aus der gesetzlichen Regelung in Abs. 1 S. 1 Nr. 2. Sie kann als Billigkeitsaspekt berücksichtigt werden, **ohne** dass es einer gesonderten **Vereinbarung** der Vertragspartner bedarf.[350] Die Altersversorgung steht in aller Regel in unmittelbarem Zusammenhang zum Vertragsverhältnis[351] und fließt damit ohne Weiteres als „vertragsimmanenter" Umstand[352] in die Billigkeitsprüfung ein. Gleichwohl ist eine solche Vereinbarung in der Praxis die Regel. Sie erfolgt unter anderem durch die Einbeziehung der „Grundsätze" (→ Rn. 360 ff.) in den Vertretervertrag, die Regelungen zur „Berücksichtigung einer Alters- und Hinterbliebenenversorgung" enthalten.[353] Meist beinhalten zudem die Versorgungszusage des Unternehmers bzw. die bei Zusage der Altersversorgung zugrunde gelegten Bedingungen sog. „Anrechnungsvereinbarungen".[354] Auch eine Verortung im Vertretervertrag selbst wird für möglich erachtet,[355] was allerdings – wenn dies schon bei der Begründung des Vertrages erfolgt – die Altersversorgung in die Nähe einer Gegenleistung des Unternehmers für die Vertriebsleistung des Handelsvertreters rückt und deren „Freiwilligkeit", mithin die Billigkeit ihrer Berücksichtigung in Frage stellen könnte (→ Rn. 160).

---

[345] Weiterführend: Küstner in Küstner/Thume II Kap. X Rn. 19 ff.

[346] BGH NJW-RR 2006, 1542 (1543 f.); Küstner in Küstner/Thume II Kap. X Rn. 42 ff.

[347] Die Berücksichtigung der durchschnittlichen Lebenserwartung ist sachdienlich und angemessen, nicht etwa die Lebenserwartung von Versicherungsvertretern: OLG München VersR 2010, 209 (211) mit Verweis auf BGH NJW 1966, 1962.

[348] Barwertermittlung nach versicherungsmathematischen Grundsätzen, die konkreten Aufwendungen des Unternehmers bleiben außer Betracht, vgl. zB Küstner/Thume VertriebsR-HdB II Kap. X Rn. 47 ff.; aA (nur diese Aufwendungen seien relevant) Löwe/Schneider ZIP 2003, 1129 (1134); Ebenroth/Boujong/Joost/Strohn/Löwisch Rn. 168.

[349] Emde Rn. 222.

[350] Küstner in Küstner/Thume II Kap. X Rn. 31.

[351] BGH NJW 1966, 1962 (1963); sehr plastisch: Küstner in Küstner/Thume II Kap. X Rn. 5.

[352] Nicht vertragsfremd → Rn. 133.

[353] Jeweils Ziffer V. der Grundsätze Sach, Leben, Kranken und Finanzdienstleistungen sowie VI. Grundsätze Bauspar.

[354] Der Sprachgebrauch „Anrechnung der Altersversorgung auf den Ausgleichsanspruch" ist weitgehend etabliert, aber missverständlich und streng rechtlich betrachtet nicht korrekt. Er suggeriert, dass einem feststehenden Anspruch etwas gegenübergestellt wird, was zu seiner Verringerung führt (wie eine Aufrechnung bzw. Verrechnung). Diesem Trugschluss verfiel wohl auch Timmermann BB 2011, 1784 (1786). Richtig ist, dass der Ausgleichsanspruch – bei in Summe ausgleichsmindernd zu berücksichtigender Billigkeit – erst gar nicht entsteht → Rn. 132; vgl. auch Küstner VW 1999, 185.

[355] Thume VersR 2009, 436 (438).

Entscheidende Wirkung hat eine Vereinbarung vor allem in Fällen, in denen es auf die **163** Feststellung ankommt, dass die Berücksichtigung der Altersversorgung (auch) nach dem Verständnis der Parteien der Billigkeit entspricht. Inhaltlich muss sich die Vereinbarung im Wesentlichen darauf beschränken, dass die Altersversorgung als ein Billigkeitsaspekt bei der Ermittlung des Ausgleichsanspruchs berücksichtigt werden kann.

Eine **Vereinbarung,** nach der in Höhe des Barwertes der unternehmerfinanzierten **164** Altersversorgung der Ausgleichsanspruch nicht entsteht, kann nicht rechtswirksam getroffen werden. Die in einer Vertragsklausel vorgesehene **zwingende Berücksichtigung** der Altersversorgung wäre gemäß § 307 Abs. 1 S. 1 BGB iVm § 89b Abs. 4 S. 1, Abs. 1 S. 1 Nr. 2 HGB **unwirksam,** ebenso als individualvertragliche Abrede vor der Vertragsbeendigung (Verstoß gegen Abs. 4 S. 1).[356] Dies hätte zur Folge, dass – anders als es Abs. 1 S. 1 Nr. 2 vorschreibt – nicht alle Billigkeitsaspekte berücksichtigt werden (beispielsweise große Fälligkeitsdifferenz). Dadurch könnte der Ausgleichsanspruch im Voraus ausgeschlossen werden, was wiederum (auch teilweise[357]) nach Abs. 4 S. 1 unzulässig ist (Unabdingbarkeit → Rn. 268 ff.).[358] Es bleibt aber – auch wenn eine solche unwirksame Vereinbarung getroffen wurde – bei der grundsätzlichen Möglichkeit zur Berücksichtigung der Altersversorgung, die eine Vereinbarung nicht zwingend voraussetzt (→ Rn. 158).[359] Der BGH misst der unwirksamen Klausel zudem die Bedeutung bei, dass die Parteien damit zum Ausdruck brachten, was sie der Billigkeit entsprechend erachten.[360]

Das mit der unwirksamen Vereinbarung verfolgte wirtschaftliche Ziel (keine Doppelbe- **165** lastung des Unternehmers) kann der Unternehmer über eine Vereinbarung erreichen, mit der der Handelsvertreter nicht auf den Ausgleichsanspruch, sondern auf die Versorgungszusage verzichtet und zwar für den Fall, dass er den Ausgleichsanspruch geltend macht.[361] Die bedingte Verzichtsvereinbarung berührt den Ausgleichsanspruch nicht und verstößt damit nicht gegen die in Abs. 4 S. 1 vorgeschriebene Unabdingbarkeit (→ Rn. 268 ff.).[362] Sie lässt vielmehr die Altersversorgung bei seiner Inanspruchnahme entfallen. Der **Verzicht auf die Altersversorgung** ist hier zudem rechtswirksam möglich,[363] insbesondere verstößt eine entsprechende Formularabrede nicht gegen § 307 Abs. 1 BGB (keine unangemessene Benachteiligung des Handelsvertreters, weil unternehmerfinanziert).[364] Das mit dieser Gestaltung geschaffene Wahlrecht des Handelsvertreters schließt eine Doppelbelastung des Unternehmers aus. Der Handelsvertreter kann autonom darüber entscheiden, welcher Anspruch für ihn der wertvollere ist. Zur entsprechenden Bewertung hat er mit der Jahresfrist gemäß Abs. 4 S. 2 hinreichend Zeit.[365] Ein solches Wahlrecht hat der Handelsvertreter ohne eine entsprechende Vereinbarung jedoch nicht.[366]

cc) Fälligkeitsdifferenz. Die funktionelle Verwandtschaft (→ Rn. 159) verliert bei der **166** Billigkeitsbewertung an Gewicht, je mehr **Zeit zwischen** der **Fälligkeit des Ausgleichsanspruchs** (Beendigung des Vertretungsvertrages) und der **Fälligkeit** der Leistungen aus der **Altersversorgung** (idR Eintritt des Handelsvertreters in den Ruhestand) liegt, desto größer also die sog. Fälligkeitsdifferenz ist. Die Funktion des Ausgleichsanspruchs „Sicherung der Altersversorgung des Handelsvertreters" tritt dann mehr und mehr in den Hintergrund. Seine weiteren Funktionen (beispielsweise Neuaufbau einer beruflichen Existenz,[367]

---

[356] Ebenroth/Boujong/Joost/Strohn/Löwisch Rn. 172.
[357] BGH NJW 1967, 248 (249); 1971, 465.
[358] BGH NJW 2003, 1241 (1243); Thume VersR 2009, 436 (438 f.).
[359] BGH NJW 2003, 1241 (1244); 2003, 1244 (1246).
[360] BGH NJW 2003, 1244 (1246).
[361] BGH NJW 2003, 3350; Thume VersR 2009, 436 (441).
[362] BGH NJW 2003, 3350 (3351).
[363] Unter anderem, weil keine Verzichtsvereinbarung anlässlich der Beendigung des Vertretungsvertrages vorliegt, vgl. § 3 Abs. 1 BetrAVG.
[364] BGH NJW 2003, 3350 (3351).
[365] BGH NJW 2003, 3350 (3351).
[366] Küstner in Küstner/Thume II Kap. X Rn. 103 ff.
[367] OLG München VersR 2005, 687.

Überbrückungsfinanzierung[368]) erlangen größere Bedeutung bis hin zu der Möglichkeit, dass sie als ausschließliches Billigkeitsmoment zu berücksichtigen sind und die Altersversorgung gänzlich unberücksichtigt bleibt. Unerhebliche Fälligkeitsdifferenzen können idR vernachlässigt werden (wenige Monate[369] oder Jahre[370]).

167   Auch hinsichtlich der Bewertung einer **Fälligkeitsdifferenz** kommt es auf die Besonderheiten des Einzelfalls an,[371] wobei auch vertragsfremde Umstände wie beispielsweise die konkrete Lebenssituation des ehemaligen Handelsvertreters das Maß der Nichtberücksichtigung der Altersversorgung bestimmen können (beispielsweise Höhe seiner Verschuldung, anderweitige selbstständige Tätigkeit; Beleihbarkeit der Altersversorgung).[372] Folglich liegt eine umfangreiche Kasuistik[373] hierzu vor, die allenfalls eine grobe Orientierung für den in der Praxis zu bewertenden Fall geben kann. In besonderem Maße relevant ist das **Bestehen einer Vereinbarung,** wonach die Berücksichtigung der Altersversorgung (auch) nach dem Verständnis der Parteien des Vertretervertrags der Billigkeit entspricht (→ Rn. 162 ff.). So hat der BGH beispielsweise bei einer Fälligkeitsdifferenz von 24 Jahren eine vollständige Berücksichtigung der Altersversorgung wegen des Bestehens einer entsprechenden Vereinbarung akzeptiert,[374] während er ohne eine solche Vereinbarung bei einer Fälligkeitsdifferenz von 21 Jahren feststellte, dass die Altersversorgung nicht „anzurechnen" ist.[375]

168   **dd) Beweislast.** Den Unternehmer trifft die Darlegungs- und Beweislast[376] hinsichtlich der Höhe des Barwertes einer von ihm finanzierten Altersversorgung des Handelsvertreters.[377] Soweit die Berücksichtigung der Altersversorgung aus Sicht des Handelsvertreters unberechtigt ist, muss er die entsprechenden Tatsachen darlegen und beweisen.[378]

169   **d) Sonstige Billigkeitsgründe. aa) Besonderheiten des beendeten Vertrages.** Für den Handelsvertreter **besonders günstige Vertragsbestimmungen** können im Rahmen der Billigkeit anspruchsmindernd berücksichtigt werden.[379] Eine dem Handelsvertreter gewährte überdurchschnittlich hohe Provision schmälert den Ausgleichsanspruch jedoch grundsätzlich nicht, weil dessen Vereinbarung im eigenverantwortlichen Interesse des Unternehmers lag, der sich hierdurch möglicherweise eine besondere Motivation des Handelsvertreters versprochen hatte.[380]

170   **bb) Sogwirkung der Marke.** Soweit der Handelsvertretervertrag den Vertrieb von Markenprodukten zum Gegenstand hat, ist die **Sogwirkung der Marke** des Unternehmers zu berücksichtigen.[381] Dies rührt aus der Tatsache, dass dann für die Kaufentscheidung der Kunden nicht nur die werbende Tätigkeit des Handelsvertreters, sondern auch die Bekanntheit der Marke und damit verbundene Wertschätzung maßgeblich ist.

171   Soweit für den Kaufentschluss des Kunden in erheblichem Maße auch die von der bekannten Marke des Unternehmers ausgehende Sogwirkung entscheidend ist, ist aus

---

[368] OLG München WM 2007, 710; OLG Köln VersR 2004, 907; OLG Hamm VersR 1996, 615.
[369] Küstner in Küstner/Thume II Kap. X Rn. 80.
[370] Dreieinhalb Jahre: OLG Köln VersR 2004, 907 (909).
[371] Küstner in Küstner/Thume II Kap. X Rn. 80; Emde Rn. 262 ff.
[372] BGH VersR 1984, 184 (185); OLG München VersR 2005, 687; Thume VersR 2009, 436 (440).
[373] Aktueller Überbl.: Thume VersR 2009, 436 (438, 440 f.); ausf.: Küstner in Küstner/Thume II Kap. X Rn. 81 ff.
[374] BGH VersR 1984, 184 (Barwert betrug ca. 30 % des Ausgleichsanspruchs).
[375] BGH NJW 1994, 1350; so auch OLG Köln VersR 1997, 615 (keine Berücksichtigung, Fälligkeitsdifferenz 13 Jahre).
[376] Zur Beweislast bzgl. der Billigkeit generell → Rn. 335.
[377] Emde Rn. 272; Ebenroth/Boujong/Joost/Strohn/Löwisch Rn. 173.
[378] Thume VersR 2009, 436 (440); Emde Rn. 272.
[379] BGHZ 43, 154 (159) = NJW 1965, 1134; GK-HGB/Genzow Rn. 29; Giesler/Emde § 2 Rn. 736.
[380] Vgl. BGH BB 1973, 1092; s. auch Westphal, Neues Handelsvertreterrecht, 164.
[381] BGH WRP 2007, 1480 = BB 2007, 2475 Rn. 54; WM 1987, 1462 (1465); NJW 1983, 2877 (2879); BB 1982, 2067; kritisch bei langjährigen Verträgen, bei denen der Handelsvertreter selbst zur Bedeutung der Marke beigetragen hat: Röhricht/Graf v. Westphalen/Haas/Thume Rn. 106; GK-HGB/Genzow Rn. 165.

Billigkeitserwägungen auf den nach Abs. 1 S. 1 Nr. 1 errechneten Ausgleich ein pauschaler Abzug vorzunehmen.[382]

Bei Kfz-Vertragshändlern hat die Rechtsprechung in diesem Zusammenhang mehrfach **172** einen **Pauschalabzug in Höhe von 25 %** für angemessen erachtet;[383] teilweise wurde auch ein Abzug in Höhe von einem Drittel vorgenommen;[384] in zwei weiteren Entscheidungen zum Ausgleichsanspruch eines Kfz-Vertragshändlers bzw. eines Tankstellenhalters hat der BGH den vom Berufungsgericht jeweils in Ansatz gebrachten Pauschalabschlag in Höhe von 10 % als noch im Rahmen des Vertretbaren angesehen.[385] Gerade dieser Bereich fällt in den Kernbereich des tatrichterlichen Ermessens.[386]

Zwar ist dieser Fall der Billigkeit hauptsächlich für den Bereich des Kfz-Vertriebs ent- **173** wickelt worden, aber nicht auf diesen Bereich begrenzt.[387] Der Billigkeitsabschlag ist auch dann vorzunehmen, wenn die Sogwirkung der Marke bereits in die Bemessung der Höhe der Provision des Handelsvertreters oder des Rabattes des Vertragshändlers eingeflossen ist.[388]

cc) Werbemaßnahmen des Unternehmers. Aufwendungen des Unternehmers **für 174 Werbung** und sonstige Umsatzförderungsmaßnahmen sind nur zu berücksichtigen, wenn sie über das übliche Maß hinausgehen;[389] die Beweislast hierfür trägt der Unternehmer (→ Rn. 335).

dd) Dauer des Vertrages. Der **Dauer des Handelsvertretervertrages** kommt bei der **175** Billigkeit regelmäßig keine Bedeutung zu. Eine kurze Vertragszeit geht grundsätzlich ebenso wenig wie eine lange Vertragszeit zu Lasten des Handelsvertreters.[390] Die Vertragsdauer spiegelt sich im Regelfall bereits in der Anzahl der vom Handelsvertreter geworbenen Neukunden und damit auch in der Höhe der aus der Beendigung des Handelsvertretervertrages resultierenden erheblichen Vorteile des Unternehmers aus dem vom Handelsvertreter geworbenen Kundenstamm wieder.[391] Eine nochmalige Berücksichtigung der Dauer der Tätigkeit des Handelsvertreters im Rahmen der Billigkeitsprüfung ist daher nicht angebracht.[392]

ee) Zahlung einer Festvergütung. Die Zahlung einer Festvergütung oder einer Min- **176** destprovision kann zu einer Reduzierung im Rahmen der Billigkeitsprüfung führen.[393]

ff) Zahlung eines Zusatzbetrages. Zahlt der Unternehmer dem Handelsvertreter **177** einen vertraglich nicht geschuldeten Zusatzbetrag zusätzlich zur Provision kann das den Anspruch mindern.[394] Eine derartige Vergütung muss aber auf freiwilliger Basis, nicht etwa als Entschädigung für andere „Mühen" erfolgen.[395] Werden aber andere Kosten, wie die Aufwendungen nach § 87d, vergütet, wirkt sich dies ausgleichsmindernd aus.[396]

---

[382] BGH NJW 1997, 1503 – Renault; 1996, 2302 (2304) – Fiat/Lancia; 1996, 2298 (2301) – Volvo; WM 1987, 1462 (1465); Horn ZIP 1988, 137 (143); Küstner/v. Manteuffel BB 1988, 1972 (1982).

[383] BGH NJW 2011, 848 Rn. 47; NJW-RR 2011, 614 Rn. 36; 2011, 389 Rn. 41; 2010, 1263 Rn. 51 f.; NJW 1996, 2302 – Fiat/Lancia; ZIP 1987, 1383 (1386); ebenso OLG Köln BB 1995, 2547 (2548); OLG München BB 1994, 533 (535); Schmülling GWR 2015, 224 (226 f.).

[384] OLG München NJOZ 2002, 1419 (1428 f.).

[385] BGH NJW-RR 2002, 1548 (1551) – Aral II; NJW 1996, 2302 (2304) – Fiat/Lancia.

[386] BGH NJW-RR 2012, 674 Rn. 35; NJW 2011, 3438 Rn. 31; 2011, 614 Rn. 36; NJW-RR 2011, 389 Rn. 41; 2010, 1263 Rn. 52; BB 2007, 2475 Rn. 54.

[387] Vgl. BGH BeckRS 2011, 03879 Rn. 27; BB 2010, 1685 Rn. 32 f., beides bzgl. Tankstellen-Handelsvertreter; OLG Düsseldorf BeckRS 2010, 24310 – Gelbe Seiten.

[388] BGH NJW 2011, 3438 Rn. 30; aA GK-HGB/Genzow Rn. 165.

[389] BGH NJW 1979, 651; 1971, 1611 (1613); OLG Frankfurt a. M. HVR Nr. 70, Nr. 428 u. OLG Koblenz HVR Nr. 76; OLG Hamburg HVR Nr. 509; Koller/Kindler/Roth/Drüen/Roth Rn. 11a.

[390] BGH ZIP 1997, 238 (239); NJW 1971, 462; HVR Nr. 319; BB 1957, 1161; vgl. auch Ebenroth/Boujong/Joost/Strohn/Löwisch Rn. 176.

[391] BGH HVR Nr. 319.

[392] BGHZ 55, 45 (56); vgl. Küstner/Thume VertriebsR-HdB II Kap. VIII Rn. 53 f.; Giesler/Emde § 2 Rn. 763.

[393] BGH NJW 1967, 248 (249); GK-HGB/Genzow Rn. 62; aA OLG München NJW 1961, 1072.

[394] BGH NJW 1967, 248 (249); OLG München NJW 1961, 1072; Baumbach/Hopt/Hopt Rn. 35.

[395] Emde Rn. 166.

[396] BGH NJW 1967, 248 (249); Emde Rn. 198.

178   **gg) Umsatzrückgang, Verlust alter Kunden.** Auch der **Verlust von Altkunden** aus vom Handelsvertreter übernommenen Geschäftsverbindungen ist im Rahmen des Abs. 1 S. 1 Nr. 2 grundsätzlich nicht zu berücksichtigen, da das Gesetz in Abs. 1 S. 1 Nr. 1 nur auf die Vorteile des Unternehmers aus Geschäftsbeziehungen mit Neukunden abstellt.[397] Ist der Handelsvertreter aber für einen Rückgang des Gesamtumsatzes verantwortlich, kann der Ausgleichsanspruch zu mindern sein.[398]

179   **hh) Gründe und Umstände der Vertragsbeendigung. Umstände,** die **zur Vertragsbeendigung geführt** haben, sind grundsätzlich nur dann zu berücksichtigen, wenn sie in einem unmittelbaren Zusammenhang mit der Verletzung von Vertragspflichten des Handelsvertreters oder des Unternehmers stehen.[399] Ein vereinzelter Verstoß während einer langjährigen guten Zusammenarbeit reicht insoweit ebenso wenig aus, wie es erforderlich ist, dass das Verhalten die Annahme eines wichtigen Grundes zur fristlosen Kündigung (→ Rn. 260) rechtfertigt.[400]

180   Eine für den Handelsvertreter vorteilhafte **besonders lange Kündigungsfrist** kann dagegen sowohl zu einer völligen Versagung als auch zu einer Minderung des Ausgleichsanspruches führen.[401] Ebenso kann Berücksichtigung finden, dass der Handelsvertreter bei einer Änderungskündigung das angemessene Angebot des Unternehmers zur Fortsetzung des Handelsvertretervertrages zu geänderten Bedingungen ablehnt.[402]

181   Falls einer der Parteien das Recht zur außerordentlichen Kündigung, etwa nach Abs. 3 Nr. 2 zustand, dieses aber nicht ausgeübt wurde, kann dies im Rahmen der Billigkeit berücksichtigt werden.[403] Insbesondere wenn der Handelsvertreter die Kündigung aus wichtigem Grund nach § 89a durch Verheimlichung der Vertragsverletzung verhindern konnte, kann eine Kürzung in Betracht kommen.[404]

182   Eine überraschende Kündigung seitens des Unternehmers ist nur dann ausnahmsweise zu berücksichtigen, wenn sich der Handelsvertreter auf eine längere Dauer des Handelsvertretervertrages einstellen durfte.[405]

183   **ii) Ersparte Kosten beim Handelsvertreter. Kosten,** die der Handelsvertreter auf Grund der Beendigung des Vertragsverhältnisses **erspart,** führen nur dann ausnahmsweise zu einer Reduzierung des Ausgleichsanspruches, wenn sie besonders hoch gewesen sind,[406] etwa wenn die Vertriebstätigkeit besonders personalintensiv gewesen ist.[407] Für einen Handelsvertreter kommt dies nach Ansicht des BGH in Betracht, wenn die Betriebskosten im Branchenvergleich besonders hoch waren und mehr als 50 % der Provisionseinnahmen ausgemacht haben.[408]

184   **jj) Konkurrenztätigkeit.** Ist der Handelsvertreter für mehrere Unternehmen tätig und kann er seinen **Kundenstamm** auch nach der Vertragsbeendigung **weiter nutzen,** ist dies anspruchsmindernd zu berücksichtigen.[409]

---

[397] BGH NJW 1990, 2889 (2891); Baumbach/Hopt/Hopt Rn. 37; GK-HGB/Genzow Rn. 41.
[398] BGH NJW 1990, 2889 (2890 f.); BB 1964, 1399 f.
[399] BGH WM 1981, 817 (818); BB 1959, 317.
[400] BGH WM 1985, 469; OLG Rostock NJW-RR 2009, 1631 (1632).
[401] BGH WM 1970, 1513 (1515).
[402] BGH NJW 2007, 3493 Rn. 11.
[403] Emde Rn. 198.
[404] Ebenroth/Boujong/Joost/Strohn/Löwisch Rn. 179.
[405] BGH BeckRS 1960, 31189183 unter II. 2. f).
[406] BGH NJW 2017, 475 Rn. 60; NJW-RR 2003, 821 (825); BB 1971, 843 (844) = NJW 1971, 1611.
[407] BGH NJW 2017, 475 Rn. 60 ff.; OLG München ZVertriebsR 2018, 27 Rn. 66.
[408] BB 1971, 843 (844) = NJW 1971, 1611; GK-HGB/Genzow Rn. 58.
[409] BGH NJW 1997, 655 f.; 1996, 2302 (2304) – Fiat/Lancia; WM 1981, 817 (818); BB 1960, 1179; vgl. auch BGH BB 2006, 1648 Rn. 16 f., demzufolge die Konkurrenztätigkeit des Vertragshändlers unter Nutzung der Kundendaten auch bereits bei der Prognose der Unternehmervorteile und der Nachteile des Vertragshändlers zu berücksichtigen ist; OLG Düsseldorf BeckRS 2010, 04763; Koller/Kindler/Roth/Drüen/Roth Rn. 11a.

Zu einem pauschalen Wegfall des Ausgleichsanspruchs führt die Konkurrenztätigkeit 185
bereits vor Vertragsende nicht.[410]

Ausgleichsmindernd kann im Rahmen der Billigkeitsprüfung bei einem Vertragshändler 186
berücksichtigt werden, dass er einen Vertragswerkstattbetrieb weiterführt, da die Lebenserfahrung dafür spricht, dass ein Teil der Neukunden trotz Aufgabe des Händlerbetriebs bei
diesem dennoch ihr Fahrzeug weiter werden warten und reparieren lassen.[411]

kk) Vertragliche Vereinbarung über die Billigkeit. Die Vertragsparteien können 187
zumindest im Rahmen einer Individualvereinbarung in den von Abs. 4 S. 1 gezogenen
Grenzen **Regelungen** darüber treffen, welche Umstände im Rahmen der **Billigkeitsprüfung** – anspruchserhöhend oder anspruchsmindernd – maßgeblich sein sollen.[412] Die
Berücksichtigung anderer, in der Vereinbarung nicht genannter Gesichtspunkte, die im
Rahmen von Abs. 1 S. 1 Nr. 2 zu berücksichtigen wären, kann jedoch nicht ausgeschlossen werden; eine solche Vereinbarung wäre wegen Verstoßes gegen die zwingende Vorschrift des Abs. 4 S. 1 unwirksam (→ Rn. 277).[413]

Letztlich kann eine solche Vereinbarung nur dazu dienen, die Billigkeitsgründe des 188
Abs. 1 S. 1 Nr. 2 zu konkretisieren und ein Indiz dafür sein, welche Umstände den
Vertragsparteien bei Vertragsschluss bedeutsam erschienen.[414]

ll) Vertragsfremde Umstände. Wie oben erwähnt sind grundsätzlich nur vertrags- 189
bezogene Umstände für die Billigkeitsprüfung relevant (→ Rn. 137). Vertragsfremde Umstände, wie Alter, Gesundheit, Familienstand, Anzahl der Kinder usw sind nur in Ausnahmefällen berücksichtigungsfähig. So wurde zugunsten eines Vertriebsmittlers mit einer
achtköpfigen Familie dessen besondere wirtschaftliche und soziale Lage berücksichtigt;[415]
zugunsten eines Unternehmers wurde die Gefahr der Betriebsschließung bei Zahlung des
vollen Ausgleichsanspruches berücksichtigt.[416] Der Unfall- oder Freitod des Handelsvertreters haben keine mindernden Auswirkungen auf den Ausgleich.[417]

Die wirtschaftliche Lage bei oder vor der Vertragsbeendigung ist ebenso ein vertrags- 190
fremder Umstand, der regelmäßig keine Berücksichtigung findet.[418] In einem Fall hat die
sich verschlechternde Konjunktur und daraus resultierende Massenentlassungen sowie die
Einführung von Kurzarbeit jedoch ausgleichsmindernde Wirkung gehabt.[419]

mm) Sonstige Fälle. Stellt der Unternehmer dem Handelsvertreter Informationen über 191
die anzusprechenden Kunden zur Verfügung und erleichtert dem Handelsvertreter dadurch
die Werbung neuer Kunden, so kann dies unter dem Gesichtspunkt der Billigkeit zu einer
Kürzung des Ausgleichsanspruchs führen.[420]

Wenn der Handelsvertreter unter Billigung des Unternehmers Schmiergelder für die 192
Werbung von Kunden zahlte und dieser dem Handelsvertreter sogar eine Erstattung hierfür
zahlte, kürzt das den Anspruch nicht.[421] Abgesehen davon ist die Zahlung von Schmiergeldern nach § 299 StGB strafbar.

Einstandszahlungen (→ Rn. 293) haben grundsätzlich keine Auswirkung auf die Bil- 193
ligkeit, da sie nicht gesetzlich geschuldet sind.[422] Daher ist es gleich, ob sie vom

---

[410] BGH NJW 1967, 248 (249 f.); BeckRS 1960, 30402457.
[411] BGH NJW 2011, 3438 Rn. 34.
[412] BGH NJW 2003, 1241; WM 1984, 212 (214); OLG Köln VersR 1997, 615 (616) = r + s 1997, 439
(440); Ebenroth/Boujong/Joost/Strohn/Löwisch Rn. 152; aA Küstner BB 1994, 1590 (1592).
[413] BGH NJW 2003, 1241; vgl. auch OLG Hamm IHR 2014, 231 (236).
[414] Giesler/Emde § 2 Rn. 787.
[415] BGH BB 1965, 395.
[416] OLG Düsseldorf HVR Nr. 504.
[417] So auch Oetker/Busche Rn. 23; Ebenroth/Boujong/Joost/Strohn/Löwisch Rn. 185.
[418] Emde Rn. 198.
[419] OLG Düsseldorf HVR Nr. 504.
[420] BGH NJW 2012, 304 Rn. 26.
[421] BGH BB 1977, 564.
[422] Staub/Emde Rn. 259; Emde Rn. 198.

Unternehmer im Wege der Schuldübernahme oder durch den Handelsvertreter geleistet werden.

194   Eine Reduzierung um 10 %[423] kommt in Betracht, wenn der geschäftsführende Gesellschafter des Vertragshändlers an einem Unternehmen beteiligt ist, das als Mehrfachkunde den Ausgleichsanspruch beeinflusst.

195   Erhält der Handelsvertreter Schadensersatz im Zuge der Vertragsbeendigung von einem Dritten, hat dies keine Auswirkung im Rahmen der Billigkeitsprüfung.[424]

196   Schädigt er hingegen den Goodwill des Unternehmers, muss dies ausgleichsmindernd berücksichtigt werden.[425]

197   Betreut der Handelsvertreter vor allem Großkunden, vertreibt er für ein anderes Unternehmen ähnliche Produkte und liegt noch ein weiterer die Tätigkeit des Handelsvertreters erleichternder Umstand vor, so kann ein Billigkeitsabschlag von 1/3 angemessen sein.[426]

III. Höhe des Ausgleichsanspruchs

198   **1. Angemessener Ausgleich. a) Angemessenheit.** Nach dem Wortlaut des Abs. 1 S. 1 kann der Handelsvertreter „einen angemessenen Ausgleich verlangen". Was **„angemessen"** ist, lässt sich dem Gesetz – wie beim Begriff der „Billigkeit" – nicht ohne Weiteres entnehmen. Worin der Unterschied zur Billigkeit besteht und wie die Abgrenzung zu erfolgen hat, ist unklar.[427] Die Billigkeit ist ein Tatbestandsmerkmal des Ausgleichsanspruchs und damit Teil des Anspruchsgrundes, der sich mittelbar auf die Höhe auswirkt.[428] Die **Angemessenheit korrigiert** dagegen direkt die **Ausgleichshöhe.** Hierin soll auch die Ermächtigung für das Schätzungsermessen des Tatrichters gemäß § 287 Abs. 2 ZPO liegen.[429] Bereits in der Billigkeit berücksichtigte Umstände dürfen nicht noch einmal in der „Angemessenheit" berücksichtigt werden.[430] Die Angemessenheit ist damit der letzte „Schritt" der Berechnung.[431]

199   **b) Rohausgleich und Ausgleichshöchstgrenze.** Durch die Verlagerung der Provisionsverluste in den Bereich der Billigkeit (→ Rn. 141) hat sich für die Berechnung nichts grundlegend anderes ergeben. Der Ausgleich wird immer noch in zwei Stufen berechnet. Zunächst erfolgt die Ermittlung des **„Rohausgleichs".**[432] Dieser ergibt sich nunmehr aus den Nummern 1 und 2 des Abs. 1 S. 1. Man **„errechnet"** die Unternehmervorteile aus „der Geschäftsverbindung mit neuen Kunden, die der Handelsvertreter geworben hat" und berücksichtigt dann – insbesondere unter Zuhilfenahme entgehender Provisionen – ob der Ausgleichsanspruch „der Billigkeit entspricht".[433] Erst nach diesem „Rechenschritt" ermittelt man die Ausgleichshöchstgrenze (→ Rn. 222) des Abs. 2 und vergleicht die zwei Beträge miteinander.[434] Dabei kommt der **Höchstgrenze allein** eine **Begrenzungsfunktion** zu.

200   Ist der anhand der Unternehmervorteile und der Billigkeit (unter Berücksichtigung unter anderem der Provisionsverluste) ermittelte Rohausgleich **niedriger als** der **Höchstbetrag** gemäß Abs. 2 (durchschnittliche Jahresvergütung während der letzten fünf Jahre oder der kürzeren Vertragslaufzeit), ist der **Rohausgleich als Ausgleich zu bezahlen.** Dies ist

---

[423] BGH NJW-RR 2011, 614 Rn. 37.
[424] BGHZ 41, 292 (297).
[425] Sturm/Liekefett BB 2004, 1009 (1015).
[426] OLG München BeckRS 2014, 10205.
[427] Vgl. Emde Rn. 195; Ebenroth/Boujong/Joost/Strohn/Löwisch Rn. 192; MüKoHGB/Ströbl Rn. 144; Baumbach/Hopt/Hopt Rn. 46; Koller/Kindler/Roth/Drüen/Roth Rn. 13.
[428] Emde Rn. 195.
[429] MüKoHGB/Ströbl Rn. 144.
[430] Oetker/Busche Rn. 29.
[431] Oetker/Busche Rn. 29.
[432] Küstner/Thume VertriebsR-HdB II Kap. XIX Rn. 4 ff.
[433] BGH NJW-RR 1993, 221; WM 1986, 392 (393); 1981, 817 (818).
[434] BGH WM 1985, 469.

regelmäßig dann der Fall, wenn der Handelsvertreter während seiner Vertragszeit relativ wenig neue Kunden geworben oder bei relativ wenig Altkunden die Umsätze intensiviert hat. Überschreitet der Rohausgleich den Höchstbetrag nach Abs. 2, so ist letzterer Betrag vom Unternehmer als Ausgleich geschuldet.

Betreut der Handelsvertreter nur bereits vorhandene Kunden, intensiviert er die Geschäftsbeziehungen mit ihnen nicht wesentlich und wirbt er keine neuen Kunden, so erhält er (in der Regel) überhaupt keinen Ausgleich. **201**

Auf Grund der Novellierung des § 89b kann nunmehr grundsätzlich trotz Fehlens von **202** Provisionsverlusten ein Ausgleichsanspruch bestehen, wenn erhebliche Unternehmervorteile und andere Billigkeitsgründe bestehen (→ Rn. 143 f.).

2. Bemessungsgrundlage. a) Berechnung der Unternehmervorteile. Da die **Be-** **203** **rechnung der Unternehmervorteile** zukunftsgerichtet ist, erfolgt sie im Wege einer **Umsatzprognose.**[435] Die Prognose umfasst sämtliche Gewinne des Unternehmers aus künftigen Geschäften mit den vom Handelsvertreter geworbenen Neukunden und intensivierten Altkunden. Im Rahmen der Zukunftsprognose sind die Verhältnisse während der Dauer des Handelsvertretervertrages maßgeblich. Haben in der Vergangenheit erhebliche Umsatzfluktuationen stattgefunden, ist dies auch für die Zukunftsprognose zu unterstellen. Es sind **alle Umstände des Einzelfalls,** die bei der Beendigung des Handelsvertretervertragsverhältnisses gegeben sind, heranzuziehen. Jedoch wird nicht berücksichtigt, dass der Handelsvertreter auch in Zukunft hätte neue Kunden werben können.[436] Dass man überhaupt eine Prognose treffen kann, rührt aus der Annahme, dass die Geschäftsverbindungen zwischen den vom Handelsvertreter geworbenen Neukunden und dem Unternehmer zumindest teilweise fortbestehen werden.[437] So bedeutet beispielsweise die Umstellung des Vertriebssystems nicht automatisch den Ausschluss des Fortbestands einer Geschäftsverbindung, wenn die Kunden nicht mehr direkt, sondern mittelbar beliefert werden.[438] Die Berechnung des Tatrichters erfolgt im Wege der Schätzung nach § 287 Abs. 2 ZPO.[439]

b) Billigkeitsabwägung. Nach der Ermittlung der Unternehmervorteile ist sodann die **204** **Billigkeitskontrolle** (→ Rn. 131) durchzuführen. Hierunter fallen seit dem 31.7.2009 insbesondere auch die entgehenden Provisionen. „Wenn und soweit" der Anspruch der Billigkeit entspricht, ist der Rohausgleich ermittelt und dient als weitere Berechnungsgrundlage.

Die Billigkeitsmerkmale können den errechneten Ausgleichsbetrag **erhöhen oder min-** **205** **dern** (→ Rn. 133), wobei in der Regel der Ausgleichsbetrag aus Billigkeitsgründen gemindert wird. Dies erfolgt – außer bei der Berechnung der Provisionsverluste – durch einen **pauschalen Billigkeitsabschlag**[440] im Wege der **tatrichterlichen Schätzung** nach § 287 Abs. 2 ZPO. Eben diese Schätzung gehört auch zum Kernbereich tatrichterlichen Schätzungsermessens (→ Rn. 140).

aa) Rechtsprechung: Entgehende Provision des Handelsvertreters. (1) Prog- **206** **nosebasis.** Grundsätzlich sind nach der Rechtsprechung des BGH auch nach der Neufassung des Abs. 1 als Prognosebasis die Provisionen, die der Handelsvertreter **während** **der letzten zwölf Monate** vor Beendigung des Handelsvertreterverhältnisses (= **Basis-** **jahr)** verdient hat, zu berücksichtigen.[441] Dies hat den Hintergrund, dass kurzfristige

---

[435] BGH NJW 1971, 1611 (1612); Oetker/Busche Rn. 15; Koller/Kindler/Roth/Drüen/Roth Rn. 7.
[436] BGH NJW 1998, 71 (74).
[437] BGH NJW 1985, 859 (860); HVR Nr. 319; OLG Düsseldorf HVR Nr. 535; OLG Frankfurt a. M. HVR Nr. 365; Baumbach/Hopt/Hopt Rn. 15 f.
[438] BGH NJW 1984, 2695 (2696); MüKoHGB/Ströbl Rn. 80.
[439] BGH NJW 1990, 2889 (2891); Koller/Kindler/Roth/Drüen/Roth Rn. 7.
[440] MüKoHGB/Ströbl Rn. 163.
[441] BGH NJW 1983, 2877 (2879); Küstner/Thume VertriebsR-HdB II Kap. IX Rn. 118; Horn ZIP 1988, 137 (141 ff.).

Schwankungen dem Handelsvertreter weder zum Vorteil noch Nachteil gereichen sollen. Bei einer kürzeren Vertragsdauer ist auf den entsprechenden Gesamtzeitraum abzustellen.[442] Bei einem atypischen Verlauf des letzten Jahres muss dagegen folglich ein längerer Zeitraum berücksichtigt werden;[443] dann wird ein längerer Jahresdurchschnitt unter Heranziehung repräsentativer Jahre gebildet (→ Rn. 334). Überhangprovisionen, deren Fälligkeit erst nach Vertragsbeendigung eintritt, sind anders als bei der Höchstbetragsberechnung gemäß Abs. 2 nicht einzubeziehen.[444] Problematisch ist die Erfassung aller Unternehmervorteile im Wege der Prognose deshalb, weil sie – wie insbesondere der Goodwill des Unternehmens – schwer zu beziffern sind. Deswegen kann auch nach der Neufassung des Abs. 1 nach der Rechtsprechung des BGH auf die **Faustformel** (→ Rn. 127) zurückgegriffen werden,[445] da im Regelfall wegen ihres engen Zusammenhangs die Unternehmervorteile zumindest den Provisionsverlusten des Handelsvertreters entsprechen (→ Rn. 127 ff.).[446] Die Handelsvertreter-RL enthält keine einzelnen Vorgaben zur Berechnungsmethode des Ausgleichsanspruches.[447] Damit ist die gesonderte Berechnung der Unternehmervorteile dann notwendig, wenn entweder der Unternehmer geringere Vorteile geltend macht[448] oder der Handelsvertreter höhere Unternehmervorteile vorträgt (→ Rn. 128). Da der Ausgleichsanspruch jedoch nicht mehr (→ Rn. 142) durch die entgehenden Provisionen begrenzt wird, können erhebliche Unternehmervorteile auch dann vorliegen, wenn nur geringfügige oder gar keine Provisionsverluste vorhanden sind.

207   **(2) Abzuziehende Posten.** Von den im Basisjahr des letzten Vertragsjahres verdienten Provisionen sind **abzuziehen:**
- **Provisionen, die der Handelsvertreter auf Grund von Geschäften mit Kunden erzielt hat, die voraussichtlich keine weiteren Nachbestellungen tätigen werden, also keine Mehrfachkunden sind;**
- **Provisionen, aus Geschäften mit Kunden, die abgewandert sind;**
- **Provisionen für nicht werbende, verwaltende Tätigkeiten (Verwaltungsprovision);**
- **Provisionen für nicht intensivierte Altkunden.**

208   **(a) Altkundenprovisionen.** Nur Provisionen, die der Handelsvertreter mit **Neukunden** oder **intensivierten Altkunden** erzielt hat, sind für den Ausgleich zu berücksichtigen (→ Rn. 67 ff., 80), so dass sonstige Altkundenprovisionen abzuziehen sind.

209   **(b) Verwaltungsprovisionen.** Weiterhin werden ausgleichsrechtlich nur Provisionen berücksichtigt, die für eine **werbende Tätigkeit** des Handelsvertreters gezahlt werden. Hierzu gehören nicht diejenigen Provisionen für nicht werbende, verwaltende[449] (→ Rn. 152 ff.) Tätigkeiten.

210   **(c) Mehrfachkundenquote.** Auch müssen diejenigen Provisionen abgezogen werden, die von solchen Kunden herrühren, die voraussichtlich keine weiteren Geschäfte nach der Beendigung des Handelsvertreterverhältnisses mit dem Unternehmer abschließen werden,

---

[442] Oetker/Busche Rn. 15; MüKoHGB/Ströbl Rn. 154.
[443] BGH BeckRS 2011, 03878 und BGH BeckRS 2011, 03879; NJW-RR 1988, 42 (44); MüKoHGB/Ströbl Rn. 154; Oetker/Busche Rn. 26; Schultze/Wauschkuhn/Spenner/Dau/Kübler Vertragshändlervertrag/Wauschkuhn Rn. 903.
[444] BGH NJW 2019, 1674 Rn. 17; OLG Düsseldorf ZVertriebsR 2020, 256 (260).
[445] So auch MüKoHGB/Ströbl Rn. 150; kritisch: Genzow IHR 2014, 133.
[446] BGH ZVertriebsR 2020, 386 Rn. 16; NJW-RR 2010, 1550 Rn. 12 f.; 2010, 1263 Rn. 17; BeckRS 2009, 88043 Rn. 14; Küstner/Thume VertriebsR-HdB I Kap. IX Rn. 26.
[447] EuGH EuZW 2016, 221 Rn. 16; 2009, 304 Rn. 17 f.; 2006, 341 Rn. 34 f.; NJW 2001, 2007 Rn. 21; MüKoHGB/Ströbl Rn. 151.
[448] BGH NJW-RR 2010, 1550 Rn. 12 f.; 2010, 1263 Rn. 17; NJW 1983, 2877 (2879).
[449] BGH NJW-RR 2012, 674 Rn. 30 f.; NJW 2011, 848 Rn. 30.

also keine **Mehrfachkunden** sind.[450] Die sog. „**Mehrfachkundenquote**"[451] ergibt sich ebenso in einer Prognose, wenn nicht alle Kunden des Unternehmers Stammkunden sind und führt zu einem Abschlag der entgehenden Provisionen.[452]

(d) Abwanderungsquote. Nach allgemeiner Lebenserfahrung bleiben dem Unterneh- **211** mer nicht alle Mehrfachkunden permanent erhalten. Ein Teil der Mehrfachkunden wandert vielmehr früher oder später ab. Daher ist der geminderte Umsatz zu berücksichtigen, der dadurch entsteht, dass auch neu geworbene Mehrfachkunden im Prognosezeitraum abwandern.[453] Die Rechtsprechung hat bestimmte **Abwanderungsquoten** im Wege der Schätzung gemäß § 287 Abs. 2 ZPO[454] bestimmt. Grundlage für die Ermittlung der Abwanderungsquote sind die Kundenbewegungen in der Vergangenheit.[455] Hier handelt es sich also nicht um eine Prognose, da die Kundenabwanderung der vergangenen Jahre maßgeblich ist. Wohl aber wird vermutet, dass eine entsprechende Anzahl an Mehrfachkunden auch in der Zukunft abwandern werde.[456] Ausgehend von der Gesamtprovision mit den ausgleichsfähigen, neu geworbenen Mehrfachkunden und intensivierten Altkunden zu Jahresbeginn erfolgt ein Vergleich der durch Abwanderung geminderten Gesamtprovision zum Jahresende.[457] Die so ermittelte Quote ist die Abwanderungsquote.

Allgemein gebräuchliche, **schematisierte Berechnungswege** sind zulässig,[458] wenn **212** auch im Einzelfall etwas Anderes gelten kann. Eine mathematisch genaue Erfassung der konkreten Abwanderung ist dagegen nicht erforderlich.[459] Kann der Unternehmer detailliert darlegen, dass ein erhöhter Mehrfachkundenverlust bereits bei oder im Anschluss an[460] die Vertragsbeendigung – etwa durch Konkurrenztätigkeit des Handelsvertreters[461] – ersichtlich ist, ist eine höhere Abwanderungsquote anzusetzen.

Für das erste Jahr nach der Vertragsbeendigung sind die im letzten Jahr (= Basisjahr) **213** verdienten Abschluss- und Vermittlungsprovisionen aus Geschäften mit vom Handelsvertreter neu geworbenen oder intensivierten Mehrfachkunden (aber nur im Hinblick auf den Mehrumsatz → Rn. 83) abzüglich der Abwanderungsquote für die **Verlustberechnung** in Ansatz zu bringen. Für das zweite Jahr ist von dem Basisbetrag des letzten Vertragsjahres die doppelte Abwanderungsquote abzuziehen. Für das dritte Jahr die dreifache Abwanderungsquote usw.[462] Rechnet man dann die Verluste des Handelsvertreters der einzelnen Jahre zusammen, erhält man den **Gesamtverlust.**

Liegen jedoch keine ausreichenden Anhaltspunkte für die Ermittlung einer Abwan- **214** derungsquote vor, so ist eine tatrichterliche Schätzung nach **§ 287 Abs. 2 ZPO** zulässig.[463] Im Rahmen dieses tatrichterlichen Schätzungsermessens ist eine jährliche Abwanderungsquote von 20 % für einen Prognosezeitraum von vier Jahren vom BGH in mehreren

---

[450] BGH WM 1987, 1462 (1464); MüKoHGB/Ströbl Rn. 159; Horn ZIP 1988, 137 (141).

[451] Ebenso MüKoHGB/Ströbl Rn. 159.

[452] BGH BB 2007, 2475 Rn. 23 ff., 36; VersR 2003, 767 = BeckRS 2002, 07283; NJW 1999, 2668 (2669); 1998, 66 f. – BP I.

[453] BGH NJW-RR 2009, 824 Rn. 34; BB 2007, 2475; ZIP 1987, 1383 (1386); Küstner/Thume VertriebsR-HdB II Kap. IX Rn. 137 ff.; Koller/Kindler/Roth/Drüen/Roth Rn. 10.

[454] BGH BeckRS 2010, 13559 Rn. 27 f.; NJW-RR 2003, 821 (823); WM 2003, 499 (503); 2003, 491 (498); NJW-RR 2002, 1548 (1553) – Aral II; NJW 1997, 1503 – Renault; 1996, 2298 (2301) – Volvo; Koller/Kindler/Roth/Drüen/Roth Rn. 10.

[455] BGH NJW-RR 2002, 1548 (1553) – Aral II; NJW 1997, 1503 (1506) – Renault.

[456] Schultze/Wauschkuhn/Spenner/Dau/Kübler Vertragshändlervertrag/Wauschkuhn Rn. 910.

[457] MüKoHGB/Ströbl Rn. 157.

[458] Oetker/Busche Rn. 15.

[459] BGH NJW 1998, 71 (75).

[460] MüKoHGB/Ströbl Rn. 157.

[461] BGH NJW-RR 2000, 109.

[462] BGH NJW-RR 2002, 1548 (1553) – Aral II; NJW 1998, 71 (72); 1998, 66 (67) – BP I; OLG Karlsruhe BB 1982, 274 (275); Schultze/Wauschkuhn/Spenner/Dau/Kübler Vertragshändlervertrag/Wauschkuhn Rn. 915; MüKoHGB/Ströbl Rn. 158; Küstner/Thume VertriebsR-HdB II Kap. VIX Rn. 139 ff., der die Abwanderungsquote nicht auf das Basisjahr, sondern stets auf das jeweilige Ergebnis des Vorjahres beziehen will.

[463] BGH BB 2007, 2475 Rn. 50.

Urteilen akzeptiert worden, wenn keine Anhaltspunkte für die tatsächlichen Kundenbewegungen während der Vertragslaufzeit vorliegen.[464] Für die besonders schnelllebige Modebranche hat das OLG München[465] eine Abwanderungsquote von 33 Prozent pro Jahr und einen Prognosezeitraum von 3 Jahren angenommen.

215 **(e) Prognosezeitraum.** Die **Dauer** des für die Verlustberechnung zugrunde zu legenden Prognosezeitraumes hängt zum einen davon ab, in welchem Umfang mit den im letzten Vertragsjahr vorhandenen neuen und intensivierten Mehrfachkunden des Handelsvertreters vor der Vertragsbeendigung Geschäfte regelmäßig zustande kamen und zum anderen, für welchen einschätzbaren Zeitraum nach der Vertragsbeendigung von den vom Handelsvertreter neu geworbenen oder intensivierten Mehrfachkunden noch Folgeumsätze erwartet werden können.[466] Daher fallen nach dem Vertragsende eintretende Umstände (→ Rn. 120) nur dann in die Betrachtung, wenn ihre Entstehung bereits im Handelsvertreterverhältnis wurzelte.[467] Der Prognosezeitraum ist von Gesetzes wegen nicht begrenzt, muss aber **überschaubar** sein. Dies bemisst sich danach, wann mit Nach- bzw. Ersatzbestellungen zu rechnen ist.[468] Je nach Branche kann der Zeitraum kürzer oder länger sein (→ Rn. 124). Im Rahmen der Betrachtung sind die Besonderheiten der jeweiligen Branche, die Marktgegebenheiten, der Wettbewerb, die Kundenfluktuation und die Art der Tätigkeit zu berücksichtigen.[469] Beim Neuwagenkauf sind regelmäßig 5 Jahre[470] anzusetzen und bei kurzlebigen Produkten 2 bis 3 Jahre (→ Rn. 124).[471]

216 **bb) Gesamtabwägung.** Die **prognostizierten Unternehmervorteile** können dann noch nach oben oder unten korrigiert werden, um etwaige nicht berechenbare Aspekte wie den Goodwill miteinzubeziehen und weil die entgehenden Provisionen nur eine Annäherung an die tatsächlichen Unternehmervorteile darstellen.[472]

217 Stellt man im Nachhinein fest, dass die Prognose unrichtig war, etwa weil noch mehr Kunden abgewandert sind oder unerwartet viele Kunden die Geschäftsverbindung aufrechterhalten, ist dies nicht nachträglich auszugleichen (→ Rn. 121).

218 Die Gesamtabwägung erfolgt im Hinblick aller einschlägigen Billigkeitsmerkmale, insbesondere der Provisionsverluste. Je nachdem, ob positive oder negative Merkmale für den Handelsvertreter überwiegen, erhöht oder mindert sich der Ausgleichsanspruch entsprechend (→ Rn. 131 ff.).

219 **c) Abzinsung.** Da der Ausgleichsbetrag für zukünftig entgehende Provisionen mit Vertragsbeendigung fällig wird und damit eine Vorausabgeltung stattfindet, ist eine **Abzinsung** vorzunehmen.[473] Im Regelfall hätte der Handelsvertreter die Provisionen erst im Laufe mehrerer Jahre verdient.[474] Da der Ausgleichsanspruch mit der Vertragsbeendigung fällig wird, ist unerheblich, ob die tatsächliche Auszahlung zu einem späteren Zeitpunkt erfolgt.[475] Auch wenn der Handelsvertreter erst nach einem mehrjährigen Prozess den Ausgleich erhält, ändert dies nichts an der Abzinsung. Dieser Umstand wird durch Prozess-

---

[464] BGH NJW-RR 2010, 1550 Rn. 28; 2009, 824 Rn. 32; BB 2007, 2475 Rn. 50; WM 2003, 499 (503).
[465] OLG München ZVertriebsR 2018, 27 Rn. 63.
[466] BGH NJW-RR 1993, 221 f.
[467] BGH NJW 1998, 71 (75); OLG Koblenz NJW-RR 2007, 1044 (1045); Baumbach/Hopt/Hopt Rn. 16.
[468] Oetker/Busche Rn. 15; Schultze/Wauschkuhn/Spenner/Dau/Kübler Vertragshändlervertrag/Wauschkuhn Rn. 909.
[469] BGH NJW 2017, 475 Rn. 65; NJW-RR 1993, 221.
[470] BGH NJW 1996, 2302 (2304) – Fiat; 1997, 1503 (1505) – Renault.
[471] OLG München BeckRS 2014, 10205; Baumbach/Hopt/Hopt Rn. 16.
[472] Oetker/Busche Rn. 26.
[473] BGH NJW-RR 1991, 484 (485); ZIP 1987, 1383 (1387); Küstner/Thume VertriebsR-HdB II Kap. XIX Rn. 38; Baumbach/Hopt/Hopt Rn. 48; MüKoHGB/Ströbl Rn. 164.
[474] BGH NJW-RR 1991, 484 (485); ZIP 1987, 1383 (1387); Baumbach/Hopt/Hopt Rn. 48; Küstner/Thume VertriebsR-HdB II Kap. XIX Rn. 38.
[475] BGH NJW 1998, 71 (75); NJW-RR 1991, 484 (485); Baumbach/Hopt/Hopt Rn. 48.

bzw. Verzugszinsen wieder ausgeglichen (§§ 291, 288 BGB).[476] Letztere werden wegen nicht fristgerechter Leistung geschuldet, während die Abzinsung sich nur auf den Umfang des geschuldeten Ausgleichsbetrags bezieht.[477]

Die Abzinsung erfolgt nach anerkannten Grundsätzen auf den Barwert.[478] Die Recht- **220** sprechung bedient sich der Zinseszins-Formel (Multifaktoren-Formel) von Gillardon[479] oder der Hoffmann'schen Formel,[480] die wie folgt lautet:

B = (100 × S) / (100 + P × a)

B = abgezinster Betrag; S = Summe vor Abzinsung; P = Prozentsatz; a = Anzahl der Jahre

Andere anerkannte Berechnungsmethoden sind jedoch ebenso zulässig.[481] Das OLG **221** München hat in 2014 bei einer damals niedrigen Inflation und einem höheren allgemeinen Zinsniveau einen Abzinsungssatz von jährlich 5 % für angemessen gehalten.[482]

3. Höchstgrenze (Abs. 2). In einem dritten Schritt ist die **Höchstgrenze zu ermit-** **222** **teln** und **mit dem ermittelten Rohausgleich zu vergleichen.** Ist Letzterer höher als die Ausgleichshöchstgrenze, wird er um den überschießenden Betrag gekürzt.[483] Die frühere Praxis, nach der vom Höchstsatz des Abs. 2 ausgehend ein „Billigkeitsabschlag" vorgenommen worden war, widerspricht dem Gesetz.[484] Der BGH[485] und die Oberlandesgerichte[486] verfahren richtig, indem die Höchstgrenze stets zum Schluss der Berechnung berücksichtigt wird. Die Höchstgrenze des Abs. 2 stellt keine erneute Billigkeitsprüfung dar.

a) Berechnungszeitraum. Nach dem Wortlaut des Abs. 2 beträgt der Ausgleich **223** „höchstens eine nach dem Durchschnitt der letzten fünf Jahre der Tätigkeit des Handelsvertreters berechnete Jahresprovision oder sonstige Jahresvergütung". Bei einer kürzeren Laufzeit (also unter fünf Jahren, jedoch über einem Jahr) ist laut dem 2. Hs. der Durchschnitt während der Dauer der Tätigkeit maßgebend. Bei einer Vertragsdauer von unter einem Jahr sind die Provisionseinnahmen auf ein Jahr hochzurechnen.[487]

b) Berechnung der durchschnittlichen Jahresprovision. aa) Alle Provisionsein- **224** **nahmen.** Anders als bei den entgehenden Provisionen des Abs. 1 S. 1 Nr. 2 sind für die Berechnung der Jahresprovision **alle Provisionseinnahmen** zu berücksichtigen. Darunter fallen also nicht nur die Abschlussprovisionen aus werbender Tätigkeit des Handelsvertreters, sondern **auch Verwaltungsprovisionen** (→ Rn. 152) wie Delkredere, Bestandspflege, Lagerhaltung, Inkasso, Schadensregulierung etc. Ebenso fallen darunter **Provisionen aus Geschäften mit Altkunden,**[488] Bezirksprovisionen,[489] vom Unternehmer

---

[476] BGH NJW-RR 1991, 484 (485).

[477] BGH NJW-RR 1991, 484 (485).

[478] BGH NJW-RR 2002, 1548 (1554) – Aral II, wo der BGH beide Methoden anerkennt, vorliegend die Gillardon-Berechnung anwendet; BGHZ 115, 307 (310) = NJW 1991, 3274 – Hoffmann'sche Formel; OLG Düsseldorf OLGR 2000, 354 (358) – Hoffmann'sche Formel; HVR Nr. 875; OLG Koblenz HVR Nr. 882, 883.

[479] Gillardon, Multifaktoren, Bretten 1976; vgl. BGH BeckRS 2011, 03879 Rn. 8; Küstner/Thume VertriebsR-HdB II Kap. IX Rn. 154.

[480] BGH NJW 1991, 3274; OLG Düsseldorf OLGR 2000, 354 (357 f.); Ebenroth/Boujong/Joost/Strohn/Löwisch Rn. 200.

[481] BGH NJW-RR 2002, 1548 – Aral II; NJW 1998, 71 (75).

[482] OLG München BeckRS 2014, 10205.

[483] BGH NJW 2003, 1241 (1243); NJW-RR 1993, 221; NJW 1971, 462 (464); Küstner/Thume VertriebsR-HdB II Kap. XII Rn. 3 ff.; MüKoHGB/Ströbl Rn. 145, 166.

[484] Emde Rn. 194.

[485] BGH NJW-RR 1993, 221; DB 1981, 1772 f.; BGHZ 55, 45 (54 f.) = NJW 1971, 462; BGHZ 29, 83 (94).

[486] OLG Hamburg DB 1980, 972 (973); OLG Celle BB 1970, 227 (228).

[487] MüKoHGB/Ströbl Rn. 168; Oetker/Busche Rn. 28; GK-HGB/Genzow Rn. 80; aA Küstner/Thume VertriebsR-HdB II Kap. XII Rn. 6 ff.; Ebenroth/Boujong/Joost/Strohn/Löwisch Rn. 202.

[488] OLG Oldenburg DB 1964, 105 (106); Ebenroth/Boujong/Joost/Strohn/Löwisch Rn. 204; MüKoHGB/Ströbl Rn. 169; aA OLG Celle NJW 1968, 1141 (1142).

[489] brutto in Ebenroth/Boujong/Joost/Strohn/Löwisch Rn. 204.

grundlos vorenthaltene Provisionen[490] sowie verjährte Provisionen.[491] Unerheblich ist also, ob die Provisionen auch tatsächlich ausbezahlt wurden.[492] Schadensersatzansprüche des Handelsvertreters nach § 89 Abs. 2 für entgangene Provisionen während der restlichen Vertragslaufzeit[493] sind ebenso miterfasst wie auch **Überhangprovisionen** (→ § 87 Rn. 105).[494]

225   Provisionen iSd Abs. 2 sind grundsätzlich **Bruttoprovisionen.** Es sind vom Bruttobetrag ausgehend[495] durchlaufende Posten wie erstattete Mietkosten oder Lagergeld abzuziehen.[496] Nicht abzuziehen sind die Umsatzsteuer,[497] an Untervertreter gezahlte Provisionen[498] sowie Spesenzuschüsse oder Kostenerstattungspauschalen.[499]

226   **bb) Umsatzsteuer.** Es ist erlaubt, den Ausgleich entweder aus den Brutto-[500] oder den Nettoprovisionen zu errechnen. Allerdings darf die **Umsatzsteuer** nur dann erneut draufgeschlagen werden, wenn von Nettoprovisionen ausgegangen wurde.[501] Erbrachte der Handelsvertreter die Leistung steuerfrei (→ Rn. 343), weil der Erfolg der Leistung sich im Ausland niederschlug, kommt ein Aufschlag der Umsatzsteuer nicht in Betracht.[502] Es ist derjenige Steuersatz anzuwenden, der zum Fälligkeitsdatum des Ausgleichsanspruchs maßgeblich ist.[503]

227   **4. Rechenbeispiel.**[504] Nachfolgend wird ein Rechenbeispiel für den Ausgleichsanspruch auf der Grundlage der herkömmlichen Methode des BGH – ausgehend von den Provisionsverlusten – dargestellt. Oft führt die komplizierte Berechnung des BGH nur zu einer Scheingenauigkeit; in anderen Ländern der EU wenden die Gerichte vielfach wesentlich einfachere Berechnungs- oder Schätzmethoden an.[505]

228   **a) Sachverhalt.** Der Unternehmer, Hersteller eines sehr bekannten Markenproduktes, hat den Handelsvertretervertrag nach sechsjähriger Vertragsdauer zum 31.12.2022 gekündigt.

229   Zwar sind nach dem Urteil des EuGH vom 26.3.2009[506] und der Anpassung von Abs. 1 an den Wortlaut von Art. 17 Abs. 2 der Handelsvertreter-RL mit Wirkung zum 5.8.2009 die Verluste des Handelsvertreters nicht mehr als eigenständiges Tatbestandsmerkmal für das Bestehen eines Ausgleichsanspruchs gemäß § 89b zu qualifizieren. Dennoch ist die Verlustprognose nach der Rechtsprechung des BGH im Regelfall Ausgangspunkt der Berechnung, wenn nicht der Handelsvertreter höhere Unternehmervorteile oder der Unternehmer niedrigere vorträgt (→ Rn. 127).

---

[490] MüKoHGB/Ströbl Rn. 170.

[491] BGH NJW 1982, 235 (236); MüKoHGB/Ströbl Rn. 170.

[492] BGH NJW 1982, 235 (236).

[493] Westphal Neues Handelsvertreterrecht, 169; MüKoHGB/Ströbl Rn. 169.

[494] Jedoch ist immer nur der Fünf-Jahres-Zeitraum zu berücksichtigen: BGH NJW 1997, 316 f.; GK-HGB/Genzow Rn. 81.

[495] BGH NJW 1973, 1744; 1971, 1611 (1613); BGHZ 41, 129 (134 f.); 29, 83 (92) = NJW 1959, 144; Baumbach/Hopt/Hopt Rn. 51; MüKoHGB/Ströbl Rn. 173.

[496] BGHZ 31, 112 (114); Oetker/Busche Rn. 28; Baumbach/Hopt/Hopt Rn. 51; MüKoHGB/Ströbl Rn. 171.

[497] BGHZ 61, 112 (114) = NJW 1973, 1744; Baumbach/Hopt/Hopt Rn. 51; MüKoHGB/Ströbl Rn. 173; Oetker/Busche Rn. 28.

[498] BGH WM 1985, 981 f. = BeckRS 1985, 30391177; Baumbach/Hopt/Hopt Rn. 51; MüKoHGB/Ströbl Rn. 173.

[499] OLG Koblenz HVR Nr. 883; Baumbach/Hopt/Hopt Rn. 51; MüKoHGB/Ströbl Rn. 173.

[500] Emde Rn. 413; Ebenroth/Boujong/Joost/Strohn/Löwisch Rn. 158.

[501] Küstner/Thume VertriebsR-HdB II Kap. XXII Rn. 110 ff.; Emde Rn. 413.

[502] BFH BB 1998, 2297.

[503] Emde Rn. 413.

[504] vgl. auch die alternativ vorgeschlagene Berechnung von Emde Rn. 401 f. und Staub/Emde Rn. 487 ff.; KG ZVertriebsR 2022, 55

[505] Semler ZVertriebsR 2016, 139 (140).

[506] EuGH EuZW 2009, 304 – Semen/Tamoil.

Der Handelsvertreter hat mit seinen Kunden in den fünf Vertragsjahren vor der Beendi- 230
gung des Vertragsverhältnisses die folgenden Provisionseinnahmen erzielt:

	Insgesamt	Abschluss- und Vermittlungsprovisionen aus Geschäften mit von ihm geworbenen Neukunden und intensivierten Altkunden (im Hinblick auf den Mehrumsatz), soweit sie Mehrfachkunden sind (nur die Umsätze mit Mehrfachkunden sind ausgleichspflichtig)	Verwaltungsprovisionen und Abschluss- und Vermittlungsprovisionen aus Geschäften mit übernommenen (im Rahmen des vorgefundenen Umsatzvolumens) Altkunden und Nicht-Mehrfachkunden
2018	190.000 EUR	171.000 EUR	19.000 EUR
2019	165.000 EUR	148.500 EUR	16.500 EUR
2020	158.400 EUR	144.000 EUR	14.400 EUR
2021	132.000 EUR	120.000 EUR	12.000 EUR
2022	110.000 EUR	100.000 EUR	10.000 EUR

b) Ausgleichsberechnung. aa) Ermittlung des Rohausgleichs gemäß Abs. 1.
Verlust des Handelsvertreters bei einem **Prognosezeitraum** (= Zeitraum, in dem nach 231
Vertragsbeendigung noch mit Folgeumsätzen der vom Handelsvertreter geworbenen
Mehrfachkunden gerechnet werden kann) von vier Jahren, einer **Abwanderungsquote**
von 20 Prozent (es werden nicht alle Mehrfachkunden Folgeaufträge erteilen) und einer
Abzinsung von 1,5 Prozent (hat zu erfolgen, da der Handelsvertreter eine Einmalzahlung
erhält, die sich bei einer Fortsetzung des Vertrages auf einen längeren Zeitraum verteilt
hätte):

Basisbetrag: 100.000 EUR (= Einnahmen im letzten Vertragsjahr 2022 aus Abschluss- und Vermittlungsprovisionen aus Geschäften mit Neukunden und intensivierten Altkunden (im Hinblick auf den Mehrumsatz), die zugleich auch Mehrfachkunden sind).

Gesamtverlust des Handelsvertreters: 232

Jahr nach Vertragsbeendigung	Verlust in % (bezogen auf Basisbetrag)	Verlust in EUR
1 (= 2023)	80 %	80.000 EUR
2 (= 2024)	60 %	60.000 EUR
3 (= 2025)	40 %	40.000 EUR
4 (= 2026)	20 %	20.000 EUR
		200.000 EUR

Abzinsung des Gesamtverlustes von 200.000 EUR nach der Hoffmann'schen Methode: 233

$$B = \frac{100 \times S}{100 + (P \times a)}$$

B = abgezinster Betrag

S = Summe vor Abzinsung

P = Prozentsatz

a = Anzahl der Jahre

$$\frac{100 \times 200.000}{100 + (1,5 \times 4)} = 188.679,25 \text{ EUR}$$

234 Ebenfalls von der Rechtsprechung anerkannt ist die Abzinsung nach Gillardon.

235 Anpassung aus Billigkeitsgesichtspunkten:

236 Wegen der von der sehr bekannten **Marke** des Unternehmers ausgehenden **Sogwirkung** ist im Rahmen der Billigkeit gemäß Abs. 1 S. 1 Nr. 2 noch ein Abzug in Höhe von 25 Prozent vorzunehmen (dann beruht der Geschäftserfolg des Handelsvertreters entscheidend auch auf der vom Unternehmer durch seine Werbe- und Marketingaktivitäten aufgebauten bekannten Marke der Vertragsprodukte):

237 188.679,25 EUR abzüglich 25 % = 141.509,44 EUR

238 Der **Rohausgleich** beträgt somit 141.509,44 EUR.

bb) Ermittlung des Höchstbetrages gemäß Abs. 2 (durchschnittliche gesamte Jahreseinnahmen während der letzten fünf Vertragsjahre).

2018	190.000 EUR
2019	165.000 EUR
2020	158.400 EUR
2021	132.000 EUR
2022	110.000 EUR
Summe	**755.400 EUR**

239 755.400 EUR geteilt durch 5 = 151.080 EUR (Höchstbetrag)

240 **cc) Ergebnis.** Der Handelsvertreter erhält demnach in dem Beispielsfall eine Ausgleichszahlung gemäß § 89b in Höhe von 141.509,44 EUR zuzüglich Umsatzsteuer in gesetzlicher Höhe. Der Rohausgleich gemäß Abs. 1 übersteigt nicht den Höchstbetrag nach Abs. 2, so dass keine Begrenzung des Ausgleichsanspruches vorzunehmen ist.

c) Vorschlag von Thume für die Berechnung des Ausgleichs des Handelsvertreters nach der Vorteilsmethode. Eine überzeugende und exemplarische Berechnung des Ausgleichsanspruches anhand der Unternehmervorteile selbst hat Thume 128a in BB 2021, 1972 (1978 f.) vorgenommen. Sie lautet wie folgt (Abwanderungsquote von 20 %, Vorteile des Unternehmers im letzten Jahr vor der Vertragsbeendigung aus den vom Handelsvertreter geworbenen Kundenstamm in Höhe von 100.000 Euro, Prognosezeitraum von vier Jahren):

„Basisjahr (letztes Jahr vor Vertragsende) Vorteile 100.000 Euro

Abwanderungsfaktor: jeweils berechnet auf das Vorjahresergebnis

1. Prognosejahr 100.000 Euro ./. 20 %	80.000 Euro
2. Prognosejahr 80.000 Euro ./. 20 %	64.000 Euro
3. Prognosejahr 64.000 Euro ./. 20 %	51.200 Euro
4. Prognosejahr 51.200 Euro ./. 20 %	<u>40.960 Euro</u>
Summe:	236.160 Euro

Dieser Betrag ist anhand der gem. § 89b Abs. 1 S. 1 Nr. 2 HGB erforderlichen Billigkeitsprüfung ggf. nach unten oder oben zu korrigieren."

Die notwendige Abzinsung und der Vergleich mit dem Höchstbetrag gemäß § 89b Abs. 2 HGB ist dann noch nachfolgend vorzunehmen.

IV. Ausschluss des Ausgleichsanspruchs (Abs. 3)

241 Der Ausgleichsanspruch kann gemäß Abs. 3 ausgeschlossen sein. Dies ist der Fall, wenn der Handelsvertreter das Vertragsverhältnis eigenmächtig ohne begründeten Anlass kündigt (Abs. 3 Nr. 1), wenn der Unternehmer das Handelsvertretervertragsverhältnis kündigt und für die Kündigung ein wichtiger Grund wegen schuldhaften Verhaltens des Handelsvertreters vorlag (Abs. 3 Nr. 2) oder wenn ein Dritter für den Handelsvertreter einvernehmlich in das Vertragsverhältnis eintritt (Abs. 3 Nr. 3).

Abs. 3 Nr. 1 und Nr. 2 sind besondere Ausprägungen des den gesamten § 89b beherr- **242**
schenden Billigkeitsgrundsatzes.[507] Liegen die Voraussetzungen des Abs. 3 Nr. 1 oder Nr. 2
vor, so ist die Zahlung eines Ausgleiches nicht gerechtfertigt, da sie unbillig wäre. Abs. 3
regelt den Ausschluss des Ausgleichsanspruches abschließend und ist als **Ausnahmevorschrift eng auszulegen.**[508] Eine analoge Anwendung von Abs. 3 auf vergleichbare Sachverhalte scheidet zumindest insoweit aus, als sich diese im Gegensatz zu dem bei Art. 18 der
Handelsvertreter-Richtlinie geltenden Analogieverbot setzen würde.[509]

1. Eigenkündigung des Handelsvertreters (Abs. 3. Nr. 1). a) Grundsatz. Der Aus- **243**
gleichsanspruch entfällt grundsätzlich dann, wenn der Handelsvertreter den Handelsvertretervertrag selbst durch einseitige Erklärung gekündigt hat. Dem liegt der Gedanke zugrunde,
dass es der **Handelsvertreter selbst in der Hand** hat, **ob** er den Vertrag **kündigt** oder
nicht.[510] Er soll nicht in der Lage sein, seinen geworbenen Kundenstamm dem Unternehmer
gegen Zahlung des Ausgleichs aufzudrängen.[511] Dabei ist zunächst unerheblich, ob es sich
um eine außerordentliche (§ 89a) oder ordentliche (§ 89) Kündigung handelt.

Wegen des Analogieverbotes zu Lasten des Handelsvertreters entfällt der Ausgleichs- **244**
anspruch bei der Beendigung des Handelsvertretervertrages durch den Eintritt der vereinbarten auflösenden Bedingung des Ausscheidens eines Geschäftsführers oder Gesellschafters
aus der Handelsvertreter-GmbH nicht.[512]

Nicht ausreichend für den Ausschluss des Ausgleichsanspruches ist ferner, dass vom **245**
Handelsvertreter nur der Anstoß zu einer einverständlichen Vertragsaufhebung ausgeht[513]
oder der Handelsvertreter den Freitod wählt.[514]

b) Ausnahmen. Der Ausgleichsanspruch **entfällt** bei einer **Eigenkündigung** des Han- **246**
delsvertreters **ausnahmsweise** dann **nicht,** wenn

– ein Verhalten des Unternehmers hierzu begründeten Anlass gegeben hat (Abs. 3 Nr. 1
  Hs. 2 Alt. 1) oder
– dem Handelsvertreter eine Fortsetzung seiner Tätigkeit wegen seines Alters oder Krankheit nicht zugemutet werden kann (Abs. 3 Nr. 1 Hs. 2 Alt. 2).

aa) Veranlassung durch Unternehmer. An das Vorliegen eines „begründeten Anlas- **247**
ses" zur Eigenkündigung des Handelsvertreters iSd Abs. 3 Nr. 1 Hs. 2 Alt. 1 sind weniger
strenge Anforderungen als an den „wichtigen Grund" iSd § 89a Abs. 1 zu stellen.[515] Ein
begründeter Anlass zur Kündigung liegt vor, wenn der Handelsvertreter durch ein
Verhalten des Unternehmers in eine für ihn nach Treu und Glauben nicht hinnehmbare
Lage gekommen ist.[516] Ein rechtswidriges oder gar schuldhaftes Verhalten des Unternehmers ist nicht erforderlich.[517] **Beispiele** für einen begründeten Anlass zur Kündigung durch
den Handelsvertreter sind:[518]

---

[507] BGHZ 45, 385 (386); MüKoHGB/Ströbl Rn. 180; Koller/Kindler/Roth/Drüen/Roth Rn. 15.
[508] BGH NJW 2007, 3493 Rn. 15; BB 2000, 736 (738) mAnm Emde = NJW 2000, 1866; BGHZ 52, 12
(14); BGH BB 1969, 460 f.; Baumbach/Hopt/Hopt Rn. 69; Ebenroth/Boujong/Joost/Strohn/Löwisch
Rn. 59; Giesler/Emde § 2 Rn. 907; Koller/Kindler/Roth/Drüen/Roth Rn. 15; Bieder NJW 2007, 3471
(3472).
[509] EuGH ZVertriebsR 2018, 169 Rn. 31; BGH ZVertriebsR 2021, 47 Rn. 38 mAnm Muhl.
[510] Baumbach/Hopt/Hopt Rn. 53; zweifelnd Koller/Kindler/Roth/Drüen/Roth Rn. 16.
[511] Martinek/Semler/Flohr VertriebsR-HdB/Semler § 20 Rn. 80; Stumpf/Ströbl MDR 2004, 1209
(1210).
[512] BGH ZVertriebsR 2021, 47 Rn. 31 ff.
[513] BGH NJW 2007, 3493 Rn. 19; BB 1969, 460 f.
[514] BGH BB 1973, 815; 1966, 876; BGHZ 60, 350 (352 f.); 45, 385 (387); MüKoHGB/Ströbl Rn. 188.
[515] BGH NJW-RR 2006, 755 Rn. 7; BGHZ 91, 321 = BB 1984, 1574.
[516] BGH BB 1996, 235 (236); 1987, 221; NJW 1976, 671; 1967, 2153; Koller/Kindler/Roth/Drüen/
Roth Rn. 16a.
[517] BGH NJW-RR 2006, 755; NJW 1996, 848 (849) = BGH HVR Nr. 872; BB 1969, 510; BGHZ 52, 5
(8); Oetker/Busche Rn. 35.
[518] Vgl. auch Küstner/Thume VertriebsR-HdB II Kap. XI Rn. 55 ff.

– zunächst alle wichtigen Kündigungsgründe für den Handelsvertreter iSv § 89a, die aus der Unternehmersphäre resultieren;
– unberechtigte Verkleinerung des Vertragsgebietes, auch wenn sie im Einzelfall kein wichtiger Kündigungsgrund ist;[519]
– unwirksame fristlose Kündigung durch den Unternehmer;[520]
– Einstellung der Produktion der Vertragsprodukte;[521]
– erhebliche Einschränkung der Produktion des Unternehmers, die zur Gefährdung der wirtschaftlichen Existenz des Handelsvertreters führt;[522]
– erhebliche Verschlechterung der wirtschaftlichen Lage des Unternehmers;[523]
– aus einer Sortimentserweiterung des Unternehmers entstehende Interessenkollision des Handelsvertreters;[524]
– vertragswidrige Aufnahme eines parallelen Direktvertriebes durch den Unternehmer;[525]
– Nichterfüllung des Anspruches des Handelsvertreters aus § 85 auf Aufnahme des Vertragsinhaltes in eine vom Unternehmer unterzeichnete Vertragsurkunde;[526]
– mangelhafte Vertragserfüllung durch den Unternehmer;[527]
– Wegfall des Hauptlieferanten des Unternehmers;[528]
– wiederholte verspätete Zahlung oder Einbehalten der Provision;[529]
– Verkürzung von Provisionschancen;[530]
– Widerruf einer dem Handelsvertreter erteilten Vollmacht;[531]
– Erschwerung der Tätigkeit des Handelsvertreters durch eine nachteilige Beeinflussung der wirtschaftlichen Grundlage oder sonstige missbräuchliche Behinderung.[532]

247a   Abs. 3 Nr. 1 Hs. 2 Alt. 1 soll dem Handelsvertreter jedoch nicht die Möglichkeit geben, sein eigenes Risiko auf den Unternehmer zu verlagern. Kein begründeter Anlass liegt demnach vor, wenn der Unternehmer es unterlässt, dem Handelsvertreter von sich aus eine Reduzierung der Tankstellenpacht anzubieten, um dem Handelsvertreter die Erzielung eines ausreichenden Gewinns zu ermöglichen.[533]

248   Bei einem **mehrstufigen Vertriebsverhältnis** kann der begründete Anlass zur Kündigung für den (Unter-)Handelsvertreter nicht nur auf seinen Hauptvertreter, sondern auch auf den Unternehmer zurückzuführen sein.[534] Unterlässt es der Hauptvertreter nach der Kündigung seines Vertriebsvertrages durch den Unternehmer, seinem Untervertreter die Vertragsfortsetzung zu angemessenen Konditionen (also die Übernahme anderer Produkte) anzubieten, so liegt ein begründeter Anlass zur Kündigung für den Untervertreter vor.[535] Dies gilt auch dann, wenn das Motiv für die Kündigung des Untervertreters ein Angebot des Unternehmers ist, für ihn unmittelbar tätig zu werden; in diesem Fall ist der Ausgleichsanspruch nur nach Abs. 1 S. 1 Nr. 2 wegen Billigkeit entsprechend angemessen zu kürzen.[536]

---

[519] OLG Düsseldorf HVR Nr. 77.
[520] BGH BB 1966, 1410.
[521] Baumbach/Hopt/Hopt Rn. 57.
[522] BGH NJW 1976, 671.
[523] BGH NJW 1967, 2153; vgl. BGHZ 52, 5 (8).
[524] BGH BB 1987, 221; 1960, 1179.
[525] BGH NJW-RR 1993, 678 (680 f.).
[526] BGH BB 2006, 905 Rn. 7 ff.
[527] BGH WM 1986, 622.
[528] OLG Köln VersR 2003, 642 = BeckRS 2003, 00329.
[529] BGH BB 1989, 1076; LG Kaiserslautern HVR Nr. 81.
[530] OLG Celle DB 1962, 94.
[531] Küstner/Thume VertriebsR-HdB II Kap. XI Rn. 76.
[532] OLG Köln BeckRS 2014, 10938.
[533] OLG München ZVertriebsR 2017, 189 Rn. 18 ff.; Valdini EWiR 2017, 337 (338).
[534] BGHZ 52, 5 (8) = BB 1969, 510; Baumbach/Hopt/Hopt Rn. 59.
[535] BGH BB 1985, 226; 1969, 510; Baumbach/Hopt/Hopt Rn. 59; Oetker/Busche Rn. 55; MüKoHGB/Ströbl Rn. 198.
[536] Baumbach/Hopt/Hopt Rn. 59.

Soweit dem Handelsvertreter zwar die **Übernahme anderer Produkte** angeboten wird, **249** es aber offen ist, ob die Kunden diese neuen Produkte akzeptieren werden, liegt ebenfalls ein begründeter Anlass zur Kündigung vor.[537]

Die Darlegungs- und Beweislast dafür, dass im Zeitpunkt des Zuganges der Kündigung **250** ein begründeter Anlass vorlag, trägt der Handelsvertreter.[538] Der Handelsvertreter ist jedoch **nicht verpflichtet,** den **begründeten Anlass** in seiner Kündigungserklärung **zu nennen.** Er muss ihn nicht einmal kennen.[539] Der Handelsvertreter kann daher im Prozess über den Ausgleichsanspruch einen begründeten Anlass zur Kündigung **nachschieben,** der zwar im Zeitpunkt der Kündigung bereits vorhanden war, ihm aber erst später bekannt geworden ist. Der Anlass braucht nicht Motiv der Kündigung zu sein, sondern muss nur zum Zeitpunkt der Kündigung objektiv vorliegen.[540] Dabei begrenzt die Ausschlussfrist des Abs. 4 S. 2 das Nachschieben nicht; die zeitliche Grenze des Nachschiebens des Anlasses zur Kündigung bestimmt sich nach § 242 BGB.[541] Hat der Handelsvertreter jedoch während des Bestehens des Handelsvertretervertrages aus dem Verhalten des Unternehmers längere Zeit keine Konsequenzen gezogen und auch seine Kündigung nicht darauf gestützt, so kann er in einem späteren Ausgleichsprozess das Unternehmerverhalten nicht als begründeten Anlass zur Kündigung anführen.[542]

bb) Unzumutbarkeit der Vertragsfortsetzung. Gemäß Abs. 3 Nr. 1 Hs. 2 Alt. 2 **251** entfällt der Ausgleichsanspruch trotz einer Eigenkündigung des Handelsvertreters auch dann nicht, wenn ihm die Fortsetzung seiner Tätigkeit wegen seines Alters oder Krankheit nicht zuzumuten ist.

(1) Alter. Eine ausgleichserhaltende Kündigung wegen Alters liegt vor, wenn der Han- **252** delsvertreter das **allgemeine Rentenalter erreicht** hat. Vor Erreichen der Altersgrenze ist eine ausgleichserhaltende Eigenkündigung grundsätzlich nicht anzuerkennen.[543] Zwar ist das Erreichen der Altersgrenze vorhersehbar und erfordert daher eine ordentliche Kündigung. Doch auch bei Ausspruch einer außerordentlichen Kündigung wird der Ausgleichsanspruch nicht ausgeschlossen.[544]

(2) Krankheit. Der Begriff der **Krankheit** iSd Abs. 3 Nr. 1 Hs. 2 Alt. 2 ist nur erfüllt, **253** wenn sie **schwerwiegend** und von **nicht absehbarer Dauer** ist und zu einer mit **Ersatzkräften nicht behebbaren Verhinderung** in der Vertriebstätigkeit des Handelsvertreters führt.[545] Dabei führt eine Schwerbehinderung nicht per se zu einer Unzumutbarkeit.[546] Andererseits ist eine Berufs- oder Erwerbsunfähigkeit nicht erforderlich.[547] Dass der Handelsvertreter trotz der Krankheit weiter einer – anderen – beruflichen Tätigkeit nachgeht, soll nicht schaden, da die tatsächliche Aufgabe jeglicher Tätigkeit nicht Voraussetzung für den Anspruch ist.[548] Dieser Umstand kann im Rahmen der Billigkeitserwägungen berücksichtigt werden.

Ist der Handelsvertreter eine **Personengesellschaft,** wirkt Alter oder Krankheit nur **254** dann ausgleichserhaltend, wenn die Gesellschaft mit dem betroffenen Gesellschafter „steht

---

[537] OLG Köln VersR 2003, 642 = BeckRS 2003, 00329.
[538] Ebenroth/Boujong/Joost/Strohn/Löwisch Rn. 70; Baumbach/Hopt/Hopt Rn. 55; Saenger DB 2000, 129 (132).
[539] BGHZ 40, 13; MüKoHGB/Ströbl Rn. 191.
[540] BGH BB 1963, 917.
[541] Ebenroth/Boujong/Joost/Strohn/Löwisch Rn. 76; MüKoHGB/Ströbl Rn. 191.
[542] BGH BB 1989, 1076; MüKoHGB/Ströbl Rn. 195; strengere Kriterien für die Annahme einer Verwirkung bei Ebenroth/Boujong/Joost/Strohn/Löwisch Rn. 67.
[543] Westphal Neues Handelsvertreterrecht, 143.
[544] BGHZ 91, 321 = BB 1984, 1574.
[545] BGH NJW 1995, 1958; BB 1993, 1312 = NJW-RR 1993, 996 (997).
[546] BGH NJW-RR 1993, 996 (997); BVerwG NJW 1989, 601.
[547] MüKoHGB/Ströbl Rn. 203; Heymann/Hermann Rn. 91; Küstner/Thume VertriebsR-HdB II Kap. XI Rn. 124 f.
[548] BGH BB 1993, 1312 = NJW-RR 1993, 996 (998).

und fällt".[549] Das Gleiche gilt für den Fall, dass der Vertrieb der Vertragsprodukte von einem Einzelkaufmann betrieben wird.[550] Bei einer **Kapitalgesellschaft** ist die Ausnahmeregelung des Abs. 3 Nr. 1 Hs. 2 Alt. 2 dagegen nicht anwendbar, weil deren Vorstand/Geschäftsführung jederzeit austauschbar ist.[551] Dies gilt auch bei der Kündigung wegen Alters- oder Krankheitsgründen des geschäftsführenden Gesellschafters.[552]

255　　Von der Rechtsprechung ungeklärt ist die Frage, ob der Handelsvertreter verpflichtet ist, den **alters- oder krankheitsbedingten** Grund in seiner **Kündigungserklärung** zu **nennen** oder ob solch ein Kündigungsgrund – wie der „begründete Anlass" iSv Abs. 3 Nr. 1 Hs. 2 Alt. 1 auch – lediglich objektiv[553] vorliegen muss. Im Gegensatz zur Kündigung aus begründetem Anlass liegt der Kündigungsgrund in diesem Fall in der Person des Handelsvertreters. Daher muss der Handelsvertreter diese Gründe in der Kündigungserklärung nennen, wenn er sich später auf Abs. 3 Nr. 1 Hs. 2 Alt. 2 berufen will.[554]

256　　**cc) Andere, gleichgestellte Fälle. (1) Kettenverträge.** Eine Eigenkündigung iSv Abs. 3 Nr. 1 liegt auch vor, wenn der Handelsvertreter die Fortsetzung eines durch **Kettenverträge** begründeten Handelsvertreterverhältnisses durch Zurückweisung eines erneuten Vertragsangebotes des Unternehmers ablehnt.[555] Kettenverträge sind aneinander gereihte Verträge, die jeweils auf bestimmte Dauer abgeschlossen werden und dann, ohne erneut ausgehandelt worden zu sein, mit im Wesentlichen gleichem Inhalt jeweils für einen bestimmten weiteren Zeitraum verlängert werden.[556] Sie begründen ein einheitliches und unbefristetes Handelsvertreterverhältnis (→ § 89 Rn. 55).[557] Wird dessen Fortsetzung vom Handelsvertreter abgelehnt, entspricht dies einer Eigenkündigung iSv Abs. 3 Nr. 1, da auch in diesem Fall die Beendigung des Handelsvertreterverhältnisses ausschließlich von der Erklärung des Handelsvertreters abhängt.

257　　**(2) Ablehnung der Verlängerung/auflösende Bedingung.** Das Gleiche gilt, wenn der Handelsvertreter die **Ablehnung** der Verlängerung eines Handelsvertretervertrages mit **Verlängerungsoption** erklärt oder eine auflösende Bedingung herbeiführt.[558]

258　　In beiden Fällen ist der Ausgleichsanspruch des Handelsvertreters in Analogie zu Abs. 3 Nr. 1 ausgeschlossen, soweit die Ablehnung der Fortsetzung des Handelsvertreterverhältnisses nicht aus begründetem Anlass oder aus alters- oder krankheitsbedingten Gründen erfolgte.[559]

259　　**(3) Änderungskündigung.** Kein der Eigenkündigung gleichstehender Fall liegt vor bei der Ablehnung des Handelsvertreters, den Vertrag nach einer vom Unternehmer ausgesprochenen **Änderungskündigung** unter diesen geänderten Bedingungen fortzusetzen.[560] Die Zumutbarkeit der vom Unternehmer angebotenen Vertragsänderung ist nur im Rahmen der Billigkeitsprüfung nach Abs. 1 Nr. 2 zu würdigen.[561]

260　　**2. Kündigung des Unternehmers aus wichtigem Grund (Abs. 3 Nr. 2). a) Kündigung durch den Unternehmer.** Der Ausgleichsanspruch ist gemäß Abs. 3 Nr. 2 ferner ausgeschlossen, wenn der Unternehmer das Vertragsverhältnis gekündigt hat und für die

---

[549] OLG München NJW-RR 2003, 541; KG HVR Nr. 659; Küstner/Thume VertriebsR-HdB II Kap. XI Rn. 135 ff.
[550] MüKoHGB/Ströbl Rn. 201.
[551] OLG Hamm HVR Nr. 569.
[552] LG Münster BB 1982, 1748.
[553] So Baumbach/Hopt/Hopt Rn. 60; Ebenroth/Boujong/Joost/Strohn/Löwisch Rn. 76; Küstner/Thume VertriebsR-HdB II Kap. XI Rn. 41 ff.; MüKoHGB/Ströbl Rn. 200.
[554] Schultze/Wauschkuhn/Spenner/Dau/Kübler Vertragshändlervertrag/Wauschkuhn Rn. 950.
[555] BGH NJW 2007, 3493 Rn. 17; BB 1996, 235; Baumbach/Hopt/Hopt Rn. 54.
[556] BGH NJW-RR 2003, 98; BB 1999, 1399; 1996, 235.
[557] BGH BB 1999, 1399; 1996, 235.
[558] Baumbach/Hopt/Hopt Rn. 54; MüKoHGB/Ströbl Rn. 185; Heymann/Hermann Rn. 87.
[559] BGH BB 1996, 235, wo die Ablehnung einer neuen Provisionsberechnung als begründeter Anlass angesehen wurde.
[560] BGH NJW 2007, 3493 Rn. 15 ff.; vgl. BeckRS 2008, 03092 Rn. 4.
[561] BGH NJW 2007, 3493 Rn. 21.

Kündigung ein wichtiger Grund wegen schuldhaften Verhaltens des Handelsvertreters vorgelegen hat. Beide Voraussetzungen müssen **kumulativ** vorliegen. Der Unternehmer kann die Kündigung entweder als **außerordentliche (§ 89a) oder ordentliche (§ 89)** aussprechen, wobei in beiden Fällen ein wichtiger Grund vorliegen muss.[562]

b) Wichtiger Grund. Der Begriff des „wichtigen Grundes" **deckt sich mit dem des 261 § 89a** und ist in beiden Vorschriften **gleich auszulegen.**[563] Anders als § 89a setzt Abs. 3 Nr. 2 noch zusätzlich ein schuldhaftes Verhalten des Handelsvertreters voraus.[564] Ein **Verschulden** seiner **Erfüllungsgehilfen genügt nicht.**[565] Dem Handelsvertreter selbst bzw. bei Gesellschaften deren gesetzlichen Vertretern muss ein schuldhaftes Verhalten vorzuwerfen sein. Dieses kann in der mangelnden Auswahl oder Überwachung der Erfüllungsgehilfen liegen[566] oder wenn der handelnde Dritte rechtsgeschäftlicher Vertreter des Handelsvertreters ist.[567] Jedenfalls muss die Fortsetzung des Vertrags für den Unternehmer unzumutbar sein.[568] Dies ist etwa der Fall, wenn der Handelsvertreter für ein Konkurrenzunternehmen arbeitet.[569]

Kein zur außerordentlichen Kündigung berechtigender Grund liegt beim Rechtsform- 262 wechsel durch Anwachsung gemäß § 738 BGB analog beim Handelsvertreter, etwa von einer OHG in eine GmbH, vor.[570]

Die Kündigung eines Handelsvertretervertrags aus wichtigem Grund muss nicht inner- 263 halb der Zweiwochenfrist des § 626 Abs. 2 BGB erklärt werden.[571] Dem Kündigungsberechtigten steht eine angemessene Überlegungsfrist von bis zu zwei Monaten zu, während welcher er die Konsequenzen wegen des wichtigen Grundes ziehen kann. Wartet er länger als zwei Monate, so ist davon auszugehen, dass der Berechtigte das Verhalten selbst als nicht so schwerwiegend empfunden hat, so dass ihm das Abwarten der ordentlichen Kündigungsfrist zumutbar ist.[572] Aber auch eine nach mehreren Monaten ausgesprochene außerordentliche Kündigung kann noch wirksam sein, wenn der Handelsvertreter trotz wiederholter Abmahnung eine ihm vertraglich verbotene Konkurrenztätigkeit fortsetzt.[573]

c) Schuldhaftes Verhalten des Handelsvertreters. Für das **Verschulden** des Han- 264 delsvertreters ist grundsätzlich der **Unternehmer darlegungs- und beweispflichtig** (→ Rn. 338).[574] Das schuldhafte Verhalten des Handelsvertreters muss in jedem Fall vorliegen.

Dies gilt auch im Fall der **Eröffnung des Insolvenzverfahrens** (→ Rn. 42) über das 265 Vermögen des Handelsvertreters, die nach der Rechtsprechung grundsätzlich einen anerkannten wichtigen Kündigungsgrund darstellt.[575] Auch in diesem Fall entfällt der Ausgleichsanspruch jedoch nur dann, wenn der Insolvenzgrund auf ein schuldhaftes Verhalten des Handelsvertreters zurückzuführen ist.[576] Nach der Auffassung des OLG Köln ist in einem solchen Fall allerdings eine Beweislastumkehr vorzunehmen; im Falle der Insolvenz eines

---

[562] BGH WM 1975, 856 f.; NJW 1958, 1966 (1967); OLG München ZVertriebsR 2018, 103 Rn. 29.

[563] BGH NJW 2000, 1866 (1867 f.); HVR Nr. 606; Wauschkuhn ZVertriebsR 2018, 275 (276).

[564] OLG Hamm HVR Nr. 1095; Ebenroth/Boujong/Joost/Strohn/Löwisch Rn. 79; Baumbach/Hopt/ Hopt Rn. 65.

[565] BGH NJW 2007, 3068 Rn. 7; BB 1959, 317; BGHZ 29, 275 (278).

[566] BGH BB 1958, 894 = OLG Celle HVR Nr. 179; Küstner/Thume VertriebsR-HdB II Kap. XI Rn. 192; Ebenroth/Boujong/Joost/Strohn/Löwisch Rn. 81.

[567] BGHZ 41, 129; MüKoHGB/Ströbl Rn. 212.

[568] BGH NJW 2000, 1866 (1868).

[569] BGH NJW-RR 1999, 1481 (1483); vgl. NJW 1958, 1966 (1967).

[570] OLG Stuttgart BB 2011, 1811.

[571] BGH NJW-RR 1999, 1481 (1484); NJW 1987, 57.

[572] BGH NJW-RR 1999, 1481 (1484); 1992, 1059 (1060) = BB 1992, 1162.

[573] BGH NJW 2011, 3361 Rn. 30.

[574] OLG München NJW-RR 1995, 1186; BB 1997, 1553.

[575] OLG München NJOZ 2006, 3489 (3490); OLG Hamm NJW-RR 2004, 1554; Ströbl/Woltmann ZVertriebsR 2014, 236; Meyer/Knaub ZVertriebsR 2016, 275 (276 f.).

[576] OLG München NJOZ 2006, 3489 (3491); OLG Hamm NJW-RR 2004, 1554.

Handelsvertreters sei grundsätzlich von dessen Verschulden auszugehen.[577] Demnach lägen im Falle der Insolvenz des Handelsvertreters die Voraussetzungen von Abs. 3 Nr. 2 vor, soweit der Handelsvertreter keinen Entlastungsbeweis führen könne.[578] Das OLG München hat eine solche Beweislastumkehr in dem Fall abgelehnt, in dem der Unternehmer auf Grund der im Handelsvertretervertrag vorgesehenen detaillierten Berichts- und Mitteilungspflichten des Handelsvertreters und damit eigenen korrespondierenden Kontroll- und Überwachungsbefugnissen in weitem Umfang über die Situation des Handelsvertreters informiert und daher in der Lage war, zu der fehlerhaften Betriebsführung und damit der schuldhaft verursachten Herbeiführung der Insolvenz durch den Handelsvertreter vorzutragen.[579]

266   Der Ausgleichsanspruch entfällt nur dann, wenn der Unternehmer **„wegen"** eines **schuldhaften Verhaltens** des Handelsvertreters den Handelsvertretervertrag **beendet.** Der BGH hat seine Rechtsprechung hierzu geändert und hält insofern nicht mehr an seiner alten Ansicht fest, nach welcher der Unternehmer den wichtigen Grund nicht nennen musste. Im Jahr 2011 hat der BGH[580] im Anschluss an den EuGH[581] entschieden, dass zwischen dem schuldhaften Verhalten des Handelsvertreters und der Kündigung des Unternehmers ein unmittelbarer Ursachenzusammenhang bestehen muss. Daher entfällt der Ausgleichsanspruch nicht, wenn der Unternehmer ihn zur außerordentlichen Kündigung berechtigende Umstände ex post erfährt, seine Kündigung hierdurch jedoch nicht motiviert war.[582] Dies entspricht auch der Auslegung des Art. 18a der Handelsvertreter-RL.[583] Der Unternehmer kann nach der neuen Rechtsprechung somit auch keinen wichtigen Kündigungsgrund nachschieben.[584] Im Gegensatz zur früheren Auffassung[585] muss also der Unternehmer im Rahmen des Abs. 3 Nr. 2 wegen des Schutzes des Handelsvertreters die Gründe nennen bzw. bekannt geben.[586] Möglich ist die Berücksichtigung von erst später bekannten Gründen nur im Rahmen der Billigkeit (→ Rn. 179 ff.).[587]

267   Maßgeblich ist immer, dass der Unternehmer seine **Kündigung** tatsächlich **auf** den **wichtigen Grund stützt.**[588] Der Ausgleichsanspruch ist ausnahmsweise auch ausgeschlossen, wenn der Unternehmer berechtigt gewesen wäre, den Handelsvertretervertrag aus wichtigem Grund wegen schuldhaften Verhaltens des Handelsvertreters fristlos zu kündigen, die Vertragsparteien in Kenntnis dieser Tatsache den Handelsvertretervertrag aber einvernehmlich aufgehoben haben.[589] Das ist trotz des Ausnahmecharakters von Abs. 3 Nr. 2 zulässig, da der Unternehmer so nicht immer kündigen muss und dies den Handelsvertreter bei späteren Bewerbungen begünstigt.[590] Ansonsten verlangt die Rechtsprechung, dass die Kündigung auch erklärt wird. Es genügt nicht, dass der Unternehmer wegen eines wichtigen Grundes hätte kündigen können, dies aber unterlassen hat.[591]

---

[577] OLG Köln BeckRS 2015, 17429.

[578] OLG München mit Anm. Pütz EWiR 2005, 601 (602); aA Emde BB 2006, 1121 (1125).

[579] OLG München NJOZ 2006, 3489 (3491 f.).

[580] BGH NJW-RR 2011, 614 Rn. 18; vgl. schon OLG Rostock NJW-RR 2009, 1631.

[581] EuGH BB 2010, 3045 = EuZW 2011, 24 Rn. 38 ff. – Volvo/Autohof Weidensdorf.

[582] EuGH BB 2010, 3045 = EuZW 2011, 24 – Volvo/Autohof Weidensdorf; vgl. auch OLG Koblenz NJW-RR 2007, 1044; Baumbach/Hopt/Hopt Rn. 66; Küstner/Thume VertriebsR-HdB II Kap. XI Rn. 8, 150 ff.

[583] BGH NJW-RR 2011, 614 Rn. 16; MüKoHGB/Ströbl Rn. 205; vgl. Steinhauer BB 2012, 526 f.; anders noch BGH BB 1957, 413; 1963, 917; 1967, 977.

[584] OLG Koblenz NJW-RR 2007, 1044; Oetker/Busche Rn. 39; MüKoHGB/Ströbl Rn. 205.

[585] BGHZ 48, 222 (223 f.) = NJW 1967, 2154; BGHZ 40, 13 (15 f.) = NJW 1963, 2068; BGHZ 24, 30 (35).

[586] MüKoHGB/Ströbl Rn. 205; aA Oetker/Busche Rn. 39.

[587] BGHZ 129, 290 (294) = NJW 1995, 1958; Ebenroth/Boujong/Joost/Strohn/Löwisch Rn. 84; Baumbach/Hopt/Hopt Rn. 66; Steinhauer BB 2012, 526 f.

[588] EuGH BB 2010, 3045 = EuZW 2011, 24 – Volvo/Autohof Weidensdorf; BGH EuZW 2009, 667; OLG Rostock EWiR 3/09, 385; OLG Koblenz NJW-RR 2007, 1044.

[589] OLG Nürnberg BB 1959, 318; Baumbach/Hopt/Hopt Rn. 64; aA Oetker/Busche Rn. 40.

[590] BGHZ 24, 30 (34).

[591] BGH NJW 1995, 1958; BB 1995, 1437; 1984, 1574; BGHZ 91, 321 (323 f.); MüKoHGB/Ströbl Rn. 208.

Der Kündigung steht es gleich, wenn der Unternehmer einen Kettenvertrag bzw. einen **268**
Handelsvertretervertrag mit Verlängerungsoption wegen eines schuldhaften Verhaltens des
Handelsvertreters nicht wieder verlängert.[592]

Der Tod des Handelsvertreters kann kein „schuldhaftes" Verhalten iSd Abs. 3 Nr. 2 sein **269**
und berührt deshalb den Ausgleichsanspruch nicht.[593]

3. Einverständlicher Eintritt eines Dritten (Abs. 3 Nr. 3). a) Zweck der Rege- **270**
lung. Gemäß Abs. 3 Nr. 3 entfällt der Ausgleichsanspruch auch dann, wenn ein Dritter auf
Grund einer Vereinbarung zwischen dem Handelsvertreter und dem Unternehmer in das
Vertragsverhältnis eintritt und die Vereinbarung nicht vor der Beendigung des Vertragsverhältnisses mit dem Handelsvertreter getroffen wird.[594] Dabei wird davon **ausgegangen,**
dass der Handelsvertreter seine Rechte und Pflichten aus dem Handelsvertretervertrag nur
dann dem Dritten übertragen wird, wenn er dafür eine **angemessene Gegenleistung von**
dem **Dritten** erhält. Der Handelsvertreter soll dann nicht noch zusätzlich eine Ausgleichszahlung erhalten.[595] Es kommt aber nicht darauf an, ob der Handelsvertreter tatsächlich eine
Zahlung von dem Dritten erhält.[596]

b) Nachfolgevereinbarungen. Abs. 3 Nr. 3 setzt die **Vertragsübernahme durch** **271**
einen Dritten voraus. Sie ist möglich durch Aufhebung des alten Handelsvertretervertrages
und Abschluss eines neuen, im Wesentlichen inhaltsgleichen, Vertrages mit dem Nachfolger
oder als echte Vertragsübernahme durch einen dreiseitigen Vertrag zwischen Ausscheiden-
dem, Nachfolger und Unternehmer oder einem zweiseitigen Vertrag zwischen dem Nachfolger und dem Ausscheidenden unter Zustimmung des Unternehmers bzw. zwischen dem
Nachfolger und dem Unternehmer unter Zustimmung des Ausscheidenden.[597]

Der **Nachfolgevertrag** kann **in einzelnen Punkten modifiziert** werden, aber nicht **272**
so gravierend, dass ein Identitätsverlust stattfindet.[598] Anderenfalls wäre kein Eintritt in den
„bestehenden" Vertrag iSv Abs. 3 Nr. 3 gegeben. Bei einer identischen Vertragsübernahme besteht das alte Vertragsverhältnis unverändert mit allen Rechten und Pflichten für
den Nachfolger fort. Bei einem Neuabschluss ist technisch gesehen ein neuer Vertrag
vorhanden, jedoch tritt der Nachfolger in alle „alten" Rechte und Pflichten des Vorgängers
ein, da die Vertragsübernahme gewünscht ist.[599]

Weiteres Erfordernis für den Ausschluss ist, dass die **Übernahmevereinbarung erst im** **273**
Zeitpunkt des Ausscheidens des alten Handelsvertreters abgeschlossen wird. Treffen
die Vertragsparteien die Vereinbarung schon vorher, so behält der Handelsvertreter seinen
Ausgleichsanspruch, uU zusätzlich zur Vergütung von dem Nachfolger.[600]

Zu beachten ist, dass mangels abweichender vertraglicher Regelung bei der **Bemessung** **274**
des **Ausgleichsanspruches** des **Nachfolgers** (dh bei späterer Beendigung des Handelsvertretervertrages mit dem Nachfolger) die vom Vorgänger geworbenen (und vom Nachfolger übernommenen) Kunden trotz der im Regelfall vom Nachfolger gezahlten Vergütung nicht als Neukunden anzusehen sind und damit grundsätzlich – abgesehen von dem
Fall der wesentlichen Erweiterung der Geschäftsbeziehung – herausfallen und zwar auch

---

[592] BGHZ 24, 30 (34) = NJW 1957, 871; MüKoHGB/Ströbl Rn. 207; Ebenroth/Boujong/Joost/Strohn/
Löwisch Rn. 80.
[593] MüKoHGB/Ströbl Rn. 209; Westphal Neues Handelsvertreterrecht, 144; offen gelassen in BGHZ 41,
129 (131).
[594] Ausf. zu Abs. 3 Nr. 3: Kiene NJW 2006, 2007 ff.; Wauschkuhn BB 1996, 1517 (1519 f.).
[595] GK-HGB/Genzow Rn. 56; MüKoHGB/Ströbl Rn. 215.
[596] Baumbach/Hopt/Hopt Rn. 68; Ebenroth/Boujong/Joost/Strohn/Löwisch Rn. 88; Küstner/Thume
VertriebsR-HdB II Kap. XI Rn. 203; Koller/Kindler/Roth/Drüen/Roth Rn. 18; Westphal Neues Handelsvertreterrecht, 145; Küstner/v. Manteuffel BB 1990, 1713 (1714).
[597] Küstner/Thume VertriebsR-HdB II Kap. XI Rn. 198; Thume BB 1991, 490 (491).
[598] Küstner/Thume VertriebsR-HdB II Kap. XI Rn. 200; MüKoHGB/Ströbl Rn. 217.
[599] MüKoHGB/Ströbl Rn. 220.
[600] Schultze/Wauschkuhn/Spenner/Dau/Kübler Vertragshändlervertrag/Wauschkuhn Rn. 966; aA Unwirksamkeit der Vereinbarung MüKoHGB/Ströbl Rn. 224; Küstner/v. Manteuffel BB 1990, 1713 (1714).

dann, wenn der Unternehmer der Zahlung zugestimmt hat.[601] In diesem Fall kann der Nachfolger bei vorzeitiger Vertragsbeendigung einen Anspruch gegen den Unternehmer auf (teilweise) Erstattung des von ihm an den ausgeschiedenen Handelsvertreter gezahlten Betrages haben, wenn der Nachfolger und der Unternehmer bei Vertragsabschluss von einer Vertragsdauer ausgingen, in der der Nachfolger den als Abfindung gezahlten Betrag hätte erwirtschaften können.[602]

275 **c) Abgrenzung.** Nicht unter Abs. 3 Nr. 3 fallen sog. **Abwälzungsvereinbarungen,** bei denen der Nachfolger dem Unternehmer als Ausgleichsschuldner den Anspruch erstattet.[603] Der Ausgleichsanspruch für den (Vorgänger-)Handelsvertreter bleibt in diesem Falle unberührt.[604]

276 Leistet ein potenzieller Nachfolger Zahlungen an den Unternehmer, um eine freie Handelsvertretung zu erhalten (Einstandszahlungen), vergütet er die Chance auf Provisionseinnahmen.[605] Die vom Vorgänger geworbenen Kunden sind nicht als Neukunden für den Nachfolger anzusehen.[606] Der Nachfolger kann sich aber durch entsprechende Vereinbarung mit dem Unternehmer absichern.[607] Die fehlende Möglichkeit zur Amortisation der Zahlung des Nachfolgers kann wiederum zu einem teilweisen Entlastungsanspruch des Nachfolgehandelsvertreters gegenüber dem Unternehmer nach den Grundsätzen der ergänzenden Vertragsauslegung bzw. der Störung der Geschäftsgrundlage führen, wenn beide Parteien übereinstimmend von einer längeren Vertragsdauer ausgingen (→ Rn. 274).[608]

V. Unabdingbarkeit (Abs. 4 S. 1)

277 Der **gesetzgeberische Zweck** des Abs. 4 S. 1 ist der Schutz des Handelsvertreters gegenüber dem im Regelfall wirtschaftlich überlegenen Unternehmer. Der Unternehmer soll nicht Druck ausüben können, um den von ihm **wirtschaftlich abhängigen Handelsvertreter** zu für ihn nachteiligen Vereinbarungen zu drängen.[609]

278 Laut Abs. 4 S. 1 ist der Ausschluss des Ausgleichsanspruchs **im Voraus unwirksam.** Den Ausgleich ausschließende oder beschränkende Vereinbarungen **vor Beendigung** des Handelsvertreterverhältnisses entfalten somit keine Wirkung.[610] Auch kann der Handelsvertreter im Voraus nicht auf den Ausgleichsanspruch verzichten.[611] Sind Vereinbarungen jedoch vorausschauend betrachtet nicht nachteilig für den Handelsvertreter, so sind Abweichungen möglich.[612]

279 **1. Vertraglicher Ausschluss oder Einschränkung des Ausgleichsanspruchs.** Ob im Einzelfall eine den Ausgleichsanspruch – auch nur mittelbar – betreffende Abrede als unzulässige Beschränkung oder als erlaubte Vertragsgestaltung anzusehen ist, ist **anhand des Schutzzweckes** von Abs. 4 S. 1 **zu ermitteln.**[613] Wird mit der Regelung vorwiegend der Zweck verfolgt, dem Handelsvertreter als dem im Allgemeinen schwächeren Vertragsteil den Ausgleichsanspruch zu nehmen oder zu beschneiden, so liegt ein Verstoß

---

[601] BGH NJW 1985, 58; Baumbach/Hopt/Hopt Rn. 12; Wauschkuhn BB 1996, 1517 (1519); aA MüKoHGB/Ströbl Rn. 218; Küstner/v. Manteuffel BB 1990, 1713 (1714 f.).

[602] BGH NJW 1985, 58 (59).

[603] BGH BB 1968, 927; Kiene NJW 2006, 2007 (2009); Thume BB 1991, 490.

[604] Schultze/Wauschkuhn/Spenner/Dau/Kübler Vertragshändlervertrag/Wauschkuhn Rn. 968.

[605] Budde DB 2005, 2177; Küstner/Thume VertriebsR-HdB II Kap. III Rn. 15.

[606] BGH NJW 1985, 58; Wauschkuhn BB 1996, 1517 (1519); MüKoHGB/Ströbl Rn. 228; aA Ebenroth/Boujong/Joost/Strohn/Löwisch Rn. 28.

[607] OLG München NJW-RR 1997, 986; Kiene VersR 2006, 1024.

[608] BGH NJW 1985, 58 (59); OLG Koblenz NJW-RR 2007, 1044 (1046); MüKoHGB/Ströbl Rn. 227.

[609] BGH NJW 1967, 248 (249); KG BB 1960, 1075.

[610] BGH WM 1975, 856; KG NJW 1961, 124; MüKoHGB/Ströbl Rn. 229.

[611] Küstner/Thume VertriebsR-HdB II Kap. XIII Rn. 3.

[612] EuGH EuZW 2006, 341.

[613] BGH BB 1996, 1734; OLG Oldenburg BB 1973, 1281.

gegen Abs. 4 S. 1 vor. Gibt es für eine sich auf den Ausgleichsanspruch mittelbar auswirkende Regelung andere nachvollziehbare Gründe, so kann die Abrede zulässig sein.[614]

So hat der BGH beispielsweise in Bezug auf das in einem Handelsvertretervertrag **280** vorgesehene **Rotationsvertriebssystem,** bei dem die einzelnen Bezirke durch ständig wechselnde Vertreter betreut werden und infolgedessen kaum Verluste aus Folgeverträgen entstehen, die Frage der Vereinbarkeit mit Abs. 4 S. 1 gestellt.[615] Kann der Unternehmer für dieses System nachvollziehbare Gründe (anders als den der Umgehung der Ausgleichsverpflichtung) anführen, etwa die Branchenüblichkeit oder ein entsprechendes Verlangen der Kunden, so liegt kein Verstoß gegen Abs. 4 S. 1 vor.[616] In einer weiteren Entscheidung zu einem Rotationsvertriebssystem – in dem die Handelsvertreter auf Grund des ständigen Wechsels der Bezirke mit den von ihnen während der Vertragzeit geworbenen Neukunden später nicht mehr in Kontakt kamen – hat der BGH das Rotationsvertriebssystem als solches ebenfalls nicht beanstandet; er ging bei der Berechnung des Ausgleichsanspruches jedoch von der Fiktion aus, dass der Handelsvertreter nach der Beendigung des Vertrages diejenigen Bezirke, die er im letzten Jahr seiner Tätigkeit betreute, auch weiter betreuen werde und ihn somit Verluste aus Folgegeschäften treffen würden.[617]

Als **unzulässige Beschränkungen des Ausgleichsanspruches** sind beispielsweise die **281** folgenden Vereinbarungen anzusehen:

– Begrenzung der Höhe des Ausgleichsanspruches, soweit nicht der Höchstbetrag des Abs. 2 angesetzt wird[618] oder der angegebene Betrag nach dem hypothetischen Parteiwillen als Vereinbarung einer Mindesthöhe anzusehen ist;[619]
– einseitig zu Lasten des Handelsvertreters erfolgende Verkürzung der Verjährungsfrist (→ Rn. 314);[620]
– Beschränkung der Vererblichkeit;[621]
– Eintritt der Fälligkeit erst nach Anerkenntnis durch den Unternehmer;[622]
– Erweiterung der Ausschlussgründe des Abs. 3;[623]
– Ratenzahlungsvereinbarungen ohne Verzinsung.[624]

Wirksam kann aber – bei angemessener Verzinsung – das Hinausschieben der Fälligkeit **282** des Ausgleichsanspruches sein, da ein berechtigtes Interesse des Unternehmers daran bestehen kann, dem plötzlichen Fälligwerden einer oft sehr hohen Forderung mit der einhergehenden Beeinträchtigung des Geschäftsbetriebes entgegenzuwirken.[625]

2. Vereinbarung vor Vertragsende. Aus der zwingenden Regelung des Abs. 4 S. 1 **283** folgt, dass **vor der Vertragsbeendigung** grundsätzlich **keine** von der gesetzlichen Regelung abweichende – einseitige oder beidseitige – **wirksame Bestimmung** über den Ausgleichsanspruch getroffen werden kann; auch der vom Handelsvertreter einseitig erklärte Verzicht ist unwirksam und gemäß § 134 BGB nichtig.[626]

---

[614] Küstner/Thume VertriebsR-HdB II Kap. XIII Rn. 14, 17.
[615] BGH NJW 1985, 859 (860).
[616] Küstner/Thume VertriebsR-HdB II Rn. 14, 17; zur Branchenüblichkeit von Rotationsvertriebssystemen vgl. Küstner/Thume VertriebsR-HdB II Kap. XIII Rn. 24.
[617] BGH NJW 1999, 2668.
[618] Küstner/Thume VertriebsR-HdB II Kap. XII Rn. 1.
[619] BGH WM 1991, 196 (198).
[620] BGH BB 1980, 12; NJW 2003, 1670 (zum Fall der einseitigen Verkürzung der vierjährigen Verjährungsfrist des § 88 HGB aF); aA MüKoHGB/Ströbl Rn. 240; Küstner/Thume VertriebsR-HdB II Kap. XIII Rn. 39.
[621] Küstner/Thume VertriebsR-HdB II Kap. XIII Rn. 37; Ebenroth/Boujong/Joost/Strohn/Löwisch Rn. 209; MüKoHGB/Ströbl Rn. 240.
[622] OLG Oldenburg BB 1973, 1281.
[623] Ebenroth/Boujong/Joost/Strohn/Löwisch Rn. 59.
[624] Küstner/Thume VertriebsR-HdB II Kap. XIII Rn. 41; MüKoHGB/Ströbl Rn. 240.
[625] OLG Oldenburg BB 1973, 1281.
[626] BGH BeckRS 2016, 13795 (= ZVertriebsR 2016, 300) Rn. 22; Küstner/Thume VertriebsR-HdB II Kap. XIII Rn. 3; Fröhlich ZVertriebsR 2018, 207 (208).

284 Erforderlich ist, dass die **vertraglichen Beziehungen** der Vertragsparteien vollständig **beendet** werden. Ersetzen die Vertragsparteien unter Fortbestand der Zusammenarbeit nur einen Vertrag durch einen anderen (beispielsweise Umwandlung eines Vertragshändler- in einen Handelsvertretervertrag), so sind in diesem Zusammenhang getroffene Abreden über eine Beschränkung des Ausgleichsanspruches unwirksam.[627]

285 Die Beschränkung oder der Ausschluss des Ausgleichsanspruches ist erst dann möglich, wenn der Handelsvertretervertrag beendet ist. Wird das Vertragsverhältnis erst zu einem späteren Zeitpunkt beendet, so ist die zwischen den Vertragsparteien getroffene Vereinbarung im Hinblick auf den Ausgleichsanspruch unwirksam, sofern sie von der gesetzlichen Regelung zu Lasten des Handelsvertreters abweicht.[628]

286 Bei der – **auch gleichzeitigen** – **Beendigung** des Handelsvertretervertrages **mit sofortiger Wirkung** ist jedwede Vereinbarung im Hinblick auf den Ausgleichsanspruch, auch dessen völliger Ausschluss, möglich.[629]

287 Grundsätzlich entscheidend ist hierbei der **Zeitpunkt der rechtlichen Beendigung** des Vertragsverhältnisses, also der Zeitpunkt des Wirksamwerdens der Kündigung bzw. der Aufhebungsvereinbarung.[630]

288 Nicht ganz eindeutig geklärt ist, ob dies auch dann gelten soll, wenn der Handelsvertreter seine **Vertriebstätigkeit bereits** zu einem **früheren Zeitpunkt endgültig eingestellt** hat, dh die tatsächliche Beendigung des Vertragsverhältnisses bereits zu einem früheren Zeitpunkt erfolgt ist.

289 Der 7. Zivilsenat des BGH hat in einer älteren Entscheidung eine Abfindungsvereinbarung für wirksam erklärt, die über ein Jahr nach der Kündigungserklärung des Unternehmers und einige Zeit nach der endgültigen Einstellung der Vertriebstätigkeit des Handelsvertreters, aber vor Wirksamwerden der Kündigung, erfolgte. Der 7. Zivilsenat hat dies damit begründet, dass das Vertragsverhältnis faktisch schon beendet gewesen sei.[631]

290 Demgegenüber hat der 1. Zivilsenat des BGH die Wirksamkeit eines Ausgleichsanspruchsausschlusses verneint, obwohl in der Vereinbarung zugleich der Vertriebsvertrag für einen späteren Zeitpunkt aufgehoben und der Vertriebsmittler mit sofortiger Wirkung freigestellt wurde.[632] Der 1. Zivilsenat hat in diesem Zusammenhang ausschließlich auf den Zeitpunkt der rechtlichen Beendigung abgestellt und dies damit begründet, dass die Gefahr für den Vertriebsmittler, sich auf Grund seiner wirtschaftlichen Abhängigkeit mit für ihn nachteiligen Regelungen einverstanden zu erklären, fortbestehe, solange das Vertragsverhältnis andauere. Der 7. Zivilsenat hat sich dieser Auffassung in seinem Urteil vom 14.7.2016[633] angeschlossen. Im praktischen Fall bedeutet dies, dass **gleichzeitig mit** einer **Vereinbarung im Hinblick auf den Ausgleichsanspruch** auch das **Vertragsverhältnis mit sofortiger Wirkung aufgehoben** werden muss.

291 **3. Zahlungen bei Übernahme der Handelsvertretung. a) Abwälzungsvereinbarungen.** Unwirksam ist eine **Abwälzung der Ausgleichsschuld** auf den Nachfolger des Handelsvertreters, soweit der Unternehmer von der Pflicht zur Ausgleichszahlung befreit oder zumindest eine Vorweginanspruchnahme des Nachfolgers entsprechend § 771 BGB vereinbart ist.[634] Wirksam ist dagegen die Vereinbarung eines Schuldbeitritts oder einer Erfüllungsübernahme gemäß § 329 BGB durch den Nachfolger des Handelsvertreters.[635]

---

[627] BGH NJW 1967, 248.
[628] BGH BeckRS 2016, 13795 (= ZVertriebsR 2016, 300) Rn. 22; BB 1990, 1366; ZIP 1996, 1549 (1550).
[629] BGH BB 1996, 1734; Baumbach/Hopt/Hopt Rn. 70.
[630] BGH BB 1996, 1734.
[631] BGHZ 55, 124 (126 f.) = NJW 1971, 465.
[632] BGH NJW 1990, 2889.
[633] BGH BeckRS 2016, 13795 (= ZVertriebsR 2016, 300) Rn. 28.
[634] BGH DB 1968, 1486; BB 1967, 935.
[635] BGH DB 1968, 1486; BB 1967, 935.

Für Abwälzungsvereinbarungen gelten sonst die gleichen Kriterien wie für Einstands- **292** zahlungen (→ Rn. 293).[636]

b) Einstandszahlungen. Uneinheitlich beurteilt wird die Frage der Wirksamkeit von **293** Vereinbarungen über die Zahlung eines Preises für die Übernahme der Vertretung (sog. „Einstandszahlung"), dessen Zahlung bis zum Vertragsende gestundet und gegen den Ausgleichsanspruch aufgerechnet wird. Nach dem BGH ist die Verpflichtung zur Zahlung eines Einstandspreises für die Übernahme des Kundenstamms grundsätzlich wirksam.[637]

Soweit die Einstandszahlung jedoch **unangemessen hoch** ist, soll grundsätzlich der **294** Verdacht bestehen, dass die Regelung dazu dient, Abs. 4 S. 1 zu umgehen.[638] Das OLG Celle hat in diesem Zusammenhang die Festsetzung eines Einstandspreises in Höhe einer Jahresvergütung als „unangemessen hoch" bewertet.[639] Demgegenüber hat das OLG Düsseldorf eine Einstandszahlung in dieser Höhe für grundsätzlich unbedenklich gehalten.[640]

In anderen oberlandesgerichtlichen Entscheidungen wurde nicht auf die Höhe der **295** Einstandszahlung, sondern darauf abgestellt, ob der Vertriebsmittler für die Einstandszahlung einen **Vorteil bzw. angemessenen Gegenwert** erhalte.[641] Soweit dies nicht der Fall ist, soll die Einstandszahlungsvereinbarung als Umgehung von Abs. 4 S. 1 anzusehen und damit unwirksam sein.[642] Als dem Handelsvertreter im Gegenzug eingeräumter Vorteil kommt ein besonders hoher Provisionssatz oder eine besonders lange Laufzeit des Vertrages in Betracht.[643] Teilweise wird auch verlangt, dass der Vorteil in der Aufnahme einer sog. „Neukundenregelung" in den Vertrag bestehen müsse, derzufolge die vom Vorgänger geworbenen Kunden bei der Berechnung des Ausgleichsanspruches zugunsten des Handelsvertreters als Neukunden zu berücksichtigen sind.[644] Für unwirksam erklärt hat das OLG München eine Einstandszahlungsvereinbarung, wenn der Vertriebsvertrag gleichzeitig ausdrücklich vorsieht, dass die vom Vorgänger geworbenen Kunden bei der Berechnung des Ausgleichsanspruches nicht zu berücksichtigen sind.[645] Wird in einer Einstandsvereinbarung dem Handelsvertreter ein Kundenstamm gegen ratenweise Zahlung eines Entgelts übertragen und sollen mit vollständiger Zahlung des vereinbarten Betrages diese Mehrfachkunden als ausgleichsrechtlich relevante Neukunden gelten, sind nach der Auffassung des OLG Düsseldorf die mit diesen Altkunden erzielten Umsätze auch dann in die Berechnung des Ausgleiches einzubeziehen, wenn zum Zeitpunkt der Beendigung des Vertrages der Einstandspreis nicht vollständig beglichen war, weil ein Restbetrag vereinbarungsgemäß bis zur Beendigung des Vertrages zinslos gestundet wird; die spätere Begleichung des Restbetrages soll jedenfalls dann genügen, wenn sie innerhalb der Frist des Abs. 4 S. 2 erfolgt.[646]

Unklar ist, was gelten soll, wenn eine Einstandszahlung vereinbart wurde, die Vertrags- **296** parteien aber **nicht** ausdrücklich **festgelegt** haben, dass die vom Vorgänger **übernommenen Altkunden ausgleichsrechtlich als Neukunden** zu beurteilen sind. In diesem Fall ist der **hypothetische Parteiwille** zu ermitteln. Der BGH ist im Hinblick auf eine vom Handelsvertreter an den Vorgänger geleistete Einstandszahlung davon ausgegangen, dass es

---

[636] MüKoHGB/Ströbl Rn. 237.

[637] BGH NJW 1983, 1727; vgl. Emde VersR 2004, 1499 (1516).

[638] BGH NJW 1983, 1727; Westphal MDR 2005, 421 ff.

[639] OLG Celle HVR Nr. 940; HVR Nr. 1038.

[640] OLG Düsseldorf HVR Nr. 946: die Einstandszahlungsvereinbarung wurde jedoch aus anderen Gründen als unwirksam angesehen, vgl. auch OLG Saarbrücken ZVertriebsR 2013, 383 (384 f.); Westphal MDR 2005, 421 (423).

[641] OLG Düsseldorf BeckRS 2005, 06098; OLG München NJOZ 2002, 617; NJW-RR 1997, 986; OLG Schleswig HVR Nr. 998.

[642] Emde VersR 2004, 1499 (1516).

[643] Vgl. Küstner/Thume VertriebsR-HdB II Kap. III Rn. 20 (auch zu weiteren Vorteilen, die eine Einstandszahlung rechtfertigen können); Meyer ZVertriebsR 2014, 354 (356).

[644] OLG Düsseldorf BeckRS 2005, 06098; OLG München NJOZ 2002, 617; OLG Schleswig HVR Nr. 998; Küstner/Thume VertriebsR-HdB II Kap. III Rn. 20; krit. Semler BB 2005, 965.

[645] OLG München BB 2005, 630.

[646] OLG Düsseldorf IHR 2014, 154 (158).

dem Parteiwillen entspräche, übernommene Altkunden beim Ausgleichsanspruch nicht zu berücksichtigen, weil die Einstandszahlung die Gegenleistung für die Möglichkeit der Nutzung des vom Vorgänger geschaffenen Kundenstamms darstelle.[647] Ob der BGH diese Rechtsprechung auf die Fälle der vom Handelsvertreter an den Unternehmer geleisteten Einstandszahlung übertragen würde, ist zumindest fraglich. Dem OLG München und dem OLG Düsseldorf zufolge ist – jedenfalls dann, wenn dem Handelsvertreter kein anderer Vorteil für die Leistung seiner Einstandszahlung eingeräumt worden ist – davon auszugehen, dass es in diesen Fällen dem Parteiwillen entspricht, die übernommenen Altkunden ausgleichsrechtlich als Neukunden zu beurteilen.[648]

297   Auf Grund der Uneinheitlichkeit der Rechtsprechung besteht für den Unternehmer immer das Risiko der Unwirksamkeit einer Einstandszahlungsvereinbarung, wenn nicht gleichzeitig eine ausdrückliche **Neukundenregelung** getroffen oder dem Handelsvertreter ein anderer geldwerter Vorteil eingeräumt wird.[649]

298   **4. Vorauserfüllung.** Auch **Vereinbarungen über** eine **Vorauserfüllung** des Ausgleichsanspruches erwecken nach Ansicht des BGH stets den Verdacht, dass die zwingende Vorschrift des Abs. 4 S. 1 umgangen werden soll.[650] Ausgeräumt wird dieser Verdacht bei auf den Ausgleichsanspruch anrechenbaren Sondervergütungen nur, wenn folgende Voraussetzungen erfüllt sind:

– eindeutige Kennzeichnung der Sondervergütungen als Vorauszahlung auf den Ausgleich;
– Rückzahlungspflicht des Handelsvertreters bei fehlendem oder niedrigerem Ausgleichsanspruch bei Vertragsende;[651]
– Zahlung der Sondervergütungen nur im Hinblick auf Geschäfte mit vom Handelsvertreter geworbenen Neukunden oder intensivierten Altkunden;
– keine Gewährung eines höheren Provisionssatzes bei Wegfall der Sondervergütung; diesen Nachweis führt der Unternehmer, wenn er beweist, dass die Gesamtvergütung deutlich über dem Üblichen liegt und im Einzelfall keine besonderen Umstände vorliegen, die ein Überschreiten der üblichen Vergütung rechtfertigen.

299   Vor dem Abschluss einer Vereinbarung über die Vorauserfüllung des Ausgleichsanspruches ist der Unternehmer somit **zu warnen.** Liegt ein Verstoß gegen Abs. 4 S. 1 vor, so kann der Unternehmer die gezahlten Sondervergütungen nicht zurückverlangen; sie sind dann Teil des geschuldeten Entgelts für den Handelsvertreter.[652]

300   **5. Internationale Unabdingbarkeit.** Vertraglich abdingbar ist der Ausgleichsanspruch – auch in einem Standardvertrag,[653] wenn der Handelsvertreter die Produkte außerhalb des Gebietes der Europäischen Union (EU) und des Europäischen Wirtschaftsraumes (EWR) verkauft (§ 92c Abs. 1).

301   Abs. 4 S. 1 hindert die Parteien grundsätzlich auch nicht daran, die Geltung eines fremden Rechts zu vereinbaren, das keinen Ausgleichsanspruch kennt. Nach der Entscheidung des EuGH vom 9.11.2000 steht dem Handelsvertreter, der seine Tätigkeit innerhalb der EU ausgeübt hat, dann aber dennoch ein Ausgleichsanspruch nach dem Recht des betreffenden EU-Mitgliedstaates, in dem er tätig war, zu.[654] Weitere Einzelheiten bei (→ § 92c Abs. 1 Rn. 38 ff.). Da der internationale Geltungsanspruch von § 89b nicht über den Schutzumfang

---

[647] BGH NJW 1985, 58.
[648] OLG Düsseldorf BeckRS 2005, 06098; OLG München NJOZ 2002, 617; NJW-RR 1997, 986.
[649] Vgl. Emde BB 2006, 1121 (1124); vgl. auch OLG Düsseldorf BeckRS 2012, 24374 = BB 2013, 788 mAnm Lentrodt zu einer Einstandsvereinbarung mit Ratenzahlung in Verbindung mit einer Neukundenregelung.
[650] BGH BeckRS 2016, 13795 Rn. 22; NJW 1972, 477; OLG Celle ZVertriebsR 2017, 230 Rn. 52.
[651] BGH NJW 1972, 477 (479).
[652] BGH BeckRS 2016, 13795 (= ZVertriebsR 2016, 300) Rn. 22; NJW 1972, 477.
[653] OLG München RIW 2002, 319; Wauschkuhn/Meese RIW 2002, 301; Teichmann/Wauschkuhn ZVertriebsR 2012, 274 (277 f.); Fröhlich RIW 2021, 652 (655).
[654] EuGH ZIP 2000, 2108 (2110) = NJW 2001, 2007 – Ingmar/Eaton; ZVertriebsR 2017, 182 Rn. 32 mAnm Rohrßen; vgl. auch OGH Österreich ZVertriebsR 2017, 397.

von Art. 17 Handelsvertreter-RL hinausgehen kann, kann in einem Handelsvertretervertrag zwischen einem außerhalb des EWR sitzenden Unternehmer und einem deutschen Handelsvertreter statt dem Ausgleichsanspruch ein Entschädigungsanspruch in Übereinstimmung mit Art. 17 Abs. 3 Handelsvertreter-RL vereinbart werden.[655]

VI. Geltendmachung des Ausgleichsanspruchs

1. Frist (Abs. 4 S. 2). Der Ausgleichsanspruch ist innerhalb der Frist des Abs. 4 S. 2 **302** von einem Jahr seit der Beendigung des Vertragsverhältnisses geltend zu machen.

a) Zweck. Zweck der Frist ist, dem **Unternehmer Gewissheit** darüber **zu verschaf- 303 fen,** ob der ausgeschiedene Handelsvertreter einen Ausgleich verlangt oder nicht.[656] Es soll eine relativ **schnelle Abwicklung** des Vertrages erfolgen.

Die Frist des Abs. 4 S. 2 **ist zwingend** (Unabdingbarkeitsgrundsatz). Sie kann weder **304** verkürzt noch verlängert[657] werden und beginnt mit der rechtlichen Beendigung des Handelsvertretervertrages.[658]

Ausnahmsweise kann der Ausgleichsanspruch auch schon vor dem Vertragsende geltend **305** gemacht werden, wenn dies in engem zeitlichem und sachlichem Zusammenhang mit der Vertragsbeendigung erfolgt. Dies kann beispielsweise bei einem Erwiderungsschreiben auf die Kündigung des Unternehmers erfolgen.

b) Materielle Ausschlussfrist. Bei der Frist handelt es sich um eine materielle Aus- **306** schlussfrist, dh nach ihrem Ablauf erlischt der Ausgleichsanspruch.[659] Hat der Unternehmer aber selbst dazu beigetragen, dass der Ausgleichsanspruch nicht innerhalb der Frist vom Handelsvertreter geltend gemacht wurde, kann es ihm gemäß § 242 BGB nach Treu und Glauben verwehrt sein, sich auf Abs. 4 S. 2 zu berufen.[660]

2. Form der Geltendmachung. Eine **bestimmte Form** ist für die Geltendmachung **307** des Ausgleichsanspruchs **nicht** vorgeschrieben. Bei der Geltendmachung des Ausgleichsanspruches handelt es sich um eine geschäftsähnliche Handlung, auf die die Vorschriften über Willenserklärungen entsprechende Anwendung finden.[661]

Es reicht also, dass der Anspruch – soweit nichts Anderes vertraglich vereinbart – **308** mündlich geltend gemacht wird. Zur Fristwahrung muss der Handelsvertreter den Anspruch weder einklagen noch beziffern. Ausreichend, aber auch erforderlich ist, dass der Handelsvertreter sein Verlangen auf einen Ausgleichsanspruch dem Unternehmer gegenüber eindeutig und **unmissverständlich** zum Ausdruck bringt.[662]

3. Verwirkung. Der Ausgleichsanspruch kann **nach Treu und Glauben verwirkt 309** sein, wenn der Handelsvertreter längere Zeit nach Geltendmachung des Anspruchs untätig bleibt.

Hierzu muss zunächst der Unternehmer aus dem Verhalten des Handelsvertreters in **310** billiger Weise schließen können, dass es diesem nicht (mehr) auf den Ausgleich ankommt. Wenn der Unternehmer sich darauf einstellt, dass ihm die Erfüllung des Anspruchs nicht zugemutet werden kann, weil er nicht mehr mit der Geltendmachung des Anspruchs zu rechnen brauchte, ist der Anspruch verwirkt.[663] Dies ist nicht bereits der Fall, wenn der

---

[655] Semler ZVertriebsR 2016, 139 (140).
[656] BGHZ 50, 86 (88); NJW 1968, 1419; MüKoHGB/Ströbl Rn. 255.
[657] Ebenroth/Boujong/Joost/Strohn/Löwisch Rn. 93.
[658] BGH NJW 1998, 71 (75).
[659] BGH NJW-RR 1987, 197; Ebenroth/Boujong/Joost/Strohn/Löwisch Rn. 93.
[660] BGH NJW-RR 1987, 157; GK-HGB/Genzow Rn. 18.
[661] BGH ZVertriebsR 2017, 45 Rn. 44; NJW 2010, 2950 Rn. 17.
[662] BGH NJW 1958, 22; BB 1968, 691; OLG Düsseldorf BeckRS 2010, 04763; Ebenroth/Boujong/Joost/Strohn/Löwisch Rn. 95.
[663] BGH NJW 1982, 1999; NJW-RR 1989, 818; OLG Frankfurt a. M. NJW-RR 1991, 674 (678); vgl. auch Grüneberg BGB § 242 Rn. 93 ff.

Handelsvertreter bloß den Anspruch nach Geltendmachung nicht sofort weiterverfolgt. Die Verwirkung ist ein **außerordentlicher Rechtsbehelf,** der **selten anwendbar** ist.[664] Es müssen besondere Umstände zusätzlich zum Zeitablauf und längerer Untätigkeit des Handelsvertreters hinzutreten. Im Einzelfall können dies sein: Art und Bedeutung des Anspruchs, Intensität des vom Handelsvertreter geschaffenen Vertrauenstatbestands und das Ausmaß der Schutzbedürftigkeit des Unternehmers durch Zeitablauf.[665] Vor Ablauf der Frist des Abs. 4 S. 2 kann die Verwirkung keinesfalls eintreten.[666] Nur bei besonderen Umständen kommt eine Verwirkung vor Ablauf der Verjährungsfrist in Betracht.[667]

VII. Entstehen und Fälligkeit

311   Der Ausgleichsanspruch kommt **unmittelbar nach der Beendigung des Vertrags-verhältnisses** zum Entstehen.[668] Wegen des Wortlauts in Abs. 1 S. 1 „nach Beendigung des Vertragsverhältnisses" ensteht der Anspruch und tritt die Fälligkeit somit regelmäßig erst an dem der Beendigung folgenden Tag ein.[669] Für den Eintritt der Fälligkeit sind keine weiteren Voraussetzungen, wie etwa die Geltendmachung, nötig.[670] Ab dem Tag der Fälligkeit kann der Handelsvertreter als Kaufmann gemäß §§ 352, 353 HGB bereits vor Verzugseintritt Fälligkeitszinsen in Höhe von 5 % per annum verlangen.[671]

312   Vor der Vertragsbeendigung handelt es sich um eine künftige Forderung, die abgetreten, verpfändet und – im Rahmen der allgemeinen Grenzen – gepfändet werden kann (→ Rn. 10). Da der Ausgleichsanspruch auch mit dem Tod des Handelsvertreters entsteht, ist der Anspruch vererblich (→ Rn. 10).

VIII. Verjährung

313   Der Ausgleichsanspruch **verjährt** gemäß § 195 BGB **innerhalb von drei Jahren.**[672] Die Frist beginnt mit dem Schluss des Jahres, in dem der Ausgleichsanspruch entstanden und fällig geworden ist (§ 199 Abs. 1 Nr. 1 BGB).[673]

314   Gemäß § 202 BGB ist es möglich, die **dreijährige Verjährungsfrist** des § 195 BGB für alle Ansprüche aus dem Vertragsverhältnis und damit auch den Ausgleichsanspruch vertraglich **zu verkürzen,** soweit die Haftung des Unternehmers für Vorsatz (§ 202 Abs. 1 BGB) dabei unberührt bleibt.[674] Der Unabdingbarkeitsgrundsatz des Abs. 4 S. 1 (→ Rn. 277) wird bei einer solchen Vereinbarung nicht verletzt, da kein Ausschluss oder keine Einschränkung des Anspruchs im Voraus, sondern eine schnellere Vertragsabwicklung angestrebt wird.[675] Nach der Rechtsprechung des BGH ist eine einseitige Verkürzung der Verjährungsfrist zu Lasten des Handelsvertreters jedoch unwirksam.[676] Somit bleibt nur

---

[664] OLG Düsseldorf HVR Nr. 184; OLG Hamm HVR Nr. 540.

[665] OLG Frankfurt a. M. NJW-RR 1991, 674 (678).

[666] Baumbach/Hopt/Hopt Rn. 80; Ebenroth/Boujong/Joost/Strohn/Löwisch Rn. 35, der sogar Verwirkung im Allgemeinen verneint.

[667] Emde Rn. 479.

[668] Emde Rn. 466; Ebenroth/Boujong/Joost/Strohn/Löwisch Rn. 29; Koller/Kindler/Roth/Drüen/Roth Rn. 20.

[669] BGH NJW 1997, 316 (318); OLG Hamm HVR Nr. 540; Emde Rn. 466; vgl. auch Küstner/Thume VertriebsR-HdB II Kap. XIV Rn. 3 ff.; aA MüKoHGB/Ströbl Rn. 262.

[670] Vgl. Ebenroth/Boujong/Joost/Strohn/Löwisch Rn. 29 mwN.

[671] OLG Köln VersR 1968, 966 (969); GK-HGB/Genzow Rn. 107.

[672] Für Sachverhalte nach dem 15.12.2004; davor § 88 HGB aF – vgl. Küstner/Thume VertriebsR-HdB II Kap. XIV Rn. 2, 12.

[673] BGH NJW 1997, 316 (318); OLG Hamm HVR Nr. 540; Emde Rn. 466.

[674] MüKoHGB/Ströbl Rn. 262; Ebenroth/Boujong/Joost/Strohn/Löwisch Rn. 35; vgl. auch Küstner/Thume VertriebsR-HdB II Kap. XIII Rn. 37.

[675] Küstner/Thume VertriebsR-HdB II Kap. XIV Rn. 20.

[676] BGH BB 1980, 12; NJW 2003, 1670 (zum Fall der einseitigen Verkürzung der vierjährigen Verjährungsfrist des § 88 HGB aF); DB 2003, 2121.

die Möglichkeit, die Verkürzung der Verjährung auf sämtliche Ansprüche aus dem Vertragsverhältnis zu beziehen.

Eine kürzere Frist als ein Jahr können die Parteien jedoch nicht vereinbaren. Der Aus- **315** gleichsanspruch kann nicht verjähren, bevor die Ausschlussfrist des Abs. 4 abgelaufen ist.[677]

Zur **Hemmung der Verjährung** ist schon das Verhandeln über den Anspruch gemäß **316** § 203 BGB ausreichend. Ebenso reicht neben den anderen gesetzlichen Hemmungsgründen die Erhebung einer Stufenklage (→ Rn. 322) nach § 204 Abs. 1 Nr. 1 BGB aus.[678]

IX. Verzinsung

Gemäß §§ 352, 353 HGB (iVm §§ 286, 288 BGB) ist der Ausgleichsanspruch als Geld- **317** schuld iSv § 270 Abs. 1, 4 BGB vom Tage seiner Fälligkeit an mit 5 Prozent über dem Basiszinssatz zu verzinsen.[679] Nach Verzugseintritt erhöht sich der Zinssatz auf 9 Prozentpunkte über dem Basiszinssatz.[680] Auf die Zinsen entfällt keine Umsatzsteuer, da diese einen Schadensersatz darstellen.

X. Prozessfragen

1. Gerichtsstand. Sachlich zuständig für den Streit über den Ausgleichsanspruch ist **318** grundsätzlich jedes Amts- oder Landgericht, abhängig vom Streitwert. Bei Landgerichten kann der Kläger die Klage vor den **Kammern für Handelssachen** (§§ 93 ff. GVG) erheben.

Eine Gerichtsstandsvereinbarung in einem internationalen Handelsvertretervertrag **soll** **319** **unwirksam** sein, wenn zu befürchten ist, dass das nicht-EWR Gericht den international zwingenden Ausgleichsanspruch gemäß Art. 17–19 Handelsvertreter-RL nicht zusprechen könnte.[681] Diese verfahrensrechtliche Fortsetzung des Ingmar/Eaton Urteils des EuGH[682] soll auch für Schiedsklauseln gelten, wenn ein nicht-EWR Schiedsgericht zuständig sein soll.[683] Der Handelsvertreter soll dann trotz der Gerichtsstands- oder Schiedsklausel das ordentliche Gericht in seinem Tätigkeitsland anrufen können.

Die örtliche Zuständigkeit richtet sich mangels Vereinbarung nach §§ 12 ff. ZPO, also **320** regelmäßig nach dem Wohnsitz des Beklagten. Möglich ist daneben die Klage am Erfüllungsort.[684] Die regelmäßige Kaufmannseigenschaft der Handelsvertreter eröffnet das Privileg des § 38 ZPO, durch eine Gerichtsstandsvereinbarung ein an sich nicht zuständiges Gericht zuständig zu machen.

2. Klageerhebung. Der Handelsvertreter kann im Prozess grundsätzlich auch einen **321** **unbezifferten Zahlungsantrag** stellen, der die Höhe des Ausgleichsanspruches in das **Ermessen des Gerichts** stellt; er muss dann aber die Größenordnung des verlangten Betrages angeben, also einen Mindestbetrag nennen oder den Streitwert beziffern.[685] Legt der Handelsvertreter nur eine Berechnung des Höchstbetrages gemäß Abs. 2 vor, so ist

---

[677] OLG Köln HVR Nr. 388; Küstner/Thume VertriebsR-HdB II Kap. XIV Rn. 26, Ebenroth/Boujong/Joost/Strohn/Löwisch Rn. 35.
[678] Emde Rn. 473; Küstner/Thume VertriebsR-HdB II Kap. XIV Rn. 16; Ebenroth/Boujong/Joost/Strohn/Löwisch Rn. 35.
[679] MüKoHGB/Ströbl Rn. 263; Küstner/Thume VertriebsR-HdB II Kap. XIV Rn. 30 f.; Ebenroth/Boujong/Joost/Strohn/Löwisch Rn. 31.
[680] OLG München BeckRS 2009, 03035.
[681] OLG Stuttgart IHR 2012, 163 = BeckRS 18825; BGH (Nichtannahmebeschluss) ZVertriebsR 2013, 89 = BB 2012, 3103 mAnm Ayad/Schnell; Semler ZVertriebsR 2016, 139 (142).
[682] NJW 2001, 2007; ZIP 2000, 2108 (2110).
[683] OLG München WM 2006, 1556; Emde RIW 2016, 104 (107 ff.); Semler FS Wegen, 1993, 743.
[684] MüKoHGB/Ströbl Rn. 272.
[685] Vgl. BGH BB 1997, 2607; NJW 1992, 311; OLG Düsseldorf HVR Nr. 504; Röhricht/Graf v. Westphalen/Haas/Thume Rn. 79.

seine Klage unschlüssig, weil Abs. 2 nur den Höchstbetrag darstellt und die konkrete Berechnung gemäß Abs. 1 erfolgen muss.[686]

322 Ausnahmsweise kommt auch eine **Stufenklage** in Betracht, dh die Geltendmachung eines **Auskunftsanspruchs** und eines **Zahlungsanspruchs**.[687] Hierbei beziffert der Handelsvertreter den Anspruch erst nach Erfüllung des Auskunftsanspruchs.[688] Der Anspruch auf Auskunft ist nur gegeben, wenn dessen enge Voraussetzungen vorliegen (vgl. hierzu→ Rn. 129).

323 Da der Handelsvertreter den Ausgleichsanspruch im Wege der Leistungsklage, bzw. Stufenklage geltend machen kann, ist die Erhebung einer Feststellungsklage regelmäßig unzulässig.[689] Im Rahmen der Stufenklage gemäß § 254 ZPO kann der Handelsvertreter den Anspruch auf Zahlung von Ausgleich mit den auf den ersten Stufen geltend gemachten Informationsansprüchen gemäß § 87c und dem Provisionsanspruch verbinden, wobei die Entscheidung über den Ausgleich dem Schlussurteil vorbehalten sein muss.[690]

324 **3. Grundurteil.** Besteht Streit, ob mit der Beendigung des Handelsvertretervertrages überhaupt ein Ausgleichsanspruch des Handelsvertreters entstanden ist, kann es für das Gericht zweckmäßig sein, **vorab nur über** den **Grund des Anspruches zu entscheiden,** bevor es unter Umständen langwierige Beweiserhebungen zur Höhe des Anspruches anstellt. In drei Entscheidungen zum Ausgleichsanspruch des Handelsvertreters hat der BGH[691] allerdings klargestellt, dass der Erlass eines Grundurteils gemäß § 304 ZPO nur in Betracht kommt, wenn **sämtliche Voraussetzungen des Abs. 1 vorliegen.** Ein Teilurteil scheidet aus, wenn in einem Prozess neben der Frage über das Bestehen des Ausgleichsanspruchs dem Grunde nach auch über Verzugsschäden entschieden werden soll, weil die Gefahr sich widersprechender Entscheidungen ausgeschlossen werden muss.[692] Es muss eine hohe Wahrscheinlichkeit bestehen, dass der Unternehmer erhebliche Vorteile erlangt hat, die einen Ausgleichsanspruch (auch trotz eines möglichen Billigkeitsabzugs) rechtfertigen.[693] Ein Grundurteil steht einer späteren Klageabweisung aber nicht entgegen.[694]

XI. Darlegungs- und Beweislast

325 Bezüglich der **Darlegungs- und Beweislast** gelten die allgemeinen Regeln des Zivilprozesses. Der Anspruchssteller hat demnach die anspruchsbegründenden und der Anspruchsgegner die anspruchshindernden, -vernichtenden und -hemmenden Tatsachen zu behaupten und zu beweisen.[695]

326 Somit muss der Handelsvertreter das **Vorliegen der Tatbestandsvoraussetzungen** des Abs. 1 darlegen und beweisen.[696] Datenschutzrechtliche Gründe gegen die Weitergabe der

---

[686] LG Köln ZVertriebsR 2019, 246 Rn. 44; Emde BB 2020, 2827 (2829).

[687] OLG Düsseldorf GWR 2013, 16 mAnm Pitsch/Kobeleva; Küstner/Thume VertriebsR-HdB II Kap. XVII Rn. 10; MüKoHGB/Ströbl Rn. 274.

[688] Küstner/Thume VertriebsR-HdB I Kap. IX Rn. 35.

[689] Vgl. BGH BeckRS 2009, 19072 Rn. 1; NJW 1999, 639; Küstner/Thume VertriebsR-HdB I Kap. IX Rn. 35; II Kap. XVII Rn. 12.

[690] BGH NJW-RR 2011, 189 Rn. 24; OLG Düsseldorf ZVertriebsR 2020, 306 Rn. 11.

[691] BGH NJW 2007, 3493 Rn. 25; BB 1996, 235; NJW 1982, 1757; 1967, 2153 = BB 1967, 776; vgl. auch OLG Nürnberg BeckRS 2011, 04747 = GWR 2011, 136.

[692] OLG München BeckRS 2012, 01684.

[693] BGH NJW 2007, 3493 Rn. 25; OLG Nürnberg BeckRS 2011, 04747 = GWR 2011, 136; vgl. Ebenroth/Boujong/Joost/Strohn/Löwisch Rn. 284.

[694] Musielak in MüKoZPO § 304 Rn. 34.

[695] BGH BB 1991, 374; NJW 1991, 1052 (1053); MüKoHGB/Ströbl Rn. 282; Küstner/Thume VertriebsR-HdB I Kap. IX Rn. 31.

[696] BGH BeckRS 2011, 03878 Rn. 17; BB 2008, 2594 Rn. 20; 2007, 2475 Rn. 24; OLG München BeckRS 2011, 24631; Küstner/Thume VertriebsR-HdB I Kap. IX Rn. 31; Ebenroth/Boujong/Joost/Strohn/Löwisch Rn. 290; Koller/Kindler/Roth/Drüen/Roth Rn. 3.

vom Handelsvertreter zur Ausgleichsgeltendmachung gegenüber dem Unternehmer mitzuteilenden Daten bestehen nicht.[697]

Der Handelsvertreter muss grundsätzlich auch das Entstehen und den Umfang der **327** **erheblichen Vorteile des Unternehmers** iSv Abs. 1 S. 1 Nr. 1 und der für ihn positiven **Billigkeitsumstände** gemäß Abs. 1 S. 1 Nr. 2 darlegen.[698] Zwar trägt der Ausgleich die Vermutung der Billigkeit in sich.[699] Jedoch muss derjenige, der eine Erhöhung, bzw. Reduktion[700] nach Billigkeitsgesichtspunkten behauptet, diese auch darlegen und beweisen.[701] Ohne einen substantiierten Sachvortrag hierzu kann der Richter nicht entscheiden.[702]

Regelmäßig fehlt dem **Handelsvertreter** die Kenntnis der **Unternehmervorteile,** weil **328** er die Buchhaltung des Unternehmens und auch dessen Gewinnspannen nicht kennt.[703] Es genügt daher, dass der Handelsvertreter in einem **angemessenen Umfang** die Unternehmervorteile **darlegt.** Dabei kann er sich seiner Kenntnisse und Erfahrungen, sowie aller ihm zur Verfügung stehenden Daten bedienen, auch vergleichbare Statistiken.[704]

Allgemein gilt: je weniger der Handelsvertreter wissen kann, etwa weil dieses Wissen den **329** „Kernbereich" der Unternehmersphäre ausmacht, desto mehr wird der Unternehmer darlegen müssen.[705] Dennoch muss der Handelsvertreter grundsätzlich den Beweis für die unzutreffende Darstellung des Unternehmers führen.

Das **Erbringen eines Beweises** im Hinblick auf die Unternehmervorteile ist für den **330** Handelsvertreter regelmäßig schwer, so dass ihm die Rechtsprechung im Einzelfall den **Beweis des ersten Anscheins** zuerkannt hat. Weist der Handelsvertreter die Herstellung neuer Geschäftsverbindungen nach, so spricht eine widerlegliche Vermutung dafür, dass eben diese Geschäftsverbindungen auch nach der Vertragsbeendigung weiterhin bestehen werden.[706] Es reicht dann nicht, wenn der **Unternehmer** lediglich eine andere Darstellung der Umstände präsentiert. Vielmehr muss er den **Anscheinsbeweis entkräften** und die Tatsachen, die zur Ausgleichsminderung führen, beweisen.[707]

Kann der Handelsvertreter wie im Regelfall die Unternehmervorteile nach der Faustfor- **331** mel des BGH (→ Rn. 127) anhand seiner Provisionsverluste berechnen, weil diese deckungsgleich sind, so steht ihm nach dem zutreffenden Urteil des BGH vom 24.9.2020 im Regelfall[708] kein Auskunftsanspruch auf Darlegung von dessen Vorteilen durch den Unternehmer zu. Es wäre schlicht nicht praktikabel, wenn jeder Prozess über einen Ausgleichsanspruch zunächst immer mit einer Auskunftsklage begonnen werden müsste (vgl. hierzu→ Rn. 129).

Im Hinblick auf die Mehrfachkunden hat der Handelsvertreter die Beweislast.[709] Weiter **332** muss der **Handelsvertreter** grundsätzlich die **neu geworbenen Kunden** bzw. intensivierten Altkunden **namentlich benennen.**[710] Die pauschale Behauptung „alle Kunden geworben zu haben" ist nicht ausreichend substantiiert. Handelt es sich jedoch um **„anonyme Massengeschäfte",** wie beispielsweise bei einem Tankstellen-Handelsvertreter,

---

[697] Staub/Emde Rn. 480.
[698] BGH NJW-RR 1993, 221; 1991, 156 (157); BB 1988, 2199; 1985, 291; 1971, 105; Baumbach/Hopt/ Hopt Rn. 44.
[699] BGH NJW 1990, 2889 (2891); Baumbach/Hopt/Hopt Rn. 44.
[700] BGH NJW 1990, 2889 (2891).
[701] Giesler/Emde § 2 Rn. 878; Emde WRP 2010, 844 (850); Emde BB 2014, 2435 (2444).
[702] Küstner/Thume VertriebsR-HdB II Kap. XVII Rn. 22.
[703] Röhricht/Graf v. Westphalen/Haas/Thume Rn. 77.
[704] Röhricht/Graf v. Westphalen/Haas/Thume Rn. 78; GK-HGB/Genzow Rn. 153.
[705] BGH NJW 2010, 1816 Rn. 20 = TranspR 2010, 78; ähnlich Küstner/Thume VertriebsR-HdB I Kap. IX Rn. 33.
[706] BGH NJW-RR 1991, 156 (157); BB 1985, 291; vgl. Thume IHR 2011, 7 (11).
[707] Küstner/Thume VertriebsR-HdB I Kap. IX Rn. 34.
[708] BGHZ VertriebsR 2020, 386 Rn. 18 u. 22.
[709] BGH NJW 2017, 475 Rn. 55; NJOZ 2002, 2481 (2484).
[710] BGH NJW 2011, 1143 Rn. 11 ff.; OLG Düsseldorf ZVertriebsR 2020, 257 (259); OLG Celle BB 1963, 711; Ebenroth/Boujong/Joost/Strohn/Löwisch Rn. 293; Hollmann BB 1985, 1023 (1032).

wird eine derartige Benennung kaum möglich sein.[711] Der BGH begnügt sich in solchen Fällen mit einer Schätzungsprognose (→ Rn. 119).[712]

333 Zumindest bei anderen Handelsvertreterverträgen als Tankstellenhalterverträgen und sonstigen Massengeschäftverträgen ist es empfehlenswert, dem Handelsvertretervertrag als Anlage eine **Aufstellung der bei Vertragsbeginn vorhandenen Altkunden** samt ihren Umsätzen mindestens in den letzten zwölf Monaten vor Vertragsbeginn beizufügen.[713] Es ist zwar bei einem langjährigen Vertriebsvertrag nicht ausgeschlossen, dass der Unternehmer schon vorher Kundenbeziehungen gehabt hat. Jedoch spricht der Beweis des ersten Anscheins für den **„Mann der ersten Stunde"**, dh den langjährigen Handelsvertreter, der einen Bezirk für den Unternehmer aufgebaut hat. Dann vermutet man die Neukundeneigenschaft iSv § 89b aller seit Beginn seiner Tätigkeit geworbenen Kunden.[714] Bei einem substantiierten Bestreiten seitens des Unternehmers muss der Handelsvertreter allerdings auch die Werbung dieser Kunden darlegen und beweisen.[715] Im Hinblick auf Altkunden muss der Handelsvertreter auch die Umsatzsteigerung beweisen.[716]

334 Für die infolge der Vertragsbeendigung zu berücksichtigenden Provisionsverluste ist der Handelsvertreter ebenfalls darlegungs- und beweislastpflichtig.[717] Es besteht aber eine den Handelsvertreter begünstigende **Vermutung,** dass die **Vorteile des Unternehmers** aus dem vom Handelsvertreter geschaffenen Kundenstamm sich **mit** dessen **Verlusten decken** (→ Rn. 127).[718] Der Unternehmer muss darlegen, dass ein erhöhter Verlust von Mehrfachkunden, als sonst durch die Abwanderungsquote berücksichtigt, bereits bei Vertragsbeendigung abzusehen ist.[719] Will der Handelsvertreter wegen dessen untypischen Verlauf nicht auf das letzte Vertragsjahr, sondern den Durchschnitt der letzten 3 Vertragsjahre als Basiszeitraum abstellen, so muss er zusätzlich noch darlegen, dass in Zukunft wieder „typische" Umsätze in dieser Höhe zu erzielen gewesen wären.[720]

335 Auch dass die Zahlung des Ausgleiches der **Billigkeit** entspricht, hat wiederum grundsätzlich der **Handelsvertreter darzulegen und zu beweisen.**[721] Wenn aber die Voraussetzung des erheblichen Unternehmervorteils iSd Abs. 1 S. 1 Nr. 1 erfüllt ist, besteht eine tatsächliche **Vermutung,** dass die **Zahlung des Ausgleiches billig** ist.[722] Der Unternehmer hat im Rahmen der Billigkeitsprüfung gemäß Abs. 1 S. 1 Nr. 2 ausgleichsmindernde Umstände nachzuweisen, worauf der Handelsvertreter dagegen sprechende Erwägungen vorbringen kann (und muss). So trägt der Unternehmer beispielsweise die Beweislast für die Außergewöhnlichkeit der Werbeaufwendungen (→ Rn. 174) und die Tatsache, dass der Vertriebsmittler von diesen profitiert hat.[723] Hinsichtlich der für den Rohausgleich berücksichtigungsfähigen werbenden Provisionsanteile muss der Handelsvertreter einen Prozentsatz für die werbende Tätigkeit darlegen; der Handelsvertreter genügt seiner Darlegungslast nicht mit der pauschalen Behauptung, die gesamte Provision sei werbend.[724]

---

[711] BGH BB 2002, 2151; 1997, 2607 (2608).

[712] BGH BB 2002, 2151; 1997, 2607; krit. Rittner DB 1998, 459; Schreiber NJW 1998, 3737 (3741); zur Darlegungs- und Beweislast bzgl. des Ausgleichsanspruchs eines Tankstellenpächters vgl. Anm. von Emde BB 2007, 2475 (2480).

[713] Vgl. Küstner/Thume VertriebsR–HdB II Kap. XVII Rn. 26, 31.

[714] Ebenroth/Boujong/Joost/Strohn/Löwisch Rn. 291; Küstner/Thume VertriebsR–HdB II Kap. XVII Rn. 35.

[715] Für Vertragshändler: BGH NJW 2000, 1413 (1414) = HVR Nr. 924; OLG Düsseldorf HVR Nr. 641.

[716] BGHZ 56, 242 (244); OLG Celle ZVertriebsR 2017, 230 (= BB 2017, 1299) Rn. 29; Emde BB 2018, 1923 (1925).

[717] BGH NJW-RR 1993, 221; 1991, 156 (157); BB 1971, 105; Emde WRP 2010, 844 (850).

[718] BGH BB 1990, 1366 (1368); Baumbach/Hopt/Hopt Rn. 33, 47; Ebenroth/Boujong/Joost/Strohn/Löwisch Rn. 295.

[719] MüKoHGB/Ströbl Rn. 157.

[720] BGH NJW-RR 2009, 824 (826).

[721] BGH BB 1990, 1366; 1971, 105.

[722] Küstner/Thume VertriebsR–HdB II Kap. XVII Rn. 46.

[723] GK-HGB/Genzow Rn. 29.

[724] OLG Düsseldorf BeckRS 2012, 24374 = BB 2013, 788; Emde BB 2014, 2435 (2443).

Im Streitfall hat der Unternehmer beim Vertrieb von Kraftfahrzeugen, Benzin und Versicherungen wegen seiner größeren Sachnähe die Umstände darzulegen, die einen höheren Verwaltungsprovisionsanteil ausmachen.[725] Ist diese größere Sachnähe nicht gegeben, hat der Handelsvertreter die Darlegungs- und Beweislast für den Verwaltungskostenanteil.[726] Grundsätzlich trägt der Handelsvertreter die Beweislast dafür, dass der Berechnung des Ausgleichsanspruches nur solche Provisionsanteile zugrunde liegen, die auf seine werbende Tätigkeit entfallen.[727] **336**

Hinsichtlich der **Bestimmung des Höchstbetrages** trägt der **Unternehmer** die **Darlegungs- und Beweislast** als den Anspruch begrenzendes und damit für ihn günstiges Merkmal.[728] **337**

Nichts Anderes gilt bzgl. Abs. **3** – auch hier gelten die allgemeinen Beweisregeln, so dass der Handelsvertreter den begründeten Anlass[729] iSv Abs. 3 Nr. 1 und der Unternehmer den wichtigen Grund und das schuldhafte Verhalten des Handelsvertreters[730] iSv Abs. 3 Nr. 2 beweisen und darlegen muss. **338**

Auch für das Vorliegen einer Vorauserfüllung iSv Abs. 4 (→ Rn. 298) trägt der Unternehmer die Beweislast,[731] da sonst von einer Umgehung des Abs. 4 S. 1 ausgegangen wird. **339**

XII. Steuerrechtliche Fragen

1. Steuerliche Behandlung der Ausgleichszahlung beim Handelsvertreter. a) Einkommen-/Körperschaftsteuer. Ausgleichszahlungen nach § 89b bzw. § 89b analog (wie beim Vertragshändler, Franchisenehmer und Kommissionsagenten) **erhöhen** grundsätzlich den **laufenden Gewinn.** Dies gilt unabhängig davon, ob der **Handelsvertreter** als natürliche Person oder in der Rechtsform einer Kapitalgesellschaft (beispielsweise Gesellschaft mit beschränkter Haftung) tätig wird. Nur wenn es sich bei dem Handelsvertreter um eine natürliche Person handelt, stellt sich die Frage, ob die besonderen Tarifvorschriften des EStG Anwendung finden. Da der Ausgleichsanspruch nach § 89b den laufenden Gewinn des Handelsvertreterbetriebs erhöht und nicht zum Aufgabe- oder Veräußerungsgewinn[732] iSv § 16 EStG gehört, **gelten** der **Freibetrag des § 16 Abs. 4 EStG** sowie die **Tarifvorschrift in § 34 Abs. 3 EStG** insoweit **nicht.** Dies gilt grds. auch, wenn die Ausgleichszahlung mit der Aufgabe des Betriebs oder der Beendigung der Tätigkeit zusammenfällt.[733] **340**

Einkommensteuerrechtlich qualifiziert die Ausgleichszahlung jedoch als **Entschädigung iSd § 24 Nr. 1 lit. c EStG** bzw. § 24 Nr. 1 lit. c EStG analog.[734] Nach § 34 Abs. 2 Nr. 2 EStG zählen Entschädigungen iSd § 24 Nr. 1 lit. c EStG (analog) zu den sog. „außer- **340a**

---

[725] Vgl. BGH NJW-RR 2005, 1274 (1277); 2003, 821 (825); NJW 1996, 2298 (2300) – Volvo; NJW-RR 1988, 1061 (1063).
[726] OLG Frankfurt a. M. 13.10.2016 – 11 U 136/14 (Kart.), BeckRS 2016, 12703.
[727] BGH NJW 2017, 475 Rn. 52.
[728] OLG Frankfurt a. M. HVR Nr. 954; MüKoHGB/Ströbl Rn. 174.
[729] OLG Hamburg BeckRS 2010, 18190; Küstner/Thume VertriebsR-HdB II Kap. XVII Rn. 54.
[730] OLG München BB 1997, 1553; NJW-RR 1995, 1186; Küstner/Thume VertriebsR-HdB II Kap. XVII Rn. 54.
[731] BGHZ 58, 60 = NJW 1972, 477 (478 f.).
[732] Der Ausgleichsanspruchs nach § 89b entsteht erst im Zeitpunkt der tatsächlichen Vertragsbeendigung. Der bloße Wegzug des Handelsvertreters, ohne zeitlich zusammenfallende Vertragsbeendigung, kann daher mit Blick auf den Ausgleichsanspruch nach § 89b nicht zu einer Aufdeckung stiller Reserven iRd fiktiven Betriebsaufgabe der Entstrickungsbesteuerung führen, vgl. FG Niedersachsen BeckRS 2020, 22583.
[733] Wacker in Schmidt EStG § 24 Rn. 44. mit Verweis auf BFH BeckRS 2011, 95252, wobei der BFH in Rn. 22 auf die fehlende materiell-rechtliche Bindungswirkung hinweist; kritisch zur Qualifikation als laufende Gewinne im Zusammenhang mit der Betriebsaufgabe, Otto in Küstner/Thume II Kap. XXII Rn. 82 ff. sowie Daragan DStR 2021, 1735 ff. unter Verweis auf BGH NJW 2021, 69 in dessen Rn. 12 es heißt: „… Der Ausgleichsanspruch dient dazu, die Schaffung eines Kundenstamms durch den Handelsvertreter abzugelten, den der Unternehmer nach Beendigung des Handelsvertretervertrags weiter nutzen kann.".
[734] BFH BeckRS 1999, 24001300.

ordentlichen Einkünften",[735] sofern die Zahlung einmaliger Art ist. **§ 34 Abs. 1 EStG** bezweckt, erhöhte Steuerbelastungen, die infolge der Zusammenballung von Einkünften mit außerordentlichen Einkünften entstehen, abzumildern. Mangels Zusammenballung nicht von der Tarifbegünstigung des § 34 EStG umfasst sind dem Zweck des § 34 Abs. 1 EStG widersprechende Vorabentschädigungen bzw. Vorauszahlungen für Ausgleichsansprüche gem. § 89b.[736] Für Zwecke der Steuerberechnung nach § 34 Abs. 1 EStG (sog. Fünftel-Regelung) ist in einem ersten Schritt für den Veranlagungszeitraum, in dem die außerordentlichen Einkünfte erzielt worden sind, die Einkommensteuer zu ermitteln, die sich ergibt, wenn die in dem zu versteuernden Einkommen enthaltenen außerordentlichen Einkünfte nicht in die Bemessungsgrundlage einbezogen werden.[737] Sodann ist in einem zweiten Schritt im Rahmen einer Vergleichsberechnung die Einkommensteuer zu errechnen, die sich unter Einbeziehung eines Fünftels der außerordentlichen Einkünfte ergibt.[738] Bei diesen nach den allgemeinen Tarifvorschriften vorzunehmenden Berechnungen sind dem Progressionsvorbehalt (§ 32b EStG) unterliegende Einkünfte zu berücksichtigen. Der Unterschiedsbetrag zwischen beiden Steuerbeträgen ist zu verfünffachen und der sich so ergebende Steuerbetrag der im ersten Schritt ermittelten Einkommensteuer hinzuzurechnen.[739] Bei insgesamt hohen Einkünften des Handelsvertreters führt § 34 Abs. 1 EStG zu fast keiner Entlastung, während bei geringen Einkünften auf Grund der Tarifglättung eine deutliche Entlastung erfolgt.[740] Handelt es sich bei dem Handelsvertreter um eine Kapitalgesellschaft, findet die Tarifvorschrift des § 34 Abs. 1 EStG jedoch keine Anwendung.[741] Der Ausgleichsanspruch nach § 89b unterliegt demgemäß der einfachen Belastung mit Körperschaftsteuer iHv zur Zeit 15 % zzgl. Solidaritätszuschlag iHv zur Zeit 5,5 % hierauf (insgesamt zur Zeit 15,825 %).

340b   Besteht der Ausgleichsanspruch einer Handelsvertreter-Kapitalgesellschaft gem. § 89b gegenüber einem verbundenen Unternehmen (Schwester- oder Muttergesellschaft) und verzichtet die Kapitalgesellschaft auf die Geltendmachung dieses Anspruchs, kann der rechtswirksame Verzicht auf den Ausgleich als verdeckte Gewinnausschüttung (vGA) qualifizieren. Die vGA führt zu einer Gewinnerhöhung bei der Handelsvertreter-Kapitalgesellschaft und einer Ausschüttungsfiktion an ihren Gesellschafter. Gleiches gilt für die Fallkonstellation, in der die Handelsvertreter-Kapitalgesellschaft ihren Ausgleichsanspruchs nach § 89b auf einen sie beherrschenden Gesellschafter überträgt. Auch hier qualifiziert die Übertragung des Ausgleichsanspruchs ohne fremdübliches Entgelt uU als vGA, deren Zufluss beim Gesellschafter zu Einkünften aus Kapitalvermögen gehört.[742]

341   **b) Gewerbesteuer.** Bei Kapitalgesellschaften unterliegt der Ausgleichsanspruch nach § 89b immer der **Gewerbesteuer.** Handelt es sich bei dem Handelsvertreter hingegen um eine natürliche Person, ist zu unterscheiden: Ermittelt der Handelsvertreter seinen Gewinn durch **Betriebsvermögensvergleich,** gehört der Ausgleichsanspruch nach § 89b nach Ansicht des BFH[743] zum laufenden Gewinn und damit zum Gewerbeertrag des Handelsvertreters gemäß § 7 GewStG,[744] soweit er eine zusätzliche Vergütung für vor Vertragsende geleistete und nach Vertragsende fortwirkende Dienste darstellt.[745] Dies gilt grundsätzlich auch dann, wenn der Unternehmer die Ausgleichszahlung wegen der Beendigung des

---

[735] FG München HVR Nr. 788; FG Düsseldorf HVR Nr. 854 (für Vertragshändler).
[736] BFH BeckRS 2016, 94529 Rn. 25:„… die Verteilung auf zwei verschiedene Veranlagungszeiträume [ist] schädlich …".
[737] Einkommensteuerrichtlinie R34.2 S. 1.
[738] Einkommensteuerrichtlinie R34.2 S. 2.
[739] Einkommensteuerrichtlinie R34.2 S. 4.
[740] Otto in Küstner/Thume II Kap. XXII Rn. 35.
[741] Vgl. MüKoHGB/Ströbl Rn. 285.
[742] Vgl. FG Münster BeckRS 2019, 38570; FG Rheinland-Pfalz BeckRS 2001, 21009568.
[743] BFH HVR Nr. 379; BeckRS 2009, 25016159; DB 1981, 920; BB 1969, 483; Otto in Küstner/Thume II Kap. XXII Rn. 87 ff.; Ebenroth/Boujong/Joost/Strohn/Löwisch Rn. 277 mwN.
[744] BFH BeckRS 2008, 25013589; DB 2007, 1957; BFH HVR Nr. 1011; MüKoHGB/Ströbl Rn. 287.
[745] BFH DB 1973, 2073; BeckRS 2009, 25016159.

Handelsvertretervertrages leistet und der Handelsvertreter gleichzeitig die gewerbliche Tätigkeit aufgibt, da der Ausgleichsanspruch als letzter laufender Geschäftsvorfall in der steuerrechtlichen Schlussbilanz des Handelsvertreters zu aktivieren ist.[746]

Ermittelt der Handelsvertreter seinen Gewinn hingegen durch **Überschussrechnung** 341a gem. § 4 Abs. 3 EStG, soll der Ausgleichsanspruch nach § 89b nach Ansicht des BFH dann nicht zum laufenden Gewinn und damit zum Gewerbeertrag gem. § 7 GewStG gehören, soweit die Gewinnermittlungsart nach Einstellung jeglicher werbender Tätigkeit beibehalten wurde und die Betriebsaufgabe erst später erfolgte. In diesem Fall endet die Gewerbesteuerpflicht bereits mit der tatsächlichen Betriebseinstellung, der Zufluss hingegen erfolgt zu einem Zeitpunkt (Betriebsveräußerung oder -aufgabe), in dem keine Gewerbesteuerpflicht mehr besteht. Fallen hingegen Betriebseinstellung und Betriebsveräußerung oder -aufgabe zeitlich zusammen, gehört der Ausgleichsanspruch nach § 89b auch bei der Gewinnermittlung durch Überschussrechnung zum laufenden Gewinn und damit zum Gewerbeertrag des Handelsvertreters gem. § 7 GewStG.[747]

2. Steuerliche Behandlung der Ausgleichszahlung beim Unternehmer. Aus Sicht 342 des **Unternehmers** stellt der Ausgleichsanspruch eine **zukünftige wirtschaftliche Belastung** dar. Dessen ungeachtet vertritt der BFH in ständiger Rechtsprechung die Auffassung, dass der Unternehmer vor Beendigung des Vertragsverhältnisses in Bezug auf künftige Ausgleichsverpflichtungen **in der Steuerbilanz keine gewinnmindernde Rückstellung** bilden kann, da der Ausgleichsanspruch rechtlich erst unmittelbar nach Vertragsbeendigung entsteht und erhebliche Vorteile nach Vertragsbeendigung voraussetzt, so dass er wirtschaftlich nicht im abgelaufenen Wirtschaftsjahr verursacht ist.[748] Deshalb kann der Unternehmer den Ausgleichsanspruch in seiner Steuerbilanz **erst im Wirtschaftsjahr der Vertragsbeendigung aufwandswirksam passivieren.**[749] Der Unternehmer passiviert den Ausgleichsanspruch als Rückstellung für ungewisse Verbindlichkeiten, wenn am Bilanzstichtag des Wirtschaftsjahres der Vertragsbeendigung noch nicht feststeht, ob die Voraussetzungen des Ausgleichsanspruchs erfüllt sind oder in welcher Höhe der Handelsvertreter Ausgleich verlangen kann. Liegen die Voraussetzungen des § 89b hingegen unstreitig vor und steht die Höhe des Ausgleichsanspruchs ebenfalls fest, hat der Unternehmer eine entsprechende Verbindlichkeit auszuweisen, sofern die Zahlung am Bilanzstichtag noch nicht erfolgt ist.

3. Umsatzsteuer. Der Ausgleichsanspruch ist eine **teilweise Gegenleistung für den** 343 **Vermittlungserfolg** des nach § 84 HGB iVm § 1 Abs. 1 UStG gewerblich tätigen Handelsvertreters (§ 2 Abs. 1 UStG) und **unterfällt in der Regel der Umsatzsteuer.** Umsatzsteuerlich wird der Ausgleich durch die Rechtsprechung als ein nachträgliches, zusätzliches Entgelt gemäß **§ 17 Abs. 1 UStG** für die sonstigen Leistungen eingeordnet, welche der Handelsvertreter gegenüber dem Unternehmer erbracht hat. Der Ausgleich ist deshalb umsatzsteuerlich so zu behandeln wie die ursprünglich erbrachten Leistungen des Handelsvertreters. Diese sind in der Regel als Vermittlungsleistungen iSd Umsatzsteuerrechts einzuordnen.[750] Die Umsatzbesteuerung des Handelsvertreters erhöht sich entsprechend nach § 17 Abs. 1 UStG, und der Zahlende kann unter den gesetzlichen Voraussetzungen die Vorsteuer beanspruchen. Für typische im Inland vermittelte Leistungen

---

[746] BFH/NV 2009, 967; BeckRS 2009, 25016159 = BFH/NV 2008, 1491; BFHE 149, 188 = BStBl. II 1987, 570.

[747] BFH BStBl. II 1973, 786 (787) zum zwingenden Auseinanderfallen von Betriebseinstellung und Betriebsveräußerung oder Betriebsaufgabe bei Tod des Handelsvertreters; H 7.1 Abs. 3 GewStH, Stichwort: „Entschädigungen"; Drüen in Brandis/Heuermann GewStG § 7 Rn. 147, 148, Stichwort: „Ausgleichszahlungen (Ausgleichsansprüche) nach § 89b HGB".

[748] BFH DB 2001, 1227 = BeckRS 2001, 24000544; Weber-Grellet in Schmidt EStG § 5 Rn. 550 Ausgleichsverpflichtung; MüKoHGB/Ströbl Rn. 288; aA Emde Rn. 513.

[749] Weber-Grellet in Schmidt EStG § 5 Rn. 550 Ausgleichsverpflichtung.

[750] Vgl. BFH DStR 1998, 1789 mwN.

würde dies neben der tatsächlichen Zahlung des Ausgleichsanspruchs auch den Erhalt einer ordnungsgemäßen Rechnung voraussetzen.[751]

344 Der Ausgleich unterliegt demnach der Umsatzsteuer, wenn die vom Handelsvertreter erbrachten **Vermittlungsleistungen in Deutschland steuerpflichtig** sind. Das setzt voraus, dass deren Besteuerungsort im Inland liegt und keine Steuerbefreiung greift. Wenn der Handelsvertreter teilweise steuerpflichtige und teilweise nicht steuerpflichtige Leistungen erbracht hat, ist der Ausgleich grundsätzlich entsprechend aufzuteilen (ggf. im Wege der Schätzung gemäß § 162 AO).

345 Seit Januar 2010 werden Vermittlungsleistungen an andere Unternehmer grundsätzlich gemäß § 3a Abs. 2 UStG an dem Ort ausgeführt, von dem aus der Leistungsempfänger sein Unternehmen bzw. eine in den Umsatz eingeschaltete Betriebsstätte betreibt. Wenn dies außerhalb Deutschlands ist, fällt keine deutsche Umsatzsteuer an.

346 Der Ausgleich unterfällt zudem dann nicht der Umsatzsteuer, wenn der Besteuerungsort der Leistung des Handelsvertreters zwar in Deutschland liegt, die Leistung dort aber von der Umsatzsteuer befreit ist.[752] Das gilt etwa für die Vermittlung von Ausfuhrlieferungen in ein Drittland nach § 4 Nr. 5a, Nr. 1a UStG.

347 Auch Tätigkeiten als Bausparkassenvertreter, Versicherungsvertreter und Versicherungsmakler können nach § 4 Nr. 11 UStG von der Umsatzsteuer befreit sein. Die Vermittlung bestimmter Finanzdienstleistungen ist gemäß § 4 Nr. 8 lit. a und f UStG von der Umsatzsteuer befreit.

XIII. Besonderheiten für Versicherungs- und Bausparkassenvertreter

348 Nach dem Willen des Gesetzgebers der HGB-Novelle 1953 gelten die Regelungen zum Ausgleichsanspruch des Handelsvertreters gleichermaßen auch für den Versicherungs- und Bausparkassenvertreter (→ § 92 Rn. 6, 10). Die vorstehenden Ausführungen erfassen also auch ihn, allerdings mit zwei ganz wesentlichen Modifikationen durch Abs. 5, der im Jahr 1989 neu gefasst worden ist: Anstelle der Werbung neuer Kunden tritt beim Versicherungs- und Bausparkassenvertreter die **Vermittlung neuer Versicherungs- bzw. Bausparverträge**. Die **Ausgleichshöchstgrenze** beträgt beim Versicherungs- und Bausparkassenvertreter **drei Jahresprovisionen oder Jahresvergütungen**. Für Versicherungsmakler sieht das Gesetz keinen Ausgleichsanspruch vor.

349 **1. Regelungshintergrund und -zweck.** Abs. 5 wurde anlässlich der Umsetzung der Handelsvertreter-RL[753] in Deutschland[754] in das Gesetz aufgenommen, deren Geltungsbereich auf Warenvertreter beschränkt ist.[755] Die Regelung bewirkte die Beibehaltung des schon vor der Umsetzung geltenden Rechts. Damit wollte der Gesetzgeber den **besonderen Verhältnissen** bei den Versicherungs- und Bausparkassenvertretern weiter differenziert Rechnung tragen. Insbesondere hätte es nicht der Besonderheit des Ausgleichsanspruchs des Versicherungs- und Bausparkassenvertreters entsprochen, wenn bei diesem die Anspruchsvoraussetzung „Provisionsverluste" (Abs. 1 Nr. 2 aF) entfallen würde.[756]

---

[751] Vgl. zu dem Erfordernis der tatsächlichen Zahlung BFH 19.11.2009 – VR 41/08; vgl. zu den Fallgruppen mit Vorsteuerabzug ohne Rechnungserfordernis Korf in Hartmann/Metzenmacher, Umsatzsteuergesetz, 3/16, UStG § 17 Rn. 97.

[752] Vgl. BFH BStBl. II 1999, 102; BB 1998, 2297 = DB 1998, 2403.

[753] RL 86/653/EWG, ABl. 1986 L 382, 17.

[754] Gesetz zur Durchführung der EG-Richtlinie zur Koordinierung des Rechts für Handelsvertreter vom 23.10.1989, BGBl. 1989 I 1910.

[755] BGH NJW-RR 2012, 674 (675).

[756] BT-Drs. 11/3077, 9 f.; die im Gesetzesentwurf der Bundesregierung angelegte Differenzierung zwischen Warenvertreter und Versicherungs- und Bausparkassenvertreter bzgl. der Anspruchsvoraussetzung „Provisionsverluste" wurde letztlich auf Grund der Beschlüsse des Rechtsausschusses wieder aufgegeben (Weitergeltung für alle Handelsvertreter), wie BT-Drs. 11/4559, 5 f. zeigt.

Über diese Erwägungen ist die Express-HGB-Novelle 2009[757] (→ Rn. 5 f.) ohne jede Reflektion undifferenziert hinweggegangen.[758]

Wie bereits § 92 Abs. 3 S. 1 (→ § 92 Rn. 14 ff.) trägt Abs. 5 den Sonderverhältnissen **350** im Versicherungs- und Bausparkassenvertrieb Rechnung.[759] Im Mittelpunkt des Vertretungsvertragsverhältnisses steht – anders als beim Warenvertreter – nicht die Kundenbeziehung als der dem Unternehmer bei Vertragsbeendigung verbleibende Vorteil. Besonderes Charakteristikum sind hier gerade nicht Geschäfte gleicher Art, die sich ständig bzw. mehrfach wiederholen (Nachbestellungen).[760] Ein weiteres Geschäft, beispielsweise der Neuabschluss, die Erweiterung oder Verlängerung eines Versicherungsvertrages oder die Erhöhung der Versicherungs- oder Bausparsumme erfordert grundsätzlich neue Vermittlungsbemühungen des Handelsvertreters in vergleichbarer Intensität wie beim ersten Geschäftsabschluss.[761] Der Versicherungs- und Bausparkassenvertreter führt seinem Unternehmer mithin keine Stammkundschaft zu, die allein auf Grund der einmal vermittelten Kundenbeziehung fortlaufend neue Geschäfte mit dem Unternehmer schließt.[762] Entscheidend für das Vertragsverhältnis des Versicherungs- und Bausparkassenvertreters sind vielmehr die von ihm **vermittelten** neuen, idR **langfristigen Verträge,**[763] aus denen der Unternehmer Vorteile hat. Spiegelbildlich lässt sich der Vertriebserfolg des Versicherungs- und Bausparkassenvertreters am **Vertragsbestand,** nicht am Kundenstamm ablesen.[764]

Mit dem Ausgleichsanspruch des Versicherungs- und Bausparkassenvertreters werden **351** daher nicht die Vorteile abgegolten, die der Unternehmer nach der Beendigung des Vertretungsvertrages aus dem vom Handelsvertreter geschaffenen Kundenstamm ziehen kann (ohne den Handelsvertreter hierfür vergüten zu müssen).[765] Anders als dem Warenvertreter gewährt der Ausgleichsanspruch dem Versicherungs- und Bausparkassenvertreter keinen „weiteren" Vergütungsanspruch, der ihn für entgangene Verdienstchancen entschädigt (→ Rn. 6). Vielmehr tritt der Ausgleichsanspruch in seinem Fall an die Stelle von **Provisionsansprüchen,** die er bereits erworben hat, die ihm **infolge der Beendigung des Vertretungsvertrages** aber **verloren gehen.**[766] An dieser herrschenden Sichtweise[767] hat die HGB-Novelle 2009 nichts geändert: Die Provisionsverluste des Versicherungs- und Bausparkassenvertreters kommen seither „lediglich" im Rahmen der Billigkeit zum Tragen und nicht mehr als gesonderte Anspruchsvoraussetzung. Die Zielrichtung des Abs. 5 indes bleibt unverändert (im Detail → Rn. 349).[768] Der Wortlaut des Abs. 5 ist eindeutig: „an die Stelle … tritt …". Die durch die Handelsvertreter-RL (die für Versicherungs- und Bausparkassenvertreter nicht gilt) motivierte Gesetzesnovelle kann nicht zur Folge haben, dass am Ende doch die Vorteile aus der vom Versicherungs- oder Bausparkassenvertreter geworbenen Geschäftsverbindung mit neuen Versicherungs-/Bausparkassenkunden in die

---

[757] Die Streichung des § 89b Abs. 1 Nr. 2 HGB aF wurde ohne „Vorwarnung" und ohne vorherige Anhörung von Betroffenen erst vor der finalen dritten Lesung in den Entwurf eines Gesetzes aufgenommen, das keinerlei Zusammenhang zum Handelsvertreterrecht hat. Emde (EWiR 2012, 207 (208)) spricht dem Gesetzgeber zudem die Detailkenntnis der Regelung in diesem Rechtsetzungsverfahren ab, „das selbst die Fachwelt vergessen hatte".

[758] BT-Drs. 16/13672, 22; Thume VersR 2012, 665; BB 2009, 2490.

[759] MüKoHGB/Ströbl Rn. 292.

[760] Ebenroth/Boujong/Joost/Strohn/Löwisch § 92 Rn. 5; Schürr in Küstner/Thume I Kap. I Rn. 157; Thume in Küstner/Thume I Kap. V Rn. 203; MüKoHGB/Ströbl § 92 Rn. 12.

[761] Höft VersR 1927, 205 (207).

[762] MüKoHGB/Ströbl Rn. 292; Busche in Oetker § 92 Rn. 4, § 89b Rn. 56; Küstner in Küstner/Thume II Kap. I Rn. 22 ff.

[763] BGH NJW 1959, 1430; Thume in Küstner/Thume I Kap. V Rn. 201.

[764] Küstner in Küstner/Thume II Kap. I Rn. 15.

[765] Thume in Küstner/Thume II Kap. VII Rn. 117 ff.; MüKoHGB/Ströbl Rn. 293.

[766] BGH NJW-RR 2012, 674 (676); 2005, 1274; NJW 1966, 1962.

[767] Vgl. Emde Rn. 517.

[768] AA Emde Rn. 517 ff.; EWiR 2012, 207 (208).

Ausgleichsberechnung einbezogen werden.[769] Sie haben im gesamten Abs. 1 S. 1 keinen Platz, auch nicht bei der Billigkeitsprüfung nach Nr. 2.

352 **2. Die relevanten Vorteile des Unternehmers.** Der Ausgleichsanspruch des Versicherungs- und Bausparkassenvertreters besteht nach Abs. 1 S. 1 Nr. 1 iVm Abs. 5, wenn und soweit der Unternehmer aus der Vermittlung **neuer Versicherungs- oder Bausparverträge** (→ § 92 Rn. 6, 10) durch den Handelsvertreter auch nach Beendigung des Vertragsverhältnisses **erhebliche Vorteile** hat.

353 **a) Neuer Vertrag.** Ein Vertrag ist iSd Abs. 5 ein **neuer Vertrag,** wenn er ein bisher nicht oder ein nicht mehr gedecktes Wagnis oder Bausparbedürfnis zum Gegenstand hat.[770] Der Fokus liegt sachbezogen auf der Vertrags-, nicht auf der personenbezogenen Kundenvermittlung an den Unternehmer.[771] IdS neu ist auch ein an einen Bestandskunden vermittelter neuer Vertrag.[772] Die ggf. an den Handelsvertreter zur Betreuung übertragenen Bestandsverträge dieses Kunden sind es hingegen nicht.[773]

354 Der Vermittlung eines neuen Vertrages steht es gleich, wenn der Versicherungs- oder Bausparkassenvertreter einen bestehenden Vertrag **so wesentlich erweitert** hat, dass dies wirtschaftlich der Vermittlung eines **neuen Vertrages entspricht.** Es kommt nicht nur auf die Wesentlichkeit der Erweiterung an, sondern auch darauf, dass diese mit der Vermittlung eines neuen Vertrages vergleichbar ist. Die Bewertung der Vergleichbarkeit der Erweiterung mit einem Neuabschluss erfolgt anhand der Umstände des konkreten Einzelfalls. Sie wird zu bejahen sein, wenn das vom Handelsvertreter bewirkte „Mehr an Vertrag" wirtschaftlich auf der Unternehmerseite wie die Vermittlung eines neuen Vertrages spürbar ist.[774] Das wird beispielsweise bei der Verlängerung eines Versicherungsvertrages um ein weiteres Jahr, bei der Erhöhung der Versicherungs- oder Bausparsumme um mind. 25 % oder beim Einschluss weiterer Risiken unter Beitragserhöhung von mind. 25 % der Fall sein. Allerdings gibt es für die wesentliche Erweiterung keinen allgemeingültigen Grenzwert. Entscheidend sind vielmehr stets die Umstände des Einzelfalles.[775] Die Erweiterung muss zudem vom Handelsvertreter bewirkt worden sein (→ § 92 Rn. 16 f.). Bei einer von ihm (mit-) vermittelten automatischen Vertragserweiterung (beispielsweise einer dynamischen Lebensversicherung)[776] ist das der Fall, nicht aber bei automatischen Vertragsverlängerungen (beispielsweise auf Grund einer Verlängerungsklausel).[777]

355 **b) Unternehmervorteile.** Welcher wirtschaftliche Vorteil entsteht dem Unternehmer abstrakt aus der Vermittlung eines neuen Vertrages? Es ist die Chance, aus diesem Vertrag materielle Gewinne zu erzielen. Der Bausparunternehmer kann beispielsweise in der Ansparphase des vermittelten Vertrages höhere **Erlöse** aus der Kapitalanlage der ihm zufließenden Sparbeiträge erzielen, als er für Kosten sowie die Zinszahlung an den Bausparer aufbringen muss. In der Darlehensphase schließlich hat er die Möglichkeit, sich mit Gewinn zu refinanzieren, also Kapital günstiger zu erwerben, als er es dem Bausparer zur Verfügung stellt. Der Versicherer erhält durch die Vertragsvermittlung die Beitragszahlungen des Versicherungsnehmers. Der Vorteil besteht also in erster Linie aus einem **Kapitalzufluss** abzüglich Kosten sowie Schadenaufwendungen. Als weiteren Vorteil kann der Versicherer aus der Kapitalanlage der Beiträge **Gewinne** erwirtschaften. Die sich aus der

---

[769] So iErg aber die Tendenz der aktuellen Rechtsliteratur, auch wenn dies nicht direkt zum Ausdruck gebracht wird, sondern Begrifflichkeiten wie „Versicherungs-/Vertragsstamm" oder „Unternehmervorteile aus Einmalprovision" im Mittelpunkt stehen; Emde Rn. 517 ff.; DStR 2009, 1478; Thume VersR 2012, 665 (668 ff.); BB 2009, 2490.
[770] MüKoHGB/Ströbl Rn. 294; Emde Rn. 531.
[771] Thume in Küstner/Thume II Kap. VII Rn. 159.
[772] MüKoHGB/Ströbl Rn. 294.
[773] Ebenroth/Boujong/Joost/Strohn/Löwisch Rn. 222.
[774] Ebenroth/Boujong/Joost/Strohn/Löwisch Rn. 223.
[775] MüKoHGB/Ströbl Rn. 295.
[776] Thume in Küstner/Thume II Kap. VII Rn. 172.
[777] MüKoHGB/Ströbl Rn. 294.

Kundenbeziehung selbst ergebenden Unternehmerchancen bleiben – wie gezeigt – beim Versicherungs- und Bausparkassenvertreter unberücksichtigt (Abschluss weiterer Verträge mit dem Kunden, Cross-Selling etc).[778]

Bei der Vorteilsbetrachtung kommt es allein auf die Summe der einzelnen vom Handels- **356** vertreter vermittelten neuen Verträge an (→ Rn. 343) und die dadurch für den Unternehmer geschaffene **Aussicht auf künftige Gewinnerzielung** (→ Rn. 100 ff.). Soweit dem Unternehmer diese Vorteile auch nach der Beendigung des Vertretungsvertrages verbleiben, sind sie für den Ausgleichsanspruch des Versicherungs- und Bausparkassenvertreters relevant. Nach der Rechtsprechung des BGH werden bei der hierzu anzustellenden Prognose (→ Rn. 119 ff.) auch Beitragseinnahmen als Vorteil berücksichtigt, die sich nach Beendigung des Vertretungsvertrages aus der Verlängerung von vermittelten Verträgen, einer Beitragserhöhung oder aus neuen Verträgen ergeben, die in einem **engen wirtschaftlichen Zusammenhang** zu dem vom Handelsvertreter vermittelten Vertrag stehen (demselben Versicherungs- oder Bausparinteresse dienen).[779] Auf den **Gesamtbestand** des Unternehmers an Verträgen, dessen Entwicklung und die damit verbundenen Vor- und ggf. Nachteile kommt es bei der Vorteilsbetrachtung hingegen nicht an, ebenso wenig auf die Bestandsentwicklung des Handelsvertreters.[780] Folgerichtig hat auch ein ungünstiger **Schadensverlauf** des Versicherers keinen Einfluss auf die Vorteilsbetrachtung, es sei denn, dieser betrifft konkret den vom Versicherungsvertreter vermittelten Bestand.[781] Wenn der Versicherungsvertreter – entgegen den Interessen des Unternehmers (→ § 86 Rn. 29 ff.) und damit auch entgegen seinen Vertragspflichten – überwiegend schlechte Risiken vermittelt und die vermittelten Verträge für den Versicherer mithin auch künftig defizitär verlaufen werden, kann sich der Versicherer auf ein entsprechendes Nichtentstehen von Vorteilen berufen.[782] Anders verhält es sich im Fall der Fortzahlung der vormals dem Handelsvertreter geschuldeten Provisionen durch den Unternehmer an den Nachfolgevertreter. Dies führt nicht zur Vorteilsverringerung, unter anderem weil der Unternehmer hierzu (gesetzlich) nicht verpflichtet ist (→ § 92 Rn. 14).[783]

c) Erheblichkeit der Unternehmervorteile. Erheblich sind die Unternehmervorteile, **357** wenn die in die Vorteilsbetrachtung einzubeziehenden Verträge die Einnahmen und **Gewinnchancen** des Unternehmers in einer aus wirtschaftlicher Sicht nicht zu vernachlässigenden Weise **erhöhen**.[784] Die durch die Vermittlungserfolge aller seiner Versicherungsvertreter bewirkte Risikostreuung muss daher bezogen auf den einzelnen Versicherungsvertreter außer Acht bleiben,[785] ebenso eine Schwellenwertüberschreitung, die dem Versicherer die Verhandlung günstigerer Rückversicherungs- oder Kapitalanlagekonditionen ermöglicht (→ Rn. 346).

3. Billigkeit beim Versicherungs- und Bausparkassenvertreter. Auch wenn der **358** **Vorteilsbegriff** des § 89b auch beim Versicherungs- und Bausparkassenvertreter **weit auszulegen** ist,[786] so kann dies nicht dazu führen, dass alle Vorteile des Unternehmers für die Ausgleichszahlung relevant sind. Sinn und Zweck des § 89b ist in erster Linie, nach den Vorteilen zu fragen, die dem Unternehmer auf Grund der Beendigung des Vertretungsvertrages verbleiben, die er wegen der Beendigung jedoch ohne weitere Vergütung des Handelsvertreters weiter nutzen kann. Nur insoweit sind Vorteile des Unternehmers für den Ausgleichsanspruch des Handelsvertreters relevant. Im Vordergrund steht auch beim

---

[778] Ebenroth/Boujong/Joost/Strohn/Löwisch Rn. 224.
[779] BGH NJW 1972, 1664; 1961, 1059; MüKoHGB/Ströbl Rn. 296; Küstner in Küstner/Thume II Kap. IX Rn. 260; Thume in Küstner/Thume II Kap. VII Rn. 172; Emde Rn. 535.
[780] OLG Stuttgart VersR 1957, 329; Thume in Küstner/Thume II Kap. VII Rn. 161 ff.
[781] Thume in Küstner/Thume II Kap. VII Rn. 164 ff.
[782] Thume in Küstner/Thume II Kap. VII Rn. 166; MüKoHGB/Ströbl Rn. 298.
[783] Thume in Küstner/Thume II Kap. VII Rn. 171.
[784] Ebenroth/Boujong/Joost/Strohn/Löwisch Rn. 225.
[785] AA Emde Rn. 533.
[786] BGH NJW 1961, 1059; Thume in Küstner/Thume II Kap. VII Rn. 158.

Ausgleichsanspruch des Versicherungs- und Bausparkassenvertreters der Gedanke der Vergütung einer noch nicht vollständig abgegoltenen Vertriebsleistung, von der der Unternehmer auch nach der Vertragsbeendigung noch profitiert (→ Rn. 6) und **nicht** die **Herausgabe aller denkmöglichen Unternehmervorteile,** für die der Handelsvertreter (mit-) ursächlich ist. Das entsprechende Korrektiv ist die Billigkeit nach Abs. 1 S. 1 Nr. 2, der die Zahlung des Ausgleichs entsprechen muss. Sie wirft seit der HGB-Novelle 2009 unter anderem die Frage auf, welche vom Versicherungs- und Bausparkassenvertreter vermittelten Verträge der Unternehmer noch nicht voll vergütet hat.[787]

359   **a) Provisionsverluste. aa) Bedeutung der Provisionsverluste.** Ungenügender Sorgfalt des Gesetzgebers (→ Rn. 339) ist es zu verdanken, dass seit dem 5.8.2009 entstehende Ausgleichsansprüche[788] von Versicherungs- und Bausparkassenvertretern nicht mehr voraussetzen, dass der Handelsvertreter infolge der Beendigung des Vertretungsvertrages Ansprüche auf Provision verliert, die er bei seiner Fortsetzung hätte. **Provisionsverluste** waren bis zur Neuregelung Anspruchsvoraussetzung gemäß Abs. 1 S. 1 Nr. 2 aF. Die dem Handelsvertreter entgehenden Provisionen sind seither ein Umstand, der gemäß Abs. 1 S. 1 Nr. 2 „nur noch" **im Rahmen der Billigkeitsprüfung** zu berücksichtigen ist. Dies als Degradierung[789] zu stigmatisieren geht zu weit, zumindest was den Versicherungs- und Bausparkassenvertreter anbelangt. Trotz (oder vielleicht gerade wegen) des hektischen Vorgehens des Gesetzgebers im Jahr 2009 ist kein gesetzgeberischer Wille zur Gleichbehandlung der Ausgleichsansprüche von Warenvertretern einerseits und Versicherungs- und Bausparkassenvertretern andererseits erkennbar.[790] Für den Versicherungs- und Bausparkassenvertreter bedeutet die „Verschiebung" der Provisionsverluste im Wesentlichen eine formale Änderung, die am Ergebnis der Ausgleichsberechnung letztlich nichts ändert. Die Höhe der Provisionsverluste limitiert den Ausgleichsanspruch zwar nicht mehr, sie gibt gleichwohl weiter vor, in welcher Höhe der Ausgleich der Unternehmervorteile der Billigkeit entspricht.[791]

360   Als im Jahr 1989 die Ausnahmeregelung für den Versicherungs- und Bausparkassenvertreter in den § 89b aufgenommen wurde (→ Rn. 339), argumentierte die Bundesregierung in ihrem Gesetzentwurf wie folgt: „Die ... Neufassung des § 89b Abs. 5 für Versicherungsvertreter und Bausparkassenvertreter ... erscheint geboten, weil die durch ..." die Handelsvertreter-RL „... für Warenvertreter vorgeschriebene Änderung des § 89b Abs. 1 Satz 1 (Wegfall der gesonderten Anspruchsvoraussetzung ..." Provisionsverluste „...) nicht der Besonderheit des Ausgleichsanspruchs des Versicherungsvertreters entspricht. Beim Warenvertreter sollen mit dem Ausgleichsanspruch in erster Linie die Vorteile vergütet werden, die der Unternehmer aus dem vom Handelsvertreter geschaffenen Kundenstamm auch künftig hat. Dagegen geht es beim Versicherungsvertreter grundsätzlich darum, die Provisionsverluste aus den von ihm vermittelten, in der Regel längerfristigen Versicherungsverträgen auszugleichen, die infolge der Beendigung des Vertragsverhältnisses eintreten. Zur Verdeutlichung dieses charakteristischen Merkmals des Ausgleichsanspruchs des Versicherungsvertreters erscheint die Beibehaltung der ..." Provisionsverluste „... als selbständige Anspruchsvoraussetzung erforderlich."[792] Beim Ausgleichsanspruch des Versicherungs- und Bausparkassenvertreters muss daher dieser ihm weseneigene Unterschied berücksichtigt und **weiterhin maßgeblich** auf die ihm durch die Beendigung entstehenden **Provisionsverluste** abgestellt werden.[793] Dies erfolgt nun im Rahmen der Billigkeitsprüfung gemäß Abs. 1 S. 1 Nr. 2, wo die Provisionsverluste als namentlich besonders

---

[787] Nach § 89b Abs. 1 Nr. 2 aF als Anspruchsvoraussetzung: BGH NJW 1972, 1664; 1961, 1059.
[788] BGH NJW-RR 2012, 674 Rn. 25; Thume VersR 2012, 665 (666).
[789] Emde DStR 2009, 1478.
[790] BGH NJW-RR 2012, 674 Rn. 28 f.
[791] Weitere Billigkeitskriterien sind ggf. zu berücksichtigen (→ Rn. 128 ff.).
[792] BT-Drs. 11/3077, 9 f.
[793] Überwiegend aA Emde Rn. 550 ff.

hervorgehobenes Merkmal[794] der Billigkeit genannt sind. Die in der bisherigen Rechtsprechung entwickelten Grundsätze sind mithin weiter anzuwenden.[795]

bb) Entstehung von Provisionsverlusten. Gesetzlich treten mit der Beendigung des **361** Vertretungsvertrages des Versicherungs- und Bausparkassenvertreters keine Provisionsverluste ein. Er hat vielmehr auch nach der Beendigung Anspruch auf Fortzahlung von Provisionen aus Provisionsanwartschaften, die er bereits erworben hat, sobald diese zum Vollrecht erstarken (idR entsprechend der Beitragszahlung des Versicherungsnehmers oder Bausparers → § 92 Rn. 30 ff.).[796] Provisionsverluste treten aber ein, wenn die Parteien im Vertretungsvertrag einen Provisionsverzicht vereinbart haben, der auch Abschlussprovisionen bzw. Abschlussfolgeprovisionen erfasst. **Provisionsverzichtsklauseln** sind in der Praxis die Regel. Sie verstoßen grundsätzlich nicht gegen § 307 Abs. 2 Nr. 1 BGB, unter anderem schon deshalb nicht, weil der Ausgleichsanspruch nach dem Willen des Gesetzgebers ein (gleichwertiges) Äquivalent zu den entfallenden Provisionen ist.[797] Jahrzehntelange höchstrichterliche Rechtsprechung zum Ausgleichsanspruch von Versicherungs- und Bausparkassenvertretern hat die Wirksamkeit formularmäßiger Provisionsverzichtsvereinbarungen inzident bestätigt.[798] Eine Vereinbarung, in der der Handelsvertreter auch auf Provisionen gemäß § 87a Abs. 2[799] oder 3[800] verzichtet (→ § 87a Rn. 44 f., 68 ff.), ist wegen Verstoßes gegen § 87a Abs. 5 jedoch unwirksam.[801] Ebenso unwirksam nach § 87a Abs. 3 S. 1 kann eine Provisionsverzichtsklausel sein, von der ausdrücklich nur Ansprüche gemäß § 87 Abs. 3 und § 89b ausgenommen sind, weil damit auch Überhangprovisionen aus den vom Unternehmer nicht oder nicht vertragsgemäß ausgeführten Lieferungen bzw. Leistungen erfasst wären.[802]

cc) Eintritt von Provisionsverlusten. (1) Einmalprovision. Insbesondere für die **362** Vermittlung von Verträgen mit langer Vertragsdauer werden in der Regel Einmalprovisionen vereinbart, so vor allem in der **Lebens- und Krankenversicherung** und im **Bausparbereich.** Soweit der Vertretungsvertrag die Zahlung von Einmalprovisionen vorsieht und diese vollständig gezahlt wurden, treten keine Provisionsverluste ein.[803] Für diese Vermittlungsleistung kann kein weiterer Provisionsanspruch entstehen, mit dem der Abschlusserfolg vergütet wird. Entstandene Provisionsansprüche sind zum Zeitpunkt der Beendigung des Vertretungsvertrages mit Zahlung bereits erloschen. Hieran ändert die HGB-Novelle 2009 nichts.[804]

(2) Laufende Provisionszahlungen. Haben die Vertragspartner des Handelsvertreter- **363** vertrages laufende Provisionen vereinbart (so vor allem im Bereich der **Sachversicherung,** also beispielsweise Kfz-, Unfall-, Wohngebäude-, Haftpflichtversicherung), muss unterschieden werden zwischen Provisionen, mit denen der Vermittlungserfolg vergütet wird (beispielsweise **Abschluss- und Abschlussfolgeprovisionen**) und solchen, die der Unternehmer für abschlussfremde Tätigkeiten des Handelsvertreters, beispielsweise für die Vertragsverwaltung zahlt (beispielsweise **Folge-, Bestandspflege-** oder **Verwaltungsprovisionen**). Nur die abschlussbezogenen Provisionen werden in die Ausgleichsberechnung einbezogen, die abschlussfremden Vergütungsbestandteile bleiben unberücksichtigt, da es

---

[794] BGH NJW-RR 2012, 674 Rn. 21.
[795] Emde Rn. 551.
[796] MüKoHGB/Ströbl Rn. 303; Küstner/Thume VertriebsR-HdB II Kap. IX Rn. 195.
[797] BGH NJW 1961, 1059; Thume BB 2002, 1325 (1326); Küstner/Thume VertriebsR-HdB II Kap. IX Rn. 173 ff.; Emde Rn. 595 mwN; aA Daum VersR 2011, 565; v. Westphalen DB 2000, 2255 (2256).
[798] Vgl. BGH NJW 2010, 298 Rn. 27.
[799] Entfallen des Provisionsanspruchs nur, wenn feststeht, dass der Dritte nicht leistet.
[800] Entfallen des Provisionsanspruchs bei Nichtausführung nur, soweit dies nicht auf Umständen beruht, die vom Unternehmer nicht zu vertreten sind.
[801] BGH NJW 2010, 298 Rn. 26; Anm. Emde in EWiR 2010, 119.
[802] OLG Düsseldorf, Beschluss vom 7.5.2021, Az 16 U 215/20.
[803] Küstner/Thume VertriebsR-HdB II Kap. IX Rn. 230 mwN in Fn. 333.
[804] AA Emde Rn. 560, 228 pauschal für alle Handelsvertreter.

diesbezüglich nach Beendigung des Vertretungsvertrages an einer weiteren Tätigkeit des Handelsvertreters fehlt, die ausgeglichen werden müsste.[805] Auch wenn diese Tätigkeiten der Kontaktpflege und der Kundenbetreuung dienen und damit iwS auch auf die Erhaltung und Erweiterung des Vertragsbestands gerichtet sind, zählen sie gleichwohl nicht zur werbenden Tätigkeit des Versicherungs- und Bausparkassenvertreters.[806] Sie dienen vielmehr der Pflege des Kundenstamms, der bei der Ausgleichsberechnung des Versicherungs- und Bausparkassenvertreters gerade keine Rolle spielt (→ Rn. 340 f.). Der Begriff der „werbenden Tätigkeit" des Versicherungs- und Bausparkassenvertreters ist mithin wesentlich enger als beim Warenvertreter.[807]

364   Eine schematische Zuordnung von Provisionen zu **abschlussfremden** bzw. **abschlussbezogenen Tätigkeiten** nach der Provisionsbezeichnung ist nicht möglich. Vielmehr sind die Umstände des konkreten Einzelfalls entscheidend. Die Benennung einzelner Provisionen ist in der Praxis uneinheitlich und oft werden von gleich benannten Provisionen unterschiedliche „Vergütungsgründe" (Abschluss, Vermittlung, Verwaltung, Schadensbearbeitung, Kundenbetreuung, Bestandspflege, Inkasso etc) erfasst und umgekehrt.[808] Mit nach verwaltenden Tätigkeiten klingenden Provisionsbezeichnungen vergütet der Unternehmer mitunter anteilig fortlaufend auch den Vermittlungserfolg. Der Vertretungsvertrag sollte daher zweifelsfrei bestimmen, welche Tätigkeit des Versicherungs- und Bausparkassenvertreters mit einer bestimmten Provision vergütet wird. Anderenfalls muss der Unternehmer im Streitfall darlegen und beweisen, dass und zu welchem Anteil Provisionen vermittlungsfremde Tätigkeiten des Handelsvertreters abgelten.[809] Gelingt ihm dies nicht, wird die Provision insgesamt bei der Ausgleichsberechnung berücksichtigt. Die hierzu geführte Diskussion[810] erweist sich in der Praxis allerdings als weitgehend akademisch, da die meisten Ausgleichsansprüche nach „den Grundsätzen" (→ Rn. 360) berechnet werden.

365   **(3) Nachvertragliche Entstehungsgründe.** Soweit Versicherungs- oder Bausparverträge, an deren Vermittlung oder Abschluss der Versicherungs- oder Bausparkassenvertreter mitgewirkt hat, erst nach Beendigung des Vertretungsvertrages zustande kommen, kann er auch nach der Beendigung Anspruch auf sog. **Überhangprovisionen** haben (→ § 87 Rn. 105). Voraussetzung ist, dass der Versicherungs- oder Bausparkassenvertreter überwiegend ursächlich für den Vertragsschluss war (→ § 92 Rn. 16 f.).[811] Das gilt ebenso für **Vertragserweiterungen** oder **Summenerhöhungen** bei bereits abgeschlossenen Verträgen, bei denen sich bei einer natürlichen Betrachtungsweise quasi der Vermittlungserfolg des Handelsvertreters fortsetzt.[812] Der Unternehmer erzielt hieraus nach der Beendigung des Vertretungsvertrages Beitragsmehreinnahmen, ebenso aus **Vertragsverlängerungen** oder aus einem **neuen Vertrag** oder **Ersatzvertrag,** der in einem **engen wirtschaftlichen Zusammenhang** zu dem vom Handelsvertreter vermittelten Vertrag steht (→ Rn. 346).[813] In all diesen Fällen werden die entsprechenden Beitragseinnahmen provisionspflichtig.

366   Allen vorgenannten Fällen ist gleichermaßen gemeinsam, dass ein Provisionsanspruch (doch) nicht entsteht, wenn sie nur auf Grund erneuter Vermittlungsanstrengungen des Unternehmers oder eines anderen Handelsvertreters eintraten, die damit einhergehenden Unternehmervorteile also ohne solche neuen Bemühungen nicht entstanden wären.[814] Ein

---

[805] BGH NJW 1959, 1430; Küstner/Thume VertriebsR-HdB II Kap. IX Rn. 210 mwN in Fn. 305.
[806] BGH NJW-RR 2004, 469 (471); aA KG VersR 1964, 1295.
[807] BGH NJW-RR 2005, 1274 (1276); Ebenroth/Boujong/Joost/Strohn/Löwisch Rn. 228.
[808] BGH NJW 1959, 1430; Westphal VertriebsR I Rn. 691 ff.
[809] BGH r+s 2005, 487.
[810] Vgl. Emde Rn. 545 ff.; Küstner/Thume VertriebsR-HdB II Kap. IX Rn. 240 ff.
[811] Küstner/Thume VertriebsR-HdB II Kap. IX Rn. 255 ff.
[812] BGH NJW 1961, 1059; Ebenroth/Boujong/Joost/Strohn/Löwisch Rn. 230.
[813] BGH NJW 1961, 1059; 1972, 1664; MüKoHGB/Ströbl Rn. 303; Küstner/Thume VertriebsR-HdB II Kap. VII Rn. 172; Emde Rn. 535, 565 ff.; ausf.: in Küstner/Thume VertriebsR-HdB II Kap. IX Rn. 258 ff.
[814] Küstner/Thume VertriebsR-HdB II Kap. IX Rn. 260 ff.; MüKoHGB/Ströbl Rn. 304.

typischer Fall ist beispielsweise, dass ein Ersatzvertrag nicht demselben Versicherungs- oder Bausparinteresse dient (beispielsweise Versicherung eines anderen Pkw, Bausparvertrag für ein anderes Bauvorhaben).[815] Diese – auch als **Zweitabschluss** bezeichneten – Fälle sind für den Ausgleichsanspruch mithin nicht relevant.[816]

Sog. **Provisionsrenten** sind nicht als Provisionszahlungen zu berücksichtigen. Sie sind **367** Altersversorgungsleistungen des Unternehmers und vergüten nicht den Abschlusserfolg, entfallen mithin auch nicht infolge einer Provisionsverzichtsvereinbarung mit der Beendigung des Vertretungsvertrages.[817] Auch sog. **Superprovisionen** (Vergütung für die Führung von Untervertretern) führen grundsätzlich nicht zu Provisionsverlusten, es sei denn, der Handelsvertreter war relevant mitursächlich für Verträge, die von den ihm unterstellten Handelsvertretern vermittelt wurden.[818]

b) Billigkeit im Übrigen. Im Übrigen ergeben sich bzgl. der Billigkeitsprüfung des **368** Versicherungs- und Bausparkassenvertreters keine weiteren typischen Besonderheiten. Hinzuweisen ist allerdings auf die im Versicherungswesen besonders häufig anzutreffende Einrichtung einer unternehmerfinanzierten Altersversorgung, die im Rahmen der Billigkeit bei der Ermittlung des Ausgleichsanspruchs grundsätzlich berücksichtigt werden kann (im Detail → Rn. 158 ff.).

4. Ausgleichshöchstgrenze. Für die Berechnung der Ausgleichshöchstgrenze beim **369** Versicherungs- und Bausparkassenvertreter gelten die obigen Ausführungen zum Warenvertreter gleichermaßen (→ Rn. 221 ff.). Als Besonderheit ist zu beachten, dass der Versicherungs- und Bausparkassenvertreter gemäß Abs. 5 S. 2 Anspruch auf maximal drei Jahresprovisionen hat. Dieser Höchstbetrag ist nach II zu berechnen, also nicht einfach die Summe aller Bruttoprovisionen der letzten drei Jahre, sondern die durchschnittliche Jahresprovision der letzten fünf Vertragsjahre ist also zu verdreifachen.[819] Der Gesetzgeber wollte damit erreichen, dass ein infolge der Vertragsbeendigung eintretender Verlust bereits verdienter Provisionen weitgehend kompensiert wird.[820]

5. Grundsätze zur Errechnung des Ausgleichsanspruchs. Beim Versicherungs- und **370** Bausparkassenvertreter erwies sich die Berechnung des Ausgleichsanspruchs in der Praxis als besonders kompliziert und konfliktträchtig. Im Versicherungsbereich kommt es nicht selten dazu, dass der vom Handelsvertreter betreute Bestand an Versicherungsverträgen mehrere tausend Stücke in unterschiedlichsten Sparten und Branchen zählt (mit unterschiedlichen Provisionsregelungen) und sich hierin nicht nur selbst vermittelte, sondern auch übertragene Verträge befinden, deren Fortbestand, Erweiterung etc mehr oder weniger von den Bemühungen des Handelsvertreters abhing. Eine exakte einzelvertragliche Betrachtung und Bewertung scheint hier wirtschaftlich kaum darstellbar, so dass es nahe liegt, eine sinnvolle Pauschalierung heranzuziehen. Vor diesem Hintergrund haben sich die Spitzenverbände der betroffenen Wirtschaftszweige und Handelsvertreter[821] auf die sog. **Grundsätze**[822] verständigt, die es heute jeweils einzeln für die **Sach-, Lebens- und Krankenversicherung** sowie im **Bauspar- und Finanzdienstleistungsbereich** gibt. Sie haben sich in der

---

[815] BGH NJW 1961, 1059.

[816] MüKoHGB/Ströbl Rn. 304.

[817] MüKoHGB/Ströbl Rn. 306.

[818] BGH NJW-RR 2012, 674 Rn. 31; Küstner/Thume VertriebsR-HdB II Kap. VIII Rn. 279 ff.

[819] Emde Rn. 570 f.; Küstner/Thume VertriebsR-HdB II Kap. XII Rn. 43 ff.

[820] Küstner/Thume VertriebsR-HdB II Kap. XII Rn. 46 ff.; anders beim Warenvertreter, bei dem es um die Kompensation verlustiger Verdienstchancen geht.

[821] ZB Gesamtverband der Deutschen Versicherungswirtschaft (GDV), Verband der Privaten Bausparkassen, Bundesverband Deutscher Versicherungskaufleute (BVK), Bundesverband der Geschäftsstellenleiter der Assekuranz (VGA).

[822] Grundsätze zur Errechnung der Höhe des Ausgleichsanspruchs (§ 89b HGB), abgedruckt in Küstner, „Grundsätze" zur Errechnung der Höhe des Ausgleichsanspruchs, 19 ff. u. bei Baumbach/Hopt/Hopt Ausgl 1; Kommentierung bei Küstner/Thume VertriebsR-HdB II Kap. XX Rn. 1 ff.; Emde Rn. 581; Westphal VertriebsR I Rn. 1234 ff.

Praxis bewährt und wurden seit 1958 weit über 50.000 Ausgleichsberechnungen zugrunde gelegt.[823]

371 Die **Rechtsnatur der Grundsätze** darf als höchst umstritten bezeichnet werden, wobei es eine erstaunliche Bandbreite von Rechtsmeinungen gibt.[824] Sie reicht von der völligen Unverbindlichkeit[825] über die Annahme eines Vertrages zugunsten Dritter (Verbandsmitglieder[826]) oder eines Handelsbrauches[827] bis hin zur **Schätzgrundlage** des Tatrichters gemäß § 287 ZPO.[828] Mit dem Urteil des BGH vom 23.11.2011[829] hat sich der Meinungsstreit in die Theorie verlagert. Praxis und Rechtsprechung haben sich an diesem Urteil ausgerichtet und die Grundsätze werden – bei entsprechendem Parteivortrag – zur Grundlage einer richterlichen Schätzung eines Mindestausgleichsbetrags nach § 287 ZPO gemacht.[830] Die Grundsätze für den Finanzdienstleistungsbereich gelten allerdings nur für die Vermittlung von Finanzdienstleistungen im Bereich der Wohnbaufinanzierung durch Bausparkassenvertreter im Namen und auf Rechnung des Bausparunternehmens und können nicht als Schätzgrundlage sonstiger Finanzdienstleistungsvermittlungen herangezogen werden.[831]

372 Eine verbindliche Vereinbarung der Grundsätze im Vertretungsvertrag als Berechnungsgrundlage des Ausgleichsanspruchs ist wegen des Verstoßes gegen Abs. 4 S. 1 unzulässig (Unabdingbarkeit → Rn. 268 ff.),[832] allerdings auch nicht erforderlich. Auch ohne eine solche Vereinbarung bzw. trotz unwirksamer Vereinbarung können die Grundsätze zur Schätzgrundlage für die Ausgleichsberechnung[833] gemacht werden (→ Rn. 361).[834] In jedem Fall entlasten die Grundsätze den Versicherungsvertreter wegen der leichten Anspruchsbestimmbarkeit weitgehend von jeder Darlegungs- und Beweislast. Er legt als Vorteil dann seinen abgezinsten Provisionsverlust dar.[835]

B. Vertragshändler

I. Analoge Anwendbarkeit

373 Für den Vertragshändlervertrag bestehen **keine gesetzlichen Regelungen.** Nach ständiger Rechtsprechung des BGH[836] steht dem Vertragshändler dann in analoger Anwendung des § 89b ein Ausgleichsanspruch gegen den Unternehmer zu, wenn

– das Rechtsverhältnis zwischen ihm und dem Unternehmer so ausgestaltet ist, dass es sich nicht in einer bloßen Verkäufer-Käufer-Beziehung erschöpft, sondern der **Vertrags-**

---

[823] Küstner/Thume VertriebsR-HdB II Kap. XX Rn. 10; vgl. aktuell LG Köln ZVertriebsR 2016, 239.

[824] Küstner/Thume VertriebsR-HdB II Kap. XX Rn. 16 ff.; Emde Rn. 581; MüKoHGB/Ströbl Rn. 308; Ebenroth/Boujong/Joost/Strohn/Löwisch Rn. 235.

[825] OLG Köln VersR 1974; OLG Frankfurt a. M. NJW-RR 1986; Emde Rn. 581; v. Westphalen DB 2000, 2255.

[826] BAG NZA 1986, 476.

[827] OLG München VersR 1974, 288; LG Hamburg VersR 1972, 742; LG Wiesbaden VersR 1976, 145; LG Nürnberg-Fürth VersR 1976, 476; Martin VersR 1968, 117 (119); 1970, 796 (797); Thume BB 2002, 1325 (1329).

[828] OLG Frankfurt a. M. VersR 1986, 814; LG Hannover BB 1976, 664; LG München I VersR 1988, 1069; MüKoHGB/Ströbl Rn. 309; Westphal VertriebsR I Rn. 1233.

[829] BGH NJW-RR 2012, 674.

[830] BGH NJW-RR 2012, 674 Rn. 46.

[831] BGH NJW-RR 2012, 674 Rn. 57 f.

[832] OLG Frankfurt a. M. NJW-RR 1986, 458; Emde Rn. 577.

[833] Zur Ausgleichsberechnung nach den Grundsätzen vgl. iE: Emde Rn. 580 ff.

[834] BGH NJW-RR 2012, 674 Rn. 38, 46.

[835] Lilje, Die Unternehmervorteile bei der Berechnung des Handelsvertreterausgleichs im Versicherungsvertrieb, ZVertriebsR 2016, 219.

[836] BGH ZVertriebsR 2020, 386 Rn. 20; NJW 2017, 475 Rn. 29 mAnm Wauschkuhn; ZVertriebsR 2015, 122 Rn. 11; NJW 2011, 848 Rn. 17; NJW-RR 2011, 389 Rn. 18; 2010, 1263 Rn. 15; NJW 1994, 657 (658); OLG Düsseldorf ZVertriebsR 2017, 111 Rn. 22; zusammenfassend Wauschkuhn ZVertriebsR 2016, 79.

händler so **in** die **Absatzorganisation des Unternehmers eingegliedert** ist, dass er **wirtschaftlich** in erheblichem Umfang einem **Handelsvertreter vergleichbare Aufgaben zu erfüllen** hat,

und

– der Vertragshändler **vertraglich verpflichtet** ist, dem Unternehmer seine **Kundendaten zu übermitteln,** so dass der Unternehmer sich die Vorteile des Kundenstammes bei Vertragsbeendigung sofort und ohne weiteres zu Nutze machen kann.

Beide Voraussetzungen müssen kumulativ erfüllt sein.   **374**

Da der Vertragshändler allerdings noch weiter vom Handelsvertreter entfernt und grund- **375** sätzlich wegen seiner geringen Einbindung in die Vertriebsorganisation weniger schutzbedürftig ist als ein Kommssionsagent, ist zumindest nicht klar, ob die ständige Rechtsprechung des BGH zur analogen Anwendbarkeit des § 89b auf Vertragshändler seit erstmals dem Urteil vom 11.12.1958[837] im Einklang mit der Rechtsprechung des EuGH steht. In seinem Beschluss Mavrona/Delta vom 10.2.2004[838] hat der EuGH entschieden, dass schon das Schutzbedürfnis eines Kommissionsagenten mit dem eines Handelsvertreters nicht vergleichbar sei und in ihrer Anhörung hatten die deutsche Bundesregierung und die EU-Kommission mitgeteilt, dass deshalb auch eine analoge Anwendung der Ausgleichsregelung der Handelsvertreter-RL auf Kommissionsagenten ausscheiden müsse (→ Rn. 452). In seinem Urteil vom 25.2.1216[839] stellt der BGH zwar zu Recht fest, dass auf Vertragshändler die Handelsvertreter-RL nicht entsprechend anzuwenden sei. Er betont aber die Notwendigkeit der ausgleichsrechtlichen Gleichbehandlung von Vertragshändlern und Handelsvertretern nach deutschem Recht, wenn die vorgenannten Analogievoraussetzungen vorliegen.[840] Fröhlich[841] und Schmülling[842] stellen in Frage, ob die Voraussetzungen für eine Analogie überhaupt vorliegen. Eine **Analogie** ist **nur zulässig,** wenn das Gesetz eine planwidrige Gesetzeslücke enthält und der zu beurteilende Sachverhalt in rechtlicher Hinsicht so weit mit dem vom Gesetzgeber geregelten Tatbestand vergleichbar ist, dass angenommen werden kann, der Gesetzgeber wäre bei einer Interessenabwägung, bei der er sich von den gleichen Grundsätzen hätte leiten lassen wie bei dem Erlass der herangezogenen Gesetzesvorschrift, zu dem gleichen Abwägungsergebnis gekommen[843]. Beide lehnen eine planwidrige Gesetzeslücke ab, weil der Gesetzgeber sich zu einer Erstreckung auf Vertragshändler weder bei Einfügung des § 89b ins HGB im Jahre 1953 noch bei seiner Neufassung im Jahr 2009 geäußert habe. Nach der Auffassung von Fröhlich[844] soll es an einer vergleichbaren Interessenlage vor allem wegen der unterschiedlichen Risikolage fehlen. Anders als der Handelsvertreter trägt der Vertragshändler insbesondere das Absatzrisiko. Überzeugend sind die Ausführungen im Ergebnis jedoch nicht, weil das Vertragshändlerrecht durch den deutschen Gesetzgeber überhaupt nicht nominiert ist. Weiter liegt auch eine vergleichbare Interessenlage vor, weil der Vertragshändler in aller Regel wie der Handelsvertreter dem Unternehmer einen Kundenstamm aufbaut, den dieser auch nach Vertragsbeendigung gewinnbringend nutzen kann.

1. Eingliederung in die Absatzorganisation. Der Vertragshändler ist in die Absatz- **376** organisation des Unternehmers wie ein Handelsvertreter eingegliedert, wenn er sich auf Grund der vertraglichen Verpflichtungen **wie** ein **Handelsvertreter für** den **Vertrieb** der Produkte des Unternehmers **einzusetzen hat** und auch sonst **Verpflichtungen und Bindungen** unterliegt, **wie** sie **für** einen **Handelsvertreter typisch** sind.[845] Folgende

---

[837] BGHZ 29, 83.
[838] BeckRS 2004, 77842.
[839] BGH ZVertriebsR 2016, 120 Rn. 30 und 34.
[840] BGH ZVertriebsR 2016, 120 Rn. 27 und 30.
[841] ZVertriebsR 2015, 280.
[842] GWR 2015, 224.
[843] BGHZ 155, 380 (389).
[844] ZVertriebsR 2015, 280 (281); Schmülling GWR 2015, 224, stellt nur auf die inzwischen nur noch für den Vertrieb von Kfz-Ersatzteilen geltende Kfz-GVO Nr. 461/2010 ab.
[845] BGH NJW-RR 2007, 1327 Rn. 13; 2004, 898.

Merkmale sprechen für eine Integration des Vertragshändlers in die Absatzorganisation des Unternehmers:[846]

– Einräumung eines Alleinvertriebsrechts;
– Wettbewerbsverbot des Vertragshändlers;
– Zuweisung eines bestimmten Marktverantwortungsgebietes;
– Pflicht zur Förderung des Absatzes;
– zielbewusste Verkaufswerbung nach den Richtlinien des Unternehmers;
– Vorhalten von Vorführprodukten;
– Schulung des Verkaufspersonals;
– Mindestabnahmepflichten des Vertragshändlers;
– Pflicht zur Vorhaltung eines Waren- und Ersatzteillagers;
– Pflicht zur Erbringung von Kundendienstleistungen;
– Kontroll- und Überwachungsbefugnisse des Unternehmers;
– Berichts- und Mitteilungspflichten des Vertragshändlers;
– Weisungsbefugnisse des Unternehmers;
– Vorgabe der Einrichtung der Geschäftsräume; Verpflichtung zur Lagerhaltung;
– Verpflichtung des Vertragshändlers zur Teilnahme an Messen;
– Verpflichtung zur Durchführung von Werbung.

377   Diese Aufzählung ließe sich noch fortsetzen, die wichtigsten Indizien sind aber genannt.

378   Für die analoge Anwendbarkeit des § 89b auf den Vertragshändlervertrag ist nicht erforderlich, dass alle diese Kriterien erfüllt sind. Ausreichend ist vielmehr, dass der Vertragshändler nach dem **Gesamtbild seiner Bindungen und Verpflichtungen** einem Handelsvertreter vergleichbar in die Absatzorganisation des Unternehmers eingegliedert ist. Der BGH[847] bezeichnet die Vereinbarung von **Kontroll- und Überwachungsbefugnissen** zugunsten des Unternehmers als ein maßgebliches Kriterium für die Annahme einer Eingliederung in die Absatzorganisation des Unternehmers. Das OLG Köln[848] stellt entscheidend darauf ab, dass sich der Vertragshändler wegen der ihm aufgegebenen konkreten Ausgestaltung des Vertriebes eines bedeutenden Teils seiner unternehmerischen Freiheit begeben habe. Gegen eine Eingliederung spricht, wenn der Vertragshändler die Vertragsprodukte nach eigenen Bedürfnissen verändern kann und sodann unter eigener Marke vertreibt und es dem Vertragshändler überlassen ist, Art und Umfang dieses Geschäfts selbst zu bestimmen.[849]

379   **2. Verpflichtung zur Übertragung der Kundendaten.** Der Ausgleichsanspruch setzt weiterhin voraus, dass der Vertragshändler **vertraglich verpflichtet** ist, dem Unternehmer seine **Kundendaten zu übermitteln,** so dass sich dieser die Vorteile des Kundenstammes bei Vertragsbeendigung sofort und ohne weiteres nutzbar machen kann.

380   Eine vertragliche Verpflichtung zur Überlassung des Kundenstamms ist nach der zutreffenden Ansicht des BGH auch dann erforderlich, wenn die Kundendaten dem Unternehmer **faktisch ohnehin bekannt** sind oder nach dem Vertragsende eine faktische Kontinuität des Kundenstamms besteht[850] oder die Kundendaten branchenbekannt sind.[851] Die

---

[846] BGH BB 2007, 1586 (1587); 2004, 461; ZIP 2000, 540 (541) = NJW 2000, 1413; NJW 1996, 2298 (2300) – Volvo; NJW 1984, 2102; OLG Frankfurt a. M. ZVertriebsR 2019, 327 = BeckRS 2019, 15476 Rn. 67; OLG München BB 1997, 595 (596); Schultze/Wauschkuhn/Spenner/Dau/Kübler Vertragshändlervertrag/Wauschkuhn Rn. 778 ff.

[847] BGH BB 1992, 596 = NJW-RR 1992, 421; WM 1988, 1642 (1645).

[848] IHR 2013, 168 mablAnm Thume; so auch OLG Düsseldorf IHR 2014, 162 (166).

[849] BGH NJW-RR 2007, 1327 Rn. 22; OLG München ZVertriebsR 2020, 72 Rn. 93.

[850] BGH ZVertriebsR 2015, 102 Rn. 15; NJW 1996, 2159 (2160); BB 1994, 241 (242); 1969, 1370 (1371) = BeckRS 1969, 31174154; BGHZ 34, 282 (286); OLG Hamm BeckRS 2016, 03185 = GWR 2016, 187 mAnm Tischler/Koblizek; MüKoHGB/Ströbl Rn. 21; Ebenroth/Boujong/Joost/Strohn/Löwisch Rn. 262; Schultze/Wauschkuhn/Spenner/Dau/Kübler Vertragshändlervertrag/Wauschkuhn Rn. 787; Rothermel/Schulz BB 2019, 1609 (1613 f.).

[851] BGH NJW-RR 2003, 894 (895).

Gegenauffassung[852] lässt außer Acht, dass schon im Interesse der Rechtssicherheit und des Vertrauensschutzes an der langjährigen Rechtsprechung, die die vertragliche Verpflichtung fordert, festzuhalten ist.[853] Abgesehen davon hat der Vertragshändler ohne vertragliche Verpflichtung zur Mitteilung der Kundendaten den Kundenstamm für sich selbst geworben, also kein fremdes, sondern ein eigenes Geschäft besorgt.[854] Der Vertragshändler kann dann den von ihm geworbenen Kundenstamm nach Vertragsende selbst weiter nutzen, was die Nutzungsmöglichkeiten des Unternehmers stark einschränkt.[855]

Die Pflicht zur Überlassung der Kundendaten muss dabei im Vertrag **nicht expressis** **381** **verbis** festgelegt sein, muss sich aber zumindest mittelbar aus den vertraglichen Vereinbarungen ergeben.[856] Von einer stillschweigend begründeten vertraglichen Verpflichtung ist im Regelfall auszugehen, wenn der Vertragshändler dem Unternehmer sämtliche Kundendaten überlässt und der Unternehmer dies widerspruchslos akzeptiert.[857] Ausreichend ist auch die Verpflichtung des Vertragshändlers, dem Unternehmer jederzeit Einsicht in die Abrechnungsunterlagen zu gestatten und in Tagesverkaufsberichten regelmäßig über Geschäftsabschlüsse zu informieren.[858] Im Rahmen eines konzerninternen Vertragshändlervertrages wird die Kundendatenüberlassungspflicht aber nicht allein durch das Einsichtsrecht als Gesellschafter begründet, weil diese Verpflichtung nicht aus dem Vertragshändlervertrag folgt.

Nicht ausreichend ist ein lediglich durch das geschäftliche Interesse des Vertragshändlers begründeter indirekter Zwang zur Offenlegung der Kundendaten. Wenn der Unternehmer etwa die Erhöhung der dem Vertragshändler eingeräumten Rabattsätze für bestimmte Großkunden von der Mitteilung der Namen der Kunden abhängig macht, stellt dies keine rechtliche Verpflichtung, sondern nur einen wirtschaftlichen Anreiz dar, der die analoge Anwendung von § 89b HGB nicht rechtfertigt[859]. Wenn der Unternehmer in zahlreichen Eilfällen Direktlieferungen an Kunden des Vertragshändlers vornimmt, begründet die hierdurch gegebene Kenntnisnahmemöglichkeit von den Kundenanschriften ebenfalls keine vertragliche Mitteilungspflicht und keinen Ausgleichsanspruch.[860]

Erforderlich ist nach ständiger Rechtsprechung des BGH, dass der Unternehmer sich die Vorteile des Kundenstamms bei Vertragsbeendigung sofort und ohne Weiteres nutzbar machen kann[861] „Ohne Weiteres" bedeutet, dass keine zusätzlichen Recherchen erforderlich sein dürfen, damit der Unternehmer den Kundenstamm nutzen kann. Besondere Anforderungen an den Inhalt der Kundendatei hat der BGH zwar nicht aufgestellt[862]. Jedenfalls ist aber die Übermittlung der genauen Kundennamen und -adressen erforderlich[863].

Außer im anonymen Massengeschäft[864] müssen die Kundennamen und zusätzlich auch **382** die Anschriften Gegenstand der Berichtspflicht sein.[865] **Unerheblich** ist dabei, **wann** die **vertragliche Verpflichtung begründet** wird, ob schon bei Vertragsabschluss oder erst

---

[852] LG Nürnberg-Fürth ZVertriebsR 2019, 50 = BB 2019, 1555 mAnm Ayad; Thume BB 2016, 578 (582); Emde Rn. 43; Oetker/Busche Rn. 62; Schmidt Handelsrecht § 28 III Rn. 46 ff.; Schmidt FS Martinek, 2020, 711 (717).

[853] BGH ZVertriebsR 2015, 102 Rn. 15; NJW 1996, 2159 (2160).

[854] BGH ZVertriebsR 2015, 102 Rn. 18.

[855] BGH NJW 2017, 475 Rn. 31; 2015, 945 Rn. 18.

[856] BGH NJW 1997, 1503; 1983, 2877 (2879); 1981, 1961 (1962); Schultze/Wauschkuhn/Spenner/Dau/Kübler Vertragshändlervertrag/Wauschkuhn Rn. 788; Wauschkuhn/Teichmann ZVertriebsR 2013, 139 (141 f.).

[857] BGH NJW 1994, 657 (658); Emde ZVertriebsR 2020, 3 (9).

[858] BGH NJW 1981, 1961 (1962); OLG München ZVertriebsR 2020, 72 Rn. 106.

[859] BGH NJW 1994, 657 (658).

[860] BGH NJW 1994, 657 (658).

[861] ZVertriebsR 2015, 122 Rn. 11; NJW 2011, 848 Rn. 17; NJW-RR 2011, 389 Rn. 18; 2010, 1263 Rn. 15; NJW 1994, 657 (658).

[862] BGH NJW 1981, 1961.

[863] BGH NJW 2000, 1413.

[864] BGH NJW 2017, 475 Rn. 44.

[865] BGH NJW 2000, 1413.

während der Vertragslaufzeit.[866] Nicht entscheidend ist ferner, ob die Verpflichtung zur Überlassung der Kundendaten erst bei Vertragsbeendigung oder schon während der Vertragslaufzeit durch laufende Unterrichtung des Unternehmers über die Geschäftsabschlüsse und Kundenbeziehungen zu erfüllen ist.[867]

383   Ob der Unternehmer den Kundenstamm des Vertragshändlers tatsächlich nutzt, spielt keine Rolle. Erforderlich ist nur, dass der Unternehmer die **Möglichkeit zur** gewinnbringenden **Nutzung** des Kundenstammes hat.[868] Soweit die DSGVO überhaupt einschlägig ist, weil personenbezogene Daten vorliegen[869], soll der Vertragshändler nach einer Literaturmeinung datenschutzrechtlich sicherstellen müssen, dass der Unternehmer die Kundendaten verwenden darf.[870] Voraussetzung für die analoge Anwendbarkeit des § 89b kann dies aber nicht sein, weil insoweit nur auf die vertraglichen Verpflichtungen des Vertragshändlers, aber nicht auf deren Erfüllung durch ihn abgestellt wird.[871]

384   Der Ausgleichsanspruch setzt nicht voraus, dass eine (ganz oder im Wesentlichen) lückenlose Übermittlung der Kundendaten vom Vertragshändler an den Unternehmer sichergestellt ist. Ausreichend ist nach Auffassung des BGH,[872] „dass die vertragliche Vereinbarung zwischen Hersteller und Vertragshändler eine **möglichst vollständige Übermittlung** der Kundendaten zum Ziel hat (…)".

385   Sind die vorstehenden Kriterien erfüllt, so kann der Unternehmer das Entstehen des Ausgleichsanspruches nicht allein dadurch verhindern, dass er die Verpflichtung zur Weitergabe der Daten der Kunden im Vertrag ausdrücklich ausschließt. Begründen andere Bestimmungen des Vertragshändlervertrages eine Pflicht zur Mitteilung der Kundendaten, so geht die zur Vermeidung des Ausgleichsanspruches aufgenommene Klausel ins Leere.[873]

Die einmal begründete Kundendatenüberlassungspflicht kann der Unternehmer – wenn nicht der Vertragshändler einer einverständlichen Aufhebung zustimmt – nur mit einer Änderungskündigung wieder beseitigen. Stimmt der Vertragshändler der Änderungskündigung zu und setzt das Vertragshändlerverhältnis auf dieser neuen Vertragsgrundlage fort, so scheidet bei einer nachfolgenden Kündigung des Unternehmers der Ausgleichsanspruch aus.[874] Auch eine konkludente Derogation der Überlassungspflicht ist möglich, wie insbesondere bei einer länger andauernden, vom Unternehmer unwidersprochenen Nichtlieferung der Kundendaten durch den Vertragshändler.[875]

386   Nach den **„Toyota"-Entscheidungen des BGH**[876] ist es möglich, das Entstehen eines Ausgleichsanspruches des Vertragshändlers dadurch zu vermeiden, dass dieser seine Kundendaten einem dritten Unternehmen mitteilen muss, das die Daten nicht an den Unternehmer weitergeben darf.[877] Toyota hatte seine Vertragshändler verpflichtet, die Kundendaten einem Marketing-Unternehmen mitzuteilen und mit diesem einen Marketing-Vertrag abzuschließen. Toyota seinerseits hatte mit dem Marketing-Unternehmen ebenfalls einen Vertrag geschlossen, nach dem das Marketing-Unternehmen im Auftrag von Toyota die Kunden der Vertragshändler durch Aussendung von Werbematerialien zu betreuen hatte. Nach den vertraglichen Regelungen durften Toyota die Kundendaten von dem

---

[866] BGH ZvertriebsR 2015, 122 Rn. 11; NJW-RR 1992, 421 (423).
[867] BGH ZIP 2000, 540 (541) = NJW 2000, 1413 (1414); 1993, 1788 (1789); WM 1993, 1464 (1467).
[868] Vgl. OLG Nürnberg BeckRS 2011, 04747.
[869] Wauschkuhn FS Martinek, 2020, 841 (845 f.).
[870] Beck/Kirschhöfer ZVertriebsR 2019, 3 (6 f.).
[871] Emde ZVertriebsR 2020, 3; Wauschkuhn FS Martinek, 2020, 841 (845); Ströbl/Monschke/Krebs, ZVertriebsR 2022, 211 (217); Emde/Böken, ZVertriebsR 2022, 87.
[872] BGH NJW-RR 1994, 99 (101); vgl. auch BGH ZIP 2000, 540 (541) = NJW 2000, 1413.
[873] BGH BB 1993, 2401; NJW 1985, 3076 (3077).
[874] Giesler/Vogels § 3 Rn. 505 ff. will in diesem Fall prüfen, ob die vorangehende Änderungskündigung nicht gemäß § 242 BGB rechtsmissbräuchlich war. Überzeugend ist dies nicht, weil der Vertragshändler die Fortsetzung des Vertragsverhältnisses nach Erhalt der Kündigung nicht hätte akzeptieren müssen.
[875] OLG Köln NJW-RR 1996, 98 (99); Emde ZVertriebsR 2020, 3 (9).
[876] BGH NJW-RR 1998, 390; ZIP 1996, 1131 = NJW 1996, 2159.
[877] Ist dies nicht ausdrücklich ausgeschlossen, so besteht eine Kundenüberlassungspflicht, vgl. BGH NJW-RR 1998, 1331.

Marketing-Unternehmen nicht übermittelt werden. Der BGH hat bei dieser Vertragsgestaltung zu Recht die analoge Anwendbarkeit des § 89b verneint, weil Toyota nach
Beendigung des Vertragshändlervertrages keinen Zugriff auf die Kundendaten des Vertragshändlers hatte. Der Vertragshändler hat nur gegenüber dem Marketing-Unternehmen einen
Anspruch auf Löschung der von ihm übermittelten Kundendaten.

Dieses Umweges über ein vom Unternehmer unabhängiges Marketingunternehmen **387**
bedarf es nach dem **Grundsatzurteil des BGH vom 5.2.2015**[878] nicht mehr. Wenn der
Unternehmer nach den vertraglichen Vereinbarungen mit dem Vertragshändler verpflichtet ist, die ihm vom Vertragshändler zur Verfügung gestellten **Kundendaten bei Vertragsbeendigung zu sperren, ihre Nutzung einzustellen und auf Verlangen des
Vertragshändlers zu löschen,** scheidet eine analoge Anwendung des § 89b und damit
ein Ausgleichsanspruch zugunsten des Vertragshändlers aus. Zutreffend führt der BGH in
seinem Urteil aus, dass seine bereits bestehende Toyota-Rechtsprechung zur Treuhänder-
konstruktion auch auf den Fall übertragen werden muss, dass der Unternehmer sich
verpflichtet, die ihm selbst überlassenen Kundendaten über den Beendigungszeitpunkt
hinaus nicht weiter zu nutzen und diese zu sperren und zu löschen. Das Ergebnis ist das
Gleiche, weil in beiden Fällen der Unternehmer die **Kundendaten nach** der **Vertragsbeendigung nicht mehr** für sich **nutzbar** machen kann. Unschädlich ist auch, dass der
Vertragshändler den Löschungsanspruch möglicherweise nicht geltend macht und der
Unternehmer unter Verstoß gegen seine vertraglichen Verpflichtungen auf die Kundendaten dann noch faktisch zugreifen könnte. Entscheidend ist nur, dass der Vertragshändler
nicht vertraglich verpflichtet ist, dem Unternehmer die Kundendaten seines Kundenstammes zur Nutzung nach dem Vertragsende zur Verfügung zu stellen. Es kommt auch
nicht darauf an, dass der Unternehmer rein faktisch die Möglichkeit hat, unter Verstoß
gegen seine Sperr- und Löschungspflicht nach Vertragsbeendigung die Kundendaten
weiter zu nutzen. Maßgeblich für die Frage der entsprechenden Anwendung des § 89b
sind nur die vertraglichen Verpflichtungen. Die vorgenannten Grundsätze gelten auch
dann, wenn der Unternehmer dem Vertragshändler in einer von diesem freiwillig und
separat abzuschließenden Vereinbarung zur Überlassung der Kundendaten für Zwecke der
Kundenbetreuung und Marktforschung anbietet, die vollständigen Kundendaten bei endgültiger Beendigung der Vertragshändlerbeziehung gegen Zahlung eines Pauschalpreises
anzukaufen, der Vertragshändler aber nicht verpflichtet wird, dieses Angebot anzunehmen.

Im Urteil nicht diskutiert hat der BGH die Frage, ob möglicherweise ein Verstoß gegen **388**
das Verbot des Ausschlusses des Ausgleichsanspruches im Voraus gemäß Abs. 4 S. 1 vorliegt. Dies ist bei der hier gewählten Vertragskonstruktion nicht der Fall, weil nicht der
Ausgleichsanspruch ausgeschlossen, sondern nur der Eintritt der zweiten Analogievoraussetzung – die Möglichkeit der Nutzung des Kundenstammes nach Vertragsende – vermieden wird.[879]

Wegen der Einzelheiten sowohl zur Eingliederung in die Absatzorganisation und zur **389**
Verpflichtung der Mitteilung der Kundendaten (→ Vor § 84 Rn. 36 ff.).

II. Besonderheiten beim Vertragshändler

**1. Entsprechende Anwendung der Rechtsprechung des BGH zu § 89b auf Ver- 390
tragshändler.** In einem seiner letzten Urteile hat der 8. Zivilsenat des BGH[880] festgestellt,
dass seine **Rechtsprechung zu § 89b auf Vertragshändler übertragbar** ist, wenn denn
die vorgenannten Voraussetzungen für eine analoge Anwendung vorliegen. Nach dem

---

[878] BGH ZVertriebsR 2015, 122 mAnm Wauschkuhn 166; OLG München ZVertriebsR 2014, 35 (36 f.);
kritisch Meyer ZVertriebsR 2014, 354 (359).
[879] Schultze/Wauschkuhn/Spenner/Dau/Kübler Vertragshändlervertrag/Wauschkuhn Rn. 799.
[880] BGH NJW-RR 2011, 614 Rn. 19; vgl. auch EuZW 2009, 667 Rn. 9.

Urteil des für Vertriebssachen nunmehr zuständigen 7. Zivilsenates des BGH vom 25.2.2016[881] soll dies so weit gehen, dass trotz fehlender Anknüpfung an die Handelsvertreter-RL der Ausgleichsanspruch bei einem außerhalb von Deutschland, aber innerhalb der EU oder des EWR tätigen Vertragshändlers nicht wirksam vertraglich ausgeschlossen werden kann; der BGH begründet dies mit der Notwendigkeit der ausgleichsrechtlichen Gleichbehandlung von Vertragshändlern und Handelsvertretern nach deutschem Recht (→ § 92c Rn. 53). In Rn. 35 dieses Urteils erkennt der BGH aber immerhin an, dass die Rom I-VO eine Rechtswahl bei Vertragshändlerverträgen zulässt und der Ausgleichsanspruch deshalb durch Rechtswahl ausgeschlossen werden kann (→ § 92c Rn. 54 ff., → Rom I-VO Art. 9 Rn. 29).[882] Auch im Hinblick auf Vertragshändlerverträge, die die Analogievoraussetzungen erfüllen, soll nach Auffassung des BGH der Grundsatz der richtlinienkonformen Auslegung orientiert an den Zwecken der Handelsvertreter-RL zu beachten sein (→ Rn. 13).[883]

391   Auf der Grundlage dieser Rechtsprechung des BGH kann also mit Ausnahme der dem Vertragshändler entstehenden Verluste und der durchschnittlichen Jahresvergütung analog Abs. 2 auf die Ausführungen unter Abschnitt A. verwiesen werden, die auch für den Vertragshändler gelten.

392   **2. Verluste des Vertragshändlers.** Die **Ermittlung der Verluste** des Vertragshändlers infolge der Vertragsbeendigung folgt **unterschiedlichen Regeln** im Vergleich zu denen des Handelsvertreters. Der Handelsvertreter erhält Provisionen, so dass diese nach der Rechtsprechung des BGH die Basis für die Berechnung des Handelsvertreterausgleichsanspruchs bilden (→ Rn. 127). Demgegenüber liegt die Vergütung des Vertragshändlers in seinem **Händlerrabatt,** also der Spanne zwischen seinen Einkaufs- und Verkaufspreisen. Folglich kann nur der Händlerrabatt die Basis für die Berechnung des Vertragshändlerausgleichsanspruchs sein.[884] Entscheidend für die Verkaufsumsätze im (letzten) Basisjahr ist, ob sie auf eine Vermittlung des Vertragshändlers in diesem Zeitraum zurückgehen; ob die Auslieferung und/oder Rechnungsstellung erst nach Vertragsbeendigung erfolgen, ist unerheblich.[885]

393   Auch von dem Unternehmer gewährte **Zusatzleistungen** und Absatzunterstützungen sind in dem Händlerrabatt zugunsten des Vertragshändlers zu berücksichtigen, wenn der Vertragshändler berechtigter Weise erwarten konnte, auch in Zukunft vergleichbare Leistungen zu erhalten; einen vertraglichen Anspruch muss der Vertragshändler hierauf nicht haben.[886]

394   Bei der Ermittlung der dem Vertragshändler infolge der Vertragsbeendigung entstehenden Verluste darf nicht von dem gesamten Händlerrabatt bzw. **Rohertrag**[887] des Vertragshändlers, also der vollen Spanne zwischen Einkaufs- und Verkaufspreisen, ausgegangen werden. Für die Berechnung der Höhe der Verluste des Vertragshändlers darf **nur der Teil des Rohertrages** zugrunde gelegt werden, der für Leistungen gewährt wird, die üblicherweise auch vom Handelsvertreter erbracht werden. Diejenigen Teile des Rohertrages, die sich aus der vom Handelsvertreter abweichenden Stellung des Vertragshändlers ergeben,

---

[881] BGH ZVertriebsR 2016, 120 Rn. 26 mit abl. Anm. Teichmann ZVertriebsR 2016, 195; aA OLG Stuttgart BeckRS 2016, 05025 Rn. 30 ff. (Vorinstanz); wie der BGH Emde Rn. 64.

[882] So auch OLG Frankfurt a. M. ZVertriebsR 2017, 244 (= BeckRS 2016, 12703) Rn. 68; Kindler NJW 2016, 1855 (1856 f.); Mankowski RIW 2016, 457 (459); Teichmann ZVertriebsR 2016, 195; dies lassen Peschke ZVertriebsR 2016, 144 (149 ff.) und Emde/Valdini ZVertriebsR 2016, 353 (359) unbeachtet, wenn sie der analogen Anwendung des § 89b bei Vertragshändlern einen Eingriffsnormcharakter zusprechen wollen.

[883] BGH NJW-RR 2011, 614 Rn. 19.

[884] BGH NJW-RR 2010, 1263 Rn. 29; 2006, 1328 Rn. 23 ff.

[885] BGH NJW 1997, 1503 (1505); KG ZVertriebsR 2022, 55 (56).

[886] BGH NJW-RR 2011, 614 Rn. 29; 2011, 389 Rn. 31; NJW 2011, 848 Rn. 32; NJW-RR 2010, 1263 Rn. 32.

[887] BGH NJW-RR 2011, 389 Rn. 30; 2010, 1263 Rn. 29.

sind dagegen nicht zu berücksichtigen.[888] Dem BGH zufolge „muss der Eigenhändler insoweit auf das Niveau des Handelsvertreters zurückgeführt werden".[889]

Kommt der Vertragshändlervertrag zum Ende, so ist es oft schwer, diese Rückführung **395** vorzunehmen und die einzelnen Vergütungsbestandteile aus dem zumeist einheitlichen Händlerrabatt – beispielsweise 10 % auf den allgemeinen Listenpreis des Unternehmers – herauszurechnen. Für diese schwierige Berechnung stehen dem Vertragshändler zwei Wege zur Verfügung.[890]

a) Ermittlung anhand der vergleichbaren Vermittlungsprovisionen eines Han- 396 delsvertreters. Der einfachere Weg ist der, dass auf der Grundlage des vom Vertragshändler erzielten Verkaufsumsatzes diejenige **Provision** in Ansatz gebracht wird, **die** der **Unternehmer einem Handelsvertreter gezahlt hätte,** wenn der Vertrieb auf Handelsvertreterbasis erfolgt wäre. Diese vergleichbaren Provisionen sind dann noch um diejenigen Anteile zu kürzen, mit denen die verwaltende Tätigkeit des Handelsvertreters abgegolten wird (→ Rn. 152).[891]

b) Berechnung anhand des Rohertrages des Vertragshändlers. Die andere und **397** aufwändigere Möglichkeit zur Berechnung der Verluste des Vertragshändlers ist die **Rohertragsmethode,** die an den Rohertrag des Vertragshändlers – also der vollen Spanne zwischen Einkaufs- und Verkaufspreis – anknüpft, bei der konkreten Berechnung jedoch die **händlertypischen Vertrags- und Vergütungsbestandteile,** die beim Handelsvertreter keine Rolle spielen, aus dem Rohertrag **ausklammert.**[892]

Für die Berechnung der Höhe der Verluste darf nur der Teil des Rohertrages zugrunde **398** gelegt werden, der für Leistungen gewährt wird, wie sie vom Handelsvertreter üblicherweise erbracht werden.

Entgelte für händlertypische Aufgaben sind selbst dann nicht in die Bemessung des **399** Ausgleichsanspruchs des Vertragshändlers einzubeziehen, wenn sie vom Vertragshändler gegen zusätzliche Vergütungen übernommen werden.[893]

Daher müssen zunächst folgende händlertypischen Vertrags- und Vergütungsbestandteile, **400** die beim Handelsvertreter keine Rolle spielen, aus dem Rohertrag ausgeklammert werden (sog. **„ausgleichspflichtiger Rabattkern"**): die Vergütung für die Tragung des Absatzrisikos, des Lagerrisikos, des Preisschwankungsrisikos und des Kreditrisikos sowie der Gegenwert für die Tragung der Kosten des Absatzes.[894] Das Absatzrisiko beinhaltet auch die oft vorhandene Notwendigkeit für den Vertragshändler, seinen Kunden Preisnachlässe zu gewähren.[895]

Herauszurechnen aus dem Rohertrag sind weiter diejenigen Vergütungsbestandteile, die **401** der Vertragshändler für Werbung, Präsentation, Lagerhaltung, Vorführprodukte sowie für zusätzliche personelle und sächliche Ausstattung ausgeben muss, die (anders als beim Handelsvertreter) zur Durchführung seiner Tätigkeit als Vertragshändler notwendig ist.[896] Denn der Handelsvertreter, der die Produkte des Unternehmers im Namen und für Rechnung des Unternehmers verkauft, trägt all diese Risiken und Kosten nicht.

Da der Vertragshändler (wie der Handelsvertreter (→ Rn. 152) **nur für** seine **werbende 402** Tätigkeit einen Ausgleichsanspruch erhalten soll, sind bei der Berechnung seiner Verluste

---

[888] BGH NJW-RR 2011, 389 Rn. 29 f.; 2010, 1263 Rn. 28.

[889] BGHZ 29, 83 (91).

[890] BGH NJW-RR 2010, 1263 Rn. 29; NJW 1996, 2302 (2303) – Fiat/Lancia.

[891] BGH NJW-RR 2006, 1328 Rn. 24; NJW 1996, 2302 (2303) – Fiat/Lancia; Küstner/v. Manteuffel BB 1988, 1972 (1978); Horn ZIP 1988, 137 (141).

[892] BGH NJW-RR 2011, 389 Rn. 30; 2010, 1263 Rn. 28; NJW 2011, 848 Rn. 29 f.; 1996, 2302 (2303) – Fiat/Lancia; vgl. auch Wauschkuhn/Teichmann ZVertriebsR 2013, 139 (143 ff.).

[893] BGH NJW-RR 2010, 1263 Rn. 46; NJW 1996, 2302 (2303) – Fiat/Lancia.

[894] BGH NJW-RR 2010, 1263 Rn. 28; BGHZ 29, 83 (91); Küstner/v. Manteuffel BB 1988, 1972 (1977 ff.); Schultze/Wauschkuhn/Spenner/Dau/Kübler Vertragshändlervertrag/Wauschkuhn Rn. 867 ff.

[895] BGH NJW 1996, 2298 (2300); GK-HGB/Genzow Rn. 159.

[896] BGH NJW-RR 2010, 1263 Rn. 28 f. u. 44; NJW 1996, 2298 (2300) – Volvo.

aus dem Händlerrabatt zusätzlich noch die Vergütungsbestandteile für „nicht werbende" Tätigkeiten herauszurechnen; dies sind diejenigen Vergütungsbestandteile, die er für **Verwaltungstätigkeiten** erhalten hat.[897]

403   Zu den nicht werbenden und deshalb nicht ausgleichspflichtigen Tätigkeiten sind sämtliche Verwaltungstätigkeiten,[898] und bei einem Kfz-Vertragshändler die Lagerhaltung, die Auslieferung, der Kundendienst[899] und die Verwendung von Ersatzteilen im Werkstattbetrieb eines Kfz-Vertragshändlers[900] zu zählen, soweit er nicht für die Ersatzteile wirbt.[901]

404   Auch den **herauszurechnenden Vergütungsanteil** für verwaltende (vermittlungsfremde) Tätigkeiten kann der Tatrichter **gemäß § 287 Abs. 2 ZPO schätzen.**[902]

405   Der **Händlerrabatt** ist also für die Ausgleichsberechnung analog Abs. 1 nach der Methode des BGH wie folgt **doppelt zu kürzen:**
– zum einen um die einem Handelsvertreter nicht gewährten Vergütungen, wie beispielsweise für die Tragung des Absatzrisikos;
– zum anderen um die für „nicht werbende" Tätigkeit gezahlten Vergütungen, wie etwa für die Verwaltung.

406   **3. Ausgleichshöchstbetrag.** Analog Abs. 2 beträgt der Ausgleich höchstens eine nach dem Durchschnitt der letzten fünf Jahre der Tätigkeit des Vertragshändlers berechnete Jahresvergütung. Hat das Vertragsverhältnis weniger als fünf Jahre gedauert, kommt es für den **Höchstbetrag** analog Abs. 2 Hs. 2 auf die durchschnittliche Vergütung während der Dauer der Tätigkeit an.

407   Bei der Ermittlung des Höchstbetrages ist der **gesamte ausgleichspflichtige Rabattkern,** also der um die händlertypischen Vergütungsbestandteile bereinigte Händlerrabatt der letzten fünf Vertragsjahre in Ansatz zu bringen.[903] Anders als bei der Berechnung des Rohausgleiches analog Abs. 1 sind die den Verwaltungsprovisionen des Handelsvertreters entsprechenden Vergütungsbestandteile ebenso voll einzubeziehen wie der ausgleichspflichtige Rabattkern aus solchen Geschäften, die der Vertragshändler mit bei Vertragsbeginn übernommenen – und nicht intensivierten – Altkunden gemacht hat; gleiches gilt für den ausgleichspflichtigen Rabattkern aus von dem Vertragshändler vor Beendigung des Vertragshändlervertrages abgeschlossenen Geschäften, bei denen seine Kunden erst nach der Beendigung bezahlten (→ Rn. 224).

408   Es ist also der gesamte um die händlertypischen Vergütungsbestandteile bereinigte Händlerrabatt nebst allen sonstigen ihm vom Unternehmer gezahlten Vergütungen zu berücksichtigen.[904]

409   **4. Berechnung des Ausgleichsanspruchs des Vertragshändlers. a) Berechnung des Rohausgleichs analog Abs. 1.** Auch nach der Änderung von Abs. 1 S. 1 können nach der Rechtsprechung des BGH die Vorteile des Unternehmers aus den vom Vertragshändler aufgebauten Kundenstamm im Regelfall mittels der vom Vertragshändler infolge der Vertragsbeendigung entstehenden Verluste berechnet werden, wenn der Vertragshänd-

---

[897] BGH NJW 2011, 848 Rn. 30; NJW-RR 2011, 614 Rn. 33; 2011, 389 Rn. 30; 2010, 1263 Rn. 29 u. 50; 2006, 1328 Rn. 27; NJW 1996, 2302 (2303 f.) – Fiat/Lancia; WM 1987, 1462 (1465); Schultze/Wauschkuhn/Spenner/Dau/Kübler Vertragshändlervertrag/Wauschkuhn Rn. 906.
[898] BGH NJW 1996, 2302 – Fiat/Lancia; BB 1985, 352; Horn ZIP 1988, 137 (144); Baumbach/Hopt/Hopt Rn. 26.
[899] BGH NJW-RR 2010, 1263 Rn. 47; Westphal, Neues Handelsvertreterrecht, 158.
[900] BGH WM 1987, 1462 (1465); vgl. auch Küstner/Thume VertriebsR-HdB III Teil II 9. Kap. Rn. 186.
[901] BGH BB 1991, 1210 (1211) = NJW-RR 1991, 1050 (1052) – Clark-Geräte.
[902] BGH NJW-RR 2011, 614 Rn. 33; 2011, 389 Rn. 40; 2010, 1263 Rn. 50; NJW 1997, 1503 (1505) – Renault II.
[903] BGH NJW-RR 2010, 1263 Rn. 28; BB 1992, 596 = NJW-RR 1992, 421 (423); Küstner/v. Manteuffel BB 1988, 1972 (1975 ff.); Martinek/Semler/Flohr VertriebsR-HdB/Semler § 20 Rn. 76.
[904] BGH BB 1971, 105; Baumbach/Hopt/Hopt Rn. 50.

ler keine höheren oder der Unternehmer keine niedrigeren Unternehmervorteile behauptet (→ Rn. 127).[905]

Die **Berechnung des Rohausgleiches** analog Abs. 1 erfordert eine Prognose über die **410** künftige Entwicklung der Verhältnisse im Zeitpunkt der Beendigung des Vertragshändlervertrages,[906] bei der die Vorschrift des § 287 Abs. 2 ZPO angewendet werden kann.[907]

Für die **Verlustprognose** darf jedoch nur der Teil des Händlerrabattes zugrunde gelegt **411** werden, der für Leistungen erbracht wurde, die üblicherweise auch von einem Handelsvertreter erbracht worden wären. Der dem Vertragshändler im letzten Vertragsjahr zugeflossene Händlerrabatt oder Rohertrag ist daher **um die händlertypischen Vergütungsbestandteile zu kürzen** (→ Rn. 397).

Da der Vertragshändler wie der Handelsvertreter nur für seine werbende (vermittelnde) **412** Tätigkeit einen Ausgleichsanspruch erhalten soll, sind **aus dem bereinigten Händlerrabatt** zusätzlich **noch** die den **Verwaltungsprovisionen** des Handelsvertreters entsprechenden – aber vertretertypischen – Vergütungsbestandteile **auszuklammern** (→ Rn. 402).

Der so doppelt gekürzte Rohertrag stellt den **Basisbetrag**[908] für die Ermittlung der **413** Verluste des Vertragshändlers dar.

Ausgangspunkt der Verlustprognose ist regelmäßig der dem Vertragshändler in den **414** **letzten zwölf Monaten vor Vertragsende** – bei kürzerer Vertragsdauer dieser Zeitraum – für seine werbende Tätigkeit zugeflossene Basisbetrag aus Geschäften mit neuen Kunden und wesentlich intensivierten Altkunden (im Hinblick auf den Mehrumsatz), soweit diese Kunden Mehrfachkunden sind (→ Rn. 91).[909]

Die Dauer des für die Verlustberechnung zugrunde zulegenden **Prognosezeitraumes** **415** hängt davon ab, in welchem Umfang mit den im letzten Vertragsjahr vorhandenen Stammkunden des Vertragshändlers vor der Vertragsbeendigung Geschäfte regelmäßig zustande kamen und zum anderen davon, für welchen einschätzbaren Zeitraum nach der Vertragsbeendigung von den vom Vertragshändler neu geworbenen oder intensivierten Mehrfachkunden noch Folgeumsätze erwartet werden können (→ Rn. 215).[910]

Da nicht alle Mehrfachkunden Folgeaufträge erteilen werden, ist eine **Abwanderungs-** **416** **quote** in Ansatz zu bringen, die wieder auf der Grundlage der Kundenbewegungen in der Vergangenheit zu bestimmen ist. Die Abwanderungsquote spielt auch bei der Bestimmung des Prognosezeitraums eine wichtige Rolle (→ Rn. 211).

Anhand dieser Grundlagen kann der Verlust des Vertragshändlers berechnet werden. Für **417** das erste Jahr nach der Vertragsbeendigung ist der im letzten Jahr verdiente Basisbetrag aus Geschäften mit vom Vertragshändler neu geworbenen oder intensivierten Stammkunden abzüglich der Abwanderungsquote für die Verlustberechnung in Ansatz zu bringen. Für das zweite Jahr ist von dem Basisbetrag des letzten Vertragsjahres die doppelte Abwanderungsquote abzuziehen. Für das dritte Jahr die dreifache Abwanderungsquote usw (→ Rn. 213).

Rechnet man dann die Verluste des Vertragshändlers der einzelnen Jahre zusammen, **418** erhält man den Gesamtverlust.

Dieser Betrag ist noch nach versicherungsmathematischen Grundsätzen auf den sog. **419** Gegenstandswert **abzuzinsen,** da der Vertragshändler eine Einmalzahlung erhält, die sich bei einer Fortsetzung des Vertragsverhältnisses auf einen längeren Zeitraum verteilt hätte (→ Rn. 219).

Schließlich sind noch **Anpassungen aus Billigkeitsgründen** vorzunehmen **420** (→ Rn. 131 ff.).

---

[905] BGH NJW-RR 2011, 389 Rn. 20; NJW 2011, 848 Rn. 19; NJW-RR 2010, 1263 Rn. 17.
[906] BGH ZIP 1997, 1839 = NJW 1998, 71.
[907] BGH NJW-RR 2011, 389 Rn. 20; NJW 2011, 848 Rn. 19; ZIP 2000, 540 (543) = NJW 2000, 1413 (1414 f.); ZIP 1997, 1839 = NJW 1998, 71.
[908] BGH NJW 1996, 2298 (2301) – Volvo.
[909] BGH NJW-RR 2010, 1263 Rn. 16.
[910] BGH NJW-RR 2010, 1263 Rn. 17.

421   **b) Vergleich mit dem Höchstbetrag analog Abs. 2.** Hat man sodann den Rohausgleichsbetrag ermittelt, so ist dieser noch mit dem **Ausgleichshöchstbetrag** analog Abs. 2 – den durchschnittlichen Jahreseinnahmen aus dem ausgleichspflichtigen Rabattkern während der letzten fünf Jahre bzw. der kürzeren Vertragslaufzeit – zu vergleichen. Anders als bei der Ermittlung des Rohausgleichsbetrages analog Abs. 1, bei dessen Berechnung nur der vom Vertragshändler verdiente ausgleichspflichtige Rabattkern aus Geschäften mit den von ihm neu geworbenen oder intensivierten Mehrfachkunden zu berücksichtigen ist, sind bei der Ermittlung des Höchstbetrages analog Abs. 2 die **gesamten Einnahmen** des Vertragshändlers **im Hinblick auf** den **ausgleichspflichtigen Rabattkern** zu berücksichtigen, also insbesondere auch die Händlermarge aus Geschäften mit vom Unternehmer übernommenen Altkunden. Auch die Vergütungsbestandteile für nicht werbende – verwaltende – Tätigkeiten sind voll einzubeziehen. Nicht zu berücksichtigen ist aber auch im Rahmen der Höchstbetragsberechnung analog Abs. 2 der Anteil des Händlerrabattes, der auf **händlertypische Vergütungsbestandteile** entfällt.[911]

422   **c) Rechenbeispiel.** Bevor nachfolgend die **Berechnung** des Ausgleichsanspruchs nach der Rechtsprechung des BGH (→ Rn. 127, 227) anhand eines Beispiels verdeutlicht werden soll, ist darauf hinzuweisen, dass insbesondere im Hinblick auf Kfz-Händler auch andere Berechnungsmethoden anerkannt sind[912], insbesondere die sog. „Münchner" Formel.[913]

423   Der Unternehmer, Hersteller eines sehr bekannten Markenproduktes, hat den Vertragshändlervertrag nach sechsjähriger Vertragsdauer zum 31.12.2022 gekündigt. Der auf die Listenpreise des Unternehmers bezogene Händlerrabatt oder **Rohertrag** des Vertragshändlers beträgt insgesamt 14 Prozent, wobei sich dieser Rohertrag wie folgt zusammensetzt:

– 10 % auf die Listenpreise für **handelsvertretertypische (werbende) Tätigkeit** des Vertragshändlers (sowohl bei der Berechnung des Rohausgleichs analog Abs. 1 als auch bei der Berechnung des Höchstbetrages analog Abs. 2 zu berücksichtigen);

– 2 % auf die Listenpreise für **händlertypische Vergütungsbestandteile** (wie beispielsweise für die Tragung des Kreditrisikos, das der Handelsvertreter nicht trägt; bei der Berechnung des Ausgleichsanspruches nicht zu berücksichtigen);

– 2 % auf die Listenpreise für **„nicht werbende" Tätigkeit** des Vertragshändlers (nur bei der Berechnung des Höchstbetrages analog Abs. 2 zu berücksichtigen).

424   Der Vertragshändler hat in den letzten fünf Jahren der Vertragsdauer durch den Händlerrabatt die folgenden **Roherträge** erzielt:

	Insgesamt	Aus Geschäften mit von ihm geworbenen Neukunden und intensivierten Altkunden (im Hinblick auf den Mehrumsatz), soweit sie Mehrfachkunden sind (nur die Umsätze mit Mehrfachkunden sind ausgleichspflichtig)	Aus Geschäften mit Nicht-Mehrfachkunden und Altkunden im Rahmen des vorgefundenen Umsatzvolumens und im Hinblick auf Verwaltungsaktivitäten
2018	1.000.000 EUR	700.000 EUR	300.000 EUR
2019	880.000 EUR	550.000 EUR	330.000 EUR
2020	760.000 EUR	440.000 EUR	320.000 EUR
2021	696.000 EUR	350.000 EUR	346.000 EUR
2022	600.000 EUR	280.000 EUR	320.000 EUR

[911] BGH NJW-RR 1992, 421 (423); OLG Frankfurt a. M. 6.6.2017 – 11 U 136/14 (Kart.), BeckRS 2016, 12703.
[912] BGH NJW 1996, 2298 (2301) – Volvo; Emde MDR 2010, 537 (541 ff.); Staub/Emde Rn. 557 ff.
[913] Kainz/Lieber/Puszkajler BB 1999, 434.

Der **Rohausgleich** analog Abs. 1 ist wie folgt zu berechnen: **425**

Verlust des Vertragshändlers bei einem **Prognosezeitraum** (= Zeitraum, in dem nach **426** Vertragsbeendigung noch mit Folgeumsätzen der vom Vertragshändler geworbenen Mehrfachkunden gerechnet werden kann) von vier Jahren, einer **Abwanderungsquote** von 20 Prozent (es werden nicht alle Mehrfachkunden Folgeaufträge erteilen) und einer **Abzinsung** von 1,5 Prozent (hat zu erfolgen, da der Vertragshändler eine Einmalzahlung erhält, die sich bei einer Fortsetzung des Vertrages auf einen längeren Zeitraum verteilt hätte):

Basisbetrag: **427**

200.000 EUR = **Rohertrag** im letzten Vertragsjahr 2021 in Höhe von insgesamt **428** 280.000 EUR gekürzt um 40.000 EUR für ausschließlich händlertypische Vergütungsbestandteile und 40.000 EUR für nicht werbende Tätigkeit (Ausgangspunkt für die Berechnung ist analog Abs. 1 der vom Vertragshändler in den letzten zwölf Monaten erzielte Rohertrag – abzüglich der händlertypischen und für nicht werbende Tätigkeit gezahlten Vergütungsbestandteile – aus Geschäften mit Neukunden und wesentlich intensivierten Altkunden – im Hinblick auf den Mehrumsatz –, soweit diese Kunden Mehrfachkunden sind).

Gesamtverlust des Vertragshändlers: **429**

Jahr nach Vertragsbeendigung	Verlust in % (bezogen auf Basisbetrag)	Verlust in EUR
1 (= 2023)	80 %	160.000 EUR
2 (= 2024)	60 %	120.000 EUR
3 (= 2025)	40 %	80.000 EUR
4 (= 2026)	20 %	40.000 EUR
		400.000 EUR

Abzinsung des Gesamtverlustes von 400.000 EUR nach der **Hoffmann'schen Methode:**   **430**

$$B = \frac{100 \times S}{100 + (P \times a)}$$

B = abgezinster Betrag

S = Summe vor Abzinsung

P = Prozentsatz

a = Anzahl der Jahre

$$\frac{100 \times 400.000}{100 + (1,5 \times 4)} = 377.358,49 \text{ EUR}$$

Anpassung aus Billigkeitsgesichtspunkten: **431**

Wegen der von der sehr bekannten Marke des Unternehmers ausgehenden Sogwirkung **432** ist im Rahmen der Billigkeit analog Abs. 1 Nr. 2 noch ein Abzug in Höhe von 25 Prozent vorzunehmen (dann beruht der Geschäftserfolg des Vertragshändlers entscheidend auch auf der vom Unternehmer durch seine Werbe- und Marketingaktivitäten aufgebauten bekannten Marke der Vertragsprodukte):

377.358,49 EUR abzüglich 25 % = 283.018,87 EUR   **433**

Der **Rohausgleich** beträgt somit 283.018,87 EUR.   **434**

435   Der **Höchstbetrag** analog Abs. 2 ist wie folgt zu berechnen:

	Gesamtbetrag (= 14 % Händlerrabatt auf die Listenpreise)	Zu berücksichtigender Händlerrabatt von 12 % (2 % Rabatt auf die Listenpreise entfallen auf händlertypische Vergütungsbestandteile und sind deshalb nicht zu berücksichtigen)
2018	1.000.000 EUR	857.142,85 EUR
2019	880.000 EUR	754.285,70 EUR
2020	760.000 EUR	651.428,56 EUR
2021	696.000 EUR	596.571,42 EUR
2022	600.000 EUR	514.285,70 EUR
Summe		**3.373.714,23 EUR**

436   3.373.714,23 EUR geteilt durch 5 = 674.742,85 EUR (Höchstbetrag)

437   Der Vertragshändler erhält demnach in dem Beispielsfall eine Ausgleichszahlung analog § 89b in Höhe von 283.018,87 EUR zuzüglich Umsatzsteuer in gesetzlicher Höhe. Der Rohausgleich analog Abs. 1 übersteigt nicht den Höchstbetrag analog Abs. 2, so dass keine Begrenzung des Ausgleichsanspruches vorzunehmen ist.

5. Darlegungs- und Beweislast beim Ausgleichsanspruch des Vertragshändlers.

438   Der **Vertragshändler** hat auf Grund der allgemeinen **Darlegungs- und Beweislastregel** die **Darlegungs- und Beweislast für** das Vorliegen der **Voraussetzungen für die analoge Anwendung** des § 89b, also für seine Integration in die Vertriebsorganisation des Unternehmers vergleichbar eines Handelsvertreters und seine Verpflichtung zur Übertragung des Kundenstammes.[914]

439   Hat der Unternehmer dem Vertragshändler in einem Kraftfahrzeug-Händler-Standardvertrag die Höhe des neben verschiedenen Zusatzrabatten gewährten „Grundrabattes" vorgegeben, so ist er darlegungs- und beweispflichtig dafür, ob und in welchem Umfang der Grundrabatt **händlertypische** und beim Ausgleichsanspruch nicht zu berücksichtigende **Vergütungsbestandteile** enthält.[915] Dies begründet der BGH mit der größeren „Sachnähe" des Unternehmers beim Kraftfahrzeugvertrieb.[916] Nach der zutreffenden Auffassung des OLG Frankfurt a. M.[917] gilt dies außerhalb des Kraftfahrzeughandels nicht, weil in anderen Branchen keine größere Sachnähe des Unternehmers besteht; in anderen Branchen muss der Vertragshändler den Anteil der abzuziehenden Vergütungsbestandteile vortragen und beweisen.

440   Mit dem Argument der größeren Sachnähe begründet der BGH beim Kraftfahrzeughandel auch, dass der Unternehmer die Darlegungs- und Beweislast habe, wenn er einen höheren als vom Vertragshändler angegebenen Anteil für **Verwaltungsausgaben** aus dem Rohertrag herausrechnen will (→ Rn. 336).[918]

441   Der Unternehmer muss eine plausible Gewichtung der verwaltenden Tätigkeiten im Verhältnis zu dem Umfang und der Bedeutung der werbenden Bemühungen darlegen.[919]

---

[914] BGH NJW 1996, 2298 (2300) – Volvo.

[915] BGH NJW 1996, 2298 – Volvo.

[916] BGH NJW 1997, 1503 (1506) – Renault; 1996, 2298 (2300) – Volvo; vgl. auch Giesler/Vogels § 3 Rn. 544.

[917] OLG Frankfurt a. M. 13.10.2016 – 11 U 136/14 (Kart.), BeckRS 2016, 12703.

[918] BGH NJW 1996, 2298 (2300) – Volvo; vgl. auch Giesler/Vogels § 3 Rn. 544.

[919] BGH NJW 1998, 66 (70) – BP I; Emde Rn. 392.

C. Franchisenehmer

I. Analoge Anwendbarkeit

Auch für den Franchisevertrag bestehen **keine besonderen gesetzlichen Regelungen.** **442** Wie dem Vertragshändler steht auch dem Franchisenehmer nur dann in **analoger Anwendung des § 89b** ein Ausgleichsanspruch gegen den Unternehmer zu, wenn

– das Rechtsverhältnis zwischen ihm und dem Unternehmer so ausgestaltet ist, dass es sich nicht in einer bloßen Verkäufer-Käufer-Beziehung erschöpft, sondern der **Franchisenehmer** so in die **Absatzorganisation des Unternehmers eingliedert,** dass er wirtschaftlich in erheblichem Umfang mit einem **Handelsvertreter vergleichbare Aufgaben** zu erfüllen hat,

und

– der Franchisenehmer **vertraglich verpflichtet** ist, dem **Unternehmer** seine **Kundendaten zu übermitteln,** so dass der Unternehmer sich die Vorteile des Kundenstamms bei Vertragsbeendigung sofort und ohne weiteres zu Nutze machen kann.[920]

Nach dem **Joop!-Urteil des BGH**[921] dürfte beim **Vertriebsfranchising** eine Eingliede- **443** derung des Franchisenehmers in die Absatzorganisation des Unternehmers nur dann zu bejahen sein, wenn der Franchisenehmer entweder die vom Franchisegeber selbst oder von Drittlieferanten nach Vorgaben des Franchisegebers hergestellte Produkte vertreibt; nicht ausreichend ist dagegen, wenn dem Franchisenehmer nur die Benutzung von Marken, Geschäftskonzepten oder sonstigem Know-how gestattet wird, er aber nicht die Produkte des Franchisegebers vertreibt.[922]

In seinem Urteil vom 5.2.2015[923] hat der BGH ausdrücklich festgestellt, dass bei Franchi- **444** severträgen, die ein anonymes Massengeschäft betreffen, die bloße faktische Kontinuität des Kundenstammes das Entstehen eines Ausgleichsanspruches nicht rechtfertigt.

Beim **Produktionsfranchising** besteht kein Ausgleichsanspruch.[924] Gleiches gilt für das **445** **Dienstleistungsfranchising,** wenn nicht die Produkte eines Dienstleistungs-Franchise-Systems die Produkte sind, die vom Franchisenehmer angeboten werden wie beispielsweise Maklerdienstleistungen.[925]

Wegen der Einzelheiten der analogen Anwendbarkeit des § 89b auf Franchisenehmer **446** (→ Vor § 84 Rn. 36 ff.).

II. Besonderheiten beim Franchisenehmer

1. Entsprechende Anwendung der Rechtsprechung des BGH zu § 89b auf Fran- **447** **chisenehmer.** Auch wenn der 8. Zivilsenat des BGH in einem seiner letzten Urteile[926] ausdrücklich nur festgestellt hat, dass seine Rechtsprechung zu § 89b auf Vertragshändler übertragbar ist, gibt es keinen Grund, dass dies nicht auch auf Franchisenehmer zutrifft. Voraussetzung ist insoweit natürlich, dass die unter → Rn. 442 vorgenannten Analogievoraussetzungen vorliegen.

---

[920] OLG Celle BB 2007, 1862 (1864 f.); Giesler/Giesler/Güntzel § 4 Rn. 699, 726 ff.; Metzlaff Franchising-HdB/Rauser § 16 Rn. 200 ff.; Metzlaff DFV-Jahrbuch Franchising 2012, 165 ff.; Kroll ZVertriebsR 2014, 290, LG Saarbrücken ZVertriebsR 2016, 10 (13).

[921] BGH GRUR 2010, 1107 – Joop!.

[922] BGH GRUR 2010, 1107 Rn. 32 – Joop!; Metzlaff DFV-Jahrbuch Franchising 2012, 165 (168); Metzlaff ZVertriebsR 2012, 55; Flohr ZAP 2011, 785 (787 f.); Flohr ZAP 2012, 799 (817).

[923] BGH ZVertriebsR 2015, 102 Rn. 17 mAnm Rafsendjani = BB 2015, 587 mAnm Zipse; OLG Hamm ZVertriebsR 2016, 229 Rn. 28; Latzel ZVertriebsR 2015, 90; kritisch Niklas ZVertriebsR 2016, 362.

[924] Metzlaff DFV Jahrbuch Franchising 2012, 165 (167 f.).

[925] Flohr ZAP 2011, 785 (788).

[926] BGH NJW-RR 2011, 614 Rn. 19; vgl. auch Giesler/Giesler/Güntzel § 4 Rn. 699, 721 ff.; Metzlaff Franchising-HdB/Rauser § 16 Rn. 226 ff.; Metzlaff DFV-Jahrbuch Franchising 2012, 165 (172 ff.).

448 **2. Verluste des Franchisenehmers, Ausgleichshöchstbetrag und Berechnung des Ausgleichsanspruches.** Im Hinblick auf die **Ermittlung der Verluste des Franchisenehmers** und des **Ausgleichshöchstbetrages** und die **Berechnung** des Ausgleichsanspruches nach der Rechtsprechung des BGH kann im Wesentlichen auf die Ausführung zum Vertragshändler verwiesen werden (→ Rn. 392 ff.).

449 Die **franchisespezifischen Vergütungsbestandteile** sind wiederum vom **Rohertrag** des Franchisenehmers abzuziehen.[927] Gleiches gilt für alle Vergütungsbestandteile für **verwaltende Tätigkeiten.**[928]

450 Die **Sogwirkung des Franchisesystems** rechtfertigt grundsätzlich einen Abzug im Rahmen der Billigkeitsprüfung analog Abs. 1 S. 1 Nr. 2 zumindest dann, wenn das System durch Werbung bereits bekannt ist. Die Gegenmeinung[929] argumentiert zwar, dass der Franchisenehmer mit seinen Franchisegebühren und etwaigen Werbekostenzuschüssen sowie seiner Tätigkeit selbst dazu beiträgt, den Bekanntheitsgrad des Franchisesystems weiter zu steigern. Entscheidend ist insoweit aber nur, dass die Bekanntheit des Franchisesystems dem betreffenden Franchisenehmer selbst hilft, die Produkte erfolgreich zu vermarkten; abgesehen davon stellt der Unternehmer bei Franchisesystemen dem Franchisenehmer auch die gesamte Unternehmenskonzeption wie beispielsweise die Vorgaben für die Betriebsabläufe zur Verfügung.[930]

D. Kommissionsagent

I. Analoge Anwendbarkeit

451 Nach der einhelligen Auffassung in der deutschen Rechtsprechung und Literatur ist § 89b **auf** den **Kommissionsagenten analog anwendbar.**[931] Der Kommissionsagent handelt zwar nach außen im eigenen Namen, aber im Innenverhältnis für Rechnung des Unternehmers und ist wie ein Handelsvertreter ständig mit der Interessenwahrnehmung des Unternehmers betraut und in dessen Absatzorganisation eingebunden. Aus der gesetzlichen Regelung des **§ 384 Abs. 2** folgt, dass der Kommissionsagent dem Kommittenten, also seinem Unternehmer, die Namen seiner Kunden mitzuteilen hat, so dass es auf eine vertragliche Pflicht zur Überlassung der Kundendaten nicht ankommen soll.[932] Nach der Auffassung des für Kommissionsangelegenheiten zuständigen 1. Zivilsenates des BGH[933] soll es bei einem als Kommissionsagent tätigen Betreiber eines Sonderpostenmarktes nicht erforderlich sein, dass er dem Unternehmer mittels des von diesem vorinstallierten Kassensystems die kompletten Kundendaten übermittelt. Das OLG Frankfurt a. M.[934] hat bei einem Mono-Shop für Schuhe einen Ausgleichsanspruch des Kommissionsagenten bei fehlendem Zugriff des Unternehmers auf die Räumlichkeiten abgelehnt.

452 Der EuGH hat mit Beschluss vom 10.2.2004[935] entschieden, dass Kommissionsagenten nicht in den Anwendungsbereich der Handelsvertreter-RL fallen. In ihrer Anhörung vertraten die deutsche Regierung und die EU-Kommission die Meinung, „der klare und eindeutige Wortlaut der Richtlinie ... stehe ihrer – sei es auch analogen – Anwendung" auf

---

[927] Metzlaff DFV-Jahrbuch Franchising 2012, 165 (176).
[928] Metzlaff DFV-Jahrbuch Franchising 2012, 165 (176).
[929] Bodewig BB 1997, 637 (643); Köhler NJW 1990, 1689 (1694).
[930] Metzlaff DFV-Jahrbuch Franchising 2012, 165 (177 f.).
[931] BGH NJW 2017, 475 Rn. 32 ff.; BB 1964, 823; OLG München ZVertriebsR 2018, 27 Rn. 47 ff.; OLG Oldenburg ZVertriebsR 2016, 182; LG Saarbrücken ZVertriebsR 2016, 10 (13); Canaris HandelsR § 16 Rn. 13 f.; Küstner/Thume VertriebsR-HdB III Kap. III Rn. 20 f.; MüKoHGB/Ströbl Rn. 29; Baumbach/Hopt/Hopt Rn. 4; Schmidt HandelsR, 770.
[932] BGH BB 1964, 823; BeckOK HGB/Lehmann Rn. 210.
[933] NJW 2017, 475 Rn. 37 ff.; insoweit kritisch Wauschkuhn NJW 2017, 481 f.
[934] OLG Frankfurt a. M. ZVertriebsR 2020, 381 Rn. 26 f.
[935] BeckRS 2004, 77842.

Kommissionsagenten entgegen; dies gelte auch auf nationaler Ebene, weil die Schutzbedürfnisse von Handelsvertretern und Kommissionsagenten gegenüber den Unternehmern unterschiedlich seien.[936] Dieser Auffassung hat sich der EuGH in seinen Entscheidungsgründen grundsätzlich angeschlossen, allerdings ohne Aussage dazu ob eine analoge Anwendbarkeit der nationalen Vorschrift für den Ausgleichsanspruch (in Deutschland: § 89b) in Betracht kommt.[937]

II. Besonderheiten beim Kommissionagenten

Der Kommissionagent erhält anders als der Vertragshändler und der Franchisenehmer für **453** seine Tätigkeit als Vergütung eine Provision. Auch im Hinblick auf die Berechnung des Ausgleichsanspruches ergeben sich deshalb keine Unterschiede zum Handelsvertreter. Der Kommissionagent **unterhält** jedoch, anders als der Handelsvertreter, regelmäßig ein **Warenlager** mit den Produkten des Unternehmers. Im Rahmen der Berechnung des Ausgleichsanspruches haben die für die Lagerhaltung gezahlten Provisionsbestandteile außer Betracht zu bleiben.[938] Mit der Berechnung des Ausgleichsanspruches des Kommissionagenten im Einzelnen hat sich der BGH[939] in seinem Urteil vom 21.7.2016 und das OLG Oldenburg in seinem Urteil vom 27.10.2015[940] auseinandergesetzt.

§ 90 Geschäfts- und Betriebsgeheimnisse

Der Handelsvertreter darf Geschäfts- und Betriebsgeheimnisse, die ihm anvertraut oder als solche durch seine Tätigkeit für den Unternehmer bekanntgeworden sind, auch nach Beendigung des Vertragsverhältnisses nicht verwerten oder anderen mitteilen, soweit dies nach den gesamten Umständen der Berufsauffassung eines ordentlichen Kaufmanns widersprechen würde.

Literatur: Blankenburg, Wettbewerbsrechtliche Zulässigkeit der Kundenabwerbung bei Beendigung eines Versicherungsvertreterverhältnisses, VersR 2010, 581; Dittmer, Zum Geheimnisverrat durch den Handelsvertreter, EWiR 2003, 731; Evers/Eikelmann, Sind die Daten der Agenturkunden die Kundendaten der Agentur?, VW 2009, 785; Gaugenrieder/Unger-Hellmich, Know-how-Schutz – gehen mit dem Mitarbeiter auch die Unternehmensgeheimnisse?, WRP 2011, 1364; Kiethe, Der strafrechtliche Schutz von Geschäfts- und Betriebsgeheimnissen, NStZ 2006, 185; Korte, Zur Nutzung von Kundendaten durch den Handelsvertreter nach Vertragsende, EWiR 2009, 677; Kurz, Geheimhaltungspflichten nach dem Ausscheiden von Mitarbeitern, WiB 1995, 414; McGuire/Joachim/Künzel/Weber, Der Schutz von Geschäftsgeheimnissen durch Rechte des Geistigen Eigentums und durch das Recht des unlauteren Wettbewerbs, GRUR 2010, 829; Reimann, Einige Überlegungen zur Offenkundigkeit im Rahmen von §§ 17 ff. UWG und von § 3 PatG, GRUR 1998, 298; Wemmer, Nutzung fremder Kundendaten stellt nicht zwingend eine Verwertung von Geschäftsgeheimnissen dar, K&R 2002, 103.

Übersicht

---

[936] BeckRS 2004, 77842 Rn. 13.
[937] BeckRS 2004, 77842 Rn. 15 ff.
[938] Küstner/Thume VertriebsR-HdB III Kap. III Rn. 21.
[939] BGH NJW 2017, 475 Rn. 46 ff.; vgl. auch Emde BB 2018, 1923 (1927).
[940] OLG Oldenburg ZVertriebsR 2016, 182 (185 ff.).

A. Handelsvertreter

I. Entstehungsgeschichte

1   Die Regelung wurde erst mit der HGB-Novelle 1953 in das Gesetz aufgenommen. Sie stellt klar, dass der Handelsvertreter auch nach Beendigung des Vertretungsvertrages zur Geheimhaltung verpflichtet ist (gesetzlich geregelte Nachwirkung des Handelsvertretervertrages).[1] Bis dahin war der Handelsvertreter lediglich auf Grundlage des § 86 (vor allem Interessenwahrungspflicht) und seiner Treuepflicht (→ § 86 Rn. 24 ff., 29) zur – auch nachvertraglichen – Verschwiegenheit verpflichtet.[2] Der Wortlaut des § 90 ist im Zuge des Inkrafttretens des Geschäftsgeheimnisgesetzes zum 26.4.2019 nicht angepasst worden. Bis auf Weiteres kann daher davon ausgegangen werden, dass beide Gesetze nebeneinander bestehen bleiben.[3]

II. Anwendungsbereich

2   Die Vorschrift setzt ein ehemals bestehendes Handelsvertretervertragsverhältnis voraus, sie gilt also unmittelbar ab dessen Beendigung. Während des bestehenden Handelsvertretervertrags ergeben sich die Geheimhaltungspflichten des Handelsvertreters bereits aus der Treue- und -Interessenwahrnehmungspflicht nach § 86 Abs. 1 Hs. 2.[4] Die Beendigung einer vorvertraglichen Bindung oder eines faktisch durchgeführten Vertretungsvertrages genügt.[5] Normadressat ist mithin der (ggf. potentielle) Handelsvertreter. Auf Vertragshändler, Franchisenehmer und Kommissionsagenten als handelsvertreterähnliche Vertriebsmittler ist die Vorschrift entsprechend anwendbar (→ Rn. 19 ff.). Für Verstöße seines Untervertreters ist der Handelsvertreter dem Unternehmer verantwortlich.[6] Die Geheimhaltungsverpflichtung gilt zeitlich unbegrenzt bis zum Entfallen des Geheimhaltungsbedürfnisses (zB durch Preisgabe des Geheimnisses durch den Unternehmer (→ Rn. 12)).[7]

III. Ergänzende und parallele Vorschriften

3   Mit der Verwendung des Wortes „auch" erstreckt die Vorschrift die Geheimhaltungsverpflichtung zusätzlich indirekt auf die Zeit des Bestehens des Handelsvertretervertrages. Diese vertragsbegleitende Verpflichtung ist allerdings bereits Bestandteil der **vertretungsvertraglichen Verschwiegenheitspflicht** des Handelsvertreters (→ § 86 Rn. 25), die aus seiner Interessenwahrungs- und Treuepflicht resultiert (→ Rn. 1).[8] Diese ist zudem weit stärker und umfassender als die in § 90 geregelte Geheimhaltungsverpflichtung, unter anderem, weil der Handelsvertreter während des Bestehens des Vertretungsvertrages nicht

---

[1] BT-Drs. 1/3856, 37; MüKoHGB/Ströbl Rn. 1.
[2] Emde Rn. 1.
[3] MüKoHGB/Ströbl Rn. 11.
[4] MüKoHGB/Ströbl Rn. 3.
[5] MüKoHGB/Ströbl Rn. 4.
[6] Ebenroth/Boujong/Joost/Strohn/Löwisch § 86 Rn. 5.
[7] Ebenroth/Boujong/Joost/Strohn/Löwisch Rn. 7.
[8] Küstner/Thume VertriebsR-HdB I Kap. III Rn. 116.

nur die Geschäfts- und Betriebsgeheimnisse (→ Rn. 5) des Unternehmers zu wahren hat. Darüber hinaus darf er keinerlei Informationen – welcher Art auch immer – preisgeben, die der Unternehmer – für den Handelsvertreter erkennbar – geheim halten will (auch persönliche).[9] Das dürfte idR stets der Fall sein, wenn ein Bekanntwerden für den Unternehmer nachteilig wäre.[10]Emde spricht daher völlig zu Recht von einer **Loyalitätspflicht** des Handelsvertreters während des Bestehens des Vertretungsvertrages.[11]

Die Norm steht in einem Spannungsverhältnis zu **§ 90a,** nach dem der Handelsvertreter **4** grundsätzlich zu nachvertraglichem Wettbewerb berechtigt ist, diesen aber ohne die Kenntnisse aus der vorangegangenen Tätigkeit kaum erfolgreich betreiben kann (→ Rn. 9, 14).[12] Außerhalb des Anwendungsbereichs des § 90 können sich weitergehende Geheimhaltungspflichten etwa aus dem GeschGehG ergeben.

IV. Norminhalt

1. Geschäfts- und Betriebsgeheimnisse. Geschäfts- und Betriebsgeheimnisse definiert **5** der BGH in ständiger Rechtsprechung[13] als „jede im Zusammenhang mit einem Betrieb stehende Tatsache, die nicht offenkundig, sondern nur einem eng begrenzten Personenkreis bekannt ist und nach dem bekundeten, auf wirtschaftlichen Interessen beruhenden Willen des Betriebsinhabers geheim gehalten werden soll".[14] Diesen Willen muss der Unternehmer nicht ausdrücklich bekunden (kein Formzwang), er muss lediglich für den Handelsvertreter erkennbar sein, kann sich also auch aus den Gesamtumständen ergeben (zu vermutende Geheimnisse),[15] was im Zweifel für alle Kenntnisse gilt, die der Handelsvertreter im Zusammenhang mit der Tätigkeit für den Unternehmer erlangt.[16] Ohne Belang ist, durch wen oder wie der Handelsvertreter die Kenntnis erlangte, dh, dass auch Tatsachen geheim zu halten sind, die ihm durch Rechtsmissbrauch oder widerrechtlich während des Bestehens des Vertretungsvertrages bekannt wurden.[17]

Geschäfts- und Betriebsgeheimnisse können zB Tatsachen über Kundenstamm, Ge- **6** schäftsstrategie, Lieferanten, Bezugsquellen, Herstellung, Herstellungsverfahren, technische Daten, Kalkulationsunterlagen, Handelsspannen, Zahlungsbedingungen, Arbeitsmuster, Musterkollektionen, Computerprogramme, betriebsinterne Unternehmensanalysen, Reiseberichte, allgemeine Akquisedaten (Personenstammdaten, Vertragsdaten bis hin zum Namen des Haustiers) sein.[18] Eine Unterscheidung zwischen Geschäfts- und Betriebsgeheimnissen ist zur Bestimmung der Geheimhaltungsverpflichtung des Handelsvertreters nicht erforderlich.[19] Ebenso wenig ist eine Unterscheidung nach (dem Unternehmer „gehörenden") Kundendaten und (dem Handelsvertreter „gehörenden") Akquisedaten möglich.

Offenkundige Tatsachen sind keine geheim zu haltenden Geschäfts- und Betriebs- **7** geheimnisse iSd Norm.[20] Offenkundig ist eine Tatsache, wenn sie allgemein bekannt oder zumindest leicht zugänglich ist (zB Adressdaten im Telefonbuch).[21] Dazu zählen auch Informationen, die ein branchenkundiger Dritter erlangen kann (zB Firma eines in der

---

[9] Emde Rn. 4 u. 18.
[10] MüKoHGB/Ströbl § 86 Rn. 57.
[11] Emde Rn. 18.
[12] Emde Rn. 1.
[13] BGH NJW 2009, 1420 mwN unter Rn. 13.
[14] Krit. zu „nach dem Willen des Unternehmers" Emde Rn. 5 f.
[15] MüKoHGB/Ströbl Rn. 7; auch Ebenroth/Boujong/Joost/Strohn/Löwisch Rn. 5, der gleichzeitig aus Beweisgründen eine schriftliche Niederlegung der Geheimhaltungserklärungen empfiehlt. Dies ist nach Inkrafttreten des GeschGehG nunmehr grds. anzuraten.
[16] MüKoHGB/Ströbl Rn. 7.
[17] MüKoHGB/Ströbl Rn. 14.
[18] MüKoHGB/Ströbl Rn. 9 f.; Oetker/Busche Rn. 4.
[19] Blankenburg VersR 2010, 581 (582); mögliche Abgrenzung bei Emde Rn. 10.
[20] LG Düsseldorf K&R 2002, 101.
[21] zur Offenkundigkeit: BGH WM 2001, 1824 (1828); Reimann GRUR 1998, 298.

Branche bekannten potentiellen Abnehmers).[22] IdR ist eine genaue Prüfung der Offenkundigkeit im Einzelfall ratsam. So können zB die Spezifika einer Verarbeitungsmethode allgemein bekannt, die Tatsache aber, dass ein Unternehmen diese anwendet, geheim zu halten sein.[23]

8   **Kundenlisten** sind im Vertrieb von besonders großer Bedeutung. Sie sind – als solche – ohne weitere Differenzierung geheim zu haltende Geschäfts- und Betriebsgeheimnisse des Unternehmers, selbst wenn sie Kundendaten enthalten, die in allgemein zugänglichen Quellen (→ Rn. 7) zu finden sind.[24] Nur das einzelne Datum (zB Anschrift des Kunden) ist in einem solchen Fall keine geheim zu haltende Tatsache, die Datensammlung selbst, insbesondere die Tatsache des „Kundenseins" ist es gleichwohl.[25] Unbeachtlich ist, ob der Handelsvertreter die Kunden selbst geworben oder die Liste selbst erstellt hat, ob er ein berechtigtes Interesse an der Datennutzung hat oder ob die Kunden noch „aktiv" sind.[26]

9   Die grundsätzliche Berechtigung zum nachvertraglichen Wettbewerb (→ § 90a Rn. 1 ff.) gestattet es dem Handelsvertreter nur, **Kundendaten aus dem Gedächtnis zu rekonstruieren** (ggf. unter Verwendung allgemein zugänglicher Quellen (→ Rn. 7)) und für seine Nachfolgetätigkeit zu nutzen.[27] Die Nutzung von Informationen, die er anhand von Aufzeichnungen (schriftliche oder sonstige, zB elektronische) aus der Zeit des Bestehens des Vertretungsvertrages rekonstruiert, verstößt auch dann gegen § 90, wenn er die Aufzeichnungen selbst angefertigt hat. Solche Aufzeichnungen muss der Handelsvertreter dem Unternehmer nach Beendigung des Vertretungsvertrages vielmehr vollständig gemäß § 667 BGB herausgeben.[28] Zulässig hingegen ist die Nutzung einer entsprechenden Aufzeichnung, die der Handelsvertreter erst nach dieser Beendigung aus dem Gedächtnis heraus anfertigt, allerdings nur durch ihn selbst. Unzulässig ist die Weitergabe einer rekonstruierten Kundenliste an Dritte (zB den neuen Prinzipal). Die Glaubwürdigkeit einer solchen Rekonstruktion endet freilich,[29] wenn nahezu alle bzw. zumindest eine Vielzahl der Kunden nachvertraglich vom Handelsvertreter oder dem Mitbewerber des Unternehmers kontaktiert werden.[30] Gleiches gilt für die Verwendung von Informationen, die sich der Handelsvertreter kaum merken konnte (zB Vertragsdetails wie die exakte Beitragshöhe der Verträge mehrerer Kunden) oder die Fortschreibung fehlerhafter oder veralteter Daten des Unternehmers.[31]

10   **2. Anvertrautsein oder sonstiges Kenntniserlangen.** Bekannt geworden sind die Geschäfts- und Betriebsgeheimnisse dem Handelsvertreter iSd Norm dann, wenn er sie im Rahmen seiner Tätigkeit für den Unternehmer erfahren hat. Voraussetzung ist, dass er den geheimhaltungsbedürftigen Charakter der betreffenden Tatsache erkannte oder mit der Sorgfalt eines ordentlichen Kaufmanns hätte erkennen müssen.[32] Das schließt jede Art der Kenntnisnahme ein, mithin auch die Kenntniserlangung durch rechtswidriges oder rechtsmissbräuchliches Handeln und erfasst auch vom Handelsvertreter selbst geschaffene Tatsa-

---

[22] Emde Rn. 8.
[23] MüKoHGB/Ströbl Rn. 8; zu Tatsachen, die der Handelsvertreter bereits vor seiner Tätigkeit für den Unternehmer kannte: Emde Rn. 8.
[24] Wemmer K&R 2002, 103; Oetker/Busche Rn. 4.
[25] Emde Rn. 11; Wemmer K&R 2002, 103.
[26] BGH NJW 2009, 1420 f.; Emde Rn. 11.
[27] BGH GRUR 1999, 934 (935); weitergehende Einschränkung: Blankenburg VersR 2010, 581 (583), der quasi von einer Akzessorietät zwischen Kundendaten und (geheim zu haltendem) „Kundesein" ausgeht und damit die Nutzbarkeit auch der Kundendaten verneint.
[28] BGH NJW 2009, 1420 (1421); MSHF/Flohr § 21 Rn. 12; teilw. aA MüKoHGB/Ströbl Rn. 24. Die Herausgabepflicht nach den Vorschriften des Auftragsrechts hat rechtlich und methodisch nichts mit der Geheimhaltungspflicht nach HGB zu tun.
[29] Folge: Beweislastumkehr; Emde Rn. 14.
[30] ZB BGH GRUR 2003, 453 (454): Bei Anschreiben von 200–220 ehemaligen Kunden – aber Differenzierung zwischen überwiegend städtischer Klientel und ländlicher (größere persönliche Nähe).
[31] Sehr anschaulich: Emde Rn. 14; s. auch Blankenburg VersR 2010, 581 (584).
[32] MüKoHGB/Ströbl Rn. 14; Emde Rn. 16; aA Baumbach/Hopt Rn. 6 (setzt positive Kenntnis voraus).

chen (zB Reiseberichte).[33] Anvertrautsein iSd Norm – also die Information des Handelsvertreters durch den Unternehmer oder in seinem Auftrag – ist somit lediglich ein (speziellerer) Unterfall des Bekanntgewordenseins.[34]

3. Geheimhaltungspflicht. Die Norm beinhaltet ein Verwertungsverbot.[35] Der Handelsvertreter darf die ihm bekannt gewordenen Geschäfts- und Betriebsgeheimnisse des Unternehmers weder für sich wirtschaftlich verwerten noch einem Dritten bekannt geben.[36] Dh, er darf solche Geheimnisse nicht im Sinne einer auf Vermögensgewinn zielenden Tätigkeit ausnutzen.[37] Ob ein Gewinn eintritt oder eintreten kann, ist unerheblich (Gewinnerzielungsabsicht der Tätigkeit ausreichend), ebenso in welcher Form die Verwertung geschieht.[38] Die unzulässige Verwertung kann unter anderem durch Unterlassen erfolgen (zB pflichtwidrige Aufbewahrung, so dass Dritte Kenntnis nehmen können).[39] **11**

4. Dauer der Geheimhaltungspflicht. Die Norm setzt für den Beginn der Geheimhaltungspflicht die Beendigung des Vertretungsvertrages voraus. Sie besteht jedoch bereits zuvor (→ Rn. 3) und **wirkt zeitlich unbeschränkt**.[40] Sie entfällt erst, wenn die entsprechende Tatsache nicht mehr geheimhaltungsbedürftig und der Geheimhaltungszweck entfallen ist, etwa weil sie allgemein bekannt wurde[41] oder der Unternehmer die Information freigegeben hat.[42] Der Grund der Beendigung des Vertretungsvertrages ist für den Bestand der Geheimhaltungspflicht ohne Relevanz – selbst wenn der Handelsvertreter aus einem wichtigen, vom Unternehmer zu vertretenden Grund das Vertragsverhältnis nach § 89a Abs. 1 gekündigt hat, ist er nach § 90 zur Verschwiegenheit verpflichtet –[43] ebenso die Eröffnung eines Insolvenzverfahrens über das Vermögen des Geheimnisinhabers.[44] **12**

Wurde das Unternehmen des Geheimnisinhabers liquidiert (zB in Folge einer Insolvenz), führt dies zum Erlöschen der Verpflichtung, es sei denn, seine aus § 90 resultierenden Rechte sind (ganz oder teilweise) zuvor auf einen Dritten übergegangen.[45] **13**

5. Grenzen der Geheimhaltungspflicht. Die in der Norm enthaltene Einschränkung, nach der das Verwertungsverbot (→ Rn. 11) nur besteht, soweit dies nach den gesamten Umständen der Berufsauffassung eines ordentlichen Kaufmanns[46] widersprechen würde, wird unter anderem als **Härtefallregelung** verstanden,[47] die der Vermeidung eines schwerwiegenden Eingriffs in die Berufsfreiheit (Art. 12 GG) dient.[48] Die Feststellung des Bestehens einer Geheimhaltungspflicht setzt daher eine **Interessenabwägung** in jedem Einzelfall voraus, in die sämtliche relevante Umstände einzubeziehen sind. Im Ergebnis geht es darum, nach Treu und Glauben[49] das Interesse des Unternehmers an der Geheimhaltung der Tatsache gegen das Interesse des Handelsvertreters an ihrer Verwertung nach Vertragsende abzuwägen.[50] Kein überwiegendes Geheimhaltungsinteresse des Unternehmers besteht, wenn er durch eine Verwertung nicht oder nur unwesentlich beeinträchtigt wird (zB branchenfremde Verwertung). Zugunsten des Handelsvertreters ist zu berücksichtigen, dass **14**

---

[33] MüKoHGB/Ströbl Rn. 14; Oetker/Busche Rn. 7.
[34] Emde Rn. 16.
[35] BGH NJW 2009, 1420 (1421); Baumbach/Hopt Rn. 3; MüKoHGB/Ströbl Rn. 20.
[36] Emde Rn. 17.
[37] MüKoHGB/Ströbl Rn. 19.
[38] Emde Rn. 17.
[39] Emde Rn. 17; Oetker/Busche Rn. 12.
[40] Emde Rn. 18.
[41] Oetker/Busche Rn. 8.
[42] Emde Rn. 18.
[43] MüKoHGB/Ströbl Rn. 17.
[44] Oetker/Busche Rn. 9.
[45] Ebenroth/Boujong/Joost/Strohn/Löwisch § 86 Rn. 14.
[46] BT-Drs. 1/3856, 37: „anständige kaufmännische Berufsauffassung".
[47] Oetker/Busche Rn. 13.
[48] Emde Rn. 19.
[49] BT-Drs. 1/3856, 37.
[50] MüKoHGB/Ströbl Rn. 22.

er nur bei wirksamer Vereinbarung eines nachvertraglichen Wettbewerbsverbotes (→ § 90a Rn. 1 ff.) in der freien Berufsausübung beschränkt ist[51] und er grundsätzlich ein berechtigtes Interesse an wirtschaftlichem Fortkommen und beruflicher Weiterentwicklung hat. Daher kann er unter anderem um die Kunden des Unternehmers – auch die von ihm gewonnenen – werben (→ Rn. 8).[52] Je weniger er für sein Fortkommen aber auf die Geschäfts- und Betriebsgeheimnisse des Unternehmers angewiesen ist, desto stärker wiegt das Geheimhaltungsinteresse des Unternehmers.[53] Die Verwertung widerrechtlich oder rechtsmissbräuchlich erlangter Kenntnisse entspricht in keinem Fall der Berufsauffassung eines ordentlichen Kaufmanns.[54]

V. Folgen einer Pflichtverletzung

15   **1. Zivilrechtliche Ansprüche.** Ob die Norm selbst eine Anspruchsgrundlage für den Unternehmer enthält, ist umstritten,[55] im Ergebnis aber ohne Bedeutung. Als Schutzgesetz iSv § 823 Abs. 2 BGB[56] ermöglicht sie, den Handelsvertreter im Falle einer begangenen oder drohenden Pflichtverletzung auf **Unterlassung** in Anspruch zu nehmen (§ 1004 BGB[57]).[58] Der Unternehmer hat danach auch Anspruch auf **Beseitigung** (zB Herausgabe oder Vernichtung von Unterlagen, Datenträgern).[59] Die Pflichtverletzung verpflichtet den Handelsvertreter zudem zum **Schadensersatz,**[60] in erster Linie gemäß § 280 Abs. 1 BGB und aus § 10 GeschGehG.[61] Anspruchsgegner können auch Dritte sein (zB bei Anstiftung oder Beihilfe durch den neuen Prinzipal).[62] Schließlich schuldet der Handelsvertreter dem Unternehmer die **Herausgabe des Gewinns,** den er durch die Pflichtverletzung erzielte (§§ 667, 687 Abs. 2 BGB).[63] Einen vorbereitenden **Auskunftsanspruch** kann der Unternehmer aus § 242 BGB herleiten.[64] Unterlassungs-, Beseitigungs- und Schadensersatzansprüche lassen sich idR auch lauterkeitsrechtlich begründen (s. Fn. 57 und 60).

16   **2. Strafrechtliche Konsequenzen.** Die Geschäfts- und Betriebsgeheimnisse des Unternehmers werden auch durch das GeschGehG geschützt. Eine Verletzung der Geheimhaltungsverpflichtung nach § 90 erfüllt idR den objektiven Tatbestand des **§ 4 GeschGehG,** wobei das GeschGehG eine angemessene Geheimhaltungsmaßnahme voraussetzt und unlautere Mittel zur Erlangung des geschützten Geheimnisses.

17   **3. Beweislast.** Das Vorliegen eines Geschäfts- und Betriebsgeheimnisses und dass dieses dem Handelsvertreter anvertraut oder im Rahmen seiner Tätigkeit bekannt wurde, muss der Unternehmer beweisen.[65] Auch dessen Verwertung oder Offenbarung muss der Unternehmer beweisen, es sei denn, es kommt auf Grund besonderer Umstände zur Beweislastumkehr (s. Fn. 28). Den Handelsvertreter oder sonstigen Anspruchsgegner trifft die Beweislast für eine Offenkundigkeit der Tatsache, den Verzicht des Unternehmers auf die Ge-

---

[51] Oetker/Busche Rn. 13.
[52] MüKoHGB/Ströbl Rn. 25.
[53] Emde Rn. 19; MüKoHGB/Ströbl Rn. 23; Oetker/Busche Rn. 13.
[54] Oetker/Busche Rn. 13 mit Verweis auf den mWv 26.4.2019 aufgehobenen § 17 Abs. 2 UWG.
[55] Befürwortend: Emde Rn. 19; MüKoHGB/Ströbl Rn. 27; verneinend: Ebenroth/Boujong/Joost/Strohn/Löwisch § 86 Rn. 75.
[56] Ebenroth/Boujong/Joost/Strohn/Löwisch § 86 Rn. 14; Oetker/Busche Rn. 16; Emde Rn. 22.
[57] In Betracht kommen auch Unterlassungs- und Beseitigungsansprüche aus § 8 Abs. 1 S. 1 UWG iVm §§ 3, 3a UWG.
[58] BGH NJW 2009, 1420 (1422); Emde Rn. 22; MüKoHGB/Ströbl Rn. 27.
[59] Oetker/Busche Rn. 16; Baumbach/Hopt Rn. 8.
[60] In Betracht kommen auch Schadensersatzansprüche aus eingerichtetem und ausgeübtem Gewerbebetrieb: §§ 826, 823 Abs. 1 BGB iVm § 90 HGB, aus § 9 S. 1 UWG iVm §§ 3, 3a UWG und aus Vertragsstrafenvereinbarung.
[61] BGH NJW 2009, 1420 (1422); Oetker/Busche Rn. 17; MüKoHGB/Ströbl Rn. 28.
[62] Oetker/Busche Rn. 17; MüKoHGB/Ströbl Rn. 29.
[63] MüKoHGB/Ströbl Rn. 29.
[64] BGH NJW 2009, 1420 (1422).
[65] Ebenroth/Boujong/Joost/Strohn/Löwisch § 86 Rn. 75.

heimhaltung oder die fehlende Geheimhaltungsbedürftigkeit (ggf. Anscheinsbeweis möglich).[66]

VI. Abweichende Vereinbarungen

Die Norm ist dispositiv, kann insbesondere ausgeschlossen oder beschränkt werden. Die **18** Vereinbarung einer Verschärfung ist problematisch und insbesondere durch AGB kaum wirksam darstellbar.[67] Eine Vereinbarung weitergehender Geheimhaltungspflichten des Handelsvertreters (zB Verschwiegenheit wie während des Bestehens des Vertretungsvertrages (→ Rn. 3)) könnte wirksam individualvertraglich erfolgen,[68] wobei der wettbewerbsbeschränkende Charakter einer solchen Vereinbarung zu beachten ist und die Wirksamkeitsvoraussetzungen des § 90a zu erfüllen sind. Wie die Härtefallklausel in § 90 (→ Rn. 14) zeigt, kann Derartiges nur bei besonders gewichtigen und deutlich überschießenden Interessen des Unternehmers in Betracht kommen.[69]

B. Vertragshändler

Auf den Vertragshändler ist die Vorschrift entsprechend anwendbar.[70] **19**

C. Franchisenehmer

Auf den Franchisenehmer ist die Vorschrift entsprechend anwendbar (auch Subordinati- **20** ons-Franchising).[71]

D. Kommissionsagent

Auf den Kommissionsagenten ist die Vorschrift entsprechend anwendbar.[72] **21**

§ 90a Wettbewerbsabrede

(1) [1]**Eine Vereinbarung, die den Handelsvertreter nach Beendigung des Vertragsverhältnisses in seiner gewerblichen Tätigkeit beschränkt (Wettbewerbsabrede), bedarf der Schriftform und der Aushändigung einer vom Unternehmer unterzeichneten, die vereinbarten Bestimmungen enthaltenden Urkunde an den Handelsvertreter. [2]Die Abrede kann nur für längstens zwei Jahre von der Beendigung des Vertragsverhältnisses an getroffen werden; sie darf sich nur auf den dem Handelsvertreter zugewiesenen Bezirk oder Kundenkreis und nur auf die Gegenstände erstrecken, hinsichtlich deren sich der Handelsvertreter um die Vermittlung oder den Abschluss von Geschäften für den Unternehmer zu bemühen hat. [3]Der Unternehmer ist verpflichtet, dem Handelsvertreter für die Dauer der Wettbewerbsbeschränkung eine angemessene Entschädigung zu zahlen.**

---

[66] Oetker/Busche Rn. 19.
[67] MüKoHGB/Ströbl Rn. 32; Oetker/Busche Rn. 21.
[68] MüKoHGB/Ströbl Rn. 32; Oetker/Busche Rn. 20.
[69] MüKoHGB/Ströbl Rn. 32.
[70] Emde Rn. 3 mwN; MüKoHGB/Ströbl Rn. 6; Oetker/Busche Rn. 22; Ebenroth/Boujong/Joost/Strohn/Löwisch § 86 Rn. 4.
[71] Emde Rn. 3 mwN; MüKoHGB/Ströbl Rn. 6; Oetker/Busche Rn. 22; Ebenroth/Boujong/Joost/Strohn/Löwisch § 86 Rn. 4.
[72] Emde Rn. 3 mwN; MüKoHGB/Ströbl Rn. 6; Oetker/Busche Rn. 22; Ebenroth/Boujong/Joost/Strohn/Löwisch § 86 Rn. 4.

(2) **Der Unternehmer kann bis zum Ende des Vertragsverhältnisses schriftlich auf die Wettbewerbsbeschränkung mit der Wirkung verzichten, dass er mit dem Ablauf von sechs Monaten seit der Erklärung von der Verpflichtung zur Zahlung der Entschädigung frei wird.**

(3) **Kündigt ein Teil das Vertragsverhältnis aus wichtigem Grund wegen schuldhaften Verhaltens des anderen Teils, kann er sich durch schriftliche Erklärung binnen einem Monat nach der Kündigung von der Wettbewerbsabrede lossagen.**

(4) **Abweichende für den Handelsvertreter nachteilige Vereinbarungen können nicht getroffen werden.**

Literatur: Ankele, Das deutsche Handelsvertreterrecht nach der Umsetzung der EG-Richtlinie, DB 1989, 2211; Bernhard, Grenzen vertraglicher Wettbewerbsverbote zwischen Unternehmen, NJW 2013, 2785; Blomberg, Rückzahlungsklauseln in Provisionsgarantievereinbarungen, VersR 1968, 328; Dück, Zivil- und kartellrechtliche Grenzen eines nachvertraglichen Wettbewerbsverbots für Handelsvertreter, NJW 2016, 368; Gaul/Khanian, Zulässigkeit und Grenzen arbeitsrechtlicher Regelungen zu Wettbewerbsverboten, MDR 2006, 181; Martin, Ausgleichsanspruch (§ 89b HGB) des Versicherungsvertreters und Wettbewerb zum Nachteil des Unternehmers, VersR 1968, 117; Ordemann, Die Entschädigung des Handelsvertreters für Wettbewerbsbeschränkungen (§ 90a HGB), BB 1965, 932.

Übersicht

A. Handelsvertreter

I. Allgemeines

§ 90a befasst sich mit dem Wettbewerbsverbot nach Beendigung des Handelsvertreter- **1** vertrages. Während der Laufzeit des Handelsvertretervertrages ist der Handelsvertreter zur Wahrung der Interessen des Unternehmers verpflichtet. Daraus folgt, dass er während der Laufzeit des Handelsvertretervertrages nicht berechtigt ist, mit dem Unternehmer in Wettbewerb zu treten (→ § 86 Rn. 25). Mit der Beendigung des Handelsvertretervertrages endet die Interessenwahrungspflicht des Handelsvertreters und er ist frei, auch in direkten Wettbewerb mit dem Unternehmer zu treten.[1] Der Unternehmer hat jedoch in vielen Fällen auch nach Beendigung des Handelsvertretervertrages ein Interesse daran, dass der Handelsvertreter nicht sogleich nach Beendigung des Handelsvertretervertrages mit ihm in Wettbewerb tritt und die während der Laufzeit des Handelsvertretervertrages erlangten Fähigkeiten und Kenntnisse für Wettbewerbsaktivitäten nutzt. Dabei spielt es keine Rolle, ob der Handelsvertreter für einen Dritten tätig wird oder selbstständig mit dem Unternehmer in Wettbewerb tritt. Um sich gegen Wettbewerbstätigkeiten des Handelsvertreters nach Beendigung des Handelsvertretervertrages abzusichern, bedarf es einer ausdrücklichen Vereinbarung zwischen dem Handelsvertreter und dem Unternehmer.

§ 90a beruht auf einer Interessenabwägung zwischen dem Interesse des Unternehmers **2** auf nachvertraglichen Schutz vor Wettbewerbstätigkeit und dem Interesse des Handelsvertreters, dass die durch den Handelsvertretervertrag bedingte Abhängigkeit nicht zum Verlust der beruflichen Betätigungsfreiheit führt.[2] So erlaubt § 90a ausdrücklich ein nachvertragliches Wettbewerbsverbot, womit der Unternehmer sicherstellen kann, dass die während der Laufzeit des Handelsvertretervertrages gewährten Einblicke in den Geschäftsbetrieb nicht zugunsten von Wettbewerbern oder eigener Wettbewerbstätigkeit des Handelsvertreters genutzt werden. Gleichzeitig regelt § 90a aber auch die Anforderungen und damit auch die Schranken für ein nachvertragliches Wettbewerbsverbot und sichert mit einer Entschädigung den Lebensbedarf des Handelsvertreters für die Dauer der Beschränkung.[3]

II. Anwendungsbereich

1. Persönlicher Anwendungsbereich. § 90a gilt für alle Handelsvertreter gemäß § 84 **3** Abs. 1, dh auch für Versicherungs- und Bausparkassenvertreter. § 90a gilt für natürliche Personen wie auch für juristische Personen.[4] Bei juristischen Personen hat die Entschädigung bloßen Vergütungscharakter und dient nicht der Sicherung des Lebensbedarfs.[5] Für eine (analoge) Anwendbarkeit auf andere selbstständige Gewerbetreibende (zB Unternehmenspächter[6]) fehlt es regelmäßig an den Analogievoraussetzungen, zB weil es an der ständigen Tätigkeit für einen Unternehmer fehlt und dem vergleichbaren Abhängigkeitsverhältnis.[7] Bei juristischen Personen werden – ohne ausdrückliche Vereinbarung – die Geschäftsführer oder Gesellschafter nicht gebunden. Vereinbarungen, die mit den Ge-

---

[1] BGH NJW 1964, 351; BB 1980, 12 (13); OLG Celle GRUR 1966, 155 = VersR 1965, 235.
[2] MüKoHGB/Ströbl Rn. 5.
[3] BGH NJW 1975, 388 (389); 1973, 144 f.
[4] OLG München BB 1997, 1015 (1016); Oetker/Busche Rn. 4.
[5] MüKoHGB/Ströbl Rn. 6.
[6] BGHZ 24, 165 = NJW 1957, 988.
[7] MüKoHGB/Ströbl Rn. 8.

schäftsführern oder Gesellschaftern getroffen werden, unterfallen nicht § 90a, da auf Grund der Interessenlage nur der Handelsvertreter in den Schutzbereich des § 90a fällt.

4   **2. Sachlicher Anwendungsbereich. a) Verhältnis zu § 74.** § 90a ist für Handelsvertreter abschließend. Der Gesetzgeber hat sich bewusst dafür entschieden, Handelsvertreter und Handlungsgehilfen unterschiedlich zu behandeln, da der Handlungsgehilfe als Angestellter regelmäßig schutzbedürftiger ist als ein selbstständig tätiger Handelsvertreter.[8] Für eine Analogie oder die Ergänzung durch § 74 ist kein Raum, da es an einer Regelungslücke fehlt. Die wesentlichen gewollten Unterschiede zwischen den Regelungen für Handlungsgehilfen (§ 74 ff.) und Handelsvertreter (§ 90a) sind die Mindestentschädigungspflicht beim Handlungsgehilfen (§ 74 Abs. 2),[9] die Erforderlichkeit eines berechtigten geschäftlichen Interesses des Unternehmers und unbillige Erschwernis des Fortkommens beim Handlungsgehilfen (§ 74a Abs. 1 S. 1), keine Nichtigkeit, wenn die Wettbewerbsabrede mit einem minderjährigen Handelsvertreter geschlossen wird (§ 74a Abs. 2 S. 2),[10] die Anrechnung eines anderweitigen Erwerbs beim Handlungsgehilfen (§ 74c Abs. 1 S. 1),[11] keine Erweiterung der Folgen der Vertragsstrafe (§ 75c Abs. 1)[12] und die Einschränkung der Wettbewerbsabrede nach Kündigung des Vertrages durch den Unternehmer (§ 75 Abs. 2).[13]

5   **b) Verhältnis zum Kartellrecht.** Soweit es sich bei dem Handelsvertreter um einen sog. „echten Handelsvertreter" handelt (→ AEUV Art. 101 Rn. 149 ff.), unterfallen Beschränkungen in Handelsvertreterverträgen nicht dem Kartellrecht.[14] Nach Beendigung des Handelsvertretervertrages entfällt jedoch diese Privilegierung. Ab diesem Zeitpunkt sind der Unternehmer und der Handelsvertreter Wettbewerber oder zumindest potentielle Wettbewerber. Vereinbarungen über die Unterlassung der Wettbewerbstätigkeit können daher in den Anwendungsbereich von § 1 GWB (→ GWB § 1 Rn. 1 ff.) und Art. 101 AEUV (→ AEUV Art. 101 Rn. 1 ff.) fallen. Sofern die Wettbewerbsbeschränkung spürbar ist, wäre sie wegen Verstoßes gegen § 1 GWB und bei einer spürbaren Beeinträchtigung des zwischenstaatlichen Handels auch gemäß Art. 101 AEUV verboten und nichtig.[15]

6   Eine Freistellung der nachvertraglichen Wettbewerbsabrede vom Verbot des § 1 GWB und des Art. 101 Abs. 1 nach der Vertikal-Gruppenfreistellungsverordnung (Vertikal-GVO) ist nicht möglich. Es mangelt schon an einer vertikalen Vereinbarung nach Beendigung des Handelsvertretervertrages. Da es sich bei dem Handelsvertretervertrag während der Laufzeit um eine vertikale Vereinbarung handelt und die Vertikal-GVO auch gemäß Art. 5 Abs. 3 Vertikal-GVO Beschränkungen nach Vertragsbeendigung freistellt, könnte gut argumentiert werden, dass die Vertikal-GVO auch auf nachvertragliche Wettbewerbsverbote bei Handelsvertreterverträgen Anwendung findet. In einem solchen Fall wären aber nur solche nachvertraglichen Wettbewerbsverbote freigestellt, die die strengen Anforderungen des Art. 5 Abs. 3 Vertikal-GVO erfüllen. Dh das nachvertragliche Wettbewerbsverbot muss (a) sich auf Waren und Dienstleistungen beziehen, die mit den Vertragswaren im Wettbewerb stehen, (b) sich auf die Räumlichkeiten und Grundstücke beschränken, von denen aus der Handelsvertreter während der Vertragslaufzeit seine Geschäfte betrieben hat, (c) unerlässlich sein, um dem Abnehmer vom Anbieter übertragenes Know-how zu schützen und (d) auf höchstens ein Jahr nach Beendigung der Vereinbarung begrenzt sein. Insbesondere die Anforderung, dass das Wettbewerbsverbot auf die Räumlichkeiten und

---

[8] MüKoHGB/Ströbl Rn. 9; Oetker/Busche Rn. 5.
[9] BGHZ 63, 353 (355); OLG Nürnberg BB 1960, 1261.
[10] BAG NJW 1964, 1641 f.; Baumbach/Hopt/Hopt Rn. 9; Oetker/Busche Rn. 5; aA LAG Baden-Württemberg BB 1963, 1193 (1194).
[11] BGH NJW 1975, 388 (389); BB 1975, 197 f.
[12] Oetker/Busche Rn. 5.
[13] Oetker/Busche Rn. 5.
[14] Vertikale-Leitlinien Rn. 12 ff.
[15] Dück NJW 2016, 368 (369).

Grundstücke beschränkt ist, aus denen der Handelsvertreter während der Laufzeit agiert hat, ist regelmäßig nicht erfüllt.[16]

Die Interessenlage nach Beendigung des Handelsvertretervertrages ist jedoch mit der **7** Interessenlage beim Erwerb eines Unternehmens vergleichbar. Der Unternehmer übernimmt nach Beendigung den Kundenstamm und die Vertriebstätigkeit des Handelsvertreters. Damit der Unternehmer den vollständigen Wert der übertragenen Vermögenswerte erhält, muss er in gewissem Umfang vor Wettbewerbshandlungen des Handelsvertreters geschützt werden. Legt man die Wertungen der Bekanntmachung der Europäischen Kommission vom 5.3.2005 über Nebenabreden bei Unternehmenszusammenschlüssen[17] (Bekanntmachung zu Nebenabreden) zugrunde, sind nachvertragliche Wettbewerbsverbote bis zu zwei Jahren gerechtfertigt.[18] Eine Rechtfertigung für einen längeren Zeitraum von bspw. drei Jahren werden unbeschadet der Formulierung des § 90a nicht gerechtfertigt sein, da der Handelsvertreter in der Regel nur seinen Kundenstamm, nicht aber auch sein Knowhow an den Unternehmer überlässt.[19] Wettbewerbsabreden gemäß § 90a sind daher regelmäßig kartellrechtlich nicht zu beanstanden.[20]

c) Verhältnis zu zivilrechtlichen Generalklauseln. Die allgemeinen zivilrechtlichen **8** Generalklauseln zur Korrektur, wie zB §§ 138 und 242 BGB, finden in Ausnahmefällen Anwendung, zB bei einer übermäßigen Knebelung des Handelsvertreters durch das Wettbewerbsverbot.[21]

3. Zeitlicher Anwendungsbereich. § 90a enthält keine Aussage darüber, wann die **9** Wettbewerbsabrede zwischen den Parteien vereinbart worden sein muss. Aus der Tatsache, dass es sich bei der beschränkten Person um einen Handelsvertreter handeln muss, kann geschlossen werden, dass der Abschluss der Wettbewerbsabrede während des Bestehens des Handelsvertretervertrages erfolgen muss. Nach dem Schutzzweck der Bestimmung soll § 90a den Handelsvertreter davor schützen, dass der Unternehmer ihm in einer Zeit, in der der Handelsvertreter wirtschaftlich abhängig ist, eine Wettbewerbsabrede aufzwingt.[22]

Nach der bisherigen BGH-Rechtsprechung[23] hörte die Schutzwürdigkeit des Handels- **10** vertreters mit der Beendigung des Handelsvertretervertrages auf. Deshalb war § 90a nicht anwendbar, wenn die Wettbewerbsabrede nach der Beendigung des Handelsvertretervertrages vereinbart oder der Handelsvertretervertrag gleichzeitig mit der Vereinbarung der Wettbewerbsabrede aufgehoben wird.[24] In diesem Fall liegt regelmäßig nicht mehr das besondere Abhängigkeitsverhältnis zwischen dem Unternehmer und dem Handelsvertreter vor.[25] Nach der Rechtsprechung können diese nach Vertragsbeendigung abgeschlossenen Wettbewerbsabreden in den allgemeinen Grenzen der §§ 134, 138 und 242 BGB, § 1 GWB und Art. 101 AEUV frei vereinbart werden.[26]

Nach der jüngeren BGH-Rechtsprechung kann § 90a aber auch auf Wettbewerbsabre- **11** den Anwendung finden, die nach der formellen Beendigung des Vertretervertrages getrof-

---

[16] Dück NJW 2016, 368 (370).
[17] Bekanntmachung der Kommission vom 5.3.2005 über Einschränkungen des Wettbewerbs, die mit der Durchführung von Unternehmenszusammenschlüssen unmittelbar verbunden und für diese notwendig sind, 2005/C 56/03, ABl. 2004 C 56, 24.
[18] Bekanntmachung zu Nebenabreden Rn. 20.
[19] Bekanntmachung zu Nebenabreden Rn. 20.
[20] AA Dück NJW 2016, 368 (369).
[21] BGH NJW-RR 1989, 800 f.; OLG Köln VersR 1998, 97; OLG Hamm MDR 1987, 320; Oetker/ Busche Rn. 16; MüKoHGB/Ströbl Rn. 15.
[22] BT-Drs. 1/3856, 37; BGHZ 51, 184 (187) = NJW 1969, 504 f.
[23] BGH BeckRS 2012, 23594 Rn. 29; BGHZ 53, 89 (90); 55, 124 (126).
[24] BGHZ 51, 184 (187 f.) = NJW 1969, 504 f.; Baumbach/Hopt/Hopt Rn. 11; aA OLG Köln VersR 1998, 97 (98); OLG Oldenburg HVR Nr. 994; einschränkend OLG Hamburg MDR 1968, 53.
[25] MüKoHGB/von Hoyningen-Huene/Ströbl Rn. 17; aA Ebenroth/Boujong/Joost/Strohn/Löwisch Rn. weitere Begründung.
[26] Bernhard NJW 2013, 2785 (2787).

fen werden.[27] Allerdings muss ein wesentliches Element der späteren Wettbewerbsabrede bereits während der Laufzeit des Vertretervertrages, während welcher der Handelsvertreter vom Unternehmer abhängig und damit schutzwürdig ist, vereinbart worden sein. Dadurch kann ein faktischer Druck auf den Handelsvertreter entstehen, der den Handelsvertreter nach § 90a schutzwürdig macht.[28] Der BGH verweist auch auf die Richtlinie 86/653/ EWG des Rates vom 18.12.1986 zur Koordinierung der Rechtsvorschriften der Mitgliedstaaten betreffend die selbständigen Handelsvertreter (ABl. 1986 L 382, 17, fortan: Handelsvertreter-Richtlinie oder HV-RL) und führt aus, dass eine europarechtskonforme Auslegung des § 90a eine Anwendung des § 90a auch auf Wettbewerbsabreden, die nach Beendigung des Vertretervertrages getroffen werden, gebietet.

III. Vereinbarung über nachvertragliche Wettbewerbsbeschränkung (Wettbewerbsabrede)

12   **1. Zustandekommen.** Gemäß Abs. 1 S. 1 ist eine Wettbewerbsabrede eine Vereinbarung, die den Handelsvertreter nach Beendigung des Vertragsverhältnisses in seiner gewerblichen Tätigkeit beschränkt. Für das Zustandekommen gelten die allgemeinen zivilrechtlichen Regeln (§§ 106 ff., 145 ff. BGB). Eine Vereinbarung ist somit auch durch einen Stellvertreter möglich.[29] Auch die Regelungen zur Vertragsauslegung finden Anwendung. Für die Annahme einer nachvertraglichen Wettbewerbsabrede muss aber aus der Vereinbarung der Parteien klar erkennbar sein, dass eine Wettbewerbsbeschränkung des Handelsvertreters gewollt ist, die nach Beendigung des Handelsvertretervertrages in Kraft tritt.[30] Auch eine für die Vertragsdauer vereinbarte Wettbewerbsbeschränkung kann im Einzelfall dahingehend ausgelegt werden, dass die Beschränkung auch nach Vertragsbeendigung fortdauern sollte; für eine solche Auslegung müssen jedoch klare Anhaltspunkte vorliegen.[31]

13   **2. Form.** Gemäß Abs. 1 S. 1 bedarf die Wettbewerbsabrede der Schriftform. Zudem muss dem Handelsvertreter eine vom Unternehmer unterzeichnete Urkunde ausgehändigt werden. Es handelt sich dabei um zwei selbstständige Wirksamkeitsanforderungen. Bei einem Verstoß gegen das Schriftformerfordernis ist die Wettbewerbsabrede über Abs. 4 gemäß § 134 BGB nichtig. Die Anforderungen an die Schriftform richten sich nach § 126 BGB. Die Urkunde über die Wettbewerbsabrede muss gemäß § 126 Abs. 1 und Abs. 2 BGB von beiden Parteien unterzeichnet sein, wobei es ausreicht, wenn bei gleichlautenden Urkunden jede Partei das für die andere Partei bestimmte Exemplar unterzeichnet (§ 126 Abs. 2 BGB). Die gesetzlichen Regelungen zur Stellvertretung (§§ 164 ff. BGB) finden Anwendung.[32]

14   Die von dem Unternehmer unterzeichnete Urkunde mit der Wettbewerbsabrede muss darüber hinaus dem Handelsvertreter ausgehändigt werden. Diese Wirksamkeitsvoraussetzung soll sicherstellen, dass der Handelsvertreter volle Kenntnis über die von ihm eingegangene Beschränkung hat.[33]

15   Der Zugang der Urkunde iSd § 130 Abs. 1 S. 1 BGB reicht nicht aus,[34] der Handelsvertreter muss tatsächlich Besitz an der Urkunde erlangen. Die Beweislast über die Aushändigung der Urkunde liegt beim Unternehmer. Daher bietet es sich an, entweder zwei

---

[27] BGH BeckRS 2012, 23594.
[28] BGH BeckRS 2012, 23594 Rn. 28 ff.; so auch Ebenroth/Boujong/Joost/Strohn/Löwisch Rn. 12.
[29] OLG Düsseldorf BB 1962, 731; Oetker/Busche Rn. 17; MüKoHGB/Ströbl Rn. 36.
[30] OLG Köln VersR 2003, 642 f.; MüKoHGB/Ströbl Rn. 22; Heymann/Froitzheim Rn. 8; Westphal, Neues Handelsvertreterrecht, 183.
[31] OLG Düsseldorf HVR Nr. 1081; Oetker/Busche Rn. 14; aA Ebenroth/Boujong/Joost/Strohn/Löwisch Rn. 11.
[32] OLG Düsseldorf BB 1962, 731; Baumbach/Hopt/Hopt Rn. 14.
[33] MüKoHGB/Ströbl Rn. 40; Emde Rn. 27; Röhricht/Graf v. Westphalen/Thume Rn. 11; BeckOK HGB/Lehmann Rn. 12 f.
[34] Emde Rn. 27.

seitens des Unternehmers unterzeichnete Exemplare an den Handelsvertreter zu schicken mit dem Hinweis, dass ein Exemplar unterzeichnet an den Unternehmer zurück gesandt werden soll und das zweite Exemplar für die Unterlagen des Handelsvertreters bestimmt ist oder bei Erstunterzeichnung durch den Handelsvertreter ein vom Unternehmer gegengezeichnetes Exemplar per Einschreiben oder per Boten/Kurier dem Handelsvertreter zuzuleiten mit entsprechender Bestätigung des Boten/Kuriers. Die Bestätigung und Korrespondenz ist dann für Beweiszwecke zu verwahren. Kann der Unternehmer den Zugang der Urkunde beweisen, gilt zugunsten des Unternehmers die widerlegbare Vermutung, dass die Urkunde dem Handelsvertreter ausgehändigt wurde.[35] Ein späterer Verlust der Urkunde durch den Handelsvertreter hat keine Auswirkung auf die Wirksamkeit der Wettbewerbsabrede. Soweit in der Literatur ausgeführt wird, dass es dem Erfordernis der Aushändigung dann nicht genügt, wenn der Unternehmer dem Handelsvertreter die Urkunde zur Unterzeichnung mit dem Verlangen übermittelt, die Urkunde nach Unterzeichnung zurückzusenden,[36] kann dies nur gelten, wenn dem Handelsvertreter nur ein Exemplar zugeleitet wird. Wenn der Unternehmer jedoch zwei Exemplare an den Handelsvertreter zur Unterzeichnung übermittelt und zur Rücksendung eines der Exemplare auffordert, sind die Wirksamkeitsvoraussetzungen erfüllt. Unbeschadet davon, ob der Handelsvertreter auch sein eigenes Exemplar unterzeichnet oder nicht, hat der Handelsvertreter die Möglichkeit der Kenntnisnahme der nachvertraglichen Beschränkung seiner Tätigkeit.

Die Urkunde muss alle Vereinbarungen im Zusammenhang mit der Wettbewerbsabrede **16** enthalten,[37] ausgenommen sind lediglich die Details zur Entschädigungsregelung, da die Verpflichtung zur Zahlung einer Entschädigung sich direkt aus Abs. 1 S. 3 ergibt.[38] Ist allerdings in der Urkunde geregelt, dass keine Entschädigung zu zahlen ist, ist dieser Ausschluss gemäß § 90a Abs. 1 S. 3 und Abs. 4 HGB iVm § 134 BGB nichtig. Ob es sich dabei nur um eine Teilnichtigkeit gemäß § 139 BGB handelt oder ob dies zur Gesamtnichtigkeit führt, ist im Einzelfall zu prüfen. Im Regelfall wird man wohl nur dann von einer Gesamtnichtigkeit ausgehen, wenn der Handelsvertreter nur in sehr geringem Umfang beschränkt und deshalb der Ausschluss der Entschädigung vereinbart wurde. In diesem Fall hätte der Unternehmer im Zweifel auf das Wettbewerbsverbot insgesamt verzichtet, anstatt eine Entschädigung zu zahlen. Für diese Wertung spricht auch, dass der Ausschluss der Entschädigung und der Umfang der Wettbewerbsabrede regelmäßig eine Einheit bilden.[39]

3. Dauer. Gemäß Abs. 1 S. 2 darf die Wettbewerbsabrede für eine maximale Dauer von **17** zwei Jahren ab Beendigung des Handelsvertretervertrages vereinbart werden. Kürzere nachvertragliche Wettbewerbsabreden sind zulässig.[40] Es kommt dabei nicht auf die Dauer an, für welche sich die Wettbewerbsabrede auswirkt oder darauf, ob der Handelsvertreter überhaupt nach Vertragsbeendigung gewerblich tätig wird. Daher haben Krankheit oder Arbeitslosigkeit des Handelsvertreters keine Auswirkungen auf die Höchstdauer. Selbst wenn die Wettbewerbsabrede nur für bestimmte Monate oder besondere Zeiträume im Jahr vereinbart wird, verlängert dies nicht die Höchstdauer von zwei Jahren ab Vertragsbeendigung. Bis zu der Entscheidung des BGH von 2012 (→ Rn. 10) wurde stets vertreten, dass nach Beendigung des Handelsvertretervertrages die Parteien aber auch eine mehr als zwei Jahre dauernde Wettbewerbsabrede treffen oder nach Ablauf der zwei Jahre eine erneute Wettbewerbsabrede treffen können, da § 90a (→ Rn. 10) nicht anwendbar ist. Seit der

---

[35] Emde Rn. 27.
[36] MüKoHGB/Ströbl Rn. 40; Emde Rn. 27; Röhricht/v. Westphalen/Thume Rn. 11; Küstner/Thume VertriebsR-HdB I Kap. X Rn. 55.
[37] MüKoHGB/Ströbl Rn. 37.
[38] OLG Düsseldorf BB 1962, 731; OLG Nürnberg BB 1960, 1261; Staub/Emde Rn. 27; Ebenroth/Boujong/Joost/Strohn/Löwisch Rn. 25.
[39] MüKoHGB/Ströbl Rn. 39.
[40] MüKoHGB/Ströbl Rn. 25; BeckOK HGB/Lehmann Rn. 11.

neuen Entscheidung aus 2012[41] müssen besondere Gründe oder berechtigte Interessen vorliegen, um eine über die Dauer von zwei Jahren hinausgehende Wettbewerbsabrede zu rechtfertigen. Eine während der Laufzeit des Handelsvertretervertrages vereinbarte Pflicht, die Wettbewerbsabrede zu verlängern, ist unwirksam. Wird die Wettbewerbsabrede für eine Dauer von mehr als zwei Jahren vereinbart, ist die Wettbewerbsabrede gemäß Abs. 4 unwirksam. Stattdessen gilt die gesetzliche Zweijahresfrist.[42]

18   Die Wettbewerbsabrede kann vor Ablauf der vereinbarten Dauer enden, zB durch Verzicht (→ Rn. 36 ff.), bei Betriebsein- oder -umstellung des Unternehmers oder bei Tod des Handelsvertreters, wenn die Handelsvertretung nicht auf einen Rechtsnachfolger übergeht.[43] Wird die Handelsvertretung durch den Rechtsnachfolger weitergeführt, gilt auch die Wettbewerbsabrede im Zweifel fort. Auch durch die Insolvenz kann die Wettbewerbsabrede enden. Im Fall der Insolvenz des Unternehmers erlischt der Handelsvertretervertrag (§ 116 InsO) mit der Eröffnung des Insolvenzverfahrens über das Vermögen des Unternehmers. Die Wettbewerbsabrede kann aber gemäß § 103 InsO zunächst bestehen bleiben. Die entstandene Karenzentschädigung des Handelsvertreters ist dann eine einfache Insolvenzforderung.[44] Der Handelsvertreter kann in diesem Fall aber gemäß Abs. 3 auf die Wettbewerbsabrede verzichten.[45] Ist der Handelsvertretervertrag schon beendet, hat der Insolvenzverwalter das ihm nach § 103 InsO zustehende Wahlrecht auf Fortbestand der Wettbewerbsabrede (§ 103 Abs. 1 InsO) gegen Zahlung der Karenzentschädigung als Masseverbindlichkeit gemäß § 55 InsO oder Ablehnung der Erfüllung (§ 103 Abs. 2 InsO). In letzterem Fall kann der Handelsvertreter die Karenzentschädigung nur als Schadensersatzforderung anmelden[46] und nach Abs. 3 auf die Wettbewerbsabrede verzichten. Im Falle der Eröffnung des Insolvenzverfahrens über das Vermögen des Handelsvertreters verbleibt es bei der Wettbewerbsabrede und der Entschädigungspflicht.[47] Ein Verzicht durch den Unternehmer ist nur möglich, wenn der Handelsvertretervertrag noch nicht beendet war. In diesem Fall kann der Unternehmer gemäß Abs. 2 auf die Wettbewerbsabrede verzichten und ist nach Ablauf der Frist von der Pflicht zur Zahlung der Karenzentschädigung frei (→ Rn. 36 ff.).

19   **4. Gegenstand der Wettbewerbsabrede.** Die Beschränkung des Handelsvertreters muss sich auf dessen Tätigkeit während der Vertragslaufzeit beziehen.[48] So darf sich die Wettbewerbsabrede nur auf den Kundenkreis und den Bezirk beziehen, welche dem Handelsvertreter während der Vertragslaufzeit zugewiesen sind. Diese Eingrenzung auf den Bezirk und Kundenkreis ist mit der Neufassung des § 90a im Jahr 1989[49] eingeführt worden. Der Begriff des Bezirks ist weit auszulegen; der Handelsvertreter muss also nicht Bezirksvertreter gemäß § 87 Abs. 2 sein.[50] Die Zuweisung eines räumlich abgrenzbaren Vertragsgebietes ist bereits ausreichend, mit der Folge, dass die Wettbewerbsabrede sich auch nur auf dieses Vertragsgebiet beziehen darf. Der Handelsvertreter darf daher nicht beschränkt werden, in anderen Gebieten oder in Bezug auf andere Kundengruppen, die nicht Gegenstand des Handelsvertretervertrages gewesen sind, in Wettbewerb mit dem Unternehmer zu treten. Dies hat bei kleinen Vertragsgebieten zur Folge, dass der Handels-

---

[41] BGH BeckRS 2012, 23594.

[42] Staub/Emde Rn. 30; Ebenroth/Boujong/Joost/Strohn/Löwisch Rn. 27; Heymann/Froitzheim Rn. 12; MüKoHGB/Ströbl Rn. 25.

[43] Oetker/Busche Rn. 41; MüKoHGB/Ströbl Rn. 26.

[44] BGH GmbHR 2009, 1332 m. Bespr. Haupt GWR 2009, 456; Ebenroth/Boujong/Joost/Strohn/Löwisch Rn. 51.

[45] Emde/Kelm ZIP 2005, 58 (62).

[46] LAG Nürnberg NZI 2015, 290; Emde/Kelm ZIP 2005, 58 (62); BGH 8.10.2009 – IX ZR 61/06, BeckRS 2009, 29120.

[47] Ebenroth/Boujong/Joost/Strohn/Löwisch Rn. 51.

[48] Oetker/Busche Rn. 1.

[49] Gesetz zur Durchführung der EG-Richtlinie zur Koordinierung des Rechts der Handelsvertreter v. 23.10.1989, BGBl. I 1910.

[50] MüKoHGB/Ströbl Rn. 31.

vertreter trotz der Wettbewerbsabrede in Wettbewerb zum Unternehmer tritt. Er kann aber zumindest nicht auf seine eigenen Kunden zugehen, da der Handelsvertreter für den eigenen Bezirk durch das Wettbewerbsverbot beschränkt ist.

Schwierig wird die Begrenzung der Wettbewerbsabrede, wenn sich das Vertragsgebiet im **20** Lauf der Vertragslaufzeit ändert, insbesondere verkleinert oder der Handelsvertreter in wechselnden Bezirken tätig wird.[51] Bei wechselnden Bezirken erscheint es angemessen, auf das Gesamtgebiet abzustellen.[52] Hier ist besondere Sorgfalt bei der Formulierung der Wettbewerbsabrede erforderlich, damit der Umfang der Wettbewerbsabrede klar definiert ist. Bei einer Verkleinerung des Vertragsgebiets muss auf den Einzelfall abgestellt werden. So wäre eine Erstreckung der Wettbewerbsabrede auf das Gesamtgebiet unangemessen, wenn die Verkleinerung des Vertragsgebiets schon mehrere Jahre zurück liegt. Gleichermaßen wäre eine Beschränkung auf das letzte Gebiet nicht interessengerecht, wenn die Verkleinerung erst kurz vor Beendigung des Handelsvertretervertrages erfolgt ist. Bei der Interessenabwägung sollte auch die Häufigkeit berücksichtigt werden, in der ein Kunde wieder Produkte oder Dienstleistungen bezieht. In den entsprechenden Änderungsvereinbarungen zur Verkleinerung des Vertragsgebiets sollte daher auch eine Regelung zu der Wirkung der Verkleinerung des Vertragsgebiets auf die Wettbewerbsabrede aufgenommen werden (→ Rn. 23).

Weiterhin darf die Wettbewerbsabrede sich nur auf solche Gegenstände beziehen, hin- **21** sichtlich derer der Handelsvertreter sich während der Laufzeit des Handelsvertretervertrages um die Vermittlung oder den Abschluss von Geschäften für den Unternehmer bemüht hat (Abs. 1 S. 2). Auch hier ist der Wortlaut weit auszulegen. Es werden daher nicht nur Produkte erfasst, sondern auch Dienstleistungen, soweit die vertragliche Tätigkeit des Handelsvertreters sich auf diese Dienstleistungen bezogen hat. Bei Bausparkassen- und Versicherungsvertretern wird die Wettbewerbsabrede durch die relevante Sparte, für die der Bausparkassen- oder Versicherungsvertreter Geschäfte vermittelt hat, begrenzt.[53]

In welcher Art der Handelsvertreter mit dem Unternehmer in Wettbewerb tritt, ist nicht **22** beschränkt. Dem Handelsvertreter kann jede gewerbliche Tätigkeit in dem betroffenen Gebiet oder im Hinblick auf die betroffenen Kundengruppen verboten werden, unabhängig davon, ob er als Handelsvertreter, als Vertragshändler oder auf sonstige Weise, zB als Teilhaber oder Berater eines Wettbewerbers, tätig wird.

Auf die Formulierung der Wettbewerbsabrede ist im Hinblick auf ihren genauen Gegen- **23** stand insbesondere bei Standardverträgen besonderes Augenmerk zu richten. Formulierungen, die „nicht klar und verständlich" sind, verstoßen gegen das Transparenzgebot gemäß § 307 Abs. 1 S. 1 iVm S. 2 BGB und sind unwirksam.[54] Das Transparenzgebot verpflichtet den Unternehmer „den Regelungsgehalt der Klausel möglichst klar, und überschaubar darzustellen" und „die tatbestandlichen Voraussetzungen und Rechtsfolgen so genau beschreiben, dass [..] keine ungerechtfertigten Beurteilungsspielräume entstehen."[55] Dabei ist bei der Bewertung der Transparenz auf den Empfängerhorizont, dh auf die Erwartungen und Erkenntnismöglichkeiten des durchschnittlichen Handelsvertreters, abzustellen.[56]

5. Karenzentschädigung. Gemäß Abs. 1 S. 3 hat der Handelsvertreter Anspruch auf **24** eine angemessene Entschädigung (sog. „Karenzentschädigung") für die Dauer der Wettbewerbsabrede. Die Entschädigung ist kein Schadensersatz, es handelt sich bei der Entschädigung um eine Gegenleistung des Unternehmers dafür, dass der Handelsvertreter für die Dauer der Wettbewerbsabrede es unterlässt, mit dem Unternehmer in Wettbewerb zu

---

[51] MüKoHGB/Ströbl Rn. 33.
[52] MüKoHGB/Ströbl Rn. 33; Küstner/Thume VertriebsR-HdB I Kap. X Rn. 64.
[53] MüKoHGB/Ströbl Rn. 34; Küstner/Thume VertriebsR-HdB I Kap. X Rn. 63; Ankele DB 1989, 2211 (2213); aA Baumbach/Hopt/Hopt Rn. 17.
[54] BGH BKR 2016, 79 Rn. 22 = ZVertriebsR 2016, 26 (28).
[55] BGH BKR 2016, 79 Rn. 22 = ZVertriebsR 2016, 26 (28); BGH ZVertriebsR 2015, 243 mWN.
[56] BGH BKR 2016, 79 Rn. 22 = ZVertriebsR 2016, 26 (28); BGH NJW-RR 2011, 1144.

treten.[57] Die Entschädigung als Gegenleistung verfolgt daher auch einen anderen Zweck als der Ausgleichsanspruch des Handelsvertreters gemäß § 89b HGB. Der Ausgleichsanspruch ist eine Vergütung des Handelsvertreters für den Aufbau eines Kundenstamms, den der Unternehmer nach Beendigung des Handelsvertretervertrages weiter nutzen kann.[58] Auf Grund der unterschiedlichen Rechtsnatur bestehen der Anspruch auf Karenzentschädigung und der Ausgleichsanspruch nebeneinander.

25   Anders als beim Handlungsgehilfen ist die Wirksamkeit der Wettbewerbsabrede nicht davon abhängig, dass die Parteien eine Entschädigung vereinbart haben. In § 74 Abs. 2 HGB heißt es ausdrücklich: „Das Wettbewerbsverbot ist nur verbindlich, wenn sich der Prinzipal verpflichtet, für die Dauer des Verbots eine Entschädigung zu zahlen, die für jedes Jahr des Verbots mindestens die Hälfte der von dem Handlungsgehilfen zuletzt bezogenen vertragsmäßigen Leistungen erreicht." Da das Gesetz dem Handelsvertreter einen Entschädigungsanspruch gewährt, bedarf es keiner entsprechenden Vereinbarung durch die Parteien.[59] Aus diesem Grund sind Wettbewerbsabreden zumindest in Individualvereinbarungen auch wirksam, wenn die Parteien keine Entschädigungsregelung vereinbart haben oder, je nach Einzelfall, sogar dann, wenn die Zahlung einer Entschädigung ausdrücklich ausgeschlossen wurde. Hat der Unternehmer keine Kenntnis von dem Entschädigungsanspruch oder ging er davon aus, dass keine Entschädigung zu zahlen ist, kann er die Vereinbarung über die Wettbewerbsabrede nicht wegen Irrtums (§ 119 Abs. 1 BGB) anfechten.[60] Auch die Regeln über den Dissens (§§ 154, 155 BGB) sind nicht anwendbar.

26   Bei Standardverträgen kann aber das Transparenzgebot gemäß § 307 Abs. 1 S. 1 BGB die ausdrückliche Vereinbarung einer Karenzentschädigung erfordern. Der BGH hat zwar in seiner jüngsten Entscheidung offen gelassen, ob die Wettbewerbsabrede wegen des Fehlens einer Regelung zur Karenzentschädigung nach § 307 Abs. 1 S. 2 BGB unwirksam ist; er hat aber gefordert, dass der Unternehmer aufgrund des Transparenzgebots nicht nur den genauen Umfang der Wettbewerbsabrede klar und verständlich darstellen muss, sondern den Handelsvertreter auch über „die tatbestandlichen Voraussetzungen und Rechtsfolgen" aufklären muss.[61]

27   **a) Angemessenheit der Entschädigung.** Die Karenzentschädigung muss angemessen sein. Anders als beim Handlungsgehilfen, dessen Entschädigung mindestens die Hälfte der letzten vertraglichen Vergütung beträgt (§ 74 Abs. 2 HGB), gibt das Gesetz beim Handelsvertreter lediglich vor, dass die Entschädigung angemessen sein muss. Die genaue Höhe wird im Regelfall durch die Parteien festgelegt. Ist keine Festlegung durch die Parteien erfolgt oder ist die vereinbarte Entschädigung unangemessen, kann die angemessene Entschädigung gemäß § 287 ZPO gerichtlich bestimmt werden. Ist die vereinbarte Entschädigung unangemessen hoch, bleibt es bei der zwischen den Parteien vereinbarten Entschädigung, es sei denn die Wettbewerbsabrede wurde von dem Handelsvertreter gestellt und ist nach den Regelungen der §§ 307 ff. BGB unwirksam. Ist die Entschädigung unangemessen niedrig, ist eine angemessene Entschädigung zu zahlen.[62]

28   Die Angemessenheit ist auf der Grundlage der folgenden Gesichtspunkte zu ermitteln: Die Entschädigung ist ein Ausgleich für den Verzicht von Wettbewerbsaktivitäten. Die dadurch entstehenden Nachteile sollen durch die Entschädigung ausgeglichen werden.[63] Die Entschädigung soll aber nicht zu einem unangemessenen Gewinn des Handelsvertreters

---

[57] BGHZ 63, 353 (355) = NJW 1975, 388 (389); BGHZ 59, 387 (390) = NJW 1973, 144; BAG DB 1968, 577 (579); Baumbach/Hopt/Hopt Rn. 18; MüKoHGB/Ströbl Rn. 46; Oetker/Busche Rn. 21; BeckOK HGB/Lehmann Rn. 15.

[58] BGH NJW 1984, 2102 (2103); 1982, 2819.

[59] OLG Karlsruhe VersR 1973, 857 (859); OLG Düsseldorf BB 1962, 731; OLG Nürnberg BB 1960, 1261.

[60] Staub/Emde Rn. 37; Baumbach/Hopt/Hopt Rn. 18.

[61] BGH BKR 2016, 79 Rn. 20 und 22 = ZVertriebsR 2016, 26 (27 f.).

[62] BGHZ 63, 353 (355) = NJW 1975, 388; MüKoHGB/Ströbl Rn. 47; Staub/Emde Rn. 40.

[63] MüKoHGB/Ströbl Rn. 48 mwN.

führen. Es gilt daher, die Nachteile für den Handelsvertreter wegen des Wettbewerbsverbots einerseits und die Vorteile des Unternehmers durch die Unterlassung der Wettbewerbstätigkeit andererseits gegeneinander abzuwägen.[64] Maßgeblich für die Bewertung der Angemessenheit ist der Zeitpunkt, zu dem die Wettbewerbsabrede Wirkung entfaltet und die Entschädigung erstmals zu zahlen ist. Dabei spielen die folgenden Kriterien eine Rolle: die Möglichkeit des Handelsvertreters, eine anderweitige Tätigkeit auszuüben, der wirtschaftliche Verlust, den der Handelsvertreter erleidet, zB auch, weil er ein Angebot eines Wettbewerbers des Unternehmers ausschlagen muss, die bisherige Vergütung des Handelsvertreters, die wirtschaftliche Absicherung des Handelsvertreters insgesamt sowie die Bedeutung der Wettbewerbsabrede für den Unternehmer.[65] Im Falle einer Kündigung aus wichtigem Grund durch den Unternehmer (Abs. 3, → Rn. 42) ist das Verhalten des Handelsvertreters, welches Anlass für die Kündigung war, idR bei der Bewertung der Angemessenheit zu berücksichtigen. Dieses Verhalten kann dann zu einer Minderung der Entschädigung führen.[66]

Einkommensvorteile oder -nachteile oder ersparte Aufwendungen und Kosten, die auf **29** Grund der persönlichen Situation des Handelsvertreters nach Vertragsbeendigung entstehen, sind nicht zu berücksichtigen.[67] Auch der Ausgleichsanspruch gemäß § 89b bleibt ohne Belang, da dieser eine andere Leistung des Handelsvertreters vergütet (→ Rn. 24 u. § 89b).

b) Berücksichtigung eines anderweitigen Verdienstes. Unklar ist, ob der anderwei- **30** tig vom Handelsvertreter erzielte Verdienst bei der Bemessung der Entschädigung zu berücksichtigen ist. Beim Handlungsgehilfen ist in § 74c Abs. 1 S. 1 ausdrücklich geregelt, dass ein anderweitiger Erwerb im Rahmen der Angemessenheit der Entschädigung zu berücksichtigen ist. Eine solche Regelung fehlt für den Handelsvertreter. Da § 90a das Wettbewerbsverbot und die Karenzentschädigung für den Handelsvertreter abschließend regelt, ist eine analoge Anwendung des § 74c Abs. 1 S. 1 nicht zulässig.[68] Allerdings wird ein anderweitiger Verdienst idR im Rahmen der Angemessenheit der Entschädigung berücksichtigt, wenn die wirtschaftliche Lage des Handelsvertreters und das verfügbare Einkommen zur Absicherung des Handelsvertreters ermittelt wird, da ein unangemessener Gewinn des Handelsvertreters vermieden werden soll.[69]

c) Entstehung des Anspruchs auf Entschädigung. Wann der Anspruch auf die Ent- **31** schädigung entsteht, ist gesetzlich nicht geregelt. Da die Entschädigung als Ausgleich für die Unterlassung von Wettbewerbsaktivitäten nach Vertragsende geleistet wird und der Handelsvertreter erst nach Vertragsende zur Unterlassung gemäß § 90a verpflichtet ist, kann der Anspruch auf Entschädigung auch erst mit der Beendigung des Handelsvertretervertrages entstehen.[70] Verzichtet der Unternehmer bei einer ordentlichen Kündigung mehr als sechs Monate vor der Beendigung des Handelsvertretervertrages (Abs. 2) oder bei einer Kündigung aus wichtigem Grund wegen schuldhaften Verhaltens des Handelsvertreters innerhalb eines Monats ab Kündigung (Abs. 3) auf die Wettbewerbsabrede, ist der Handelsvertreter nicht durch die nachvertragliche Wettbewerbsabrede gebunden. Demzufolge entsteht auch kein Anspruch auf Entschädigung.

---

[64] BGHZ 63, 353 (355 f.) = NJW 1975, 388 (389); Ordemann BB 1965, 932 (933); MüKoHGB/Ströbl Rn. 48; Heymann/Froitzheim Rn. 18; Röhricht/v. Westphalen/Thume Rn. 14.
[65] MüKoHGB/Ströbl Rn. 49; Ebenroth/Boujong/Joost/Strohn/Löwisch Rn. 37; Küstner/Thume VertriebsR-HdB I Kap. X Rn. 88 ff. mwN.
[66] Ebenroth/Boujong/Joost/Strohn/Löwisch Rn. 40.
[67] BGHZ 63, 355 (356) = NJW 1975, 388 (389); Ebenroth/Boujong/Joost/Strohn/Löwisch Rn. 37; mit Vorbehalt zu ersparten Aufwendungen auch Baumbach/Hopt/Hopt Rn. 20.
[68] BGHZ 63, 353 (355) = NJW 1975, 388 (389); MüKoHGB/Ströbl Rn. 50.
[69] BGHZ 63, 353 (355 f.) = NJW 1975, 388 (389); BAG AP GewO § 133f Nr. 23; Ordemann BB 1965, 932 (934); Baumbach/Hopt/Hopt Rn. 20; Oetker/Busche Rn. 26; ausf. hierzu MüKoHGB/Ströbl Rn. 51.
[70] BFH DB 1970, 664; MüKoHGB/Ströbl Rn. 55; Heymann/Froitzheim Rn. 16.

32   **d) Fälligkeit der Entschädigung.** Das Gesetz enthält keine ausdrückliche Regelung, wann die Entschädigung zur Zahlung fällig ist. Aus Abs. 3 kann auf eine Zahlung der Entschädigung in monatlichen Raten geschlossen werden. Abs. 3 berechtigt den kündigenden Vertragspartner zur Lossagung vom Wettbewerbsverbot innerhalb eines Monats. Wäre die Entschädigung als Ganzes sofort mit der Beendigung des Handelsvertretervertrages zur Zahlung fällig, müsste der kündigende Unternehmer die ganze Entschädigung zahlen, obwohl er sich ggf. von der Wettbewerbsabrede lossagt. Dies würde zu einem unangemessenen Risiko für den Unternehmer führen. Folgt man dieser Auffassung nicht, gelten die allgemeinen Regeln zur Fälligkeit gemäß § 271 Abs. 1 BGB, wonach die gesamte Entschädigung sofort fällig ist.[71] Als Argument wird auch angeführt, dass dies sachgerecht sei, da der Handelsvertreter als selbstständiger Kaufmann auf die Einmalzahlung angewiesen sei, um sich eine neue Existenz aufzubauen.[72] In der Praxis wird die Entschädigung regelmäßig in Raten bezahlt. Da es keine eindeutige Regelung zur Fälligkeit gibt, sollten die Parteien eine vertragliche Regelung zur Fälligkeit der Entschädigung in den Handelsvertretervertrag aufnehmen. Abs. 4 steht der Vereinbarung einer Fälligkeit, in Raten oder durch eine Einmalzahlung, nicht entgegen, da es gerade keine eindeutige Regelung zur Fälligkeit gibt.

33   **e) Verjährung des Anspruchs auf Entschädigung.** Der Anspruch auf die Entschädigung unterliegt der regelmäßigen Verjährung gemäß § 195 BGB.[73] Bei einer Zwangsvollstreckung in das Vermögen des Handelsvertreters unterliegt der Anspruch auf Entschädigung den Pfändungsschutzvorschriften gemäß § 850i ZPO.[74]

34   **f) Art und Weise der Entschädigung.** Die Entschädigung wird in der Praxis durch Zahlung eines Geldbetrages geleistet. Dies ist jedoch nicht zwingend. Der Wortlaut des Abs. 1 S. 3, wonach eine Entschädigung zu „zahlen" ist, ist nicht im engen Wortsinn zu verstehen; die Entschädigung kann daher auch in Sachwerten oder durch andere wirtschaftliche Vorteile geleistet werden.[75]

35   Die Entschädigung bemisst sich unter anderem (→ Rn. 28 f.) anhand des Bruttoentgelts und enthält die Umsatzsteuer.[76]

IV. Verzicht auf Wettbewerbsabrede

36   Gemäß Abs. 2 kann der Unternehmer bis zur Beendigung des Handelsvertretervertrages auf das Wettbewerbsverbot verzichten. Mit der Erklärung des Verzichts wird der Handelsvertreter sofort mit dem Zugang der Verzichtserklärung von seiner Wettbewerbsbeschränkung frei. Für den Unternehmer endet die Verpflichtung zur Zahlung der Entschädigung erst nach Ablauf von sechs Monaten ab der Erklärung. Verzichtet der Unternehmer zB drei Monate vor Beendigung des Handelsvertretervertrages auf die Wettbewerbsabrede, dann beginnt mit Beendigung des Handelsvertretervertrages die Pflicht zur Zahlung der Entschädigung. Drei Monate nach Vertragsbeendigung, dh sechs Monate nach der Erklärung des Verzichts, endet die Pflicht zur Zahlung der Entschädigung. Der Handelsvertreter ist auf Grund des Verzichts nach Beendigung des Vertrages nicht an eine Wettbewerbsbeschränkung gebunden. Ein für die Dauer des Handelsvertretervertrages geltendes Wettbewerbsverbot wird von dem Verzicht nicht berührt.

37   Der Verzicht muss schriftlich erklärt werden. Erfolgt der Verzicht unter Verstoß gegen die Form oder ist er aus sonstigen Gründen unwirksam, zB weil er erst nach Beendigung des Vertrages erklärt wird, kann die Erklärung ein Angebot zum Abschluss eines Auf-

---

[71] So MüKoHGB/Ströbl Rn. 55; Baumbach/Hopt/Hopt Rn. 18.
[72] Staub/Emde Rn. 47; MüKoHGB/Ströbl Rn. 53.
[73] MüKoHGB/Ströbl Rn. 56; Baumbach/Hopt/Hopt § 87 Rn. 52.
[74] MüKoHGB/Ströbl Rn. 56; Baumbach/Hopt/Hopt § 74b Rn. 2 mit Verweis auf § 850 Abs. 3a ZPO.
[75] BGH NJW 1962, 1346; MüKoHGB/Ströbl Rn. 52; Küstner/Thume VertriebsR-HdB I Kap. X Rn. 105.
[76] BGHZ 63, 353 (359) = NJW 1975, 388 (390); MüKoHGB/Ströbl Rn. 53.

hebungsvertrages sein (§ 140 BGB).[77] Auch ein Teilverzicht ist möglich,[78] zB nur in Bezug auf bestimmte Vertragsgebiete oder Produkte. Bei dem Verzicht handelt es sich um eine einseitige empfangsbedürftige Willenserklärung. Ist sie einmal abgegeben worden und dem Handelsvertreter zugegangen, kann sie nicht mehr zurückgenommen werden. In einem solchen Fall kann der Verzicht nur noch durch Anfechtung (§§ 119 oder 123 BGB) oder durch eine einvernehmliche Vereinbarung zwischen den Parteien beseitigt werden.[79] Der Verzicht ist bedingungsfeindlich. Ein Ausschluss des Verzichts zu Lasten des Unternehmers kann vereinbart werden, da dies für den Handelsvertreter keine Nachteile bringt und daher Abs. 4 nicht entgegensteht.[80]

Eine einvernehmliche Aufhebung der Wettbewerbsabrede ist jederzeit möglich (§ 311 **38** Abs. 1 BGB). Die einvernehmliche Aufhebung bedarf keiner besonderen Form, soweit nicht der Handelsvertretervertrag eine besondere Form vorschreibt. Sieht der Handelsvertretervertrag vor, dass Änderungen des Handelsvertretervertrages schriftlich erfolgen müssen, muss eine Aufhebung der Wettbewerbsabrede, welche eine Änderung des Handelsvertretervertrages darstellt, schriftlich erfolgen.

V. Kündigung des Handelsvertretervertrages aus wichtigem Grund

Kündigt eine Vertragspartei den Handelsvertretervertrag aus wichtigem Grund wegen **39** schuldhaften Verhaltens der anderen Vertragspartei, kann sich die kündigende Vertragspartei durch schriftliche Erklärung innerhalb eines Monats nach der Kündigung von dem Wettbewerbsverbot lossagen (Abs. 3). Die kündigende Vertragspartei hat die Wahl, ob sie an dem Wettbewerbsverbot festhalten will oder nicht.[81] Diese Regelung wurde 1998 neu eingeführt. Die frühere Regelung, nach der der Unternehmer von der Zahlung der Entschädigung frei wurde, der Handelsvertreter aber weiterhin an das Wettbewerbsverbot gebunden war, war verfassungswidrig.[82]

Das Recht zur Lossagung besteht nicht, wenn der Handelsvertretervertrag zwar aus **40** wichtigem Grund gekündigt wird, aber kein schuldhaftes Verhalten der anderen Vertragspartei vorliegt. Aus diesem Grund ist auch keine Lossagung im Falle einer ordentlichen Kündigung oder bei einer einvernehmlichen Aufhebung des Vertrages möglich. Eine Ausnahme besteht allerdings dann, wenn der Handelsvertretervertrag zwar durch eine ordentliche Kündigung gekündigt oder einvernehmlich aufgehoben wurde, aber ausreichende Gründe für eine Kündigung aus wichtigem Grund wegen schuldhaften Verhaltens der anderen Vertragspartei vorlagen. In diesem Fall besteht ein vergleichbares Bedürfnis der betroffenen Vertragspartei, sich von der Wettbewerbsabrede zu lösen. Daher ist in solchen Fällen Abs. 3 analog anzuwenden.[83] Ansonsten würde die Vertragspartei, die nicht von der Kündigung aus wichtigem Grund Gebrauch macht und stattdessen ordentlich kündigt oder einer einvernehmlichen Aufhebung zustimmt, schlechter gestellt werden. Ist eine Kündigung unwirksam, entfaltet auch die frist- und formgerechte Lossagung keine Wirkung. Kommt es allerdings zu einer Wiederholungskündigung, kann eine erneute Lossagungserklärung entbehrlich sein.[84]

Die Kündigung kann neben den in Abs. 3 geregelten Rechtsfolgen auch zu den all- **41** gemeinen Rechtsfolgen, wie Verlust des Ausgleichsanspruchs für den Handelsvertreter bei Kündigung durch den Unternehmer (§ 89b HGB) und Schadensersatzansprüchen wegen Pflichtverletzung (§ 280 BGB) führen.

---

[77] Baumbach/Hopt/Hopt Rn. 23; MüKoHGB/Ströbl Rn. 59, 61.
[78] MüKoHGB/Ströbl Rn. 59; Heymann/Froitzheim Rn. 23.
[79] Baumbach/Hopt/Hopt Rn. 23.
[80] MüKoHGB/Ströbl Rn. 59.
[81] Begr. RegE, BT-Drs. 1/3856, 38; Oetker/Busche Rn. 35.
[82] BVerfG NJW 1990, 1469.
[83] Oetker/Busche Rn. 36.
[84] BAG NJW 1999, 1885 f.; Oetker/Busche Rn. 37; MüKoHGB/Ströbl Rn. 69.

42   **1. Kündigung und Lossagung durch den Unternehmer.** Kündigt der Unternehmer den Handelsvertretervertrag aus wichtigem Grund wegen schuldhaften Verhaltens des Handelsvertreters, kann der Unternehmer wählen, ob der Handelsvertreter an das nachvertragliche Wettbewerbsverbot gegen Zahlung der Entschädigung gebunden sein soll oder ob er lieber eine Wettbewerbstätigkeit des Handelsvertreters zulässt und dadurch von der Zahlung einer Entschädigung frei wird. Bei der Bestimmung der angemessenen Entschädigung kann das Verhalten des Handelsvertreters, welches Anlass für die Kündigung war, regelmäßig zu einer Minderung der Entschädigung führen.[85]

43   **2. Kündigung und Lossagung durch den Handelsvertreter.** Kündigt der Handelsvertreter aus wichtigem Grund wegen schuldhaften Verhaltens des Unternehmers, kann der Handelsvertreter entscheiden, ob er lieber an das Wettbewerbsverbot gebunden ist und eine angemessene Entschädigung erhält oder ob er nach Vertragsbeendigung lieber in seiner Betätigung frei sein möchte. Die Monatsfrist gibt dem Handelsvertreter eine Bedenkzeit. Solange er sich aber nicht von der Wettbewerbsabrede losgesagt hat, darf er keiner Wettbewerbstätigkeit nachgehen. Es kommt dabei auf den Zugang der Erklärung an. Für diese Zeit erhält er auch die ihm gesetzlich zustehende Entschädigung.

44   Soweit die Vertragsparteien keine Regelung zur Fälligkeit der Entschädigung getroffen haben (→ Rn. 32), wird der Unternehmer regelmäßig versuchen, bis zur Erklärung durch den Handelsvertreter die Zahlung der Entschädigung zu verzögern. Ansonsten läuft der Unternehmer Gefahr, dass die Entschädigung bereits bezahlt ist, der Handelsvertreter sich dann von der Wettbewerbsabrede lossagt und bei Rückforderung der zu viel gezahlten Entschädigung durch den Unternehmer mit Schadensersatzansprüchen gegen den Unternehmer wegen der Kündigung aufrechnet.

45   **3. Form und Frist der Lossagung.** Die Erklärung zur Lossagung ist ebenso wie der Verzicht eine einseitige empfangsbedürftige Willenserklärung. Die Lossagung muss schriftlich erfolgen (Abs. 3).

46   Die Lossagung muss innerhalb von einem Monat nach Zugang der Kündigungserklärung gegenüber der anderen Vertragspartei erklärt werden. Das Gesetz gewährt der kündigenden Vertragspartei durch die Monatsfrist eine Bedenkzeit und schützt sie vor übereilten Entscheidungen. Da bereits die Kündigung aus wichtigem Grund unverzüglich erfolgen muss, kann die kündigende Partei nach der Kündigung noch einmal bewerten, ob ein Festhalten an dem Wettbewerbsverbot günstig ist oder nicht. Die Monatsfrist trägt aber auch den Interessen der anderen Vertragspartei an einer schnellen Klärung der Rechte und Pflichten Rechnung.[86]

47   Bei einer analogen Anwendung von Abs. 3 (→ Rn. 40) auf die Fälle einer ordentlichen Kündigung oder einer einvernehmlichen Aufhebung des Handelsvertretervertrages beginnt die Monatsfrist mit dem Zugang der Kündigungserklärung bzw. mit dem Zugang der Erklärung beider Vertragsparteien zur Aufhebung des Handelsvertretervertrages.[87]

VI. Verbot abweichender Vereinbarungen

48   Zum Schutz des Handelsvertreters dürfen keine abweichenden Vereinbarungen zu seinen Lasten getroffen werden. Das Gesetz geht davon aus, dass der Handelsvertreter regelmäßig die schwächere Vertragspartei ist und daher eines besonderen Schutzes bedarf.[88] Dieses Schutzbedürfnis besteht, solange der Handelsvertreter an den Unternehmer gebunden ist und unter bestimmten Voraussetzungen auch noch nach Beendigung des Handelsvertreter-

---

[85] Oetker/Busche Rn. 37.
[86] Begr. RegE, BT-Drs. 1/3856, 38.
[87] Oetker/Busche Rn. 38; MüKoHGB/Ströbl Rn. 67.
[88] Begr. RegE, BT-Drs. 1/3856, 37.

vertrages.[89] Die Wertung des Abs. 4 gilt unabhängig davon, ob und in welchem Umfang ein Handelsvertreter schutzwürdig ist.[90]

Von Abs. 4 erfasst werden alle für den Handelsvertreter im Vergleich zur gesetzlichen **49** Regelung nachteiligen Vereinbarungen. Vereinbarungen zum Vorteil des Handelsvertreters und damit ggf. zum Nachteil des Unternehmers fallen nicht unter das Verbot des Abs. 4. Beispiele für nachteilhafte Vereinbarungen für den Handelsvertreter sind die Verpflichtung zur Rückzahlung von während der Vertragslaufzeit verdienten Provisionen oder Inkassopauschalen,[91] die Vereinbarung, dass die während der Vertragslaufzeit gezahlten Provisionen Vorauszahlungen für die Karenzentschädigung darstellen (Vorwegerfüllung),[92] der Vorbehalt zugunsten des Unternehmers, erst zu einem späteren Zeitpunkt, zB nach Vertragsende oder bis zu sechs Monate vor Vertragsbeendigung, über das Wettbewerbsverbot zu entscheiden[93] sowie der Verlust des Entschädigungsanspruchs bei gleichzeitigem Erhalt der Wettbewerbsabrede, wenn der Unternehmer den Handelsvertretervertrag wegen schuldhaftem Verhalten des Handelsvertreters aus wichtigem Grund kündigt.[94] Keine unzulässigen Abweichungen iSv Abs. 4 sind der Ausschluss des Verzichts auf die Wettbewerbsabrede gemäß Abs. 2 zu Lasten des Unternehmers[95] oder die Vereinbarung einer konkreten Entschädigung bei Vertragsschluss (solange sie nicht unangemessen niedrig ist).[96] Soweit § 90a keine Regelung enthält, können die Parteien ergänzende Vereinbarungen treffen. Diese unterliegen dann nur den allgemeinen Grenzen gemäß §§ 138, 242, 307 ff. BGB. So kann zB die Zahlung der Karenzentschädigung in Raten oder die Zahlung einer Vertragsstrafe bei Verstoß gegen das Wettbewerbsverbot vereinbart werden, da § 90a dazu keine Regelungen enthält (→ Rn. 32).

Ein Verstoß gegen die Vorgaben in § 90a Abs. 1 S. 2 HGB, zB weil die Wettbewerbs **50** abrede zu weit geht in Bezug auf das Gebiet oder den Gegenstand, führt durch das Verbot in § 90a Abs. 4 HGB gemäß § 134 BGB zur Nichtigkeit des Teils der Wettbewerbsabrede, der gegen die Vorgaben verstößt. Die Wettbewerbsabrede bleibt aber in den Grenzen des § 90a wirksam, dh die Wettbewerbsabrede wird in die „gesetzlichen Schranken zurückgeführt".[97] Damit soll sichergestellt werden, dass nur die zum Nachteil des Handelsvertreters abweichenden Regelungen nichtig sind, ansonsten aber die zum Schutz des Handelsvertreters festgelegten Bestimmungen weiterhin gelten, zB der Anspruch auf Entschädigung gemäß § 90a Abs. 1 S. 3 HGB. § 139 BGB ist auch bei anderweitiger Vereinbarung der Parteien nicht anwendbar.[98]

An die Stelle der nichtigen Bestimmungen tritt die gesetzliche Regelung.[99] Dies hat zur **51** Folge, dass zB eine zu weit gehende gebietsmäßige Beschränkung auf das zulässige Gebiet begrenzt wird.[100] Gleichermaßen wird eine unzulässig lange Wettbewerbsabrede auf die zulässige Dauer von zwei Jahren begrenzt,[101] der Ausschluss einer Entschädigung oder die Vereinbarung einer zu niedrigen Entschädigung führt zum Anspruch auf Zahlung einer

---

[89] BGH BB 2012, 3098.

[90] BGHZ 53, 89 (92) = NJW 1970, 420 f.; BGHZ 51, 184 (188) = NJW 1969, 504 (505).

[91] BGHZ 59, 387 (390) = NJW 1973, 144; MüKoHGB/Ströbl Rn. 73.

[92] BGHZ 59, 387 (390 f.) = NJW 1973, 144 f.; Ebenroth/Boujong/Joost/Strohn/Löwisch Rn. 61; Oetker/Busche Rn. 44; aA Blomberg VersR 1968, 328 (330); Martin VersR 1968, 117 (123).

[93] Oetker/Busche Rn. 44; Ebenroth/Boujong/Joost/Strohn/Löwisch Rn. 61.

[94] Oetker/Busche Rn. 44; aA zum früheren Recht BGH BB 1984, 235 (236); OLG Düsseldorf BB 1962, 731; OLG München NJW 1956, 1323 f.

[95] MüKoHGB/Ströbl Rn. 74.

[96] MüKoHGB/Ströbl Rn. 74; Oetker/Busche Rn. 44.

[97] BGH BB 2012, 3098 Rn. 31.

[98] BGHZ 40, 235 (239) = NJW 1964, 350; Oetker/Busche Rn. 45; Ebenroth/Boujong/Joost/Strohn/ Löwisch Rn. 58.

[99] BGH BB 2012, 3098; BGHZ 40, 235 (239) = NJW 1964, 350; Ebenroth/Boujong/Joost/Strohn/ Löwisch Rn. 58; Oetker/Busche Rn. 45.

[100] BGH BB 2012, 3098 Rn. 33.

[101] BGH BB 2012, 3098 Rn. 32; BGHZ 40, 235 (239) = NJW 1964, 350; BGHZ 59, 387 (391); OLG München BB 1963, 1194; 1963, 1194; Baumbach/Hopt/Hopt Rn. 31; MüKoHGB/Ströbl Rn. 25, 75.

angemessenen Entschädigung (→ Rn. 25 f.).[102] Es handelt sich folglich bei Abs. 4 um eine gesetzlich geregelte geltungserhaltende Reduktion.[103] Anders als beim Handlungsgehilfen gemäß § 75d hat der Handelsvertreter kein Wahlrecht, ob er sich mit den entsprechenden rechtlichen Folgen an das Wettbewerbsverbot halten möchte oder nicht.[104] Hält der Handelsvertreter sich an ein zu langes, gilt das Wettbewerbsverbot nur für zwei Jahre und der Handelsvertreter hat keinen Anspruch auf Entschädigung für den Zeitraum, der über die zwei Jahre hinaus geht.

VII. Verstoß gegen Wettbewerbsabrede

52　　Ein Verstoß gegen die Wettbewerbsabrede kann sowohl durch den Handelsvertreter als auch durch den Unternehmer erfolgen.

53　　**1. Verstoß durch den Handelsvertreter.** Verstößt der Handelsvertreter gegen die Wettbewerbsabrede, verliert er für die Dauer des Verstoßes und für die Zeit, in der der Verstoß Auswirkungen zeigt, den Anspruch auf Entschädigung.[105] Auch eine fehlende Einigung über eine angemessene Entschädigung berechtigt den Handelsvertreter nicht, im Gegenzug gegen die Wettbewerbsabrede zu verstoßen.[106] In einem solchen Fall muss der Handelsvertreter den Anspruch auf eine angemessene Entschädigung im Rahmen einer Klage geltend machen. Darüber hinaus haftet er dem Unternehmer nach den allgemeinen Vorschriften (§ 280 Abs. 1 BGB) wegen Pflichtverletzung auf Schadensersatz. Typische Fälle sind die Umgehung des Wettbewerbsverbots durch Einschalten eines Dritten, zB der Ehefrau[107] oder durch Gründung einer Scheinfirma.[108] Auch die andauernde Pflege der Kundenbeziehungen stellt eine Pflichtverletzung dar.[109] Für die Bemessung des Schadens muss der Unternehmer nachweisen, welcher Schaden kausal entstanden ist. Hier kann der durch die Pflichtverletzung erzielte Umsatz herangezogen werden.[110] Dem Unternehmer steht insoweit gemäß § 242 BGB ein Auskunftsanspruch gegen den Handelsvertreter zu.[111] Verstößt die pflichtverletzende Handlung gegen die Vorschriften des UWG, insbesondere gegen §§ 3 ff. UWG, können dem Unternehmer auch die Rechte aus §§ 8 und 9 UWG zustehen.[112]

54　　Der Unternehmer kann beim Verstoß des Handelsvertreters gegen die Wettbewerbsabrede auch gemäß § 323 BGB von der Wettbewerbsabrede zurücktreten. Dies wird in der Praxis dann für den Unternehmer von Interesse sein, wenn er selbst an der Einhaltung der Wettbewerbsabrede durch den Handelsvertreter kein Interesse mehr hat, zB weil er sein Geschäft eingestellt hat oder die Wettbewerbtätigkeit des Handelsvertreters für den Unternehmer keine echte Konkurrenz darstellt.

55　　Zusätzlich kann der Handelsvertreter dem Unternehmer auf Grund vertraglicher Ansprüche haften, zB wenn die Parteien für den Fall der Verletzung der Wettbewerbsabrede eine Vertragsstrafe vereinbart haben.[113] Während die Vereinbarung einer Vertragsstrafe in den allgemeinen Grenzen zulässig ist, ist bei der Vereinbarung weitergehender Strafen

---

[102] BGHZ 59, 387 (389) = NJW 1973, 144; BAG NJW 1964, 1641 (1643); OLG Nürnberg BB 1960, 1261.

[103] BGH BB 2012, 3098 Rn. 33 f.; Oetker/Busche Rn. 45; MüKoHGB/Ströbl Rn. 77.

[104] Oetker/Busche Rn. 45; Gaul/Khanian MDR 2006, 181 (183).

[105] BGH NJW 1964, 1641 (1643); VersR 1960, 398 (399); MüKoHGB/Ströbl Rn. 79.

[106] LG München ZVertriebsR 2017, 310 (312) entschieden im Hinblick auf einen Franchisenehmer analog § 90a HGB.

[107] BGH BB 1970, 1374; OLG Celle DB 1971, 865; Oetker/Busche Rn. 28; MüKoHGB/Ströbl Rn. 81.

[108] OLG Hamm NJW-RR 1987, 1114; Ebenroth/Boujong/Joost/Strohn/Löwisch Rn. 53; MüKoHGB/Ströbl Rn. 80; Oetker/Busche Rn. 28.

[109] OLG Nürnberg BB 1961, 729 f.; Oetker/Busche Rn. 28.

[110] Heymann/Froitzheim Rn. 20; Oetker/Busche Rn. 28.

[111] Oetker/Busche Rn. 28.

[112] Oetker/Busche Rn. 28.

[113] BGH WM 1992, 829 (830 f.); BAG DB 1968, 1360 f. LG München ZVertriebsR 2017, 310 bezogen auf Franchisevertrag.

Vorsicht geboten. So ist zB die Verpflichtung zur Rückzahlung früherer Provisionen idR zumindest in Standardverträgen gemäß § 307 Abs. 1 S. 2 BGB nicht wirksam.[114] Die Parteien können jedoch bei der Bemessung der Vertragsstrafe die früheren Provisionszahlungen berücksichtigen. Für den Fall einer drohenden Verletzung durch den Handelsvertreter, zB weil der Unternehmer von der geplanten Gründung eines Konkurrenzunternehmens Kenntnis erlangt oder weil der Handelsvertreter eine Wettbewerbstätigkeit glaubhaft angedroht hat, kann der Unternehmer eine einstweilige Verfügung beantragen.

2. Verstoß durch den Unternehmer. Kommt der Unternehmer seiner Zahlungsver- **56** pflichtung nicht nach, kann der Handelsvertreter auf Erfüllung klagen.[115] Zusätzlich hat er einen Anspruch auf Ersatz eines etwa durch die verspätete Auszahlung der Karenzentschädigung entstandenen Schadens. Der Handelsvertreter kann auch nach §§ 280, 323 BGB gegen den Unternehmer vorgehen,[116] er darf aber nicht gegen sein Wettbewerbsverbot verstoßen. Ein solches Verhalten geht über das nach § 320 BGB zulässige Verhalten hinaus.[117] Erst wenn der Handelsvertreter gemäß § 323 BGB von der Wettbewerbsabrede zurückgetreten ist, ist er nicht mehr an die Wettbewerbsabrede gebunden.[118] Kommt der Unternehmer seiner Zahlungspflicht nicht nach, kann die Durchsetzung einer Vertragsstrafe bei Verstoß des Handelsvertreters gegen die Wettbewerbsabrede eine unzulässige Rechtsausübung sein.[119]

3. Beweislast. Es gelten die allgemeinen Regeln zur Beweislast. Will der Unternehmer **57** auf der Grundlage der Wettbewerbsabrede vorgehen, muss er das Vorliegen der Wettbewerbsabrede und den Verstoß durch den Handelsvertreter beweisen. Behauptet der Handelsvertreter, dass die Wettbewerbsabrede nicht (mehr) besteht, ist er für den Verzicht des Unternehmers auf die Wettbewerbsabrede und andere zum Wegfall des Wettbewerbsverbots führende Umstände beweispflichtig.[120]

Will der Handelsvertreter eine Entschädigung auf der Grundlage einer Wettbewerbs- **58** abrede, muss er für die Durchsetzung des gesetzlichen Entschädigungsanspruchs das Bestehen der Wettbewerbsabrede beweisen. Er ist auch für die Höhe der Entschädigung beweispflichtig. Macht der Unternehmer geltend, dass er auf die Wettbewerbsabrede verzichtet (Abs. 2), sich losgesagt hat (Abs. 3) oder aus anderen Gründen keine Entschädigung zu zahlen ist, dann muss wiederum der Unternehmer für den Verzicht, die Lossagung oder die anderen Umstände, die zum Wegfall der Entschädigungspflicht führen, den Beweis erbringen.[121]

B. Vertragshändler

I. Allgemeines

§ 90a kann unter Beachtung der kartellrechtlichen Bestimmungen (→ Rn. 61 ff.) analog **59** auf Vertragshändlerverträge angewendet werden, wenn die Interessenlage des Vertragshändlers mit der des Handelsvertreters vergleichbar ist. Dies setzt eine vergleichbare Eingliederung in die Absatzorganisation, eine vergleichbare Interessenwahrungspflicht während der Vertragslaufzeit und ein vergleichbares Schutzbedürfnis voraus (→ Vor § 84 Rn. 36 ff.).[122] In jedem Einzelfall muss dies geprüft werden, insbesondere, ob die Schutz-

---

[114] BGHZ 59, 387 (389 ff.) = NJW 1973, 144 f. zum alten Recht; Oetker/Busche Rn. 28.
[115] Baumbach/Hopt/Hopt Rn. 22.
[116] MüKoHGB/Ströbl Rn. 79; Oetker/Busche Rn. 29.
[117] Oetker/Busche Rn. 29.
[118] Ebenroth/Boujong/Joost/Strohn/Löwisch Rn. 42; Oetker/Busche Rn. 29; aA zum alten Recht OLG Karlsruhe DB 1971, 572 (573).
[119] BAG NJW 1964, 1641.
[120] Oetker/Busche Rn. 30.
[121] Oetker/Busche Rn. 30.
[122] BGH NJW-RR 1987, 612 (613); OLG München BB 1963, 1194; Oetker/Busche Rn. 46.

funktion des § 90a sachlich gerechtfertigt ist. Häufig wird es an einer vergleichbaren Verpflichtung zur Interessenwahrung und dem vergleichbaren Schutzbedürfnis fehlen. Anders als beim Handelsvertreter gibt es beim Vertragshändler kein vertragsimmanentes Wettbewerbsverbot. Einem Vertragshändler ist nur bei entsprechender vertraglicher Vereinbarung eine Wettbewerbstätigkeit während der Vertragslaufzeit verboten.

II. Anforderungen an das nachvertragliche Wettbewerbsverbot

60   Soweit die Analogievoraussetzungen vorliegen, wird auf die einzelnen Voraussetzungen und Anforderungen des § 90a zum Handelsvertretervertrag verwiesen. Allerdings sind beim Vertragshändlervertrag das Schriftformerfordernis (Abs. 1 S. 1) und die Entschädigungspflicht (Abs. 1 S. 3) auf Grund des geringeren Schutzbedürfnisses eines Vertragshändlers regelmäßig nicht zwingend.

61   Unabhängig davon, ob § 90a auf Vertragshändler Anwendung findet, sind beim Vertragshändler die kartellrechtlichen Rahmenbedingungen zu beachten. Anders als der Handelsvertreter, der Geschäfte zwischen dem Unternehmer und dem Kunden vermittelt, verkauft der Vertragshändler in eigenem Namen und auf eigene Rechnung, wird damit als selbstständiger Wirtschaftsteilnehmer tätig und unterfällt daher dem Kartellrecht. Soweit es sich bei einem Wettbewerbsverbot um eine Wettbewerbsbeschränkung handelt (→ GWB § 1 Rn. 1 ff., → AEUV Art. 101 Rn. 1 ff.), muss das nachvertragliche Wettbewerbsverbot den deutschen und europäischen kartellrechtlichen Anforderungen entsprechen. Die kartellrechtlichen Anforderungen gehen den Anforderungen des § 90a vor. Es empfiehlt sich daher, das nachvertragliche Wettbewerbsverbot im Einklang mit den Bestimmungen der Vertikal-Gruppenfreistellungsverordnung („Vertikal-GVO")[123] zu vereinbaren. Danach muss das nachvertragliche Wettbewerbsverbot

     – sich auf Waren oder Dienstleistungen beziehen, die mit den Vertragsprodukten oder den vertraglichen Dienstleistungen in Wettbewerb stehen,

     – sich auf die Räumlichkeiten und Grundstücke beschränken, von denen aus der Vertragshändler während der Laufzeit des Vertragshändlervertrages seine Geschäfte betrieben hat,

     – unerlässlich sein, um das Know-how des Unternehmers zu schützen und

     – auf eine maximale Laufzeit von einem Jahr nach Vertragsbeendigung beschränkt sein.[124]

62   Alle vorgenannten Anforderungen müssen erfüllt sein. Soweit die Marktanteile des Unternehmers und des Vertragshändlers 30 % nicht übersteigen und der Vertragshändlervertrag keine schwerwiegenden Wettbewerbsbeschränkungen enthält, wie zB Preisbindungen, Gebiets- und Kundenkreisbeschränkungen (Art. 5 Vertikal-GVO → Vertikal-GVO Rn. 156 ff.), sind nachvertragliche Wettbewerbsverbote im Einklang mit den vorgenannten Anforderungen regelmäßig zulässig. Für detaillierte Ausführungen zu den kartellrechtlichen Anforderungen s. die Ausführungen zu § 1 GWB, Art. 101 AEUV und zur Vertikal-GVO (→ Vertikal-GVO Rn. 289 ff.).

63   Da das Wettbewerbsverbot auf die Räumlichkeiten und Grundstücke beschränkt sein muss, von denen aus der Vertragshändler während der Vertragslaufzeit tätig war und nur zulässig ist, soweit dies für den Schutz des vom Unternehmer dem Vertragshändler zur Verfügung gestellten Know-hows unerlässlich ist, ist ein nachvertragliches Wettbewerbsverbot in einem Vertragshändlervertrag in der Praxis selten.

III. Rechtsfolgen bei Verstoß gegen die gesetzlichen Anforderungen

64   Verstößt ein zwischen dem Unternehmer und dem Vertragshändler vereinbartes Wettbewerbsverbot gegen die kartellrechtlichen Vorschriften, ist das Wettbewerbsverbot von

---

[123] Verordnung (EU) Nr. 2022/720 der Kommission vom 10.5.2022 über die Anwendung des Artikel 5, 101 Absatz 3 des Vertrags über die Arbeitsweise der Europäischen Union auf Gruppen von vertikalen Vereinbarungen und abgestimmten Verhaltensweisen.
[124] Art. 5 Abs. 1a) Vertikal-GVO.

Anfang an nichtig.[125] Außerdem können die Kartellbehörden Bußgelder verhängen. Darüber hinaus können Dritten Schadensersatzansprüche zustehen.

C. Franchisenehmer

I. Allgemeines

Nachvertragliche Wettbewerbsverbote sind in Franchiseverhältnissen üblich, da der Franchisegeber dem Franchisenehmer besonderes Know-how zur Verfügung stellt und daher ein besonderes Interesse daran hat, dass der Franchisenehmer nach Vertragsbeendigung nicht für einen Wettbewerber tätig wird. § 90a kann unter Beachtung der kartellrechtlichen Bestimmungen (→ Rn. 66 ff.), analog auf Franchisenehmer angewendet werden, wenn die Interessenlage des Franchisenehmers mit der des Handelsvertreters vergleichbar ist.[126] Dies setzt eine vergleichbare Eingliederung in die Absatzorganisation, eine vergleichbare Interessenwahrungspflicht während der Vertragslaufzeit und ein vergleichbares Schutzbedürfnis voraus (Analogievoraussetzungen von Billing).[127]

Bei Franchiseverträgen gilt jedoch die Besonderheit, dass das Wettbewerbsverbot auf das Spezifische des Franchisesystems beschränkt sein muss. So darf dem Franchisenehmer nicht die Wettbewerbstätigkeit insgesamt untersagt werden, sondern nur „die illoyale Verwertung von Arbeitsergebnissen aus der gemeinsamen Tätigkeit".[128] Das nachvertragliche Wettbewerbsverbot darf also nicht dazu führen, dass dem Franchisenehmer die Erwerbstätigkeit in dem von dem Franchisegeber tätigen Bereich untersagt wird, sondern lediglich die Nutzung des während der Vertragsdauer erlernten und die Verwendung des entsprechenden Know-hows.[129]

Verstößt der Franchisenehmer gegen die Wettbewerbsabrede und verlangt der Franchisegeber Schadensersatz, stellen die vor der Vertragsbeendigung gezahlten Franchisegebühren keinen Schaden dar.[130] Sofern § 90a analog anwendbar ist, hat der Franchisenehmer keinen Anspruch auf Karenzentschädigung, wenn er gegen die Wettbewerbsabrede verstößt, auch wenn die vereinbarte Karenzentschädigung unangemessen ist. In einem solchen Fall muss der Franchisenehmer den Anspruch auf eine angemessene Entschädigung notfalls im Rahmen einer Klage geltend machen.[131]

II. Anforderungen an das nachvertragliche Wettbewerbsverbot

Anders als der Handelsvertreter, der Geschäfte zwischen dem Unternehmer und dem Kunden vermittelt, verkauft der Franchisenehmer im Regelfall in eigenem Namen und auf eigene Rechnung und wird damit als selbstständiger Wirtschaftsteilnehmer tätig. Aus diesem Grund sind die kartellrechtlichen Vorschriften beim Franchisenehmer relevant. Die kartellrechtlichen Anforderungen gehen den Anforderungen des § 90a vor. Diese enthalten besondere Regelungen für nachvertragliche Wettbewerbsverbote. Die kartellrechtlichen Anforderungen gelten jedoch nur, wenn es sich bei dem nachvertraglichen Wettbewerbsverbot um eine Wettbewerbsbeschränkung iSd § 1 GWB oder Art. 101 AEUV handelt. Der EuGH hat in seiner Pronuptia-Entscheidung[132] festgehalten, dass ein nachvertragliches Wettbewerbsverbot für eine angemessene Zeit nach Vertragsbeendigung notwendig ist, um einen wirksamen Schutz des Know-hows des Franchisegebers sicherzustellen und daher

65

66

67

[125] § 134 BGB; Art. 101 Abs. 2 AEUV.
[126] LG München ZVertriebsR 2017, 310 (311).
[127] BGH NJW-RR 1987, 612 (613); OLG München BB 1963, 1194; Oetker/Busche Rn. 46.
[128] OLG Hamm 28.4.2009 – 4 U 13/09, BeckRS 2009, 19334.
[129] BGH NJW 2005, 3061; 1997, 3089.
[130] LG München ZVertriebsR 2017, 310 (312) mit weiteren Ausführungen zu Vereinbarung einer Vertragsstrafe und Anspruch auf Karenzentschädigung bei Verstoß gegen Wettbewerbsabrede.
[131] LG München ZVertriebsR 2017, 310 (312).
[132] EuGH GRUR-Int 1986, 193 (195).

auch keine Wettbewerbsbeschränkung iSd Art. 101 AEUV[133] darstellt. Die Rechtslage ist in Deutschland entsprechend.

68   Ein nachvertragliches Wettbewerbsverbot darf sich nur auf Produkte beziehen, die mit den Vertragsprodukten oder –dienstleistungen in Wettbewerb stehen. Weiterhin muss es auf das vom Franchisenehmer abgedeckte Gebiet beschränkt sein. Außerdem muss das Wettbewerbsverbot unerlässlich sein, um das Know-how zu schützen. Handelt es sich bei dem franchisespezifischen Know-how überwiegend um allgemeine Handelstechniken und ist der Franchisenehmer bereits erfahren im Verkauf der relevanten Produkte, dann ist das Wettbewerbsverbot für den Schutz des Know-hows ggf. nicht mehr unerlässlich.[134]

69   Welcher Zeitraum als angemessen betrachtet wird, ist eine Einzelfallentscheidung. In einigen Einzelfreistellungen hat die Europäische Kommission ein einjähriges Wettbewerbsverbot als angemessen erachtet, um zu verhindern, dass der ausgeschiedene Franchisenehmer das Know-how des Franchisegebers und den aufgebauten Kundenstamm zum eigenen Vorteil oder zum Vorteil eines Wettbewerbers des Franchisegebers verwendet.[135] Diese Entscheidungen sowie die in der Vertikal-GVO festgelegte Dauer von einem Jahr sollten als Richtschnur gelten. Es empfiehlt sich daher, die Dauer des Wettbewerbsverbotes auf ein Jahr ab Vertragsbeendigung zu beschränken. Eine längere Dauer als ein Jahr lässt sich nur bei besonderen Umständen rechtfertigen.

70   In der Praxis wird bei Franchiseverträgen das Wettbewerbsverbot entsprechend der Pronuptia-Rechtsprechung keine Wettbewerbsbeschränkung darstellen. Sollte ein nachvertragliches Wettbewerbsverbot als Wettbewerbsbeschränkung iSd § 1 GWB oder Art. 101 AEUV zu qualifizieren sein, empfiehlt es sich, das nachvertragliche Wettbewerbsverbot im Einklang mit den Bestimmungen der Vertikal-GVO zu vereinbaren. Danach muss das Wettbewerbsverbot

    – sich auf Waren oder Dienstleistungen beziehen, die mit den Vertragsprodukten oder den vertraglichen Dienstleistungen in Wettbewerb stehen,
    – sich auf die Räumlichkeiten und Grundstücke beschränken, von denen aus der Franchisenehmer während der Laufzeit des Franchisevertrages seine Geschäfte betrieben hat,
    – unerlässlich sein, um das Know-how des Unternehmers zu schützen und
    – auf eine maximale Laufzeit von einem Jahr nach Vertragsbeendigung beschränkt sein.[136]

71   Alle vorgenannten Anforderungen müssen erfüllt sein. In der Praxis ist es jedoch kaum denkbar, dass ein Wettbewerbsverbot eine Wettbewerbsbeschränkung iSd § 1 GWB oder Art. 101 AEUV darstellt, dann aber gemäß Art. 5 der Vertikal-GVO vom Kartellverbot freigestellt wird, da die von Art. 5 der Vertikal-GVO normierten Voraussetzungen den Anforderungen der Pronuptia-Rechtsprechung entsprechen bzw. sogar noch weiter gehen (Beschränkung auf Räumlichkeiten und Grundstücke).

72   Da das Wettbewerbsverbot auf die Räumlichkeiten und Grundstücke beschränkt sein muss, von denen aus der Franchisenehmer während der Vertragslaufzeit tätig war, wird das Wettbewerbsverbot den Franchisegeber in der Praxis nur selten effektiv vor einer Wettbewerbstätigkeit durch den Franchisenehmer schützen. Für detaillierte Ausführungen zu den kartellrechtlichen Anforderungen s. die Ausführungen zu § 1 GWB, Art. 101 AEUV und zur Vertikal-GVO (→ Vertikal-GVO Rn. 289 ff.).

III. Rechtsfolgen bei Verstoß gegen die gesetzlichen Anforderungen

73   Verstößt ein zwischen dem Franchisegeber und dem Franchisenehmer vereinbartes Wettbewerbsverbot gegen die kartellrechtlichen Vorschriften, ist das Wettbewerbsverbot von

---

[133] Die Entscheidung erging zum praktisch gleichlautenden Art. 81 EG-Vertrag.
[134] KOM ABl. 1989 L 35, 31 Rn. 27 – Charles Jourdan.
[135] Immenga/Mestmäcker/Ellger Vertikal-GVO Art. 5 Rn. 35.
[136] Art. 5 Vertikal-GVO.

Anfang an nichtig.[137] Außerdem können die Kartellbehörden Bußgelder verhängen. Darüber hinaus können Dritten Schadensersatzansprüche zustehen.

D. Kommissionsagent

§ 90a ist regelmäßig analog auf den Kommissionsagenten anwendbar, da die Interessenlage des Kommissionsagenten mit der des Handelsvertreters vergleichbar ist.[138] S. die Ausführungen zum Handelsvertreter (Analogievoraussetzungen von Billing). **74**

§ 91 Vollmachten des Handelsvertreters

(1) § 55 gilt auch für einen Handelsvertreter, der zum Abschluß von Geschäften von einem Unternehmer bevollmächtigt ist, der nicht Kaufmann ist.

(2) ¹Ein Handelsvertreter gilt, auch wenn ihm keine Vollmacht zum Abschluß von Geschäften erteilt ist, als ermächtigt, die Anzeige von Mängeln einer Ware, die Erklärung, daß eine Ware zur Verfügung gestellt werde, sowie ähnliche Erklärungen, durch die ein Dritter seine Rechte aus mangelhafter Leistung geltend macht oder sich vorbehält, entgegenzunehmen; er kann die dem Unternehmer zustehenden Rechte auf Sicherung des Beweises geltend machen. ²Eine Beschränkung dieser Rechte braucht ein Dritter gegen sich nur gelten zu lassen, wenn er sie kannte oder kennen mußte.

A. Handelsvertreter

I. Regelungsgegenstand

Abs. 1 erstreckt den Anwendungsbereich des § 55 – und über § 55 Abs. 1 auch den des § 54 – auf den **Abschlussvertreter,** der für einen nichtkaufmännischen Unternehmer tätig wird (→ §§ 54, 55 Rn. 7). **Abs. 2** fingiert eine begrenzte Vertretungsmacht des **Vermittlungsvertreters** für die Entgegennahme von mängelbezogenen Erklärungen und die Geltendmachung von Beweissicherungsrechten (entsprechende Regelung in § 55 Abs. 4). **1**

Nach seiner **Systematik** ist § 91 eine Ergänzung der §§ 54, 55 und betrifft demnach den Umfang der Vollmacht und nicht deren Erteilung; die Regelung bezieht sich nicht auf das Innenverhältnis zwischen Unternehmer und Handelsvertreter, sondern auf das Außenverhältnis zum Kunden.[1] **2**

Zweck der Regelung ist die Angleichung von Handelsvertretern von Nicht-Kaufleuten und von Kaufleuten und dadurch – wie bei §§ 54, 55 (→ §§ 54, 55 Rn. 2) – der Verkehrsschutz und die Förderung der Leichtigkeit des Handelsverkehrs.[2] Der Sinn des Abs. 1 ist dadurch begründet, dass der Geschäftsverkehr nicht immer erkennen kann, ob der Auftraggeber des Handelsvertreters Kaufmann ist oder nicht.[3] Der für einen nichtkaufmännischen Unternehmer tätige Handelsvertreter tritt gegenüber einem Dritten genauso auf wie ein Handelsvertreter, der für einen Kaufmann Geschäfte abschließt. Für eine unterschiedliche Behandlung dieser beiden Handelsvertreter gegenüber Dritten besteht daher kein Grund.[4] Gleiches gilt für Vermittlungs- und Abschlussvertreter im Hinblick auf die passive Vertretungsmacht für die Entgegennahme von Mängelanzeigen und die aktive Vertretungsmacht bei der Geltendmachung von Beweissicherungsrechten (Abs. 2). **3**

---

[137] § 134 BGB; Art. 101 Abs. 2 AEUV.
[138] BGH NJW-RR 1987, 612 (613); OLG München BB 1963, 1194; Oetker/Busche Rn. 46.
[1] Emde Rn. 2, nach dem die Regelung systematisch besser in §§ 55, 54 getroffen worden wäre.
[2] Oetker/Busche Rn. 1.
[3] Koller/Kindler/Roth/Drüen/Roth Rn. 2.
[4] BT-Drs. 1/3856, 9, 38; Oetker/Busche Rn. 1; MüKoHGB/Ströbl Rn. 3 f.

4   Vom **Anwendungsbereich** der Vorschrift ist jeder Handelsvertreter erfasst, auch der echte Untervertreter (→ § 84 Rn. 72).[5] Der Umfang der Vollmacht des echten Untervertreters kann nicht weiter gehen als der Umfang, den der Unternehmer dem Hauptvertreter eingeräumt hat.[6] Aufgrund der Regelung des § 84 Abs. 4 kann § 91 auch zwischen zwei Nichtkaufleuten gelten.[7]

II. Vertretungsmacht des Abschlussvertreters, Abs. 1

5   Abschlussvertreter iSd § 84 Abs. 1 S. 1 Alt. 2 sind Handelsvertreter, die zum Abschluss von Geschäften im Namen des Unternehmers bevollmächtigt sind. Am Austausch der zum Geschäftsabschluss führenden rechtsgeschäftlichen Erklärungen sind sie unmittelbar beteiligt.[8] Zum Begriff des Abschlussvertreters → § 84 Rn. 52.

6   **1. Keine originäre gesetzliche Vertretungsmacht.** Abs. 1 verleiht nicht originär gesetzliche Vertretungsmacht.[9] Dh, dass ein Handelsvertreter eines nichtkaufmännischen Unternehmers nicht automatisch Abschlussvollmacht hat. Vielmehr ist eine Vollmachtserteilung nach den Regeln des BGB weiterhin erforderlich (→ §§ 54, 55 Rn. 15 ff.).

7   **2. Umfang der Vertretungsmacht.** Der Umfang der Vertretungsmacht bestimmt sich in erster Linie nach der rechtsgeschäftlichen Vollmachtserteilung des Unternehmers. Wird der Umfang der Vollmacht nicht näher bestimmt und ist er auch nicht durch Auslegung zu ermitteln, so wird er positiv nach § 54 Abs. 1 und § 55 Abs. 4 vorgegeben und durch § 55 Abs. 1 iVm § 54 Abs. 2 sowie durch § 55 Abs. 2–4 eingeschränkt. Insofern kann auf die Ausführungen zur Handlungsvollmacht verwiesen werden (→ §§ 54, 55 Rn. 20–44). Der Umfang der Vollmacht wird bei Abschlussvertretern von Kaufleuten und von Nichtkaufleuten identisch bestimmt.[10]

III. Vertretungsmacht des Vermittlungsvertreters, Abs. 2

8   Der Vermittlungsvertreter iSd § 84 Abs. 1 S. 1 Alt. 1 stellt den **Regelfall des Handelsvertreters** dar.[11] Im Gegensatz zum Abschlussvertreter fördert er nur den konkreten Geschäftsabschluss, ist aber kein Handlungsbevollmächtigter nach § 54 und daher nicht berechtigt, im Namen des Unternehmers Geschäfte abzuschließen.[12] Vermitteln liegt vor, wenn der Handelsvertreter durch Einflussnahme auf die Willensbildung des Dritten den Geschäftsabschluss vorbereitet, herbeiführt oder ermöglicht.[13] Zum **Begriff des Vermittlungsvertreters** → § 84 Rn. 48.

9   **1. Gesetzlich begründete Vertretungsmacht.** Im Gegensatz zu § 55 Abs. 4, der auf einer bestehenden Vollmacht des Abschlussvertreters aufsetzt, werden durch Abs. 2 S. 1 die Rechte für den Vermittlungsvertreter originär begründet. Dabei wird regelungstechnisch eine **Vertretungsmacht gesetzlich fingiert,** die nicht auf einer rechtsgeschäftlich erteilten Vollmacht beruht.[14] Die gesetzliche Ermächtigung bezieht sich auch auf fremdvermittelte Geschäfte.[15] Die Regelung des Abs. 2 S. 1 ist abdingbar.[16]

---

[5] Emde Rn. 4.
[6] Ebenroth/Boujong/Joost/Strohn/Löwisch Rn. 4.
[7] Koller/Kindler/Roth/Drüen/Roth Rn. 2.
[8] MüKoHGB/Ströbl Rn. 6.
[9] Oetker/Busche Rn. 3.
[10] Baumbach/Hopt/Hopt Rn. 2.
[11] Küstner/Thume VertriebsR-HdB I Kap. II Rn. 152.
[12] MüKoHGB/Ströbl. 12.
[13] MüKoHGB/Ströbl Rn. 6, 12; Küstner/Thume VertriebsR-HdB I Kap. II Rn. 152.
[14] Oetker/Busche Rn. 6; MüKoHGB/Ströbl Rn. 14.
[15] Oetker/Busche Rn. 8; Baumbach/Hopt/Hopt Rn. 2.
[16] Emde Rn. 21; Koller/Kindler/Roth/Drüen/Roth Rn. 3.

2. Umfang der Vertretungsmacht. Gleichlautend mit § 55 Abs. 4 stattet Abs. 2 **10**
Satz 1 den Vermittlungsvertreter mit einer beschränkten **passiven Empfangsvertre-**
tungsmacht zur Entgegennahme von Mängelanzeigen und mit einer sehr eingeschränkten
aktiven Vertretungsmacht zur Geltendmachung von **Beweissicherungsrechten** aus.[17]
Der Vermittlungsvertreter ist darüber hinaus auch ohne vertragliche oder gesetzliche
Regelung ermächtigt, **Vertragsangebote Dritter entgegenzunehmen,** weil dies einen
notwendigen Bestandteil seiner Vermittlungstätigkeit darstellt.[18] Bezüglich des Umfangs
der begrenzten Vertretungsmacht des Vermittlungsvertreters kann auf die Ausführungen zu
§ 55 Abs. 4 verwiesen werden (→ §§ 54, 55 Rn. 45–48). Der Unternehmer kann den
Umfang der Vollmacht des Vermittlungsvertreters über den in Abs. 2 S. 1 festgelegten
Rahmen hinaus erweitern.

3. Beschränkungen der Vertretungsmacht. Beschränkungen des in Abs. 2 S. 1 fest- **11**
gelegten Umfangs der Vertretungsmacht des Vermittlungsvertreters sind ebenfalls möglich.
Diese muss der Dritte nur dann gegen sich gelten lassen, wenn er die Beschränkung kannte
oder kennen musste (Abs. 2 S. 2). Die Regelung entspricht der des § 54 Abs. 3; daher kann
auf die Ausführungen zur Handlungsvollmacht verwiesen werden (→ §§ 54, 55 Rn. 49–53).

IV. Versicherungsvertreter

Zur Vertretungsmacht des Versicherungsvertreters treffen die §§ 69–73 VVG Sonder- **12**
regelungen. Danach dürfen Versicherungsvertreter auch ohne Abschlussvollmacht Vertrags-
anträge und alle das Versicherungsverhältnis betreffenden Erklärungen (§ 69 Abs. 1 VVG)
sowie iRd § 69 Abs. 2 S. 1 VVG Zahlungen entgegennehmen. Die Beschränkung der
gesetzlichen Vertretungsmacht des Versicherungsvertreters durch AGB ist nach § 72 VVG
gegenüber den Versicherungsnehmern und anderen Dritten unwirksam.

B. Vertragshändler

Auf den Vertragshändler findet § 91 keine analoge Anwendung.[19]   **13**

C. Franchisenehmer

Auf den Franchisenehmer findet § 91 keine analoge Anwendung.[20]   **14**

D. Kommissionsagent

Auf den Kommissionsagenten findet § 91 keine analoge Anwendung.[21]   **15**

§ 91a Mangel der Vertretungsmacht

(1) **Hat ein Handelsvertreter, der nur mit der Vermittlung von Geschäften betraut**
ist, ein Geschäft im Namen des Unternehmers abgeschlossen, und war dem Dritten
der Mangel an Vertretungsmacht nicht bekannt, so gilt das Geschäft als von dem
Unternehmer genehmigt, wenn dieser nicht unverzüglich, nachdem er von dem Han-
delsvertreter oder dem Dritten über Abschluß und wesentlichen Inhalt benachrichtigt
worden ist, dem Dritten gegenüber das Geschäft ablehnt.

---

[17] MüKoHGB/Ströbl Rn. 2.
[18] BGH NJW 1982, 377; Ebenroth/Boujong/Joost/Strohn/Löwisch Rn. 10; Baumbach/Hopt/Hopt Rn. 2.
[19] Emde Rn. 4; Ebenroth/Boujong/Joost/Strohn/Löwisch Rn. 4.
[20] Emde Rn. 4; Ebenroth/Boujong/Joost/Strohn/Löwisch Rn. 4.
[21] Emde Rn. 4; Ebenroth/Boujong/Joost/Strohn/Löwisch Rn. 4.

(2) **Das gleiche gilt, wenn ein Handelsvertreter, der mit dem Abschluß von Geschäften betraut ist, ein Geschäft im Namen des Unternehmers abgeschlossen hat, zu dessen Abschluß er nicht bevollmächtigt ist.**

Übersicht

A. Handelsvertreter

I. Regelungsgegenstand

1   Abs. 1 schafft einen speziellen **handelsrechtlichen Vertrauenstatbestand** in Bezug auf Geschäftsabschlüsse eines dazu nicht berechtigten Vermittlungsvertreters.[1] Abs. 2 erweitert den Anwendungsbereich von Abs. 1 auf den Abschlussvertreter, der den Umfang seiner Vollmacht überschreitet.[2] § 91a stellt einen Anwendungsfall des allgemeinen handelsrechtlichen Grundsatzes aus § 362 Abs. 1 dar, wonach Schweigen als Zustimmung gilt, ohne Rücksicht darauf, ob die dadurch eintretenden Rechtsfolgen dem Willen des Erklärungspflichtigen entsprechen oder nicht.[3]

2   Ihrem **Zweck** nach dient die Regelung, ähnlich wie § 362, dem Verkehrsschutz sowie der Beschleunigung und Erleichterung des Handelsverkehrs.[4] Geschützt ist der gute Glaube des Dritten an die Vollmacht des Handelsvertreters, zum einen an die Existenz einer Abschlussvollmacht als solche (Abs. 1), zum anderen, wenn eine Abschlussvollmacht vorliegt, auch hinsichtlich ihres Umfangs (Abs. 2).[5] Der Schutz des Dritten ist gegenüber dem Schutz des Unternehmers vorrangig, weil der Unternehmer nicht noch nach Ablauf einer angemessenen Prüfungs- und Überlegungsfrist die Möglichkeit haben soll, das von seinem Handelsvertreter abgeschlossene Geschäft unter Hinweis auf dessen fehlende Vertretungsmacht zurückzuweisen.[6]

3   § 91a kehrt die Grundregel des § 177 Abs. 2 BGB um, der für den Ablauf von zwei Wochen nach Aufforderung zur Genehmigung eine Verweigerungsfiktion vorsieht.[7] Dem-

---

[1] Emde Rn. 2.
[2] Baumbach/Hopt/Hopt Rn. 1; MüKoHGB/Ströbl Rn. 22.
[3] Koller/Kindler/Roth/Drüen/Roth Rn. 1, 3; Küstner/Thume VertriebsR-HdB I Kap. II Rn. 158.
[4] Oetker/Busche Rn. 1.
[5] Emde Rn. 2; Koller/Kindler/Roth/Drüen/Roth Rn. 1.
[6] Oetker/Busche Rn. 1; Küstner/Thume VertriebsR-HdB I Kap. II Rn. 163.
[7] Küstner/Thume VertriebsR-HdB I Kap. II Rn. 162.

gegenüber führt Abs. 1 nach Ablauf der unverzüglichen Erklärungsfrist zur Wirkung einer Genehmigung. Das **Verhältnis zu den §§ 177 ff. BGB** ist wie folgt: Abs. 1 verdrängt die §§ 177 ff. BGB nicht, sie bleiben neben ihm anwendbar.[8] Demnach kann der Dritte insbes. auch den Weg über § 177 Abs. 2 BGB gehen und den Unternehmer zur Genehmigung auffordern; er hat insofern ein **Wahlrecht**.[9] Erfüllt aber die Aufforderung nach § 177 Abs. 2 BGB zugleich die Anforderungen an eine Benachrichtigung (→ Rn. 9) iSd Abs. 1, muss der Unternehmer unverzüglich ablehnen, weil § 91a insoweit die speziellere Regelung darstellt. Der Dritte kann darüber hinaus das Geschäft widerrufen (§ 178 BGB), solange noch keine Genehmigung des Unternehmers vorliegt, sei es eine nach § 177 Abs. 1 BGB oder die nach § 91a. Er kann außerdem bei Ablehnung des Geschäfts den Vertreter nach § 179 BGB in Anspruch nehmen.[10] Wenn das **Fehlen der Vertretungsmacht dem Dritten bekannt ist**, er aber dennoch auf die Genehmigung des Unternehmers vertraut, verdient er nicht den Schutz des § 91a. In diesem Fall ist nur § 177 BGB einschlägig, weil das Tatbestandsmerkmal der Unkenntnis des Dritten in Abs. 1 nicht erfüllt ist (→ Rn. 7).[11] Das Geschäft ist dann bis zur Genehmigung durch den Unternehmer schwebend unwirksam (§ 177 Abs. 1 BGB). Nach Aufforderung des Unternehmers zur Genehmigung und Ablauf von zwei Wochen gilt die Verweigerungsfiktion des § 177 Abs. 2 BGB. Wegen § 179 Abs. 3 S. 1 BGB kann der Dritte nicht gegen den Handelsvertreter vorgehen.

II. Vermittlungsvertreter, Abs. 1

Abs. 1 erfasst allein den Vermittlungsvertreter, der nicht über Abschlussvollmacht verfügt, aber dennoch im Namen des Unternehmers ein Geschäft abschließt.[12] **4**

1. Tatbestandliche Voraussetzungen. a) Geschäftsabschluss. Für den erforderlichen Geschäftsabschluss ist die bloße Anbahnung eines Geschäfts nicht ausreichend, vielmehr darf dem Geschäft rechtlich – bis auf die Genehmigung des Unternehmers – nichts mehr fehlen.[13] Folglich erfüllen weder die bloße Entgegennahme eines bindenden Angebots des Dritten,[14] noch der Vertragsschluss unter Vorbehalt der Genehmigung des Unternehmers[15] den Tatbestand des Abs. 1. **5**

Der Anwendungsbereich umfasst die von §§ 55, 54 erfassten Geschäfte, wenn dem Vermittlungsvertreter wirksam Abschlussvollmacht erteilt worden wäre. Denn der Vertrauensschutz des § 91a kann nicht weiter gehen, als wenn eine ausreichende Bevollmächtigung tatsächlich vorläge.[16] Folglich muss es sich gemäß § 54 Abs. 1 um ein **Geschäft** handeln, das der **Betrieb eines derartigen Handelsgewerbes gewöhnlich** mit sich bringt (→ §§ 54, 55 Rn. 28 f.). Der Vertrauensschutz des Abs. 1 umfasst demnach nicht solche Geschäfte, die hinsichtlich Art, Umfang oder Risiko für den betreffenden Betrieb außergewöhnlich sind.[17] **6**

b) Keine positive Kenntnis. Die dem Schutz des Dritten dienende Regelung des Abs. 1 greift nur ein, wenn er auch schutzwürdig ist, namentlich dann, wenn ihm der **Mangel der Vertretungsmacht** zum maßgeblichen Zeitpunkt des Geschäftsabschlusses **nicht positiv bekannt** war.[18] Wegen des klaren Wortlauts des Abs. 1 ist der positiven **7**

[8] Oetker/Busche Rn. 2; MüKoHGB/Ströbl Rn. 20; Ebenroth/Boujong/Joost/Strohn/Löwisch Rn. 20; Röhricht/v. Westphalen/Thume Rn. 2.
[9] MüKoHGB/Ströbl Rn. 20; Ebenroth/Boujong/Joost/Strohn/Löwisch Rn. 20.
[10] Baumbach/Hopt/Hopt Rn. 2; MüKoHGB/Ströbl Rn. 20.
[11] Küstner/Thume VertriebsR-HdB I Kap. II Rn. 163.
[12] Oetker/Busche Rn. 3; zum Vertreter mit Rechtsscheinsvollmacht s. Emde Rn. 32.
[13] Oetker/Busche Rn. 4.
[14] RGZ 60, 187 (188).
[15] MüKoHGB/Ströbl Rn. 6; Oetker/Busche Rn. 4.
[16] Oetker/Busche Rn. 5.
[17] BGH NJW-RR 2006, 1106 (1108).
[18] Röhricht/v. Westphalen/Thume Rn. 3.

Kenntnis das Kennenmüssen (iSv § 122 Abs. 2 BGB und daher selbst bei grob fahrlässiger Unkenntnis) nicht gleichzusetzen.[19]

8   **c) Benachrichtigung des Unternehmers durch den Handelsvertreter oder den Dritten.** Abs. 1 setzt weiter voraus, dass der Unternehmer **durch den Handelsvertreter oder den Dritten** über den Abschluss und wesentlichen Inhalt des Geschäfts benachrichtigt worden ist. Dritter ist dabei nur der Vertragspartner als **Kunde des Unternehmers.**[20] Die Erlangung der Information auf andere Weise als von den genannten Personen oder die Möglichkeit hierzu führt nicht zum Verlust des Ablehnungsrechts,[21] da die Beeinträchtigung der Rechtsstellung des Unternehmers nur auf Basis gesicherter Informationen zu rechtfertigen ist.[22]

9   Die **Benachrichtigung** ist eine **empfangsbedürftige Wissenserklärung** und bedarf keiner besonderen Form.[23] Die tatsächliche Kenntnisnahme von der Benachrichtigung ist nicht erforderlich, der Zugang iSd § 130 BGB analog genügt.[24] Die Benachrichtigung muss den **wesentlichen Inhalt des Geschäfts** enthalten. Der wesentliche Inhalt hängt vom Einzelfall ab und umfasst jedenfalls solche Informationen, die den Unternehmer zu einer Genehmigung oder ihrer Versagung veranlassen können. Dazu gehören zB die Beschreibung von Leistung und Gegenleistung, Ort und Zeit der Leistung sowie Haftungsregeln und etwaige Abweichungen von sonst Üblichem.[25] Eine unvollständige Benachrichtigung erfüllt nicht den Tatbestand des Abs. 1 und kann daher auch nicht seine Rechtsfolgen auslösen.[26] Wenn der Unternehmer auf der Grundlage einer unvollständigen Benachrichtigung das Geschäft zunächst nach § 177 Abs. 1 BGB genehmigt hatte, führt die nachgeholte vollständige Benachrichtigung zu einer Wiedererlangung des Ablehnungsrechts des Unternehmers,[27] weil Abs. 1 gegenüber § 177 BGB die speziellere Regelung ist (→ Rn. 3).

10   **d) keine unverzügliche Ablehnung.** Der Unternehmer muss das Geschäft unverzüglich ablehnen, wenn er es nicht gegen sich gelten lassen möchte. Die **Ablehnung** ist eine **empfangsbedürftige Willenserklärung,** die formlos möglich ist. Sie wird mit ihrem Zugang wirksam, wofür der Unternehmer das Risiko trägt.[28] Zur Übermittlung können Boten oder, bei entsprechender Bevollmächtigung, Vertreter eingeschaltet werden.[29] Die Übermittlungsperson der Ablehnungserklärung kann auch der Vermittlungsvertreter selbst sein, der zuvor noch unberechtigterweise den Vertragsschluss erklärt hatte.[30] Der Unternehmer kann auch die Entscheidung über die Ablehnung dem Handelsvertreter selbst übertragen; insbes. bei einer nachträglichen Veränderung der Umstände erscheint auch dann eine Ablehnung möglich.[31]

11   Als rechtsgestaltende Willenserklärung ist die Ablehnung zwar **unwiderruflich,**[32] unterliegt aber den allgemeinen Regeln zur Anfechtung von Willenserklärungen.[33] Folge einer wirksamen Anfechtung ist, dass der ursprüngliche Schwebezustand wiederhergestellt wird,

---

[19] Emde Rn. 13; MüKoHGB/Ströbl Rn. 8; Ebenroth/Boujong/Joost/Strohn/Löwisch Rn. 7.
[20] Baumbach/Hopt/Hopt Rn. 5.
[21] Ebenroth/Boujong/Joost/Strohn/Löwisch Rn. 11 f.; Röhricht/v. Westphalen/Thume Rn. 4.
[22] BT-Drs. 1/3856, 9, 39.
[23] Emde Rn. 16.
[24] Baumbach/Hopt/Hopt Rn. 5.
[25] BGH NJW-RR 2006, 1106 (1108); Oetker/Busche Rn. 7; Ebenroth/Boujong/Joost/Strohn/Löwisch Rn. 11.
[26] Oetker/Busche Rn. 7; Emde Rn. 17 f.; Baumbach/Hopt/Hopt Rn. 5 f.
[27] Baumbach/Hopt/Hopt Rn. 6; aA Oetker/Busche Rn. 7.
[28] BGH NJW-RR 2006, 1106 (1108); Baumbach/Hopt/Hopt Rn. 7; Ebenroth/Boujong/Joost/Strohn/Löwisch Rn. 16.
[29] Oetker/Busche Rn. 8; MüKoHGB/Ströbl Rn. 12.
[30] Baumbach/Hopt/Hopt Rn. 7.
[31] Baumbach/Hopt/Hopt Rn. 7.
[32] BGH NJW 1989, 1672 (1673); BGHZ 13, 179 (187).
[33] Baumbach/Hopt/Hopt Rn. 7; MüKoHGB/Ströbl Rn. 14; Emde Rn. 24; zum Zwecke des Verkehrsschutzes nur eingeschränkt anfechtbar: Koller/Kindler/Roth/Drüen/Roth Rn. 2; aA Ebenroth/Boujong/Joost/Strohn/Löwisch Rn. 17.

so dass der Unternehmer grundsätzlich neu über die Erteilung der Genehmigung entscheiden kann; die **Anfechtung der Ablehnung** wird zumeist aber zugleich als konkludente Genehmigung auszulegen sein (§ 133 BGB).[34]

Die Ablehnung bedarf gegenüber dem Dritten **keiner Begründung.**[35] Dies gilt auch im   **12**
Verhältnis Unternehmer/Handelsvertreter,[36] weil der Handelsvertreter zu dem von ihm vorgenommenen Geschäftsabschluss gar nicht berechtigt war und daher nicht schutzwürdig ist.

Unverzüglich meint ohne schuldhaftes Zögern iSv § 121 Abs. 1 S. 1 BGB.[37] Die   **13**
Ablehnung muss nicht sofort, sondern mit angemessener Prüfungs- und Überlegungsfrist erfolgen, die aber nicht übermäßig ausgedehnt werden darf, da dies dem Normzweck (Beschleunigung des Handelsverkehrs) zuwider liefe (→ Rn. 2).[38] Man kann sich insofern an der 2-Wochen-Frist in § 177 Abs. 2 S. 2 BGB orientieren. Da § 91a aber zu einer Genehmigungsfiktion und nicht wie § 177 BGB zu einer Verweigerungsfiktion führt (→ Rn. 3), verbietet sich eine starre analoge Anwendung.[39] Vielmehr kommt es auf die Umstände des Einzelfalls an.

2. Rechtsfolge versäumter Ablehnung. a) Verhältnis Unternehmer/Dritter. Bei   **14**
Vorliegen der Voraussetzungen des Abs. 1 gilt im Verhältnis zum Dritten das Geschäft als durch den Unternehmer genehmigt. Zur **Rechtsnatur** dieser Genehmigung → Rn. 18 ff. Die **Rechtsfolge der Genehmigungswirkung** ist unabhängig von dem Grund, warum der Unternehmer nicht reagiert hat.[40] Sie tritt auch bei verspäteter Ablehnungserklärung ein. Im Ergebnis ist das Geschäft damit genau mit dem **Inhalt,** wie durch den Handelsvertreter geschlossen, wirksam. Der Unternehmer muss alle Umstände gegen sich gelten lassen (§ 166 BGB), die der Handelsvertreter kannte oder kennen musste, sofern sie im Rahmen der Verhandlungen liegen.[41]

b) Verhältnis Unternehmer/Handelsvertreter. Durch die Genehmigungswirkung   **15**
wird der Schwebezustand beendet. Das Geschäft ist auch für und gegen den Handelsvertreter mit ex tunc-Wirkung wirksam zustande gekommen, so dass er Anspruch auf **Provision** gemäß § 87 hat.[42]

Dem Unternehmer kann gem. § 280 Abs. 1 BGB ein **Schadensersatzanspruch** zu-   **16**
stehen. Die dafür notwendig Pflichtverletzung des Handelsvertreters kann im Abschluss des Geschäfts ohne Vertretungsmacht[43] oder in der Veranlassung des Unternehmers zur Nichtablehnung des Geschäfts (zB durch mangelnde Information über Nebenabreden) liegen,[44] sofern es aufgrund der mangelnden Information nicht ohnehin schon an der qualifizierten Benachrichtigung iSd Abs. 1 (→ Rn. 9) fehlt.

Die Tatsache, dass der Vertragsschluss letztlich durch Schweigen des Unternehmers   **17**
zustande gekommen ist, lässt die Pflichtverletzung des Handelsvertreters nur entfallen, wenn in dem Schweigen zugleich eine **stillschweigende Genehmigung** liegt.[45] Sofern das

---

[34] MüKoHGB/Ströbl Rn. 14.
[35] MüKoHGB/Ströbl Rn. 12; Ebenroth/Boujong/Joost/Strohn/Löwisch Rn. 15.
[35] Ebenroth/Boujong/Joost/Strohn/Löwisch Rn. 15; aA Oetker/Busche Rn. 8.
[37] Ebenroth/Boujong/Joost/Strohn/Löwisch Rn. 14; Koller/Kindler/Roth/Drüen/Roth Rn. 2.
[38] Oetker/Busche Rn. 9; Emde Rn. 22.
[39] BGH NJW-RR 2006, 1106 (1108) zwei Wochen idR ausreichend; Baumbach/Hopt/Hopt Rn. 8; MüKoHGB/Ströbl Rn. 13.
[40] Koller/Kindler/Roth/Drüen/Roth Rn. 3.
[41] Oetker/Busche Rn. 10.
[42] Oetker/Busche Rn. 10; MüKoHGB/Ströbl Rn. 15, 16; Ebenroth/Boujong/Joost/Strohn/Löwisch Rn. 19; Röhricht/v. Westphalen/Thume Rn. 5; Baumbach/Hopt/Hopt Rn. 9.
[43] Baumbach/Hopt/Hopt Rn. 9.
[44] Emde Rn. 29.
[45] Baumbach/Hopt/Hopt Rn. 9; nach aA entfällt die Pflichtverletzung hier grundsätzlich: Ebenroth/Boujong/Joost/Strohn/Löwisch Rn. 19; Koller/Kindler/Roth/Drüen/Roth Rn. 3 f.; Röhricht/v. Westphalen/Thume Rn. 5; im Einzelfall aber doch für Ersatzansprüche: Oetker/Busche Rn. 10; MüKoHGB/Ströbl Rn. 18.

Schweigen des Unternehmers schuldhaft erfolgte, ist es als **Mitverschulden** iSd § 254 BGB zu berücksichtigen.[46] Ein Mitverschulden liegt aber zB nicht vor, wenn der Unternehmer aus Kulanz gegenüber dem Dritten am Vertrag festhält.[47]

18 **3. Anfechtbarkeit der Genehmigung.** Ob die Genehmigung(-swirkung) angefochten werden kann, hängt maßgeblich von der **Rechtsnatur der Genehmigung** ab: Für die Einordnung des Abs. 1 als **Fiktion** spricht der Wortlaut („gilt").[48] Dem ist entgegen zu halten, dass es denklogisches Merkmal einer Fiktion ist, dass ein Tatbestand unterstellt wird, der in Wirklichkeit nicht vorliegt. Das zu unterstellende Merkmal ist im Falle des Abs. 1 der Erklärungswert des Schweigens. Das bewusste Schweigen kann aber einen positiven Erklärungswert haben, einzelfallabhängig ist es sogar als konkludente Genehmigung iSd § 177 BGB zu sehen; deswegen wird vertreten, dass die Einordung als gesetzliche Fiktion hier nicht passt, sondern Abs. 1 eine **unwiderlegliche Rechtsvermutung** begründet.[49]

19 Vorzugswürdig ist es daher, danach zu **unterscheiden, ob das Schweigen einen Erklärungswert hat:** Sofern das Schweigen bewusst erfolgte und ihm daher ein Erklärungswert beizumessen ist, ist in der Genehmigung eine unwiderlegliche Rechtsvermutung zu sehen. Im Falle des unbewussten Schweigens ist in der Regelung eine Fiktion zu sehen.

20 Danach ist hinsichtlich der **Anfechtbarkeit der Genehmigung** folgendermaßen **zu unterscheiden:** Beruht die Genehmigungswirkung auf **unbewusstem Schweigen,** liegt keine Willenserklärung vor, sondern eine Fiktion.[50] Eine Anfechtung scheidet in diesem Fall aus. Selbst wenn man für den Fall des unbewussten Schweigens eine Anfechtungsmöglichkeit im Grundsatz bejahen wollte,[51] so wird doch idR kein Anfechtungsgrund vorliegen, da der Unternehmer sich keinerlei Vorstellungen gemacht hat, über die er sich geirrt haben könnte.[52]

21 Wenn das **Schweigen bewusst erfolgte,** mit dem Ziel, das Geschäft verbindlich zu machen, dann ist das Geschäft grds. nach den §§ 119 ff. BGB analog **anfechtbar.**[53] Anfechtungsgründe können sich daraus ergeben, dass die Genehmigung auf Willensmängeln beruht, zB ein Eigenschaftsirrtum iSd § 119 Abs. 2 BGB hinsichtlich der Person des Dritten oder des Inhalts des Geschäfts. Die Anfechtungsgründe können insbesondere bei dem am Vertragsschluss direkt beteiligten Handelsvertreter vorliegen, zB wenn er von dem Dritten arglistig getäuscht worden ist (§ 123 Abs. 1 BGB).[54] Die Anfechtung kann aber nicht darauf gestützt werden, dass das Schweigen keine Annahme sein sollte, denn eine solche Anfechtungsmöglichkeit ließe die Regelung des Abs. 1 leer laufen und wäre mit dem Regelungszweck des handelsrechtlichen Verkehrsschutzes nicht in Einklang zu bringen.[55]

22 **4. Beweislast.** Nach den **allgemeinen Beweislastgrundsätzen** trägt der Dritte die Beweislast für das Zustandekommen des Vertrages, wenn er seine Rechte daraus geltend machen will. Der **Dritte** hat demnach die inhaltlich ausreichende Benachrichtigung des Unternehmers, dessen fehlende bzw. verspätete Ablehnungserklärung sowie seine Unkenntnis von der mangelnden Vertretungsmacht zu beweisen.[56] Der **Unternehmer** als Anspruchsgegner hat Umstände darzulegen, aus denen sich Kenntnis des Dritten von der fehlenden Vertretungsmacht oder die Rechtzeitigkeit der Ablehnungserklärung ergeben.[57]

---

[46] Emde Rn. 29; Baumbach/Hopt/Hopt Rn. 9.
[47] Emde Rn. 29.
[48] Von einer Fiktion sprechen Emde Rn. 26; Schlegelberger/Schröder Rn. 15.
[49] Oetker/Busche Rn. 10; MüKoHGB/Ströbl Rn. 15.
[50] MüKoHGB/Ströbl Rn. 16.
[51] So Oetker/Busche Rn. 10, der das Schweigen als Willenserklärung wertet.
[52] Emde Rn. 27.
[53] Baumbach/Hopt/Hopt Rn. 10; MüKoHGB/Ströbl Rn. 16; aA Ebenroth/Boujong/Joost/Strohn/Löwisch Rn. 19.
[54] Emde Rn. 27.
[55] Baumbach/Hopt/Hopt Rn. 10; Koller/Kindler/Roth/Drüen/Roth Rn. 4.
[56] Oetker/Busche Rn. 12; Ebenroth/Boujong/Joost/Strohn/Löwisch Rn. 22.
[57] Oetker/Busche Rn. 12; Ebenroth/Boujong/Joost/Strohn/Löwisch Rn. 22.

III. Abschlussvertreter, Abs. 2

1. Anwendungsbereich. Abs. 2 erstreckt den Anwendungsbereich des Abs. 1 auf den **23** **Abschlussvertreter,** der den **Umfang seiner Vollmacht überschreitet,** da der Dritte hier in gleicher Weise schutzwürdig ist.[58] Abs. 2 gilt aber nicht für das Abweichen von Weisungen im Innenverhältnis von Unternehmer und Handelsvertreter, da solche die Vollmacht im Außenverhältnis nicht beschränken und das Geschäft gleichwohl über § 164 Abs. 1 BGB zustande kommt.[59] Wenn der Dritte weiß, dass der Abschlussvertreter den Umfang seiner Vollmacht überschreitet, findet Abs. 2 auch keine Anwendung (→ Rn. 7).[60]

2. Verhältnis von Abs. 2 zu § 55 Abs. 1 iVm § 54 Abs. 3. Eine **Überschreitung** **24** **der Vollmacht** iSd Abs. 2 kann hinsichtlich des Vertriebsgebiets des Vertreters, des Vertriebsgegenstandes oder des Geschäftsvolumens oder auf andere Art vorliegen.[61] Beispiel: Der Abschlussvertreter ist zum Abschluss von Kaufverträgen für den Unternehmer über Produkte mit einem Verkaufspreis von bis zu 50.000 EUR bevollmächtigt. Er verkauft aber ein Produkt mit einem Verkaufspreis von 70.000 EUR. Hierin liegt eine Überschreitung der Abschlussvollmacht. § 55 Abs. 1 iVm § 54 Abs. 3 betrifft demgegenüber Fälle, in denen der Abschlussvertreter **Beschränkungen der Vollmacht** nicht einhält. Beispiel: Dem Abschlussvertreter ist Vollmacht iSv § 55 Abs. 1 iVm § 54 Abs. 1 erteilt, aber auf Produkte mit einem Verkaufspreis von bis zu 50.000 EUR beschränkt. Wenn der Abschlussvertreter jetzt ein Produkt mit einen Verkaufspreis von 70.000 EUR verkauft, liegt darin zugleich ein Nichteinhalten der Beschränkungen seiner Vertretungsmacht. Ein gleicher Sachverhalt kann daher sowohl von Abs. 2 als auch von § 54 Abs. 3 erfasst sein. Es stellt sich die Frage, welche Norm hier vorrangig anzuwenden ist.

Rechtsfolge des § 54 Abs. 3 ist die Wirksamkeit des ohne ausreichende Vertretungs- **25** macht abgeschlossenen Vertrags. **Abweichend** davon ist die Rechtsfolge nach **Abs. 2,** denn danach kommt es zu einer Wirksamkeit des Vertrags nur unter den Voraussetzungen des Abs. 1, namentlich muss eine qualifizierte Benachrichtigung (→ Rn. 9) an den Unternehmer erfolgen, auf die dieser wiederum nicht reagiert hat (→ Rn. 10 ff.). Für den Dritten ist also die Rechtsfolge des § 54 Abs. 3 günstiger, für den Unternehmer stellt Abs. 2 eine Erleichterung gegenüber § 54 Abs. 3 dar.

Sofern diese Konkurrenzfrage in der Literatur überhaupt aufgegriffen wird, wird ohne **26** Begründung von einem Anwendungsvorrang des § 54 Abs. 3 ausgegangen.[62] Dies soll zur Folge haben, dass auf die Fälle, die schon unter § 54 Abs. 3 fallen, Abs. 2 nicht mehr angewendet werden kann, so dass dessen Anwendungsbereich „eher gering" sei.[63] Als Anwendungsbereich des Abs. 2 werden zwei Konstellationen identifiziert:[64] (i) Das nicht unter § 54 Abs. 1 fallende ungewöhnliche Geschäft und (ii) das von der Abschlussvollmacht ausgenommene gewöhnliche Geschäft, wenn der Dritte die Beschränkung der Vollmacht kennen musste.

Die genannten Konstellationen fallen aber gerade nicht unter Abs. 2. Hinsichtlich des **27** ungewöhnlichen Geschäfts besteht kein Gutglaubensschutz. Es fällt nicht unter § 54 (→ §§ 54, 55 Rn. 28 f.) und daher auch nicht unter § 91a[65] (→ Rn. 6). Der Fall des Kennenmüssens ist von Abs. 2 iVm Abs. 1 nicht erfasst, relevant ist nur positive Kenntnis des Dritten.[66] Für diesen Fall bietet also nur § 54 Abs. 3, nicht aber Abs. 2 einen Gutglaubensschutz. Ein Anwendungsvorrang von § 54 Abs. 3 würde also dazu führen, dass

---

[58] Oetker/Busche Rn. 13; MüKoHGB/Ströbl Rn. 22.
[59] Oetker/Busche Rn. 13; Koller/Kindler/Roth/Drüen/Roth Rn. 5.
[60] MüKoHGB/Ströbl Rn. 24.
[61] Baumbach/Hopt/Hopt Rn. 1.
[62] Emde Rn. 30; MüKoHGB/Ströbl Rn. 22.
[63] Emde Rn. 30; MüKoHGB/Ströbl Rn. 22.
[64] Emde Rn. 31; MüKoHGB/Ströbl Rn. 22.
[65] So auch: Emde Rn. 8; MüKoHGB/Ströbl Rn. 7.
[66] So auch: Emde Rn. 13; MüKoHGB/Ströbl Rn. 8.

Abs. 2 nicht nur einen „eher geringen", sondern gar keinen Anwendungsbereich hätte. Dies war vom Gesetzgeber gewiss nicht gewollt, weil ansonsten eine speziellere und später eingeführte[67] Norm (§ 91a Abs. 2) ohne Anwendungsbereich bliebe. Richtigerweise ist daher **Abs. 2 als lex specialis** gegenüber § 55 Abs. 1 iVm § 54 Abs. 3 **vorrangig** anzuwenden.

B. Vertragshändler

28   Auf den Vertragshändler findet § 91a keine analoge Anwendung.[68]

C. Franchisenehmer

29   Auf den Franchisenehmer findet § 91a keine analoge Anwendung.[69]

D. Kommissionsagent

30   Auf den Kommissionsagenten findet § 91a keine analoge Anwendung.[70]

§ 92 Versicherungs- und Bausparkassenvertreter

(1) **Versicherungsvertreter ist, wer als Handelsvertreter damit betraut ist, Versicherungsverträge zu vermitteln oder abzuschließen.**

(2) **Für das Vertragsverhältnis zwischen dem Versicherungsvertreter und dem Versicherer gelten die Vorschriften für das Vertragsverhältnis zwischen dem Handelsvertreter und dem Unternehmer vorbehaltlich der Absätze 3 und 4.**

(3) **[1]In Abweichung von § 87 Abs. 1 Satz 1 hat ein Versicherungsvertreter Anspruch auf Provision nur für Geschäfte, die auf seine Tätigkeit zurückzuführen sind. [2]§ 87 Abs. 2 gilt nicht für Versicherungsvertreter.**

(4) **Der Versicherungsvertreter hat Anspruch auf Provision (§ 87a Abs. 1), sobald der Versicherungsnehmer die Prämie gezahlt hat, aus der sich die Provision nach dem Vertragsverhältnis berechnet.**

(5) **Die Vorschriften der Absätze 1 bis 4 gelten sinngemäß für Bausparkassenvertreter.**

Literatur: Adjemian/Dening/Kürn/Moraht/Neuhäuser, Versicherungsvermittler: Erlaubnis und Registrierung nach § 34d GewO, GewA 2009,137 ff. und 186 ff.; Bolle, Der arbeits- und sozialversicherungsrechtliche Status von Versicherungsvermittlern, BB 2000, 1837; Bonvie, Der Provisionsanspruch des ausscheidenden Versicherungsvertreters bei stornogefährdeten Verträgen, VersR 1986, 119; Brand/Baroch Castellvi, Versicherungsaufsichtsgesetz, Handkommentar, 1. Aufl. 2018; Dreher, Die europa- und verfassungsrechtliche Beurteilung des Provisionsabgabeverbots in der Lebensversicherung, VersR 2001, 1; ders., Die zivilrechtliche Beurteilung von Provisionsabgabevereinbarungen und die Zuständigkeit der Kartellgerichte, VersR 1995, 1; Evers/Stallbaum, Umsatzsteuer auf Provisionen?, VW 2009, 1444; Feldmann, Anforderungen an die Selbständigkeit eines Versicherungsvermittlers, ZfV 1999, 389; Fleck, Haftung der Vertriebsgesellschaften für ihre Erfüllungsgehilfen, ZfV 2012, 471; Herzog, Übersendung von Stornogefahrmitteilungen an den Versicherungsvertreter, VersR 1979, 797; Höft, Die provisionsrechtlichen Sonderregelungen für die Versicherungswirtschaft – Gründe und Unverzichtbarkeit, VersR 1976, 205; Hopt, Wettbewerbsfreiheit und Treuepflicht des Unternehmers bei parallelen Vertriebsformen, ZIP 1996, 1533; Kirsch, Bilanzielle Behandlung von Provisionszahlungen bei Versicherungsvertretern, GStB 2012, 319; Küstner, Auf den Vermittlungserfolg kommt es an – Rechtsprechung zum Provisionsanspruch des Versicherungsvertreters gemäß § 92 Abs. 3

---

[67] Emde Rn. 3.
[68] Oetker/Busche Rn. 14; Ebenroth/Boujong/Joost/Strohn/Löwisch Rn. 4.
[69] Oetker/Busche Rn. 14; Ebenroth/Boujong/Joost/Strohn/Löwisch Rn. 4.
[70] Oetker/Busche Rn. 14; MüKoHGB/Ströbl Rn. 4; Ebenroth/Boujong/Joost/Strohn/Löwisch Rn. 4.

HGB, VW 2002, 1024; ders., „Unangemessene Benachteiligung?" Nun auch Bedenken gegen die Provisions-verzichtsklausel, VW 2001, 1882; ders., Aktuelle Probleme des Vertriebsrechts, BB 1999, 541; Loritz, Provisionen bei Abschluss von Lebensversicherungsverträgen, VersR 2004, 405; Mayer, Statusklagen von Versicherungsvertretern, AiB 2001, 656; ders., Selbständigkeit von Versicherungsvertretern, AiB 2001, 312; ders., Arbeitnehmereigenschaft von Versicherungsvermittlern, AiB 1996, 679; Mecklenbrauck, Anmerkung zur Entscheidung des BGH vom 28.6.2012 (Az: VII ZR 130/11; WM 2012, 1600) – „Zur Frage der Versicherungspflichten bei Stornogefahr", LMK 2012, 337360; ders., § 87a Abs. 3 HGB: Besteht eine Pflicht des Versicherers zur Versendung von Stornogefahrmitteilungen?, VersR 2006, 1157; Mensching, Versichert mit beschränkter Haftung? – Plädoyer für ein neues Haftungsregime bei der Versicherungsvermittlung durch Versicherungsvertreter, VersR 2004, 19; Müller, Die Einklagung der Erstprovision in der Lebensversiche-rung, VersR 1974, 950; Platz, Schicksal der Provision bei der Stornierung von Versicherungsverträgen, VersR 1985, 621; Saller, Verstößt das Provisionsabgabeverbot für Lebensversicherungen gegen Wettbewerbsrecht?, VersR 2010, 1249; Segger, Der Vermittlungsvertrag des Versicherungsvertreters, 2004; ders., Die Verteidi-gung des Versicherers gegen den Anspruch auf Buchauszug, NVersZ 2002, 102; Stahnke, Versicherungs-vertrieb und Kartellrecht, VersR 2009, 1168; Thume, Der Provisionsanspruch des Handelsvertreters: Grenzen der Vertragsgestaltung, BB 2012, 975; ders., Der neue § 89b Abs. 1 HGB und seine Folgen, BB 2009, 2490.

Übersicht

A. Handelsvertreter

I. Bedeutung

1. Entstehungsgeschichte. Die Regelung wurde erst mit der HGB-Novelle 1953 in **1** das Gesetz aufgenommen. Bis dahin galten die Vorschriften der §§ 84 ff. unmittelbar auch für Versicherungs- und Bausparkassenvertreter.[1] Die Aufnahme der Sonderbestimmungen erfolgte auf Grund der Bedeutung der Versicherungs- und Bausparkassenvertreter in der

---

[1] MüKoHGB/Ströbl Rn. 1.

Praxis, die seit dem Inkrafttreten des HGB gewachsen war.[2] Das HGB hatte die Spezifika des Vertriebs über Handelsvertreter in der Versicherungswirtschaft und im Bausparkassenwesen bis dahin nicht berücksichtigt.[3]

2 Die Schaffung eines partiellen Sonderrechts für Versicherungs- und Bausparkassenvertreter erwies sich als zum Teil problematisch.[4] Vor allem, weil der Geltungsbereich der Handelsvertreter-RL auf Warenvertreter beschränkt ist,[5] bleibt oft unklar, ob darauf rekurrierende Gesetzgebung oder Gerichtsentscheidungen auf Versicherungs- und Bausparkassenvertreter gleichermaßen anwendbar sind.[6]

3 **2. Zweck.** Da der Gesetzgeber nicht das Ziel verfolgte, ein eigenes „Recht der Versicherungs- und Bausparkassenvertreter" zu schaffen,[7] bezweckt die Norm lediglich Sonderregelungen zum allgemein geltenden Handelsvertreterrecht. Mit ihr werden einerseits die Begriffe **Versicherungsvertreter** (Abs. 1) und **Bausparkassenvertreter** (Abs. 5) definiert, die das HGB auch an anderer Stelle verwendet (§§ 89b Abs. 5, 92a Abs. 2, 92b Abs. 4). Andererseits wird festgelegt, mit welchen Einschränkungen das Handelsvertreterrecht auf Versicherungs- und Bausparkassenvertreter anzuwenden ist. Die dazu geführte Diskussion[8] über die Sinnhaftigkeit der rein deklaratorischen Erklärung der generellen Anwendbarkeit des Handelsvertreterrechts auf Versicherungs- und Bausparkassenvertreter hat in der Praxis keine Bedeutung. Von großer praktischer Relevanz sind die mit dem Gesetz für diese Handelsvertreter bezweckten besonderen rechtlichen Rahmenbedingungen. Sie betreffen den **Umfang der provisionspflichtigen Geschäfte** (→ Rn. 14) und die **Entstehung des Provisionsanspruchs** (→ Rn. 30).

4 **3. Weitere Sonderregelungen.** Das HGB enthält weitere Sonderregelungen zum Rechtsverhältnis von Unternehmer und Versicherungs- bzw. Bausparkassenvertreter und zwar in § 89b Abs. 5 (Ausgleichsanspruch (→ § 89b Rn. 332)), § 92a Abs. 2 (Mindestarbeitsbedingungen für arbeitnehmerähnliche Versicherungsvertreter (→ § 92a Rn. 12 ff.)) und § 92b Abs. 4 (Versicherungsvertreter im Nebenberuf (→ § 92b Rn. 11)). Sie wurden ebenfalls erst mit der HGB-Novelle 1953 in das Gesetz aufgenommen. Wichtige Regelungen zur Berufsausübung der Versicherungsvertreter und zum Rechtsverhältnis zu ihren Kunden und dem Versicherer finden sich zudem in zahlreichen weiteren formellen und materiellen Gesetzen, bspw. in §§ 59 ff. VVG, § 34d GewO, § 48 VAG und der VersVermV.

II. Anwendungsbereich

5 Die Bestimmungen betreffen ausschließlich Versicherungs- und Bausparkassenvertreter (→ Rn. 6 f., 10 f.). Sie sind jedoch auch auf unselbstständige Vermittler anwendbar, die Versicherungsverträge oder Bausparverträge vermitteln und hierfür Provisionen erhalten.[9] Der Verweis in § 65, der sich nur auf §§ 87 Abs. 1 und 3 sowie 87a–87c bezieht, ist unvollständig.[10]

III. Begriffsbestimmungen

6 **1. Legaldefinition des Versicherungsvertreters (Abs. 1).** In Abs. 1 wird der Begriff des **Versicherungsvertreters** legaldefiniert. Versicherungsvertreter ist danach, wer als

---

[2] Begr. zum RegE, BT-Drs. 1/3856, 39; Höft VersR 1927, 205.
[3] Oetker/Busche Rn. 1.
[4] Höft VersR 1927, 205.
[5] Emde Rn. 4.
[6] Vgl. zB Thume BB 2009, 2490.
[7] MüKoHGB/Ströbl Rn. 3.
[8] Emde Rn. 2, 10 mwN.
[9] BeckOK ArbeitsR/Hagen HGB § 92 Rn. 3.
[10] BFH BeckRS 1998, 30014872; MüKoHGB/Ströbl Rn. 5.

Handelsvertreter mit der Vermittlung oder dem Abschluss von Versicherungsverträgen betraut ist. Vom Grundtypus des Handelsvertreters, dem Warenvertreter (→ § 84 Rn. 5), unterscheidet er sich also – per definitionem – durch den Gegenstand seines Vertriebs-auftrages. Der **Versicherungsvertrag** ist ein Vertrag, der ein bestimmtes Risiko eines Vertragspartners (des Versicherungsnehmers) oder eines Dritten durch eine Leistung ab-sichert, die der andere Vertragspartner (der Versicherer) bei Eintritt des vereinbarten Ver-sicherungsfalles zu erbringen hat (§ 1 VVG). Der Versicherungsvertreter unterscheidet sich vom Warenvertreter über die Legaldefinition hinaus dadurch, dass seine Tätigkeit regel-mäßig den Abschluss **langfristiger Verträge** beim Versicherer bezweckt.[11] Die Tätigkeit des Versicherungsvertreters ist in erster Linie auf einen einmaligen Umsatz (einen Vertrag) gerichtet, während die vom Warenvertreter vermittelten Geschäfte in aller Regel Folge-geschäfte gleicher Art erwarten lassen (→ Rn. 15).[12]

Für die Einordnung eines Handelsvertreters als Versicherungsvertreter ist seine Bezeich- **7** nung bzw. Firmierung (Hauptvertreter, Generalvertreter, Agent etc) allenfalls ein Indiz; entscheidend ist der Gegenstand seines Vertriebsauftrags und die Erfüllung der für einen Handelsvertreter erforderlichen Kriterien (→ § 84 Rn. 46 ff.) in seiner Person.[13] Letzteres unterscheidet den Versicherungsvertreter auch vom **Versicherungsmakler,** der – anders als der Handelsvertreter – nicht „ständig betraut" ist.[14] Im Versicherungsvertragsrecht ist die Abgrenzung greifbarer: Der Versicherungsmakler ist durch einen Versicherer weder un-mittelbar noch mittelbar (über einen anderen Versicherungsvermittler) mit der Vermittlung oder dem Abschluss von Versicherungsverträgen betraut (§ 59 Abs. 3 VVG).[15] Sein „Auf-traggeber" ist der Versicherungsnehmer. In der Praxis ist die Abgrenzung des Versiche-rungsvertreters vom Versicherungsmakler seit Umsetzung der Versicherungsvermittler-RL[16] in deutsches Recht[17] durch den Zwang zur eindeutigen Entscheidung für einen Vermittlerstatus sowie die entsprechende Erlaubniserteilung (→ GewO § 34d Rn. 1 ff.) und Eintragung in das Register für Versicherungsvermittler (§§ 34d Abs. 10 S. 1, 11a GewO, §§ 5 ff. VersVermV)[18] unproblematisch möglich.

Eine weitere Legaldefinition des Versicherungsvertreters enthält das **Versicherungsver-** **8** **tragsrecht** in § 59 Abs. 2 VVG. Diese unterscheidet sich im Wortlaut von Abs. 1 vor allem durch die zusätzliche Nennung des „Auftraggebers" des Versicherungsvertreters („… von einem Versicherer oder einem Versicherungsvertreter damit betraut …") und der Voraus-setzung der Gewerbsmäßigkeit seiner Tätigkeit für diesen. Diese Elemente werden von der Definition in Abs. 1 im Grunde gleichermaßen abgebildet, nämlich über die Voraussetzung „als Handelsvertreter", also über den Unternehmerbegriff (→ Rn. 12) und das „Betraut-sein" als selbstständiger Gewerbetreibender in § 84 Abs. 1. Gleichwohl sind die Definitio-nen inhaltlich nicht deckungsgleich. Nach § 59 VVG ist zB ein ständiges „Betrautsein" nicht erforderlich. Der Versicherungsvertreter nach Abs. 1 kann auch von einem Ver-sicherungsmakler „betraut sein". Ein Versicherungsmakler kann also mit einem Unterver-mittler einen Handelsvertretervertrag abschließen. Dieser Untervermittler ist nach der Definition in Abs. 1 Versicherungsvertreter. Nach dem Versicherungsvertragsrecht und den damit korrespondierenden **gewerberechtlichen Bestimmungen** in § 34d GewO ist

---

[11] Küstner/Thume VertriebsR-HdB I Kap. I Rn. 156.
[12] MüKoHGB/Ströbl § 84 Rn. 9; Küstner/Thume VertriebsR-HdB I Kap. I Rn. 157.
[13] KRM/Roth Rn. 2.
[14] Emde Rn. 9.
[15] Ausf. Überbl.: Zinnert S. 79 ff.
[16] Richtlinie 2002/92/EG des Europäischen Parlaments und des Rats vom 9.12.2002 über Versicherungs-vermittlung.
[17] Gesetz zur Neuregelung des Versicherungsvermittlerrechts vom 19.12.2006 (VersVermG), BGBl. 2006 I 3232 u. Versicherungsvermittlungsverordnung (VersVermV) vom 15.5.2007, BGBl. 2007 I 733, 1967. Zuletzt geändert durch Art. 276 Zehnte ZuständigkeitsanpassungsVO vom 31.8.2015 (BGBl. I 1474).
[18] http://www.vermittlerregister.info.

eine Typenvermischung jedoch ausgeschlossen (→ GewO § 34d Rn. 19).[19] Im Ergebnis bedeutet das: Der im Innenverhältnis zu „seinem" Makler als Versicherungsvertreter agierende Untervermittler muss im Außenverhältnis (am Markt) als Versicherungsmakler auftreten. Er verliert hierdurch weder seine durch Eintragung im Vermittlerregister ausgewiesene Vertretereigenschaft noch muss er eine neue Registereintragung als Makler beantragen.[20] Bei gebundenen Vertretern gem. § 34d Abs. 7 ist dagegen eine Tätigkeit als Makler wegen der dann fehlenden Haftungsübernahme durch das Versicherungsunternehmen grundsätzlich nicht zulässig[21]

9   Für das Rechtsverhältnis zwischen Versicherungsvertreter und Unternehmer sind die gewerberechtlichen Pflichten des Versicherungsvertreters (→ Rn. 7 f.) im Prinzip nicht relevant. Sie treffen ausschließlich den Versicherungsvertreter. Einzige Ausnahme: Der Versicherer ist nach § 48 Abs. 1 VAG gehalten, nur mit solchen Versicherungsvertretern zusammenzuarbeiten, die den Verpflichtungen des → GewO § 34d Rn. 1 ff. gerecht werden, also insbesondere sachkundig und zuverlässig sind, sich regelmäßig fortbilden sowie in geordneten Vermögensverhältnissen leben.[22] Eine (dauerhafte) Pflichtverletzung wird daher zwangsläufig vertretungsvertragliche Konsequenzen für den Versicherungsvertreter zur Folge haben müssen.

10   **2. Legaldefinition des Bausparkassenvertreters (Abs. 5 und 1).** Auf Grund des Verweises in Abs. 5 kann der **Bausparkassenvertreter** durch „Umformung" des Abs. 1 wie folgt definiert werden: Bausparkassenvertreter ist, wer als Handelsvertreter damit betraut ist, Bausparverträge zu vermitteln oder abzuschließen.[23] Gegenstand seines Vertriebsauftrages ist der **Bausparvertrag,** dh ein Vertrag, durch den ein Vertragspartner (Bausparer) nach Leistung von Bauspareinlagen einen Rechtsanspruch auf Gewährung eines Bauspardarlehens durch den anderen Vertragspartner (Bausparkasse) erwirbt (§ 1 Abs. 2 BauSparkG).

11   Nach Abs. 5 gelten die Abs. 1–4 für den Bausparkassenvertreter sinngemäß. Ob die vorstehende Umformung daher die Bezeichnung „Legaldefinition des Bausparkassenvertreters" verdient, mag dahinstehen. Als inzwischen geklärt gilt jedoch, dass der Bausparkassenvertreter im Handelsrecht dem Versicherungsvertreter auf Grund der Verweisung in Abs. 5 vollständig gleichgestellt ist.[24] Dh, dass die für den Versicherungsvertreter im HGB getroffenen Regelungen entsprechend auf den Bausparkassenvertreter anzuwenden sind. Die obigen Ausführungen zu den Besonderheiten, die den Versicherungsvertreter gegenüber dem Warenvertreter kennzeichnen (→ Rn. 6) und zu seiner handelsrechtlichen Abgrenzung gegenüber dem Makler (→ Rn. 7) treffen auf den Bausparkassenvertreter gleichermaßen zu.

12   **3. Unternehmer.** Die Vorschrift spezifiziert den Unternehmer nicht näher. Der Vertragspartner des Versicherungsvertreters ist denklogisch Anbieter von Versicherungsverträgen, mithin ein Versicherer oder ein Dritter, dessen Tätigkeit auf einen entsprechenden Vertriebsauftrag eines Versicherers zurückgeht, denn nur Versicherer sind zum Betreiben des Versicherungsgeschäfts berechtigt (§ 15 VAG). Wie oben gezeigt, kann Dritter (Unternehmer) idS sowohl ein anderer Versicherungsvertreter (§ 84 Abs. 3) als auch ein Versicherungsmakler sein (→ Rn. 8). **Versicherer** ist ein Unternehmer, dessen Betrieb Versicherungsgeschäfte zum Gegenstand hat und der nicht Träger der Sozialversicherung ist (§ 7 Ziff. 33 VAG). Kaufmann muss der Versicherer nicht sein, weshalb auch ein Ver-

---

[19] BeckOK GewO/Will GewO § 34d Rn. 61; Adjemian ua GewA 2009, 137 (140).

[20] Landmann/Rohmer/Schönleiter GewO § 34d Rn. 64.

[21] Landmann/Rohmer/Schönleiter GewO § 34d Rn. 208.

[22] Zur Zusammenarbeit mit Versicherungsvermittlern vgl. auch Rundschreiben 11/2018 der BaFin „Zusammenarbeit mit Versicherungsvermittlern sowie zum Risikomanagement im Vertrieb", veröffentlicht auf www.bafin.de.

[23] MüKoHGB/Ströbl Rn. 7.

[24] Emde Rn. 88; Küstner/Thume VertriebsR-HdB I Kap. I Rn. 158.

sicherungsverein aG (§ 8 Abs. 2 VAG) Versicherungen durch Versicherungsvertreter vertreiben kann.[25]

Weil das Bauspargeschäft nur von Bausparkassen betrieben werden darf (§ 1 Abs. 1 S. 2 **13** BauSparkG), ist unmittelbarer oder mittelbarer (→ Rn. 12) Vertragspartner des Bausparkassenvertreters denklogisch eine Bausparkasse. **Bausparkasse** ist ein Unternehmer, der als Kreditinstitut einen Geschäftsbetrieb führt, der darauf gerichtet ist, Einlagen von Bausparern entgegenzunehmen und aus den angesammelten Beträgen den Bausparern für wohnungswirtschaftliche Maßnahmen Gelddarlehen zu gewähren (§ 1 Abs. 1 S. 1 BauSparkG).

IV. Sonderregelungen für Versicherungs- und Bausparkassenvertreter

1. Provisionspflichtige Geschäfte (Abs. 3). a) Überblick und Hintergrund.
Abs. 3 S. 1 beschränkt die grundsätzlich nach § 87 Abs. 1 S. 1 provisionspflichtigen Ge- **14** schäfte: Grundvoraussetzung des Provisionsanspruchs des Versicherungs- und Bausparkassenvertreters ist, dass ein Geschäft des Unternehmers – also idR der Abschluss eines Versicherungs- oder Bausparvertrages – auf seine Tätigkeit zurückzuführen ist. Für Folgegeschäfte des Unternehmers, die ohne seine Mitwirkung mit den von ihm geworbenen Kunden abgeschlossen werden, stehen ihm – anders als dem Warenvertreter – grundsätzlich keine Provisionen zu.[26] Abs. 3 S. 2 schließt darüber hinaus die Anwendbarkeit der Vorschriften über die Bezirksprovision in § 87 Abs. 2 auf den Versicherungs- und den Bausparkassenvertreter aus. Die Bestimmung ist dispositiv (→ Rn. 55).

Das Gesetz trägt den Sonderverhältnissen im Versicherungs- und Bausparkassenvertrieb **15** Rechnung.[27] Die Tätigkeit des Warenvertreters ist in aller Regel auf die Gewinnung neuer dauerhafter Kundenbeziehungen gerichtet, wenngleich dies oft über den Abschluss eines (ersten) Einzelgeschäfts erfolgt. Besonderes Charakteristikum des Einkommensinteresses sowohl des Warenvertreters (Provisionen) als auch des Unternehmers (Unternehmensgewinne) sind Geschäfte gleicher Art, die sich ständig bzw. mehrfach wiederholen (Nachbestellungen).[28] Im Mittelpunkt steht hier also die **Kundenbeziehung.** Bei den von Versicherungs- und Bausparkassenvertretern bewirkten Geschäften ist es demgegenüber charakteristisch, dass gleichartige Folgegeschäfte gerade nicht zu erwarten sind.[29] Diese Geschäfte sind quasi Unikate (singuläre, **langfristige Verträge**).[30] Ein weiteres Geschäft, zB der Neuabschluss, die Erweiterung oder Verlängerung eines Versicherungsvertrages oder die Erhöhung der Versicherungs- oder Bausparsumme erfordert grundsätzlich neue Vermittlungsbemühungen des Handelsvertreters in vergleichbarer Intensität wie beim ersten Geschäftsabschluss.[31] Auch in einer **„Nachbestellungssituation"** muss der Versicherungs- und der Bausparkassenkunde zu einem eigenständigen Entschluss motiviert werden. Der gesetzliche Provisionsanspruch, der ein entsprechendes Tätigwerden des Handelsvertreters voraussetzt (dieses quasi erzwingt), wird den besonderen Bedingungen in der Versicherungswirtschaft und im Bausparkassenwesen gerecht. Das schließt eine Provision für solche Geschäfte aus, an denen der Handelsvertreter nicht mitgewirkt hat[32] und zwar unabhängig davon, ob diese mit von ihm vormals geworbenen Kunden oder „in seinem Bezirk" abgeschlossen werden.

---

[25] Emde Rn. 6.
[26] Emde Rn. 64; MüKoHGB/Ströbl Rn. 12, 13; Küstner/Thume VertriebsR-HdB I Kap. V Rn. 204.
[27] Begr. zum RegE, BT-Drs. 1/3856, 39; Höft VersR 1927, 205.
[28] Küstner/Thume VertriebsR-HdB I Kap. I Rn. 157; Küstner/Thume VertriebsR-HdB I Kap. V Rn. 201; MüKoHGB/Ströbl Rn. 13.
[29] MüKoHGB/Ströbl Rn. 13; Oetker/Busche Rn. 4, § 89b Rn. 56; Emde Rn. 64; Küstner/Thume VertriebsR-HdB I Kap. I Rn. 156 f.
[30] BGH NJW 1959, 1430; Küstner/Thume VertriebsR-HdB I Kap. V Rn. 201 ff.; Emde Rn. 65.
[31] Höft VersR 1927, 205 (207).
[32] MüKoHGB/Ströbl Rn. 13.

16   **b) Ursächlichkeit des Versicherungs- und Bausparkassenvertreters für das Geschäft.** Für das Tatbestandsmerkmal „auf seine Tätigkeit zurückzuführen" (**Kausalität** iSd
Äquivalenztheorie[33]) genügt es, dass der Versicherungs- oder Bausparkassenvertreter an
dem betreffenden Geschäft fördernd mitgewirkt hat oder dafür (mit-)ursächlich war.[34]
Seine Vermittlungs- oder Abschlusstätigkeit muss den konkreten Vertragsabschluss jedoch
unmittelbar bewirken.[35] Eine nur mittelbare Kausalität genügt nicht.[36] Für das – grundsätzlich genügende – teilweise Mitwirken am Geschäftsabschluss (**Mitursächlichkeit**) gilt
das zu § 87 Abs. 1 Gesagte (→ § 87 Rn. 34 ff.).[37] Ursächlich bzw. mitursächlich war der
Handelsvertreter dann, wenn der Versicherungs- oder Bausparvertrag ohne seine Tätigkeit
(seinen konkreten Beitrag) nicht oder nicht in der abgeschlossenen Form zustande gekommen wäre.[38] Nicht erforderlich ist, dass der Handelsvertreter den Antrag selbst unterzeichnet oder persönlich an den Unternehmer weitergeleitet hat.[39]

17   Haben mehrere Versicherungsvertreter an einem Vertragsabschluss mitgewirkt, soll dem
Handelsvertreter der Provisionsanspruch zustehen, der den Antrag eingereicht hat (Handelsbrauch, vgl. auch § 87 Abs. 3 Nr. 2).[40] Die Angemessenheit einer derart pauschalen
Regelung darf in Anbetracht unterschiedlicher Vertragsschlussmodelle[41] und heute weit
verbreiteter elektronischer Antragsprozesse bezweifelt werden. Angemessener ist es, nach
den konkreten Beiträgen der beteiligten Handelsvertreter zu fragen und zu ergründen, auf
wessen akquisitorische Tätigkeit der Entschluss des Kunden[42] letztlich zurückzuführen ist.
Im Zweifel kann darauf abgestellt werden, welcher Vermittler die Entäußerung des Willens
des Kunden (zB Unterschrift) als erster bewirkt hat. Auch eine Aufteilung der Provision
entsprechend dem Vermittlungsanteil des einzelnen Handelsvertreters kann – als den
Treuepflichten aller Beteiligten am ehesten gerecht werdend – in Betracht zu ziehen sein
(→ § 87 Rn. 57). Der Unternehmer ist zu einer Doppel- bzw. Mehrfachzahlung von Provisionen an verschiedene Vermittler für ein und dasselbe Geschäft nicht verpflichtet.

18   **c) Einzelne Geschäfte. aa) Gruppen- und Rahmenversicherungsverträge.** Bei
Gruppenversicherungsverträgen ist die Feststellung idR unproblematisch, dass dem sog.
„Ursprungsvertreter" die Provisionen für die Vermittlung des Gruppenversicherungsver-
trages bzw. der ersten darunter erfolgten einzelnen An- und Nachmeldungen (Einzelver-
sicherungsverträge) zustehen. Streit entsteht vor allem, wenn in der Folge andere Handelsvertreter des Unternehmers neue Risiken „in den Gruppenvertrag hinein" vermitteln.
Wegen der grundsätzlich genügenden Mitursächlichkeit (→ Rn. 16) können in der Regel
sowohl der „Ursprungsvertreter" als auch der das einzelne Risiko vermittelnde Versicherungsvertreter eine Provision beanspruchen.

19   Bei sog. **echten Gruppenversicherungsverträgen,** bei denen es zur **automatischen
An- und Nachmeldung** eines bestimmten im Gruppenvertrag festgelegten Personen-
kreises kommt (zB arbeitgeberfinanzierte Direktversicherung, betriebliche Unfallversiche-
rung) und der Abschluss des Einzelversicherungsvertrags mit dem später hinzutretenden
Gruppenmitglied verbindlich und ohne Wahlrecht für diesen festgelegt worden ist, ist die
Vermittlungstätigkeit des „Ursprungsvertreters" ursächlich für die Einbeziehung immer

---

[33] Küstner/Thume VertriebsR-HdB I Kap. V Rn. 43.
[34] BGH NJW-RR 1986, 1477; NJW 1972, 1664; MüKoHGB/Ströbl Rn. 19; Küstner/Thume VertriebsR-HdB I Kap. V Rn. 208; Emde Rn. 64.
[35] AA Küstner/Thume VertriebsR-HdB I Kap. V Rn. 50.
[36] BGH NJW-RR 1986, 1477; Ebenroth/Boujong/Joost/Strohn/Löwisch Rn. 4; Oetker/Busche Rn. 4.
[37] Ausf.: Küstner/Thume VertriebsR-HdB I Kap. V Rn. 43 ff.
[38] MüKoHGB/Ströbl Rn. 15.
[39] Emde Rn. 66; MüKoHGB/Ströbl Rn. 15; Küstner/Thume VertriebsR-HdB I Kap. V Rn. 45.
[40] Emde Rn. 66; Westphal VertriebsR I Rn. 647.
[41] Insbes. infolge des VVG 2008: „Invitatiomodell", „Antragsmodell" etc, vgl. MüKoVVG/Armbrüster
§ 7 Rn. 34 ff.
[42] Küstner/Thume VertriebsR-HdB I Kap. V Rn. 43 sehr anschaulich: „den Entschluss zum Geschäftsabschluss wachgerufen oder seinen Widerstand gegen einen Geschäftsabschluss beseitigt"; Küstner/Thume
VertriebsR-HdB II Kap. VIII Rn. 244.

neuerer Risiken. Weitere Vermittlungsbemühungen sind nicht erforderlich, weil die Vertragserweiterungen bereits von der ursprünglichen Tätigkeit des Versicherungsvertreters umfasst waren. Die Provisionsanwartschaft erwirbt mithin stets der Handelsvertreter, der den Gruppenvertrag vermittelt.[43]

Bei sog. **unechten Gruppenversicherungsverträgen,** bei denen es nicht automatisch **20** zur An- oder Nachmeldung eines festgelegten Personenkreises kommt (zB Direktversicherung durch freiwillige Entgeltumwandlung, Gruppensterbegeldversicherung), ist die Vermittlungtätigkeit desjenigen Handelsvertreters ursächlich, der für die Einbeziehung der neuen Risiken sorgt.[44] Ohne dessen **weitere Akquisitionsbemühungen** würde es nicht zu den Vertragserweiterungen kommen. Die Provisionsanwartschaft erwirbt mithin stets der Handelsvertreter, der die einzelnen An- oder Nachmeldungen zum Gruppenvertrag (Einzelvertrag) vermittelt.[45] Auf Grund der Möglichkeit abweichender Vereinbarungen (→ Rn. 55) kommt es in der Praxis mitunter gleichwohl zu einer Privilegierung des „Ursprungsvertreters"[46] oder auch zu einer Provisionsteilung dergestalt, dass auch der „Ursprungsvertreter" eine (ggf. geringfügige) Vergütung bei Vertragserweiterungen erhält, die andere Handelsvertreter bewirken.

Rahmenversicherungsverträge sind dadurch gekennzeichnet, dass sie per se keinen **21** Versicherungsschutz gewähren, sondern lediglich die Konditionen fixieren, zu denen (später) einzelne Versicherungsverträge abgeschlossen werden können. Für sie gilt das zu Gruppenversicherungsverträgen ohne Automatismus (→ Rn. 20) Gesagte, soweit der Rahmenvertrag nicht bereits den Abschluss konkreter Einzelverträge vorsieht.[47]

bb) Versicherungsverträge mit Dynamik. Nachträgliche Erweiterungen des Vertragsvolumens (zB der Versicherungssumme) erfordern idR neue Vermittlungsbemühungen, **22** so dass die Provisionsanwartschaft für die Erweiterung jeweils von dem Versicherungsvertreter erworben wird, der sie bewirkte. Bei sog. **dynamisierten Verträgen** (zB Lebensversicherung mit dynamisch steigenden Beiträgen) hingegen ist die Dynamik bereits im ursprünglichen Vertrag angelegt. Weitere Vermittlungsbemühungen sind nicht erforderlich. Für diese Vertragserweiterungen erwirbt der „Ursprungsvertreter" eine Provisionsanwartschaft, es sei denn, im Handelsvertretervertrag ist vereinbart, dass diese schon mit Zahlung der (ersten) Abschlussprovision abgegolten ist.[48]

cc) Vertragserweiterungen oder -verlängerungen, Summenerhöhungen, Zu- 23 satzverträge. Entstehen in einem **engen wirtschaftlichen Zusammenhang** mit einem Versicherungsvertrag zu diesem Vertragserweiterungen oder -verlängerungen, Summenerhöhungen oder Zusatzverträge (ggf. auch Zweit-/Anschlussverträge) quasi aus dem laufenden Geschäftsbetrieb heraus, ohne dass eine akquisitorische Leistung erbracht wurde, ist der den ursprünglichen Vertrag vermittelnde Versicherungs- und Bausparkassenvertreter auch bzgl. dieser Geschäftserweiterungen provisionsberechtigt.[49] Das gilt auch, wenn der Kunde hierzu eine (neue) Entscheidung treffen muss.[50] Insofern wirkt der ursprüngliche **Kausalzusammenhang** fort: Die Vermittlungstätigkeit des Handelsvertreters ist sowohl für den ursprünglichen Vertrag als auch für das Folgegeschäft ursächlich (→ Rn. 16), es sei denn, die Kausalkette wurde durch die Vermittlungstätigkeit eines anderen Handelsvertreters oder des Unternehmers unterbrochen oder der Handelsvertretervertrag sieht eine

---

[43] BGH BB 1961, 189; Küstner/Thume VertriebsR-HdB I Kap. V Rn. 211.
[44] MüKoHGB/Ströbl Rn. 17.
[45] Küstner/Thume VertriebsR-HdB I Kap. V Rn. 211; Ebenroth/Boujong/Joost/Strohn/Löwisch Rn. 6.
[46] Küstner/Thume VertriebsR-HdB I Kap. V Rn. 211.
[47] Ebenroth/Boujong/Joost/Strohn/Löwisch Rn. 6.
[48] Küstner/Thume VertriebsR-HdB I Kap. V Rn. 212.
[49] BGH NJW 1972, 1664 (Bausparkassenvertreter); 1996, 2100 (Versicherungsvertreter); NJW-RR 2004, 469 (Tankstellenhalter); Küstner/Thume VertriebsR-HdB I Kap. V Rn. 214; aA MüKoHGB/Ströbl Rn. 17; Ebenroth/Boujong/Joost/Strohn/Löwisch Rn. 7 mwN.
[50] AA Ebenroth/Boujong/Joost/Strohn/Löwisch Rn. 7; Westphal VertriebsR I Rn. 656 f.

hiervon abweichende Regelung vor.[51] Stellt sich eine Geschäftserweiterung also bei natürlicher Betrachtungsweise nur als Erweiterung oder Fortsetzung eines Vertrages und nicht als Neuabschluss dar, erwirbt der „Ursprungsvertreter" eine entsprechende Provisionsanwartschaft.[52] Der ursprüngliche Kausalzusammenhang wirkt auch fort bei rechtsmissbräuchlicher Kündigung und Neuabschluss von Verträgen durch den Unternehmer.[53] Ein Rechtsmissbrauch durch den Unternehmer liegt nicht vor, wenn es dem Unternehmer gelungen ist, einen gekündigten Vertrag mit dem Kunden neu abzuschließen, der Handelsvertreter aber eigene Rückgewinnungsbemühungen verweigerte.[54]

24   **dd) Folgeverträge.** Für jeden Folgevertrag muss der Versicherungs- und Bausparkassenvertreter die Voraussetzungen des Abs. 3 erneut erfüllen, um Provisionsansprüche zu erwerben.[55] Für Folgeverträge, die unter Mitwirkung des Versicherungs- oder Bausparkassenvertreters erst nach Beendigung des Handelsvertretervertrages zustande kommen, gilt das zu § 87 Abs. 3 S. 1 Gesagte (→ § 87 Rn. 107 ff.).

25   **d) Einzelne Provisionsarten.** Die Benennung einzelner Provisionsarten ist uneinheitlich und oft werden von gleich benannten Provisionsarten unterschiedliche „Vergütungsgründe" (Abschluss, Vermittlung, Verwaltung, Schadenbearbeitung, Kundenbetreuung, Bestandspflege, Inkasso etc) erfasst und umgekehrt.[56] Es kommt für die rechtliche Bewertung mithin nicht auf die Bezeichnung, sondern darauf an, welche Leistung vom Unternehmer konkret vergütet wird.[57] Wie gezeigt (→ Rn. 15), können beim Versicherungs- und Bausparkassenvertreter nur tätigkeitsbezogene „Vergütungsgründe" relevant sein. Zu unterscheiden ist beim Handelsvertreter insofern zwischen seiner „werbenden" und seiner „verwaltenden" Tätigkeit für den Unternehmer.[58]

26   **aa) Provision für werbende Tätigkeiten.** Nach Abs. 3 entsteht unzweifelhaft eine Provisionsanwartschaft für die Erfolge der werbenden Tätigkeit des Versicherungs- und Bausparkassenvertreters, also für das Bewirken des Neuabschlusses oder der Erweiterung eines Vertrages.[59] Meist werden diese vertraglich als **Vermittlungs-, Abschluss-** oder auch **Abschlussfolgeprovision** bezeichnet. Unter Umständen wird eine **Superprovision** ebenfalls als eine Provision für werbende Tätigkeiten einzuordnen sein.[60] Auch andere Provisionsarten können – zumindest teilweise – eine Vergütung für werbende Tätigkeiten enthalten (→ Rn. 27).

27   **bb) Provision für verwaltende Tätigkeiten.** Auch verwaltende Tätigkeiten des Handelsvertreters setzen dessen Tätigwerden voraus (→ Rn. 16) und führen zu – vertraglich geschuldeten – Ergebnissen. Daher liegt der Schluss nahe, dass sie dem Anwendungsbereich von Abs. 3 unterfallen, vor allem, wenn unterstellt wird, dass zB auch eine Kundenbetreuungstätigkeit im Kern akquisitorische Ziele verfolgt. Gleichwohl führen diese Tätigkeiten nicht per se zu „Geschäften" iSd Abs. 3. Rein verwaltende Tätigkeiten (auch „vermittlungsfremde" Tätigkeiten genannt) erfasst Abs. 3 nicht.[61] Diese Tätigkeiten werden als Pflichten des Versicherungs- und Bausparkassenvertreters ebenso wie die Vergütungen hierfür in der Praxis vertraglich vereinbart (zB **Folge-, Bestandspflege-** oder **Verwaltungsprovision**). Mit Teilen solcher Provisionen wird mitunter aber auch fortlaufend der

---

[51] Küstner/Thume VertriebsR-HdB I Kap. V Rn. 214 f.
[52] Küstner/Thume VertriebsR-HdB I Kap. V Rn. 215.
[53] Vgl. auch Emde Rn. 65.
[54] MüKoHGB/Ströbl Rn. 18.
[55] Ebenroth/Boujong/Joost/Strohn/Löwisch Rn. 9.
[56] BGH NJW 1959, 1430; Westphal VertriebsR I Rn. 691 ff.
[57] BGH NJW-RR 2006, 1542; 2004, 469; NJW 1971, 1611.
[58] BGH WM 2012, 469; NJW-RR 2004, 469.
[59] Emde Rn. 63.
[60] BGH NJW 1972, 1664; Emde Rn. 63; Ebenroth/Boujong/Joost/Strohn/Löwisch Rn. 8.
[61] BGH NJW 1959, 1430; Westphal VertriebsR I Rn. 698; aA Emde Rn. 63.

Vermittlungserfolg vergütet, was unter anderem zur Anwendbarkeit von Abs. 3 führt.[62] Wenn die Vertragspartner des Handelsvertretervertrages vertraglich nicht zweifelsfrei vereinbaren, welche Tätigkeiten mit bestimmten Provisionen vergütet werden, führt dies im Ausgleichsprozess dazu, dass der Unternehmer darlegen und beweisen muss, dass und zu welchem Anteil die Provisionen vermittlungsfremde Tätigkeiten des Handelsvertreters abgelten und diese damit nicht ausgleichspflichtig sind (→ § 89b Rn. 348).[63]

cc) Provision für Nachbestellungen oder Folgeaufträge. Einen Vergütungs- **28** anspruch ohne ein Tätigwerden des Versicherungs- oder Bausparkassenvertreters schließt Abs. 3 grundsätzlich aus. Anders als der Warenvertreter erhält er – wegen der Besonderheiten in diesen beiden Wirtschaftszweigen (→ Rn. 15) – gerade keine Provision für Nachbestellungen oder Folgeaufträge mit den von ihm für den Unternehmer geworbenen Kunden (Grenzfälle/Ausnahmen (→ Rn. 18 ff.)).[64]

dd) Provision für Geschäfte mit Bezirkskunden (Abs. 3 S. 2). Folgerichtig zu **29** Abs. 3 S. 1 (strenge Kausalität zwischen Tätigkeit des Handelsvertreters und Vertragsabschluss[65]) schließt S. 2 die Anwendbarkeit des § 87 Abs. 2 auf Versicherungs- und Bausparkassenvertreter aus. Sie haben daher – selbst wenn ihnen ein bestimmter Bezirk oder ein bestimmter Kundenkreis zugewiesen ist – keinen Anspruch auf Provision für die Geschäfte, die ohne ihre Mitwirkung vom Unternehmer mit Personen ihres Bezirks oder Kundenkreises abgeschlossen werden.[66] Erfolgt eine solche Zuweisung bei Versicherungs- und Bausparkassenvertretern, dann idR nur zur Bestimmung und Abgrenzung des Tätigkeitsgebietes des Handelsvertreters. Sie bewirkt zudem eine Beschränkung seiner Vertretungsmacht auf das übertragene Tätigkeitsgebiet (vormals gesetzlich geregelt durch § 46 VVG aF).[67]

2. Entstehung des Provisionsanspruchs (Abs. 4). a) Überblick und Hintergrund. **30** Für das Erstarken der Provisionsanwartschaft zum unbedingten Provisionsanspruch gilt bei Versicherungs- und Bausparkassenvertretern ausschließlich Abs. 4, der die allgemeine Regelung in § 87a Abs. 1 ersetzt.[68] Danach haben Versicherungs- und Bausparkassenvertreter erst dann **Anspruch auf Zahlung der Provision,** wenn der Versicherungsnehmer/Bausparer den **Beitrag (Prämie) gezahlt** hat, aus dem sich die Provision nach dem Handelsvertretervertrag berechnet. Die Ausführung des Geschäfts durch den Unternehmer (§ 87a Abs. 1 S. 1) ist grundsätzlich irrelevant. Auch bei einem Ausbleiben der Beitragszahlung kann die Provisionsanwartschaft zum unbedingten Provisionsanspruch erstarken, wenn feststeht, dass der Unternehmer das vermittelte Geschäft ganz oder teilweise nicht so ausführt, wie es abgeschlossen wurde (→ Rn. 35 ff.). Versicherungs- und Bausparkassenvertreter haben keinen Anspruch auf Vorschuss (§ 87a Abs. 1 S. 2) oder Teilprovision (§ 87a Abs. 1 S. 3).[69] Die Bestimmung ist dispositiv (→ Rn. 55). Im Übrigen bleibt § 87a – mit Ausnahme von Abs. 2[70] (Zirkelschlussproblem[71]) – anwendbar (Abs. 3: Wegfall des Provisions-

---

[62] BGH WM 2005, 1386; Küstner/Thume VertriebsR-HdB I Kap. V Rn. 205.

[63] BGH r+s 2005, 487.

[64] Emde Rn. 64 f.; MüKoHGB/Ströbl Rn. 12.

[65] Küstner/Thume VertriebsR-HdB I Kap. V Rn. 216.

[66] Emde Rn. 76; MüKoHGB/Ströbl Rn. 14; Ebenroth/Boujong/Joost/Strohn/Löwisch Rn. 5.

[67] Emde Rn. 76; Küstner/Thume VertriebsR-HdB I Kap. V Rn. 217; MüKoHGB/Ströbl Rn. 14.

[68] BGH BeckRS 1982, 31368012; BAG NJW 1968, 518; Küstner/Thume VertriebsR-HdB I Kap. V Rn. 270 mwN in Fn. 322; Emde Rn. 79.

[69] MüKoHGB/Ströbl Rn. 21; bzgl. S. 3 aA: Küstner/Thume VertriebsR-HdB I Kap. V Rn. 279 ff.; Emde Rn. 80.

[70] MüKoHGB/Ströbl Rn. 28; umstr. – Überbl. bei Emde Rn. 82.

[71] § 87a Abs. 2 setzt voraus, dass der Provisionsanspruch bereits entstanden ist und dann entfällt, weil der Kunde definitiv nicht zahlt. Beim Versicherungs- und Bausparkassenvertreter kann er aber erst entstanden sein, wenn die Zahlung erfolgte.

anspruchs,[72] Abs. 4: Fälligkeit der Provision, Abs. 5: Verbot für den Handelsvertreter nachteiliger, abweichender Vereinbarungen).[73]

31   Das für Warenvertreter nach § 87a Abs. 1 S. 1 maßgebliche Kriterium der „Ausführung des Geschäfts" ist in der Versicherungswirtschaft und im Bausparwesen untauglich. Versicherungs- und Bausparverträge sind – als Dauerschuldverhältnisse – mit Beginn der vertragsgemäßen Leistung des Unternehmers noch nicht „ausgeführt".[74] Ohne Abs. 4 wäre unklar, an welches Ereignis anstelle dessen anzuknüpfen ist (zB Zahlung des ersten vollen Jahresbeitrags oder des letzten Beitrags durch den Versicherungsnehmer, erste Versicherungsleistung des Unternehmers, vollständige Vertragserfüllung auf Grund Vertragsende, Auszahlung des Bausparguthabens oder -darlehens).[75]

32   **b) Maßgebliche Beitragszahlung. aa) Vertragliche Vereinbarung.** Abs. 4 unterstellt das Bestehen einer vertraglichen Vereinbarung im Vertretungsvertrag, die festlegt, aus welcher Beitragszahlung sich die Provision berechnen soll. Die Vornahme dieser Zahlung ist der maßgebliche Bezugspunkt.[76] Ist sie beim Versicherer bzw. der Bausparkasse eingegangen, hat der Handelsvertreter Anspruch auf die Provision. In der Vertragspraxis wird allerdings häufig zur **Berechnung der Provision** (also für deren Höhe) auf die Versicherungs- bzw. Bausparsumme und nicht auf die (Höhe der) Beitragszahlung bzw. den einzelnen Zahlungseingang abgestellt.[77] Meist finden sich in den Handelsvertreterverträgen jedoch zusätzlich Vereinbarungen zum Zeitpunkt der Entstehung des Provisionsanspruchs. Bei Zahlung eines **Einmalbeitrags** wird idR die vollständige Zahlung des Beitrags als maßgeblich für den Anspruch auf eine Einmalprovision vereinbart.[78] Gleiches gilt bei der Maßgeblichkeit des „ersten Jahresbeitrages": Für die Entstehung des Provisionsanspruchs wird vertraglich idR die Zahlung des gesamten Jahresbeitrages vorausgesetzt, auch wenn dem Kunden eine laufende bzw. unterjährige Beitragszahlung ermöglicht wird.[79] Bei einer generell **laufenden Beitragszahlung** kann vertretungsvertraglich die Zahlung des ersten oder eines bestimmten anderen Beitrags als maßgeblich, aber auch das Erreichen einer bestimmten Beitragssumme vereinbart werden.[80]

33   **bb) Unzureichende oder fehlende vertragliche Vereinbarung.** Finden sich – entgegen der Unterstellung in Abs. 4 – im Handelsvertretervertrag keine oder nur unzureichende Regelungen zum maßgeblichen Bezugspunkt für die Provisionsberechnung, muss im Wege ergänzender Vertragsauslegung ermittelt werden, was die Vertragsparteien bei vernünftiger Interessenabwägung nach Treu und Glauben als Zeitpunkt für das Entstehen des Provisionsanspruchs vereinbart hätten.[81] Einfach liegt der Fall bei der Zahlung von Einmalbeiträgen, bei denen folgerichtig mit Zahlungseingang der Provisionsanspruch entstehen muss. Bei der Vereinbarung von **Jahresbeiträgen** in Lebensversicherungsverträgen wird der Provisionsanspruch des Versicherungsvertreters erst dann unbedingt, wenn die erste Jahresprämie – ggf. ratierlich/unterjährig – vollständig gezahlt wurde.[82] Bei Bausparverträgen wird der Provisionsanspruch – idR eine Einmalprovision – mit der Zahlung des Erstbeitrags unbedingt.[83]

---

[72] BGH BeckRS 1982, 31368012.

[73] Küstner/Thume VertriebsR-HdB I Kap. V Rn. 270 f.; Emde Rn. 82.

[74] Höft VersR 1927, 205 (208); MüKoHGB/Ströbl Rn. 22; Emde Rn. 79 mwH.

[75] BAG NJW 1968, 518; Höft VersR 1927, 205 (208).

[76] MüKoHGB/Ströbl Rn. 24.

[77] Küstner/Thume VertriebsR-HdB I Kap. V Rn. 283 ff.; Ebenroth/Boujong/Joost/Strohn/Löwisch Rn. 12.

[78] Emde Rn. 81; Küstner/Thume VertriebsR-HdB I Kap. V Rn. 283 f.; MüKoHGB/Ströbl Rn. 24.

[79] Küstner/Thume VertriebsR-HdB I Kap. V Rn. 286.

[80] MüKoHGB/Ströbl Rn. 24.

[81] Ebenroth/Boujong/Joost/Strohn/Löwisch Rn. 16; MüKoHGB/Ströbl Rn. 24.

[82] BAG NJW 1968, 489; OLG Stuttgart NJW-RR 1998, 1192; Küstner/Thume VertriebsR-HdB I Kap. V Rn. 286; MüKoHGB/Ströbl Rn. 25; Emde Rn. 81.

[83] Ebenroth/Boujong/Joost/Strohn/Löwisch Rn. 12; Emde Rn. 81; Küstner/Thume VertriebsR-HdB I Kap. V Rn. 289.

Die Entstehung des Provisionsanspruchs bei **laufenden Beitragszahlungen**[84] oder (ggf. **34**
vertragswidrigen) **Teilleistungen** des Versicherungsnehmers ist umstritten. Ungeachtet des
Meinungsstreits über die Geltung des § 87a Abs. 1 S. 3 für Versicherungs- und Bausparkassenvertreter (s. Fn. 71) legt eine den Grundsätzen von Treu und Glauben entsprechende
Ermittlung des mutmaßlichen Parteiwillens die Orientierung[85] an dieser für Warenvertreter
geltenden Regelung nahe (Provisionsanspruch wird unbedingt bei – ggf. teilweiser –
Ausführung des Geschäfts durch den Kunden (→ § 87a Rn. 26). Sie ist auch bei Ver-
sicherungs- und Bausparkassenvertretern – trotz der Besonderheiten in den beiden Wirtschaftszweigen – interessengerecht, weil dem Unternehmer mit der teilweisen Ausführung
des Geschäfts durch den Kunden (also mit den Zahlungen) bereits die Vorteile aus dem
Geschäft zufließen. Insoweit kann von ihm auch erwartet werden, dass er die Provisionsansprüche des Handelsvertreters erfüllt, deren Grundlagen er unzweifelhaft bereits geschaffen hat. Die Provisionsanwartschaft des Versicherungsvertreters erstarkt also mit den einzelnen Beitragszahlungen in entsprechender Höhe zum Provisionsanspruch.[86] Das gilt zumindest immer dann, wenn der Kunde von einer vertraglich vereinbarten laufenden bzw.
ratierlichen Zahlungsweise Gebrauch macht.

c) Störungen im vermittelten Vertragsverhältnis. aa) Vermittelter Vertrag nicht **35**
wirksam. Das Entstehen der Provisionsanwartschaft setzt den Abschluss eines Versiche-
rungs- oder Bausparvertrages voraus. Kommt es trotz der akquisitorischen Leistung des
Handelsvertreters nicht zur Begründung eines **wirksamen Vertragsverhältnisses,** erhält
der Versicherungs- und der Bausparkassenvertreter auch keine Vergütung. Weil der Unternehmer grundsätzlich frei über die Annahme eines vom Handelsvertreter vermittelten
Antrags entscheiden kann (unternehmerische Dispositionsfreiheit), bietet der vom Kunden
unterzeichnete Antrag allein dem Handelsvertreter keine Sicherheit dafür, dass ein Provisionsanspruch auch entsteht.[87] Der Unternehmer ist jedoch gehalten, bei seiner Entscheidung über den Antrag die Interessen des Handelsvertreters zu beachten (→ § 86a
Rn. 38). Missachtet er diese, entsteht zwar trotzdem keine Provisionsanwartschaft, der
Unternehmer macht sich aber schadensersatzpflichtig, weshalb er eine Ablehnung des
Antrags nur mit sachlichem Grund und keinesfalls willkürlich oder gar in der Absicht
erklären sollte, den Handelsvertreter zu schädigen.[88]

bb) Nichtzahlung des Beitrags. Des Weiteren kann es auf Grund bestehender Lö- **36**
sungsrechte des Kunden (zB § 8 VVG – Widerruf) und des Unternehmers (zB § 37 Abs. 1
VVG – Rücktritt) faktisch zur Wirkungslosigkeit der Vermittlungsanstrengungen des Ver-
sicherungs- und Bausparkassenvertreters kommen.[89] Neben der in diesen Fällen vom
Unternehmer geschuldeten Rückzahlung von Beiträgen führen auch die Fälle der Nichtzahlung des Beitrags durch den Kunden dazu, dass die Voraussetzungen von Abs. 4 nicht
erfüllt sind und somit kein unbedingter Provisionsanspruch des Handelsvertreters entsteht.[90]
Aus Sicht des Handelsvertreters ist es aber entscheidend, dass das Ausbleiben der Beitragszahlung nicht auf **Umstände** zurückzuführen ist, **die der Unternehmer zu vertreten**
hat (§ 87a Abs. 3 S. 2).[91] Scheitert der vermittelte Vertrag nämlich auf Grund einer Verletzung vertretungsvertraglicher Pflichten durch den Unternehmer, entsteht der Provisionsanspruch des Versicherungs- und Bausparkassenvertreters auch ohne eine Beitragszahlung.

---

[84] Detaillierte Darst. einzelner Fallgestaltungen im Versicherungsbereich bei Küstner/Thume VertriebsR-
HdB I Kap. V Rn. 289.
[85] Wie hier: Ebenroth/Boujong/Joost/Strohn/Löwisch Rn. 16.
[86] Küstner/Thume VertriebsR-HdB I Kap. V Rn. 279, 288; Emde Rn. 80; Herzog VersR 1979, 797; aA
BAG NJW 1968, 518; MüKoHGB/Ströbl Rn. 26; Ebenroth/Boujong/Joost/Strohn/Löwisch Rn. 15.
[87] In den einzelnen Vertragsschlussmodellen bestehende Unterschiede sind zu beachten (Fn. 43).
[88] MüKoHGB/Ströbl Rn. 27.
[89] Küstner/Thume VertriebsR-HdB I Kap. V Rn. 273.
[90] Küstner/Thume VertriebsR-HdB I Kap. V Rn. 276, 508 f.
[91] MüKoHGB/Ströbl Rn. 28.

Durch die entsprechende Anwendung von § 87a Abs. 3[92] wird der Handelsvertreter nämlich so gestellt, als hätte sich der Unternehmer vertragskonform verhalten.[93]

37   **(1) Nachbearbeitungspflicht des Unternehmers.** Nun hat der Unternehmer in aller
Regel keinen Einfluss darauf, ob der Versicherungsnehmer oder der Bausparer den Beitrag
zahlt. Leistungswille und -fähigkeit des Kunden sind keine Umstände, die der Unternehmer
zu vertreten hat. Er könnte sich daher immer mit dem Verweis auf die Nichtzahlung des
Kunden exkulpieren. Auf Grund der vertretungsvertraglichen Treuepflicht, Rücksicht auf
das Provisionsinteresse des Handelsvertreters zu nehmen, muss sich der Unternehmer um
die Beitragszahlung jedoch aktiv bemühen.[94] Er ist zur sog. **Nachbearbeitung** verpflichtet,[95] es sei denn, es steht endgültig fest, dass der Kunde nicht zahlen wird (zB Insolvenz,
Aufenthalt des Kunden nicht ermittelbar).[96] Hierfür ist der Unternehmer beweispflichtig.[97]
Auch wenn der Versicherer nach dem VVG unmittelbar nach Ausbleiben des Erstbeitrags
ohne Weiteres zum Rücktritt vom Versicherungsvertrag berechtigt ist (§ 37 Abs. 1 VVG),
hätte dies nach dem HGB zur Folge, dass der Versicherungsvertreter den Provisionsanspruch gleichwohl erwirbt (§ 87a Abs. 3 S. 1 entspr.). Der Versicherer ist auch in diesem
Fall zur Nachbearbeitung verpflichtet.[98] Die Pflicht des Unternehmers zur Nachbearbeitung kann nur durch Individualabrede, nicht mittels AGB ausgeschlossen werden.[99]

38   Der Unternehmer kann die Nachbearbeitung selbst übernehmen oder aber dem Ver-
sicherungs-/Bausparkassenvertreter die Möglichkeit zum entsprechenden Tätigwerden geben (→ Rn. 40). Er hat insofern die freie Wahl.[100] Eigene Bemühungen des Unternehmers
müssen nach Art und Umfang objektiv ausreichend sein, um fällige Beiträge einzutrei-
ben.[101] Welche **konkreten Maßnahmen** ausreichend sind, hängt von den Umständen des
Einzelfalls ab.[102] Das bloße Versenden von Zahlungsaufforderungen (Mahnungen) ist –
auch bei zusätzlichem Hinweis auf die Vorteilhaftigkeit des Vertrages – nicht ausreichend.[103] Das **Bemühen** muss **ernsthaft und nachdrücklich** sein und dem Versiche-
rungsnehmer/Bausparer verdeutlichen, dass ein fortgesetzter Zahlungsverzug für ihn ernsthafte Konsequenzen haben wird (zB nachdrückliche Zahlungsaufforderung nach § 38
VVG). Bei einem nicht nur geringfügigen Provisionsinteresse kann der Handelsvertreter
idR zudem erwarten, dass sich der Unternehmer durch **persönliche Kontaktaufnahme**
mit dem Beitragsschuldner um eine Problemlösung bemüht und aktiv versucht, den vermittelten Vertrag zu erhalten.[104] Eine allgemeine Verpflichtung des Unternehmers, „alles
Mögliche und Zumutbare" zu tun, besteht jedoch nicht.[105] Der Unternehmer kann bei der
Ausgestaltung der Nachbearbeitung vielmehr auch das Verhältnis von Aufwand und Nutzen[106] sowie voraussichtliche Erfolgschancen berücksichtigen. Bei der Ermittlung des Um-

---

[92] BGH BeckRS 2008, 05534 = WM 2008, 923.

[93] Küstner/Thume VertriebsR-HdB I Kap. V Rn. 276.

[94] BGH NJW 2011, 1590; VersR 1983, 371; Emde Rn. 84 spricht sogar von einer – ggü. dem Warenvertreter – erhöhten Loyalitätspflicht des Unternehmers; Küstner/Thume VertriebsR-HdB I Kap. V
Rn. 515.

[95] BGH NJW 2011, 1590; NJW-RR 2005, 1196; MüKoHGB/Ströbl Rn. 30; Ebenroth/Boujong/Joost/
Strohn/Löwisch Rn. 20.

[96] Ebenroth/Boujong/Joost/Strohn/Löwisch Rn. 24.

[97] Ebenroth/Boujong/Joost/Strohn/Löwisch Rn. 24.

[98] MüKoHGB/Ströbl Rn. 32.

[99] AA Emde Rn. 17: Verzicht unwirksam; Ebenroth/Boujong/Joost/Strohn/Löwisch uneinheitlich:
Rn. 23 „unabdingbare Verpflichtung", Rn. 29 Vereinbarung des Ausschlusses unwirksam.

[100] BGH NJW-RR 2005, 1196; Emde Rn. 13; MüKoHGB/Ströbl Rn. 32; Küstner/Thume VertriebsR-
HdB I Kap. V Rn. 516.

[101] BGH NJW-RR 2005, 1196; BAG NJW 1968, 519.

[102] BGH NJW 2011, 1590; MüKoHGB/Ströbl Rn. 32; Emde Rn. 14; Beispiele: Küstner/Thume VertriebsR-HdB I Kap. V Rn. 517.

[103] BGH NJW 2011, 1590.

[104] MüKoHGB/Ströbl Rn. 32; Ebenroth/Boujong/Joost/Strohn/Löwisch Rn. 23 f.; ausdr. offen gelassen:
BGH NJW 2011, 1590.

[105] AA MüKoHGB/Ströbl Rn. 32; Küstner/Thume VertriebsR-HdB I Kap. V Rn. 538.

[106] Emde Rn. 14: „gewisses Ermessen" des Versicherers.

fangs der gebotenen Nachbearbeitung[107] ist zudem das bisherige Verhalten des Handelsvertreters von Bedeutung. Am Umfang und an der Art und Weise der Bemühungen des Handelsvertreters, die er infolge bisheriger Stornogefahrmitteilungen des Unternehmers (→ Rn. 40) entwickelte, kann der Unternehmer seine eigenen Aktivitäten ausrichten.[108]

(2) Klagepflicht des Unternehmers. Die Nachbearbeitungspflicht geht auch nicht so **39** weit, dass der Unternehmer den Kunden auf die Beitragszahlung zu verklagen hat.[109] Versicherungsunternehmen sind im Regelfall gerade nicht gehalten, Klage zu erheben.[110] Sie haben ein berechtigtes Interesse daran, wirtschaftlich unsinnige Prozesse (zB geringfügige Beitragsschuld) und den Ruf eines rücksichtslosen Prozessierers zu vermeiden.[111] Bei einer wirtschaftlich sinnvollen (zB hohe Beitragsschuld) und erfolgversprechenden Prozessführung darf der Unternehmer aber nur dann von der Klageerhebung gegen den Kunden absehen, wenn dafür ein sachlicher Grund vorliegt (zB im Übrigen wichtige Kundenbeziehung, große Reputationsrisiken).[112] Durch eine **Klageverzichtsklausel** kann auch dieser Fall vertretungsvertraglich ausgeschlossen und die Klageerhebung generell in das Ermessen des Unternehmers gestellt werden (Grenze: Willkür zu Lasten des Handelsvertreters).[113]

(3) Nachbearbeitung durch den Versicherungs-/Bausparkassenvertreter. Eine **40** Pflicht des Unternehmers, den Handelsvertreter über den gefährdeten Vertrag zu informieren, besteht nicht und zwar auch dann nicht, wenn die eigenen (ausreichenden) Nachbearbeitungsbemühungen des Unternehmers gescheitert sind.[114] Allerdings ist dies in der Praxis meist sinnvoll.[115] Überlässt der Unternehmer die Nachbearbeitung dem Versicherungs-/ Bausparkassenvertreter, entfällt seine eigene Verpflichtung zu entsprechendem Tätigwerden.[116] Die Verlagerung der Nachbearbeitung auf den Handelsvertreter erfolgt idR durch eine sog. **Stornogefahrmitteilung,** dh durch einen Hinweis des Unternehmers, aus dem der Handelsvertreter die Gefährdung des von ihm vermittelten Vertrages erkennen kann.[117] Der Handelsvertreter ist dann zur Nachbearbeitung verpflichtet (Umfang wie bei → Rn. 37).[118] Ein mündlicher Hinweis genügt, ebenso die Zusendung der Kopie eines Mahnschreibens.[119] Die bloße Möglichkeit, auf Buchungsdaten zuzugreifen oder die Mitteilung ausstehender Zahlungen hingegen genügen nicht.[120] Für die Hinweiserteilung ist der Unternehmer beweispflichtig (bei schriftlichem Hinweis für die Absendung, nicht für den Zugang).[121]

(4) Unternehmerpflichten gegenüber ausgeschiedenem Handelsvertreter. All **41** dies soll auch zugunsten des bereits ausgeschiedenen Handelsvertreters gelten.[122] Dabei ist allerdings zu differenzieren: Besteht nach Ausscheiden des Handelsvertreters bei diesem

---

[107] Zur Grenze des Zumutbaren: Küstner/Thume VertriebsR-HdB I Kap. V Rn. 521.
[108] Vgl. Emde Rn. 14 mwN in Fn. 64.
[109] BGH NJW 2011, 1590; NJW-RR 2005, 1196; BAG NJW 1968, 519; Ebenroth/Boujong/Joost/Strohn/Löwisch Rn. 23; Emde Rn. 15.
[110] Emde Rn. 15; Westphal VertriebsR I Rn. 676 ff.
[111] MüKoHGB/Ströbl Rn. 34; bzgl. „Ruf" krit.: Emde Rn. 15.
[112] aA MüKoHGB/Ströbl Rn. 31.
[113] OLG Frankfurt a. M. VersR 1991, 1135; MDR 1983, 844 (Bausparkasse); OLG Karlsruhe VersR 1982, 267; OLG Schleswig MDR 1984, 760; MüKoHGB/Ströbl Rn. 34; Emde Rn. 16; Westphal VertriebsR I Rn. 679; ausf.: Küstner/Thume VertriebsR-HdB I Kap. V Rn. 518 f., 533 ff.
[114] Ebenroth/Boujong/Joost/Strohn/Löwisch Rn. 23.
[115] Küstner/Thume VertriebsR-HdB I Kap. V Rn. 522.
[116] BGH NJW 2011, 1590; MüKoHGB/Ströbl Rn. 36; Ebenroth/Boujong/Joost/Strohn/Löwisch Rn. 21; Bonvie VersR 1986, 119.
[117] Mecklenbrauck LMK 2012, 337360; Mecklenbrauck VersR 2006, 1157; Emde Rn. 18 f.
[118] Emde Rn. 21.
[119] MüKoHGB/Ströbl Rn. 35; Emde Rn. 19.
[120] MüKoHGB/Ströbl Rn. 36.
[121] BGH NJW 2011, 1590; aA Ebenroth/Boujong/Joost/Strohn/Löwisch Rn. 22.
[122] BGH NJW-RR 2005, 1196; Emde Rn. 13 mwN; MüKoHGB/Ströbl Rn. 32; Ebenroth/Boujong/Joost/Strohn/Löwisch Rn. 26.

kein Provisionsinteresse mehr (zB Provisionsverzicht, Zahlung eines Ausgleichsanspruchs, nachvertraglich vereinbarte Anspruchsabgeltung), kann es auch keine Nachbearbeitungspflicht des Unternehmers ihm gegenüber mehr geben. Besteht das Provisionsinteresse weiter, wäre der Unternehmer aber gezwungen, mit der Stornogefahrmitteilung an den ausgeschiedenen Handelsvertreter gegen geltendes Recht (zB Datenschutzrecht) oder eigene Interessen (Gefahr der Umdeckung des Vertrages zum neuen Unternehmer des Handelsvertreters[123]) zu verstoßen, entfällt das Wahlrecht und muss der Unternehmer die Nachbearbeitung selbst durchführen.[124]

42   **(5) Nachbearbeitungspflicht bei mehrstufiger Vermittlung.** Die Unternehmerpflicht zur Nachbearbeitung kann auch den Versicherungs-/Bausparkassenvertreter selbst treffen, nämlich in mehrstufigen Vermittlungsverhältnissen, in denen er schließlich als Obervertreter die Unternehmerstellung gegenüber seinem Untervertreter einnimmt.[125]

43   **cc) Vorzeitige Beendigung des vermittelten Vertrages.** Die vorzeitige Beendigung des vermittelten Vertrages während seiner Laufzeit durch Vereinbarung zwischen Unternehmer und Kunde ist grundsätzlich ein Umstand, den der **Unternehmer zu vertreten** hat, selbst wenn dies unternehmerisch bzw. wirtschaftlich sinnvoll oder aus Unternehmersicht gar zwingend ist.[126] Dem Handelsvertreter verbleibt die verdiente Provision vollständig.[127] Umstände, die der Unternehmer iSv § 87a Abs. 3 S. 2 nicht zu vertreten hat und die den Provisionsanspruch des Versicherungs- oder Bausparkassenvertreters (ggf. teilweise) entfallen lassen, liegen aber insbesondere vor, wenn die Nichtausführung des Geschäfts auf einem **Vertretenmüssen des Handelsvertreters** beruht. Das kann zB bei Vertragsaufhebung wegen einer Fehlberatungsleistung des Handelsvertreters oder einvernehmlicher Beendigung einer Geschäftsbeziehung nach schwerwiegendem Handelsvertreterfehlverhalten gegenüber dem Kunden der Fall sein. Vom Unternehmer idR nicht zu vertreten ist auch die vorzeitige Beendigung des Vertragsverhältnisses unter Mitwirkung des Handelsvertreters, etwa in Erwartung des Abschlusses eines anderen Vertrages. Soweit der Unternehmer in diesen Fällen Beiträge vereinnahmte und nicht an den Kunden zurückgewähren muss, verbleiben auch dem Handelsvertreter die erworbenen Provisionsansprüche. Im Übrigen ist er zur Rückzahlung bereits gewährter Provisionen verpflichtet (entspr. § 87a Abs. 3 S. 2).[128]

44   **3. Gesetzliche Beschränkungen des Provisionsanspruchs. a) Provisionsbegrenzung und -haftung.** Nachdem provisionsbeschränkende Anordnungen der Versicherungsaufsicht zunächst für Kfz-Versicherungen[129] im Jahr 1994[130] und dann auch für Lebensversicherungen und kapitalbildende Unfallversicherungen[131] im Jahr 2008[132] aufgehoben wurden, gilt seit 1.4.2012[133] für die **substitutive Krankenversicherung**[134] eine gesetzlich vorgeschriebene **Provisionsbeschränkung** in drei Dimensionen: **1.** An alle

---

[123] Küstner/Thume VertriebsR-HdB I Kap. V Rn. 527.

[124] So iErg wohl auch Emde Rn. 13 u. Küstner/Thume VertriebsR-HdB I Kap. V Rn. 516 ff., 548.

[125] Ebenroth/Boujong/Joost/Strohn/Löwisch Rn. 21; Küstner/Thume VertriebsR-HdB I Kap. V Rn. 513.

[126] Ausf.: Küstner/Thume VertriebsR-HdB I Kap. V Rn. 548 ff.

[127] MüKoHGB/Ströbl Rn. 38.

[128] Emde Rn. 85; Ebenroth/Boujong/Joost/Strohn/Löwisch Rn. 20; MüKoHGB/Ströbl Rn. 38.

[129] Verordnung über die Tarife in der Kraftfahrzeug-Haftpflichtversicherung vom 8.12.1984, BGBl. I 1437.

[130] Verordnung zur Aufhebung der Verordnung über die Tarife in der Kraftfahrzeug-Haftpflichtversicherung vom 10.6.1994, BGBl. I 1223.

[131] Rundschreiben des Bundesaufsichtsamts für das Versicherungswesen R 5/95 vom 31.10.1995 VerBAV 1995, 366.

[132] Veröff. der BaFin vom 22.2.2008 auf www.bafin.de zum Geschäftszeichen VA 21 – A – 2007/0107 „Begrenzung der Abschlusskosten in der Lebensversicherung – Aufhebung des Rundschreibens 5/1995 des ehemaligen BAV".

[133] BGBl. 2001 I 2481 (2506) (Art. 26 Abs. 2).

[134] § 50 Abs. 1 VAG.

seine Vermittler darf der Krankenversicherer in einem Geschäftsjahr nicht mehr als insgesamt 3 Prozent seiner Bruttobeitragssumme[135] des Neuzugangs als Abschlussprovisionen oder sonstige Vergütungen zahlen (§ 50 Abs. 1 VAG). Das entspricht einer durchschnittlichen Abschlussprovision von 9 Monatsbeiträgen. **2.** An den einzelnen Vermittler darf der Krankenversicherer in einem Geschäftsjahr insgesamt für den Abschluss maximal 3,3 Prozent der Bruttobeitragssumme des von ihm vermittelten Geschäfts (durchschnittlich 9,9 Monatsbeiträge) als Zahlungen oder sonstige geldwerte Vorteile gewähren (§ 50 Abs. 1 S. 3 VAG). **3.** Beim einzelnen vermittelten Vertrag dürfen die für seinen Abschluss gewährte Abschlussprovision und sonstige Vergütungen 3,3 Prozent seiner Bruttobeitragssumme (durchschnittlich 9,9 Monatsbeiträge) nicht übersteigen (§ 50 Abs. 1 S. 3 VAG). Während 1. und 3. wohl ausschließlich Vergütungen „in Geld" betreffen (Courtagen, Provisionen, Boni etc), sind bei 2. darüber hinaus sog. Incentives (Sachprämien, Reisen etc) relevant. Ausschlaggebend ist der Abschlussbezug. Vergütungen, die nicht in unmittelbarem Zusammenhang zu einem konkreten Vertragsschluss stehen (zB Bestandspflegeprovisionen), werden von der Provisionsbeschränkung nicht erfasst.[136]

§ 50 Abs. 1 VAG regelt abschließend das Ob und Wie der Begrenzung von Vergütungen, die der Versicherer für die Vermittlungs- und Betreuungstätigkeit des Vermittlers zahlt. § 50 Abs. 2 VAG soll– sicherstellen, dass diese Vergütungsbegrenzung nicht über Dienst-, Werk-, Miet- oder Pachtverträge oder sonstige vergleichbare Vereinbarungen umgangen wird. Eine Vergütung solcher Dienstleistungen etc des Vermittlers oder die Gewährung geldwerter Vorteile hierfür ist zudem nur dann zulässig, wenn die Leistung tatsächlich zu einer Ersparnis von Aufwendungen beim Versicherer führt (S. 3). **45**

Für die **substitutive Krankenversicherung** und für die **Lebensversicherung** gilt seit 1.4.2012[137] zusätzlich eine gesetzlich vorgeschriebene **Provisionshaftung** (§ 49 VAG). Die Versicherungsunternehmen müssen durch vertragliche Vereinbarungen mit den Vermittlern sicherstellen, dass die Vermittler bei einer vorzeitigen Beendigung des vermittelten Vertrages[138] in den ersten fünf Jahren Vergütungen[139] nur in der Höhe erhalten bzw. behalten dürfen, die bei ihrer gleichmäßigen Verteilung auf fünf Jahre bis zum Zeitpunkt der Beendigung angefallen wären. Bei kürzeren Laufzeiten ist bei der „Verteilung" die jeweilige Laufzeit zugrunde zu legen. **46**

Die Regelungen dienen in erster Linie dem **Verbraucherschutz.** Sie sollen die in der privaten Krankenversicherung festgestellten Vergütungsexzesse und damit verbundenen Fehlanreize beseitigen, die eine bedarfsgerechte und an den Interessen der Kunden orientierte Beratung (§§ 60, 61 Abs. 1 S. 1 VVG) in Frage stellten. Den Vermittlern wird zudem der Anreiz genommen, einen Versicherungswechsel nur aus Interesse an zusätzlichen Vergütungen zu empfehlen.[140] Bestehende Regelungen in den Wettbewerbsrichtlinien der Versicherungswirtschaft[141] und die Selbstverpflichtung der Branche im sog. Verhaltenskodex[142] zeigten in der Praxis offensichtlich keine dem Verbraucherschutz genügende Wirkung. In der Vergangenheit sollen einzelnen Vermittlern Abschlussvergütungen von bis zu 18 der von den Versicherungsnehmern gezahlten Monatsbeiträge gewährt worden sein. Krankenversicherer, die sich den immer höheren Vergütungsforderungen – vor allem von **47**

---

[135] Die Bruttobeitragssumme entspricht der über 25 Jahre hochgerechneten Erstprämie ohne den Zuschlag nach § 50 Abs. 1 S. 2 VAG.

[136] BT-Drs. 17/7453, 116.

[137] BGBl. 2001 I 2481 (2506) (Art. 26 Abs. 2).

[138] Dh zumindest im Falle der Kündigung des Vertrages durch den Versicherungsnehmer (wenn es sich nicht um eine Kündigung gemäß § 205 Abs. 2 VVG handelt) oder im Falle des Ruhendstellens der Leistungen gemäß § 193 Abs. 6 S. 2 VVG oder im Falle einer Prämienfreistellung gemäß § 165 Abs. 1 VVG.

[139] Abschlussaufwendungen gemäß § 43 Abs. 2 S. 2 Nr. 1 Buchst. a und b der Versicherungsunternehmens-Rechnungslegungsverordnung, Abdruck unter anderem in Prölls VAG, 1770).

[140] BT-Drs. 17/7453, 116.

[141] Ziffern 48 u. 65 der Wettbewerbsrichtlinien der Versicherungswirtschaft vom 1.9.2006 (Abdruck zB in Köhler/Bornkamm UWG).

[142] Ziffer 6 des Verhaltenskodex für den Vertrieb von Versicherungsprodukten (veröffentlicht unter www.gdv.de).

Maklern – nicht entziehen konnten, begrüßten deren gesetzliche Begrenzung.[143] Eine Selbstverpflichtung der Branche im Sinne einer für alle Krankenversicherer verbindlichen Begrenzung der Vermittlungsprovisionen konnte aus kartellrechtlichen Gründen nicht eingeführt werden.[144]

48 Von diesen Vorschriften **abweichende Vereinbarungen** – auch zwischen Ober- und Untervermittler – sind **unwirksam** (§§ 49 Abs. 2 und 50 Abs. 3 VAG). Die gesetzgeberischen Ziele sind nur dann erreichbar, wenn die Regelungen unabhängig vom Willen der Versicherer und der Vermittler und zudem auch in gestuften Vermittlungsverhältnissen gelten, sie also bis zum „point of sale" wirken. Der Gesetzeswortlaut „Vereinbarung zwischen dem Versicherungsunternehmen und dem Versicherungsvermittler" ist mithin weit auszulegen.

Am 10.6.2021 wurde im Bundesgesetzblatt das Schwarmfinanzierung-Begleitgesetz veröffentlicht[145]. Dieses enthält ua Regelungen zu einer Provisionsobergrenze in der Restschuldversicherung (vgl. § 50a VAG nF). Die Regelungen treten zum 1.7.2022 in Kraft und sollen voraussichtlich zum 31.12.2033 evaluiert werden.

49 **b) Provisionsabgabeverbot.** Das Bundesministerium für Finanzen hat im Zuge der zum 1.1.2016 in Kraft getretenen VAG-Novelle entschieden, dass das bisher geltende Provisionsabgabeverbot zum 1.7.2017 aufgehoben wird[146]. Im Zuge der Umsetzung der europäischen Vertriebsrichtlinie (Insurance Distribution Directive) hat der deutsche Gesetzgeber mit dem neu in das Versicherungsaufsichtsgesetz eingefügten § 48b VAG das Provisions- und Sondervergütungsverbot nunmehr gesetzlich festgeschrieben. War das Provisionsabgabeverbot bis dato nur untergesetzlich durch Verordnungen von 1934 (für die Lebens- und private Krankenversicherung) bzw. von 1982 (für die Schadenversicherung) geregelt, steht das Provisionsabgabeverbot nunmehr im Rang eines Gesetzes. Es handelt sich hierbei ausdrücklich auch um eine Marktverhaltensregel[147], dh eine Regelung, die der Geltendmachung der Verbotsnormen aus dem UWG zugänglich ist. Eine Rechtsvorschrift wird als Marktverhaltensregelung qualifiziert, wenn sie (auch) dazu bestimmt ist, im Interesse der Marktteilnehmer das Marktverhalten zu regeln. Damit hat der Gesetzgeber die gegen das bisherige Provisionsabgabeverbot vorgebrachte Kritik[148] aufgegriffen und eine sowohl aufsichtsrechtlich als auch lauterkeitsrechtlich durchsetzbare Norm eingeführt.

50 Mit der Verkündung des IDD-Umsetzungsgesetzes im Bundesgesetzblatt ist das Sondervergütungs- und Provisionsabgabeverbot vor dem allgemeinen Umsetzungszeitpunkt bereits am 29.6.2017 unmittelbar in Kraft getreten[149].

51 Eine Sondervergütung ist gemäß § 48b Abs. 2 VAG jede unmittelbare oder mittelbare Zuwendung neben der im Versicherungsvertrag vereinbarten Leistung, insbesondere jede vollständige oder teilweise Provisionsabgabe, sonstige Sach- oder Dienstleistung, die nicht die Versicherungsleistung betrifft oder Rabattierung auf Waren oder Dienstleistungen, sofern sie nicht geringwertig ist. Als Begehungstatbestände normiert § 48b VAG neben dem „Gewähren" auch das bloße „Versprechen". Das Sondervergütungs- und Provisionsabgabeverbot gilt sowohl für Versicherungsunternehmen als auch für Versicherungsvermittler, allerdings nicht für sog. Tippgeber[150]. Wird die Sondervergütung durch einen Dritten gewährt oder versprochen, der selbst weder Versicherungsunternehmen noch Versiche-

---

[143] BT-Drs. 17/7453, 70 f.; BT-Plenarprotokoll 17/136, 16216.

[144] HK-VAG/Boslak § 50 Rn. 1.

[145] Gesetz zur begleitenden Ausführung der Verordnung (EU) 2020/1503 und der Umsetzung der Richtlinie EU 2020/1504 zur Regelung von Schwarmfinanzierungsdienstleistern (Schwarmfinanzierung-Begleitgesetz) und anderer europarechtlicher Finanzmarktvorschriften.

[146] Zur alten Rechtslage siehe 2. Aufl. Flohr/Wauschkuhn, Vertriebsrecht, → HGB § 92 Rn. 49 ff.

[147] Vgl. BT-Drs. 18/11627, 40.

[148] Vgl. zuletzt OLG Köln VersR 2017, 227.

[149] Vgl. Art. 6 S. 2 Gesetz zur Umsetzung der Richtlinie (EU) 2016/97 des Europäischen Parlaments und des Rates vom 20.1.2016 über Versicherungsvertrieb und zur Änderung weiterer Gesetze, BGBl 2017 I Nr. 52, 2789.

[150] Vgl. BaFin-Merkblatt zur Auslegung des Sondervergütungsverbots vom 21.10.2020, Rn. 5.

rungsvermittler ist, kann eine sog. mittelbare Zuwendung vorliegen[151]. Eine Geringfügigkeitsgrenze gilt für Belohnungen oder Geschenke zur Anbahnung oder anlässlich eines Vertragsabschlusses, soweit diese einen Gesamtwert von 15 EUR pro Versicherungsverhältnis und Kalenderjahr nicht überschreiten (vgl. § 48b Abs. 2 S. 2 VAG). Nach der Auslegung der BaFin dürfen außerhalb der Anbahnungs- und Abschlussphase im Rahmen eines bestehenden Versicherungsvertrages „wertmäßig pro Kalenderjahr bis zu 15 EUR oder bis zu 5 % der Jahresprämie zugewendet werden, vorausgesetzt, dass diese Leistungen in Form von Sach- oder Dienstleistungen erfolgen". [152] Danach dürfte eine geringwertige Zuwendung in Höhe von 15 EUR anlässlich eines Vertragsabschlusses gewährt werden und gleichzeitig eine weitere geringwertige Zuwendung in Höhe von 15 EUR im Rahmen des zukünftig bestehenden Vertrages, letztere allerdings nicht als Bargeld oder bargeldgleich (beispielsweise in Form eines Gutscheins), sondern ausschließlich in Form von Sach- oder Dienstleistungen. Weiterhin findet das Sondervergütungsverbot gemäß § 48b Abs. 4 VAG dann keine Anwendung, wenn die Sondervergütung langfristig dem Versicherungsverhältnis zu Gute kommt, etwa durch eine dauerhafte Leistungserhöhung oder Prämienreduzierung. Der Hintergrund hierfür ist, dass damit nach Ansicht des Gesetzgebers keine Fehlanreize für den Verbraucher geschaffen werden[153]. Zugleich wird mit der Regelung in § 48b Abs. 4 VAG die Grundlage für die Regelung des sog. Durchleitungsgebots bei der Vermittlung von Bruttotarifen durch Versicherungsberater in § 48c VAG gesetzt. Nach Ansicht der BaFin liegt eine dauerhafte Leistungserhöhung oder Prämienreduzierung iSd § 48b Abs. 4 VAG nur dann vor, wenn diese für die gesamte Laufzeit des Vertrages vereinbart wird[154]. Die dauerhafte Leistungserhöhung bzw. Prämienreduzierung muss damit lt. BaFin auch für den Fall gelten, dass der (ungekündigte) Vertrag sich „automatisch" von Jahr zu Jahr verlängert[155]. Dieser Ansicht kann hinsichtlich der Prämienreduzierung nicht gefolgt werden. Ein Prämienrabatt betrifft nämlich keine „neben" dem Versicherungsvertrag vereinbarte Leistung, sondern mit der Prämienzahlungspflicht eine (Haupt-)Leistung des Versicherungsvertrags selbst[156]. Damit liegt nach dem eindeutigen Wortlaut des § 48b Abs. 2 S. 1 VAG keine Sondervergütung vor. Aber selbst wenn unterstellt wird, dass Prämienrabatte entgegen dem Gesetzeswortlaut Sondervergütungen sein können, wäre ein Prämienrabatt über die gesamte verbindliche Vertragslaufzeit (zB von einem Jahr) dauerhaft iSd § 48b Abs. 4 VAG und damit zulässig[157].

52   Mit der gesetzgeberischen Klarstellung in § 48b Abs. 1 S. 3 VAG, dass dem Sondervergütungsverbot entgegenstehende vertragliche Vereinbarungen unwirksam sind, hat der Gesetzgeber die bisherige Rechtsprechung des BGH revidiert, der einen Verstoß gegen das Sondervergütungsverbot als zivilrechtlich unbeachtlich angesehen hatte[158]. Die Aufsichtsbehörde kann Versicherer zur Einhaltung des Verbots durch Verwaltungsakte anhalten (§ 298 Abs. 1 VAG) und Verstöße als Ordnungswidrigkeiten mit einer **Geldbuße** bis zu 50.000 EUR ahnden (§ 332 Abs. 2a VAG). Systematische oder kontinuierliche Verstöße gegen geltendes Recht stellen bei Versicherungsvermittlern darüber hinaus deren Zuverlässigkeit gem. § 34d Abs. 2 Nr. 1 GewO in Frage, was zu einem **Entzug der Tätigkeitserlaubnis** durch die zuständige IHK führen kann (→ GewO § 34d Rn. 26, 56). Unabhängig von den Sanktionsmöglichkeiten der BaFin und der IHKs wird es nach Ansicht der BaFin[159] künftig vermehrt wettbewerbsrechtliche Auseinandersetzungen zwischen Unternehmen geben, in denen es um Verstöße gegen das Provisionsabgabeverbot geht. Dies

---

[151] Vgl. BaFin-Merkblatt zur Auslegung des Sondervergütungsverbots vom 21.10.2020, Rn. 10, 11.
[152] Vgl. BaFin Merkblatt zur Auslegung des Sondervergütungsverbots vom 21.10.2020, Rn. 15.
[153] Vgl. BT-Drs. 18/11627, 40.
[154] BaFin-Merkblatt zur Auslegung des Sondervergütungsverbots vom 21.10.2020, Rn. 29.
[155] BaFin-Merkblatt zur Auslegung des Sondervergütungsverbots vom 21.10.2020, Rn. 29.
[156] Vgl. Hamelmann VersR 2018, 1427.
[157] So auch Hamelmann, VersR 2018, 1429.
[158] Siehe zur bisherigen Rechtslage BGH NJW-RR 2004, 1545; Flohr/Wauschkuhn 2. Aufl., Vertriebsrecht, → HGB § 92 Rn. 49 ff.
[159] Vgl. BaFin-Journal, März 2017, S. 23.

begründet sich durch die Qualifizierung des Sondervergütungsverbots als Marktverhaltens-regel. Ein Verstoß gegen eine Marktverhaltensregel ist nämlich gemäß § 3a UWG unlauter. Unlautere geschäftliche Handlungen sind nach § 3 Abs. 1 UWG unzulässig und zu unterlassen. Daneben ist die Geltendmachung von Auskunfts- und Schadensersatzansprüchen möglich. Entsprechende zivilrechtliche Urteile könnten dann dafür sorgen, dass sich das Verbot schnell durchsetzt und entsprechend beachtet wird[160]. Gleichzeitig ist es den Fachgerichten nunmehr nicht mehr möglich, eigenständig über eine mögliche Verfassungs-widrigkeit des Sondervergütungsverbots zu entscheiden und von seiner Anwendung ab-zusehen.

53   Mit der Neuregelung des Sondervergütungsverbots erhält die Regelung eine neue Ziel-richtung: Die Regelung bezweckt in erster Linie den Verbraucherschutz und nur nach-rangig eine Einkommenssicherung der Vermittler. Das Verbot soll die Beratungsqualität beim Abschluss von Versicherungsverträgen sichern und gleichzeitig die Verbraucher vor übereilten Vertragsabschlüssen sowie vor falschen Anreizen schützen.

54   **c) Abtretungsverbot.** Der Versicherungs- und Bausparkassenvertreter kann über seine Provisionsansprüche frei verfügen, insbesondere bestehen grundsätzlich keine Abtretungs-verbote gemäß §§ 399 f. BGB. Problematisch werden kann eine Abtretung beim Versiche-rungsvertreter jedoch wegen der Auskunftserteilung an den Abtretungsempfänger (Zessio-nar), zu der er nach § 402 BGB verpflichtet ist. Solche Informationen über die Details der dem Provisionsanspruch zugrunde liegenden Vertretertätigkeit (idR also über den abge-schlossenen Vertrag) benötigt der Zessionar zur Geltendmachung der Forderung gegenüber dem Unternehmer. Bei Lebens-, Unfall- oder Krankenversicherungsverträgen unterliegen diese Informationen allerdings dem **Geheimnisschutz.** Davon erfasst werden die anlässlich der Anbahnung, Durchführung oder Abwicklung von Verträgen bekannt werdenden Gesundheitsdaten und darüber hinaus sogar die bloße Tatsache des Bestehens eines solchen Vertrages. Der Versicherungsvertreter muss diese Informationen gemäß § 203 Abs. 1 Nr. 6 StGB geheim halten. Die Weitergabe ist ohne Zustimmung des Betroffenen nicht möglich. Werden von einer Abtretung von Provisionsansprüchen des Versicherungsvertreters auch Verträge mit geheim zu haltenden Informationen erfasst, ist die Abtretung **nach § 134 BGB nichtig.**[161]

V. Abweichende Vereinbarungen

55   Unternehmer und Versicherungs-/Bausparkassenvertreter können Entstehen der Pro-vision, Höhe, Berechnung, Vorschüsse, Teilzahlungen etc frei vereinbaren.[162] Die Sonder-regelungen für Versicherungs- und Bausparkassenvertreter in Abs. 3 und 4 sind **nicht zwingendes Recht.**[163] Bei der Vereinbarung abweichender Regelungen sind jedoch die zwingenden Bestimmungen des Handelsvertreterrechts (zB §§ 89b Abs. 4 S. 1, 87a Abs. 5) zu beachten.[164] Das AGB-Recht stellt in der Vertragspraxis eine weitere Herausforderung dar. Theoretisch können die Vertragspartner anstelle von § 92 die allgemein für Handels-vertreter geltenden Bestimmungen vereinbaren,[165] was in der Praxis kaum vorkommen dürfte. Häufiger anzutreffen ist die Vereinbarung des früheren Entstehens eines unbe-dingten Provisionsanspruchs, zB mit Antragseingang beim Versicherer. Auch Vorschüsse und Teilzahlungen bei Teilleistungen der Kunden sind in der Praxis üblich und rechtlich wirksam.[166] Bei der Vereinbarung zusätzlicher Provisionen für weitergehende Tätigkeiten

---

[160] Vgl. BaFin-Journal, März 2017, S. 23.
[161] BGH NJW 2010, 2509.
[162] Emde Rn. 90.
[163] Ebenroth/Boujong/Joost/Strohn/Löwisch Rn. 1; MüKoHGB/Ströbl Rn. 4.
[164] Emde Rn. 90; Überbl. bei Westphal VertriebsR I Rn. 16.
[165] MüKoHGB/Ströbl Rn. 4.
[166] MüKoHGB/Ströbl Rn. 35.

des Handelsvertreters (zB Bestandsbetreuung (→ Rn. 25)) empfiehlt sich eine exakte Regelung dazu, welche Tätigkeiten damit abgegolten werden (→ Rn. 27).[167]

B. Vertragshändler

Für den Vertragshändler nicht einschlägig. **56**

C. Franchisenehmer

Für den Franchisenehmer nicht einschlägig. **57**

D. Kommissionsagent

Für den Kommissionsagenten nicht einschlägig. **58**

§ 92a Mindestarbeitsbedingungen

(1) [1]Für das Vertragsverhältnis eines Handelsvertreters, der vertraglich nicht für weitere Unternehmer tätig werden darf oder dem dies nach Art und Umfang der von ihm verlangten Tätigkeit nicht möglich ist, kann das Bundesministerium der Justiz und für Verbraucherschutz im Einvernehmen mit dem Bundesministerium für Wirtschaft und Energie nach Anhörung von Verbänden der Handelsvertreter und der Unternehmer durch Rechtsverordnung, die nicht der Zustimmung des Bundesrates bedarf, die untere Grenze der vertraglichen Leistungen des Unternehmers festsetzen, um die notwendigen sozialen und wirtschaftlichen Bedürfnisse dieser Handelsvertreter oder einer bestimmten Gruppe von ihnen sicherzustellen. [2]Die festgesetzten Leistungen können vertraglich nicht ausgeschlossen oder beschränkt werden.

(2) [1]Absatz 1 gilt auch für das Vertragsverhältnis eines Versicherungsvertreters, der auf Grund eines Vertrags oder mehrerer Verträge damit betraut ist, Geschäfte für mehrere Versicherer zu vermitteln oder abzuschließen, die zu einem Versicherungskonzern oder zu einer zwischen ihnen bestehenden Organisationsgemeinschaft gehören, sofern die Beendigung des Vertragsverhältnisses mit einem dieser Versicherer im Zweifel auch die Beendigung des Vertragsverhältnisses mit den anderen Versicherern zur Folge haben würde. [2]In diesem Falle kann durch Rechtsverordnung, die nicht der Zustimmung des Bundesrates bedarf, außerdem bestimmt werden, ob die festgesetzten Leistungen von allen Versicherern als Gesamtschuldnern oder anteilig oder nur von einem der Versicherer geschuldet werden und wie der Ausgleich unter ihnen zu erfolgen hat.

Literatur: Omlor, Zur Einstufung eines selbständigen Handelsvertreters als Einfirmenvertreter kraft Vertrags, BB 2013, 2196; Rohrßen, Handelsvertreter als Ein- und Mehrfirmenvertreter sowie im Nebenberuf: Die Irrelevanz von Tätigkeitsort und -art (stationär, ambulant oder online), ZVertriebsR 2019, 153; Willemsen/Müntefering, Begriff und Rechtsstellung arbeitnehmerähnlicher Personen: Versuch einer Präzisierung, NZA 2008, 193.

Übersicht

---

[167] Segger S. 38 f.

A. Handelsvertreter

I. Bedeutung

1 **1. Zweck.** Zweck der Vorschrift bzw. einer auf ihrer Grundlage zu erlassenden Rechtsverordnung (die es bislang nicht gibt) ist die **Gewährung eines Mindestschutzes** bzw. die Sicherung von Mindestarbeitsbedingungen für bestimmte (arbeitnehmerähnliche) Handelsvertreter, namentlich Einfirmenvertreter (Abs. 1) und Mehrfirmenversicherungsvertreter (Abs. 2).[1] Trotz ihrer Selbständigkeit bzw. persönlichen Unabhängigkeit sind diese Handelsvertreter ausschließlich an ein einziges Unternehmen bzw. eine einzige Organisationsgemeinschaft gebunden und daher wirtschaftlich von einem Unternehmen ähnlich wie ein Arbeitnehmer[2] bzw. Handlungsgehilfe[3] abhängig. § 92a HGB verzichtet dabei auf den unscharfen Begriff des arbeitnehmerähnlichen Handelsvertreters, sondern benennt die Typen von Handelsvertretern, für die Mindestarbeitsbedingungen festgesetzt werden können.[4] Dabei schafft § 92a HGB selbst noch keine Mindestarbeitsbedingungen, sondern stellt eine Ermächtigungsgrundlage für den Erlass von Rechtsverordnungen dar.

2 **2. Praktische Relevanz.** Trotz des Schutzzwecks von § 92a HGB hat der Verordnungsgeber bisher davon abgesehen, Mindestarbeitsbedingungen zum Schutz der in § 92a HGB genannten Handelsvertreter festzulegen.[5] § 92a HGB hat aber insoweit praktische Relevanz, dass sich andere, insbesondere arbeitsrechtliche Vorschriften auf § 92a HGB ausdrücklich oder jedenfalls indirekt beziehen.[6] Wichtigster Fall ist § 5 Abs. 3 ArbGG, wonach die **Zuständigkeit des Arbeitsgerichts** für diejenigen Handelsvertreter eröffnet ist, die zu dem in § 92a HGB beschriebenen Personenkreis gehören und deren durchschnittliche monatliche Vergütung in den letzten sechs Monaten die in § 5 Abs. 3 ArbGG beschriebene Grenze von 1.000 EUR nicht übersteigt. Zudem genießt jedenfalls der in § 92a HGB genannte Personenkreis den **Pfändungsschutz** nach § 850 Abs. 2 ZPO.[7] Die früher in §§ 59 Abs. 1 Nr. 3c, 61 Abs. 1 Nr. 1c KO enthaltene Verweisung auf § 92a HGB ist hingegen im Zuge der Einführung der InsO entfallen. Jedenfalls Indizwirkung kann § 92a HGB im Hinblick auf die wirtschaftliche Unselbständigkeit iSd **§ 2 S. 2 BUrlG** haben; da dieser jedoch die Arbeitnehmerähnlichkeit des Handelsvertreters voraussetzt,

---

[1] Vgl. BAG NZA 2003, 668 (669); Hopt/Hopt § 92a Rn. 2.
[2] BAG NZA 2003, 668 (669); Hopt/Hopt § 92a Rn. 1; Küstner/Thume VertriebsR-HdB I Kap. I Rn. 248–250; aA Giesler/Kindervater/Wagenknecht § 2 Rn. 1567.
[3] MüKoHGB/Ströbl § 92a Rn. 3.
[4] Hopt/Hopt § 92a Rn. 2.
[5] Vgl. BAG NZA 2003, 668 (669).
[6] Vgl. Emde § 92a Rn. 20.
[7] Emde § 92a Rn. 18; MüKoZPO/Smid § 850 Rn. 29.

kann von § 92a HGB noch nicht automatisch auf die Anwendbarkeit des BUrlG geschlossen werden.[8]

Auch wenn § 92a HGB den Schutz (ua) von Einfirmenvertretern bezweckt, bedeutet **3** dies nicht, dass materielles Arbeitsrecht auf die in § 92a HGB genannten Personenkreise (analog) angewendet werden kann.[9] Die unterlassene Festsetzung von Mindestarbeitsbedingungen durch den Verordnungsgeber ist keine unbewusste, der Ausfüllung durch die Gerichte für Arbeitssachen zugängliche Regelungslücke, die durch eine Anwendung materiellen Arbeitsrechts zu schließen wäre.[10]

II. Persönlicher Anwendungsbereich

1. Einfirmenvertreter. In den Anwendungsbereich von § 92a Abs. 1 S. 1 HGB fällt **4** der Einfirmenvertreter, dh der Handelsvertreter, der **vertraglich** nicht für weitere Unternehmer tätig werden darf (Einfirmenvertreter kraft Vertrages, Var. 1) oder dem dies nach Art und Umfang der von ihm verlangten Tätigkeit **tatsächlich** nicht möglich ist (Einfirmenvertreter kraft Weisung, Var. 2).[11]

a) Einfirmenvertreter kraft Vertrages (Abs. 1 S. 1 Var. 1). Der Handelsvertreter ist **5** Einfirmenvertreter kraft Vertrages (Abs. 1 S. 1 Var. 1), wenn der Handelsvertretervertrag die Ausübung einer anderweitigen Vermittlungstätigkeit oder eine weitere gewerbliche Betätigung ausdrücklich untersagt oder von einer vorherigen schriftlichen **Einwilligung** bzw. von der **Genehmigung** des Unternehmers abhängig macht.[12] Dies gilt auch dann, wenn der Handelsvertreter grundsätzlich einen vertraglichen Anspruch auf die Zustimmung hat (zB wenn und soweit der anderweitigen Tätigkeit des Handelsvertreters die Interessen des Unternehmers nicht entgegenstehen).[13] Er fällt jedoch spätestens dann aus dem Anwendungsbereich des § 92a Abs. 1 HGB heraus, wenn er die Genehmigung vom Unternehmer erhält und einen Zweiterwerb aufnimmt.[14] Im Zusammenhang mit § 92a HGB wird der Begriff der Genehmigung in aller Regel nicht in dem engen Sinn der §§ 182 ff. BGB verstanden, sondern gleichbedeutend mit dem Oberbegriff der Zustimmung.[15]

Aus der Formulierung „während der Vertragszeit nur – hauptberuflich – für den Unter- **6** nehmer tätig zu sein" ergibt sich ein Tätigkeitsverbot des Handelsvertreters für andere Unternehmer.[16] Denn auch ein Handelsvertreter, dem (nur) eine nebenberufliche Tätigkeit für andere Unternehmer gestattet ist, ist einem Angestellten ähnlich angenähert wie ein Handelsvertreter, dem vertraglich ein vollständiges Tätigkeitsverbot für andere Unternehmer auferlegt ist.[17] Der Handelsvertreter bleibt auch dann Einfirmenvertreter kraft Vertrags, wenn ihm eine anderweitige Tätigkeit zwar vertraglich untersagt ist, er aber vertragswidrig eine solche tatsächlich aufnimmt.[18] Ist dem Unternehmer diese Tätigkeit jedoch bekannt

---

[8] Inwieweit die Gehaltsgrenzen des § 5 Abs. 3 ArbGG auch für § 2 S. 2 BUrlG relevant sind, hat der BGH bisher offen gelassen, NJW 1973, 1994 (1995).
[9] Vgl. BAG NZA 2003, 668 (669).
[10] BAG NZA 2003, 668 (669); Hopt/Hopt § 92a Rn. 2.
[11] BGH NJW-RR 2015, 289 (290); sowie die Vorinstanz OLG Dresden BeckRS 2014, 20597.
[12] BGH WM 2015, 533 (534); BAG NJW 2005, 1146 (1147); OLG Frankfurt a. M. BeckRS 2010, 21939; LAG Hamm BeckRS 2009, 55076; OLG Celle BeckRS 2008, 06705.
[13] OLG Karlsruhe BeckRS 2007, 05341.
[14] OLG Köln BeckRS 2000, 30117353; Hopt/Hopt § 92a Rn. 3; MüKoHGB/Ströbl § 92a Rn. 10; aA Emde § 92a Rn. 8 bereits mit (unwiderruflicher) Erteilung der Genehmigung.
[15] OLG Karlsruhe BeckRS 2007, 05341; vgl. auch BAG NJW 2005, 1146 (1147); MüKoHGB/Ströbl § 92a Rn. 10.
[16] BGH NJW-RR 2015, 289 f.; OLG Oldenburg NJW-RR 2015, 31 (32); aA noch OLG Dresden BeckRS 2014, 20597.
[17] OLG Celle ZVertriebsR 2020, 393 f., BGH NJW 2016, 316 f.; NJW-RR 2015, 289 (290); OLG Köln BeckRS 2016, 118319 Rn. 7; vgl. auch OLG Karlsruhe ZVertriebsR 2013, 255 (256).
[18] OLG Stuttgart BB 1966, 1396; MüKoHGB/Ströbl § 92a Rn. 10.

und wird sie von ihm gebilligt, kann dies als stillschweigende Genehmigung der Tätigkeit bzw. Einschränkung des Tätigkeitsverbots auszulegen sein.[19]

7 Der Handelsvertreter ist dagegen nicht bereits deswegen Einfirmenvertreter kraft Vertrages, wenn er nach den vertraglichen Vereinbarungen verpflichtet ist, die Aufnahme einer anderweitigen Tätigkeit unter Vorlage von Unterlagen schriftlich **anzuzeigen** und eine angemessene Prüfungsfrist (ohne Vetorecht) des Unternehmers abzuwarten.[20] Denn hierdurch wird die anderweitige Tätigkeitsaufnahme des Handelsvertreters zwar erschwert, vertraglich aber gerade kein Mitspracherecht des Unternehmers begründet. Dem Unternehmer wird letztendlich nur eine Prüfungsmöglichkeit eröffnet. Die Freiheit, sich für die Ausübung einer anderweitigen Tätigkeit zu entscheiden, sofern diese mit den vertraglichen Pflichten im Übrigen zu vereinbaren ist, bleibt dem Handelsvertreter erhalten.[21] Auch eine bloße Pflicht zur Absprache mit dem Unternehmer vermag den Einfirmenvertreterstatus nicht zu begründen.[22] Dagegen stellt es eine erhebliche Einschränkung der Betätigungsfreiheit des Handelsvertreters dar, wenn neben der Anzeigepflicht ein **Widerspruchsrecht** des Unternehmers vereinbart ist; weshalb dieser Fall einem Tätigkeitsverbot gleichgestellt wird.[23]

8 Hingegen begründen nur **mittelbar wirkende** vertragliche Einschränkungen einer weiteren Betätigung wie ein **Wettbewerbsverbot** oder ein **Gebot,** die volle Arbeitskraft der Erfüllung des Vertrages zu widmen, die Eigenschaft als Einfirmenvertreter nicht.[24] Ein Konkurrenz- oder Wettbewerbsverbot ergibt sich bereits aus § 86 Abs. 1 HGB, wonach der Handelsvertreter die Interessen seines Unternehmers wahrzunehmen hat. Hieraus folgt, dass der Handelsvertreter auch ohne ausdrücklich vereinbartes Wettbewerbsverbot nicht für Konkurrenten des Unternehmers und damit zu dessen Nachteil tätig werden darf. Da das Wettbewerbsverbot insoweit für alle Handelsvertreter gilt, kann es auf die Ausnahmevorschrift des § 92a HGB keine Anwendung finden.[25] Außerdem verbleibt dem Handelsvertreter bei einem Wettbewerbs-/Konkurrenzverbot die Möglichkeit, für Unternehmer einer anderen Branche bzw. eines anderen Wirtschaftszweigs tätig zu werden.[26] Ebenso ist auch das Gebot, die volle Arbeitskraft der Erfüllung des Vertrags zu widmen, eine nur mittelbar wirkende vertragliche Einschränkung, die keine Auswirkungen auf den Status des Handelsvertreters hat.[27] Dementsprechend wird nicht per se der Einfirmenvertreterstatus begründet, wenn der Vertrag mit Einschränkungen eine Tätigkeit für andere Unternehmer zulässt, zB dass diese Tätigkeit nur nebenberuflich ausgeübt werden oder nicht in Konkurrenz mit den Produkten oder dem Marktsegment des Prinzipals stehen darf.[28] Ist dem Handelsvertreter die Tätigkeit für einen anderen Unternehmer zwar gestattet, macht der Handelsvertreter aber von dieser Möglichkeit keinen Gebrauch, ist der Anwendungsbereich des Abs. 1 mangels Schutzbedürftigkeit ebenfalls nicht eröffnet.[29]

9 **b) Einfirmenvertreter kraft Weisung (Abs. 1 S. 1 Var. 2).** Der Handelsvertreter ist Einfirmenvertreter kraft Weisung, wenn er nach Art und Umfang der verlangten Tätigkeit nicht in der Lage ist, für weitere Unternehmer tätig zu werden. Der **Umfang** der verlangten

---

[19] OLG Stuttgart BB 1966, 1396; Emde § 92a Rn. 8.
[20] BGH WM 2013, 1702 (1704) sowie WM 2013, 1700 (1702), jeweils mit einer vertraglich vereinbarten Wartefrist von 21 Tagen.
[21] OLG Hamm BeckRS 2011, 26733.
[22] OLG Brandenburg BeckRS 2008, 09609; OLG Köln BeckRS 2000, 30117353.
[23] Vgl. BGH NJW 2016, 316; sowie die Vorinstanz KG ZVertriebsR 2016, 29.
[24] BAG NZA 2020, 1729 (1733); LAG Hamm BeckRS 2009, 55076; LAG Rheinland-Pfalz BeckRS 2008, 53364 und BeckRS 2008, 57529; OLG Düsseldorf BeckRS 2005, 10109; Ebenroth/Boujong/Joost/Strohn/ Löwisch § 92a Rn. 6; aA Emde § 92a Rn. 8.
[25] OLG Celle BeckRS 2008, 06705; Emde § 92a Rn. 8.
[26] BAG NZA 2020, 1729 (1733); BGH WM 2013, 1702 (1704); 2013, 1700 (1701); BeckRS 2009, 87283; OLG Köln BeckRS 2016, 117724 Rn. 6; OLG Frankfurt a. M. BeckRS 2014, 03147.
[27] OLG Bamberg BeckRS 2015, 1034; OLG Düsseldorf BeckRS 2005, 10109.
[28] OLG Hamm BeckRS 2011, 05387.
[29] OLG Brandenburg BeckRS 2008, 09609; MüKoHGB/Ströbl § 92a Rn. 11.

Tätigkeit ergibt sich dabei aus dem Vertrag. Es ist daher festzustellen, ob der Handelsvertreter durch den Vertrag so gebunden ist, dass seine Beschäftigung auf Grund der nach dem Vertrag ergehenden Weisungen eine Tätigkeit für andere Unternehmer nicht zulässt.[30]

Für die Frage, ob es dem Handelsvertreter nach Art und Umfang der von ihm verlangten **10** Tätigkeit möglich ist, für einen anderen Unternehmer tätig zu werden oder nicht, ist nicht auf die subjektive Leistungsfähigkeit, sondern auf die **durchschnittlichen** Fähigkeiten eines normalen Handelsvertreters abzustellen.[31] Es kommt nicht auf das Maß der Tätigkeit an, das der Handelsvertreter **von sich aus,** dh ohne entsprechendes Verlangen des Unternehmers erbringt.[32] Ausschlaggebend ist allein das **objektiv** zu ermittelnde Maß der Tätigkeit, das der Unternehmer von ihm verlangt. Ein besonders langsam und umständlich arbeitender Handelsvertreter kann dementsprechend nicht geltend machen, er könne im Hinblick auf seine Belastung aus dem Handelsvertretervertrag nicht auch noch für andere Unternehmer tätig werden.[33] Neben solchen Einschränkungen im Hinblick auf die persönliche **Arbeitsweise** spielen auch **Alter** oder **Gesundheit** keine Rolle.[34]

Insoweit kommt es darauf an, ob der Handelsvertreter zwar nicht rechtlich, jedoch **11** **faktisch** daran gehindert ist, für weitere Unternehmer tätig zu werden.[35] Es handelt sich hierbei insgesamt um den Pflichtenkreis des Handelsvertreters, der insbesondere in § 86 Abs. 1 HGB (Bemühungs- und Interessenwahrungspflicht) allgemein umrissen ist und stets unter Berücksichtigung des Einzelfalles festzustellen ist.[36] Wird dem Handelsvertreter ein Bezirk oder Kundenkreis als Alleinvertreter monopolartig zugewiesen, erwächst aus dieser (vertraglich) verlangten Tätigkeit eine erhöhte Bemühenspflicht, die ihn zum Einsatz seiner ganzen Kraft verpflichten kann.[37] Faktisch soll es dem Handelsvertreter zB nicht möglich sein, für einen anderen Unternehmer tätig zu werden, wenn er bereits täglich von 10 bis 20 Uhr seine Tätigkeit beim Unternehmer vor Ort verrichtet oder in dieser Zeit Kundenbesuche vornimmt.[38]

c) Keine Feststellung der Arbeitnehmerähnlichkeit erforderlich. Für die Frage, ob **12** der Handelsvertreter ein Einfirmenvertreter iSd § 92a HGB ist, hat es keine Relevanz, ob der Handelsvertreter als **arbeitnehmerähnlich** einzustufen ist.[39] Der Gesetzgeber hat sich bei den Kriterien für den persönlichen Anwendungsbereich des § 92a HGB bewusst für Kriterien entschieden, die eine möglichst scharfe Abgrenzung ermöglichen; die Frage, ob ein Handelsvertreter wirtschaftlich unselbständig und damit arbeitnehmerähnlich ist, ermöglicht eine solche Abgrenzung hingegen nicht.[40]

2. Versicherungsvertreter (Abs. 2). Der Versicherungsvertreter, der nur für eine Ver- **13** sicherungsgesellschaft tätig ist, fällt bereits unter Abs. 1 (Einfirmenvertreter). Die Verordnungsermächtigung des Abs. 1 gilt dagegen nach Abs. 2 S. 1 für das Vertragsverhältnis eines Versicherungsvertreters, der Geschäfte für mehrere Versicherer vermittelt oder abschließt, die zu einem **Versicherungskonzern** oder zu einer zwischen ihnen bestehenden **Organisationsgemeinschaft** gehören (Einkonzern-Versicherungsvertreter).[41] Unerheblich ist, ob das Vertragsverhältnis des Versicherungsvertreters auf einem Vertrag oder mehreren Verträgen beruht. Voraussetzung ist aber, dass die Beendigung des Vertragsverhältnisses mit einem dieser Versicherer im Zweifel auch die Beendigung des Vertragsverhältnisses mit den

---

[30] LAG Düsseldorf BB 1956, 593.
[31] LAG Düsseldorf BB 1956, 593.
[32] Willemsen/Müntefering NZA 2008, 193 (197).
[33] Emde § 92a Rn. 10.
[34] Emde § 92a Rn. 10; vgl. etwa LAG Schleswig-Holstein ZVertriebsR 2017, 55 (56).
[35] MüKoHGB/Ströbl § 92a Rn. 13.
[36] Trinkhaus BB 1956, 593 (594).
[37] Trinkhaus BB 1956, 593 (594).
[38] OLG Hamm BeckRS 2010, 08044.
[39] Vgl. OLG München ZVertriebsR 2017, 242 Rn. 11.
[40] Vgl. RegE BT-Drs. 1/3856, 40; so auch MüKoHGB/Ströbl § 92a Rn. 15.
[41] Trinkhaus BB 1956, 593 (594); Emde § 92a Rn. 13 Fn. 2.

anderen Versicherern zur Folge haben würde. Der Konzernbegriff bestimmt sich nach §§ 15, 18 AktG.[42] Eine Organisationsgemeinschaft liegt vor, wenn die Versicherer, mögen sie auch nicht zu einem Konzern gehören, in der Weise zusammenarbeiten, dass sie ihren Geschäftsbetrieb ganz oder teilweise in gemeinsamer Organisation führen.[43] Das ist klassischerweise der Fall, wenn sich mehrere selbständige Versicherungsunternehmen eines gemeinsamen Vertreterstabs im Außendienst bedienen.[44]

14   Der **Bausparkassenvertreter** fällt dem Wortlaut nach nicht unter die Vorschrift. Eine entsprechende Anwendung ergibt sich jedoch aus dem Schutzzweck des § 92a Abs. 2 HGB[45] bzw. daraus, dass der Bausparkassenvertreter über § 92 Abs. 5 HGB dem Versicherungsvertreter gleichgestellt ist.[46] Auf andere Handelsvertreter findet § 92a Abs. 2 HGB dagegen keine analoge Anwendung.[47]

15   **3. Weitere Anwendungsfälle.** Unerheblich für die Anwendung des § 92a HGB ist, ob der Handelsvertreter im Hauptberuf oder gemäß § 92b HGB im **Nebenberuf** tätig ist. Denn die hauptberufliche Tätigkeit des Handelsvertreters ist kein Tatbestandsmerkmal des § 92a HGB.[48] Auch ist die geringere wirtschaftliche Schutzbedürftigkeit des Handelsvertreters im Nebenberuf für die Anwendung des § 92a HGB ohne Bedeutung.[49]

16   Auch **Personengesellschaften** oder **juristische Personen** gehören zu dem von § 92a HGB umfassten Kreis.[50] Hierfür spricht, dass die Vorschrift – jedenfalls abstrakt – nicht auf die Rechtspersönlichkeit des Handelsvertreters abstellt, sondern unabhängig davon eine Mindestvergütung für die vom Handelsvertreter erbrachte Tätigkeit garantieren will.[51] Ob der Handelsvertreter seine Tätigkeit unmittelbar selbst als natürliche Person oder mittelbar unter dem Dach einer juristischen Person ausübt, kann für das Regelungsanliegen einer angemessenen (Mindest-)Gegenleistung nicht ausschlaggebend sein. Das liegt umso näher, als mit der Unternehmergesellschaft (§ 5a GmbHG) eine Möglichkeit geschaffen wurde, eine juristische Person vereinfacht zu gründen. Mit der Unternehmergesellschaft hat der Gesetzgeber bewusst eine Gestaltungsvariante geschaffen, die zumindest in der Theorie ohne nennenswertes Mindestkapital auskommt.[52] Auch wenn der Handelsvertreter insoweit als juristische Person organisiert ist und auch die Verträge unter der Firma der Unternehmergesellschaft schließt, wird er regelmäßig die Vertretertätigkeit in seiner Eigenschaft als (einziger) Geschäftsführer/Gesellschafter höchstpersönlich erbringen. Zumindest in dieser Konstellation dürfte § 92a HGB auch auf juristische Personen Anwendung finden.

17   Keine Anwendung – weder unmittelbar noch analog – findet § 92a HGB auf **sozial schutzbedürftige Mehrfirmenvertreter.** Der Gesetzgeber hat sich in § 92a HGB bewusst nicht auf das auslegungsbedürftige Merkmal der sozialen Schutzbedürftigkeit, sondern vielmehr auf das Kriterium der Einfirmenvertreterstellung gestützt, um eine möglichst scharfe Abgrenzung zu ermöglichen; soziale Schutzbedürftigkeit ist somit weder erforderlich noch hinreichendes Merkmal zur Anwendung des § 92a HGB.[53]

---

[42] MüKoHGB/Ströbl § 92a Rn. 17.
[43] MüKoHGB/Ströbl § 92a Rn. 17; Oetker/Busche § 92a Rn. 3; Emde § 92a Rn. 13.
[44] Emde § 92a Rn. 13; MüKoHGB/Ströbl § 92a Rn. 17.
[45] Vgl. BAG NZA 2000, 481 (484); LAG Nürnberg NZA 1993, 652; Hopt/Hopt § 92a Rn. 5.
[46] Ebenroth/Boujong/Joost/Strohn/Löwisch § 92a Rn. 10; MüKoHGB/Ströbl § 92a Rn. 19; Oetker/Busche § 92a Rn. 3; Emde § 92a Rn. 13.
[47] MüKoHGB/Ströbl § 92a Rn. 19; Oetker/Busche § 92a Rn. 3; Emde § 92a Rn. 13.
[48] BAG NJW 2005, 1146 (1147); OLG Frankfurt a. M. BeckRS 2011, 10189; Hopt/Hopt § 92a Rn. 3.
[49] BAG NJW 2005, 1146 (1147) mwN.
[50] Hopt/Hopt § 92a Rn. 3; MüKoHGB/Ströbl § 92a Rn. 22; Emde § 92a Rn. 12.
[51] Emde § 92a Rn. 12.
[52] MüKoGmbHG/Rieder § 5a Rn. 8: Lediglich ein technisches Mindeststammkapital von 1 EUR pro Geschäftsanteil ist erforderlich.
[53] MüKoHGB/Ströbl § 92a Rn. 23.

III. Ermächtigungsgrundlage

1. Umfang. § 92a HGB enthält eine Verordnungsermächtigung zugunsten des Bun- **18** desministeriums der Justiz und für Verbraucherschutz zur Festsetzung von Mindestarbeitsbedingungen eines Einfirmen-Handelsvertreters[54] sowie eines Einkonzern-Versicherungsvertreters[55]. Die so durch Rechtsverordnung festzusetzenden Mindestarbeitsbedingungen sind vertraglich nicht abdingbar (Abs. 1 S. 2). Auch ein einseitiger Verzicht des Handelsvertreters ist während der Dauer des Handelsvertretervertrages unzulässig.[56]

Welche Mindestarbeitsbedingungen festgesetzt werden können, wird in § 92a HGB nicht **19** geregelt. § 1 Abs. 1 MiArbG[57] spricht insoweit nur von „Entgelten und sonstigen Arbeitsbedingungen". Damit würden unter die Mindestfestsetzungen insbesondere die **Mindestvergütung** bzw. **-provision**[58] fallen, daneben wohl auch ein Mindesturlaubsanspruch[59], ein Vergütungs- bzw. Provisionsanspruch im Krankheitsfall, die Einhaltung von Sicherheitsvorkehrungen bei Dienstausübung sowie ggf. längere Kündigungsfristen zugunsten des Handelsvertreters bei einer Kündigung durch den Unternehmer. Auch ein Zeugnisanspruch des Handelsvertreters kann Bestandteil der Verordnung sein.[60] Die durch Verordnung zu regelnden Mindestarbeitsbedingungen müssen so bemessen sein, dass dem Handelsvertreter nach Abzug der in seinem regelmäßigen Geschäftsbetrieb entstehenden Aufwendungen ein Lebensunterhalt zumindest **auf bescheidener Grundlage** ermöglicht wird; dabei kann sich an der Höhe der nach den §§ 850 ff. ZPO unpfändbaren Bezüge orientiert werden.[61]

Weiterhin kann nach § 92a Abs. 2 S. 2 HGB für Mehrfirmen-Versicherungsvertreter **20** zusätzlich das **Innenverhältnis** zwischen den einzelnen Versicherern, für die der Versicherungsvertreter tätig wird, per Verordnung geregelt werden. So kann bestimmt werden, dass die festgesetzten Mindestleistungen von allen Versicherern als Gesamtschuldner, anteilig oder nur von einem Versicherer geschuldet werden und ein Ausgleich im Innenverhältnis der Versicherer zu erfolgen hat.[62] Während die Haftungsfrage nicht zum Nachteil des Versicherungsvertreters durch Vertrag abweichend geregelt werden kann, steht es den Versicherern offen, ob sie den Innenausgleich von der Verordnung abweichend regeln.[63]

2. Verfahren. Zum Erlass der Rechtsverordnung ermächtigt ist das Bundesministerium **21** der Justiz und für Verbraucherschutz. Dabei ist die Mitwirkung des Bundesministeriums für Wirtschaft und Energie („im Einvernehmen") und von Verbänden der Handelsvertreter und der Unternehmer („nach Anhörung") erforderlich. Einer Zustimmung des Bundesrates zu der Rechtsverordnung bedarf es ebenso wenig wie einer Zustimmung der angehörten Verbände.

Im Rahmen der Anhörung von Verbänden sind als Verbände der Handelsvertreter bzw. **22** Unternehmer die Centralvereinigung Deutscher Wirtschaftsverbände für Handelsvermittlung und Vertrieb (CDH) eV als Spitzenverband für Vertriebsunternehmen zu nennen, der Deutsche Industrie- und Handelskammertag (DIHK) eV als Spitzenorganisation der deutschen Industrie- und Handelskammern sowie der Bundesverband der Deutschen Industrie

---

[54] LAG Düsseldorf BB 1956, 593; Trinkhaus BB 1956, 593 (594).
[55] Trinkhaus BB 1956, 593 (594); Emde § 92a Rn. 13.
[56] Emde § 92a Rn. 16.
[57] Gesetz über die Festsetzung von Mindestarbeitsbedingungen – Mindestarbeitsbedingungengesetz.
[58] Hopt/Hopt § 92a Rn. 4,
[59] Hopt/Hopt § 92a Rn. 4, aA Giesler/Kindervater/Wagenknecht § 2 Rn. 1568.
[60] MüKoHGB/Ströbl § 92a Rn. 24; Emde § 92a Rn. 14.
[61] Emde § 92a Rn. 14.
[62] MüKoHGB/Ströbl § 92a Rn. 25 f.; Emde § 92a Rn. 15.
[63] MüKoHGB/Ströbl § 92a Rn. 29; aA Emde § 92a Rn. 16, der auch den in der Verordnung vorgesehenen Innenausgleich für zwingend hält.

(BDI) eV als Spitzenorganisation der deutschen Industrie und der industrienahen Dienstleister.

23   Eine entsprechende Rechtsverordnung wurde aber bislang nicht erlassen. Die Vorschrift des § 92a HGB erschöpft sich daher formal in der Zuweisung der Erlasskompetenz sowie im Umfang des Regelungsgehalts einer entsprechenden Rechtsverordnung. Nach Äußerungen in der Literatur soll der Erlass einer entsprechenden Rechtsverordnung bis auf Weiteres auch nicht beabsichtigt sein.[64]

B. Vertragshändler, Franchisenehmer und Kommissionsagent

24   § 92a HGB bezweckt die Gewährung eines Mindestschutzes für ganz bestimmte Handelsvertreter, ohne dass es auf den Begriff der „Arbeitnehmerähnlichkeit" ankommt. Schon auf andere als die in § 92a HGB genannten Handelsvertreter findet die Vorschrift deshalb keine Anwendung, weder unmittelbar noch analog. Auf Vertragshändler, Franchisenehmer und Kommissionsagenten ist § 92a HGB deshalb (erst recht) **nicht analog** anwendbar.

§ 92b Handelsvertreter im Nebenberuf

(1) ¹**Auf einen Handelsvertreter im Nebenberuf sind §§ 89 und 89b nicht anzuwenden. ²Ist das Vertragsverhältnis auf unbestimmte Zeit eingegangen, so kann es mit einer Frist von einem Monat für den Schluss eines Kalendermonats gekündigt werden; wird eine andere Kündigungsfrist vereinbart, so muss sie für beide Teile gleich sein. ³Der Anspruch auf einen angemessenen Vorschuss nach § 87a Abs. 1 Satz 2 kann ausgeschlossen werden.**

(2) **Auf Absatz 1 kann sich nur der Unternehmer berufen, der den Handelsvertreter ausdrücklich als Handelsvertreter im Nebenberuf mit der Vermittlung oder dem Abschluss von Geschäften betraut hat.**

(3) **Ob ein Handelsvertreter nur als Handelsvertreter im Nebenberuf tätig ist, bestimmt sich nach der Verkehrsauffassung.**

(4) **Die Vorschriften der Absätze 1 bis 3 gelten sinngemäß für Versicherungsvertreter und für Bausparkassenvertreter.**

Literatur: Baums, Handelsvertreter im Nebenberuf, BB 1986, 891; Höft, Anmerkung zu LG Hannover, Urteil vom 4. Juli 1972 - 9 S 56/72, VersR 1973, 154; Küstner, Nebenberufliche Vertretertätigkeit und Ausgleichsanspruch, BB 1966, 1212; ders., Aktuelle Probleme des Vertriebsrechts, BB 1999, 541; Rohrßen, Handelsvertreter als Ein- und Mehrfirmenvertreter sowie im Nebenberuf: Die Irrelevanz von Tätigkeitsort und -art (stationär, ambulant oder online), ZVertriebsR 2019, 153; Thies, Kündigungsregelungen für nebenberufliche Handelsvertreter, BB 2013, 1428; Thume, Zur Wirksamkeit von Klauseln in Tankstellenpachtverträgen – Tankstellenpächter als Handelsvertreter im Nebenberuf, BB 2007, 1750.

Übersicht

---

[64] Hopt/Hopt § 92a Rn. 2; Emde § 92a Rn. 43.

A. Handelsvertreter

I. Regelungsgegenstand

Für den Handelsvertreter im Nebenberuf ordnet § 92b Abs. 1 HGB an, dass bestimmte, **1** für den hauptberuflichen Handelsvertreter zwingend anwendbare Regelungen – § 89 HGB zu (Mindest-)Kündigungsfristen und § 89b HGB zum Ausgleichsanspruch – nicht gelten. Auch können der Unternehmer und der nebenberufliche Handelsvertreter die ansonsten zwingende Regelung über den Anspruch auf angemessenen Provisionsvorschuss (§ 87a Abs. 1 S. 2 HGB) vertraglich ausschließen.

Der nebenberuflich tätige Handelsvertreter bedarf des Schutzes der §§ 89, 89b HGB **2** nicht, da seine wirtschaftliche Existenz nicht auf dieser Tätigkeit, sondern auf einer anderen Grundlage, insbesondere einem vorrangig ausgeübten Hauptberuf beruht.[1] Gleiches gilt in Bezug auf § 87a HGB.[2] Die gesetzliche Regelung setzt damit voraus, dass der Handelsvertreter – von hier nicht einschlägigen Sonderfällen einer anderweitigen Existenzgrundlage abgesehen (zB Hausfrauen, Studenten, Rentner) – zwei unterschiedliche Berufe ausübt, die im Hinblick auf die wirtschaftliche Existenz des Handelsvertreters voneinander unabhängig sind; nur dann stellt sich die Frage, welcher der beiden Berufe der Hauptberuf und welcher der Nebenberuf ist.[3]

Im Übrigen sind die allgemeinen Regelungen über den (hauptberuflichen) Handelsver- **3** treter uneingeschränkt anwendbar.[4]

II. Persönlicher Anwendungsbereich, § 92b Abs. 3 und 4

1. Verkehrsauffassung. Wer Handelsvertreter im Nebenberuf ist, bestimmt sich ge- **4** mäß Abs. 3 nach der Verkehrsauffassung, und nur danach.[5] Die maßgebliche **Verkehrsauffassung** bezieht sich dabei allein auf die Abgrenzung zwischen Handelsvertreter **im Hauptberuf** und Handelsvertreter **im Nebenberuf,** nicht aber etwa auf eine Abgrenzung zwischen Handelsvertretern (allgemein) und Angestellten.[6] Insoweit kommt es auch darauf an, ob der Handelsvertreter **tatsächlich** in einem **Umfang** tätig ist, der nach der Verkehrsauffassung als nebenberufliche Tätigkeit zu werten ist.[7] So kann daher ein Handelsvertreter, der bereits nach der Verkehrsauffassung hauptberuflich tätig ist, nicht durch – **auch nicht individualvertragliche** – Parteivereinbarung zum nebenberuflichen Vertreter „herabgestuft" werden.[8] Die Parteivereinbarung ist insoweit für die Frage, ob der Handelsvertreter haupt- oder nebenberuflich tätig ist, ohne Bedeutung.[9] Maßgebend

---

[1] RegE BT-Drs. 1/3856, 42; BGH NJW-RR 2007, 1286 (1288); OLG Oldenburg BeckRS 2012, 19037; die Entscheidung des Gesetzgebers als Fehleinschätzung einstufend Emde § 92b Rn. 2.

[2] Küstner/Thume VertriebsR-HdB I Kap. I Rn. 196.

[3] BGH NJW-RR 2007, 1286 (1288).

[4] MüKoHGB/Ströbl § 92b Rn. 4.

[5] Hopt/Hopt § 92b Rn. 2; BGH NJW 2013, 2111 (2114); OLG Düsseldorf 26.5.2017 – 16 U 61/16, BeckRS 2017, 151716 Rn. 42.

[6] BGHZ 43, 108 = NJW 1965, 1132 (1134).

[7] BGH NJW 1999, 639 (641); Emde § 92b Rn. 6; nach Evers/Oberst VW 2013, 51 ist AVAD-Meldung dagegen für die Abgrenzung irrelevant.

[8] BGH NJW-RR 2007, 1286 (1287); NJW 1999, 639 (641).

[9] BGH NJW-RR 2007, 1286 (1287); MüKoHGB/Ströbl § 92b Rn. 5.

ist allein die Verkehrsauffassung[10], der konstitutive Wirkung zukommt[11]. Bei einem Zweifelsfall können auch besondere Ermittlungen über die Verkehrsauffassung, etwa die Anhörung von Sachverständigen, erforderlich sein.[12] Bei der **Nebenberuflichkeit** handelt es sich nicht um eine Tatsache iSd § 288 Abs. 1 ZPO, sondern um einen **Rechtsbegriff**.[13]

5   **2. Abgrenzung.** Weil das erforderliche Abstellen auf die Verkehrsauffassung keine näheren Anhaltspunkte für eine Abgrenzung bietet, wird eine Abgrenzung anhand der sog. **Übergewichtstheorie**[14] vorgenommen, die inhaltlich mal weiter, mal einschränkender definiert wird. Danach liegt Hauptberuflichkeit vor, wenn die Handelsvertretertätigkeit die Arbeitskraft nach **Zeit** und **Umfang** zum **überwiegenden** Teil in Anspruch nimmt.[15] Darüber hinaus wird als zusätzliches Kriterium gefordert, dass der Handelsvertreter aus seiner Tätigkeit auch sein **überwiegendes Arbeitseinkommen** bezieht.[16] Soweit die Einkommensrelation als Kriterium herangezogen wird, sind die Bruttobezüge ausschlaggebend.[17] Das bedeutet, dass bei etwaigen Provisionseinnahmen Kosten nicht abzuziehen sind.[18] Zum Teil wird auch vertreten, dass Rentenbezüge insoweit unberücksichtigt bleiben, da sie ohnehin kein Arbeitseinkommen darstellen.[19]

6   Eine Abgrenzung nach der Übergewichtstheorie dürfte letztendlich zu einer Abgrenzung führen, die der Verkehrsauffassung entspricht.[20] Es ist jedoch zu beachten, dass die Übergewichtstheorie insoweit nur eine Hilfestellung für eine Abgrenzung bieten kann. Maßgebend bleibt allein die Verkehrsauffassung, die weder ausschließlich noch gleichwertig auf den jeweiligen Zeitaufwand für die verschiedenen Tätigkeiten und die jeweilige Vergütung hierfür abstellt.[21] Gleichgültig, ob man die Kriterien des Zeitaufwandes für die ausgeübte Handelsvertretertätigkeit auf der einen Seite und die Höhe des daraus erzielten Einkommens auf der anderen Seite kumulativ oder nur einzeln voraussetzt oder zwischen beiden gar eine unterschiedliche Gewichtung vornimmt: sie haben für die Abgrenzung **lediglich Indizwirkung**.[22]

7   **3. Einzelfälle.** Im Folgenden werden Beispiele genannt für Handelsvertreter im Nebenberuf und für Handelsvertreter im Hauptberuf. Dabei ist zu beachten, dass sich im Einzelfall – entsprechend der Verkehrsauffassung – auch eine andere Beurteilung ergeben kann.

---

[10] Hopt/Hopt § 92b Rn. 2; BGH NJW 2013, 2111 (2114); OLG Düsseldorf 26.5.2017 – 16 U 61/16, BeckRS 2017, 151716 Rn. 42.

[11] Höft VersR 1973, 154.

[12] BGHZ 43, 108 = NJW 1965, 1132 (1134).

[13] BGH NJW 2013, 2111 (2114).

[14] Hopt/Hopt § 92b Rn. 2; Emde § 92b Rn. 6; Küstner/Thume VertriebsR-HdB I Kap. I Rn. 201; Küstner BB 1966, 1212; Küstner BB 1999, 541 (543); vgl. Baums BB 1986, 891 (893); MüKoHGB/Ströbl § 92b Rn. 7; Ebenroth/Boujong/Joost/Strohn/Löwisch § 92b Rn. 5; Rohrßen ZVertriebsR 2019, 153 (158 f.).

[15] OLG Düsseldorf BeckRS 2017, 151716, LG Hannover VersR 1973, 153; Hopt/Hopt § 92b Rn. 2; Emde § 92b Rn. 6; Küstner BB 1966, 1212; Küstner BB 1999, 541 (543); Küstner/Thume VertriebsR-HdB I Kap. I Rn. 201; MüKoHGB/Ströbl § 92b Rn. 7; Oetker/Busche § 92b Rn. 2; Ebenroth/Boujong/Joost/Strohn/Löwisch § 92b Rn. 5.

[16] RegE BT-Drs. 1/3856, 42; OLG Düsseldorf BeckRS 2017, 151716; LG Hannover VersR 1973, 153; Hopt/Hopt § 92b Rn. 2; Emde § 92b Rn. 6; Küstner BB 1966, 1212; Küstner BB 1999, 541 (543); Küstner/Thume VertriebsR-HdB I Kap. I Rn. 201; aA MüKoHGB/Ströbl § 92b Rn. 8;, die nicht entscheidend auf die Einkommensrelation abstellen wollen oder dieser nur Indizwirkung beimessen, vgl. auch Ebenroth/Boujong/Joost/Strohn/Löwisch § 92b Rn. 5.

[17] Küstner/Thume VertriebsR-HdB I Kap. I Rn. 201.

[18] Küstner/Thume VertriebsR-HdB I Kap. I Rn. 202.

[19] Küstner BB 1999, 541 (543); → Rn. 8.

[20] Küstner BB 1966, 1212; Küstner/Thume VertriebsR-HdB I Kap. I Rn. 202.

[21] Baums BB 1986, 891 (893).

[22] Vgl. Emde § 92b Rn. 6.

Handelsvertreter im **Nebenberuf:** Hausfrauen[23], Studenten[24], Pensionäre bzw. Rentner **8** (teilweise mit Einschränkungen)[25], Beamte[26], Angestellte (auch wenn aus der Vertretertätigkeit höhere Einnahmen erzielt werden als aus dem Angestelltenverhältnis)[27], Saisonarbeiter[28].

Handelsvertreter im **Hauptberuf:** Bestehen eines engen wirtschaftlichen Zusammen- **9** hangs zwischen Vertretertätigkeit und sonstiger Berufs- oder Erwerbstätigkeit (Tankstellenpächter)[29]; wenn neben der ausschließlichen Handelsvertretertätigkeit erhebliche Einkünfte aus Kapitalvermögen und Grundbesitz erzielt werden (auch wenn sie die Einkünfte aus der Handelsvertretertätigkeit übersteigen)[30]; Mehrfirmenvertreter (dh für mehrere Unternehmer tätiger Handelsvertreter ist gegenüber allen Unternehmern hauptberuflicher Vertreter) [31].

4. Rechtsform. Unerheblich ist es dabei, in welcher **Rechtsform** der Handelsvertreter **10** im Nebenberuf seine Tätigkeit ausübt. Somit ist die Ausübung der nebenberuflichen Handelsvertretertätigkeit als Personengesellschaft oder juristische Person möglich.[32]

5. Versicherungs- und Bausparkassenvertreter, § 92b Abs. 4. Die Vorschriften der **11** Absätze 1–3 gelten sinngemäß ausdrücklich auch für Versicherungsvertreter und Bausparkassenvertreter. Da § 92 Abs. 2 und 5 HGB die Anwendbarkeit von Handelsvertreterrecht auf Versicherungs- und Bausparkassenvertreter bereits vorsehen, hat § 92b Abs. 4 HGB trotz hoher praktischer Relevanz lediglich klarstellende Bedeutung.[33]

III. Betrauung als Handelsvertreter im Nebenberuf, § 92b Abs. 2

Abs. 2 ist eine **zwingende** Schutzvorschrift zugunsten des Handelsvertreters, von der **12** nicht abgewichen werden kann.[34] Auf den Ausschluss des § 89 HGB (Kündigungsfrist) und des § 89b HGB (Ausgleichsanspruch) kraft Gesetzes nach Abs. 1 kann sich daher nur der **Unternehmer** berufen, der den Handelsvertreter auch **ausdrücklich** als Handelsvertreter im Nebenberuf mit der Vermittlung oder dem Abschluss von Geschäften betraut hat. Versäumt der Unternehmer, den Handelsvertreter ausdrücklich als Handelsvertreter im Nebenberuf zu betrauen, so kann er sich daher nicht auf den gesetzlichen Ausschluss der §§ 89, 89b HGB berufen.

---

[23] Emde § 92b Rn. 7; MüKoHGB/Ströbl § 92b Rn. 9; Ebenroth/Boujong/Joost/Strohn/Löwisch § 92b Rn. 8; Küstner/Thume VertriebsR-HdB I Kap. I Rn. 202; Küstner BB 1966, 1212.

[24] Emde § 92b Rn. 7; MüKoHGB/Ströbl § 92b Rn. 9; Ebenroth/Boujong/Joost/Strohn/Löwisch § 92b Rn. 8; Küstner/Thume VertriebsR-HdB I Kap. I Rn. 202; Küstner BB 1966, 1212.

[25] RegE BT-Drs. 1/3856, 42; MüKoHGB/Ströbl § 92b Rn. 9, unabhängig davon, ob die Einnahmen aus der Handelsvertretertätigkeit die Pension bzw. Rente übersteigen; Ebenroth/Boujong/Joost/Strohn/Löwisch § 92b Rn. 8; Hopt/Hopt § 92b Rn. 2, mit der Einschränkung ggf. dahingehend, dass das Einkommen aus der Handelsvertretertätigkeit geringer ist als die Pension; Emde § 92b Rn. 7, mit der Einschränkung, dass es wegen des fehlenden Hauptberufs vor allem auf das Verhältnis des Ertrags aus der Handelsvertretertätigkeit zur Höhe der Pension ankommen dürfte; → Rn. 5.

[26] Emde § 92b Rn. 7; MüKoHGB/Ströbl § 92b Rn. 9.

[27] Küstner/Thume VertriebsR-HdB I Kap. I Rn. 202; Küstner BB 1966, 1212.

[28] MüKoHGB/Ströbl § 92b Rn. 9; Ebenroth/Boujong/Joost/Strohn/Löwisch § 92b Rn. 8.

[29] BGH NJW-RR 2007, 1286 (1287 f.); Thume BB 2007, 1750 (1751); Küstner BB 1966, 1212 (1213) mit Einschränkungen; Küstner/Thume VertriebsR-HdB I Kap. I Rn. 207 f.; MüKoHGB/Ströbl § 92b Rn. 11; Emde § 92b Rn. 11.

[30] Küstner/Thume VertriebsR-HdB I Kap. I Rn. 202; Küstner BB 1966, 1212 (1213); MüKoHGB/Ströbl § 92b Rn. 10.

[31] OLG Karlsruhe ZVertriebsR 2013, 255 (256); OLG Stuttgart VersR 1957, 329; Emde § 92b Rn. 10; Küstner/Thume VertriebsR-HdB I Kap. I Rn. 204 f., mit Ausnahmefall in Rn. 206; Küstner BB 1966, 1212 (1213); MüKoHGB/Ströbl § 92b Rn. 10 mit Ausnahmefall.

[32] Hopt/Hopt § 92b Rn. 1; MüKoHGB/Ströbl § 92b Rn. 12; ausführlich zur erfassten HV-Kapitalgesellschaft Emde § 92b Rn. 4.

[33] Emde § 92b Rn. 33.

[34] Hopt/Hopt § 92b Rn. 3; MüKoHGB/Ströbl § 92b Rn. 31; Ebenroth/Boujong/Joost/Strohn/Löwisch § 92b Rn. 28; Oetker/Busche § 92b Rn. 8.

13   Demgegenüber ist der **Handelsvertreter** nicht den Wirkungen des Abs. 2 unterworfen. Er kann sich darauf berufen, dass er in Wahrheit Handelsvertreter im Hauptberuf ist, auch wenn er ausdrücklich als Handelsvertreter im Nebenberuf betraut worden ist. Erfolgt jedoch im Vertrag eine ausdrückliche Bezeichnung als Handelsvertreter im Nebenberuf, so obliegt dem Handelsvertreter die **Darlegungs- und Beweislast,** dass er dennoch tatsächlich hauptberuflicher Handelsvertreter ist.[35] Es besteht insoweit zunächst nur eine widerlegliche Vermutung zugunsten des Unternehmers, dass der Handelsvertreter nebenberuflich tätig ist. Letztendlich kommt es aber nicht entscheidend auf den Wortlaut des Vertrages an, sondern es sind vielmehr die tatsächlichen Verhältnisse[36] und deren Beurteilung nach der Verkehrsauffassung (siehe Abs. 3) maßgebend. Der Handelsvertreter kann also **trotz ausdrücklicher Betrauung** als Handelsvertreter im Nebenberuf durch den Unternehmer die Änderung seiner Rechtstellung zum Handelsvertreter im Hauptberuf nachweisen.

14   Das Abstellen auf die tatsächlichen Verhältnisse geht indes nicht so weit, dass der Handelsvertreter durch **einseitige** Ausweitung seiner Tätigkeit eine Änderung seiner Rechtstellung herbeiführen kann.[37] Hier muss sich auch der Unternehmer mit der einseitigen Änderung der Rechtstellung (ausdrücklich oder stillschweigend) einverstanden erklären. Eine solche Zustimmung erfordert zumindest, dass dem Unternehmer trotz ausdrücklicher Betrauung als Handelsvertreter im Nebenberuf die tatsächliche Hauptberuflichkeit des Handelsvertreters bekannt gewesen ist und er dem trotz Kenntnis nicht widersprochen hat.[38] Diese Fallgestaltung ist daher eine Ausnahme zur ansonsten konstitutiven Wirkung der Verkehrsauffassung nach Abs. 3.[39]

15   Zwar mag sich der Handelsvertreter nach einer Auffassung auch immer darauf berufen können, dass er in Wahrheit Handelsvertreter nur im Nebenberuf ist und deshalb die Sondervorschrift des Abs. 1 und damit der gesetzliche Ausschluss der §§ 89, 89b HGB für ihn gelten.[40] Dies gilt insbesondere auch vor dem Hintergrund, dass der nebenberuflich tätige Handelsvertreter des Schutzes der §§ 89, 89b HGB nicht bedarf[41] (→ Rn. 2). Letztendlich dürften aber auch in dieser Fallgestaltung immer die tatsächlichen Verhältnisse und die Beurteilung dieser durch die Verkehrsauffassung maßgebend sein.[42]

IV. Sonderbestimmungen

16   Abs. 1 S. 1 erklärt die ansonsten zwingenden Regelungen über die Mindestkündigungsfristen (§ 89 HGB) und den Ausgleichsanspruch (§ 89b HGB) beim Handelsvertreter im Nebenberuf für nicht anwendbar. Dennoch sollen diese Regelungen über eine Parteivereinbarung (wieder) zur Anwendung gelangen können.[43] Dies gilt nicht für § 87a HGB (Provisionsvorschuss), denn nach § 92b Abs. 1 S. 3 HGB wird der Anspruch auf angemessenen Provisionsvorschuss ohnehin erst durch Parteivereinbarung ausgeschlossen.

17   **1. Kündigungsfrist (Abs. 1 S. 1, 2, § 89 HGB).** In Abweichung zu § 89 HGB sieht § 92b Abs. 1 S. 2 Hs. 1 HGB für auf unbestimmte Zeit eingegangene Vertragsverhältnisse vor, dass diese mit einer einheitlichen, von der Vertragslaufzeit unabhängigen Frist von einem Monat für den Schluss eines Kalendermonats gekündigt werden können. Wird

---

[35] LAG Hamm BB 1971, 439; s. auch OLG Düsseldorf 26.5.2017 – 16 U 61/16, BeckRS 2017, 151716 Rn. 42.

[36] Vgl. LG Hannover VersR 1973, 153.

[37] LG Hannover VersR 1973, 153 (154).

[38] OLG Düsseldorf BeckRS 2017, 151716; LG Hannover VersR 1973, 153 (154) mit zustimmender Anmerkung Höft VersR 1973, 154 (155); Küstner BB 1966, 1212 (1214); Küstner/Thume VertriebsR-HdB I Kap. I Rn. 238; Hopt/Hopt § 92b Rn. 5; aA Emde § 92b Rn. 27; MüKoHGB/Ströbl § 92b Rn. 26 f.

[39] Vgl. Höft VersR 1973, 154.

[40] Hopt/Hopt § 92b Rn. 4; MüKoHGB/Ströbl § 92b Rn. 24.

[41] BGH NJW-RR 2007, 1286 (1288); vgl. auch BGH ZVertriebsR 2013, 160 (162).

[42] Vgl. Höft VersR 1973, 154.

[43] MüKoHGB/Ströbl § 92b Rn. 30; Oetker/Busche § 92b Rn. 4.

dagegen eine andere Kündigungsfrist vereinbart, so muss diese für beide Teile gleich sein (§ 92b Abs. 1 S. 2 Hs. 2 HGB).

Problematisch ist der Fall dann, wenn formularmäßig vereinbarte – auch für beide Seiten **18** gleich lange – Kündigungsfristen um ein Vielfaches länger sind als die gesetzlich vorgesehene Frist des § 92b Abs. 1 S. 2 HGB. Die Vereinbarung einer kürzeren (zB zweiwöchigen) Kündigungsfrist ist demgegenüber zulässig.[44]

Das OLG Celle[45] hält eine formularmäßig vereinbarte Frist von zwölf Monaten zum **19** Ende eines Kalenderjahres – auch im kaufmännischen Verkehr – gemäß §§ 310, 307 Abs. 2 Nr. 2 BGB für unwirksam, auch wenn die so vereinbarte Frist für den Unternehmer und den Handelsvertreter gleich lang ist. Dies würde im Extremfall dazu führen, dass die Kündigungsfrist letztendlich fast 24 Monate beträgt. Jedoch würde der gesetzliche Grundgedanke, der mit § 92b HGB gerade die Möglichkeit eröffne, ein nebenberufliches Handelsvertreterverhältnis rascher zu beenden als ein hauptberufliches (zB weil die Anforderungen des Hauptberufes oder der Hauptberuf selbst oder familiäre Umstände sich ändern könnten und insoweit Flexibilität erforderlich sei), durch eine solche Kündigungsfrist ad absurdum geführt.[46]

Gegen diese Entscheidung wandte sich zwar ausdrücklich das OLG Oldenburg.[47] Der **20** BGH hat die Sichtweise ua des OLG Celle jedoch ausdrücklich bestätigt: Eine gegenüber einem Handelsvertreter im Nebenberuf verwendete Formularbestimmung, wonach eine Vertragskündigung nach einer Laufzeit von drei Jahren nur unter Einhaltung einer Frist von zwölf Monaten auf das Ende eines Kalenderjahres zulässig ist, sei wegen unangemessener Benachteiligung unwirksam.[48]

2. Ausgleichsanspruch (Abs. 1 S. 1, § 89b HGB). Der für den hauptberuflichen **21** Handelsvertreter zwingend geltende Ausgleichsanspruch nach § 89b HGB wird für den nebenberuflichen Handelsvertreter durch § 92b Abs. 1 S. 1 HGB ausgeschlossen. Jedoch können die Parteien einen Ausgleichsanspruch vertraglich vereinbaren. Der Inhalt des Ausgleichsanspruchs ergibt sich dann allein aus der vertraglichen Vereinbarung, so dass insoweit eine detaillierte Regelung erforderlich ist, insbesondere hinsichtlich der Höhe.[49] Jedoch ist auch die Vereinbarung eines Ausgleichsanspruchs mit dem Inhalt des § 89b HGB denkbar, indem die Parteien diesen ausdrücklich für anwendbar erklären.[50]

3. Provisionsvorschuss (Abs. 1 S. 3, § 87a Abs. 1 S. 2 HGB). Der Grundsatz ist, **22** dass auch der Handelsvertreter im Nebenberuf Anspruch auf einen angemessenen Provisionsvorschuss hat. Der Anspruch auf angemessenen Provisionsvorschuss kann allerdings nach Abs. 1 S. 3 zwischen dem Unternehmer und dem nebenberuflich tätigen Handelsvertreter vertraglich ausgeschlossen werden. Ohne eine entsprechende ausdrückliche Vereinbarung bleibt es jedoch dabei, dass auch der Handelsvertreter im Nebenberuf den Vorschussanspruch nach § 87a Abs. 1 S. 2 HGB hat.[51]

B. Vertragshändler, Franchisenehmer und Kommissionsagent

Auf **Vertragshändler** und **Franchisenehmer** soll § 92b HGB nicht anwendbar sein, **23** was damit begründet wird, dass diese Vertriebsmittler aufgrund des Eigengeschäfts (Handeln im eigenen Namen und auf eigene Rechnung) mit einem höheren finanziellen Risiko

---

[44] Küstner/Thume VertriebsR-HdB I Kap. I Rn. 195.
[45] OLG Celle BeckRS 2005, 07526.
[46] OLG Celle BeckRS 2005, 07526.
[47] OLG Oldenburg BeckRS 2012, 19037 mit Verweis auf KG MDR 1997, 1041 (1042) und OLG Brandenburg BeckRS 2005, 02033.
[48] Vgl. BGH NJW 2013, 2111 ff.
[49] MüKoHGB/Ströbl § 92b Rn. 17.
[50] MüKoHGB/Ströbl § 92b Rn. 30.
[51] MüKoHGB/Ströbl § 92b Rn. 19.

belastet sind, selbst wenn sie ihrer Vertriebsmittlertätigkeit nur nebenberuflich iSd § 92b HGB nachgehen.[52] Die Nichtanwendung des § 92b HGB sei daher, obwohl dogmatisch nicht einsichtig, akzeptabel.[53] Das überzeugt nicht recht, denn soweit §§ 89 und 89b HGB auf Vertragshändler und Franchisenehmer analog anwendbar sind, muss auch eine hiermit ausdrücklich korrespondierende Vorschrift wie § 92b HGB zur (analogen) Anwendung kommen. Alles andere wäre eher inkonsistent und liefe auf eine Selektion handelsvertreterrechtlicher Vorschriften danach hinaus, ob sie den Vertriebspartner schützen (dann analoge Anwendbarkeit zu bejahen) oder nicht (dann analoge Anwendbarkeit zu verneinen). Besonders praxisrelevant dürfte die Frage jedoch nicht sein, weil die unternehmerische Tätigkeit eines Vertragshändlers oder Franchisenehmers regelmäßig einen Investitionsaufwand voraussetzt, der mit einer Tätigkeit im Nebenberuf kaum zu vereinbaren sein wird.

24   Auf **Kommissionsagenten** hingegen soll § 92b HGB entsprechend anwendbar sein.[54] Dem ist im Hinblick auf die typologische Nähe des Kommissionsagenten zum Handelsvertreter zuzustimmen.

§ 92c Handelsvertreter außerhalb der EG; Schifffahrtsvertreter

(1) **Hat der Handelsvertreter seine Tätigkeit für den Unternehmer nach dem Vertrag nicht innerhalb des Gebietes der Europäischen Gemeinschaft oder der anderen Vertragsstaaten des Abkommens über den Europäischen Wirtschaftsraum auszuüben, so kann hinsichtlich aller Vorschriften dieses Abschnittes etwas anderes vereinbart werden.**

(2) **Das gleiche gilt, wenn der Handelsvertreter mit der Vermittlung oder dem Abschluß von Geschäften betraut wird, die die Befrachtung, Abfertigung oder Ausrüstung von Schiffen oder die Buchung von Passagen auf Schiffen zum Gegenstand haben.**

Literatur: Bälz, Der Ausschluß des Ausgleichsanspruchs in internationalen Handelsvertreterverträgen, NJW 2003, 1559; Berchem, Ausschluss des Ausgleichsanspruchs des Handelsvertreters nach § 92c HGB im Lichte der EU-Erweiterung, in: Vertrieb, Versicherung, Transport, Karl-Heinz Thume Festschrift zum 70. Geburtstag (2008), 1; Bozbel, Ausgleichsanspruch des türkischen Handelsvertreters und dessen Abdingbarkeit im deutsch-türkischen Rechtsverkehr, RIW 2011, 125; Christoph/Effenberger, Der Ausgleichsanspruch des Vertragshändlers in Deutschland und anderen europäischen Ländern, KSzW 2010, 183; Dathe, Abdingbarkeit des Ausgleichsanspruchs eines in der EU tätigen Handelsvertreters nach der Ingmar-Entscheidung des EuGH, NJW 2010, 3194 (Kurzversion), NJOZ 2010, 2196; Detzer/Ulrich, Gestaltung von Verträgen mit ausländischen Handelsvertretern und Vertragshändlern, 2000; Eberl, Ausländische Handelsvertreter: Vertraglicher Ausschluß des Ausgleichsanspruchs nach § 92c HGB – Anm. zu OLG München, Urteil v. 11.1.2002 – 23 U 4416/01, RIW 2002, 319; Emde, Handelsvertreterrecht – Relevante Vorschriften bei nationalen und internationalen Verträgen, MDR 2002, 190; ders., Heimatgerichtsstand für Handelsvertreter und andere Vertriebsmittler, RIW 2003, 505; ders., Internationale vertriebsrechtliche Schiedsverfahren, RIW 2016, 104; Evers, Handelsvertreterverträge mit Auslandsberührung, 1998; Fabig, Der Vertragshändlerausgleich in internationalen Verträgen, IHR 2019, 1; Freitag/Leible, Internationaler Anwendungsbereich der Handelsvertreterrichtlinie – Europäisches Handelsvertreterrecht weltweit?, RIW 2001, 287; Fröhlich, Die Abdingbarkeit des Handelsvertreterausgleichsanspruchs im internationalen Kontext, RIW 2021, 652; Hagemeister, Die Abdingbarkeit des Ausgleichsanspruchs bei ausländischen Handelsvertretern und Vertragshändlern, RIW 2006, 498; Heinicke, Stolpersteine im grenzüberschreitenden Handelsvertreterrecht, ZVertriebsR 2013, 275; Hepting/Detzer, Die Abdingbarkeit des Ausgleichsanspruchs ausländischer Handelsvertreter und Vertragshändler, insbesondere durch Allgemeine Geschäftsbedingungen, RIW 1989, 337; Kleinschmidt, Zur Anwendbarkeit zwingenden Rechts im internationalen Vertragsrecht unter besonderer Berücksichtigung von Absatzmittlerverträgen, 1985; Kindler, Der lange Arm des deutschen Vertriebsrechts, NJW 2016, 1855; Kocher, Analoge Anwendung des Handelsvertreterrechts auf Vertragshändler in Europa – Rechtsvergleich und internationales Privatrecht, RIW 2003, 512; Küstner, Der Ausgleichsanspruch des Handelsvertreters bei grenzüberschreitenden Verträgen, AWD 1966, 65; Petsche/Lager/Kutsche, Rechtswahl im Handelsvertretervertrag, ZVertriebsR 2012, 339; Mankowski, Der Ausgleichsanspruch des international tätigen Handelsver-

---

[52] LG Düsseldorf BeckRS 2008, 25159 und BeckRS 2007, 17449; Emde § 92b Rn. 5; Ebenroth/Boujong/Joost/Strohn/Löwisch § 92b Rn. 4.

[53] Emde § 92b Rn. 5.

[54] Emde § 92b Rn. 5; Ebenroth/Boujong/Joost/Strohn/Löwisch § 92b Rn. 4.

treters, MDR 2002, 1352; Müller, Ausschluß des Ausgleichsanspruchs des Handelsvertreters nach § 92c I HGB, NJW 1998, 17; Peschke, Der Vertragshändlerausgleich in internationalen Verträgen, ZVertriebsR 2016, 144; Semler, Deutscher Handelsvertreterausgleich und internationale Schiedsverfahren, in: Festschrift für Gerhard Wegen zum 65. Geburtstag (2015), 743; ders., Der Ausgleichsanspruch des deutschen Handelsvertreters in internationalen Handelsvertreterverhältnissen – Rechtswahl und Schiedsverfahren, ZVertriebsR 2016, 139; Staudinger, Die ungeschriebenen kollisionsrechtlichen Regelungsgebote der Handelsvertreter-, Haustürwiderrufs- und Produkthaftungsrichtlinie, NJW 2001, 1974; Teichmann/Wauschkuhn, Die Anwendung der zwingenden Vorschriften der §§ 84 ff. HGB auf Handelsvertreter und Vertragshändler im internationalen Kontext, ZVertriebsR 2012, 274; Thume, Der Ausgleichsanspruch des Handelsvertreters gemäß § 89b HGB im Lichte der Europäischen Union, BB 2004, 2473; ders., Zur richtlinienkonformen Anwendung der §§ 84 ff. HGB im gesamten Vertriebsrecht, BB 2011, 1800; ders., Zur Anwendbarkeit des § 92c HGB im Vertriebsrecht, IHR 2014, 52; Walter, Die Abdingbarkeit zwingenden Handelsvertreterrechts und die Handelsvertreter-Richtlinie, RIW 2019, 570; Wauschkuhn/Meese, Die standardvertragliche Abdingbarkeit zwingender Vorschriften des Handelsvertreterrechts – Insbesondere: Abdingbarkeit des Ausgleichsanspruchs in Verträgen mit außerhalb der EG und des EWR tätigen Handelsvertretern, RIW 2002, 301; Wengler, Zum Internationalen Privatrecht des Handelsvertretervertrages, ZHR 146 (1982), 30.

Übersicht

A. Handelsvertreter

I. Bedeutung

1 § 92c Abs. 1 ist die einzige Vorschrift der §§ 84 ff., die sich mit der **Auslandstätigkeit** des Handelsvertreters befasst. Sie setzt voraus, dass der Handelsvertretervertrag deutschem Recht unterliegt. Soweit der Handelsvertreter seine Tätigkeit außerhalb der EU bzw. des EWR ausübt, können nach Abs. 1 die zwingenden Bestimmungen des deutschen Handelsvertreterrechts abbedungen werden. Die bedeutendste zwingende Regelung im deutschen Handelsvertreterrecht ist der Ausgleichsanspruch nach § 89b. Der Ausschluss des Ausgleichsanspruchs des Handelsvertreters ist daher, wie aus der juristischen Diskussion und den Entscheidungen der Gerichte auch hervorgeht, der wichtigste Anwendungsfall von Abs. 1. Die Vorschrift kann einen deutschen Unternehmer, der seine Waren über Handelsvertreter außerhalb der EU bzw. des EWR vertreibt, erheblich finanziell entlasten, wenn er dem Handelsvertreter nach Vertragsbeendigung keinen Ausgleich zahlen muss; Abs. 1 ist daher für die deutsche Exportwirtschaft wichtig.[1]

2 Abs. 2 setzt hingegen keinen Auslandssachverhalt voraus.[2] Er stellt auf den Gegenstand der vom Handelsvertreter vermittelten oder abgeschlossenen Geschäfte ab und lässt vertragliche Abweichungen von den zwingenden Bestimmungen der §§ 84 ff. zu, wenn die Geschäfte die Befrachtung, Abfertigung oder Ausrüstung von Schiffen oder die Buchung von Passagen auf Schiffen zum Gegenstand haben **(Schifffahrtsvertreter)**. Die praktische Bedeutung von Abs. 2 ist viel geringer als die von Abs. 1; zu Abs. 2 gibt es wenig Literatur und gerichtliche Entscheidungen. Die Absätze 1 und 2 sind strikt voneinander zu trennen.

3 § 92c regelt demnach die Abweichung von zwingenden deutschen Vorschriften des Handelsvertreterrechts bei bestimmten Tätigkeitsorten des Handelsvertreters (Abs. 1) oder bei einer bestimmten Art von Geschäften, die vom Handelsvertreter vermittelt oder abgeschlossen werden (Abs. 2). § 92c ist damit eine Ausnahmevorschrift und wird auch als **Öffnungsklausel** bezeichnet.[3]

II. Entstehungsgeschichte

4 Die Vorschrift des § 92c ist erst mit der **Novelle aus dem Jahre 1953**[4] in das HGB eingefügt worden. Zuvor kannte das HGB keine entsprechende Regelung, aber auch keinen Ausgleichsanspruch des Handelsvertreters (→ § 89b Rn. 2). Von den zwingenden Vorschriften des Handelsvertreterrechts konnte nach der Fassung von 1953 abgewichen werden, wenn der Handelsvertreter keine Niederlassung im Inland hatte. Der Gesetzgeber wollte den Vertragsparteien die notwendige Flexibilität bei der Anpassung ihrer vertraglichen Beziehungen an die jeweiligen örtlichen Bedürfnisse verleihen.[5] Diese, dem Autonomiebedürfnis im internationalen Handelsverkehr[6] entgegenkommende, Anpassungsmöglichkeit war maßgeblicher Gesichtspunkt.[7] Die Vorschrift fördert auf diese Weise die deutsche Exportwirtschaft[8] und ist daher von wirtschaftspolitischer Bedeutung.

5 Die Ursprungsfassung des Abs. 1 aus dem Jahre 1953 wurde bis heute zweimal geändert. Die wesentlichste Änderung beruht auf dem **Gesetz zur Durchführung der EG-Richtlinie zur Koordinierung des Rechts für Handelsvertreter vom 23.10.1989,**[9] mit dem

---

[1] Mankowski MDR 2002, 1352.
[2] OLG Köln OLGZ 1966, 533 u. die ganz hM in der Lit. (→ Rn. 48).
[3] Emde Rn. 1; Hagemeister RIW 2006, 498.
[4] Gesetz zur Änderung des Handelsgesetzbuches v. 6.8.1953, BGBl. I 771 (775).
[5] Begr. RegE, BT-Drs. 1/3856, 18.
[6] Hepting/Detzer RIW 1989, 337 (339).
[7] Wauschkuhn/Meese RIW 2002, 301 (302).
[8] Mankowski MDR 2002, 1352 (1354); Hagemeister RIW 2006, 498 (499); Ebenroth/Boujong/Joost/Strohn/Löwisch Rn. 2.
[9] BGBl. I 1910 (1911).

die Handelsvertreter-RL in nationales Recht umgesetzt wurde. Die Schlechterstellung der im EU-Ausland ansässigen Handelsvertreter war mit dem Ziel der Richtlinie, den Binnenmarkt für Handelsvertreterdienstleistungen zu harmonisieren, nicht vereinbar. Nach dem RegE sollte von den zwingenden Vorschriften der §§ 84 ff. abgewichen werden können, wenn der Handelsvertreter keine Niederlassung in einem Mitgliedsstaat der EU hat.[10] Entsprechend dem Vorschlag des Rechtsausschusses des Deutschen Bundestags wurde dann aber auf den **Ort der Tätigkeit** des Handelsvertreters abgestellt.[11] Hintergrund war, dass ein Handelsvertreter, der zwar eine Niederlassung in der EU hat, dessen Tätigkeit aber nach dem Vertrag nicht innerhalb der EU auszuüben ist, nicht von den zwingenden Vorschriften des deutschen Rechts geschützt werden soll, um hierdurch missbräuchliche Gründungen von Niederlassungen in der EU zu vermeiden.[12] Zu den EU-Staaten gehörten zu diesem Zeitpunkt die Länder Deutschland, Belgien, Dänemark, Frankreich, Griechenland, Irland, Italien, Luxemburg, Niederlande, Portugal, Spanien und das Vereinigte Königreich (Austritt am 30.1.2020). Betrachtet man die Ursprungsfassung von Abs. 1 aus dem Jahre 1953 und ihre Einschränkung durch die Handelsvertreter-RL, so besteht der Zweck von Abs. 1 darin, den Vertragsparteien bei Auslandstätigkeit dort Vertragsfreiheit (Art. 2 Abs. 1 GG) zu gewähren, wohin der Schutzbereich der Handelsvertreter-RL nicht reicht.[13]

Die zweite Änderung erfuhr Abs. 1 mit dem **EWR-Ausführungsgesetz vom 27.4.1993.**[14] Mit Wirkung zum 1.1.1994 wurden die EFTA-Staaten Island, Liechtenstein und Norwegen (nicht die Schweiz) den EU-Staaten gleichgestellt. Da der Europäische Wirtschaftsraum (EWR) die EU-Mitgliedsstaaten mitumfasst, kann vereinfacht gesagt werden, dass der räumliche Anwendungsbereich des Abs. 1 eröffnet ist, wenn der Handelsvertreter seine Tätigkeit außerhalb des EWR ausübt. **6**

Abs. 1 ist **territorial dynamisch,** weil sich Änderungen der EU-Mitgliedsstaaten unmittelbar auf den räumlichen Anwendungsbereich der Vorschrift auswirken. Zu den EU-Mitgliedsstaaten gehören seit 1.1.1995 zusätzlich Finnland, Österreich und Schweden, seit 1.5.2004 Estland, Lettland, Litauen, Malta, Polen, Slowakei, Slowenien, Tschechien, Ungarn sowie der griechische Teil von Zypern, seit 1.1.2007 Bulgarien und Rumänien und seit 1.7.2013 Kroatien. Am 30.1.2020 ist das Vereinigte Königreich aus der EU ausgetreten. Aufgrund des Brexit hat sich erstmals der räumliche Anwendungsbereich von Abs. 1 verkleinert (zu den Auswirkungen auf bestehende Verträge → Rn. 25). **7**

Abs. 2 ist seit dem Jahre 1953 unverändert im HGB. **8**

III. Handelsvertreter außerhalb des EWR (Abs. 1)

1. Voraussetzungen. a) Geltung deutschen Rechts. § 92c Abs. 1 ist **keine Kollisionsvorschrift;**[15] die Vorschrift sagt also nichts darüber aus, welches Recht Anwendung findet, wenn der Handelsvertreter seine Tätigkeit außerhalb des EWR ausübt. Vielmehr **setzt § 92c die Anwendung deutschen Rechts voraus.** Ob deutsches Recht anwendbar ist, bestimmt sich nach der Rom I-VO und bei vor dem 18.12.2009 geschlossenen Handelsvertreterverträgen nach den Art. 27 f. EGBGB (→ Rom I-VO Art. 3 Rn. 5). **9**

Wenn der Handelsvertreter seine Tätigkeit außerhalb des EWR ausübt, findet nach der Rom I-VO deutsches Recht Anwendung, wenn die Parteien eine entsprechende **Rechtswahl** getroffen haben oder, falls keine Rechtswahl vorliegt, idR, wenn der **Handelsver-** **10**

---

[10] BT-Drs. 11/3077, 10.
[11] BT-Drs. 11/4559, 10.
[12] BT-Drs. 11/4559, 10.
[13] Thume BB 2011, 1800 (1804).
[14] BGBl. I 512 (530).
[15] Bälz NJW 2003, 1559; Oetker/Busche Rn. 4; Eberl RIW 2002, 305; Martinek/Semler/Flohr VertriebsR-HdB/Lakkis § 57 Rn. 21; Kindler RIW 1990, 358 (363); Gk-HGB/Genzow Rn. 3; Baumbach/Hopt/Hopt Rn. 1; MüKoHGB/Ströbl Rn. 6; Ebenroth/Boujong/Joost/Strohn/Löwisch Rn. 8; Küstner/Thume VertriebsR-HdB I Kap. XI Rn. 117; krit. Emde Rn. 14; für eine Kollisionsnorm de lege ferenda Freitag/Leible RIW 2001, 287 (295); Michaelis/Kamann EWS 2001, 301 (310).

treter seinen gewöhnlichen Aufenthalt in Deutschland hat (eher selten). Denn wenn die Parteien keine Rechtswahl getroffen haben, richtet sich bei einem Auslandssachverhalt das anwendbare Recht nach Art. 4 Rom I-VO. Nach Art. 4 Abs. 1 lit. b Rom I-VO findet bei Dienstleistungsverträgen, zu denen die Handelsvertreterverträge gehören (→ Rom I-VO Art. 4 Rn. 2 ff.), das Recht des Staates Anwendung, in dem der Handelsvertreter seinen gewöhnlichen Aufenthalt hat. In den meisten Fällen hat der Handelsvertreter seinen gewöhnlichen Aufenthalt auch dort, wo er seine Tätigkeit iSv Abs. 1 ausübt, so dass ohne Rechtswahl das ausländische Recht des Tätigkeitslands Anwendung finden würde.[16] Wenn sich gewöhnlicher Aufenthaltsort und Tätigkeitsort jedoch ausnahmsweise unterscheiden, würde deutsches Recht ohne Rechtswahl nur dann Anwendung finden, wenn der Handelsvertreter seinen gewöhnlichen Aufenthalt in Deutschland hat.[17]

b) Tätigkeit nach dem Vertrag außerhalb der EU bzw. des EWR. aa) Grundsatz.
11   Die Parteien können von den zwingenden Vorschriften des deutschen Handelsvertreterrechts abweichen, wenn der Handelsvertreter seine Tätigkeit nach dem Vertrag außerhalb des EWR auszuüben hat. Unter der Tätigkeit ist die **Absatzmittlertätigkeit als vertragliche Hauptpflicht** des Handelsvertretervertrages zu verstehen.[18] Diese muss **außerhalb des EWR** ausgeübt werden.[19] Unschädlich ist es, wenn Nebenpflichten vertragsgemäß innerhalb des EWR erbracht und/oder Vorbereitungs- und Nachbearbeitungshandlungen dort ausgeführt werden.[20] Wenn zB ein in Kolumbien tätiger Handelsvertreter die kolumbianischen Kunden auf Bitten des deutschen Unternehmers mehrfach zum Stammsitz des Unternehmers nach Deutschland begleitet, kann aus solchen Nebenleistungen nicht hergeleitet werden, dass der Handelsvertreter seine Tätigkeit innerhalb des EWR ausüben würde.[21] Ansonsten wäre Abs. 1 weitgehend funktionslos und könnte leicht umgangen werden.[22]

12   **bb) Kein Abstellen auf Niederlassung.** Entgegen der früheren Fassung von Abs. 1 **kommt es nicht darauf an, wo der Handelsvertreter seine Niederlassung hat.** Auch wenn der Handelsvertreter innerhalb des EWR eine Niederlassung hat, seine Vertriebstätigkeit aber außerhalb des EWR ausführt, gewährt ihm das deutsche Recht keinen Schutz mit seinen zwingenden Handelsvertretervorschriften (→ Rn. 5, 40).[23]

13   Abs. 1 wird wegen des Abstellens auf den Tätigkeitsort zum Teil für unionswidrig gehalten, weil die Handelsvertreter-RL eine Harmonisierung aller Rechtsbeziehungen innerhalb der EU-Mitgliedsstaaten bezwecke.[24]

14   So würden die Rechtsbeziehungen zwischen einem deutschen Unternehmer und zwei in Frankreich ansässigen Handelsvertretern unterschiedlich behandelt werden, wenn ein Handelsvertreter in Frankreich, der andere in Algerien tätig wird. Nach der zutreffenden hM ist

---

[16] Baumbach/Hopt/Hopt Rn. 2.

[17] Anders wäre es nach Art. 4 Abs. 3 Rom I-VO nur, wenn sich aus der Gesamtheit der Umstände ergibt, dass der Vertrag eine offensichtlich engere Verbindung zu einem anderen Staat aufweist. Solche Konstellationen sind praktisch nur schwer vorstellbar, zB wenn ein brasilianischer Unternehmer einem in Deutschland ansässigen Handelsvertreter die Handelsvertretung in Brasilien überträgt. Dann hätte der Vertrag tatsächlich eine offensichtlich engere Verbindung zu Brasilien und brasilianisches Recht würde Anwendung finden, vgl. auch MüKoHGB/Ströbl § 84 Rn. 135.

[18] Oetker/Busche Rn. 5.

[19] Martinek/Semler/Flohr VertriebsR-HdB/Semler § 22 Rn. 106 f.

[20] Emde Rn. 17 (Daumenregel: Eine Tätigkeit innerhalb des EWR von bis zu 30 % sei unschädlich); Ebenroth/Boujong/Joost/Strohn/Löwisch Rn. 15; Heymann/Froitzheim Rn. 7; aA MüKoHGB/Ströbl Rn. 9.

[21] OLG München NJW-RR 2003, 471 (472) = EWiR 2002, 485 mAnm Emde; Emde Rn. 17; Gk-HGB/Genzow Rn. 5; MüKoHGB/Ströbl Rn. 9; Küstner/Thume VertriebsR-HdB I Kap. XI Rn. 120.

[22] OLG München NJW-RR 2003, 471 (472).

[23] AA Walter RIW 2019, 570 (573 ff.).

[24] Kindler RIW 1990, 358 (363); Kindler BB 2001, 10 (12); Ebenroth/Boujong/Joost/Strohn/Löwisch Rn. 52.

Abs. 1 mit Unionsrecht vereinbar.[25] Denn die zwingende Anwendung der umgesetzten Handelsvertreter-RL, die im Übrigen nicht ausdrücklich auf den Ort der Niederlassung abstellt, ist bei einem außerhalb der EU tätigen Handelsvertreter mangels eines starken Unionsbezugs nicht geboten; maßgeblich hierfür ist das nach dem Vertrag zugewiesene Tätigkeitsgebiet.[26] Dies zeigt sich an dem gerade genannten Beispiel: Zwischen dem in Frankreich tätigen Handelsvertreter und dem in Algerien tätigen Handelsvertreter besteht kein Wettbewerbsverhältnis. Der Unternehmer könnte den in Algerien tätigen Handelsvertreter nicht gegen den in Frankreich tätigen Handelsvertreter austauschen, wenn er seine Produkte auch in Algerien absetzen möchte. Vielmehr konkurriert der in Algerien tätige Handelsvertreter mit anderen in Algerien tätigen Handelsvertretern, die in den meisten Fällen dort auch ihren Sitz haben. Deshalb muss es dem Unternehmer möglich sein, seine Vertragsverhältnisse flexibel den örtlichen Gegebenheiten anzupassen. Dies will Abs. 1 gerade ermöglichen.

Schließlich verstößt Abs. 1 auch **nicht gegen die Niederlassungs- bzw. Dienstleis- 15 tungsfreiheit,** weil durch die Regelung eine grenzüberschreitende Tätigkeit des Handelsvertreters innerhalb der EU nicht berührt wird.[27]

cc) „nach dem Vertrag". Der Handelsvertreter muss „nach dem Vertrag" außerhalb 16 des EWR tätig werden. Wenn der Handelsvertreter entgegen dem Vertrag auch innerhalb des EWR tätig wird, bleibt ein Ausschluss der zwingenden Normen nach Abs. 1 weiterhin wirksam.[28] Der Handelsvertreter darf durch einen Vertragsbruch nicht bessergestellt werden. In einer vom Unternehmer geduldeten Tätigkeit innerhalb des EWR kann im Einzelfall allerdings eine konkludente Änderung oder Erweiterung des vereinbarten Tätigkeitsorts liegen.[29]

dd) Unterschied von Tätigkeitsort und Vertriebsgebiet. Emde hat darauf hinge- 17 wiesen, dass in Ausnahmefällen der Tätigkeitsort nicht mit dem Vertriebsgebiet überein- stimmen muss.[30] Ist zB das Vertriebsgebiet Algerien, liegt die Hauptniederlassung des Handelsvertreters allerdings in Frankreich und übt er von dort seine Vermittlungsbemü- hungen ausschließlich oder überwiegend aus, ist fraglich, ob Abs. 1 anwendbar ist. Wenn der Handelsvertreter in Algerien auch eine Zweigniederlassung hat, besteht eine starke Vermutung, dass sich dort auch der Tätigkeitsort befindet,[31] weil die Akquisitionsleistung idR einen persönlichen Kundenkontakt voraussetzt. Um diese Vermutung zu verstärken, sollte der Unternehmer den Handelsvertretervertrag auch mit der Zweigniederlassung des Handelsvertreters abschließen. Wenn die Hauptniederlassung innerhalb des EWR nur zum Schein gegründet wurde oder von dort aus ohnehin nicht der Schwerpunkt der Absatzmitt- lertätigkeit (→ Rn. 11) erfolgt, bleibt ein Ausschluss der zwingenden Handelsvertretervor- schriften weiterhin möglich.[32] Hat der Handelsvertreter keine Zweigniederlassung im Ver- triebsgebiet kommt es auf die Umstände des Einzelfalls an, zB ob die Vermittlungstätigkeit des Handelsvertreters fernmündlich oder elektronisch erfolgt. Im Zweifel stellt das Ver- triebsgebiet ein Indiz für den Tätigkeitsort dar.[33]

ee) Tätigkeit innerhalb und außerhalb des EWR. Umstritten sind die Fälle, in denen 18 der Handelsvertreter aufgrund eines einheitlichen Handelsvertretervertrags sowohl inner-

[25] Oetker/Busche Rn. 3; Emde Rn. 7; Hagemeister RIW 2006, 498 (503); Baumbach/Hopt/Hopt Rn. 1; MüKoHGB/Ströbl Rn. 2, 11; Rohrßen ZVertriebsR 2017, 186; Staudinger NJW 2001, 1974 (1976); Fröhlich RIW 2021, 652 (653 f.).

[26] MüKoHGB/Ströbl Rn. 11; Oetker/Busche Rn. 3; Baumbach/Hopt/Hopt Rn. 1; Staudinger NJW 2001, 1974 (1976); Thume BB 2011, 1800 (1803).

[27] Emde Rn. 8; Hagemeister RIW 2006, 498 (503); MüKoHGB/Ströbl Rn. 2.

[28] Emde Rn. 18; Baumbach/Hopt/Hopt Rn. 6; MüKoHGB/Ströbl Rn. 9; aA Oetker/Busche Rn. 5.

[29] Emde Rn. 18, 21; Ebenroth/Boujong/Joost/Strohn/Löwisch Rn. 22; Neflin DB 1956, 589.

[30] Emde Rn. 17.

[31] Emde Rn. 17.

[32] Emde Rn. 17; Martinek/Semler/Flohr VertriebsR-HdB/Semler § 22 Rn. 107.

[33] Emde Rn. 17; MüKoHGB/Ströbl Rn. 9.

halb als auch außerhalb des EWR tätig wird, zB wenn ihm nach dem Vertrag die Länder Frankreich und Algerien zugewiesen sind. Nach der hM müsse der Handelsvertreter ausschließlich außerhalb des EWR tätig werden; Abs. 1 sei ansonsten nicht anwendbar **(Ausschließlichkeitstheorie)**.[34] Zur Begründung wird angeführt, dass die nach deutschem Recht maßgeblichen Grundsätze für das gesamte Vertragsverhältnis einheitlich gelten würden.[35] Schließlich käme es zu praktischen Schwierigkeiten, wenn von den zwingenden Regelungen des Kündigungsrechts abgewichen wird, weil der Handelsvertretervertrag wegen der weitgehenden Unzulässigkeit von Teilkündigungen nur einheitlich gekündigt werden könne.[36]

19   Die **Gegenansicht** argumentiert mit dem praktisch wichtigsten Fall des Ausgleichsanspruchs und differenziert nach Kunden. Bei außerhalb des EWR geworbenen Kunden kann der Ausgleichsanspruch ausgeschlossen werden, bei innerhalb des EWR geworbenen Kunden jedoch nicht.[37] Damit werde am besten der gesetzgeberischen Intention Rechnung getragen, Handelsvertreter bei Tätigkeiten innerhalb des EWR besonders zu schützen.[38] Bei der Berechnung des Ausgleichsanspruchs führt dies zu keinen Schwierigkeiten, weil sich die Umsätze mit den innerhalb des EWR und den außerhalb des EWR ansässigen Kunden leicht trennen lassen.[39] Zudem würde der Unternehmer schlechtergestellt, wenn er dem Handelsvertreter, der bislang außerhalb des EWR tätig geworden ist, zusätzlich noch Gebiete innerhalb des EWR übertragen würde.[40]

20   **Stellungnahme:** Das von der hM angeführte Argument der Einheitlichkeit des Vertragsverhältnisses ergibt sich nicht aus dem Wortlaut von Abs. 1.[41] Eine Trennung von einheitlichen Verträgen ist im deutschen Recht grds. möglich. Bspw. werden bei gemischten Verträgen für jede Leistung idR die Vorschriften des jeweiligen Vertragstypus herangezogen.[42] Entsprechend können auch **bei Kunden außerhalb und innerhalb des EWR unterschiedliche Regelungen** gelten. Dort wo eine Trennung nicht möglich ist, wie bei den Kündigungsfristen, verbleibt es zum Schutz des Handelsvertreters bei den strengeren zwingenden Bestimmungen. Der praktisch wichtigste Fall des Ausgleichsanspruchs ist aber trennbar und könnte vertraglich wie folgt formuliert werden: „Dem Handelsvertreter stehen im Hinblick auf die von ihm im Vertragsgebiet Algerien geworbenen Kunden keine Ausgleichsansprüche im Zusammenhang mit der Beendigung des Vertrages zu.". Wenn allerdings nicht nach Kunden differenziert wird, wäre der pauschale Ausschluss des Ausgleichsanspruchs („Dem Handelsvertreter stehen im Zusammenhang mit der Beendigung des Vertrages keine Ausgleichsansprüche für von ihm geworbene Kunden zu.") in einem **Standardvertrag** wegen des Verbots der geltungserhaltenden Reduktion auch im Hinblick auf die Kunden außerhalb des EWR unwirksam. Bei einem **Individualvertrag** kann diese Klausel in einen zulässigen Teil (im Hinblick auf die Kunden im Vertragsgebiet Algerien) und in einen unzulässigen Teil (im Hinblick auf die Kunden im Vertragsgebiet Frankreich) aufgeteilt werden. Eine vergleichbare Aufteilung hat der BGH bspw. bei einem pauschalen Ausschluss von Schadensersatzansprüchen vorgenommen, der von ihm dahin ausgelegt wurde, dass eine Haftungsbeschränkung nur in dem gesetzlich zulässigen Rahmen – also unter Berücksichtigung, dass die Haftung für Vorsatz im Voraus nicht ausgeschlossen

---

[34] Oetker/Busche Rn. 5; Emde Rn. 19; Gk-HGB/Genzow Rn. 6; Baumbach/Hopt/Hopt Rn. 6; MüKoHGB/Ströbl Rn. 12; Ebenroth/Boujong/Joost/Strohn/Löwisch Rn. 15; Staudinger NJW 2001, 1974 (1976); Küstner/Thume VertriebsR-HdB I Kap. XI Rn. 123 f.

[35] Oetker/Busche Rn. 5; Gk-HGB/Genzow Rn. 6.

[36] Emde Rn. 19.

[37] Müller NJW 1998, 17; Müller NJW 2012, 2564; MüKoHGB/Ströbl Rn. 12; KRM/Roth Rn. 4; Martinek/Semler/Flohr VertriebsR-HdB/Semler § 22 Rn. 107; Hagemeister RIW 2006, 498 (499 f.).

[38] Martinek/Semler/Flohr VertriebsR-HdB/Semler § 22 Rn. 107.

[39] Hagemeister RIW 2006, 498 (499); so auch Emde Rn. 19.

[40] Hagemeister RIW 2006, 498 (499); Müller NJW 1998, 17 (18 f.).

[41] Dazu ausf. Müller NJW 1998, 17 (18); so auch Hagemeister RIW 2006, 498 (499).

[42] Grüneberg/Grüneberg BGB Überbl. v. § 311 Rn. 25.

werden kann (§ 276 Abs. 3 BGB) – vereinbart sein soll.[43] Die Unwirksamkeit des Ausschlusses des Ausgleichsanspruchs im Hinblick auf die Kunden in Frankreich hat idR keine Nichtigkeit des ganzen Rechtsgeschäfts nach § 139 BGB zur Folge, weil davon auszugehen ist, dass die Parteien den Handelsvertretervertrag der zwingenden gesetzlichen Regelung des Abs. 1 (Ausgleichsanspruch für die in Frankreich geworbenen Kunden) angepasst hätten.

Aus praktischer Sicht empfiehlt es sich für diese gerichtlich noch nicht entschiedene **21** Frage, für die unterschiedlichen Tätigkeitsorte jeweils **eigenständige Verträge** zu vereinbaren.[44] Darin liegt auch keine Umgehung von Abs. 1,[45] sondern es wird im Gegenteil dem Sinn und Zweck der Vorschrift am besten entsprochen: Soweit der Handelsvertreter innerhalb des EWR tätig wird, bleibt er durch die Anwendbarkeit der zwingenden Vorschriften geschützt und soweit er außerhalb des EWR tätig wird, überwiegt zur flexiblen Anpassung an die örtlichen Verhältnisse die Privatautonomie. Im Übrigen können sich zwei eigenständige Verträge uU schon dadurch rechtfertigen, dass gewisse Wettbewerbsbeschränkungen (Art. 101 AEUV) bei unechten Handelsvertretern (→ AEUV Art. 101 Rn. 149 ff.) zulässigerweise nur außerhalb des EWR vereinbart werden können.[46]

ff) Territoriale Veränderungen. Die Tätigkeit außerhalb des EWR muss zu dem **22** Zeitpunkt vorhanden sein, in dem die Parteien den Handelsvertretervertrag schließen oder abändern.[47] Zu für Abs. 1 relevanten territorialen Veränderungen kann es entweder durch ausdrückliche oder stillschweigende **Änderungsvereinbarungen** im Hinblick auf den Tätigkeitsort[48] oder durch **Änderungen des EWR selbst** kommen. Es geht dabei um die Fälle, in denen ein innerhalb des EWR liegender Tätigkeitsort hinzukommt (→ Rn. 23), ein außerhalb des EWR liegender Tätigkeitsort in den EWR verlagert wird (→ Rn. 24 f.) oder ein innerhalb des EWR liegender Tätigkeitsort wegfällt (→ Rn. 26).

(1) Hinzukommen eines neuen Tätigkeitsorts innerhalb des EWR. Ein neuer **23** Tätigkeitsort innerhalb des EWR kommt hinzu, wenn zB der bislang in der Schweiz tätige Handelsvertreter nun auch in Österreich tätig werden soll. In diesem Fall darf dann zumindest im Hinblick auf den Tätigkeitsort Österreich nicht mehr von den zwingenden Vorschriften des deutschen Handelsvertreterrechts abgewichen werden. Es ist umstritten, wie sich das Hinzukommen des Tätigkeitsorts innerhalb des EWR auf den Handelsvertretervertrag auswirkt. Nach der hM sind die Abweichungen von den zwingenden Vorschriften ab dem Zeitpunkt des Hinzukommens des Tätigkeitsorts innerhalb des EWR automatisch unwirksam.[49] Nach der hier vertretenen **differenzierten Auffassung** im Hinblick auf die Grundsätze zur Tätigkeit innerhalb und außerhalb des EWR (→ Rn. 20) können die Parteien für die unterschiedlichen Tätigkeitsorte unterschiedliche Vereinbarungen treffen. Soweit sie das mit dem Hinzukommen des neuen Tätigkeitsorts versäumen, ist die pauschale Abweichung von den zwingenden Vorschriften in Standardverträgen unwirksam (mit ex nunc-Wirkung ab dem Zeitpunkt des Hinzukommens, vgl. zu den Folgen für

---

[43] NJW 1957, 1760 (dort lautete die Klausel: „Schadensersatzansprüche wegen Nichterfüllung oder verspäteter Erfüllung sind ausgeschlossen"); Staudinger/Caspers BGB § 276 Rn. 129.

[44] So auch Emde Rn. 19; MüKoHGB/Ströbl Rn. 12; Küstner/Thume VertriebsR-HdB I Kap. XI Rn. 125. Der weitere Vorschlag von MüKoHGB/Ströbl Rn. 12, gemäß Art. 3 Abs. 1 S. 3 Rom I-VO eine gespaltene Rechtswahl vorzunehmen, ist wenig praktikabel und dürfte von den Parteien in den allermeisten Fällen nicht gewollt sein.

[45] So aber Ebenroth/Boujong/Joost/Strohn/Löwisch Rn. 16.

[46] Zutr. Emde Rn. 19.

[47] Oetker/Busche Rn. 6; Emde Rn. 20; Gk-HGB/Genzow Rn. 7; MüKoHGB/Ströbl Rn. 13; aA Küstner/Thume VertriebsR-HdB I Kap. XI Rn. 126: Zeitpunkt der tatsächlichen vertragsgemäßen Tätigkeit.

[48] Emde Rn. 21.

[49] Oetker/Busche Rn. 6; Emde Rn. 22; Ebenroth/Boujong/Joost/Strohn/Löwisch Rn. 22; Küstner/Thume VertriebsR-HdB I Kap. XI Rn. 126.

die Berechnung des Ausgleichsanspruchs → Rn. 25), in Individualverträgen nur im Hinblick auf den neuen Tätigkeitsort innerhalb des EWR.[50]

(2) Verlagerung eines außerhalb des EWR liegenden Tätigkeitsorts in den EWR.

24 Eine Verlagerung eines außerhalb des EWR liegenden Tätigkeitsorts in den EWR liegt vor, wenn zB der bislang in der Schweiz tätige Handelsvertreter nun nicht mehr in der Schweiz, sondern nur noch in Österreich tätig werden soll oder wenn bspw. der vor dem 1.1.2007 in Rumänien tätige Handelsvertreter über den 1.1.2007 hinaus, als Rumänien der EU beigetreten ist, weiter in Rumänien tätig war. § 92c ist territorial dynamisch, weil Änderungen des Gebiets der Europäischen Union oder des EWR seinen Anwendungsbereich unmittelbar betreffen (→ Rn. 7).

25 In diesem Fall sind die Bestimmungen des Handelsvertretervertrags, die von den zwingenden Vorschriften der §§ 84 ff. abweichen, **mit dem jeweiligen Stichtag** der vertraglichen Änderung des Tätigkeitsorts oder der EU-Erweiterung **mit ex nunc-Wirkung unwirksam.**[51] Das für die Praxis relevante Folgeproblem ist, ob vor dem Stichtag von dem Handelsvertreter geworbene Kunden in die Berechnung des Ausgleichsanspruchs einfließen dürfen. Nach einer früher vertretenen Auffassung seien alle von dem Handelsvertreter während der gesamten Laufzeit des Handelsvertretervertrags geworbenen Kunden bei der Berechnung des Ausgleichsanspruchs zu berücksichtigen.[52] Löwisch ist der Ansicht, dass zwar ein Ausgleichsanspruch hinsichtlich aller von dem Handelsvertreter geworbenen Kunden besteht, jedoch berechnet auf der Grundlage der mit diesen Kunden ab dem Stichtag vermittelten Umsätze.[53] Die hM berücksichtigt zu Recht nur die **ab dem Stichtag vom Handelsvertreter geworbenen Kunden.**[54] Da die zwingende Vorschrift des § 89b Abs. 1 Nr. 1 im Verhältnis zwischen den Parteien erst ab dem Zeitpunkt anwendbar ist, in dem der Tätigkeitsort innerhalb des EWR liegt, kann das Tatbestandsmerkmal der „neuen Kunden" auch nur so verstanden werden, dass diese nur dann für den Ausgleichsanspruch maßgeblich sind, wenn sie nach dem Stichtag geworben wurden, da sie nur dann neue Kunden iSd § 89b sind.[55] Die von dem Handelsvertreter vor dem Stichtag geworbenen Kunden werden ab dem Stichtag wie Altkunden behandelt, dh, sie sind ausgleichsrechtlich nur relevant, wenn der Handelsvertreter die Geschäftsbeziehung mit ihnen wesentlich erweitert hat (§ 89b Abs. 1 S. 2).[56] Ausgleichspflichtig wäre dann insoweit allerdings nur der über den vorgefundenen Umsatz hinausgehende Mehrumsatz (→ § 89b Rn. 80).[57] Die Umsätze, die die Altkunden schon vorher mit dem Unternehmer gemacht haben, bleiben also für die Berechnung des Ausgleichsanspruchs auch in dieser Konstellation unberücksichtigt.

26 **(3) Wegfall eines Tätigkeitsorts innerhalb des EWR.** Ein Tätigkeitsort innerhalb des EWR fällt weg, wenn zB der in Österreich tätige Handelsvertreter nun ausschließlich in der Schweiz tätig werden soll oder bspw. wenn der Handelsvertreter in einem Vertragsstaat der EU oder des EWR tätig wird und dieser Vertragsstaat die EU oder den EWR verlässt (wie durch den Brexit[58] zum 30.1.2020, → Rn. 7). In diesem Fall könnte ab dem Wechsel

---

[50] IErg ähnlich Emde Rn. 21 und auch MüKoHGB/Ströbl Rn. 13 nach dem im Zweifel eine auf das fragliche Gebiet des EWR bezogene partielle und stillschweigende Anpassung des Vertrages an das deutsche zwingende Recht als gewollt anzunehmen sei.

[51] KG HVR Nr. 1114; Emde Rn. 23; MüKoHGB/Ströbl Rn. 15; Röhricht/v. Westphalen/Thume Rn. 12; Thume BB 2004, 2473 (2477); Küstner/Thume VertriebsR-HdB I Kap. XI Rn. 127.

[52] Ankele DB 1989, 2211 (2213); Wittmann BB 1994, 2295.

[53] Ebenroth/Boujong/Joost/Strohn/Löwitsch Rn. 24.

[54] KG HVR Nr. 1114; Emde Rn. 22; Kindler RIW 1990, 358 (364); MüKoHGB/Ströbl Rn. 15; Röhricht/v. Westphalen//Thume Rn. 10; Thume BB 2004, 2473 (2477); Thume in Küstner/Thume I Kap. XI Rn. 127.

[55] KG HVR Nr. 1114.

[56] Emde Rn. 22.

[57] AA Emde Rn. 23.

[58] Zu den Auswirkungen des Brexit auf Vertriebsverträge Emde ZVertriebsR 2018, 77; Reich/Davis/Hauch ZVertriebsR 2017, 35.

des Tätigkeitsorts oder dem Verlassen des Vertragsstaats **von den zwingenden Regelungen der §§ 84 ff. abgewichen werden.** Die Abweichung geschieht aber nicht automatisch, vielmehr müssen die Parteien eine ausdrückliche Regelung treffen.[59] Haben die Parteien den Ausgleichsanspruch ursprünglich ausgeschlossen, wird der zuvor unwirksame Ausschluss mit ex nunc-Wirkung (ab Wegfall des Tätigkeitsorts innerhalb des EWR) wirksam.[60] Die Ausgangssituation ist vergleichbar mit § 134 BGB, wenn ein gesetzliches Verbot nachträglich wegfällt. In diesem Fall ist das Rechtsgeschäft wirksam, wenn und sobald es durch Neuvornahme gemäß § 141 BGB bestätigt wird.[61] Da eine Bestätigung auch durch schlüssiges Verhalten möglich ist, steht es der Neuvornahme gleich, wenn die Parteien den Handelsvertretervertrag schlicht fortsetzen. Bis zum Wegfall des Tätigkeitsorts innerhalb des EWR war der Ausschluss der zwingenden Vorschriften der §§ 84 ff. zwar noch unwirksam. Allerdings steht dem Handelsvertreter für bis zu diesem Zeitpunkt geworbene Kunden kein Ausgleichsanspruch zu, da es am Merkmal der Vertragsbeendigung fehlt.[62] Dies entspricht auch dem Willen der Parteien, da sie ja von Anfang an einen Ausschluss vereinbart haben, dessen Wirksamkeitshindernis mittlerweile weggefallen ist.

2. Rechtsfolgen. a) Etwas anderes vereinbaren hinsichtlich der Vorschriften 27 **dieses Abschnitts. aa) Zwingende Vorschriften der §§ 84 ff.** Wenn der Handelsvertreter nach dem Vertrag außerhalb des EWR tätig wird, kann von allen Vorschriften dieses Abschnitts abgewichen werden. Obwohl § 92c von allen Vorschriften dieses Abschnitts spricht, sind nur die **zwingenden Vorschriften** gemeint, also diejenigen, von denen ausdrücklich nicht durch Vereinbarung abgewichen werden kann. Für die nicht zwingenden Vorschriften ist § 92c Abs. 1 hinfällig, weil von ihnen innerhalb der Grenzen der §§ 138, 242 BGB und der §§ 305 ff. BGB ohnehin abgewichen werden kann.

§ 92c Abs. 1 sieht nur einen Ausschluss der zwingenden Vorschriften **dieses Abschnitts** 28 vor. Mit diesem Abschnitt sind die §§ 84–92c gemeint. Bei den zwingenden Vorschriften handelt es sich um die §§ 85, 86 Abs. 1 und 2, 86a, 86b Abs. 1, 87a, 87c, 88a Abs. 1, 89 Abs. 1 und 2, 89b Abs. 1–3, 90a Abs. 1–3, 92a Abs. 1 S. 2 und 92b Abs. 2.[63] Von zwingenden Vorschriften außerhalb dieses Abschnitts und außerhalb des HGB kann weiterhin nicht abgewichen werden.[64] Relevant sind insofern insbesondere die §§ 138, 242 BGB sowie das AGB-Recht (§§ 305 ff. BGB),[65] die anwendbaren zwingenden Bestimmungen des Dienstvertragsrechts (§§ 624, 626 BGB)[66] als auch das EU-Kartellrecht (sofern anwendbar).[67]

bb) Ausdrückliche Vereinbarung. Der Ausschluss der zwingenden Vorschriften der 29 §§ 84 ff. muss **ausdrücklich** erfolgen.[68] Dies kann sowohl dadurch geschehen, dass die Parteien eine zwingende Vorschrift **abbedingen** (zB „Dem Handelsvertreter stehen im Zusammenhang mit der Beendigung des Vertrages keine Ausgleichsansprüche im Hinblick auf die von ihm geworbenen Kunden zu."[69]) oder aber, dass die Parteien anstatt der

---

[59] Ebenroth/Boujong/Joost/Strohn/Löwisch Rn. 25.
[60] Gräfe ZVertriebsR 2016, 205 (206); Reich/Davis/Hauch ZVertriebsR 2017, 35 (38); MüKoHGB/Ströbl Rn. 15.
[61] BGH NJW 1954, 549 (550); Grüneberg/Ellenberger BGB § 134 Rn. 12a.
[62] MüKoHGB/Ströbl Rn. 15; aA noch in der Vorauflage dieser Kommentierung.
[63] MüKoHGB/Ströbl Rn. 16.
[64] Ebenroth/Boujong/Joost/Strohn/Löwisch Rn. 26; MüKoHGB/Ströbl Rn. 4.
[65] Emde Rn. 30.
[66] Emde Rn. 30; Ebenroth/Boujong/Joost/Strohn/Löwisch Rn. 27.
[67] OLG München IPRax 1997, 44 mit Anm. Fuchs IPrax 1997, 31; Emde Rn. 30.
[68] Emde Rn. 29.
[69] Nach Niebling WRP 2010, 1454 (1458 f.) wäre eine Klausel, nach der mit Vertragsende alle Ansprüche ausgeschlossen sind, in einem Standardvertrag unwirksam, weil dadurch auch alle Schadensersatzansprüche, auch für Vorsatz (§ 276 BGB) und grobe Fahrlässigkeit ausgeschlossen wären. Die Auslegung, bei der die Klausel nicht isoliert betrachtet werden darf, wird aber meist ergeben, dass sich der Ausschluss nur auf den Ausgleichsanspruch bezieht, vgl. dazu auch Emde Rn. 29.

zwingenden Vorschrift eine **abweichende Regelung** treffen (zB bei einem Handelsvertretervertrag über unbestimmte Zeit entgegen § 89 Abs. 1 S. 2: „Die Kündigungsfrist beträgt nach einer Laufzeit von fünf Jahren drei Monate zum Ende eines Kalendermonats.").[70] Wenn sie dies nicht tun, finden die zwingenden Vorschriften des deutschen Handelsvertreterrechts automatisch Anwendung, auch wenn die sonstigen Tatbestandsvoraussetzungen von Abs. 1 oder Abs. 2 erfüllt wären.[71] In einem Standardvertrag verstößt die Formulierung „Die zwingenden Vorschriften für Handelsvertreter in Deutschland und der EU finden keine Anwendung." gegen das AGB-rechtliche Transparenzgebot; individualvertraglich bestehen gegen einen derartigen Ausschluss keine Bedenken.

30   **b) Ausschluss eines vertraglichen Wettbewerbsverbots (§ 90a).** Nach der zwingenden Vorschrift des § 90a Abs. 1 S. 3 ist der Unternehmer verpflichtet, dem Handelsvertreter im Falle eines nachvertraglichen Wettbewerbsverbots eine angemessene Entschädigung zu zahlen. Soweit Abs. 1 zulässt, dass das nachvertragliche Wettbewerbsverbot entschädigungslos vereinbart wird, wird vertreten, dass Abs. 1 wegen Verstoßes gegen die Berufsfreiheit (Art. 12 Abs. 1 GG) verfassungswidrig sei.[72] Zur Begründung wird auf eine Parallele mit dem mittlerweile aufgehobenen § 75b S. 1 verwiesen. Nach dieser Vorschrift sollte mit einem deutschen Arbeitnehmer, der außerhalb Europas tätig wurde, ein Wettbewerbsverbot ohne Entschädigung vereinbart werden können. Das BAG hielt diese Vorschrift für verfassungswidrig.[73]

31   Mit der ganz hM kann das Urteil des BAG nicht auf den Handelsvertreter übertragen werden.[74] Das BAG hat selbst deutlich gemacht, dass der Arbeitnehmer mit dem Handelsvertreter nicht vergleichbar ist, weil der Handelsvertreter selbstständiger Unternehmer ist, der gegenüber dem Unternehmer im Vergleich zum Arbeitnehmer weitaus weniger schutzbedürftig ist.[75] Der Handelsvertreter hat gegenüber dem Unternehmer eine andere Verhandlungsposition als der Arbeitnehmer und muss sich auf ein entschädigungsloses Wettbewerbsverbot nicht einlassen.[76]

32   **c) Teleologische Reduktion wenn Ausgleichsanspruch nach ausländischem Recht zwingend?** Wenn der Handelsvertreter seine Tätigkeit außerhalb des EWR ausübt, kann gem. Abs. 1 der Ausgleichsanspruch nach § 89b abbedungen werden. Nach dem Wortlaut von Abs. 1 gilt dies unabhängig davon, ob das Recht des Nicht-EWR-Staats, in dem der Handelsvertreter tätig ist, einen solchen zwingenden Ausgleichsanspruch kennt oder nicht.[77] Nach einem Teil der Literatur ist Abs. 1 jedoch teleologisch zu reduzieren, wenn das Tätigkeitsland außerhalb des EWR einen zwingenden Ausgleichsanspruch kennt,[78] wie bspw. die Schweiz (Art. 418u OR). Diese Ansicht argumentiert, dass der Zweck des Abs. 1 darin bestehe, den Parteien einen Gestaltungsspielraum zur Anpassung des Handelsvertretervertrags an die besonderen Verhältnisse des ausländischen Tätigkeitsorts zu ermöglichen. Wenn jedoch das ausländische Recht, das ohne die Vereinbarung deutschen Rechts anwendbar wäre, selbst einen vergleichbaren Schutz vorsieht, bestünde nach dem Zweck des Abs. 1 kein Anpassungsbedarf.[79]

---

[70] Emde Rn. 1; MüKoHGB/Ströbl Rn. 3.
[71] MüKoHGB/Ströbl Rn. 3; Ebenroth/Boujong/Joost/Strohn/Löwisch Rn. 28.
[72] Wengler ZHR 146 (1982), 30 (42 ff.).
[73] NJW 1981, 1174; vgl. dazu Heymann/Henssler/Michel § 75b Rn. 1.
[74] Emde Rn. 5; MüKoHGB/Ströbl Rn. 20; Heymann/Froitzheim Rn. 3.
[75] NJW 1981, 1174 (1175).
[76] Ähnlich MüKoHGB/Ströbl Rn. 20.
[77] Wauschkuhn/Meese RIW 2002, 301 (303).
[78] Küstner/Thume VertriebsR-HdB I Kap. XI Rn. 121; Röhricht/v. Westphalen/ders. Rn. 8; Thume BB 2004, 2473 (2476); KRM/Roth Rn. 4; Kindler RIW 1990, 358 (363); Bozbel RIW 2011, 125 (131); Basedow RIW 1977, 751 (757).
[79] Küstner/Thume VertriebsR-HdB I Kap. XI Rn. 121; Röhricht/v. Westphalen/Thume Rn. 8; Thume BB 2004, 2473 (2476).

Richtigerweise ist mit dem wohl wichtigsten Urteil zu Abs. 1 des OLG München vom **33** 11.1.2002[80] und der hM in der Literatur[81] eine teleologische Reduktion von Abs. 1 abzulehnen. Das OLG München hat darauf hingewiesen, dass es dem Gesetzgeber bekannt war, dass es auch außereuropäische Rechtsordnungen gibt, die ähnliche zwingende Vorschriften zum Schutz des Handelsvertreters kennen wie das deutsche Recht. Wenn der Gesetzgeber für diese Fälle den Anwendungsbereich von Abs. 1 hätte einschränken wollen, dann hätte er einen solchen Eingriff in die Vertragsfreiheit (Art. 2 Abs. 1 GG) im Gesetz zum Ausdruck bringen müssen.[82] Hinzu kommt, dass Abs. 1 dem Unternehmer auch ermöglichen soll, den **Handelsvertretervertrag an die Bedürfnisse seines internationalen Vertriebs anzupassen.** Insbesondere bei global agierenden Unternehmern mit weltweiten Vertriebsnetzen können die Handelsvertreterverträge nicht an die jeweiligen Verhältnisse und Beschränkungen eines jeden einzelnen Lands angepasst werden.[83] Ansonsten müsste trotz der Vereinbarung deutschen Rechts regelmäßig geprüft werden, ob und in welchem Umfang das ausländische Recht einschränkende Vereinbarungen zulässt. Der Umfang der Zulässigkeit nach ausländischem Recht würde dann für den deutschem Recht unterliegenden Handelsvertretervertrag maßgebend sein. Damit würde gegen den gesetzgeberischen Willen über die Hintertür ausländischem Recht der Vorrang gegenüber deutschem Recht eingeräumt werden.[84] Dies würde § 92c Abs. 1 faktisch zu einer Kollisionsnorm (→ Rn. 9) umfunktionieren.

d) Ausschluss des Ausgleichsanspruchs in Standardverträgen. Eine für die Praxis **34** wichtige Frage ist, ob von den zwingenden Vorschriften der §§ 84 ff. auch in Standardverträgen abgewichen werden kann. Hier ist als Vorfrage zunächst zu prüfen, ob deutsches Recht in Standardverträgen zulässigerweise vereinbart werden kann. Denn die **Wahl deutschen Rechts eröffnet überhaupt erst den Anwendungsbereich von Abs. 1** und somit die Möglichkeit, den Ausgleichsanspruch auszuschließen. Ohne Rechtswahl wäre bei einer Tätigkeit des Handelsvertreters außerhalb des EWR idR die ausländische Rechtsordnung maßgebend (→ Rn. 10). Nach ganz herrschender und zutreffender Meinung ist eine **Rechtswahl auch in Standardverträgen möglich** (→ Rom I-VO Art. 3 Rn. 18 ff.).

Der Ausschluss der zwingenden Vorschriften des deutschen Handelsvertreterrechts in **35** Standardverträgen ist nach ganz hM möglich, wenn das **Land außerhalb des EWR, in dem der Handelsvertreter tätig ist, keine vergleichbaren zwingenden Vorschriften,** wie einen zwingenden Ausgleichsanspruch, **kennt.**[85]

Wenn **das Land außerhalb des EWR, in dem der Handelsvertreter tätig ist, einen** **36** **zwingenden Ausgleichsanspruch kennt,** soll nach einer Mindermeinung ein Ausschluss des Ausgleichsanspruchs durch AGB gegen § 307 BGB verstoßen.[86] Dieser Ansicht ist das

---

[80] NJW-RR 2003, 471; so auch OLG München NJW-RR 2003, 201 (Importeur) = EWiR HGB § 92c 1/03, 527 mAnm Evers; KG HVR Nr. 1114.

[81] Ankele DB 1989, 2211 (2213); Bälz NJW 2003, 1559; Oetker/Busche Rn. 7; Eberl RIW 2002, 305 (307); Emde EWiR 2002, 485; Gk-HGB/Genzow Rn. 9; Hagemeister RIW 2006, 498 (500); Hepting/ Detzer RIW 1998, 337 (339 f.); MüKoHGB/Ströbl Rn. 17; Ebenroth/Boujong/Joost/Strohn/Löwisch Rn. 26; MüKoBGB/Martiny Rom I-VO Art. 4 Rn. 151; Wauschkuhn/Meese RIW 2002, 301; Fröhlich RIW 2021, 652 (654 f.); Baumbach/Hopt/Hopt Rn. 6: anders jedoch, wegen eines starken Geschäftsbezugs, wenn objektiv das Recht eines Mitgliedsstaats anwendbar wäre, weil der Handelsvertreter seine Niederlassung innerhalb des EWR hat.

[82] OLG München NJW-RR 2003, 471 (472); zust. Emde Rn. 32; Hagemeister RIW 2006, 498 (500).

[83] Hagemeister RIW 2006, 498 (500); Wauschkuhn/Meese RIW 2002, 301 (304).

[84] OLG München NJW-RR 2003, 471 (472); Hepting/Detzer RIW 1989, 337 (339).

[85] Oetker/Busche Rn. 7; Emde Rn. 33 ff. (differenzierend); Gk-HGB/Genzow Rn. 8; Baumbach/ Hopt/Hopt Rn. 6; Hepting/Detzer RIW 1989, 337 (344); Ebenroth/Boujong/Joost/Strohn/Löwisch Rn. 28; Martinek/Semler/Flohr VertriebsR-HdB/Semler § 22 Rn. 108; Wauschkuhn/Meese RIW 2002, 301 (304).

[86] Bozbel RIW 2011, 125 (131); Hepting/Detzer RIW 1989, 337 (344); Niebling WRP 2010, 1454 (1458); Niebeling WRP 2011, 1518 (1523); Niebeling ZVertriebsR 2014, 63.

OLG München in seinem Urteil vom 11.1.2002[87] mit der hM in der Literatur[88] zu Recht entgegengetreten. Ein Verstoß gegen § 307 Abs. 2 Nr. 1 BGB würde voraussetzen, dass der Ausschluss mit wesentlichen Grundgedanken der gesetzlichen Regelung, von der abgewichen wird, nicht vereinbar ist. Dabei darf aber nicht isoliert auf § 89b abgestellt werden, sondern es muss auch § 92c Abs. 1 mit berücksichtigt werden.[89] Das **gesetzliche Leitbild** ist mithin nicht nur der Ausgleichsanspruch, sondern auch die Möglichkeit, den Ausgleichsanspruch bei einer Tätigkeit des Handelsvertreters außerhalb des EWR auszuschließen.[90] Die Ausschlussmöglichkeit dient dem Autonomiebedürfnis im internationalen Handelsverkehr und ist wirtschaftspolitisch motiviert (→ Rn. 4). Handelsvertreterverträge sind oft Standardverträge und der Zweck des Abs. 1 würde konterkariert, wenn über das AGB-Recht die vom Gesetzgeber gewollte **Dispositionsmöglichkeit** wieder eingeschränkt würde.[91] Auch wenn es im abbedungenen ausländischen Recht einen zwingenden Ausgleichsanspruch gibt, führt das nicht zu einer sonstigen unangemessenen Benachteiligung iSv § 307 Abs. 1 S. 1 BGB.[92] Abs. 1 unterscheidet nicht nach der ausländischen Rechtsordnung (→ Rn. 32 f.) und es ist zu berücksichtigen, dass die Anforderungen an den Unternehmer überstrapaziert würden, wenn man von ihm verlangen würde, seine außerhalb des EWR geltenden Standardverträge an jede einzelne Rechtsordnung anzupassen oder diese gar individuell auszuhandeln. Im Übrigen wäre es verfehlt, dem ausländischen Recht über das deutsche AGB-Recht Geltung zu verleihen.

37   **e) Umgehung durch Anrufung eines Gerichts am Tätigkeitsort.** Abs. 1 ist **nur ein Freifahrtschein** für die Abweichung von deutschem zwingendem Handelsvertreterrecht **vor einem deutschen Gericht.** Wenn ein Rechtsstreit vor ein Gericht des Tätigkeitsorts des Handelsvertreters außerhalb des EWR gebracht wird und dieses Gericht seine Zuständigkeit bejahen sollte, kann dem Handelsvertreter ein Ausgleichsanspruch zugesprochen werden, wenn (i) der Ausgleichsanspruch in dem Nicht-EWR-Staat international zwingendes Recht ist oder (ii) der Nicht-EWR-Staat die Wahl deutschen Rechts für unzulässig hält und nach seiner Rechtsordnung entscheidet, die einen Ausgleichsanspruch vorschreibt.[93] Dagegen kann Abs. 1 nicht schützen. In der Türkei bspw. ist der Ausgleichsanspruch international zwingendes Recht.[94] Zur Verringerung des Risikos solcher Szenarien sollte ein ausschließlicher Gerichtsstand in Deutschland vereinbart[95] oder im Hinblick auf die Vertragsstaaten des UN-Schiedsabkommens[96] eine Schiedsvereinbarung abgeschlossen werden. Gemäß Art. II (3) des UN-Schiedsabkommens haben sich die Vertragsstaaten verpflichtet, Schiedsvereinbarungen als Ausschluss des gerichtlichen Rechtswegs zu akzeptieren. Ein Urteil eines Nicht-EWR-Gerichts, das eine solche Gerichtsstands- oder Schieds-

[87] NJW-RR 2003, 471 (472); so auch OLG München NJW-RR 2003, 201 (202) (Importeur) = EWiR HGB § 92c 1/03, 527 mAnm Evers; KG HVR Nr. 1114; OLG Stuttgart BeckRS 2016, 04908 Rn. 29.

[88] Oetker/Busche Rn. 7; Emde Rn. 33 ff. (differenzierend); Gk-HGB/Genzow Rn. 9; Hagemeister RIW 2006, 498 (500 f.); Baumbach/Hopt/Hopt Rn. 6; Ebenroth/Boujong/Joost/Strohn/Löwisch Rn. 28; Martinek/Semler/Flohr VertriebsR-HdB/Semler § 22 Rn. 108; Wauschkuhn/Meese RIW 2002, 301 (304); Fröhlich RIW 2021, 652 (655); MüKoHGB/Ströbl Rn. 17 (zweifelnd).

[89] OLG München NJW-RR 2003, 471 (472).

[90] So auch Emde Rn. 34; aA Niebling ZVertriebsR 2014, 63.

[91] Eberl RIW 2002, 305 (307); Wauschkuhn/Meese RIW 2002, 301 (304); Hagemeister RIW 2006, 498 (500 f.); Martinek/Semler/Flohr VertriebsR-HdB/Semler § 22 Rn. 108; Martinek/Semler/Flohr VertriebsR-HdB/van der Moolen § 27 Rn. 65(Vertragshändler); Semler/Gräfe in AnwK AGB-Recht Rn. 1019 f.

[92] OLG München NJW-RR 2003, 471 (472).

[93] Mankowski MDR 2002, 1352 (1356).

[94] Bozbel RIW 2011, 125 (129).

[95] In der Türkei bspw. gibt es nach Bozbel RIW 2011, 125 (130) allerdings zwei „rechtliche Tricks", mit denen die Handelsvertreter trotz der im Handelsvertretervertrag getroffenen Wahl eines ausschließlichen Gerichtsstands in Deutschland den Rechtsstreit vor ein türkisches Gericht bringen können. Auch einige andere ausländische – insbesondere islamische – Staaten akzeptieren keine ausschließlichen Gerichtsstandsklauseln in Deutschland, wenn der Handelsvertreter in ihrem Land tätig ist.

[96] New Yorker Übereinkommen über die Anerkennung und Vollstreckung ausländischer Schiedssprüche vom 10.6.1958. Deutschland ist seit 30.6.1961 Vertragsstaat des UN-Schiedsübereinkommens.

vereinbarung ignoriert, dürfte in Deutschland wegen § 328 Abs. 1 Nr. 1 ZPO zwar nicht anerkannt werden[97] – wenn der Unternehmer allerdings Vermögenswerte in dem Nicht-EWR-Staat hat, ist er dort uU einer Vollstreckung unterworfen.[98]

3. Ausschluss des Ausgleichsanspruchs durch Rechtswahl ("Ingmar-Urteil"). Eine andere Möglichkeit, von § 89b abzuweichen, besteht auch darin, ein **ausländisches** **38** **Recht** zu wählen, das den Ausgleichsanspruch nicht kennt oder wo der Ausgleichsanspruch dispositiv ist.[99] Dem sind jedoch durch das Urteil des EuGH in Sachen **Ingmar GB Ltd./** **Eaton Leonard Technologies Inc.** vom 9.11.2000 ("Ingmar-Urteil")[100] Grenzen gesetzt.

In dem Ingmar-Urteil ging es um folgenden Fall: Der in Großbritannien ansässige **39** Handelsvertreter (Ingmar) wurde von dem in Kalifornien ansässigen Unternehmer (Eaton) mit dem Verkauf von Waren in Großbritannien betraut. Der Handelsvertretervertrag sah die Geltung kalifornischen Rechts vor. Das kalifornische Recht kennt keinen Ausgleichsanspruch nach Beendigung des Handelsvertretervertrags. Der englische High Court wies die Klage von Ingmar auf Zahlung einer Entschädigung für die Beendigung des Vertragsverhältnisses ab, weil der Handelsvertretervertrag kalifornischem Recht unterlag. Der Court of Appeal legte den Fall dem EuGH vor. Der EuGH entschied, dass ein Unternehmer mit Sitz in einem Drittland, dessen Handelsvertreter seine Tätigkeit innerhalb der Gemeinschaft ausübt, die Art. 17–19 der Handelsvertreter-RL (Ausgleichs- oder Schadensersatzanspruch für die Beendigung des Vertrags) nicht durch eine Rechtswahlklausel umgehen könne.[101] Der Zweck der Art. 17–19 der Handelsvertreter-RL erfordere, dass diese Bestimmungen „unabhängig davon, welchem Recht der Vertrag nach dem Willen der Parteien unterliegen soll, anwendbar sind, wenn der Sachverhalt **einen starken Gemeinschaftsbezug auf-weist,** etwa weil der Handelsvertreter seine Tätigkeit im Gebiet des Mitgliedsstaats ausübt."[102]

Nach dem Ingmar-Urteil des EuGH liegt der starke Gemeinschaftsbezug vor, wenn der **40** Handelsvertreter seine Tätigkeit im Gebiet eines Mitgliedsstaats ausübt. In dem entschiedenen Fall hatte der Handelsvertreter, worauf der EuGH bei seiner Begründung nicht näher einging, auch seinen Sitz innerhalb der Gemeinschaft. In seinem **„Agro-Urteil"** hat der EuGH den umgekehrten Fall entschieden und bestätigt, dass der Ausgleichsanspruch abdingbar ist, wenn der Handelsvertreter außerhalb der Gemeinschaft niedergelassen und tätig ist.[103] Dies gilt nach dem EuGH unabhängig davon, ob der Unternehmer innerhalb der Gemeinschaft niedergelassen ist oder der Handelsvertretervertrag dem Recht eines EWR-Mitgliedstaats unterliegt.[104] Nicht entschieden sind die Fälle, in denen (i) der Handelsvertreter seinen Sitz außerhalb der Gemeinschaft hat, seine Tätigkeit aber innerhalb der Gemeinschaft ausübt[105] und (ii) der Handelsvertreter seinen Sitz innerhalb der Gemeinschaft hat, seine Tätigkeit aber außerhalb der Gemeinschaft ausübt.[106] Da die Handelsvertreter-RL einen unverfälschten Wettbewerb der Handelsvertreter im EU-Binnenmarkt bezweckt,[107] kann es für den starken Gemeinschaftsbezug nicht auf den Sitz des Handels-

---

[97] Mankowski MDR 2002, 1352 (1356).

[98] Mankowski MDR 2002, 1352 (1355).

[99] BGH NJW 1961, 1061 (1062); OLG Frankfurt a. M. BB 1960, 836; Ebenroth/Boujong/Joost/Strohn/Kindler § 92c Anh. Rn. 15 mwN.

[100] NJW 2001, 2007; zust. Jayme IPRax 2001, 190; Kindler BB 2001, 10 (11); Reich EuZW 2001, 50 (51); Staudinger NJW 2001, 1974; krit. Freitag/Leible RIW 2001, 287; Michaelis/Kamann EWS 2001, 301; MüKoBGB/v. Hein EGBGB Art. 3 Rn. 84.

[101] NJW 2001, 2007 Rn. 25.

[102] NJW 2001, 2007 Rn. 25.

[103] EuGH ZVertriebsR 2017, 182.

[104] Pfeiffer LMK 2017, 388796.

[105] Für starken Gemeinschaftsbezug: Kindler BB 2001, 11 (12 f.); Emde Rn. 65; Emde MDR 2002, 190 (196).

[106] Für starken Gemeinschaftsbezug: Ebenroth/Boujong/Joost/Strohn/Kindler § 92c Anh. Rn. 18.

[107] EuGH NJW 2001, 2007 Rn. 24.

vertreters ankommen, sondern vor allem darauf, ob sein **Tätigkeitsort des Handelsvertreters innerhalb der Gemeinschaft liegt** (→ Rn. 13). Die Gemeinschaft erstreckt sich nicht auf solche Staaten, mit denen die **EU-Assoziierungsabkommen** abgeschlossen hat.[108]

41   Auch wenn sich der EuGH mit der dogmatischen Einordnung nicht näher befasste, ist davon auszugehen, dass der **Ausgleichsanspruch bei starkem Gemeinschaftsbezug** in seiner jeweils nationalen Umsetzung der Handelsvertreter-RL **zu international zwingendem Recht iSv Art. 9 Rom I-VO aufgewertet** wurde. Wenn bereits ein Gemeinschaftssachverhalt vorliegt (Unternehmer und Handelsvertreter haben ihren Sitz in der Gemeinschaft und der Handelsvertreter ist innerhalb der Gemeinschaft tätig), dann stellt der Ausgleichsanspruch in seiner jeweils nationalen Umsetzung bereits zwingendes Gemeinschaftsrecht iSv Art. 3 Abs. 4 Rom I-VO dar. Bei einem rein deutschen Sachverhalt käme man trotz der Wahl ausländischen Rechts bereits über Art. 3 Abs. 3 Rom I-VO iVm § 89b Abs. 4 S. 1 zu dem Ausgleichsanspruch als zwingendem Inlandsrecht.

42   Bei starkem gemeinschaftlichem Bezug, dh, **wenn der Handelsvertreter innerhalb der Gemeinschaft tätig ist, ist der Ausgleichsanspruch des Handelsvertreters rechtswahlfest.** Die Parteien können zwar das Recht eines Drittstaats wählen; wenn diese Rechtsordnung allerdings keinen zwingenden Ausgleichsanspruch kennt, der dem Mindeststandard der Handelsvertreter-RL entspricht,[109] dann hat der Handelsvertreter trotzdem einen Ausgleichsanspruch in der jeweils nationalen Umsetzung der Handelsvertreter-RL. Bei der jeweils nationalen Umsetzung ist auf das Recht des gewöhnlichen Aufenthalts des Handelsvertreters abzustellen, das der objektiven Anknüpfung nach Art. 4 Abs. 1 lit. b Rom I-VO entspricht.[110]

43   Die Handelsvertreter-RL gilt nach ihrem ausdrücklichen Wortlaut in Art. 1 Abs. 2 nur für **Warenvertreter.** Für nicht von der Handelsvertreter-RL erfasste Handelsvertreter, wie zB Versicherungsvertreter (→ Vor § 84 Rn. 66), kann die Ingmar-Rechtsprechung, die sich auf die Handelsvertreter-RL stützt, nicht brauchbar gemacht werden (→ Rom I-VO Art. 9 Rn. 24). Dh, dass der Ausgleichsanspruch eines Handelsvertreters, der Geschäfte vermittelt, die keine Waren zum Gegenstand haben, durch die Wahl eines entsprechenden ausländischen Rechts ausgeschlossen werden kann, auch wenn der Vertretervertrag einen starken Gemeinschaftsbezug hat.[111] Dies gilt wegen Art. 3 Abs. 3 Rom I-VO nur nicht, wenn alle Elemente des Sachverhalts in Deutschland belegen sind, weil der Ausgleichsanspruch des Handelsvertreters nach § 89b zwingendes Inlandsrecht ist, gleich ob es sich beim Gegenstand der Handelsvertretung um Waren oder Sonstiges handelt.

44   **4. Wirksamkeit der Vereinbarung eines ausschließlichen Gerichtsstands in einem Drittstaat.** Die Parteien des Ingmar-Falls hatten in dem Handelsvertretervertrag keine Gerichtsstandsvereinbarung getroffen. Das englische Gericht war aufgrund objektiver Anknüpfung zuständig. Fraglich ist, ob das englische Gericht seine Zuständigkeit auch hätte bejahen können, wenn ein ausschließlicher Gerichtsstand in Kalifornien vereinbart worden wäre. Nach dem Beschluss des BGH vom 5.9.2012 ist eine ausschließliche Gerichtsstandvereinbarung in einem Handelsvertretervertrag in einem Drittstaat nicht anzuerkennen, wenn das von den Parteien gewählte Recht keinen zwingenden Ausgleichsanspruch kennt und das Gericht des Drittstaates das zwingende europäische und nationale Recht eines Mitgliedstaates nicht zur Anwendung bringt und die Klage auf den Ausgleichsanspruch

---

[108] EuGH ZVertriebsR 2017, 182 Rn. 45 f. (Türkei, auch wenn dort die Handelsvertreter-RL in nationales Recht umgesetzt wurde).

[109] Emde Rn. 62; Michaelis/Kamann EWS 2001, 301 (310).

[110] Michaelis/Kamann EWS 2001, 301 (310).

[111] So auch Emde Rn. 64; Semler ZVertriebsR 2016, 139 (140); aA Fabig IHR 2019, 1 (4). Anders im österreichischen Recht, das die Handelsvertreter-RL wie Deutschland überschießend umgesetzt hat und den Ausgleichsanspruch als Eingriffsnorm für alle Handelsvertreter, nicht nur für Warenvertreter, ansieht (OHG ZVertriebsR 2017, 397 mit Anm. Moritz ZVertriebsR 2017, 403).

abweisen wird.[112] Das OLG München ging in einer früheren Entscheidung noch weiter und sah eine **Schiedsvereinbarung** bereits als unwirksam an, sofern nur die naheliegende Gefahr bestünde, dass sie in Verbindung mit der Wahl ausländischen materiellen Rechts zu dem Ausschluss des Ausgleichsanspruchs führe.[113] Die Gerichte argumentierten, dass die international zwingende Vorschrift des § 89b nicht durch die Geltung ausländischen Rechts und der Zuständigkeit eines ausländischen Gerichts bzw. Schiedsgerichts **umgangen** werden dürfe. Die beiden Gerichtsentscheidungen sind allerdings dogmatisch bedenklich.[114] Ein Derogationsverbot bzw. ein Ausschluss der Einrede der Schiedsvereinbarung kann ausnahmsweise nur angenommen werden, wenn der Zweck der vom ausländischen (Schieds-)Gericht möglicherweise nicht beachteten Norm auch darin besteht, dass sie sich gegen im Ausland ergangene Urteile und Schiedssprüche durchsetzen soll.[115] Systematisch erfolgt der Schutz der deutschen Rechtsordnung vor dem Ergebnis ausländischer Urteile und Schiedssprüche allerdings nicht durch international zwingende Vorschriften, sondern durch den großzügigeren **anerkennungsrechtlichen ordre public** (§ 328 Abs. 1 Nr. 4 ZPO bzw. § 1061 ZPO iVm Art. V (2b) UN-Schiedsabkommen).[116] Mit diesem ist nach dem BGH ein ausländisches Urteil nicht schon dann unvereinbar, wenn der deutsche Richter, hätte er über den Prozess zu entscheiden gehabt, aufgrund der zwingenden Regelungen zu einem anderen Ergebnis gekommen wäre. Vielmehr kommt es darauf an, ob die Anerkennung des ausländischen Urteils zu den Grundgedanken der deutschen Regelungen und den in ihnen enthaltenen Gerechtigkeitsvorstellungen in so starkem Widerspruch steht, dass es nach deutscher Vorstellung untragbar erscheint.[117] Dies ist bei einer Versagung des Ausgleichsanspruchs für einen in Deutschland tätigen Handelsvertreter nicht der Fall.[118] Der BGH hat bereits im Jahre 1961 in dem Ausgleichsanspruch keine grundlegende und weitragende Bedeutung gesehen (ausf. → Rom I-VO Art. 9 Rn. 27). In der Praxis wird man jedoch aufgrund der Entscheidung des BGH[119] einen Ausgleichsanspruch durch entsprechende Gerichtsstands- oder Schiedsvereinbarung schwer umgehen können.[120] Eine Folgefrage ist, ob das vor den deutschen Gerichten erstrittene Urteil auf Zahlung des Ausgleichsanspruch gegen einen Unternehmer außerhalb des EWR vollstreckt

---

[112] BGH BeckRS 2012, 20587 mit Anm. Ayad/Schnell BB 2012, 3103; Eckhoff GWR 2012, 486. Der Beschluss erging auf Grund einer Nichtzulassungsbeschwerde gegen OLG Stuttgart IHR 2012, 163. Das OLG Stuttgart hatte zudem die Unwirksamkeit des ausländischen Gerichtsstands auf mit der Klage neben dem Ausgleichsanspruch geltend gemachte Provisionsansprüche – bei denen keine international zwingenden Vorschriften entgegenstehen – ausgedehnt. Der BGH hat hierzu keine ausdrückliche Stellung bezogen. Das OLG Stuttgart fingiert damit aus der Gerichtsstandsvereinbarung einen Parteiwillen, wonach alle aus dem Rechtsverhältnis herrührenden Ansprüche vor einem Gericht verhandelt werden sollen. Dieses Gericht könne, so das OLG Stuttgart, nur das deutsche und nicht das drittstaatliche Gericht sein, weil das drittstaatliche Gericht wegen der Umgehung des Ausgleichsanspruchs bereits ausscheide. Diese Argumentation geht zu weit, weil die Parteien durch die Gerichtsstandsvereinbarung ihren vorrangigen Willen, vor dem Gericht des Drittstaats zu verhandeln, ausdrücklich festgehalten haben, so iE auch Ayad/Schnell BB 2012, 3103 (3104).
[113] BeckRS 2006, 07559 = IHR 2006, 166 mzustAnm Thume; zust. auch Oetker/Busche Rn. 3; Ebenroth/Boujong/Joost/Strohn/Kindler § 92c Anh. Rn. 45; Küstner/Thume VertriebsR-HdB II Kap. XVIII Rn. 6.
[114] So auch BGH NJW 1961, 1061 (1062) (Vor Inkrafttreten der Handelsvertreter-RL); Michaelis/Kamann EWS 2001, 301 (310); gegen OLG München: Schultze/Wauschkuhn/Spenner/Dau/Kübler Vertragshändlervertrag/Wauschkuhn Rn. 1117 f.; Dathe NJW 2010, 3194 (3195); NJOZ 2010, 2196 (2199 f.); Baumbach/Hopt/Hopt Rn. 12; Geimer Internationales Zivilprozessrecht Rn. 1762, 1058, 1770; Rühl IPRax 2007, 294 (297 ff.).
[115] Ausf. Dathe NJOZ 2010, 2196 (2199).
[116] BGH NJW 1998, 2358; 1992, 3096; 1986, 3027; Dathe NJOZ 2010, 2196 (2199).
[117] BGH NJW 1998, 2358; Dathe NJOZ 2010, 2196 (2197).
[118] Semler FS Wegen, 2015, 743 (744).
[119] BGH BeckRS 2012, 20587.
[120] Nach Semler FS Wegen, 2015, 743 (745 ff.) könnte der Prinzipal allerdings einen ausländischen negativen Feststellungsschiedsspruch auf Nichtzahlung des Ausgleichsanspruch erwirken. Voraussetzung für die Beachtung des ausländischen Schiedsspruchs durch deutsche Gerichte ist jedoch, dass der Schiedsspruch ergangen ist, bevor ein gegenteiliges deutsches Urteil rechtskräftig geworden ist.

werden kann. Dies ist für jedes Land gesondert zu betrachten, wobei außerhalb des EWR Schiedssprüche idR leichter zu vollstrecken sind als Urteile von ordentlichen Gerichten.

45   **5. Zusammenfassung: Ausschluss des Ausgleichsanspruchs nur bei Tätigkeit außerhalb des EWR.** Der Ausgleichsanspruch kann im Ergebnis nur und immer dann ausgeschlossen werden, **soweit der Handelsvertreter seine Tätigkeit außerhalb des EWR ausübt.** Wenn der Handelsvertretervertrag deutschem Recht unterliegt, ergibt sich das direkt aus Abs. 1. Wenn die Parteien das Recht eines Drittstaats wählen, das keinen der Handelsvertreter-RL entsprechenden zwingenden Ausgleichsanspruch kennt, ergibt sich dies aus Art. 9 Rom I-VO, weil der Ausgleichsanspruch in seiner jeweils nationalen Umsetzung bei starkem Gemeinschaftsbezug international zwingendes Recht ist. Der starke Gemeinschaftsbezug liegt nicht vor, wenn der Handelsvertreter seine Tätigkeit außerhalb des EWR ausübt.

IV. Schifffahrtsvertreter (Abs. 2)

46   Von den zwingenden Vorschriften der §§ 84 ff. kann nach Abs. 2 auch abgewichen werden, wenn der Handelsvertreter mit der Vermittlung oder dem Abschluss von Geschäften betraut wird, die die Befrachtung, Abfertigung oder Ausrüstung von Schiffen oder die Buchung von Passagen auf Schiffen zum Gegenstand haben. Abs. 2 stellt im Vergleich zu Abs. 1 nicht auf den Tätigkeitsort des Handelsvertreters, sondern auf den **Gegenstand der von ihm vermittelten oder abgeschlossenen Geschäfte** ab. Abs. 2 setzt wie Abs. 1 voraus, dass das Handelsvertreterverhältnis deutschem Recht unterliegt.[121]

47   **1. Sachlicher Anwendungsbereich.** Die Anwendung von Abs. 2 setzt voraus, dass es sich bei dem Schifffahrtsvertreter um einen Handelsvertreter handelt. Schiffsmakler, die nur im Einzelfall tätig werden, werden nach §§ 93 ff. behandelt.[122] Der Anwendungsbereich von Abs. 2 ist aufgrund des Wortlauts sehr weit gefasst. Unter den Begriff der Befrachtung fällt bspw. auch die Vermittlung von Schleppverträgen.[123] Unerheblich ist, ob Gegenstände oder Personen befördert werden.[124] Nach dem Wortlaut spielt es auch keine Rolle, ob es sich um See- oder Binnenschifffahrt handelt.[125] Abs. 2 ist eine Ausnahmevorschrift, die den speziellen Belangen der Schifffahrtsvertreter Rechnung trägt. Sie ist daher nicht entsprechend auf andere Formen der Reise- und Frachtvermittlung auf Straße, Schiene oder in der Luft anwendbar.[126] Unter Abs. 2 fällt also **jede Beförderung zu Wasser unabhängig von ihrem Zweck.**[127]

48   **2. Räumlicher Anwendungsbereich.** Der Wortlaut von Abs. 2 sieht im Gegensatz zu Abs. 1 **keine räumlichen Einschränkungen** vor. Es ist daher unerheblich, ob die Tätigkeit im In- oder Ausland ausgeübt wird oder ob sie einen grenzüberschreitenden Bezug hat.[128] Der Ausgleichsanspruch kann also auch bei reinen Inlandssachverhalten oder Gemeinschaftssachverhalten ausgeschlossen werden.[129] Dies widerspricht nicht der Handels-

---

[121] Röhricht/v. Westphalen/Thume Rn. 12.
[122] Emde Rn. 27; MüKoHGB/Ströbl Rn. 21.
[123] Emde Rn. 27; MüKoHGB/Ströbl Rn. 21.
[124] Emde Rn. 27; MüKoHGB/Ströbl Rn. 21.
[125] OLG Köln OLGZ 1966, 533; Emde Rn. 27; Oetker/Busche Rn. 8; Ebenroth/Boujong/Joost/Strohn/Löwisch Rn. 17; Heymann/Froitzheim Rn. 9; MüKoHGB/Ströbl Rn. 21; Röhricht/v. Westphalen/Thume Rn. 12; Gk-HGB/Genzow Rn. 10.
[126] Oetker/Busche Rn. 8; Ebenroth/Boujong/Joost/Strohn/Löwisch Rn. 17; Heymann/Froitzheim Rn. 9; MüKoHGB/Ströbl Rn. 22; Emde Rn. 27; aA Würdinger JR 1953, 437 (438).
[127] Belgard DB 1966, 1640; Ebenroth/Boujong/Joost/Strohn/Löwisch Rn. 17; Emde Rn. 27.
[128] OLG Köln OLGZ 1966, 533; Oetker/Busche Rn. 8; Belgard DB 1966, 1640; Ebenroth/Boujong/Joost/Strohn/Löwisch Rn. 18; Heymann/Froitzheim Rn. 9; MüKoHGB/Ströbl Rn. 21.
[129] Ebenroth/Boujong/Joost/Strohn/Löwisch Rn. 18; Heymann/Froitzheim Rn. 9; Röhricht/v. Westphalen/Thume Rn. 14.

vertreter-RL, weil die Schifffahrtsvertreter nicht dem Anwendungsbereich der Handels-vertreter-RL, die nur auf Warenvertreter abstellt, unterfallen.[130]

3. Rechtsfolgen. Abs. 2 enthält eine **Rechtsfolgenverweisung** auf Abs. 1 („Das **49** gleiche gilt").[131] Dh die Parteien können bei Eröffnung des sachlichen Anwendungs-bereichs von Abs. 2 (→ Rn. 46) von den zwingenden Bestimmungen der §§ 84 ff., insbesondere § 89b, abweichen (→ Rn. 26 f.). Der Ausschluss kann mittels AGB erfol-gen, selbst wenn der Schifffahrtsvertreter außerhalb Deutschlands tätig ist und das Recht des Tätigkeitslands einen zwingenden Ausgleichsanspruch des Schifffahrtsvertreters kennt.[132]

Strittig ist die Rechtslage, wenn der Handelsvertreter aufgrund eines einheitlichen Ver- **50** trags sowohl als Schifffahrtsvertreter als auch in anderen Branchen tätig wird **(Mehrfach-vertretung).** Hier werden drei Ansichten vertreten: Nach einer Ansicht ist Abs. 1 auf den Gesamtvertrag unanwendbar, dh es darf in allen Branchen nicht von zwingendem Handels-vertreterrecht abgewichen werden.[133] Eine weitere Ansicht stellt darauf ab, in welcher Branche der Handelsvertreter schwerpunktmäßig tätig ist. Überwiegt seine Tätigkeit als Schifffahrtsvertreter, dann sei der Gesamtvertrag, auch hinsichtlich der anderen Branchen, von den zwingenden Bestimmungen der §§ 84 ff. freigestellt (Schwerpunktbetrachtung).[134] Schließlich wird vertreten, nach Branchen zu unterscheiden: Soweit es um die Tätigkeit als Schifffahrtsvertreter geht, können die Parteien von den zwingenden gesetzlichen Vorschrif-ten, die auf verschiedene Tätigkeiten gesondert angewandt werden können (zB §§ 86a Abs. 2 S. 3, 86b Abs. 1, 87a Abs. 3 und 4, 87c, 88a, 89b, 90a), abweichen.[135] Ob sie von den nicht teilbaren zwingenden Vorschriften der §§ 84 ff. (zB Kündigungsrecht) im Hin-blick auf den Gesamtvertrag abweichen können, soll davon abhängen, ob der Handels-vertreter schwerpunktmäßig als Schifffahrtsvertreter tätig ist (zunächst Einzel-, dann Schwerpunktbetrachtung). Bei einem Handelsvertreter, der bspw. Geschäfte über den Transport von Waren zu Wasser, zu Lande und in der Luft vermittelt und der Landtransport den überwiegenden Teil ausmacht, kann nach dieser Meinung im Hinblick auf die Schiff-fahrtskunden § 89b ausgeschlossen werden und für die Kündigungsfristen des Gesamtver-trags gelten die zwingenden Bestimmungen des § 89 Abs. 1 und 2. Dieser Ansicht ist zuzustimmen; sie geht einher mit der hier vertretenen **differenzierten Auffassung** im Hinblick auf die Grundsätze zur Tätigkeit innerhalb und außerhalb des EWR (→ Rn. 18). Die Parteien können aber auch für die unterschiedlichen Branchen jeweils eigene Handels-vertreterverträge abschließen.[136]

B. Vertragshändler

I. Ausschluss des Ausgleichsanspruchs nach deutschem Recht abhängig vom Tätigkeitsort

1. Innerhalb Deutschlands tätiger Vertragshändler. Nach dem Urteil des BGH **51** vom 6.2.1985[137] ist der **Ausgleichsanspruchs** des Vertragshändlers analog § 89b Abs. 4 S. 1 für einen **in Deutschland tätigen Vertragshändler unabdingbar.**

---

[130] Emde Rn. 27.
[131] Emde Rn. 27; MüKoHGB/Ströbl Rn. 23; Ebenroth/Boujong/Joost/Strohn/Löwisch Rn. 18.
[132] LG Hamburg 15.12.2006 – 406 O 175/06 (zit. nach Emde Rn. 27).
[133] Emde Rn. 28.
[134] Ebenroth/Boujong/Joost/Strohn/Löwisch Rn. 18; Heymann/Froitzheim Rn. 9.
[135] Oetker/Busche Rn. 8; MüKoHGB/Ströbl Rn. 24.
[136] MüKoHGB/Ströbl Rn. 24, 12; aA Ebenroth/Boujong/Joost/Strohn/Löwisch Rn. 16 (unzulässige Umgehung).
[137] NJW 1985, 3076.

52 **2. Außerhalb des EWR tätiger Vertragshändler.** Nach dem OLG München[138] und der allgM in der Literatur[139] ist der **vertragliche Ausschluss** dann **wirksam, wenn der Vertragshändler außerhalb des EWR tätig wird.** Dieser Sachverhalt ist mit dem des Abs. 1 vergleichbar, weil der Unternehmer, gleich ob es sich bei seinem Vertragspartner um einen Handelsvertreter oder einen Vertragshändler handelt, ein Bedürfnis daran hat, seinen Vertrieb im EWR-Ausland flexibel auszurichten.[140] Dies gilt unabhängig davon, ob der Nicht-EWR-Staat einen zwingenden Vertragshändlerausgleich kennt oder nicht[141] (→ Rn. 35). Nach der zutreffenden Ansicht des OLG München ist ein Ausschluss des Ausgleichsanspruchs **auch in Standardverträgen uneingeschränkt möglich.**[142]

53 **3. Innerhalb des EWR, aber außerhalb Deutschlands tätiger Vertragshändler.** Nach dem Urteil des BGH vom 25.2.2016 ist der **vertragliche Ausschluss des Ausgleichsanspruchs auch bei außerhalb Deutschlands, aber innerhalb des EWR tätigen Vertragshändlern unwirksam.**[143] Der BGH stellt sich damit gegen die bislang hM.[144] Er argumentiert damit, dass der Gesetzgeber bei den Rechtsänderungen von Abs. 1 in den Jahren 1989 und 1993 (→ Rn. 5 f.) die Vertragshändler ausdrücklich ausgenommen hätte, wenn er sie hätte anders behandeln wollen. Dies führt zu einem **Gleichlauf von deutschem Handelsvertreter- und Vertragshändlerrecht nun auch im internationalen Rechtsverkehr.** Darüber hinaus sei kein durchgreifender Grund erkennbar, den in Deutschland tätigen Vertragshändler und den außerhalb Deutschlands, aber innerhalb des EWR tätigen Vertragshändler anders zu behandeln. Die Begründung des BGH überzeugt nicht. Das Vertragshändlerrecht ist in Deutschland seit jeher nicht kodifiziert und es ist fernliegend, dass der Gesetzgeber mit der Kodifizierung gerade bei Abs. 1 angefangen hätte, als er die Handelsvertreter-RL bzw. deren Erweiterung auf das EWR-Gebiet in deutsches Recht umsetzen musste. Im Übrigen spricht für eine andere Behandlung von in Deutschland und in sonstigen EWR-Gebieten tätigen Vertragshändlern die Vertragsfreiheit (Art. 2 Abs. 1 GG) im nicht durch die Handelsvertreter-RL reglementierten Bereich (→ Rn. 5).[145] Schließlich ist eine **Harmonisierung des EU-Binnenmarkts für Vertragshändler durch den EU-Gesetzgeber nicht erfolgt**[146] und die weitaus meisten Rechtsordnungen

---

[138] NJW-RR 2003, 201.
[139] Oetker/Busche Rn. 10; Ebenroth/Boujong/Joost/Strohn/Löwisch Rn. 13; Martinek/Semler/Flohr VertriebsR-HdB/van der Moolen § 27 Rn. 63 ff.; Emde Rn. 13; Schultze/Wauschkuhn/Spenner/Dau/Kübler Vertragshändlervertrag/Dau Rn. 1048 ff.; Küstner/Thume VertriebsR-HdB III Teil II 2. Kap. Rn. 70 ff.; Thume BB 2011, 1800 (1803); Gieseler/Vogels § 3 Rn. 529; Schultze/Wauschkuhn/Spenner/Dau/Kübler Vertragshändlervertrag/Wauschkuhn Rn. 994; Wauschkuhn Der Vertragshändlervertrag S. 151; Hagemeister RIW 2006, 498 (502).
[140] Hagemeister RIW 2006, 498 (502); Martinek/Semler/Flohr VertriebsR-HdB/van der Moolen § 27 Rn. 65.
[141] So auch OLG München NJW-RR 2003, 201 (202).
[142] NJW-RR 2003, 201 (202); so auch Hagemeister RIW 2006, 498 (501); Schultze/Wauschkuhn/Spenner/Dau/Kübler Vertragshändlervertrag/Wauschkuhn Rn. 1003; Wauschkuhn Der Vertragshändlervertrag S. 133; Martinek/Semler/Flohr VertriebsR-HdB/van der Moolen § 27 Rn. 65; aA Hepting/Detzer RIW 1989, 337 (346); Niebling WRP 2011, 1518 (1523).
[143] BGH ZVertriebsR 2016, 120 = NJW 2016, 1885 mit abl. Anm. Teichmann ZVertriebsR 2016, 195 u. Ströbl BB 2016, 848; wie der BGH auch Emde Rn. 64; Hepting/Detzer RIW 1989, 337 (346); Hermes RIW 1999, 81 (86); Winkler von Mohrenfels ZVertriebsR 2014, 281 (284); aA in der Rspr. OLG Stuttgart BeckRS 2016, 05025 Rn. 30 ff. (Vorinstanz).
[144] Martinek/Semler/Flohr VertriebsR-HdB/van der Moolen § 27 Rn. 65; Küstner/Thume VertriebsR-HdB III Teil II 2. Kap. Rn. 73 u. 9. Kap. Rn. 107; Thume BB 2011, 1800 (1803 f.); Schultze/Wauschkuhn/Spenner/Dau/Kübler Vertragshändlervertrag/Dau Rn. 1059 ff.; Schultze/Wauschkuhn/Spenner/Dau/Kübler Vertragshändlervertrag/Wauschkuhn Rn. 1004; Wauschkuhn Der Vertragshändlervertrag S. 151; Hagemeister RIW 2006, 498 (502); Stumpf RIW 1993, 542 (543).
[145] Thume BB 2011, 1800 (1804).
[146] Kocher RIW 2003, 512 (518 f.); Thume BB 2011, 1800 (1802); Schultze/Wauschkuhn/Spenner/Dau/Kübler Vertragshändlervertrag/Dau Rn. 1060; Martinek/Semler/Flohr VertriebsR-HdB/van der Moolen § 27 Rn. 65.

des EWR gewähren Vertragshändlern keinen Ausgleichsanspruch.[147] Die Vertriebsrechts-
praxis muss sich aber dem BGH-Urteil anpassen.

II. Ausschluss des Ausgleichsanspruchs durch Rechtswahl

§ 89b Abs. 4 S. 1 hindert die Parteien nicht daran, die **Geltung eines fremden Rechts** 54
zu vereinbaren, das keinen Ausgleichsanspruch kennt.[148] Das Ingmar-Urteil des
EuGH (→ Rn. 38 ff.) ist wegen der ausdrücklichen Bezugnahme auf die Handelsvertreter-
RL, die nach deren Art. 1 nur für Handelsvertreter gilt, nicht auf Vertragshändlerverträge
anwendbar. Im Bereich des Vertragshändlerrechts **ist § 89b analog nach zutreffender
Ansicht kein international zwingendes Recht und unterliegt somit durch entsprechende Rechtswahl der Disposition der Parteien** (ausf. → Rom I-VO Art. 9
Rn. 30).[149] Daraus folgt, dass der Ausgleichsanspruch nach § 89b analog bei Vertragshändlern zivilrechtlich durch Rechtswahl eines ausländischen Rechts, das keinen oder keinen
zwingenden Ausgleichsanspruch kennt, ausgeschlossen werden kann, gleich ob ein starker
Gemeinschaftsbezug besteht oder nicht.[150] Der in Kalifornien ansässige Unternehmer kann
also mit dem in Deutschland tätigen Vertragshändler kalifornisches Recht vereinbaren und
so einen Ausgleichsanspruch vermeiden.

Das gilt im Übrigen auch, wenn der in Österreich ansässige Unternehmer mit dem in 55
Deutschland tätigen Vertragshändler kalifornisches Recht vereinbart. Denn der Ausgleichsanspruch des Vertragshändlers ist auch **kein zwingendes Gemeinschaftsrecht** iSv Art. 3
Abs. 4 Rom I-VO, weil es, wie oben dargestellt (→ Rn. 52), keine Regelung zur Harmonisierung des Binnenmarkts für Vertragshändler gibt. Auch der BGH hat in seinem Urteil
vom 25.2.2016 (→ Rn. 53) auf die Möglichkeit des Ausschlusses des Ausgleichsanspruchs
in einem EWR-Sachverhalt durch die Wahl eines ausländischen Rechts hingewiesen.[151]
Die Rechtswahl kann auch in einem Standardvertrag vereinbart werden (→ Rom I-VO
Art. 3 Rn. 18 ff.). Ein Ausschluss ist wegen Art. 3 Abs. 3 Rom I-VO nur bei einem rein
innerdeutschen Sachverhalt nicht möglich (→ Rom I-VO Art. 3 Rn. 67).

Dh im Übrigen, dass der **Ausschluss des Ausgleichsanspruchs eines innerhalb des** 56
**EWR tätigen Vertragshändlers nur über die Wahl ausländischen Rechts, das
keinen oder keinen zwingenden Ausgleichsanspruch kennt, möglich ist. Sofern
der Vertragshändler in Deutschland tätig ist, ist zudem ein grenzüberschreitender
Bezug erforderlich,** weil nach deutschem Recht der in Deutschland tätige Vertragshändler einen zwingenden Ausgleichsanspruch nach § 89b analog hat (→ Rn. 50).

III. Ausschluss der sonstigen zwingenden Bestimmungen der §§ 84 ff.

Das zum Ausgleichsanspruch Gesagte gilt auch für alle anderen zwingenden Bestimmun- 57
gen der §§ 84 ff. (→ Rn. 27), soweit sie analog auf den Vertragshändler anwendbar sind, da
nach dem Urteil des BGH vom 25.2.2016 (→ Rn. 53) Handelsvertreter und Vertrags-

---

[147] Vgl. den Überblick bei Christoph/Effenberger KSzW 2010, 183 u. bei Thume BB 2011, 1800 (1803).

[148] Baumbach/Hopt/Hopt Rn. 6; MüKoHGB/Ströbl Rn. 18; Wauschkuhn Der Vertragshändlervertrag
S. 139 f.; Schultze/Wauschkuhn/Spenner/Dau/Kübler Vertragshändlervertrag/Dau Rn. 1051; Martinek/
Semler/Flohr Vertriebs-HdB/van der Moolen § 27 Rn. 63 ff.; Kocher RIW 2003, 512 (515); Emde
Rn. 64 ff.; Emde MDR 2002, 190 (196); Käbisch IStR 2001, 325 (326).

[149] OLG Frankfurt a. M. ZVertriebsR 2017, 244 Rn. 68; Schultze/Wauschkuhn/Spenner/Dau/Kübler
Vertragshändlervertrag/Dau Rn. 1053; Erhard/von Bodungen EWiR 2016, 597; Gräfe/Giesa ZVertriebsR
2014, 29 (34); Ebenroth/Boujong/Joost/Strohn/Kindler § 92c Anh. Rn. 55; ders. NJW 2016, 1855 (1857);
Martinek/Semler/Flohr Vertriebs-HdB/van der Moolen § 27 Rn. 65; Mankowski RIW 2016, 457 (458);
Michaelis/Kamann EWS 2001, 301 (310); Ströbl BB 2016, 848; Teichmann ZVertriebsR 2016, 195; aA
Emde/Valdini ZVertriebsR 2016, 353 (359); Peschke ZVertriebsR 2016, 144 (149 ff.); Fabig IHR 2019, 1
(8 ff.); Reithmann/Martiny/Fabig Rn. 37.168 ff.; Magnus IHR 2018, 49 (57).

[150] Zum Ausweichen für nur nachvertragliche Ansprüche auf ein ausländischer Recht bei grundsätzlicher
Vereinbarung deutschen Rechts (teilweise Rechtswahl): Thume IHR 2014, 52 (55 f.).

[151] BGH ZVertriebsR 2016, 120 (122), so auch Korte GWR 2016, 164, Ströbl BB 2016, 848, Teichmann
ZVertriebsR 2016, 195.

händler gleich behandelt werden sollen. Hinsichtlich dieser Vorschriften kann **etwas anderes vereinbart werden, wenn der Vertragshändler außerhalb des EWR tätig ist.** Bei einem in Deutschland tätigen Vertragshändler mit grenzüberschreitendem Bezug oder im sonstigen EWR-Gebiet tätigen Vertragshändler sind abweichende Vereinbarungen durch die Wahl eines ausländischen Rechts möglich. Die zwingenden und analog anwendbaren Vorschriften der §§ 84 ff. sind kein international zwingendes Recht.

C. Franchisenehmer

58   Für den Franchisenehmer gilt das zum Vertragshändler bereits Gesagte (→ Rn. 51 ff.). Ein **Ausschluss von den zwingenden Vorschriften der §§ 84 ff.**, soweit sie auf den Franchisenehmer analog anwendbar sind, ist möglich, **wenn der Franchisenehmer außerhalb des EWR tätig ist.**[152] Wenn der Franchisenehmer innerhalb des EWR tätig ist, wird ein Ausschluss nach entsprechender Anwendung des BGH-Urteils vom 25.2.2016 (→ Rn. 53) nicht mehr möglich sein. Durch den vom BGH befürworteten Gleichlauf von Handelsvertreter und Vertragshändler nach deutschem Recht (gleiches muss für den Franchisenehmer gelten) spielt es auch keine Rolle, dass eine Harmonisierung des EU-Binnenmarkts für Franchisenehmer nicht erfolgt ist. Ein Abbedingen der auf den Franchisenehmer analog anwendbaren und zwingenden Vorschriften der §§ 84 ff. durch Rechtswahl ist möglich, weil diese Vorschriften für den Franchisenehmer kein international zwingendes Recht sind. Manche europäische Staaten haben Landesgesetze zum Franchiserecht erlassen, diese betreffen aber idR die vorvertraglichen Aufklärungspflichten des Franchisegebers.[153]

D. Kommissionsagent

59   Für den Kommissionsagenten gilt das zum Vertragshändler bereits Gesagte (→ Rn. 51 ff.). Ein **Ausschluss von den zwingenden Vorschriften der §§ 84 ff.**, soweit sie auf den Kommissionsagenten analog anwendbar sind, ist möglich, **wenn der Kommissionsagent außerhalb des EWR tätig ist.**[154] Wenn der Kommissionsagent innerhalb des EWR tätig ist, wird ein Ausschluss nach entsprechender Anwendung des BGH-Urteils vom 25.2.2016 (→ Rn. 53) nicht mehr möglich sein. Durch den vom BGH befürworteten Gleichlauf von Handelsvertreter und Vertragshändler nach deutschem Recht (gleiches muss für den Kommissionsagenten gelten) spielt es auch keine Rolle, dass eine Harmonisierung des EU-Binnenmarkts für Kommissionsagenten nicht erfolgt ist. Ein Abbedingen der auf den Kommissionsagenten analog anwendbaren und zwingenden Vorschriften der §§ 84 ff. durch Rechtswahl ist möglich, weil diese Vorschriften für den Kommissionsagenten kein international zwingendes Recht sind.

§ 343 Begriff der Handelsgeschäfte

(1) **Handelsgeschäfte sind alle Geschäfte eines Kaufmanns, die zum Betriebe seines Handelsgewerbes gehören.**

(2) **[aufgehoben]**

---

[152] Emde Rn. 13; Ebenroth/Boujong/Joost/Strohn/Löwisch Rn. 13; Küstner/Thume VertriebsR-HdB I Kap. XI Rn. 128 ff.; Oetker/Busche Rn. 10.
[153] Thume BB 2011, 1800 (1802); Flohr Franchise-Vertrag S. 8 f.
[154] Emde Rn. 13; Ebenroth/Boujong/Joost/Strohn/Löwisch Rn. 13; Oetker/Busche Rn. 10.

§ 344 Vermutung für das Handelsgeschäft

(1) **Die von einem Kaufmanne vorgenommenen Rechtsgeschäfte gelten im Zweifel als zum Betriebe seines Handelsgewerbes gehörig.**

(2) **Die von einem Kaufmanne gezeichneten Schuldscheine gelten als im Betriebe seines Handelsgewerbes gezeichnet, sofern nicht aus der Urkunde sich das Gegenteil ergibt.**

Literatur: P. Bydlinski, Zentrale Änderungen des HGB durch das Handelsrechtsreformgesetz, ZIP 1998, 1169; Gottschalk, Verbraucherbegriff und Dual-use-Verträge, RIW 2006, 576; Grundmann, Europäisches Handelsrecht, ZHR 163 (1999), 635; Kramer, Handelsgeschäfte, FS Ostheim, 1990, S. 299; Hoffmann, Das Zusammentreffen von Handelskauf und Verbrauchsgüterkauf: Wertungswidersprüche und Korrekturbedarf, BB 2005, 2090; Pfeiffer (Hrsg.), Handbuch der Handelsgeschäfte, 1999; ders., Vom kaufmännischen Verkehr zum Unternehmensverkehr – Die Änderungen des AGB-Gesetzes durch das Handelsrechtsreformgesetz, NJW 1969, 169; Schauer, Handelsrechtsreform: Die Neuerungen im Vierten und Fünften Buch, ÖJZ 2006, 64; K. Schmidt, „Unternehmer" – „Kaufmann" – „Verbraucher". Schnittstellen im „Sonderprivatrecht" und Friktionen zwischen §§ 13, 14 BGB und §§ 1 ff. HGB, BB 2005, 837; ders., Das Handelsrechtsreformgesetz, NJW 1998, 2161; ders. Vom Handelsrecht zum Unternehmens-Privatrecht, JuS 1985, 249; Weyer, Handelsgeschäfte (§§ 343 ff. HGB) und Unternehmergeschäfte (§ 14 BGB) WM 2005, 490; Zöllner, Wovon handelt das Handelsrecht?, ZGR 1983, 82.

Übersicht

A. Allgemeines

I. Regelungsgegenstand und Normzweck

§ 343 Abs. 1 enthält eine **Legaldefinition** des Begriffs der **Handelsgeschäfte.**[1] Wie **1** sich aus § 345 ergibt, finden die Bestimmungen des Vierten Buches des HGB nur auf Handelsgeschäfte Anwendung.[2] Da § 343 somit den sachlichen Anwendungsbereich des Vierten Buches des HGB beschreibt, ist der Begriff von zentraler Bedeutung.[3]

Der Begriff „Handelsgeschäft" wird im HGB jedoch mehrdeutig verwendet.[4] Mit dem **2** Begriff „Handelsgeschäft" ist im Vierten Buch des HGB, anders als in den §§ 22 ff., nicht das Unternehmen des Kaufmanns als Ganzes gemeint.[5] Vielmehr sind Handelsgeschäfte iSd

---

[1] Ebenroth/Boujong/Joost/Strohn/Fest § 343 Rn. 1; Oetker/Pamp § 343 Rn. 1.
[2] Vgl. Ebenroth/Boujong/Joost/Strohn/Fest § 343 Rn. 1; ders. § 345 Rn. 1.
[3] MüKoHGB/Maultzsch § 343 Rn. 1.
[4] MüKoHGB/Maultzsch § 343 Rn. 1; Ebenroth/Boujong/Joost/Strohn/Fest § 343 Rn. 1.
[5] MüKoHGB/Maultzsch Vor § 343 Rn. 1; Ebenroth/Boujong/Joost/Strohn/Fest § 343 Rn. 1; Oetker/Pamp § 343 Rn. 1; Heymann/Horn § 343 Rn. 1; Röhricht/Graf von Westphalen/Haas/Steimle/Dornieden § 343 Rn. 2.

Vierten Buches des HGB (nur) die **im Rahmen des Unternehmens des Kaufmanns getätigten Geschäfte.**[6] Das Vierte Buch des HGB regelt die aus derartigen Geschäften entstandenen **Rechtsverhältnisse** und zwar oftmals selbst dann, wenn nur eine der Parteien Kaufmann und die andere Partei Nicht-Kaufmann ist.[7]

3   Neben dem Vierten Buch des HGB bleiben die allgemeinen Vorschriften des BGB anwendbar.[8] Allerdings gehen die Vorschriften des Vierten Buches des HGB den allgemeinen Vorschriften des BGB als leges speciales vor.[9]

II. Voraussetzungen

4   **1. Geschäfte eines Kaufmanns.** Der **sachliche Anwendungsbereich** des Vierten Buches des HGB ist nur eröffnet, wenn es sich um Geschäfte eines Kaufmanns handelt.[10] In diesem Fall finden die Vorschriften des Vierten Buches des HGB für beide Parteien (also auch für den Nichtkaufmann) grundsätzlich gleichermaßen Anwendung (§ 345).[11]

5   **a) Geschäfte.** Ein Handelsgeschäft kann nur vorliegen, wenn es sich um das „Geschäft" eines Kaufmanns handelt.[12] Der Begriff des Geschäfts ist dabei **weit und funktional auszulegen**[13] und setzt voraus, dass der Kaufmann bewusst und willentlich **ein rechtserhebliches Verhalten** an den Tag legt, also eine **Handlung von geschäftlicher Bedeutung** vornimmt.[14] Typische Beispiele sind **Willenserklärungen** (zB Angebot und Annahme, Kündigung, Anfechtung oder Rücktritt) und **Rechtsgeschäfte**.[15] Der Begriff des Geschäfts ist weiter als der des Rechtsgeschäfts[16] und umfasst auch rechtsgeschäftsähnliche bzw. rechtlich erhebliche Handlungen oder Unterlassungen.[17] Erfasst werden zB Mängelanzeige,[18] Mahnung,[19] Schweigen auf ein kaufmännisches Bestätigungsschreiben,[20] sonstige Fälle des rechtlich relevanten Schweigens (§ 362, → § 346 Rn. 60 ff.)[21], oder Geschäftsführung ohne Auftrag (§§ 677 ff. BGB).[22]

6   **Realakte,** also rein tatsächlich rechtlich relevante Vorgänge[23] wie Verbindung, Vermischung oder Verarbeitung (§§ 946 ff. BGB)[24] oder sonstige bloße **Tathandlungen** werden nicht erfasst,[25] ebenso wenig unerlaubte Handlungen (gem. §§ 823 ff. BGB)[26] oder

---

[6] Ebenroth/Boujong/Joost/Strohn/Fest § 343 Rn. 1.
[7] MüKoHGB/Maultzsch § 343 Rn. 1, 8 ff.; Heymann/Horn Vor § 343 Rn. 5.
[8] MüKoHGB/Maultzsch Vor § 343 Rn. 8.
[9] Heymann/Horn Vor § 343 Rn. 3.
[10] Oetker/Pamp § 343 Rn. 10.
[11] Ebenroth/Boujong/Joost/Strohn/Fest § 345 Rn. 1.
[12] MüKoHGB/Maultzsch § 343 Rn. 12; Oetker/Pamp § 343 Rn. 10.
[13] Vgl. MüKoHGB/Maultzsch § 343 Rn. 3; Oetker/Pamp § 343 Rn. 4.
[14] BGH BB 1956, 833; Oetker/Pamp § 343 Rn. 4.
[15] Ebenroth/Boujong/Joost/Strohn/Fest § 343 Rn. 4.
[16] MüKoHGB/Maultzsch § 343 Rn. 3; Ebenroth/Boujong/Joost/Strohn/Fest § 343 Rn. 5; M. Wolff FS Gierke, 1910, 115 (148 ff.).
[17] MüKoHGB/Maultzsch § 343 Rn. 3; Ebenroth/Boujong/Joost/Strohn/Fest § 343 Rn. 6.
[18] Oetker/Pamp § 343 Rn. 6; Heymann/Horn § 343 Rn. 8.
[19] Oetker/Pamp § 343 Rn. 6; Heymann/Horn § 343 Rn. 8.
[20] MüKoHGB/Maultzsch § 343 Rn. 3; K. Schmidt HandelsR § 18 I 1a.
[21] Oetker/Pamp § 343 Rn. 4; K. Schmidt HandelsR § 18 I 1a.
[22] Hopt/Leyens § 343 Rn. 4; Oetker/Pamp § 343 Rn. 4; aA Ebenroth/Boujong/Joost/Strohn/Fest § 343 Rn. 13; differenzierend MüKoHGB/Maultzsch § 343 Rn. 6.
[23] Oetker/Pamp § 343 Rn. 6.
[24] MüKoHGB/Maultzsch § 343 Rn. 6; Hopt/Leyens § 343 Rn. 1; Oetker/Pamp § 343 Rn. 7; Ebenroth/Boujong/Joost/Strohn/Fest § 343 Rn. 20.
[25] So MüKoHGB/Maultzsch § 343 Rn. 6; Ebenroth/Boujong/Joost/Strohn/Fest § 343 Rn. 11 ff. differenziert danach, ob die Anwendung einer Norm aus dem Recht der Handelsgeschäfte auf tatsächliche Handlungen dem Sinn und Zweck dieser Norm entspricht.
[26] Ebenroth/Boujong/Joost/Strohn/Fest § 343 Rn. 15.

Ansprüche aus wettbewerbs-/lauterkeitsrechtlich relevanten geschäftlichen Handlungen (§§ 3 ff. UWG).[27]

b) eines Kaufmanns. Wer **Kaufmann** ist, richtet sich nach den allgemeinen Vor- **7** schriften der §§ 1 ff.[28] Erfasst werden daher der Istkaufmann (§ 1), der eingetragene Kann-kaufmann (§§ 2, 3), der Kaufmann kraft Eintragung (§ 5) und die Handelsgesellschaften (§ 6 Abs. 1) bzw. Formkaufleute, also GmbH, AG, KGaA, eG und deutsche EWIV.[29] Wer Formkaufmann ist, ergibt sich jedoch nicht aus § 6 Abs. 2, sondern aus den jeweils ein-schlägigen Gesetzen.[30] Der Unternehmer iSd § 14 Abs. 1 BGB oder des § 310 Abs. 1 S. 1 BGB kann (muss aber nicht) Kaufmann sein.[31] Auf die Abgrenzung **Unternehmer/Ver-braucher** kommt es daher hier regelmäßig nicht an (→ BGB §§ 13, 14 Rn. 1 ff.).

Die Vorschriften über Handelsgeschäfte können auch auf den **Scheinkaufmann** An- **8** wendung finden,[32] obwohl er nur kraft Rechtsscheinhaftung wie ein Kaufmann behandelt wird (→ § 1 Rn. 1 ff.). Der Scheinkaufmann kann sich auf den von ihm verursachten Rechtsschein jedoch nicht zu seinem eigenen Vorteil berufen und hat daher von seiner Scheinkaufmannseigenschaft nur Nachteile.[33] Jedes andere Ergebnis würde dem Sinn und Zweck der Rechtsscheinhaftung zuwider laufen.[34] Daher ist für den Scheinkaufmann bei jeder einzelnen Norm nach ihrem Sinn und Zweck zu prüfen, ob sie in dem jeweiligen Einzelfall Anwendung findet.

Teilweise können einzelne Regelungen des Vierten Buches des HGB auch auf Angehö- **9** rige der **Freien Berufe** und auf sonstige **unternehmerisch tätige Nichtkaufleute** angewendet werden.[35] Zwar spricht gegen eine solche Analogie die Überlegung, dass der Gesetzgeber im Rahmen der Handelsrechtsreform 1998 auf eine Öffnung des HGB für alle Unternehmer verzichtet und gerade kein „Unternehmensgesetzbuch" geschaffen hat, doch besteht kein zwingender Grund, hieraus ein generelles Analogieverbot abzuleiten.[36] In den Gesetzgebungsmaterialien findet sich jedenfalls kein Anhaltspunkt für einen derartigen Willen des Gesetzgebers. Daher ist es sachgerecht, die unternehmerisch tätigen Angehöri-gen der Freien Berufe ebenso wie die unternehmerisch tätigen Nichtkaufleute jedenfalls dann einzelnen Regelungen des Vierten Buches des HGB zu unterwerfen, wenn in Bezug auf die jeweilige Norm die allgemeinen Analogievoraussetzungen vorliegen.

2. die zum Betrieb seines Handelsgewerbes gehören. a) Betriebszugehörigkeit. **10** Die Vorschriften des Vierten Buches des HGB erfassen nur Geschäfte des Kaufmanns, die **objektiv** zum Betrieb seines Handelsgewerbes gehören.[37] Alle Geschäfte, die (nur) seinen privaten Rechts- und Vermögenskreis betreffen, werden nicht erfasst.[38] Für die **Handels-gesellschaften und Formkaufleute** sind die §§ 343, 344 im Grunde funktionslos, weil sie keine Geschäfte führen können, die nicht zum Betrieb ihres Handelsgewerbes gehö-

---

[27] So Hopt/Leyens § 343 Rn. 1; Oetker/Pamp § 343 Rn. 8; aA Ebenroth/Boujong/Joost/Strohn/Fest § 343 Rn. 18, Röhricht/Graf v. Westphalen/Haas/Steimle/Dornieden § 343 Rn. 9; differenzierend Mü-KoHGB/Maultzsch § 343 Rn. 5.
[28] MüKoHGB/Maultzsch § 343 Rn. 12; Ebenroth/Boujong/Joost/Strohn/Fest § 343 Rn. 21; Oetker/Pamp § 343 Rn. 10.
[29] Oetker/Pamp § 343 Rn. 10; Hopt/Merkt § 6 Rn. 6.
[30] Vgl. Übersicht bei Hopt/Merkt § 6 Rn. 6 f.
[31] K. Schmidt HandelsR § 18 I 1b; vgl. Heymann/Horn § 343 Rn. 6.
[32] Ebenroth/Boujong/Joost/Strohn/Fest § 343 Rn. 8.
[33] MüKoHGB/Maultzsch § 343 Rn. 12.
[34] Hopt/Merkt § 5 Rn. 9; Ebenroth/Boujong/Joost/Strohn/Fest § 5 Rn. 50; Koller/Kindler/Roth/Drü-en/Roth § 15 Rn. 36 ff.
[35] Ebenroth/Boujong/Joost/Strohn/Fest § 343 Rn. 41; Oetker/Pamp § 343 Rn. 15; Koller/Kindler/Roth/Drüen/Roth § 343 Rn. 2.
[36] Vgl. MüKoHGB/Maultzsch § 343 Rn. 14; Hopt/Leyens § 343 Rn. 2; Ebenroth/Boujong/Joost/Strohn/Fest § 343 Rn. 45; Oetker/Pamp § 343 Rn. 15.
[37] Ebenroth/Boujong/Joost/Strohn/Fest § 343 Rn. 48; Oetker/Pamp § 343 Rn. 16, 21; K. Schmidt HandelsR § 18 I 1d.
[38] MüKoHGB/Maultzsch § 343 Rn. 18; Ebenroth/Boujong/Joost/Strohn/Fest § 343 Rn. 48.

ren.[39] Bei den Handelsgesellschaften und Formkaufleuten ist in Ermangelung einer privaten Sphäre daher notwendigerweise jedes Geschäft als betriebszugehörig zu qualifizieren.[40]

11   **Betriebszugehörig** sind alle Geschäfte des Kaufmanns, die im Rahmen des Betriebes seines Handelsgewerbes anfallen und in einem **Funktionszusammenhang** mit dem Handelsgewerbe stehen, das der Kaufmann betreibt.[41] Dies sind typischerweise alle Geschäfte, die dem Aufbau und der Erhaltung der Substanz des Geschäftes und der Erzielung von Einkünften dienen sollen.[42] Soweit sie im Rahmen des Betriebs seines Handelsgewerbes anfallen, werden auch ungewöhnliche oder branchenfremde Geschäfte,[43] Hilfs- oder Nebengeschäfte, vorbereitende Geschäfte, Abwicklungsgeschäfte oder der Erwerb oder Verkauf eines bestehenden Handelsgeschäftes erfasst.[44] Hierunter fällt auch die Veräußerung des Unternehmens insgesamt.[45] Ein entfernter und nur lockerer Zusammenhang zum Handelsgewerbe genügt.[46]

12   Erforderlich ist stets eine **Marktbezogenheit** des Geschäfts, also ein Geschäft mit **Außenwirkung.**[47] Ein ausschließlich nach innen wirkendes Geschäft, wie beispielsweise gesellschaftsrechtliche Vorgänge innerhalb einer Gesellschaft, sind demgegenüber keine Handelsgeschäfte.[48]

13   Im Übrigen streitet die **Vermutung des § 344 Abs. 1** für eine Zuordnung der von einem Kaufmann vorgenommenen Geschäfte zu dem von ihm betriebenen Handelsgewerbe.[49]

14   Soweit mit dem Geschäft ein dem Handelsgewerbe zugehöriger (betrieblicher) Zweck als auch ein außerbetrieblicher (privater) Zweck verfolgt wird,[50] kommt es für die Zwecke des Vierten Buches des HGB allein auf den (auch) betrieblichen Zweck an, um das Geschäft als zum Betrieb des Handelsgewerbes gehörig zu qualifizieren.[51] Auf die Frage, ob die (auch) betriebliche Nutzung überwiegt, kommt es nicht an.[52] Allerdings kann es vorkommen, dass Geschäfte eines Kaufmanns in anderem Zusammenhang als Verbrauchergeschäfte zu qualifizieren sind.[53] Ähnliche Erwägungen gelten auch, wenn der betriebliche bzw. gewerbliche Zweck des Geschäftes objektiv nicht erkennbar ist.

15   **Positive Kenntnis** der Kaufmannseigenschaft der anderen Partei oder der Betriebsbezogenheit des Geschäftes auf Seiten des Geschäftspartners ist nicht erforderlich.[54] Umstritten ist jedoch, ob § 343 voraussetzt, dass die Kaufmannseigenschaft der anderen Partei oder die Betriebszugehörigkeit des Geschäfts jeweils für den Geschäftspartner **erkennbar** sein muss[55] (zB bei Bestellung ohne Nennung der für das Handelsgewerbe genutzten Firma unter der privaten Anschrift[56]). Dies ist nicht der Fall. Letztlich geht es nicht um die Erkennbarkeit der Kaufmannseigenschaft oder der Betriebszugehörigkeit für den Geschäftspartner, son-

---

[39] BGH NJW 1960, 1852 (1853); MüKoHGB/Maultzsch § 343 Rn. 18 f.; Oetker/Pamp § 343 Rn. 16.

[40] Ebenroth/Boujong/Joost/Strohn/Fest § 343 Rn. 49; Oetker/Pamp § 343 Rn. 16; K. Schmidt HandelsR § 18 I 1d.

[41] OLG Düsseldorf NJW-RR 2009, 205 (207); Koller/Kindler/Roth/Drüen/Roth § 343 Rn. 4.

[42] BGH NJW 1960, 1852 (1853).

[43] BGH NJW 1997, 1779 (1780); BGHZ 63, 32 (35); Koller/Kindler/Roth/Drüen/Roth § 343 Rn. 4.

[44] Koller/Kindler/Roth/Drüen/Roth § 343 Rn. 5.

[45] Koller/Kindler/Roth/Drüen/Roth § 343 Rn. 5; Oetker/Pamp § 343 Rn. 18; Staub/Koller § 343 Rn. 15.

[46] BGH NJW 1997, 1779 (1780); BGHZ 63, 32 (35).

[47] MüKoHGB/Maultzsch § 343 Rn. 7; Oetker/Pamp § 343 Rn. 9.

[48] MüKoHGB/Maultzsch § 343 Rn. 7 ff. mwN; Ebenroth/Boujong/Joost/Strohn/Fest § 343 Rn. 7.

[49] Oetker/Pamp § 343 Rn. 16.

[50] Oetker/Pamp § 343 Rn. 19; Koller/Kindler/Roth/Drüen/Roth § 343 Rn. 5b.

[51] Hopt/Leyens § 343 Rn. 3; aA Koller/Kindler/Roth/Drüen/Roth § 343 Rn. 5b.

[52] Oetker/Pamp § 343 Rn. 19.

[53] BGH NJW 2009, 3780; 2018, 150 (153); Oetker/Pamp § 343 Rn. 20.

[54] Staub/Koller § 343 Rn. 5.

[55] Dafür Ebenroth/Boujong/Joost/Strohn/Fest § 343 Rn. 59; Staub/Koller § 343 Rn. 5; dagegen Koller/Kindler/Roth/Drüen/Roth § 343 Rn. 5a; differenzierend Weyer WM 2005, 490 (502).

[56] BGH NJW 2009, 3780 (3781); Koller/Kindler/Roth/Drüen/Roth § 343 Rn. 5a.

dern allein darum, ob objektiv die Tatbestandsmerkmale des § 343 Abs. 1 vorliegen.[57] Dies entspricht auch der Abgrenzung im Rahmen der §§ 13, 14 BGB, die jeweils auf den Zweck des Handelns abstellen und diesen Zweck jeweils **anhand objektiver Umstände** ermitteln.[58] Alle verbleibenden Zweifelsfälle lassen sich nach den allgemeinen Grundsätzen über die Rechtsscheinhaftung bzw. das Verbot widersprüchlichen Verhaltens (venire contra factum proprium) lösen.

Die **gesellschaftsrechtlichen Rechtsbeziehungen** der Gesellschafter untereinander **16** gehören nicht zum Betrieb des Handelsgewerbes des Kaufmanns und werden daher nicht erfasst.[59] Anders ist es jedoch, wenn und soweit die Gesellschafter (ggf. auch miteinander) Geschäfte für die Gesellschaft eingehen.[60] Insoweit gelten die allgemeinen Regeln über die Stellvertretung.

b) Persönlicher Anwendungsbereich. In allen Fällen der **Stellvertretung** kommt es **17** auf die **Kaufmannseigenschaft des Vertretenen** und nur bei fehlender Vertretungsmacht auf die Kaufmannseigenschaft des Vertreters an.[61]

Dies gilt auch, wenn und soweit Gesellschafter einer Personenhandelsgesellschaft (OHG **18** oder KG) für die Gesellschaft handeln (§§ 125, 161 Abs. 2) und Geschäfte abschließen, die zum Betrieb der Gesellschaft gehören.[62] Die **Organe bzw. Vertreter einer Gesellschaft** handeln regelmäßig nicht für sich selbst und sind daher typischerweise in Hinblick auf die von ihnen kraft ihrer Organ- bzw. Vertreterstellung für die Gesellschaft vorgenommenen Geschäfte auch nicht als Kaufleute zu qualifizieren.[63] Auch wenn dies wie eine Selbstverständlichkeit erscheint, war die Frage vor der Anerkennung der Rechtsfähigkeit der Personenhandelsgesellschaften umstritten.[64] Für den Insolvenzverwalter, Liquidator oder Testamentsvollstrecker gilt das gleiche wie oben: Es kommt nicht auf den Handelnden persönlich an, sondern auf den Rechtsträger, für den er handelt.[65]

c) Zeitlicher Anwendungsbereich. Der maßgebliche **zeitliche Anknüpfungspunkt** **19** für das Vorliegen der Kaufmannseigenschaft des Handelnden ist der **Zeitpunkt des Abschlusses des jeweiligen Rechtsgeschäfts.**[66] Die Kaufmannseigenschaft beginnt dabei für den Istkaufmann mit der Aufnahme des Betriebs des Handelsgeschäfts und endet erst mit der völligen Einstellung des Betriebs (§ 1 Abs. 1), nicht schon mit Aufgabe der werbenden Tätigkeit.[67] Für die eingetragenen Kannkaufleute (§§ 2 und 3) und den Kaufmann kraft Eintragung (§ 5) ist demgegenüber die Eintragung ins Handelsregister bzw. die Löschung der Eintragung entscheidend, weil sie konstitutiv ist.[68] Für die Handelsgesellschaften (§ 6 Abs. 1) ist wiederum danach zu differenzieren, ob sie ein Handelsgewerbe betreiben oder, wie die Formkaufleute, im Handelsregister eingetragen sind.

Existenzgründer sind regelmäßig schon bei der Durchführung der vorbereitenden **20** Geschäfte als Kaufmann zu qualifizieren (§ 1 Abs. 2).[69]

---

[57] IdS wohl auch Hopt/Leyens § 343 Rn. 3 („Merkmale für Hdl.- oder Privatgeschäft sind objektiv zu verstehen"); Koller/Kindler/Roth/Drüen/Roth § 343 Rn. 4 („Betriebszugehörigkeit ist objektiv zu bestimmen") u. § 344 Rn. 2 („obj. Bezug zum Betrieb des Unternehmens"); Schlegelberger/Hefermehl § 344 Rn. 11 („nach objektiven Kriterien zu bestimmen"); aA MüKoHGB/Maultzsch § 343 Rn. 14.
[58] Vgl. BeckOK BGB/Martens § 13 Rn. 40 und ders. § 14 Rn. 21.
[59] MüKoHGB/Maultzsch § 343 Rn. 7 ff.
[60] MüKoHGB/Maultzsch § 343 Rn. 19; Koller/Kindler/Roth/Drüen/Roth § 343 Rn. 6.
[61] Oetker/Pamp § 343 Rn. 13; Koller/Kindler/Roth/Drüen/Roth § 343 Rn. 2.
[62] Koller/Kindler/Roth/Drüen/Roth § 343 Rn. 2.
[63] MüKoHGB/Maultzsch § 343 Rn. 8.
[64] Schlegelberger/Hefermehl § 343 Rn. 8.
[65] Vgl. MüKoHGB/Maultzsch § 343 Rn. 13; Ebenroth/Boujong/Joost/Strohn/Fest § 343 Rn. 35 ff.; BeckOGK HGB/Beurskens § 343 Rn. 37 f.
[66] MüKoHGB/Maultzsch § 343 Rn. 17; Ebenroth/Boujong/Joost/Strohn/Fest § 343 Rn. 39; Koller/Kindler/Roth/Drüen/Roth § 343 Rn. 8; Staub/Koller § 343 Rn. 9.
[67] Hopt/Merkt § 1 Rn. 52; Koller/Kindler/Roth/Drüen/Roth § 1 Rn. 25.
[68] Vgl. Ebenroth/Boujong/Joost/Strohn/Fest § 343 Rn. 40.
[69] Koller/Kindler/Roth/Drüen/Roth § 343 Rn. 8.

21   **3. Widerlegbare Vermutung des § 344 Abs. 1.** Die von einem **Kaufmann** vorgenommenen Rechtsgeschäfte gelten **im Zweifel** als zum Betrieb seines Handelsgewerbes
gehörig.[70] Sinn und Zweck dieser **widerlegbaren Vermutung** ist es, im Interesse der
Rechtssicherheit und der Effizienz des Handelsverkehrs die Parteien eines Rechtsgeschäfts,
an dem ein Kaufmann beteiligt ist, davor zu bewahren, sich zunächst Klarheit über den
kaufmännischen oder privaten Charakter des Geschäfts verschaffen zu müssen.[71] Durch die
Vermutungswirkung erfolgt eine **Beweiserleichterung,** die Abgrenzungs- und Beweisschwierigkeiten vermeidet.[72]

22   Die Vermutung des § 344 Abs. 1 gilt nur **im Zweifel,** ist also widerlegbar.[73] Der
Gegenbeweis muss darauf gerichtet sein, den privaten Charakter des Geschäfts zu belegen
und damit die Zugehörigkeit des Geschäfts zum Gewerbebetrieb des Kaufmanns zu widerlegen.[74] Die sich auf den privaten Charakter eines Geschäfts berufende Partei muss darlegen
und beweisen, dass der Geschäftspartner den **privaten Charakter des Geschäfts kannte
oder kennen musste.**[75]

23   Der BGH hat die Ansicht vertreten, § 344 Abs. 1 sei **analog** auf die §§ 13, 14 BGB
anzuwenden, so dass alle Rechtsgeschäfte eines Unternehmers im Zweifel dem Unternehmensbereich und nicht dem privaten Bereich des Unternehmers zuzuordnen sind.[76]
Unabhängig davon, ob diese Ansicht europarechtlich zulässig wäre,[77] spricht jedenfalls
dagegen, dass der Gesetzgeber die §§ 13, 14 BGB im Rahmen der Schuldrechtsreform
ohne eine § 344 Abs. 1 entsprechende Vermutung ausgestaltet hat. Daher fehlt es an einer
planwidrigen Regelungslücke.

24   **4. Unwiderlegliche Vermutung des § 344 Abs. 2.** § 344 Abs. 2 begründet darüber
hinaus eine **unwiderlegliche Vermutung,** die nur dann nicht greift, wenn sich aus der
Urkunde etwas anderes ergibt oder der andere Teil **positive Kenntnis der Nichtzuge-
hörigkeit** des Schuldscheins zum Handelsgewerbe des Kaufmanns hatte.[78]

25   Für **Handelsgesellschaften und Formkaufleute** ist § 344 insgesamt **gegenstandslos,**
weil notwendigerweise alle ihre Geschäfte im Betrieb ihres Handelsgewerbes vorgenommen sind.[79]

B. Handelsvertreter

26   In Bezug auf den Betrieb einer Handelsvertretung muss für die Frage, ob es sich um ein
Handelsgeschäft handelt, zwischen den Geschäften des Unternehmers (die der Handelsvertreter vermittelt) und den „eigenen" Geschäften des Handelsvertreters (die zum Betrieb
seines Handelsvertretergeschäfts gehören) unterschieden werden. Die Qualifizierung des
jeweiligen Geschäfts als Handelsgeschäft im Sinne von § 343 Abs. 1 ist daher jeweils separat
vorzunehmen. Ebenso wie in allen anderen Fällen der **Stellvertretung** kommt es in den
Fällen der Vermittlung eines Geschäftes für den Unternehmer, soweit es um das vermittelte
Geschäft geht, auf die **Kaufmannseigenschaft des Vertretenen** an und nur bei fehlender

---

[70] Ebenroth/Boujong/Joost/Strohn/Fest § 344 Rn. 2; Koller/Kindler/Roth/Drüen/Roth § 344 Rn. 1.
[71] Vgl. MüKoHGB/Maultzsch § 344 Rn. 1; Ebenroth/Boujong/Joost/Strohn/Fest § 344 Rn. 2.
[72] Ebenroth/Boujong/Joost/Strohn/Fest § 343 Rn. 10; Oetker/Pamp § 344 Rn. 1.
[73] BGHZ 63, 32 (33); MüKoHGB/Maultzsch § 344 Rn. 1, 12; Ebenroth/Boujong/Joost/Strohn/Fest
§ 344 Rn. 31.
[74] MüKoHGB/Maultzsch § 344 Rn. 12.
[75] BGH WM 1976, 424 (425); MüKoHGB/Maultzsch § 344 Rn. 10; Hopt/Leyens § 344 Rn. 3; aA
Weyer WM 2005, 490 (501).
[76] BGH NJW 2009, 3780 (3781); Grüneberg/Ellenberger BGB § 14 Rn. 2.
[77] Pfeiffer NJW 1999, 169 (173).
[78] Koller/Kindler/Roth/Drüen/Roth § 344 Rn. 7.
[79] BGH NJW 1960, 1852 (1853); MüKoHGB/Maultzsch § 344 Rn. 2; Ebenroth/Boujong/Joost/Strohn/
Fest § 344 Rn. 4; aA Heymann/Horn § 344 Rn. 3.

Vertretungsmacht auf die Kaufmannseigenschaft des (Handels-) Vertreters. Im Übrigen gelten hier keine Abweichungen oder Besonderheiten.

C. Vertragshändler

Für den Vertragshändler gelten hier keine Abweichungen oder Besonderheiten. **27**

D. Franchisenehmer

Für den Franchisenehmer gelten hier keine Abweichungen oder Besonderheiten. **28**

E. Kommissionsagent

Für den Kommissionsagenten gelten hier keine Abweichungen oder Besonderheiten. **29** Anders als der Handelsvertreter handelt der Kommissionsagent jedoch in eigenem Namen, so dass es hier (anders als beim Handelsvertreter) für die Frage, ob ein Geschäft als Handelsgeschäft zu qualifizieren ist, allein auf die Geschäfte des Kommissionsagenten ankommt.

§ 346 Handelsbräuche

Unter Kaufleuten ist in Ansehung der Bedeutung und Wirkung von Handlungen und Unterlassungen auf die im Handelsverkehre geltenden Gewohnheiten und Gebräuche Rücksicht zu nehmen.

Literatur: Bärmann, Zur Vorgeschichte des § 346 HGB, Festschrift für Herrmann Krause, 1975, 225; Canaris, Die Vertrauenshaftung im deutschen Privatrecht, 1971; Basedow, Handelsbräuche und AGB-Gesetz, ZHR 150 (1986), 469; Diederichsen, Der „Vertragsschluß" durch kfm. Bestätigungsschreiben, JuS 1966, 129; v. Dücker, Das kfm. Bestätigungsschreiben in der höchstrichterlichen Rechtsprechung, BB 1996, 3; Gallois, Handelsbräuche, Gewohnheitsrecht und allgemeine Geschäftsbedingungen im Rechtsleben, JR 1956, 45; Henssler, Gewerbe, Kaufmann und Unternehmen – Herkunft und Zukunft der subjektiven Anknüpfung des Handelsrechts, ZHR 161 (1997), 13; Huber, Vertragsnichtigkeit und Handelsbrauch im UN-Kaufrecht, IPRax 2004, 358; Krebs, Reform oder Revolution? – Zum Referentenentwurf eines Handelsrechtsreformgesetzes, DB 1996, 2013; Kröll/Hennecke, Kaufmännisches Bestätigungsschreiben beim internationalen Warenkauf, RabelsZ 2003, 448; Mertens, Das lex mercatoria-Problem, Festschrift für Walter Odersky zum 65. Geburtstag, 1996, 857; Mues, Die Irrtumsanfechtung im Handelsverkehr, 2004; Oestmann, Die Ermittlung von Verkehrssitten und Handelsbräuchen im Zivilprozess, JZ 2003, 285; Reithmann/Martiny (Hrsg.), Internationales Vertragsrecht, 6. Aufl. 2004; K. Schmidt, „Unternehmer" – „Kaufmann" – „Verbraucher" – Schnittstellen im „Sonderprivatrecht" und Friktionen zwischen §§ 13, 14 BGB und §§ 1 ff. HGB, BB 2005, 837; ders., Die Praxis zum sog. kaufmännischen Bestätigungsschreiben: ein Zankapfel der Vertragsrechtsdogmatik, Festschrift für Heinrich Honsell zum 60. Geburtstag, 2002, 99; ders., Lex mercatoria: Allheilmittel? Rätsel? Chimäre?, in Murakami/Marutschke/Riesenhuber, Globalisierung und Recht, 2007, 153, Sieg, Der Wirkungsbereich und die Feststellung von Handelsbräuchen, BB 1953, 985; Thamm/Detzer, Das Schweigen auf ein kaufmännisches Bestätigungsschreiben, DB 1997, 213; Unidroit (Hrsg.), Principles of International Commercial Contracts, 1994; Wagner, Zur Feststellung eines Handelsbrauchs, NJW 1969, 1282; Weynen, Zur Frage der Feststellung von Handelsbräuchen, NJW 1954, 628; Wörlen/Metzler-Müller, Handelsklauseln im nationalen und internationalen Warenverkehr, 1997.

A. Allgemeines

I. Regelungsgegenstand

1   § 346 regelt die Auswirkungen von Handelsbräuchen im Rechtsverkehr unter Kauf-leuten[1] und findet Anwendung, wenn eine **kaufmännische Sonderrechtsbeziehung** vorliegt.[2] Dies ist der Fall, wenn das jeweilige Geschäft für beide Seiten ein Handelsgeschäft ist.[3] Der Anwendungsbereich des § 346 ist aber nicht auf **beidseitige Handelsgeschäfte** beschränkt, sondern erfasst auch die Vertragsanbahnung oder eine sonstige Geschäftsverbindung zwischen zwei Kaufleuten.[4]

2   Eine wesensgleiche Regelung findet sich in § 310 Abs. 1 S. 2 Hs. 2 BGB. Für die AGB-Kontrolle im unternehmerischen Geschäftsverkehr ist (ebenfalls) auf die im Handelsverkehr geltenden Gewohnheiten und Gebräuche angemessen Rücksicht zu nehmen.[5] Ein Handelsbrauch ist daher im Rahmen der AGB-Kontrolle ebenso als Kontrollmaßstab heranzuziehen wie das gesetzliche Leitbild.[6] § 310 Abs. 1 S. 2 Hs. 2 BGB geht jedoch auf der Rechtsfolgenseite über § 346 hinaus, weil der Handelsbrauch nicht nur Auslegungshilfe ist,

---

[1] Vgl. Ebenroth/Boujong/Joost/Strohn/Fest Rn. 1; Schlegelberger/Hefermehl Rn. 1.
[2] MüKoHGB/Maultzsch Rn. 5; vgl. Schlegelberger/Hefermehl Rn. 25.
[3] Oetker/Pamp Rn. 2; MüKoHGB/Maultzsch Rn. 5.
[4] MüKoHGB/Maultzsch Rn. 8; Schlegelberger/Hefermehl Rn. 24.
[5] BeckOK BGB/Becker § 310 Rn. 5.
[6] BeckOK BGB/Becker § 310 Rn. 5.

sondern ihm vielmehr eine **echte Indizwirkung** für die Angemessenheit der Klausel zukommt.[7]

II. Definition und Funktion

1. Definition und Funktion. Unter Handelsbräuchen versteht man die im Handels- **3** verkehr **tatsächlich geltenden und ausgeübten Gewohnheiten und Gebräuche.**[8] Handelsbräuche sind die **Verkehrssitte des Handels**[9], da sie auf einer **gleichmäßigen, einheitlichen** und **freiwilligen** Übung der beteiligten Kreise für **vergleichbare Geschäftsvorfälle** über einen angemessenen Zeitraum hinweg beruhen und ihr eine einheitliche Auffassung der Beteiligten zugrunde liegt.[10] Es handelt sich um eine besondere Form der aus dem BGB bekannten Verkehrssitte im Sinne der §§ 157, 242 BGB.

Handelsbräuche sind weder objektives Recht noch Rechtsnorm,[11] denn bei Handels- **4** bräuchen handelt es sich (noch) nicht um Gewohnheitsrecht.[12] Den Handelsbräuchen kommt jedoch über § 346 rechtliche Bedeutung und Wirkung zu.[13] Der BGH bezeichnet daher Handelsbräuche auch als „verpflichtende Regel".[14] Handelsbräuche sind Teil der Verkehrssitte (→ Rn. 3) und somit **Auslegungsmaßstab** für Willenserklärungen und Verträge (§§ 133, 157 BGB).[15] Sie knüpfen zudem an Handlungen und Unterlassungen bestimmte Rechtsfolgen.[16] Handelsbräuche dienen insofern dem Bedürfnis des Handelsverkehrs nach Klarheit und Sicherheit, indem sie einem bestimmten Verhalten der Kaufleute untereinander im Wege der Auslegung typisierend eine gewisse Bedeutung zumessen **(interpretierender Handelsbrauch)**[17] oder zur Ergänzung der (lückenhaften) Vereinbarung der Parteien dienen **(ergänzender Handelsbrauch).**[18]

Für die Berücksichtigung von Handelsbräuchen bedarf es keiner Vereinbarung der **5** Parteien. Ein Handelsbrauch findet auf **kaufmännische Geschäfte** der beteiligten Verkehrskreise ohne weiteres Anwendung.[19] Allerdings ist die Geltung des Handelsbrauchs abdingbar.[20] Ein geheimer Vorbehalt reicht hierfür jedoch ebenso wenig aus wie das (nachträgliche) Bestreiten der Existenz eines Handelsbrauchs.

Ob der jeweilige Handelsbrauch den Parteien eines konkreten Geschäftes **bekannt oder** **6** **unbekannt** ist, ist für seine Anwendbarkeit irrelevant.[21] Gegebenenfalls kommt bei **Unkenntnis** eines Handelsbrauchs die Anfechtung der Willenserklärung wegen Irrtums (§ 119 BGB) in Betracht[22] (→ Rn. 29; auch → Rn. 93 ff. zur fehlenden Anfechtungsmöglichkeit eines Irrtums über die Wirkungen des kaufmännischen Bestätigungsschreibens).

---

[7] BeckOK BGB/Becker § 310 Rn. 5.

[8] Hopt/Leyens Rn. 1; Koller/Kindler/Roth/Drüen/Roth Rn. 32; Schlegelberger/Hefermehl Rn. 1.

[9] MüKoHGB/Maultzsch Rn. 3; Ebenroth/Boujong/Joost/Strohn/Fest Rn. 1; Koller/Kindler/Roth/ Drüen/Roth Rn. 1.

[10] BGH NJW 1994, 659 (660).

[11] MüKoHGB/Maultzsch Rn. 2; Ebenroth/Boujong/Joost/Strohn/Fest Rn. 2; Canaris HandelsR § 22 I 3; Maultzsch HandelsR § 1 III 3a; Schlegelberger/Hefermehl Rn. 1.

[12] MüKoHGB/Maultzsch Rn. 20; Ebenroth/Boujong/Joost/Strohn/Fest Rn. 31; Heymann/Horn Rn. 15; Schlegelberger/Hefermehl Rn. 2.

[13] MüKoHGB/Maultzsch Rn. 3; K. Schmidt HandelsR § 1 III 1a; GK-HGB/Schmidt Rn. 3.

[14] BGH NJW 1994, 659 (660).

[15] BGH NJW 1993, 1798; MüKoHGB/Maultzsch Rn. 2; Ebenroth/Boujong/Joost/Strohn/Fest Rn. 35; Koller/Kindler/Roth/Drüen/Roth Rn. 2.

[16] MüKoHGB/Maultzsch Rn. 8; GK-HGB/Achilles/Schmidt Rn. 3; Heymann/Horn Rn. 2.

[17] Koller/Kindler/Roth/Drüen/Roth Rn. 14.

[18] Koller/Kindler/Roth/Drüen/Roth Rn. 15.

[19] Ebenroth/Boujong/Joost/Strohn/Fest Rn. 6; Maultzsch HandelsR § 1 III 3a.

[20] BGH NJW 1966, 502; Ebenroth/Boujong/Joost/Strohn/Fest Rn. 188; Hopt/Leyens Rn. 8; Koller/ Kindler/Roth/Drüen/Roth Rn. 13; Heymann/Horn Rn. 5.

[21] MüKoHGB/Maultzsch Rn. 28; Koller/Kindler/Roth/Drüen/Roth Rn. 11; Staub/Koller Rn. 40.

[22] So etwa, wenn eine Unterwerfung unter den Handelsbrauch erforderlich ist oder sich die Beteiligten auf die Geltung eines auswärtigen Handelsbrauchs verständigen; vgl. hierzu MüKoHGB/Maultzsch Rn. 29; Heymann/Horn Rn. 5.

7   Wenn die Vereinbarung der Parteien eindeutig ist, so dass für eine Auslegung oder
Ergänzung kein Raum bleibt, kann nach Sinn und Zweck des § 346 auch kein Handelsbrauch Anwendung finden.[23] Gleiches gilt, wenn die Parteien ersichtlich etwas anderes
gewollt haben, als aus dem Handelsbrauch folgt. Die Auslegung der Vereinbarung erfolgt
primär nach Maßgabe der §§ 133, 157 BGB; ein etwaiger Handelsbrauch wird nur
ergänzend herangezogen.[24] Die Regelungen des BGB werden somit durch § 346 nicht
verdrängt.[25] Der Übergang zu § 242 BGB ist fließend.[26]

8   **2. Abgrenzung. a) Verkehrsanschauung.** Unter **Verkehrsanschauung** versteht
man die tatsächlichen **Anschauungen und Erfahrungssätze des Handelsverkehrs.**[27] Es
handelt sich, vereinfacht gesagt, um die im Verkehr allgemein verbreiteten Ansichten und
Einschätzungen der Handelspraxis, denen aber jede normative Komponente fehlt.[28] Die
Verkehrsanschauung unterscheidet sich vom Handelsbrauch dadurch, dass es an der tatsächlichen Übung (→ Rn. 19 ff.) der Verkehrsanschauung fehlt.[29] In Bezug auf Verkehrsanschauungen fehlt es auch an einer Verhaltenserwartung des kaufmännischen Verkehrs
(→ Rn. 22 ff.).[30]

9   Die **praktische Bedeutung** von Verkehrsanschauungen zeigt sich bei der Auslegung
von Willenserklärungen (§§ 133, 157 BGB), der Ausfüllung des kaufmännischen Sorgfalts-
maßstabs iSv § 347 oder bei der Anwendung von Generalklauseln (§§ 138, 826 BGB, § 3
UWG).[31]

10   Verkehrsanschauungen werden durch die Gerichte selbst festgestellt. Sie sind, anders als
Handelsbräuche,[32] **nicht dem Beweis zugänglich.**

11   **b) Lex mercatoria.** Als **lex mercatoria** werden verallgemeinernd die international
anerkannten **Rechtsgrundsätze des internationalen Handels- und Warenverkehrs**
bezeichnet.[33] Eine genaue Definition der lex mercatoria ist jedoch schwierig, schon weil
der Begriff uneinheitlich verwendet wird und umstritten ist, worum es sich bei der lex
mercatoria eigentlich handelt.[34] Daher kommt die lex mercatoria ggf. nur im Wege der
ergänzenden Vertragsauslegung zur Anwendung oder wenn ihre Geltung vertraglich vereinbart wurde.[35]

12   **c) Usancen.** Der Begriff **Usancen** wird nicht einheitlich verwendet und ist mehrdeutig.[36] Teilweise ist Usancen nur eine andere Bezeichnung für Handelsbräuche,[37] teilweise
wird zwischen Usancen und Handelsbräuchen differenziert.[38] Richtig ist wohl, Usancen als
tatsächliche Übung der beteiligten Verkehrskreise zu verstehen, für die es den beteiligten Verkehrskreisen jedoch an der Erwartung ihrer Maßgeblichkeit fehlt.

---

[23] Koller/Kindler/Roth/Drüen/Roth Rn. 13; Heymann/Horn Rn. 5; Röhricht/Graf v. Westphalen/
Haas/Steimle/Dornieden Rn. 19; Staub/Koller Rn. 51.
[24] BGH NJW-RR 1996, 1458; NJW 1996, 1678 (1679); Ebenroth/Boujong/Joost/Strohn/Fest Rn. 152.
[25] MüKoHGB/Maultzsch Rn. 1.
[26] BGH NJW 1992, 1446 (1447); 1990, 3206; Koller/Kindler/Roth/Drüen/Roth Rn. 1.
[27] Oetker/Pamp Rn. 17.
[28] Oetker/Pamp Rn. 17.
[29] BGH WM 1973, 677 (678); Ebenroth/Boujong/Joost/Strohn/Fest Rn. 37; Schlegelberger/Hefermehl
Rn. 4.
[30] vgl. Schlegelberger/Hefermehl Rn. 4.
[31] Oetker/Pamp Rn. 17; Schlegelberger/Hefermehl Rn. 4.
[32] BGH NJW 1966, 502 (503); 2001, 2464 (2465); MüKoHGB/Maultzsch Rn. 44 f.; Koller/Kindler/
Roth/Drüen/Roth Rn. 5.
[33] MüKoHGB/Maultzsch Rn. 43; Ebenroth/Boujong/Joost/Strohn/Fest Rn. 141 f.; Heymann/Horn vor
§ 343 Rn. 109 ff.
[34] MüKoHGB/Maultzsch Rn. 43 mwN; Ebenroth/Boujong/Joost/Strohn/Fest Rn. 141; Oetker/Pamp
Rn. 21; Heymann/Horn vor § 343 Rn. 109 ff.
[35] MüKoHGB/Maultzsch Rn. 43.
[36] MüKoHGB/Maultzsch Rn. 19; Koller/Kindler/Roth/Drüen/Roth Rn. 3; Staub/Koller Rn. 17.
[37] BGH NJW 1952, 257; Schlegelberger/Hefermehl Rn. 3; Staub/Koller Rn. 17.
[38] MüKoHGB/Maultzsch Rn. 19; Weynen NJW 1954, 628 (629).

Mit Usancen werden teilweise auch veröffentlichte allgemeine Vertragsbedingungen **13**
von Börsen oder Handelsplätzen bezeichnet[39] (etwa die Platzusancen für den Hamburgischen Warenhandel). Hierbei handelt es sich jedoch um Allgemeine Geschäftsbedingungen.[40]

d) Handelsgewohnheitsrecht. Wenn ein Handelsbrauch zum (Handels-)**Gewohn-** **14**
heitsrecht erstarkt, erlangt er **als Rechtsnorm Gesetzescharakter** iSd Art. 2
EGBGB.[41] In diesem Fall steht er im Rang dem HGB und seinen Nebengesetzen
gleich.[42] Hierzu kommt es, wenn über die Voraussetzungen des Handelsbrauches hinaus
ein **Rechtsgeltungswille** der ihm unterworfenen Verkehrskreise festgestellt werden
kann.[43] (Handels-) Gewohnheitsrecht entsteht nicht selten aus bestehenden Handelsbräuchen,[44] die sich so verfestigen, dass sie mehr sind als nur von den beteiligten
Verkehrskreisen anerkannte Gewohnheiten und Gebräuche. Auch wenn der praktische
Unterschied zwischen Handelsbräuchen und (Handels-) Gewohnheitsrecht wegen § 346
in der Praxis oftmals gering sein mag,[45] wäre es doch verfehlt, beide miteinander gleichzusetzen.[46] Dies verbietet sich schon deshalb, weil (Handels-) Gewohnheitsrecht auch
zwingende Wirkung haben kann.[47] Ein prominentes Beispiel für einen zum (Handels-)
Gewohnheitsrecht erstarkten Handelsbrauch ist das kaufmännische Bestätigungsschreiben[48] (→ Rn. 66 ff.).

e) Allgemeine Geschäftsbedingungen. Im Gegensatz zu Handelsbräuchen werden **15**
Allgemeine Geschäftsbedingungen regelmäßig von einer Partei der jeweils anderen Partei
gestellt.[49] Allgemeine Geschäftsbedingungen dienen der Steigerung der Effizienz des Verwenders und sollen die Bedingungen vereinheitlichen, zu denen der Verwender Verträge
abschließt. Allgemeine Geschäftsbedingungen werden nur dann Vertragsbestandteil, wenn
sie in die jeweiligen Verträge wirksam einbezogen werden.[50] Die Einbeziehung kann
allerdings auch per Handelsbrauch erfolgen.[51]

III. Anwendungsbereich und Voraussetzungen

1. Kaufmännisches Geschäft. § 346 findet dem Wortlaut nach („unter Kaufleuten", **16**
„im Handelsverkehre") nur dann Anwendung, wenn **auf beiden Seiten Kaufleute betei-**
ligt sind (§§ 343, 345).[52] Der Scheinkaufmann muss sich den Handelsbrauch wegen des
von ihm gesetzten Rechtsscheins zwar entgegenhalten lassen, kann sich aber nicht auf ihn

---

[39] MüKoHGB/Maultzsch Rn. 19; Schlegelberger/Hefermehl Rn. 3; Düringer/Hachenburg/Werner
Rn. 10.

[40] Schlegelberger/Hefermehl Rn. 3.

[41] MüKoHGB/Maultzsch Rn. 20; Oetker/Pamp Rn. 16; Heymann/Horn Rn. 15; GK-HGB/Achilles/
Schmidt Rn. 5; Schlegelberger/Hefermehl Rn. 2; Staub/Koller Rn. 16.

[42] MüKoHGB/Maultzsch Rn. 20; Schlegelberger/Hefermehl Rn. 3.

[43] BGHZ 1, 369 (373); 18, 81 (92 f.); RGZ 75, 40 (41); MüKoHGB/Maultzsch Rn. 21.

[44] MüKoHGB/Maultzsch Rn. 21.

[45] MüKoHGB/Maultzsch Rn. 21; gegen eine Differenzierung Raiser, Das Recht der Allgemeinen Geschäftsbedingungen, 1935, 82 ff.; dafür Heymann/Horn Rn. 16.

[46] Heymann/Horn Rn. 16.

[47] MüKoHGB/Maultzsch Rn. 20; Oetker/Pamp Rn. 16; Heymann/Horn Rn. 15 f.; GK-HGB/Achilles/
Schmidt Rn. 5.

[48] MüKoHGB/Maultzsch Rn. 21, 142; Hopt/Leyens Rn. 17; Ebenroth/Boujong/Joost/Strohn/Fest
Rn. 246; Heymann/Horn Rn. 49; Staub/Koller Rn. 25b.

[49] MüKoHGB/Maultzsch Rn. 16; Hopt/Leyens Rn. 2; Oetker/Pamp Rn. 20; Heymann/Horn Rn. 21;
GK-HGB/Achilles/Schmidt Rn. 8.

[50] BGH NJW 1985, 2411 (2412); OLG Düsseldorf NJW-RR 1993, 1190 (1191); Oetker/Pamp Rn. 20;
vgl. auch OLG Hamburg MDR 1997, 810.

[51] Vgl. BGH NJW 1985, 2411 (2412).

[52] MüKoHGB/Maultzsch Rn. 16; Ebenroth/Boujong/Joost/Strohn/Fest Rn. 8; vgl. Hopt/Leyens Rn. 3;
GK-HGB/Achilles/Schmidt Rn. 20.

berufen.[53] Bei dem Geschäft muss es sich nicht notwendigerweise um ein **beidseitiges Handelsgeschäft** handeln[54] (→ § 343 Rn. 7 ff.).

17 Handelsbräuche können auch auf Geschäfte zwischen einem Kaufmann und einem Nichtkaufmann anwendbar sein.[55] Hierfür bedarf es allerdings einer besonderen (ggf. stillschweigenden) Vereinbarung, die sich auch aus ständiger Übung ergeben kann.[56] Teilweise existieren auch Handelsbräuche außerhalb des Handelsverkehrs, etwa die sog. „Tegernseer Gebräuche" im Holzhandel[57] oder die Anwendung der Grundsätze des kaufmännischen Bestätigungsschreibens auf den Nichtkaufmann, der wie ein Kaufmann (in kaufmännischer Art und Weise) in größerem Umfang am Handelsverkehr teilnimmt.[58]

18 **2. Entstehung des Handelsbrauchs.** Ein Handelsbrauch entsteht durch **tatsächliche Übung** über einen **gewissen Zeitraum** unter **Zustimmung der Beteiligten.**[59]

19 **a) Tatsächliche Übung der beteiligten Verkehrskreise.** Das Entstehen eines Handelsbrauchs setzt zunächst eine **gleichbleibende** tatsächliche Übung der beteiligten Verkehrskreise voraus.[60] Der beteiligte Verkehrskreis muss dabei eine gewisse **Öffentlichkeit** haben.[61] Die am konkreten Geschäft beteiligten Parteien bilden noch keinen Verkehrskreis. Ein Verkehrskreis liegt erst dann vor, wenn er die an einem bestimmten Anbieter- oder Nachfragemarkt Beteiligten umfasst, wie beispielsweise die Angehörigen einer bestimmten Branche.[62]

20 Die tatsächliche Übung kann sich dabei auf eine bestimmte **Branche** oder einen **räumlich abgegrenzten Bereich** beschränken, etwa auf bestimmte Handelsplätze oder ein bestimmtes Gebiet.[63] Das HGB erkennt den **Ortsgebrauch** oder den Handelsbrauch an einem bestimmten Ort in einer Reihen von Normen ausdrücklich an (§§ 59, 94, 96, 99, 359, 380, 393, 394);[64] es gibt lokale/regionale, nationale oder internationale (→ Rn. 35) Handelsbräuche.[65] Daher ist bei Beteiligung einer außerhalb des relevanten Gebietes ansässigen Partei festzustellen, wo sich die maßgebliche Handlung oder Unterlassung abspielt.[66] Bei Rechtsgeschäften ist ihr räumlicher Schwerpunkt festzustellen.[67] Hilfsweise kann auch auf den Erfüllungsort abgestellt werden.[68]

21 **b) Für eine gewisse Dauer.** Das Bestehen eines Handelsbrauchs setzt auch voraus, dass die tatsächliche Übung mit einer gewissen **Beständigkeit** und nicht nur zufällig über eine **gewisse Dauer** ausgeübt wurde.[69] Eine feste zeitliche Grenze gibt es hierbei nicht.[70]

---

[53] Ebenroth/Boujong/Joost/Strohn/Fest Rn. 112; Oetker/Pamp Rn. 11; Koller/Kindler/Roth/Drüen/Roth Rn. 6; Staub/Koller Rn. 23.

[54] Hopt/Leyens Rn. 3; Ebenroth/Boujong/Joost/Strohn/Fest Rn. 104; Heymann/Horn Rn. 8.

[55] OLG Hamm NJW-RR 2002, 1348 (1349); Ebenroth/Boujong/Joost/Strohn/Fest Rn. 109; Koller/Kindler/Roth/Drüen/Roth Rn. 6; Staub/Koller Rn. 24.

[56] OLG Koblenz NJW-RR 1988, 1306; Oetker/Pamp Rn. 12.

[57] BGH BB 1986, 1395; OLG Koblenz NJW-RR 1988, 1306; OLG München BeckRS 2015, 18106 Rn. 31; Hopt/Leyens Rn. 15.

[58] BGH WM 1980, 1123; 1970, 696; Ebenroth/Boujong/Joost/Strohn/Fest Rn. 307.

[59] BGH NJW 2001, 2464 (2465); Ebenroth/Boujong/Joost/Strohn/Fest Rn. 6.

[60] BGH NJW 2001, 2464 (2465); Koller/Kindler/Roth/Drüen/Roth Rn. 4; Staub/Koller Rn. 5.

[61] MüKoHGB/Maultzsch Rn. 11; vgl. Oetker/Pamp Rn. 7.

[62] Vgl. MüKoHGB/Maultzsch Rn. 11; Schlegelberger/Hefermehl Rn. 11.

[63] Vgl. BGH NJW 1966, 502 (503); MüKoHGB/Maultzsch Rn. 11; Hopt/Leyens Rn. 7; Oetker/Pamp Rn. 7; Koller/Kindler/Roth/Drüen/Roth Rn. 8; Heymann/Horn Rn. 10 ff.; GK-HGB/Achilles/Schmidt Rn. 24; Schlegelberger/Hefermehl Rn. 8; Staub/Koller Rn. 29 ff.

[64] MüKoHGB/Maultzsch Rn. 11; Oetker/Pamp Rn. 7; Schlegelberger/Hefermehl Rn. 8.

[65] MüKoHGB/Maultzsch Rn. 11; Ebenroth/Boujong/Joost/Strohn/Fest Rn. 10 f.

[66] BGH WM 1973, 382 (383); Koller/Kindler/Roth/Drüen/Roth Rn. 8; Canaris HandelsR § 22 VI 1a.

[67] BGH WM 1973, 382 (383); Koller/Kindler/Roth/Drüen/Roth Rn. 8; Canaris HandelsR § 22 VI 1a.

[68] Koller/Kindler/Roth/Drüen/Roth Rn. 8; Canaris HandelsR § 22 VI 1b.

[69] RGZ 110, 47 (48); 118, 139 (140); MüKoHGB/Maultzsch Rn. 12; Koller/Kindler/Roth/Drüen/Roth Rn. 4; Staub/Koller Rn. 7; Schlegelberger/Hefermehl 9; Oetker/Pamp Rn. 9.

[70] MüKoHGB/Maultzsch Rn. 12.

Maßgeblich sind die konkreten Umstände des Einzelfalles.[71] Die für das Entstehen eines Handelsbrauchs jeweils erforderliche Dauer ist auch abhängig von der Häufigkeit seines Gebrauchs durch die beteiligten Verkehrskreise.[72] Es besteht also eine **Wechselwirkung** zwischen der Intensität des Gebrauchs durch die beteiligten Verkehrskreise und dem für das Entstehen eines Handelsbrauchs jeweils erforderlichen Zeitmoment.[73] Letztlich kommt es darauf an, ob sich aufgrund der tatsächlichen Übung in dem beteiligten Verkehrskreis eine allgemeine Erwartungshaltung in Bezug auf die Geltung des Handelsbrauchs entwickelt hat.[74]

c) Anerkennung als maßgeblich. Weiterhin setzt das Entstehen eines Handelsbrauchs **22** voraus, dass er von den beteiligten Verkehrskreisen **freiwillig** als maßgeblich anerkannt und von ihnen **gebilligt** wird.[75] Die beteiligten Verkehrskreise müssen sich dem Handelsbrauch unterwerfen, weil sie **von seiner Maßgeblichkeit überzeugt** sind.[76] Eine Anerkennung als rechtsverbindlich oder gar ein Rechtsgeltungswille der beteiligten Verkehrskreise ist dabei nicht erforderlich;[77] in diesem Fall wäre der Handelsbrauch als (Handels-) Gewohnheitsrecht zu qualifizieren.[78] Im Rahmen des § 346 kommt es nur darauf an, ob es sich um eine anerkannte Verkehrserwartung handelt,[79] wobei maßgeblich allein die allgemeine **Verkehrserwartung** über die Maßgeblichkeit des Handelsbrauchs ist.[80] Ein Handelsbrauch ist also nur deshalb „verbindlich", weil er von den beteiligten Verkehrskreisen respektiert wird.[81] Insofern kommt es nicht auf den individuellen Marktteilnehmer an.[82] Er braucht den Handelsbrauch weder zu kennen noch persönlich zu billigen.[83]

Die Anerkennung kann dabei nicht von einem Teil der beteiligten Verkehrskreise **23** erzwungen werden, etwa indem nur eine Marktseite einheitlich ein bestimmtes Verhalten an den Tag legt und durchzusetzen versucht.[84] In diesem Fall fehlt es selbst bei regelmäßiger Anwendung bestimmter Übungen an der notwendigen **allseitigen freiwilligen Akzeptanz.**[85]

d) Kein Erlöschen des Handelsbrauchs. Ein einmal entstandener Handelsbrauch **24** besteht jedoch nicht ohne weiteres fort.[86] Vielmehr kann er auch wieder **erlöschen.**[87] Dies ist der Fall, wenn und soweit die tatsächliche Übung beendet wird oder die beteiligten Verkehrskreise den Handelsbrauch nicht mehr als maßgeblich ansehen.[88] Soweit es nur um

---

[71] MüKoHGB/Maultzsch Rn. 12; Ebenroth/Boujong/Joost/Strohn/Fest Rn. 19.
[72] BGH NJW 1966, 502 (504); MüKoHGB/Maultzsch Rn. 12; GK-HGB/Achilles/Schmidt Rn. 14.
[73] Vgl. BGH NJW 1966, 502 (504); MüKoHGB/Maultzsch Rn. 12; GK-HGB/Achilles/Schmidt Rn. 14.
[74] MüKoHGB/Maultzsch Rn. 12.
[75] BGH NJW 1952, 257; RGZ 110, 47 (48); 118, 139 (140); Hopt/Leyens Rn. 1; Staub/Koller Rn. 7; GK-HGB/Achilles/Schmidt Rn. 12.
[76] BGH WM 1984, 1000 (1002); RGZ 110, 47 (48); 118, 139 (140); OLG Schleswig NJW-RR 2004, 1027 (1028); OLG Köln NJW-RR 1998, 926; OLG München BB 1955, 748; MüKoHGB/Maultzsch Rn. 14; Hopt/Leyens Rn. 12; GK-HGB/Achilles/Schmidt Rn. 13; Heymann/Horn Rn. 23; Schlegelberger/Hefermehl Rn. 10; Staub/Koller Rn. 8; Wagner NJW 1969, 1283.
[77] MüKoHGB/Maultzsch Rn. 13.
[78] MüKoHGB/Maultzsch Rn. 13.
[79] MüKoHGB/Maultzsch Rn. 13; Staub/Koller Rn. 9.
[80] MüKoHGB/Maultzsch Rn. 14; Staub/Koller Rn. 9.
[81] Vgl. OLG Hamm NJW-RR 1993, 1444; Staub/Koller Rn. 9.
[82] MüKoHGB/Maultzsch Rn. 14; vgl. auch Staub/Koller Rn. 9 ff.
[83] BGH WM 2000, 1744 f.; NJW 1966, 502 f.; MüKoHGB/Maultzsch Rn. 14, 34; Ebenroth/Boujong/Joost/Strohn/Fest Rn. 22; Oetker/Pamp Rn. 13 f.; Heymann/Horn Rn. 23; GK-HGB/Achilles/Schmidt Rn. 13.
[84] MüKoHGB/Maultzsch Rn. 14; GK-HGB/Achilles/Schmidt Rn. 12; Schlegelberger/Hefermehl Rn. 10; Staub/Koller Rn. 11.
[85] GK-HGB/Achilles/Schmidt Rn. 12; Schlegelberger/Hefermehl Rn. 10.
[86] OLG Frankfurt a. M. NJW-RR 2001, 1498 (1499); MüKoHGB/Maultzsch Rn. 17; Ebenroth/Boujong/Joost/Strohn/Fest Rn. 27; Oetker/Bergmann Rn. 25; Koller/Kindler/Roth/Drüen/Roth Rn. 4.
[87] OLG Frankfurt a. M. NJW-RR 2001, 1498 (1499); MüKoHGB/Maultzsch Rn. 15; Ebenroth/Boujong/Joost/Strohn/Fest Rn. 19; Koller/Kindler/Roth/Drüen/Roth Rn. 4.
[88] Oetker/Pamp Rn. 25; GK-HGB/Achilles/Schmidt Rn. 13.

eine Unterbrechung der tatsächlichen Übung geht, ist eine kriegs- oder krisenbedingte Unterbrechung unschädlich, wenn die tatsächliche Übung nach dem Ende der Krise wieder aufgenommen wird.[89]

25   **e) Prozessuales, Feststellung des Bestehens eines Handelsbrauchs.** Ob ein Handelsbrauch vorliegt, ist nach hM **Tatfrage,** also dem Beweis zugänglich und **nicht revisibel.**[90] Jedoch kann die Feststellung des Handelsbrauchs durch den Sachverständigen und/oder das Gericht fehlerhaft sein. Ebenso kann der Begriff des Handelsbrauchs verkannt worden sein; solche Fehler sind revisibel.[91] Im Übrigen gelten die allgemeinen Grundsätze: Wer sich auf einen Handelsbrauch beruft, trägt die **Darlegungs- und Beweislast.**[92]

26   Auskunft zum Vorliegen eines Handelsbrauchs geben üblicherweise die **Industrie- und Handelskammern, Fachverbände oder Sachverständige.**[93] Bei den Auskünften der Industrie- und Handelskammern handelt es sich prozessual um amtliche Auskünfte iSv § 273 Abs. 2 Nr. 2, 358a S. 2 Nr. 2 ZPO, die der Sache nach aber wie Sachverständigengutachten zu behandeln sind.[94] Daher muss das Gericht die Auskunft der Industrie- und Handelskammer in gleicher Weise wie ein Sachverständigengutachten prüfen und deutlich machen, ob (und wenn ja warum) es sich der Auskunft der Industrie- und Handelskammer anschließt.[95]

27   Im Übrigen kann eine Kammer für Handelssachen gem. § 114 GVG „auf Grund eigener Sachkunde und Wissenschaft" über das Bestehen von Handelsbräuchen entscheiden.[96] Die Existenz gerichtsbekannter Handelsbräuche kann aber auch jeder andere Spruchkörper feststellen.[97]

IV. Rechtsfolgen

28   § 346 bestimmt, dass unter Kaufleuten auf Handelsbräuche „**Rücksicht** zu nehmen" ist. Damit ist zweierlei gemeint: Zum einen muss das im Streitfall mit der Streitentscheidung befasste Gericht die Handelsbräuche nach allgemeinen prozessrechtlichen Grundsätzen berücksichtigen, zum anderen (wenn nicht sogar in erster Linie) gilt die Rücksichtnahmepflicht auch für die Parteien selbst im Rahmen der Vertragsdurchführung bzw. bei ihrem sonstigen Verhalten im Handelsverkehr.[98]

29   Ist der maßgebliche Handelsbrauch einer der Parteien des konkreten Geschäftes **unbekannt,** führt dies nicht zu einer Anfechtungsmöglichkeit wegen Irrtums, weil es sich nur um einen unbeachtlichen **Rechtsirrtum** handelt.[99] Das gleiche gilt, wenn sich der Irrtum nur auf die Rechtsfolgen bezieht.[100] Eine **Anfechtung** kann allerdings in Betracht kommen, soweit der Handelsbrauch für den Inhalt der vom Anfechtenden abgegebenen Willenserklärungen relevant ist.[101] In diesem Fall kann der Anfechtende über den Inhalt der Willenserklärung im Irrtum gewesen sein;[102] möglicherweise wollte er eine Erklärung dieses

---

[89] BGH NJW 1952, 257 (258); Vgl. MüKoHGB/Maultzsch Rn. 17; Oetker/Pamp Rn. 25.

[90] BGH NJW 1966, 502 (503); MüKoHGB/Maultzsch Rn. 44.

[91] BGH NJW 1977, 385 (386 f.); Hopt/Leyens Rn. 14.

[92] MüKoHGB/Maultzsch Rn. 44; Ebenroth/Boujong/Joost/Strohn/Fest Rn. 55; Koller/Kindler/Roth/Drüen/Roth Rn. 5.

[93] MüKoHGB/Maultzsch Rn. 44 f.; Ebenroth/Boujong/Joost/Strohn/Fest Rn. 57 ff. (Gutachten der IHK); Oetker/Pamp Rn. 27.

[94] BGH NJW 1966, 502 (503); MüKoHGB/Maultzsch Rn. 46.

[95] Vgl. BGHZ 3, 175; BGH NJW 1991, 1894; MüKoZPO/Prütting § 286 Rn. 22.

[96] Hopt/Leyens Rn. 13; Ebenroth/Boujong/Joost/Strohn/Fest Rn. 92; Oetker/Pamp Rn. 26; Koller/Kindler/Roth/Drüen/Roth Rn. 5.

[97] Hopt/Leyens Rn. 13; Heymann/Horn Rn. 32.

[98] MüKoHGB/Maultzsch Rn. 25, 44.

[99] Hopt/Leyens Rn. 9; Ebenroth/Boujong/Joost/Strohn/Fest Rn. 172; Staub/Koller Rn. 51; GK-HGB/Schmidt Rn. 24; Canaris HandelsR § 22 IV 2; K. Schmidt HandelsR § 19 IV 2.

[100] MüKoHGB/Maultzsch Rn. 35; Ebenroth/Boujong/Joost/Strohn/Fest Rn. 172.

[101] MüKoHGB/Maultzsch Rn. 29; vgl. auch GK-HGB/Achilles/Schmidt Rn. 28.

[102] RG JW 1926, 1325; MüKoHGB/Maultzsch Rn. 29; aA Koller/Kindler/Roth/Drüen/Roth Rn. 17.

Inhalts überhaupt nicht abgeben.[103] Insoweit gelten die allgemeinen Regeln der §§ 119 ff. BGB.

Da ein Handelsbrauch nur interpretierende oder ergänzende Funktion hat (→ Rn. 4), **30** tritt er stets hinter **zwingendem Recht** zurück (zB §§ 138, 826 BGB);[104] das Gleiche gilt bei einem Verstoß gegen Treu und Glauben (§§ 157, 242 BGB).[105] Gegenüber **dispositivem Recht** kann sich der Handelsbrauch jedoch durchsetzen,[106] weil der Handelsbrauch letztlich als Teil der (dispositivem Recht vorgehenden) vertraglichen Vereinbarung der Parteien behandelt wird.

Wenn und soweit die Parteien eine ausdrückliche Vereinbarung treffen, sei es durch **31** Individualvereinbarung oder Allgemeine Geschäftsbedingungen, geht sie den Handelsbräuchen vor.[107] Dies gilt aber nur, soweit die Vereinbarung der Parteien von den maßgeblichen Handelsbräuchen abweicht oder die Anwendbarkeit eines Handelsbrauches ausdrücklich oder stillschweigend ausschließt.[108]

V. UN-Kaufrecht, Internationale Handelsbräuche

1. Art. 9 CISG. Eine § 346 vergleichbare Norm findet sich auch in Art. 9 CISG.[109] In **32** der (nicht verbindlichen) deutschsprachigen Fassung heißt es,

> „*(1) Die Parteien sind an die **Gebräuche**, mit denen sie sich einverstanden erklärt haben, und an die **Gepflogenheiten** gebunden, die **zwischen ihnen entstanden** sind.*
> *(2) Haben die Parteien nichts anderes vereinbart, so wird **angenommen**, daß sie sich in ihrem Vertrag oder bei seinem Abschluß stillschweigend auf Gebräuche bezogen haben, die sie kannten oder kennen mußten und die im internationalen Handel den Parteien von Verträgen dieser Art in dem betreffenden Geschäftszweig **weithin bekannt** sind und von ihnen **regelmäßig beachtet** werden.*“[110]

Bei den beiden in Art. 9 Abs. 1 CISG geregelten Fällen handelt es sich nicht um **33** Handelsbräuche.[111] Art. 9 Abs. 1 CISG behandelt vielmehr die Rechtsfolgen einer bilateralen Übung der Parteien. Soweit die Parteien ihr Einverständnis mit bestimmten **Gebräuchen** erklärt haben, werden diese Gebräuche **kraft Vereinbarung** der Parteien Vertragsbestandteil.[112] Die Bindung der Parteien an die zwischen ihnen entstandenen **Gepflogenheiten** wiederum beruht darauf, dass es sich hierbei um Verhaltensweisen handelt, die von beiden Parteien dauerhaft beachtet werden.[113] Ihre Beachtlichkeit ist letztlich Ausfluss von Treu und Glauben.[114] In besonderen Fällen kann es sich auch um eine (stillschweigende) vertragliche Vereinbarung handeln.

Demgegenüber bestimmt Art. 9 Abs. 2 CISG, dass **internationale Handelsbräuche**, **34** die die Parteien kannten oder kennen mussten, im Wege der **Fiktion** oder kraft **unwiderleglicher Vermutung** von den Parteien **durch Inbezugnahme** zum **Vertrags-**

---

[103] Canaris HandelsR § 22 IV 3; aA Ebenroth/Boujong/Joost/Strohn/Fest Rn. 20.

[104] RGZ 103, 146 (148); Hopt/Leyens Rn. 10; Koller/Kindler/Roth/Drüen/Roth Rn. 12; Heymann/Horn Rn. 7; Schlegelberger/Hefermehl Rn. 39.

[105] BGH BB 1973, 635 (636); Ebenroth/Boujong/Joost/Strohn/Fest Rn. 187; Schlegelberger/Hefermehl Rn. 40; aA Staub/Koller Rn. 14.

[106] BGH BB 1973, 635 (636); NJW 1966, 502; Hopt/Leyens Rn. 10; Ebenroth/Boujong/Joost/Strohn/Fest Rn. 156, 175, 185; Koller/Kindler/Roth/Drüen/Roth Rn. 12; Staub/Koller Rn. 15; GK-HGB/Schmidt Rn. 15.

[107] Oetker/Pamp Rn. 3; Koller/Kindler/Roth/Drüen/Roth Rn. 13; Staub/Koller Rn. 41.

[108] Oetker/Pamp Rn. 3; Koller/Kindler/Roth/Drüen/Roth Rn. 13; Staub/Koller Rn. 41.

[109] Übereinkommen der Vereinten Nationen über Verträge über den internationalen Warenkauf vom 11.4.1980 (BGBl. 1989 II 588).

[110] Die Hervorhebungen wurden hinzugefügt.

[111] Vgl. MüKoHGB/Maultzsch Rn. 42.

[112] MüKoHGB/Ferrari CISG Art. 9 Rn. 2; Holl/Keßler RIW 1995, 457 (459).

[113] MüKoHGB/Ferrari CISG Art. 9 Rn. 7.

[114] BeckOK BGB/Sänger CISG Art. 9 Rn. 3; MüKoHGB/Ferrari CISG Art. 9 Rn. 8; Holl/Keßler RIW 1995, 457.

bestandteil gemacht wurden.[115] Damit ist Art. 9 Abs. 2 CISG formal erheblich enger als § 346. Über das objektive Bestehen des Handelsbrauchs hinaus (tatsächliche Übung über einen gewissen Zeitraum unter Zustimmung der Beteiligten) bedarf es aber auch eines subjektiven Elements, nämlich der Kenntnis oder des Kennenmüssens der Parteien.[116] Praktisch dürften die Unterschiede jedoch gering sein, weil auch bei tatsächlicher Unkenntnis eines internationalen Handelsbrauchs regelmäßig Kennenmüssen gegeben sein dürfte.[117]

35   **2. Voraussetzungen des Bestehens eines internationalen Handelsbrauchs.** Ein **internationaler** Handelsbrauch liegt vor, wenn zum einen die allgemeinen Voraussetzungen für die Existenz eines Handelsbrauchs vorliegen.[118] Hier gilt das Gleiche wie unter § 346 (→ Rn. 16 ff.). Darüber hinaus muss es sich aber um einen Handelsbrauch handeln, der gerade im **internationalen** Handel und **in Bezug auf Verträge der jeweils vorliegenden Art weithin bekannt** ist und regelmäßig **beachtet** wird.[119] Dies wird bei einem nur lokalen oder regionalen Handelsbrauch regelmäßig nicht der Fall sein,[120] allerdings kann nach teilweise vertretener Ansicht auch ein lokaler, den internationalen Handel betreffender Handelsbrauch für das Bestehen eines internationalen Handelsbrauchs genügen.[121]

36   **3. Kaufmännisches Bestätigungsschreiben.** Im Anwendungsbereich von Art. 9 Abs. 2 CISG können die Grundsätze über das kaufmännische Bestätigungsschreiben als internationaler Handelsbrauch Anwendung finden, soweit sie von einer oder beiden beteiligten Rechtsordnungen nicht ohnehin als Gewohnheitsrecht anerkannt sind. Nach (richtiger) hM steht die Anerkennung der Grundsätze über das kaufmännische Bestätigungsschreiben als (nationales) Gewohnheitsrecht ihrer gleichzeitigen Qualifizierung als internationaler Handelsbrauch nicht entgegen.[122] Dies folgt aus der **autonomen Auslegung** des CISG.[123]

VI. Handelsbräuche und Handelsklauseln

37   **1. Wichtige Handelsbräuche.** Viele Handelsbräuche beschäftigen sich mit der **Durchführung von Verträgen**.[124] Sie können insoweit auch die Untersuchungs- und Rügeobliegenheiten nach § 377 konkretisieren.[125] Andere Handelsbräuche regeln die **Lieferungs- und Zahlungsbedingungen**.[126] So kann es sich hierbei etwa um die Stornierung von Reise- und Hotelbuchungen durch den Reiseveranstalter handeln,[127] die Branchenüblichkeit eines Eigentumsvorbehalts[128] oder die Frage des Erfüllungsorts im deutschen Weinhandel.[129] **Rücktrittsrechte** lassen sich aus einem Handelsbrauch nur in Ausnahmefällen herleiten.[130]

---

[115] MüKoHGB/Ferrari CISG Art. 9 Rn. 10; Staudinger/Magnus CISG Art. 9 Rn. 16.
[116] MüKoHGB/Ferrari CISG Art. 9 Rn. 15; Staudinger/Magnus CISG Art. 9 Rn. 24; Schlechtriem/Schwenzer/Schmidt-Kessel CISG Art. 9 Rn. 19.
[117] Schlechtriem/Schwenzer/Schmidt-Kessel CISG Art. 9 Rn. 19.
[118] MüKoHGB/Ferrari CISG Art. 9 Rn. 3.
[119] MüKoHGB/Ferrari CISG Art. 9 Rn. 15.
[120] AA MüKoHGB/Ferrari CISG Art. 9 Rn. 12; Staudinger/Magnus CISG Art. 9 Rn. 22.
[121] MüKoHGB/Ferrari CISG Art. 9 Rn. 12.
[122] Vgl. hierzu Staudinger/Magnus CISG Art. 9 Rn. 27 mwN; wohl aA Huber RabelsZ 43, 413 (448 f.).
[123] MüKoHGB/Ferrari CISG Art. 9 Rn. 17.
[124] Oetker/Pamp Rn. 30.
[125] OLG Nürnberg BB 2010, 322; OLG München OLGR 2009, 862 (863 f.); Oetker/Pamp Rn. 30.
[126] Oetker/Pamp Rn. 31.
[127] BGH NJW 1977, 385; Oetker/Pamp Rn. 31.
[128] BGHZ 14, 114 (117 f.); BGH NJW 1964, 1788; Oetker/Pamp Rn. 31.
[129] LG Landau NJW 1952, 789; Hopt/Leyens Rn. 15; Oetker/Pamp Rn. 31.
[130] Näher MüKoHGB/Maultzsch Rn. 40; Oetker/Pamp Rn. 32.

Handelsbräuche sind nicht abschließend katalogisiert.[131] Bekannte Handelsbräuche lassen **38**
sich aber den Jahresberichten diverser **Industrie- und Handelskammern** entnehmen.[132]
Auch die den nationalen Holzhandel betreffenden **Tegernseer Gebräuche** (Neufassung
1985) stellen einen anerkannten Handelsbrauch dar.[133] Darüber hinaus werden die **Richtlinien für Dokumentenakkreditive** im Akkreditivgeschäft weitgehend als Handelsbrauch anerkannt.[134] Den wohl bekanntesten Handelsbrauch stellt das kaufmännische
Bestätigungsschreiben dar (→ Rn. 66 ff.).

2. Handelsklauseln. Eine ähnliche Funktion wie Handelsbräuche haben die sog. **Han-** **39**
delsklauseln (zB FOB oder ex works). Hierbei handelt es sich um typischerweise in
abgekürzter Form verwendete **Vertragsklauseln,** mit denen die Parteien eines (in aller
Regel Kauf-)Vertrages Einzelheiten ihrer gegenseitigen vertraglichen Verpflichtungen regeln.[135] IdR betreffen Handelsklauseln Fragen der praktischen Vertragsdurchführung zB in
Bezug auf die Pflichten- und Risikoverteilung für den Transport der Vertragsware, ihre
Versicherung, die Durchführung von Im- und Exportformalitäten, oder Fragen wie den
Ausschluss von Aufrechnungs- oder Zurückbehaltungsrechten. Die Vereinbarung wird in
kurzen prägnanten Formulierungen festgehalten, deren Inhalt sich dem am Vertrag unbeteiligten Dritten nicht notwendigerweise auf den ersten Blick erschließt. Handelsklauseln
sind **keine Handelsbräuche,** sondern Vertragsbedingungen; ihre Auslegung kann aber
von Handelsbräuchen beeinflusst werden.[136] Zum Teil werden durch Handelsklauseln sogar
komplette Klauselwerke (zB Allgemeine Verkaufs-, Liefer- oder Einkaufsbedingungen) in
den Vertrag einbezogen.[137]

Der Inhalt der von den Parteien gewählten Handelsklausel bestimmt sich nach dem **40**
Vertragsstatut.[138] Je nach Vertragsstatut und je nach Eindeutigkeit der von den Parteien
gewählten Handelsklausel kann es dabei zu unterschiedlichen Auslegungsergebnissen kommen.

Viele Regelungen, die früher durch eine Reihe von (lokal durchaus unterschiedlich **41**
verstandenen) Handelsklauseln festgelegt wurden, finden sich heute in den von der Internationalen Handelskammer (ICC) in Paris herausgegebenen sog. **Incoterms®** wieder. Die
Incoterms® dienen der einheitlichen Auslegung nationaler und internationaler Handelsklauseln. Soweit die Parteien eines Kaufvertrages ausdrücklich auf einen Incoterm® Bezug
nehmen, kommt es auf die Bedeutung der ursprünglichen Handelsklausel, auch wenn sie
als Vorlage für den jeweiligen Incoterm® diente, nicht mehr an. Daneben sind **zahlreiche**
weitere Handelsklauseln gebräuchlich, über die nachfolgend – ohne Anspruch auf
Vollständigkeit – ein Überblick gegeben werden soll. Viele dieser Klauseln sehen einen
Ausschluss der Aufrechnung oder der Geltendmachung von Zurückbehaltungsrechten vor.
Solche Klauseln sind auch im Geschäftsverkehr zwischen Unternehmern[139] **in AGB un-**
wirksam, sofern sie unbestrittene, entscheidungsreife oder rechtskräftig fest-
gestellte Forderungen betreffen.[140]

Baldmöglichst: IdR wird der Verkäufer durch diese Klausel dazu verpflichtet, die **42**
Lieferung innerhalb einer angemessenen (kurzen) Lieferfrist durchzuführen, dh **so schnell**

---

[131] MüKoHGB/Maultzsch Rn. 37.

[132] MüKoHGB/Maultzsch Rn. 37; Oetker/Pamp Rn. 33.

[133] BGH NJW-RR 1987, 94; OLG München BeckRS 2015, 18106 Rn. 31; MüKoHGB/Maultzsch
Rn. 38; Hopt/Leyens Rn. 15; Oetker/Pamp Rn. 33.

[134] MüKoHGB/Maultzsch Rn. 38; Hopt/Hopt ERA Einl. Rn. 5; nicht abschließend geklärt in BGHZ
108, 348 (351).

[135] Ebenroth/Boujong/Joost/Strohn/Fest Rn. 360; Oetker/Pamp Rn. 67; Heymann/Horn Rn. 67.

[136] BGH NJW 1987, 2435 (2436); 1985, 550; Oetker/Pamp Rn. 70.

[137] Hopt/Leyens Rn. 39; Ebenroth/Boujong/Joost/Strohn/Fest Rn. 360; Oetker/Pamp Rn. 67; GK-
HGB/Schmidt Rn. 27.

[138] OLG Koblenz RIW 2004, 302 (304); Koller/Kindler/Roth/Drüen/Roth Rn. 18.

[139] BGH NJW 1992, 575 (577).

[140] BGH NJW 1998, 3119; 1985, 550; 1992, 575 (577).

wie dies im ordentlichen Geschäftsgang **möglich** ist.[141] Die Klausel kann aber auch bedeuten, dass der Verkäufer nach billigem Ermessen (§ 315 Abs. 1 BGB) die Lieferzeit bestimmt.[142]

43 **Bar, Barzahlung:** Die Bedeutung dieser Handelsklausel liegt in dem **Ausschluss von Aufrechnungs- und Zurückbehaltungsrechten** des Käufers[143] (→ Rn. 50, → Rn. 41). Dagegen bedeutet sie entgegen ihrem missverständlichen Wortlaut nicht, dass eine Bezahlung durch Überweisung oder per Scheck ausgeschlossen ist.[144]

44 **Brutto für netto:** Für den Kaufpreis der Ware ist deren Bruttogewicht ohne Abzug der Verpackung (Tara) maßgeblich.[145]

45 **Circa, ca.:** Die Circa-Klausel kann sich auf den Liefertermin oder die Liefermenge beziehen.[146] Eine im Einzelfall zu bemessende Abweichung von der geschuldeten Menge nach oben oder unten ist zulässig.[147] Die eröffnete Toleranz gestattet idR eine Abweichung um 5 % (je nach Branche auch bis zu 10 %).[148] Wird die Liefermenge grob über- bzw. unterschritten, kann sich der Verkäufer nicht auf die Toleranz berufen.[149] Die Klausel gilt nicht beim Rückhandeln der Ware (Differenzgeschäft).[150] Ob sie bei Schadensersatzansprüchen statt der Leistung anwendbar ist, wird unterschiedlich beurteilt.[151] Sachgerecht erscheint eine Differenzierung danach, ob die Klausel bezweckt, dem Verkäufer grundsätzlich einen objektiv angemessenen Spielraum zu eröffnen. Ist dies der Fall, sollte dies auch im Hinblick auf Ansprüche auf Schadensersatz statt der Leistung gelten.[152]

46 **COD (cash on delivery):** Dies ist eine **Nachnahmeklausel** (→ Rn. 55), die eine Barzahlungspflicht vorsieht (→ Rn. 43, 50, 51) und damit eine Aufrechnung oder die Geltendmachung von Zurückbehaltungsrechten ausschließt (zum Ausschluss in AGB → Rn. 41).[153]

47 **FCL (full container load),** und **LCL (less than container load),** insbesondere in den Kombinationen FCL/FCL, FCL/LCL, LCL/FCL, LCL/LCL:[154] Bei FCL/FCL ist die Ware im versiegelten Container von der Tür des Abladers bis zur Tür des Empfängers zu versenden (ein Ablader und ein Empfänger; bei FCL/LCL dagegen: ein Ablader, mehrere Empfänger; bei LCL/FCL: mehrere Ablader, ein Empfänger; bei LCL/LCL: mehrere Ablader, mehrere Empfänger).[155]

48 **Freibleibend, ohne Obligo:** Diese Klausel kann verschiedene Bedeutungen haben. Erstens kann sie die **Bindung an das Angebot** betreffen. Dabei kann sie so zu verstehen sein, dass der Verwender überhaupt kein Angebot iSd § 145 BGB abgeben und lediglich die andere Partei zur Abgabe eines solchen Angebots auffordern will (invitatio ad offerendum);[156]

---

[141] MüKoHGB/Maultzsch Rn. 65; Hopt/Leyens Rn. 40 („so schnell wie möglich"); Ebenroth/Boujong/Joost/Strohn/Fest Rn. 370.

[142] OLG München BB 1954, 116; Ebenroth/Boujong/Joost/Strohn/Fest Rn. 370; Schlegelberger/Hefermehl Rn. 65.

[143] BGH NJW 1985, 550; MüKoHGB/Maultzsch Rn. 66; Ebenroth/Boujong/Joost/Strohn/Fest Rn. 370.

[144] MüKoHGB/Maultzsch Rn. 65; Hopt/Leyens Rn. 40 („Zahlung"); Ebenroth/Boujong/Joost/Strohn/Fest Rn. 370.

[145] MüKoHGB/Maultzsch Rn. 70; Ebenroth/Boujong/Joost/Strohn/Fest Rn. 370; Röhricht/Graf v. Westphalen/Haas/Steimle/Dornieden Rn. 78.

[146] MüKoHGB/Maultzsch Rn. 73; Oetker/Pamp Rn. 76.

[147] Hopt/Leyens Rn. 40 („Circa (Toleranz)"); Oetker/Pamp Rn. 76.

[148] MüKoHGB/Maultzsch Rn. 73; Hopt/Leyens Rn. 40 („Circa (Toleranz)"); Ebenroth/Boujong/Joost/Strohn/Fest Rn. 371; Röhricht/Graf v. Westphalen/Haas/Steimle/Dornieden Rn. 83.

[149] Hopt/Leyens Rn. 40 („Circa (Toleranz)"); Ebenroth/Boujong/Joost/Strohn/Fest Rn. 371.

[150] Hopt/Leyens Rn. 40 („Circa (Toleranz)"); Ebenroth/Boujong/Joost/Strohn/Fest Rn. 371.

[151] Bejahend Ebenroth/Boujong/Joost/Strohn/Fest Rn. 371; dagegen Hopt/Leyens Rn. 40 („Circa (Toleranz)").

[152] MüKoHGB/Maultzsch Rn. 73.

[153] BGH NJW 1985, 550; Oetker/Pamp Rn. 76.

[154] MüKoHGB/Maultzsch Rn. 79, Oetker/Pamp Rn. 79; vgl. näher Hopt/Leyens Rn. 40 („FCL").

[155] Oetker/Pamp Rn. 79.

[156] BGH NJW 1996, 919; Oetker/Pamp Rn. 79; Röhricht/Graf v. Westphalen/Haas/Steimle/Dornieden Rn. 114.

dies ist idR verbunden mit dem Versprechen, dass ein von der anderen Partei unterbreitetes Angebot als angenommen gelten soll, sofern der Verwender es nicht unverzüglich ablehnt.[157] Die Klausel kann aber auch bedeuten, dass ein Angebot solange widerruflich ist, bis es angenommen wurde.[158] Zweitens kann sie die **Bindung an Bestimmungen des Vertrages,** insbesondere hinsichtlich der Lieferverpflichtung, der Lieferzeit, des Preises und der Liefermenge, betreffen. So kann sie den Verkäufer von seiner Lieferpflicht freistellen, wenn sein Lieferant ihn nicht beliefert[159] (→ Rn. 58 zu Selbstbelieferungsvorbehalten), oder sie kann ihm das Recht einräumen, die Lieferzeit nach billigem Ermessen (§ 315 BGB) zu bestimmen.[160] Denkbar ist auch, dass dem Verkäufer ein vertragliches Rücktrittsrecht zustehen soll.[161] Im Falle der Verwendung von AGB im Verhältnis zwischen Unternehmern ist dies an § 307 BGB zu messen, wobei die Wertung des § 308 Nr. 3 BGB zu berücksichtigen ist.[162] Allerdings sind im kaufmännischen Geschäftsverkehr im Hinblick auf das Recht, sich vom Vertrag zu lösen, keine allzu hohen Anforderungen zu stellen.[163]

Hamburger Freundschaftliche Arbitrage: Deutsches Schiedsverfahrens- und deut- **49** sches materielles Recht sind anzuwenden; die Arbitrage findet am Gerichtsstand Hamburg statt, das Schiedsverfahren richtet sich nach § 20 Abs. 1 der Platzusancen für den Hamburgischen Warenhandel.[164]

Kasse, cassa: (→ Rn. 43, 46, 51) Der Käufer ist zur Zahlung in bar, durch Überweisung **50** oder durch (gedeckten) Scheck verpflichtet.[165] Eine Barzahlungsabrede schließt die Geltendmachung von Aufrechnungs-[166] und Zurückbehaltungsrechten aus[167] (zum Ausschluss in AGB → Rn. 41). Die Klausel räumt dem Frachtführer oder Spediteur keine Einziehungsbefugnis ein.[168] Sie gilt auch für den Zessionar des Verkäufers (zB eine kreditgewährende Bank). Sogar eine etwaige Insolvenz des Verkäufers steht der Anwendung der Klausel nicht entgegen.[169]

Kasse gegen Dokumente: Die Klausel begründet gewissermaßen eine beiderseitige **51** Vorleistungspflicht[170], nämlich des Verkäufers bezüglich der Vorlage der Dokumente[171] und des Käufers hinsichtlich der Bezahlung der Ware (idR in bar, → Rn. 43, 46, 50[172]), ohne dass er diese erhalten hat und untersuchen kann.[173] Der Käufer gerät somit grundsätzlich in Zahlungsverzug, wenn er unter Berufung auf die angebliche Vertragswidrigkeit der Ware die Kaufpreiszahlung verweigert (Grenze: Rechtsmissbrauch),[174] wobei seine

---

157 MüKoHGB/Maultzsch Rn. 86; iErg idR ebenso Ebenroth/Boujong/Joost/Strohn/Fest Rn. 374; Oetker/Pamp Rn. 79.

158 BGH NJW 1984, 1885 (1886); MüKoHGB/Maultzsch Rn. 86; Hopt/Leyens Rn. 40 („Freibleibend, ohne Obligo").

159 Vgl. hierzu Hopt/Leyens Rn. 40 („Freibleibend, ohne Obligo"); Ebenroth/Boujong/Joost/Strohn/Fest Rn. 374.

160 RGZ 105, 368 (371); MüKoHGB/Maultzsch Rn. 86; Hopt/Leyens Rn. 40 („Freibleibend, ohne Obligo").

161 Ebenroth/Boujong/Joost/Strohn/Fest Rn. 374.

162 Ebenroth/Boujong/Joost/Strohn/Fest Rn. 374; Oetker/Pamp Rn. 79.

163 Ebenroth/Boujong/Joost/Strohn/Fest Rn. 374.

164 SchiedsG Hamburg NJW-RR 1999, 780; vgl. auch Ebenroth/Boujong/Joost/Strohn/Fest Rn. 376.

165 MüKoHGB/Maultzsch Rn. 94; Ebenroth/Boujong/Joost/Strohn/Fest Rn. 377.

166 BGH NJW 1997, 1775 (1777); 1987, 2435; Hopt/Leyenst Rn. 40 („Kasse, Kasse gegen Dokumente").

167 BGH NJW 1997, 1775 (1777); 1987, 2435; Hopt/Leyens Rn. 40 („Kasse, Kasse gegen Dokumente").

168 Ebenroth/Boujong/Joost/Strohn/Fest Rn. 377; Hopt/Leyens Rn. 40 („Kasse, Kasse gegen Dokumente").

169 BGHZ 14, 61; Hopt/Leyens Rn. 40 („Kasse, Kasse gegen Dokumente"); Ebenroth/Boujong/Joost/Strohn/Fest Rn. 377.

170 Hopt/Leyens Rn. 40 („Kasse, Kasse gegen Dokumente"); vgl. auch BGH WM 1973, 382 f.; MüKoHGB/Maultzsch Rn. 95; Ebenroth/Boujong/Joost/Strohn/Fest Rn. 377; Oetker/Pamp Rn. 82.

171 Hopt/Leyens Rn. 40 („Kasse, Kasse gegen Dokumente"); Ebenroth/Boujong/Joost/Strohn/Fest Rn. 377; Oetker/Pamp Rn. 82.

172 BGHZ 135, 39 (46); 14, 61 (62); Hopt/Leyens Rn. 40 („Kasse, Kasse gegen Dokumente"); Ebenroth/Boujong/Joost/Strohn/Fest Rn. 377; Oetker/Pamp Rn. 82.

173 BGHZ 41, 215 (220); Hopt/Leyens Rn. 40 („Kasse, Kasse gegen Dokumente"); Oetker/Pamp Rn. 82.

174 BGHZ 41, 215 (221 f.); Ebenroth/Boujong/Joost/Strohn/Fest Rn. 377; Oetker/Pamp Rn. 82.

Mängelgewährleistungsrechte unberührt bleiben.[175] IdR sind unter dieser Klausel die Aufrechnung und die Geltendmachung von Zurückbehaltungsrechten ausgeschlossen (zum Ausschluss in AGB → Rn. 41). Die vertragswidrige Beschaffenheit der Ware steht der Wirksamkeit der Klausel nicht entgegen, solange die Berufung auf die Handelsklausel nicht rechtsmissbräuchlich ist.[176]

52   **Kasse gegen Lieferschein:** Der Käufer ist bereits dann zur Zahlung verpflichtet, wenn ihm der (vom Verkäufer angewiesene) Lieferant den „Lieferschein" übergibt; dies gilt unabhängig davon, wann der Besitzer die Ware bei ihm abliefert.[177] Dies ändert allerdings nichts an der vertraglichen Verpflichtung des Verkäufers, dem Käufer Eigentum und Besitz an der Ware zu verschaffen.[178] Die bloße Übergabe des Lieferscheins begründet idR keine Eigentumsübertragung; es liegt insbesondere keine Abtretung des Herausgabeanspruchs vor.[179] Da die Übergabe des Lieferscheins keine Ablieferung der Ware darstellt, setzt sie die Rügefrist nach § 377 nicht in Gang.[180]

53   **Liefermöglichkeit, Lieferung vorbehalten:** Diese Klausel kann verschiedene Bedeutungen haben. Häufig gewährt sie dem Verkäufer einen Rücktrittsvorbehalt[181] für den Fall, dass ihm die Beschaffung der Ware nicht gelingt, obgleich er die ihm zumutbaren Anstrengungen unternommen hat.[182] Dies umfasst ua einen verteuerten Deckungskauf, sofern es sich um eine nicht unübliche Preissteigerung handelt.[183] Reicht der verfügbare Warenbestand nicht aus, muss der Verkäufer die Bestellungen in chronologischer Reihenfolge erfüllen.[184] Im Rahmen der Bewertung nach § 307 BGB ist die Wertung des § 308 Nr. 3 BGB zu berücksichtigen.[185] Unzulässig ist es, wenn der Verkäufer jegliche Haftung dafür ausschließt, dass tatsächlich eine Lieferung erfolgt.[186] Demgegenüber sind uneingeschränkte Selbstbelieferungsklauseln vorbehaltlos zulässig[187] (vgl. freibleibend, ohne Obligo; Selbstbelieferung, Selbstbelieferung vorbehalten; Preisvorbehalt, Preis freibleibend; Vorrat).

54   **Lieferzeit unverbindlich:** Der Verkäufer hat ein Interesse daran, sich den Lieferzeitpunkt möglichst offen zu halten. Abweichungen vom vereinbarten Lieferzeitpunkt sind jedoch nur zulässig, wenn die Einhaltung der Lieferzeit ungewöhnliche Opfer erfordern würde.[188] Die Klausel ist nach § 307 Abs. 1 S. 1 BGB unwirksam, wenn sie es dem Verkäufer (ggf. im Zusammenspiel mit weiteren Normen) im Ergebnis vollkommen freistellt, wann er liefert.[189]

55   **Nachnahme:** Die „Nachnahme"-Klausel begründet eine Vorleistungspflicht des Käufers ohne Untersuchungs- und Einwendungsmöglichkeit[190] (zum Ausschluss der Aufrechnung und der Geltendmachung von Zurückbehaltungsrechten in AGB → Rn. 41).

---

[175] BGH NJW 1987, 2435 (2436); MüKoHGB/Maultzsch Rn. 95; Ebenroth/Boujong/Joost/Strohn/Fest Rn. 377; Oetker/Pamp Rn. 82.

[176] BGH NJW 1987, 2435; MüKoHGB/Maultzsch Rn. 95; Hopt/Leyens Rn. 40 („Kasse, Kasse gegen Dokumente").

[177] Hopt/Leyens Rn. 40 („Kasse, Kasse gegen Dokumente"); Ebenroth/Boujong/Joost/Strohn/Fest Rn. 377; Oetker/Pamp Rn. 82.

[178] Vgl. Ebenroth/Boujong/Joost/Strohn/Fest Rn. 377; Hopt/Leyens Rn. 40 („Kasse, Kasse gegen Dokumente").

[179] BGH NJW 1971, 1608 (1609); Hopt/Leyens Rn. 40 („Kasse, Kasse gegen Dokumente"); Ebenroth/Boujong/Joost/Strohn/Fest Rn. 377; Oetker/Pamp Rn. 82; Staub/Koller Vor § 373 Rn. 253.

[180] Ebenroth/Boujong/Joost/Strohn/Fest Rn. 377.

[181] BGH WM 1968, 400 (402); Ebenroth/Boujong/Joost/Strohn/Fest Rn. 378.

[182] BGH WM 1968, 400 (402); Hopt/Leyens Rn. 40 („Liefermöglichkeit") mwN; Ebenroth/Boujong/Joost/Strohn/Fest Rn. 378.

[183] BGHZ 49, 388 (392); BGH NJW 1958, 1628 (1629); Ebenroth/Boujong/Joost/Strohn/Fest Rn. 378.

[184] RGZ 104, 114 (116); Oetker/Pamp Rn. 83; Ebenroth/Boujong/Joost/Strohn/Fest Rn. 378.

[185] BGH NJW 1985, 738; Ebenroth/Boujong/Joost/Strohn/Fest Rn. 378.

[186] Ebenroth/Boujong/Joost/Strohn/Fest Rn. 378; Staub/Koller Vor § 373 Rn. 263.

[187] BGHZ 92, 396 (399); 49, 388; Ebenroth/Boujong/Joost/Strohn/Fest Rn. 378.

[188] RGZ 104, 114 (116); Ebenroth/Boujong/Joost/Strohn/Fest Rn. 378; Staub/Koller vor § 373 Rn. 264.

[189] Ebenroth/Boujong/Joost/Strohn/Fest Rn. 378; Oetker/Pamp Rn. 83; Röhricht/Graf v. Westphalen/Haas/Steimle/Dornieden Rn. 121 f.

[190] Hopt/Leyens Rn. 40 („Nachnahme"); Ebenroth/Boujong/Joost/Strohn/Fest Rn. 380; Oetker/Pamp Rn. 85.

Order: Die Formulierung „oder an ihre Order" kann bedeuten, dass kaufmännische **56** Papiere zu Orderpapieren werden (§§ 363 ff.) oder eine (selbstverständliche) Abtretungsmöglichkeit besteht.[191]

Preisvorbehalt, Preis freibleibend: Diese Klausel gestattet es dem Verkäufer, den **57** Kaufpreis einmal[192] einseitig zu erhöhen,[193] typischerweise im Zeitraum zwischen Vertragsabschluss und Lieferung und nach billigem Ermessen (§ 315 Abs. 1 BGB), so dass der Kaufpreis zur Zeit der Lieferung dem marktüblichen Preis entspricht.[194] Wird ein bestimmter Preis (Richtpreis) vereinbart, haben niedrigere Marktpreise zum Lieferzeitpunkt keinerlei Einfluss auf den vereinbarten Preis.[195] Darüber hinaus kann die Klausel bedeuten, dass der Verkäufer bei Erhöhung des Marktpreises nicht am ursprünglichen Vertrag festhalten will.[196] Der Verkäufer kann dann ein neues Angebot abgeben, das der Käufer annehmen oder ablehnen kann.[197] Die Klausel verstößt gegen § 307 BGB, wenn der Verkäufer in der Preisgestaltung keinerlei Begrenzung unterliegt.[198]

Selbstbelieferung, Selbstbelieferung vorbehalten: Die Klausel konkretisiert die **58** Klauseln „Liefermöglichkeit" und „Lieferung vorbehalten" (→ Rn. 53).[199] Sie befreit den Verkäufer von seiner Lieferpflicht, wenn er trotz eines vertraglichen Anspruchs aus dem **kongruenten Deckungsgeschäft** von seinem Lieferanten ohne eigenes Verschulden nicht beliefert wird.[200] Die Kongruenz bestimmt sich dabei objektiv nach dem Inhalt der jeweiligen Verträge.[201] Sie liegt vor, wenn der Inhalt der Lieferpflicht des Lieferanten gegenüber dem Verkäufer deckungsgleich mit dem Inhalt der Lieferpflicht des Verkäufers gegenüber dem Käufer ist, also bei reibungslosem Ablauf die Erfüllung des Deckungsgeschäfts die Erfüllung der Lieferverpflichtung des Verkäufers gegenüber dem Käufer ermöglichen würde.[202] Wird der Verkäufer von seinem Lieferanten nicht beliefert, muss er dies dem Käufer **unverzüglich mitteilen.**[203] Der Verkäufer muss dem Käufer den Vertrag mit seinem Lieferanten vorlegen und sämtliche Rechte aus diesem Vertrag an den Käufer **abtreten.**[204] Die Selbstbelieferungsklausel findet jedoch keine Anwendung, wenn der Verkäufer einen unzuverlässigen Deckungsverkäufer ausgewählt hat.[205] Die Klausel gewährt kein Recht zur Lieferung mangelhafter oder vom Vertrag abweichender Waren.[206] Ein **Mitverschulden** des Käufers nach § 254 BGB kann sich daraus ergeben, dass er die Ware vorab weiterveräußert, ohne einen Selbstbelieferungsvorbehalt mit dem Kunden zu vereinbaren.[207] Gegenüber **Verbrauchern** ist eine Selbstbelieferungsvorbehaltsklausel wegen § 308 Nr. 3 BGB nur dann wirksam, wenn die Ursache, aufgrund derer sich der Verkäufer

---

[191] Ebenroth/Boujong/Joost/Strohn/Fest Rn. 381; Hopt/Leyens Rn. 40 („Order"); Oetker/Pamp Rn. 86.

[192] RGZ 104, 170 (171); Ebenroth/Boujong/Joost/Strohn/Fest Rn. 382.

[193] Hopt/Leyens Rn. 40 („Preisvorbehalt, Preis freibleibend"); Ebenroth/Boujong/Joost/Strohn/Fest Rn. 382.

[194] BGHZ 1, 353 (354); RGZ 103, 414 (415); Ebenroth/Boujong/Joost/Strohn/Fest Rn. 382.

[195] RGZ 104, 306 (307); 103, 414 (415); Ebenroth/Boujong/Joost/Strohn/Fest Rn. 382; GK-HGB/Schmidt Rn. 44.

[196] BGHZ 1, 353 (354); Hopt/Leyens Rn. 40 („Preisvorbehalt, Preis freibleibend").

[197] BGHZ 1, 353 (354); Hopt/Leyens Rn. 40 („Preisvorbehalt, Preis freibleibend").

[198] BGH NJW 1985, 623; Ebenroth/Boujong/Joost/Strohn/Fest Rn. 382.

[199] Ebenroth/Boujong/Joost/Strohn/Fest Rn. 383.

[200] BGH NJW 1995, 1959 (1960); 1968, 1085; Ebenroth/Boujong/Joost/Strohn/Fest Rn. 383; Schlegelberger/Hefermehl Rn. 85.

[201] Vgl. BGH NJW 1985, 738 (739).

[202] BGH NJW 1985, 738; MüKoHGB/Maultzsch Rn. 109; Schlegelberger/Hefermehl Rn. 85.

[203] OLG Celle BB 1974, 200 (201); Ebenroth/Boujong/Joost/Strohn/Fest Rn. 383; vgl. Schlegelberger/Hefermehl Rn. 85.

[204] Hopt/Leyens Rn. 40 („Selbstbelieferung"); Ebenroth/Boujong/Joost/Strohn/Fest Rn. 383, sofern nicht aus Treu und Glauben (§ 242 BGB) etwas anderes folgt.

[205] Hopt/Leyens Rn. 40 („Selbstbelieferung"); Ebenroth/Boujong/Joost/Strohn/Fest Rn. 383.

[206] OLG Hamburg MDR 1964, 601 (602); Hopt/Leyens Rn. 40 („Selbstbelieferung"); Ebenroth/Boujong/Joost/Strohn/Fest Rn. 383.

[207] OLG Celle BB 1974, 200 (201); Hopt/Leyens Rn. 40 („Selbstbelieferung"); Ebenroth/Boujong/Joost/Strohn/Fest Rn. 383.

von seiner Leistungspflicht lösen kann, von einem Durchschnittsverbraucher beurteilt werden kann.[208] Demzufolge muss aus der Klausel hervorgehen, dass sie nur für den Fall gilt, dass der Verkäufer ein kongruentes Deckungsgeschäft abgeschlossen hat und nicht von seinem Lieferanten beliefert wurde.[209] Dieses Erfordernis gilt nicht bei Verwendung von Selbstbelieferungsvorbehalten in Verträgen mit **Unternehmern.**[210]

59 **Vorrat:** Die Klausel „Solange Vorrat reicht" befreit den Verkäufer von seiner Lieferpflicht, sobald ihm der Vorrat ausgeht.[211] Soweit noch Teilbestände vorhanden sind, ist der Verkäufer zur Lieferung verpflichtet.[212] Bei mehreren Kunden muss der Verkäufer der Reihe nach, dh entsprechend der chronologischen Folge der Bestellungen, liefern[213] (s. Liefermöglichkeit, Lieferung vorbehalten → Rn. 53).

60 **Zwischenverkauf vorbehalten:** Der Verkäufer unterbreitet dem Käufer ein annahmefähiges Angebot bezüglich des Verkaufs der Ware, von dem er jedoch (auflösende Bedingung) frei wird, wenn er die Ware zwischenzeitlich an einen Dritten veräußert.[214] Der Verkäufer ist verpflichtet, dem Käufer dies mitzuteilen.[215]

VII. Schweigen im Rechtsverkehr

61 **1. Allgemeines.** Sofern die Parteien nicht etwas anderes vereinbart haben, stellt Schweigen im Rechtsverkehr **grundsätzlich keine Willenserklärung** dar.[216] Wer schweigt gibt gerade nicht zu erkennen, ob er einem ihm angetragenen Vertrag zustimmt oder das Angebot ablehnt;[217] dem Schweigen kann daher, soweit nicht weitere Umstände hinzutreten, grundsätzlich kein Erklärungswert zugeschrieben werden.[218]

62 Von dieser Grundregel kann außerhalb des Handelsverkehrs grundsätzlich nur durch Individualvereinbarung abgewichen werden.[219] Dies gilt jedoch nicht für das Schweigen des Handelsvertreters auf Provisionsabrechnungen des Unternehmers; diesem kommt selbst bei entsprechender Vereinbarung keine Genehmigungswirkung zu (§ 87c Abs. 5).[220] In Allgemeinen Geschäftsbedingungen kann Schweigen nur dann Zustimmung der anderen Partei fingieren, wenn die Voraussetzungen des § 307 Abs. 1 und 2 BGB unter Berücksichtigung der Wertung des § 308 Nr. 5 BGB vorliegen.[221] Dem steht auch § 151 BGB nicht entgegen, denn § 151 BGB ersetzt nicht die Annahme als rechtsgeschäftliche Erklärung, sondern macht lediglich den Zugang der Annahmeerklärung entbehrlich.[222] Einer (ggf. stillschweigenden) Erklärung der Annahme bedarf es aber trotzdem.[223]

63 Für den Handelsverkehr gilt grundsätzlich nichts anderes,[224] allerdings gelten im Handelsverkehr einige **Sonderregeln,** die dem **Interesse des Handelsverkehrs an einer schnel-**

---

[208] BGH NJW 1985, 855 (857); 1983, 1320 (1321); Ebenroth/Boujong/Joost/Strohn/Fest Rn. 383.

[209] BGH NJW 1985, 855 (857); 1985, 738; Ebenroth/Boujong/Joost/Strohn/Fest Rn. 383.

[210] Ebenroth/Boujong/Joost/Strohn/Fest Rn. 383.

[211] Ebenroth/Boujong/Joost/Strohn/Fest Rn. 386; Oetker/Pamp Rn. 91.

[212] Ebenroth/Boujong/Joost/Strohn/Fest Rn. 386; Oetker/Pamp Rn. 91.

[213] RGZ 104, 114 (116); Ebenroth/Boujong/Joost/Strohn/Fest Rn. 386; Oetker/Pamp Rn. 91; aA („Lieferung pro rata") Hopt/Leyens Rn. 40 („Vorrat"; „idR der Reihe nach").

[214] OLG Hamburg BB 1960, 383; MüKoHGB/Maultzsch Rn. 119; Ebenroth/Boujong/Joost/Strohn/Fest Rn. 387.

[215] MüKoHGB/Maultzsch Rn. 119; Ebenroth/Boujong/Joost/Strohn/Fest Rn. 387; Röhricht/Graf v. Westphalen/Haas/Steimle/Dornieden Rn. 140.

[216] Ebenroth/Boujong/Joost/Strohn/Fest Rn. 192; Hopt/Leyens Rn. 30; Schlegelberger/Hefermehl Rn. 98.

[217] Ebenroth/Boujong/Joost/Strohn/Fest Rn. 192; Hopt/Leyens Rn. 30.

[218] Ebenroth/Boujong/Joost/Strohn/Fest Rn. 192; Hopt/Leyens Rn. 30; Staub/Koller § 362 Anhang Rn. 3.

[219] MüKoHGB/Maultzsch Rn. 132.

[220] BGH NJW-RR 2007, 246 (248); Faulhaber jurisPR-HaGesR 11/2015 Anm. 5.

[221] Oetker/Maultzsch § 362 Rn. 3.

[222] MüKoBGB/Busche § 151 Rn. 3.

[223] Vgl. MüKoBGB/Busche § 151 Rn. 3.

[224] BGH NJW 1973, 2106; 1951, 711; Oetker/Pamp Rn. 35.

len Abwicklung geschuldet sind.[225] Der Kaufmann ist typischerweise gehalten, ihm angetragene Geschäfte durch **ausdrückliche Erklärung abzulehnen.**[226] Dies gilt jedoch
nicht im Fall des Schweigens auf dem Kaufmann zugegangene Kommissionskopien,[227]
Rechnungen,[228] Kataloge[229] oder, sofern eine ständige Geschäftsbeziehung besteht, unbe-
stellte Ware.[230]

So gilt ferner kraft Handelsbrauchs das Schweigen des Kaufmanns auf eine verspätete **64**
(nicht jedoch auf eine abändernde) „Annahme" im Sinne von § 150 Abs. 1 BGB (die
ihrerseits als neuer Antrag gilt) als Annahme.[231] Es finden sich aber auch ausdrückliche
gesetzliche Sonderregelungen, die dem Schweigen des Kaufmanns rechtsgeschäftlichen
Erklärungswert zumessen. So bestimmt § 362 Abs. 1 S. 1 Hs. 2 ausdrücklich, dass das
Schweigen eines Kaufmanns, dessen Gewerbebetrieb die Besorgung von Geschäften für
andere mit sich bringt, auf ein Angebot eines mit ihm in Geschäftsverbindung stehenden
Dritten als Annahme gilt. Das gleiche gilt, wenn er sich einem Dritten gegenüber zur
Besorgung solcher Geschäfte erboten hat (§ 362 Abs. 1 S. 2). Weitere Sonderregeln finden
sich in den §§ 75h, 91a, 377 Abs. 2 und 386 Abs. 1.

Kraft Handelsbrauchs gilt auch das Schweigen auf die Schlussnote des Handelsmaklers **65**
iSv § 94 als Zustimmung zu dem vermittelten Geschäft; der Inhalt des Geschäfts ergibt sich
aus den in der Schlussnote fixierten Bedingungen.[232] Hiergegen kann sich der Empfänger
der Schlussnote nur wehren, indem er gegenüber der Gegenseite widerspricht.[233] Hat die
Gegenseite den Makler eingeschaltet, reicht auch ein Widerspruch gegenüber dem Makler
aus.[234] Entsprechendes gilt auch für andere Schlussscheine.[235]

2. Kaufmännisches Bestätigungsschreiben. Die Grundsätze über das **kaufmän-** **66**
nische Bestätigungsschreiben, die sich ursprünglich als Handelsbrauch entwickelt haben, sind mittlerweile zum (Handels-) **Gewohnheitsrecht** erstarkt.[236] Es handelt sich um
einen Fall des **„normierten Schweigens".**[237] Das unwidersprochen gebliebene kaufmännische Bestätigungsschreiben stellt eine Beweisurkunde dar.[238]

a) Regelungsgegenstand und Normzweck. Mit den Grundsätzen über das kaufmän- **67**
nische Bestätigungsschreiben ist ein Sonderfall des Schweigens im Rechtsverkehr gewohnheitsrechtlich normiert worden.[239] Die Grundsätze über das kaufmännische Bestätigungsschreiben führen dazu, dass der Empfänger eines kaufmännischen Bestätigungsschreibens
dem Schreiben **unverzüglich widersprechen** muss, **wenn er den Inhalt des Schrei-**
bens nicht gegen sich gelten lassen will.[240] Damit schützen die Grundsätze des kaufmännischen Bestätigungsschreibens nicht nur den (redlichen) Absender, sondern auch den
Rechtsverkehr insgesamt, weil der Inhalt des Schreibens außer Streit gestellt wird.[241] Letzt-

---

[225] Vgl. MüKoHGB/Maultzsch Rn. 140.

[226] Vgl. MüKoHGB/Maultzsch Rn. 138; vgl. Canaris HandelsR § 23 I 1b; Maultzsch HandelsR § 19 II
1a.

[227] Ebenroth/Boujong/Joost/Strohn/Fest Rn. 226; Schlegelberger/Hefermehl Rn. 138.

[228] Ebenroth/Boujong/Joost/Strohn/Fest Rn. 229 f.; Schlegelberger/Hefermehl Rn. 141.

[229] Ebenroth/Boujong/Joost/Strohn/Fest Rn. 205; Schlegelberger/Hefermehl Rn. 142.

[230] Ebenroth/Boujong/Joost/Strohn/Fest Rn. 235.

[231] RGZ 103, 13; K. Schmidt HandelsR § 19 II 1b; Schlegelberger/Hefermehl Rn. 103.

[232] BGH NJW 1955, 1916 (1917); Ebenroth/Boujong/Joost/Strohn/Fest Rn. 222; Oetker/Kotzian-
Markgraf § 94 Rn. 4.

[233] MüKoHGB/Ströbl § 94 Rn. 13; Hopt/Roth § 94 Rn. 3; Ebenroth/Boujong/Joost/Strohn/Fest
Rn. 224; Koller/Kindler/Roth/Drüen/Roth § 94 Rn. 10.

[234] BGH MDR 1967, 584 f.; Ebenroth/Boujong/Joost/Strohn/Fest Rn. 224 („nur ausnahmsweise").

[235] Ebenroth/Boujong/Joost/Strohn/Fest Rn. 225; vgl. Schlegelberger/Hefermehl Rn. 140.

[236] MüKoHGB/Maultzsch Rn. 139, 142; Hopt/Leyens Rn. 17; Oetker/Pamp Rn. 16, 38; Ebenroth/
Boujong/Joost/Strohn/Fest Rn. 243; Koller/Kindler/Roth/Drüen/Roth Rn. 23.

[237] Koller/Kindler/Roth/Drüen/Roth Rn. 23; Palandt BGB/Ellenberger § 147 Rn. 8.

[238] Hopt/Leyens Rn. 17; Oetker/Pamp Rn. 39; Koller/Kindler/Roth/Drüen/Roth Rn. 22.

[239] MüKoHGB/Maultzsch Rn. 21, 147; K. Schmidt HandelsR § 1 III 2a.

[240] MüKoHGB/Maultzsch Rn. 142; K. Schmidt HandelsR § 19 III 1.

[241] MüKoHGB/Maultzsch Rn. 143.

lich muss der Empfänger den Inhalt des kaufmännischen Bestätigungsschreibens nur deshalb gegen sich gelten lassen, weil er (zuvor) geschwiegen hat. Es handelt sich also um einen Anwendungsfall des **Verbotes widersprüchlichen Verhaltens** (§ 242 BGB).[242]

68   **b) Arten des kaufmännischen Bestätigungsschreibens.** Als **kaufmännisches Bestätigungsschreiben im weiteren Sinne** bezeichnet man jede für den Vertragsinhalt maßgebliche Bestätigung des Inhalts der vorangegangenen Vertragsverhandlungen.[243] Sie kann sich (auch) nur auf einzelne **Teile** des vermeintlich geschlossenen Vertrages beziehen. Als **kaufmännisches Bestätigungsschreiben im engeren Sinne** bezeichnet man demgegenüber ein Schreiben, das den Inhalt eines schon geschlossenen Vertrages **insgesamt** verbindlich fixieren soll und ihn im Wesentlichen vollständig widergibt.[244] Ob der Vertrag objektiv tatsächlich bereits abgeschlossen wurde, ist irrelevant; er muss aber zumindest abschlussreif gewesen sein.[245]

69   **c) Abgrenzung.** Bei der **Auftragsbestätigung** handelt es sich regelmäßig nicht um ein kaufmännisches Bestätigungsschreiben, sondern um die Annahme des Angebotes der anderen Partei.[246] Auf die Bezeichnung kommt es allerdings nicht an, so dass es sich auch bei einem als Auftragsbestätigung bezeichneten Schreiben der Sache nach um ein kaufmännisches Bestätigungsschreiben handeln kann.[247]

70   Wenn die Parteien einen Vertrag abschlussreif verhandelt haben und eine Partei den (finalen) Verhandlungsstand in einem Schreiben zusammenfasst, kann es sich auch um ein **Angebot** dieser Partei an die andere Partei auf Abschluss des Vertrages zu den schriftlich niedergelegten Bedingungen handeln.[248] Entscheidend sind die Umstände des Einzelfalles. Schweigt die andere Partei auf dieses Angebot, führen die Parteien den Vertrag aber trotzdem durch, liegt hierin regelmäßig eine **konkludente Annahme** des Angebotes.[249]

71   **d) Voraussetzungen. aa) Geschäftlicher Kontakt, Vertragsverhandlungen.** Ein kaufmännisches Bestätigungsschreiben setzt voraus, dass zuvor im Rahmen eines geschäftlichen Kontakts **Vertragsverhandlungen** über ein **unternehmerisches Geschäft zwischen Kaufleuten** oder zwischen zwei **in kaufmännischer Weise am Rechtsverkehr teilnehmenden Unternehmern** stattgefunden haben, in deren Rahmen es nach **Ansicht des Absenders** zu einem **Vertragsabschluss** gekommen ist, der nun durch das in zeitlicher Nähe zu den Vertragsverhandlungen verfasste und dem Empfänger zugegangene kaufmännische Bestätigungsschreiben festgehalten werden soll.[250]

72   Die Vertragsverhandlungen müssen **mündlich,** telefonisch oder (was heute wohl nicht mehr vorkommt:) telegrafisch geführt worden sein.[251] Auf schriftliche oder per Fax oder E-Mail geführte Verhandlungen finden die Grundsätze über das kaufmännische Bestätigungsschreiben nur dann ausnahmsweise Anwendung, wenn und soweit die andere Partei sich nicht schriftlich erklärt hat, also nur einseitig Schriftlichkeit vorliegt.[252] Nur die andere Partei hat in einem solchen Fall die Möglichkeit, den Vertragsinhalt in einem kaufmännischen Bestätigungsschreiben festzuhalten.[253]

---

[242] Huber ZHR 161, 160 (163).
[243] BGH NJW 1990, 386; 1974, 991 (992); vgl. MüKoHGB/Maultzsch Rn. 157; Ebenroth/Boujong/ Joost/Strohn/Fest Rn. 250; Heymann/Horn Rn. 50; GK-HGB/Schmidt Rn. 53.
[244] BGH NJW 1982, 1751; 1965, 965; vgl. MüKoHGB/Maultzsch Rn. 159.
[245] Oetker/Pamp Rn. 42; Canaris HandelsR § 23 II 4a; K. Schmidt HandelsR § 19 III 5b.
[246] BGH NJW 1973, 2106; 1955, 1794 (1795); MüKoHGB/Maultzsch Rn. 167; Koller/Kindler/Roth/ Drüen/Roth Rn. 28.
[247] BGH NJW 74, 991 (992); MüKoHGB/Maultzsch Rn. 171; Hopt/Leyens Rn. 16, 21.
[248] Vgl. MüKoHGB/Maultzsch Rn. 167.
[249] BGH NJW 1995, 1281; Koller/Kindler/Roth/Drüen/Roth Rn. 28; Staub/Koller Rn. 72.
[250] MüKoHGB/Maultzsch Rn. 147; Hopt/Leyens Rn. 17; GK-HGB/Achilles/Schmidt Rn. 123.
[251] BGH NJW 1965, 965; Koller/Kindler/Roth/Drüen/Roth Rn. 26.
[252] So Staub/Koller Rn. 109 für Telex-Schreiben, denen Telefaxe gleichzustellen sind (offengelassen für E-Mails).
[253] BGH NJW 1970, 2021.

Die Grundsätze über das kaufmännische Bestätigungsschreiben finden unabhängig davon **73** Anwendung, ob es im Rahmen der zuvor geführten Verhandlungen bereits zu einem Vertragsabschluss gekommen ist.[254] Dies ist etwa denkbar, wenn (ohne dass dies für den Absender erkennbar war)[255] für den Empfänger ein **vollmachtloser Vertreter** gehandelt hat[256] oder wenn ein **unerkannter Dissens**[257] vorliegt. In jedem Fall müssen die Verhandlungen jedoch bereits zu einer gewissen Willensübereinstimmung der Parteien geführt haben.[258] Die Grundsätze über das kaufmännische Bestätigungsschreiben kommen sowohl dann zur Anwendung, wenn das kaufmännische Bestätigungsschreiben deklaratorisch ist,[259] als auch dann, wenn es nach der Vorstellung der Parteien konstitutiv sein soll.[260] **Deklaratorisch** ist es, wenn es lediglich einen vorangegangenen Vertragsabschluss bestätigt.[261] **Konstitutiv** ist es, wenn nach dem Willen der Parteien die bereits mündlich erzielte Einigung erst dann wirksam werden soll, wenn sie im Nachgang schriftlich bestätigt wird.[262] Das konstitutive kaufmännische Bestätigungsschreiben ist damit keine nachträgliche Bestätigung eines vorangegangenen Vertragsschlusses, sondern führt den Vertragsabschluss erst herbei.[263]

bb) Bezeichnung, Form. Auf die **Bezeichnung** des Bestätigungsschreibens (zB als **74** Auftragsbestätigung oder als kaufmännisches Bestätigungsschreiben) kommt es nicht an.[264] Daher können beispielsweise auch Verhandlungsprotokolle als kaufmännische Bestätigungsschreiben qualifiziert werden, solange für den Empfänger erkennbar war, dass sein Schweigen auf das Schreiben Rechtsfolgen haben soll.[265]

Für das kaufmännische Bestätigungsschreiben bestehen keine besonderen **Formvor- 75 schriften.**[266] Aus dem Begriff des „Schreibens" folgt jedoch, dass eine bloß mündliche Bestätigung nicht ausreichen kann, zumal sie den Zweck des kaufmännischen Bestätigungsschreibens (dauerhafte Fixierung des Vertragsinhalts) nicht erreichen kann.[267] Die bislang hM hat lediglich eine Verkörperung der Mitteilung, nicht aber Schriftform verlangt.[268] Da der Gesetzgeber mit Einführung des § 126b BGB die **Textform** als gesetzliche Form für die dauerhafte Wiedergabe von Erklärungen anerkannt hat, kann schon im Interesse der Erleichterung des Handelsverkehrs für das kaufmännische Bestätigungsschreiben nichts anderes gelten. Folglich kann ein kaufmännisches Bestätigungsschreiben auch per E-Mail erfolgen.[269] Insofern sind wegen des **Vorrangs der Individualabrede** auch Schriftformklauseln in Allgemeinen Geschäftsbedingungen unschädlich.[270] Die Grundsätze über das kaufmännische Bestätigungsschreiben setzen sich gegenüber der Schriftformklausel durch.[271]

---

[254] Ebenroth/Boujong/Joost/Strohn/Fest Rn. 253.
[255] BGH NJW 1965, 966.
[256] BGH NJW 1964, 1951; 1990, 386.
[257] Staub/Koller Rn. 117.
[258] Ebenroth/Boujong/Joost/Strohn/Fest Rn. 253.
[259] Koller/Kindler/Roth/Drüen/Roth Rn. 27.
[260] MüKoHGB/Maultzsch Rn. 164; Ebenroth/Boujong/Joost/Strohn/Fest Rn. 258; Oetker/Pamp Rn. 39.
[261] Ebenroth/Boujong/Joost/Strohn/Fest Rn. 253; Oetker/Pamp Rn. 39; Koller/Kindler/Roth/Drüen/Roth Rn. 27.
[262] Ebenroth/Boujong/Joost/Strohn/Fest Rn. 253; Koller/Kindler/Roth/Drüen/Roth Rn. 27.
[263] Oetker/Pamp Rn. 39; Ebenroth/Boujong/Joost/Strohn/Fest Rn. 258.
[264] BGH NJW 1970, 2021 (2022); Koller/Kindler/Roth/Drüen/Roth Rn. 27.
[265] OLG Düsseldorf NJW-RR 1997, 211; Koller/Kindler/Roth/Drüen/Roth Rn. 27.
[266] So MüKoHGB/Maultzsch Rn. 172 mwN.
[267] MüKoHGB/Maultzsch Rn. 172; Staub/Koller Rn. 66.
[268] MüKoHGB/Maultzsch Rn. 172.
[269] MüKoHGB/Maultzsch Rn. 172; Heymann/Horn Rn. 53; Staub/Koller Rn. 66; Grüneberg/Ellenberger BGB § 127 Rn. 2; MüKoBGB/Einsele BGB § 127 Rn. 10; BeckOK BGB/Wendtland BGB § 127 Rn. 4; vgl. OLG München BeckRS 2012, 03202.
[270] BGH NJW-RR 1995, 179.
[271] BGH NJW-RR 1995, 179.

76   Das Schreiben muss in der **Verhandlungssprache** oder in einer Sprache abgefasst sein, die der **Empfänger beherrscht.**[272]

77   **cc) Dokumentationswille des Absenders.** Im kaufmännischen Bestätigungsschreiben selbst muss der **Wille** des Absenders erkennbar sein, den Vertrag mithilfe des Schreibens endgültig und für beide Parteien **verbindlich zu dokumentieren.**[273] Hieran fehlt es in aller Regel, wenn der Absender den Empfänger um Gegenbestätigung bittet, gibt er dadurch doch regelmäßig zu erkennen, dass er sich über den Vertragsabschluss oder den Inhalt des vermeintlich abgeschlossenen Rechtsgeschäfts nicht sicher ist.[274] An dem Dokumentationswillen fehlt es aber auch dann, wenn der Vertragsinhalt bereits anderweitig fixiert ist.

78   Die Erkennbarkeit des Dokumentationswillens des Absenders ist immer dann anzunehmen, wenn der Inhalt des Schreibens dem Empfänger Anlass gibt, das Schreiben inhaltlich zu prüfen und sich mit dem dort festgehaltenen (angeblichen) Vertragsinhalt auseinanderzusetzen.[275]

79   **dd) Zugang.** Das kaufmännische Bestätigungsschreiben entfaltet nur dann seine rechtliche Wirkung, wenn es **dem Empfänger tatsächlich zugegangen** ist.[276] Hierfür ist der Absender beweispflichtig.[277] Auf die Kenntnisnahme des Empfängers kommt es nicht an.[278]

80   **ee) Enger zeitlicher Zusammenhang.** Angesichts von Sinn und Zweck des kaufmännischen Bestätigungsschreibens muss es dem Empfänger **zeitlich in engem Zusammenhang** mit den zuvor geführten Vertragsverhandlungen zugehen.[279] Eine feste zeitliche Grenze gibt es zwar nicht, doch sind fünf Tage unschädlich,[280] drei Wochen regelmäßig zu lang.[281] Entscheidend für die Länge ist die aufgrund der Umstände des Einzelfalles zu beantwortende Frage, bis wann der Absender noch redlicherweise damit rechnen darf, dass der Empfänger, selbst wenn er nicht widerspricht, das Schreiben gegen sich gelten lassen will.[282] Die Frist für die Beurteilung des engen zeitlichen Zusammenhangs beginnt mit Abschluss der Verhandlungen; auf die Kenntniserlangung durch den Empfänger kommt es nicht an.[283]

81   **ff) „Kaufmännischer" Absender und Empfänger.** Die Grundsätze über das kaufmännische Bestätigungsschreiben erfassen außer Kaufleuten im Sinne der §§ 1–6 auch die mit ihrem Unternehmen in kaufmännischer Weise am Rechtsverkehr teilnehmenden sonstigen Unternehmensträger[284] (zB Freiberufler, Handelsvertreter, Handelsmakler, Kommissionäre, Logistiker), von denen aufgrund von Art und Umfang ihres Geschäftsbetriebes erwartet werden kann, dass sie wie ein Kaufmann mit kaufmännischen Bestätigungsschreiben umgehen.

---

[272] Hopt/Leyens Rn. 29; Ebenroth/Boujong/Joost/Strohn/Fest Rn. 281; Oetker/Pamp Rn. 66.
[273] Heymann/Horn Rn. 51; Schlegelberger/Hefermehl Rn. 112.
[274] BGH NJW 1964, 1269 (1270); MüKoHGB/Maultzsch Rn. 171; Hopt/Leyens Rn. 21.
[275] Vgl. Koller/Kindler/Roth/Drüen/Fest Rn. 313.
[276] MüKoHGB/Maultzsch Rn. 173; Staub/Koller Rn. 109.
[277] BGH NJW 1978, 886; BB 1961, 1344 (1345); K. Schmidt HandelsR § 19 III 4b; Heymann/Horn Rn. 53; Schlegelberger/Hefermehl Rn. 117.
[278] BGH NJW 1965, 965 (966); 1956, 869; RGZ 103, 401 (405); GK-HGB/Schmidt Rn. 59; Brause NJW 1989, 2521; differenzierend Canaris HandelsR § 23 II 5b; Staub/Koller Rn. 74b.
[279] BGH WM 1967, 958 (960); OLG Brandenburg NJ 1997, 559; OLG München BB 1995, 172; MüKoHGB/Maultzsch Rn. 174; Koller/Kindler/Roth/Drüen/Roth Rn. 29; Canaris HandelsR § 23 II 3b; GK-HGB/Schmidt Rn. 58; Schlegelberger/Hefermehl Rn. 116; Deckert JuS 1998, 123.
[280] BGH NJW 1987, 1940; Ebenroth/Boujong/Joost/Strohn/Fest Rn. 292 (sechs Tage); Oetker/Pamp Rn. 46; Staub/Koller Rn. 73.
[281] OLG München BB 1995, 172; MüKoHGB/Maultzsch Rn. 174.
[282] MüKoHGB/Maultzsch Rn. 174.
[283] Ebenroth/Boujong/Joost/Strohn/Fest Rn. 292.
[284] Ebenroth/Boujong/Joost/Strohn/Fest Rn. 299; Oetker/Pamp Rn. 51.

gg) Bestätigung eines Handelsgeschäfts. Das kaufmännische Bestätigungsschreiben **82** muss sich auf ein Handelsgeschäft beziehen, das zum Handelsgewerbe oder Unternehmen beider Parteien gehört.[285] In aller Regel handelt es sich um ein Umsatzgeschäft. Es ist aber auch denkbar, dass andere Handelsgeschäfte Gegenstand eines kaufmännischen Bestätigungsschreibens sind.[286]

hh) Kein unverzüglicher Widerspruch. Der Empfänger muss das kaufmännische **83** Bestätigungsschreiben widerspruchslos hingenommen, also nicht widersprochen haben.[287] Ein **Widerspruch** ist **formfrei** möglich.[288] Eine feste **Frist** besteht nicht, doch muss der Widerspruch **unverzüglich** (ohne schuldhaftes Zögern) im Sinne von § 121 Abs. 1 S. 1 BGB erfolgen.[289] Die von der Rechtsprechung angewandten Fristen sind regelmäßig kurz und nur in Ausnahmefällen länger als ein bis drei Tage.[290] Nach einer Woche ist der Widerspruch regelmäßig verspätet, vor allem dann, wenn es auf eine schnelle Vertragsabwicklung ankommt.[291] Insofern gelten die allgemeinen Zurechnungsregeln;[292] eine mangelnde Organisation seines Geschäftsbetriebes geht zu Lasten des Empfängers.

Da die Grundsätze des kaufmännischen Bestätigungsschreibens letztlich auf § 242 BGB **84** beruhen,[293] ist bei der Bemessung der Länge der dem Empfänger zustehenden Widerspruchsfrist aber auch zu berücksichtigen, wie viel Zeit zwischen der Beendigung der Vertragsverhandlungen und dem Bestätigungsschreiben selbst vergangen ist.[294] Die berechtigte Erwartung des Absenders an den Empfänger kann nicht strenger sein als der Maßstab, den er an sich selbst anlegt.[295]

ii) Keine Kenntnis des Absenders von der Unrichtigkeit. Der Absender verdient **85** jedoch keinen Schutz, wenn er Kenntnis von der Unrichtigkeit des Inhaltes seines Schreibens hat.[296] Unrichtig ist der Inhalt des Schreibens, wenn er vom Verhandlungsergebnis abweicht.[297] Die bloße Konkretisierung, Klarstellung und Ergänzung in Nebenpunkten ist jedoch regelmäßig unschädlich, soweit dadurch nicht das Verhandlungsergebnis modifiziert wird.[298] Die Schutzbedürftigkeit des Absenders besteht bei Kenntnis von der Unrichtigkeit des Inhalts auch dann nicht, wenn eine Strafbarkeit wegen (versuchten) Betruges gegeben ist;[299] dem Empfänger kann der Inhalt des Schreibens daher nicht entgegengehalten werden. Erforderlich ist **positive Kenntnis der Unrichtigkeit;**[300] bloß fahrlässige Unkenntnis

---

[285] Oetker/Pamp Rn. 11; Koller/Kindler/Roth/Drüen/Roth Rn. 25; Heymann/Horn Rn. 8; Schlegelberger/Hefermehl Rn. 26; GK-HGB/Schmidt Rn. 19.

[286] So zB Veräußerungs- oder Leasinggeschäfte über Betriebsmittel, vgl. auch Baumbach/Hopt/Leyens Rn. 18.

[287] Hopt/Leyens Rn. 25; Ebenroth/Boujong/Joost/Strohn/Fest Rn. 313; Oetker/Pamp Rn. 47; Koller/Kindler/Roth/Drüen/Roth Rn. 31.

[288] MüKoHGB/Maultzsch Rn. 175; Ebenroth/Boujong/Joost/Strohn/Fest Rn. 318; Staub/Koller Rn. 85.

[289] MüKoHGB/Maultzsch Rn. 176; Hopt/Leyens Rn. 25; Oetker/Pamp Rn. 47; Koller/Kindler/Roth/Drüen/Roth Rn. 31; Heymann/Horn Rn. 54; GK-HGB/Schmidt Rn. 67; Schlegelberger/Hefermehl Rn. 130; Staub/Koller Rn. 87.

[290] BGH NJW 1962, 246 (247); MüKoHGB/Maultzsch Rn. 176; Koller/Kindler/Roth/Drüen/Roth Rn. 31.

[291] BGH NJW 1962, 104; Koller/Kindler/Roth/Drüen/Roth Rn. 31; Staub/Koller Rn. 88.

[292] MüKoHGB/Maultzsch Rn. 178; Oetker/Pamp Rn. 47; Maultzsch HandelsR § 19 III 4c; Deckert JuS 1998, 121 (123).

[293] Ebenroth/Boujong/Joost/Strohn/Fest Rn. 243; Oetker/Pamp Rn. 34.

[294] BGH BB 1969, 933; Ebenroth/Boujong/Joost/Strohn/Fest Rn. 321.

[295] Maßgeblich ist die „Verkehrserwartung", MüKoHGB/Maultzsch Rn. 176; Oetker/Pamp Rn. 48.

[296] BGH NJW 1963, 1922 (1923); MüKoHGB/Maultzsch Rn. 169; Hopt/Leyens Rn. 26; Koller/Kindler/Roth/Drüen/Roth Rn. 30; GK-HGB/Schmidt Rn. 64; K. Schmidt HandelsR § 19 III 5a; Schlegelberger/Hefermehl Rn. 125 f.; Staub/Koller Rn. 80; Walchshöfer BB 1975, 720 f.

[297] Ebenroth/Boujong/Joost/Strohn/Fest Rn. 343; Koller/Kindler/Roth/Drüen/Roth Rn. 30.

[298] BGH WM 1968, 400 (402); Ebenroth/Boujong/Joost/Strohn/Fest Rn. 344; Oetker/Pamp Rn. 60; Schlegelberger/Hefermehl Rn. 128; Walchshöfer BB 1975, 719 (722).

[299] GK-HGB/Schmidt Rn. 64.

[300] MüKoHGB/Maultzsch Rn. 169; GK-HGB/Achilles/Schmidt Rn. 64.

genügt nicht.[301] Insofern gelten die **allgemeinen Zurechnungsregeln** des § 166 Abs. 1 BGB.[302] Die **Darlegungs- und Beweislast** für die Unredlichkeit des Absenders bzw. seines Vertreters trifft den Empfänger.[303]

86   **jj) Keine gravierenden Abweichungen vom Verhandlungsergebnis.** Doch selbst wenn der Absender keine positive Kenntnis der Unrichtigkeit des Inhalts des (vermeintlichen) kaufmännischen Bestätigungsschreibens hat, ist sein **Vertrauen nicht schutzwürdig,** wenn der **Inhalt des Schreibens gravierend** von dem **abweicht,** was die Parteien tatsächlich besprochen und vereinbart haben.[304] Ob eine gravierende Abweichung vorliegt, bestimmt sich danach, ob der Absender angesichts der Abweichung noch **vernünftigerweise** damit rechnen konnte, der Empfänger sei mit dem in dem Schreiben festgehaltenen Inhalt einverstanden.[305] Hieran fehlt es etwa, wenn das Schreiben branchenunübliche oder dem Empfänger unzumutbare Klauseln enthält.[306] Liegt eine gravierende Abweichung vor, ist eine Unredlichkeit des Absenders zu vermuten; sie wird aber in aller Regel nicht nachweisbar sein.[307] Dem Empfänger wird daher in dem Fall der gravierenden Abweichung die Darlegungs- und Beweislast nur für die Abweichung des Inhalts des Schreibens vom Verhandlungsergebnis zugemutet.[308] Ob sie gravierend ist, ist von dem mit der Streitentscheidung befassten Gericht zu beurteilen.[309]

87   **kk) Sonstige Fälle fehlenden schutzwürdigen Vertrauens.** Wenn sich vermeintliche kaufmännische Bestätigungsschreiben der Parteien **kreuzen,** kann es ebenfalls an dem schutzwürdigen Vertrauen der jeweiligen Absender fehlen.[310] Dieser Fall ist vor allem für die (versuchte) Einbeziehung der jeweils eigenen Allgemeinen Geschäftsbedingungen relevant.[311]

88   Im Übrigen können die Grundsätze über das kaufmännische Bestätigungsschreiben auch (ausdrücklich oder stillschweigend) **abbedungen** werden. Praxisrelevant sind vor allem die Fälle, in denen die Parteien vereinbart haben, der Vertragsabschluss müsse schriftlich erfolgen (also nicht nur aus Beweisgründen schriftlich festgehalten werden);[312] hier hat die Schriftform konstitutive Wirkung. Gleiches gilt, wenn sich der Empfänger die schriftliche Annahme vorbehalten hat.[313]

89   **e) Rechtsfolgen.** Das Schweigen des Empfängers auf ein kaufmännisches Bestätigungsschreiben, das die vorstehenden (→ Rn. 71 ff.) Voraussetzungen erfüllt, führt dazu, dass sich der Inhalt des zwischen den Parteien geschlossenen Vertrages aus dem Inhalt des kaufmännischen Bestätigungsschreibens ergibt.[314] Das kaufmännische Bestätigungsschreiben hat insoweit (zwischen den Parteien) **materiell-rechtliche, rechtsgestaltende Wir-**

---

[301] K. Schmidt HandelsR § 19 III 5a; Hopt AcP 183, 608 (693 f.); Canaris HandelsR § 23 II 5c.

[302] BGH NJW 1963, 1922; MüKoHGB/Maultzsch Rn. 178 f.; Canaris HandelsR § 23 II 6; K. Schmidt HandelsR § 19 III 5a.

[303] Ebenroth/Boujong/Joost/Strohn/Fest Rn. 346; K. Schmidt HandelsR § 19 III 5a.

[304] BGH NJW-RR 2001, 680 (681); NJW 1974, 991 (992); Hopt/Leyens Rn. 27; GK-HGB/Achilles/Schmidt Rn. 62; Koller/Kindler/Roth/Drüen/Roth Rn. 30; Heymann/Horn Rn. 60.

[305] BGH NJW 1994, 1288; Hopt/Leyens Rn. 27; Heymann/Horn Rn. 61; Röhricht/Graf v. Westphalen/Haas/Steimle/Dornieden Rn. 50.

[306] Koller/Kindler/Roth/Drüen/Roth Rn. 30.

[307] Gutgläubigkeit des Bestätigenden wird vermutet, Ebenroth/Boujong/Joost/Strohn/Fest Rn. 346; Oetker/Pamp Rn. 65.

[308] Ebenroth/Boujong/Joost/Strohn/Fest Rn. 346.

[309] Oetker/Pamp Rn. 65.

[310] BGH WM 1984, 639 (641); Ebenroth/Boujong/Joost/Strohn/Fest Rn. 352.

[311] OLG Stuttgart ZIP 1981, 176; OLG Köln BB 1980, 1237; MüKoHGB/Maultzsch Rn. 184.

[312] BGH NJW 1996, 1541 (1542); 1964, 589; NJW-RR 1986, 393; vgl. Staub/Koller Rn. 48.

[313] BGH NJW 1970, 2104; OLG Schleswig OLGR 2004, 343; Koller/Kindler/Roth/Drüen/Roth Rn. 30.

[314] BGH NJW NJW 1994, 1288; 1985, 1333; MüKoHGB/Maultzsch Rn. 185; Ebenroth/Boujong/Joost/Strohn/Fest Rn. 324; Oetker/Pamp Rn. 54; K. Schmidt HandelsR § 19 III 6.

kung.[315] Es erschöpft sich also nicht in einer (nur) widerleglichen Vermutung.[316] Die materiell-rechtliche Wirkung des kaufmännischen Bestätigungsschreibens erstreckt sich dabei auch auf den Vertragsabschluss als solchen (wenn der Vertrag abschlussreif war). Etwaige Mängel des Vertragsabschlusses können dann innerhalb des durch das kaufmännische Bestätigungsschreiben gesteckten Rahmens nicht mehr geltend gemacht werden.[317]

Im Zweifel gilt das unwidersprochen gebliebene kaufmännische Bestätigungsschreiben **90** auch als **vollständig**.[318] Den Parteien steht jedoch die Möglichkeit offen, diese Vermutung zu widerlegen.[319]

Da sich der Inhalt des zwischen den Parteien abgeschlossenen Vertrages nach dem Inhalt **91** des kaufmännischen Bestätigungsschreibens richtet, können dadurch **auch Allgemeine Geschäftsbedingungen** (erstmals) **wirksam einbezogen** werden.[320] Allerdings bleibt es auch insoweit bei den allgemeinen Regeln der §§ 305 f. BGB. Wenn die Allgemeinen Geschäftsbedingungen der Parteien kollidieren, werden sie nur insoweit Vertragsbestandteil, soweit sie einander nicht widersprechen.[321] Enthalten die Allgemeinen Geschäftsbedingungen des Empfängers jedoch eine **Abwehrklausel** oder macht der Absender deutlich, nur auf Grundlage seiner eigenen Allgemeinen Geschäftsbedingungen **unter Ausschluss der Allgemeinen Geschäftsbedingungen des Empfängers** zu kontrahieren, kann der Absender nicht redlicherweise mit dem Einverständnis des Empfängers rechnen.[322]

Auch wenn der Absender nicht unmittelbar Adressat der Grundsätze über das kaufmän- **92** nische Bestätigungsschreibens ist (str.),[323] ist er jedenfalls als **Reflex** der materiell-rechtlich rechtsgestaltenden Wirkung gegenüber dem Empfänger an den Inhalt des Bestätigungsschreibens gebunden.[324]

f) Anfechtung. Anders als bei den Handelsbräuchen, die das Anfechtungsrecht der **93** Parteien wegen Irrtums nach den allgemeinen Regeln der §§ 119 ff. BGB unberührt lassen (→ Rn. 29), ist die Möglichkeit der Anfechtung **wegen eines Inhalts- oder Erklärungs-irrtums in Bezug auf die Wirkungen** des kaufmännischen Bestätigungsschreibens **ausgeschlossen**.[325] Insoweit handelt es sich um einen bloßen **Rechts- bzw. Rechtsfolgen-irrtum**.[326] Gleiches gilt, soweit der Inhalt der Vereinbarung der Parteien durch das kaufmännische Bestätigungsschreiben **fixiert** worden ist, und zwar selbst dann, wenn es innerhalb der Grenzen des schutzwürdigen Vertrauens des Absenders (→ Rn. 85 ff.) das Ergebnis der vorangegangenen Vertragsverhandlungen modifiziert. Für einen Irrtum bei den Vertragsverhandlungen kann nichts anderes gelten.[327] Zulässig ist die Anfechtung wegen Inhaltsirrtums nach den allgemeinen Regeln der §§ 119 ff. BGB allerdings, soweit

---

[315] MüKoHGB/Maultzsch Rn. 185.

[316] BGH NJW 1996, 1541 (1542); 1964, 589; MüKoHGB/Maultzsch Rn. 185.

[317] Vgl. MüKoHGB/Maultzsch Rn. 186 f.

[318] BGHZ 67, 378 (381); Hopt/Leyens Rn. 17; Koller/Kindler/Roth/Drüen/Roth Rn. 32.

[319] BGH NJW-RR 1986, 393; Koller/Kindler/Roth/Drüen/Roth Rn. 32.

[320] BGH NJW 1982, 1751; 1952, 1369; MüKoHGB/Maultzsch Rn. 165, 170; Ebenroth/Boujong/Joost/Strohn/Fest Rn. 271; Oetker/Pamp Rn. 62; Röhricht/Graf v. Westphalen/Haas/Steimle/Dornieden Rn. 40; GK-HGB/Schmidt Rn. 62.

[321] BGH NJW 1985, 1838 (1839); Grüneberg/Grüneberg § 305 Rn. 54; K. Schmidt HandelsR § 19 III 5c.

[322] BGH NJW 1985, 1838 (1839); OLG Stuttgart ZIP 1981, 176; OLG Köln BB 1980, 1237; MüKoHGB/Maultzsch Rn. 165.

[323] aA MüKoHGB/Maultzsch Rn. 154 f.; Pfeiffer/Batereau § 2 Rn. 11.

[324] MüKoHGB/Maultzsch Rn. 155.

[325] Hopt/Leyens Rn. 9; Koller/Kindler/Roth/Drüen/Roth Rn. 17; Staub/Koller Rn. 51; Canaris HandelsR § 22 IV 2; Heymann/Horn Rn. 5; Röhricht/Graf v. Westphalen/Haas/Steimle/Dorniedenr Rn. 49.

[326] BGH NJW 1978, 370; RGZ 134, 195 (197 f.); Oetker/Pamp Rn. 15; GK-HGB/Schmidt Rn. 24.

[327] RGZ 129, 347 (348); Koller/Kindler/Roth/Drüen/Roth Rn. 34; Staub/Koller Rn. 119; Deckert JuS 1998, 124; aA Huber ZHR 1997, 164.

sie sich auf den **Inhalt** des kaufmännischen Bestätigungsschreibens bezieht, wenn der Empfänger es also falsch verstanden hat.[328]

94   Das Recht zur Anfechtung aufgrund der §§ 119 Abs. 2, 123 BGB bleibt unberührt.[329]

95   **g) Schweigen im internationalen Handelsverkehr.** Die Grundsätze über das kaufmännische Bestätigungsschreiben können auch im internationalen Handelsverkehr Anwendung finden.[330] Dies ist immer dann der Fall, wenn die Parteien deutsches Recht gewählt haben oder es aufgrund der allgemeinen Regeln des Internationalen Privatrechts zur Anwendung kommt.[331] Hat der Empfänger allerdings seinen Sitz im Ausland, kann er sich nach Maßgabe von Art. 10 Abs. 2 der Rom I-VO[332] auf das Recht des Staates seines gewöhnlichen Aufenthaltes berufen, wenn dieses ein dem kaufmännischen Bestätigungsschreiben vergleichbares gewohnheitsrechtliches Rechtsinstitut nicht kennt.[333] In diesem Fall können die Grundsätze über das kaufmännische Bestätigungsschreiben jedoch jedenfalls in den Fällen des Art. 9 Abs. 2 CISG als Handelsbrauch zur Anwendung kommen.[334]

B. Handelsvertreter

96   Für den Handelsvertreter gelten hier keine Abweichungen oder Besonderheiten. Die Wirkungen des Handelsbrauchs oder die Rechtsfolgen des kaufmännischen Bestätigungsschreibens treffen allerdings im Rahmen der allgemeinen Vertretungsregeln regelmäßig den Unternehmer.

C. Vertragshändler

97   Für den Vertragshändler gelten hier keine Abweichungen oder Besonderheiten.

D. Franchisenehmer

98   Für den Franchisenehmer gelten hier keine Abweichungen oder Besonderheiten.

E. Kommissionsagent

99   Für den Kommissionsagenten gelten hier keine Abweichungen oder Besonderheiten.

Vorb. § 383 Bedeutung des Kommissionsrechts, Kommissionsagent

Literatur: Niebling, Zur Stellung der Handelsvertreter und Kommissionäre im Automobilvertrieb, GRUR 2000, 19; Isensee, Die Ermittlung des Verrechnungspreises bei Konzernvertriebsunternehmen, IStR 2001, 693; Hopt, Festschrift für Walther Hadding zum 70. Geburtstag, 2002, 443; Schmidt, Vom Handelsvertreterrecht zum modernen Vertriebsrecht – Handelsrecht, Vertriebspraxis und Kartellrecht, JuS 2008, 665; Jacobsen, Martinek/Semler/Flohr, Formularsammlung Vertriebsrecht, 2013, § 18.

---

[328] Ebenroth/Boujong/Joost/Strohn/Fest Rn. 335; Canaris HandelsR § 22 IV 3.
[329] Staub/Koller Rn. 119.
[330] Ebenroth/Boujong/Joost/Strohn/Fest Rn. 357 mwN.
[331] MüKoHGB/Maultzsch Rn. 189.
[332] Ebenso Art. 31 Abs. 2 EGBGB aF.
[333] BGH NJW 1997, 1697 (1700); OLG Karlsruhe RIW 1994, 1646 (1647); MüKoHGB/Maultzsch Rn. 189; Thamm/Detzer DB 1997, 215; Deckert JuS 1998, 121.
[334] MüKoHGB/Maultzsch Rn. 189.

Übersicht

A. Allgemeines

I. Bedeutung des Kommissionsrechts

Das Kommissionsrecht der §§ 383 ff. ist vom Gesetzgeber nicht auf vertriebsrechtliche **1** Fragestellungen zugeschnitten; der Kommissionär ist konzeptionell mangels ständiger Betrauung durch den Kommittenten gerade kein Vertriebsmittler im eigentlichen Sinne.[1] Das Kommissionsrecht geht vielmehr davon aus, dass der Kommissionär immer nur fallweise eingeschaltet wird.[2] Darüber hinaus ist es primär auf die **Warenkommission** zugeschnitten.[3] Die praktische Bedeutung des Kommissionsrechts ist heutzutage allerdings – außerhalb der Bankgeschäfte **(Effektenkommission),**[4] die nicht zum Vertriebsrecht im eigentlichen Sinne gehören und daher nachfolgend nicht weiter thematisiert werden – eher gering.[5] Kommissionsgeschäfte kommen wohl vor allem noch im (Rohstoff-)Außenhandel, im Antiquitäten-, Briefmarken-, Instrumenten-, Kunst- oder Schmuckhandel, im Versteigerungsgewerbe und im Buchhandel vor.[6]

Das **Interesse des Kommittenten** am Abschluss eines Kommissionsvertrages wird **2** typischerweise darin liegen, dass er sich über den Kommissionär als Vertrauensperson besseren Marktzugang und damit einen besseren Preis erhofft.[7] Möglicherweise fehlt ihm auch die nötige Erfahrung oder Geschäftsgewandtheit beim Umgang mit bestimmten Kunden oder Kundengruppen.[8] Gegebenenfalls will er auch im Hintergrund bleiben und nicht selbst offen als Käufer oder Verkäufer in Erscheinung treten.[9] Das **Interesse des Kommissionärs** wiederum besteht darin, den Vertrieb von Produkten übernehmen zu können, ohne hierfür nennenswertes eigenes Kapital zu binden oder über die Gefahr der Erfolglosigkeit der eigenen Vertriebsbemühungen hinaus Marktrisiken übernehmen zu müssen.[10]

---

[1] Vgl. Martinek/Semler/Flohr VertriebsR-HdB/Martinek § 3 Rn. 11 f.
[2] Martinek/Semler/Flohr VertriebsR-HdB/Martinek § 3 Rn. 11.
[3] Schlegelberger/Hefermehl Rn. 4.
[4] MüKoHGB/Häuser § 383 Rn. 10, 15; Staub/Koller Rn. 1.
[5] MüKoHGB/Häuser § 383 Rn. 12; Ebenroth/Boujong/Joost/Strohn/Füller § 383 Rn. 3 mwN; Staub/Koller Rn. 1; Schlegelberger/Hefermehl Rn. 1, 3; Röhricht/Graf v. Westphalen/Haas/Lenz § 383 Rn. 1; Martinek/Semler/Flohr VertriebsR-HdB/Flohr/Pohl § 34 Rn. 2.
[6] MüKoHGB/Häuser § 383 Rn. 6; Ebenroth/Boujong/Joost/Strohn/Füller § 383 Rn. 3 mwN; Heymann/Herrmann Rn. 2; Staub/Koller Rn. 1; Röhricht/Graf v. Westphalen/Haas/Lenz § 383 Rn. 1; ABC des Zwischenbuchhandels unter „K"; Martinek/Semler/Flohr VertriebsR-HdB/Flohr/Pohl § 34 Rn. 2.
[7] Staub/Koller Rn. 2.
[8] Staub/Koller Rn. 2.
[9] Staub/Koller Rn. 2.
[10] Staub/Koller Rn. 2.

3   Die **Bedeutung des Kommissionsrechts für die vertriebsrechtliche Praxis** besteht heutzutage darin, dass es neben dem Handelsvertreterrecht **gesetzliches Leitbild** für die Ausgestaltung von **Kommissionsagentenverträgen**[11] ist. Kommissionsagentensysteme[12] finden sich in der vertriebsrechtlichen Praxis zwar relativ selten, wurden aber zuletzt vor allem aus steuerlichen Erwägungen heraus wieder vermehrt zur Gestaltung von konzerninternen Vertriebssystemen eingesetzt. Ein Kommissionsagentensystem kann zudem auch außerhalb von konzerninternen Vertriebsstrukturen eine interessante Alternative zu Handelsvertreter- und Vertragshändlersystemen sein. Der Einsatz von Kommissionsagenten kommt zudem dem zunehmenden Interesse des Handels entgegen, eigene Absatzrisiken zu minimieren und auf die Hersteller zu verlagern. Letzteres ist vor allem für Produkte relevant, die auf dem Markt noch nicht eingeführt sind und bei denen der Vertriebsmittler die Marktchancen schlecht abschätzen kann.[13] Aber auch in etablierten Märkten wie dem Stahlhandel[14] und für den Betrieb von Respostenmärkten[15] werden Kommissionsagenten eingesetzt.

II. Kommissionstypische Merkmale

4   Da der Kommissionsvertrag ein Geschäftsbesorgungsvertrag (→ § 383 Rn. 8 ff.) für Rechnung des Kommittenten ist, ist der Kommissionär weitgehend von den Risiken der von ihm **in eigenem Namen** (aber **für fremde Rechnung**) getätigten Ausführungsgeschäfte befreit.[16] Letztlich beschränkt sich das wirtschaftliche Risiko des Kommissionärs darauf, dass er zur Durchführung des Kommissionsgeschäfts nutzlosen bzw. erfolglosen Aufwand betreibt und das Ausführungsgeschäft nicht zustande bringt.[17] Er trägt also im Wesentlichen nur das Provisionsrisiko[18] und ist insofern einem Handelsvertreter vergleichbar. Trotzdem ist seine Tätigkeit nicht risikofrei. So haftet er gem. § 390 Abs. 1 für Beschädigungen oder den Verlust des Kommissionguts.[19]

B. Kommissionsagent

I. Definition

5   Als **Kommissionsagenten** bezeichnet man einen **selbständigen Gewerbetreibenden,** der **ständig** damit **betraut** ist, in **eigenem Namen für Rechnung eines anderen Unternehmers** Geschäfte abzuschließen.[20] Im Regelfall ist er ständig damit betraut, Waren oder Wertpapiere für Rechnung eines anderen in eigenem Namen zu kaufen oder zu verkaufen.[21] Er ist hierauf allerdings nicht beschränkt. Aus § 406 Abs. 1 S. 1 und Abs. 2 folgt vielmehr, dass Gegenstand der Tätigkeit des Kommissionsagenten auch andere Geschäfte sein können.[22]

---

[11] Ein Muster findet sich zB in MSF-Formularsammlung Vertriebsrecht/Jacobsen § 18.

[12] Alternativ wird auch der Begriff „Kommissionsagentur" verwendet, siehe OLG Oldenburg ZVertriebsR 2016, 182 (183).

[13] Vgl. hierzu auch Staub/Koller Rn. 2.

[14] Unter Verkennung der Unterschiede zwischen Kommissions- und Kommissionsagentenverträgen OLG Saarbrücken BeckRS 2015, 12463 Rn. 107 (Stahlhandel).

[15] OLG Oldenburg ZVertriebsR 2016, 182 (183); BGH NJW-RR 2003, 1056 (1058); 2007, 1177 (1178).

[16] Staub/Koller Rn. 62.

[17] Staub/Koller Rn. 62.

[18] Staub/Koller Rn. 62.

[19] Staub/Koller Rn. 62.

[20] OLG Oldenburg ZVertriebsR 2016, 182 (183); MüKoHGB/Häuser § 406 Rn. 23; Heymann/Herrmann Rn. 5; Küstner/Thume VertriebsR-HdB III Teil III Rn. 1; Schultze/Wauschkuhn/Spenner/Dau/Kübler Vertragshändlervertrag/Wauschkuhn Rn. 33; Martinek/Semler/Flohr VertriebsR-HdB/Martinek § 3 Rn. 11 vgl. BGH NJW-RR 2003, 1056 (1058); 2007, 1177 (1178).

[21] Hopt/Hopt § 383 Rn. 3; Staub/Koller § 383 Rn. 33; Martinek/Semler/Flohr VertriebsR-HdB/Martinek § 3 Rn. 11 f.; Schlegelberger/Hefermehl § 383 Rn. 95; Schmidt JuS 2008, 665 (667).

[22] Küstner/Thume VertriebsR-HdB III Teil III Rn. 1.

Im **Außenverhältnis** zu den Abnehmern schließt der Kommissionsagent **Kommis-** 6
sionsgeschäfte im Sinn der §§ 383 ff. ab. Insoweit kommt daher Kommissionsrecht zur
Anwendung.[23] Im **Innenverhältnis** zum Unternehmer handelt es sich um einen **Ge-**
schäftsbesorgungsvertrag (§§ 675 Abs. 1, 611 BGB) (→ § 383 Rn. 8 ff.).[24] Der Kommissionsagentenvertrag ist ein **Rahmenvertrag,** der den Kommissionsagenten verpflichtet,
fortlaufend (ständig) die Interessen des Unternehmers wahrzunehmen.[25] Der Kommissionsagentenvertrag enthält somit kommissions-, geschäftsbesorgungs-, dienst- und handelsvertreterrechtliche Elemente.[26] Als Vergütung erhält der Kommissionsagent typischerweise
eine Provision iSv § 396 Abs. 1.[27]

In der Praxis ist vor allem der **Verkaufskommissionsagent** von Bedeutung. Im Alltag 7
begegnet er uns regelmäßig bei Depotgeschäften (zB Tchibo) oder im Bereich des Vertriebs
von Presserzeugnissen (Pressegrossisten).[28] Die Verkaufskommission ist regelmäßig dann
von Interesse für den Unternehmer, wenn er nach außen nicht selbst in Erscheinung treten
will.[29] Der Einsatz eines **Einkaufskommissionsagenten** kommt eher selten vor. Praxisrelevant ist die Einkaufskommission für Werbeagenturen, die Verträge mit Unterlieferan-
ten, Subunternehmern oder sonstigen Dritten im eigenen Namen aber für Rechnung ihrer
Kunden eingehen.

Die deutlich größere praktische Bedeutung der Rechtsfigur des Verkaufskommissions- 8
agenten erklärt sich daraus, dass der Einsatz von Kommissionsagenten dem Unternehmer
die Möglichkeit eröffnet, dem generellen Verbot der Preisbindung der zweiten Hand zu
entgehen, wenn auch nur im Rahmen der allgemeinen kartellrechtlichen Schranken, ohne
für den Kunden ersichtlich Handelsvertreter einsetzen zu müssen.[30] Das System des Einsatzes von Verkaufskommissionsagenten ist auch für Hersteller von Markenartikeln interessant, die einerseits nicht darauf verzichten können, im Fachhandel präsent zu sein, andererseits aber nicht die Kontrolle über den Vertrieb ihrer (oft hochpreisigen) Produkte aus der
Hand geben wollen. Im Zwischenbuchhandel (Verlagsauslieferungen), im Möbelhandel
oder im Bereich der Unterhaltungselektronik dürfte es dem Unternehmer oftmals auch an
der Verhandlungsmacht fehlen, den Kommissionsagenten formal als Handelsvertreter mit
dem Vertrieb der Vertragsprodukte zu beauftragen. Aus Unternehmersicht dürfte zudem
für den Einsatz von Verkaufskommissionsagenten sprechen, dass er sich auf seine Kern-
kompetenz konzentrieren kann; etwa im Bereich eCommerce durch die Einschaltung von
„Fulfillment"-Dienstleistern. Aber auch für den im (Einzel-)Handel tätigen Kommissionsagenten ist der Vertrieb von Kommissionsware interessant, erlaubt sie ihm doch die Ausweitung seines Angebotes ohne Einsatz eigenen Kapitals und Vorfinanzierungskosten.

II. Abgrenzung, vertragstypenrechtliche Einordnung

Der Kommissionsagent ist eine **Mischform** aus zwei gesetzlich separat geregelten 9
Rechtsfiguren, nämlich der des Kommissionärs (§§ 383 ff.) und der des Handelsvertreters
(§§ 84 ff.).[31] Er ist kein Handelsvertreter im eigentlichen Sinne, weil er das Ausführungs-
geschäft nicht in fremdem, sondern in eigenem Namen abschließt. Er ist auch kein
Kommissionär im eigentlichen Sinne, weil er anders als dieser ständig mit dem Vertrieb der
Produkte des Unternehmers (eher selten mit dem Einkauf für den Unternehmer) betraut

---

[23] MüKoHGB/Häuser § 406 Rn. 24; Heymann/Herrmann Rn. 5; Staub/Koller § 383 Rn. 34.
[24] MüKoHGB/Häuser § 406 Rn. 24; Martinek/Semler/Flohr VertriebsR-HdB/Martinek § 3 Rn. 12;
Hopt/Hopt § 383 Rn. 3.
[25] Küstner/Thume VertriebsR-HdB III Teil III Rn. 4.
[26] MüKoHGB/Häuser § 406 Rn. 23; Hopt/Hopt § 383 Rn. 3; Küstner/Thume VertriebsR-HdB III Teil
III Rn. 8.
[27] Küstner/Thume VertriebsR-HdB III Teil III Rn. 2.
[28] Küstner/Thume VertriebsR-HdB III Teil III Rn. 3; Hopt FS Hadding, 2002, 443 ff.
[29] MüKoHGB/Häuser § 406 Rn. 23.
[30] Vgl. BGHZ 97, 317 ff.; Heymann/Herrmann Rn. 5; Niebling GRUR 2000, 19 (22).
[31] Gierke/Sandrock 476; Schmidt JuS 2008, 665 (667).

ist; regelmäßig wird ihn auch eine Vertriebspflicht für ein bestimmtes Vertragsgebiet treffen.[32] Vom Handlungsgehilfen oder sonstigen Handlungsbevollmächtigten iSd §§ 54 ff. unterscheidet ihn wiederum außer dem fehlenden Handeln in eigenem Namen auch die Selbständigkeit.[33]

10   Als **Vertragstypus** steht der Kommissionagent in der Mitte **zwischen Handelsvertreter und Vertragshändler.**[34] Er unterscheidet sich vom Handelsvertreter dadurch, dass er nach außen nicht in fremdem, sondern in eigenem Namen auftritt. Vom Vertragshändler unterscheidet er sich dadurch, dass er nicht auf eigene, sondern für fremde Rechnung handelt. Beides folgt aus § 383 Abs. 1. Wirtschaftlich betrachtet ist der Kommissionsagent also eine Art Vertragshändler „mit (im Innenverhältnis) beschränkter Haftung", weil er wirtschaftlich nur die Risiken eines Handelsvertreters trägt. Er wird regelmäßig die gleichen Merkmale aufweisen wie der für konzerninterne Vertriebsfunktionen genutzte sog. „Limited Risk Distributor".[35]

11   So eindeutig die theoretische Abgrenzung Vertragshändler/Kommissionsagent ist, so schwierig wird oftmals die Abgrenzung in der Praxis sein,[36] jedenfalls soweit isoliert einzelne Geschäfte mit Dritten betrachtet werden. Wird demgegenüber außer den einzelnen Geschäften auch das rahmenvertragliche Dauerschuldverhältnis mit dem Unternehmer in die Abgrenzung einbezogen, wird oftmals wenig Raum für vernünftige Zweifel verbleiben, weil bei allen möglichen Defiziten der Vertragsgestaltung doch regelmäßig die vertragliche Risikoverteilung klare Rückschlüsse auf die vertragstypenrechtliche Einordnung zulassen wird.[37] Als Faustregel gilt dabei: Je geringer das Risiko des Vertriebsmittlers in Bezug auf das Ausführungsgeschäft, umso eher ist von einem Kommissionsagentenvertrag auszugehen.[38]

III. Analoge Anwendbarkeit von Handelsvertreterrecht im Innenverhältnis

12   Dem Grunde nach Einigkeit besteht darin, dass auf den Kommissionsagenten ebenso wie auf den Vertragshändler **Handelsvertreterrecht** in gewissen Umfang **analog anzuwenden** ist.[39] In welchem Umfang das Innenverhältnis der Parteien handelsvertreterrechtlich geprägt ist und inwiefern Kommissionsrecht durch Handelsvertreterrecht verdrängt bzw. überlagert wird, ist **umstritten.**[40]

13   **Teilweise** wird darauf abgestellt, ob zwischen Kommissionsagent und Unternehmer eine ständige Beziehung vorliege; daraus folge eine Vermutung der Schutzwürdigkeit, was wiederum die analoge Anwendung der handelsvertreterrechtlichen Schutzvorschriften gebiete.[41] **Teilweise** wird darauf abgestellt, ob neben dem Merkmal der ständigen Betrauung eine dem Handelsvertreter vergleichbare Einbindung in die Absatzorganisation des Unternehmers vorliege.[42] Als zusätzliches Element müsse der Kommissionsagent allerdings vom Unternehmer wirtschaftlich abhängig sein.[43] **Teilweise** wird die analoge Anwendbarkeit

---

[32] Staub/Koller § 383 Rn. 33.

[33] Schlegelberger/Hefermehl § 383 Rn. 95.

[34] Hopt/Hopt § 383 Rn. 3; Küstner/Thume VertriebsR-HdB III Teil III Rn. 6.

[35] Zu den steuerrechtlichen Erwägungen für den Einsatz verschiedener Vertriebsformen im Konzern s. Isensee IStR 2001, 693.

[36] K. Schmidt HandelsR § 28 II 1a; Küstner/Thume VertriebsR-HdB III Teil III Rn. 7.

[37] Vgl. auch BGH NJW-RR 2003, 1056 (1058): die Vorinstanz hatte den Vertrag als Franchisevertrag qualifiziert.

[38] MüKoHGB/Häuser § 406 Rn. 23; Schultze/Wauschkuhn/Spenner/Dau/Kübler Vertragshändlervertrag/Wauschkuhn Rn. 33.

[39] BGH NJW 1959, 144 (145); MüKoHGB/Ströbl Vor § 84 Rn. 12; Hopt/Hopt § 84 Rn. 19; Küstner/Thume VertriebsR-HdB III Teil III Rn. 8.

[40] Vgl. Darst. bei Staub/Koller § 383 Rn. 34; Küstner/Thume VertriebsR-HdB III Teil III Rn. 7 ff.

[41] Gierke/Sandrock 488.

[42] Vgl. hierzu Oetker/Martinek § 383 Rn. 18.

[43] So Ebenroth/Boujong/Joost/Strohn/Krüger, 2. Aufl. 2009, § 383 Rn. 9. Ebenroth/Boujong/Joost/Strohn/Füller § 383 Rn. 9, § 406 Rn. 6 stellt nunmehr hinsichtlich der analogen Anwendung der handelsvertreterrechtlichen Vorschriften im Innenverhältnis nur noch auf den Normzweck der jeweiligen Norm ab.

aus dem Vertrauensverhältnis der Parteien abgeleitet, das darauf beruhe, dass der Kommissionsagent ständig damit betraut sei, Geschäfte für Rechnung des Unternehmers abzuschließen, woraus wiederum seine Einbindung in die Absatzorganisation des Unternehmers folge.[44] **Teilweise** wird darauf abgestellt, ob neben dem Element der ständigen Betrauung und dem Element der Schutzbedürftigkeit eine Steigerung des „goodwill" des Unternehmers auf dem vom Kommissionsagenten bearbeiteten Teilmarkt vorliege.[45]

All diese Ansätze verkennen, dass für die Prüfung der analogen Anwendbarkeit handels- **14** vertreterrechtlicher Vorschriften für den Kommissionsagenten **vom Grundsatz her nichts anderes gelten kann als für den Vertragshändler,**[46] auch wenn Vertragshändler und Kommissionsagent erhebliche Unterschiede aufweisen. Zwar ist der Kommissionsagent wegen des Handelns in fremdem Namen einem Handelsvertreter ähnlicher als der Vertragshändler. Beiden gemeinsam ist jedoch, dass sie der Rechtsfigur des Handelsvertreters nur angenähert sind, ihr also gerade nicht in jeder Hinsicht entsprechen. Folglich ist beim Kommissionsagenten ebenso wie beim Vertragshändler für jede handelsvertreterrechtliche Vorschrift **separat** zu prüfen, ob sie auf den Kommissionsagenten analog anzuwenden ist, wobei die Wertungen des Kommissionsrechts zu berücksichtigen sind. Die Prüfung erfolgt in **zwei Schritten.** Zunächst ist in einem ersten Schritt (als allgemeine Analogie-Vorprüfung) festzustellen, ob der Kommissionsagent im konkreten Fall in einer einem Handelsvertreter vergleichbaren Art und Weise **in die Absatzorganisation des Unternehmers eingebunden** ist. In einem zweiten Schritt ist sodann zu prüfen, ob in Bezug auf die jeweils in Rede stehende Norm des Handelsvertreterrechts der **gesetzgeberische Grundgedanke**, auf dem die Norm beruht, auch im Innenverhältnis zwischen Kommissionsagent und Unternehmer gilt.[47] Auf eine (vermeintliche) allgemeine Schutzbedürftigkeit des Kommissionsagenten kommt es insoweit nicht an.[48] Demgegenüber ist besonders zu berücksichtigen, ob die analoge Anwendung handelsvertreterrechtlicher Vorschriften dem **gesetzlichen Leitbild und den gesetzgeberischen Wertungen des Kommissionsrechts** zuwider läuft. Regelmäßig scheidet eine analoge Anwendung der §§ 84 ff. etwa dann aus, wenn die jeweilige Vorschrift des Handelsvertreterrechts gerade dem Handeln im fremden Namen Rechnung trägt;[49] in diesem Fall ist eine Übertragung auf den im eigenen Namen handelnden Kommissionsagenten idR nicht sachgerecht. Ferner kann auch aus anderen Gründen ein Konflikt einzelner Grundgedanken von Normen des Handelsvertreterrechts mit Grundgedanken kommissionsrechtlicher Regelungen bestehen, nämlich wenn sich im Handelsvertreter- und im Kommissionsrecht Regelungen finden, die den gleichen Sachverhalt betreffen (zB zur Provision, §§ 87 ff., 396). In solchen Fällen ist eine **praktische Konkordanz der Regelungen** herzustellen, die der Natur des Kommissionsagenten als **Mischform** aus Kommissionär und Handelsvertreter angemessen Rechnung trägt. In jedem Fall verbietet sich im Rahmen der Analogieprüfung eine generelle Übertragung der für den Handelsvertreter geltenden gesetzlichen Wertungen auf den Kommissionsagenten.

Die Einzelheiten zur analogen Anwendung der einzelnen handelsvertreterrechtlichen **15** Normen auf den Kommissionsagenten finden sich bei der Kommentierung der §§ 84 ff. (→ Vor § 84 Rn. 35 ff.).

IV. Sonstige anwendbare Rechtsnormen

Unabhängig von der analogen Anwendung handelsvertreterrechtlicher Vorschriften fin- **16** den auf den Kommissionsagentenvertrag im Innenverhältnis zum Unternehmer die allgemeinen Regeln des BGB (insbesondere zum Geschäftsbesorgungsvertrag, §§ 675 ff.,

---

[44] Heidel/Schall/Psaroudakis § 383 Rn. 4.
[45] Staub/Koller § 383 Rn. 34.
[46] Küstner/Thume VertriebsR-HdB III Teil III Rn. 8 f.
[47] Schlegelberger/Hefermehl § 383 Rn. 96.
[48] Hopt/Hopt § 84 Rn. 19; Oetker/Busche § 89b Rn. 68; differenzierend Staub/Koller § 383 Rn. 34.
[49] MüKoHGB/Häuser § 406 Rn. 25; Ebenroth/Boujong/Joost/Strohn/Löwisch § 84 Rn. 167; Heymann/Sonnenschein/Weitermeyer Vor § 84 Rn. 10.

611 ff. BGB) über Dauerschuldverhältnisse Anwendung; gleiches gilt für das AGB-Recht (§§ 305 ff. BGB).

17   Da der Kommissionsagent Kommissionär ist, gelten darüber hinaus sowohl für das Innenverhältnis zum Unternehmer als auch für das Außenverhältnis zum Dritten unmittelbar die §§ 383 ff.[50] Hieran ändert grundsätzlich auch der Charakter des Kommissionsagentenvertrages als Dauerschuldverhältnis nichts. Allerdings können im Einzelfall die Vorschriften über das Kommissionsgeschäft von handelsvertreterrechtlichen Vorschriften verdrängt bzw. überlagert werden.[51]

C. Kartellrechtliche Einordnung

18   Für die kartellrechtliche Einordnung kommt es darauf an, ob der Kommissionsagent bzw. Kommissionär[52] **kartellrechtlich** als **Handelsvertreter iSd Art. 101 Abs. 1 AEUV zu qualifizieren** ist.[53] Dies ist der Fall, wenn der Unternehmer, nicht aber der Kommissionsagent das Geschäftsrisiko aus den Ausführungsgeschäften trägt.[54] Der Kommissionsagent ist demgegenüber kartellrechtlich kein Handelsvertreter, sondern ein „sonstiger" Vertriebsmittler und wird kartellrechtlich wie ein Vertragshändler oder Franchisenehmer behandelt, wenn er wirtschaftliche Risiken und Lasten trägt, die über das typische (in den Vertikal-LL 2022 festgelegte) Risikoprofil eines Handelsvertreters hinausgehen.[55]

19   Rn. 27 der Vertikal-LL 2022 definiert einen **Handelsvertreter (im kartellrechtlichen Sinne)** als „eine juristisch oder natürliche Person, die mit der Vollmacht ausgestattet ist, im Auftrag einer anderen Person (des „Auftraggebers") **entweder im eigenen Namen oder im Namen des Auftraggebers** Verträge (…) auszuhandeln und/oder zu schließen". Die Definition erfasst daher sowohl Handelsvertreter iSd §§ 84 ff. als auch Kommissionsagenten. Rn. 28 der Vertikal-LL 2022 stellt ausdrücklich klar, dass für die kartellrechtliche Bewertung die einzelstaatliche zivilrechtliche Einordnung irrelevant ist: „Wie die Vereinbarung (…) durch (…) die einzelstaatlichen Gesetze eingestuft wird, ist für die wettbewerbsrechtliche Würdigung belanglos."

20   Die Einzelheiten der **kartellrechtlich zulässigen Risikoverteilung** zwischen Unternehmer und Kommissionsagent für Zwecke der Qualifizierung des Kommissionsagenten als Handelsvertreter iSd Art. 101 Abs. 1 AEUV ergeben sich aus Rn. 29–31 der Vertikal-LL 2010. Entscheidend sind **drei Arten finanzieller oder geschäftlicher Risiken:** (i) Risiken aus den vom Vertriebsmittler für den Unternehmer abgeschlossenen Verträgen; (ii) marktspezifische Investitionen; und (iii) Risiken aus anderen Tätigkeiten auf demselben sachlich relevanten Markt, die der Vertriebsmittler auf Weisung des Unternehmers auf eigenes Risiko durchzuführen verpflichtet ist. In Bezug auf diese Risiken darf der Vertriebsmittler keine oder nur unbedeutende Risiken tragen.[56] Demgegenüber spielen diejenigen Risiken für die kartellrechtliche Einordnung keine Rolle, die aus der Tätigkeit des Vertriebsmittlers selbst herrühren oder in seinem Geschäftsbetrieb begründet sind.[57]

21   Rn. 31 der Vertikal-LL 2022 benennt darüber hinaus ausdrücklich eine Reihe von **wirtschaftlichen Risiken,** die der kartellrechtlichen Qualifizierung des Kommissions-

---

[50] Küstner/Thume VertriebsR-HdB III Teil III Rn. 4 f.

[51] BGH NJW 1959, 144 (145); Küstner/Thume VertriebsR-HdB III Teil III Rn. 6; Staub/Koller § 383 Rn. 34.

[52] Von praktischer Relevanz ist die Frage in erster Linie für den Kommissionsagenten und weniger für den Kommissionär, der gerade nicht „ständig" mit der Ausführung von Geschäften für den Kommittenten „betraut" ist, so dass es an der Spürbarkeit etwaiger Wettbewerbsbeschränkungen in aller Regel fehlen dürfte. Nachfolgend wird daher auf den Kommissionsagentenvertrag abgestellt. Die Ausführungen gelten aber gleichermaßen für den Kommissionsvertrag.

[53] MüKoHGB/Häuser § 406 Rn. 24; Hopt/Kumpan § 383 Rn. 3; Vertikal-LL 2022 Rn. 27; Schultze/Pautke/Wagener Rn. 283.

[54] Schultze/Pautke/Wagener Rn. 274; Vertikal-LL 2022 Rn. 28 ff.

[55] Hopt/Kumpan § 383 Rn. 3 und § 86 Rn. 35 ff.; Heidel/Schall/Psaroudakis § 383 Rn. 10.

[56] Vertikal-LL 2022 Rn. 30.

[57] Vertikal-LL 2022 Rn. 30.

agenten als Handelsvertreter entgegenstehen. Hierzu gehören nach Auffassung der Kommission: Der Übergang des Eigentums an der Vertragsware auf den Vertriebsmittler,[58] die Übernahme von Transport-,[59] Lager-,[60] oder Finanzierungskosten,[61] die Übernahme des Produkthaftungsrisikos,[62] die Übernahme des Delkredere-Risikos,[63] die Verpflichtung zur Investition in verkaufsfördernde Maßnahmen oder die Verpflichtung zur Beteiligung an den Werbeaufwendungen des Unternehmers.[64] Diesem Ergebnis kann der Unternehmer nur dadurch begegnen, dass er die dem Kommissionsagenten entstehenden Kosten in vollem Umfang übernimmt.[65] Da die einzelstaatlichen Gesetze für die kartellrechtliche Qualifizierung keine Rolle spielen (s. oben), kann die unkritische Übernahme gesetzlicher Regelungen in Kommissionsagentenverträgen daher uU zu dem unerwünschten Ergebnis führen, dass der Vertrag kartellrechtlich nicht mehr als Handelsvertretervertrag qualifiziert werden kann. Die obigen Risiken trägt daher beim Kommissionsagentenvertrag typischerweise der Unternehmer.[66]

Im Ergebnis ist es sachgerecht, den Kommissionsagenten idR als Handelsvertreter im **22** kartellrechtlichen Sinne einzuordnen, weil es sich bei den Kommissionsgeschäften wirtschaftlich um **Geschäfte des Kommittenten** handelt.[67] Dem Kommissionsgeschäft sind daher gewisse vertikale Wettbewerbsbeschränkungen wesensimmanent.[68]

Hieran hat sich auch durch die Angleichung des deutschen Kartellrechts an das EU- **23** Kartellrecht durch die 7. GWB-Novelle nichts geändert.[69] Nach wie vor ist der **Kommissionär kartellrechtlich** als **Teil des „Unternehmens" des Kommittenten** anzusehen, weil der Kommissionär wegen des Handelns für Rechnung des Kommittenten nicht als vom Kommittenten wirtschaftlich unabhängiges Unternehmen am Markt operiert, sondern beide vielmehr eine wirtschaftliche Einheit bilden.[70] Es fehlt daher an einer Vereinbarung zwischen zwei Unternehmen iSv § 1 GWB und Art. 101 Abs. 1 AEUV. Dies gilt allerdings nur, wenn es sich um ein „typisches" Kommissionsgeschäft handelt und von der kommissionstypischen Risikoverteilung nicht abgewichen wird.[71] Handelt es sich demgegenüber um ein Geschäft zwischen zwei (bezogen auf die konkreten Transaktionen) wirtschaftlich unabhängig am Markt operierenden Unternehmen oder gehen die Wettbewerbsbeschränkungen über das zur Erreichung des Vertragszwecks erforderliche hinaus,[72] ist für eine kartellrechtliche Privilegierung kein Raum.

D. Einzelfragen zum zulässigen Inhalt des Kommissionsagentenvertrages

I. Preis- und Konditionenbindung

Da der Kommissionär für **fremde Rechnung** tätig wird, darf er Ausführungsgeschäfte **24** nur im Rahmen der vertraglichen Vorgaben des Kommittenten eingehen. Dies folgt unmittelbar aus den §§ 385, 386. Es liegt daher nahe anzunehmen, dass im Rahmen eines

---

[58] Vertikal-LL 2022 Rn. 31 Lit. a.
[59] Vertikal-LL 2022 Rn. 31 Lit. b.
[60] Vertikal-LL 2022 Rn. 31 Lit. c.
[61] Vertikal-LL 2022 Rn. 31 Lit. c.
[62] Vertikal-LL 2022 Rn. 31 Lit. e.
[63] Vertikal-LL 2022 Rn. 31 Lit. d; kritisch: Kapp/Schumacher EuZW 2008, 167.
[64] Vertikal-LL 2022 Rn. 31 Lit. f.
[65] Vgl. Vertikal-LL 2022 Rn. 31 Lit. g und h.
[66] Vgl. Küstner/Thume VertriebsR-HdB III Teil III Rn. 31; Schlegelberger/Hefermehl § 383 Rn. 95.
[67] MüKoHGB/Häuser § 383 Rn. 29.
[68] Vgl. auch MüKoHGB/Häuser § 386 Rn. 6; Heidel/Schall/Psaroudakis § 383 Rn. 10.
[69] Heymann/Herrmann § 383 Rn. 5.
[70] Vgl. für Handelsvetreterverträge und zum Begriff der wirtschaftlichen Einheit EuG Slg. 2005, II-03319 Rn. 85 ff.; vgl. Koller/Kindler/Roth/Drüen/Roth § 383 Rn. 10; Ebenroth/Boujong/Joost/Strohn/Füller Rn. 24; Nolte WuW 2006, 252; Eilmansberger ZWeR 2006, 64; Pfeffer/Wegner EWS 2006, 296 (298 f.).
[71] Koller/Kindler/Roth/Drüen/Roth § 383 Rn. 10; Staub/Koller § 383 Rn. 57.
[72] BGH NJW-RR 2003, 1056 (1060).

Kommissionsagentenvertrages der Unternehmer dem Kommissionsagenten ebenfalls Vorgaben in Bezug auf die Verkaufspreise und Konditionen machen kann, und zwar auch im Rahmen von AGB.[73] Zwar sind solche Vorgaben nur im Rahmen der **kartellrechtlichen Schranken** zulässig, doch greift das Verbot der Preisbindung der zweiten Hand nicht ein, wenn der Kommissionsagent kartellrechtlich als Handelsvertreter zu qualifizieren ist (→ Rn. 18 ff.). Der BGH stellte zu § 14 GWB aF demgegenüber darauf ab, ob der Kommissionsagent in ein System eingebunden ist, das der lückenlosen Einführung und praktischen Durchsetzung der vertikalen Preisbindung dient.[74] In diesem Fall sollte eine Preisbindungsklausel unzulässig sein. Dieser Fall, so der BGH, liege aber in aller Regel nicht vor.[75] Seit Aufhebung des § 14 GWB aF durch die 7. GWB-Novelle[76] ist jedoch davon auszugehen, dass der BGH insoweit an seiner Rechtsprechung nicht mehr festhalten, sondern sich an § 1 GWB idF der 7. GWB-Novelle orientieren wird.

25   Eine **Preisbindung der zweiten Hand** kann zwar begrifflich eigentlich nicht vorliegen, weil der Kommissionsagent die vom Unternehmer erhaltene Ware nicht (im zivilrechtlichen Sinne) gekauft hat, so dass er sie auch nicht weiterverkaufen kann; auf die zivilrechtliche Bewertung kommt es kartellrechtlich allerdings nicht an (→ Rn. 19). Vielmehr ist die kartellrechtliche Zulässigkeit separat zu prüfen. Dies folgt nicht nur aus Rn. 28 der Vertikal-LL 2022, sondern auch aus Art. 1 Abs. 1 lit. k Vertikal-GVO 2022. Denn „Abnehmer" in diesem Sinne ist auch jedes Unternehmen, das Waren oder Dienstleistungen **für Rechnung** eines anderen Unternehmens verkauft. Abnehmer in diesem Sinne kann daher sowohl der Handelsvertreter (im rein zivilrechtlichen Sinne) als auch der Kommissionsagent sein.

II. AGB-Kontrolle

26   Ebenso wie jeder andere Vertrag unterliegt der Kommissionsagentenvertrag der AGB-Inhaltskontrolle der §§ 305 ff. BGB, wenn und soweit seine Klauseln als **Allgemeine Geschäftsbedingungen iSv § 305 Abs. 1 BGB** qualifiziert werden. So hat der BGH[77] verschiedene Formularklauseln für unwirksam erklärt, die von dem gesetzlichen Leitbild der §§ 383 ff. abweichen oder in sonstiger Weise eine unangemessene Benachteiligung darstellen.

27   **Unwirksam** sind beispielsweise die folgenden Klauseln: verschuldensunabhängige Haftung für Warenschwund unter Ausschluss der Entlastungsmöglichkeit;[78] Haftungsausschluss des Unternehmers für (leicht) fahrlässige Unterbrechungen des Betriebs des Kommissionsagenten;[79] Vereinbarung einer Vertragsstrafe unabhängig vom Vertretenmüssen der Pflichtverletzung und ohne dass gewichtige Interessen des Verwenders die Vereinbarung einer verschuldensunabhängigen Vertragsstrafe in AGB ausnahmsweise rechtfertigen.[80]

28   **Wirksam** sind hingegen (innerhalb der kartellrechtlichen Grenzen) beispielsweise sowohl eine Bezugsbindung des Kommissionsagenten[81] als auch ein Wettbewerbsverbot oder eine Preisbindung für den Wiederverkauf.[82] In Bezug auf die Preisbindung erklärt sich das zwanglos daraus, dass die Preisbindung für den Kommissionsagenten gerade nicht zu einer

---

[73] BGH NJW-RR 2003, 1056 (1058 f.); Heymann/Herrmann Rn. 5; Küstner/Thume VertriebsR-HdB III Teil III Rn. 29.
[74] BGH NJW-RR 2003, 1056 (1059); KG WuW/E OLG 2819; Martinek LMK 2003, 190 (191); Heymann/Herrmann Rn. 5; Staub/Koller Rn. 57 (zu § 15 GWB aF); Küstner/Thume VertriebsR-HdB III Teil III Rn. 29.
[75] BGH NJW-RR 2003, 1056 (1059).
[76] Siebtes Gesetz zur Änderung des Gesetzes gegen Wettbewerbsbeschränkungen vom 7.7.2005, BGBl. 2005 I 1954 ff.
[77] BGH NJW-RR 2003, 1056.
[78] BGH NJW-RR 2003, 1056 (1058).
[79] BGH NJW-RR 2003, 1056 (1059 f.); NJW 1994, 1060 (1063); 1993, 335.
[80] BGH NJW-RR 2003, 1056 (1060).
[81] BGH NJW-RR 2003, 1056 (1059).
[82] BGH NJW-RR 2003, 1056 (1059).

Abweichung von wesentlichen Grundgedanken der gesetzlichen Regelung führt oder die Erreichung des Vertragszwecks gefährdet wird (ebendies führt gem. § 307 Abs. 2 Nr. 1 und 2 BGB jedoch zu einer unangemessenen Benachteiligung iSv § 307 Abs. 1 S. 1 BGB). Vielmehr wird mit der Preisbindung zu Lasten des Kommissionsagenten lediglich dem gesetzlichen Leitbild entsprochen,[83] was angesichts des Handelns des Kommissionsagenten für fremde Rechnung nur konsequent ist.

III. Sonstige Schranken der Vertragsgestaltung

Bei der Vertragsgestaltung sind darüber hinaus die analog anzuwendenden zwingenden **29** Vorschriften des Handelsvertreterrechts zu beachten. Die Einzelheiten hierzu finden sich bei der Kommentierung der §§ 84 ff. (→ Vor § 84 Rn. 35 ff.).

E. Internationaler Verkehr

Für den Kommissionsagenten gilt ebenso wie für den Handelsvertreter in Ermangelung **30** einer Rechtswahl das **Recht am Ort der Niederlassung des Kommissionsagenten.** Dies folgt aus Art. 4 Abs. 1 lit. f Rom I-VO.

§ 383 Kommissionär; Kommissionsvertrag

(1) **Kommissionär ist, wer es gewerbsmäßig übernimmt, Waren oder Wertpapiere für Rechnung eines anderen (des Kommittenten) in eigenem Namen zu kaufen oder zu verkaufen.**

(2) **¹Die Vorschriften dieses Abschnittes finden auch Anwendung, wenn das Unternehmen des Kommissionärs nach Art oder Umfang einen in kaufmännischer Weise eingerichteten Geschäftsbetrieb nicht erfordert und die Firma des Unternehmens nicht nach § 2 in das Handelsregister eingetragen ist. ²In diesem Fall finden in Ansehung des Kommissionsgeschäfts auch die Vorschriften des Ersten Abschnittes des Vierten Buches mit Ausnahme der §§ 348 bis 350 Anwendung.**

Literatur: Avancini, Ist § 392 Abs. 2 HGB auf die vom Kommissionär in Durchführung eines Kommissionsgeschäfts erworbenen Sachenrechte „analog" anwendbar?, Festschrift Kastner, 1972, 5; Bitter, Rechtsträgerschaft für fremde Rechnung, 2006; Böhm, Auslegung und systematische Einordnung des § 392 Abs. 2 HGB – zum Verhältnis von Analogie und Fiktion bei mittelbarer Stellvertretung, 1971; Börner, Offene und verdeckte Stellvertretung und Verfügung, Festschrift H. Hübner, 1984, 409; Canaris, Auswirkungen des Gesetzes zur Modernisierung der Schuldrechts auf das Recht des Handelskaufs und der Kommission, Festschrift Konzen, 2006, 43; Dressler, Aufrechnung des Käufers von Kommissionsgut mit Forderung gegen Kommissionär, NJW 1969, 655; ders., Die entsprechende Anwendung handelsrechtlicher Normen auf Nichtkaufleute am Beispiel des § 392 Abs. 2 HGB – ein Beitrag zur Methode der Analogie, Diss. München 1968; Ebenroth, Kollisionsrechtliche Anknüpfung der Vertragsverhältnisse von Handelsvertretern, Kommissionsagenten, Vertragshändlern und Handelsmaklern, RIW 1984, 165; Gundlach/Frenzel/Schmidt, Die Anwendbarkeit des § 392 Abs. 2 HGB auf das aus dem Ausführungsgeschäft Erlangte in der Insolvenz des Kommissionärs, DZWiR 2000, 449; D. Herbert, Die Beteiligung des Kommittenten am Ausführungsgeschäft bei der Warenkommission, 1972; Kevekordes, Nichtanwendbarkeit des Preisbindungsverbots auf Kommissionärs- und Kommissionsagentenverträge, DB 1988, 1885; Knütel, Weisungen bei Geschäftsbesorgungsverhältnissen, insbesondere bei Kommission und Spedition, ZHR 137 (1973), 285; Koller, Das Provisions- und Aufwendungsrisiko bei der Kommission, BB 1979, 1725; ders., Interessenkonflikte im Kommissionsverhältnis, BB 1978, 1733; Martinek, Das allgemeine Geschäftsbesorgungsrecht und die analoge Anwendung des § 392 Abs. 2 HGB, Festschrift Musielak, 2004, 355; v. Olshausen, Die Kunst der Gesetzesformulierung – oder: Welche Rechtsnormen gelten für kleingewerbliche Gelegenheitskommissionäre nach dem Handelsrechtsreformgesetz?, NJW 2001, 1842; Schütte, Leistungsstörungen im Kommissionsrecht, Diss. Bonn 1988; Schwarz, § 392 Abs. 2 HGB als Aufrechnungshindernis, NJW 1969, 1942; Voit, Kauf, Handelskauf und Kommission, 1988.

---

[83] BGH NJW-RR 2003, 1056 (1059) mwN; Heymann/Herrmann Rn. 5.

Übersicht

A. Allgemeines

I. Regelungsgegenstand und Normzweck

1   **1. Sachlicher und personeller Anwendungsbereich des Kommissionsrechts.** Der Dritte Abschnitt des Vierten Buches behandelt das „**Kommissionsgeschäft**". Was ein Kommissionsgeschäft ist, wird im Gesetz nicht definiert, sondern ergibt sich mittelbar aus der Definition des Kommissionärs in § 383 Abs. 1. Vereinfacht gesagt besteht ein Kommissionsgeschäft aus der **Übernahme von Geschäftsabschlüssen in eigenem Namen für fremde Rechnung.**[1] Kommissionsgeschäfte, und damit Regelungsgegenstand der §§ 383–406, sind dabei sowohl die Geschäfte des gewerbsmäßigen Kommissionärs, als auch die Geschäfte des Gelegenheitskommissionärs.[2] Kommissionsgeschäfte sind daher mit anderen

---

[1] Schlegelberger/Hefermehl Rn. 8; HK-HGB/Ruß Rn. 1.
[2] MüKoHGB/Häuser Rn. 2; GK-HGB/Achilles Rn. 1.

Worten **alle Geschäfte, die zum Betrieb des Handelsgewerbes des Kommissionärs gehören,** also die „Handelsgeschäfte" des Kommissionärs (vgl. § 343 Abs. 1).[3]

Kommissionär ist nach der Legaldefinition in § 383 Abs. 1, wer es (1) **gewerbsmäßig** 2 übernimmt, (2) **Waren oder Wertpapiere** (3) **für Rechnung eines anderen** (4) **in eigenem Namen** (5) zu **kaufen** oder zu **verkaufen.** Das Gesetz geht in § 383 Abs. 1 also davon aus, dass der Kommissionär stets ein Ausführungsgeschäft mit einem Dritten abschließt.[4]

Der **sachliche Anwendungsbereich**[5] des Kommissionsrechts wird in zweifacher Hin- 3 sicht über § 383 Abs. 1 hinaus erweitert: § 406 Abs. 1 S. 1 bezieht **andere Geschäfte** als den Kauf oder Verkauf von Waren oder Wertpapieren in den Regelungsbereich des Kommissionsrechts.[6] § 406 Abs. 2 wiederum erstreckt den sachlichen Anwendungsbereich des Kommissionsrechts zusätzlich auf **Werklieferungsverträge** im Sinne von § 651 BGB.[7] Gegenstand des Kommissionsgeschäfts können somit **Geschäfte aller Art** sein. Die häufiger anzutreffende begriffliche Differenzierung zwischen „eigentlichen" oder „uneigentlichen", „echten" oder „unechten", „regelmäßigen" oder „unregelmäßigen" Kommissionsgeschäften bzw. Kommissionsgeschäften „im engeren Sinne" oder „im weiteren Sinne" ist daher für die Praxis ohne Relevanz.[8]

Der **personelle Anwendungsbereich**[9] des Kommissionsrechts wird zum einen durch 4 § 383 Abs. 2 über § 383 Abs. 1 hinaus erweitert; § 383 Abs. 2 stellt den **nicht gewerbsmäßig tätigen Kommissionär** dem gewerbsmäßigen Kommissionär weitgehend gleich. Lediglich die §§ 348–350 finden auf den nicht gewerbsmäßigen Kommissionär keine Anwendung.[10] Zum anderen erweitert § 406 Abs. 1 S. 1 den personellen Anwendungsbereich des Kommissionsrechts auch auf den nur gelegentlich Kommissionsgeschäfte ausführenden Kaufmann (sog. **Gelegenheitskommissionär**).

Aus § 383 iVm § 406 folgt daher, dass Kommissionsrecht immer dann zur Anwendung 5 kommt, wenn (1) **ein Kaufmann** oder **ein nicht-kaufmännischer und nicht im Handelsregister eingetragener Gewerbetreibender**[11] (2) **gewerbsmäßig oder gelegentlich**[12] (3) den **Abschluss von Geschäften in eigenem Namen und für fremde Rechnung** übernimmt. Es handelt sich daher bei den §§ 383 ff. um **Sonderprivatrecht von Gewerbetreibenden.**[13] Der nicht gewerbsmäßig und unentgeltlich in eigenem Namen auf fremde Rechnung Tätige unterfällt nicht den §§ 383 ff., sondern allein dem Auftragsrecht (§§ 662 ff. BGB).[14]

2. Inhalt des Kommissionsgeschäfts. Ein Kommissionsgeschäft liegt dann vor, wenn 6 der Tatbestand der §§ 383 Abs. 1, 406 Abs. 1 S. 1, 406 Abs. 2 erfüllt ist.[15]

Ein Kommissionsgeschäft beruht auf **drei unterschiedlichen Rechtsverhältnissen:** 7 Erstens muss der Kommittent den Kommissionär mit der Durchführung eines Rechtsgeschäfts im Namen des Kommissionärs auf Rechnung des Kommittenten beauftragt haben **(Kommissionsvertrag).** Zweitens muss es zur Durchführung des Geschäftes gekommen sein, das Gegenstand des Kommissionsvertrages ist **(Ausführungsgeschäft).** Drittens muss

---

[3] MüKoHGB/Häuser Rn. 1; Ebenroth/Boujong/Joost/Strohn/Füller Rn. 1.
[4] Schlegelberger/Hefermehl Rn. 9.
[5] Ebenroth/Boujong/Joost/Strohn/Füller Rn. 1.
[6] Ebenroth/Boujong/Joost/Strohn/Füller Rn. 1; vgl. Staub/Koller Rn. 4; Koller/Kindler/Roth/Drüen/ Roth Rn. 2.
[7] MüKoHGB/Häuser Rn. 2; Staub/Koller Rn. 4.
[8] MüKoHGB/Häuser Rn. 3; Staub/Koller Rn. 3.
[9] Ebenroth/Boujong/Joost/Strohn/Füller Rn. 1.
[10] MüKoHGB/Häuser Rn. 28.
[11] Ebenroth/Boujong/Joost/Strohn/Füller Rn. 1 bezeichnet den nicht-kaufmännischen Gewerbetreibenden als „Kannkaufmann (§ 2) (…), [d]er nicht in das Handelsregister eingetragen ist."
[12] Koller/Kindler/Roth/Drüen/Roth Rn. 2, § 406 Rn. 2.
[13] MüKoHGB/Häuser Rn. 4; Hübner HandelsR Rn. 867.
[14] MüKoHGB/Häuser Rn. 25, 48; Ebenroth/Boujong/Joost/Strohn/Füller Rn. 11.
[15] Vgl. Ebenroth/Boujong/Joost/Strohn/Füller Rn. 1.

das durch das Kommissionsgeschäft Erlangte vom Kommissionär auf den Kommittenten übertragen werden (**Abwicklungsgeschäft**). Im Ergebnis entsteht somit ein Dreiecksverhältnis zwischen Kommittent, Kommissionär und Drittem; unmittelbare Rechtsbeziehungen bestehen jedoch nur zwischen Kommittent und Kommissionär einerseits sowie zwischen Kommissionär und Drittem andererseits.[16]

II. Vertragsrechtliche Einordnung und Abgrenzung

8   **1. Vertragsrechtliche Einordnung.** Kennzeichnend für den Kommissionsvertrag ist sein **geschäftsbesorgungsrechtlicher Charakter.**[17] Ergänzend zu den §§ 383 ff. gelten daher die §§ 675, 663, 665–670, 672–674 BGB.[18]

9   **Umstritten** ist, ob auf den Kommissionsvertrag Werkvertragsrecht oder Dienstvertragsrecht Anwendung findet.[19] Für die generelle Anwendung von **Werkvertragsrecht** wird ins Feld geführt, dass dem Kommissionsvertrag das für Dienstverträge und andere Dauerschuldverhältnisse prägende Zeitelement fehle; es sei auf einmaligen Austausch gerichtet und werde nur im Erfolgsfalle vergütet.[20] Auch erscheine die Möglichkeit der jederzeitigen Kündigung gem. §§ 621 Nr. 5, 627 BGB als nicht sachgerecht.[21] Die Ausnutzung der typischerweise überlegenen Marktkenntnis des Kommissionärs spreche dafür, dass er einen Erfolg und nicht nur verkehrsübliche Tätigkeit schulde.[22] Gegen diese Auffassung und für die Anwendung von **Dienstvertragsrecht** spricht jedoch, dass dem Kommissionsvertrag von Gesetzes wegen keine Verpflichtung innewohnt, das Ausführungsgeschäft tatsächlich zustande zu bringen.[23] Auch hängt der Erfolg der Bemühungen des Kommissionärs nicht nur von seinem Einsatz, sondern auch vom Marktumfeld und den Weisungen des Kommittenten ab (zB in Bezug auf Preislimits).[24]

10   Im Ergebnis kann die **grundsätzliche** Frage des (eher) dienst- oder werkvertraglichen Charakters des Kommissionsvertrages offen bleiben. Der Kommissionsvertrag kann je nach Ausgestaltung im Einzelfall mehr oder weniger dienst- oder werkvertraglich geprägt sein. Daher **verbietet sich eine schematische Lösung.** Maßgeblich sind die Umstände des Einzelfalls.[25] Die Abgrenzung zwischen dienst- oder werkvertraglich geprägtem Geschäftsbesorgungsvertrag ist ohnehin nur dann von **praktischer Bedeutung,** wenn und soweit die Regelungen der §§ 383 ff. iVm § 675 BGB für eine bestimmte Problemstellung keine Regelungen enthalten.[26] Relevant ist die Frage der ergänzenden Anwendung von Dienst- oder Werkvertragsrecht daher in erster Linie für die vorzeitige Beendigung des Kommissionsvertrages durch Kündigung[27] (→ Rn. 38 ff.).

---

[16] MüKoHGB/Häuser Rn. 18; Schlegelberger/Hefermehl Rn. 10; Röhricht/Graf v. Westphalen/Haas/Lenz Rn. 4; HK-HGB/Ruß Rn. 7.

[17] MüKoHGB/Häuser Rn. 31, 48; Ebenroth/Boujong/Joost/Strohn/Füller Rn. 13; Koller/Kindler/Roth/Drüen/Roth Rn. 3; Heymann/Herrmann Rn. 6; GK-HGB/Achilles Rn. 3; Staub/Koller Rn. 58; Röhricht/Graf v. Westphalen/Haas/Lenz Rn. 6; HK-HGB/Ruß Rn. 4.

[18] MüKoHGB/Häuser Rn. 31.

[19] S. Darst. bei Ebenroth/Boujong/Joost/Strohn/Füller Rn. 14 mwN; Heymann/Herrmann Rn. 6; Heidel/Schall/Psaroudakis Rn. 6; Schlegelberger/Hefermehl Rn. 37.

[20] Vgl. Ebenroth/Boujong/Joost/Strohn/Füller Rn. 14; Koller/Kindler/Roth/Drüen/Roth Rn. 3; Für die Anwendbarkeit von Werkvertragsrecht RGZ 71, 76 (78); Knütel ZHR 137, 286 f.; Düringer/Hachenburg/Lehmann Vor § 383 Rn. 3; Staub/Koller Rn. 105; aA RGZ 110, 119 (123); RG JW 1932, 2607 (2608); Canaris HandelsR § 30 I 2a; Schlegelberger/Hefermehl Rn. 37; vgl. auch HK-HGB/Ruß Rn. 4.

[21] Staub/Koller Rn. 102, 104.

[22] Heymann/Herrmann Rn. 6.

[23] MüKoHGB/Häuser Rn. 49; Röhricht/Graf v. Westphalen/Haas/Lenz Rn. 6.

[24] Staub/Koller Rn. 105; Schlegelberger/Hefermehl Rn. 37.

[25] MüKoHGB/Häuser Rn. 49; Ebenroth/Boujong/Joost/Strohn/Füller Rn. 14 ff.; Koller/Kindler/Roth/Drüen/Roth Rn. 3; Staub/Koller Rn. 10559.

[26] Ebenroth/Boujong/Joost/Strohn/Füller Rn. 13, 15.

[27] Staub/Koller Rn. 104; Röhricht/Graf v. Westphalen/Haas/Lenz Rn. 6.

Weniger kontrovers ist die Beurteilung der Einordnung des **Kommissionsagentenver-** **11** **trages**[28] (→ Vor § 383 Rn. 6). Hier liegt wegen der „ständigen Betrauung" ein Dauer-schuldverhältnis vor, was generell für einen **dienstvertraglichen Charakter** spricht.[29]

2. Abgrenzung zu anderen Vertriebsmittlern. Während der **Handelsmakler** **12** (§§ 93 ff.) ein Geschäft nur vorbereitet und offen als Vermittler eines Geschäfts mit dem eigentlichen Geschäftsherrn auftritt,[30] ist der Kommissionär selbst Partei des mit dem Dritten abgeschlossenen Ausführungsgeschäfts. Der Unterschied zwischen Kommissionär und **Handelsvertreter** besteht in erster Linie darin, dass der Kommissionär in eigenem und nicht, wie der Handelsvertreter, in fremdem Namen handelt.[31] Darüber hinaus ist er, anders als der Handelsvertreter, nicht ständig damit betraut, Geschäfte für den Unterneh-mer abzuschließen.[32] Vom **Kommissionsagenten** (→ Vor § 383 Rn. 5 ff.) unterscheidet den Kommissionär ebenfalls der Mangel an ständiger Betrauung mit dem Abschluss von Geschäften für den Unternehmer.[33] Der **Vertragshändler** und der **Franchisenehmer** wiederum unterscheiden sich vom Kommissionär dadurch, dass sie auf eigene und nicht auf fremde Rechnung handeln.[34] Darüber hinaus sind sie ständig mit dem Vertrieb der Vertragsprodukte betraut.[35] Eher selten relevant wird die Abgrenzung vom **Arbeitneh-mer**;[36] hier ist die Selbständigkeit des Kommissionärs (→ Rn. 24) das entscheidende Merkmal.[37]

3. Abgrenzung zum Eigengeschäft. Angesichts der Vertragsfreiheit der Parteien ist **13** stets zu prüfen, ob die Parteien einen Kommissionsvertrag oder einen **Kaufvertrag (sog. Eigengeschäft)** im Verhältnis Lieferant/Eigenhändler abschließen wollten.[38] Dies ist eine Frage der Auslegung.[39] Die von den Parteien gewählte Bezeichnung ist nicht entschei-dend.[40] Vielmehr kommt es auf den tatsächlichen Parteiwillen sowie auf Zweck und wirtschaftlichen Gehalt der von den Parteien getroffenen Vereinbarung an.[41] Die Abgren-zung kann im Einzelfall schwierig sein.[42]

Für die Vereinbarung eines Kommissionsgeschäftes[43] spricht beispielsweise das **14** Vorhandensein von **Weisungsbefugnissen.**[44] Es ist für ein Kommissionsverhältnis typisch, dass einer Partei Weisungsbefugnisse (in Bezug auf das Ausführungsgeschäft) zustehen und

---

[28] MüKoHGB/Häuser Rn. 49; Hopt/Kumpan Rn. 3; Staub/Koller Rn. 105.

[29] IdS wohl auch HK-HGB/Ruß Rn. 4; aA Ebenroth/Boujong/Joost/Strohn/Füller Rn. 15.

[30] MüKoHGB/Häuser Rn. 22; Ebenroth/Boujong/Joost/Strohn/Füller Rn. 8; Koller/Kindler/Roth/ Drüen/Roth Rn. 4; Heymann/Herrmann Rn. 1; Schlegelberger/Hefermehl Rn. 18; Staub/Koller Rn. 15; HK-HGB/Ruß Rn. 2.

[31] MüKoHGB/Häuser Rn. 22; Koller/Kindler/Roth/Drüen/Roth Rn. 4; Heymann/Herrmann Rn. 1; Schlegelberger/Hefermehl Rn. 18; Staub/Koller Rn. 15; HK-HGB/Ruß Rn. 2.

[32] GK-HGB/Achilles Rn. 3.

[33] Koller/Kindler/Roth/Drüen/Roth Rn. 4; Heymann/Herrmann Rn. 5; GK-HGB/Achilles Rn. 3.

[34] MüKoHGB/Häuser Rn. 22; Heymann/Herrmann Rn. 1.

[35] GK-HGB/Achilles Rn. 3.

[36] GK-HGB/Achilles Rn. 3.

[37] MüKoHGB/Häuser Rn. 24; Heymann/Herrmann Rn. 3; zur Abgrenzung s. auch BAG NZA 2003, 1112.

[38] Heymann/Herrmann Rn. 4; GK-HGB/Achilles Rn. 4; HK-HGB/Ruß Rn. 3.

[39] Ebenroth/Boujong/Joost/Strohn/Füller Rn. 39; Schlegelberger/Hefermehl Rn. 19.

[40] BGH NJW 1975, 776 (777); WM 1955, 1588 (1589); RGZ 114, 9 (10); MüKoHGB/Häuser Rn. 53; Koller/Kindler/Roth/Drüen/Roth Rn. 4; Staub/Koller Rn. 15; HK-HGB/Ruß Rn. 3.

[41] BGH NJW-RR 1991, 994 (995); NJW 1975, 776; OLG Frankfurt a. M. MDR 1985, 849; Mü-KoHGB/Häuser Rn. 53; Hopt/Kumpan Rn. 7; Staub/Koller Rn. 34; HK-HGB/Ruß Rn. 3.

[42] Koller/Kindler/Roth/Drüen/Roth Rn. 4.

[43] Für ein Kommissionsgeschäft sprechende Indizien sind: Kauf oder Verkauf zum bestmöglichen Preis, RGZ 94, 66; 114, 11; OLG München BB 1955, 682; eine Provisionsvereinbarung, OLG München BB 1955, 682; gegen ein Kommissionsgeschäft sprechen der Ausschluss eines Rückgaberechts, OLG Frankfurt a. M. BB 1982, 208; feste Terminvorgaben für die Zahlung, OLG Köln MDR 1973, 230; keinerlei Aussagekraft hat die Vereinbarung einer faktischen Mindestpreisgarantie, OLG München BB 1955, 782 oder ein Eigentums-vorbehalt, BGH WM 1959, 1006; vgl. auch Staub/Koller Rn. 37 ff. mwN.

[44] BGH NJW 1975, 776 (777); HK-HGB/Ruß Rn. 3.

sie Vorgaben zu Preisen oder sonstigen Geschäftsbedingungen machen kann.[45] Erfolgt die Abwicklung des Ausführungsgeschäftes auf **Provisionsbasis**[46] oder werden der einen Partei zusätzlich zum vereinbarten Preis **Gebühren oder Aufwendungen** in Rechnung gestellt, ist dies ebenfalls kommissionstypisch.[47] Gleiches gilt für eine **direkte Abwicklung** zwischen dem Geschäftsherrn und Drittem (jedenfalls, soweit dies nicht für Makler- oder Handelsvertretertätigkeit spricht),[48] **Rechnungslegungspflichten** über das Ausführungsgeschäft,[49] Regelungen über die **Lagerung** der vertragsgegenständlichen Ware, Regelungen über die **Haftung für Warenschwund,**[50] oder die Vereinbarung über die Ausführung des Ausführungsgeschäftes zum **bestmöglichen Preis.**[51] Ferner spricht für die Vereinbarung eines Kommissionsgeschäfts die Vereinbarung eines **Mindestpreises.**[52] Ob es demgegenüber wirklich für die Vereinbarung eines Kommissionsgeschäfts spricht, dass ein über einen festen Preis hinausgehender **Mehrerlös** dem Ausführenden zustehen soll,[53] ist eher zweifelhaft. Jedenfalls kann dieser Umstand angesichts der Verteilung von Risiken und Chancen des Geschäfts auch im gegenteiligen Sinne verstanden werden, also für ein Eigengeschäft sprechen.

15   **Gegen die Vereinbarung eines Kommissionsgeschäftes und/oder für die Vereinbarung eines Eigengeschäfts**[54] spricht es, wenn die Parteien einen **Festpreis** vereinbaren,[55] **Abschlagszahlungen** vereinbart sind,[56] **keiner Partei Weisungsbefugnisse** zustehen,[57] die **Rückgabe ausgeschlossen** wird,[58] die Ware bereits im **Eigentum des Kommissionärs** steht,[59] die Übereignung unter der aufschiebenden oder auflösenden **Bedingung des Weiterverkaufs** erfolgt, oder die Lieferung unter dem **Vorbehalt der Selbstbelieferung** steht.[60]

16   Doch selbst wenn Indizien für oder gegen ein Eigen- bzw. Kommissionsgeschäft vorliegen, ist zusätzlich zu berücksichtigen, wie stark die Vereinbarung der Parteien in ihrer Gesamtheit den gesetzlichen Vorgaben der §§ 383 ff. entspricht oder von ihnen abweicht. Das Vorliegen einzelner Indizien in die eine oder andere Richtung ist (wie stets) für sich genommen nicht ausreichend, um das (Nicht-)Vorliegen eines Kommissionsgeschäfts anzunehmen.[61]

17   Im Übrigen kann der Kommissionär selbst dann ein Eigengeschäft vornehmen, wenn die Parteien ein Kommissionsgeschäft vereinbart haben.[62] In diesem Fall muss das Handeln in eigenem Namen und für eigene Rechnung jedoch nach außen **deutlich erkennbar** werden; ein bloßer innerer Vorbehalt genügt nicht.[63] Der Kommissionär ist insoweit

---

[45] BGH NJW-RR 2003, 1056 (1059); OLG Frankfurt a. M. MDR 1985, 849; OLG Köln MDR 1973, 230; OLG München BB 1955, 682.
[46] Staub/Koller Rn. 37; Heymann/Herrmann Rn. 4; HK-HGB/Ruß Rn. 3.
[47] BGH NJW-RR 2003, 1582 (1583); 2002, 1344 (1345).
[48] HK-HGB/Ruß Rn. 3.
[49] Heymann/Herrmann Rn. 4; Staub/Koller Rn. 37.
[50] BGH NJW-RR 2003, 1056 (1058).
[51] RGZ 94, 65 (66); 114, 9 (11); Staub/Koller Rn. 37; Heymann/Herrmann Rn. 4; HK-HGB/Ruß Rn. 3.
[52] HK-HGB/Ruß Rn. 3.
[53] RGZ 110, 119 (121); OLG Köln OLGR 2002, 21 (22).
[54] Vgl. zu den Kriterien BGH WM 2002, 1687 (1688); NJW-RR 1991, 994 (995); NJW 1975, 776; 1953, 377; Ebenroth/Boujong/Joost/Strohn/Füller Rn. 17; MüKoHGB/Häuser Rn. 54 ff.; Röhricht/Graf v. Westphalen/Haas/Lenz Rn. 22; Staub/Koller Rn. 38; Canaris HandelsR § 30 I 2c.
[55] BGH NJW 1975, 776 (777); Staub/Koller Rn. 38; Heymann/Herrmann Rn. 4; HK-HGB/Ruß Rn. 3.
[56] OLG Schleswig SchlHA 2003, 165; OLG Köln OLGR 2002, 21 (22).
[57] BGHZ 1, 75 (79); BGH DB 1975, 589; Staub/Koller Rn. 38; Heymann/Herrmann Rn. 4.
[58] OLG Frankfurt a. M. BB 1982, 208.
[59] Vgl. aber auch → Rn. 64.
[60] RGZ 101, 380 (381).
[61] Vgl. BGH NJW-RR 1991, 994 (995).
[62] Ebenroth/Boujong/Joost/Strohn/Füller Rn. 17.
[63] RGZ 148, 190 (192); Hopt/Kumpan Rn. 16; Ebenroth/Boujong/Joost/Strohn/Füller Rn. 39; Schlegelberger/Hefermehl Rn. 28; aA Röhricht/Graf v. Westphalen/Haas/Lenz Rn. 28.

darlegungs- und beweispflichtig.[64] Für die vertragsrechtliche Einordnung der Vereinbarung zwischen Kommittent und Kommissionär ist die Frage der (abredewidrigen) tatsächlichen Durchführung durch den Kommissionär jedoch irrelevant, weil sie sich nur auf die tatsächliche Ausführung, nicht aber auf die Vereinbarung der Parteien bezieht.[65]

III. Kommissionsvertrag

1. Regelungsgegenstand. Der Kommissionsvertrag regelt schuldrechtlich das **Innen-** **18** **verhältnis** zwischen Kommissionär und Kommittent.[66] Er erzeugt für das im Außenverhältnis zwischen Kommissionär und Drittem abzuschließende Ausführungsgeschäft keine unmittelbaren Rechtswirkungen, sondern legt fest, wie der Kommissionär das Ausführungsgeschäft auszuführen hat.[67]

2. Vertragsabschluss und Form. Der Abschluss des Kommissionsvertrages erfolgt nach **19** Maßgabe der allgemeinen Regeln der §§ 145 ff. BGB.[68] Sein Inhalt richtet sich nach den §§ 383 ff. und der Vereinbarung der Parteien. Dabei sind die AGB-rechtlichen Anforderungen der §§ 305 ff. BGB zu beachten.[69] Zulässig sind etwa Preisvorgaben, Bezugsbindungen oder Wettbewerbsverbote (→ Vor § 383 Rn. 28).[70]

Der Kommissionsvertrag ist **grundsätzlich nicht formbedürftig.**[71] Anders kann es **20** aber sein, wenn das Ausführungsgeschäft bestimmten Formerfordernissen unterliegt (zB § 311b Abs. 1 S. 1 BGB für die Übertragung von Immobilien, § 15 Abs. 3 GmbHG für die Übertragung von Geschäftsanteilen).[72] In beiden Fällen ist zwischen Einkaufs- und Verkaufskommission zu unterscheiden.

Wenn **Immobilien** Gegenstand der **Einkaufskommission** sind, besteht **grundsätzlich** **21** **keine Beurkundungspflicht,** da die Herausgabeverpflichtung in Bezug auf das aus dem Kommissionsgeschäft Erlangte aus dem Gesetz folgt (§ 384 Abs. 2).[73] Anders ist es jedoch, wenn damit bereits eine Erwerbsverpflichtung des Kommissionärs gegenüber dem Dritten bzw. eine Erwerbsverpflichtung des Kommittenten gegenüber dem Kommissionär begründet wird.[74] Fehlt es an der Beurkundung, kann sich nur der Kommittent, nicht aber der Kommissionär auf die Formbedürftigkeit berufen, weil die Formbedürftigkeit dem Schutz des Kommittenten dient.[75] Formmängel werden durch die Eintragung ins Grundbuch geheilt (§ 311b Abs. 1 S. 2 BGB).

Wenn **Immobilien** Gegenstand der **Verkaufskommission** sind, erfolgt die Verfügung **22** über das Grundstück aufgrund einer Ermächtigung des Kommittenten (§§ 182, 185 BGB).

---

[64] HK-HGB/Ruß Rn. 3.

[65] Schlegelberger/Hefermehl Rn. 22; Staub/Koller Rn. 39.

[66] MüKoHGB/Häuser Rn. 18; Ebenroth/Boujong/Joost/Strohn/Füller Rn. 13; HK-HGB/Ruß Rn. 8.

[67] Ebenroth/Boujong/Joost/Strohn/Füller Rn. 13.

[68] MüKoHGB/Häuser Rn. 39; Ebenroth/Boujong/Joost/Strohn/Füller Rn. 19; Koller/Kindler/Roth/ Drüen/Roth Rn. 6; Schlegelberger/Hefermehl Rn. 41; Staub/Koller Rn. 88; GK-HGB/Achilles Rn. 9; Röhricht/Graf v. Westphalen/Haas/Lenz Rn. 7.

[69] S. zu einzelnen generell AGB-festen Klauseln in Kommissionsverträgen auch Ebenroth/Boujong/Joost/ Strohn/Füller Rn. 27.

[70] BGH NJW-RR 2003, 1056.

[71] BGHZ 125, 218; MüKoHGB/Häuser Rn. 42; Koller/Kindler/Roth/Drüen/Roth Rn. 9; Heymann/ Herrmann Rn. 7; Schlegelberger/Hefermehl Rn. 39; Staub/Koller Rn. 91; GK-HGB/Achilles Rn. 9; Röhricht/Graf v. Westphalen/Haas/Lenz Rn. 8.

[72] Für eine generelle Formbedürftigkeit Schlegelberger/Hefermehl Rn. 39; differenzierend Ebenroth/ Boujong/Joost/Strohn/Füller Rn. 20; Hopt/Kumpan Rn. 9; Koller/Kindler/Roth/Drüen/Roth Rn. 9; dagegen RGZ 80, 99 ff.; Düringer/Hachenburg/Lehmann Rn. 14; vgl. hierzu insgesamt MüKoHGB/Häuser Rn. 42; Staub/Koller Rn. 91 ff.; Röhricht/Graf v. Westphalen/Haas/Lenz Rn. 8.

[73] Koller/Kindler/Roth/Drüen/Roth Rn. 9; aA Schlegelberger/Hefermehl Rn. 39.

[74] BGH NJW 1952, 1210; MüKoHGB/Häuser Rn. 43; Ebenroth/Boujong/Joost/Strohn/Füller Rn. 21; Schlegelberger/Hefermehl Rn. 39; Staub/Koller Rn. 95.

[75] BGHZ 127, 168 (175); 85, 245 (251 f.); Ebenroth/Boujong/Joost/Strohn/Füller Rn. 21; Koller/Kindler/Roth/Drüen/Roth Rn. 9.

Die Ermächtigung ist gem. § 182 Abs. 2 BGB grundsätzlich **formfrei.**[76] Wenn aber die Ermächtigung formfrei möglich ist, gilt dies auch für den Kommissionsvertrag, der die Ermächtigung enthält.[77] Anders ist es nur dann, wenn die Kommission **unwiderruflich** ist.[78] Die Unwiderruflichkeit muss allerdings stets ausdrücklich vereinbart sein.

23 Ist Gegenstand der Kommission die **Übertragung von Geschäftsanteilen an einer GmbH,** ist gem. § 15 Abs. 3, Abs. 4 S. 1 GmbHG **nur die Verpflichtung zur Übertragung beurkundungspflichtig,** nicht aber die Verpflichtung zum Erwerb. Bei der Einkaufskommission ist der Kommissionsvertrag daher formfrei; bei der Verkaufskommission bedarf er der notariellen Beurkundung.[79]

24 **3. Tatbestand. a) Gewerbsmäßige Übernahme.** § 383 Abs. 1 greift nur ein, wenn der **Kommissionär** den Kauf oder Verkauf von Waren oder Wertpapieren für Rechnung eines Dritten **gewerbsmäßig** übernimmt.[80] Gewerbsmäßiges Handeln liegt vor, wenn der Kommissionär sein Geschäft **selbständig, dauerhaft** (zumindest **mit Wiederholungsabsicht**) und **mit Gewinnerzielungsabsicht** betreibt, was voraussetzt, dass er seine Leistungen **entgeltlich** am Markt anbietet.[81] Auf den wirtschaftlichen Erfolg seiner Tätigkeit (tatsächliche Gewinnerzielung) kommt es nicht an.[82]

25 An der Gewerbsmäßigkeit des Handelns fehlt es, wenn die Geschäfte für fremde Rechnung nur gelegentlich (also nicht dauerhaft) übernommen werden[83] oder wenn sie regelmäßig (und nicht nur gelegentlich) ohne Provision übernommen werden.[84] Allerdings kommt für Kaufleute in diesen Fällen das Kommissionsrecht über § 406 Abs. 1 S. 2 trotzdem zur Anwendung.[85] Die Anwendbarkeit des Kommissionsrechts scheidet nur aus, wenn ein Nichtkaufmann gelegentlich eine Kommission übernimmt oder ohne Provision aus reiner Gefälligkeit tätig wird (→ Rn. 5).[86] Das Merkmal der Gewerbsmäßigkeit des Handelns ist daher in der Praxis von geringer Bedeutung.

26 Auch wenn das Kommissionsgeschäft im Dritten Abschnitt des Vierten Buches geregelt ist und somit unter die Handelsgeschäfte iSv § 343 fällt, muss der Kommissionär nicht Kaufmann sein.[87] Dies folgt aus § 383 Abs. 2 S. 1. Es kommt für die Anwendung des Kommissionsrechts allein darauf an, ob die Voraussetzungen des § 383 Abs. 1 (ggf. iVm § 406) vorliegen. Der **Kommittent** muss ohnehin nicht Kaufmann sein.[88] Vielmehr kann jede rechts- und geschäftsfähige Person einen Kommissionär mit der Durchführung eines Kommissionsgeschäfts beauftragen.[89]

27 **b) Kauf oder Verkauf von Waren oder Wertpapieren.** Der Tatbestand des § 383 Abs. 1 setzt voraus, dass der Kommissionär **Waren oder Wertpapiere kauft oder verkauft.** § 406 Abs. 1 S. 1 und Abs. 2 erweitern den sachlichen Anwendungsbereich auf „andere" Geschäfte als Geschäfte über Waren und Wertpapiere und auf Werklieferungsverträge. § 383 Abs. 1 erfasst daher in erster Linie Kaufverträge (§§ 433 ff. BGB), aber auch

---

[76] Ebenroth/Boujong/Joost/Strohn/Füller Rn. 21; vgl. auch BGH NJW 1994, 1344 (zur Genehmigung).
[77] Ebenroth/Boujong/Joost/Strohn/Füller Rn. 21.
[78] MüKoHGB/Häuser Rn. 43; Ebenroth/Boujong/Joost/Strohn/Füller Rn. 21; Koller/Kindler/Roth/Drüen/Roth Rn. 9; Heymann/Herrmann Rn. 7; Staub/Koller Rn. 95; Schlegelberger/Hefermehl Rn. 39.
[79] Ebenroth/Boujong/Joost/Strohn/Füller Rn. 22; Koller/Kindler/Roth/Drüen/Roth Rn. 9; differenzierend Hopt/Kumpan Rn. 9; Staub/Koller Rn. 95.
[80] Schlegelberger/Hefermehl Rn. 14.
[81] MüKoHGB/Häuser Rn. 24 f.; Ebenroth/Boujong/Joost/Strohn/Füller Rn. 10; Schlegelberger/Hefermehl Rn. 14; Staub/Koller Rn. 11 ff.; GK-HGB/Achilles Rn. 7.
[82] Ebenroth/Boujong/Joost/Strohn/Füller Rn. 10; Schlegelberger/Hefermehl Rn. 14.
[83] Staub/Koller Rn. 11.
[84] Ebenroth/Boujong/Joost/Strohn/Füller Rn. 10 f.; Staub/Koller Rn. 11.
[85] BGH BB 1960, 797; GK-HGB/Achilles Rn. 7.
[86] Vgl. Staub/Koller Rn. 11.
[87] BT-Drs. 13/8444, 29, 69; GK-HGB/Achilles Rn. 8.
[88] Ebenroth/Boujong/Joost/Strohn/Füller Rn. 2.
[89] Hopt/Kumpan Rn. 1.

Tauschverträge (§ 480 BGB) und Werklieferungsverträge (§ 651 BGB).[90] Diesen Verträgen ist gemeinsam, dass sie den kaufrechtlichen Regelungen unterstehen.

Waren sind **bewegliche Sachen,**[91] also in erster Linie **körperliche Gegenstände** (§ 90 **28** BGB). Daraus ergibt sich, dass unbewegliche Sachen wie Grundstücke oder unkörperliche Gegenstände des Rechtsverkehrs (zB Geschäftsanteile an einer Gesellschaft, Rechte oder Forderungen) von § 383 Abs. 1 nicht erfasst werden. Sie können jedoch über § 406 Abs. 1 S. 1 Gegenstand des Kommissionsgeschäfts sein.[92]

Wertpapiere im Sinne von § 383 Abs. 1 sind nur **Wertpapiere im engeren Sinne,** bei **29** denen das Recht **aus** dem Papier dem Recht **am** Papier folgt (Inhaber- und Order-papiere).[93] Wertpapiere im engeren Sinne werden auf Grundlage der §§ 929 ff. BGB über-tragen und nicht per Abtretung (§§ 952, 398 ff. BGB).[94] Da jedoch auch **Wertpapiere im weiteren Sinne** über § 406 Abs. 1 S. 1 Gegenstand des Kommissionsgeschäfts sein kön-nen, kommt es auf diese Abgrenzung in der Praxis nicht an.

c) Handeln für Rechnung eines anderen in eigenem Namen. Der Kommissions- **30** vertrag setzt ferner voraus, dass der Kommissionär das Ausführungsgeschäft (→ Rn. 41 ff.) für Rechnung eines anderen, aber in eigenem Namen eingeht. Daher wird nur der Kommis-sionär selbst aus dem Ausführungsgeschäft berechtigt und verpflichtet.[95] Der Kommittent kann vom Dritten nicht direkt in Anspruch genommen werden.[96] Dies gilt selbst dann, wenn der Dritte weiß, dass der Kommissionär für Rechnung des Kommittenten handelt.[97]

4. Rechtsfolge. Mit Abschluss des Kommissionsvertrages übernimmt der **Kommissio-** **31** **när** je nach Ausgestaltung im Einzelfall als **Hauptleistungspflicht** entweder die Pflicht zur Ausführung des Geschäfts, zumindest aber die Pflicht, sich um die Ausführung des Geschäfts pflichtgemäß zu bemühen (§ 383 Abs. 1, 384 Abs. 1). Dabei hat er die Interessen des Kommittenten zu wahren. Ferner übernimmt er die Pflicht zur Herausgabe des Erlangten (§ 384 Abs. 2).[98] Zu den einzelnen Pflichten des Kommissionärs → § 384 Rn. 1 ff.

Im Gegenzug übernimmt der **Kommittent** als **Hauptleistungspflicht** die Pflicht zur **32** Zahlung der Provision als Entgelt für die Geschäftsbesorgung durch den Kommissionär sowie die Pflicht zum Ersatz der Aufwendungen des Kommissionärs (§ 396).[99] Zu den Einzelheiten → § 396 Rn. 1 ff.

5. Beendigung. Der Kommissionsvertrag endet regelmäßig mit Ausführung der ver- **33** einbarten Kommission durch Abschluss des Ausführungsgeschäfts oder Selbsteintritt.[100] Der Kommissionsvertrag kann jedoch auch vorzeitig beendet werden.

a) Allgemeines. Der Kommissionsvertrag endet vorzeitig, wenn und soweit die Aus- **34** führung der Kommission **unmöglich** geworden ist,[101] wenn eine der Parteien den **Rück-tritt** vom Kommissionsvertrag erklärt,[102] im Fall der Befristung durch **Zeitablauf,**[103] oder

---

[90] MüKoHGB/Häuser Rn. 19.
[91] MüKoHGB/Häuser Rn. 19; Ebenroth/Boujong/Joost/Strohn/Füller Rn. 7.
[92] MüKoHGB/Häuser Rn. 19.
[93] MüKoHGB/Häuser Rn. 20; Ebenroth/Boujong/Joost/Strohn/Füller Rn. 7.
[94] MüKoHGB/Häuser Rn. 20.
[95] Koller/Kindler/Roth/Drüen/Roth Rn. 13; Staub/Koller Rn. 123.
[96] Staub/Koller Rn. 123.
[97] Koller/Kindler/Roth/Drüen/Roth Rn. 13.
[98] Staub/Koller Rn. 107; HK-HGB/Ruß Rn. 6.
[99] Staub/Koller Rn. 108; HK-HGB/Ruß Rn. 6.
[100] MüKoHGB/Häuser Rn. 109; GK-HGB/Achilles Rn. 11.
[101] Koller/Kindler/Roth/Drüen/Roth Rn. 8; Schlegelberger/Hefermehl Rn. 52; Staub/Koller Rn. 160; Heymann/Herrmann Rn. 11; GK-HGB/Achilles Rn. 11; Röhricht/Graf v. Westphalen/Haas/Lenz Rn. 14, 17.
[102] Koller/Kindler/Roth/Drüen/Roth Rn. 8; GK-HGB/Achilles Rn. 11; Röhricht/Graf v. Westphalen/Haas/Lenz Rn. 17.
[103] MüKoHGB/Häuser Rn. 110; Ebenroth/Boujong/Joost/Strohn/Füller Rn. 30; Koller/Kindler/Roth/Drüen/Roth Rn. 8; Schlegelberger/Hefermehl Rn. 49; Staub/Koller Rn. 157, 78; Heymann/Herrmann Rn. 11; Röhricht/Graf v. Westphalen/Haas/Lenz Rn. 14, 15; GK-HGB/Achilles Rn. 11.

bei Eintritt einer im Kommissionsvertrag vereinbarten **auflösenden Bedingung**.[104] Ferner kann der Kommissionsvertrag durch den **Tod**[105] oder die **Insolvenz**[106] einer der Parteien enden. Insoweit ist jedoch danach zu differenzieren, ob der Tod oder die Insolvenz den Kommittenten oder den Kommissionär trifft.

35   Der **Tod des Kommissionärs** führt gem. § 673 S. 1 BGB im Zweifel zur Beendigung des Kommissionsvertrages durch Erlöschen.[107] Zum gegenteiligen Ergebnis führt der **Tod des Kommittenten**. In diesem Fall endet der Kommissionsvertrag im Zweifel nicht (vgl. § 672 S. 1 BGB).[108]

36   Wird über das **Vermögen des Kommittenten** das **Insolvenzverfahren** eröffnet, erlischt der Kommissionsvertrag gem. §§ 116 S. 1, 115 Abs. 1 InsO, soweit nicht einer der Ausnahmetatbestände der §§ 116 Abs. 1, 115 Abs. 2 S. 2 **(Gefahr im Verzug)** oder §§ 116 Abs. 1, 115 Abs. 3 S. 1 **(unverschuldete Unkenntnis)** vorliegt.[109] In beiden Fällen gilt der Kommissionsvertrag als fortbestehend.[110] Die §§ 115, 116 InsO verdrängen insoweit § 103 InsO.[111] Nach Ausführung der Kommission ist § 116 InsO nicht mehr anwendbar,[112] da der Kommissionsvertrag mit Ausführung der Kommission bereits beendet und für ein Erlöschen kein Raum mehr ist.

37   Wird über das **Vermögen des Kommissionärs** das **Insolvenzverfahren** eröffnet, führt dies nicht zum Erlöschen des Kommissionsvertrages.[113] Dies folgt aus einem Gegenschluss zu §§ 116 Abs. 1, 115 Abs. 1 InsO.[114] Es bleibt daher für die noch nicht ausgeführte Kommission beim Wahlrecht des Insolvenzverwalters iSv § 103 InsO.[115] War das Kommissionsgeschäft bei Eröffnung des Insolvenzverfahrens bereits ausgeführt, ist für das Wahlrecht des Insolvenzverwalters kein Raum mehr.

38   **b) Kündigung. Umstritten** ist, ob und wie der Kommissionsvertrag vor Ausführung der vereinbarten Kommission beendet werden kann, wenn der Vertrag – was regelmäßig der Fall sein dürfte – zur Frage der Kündbarkeit schweigt. Hierfür kommt es auf die Frage an, **welche Kündigungsregelungen Anwendung finden.** Diese Frage ist **umstritten.** Ihre Beantwortung hängt davon ab, ob der Kommissionsvertrag als werkvertraglich oder als dienstvertraglich geprägter Geschäftsbesorgungsvertrag qualifiziert wird.[116] Die praktische

---

[104] Staub/Koller Rn. 157; GK–HGB/Achilles Rn. 11.

[105] MüKoHGB/Häuser Rn. 112 f.; Ebenroth/Boujong/Joost/Strohn/Füller Rn. 31; Koller/Kindler/Roth/Drüen/Roth Rn. 8; Schlegelberger/Hefermehl Rn. 50; Staub/Koller Rn. 158; Röhricht/Graf v. Westphalen/Haas/Lenz Rn. 14, 16.

[106] MüKoHGB/Häuser Rn. 111; Ebenroth/Boujong/Joost/Strohn/Füller Rn. 34 ff.; Koller/Kindler/Roth/Drüen/Roth Rn. 8; Röhricht/Graf v. Westphalen/Haas/Lenz Rn. 14, 20 f.

[107] MüKoHGB/Häuser Rn. 112; Ebenroth/Boujong/Joost/Strohn/Füller Rn. 31; Röhricht/Graf v. Westphalen/Haas/Lenz Rn. 16; aA Koller/Kindler/Roth/Drüen/Roth Rn. 8; Heymann/Herrmann Rn. 11; Schlegelberger/Hefermehl Rn. 50; Staub/Koller Rn. 158.

[108] MüKoHGB/Häuser Rn. 113; Schlegelberger/Hefermehl Rn. 51; Staub/Koller Rn. 159; Schlegelberger/Hefermehl Rn. 51; Röhricht/Graf v. Westphalen/Haas/Lenz Rn. 16.

[109] MüKoHGB/Häuser Rn. 118 ff.; Heymann/Herrmann Rn. 11; Röhricht/Graf v. Westphalen/Haas/Lenz Rn. 20.

[110] MüKoHGB/Häuser Rn. 119 f.; Ebenroth/Boujong/Joost/Strohn/Füller Rn. 34; Schlegelberger/Hefermehl Rn. 69 (zu § 23 S. 2 KO aF).

[111] BGH NZI 2006, 637 (638); MüKoInsO/Vuia § 115 Rn. 13; Andres/Leithaus/Andres InsO § 115 Rn. 5; aA HK-InsO/Marotzke § 115 Rn. 3, 6.

[112] Röhricht/Graf v. Westphalen/Haas/Lenz Rn. 20.

[113] RGZ 78, 91 (93); MüKoHGB/Häuser Rn. 123; Hopt/Kumpan Rn. 15; Ebenroth/Boujong/Joost/Strohn/Füller Rn. 36; Heymann/Herrmann Rn. 11; Röhricht/Graf v. Westphalen/Haas/Lenz Rn. 21; Düringer/Hachenburg/Lehmann Rn. 29; aA Ehrenberg/Schmidt-Rimpler V/1 1061 f., der auf den Parteiwillen abstellt.

[114] MüKoHGB/Häuser Rn. 123; vgl. HK-InsO/Marotzke § 115 Rn. 21.

[115] MüKoHGB/Häuser Rn. 131; Heymann/Herrmann Rn. 11; Röhricht/Graf v. Westphalen/Haas/Lenz Rn. 21.

[116] MüKoHGB/Häuser Rn. 114 f.; Ebenroth/Boujong/Joost/Strohn/Füller Rn. 32, 14 f.; Schlegelberger/Hefermehl Rn. 53 f.; Staub/Koller Rn. 161; Heymann/Herrmann Rn. 11; GK-HGB/Achilles Rn. 11; Röhricht/Graf v. Westphalen/Haas/Lenz Rn. 18 f.; für Dienstvertrag: Ehrenberg/Schmidt-Rimpler V/1 488 f.; Schlegelberger/Hefermehl Rn. 37; für Werkvertrag: RGZ 71, 76 (78); Knütel ZHR 137, 285 (286 f.).

Bedeutung dieser Frage ergibt sich daraus, dass im Fall der ergänzenden Anwendbarkeit von Werkvertragsrecht nur der Kommittent zur jederzeitigen Kündigung berechtigt wäre (§ 649 S. 1 BGB). Zwar erlaubt § 649 S. 1 BGB dem Kommittenten die Kündigung dem Wortlaut nach nur bis zur Vornahme des Ausführungsgeschäfts. Allerdings wird die § 649 S. 1 BGB innewohnende zeitliche Grenze im Kommissionsrecht durch § 405 Abs. 3 überlagert. Der Kommittent ist daher bis zur Absendung der Ausführungsanzeige durch den Kommissionär zur jederzeitigen Kündigung durch Widerruf berechtigt.[117] Wird demgegenüber statt Werkvertragsrecht Dienstvertragsrecht ergänzend angewandt, folgt aus den §§ 621 Nr. 5, 627 BGB, dass idR beide Parteien jederzeit kündigen können.[118]

Zwar weist ein Kommissionsvertrag dienst- und werkvertragliche Elemente auf, doch ist **39** für die Frage der Kündbarkeit das **Dienstvertragsrecht sachgerechter.**[119] Jedenfalls ist nicht erkennbar, warum nur dem Kommittenten grundsätzlich die jederzeitige Lösung vom Kommissionsvertrag gestattet sein soll. Schließlich schützt § 627 Abs. 2 BGB den Kommittenten vor der Kündigung zur Unzeit.[120]

6. Schranken. Für den Kommissionsvertrag gelten ebenso wie für den Kommissions- **40** agentenvertrag die allgemeinen kartellrechtlichen Schranken iSd **§ 1 GWB** und **Art. 101 Abs. 1 AEUV**[121] (→ Vor § 383 Rn. 18 ff.). Kommissionsverträge unterliegen den allgemeinen Nichtigkeitsgründen. Darüber hinaus kann gem. § 762 S. 1 BGB (Spieleinwand) die Klagbarkeit fehlen,[122] wobei die praktische Bedeutung des Spieleinwands gering ist.[123]

IV. Ausführungsgeschäft

Der Kommissionär erfüllt die von ihm im Kommissionsvertrag übernommene **Pflicht** **41** **zur Ausführung** der Kommission, indem er in eigenem Namen, aber für Rechnung des Kommittenten das Ausführungsgeschäft mit einem Dritten eingeht.[124]

1. Handeln in eigenem Namen. a) Verdeckte Stellvertretung. Bei der Kommission **42** handelt es sich um einen Fall der **mittelbaren oder verdeckten Stellvertretung.**[125] Der Kommissionär (und nicht der Kommittent) wird im **Außenverhältnis** zum Dritten selbst Partei des Ausführungsgeschäftes.[126] Die wirtschaftlichen Folgen treffen zwar den Kommittenten,[127] er ist jedoch gegenüber dem Dritten nicht der Schuldner der Forderungen aus dem Ausführungsgeschäft.[128] Dies wird durch § 392 Abs. 1 bestätigt.[129] Der Kommittent kann Forderungen aus dem Kommissionsgeschäft erst geltend machen, nachdem sie ihm vom Kommissionär abgetreten wurden.

b) Offene Stellvertretung. Handelt der Kommissionär im Außenverhältnis nicht in **43** eigenem Namen, sondern im Namen des Kommittenten, handelt es sich um einen Fall der **offenen Stellvertretung,** auf den die §§ 164 ff. BGB Anwendung finden. Die §§ 383 ff. finden in diesem Fall keine Anwendung. Sofern der Kommittent das Geschäft nicht genehmigt, fehlt es dem Kommissionär an der für die Bindung des Kommittenten erforder-

---

[117] MüKoHGB/Häuser Rn. 116.
[118] MüKoHGB/Häuser Rn. 49 und 114 ff.; Ebenroth/Boujong/Joost/Strohn/Füller Rn. 14; Koller/Kindler/Roth/Drüen/Roth Rn. 8; Heymann/Herrmann Rn. 11; Röhricht/Graf v. Westphalen/Haas/Lenz Rn. 18 f.
[119] MüKoHGB/Häuser Rn. 115; Ebenroth/Boujong/Joost/Strohn/Füller Rn. 16.
[120] MüKoHGB/Häuser Rn. 115; Ebenroth/Boujong/Joost/Strohn/Füller Rn. 16.
[121] Koller/Kindler/Roth/Drüen/Roth Rn. 10.
[122] MüKoHGB/Häuser Rn. 47.
[123] Ebenroth/Boujong/Joost/Strohn/Füller Rn. 24.
[124] MüKoHGB/Häuser Rn. 65; Koller/Kindler/Roth/Drüen/Roth Rn. 12; HK-HGB/Ruß Rn. 8.
[125] MüKoHGB/Häuser Rn. 65; Hopt/Kumpan Rn. 1; Ebenroth/Boujong/Joost/Strohn/Füller Rn. 37; Grüneberg/Ellenberger BGB Vor § 164 Rn. 6; Heymann/Herrmann Rn. 12; HK-HGB/Ruß Rn. 1.
[126] MüKoHGB/Häuser Rn. 65.
[127] MüKoHGB/Häuser Rn. 65.
[128] BGH NJW 1965, 249 (250); Heymann/Herrmann Rn. 12.
[129] MüKoHGB/Häuser Rn. 65.

lichen Vertretungsmacht iSv § 164 Abs. 1 BGB, so dass er dem Dritten als Vertreter ohne Vertretungsmacht unmittelbar selbst haftet (falsus procurator, § 179 Abs. 1 BGB).[130] Vom Fehlen der Vertretungsmacht wird regelmäßig auszugehen sein, schließlich handelt der Kommissionär weisungswidrig, wenn er nicht in eigenem Namen, sondern namens und in Vollmacht des Kommittenten auftritt.[131] Der Kommittent kann allerdings trotz allem aus Treu und Glauben (§ 242 BGB) zur Genehmigung verpflichtet sein, es sei denn, es besteht ein anerkennenswertes Interesse daran, dass er nicht unmittelbar selbst verpflichtet wird[132] bzw. nach außen nicht in Erscheinung tritt.

44   Ob der Kommissionär die (mittelbare) Stellvertretung des Kommittenten dem Dritten gegenüber offenlegen darf, hängt von der Vereinbarung der Parteien im Innenverhältnis ab.[133] Wenn es (wie so oft) an einer ausdrücklichen Vereinbarung hierzu fehlt, ist im Wege der Auslegung zu ermitteln, ob die Interessen des Kommittenten der Offenlegung entgegenstehen.[134] Hiervon ist regelmäßig auszugehen, weil idR der Kommittent am Markt nicht selbst in Erscheinung treten will.[135] Käme es dem Kommittenten hierauf nicht an, würde er dem Kommissionär regelmäßig eher eine Vollmacht iSd § 164 Abs. 1 BGB erteilen. Hierdurch würde er mit der Kommission einhergehende wirtschaftliche Risiken wie beispielsweise das Risiko der Insolvenz des Kommissionärs oder das Risiko der Veruntreuung des Kommissionsgutes (oder des vom Kommissionär in Ausführung der Kommission Erlangten) vermeiden können.

45   **c) Abgrenzung.** Ob der Kommissionär dem Dritten gegenüber in eigenem oder in fremdem Namen handelt, richtet sich nach dem objektiven Erklärungswert seines **Auftretens im Rechtsverkehr.**[136]

46   Erklärt der Kommissionär dem Dritten gegenüber, er handele „als Kommissionär", spricht dies eher für ein Handeln in eigenem Namen.[137] Erklärt er dem Dritten gegenüber, er handele „auf fremde Rechnung", bleibt vom objektiven Erklärungswert her offen, in wessen Namen der Kommissionär handelt.[138] Allerdings ist insoweit zu berücksichtigen, dass ein Handeln „für Rechnung eines anderen" eines der beiden prägenden Elemente für die Tätigkeit eines Kommissionärs ist, so dass aus einem ausdrücklichen Handeln „auf fremde Rechnung" (ohne weitere Angaben) zumindest folgen dürfte, dass der Kommissionär gerade kein Eigengeschäft vornehmen will.[139] Offen bleibt allerdings, ob der Kommissionär in eigenem oder in fremdem Namen (und somit als Stellvertreter) handeln will. Hier hilft jedoch der sog. **Offenkundigkeitsgrundsatz** des § 164 Abs. 2 BGB dabei, das in Ausführung des Kommissionsvertrages getätigte Geschäft dem Kommissionär oder dem hinter ihm stehenden Kommittenten zuzuordnen.[140] Denn nach dem Offenkundigkeitsgrundsatz handelt der Kommissionär grundsätzlich in eigenem Namen, solange für den Dritten nicht erkennbar (offenkundig) ist, dass er in fremdem Namen handelt.[141] Dies ist schon zum Schutz des Rechtsverkehrs erforderlich.[142] Anders ist es nur beim sog. **„Geschäft für den, den es angeht".**[143] Hierunter fallen jedoch in erster Linie Bar-

---

[130] MüKoHGB/Häuser Rn. 67.
[131] MüKoHGB/Häuser Rn. 66.
[132] MüKoHGB/Häuser Rn. 67; Ebenroth/Boujong/Joost/Strohn/Füller Rn. 38; Staub/Koller Rn. 126.
[133] Ebenroth/Boujong/Joost/Strohn/Füller Rn. 38.
[134] Ebenroth/Boujong/Joost/Strohn/Füller Rn. 38.
[135] MüKoHGB/Häuser Rn. 5.
[136] MüKoHGB/Häuser Rn. 68; Ebenroth/Boujong/Joost/Strohn/Füller Rn. 39; Koller/Kindler/Roth/Drüen/Roth Rn. 11; Staub/Koller Rn. 124 f.; Heymann/Herrmann Rn. 12; Schlegelberger/Hefermehl Rn. 19.
[137] Ebenroth/Boujong/Joost/Strohn/Füller Rn. 39; vgl. Staub/Koller Rn. 124.
[138] Staub/Koller Rn. 124; aA (im Zweifel auch Handeln in eigenem Namen) Koller/Kindler/Roth/Drüen/Roth Rn. 11; Schlegelberger/Hefermehl Rn. 19; Heymann/Herrmann Rn. 12.
[139] Schlegelberger/Hefermehl Rn. 19; aA wohl Ebenroth/Boujong/Joost/Strohn/Füller Rn. 39.
[140] Staub/Koller Rn. 126.
[141] IdS auch Ebenroth/Boujong/Joost/Strohn/Füller Rn. 39; Staub/Koller Rn. 125.
[142] MüKoBGB/Schubert BGB § 164 Rn. 264.
[143] MüKoHGB/Häuser Rn. 69.

geschäfte des täglichen Lebens,[144] die regelmäßig nicht Gegenstand von Kommissionsgeschäften sind.

2. Handeln auf fremde Rechnung. Auf wessen Rechnung der Kommissionär kon- **47** trahiert, ist für den Dritten nicht oder nicht ohne weiteres erkennbar; vermutlich ist es ihm auch regelmäßig gleichgültig. Allerdings muss der Kommissionär im Rahmen des Ausführungsgeschäfts gerade **auf fremde Rechnung** handeln, damit Kommissionsrecht zur Anwendung kommt.[145] Maßgeblich ist daher der **Wille des Kommissionärs,** der in einer **nach außen wirkenden Handlung** Ausdruck gefunden haben muss.[146] Diese **einseitige rechtsgeschäftsähnliche Handlung** ist analog § 151 S. 1 BGB **nicht zugangsbedürftig.**[147]

Handelt der Kommissionär in eigenem Namen, aber nicht auf fremde, sondern auf eigene **48** Rechnung, handelt es sich um ein **Eigengeschäft** des Kommissionärs (→ Rn. 13 ff.) und nicht um ein Ausführungsgeschäft. In diesem Fall greifen die §§ 383 ff. nicht ein. Vielmehr schließt der Kommissionär zwei Kaufverträge (einen mit dem Kommittenten und einen mit dem Dritten).

3. Sonderformen der Ausführung. Grundsätzlich haftet der Kommissionär dem Kom- **49** mittenten nicht auf Erfüllung des Ausführungsgeschäfts.[148] Es gibt jedoch **vier gesetzlich geregelte Ausnahmen** von diesem Grundsatz:

Die wichtigste Ausnahme ist die Ausführung der Kommission durch **Selbsteintritt** **50** (→ §§ 400 ff. Rn. 1 ff.). In diesem Fall wird der **Kommissionär selbst Partei** des Ausführungsgeschäfts.[149] Im Fall der Verkaufskommission kauft er das Kommissionsgut vom Kommittenten anstatt es in eigenem Namen direkt und ohne Zwischenerwerb an einen Dritten zu verkaufen. Im Fall der Einkaufskommission kauft er das Kommissionsgut nicht von einem Dritten zu dem Zweck ein, es gem. § 384 Abs. 2 Hs. 2 an den Kommittenten herauszugeben, sondern um es selbst an den Kommittenten zu verkaufen (entweder aus eigenen Beständen oder nach Erwerb von einem Dritten).[150] Insofern trifft den Kommissionär – jeweils anders als bei der Kommission iSv § 383 Abs. 1 – eine als **Selbsthaftung** bezeichnete eigene **Erfüllungshaftung.**[151]

Darüber hinaus trifft den Kommissionär die Selbsthaftung, wenn er eine Delkredere- **51** haftung übernimmt (§ 394), wenn er dem Kommittenten gegenüber die Person des Dritten nicht offenlegt (§ 384 Abs. 3) oder wenn er auf Kredit verkauft, ohne hierzu berechtigt zu sein (§ 393 Abs. 2).[152]

4. Willensmängel: Zurechnung und Anfechtung. Da der **Kommissionär** in eige- **52** nem Namen handelt, bestehen insoweit keine Besonderheiten.[153] Es bleibt vielmehr auch bei der verdeckten Stellvertretung bei der Grundregel des § 166 Abs. 1 BGB, dass es für Willensmängel auf die Person des „Vertreters" ankommt.[154] Infolgedessen kommt es für die Zurechnung iSv § 166 BGB grundsätzlich auf **Kenntnis bzw. Kennenmüssen des Kommissionärs** und nicht auf Kenntnis bzw. Kennenmüssen des Kommittenten an.[155]

---

[144] BGH WM 2003, 973 (974); 1991, 1678 (1680); MüKoHGB/Häuser Rn. 69; Einsele JZ 1990, 1005 (1008 ff.); K. Schmidt JuS 1987, 425 (428 f.); aA Staudinger/Schilken BGB Vor § 164 Rn. 53; Schwark JuS 1980, 777 (778).
[145] MüKoHGB/Häuser Rn. 71.
[146] OLG Nürnberg WM 2007, 647 (648); MüKoHGB/Häuser Rn. 73; Canaris HandelsR § 30 IV 1b.
[147] MüKoHGB/Häuser Rn. 73; Canaris HandelsR § 30 IV 1b.
[148] MüKoHGB/Häuser Rn. 89.
[149] MüKoHGB/Häuser Rn. 88.
[150] MüKoHGB/Häuser Rn. 88.
[151] MüKoHGB/Häuser Rn. 88.
[152] MüKoHGB/Häuser Rn. 88.
[153] Staub/Koller Rn. 128.
[154] Koller/Kindler/Roth/Drüen/Roth Rn. 14; Heymann/Herrmann Rn. 13.
[155] MüKoHGB/Häuser Rn. 78, 80; Ebenroth/Boujong/Joost/Strohn/Füller Rn. 45; Schilken, Wissenszurechnung im Zivilrecht, 1983, 153 f.; Schlegelberger/Hefermehl Rn. 31; Staub/Koller Rn. 131.

53 Da Kommissions- und Ausführungsgeschäft getrennt voneinander zu betrachten sind, haben **Willensmängel des Kommittenten** folgerichtig grundsätzlich (Ausnahme: → Rn. 57) nur Auswirkungen auf das Kommissionsgeschäft.[156] Das Ausführungsgeschäft bleibt hiervon unberührt[157] und kann weder vom Kommittenten, der nicht Partei des Ausführungsgeschäftes ist, noch vom Kommissionär angefochten werden. Da der Kommissionär das Ausführungsgeschäft in eigenem Namen abschließt, kann er gegenüber dem Dritten nicht auf Basis von § 119 BGB wegen etwaiger Willensmängel des Kommittenten anfechten.[158]

54 **Anders** ist es jedoch, wenn der **Kommissionär auf Weisung des Kommittenten gehandelt** hat.[159] In solchen Fällen ist die Situation mit der des weisungsabhängigen Vertreters vergleichbar,[160] so dass kein Anlass besteht, den Fall des auf Weisung handelnden Kommissionärs anders zu behandeln als den in § 166 Abs. 2 BGB geregelten Fall. In beiden Fällen wird der Missbrauch der (mittelbaren) Stellvertretung verhindert. Diesem Ergebnis steht auch die Schutzwürdigkeit des gutgläubigen Kommissionärs nicht entgegen. Er kann sich gegen eine Inanspruchnahme durch den Kommittenten mit dem Einwand der unzulässigen Rechtsausübung verteidigen (§ 242 BGB).[161]

55 Im Übrigen steht dem Dritten gegenüber dem Kommissionär die Anfechtungsmöglichkeit nach § 123 Abs. 1 BGB offen, wenn der **Dritte vom Kommittenten arglistig getäuscht** wurde.[162] Der Kommittent ist gerade kein „Dritter" iSv § 123 Abs. 2 S. 1 BGB, weil er kein Unbeteiligter ist; dies ergibt sich daraus, dass der Kommissionär das Ausführungsgeschäft gerade auf Rechnung des Kommittenten ausführt.[163] Daher kommt es insoweit auf Kenntnis oder Kennenmüssen des Kommissionärs iSv § 123 Abs. 2 S. 1 BGB nicht an.[164] Er muss sich vielmehr die Täuschung des Kommittenten zurechnen lassen.[165]

56 Hat der **Dritte den Kommissionär getäuscht,** kann der Kommissionär das Ausführungsgeschäft gem. § 123 Abs. 1 BGB anfechten. Der **Kommittent** kann das Ausführungsgeschäft dagegen nicht anfechten, denn er ist nicht Vertragspartei.[166] Ihm können jedoch Schadenersatzansprüche gegen den Dritten gemäß §§ 826, 823 Abs. 2 BGB iVm § 263 StGB zustehen.[167] Eine Anfechtung des Kommissionsvertrages durch den Kommittenten kommt nur in Betracht, wenn der Kommissionär die Täuschung des Dritten kannte oder kennen musste. Daran wird es regelmäßig fehlen.[168]

57 Im Übrigen können Willensmängel des Kommittenten unter **Durchbrechung des Grundsatzes der Trennung von Kommissions- und Ausführungsgeschäft (nur) über § 242 BGB** zu berücksichtigen sein.[169]

V. Abwicklung

58 **1. Rechte und Pflichten aus dem Ausführungsgeschäft.** Die Rechte und Pflichten aus dem Ausführungsgeschäft, einschließlich der Ansprüche wegen Leistungsstörun-

---

[156] Ebenroth/Boujong/Joost/Strohn/Füller Rn. 42.
[157] Koller/Kindler/Roth/Drüen/Roth Rn. 14.
[158] MüKoHGB/Häuser Rn. 78; Ebenroth/Boujong/Joost/Strohn/Füller Rn. 39.
[159] HM MüKoHGB/Häuser Rn. 78; Staub/Koller Rn. 132; Schwark JuS 1980, 777 (779); Ehrenberg/ Schmidt-Rimpler V/1 612 f.; Heymann/Herrmann Rn. 13; aA Ebenroth/Boujong/Joost/Strohn/Füller Rn. 43; Schlegelberger/Hefermehl Rn. 31; Schilken, Wissenszurechnung im Zivilrecht, 1983, 153 f.
[160] Vgl. MüKoHGB/Häuser Rn. 78.
[161] MüKoHGB/Häuser Rn. 78.
[162] MüKoHGB/Häuser Rn. 81.
[163] MüKoHGB/Häuser Rn. 81; Ebenroth/Boujong/Joost/Strohn/Füller Rn. 44; Koller/Kindler/Roth/ Drüen/Roth Rn. 14; Schlegelberger/Hefermehl Rn. 32; Staub/Koller Rn. 134, Hager AcP 1980 Bd. 180, 239 (241).
[164] MüKoHGB/Häuser Rn. 82.
[165] MüKoHGB/Häuser Rn. 82; Capelle FS Raape, 1948, 337.
[166] MüKoHGB/Häuser Rn. 82.
[167] MüKoHGB/Häuser Rn. 82.
[168] MüKoHGB/Häuser Rn. 82.
[169] vgl. Schlegelberger/Hefermehl Rn. 31.

gen, treffen allein den Kommissionär.[170] Der Kommittent kann sie erst nach Abtretung geltend machen (§ 392 Abs. 1). Soweit es um Leistungsstörungen geht, bleibt es daher bei der Anwendung der allgemeinen Regeln. Da der Kommittent nicht Erfüllungsgehilfe des Kommissionärs ist,[171] ist sein Verhalten dem Kommissionär nicht zuzurechnen. Den Kommittenten treffen gegenüber dem Kommissionär allerdings Rücksichtnahmepflichten.[172]

Der Kommissionär ist dem Kommittenten gem. § 384 Abs. 2 Hs. 2 zur Herausgabe des **59** aus dem Kommissionsgeschäft Erlangten verpflichtet; zu dem Erlangten gehören auch Ansprüche gegen den Dritten (→ § 384 Rn. 65). Im Gegenzug schuldet ihm der Kommittent aber Aufwendungsersatz gem. §§ 675 Abs. 1, 667, 680 BGB (→ § 396 Rn. 1 ff.).

Ist der Kommissionsvertrag nichtig, hat der Kommissionär das Ausführungsgeschäft in **60** Unkenntnis der Nichtigkeit aber ausgeführt, richten sich seine Ansprüche gegen den Kommittenten nach den Grundsätzen der Geschäftsführung ohne Auftrag (§§ 677 ff. BGB).[173]

Etwaige Schadensersatzansprüche aus dem Ausführungsgeschäft kann der Kommissionär **61** über die Rechtsfigur der **Drittschadensliquidation** gegen den Dritten geltend machen;[174] der Kommittent kann vom Kommissionär analog § 285 BGB Abtretung des Anspruchs gegen den Dritten verlangen.[175] Dabei sind auch atypisch erscheinende Schäden, die lediglich dem Kommittenten, nicht jedoch dem Kommissionär entstehen konnten, im Rahmen der Schadensberechnung zu berücksichtigen.[176]

2. Eigentum an Kommissionsgut, Kaufgeld und Erlös. Der Eigentumsübergang an **62** Kommissionsgut, Kaufgeld und Erlös wird von den §§ 383 ff. nicht geregelt. Im Kommissionsrecht gelten für die Eigentumsübertragung **keine Sonderregelungen;** es bleibt bei den allgemeinen Regeln der §§ 929 ff. BGB.[177]

a) Verkaufskommission. (1) Eigentum am Kommissionsgut. Bei der Verkaufs- **63** kommission geht das **Eigentum am Kommissionsgut** in der Regel direkt ohne Zwischenerwerb des Kommissionärs vom Kommittenten auf den Dritten über.[178] Der Kommissionär erwirbt an dem ihm zum Zwecke des Verkaufs zur Verfügung gestellten Kommissionsgut regelmäßig kein Eigentum.[179] Die Eigentumsverschaffung zu Gunsten des Dritten erfolgt durch den Kommissionär, der vom Kommittenten Besitz erhält[180] und als Nichtberechtigter aufgrund der Einwilligung des Kommittenten (**Ermächtigung,** § 185 Abs. 1 BGB) wirksam über das Kommissionsgut verfügen kann.[181] Der gute Glaube des Käufers an die Verfügungsmacht des Kommissionärs wird durch die §§ 932 ff. BGB, § 366 Abs. 1

---

[170] MüKoHGB/Häuser Rn. 83; Koller/Kindler/Roth/Drüen/Roth Rn. 16; HK-HGB/Ruß Rn. 8.

[171] Koller/Kindler/Roth/Drüen/Roth Rn. 16; Heymann/Herrmann Rn. 14.

[172] BGH NJW 1965, 249 (250); MüKoHGB/Häuser Rn. 83; Koller/Kindler/Roth/Drüen/Roth Rn. 5, 16.

[173] BGH NJW 1963, 950 (951); MüKoHGB/Häuser Rn. 51.

[174] BGHZ 25, 250 (258); BGH NJW 1963, 2071; MüKoHGB/Häuser Rn. 84; Ebenroth/Boujong/Joost/Strohn/Füller Rn. 46; Koller/Kindler/Roth/Drüen/Roth Rn. 16; Staub/Koller Rn. 140; Heymann/Herrmann Rn. 14; GK-HGB/Achilles Rn. 15; Röhricht/Graf v. Westphalen/Haas/Lenz Rn. 31; Hagen, Die Drittschadensliquidation im Wandel der Rechtsdogmatik, 1971, 252 ff.

[175] MüKoHGB/Häuser Rn. 84; Ebenroth/Boujong/Joost/Strohn/Füller Rn. 46.

[176] Canaris HandelsR § 30 IV 4.

[177] MüKoHGB/Häuser Rn. 90; Staub/Koller Rn. 170; Röhricht/Graf v. Westphalen/Haas/Lenz Rn. 32.

[178] Vgl. BGH WM 2003, 2157 (2159); MüKoHGB/Häuser Rn. 91; Ebenroth/Boujong/Joost/Strohn/Füller Rn. 48; Koller/Kindler/Roth/Drüen/Roth Rn. 17; Heymann/Herrmann Rn. 17; Schlegelberger/Hefermehl Rn. 56; HK-HGB/Ruß Rn. 9; GK-HGB/Achilles Rn. 17.

[179] Koller/Kindler/Roth/Drüen/Roth Rn. 17; Schlegelberger/Hefermehl Rn. 56; Staub/Koller Rn. 171.

[180] BGH WM 2003, 2157 (2159); NJW 1959, 1678; MüKoHGB/Häuser Rn. 95; Schlegelberger/Hefermehl Rn. 56; Staub/Koller Rn. 177.

[181] Ebenroth/Boujong/Joost/Strohn/Füller Rn. 48; Schlegelberger/Hefermehl Rn. 56; HK-HGB/Ruß Rn. 9.

geschützt.[182] Der Dritte darf regelmäßig auf die Ermächtigung des Kommissionärs vertrauen.[183]

64   Ein Durchgangserwerb beim Kommissionär ist nur im Ausnahmefall denkbar, etwa wenn sich der Kommissionär Sicherungseigentum am Kommissionsgut einräumen lässt (zB weil er dem Kommittenten einen Vorschuss auf den Verkaufserlös leistet).[184] Im Übrigen erwirbt der Kommissionär nur im Fall des Selbsteintritts selbst Eigentum (→ § 400 Rn. 1 ff.).[185]

65   Die Ermächtigung zur Übertragung des Eigentums am Kommissionsgut ist **widerruflich** (§ 183 BGB).

66   **Gegenstand der Ermächtigung** ist in aller Regel die Übereignung an den Dritten, also den Partner des Ausführungsgeschäfts.[186] Allerdings wird dem Kommissionär regelmäßig auch die Sicherungsübereignung an einen Dritten gestattet sein, sofern sie im Rahmen der üblichen Gestaltung erfolgt, wovon bei einem kreditfinanzierten Erwerb durch den Dritten (Sicherungsübereignung an den Kreditgeber) regelmäßig auszugehen ist.[187]

67   Für die **dingliche Rückabwicklung** des Ausführungsgeschäftes soll nach **teilweise vertretener Ansicht** grundsätzlich das Gleiche gelten; hier erfolge die Rückübereignung direkt an den Kommittenten.[188] Dies überzeugt nicht. Warum sollte hier etwas anderes gelten als für das Eigentum am Erlös? Es ist auch lebensfern anzunehmen, der Dritte wolle an den ihm unbekannten Kommittenten übereignen. Dies wäre zwar grundsätzlich denkbar, wenn man die Rechtsfigur der „Übereignung an den, den es angeht" (→ Rn. 72) anerkennt, doch dürfte sie schon von ihren Voraussetzungen her regelmäßig unanwendbar sein. Bei der dinglichen Rückabwicklung handelt es sich gerade nicht um Bargeschäfte des täglichen Lebens. Der Dritte hat zudem das allergrößte Interesse, die ihn aus dem Rückgewährschuldverhältnis treffende Rückübereignungspflicht gegenüber seinem Vertragspartner (dem Kommissionär) zu erfüllen und will idR nicht an einen ihm unbekannten Dritten übereignen.[189] Ihm ist – anders als beim Bargeschäft des täglichen Lebens – gerade nicht gleichgültig, an wen er übereignet.

68   **(2) Eigentum am Erlös.** Das **Eigentum am Erlös** geht im Wege des **Durchgangserwerbs** vom Dritten auf den Kommissionär über,[190] der dem Kommittenten gegenüber gem. § 384 Abs. 2 Hs. 2 zur Herausgabe verpflichtet ist.

69   **b) Einkaufskommission. (1) Eigentum am Kommissionsgut.** Bei der Einkaufskommission ist es genau umgekehrt. Hier erfolgt der **Eigentumserwerb am Kommissionsgut durch den Kommissionär** im Wege des **Durchgangserwerbs**.[191] Der Kommissionär ist aufgrund des Kommissionsvertrages zur Übereignung des vom Dritten Erlangten an den Kommittenten verpflichtet (§ 384 Abs. 2 Hs. 2).[192] Ein Durchgangserwerb des Kommissionärs erfolgt auch im Falle des sog. Geheißerwerbs, wenn im Streckengeschäft die Lieferung direkt an den Kommittenten erfolgt.[193] Der Kommissionär wird in diesem

---

[182] Schlegelberger/Hefermehl Rn. 58.
[183] Staub/Koller Rn. 173; Röhricht/Graf v. Westphalen/Haas/Lenz Rn. 35.
[184] MüKoHGB/Häuser Rn. 92; Schlegelberger/Hefermehl Rn. 56; Staub/Koller Rn. 180.
[185] Staub/Koller Rn. 172.
[186] RGZ 94, 111 (112); MüKoHGB/Häuser Rn. 94; Staub/Koller Rn. 173.
[187] RGZ 132, 196 (198); MüKoHGB/Häuser Rn. 94; Koller/Kindler/Roth/Drüen/Roth Rn. 17; Staub/Koller Rn. 173; HK-HGB/Ruß Rn. 9.
[188] Staub/Koller Rn. 173; Schlegelberger/Hefermehl Rn. 59.
[189] AA Staub/Koller Rn. 173.
[190] MüKoHGB/Häuser Rn. 92.
[191] MüKoHGB/Häuser Rn. 99; Koller/Kindler/Roth/Drüen/Roth Rn. 18, 20; HK-HGB/Ruß Rn. 10; Heymann/Herrmann Rn. 15; Straube/Griß-Reiterer Rn. 19.
[192] Ebenroth/Boujong/Joost/Strohn/Füller Rn. 51; Koller/Kindler/Roth/Drüen/Roth Rn. 20; GK-HGB/Achilles Rn. 16.
[193] BGH NJW 1973, 141 f.; MüKoHGB/Häuser Rn. 99; Koller/Kindler/Roth/Drüen/Roth Rn. 18; Staub/Koller Rn. 183; Canaris HandelsR § 30 IV 2a.

Fall für eine „logische Sekunde" Eigentümer.[194] Eine direkte Übereignung an den Kommittenten gäbe es nur dann, wenn der Kommissionär bei der Übereignung als Stellvertreter des Kommittenten handeln und diesem den Besitz mitteln würde.[195]

Um dem Kommittenten trotz des Zwischenerwerbs durch den Kommissionär möglichst **70** **frühzeitig** Eigentum am Kommissionsgut zu verschaffen, gibt es eine Reihe von **Gestaltungsmöglichkeiten.**[196]

Zum einen kann der Kommissionär den **schuldrechtlichen Verschaffungsanspruch 71** aus dem Ausführungsgeschäft **im Voraus an den Kommittenten abtreten.**[197] In diesem Fall kann der Dritte Eigentum **direkt** an den Kommittenten übertragen, wenn für den Dritten erkennbar ist, dass der Kommissionär als Besitzmittler für den Kommittenten handelt.[198]

Ob hingegen der Dritte bereits nach den Grundsätzen des **Geschäfts für den, den es 72 angeht,** direkt an den Kommittenten übereignen kann, ist zweifelhaft.[199] Jedenfalls kann nicht pauschal von der Zulässigkeit der Übereignung „an den, den es angeht"[200] ausgegangen werden. Eine Übereignung nach den Grundsätzen des Geschäfts für den, den es angeht, kommt grundsätzlich ohnehin nur dann in Betracht, wenn es sich um ein Bargeschäft des täglichen Lebens handelt, das der Deckung des Alltagsbedarfs dient.[201] Hieran fehlt es in der kommissionsrechtlichen Praxis in aller Regel. Wenn man die Grundsätze des Geschäfts für den, den es angeht, für anwendbar hält, können sie nur entsprechend angewandt werden; dies überdehnt jedoch die Grenzen der ohnehin auf einer Fiktion beruhenden Grundsätze des Geschäfts für den, den es angeht.

Eine weitere Möglichkeit zur schnellen Übertragung des Eigentums vom Kommissionär **73** auf den Kommittenten ist die Übereignung durch **vorweggenommene dingliche Einigung und vorweggenommenes (antizipiertes) Besitzkonstitut** (§§ 929, 930 BGB).[202] Die Einigung über den Eigentumsübergang steht unter der aufschiebenden Bedingung der Übereignung vom Dritten auf den Kommissionär.[203] In diesem Fall folgt das Besitzmittlungsverhältnis iSv § 868 BGB schon aus dem Kommissionsvertrag.[204] Allerdings muss zusätzlich durch eine Ausführungshandlung auch nach außen deutlich werden, dass der Kommissionär das Kommissionsgut nicht für sich, sondern für den Kommittenten in Besitz nimmt. Dies folgt aus dem sachenrechtlichen **Bestimmtheitsgrundsatz.**[205]

Schließlich können die Parteien auch vereinbaren, dass die Übereignung durch ein (ggf. **74** vorweggenommenes) **Insichgeschäft** des Kommissionärs unter Befreiung von § 181 BGB erfolgt.[206] Hierfür bedarf es zwar einer entsprechenden Vollmacht des Kommittenten, sie wird jedoch idR aus dem Kommissionsvertrag folgen.[207] Auch in diesem Fall muss der Wille des Kommissionärs, Eigentum auf den Kommittenten zu übertragen, nach außen erkennbar betätigt werden.[208]

---

[194] Oetker/Martinek Rn. 40.
[195] Schlegelberger/Hefermehl Rn. 60.
[196] Koller/Kindler/Roth/Drüen/Roth Rn. 20.
[197] Koller/Kindler/Roth/Drüen/Roth Rn. 20.
[198] Vgl. hierzu Ebenroth/Boujong/Joost/Strohn/Füller Rn. 52; Schlegelberger/Hefermehl Rn. 60.
[199] Dafür Koller/Kindler/Roth/Drüen/Roth Rn. 19; Staub/Koller Rn. 182; HK-HGB/Ruß Rn. 10; dagegen Ebenroth/Boujong/Joost/Strohn/Füller Rn. 51; GK-HGB/Achilles Rn. 16.
[200] S. hierzu MüKoBGB/Oechsler § 929 Rn. 71, 74.
[201] BeckOK BGB/Schäfer § 164 Rn. 27–30; Staub/Koller Rn. 182 hält die Rechtsfigur hier trotzdem für anwendbar.
[202] Ebenroth/Boujong/Joost/Strohn/Füller Rn. 53; Koller/Kindler/Roth/Drüen/Roth Rn. 20; Staub/Koller Rn. 177, 180.
[203] Heymann/Herrmann Rn. 15.
[204] Ebenroth/Boujong/Joost/Strohn/Füller Rn. 53.
[205] Vgl. BGH NJW 1989, 2542; 1997, 976; differenzierend Ebenroth/Boujong/Joost/Strohn/Füller Rn. 54; Koller/Kindler/Roth/Drüen/Roth Rn. 20.
[206] Koller/Kindler/Roth/Drüen/Roth Rn. 20; Staub/Koller Rn. 181; Heymann/Herrmann Rn. 15.
[207] Ebenroth/Boujong/Joost/Strohn/Füller Rn. 55.
[208] Koller/Kindler/Roth/Drüen/Roth Rn. 20; Heymann/Herrmann Rn. 15.

75   **(2) Eigentum am Kaufgeld.** Das Eigentum am **Kaufgeld** geht ebenfalls nicht direkt über; auch hier kommt es in aller Regel zu einem Durchgangserwerb des Kommissionärs, schon weil das Kaufgeld idR nicht in individualisierten Banknoten des Kommittenten, sondern nur dem Wert nach vom Kommissionär an den Verkäufer weitergereicht wird.

VI. Internationaler Verkehr

76   **1. Anwendbares Recht.** Das auf den **Kommissionsvertrag** anwendbare Recht bestimmt sich nach den allgemeinen Regeln des Internationalen Privatrechts. Sofern es an einer ausdrücklichen oder stillschweigenden Rechtswahl der Parteien fehlt,[209] ist das **Recht am Ort der gewerblichen Niederlassung des Kommissionärs** maßgeblich.[210] Dies ergibt sich entweder bereits aus Art. 4 Abs. 1 lit. b Rom I-VO oder, da der Kommissionär die für den Vertrag charakteristische Leistung erbringt,[211] aus Art. 4. Abs. 2 Rom I-VO (so auch Art. 28 Abs. 2 S. 2 EGBGB aF).

77   Für den **Kommissionsagenten** gilt im Prinzip nichts anderes.[212] Allerdings ist ein Rückgriff auf die allgemeinen Grundsätze für die Bestimmung des auf Kommissionsagentenverträge anwendbaren Rechts gar nicht erforderlich. Vielmehr folgt bereits unmittelbar aus Art. 4 Abs. 1 lit. f Rom I-VO, dass in Ermangelung einer Rechtswahl das Recht am Ort des gewöhnlichen Aufenthalt des Kommissionsagenten anzuwenden ist (→ Vor § 383 Rn. 30).

78   Die Rechtswahl der Parteien unterliegt den **Schranken** der Art. 3 Abs. 3 Rom I-VO (alle Elemente des Sachverhalts mit Ausnahme der Rechtswahl sind mit einem Staat verbunden, dessen Recht nicht gewählt wurde), Art. 3 Abs. 4 Rom I-VO (alle Elemente des Sachverhalts mit Ausnahme der Rechtswahl sind mit einem oder mehreren Mitgliedstaaten der EU verbunden, gewählt wurde aber das Recht eines Drittstaats) und Art. 9 Abs. 1 Rom I-VO (Eingriffsnormen finden ungeachtet der Rechtswahl der Parteien Anwendung). Die Rechtswahl bleibt wirksam, wird aber durch die jeweils anwendbaren Normen des abgewählten Rechts überlagert.

79   Für das **Ausführungsgeschäft** kann wiederum ein **anderes als das für den Kommissionsvertrag gewählte Recht** anwendbar sein; dies richtet sich danach, wo das Ausführungsgeschäft abzuschließen ist.[213] Hieraus können sich mittelbar Rückwirkungen auf die Verpflichtungen des Kommissionärs ergeben.[214] Ferner ist das **Recht am Belegenheitsort des Kommissionsguts** (lex rei sitae) zu beachten.[215]

80   **2. Erfüllungsort, Gerichtsstand.** Wo die Parteien ihre Pflichten aus dem Kommissionsvertrag zu erfüllen haben, richtet sich primär nach der Vereinbarung der Parteien.[216] Fehlt es an einer ausdrücklichen Vereinbarung und liegen auch keine sonstigen Anhaltspunkte vor, die auf eine stillschweigende Vereinbarung eines Erfüllungsortes schließen lassen, ist gem. § 269 BGB auf den Wohnsitz bzw. die gewerbliche Niederlassung des Schuldners abzustellen.[217] Für den Kommissionär ist dabei die Frage, wo das Ausführungs-

---

[209] MüKoHGB/Häuser Rn. 61; Röhricht/Graf v. Westphalen/Haas/Lenz Rn. 12; Heymann/Herrmann Rn. 8; Schlegelberger/Hefermehl Rn. 45.

[210] BGH WM 1965, 127; Schlegelberger/Hefermehl Rn. 47; Heymann/Herrmann Rn. 8.

[211] MüKoHGB/Häuser Rn. 61; Schlegelberger/Hefermehl Rn. 47; GK-HGB/Achilles Rn. 19; Röhricht/Graf v. Westphalen/Haas/Lenz Rn. 12.

[212] Hopt/Kumpan Rn. 31; Ebenroth RIW 1984, 165 (168).

[213] MüKoHGB/Häuser Rn. 62.

[214] RGZ 108, 191 (193); MüKoHGB/Häuser Rn. 62.

[215] MüKoHGB/Häuser Rn. 63.

[216] Koller/Kindler/Roth/Drüen/Roth Rn. 7; Schlegelberger/Hefermehl Rn. 42; Staub/Koller Rn. 114 ff.

[217] BGH NJW 2004, 54; Koller/Kindler/Roth/Drüen/Roth Rn. 7; Heymann/Herrmann Rn. 8; Schlegelberger/Hefermehl Rn. 42; Staub/Koller Rn. 114 f.

geschäft abzuschließen ist, von der Frage der Erfüllung des Kommissionsgeschäftes zu trennen.[218]

B. Handelsvertreter

Für den Handelsvertreter nicht einschlägig.   **81**

C. Vertragshändler

Für den Vertragshändler nicht einschlägig.   **82**

D. Franchisenehmer

Für den Franchisenehmer nicht einschlägig.   **83**

E. Kommissionsagent

Für den Kommissionsagenten gelten hier grundsätzlich keine Abweichungen oder Be- **84** sonderheiten. Allerdings folgt die Kündigung des Kommissionsagentenvertrages (→ § 89 Rn. 153 f.) anderen Regeln als die Kündigung des Kommissionsvertrages, da es sich beim Kommissionsagentenvertrag nicht nur per se um ein Dauerschuldverhältnis handelt, sondern darüber hinaus insoweit die handelsvertreterrechtlichen Kündigungsregelungen analog Anwendung finden.

§ 384 Pflichten des Kommissionärs

(1) **Der Kommissionär ist verpflichtet, das übernommene Geschäft mit der Sorgfalt eines ordentlichen Kaufmanns auszuführen; er hat hierbei das Interesse des Kommittenten wahrzunehmen und dessen Weisungen zu befolgen.**

(2) **Er hat dem Kommittenten die erforderlichen Nachrichten zu geben, insbesondere von der Ausführung der Kommission unverzüglich Anzeige zu machen; er ist verpflichtet, dem Kommittenten über das Geschäft Rechenschaft abzulegen und ihm dasjenige herauszugeben, was er aus der Geschäftsbesorgung erlangt hat.**

(3) **Der Kommissionär haftet dem Kommittenten für die Erfüllung des Geschäfts, wenn er ihm nicht zugleich mit der Anzeige von der Ausführung der Kommission den Dritten namhaft macht, mit dem er das Geschäft abgeschlossen hat.**

Übersicht

[218] Schlegelberger/Hefermehl Rn. 42; vgl. Staub/Koller Rn. 115.

A. Allgemeines

I. Regelungsgegenstand und Zweck

Regelungsgegenstand des § 384 sind der nicht-amtlichen Überschrift nach die „Pflichten **1** des Kommissionärs". Allerdings behandeln **§ 384 Abs. 1 und 2** nur einen Teil der Pflichten des Kommissionärs gegenüber dem Kommittenten, und zwar die **Ausführungspflicht** (Abs. 1 Hs. 1), die **Interessenwahrnehmungspflicht** (Abs. 1 Hs. 2 Alt. 1), die Pflicht zur **Befolgung von Weisungen** (Abs. 1 Hs. 2 Alt. 2), die allgemeine **Benachrichtigungspflicht** (Abs. 2 Hs. 1 Alt. 1), die **Ausführungsanzeigepflicht** (Abs. 2 Hs. 1 Alt. 2), die **Rechenschaftspflicht** (Abs. 2 Hs. 2 Alt. 1) und die **Herausgabepflicht** (Abs. 2 Hs. 2 Alt. 2).[1] Diese Aufzählung ist nicht abschließend;[2] neben den in § 384 Abs. 1 und 2 genannten bestehen weitere Pflichten des Kommissionärs wie insbesondere die vorvertragliche Pflicht zur **Beratung und Aufklärung** des Kommittenten[3] (→ Rn. 15). Die in § 384 Abs. 1 und 2 genannten Pflichten ergeben sich weitgehend bereits aus dem **Recht der entgeltlichen Geschäftsbesorgung** (→ § 383 Rn. 8), §§ 675 Abs. 1, 666, 667 BGB.[4]

§ 384 Abs. 3 regelt demgegenüber die **Eigenhaftung des Kommissionärs** im Falle **2** nicht ordnungsgemäßer Namhaftmachung des Dritten, mit dem er das Geschäft abgeschlossen hat. Abs. 3 begründet also keine eigene Pflicht des Kommittenten (die Pflicht zur Namhaftmachung des Dritten folgt bereits aus Abs. 2 Hs. 1 Alt. 2 → Rn. 40), sondern knüpft an das Unterlassen der Namhaftmachung eine Erfüllungshaftung des Kommissionärs.

II. Ausführungspflicht

1. Regelungsgegenstand und Zweck. Nach § 384 Abs. 1 Hs. 1 ist der Kommissionär **3** zur Ausführung „des übernommenen Geschäfts" mit der Sorgfalt eines ordentlichen Kaufmanns verpflichtet. § 384 Abs. 1 statuiert also zweierlei: Zum einen die Ausführungspflicht und zum anderen den vom Kommissionär anzuwendenden Sorgfaltsmaßstab. Bei der Ausführungspflicht handelt es sich um eine im Synallagma zum Provisionsanspruch stehende **Hauptleistungspflicht**[5] des Kommissionärs.

2. Ausführung des übernommenen Geschäfts. Mit dem Kommissionsvertrag über- **4** nimmt der Kommissionär die Verpflichtung zur Ausführung des „übernommenen Geschäfts". Das „übernommene Geschäft" ist etwas anderes als die „Ausführung der Kommission" durch Abschluss des Ausführungsgeschäfts. Der Begriff „übernommenes Geschäft" ist weiter und umfasst grundsätzlich nicht allein das Ausführungsgeschäft, sondern auch dessen **Abwicklung**[6] **bzw. das Bemühen darum** (→ § 383 Rn. 7). Dies zeigt ein Vergleich mit Abs. 2 Hs. 1, der lediglich auf die „Ausführung der Kommission" und damit allein auf den Abschluss des Ausführungsgeschäfts abstellt.[7] Zudem gehört die Abwicklung des Ausführungsgeschäfts nach der Parteivereinbarung auch regelmäßig zu den Pflichten des Kommis-

---

[1] Oetker/Martinek Rn. 1.

[2] MüKoHGB/Häuser Rn. 2; Ebenroth/Boujong/Joost/Strohn/Füller Rn. 1; Oetker/Martinek Rn. 2; Koller/Kindler/Roth/Drüen/Roth Rn. 1; Staub/Koller Rn. 2; Schlegelberger/Hefermehl Rn. 2.

[3] MüKoHGB/Häuser Rn. 2; Ebenroth/Boujong/Joost/Strohn/Füller Rn. 1; Staub/Koller Rn. 2; Schlegelberger/Hefermehl Rn. 2; Staub/Koller Rn. 1.

[4] MüKoHGB/Häuser Rn. 2; Ebenroth/Boujong/Joost/Strohn/Füller Rn. 1; Staub/Koller Rn. 3.

[5] Oetker/Martinek Rn. 3; vgl. zu Hauptleistungspflichten MüKoBGB/Bachmann § 241 Rn. 29 f.

[6] Ebenroth/Boujong/Joost/Strohn/Füller Rn. 3; MüKoHGB/Häuser Rn. 8, der zu Recht zusätzlich auf den Vergleich mit § 396 Abs. 1 verweist.

[7] MüKoHGB/Häuser Rn. 8; Koller/Kindler/Roth/Drüen/Roth Rn. 2; Röhricht/Graf v. Westphalen/Haas/Lenz Rn. 1; Schlegelberger/Hefermehl Rn. 24.

sionärs.[8] Somit ist bei einer Einkaufskommission zB der Kommissionär zur Entgegennahme des Kommissionsgutes und zur Zahlung des Kaufpreises verpflichtet, während ein Verkaufskommissionär die jeweilige Ware dem Dritten übereignen sowie den Kaufpreis entgegennehmen muss.[9]

5   Die Verpflichtung zur „**Ausführung**" des übernommenen Geschäfts umfasst die Ermittlung potentieller Geschäftspartner und möglicher Abschlussbedingungen.[10] Hat der Kommissionsvertrag wie idR Dienstvertragscharakter[11] (→ § 383 Rn. 10), so umfasst die Verpflichtung zur Ausführung jedoch (nur) das **Bemühen** des Kommissionärs, vertrags- und weisungsgemäße Ausführungsgeschäfte für Rechnung des Kommittenten abzuschließen. Bei werkvertraglicher Ausgestaltung übernimmt der Kommissionär demgegenüber die Verpflichtung zum **Herbeiführen** von Vertragsschlüssen.

6   Ist streitig, ob der Kommissionär die Vorgaben aus dem Kommissionsvertrag und den Weisungen im Hinblick auf die Ausführung verletzt hat, so trägt zunächst der Kommittent die **Beweislast** für den von ihm behaupteten Inhalt des Auftrags und der erteilten Weisungen; erst danach muss der Kommissionär beweisen, dass er die daraus folgenden Vorgaben eingehalten hat.[12]

7   **3. Substitution.** Der Kommissionär muss die Kommission grundsätzlich **selbst** ausführen und darf im Zweifel weder das Geschäft als Ganzes noch abtrennbare Teile des Geschäfts auf Dritte übertragen (**„Substitution"**), § 664 Abs. 1 S. 1 BGB analog.[13] Er darf jedoch **Erfüllungsgehilfen** gemäß § 278 S. 1 BGB einschalten.[14]

8   Überträgt der Kommissionär das Kommissionsgeschäft auf einen Dritten, **ohne dazu berechtigt zu sein,** muss der Kommittent die Leistung nicht annehmen[15] und kann den Kommissionär auf Ersatz des Schadens in Anspruch nehmen, der aufgrund der unbefugten Substitution eingetreten ist.[16] Dabei kommt es nicht darauf an, ob der Dritte schuldhaft gehandelt hat.[17] Anders ist die Rechtslage, wenn der Kommittent dem Kommissionär **gestattet,** einem Dritten die Geschäftsbesorgung ganz oder in Teilbereichen in eigener Verantwortung zu überlassen.[18] Der Kommissionär haftet dann für sein eigenes Verschulden bezüglich Auswahl und Überwachung des Dritten gemäß § 664 Abs. 1 S. 2 BGB analog.[19] Er ist verpflichtet sicherzustellen, dass der Dritte zuverlässig ist.[20] Ferner ist er verpflichtet, etwaige Schadenersatzansprüche gegen den Dritten geltend zu machen und dem Kommittenten das Erlangte herauszugeben.[21] Will der Kommittent gegen den Dritten klagen, muss der Kommissionär ihm den Schadenersatzanspruch abtreten.[22]

---

[8] MüKoHGB/Häuser Rn. 8; Ebenroth/Boujong/Joost/Strohn/Füller Rn. 3; Canaris HandelsR § 30 II 1a; aA (kein Regel-Ausnahme-Verhältnis) Staub/Koller Rn. 4; abweichend auch BGH BeckRS 1958, 31195396, wobei die Ausführungen inzwischen überholt sein dürften.

[9] MüKoHGB/Häuser Rn. 8.

[10] Oetker/Martinek Rn. 6.

[11] So wohl auch BGH NJW-RR 2002, 1272; ebenso MüKoHGB/Häuser Rn. 4; Canaris HandelsR § 30 II 1b.

[12] BGH NJW-RR 2004, 927; MüKoHGB/Häuser Rn. 7.

[13] RGZ 63, 301 (304); MüKoHGB/Häuser Rn. 12; Hopt/Kumpan Rn. 3; Ebenroth/Boujong/Joost/Strohn/Füller Rn. 7; Heymann/Herrmann Rn. 3. Oetker/Martinek Rn. 8 stellt auf § 613 S. 1 BGB bei dienstvertraglichem und auf das besondere Treueverhältnis bei werkvertraglichem Charakter ab.

[14] Ebenroth/Boujong/Joost/Strohn/Füller Rn. 8.

[15] RGRK-BGB/Steffen BGB § 664 Rn. 9; Ebenroth/Boujong/Joost/Strohn/Füller Rn. 7 verneint ein Recht zur Annahme der Verweigerung, sofern der Dritte das Kommissionsgeschäft ordnungsgemäß ausgeführt hat. In diesem Fall fehle es an einem Schaden des Kommittenten, so dass die Annahme nach Treu und Glauben (§ 242 BGB) nicht verweigert werden dürfe.

[16] MüKoHGB/Häuser Rn. 14; Ebenroth/Boujong/Joost/Strohn/Füller Rn. 7.

[17] MüKoHGB/Häuser Rn. 14.

[18] BGH NJW 1993, 1704; MüKoHGB/Häuser Rn. 12; Ebenroth/Boujong/Joost/Strohn/Füller Rn. 8; Oetker/Martinek Rn. 15.

[19] MüKoHGB/Häuser Rn. 14; Hopt/Kumpan Rn. 3; Ebenroth/Boujong/Joost/Strohn/Füller Rn. 8.

[20] MüKoHGB/Häuser Rn. 14; Hopt/Kumpan Rn. 3.

[21] MüKoHGB/Häuser Rn. 14; Hopt/Kumpan Rn. 3.

[22] Hopt/Kumpan Rn. 3.

Regelmäßig scheidet der Kommissionär bei einer Substitution nicht aus dem Vertrags- 9
verhältnis aus,[23] sondern **bleibt zur Ausführung verpflichtet.**[24]

4. Sorgfalt eines ordentlichen Kaufmanns. Der Kommissionär ist verpflichtet, das 10
übernommene Geschäft mit der **Sorgfalt eines ordentlichen Kaufmanns** auszuführen.
Damit verweist § 384 Abs. 1 Hs. 1 auf den Sorgfaltsmaßstab des § 347, der § 276 Abs. 2
BGB konkretisiert.[25] Dieser Maßstab gilt auch im Falle eines Selbsteintritts gemäß § 401
Abs. 1[26] (→ § 401 Rn. 6). Bei der Ermittlung der jeweiligen Sorgfaltsanforderungen im
Einzelfall spielen verschiedene Aspekte eine Rolle, zB die Art des Kommissionsauftrages[27]
und als Maßstab die Erfahrungen und Kenntnisse eines ordentlichen Kaufmanns in der
jeweiligen Branche.[28] Die **Beweislast** für die Einhaltung der Sorgfaltsanforderungen trägt
gemäß § 280 Abs. 1 S. 2 BGB der Kommissionär.[29]

5. Zeit und Ort der Geschäftsausführung. Der Kommissionsvertrag, uU auch die ihn 11
konkretisierenden Weisungen, geben regelmäßig Zeit und Ort der Geschäftsausführung
vor.[30] Andernfalls hat der Kommissionär zu entscheiden, zu welcher Zeit und an welchem
Ort das Geschäft auszuführen ist.[31] Bei der Entscheidung muss er den Sorgfaltsanforderungen nach §§ 384 Abs. 1 Hs. 1, 347 genügen.[32]

6. Pflicht des Kommittenten zur Mitwirkung und Unterstützung. Der Kommis- 12
sionär kann vom Kommittenten **angemessene und zumutbare Mitwirkung und Unterstützung** verlangen.[33] Insbesondere hat er gemäß §§ 675 Abs. 1, 669 BGB Anspruch
auf einen Vorschuss im Hinblick auf die zur Ausführung der Kommission erforderlichen
Aufwendungen,[34] bei einer Einkaufskommission etwa in Gestalt der Bereitstellung eines für
die Zahlung des Kaufpreises ausreichenden Betrages[35] oder der Stellung eines Dokumen-
tenakkreditivs.[36]

III. Interessenwahrnehmungspflicht

1. Regelungsgegenstand und Zweck. Der Kommissionär hat bei der Ausführung des 13
übernommenen Geschäfts, idR also bei Abschluss des Ausführungsgeschäfts und dessen
Abwicklung (→ Rn. 4), die Interessen des Kommittenten wahrzunehmen.[37] Die §§ 387 ff.
konkretisieren diese **für Geschäftsbesorgungsverträge charakteristische und überaus
bedeutsame Pflicht.**[38] Der Kommissionär hat danach seine eigenen Interessen (gegen
Vergütung) den Interessen des Kommittenten unterzuordnen.[39] Der Kommittent profitiert
von den besonderen Fähigkeiten und Kenntnissen des Kommissionärs, der sich dazu verpflichtet, die Interessen des Kommittenten optimal zu fördern.[40] Da es dem Kommittenten
gerade auf die Nutzung der besonderen Fähigkeiten und Kenntnisse des Kommissionärs

---

[23] So zum Auftragsrecht BGH NJW 1993, 1704 (1705).
[24] Ebenroth/Boujong/Joost/Strohn/Füller Rn. 8; RGRK-BGB/Steffen § 664 Rn. 7.
[25] Ebenroth/Boujong/Joost/Strohn/Fest § 347 Rn. 1.
[26] MüKoHGB/Häuser Rn. 10; Ebenroth/Boujong/Joost/Strohn/Füller Rn. 9.
[27] MüKoHGB/Häuser Rn. 11; Ebenroth/Boujong/Joost/Strohn/Füller Rn. 9.
[28] MüKoHGB/Häuser Rn. 11; Heidel/Schall/Psaroudakis Rn. 3 will demgegenüber auf die Sorgfalt eines
ordentlichen Kommissionärs abstellen.
[29] MüKoHGB/Häuser Rn. 11; Hopt/Kumpan Rn. 1; Ehrenberg/Schmidt-Rimpler V/1 767 f.
[30] MüKoHGB/Häuser Rn. 15; Schlegelberger/Hefermehl Rn. 6.
[31] MüKoHGB/Häuser Rn. 15; Schlegelberger/Hefermehl Rn. 6.
[32] MüKoHGB/Häuser Rn. 15; Schlegelberger/Hefermehl Rn. 6.
[33] Oetker/Martinek Rn. 7; allg. Hopt/Kumpan Rn. 5.
[34] Oetker/Martinek Rn. 7.
[35] Oetker/Martinek Rn. 7.
[36] MüKoHGB/Häuser Rn. 9; Hopt/Kumpan Rn. 5.
[37] OLG Frankfurt a. M. BeckRS 2014, 22378 Rn. 6.
[38] Oetker/Martinek Rn. 16.
[39] Vgl. Staudinger/Martinek BGB Vorb. zu §§ 662 ff. Rn. 26.
[40] Staub/Koller Rn. 5.

ankommt, steht diesem auch ein gewisser Ermessensspielraum bei der Entscheidung über sein Vorgehen zu; nur er kann idR beurteilen, welches Vorgehen optimal ist.[41]

14   Da der Kommittent dem Kommissionär in dem durch den Vertrag definierten Umfang die Wahrung seiner wirtschaftlichen Interessen anvertraut, kann er von ihm besondere Loyalität[42] erwarten. Zwischen den Parteien besteht eine besondere Vertrauensbeziehung,[43] der Grundsatz von **Treu und Glauben** spielt eine **herausragende Rolle.**[44] Dieses besondere Treueverhältnis prägt das Verhältnis zwischen den Parteien in vielfältiger Weise und nicht erst ab Vertragsschluss.

15   **2. Vorvertragliche Aufklärungs- und Beratungspflichten. Vor Vertragsschluss** besteht nach dem Gesetzeswortlaut **keine Interessenwahrnehmungspflicht.**[45] Gleichwohl können den Kommissionär nach §§ 311 Abs. 2, 241 Abs. 2 BGB Aufklärungs- und Beratungspflichten[46] treffen. Dabei wirkt sich bereits die kommissionsrechtliche Treuepflicht aus; sie gebietet eine besondere Rücksichtnahme des Kommissionärs auf die Interessen des Kommittenten.[47] Der BGH hat dementsprechend ausgeführt, der Kommissionär sei als „Vertrauensmann" des Kommittenten verpflichtet, diesen bereits vor Übernahme des Kommissionsgeschäfts sachgerecht zu beraten.[48] **Bestehende Geschäftsverbindungen** zwischen Kommissionär und Kommittent können das Vertrauensverhältnis noch vertiefen und damit zu gesteigerten Aufklärungs- und Beratungspflichten führen.[49] Allerdings ist darüber hinaus stets zu prüfen, ob (ausnahmsweise) ein **eigenständiger Auskunfts- oder Beratungsvertrag** geschlossen wurde.[50]

16   Die Pflicht zur vorvertraglichen Interessenwahrnehmung umfasst nach zutreffender Auffassung des BGH die Pflicht, den Kommittenten **vor einem für ihn erheblichen Risiko zu warnen,** das zwar der (fachkundige) Kommissionär, nicht aber der Kommittent erkennt.[51] Der Kommissionär kann ferner verpflichtet sein, auf günstigere als die vom Kommittenten angenommenen Geschäftschancen hinzuweisen.[52] **Ratschläge** und **Empfehlungen** schuldet der Kommissionär regelmäßig nur auf Verlangen,[53] muss sie dann aber richtig und vollständig erteilen.[54] Was richtig und vollständig ist, ergibt sich aus einer Würdigung von Informationsbedürfnis und Verständigkeit des Kommittenten[55] einerseits und der von einem Kommissionär zu erwartenden Fähigkeiten andererseits.[56] Falls erforderlich, muss der Kommissionär Informationen erläutern.[57]

17   Auf eine **Kollision eigener Interessen** mit den Interessen des Kommittenten muss der Kommissionär hinweisen, wenn der Konflikt die sachgerechte Durchführung der Kommis-

---

[41] Staub/Koller Rn. 5.

[42] Staudinger/Martinek BGB § 675 Rn. A 55 allg. für Geschäftsbesorgungsverträge.

[43] BGH NJW 1953, 377 (380); Staub/Koller Rn. 5.

[44] Ebenroth/Boujong/Joost/Strohn/Füller Rn. 10; Staub/Koller Rn. 8; Staudinger/Martinek BGB § 675 Rn. A 55 allg. für Geschäftsbesorgungsverträge.

[45] Koller/Kindler/Roth/Drüen/Roth Rn. 5.

[46] Aufklärung bezeichnet dabei die bloße Informationsvermittlung; dagegen umfasst die Beratung auch die Auswertung von Informationen unter Berücksichtigung der Ziele des Gegenübers, MüKoHGB/Häuser Rn. 21.

[47] Staub/Koller Rn. 13.

[48] BGH NJW 1953, 377 (380); NZG 2013, 1266 (1268); OLG Frankfurt a. M. BeckRS 2014, 22378 Rn. 6; Schlegelberger/Hefermehl Rn. 11; Ehrenberg/Schmidt-Rimpler V/1 719; kritisch Staub/Koller Rn. 13, 20.

[49] Staub/Koller Rn. 27; Röhricht/Graf v. Westphalen/Haas/Lenz Rn. 3; vgl. auch BGH NJW 1977, 2259.

[50] BGH NJW 2007, 1362 (1363); 1987, 1815 (1816).

[51] BGH NJW 1953, 377 (380).

[52] Hopt/Kumpan Rn. 2.

[53] Hopt/Kumpan Rn. 2.

[54] Staub/Koller Rn. 31.

[55] Staub/Koller Rn. 31 mwN.

[56] Staub/Koller Rn. 31.

[57] BGH NJW 1983, 1730 (1731); Staub/Koller Rn. 31.

sion gefährden kann.[58] Auf eine Kollision der Interessen des Kommittenten mit denjenigen anderer Kommittenten muss der Kommissionär hinweisen, wenn er davon ausgehen muss, dass dem Kommittenten dieser Konflikt nicht bewusst ist.[59] Will der Kommissionär dem Kommittenten solche Konflikte nicht offenlegen oder ist er dazu nicht berechtigt, so darf er den Kommissionsvertrag nicht abschließen.[60]

Aus einer Verletzung vorvertraglicher Aufklärungs- und Beratungspflichten kann sich ein **18** **Schadenersatzanspruch** gemäß §§ 311 Abs. 2, 241 Abs. 2, 280 BGB ergeben.[61]

3. Vertragliche Interessenwahrnehmungspflicht. a) Inhalt. Aus der Interessen- **19** wahrnehmungspflicht ergibt sich in erster Linie, dass der Kommissionär das übernommene Geschäft **sachgerecht und für den Kommittenten vorteilhaft auszuführen** hat.[62] Er hat die Interessen des Kommittenten bestmöglich zu wahren und daran sein eigenes Verhalten zu orientieren.[63] Er soll, wie Koller es treffend beschreibt, so handeln, „wie dies aus seiner Sicht der Kommittent täte, falls dieser die dem Kommissionär zur Verfügung stehenden Kenntnisse, Fähigkeiten sowie Geschäftsverbindungen besäße."[64]

Stimmen im Schrifttum nehmen unter Bezug auf eine wohl unzutreffend interpretierte **20** BGH-Entscheidung zum Recht der entgeltlichen Geschäftsbesorgung an, der Kommissionär müsse idR den „gefahrlosesten und sichersten Weg" wählen.[65] Dies überzeugt nicht. Vielmehr hat der Kommissionär einen **Weg zu wählen, der sicher zum Ziel führt und für den Kommittenten möglichst vorteilhaft ist;** dies muss nicht der mit den geringsten Gefahren verbundene, sicherste Weg sein, es sei denn, dieser ist zur Zielerreichung in gleichem Maße geeignet wie alternative Ansätze.[66]

Erforderlich ist ferner, dass der Kommissionär das Ausführungsgeschäft zu **Bedingungen** **21** abschließt, die den Interessen des Kommittenten angemessen Rechnung tragen.[67] Bei verschiedenen zur Verfügung stehenden Alternativen muss der Kommissionär prüfen, welche Alternative den Interessen des Kommittenten am ehesten entspricht.[68] Hat der Kommissionär insoweit Zweifel, so hat er dazu den Kommittenten zu befragen.[69] Entdeckt der Kommissionär mögliche Irrtümer des Kommittenten, so muss er ihn hierüber informieren.[70] **Beratung und Aufklärung** schuldet der Kommissionär insoweit, als dies handelsüblich oder nach Treu und Glauben erforderlich ist; erkennt der Kommissionär zB bestimmte Risiken, hat er diese dem Kommittenten mitzuteilen.[71]

b) Kollision mit Interessen des Kommissionärs und anderer Kommittenten. **22** **Interessen des Kommissionärs,** die Interessen des Kommittenten widersprechen, treten zurück.[72] Dies ergibt sich bereits aus dem Charakter des Kommissionsgeschäfts und kommt darüber hinaus in § 387 Abs. 1 deutlich zum Ausdruck.[73] Dieser Vorrang der Interessen des Kommittenten ist insbesondere dann zu beachten, wenn der Kommissionär eigene Rechte

---

[58] Ebenroth/Boujong/Joost/Strohn/Füller Rn. 14; Schlegelberger/Hefermehl Rn. 12; wohl enger MüKoHGB/Häuser Rn. 21 (Mitteilung, „ob irgendwelche Belange der Durchführung […] entgegenstehen").
[59] Ebenroth/Boujong/Joost/Strohn/Füller Rn. 14.
[60] MüKoHGB/Häuser Rn. 21; Koller/Kindler/Roth/Drüen/Roth Rn. 7; Staub/Koller Rn. 46.
[61] Koller/Kindler/Roth/Drüen/Roth Rn. 5; Grüneberg/Grüneberg BGB § 280 Rn. 39 f.
[62] BGH NJW-RR 2002, 1344 (1345); MüKoHGB/Häuser Rn. 19; Ebenroth/Boujong/Joost/Strohn/Füller Rn. 16.
[63] MüKoHGB/Häuser Rn. 19; Hopt/Kumpan Rn. 1; Ebenroth/Boujong/Joost/Strohn/Füller Rn. 4; Schlegelberger/Hefermehl Rn. 10.
[64] Staub/Koller Rn. 5.
[65] Heymann/Herrmann Rn. 8; GK-HGB/Achilles Rn. 6; A. Lang WM Sonderbeilage 9/1988, 3.
[66] So dürften auch die Ausführungen von BGH NJW 1988, 1079 (1080) zu verstehen sein.
[67] BGH NJW-RR 2002, 1344 (1345).
[68] Röhricht/Graf v. Westphalen/Haas/Lenz Rn. 4.
[69] Röhricht/Graf v. Westphalen/Haas/Lenz Rn. 4.
[70] Ebenroth/Boujong/Joost/Strohn/Füller Rn. 16; Schlegelberger/Hefermehl Rn. 13.
[71] BGH NJW 1988, 2882 f.; BGHZ 8, 222 (235); Hopt/Kumpan Rn. 2; Oetker/Martinek Rn. 18.
[72] BGH NJW-RR 2003, 1056 (1059); RG JW 1901, 408; Ebenroth/Boujong/Joost/Strohn/Füller Rn. 10; Oetker/Martinek Rn. 16.
[73] MüKoHGB/Häuser Rn. 38; Schlegelberger/Hefermehl Rn. 14.

ausüben möchte. Auch dabei muss er den Interessen des Kommittenten Rechnung tragen und darf diese nicht unnötig beeinträchtigen.[74]

23   Widersprechen die Interessen des Kommittenten den **Interessen anderer Kommittenten,** so gilt das **Prioritätsprinzip;** wer früher mit dem Kommissionär kontrahiert hat, dessen Interessen sind vorrangig.[75] Das kann dazu führen, dass der Kommissionär nur für einen Kommittenten tätig werden darf, zB wenn er für zwei Kommittenten dieselbe Sache erwerben soll. Der Kommissionär muss dann den oder die anderen Kommittenten informieren;[76] dies gilt, sobald der Konflikt absehbar ist, und damit gegebenenfalls schon vor Vertragsschluss (→ Rn. 17).

IV. Pflicht zur Befolgung von Weisungen

24   **1. Regelungsgegenstand und Zweck.** Der Kommittent ist wirtschaftlich betrachtet **Herr des Ausführungsgeschäfts** und muss dementsprechend auf die Durchführung der Kommission Einfluss nehmen können.[77] Dies ermöglicht ihm die Weisung; durch sie kann der Kommittent Vorgaben aus dem Kommissionsvertrag konkretisieren.[78]

25   **2. Definition und Rechtsnatur; Widerruflichkeit und Änderbarkeit. Weisungen** sind einseitige, verbindliche[79] Vorgaben des Kommittenten **nach Vertragsschluss** gegenüber dem Kommissionär bezüglich der Gestaltung des Ausführungsgeschäfts.[80] Hinsichtlich ihrer Detailliertheit gibt es keine Vorgaben. Sie können sehr detailliert oder allgemein gehalten sein oder dem Kommissionär einen Rahmen vorgeben, zB eine Preisobergrenze beim Erwerb von Sachen.[81] Jedenfalls muss der Wille des Kommittenten, den Kommissionär zu binden, nach außen hin deutlich werden.[82] Weisungen sind **empfangsbedürftig und frei widerruflich.**[83] Sie sind **nicht formbedürftig.**[84] Die Parteien können jedoch eine bestimmte Form vereinbaren.[85]

26   Die **Vereinbarungen** im Kommissionsvertrag werden **im Rahmen von § 384** nach ganz hM zu Recht nicht als Weisungen qualifiziert.[86] Hierfür spricht bereits das herkömmliche Wortverständnis; soweit eine Vereinbarung reicht, bedarf es keiner „Weisung". Darüber hinaus wäre § 384 Abs. 1 Hs. 1 Alt. 2 weitgehend redundant; einer Differenzierung zwischen der Verpflichtung zur Ausführung des übernommenen Geschäfts unter Wahrnehmung der Interessen des Kommittenten auf der einen Seite und der Verpflichtung zur Befolgung von Weisungen auf der anderen Seite bedürfte es nicht, wenn beide dem Kommittenten in Bezug auf die im Kommissionsvertrag getroffenen Vereinbarungen weitgehend inhaltsgleiche Rechte einräumen würden. Interessenwahrnehmungspflicht iSv § 384 Abs. 1 Hs. 2 Alt. 1 und die Pflicht zur Befolgung von Weisungen iSv § 384 Abs. 1

---

[74] MüKoHGB/Häuser Rn. 39.

[75] MüKoHGB/Häuser Rn. 40; Oetker/Martinek Rn. 6; Koller BB 1978, 1733 (1735); K. Schmidt HandelsR § 31 IV 1a; aA Düringer/Hachenburg/Lehmann § 401 Rn. 17; Schlegelberger/Hefermehl § 401 Rn. 11.

[76] K. Schmidt HandelsR § 31 IV 1a.

[77] Ebenroth/Boujong/Joost/Strohn/Füller Rn. 18.

[78] Ebenroth/Boujong/Joost/Strohn/Füller Rn. 19; Staub/Koller Rn. 53 ff.; Knütel ZHR 137 (1973), 285 (287 f.); K. Schmidt HandelsR § 31 IV 1a.

[79] Anregungen und Empfehlungen sind keine Weisungen, da es am Bindungswillen des Kommittenten fehlt (Ebenroth/Boujong/Joost/Strohn/Füller Rn. 18; Staub/Koller Rn. 55). Sie können allerdings im Rahmen der Pflicht des Kommissionärs zur Interessenwahrnehmung Wirkung entfalten.

[80] RG WarnR 1940 Nr. 20, 38; Hopt/Kumpan Rn. 1; Ebenroth/Boujong/Joost/Strohn/Füller Rn. 18; Staub/Koller Rn. 53.

[81] Ebenroth/Boujong/Joost/Strohn/Füller Rn. 20.

[82] Ebenroth/Boujong/Joost/Strohn/Füller Rn. 18; Knütel ZHR 137 (1973), 285 (287).

[83] Ebenroth/Boujong/Joost/Strohn/Füller Rn. 18.

[84] MüKoHGB/Häuser Rn. 52; Schlegelberger/Hefermehl Rn. 22; vgl. auch Ehrenberg/Schmidt-Rimpler V/1 668; Staub/Koller Rn. 55.

[85] Vgl. MüKoHGB/Häuser Rn. 52; Schlegelberger/Hefermehl Rn. 22.

[86] MüKoHGB/Häuser Rn. 48; Ebenroth/Boujong/Joost/Strohn/Füller Rn. 18; Staub/Koller Rn. 54; Röhricht/Graf v. Westphalen/Haas/Lenz Rn. 5; aA Knütel ZHR 137 (1973), 285 (287).

Hs. 2 Alt. 2 würden sich teilweise überlappen.[87] Im Rahmen von § 385 ist der Begriff Weisung(en) jedoch weiter zu fassen (→ §§ 385, 386 Rn. 2).

Da Weisungen **verbindlich** sind, muss der Kommissionär sie auch bei Bedenken gegen **27** ihren Inhalt **grundsätzlich befolgen**[88] (→ Rn. 30 ff. zu den Grenzen der Weisungsbefugnis). Aufgrund der aus dem Kommissionsvertrag folgenden Treuepflicht muss der Kommissionär den Kommittenten aber auf eine Abweichung der Weisung von dessen objektiv erkennbaren Interessen hinweisen und dann weitere Weisungen des Kommittenten abwarten.[89] In bestimmten Ausnahmefällen darf der Kommissionär unter größtmöglicher Wahrung der Interessen des Kommittenten von Weisungen abweichen (→ §§ 385, 386 Rn. 1 ff.).

Weisungen sind grundsätzlich so **auszulegen,** wie sie der Kommissionär nach Treu und **28** Glauben unter Berücksichtigung der Verkehrssitte verstehen musste.[90] Lässt sich der Weisungsinhalt nicht zweifelsfrei ermitteln, hat der Kommissionär aufgrund seiner Interessenwahrnehmungspflicht zur Klärung der Zweifel Rücksprache mit dem Kommittenten zu halten.[91]

Der Kommittent kann eine vom Kommissionär noch nicht ausgeführte Weisung grund- **29** sätzlich **widerrufen** und **ändern,**[92] wobei der Widerruf wie auch die Änderung als neue Weisung zu qualifizieren ist.[93]

3. Grenzen der Weisungsbefugnis. a) Sachliche Grenzen. Die sachlichen Grenzen **30** der Weisungsbefugnis ergeben sich zunächst aus dem **Kommissionsvertrag.**[94] Der Kommissionär muss Weisungen nicht befolgen, die im Widerspruch zu Inhalten des Kommissionsvertrages stehen bzw. von ihm nicht gedeckt sind. Solche Weisungen können ihn nicht binden, denn andernfalls läge eine einseitige Änderung des Kommissionsvertrages durch den Kommittenten vor.[95] ZB kann der Kommittent dem Kommissionär nicht im Rahmen einer Einkaufskommission bezüglich des Erwerbs mehrerer Bilder wirksam eine Weisung bezüglich des Erwerbs eines Pkw erteilen.

Eine Weisung, die Inhalten des Kommissionsvertrages widerspricht, kann im Einzelfall als **31** **Kündigung** des Kommissionsvertrages unter gleichzeitiger Abgabe eines **Angebotes zum Abschluss eines neuen Vertrages** auszulegen sein.[96] Gemäß § 362 Abs. 1 S. 2, S. 1 muss der Kommissionär, wenn er der unwirksamen Weisung nicht folgen und somit das Vertragsangebot ablehnen will, dies dem Kommittenten unverzüglich mitteilen; andernfalls gilt sein Schweigen als Annahme des Antrages.[97]

Ferner kann eine **Interessenabwägung** im Einzelfall dazu führen, dass der Kommis- **32** sionär eine Weisung nicht befolgen muss. So dürfen Weisungen dem Kommissionär keine unzumutbaren Lasten oder Risiken auferlegen[98] und ihm zustehende Rechte nicht beeinträchtigen.[99] Unwirksam ist zB eine Weisung des Kommittenten, der Kommissionär dürfe von seinem Pfandrecht am Kommissionsgut keinen Gebrauch machen.[100]

---

[87] Staub/Koller Rn. 54.
[88] MüKoHGB/Häuser Rn. 53.
[89] MüKoHGB/Häuser Rn. 53; Ebenroth/Boujong/Joost/Strohn/Füller Rn. 21; Staub/Koller § 385 Rn. 24; Schlegelberger/Hefermehl Rn. 54.
[90] MüKoHGB/Häuser Rn. 56; Ebenroth/Boujong/Joost/Strohn/Füller Rn. 20; Staub/Koller Rn. 57.
[91] MüKoHGB/Häuser Rn. 56.
[92] MüKoHGB/Häuser Rn. 51.
[93] MüKoHGB/Häuser Rn. 51.
[94] MüKoHGB/Häuser Rn. 50; Ebenroth/Boujong/Joost/Strohn/Füller Rn. 19; Staub/Koller Rn. 58.
[95] MüKoHGB/Häuser Rn. 50; Ehrenberg/Schmidt-Rimpler V/1 667.
[96] MüKoHGB/Häuser Rn. 50; Ehrenberg/Schmidt-Rimpler V/1 668; Knütel ZHR 137 (1973), 285 (294); Staub/Koller Rn. 59.
[97] Staub/Koller Rn. 59.
[98] K. Schmidt HandelsR § 31 IV 1a.
[99] K. Schmidt HandelsR § 31 IV 1a; Martinek/Semler/Flohr VertriebsR-HdB/Flohr/Pohl § 34 Rn. 30.
[100] Staub/Koller Rn. 58.

33   **b) Zeitliche Grenzen.** Die Weisungsbefugnis besteht, solange das übernommene Geschäft ausgeführt wird.[101] Damit ist **auch die Abwicklung des Ausführungsgeschäfts erfasst.** Die Gegenauffassung[102] wendet ein, dies eröffne dem Kommittenten bei Weisungsverstößen auch in dieser Phase die Möglichkeit, das Geschäft zurückzuweisen; dies sei vom Zweck der verschärften Haftung des Kommissionärs, ihn zur Auswahl eines leistungsstarken und erfüllungsbereiten Dritten zu motivieren, nicht gedeckt.[103] Dieses Argument überzeugt nicht. Soweit die Parteien nicht ausnahmsweise vereinbart haben, dass die Kommission mit dem Abschluss des Ausführungsgeschäfts beendet sein soll, hat der Kommissionär das Ausführungsgeschäft abzuwickeln und auch in dieser Phase die Pflicht, die Interessen des Kommittenten wahrzunehmen;[104] auch in dieser Phase können die Interessen des Kommittenten empfindlich geschädigt werden. Zudem kommt es dem Kommittenten regelmäßig gerade darauf an, das vom Kommissionär im Rahmen der Vorgaben Erlangte zu erhalten;[105] es ist daher nicht einsichtig, dass er in dieser Phase keine Weisungen erteilen können soll. Hinzu kommt, dass er ohne Zurückweisungsrecht allein auf Schadenersatzansprüche verwiesen wäre. Dies würde seinen Interessen nicht gerecht.[106]

V. Benachrichtigungspflicht

34   **1. Regelungsgegenstand und Zweck.** Der Kommissionär ist gemäß § 384 Abs. 2 Hs. 1 verpflichtet, dem Kommissionär die **erforderlichen Nachrichten** zu geben, was sich bereits aus §§ 675 Abs. 1, 666 BGB ergibt, und ihm insbesondere die Ausführung der Kommission unverzüglich anzuzeigen. Dies soll sicherstellen, dass der Kommittent **stets über die relevanten Informationen verfügt,** insbesondere um auf deren Basis seine Rechte und Pflichten sachgerecht wahrnehmen[107] und die Ausführung durch Weisungen steuern[108] zu können.

35   **2. Allgemeine Benachrichtigungspflicht.** Die **erforderlichen Nachrichten** sind die **für den Kommittenten im Hinblick auf das Geschäft bedeutsamen Informationen,** insbesondere solche, die ihn zu Weisungen veranlassen könnten.[109] Bedeutsam sind unter anderem Informationen, die dem Kommittenten eine Intervention im Rahmen der Ausführung des Kommissionsgeschäfts oder Maßnahmen zur Wahrung seiner Rechte ermöglichen.[110] Sie können etwa den Zustand des Kommissionsgutes, Ansprüche Dritter oder die Zahlungsfähigkeit des Vertragspartners des Ausführungsgeschäfts betreffen.[111] Eine Pflicht zur Benachrichtigung des Kommittenten besteht auch dann, wenn der potenzielle Vertragspartner den Vertrag nur zu solchen Bedingungen abschließen will, die für den Kommittenten ungünstig erscheinen; in diesem Fall liegt es im Interesse des Kommittenten, seine Weisung einzuholen, ob das Geschäft mit diesem Inhalt zustande kommen soll.[112] Ferner kann die Benachrichtigung im Hinblick auf erforderliche Mitwirkungshandlungen des Kommittenten bedeutsam sein.[113] Als erforderliche Nachricht definiert das Gesetz in Abs. 2 Hs. 1 die Ausführungsanzeige.

---

[101] MüKoHGB/Häuser Rn. 51; Schlegelberger/Hefermehl Rn. 22.
[102] Schlegelberger/Hefermehl § 385 Rn. 5; Knütel ZHR 137 (1973), 285 (289 f.); Heymann/Herrmann § 385 Rn. 3; GK-HGB/Achilles § 385 Rn. 1.
[103] Heymann/Herrmann § 385 Rn. 3.
[104] Oetker/Martinek § 385 Rn. 3.
[105] Staub/Koller § 385 Rn. 7.
[106] Staub/Koller § 385 Rn. 7.
[107] MüKoBGB/Schäfer § 666 Rn. 1; Grüneberg/Sprau BGB § 666 Rn. 2.
[108] Oetker/Martinek Rn. 25.
[109] BGH WM 2002, 1687 (1689); Hopt/Kumpan Rn. 7; Oetker/Martinek Rn. 25; Koller/Kindler/Roth/Drüen/Roth Rn. 12.
[110] Oetker/Martinek Rn. 25.
[111] Hopt/Kumpan Rn. 7.
[112] BGH WM 2002, 1687 (1689) = ZIP 2002, 1436 (1438); MüKoHGB/Häuser Rn. 57.
[113] Oetker/Martinek Rn. 25.

Die Benachrichtigungspflicht entsteht bereits in der **Phase der Bemühungen vor** 36 **Abschluss des Ausführungsgeschäfts**[114] und gilt auch danach noch bezüglich dessen sachgerechter **Abwicklung.**[115] So hat der Kommissionär nach Abschluss des Ausführungsgeschäfts dessen Ausführung anzuzeigen (Abs. 2 Hs. 1); wesentliche weitere Informationen können den Zustand, die Lagerung und den Transport des Kommissionsgutes betreffen.[116] Aus Sicht des Kommittenten ist auch eine drohende Insolvenz des Dritten bedeutsam.[117] Die Benachrichtigungspflicht kann ferner noch nach Rechenschafts- und Rechnungslegung bestehen; denn hieraus kann sich weiterer Informations- und Erläuterungsbedarf des Kommittenten ergeben.[118]

Der Kommissionär muss die Nachrichten **aus eigener Initiative,**[119] aber auch auf 37 Verlangen des Kommittenten[120] übermitteln.

In Anbetracht der Bedeutung der Nachrichten für den Kommittenten und der Pflicht des 38 Kommissionärs zur Interessenwahrnehmung, muss der Kommissionär die erforderlichen Nachrichten **zügig** (aber nicht unverzüglich iSv § 121 Abs. 1 S. 1 BGB) übermitteln,[121] damit sie den Kommittenten so rechtzeitig erreichen, dass er etwaige Entscheidungen überlegt treffen kann. Dies gilt auch in Fällen von Zeitnot.[122] Somit genügt es idR nicht, Informationen nur in regelmäßigen Abständen zu erteilen.[123] Der Zweck der Norm (→ Rn. 34) gebietet es ferner, abweichend von der wohl hM zu verlangen, dass der Kommissionär den **rechtzeitigen Zugang** der Nachrichten beim Kommittenten sicherstellt.[124] Die rechtzeitige **Absendung** der jeweiligen Nachricht genügt demnach nicht;[125] dafür spricht auch, dass der Gesetzgeber in § 377 Abs. 4, nicht aber in § 384 Abs. 2 S. 1 ausdrücklich vorgesehen hat, dass die (rechtzeitige) Absendung zur Erfüllung der Anzeigepflicht genügt.[126] Verfehlt ist es daher auch anzunehmen, dass das Risiko des Nichteintreffens beim Kommittenten liege.[127] Aus dem Gesetz folgt dies jedenfalls nicht.

Die Benachrichtigungspflicht ist **abdingbar.** Ferner kann der Kommittent einseitig auf 39 sein Recht **verzichten,** vom Kommissionär Benachrichtigung zu verlangen.[128] Die Benachrichtigungspflicht kann, wie auch die weiteren Pflichten des Abs. 2, grundsätzlich auch in Standardverträgen eingeschränkt werden; sie kann auch auf weitere als nur die erforderlichen Nachrichten erstreckt werden, wobei die Grenzen des § 307 BGB zu beachten sind.[129]

3. Ausführungsanzeige. Das Gesetz konkretisiert die allgemeine Benachrichtigungs- 40 pflicht, indem es den Kommissionär verpflichtet, den Kommittenten unverzüglich von der Ausführung der Kommission, dh dem **Abschluss des Ausführungsgeschäfts,**[130] zu unterrichten. Die Anzeigepflicht dient dem Informationsinteresse des Kommittenten. Ihr **Zweck** ist es sicherzustellen, dass der Kommittent frühzeitig über die wesentlichen Informationen bezüglich des Inhalts des Ausführungsgeschäfts verfügt, und dadurch zu ver-

---

[114] Oetker/Martinek Rn. 25; Koller/Kindler/Roth/Drüen/Roth Rn. 12.
[115] Oetker/Martinek Rn. 25; Ebenroth/Boujong/Joost/Strohn/Füller Rn. 22; Koller/Kindler/Roth/ Drüen/Roth Rn. 12.
[116] Ebenroth/Boujong/Joost/Strohn/Füller Rn. 22.
[117] Koller/Kindler/Roth/Drüen/Roth Rn. 12.
[118] Oetker/Martinek Rn. 25.
[119] RGZ 114, 375 (378); Oetker/Martinek Rn. 23; Röhricht/Graf v. Westphalen/Haas/Lenz Rn. 6.
[120] Ebenroth/Boujong/Joost/Strohn/Füller Rn. 22.
[121] MüKoHGB/Häuse Rn. 57; Oetker/Martinek Rn. 25.
[122] Ebenroth/Boujong/Joost/Strohn/Füller Rn. 22.
[123] Allg. Oetker/Martinek Rn. 23.
[124] Schlegelberger/Hefermehl Rn. 26 für die Ausführungsanzeige.
[125] So aber Ebenroth/Boujong/Joost/Strohn/Füller Rn. 22.
[126] Schlegelberger/Hefermehl Rn. 26 mwN für die Ausführungsanzeige.
[127] So aber BGH NJW 2002, 2703 (2704) (Benachrichtigungspflicht aus Nr. 15 Abs. 2 Sonderbedingungen für Wertpapiergeschäfte); Ebenroth/Boujong/Joost/Strohn/Füller Rn. 22.
[128] Oetker/Martinek Rn. 22.
[129] Oetker/Martinek Rn. 21.
[130] Hopt/Kumpan Rn. 7; Röhricht/Graf v. Westphalen/Haas/Lenz Rn. 7; Staub/Koller Rn. 65.

hindern, dass ihm nachträglich ein weniger günstiges Geschäft oder ein wirtschaftlich wenig zuverlässiger Dritter „untergeschoben" wird,[131] während der Kommissionär das besser dotierte Geschäft oder das Geschäft mit dem (potenziell) leistungsfähigeren Dritten für sich oder einen anderen Kommittenten abschließt.[132] Auch die Ausführung eines eigenständigen Teils ist anzuzeigen.[133] Bei der Ausführungsanzeige handelt sich um die **Vollzugsmeldung** des Kommissionärs;[134] sie ist als rechtsgeschäftsähnliche Handlung zu qualifizieren.[135]

41   Der Kommissionär kann die Ausführungsanzeige **berichtigen oder widerrufen**.[136] Dabei gelten die §§ 119 ff. BGB zwar nicht direkt,[137] weil es sich nicht um eine Willenserklärung handelt (→ Rn. 40); die Interessenlage rechtfertigt jedoch ihre analoge Anwendung.[138] Liegen die Voraussetzungen eines der Tatbestände der §§ 119 ff. BGB vor und erfolgt eine Berichtigung bzw. ein Widerruf, so haftet der Kommissionär analog § 122 BGB auf den Vertrauensschaden; eine Haftung nach Abs. 3 kommt nicht in Betracht.

42   Die Ausführungsanzeige muss alle für den Kommittenten **objektiv wesentlichen Angaben über den Inhalt des Ausführungsgeschäfts** enthalten, zB Zeit des Abschlusses und Konditionen der Vereinbarung.[139] Ob Name und Anschrift des Dritten mitzuteilen sind, ist umstritten. Nach zutreffender Auffassung umfasst die Benachrichtigungspflicht auch die **Pflicht zur Benennung des Dritten**.[140] Eine pflichtgemäße Namhaftmachung liegt nur dann vor, wenn der Dritte für den Kommittenten ohne größere Schwierigkeiten zu identifizieren ist.[141] Die Anzeige muss so **detailliert** sein, dass sie den Kommittenten über die für ihn wesentlichen Informationen in Kenntnis setzt. Welche dies sind, ist Einzelfallfrage. Nicht überzeugend ist es (insbesondere vor dem Hintergrund des Zwecks der Ausführungsanzeige: Information des Kommittenten), auf Basis von § 405 Abs. 1 anzunehmen, als Ausführungsanzeige genüge die Mitteilung von der erfolgten Ausführung der Kommission ohne Angabe von Einzelheiten.[142]

43   Die Pflicht zur Anzeige der Ausführung der Kommission **entsteht mit Abschluss des Ausführungsgeschäfts**.[143] Die Pflicht besteht somit noch nicht, wenn der Kommissionär lediglich den Abschluss eines Ausführungsgeschäfts ankündigt.[144] Der Wortlaut verlangt, dass die Anzeige „gemacht" wird. Hierunter ist nicht allein die ordnungsgemäße (und **unverzügliche**, § 121 BGB[145]) Absendung zu verstehen.[146] Vielmehr muss der Kommissionär wegen des Zwecks der Ausführungsanzeige (→ Rn. 40) dafür sorgen, dass diese den Kommittenten auch tatsächlich erreicht.[147] Die Anzeige muss dem Kommittenten also analog § 130 Abs. 1 S. 1 BGB **zugehen**.[148] Unterlassene oder verspätete Mitteilungen

---

[131] MüKoHGB/Häuser Rn. 59; Ebenroth/Boujong/Joost/Strohn/Füller Rn. 23; Canaris HandelsR § 30 II 4a.
[132] MüKo/Häuser Rn. 59, 124.
[133] MüKo/Häuser Rn. 60.
[134] Röhricht/Graf v. Westphalen/Haas/Lenz Rn. 7; Staub/Koller Rn. 65.
[135] Schlegelberger/Hefermehl Rn. 65; so wohl auch MüKoHGB/Häuser Rn. 61; aA Hopt/Kumpan Rn. 7; Koller/Kindler/Roth/Drüen Rn. 13: bloße Tatsachenmitteilung. Offen: Staub/Koller Rn. 69.
[136] RG JW 1926, 1961; Hopt/Kumpan Rn. 7.
[137] AA GK-HGB/Achilles Rn. 19.
[138] Hopt/Kumpan Rn. 13; Staub/Koller Rn. 69.
[139] Staub/Koller Rn. 65; Ehrenberg/Schmidt-Rimpler V/1 727 f.; aA Schlegelberger/Hefermehl Rn. 25.
[140] Koller/Kindler/Roth/Drüen/Roth Rn. 14; Staub/Koller Rn. 66; Schlegelberger/Hefermehl Rn. 25; GK-HGB/Achilles Rn. 16; aA Canaris HandelsR § 30 II 4b.
[141] RGZ 101, 413 (415); Röhricht/Graf v. Westphalen/Haas/Lenz Rn. 19.
[142] IErg ebenso Staub/Koller Rn. 65; Schlegelberger/Hefermehl Rn. 25; Heymann/Kötter Rn. 14; aA Röhricht/Graf v. Westphalen/Haas/Lenz Rn. 7, der die Angabe von Einzelheiten in der Ausführungsanzeige nicht für erforderlich hält.
[143] Hopt/Kumpan Rn. 7; Röhricht/Graf v. Westphalen/Haas/Lenz Rn. 7.
[144] Röhricht/Graf v. Westphalen/Haas/Lenz Rn. 7.
[145] Staub/Koller Rn. 68.
[146] AA GK-HGB/Achilles Rn. 10.
[147] Hopt/Kumpan Rn. 7; Staub/Koller Rn. 68.
[148] MüKoHGB/Häuser Rn. 61; HK-HGB/Ruß Rn. 5; inkonsequent insofern Hopt/Kumpan Rn. 7. Unklar Koller/Kindler/Roth/Drüen/Roth Rn. 13; Ebenroth/Boujong/Joost/Strohn/Füller Rn. 23.

führen bei Verschulden zu Schadenersatzansprüchen des Kommittenten[149] (→ Rn. 72). Dagegen ist der Kommittent in diesem Fall nicht berechtigt, das Ausführungsgeschäft zurückzuweisen.[150]

Bei einem wirksamen **Selbsteintritt** des Kommissionärs enthält die Selbsteintrittsanzeige **44** idR die Ausführungsanzeige.[151] Zeigt der Kommissionär die Ausführung der Kommission an, ohne ausdrücklich zu bemerken, dass er selbst eintreten wolle, so gilt dies gemäß § 405 Abs. 1 als Erklärung, dass die Ausführung durch Abschluss des Geschäfts mit einem Dritten für Rechnung des Kommittenten erfolgt sei.

Die Pflicht zur Anzeige der Ausführung ist **abdingbar.**[152] Der Kommittent kann auf das **45** Recht verzichten, vom Kommissionär die Anzeige der Ausführung zu verlangen.[153] In einem solchen Verzicht liegt allerdings nicht automatisch zugleich ein Verzicht auf die Geltendmachung von Ansprüchen gemäß Abs. 3.[154]

VI. Rechenschaftspflicht

1. Regelungsgegenstand und Zweck. Gemäß § 384 Abs. 2 Hs. 2 ist der Kommis- **46** sionär verpflichtet, dem Kommittenten über das Geschäft **Rechenschaft abzulegen.** Die Vorschrift bezweckt zum einen, dem Kommittenten einen Überblick über mögliche Herausgabeansprüche gegen den Kommissionär zu verschaffen (bezogen auf das aus dem Ausführungsgeschäft Erlangte und das aus der Ausführung des Kommissionsgeschäfts Behaltene).[155] Zum anderen soll sich der Kommittent einen Überblick über mögliche gegen ihn gerichtete Provisions- und Aufwendungsersatzansprüche des Kommissionärs verschaffen können.[156]

2. Inhalt und Umfang. a) Allgemeines. Inhaltlich erstreckt sich die Rechenschafts- **47** pflicht auf **sämtliche Einzelheiten der Geschäftsdurchführung.**[157] Der Kommissionär muss also insbesondere den **Zeitpunkt** der Durchführung,[158] den **Preis** sowie sonstige **Aufwendungen** dokumentieren und den **Dritten benennen,** mit dem er den Vertrag abgeschlossen hat.[159] Selbst wenn der Kommittent auf die Benennung verzichtet hat, muss der Kommissionär ihm Rechenschaft über das mit diesem Dritten geschlossene Geschäft ablegen und den Dritten jedenfalls insoweit auch namhaft machen.[160] Nach zutreffender ganz hM besteht hinsichtlich des Umfangs der Pflicht zur Rechnungslegung eine **Zumutbarkeitsgrenze,** die sich aus § 242 BGB ergibt.[161] Diese Grenze gilt generell für die Rechenschaftsablegung. Bei einem **Selbsteintritt** des Kommissionärs wird der Umfang der Rechenschaftspflicht beschränkt (→ § 400 Rn. 1 ff.).[162]

Die Verpflichtung zur Ablegung der Rechenschaft beinhaltet zum einen die Pflicht zur **48** **Rechnungslegung** und zum anderen die Pflicht zur Darlegung **sonstiger Umstände zur Rechtfertigung** des Verhaltens des Kommissionärs.[163]

---

[149] Hopt/Kumpan Rn. 7; Staub/Koller Rn. 68.
[150] Staub/Koller Rn. 68 mwN.
[151] Staub/Koller Rn. 65.
[152] Koller/Kindler/Roth/Drüen/Roth Rn. 14.
[153] GK-HGB/Achilles Rn. 16.
[154] Koller/Kindler/Roth/Drüen/Roth Rn. 22; GK-HGB/Achilles Rn. 16.
[155] Oetker/Martinek Rn. 26.
[156] Oetker/Martinek Rn. 26.
[157] MüKoHGB/Häuser Rn. 70.
[158] BGH NJW-RR 1988, 749 (751).
[159] MüKoHGB/Häuser Rn. 70.
[160] MüKoHGB/Häuser Rn. 71.
[161] BGH NJW 1982, 573 (574); 1978, 538 (539); MüKoBGB/Krüger § 259 Rn. 28; MüKoHGB/Häuser Rn. 77 mwN.
[162] MüKoHGB/Häuser Rn. 71.
[163] Staub/Koller Rn. 100.

49 **b) Rechnungslegung.** Die **Art und Weise der Rechnungslegung** ergibt sich aus § 259 BGB. Gemäß § 259 Abs. 1 BGB hat der Kommissionär dem Kommittenten eine die geordnete Zusammenstellung der Einnahmen und Ausgaben enthaltende Rechnung zur Verfügung zu stellen. Der Kommittent soll aufgrund der Informationen die **Ordnungs-mäßigkeit der Durchführung des Geschäfts** überprüfen können.[164] Dies soll es ihm ermöglichen, bei Missständen Ansprüche geltend zu machen.[165] Die Zusammenstellung muss **schriftlich**[166] erfolgen und verständlich und übersichtlich sein.[167] Soweit **Belege,** zB Rechnungen und Quittungen,[168] nach der Verkehrssitte erteilt zu werden pflegen, sind diese gemäß § 259 Abs. 1 BGB vorzulegen und der Aufstellung von Einnahmen und Ausgaben in übersichtlicher Form zuzuordnen.[169] Unwesentliche und offensichtlich not-wendige Ausgaben braucht der Kommissionär nicht zu belegen.[170] Soweit der Kommis-sionär über Belege nicht verfügt, die üblicherweise erteilt werden, muss er welche beschaf-fen.[171] Er muss die Belege im **Original** vorlegen[172] und hat sie solange aufzubewahren, wie er rechenschaftspflichtig ist.[173] Er muss die Belege aber nicht an den Kommittenten heraus-geben,[174] soweit dies nicht vertraglich vorgesehen ist.[175] Es **genügt nicht,** dem Kom-mittenten lediglich eine Sammlung von Informationen zur Verfügung zu stellen, aus der dieser die relevanten Posten selbst ermitteln muss.[176] Ausgewiesene Einnahmen und Aus-gaben dürfen **nicht saldiert** werden; vielmehr ist jeder Posten mit seinem vollen Betrag anzugeben, um dem Kommittenten eine genaue Prüfung zu ermöglichen.[177] Eine Saldie-rung hindert zwar nicht die **Erfüllung** der Pflicht zur Rechnungslegung;[178] in diesem Fall ist der Kommittent jedoch berechtigt, gemäß § 259 Abs. 2 BGB die Abgabe einer **eides-stattlichen Versicherung** zu verlangen.[179] Dasselbe gilt bei sonstigen Zweifeln hinsicht-lich der inhaltlichen Richtigkeit der Informationen, sofern die Voraussetzungen von § 259 Abs. 2 BGB vorliegen.

50 Hat der Kommissionär **nicht einmal formell ordnungsgemäß** Rechnung gelegt, kann der Kommittent von ihm eine **Ergänzung** der Rechnungslegung verlangen.[180] Dies ist insbesondere der Fall, wenn er wichtige Belege nicht vorgelegt hat.[181]

51 Der Kommittent hat keinen Anspruch auf Einsicht in die **Handelsbücher** des Kommis-sionärs gemäß §§ 384 Abs. 2 HGB, 666, 259 BGB;[182] ausnahmsweise kann § 810 BGB eingreifen.[183]

---

[164] Vgl. MüKoBGB/Krüger § 259 Rn. 1.

[165] MüKoBGB/Krüger § 259 Rn. 1.

[166] MüKoHGB/Häuser Rn. 70; Hopt/Kumpan Rn. 8; Staub/Koller Rn. 101.

[167] NJW 1982, 573 (574); Staub/Koller Rn. 101; Grüneberg/Grüneberg BGB § 259 Rn. 8.

[168] Schlegelberger/Hefermehl Rn. 30.

[169] MüKoBGB/Krüger § 259 Rn. 23.

[170] Staub/Koller Rn. 102.

[171] Staub/Koller Rn. 102.

[172] MüKoHGB/Häuser Rn. 75; Staub/Koller Rn. 102; Schlegelberger/Hefermehl Rn. 30.

[173] Hopt/Kumpan Rn. 8; es besteht aber keine Herausgabepflicht des Kommissionärs, sofern nicht ver-traglich vereinbart.

[174] MüKoHGB/Häuser Rn. 75; Koller/Kindler/Roth/Drüen/Roth Rn. 16; Schlegelberger/Hefermehl Rn. 30; Ehrenberg/Schmidt-Rimpler V/1 707; Röhricht/Graf v. Westphalen/Haas/Lenz Rn. 8; aA Staub/ Koller Rn. 102; Oetker/Martinek Rn. 33.

[175] Der Wortlaut von § 384 Abs. 2 (und § 259 Abs. 1 BGB) gibt die Annahme einer solchen Herausgabe-pflicht nicht her; auch der Normzweck erfordert keine Herausgabe der Belege.

[176] RGZ 100, 150 (153); Staub/Koller Rn. 101.

[177] BGH LM ZPO § 254 Nr. 6; WM 1961, 749 (750); Schlegelberger/Hefermehl Rn. 30; Staub/Koller Rn. 101.

[178] BGH LM ZPO § 254 Nr. 6; MüKoHGB/Häuser Rn. 79; Staub/Koller Rn. 111.

[179] BGH LM ZPO § 254 Nr. 6; MüKoHGB/Häuser Rn. 79; Staub/Koller Rn. 111.

[180] BGHZ 92, 62 (69); MüKoHGB/Häuser Rn. 79; Staub/Koller Rn. 105.

[181] RGZ 100, 150 (153); MüKoHGB/Häuser Rn. 79.

[182] Staub/Koller Rn. 104; Schlegelberger/Hefermehl Rn. 30.

[183] RGZ 87, 10 (12); Koller/Kindler/Roth/Drüen/Roth Rn. 16; Heymann/Kötter Rn. 4; Staub/Koller Rn. 104; Schlegelberger/Hefermehl Rn. 30; Düringer/Hachenburg/Lehmann Rn. 54.

c) Sonstige Rechtfertigung. Auch die nicht durch die Rechnungslegung dokumen- **52**
tierten Einzelheiten muss der Kommissionär belegen. Er hat insbesondere Inhalt und
Abschlussdatum abgeschlossener Verträge und die Gründe für den Abschluss mit dem
jeweiligen Inhalt zu dokumentieren.[184] Insofern sind abweichende Parteivereinbarungen
und Handelsbräuche aber nicht unüblich. Insbesondere kann ein **Handelsbrauch** des
Inhalts bestehen, dass der Kommissionär zunächst nur Rechnung legen und lediglich auf
Verlangen des Kommittenten weitere Rechenschaft ablegen muss.[185] Der Kommissionär
hat ferner das **Unterlassen von Abschlüssen** zu dokumentieren.[186] Der Kommissionär
muss auch dann Rechenschaft ablegen, wenn er sich dadurch strafbarer Handlungen
bezichtigen müsste.[187]

3. Entstehen und Erlöschen der Pflicht; Anerkennung; Abdingbarkeit. Die Ver- **53**
pflichtung zur Rechenschaftsablegung entsteht in dem Moment der **Beendigung** der
Tätigkeit des Kommissionärs (§ 666 aE BGB).[188] Dies gilt auch bei vorzeitiger Beendigung.[189] Der Kommissionär ist verpflichtet, die Rechenschaft **aus eigener Initiative**
abzulegen.[190] Er ist **vorleistungspflichtig,**[191] denn die Rechenschaftsablegung ist grundsätzlich die Basis für die gegenseitigen Forderungen und dient insbesondere den Interessen
des Kommittenten (→ Rn. 46).[192] Der Kommissionär kann sich also insoweit nicht auf
§ 273 Abs. 1 BGB berufen, da sich aus dem Schuldverhältnis „etwas anderes ergibt".[193] Für
die Rechenschaftsablegung steht dem Kommissionär gemäß § 242 BGB eine **angemessene Frist** zur Verfügung.[194]

Die Rechenschaftspflicht besteht auch im Rahmen einer informellen oder formalisierten **54**
dauerhaften Geschäftsbeziehung (insbesondere bei Kommissionsagentenverträgen
→ Vor § 383 Rn. 5 ff.) nach Abschluss **eines jeden einzelnen** Kommissionsgeschäfts,[195]
sofern die Parteien nicht etwas anderes vereinbart haben,[196] sich aus den Umständen etwas
anderes ergibt (insbesondere Rechenschaftsablegung in periodischen Abständen)[197] oder
ein abweichender Handelsbrauch besteht.[198]

Erfüllt ist die Pflicht zur Ablegung der Rechenschaft **nicht bereits mit Abwicklung** **55**
der Kommission,[199] sondern erst, sobald und soweit der Kommissionär formal ordnungsgemäß Rechnung gelegt[200] und die Anforderungen an die sonstige Rechtfertigung insbesondere bezüglich der Art und Weise der Geschäftsführung[201] erfüllt hat. Dabei ist
unschädlich, dass im Rahmen der Rechnungslegung Beträge saldiert wurden oder die
Rechnung inhaltlich unzutreffend ist[202] (→ Rn. 49). Dagegen kann keine Erfüllung ein-

---

[184] Staub/Koller Rn. 108.
[185] MüKoHGB/Häuser Rn. 74; Ehrenberg/Schmidt-Rimpler V/1 706; ähnlich Staub/Koller Rn. 102.
[186] Hopt/Kumpan Rn. 8.
[187] BGH NJW 1964, 1469 (1470); Staub/Koller Rn. 108.
[188] MüKoHGB/Häuser Rn. 73; Röhricht/Graf v. Westphalen/Haas/Lenz Rn. 9; Staub/Koller Rn. 110;
Schlegelberger/Hefermehl Rn. 29.
[189] RGZ 56, 116 (118); Hopt/Kumpan Rn. 8.
[190] MüKoHGB/Häuser Rn. 70 mwN.
[191] MüKoHGB/Häuser Rn. 114; Hopt/Kumpan Rn. 8; Oetker/Martinek Rn. 26; Röhricht/Graf
v. Westphalen/Haas/Lenz Rn. 9.
[192] Ebenroth/Boujong/Joost/Strohn/Füller Rn. 31; Oetker/Martinek Rn. 26; Koller/Kindler/Roth/
Drüen/Roth Rn. 16.
[193] RGZ 102, 110 (111); Oetker/Martinek Rn. 26.
[194] MüKoHGB/Häuser Rn. 73; Ebenroth/Boujong/Joost/Strohn/Füller Rn. 28; ähnlich Staub/Koller
Rn. 114.
[195] MüKoHGB/Häuser Rn. 73.
[196] BGH WM 1984, 1164 (1165); MüKoHGB/Häuser Rn. 73.
[197] BGH WM 1976, 868 (869); Ehrenberg/Schmidt-Rimpler V/1 706; Staub/Koller Rn. 110.
[198] MüKoHGB/Häuser Rn. 73; Staub/Koller Rn. 110.
[199] Hopt/Kumpan Rn. 8; Schlegelberger/Hefermehl Rn. 33.
[200] Ebenroth/Boujong/Joost/Strohn/Füller Rn. 29; Staub/Koller Rn. 105.
[201] Staub/Koller Rn. 111.
[202] BGH LM ZPO § 254 Nr. 6; LM ZPO § 254 Nr. 3; RGZ 100, 150 (152).

treten, wenn wichtige Belege fehlen oder die Rechnung offenkundig aufgrund falscher Unterlagen erstellt wurde.[203]

56 Die Rechenschaftspflicht **erlischt nicht** bereits aufgrund des **Todes** des Kommissionärs, der im Zweifel gemäß §§ 675 Abs. 1, 673 S. 1 BGB zu einem Erlöschen des Kommissionsvertrages führt; sie trifft dann gemäß §§ 1922, 1967 BGB den oder die Erben des Kommissionärs.[204] Auch im Falle der **Eröffnung des Insolvenzverfahrens** über das Vermögen des Kommissionärs bleibt die Rechenschaftspflicht bestehen.[205]

57 Der Kommittent kann die Rechnung ausdrücklich oder konkludent als vollständig und richtig **anerkennen**.[206] Insoweit kommt dann regelmäßig ein Anerkenntnis gemäß § 781 BGB oder § 397 Abs. 2 BGB in Betracht.[207] § 397 Abs. 2 BGB greift aber nur insoweit ein, als dem Kommittenten Ansprüche, die sich nicht aus der Rechnung ergeben, bekannt waren bzw. fahrlässig unbekannt geblieben sind.[208] Der Anspruch auf Rechnungslegung nach § 384 Abs. 2 Hs. 2 iVm § 259 Abs. 1 BGB und auch auf Abgabe einer eidesstattlichen Versicherung nach § 259 Abs. 2 BGB erlischt insoweit.[209] Die Anerkennung ist idR als **Quittung** iSv § 368 BGB zu qualifizieren.[210] Nach zutreffender Auffassung reicht es für ein Anerkenntnis nicht bereits aus, dass der Kommittent die Rechnung nicht innerhalb angemessener Frist beanstandet.[211] Vielmehr sind die **Grundsätze über das kaufmännische Bestätigungsschreiben** (→ § 346 Rn. 66 ff.) entsprechend heranzuziehen.[212] Danach kann die Rechnung bzw. weitere Rechenschaft nur dann als anerkannt gelten, wenn sie insbesondere nicht offenkundig unrichtig bzw. unvollständig ist, der Kommittent Kaufmann oder kaufmannsähnlicher Teilnehmer am Geschäftsverkehr ist[213] und er die Rechnung bzw. weitere Rechenschaft nicht innerhalb angemessener Frist beanstandet. Eine wirksame Anerkennung scheidet aus, wenn die Abrechnung bewusst unrichtig war.[214] Der Kommittent kann die Anerkennungserklärung anfechten, entweder direkt oder – bei Schweigen – analog §§ 119 ff. BGB. Allerdings kann er sich nicht darauf berufen, er habe die Bedeutung des Schweigens nicht gekannt.[215] Erlischt die Pflicht zur Rechnungslegung durch Anerkennung, so bleibt davon die Verpflichtung zur Ablegung weiterer Rechenschaft unberührt.[216]

58 Die Rechenschaftspflicht ist **abdingbar** oder kann **eingeschränkt** werden.[217] Der Kommittent kann auch auf die Rechenschaftsablegung **verzichten**.[218]

59 **4. Prozessuales.** Der Anspruch auf Rechenschaftsablegung ist selbständig einklagbar. Er wird häufig Bestandteil einer **Stufenklage** gemäß § 254 ZPO[219] sein.

---

[203] RGZ 100, 150 (153); Staub/Koller Rn. 111.
[204] MüKoHGB/Häuser Rn. 72; Hopt/Kumpan Rn. 8; Staub/Koller Rn. 109.
[205] MüKoHGB/Häuser Rn. 72; Staub/Koller Rn. 109.
[206] Staub/Koller Rn. 114.
[207] Ebenroth/Boujong/Joost/Strohn/Füller Rn. 30; Koller/Kindler/Roth/Drüen/Roth Rn. 16; Staub/Koller Rn. 114.
[208] Staub/Koller Rn. 114; Ehrenberg/Schmidt-Rimpler V/1 715.
[209] MüKoHGB/Füller Rn. 81; Ebenroth/Boujong/Joost/Strohn/Füller Rn. 22; Staub/Koller Rn. 114.
[210] Staub/Koller Rn. 114.
[211] Ebenso Staub/Koller Rn. 114; aA Schlegelberger/Hefermehl Rn. 33; Ehrenberg/Schmidt-Rimpler V/1 716.
[212] MüKoHGB/Häuser Rn. 80; Ebenroth/Boujong/Joost/Strohn/Füller Rn. 30; Koller/Kindler/Roth/Drüen/Roth Rn. 16; Heymann/Herrmann Rn. 17; Staub/Koller Rn. 114.
[213] BGH WM 1981, 991 (993); Ebenroth/Boujong/Joost/Strohn/Füller Rn. 30.
[214] Ebenroth/Boujong/Joost/Strohn/Füller Rn. 30; vgl. auch BGHZ 40, 42 (45).
[215] Vgl. Ebenroth/Boujong/Joost/Strohn/Füller Rn. 30.
[216] Schlegelberger/Hefermehl Rn. 33.
[217] Staub/Koller Rn. 113.
[218] Staub/Koller Rn. 113, mit Ausführungen insbes. zur möglichen Unwirksamkeit eines Verzichts.
[219] Hopt/Kumpan Rn. 8; Oetker/Martinek Rn. 27; Koller/Kindler/Roth/Drüen/Roth Rn. 16.

VII. Herausgabepflicht

1. Regelungsgegenstand und Zweck. Der Kommissionär hat dem Kommittenten **60** dasjenige herauszugeben, was er aus der Geschäftsbesorgung erlangt hat. Gegenüber §§ 675 Abs. 1, 667 BGB besteht die Besonderheit, dass die Herausgabepflicht nach § 384 Abs. 2 Hs. 2 und der Provisionsanspruch des Kommissionärs **im Synallagma stehen**[220] (→ § 396 Rn. 1 ff.).

2. Inhalt und Umfang der Herausgabepflicht. a) Allgemeines. Der Kommissionär **61** hat zunächst dasjenige herauszugeben, was er **von dem Dritten erlangt** hat, dh bei der Einkaufskommission das erworbene Gut (einschließlich Früchte und Nutzungen, §§ 99 f. BGB), bei der Verkaufskommission den erlangten Erlös (nebst Fälligkeitszinsen, § 353).[221] Ferner hat er etwaige **Surrogate** herauszugeben, zB die Versicherungssumme für untergegangenes Kommissionsgut (§ 285 BGB).[222]

Darüber hinaus hat der Kommissionär, soweit noch vorhanden, dem Kommittenten **62** dasjenige herauszugeben, was ihm der Kommittent **zur Ausführung der Kommission zur Verfügung gestellt** hat, §§ 675 Abs. 1, 667 BGB.[223] Dies wird vor allem dann relevant, wenn der Kommissionär Vorschüsse nicht verbraucht (Einkaufskommission) bzw. ihm vom Kommittenten überlassene Gegenstände nicht veräußert hat (Verkaufskommission).[224]

Das Erlangte ist so herauszugeben, **wie der Kommissionär es erhalten hat.**[225] Mehr **63** als das Erlangte muss er nicht herausgeben, auch wenn er nach vertraglicher Vereinbarung mehr als das tatsächlich Erlangte hätte erlangen müssen.[226] Dem Kommittenten können dann in Bezug auf das Ausführungsgeschäft die Rechte aus § 385 Abs. 1 zustehen.[227]

Falls die Parteien keinen Ort für die Leistung bestimmt haben und sich dieser auch nicht **64** aus den Umständen ergibt, ist **Erfüllungsort** der Ort der gewerblichen Niederlassung des Kommissionärs, § 269 Abs. 1, Abs. 2 BGB.[228] Bei Versendung der Ware ist sorgfältig zu prüfen, wo sich der Erfüllungsort jeweils befindet. Weist zB der Kommissionär den Dritten an, die Ware direkt an den Kommittenten zu versenden, ist Erfüllungsort die Niederlassung des Dritten; dies folgt aus dem Rechtsgedanken des § 447 BGB.[229]

b) Einzelheiten. Bei **Gattungskäufen** hat der Einkaufskommissionär die erworbenen **65** Sachen ausgesondert herauszugeben.[230] Hat er nicht das Eigentum an einer Sache, sondern eine **Anwartschaft** daran erhalten, so ist diese zu übertragen.[231] Hat der Kommissionär lediglich bloßen **Besitz** erhalten, so ist dieser zu übertragen.[232] Der Kommissionär ist ferner verpflichtet, Ansprüche gegen Dritte auf Herausgabe oder Lieferung von Sachen oder etwaige Ersatzansprüche für die Nichtherausgabe oder Nichtlieferung auf den Kommittenten zu übertragen.[233] Hat der Kommissionär **Buch- oder Bargeld** herauszugeben, so wird zumeist der entsprechende Geldbetrag herauszugeben sein.[234] **Forderungen** hat der Kommissionär wie erlangt zu übertragen, es sei denn, er hat sie gemäß einer Abrede mit dem

---

[220] Canaris HandelsR § 30 III 1b; Hopt/Kumpan Rn. 11; Staub/Koller Rn. 74; aA OLG Saarbrücken NJOZ 2015, 1445 (1450).
[221] Koller/Kindler/Roth/Drüen/Roth Rn. 17.
[222] Koller/Kindler/Roth/Drüen/Roth Rn. 17.
[223] MüKoHGB/Häuser Rn. 86; Canaris HandelsR § 30 II 6a.
[224] BGH BB 2007, 1412 (1413); MüKoHGB/Häuser Rn. 86; Koller/Kindler/Roth/Drüen/Roth Rn. 17.
[225] Hopt/Kumpan Rn. 10; Staub/Koller Rn. 89.
[226] MüKoHGB/Häuser Rn. 100.
[227] MüKoHGB/Häuser Rn. 100.
[228] Koller/Kindler/Roth/Drüen/Roth Rn. 19; Staub/Koller Rn. 94.
[229] Staub/Koller Rn. 94.
[230] Hopt/Kumpan Rn. 10; Staub/Koller Rn. 89 („gegebenenfalls nach Aussonderung").
[231] Hopt/Kumpan Rn. 10.
[232] MüKoHGB/Häuser Rn. 100; Hopt/Kumpan Rn. 10; OLG Frankfurt a. M. MDR 1985, 849.
[233] Hopt/Kumpan Rn. 10; Oetker/Martinek Rn. 33.
[234] Staub/Koller Rn. 90.

Kommittenten einzuziehen.[235] Der Kommissionär darf seine Herausgabepflicht nicht durch Verfügungen über die Forderungen ohne Zustimmung des Kommittenten vereiteln.[236] Hat sich eine Forderung aus dem Ausführungsgeschäft in eine **Schadenersatzforderung** verwandelt, so hat der Kommissionär dem Kommittenten diese abzutreten.[237]

66   **Zuwendungen und sonstige Vorteile** sind nach wohl allgM insoweit herauszugeben, als sie in einem **inneren Zusammenhang** mit der Geschäftsbesorgung stehen.[238] Dieses Kriterium ist angesichts der Fremdnützigkeit der Tätigkeit des Kommissionärs weit zu verstehen[239] und eine Herausgabepflicht nur insoweit zu verneinen, als „augenscheinlich jeder Bezug auf konkrete gegenwärtige oder zukünftige Ausführungsgeschäfte fehlt."[240] Somit sind zB Schmiergelder,[241] Boni[242] und Zugaben[243] regelmäßig herauszugeben. Dasselbe gilt für von Dritten zugewandte Vorteile, die der Beeinflussung des Willens des Kommissionärs dienen.[244] Auch Zuwendungen und sonstige Vorteile, die der Kommissionär wegen seiner persönlichen Merkmale erhält (zB Großhandelsboni), muss er dem Kommittenten herausgeben; denn diese hätte er nicht erhalten, wenn er nicht für den Kommittenten tätig geworden wäre.[245] Dem Herausgabeanspruch steht nicht entgegen, dass die Zuwendung eines Dritten **nach dessen Willen nicht für den Kommittenten bestimmt** war; solche Zuwendungen sind nach dem Zweck der Herausgabepflicht erfasst, weil sie die Gefahr begründen, dass der Kommissionär dadurch zum Nachteil seines Kommittenten beeinflusst wird.[246]

67   Stehen dem Kommissionär **Gestaltungsrechte** zu, insbesondere Anfechtungsrechte, so hat er den Kommittenten wegen seiner Benachrichtigungspflicht darüber in Kenntnis zu setzen. Sofern er diese Rechte nicht übertragen kann, greift die Interessenwahrnehmungspflicht, die dazu führen kann, dass der Kommissionär die jeweiligen Rechte im Sinne des Kommittenten auszuüben hat.[247]

68   **3. Entstehen und Fälligkeit des Anspruchs.** Der Herausgabeanspruch **entsteht,** sobald der Kommissionär etwas aus der Geschäftsbesorgung erlangt hat,[248] wird jedoch grundsätzlich, dh solange die Parteien nichts Abweichendes vereinbart haben, erst mit Beendigung des Ausführungsgeschäfts fällig.[249] Der Kommissionär hat das Erlangte **unverzüglich** iSv § 121 Abs. 1 S. 1 BGB herauszugeben.[250]

69   Dem Kommissionär können Rechte aus §§ 273,[251] 320 BGB[252] und § 369[253] zustehen. Ferner kann er bei Gleichartigkeit der Forderungen **aufrechnen.**[254] Im Falle des Selbst-

---

[235] Staub/Koller Rn. 90.

[236] BGH LM HGB § 392 Nr. 1; MüKoHGB/Häuser Rn. 105; Staub/Koller Rn. 91.

[237] MüKoHGB/Häuser Rn. 101; Staub/Koller Rn. 91.

[238] BGH NJW 1963, 649 (650); OLG Koblenz MDR 1967, 770; Ebenroth/Boujong/Joost/Strohn/Füller Rn. 34; Staub/Koller Rn. 77 f.; Canaris HandelsR § 30 II 6a.

[239] Canaris HandelsR § 30 II 6a.

[240] Staub/Koller Rn. 82; Canaris HandelsR § 30 II 6a.

[241] BGH NJW-RR 1992, 561; RGZ 99, 31; Grüneberg/Sprau BGB § 667 Rn. 3; Koller/Kindler/Roth/Drüen/Roth Rn. 17; Canaris HandelsR § 30 II 6a.

[242] Ebenroth/Boujong/Joost/Strohn/Füller Rn. 34 f.; Koller/Kindler/Roth/Drüen/Roth Rn. 17; Kumpan in Perspektiven des Wirtschaftsrechts (2009), 33 (39 f.); Staub/Koller Rn. 84; aA Mülbert ZHR 172, 170 (199).

[243] Canaris HandelsR § 30 II 6a.

[244] BGH NJW 1982, 1752; Koller/Kindler/Roth/Drüen/Roth Rn. 17; Canaris HandelsR § 30 II 6a.

[245] MüKoHGB/Häuser Rn. 93; Staub/Koller Rn. 82 f.; Canaris HandelsR § 30 II 6a; aA Koller/Kindler/Roth/Drüen/Roth Rn. 17; Mülbert ZHR 172, 170 (196).

[246] BGH NJW 2000, 2669 (2672); 1991, 1224; 1963, 649 (650).

[247] Ebenroth/Boujong/Joost/Strohn/Füller Rn. 33.

[248] BGHZ 107, 88 (90); Staudinger/Martinek/Omlor BGB § 667 Rn. 17.

[249] Oetker/Martinek Rn. 37.

[250] Koller/Kindler/Roth/Drüen/Roth Rn. 19; Staub/Koller Rn. 93.

[251] Ebenroth/Boujong/Joost/Strohn/Füller Rn. 36.

[252] Zurückhaltend Koller/Kindler/Roth/Drüen/Roth Rn. 19.

[253] Ebenroth/Boujong/Joost/Strohn/Füller Rn. 36.

[254] Ebenroth/Boujong/Joost/Strohn/Füller Rn. 36.

eintritts bestimmen sich die Erfüllungspflichten der Parteien nach Kaufrecht; der Kommittent kann dann anstelle eines Herausgabeanspruchs eine Kaufpreisforderung geltend machen.[255]

Macht der Kommittent von der Möglichkeit der Zurückweisung nach § 385 Abs. 1 **70** Hs. 2 Gebrauch, so **entfällt** der Anspruch auf Herausgabe des Erlangten.[256]

4. Prozessuales. Der Kommittent kann seinen Anspruch auf Herausgabe mit dem **71** Anspruch auf Rechnungslegung verbinden. Er kann ihn insbesondere im Rahmen der **Stufenklage** gemäß § 254 ZPO geltend machen.[257]

VIII. Rechte des Kommittenten bei Pflichtverletzungen

Verletzt der Kommissionär schuldhaft seine vertraglichen Pflichten, so stehen dem Kommittenten grundsätzlich **Schadenersatzansprüche** gemäß §§ 280 ff., 249 ff. BGB zu. Dabei muss der Kommissionär darlegen und beweisen, dass er die Pflichtverletzung nicht zu vertreten hat, § 280 Abs. 1 S. 2 BGB.[258] Der Kommittent ist hinsichtlich der übrigen Voraussetzungen darlegungs- und beweisbelastet. Die regelmäßige Verjährungsfrist beträgt gemäß § 195 BGB drei Jahre.[259]

1. Verletzung der Ausführungspflicht. Die schuldhafte Verletzung der Ausführungs- **73** pflicht kann **Schadenersatzansprüche** gemäß §§ 280 ff. BGB begründen (→ Rn. 72).

Dem Kommittenten kann bei Verletzungen der Ausführungspflicht zudem ein **Rück-** **74** **trittsrecht** gemäß §§ 323 Abs. 1, 326 Abs. 5 BGB zustehen.[260] Ferner kann er sich auf §§ 273, 320 BGB berufen.[261]

2. Verletzung der Interessenwahrnehmungspflicht. Die schuldhafte Verletzung der **75** Interessenwahrnehmungspflicht kann **Schadenersatzansprüche** gemäß §§ 280 ff. BGB begründen (→ Rn. 72),[262] wobei bei Verletzung vorvertraglich bestehender Pflichten § 280 Abs. 1 BGB iVm §§ 311 Abs. 2, 241 Abs. 2 BGB gilt. Im Hinblick auf die Darlegungs- und Beweislast gilt bezüglich des Kausalzusammenhangs zwischen Verhalten und Schädigung die **Vermutung „aufklärungsrichtigen Verhaltens"** (→ Rn. 78), soweit **Aufklärungspflichten** verletzt werden.

Verstößt der Kommissionär gegen das **Prioritätsprinzip** (→ Rn. 23), so steht dem **76** Kommittenten ein Anspruch auf Schadenersatz statt der Leistung gemäß §§ 280 Abs. 1, Abs. 3, 281 oder 283 BGB gegen den Kommissionär zu.[263] Ferner können **deliktsrechtliche Ansprüche** aus § 826 BGB sowie § 823 Abs. 2 BGB iVm §§ 263, 266 StGB wegen Vermögensschäden in Betracht kommen.[264]

3. Verletzung der Pflicht zur Befolgung von Weisungen. Zu den Rechtsfolgen von **77** **Verstößen gegen verbindliche Weisungen** → §§ 385, 386 Rn. 1 ff.

4. Verletzung der Benachrichtigungspflicht. a) Verletzung der allgemeinen Be- **78** **nachrichtigungspflicht.** Die schuldhafte Verletzung der allgemeinen Benachrichtigungspflicht kann **Schadenersatzansprüche** gemäß §§ 280 ff. BGB begründen (→ Rn. 72).[265] Hinsichtlich der **Kausalität** der Verletzung der Benachrichtigungspflicht durch den Kom-

---

[255] Ebenroth/Boujong/Joost/Strohn/Füller Rn. 36.
[256] Oetker/Martinek Rn. 37.
[257] MüKoHGB/Häuser Rn. 103; Koller/Kindler/Roth/Drüen/Roth Rn. 19; Staub/Koller Rn. 93.
[258] MüKoBGB/Ernst BGB § 280 Rn. 23.
[259] MüKoHGB/Häuser Rn. 45, 104.
[260] MüKoHGB/Häuser Rn. 116; Ebenroth/Boujong/Joost/Strohn/Füller Rn. 39.
[261] MüKoHGB/Häuser Rn. 114.
[262] MüKoHGB/Häuser Rn. 43; Hopt/Kumpan Rn. 1; Ebenroth/Boujong/Joost/Strohn/Füller Rn. 42; Koller/Kindler/Roth/Drüen/Roth Rn. 20.
[263] MüKoHGB/Häuser Rn. 43; Canaris HandelsR § 30 II 2b.
[264] MüKoHGB/Häuser Rn. 43 mit weiteren Ausführungen zu §§ 826, 831 und 31 BGB.
[265] BGH NJW 2002, 2703 (2704); MüKoHGB/Häuser Rn. 67; Schlegelberger/Hefermehl Rn. 42.

missionär für einen etwaigen Schaden des Kommittenten gilt eine „**Vermutung aufklärungsrichtigen Verhaltens**"[266]. Danach ist der Kommissionär auf Grund der Verletzung darlegungs- und beweispflichtig dafür, dass der Schaden auch bei pflichtgemäßem Verhalten eingetreten wäre. Er muss also darlegen und beweisen, dass der Kommittent die pflichtgemäße Benachrichtigung unbeachtet gelassen hätte.[267] Diese Vermutung besteht nach der Rechtsprechung unter Umständen auch dann, wenn dem Adressaten der Benachrichtigung verschiedene Handlungsalternativen offen standen.[268] Dem Kommittenten kann ein **Mitverschulden** anzulasten sein, wenn er Risiken aus dem Ausführungsgeschäft schuldhaft unbeachtet gelassen hat.[269]

79   Eine **Zurückweisung** durch den Kommittenten kommt bei Verstößen gegen die Benachrichtigungspflicht nicht in Betracht.[270] Anders liegt es bei einem Verstoß gegen die Verpflichtung zur **Anzeige der Ausführung** (→ Rn. 80).

80   **b) Verletzung der Pflicht zur unverzüglichen Anzeige der Ausführung.** Bei schuldhaften Verstößen des Kommissionärs gegen die Pflicht zur unverzüglichen Anzeige der Ausführung der Kommission stehen dem Kommittenten grundsätzlich **Schadenersatzansprüche** zu (→ Rn. 72). Dies gilt insbesondere im Hinblick auf Verzögerungsschäden.[271] Allerdings schützen Schadenersatzansprüche den Kommittenten idR nicht hinreichend; es fehlt zumeist an einem nachweisbaren Schaden.[272] Daher ist eine analoge Anwendung von § 385 Abs. 1 Hs. 2 zu befürworten; der Kommittent kann danach das Geschäft **zurückweisen**.[273] Hierfür spricht vor allem, dass der Schutzzweck von § 385 Abs. 1 Hs. 2 in diesem Fall einschlägig ist, weil die Ausführungsanzeige eine ordnungsgemäße Zuordnung des Geschäfts mit dem Dritten zu dem geschlossenen Kommissionsvertrag gewährleisten soll.[274] Erschwert der Kommissionär eine solche Zuordnung oder macht er sie gar unmöglich, indem er der Pflicht zur unverzüglichen Anzeige der Ausführung nicht nachkommt, so ist es sachgerecht, dass der Kommittent das Geschäft nicht für seine Rechnung gelten zu lassen braucht.[275] Um die Interessen des Kommissionärs zu wahren, ist allerdings eine Einschränkung nach § 386 Abs. 1 analog erforderlich, wonach der Kommittent, falls er das Geschäft als nicht für seine Rechnung abgeschlossen zurückweisen will, dies unverzüglich auf die verspätete Anzeige von der Ausführung des Geschäfts erklären muss; andernfalls gilt es als genehmigt.[276]

81   Teil der Pflicht zur Anzeige der Ausführung ist die **Benennung des Dritten**. Verstößt der Kommissionär gegen diese Pflicht, so haftet er gemäß Abs. 3 (→ Rn. 84 ff.). Schadenersatzansprüche (→ Rn. 80) bleiben davon unberührt.

82   **5. Verletzung der Rechenschaftspflicht.** Insoweit ist auf die allgemeinen Ausführungen zu Schadenersatzansprüchen (→ Rn. 72) zu verweisen.

83   **6. Verletzung der Herausgabepflicht.** Ist der Kommissionär mit der Herausgabe in **Verzug,** kann dem Kommittenten ein Anspruch gemäß §§ 280 Abs. 2, 286 BGB zustehen. Ferner kommen für den Fall der sonstigen Verletzung der Herausgabepflicht Ansprüche aus §§ 280 Abs. 1, Abs. 3, 281 oder 283 BGB auf **Schadenersatz statt der Leistung** in Betracht,[277] zB wenn der Kommissionär ohne[278] oder entgegen einer Weisung des

---

[266] BGH NJW 2002, 2703 (2704).
[267] BGH NJW 2002, 2703 (2704); 2001, 2021 (2022); 1994, 512 (513); MüKoHGB/Häuser Rn. 68.
[268] BGH NJW 2002, 2703 (2704); MüKoHGB/Häuser Rn. 68.
[269] BGH NJW 2002, 2703 (2704); MüKoHGB/Häuser Rn. 68.
[270] MüKoHGB/Häuser Rn. 69; Staub/Koller Rn. 68; Ehrenberg/Schmidt-Rimpler V/1 729.
[271] Röhricht/Graf v. Westphalen/Haas/Lenz Rn. 23.
[272] Canaris HandelsR § 30 II 3b, 4a.
[273] AA MüKoHGB/Häuser Rn. 69.
[274] Canaris HandelsR § 30 IV 1a weist zu Recht darauf hin, dass die Zuordnung schwierig sein kann.
[275] Canaris HandelsR § 30 II 3b, 4a.
[276] Canaris HandelsR § 30 II 4a, 7b.
[277] MüKoHGB/Häuser Rn. 105; Staub/Koller Rn. 96; Canaris HandelsR § 30 II 6b.
[278] MüKoHGB/Häuser Rn. 105; Staub/Koller Rn. 96.

Kommittenten vom Ausführungsgeschäft zurücktritt oder ein Einkaufskommissionär dem Kommittenten eine mangelhafte Sache herausgibt.[279] Bei Verletzung der Herausgabepflicht kann der Kommittent ferner zum **Rücktritt** gemäß §§ 323 Abs. 1, 326 Abs. 5 BGB berechtigt sein.[280] Gibt der Kommissionär das aus dem Kommissionsverhältnis Erlangte nicht heraus, kann sich der Kommittent neben § 273 BGB auf §§ 320, 322 BGB stützen, da die Herausgabepflicht mit dem Provisionsanspruch im Synallagma steht (→ Rn. 60).[281]

IX. Haftung des Kommissionärs für die Erfüllung des Geschäfts bei Nichtbenennung des Dritten (Abs. 3)

1. Zweck und Regelungsgegenstand. Gemäß Abs. 3 haftet der Kommissionär dem **84** Kommittenten für die Erfüllung des Geschäfts, wenn er nicht zugleich mit der Ausführungsanzeige den Dritten namhaft macht, mit dem er abgeschlossen hat. Die Pflicht zur Benennung des Dritten ergibt sich aus der Pflicht zur Anzeige der Ausführung gemäß § 384 Abs. 2 Hs. 1 (→ Rn. 42). Ein Verstoß des Kommissionärs gegen diese Pflicht hat nach Abs. 3 eine **Eigenhaftung** des Kommissionärs zur Folge; er haftet für die Erfüllung des Geschäfts. Dies dient dem Interesse des Kommittenten, Namen und Kontaktdaten des Dritten zu erfahren, der letztlich wirtschaftlich sein Geschäftspartner ist.[282] Würde der Kommittent die Identität des Dritten nicht kennen, so könnte der Kommissionär den Dritten nachträglich auswechseln und dem Kommittenten ein Ausführungsgeschäft mit einem weniger zuverlässigen oder leistungsfähigen Partner „unterschieben" (→ Rn. 40).[283]

2. Voraussetzungen. Ein Anspruch gemäß Abs. 3 setzt voraus, dass der Kommissionär **85** dem Kommittenten die Ausführung der Kommission **angezeigt** hat.

Ferner setzt der Anspruch voraus, dass der Kommissionär dem Kommittenten **nicht 86 zugleich** mit der Ausführungsanzeige den Dritten **namhaft** gemacht hat. Dies ist etwa dann der Fall, wenn er den Dritten erst zu einem **späteren Zeitpunkt** benennt.[284] Insoweit kommt es auf den Zeitpunkt des Zugangs der entsprechenden Mitteilung und nicht auf deren Absendung an.[285] Ferner ist dies der Fall, wenn der Kommissionär Namen oder Anschrift **unzutreffend,** dh fehlerhaft, unvollständig (oder überhaupt nicht) angibt,[286] es sei denn, er widerruft oder berichtigt **analog §§ 119 ff. BGB** (→ Rn. 41). Darüber hinaus ist Abs. 3 erfüllt, wenn der Kommissionär einen Dritten benennt, der tatsächlich nicht Vertragspartner ist,[287] und wenn er zwar einen Dritten benennt, jedoch kein wirksames Ausführungsgeschäft abgeschlossen hat.[288] Schließlich greift Abs. 3 idR auch bei einem **unwirksamen Selbsteintritt** ein, da der Kommissionär in diesem Fall zumeist weder den Namen eines Dritten mitgeteilt noch ein Geschäft für Rechnung des Kommittenten abgeschlossen hat.[289] Bei einem **wirksamen** Selbsteintritt gemäß § 405 Abs. 1 ist dagegen Abs. 3 nicht anwendbar.[290]

---

[279] Canaris HandelsR § 30 II 7c, der zudem auf §§ 391 S. 1, 377 HGB hinweist; zustimmend MüKoHGB/Häuser Rn. 105.

[280] Canaris HandelsR § 30 II 6b.

[281] Staub/Koller Rn. 96; aA MüKoHGB/Häuser Rn. 110; Schlegelberger/Hefermehl Rn. 47.

[282] MüKoHGB/Häuser Rn. 124; Oetker/Martinek Rn. 42.

[283] Zw. Staub/Koller Rn. 146, der meint, geschützt sei auch das Vertrauen des Kommittenten auf die rechtzeitige Erlangung der nach dem angezeigten Geschäft zu erwartenden Vorteile.

[284] Hopt/Kumpan Rn. 13; Ebenroth/Boujong/Joost/Strohn/Füller Rn. 47; Oetker/Martinek Rn. 43.

[285] Hopt/Kumpan Rn. 12; GK-HGB/Achilles Rn. 18; Röhricht/Graf v. Westphalen/Haas/Lenz Rn. 18; aA Koller/Kindler/Roth/Drüen/Roth Rn. 22; Staub/Koller Rn. 153 unter Hinweis auf die Gefahr des Unterschiebens eines weniger solventen Dritten.

[286] Oetker/Martinek Rn. 43.

[287] Hopt/Kumpan Rn. 13; GK-HGB/Achilles Rn. 18.

[288] Hopt/Kumpan Rn. 13; GK-HGB/Achilles Rn. 18; aA Staub/Koller Rn. 148.

[289] BGH BeckRS 1952, 31386094; Hopt/Kumpan Rn. 14; Staub/Koller Rn. 155.

[290] Ebenroth/Boujong/Joost/Strohn/Füller Rn. 47.

87   Irrelevant ist in jedem Fall, ob den Kommissionär hinsichtlich der Nichtnamhaftmachung des Dritten ein **Verschulden** trifft.[291]

88   § 384 Abs. 3 ist **nicht einschlägig,** wenn der Kommissionär weisungswidrig handelt und der Kommittent das Geschäft gemäß **§ 385 Abs. 1 Hs. 2** nicht für seine Rechnung gelten lässt. Der Kommittent kann dann Schadenersatz gemäß § 280 BGB fordern, § 385 Abs. 1 Hs. 1.[292]

89   Die Parteien können eine Haftung nach Abs. 3 **ausschließen,**[293] und zwar auch durch entsprechende Klauseln in **Standardverträgen.**[294] Die Regelung kann ferner aufgrund eines Handelsbrauchs (→ § 346 Rn. 37 ff.) unanwendbar sein.[295]

90   Der Kommissionär trägt die **Darlegungs-** und **Beweislast** für eine rechtzeitige Namhaftmachung des Dritten.[296]

91   **3. Rechtsfolge des Abs. 3. a) Ausgeführte Kommission (Regelfall).** Der Kommissionär haftet dem Kommittenten gemäß Abs. 3 bei Verletzung der Pflicht zur Namhaftmachung des Dritten **unmittelbar und persönlich** für die Erfüllung des Geschäfts.[297] Der Kommittent kann sich vom Kommissionär alternativ aber auch die Rechte aus dem Ausführungsgeschäft gegen den Dritten **abtreten** lassen.[298] Nimmt er den Kommissionär gemäß Abs. 3 in Anspruch, so erfolgt dies grundsätzlich zu den Konditionen des tatsächlich abgeschlossenen Geschäfts.[299] Sind die vom Kommissionär angezeigten Konditionen allerdings günstiger als die tatsächlichen, so gelten die angezeigten Konditionen;[300] der Kommissionär muss sich an seinen Angaben festhalten lassen.

92   **b) Nicht ausgeführte Kommission.** Abs. 3 ist auch dann anwendbar, wenn der Kommissionär die Kommission trotz anderslautender Anzeige **noch nicht ausgeführt** hat oder der vom Kommissionär erklärte **Selbsteintritt** unwirksam war.[301] In diesen Fällen kann der Kommittent entweder nach Abs. 3 vorgehen oder von dem Kommissionär Ausführung gemäß § 384 Abs. 1 Hs. 1 verlangen. Zudem kommt eine Kündigung des Kommissionsvertrags in Betracht[302] (→ § 383 Rn. 38 f.).

93   Nimmt der Kommittent den Kommissionär bei nicht ausgeführter Kommission gemäß Abs. 3 in Anspruch, so stellt sich die Frage, von welchem „Geschäft", dh von welchen Konditionen auszugehen ist; denn es fehlt an einem Ausführungsgeschäft. Maßstab kann hier nur ein **fiktives Ausführungsgeschäft** sein, das sich im Rahmen der vertraglichen Vorgaben bzw. der Weisungen hält.[303] Der Kommissionär kann dem Kommittenten grundsätzlich nur eigene Einwendungen entgegenhalten.[304] Einwendungen des fiktiven Dritten kann er allenfalls insoweit geltend machen, als sie dem fiktiven Dritten mit an Sicherheit grenzender Wahrscheinlichkeit zustehen würden[305] und auf Basis des fiktiven Geschäfts

---

[291] MüKoHGB/Häuser Rn. 124; Koller/Kindler/Roth/Drüen/Roth Rn. 22; Canaris HandelsR § 30 II 4b; Staub/Koller Rn. 154.

[292] Oetker/Martinek Rn. 43.

[293] Ebenroth/Boujong/Joost/Strohn/Füller Rn. 47; Staub/Koller Rn. 156.

[294] BGH BeckRS 1952, 31386094; Ebenroth/Boujong/Joost/Strohn/Füller Rn. 47.

[295] BGH BeckRS 1952, 31386094; RGZ 112, 149 (151); Hopt/Kumpan Rn. 14; Staub/Koller Rn. 156; Röhricht/Graf v. Westphalen/Haas/Lenz Rn. 24.

[296] BGH WM 1984, 930 (931); Hopt/Kumpan Rn. 12.

[297] Röhricht/Graf v. Westphalen/Haas/Lenz Rn. 22; Staub/Koller Rn. 152.

[298] Hopt/Kumpan Rn. 12; Röhricht/Graf v. Westphalen/Haas/Lenz Rn. 22.

[299] Röhricht/Graf v. Westphalen/Haas/Lenz Rn. 22.

[300] Röhricht/Graf v. Westphalen/Haas/Lenz Rn. 22; Staub/Koller Rn. 150.

[301] BGH BeckRS 1952, 31386094; Hopt/Kumpan Rn. 12.

[302] MüKoHGB/Häuser Rn. 149; Hopt/Kumpan Rn. 12; Röhricht/Graf v. Westphalen/Haas/Lenz Rn. 23; Schlegelberger/Hefermehl Rn. 74.

[303] Staub/Koller Rn. 167; Ehrenberg/Schmidt-Rimpler V/1 963; allg. Röhricht/Graf v. Westphalen/Haas/Lenz Rn. 23.

[304] Staub/Koller Rn. 168; Schlegelberger/Hefermehl Rn. 76.

[305] Ähnlich („die ein Dritter in jedem Fall haben würde") MüKoHGB/Häuser Rn. 151; auf „Handelsüblichkeit" abstellend Schlegelberger/Hefermehl Rn. 76; Heymann/Kötter Rn. 6; Ehrenberg/Schmidt-Rimpler V/1 964.

überhaupt denkbar sind, dh mit dessen (fiktiven) Regelungen in Einklang stehen;[306] der Kommissionär ist insoweit darlegungs- und beweisbelastet.[307] **Aufwendungen** kann der Kommissionär nur insoweit ersetzt verlangen, als sie tatsächlich angefallen sind; dagegen sind mögliche, fiktive Aufwendungen nicht zu ersetzen.[308] Der Kommissionär ist zur **Rechenschaft** verpflichtet, obgleich er kein Ausführungsgeschäft abgeschlossen hat;[309] er muss nachweisen, dass das von ihm angezeigte (fiktive) Geschäft den Interessen des Kommittenten entsprochen hätte;[310] bei einer Einkaufskommission bedeutet dies etwa, dass der Kommissionär aufzeigen muss, dass er für den Einkauf des Kommissionsguts den geforderten Betrag hätte aufwenden müssen.[311] Soweit es an angezeigten Inhalten fehlt, ist maßgeblich, welchen Inhalt das Geschäft in Anbetracht der Weisungen und der vertraglichen Vorgaben gehabt hätte.[312]

Wenn der Kommissionär seine Pflichten aus dem fiktiven Geschäft erfüllt hat, hat er **94** einen Anspruch auf Zahlung der **Ausführungsprovision** gemäß § 396 Abs. 1 S. 1;[313] ferner stehen ihm die Sicherungsrechte aus §§ 397 ff. zu.[314]

B. Handelsvertreter

Für den Handelsvertreter nicht einschlägig. **95**

C. Vertragshändler

Für den Vertragshändler nicht einschlägig. **96**

D. Franchisenehmer

Für den Franchisenehmer nicht einschlägig. **97**

E. Kommissionsagent

Für den Kommissionsagenten gelten hier keine Abweichungen oder Besonderheiten. **98**

§ 385 Weisungen des Kommittenten

(1) **Handelt der Kommissionär nicht gemäß den Weisungen des Kommittenten, so ist er diesem zum Ersatze des Schadens verpflichtet; der Kommittent braucht das Geschäft nicht für seine Rechnung gelten zu lassen.**

(2) **Die Vorschriften des § 665 des Bürgerlichen Gesetzbuchs bleiben unberührt.**

[306] Staub/Koller Rn. 168; aA MüKoHGB/Häuser Rn. 151; Heymann/Kötter Rn. 6; Schlegelberger/Hefermehl Rn. 76.
[307] Staub/Koller Rn. 169.
[308] MüKoHGB/Häuser Rn. 152; Schlegelberger/Hefermehl Rn. 76; aA Staub/Koller Rn. 169; Ehrenberg/Schmidt-Rimpler V/1 965 f.
[309] MüKoHGB/Häuser Rn. 150; Ebenroth/Boujong/Joost/Strohn/Füller Rn. 48.
[310] Staub/Koller Rn. 169.
[311] Ehrenberg/Schmidt-Rimpler V/1 968.
[312] MüKoHGB/Häuser Rn. 150; Schlegelberger/Hefermehl Rn. 76.
[313] MüKoHGB/Häuser Rn. 152; Schlegelberger/Hefermehl Rn. 77; Staub/Koller Rn. 170.
[314] Schlegelberger/Hefermehl Rn. 77; Staub/Koller Rn. 170.

§ 386 Preisgrenzen

(1) Hat der Kommissionär unter dem ihm gesetzten Preise verkauft oder hat er den ihm für den Einkauf gesetzten Preis überschritten, so muß der Kommittent, falls er das Geschäft als nicht für seine Rechnung abgeschlossen zurückweisen will, dies unverzüglich auf die Anzeige von der Ausführung des Geschäfts erklären; anderenfalls gilt die Abweichung von der Preisbestimmung als genehmigt.

(2) [1]Erbietet sich der Kommissionär zugleich mit der Anzeige von der Ausführung des Geschäfts zur Deckung des Preisunterschieds, so ist der Kommittent zur Zurückweisung nicht berechtigt. [2]Der Anspruch des Kommittenten auf den Ersatz eines den Preisunterschied übersteigenden Schadens bleibt unberührt.

Übersicht

A. Allgemeines

I. Regelungsgegenstand und Normzweck

1 Regelungsgegenstand des § 385 Abs. 1 ist die Sanktionierung **weisungswidrigen Handelns** des Kommissionärs. Die Rechtsfolge ergibt sich aus § 385 Abs. 1 Hs. 1. Danach ist der Kommissionär dem Kommittenten zum einen zum Schadenersatz verpflichtet. Zum anderen braucht der Kommittent gemäß § 385 Abs. 1 Hs. 2 das Geschäft nicht für seine Rechnung gelten zu lassen, kann es also zurückweisen.

2 Die Grundregel des § 385 Abs. 1 Hs. 2 wird durch § 386 Abs. 1, Abs. 2 eingeschränkt; Verstöße gegen die dem Kommissionär gesetzten Preislimits berechtigen den Kommittenten nur dann zur Zurückweisung des Geschäfts, wenn und soweit der Kommittent die Zurückweisung unverzüglich (ohne schuldhaftes Zögern, § 121 Abs. 1 S. 1 BGB) nach Zugang der Ausführungsanzeige erklärt. Die Zurückweisung ist zudem unter den Voraussetzungen des § 386 Abs. 2 S. 1 ausgeschlossen, wenn der Kommissionär die Differenz zu dem vom Kommittenten gesetzten Preislimit deckt. § 386 Abs. 2 iVm § 665 BGB erlaubt ferner dem Kommissionär innerhalb gewisser Grenzen eine Abweichung von Weisungen des Kommittenten; auch in diesen Fällen ist eine Zurückweisung des Geschäfts ausgeschlossen.

II. Tatbestand: Nicht weisungsgemäßes Handeln des Kommissionärs

1. Der Begriff der Weisung. Der Inhalt des Weisungsbegriffs im Rahmen des § 385 **3**
Abs. 1 ist **umstritten.** Nach einer Auffassung ist er inhaltlich deckungsgleich mit dem
Begriff der Weisung in § 384 Abs. 1 Hs. 2,[1] umfasst also nur nachträgliche, den Kommissionsvertrag konkretisierende Vorgaben des Kommittenten in Bezug auf die Gestaltung des
Ausführungsgeschäfts (dazu → § 384 Rn. 25 ff.). Nach anderer – zutreffender – Auffassung
ist der Weisungsbegriff im Rahmen von § 385 Abs. 1 dagegen weiter zu verstehen und
erfasst neben Weisungen iSv § 384 Abs. 1 Hs. 2 auch solche **Bestimmungen im Kom-**
missionsvertrag, die eine dem Willen oder Interesse des Kommittenten entsprechende
Ausführung der Kommission gewährleisten sollen.[2] Für die zweite Ansicht spricht, dass
nicht einsichtig ist, weshalb der Kommittent das Geschäft lediglich bei Verstoß gegen
Weisungen iSv § 384 Abs. 1 Hs. 2 nicht für seine Rechnung gelten lassen muss und
weshalb ihm dies im Übrigen (nämlich bei Verletzung der Vereinbarungen im Kommissionsvertrag) verwehrt sein soll.[3] Für eine solche Differenzierung gibt es keine überzeugende sachliche Rechtfertigung. Diese Überlegung gilt in gleicher Weise für die Verletzung
von **Pflichten des Kommissionärs aus dem Bereich des dispositiven Rechts** wie zB
der Interessenwahrnehmungspflicht.[4] Sinn und Zweck des § 385 Abs. 1 gebieten es, auch
diese (gesetzlichen) Pflichten des Kommissionärs als „Weisungen" iSv § 385 Abs. 1 anzusehen. Der Weisungsbegriff des § 385 Abs. 1 ist also weiter als derjenige des § 384 Abs. 1.

2. Wirksamkeit der Weisung. Ungeschriebenes Tatbestandsmerkmal des § 385 Abs. 1 **4**
ist, dass die Weisung wirksam sein muss. An **unwirksame** Weisungen iSv § 384 ist der
Kommissionär nicht gebunden (→ § 384 Rn. 30). Dasselbe gilt, soweit Bestimmungen des
Kommissionsvertrags (aufgrund gesetzlicher Regelungen) unwirksam sind.

3. Zeitlicher Anwendungsbereich. In zeitlicher Hinsicht findet § 385 Abs. 1 sowohl **5**
in der Phase der **Ausführung** als auch in der Phase der **Abwicklung** des Kommissionsgeschäfts Anwendung, weil der Kommissionär bis zur vollständigen Abwicklung dem
Weisungsrecht des Kommittenten unterworfen ist (→ § 384 Rn. 33). In der Literatur wird
der zeitliche Anwendungsbereich vereinzelt enger gefasst: In der **Abwicklungsphase** sei
eine Zurückweisung unzulässig, soweit es nur um die Verletzung von **Nebenpflichten**
durch den Kommissionär geht.[5] Dem ist nicht zu folgen. Für eine solche zeitliche (Aus-
führungs-/Abwicklungsphase) bzw. sachliche (Haupt-/Nebenpflichten) Differenzierung
besteht kein Bedürfnis; in beiden Fällen handelt der Kommissionär weisungswidrig. Daher
finden sich in § 385 Abs. 1 auch keine Anhaltspunkte für eine solche Differenzierung.
Unbillige Ergebnisse lassen sich durch § 242 BGB korrigieren (→ Rn. 9).

4. Verschulden. Die allgM verlangt für einen **Schadenersatzanspruch** iSv § 385 **6**
Abs. 1 Hs. 1 zu Recht ein Verschulden des Kommissionärs.[6] Im Rahmen von § 385 Abs. 1
Hs. 2 ist Verschulden demgegenüber nicht erforderlich;[7] der Kommittent braucht das
Geschäft also auch dann nicht für seine Rechnung gelten zu lassen, wenn den Kommis-
sionär in Bezug auf den Verstoß gegen Weisungen kein Verschuldensvorwurf trifft.

---

[1] RG Warn 1940, Nr. 20, 38; Hopt/Kumpan § 385 Rn. 1; Ebenroth/Boujong/Joost/Strohn/Füller § 385
Rn. 2; GK-HGB/Achilles § 385 Rn. 1.
[2] Canaris HandelsR § 30 II 3b; Ehrenberg/Schmidt-Rimpler V/1 664; Staub/Koller § 385 Rn. 5; Röh-
richt/Graf v. Westphalen/Haas/Lenz § 385 Rn. 1; Oetker/Martinek § 385 Rn. 4; iErg ebenso MüKoHGB/
Häuser § 385 Rn. 4 f.
[3] Staub/Koller § 385 Rn. 5.
[4] Canaris HandelsR § 30 II 3b; Knütel ZHR 137 (1973), 285 (309); aA Hopt/Kumpan § 385 Rn. 1.
[5] Staub/Koller § 385 Rn. 8.
[6] MüKoHGB/Häuser § 385 Rn. 23; Ebenroth/Boujong/Joost/Strohn/Füller § 385 Rn. 4; Koller/Kind-
ler/Roth/Drüen/Roth § 385 Rn. 4; Heymann/Herrmann § 385 Rn. 9; Staub/Koller § 385 Rn. 4.
[7] Hopt/Kumpan § 385 Rn. 4; Koller/Kindler/Roth/Drüen/Roth § 385 Rn. 5; aA im Hinblick auf
Aufwendungsersatzansprüche des Kommissionärs unter Verweis auf § 670 BGB Staub/Koller § 385 Rn. 16;
Koller BB 1979, 1725 (1730).

III. Rechtsfolgen nicht weisungsgemäßen Handelns

7   **1. Der Kommittent braucht das Geschäft nicht für seine Rechnung gelten zu lassen. a) Allgemeines.** Handelt der Kommissionär weisungswidrig, braucht der Kommittent das Geschäft gemäß § 385 Abs. 1 Hs. 2 nicht für seine Rechnung gelten zu lassen. Es handelt sich dabei entgegen einer verbreiteten Literaturansicht[8] **nicht** um ein „Recht" **zur Zurückweisung** des Geschäfts im eigentlichen Sinne – der Kommittent kann eine nicht gehörige Erfüllung ohnehin ablehnen.[9] Er verliert daher auch kein „Recht", wenn er die Weisungswidrigkeit nicht rügt.[10] Vielmehr entspricht der Rechtsgedanke des § 385 Abs. 1 Hs. 2 dem Rechtsgedanken des § 174 BGB; ebenso wie der Vertreter ohne Vertretungsmacht überschreitet der weisungswidrig handelnde Kommissionär seine ihm im Innenverhältnis vom (eigentlichen) Geschäftsherrn eingeräumten Befugnisse. Insofern folgerichtig weist Abs. 1 Hs. 2 lediglich auf die Möglichkeit des Kommittenten hin, das Geschäft zu **genehmigen.** Für dieses Verständnis spricht § 386 Abs. 1 Hs. 2.[11]

8   **b) Nicht-Genehmigung („Zurückweisung"). Genehmigt der Kommittent das weisungswidrige Geschäft nicht,** so bleibt der Kommissionär weiterhin zur vertragsgemäßen Ausführung verpflichtet.[12] Der Kommittent ist dann, weil es im Innenverhältnis von Kommittent und Kommissionär an einem wirksamen Ausführungsgeschäft fehlt, weder zur Zahlung der Provision noch zum Ersatz von Aufwendungen verpflichtet.[13] Der Kommissionär schuldet aber auch keine Rechenschaft.[14] Er ist nur zur Herausgabe dessen verpflichtet, was ihm der Kommittent zur Ausführung des Geschäfts überlassen hatte (vorausgesetzt, der Kommissionär benötigt es nicht zur weiteren vertragsgemäßen Tätigkeit).[15] Schadenersatzansprüche des Kommittenten bleiben unberührt.[16]

9   Der Kommittent kann allerdings nach **Treu und Glauben** gezwungen sein, **das Geschäft für seine Rechnung gelten zu lassen.**[17] Dies kann insbesondere dann der Fall sein, wenn die Nichtbeachtung der Weisungen seine Interessen nicht verletzt hat, insbesondere weil der von ihm erstrebte Erfolg trotz der weisungswidrigen Ausführung eingetreten ist.[18] Die Frage, ob eine weisungswidrige Ausführung die Interessen des Kommittenten verletzt hat, ist aus Sicht des Kommittenten im Zeitpunkt der Ausführung der Kommission zu beurteilen.[19] Maßgeblich sind im Rahmen der nach Treu und Glauben gebotenen Abwägung sämtliche Interessen des Kommittenten.[20] Hinsichtlich der relevanten Tatsachen ist der **Kommissionär darlegungs- und beweisbelastet.**[21]

10   Ferner kann der Kommittent nach allgM dazu gezwungen sein, das Geschäft **für seine Rechnung** gelten zu lassen, wenn der Kommissionär zusagt, den Kommittenten in exakt

---

[8] Koller/Kindler/Roth/Drüen/Roth § 385 Rn. 5; Staub/Koller § 385 Rn. 3; Ehrenberg/Schmidt-Rimpler V/1 862; Knütel ZHR 137 (1973), 285 (297).

[9] Canaris HandelsR § 30 II 3b.

[10] Canaris HandelsR § 30 II 3b.

[11] Canaris HandelsR § 30 II 3b.

[12] MüKoHGB/Häuser § 385 Rn. 13; Hopt/Kumpan § 385 Rn. 4; Ebenroth/Boujong/Joost/Strohn/Füller § 385 Rn. 6; Koller/Kindler/Roth/Drüen/Roth § 385 Rn. 5; Heymann/Herrmann § 385 Rn. 8.

[13] Hopt/Kumpan § 385 Rn. 4; Koller/Kindler/Roth/Drüen/Roth § 385 Rn. 5; Oetker/Martinek § 385 Rn. 32; einschränkend bzgl. des Aufwendungsersatzes Staub/Koller § 385 Rn. 19; Koller BB 1979, 1725 (1730); Heymann/Herrmann § 385 Rn. 7; Schlegelberger/Hefermehl § 385 Rn. 12.

[14] Koller/Kindler/Roth/Drüen/Roth § 385 Rn. 5.

[15] Ebenroth/Boujong/Joost/Strohn/Füller § 385 Rn. 6; Koller/Kindler/Roth/Drüen/Roth § 385 Rn. 5.

[16] RG JW 1914, 102 (103); MüKoHGB/Häuser § 385 Rn. 15; Hopt/Kumpan § 385 Rn. 4; Koller/Kindler/Roth/Drüen/Roth § 385 Rn. 5.

[17] BGH WM 76, 630 (632) = BeckRS 1975, 31115095 (iErg abl.); Hopt/Kumpan § 385 Rn. 4; Oetker/Martinek § 385 Rn. 33; Koller/Kindler/Roth/Drüen/Roth § 385 Rn. 5.

[18] BGH BeckRS 1975, 31115095 (iErg abl.).

[19] BGH BeckRS 1975, 31115095 (iErg abl.); Staub/Koller § 385 Rn. 10.

[20] Staub/Koller § 385 Rn. 10.

[21] MüKoHGB/Häuser § 385 Rn. 20; Hopt/Kumpan § 385 Rn. 4; Oetker/Martinek § 385 Rn. 33; Staub/Koller § 385 Rn. 10.

die gleiche Lage zu versetzen, in der sich dieser befände, wenn der Kommissionär die Weisungen befolgt hätte.[22] In diesem Fall fehlt es an einem wirtschaftlichen Nachteil des Kommittenten. Dogmatisch beruht diese Lösung auf § 386 Abs. 2 analog[23] (→ Rn. 30 ff.). Die Anwendung von § 386 Abs. 2 analog kommt aber nur dann in Betracht, wenn die vom Kommissionär zu ersetzende „Differenz" mit Sicherheit feststellbar[24] und (finanziell) messbar ist, woran es zB bei Qualitätsunterschieden fehlen kann.[25] Grundsätzlich muss der Kommissionär seine Deckungszusage spätestens[26] zugleich mit der Ausführungsanzeige abgeben.[27] Ausnahmsweise soll der Kommissionär die Deckungszusage aber auch noch nach Zurückweisung des Geschäfts durch den Kommittenten abgeben dürfen, wenn er damit rechnen durfte, dass der Kommittent den Weisungsverstoß genehmigen werde.[28] In diesem Fall muss der Kommissionär die Deckungszusage aber unverzüglich iSv § 121 Abs. 1 S. 1 BGB nach Zugang der Zurückweisung des Geschäfts durch den Kommittenten abgeben.[29] Das Geschäft gilt dann für Rechnung des Kommittenten.[30] Den Kommissionär trifft die **Darlegungs- und Beweislast** hinsichtlich der relevanten Tatsachen.[31]

c) Genehmigung. Der Kommittent **kann** das Geschäft genehmigen. Die **Genehmi- 11 gung** eines weisungswidrig ausgeführten Geschäfts durch den Kommissionär kann **ausdrücklich oder konkludent** erfolgen. Nimmt der Kommittent Leistungen an, die der Erfüllung des Geschäfts dienen, so liegt darin idR eine konkludente Genehmigung.[32] Dagegen reicht bloßes **Schweigen** des Kommittenten für die Annahme einer Genehmigung grundsätzlich nicht aus.[33] Dies ergibt bereits ein Vergleich mit der Genehmigungsfiktion des § 386 Abs. 1 Hs. 2. Schweigen gilt iRd § 385 Abs. 1 (ebenso wie sonst auch im kaufmännischen Geschäftsverkehr) grundsätzlich als Ablehnung und kann nur ausnahmsweise als Zustimmung gewertet werden, wenn dies Treu und Glauben mit Rücksicht auf die Verkehrssitte gebieten.[34] In diesem Zusammenhang sind allerdings Handelsbräuche zu beachten,[35] aus denen sich etwas anderes ergeben kann (→ § 346 Rn. 61 ff.).

Für die Genehmigung steht dem Kommittenten eine **angemessene Frist** zur Ver- 12 fügung; sie beginnt mit Zugang der Anzeige eines nicht weisungskonform abgeschlossenen Ausführungsgeschäfts.[36] Was angemessen ist, ist nach den Umständen des Einzelfalls zu beurteilen. Die Frist ist hier großzügiger zu bemessen als im Rahmen von § 386 Abs. 1 („unverzüglich"). Dies ist angesichts der unterschiedlichen Rechtsfolgen des Schweigens im Rahmen von § 385 Abs. 1 (keine Genehmigung) und § 386 Abs. 1 (Genehmigung) auch

---

[22] RGZ 57, 392 (394 f.); SeuffA 85 Nr. 52, 85 (87); MüKoHGB/Häuser § 385 Rn. 21; Hopt/Kumpan § 385 Rn. 4; Staub/Koller § 385 Rn. 11; HK-HGB/Ruß § 385 Rn. 1; Schlegelberger/Hefermehl § 385 Rn. 10; Düringer/Hachenburg/Lehmann § 385 Rn. 12; Straube/Griss-Reiterer § 385 Rn. 4; GK-HGB/ Achilles § 385 Rn. 7.

[23] MüKoHGB/Häuser § 385 Rn. 21; Canaris HandelsR § 30 II 7d.

[24] Staub/Koller § 385 Rn. 11.

[25] Staub/Koller § 385 Rn. 11 und § 386 Rn. 14.

[26] MüKoHGB/Häuser § 386 Rn. 19; Oetker/Bergmann § 386 Rn. 14.

[27] Staub/Koller § 385 Rn. 11; Schlegelberger/Hefermehl § 385 Rn. 10.

[28] RG SeuffA 85 Nr. 52, 85 (87); Staub/Koller § 385 Rn. 11; Schlegelberger/Hefermehl § 385 Rn. 10; Düringer/Hachenburg/Lehmann § 385 Rn. 12.

[29] Koller/Kindler/Roth/Drüen/Roth § 385 Rn. 5; abschwächend Staub/Koller § 385 Rn. 11 („alsbald"); auf den Zeitpunkt der Erklärung abstellend Schlegelberger/Hefermehl § 385 Rn. 10; Düringer/Hachenburg/Lehmann § 385 Rn. 12.

[30] Staub/Koller § 385 Rn. 11.

[31] Vgl. zur Beweislastverteilung: GK-HGB/Achilles § 385 Rn. 9; Ebenroth/Boujong/Joost/Strohn/Füller § 385 Rn. 11.

[32] RG JW 1914, 102 (103); MüKoHGB/Häuser § 385 Rn. 18; Hopt/Kumpan § 385 Rn. 4; Oetker/ Martinek § 385 Rn. 34.

[33] RG Gruch 48, 1007 (1010); Hopt/Kumpan § 385 Rn. 4; Oetker/Bergmann § 386 Rn. 1; Oetker/ Martinek § 385 Rn. 34; Ehrenberg/Schmidt-Rimpler V/1 865; aA wohl Schlegelberger/Hefermehl § 385 Rn. 11; Staub/Koller § 385 Rn. 13.

[34] BGH NJW 1981, 43 (44).

[35] Oetker/Martinek § 385 Rn. 34.

[36] MüKoHGB/Häuser § 385 Rn. 17; Schlegelberger/Hefermehl § 385 Rn. 11.

sachlich gerechtfertigt. Darüber hinaus ist die Überschreitung von Preislimits iSv § 386 Abs. 1 anders als sonstige Abweichungen von einer Weisung des Kommittenten für diesen sofort erkennbar.[37]

13   Zeigt der Kommissionär dem Kommittenten ein nicht weisungskonformes Ausführungsgeschäft an, und genehmigt der Kommittent dieses Geschäft, so handelt es sich entgegen einer in der Literatur weit verbreiteten Ansicht[38] nicht um Angebot und Annahme einer Vertragsänderung, sondern um eine **Annahme als Erfüllung iSv § 363 BGB**.[39] Die Annahme einer Vertragsänderung erscheint konstruiert, sofern nicht das tatsächlich ausgeführte Geschäft inhaltlich wesentlich von dem im Kommissionsvertrag vereinbarten Geschäft abweicht.[40]

14   Genehmigt der Kommittent das Geschäft, so stehen ihm **keine Schadenersatzansprüche** wegen der Weisungswidrigkeit zu, und er kann das Geschäft auch **nicht mehr zurückweisen**.[41] Dagegen bleiben Schadenersatzansprüche unberührt, die sich nicht auf die Weisungswidrigkeit beziehen. Der Kommittent muss sich diese Ansprüche entgegen einer teilweise in der Literatur vertretenen Ansicht auch nicht ausdrücklich vorbehalten.[42] Hierfür besteht weder ein Bedürfnis (die Genehmigung bezieht sich nur auf die Abweichung von der Weisung, nicht auf jegliches Verhalten des Kommissionärs), noch eine gesetzliche Grundlage, noch ist der Kommissionär insoweit schutzbedürftig oder schutzwürdig.

15   **2. Schadenersatz.** Die Pflicht des Kommissionärs, einen dem Kommittenten aufgrund des weisungswidrigen Verhaltens des Kommissionärs entstandenen Schaden zu ersetzen, ergibt sich bereits aus **§§ 280 Abs. 1, 249 ff. BGB**.[43] Der Kommissionär ist verpflichtet, den Kommittenten so zu stellen, wie dieser bei ordnungsgemäßem Handeln gestanden hätte. Somit ist der Anspruch auf das **positive Interesse** gerichtet[44] und umfasst insbesondere den entgangenen Gewinn nach § 252 BGB.[45] Ferner sind Aufwendungen des Kommittenten zu ersetzen, die dieser im berechtigten Vertrauen auf die weisungsgemäße Ausführung und Abwicklung des Kommissionsgeschäfts gemacht hat.[46]

16   Den Kommissionär trifft gemäß § 280 Abs. 1 S. 2 BGB die **Darlegungs- und Beweislast** für fehlendes Verschulden.[47] Ein Mitverschulden des Kommittenten im Sinne von § 254 BGB dürfte nur in Ausnahmefällen in Betracht kommen, zB weil die Weisungen nicht hinreichend präzise waren oder weil dem Kommittenten das weisungswidrige Verhalten des Kommissionärs hätte auffallen müssen und er es versäumt hat, den Kommissionär an die entsprechenden Weisungen zu erinnern.[48] Auch in solchen Fällen trifft das (weit) überwiegende Verschulden jedoch den Kommissionär. Dasselbe gilt idR, wenn der Kommittent es unterlässt, Deckungskäufe durchzuführen;[49] denn die Einschaltung des Kommis-

---

[37] Ebenroth/Boujong/Joost/Strohn/Füller § 386 Rn. 1; Schlegelberger/Hefermehl § 385 Rn. 11.

[38] Canaris HandelsR § 30 II 7a; Schlegelberger/Hefermehl § 385 Rn. 11; Ehrenberg/Schmidt-Rimpler V/1 865; Staub/Koller § 385 Rn. 12.

[39] Oetker/Martinek § 385 Rn. 34.

[40] Oetker/Martinek § 385 Rn. 34; Knütel ZHR 137 (1973), 285 (332).

[41] Oetker/Martinek § 385 Rn. 34; zurückhaltend bzgl. Schadenersatzansprüchen Staub/Koller § 385 Rn. 12; aA Düringer/Hachenburg/Lehmann § 385 Rn. 10; Schlegelberger/Hefermehl § 385 Rn. 13.

[42] So aber MüKoHGB/Häuser § 385 Rn. 11; GK-HGB/Achilles § 385 Rn. 6; Knütel ZHR 137 (1973), 285 (333).

[43] Oetker/Martinek § 385 Rn. 28.

[44] BGH NJW-RR 2002, 1272; Oetker/Martinek § 385 Rn. 29; Koller/Kindler/Roth/Drüen/Roth § 385 Rn. 4; Staub/Koller § 385 Rn. 22. Für Ersatz negativen Interesses zu Unrecht Oetker/Martinek § 385 Rn. 29; GK-HGB/Achilles § 385 Rn. 6; diese Auff. lässt sich dogmatisch nicht rechtfertigen und findet in dem von den genannten Vertretern angeführten BGH-Urteil keine Stütze.

[45] Oetker/Martinek § 385 Rn. 29.

[46] Oetker/Martinek § 385 Rn. 30.

[47] IErg ebenso, aber auf § 390 Abs. 1 HGB analog abstellend Heymann/Herrmann § 385 Rn. 9.

[48] BGH BeckRS 1981, 31068492; Hopt/Kumpan § 385 Rn. 3; Oetker/Martinek § 385 Rn. 29.

[49] Vgl. BGH NJW-RR 2002, 1272 f.; Oetker/Martinek § 385 Rn. 29; GK-HGB/Achilles § 385 Rn. 6.

sionärs dient in aller Regel gerade dazu, selbst nicht tätig werden zu müssen und stattdessen dessen Expertise zu nutzen.[50]

Der Schadenersatzanspruch unterliegt **Einschränkungen.** Hat der Kommittent das **17** Geschäft genehmigt (→ Rn. 11 ff.) bzw. muss er das Geschäft aus anderen Gründen für seine Rechnung gelten lassen (→ Rn. 9 f.), so kann er auch keinen Schadenersatz geltend machen.

IV. Befugnis zur Abweichung von Weisungen

Der Kommissionär darf gemäß § 385 Abs. 2 iVm § 665 BGB unter gewissen Voraus- **18** setzungen von Weisungen **abweichen.** Dies folgt bereits aus § 675 Abs. 1, 665 BGB.

Hierfür ist entsprechend § 665 S. 1 BGB **tatbestandlich** erforderlich, dass der Kommis- **19** sionär den Umständen nach annehmen darf, der Kommittent werde **bei Kenntnis der Sachlage die Abweichung billigen.** Das ist der Fall, wenn eine Weisung des Kommittenten dessen Interesse eindeutig widerspricht und aus Sicht des Kommissionärs nicht erkennbar ist, dass der Kommittent sie dennoch bewusst aufrechthält.[51] Der Kommissionär hat allerdings gemäß § 665 S. 2 BGB grundsätzlich **vor** der Abweichung dem Kommittenten Anzeige zu machen und, falls erforderlich, auch auf die möglichen Konsequenzen eines Festhaltens an einer Weisung hinzuweisen;[52] ferner hat er dessen Entschließung abzuwarten. Dies ist nur dann anders, wenn mit dem Aufschub Gefahr verbunden ist. Das ist der Fall, wenn bei Aufschub der Ausführung entweder das Geschäft nicht mehr ausgeführt werden könnte oder sich andere nicht unerhebliche Nachteile für den Auftraggeber ergäben.[53] In einer solchen Situation ist der Kommissionär aufgrund seiner Interessenwahrnehmungspflicht[54] zur Abweichung von der Weisung nicht nur berechtigt, sondern verpflichtet.[55] Er muss sein Handeln dann an dem mutmaßlichen Willen und, falls dieser nicht erkennbar ist, an dem objektiven Interesse des Kommittenten orientieren und hat diesen nachträglich gemäß §§ 675 Abs. 1, 666 BGB zu benachrichtigen.[56] Die **Darlegungs- und Beweislast** hinsichtlich aller oben genannten Umstände trifft den Kommissionär.[57]

Die **Rechtsfolge** einer berechtigten Abweichung von (wirksamen) Weisungen ist der **20** **Nichteintritt der Rechtsfolgen des § 385 Abs. 1.**[58] Gleiches gilt, wenn die Weisung unwirksam und somit unbeachtlich war (→ Rn. 4). Bei unberechtigter Abweichung von einer (wirksamen) Weisung bleibt es bei der Anwendung von § 385 Abs. 1.

Liegen die Voraussetzungen einer berechtigten Abweichung zwar weitgehend vor, **21** unterlässt der Kommissionär jedoch pflichtwidrig und schuldhaft die **Anzeige** der Abweichung iSv § 665 S. 2, so ist er gemäß §§ 280 Abs. 1, 249 ff. BGB für die dadurch verursachten Schäden **ersatzpflichtig.**[59] Dasselbe gilt, soweit er, jeweils schuldhaft, nicht von Weisungen des Kommittenten abweicht, obgleich er dazu verpflichtet ist,[60] oder die Kommission bei Gefahr im Verzug nicht so ausführt, wie es ex ante aus Sicht eines ordentlichen Kommissionärs[61] geboten ist.

[50] Oetker/Martinek § 385 Rn. 29.
[51] Hopt/Kumpan § 385 Rn. 2.
[52] Staub/Koller § 385 Rn. 23.
[53] MüKoBGB/Schäfer § 665 Rn. 21.
[54] MüKoHGB/Häuser § 385 Rn. 26; Hopt/Kumpan § 385 Rn. 2; Staub/Koller § 385 Rn. 26; Knütel ZHR 137 (1973), 285 (297).
[55] MüKoBGB/Schäfer § 665 Rn. 22; Ebenroth/Boujong/Joost/Strohn/Füller § 385 Rn. 12.
[56] Grüneberg/Sprau BGB § 665 Rn. 6; Schulze/Schulze BGB § 665 Rn. 4.
[57] Grüneberg/Sprau BGB § 665 Rn. 6; Ebenroth/Boujong/Joost/Strohn/Füller § 385 Rn. 11.
[58] Ebenroth/Boujong/Joost/Strohn/Füller § 385 Rn. 11.
[59] MüKoBGB/Schäfer § 665 Rn. 24; Grüneberg/Sprau BGB § 665 Rn. 6; Staudinger/Martinek BGB § 665 Rn. 23.
[60] Staub/Koller § 385 Rn. 27.
[61] Ebenroth/Boujong/Joost/Strohn/Füller § 385 Rn. 11.

V. Einschränkungen von § 385 Abs. 1 Hs. 2 durch § 386

22   § 386 schränkt § 385 Abs. 1 Hs. 2 ein. Es handelt sich bei Abs. 1 und Abs. 2 um zwei nebeneinander stehende **Sondervorschriften** für den Umgang mit **Verstößen des Kommissionärs gegen die vom Kommittenten gesetzten Preislimits.** Sinn und Zweck des § 386 ist der Schutz des Kommissionärs vor Spekulationen des Kommittenten zu Lasten des Kommissionärs. Der Kommittent könnte andernfalls die Entscheidung, ob er das Geschäft für seine Rechnung gelten lassen will, so lange hinauszögern, bis sich die Marktverhältnisse für ihn günstig entwickeln[62] und, falls dies nicht der Fall sein sollte, das Geschäft zurückweisen. Daran hindert ihn sowohl die unverzügliche Rügepflicht iSd § 386 Abs. 1 wie auch die Deckungszusage iSd § 386 Abs. 2.

23   **1. Abweichung vom gesetzten Preis.** Ein vom Kommittenten **gesetzter Preis** liegt vor, wenn der Kommittent dem Kommissionär verbindlich im Vertrag, aufgrund eines vertraglichen Vorbehalts[63] oder in Form einer Weisung[64] einen bestimmten Preis oder eine bestimmte Preisober- bzw. -untergrenze vorschreibt. Das Ermessen des Kommissionärs muss auf Null reduziert sein.[65] Ob dies der Fall ist, ist durch Auslegung zu klären;[66] eine Preisangabe kann auch lediglich unverbindlich sein.[67] Ein wesentliches Entscheidungskriterium ist, wie bestimmt die Preisangabe ausfällt; allgemein gehaltene unbestimmte Vorgaben wie zB „Verkauf zum höchsten Marktpreis" sind mangels Bestimmtheit nicht als gesetzter Preis anzusehen.[68]

24   Eine Abweichung vom gesetzten Preis liegt vor, wenn die vom Kommittenten gesetzten Preisgrenzen **unbefugt** überschritten werden.[69] Das ist nicht der Fall, wenn die Voraussetzungen des § 385 Abs. 2 iVm § 665 BGB erfüllt sind, der Kommissionär zur Abweichung von den Weisungen des Kommittenten also berechtigt, ggf. sogar verpflichtet war (→ Rn. 18 ff.).[70] Schließt der Kommissionär zu vorteilhafteren Preisen ab, findet § 386 Abs. 1 schon tatbestandlich keine Anwendung. Der Mehrerlös kommt gemäß § 387 dem Kommittenten zugute.

25   Anders als im Rahmen von § 385 muss der Kommittent das ihm nachteilige weisungswidrige Geschäft gemäß Abs. 1 **unverzüglich** iSv § 121 Abs. 1 S. 1 BGB (dh nach Ablauf einer angemessenen Überlegungsfrist[71]) **zurückweisen,** um zu verhindern, dass es als genehmigt gilt. Diese Abweichung von § 385 rechtfertigt sich durch die leichte Feststellbarkeit einer dem Kommittenten nachteiligen Über- oder Unterschreitung gesetzter Preisgrenzen.[72] Der Lauf der Frist beginnt mit dem **Zugang** der Ausführungsanzeige. Ist die Ausführungsanzeige unvollständig (→ § 384 Rn. 42), beginnt die Frist mit Zugang der zur Ergänzung erforderlichen Mitteilung(en) zu laufen.[73] Die Zurückweisung des Geschäfts ist eine **empfangsbedürftige Willenserklärung.**[74] Ob sie unverzüglich erfolgt, bestimmt

---

[62] Staub/Koller § 386 Rn. 1.
[63] MüKoHGB/Häuser § 386 Rn. 3; Schlegelberger/Hefermehl § 386 Rn. 4.
[64] MüKoHGB/Häuser § 386 Rn. 2; Koller/Kindler/Roth/Drüen/Roth § 386 Rn. 1; wohl aA Oetker/Bergmann § 386 Rn. 3.
[65] Staub/Koller § 386 Rn. 3.
[66] MüKoHGB/Häuser § 386 Rn. 2; Oetker/Bergmann § 386 Rn. 2.
[67] MüKoHGB/Häuser § 386 Rn. 2; Oetker/Bergmann § 386 Rn. 2.
[68] MüKoHGB/Häuser § 386 Rn. 2; Ebenroth/Boujong/Joost/Strohn/Füller § 386 Rn. 2.
[69] Oetker/Bergmann § 386 Rn. 4; Staub/Koller § 386 Rn. 6.
[70] Oetker/Bergmann § 386 Rn. 4; Staub/Koller § 386 Rn. 7; Schlegelberger/Hefermehl § 386 Rn. 6; Ehrenberg/Schmidt-Rimpler V/1 871.
[71] RGZ 124, 115 (118); MüKoHGB/Häuser § 386 Rn. 12.
[72] Ebenroth/Boujong/Joost/Strohn/Füller § 386 Rn. 1.
[73] MüKoHGB/Häuser § 386 Rn. 13; Oetker/Bergmann § 386 Rn. 7; Schlegelberger/Hefermehl § 386 Rn. 9; Staub/Koller § 386 Rn. 11.
[74] Hopt/Kumpan § 386 Rn. 1; Schlegelberger/Hefermehl § 386 Rn. 10; Ehrenberg/Schmidt-Rimpler V/1 877.

sich nach dem Zeitpunkt der Abgabe, § 377 Abs. 4 analog.[75] Erfährt der Kommittent, dass die Erklärung den Kommissionär nicht erreicht hat, muss er sie wiederholen.[76] Da der Kommissionär die Gefahr des Zugangs der Erklärung der Zurückweisung trägt, ist auch eine unverzüglich wiederholte Erklärung noch (gemäß § 242 BGB) als unverzüglich anzusehen.[77]

Eine **Anfechtung** gemäß §§ 119 ff. BGB ist grundsätzlich zulässig,[78] kommt jedoch bei **26** Irrtümern über die Bedeutung bzw. die Rechtsfolgen des Schweigens nicht in Betracht.[79]

Bei unverzüglicher Zurückweisung kann der Kommittent vom Kommissionär Scha- **27** denersatz fordern und nach wie vor die Ausführung des Geschäfts verlangen (§ 385 Abs. 1 → Rn. 7 ff.). Weist der Kommittent das Geschäft nicht unverzüglich und somit verspätet zurück, so gilt die Abweichung von dem vom Kommittenten festgesetzten Preis als genehmigt; ein Anspruch auf Schadenersatz kommt insoweit nicht mehr in Betracht.[80]

Eine **analoge Anwendung** der Bestimmungen von Abs. 1 auf Verstöße gegen sonstige **28** Weisungen, auch auf solche mit Einfluss auf die Preisgestaltung, ist nach ihrer eindeutigen Beschränkung auf die Verletzung von Preislimits ausgeschlossen.[81]

2. Deckungszusage. § 386 Abs. 2 S. 1 schließt das Zurückweisungsrecht des Kom- **29** mittenten generell aus, wenn sich der Kommissionär zugleich mit der Ausführungsanzeige zur Deckung des Preisunterschieds erbietet (**„Deckungszusage"**). Eine Deckung des Preisunterschieds liegt nur dann vor, wenn der Kommissionär dem Kommittenten anbietet, den Preisunterschied zwischen tatsächlich erzieltem Preis und dem Preislimit vollständig auszugleichen.[82] Ob dieser Betrag dem Schaden des Kommittenten entspricht, ist unerheblich.[83] Die Deckungszusage darf nicht bedingt sein;[84] maßgeblich ist der Empfängerhorizont.[85] Die Deckungszusage ist eine nicht formbedürftige[86] **empfangsbedürftige** Willenserklärung.[87] Ob sie **„zugleich"** mit der Ausführungsanzeige erfolgt, beurteilt sich nach den Regelungen über den **Zugang** von Willenserklärungen.[88]

§ 386 Abs. 2 S. 1 berücksichtigt nicht den Fall, dass der Kommissionär zwar die Deckung **30** zusagt, jedoch **nicht hinreichend zahlungskräftig** ist. So muss der Kommissionär weder bar zahlen noch eine Sicherheitsleistung erbringen, damit die Rechtsfolge eintritt; die bloße Zusage genügt. Dies ist aber **unbillig.** Nach § 242 BGB (unzulässige Rechtsausübung) kann sich der Kommissionär daher nicht auf die Deckungszusage berufen, wenn er tatsächlich nicht zahlen kann.[89] Dasselbe gilt, wenn er nicht zahlen will.[90]

---

[75] MüKoHGB/Häuser § 386 Rn. 13; Röhricht/Graf v. Westphalen/Haas/Lenz § 386 Rn. 5; Düringer/Hachenburg/Lehmann § 386 Rn. 11.

[76] Staub/Koller § 386 Rn. 19; Schlegelberger/Hefermehl § 386 Rn. 10.

[77] Hopt/Kumpan § 386 Rn. 1; MüKoHGB/Häuser § 386 Rn. 13; Röhricht/Graf v. Westphalen/Haas/Lenz § 386 Rn. 5; Staub/Koller § 386 Rn. 19.

[78] MüKoHGB/Häuser § 386 Rn. 16; Ebenroth/Boujong/Joost/Strohn/Füller § 386 Rn. 8; Hopt/Kumpan § 386 Rn. 1; aA Oetker/Bergmann § 386 Rn. 8.

[79] MüKoHGB/Häuser § 386 Rn. 16; Hopt/Kumpan § 386 Rn. 1; Staub/Koller § 386 Rn. 17.

[80] MüKoHGB/Häuser § 386 Rn. 17; Hopt/Kumpan § 386 Rn. 1; Oetker/Bergmann § 386 Rn. 1; Heymann/Herrmann § 386 Rn. 4; Staub/Koller § 386 Rn. 21; Schlegelberger/Hefermehl § 386 Rn. 12; Düringer/Hachenburg/Lehmann § 386 Rn. 11; aA Ehrenberg/Schmidt-Rimpler V/1 879.

[81] MüKoHGB/Häuser § 386 Rn. 9; Ebenroth/Boujong/Joost/Strohn/Füller § 386 Rn. 4; Koller/Kindler/Roth/Drüen/Roth § 386 Rn. 1; aA Staub/Koller § 386 Rn. 5.

[82] Hopt/Kumpan § 386 Rn. 2; Heymann/Herrmann § 386 Rn. 5; Staub/Koller § 386 Rn. 14.

[83] Schlegelberger/Hefermehl § 386 Rn. 15.

[84] MüKoHGB/Häuser § 386 Rn. 20; Staub/Koller § 386 Rn. 14; Schlegelberger/Hefermehl § 386 Rn. 15.

[85] Staub/Koller § 386 Rn. 14.

[86] MüKoHGB/Häuser § 386 Rn. 19.

[87] MüKoHGB/Häuser § 386 Rn. 19.

[88] MüKoHGB/Häuser § 386 Rn. 19; Oetker/Bergmann § 386 Rn. 14; Schlegelberger/Hefermehl § 386 Rn. 14; Staub/Koller § 386 Rn. 13.

[89] MüKoHGB/Häuser § 386 Rn. 20; Hopt/Kumpan § 386 Rn. 2; Schlegelberger/Hefermehl § 386 Rn. 15; ebenso für Verkaufskommission Staub/Koller § 386 Rn. 14.

[90] Hopt/Kumpan § 386 Rn. 2; Koller/Kindler/Roth/Drüen/Roth § 386 Rn. 3.

31 Eine Deckungszusage begründet einen kausalen, verschuldensunabhängigen **Zahlungs-anspruch** des Kommittenten gegen den Kommissionär in Höhe der **Preisdifferenz.**[91]

32 **Schadenersatzansprüche** des Kommittenten bleiben von einer Deckungszusage des Kommissionärs unberührt, § 386 Abs. 2 S. 2.

B. Handelsvertreter

33 Für den Handelsvertreter nicht einschlägig.

C. Vertragshändler

34 Für den Vertragshändler nicht einschlägig.

D. Franchisenehmer

35 Für den Franchisenehmer nicht einschlägig.

E. Kommissionsagent

36 Für den Kommissionsagenten gelten hier keine Abweichungen oder Besonderheiten.

§ 387 Vorteilhafterer Abschluss

(1) **Schließt der Kommissionär zu vorteilhafteren Bedingungen ab, als sie ihm von dem Kommittenten gesetzt worden sind, so kommt dies dem Kommittenten zustatten.**

(2) **Dies gilt insbesondere, wenn der Preis, für welchen der Kommissionär verkauft, den von dem Kommittenten bestimmten niedrigsten Preis übersteigt oder wenn der Preis, für welchen er einkauft, den von dem Kommittenten bestimmten höchsten Preis nicht erreicht.**

A. Allgemeines

I. Normzweck

1 § 387 Abs. 1 dient dazu, dem Kommittenten alles zufließen zu lassen, was der Kommissionär aus dem Kommissionsgeschäft erlangt.[1] § 387 ist insoweit lex specialis zu § 383 Abs. 1 und **konkretisiert den geschäftsbesorgungsrechtlichen Charakter** des Kommissionsrechts. Da der Kommissionär gem. § 383 Abs. 1 „für Rechnung" des Kommittenten handelt, muss er sich um einen für den Kommittenten möglichst günstigen Geschäftsabschluss bemühen und darf nicht ohne weiteres zu dem vom Kommittenten gesetzten Limit abschließen. Dies folgt bereits aus § 384 Abs. 1 Hs. 2 Alt. 1 und der damit einhergehenden Interessenwahrnehmungspflicht (→ § 384 Rn. 19 ff.).[2] Daher ist es nur konsequent, dass der Kommissionär den für Rechnung des Kommittenten erzielten **Mehrerlös**

---

[91] Ebenroth/Boujong/Joost/Strohn/Füller § 386 Rn. 11; Oetker/Bergmann § 386 Rn. 13; BeckOGK/Fischinger, 1.11.2021, HGB § 386 Rn. 22.
[1] MüKoHGB/Häuser Rn. 1; Ebenroth/Boujong/Joost/Strohn/Füller Rn. 1; Oetker/Bergmann Rn. 1; Schlegelberger/Hefermehl Rn. 1.
[2] MüKoHGB/Häuser Rn. 1; Ebenroth/Boujong/Joost/Strohn/Füller Rn. 1; Koller/Kindler/Roth/Drüen/Roth Rn. 1.

(**Übererlös**) an den Kommittenten herausgeben muss, auch wenn der tatsächliche Abschluss günstiger ist als die Vorgaben des Kommittenten. Bei den Vorgaben des Kommittenten handelt es sich im Zweifel ohnehin nur um Mindestvorgaben.[3] § 387 soll der vor allem im Bereich der Effektenkommission früher verbreiteten Praxis vieler Kommissionäre entgegenwirken, die Differenz zwischen den Vorgaben des Kommittenten und dem vom Kommissionär erzielten Preis (sog. „**Kursschnitt**") zu vereinnahmen.[4] Für eine solche zusätzliche Vergütung des Kommissionärs (über Provision und Aufwendungsersatz hinaus) findet sich im Gesetz keine Grundlage.[5]

§ 387 findet nur Anwendung, wenn es zu einem Ausführungsgeschäft mit einem Dritten   **2** kommt.[6] Beim Selbsteintritt des Kommissionärs gilt § 401 BGB.[7]

II. Abschluss zu vorteilhaferen Bedingungen

1. Günstigerer Preis. § 387 Abs. 2 stellt klar, dass der Preis einen Unterfall der „vor-   **3** teilhaferen Bedingungen" iSv § 387 Abs. 1 darstellt.[8] Der Kommissionär muss folglich einen höheren Verkaufserlös (Verkaufskommission) oder einen günstigeren Einkaufspreis (Einkaufskommission) an den Kommittenten weitergeben.[9] Allerdings kann der Kommittent auch ein sog. „**verschärftes Limit**" setzen.[10] In diesem Fall darf der Kommissionär weder nach oben noch nach unten von dem vom Kommittenten vorgegeben Preis abweichen.[11] Weicht der Kommissionär dennoch von den vorgegebenen Weisungen ab, kann der Kommittent das Geschäft nach § 385 Abs. 1 Hs. 2 zurückweisen oder Schadenersatz nach § 280 ff. BGB verlangen.[12] Für die Anwendung von § 387 ist in diesem Fall kein Raum.

2. Sonstige vorteilhafte Bedingungen. § 387 Abs. 1 erfasst alle vom Kommissionär   **4** mit dem Dritten vereinbarten Bedingungen, die für den Kommittenten im Vergleich zu den vom Kommittenten vorgegebenen Bedingungen wirtschaftlich vorteilhaft sein können.[13] Von hoher praktischer Bedeutung ist vor allem die dem Kommissionär im Kommissionsvertrag eingeräumte Möglichkeit, dem Dritten Warenkredit und – abweichend von § 271 BGB – längerfristige Zahlungsziele einzuräumen.[14] Wenn der Kommittent dem Verkaufskommissionär also gestattet, eine Ware auf Kredit zu verkaufen, der Kommissionär jedoch den Verkauf gegen Barzahlung oder sofortige (unbare) Zahlung erreicht, ist dies ebenfalls eine vorteilhaftere Bedingung, die dem Kommittenten zugutekommt.[15] Gleiches gilt in Bezug auf Barzahlungsnachlässe (Skonti), Mengenrabatte, Jahresboni, Sondernachlässe, Treuevergütungen oder Zugaben; sie alle fallen unter § 387 Abs. 1.[16] Wann die vorteilhafteren Bedingungen mit der Gegenseite ausgehandelt wurden (vor oder nach Abschluss des Ausführungsgeschäfts) ist irrelevant.[17]

---

[3] MüKoHGB/Häuser Rn. 1; Hopt/Kumpan Rn. 1; GK-HGB/Achilles Rn. 1.

[4] MüKoHGB/Häuser Rn. 1; vgl. auch Ebenroth/Boujong/Joost/Strohn/Füller § 400 Rn. 3.

[5] Ebenroth/Boujong/Joost/Strohn/Füller Rn. 1; Schlegelberger/Hefermehl Rn. 1.

[6] Ebenroth/Boujong/Joost/Strohn/Füller Rn. 1; Oetker/Bergmann Rn. 1; Schlegelberger/Hefermehl Rn. 2.

[7] Ebenroth/Boujong/Joost/Strohn/Füller Rn. 1; Oetker/Bergmann Rn. 1; Staub/Koller § 400 Rn. 54.

[8] MüKoHGB/Häuser Rn. 3; Staub/Koller Rn. 2.

[9] MüKoHGB/Häuser Rn. 3; Oetker/Bergmann Rn. 3.

[10] MüKoHGB/Häuser Rn. 3; Oetker/Bergmann Rn. 3; „absolutes Limit" Staub/Koller Rn. 2.

[11] MüKoHGB/Häuser Rn. 3; Oetker/Bergmann Rn. 3; Staub/Koller Rn. 2.

[12] MüKoHGB/Häuser Rn. 3; Oetker/Bergmann Rn. 3.

[13] Ebenroth/Boujong/Joost/Strohn/Füller Rn. 2; Staub/Koller Rn. 3.

[14] Ebenroth/Boujong/Joost/Strohn/Füller Rn. 2; Schlegelberger/Hefermehl Rn. 4; Straube/Griß-Reiterer Rn. 1.

[15] MüKoHGB/Häuser Rn. 4; Schlegelberger/Hefermehl Rn. 4.

[16] MüKoHGB/Häuser Rn. 4; Staub/Koller Rn. 3; Schlegelberger/Hefermehl Rn. 4; Röhricht/Graf v. Westphalen/Haas/Lenz Rn. 2.

[17] MüKoHGB/Häuser Rn. 4; Oetker/Bergmann Rn. 4; Düringer/Hachenburg/Lehmann Rn. 3; Staub/Koller Rn. 4; Schlegelberger/Hefermehl Rn. 4; Röhricht/Graf v. Westphalen/Haas/Lenz Rn. 2.

5   **3. Nicht unter § 387 fallende Vorteile.** Vorteile, die mit dem für Rechnung des Kommittenten abgeschlossenen Geschäft und der Geschäftsbesorgung nicht in einem **inneren Zusammenhang** stehen, also nur „bei Gelegenheit" des Kommissionsgeschäfts vereinbart werden, fallen nicht unter § 387.[18] Einen solchen Vorteil nur „bei Gelegenheit" hat der Kommissionär nicht iSv § 384 Abs. 2 Hs. 2 Alt. 2 „aus der Geschäftsbesorgung" erlangt.[19] Es handelt sich vielmehr um einen dem Kommissionär persönlich (aus sonstigen Gründen) zugewandten Vorteil, auf den der Kommittent keinen Anspruch hat.[20] An dem inneren Zusammenhang mit der Geschäftsbesorgung fehlt es jedoch eher selten, zumal es auf den Willen des Zuwendenden, bestimmte Vorteile dem Kommissionär persönlich zuzuwenden, gerade nicht ankommt (→ § 384 Rn. 66).

6   Wie der dem Kommissionär zugewandte Vorteil zu qualifizieren ist, ist stets eine Frage des Einzelfalls.[21] Maßgeblich ist die **Verkehrsanschauung.**[22] Der Vorteil stammt jedenfalls immer dann aus der Geschäftsbesorgung, wenn er in ihr seinen wirtschaftlichen Grund und seine wirtschaftliche Rechtfertigung findet.[23] Ein vom Kommissionär erlangter Vorteil ist demnach insbesondere dann weiterzugeben, wenn nicht nur ein innerer Zusammenhang mit der Geschäftsführung besteht, sondern auch zu befürchten ist, dass der Kommissionär aufgrund der Zuwendung die Interessen des Kommittenten nicht mehr gewissenhaft wahrnimmt.[24]

III. Rechtsfolge

7   Die **wirtschaftlichen Vorteile** des Ausführungsgeschäfts kommen gem. § 387 Abs. 1 dem Kommittenten zugute.[25] So muss der Kommissionär bei einer Verkaufskommission den tatsächlich erzielten Verkaufspreis an den Kommittenten auszahlen (§ 384 Abs. 2 Hs. 2 Alt. 2) (→ § 384 Rn. 60 ff.).[26] Bei einer Einkaufskommission darf er nur den tatsächlich mit dem Dritten vereinbarten (niedrigeren) Preis in Rechnung stellen (§§ 675 Abs. 1, 670 BGB).[27] Die **Beweislast** trifft den Kommittenten,[28] der Kommissionär ist ihm jedoch gem. § 384 Abs. 2 Hs. 2 Alt. 1 Rechenschaft schuldig (→ § 384 Rn. 46 ff.).

IV. Abdingbarkeit

8   Den Parteien bleibt es unbenommen, abweichende Regelungen zu vereinbaren;[29] § 387 ist nicht zwingend.[30] So kann vereinbart werden, dass der Kommissionär einen von ihm erzielten Mehrerlös (Übererlös) behalten oder daran partizipieren darf.[31] Allerdings wird der Kommissionär den Kommittenten aufgrund seiner oftmals überlegenen Marktkenntnis über die marktüblichen Konditionen aufklären müssen (→ § 384 Rn. 15 ff.);[32] andernfalls macht er sich schadenersatzpflichtig (→ § 384 Rn. 18) und riskiert die Anfechtung (§§ 119 ff. BGB).[33]

---

[18] MüKoHGB/Häuser Rn. 5; Oetker/Bergmann Rn. 5; Schlegelberger/Hefermehl Rn. 4; Röhricht/Graf v. Westphalen/Haas/Lenz Rn. 2.
[19] MüKoHGB/Häuser Rn. 5; Oetker/Bergmann Rn. 5; Schlegelberger/Hefermehl Rn. 4.
[20] MüKoHGB/Häuser Rn. 5; Oetker/Bergmann Rn. 5; Schlegelberger/Hefermehl Rn. 4.
[21] MüKoHGB/Häuser Rn. 6; Oetker/Bergmann Rn. 5.
[22] MüKoHGB/Häuser Rn. 6; Oetker/Bergmann Rn. 5.
[23] RGZ 99, 31 (33); MüKoHGB/Häuser Rn. 7; Schlegelberger/Hefermehl Rn. 5.
[24] RGZ 99, 31 (33); MüKoHGB/Häuser Rn. 7; Oetker/Bergmann Rn. 5.
[25] MüKoHGB/Häuser Rn. 9; Oetker/Bergmann Rn. 6; Schlegelberger/Hefermehl Rn. 6.
[26] MüKoHGB/Häuser Rn. 9; Oetker/Bergmann Rn. 6; Schlegelberger/Hefermehl Rn. 6.
[27] MüKoHGB/Häuser Rn. 9; Oetker/Bergmann Rn. 6; Staub/Koller Rn. 7.
[28] MüKoHGB/Häuser Rn. 8.
[29] MüKoHGB/Häuser Rn. 10; Oetker/Bergmann Rn. 7; Koller/Kindler/Roth/Drüen/Roth Rn. 2; Staub/Koller Rn. 8; Schlegelberger/Hefermehl Rn. 7; Düringer/Hachenburg/Lehmann Rn. 10; Röhricht/Graf v. Westphalen/Haas/Lenz Rn. 1.
[30] Oetker/Bergmann Rn. 7.
[31] Hopt/Kumpan Rn. 1; Koller/Kindler/Roth/Drüen/Roth Rn. 2; Staub/Koller Rn. 8.
[32] Koller/Kindler/Roth/Drüen/Roth Rn. 2; Staub/Koller Rn. 8.
[33] MüKoHGB/Häuser Rn. 11; Staub/Koller Rn. 9; Schlegelberger/Hefermehl Rn. 7.

B. Handelsvertreter

Für den Handelsvertreter nicht einschlägig.   9

C. Vertragshändler

Für den Vertragshändler nicht einschlägig.   10

D. Franchisenehmer

Für den Franchisenehmer nicht einschlägig.   11

E. Kommissionsagent

Für den Kommissionsagenten gelten hier keine Abweichungen oder Besonderheiten.   12

§ 388 Beschädigtes oder mangelhaftes Kommissionsgut

(1) **Befindet sich das Gut, welches dem Kommissionär zugesendet ist, bei der Ablieferung in einem beschädigten oder mangelhaften Zustande, der äußerlich erkennbar ist, so hat der Kommissionär die Rechte gegen den Frachtführer oder Schiffer zu wahren, für den Beweis des Zustandes zu sorgen und dem Kommittenten unverzüglich Nachricht zu geben; im Falle der Unterlassung ist er zum Schadensersatze verpflichtet.**

(2) **Ist das Gut dem Verderb ausgesetzt oder treten später Veränderungen an dem Gute ein, die dessen Entwertung befürchten lassen, und ist keine Zeit vorhanden, die Verfügung des Kommittenten einzuholen, oder ist der Kommittent in der Erteilung der Verfügung säumig, so kann der Kommissionär den Verkauf des Gutes nach Maßgabe der Vorschriften des § 373 bewirken.**

Übersicht

A. Allgemeines

I. Regelungsgegenstand und Normzweck

1   § 388 dient dem Schutz des Kommittenten.[1] Befindet sich das Kommissionsgut bereits bei Ablieferung beim Kommissionär in einem beschädigten oder mangelhaften Zustand, kann der Kommittent weder im Fall der Verkaufskommission noch im Fall der Einkaufskommission seine Rechte unmittelbar selbst wahren. Daher ergeben sich aus § 388 diverse **Rechte und Pflichten des Kommissionärs,** die letztlich dem Schutz der Interessen des Kommittenten dienen.[2] **§ 388 Abs. 1** dient dazu, dem Kommittenten die Möglichkeit zu erhalten, sich (später) bei dem Dritten schadlos halten zu können.[3] **§ 388 Abs. 2** dient demgegenüber dazu, dem Kommittenten auch in Eilfällen, in denen er sich aufgrund der Struktur des Kommissionsgeschäfts selbst nicht schützen kann, die Früchte des Kommissionsgeschäfts zu sichern. § 388 **konkretisiert** daher die allgemeine aus § 384 Abs. 1 Hs. 2 Alt. 1 folgende **Interessenwahrnehmungspflicht** des Kommissionärs (→ § 384 Rn. 19 ff.).[4] § 388 ist nicht abschließend.[5]

II. Zusendung beschädigten oder mangelhaften Gutes (Abs. 1)

2   **1. Zugesandtes Gut.** § 388 Abs. 1 setzt voraus, dass dem Kommissionär **Kommissionsgut im sachlichen Zusammenhang mit dem Kommissionsgeschäft** zugesendet wird.[6] Das Kommissionsgut muss ihm entweder vom Kommittenten überlassen werden (Verkaufskommission) oder er muss es vom Dritten im Rahmen des Deckungsgeschäfts erhalten haben (Einkaufskommission).[7] Der Begriff des „Gutes" erfasst dabei nicht nur das Kommissionsgut als solches, sondern auch **Zubehör und Werbematerial.**[8] Dem Kommissionär als Sicherheit oder Pfand überlassene Güter sind nicht Gegenstand des § 388 Abs. 1.[9]

3   Unter **Zusendung** ist die Ablieferung (also die Übergabe) des Gutes bei dem Kommissionär zu verstehen,[10] wobei § 388 Abs. 1 voraussetzt, dass der Kommissionär das Gut **von einer Beförderungsperson erhalten** hat.[11] Neben den in § 388 Abs. 1 **exemplarisch** genannten Beförderungspersonen (Frachtführer oder Schiffer) erfasst § 388 Abs. 1 auch Ablieferungen durch Spediteure, Boten oder sonstige Personen, die das Kommissionsgut vom Kommittenten (Verkaufskommission) oder dem Dritten (Einkaufskommission), also dem Vertragspartner des Ausführungsgeschäfts,[12] zum Zweck der Weitergabe an den Kommissionär erhalten haben.[13] Hat der Kommissionär das Gut **nicht von einer Beförderungsperson** erhalten, sondern direkt von dem Kommittenten oder dem Dritten, so **fehlt es an einer Zusendung.**[14] Dies ist auch sachgerecht; in

---

[1] Vgl. Staub/Koller Rn. 1.

[2] MüKoHGB/Häuser Rn. 1.

[3] Vgl. MüKoHGB/Häuser Rn. 1.

[4] MüKoHGB/Häuser Rn. 1; Koller/Kindler/Roth/Drüen/Roth Rn. 1; Staub/Koller Rn. 1; GK-HGB/Achilles Rn. 1; HK-HGB/Ruß Rn. 1.

[5] MüKoHGB/Häuser Rn. 1; Hopt/Kumpan Rn. 1; Heymann/Herrmann Rn. 1; Staub/Koller Rn. 1.

[6] Staub/Koller Rn. 2.

[7] Ebenroth/Boujong/Joost/Strohn/Füller Rn. 2; Schlegelberger/Hefermehl Rn. 5.

[8] GK-HGB/Achilles Rn. 1; Heymann/Herrmann Rn. 1; Röhricht/Graf v. Westphalen/Haas/Lenz Rn. 2.

[9] MüKoHGB/Häuser Rn. 5; Schlegelberger/Hefermehl Rn. 5; aA Staub/Koller Rn. 2.

[10] Staub/Koller Rn. 3; Röhricht/Graf v. Westphalen/Haas/Lenz Rn. 2.

[11] MüKoHGB/Häuser Rn. 4; Ebenroth/Boujong/Joost/Strohn/Füller Rn. 2; Koller/Kindler/Roth/Drüen/Roth Rn. 2; Schlegelberger/Hefermehl Rn. 4.

[12] Vgl. MüKoHGB/Häuser Rn. 4; Ebenroth/Boujong/Joost/Strohn/Füller Rn. 2; Heymann/Herrmann Rn. 1; Staub/Koller Rn. 5.

[13] MüKoHGB/Häuser Rn. 4; Ebenroth/Boujong/Joost/Strohn/Füller Rn. 2; Heymann/Herrmann Rn. 1; Schlegelberger/Hefermehl Rn. 4; Staub/Koller Rn. 3.

[14] Schlegelberger/Hefermehl Rn. 4; Heymann/Herrmann Rn. 1; nicht abschließend geklärt bei GK-HGB/Achilles Rn. 1.

beiden Fällen bedarf der Kommittent des Schutzes nach § 388 Abs. 1 nicht, weil seine Interessen hinreichend gewahrt sind: Wenn **der Kommittent selbst** (oder einer seiner Leute) das Kommissionsgut beim Kommissionär abliefert, besteht kein Anlass, dem Kommissionär eine Prüfungspflicht gerade zu Gunsten des Kommittenten aufzuerlegen; der Kommittent kann den Zustand des Gutes bei Ablieferung selbst überprüfen.[15] Wenn **der Dritte** das Kommissionsgut beim Kommissionär abliefert, ist der Kommissionär gemäß § 384 Abs. 1 Hs. 2 Alt. 1 zur Wahrung der Interessen des Kommittenten und zur Geltendmachung der kaufrechtlichen Mängelhaftungsrechte iSd §§ 437 ff. BGB verpflichtet.[16]

2. Erkennbar beschädigter oder mangelhafter Zustand bei Ablieferung. § 388 **4** Abs. 1 setzt voraus, dass das Gut bei Ablieferung erkennbar **beschädigt oder mangelhaft** ist, so dass dem Kommittenten aufgrund der vor Ablieferung eingetretenen Schäden oder des Mangels Ersatzansprüche zustehen können.[17] Das Merkmal der **Beschädigung** dient dabei zur Klarzustellung, dass für das Innenverhältnis von Kommittent und Kommissionär eine vom Rechtsgedanken des § 447 BGB abweichende Risikoverteilung gilt; das Gut reist gerade nicht auf Gefahr des Empfängers. Eine über diese Klarstellung hinausgehende Bedeutung kommt § 388 Abs. 1 nicht zu; vor Ablieferung beschädigtes Kommissionsgut ist stets mangelhaft.

Mangelhaft iSv § 388 Abs. 1 ist das Gut nach **hM**, wenn es einen Mangel iSv §§ 434 f. **5** BGB aufweist.[18] Ob vom Begriff des Mangels außer der nachteiligen **Qualitätsabweichung** auch die (nachteilige) **Mengenabweichung** erfasst wird, ist jedoch **umstritten**.[19] Angesichts des Wortlautes, der ohne Einschränkungen auf das Vorliegen jeder nur denkbaren Art von Beschädigungen oder Mängeln abstellt, ist allerdings nicht ersichtlich, warum im Rahmen des § 388 Abs. 1 ein von §§ 434, 435 BGB abweichender Maßstab angelegt werden sollte.[20] Daher werden auch **Falschlieferungen** (aliud) erfasst.[21]

Die Beschädigung oder der Mangel muss **im Zeitpunkt der Ablieferung** des Kommis- **6** sionsgutes vorliegen, auf den Zeitpunkt seiner Entstehung kommt es nicht an.[22] Der Zeitpunkt der Ablieferung ist der Zeitpunkt, zu dem das Gut so in den Machtbereich des Kommissionärs gelangt ist, dass er es untersuchen kann.[23]

Die Beschädigung oder der Mangel muss zudem **äußerlich erkennbar** sein.[24] Dies ist **7** der Fall, wenn sich die Beschädigung oder der Mangel ohne besondere Fachkunde oder Untersuchungen erkennen lässt.[25] Im Rahmen von § 388 Abs. 1 geht es also nur um äußerlich erkennbare, leicht auffindbare Schäden oder Mängel.[26] Eine bloß oberflächliche Untersuchung durch Inaugenscheinnahme nebst sensorischer Prüfung reicht daher aus.[27] Ein Öffnen der Verpackung ist grds. nicht erforderlich.[28] Welche Maßnahmen vom Kommissionär konkret zu treffen sind, ist vom jeweiligen Einzelfall abhängig.[29]

---

[15] Ebenroth/Boujong/Joost/Strohn/Füller Rn. 2; Staub/Koller Rn. 3.
[16] Heymann/Herrmann Rn. 1.
[17] MüKoHGB/Häuser Rn. 6; Schlegelberger/Hefermehl Rn. 6.
[18] MüKoHGB/Häuser Rn. 6; Oetker/Bergmann Rn. 6.
[19] Röhricht/Graf v. Westphalen/Haas/Lenz Rn. 4.
[20] Vgl. Röhricht/Graf v. Westphalen/Haas/Lenz Rn. 4; Koller/Kindler/Roth/Drüen/Roth Rn. 2; Ebenroth/Boujong/Joost/Strohn/Füller Rn. 3; Staub/Koller Rn. 6; Schlegelberger/Hefermehl Rn. 6.
[21] MüKoHGB/Häuser Rn. 6; Ebenroth/Boujong/Joost/Strohn/Füller Rn. 3.
[22] Vgl. Ebenroth/Boujong/Joost/Strohn/Füller Rn. 3; Schlegelberger/Hefermehl Rn. 6.
[23] MüKoHGB/Häuser Rn. 7; Staub/Koller Rn. 7; Schlegelberger/Hefermehl Rn. 6.
[24] Ebenroth/Boujong/Joost/Strohn/Füller Rn. 4; Schlegelberger/Hefermehl Rn. 6; Heidel/Schall/Psaroudakis Rn. 1.
[25] Ebenroth/Boujong/Joost/Strohn/Füller Rn. 4; Schlegelberger/Hefermehl Rn. 6; Heymann/Herrmann Rn. 2; GK-HGB/Achilles Rn. 3.
[26] Ebenroth/Boujong/Joost/Strohn/Füller Rn. 4; GK-HGB/Achilles Rn. 3.
[27] Vgl. MüKoHGB/Häuser Rn. 7; Schlegelberger/Hefermehl Rn. 6.
[28] Ebenroth/Boujong/Joost/Strohn/Füller Rn. 4; Koller/Kindler/Roth/Drüen/Roth Rn. 2; Heymann/Herrmann Rn. 2.
[29] Vgl. MüKoHGB/Häuser Rn. 7; Ebenroth/Boujong/Joost/Strohn/Füller Rn. 4.

8   Bestehen für das Vorliegen eines Mangels oder einer Beschädigung besondere **Verdachtsmomente,** muss der Kommissionär diesen nachgehen.[30] Dies ergibt sich bereits aus der allgemeinen Interessenwahrnehmungspflicht des § 384 Abs. 1 Hs. 2 Alt. 1 (→ § 384 Rn. 19 ff.);[31] eines Rückgriffs auf § 388 Abs. 1 bedarf es nicht.[32]

9   **3. Pflichten des Kommissionärs.** Aus § 388 Abs. 1 Hs. 1 folgen **drei konkrete Pflichten** des Kommissionärs.[33]

10   **a) Wahrung der Rechte gegenüber der Beförderungsperson.** Zunächst muss der Kommissionär seine Rechte gegenüber der Beförderungsperson wahren.[34] Diese Rechte stehen zwar dem Kommissionär in eigenem Namen zu,[35] dienen aber dem Interesse des Kommittenten.[36] Das konkrete Vorgehen richtet sich nach den Umständen des Einzelfalls.[37] Als Maßnahmen kommen zB die Annahme unter Vorbehalt, die Mängelrüge (§ 377), die rechtzeitige Schadensanzeige (§ 438) oder ein Arrest bzw. eine einstweilige Verfügung in Betracht.[38] Insofern trifft den Kommissionär aber nur die Pflicht zur Wahrung, nicht jedoch die Pflicht zur Durchsetzung etwaiger Rechte gegen die Beförderungsperson.[39] Es geht also (nur) darum, dem Kommittenten die Möglichkeit der späteren Durchsetzung der Rechte zu sichern.[40]

11   **b) Beweissicherung.** Gem. § 388 Abs. 1 hat der Kommissionär für den Beweis des Zustandes des Gutes bei Ablieferung zu sorgen.[41] Er wird also regelmäßig nach pflichtgemäßem Ermessen unter Anwendung kaufmännischer Sorgfalt die zur Beweissicherung notwendigen Maßnahmen ergreifen müssen.[42] Dies kann die Durchführung eines selbständigen Beweisverfahrens iSd §§ 485 ff. ZPO oder die Einschaltung eines öffentlich bestellten Sachverständigen sein.[43] Allerdings kann je nach den Umständen des Einzelfalles bereits eine Inaugenscheinnahme des Kommissionsgutes oder eine Schadensbeschreibung zur Beweissicherung ausreichen.[44]

12   **c) Benachrichtigung.** Der Kommissionär muss den Kommittenten **unverzüglich,** also ohne schuldhaftes Zögern iSv § 121 Abs. 1 S. 1 BGB, über den beschädigten oder mangelhaften Zustand des Kommissionsguts benachrichtigen[45] (zur allgemeinen Benachrichtigungspflicht gem. § 384 Abs. 2 Hs. 1 Alt. 1 → § 384 Rn. 35 ff.). Sofern dem Kommissionär genügend Zeit zur Verfügung steht, muss er zunächst etwaige Weisungen des Kommittenten abwarten (→ § 384 Rn. 24 ff.), bevor er selbst Maßnahmen zur Beweissicherung ergreift, vgl. § 384 Abs. 1 Hs. 2 Alt. 2.[46]

---

[30] MüKoHGB/Häuser Rn. 7; Koller/Kindler/Roth/Drüen/Roth Rn. 2.

[31] MüKoHGB/Häuser Rn. 7; Koller/Kindler/Roth/Drüen/Roth Rn. 2; Heymann/Herrmann Rn. 2.

[32] AA Staub/Koller Rn. 7, der § 388 Abs. 1 analog anwenden will.

[33] Ebenroth/Boujong/Joost/Strohn/Füller Rn. 5.

[34] Ebenroth/Boujong/Joost/Strohn/Füller Rn. 5; Koller/Kindler/Roth/Drüen/Roth Rn. 3; Schlegelberger/Hefermehl Rn. 9.

[35] Staub/Koller Rn. 8.

[36] Oetker/Bergmann Rn. 9.

[37] MüKoHGB/Häuser Rn. 11; Oetker/Bergmann Rn. 9.

[38] MüKoHGB/Häuser Rn. 11 f.; Ebenroth/Boujong/Joost/Strohn/Füller Rn. 5; Oetker/Bergmann Rn. 9.

[39] Ebenroth/Boujong/Joost/Strohn/Füller Rn. 5.

[40] Ebenroth/Boujong/Joost/Strohn/Füller Rn. 5.

[41] MüKoHGB/Häuser Rn. 13; Schlegelberger/Hefermehl Rn. 11.

[42] Vgl. MüKoHGB/Häuser Rn. 13; Staub/Koller Rn. 10; Röhricht/Graf v. Westphalen/Haas/Lenz Rn. 8.

[43] MüKoHGB/Häuser Rn. 13; Ebenroth/Boujong/Joost/Strohn/Füller Rn. 6; HK-HGB/Ruß Rn. 2; Röhricht/Graf v. Westphalen/Haas/Lenz Rn. 8.

[44] MüKoHGB/Häuser Rn. 13.

[45] MüKoHGB/Häuser Rn. 14; Ebenroth/Boujong/Joost/Strohn/Füller Rn. 6; Staub/Koller Rn. 11; Schlegelberger/Hefermehl Rn. 12; HK-HGB/Ruß Rn. 2; Röhricht/Graf v. Westphalen/Haas/Lenz Rn. 9.

[46] MüKoHGB/Häuser Rn. 14; Ebenroth/Boujong/Joost/Strohn/Füller Rn. 6.

4. Rechtsfolgen einer Verletzung der Pflichten aus § 388 Abs. 1 Hs. 1. Kommt 13 der Kommissionär seinen Pflichten nicht nach, haftet er gegenüber dem Kommittenten nach §§ 280 Abs. 1, 249 ff. BGB auf Schadenersatz.[47] Er muss den Schaden ersetzen, der dadurch entstanden ist, dass nicht mehr gegen die Beförderungsperson vorgegangen werden kann[48] bzw. dass der Kommittent mangels Benachrichtigung über den Schaden oder den Mangel keine Weisungen erteilen konnte.[49] § 388 Abs. 1 Hs. 2 ist nach verbreiteter Ansicht in Bezug auf den Schadenersatzanspruch rein deklaratorisch und **keine eigene Anspruchsgrundlage.**[50] Im Ergebnis kommt es hierauf nicht an.

III. Notverkaufsrecht (Abs. 2)

1. Voraussetzungen. Das Notverkaufsrecht des § 388 Abs. 2 besteht **unabhängig** vom 14 Vorliegen der Voraussetzungen des § 388 Abs. 1. Es kann daher bei jedem Kommissionsgut Bedeutung erlangen, unabhängig davon, ob dieses dem Kommissionär iSv § 388 Abs. 1 zugesandt wurde.[51]

Das Bestehen des Notverkaufsrechts setzt voraus, dass das Kommissionsgut entweder dem 15 **Verderb ausgesetzt** ist oder **stofflichen Veränderungen unterliegt,** die eine **Entwertung befürchten** lassen.[52] Auch der **Verdacht** einer stofflichen Veränderung reicht aus.[53] Ob von § 388 Abs. 2 auch Veränderungen des Wertes des Kommissionsguts ohne stoffliche Veränderung erfasst werden, ist **umstritten.**[54] Hierfür spräche jedenfalls, dass sich eine § 388 Abs. 2 entsprechende Verpflichtung aus der allgemeinen Interessenwahrnehmungspflicht des Kommissionärs ergeben kann. Es besteht daher kein Grund, den Anwendungsbereich des § 388 Abs. 2 eng zu fassen. Weitgehende Einigkeit besteht jedenfalls insoweit, dass eine über das normale **Marktpreisrisiko** nicht hinausgehende Wertveränderung nicht ausreicht, da sie für den Bestand oder den Wert des Kommissionsgutes nicht von existenzieller Bedeutung ist.[55]

Der Kommissionär ist nur zum Notverkauf berechtigt, wenn eine **Weisung** des Kom- 16 mittenten aus Zeitmangel **nicht eingeholt werden kann** oder wenn die Weisung vom Kommittenten nicht rechtzeitig erteilt wird, er also **säumig** ist.[56] In zeitlicher Hinsicht ist entscheidend, ob aus Sicht eines ordentlichen Kaufmanns bei weiterem Zuwarten ein unverhältnismäßiger Schaden droht.[57]

2. Rechtsfolge. Liegen die Voraussetzungen eines Notverkaufs (→ Rn. 14 ff.) vor, so 17 kann der Kommissionär den Verkauf des Gutes „nach Maßgabe der Vorschriften des § 373" bewirken. Dem Kommissionär steht es also nach dem Wortlaut grundsätzlich frei (**„kann"**), ob er einen Notverkauf durchführt. Tatsächlich ist dies keine freie Entscheidung des Kommissionärs; vielmehr muss er auch insoweit die **Interessen des Kommittenten gem. § 384 Abs. 1 Hs. 2 Alt. 1 wahrnehmen.** So ist denkbar, dass eine andere Art der Verwertung des Kommissionsgutes den Interessen des Kommittenten mehr ent-

---

[47] MüKoHGB/Häuser Rn. 15; Ebenroth/Boujong/Joost/Strohn/Füller Rn. 7; Heymann/Herrmann Rn. 4.

[48] Ebenroth/Boujong/Joost/Strohn/Füller Rn. 7.

[49] Staub/Koller Rn. 13.

[50] Vgl. Ebenroth/Boujong/Joost/Strohn/Füller Rn. 7; GK-HGB/Achilles Rn. 4; Oetker/Bergmann Rn. 12.

[51] Ebenroth/Boujong/Joost/Strohn/Füler Rn. 8.

[52] Ebenroth/Boujong/Joost/Strohn/Füller Rn. 8; HK-HGB/Ruß Rn. 3.

[53] Ebenroth/Boujong/Joost/Strohn/Füller Rn. 8; Staub/Koller Rn. 17; Heymann/Herrmann Rn. 5.

[54] Vgl. Darstellung bei MüKoHGB/Häuser Rn. 21; dafür: Schlegelberger/Hefermehl Rn. 15; GK-HGB/Achilles Rn. 5; Heymann/Herrmann Rn. 5; dagegen: Ebenroth/Boujong/Joost/Strohn/Füller Rn. 8; Heidel/Schall/Psaroudakis Rn. 2; Koller/Kindler/Roth/Drüen/Roth Rn. 5; Röhricht/Graf v. Westphalen/Haas/Lenz Rn. 11. Meinungsänderungen!

[55] Vgl. Darstellung bei Staub/Koller Rn. 17.

[56] MüKoHGB/Häuser Rn. 22; Ebenroth/Boujong/Joost/Strohn/Füller Rn. 9; Staub/Koller Rn. 18; Schlegelberger/Hefermehl Rn. 16; Röhricht/Graf v. Westphalen/Haas/Lenz Rn. 12.

[57] Röhricht/Graf v. Westphalen/Haas/Lenz Rn. 12.

gegenkommt als ein Notverkauf des Kommissionsgutes.[58] Auch das **Unterlassen** des Notverkaufs kann im Einzelfall geboten sein, um die Interessen des Kommittenten zu wahren.[59]

18   Die Umstände des Einzelfalles können so eindeutig sein, dass dem Kommissionär **kein Ermessen** für oder gegen einen Notverkauf verbleibt.[60] So kann sich aus der Pflicht zur Wahrnehmung der Interessen des Kommittenten auch ergeben, dass der Kommissionär **zum Notverkauf verpflichtet** ist.[61] Dies ist dann der Fall, wenn es in Anbetracht des unmittelbar drohenden Schadens dem Interesse des Kommittenten entspricht, das Kommissionsgut so schnell wie möglich loszuwerden.[62]

19   Entscheidet sich der Kommissionär für einen Notverkauf, so hat er die in § 373 statuierten **formellen** Voraussetzungen einzuhalten. **Umstritten** ist insoweit allerdings, ob der Notverkauf wie der Selbsthilfeverkauf einer **vorherigen Androhung** (§ 373 Abs. 2) bedarf. Dies wird von verschiedenen Stimmen bejaht.[63] Die Gegenansicht hält eine vorherige Androhung des Notverkaufs für untunlich, da der Kommittent wegen der Benachrichtigungspflicht des Kommissionärs, grds. über die Notwendigkeit des Verkaufs unterrichtet werde.[64] Die vermittelnde Ansicht hält eine Androhung nur für erforderlich, wenn der Kommittent keine Weisung erteilt und die Androhung tunlich ist.[65] Richtig ist, dass für eine Androhung des Notverkaufs **keine Notwendigkeit** besteht. Es fehlt bereits an einer mit § 373 Abs. 2 vergleichbaren Interessenlage. Einer Pflicht zur Androhung des Notverkaufs steht auch der Wortlaut des § 388 Abs. 2 entgegen; die Norm setzt voraus, dass „keine Zeit vorhanden" ist, die Verfügung des Kommittenten einzuholen. Kann der Notverkauf vom Kommissionär dem Kommittenten aber angedroht werden, ist heutzutage auch Zeit, die Weisung des Kommittenten einzuholen, wenn die Androhung des Notverkaufs nicht eine bloße Förmelei sein soll; dann kann regelmäßig auch kein Fall des § 388 Abs. 2 vorliegen.

20   **Schadenersatzansprüche** des Kommittenten kommen bei Verstößen gegen die Interessenwahrnehmungspflicht, nicht aber bei bloßen Verstößen gegen Formvorschriften des § 373 in Betracht.[66]

IV. Beweislast

21   Die Beweislast für ein Unterlassen des Kommissionärs unter Verstoß gegen § 388 Abs. 1 trifft den **Kommittenten**.[67] In Anbetracht der Rechenschaftspflicht iSv § 384 Abs. 2 Hs. 2 Alt. 1 trifft den Kommissionär insoweit allerdings eine erhöhte (sekundäre) Darlegungs- und Beweislast, die wie eine Beweislastumkehr wirken kann.[68] Der Kommissionär kann den Entlastungsbeweis mangelnden Verschuldens iSv § 280 Abs. 1 S. 2 BGB führen.[69]

---

[58] MüKoHGB/Häuser Rn. 24; Staub/Koller Rn. 19.
[59] Ebenroth/Boujong/Joost/Strohn/Füller Rn. 10; vgl. auch Staub/Koller Rn. 21; MüKoHGB/Häuser Rn. 24 f.
[60] GK-HGB/Achilles Rn. 6.
[61] MüKoHGB/Häuser Rn. 26; Ebenroth/Boujong/Joost/Strohn/Füller Rn. 10; Staub/Koller Rn. 16, 22; Schlegelberger/Hefermehl Rn. 2.
[62] Röhricht/Graf v. Westphalen/Haas/Lenz Rn. 11.
[63] Hopt/Kumpan Rn. 4; Ebenroth/Boujong/Joost/Strohn/Füller Rn. 11; Oetker/Bergmann Rn. 18; Koller/Kindler/Roth/Drüen/Roth Rn. 6; Schlegelberger/Hefermehl Rn. 21; Heidel/Schall/Psaroudakis Rn. 2.
[64] Einschränkend MüKoHGB/Häuser Rn. 28; vgl. auch Staub/Koller Rn. 20.
[65] MüKoHGB/Häuser Rn. 28; vgl. auch Ehrenberg/Schmidt-Rimpler V/1 760.
[66] OLG München MDR 1957, 678 (679); MüKoHGB/Häuser Rn. 30; Ebenroth/Boujong/Joost/Strohn/Füller Rn. 12.
[67] GK-HGB/Achilles Rn. 7.
[68] GK-HGB/Achilles Rn. 7.
[69] Vgl. GK-HGB/Achilles Rn. 7.

B. Handelsvertreter

Für den Handelsvertreter nicht einschlägig.　　　　　　　　　　　　　　**22**

C. Vertragshändler

Für den Vertragshändler nicht einschlägig.　　　　　　　　　　　　　　**23**

D. Franchisenehmer

Für den Franchisenehmer nicht einschlägig.　　　　　　　　　　　　　**24**

E. Kommissionsagent

Für den Kommissionsagenten gelten hier keine Abweichungen oder Besonderheiten.　**25**

§ 389 Hinterlegung; Selbsthilfeverkauf

Unterläßt der Kommittent über das Gut zu verfügen, obwohl er dazu nach Lage der Sache verpflichtet ist, so hat der Kommissionär die nach § 373 dem Verkäufer zustehenden Rechte.

A. Allgemeines

I. Regelungsgegenstand und Normzweck

§ 389 greift ein, wenn sich das **Kommissionsgut im Besitz des Kommissionärs** **1** befindet, der Kommittent es aber in pflichtwidriger Weise unterlässt, über das Gut zu verfügen.[1] Die Vorschrift ermöglicht es dem Kommissionär, sich schnellstmöglich von der ihn nach Maßgabe des Zwecks des Kommissionsgeschäfts[2] treffenden (ggf. lästigen) **Pflicht zur Aufbewahrung** des Gutes und dem aus § 390 folgenden **Haftungsrisiko** durch Hinterlegung (§ 373 Abs. 1 iVm §§ 372 ff. BGB) oder Selbsthilfeverkauf (§ 373 Abs. 2 iVm §§ 383 ff. BGB) zu befreien.[3]

§ 389 gilt in gleicher Weise für die Einkaufs- wie für die Verkaufskommission.[4]　**2**

II. Voraussetzungen

§ 389 setzt zunächst voraus, dass der Kommittent „nach Lage der Sache" **zur Ver-** **3** **fügung über das Gut verpflichtet** ist.[5] Es kommt also auf die Umstände des Einzelfalles und insbesondere den Kommissionsvertrag an.[6]

---

[1] MüKoHGB/Häuser Rn. 3; GK-HGB/Achilles Rn. 1.
[2] Ebenroth/Boujong/Joost/Strohn/Füller Rn. 1; MüKoHGB/Häuser Rn. 3.
[3] MüKoHGB/Häuser Rn. 4; GK-HGB/Achilles Rn. 1; Röhricht/Graf v. Westphalen/Haas/Lenz Rn. 1.
[4] Vgl. Ebenroth/Boujong/Joost/Strohn/Füller Rn. 2.
[5] MüKoHGB/Häuser Rn. 3; Oetker/Bergmann Rn. 2; Schlegelberger/Hefermehl Rn. 1–3; vgl. GK-HGB/Achilles Rn. 2.
[6] MüKoHGB/Häuser Rn. 3; Schlegelberger/Hefermehl Rn. 2; vgl. auch Röhricht/Graf v. Westphalen/Haas/Lenz Rn. 2.

4   Mit der Pflicht zur „Verfügung" über das Gut ist dabei nicht rechtstechnisch die Übereignung iSd §§ 929 ff. BGB gemeint;[7] vielmehr geht es darum, dass der Kommittent zur
Disposition über das Gut verpflichtet ist. Den Kommittenten trifft die **Dispositionspflicht,** wenn der Kommissionär das Gut auf Grund vertraglicher Abreden oder nach Sinn
und Zweck des Kommissionsvertrages nicht länger aufzubewahren hat und wenn er den
Kommittenten über die Notwendigkeit der Rücknahme durch den Kommittenten informiert hat.[8] Die Dispositionspflicht des Kommittenten kann sich dabei sowohl aus dem
Kommissionsvertrag als auch aus dem Grundsatz von **Treu und Glauben** (§ 242 BGB)
ergeben.[9] Sie kann insbesondere dann bestehen, wenn dem Kommissionär die weitere
Aufbewahrung des Kommissionsgutes, etwa wegen Nichtabnahme der eingekauften Ware
durch den Kommittenten (Einkaufskommission) oder den Dritten (Verkaufskommission),
Unverkäuflichkeit der Ware oder wegen Widerruf der Kommission durch den Kommittenten (→ § 405 Rn. 1 ff.), nicht zugemutet werden kann.[10]

5   Bei der Dispositionspflicht handelt es sich nicht um eine Pflicht im eigentlichen (rechts-
technischen) Sinne,[11] sondern um eine **Obliegenheit.**[12]

6   § 389 setzt ferner voraus, dass der Kommittent in **objektiv pflichtwidriger Weise nicht
über das Gut verfügt,** es also weder abnimmt noch Weisungen in Bezug auf das Gut
erteilt.[13] Auf ein **Verschulden** kommt es nicht an.[14] Unterlässt der Kommittent die Disposition über das Kommissionsgut, gerät er regelmäßig in **Annahmeverzug** iSd § 374
iVm §§ 293 ff. BGB.[15]

III. Rechtsfolgen

7   § 389 gewährt dem Kommissionär für den Fall des Annahmeverzuges des Kommittenten
das Recht zur **Hinterlegung** des Kommissionsgutes (§ 373 Abs. 1 iVm §§ 372 ff. BGB)
oder zum **Selbsthilfeverkauf** (§ 373 Abs. 2–5 iVm §§ 383 ff. BGB).[16] Die Norm schützt
den Kommissionär,[17] befreit ihn aber nicht von den aus § 373 Abs. 2 folgenden Pflichten
(insbesondere zur Androhung des Selbsthilfeverkaufs) und der dem Kommittenten geschuldeten allgemeinen Interessenwahrnehmungspflicht des § 384 Abs. 1 Hs. 2 Alt. 1 (→ § 384
Rn. 19 ff.).[18] Allerdings stößt die Interessenwahrnehmungspflicht im Rahmen von § 389
dort an ihre **Grenzen,** wo ihre Beachtung zu einer **Beeinträchtigung der eigenen
Interessen des Kommissionärs** führen würde.[19] Insoweit weicht § 389 von der generellen Wertung des § 384 Abs. 1 Hs. 2 Alt. 1 (→ § 384 Rn. 22) zu Gunsten des Kommissionärs ab. Verletzt der Kommissionär jedoch die aus § 373 folgenden Pflichten schuldhaft,
macht er sich nach Maßgabe der §§ 280 ff. BGB schadensersatzpflichtig.[20]

8   Verwertet der Kommissionär das Kommissionsgut nicht im Wege des Selbsthilfeverkaufs
oder durch Hinterlegung, sondern auf andere Weise, befindet er sich in einer **ungünstigen
Beweislage.**[21] Er muss darlegen und beweisen, dass die gewählte Verwertungsart den

---

[7] Vgl. Ebenroth/Boujong/Joost/Strohn/Füller Rn. 2.
[8] Ebenroth/Boujong/Joost/Strohn/Füller Rn. 2; vgl. auch Schlegelberger/Hefermehl Rn. 2; Staub/Kol-
ler Rn. 2.
[9] MüKoHGB/Häuser Rn. 3.
[10] MüKoHGB/Häuser Rn. 3.
[11] Oetker/Bergmann Rn. 2; Staub/Koller Rn. 1, 2.
[12] Ebenroth/Boujong/Joost/Strohn/Füller Rn. 2; Koller/Kindler/Roth/Drüen/Roth Rn. 1; Staub/Kol-
ler Rn. 2; HK-HGB/Ruß Rn. 1.
[13] MüKoHGB/Häuser Rn. 1, 4.
[14] Staub/Koller Rn. 4; Schlegelberger/Hefermehl Rn. 3.
[15] MüKoHGB/Häuser Rn. 7; Oetker/Bergmann Rn. 5; Staub/Koller Rn. 4.
[16] MüKoHGB/Häuser Rn. 5; Oetker/Bergmann Rn. 1; Staub/Koller Rn. 1; Röhricht/Graf v. Westpha-
len/Haas/Lenz Rn. 1, 4.
[17] MüKoHGB/Häuser Rn. 5.
[18] MüKoHGB/Häuser Rn. 5; Schlegelberger/Hefermehl Rn. 4.
[19] MüKoHGB/Häuser Rn. 5.
[20] Ebenroth/Boujong/Joost/Strohn/Füller Rn. 3; Oetker/Bergmann Rn. 4.
[21] MüKoHGB/Häuser Rn. 6.

Belangen des Kommittenten mehr entgegenkommt als eine Verwertung nach § 373.[22] Daher ist es grundsätzlich günstiger, eine Verwertung nach § 373 zu betreiben.[23]

Auch wenn § 389 nur auf § 373, nicht aber auf § 374 verweist, stehen dem Kommissionär im Fall des Annahmeverzuges des Kommittenten aufgrund der allgemeinen Regeln auch die in den §§ 300 ff. BGB geregelten Befugnisse zu.[24] § 374 ist rein deklaratorisch.[25] Soweit sich der Kommittent in Annahmeverzug befindet, haftet der Kommissionär daher nur für Vorsatz und grobe Fahrlässigkeit (§ 300 Abs. 1 BGB). Soweit der Kommissionär dem Kommittenten nur eine der Gattung nach bestimmte Sache schuldet, geht zudem die Leistungsgefahr auf den Kommittenten über (§ 300 Abs. 2 BGB). Der Kommittent kann ferner keine Verzinsung (§ 301 BGB) und nur Herausgabe der tatsächlich gezogenen Nutzungen verlangen (§ 302 BGB) und muss das Risiko gewärtigen, dass der Kommissionär den Besitz aufgibt (§ 303 BGB; gilt aber nur für Grundstücke, eingetragene Schiffe oder Schiffsbauwerke) oder den Ersatz von Mehraufwendungen für Aufbewahrung und Erhaltung des Gutes verlangt. **9**

Die §§ 280 Abs. 1, 280 Abs. 2, 286, 323 BGB finden demgegenüber regelmäßig keine Anwendung; mangels Vorliegens einer Leistungspflicht gerät der **Kommittent** in aller Regel **nicht in Schuldnerverzug**.[26] **10**

B. Handelsvertreter

Für den Handelsvertreter nicht einschlägig. **11**

C. Vertragshändler

Für den Vertragshändler nicht einschlägig. **12**

D. Franchisenehmer

Für den Franchisenehmer nicht einschlägig. **13**

E. Kommissionsagent

Für den Kommissionsagenten gelten hier keine Abweichungen oder Besonderheiten. **14**

§ 390 Verantwortlichkeit des Kommissionärs für das Gut

(1) **Der Kommissionär ist für den Verlust und die Beschädigung des in seiner Verwahrung befindlichen Gutes verantwortlich, es sei denn, daß der Verlust oder die Beschädigung auf Umständen beruht, die durch die Sorgfalt eines ordentlichen Kaufmanns nicht abgewendet werden konnten.**

(2) **Der Kommissionär ist wegen der Unterlassung der Versicherung des Gutes nur verantwortlich, wenn er von dem Kommittenten angewiesen war, die Versicherung zu bewirken.**

---

[22] MüKoHGB/Häuser Rn. 6; Staub/Koller Rn. 6; Schlegelberger/Hefermehl Rn. 5.
[23] MüKoHGB/Häuser Rn. 6; Schlegelberger/Hefermehl Rn. 5.
[24] In diesem Sinne wohl auch Koller/Kindler/Roth/Drüen/Roth Rn. 1.
[25] In diesem Sinne wohl auch Oetker/Koch § 374 Rn. 2.
[26] MüKoHGB/Häuser Rn. 7; Baumbach/Hopt/Kumpan Rn. 1; Schlegelberger/Hefermehl Rn. 6.

A. Allgemeines

I. Regelungsgegenstand und Normzweck

1   Regelungsgegenstand des **§ 390 Abs. 1** ist die sachgerechte **Verteilung der Sachge-fahr** im Innenverhältnis zwischen Kommittent und Kommissionär sowohl bei der Einkaufs- als auch bei der Verkaufskommission.[1] Verwahrt der Kommissionär das Kommissionsgut, muss er für eintretende Beschädigungen des Gutes oder dessen Verlust haften.[2] Die Funk-tion des § 390 Abs. 1 liegt dabei in der umfassenden **Umkehr der Darlegungs- und Beweislast**[3] (→ Rn. 8 f.). Danach muss **der Kommissionär** darlegen und beweisen, dass der Verlust oder die Beschädigung auf Umständen beruht, die durch die Anwendung der **Sorgfalt eines ordentlichen Kaufmanns** (§ 347) nicht abgewendet werden konnten.

2   **§ 390 Abs. 2** stellt klar, dass der Kommissionär nur auf Anweisung des Kommittenten dazu verpflichtet ist, eine Sachversicherung abzuschließen.[4] Nur in diesem Fall haftet er für das Unterlassen der Eindeckung der Versicherung.

II. Verantwortlichkeit für Verlust und Beschädigung des Gutes (Abs. 1)

3   **1. Voraussetzungen. a) Wirksamer Kommissionsvertrag.** § 390 Abs. 1 setzt als ungeschriebenes Merkmal grundsätzlich voraus, dass der Kommissionär das Gut aufgrund eines **wirksamen Kommissionsvertrages** in Verwahrung hat.[5] § 390 Abs. 1 ist aber auch **über das Ende des Kommissionsvertrages hinaus** anzuwenden, sofern der Kommis-sionär das Gut aufgrund des Kommissionsvertrages für den Kommittenten aufbewahrt.[6]

4   Verwahrt der Kommissionär das Gut im **Vorfeld** des Kommissionsvertrages, finden unmittelbar die Regelungen der §§ 688 ff. BGB Anwendung. Die Haftung des Kommissio-närs richtet sich in diesem Fall nach den §§ 280, 695, 690 BGB. Ist der Kommissions-vertrag unwirksam, sind §§ 311 Abs. 2, 241 Abs. 2, 280 BGB zu beachten.

5   **b) Verwahrung von Kommissionsgut.** Die Verwahrung des Gutes (Kommissionsgut) muss gerade auf Grund des **Kommissionsvertrages** erfolgen.[7] Erfolgt die Verwahrung aus einem anderen Rechtsgrund, ist § 390 Abs. 1 unanwendbar, da es sich **nicht um Kom-missionsgut** handelt.[8] Mit der Übergabe des Gutes an einen Dritten (zB Frachtführer) endet die Verwahrungspflicht des Kommissionärs.[9] Der Kommissionär ist aber zur ordentli-chen Auswahl des Dritten verpflichtet, §§ 675, 664 Abs. 1 S. 2 BGB[10] (zur Substitution → § 384 Rn. 7 ff.). Ist der Dritte Erfüllungsgehilfe des Kommissionärs, haftet der Kommis-sionär gem. § 278 BGB für den Dritten.[11]

6   **c) Verlust oder Beschädigung.** Das Gut ist **verloren gegangen,** wenn der Kommis-sionär es nicht mehr an den Kommittenten herausgeben kann.[12] Warum dies nicht mehr möglich ist, spielt keine Rolle.[13] Ein bloßer Wertverlust begründet keinen „Verlust" iSd

---

[1] Vgl. MüKoHGB/Häuser Rn. 1.
[2] Hopt/Kumpan Rn. 1; Staub/Koller Rn. 1.
[3] Ebenroth/Boujong/Joost/Strohn/Füller Rn. 1.
[4] Ebenroth/Boujong/Joost/Strohn/Füller Rn. 1; Oetker/Bergmann Rn. 2.
[5] MüKoHGB/Häuser Rn. 3; Oetker/Bergmann Rn. 3; Ebenroth/Boujong/Joost/Strohn/Füller Rn. 2.
[6] Oetker/Bergmann Rn. 3; Schlegelberger/Hefermehl Rn. 3.
[7] MüKoHGB/Häuser Rn. 4; Staub/Koller Rn. 6; Schlegelberger/Hefermehl Rn. 4.
[8] Oetker/Bergmann Rn. 4.
[9] Oetker/Bergmann Rn. 4; GK-HGB/Achilles Rn. 3.
[10] Staub/Koller Rn. 7; GK-HGB/Achilles Rn. 3.
[11] Ebenroth/Boujong/Joost/Strohn/Füller Rn. 3; GK-HGB/Achilles Rn. 3; Schlegelberger/Hefermehl Rn. 9.
[12] BGH NJW-RR 2007, 1177 (1178); Röhricht/Graf v. Westphalen/Haas/Lenz Rn. 3; Staub/Koller Rn. 8; Schlegelberger/Hefermehl Rn. 6.
[13] MüKoHGB/Häuser Rn. 7.

Vorschrift, da dies das Vorhandensein des Gutes nicht beeinträchtigt.[14] Der Kommissionär kann insoweit aber wegen einer Verletzung der Interessenwahrnehmungspflicht (§ 384 Abs. 1 Hs. 2 Alt. 1) zum Schadenersatz verpflichtet sein, sofern er die Werteinbuße zu vertreten hat.[15] Im Rahmen solcher Schadenersatzansprüche ist die Beweislastregel des § 390 Abs. 1 nicht anwendbar.[16]

Eine **Beschädigung** des Gutes liegt vor, wenn es zu einer **wertmindernden Substanz-** **beeinträchtigung** gekommen ist.[17] Teilweise wird vertreten, dass auch eine Wertminderung allein ausreiche, wenn sie das normale wirtschaftliche Risiko übersteige.[18] Diese Ansicht lässt sich mit dem Wortlaut des § 390 Abs. 1 allerdings nicht vereinbaren. **7**

d) Nichtabwendbarkeit trotz Anwendung der Sorgfalt eines ordentlichen Kauf- **manns.** Grundsätzlich ist bei Schadenersatzansprüchen der Gläubiger hinsichtlich des Vorliegens einer **Pflichtverletzung,** der **Kausalität** der Pflichtverletzung für den Schaden und des **Verschuldens** des Schuldners darlegungs- und beweisbelastet. § 280 Abs. 1 S. 2 BGB ändert dies bereits im Hinblick auf das Verschulden. § 390 Abs. 1 geht darüber noch hinaus und erlegt die Darlegungs- und Beweislast für die oben genannten Anspruchsvoraussetzungen dem **Kommissionär** auf. Der Kommissionär muss nachweisen, dass der Verlust oder die Beschädigung auf Umständen beruht, die durch die Sorgfalt eines ordentlichen Kaufmanns (§ 347) nicht abgewendet werden konnten.[19] Gleichwohl dürfte sich § 390 Abs. 1 kaum haftungsverschärfend auswirken;[20] denn dasselbe Ergebnis folgt in aller Regel aus der Anwendung der Grundsätze der **Haftung nach Gefahren- bzw. Verantwortungsbereichen** im Rahmen von § 280 Abs. 1 BGB.[21] **8**

Der Kommittent muss nach den obigen Ausführungen lediglich darlegen und beweisen, dass der Verlust oder die Beschädigung des Gutes während der Zeit der Verwahrung eingetreten ist.[22] Dies bedeutet zB bei der Verkaufskommission, dass er darlegen und beweisen muss, dass er das zu verkaufenden Gut dem Kommissionär übergeben hat und dieser ihm das Gut nicht mehr herausgeben kann, obwohl er die Kommission nicht ausgeführt hat.[23] **9**

2. Rechtsfolgen von Verlust und Beschädigung des Gutes. Der Kommissionär ist zum Schadenersatz gemäß § 280 Abs. 1 BGB verpflichtet, sofern die Voraussetzungen des § 390 Abs. 1 vorliegen. Der Umfang des Schadenersatzes bestimmt sich nach §§ 249 ff. BGB.[24] **10**

3. Abweichende Vereinbarungen. Die Parteien können eine Haftungsbeschränkung vereinbaren.[25] Diese hat sich an den Vorgaben des § 276 Abs. 3 BGB zu orientieren.[26] Bei der Verwendung von AGB gelten die allgemeinen Regeln der §§ 307 ff. BGB.[27] Im Rahmen der Angemessenheitsprüfung sind die Wertungen von §§ 309 Nr. 7, Nr. 12 BGB zu berücksichtigen.[28] **11**

---

[14] So MüKoHGB/Häuser Rn. 8; Staub/Koller Rn. 8; Schlegelberger/Hefermehl Rn. 5; wohl aA/zweifelnd Röhricht/Graf v. Westphalen/Haas/Lenz Rn. 3.

[15] MüKoHGB/Häuser Rn. 8; Staub/Koller Rn. 8.

[16] MüKoHGB/Häuser Rn. 8.

[17] Staub/Koller Rn. 9; Düringer/Hachenburg/Lehmann Rn. 5; GK-HGB/Achilles Rn. 3.

[18] Heymann/Herrmann Rn. 1.

[19] BGH NJW-RR 2007, 1177 (1178); Oetker/Bergmann Rn. 7; GK-HGB/Achilles Rn. 2.

[20] GK-HGB/Achilles Rn. 1.

[21] OLG Oldenburg BeckRS 2011, 09054; OLG Schleswig OLGR Schleswig 2001, 285 (286); Grüneberg/Sprau BGB § 695 Rn. 1.

[22] BGH NJW-RR 2007, 1177 (1178); Ebenroth/Boujong/Joost/Strohn/Füller Rn. 5; Heymann/Herrmann Rn. 1; GK-HGB/Achilles Rn. 2.

[23] BGH NJW-RR 2007, 1177 (1178); Oetker/Bergmann Rn. 6.

[24] MüKoHGB/Häuser Rn. 12.

[25] MüKoHGB/Häuser Rn. 13; Straube/Griß-Reiterer Rn. 3.

[26] MüKoHGB/Häuser Rn. 13; Oetker/Bergmann Rn. 9.

[27] Oetker/Bergmann Rn. 9; Schlegelberger/Hefermehl Rn. 10; Staub/Koller Rn. 15 ff.

[28] Ebenroth/Boujong/Joost/Strohn/Füller Rn. 6; Oetker/Bergmann Rn. 9; Schlegelberger/Hefermehl Rn. 10.

III. Verantwortlichkeit wegen der Unterlassung der Versicherung (Abs. 2)

12   **1. Versicherungspflicht.** Der Kommissionär muss grds. keine Versicherung für das in seiner Verwahrung befindliche Gut abschließen.[29] Allerdings kann eine Versicherungspflicht aus einer **„Anweisung"** des Kommittenten folgen; unter diesen Begriff fallen neben den Weisungen iSv § 384 Abs. 1 Hs. 2 Alt. 2 auch vertragliche Verpflichtungen.[30] Die Versicherungspflicht kann sich ferner aus einem Handelsbrauch (→ § 346 Rn. 1 ff.) ergeben.[31]

13   Sofern eine Versicherungspflicht besteht, muss der Kommissionär im Hinblick auf die Wahl des Versicherungsunternehmens, der Versicherungsart und der Versicherungshöhe etwaige Vorgaben des Kommittenten beachten.[32] Erteilt der Kommittent keine Weisungen, muss der Kommissionär seine Entscheidungen am mutmaßlichen Willen des Kommittenten und der damit einhergehenden Interessenwahrnehmungspflicht (§ 384 Abs. 1 Hs. 2 Alt. 1) (→ § 384 Rn. 19 ff.) ausrichten.[33] Zu versichern ist der **volle Warenwert;**[34] die Versicherung ist bei einem leistungsfähigen Versicherungsunternehmen zu den **üblichen Bedingungen** einzudecken.[35]

14   Schließt der Kommissionär trotz entsprechender Anweisung keine Versicherung ab, macht er sich nach § 280 BGB **schadenersatzpflichtig.**[36] Ferner kann er das Geschäft nach § 385 Abs. 1 Hs. 2 **zurückweisen.**[37] Bei der Einkaufskommission kann dies praktisch relevant werden. Bei der Verkaufskommission dagegen dürfte der Ausübung des Zurückweisungsrechts idR § 242 BGB entgegenstehen, da die wirtschaftlichen Interessen des Kommittenten bei einem Verstoß gegen § 396 Abs. 2 regelmäßig nicht verletzt werden.

15   **2. Versicherung nach pflichtgemäßem Ermessen.** Der Kommissionär kann – über den Wortlaut des § 390 Abs. 2 hinaus – eine Versicherung für das Kommissionsgut abschließen.[38] Er ist berechtigt, das Kommissionsgut auf Kosten des Kommittenten zu versichern, wenn er den Abschluss der Versicherung nach Anwendung pflichtgemäßer Sorgfalt für erforderlich halten durfte (§§ 675 Abs. 1, 670 BGB, 396 Abs. 2).[39]

16   Steht dem Versicherungsabschluss eine Weisung des Kommittenten entgegen, kann der Versicherungsabschluss uU dennoch geboten sein.[40] Dies ist denkbar, wenn besondere Umstände vorliegen, bei deren Kenntnis der Kommittent den Versicherungsabschluss trotz entgegenstehender Weisung gebilligt hätte, vgl. § 665 BGB.[41]

B. Handelsvertreter

17   Für den Handelsvertreter nicht einschlägig.

---

[29] Oetker/Bergmann Rn. 10.
[30] MüKoHGB/Häuser Rn. 21; Ebenroth/Boujong/Joost/Strohn/Füller Rn. 7; Schlegelberger/Hefermehl Rn. 12; Heymann/Herrmann Rn. 2.
[31] BGH NJW 1966, 502; MüKoHGB/Häuser Rn. 22 mwN; Oetker/Bergmann Rn. 10; Staub/Koller Rn. 19; aA OLG München BB 1956, 94.
[32] Staub/Koller Rn. 20.
[33] Ebenroth/Boujong/Joost/Strohn/Füller Rn. 8; Staub/Koller Rn. 20.
[34] Heymann/Herrmann Rn. 2.
[35] Ebenroth/Boujong/Joost/Strohn/Füller Rn. 7.
[36] MüKoHGB/Häuser Rn. 28; Ebenroth/Boujong/Joost/Strohn/Füller Rn. 8; Staub/Koller Rn. 21.
[37] AA MüKoHGB/Häuser Rn. 28; Koller/Kindler/Roth/Drüen/Roth Rn. 3; Staub/Koller Rn. 21; Heymann/Herrmann Rn. 2.
[38] MüKoHGB/Häuser Rn. 29; Staub/Koller Rn. 22.
[39] MüKoHGB/Häuser Rn. 29;.
[40] Oetker/Bergmann Rn. 12.
[41] MüKoHGB/Häuser Rn. 29; Hopt/Kumpan Rn. 5.

C. Vertragshändler

Für den Vertragshändler nicht einschlägig. **18**

D. Franchisenehmer

Für den Franchisenehmer nicht einschlägig. **19**

E. Kommissionsagent

Für den Kommissionsagenten gelten hier keine Abweichungen oder Besonderheiten. **20**

§ 391 Untersuchungs- und Rügepflicht; Aufbewahrung; Notverkauf

¹Ist eine Einkaufskommission erteilt, die für beide Teile ein Handelsgeschäft ist, so finden in bezug auf die Verpflichtung des Kommittenten, das Gut zu untersuchen und dem Kommissionär von den entdeckten Mängeln Anzeige zu machen, sowie in bezug auf die Sorge für die Aufbewahrung des beanstandeten Gutes und auf den Verkauf bei drohendem Verderbe die für den Käufer geltenden Vorschriften der §§ 377 bis 379 entsprechende Anwendung. ²Der Anspruch des Kommittenten auf Abtretung der Rechte, die dem Kommissionär gegen den Dritten zustehen, von welchem er das Gut für Rechnung des Kommittenten gekauft hat, wird durch eine verspätete Anzeige des Mangels nicht berührt.

Übersicht

A. Allgemeines

I. Regelungsgegenstand und Normzweck

1   **§ 391 S. 1** erweitert den Anwendungsbereich der §§ 377 und 379 (§ 378 ist im Rahmen der Schuldrechtsreform[1] aufgehoben worden) auf das Innenverhältnis von Kommittent und Kommissionär, auch wenn beide keinen Kaufvertrag abschließen. Dies gilt allerdings nur für die **Einkaufskommission.** § 391 S. 1 bewirkt in Bezug auf die §§ 377, 379 einen **Gleichlauf von Kommissionsvertrag und Ausführungsgeschäft,** soweit es um die Untersuchung und Anzeige von Mängeln, die Sorge für die Aufbewahrung des vom Kommittenten beanstandeten Kommissionsguts und den Verkauf bei drohendem Verderb des Kommissionsguts geht.

2   Die Norm dient dem **Schutz des Kommissionärs.** Er hat ein Bedürfnis schnellstmöglich zu erfahren, ob der Kommittent das im Rahmen des Ausführungsgeschäfts vom Kommissionär für Rechnung des Kommittenten erworbene Kommissionsgut als mangelfrei akzeptiert.[2] Andernfalls muss der Kommittent etwaige Mängel unverzüglich rügen. In diesem Fall muss der Kommissionär seinerseits unverzüglich gegenüber dem Dritten Mängelhaftungsrechte geltend machen, wenn er den Verlust etwaiger Mängelhaftungsrechte vermeiden will (§ 377 Abs. 1, 3). Die Möglichkeit, sich bei dem Dritten schadlos zu halten steht dem Kommissionär allerdings nicht zu, wenn er den Mangel des Gutes bereits bei Abschluss des Ausführungsgeschäfts kennt (§ 442 BGB).[3]

3   **§ 391 S. 2** hat nur **klarstellende Funktion.**[4] Der Kommittent kann die Abtretung von Mängelrechten trotz eines Verstoßes gegen §§ 391 S. 1, 373 verlangen.[5]

II. Anwendungsbereich

4   § 391 ist nicht anzuwenden, wenn der Kommissionär den **Selbsteintritt** erklärt (§ 400 Abs. 1). Vielmehr gelten dann die §§ 373, 379 unmittelbar.[6] Dies gilt (ohne dass es im Ergebnis darauf ankäme) auch bei einer **Eigenhaftung** des Kommissionärs (§ 384 Abs. 3) (→ § 384 Rn. 84 ff.).[7]

5   § 391 ist unabhängig davon anzuwenden, ob der Mangel des Gutes bereits bei Ablieferung vom Dritten an den Kommissionär vorhanden war oder erst danach entsteht.[8] Entsteht der Mangel erst, wenn sich das Gut in der Verwahrung des Kommissionärs befindet, haftet der Kommissionär nach § 390 (→ § 390 Rn. 3 ff., 10).

III. Voraussetzungen

6   **1. Einkaufskommission, beiderseitiges Handelsgeschäft.** § 391 S. 1 gilt schon dem Wortlaut nach nur für die **(Waren-)Einkaufskommission.**[9] Für eine analoge Anwendung auf Fälle der Verkaufskommission besteht kein Bedürfnis.[10] Dies gilt auch dann, wenn der

---

[1] Gesetz zur Modernisierung des Schuldrechts v. 26.11.2001, BGBl. I 3138; MüKoHGB/Häuser Rn. 7.
[2] MüKoHGB/Häuser Rn. 1; Koller/Kindler/Roth/Drüen/Roth Rn. 1.
[3] Ebenroth/Boujong/Joost/Strohn/Füller Rn. 1.
[4] MüKoHGB/Häuser Rn. 1; Oetker/Bergmann Rn. 11.
[5] MüKoHGB/Häuser Rn. 1; Oetker/Bergmann Rn. 11.
[6] Ebenroth/Boujong/Joost/Strohn/Füller Rn. 2; Oetker/Bergmann Rn. 2; Staub/Koller § 400 Rn. 58.
[7] Wie hier: MüKoHGB/Häuser Rn. 2; Staub/Koller Rn. 7; offen: Heymann/Hermann Rn. 3; Ebenroth/Boujong/Joost/Strohn/Füller Rn. 2.
[8] GK-HGB/Achilles Rn. 2; Heymann/Herrmann Rn. 1.
[9] MüKoHGB/Häuser Rn. 2 f.; Ebenroth/Boujong/Joost/Strohn/Füller Rn. 2; Staub/Koller Rn. 2; Röhricht/Graf v. Westphalen/Haas/Lenz Rn. 2 f.; Straube/Griß-Reiterer Rn. 3; Schlegelberger/Hefermehl Rn. 4.
[10] Ebenso Röhricht/Graf v. Westphalen/Haas/Lenz Rn. 2; so grds. auch MüKoHGB/Häuser Rn. 13; GK-HGB/Achilles Rn. 3; Staub/Koller Rn. 2; Schlegelberger/Hefermehl Rn. 14.

Kommissionär eine Mindestpreisgarantie übernommen hat[11] oder die Anwendung der kaufrechtlichen Mängelhaftungsvorschriften im Rahmen des Kommissionsvertrages vereinbart wurde.[12] Angesichts des klaren Wortlautes der Norm fehlt es schon an einer planwidrigen Regelungslücke.[13]

Ferner muss es sich bei dem Kommissionsgeschäft um ein **beiderseitiges Handels-** **7** **geschäft** handeln.[14] Der Anwendungsbereich des § 391 S. 1 ist damit enger als der generelle Anwendungsbereich des Kommissionsrechts (→ § 383 Rn. 4 f.).[15] Ist der Kommittent kein Kaufmann, trifft ihn somit keine Untersuchungs- und Rügeobliegenheit nach §§ 391 S. 1, 377 Abs. 1, Abs. 3.[16]

2. Ablieferung. § 391 S. 1 setzt voraus, dass sich das Gut beim Kommittenten befin- **8** det.[17] Denn nur in diesem Fall kann er seiner Untersuchungs- und Rügeobliegenheit im Hinblick auf die Beschaffenheit des Gutes überhaupt nachkommen.[18] Von wem der Kommittent das Gut erhält (von dem Kommissionär oder dem Dritten), ist unerheblich.[19]

3. Obliegenheit des Kommittenten. a) Untersuchungs- und Rügeobliegenheit. Die Mängelhaftungsrechte aus dem Ausführungsgeschäft mit dem Dritten stehen nur dem **9** Kommissionär zu,[20] auch wenn der Kommissionär auf Rechnung des Kommittenten handelt. Daher muss der Kommittent das Gut unverzüglich (§ 121 Abs. 1 S. 1) nach Ablieferung iSv § 377 Abs. 1 untersuchen und gegenüber dem Kommissionär etwaige Mängel unverzüglich (§ 121 Abs. 1 S. 1 BGB) rügen, damit der Kommissionär seinerseits gegenüber dem Dritten etwaige Mängelhaftungsrechte geltend machen kann.[21] Dies hat zur Folge, dass den Kommittenten uU eine **doppelte Rügeobliegenheit** (sowohl gegenüber dem Verkäufer als auch gegenüber dem Kommissionär) treffen kann, wenn andernfalls ein Verlust der Mängelhaftungsrechte im Verhältnis Kommissionär/Dritter droht.[22]

b) Mangel iSd § 391 S. 1. Die Untersuchungs- und Rügeobliegenheit bezieht sich **10** dem Wortlaut des § 391 S. 1 nach auf „Mängel". Was hierunter zu verstehen ist, ist **umstritten.** Nach einer teilweise vertretenen Ansicht ist der Begriff des Mangels kommissionsrechtlich zu bestimmen.[23] Daher sei das Gut mangelhaft wenn es einer Weisung oder dem Inhalt des Kommissionsvertrages widerspreche, auch wenn es kaufrechtlich als mangelfrei zu qualifizieren sei.[24] Diese Auffassung überzeugt nicht. Es ist kein Grund ersichtlich, im Rahmen der Prüfung der Mangelhaftigkeit des Gutes im Verhältnis Kommittent/Kommissionär andere Maßstäbe anzuwenden als im Verhältnis Kommissionär/Dritter. In beiden Fällen kommen vielmehr die allgemeinen Grundsätze der §§ 434, 435 BGB zur Anwendung. Richtig ist allerdings, dass die Frage der Mangelhaftigkeit des Gutes im Verhältnis Kommittent/Kommissionär und Kommissionär/Dritter unterschiedlich beantwortet werden kann, etwa dann, wenn der Kommissionär bei Abschluss des Ausführungsgeschäfts die Weisungen des Kommittenten nicht berücksichtigt und sich dies im Verhältnis Kommittent/Kommissionär in einem Mangel iSd §§ 434, 435 BGB (Sach- oder Rechts-

---

[11] Ebenso Röhricht/Graf v. Westphalen/Haas/Lenz Rn. 2; aA OLG München BB 1960, 642 (ohne ausdrückliche Erwähnung von § 391); MüKoHGB/Häuser Rn. 15; Staub/Koller Rn. 3; GK-HGB/Achilles Rn. 3.

[12] GK-HGB/Achilles Rn. 3.

[13] MüKoHGB/Häuser Rn. 13.

[14] MüKoHGB/Häuser Rn. 4; Staub/Koller Rn. 5; Röhricht/Graf v. Westphalen/Haas/Lenz Rn. 4.

[15] So iErg auch MüKoHGB/Häuser Rn. 4; Staub/Koller Rn. 5.

[16] MüKoHGB/Häuser Rn. 4; Canaris HandelsR § 30 II 7c.

[17] MüKoHGB/Häuser Rn. 5; Ebenroth/Boujong/Joost/Strohn/Füller Rn. 3.

[18] MüKoHGB/Häuser Rn. 5.

[19] Hopt/Kumpan Rn. 1; Staub/Koller Rn. 6; Röhricht/Graf v. Westphalen/Haas/Lenz Rn. 5.

[20] Heymann/Herrmann Rn. 1; Staub/Koller Rn. 4; Schlegelberger/Hefermehl Rn. 7.

[21] MüKoHGB/Häuser Rn. 5.

[22] Koller/Kindler/Roth/Drüen/Roth Rn. 2; Heymann/Herrmann Rn. 1; Staub/Koller Rn. 7.

[23] MüKoHGB/Häuser Rn. 7; Schlegelberger/Hefermehl Rn. 8.

[24] MüKoHGB/Häuser Rn. 7; so wohl auch Röhricht/Graf v. Westphalen/Haas/Lenz Rn. 6.

mangel) niederschlägt oder wenn der Mangel erst eintritt, wenn der Kommissionär das Gut bereits in Verwahrung hat.[25] Daher ist nicht auf einen kommissionsrechtlichen Mangelbegriff abzustellen, sondern vielmehr die Frage der Mangelhaftigkeit anhand der in dem jeweiligen Verhältnis relevanten subjektiven und objektiven Anforderungen bzw. Montageanforderungen iSv § 434 Abs. 2–4 BGB zu bestimmen.

11   **c) Aufbewahrung.** Rügt der Kommittent das vom Kommissionär abgelieferte Gut als mangelhaft, ist er gem. §§ 391 S. 1, 379 Abs. 1 **verpflichtet,** für seine einstweilige Aufbewahrung zu sorgen (§ 379 Abs. 1).[26] Die Verletzung dieser Pflicht kann Schadenersatzansprüche nach Maßgabe der §§ 280 Abs. 1, 249 ff. BGB auslösen.

IV. Rechtsfolgen

12   **1. Rechtzeitige Rüge des Kommittenten gegenüber dem Kommissionär. a) Rechtsfolgen zu Gunsten des Kommittenten.** Eine rechtzeitige Mängelrüge iSd §§ 391 S. 1, 377 Abs. 1, Abs. 3 **wahrt die Rechte** des Kommittenten gegen den Kommissionär (Schadenersatz nach §§ 280 Abs. 1, 249 ff. BGB, vgl. § 385 Abs. 1 Hs. 1, Zurückweisung nach § 385 Abs. 1 Hs. 2).[27]

13   Die Mängelrüge im Innenverhältnis von Kommittent und Kommissionär berührt jedoch das Ausführungsgeschäft nicht. Der Kommissionär muss daher seinerseits gegenüber dem Dritten etwaige Mängel rügen[28] und dem Kommittenten gegenüber dem Dritten die Möglichkeit zur Durchsetzung seiner Mängelhaftungsrechte (§ 437 BGB) sichern.[29] Insoweit ist der Kommissionär auch zur Wahrung der Interessen des Kommittenten verpflichtet (§ 384 Abs. 1 Hs. 2 Alt. 1).[30] Der Kommissionär muss daher seinerseits im Verhältnis zum Dritten seiner Untersuchungs- und Rügepflicht gem. § 377 Abs. 1, Abs. 3 rechtzeitig nachkommen.[31]

14   Verletzt der Kommissionär seine Rügeobliegenheit gegenüber dem Dritten, stellt dies im Innenverhältnis zum Kommittenten eine Pflichtverletzung dar. Daher kann der Kommittent gem. §§ 280 Abs. 1, 249 ff. BGB **Schadenersatz** verlangen[32] oder das Geschäft gem. § 385 Abs. 1 **zurückweisen** (→ § 385 Rn. 3).[33] Dies ist insbesondere dann denkbar, wenn das vom Kommissionär erworbene Gut nicht die im Kommissionsvertrag vereinbarte Beschaffenheit aufweist.[34] Während der Schadenersatzanspruch Verschulden voraussetzt, kommt es für die Zurückweisung nach § 385 Abs. 1 Hs. 2 auf ein Verschulden nicht an (→ §§ 385, 386 Rn. 6).

15   Wenn das Gut dem Verderb ausgesetzt und Gefahr in Verzug ist, ist der Kommittent zudem nach Maßgabe des § 373 Abs. 2–5 zum **Notverkauf** berechtigt (§ 379 Abs. 2).[35]

16   **b) Rechtsfolgen zu Gunsten des Kommissionärs.** Wenn der Kommittent Mängel des Gutes rechtzeitig rügt, trifft ihn über die §§ 391 S. 1, 379 Abs. 1 die Verpflichtung zur **einstweiligen Aufbewahrung** des Gutes,[36] deren Verletzung nach allgemeinen Regeln

---

[25] In diesem Sinne auch Hopt/Kumpan Rn. 1; Koller/Kindler/Roth/Drüen/Roth Rn. 2; GK-HGB/Achilles Rn. 2.

[26] GK-HGB/Achilles Rn. 5.

[27] Schlegelberger/Hefermehl Rn. 11; Heymann/Herrmann Rn. 1.

[28] Vgl. GK-HGB/Achilles Rn. 2.

[29] MüKoHGB/Häuser Rn. 1; Oetker/Bergmann Rn. 1.

[30] Oetker/Bergmann Rn. 1.

[31] Ebenroth/Boujong/Joost/Strohn/Füller Rn. 1; Oetker/Bergmann Rn. 1.

[32] Heymann/Herrmann Rn. 1; Staub/Koller Rn. 8; Röhricht/Graf v. Westphalen/Haas/Lenz Rn. 7; GK-HGB/Achilles Rn. 2.

[33] MüKoHGB/Häuser Rn. 1, 10; Staub/Koller Rn. 8; Oetker/Bergmann Rn. 1; Heymann/Hermann Rn. 1.

[34] Oetker/Bergmann Rn. 1.

[35] GK-HGB/Achilles Rn. 5; HK-HGB/Ruß Rn. 4; Schlegelberger/Hefermehl Rn. 9.

[36] MüKoHGB/Häuser Rn. 8; GK-HGB/Achilles Rn. 5; HK-HGB/Ruß Rn. 3; Schlegelberger/Hefermehl Rn. 9.

Schadenersatzansprüche des Kommissionärs gegen den Kommittenten auslösen kann (§§ 280 Abs. 1, 249 ff. BGB).

2. Verspätete Rüge des Kommittenten gegenüber dem Kommissionär. Im Falle **17** einer verspäteten Rüge des Kommittenten gegenüber dem Kommissionär sind die § 377 Abs. 2–5 anzuwenden.[37] Das vom Kommissionär erworbene Gut gilt dann als vom Kommittenten **genehmigt.**[38] Daraus folgt, dass der Kommittent in Bezug auf etwaige Mängel des Gutes keine Schadenersatzansprüche geltend machen kann und ihm auch kein Zurückweisungsrecht gegenüber dem Kommissionär zusteht.[39] Sonstige Pflichtverletzungen des Kommissionärs werden von der Genehmigungsfiktion nicht berührt.[40] Dies folgt schon aus dem Wortlaut des § 377 Abs. 2 und Abs. 3, die sich eindeutig nur auf „die Ware" beziehen.

V. Funktion von § 391 S. 2

§ 391 S. 2 hat **klarstellende Funktion**[41] dahingehend dass der Kommittent die Abtre- **18** tung von Mängelrechten trotz eines Verstoßes gegen §§ 391 S. 1, 373 verlangen kann.[42] Die Genehmigungsfiktion der § 377 Abs. 2, Abs. 3 bezieht sich ohnehin nicht auf das vom Kommissionär getätigte Ausführungsgeschäft, sondern lediglich auf die Beziehung zwischen Kommissionär und Kommittent und die Anerkennung des Gutes als mangelfrei.[43] Der Kommittent kann daher schon aus diesem Grunde weiterhin die Abtretung der dem Kommissionär aus dem Ausführungsgeschäft gegen den Dritten zustehenden Mängelhaftungsrechte verlangen (§ 384 Abs. 2 Hs. 2 Alt. 2).[44] Eines Rückgriffs auf § 391 S. 2 bedarf es nicht.

B. Handelsvertreter

Für den Handelsvertreter nicht einschlägig.   **19**

C. Vertragshändler

Für den Vertragshändler nicht einschlägig.   **20**

D. Franchisenehmer

Für den Franchisenehmer nicht einschlägig.   **21**

E. Kommissionsagent

Für den Kommissionsagenten gelten hier keine Abweichungen oder Besonderheiten. **22** Allerdings wird es im Rahmen der Einkaufskommission nur selten zum Einsatz von Kommissionsagenten kommen (→ Vor § 383 Rn. 7).

---

[37] MüKoHGB/Häuser Rn. 11.
[38] Hopt/Leyens § 377 Rn. 45; Staub/Koller Rn. 10.
[39] MüKoHGB/Häuser Rn. 11.
[40] Ebenroth/Boujong/Joost/Strohn/Füller Rn. 6; GK-HGB/Achilles Rn. 4; Staub/Koller Rn. 10.
[41] MüKoHGB/Häuser Rn. 12; Oetker/Bergmann Rn. 11; Ebenroth/Boujong/Joost/Strohn/Füller Rn. 7.
[42] MüKoHGB/Häuser Rn. 12; Hopt/Kumpan Rn. 1; Oetker/Bergmann Rn. 11.
[43] MüKoHGB/Häuser Rn. 12; Oetker/Bergmann Rn. 11.
[44] MüKoHGB/Häuser Rn. 12; Hopt/Kumpan Rn. 1; Oetker/Bergmann Rn. 11.

§ 392 Forderungen aus dem Kommissionsgeschäft

(1) **Forderungen aus einem Geschäfte, das der Kommissionär abgeschlossen hat, kann der Kommittent dem Schuldner gegenüber erst nach der Abtretung geltend machen.**

(2) **Jedoch gelten solche Forderungen, auch wenn sie nicht abgetreten sind, im Verhältnis zwischen dem Kommittenten und dem Kommissionär oder dessen Gläubigern als Forderungen des Kommittenten.**

Übersicht

A. Allgemeines

I. Regelungsgegenstand und Normzweck

1   § 392 regelt zum einen die **Forderungszuständigkeit im Außenverhältnis** für Forderungen des Kommissionärs gegen den Dritten aus dem Ausführungsgeschäft (Abs. 1) und zum anderen, wem diese Forderungen im **Innenverhältnis** zustehen (Abs. 2).[1]

2   Da der Kommissionär das Ausführungsgeschäft im Außenverhältnis als **mittelbarer Stellvertreter**[2] (→ § 383 Rn. 42) des Kommittenten mit dem Dritten in eigenem Namen abschließt, stehen die Forderungen aus dem Ausführungsgeschäft formal dem Kommissionär zu.[3] Dies ist eine notwendige Folge des Handelns in fremdem Namen.[4] Insoweit folgerichtig bestimmt **Abs. 1,** dass der Kommittent diese Forderungen dem Dritten gegenüber nur dann geltend machen kann, wenn sie ihm vom Kommissionär zuvor abgetreten worden sind.[5] Insofern dient Abs. 1 in gleicher Weise wie § 407 Abs. 1 BGB dem Schutz des Schuldners (hier: des Dritten) davor, an den falschen Gläubiger zu leisten.[6] Dies gilt

---

[1] MüKoHGB/Häuser Rn. 1; Hopt/Kumpan Rn. 1; Koller/Kindler/Roth/Drüen/Roth Rn. 1.
[2] Ebenroth/Boujong/Joost/Strohn/Füller Rn. 1 f.
[3] MüKoHGB/Häuser Rn. 1; Ebenroth/Boujong/Joost/Strohn/Füller Rn. 1.
[4] Ebenroth/Boujong/Joost/Strohn/Füller Rn. 1; GK-HGB/Achilles Rn. 1.
[5] Ebenroth/Boujong/Joost/Strohn/Füller Rn. 1.
[6] Vgl. GK-HGB/Achilles Rn. 1.

selbst dann, wenn der Kommissionär Pflichten aus dem Kommissionsvertrag verletzt,[7] denn auch in diesem Fall ist der Dritte schutzwürdig.

Da der Kommissionär jedoch auf Rechnung des Kommittenten handelt[8] (→ § 383 **3** Rn. 47), gilt im Innenverhältnis gem. **Abs. 2** die Forderung als Forderung des Kommittenten. Durch diese gesetzliche **Fiktion** wird der Kommittent vor Verfügungen des Kommissionärs über die Forderungen aus dem Ausführungsgeschäft geschützt.[9] Abs. 2 entzieht darüber hinaus die Forderungen aus dem Ausführungsgeschäft dem Zugriff der Gläubiger des Kommissionärs[10] (Abs. 2 Alt. 2); sie sind gegen Pfändungsversuche der Gläubiger des Kommissionärs geschützt.[11] Es kommt somit zu einer **Verdinglichung** der Rechtsstellung des Kommittenten.[12]

II. Voraussetzungen

1. Kommissionsgeschäft. § 392 ist anzuwenden, wenn der Kommissionär ein Ausfüh- **4** rungsgeschäft in eigenem Namen für fremde Rechnung abschließt.[13] Dagegen ist § 392 nicht anzuwenden, wenn der Kommissionär den Selbsteintritt erklärt[14] (§ 400 Abs. 1) oder wenn er Hilfsgeschäfte in eigenem Namen auf eigene Rechnung abschließt.[15] In beiden Fällen fehlt es an einem Ausführungsgeschäft (→ § 400 Rn. 1 ff.).

2. Forderung aus dem Ausführungsgeschäft. a) Forderungen. § 392 erfasst nur **5** **Forderungen aus dem Ausführungsgeschäft.**[16] Hierzu zählen die Primärleistungsansprüche auf Lieferung der Kaufsache (§ 433 Abs. 1 BGB) und auf Zahlung des Kaufpreises (§ 433 Abs. 2 BGB) sowie die Nebenleistungsansprüche aus dem Ausführungsgeschäft.[17] Darüber hinaus werden Sekundäransprüche wegen Leistungsstörungen und Ansprüche aus Hilfs- und Nebengeschäften von § 392 erfasst,[18] sofern sie auf Rechnung des Kommittenten abgeschlossen wurden.[19] Typische Hilfs- und Nebengeschäfte sind Speditions-, Lager- und Frachtverträge.[20]

b) Sicherungsrechte; Forderungssurrogate. Umstritten ist, ob in Bezug auf Abs. 2 **6** der Begriff der „Forderung" weit auszulegen ist und ob Abs. 2 auch **Sicherungsrechte** erfasst, also Rechte, die der Sicherung der Forderungen aus dem Ausführungsgeschäft dienen, wie zB Bürgschaften oder Pfandrechte.[21] In gleicher Weise umstritten ist die Frage, ob Abs. 2 (analog) auch auf das **aus dem Ausführungsgeschäft Erlangte** anzuwenden ist. Im Ergebnis geht es darum, ob der Kommittent im Wege der **dinglichen Surrogation**[22] auch insoweit gegenüber den Gläubigern des Kommissionärs privilegiert werden sollte.[23]

---

[7] MüKoHGB/Häuser Rn. 1.
[8] GK-HGB/Achilles Rn. 3.
[9] MüKoHGB/Häuser Rn. 1; Staub/Koller Rn. 2; Röhricht/Graf v. Westphalen/Haas/Lenz Rn. 5.
[10] Ebenroth/Boujong/Joost/Strohn/Füller Rn. 2.
[11] MüKoHGB/Häuser Rn. 1; Ebenroth/Boujong/Joost/Strohn/Füller Rn. 2; Schlegelberger/Hefermehl Rn. 1; aA Canaris FS Flume, 1978, 407.
[12] Staub/Koller Rn. 2 f.
[13] Ebenroth/Boujong/Joost/Strohn/Füller Rn. 3; Oetker/Bergmann Rn. 4.
[14] Ebenroth/Boujong/Joost/Strohn/Füller Rn. 3.
[15] Röhricht/Graf v. Westphalen/Haas/Lenz Rn. 4.
[16] MüKoHGB/Häuser Rn. 5; Hopt/Kumpan Rn. 3; Ebenroth/Boujong/Joost/Strohn/Füller Rn. 5; Staub/Koller Rn. 11; Röhricht/Graf v. Westphalen/Haas/Lenz Rn. 4.
[17] Hopt/Kumpan Rn. 3; Ebenroth/Boujong/Joost/Strohn/Füller Rn. 5; Röhricht/Graf v. Westphalen/ Haas/Lenz Rn. 3.
[18] Hopt/Kumpan Rn. 3; Ebenroth/Boujong/Joost/Strohn/Füller Rn. 5; Röhricht/Graf v. Westphalen/ Haas/Lenz Rn. 3.
[19] Ebenroth/Boujong/Joost/Strohn/Füller Rn. 5; GK-HGB/Achilles Rn. 3; OLG Hamburg VersR 1988, 288 (289).
[20] Hopt/Kumpan Rn. 3; Ebenroth/Boujong/Joost/Strohn/Füller Rn. 6; Weidmann Das Kommissionsgeschäft I, 238 f.; Schlegelberger/Hefermehl Rn. 3; Staub/Koller Rn. 12.
[21] Vgl. Darstellung bei Ebenroth/Boujong/Joost/Strohn/Füller Rn. 7.
[22] Hopt/Kumpan Rn. 7.
[23] Vgl. Ebenroth/Boujong/Joost/Strohn/Füller Rn. 6–8.

7   Nach einer in der **Literatur verbreiteten Ansicht** soll Abs. 2 weit zu verstehen sein und auch Rechte zur Sicherung der Forderungen aus dem Ausführungsgeschäft erfassen.[24] Andernfalls komme es zu dem schwer verständlichen Ergebnis, dass der Kommittent zwar in Bezug auf die Forderungen aus dem Ausführungsgeschäft durch Abs. 2 geschützt würde, dass dieser Schutz sich aber nicht auf die (nicht weniger schutzwürdigen) Sicherungsrechte erstreckte.[25] Wenn Sicherungsrechte von Abs. 2 nicht erfasst würden, könne der Kommittent nicht verhindern, dass die Gläubiger des Kommissionärs auf das vom Dritten zur Erfüllung der Forderungen aus dem Ausführungsgeschäft Geleistete zugreifen können.[26] Diese Auffassung überzeugt, da sie dem Schutzzweck der Norm Rechnung trägt.

8   Dagegen ist die von der **Rechtsprechung**[27] und Teilen der **Literatur**[28] vertretene gegenteilige Auffassung abzulehnen, eine Anwendung des Abs. 2 auf Sicherungsrechte scheide aus. Diese Auffassung argumentiert, der Gesetzgeber habe Abs. 2 bewusst nur auf „Forderungen" aus dem Ausführungsgeschäft erstreckt.[29] Das Sicherungsrecht falle aber nicht unter den Begriff der „Forderung" iSv Abs. 2.[30] Diese allzu stark wortlautorientierte Begründung überzeugt nicht. Sie missachtet den Schutzzweck der Norm.[31] Der Kommittent ist in Bezug auf Forderungen und in Bezug auf Rechte zur Sicherung eben dieser Forderungen gleichermaßen schutzwürdig. Daher ist § 392 Abs. 2 auch auf solche Sicherungsrechte anzuwenden.[32]

9   Von der Frage der Anwendung des Abs. 2 auf Sicherungsrechte ist die Frage zu trennen, ob Abs. 2 (analog) auch auf das aus dem Ausführungsgeschäft **Erlangte** bzw. generell auf **Surrogate der Forderung** Anwendung finden kann.[33] Eine analoge Anwendung setzt jedenfalls voraus, dass das Geleistete beim Kommissionär noch gegenständlich oder zumindest mengenmäßig unterscheidbar vorhanden ist.[34] Der BGH lehnt die Analogie jedoch ab,[35] ebenso Teile der Literatur.[36] Gegen eine analoge Anwendung des Abs. 2 auf das aus dem Ausführungsgeschäft Erlangte bzw. generell Forderungssurrogate spreche bereits der Wortlaut des Abs. 2, der nur „Forderungen" erfasst.[37] Dies ist allerdings nicht entscheidend (→ Rn. 8). Maßgeblich ist vielmehr ein Umkehrschluss zum Parallelfall des § 457 S. 2. Dort hat der Gesetzgeber iRd Transportrechtsreform 1998[38] das Erlangte ausdrücklich dem Versender (als dem wirtschaftlichen Geschäftsherrn) zugewiesen.[39] § 392 Abs. 2 ist demgegenüber enger und erfasst nur Forderungen aus dem Ausführungsgeschäft. Es fehlt daher an einer planwidrigen Regelungslücke.[40] Eine rechtspolitisch wünschenswerte (analoge) Anwendung von § 392 Abs. 2 auf das aus dem Ausführungsgeschäft Erlangte ist daher de lege lata nicht möglich, sondern nur de lege ferenda.

---

[24] Hopt/Kumpan Rn. 7; Oetker/Bergmann Rn. 7 mwN; K. Schmidt HandelsR § 31 V 4c; Staub/Koller Rn. 4; GK-HGB/Achilles Rn. 2; MüKoHGB/Häuser Rn. 8; Heymann/Herrmann Rn. 2.
[25] Vgl. Röhricht/Graf v. Westphalen/Haas/Lenz Rn. 6; MüKoHGB/Häuser Rn. 8.
[26] Hopt/Kumpan Rn. 7; K. Schmidt HandelsR § 31 V 4c; Staub/Koller Rn. 4.
[27] BGH NJW 1974, 456 (457); BGHZ 79, 89 (94); OLG Hamm WM 2004, 1252 (1252 f.).
[28] Weidmann, Das Kommissionsgeschäft I, 1908, 240; Schlegelberger/Hefermehl Rn. 2; HK-HGB/Ruß Rn. 2.
[29] BGH NJW 1974, 456 (457).
[30] Meinungswechsel!
[31] Vgl. Hopt/Kumpan Rn. 7.
[32] Oetker/Bergmann Rn. 7.
[33] Dafür: Hopt/Kumpan Rn. 7; Koller/Kindler/Roth/Drüen/Roth Rn. 5; Röhricht/Graf v. Westphalen/Haas/Lenz Rn. 6; Staub/Koller Rn. 4.
[34] OLG Hamm WM 2004, 1252 (1253); Hopt/Kumpan Rn. 7.
[35] BGH NJW 1974, 456 (457).
[36] Ebenroth/Boujong/Joost/Strohn/Füller Rn. 15; MüKoHGB/Häuser Rn. 43.
[37] BGH NJW 1974, 456 (457).
[38] Gesetz zur Neuregelung des Fracht-, Speditions- und Lagerrechts v. 25.6.1998, BGBl. I 1588.
[39] Begr. RegE, BT-Drs. 13/8445, 56, 109; Oetker/Bergmann Rn. 7.
[40] Vgl. Ebenroth/Boujong/Joost/Strohn/Füller Rn. 7.

3. Leistung an Erfüllung statt. Leistungen, die **an Erfüllung statt** erbracht werden, **10** fallen nicht in den Anwendungsbereich des § 392 Abs. 2.[41] Hier gilt das gleiche wie für das aus dem Ausführungsgeschäft Erlangte (→ Rn. 9). Anders ist es jedoch bei **erfüllungshalber** erbrachten Leistungen[42] und durch Wechsel oder Scheck begründete Verbindlichkeiten.[43] Ebenso wie die Sicherungsrechte bieten sie dem Kommissionär nur eine zusätzliche Befriedigungsmöglichkeit. Insoweit ist es auch unerheblich, ob die Sicherungsrechte akzessorisch sind oder nicht.[44]

4. Aufrechnung. Der Kommissionär kann gegen Forderungen des am Ausführungs- **11** geschäft beteiligten Dritten aufrechnen.[45] Insoweit spielt es keine Rolle, ob es sich um konnexe oder inkonnexe Forderungen handelt.[46]

Umstritten ist, ob dies auch in der umgekehrten Konstellation gilt, also für den Fall **12** einer Aufrechnung des Dritten gegen Forderungen des Kommissionärs. Nach **hM** steht dem Dritten das Recht zur Aufrechnung **mit konnexen und inkonnexen Forderungen** zu.[47] Auch eine etwaige Kenntnis des Dritten, dass der Kommissionär auf fremde Rechnung handelt, vermag hieran nichts zu ändern.[48] Eine **andere Ansicht** differenziert nicht zwischen dem aufrechnenden Dritten und den anderen Gläubigern des Kommissionärs.[49] Die Aufrechnung mit einer **inkonnexen Forderung** sei daher stets unwirksam.[50]

Zu folgen ist der hM. § 392 schützt den Kommittenten nicht davor, dass der Dritte an **13** den Kommissionär leistet.[51] Darüber hinaus würde ein Aufrechnungsverbot den Dritten benachteiligen.[52] Sofern der Kommissionär die Forderung im Wege der Vorausabtretung an den Kommittenten abtritt, kann der Dritte aufrechnen (§ 406 BGB).[53] Dies muss konsequenterweise aber auch dann gelten, wenn er gegenüber dem Kommissionär aufrechnen will.[54]

III. Rechtsfolgen

1. Außenverhältnis Kommissionär/Dritter. a) Vor der Abtretung. Bis zur Abtre- **14** tung stehen die Forderungen im Außenverhältnis **allein dem Kommissionär** zu.[55] So kann der Kommissionär zB bei drohender Zahlungsunfähigkeit des Dritten ihm gegenüber aufrechnen.[56] Dies gilt auch bei pflichtwidrigem Handeln des Kommissionärs, solange es die Grenze der Sittenwidrigkeit gem. §§ 138, 826 BGB nicht überschreitet.[57] Der Dritte kann (folgerichtig) gegen die Forderung des Kommissionärs nicht mit einer Forderung aufrechnen, die ihm gegen den Kommittenten zusteht.[58]

---

[41] AA Hopt/Kumpan Rn. 7; Ebenroth/Boujong/Joost/Strohn/Füller Rn. 9; Oetker/Bergmann Rn. 8.
[42] MüKoHGB/Häuser Rn. 8; Hopt/Kumpan Rn. 3; Oetker/Bergmann Rn. 8.
[43] RGZ 41, 1 (4); Oetker/Bergmann Rn. 8.
[44] Ebenroth/Boujong/Joost/Strohn/Füller Rn. 9; Oetker/Bergmann Rn. 8.
[45] Ebenroth/Boujong/Joost/Strohn/Füller Rn. 12; Oetker/Bergmann Rn. 12.
[46] Hopt/Kumpan Rn. 4; Ebenroth/Boujong/Joost/Strohn/Füller Rn. 12; Schlegelberger/Hefermehl Rn. 25.
[47] RGZ 121, 177 (178); 32, 39 (42); Hopt/Kumpan Rn. 12; Oetker/Bergmann Rn. 12; Canaris HandelsR § 30 IV 3d; vgl. Darstellung bei Staub/Koller Rn. 36 ff.
[48] BGH NJW 1969, 276; Hopt/Kumpan Rn. 12.
[49] K. Schmidt HandelsR § 31 V 4b; Schlegelberger/Hefermehl Rn. 24.
[50] K. Schmidt HandelsR § 31 V 4b; Schlegelberger/Hefermehl Rn. 24.
[51] Oetker/Bergmann Rn. 12.
[52] Oetker/Bergmann Rn. 12.
[53] Oetker/Bergmann Rn. 12.
[54] Oetker/Bergmann Rn. 12; Canaris HandelsR § 30 IV 3d.
[55] Koller/Kindler/Roth/Drüen/Roth Rn. 3; Staub/Koller Rn. 19; vgl. Ebenroth/Boujong/Joost/Strohn/Füller Rn. 11.
[56] Hopt/Kumpan Rn. 4; Koller/Kindler/Roth/Drüen/Roth Rn. 3; Heymann/Herrmann Rn. 3 mwN; zweifelnd K. Schmidt HandelsR § 31 V 4b.
[57] Hopt/Kumpan Rn. 4; Canaris HandelsR § 30 IV 3a.
[58] Hopt/Kumpan Rn. 4; Koller/Kindler/Roth/Drüen/Roth Rn. 3.

15   **b) Nach der Abtretung.** Die Abtretung einer Forderung vom Kommissionär an den Kommittenten ist jederzeit möglich.[59] Sie kann auch als Vorausabtretung im Kommissionsvertrag erfolgen.[60] Der Dritte muss die Abtretung bei fehlender Kenntnis nicht gegen sich gelten lassen, § 407 Abs. 1 BGB.[61]

16   **2. Innenverhältnis Kommittent/Kommissionär.** Im Innenverhältnis zwischen Kommissionär und Kommittent wird die Forderung des Kommissionärs gegen den Dritten als auf den Kommittenten übergegangen behandelt.[62] Insoweit hat § 392 Abs. 2 kaum praktische Bedeutung.[63] Der Kommissionär ist ohnehin verpflichtet die Forderung an den Kommittenten abzutreten (§ 384 Abs. 2 Hs. 2 Alt. 2) (→ § 384 Rn. 60 ff.). Aus § 392 Abs. 2 folgt, dass der Kommissionär ohne Zustimmung des Kommittenten nicht über die Forderung verfügen darf.[64] Bei einer unberechtigten Verfügung des Kommissionärs muss der Kommittent die Verfügung zwar grds. gegen sich gelten lassen, da der Kommissionär im Außenverhältnis gegenüber dem Dritten als Gläubiger der Forderung gilt.[65] Rechtliches Können und rechtliches Dürfen fallen auseinander. Der Kommittent kann in diesem Fall grds. nur Schadenersatz nach §§ 280 Abs. 1, 249 ff. BGB verlangen.[66] Jedoch steht **kollusives Zusammenwirken** zwischen dem Kommissionär und einem Dritten der Wirksamkeit der Verfügung entgegen.[67] Der Kommittent kann in diesem Fall nach §§ 826, 249 BGB die Rückgängigmachung der Verfügung verlangen.[68]

17   **3. Außenverhältnis Kommittent/Gläubiger des Kommissionärs.** Durch die gesetzliche **Fiktionswirkung** des § 392 Abs. 2 Alt. 2 wird die Forderung des Kommissionärs gegen den Dritten auch gegenüber den Gläubigern des Kommissionärs so behandelt, als sei sie bereits auf den Kommittenten übergegangen.[69] Im Ergebnis handelt es sich um eine gesetzlich fingierte Vorausabtretung.[70] Infolgedessen können die Gläubiger nicht auf die Forderung zugreifen. Gleiches gilt, wenn der Kommissionär über die Forderung zu Gunsten eines seiner Gläubiger verfügen will. Rechtsfolge von § 392 Abs. 2 ist die **relative Unwirksamkeit** einer solchen Verfügung.

18   **Pfändet** ein Gläubiger des Kommissionärs die Forderung, kann der Kommittent **Drittwiderspruchsklage nach § 771 ZPO** erheben, da er Inhaber der streitgegenständlichen Forderung ist und ihm dadurch ein die Veräußerung hinderndes Recht zusteht.[71] Der pfändende Gläubiger kann sich auch nicht darauf berufen, er habe keine Kenntnis von dem Kommissionsgeschäft gehabt.[72]

19   **4. Außenverhältnis Kommittent/Gläubiger.** Gegenüber den Gläubigern des Kommittenten findet § 392 Abs. 2 keine Anwendung.[73]

20   **5. Insolvenz des Kommissionärs.** In der **Insolvenz** des Kommissionärs kann der Kommittent die Forderung nach § 47 InsO aussondern.[74] Die Aussonderung ist dabei auf

---

[59] Hopt/Kumpan Rn. 5; Oetker/Bergmann Rn. 9.
[60] Oetker/Bergmann Rn. 9; Schlegelberger/Hefermehl Rn. 12.
[61] BGH NJW 1969, 276; Koller/Kindler/Roth/Drüen/Roth Rn. 4.
[62] Schlegelberger/Hefermehl Rn. 13; Staub/Koller Rn. 24.
[63] Schlegelberger/Hefermehl Rn. 14.
[64] Schlegelberger/Hefermehl Rn. 14.
[65] Schlegelberger/Hefermehl Rn. 14.
[66] Schlegelberger/Hefermehl Rn. 14.
[67] Oetker/Bergmann Rn. 9.
[68] Schlegelberger/Hefermehl Rn. 14.
[69] Hopt/Kumpan Rn. 6; Koller/Kindler/Roth/Drüen/Roth Rn. 6; Staub/Koller Rn. 17.
[70] Röhricht/Graf v. Westphalen/Haas/Lenz Rn. 1.
[71] RGZ 148, 190 (191); MüKoHGB/Häuser Rn. 32; Staub/Koller Rn. 31; Canaris HandelsR § 30 IV 3b.
[72] MüKoHGB/Häuser Rn. 32.
[73] MüKoHGB/Häuser Rn. 34.
[74] BGH NJW 1988, 3203; MüKoHGB/Häuser Rn. 36 mwN; Staub/Koller Rn. 32.

die Abtretung der Forderung gerichtet.[75] Dies gilt jedoch nicht, wenn der Kommissionär die Forderung bereits eingezogen hat; § 47 InsO findet in diesem Fall keine Anwendung.[76] Der Kommittent kann auch nicht im Wege der Ersatzaussonderung nach § 48 InsO vorgehen.[77]

IV. Abdingbarkeit

Abs. 1 ist **zwingend** und steht aus Gründen des Schuldnerschutzes (hier des Dritten) **21** nicht zur Disposition der Parteien.[78] **Abs. 2** ist **dispositiv.**[79]

B. Handelsvertreter

Für den Handelsvertreter nicht einschlägig. **22**

C. Vertragshändler

Für den Vertragshändler nicht einschlägig. **23**

D. Franchisenehmer

Für den Franchisenehmer nicht einschlägig. **24**

E. Kommissionsagent

Für den Kommissionsagenten gelten hier keine Abweichungen oder Besonderheiten. **25**

§ 393 Vorschuß; Kredit

(1) **Wird von dem Kommissionär ohne Zustimmung des Kommittenten einem Dritten ein Vorschuß geleistet oder Kredit gewährt, so handelt der Kommissionär auf eigene Gefahr.**

(2) **Insoweit jedoch der Handelsgebrauch am Orte des Geschäfts die Stundung des Kaufpreises mit sich bringt, ist in Ermangelung einer anderen Bestimmung des Kommittenten auch der Kommissionär dazu berechtigt.**

(3) [1]**Verkauft der Kommissionär unbefugt auf Kredit, so ist er verpflichtet, dem Kommittenten sofort als Schuldner des Kaufpreises die Zahlung zu leisten.** [2]**Wäre beim Verkaufe gegen bar der Preis geringer gewesen, so hat der Kommissionär nur den geringeren Preis und, wenn dieser niedriger ist als der ihm gesetzte Preis, auch den Unterschied nach § 386 zu vergüten.**

---

[75] MüKoHGB/Häuser Rn. 36.
[76] MüKoHGB/Häuser Rn. 37.
[77] MüKoHGB/Häuser Rn. 37.
[78] MüKoHGB/Häuser Rn. 49; Koller/Kindler/Roth/Drüen/Roth Rn. 7; Staub/Koller Rn. 46; GK-HGB/Achilles Rn. 1; Röhricht/Graf v. Westphalen/Haas/Lenz Rn. 10.
[79] MüKoHGB/Häuser Rn. 49; Ebenroth/Boujong/Joost/Strohn/Füller Rn. 13; Koller/Kindler/Roth/Drüen/Roth Rn. 7; Staub/Koller Rn. 46; GK-HGB/Achilles Rn. 7; Röhricht/Graf v. Westphalen/Haas/Lenz Rn. 10; Schlegelberger/Hefermehl Rn. 27.

A. Allgemeines

I. Regelungsgegenstand und Normzweck

1   Regelungsgegenstand des § 393 ist die Frage, unter welchen Umständen der Kommissionär im Rahmen der Ausführung der Kommission dem **Dritten** einen **Vorschuss** oder **Kredit** gewähren darf und welche Rechtsfolgen sich daraus ergeben.[1] § 393 ist lex specialis zu § 384 Abs. 1 Hs. 2 Alt. 1 und betrifft einen Teilaspekt der allgemeinen Interessenwahrnehmungspflicht,[2] die insoweit von § 393 überlagert wird.[3] Daher scheidet idR in den von § 393 erfassten Fällen eine Zurückweisung nach § 385 Abs. 1 Hs. 2 aus[4] (→ §§ 385, 386 Rn. 9 ff.).

2   Der Kommittent ist nicht Dritter iSd § 393[5].

3   **Abs. 1** der Vorschrift stellt klar, dass es für die Leistung des Vorschusses (Einkaufskommission) oder die Gewährung von Kredit (Verkaufskommission) stets der **Zustimmung** des Kommittenten bedarf, und zwar unabhängig davon, ob die Vorgehensweise des Kommissionärs dem Interesse des Kommittenten entspricht.[6] Die Zustimmung des Kommittenten ist erforderlich, weil sowohl die Leistung eines Vorschusses als auch die Gewährung von Kredit für den Kommittenten ein finanzielles Risiko darstellen, dessen Eintrittswahrscheinlichkeit er nicht beurteilen kann; die Beurteilung der Bonität des Dritten ist regelmäßig nur dem Kommissionär möglich.[7]

4   § 393 Abs. 1 findet auch Anwendung, wenn der Vorschuss oder Kredit einer am Ausführungsgeschäft **nicht beteiligten** Person gewährt wird.[8] Allerdings muss der Kommissionär den Vorschuss oder Kredit gerade **in Ausführung** des Kommissionsvertrages gewähren.[9]

5   **Abs. 2** statuiert eine Ausnahme von Abs. 1 für eine spezielle Konstellation, während **Abs. 3** die verschuldensunabhängige Haftung des Kommissionärs auf der Rechtsfolgenseite näher ausgestaltet.

II. Voraussetzungen

6   **1. Vorschuss oder Kredit.** Bei der Einkaufskommission kann es zu Vorleistungen des Kommissionärs an den Dritten kommen; diese Vorleistung wird als **Vorschuss** bezeichnet.[10] Von praktischer Bedeutung sind vor allem dem Frachtführer des Kommissionsguts gegenüber gewährte Vorschüsse.[11] Wohl eher selten dürfte der Fall vorkommen, dass der Kommissionär bei der Verkaufskommission einen dem Kaufpreis entsprechenden Betrag bereits an den Kommittenten auszahlt, bevor er die Kaufpreiszahlung vom Dritten erhalten hat; in diesem Fall greift § 393 aber schon deshalb nicht ein, weil der Kommittent nicht Dritter ist[12] (→ Rn. 2). Als **Kredit** bezeichnet man in erster Linie die Kaufpreisstundung bei der Verkaufskommission;[13] idR handelt es sich hierbei um einen **Warenkredit.** Der

---

[1] MüKoHGB/Häuser Rn. 1.

[2] GK-HGB/Achilles Rn. 1.

[3] GK-HGB/Achilles Rn. 1; Heymann/Herrmann Rn. 1; vgl. Koller/Kindler/Roth/Drüen/Roth Rn. 1.

[4] MüKoHGB/Häuser Rn. 21; aA Röhricht/Graf v. Westphalen/Haas/Lenz Rn. 5; HK-HGB/Ruß Rn. 2.

[5] MüKoHGB/Häuser Rn. 2; Schlegelberger/Hefermehl Rn. 2; vgl. Staub/Koller Rn. 2; vgl. Röhricht/Graf v. Westphalen/Haas/Lenz Rn. 3.

[6] MüKoHGB/Häuser Rn. 1.

[7] MüKoHGB/Häuser Rn. 1; Koller/Kindler/Roth/Drüen/Roth Rn. 1; Ehrenberg/Schmidt-Rimpler V/1 742.

[8] MüKoHGB/Häuser Rn. 3.

[9] MüKoHGB/Häuser Rn. 3.

[10] MüKoHGB/Häuser Rn. 4; Ebenroth/Boujong/Joost/Strohn/Füller Rn. 2.

[11] Ebenroth/Boujong/Joost/Strohn/Füller Rn. 2; Schlegelberger/Hefermehl Rn. 4.

[12] Vgl. hierzu MüKoHGB/Häuser Rn. 2.

[13] Staub/Koller Rn. 3; Ebenroth/Boujong/Joost/Strohn/Füller Rn. 2; Koller/Kindler/Roth/Drüen/Roth Rn. 2.

Begriff wird **weit ausgelegt**[14] und erfasst jede Form der Risikoübernahme hinsichtlich der Bonität des Dritten.[15]

2. Zustimmung des Kommittenten. Der Kommittent muss der Vorschussleistung **7** oder der Kreditgewährung zustimmen.[16] Dies kann durch vorherige Zustimmung (**Einwilligung,** § 183 S. 1 BGB) oder durch nachträgliche Zustimmung (**Genehmigung,** § 184 Abs. 1 BGB) geschehen.[17] Die Erteilung der Zustimmung erfolgt durch Abgabe einer empfangsbedürftigen Willenserklärung iSd § 130 Abs. 1 BGB.[18]

Die Zustimmung kann auch **konkludent** erteilt werden; sie muss nicht ausdrücklich **8** erfolgen.[19] Eine konkludente Zustimmung liegt etwa in der Vereinbarung einer Delkredere-Haftung des Kommissionärs iSv § 394[20] (→ § 394 Rn. 1 ff.), wenn dem Kommittenten bekannt ist, dass der Kommissionär das Ausführungsgeschäft nur gegen Kredit abschließen kann,[21] oder wenn bei der Einkaufskommission (etwa im Außenhandel) die Zahlung des Kaufpreises (nur) per Akkreditiv möglich oder üblich ist.[22]

Hat der Kommittent die Höhe eines Kredites an den Dritten begrenzt, darf der Kommis- **9** sionär die vorgegebene Grenze ohne die Zustimmung des Kommittenten nicht überschreiten.[23] Einer Zustimmung des Kommittenten bedarf es jedoch nach **Abs. 2** nicht, wenn der Kommissionär einem Dritten den Kaufpreis **stundet** (Abs. 2 erfasst nur die Stundung[24]) und diesbezüglich ein **Handelsbrauch** am Ort des Geschäftsabschlusses oder des Erfüllungsortes des Ausführungsgeschäfts besteht[25] (→ § 346 Rn. 16 ff.). Abs. 2 greift ausdrücklich dann nicht ein, wenn der Kommittent eine **andere Bestimmung** getroffen, die Stundung also untersagt hat.[26]

III. Rechtsfolgen

Die fehlende Genehmigung zur Vorschusserteilung oder zur Kreditgewährung macht das **10** Handeln des Kommissionärs nicht unwirksam.[27] Jedoch handelt er ausweislich Abs. 1 Hs. 2 in diesem Fall **auf eigene Gefahr**.[28] Deshalb muss er alle für den Kommittenten nachteiligen Folgen selbst tragen.[29] Auf ein Verschulden des Kommissionärs kommt es insoweit nicht an; der Anspruch ist (anders als der Schadenersatzanspruch → Rn. 14) **verschuldensunabhängig**.[30]

Dies führt zB dazu, dass der **Verkaufskommissionär** den Kaufpreis „als Schuldner" **11** sofort selbst an den Kommittenten leisten muss, sofern er dem Dritten den Kaufpreis

---

[14] MüKoHGB/Häuser Rn. 4; vgl. Staub/Koller Rn. 3.
[15] MüKoHGB/Häuser Rn. 5; Ebenroth/Boujong/Joost/Strohn/Füller Rn. 1; Staub/Koller Rn. 3; vgl. Röhricht/Graf v. Westphalen/Haas/Lenz Rn. 2.
[16] MüKoHGB/Häuser Rn. 6; Heymann/Herrmann Rn. 5; Röhricht/Graf v. Westphalen/Haas/Lenz Rn. 2.
[17] MüKoHGB/Häuser Rn. 6; Hopt/Kumpan Rn. 1; Röhricht/Graf v. Westphalen/Haas/Lenz Rn. 4; GK-HGB/Achilles Rn. 2.
[18] MüKoHGB/Häuser Rn. 7.
[19] MüKoHGB/Häuser Rn. 7; Koller/Kindler/Roth/Drüen/Roth Rn. 3; Staub/Koller Rn. 4.
[20] MüKoHGB/Häuser Rn. 7; Staub/Koller Rn. 4; Röhricht/Graf v. Westphalen/Haas/Lenz Rn. 4.
[21] MüKoHGB/Häuser Rn. 7; Staub/Koller Rn. 4.
[22] MüKoHGB/Häuser Rn. 7; vgl. Staub/Koller Rn. 4.
[23] MüKoHGB/Häuser Rn. 6.
[24] MüKoHGB/Häuser Rn. 9.
[25] Staub/Koller Rn. 5; Oetker/Bergmann Rn. 4; Koller/Kindler/Roth/Drüen/Roth Rn. 3; vgl. MüKoHGB/Häuser Rn. 1; Röhricht/Graf v. Westphalen/Haas/Lenz Rn. 4.
[26] MüKoHGB/Häuser Rn. 11; Oetker/Bergmann Rn. 4; Schlegelberger/Hefermehl Rn. 8.
[27] MüKoHGB/Häuser Rn. 12.
[28] MüKoHGB/Häuser Rn. 12; Schlegelberger/Hefermehl Rn. 9; Staub/Koller Rn. 9.
[29] MüKoHGB/Häuser Rn. 12; Schlegelberger/Hefermehl Rn. 9.
[30] MüKoHGB/Häuser Rn. 12; Ebenroth/Boujong/Joost/Strohn/Füller Rn. 6; Oetker/Bergmann Rn. 5; Schlegelberger/Hefermehl Rn. 9; Düringer/Hachenburg/Lehmann Rn. 6; Röhricht/Graf v. Westphalen/Haas/Lenz Rn. 5; HK-HGB/Ruß Rn. 2; aA Staub/Koller Rn. 10.

unberechtigterweise gestundet hat, § 393 Abs. 3 S. 1.[31] Jedoch stehen ihm insoweit alle Einreden und Einwendungen des Dritten zu (mit Ausnahme der Stundung).[32]

12   Allerdings kann der Verkauf unter Stundung des Kaufpreises dazu führen, dass der Kommissionär bessere Konditionen erzielt als bei einem Bargeschäft.[33] § 393 Abs. 3 S. 2 ist insoweit lex specialis zu § 387 Abs. 1 (→ § 387 Rn. 2 ff.) und bestimmt, dass der Kommissionär dem Kommittenten nur den (hypothetischen) **Barpreis** und nicht den tatsächlich erzielten Preis auszukehren hat, wenn der Barpreis geringer gewesen wäre als der tatsächlich erzielte Preis.[34] Das Zurückweisungsrecht des § 386 Abs. 1 wegen Unterschreitung der vom Kommittenten gesetzten Preisgrenzen bleibt von § 393 Abs. 3 S. 2 unberührt.[35]

13   Der **Einkaufskommissionär** kann nicht sofort Aufwendungsersatz vom Kommittenten verlangen, wenn er dem Dritten einen Vorschuss (also den Kaufpreis vorab) gezahlt hat, sondern muss abwarten, bis der Dritte die Gegenleistung erbracht hat.[36] Der Einkaufskommissionär trägt das Kreditrisiko insofern allein und kann es nicht auf den Kommittenten abwälzen.[37]

14   Des Weiteren kann der Kommittent im Fall des schuldhaften Handelns Schadenersatz nach §§ 280 Abs. 1, 249 ff. BGB verlangen.[38] Bei einem Weisungsverstoß kann der Kommittent das Geschäft zurückweisen (§ 385 Abs. 1 Hs. 2).[39] Zahlt der Kommissionär im Fall des § 393 Abs. 3 S. 1 den Kaufpreis nicht sofort, kann der Kommittent den ihm entstehenden Verzugsschaden geltend machen (§§ 280 Abs. 1, Abs. 2, 286 BGB).[40]

IV. Beweislast

15   Der **Kommittent** trägt die Beweislast dafür, dass ihm durch die Vorschusserteilung bzw. Kreditgewährung ein **Nachteil** entstanden ist.[41] Dagegen muss der **Kommissionär** sich entlasten und beweisen, dass er **zur Kreditgewährung berechtigt** war,[42] insbesondere, dass der Kommittent zugestimmt hat.[43] Gleiches gilt für die Existenz eines Handelsbrauchs; auch hier trägt der Kommissionär die Beweislast.[44]

16   Bei einer **Verkaufskommission** muss der Kommissionär darlegen und beweisen, dass der Barkaufpreis geringer gewesen wäre als der Erlös bei einem Verkauf unter Kreditierung.[45]

B. Handelsvertreter

17   Für den Handelsvertreter nicht einschlägig.

C. Vertragshändler

18   Für den Vertragshändler nicht einschlägig.

---

[31] MüKoHGB/Häuser Rn. 13; Schlegelberger/Hefermehl Rn. 9.
[32] MüKoHGB/Häuser Rn. 15; Staub/Koller Rn. 13.
[33] MüKoHGB/Häuser Rn. 17.
[34] MüKoHGB/Häuser Rn. 17.
[35] MüKoHGB/Häuser Rn. 18.
[36] MüKoHGB/Häuser Rn. 12; Ebenroth/Boujong/Joost/Strohn/Füller Rn. 5; Oetker/Bergmann Rn. 6; vgl. Staub/Koller Rn. 15.
[37] Vgl. Ebenroth/Boujong/Joost/Strohn/Füller Rn. 5.
[38] Ebenroth/Boujong/Joost/Strohn/Füller Rn. 8.
[39] Hopt/Kumpan Rn. 2; Oetker/Bergmann Rn. 5; Schlegelberger/Hefermehl Rn. 17.
[40] MüKoHGB/Häuser Rn. 16.
[41] MüKoHGB/Häuser Rn. 19; vgl. Staub/Koller Rn. 16.
[42] MüKoHGB/Häuser Rn. 19; Staub/Koller Rn. 16.
[43] MüKoHGB/Häuser Rn. 19; Staub/Koller Rn. 16.
[44] MüKoHGB/Häuser Rn. 19; Röhricht/Graf v. Westphalen/Haas/Lenz Rn. 4.
[45] MüKoHGB/Häuser Rn. 20; Staub/Koller Rn. 16.

D. Franchisenehmer

Für den Franchisenehmer nicht einschlägig. 19

E. Kommissionsagent

Für den Kommissionsagenten gelten hier keine Abweichungen oder Besonderheiten. 20
Allerdings ist zu beachten, dass eine Abs. 1 und/oder Abs. 3 entsprechende Vertragsklausel
die Qualifizierung des Kommissionsagenten als Handelsvertreter im kartellrechtlichen Sinne
gefährden würde, weil der Kommissionsagent verschuldensunabhängig Risiken aus dem
übernommenen Geschäft tragen würde[46] (→ Vor § 383 Rn. 18 ff.).

§ 394 Delkrederehaftung des Kommissionärs

(1) **Der Kommissionär hat für die Erfüllung der Verbindlichkeiten des Dritten, mit
dem er das Geschäft für Rechnung des Kommittenten abschließt, einzustehen, wenn
dies von ihm übernommen oder am Orte seiner Niederlassung Handelsgebrauch ist.**

(2) **¹Der Kommissionär, der für den Dritten einzustehen hat, ist dem Kommittenten
für die Erfüllung im Zeitpunkte des Verfalls unmittelbar insoweit verhaftet, als die
Erfüllung aus dem Vertragsverhältnisse gefordert werden kann. ²Er kann eine besondere Vergütung (Delkredereprovision) beanspruchen.**

A. Allgemeines

I. Regelungsgegenstand und Normzweck

§ 394 begründet eine Einstandspflicht des Kommissionärs.[1] Er hat aufgrund vertraglicher 1
Vereinbarung oder kraft Handelsbrauchs am Ort seiner Niederlassung für die Erfüllung der
Verbindlichkeiten des am Ausführungsgeschäft beteiligten Dritten einzustehen.[2]

Die dogmatische Einordnung der Delkrederehaftung ist umstritten.[3] Nach hM stellt die 2
Delkrederehaftung eine **bürgschaftsähnliche Haftung** dar, auf die ergänzend die
§§ 765 ff. BGB Anwendung finden.[4] Nach aA handelt es sich entweder um eine selb-
ständige Garantie[5] oder um eine eigenständige Haftungsnorm des Handelsrechts.[6] Im
Ergebnis kommt es hierauf nicht an;[7] entscheidend ist primär die jeweilige vertragliche
Ausgestaltung.[8]

Die Übernahme der Delkrederehaftung des Kommissionärs ist vom Selbsteintritt iSv 3
§ 400 Abs. 1 abzugrenzen. Die Übernahme der Delkrederehaftung führt nicht zu einem

---

[46] Vgl. Vertikal-LL 2022 Rn. 31 Lit. (d).
[1] Ebenroth/Boujong/Joost/Strohn/Füller Rn. 1; Oetker/Bergmann Rn. 1; Koller/Kindler/Roth/Drü-
en/Roth Rn. 1.
[2] Ebenroth/Boujong/Joost/Strohn/Füller Rn. 1; Oetker/Bergmann Rn. 3; Koller/Kindler/Roth/Drü-
en/Roth Rn. 1.
[3] Oetker/Bergmann Rn. 2; Koller/Kindler/Roth/Drüen/Roth Rn. 2; Schlegelberger/Hefermehl Rn. 3.
[4] MüKoHGB/Häuser Rn. 4; Hopt/Kumpan Rn. 2; Staub/Koller Rn. 2; Schlegelberger/Hefermehl
Rn. 3; K. Schmidt HandelsR § 31 IV 2b.
[5] Diese Ansicht wird heute nicht mehr vertreten. Nachweise bei Schlegelberger/Hefermehl Rn. 3 und
Staub/Koller Rn. 2.
[6] Koller/Kindler/Roth/Drüen/Roth Rn. 2; GK-HGB/Achilles Rn. 2; Röhricht/Graf v. Westphalen/
Haas/Lenz Rn. 2.
[7] MüKoHGB/Häuser Rn. 4; Ebenroth/Boujong/Joost/Strohn/Füller Rn. 2; K. Schmidt HandelsR
§ 31 IV 2b; GK-HGB/Achilles Rn. 2.
[8] Ebenroth/Boujong/Joost/Strohn/Füller Rn. 2.

Selbsteintritt des Kommissionärs.[9] Beim Selbsteintritt wandelt sich der Kommissionsvertrag zu einem Kaufvertrag zwischen Kommissionär und Kommittenten. Bei der Übernahme der Delkrederehaftung steht dem Kommittenten demgegenüber lediglich der Kommissionär als weiterer Schuldner zur Verfügung (→ Rn. 7).

II. Haftungsvoraussetzungen

4   **1. Vertragliche Delkrederehaftung (Abs. 1 Alt. 1).** Die Delkrederehaftung des Kommissionärs kann durch **ausdrückliche** oder **konkludente** Vereinbarung mit dem Kommittenten übernommen werden.[10] Die Vereinbarung der Haftungsübernahme kann Bestandteil des Kommissionsvertrages sein.[11] Sie ist **formlos** möglich (vgl. Abs. 1)[12] und kann **bedingt** (§ 158 BGB) oder **befristet** (§ 163 BGB) vereinbart werden.[13] Aus der Vereinbarung einer Delkredereprovision kann idR auf die Übernahme der Delkrederehaftung geschlossen werden.[14]

5   **2. Delkrederehaftung kraft Handelsbrauchs (Abs. 1 Alt. 2).** Eine Delkrederehaftung kraft Handelsbrauchs setzt voraus, dass **am Ort der Niederlassung des Kommissionärs** ein entsprechender Handelsbrauch (→ § 346 Rn. 19 ff.) besteht.[15] Dies gilt selbst dann, wenn weder Kommissionär noch Kommittent Kaufleute sind (→ § 383 Rn. 4 f.).[16] Insoweit geht § 394 Abs. 1 weiter als § 346[17] (→ § 346 Rn. 1). Dagegen begründet ein Handelsbrauch am Erfüllungsort keine Delkrederehaftung.[18] Den Parteien bleibt es aber unbenommen vom Handelsbrauch abweichende Vereinbarungen zu treffen (→ § 346 Rn. 31).[19]

III. Haftungsumfang

6   **1. Akzessorietät der Haftung.** Die Delkrederehaftung des Kommissionärs tritt neben die Haftung des Dritten; sie ist **akzessorisch**.[20] Dem Kommissionär stehen daher gegenüber dem Kommittenten grundsätzlich alle **Einreden und Einwendungen** (§§ 767, 768 BGB) zu, die der Dritte dem Kommittenten entgegenhalten könnte.[21] Allerdings ist dem Kommissionär die Berufung auf diejenigen Einreden und Einwendungen abgeschnitten, deren Ursache er in pflichtwidriger Weise selbst gesetzt hat.[22] Ob dieses Ergebnis auf § 242 BGB[23] oder auf §§ 280 Abs. 1, 249 ff. BGB (wegen eines Verstoßes gegen die Interessenwahrnehmungspflicht des § 384 Abs. 1 Hs. 2 Alt. 1) beruht,[24] kann dahinstehen.

---

[9] Ebenroth/Boujong/Joost/Strohn/Füller Rn. 4.

[10] MüKoHGB/Häuser Rn. 6; Ebenroth/Boujong/Joost/Strohn/Füller Rn. 3; Staub/Koller Rn. 5; GK-HGB/Achilles Rn. 3.

[11] MüKoHGB/Häuser Rn. 6; Röhricht/Graf v. Westphalen/Haas/Lenz Rn. 4.

[12] Hopt/Kumpan Rn. 1; Ebenroth/Boujong/Joost/Strohn/Füller Rn. 3; Staub/Koller Rn. 5; GK-HGB/Achilles Rn. 3; aA Ehrenberg/Schmidt-Rimpler V/1 781.

[13] MüKoHGB/Häuser Rn. 7; Schlegelberger/Hefermehl Rn. 7.

[14] MüKoHGB/Häuser Rn. 6; Ebenroth/Boujong/Joost/Strohn/Füller Rn. 3.

[15] MüKoHGB/Häuser Rn. 8; Oetker/Bergmann Rn. 6; Staub/Koller Rn. 6.

[16] MüKoHGB/Häuser Rn. 8; Oetker/Bergmann Rn. 6; Staub/Koller Rn. 6.

[17] MüKoHGB/Häuser Rn. 8; Ebenroth/Boujong/Joost/Strohn/Füller Rn. 3.

[18] MüKoHGB/Häuser Rn. 9; Schlegelberger/Hefermehl Rn. 8; Röhricht/Graf v. Westphalen/Haas/Lenz Rn. 5.

[19] Oetker/Bergmann Rn. 6; Weidmann, Das Kommissionsgeschäft I, 1908, 264 f.

[20] MüKoHGB/Häuser Rn. 13; Hopt/Kumpan Rn. 5; Ebenroth/Boujong/Joost/Strohn/Füller Rn. 4; Koller/Kindler/Roth/Drüen/Roth Rn. 5; GK-HGB/Achilles Rn. 7.

[21] MüKoHGB/Häuser Rn. 15; Hopt/Kumpan Rn. 5; Ebenroth/Boujong/Joost/Strohn/Füller Rn. 6; Staub/Koller Rn. 11; K. Schmidt HandelsR § 31 IV 2b; GK-HGB/Achilles Rn. 7.

[22] MüKoHGB/Häuser Rn. 17; Ebenroth/Boujong/Joost/Strohn/Füller Rn. 6; Hopt/Kumpan Rn. 5; Oetker/Bergmann Rn. 10; Schlegelberger/Hefermehl Rn. 13; GK-HGB/Achilles Rn. 7; K. Schmidt HandelsR § 31 IV 2b; aA Staub/Koller Rn. 11.

[23] Ebenroth/Boujong/Joost/Strohn/Füller Rn. 6; GK-HGB/Achilles Rn. 7.

[24] Staub/Koller Rn. 11; K. Schmidt HandelsR § 31 IV 2a; Grünhut, Das Recht des Commissionshandels, 1879, 356.

2. Art und Umfang der Haftung. Der Kommissionär haftet gegenüber dem Kom- **7** mittenten **persönlich und unmittelbar,**[25] ohne dass der Kommittent zuvor den Dritten in Anspruch nehmen muss (keine Einrede der Vorausklage).[26]

Die **Delkrederehaftung** kann durch Parteivereinbarung **erweitert oder beschränkt** **8** werden.[27] Eine Haftungserweiterung ist zB im Wege des Schuldbeitritts oder durch die Übernahme einer Mindestpreisgarantie denkbar.[28]

3. Erfüllung der Verbindlichkeit aus dem Ausführungsgeschäft. Der Kommis- **9** sionär haftet aus § 394 auf die Erfüllung der **Verbindlichkeit des Dritten aus dem Ausführungsgeschäft**[29] (§ 394 Abs. 1 Hs. 1, Abs. 2 S. 1). Dies umfasst bei der Verkaufskommission die Zahlung des Kaufpreises und bei der Einkaufskommission die Lieferung des Gutes.[30] Die Haftung erlischt daher erst mit Erfüllung durch den Dritten (§§ 362 ff. BGB). Stehen dem Kommittenten gegen den Dritten **außervertragliche** Ansprüche zu (zB aus unerlaubter Handlung oder Bereicherungsrecht), haftet der Kommissionär hierfür nicht.[31] Derartige Ansprüche sind nicht auf eine Erfüllung der Verbindlichkeit des Dritten „aus dem Vertragsverhältnis" gerichtet.[32]

4. Verhältnis zur Herausgabeflicht. Unabhängig von der Übernahme der Delkrede- **10** rehaftung bleibt der Kommissionär aus § 384 Abs. 2 Hs. 2 zur Abtretung der Ansprüche gegen den Dritten an den Kommittenten verpflichtet.[33] Dem Kommittenten steht dann ein Wahlrecht zu.[34] Er kann seine Ansprüche entweder gegenüber dem Dritten (aus abgetretenem Recht) oder gegenüber dem Kommissionär (aus der Delkrederehaftung) geltend machen.[35] Er kann zudem vom Kommissionär Abtretung der Ansprüche und Leistung aufgrund der Delkrederehaftung verlangen.[36] Leistet der Kommissionär, geht der abgetretene Anspruch gegen den Dritten auf ihn über (§ 774 Abs. 1 BGB);[37] die Herausgabepflicht erlischt.[38] Leistet der Dritte, erlischt das Delkredere.[39]

IV. Delkredereprovision (Abs. 2 S. 2)

Aus § 394 Abs. 2 S. 2 geht hervor, dass der Kommissionär eine Delkredereprovision **11** verlangen kann.[40] Der Provisionsanspruch stellt einen **Ausgleich für die Übernahme des Risikos** dar, bei ausbleibender Zahlung des Dritten selbst an den Kommittenten zahlen zu müssen.[41] Die Höhe der Provision richtet sich primär nach der Parteivereinbarung.[42] Fehlt eine derartige Vereinbarung, gelten die üblichen Provisionssätze am Niederlassungsort des

---

[25] MüKoHGB/Häuser Rn. 12; Ebenroth/Boujong/Joost/Strohn/Füller Rn. 4; Hopt/Kumpan Rn. 3; Oetker/Bergmann Rn. 8; Schlegelberger/Hefermehl Rn. 10; GK-HGB/Achilles Rn. 5; Röhricht/Graf v. Westphalen/Haas/Lenz Rn. 6.

[26] MüKoHGB/Häuser Rn. 12; Ebenroth/Boujong/Joost/Strohn/Füller Rn. 4; Hopt/Kumpan Rn. 3; GK-HGB/Achilles Rn. 5.

[27] Hopt/Kumpan Rn. 2; Staub/Koller Rn. 21; Schlegelberger/Hefermehl Rn. 18.

[28] Hopt/Kumpan Rn. 2; Schlegelberger/Hefermehl Rn. 18.

[29] MüKoHGB/Häuser Rn. 18; vgl. auch GK-HGB/Achilles Rn. 6.

[30] MüKoHGB/Häuser Rn. 18; Ebenroth/Boujong/Joost/Strohn/Füller Rn. 5.

[31] So MüKoHGB/Häuser Rn. 19; Hopt/Kumpan Rn. 4; Schlegelberger/Hefermehl Rn. 11; GK-HGB/Achilles Rn. 6; Staub/Koller Rn. 9.

[32] Hopt/Kumpan Rn. 4.

[33] MüKoHGB/Häuser Rn. 11; Ebenroth/Boujong/Joost/Strohn/Füller Rn. 4; Hopt/Kumpan Rn. 3.

[34] MüKoHGB/Häuser Rn. 11; Ebenroth/Boujong/Joost/Strohn/Füller Rn. 4; Oetker/Bergmann Rn. 7.

[35] Ebenroth/Boujong/Joost/Strohn/Füller Rn. 4; Oetker/Bergmann Rn. 7.

[36] MüKoHGB/Häuser Rn. 11.

[37] Hopt/Kumpan Rn. 5; Ebenroth/Boujong/Joost/Strohn/Füller Rn. 4.

[38] MüKoHGB/Häuser Rn. 22.

[39] Ebenroth/Boujong/Joost/Strohn/Füller Rn. 4; Oetker/Bergmann Rn. 7.

[40] MüKoHGB/Häuser Rn. 27; Ebenroth/Boujong/Joost/Strohn/Füller Rn. 7; Schlegelberger/Hefermehl Rn. 20.

[41] Heymann/Herrmann Rn. 7; Staub/Koller Rn. 17; Schlegelberger/Hefermehl Rn. 20.

[42] MüKoHGB/Häuser Rn. 28; Ebenroth/Boujong/Joost/Strohn/Füller Rn. 8; Oetker/Bergmann Rn. 12; Staub/Koller Rn. 20.

Kommissionärs (§ 354 Abs. 1).[43] Mithin ist vorrangig auf einen entsprechenden Handelsbrauch abzustellen;[44] ansonsten richtet sich die Höhe der Delkredereprovision nach §§ 315 ff. BGB.[45]

12 **Umstritten** ist, ob die Delkredereprovision auch im Fall des § 384 Abs. 3 und beim Selbsteintritt anfällt.[46] Die **überwiegende Literatur** bejaht dies für beide Fälle mit dem Argument, die Delkredereprovision sei die Vergütung für die Übernahme der Haftung und die Gefahr der Inanspruchnahme.[47] Da die Delkredereprovision auch aufgrund Handelsbrauchs geschuldet werde, könne sie auch anfallen, wenn es an einer entsprechenden Vereinbarung der Parteien fehle, wie in den Fällen des § 384 Abs. 3 und 400 Abs. 1.[48] Diese Argumentation überzeugt nicht. Einem Handelsbrauch kommt gerade keine normative Qualität zu, sondern er dient der Auslegung der Vereinbarung der Parteien (→ § 346 Rn. 4 ff.). Auch die Delkredereprovision kraft Handelsbrauchs ist somit eine **vertragliche** Provisionsverpflichtung des Kommittenten. Dies ist bei der Haftung iSv § 384 Abs. 3 anders. § 384 Abs. 3 sanktioniert die Nichtnamhaftmachung des Dritten, führt also zu einer gesetzlichen Haftung. Es erscheint widersinnig, den Kommissionär bei Nichtnamhaftmachung des Dritten einerseits zu sanktionieren, ihm andererseits aber zugleich von Gesetzes wegen eine Provision zuzuerkennen. Für den Fall des Selbsteintritts ist eine innere Rechtfertigung für die Zuerkennung der Delkredereprovision ebenfalls nicht erkennbar. Die Delkredereprovision ist keine „gewöhnliche" Provision iSv § 403[49] (→ § 403 Rn. 4 f.); der Kommissionär trägt das Risiko der mangelnden Leistungsfähigkeit oder Leistungswilligkeit des Dritten deshalb selbst, weil er den Selbsteintritt erklärt hat. Für eine zusätzliche Vergütung ist kein Raum. Aus dem Gesetz selbst ist daher auch nicht zu entnehmen, dass dem Kommissionär beim Selbsteintritt eine Delkredereprovision zustehen soll. Im Ergebnis schuldet der Kommittent weder im Fall des § 384 Abs. 3 noch im Fall des Selbsteintritts eine Delkredereprovision.

13 § 394 ist nicht zwingend.[50] Demzufolge ist auch § 394 Abs. 2 S. 2 **(Delkredereprovision) abdingbar.**[51]

B. Handelsvertreter

14 Für den Handelsvertreter nicht einschlägig.

C. Vertragshändler

15 Für den Vertragshändler nicht einschlägig.

---

[43] MüKoHGB/Häuser Rn. 28; Ebenroth/Boujong/Joost/Strohn/Füller Rn. 8; Staub/Koller Rn. 20.
[44] MüKoHGB/Häuser Rn. 28; Koller/Kindler/Roth/Drüen/Roth Rn. 6; Ehrenberg/Schmidt-Rimpler V/1 806 f.
[45] Koller/Kindler/Roth/Drüen/Roth Rn. 6; Staub/Koller Rn. 20; Ehrenberg/Schmidt-Rimpler V/1 806; Ebenroth/Boujong/Joost/Strohn/Füller Rn. 8.
[46] Dafür: MüKoHGB/Häuser Rn. 27; Ebenroth/Boujong/Joost/Strohn/Füller Rn. 7; Hopt/Kumpan Rn. 6; Koller/Kindler/Roth/Drüen/Roth Rn. 6; Schlegelberger/Hefermehl Rn. 20; Heidel/Schall/Psaroudakis Rn. 3; aA Staub/Koller Rn. 19; offen: Röhricht/Graf v. Westphalen/Haas/Lenz Rn. 9; Heymann/Herrmann Rn. 7.
[47] Ebenroth/Boujong/Joost/Strohn/Füller Rn. 7.
[48] MüKoHGB/Häuser Rn. 27.
[49] Staub/Koller Rn. 19, § 403 Rn. 6.
[50] RGZ 20, 112 (113); MüKoHGB/Häuser Rn. 26; Staub/Koller Rn. 21; Schlegelberger/Hefermehl Rn. 22.
[51] RGZ 20, 112 (113); MüKoHGB/Häuser Rn. 29; Ebenroth/Boujong/Joost/Strohn/Füller Rn. 8; Koller/Kindler/Roth/Drüen/Roth Rn. 6; Staub/Koller Rn. 21.

D. Franchisenehmer

Für den Franchisenehmer nicht einschlägig.   **16**

E. Kommissionsagent

Für den Kommissionsagenten gelten hier keine Abweichungen oder Besonderheiten. **17** Allerdings ist es im Fall der Übernahme der Delkrederehaftung, jedenfalls aber im Fall der Übernahme der Delkrederehaftung unter Abbedingung der Provision für die Übernahme des Delkredererisikos wahrscheinlich, dass der Kommissionsagent nicht mehr als Handelsvertreter im kartellrechtlichen Sinne qualifiziert werden dürfte (→ Vor § 383 Rn. 18 ff.).

§ 395 Wechselindossament

Ein Kommissionär, der den Ankauf eines Wechsels übernimmt, ist verpflichtet, den Wechsel, wenn er ihn indossiert, in üblicher Weise und ohne Vorbehalt zu indossieren.

A. Allgemeines

I. Regelungsgegenstand und Normzweck

Regelungsgegenstand des § 395 ist das „Wie" der Ausführung der Einkaufskommission **1** beim Ankauf eines Wechsels. § 395 begründet für den Kommissionär keine Verpflichtung zum Indossieren eines Wechsels;[1] dies folgt aus dem Wortlaut („wenn"). Doch wenn der Kommissionär die Indossierung des Wechsels übernimmt, hat er ihn in der üblichen Weise und ohne Vorbehalt zu indossieren.[2] Hiermit wird sichergestellt, dass der Kommissionär dem Kommittenten einen **wirtschaftlich vollwertigen und diskontfähigen Wechsel** überträgt.[3]

Die **praktische Bedeutung** der Norm ist **gering.**[4] Der Kommissionär wird regelmäßig **2** nicht indossieren, um der wechselmäßigen Haftung des Art. 15 Abs. 1 WG zu entgehen.[5] Da der Dritte zudem blanko indossieren kann (Art. 13 Abs. 2 S. 1 WG), besteht auch kein zwingendes praktisches Bedürfnis für eine Indossierung des Kommissionärs.[6]

II. Voraussetzungen

1. Einkaufskommission über Wechsel, Indossierung. Die Vorschrift ist nach dem **3** Gesetzeswortlaut („Ankauf") unmittelbar nur auf die **Einkaufskommission** anzuwenden.[7] Ihrem Inhalt nach ist sie sachlich nur auf den **Ankauf von Wechseln** anzuwenden.

§ 395 greift nur ein, wenn der Kommissionär den Wechsel **indossiert**. Mit der Indossie- **4** rung überträgt der Kommissionär (der **Indossant**) die Rechte aus dem Wechsel (dem indossierten Papier) auf den Kommittenten (den **Indossatar**), vgl. § 364 Abs. 1; Art. 12 WG.

Ziel der Norm ist es, die Umlauffähigkeit des Wechsels nicht durch einschränkende **5** Zusätze und haftungsausschließende Klauseln (zB „ohne Obligo", „nicht an Order") zu

---

[1] MüKoHGB/Häuser Rn. 1; Ebenroth/Boujong/Joost/Strohn/Füller Rn. 1; Staub/Koller Rn. 2.
[2] Ebenroth/Boujong/Joost/Strohn/Füller Rn. 1; Schlegelberger/Hefermehl Rn. 1.
[3] Ebenroth/Boujong/Joost/Strohn/Füller Rn. 1.
[4] Schlegelberger/Hefermehl Rn. 1.
[5] Ebenroth/Boujong/Joost/Strohn/Füller Rn. 1.
[6] Schlegelberger/Hefermehl Rn. 1; vgl. Staub/Koller Rn. 3.
[7] MüKoHGB/Häuser Rn. 1; Ebenroth/Boujong/Joost/Strohn/Füller Rn. 2.

belasten.[8] Um der eigenen wechselmäßigen Haftung (Art. 15 Abs. 1 WG) zu entgehen, muss der Kommissionär den Dritten dazu veranlassen, den Wechsel direkt an den Kommittenten zu indossieren oder mit einem Blankoindossament (Art. 13 WG) zu versehen und an den Kommittenten zu übermitteln.[9] Indossiert der Kommissionär den Wechsel auf seinen eigenen Namen, ist er zur Weitergabe des Wechsels – mit Voll- und Blankoindossament – an den Kommittenten verpflichtet.[10]

6 **2. Analoge Anwendung.** § 395 ist nach allgemeiner Ansicht **analog anzuwenden,** wenn der Dritte dem Kommissionär **zahlungshalber** im Rahmen der Ausführung der **Verkaufskommission** einen Wechsel übergibt.[11] Auch beim Erwerb von Orderschecks oder sonstiger Orderpapiere für Rechnung des Kommittenten ist § 395 entsprechend anzuwenden.[12]

7 **3. Indossierung vor Ausführungsgeschäft. Umstritten** ist, ob § 395 auch dann analog anzuwenden ist, wenn die Indossierung vor dem Ausführungsgeschäft erfolgt.[13] Eine Ansicht in der Literatur befürwortet eine solche Analogie; der Kommittent solle schneller an die Valuta gelangen.[14] Nach wohl hL ist eine analoge Anwendung jedenfalls dann abzulehnen, wenn der Kommissionär dadurch dem Kommittenten Vorschuss leistet.[15] **Zu folgen ist der letztgenannten Ansicht.** Denn wendet man § 395 auch bei einer Indossierung vor dem Ausführungsgeschäft entsprechend an, erweitert dies den Anwendungsbereich des § 395 auf (Vorschuss-) Leistungen, die nicht zu den originären Pflichten des Kommissionärs zählen. Es erscheint daher unbillig, den Kommissionär im Falle einer derartigen „zusätzlichen" Leistung an die Vorgabe zu binden, den Wechsel in üblicher Weise und ohne Vorbehalt zu indossieren.[16] Allerdings bleibt es den Parteien unbenommen, eine derartige Vorschuss- oder Zusatzleistung in den Pflichtenkreis des Kommissionärs aufzunehmen.[17] In diesem Fall kann eine Pflicht zur ordentlichen Indossierung aus § 395 folgen.[18]

III. Rechtsfolge

8 Als Rechtsfolge verpflichtet § 395 den Kommissionär, wenn er den Wechsel indossiert, zur Indossierung des Wechsels ohne Vorbehalt oder einschränkende Zusätze.[19]

9 **Indossiert** der Kommissionär den Wechsel **pflichtgemäß,** kann er vom Kommittenten und allen weiteren Gläubigern (Indossataren) **wechselmäßig** in Anspruch genommen werden (Art. 15 Abs. 1 WG).[20] Eine wechselmäßige Haftung gegenüber dem Kommittenten kommt nicht in Betracht, weil der Kommissionär den Wechsel ausschließlich auf Grund des Kommissionsverhältnisses für Rechnung des Kommittenten indossiert hat.[21] Nimmt der

---

[8] MüKoHGB/Häuser Rn. 5; Ebenroth/Boujong/Joost/Strohn/Füller Rn. 3; Schlegelberger/Hefermehl Rn. 5.

[9] Oetker/Bergmann Rn. 1; Grünhut, Das Recht des Commissionshandels, 1879, 518.

[10] Oetker/Bergmann Rn. 1; Weidmann, Das Kommissionsgeschäft I, 1908, 255.

[11] RGZ 20, 112; MüKoHGB/Häuser Rn. 2; Ebenroth/Boujong/Joost/Strohn/Füller Rn. 2; Oetker/Bergmann Rn. 2; Röhricht/Graf v. Westphalen/Haas/Lenz Rn. 2; Staub/Koller Rn. 2; Schlegelberger/Hefermehl Rn. 3.

[12] Ebenroth/Boujong/Joost/Strohn/Füller Rn. 2; Staub/Koller Rn. 1; Röhricht/Graf v. Westphalen/Haas/Lenz Rn. 1; Heymann/Herrmann Rn. 2; Straube/Griß-Reiterer Rn. 2; GK-HGB/Achilles Rn. 1.

[13] Für eine Anwendbarkeit Schlegelberger/Hefermehl Rn. 3; Düringer/Hachenburg/Lehmann Rn. 4; ablehnend MüKoHGB/Häuser Rn. 2; Staub/Koller Rn. 3; Ehrenberg/Schmidt-Rimpler V/1 750.

[14] So Schlegelberger/Hefermehl Rn. 3; Düringer/Hachenburg/Lehmann Rn. 4.

[15] MüKoHGB/Häuser Rn. 2; Staub/Koller Rn. 3; Ebenroth/Boujong/Joost/Strohn/Füller Rn. 2.

[16] Ebenso MüKoHGB/Häuser Rn. 2, Staub/Koller Rn. 3; bejahend Schlegelberger/Hefermehl Rn. 3; Düringer/Hachenburg/Lehmann Rn. 4.

[17] MüKoHGB/Häuser Rn. 2.

[18] MüKoHGB/Häuser Rn. 2; Staub/Koller Rn. 3.

[19] Ebenroth/Boujong/Joost/Strohn/Füller Rn. 3.

[20] MüKoHGB/Häuser Rn. 7; Staub/Koller Rn. 6.

[21] RGZ 20, 112 (114); MüKoHGB/Häuser Rn. 7; Ebenroth/Boujong/Joost/Strohn/Füller Rn. 4; Röhricht/Graf v. Westphalen/Haas/Lenz Rn. 2; Staub/Koller Rn. 6.

Kommittent den Kommissionär in Anspruch, kann dieser dem Kommittenten den **Einwand der unzulässigen Rechtsausübung nach § 242 BGB** entgegenhalten.[22] Wird der Kommissionär von nachfolgenden Wechselinhabern in Anspruch genommen, greift dieser Einwand jedoch nicht.[23] In diesem Fall steht dem Kommissionär ein Befreiungs- bzw. Aufwendungsersatzanspruch nach §§ 257, 670, 675 Abs. 1 BGB, § 396 Abs. 2 gegenüber dem Kommittenten zu.[24]

Die Haftung des Kommissionärs aus **anderen Gründen** (zB § 384 Abs. 3 oder § 394 **10** Abs. 1) bleibt von § 395 unberührt; der Kommittent kann den Kommissionär also auch dann aus diesen Normen in Anspruch nehmen, wenn ihm der Kommissionär nicht wechselmäßig haftet.[25] Daher kommt es auf die Frage nicht an, ob in diesen Fällen die Ablehnung der wechselmäßigen Haftung wiederum rechtsmissbräuchlich sein kann.[26]

Indossiert der Kommissionär den Wechsel **nicht in üblicher Weise und ohne Vor- 11 behalt,** haftet er gegenüber dem Kommittenten auf Schadensersatz nach §§ 280 Abs. 1, 249 ff. BGB.[27] Ferner kann der Kommittent die Annahme eines pflichtwidrig indossierten Wechsels verweigern.[28] Er kann stattdessen die vorbehaltslose Indossierung verlangen, wenn der Kommissionär zur Indossierung verpflichtet ist.[29] Die Zurückweisung des Ausführungsgeschäfts nach § 385 kommt nur in Betracht, wenn die pflichtwidrige Indossierung zugleich einer Weisung des Kommittenten widerspricht.[30]

Die Indossierung eines Wechsels begründet **keine Delkrederehaftung** des Kommis- **12** sionärs iSv § 394,[31] da diese eine entsprechende ausdrückliche oder stillschweigende Vereinbarung der Parteien oder einen entsprechenden Handelsbrauch am Ort der Niederlassung des Kommissionärs voraussetzt (§ 394 Abs. 1).[32] Der Kommissionär kann daher auch **keine Delkredereprovision** verlangen.[33]

B. Handelsvertreter

Für den Handelsvertreter nicht einschlägig.   **13**

C. Vertragshändler

Für den Vertragshändler nicht einschlägig.   **14**

D. Franchisenehmer

Für den Franchisenehmer nicht einschlägig.   **15**

---

[22] RGZ 20, 112 (114); MüKoHGB/Häuser Rn. 7; Ebenroth/Boujong/Joost/Strohn/Füller Rn. 4; Staub/Koller Rn. 6.
[23] MüKoHGB/Häuser Rn. 9.
[24] MüKoHGB/Häuser Rn. 7; Oetker/Bergmann Rn. 3.
[25] AA Ebenroth/Boujong/Joost/Strohn/Füller Rn. 4; Oetker/Bergmann Rn. 3; Staub/Koller Rn. 6.
[26] Vgl. Darstellung bei MüKoHGB/Häuser Rn. 8; Schlegelberger/Hefermehl Rn. 6.
[27] MüKoHGB/Häuser Rn. 10; Ebenroth/Boujong/Joost/Strohn/Füller Rn. 5; Oetker/Bergmann Rn. 4.
[28] MüKoHGB/Häuser Rn. 10; Ebenroth/Boujong/Joost/Strohn/Füller Rn. 5; Oetker/Bergmann Rn. 4.
[29] MüKoHGB/Häuser Rn. 10; Oetker/Bergmann Rn. 4.
[30] So Oetker/Bergmann Rn. 4; Schlegelberger/Hefermehl Rn. 8; vgl. auch Staub/Koller Rn. 6; aA Ebenroth/Boujong/Joost/Strohn/Füller Rn. 5.
[31] Schlegelberger/Hefermehl Rn. 7; Koller/Kindler/Roth/Drüen/Roth Rn. 2.
[32] MüKoHGB/Häuser Rn. 4; Staub/Koller Rn. 6.
[33] MüKoHGB/Häuser Rn. 4.

E. Kommissionsagent

16   Für den Kommissionsagenten gelten hier keine Abweichungen oder Besonderheiten. Praktisch dürfte § 395 allerdings für Kommissionsagenten außerhalb von Bankgeschäften keine Rolle spielen.

§ 396 Provision des Kommissionärs; Aufwendungsersatz

(1) ¹Der Kommissionär kann die Provision fordern, wenn das Geschäft zur Ausführung gekommen ist. ²Ist das Geschäft nicht zur Ausführung gekommen, so hat er gleichwohl den Anspruch auf die Auslieferungsprovision, sofern eine solche ortsgebräuchlich ist; auch kann er die Provision verlangen, wenn die Ausführung des von ihm abgeschlossenen Geschäfts nur aus einem in der Person des Kommittenten liegenden Grunde unterblieben ist.

(2) Zu dem von dem Kommittenten für Aufwendungen des Kommissionärs nach den §§ 670 und 675 des Bürgerlichen Gesetzbuchs zu leistenden Ersatze gehört auch die Vergütung für die Benutzung der Lagerräume und der Beförderungsmittel des Kommissionärs.

Übersicht

A. Allgemeines

I. Regelungsgegenstand und Normzweck

§ 396 enthält **keine eigenständigen Anspruchsgrundlagen** für Provisions- und Auf- 1 wendungsersatzansprüche des Kommissionärs.[1] Gleichwohl sind die Regelungen im Rahmen der Prüfung von Provisions- und Aufwendungsersatzansprüchen bedeutsam. Nach **Abs. 1 S. 1** ist der Provisionsanspruch des Kommissionärs aufschiebend bedingt durch die Ausführung des Geschäfts mit dem Dritten.[2] **Abs. 1 S. 2** bestimmt, wann der Kommittent trotz Nichtausführung der Kommission zur Provisionszahlung verpflichtet ist.[3] **Abs. 2** gewährt dem Kommissionär unter Erweiterung des Aufwendungsbegriffs von § 670 BGB einen Anspruch auf Vergütung für die Benutzung seiner Lagerräume und Beförderungsmittel.

II. Provision bei Ausführung des Geschäfts (Abs. 1 S. 1)

1. Rechtsgrundlage des Provisionsanspruchs. Der Provisionsanspruch folgt regel- 2 mäßig entweder aus einer **Vereinbarung** zwischen den Parteien oder einem den Kommissionsvertrag **ergänzenden Handelsbrauch** (→ § 346 Rn. 4).[4] Darüber hinaus kann auch § 354 Abs. 1 eingreifen.[5]

2. Voraussetzungen für das Entstehen eines Provisionsanspruchs bei Ausfüh- 3 **rung des Geschäfts. a) Wirksamer Kommissionsvertrag.** Der zugrunde liegende **Kommissionsvertrag** muss im Zeitpunkt des Entstehens des Provisionsanspruchs **wirksam** sein, er darf also insbesondere nicht zuvor infolge einer Kündigung (§§ 627, 649 BGB)[6] beendet worden sein.[7] Die §§ 628, 649 S. 2, S. 3 BGB werden hinsichtlich der Vergütungspflicht von § 396 Abs. 1 als lex specialis verdrängt.[8]

Ist der Vertrag **unwirksam,** kann der Kommissionär selbst bei ausgeführter Kommission 4 **keine Provision fordern.**[9] Auch in einem solchen Fall soll allerdings nach der Rechtsprechung des BGH § 354 Abs. 1 anzuwenden sein.[10] Dies überzeugt nicht; denn § 354 ist keine eigenständige Anspruchsgrundlage, sondern setzt das Bestehen eines wirksamen Kommissionsvertrages voraus.[11] Richtigerweise gelten in diesem Fall die Regelungen über die **Geschäftsführung ohne Auftrag (§§ 677 ff. BGB) und die ungerechtfertige Bereicherung (§§ 812 ff. BGB).**[12]

b) Geschäft ist zur Ausführung gekommen. Der Provisionsanspruch steht dem 5 Kommissionär erst mit Ausführung des Ausführungsgeschäfts mit dem Dritten und nicht schon dann zu, wenn er mit einem Dritten ein Ausführungsgeschäft abgeschlossen hat.[13] Dass allein der Abschluss des Ausführungsgeschäfts nicht genügt, ergibt sich unmittelbar aus

---

[1] MüKoHGB/Häuser Rn. 1; Koller/Kindler/Roth/Drüen/Roth Rn. 1, 6a; Oetker/Bergmann Rn. 1.

[2] Canaris HandelsR § 30 III 1a; Schlegelberger/Hefermehl Rn. 6 und 8; Röhricht/Graf v. Westphalen/Haas/Lenz Rn. 3.

[3] Ebenroth/Boujong/Joost/Strohn/Füller Rn. 2; Staub/Koller Rn. 2.

[4] Canaris HandelsR § 30 III 1a.

[5] Oetker/Bergmann Rn. 1; Ebenroth/Boujong/Joost/Strohn/Füller Rn. 2; Staub/Koller Rn. 1.

[6] MüKoHGB/Häuser Rn. 4.

[7] Ebenroth/Boujong/Joost/Strohn/Füller Rn. 4.

[8] Koller/Kindler/Roth/Drüen/Roth Rn. 4; Ebenroth/Boujong/Joost/Strohn/Füller Rn. 4; Schlegelberger/Hefermehl Rn. 5, 21; diff. MüKoHGB/Häuser Rn. 22 f. und Staub/Koller Rn. 36.

[9] MüKoHGB/Häuser Rn. 4.

[10] MüKoHGB/Häuser Rn. 4; Schlegelberger/Hefermehl Rn. 2; wie hier Koller/Kindler/Roth/Drüen/Roth Rn. 1; Ebenroth/Boujong/Joost/Strohn/Füller Rn. 4; Staub/Koller Rn. 7.

[11] Staub/Koller Rn. 7.

[12] Staub/Koller Rn. 7.

[13] Ebenroth/Boujong/Joost/Strohn/Füller Rn. 7; zum Bestehen des Provisionsanspruchs in Fällen der Leistungsstörungen aus der Sphäre des Kommittenten: LG München GRUR-RS 2021, 13329.

Abs. 1 S. 2, der von der „Ausführung" des „abgeschlossenen Geschäfts" spricht.[14] Daher ist erforderlich, dass das Ausführungsgeschäft tatsächlich „zur Ausführung gekommen ist" und der **wirtschaftliche Erfolg** der Kommission herbeigeführt wurde.[15] Der Kommittent muss also wirtschaftlich so stehen, wie er bei gehöriger Erfüllung durch den Dritten stehen würde. Soweit der Erfolg nicht eingetreten ist, kommen **Schadenersatzansprüche** des Kommittenten gegen den Kommissionär wegen Pflichtverletzung des Kommissionsvertrages in Betracht.

6   Der wirtschaftliche Erfolg ist jedenfalls dann eingetreten, wenn der Kommissionär das **Ausführungsgeschäft** mit einem Dritten für Rechnung des Kommittenten **abgeschlossen und abgewickelt** hat.[16] Ferner kann der wirtschaftliche Erfolg durch **Annahme an Erfüllungs statt** gemäß § 364 Abs. 1 BGB,[17] Zahlung von **Schadenersatz statt der Leistung** durch den Dritten[18] (einschließlich Schadenersatz statt der ganzen Leistung; dies gebietet die wirtschaftliche Betrachtung[19]) oder, im Falle des **Verzugs,** Leistung nebst Deckung des Verzugsschadens[20] eingetreten sein. Auch eine **Teilleistung** durch den Dritten kann genügen, sofern allenfalls geringfügige Leistungsrückstände des Dritten verbleiben.[21] Im Übrigen steht dem Kommissionär bei Teilleistung ein Provisionsanspruch zu, soweit die Teilleistung im Interesse des Kommittenten liegt[22] bzw. mit ihm vereinbart[23] wurde.

7   Dagegen **ist § 87a Abs. 1 im Kommissionsrecht nicht analog anzuwenden,**[24] und zwar weder (nur) in Bezug auf Teilleistungen des Dritten noch generell (dies gilt auch für Verträge mit Kommissionsagenten → § 87a Rn. 95); es fehlt sowohl an einer planwidrigen Regelungslücke als auch an einer vergleichbaren Interessenlage. Der Kommissionär ist anders als der Handelsvertreter nicht schutzbedürftig,[25] weil er auf Grundlage der §§ 675 Abs. 1, 669 BGB Anspruch auf einen Vorschuss auf die für die Ausführung der Kommission erforderlichen Aufwendungen hat (→ Rn. 39 und → § 384 Rn. 12). Darüber hinaus kann er Befreiung von der eingegangenen Verbindlichkeit verlangen und ist in Hinblick auf seinen Provisionsanspruch zudem durch die §§ 397–399 gesichert. Vergleichbare Regelungen sind dem Handelsvertreterrecht fremd, weshalb § 87a Abs. 1 S. 2 die faktische Durchsetzbarkeit des Vergütungsanspruchs des Handelsvertreters besonders schützt. Die Provisionsvorschusspflicht des § 87a Abs. 1 S. 2 ist jedoch eine Eigenart des Handelsvertretervertrages und dem Handelsrecht im Übrigen fremd (vgl. auch § 354 Abs. 1). Insofern folgerichtig knüpfen sowohl § 396 Abs. 1 S. 1 als auch § 87a Abs. 1 S. 3 die Provisionspflicht (im Fall von § 87a Abs. 1 S. 3: spätestens) erst an die „Ausführung" des Geschäfts mit dem Dritten.

8   **3. Rechtsfolge des § 396 Abs. 1 S. 1.** Grundsätzlich entsteht der Provisionsanspruch bereits mit Abschluss des Vertrages zwischen dem Kommissionär und dem Dritten.[26] Der Anspruch steht jedoch gemäß § 396 Abs. 1 S. 1 unter der **aufschiebenden Bedingung** („wenn"), dass das Geschäft zur Ausführung gekommen ist.[27] Erst mit Eintritt dieser

---

[14] MüKoHGB/Häuser Rn. 6.
[15] MüKoHGB/Häuser Rn. 7; Koller/Kindler/Roth/Drüen/Roth Rn. 2.
[16] MüKoHGB/Häuser Rn. 6; Röhricht/Graf v. Westphalen/Haas/Lenz Rn. 4.
[17] MüKoHGB/Häuser Rn. 8; Schlegelberger/Hefermehl Rn. 10.
[18] MüKoHGB/Häuser Rn. 8; Staub/Koller Rn. 18; Schlegelberger/Hefermehl Rn. 10; Ehrenberg/Schmidt-Rimpler V/1 801.
[19] Ebenroth/Boujong/Joost/Strohn/Füller Rn. 9; Oetker/Bergmann Rn. 6.
[20] Koller/Kindler/Roth/Drüen/Roth Rn. 2; Staub/Koller Rn. 18 f.
[21] Koller/Kindler/Roth/Drüen/Roth Rn. 2; Staub/Koller Rn. 19; Hopt/Kumpan Rn. 2.
[22] Hopt/Kumpan Rn. 19.
[23] Ebenso Staub/Koller Rn. 19.
[24] IErg ebenso Staub/Koller Rn. 19; dagegen auf § 87a Abs. 1 S. 3 bzw. S. 1 abstellend MüKoHGB/Häuser Rn. 9; Koller/Kindler/Roth/Drüen/Roth Rn. 3; Schlegelberger/Hefermehl Rn. 11.
[25] AA MüKoHGB/Häuser Rn. 9.
[26] Canaris HandelsR § 30 III 1a.
[27] OLG Zweibrücken OLGZ 1986, 486 (488); Canaris HandelsR § 30 III 1a; Schlegelberger/Hefermehl Rn. 6 und 8; Röhricht/Graf v. Westphalen/Haas/Lenz Rn. 3; aA Staub/Koller Rn. 18 (Entstehung, wenn Ausführungsgeschäft mit einem leistungsfähigen Dritten abgeschlossen).

aufschiebenden Bedingung kann der Kommissionär die Provision fordern. Der Anspruch ist dann auch sofort **fällig** („kann fordern").[28] Dies ergibt sich auch aus § 271 BGB. Da § 396 Abs. 1 S. 1 eine beiderseitige Ausführung des Geschäfts fordert (→ Rn. 5 f.), ist die Position des Kommissionärs weniger günstig als die des Handelsvertreters (§ 87a Abs. 1 S. 1, S. 3), dem ein Provisionsanspruch schon zusteht, sobald und soweit der Unternehmer (vorbehaltlich § 87a Abs. 2) oder der Dritte das Geschäft ausgeführt haben.[29]

4. Höhe der Provision. Die Höhe der Ausführungsprovision richtet sich regelmäßig 9 nach der **Parteivereinbarung.** Die Parteien definieren typischerweise einen bestimmten Prozentsatz, der sich am Wert bzw. Preis des Kommissionsgutes orientiert.[30]

Fehlt es ausnahmsweise an einer Parteivereinbarung, ist **§ 354 Abs. 1** anzuwenden. 10 Danach kann der Kommissionär Provision nach den am Niederlassungsort des Kommissionärs in der jeweiligen Branche üblichen Sätzen fordern.[31] Auch die Berechnungsgrundlage der Provision ist im Rahmen von § 354 Abs. 1 HGB danach zu bestimmen, was am Niederlassungsort des Kommissionärs üblich ist.[32] Regelmäßig ist dabei der Kaufpreis der zentrale Maßstab, und zwar als voller (Brutto-)Rechnungsbetrag einschließlich der Frachtkosten, Steuern, Zöllen und sonstigen Nebenkosten.[33] Dies gilt grundsätzlich auch bei der Verkaufskommission, wobei vereinbart sein kann, dass der Kommissionär die Unkosten gesondert berechnen soll; dann ist der Nettokaufpreis entscheidend.[34] Führt auch § 354 Abs. 1 mangels feststellbarer ortsüblicher Sätze nicht weiter, ist die Provisionshöhe im Wege der „klassischen" **ergänzenden Vertragsauslegung** zu ermitteln;[35] dagegen kommt ein einseitiges Leistungsbestimmungsrecht des Kommissionärs gemäß §§ 315 f. BGB in aller Regel nicht in Betracht, da dies der Interessenlage der Parteien – und damit auch dem mutmaßlichen Parteiwillen – nicht gerecht wird.[36]

5. Untergang des Provisionsanspruchs. Der Provisionsanspruch kann aus verschiede- 11 nen Gründen untergehen. So verwandelt der **Rücktritt** einer der Parteien das Ausführungsgeschäft in ein Rückgewährschuldverhältnis, so dass der wirtschaftliche Erfolg des Kommissionsgeschäfts nachträglich entfallen ist. Folgerichtig steht dem Kommissionär kein Provisionsanspruch zu.[37] Dies gilt auch in Fällen einer Einkaufskommission bezüglich einer Speziessache.[38] Wenn Schadenersatz statt der ganzen Leistung verlangt wird, ist dies kein Fall des „Rücktritts", da auch dann aus Sicht des Kommittenten der wirtschaftliche Erfolg eingetreten ist (→ Rn. 5 f.).

Der Provisionsanspruch kann ferner aufgrund von **Leistungsstörungen im Rahmen** 12 **des Kommissionsvertrages** untergehen. Wird dem Kommissionär bei einer Einkaufskommission die Herausgabe des Kommissionsguts an den Kommittenten **unmöglich,** zB weil das Gut untergeht, während es sich in seiner Sphäre befindet, so verliert er den Provisionsanspruch, **§§ 275 Abs. 1 und 2, 326 Abs. 1 S. 1 Hs. 1 BGB.**[39] Der Provisionsanspruch steht, wie von § 326 Abs. 1 S. 1 Hs. 1 vorausgesetzt, mit dem Herausgabe-

---

[28] Schlegelberger/Hefermehl Rn. 13.

[29] Schlegelberger/Hefermehl Rn. 9.

[30] Staub/Koller Rn. 44 f.; GK-HGB/Achilles Rn. 8.

[31] MüKoHGB/Häuser Rn. 24; Staub/Koller Rn. 44.

[32] MüKoHGB/Häuser Rn. 24; Staub/Koller Rn. 45.

[33] MüKoHGB/Häuser Rn. 25; Staub/Koller Rn. 45; Schlegelberger/Hefermehl Rn. 23; GK-HGB/ Achilles Rn. 8; aA Ehrenberg/Schmidt-Rimpler V/1 793 f.; Düringer/Hachenburg/Lehmann Rn. 8.

[34] Staub/Koller Rn. 45.

[35] GK-HGB/Achilles Rn. 8; vgl. auch BGH NJW 1958, 180.

[36] GK-HGB/Achilles Rn. 8; vgl. auch BGH NJW 1985, 1895 (1897); aA MüKoHGB/Häuser Rn. 24; Staub/Koller Rn. 44.

[37] OLG Zweibrücken OLGZ 1986, 486 (487 f.); Koller/Kindler/Roth/Drüen/Roth Rn. 5.

[38] So iErg auch Staub/Koller Rn. 46; Schlegelberger/Hefermehl Rn. 10; aA Canaris HandelsR § 30 III 1a (differenzierend nach Stück- und Gattungsschuld); aA MüKoHGB/Häuser Rn. 13 (Berücksichtigung der kaufmännischen Sorgfalt des Kommittenten).

[39] Canaris HandelsR § 30 III 1b; Staub/Koller Rn. 42; aA Schlegelberger/Hefermehl Rn. 28; Koller/ Kindler/Roth/Drüen/Roth Rn. 5; MüKoHGB/Häuser Rn. 20.

anspruch des Kommittenten nach § 384 Abs. 2 Hs. 2 im **Synallagma**[40] (→ § 384 Rn. 60). Der Kommittent gibt sein Provisionsversprechen gerade ab, um den Anspruch auf Herausgabe der Leistung des Dritten zu erlangen; idR soll dieser das Geschäft auch abwickeln (→ Rn. 5 f.), der bloße Vertragsschluss mit einem Dritten ist nicht hinreichend.[41] Umgekehrt kommt es dem Kommissionär entscheidend auf die Provision an. Abgesehen davon kann der Kommittent **nach §§ 326 Abs. 5, 323 BGB zurücktreten.** Auch in diesem Fall verliert der Kommissionär seinen Provisionsanspruch.[42]

13   **6. Verjährung.** Die Verjährung des Provisionsanspruchs richtet sich nach §§ 195, 199 BGB.

14   **7. Darlegungs- und Beweislast.** Der Kommissionär ist für sämtliche anspruchsbegründenden Tatsachen darlegungs- und beweisbelastet.[43] Er hat insbesondere zu beweisen, dass er einen Kommissionsvertrag mit dem Kommittenten geschlossen hat, dass ein Ausführungsgeschäft zustande gekommen ist und dieses durch einen bestimmten Dritten ausgeführt wurde.[44]

III. Provision bei Nichtausführung des Geschäfts (Abs. 1 S. 2)

15   **1. Auslieferungsprovision (Abs. 1 S. 2 Hs. 1).** Ist das Geschäft **nicht** zur Ausführung gekommen, also der **wirtschaftliche Erfolg** (idR Abschluss und Abwicklung des Ausführungsgeschäfts durch den Kommissionär → Rn. 6) **nicht eingetreten,** so sind die in Abs. 1 S. 2 genannten Ausnahmen zu beachten.

16   Gemäß **Abs. 1 S. 2 Hs. 1** kann dem Kommissionär trotz Nichtausführung ein Anspruch auf Zahlung der **Auslieferungsprovision** zustehen. Es handelt sich dabei entgegen dem missverständlichen Wortlaut um eine Provision für die Entgegennahme und Aufbewahrung der Ware,[45] **nicht auch für die Auslieferung** der Ware oder der zur Verfügung über sie berechtigenden Dispositionspapiere.[46] Anspruchsvoraussetzung ist entweder eine entsprechende Parteivereinbarung oder, nach Abs. 1 S. 2 Hs. 1, dass die Zahlung einer solchen Provision am Ort der Niederlassung des Kommissionärs gebräuchlich ist. Typische Anwendungsfälle des Abs. 1 S. 2 Hs. 1 sind die Kündigung des Kommissionsvertrages vor Ausführung der Kommission[47] und der Untergang des Kommissionsgutes vor Ausführung der Kommission bei der Verkaufskommission.[48] Hat der Kommissionär den Untergang des Kommissionsgutes vor Ausführung der Kommission zu vertreten, so kann der Kommittent mit dem ihm gegen den Kommissionär zustehenden Schadenersatzanspruch aufrechnen.[49]

17   Die **Höhe** der Auslieferungsprovision richtet sich nach der Parteivereinbarung oder nach den üblichen Sätzen am Niederlassungsort.[50] Da die Auslieferungsprovision nur einen Teil der Leistungen umfasst, die der Kommissionär für den Erhalt der Ausführungsprovision erbringt[51] (Abs. 1 S. 1), ist sie **in aller Regel niedriger** als die Ausführungsprovision.[52]

[40] Canaris HandelsR § 30 III 1b; Hopt/Kumpan § 384 Rn. 11; Staub/Koller Rn. 34; aA MüKoHGB/Häuser § 384 Rn. 110; Koller/Kindler/Roth/Drüen/Roth § 384 Rn. 18; Schlegelberger/Hefermehl Rn. 28.

[41] Canaris HandelsR § 30 III 1b.

[42] Canaris HandelsR § 30 III 1b.

[43] MüKoHGB/Häuser Rn. 33; Staub/Koller Rn. 48; Schlegelberger/Hefermehl Rn. 27.

[44] MüKoHGB/Häuser Rn. 33; Staub/Koller Rn. 48; Schlegelberger/Hefermehl Rn. 27.

[45] Staub/Koller Rn. 41; Ebenroth/Boujong/Joost/Strohn/Füller Rn. 10.

[46] So aber MüKoHGB/Häuser Rn. 19 f. und Schlegelberger/Hefermehl Rn. 17 f., die jedoch nicht erklären können, weshalb sie dann auch im Fall der (nicht vom Kommissionär verschuldeten) Nichtauslieferung der Ware eine Auslieferungsprovision gewähren wollen.

[47] Koller/Kindler/Roth/Drüen/Roth Rn. 3; Staub/Koller Rn. 41; Schlegelberger/Hefermehl Rn. 17.

[48] Koller/Kindler/Roth/Drüen/Roth Rn. 3.

[49] MüKoHGB/Häuser Rn. 20; Schlegelberger/Hefermehl Rn. 18; aA Ehrenberg/Schmidt-Rimpler V/1 804.

[50] MüKoHGB/Häuser Rn. 32 mwN; Schlegelberger/Hefermehl Rn. 26.

[51] Staub/Koller Rn. 41.

[52] MüKoHGB/Häuser Rn. 32; Schlegelberger/Hefermehl Rn. 26; Ebenroth/Boujong/Joost/Strohn/Füller Rn. 10 f.; Koller/Kindler/Roth/Drüen/Roth Rn. 3.

2. Volle Provision (Abs. 1 S. 2 Hs. 2). Gemäß **Abs. 1 S. 2 Hs. 2** kann der Kommis-   **18**
sionär dagegen die **volle Provision** verlangen, wenn die Ausführung des von ihm abgeschlossenen Geschäfts nur aus einem **in der Person des Kommittenten liegenden**
Grunde unterblieben ist. Auf ein etwaiges Verschulden des Kommittenten kommt es –
anders als etwa in § 87a Abs. 3 S. 2[53] – nach dem Wortlaut nicht an.[54] Die Norm fordert
weder ein Vertretenmüssen noch eine Verantwortlichkeit des Kommittenten für die Nichtausführung des Geschäfts mit dem Dritten. Diese verschuldensunabhängige Belastung des
Kommittenten mit der Provisionszahlungspflicht lässt sich allerdings nur in engen Grenzen
rechtfertigen. Daher ist „in der Person liegender Grund" so zu verstehen, dass die Nichtausführung **ausschließlich auf das Verhalten oder die Person des Kommittenten
zurückzuführen ist.**[55] Dies ergibt sich auch aus dem Wortlaut des § 396 Abs. 1 S. 2 Hs. 2
(„nur aus … unterblieben"). Im Ergebnis nimmt das Gesetz eine Abgrenzung nach **Risiko-
sphären** vor.[56]

Daher steht dem Kommissionär beispielsweise dann kein Provisionsanspruch zu, wenn   **19**
der Kommittent bei einer Verkaufskommission kündigt, weil sein eigener Lieferant ihm das
Kommissionsgut nicht liefert[57] (zB weil ihm dies aufgrund eines behördlichen Verbotes
untersagt ist);[58] denn in diesem Fall ist die Nichtausführung auch auf das Verhalten eines
Dritten zurückzuführen. Dasselbe gilt, wenn der Dritte für die Nichtausführung der
Kommission allein verantwortlich ist.[59] Dagegen ist der Kommittent zur Provisionszahlung
verpflichtet, wenn er dem Verkaufskommissionär das zu verkaufende Gut aufgrund eigener
Produktionsschwierigkeiten, die eben nicht auf höherer Gewalt beruhen, nicht liefern
kann[60] oder mangelhafte Ware liefert und der Dritte daher zurücktritt.[61] Auf die Form der
Abstandnahme vom Ausführungsgeschäft kommt es dabei nicht an. Tritt der Dritte bei
Lieferung mangelhafter Ware nicht zurück, sondern heben Kommittent und Dritter das
Ausführungsgeschäft auf, so behält der Verkaufskommissionär seinen Provisionsanspruch.[62]

Im Übrigen stehen dem Kommissionär **Schadenersatzansprüche** zu, soweit der Kom-   **20**
mittent die Ausführung des Geschäfts **schuldhaft** vereitelt.[63] Die Gewährung eines Provisionsanspruchs im Wege von § 242 BGB ist dagegen auch in solchen Fällen weder
gerechtfertigt,[64] noch notwendig.

3. Darlegungs- und Beweislast. Den Kommissionär trifft hinsichtlich der anspruchs-   **21**
begründenden Tatsachen im Rahmen von Abs. 1 S. 2 die **Darlegungs- und Beweislast.**[65]

IV. Aufwendungsersatzanspruch (Abs. 2 iVm §§ 675 Abs. 1, 670 BGB)

1. Rechtsgrundlage des Aufwendungsersatzanspruchs. Der Aufwendungsersatz-   **22**
anspruch des Kommissionärs ergibt sich unabhängig vom Abschluss oder der Ausführung

---

[53] Angesichts der unterschiedlichen Regelungen ist eine analoge Anwendung von § 87a Abs. 3 S. 2 im
Kommissionsverhältnis ausgeschlossen; ebenso MüKoHGB/Häuser Rn. 18; Röhricht/Graf v. Westphalen/
Haas/Lenz Rn. 5; Schlegelberger/Hefermehl Rn. 16.
[54] Hopt/Kumpan Rn. 3; Koller/Kindler/Roth/Drüen/Roth Rn. 3; Canaris HandelsR § 30 III 1a.
[55] MüKoHGB/Häuser Rn. 18; Schlegelberger/Hefermehl Rn. 16.
[56] Hopt/Kumpan Rn. 3; Ebenroth/Boujong/Joost/Strohn/Füller Rn. 11; Oetker/Bergmann Rn. 9; Canaris HandelsR § 30 III 1a.
[57] MüKoHGB/Häuser Rn. 18; Schlegelberger/Hefermehl Rn. 16; Canaris HandelsR § 30 III 1a; aA
Ebenroth/Boujong/Joost/Strohn/Füller Rn. 11; Staub/Koller Rn. 27.
[58] MüKoHGB/Häuser Rn. 18; Schlegelberger/Hefermehl Rn. 16.
[59] MüKoHGB/Häuser Rn. 18; Schlegelberger/Hefermehl Rn. 16; Ebenroth/Boujong/Joost/Strohn/Fül-
ler Rn. 11.
[60] MüKoHGB/Häuser Rn. 18; Schlegelberger/Hefermehl Rn. 16.
[61] MüKoHGB/Häuser Rn. 18; Schlegelberger/Hefermehl Rn. 16; Canaris HandelsR § 30 III 1a.
[62] Schlegelberger/Hefermehl Rn. 16.
[63] Schlegelberger/Hefermehl Rn. 16.
[64] So aber K. Schmidt HandelsR § 31 IV 3a; distanziert Oetker/Bergmann Rn. 9.
[65] MüKoHGB/Häuser Rn. 33; Staub/Koller Rn. 48; Schlegelberger/Hefermehl Rn. 27.

des Geschäfts mit dem Dritten aus §§ 675 Abs. 1, 670 BGB.[66] **Abs. 2 erweitert den Aufwendungsbegriff des § 670 BGB,** indem er dem Kommissionär einen Anspruch auf Vergütung für die Benutzung seiner Lagerräume und Beförderungsmittel gewährt.[67]

23   **2. Voraussetzungen eines Aufwendungsersatzanspruchs. a) Wirksamer Kommissionsvertrag.** Ein Ersatzanspruch kann nur hinsichtlich solcher Aufwendungen entstehen, die während der Laufzeit des Kommissionsvertrages getätigt werden.[68] Soweit Aufwendungen erfolgen, obgleich kein wirksamer Kommissionsvertrag besteht, ergibt sich der Aufwendungsersatzanspruch aus den Grundsätzen über die Geschäftsführung ohne Auftrag, §§ 677, 683 S. 1 BGB.[69]

24   **b) Ersatzfähige Aufwendungen. aa) Aufwendungsbegriff des § 670 BGB.** Aufwendungen sind nach weit verbreiteter Definition **freiwillige Vermögensopfer.**[70] „Freiwillig" in diesem Sinne sind dabei auch solche Vermögensopfer, die der Kommissionär durch die Übernahme des Geschäfts (konkretisiert durch die Weisungen des Kommittenten) freiwillig auf sich nimmt, also solche, die notwendigerweise[71] mit der Ausführung der konkreten Kommission verbunden sind; demzufolge sind auch diese als Aufwendungen zu qualifizieren und ersatzfähig,[72] mögen sie auch **situativ im Rahmen der Ausführung der Kommission** als unfreiwillige Vermögenseinbußen und damit als **Schäden** erscheinen. Dies ergibt sich bereits aus dem Wesen der Kommission, wonach der Kommissionär auf Rechnung des Kommittenten handelt.[73] Im Übrigen dürfte eine Reihe von Schäden auch durch die Provision abgegolten sein.[74] Dies ist aber eine Einzelfallfrage.[75] Insoweit kommt es insbesondere auf die Höhe der Vergütung und die Größe und Erkennbarkeit der Risiken an.[76] Sonstige Schäden, dh Schäden, die weder notwendigerweise mit der Ausführung der konkreten Kommission verbunden noch durch die Provision abgegolten werden, insbesondere das allgemeine Betriebs- oder Lebensrisiko des Kommissionärs, sind nicht ersatzfähig.[77] Der Kommissionär muss sie selbst tragen, soweit nicht der Kommittent oder ein Dritter dafür verantwortlich ist.

25   Die Aufwendungen müssen gem. § 670 BGB **zum Zweck der Auftragsausführung** gemacht werden, bei der Kommission also zum Abschluss oder zur Durchführung des Ausführungsgeschäfts.[78]

26   Im Ergebnis sind regelmäßig folgende Vermögensopfer als Aufwendungen zum Zweck der Auftragsausführung anzusehen: Kosten für Reisen, Kommunikation, Versicherungen, die Lagerung des Gutes in fremden Lagerräumen und dessen Beförderung,[79] Vermögens-

---

[66] Oetker/Bergmann Rn. 2; Ebenroth/Boujong/Joost/Strohn/Füller Rn. 3; Staub/Koller Rn. 5.

[67] BGH NZG 2003, 433 (434); Hopt/Kumpan Rn. 5; Oetker/Bergmann Rn. 17; Staub/Koller Rn. 49, 55.

[68] MüKoHGB/Häuser Rn. 44; Oetker/Bergmann Rn. 15; Schlegelberger/Hefermehl Rn. 33.

[69] MüKoHGB/Häuser Rn. 43 mwN; Oetker/Bergmann Rn. 15.

[70] Vgl. nur MüKoBGB/Schäfer § 670 Rn. 8 mwN; zweifelnd (jedenfalls für das Kommissionsrecht) BGH NJW 1953, 377 (378).

[71] § 110 Abs. 1 HGB passt dagegen nicht (so aber zB Röhricht/Graf v. Westphalen/Haas/Lenz Rn. 11); iErg sind die Unterschiede gleichwohl idR gering.

[72] IErg ebenso Jauernig/Mansel BGB § 670 Rn. 2; so wohl auch teilw. Canaris HandelsR § 30 III 2b; iE ist str., ob diese Vermögensopfer als „Aufwendungen" zu qualifizieren sind, ihre Erstattungspflicht „aus dem Wesen des Kommissionsverhältnisses folgt" (so BGH NJW 1953, 377 (378) ; ähnlich K. Schmidt HandelsR § 31 IV 3b), auf einer „Veranlassung" durch den Kommittenten beruht (Staub/Koller Rn. 58), oder analog § 670 BGB als Schäden (MüKoHGB/Häuser Rn. 53) zu ersetzen sind.

[73] So iErg auch BGH NJW 1953, 377 (378).

[74] Oetker/Bergmann; Daher lassen sich auch, wie K. Schmidt HandelsR § 31 IV 3b zu Recht ausführt, die für das Auftragsrecht und die GoA entwickelten Begründungsansätze nicht auf das Kommissionsrecht übertragen.

[75] MüKoBGB/Schäfer § 670 Rn. 17; K. Schmidt HandelsR § 31 IV 3b.

[76] Vgl. Koller/Kindler/Roth/Drüen/Roth Rn. 8.

[77] IErg wohl identisch Schlegelberger/Hefermehl Rn. 39.

[78] Ebenroth/Boujong/Joost/Strohn/Füller Rn. 14; Koller/Kindler/Roth/Drüen/Roth Rn. 8.

[79] Ebenroth/Boujong/Joost/Strohn/Füller Rn. 14; Oetker/Bergmann Rn. 16; Canaris HandelsR § 30 III 2a.

opfer infolge der durch den Kommissionär eingegangenen **Verpflichtungen** gegenüber dem Dritten,[80] insbesondere zur Zahlung des Kaufpreises bei der Einkaufskommission[81] und zur Übereignung des Kommissionsgutes bei der Verkaufskommission.[82] Auch Schadenersatzzahlungen an den Dritten wegen einer Nicht- oder Schlechterfüllung des Ausführungsgeschäfts sind ersatzfähig, soweit nicht der Kommissionär sie selbst verschuldet hat.[83]

Nicht ersetzt verlangen kann der Kommissionär seinen **eigenen (durch die Provision** **27** **abgegoltenen) Arbeitsaufwand**[84] und die **allgemeinen Geschäftskosten** wie insbesondere Personalkosten, Kosten für den Einsatz eigenen Materials, Zinsen des Betriebskapitals, Steuern[85] und die Geschäftsraummiete.[86] Allgemeine Geschäftskosten lassen sich ohnehin nicht präzise auf das konkrete Geschäft anrechnen; die Anrechnung bliebe willkürlich.[87] Sie werden auch ersichtlich nicht iSv § 670 BGB „zum Zwecke der Ausführung" der (konkreten) Kommission getätigt. Insoweit erweitert § 396 Abs. 2 den Aufwendungsbegriff jedoch für bestimmte Kosten (→ Rn. 28).

bb) Erweiterung des Aufwendungsbegriffs durch § 396 Abs. 2. Nach § 396 Abs. 2 **28** kann der Kommissionär auch eine Vergütung für die Benutzung seiner Lagerräume und Beförderungsmittel verlangen. Damit erweitert § 396 Abs. 2 den Aufwendungsbegriff des § 670 BGB.[88] Musste der Kommissionär das Gut zB für einen längeren Zeitraum einlagern, so kann er hierfür eine Vergütung verlangen[89] (zur Höhe der Vergütung → Rn. 29).

cc) Erforderlichkeit. Gemäß § 670 BGB sind diejenigen Aufwendungen ersatzfähig, **29** die der Kommissionär den Umständen nach für erforderlich halten darf. Entscheidend ist, ob ein nach **verständigem Ermessen** Handelnder die jeweilige Aufwendung **ex ante** als angebracht angesehen hätte.[90] Im Rahmen der Beurteilung relevanter Kriterien sind etwa Umfang und Zweck der Kommission, Verhältnis von Kosten und Nutzen, etwaige Risiken für die Ausführung der Kommission, Vermögensverhältnisse des Kommittenten etc.[91] Ausnahmsweise kann auch ein Abweichen von Weisungen oder Inhalten des Kommissionsvertrages gestattet sein[92] (→ §§ 385, 386 Rn. 18 ff.). Aufwendungen, die unlauteren oder sittenwidrigen Zwecken dienen (zB sog. „Schmiergelder"), darf der Kommissionär nicht für erforderlich halten.[93]

3. Rechtsfolgen des Aufwendungsersatzanspruchs. Der Kommittent ist nach **30** §§ 675 Abs. 1, 670, 256, 257 BGB iVm §§ 396 Abs. 2, 354 Abs. 2 zum **Ersatz** der (ersatzfähigen) Aufwendungen des Kommissionärs verpflichtet. Er schuldet dem Kommissionär die **Zahlung eines entsprechenden Geldbetrages** oder, falls nicht Geld auf-

---

[80] MüKoHGB/Häuser Rn. 45; Ebenroth/Boujong/Joost/Strohn/Füller Rn. 14; Oetker/Bergmann Rn. 16; Staub/Koller Rn. 52; Canaris HandelsR § 30 III 2a.
[81] MüKoHGB/Häuser Rn. 45; Koller/Kindler/Roth/Drüen/Roth Rn. 8; Canaris HandelsR § 30 III 2a.
[82] Canaris HandelsR § 30 III 2a.
[83] So wohl auch BGH NJW 1953, 377 (378); ebenso MüKoHGB/Häuser Rn. 45; Schlegelberger/Hefermehl Rn. 34; nicht auf Verschulden abstellend Staub/Koller Rn. 52; K. Schmidt HandelsR § 31 IV 3b.
[84] BGH NJW 2003, 1447 (1448).
[85] Dies gilt nicht für die vom Dritten in Rechnung gestellte Umsatzsteuer, die als Aufwendung zu qualifizieren ist, Staub/Koller Rn. 54.
[86] BGH NJW 2003, 1447 (1448); MüKoHGB/Häuser Rn. 51; Ebenroth/Boujong/Joost/Strohn/Füller Rn. 16; Oetker/Bergmann Rn. 17.
[87] Staub/Koller Rn. 54.
[88] Koller/Kindler/Roth/Drüen/Roth Rn. 8.
[89] Staub/Koller Rn. 55.
[90] BGH NJW 1989, 1284 (1285); MüKoHGB/Häuser Rn. 48; Staub/Koller Rn. 56.
[91] Vgl. MüKoHGB/Häuser Rn. 48; MüKoBGB/Schäfer § 670 Rn. 27.
[92] MüKoHGB/Häuser Rn. 48; Ebenroth/Boujong/Joost/Strohn/Füller Rn. 17; Staub/Koller Rn. 56.
[93] BGH NJW 1965, 293 (294); Ebenroth/Boujong/Joost/Strohn/Füller Rn. 17; Koller/Kindler/Roth/Drüen/Roth Rn. 8; aA für konkludente Abreden bei „schmiergeldanfälligen Auslandsgeschäften": MüKoHGB/Häuser Rn. 50; K. Schmidt HandelsR § 31 IV 3b.

gewendet wurde, **Wertersatz** (§ 256 BGB).[94] Die **Höhe der Vergütung nach § 396 Abs.** 2 bemisst sich nach der Parteivereinbarung, ansonsten nach den ortsüblichen Sätzen.[95]

31 Der Kommissionär kann **Zinsen** ab dem Tag verlangen, an dem er die jeweiligen Aufwendungen tätigt (§ 354 Abs. 2 HGB). Der Zinssatz beträgt nach Maßgabe des § 352 Abs. 2 fünf Prozent, und zwar auch dann, wenn der Kommittent kein Kaufmann ist.[96]

32 Gemäß § 257 S. 1 BGB kann der Kommissionär die **Befreiung von Verbindlichkeiten** verlangen. Jedoch ist es dem Kommittenten freigestellt, welche der verschiedenen Möglichkeiten er für die Befreiung des Kommissionärs auswählt. Der Kommittent kann den Kommissionär durch Schuldübernahme gemäß §§ 414, 415 Abs. 1 BGB, durch Zurverfügungstellung eines entsprechenden Geldbetrages zur Befriedigung des Dritten oder durch Zahlung an den Dritten gemäß §§ 267 Abs. 1 S. 1, 362 Abs. 1 BGB befreien.[97] Zahlung an sich selbst kann der Kommissionär vom Kommittenten unter § 257 S. 1 BGB nicht verlangen.[98] Ist die jeweilige Verbindlichkeit noch nicht fällig, so kann der Kommittent **Sicherheit** leisten, § 257 S. 2 BGB (→ Rn. 40).

33 **4. Fälligkeit.** Fällig wird der Aufwendungsersatzanspruch erst, sobald der Kommissionär **ordnungsgemäß Rechenschaft abgelegt** hat (→ § 384 Rn. 46 ff.).[99] Der Kommissionär muss sich, bevor er Aufwendungsersatz verlangt, zunächst aus etwaigen **Vorschüssen** des Kommittenten befriedigen.[100]

34 **5. Leistungsstörungen.** Der Aufwendungsersatzanspruch steht anders als der Provisionsanspruch (→ Rn. 11) nach wohl allgM nicht im Gegenseitigkeitsverhältnis mit dem Anspruch des Kommittenten auf Ausführung der Kommission nach § 384 Abs. 1 Hs. 1 und Herausgabe des Erlangten nach § 384 Abs. 2 Hs. 2 Alt. 2.[101] Daher führt die Unmöglichkeit der Ausführung der Kommission oder der Herausgabe des Erlangten nicht zum Erlöschen des Aufwendungsersatzanspruchs nach § 326 Abs. 1 S. 1 Hs. 1 BGB[102] (zu den Rechten des Kommittenten bei Pflichtverletzungen des Kommissionärs → § 384 Rn. 72 ff.).

35 Verletzt der Kommittent seine Pflicht zum Aufwendungsersatz, kann der Kommissionär nach § 323 Abs. 1 BGB zurücktreten und nach § 346 BGB Herausgabe (bei der Einkaufskommission: auch des Kommissionsgutes[103]) verlangen.[104] Allerdings ist § 323 Abs. 5 S. 2 BGB zu beachten; bei unerheblichen Pflichtverletzungen ist ein Rücktritt ausgeschlossen.[105] Gleiches gilt, wenn der Kommittent zu Unrecht nur einen Teil der Aufwendungen ersetzt.[106]

36 **6. Verjährung.** Die Verjährung richtet sich nach §§ 195, 199 BGB.

37 **7. Darlegungs- und Beweislast.** Der Kommissionär hat darzulegen und zu beweisen, dass er die geltend gemachten Aufwendungen getätigt hat und diese für erforderlich halten durfte.[107] Ist er gleichzeitig für mehrere Kommittenten tätig geworden, befreit ihn dies nicht von der Pflicht zur exakten Rechenschaftsablegung für jede einzelne Kommission.[108]

---

[94] MüKoHGB/Häuser Rn. 55; Schlegelberger/Hefermehl Rn. 42.

[95] Staub/Koller Rn. 55.

[96] MüKoHGB/Häuser Rn. 56; Schlegelberger/Hefermehl Rn. 43.

[97] BGH NJW 1965, 249 (251); Koller/Kindler/Roth/Drüen/Roth Rn. 9; Staub/Koller Rn. 60; Schlegelberger/Hefermehl Rn. 44.

[98] BGH NJW 1965, 249 (251); Koller/Kindler/Roth/Drüen/Roth Rn. 9.

[99] MüKoHGB/Häuser Rn. 60; Staub/Koller Rn. 61; Schlegelberger/Hefermehl Rn. 46.

[100] MüKoHGB/Häuser Rn. 60; Schlegelberger/Hefermehl Rn. 46.

[101] Ebenroth/Boujong/Joost/Strohn/Füller § 384 Rn. 37; Koller/Kindler/Roth/Drüen/Roth Rn. 10; Oetker/Bergmann Rn. 19; Schlegelberger/Hefermehl § 384 Rn. 46; Canaris HandelsR § 30 III 2c.

[102] Canaris HandelsR § 30 III 2c.

[103] Koller/Kindler/Roth/Drüen/Roth Rn. 10; Canaris HandelsR § 30 III 2d.

[104] MüKoHGB/Häuser Rn. 62; Koller/Kindler/Roth/Drüen/Roth Rn. 10; Canaris HandelsR § 30 III 2d.

[105] Koller/Kindler/Roth/Drüen/Roth Rn. 10; Canaris HandelsR § 30 III 2d.

[106] Vgl. Canaris HandelsR § 30 III 2d.

[107] MüKoHGB/Häuser Rn. 64; Staub/Koller Rn. 57.

[108] MüKoHGB/Häuser Rn. 64; Staub/Koller Rn. 57.

V. Abdingbarkeit

Die Vorschriften des § 396 sind nach wohl allgM **dispositiv.**[109] Abweichend von **Abs. 1** **38** können die Parteien etwa vereinbaren, dass die Provision schon mit Abschluss des Ausführungsgeschäfts fällig wird.[110] Die Parteien können zudem eine andere Art der Vergütung vereinbaren, zB ein festes Gehalt.[111] Abweichende Vereinbarungen in **AGB** sind an § 307 Abs. 1, 2 BGB zu messen.[112] Dabei sind Klauseln, die eine Verpflichtung zur Zahlung der Ausführungsprovision trotz Nichtausführung der Kommission vorsehen, mit dem durch § 396 Abs. 1 S. 1 vorgegebenen Leitbild unvereinbar.[113] **Abs. 2** ist ebenfalls abdingbar[114] und kann auch aufgrund eines am Ort der Niederlassung des Kommissionärs entgegenstehenden Handelsbrauchs unbeachtlich sein.[115]

VI. Vorschuss nach §§ 675 Abs. 1, 669 BGB; Sicherheitsleistung

Gemäß §§ 675 Abs. 1, 669 BGB (dispositiv[116]) kann der Kommissionär vom Kommit- **39** tenten einen „Vorschuss" (genauer: eine **Vordeckung**[117]) für erforderliche Aufwendungen verlangen.[118] Da der Kommissionär keinerlei eigene Vermögensopfer erbringen soll, hat der Vorschuss in derjenigen Form zu erfolgen, die die Aufwendungen nach objektiver Betrachtung voraussichtlich haben werden (zB Geld oder Ware).[119] Der Kommissionär kann den Vorschuss vor Ausführung der Kommission, also vor Abschluss des Ausführungsgeschäfts verlangen.[120] Nach hM ist der gesetzliche Anspruch **nicht einklagbar,** weil der Kommissionär keinen Anspruch auf Ausführung der Kommission habe;[121] dies ist zweifelhaft. In der Praxis dürfte sich diese Frage indes regelmäßig wegen entsprechender vertraglicher Vereinbarungen nicht stellen. Eine Weigerung des Kommittenten, einen verlangten Vorschuss zu leisten, kann als Kündigung bzw. Widerruf der Kommission zu verstehen sein.[122] Leistet der Kommittent keinen Vorschuss, kann der Kommissionär nach § 273 Abs. 1 BGB die Ausführung der Kommission verweigern.[123]

Eine praxisrelevante Alternative zur Vorschusszahlung ist die Vereinbarung einer **Sicher-** **40** **heitsleistung** durch den Kommittenten[124] (→ Rn. 32).

B. Handelsvertreter

Für den Handelsvertreter nicht einschlägig.   **41**

C. Vertragshändler

Für den Vertragshändler nicht einschlägig.   **42**

---

[109] BGH NJW 2003, 1447 (1448); MüKoHGB/Häuser Rn. 1, 39 ff., 47, 54; Staub/Koller Rn. 3, 55.
[110] MüKoHGB/Häuser Rn. 40; Staub/Koller Rn. 39.
[111] MüKoHGB/Häuser Rn. 39; Staub/Koller Rn. 3.
[112] MüKoHGB/Häuser Rn. 41; Koller/Kindler/Roth/Drüen/Roth Rn. 4.
[113] MüKoHGB/Häuser Rn. 41; offen BGH NJW 2003, 1447 (1448).
[114] OLG Hamburg DB 1960, 1388 (1389); MüKoHGB/Häuser Rn. 47; Staub/Koller Rn. 55.
[115] OLG Stuttgart BB 1962, 689 (690); MüKoHGB/Häuser Rn. 47.
[116] Oetker/Bergmann Rn. 20; HK-BGB/Schulze BGB § 669 Rn. 1.
[117] So etwa Schlegelberger/Hefermehl Rn. 47.
[118] MüKoHGB/Häuser Rn. 65; Koller/Kindler/Roth/Drüen/Roth Rn. 9.
[119] Staub/Koller Rn. 64.
[120] MüKoHGB/Häuser Rn. 66; Schlegelberger/Hefermehl Rn. 48.
[121] MüKoHGB/Häuser Rn. 66; Schlegelberger/Hefermehl Rn. 48; aA Staub/Koller Rn. 64; ebenso wohl für entgeltliche Geschäftsbesorgungsverhältnisse Grüneberg/Sprau BGB § 669 Rn. 1.
[122] MüKoHGB/Häuser Rn. 67; Ebenroth/Boujong/Joost/Strohn/Füller Rn. 18; Schlegelberger/Hefermehl Rn. 48; Staub/Koller Rn. 64.
[123] Hopt/Kumpan Rn. 6.
[124] MüKoHGB/Häuser Rn. 68; Schlegelberger/Hefermehl Rn. 50.

D. Franchisenehmer

43   Für den Franchisenehmer nicht einschlägig.

E. Kommissionsagent

44   Für den Kommissionsagenten gelten hier grundsätzlich keine Abweichungen oder Besonderheiten. Insbesondere kommt eine analoge Anwendung von **§ 87a** (→ Rn. 7; → § 87a Rn. 95) nicht in Betracht.[125] Insoweit fehlt es bereits an einer (planwidrigen) Regelungslücke, da die entsprechenden Norminhalte bereits von § 396 geregelt werden. Daher ist insbesondere § 87a Abs. 3 S. 2 (wegen § 396 Abs. 1 S. 2) nicht analog anwendbar. Im Hinblick auf die **§§ 87b–d** ist dagegen wie folgt zu differenzieren:

45   **§ 87b** ist **analog anwendbar** (→ § 87b Rn. 79).[126] Insoweit enthält das Kommissionsrecht, insbesondere § 396, keine einschlägige Regelung. Daher besteht eine planwidrige Regelungslücke, die durch die analoge Anwendung von § 87b sachgerecht geschlossen wird.

46   **§ 87c** ist für den Kommissionsagenten **nicht einschlägig** (→ § 87c Rn. 117).[127] Hier gilt das Gleiche wie für den Vertragshändler. Der Kommissionsagent schließt die Geschäfte mit Dritten selbst in eigenem Namen ab und führt das Geschäft selbst aus (anders als beim Handelsvertreter; dort ist der Unternehmer Partei des Vertrages mit dem Dritten und führt die Geschäfte mit den Dritten selbst aus). Der Kommissionsagent verfügt daher, anders als der Handelsvertreter, bereits über alle für die Provisionsabrechnung relevanten Informationen.

47   **§ 87d** ist dagegen **analog anwendbar,** soweit nicht transaktionsbezogene Aufwendungen (dh solche Aufwendungen, die aus den einzelnen Ausführungsgeschäften mit Dritten entstehen) betroffen sind;[128] insofern ist § 396 Abs. 2 einschlägig. Zum Aufwendungsbegriff in § 87d → § 87d Rn. 10 ff.

§ 397 Gesetzliches Pfandrecht

Der Kommissionär hat an dem Kommissionsgute, sofern er es im Besitze hat, insbesondere mittels Konnossements, Ladescheins oder Lagerscheins darüber verfügen kann, ein Pfandrecht wegen der auf das Gut verwendeten Kosten, der Provision, der auf das Gut gegebenen Vorschüsse und Darlehen, der mit Rücksicht auf das Gut gezeichneten Wechsel oder in anderer Weise eingegangenen Verbindlichkeiten sowie wegen aller Forderungen aus laufender Rechnung in Kommissionsgeschäften.

---

[125] AA MüKoHGB/Ströbl § 87a Rn. 5; Oetker/Busche § 87a Rn. 31; Hopt/Hopt § 84 Rn. 19; Staub/Koller § 383 Rn. 68; Canaris HandelsR § 16 Rn. 8; nur für eine analoge Anwendung von § 87a Abs. 3, Emde vor § 84 Rn. 469 aE, § 87a Rn. 14; Ebenroth/Boujong/Joost/Strohn/Löwisch § 87a Rn. 73 lehnt eine analoge Anwendung von § 87a insgesamt ab.

[126] So wohl auch Hopt/Hopt § 84 Rn. 19; Canaris HandelsR § 16 Rn. 7; Staub/Koller § 383 Rn. 68; aA Emde vor § 84 Rn. 469 aE und Ebenroth/Boujong/Joost/Strohn/Löwisch § 87b Rn. 1, jeweils ohne nähere Begründung.

[127] IErg ebenso Oetker/Busche Rn. 37; MüKoHGB/Ströbl Rn. 13 (einschränkend); Ebenroth/Boujong/Joost/Strohn/Löwisch Rn. 74; Emde Rn. 19; Schlegelberger/Schröder Rn. 1; wohl aA (Bejahung der analogen Anwendung der §§ 87 ff.): Hopt/Hopt § 84 Rn. 19; Canaris HandelsR § 16 Rn. 7; Staub/Koller § 383 Rn. 68; Küstner/Thuma/Thume III Teil III Kap. 2 Rn. 19.

[128] Wie hier MüKoHGB/Häuser § 406 Rn. 29 mwN; für eine analoge Anwendung von § 87d auch MüKoHGB/Ströbl § 87d Rn. 4; Emde Rn. 5; ebenso wohl Oetker/Busche § 87d Rn. 11.

Übersicht

A. Allgemeines

I. Regelungsgegenstand und Normzweck

§ 397 gewährt dem Kommissionär an dem in seinem Besitz befindlichen (beweglichen) **1** **Kommissionsgut** ein **gesetzliches Pfandrecht** zur Sicherung seiner Forderungen gegen den Kommittenten.[1] § 397 hat vor allem im Bereich der Wareneinkaufskommission praktische Bedeutung.[2] Die Vorschrift steht im engen Zusammenhang mit §§ 398, 399. § 398 ist zu beachten, wenn der Kommissionär Eigentümer des Kommissionsgutes ist; in diesem Fall ist § 397 nicht anwendbar. § 399 räumt dem Kommissionär ein pfandrechtsähnliches Befriedigungsrecht an den Forderungen aus dem Ausführungsgeschäft ein; diese Forderungen werden von §§ 397, 398 nicht erfasst.

II. Voraussetzungen

1. Wirksamer Kommissionsvertrag. Eine Voraussetzung für das Entstehen des Pfand- **2** rechts ist ein **wirksamer Kommissionsvertrag**.[3] Daran fehlt es zB, wenn eine Anfechtung gemäß § 142 Abs. 1 BGB erfolgt ist oder über das Vermögen des **Kommittenten** das **Insolvenzverfahren** eröffnet wurde (§§ 116 S. 1, 115 Abs. 1 InsO).[4] Hat der Kommissionär bereits vor der Eröffnung des Insolvenzverfahrens über das Vermögen des Kommittenten den Besitz am Kommissionsgut erlangt, gewährt ihm § 50 Abs. 1 InsO iVm §§ 166 ff. InsO ein Recht auf abgesonderte Befriedigung.[5] Die Eröffnung des Insolvenz-

---

[1] MüKoHGB/Häuser Rn. 1; Ebenroth/Boujong/Joost/Strohn/Füller Rn. 1; Oetker/Bergmann Rn. 1; Koller/Kindler/Roth/Drüen/Roth Rn. 1; HK-HGB/Ruß Rn. 2; Staub/Koller Rn. 2.

[2] MüKoHGB/Häuser Rn. 4; Ebenroth/Boujong/Joost/Strohn/Füller Rn. 1; Staub/Koller Rn. 2.

[3] MüKoHGB/Häuser Rn. 5; Hopt/Kumpan Rn. 3; Röhricht/Graf v. Westphalen/Haas/Lenz Rn. 2; Staub/Koller Rn. 4; Schlegelberger/Hefermehl Rn. 3; Düringer/Hachenburg/Lehmann Rn. 2.

[4] RGZ 71, 76 (79); MüKoHGB/Häuser Rn. 19 f.; Hopt/Kumpan Rn. 4; Ebenroth/Boujong/Joost/Strohn/Füller Rn. 4; Koller/Kindler/Roth/Drüen/Roth Rn. 3 f.; Staub/Koller Rn. 10; Schlegelberger/Hefermehl Rn. 10; Ehrenberg/Schmidt-Rimpler V/1 830.

[5] RGZ 71, 76 (77); MüKoHGB/Häuser Rn. 33; Hopt/Kumpan Rn. 9; Koller/Kindler/Roth/Drüen/Roth Rn. 7; K. Schmidt HandelsR § 31 IV 3c aa.

verfahrens über das Vermögen des **Kommissionärs** lässt die Wirksamkeit des Kommissionsvertrages unberührt. Daher kann in diesem Fall ein Pfandrecht gemäß § 397 entstehen.[6]

3   Auf den **Fortbestand** des Kommissionsvertrages kommt es nicht an, so dass ein gemäß § 397 entstandenes Pfandrecht nicht infolge der Beendigung des Vertrages, zB durch Kündigung, erlischt.[7]

4   **2. Eigentum des Kommittenten am Kommissionsgut.** Der Kommittent muss **Eigentümer** des Kommissionsgutes sein.[8] Bei einer **Einkaufskommission** kann das Pfandrecht erst dann entstehen, wenn der Kommissionär das Eigentum auf den Kommittenten überträgt.[9] Steht das Kommissionsgut im Eigentum des Kommissionärs, so kann sich dieser daraus gemäß § 398 befriedigen.[10]

5   Auch wenn es bei einer **Verkaufskommission** am Eigentum des Kommittenten fehlt, kann der Kommissionär nach ganz hM das Pfandrecht **gutgläubig** gemäß § 366 Abs. 3, Abs. 1 iVm §§ 1207, 932 Abs. 1 BGB **erwerben.**[11] Ein gutgläubiger Erwerb scheidet aus, wenn der Kommissionär die fehlende Verfügungsbefugnis des Kommittenten kennt oder grob fahrlässig nicht kennt, sowie bei Abhandenkommen des Kommissionsguts (§§ 1207, 932 Abs. 2, 935 Abs. 1 BGB).[12]

6   **3. Besitz des Kommissionärs am Kommissionsgut.** Der Kommissionär muss das Kommissionsgut im **Besitz** haben bzw. darüber aufgrund eines der in § 397 genannten **Traditionspapiere** (Konnossement, § 650; Ladeschein, §§ 444, 448; Lagerschein, §§ 475c, 475g) **verfügen** können.[13] Als **Kommissionsgut** kommen nur **Sachen und Wertpapiere** in Betracht; denn nur daran kann Besitz bestehen.[14] Nicht verkörperte Rechte, zB GmbH-Anteile, können nicht Kommissionsgut sein.[15] Kein Kommissionsgut sind ferner die nicht selbstständig verwertbaren, von § 952 BGB erfassten Papiere sowie Beweis- und Geschäftsurkunden (zB Versicherungsscheine).[16] Der Begriff „Kommissionsgut" macht deutlich, dass nur solche Sachen oder Wertpapiere erfasst werden, die **Gegenstand des mit dem Dritten abgeschlossenen Ausführungsgeschäfts** sind.[17] Verpackungsmaterialien oder Transportfahrzeuge zählen daher grds. nicht zum Kommissionsgut, solange Kommissionär und Kommittent nicht vereinbaren, dass sie Gegenstand des Ausführungsgeschäfts sein sollen.[18] Die Sachen und Wertpapiere müssen ferner **individuell bestimmt** worden sein; eine Bestimmung nach Gattungsmerkmalen reicht nicht aus.[19]

7   Der Kommissionär muss nicht unmittelbarer Besitzer des Kommissionsgutes sein,[20] allerdings darf in diesem Fall nicht der Kommittent selbst Besitzmittler sein.[21] Geht das Kommissionsgut verloren oder wird es zerstört, bevor der Kommissionär daran Besitz

---

[6] MüKoHGB/Häuser Rn. 20.

[7] Ebenroth/Boujong/Joost/Strohn/Füller Rn. 2; vgl. Staub/Koller Rn. 10.

[8] MüKoHGB/Häuser Rn. 11; Koller/Kindler/Roth/Drüen/Roth Rn. 2.

[9] Oetker/Bergmann Rn. 6.

[10] MüKoHGB/Häuser Rn. 11; Oetker/Bergmann Rn. 6; Staub/Koller Rn. 8.

[11] Hopt/Kumpan Rn. 4; Oetker/Bergmann Rn. 9; Koller/Kindler/Roth/Drüen/Roth Rn. 2; Staub/Koller Rn. 8; Schlegelberger/Hefermehl Rn. 11; kritisch Ebenroth/Boujong/Joost/Strohn/Füller Rn. 5.

[12] MüKoHGB/Häuser Rn. 15.

[13] MüKoHGB/Häuser Rn. 17; Hopt/Kumpan Rn. 6; Ebenroth/Boujong/Joost/Strohn/Füller Rn. 4; HK-HGB/Ruß Rn. 2.

[14] MüKoHGB/Häuser Rn. 7; Staub/Koller Rn. 6; Schlegelberger/Hefermehl Rn. 7.

[15] Staub/Koller Rn. 7.

[16] MüKoHGB/Häuser Rn. 7; Hopt/Kumpan Rn. 4; Schlegelberger/Hefermehl Rn. 7.

[17] MüKoHGB/Häuser Rn. 7; Hopt/Kumpan Rn. 4; Koller/Kindler/Roth/Drüen/Roth Rn. 2; Staub/Koller Rn. 6.

[18] Hopt/Kumpan Rn. 4; Schlegelberger/Hefermehl Rn. 6.

[19] MüKoHGB/Häuser Rn. 8; Staub/Koller Rn. 7; Schlegelberger/Hefermehl Rn. 6.

[20] Oetker/Bergmann Rn. 5; Röhricht/Graf v. Westphalen/Haas/Lenz Rn. 3; Schlegelberger/Hefermehl Rn. 8; Staub/Koller Rn. 9.

[21] MüKoHGB/Häuser Rn. 17; Staub/Koller Rn. 9; GK-HGB/Achilles Rn. 12; Schlegelberger/Hefermehl Rn. 8.

erlangen kann, kann er daran kein Pfandrecht aus § 397 erwerben.[22] Hiervon zu trennen ist die Problematik eines späteren freiwilligen oder unfreiwilligen Besitzverlusts durch den Kommissionär (→ Rn. 26).

III. Rechtsfolge

1. Gegenstand des Pfandrechts. Das Pfandrecht entsteht an dem Kommissionsgut **8** (→ Rn. 6), das der Kommissionär in seinem Besitz hat.[23]

2. Gesicherte Forderungen. Das Pfandrecht sichert die auf das Gut verwendeten **9** Kosten, die Provision, die auf das Gut gegebenen Vorschüsse und Darlehen, die mit Rücksicht auf das Gut gezeichneten Wechsel oder in anderer Weise eingegangene Verbindlichkeiten, und somit **sämtliche Forderungen, die dem Kommissionär aus dem konkreten Kommissionsgeschäft gegen den Kommittenten erwachsen**[24] (gemeinsam auch als **„konnexe"** Forderungen bezeichnet). Unter den nicht im Zusammenhang mit dem konkreten Kommissionsgeschäft stehenden Forderungen (**„nicht konnexe"** Forderungen) sichert das Pfandrecht nur Forderungen aus laufender Rechnung in Kommissionsgeschäften.

a) Konnexe Forderungen. Die auf das Gut verwendeten **Kosten** sind bspw. Kosten für **10** die Aufbewahrung, Erhaltung, Verbesserung und Beförderung (§ 396 Abs. 2) des Gutes sowie Kosten für dessen Erwerb.[25] Der Begriff der auf das Gut „verwendeten" Kosten verweist nicht auf den Begriff der „Verwendungen" iSv §§ 994 ff. BGB.[26]

Der Begriff der **Provision** bezeichnet alle für das Kommissionsgeschäft bekannten Arten **11** von Entgelt für die Ausführung des Kommissionsauftrags durch den Kommissionär (vgl. §§ 396 Abs. 1, 394 Abs. 2),[27] zB auch Ansprüche auf Gewinnbeteiligung.[28]

Auch die auf das Gut gegebenen **Vorschüsse** und **Darlehen** werden erfasst. Dies gilt **12** insbesondere für dem Kommittenten durch den Kommissionär gewährte Darlehen im Zusammenhang mit dem jeweiligen Kommissionsgeschäft.[29] Dritten gewährte Darlehen müssen nach § 393 zulässig sein.[30]

Ferner sichert das Pfandrecht Forderungen wegen der mit Rücksicht auf das Gut **13** gezeichneten **Wechsel,** zB wenn der Einkaufskommissionär dem Verkäufer einen Wechsel gegeben hat, den er später einlösen muss.[31] Auch die in § 395 beschriebene Konstellation ist erfasst.[32]

Forderungen wegen „der mit Rücksicht auf das Gut (...) **in anderer Weise einge- 14 gangenen Verbindlichkeiten"** werden ebenfalls gesichert. Es handelt sich dabei um einen **Auffangtatbestand,** der von den anderen Varianten nicht erfasste Aufwendungen und Schadenersatzansprüche im Zusammenhang mit dem konkreten Kommissionsgeschäft („mit Rücksicht auf das Gut") abdeckt.[33]

b) Nicht konnexe Forderungen. Nicht konnexe Forderungen werden nur gesichert, **15** soweit es sich um **Forderungen aus laufender Rechnung in Kommissionsgeschäften**

---

[22] RGZ 105, 125 (127); MüKoHGB/Häuser Rn. 18; Hopt/Kumpan Rn. 6; Koller/Kindler/Roth/Drüen/Roth Rn. 4; Staub/Koller Rn. 9; Schlegelberger/Hefermehl Rn. 9.
[23] MüKoHGB/Häuser Rn. 1, 6; Hopt/Kumpan Rn. 4; Staub/Koller Rn. 5.
[24] Ebenroth/Boujong/Joost/Strohn/Füller Rn. 7.
[25] Staub/Koller Rn. 13.
[26] MüKoHGB/Häuser Rn. 22; Staub/Koller Rn. 13.
[27] MüKoHGB/Häuser Rn. 23; Staub/Koller Rn. 14.
[28] MüKoHGB/Häuser Rn. 23.
[29] MüKoHGB/Häuser Rn. 24; Staub/Koller Rn. 15; Schlegelberger/Hefermehl Rn. 16.
[30] MüKoHGB/Häuser Rn. 24; Hopt/Kumpan Rn. 7; Koller/Kindler/Roth/Drüen/Roth Rn. 5; GK-HGB/Achilles Rn. 6.
[31] MüKoHGB/Häuser Rn. 25; Staub/Koller Rn. 16; Schlegelberger/Hefermehl Rn. 17.
[32] MüKoHGB/Häuser Rn. 25; Staub/Koller Rn. 16; Schlegelberger/Hefermehl Rn. 17.
[33] MüKoHGB/Häuser Rn. 26; Staub/Koller Rn. 17; Schlegelberger/Hefermehl Rn. 18.

handelt. Unter „laufender Rechnung" sind dabei nicht nur Kontokorrentverhältnisse iSv § 355 zu verstehen, sondern auch kontokorrentähnliche Rechtsverhältnisse, in deren Rahmen Forderungen auf Basis einer laufenden Geschäftsverbindung in gewissen Abständen verrechnet werden.[34] Da nur Forderungen aus Kommissionsgeschäften erfasst werden, haftet das Kommissionsgut nicht für Forderungen aus anderen Geschäften, auch wenn diese Forderungen in die laufende Rechnung aufgenommen worden sind.[35] Auf die unter § 355 fallenden Forderungen aus Kommissionsgeschäften ist § 356 Abs. 1 anwendbar.[36] Die Saldoforderung selbst wird nur dann gesichert, wenn ausschließlich Forderungen aus Kommissionsgeschäften in das Kontokorrent aufgenommen worden sind.[37]

16   **3. Rang des Pfandrechts.** Der **Rang** des Pfandrechts richtet sich wegen §§ 1257, 1209 BGB primär nach dem **Entstehungszeitpunkt.**[38] Demzufolge gilt auch bei § 397 das **Prioritätsprinzip.**[39] Bestehen mehrere Pfandrechte, so bildet ihre Reihenfolge den Maßstab für die Verteilung des Erlöses.[40] Allerdings kann entgegen dem Prioritätsgrundsatz **gutgläubig** ein besserer Rang erworben werden, § 366 Abs. 3 iVm §§ 1257, 1208 BGB.[41]

17   **Weitere Ausnahmen vom Prioritätsprinzip** enthält § 442. Nach Abs. 2 haben die gesetzlichen Pfandrechte des Frachtführers (§ 440), des Spediteurs (§ 464) und des Verfrachters (§ 495) Vorrang vor den nicht aus Versendung entstandenen Pfandrechten von Kommissionär (§ 397) und Lagerhalter (§ 475b)[42] sowie vor dem Pfandrecht des Spediteurs, des Frachtführers und des Verfrachters für Vorschüsse. Dieser Regelung liegt die Annahme zugrunde, dass der Wert des Kommissionsgutes durch seine Beförderung steigt[43] oder zumindest andernfalls eintretende Wertverluste vermieden werden.[44] Zudem müsste etwa ein Frachtführer bei Geltung des Prioritätsprinzips stets prüfen, ob er sich überhaupt aus dem Gut befriedigen kann; dies wäre kaum praktikabel.[45] Abs. 1 bestimmt, dass innerhalb der Gruppe von Pfandrechten, die durch Versendung oder Beförderung entstanden sind (§§ 440, 464, 495), das später entstandene dem früher entstandenen vorgeht (sog. **Posterioritätsprinzip**). Hat der Kommissionär das Gut mit eigenen Transportmitteln befördert (§ 396 Abs. 2), gelten im Hinblick auf Pfandrechte wegen seiner Aufwendungen § 442 Abs. 1, Abs. 2 analog.[46]

18   **4. Wirkung des Pfandrechts.** Das gesetzliche Pfandrecht nach § 397 gewährt dem Kommissionär dieselben Rechte wie ein vertraglich begründetes Pfandrecht.[47] Es räumt

---

[34] RGZ 9, 424 (430); MüKoHGB/Häuser Rn. 27; Staub/Koller Rn. 18; Schlegelberger/Hefermehl Rn. 19; Ehrenberg/Schmidt-Rimpler V/1 835.

[35] MüKoHGB/Häuser Rn. 27; Staub/Koller Rn. 18; Schlegelberger/Hefermehl Rn. 19; Ehrenberg/Schmidt-Rimpler V/1 835.

[36] MüKoHGB/Häuser Rn. 27; Staub/Koller Rn. 18; Schlegelberger/Hefermehl Rn. 19; Ehrenberg/Schmidt-Rimpler V/1 835.

[37] Staub/Koller Rn. 18; MüKoHGB/Häuser Rn. 27.

[38] MüKoHGB/Häuser Rn. 28; Hopt/Kumpan Rn. 9; Ebenroth/Boujong/Joost/Strohn/Füller Rn. 10; Koller/Kindler/Roth/Drüen/Roth Rn. 6; Staub/Koller Rn. 22.

[39] MüKoHGB/Häuser Rn. 28; Hopt/Kumpan Rn. 9; Ebenroth/Boujong/Joost/Strohn/Füller Rn. 10; Koller/Kindler/Roth/Drüen/Roth Rn. 6; Staub/Koller Rn. 22.

[40] MüKoHGB/Häuser Rn. 28.

[41] MüKoHGB/Häuser Rn. 28; Ebenroth/Boujong/Joost/Strohn/Füller Rn. 10; Oetker/Bergmann Rn. 9; HK-HGB/Ruß Rn. 2; vgl. Staub/Koller Rn. 8, 22.

[42] Ebenroth/Boujong/Joost/Strohn/Füller Rn. 10; Oetker/Bergmann Rn. 14; Schlegelberger/Hefermehl Rn. 22.

[43] MüKoHGB/Häuser Rn. 29; Ebenroth/Boujong/Joost/Strohn/Füller Rn. 10; vgl. Oetker/Bergmann Rn. 14; Schlegelberger/Hefermehl Rn. 22.

[44] MüKoHGB/C. Schmidt § 443 Rn. 2 (2. Auflage 2009).

[45] Oetker/Bergmann Rn. 14.

[46] Ebenroth/Boujong/Joost/Strohn/Füller Rn. 10; allg. zu § 443 aF: Ebenroth/Boujong/Joost/Strohn (2. Auflage, München 2009)/Krüger Rn. 8; bzgl. Abs. 1: MüKoHGB/Häuser Rn. 29; Schlegelberger/Hefermehl Rn. 22; bzgl. Abs. 2: Staub/Koller Rn. 22.

[47] MüKoHGB/Häuser Rn. 30 f.; Ebenroth/Boujong/Joost/Strohn/Füller Rn. 9; Oetker/Bergmann Rn. 13; Schlegelberger/Hefermehl Rn. 23; K. Schmidt HandelsR § 31 IV 3c aa; Weidmann, Das Kommissionsgeschäft I, 306.

dem Kommissionär ein **absolutes Recht zum Besitz** iSd § 986 Abs. 1 S. 1 BGB ein und ist als **Einwendung** von Amts wegen zu berücksichtigen.[48]

Im **Insolvenzverfahren des Kommittenten** begründet das Pfandrecht ein Absonde- 19 rungsrecht gemäß § 50 Abs. 1 InsO.[49] Betreiben Dritte die **Zwangsvollstreckung** in das Vermögen des Kommittenten, so kann der Kommissionär, sofern er das Kommissionsgut unmittelbar besitzt, im Wege von § 771 ZPO oder, falls er das Gut nur mittelbar besitzt, im Wege von § 805 ZPO vorgehen.[50]

Der **Inhalt** des Pfandrechts richtet sich nach §§ 1257, 1220 ff. BGB.[51] Nach dem 20 **Grundsatz der ungeteilten Pfandhaftung** haftet die Pfandsache für die gesicherte Forderung auch dann, wenn der Wert der zu sichernden Forderung geringer ist als der Wert des Pfandes.[52]

Da § 397 **dispositiv** ist (→ Rn. 27), können die Parteien abweichend vereinbaren, dass 21 einzelne Kommissionsgüter nur bis zu einer bestimmten Grenze haften.[53]

5. Rückgabe des Pfandes. Der Kommittent kann gemäß § 1218 Abs. 1 Hs. 1 BGB die 22 **Rückgabe** des Pfandes gegen anderweitige Sicherheitsleistung verlangen, wenn der Verderb des Pfandes oder eine wesentliche Minderung des Wertes zu besorgen ist.[54] Der Kommissionär hat dem Kommittenten gemäß § 1218 Abs. 2 BGB von dem drohenden Verderb unverzüglich Anzeige zu machen, sofern diese nicht untunlich ist (zB bei Kenntnis des Kommittenten bzgl. des drohenden Verderbs), nicht jedoch bei einer drohenden wesentlichen Wertminderung.[55]

6. Verwertung. Ist die Forderung des Kommissionärs ganz oder teilweise fällig, kann er 23 sich nach §§ 1257, 1228 BGB durch den **Verkauf** (§§ 1233 ff. BGB) des Kommissionsguts befriedigen.[56] Der Kommissionär hat den Verkauf des Guts dem Kommittenten anzudrohen (vgl. aber § 1234 Abs. 2 S. 2 BGB). Der Verkauf darf grds. erst einen Monat später erfolgen, § 1234 Abs. 2 S. 1 BGB. Die Parteien können jedoch eine abweichende Vereinbarung treffen.[57] Ferner gilt die Monatsfrist nicht, wenn die Verpfändung auf beiden Seiten ein Handelsgeschäft ist. Dann greift vielmehr gemäß § 368 Abs. 1, Abs. 2 ein, wonach lediglich eine Frist von einer Woche gilt. Zu beachten sind auch die §§ 1219–1221 BGB, wonach die Ware, wenn sie leicht verderblich ist, versteigert oder verkauft werden darf, obgleich die gesicherte Forderung noch nicht fällig ist.[58]

Mit der Verwertung des Kommissionsguts verfolgt der Kommissionär **ein ausschließlich** 24 **eigenes Interesse**.[59] Daher greift die Interessenwahrnehmungspflicht gemäß § 384 Abs. 1 Hs. 2 insoweit nicht ein.[60] Dennoch muss der Kommissionär wegen des Grundsatzes von Treu und Glauben (§ 242 BGB) die Interessen des Kommittenten bei der Verwertung beachten[61] und kann sich nach § 1243 Abs. 2 BGB schadenersatzpflichtig machen, wenn er

---

[48] MüKoHGB/Häuser Rn. 30.

[49] Hopt/Kumpan Rn. 9; Ebenroth/Boujong/Joost/Strohn/Füller Rn. 9; Oetker/Bergmann Rn. 3; Koller/Kindler/Roth/Drüen/Roth Rn. 7; HK-HGB/Ruß Rn. 4.

[50] Hopt/Kumpan Rn. 9; Ebenroth/Boujong/Joost/Strohn/Füller Rn. 9; Oetker/Bergmann Rn. 13; Schlegelberger/Hefermehl Rn. 24; zurückhaltend bzgl. § 805 ZPO Koller/Kindler/Roth/Drüen/Roth Rn. 7.

[51] MüKoHGB/Häuser Rn. 31; Oetker/Bergmann Rn. 1, 13; Schlegelberger/Hefermehl Rn. 23.

[52] MüKoHGB/Häuser Rn. 31; BeckOK BGB/Schärtl § 1222 Rn. 1.

[53] MüKoHGB/Häuser Rn. 40; Staub/Koller Rn. 3.

[54] MüKoHGB/Häuser Rn. 31; Hopt/Kumpan Rn. 9; Koller/Kindler/Roth/Drüen/Roth Rn. 7.

[55] MüKoBGB/Damrau § 1218 Rn. 5.

[56] MüKoHGB/Häuser Rn. 35; Schlegelberger/Hefermehl Rn. 25.

[57] MüKoHGB/Häuser Rn. 36; Schlegelberger/Hefermehl Rn. 25.

[58] MüKoHGB/Häuser Rn. 36; Schlegelberger/Hefermehl Rn. 25.

[59] MüKoHGB/Häuser Rn. 34; Schlegelberger/Hefermehl Rn. 26; Staub/Koller Rn. 24; Ehrenberg/Schmidt-Rimpler V/1 831 f.

[60] MüKoHGB/Häuser Rn. 34; Ebenroth/Boujong/Joost/Strohn/Füller Rn. 9; Staub/Koller Rn. 24; aA Schlegelberger/Hefermehl Rn. 26; Düringer/Hachenburg/Lehmann Rn. 20.

[61] MüKoHGB/Häuser Rn. 34; Staub/Koller Rn. 24.

bestimmte für den Verkauf geltende Vorschriften (zB §§ 1234, 1237 S. 2, 1241 BGB) verletzt.[62] Da der Kommissionär bei der Verwertung ausschließlich im eigenen Interesse tätig wird,[63] kann er **keine Provision gemäß § 354 Abs. 1** verlangen.[64]

25 **7. Zwangsvollstreckung.** Der Kommissionär ist nicht gezwungen, sich durch die Verwertung des in seinem Besitz befindlichen Kommissionsgutes zu befriedigen. Alternativ kann er die **Zwangsvollstreckung** in das Vermögen des Kommittenten betreiben.[65] Der Kommittent kann sich allerdings mit der Vollstreckungserinnerung (§ 766 Abs. 1 ZPO) gegen die Zwangsvollstreckung wehren, wenn der Wert des Pfandes zur Befriedigung des Kommissionärs ausreicht (§ 777 S. 1 ZPO);[66] der Kommissionär ist in diesem Fall hinreichend gesichert.

IV. Erlöschen des Pfandrechts

26 Eine Reihe von Vorschriften sieht unter bestimmten Voraussetzungen ein Erlöschen des Pfandrechts vor. Es erlischt bspw., wenn der Kommissionär einseitig darauf **verzichtet** (§ 1255 Abs. 1 BGB), das Kommissionsgut **untergeht,** die gesicherte **Forderung erlischt** (§ 1252 BGB) oder ein Dritter das Kommissionsgut gutgläubig **lastenfrei erwirbt** (§ 936 BGB).[67] Ferner ist auf §§ 1242 Abs. 2, 1250 Abs. 2, 1253 Abs. 1 S. 1 und § 1256 Abs. 1 S. 1 BGB hinzuweisen. Während der **freiwillige Besitzverlust** des Kommissionärs nach allgM zum Untergang des Pfandrechts führt, bleibt das Pfandrecht nach zutreffender hM bei **unfreiwilligem Besitzverlust** bestehen (teleologische Reduktion[68]).[69] Der Verweis der Gegenansicht auf den Wortlaut der Norm[70] überzeugt nicht.[71] Denn erstens ist es charakteristisch für ein dingliches Recht, dass es nicht durch bloßen Besitzverlust erlischt,[72] zweitens darf der Kommissionär nicht schlechter stehen, als wenn ihm ein vertragliches Pfandrecht zustände; dieses bliebe auch bei unfreiwilligem Besitzverlust erhalten.[73] Ein infolge (freiwilligen) Besitzverlusts erloschenes Pfandrecht lebt nicht deshalb wieder auf, weil der Kommissionär den Besitz am Kommissionsgut wieder erlangt.[74]

V. Abdingbarkeit

27 § 397 ist **dispositiv.** Daher kann zB der Kreis der gesicherten Forderungen, aber auch die Menge an potentiellen Pfandobjekten erweitert und beschränkt werden;[75] dies ist auch in AGB grundsätzlich zulässig (innerhalb der Grenzen der §§ 305 ff. BGB).[76] Dasselbe gilt

---

[62] MüKoHGB/Häuser Rn. 34.

[63] Ebenroth/Boujong/Joost/Strohn/Füller Rn. 9; Oetker/Bergmann Rn. 13; Staub/Koller Rn. 24; Ehrenberg/Schmidt-Rimpler V/1 831 f.

[64] Nicht abschließend geklärt in BGH ZIP 1984, 339 (341); wie hier MüKoHGB/Häuser Rn. 37; Hopt/Kumpan Rn. 9; Ebenroth/Boujong/Joost/Strohn/Füller Rn. 9; Oetker/Bergmann Rn. 13; aA Schlegelberger/Hefermehl Rn. 26.

[65] MüKoHGB/Häuser Rn. 33.

[66] MüKoHGB/Häuser Rn. 33.

[67] MüKoHGB/Häuser Rn. 38; zum gutgläubigen Erwerb vgl. auch Staub/Koller Rn. 8.

[68] Canaris HandelsR § 30 III 3a.

[69] So bereits RGZ 1, 255 (256 f.) bezüglich des Gewahrsamsverlusts iSv Art. 306 Abs. 4 ADHGB 1861; ebenso MüKoHGB/Häuser Rn. 38; Hopt/Kumpan Rn. 10; Ebenroth/Boujong/Joost/Strohn/Füller Rn. 4; Koller/Kindler/Roth/Drüen/Roth Rn. 4; Canaris HandelsR § 30 III 3a; Staub/Koller Rn. 26; Altmeppen ZHR 157 (1993), 558; aA Ehrenberg/Schmidt-Rimpler V/1 836; GK-HGB/Achilles Rn. 13; Schlegelberger/Hefermehl Rn. 27.

[70] So Ebenroth/Boujong/Joost/Strohn/Krüger, 2. Aufl. 2009, Rn. 4.

[71] Ebenroth/Boujong/Joost/Strohn/Füller Rn. 4.

[72] Canaris HandelsR § 30 III 3a.

[73] Staub/Koller Rn. 26; Canaris HandelsR § 30 III 3a.

[74] RGZ 44, 116 (120); MüKoHGB/Häuser Rn. 38; Hopt/Kumpan Rn. 10; Ebenroth/Boujong/Joost/Strohn/Füller Rn. 4; Koller/Kindler/Roth/Drüen/Roth Rn. 4; Staub/Koller Rn. 26; Ehrenberg/Schmidt-Rimpler V/1 836.

[75] MüKoHGB/Häuser Rn. 40; Schlegelberger/Hefermehl Rn. 28; Staub/Koller Rn. 3.

[76] MüKoHGB/Häuser Rn. 40; Staub/Koller Rn. 3.

bzgl. der Verwertung des Kommissionsgutes (vgl. § 1245 Abs. 1 BGB), wobei § 1245 Abs. 2 BGB zu beachten ist.[77]

B. Handelsvertreter

Für den Handelsvertreter nicht einschlägig.   **28**

C. Vertragshändler

Für den Vertragshändler nicht einschlägig.   **29**

D. Franchisenehmer

Für den Franchisenehmer nicht einschlägig.   **30**

E. Kommissionsagent

Für den Kommissionsagenten gelten hier keine Abweichungen oder Besonderheiten.   **31**

§ 398 Befriedigung aus eigenem Kommissionsgut

Der Kommissionär kann sich, auch wenn er Eigentümer des Kommissionsguts ist, für die in § 397 bezeichneten Ansprüche nach Maßgabe der für das Pfandrecht geltenden Vorschriften aus dem Gute befriedigen.

A. Allgemeines

I. Regelungsgegenstand und Normzweck

Die Eigentümerstellung bietet dem Kommissionär **keinen ausreichenden Schutz** zur **1** Sicherung seiner Rechte,[1] insbesondere im Hinblick auf die Herausgabepflicht nach § 384 Abs. 2 Hs. 2 (wobei § 369 zu beachten ist).[2] Im Gegenteil stände der Kommissionär, der Eigentümer des Kommissionsguts ist, ohne § 398 sogar schlechter als der Kommissionär, der nicht Eigentümer des Guts ist; § 397 ist auf ihn nicht anwendbar, denn nach bürgerlichem Recht steht einem Eigentümer grundsätzlich kein Pfandrecht an eigenen beweglichen Sachen zu (§ 1256 Abs. 1 S. 1 BGB).[3] Daher räumt § 398 dem Kommissionär ein in seiner Reichweite dem Pfandrecht gemäß § 397 entsprechendes **Befriedigungsrecht** ein.[4]

Im Fall der **Verkaufskommission** spielt § 398 praktisch keine Rolle, da der Kommis- **2** sionär kein Eigentum an den zu verkaufenden Waren erwirbt.[5] Anders ist dies bei der **Einkaufskommission,** da der Kommissionär nach Erfüllung des Ausführungsgeschäfts

---

[77] MüKoHGB/Häuser Rn. 41; Schlegelberger/Hefermehl Rn. 28.
[1] Vgl. MüKoHGB/Häuser Rn. 1; Ebenroth/Boujong/Joost/Strohn/Füller Rn. 1; Schlegelberger/Hefermehl Rn. 1.
[2] Oetker/Bergmann Rn. 1.
[3] MüKoHGB/Häuser Rn. 1; Ebenroth/Boujong/Joost/Strohn/Füller Rn. 1; Schlegelberger/Hefermehl Rn. 1.
[4] MüKoHGB/Häuser Rn. 1; Oetker/Bergmann Rn. 1.
[5] MüKoHGB/Häuser Rn. 2; Schlegelberger/Hefermehl Rn. 1.

regelmäßig Eigentümer der von ihm gekauften Waren wird,[6] es sei denn, er überträgt dem Kommittenten das Eigentum bereits im Wege von §§ 929, 930 BGB.[7]

3   Der Meinungsstreit, ob das Befriedigungsrecht nach § 398 als echtes Pfandrecht[8] oder lediglich als pfandrechtsähnlich[9] zu qualifizieren ist,[10] kann dahinstehen; im Ergebnis stehen dem Kommissionär jedenfalls die **Rechte eines Pfandgläubigers** zu.[11] Spricht das Gesetz vom Pfandrecht des Kommissionärs, ist auch § 398 gemeint.[12]

II. Rechtsfolge

4   Als **Rechtsfolge** sieht § 398 vor, dass sich der Kommissionär nach Maßgabe der für das Pfandrecht geltenden Vorschriften (§§ 1257, 1228 ff. BGB) aus dem Gut befriedigen kann.[13] Er ist dazu aber nicht verpflichtet („kann").[14]

B. Handelsvertreter

5   Für den Handelsvertreter nicht einschlägig.

C. Vertragshändler

6   Für den Vertragshändler nicht einschlägig.

D. Franchisenehmer

7   Für den Franchisenehmer nicht einschlägig.

E. Kommissionsagent

8   Für den Kommissionsagenten gelten hier keine Abweichungen oder Besonderheiten.

§ 399 Befriedigung aus Forderungen des Ausführungsgeschäfts

Aus den Forderungen, welche durch das für Rechnung des Kommittenten geschlossene Geschäft begründet sind, kann sich der Kommissionär für die im § 397 bezeichneten Ansprüche vor dem Kommittenten und dessen Gläubigern befriedigen.

---

[6] MüKoHGB/Häuser Rn. 2; Ebenroth/Boujong/Joost/Strohn/Füller Rn. 2; Koller/Kindler/Roth/Drüen/Roth Rn. 2.

[7] MüKoHGB/Häuser Rn. 2; Oetker/Bergmann Rn. 2.

[8] Ehrenberg/Wolff IV/1 68; Ehrenberg/Schmidt-Rimpler V/1 828; Düringer/Hachenburg/Lehmann Rn. 5.

[9] So Hopt/Kumpan § 398; Koller/Kindler/Roth/Drüen/Roth Rn. 1; Canaris HandelsR § 30 III 3b.

[10] Vgl. K. Schmidt HandelsR § 31 IV 3c bb; Düringer/Hachenburg/Lehmann Rn. 5; Ehrenberg/Schmidt-Rimpler V/1 828.

[11] K. Schmidt HandelsR § 31 IV 3c bb.

[12] Hopt/Kumpan § 398.

[13] Vgl. zB Oetker/Bergmann Rn. 1.

[14] Ehrenberg/Schmidt-Rimpler V/1 829; Schlegelberger/Hefermehl Rn. 4.

A. Allgemeines

I. Regelungsgegenstand und Normzweck

§ 399 räumt dem Kommissionär ein **pfandrechtsähnliches vorrangiges Befriedi-** **1** **gungsrecht** an seinen **Forderungen aus dem Ausführungsgeschäft** ein.[1] Die §§ 397, 398 beziehen sich demgegenüber nur auf das Kommissionsgut,[2] so dass die Forderungen des Kommissionärs gegenüber einem Dritten nicht erfasst werden.[3] Diese Lücke schließt § 399.[4]

Im Außenverhältnis zum Dritten ist der Kommissionär ohnehin Inhaber der Forderungen **2** aus dem Ausführungsgeschäft (→ § 383 Rn. 58). Die Notwendigkeit für § 399 ergibt sich jedoch aus § 392 Abs. 2, der die Forderungen aus dem Ausführungsgeschäft im Innenverhältnis zwischen Kommittent und Kommissionär dem Kommittenten zuweist[5] (→ § 392 Rn. 3).

II. Reichweite des Befriedigungsrechts

§ 399 erstreckt das Befriedigungsrecht auf die **Forderungen** aus dem Ausführungs- **3** geschäft.[6] Dies sind in erster Linie die dem Kommissionär gegen den Dritten aus dem Ausführungsgeschäft zustehenden **Primär- und Sekundäransprüche,** ferner die Forderungen aus den für Rechnung des Kommittenten abgeschlossenen Hilfs- und Nebengeschäften.[7] Der Begriff der „Forderungen" ist hier ebenso zu verstehen wie in § 392 Abs. 1[8] (→ § 392 Rn. 5 ff.).

III. Wirkungen des Befriedigungsrechts

1. Zurückbehaltungsrecht. Der Kommissionär darf die geschuldete **Abtretung** der **4** Forderung aus dem Ausführungsgeschäft bis zur Befriedigung wegen seiner Forderungen **verweigern.**[9] Das Verweigerungsrecht ist dabei durch den Sicherungszweck begrenzt.[10] Handelt es sich um eine teilbare Forderung, besteht das Zurückbehaltungsrecht nur bis zur Höhe der zu sichernden Forderung.[11] Bei einer unteilbaren Forderung, kann der Kommissionär die Abtretung verweigern.[12]

2. Einzugsrecht. Ist der Kommissionär berechtigt, eine Geldforderung aus dem Aus- **5** führungsgeschäft einzuziehen, kann er sich durch **Aufrechnung** befriedigen.[13] Er ist lediglich dazu verpflichtet einen etwaigen Überschuss an den Kommittenten auszukehren.[14]

---

[1] MüKoHGB/Häuser Rn. 1; Oetker/Bergmann Rn. 1; Koller/Kindler/Roth/Drüen/Roth Rn. 1; Ebenroth/Boujong/Joost/Strohn/Füller Rn. 1; Schlegelberger/Hefermehl Rn. 1.
[2] GK-HGB/Achilles §§ 397–399 Rn. 10.
[3] MüKoHGB/Häuser Rn. 1; Schlegelberger/Hefermehl Rn. 4.
[4] Ebenroth/Boujong/Joost/Strohn/Füller Rn. 1; vgl. Staub/Koller Rn. 1; Schlegelberger/Hefermehl Rn. 1.
[5] Ebenroth/Boujong/Joost/Strohn/Füller Rn. 1; GK-HGB/Achilles §§ 397–399 Rn. 17.
[6] Röhricht/Graf v. Westphalen/Haas/Lenz Rn. 2; Staub/Koller Rn. 3.
[7] MüKoHGB/Häuser Rn. 2 f.; Ebenroth/Boujong/Joost/Strohn/Füller Rn. 2; GK-HGB/Achilles §§ 397–399 Rn. 18; Staub/Koller Rn. 3.
[8] Schlegelberger/Hefermehl Rn. 3.
[9] RGZ 105, 125 (127); MüKoHGB/Häuser Rn. 7; Oetker/Bergmann Rn. 3; Staub/Koller Rn. 8; Schlegelberger/Hefermehl Rn. 7.
[10] Ebenroth/Boujong/Joost/Strohn/Füller Rn. 3.
[11] MüKoHGB/Häuser Rn. 7; Ebenroth/Boujong/Joost/Strohn/Füller Rn. 3; Oetker/Bergmann Rn. 3; Staub/Koller Rn. 8; aA GK-HGB/Achilles §§ 397–399 Rn. 19.
[12] Ebenroth/Boujong/Joost/Strohn/Füller Rn. 3; Oetker/Bergmann Rn. 3.
[13] Ebenroth/Boujong/Joost/Strohn/Füller Rn. 4; Hopt/Kumpan Rn. 3; Staub/Koller Rn. 9; Schlegelberger/Hefermehl Rn. 8.
[14] Ebenroth/Boujong/Joost/Strohn/Füller Rn. 4.

Handelt es sich nicht um eine Geldforderung, kann der Kommissionär die gesamte Forderung einziehen.[15] Die weiteren Rechte bestimmen sich insofern nach §§ 397, 398.[16] Teilbare Forderungen darf der Kommissionär nur bis zur Höhe der zu sichernden Forderungen einziehen.[17]

6   **3. Anderweitige Verwertung.** Der Kommissionär ist, genau wie ein Pfandrechtsgläubiger, nicht dazu berechtigt, die Forderung zu verkaufen.[18] Andernfalls würde der Kommissionär besser stehen als der Inhaber eines vertraglichen Pfandrechts.[19] Nur **ausnahmsweise** kommt eine **Pfändung** der Forderung nach §§ 1282 Abs. 2, 1277 BGB analog in Betracht, wenn der Kommissionär aufgrund eines vollstreckbaren Titels die Forderung pfänden lässt und das Vollstreckungsgericht eine andere Verwertungsart anordnet, vgl. § 844 ZPO.[20]

7   **4. Insolvenz.** Die Insolvenz des Kommittenten steht dem Befriedigungsrecht des Kommissionärs nicht entgegen.[21] Der Kommissionär kann eine **abgesonderte Befriedigung** nach §§ 50, 51 Nr. 3 InsO verlangen.[22]

IV. Erlöschen des Befriedigungsrechts

8   Das Befriedigungsrecht erlischt, wenn der **Sicherungszweck entfällt** oder der Kommissionär die Forderung aus dem Ausführungsgeschäft an den Kommittenten **abgetreten** hat.[23]

9   Tritt der Kommissionär seine Forderung gegen den Kommittenten an einen Vierten ab, erwirbt der Vierte (der Zessionar) kein Befriedigungsrecht an den Forderungen gegen den Dritten aus dem Ausführungsgeschäft, weil das Befriedigungsrecht nicht mit auf den Vierten übergeht.[24] Das Befriedigungsrecht erlischt vielmehr.[25] Etwas anderes kann gelten, **wenn der Kommissionär zugleich Gläubiger der sichernden und der gesicherten Forderung wird;** in diesem Fall kann er beide Forderungen (die sichernde und die gesicherte) an den Vierten abtreten und somit dem Vierten auch die Befriedigungsmöglichkeit aus der sichernden Forderung verschaffen.[26]

B. Handelsvertreter

10   Für den Handelsvertreter nicht einschlägig.

C. Vertragshändler

11   Für den Vertragshändler nicht einschlägig.

---

[15] Oetker/Bergmann Rn. 4; Staub/Koller Rn. 9.

[16] Oetker/Bergmann Rn. 4; Staub/Koller Rn. 9.

[17] Ebenroth/Boujong/Joost/Strohn/Füller Rn. 4; offen Koller/Kindler/Roth/Drüen/Roth Rn. 2; aA Schlegelberger/Hefermehl Rn. 8.

[18] Ebenroth/Boujong/Joost/Strohn/Füller Rn. 5; Oetker/Bergmann Rn. 5; Schlegelberger/Hefermehl Rn. 9.

[19] Ebenroth/Boujong/Joost/Strohn/Füller Rn. 5; Staub/Koller Rn. 10; Schlegelberger/Hefermehl Rn. 9.

[20] Oetker/Bergmann Rn. 5; Hopt/Kumpan Rn. 3; Ebenroth/Boujong/Joost/Strohn/Füller Rn. 5; Staub/Koller Rn. 10.

[21] Ebenroth/Boujong/Joost/Strohn/Füller Rn. 6; Oetker/Bergmann Rn. 6.

[22] Oetker/Bergmann Rn. 6; Hopt/Kumpan Rn. 3; Staub/Koller Rn. 11.

[23] MüKoHGB/Häuser Rn. 11; Ebenroth/Boujong/Joost/Strohn/Füller Rn. 6; Oetker/Bergmann Rn. 7; Weidmann, Das Kommissionsgeschäft I, 320; Staub/Koller Rn. 13.

[24] MüKoHGB/Häuser Rn. 11; Ebenroth/Boujong/Joost/Strohn/Füller Rn. 6; Koller/Kindler/Roth/Drüen/Roth Rn. 3; Schlegelberger/Hefermehl Rn. 10.

[25] MüKoHGB/Häuser Rn. 11; Ebenroth/Boujong/Joost/Strohn/Füller Rn. 6; Koller/Kindler/Roth/Drüen/Roth Rn. 3; Schlegelberger/Hefermehl Rn. 10.

[26] Oetker/Bergmann Rn. 7; Hopt/Kumpan Rn. 4; Schlegelberger/Hefermehl Rn. 10.

D. Franchisenehmer

Für den Franchisenehmer nicht einschlägig.   **12**

E. Kommissionsagent

Für den Kommissionsagenten gelten hier keine Abweichungen oder Besonderheiten.   **13**

§ 400 Selbsteintritt des Kommissionärs

(1) **Die Kommission zum Einkauf oder zum Verkaufe von Waren, die einen Börsen- oder Marktpreis haben, sowie von Wertpapieren, bei denen ein Börsen- oder Marktpreis amtlich festgestellt wird, kann, wenn der Kommittent nicht ein anderes bestimmt hat, von dem Kommissionär dadurch ausgeführt werden, daß er das Gut, welches er einkaufen soll, selbst als Verkäufer liefert oder das Gut, welches er verkaufen soll, selbst als Käufer übernimmt.**

(2) **¹Im Falle einer solchen Ausführung der Kommission beschränkt sich die Pflicht des Kommissionärs, Rechenschaft über die Abschließung des Kaufes oder Verkaufs abzulegen, auf den Nachweis, daß bei dem berechneten Preise der zur Zeit der Ausführung der Kommission bestehende Börsen- oder Marktpreis eingehalten ist. ²Als Zeit der Ausführung gilt der Zeitpunkt, in welchem der Kommissionär die Anzeige von der Ausführung zur Absendung an den Kommittenten abgegeben hat.**

(3) **Ist bei einer Kommission, die während der Börsen- oder Marktzeit auszuführen war, die Ausführungsanzeige erst nach dem Schlusse der Börse oder des Marktes zur Absendung abgegeben, so darf der berechnete Preis für den Kommittenten nicht ungünstiger sein als der Preis, der am Schlusse der Börse oder des Marktes bestand.**

(4) **Bei einer Kommission, die zu einem bestimmten Kurse (ersten Kurs, Mittelkurs, letzter Kurs) ausgeführt werden soll, ist der Kommissionär ohne Rücksicht auf den Zeitpunkt der Absendung der Ausführungsanzeige berechtigt und verpflichtet, diesen Kurs dem Kommittenten in Rechnung zu stellen.**

(5) **Bei Wertpapieren und Waren, für welche der Börsen- oder Marktpreis amtlich festgestellt wird, kann der Kommissionär im Falle der Ausführung der Kommission durch Selbsteintritt dem Kommittenten keinen ungünstigeren Preis als den amtlich festgestellten in Rechnung stellen.**

Übersicht

A. Allgemeines

I. Regelungsgegenstand und Normzweck

1   Die §§ 400–406 regeln den Selbsteintritt als eine **besondere Form der Ausführung** des Kommissionsgeschäfts.[1] Der Kommissionär ist zum Selbsteintritt berechtigt, aber vorbehaltlich einer anderweitigen Vereinbarung der Parteien (bei der jedoch zu prüfen wäre, ob nicht von vornherein ein Eigengeschäft des Kommissionärs vorliegt → § 383 Rn. 13 ff.) nicht verpflichtet.[2] Der Selbsteintritt kommt für den Kommissionär in Betracht, wenn er Kommissionsgut aus eigenen Beständen an den Kommittenten liefern oder es in seinen eigenen Bestand übernehmen will **(wirtschaftlicher Selbsteintritt),** wenn er von zwei unterschiedlichen Kommittenten entgegengesetzte Kommissionsaufträge über das gleiche Gut in der gleichen Menge erhält **(Kompensation gegenläufiger Kommissionsgeschäfte),** oder wenn er das Kommissionsgut durch Deckungsgeschäft von einem Dritten beschafft oder es an den Dritten verkauft **(formeller Selbsteintritt).**[3]

2   Ein wesentlicher **Vorteil des Kommissionärs** ist, dass er das Kommissionsgeschäft rasch ausführen kann, wenn er das Kommissionsgut selbst benötigt (Verkaufskommission) oder auf Lager hat (Einkaufskommission).[4] Darüber hinaus ist er dem Kommittenten nicht zur umfassenden Rechnungslegung verpflichtet, sondern kann sich auf den Nachweis der Einhaltung des Börsen- oder Marktpreises beschränken (Abs. 2).[5] Der Kommissionär kann somit seine Geschäftsbeziehungen gegen Direktgeschäfte des Kommittenten schützen, soweit sie dem Kommittenten nicht ohnehin bekannt sind oder der Kommittent aus sonstigen Gründen direkte Kontakte zu den Geschäftspartnern des Kommissionärs aufbauen kann.[6]

3   Ein **Vorteil des Kommittenten** besteht zunächst in der schnellen Abwicklung des Geschäfts.[7] Ferner erweitert sich durch den Selbsteintritt des Kommissionärs der Kreis der

---

[1] MüKoHGB/Häuser Rn. 1; Koller/Kindler/Roth/Drüen/Roth Rn. 1; Schlegelberger/Hefermehl Rn. 1; Staub/Koller Rn. 1; Heymann/Herrmann §§ 400–402 Rn. 5; Röhricht/Graf v. Westphalen/Haas/Lenz Rn. 1.

[2] Schlegelberger/Hefermehl Rn. 43.

[3] MüKoHGB/Häuser Rn. 9–11; Staub/Koller Rn. 2–4; Schlegelberger/Hefermehl Rn. 2–4.

[4] Vgl. Ebenroth/Boujong/Joost/Strohn/Füller Rn. 2; Koller/Kindler/Roth/Drüen/Roth Rn. 1; Staub/Koller Rn. 5; GK-HGB/Achilles §§ 400–402 Rn. 1; Röhricht/Graf v. Westphalen/Haas/Lenz Rn. 1.

[5] MüKoHGB/Häuser Rn. 13; Schlegelberger/Hefermehl Rn. 5; Staub/Koller Rn. 5; GK-HGB/Achilles §§ 400–402 Rn. 1; Röhricht/Graf v. Westphalen/Haas/Lenz Rn. 1.

[6] MüKoHGB/Häuser Rn. 13; Ebenroth/Boujong/Joost/Strohn/Füller Rn. 1; Koller/Kindler/Roth/Drüen/Roth Rn. 1; Schlegelberger/Hefermehl Rn. 5; Staub/Koller Rn. 5.

[7] Canaris HandelsR § 30 V 1b.

Abnehmer bzw. Lieferanten des Kommittenten.[8] Sofern es ihm nicht ohnehin gleichgültig ist, mit wem er abschließt, kontrahiert der Kommittent zudem mit einem ihm bekannten Vertragspartner, was durchaus im seinem Sinne sein kann;[9] auf der anderen Seite könnte er nach einem Scheitern der Kommission mit dem Kommissionär ohnehin einen entsprechenden Kaufvertrag abschließen.[10] Demgegenüber begründet der Selbsteintritt für den Kommittenten erhebliche **Nachteile und Gefahren.** Der Kommittent verliert durch den Selbsteintritt des Kommissionärs die ihm sonst zustehenden Kontrollmöglichkeiten. So besteht insbesondere die Gefahr, dass der Kommissionär die aus einem günstigen Deckungsgeschäft erlangten Vorteile nicht weitergibt (sog. **Kursschnitt**).[11] Ferner wird der Kommissionär durch Abs. 2 S. 1 HGB von seiner Rechenschaftspflicht befreit.[12] Im Ergebnis ist der Selbsteintritt für den Kommittenten mit mehr Gefahren als Vorteilen verbunden.[13]

Der Selbsteintritt ist daher von Gesetzes wegen nur unter bestimmten Voraussetzungen **4** zulässig.[14] Die §§ 400–405 dienen folgerichtig dem **Schutz des Kommittenten** vor den mit dem Selbsteintritt verbundenen Gefahren.[15] Da sie allerdings weitgehend disponibel sind,[16] ist der Schutz nur **unvollkommen** und entbindet den Kommittenten nicht davon, sich gegen nachteilige vertragliche Abweichungen zu wehren.

Die Bedeutung des Selbsteintritts liegt vor allem im Bereich der (in dieser Kommentie- **5** rung nicht behandelten) Effektenkommission.[17]

II. Voraussetzungen des Selbsteintritts

Abs. 1 findet Anwendung auf den **Einkauf oder Verkauf** von **Waren oder Wert- 6 papieren**,[18] die einen **Börsen- oder Marktpreis** haben, der im Fall von Wertpapieren **amtlich festgestellt** sein muss. Der Selbsteintritt darf zudem **nicht ausgeschlossen** sein („wenn der Kommittent nicht ein anderes bestimmt hat"). Es steht den Parteien jedoch frei, den Selbsteintritt unabhängig von den Voraussetzungen des Abs. 1 zuzulassen.[19]

1. Waren oder Wertpapiere. Abs. 1 erfasst dem Wortlaut nach nur **Waren oder Wert- 7 papiere**.[20] Aus § 406 Abs. 1 S. 1 und Abs. 2 ergibt sich jedoch eine Erweiterung des sachlichen Anwendungsbereichs des Kommissionsrechts auf „andere Geschäfte".[21] Mit dem Begriff „andere" Geschäfte sind **Geschäfte jeder Art** gemeint; erfasst wird dadurch jedes denkbare (Handels-) Geschäft und jede Form von Vertrag.[22] Der Begriff des „Geschäfts" ist weit zu fassen.[23] Infolgedessen ist ein Selbsteintritt auch dann möglich, wenn es um „andere Geschäfte" als den Kauf oder Verkauf von Waren oder Wertpapieren geht.[24]

---

[8] MüKoHGB/Häuser Rn. 14; Staub/Koller Rn. 6; GK-HGB/Achilles §§ 400–402 Rn. 1; Röhricht/Graf v. Westphalen/Haas/Lenz Rn. 1.

[9] HK-HGB/Ruß Rn. 1.

[10] Canaris HandelsR § 30 V 1b.

[11] MüKoHGB/Häuser Rn. 14; Ebenroth/Boujong/Joost/Strohn/Füller Rn. 3; GK-HGB/Achilles §§ 400–402 Rn. 1; Canaris HandelsR § 30 V 1b.

[12] Canaris HandelsR § 30 V 1b.

[13] Ebenroth/Boujong/Joost/Strohn/Füller Rn. 3.

[14] Ob dies dogmatisch tragfähig ist, ist höchst zweifelhaft, vgl. Canaris HandelsR § 30 V 1b.

[15] Ebenroth/Boujong/Joost/Strohn/Füller Rn. 1; Schlegelberger/Hefermehl Rn. 5, 7.

[16] Ebenroth/Boujong/Joost/Strohn/Füller Rn. 4; GK-HGB/Achilles §§ 400–402 Rn. 2.

[17] MüKoHGB/Häuser Rn. 3 ff.; Schlegelberger/Hefermehl Rn. 1; HK-HGB/Ruß Rn. 1.

[18] Zum Anwendungsbereich des Kommissionsrechts auf „ähnliche Geschäfte" → § 406 Rn. 1 ff.

[19] Ebenroth/Boujong/Joost/Strohn/Füller Rn. 4.

[20] MüKoHGB/Häuser Rn. 16; Staub/Koller Rn. 10.

[21] MüKoHGB/Häuser § 406 Rn. 1; Ebenroth/Boujong/Joost/Strohn/Füller § 383 Rn. 6, § 406 Rn. 1; Koller/Kindler/Roth/Drüen/Roth § 406 Rn. 1; Staub/Koller Rn. 10.

[22] Staub/Koller § 406 Rn. 4; Röhricht/Graf v. Westphalen/Haas/Lenz § 406 Rn. 2.

[23] Röhricht/Graf v. Westphalen/Haas/Lenz § 406 Rn. 2.

[24] MüKoHGB/Häuser Rn. 16.

8 **2. Börsen- oder Marktpreis.** Das Selbsteintrittsrecht betrifft nur solche Waren, Wertpapiere oder andere Geschäfte, die einen **Börsen- oder Marktpreis** haben. Der Kommittent soll dadurch in die Lage versetzt werden, nachprüfen zu können, ob der vom Kommissionär berechnete Preis dem Marktpreis zur Zeit der Ausführung entspricht.[25] Diese Voraussetzung ist disponibel.[26]

9 **a) Börse oder Markt.** Ein **Markt** ist dabei ein Ort, an dem üblicherweise und nicht nur von Fall zu Fall nach Art, Gattung und Güte bestimmte Waren oder Wertpapiere in größerer Stückzahl gehandelt werden.[27] Eine **Börse** unterscheidet sich von einem Markt dadurch, dass sie institutionalisiert ist, so dass dort die Zusammenführung von Angebot und Nachfrage regelmäßig, in verhältnismäßig kurzen Zeitabständen und in organisierter Form erfolgt.[28] An einer Börse werden regelmäßig nur vertretbare Sachen gehandelt.[29]

10 **b) Bestehen eines Preises.** Das Bestehen eines Börsen- oder Marktpreises setzt voraus, dass die gehandelten Waren, Wertpapiere oder Geschäfte dergestalt an einer Börse oder an einem Markt gehandelt werden, dass sich für den jeweils maßgeblichen Zeitraum aus den einzelnen Transaktionen bei normaler Börsen- oder Marktlage **allgemein gültige Durchschnittspreise** bestimmen lassen.[30] Dies ist für Waren nur möglich, wenn es sich um Waren einer bestimmten Gattung und durchschnittlicher Güte, also um **vertretbare Sachen** handelt.[31] Kunstwerke können daher keinen Börsen- oder Marktpreis haben.[32] Darüber hinaus muss in Bezug auf die Waren eine größere Zahl von Transaktionen durchgeführt worden[33] und dabei an der Börse oder am Markt **tatsächlich** ein bestimmter Preis erzielt worden sein.[34] Der festgestellte Preis muss also auf tatsächlichen Umsätzen beruhen.[35]

11 Der Börsen- oder Marktpreis muss für diejenigen Waren oder Wertpapiere bestehen, die **Gegenstand des Kommissionsauftrages** sind.[36] Er muss sich zudem auf die **Art** des vom Kommissionär durchzuführenden Geschäftes beziehen (zB auf Kassageschäfte oder Termingeschäfte).[37]

12 **c) Preisuntergrenze. Abs. 5** bestimmt, dass ein **amtlich festgestellter** Kurs eine (zwingende) Preisuntergrenze darstellt; der Kommissionär darf dem Kommittenten im Fall des Selbsteintritts keinen ungünstigeren Preis berechnen. Da in Deutschland keine „amtliche" Feststellung mehr erfolgt,[38] ist für Wertpapiere anstelle des „amtlich festgestellten" Kurses auf den **„Börsenpreis"** iSd § 24 Abs. 1 S. 1 BörsG abzustellen.[39] In zeitlicher Hinsicht greift der Schutz des Abs. 5 nur wenn eine Notierung des Börsenpreises tatsächlich erfolgt.[40] Ein Selbsteintritt ist beispielsweise gem. § 402 ausgeschlossen, wenn der Handel gem. § 25 BörsG ausgesetzt ist.[41]

---

[25] GK-HGB/Achilles §§ 400–402 Rn. 2.

[26] MüKoHGB/Häuser Rn. 16.

[27] MüKoHGB/Häuser Rn. 17; Staub/Koller Rn. 11; Röhricht/Graf v. Westphalen/Haas/Lenz Rn. 4.

[28] MüKoHGB/Häuser Rn. 17; Staub/Koller Rn. 11; Röhricht/Graf v. Westphalen/Haas/Lenz Rn. 4.

[29] MüKoHGB/Häuser Rn. 17; Staub/Koller Rn. 11.

[30] MüKoHGB/Häuser Rn. 18; Ebenroth/Boujong/Joost/Strohn/Füller Rn. 5; GK-HGB/Achilles §§ 400–402 Rn. 3; Schlegelberger/Hefermehl Rn. 10.

[31] Schlegelberger/Hefermehl Rn. 10.

[32] OLG Frankfurt a. M. NJW-RR 2004, 835 (836); Röhricht/Graf v. Westphalen/Haas/Lenz Rn. 4; jeweils ohne nähere Begründung.

[33] AA Heymann/Herrmann §§ 400–402 Rn. 3 der es genügen lässt, dass es sich nicht um einen bloßen Gelegenheitspreis handelt und sich der Preis im Wettbewerb an einem freien Markt gebildet hat.

[34] RGZ 34, 117 (120 f.); Ebenroth/Boujong/Joost/Strohn/Füller Rn. 5; Röhricht/Graf v. Westphalen/Haas/Lenz Rn. 4.

[35] So (für Börsenpreise) Schlegelberger/Hefermehl Rn. 11.

[36] Schlegelberger/Hefermehl Rn. 17.

[37] MüKoHGB/Häuser Rn. 23; Schlegelberger/Hefermehl Rn. 17.

[38] Oetker/Bergmann Rn. 16; vgl. Kapitalmarktrecht/Groß BörsG § 24 Rn. 2.

[39] Vgl. Koller/Kindler/Roth/Drüen/Roth Rn. 3.

[40] MüKoHGB/Häuser Rn. 99; Ehrenberg/Schmidt-Rimpler V/1 1040.

[41] Vgl. MüKoHGB/Häuser Rn. 99; Staub/Koller Rn. 33; Schlegelberger/Hefermehl Rn. 70; Düringer/Hachenburg/Lehmann Rn. 56.

d) Ort der Preisermittlung. Umstritten ist, ob der Börsen- oder der Marktpreis an **13** dem **Ort** bestehen muss, an dem die Kommission vertragsgemäß auszuführen ist.[42] Hiervon ist jedoch auszugehen, weil andernfalls das Merkmal des Börsen- oder Marktpreises der Beliebigkeit anheimfallen würde. Fehlt es an einer Weisung des Kommittenten in Bezug auf den Ausführungsort, ist gem. § 269 Abs. 1 und Abs. 2 BGB im Zweifel, sofern der Kommissionär nicht nach pflichtgemäßem Ermessen davon ausgehen musste, an einem anderen Markt oder an einer anderen Börse ein für den Kommittenten günstigeren Preis zu erzielen, auf den Sitz des Kommissionärs oder die Börse oder den Markt abzustellen, an dem er regelmäßig tätig ist.[43] Von der Frage, wo der für den Selbsteintritt maßgebliche Börsen- oder Marktpreis besteht, ist die Frage zu trennen, wo der Kommissionär das Deckungsgeschäft tatsächlich ausführt. Der Ort der Ausführung des Deckungsgeschäfts ist für die Zulässigkeit des Selbsteintritts ebenso irrelevant wie die Frage, ob der Kommissionär überhaupt ein Deckungsgeschäft abgeschlossen hat.[44]

e) Zeitpunkt der Preisermittlung. Der Börsen- oder Marktpreis muss zu dem **Zeit-** **14** **punkt** bestehen, an dem der Kommissionär den Kommissionsauftrag durch Selbsteintritt ausführt.[45] Dies ist gem. **Abs. 2 S. 2** der Zeitpunkt, an dem der Kommissionär die Ausführungsanzeige an den Kommittenten absendet. Ist die Ausführungsanzeige erst nach Schluss der Börse oder des Marktes abgesendet worden, wird demgegenüber gem. **Abs. 3** auf den Kurs bei Schluss der Börse oder des Marktes abgestellt. Vereinbaren die Parteien die Ausführung der Kommission zu einem bestimmten Kurs (erster Kurs, Mittelkurs, letzter Kurs), ist gem. **Abs. 4** dieser Kurs für die Abrechnung maßgeblich.

aa) Absendung der Ausführungsanzeige. Für die Preisberechnung ist gem. **Abs. 2** **15** **S. 2** und Abs. 3 iVm § 405 Abs. 3 der Zeitpunkt der **Absendung der Ausführungs-** **anzeige** an den Kommittenten maßgeblich. Der Kommissionär ist grundsätzlich verpflichtet, dem Kommittenten den **zur Zeit der Ausführung** der Kommission bestehenden Börsen- oder Marktpreis in Rechnung zu stellen (Abs. 2 S. 1). Diese Grundregel wird durch Abs. 3–5 und § 401 (→ § 401 Rn. 1 ff.) modifiziert.

bb) Schlusskurs. Abs. 3 regelt den Fall, dass die Kommission erst nach Börsen- oder **16** Marktschluss ausgeführt wird, sodass kein aktueller Kurs verfügbar ist. In einer solchen Situation dient der letzte Schlusskurs als Referenzwert. Der Kommissionär ist verpflichtet, keinen für den Kommittenten nachteilig vom Schlusskurs abweichenden Preis zu berechnen.[46] Die Risikoverteilung des Abs. 3 kann sich insbesondere für den Kommissionär nachteilig auswirken, da dieser das Kursrisiko trägt. Während der Kommittent im Falle einer zu seinen Gunsten verlaufenden Kursentwicklung zwischen Abschluss des Geschäfts und Festsetzung des Schlusskurses vom Kommissionär die Zugrundelegung des günstigeren Preises verlangen kann, hat der Kommissionär umgekehrt keine entsprechende Ausgleichsmöglichkeit.[47] Vielmehr muss er dem Kommittenten gemäß § 401 Abs. 2 auch dann den günstigeren Preis berechnen, wenn er den Kurs des Deckungsgeschäfts für die Abrechnung zugrunde legt und dieser für den Kommittenten im Vergleich zum Schlusskurs ungünstiger ist.[48]

---

[42] Dafür: MüKoHGB/Häuser Rn. 24; Ebenroth/Boujong/Joost/Strohn/Füller Rn. 6; Schlegelberger/ Hefermehl Rn. 14; Staub/Koller Rn. 12; GK-HGB/Achilles §§ 400–402 Rn. 3; dagegen wohl nur Ehrenberg/Schmidt-Rimpler V/1 994 f.

[43] MüKoHGB/Häuser Rn. 25; Staub/Koller Rn. 12; GK-HGB/Achilles §§ 400–402 Rn. 3.

[44] Schlegelberger/Hefermehl Rn. 15, 24.

[45] MüKoHGB/Häuser Rn. 26; Schlegelberger/Hefermehl Rn. 16; Staub/Koller Rn. 16.

[46] MüKoHGB/Häuser Rn. 93; Staub/Koller Rn. 38; Schlegelberger/Hefermehl Rn. 68; Ehrenberg/ Schmidt-Rimpler V/1 1041.

[47] MüKoHGB/Häuser Rn. 94; Staub/Koller Rn. 39.

[48] MüKoHGB/Häuser Rn. 94; Schlegelberger/Hefermehl Rn. 68; Staub/Koller Rn. 39; RGRK-HGB/ Ratz Rn. 20a.

17   cc) **Vereinbarung eines bestimmten Zeitpunktes. Abs. 4** durchbricht Abs. 2, Abs. 3, sofern die Parteien die Ausführung der Kommission zu einem bestimmten Kurs wie zB erster Kurs, Mittelkurs oder letzter Kurs (Schlusskurs) vereinbart haben.[49] Hat der Kommittent sich auf einen bestimmten Kurs festgelegt, ist allein dieser maßgeblich und berechtigt den Kommissionär bei Selbsteintritt zur Rechnungsstellung in entsprechender Höhe.[50] Mit der Rechnungsstellung kommt der Kommissionär zudem auch seiner Rechenschaftspflicht nach.[51] Der abstrakt fixierte Kurs gilt unabhängig vom Zeitpunkt der Absendung der Ausführungsanzeige durch den Kommissionär.[52] Etwaige Kursschwankungen bei fortlaufender Kursnotierung haben somit keine Bedeutung.[53] Der Zeitpunkt der Absendung der Ausführungsanzeige wird aber wieder relevant für die Festlegung des Börsentages, auf den sich der vom Kommittenten abstrakt fixierte Kurs bezieht.[54]

18   **3. Sonderfall: Wertpapiere.** Abs. 1 sieht einen **gesetzlichen Selbsteintritt** für Wertpapiere nur vor, wenn es für die Wertpapiere eine **amtliche Feststellung** des Börsen- oder Marktpreises gibt.[55] Der Hinweis auf Marktpreise ist ein Redaktionsversehen; Marktpreise werden für Wertpapiere nicht „amtlich" notiert.[56] Seit der Abschaffung der amtlichen Kursfeststellung und der amtlichen Kursmakler[57] erfolgt auch an der Börse keine „amtliche" Feststellung des Kurses von Wertpapieren mehr. Daher ist ein **gesetzlicher Selbsteintritt in Bezug auf Wertpapiere nicht mehr möglich;** die §§ 400 ff. sind nur noch für den **vertraglich vereinbarten Selbsteintritt** relevant.[58]

19   In Bezug auf Waren kommt es schon nach dem Wortlaut des Abs. 1 auf eine „amtliche" Feststellung des Börsen- oder Marktpreises nicht an,[59] auch wenn Abs. 5 nahelegt, dass eine amtliche Feststellung des Marktpreises auch für Waren denkbar ist. Existiert jedoch eine ständige, allgemein anerkannte und unparteiische Einrichtung, die Preise feststellt, besteht insoweit eine gewisse Vermutung der Richtigkeit ihrer Preisfeststellung.[60]

20   **4. Kein Ausschluss des Selbsteintritts. a) Vertraglicher Ausschluss.** Der Selbsteintritt darf **nicht ausgeschlossen** sein. Dem Wortlaut nach ist der Selbsteintritt ausgeschlossen, wenn der Kommittent „ein anderes bestimmt" hat.[61] Insofern dürfen die Anforderungen nicht überspannt werden. Es genügt, dass es für den Kommissionär aufgrund aller Umstände klar **erkennbar** ist, dass der Kommittent einen Selbsteintritt unter keinen Umständen wünscht.[62] Der Ausschluss des Selbsteintrittsrechts kann also auch **konkludent** erfolgen.[63] Es handelt sich bei dem Ausschluss des Selbsteintrittsrechts um eine empfangsbedürftige Willenserklärung.[64]

21   **b) Interessenwahrnehmungspflicht.** Das Verbot des Selbsteintritts kann auch **Ausfluss der Interessenwahrnehmungspflicht** des Kommissionärs sein. Der Selbsteintritt darf nicht erfolgen, wenn der Kommissionär dadurch den Interessen des Kommittenten

---

[49] MüKoHGB/Häuser Rn. 97; Staub/Koller Rn. 43; Schlegelberger/Hefermehl Rn. 69.
[50] MüKoHGB/Häuser Rn. 97; Staub/Koller Rn. 43; Schlegelberger/Hefermehl Rn. 69.
[51] MüKoHGB/Häuser Rn. 97.
[52] MüKoHGB/Häuser Rn. 97; Staub/Koller Rn. 43; Schlegelberger/Hefermehl Rn. 69.
[53] MüKoHGB/Häuser Rn. 97.
[54] MüKoHGB/Häuser Rn. 97; Staub/Koller Rn. 43.
[55] Schlegelberger/Hefermehl Rn. 11.
[56] Staub/Koller Rn. 15.
[57] Art. 1 des 4. FinanzmarktförderungsG.
[58] aA MüKoHGB/Häuser Rn. 7, 22 und 34; Koller/Kindler/Roth/Drüen/Roth Rn. 3 (unter Verweis auf §§ 24 Abs. 2, 27 BörsG).
[59] Staub/Koller Rn. 15.
[60] Staub/Koller Rn. 15.
[61] Ebenroth/Boujong/Joost/Strohn/Füller Rn. 7; HK-HGB/Ruß Rn. 2.
[62] GK-HGB/Achilles §§ 400–402 Rn. 5.
[63] MüKoHGB/Häuser Rn. 29; Schlegelberger/Hefermehl Rn. 19; Staub/Koller Rn. 92.
[64] Schlegelberger/Hefermehl Rn. 19.

zuwider handeln würde.[65] Dies folgt aus § 384 Abs. 1 Hs. 2 Alt. 1. Verboten ist der Selbsteintritt des Kommissionärs zB dann, wenn der Kommissionär zur Erfüllung der durch den Selbsteintritt eingegangenen Verpflichtungen nicht in der Lage ist.[66] Der Interessenwahrnehmungspflicht kommt insoweit nur eine Begrenzungsfunktion zu. Der Kommissionär ist aus dem Gesichtspunkt der Interessenwahrnehmung nicht dazu verpflichtet, den Kommissionsauftrag im Wege des Selbsteintritts durchzuführen.[67] Eine solche Pflicht müsste vielmehr vertraglich vereinbart sein.[68]

c) Zeitpunkt des Ausschlusses. Der Ausschluss kann bereits bei Erteilung des Kommissionsauftrages aber auch noch später erfolgen.[69] In zeitlicher Hinsicht ist dem Kommittenten der Ausschluss des Selbsteintrittsrechts bis zur Absendung der Ausführungsanzeige möglich.[70] Für die **Rechtzeitigkeit** des Ausschlusses des Selbsteintrittsrechts ist gem. § 405 Abs. 3 der Zugang beim Kommissionär maßgeblich. Allerdings kann dem Kommittenten der einseitige nachträgliche Ausschluss des Selbsteintrittsrechts aufgrund der Vereinbarungen der Parteien im Kommissionsauftrag untersagt sein, wenn der Kommittent dem Kommissionär ein unwiderrufliches Recht zur Durchführung der Kommission durch Selbsteintritt eingeräumt hat.[71] In diesem Fall bleibt dem Kommittenten nichts anderes übrig als den Kommissionsauftrag zu kündigen, sofern nicht auch der Kommissionsauftrag unwiderruflich erteilt wurde. **22**

III. Ausübung und Wirkung des Rechts zum Selbsteintritt

1. Ausübung. Der Selbsteintritt ist eine Sonderform der Ausführung des Kommissionsgeschäfts.[72] Mit der Erklärung des Selbsteintritts übt der Kommissionär ein ihm gesetzlich oder vertraglich zustehendes **Gestaltungsrecht** aus.[73] **23**

Der Selbsteintritt erfolgt **durch ausdrückliche Erklärung,** sofern die Parteien nicht etwas anderes vereinbart haben.[74] Die Erklärung des Selbsteintritts ist eine **Willenserklärung** iSv § 133 BGB. Sie ist **nicht formbedürftig,** und zwar auch dann nicht, wenn der Kommissionsvertrag als solcher der Form bedarf,[75] aber in aller Regel **empfangsbedürftig** (§§ 130 Abs. 1, 151 S. 1 BGB).[76] Der Begriff „Selbsteintritt" muss nicht verwendet werden.[77] Der Selbsteintritt wird grundsätzlich mit Zugang der Erklärung über den Selbsteintritt wirksam.[78] **24**

---

[65] MüKoHGB/Häuser Rn. 15, 30; Hopt/Kumpan Rn. 4; Ebenroth/Boujong/Joost/Strohn/Füller Rn. 7; Koller/Kindler/Roth/Drüen/Roth Rn. 6; Staub/Koller Rn. 59; Röhricht/Graf v. Westphalen/Haas/Lenz Rn. 7; HK-HGB/Ruß Rn. 2; GK-HGB/Achilles §§ 400–402 Rn. 5.
[66] MüKoHGB/Häuser Rn. 30; Ebenroth/Boujong/Joost/Strohn/Füller Rn. 7; Schlegelberger/Hefermehl Rn. 26.
[67] Offen gelassen: MüKoHGB/Häuser Rn. 15, so aber wohl MüKoHGB/Häuser Rn. 37; Schlegelberger/Hefermehl Rn. 30; Staub/Koller Rn. 95.
[68] MüKoHGB/Häuser Rn. 37.
[69] MüKoHGB/Häuser Rn. 28; Schlegelberger/Hefermehl Rn. 18.
[70] Ebenroth/Boujong/Joost/Strohn/Füller Rn. 7; HK-HGB/Ruß Rn. 2.
[71] Schlegelberger/Hefermehl Rn. 18; MüKoHGB/Häuser Rn. 28.
[72] MüKoHGB/Häuser Rn. 39; Koller/Kindler/Roth/Drüen/Roth Rn. 1.
[73] MüKoHGB/Häuser Rn. 36; Koller/Kindler/Roth/Drüen/Roth Rn. 1; Schlegelberger/Hefermehl Rn. 32; Staub/Koller Rn. 25; nach aA soll es sich um die Annahme eines stillschweigend vom Kommittenten im Rahmen des Angebotes auf Abschluss des Kommissionsvertrages abgegebenes Angebot auf Abschluss eines Kaufvertrages handeln Modest NJW 1950, 52 (53).
[74] RGZ 102, 15 (16); 96, 4 (7); 63, 30; Ebenroth/Boujong/Joost/Strohn/Füller Rn. 8; Staub/Koller Rn. 21; Röhricht/Graf v. Westphalen/Haas/Lenz Rn. 8; HK-HGB/Ruß Rn. 3.
[75] Staub/Koller Rn. 22; Koller/Kindler/Roth/Drüen/Roth Rn. 2.
[76] RGZ 102, 15 (16); Koller/Kindler/Roth/Drüen/Roth Rn. 2; HK-HGB/Ruß § 405 Rn. 1; GK-HGB/Achilles § 405 Rn. 2; Staub/Koller Rn. 23.
[77] Koller/Kindler/Roth/Drüen/Roth § 405 Rn. 2; GK-HGB/Achilles § 405 Rn. 1; Heymann/Herrmann § 405 Rn. 1; Röhricht/Graf von Westphalen/Haas/Lenz § 405 Rn. 3; Schlegelberger/Hefermehl § 405 Rn. 3.
[78] Staub/Koller Rn. 23.

25   **2. Wirkung.** Mit Wirksamwerden des Selbsteintritts wird der **Kommissionär selbst Partei des Ausführungsgeschäftes,** wird im Verhältnis zum Kommittenten also selbst Käufer bzw. Verkäufer des Kommissionsgutes.[79] Der Kommissionär übernimmt durch den Selbsteintritt daher eine **Doppelfunktion**[80] **oder Zwitterstellung.** Er ist zum einen nach wie vor Kommissionär und somit den Interessen des Kommittenten verpflichtet, zum anderen Käufer bzw. Verkäufer, und steht somit als solcher von der gesetzlichen Grundkonzeption der §§ 433 ff. BGB her in einem notwendigen Interessengegensatz zum Kommittenten. Dieser Widerspruch wird dadurch aufgelöst, dass das Kommissionsgeschäft sich nicht zu einem Kaufvertrag wandelt,[81] sondern **durch kaufrechtliche Normen lediglich ergänzt und** (teilweise) **überlagert** wird.[82] Die **Modifikation** des Kommissionsgeschäfts betrifft ohnehin nur einen Teil der Kommission, nämlich das Ausführungsgeschäft.[83] Der Kommissionsvertrag selbst bleibt vom Selbsteintritt weitgehend unberührt, so dass es zu einem **Nebeneinander von Kauf- und Kommissionsrecht** kommt (typengemischter Vertrag[84]). Das Kommissionsrecht gilt vorrangig.[85]

IV. Rechtsfolgen des Selbsteintritts

26   Da der Selbsteintritt nicht zu einer vollständigen Umwandlung des Kommissionsgeschäfts in einen Kaufvertrag, sondern nur zu einer **Modifikation des Ausführungsgeschäfts** führt (→ Rn. 25), finden auf das Kommissionsgeschäft nach Wirksamwerden des Selbsteintritts sowohl Kauf- als auch Kommissionsrecht Anwendung, soweit durch die Anwendung des Kaufrechts kein Widerspruch zum Kommissionsrecht entsteht.[86]

27   **1. Anwendung von Kaufrecht.** Für die Ausführung der Kommission gelten dem Grunde nach weiterhin die Bedingungen, zu denen der Kommissionär das Ausführungsgeschäft auftragsgemäß hätte abschließen sollen.[87] Soweit sich daraus keine abweichenden Vereinbarungen ergeben, finden die §§ 433 ff. BGB sowie die §§ 345, 377 Anwendung. Die Pflicht der Parteien zur **Erfüllung** des Kaufvertrages ergibt sich daher aus § 433 Abs. 1 und Abs. 2 BGB.[88] Für Preis- und Leistungsgefahr oder die Mängelhaftungsvorschriften gelten grundsätzlich keine Besonderheiten.[89] Der Kommissionär schuldet ebenso wie ein Verkäufer die **Lieferung** des im Kommissionsauftrag festgelegten Kommissionsguts[90] bzw. ebenso wie ein Käufer den **Kaufpreis.** Für die Berechnung des Kaufpreises gelten im Fall des Selbsteintritts jedoch die Sonderregeln der Abs. 2–5, § 401.[91]

28   **Umstritten** ist, ob im Rahmen der **Einkaufskommission,** die für beide Teile ein Handelsgeschäft ist, § 377 durch § 391 modifiziert wird oder ob § 391 auf den Selbsteintritt von vornherein nicht zur Anwendung kommt. Teilweise wird die Ansicht vertreten, die Untersuchungs- und Rügepflicht des Kommittenten ergebe sich aus § 391.[92] Dies ist nicht

---

[79] MüKoHGB/Häuser Rn. 39; Ebenroth/Boujong/Joost/Strohn/Füller Rn. 1, 9; Koller/Kindler/Roth/Drüen Rn. 1; Staub/Koller Rn. 25; Schlegelberger/Hefermehl Rn. 1, 32; GK-HGB/Achilles §§ 400–402 Rn. 6; HK-HGB/Ruß Rn. 3.

[80] MüKoHGB/Häuser Rn. 39; Ebenroth/Boujong/Joost/Strohn/Füller Rn. 9; Staub/Koller Rn. 25.

[81] Heymann/Herrmann §§ 400–402 Rn. 5.

[82] MüKoHGB/Häuser Rn. 39; Schlegelberger/Hefermehl Rn. 32; Staub/Koller Rn. 26 f.; Röhricht/Graf v. Westphalen/Haas/Lenz Rn. 9.

[83] Ebenroth/Boujong/Joost/Strohn/Füller Rn. 1.

[84] So zutreffend Canaris HandelsR § 30 V 2b; aA BGH NJW 1984, 429 (431) (Änderung des Kommissionsvertrages in einen Kaufvertrag).

[85] Staub/Koller Rn. 26.

[86] Staub/Koller Rn. 26; Röhricht/Graf v. Westphalen/Haas/Lenz Rn. 9.

[87] MüKoHGB/Häuser Rn. 42; Schlegelberger/Hefermehl Rn. 33; GK-HGB/Achilles §§ 400–402 Rn. 7.

[88] Schlegelberger/Hefermehl Rn. 37.

[89] MüKoHGB Rn. 47 f.; Staub/Koller Rn. 53 f.

[90] MüKoHGB/Häuser Rn. 44.

[91] Schlegelberger/Hefermehl Rn. 33.

[92] MüKoHGB/Häuser Rn. 49.

richtig. § 391 ist gerade nicht anzuwenden, wenn der Kommissionär den Selbsteintritt erklärt (Abs. 1). Vielmehr gelten dann die §§ 377, 379 unmittelbar.[93] Für eine Anwendung von § 391 ist kein Raum, weil es sich dabei um eine Sonderregelung für den Fall handelt, dass es im Innenverhältnis Kommittent/Kommissionär am Vorliegen eines Kaufvertrages fehlt. Wenn der Kommissionär den Selbsteintritt erklärt, kommt im Innenverhältnis von Kommittent/Kommissionär jedoch unmittelbar Kaufrecht zur Anwendung (→ Rn. 25 und 27). § 391 ist in diesem Fall funktionslos.[94]

Eine weitere Besonderheit liegt darin, dass der Verkaufskommissionär, der das Kommis- **29** sionsgut bei Wirksamwerden des Selbsteintritts bereits in Besitz hat, den **Mangel des Kommissionsguts** oftmals kennen wird; in diesem Fall sind seine Mängelhaftungsrechte gem. § 442 BGB ausgeschlossen.[95]

2. Sachenrechtliche Folgen des Selbsteintritts. Die **Übereignung** richtet sich nach **30** den §§ 929 ff. BGB.[96] Bei der **Einkaufskommission** bedarf es nach Erklärung des Selbsteintritts regelmäßig zusätzlich Einigung und Übergabe iSv § 929 S. 1 BGB bzw. eines Übergabesurrogates iSv §§ 929, 930 BGB. Die Übersendung der Ausführungsanzeige reicht hierfür nicht aus.[97] Bei der **Verkaufskommission** ist der Kommissionär zumeist schon Besitzer des Kommissionsgutes, so dass es idR nur noch auf die Einigung iSv § 929 S. 2 BGB ankommt.[98]

3. Anwendung von Kommissionsrecht. Neben der Anwendung des Kaufrechts **31** kommt weiter Kommissionsrecht zur Anwendung.[99] Dies gilt jedoch nicht uneingeschränkt. Einige Normen haben im Fall des Selbsteintritts des Kommissionärs keinen sinnvollen Anwendungsbereich mehr. Insoweit gilt Folgendes:

§ 383 kommt im Fall des Selbsteintritts unverändert zur Anwendung.[100]   **32**

§ 384 ist im Fall des Selbsteintritts weitgehend anwendbar. Der Kommissionär schuldet **33** die **Ausführung** des übernommenen Geschäfts mit der **Sorgfalt** eines ordentlichen Kaufmanns, ist zur Interessenwahrung verpflichtet, muss zulässige **Weisungen** des Kommittenten befolgen und ihm die erforderlichen **Nachrichten** geben.[101] Eine Besonderheit folgt aus § 405 Abs. 1: Zeigt der Kommissionär die Ausführung der Kommission an, ohne zugleich ausdrücklich den Selbsteintritt zu erklären, ist der Selbsteintritt ausgeschlossen. Eine weitere **Abweichung ergibt sich im Bereich der Rechenschafts- und Herausgabepflicht.** Die **Rechenschaftspflicht** des Kommissionärs beschränkt sich im Fall des Selbsteintritts auf die in Abs. 2–5 genannten Angaben[102] (→ Rn. 48). Ferner wird die kommissionsrechtliche **Herausgabepflicht** des Kommissionärs durch die kaufrechtlichen Erfüllungspflichten verdrängt.[103] Für die **Selbsthaftung** des Kommissionärs iSv § 384 Abs. 3 ist ebenfalls kein Raum mehr, da der Kommissionär als Käufer oder Verkäufer unmittelbar selbst auf Erfüllung haftet.[104]

§ 385 kommt im Fall des Selbsteintritts zur Anwendung.[105] Der Kommissionär ist auch **34** im Fall des Selbsteintritts an die Weisungen des Kommittenten iSd Norm (→ §§ 385, 386 Rn. 3) gebunden, so dass der Kommittent eine hiervon abweichende Erklärung des Selbst-

---

[93] Ebenroth/Boujong/Joost/Strohn/Füller Rn. 10, 12; Oetker/Bergmann Rn. 10; Staub/Koller Rn. 83.
[94] MüKoHGB/Häuser Rn. 70; Schlegelberger/Hefermehl Rn. 56; Staub/Koller Rn. 83.
[95] MüKoHGB/Häuser Rn. 49.
[96] MüKoHGB/Häuser Rn. 45; Schlegelberger/Hefermehl Rn. 35.
[97] KG WM 1959, 1227; MüKoHGB/Häuser Rn. 45; Schlegelberger/Hefermehl Rn. 35; Staub/Koller Rn. 58.
[98] MüKoHGB/Häuser Rn. 46; Staub/Koller Rn. 58.
[99] Schlegelberger/Hefermehl Rn. 39; GK-HGB/Achilles §§ 400–402 Rn. 6.
[100] Vgl. MüKoHGB/Häuser Rn. 52; Schlegelberger/Hefermehl Rn. 40.
[101] MüKoHGB/Häuser Rn. 53 ff.; Schlegelberger/Hefermehl Rn. 41–45; Staub/Koller Rn. 50, 59–62.
[102] MüKoHGB/Häuser Rn. 59; Schlegelberger/Hefermehl Rn. 46; Staub/Koller Rn. 59.
[103] MüKoHGB/Häuser Rn. 60; Ebenroth/Boujong/Joost/Strohn/Füller Rn. 10; Schlegelberger/Hefermehl Rn. 47; Staub/Koller Rn. 71; GK-HGB/Achilles §§ 400–402 Rn. 6.
[104] MüKoHGB/Häuser Rn. 61; Schlegelberger/Hefermehl Rn. 48; Staub/Koller Rn. 72.
[105] MüKoHGB/Häuser Rn. 62; Schlegelberger/Hefermehl Rn. 49; Staub/Koller Rn. 6073.

eintritts gem. § 385 Abs. 1 Hs. 2 nicht gegen sich gelten zu lassen braucht und sie zurückweisen kann.[106]

35 § 386 Abs. 1 kommt im Fall des Selbsteintritts zur Anwendung.[107] Beachtet der Kommissionär die ihm gesetzten Preisgrenzen nicht, kann der Kommittent das Geschäft gem. § 386 Abs. 1 zurückweisen. Die Möglichkeit der Zurückweisung besteht allerdings nur, wenn der Kommittent dem Kommissionär tatsächlich ein Preislimit gesetzt hat. Fehlt es daran, steht dem Kommittenten ein Zurückweisungsrecht nicht zu. Er kann lediglich verlangen, dass der Kommissionär den Preis nach Maßgabe der gesetzlichen Bestimmungen der Abs. 2–5, § 401 festsetzt.[108] Demgegenüber ist für die Anwendung von **§ 386 Abs. 2** kein Raum.[109]

36 § 387 ist im Fall des Selbsteintritts **nicht** anzuwenden und wird durch die §§ 400 ff. ersetzt.[110]

37 § 388 Abs. 1 kommt im Fall des Selbsteintritts **grundsätzlich nicht** zur Anwendung.[111] Allerdings kann § 388 Abs. 1 analog zur Anwendung kommen, wenn der Kommittent das Transportrisiko trägt. In diesem Fall greift der Rechtsgedanke des § 388 Abs. 1 durch, so dass der Kommittent in gleicher Weise wie ein Geschäftsbesorger die Rechte des Kommittenten gegen die Transportperson zu wahren hat.[112] **§ 388 Abs. 2** ist dagegen anwendbar;[113] gleichlaufende Rechte folgen aber auch aus § 379 Abs. 2.

38 § 389 ist im Fall des Selbsteintritts **bei der Einkaufskommission nicht** anzuwenden, greift **aber bei der Verkaufskommission** unverändert ein.[114]

39 § 390 ist bei einem Selbsteintritt **grundsätzlich nicht** anzuwenden.[115] Allerdings kann § 390 bei einem Rücktritt eine Rolle spielen, sofern nicht der Kommissionär (bei der Verkaufskommission) die Sachgefahr trägt. In diesem Fall bleibt § 390 unanwendbar und die Rückabwicklung richtet sich allein nach den §§ 323, 346 ff. BGB.[116]

40 § 391 ist im Fall des Selbsteintritts funktionslos, weil die §§ 377, 379 direkt zur Anwendung kommen[117] (→ Rn. 28).

41 § 392 kommt im Fall des Selbsteintritts nicht zur Anwendung.[118] **Abs. 1** postuliert in Bezug auf den Deckungskauf des Kommissionärs eine Selbstverständlichkeit, weil der Kommissionär den Deckungskauf (anders als das Ausführungsgeschäft) nicht nur in eigenem Namen, sondern auch auf eigene Rechnung abschließt. Aus diesem Grunde kann auch **Abs. 2** keine Anwendung finden.[119] Auch hier fehlt es an dem von der Norm vorausgesetzten Handeln auf fremde Rechnung.

42 §§ 393, 394 greifen bei einem Selbsteintritt nicht ein. Sie setzen jeweils das Bestehen eines Ausführungsgeschäfts voraus.[120]

43 § 395 ist bei einem Selbsteintritt entsprechend anzuwenden.[121]

---

[106] Staub/Koller Rn. 60; GK-HGB/Achilles §§ 400–402 Rn. 7; aA Ebenroth/Boujong/Joost/Strohn/Füller Rn. 11.

[107] MüKoHGB/Häuser Rn. 63, 101; Schlegelberger/Hefermehl Rn. 50; Staub/Koller Rn. 75.

[108] GK-HGB/Achilles §§ 400–402 Rn. 7 und 19.

[109] MüKoHGB/Häuser Rn. 64; Schlegelberger/Hefermehl Rn. 51; Staub/Koller Rn. 77.

[110] MüKoHGB/Häuser Rn. 65; Staub/Koller Rn. 78 spricht von einer „Konkretisierung" durch die §§ 400 ff.

[111] MüKoHGB/Häuser Rn. 66; Staub/Koller Rn. 79; aA Schlegelberger/Hefermehl Rn. 79.

[112] MüKoHGB/Häuser Rn. 66; Staub/Koller Rn. 79; Schlegelberger/Hefermehl Rn. 53.

[113] MüKoHGB/Häuser Rn. 67; Staub/Koller Rn. 80 (differenziert zwischen Einkaufs- und Verkaufskommission); Schlegelberger/Hefermehl Rn. 53.

[114] MüKoHGB/Häuser Rn. 68; Schlegelberger/Hefermehl Rn. 54; aA Staub/Koller Rn. 81, der § 389 insgesamt durch § 373 verdrängt sieht.

[115] MüKoHGB/Häuser Rn. 69; Schlegelberger/Hefermehl Rn. 55.

[116] MüKoHGB/Häuser Rn. 69; Schlegelberger/Hefermehl Rn. 55.

[117] MüKoHGB/Häuser Rn. 70; Schlegelberger/Hefermehl Rn. 56; Staub/Koller Rn. 83.

[118] MüKoHGB/Häuser Rn. 71; Schlegelberger/Hefermehl Rn. 57; Staub/Koller Rn. 84.

[119] Schlegelberger/Hefermehl Rn. 27.

[120] MüKoHGB/Häuser Rn. 72 f.; Schlegelberger/Hefermehl Rn. 57 f.; Staub/Koller Rn. 85 f.

[121] MüKoHGB/Häuser Rn. 74; Schlegelberger/Hefermehl Rn. 60; Staub/Koller Rn. 87.

§ 396 ist im Fall des Selbsteintritts **nicht** anzuwenden. Der Provisionsanspruch und der 44
Anspruch auf Ersatz der „regelmäßig vorkommenden Kosten" folgt nicht aus **Abs. 1,**
sondern vielmehr aus § 403.[122] Ein Aufwendungsersatzanspruch iSv **Abs. 2** für die Aufwendungen zur Durchführung des Deckungsgeschäfts steht dem Kommissionär jedoch
nicht zu, weil er in Bezug auf das Deckungsgeschäft in eigenem Namen und auf eigene
Rechnung handelt.[123]

§§ 397, 398 kommen gem. § 404 auch im Fall des Selbsteintritts zur Anwendung.[124]   45

§ 399 ist bei einem Selbsteintritt nicht anzuwenden, weil die Norm das Bestehen eines 46
Ausführungsgeschäfts voraussetzt.[125]

4. Pflicht zur Vornahme eines Deckungsgeschäfts. Zur Vornahme eines Deckungs- 47
geschäfts (formeller Selbsteintritt) ist der Kommissionär nicht verpflichtet.[126] Allerdings
spielt das **(fiktive) Deckungsgeschäft** gem. § 401 eine Rolle für die **Preisberechnung**
(→ § 401 Rn. 1 ff.).[127]

5. Umfang der Rechenschaftspflicht. Abs. 2 S. 1 **beschränkt die Rechenschafts-** 48
pflicht des Kommissionärs für den Fall des Selbsteintritts auf den Nachweis, dass der von
ihm berechnete Preis dem zur Zeit der Ausführung der Kommission bestehenden Börsen-
oder Marktpreis entspricht.[128] Die Rechenschaftspflicht umfasst angesichts des klaren Wortlauts des Abs. 2 S. 1 nicht ein etwaiges Deckungsgeschäft.[129] Hat der Kommissionär seine
Rechenschaftspflicht nicht ordnungsgemäß erfüllt, liegen aber die Voraussetzungen des
Selbsteintritts vor, steht dem Kommittenten kein Zurückweisungsrecht iSv § 385 Abs. 1
Hs. 2 zu.[130] Er kann lediglich verlangen, dass der Kommissionär den Preis nach Maßgabe
der gesetzlichen Bestimmungen der Abs. 2–5, § 401 ordnungsgemäß festsetzt.[131] Zusätzlich
steht ihm ein Schadenersatzanspruch nach § 385 Abs. 1 Hs. 1 oder §§ 280 Abs. 1, 249 ff.
BGB zu.[132] Lagen allerdings die Voraussetzungen für den Selbsteintritt nicht vor, kann der
Kommittent den Selbsteintritt zurückweisen.[133]

V. Beweislast

Der Kommissionär ist für das Vorliegen der **Voraussetzungen** des Selbsteintrittsrechts 49
beweispflichtig.[134] Demgegenüber ist für den **Ausschluss** des Selbsteintritts durch anderweitige Bestimmung derjenige beweispflichtig, der sich darauf beruft; dies wird regelmäßig
der Kommittent sein.[135]

Macht bei der **Einkaufskommission** der Kommissionär Ansprüche auf Zahlung des 50
berechneten Preises geltend, so ist er ferner hinsichtlich der anspruchsbegründenden Tatsachen beweisbelastet.[136] Dies sind insbesondere die Ausführung der Kommission durch
Selbsteintritt, der Zeitpunkt der Ausführung und die Richtigkeit des zu diesem Zeitpunkt

---

[122] MüKoHGB/Häuser Rn. 75; Schlegelberger/Hefermehl Rn. 61; Staub/Koller Rn. 88.
[123] MüKoHGB/Häuser Rn. 75; Schlegelberger/Hefermehl Rn. 61; Röhricht/Graf von Westphalen/
Haas/Lenz Rn. 9; HK-HGB/Ruß Rn. 3.
[124] MüKoHGB/Häuser Rn. 76; Staub/Koller Rn. 89.
[125] MüKoHGB/Häuser Rn. 77; Schlegelberger/Hefermehl Rn. 64; Staub/Koller Rn. 90.
[126] MüKoHGB/Häuser Rn. 81; Staub/Koller Rn. 55.
[127] MüKoHGB/Häuser Rn. 85.
[128] Ebenroth/Boujong/Joost/Strohn/Füller Rn. 12.
[129] Ebenroth/Boujong/Joost/Strohn/Füller Rn. 12; Oetker/Bergmann Rn. 12; Schlegelberger/Hefer-
mehl Rn. 65.
[130] MüKoHGB/Häuser Rn. 103; Staub/Koller Rn. 70; Schlegelberger/Hefermehl Rn. 73.
[131] MüKoHGB/Häuser Rn. 103; Ebenroth/Boujong/Joost/Strohn/Füller Rn. 11; GK-HGB/Achilles
§§ 400–402 Rn. 7 und 19.
[132] MüKoHGB/Häuser Rn. 103.
[133] MüKoHGB/Häuser Rn. 104.
[134] GK-HGB/Achilles §§ 400–402 Rn. 20.
[135] MüKoHGB/Häuser Rn. 33; Schlegelberger/Hefermehl Rn. 20.
[136] GK-HGB/Achilles §§ 400–402 Rn. 20.

berechneten Preises.[137] Umgekehrt trägt der Kommittent die Beweislast, wenn er kaufrechtliche Erfüllungsansprüche geltend macht und diese zuvor vom Kommissionär bestritten wurden.[138]

51   Bei der **Verkaufskommission** obliegt hingegen dem Kommittenten die Beweislast
hinsichtlich der anspruchsbegründenden Tatsachen, während der Kommissionär die Beweislast für die Tatsachen zur Geltendmachung von Erfüllungsansprüchen trägt.[139] Zusätzlich trägt der Kommittent grundsätzlich die Beweispflicht hinsichtlich des Nachweises der
Voraussetzungen von § 401, sofern er ein Recht auf den für ihn günstigeren Preis begehrt.[140]

VI. Abdingbarkeit

52   **Abs. 1** ist **dispositiv.** Dies folgt zum einen bereits aus dem Wortlaut („nicht ein anderes
bestimmt"). Zum anderen ergibt es sich aus einem **Gegenschluss** zu § 402,[141] der bestimmt, dass Abs. **2–5 nicht zum Nachteil des Kommittenten abgeändert** werden
können. Die Voraussetzungen des Selbsteintritts können daher in jeder Hinsicht modifiziert, erleichtert oder erschwert werden; ferner kann der Selbsteintritt ausgeschlossen
werden.[142] Dies ist auch im Nachhinein durch **Genehmigung des Selbsteintritts** möglich.[143] Die §§ 400 ff. sind zudem insgesamt zugunsten des Kommittenten abdingbar.[144]
Wird ein vertragliches Recht zum Selbsteintritt begründet, finden die § 400 ff. Anwendung, soweit sie nicht im Rahmen des Zulässigen modifiziert oder ausgeschlossen werden.[145]

B. Handelsvertreter

53   Für den Handelsvertreter nicht einschlägig.

C. Vertragshändler

54   Für den Vertragshändler nicht einschlägig.

D. Franchisenehmer

55   Für den Franchisenehmer nicht einschlägig.

E. Kommissionsagent

56   Für den Kommissionsagenten gelten hier keine Abweichungen oder Besonderheiten.
Allerdings ist in kartellrechtlicher Hinsicht zu beachten, dass ein selbst eintretender Kommissionsagent regelmäßig nicht mehr als Handelsvertreter im kartellrechtlichen Sinne an-

---

[137] GK-HGB/Achilles §§ 400–402 Rn. 20.
[138] GK-HGB/Achilles §§ 400–402 Rn. 20.
[139] GK-HGB/Achilles §§ 400–402 Rn. 20.
[140] GK-HGB/Achilles §§ 400–402 Rn. 20.
[141] MüKoHGB/Häuser Rn. 34; Ebenroth/Boujong/Joost/Strohn/Füller Rn. 4; GK-HGB/Achilles
§§ 400–402 Rn. 4; Staub/Koller Rn. 93 f.; Heymann/Herrmann §§ 400–402 Rn. 15; Schlegelberger/He-
fermehl Rn. 23.
[142] RGZ 96, 4 (7); MüKoHGB/Häuser Rn. 1 f. und 34; GK-HGB/Achilles §§ 400–402 Rn. 4.
[143] Schlegelberger/Hefermehl Rn. 23.
[144] Heymann/Herrmann §§ 400–402 Rn. 15; GK-HGB/Achilles §§ 400–402 Rn. 21.
[145] MüKoHGB/Häuser Rn. 34 f., 102; Schlegelberger/Hefermehl Rn. 23.

zusehen sein wird (→ Vor § 383 Rn. 18 ff.). Daher sollte ein Selbsteintritt regelmäßig vertraglich ausgeschlossen werden.

§ 401 Deckungsgeschäft

(1) **Auch im Falle der Ausführung der Kommission durch Selbsteintritt hat der Kommissionär, wenn er bei Anwendung pflichtmäßiger Sorgfalt die Kommission zu einem günstigeren als dem nach § 400 sich ergebenden Preise ausführen konnte, dem Kommittenten den günstigeren Preis zu berechnen.**

(2) **Hat der Kommissionär vor der Absendung der Ausführungsanzeige aus Anlaß der erteilten Kommission an der Börse oder am Markte ein Geschäft mit einem Dritten abgeschlossen, so darf er dem Kommittenten keinen ungünstigeren als den hierbei vereinbarten Preis berechnen.**

A. Allgemeines

I. Regelungsgegenstand und Normzweck

§ 401 stellt klar, dass die Interessenwahrnehmungspflicht des Kommissionärs zu Gunsten **1** des Kommittenten auch für den Fall des Selbsteintritts gilt.[1] Schließlich handelt es sich nicht um einen normalen Kaufvertrag, sondern um eine Sonderform der Kommissionsausführung.[2] Die Norm ergänzt die **Abrechnungs- und Rechenschaftslegungspflichten** des § 400 Abs. 2–5 und begründet zu Gunsten des Kommittenten eine **Meistbegünstigungsklausel**.[3] § 401 ist **halbzwingend**.[4]

Der Kommittent soll durch den Selbsteintritt **nicht schlechter gestellt** werden als er im **2** Fall der Ausführung der Kommission im Wege des Ausführungsgeschäfts stünde.[5] Allerdings wird ihm, von groben Ausnahmefällen einmal abgesehen, kaum einmal der Nachweis gelingen, dass dem Kommissionär bei Anwendung pflichtgemäßer Sorgfalt die Vornahme eines für ihn günstigeren Ausführungsgeschäftes möglich gewesen wäre.[6] Weder hat der Kommittent die Marktkenntnis, noch hat er Einblick in die innere Sphäre des Kommissionärs. Da der Kommissionär zudem beim Selbsteintritt über das Deckungsgeschäft keine Rechenschaft abzulegen braucht (vgl. § 400 Abs. 2 S. 1), wird es dem Kommittenten regelmäßig schon an einem Anknüpfungspunkt für Nachforschungen über den vom Kommissionär berechneten Preis fehlen. Da den Kommittenten insoweit die volle Beweislast trifft,[7] ist in der Praxis § 401 regelmäßig ohne Bedeutung.[8]

II. Voraussetzungen des Abs. 1

Abs. 1 verpflichtet den Kommissionär, dem Kommittenten anstelle des sich aus § 400 **3** Abs. 2–5 ergebenden Preises einen günstigeren Preis zu berechnen, wenn dieser günstigere

---

[1] BGH WM 1959, 999 (1001); MüKoHGB/Häuser Rn. 1; Koller/Kindler/Roth/Drüen/Roth Rn. 1; Staub/Koller Rn. 1; Heymann/Herrmann §§ 400–402 Rn. 5.

[2] Heymann/Herrmann §§ 400–402 Rn. 5.

[3] MüKoHGB/Häuser Rn. 1; Ebenroth/Boujong/Joost/Strohn/Füller Rn. 1; Röhricht/Graf von Westphalen/Haas/Lenz Rn. 1; Staub/Koller Rn. 1.

[4] MüKoHGB/Häuser Rn. 1.

[5] RGZ 108, 191 (193); 112, 27 (31); MüKoHGB/Häuser Rn. 1; Ebenroth/Boujong/Joost/Strohn/Füller Rn. 1; Koller/Kindler/Roth/Drüen/Roth Rn. 2; HK-HGB/Ruß Rn. 1; Schlegelberger/Hefermehl Rn. 1.

[6] Ebenroth/Boujong/Joost/Strohn/Füller Rn. 1; Röhricht/Graf von Westphalen/Haas/Lenz Rn. 1.

[7] MüKoHGB/Häuser Rn. 2, 13, 24; Ebenroth/Boujong/Joost/Strohn/Füller Rn. 1; Staub/Koller Rn. 3, 11; Koller/Kindler/Roth/Drüen/Roth Rn. 2; HK-HGB/Ruß Rn. 1, 2; Schlegelberger/Hefermehl Rn. 16; Düringer/Hachenburg/Lehmann Rn. 15.

[8] MüKoHGB/Häuser Rn. 2; Ebenroth/Boujong/Joost/Strohn/Füller Rn. 1; Schlegelberger/Hefermehl Rn. 1; Staub/Koller Rn. 3.

Preis vom Kommissionär **bei Anwendung pflichtgemäßer Sorgfalt** hätte erzielt werden können.[9]

4   **1. Günstigerer Preis.** Abs. 1 setzt voraus, dass der Kommissionär bei Anwendung pflichtgemäßer Sorgfalt **einen günstigeren Preis hätte erzielen können.** Der Begriff „günstigerer Preis" ist **weit** auszulegen und erfasst auch (bei gleichem Preis) günstigere sonstige Konditionen.[10] Der günstigere Preis ist also ein **hypothetischer Preis aufgrund eines hypothetischen Ausführungsgeschäfts.**[11] Entscheidend ist nur, dass günstigere Abschlussmöglichkeiten existierten, die der Kommissionär bei Anwendung pflichtgemäßer Sorgfalt hätte nutzen müssen.[12]

5   **Umstritten** ist, ob Abs. 1, auch wenn der Wortlaut es nicht hergibt, auf solche günstigeren Preise beschränkt ist, die an einer Börse oder am Markt bestehen.[13] Hiergegen spricht jedoch bereits ein Gegenschluss zu Abs. 2, der anders als Abs. 1 ausdrücklich darauf abstellt, dass das Deckungsgeschäft mit dem Dritten „an der Börse oder am Markt" abgeschlossen wurde. Daraus folgt, dass der Gesetzgeber den Anwendungsbereich des Abs. 1 bewusst nicht auf Geschäfte an der Börse oder am Markt beschränken wollte. Für eine einschränkende Auslegung des Abs. 1 ist somit kein Raum.

6   **2. Pflichtgemäße Sorgfalt.** Der vom Kommissionär im Rahmen des hypothetischen Ausführungsgeschäfts anzulegende Maßstab der **pflichtgemäßen Sorgfalt** bestimmt sich danach, wie sich ein **ordentlicher Kommissionär** verhalten hätte, der bei **bestmöglicher Wahrung der Interessen des Kommittenten** unter **Beachtung der Weisungen** des Kommittenten ein Ausführungsgeschäft abgeschlossen hätte.[14] Insofern ist es nicht ausreichend, dass für den Kommissionär objektiv die Möglichkeit bestanden hätte, vorteilhafter abzuschließen. Vielmehr kommt es darauf an, ob die Wahrnehmung der günstigeren Abschlussmöglichkeit bei Anwendung der pflichtgemäßen Sorgfalt auch geboten war.[15] Hieran fehlt es jedenfalls dann, wenn sich der Kommissionär zur Wahrnehmung der günstigeren Abschlussmöglichkeit hätte weisungswidrig verhalten müssen.

III. Voraussetzungen des Abs. 2

7   Abweichend von Abs. 1 ist der **tatsächlich** vom Kommissionär im Rahmen eines Deckungsgeschäfts erzielte günstigere Preis maßgeblich, wenn er vom Kommissionär (1) **vor der Absendung der Ausführungsanzeige,** (2) **aus Anlass des vom Kommittenten erteilten Kommissionsauftrages** und (3) **an der Börse oder am Markt** erzielt wurde.[16] Dies gilt auch dann, wenn die Voraussetzungen des Abs. 1 nicht vorliegen, der Kommissionär also nicht verpflichtet war, zu einem günstigeren als dem sich nach § 400 Abs. 2–5 ergebenden Preis auszuführen.[17]

8   **1. Abschluss vor Absendung der Ausführungsanzeige.** In zeitlicher Hinsicht muss das Deckungsgeschäft **vor Absendung der Ausführungsanzeige** abgeschlossen worden sein.[18]

9   **2. Deckungsgeschäft aus Anlass der Kommission.** Das Tatbestandsmerkmal „**aus Anlass der erteilten Kommission**" erfordert **Kausalität** zwischen dem Abschluss des

---

[9] Ebenroth/Boujong/Joost/Strohn/Füller Rn. 1.
[10] MüKoHGB/Häuser Rn. 4; Ebenroth/Boujong/Joost/Strohn/Füller Rn. 2; Staub/Koller Rn. 5; Schlegelberger/Hefermehl Rn. 3; GK-HGB/Achilles §§ 400–402 Rn. 15.
[11] MüKoHGB/Häuser Rn. 6.
[12] Staub/Koller Rn. 4.
[13] S. Darst. bei Schlegelberger/Hefermehl Rn. 5 und Staub/Koller Rn. 8.
[14] Ebenroth/Boujong/Joost/Strohn/Füller Rn. 2.
[15] Schlegelberger/Hefermehl Rn. 4.
[16] Ebenroth/Boujong/Joost/Strohn/Füller Rn. 3; Schlegelberger/Hefermehl Rn. 8.
[17] Schlegelberger/Hefermehl Rn. 8.
[18] Staub/Koller Rn. 14.

Kommissionsvertrages und dem Abschluss des Deckungsgeschäfts.[19] Kausalität setzt notwendigerweise voraus, dass der Kommissionsvertrag **vor** Abschluss des Deckungsgeschäfts abgeschlossen wurde.[20] Dass der Abschluss des Kommissionsvertrages nur bevorsteht oder nahe liegt reicht nicht aus, denn Kausalität (iSd conditio sine qua non-Formel) kann nicht bestehen, wenn der Kommissionsvertrag nach dem Deckungsgeschäft abgeschlossen wird.[21]

Darüber hinaus muss **objektiv** ein **Zusammenhang** zwischen dem Kommissionsvertrag **10** und dem Ausführungsgeschäft bestehen.[22] Hierfür spricht eine widerlegliche Vermutung, wenn das Deckungsgeschäft inhaltlich dem Kommissionsauftrag entspricht.[23] Der Gegenbeweis obliegt dem Kommissionär.[24]

Umstritten ist, wie der Fall behandelt wird, wenn mehrere Deckungsgeschäfte alle für **11** sich einen objektiven Zusammenhang zu dem Kommissionsvertrag aufweisen.[25] **Teilweise** wird für diesen Fall auf das Prioritätsprinzip verwiesen, sodass die einzelnen Deckungsgeschäfte nach dem zeitlichen Eingang der Kommissionsaufträge zu verteilen sind.[26] **Teilweise** wird dem Kommissionär die Möglichkeit eingeräumt, nach pflichtgemäßem Ermessen selbst zu bestimmen, welchem Kommittenten er welches der gleichartigen Deckungsgeschäfte zuweist, vorausgesetzt dass dem einzelnen Kommittenten der (praktisch ohnehin nicht zu führende) Nachweis nicht gelingt, dass gerade ein bestimmtes Deckungsgeschäft aus Anlass des von ihm erteilten Kommissionsauftrages abgeschlossen worden ist.[27] In diesem Fall soll durch den Kommissionär eine verhältnismäßige Aufteilung der aus Anlass der Kommissionen abgeschlossenen Deckungsgeschäfte erfolgen.[28] **Teilweise** wird dem Kommissionär eine Verteilung nach Treu und Glauben gestattet.[29] All diese Ansätze überzeugen nicht. Der Schutzzweck des § 400 Abs. 2 gebietet es vielmehr, eine Verteilung der Deckungsgeschäfte nach zeitlichem Eingang der Kommissionsgeschäfte vorzunehmen.[30] Dieser Ansatz ist objektiv und aus Gründen der Praktikabilität vorzugswürdig.

3. Abschluss an Börse oder Markt. Das Deckungsgeschäft muss an (irgend-) einer **12** Börse oder am Markt abgeschlossen worden sein.[31] Auf sog. **Gelegenheitsgeschäfte** außerhalb einer Börse oder eines Marktes findet Abs. 2 keine Anwendung.[32]

IV. Rechtsfolgen, Verhältnis von Abs. 1 und Abs. 2

Die Einhaltung der aus § 401 folgenden Verpflichtungen ist nicht Voraussetzung für **13** einen wirksamen Selbsteintritt nach § 400.[33] Dem Kommittenten stehen ggf. Schadenersatzansprüche gegen den pflichtwidrig handelnden Kommissionär gem. §§ 280 ff., 249 ff. BGB zu.

---

[19] MüKoHGB/Häuser Rn. 16; Koller/Kindler/Roth/Drüen/Roth Rn. 3; Staub/Koller Rn. 16; GK-HGB/Achilles §§ 400–402 Rn. 16.
[20] MüKoHGB/Häuser Rn. 16; Ebenroth/Boujong/Joost/Strohn/Füller Rn. 3; Schlegelberger/Hefermehl Rn. 10.
[21] MüKoHGB/Häuser Rn. 16; Ebenroth/Boujong/Joost/Strohn/Füller Rn. 3; Schlegelberger/Hefermehl Rn. 10.
[22] Ebenroth/Boujong/Joost/Strohn/Füller Rn. 3.
[23] MüKoHGB/Häuser Rn. 17; Ebenroth/Boujong/Joost/Strohn/Füller Rn. 3; idS auch GK-HGB/Achilles §§ 400–402 Rn. 16.
[24] Schlegelberger/Hefermehl Rn. 10.
[25] Vgl. Darst. bei MüKoHGB/Häuser Rn. 18; Hopt/Kumpan § 401; Staub/Koller Rn. 19; Heymann/Herrmann §§ 400–402 Rn. 14; Düringer/Hachenburg/Lehmann Rn. 17; Schlegelberger/Hefermehl Rn. 11; GK-HGB/Achilles Rn. 13.
[26] Ebenroth/Boujong/Joost/Strohn/Füller Rn. 4.
[27] Schlegelberger/Hefermehl Rn. 11.
[28] Schlegelberger/Hefermehl Rn. 11.
[29] S. Darst. bei Staub/Koller Rn. 19; Düringer/Hachenburg/Lehmann Rn. 17; Schlegelberger/Hefermehl Rn. 11.
[30] MüKoHGB/Häuser Rn. 18.
[31] MüKoHGB/Häuser Rn. 19; Schlegelberger/Hefermehl Rn. 12; Staub/Koller Rn. 22.
[32] MüKoHGB/Häuser Rn. 20.
[33] MüKoHGB/Häuser Rn. 22.

14   Aus dem Sinn und Zweck des § 401, die Interessen des Kommittenten im Fall des Selbsteintritts durch eine Meistbegünstigungsklausel zu schützen, folgt ohne weiteres, dass Abs. 1 und Abs. 2 nicht in einem Rangverhältnis stehen, sondern dass vielmehr jeweils der Absatz anzuwenden ist, der dem Kommittenten günstiger ist.[34]

B. Handelsvertreter

15   Für den Handelsvertreter nicht einschlägig.

C. Vertragshändler

16   Für den Vertragshändler nicht einschlägig.

D. Franchisenehmer

17   Für den Franchisenehmer nicht einschlägig.

E. Kommissionsagent

18   Für den Kommissionsagenten gelten hier keine Abweichungen oder Besonderheiten.

§ 402 Unabdingbarkeit

Die Vorschriften des § 400 Abs. 2 bis 5 und des § 401 können nicht durch Vertrag zum Nachteile des Kommittenten abgeändert werden.

A. Allgemeines

I. Regelungsgegenstand und Normzweck

1   § 402 schränkt die Vertragsfreiheit der Parteien ein, um den **Kommittenten** vor für ihn nachteiligen Abweichungen von den **Abrechnungs- und Rechenschaftslegungspflichten** des § 400 Abs. 2–5 und der **Interessenwahrnehmungs- und Abrechnungspflichten** des § 401 zu schützen.[1] Es handelt sich um eine einseitige **(halbzwingende)** Schutznorm. Vereinbarungen zum Nachteil des Kommissionärs sind jedoch ebenso möglich[2] wie Verschärfungen zum Nachteil des Kommissionärs.[3] Ferner sind auch Konkretisierungen der Interessenwahrnehmungs- und Abrechnungspflicht des selbst eintretenden Kommissionärs möglich,[4] soweit sie nicht zu einer Schlechterstellung des Kommittenten führen. Die Bestimmung des vom Kommissionär anzuwendenden Sorgfaltsmaßstabes ist wegen § 401 aber der Parteidisposition entzogen.[5] Die **Voraussetzungen des Selbsteintritts** (§ 400 Abs. 1) unterliegen demgegenüber auch im Voraus der Disposition der Parteien.[6]

---

[34] Schlegelberger/Hefermehl Rn. 14.
   [1] Ebenroth/Boujong/Joost/Strohn/Füller Rn. 1.
   [2] Hopt/Kumpan § 402; Ebenroth/Boujong/Joost/Strohn/Füller Rn. 2; GK-HGB/Achilles §§ 400–402 Rn. 21.
   [3] MüKoHGB/Häuser Rn. 5; Koller/Kindler/Roth/Drüen/Roth Rn. 1; Schlegelberger/Hefermehl Rn. 1.
   [4] MüKoHGB/Häuser Rn. 5; Staub/Koller § 402.
   [5] MüKoHGB/Häuser Rn. 5; Staub/Koller § 402.
   [6] MüKoHGB/Häuser Rn. 2; Schlegelberger/Hefermehl Rn. 2.

II. Zeitliche Schranken

§ 402 führt dazu, dass der Kommittent **nicht im Voraus,** also **vor Ausübung des** 2 **Selbsteintrittsrechts** durch den Kommissionär, auf den Schutz durch §§ 400 Abs. 2–5 und 401 verzichten kann.[7]

Nach zutreffender Auffassung kann der Kommittent **nach wirksamer Ausübung des** 3 **Selbsteintrittsrechts** durch den Kommissionär (§ 405) auf den Schutz durch § 400 Abs. 2–5 und § 401 verzichten.[8] Nach aA ist der Verzicht erst nach Beendigung der Geschäftsverbindung möglich.[9] Die Beweislast für das Vorliegen eines nachträglichen Verzichts des Kommittenten trägt der Kommissionär.[10]

III. Rechtsfolge

Bei einem Verstoß gegen § 402 ist jede zum Nachteil des Kommittenten getroffene 4 Vereinbarung unwirksam (§ 134 BGB).[11] An die Stelle der unwirksamen Vereinbarung treten dann § 400 Abs. 2–5 und § 401. Der Kommissionsvertrag bleibt allerdings iÜ wirksam,[12] da § 139 BGB hier nicht zur Anwendung gelangt und von § 306 BGB (analog) verdrängt wird.[13]

B. Handelsvertreter

Für den Handelsvertreter nicht einschlägig. 5

C. Vertragshändler

Für den Vertragshändler nicht einschlägig. 6

D. Franchisenehmer

Für den Franchisenehmer nicht einschlägig. 7

E. Kommissionsagent

Für den Kommissionsagenten gelten hier keine Abweichungen oder Besonderheiten. 8

§ 403 Provision bei Selbsteintritt

Der Kommissionär, der das Gut selbst als Verkäufer liefert oder als Käufer übernimmt, ist zu der gewöhnlichen Provision berechtigt und kann die bei Kommissionsgeschäften sonst regelmäßig vorkommenden Kosten berechnen.

---

[7] MüKoHGB/Häuser Rn. 3; Hopt/Kumpan § 402; Ebenroth/Boujong/Joost/Strohn/Füller Rn. 1; Röhricht/Graf von Westphalen/Haas/Lenz Rn. 1; Schlegelberger/Hefermehl Rn. 3.

[8] Ebenroth/Boujong/Joost/Strohn/Füller Rn. 1; Koller/Kindler/Roth/Drüen/Roth Rn. 1; Schlegelberger/Hefermehl Rn. 3.

[9] Staub/Koller § 402; so wohl auch GK-HGB/Achilles §§ 400–402 Rn. 22.

[10] MüKoHGB/Häuser Rn. 3; Schlegelberger/Hefermehl Rn. 3.

[11] MüKoHGB/Häuser Rn. 4; Hopt/Kumpan § 402; Ebenroth/Boujong/Joost/Strohn/Füller Rn. 2.

[12] Hopt/Kumpan § 402; Ebenroth/Boujong/Joost/Strohn/Füller Rn. 2.

[13] MüKoHGB/Häuser Rn. 4; Ebenroth/Boujong/Joost/Strohn/Füller Rn. 2; Oetker/Bergmann Rn. 1; Koller/Kindler/Roth/Drüen/Roth Rn. 1; Staub/Koller § 4022.

A. Allgemeines

I. Regelungsgegenstand und Normzweck

1 Der Selbsteintritt des Kommissionärs ändert nichts daran, dass nach wie vor ein Kommissionsgeschäft vorliegt.[1] Der Selbsteintritt führt lediglich dazu, dass der Kommissionär bei einer Verkaufskommission das Kommissionsgut selbst liefert oder es im Falle einer Einkaufskommission selbst übernimmt.[2] § 403 stellt klar, dass der Selbsteintritt als Ausführung der Kommission zu werten ist.[3] Daher ist es nur folgerichtig, dass **auch im Fall des Selbsteintritts** ein **Provisionsanspruch** des Kommissionärs besteht.[4]

2 § 403 will den selbst eintretenden Kommissionär im Prinzip genauso behandeln, wie er bei Abwicklung der Kommission im Wege eines Ausführungsgeschäftes stünde.[5] Er soll weder besser noch schlechter gestellt werden.[6] Das Fortbestehen des Provisionsanspruchs dient dazu, **sämtliche Vorteile auszugleichen,** die dem Kommittenten durch den Selbsteintritt des Kommissionärs zugutekommen.[7] Außerdem wird hierdurch dem **erhöhten Haftungsrisiko** des Kommissionärs Rechnung getragen, da dieser auch im Falle eines Selbsteintritts als Käufer bzw. Verkäufer haftet.[8]

II. Voraussetzungen

3 § 403 findet Anwendung, wenn der Kommissionär den Selbsteintritt iSv § 400 Abs. 1 erklärt.

III. Rechtsfolge

4 **1. Anspruch auf die gewöhnliche Provision.** Der Anspruch richtet sich auf die **gewöhnliche Provision,** also die Provision, die der Kommissionär bei Durchführung eines Ausführungsgeschäfts erlangt hätte[9] (ohne eine etwaige Delkredereprovision → Rn. 6). Die Parteien können allerdings eine hiervon abweichende Vereinbarung treffen.[10]

5 Der Anspruch auf Zahlung der Provision **entsteht** nicht bereits mit Anzeige des Selbsteintritts iSv § 400 Abs. 2, sondern erst **mit der tatsächlichen Durchführung** des (kaufrechtlichen) Ausführungsgeschäfts.[11] Entscheidend ist die Erfüllung der kaufvertraglichen Verpflichtung des Kommissionärs auf Zahlung oder Lieferung des Kommissionsgutes.[12] Dies folgt aus § 396 Abs. 1 S. 1. Der Provisionsanspruch besteht auch dann, wenn die

---

[1] MüKoHGB/Häuser Rn. 2; Ebenroth/Boujong/Joost/Strohn/Füller Rn. 1; vgl. Oetker/Bergmann Rn. 1.

[2] MüKoHGB/Häuser Rn. 1; Oetker/Bergmann Rn. 1.

[3] RGZ 108, 191 (193); MüKoHGB/Häuser Rn. 2; GK-HGB/Achilles. Rn. 1.

[4] MüKoHGB/Häuser Rn. 1; Oetker/Bergmann Rn. 2; Straube/Griß-Reiterer Rn. 1; vgl. RGZ 108, 191 (193).

[5] RGZ 108, 191 (193); 112, 31; MüKoHGB/Häuser Rn. 1; Hopt/Kumpan Rn. 1; Koller/Kindler/Roth/Drüen/Roth Rn. 1; Schlegelberger/Hefermehl Rn. 1.

[6] RGZ 108, 191 (193); MüKoHGB/Häuser Rn. 1; Koller/Kindler/Roth/Drüen/Roth Rn. 1; Schlegelberger/Hefermehl Rn. 1.

[7] MüKoHGB/Häuser Rn. 1; Röhricht/Graf von Westphalen/Haas/Lenz Rn. 1.

[8] MüKoHGB/Häuser Rn. 2; Heymann/Herrmann Rn. 1.

[9] MüKoHGB/Häuser Rn. 3; Koller/Kindler/Roth/Drüen/Roth Rn. 2; Röhricht/Graf von Westphalen/Haas/Lenz Rn. 2; Staub/Koller Rn. 2.

[10] MüKoHGB/Häuser Rn. 3; Heymann/Herrmann Rn. 2; Staub/Koller Rn. 2; GK-HGB/Achilles Rn. 1.

[11] Oetker/Bergmann Rn. 2; Koller/Kindler/Roth/Drüen/Roth Rn. 2; GK-HGB/Achilles Rn. 2; Heymann/Herrmann Rn. 1; Schlegelberger/Hefermehl Rn. 2.

[12] Ebenroth/Boujong/Joost/Strohn/Füller Rn. 2, Oetker/Bergmann Rn. 2; Koller/Kindler/Roth/Drüen/Roth Rn. 2.

Durchführung aus einem in der Person des Kommittenten liegenden Grunde unterbleibt.[13] Hieraus folgt im Umkehrschluss, dass die Provision entfällt, wenn die Durchführung des Kaufvertrages aufgrund von Umständen unterbleibt, die außerhalb der Person des Kommittenten liegen.[14]

2. Anspruch auf die Delkredereprovision. Ob ein Anspruch auf **Delkredereprovision** besteht, ist **umstritten** (→ § 394 Rn. 12).[15] **Dagegen** sprechen jedoch Sinn und Zweck der Norm. § 394 gewährt dem Kommissionär eine Vergütung für die (zusätzliche) Übernahme des den Kommissionär im Rahmen eines Ausführungsgeschäftes nicht treffenden Risikos, dass der Dritte nicht leistungsfähig oder leistungswillig ist. Dieses Risiko trägt er beim Selbsteintritt aber ohnehin schon. Da er für dieses Risiko bereits durch die normale Provision vergütet wird (→ Rn. 2),[16] besteht für eine Doppelvergütung kein Anlass. **6**

3. Ersatz der regelmäßig anfallenden Kosten. Zusätzlich zu der Provision kann der Kommissionär nach § 403 **Ersatz der regelmäßig anfallenden Kosten** verlangen. **7**

a) Regelmäßig anfallende Kosten. Regelmäßige Kosten sind Aufwendungen, die auch bei einem Ausführungsgeschäft entstanden wären.[17] Hierzu zählen etwa Maklergebühren, Lagermieten, Courtagen, Börsengebühren, Zölle und Frachten.[18] Es handelt sich allerdings um **hypothetische Kosten,** die dem Kommissionär typischerweise (nach dem gewöhnlichen Lauf der Dinge mit großer Wahrscheinlichkeit) entstanden wären, wenn er das Ausführungsgeschäft mit einem Dritten durchgeführt hätte.[19] Dabei spielt es keine Rolle, ob die Kosten tatsächlich entstanden sind.[20] Hierdurch soll der Kommissionär von der Offenlegung der Einzelheiten des Deckungsgeschäfts befreit werden.[21] **8**

b) Tatsächlich angefallene Kosten. Ob die **tatsächlich entstandenen Kosten** anstelle der hypothetischen Kosten erstattungsfähig sind, ist umstritten.[22] Auf diese Frage kommt es allerdings nur an, wenn die tatsächlichen Kosten die hypothetischen Kosten übersteigen (→ Rn. 10). Der Wortlaut von § 403 („sonst regelmäßig vorkommende Kosten") spricht allerdings dafür, dass im Rahmen des § 403 nur eine **generalisierende Betrachtung** zulässig und eine Abrechnung auf Grundlage der tatsächlich entstandenen Kosten unzulässig ist.[23] Einigkeit besteht jedoch, dass **nicht die Kosten des Deckungsgeschäfts** verlangt werden können; dies würde dem Charakter des Selbsteintritts als Geschäft auf eigenes Risiko des Kommissionärs widersprechen.[24] **9**

Nicht abschließend geklärt ist in diesem Zusammenhang die Frage, ob der Kommissionär über die hypothetischen Kosten hinaus den Ersatz der ihm tatsächlich entstandenen **außergewöhnlichen Kosten** verlangen kann. Nach **herrschender Meinung** besteht ein Auf- **10**

---

[13] MüKoHGB/Häuser Rn. 4; Ebenroth/Boujong/Joost/Strohn/Füller Rn. 2; Koller/Kindler/Roth/Drüen/Roth Rn. 2; einschränkend Staub/Koller Rn. 3.

[14] GK-HGB/Achilles Rn. 2.

[15] Dafür: MüKoHGB/Häuser Rn. 11; Hopt/Kumpan Rn. 1; Schlegelberger/Hefermehl Rn. 3; GK-HGB/Achilles Rn. 2; HK-HGB/Ruß Rn. 1; Koller/Kindler/Roth/Drüen/Roth Rn. 2; Röhricht/Graf von Westphalen/Haas/Lenz Rn. 2; dagegen: Staub/Koller Rn. 6; Ebenroth/Boujong/Joost/Strohn/Füller Rn. 2.

[16] Vgl. hierzu auch MüKoHGB/Häuser Rn. 2; Heymann/Herrmann Rn. 1.

[17] MüKoHGB/Häuser Rn. 12; Straube/Griß-Reiterer Rn. 1; GK-HGB/Achilles Rn. 1; Staub/Koller Rn. 7.

[18] MüKoHGB/Häuser Rn. 12; Oetker/Bergmann Rn. 4; Koller/Kindler/Roth/Drüen/Roth Rn. 3; Schlegelberger/Hefermehl Rn. 5.

[19] MüKoHGB/Häuser Rn. 12; Koller/Kindler/Roth/Drüen/Roth Rn. 4; Staub/Koller Rn. 7; GK-HGB/Achilles Rn. 3.

[20] MüKoHGB/Häuser Rn. 12; Oetker/Bergmann Rn. 4; GK-HGB/Achilles Rn. 3; Grünhut, Das Recht des Commissionshandels, 1879, 480; Weidmann, Das Kommissionsgeschäft II, 1909, 204.

[21] MüKoHGB/Häuser Rn. 12; Ebenroth/Boujong/Joost/Strohn/Füller Rn. 3; Schlegelberger/Hefermehl Rn. 5.

[22] Dafür: Ebenroth/Boujong/Joost/Strohn/Füller Rn. 3; einschränkend: MüKoHGB/Häuser Rn. 13.

[23] GK-HGB/Achilles Rn. 4; Staub/Koller Rn. 9; Koller BB 1979, 1725 (1732).

[24] MüKoHGB/Häuser Rn. 13; GK-HGB/Achilles Rn. 3; Staub/Koller Rn. 7.

wendungsersatzanspruch nach §§ 675 Abs. 1, 670 BGB, wenn der Kommissionär nachweist, dass ihm außergewöhnliche Kosten entstanden sind.[25] Andernfalls stünde der Kommittent bei einer Durchführung der Kommission durch Selbsteintritt besser als bei einer Durchführung der Kommission durch Abschluss eines Ausführungsgeschäfts mit einem Dritten.[26] Die **Gegenansicht** hält außergewöhnliche Kosten für nicht erstattungsfähig.[27] § 403 gestatte schon vom Wortlaut her nur eine pauschalierte und keine individuelle Kostenabrechnung.[28] Für eine Gleichstellung der Ausführung der Kommission durch Selbsteintritt und im Wege des Ausführungsgeschäfts bestehe kein Anlass.[29]

11   Die letztgenannte Ansicht überzeugt. Angesichts des klaren Wortlautes des § 403 („regelmäßig vorkommende Kosten") und nach Sinn und Zweck der Norm (Befreiung des Kommissionärs von der Offenlegung der Einzelheiten des Deckungsgeschäfts → Rn. 8) ist für eine die Wortlautgrenze überschreitende extensive Auslegung kein Raum. Es dürfte regelmäßig auch einem praktischen Bedürfnis für eine extensive Auslegung fehlen. Denn auch die hM erkennt an, dass außergewöhnliche Kosten jedenfalls dann nicht erstattungsfähig sind, wenn sie der Kommissionär sorgfaltswidrig herbeigeführt hat.[30] Dies ist etwa der Fall, wenn die Kosten bei Ausführung der Kommission durch ein Ausführungsgeschäft nicht eingetreten wären.[31] Da zudem die §§ 675 Abs. 1, 670 BGB neben dem Kommissionsrecht nur ergänzend zur Anwendung kommen (→ § 383 Rn. 8), geht § 403 in Bezug auf die (Nicht-) Erstattungsfähigkeit außergewöhnlicher Aufwendungen als lex specialis vor.

12   **c) Verjährung.** Der Anspruch auf Aufwendungsersatz verjährt regelmäßig in drei Jahren (§ 195 BGB).[32]

B. Handelsvertreter

13   Für den Handelsvertreter nicht einschlägig.

C. Vertragshändler

14   Für den Vertragshändler nicht einschlägig.

D. Franchisenehmer

15   Für den Franchisenehmer nicht einschlägig.

E. Kommissionsagent

16   Für den Kommissionsagenten gelten hier keine Abweichungen oder Besonderheiten.

---

[25] MüKoHGB/Häuser Rn. 14; Hopt/Kumpan Rn. 2; Koller/Kindler/Roth/Drüen/Roth Rn. 3; Röhricht/Graf von Westphalen/Haas/Lenz Rn. 3; Düringer/Hachenburg/Lehmann Rn. 6; Schlegelberger/Hefermehl Rn. 6.

[26] RGZ 108, 191 (193); MüKoHGB/Häuser Rn. 14.

[27] Staub/Koller Rn. 9.

[28] Staub/Koller Rn. 9; GK-HGB/Achilles Rn. 4.

[29] Staub/Koller Rn. 9.

[30] Heymann/Herrmann Rn. 3; vgl. MüKoHGB/Häuser Rn. 15; Schlegelberger/Hefermehl Rn. 6.

[31] MüKoHGB/Häuser Rn. 14; Koller/Kindler/Roth/Drüen/Roth Rn. 3; Schlegelberger/Hefermehl Rn. 6.

[32] MüKoHGB/Häuser Rn. 16.

§ 404 Gesetzliches Pfandrecht

Die Vorschriften der §§ 397 und 398 finden auch im Falle der Ausführung der Kommission durch Selbsteintritt Anwendung.

A. Allgemeines

I. Normzweck und Regelungsgegenstand

§ 404 stellt klar, dass das **gesetzliche Pfandrecht** des § 397 und das **pfandähnliche** 1 **Befriedigungsrecht** des § 398 auch dem selbst eintretenden Kommissionär zugutekommen.[1] Die §§ 397, 398 sind **entsprechend** anzuwenden; für eine direkte Anwendung hätte es § 404 nicht bedurft.[2]

§ 404 soll sicherstellen, dass der Kommissionär im Fall des Selbsteintritts **nicht schlech-** 2 **ter** steht, als er bei Abwicklung der Kommission im Wege eines Ausführungsgeschäfts stünde.[3] Der **Anwendungsbereich** der §§ 397, 398 wird daher **erweitert** und erfasst **auch die durch den Selbsteintritt entstandenen kaufvertraglichen Ansprüche des Kommissionärs gegen den Kommittenten.**[4] Praktisch relevant ist dies regelmäßig nur im Fall der Einkaufskommission für den Anspruch auf Zahlung des Kaufpreises.

II. Voraussetzungen der Sicherung des Kommissionärs

Unter welchen Voraussetzungen dem selbst eintretenden Kommissionär pfandrechtliche 3 bzw. pfandähnliche Sicherungs- und Befriedigungsrechte zustehen, richtet sich nach den §§ 397, 398.

§ 397 ist einschlägig, sobald und solange der Kommissionär Besitzer und der Kommittent 4 Eigentümer des Kommissionsgutes ist.[5] Dies ist bei der Einkaufskommission dann der Fall, wenn der Kommissionär das Kommissionsgut bereits an den Kommittenten übereignet, es ihm aber noch nicht herausgegeben hat.

§ 398 greift ein, sobald und solange der Kommissionär Eigentümer ist.[6] Dies ist bei der 5 Einkaufskommission dann der Fall, wenn der Kommissionär das Deckungsgeschäft abgeschlossen und das Kommissionsgut von einem Dritten erworben, es aber noch nicht an den Kommittenten übereignet hat. Der Kommissionär ist auch Eigentümer des Kommissionsgutes, wenn er den Kaufvertrag mit dem Kommittenten **aus eigenen Beständen** erfüllen will. Trotzdem findet § 398 **keine Anwendung,** weil es hier (anders als bei einem Deckungsgeschäft) an einer Kaufpreisforderung eines Dritten gegen den Kommissionär fehlt, die der Kaufpreisforderung des Dritten gegen den Kommissionär bei der Einkaufskommission entspricht.[7]

III. Sonstiges

§ 399 findet mangels Verweisung zu Recht im Fall des Selbsteintritts keine Anwendung, 6 da der Kommissionär bei einem Selbsteintritt **auf eigene Rechnung** handelt und gerade kein Ausführungsgeschäft für den Kommittenten tätigt.[8] Der Kommissionär schließt, sofern

---

[1] MüKoHGB/Häuser Rn. 1; Ebenroth/Boujong/Joost/Strohn/Füller Rn. 1; Oetker/Bergmann Rn. 1; Koller/Kindler/Roth/Drüen/Roth Rn. 1.

[2] Staub/Koller Rn. 2.

[3] MüKoHGB/Häuser Rn. 1.

[4] Ebenroth/Boujong/Joost/Strohn/Füller Rn. 1; Oetker/Bergmann Rn. 1; Koller/Kindler/Roth/Drüen/Roth Rn. 1; Röhricht/Graf von Westphalen/Haas/Lenz Rn. 1.

[5] Ebenroth/Boujong/Joost/Strohn/Füller Rn. 1; Koller/Kindler/Roth/Drüen/Roth Rn. 1.

[6] Ebenroth/Boujong/Joost/Strohn/Füller Rn. 1; Koller/Kindler/Roth/Drüen/Roth Rn. 1.

[7] MüKoHGB/Häuser Rn. 4.

[8] Ebenroth/Boujong/Joost/Strohn/Füller Rn. 1; Oetker/Bergmann Rn. 1; Schlegelberger/Hefermehl Rn. 3.

er denn überhaupt mit einem Dritten kontrahiert, das **Deckungsgeschäft** ebenso wie das Ausführungsgeschäft in eigenem Namen, aber anders als dieses eben gerade auf eigene Rechnung ab.[9] Daher ist für § 399 kein Raum, da er ein Handeln auf fremde Rechnung voraussetzt.[10]

B. Handelsvertreter

7   Für den Handelsvertreter nicht einschlägig.

C. Vertragshändler

8   Für den Vertragshändler nicht einschlägig.

D. Franchisenehmer

9   Für den Franchisenehmer nicht einschlägig.

E. Kommissionsagent

10   Für den Kommissionsagenten gelten hier keine Abweichungen oder Besonderheiten.

§ 405 Ausführungsanzeige und Selbsteintritt; Widerruf der Kommission

(1) **Zeigt der Kommissionär die Ausführung der Kommission an, ohne ausdrücklich zu bemerken, daß er selbst eintreten wolle, so gilt dies als Erklärung, daß die Ausführung durch Abschluß des Geschäfts mit einem Dritten für Rechnung des Kommittenten erfolgt sei.**

(2) **Eine Vereinbarung zwischen dem Kommittenten und dem Kommissionär, daß die Erklärung darüber, ob die Kommission durch Selbsteintritt oder durch Abschluß mit einem Dritten ausgeführt sei, später als am Tage der Ausführungsanzeige abgegeben werden dürfe, ist nichtig.**

(3) **Widerruft der Kommittent die Kommission und geht der Widerruf dem Kommissionär zu, bevor die Ausführungsanzeige zur Absendung abgegeben ist, so steht dem Kommissionär das Recht des Selbsteintritts nicht mehr zu.**

A. Allgemeines

I. Regelungsgegenstand und Normzweck

1   **Regelungsgegenstand** von **Abs. 1** ist die **Art und Weise der Durchführung des Selbsteintritts,**[1] und zwar unabhängig davon, ob es sich um ein gesetzliches oder vertragliches Selbsteintrittsrecht handelt.[2] **Abs. 2** ergänzt Abs. 1 in zeitlicher Hinsicht.

2   Aus dem Charakter der Kommission als **Geschäftsbesorgungsvertrag** folgt, dass der Kommittent, auf dessen Rechnung der Kommissionär handelt, schnellstmöglich **Klarheit** über das Zustandekommen des Ausführungsgeschäfts mit einem Dritten oder den Selbst-

---

[9] Ebenroth/Boujong/Joost/Strohn/Füller Rn. 1; Schlegelberger/Hefermehl Rn. 3.
[10] Oetker/Bergmann Rn. 1; Düringer/Hachenburg/Lehmann Rn. 5; Schlegelberger/Hefermehl Rn. 3.
[1] Schlegelberger/Hefermehl Rn. 1; Röhricht/Graf von Westphalen/Haas/Lenz Rn. 1.
[2] Schlegelberger/Hefermehl Rn. 1 und 26.

eintritt des Kommissionärs erhalten soll.[3] Abs. 1 zwingt den Kommissionär daher (flankiert von Abs. 2) dazu, **dem Kommittenten im Rahmen der Ausführungsanzeige (§ 384 Abs. 2 Hs. 1 Alt. 2) Gewissheit über die Art und Weise der Ausführung zu verschaffen.**[4] Es ist für den Kommittenten schließlich rechtlich wie wirtschaftlich von Bedeutung, ob ein Ausführungsgeschäft mit einem Dritten vorliegt oder ob er aufgrund des Selbsteintrittsrechts des Kommissionärs einen Kaufvertrag mit dem Kommissionär[5] abgeschlossen hat.

Aus Abs. 1 folgt nicht die Pflicht zur Anzeige der Ausführung der Kommission. Diese **3** ergibt sich vielmehr aus § 384 Abs. 2 Hs. 1 Alt. 2 (→ § 384 Rn. 40 ff.). Abs. 1 ist nur dann ergänzend von Bedeutung, wenn der Kommissionär selbst eingetreten ist (§ 400 Abs. 1).[6] Zeigt der Kommissionär den Selbsteintritt nicht an, **fingiert Abs. 1** im Innenverhältnis zwischen Kommittent und Kommissionär das Bestehen eines Ausführungsgeschäftes mit einem Dritten. Der Kommittent wird dadurch so gestellt, als ob ein Ausführungsgeschäft mit einem Dritten vorliegt, und kann den Kommissionär gem. § 384 Abs. 3 auf Erfüllung in Anspruch nehmen.[7]

Abs. 3 gehört systematisch zu den **Voraussetzungen** des Selbsteintritts und steht daher **4** in engem Zusammenhang mit § 400.[8] Außerdem schränkt die Vorschrift mittelbar das Recht des Kommittenten zum Widerruf der Kommission ein.[9]

II. Ausführungsanzeige und Erklärung des Selbsteintritts

1. Rechtsnatur. Die **Ausführungsanzeige** ist eine Nachricht ohne rechtsgeschäftli- **5** chen Erklärungswert.[10] Dies unterscheidet sie von der **Erklärung des Selbsteintritts.** Letztere ist eine **Willenserklärung** iSv § 133 BGB. Sie ist **nicht formbedürftig,**[11] aber in aller Regel **empfangsbedürftig** (§ 130 Abs. 1, 151 S. 1 BGB).[12] Der Begriff „Selbsteintritt" muss nicht verwendet werden.[13] Die Ausführungsanzeige und die Erklärung des Selbsteintritts können in zwei getrennten Erklärungen erfolgen.[14]

2. Wirksamkeitsvoraussetzungen. Umstritten ist, ob Abs. 1 stets eine **ausdrück- 6 liche** Erklärung des Selbsteintritts voraussetzt[15] oder ob eine **konkludente** Erklärung des Selbsteintritts ausreicht.[16] Angesichts des Wortlauts des Abs. 1 („ausdrücklich") ist für die letztgenannte Ansicht kein Raum. Auch Sinn und Zweck der Norm sprechen dafür, stets eine ausdrückliche Erklärung des Selbsteintritts zu fordern. In jedem Fall muss die Erklärung **unzweideutig** erkennen lassen, dass der Kommissionär selbst die Pflichten in Bezug auf das Ausführungsgeschäft übernimmt und somit anstelle des Ausführungsgeschäftes mit

---

[3] Ebenroth/Boujong/Joost/Strohn/Füller Rn. 1; GK-HGB/Achilles Rn. 1; Röhricht/Graf von Westphalen/Haas/Lenz Rn. 1; Schlegelberger/Hefermehl Rn. 9; Staub/Koller Rn. 2.

[4] MüKoHGB/Häuser Rn. 1; vgl. Koller/Kindler/Roth/Drüen/Roth Rn. 1; Röhricht/Graf von Westphalen/Haas/Lenz Rn. 1.

[5] Hopt/Kumpan § 400 Rn. 5; wohl aA Staub/Koller Rn. 20.

[6] MüKoHGB/Häuser Rn. 1; Koller/Kindler/Roth/Drüen/Roth Rn. 1; Röhricht/Graf von Westphalen/Haas/Lenz Rn. 2.

[7] GK-HGB/Achilles Rn. 2.

[8] Staub/Koller Rn. 1; Schlegelberger/Hefermehl Rn. 1.

[9] MüKoHGB/Häuser Rn. 1; Staub/Koller Rn. 1, 18; Schlegelberger/Hefermehl Rn. 1.

[10] HK-HGB/Ruß Rn. 1; Schlegelberger/Hefermehl Rn. 15.

[11] MüKoHGB/Häuser Rn. 3.

[12] RGZ 102, 15 (16); HK-HGB/Ruß Rn. 1; GK-HGB/Achilles Rn. 2.

[13] Koller/Kindler/Roth/Drüen/Roth Rn. 2; GK-HGB/Achilles Rn. 1; Heymann/Herrmann Rn. 1; Röhricht/Graf von Westphalen/Haas/Lenz Rn. 3; Schlegelberger/Hefermehl Rn. 3.

[14] MüKoHGB/Häuser Rn. 5 ff.

[15] Dafür RGZ 63, 30; MüKoHGB/Häuser Rn. 2; Ebenroth/Boujong/Joost/Strohn/Füller Rn. 2; Koller/Kindler/Roth/Drüen/Roth Rn. 2; GK-HGB/Achilles Rn. 1; Heymann/Herrmann Rn. 1; Schlegelberger/Hefermehl Rn. 3; Staub/Koller Rn. 3; Röhricht/Graf von Westphalen/Haas/Lenz Rn. 3.

[16] HK-HGB/Ruß Rn. 1.

einem Dritten einen Kaufvertrag mit dem Kommittenten abschließt.[17] Dass dies durch eine konkludente Erklärung möglich sein soll, ist kaum vorstellbar. Fehlt es jedoch an einer unzweideutigen Erklärung, ist wegen der Fiktion des Abs. 1 ein Selbsteintritt nicht mehr möglich.[18] Daher ist schon aus Gründen der Rechtssicherheit stets eine ausdrückliche Erklärung des Selbsteintritts zu fordern.

7   **3. Wirksamwerden des Selbsteintritts.** Der Selbsteintritt wird wirksam, sobald die Erklärung des Selbsteintritts dem Kommittenten **zugeht** (§ 130 Abs. 1 S. 1 BGB); auf die Absendung kommt es (anders als bei der Ausführungsanzeige iRd Abs. 3) nicht an.[19] Der Grundsatz des Wirksamwerdens des Selbsteintritts mit Zugang der Selbsteintrittserklärung beim Kommittenten gilt jedoch nicht uneingeschränkt. Denn aus Abs. 1 folgt zugleich eine **zeitliche Grenze** für den Zugang der Erklärung des Selbsteintritts: sie muss dem Kommittenten **spätestens mit Zugang der Ausführungsanzeige** zugehen,[20] andernfalls ist sie unbeachtlich. Darüber hinaus ergibt sich aus Abs. 3 eine weitere zeitliche Grenze für die Absendung der Ausführungsanzeige (→ Rn. 12 ff.).

8   **4. Widerruf, Anfechtung.** Die Erklärung des Selbsteintritts kann vom Kommissionär nach ihrem Wirksamwerden nicht widerrufen werden.[21] Ein **Widerruf** ist nur wirksam, wenn er dem Kommittenten vor oder gleichzeitig mit der Erklärung des Selbsteintritts zugeht (§ 130 Abs. 1 S. 2 BGB).[22] Die **Anfechtung** richtet sich nach den allgemeinen Regeln der §§ 119 ff. BGB.[23]

9   **5. Abdingbarkeit von Abs. 1.** Abs. 1 ist abdingbar.[24] Wollen die Parteien vereinbaren, dass der Kommissionär **im Zweifel den Selbsteintritt** erklärt oder durch Selbsteintritt ausführen soll, können sie dies tun.[25] Ebenso können sie darauf verzichten, dass der Selbsteintritt ausdrücklich erklärt werden muss.[26] Die Parteien können auch auf den Zugang der Selbsteintrittserklärung (§ 151 S. 1 BGB), nicht jedoch auf die Selbsteintrittserklärung selbst verzichten.[27] Hierin liegt auch **keine Umgehung** von Abs. 1 und 2, weil Sinn und Zweck der Norm nicht die Erschwerung des Selbsteintritts, sondern die Beseitigung der potentiellen Ungewissheit des Kommittenten über die Art der Ausführung der Kommission ist.[28]

10   **6. Zeitliche Grenzen des Selbsteintrittsrechts (Abs. 2).** Abs. 2 hat eine doppelte Funktion. Einerseits führt er zur **Nichtigkeit von Vereinbarungen über den Zeitpunkt der Erklärung des Selbsteintritts,** die sich außerhalb seiner Grenzen bewegen. Andererseits eröffnet Abs. 2 die (praktisch wohl nur selten relevante) Möglichkeit, dem Kommissionär durch Vereinbarung mit dem Kommittenten zu gestatten, die Ausführungsanzeige und (später) die Erklärung des Selbsteintritts innerhalb des gleichen Tages **zeitlich gestaffelt** abzugeben.[29] Dies überrascht. Denn wenn gem. Abs. 1 mangels ausdrücklicher Erklärung des Selbsteintritts die Ausführung mittels Ausführungsgeschäft als erfolgt fingiert wird,

---

[17] HK-HGB/Ruß Rn. 1; MüKoHGB/Häuser Rn. 2; Schlegelberger/Hefermehl Rn. 3; zum Vertragsabschluss zwischen Kommittent und Kommissionär durch Selbsteintritt Hopt/Kumpan Rn. 2.

[18] Ebenroth/Boujong/Joost/Strohn/Füller Rn. 3; Koller/Kindler/Roth/Drüen/Roth Rn. 2; HK-HGB/Ruß Rn. 1.

[19] MüKoHGB/Häuser Rn. 12; Schlegelberger/Hefermehl Rn. 15.

[20] MüKoHGB/Häuser Rn. 4; GK-HGB/Achilles Rn. 2; Röhricht/Graf von Westphalen/Haas/Lenz Rn. 4; Schlegelberger/Hefermehl Rn. 8.

[21] MüKoHGB/Häuser Rn. 17.

[22] MüKoHGB/Häuser Rn. 17.

[23] MüKoHGB/Häuser Rn. 17.

[24] Staub/Koller Rn. 12; Röhricht/Graf von Westphalen/Haas/Lenz Rn. 5.

[25] RGZ 96, 4 (7); Koller/Kindler/Roth/Drüen/Roth Rn. 2; Schlegelberger/Hefermehl Rn. 4.

[26] Staub/Koller Rn. 4.

[27] Insoweit ungenau GK-HGB/Achilles Rn. 1, 3.

[28] Vgl. MüKoHGB/Häuser Rn. 1; Ebenroth/Boujong/Joost/Strohn/Füller Rn. 1; Koller/Kindler/Roth/Drüen/Roth Rn. 1; Staub/Koller Rn. 2; Röhricht/Graf von Westphalen/Haas/Lenz Rn. 1.

[29] Ebenroth/Boujong/Joost/Strohn/Füller Rn. 4; HK-HGB/Ruß Rn. 1.

ist für einen nachträglichen Selbsteintritt (auch am gleichen Tag) eigentlich kein Raum mehr.[30] Allerdings sind abweichende Vereinbarungen auch nur in sehr begrenztem Umfang möglich; letztlich können die Parteien durch eine Vereinbarung (lediglich) bewirken, dass die Fiktion des Abs. 1 erst mit Ablauf des Tages der Ausführungsanzeige eintritt, wobei es allerdings abweichend von Abs. 1 nicht auf den Zugang, sondern auf die **Abgabe** ankommt.

Teilweise wird betont, dass Abs. 2 nur solche Vereinbarungen erfasse, die **im Voraus** **11** getroffen werden; in nachträglichen Vereinbarungen nach Abgabe der Ausführungsanzeige sei die Vereinbarung einer längeren Frist möglich.[31] Dies ist im Ergebnis richtig; den Parteien steht es generell frei (Vertragsfreiheit), einmal getroffene Vereinbarungen zu ändern oder aufzuheben. Die nachträgliche Vereinbarung einer längeren als der in Abs. 2 genannten Frist ist nichts anderes als eine nachträgliche Änderungsvereinbarung.[32] Aus dem Schutzzweck von Abs. 1, Abs. 2 folgt jedoch, dass dem Kommissionär bei einer nachträglichen Vereinbarung kein unbefristetes Recht zur Erklärung des Selbsteintritts eingeräumt werden darf.[33]

III. Ausschluss des Selbsteintritts nach Widerruf der Kommission (Abs. 3)

Abs. 3 schließt das Selbsteintrittsrecht des Kommissionärs aus, wenn dem Kommissionär **12** **vor Absendung der Ausführungsanzeige** (und nur dieser) der Widerruf der Kommission zugeht (in der Sache ist dies eine **Kündigung**, §§ 649 S. 1, 621 Nr. 5, 627, 626 BGB[34]). Systematisch gehört die Vorschrift also zu den **Voraussetzungen des Selbsteintritts** und steht daher in engem Zusammenhang mit § 400 (→ Rn. 4).

Die **eigentliche Bedeutung** der Vorschrift liegt allerdings in der Beschränkung des **13** Widerrufsrechts des Kommittenten im Interesse des Kommissionärs. Nach den allgemeinen Regeln kann der Kommittent die entgeltliche Geschäftsbesorgung widerrufen (kündigen), bis die Kommission ausgeführt ist; dh der Widerruf (die Kündigungserklärung) des Kommittenten müsste dem Kommissionär zuvor zugegangen sein.[35] Das würde auch für den Selbsteintritt gelten, dh der Widerruf wäre wirksam, wenn dem Kommittenten die Erklärung des Kommissionärs über den Selbsteintritt noch nicht zugegangen ist (auch wenn sie vor dem Zugang des Widerrufs abgesendet wurde).[36] Der Kommissionär trüge daher die Gefahr, dass der Kommittent den Kommissionsauftrag in dieser Phase noch widerruft[37] und ein gerade durch den Kommissionär abgeschlossenes Deckungsgeschäft dadurch nutzlos wird.[38] Abs. 3 schränkt dies ein. Danach kann der Kommittent die Kommission nicht mehr widerrufen, sobald der Kommissionär die Ausführungsanzeige **zur Absendung abgegeben** hat, also sich der Ausführungsanzeige so entäußert hat, dass er sie nicht mehr abfangen kann.[39]

Möglich ist der Widerruf danach noch, wenn er dem Kommissionär **nach Abschluss** **14** **des Deckungsgeschäfts,** aber **vor Absendung der Ausführungsanzeige** zugeht.[40] In der Praxis kann diese Konstellation auftreten, wenn der Kommissionär die Ausführungs-

---

[30] Koller/Kindler/Roth/Drüen/Roth Rn. 2.
[31] MüKoHGB/Häuser Rn. 10; HK-HGB/Ruß Rn. 1; GK-HGB/Achilles Rn. 3; Heymann/Herrmann Rn. 2; Schlegelberger/Hefermehl Rn. 13.
[32] IdS auch Ebenroth/Boujong/Joost/Strohn/Füller Rn. 4.
[33] MüKoHGB/Häuser Rn. 10; Staub/Koller Rn. 16.
[34] Koller/Kindler/Roth/Drüen/Roth Rn. 3; Ebenroth/Boujong/Joost/Strohn/Füller Rn. 5.
[35] Oetker/Bergmann Rn. 5; Staub/Koller Rn. 20; Schlegelberger/Hefermehl Rn. 20.
[36] Schlegelberger/Hefermehl Rn. 20; Staub/Koller Rn. 20.
[37] MüKoHGB/Häuser Rn. 19; Schlegelberger/Hefermehl Rn. 20.
[38] Risiken können aber auch dann bestehen, wenn der Kommissionär noch kein Deckungsgeschäft abgeschlossen hat; vgl. Staub/Koller Rn. 20.
[39] Röhricht/Graf von Westphalen/Haas/Lenz Rn. 6; Staub/Koller Rn. 24.
[40] MüKoHGB/Häuser Rn. 20; Schlegelberger/Hefermehl Rn. 25; Staub/Koller Rn. 27; aA Staub/Canaris, 3. Aufl. 1981, Bankvertragsrecht, Rn. 1914; einschränkend Hopt/Kumpan Rn. 4; auf den Nachweis des Unvermögens einer früheren Absendung abstellend Ehrenberg/Schmidt-Rimpler V/1, 1056 f.

anzeige nicht unmittelbar nach Abschluss des Deckungsgeschäfts absendet.[41] Damit hat der Kommissionär grundsätzlich das Risiko des Widerrufs im Zeitraum zwischen Abschluss des Deckungsgeschäfts und Absendung der Ausführungsanzeige zu tragen[42] (→ § 383 Rn. 38). Dies ist auch sachgerecht, weil er es in der Hand hat, die Ausführungsanzeige sofort mit Abschluss des Deckungsgeschäfts abzusenden.[43]

15   Nach einer **teilweise** vertretenen Ansicht soll dies unbillig sein; der Kommissionär soll das Deckungsgeschäft nachträglich als Ausführungsgeschäft behandeln können.[44] In diesem Fall gelte die Kommission bereits vor Zugang des Widerrufs beim Kommissionär als ausgeführt, der Widerruf laufe ins Leere.[45] Diese Ansicht überzeugt nicht,[46] denn sie würde die Widerrufsmöglichkeit des Kommittenten allein vom (inneren) Willen des Kommissionärs abhängig machen und ihm die Möglichkeit geben, das Deckungsgeschäft ex post zum Ausführungsgeschäft umzuqualifizieren.[47] Aus Gründen der Rechtssicherheit muss es jedoch allein auf objektive Kriterien ankommen.[48]

B. Handelsvertreter

16   Für den Handelsvertreter nicht einschlägig.

C. Vertragshändler

17   Für den Vertragshändler nicht einschlägig.

D. Franchisenehmer

18   Für den Franchisenehmer nicht einschlägig.

E. Kommissionsagent

19   Für den Kommissionsagenten gelten hier keine Abweichungen oder Besonderheiten.

§ 406 Ähnliche Geschäfte

(1) ¹Die Vorschriften dieses Abschnitts kommen auch zur Anwendung, wenn ein Kommissionär im Betriebe seines Handelsgewerbes ein Geschäft anderer als der in § 383 bezeichneten Art für Rechnung eines anderen in eigenem Namen zu schließen übernimmt. ²Das gleiche gilt, wenn ein Kaufmann, der nicht Kommissionär ist, im Betriebe seines Handelsgewerbes ein Geschäft in der bezeichneten Weise zu schließen übernimmt.

(2) Als Einkaufs- und Verkaufskommission im Sinne dieses Abschnitts gilt auch eine Kommission, welche die Lieferung einer nicht vertretbaren beweglichen Sache, die aus einem von dem Unternehmer zu beschaffenden Stoffe herzustellen ist, zum Gegenstande hat.

---

[41] Staub/Koller Rn. 27.
[42] Schlegelberger/Hefermehl Rn. 25; Staub/Koller Rn. 27.
[43] MüKoHGB/Häuser Rn. 26; aA für bestimmte Konstellationen Staub/Koller Rn. 28.
[44] Schlegelberger/Hefermehl Rn. 25; Ehrenberg/Schmidt-Rimpler V/1, 1057; Düringer/Hachenburg/Lehmann Rn. 22.
[45] Schlegelberger/Hefermehl Rn. 25.
[46] Ebenroth/Boujong/Joost/Strohn/Füller Rn. 7; Oetker/Bergmann Rn. 5; Staub/Koller Rn. 27.
[47] Staub/Koller Rn. 27.
[48] MüKoHGB/Häuser Rn. 26.

A. Allgemeines

I. Regelungsgegenstand und Normzweck

§ 406 erweitert den Anwendungsbereich des § 383 Abs. 1 in mehrfacher Hinsicht.[1] **1** § 406 Abs. 1 S. 1 erstreckt den **sachlichen** Anwendungsbereich des Kommissionsrechts zunächst auf **andere Geschäfte** als den Kauf oder Verkauf von Waren oder Wertpapieren (sog. **uneigentliche Kommission**).[2] § 406 Abs. 2 erstreckt den sachlichen Anwendungsbereich des Kommissionsrechts zusätzlich auf **Werklieferungsverträge** im Sinne von § 651 BGB.[3]

Soweit es sich bei den Gegenständen der Werklieferungsverträge um **vertretbare oder** **2** **unvertretbare** Sachen handelt (§ 651 S. 1 und S. 3 BGB), bedarf es § 406 Abs. 2 eigentlich nicht. Kaufrecht findet auf Werklieferungsverträge kraft § 651 S. 1 und 3 BGB Anwendung.[4] Für Kaufverträge gilt § 383 Abs. 1 jedoch unmittelbar.[5] Teilweise wird noch vertreten, dass § 406 Abs. 2 für **unvertretbare** Sachen eigenständige Bedeutung habe und sie den sonstigen Waren gleichstelle.[6] Diese Auffassung hat sich jedoch durch die Schuldrechtsreform[7] überholt.[8]

Im Übrigen erweitert § 406 Abs. 1 S. 2 den **personellen** Anwendungsbereich des § 383 **3** Abs. 1 (sog. **Gelegenheitskommission** oder **Gefälligkeitskommission**).[9] Dem Wortlaut nach gilt § 406 Abs. 1 S. 2 zwar nur für Kaufleute. Ob diese Einschränkung vom Gesetzgeber beabsichtigt war, ist jedoch umstritten.[10] Es handelt sich wohl um ein Redaktionsversehen des Gesetzgebers im Zuge der Handelsrechtsreform 1998.[11] Diese Frage kann im Ergebnis jedoch offen bleiben, weil sich aus der Erstreckung des Anwendungsbereichs des Kommissionsrechts auf Nichtkaufleute über § 383 Abs. 2 ergibt, dass der Gelegenheitskommissionär ebenso wenig Kaufmann sein muss wie der Kommissionär iSv § 383 Abs. 1.[12]

Mit dem Begriff „andere" Geschäfte sind **Geschäfte jeder Art** gemeint; erfasst wird **4** dadurch jedes denkbare (Handels-) Geschäft und jede Form von Vertrag.[13] Der Begriff des Geschäfts ist weit zu fassen.[14]

II. Rechtsfolge

Durch die Erweiterung des sachlichen Anwendungsbereichs des § 383 Abs. 1 findet **5** Kommissionsrecht auch auf jedes „andere" Geschäft als den Kauf oder Verkauf von Waren oder Wertpapieren Anwendung. Dabei ist jedoch zu beachten, dass die §§ 383 ff. **auf den** **Kauf und Verkauf von Waren oder Wertpapieren zugeschnitten** sind.[15] Sie passen

---

[1] Ebenroth/Boujong/Joost/Strohn/Füller Rn. 1.

[2] MüKoHGB/Häuser Rn. 1; Ebenroth/Boujong/Joost/Strohn/Füller § 383 Rn. 1; Koller/Kindler/ Roth/Drüen/Roth Rn. 1.

[3] Ebenroth/Boujong/Joost/Strohn/Füller Rn. 1, 3.

[4] Schlegelberger/Hefermehl Rn. 5.

[5] Steck NJW 2002, 3201 (3203); Staub/Koller Rn. 10.

[6] Koller/Kindler/Roth/Drüen/Roth Rn. 4.

[7] Gesetz zur Modernisierung des Schuldrechts v. 26.11.2001, BGBl. I 3138.

[8] Vgl. MüKoHGB/Häuser Rn. 13; Ebenroth/Boujong/Joost/Strohn/Füller Rn. 3; iErg auch Schlegelberger/Hefermehl Rn. 1, 5; Heymann/Herrmann Rn. 3.

[9] MüKoHGB/Häuser Rn. 1; Koller/Kindler/Roth/Drüen/Roth Rn. 2; Heymann/Herrmann Rn. 2; HK-HGB/Ruß Rn. 2; Schlegelberger/Hefermehl Rn. 1.

[10] Dafür Schlegelberger/Hefermehl Rn. 2; dagegen MüKoHGB/Häuser Rn. 3, 10; Koller/Kindler/ Roth/Drüen/Roth Rn. 2.

[11] MüKoHGB/Häuser Rn. 3; Koller/Kindler/Roth/Drüen/Roth Rn. 2; Olshausen NJW 2001, 1842 (1843); Gesetz zur Neuregelung des Fracht-, Speditions- und Lagerrechts v. 25.6.1998, BGBl. I 1588.

[12] MüKoHGB/Häuser Rn. 3.

[13] Staub/Koller Rn. 2; Röhricht/Graf von Westphalen/Haas/Lenz Rn. 2.

[14] Röhricht/Graf von Westphalen/Haas/Lenz Rn. 2.

[15] MüKoHGB/Häuser Rn. 4.

nicht ohne weiteres auf andere Formen von Ausführungsgeschäften.[16] So regeln die §§ 388–391, 397 und 398 die Rechte und Pflichten von Kommissionär und Kommittent in Bezug auf das **Kommissionsgut.** Aus dem systematischen Zusammenhang ergibt sich, dass es sich dabei notwendigerweise um Sachen iSv § 90 BGB handelt, also um körperliche Gegenstände. Nur diese können „beschädigt" oder „mangelhaft" oder „dem Verderb ausgesetzt" sein. Auch das gesetzliche Pfandrecht des § 397 setzt Besitz voraus, wenn auch zT vermittelt über Konnossement, Ladeschein oder Lagerschein. Die Befriedigung aus eigenem Kommissionsgut iSv § 398 ist sogar nur möglich, wenn der Kommissionär im Rahmen der Einkaufskommission Eigentümer geworden ist.

6   Daher ist für die „anderen" Geschäfte iSv 406 Abs. 1 stets zu prüfen, ob sie insoweit passende Regelungen und Rechtsfolgen bereithalten.[17] Wenn dies nicht der Fall ist, sind sie bzw. der in ihnen statuierte Rechtsgedanke nach Maßgabe der allgemeinen Regeln analog anzuwenden.[18] Die Einzelheiten zur Anwendbarkeit der einzelnen Normen der §§ 383 ff. auf „andere" Geschäfte findet sich im Rahmen der Kommentierung der jeweiligen Norm.

B. Handelsvertreter

7   Für den Handelsvertreter nicht einschlägig.

C. Vertragshändler

8   Für den Vertragshändler nicht einschlägig.

D. Franchisenehmer

9   Für den Franchisenehmer nicht einschlägig.

E. Kommissionsagent

10   Für den Kommissionsagenten gelten hier keine Abweichungen oder Besonderheiten.

---

[16] Staub/Koller Rn. 36.
[17] Staub/Koller Rn. 6; s. auch MüKoHGB/Häuser Rn. 4.
[18] Staub/Koller Rn. 6; Röhricht/Graf von Westphalen/Haas/Lenz Rn. 2.

Dritter Teil. Vorschriften des StGB

Vorbemerkung: Compliance, Unternehmensstrafrecht

Literatur: Achenbach, Das Strafrecht als Mittel der Wirtschaftslenkung, ZStW 119 2008, 789; ders./ Ransiek/Rönnau, Handbuch Wirtschaftsstrafrecht, 5. Aufl. 2019; Barthel, Der Begriff der Tat im Straf-prozeßrecht, 1972; Bülte, Der Irrtum über das Verbot im Wirtschaftsstrafrecht, NStZ 2013, 65; Detmer, Der Begriff der Tat im strafprozessualen Sinn, 1989; Dierlamm, Der faktische Geschäftsführer im Strafrecht – ein Phantom?, NStZ 1996, 153; Emmenegger, Gesetzgebungskunst, 2006; Fischer, Die strafrechtliche Bewältigung der Finanzkrise am Beispiel der Untreue – Finanzkrise und Strafrecht, ZStW 123 (2011), 816; Gillmeister, Zur normativ-faktischen Bestimmung der strafprozessualen Tat, NStZ 1989, 1; Grosse Vorholt, Wirtschaftsstrafrecht, 3. Aufl. 2013; Grützner, Unternehmensstrafrecht vs. Ordnungswidrigkeitenrecht, CCZ 2015, 56; Hassemer, Kennzeichen und Krisen des modernen Strafrechts, ZRP 1992, 378; ders., Sicherheitsbedürfnis und Grundrechtsschutz: Umbau des Rechtsstaats?, StraFo 2005, 312; Heinrich, Straf-recht Allgemeiner Teil, 7. Aufl. 2022; Hefendehl, Außerstrafrechtliche und strafrechtliche Instrumentarien zur Eindämmung der Wirtschaftskriminalität, ZStW 119 (2007), 816; Hellmann, Wirtschaftsstrafrecht, 5. Aufl. 2018; dies., Luftgeschäfte, ZJS 2008, 61; Hilgendorf, Gibt es ein „Strafrecht der Risikogesell-schaft"?, NStZ 1993, 10; ders., Fragen der Kausalität bei Gremienentscheidungen am Beispiel des Leder-spray-Urteils, NStZ 1994, 56; Hombrecher, Fragen des Allgemeinen Teils des Wirtschaftsstrafrechts, JA 2012, 535; Jäger, Examens-Repetitorium Strafrecht Allgemeiner Teil, 10. Aufl. 2021; ders., Die Unter-nehmensstrafe als Instrument zur Bekämpfung der Wirtschaftsdelinquenz, Festschrift Imme Roxin, 2011, 43; Jung, Zur Frage der Tatidentität und des Begriffs der Tat im strafprozessualen Sinn, JZ 1984, 535; Knauer, Kollegialentscheidungen und Strafrecht, 2001; ders., Zur Frage der Bildung verdeckter Kassen als Untreue, NStZ 2009, 151; Kratzsch, Das „faktische Organ" im Gesellschaftsstrafrecht, ZGR 1985, 106; Krey/Esser, Strafrecht Allgemeiner Teil, 6. Aufl. 2016; Kudlich, Die Unterstützung fremder Taten durch berufsbedingtes Verhalten, 2004; ders., Konkretisierungsauftrag erfüllt? – Eine Zwischenbilanz nach der Untreue-Entscheidung des BVerfG, ZWH 2011, 1; ders./Noltensmeier, Die Anordnung des Verfalls (§§ 73 ff. StGB) bei verbotenem Insiderhandel nach § 38 i. V. m. § 14 WpHG, wistra 2007, 121; ders./ Oglakcioglu, Wirtschaftsstrafrecht, 3. Aufl. 2020; Kühl, Strafrecht Allgemeiner Teil, 8. Aufl. 2017; Kutscha-ty, Unternehmensstrafrecht: Deutschland debattiert, der Rest Europas handelt, DRiZ, 16; Lindemann, Die strafrechtliche Verantwortlichkeit des faktischen Geschäftsführers, Jura 2005, 305; Löffeler, Strafrechtliche Konsequenzen faktischer Geschäftsführung, wistra 1989, 121; Loos, Probleme der beschränkten Sperr-wirkung strafprozessualer Entscheidungen, JZ 1978, 592; Mansdörfer, Zur Theorie des Wirtschaftsstraf-rechts, 2011; Neuhaus, Der strafverfahrensrechtliche Tatbegriff – „ne bis in idem", 1985; Otto, Konzeption und Grundsätze eines Wirtschaftsstrafrechts, ZStW 96 (1984), 339; Ranft, Strafprozessrecht, 3. Aufl. 2005; Ransiek, Unternehmensstrafrecht, 1996; ders., Zu der Frage, ob die Bildung schwarzer Kassen unter den Untreuetatbestand fällt, NJW 2009, 95; Reisner, Die Strafbarkeit von Schein- und Umgehungshandlungen in der EG, 1995; Rönnau, Zur Frage der Vermögensabschöpfung, JZ 2009, 1125; Roxin/Greco, Strafrecht Allgemeiner Teil, Bd. 1, 5. Aufl. 2020; Bd. 2, 2003; ders./Schünemann, Strafverfahrensrecht, 30. Aufl. 2022; Saliger, Kick-Back, PPP, Verfall – Korruptionsbekämpfung im Kölner Müllfall, NJW 2006, 3377; Satzger, „Schwarze Kassen" zwischen Untreue und Korruption, NStZ 2009, 297; Schünemann, Ein deutsches Requiem auf den Strafprozess des liberalen Rechtsstaats, ZRP 2009, 104; ders., Der Begriff des Vermögensschadens als archimedischer Punkt des Untreuetatbestandes, StraFo 2010, 1 ff.; ders., Wider verbreitete Irrlehren zum Untreuetatbestand, ZIS 2012, 183; ders., Die großen wirtschaftsstrafrechtlichen Fragen der Zeit, GA 2013, 193; Seelmann, Risikostrafrecht, KritV 1992, 452; Stratenwerth/Kuhlen, Strafrecht Allgemeiner Teil, 6. Aufl. 2011; Theile, Rationale Gesetzgebung im Wirtschaftsstrafrecht, wistra 2012, 285; Tiedemann, Wirtschaftsstrafrecht – Einführung und Allgemeiner Teil, 5. Aufl. 2017; Vogel, Schein- und Umgehungshandlungen im Strafrecht, in: Schünemann/Suárez (Hrsg.), Bausteine des europäi-schen Wirtschaftsstrafrechts, 1994, 151; Wabnitz/Janovsky/Schmitt, Handbuch der Wirtschafts- und Steuer-strafrechts, 5. Aufl. 2020; Wittig, Wirtschaftsstrafrecht, 5. Aufl. 2020; dies., Die Rechtsprechung zur Steuer-hinterziehung durch Erlangen eines unrichtigen Feststellungsbescheides, ZIS 2011, 660; Wolter, Tatidentität und Tatumgestaltung im Strafprozeß, GA 1986.

A. Materielles Strafrecht

I. Gesetzestechnik, -auslegung und Gesetzlichkeitsprinzip

1 Das Strafrecht unterliegt bei der Ausgestaltung seiner Tatbestände – wie jedes andere Rechtsgebiet – grundsätzlichen Prinzipien der Gesetzgebung.[1] Prägend für die legislative Technik im Wirtschaftsstrafrecht ist insbesondere die **Akzessorietät** zu anderen Regelungsbereichen des Zivil- und Öffentlichen Rechts. Um Fehlverhalten in wirtschaftlichen Kontexten strafrechtlich angemessen begegnen zu können, verwendet der Gesetzgeber **Blankettgesetze, normative Tatbestände und Generalklauseln.**[2] Gleich welche Form dieser „technischen Kunstlehre der Gesetzgebung"[3] im jeweiligen Einzelfall zur Anwendung gelangt, es entstehen im jeden Fall Bedenken im Hinblick auf die Vereinbarkeit mit der sog. **Garantiefunktion,** die den Strafgesetzen nach Art. 103 Abs. 2 GG zuzukommen hat.[4] Die Reichweite des **Bestimmtheitsgebotes** als eine Ausprägung der Garantiefunktion gehört dabei nach wie vor zu den offenen Grundsatzfragen des Wirtschaftsstrafrechts.[5] Gerade im Umgang mit dem Straftatbestand der Untreue zeugen viele obergerichtliche Entscheidungen von einer nachhaltigen Unsicherheit bei der Bestimmung der Grenzen der Strafbarkeit beim Handeln wirtschaftlicher Entscheidungsträger.[6]

2 Wenngleich das Gesetzlichkeitsprinzip – insbesondere in seiner Ausprägung des „nullum crimen sine lege certa" als Optimierungsgebot – dem Gesetzgeber mit dem Postulat, die Strafvorschriften auf Tatbestands- und Rechtsfolgenseite so präzise wie möglich zu fassen, bei der Normsetzung einen gestalterischen Rahmen aufzeigt,[7] kann auf eine weitergehende Auslegung durch den Normanwender im Einzelfall nicht verzichtet werden. Im Wirtschaftsstrafrecht gilt dabei der Vorrang einer **faktischen Auslegung,**[8] was in zwei klassischen Anwendungsfällen besonders deutlich wird: Der strafrechtlichen Verantwortlichkeit des **faktischen Geschäftsführers**[9] und der Sanktionierung von **Schein- und Umgehungshandlungen.**[10]

3 Die Rechtsfigur der **faktischen Geschäftsführung** begründet eine Strafbarkeit für denjenigen, der die Geschäfte einer Gesellschaft tatsächlich führt, ohne dabei jemals rechtlich wirksam zu einer Vertretung bestellt worden zu sein. Bereits **§ 14 Abs. 3 StGB** macht deutlich, dass es für die Einbeziehung in den Normadressatenkreis des § 14 Abs. 1 StGB und damit in die strafrechtliche Verantwortung auf einen zivilrechtlich wirksamen Bestellungsakt nicht ankommt.[11] Es ist vielmehr ausreichend, dass der faktische Geschäfts-

---

[1] Tiedemann Rn. 2 ff.
[2] Ausführlich zu den einzelnen Regelungstechniken Wittig § 6 Rn. 14 ff.; s. auch Theile wistra 2012, 285 (288).
[3] Zitelmann DJZ 1900, 331, zit. nach Emmenegger, Gesetzgebungskunst, 2006, S. 63.
[4] Exemplarisch zu Blankettgesetzen Tiedemann Rn. 240 ff. und zu Generalklauseln Tiedemann Rn. 253; s. auch Theile wistra 2012, 285 (288).
[5] Für diese und weitere Fragestellungen im Wirtschaftsstrafrecht s. Wabnitz/Janovsky/Schmitt/Dannecker/Bülte 1. Kap. Rn. 130 ff.; ferner Schünemann GA 2013, 193.
[6] S. nur BGHSt 52, 323 – Fall Siemens mit Anm. Ransiek NJW 2009, 95; BGHSt 55, 288 – Fall Siemens/AUB mit Anm. Bittmann NJW 2011, 96; BVerfG NJW 2009, 2370; BVerfGE 126, 170 mit Anm. Kudlich ZWH 2011, 1 ff.; BVerfG NJW 2013, 365 mit Bespr. Saliger NJW 2010, 3195; zuletzt BGH NStZ 2017, 227 – HSH-Nordbank mAnm Schweiger WuB 2017, 294; BGH NJW 2016, 2585 – Fall Nürburgring mAnm Saliger/Schweiger NJW 2016, 2600. Vgl. auch Fischer ZStW 123 (2011), 816; Knauer NStZ 2009, 151; Satzger NStZ 2009, 297; Schünemann StraFo 2010, 1 ff.; Schünemann ZIS 2012, 183; Wittig ZIS 2011, 660.
[7] Hassemer/Kargl in NK-StGB § 1 Rn. 14 ff.
[8] Eing. zur Auslegungsweise im Wirtschaftsstrafrecht Tiedemann Rn. 267 ff.
[9] Dazu Dierlamm NStZ 1996, 153; Fuhrmann FS Tröndle, 1989, 319; Kratzsch ZGR 1985, 106; Lindemann JURA 2005, 305; Löffeler wistra 1989, 419; zum Ganzen auch Tiedemann Rn. 273 ff.
[10] Dazu ausführlich Hellmann/Beckemper ZJS 2008, 61; Kudlich/Oglakcioglu Rn. 78 ff.; Tiedemann Rn. 283 ff.; Wittig § 6 Rn. 25 ff.
[11] MüKoStGB/Radtke § 14 Rn. 118.

führer durch das Treffen wesentlicher betrieblicher Entscheidungen mit Außenwirkung die Geschäftsvorgänge im Unternehmen maßgeblich beeinflusst,[12] was im Rahmen einer umfassenden Gesamtschau und anhand eines Indizienkatalogs einzelfallbezogen zu ermitteln ist.[13]

Auch bei den **Schein- und Umgehungshandlungen,** die eine typische Erscheinung **4** des Wirtschaftsstrafrechts darstellen,[14] treffen das Dogma der faktischen Auslegung und das Gesetzlichkeitsprinzip aufeinander. Dabei stellt die Erfassung von **Scheinhandlungen,** wie zB die nicht ernstlich gemeinte Begründung eines Wohnsitzes im Ausland zum Zwecke der Steuerflucht, die strafrechtliche Verfolgung vor keine dogmatischen Mühen: Denn maßgeblich ist auch im Strafrecht der in § 117 Abs. 2 BGB und § 41 AO zum Ausdruck kommende Rechtsgrundsatz, nachdem nur der wahre Sachverhalt für die rechtliche Beurteilung Bedeutung erlangt.[15] Als deutlich schwieriger erweist sich hingegen die strafrechtliche Bewertung **faktischer Umgehungshandlungen,**[16] denn hier scheidet eine Bestrafung aufgrund des in Art. 103 Abs. 2 GG verankerten Analogieverbots regelmäßig aus.[17] Vereinzelt ist der Gesetzgeber tätig geworden und hat zB für das Subventions- und Steuerrecht in § 4 SubvG bzw. § 42 AO Umgehungsklauseln eingeführt, um den ausgemachten Strafbarkeitslücken effektiv zu begegnen.[18]

II. Wirtschaftsstrafrecht als Zurechnungsproblem

Das deutsche Strafrecht ist als **Individualstrafrecht** konzipiert, weshalb die Zurechnung **5** von Handlungen und Erfolgen immer nur personenbezogen erfolgen kann (societas delinquere non potest).[19] Vor diesem Hintergrund ergeben sich in wirtschaftsstrafrechtlichen Sachverhalten Zurechnungsprobleme und daraus resultierende Strafbarkeitslücken, wenn Adressat der Strafnorm ein Verband oder ein Unternehmen ist. Unstimmigkeiten zeigen sich sowohl innerhalb der objektiven Zurechnung (einschließlich der Kausalität) als auch innerhalb der subjektiven Zurechnung (Vorsatz). Im Rahmen der **objektiven Zurechnung** stellen sich dabei nicht nur Fragen der Zurechnung von Rechtsgutsbeeinträchtigungen zu einer Person, sondern auch der Zurechnung von Handlungsbeiträgen innerhalb der Organisationsstruktur eines Unternehmens → Rn. 8. Im Rahmen der **subjektiven Zurechnung** erlangen vor allem vorsatzausschließende Irrtümer besondere Relevanz. Häufig auftretende Nachweisprobleme bei der Feststellung des Vorsatzes im Strafverfahren haben ferner zu dem beunruhigenden Trend einer zunehmenden Inkriminierung von Fahrlässigkeitsstrafbarkeiten gerade im Wirtschaftsstrafrecht geführt → Rn. 10 ff.

1. Objektive Zurechnung und Kausalität. Vor allem die **Zurechnung von kon-** **6** **kreten Rechtsgutsverletzungen** erweist sich im Wirtschaftsstrafrecht als äußerst schwierig.[20] Bedingt ist dies zum einen durch die Ausweitung des Schutzes sog. **Universalrechts-**

---

[12] StRspr, s. nur BGHSt 3, 32 (37); 21, 101 (103); 31, 118 (122); 46, 62 (64); Lindemann JURA 2005, 305 (306).

[13] BayObLGSt 1997, 38; s. auch Lindemann JURA 2005, 305 (306), der ua die Einstellung und Entlassung von Mitarbeitern, das Auftreten gegenüber Angestellten, die Vertragsverhandlungen mit Zulieferern und die Leitung der Außengeschäfte als mögliche Anhaltspunkte nennt.

[14] Wabnitz/Janovsky/Schmitt/Dannecker/Bülte 1. Kap. Rn. 110.

[15] Tiedemann Rn. 289.

[16] Reisner Die Strafbarkeit von Schein- und Umgehungshandlungen in der EG, 1995, passim; Wabnitz/Janovsky/Schmitt/Dannecker/Bülte 1. Kap. Rn. 110; Vogel S. 151 ff. Vgl. auch Tiedemann Rn. 283 ff., der in Rn. 138 folgendes Beispiel einer faktischen Umgehungshandlung bringt: Umfüllen von Kaviar aus kleinen Dosen in große Fässer aufgrund der Halbierung des Zollsatzes bei einem Gewicht von über 5 kg pro Umschließung (nach RGSt 71, 135).

[17] Wabnitz/Janovsky/Schmitt/Dannecker/Bülte 1. Kap. Rn. 110.

[18] Wabnitz/Janovsky/Schmitt/Dannecker/Bülte 1. Kap. Rn. 110.

[19] Zur daraus folgenden Problematik einer deutschen Verbandsstrafbarkeit Schönke/Schröder/Heiner/Weißer StGB Vor §§ 25 ff. Rn. 120 ff.

[20] Ausführlich zu den Zurechnungs- und Kausalitätsproblemen im Wirtschaftsstrafrecht Tiedemann Rn. 330 ff.

güter,[21] bei denen eine konkrete Gefährdung oder gar Verletzung nur schwer denkbar ist.[22] Der Gesetzgeber hat hierauf eine – aus Verteidigungsgesichtspunkten denkbar schlechte – Antwort gefunden und hat insbesondere die betrugsähnlichen Tatbestände (zB §§ 264, 265b StGB) als **abstrakte Gefährdungsdelikte** ausgestaltet, die auf die Zurechnung konkreter Rechtsgutsbeeinträchtigungen schlichtweg verzichten.[23] Zum anderen ist in einigen Fällen bereits die **Kausalität** der Handlung für den Erfolg fraglich, weil entweder der naturwissenschaftliche Zusammenhang nicht nachgewiesen werden kann oder die Geschädigten unbekannt sind.[24] Die Aufgabe der Auflösung dieser Problemfelder hat der Gesetzgeber zum großen Teil den Gerichten übertragen. So hat der BGH in zwei grundlegenden Entscheidungen zum Inverkehrbringen von Produkten (**Lederspray**[25] und **Holzschutzmittel**[26]) die Anforderungen an die Feststellung des **naturwissenschaftlichen Kausalzusammenhangs** zwischen der eingetretenen Rechtsgutsverletzung und der schädigenden Handlung wesentlich gelockert: Für die Feststellung des Ursachenzusammenhangs ist es ausreichend, dass nach einer Gesamtbeurteilung der wissenschaftlichen Erkenntnisse die Mitverursachung festgestellt wird.[27] Vom BGH noch nicht abschließend geklärt ist dagegen die Frage der Kausalität bei **unbekannten Geschädigten.**[28] Richtigerweise kommt in solchen Fällen nur eine Versuchsstrafbarkeit in Betracht.[29]

7   Auch die **Zurechnung von Tathandlungen** als eine Frage der **Täterschaft** kann Probleme im Rahmen wirtschaftsstrafrechtlicher Kontexte aufwerfen. Das StGB kennt als Täter den unmittelbaren Täter, § 25 Abs. 1 Alt. 1 StGB, den mittelbaren Täter, § 25 Abs. 1 Alt. 2 StGB und den Mittäter, § 25 Abs. 2 StGB. Abzugrenzen von der Täterschaft ist die **Teilnahme,** entweder in Form der Anstiftung (§ 26 StGB) oder der Beihilfe (§ 27 StGB), wobei sich die Abgrenzung nach dem Willen des Täters zur Tatherrschaft und der Art und Weise der Beteiligung richtet.[30]

8   Die Zurechnung von Tatbeiträgen im Rahmen der **Täterschaft** erweist sich vor allem in der **Organisationsstruktur eines Unternehmens** als schwierig. Oftmals werden Entscheidungen in **Kollegialgremien** getroffen,[31] wie zB bei der Vorstandsentscheidung gegen den Rückruf eines gesundheitsschädlichen Produkts. Kommt die Entscheidung mit einer klaren Stimmmehrheit zustande, so wird sich im Strafverfahren jedes einzelne der zustimmenden Vorstandsmitglieder auf die Tatsache berufen, dass seine Mitwirkung für den Beschluss nicht maßgeblich gewesen sei und es in der Konsequenz an der Kausalität seines Handelns fehle.[32] Dass diese Argumentation im Ergebnis nicht durchgreifen kann, ist

---

[21] Universalrechtsgüter sind Rechtsgüter der Allgemeinheit, wie zB der Schutz der Umwelt, der Volksgesundheit oder des Funktionierens der Wirtschaft.

[22] Wabnitz/Janovsky/Schmitt/Dannecker/Bülte 1. Kap. Rn. 106 ff.; Tiedemann Rn. 181 ff.; Krit. zur Ausweitung des Schutzes von Universalrechtsgütern Hassemer ZRP 1992, 378 (381); Seelmann KritV 1992, 452 (453 f.).

[23] Wabnitz/Janovsky/Schmitt/Dannecker/Bülte 1. Kap. Rn. 107. Krit. zu dieser Entwicklung Hassemer StraFo 2005, 312 (313–314); Hilgendorf NStZ 1993, 10 (13–14); Seelmann KritV 1992, 452 (453 f.).

[24] Tiedemann Rn. 331.

[25] BGHSt 37, 106.

[26] BGHSt 41, 206.

[27] BGHSt 41, 206 (216); ausführlich zur strafrechtl. Produkthaftung Tiedemann Rn. 274 ff.; Wittig § 6 Rn. 42 ff.

[28] Vgl. dazu Tiedemann Rn. 349, der das Beispiel eines klinischen Arzneimitteltests nennt, bei dem nicht nachgewiesen werden kann, ob das Leben eines Patienten bei der Verabreichung eines traditionellen anstelle des neu zu erprobenden Medikamentes hätte gerettet werden können.

[29] AA Frister StrafR AT 9. Kap. Rn. 38, der einen signifikanten statistischen Zusammenhang für den Nachweis der Kausalität für ausreichend hält; s. auch Lackner/Kühl/Heger Vor §§ 13 ff. Rn. 11; zum Gedanken einer Opferwahlfeststellung Tiedemann Rn. 349.

[30] StRspr, s. nur BGHSt **13,** 162; **16,** 12; **18,** 87; **34,** 124 (125); **36,** 363 (367); **37,** 289 (291). Eing. zur Frage der Abgrenzung von Täterschaft und Teilnahme statt vieler MüKoStGB/Joecks/Scheinfeld § 25 Rn. 4 ff.

[31] Ausführlich zur Thematik Knauer, Kollegialentscheidungen und Strafrecht, 2001, passim.

[32] Beispiel zu finden bei Krey/Esser AT Rn. 323 f.; s. auch Tiedemann Rn. 341 ff. – insbes. Rn. 346; Wittig § 6 Rn. 46 ff.

unbestritten.[33] Richtigerweise ist schon die faktische Wahrnehmung der rechtlich zugewiesenen Entscheidungsbefugnis als ausreichend täterschaftsbegründender Umstand anzusehen.[34]

Bei der **Teilnahme** erweist sich die **Sozialadäquanz** von berufstypischen und neutralen **9** Handlungen im Rahmen des Hilfeleistens (§ 27 StGB) nach zutreffender Auffassung als Zurechnungsproblem.[35] Erstellt der Täter bspw. eine Werbebroschüre zur Kundenakquisition für eine GmbH, die allein darauf gerichtet ist, in betrügerischer Weise Anlegergelder zu erlangen,[36] so ist dieses Verhalten nur dann als strafbare Beihilfe zum Betrug zu bewerten, wenn es ein über das zulässige Maß hinausgehendes, unerlaubtes Risiko schafft.[37] Die Grenze zwischen unerlaubtem (strafbarem) Risiko und allgemeiner Handlungsfreiheit ist dabei anhand des deliktischen Sinnbezuges der Beihilfehandlung auszuloten:[38] Kennt der Gehilfe den Tatentschluss des Haupttäters und ist die Hilfeleistung für den Haupttäter ohne die Verwirklichung der Haupttat sinnlos, so verliert die Handlung des Gehilfen ihren alltäglichen Charakter und stellt eine nach § 27 StGB strafbare Solidarisierung mit dem Haupttäter dar.[39]

2. Subjektive Zurechnung und Vorsatz. Nachweisprobleme ergeben sich im Straf- **10** verfahren zudem häufig iRd subjektiven Tatbestandes.[40] So gelingt es den Gerichten oftmals nicht, den Beweis des vorsätzlichen Verhaltens zu führen. Der Gesetzgeber hat auf diese Problematik mit der zunehmenden **Inkriminierung von Fahrlässigkeitsstrafbarkeiten** reagiert,[41] zB in § 264 Abs. 5 StGB und § 261 Abs. 6 StGB. Die dadurch bewirkte Ausdehnung des staatlichen Strafanspruches kann nur begrenzt über das Argument der Schutzbedürftigkeit neuer Rechtsgüter legitimiert werden, denn eine solche Argumentation muss sich den Vorwurf der Rechtsguts(er)findung zum Zwecke der Rechtfertigung von Strafbarkeit gefallen lassen.[42] Richtigerweise wird man deshalb zur Vermeidung von Friktionen mit dem Schuldgrundsatz die Fahrlässigkeitsstrafbarkeit nur in den Fällen für zulässig erachten können, in denen sie sich aus einer speziellen Pflichtstellung des Täters mit besonderer Verantwortung begründet.[43]

Dadurch, dass sich der Gesetzgeber bei der Ausgestaltung der objektiven Tatbestände im **11** Wirtschaftsstrafrecht der Regelungstechniken der **Blankette** und der **normativen Tatbestandsmerkmale** → Rn. 1 bedient, stellt er die Dogmatik im Rahmen der subjektiven Zurechnung vor große Aufgaben, wenn der Täter bei der Tatbegehung einem **Irrtum** über den Tatbestand oder die rechtliche Bewertung unterliegt.[44] Grundsätzlich handelt der Täter ohne Vorsatz, wenn er über einen Umstand des gesetzlichen Tatbestandes irrt (**Tatbestandsirrtum**, § 16 Abs. 1 S. 1 StGB), weshalb er in der Konsequenz allenfalls wegen fahrlässiger Tatbegehung bestraft werden kann, § 16 Abs. 1 S. 2 StGB. Bezieht sich der Irrtum des Täters hingegen auf eine rechtliche Bewertung, so lässt dies in der Regel seine

---

[33] BGHSt 37, 106 (126 ff.); Krey/Esser AT Rn. 324; Hilgendorf NStZ 1994, 561 (564); Roxin/Greco AT I § 11 Rn. 19–19b.

[34] NK-StGB/Ransiek § 324 Rn. 63 f., der zudem folgendes Bsp. anführt: „Auch beim Diebstahl ist derjenige Mittäter, der gemeinsam mit einem anderen Sachen wegnimmt, selbst wenn der andere ansonsten dieselben Sachen alleine weggenommen hätte."

[35] Kudlich, Die Unterstützung fremder Taten durch berufsbedingtes Verhalten, 2004, passim; Schönke/Schröder/Heine/Weißer § 27 Rn. 9.

[36] Beispiel entnommen bei Wittig § 6 Rn. 154. S. auch BGH NStZ 2000, 34.

[37] Stratenwerth/Kuhlen AT § 12 Rn. 161; aA [subj. Lösung iRd Gehilfenvorsatzes] Fischer § 27 Rn. 17 ff.

[38] Vgl. Wittig § 6 Rn. 153 f.; Roxin AT II § 26 Rn. 218 ff.

[39] Wittig § 6 Rn. 154a.

[40] Ausführlich zur Problematik Tiedemann Rn. 224 ff.; Wabnitz/Janovsky/Schmitt/Dannecker/Bülte 1. Kap. Rn. 109.

[41] Wabnitz/Janovsky/Schmitt/Dannecker/Bülte 1. Kap. Rn. 109.

[42] Zustimmend Tiedemann Rn. 225. Allgemein zur Bedeutung des Rechtsguts im Hinblick auf die Legitimation von Strafe Roxin/Greco AT I § 2 Rn. 2 ff.; zu Änderungen durch die Inzest-Entscheidung des BVerfG (BVerfGE 120, 224) Krauß FS Hassemer, 2010, 423.

[43] Tiedemann Rn. 225; Wabnitz/Janovsky/Schmitt/Dannecker/Bülte 1. Kap. Rn. 109.

[44] Eingehend und mit Beispielen zu den jeweiligen Fallgestaltungen Bülte NStZ 2013, 65.

Strafbarkeit gänzlich unberührt (**Verbotsirrtum, § 17 S. 1 StGB**).[45] Die Abgrenzung zwischen Tatbestands- und Verbotsirrtum ist im Wirtschaftsstrafrecht nicht ganz unproblematisch:[46] Bei einem **Irrtum über normative Tatbestandsmerkmale** entfällt nach hM der Vorsatz des Täters nach § 16 Abs. 1 S. 1 StGB, wenn er im Wege einer Parallelwertung in der Laiensphäre die rechtliche Bedeutungskenntnis und Wertung des normativen Tatbestandsmerkmals nicht nachvollzogen hat.[47] Bei **Blanketttatbeständen** nimmt die hM aufgrund des Zusammenlesens von Blanketttatbestand und blankettausfüllender Norm in den Fällen einen täterbegünstigenden Tatbestandsirrtum nach § 16 Abs. 1 S. 1 StGB an, in denen der Täter über die Umstände des zusammengelesenen Tatbestands irrt; Irrtümer über die Existenz oder Wirksamkeit der in Bezug genommenen Norm sind hingegen als Verbotsirrtümer nach § 17 Abs. 1 S. 1 StGB zu behandeln.[48]

III. Rechtfertigung

12   Im Wirtschaftsstrafrecht gelangen grundsätzlich die **allg. Rechtfertigungsgründe** zur Anwendung. Eine Besonderheit könnte sich in den Fällen ergeben, in denen der Täter eine Straftat allein aus dem Grund begeht, um den **wirtschaftlichen Fortgang** seines Unternehmens zu sichern.[49] Eine wirksame Rechtfertigung nach § 34 StGB scheitert in diesen Konstellationen aber regelmäßig am notstandsfähigen Rechtsgut, denn geschützt ist das **Vermögen** nur vor Einwirkungen von außen.[50] In jedem Fall fehlt es an der Angemessenheit iSd § 34 S. 2 StGB: In einer marktwirtschaftlichen Ordnung muss ein Unternehmen, das unter den dort gesetzten rechtlichen Rahmenbedingungen keinen Erfolg hat, aus dem Wettbewerb ausscheiden und darf die Rechtsordnung nicht unter Berufung auf wirtschaftlich existenzbedrohende Schwierigkeiten negieren.[51]

13   Neben § 34 StGB erlangt vor allem die strafbefreiende Wirkung von **behördlichen Genehmigungen** als Ausfluss der **Verwaltungsrechtsakzessorietät** im Wirtschaftsstrafrecht Bedeutung: Eine formell bestandskräftige, dh weder nichtige (§ 44 VwVfG) noch unwirksame (§ 43 VwVfG) Genehmigung steht, unabhängig von ihrer materiellen Rechtmäßigkeit, einer Strafbarkeit solange entgegen, bis sie nach § 48 VwVfG ordnungsgemäß zurückgenommen wurde.[52] Ob eine behördliche Genehmigung bzw. Erlaubnis generell im Rahmen der Rechtswidrigkeit zu berücksichtigen ist oder bereits zum Tatbestandausschluss führt, bestimmt sich nach verwaltungsrechtlichen Kategorien:[53] Während **präventive Verbote mit Erlaubnisvorbehalt,** wie zB § 23 ApothekenG, § 95 Abs. 1 Nr. 2 AufenthaltsG oder § 34 AWG, bereits das tatbestandsmäßige Unrecht entfallen lassen, sind **repressive Verbote mit Befreiungsvorbehalt,** wie zB § 22a Abs. 1 KWKG oder § 52 Abs. 1 Nr. 2 WaffG, als rechtfertigende Genehmigungen einzustufen.[54]

---

[45] Der Täter handelt nur dann ohne Schuld, wenn der Irrtum unvermeidbar war. Aufgrund der strengen Anforderungen des BGH wird man die Unvermeidbarkeit aber nur in sehr wenigen Fällen annehmen können, eingehend MüKoStGB/Joecks/Kulhanek § 17 Rn. 39 ff.; zur fakultativen Strafmilderung des § 17 S. 2 StGB iVm § 49 StGB im Falle der Vermeidbarkeit NK-StGB/Neumann § 17 Rn. 83 ff.

[46] Grundlegend zum „Stand der Irrtumslehre, insbesondere im Wirtschafts- und Nebenstrafrecht" Tiedemann FS Geerds, 1995, 95; Bülte NStZ 2013, 65. Für eine erste Übersicht Kudlich in BeckOK StGB § 16 Rn. 15.1 ff.

[47] Roxin/Greco AT I § 12 Rn. 101; Schönke/Schröder/Sternberg-Lieben/Schuster § 15 Rn. 43 ff. jeweils mwN.

[48] Wittig § 6 Rn. 171.

[49] Eing. dazu Tiedemann Rn. 361 ff. insbes. zum Sonderproblem der Anwendbarkeit des § 34 StGB im Rahmen von Geldinteressen.

[50] NK-StGB/Neumann § 34 Rn. 28.

[51] MüKoStGB/Erb § 34 Rn. 58. Zur Problematik, wenn neben der Existenz des Unternehmens noch andere höherrangige Rechtsgüter betroffen sind Tiedemann Rn. 369.

[52] Ausführlich dazu Wittig § 7 Rn. 14.

[53] Ganz hM, s. nur BGH NStZ 1993, 594 f.; NK-StGB/Paeffgen/Zabel Vor §§ 32 ff. Rn. 201 f.; Tiedemann Rn. 384 ff.; Wittig § 7 Rn. 10 ff.

[54] Schönke/Schröder/Sternberg-Lieben Vor §§ 32 ff. Rn. 61.

IV. Sanktionen, Konkurrenzen und Verjährung

Da das StGB als **Individualstrafrecht** konzipiert ist → Rn. 5, können sich die strafrecht- **14** lichen Sanktionen des StGB (§§ 38 ff. StGB) ausschließlich gegen **natürliche Personen** richten.[55] Gegen ein **Unternehmen** direkt kann zwar bislang nur ordnungsrechtlich mit einer Geldbuße vorgegangen werden (§ 30 OWiG, dazu → Einl. Rn. 4), denn ein **Unternehmensstrafrecht** gibt es in Deutschland (noch) nicht.[56] Allerdings können die Sanktionsmittel des StGB Unternehmen ebenfalls stark treffen. Im Rahmen der Wirtschaftsdelinquenz erlangen dabei vor allem die Einziehung zum Zwecke der Vermögensabschöpfung (§§ 73–73e, 75–76b StGB bzw. § 29a OWiG) besondere Bedeutung.[57] Durch das am 1.7.2017 in Kraft getretene Gesetz zur Reform der strafrechtlichen Vermögensabschöpfung (BGBl. I 872) wurde das materielle und prozessuale Konzept der strafrechtlichen Vermögensabschöpfung umfassend reformiert. Dem zugrunde liegt das Ziel, dass Straftaten sich nicht lohnen dürfen.[58] Die **Einziehung von Taterträgen** als Maßnahme eigener Art iSd § 11 Abs. 1 Nr. 8 StGB[59] ermächtigt die Gerichte zur Abschöpfung sämtlicher aus der Tat erzielten Vermögensvorteile. Dem § 73 Abs. 1 StGB liegt dabei das sog. **Bruttoprinzip** zugrunde.[60] Einzuziehen ist danach jeder Vermögenswert, den der Täter oder Teilnehmer „durch" oder „für" die rechtswidrige Tat erlangt hat. Aufwendungen im Zusammenhang mit der Erwerbstat werden dabei grundsätzlich nicht in Abzug gebracht.[61] Im Falle der Einziehung des Wertes des Tatertrags gem. § 73c StGB wird das Bruttoprinzip und das Abzugsverbot durch § 73d Abs. 1 StGB modifiziert, um eine strafähnliche Wirkung der Vermögensabschöpfung zu verhindern.[62] Dass sich die strikte Anwendung des Bruttoprinzips in der Praxis als problematisch erweisen kann, zeigte allerdings bereits der **„Kölner Müllskandal":**[63] Der BGH entschied hier, dass bei der Bestechung im geschäftlichen Verkehr iSd § 299 StGB nicht der zugeflossene Werklohn das „erlangte Etwas" iSd § 73 StGB darstellt, sondern auf den kalkulierten Gewinn einschließlich weiterer mittelbarer wirtschaftlicher Vorteile aus der Auftragserlangung abzustellen ist. Denn bei der Bestechung sei lediglich die Art und Weise, wie der Auftrag erlangt werde, vorwerfbar, nicht jedoch, dass er überhaupt ausgeführt wurde.[64]

Als hochproblematisch, da mit dem strafrechtlichen Schuldprinzip in Konflikt geratend, ist vor allem die Einführung des Instituts der selbständigen Vermögensabschöpfung bei Vermögen unklarer Herkunft unabhängig vom Nachweis einer konkreten rechtswidrigen Tat in § 76a Abs. 4 StGB nF iVm § 437 StPO nF zu bewerten (sog. „non-conviction-based-confiscation"). Auch die weitgehende – und noch dazu nach Art. 316h S. 1 EGStGB rückwirkende – Abkopplung der Einziehung von der strafrechtlichen Verfolgungsverjährung in § 76b StGB ist kritisch zu sehen.[65]

---

[55] Ausführlich zum Sanktionensystem des StGB NK-StGB/Villmow Vor §§ 38 ff.

[56] Auch neuere Bestrebungen zur Einführung eines Unternehmensstrafrechts, etwa durch den Entwurf eines Gesetzes zur Stärkung der Integrität in der Wirtschaft im Jahr 2020, blieben bislang erfolglos (BT-Drs. 440/20). Der weitere politische Prozess bleibt abzuwarten.

[57] Seit dem Gesetz zur Reform der strafrechtlichen Vermögensabschöpfung (dazu sogleich im Text) entfällt die begriffliche Zweiteilung in Verfall und Einziehung.

[58] Vgl. Köhler NStZ 2017, 497 (498).

[59] Wie hier: BVerfG NJW 2004, 2073 (2074 ff.) und jetzt auch BVerfG NJW 2021, 1222 zum neuen Recht; BGHSt 47, 260 (265); Fischer § 73 Rn. 4; Köhler NStZ 2017, 497 (498). AA [strafähnlicher Charakter] Saliger in NK-StGB/Saliger § 73 Rn. 12 f.

[60] Köhler NStZ 2017, 497 (502); ausführlich zum Bruttoprinzip NK-StGB/Saliger § 73 Rn. 10 ff.

[61] Köhler NStZ 2017, 497 (502); Fischer § 73 Rn. 14 f.; NK-StGB/Saliger § 73 Rn. 11.

[62] Köhler NStZ 2017, 497 (502).

[63] BGH NJW 2006, 925 mkritAnm Saliger NJW 2006, 3377.

[64] BGH NJW 2006, 925 (929); krit. Saliger NJW 2006, 3370 (3380 f.).

[65] Vgl. BGH NJW 2019, 1891 einerseits und BVerfG NJW 2021, 1222 andererseits; tiefergehende Ausführungen zu der Neuregelung der strafrechtlichen Vermögensabschöpfung können an dieser Stelle aus platzökonomischen Gründen nicht vorgenommen werden, vgl. hierfür etwa NK-StGB/Saliger Vor §§ 73 ff. Rn. 3a ff.

15 Neben der Einziehung von Taterträgen regelt das StGB in § 74 Abs. 1 die **Einziehung von Tatprodukten, Tatmitteln und Tatobjekten,** der alle Gegenstände unterliegen, die durch eine rechtswidrige Tat hervorgebracht oder zu ihrer Begehung oder Vorbereitung gebraucht bzw. bestimmt gewesen sind. Dazu zählen zB die im Rahmen von Fälschungsdelikten hergestellten Urkunden und Geldscheine (sog. producta sceleris) oder die für die Begehung der Straftat benutzten Tatwerkzeuge (sog. instrumenta sceleris).[66]

16 Auf welche Strafe das Gericht im Ergebnis erkennen kann, bestimmt sich maßgeblich nach der **Konkurrenzenlehre,** §§ 52 ff. StGB:[67] Verletzt dieselbe Handlung mehrere Strafgesetze oder dasselbe Strafgesetz mehrmals, so wird nur auf eine Strafe erkannt (Tateinheit bzw. Idealkonkurrenz **§ 52 Abs. 1 StGB**).[68] Hat jemand durch mehrere Handlungen mehrere Straftaten begangen, die gleichzeitig abgeurteilt werden, und dadurch mehrere Freiheitsstrafen oder mehrere Geldstrafen verwirkt, so wird eine Gesamtstrafe gebildet (Tatmehrheit bzw. Realkonkurrenz, **§ 53 Abs. 1 StGB**).[69] Die Prüfung der Konkurrenzen sollte stets **zweistufig** erfolgen: Auf einer ersten Stufe ist zu klären, ob bei mehreren verwirklichten Delikten einige bereits aufgrund von **Gesetzeskonkurrenz** zurücktreten und deshalb im Schuldspruch überhaupt keine Berücksichtigung finden.[70] In einem zweiten Schritt ist dann zu erörtern, ob **dieselbe Handlung** iSd Gesetzes vorliegt (§ 52 StGB) oder nicht (§ 53 StGB).

17 Die Sanktionierung wirtschaftskriminellen Verhaltens ist aus Gründen der **Rechtssicherheit,** des **Rechtsfriedens** und der **Verfahrensökonomie** zeitlich nicht unbegrenzt möglich.[71] Die Dauer der **Verfolgungsverjährung** richtet sich nach den allgemeinen Regeln der §§ 78 ff. StGB und knüpft an das im jeweiligen Delikt angedrohte Strafhöchstmaß an, vgl. § 78 Abs. 3 StGB. Im Wirtschaftsstrafrecht dürfte regelmäßig die **fünfjährige Verjährungsfrist** des § 78 Abs. 3 Nr. 4 StGB einschlägig sein. Die Verjährung beginnt, sobald die Tat beendet ist, vgl. § 78a StGB. Beendigung meint die Aufgabe der tatbestandsmäßigen Handlung bzw. des tatbestandsmäßigen Unterlassen durch das Ende des „rechtsverneinenden Tun[s]".[72] Die Bestimmung des **Verjährungsbeginns** kann im Einzelfall Schwierigkeiten bereiten.[73] Der Verjährungszeitraum kann sich auch durch ein Ruhen, § 78b StGB, oder eine Unterbrechung der Verjährung, § 78c StGB, erheblich verlängern.

B. Strafverfahrensrecht

18 Materielles Recht und Strafprozessrecht stehen in einer **korrelativen Wechselbeziehung** zueinander: Zum einen bedarf es eines rechtsstaatlichen Verfahrensrechts, damit die Funktion der materiellen (Straf-)Normen „die elementaren Voraussetzungen friedlichen mitmenschlichen Zusammenlebens zu sichern, [...] nicht nur auf dem Papier stehen"[74], sondern Normverstöße tatsächlich sanktioniert werden. Zum anderen beeinflusst das formelle Recht maßgeblich die Ausgestaltung von Strafnormen:[75] Erweist sich zB die Feststellung eines konkreten Erfolgseintritts im Strafverfahren als schwierig, so reagiert der

---

[66] Fischer § 74 Rn. 9 ff.

[67] Eingehend dazu Heinrich StrafR AT Rn. 1378 ff.; Jäger StrafR AT Rn. 382 ff.

[68] Zu den Voraussetzungen der Tateinheit im Einzelnen s. MüKoStGB/v. Heintschel-Heinegg § 52 Rn. 8 ff.

[69] Zum Anwendungsbereich der Tatmehrheit und den Prinzipien bei der Bildung der Gesamtstrafe MüKoStGB/v. Heintschel-Heinegg § 53 Rn. 3 ff., 8 ff.

[70] Zur Gesetzeskonkurrenz insgesamt MüKoStGB/v. Heintschel-Heinegg Vor §§ 52 ff. Rn. 18 ff. Zu den einzelnen Formen der Spezialität, Subsidiarität und Konsumtion MüKoStGB/v. Heintschel-Heinegg Vor §§ 52 ff. Rn. 31 ff.

[71] NK-StGB/Saliger Vor §§ 78 ff. Rn. 6.

[72] NK-StGB/Saliger § 78a Rn. 6; s. auch MüKoStGB/Mitsch § 78a Rn. 5.

[73] Ausführlich zum Verjährungsbeginn bei einigen wichtigen Delikten im Wirtschaftsstrafrecht ERST/Saliger/Schweiger StGB § 78a Rn. 5 ff.

[74] Roxin/Schünemann § 1 Rn. 1.

[75] Vgl. Wabnitz/Janovsky/Schmitt/Dannecker/Bülte 1. Kap. Rn. 55 ff.

Gesetzgeber mit der Schaffung abstrakter Gefährdungsdelikte bereits → Rn. 6. Gelingt es den Gerichten wiederholt nicht, den Vorsatz von Wirtschaftsdelinquenten nachzuweisen, so wird eine Strafbarkeit für fahrlässiges Verhalten inkriminiert bereits → Rn. 10. Während es sich dabei als selbstverständlich erweist, dass das formelle Recht die Normappelle des materiellen Rechts umsetzen muss, bedarf der reaktive Einfluss des Strafverfahrensrechts auf die Ausgestaltung der materiellen Straftatbestände einer am Schuldgrundsatz zu bemessenden verfassungsrechtlichen Rechtfertigung und ist nur in Ausnahmefällen zulässig.[76]

Ist eine verfahrensbeendigende Entscheidung des Gerichts – regelmäßig das nach der **19** Hauptverhandlung ergangene Sachurteil – nicht mehr durch Rechtsmittel anfechtbar, so ist der materielle staatliche Strafanspruch verbraucht.[77] Wegen des in Art. 103 Abs. 3 GG verankerten Grundsatzes „ne bis in idem" **(Verbot der Doppelbestrafung)** ist eine erneute Verurteilung wegen **derselben Tat** (§ 264 StPO, prozessualer Tatbegriff) unzulässig.[78] Unter der Tat im prozessualen Sinn ist dabei das gesamte Tatverhalten zu verstehen, was bei natürlicher Betrachtung und allgemeiner Erfahrung einen einheitlichen Lebensvorgang bildet.[79] **Die materielle Rechtskraft**[80] einer unanfechtbar gewordenen gerichtlichen Entscheidung umfasst schließlich alle in dem geschichtlichen Vorgang liegenden Handlungen und zwar unabhängig davon, ob sie dem Gericht bei der Entscheidungsfindung bekannt waren oder nicht.[81]

Einem die materielle Rechtskraft begründenden Sachurteil liegt bei **Wirtschaftsstrafta-** **20** **ten** in der Praxis sehr häufig eine Verständigung zwischen Gericht und Verfahrensbeteiligten iSd § 257c StPO (sog. **Deal**) zugrunde.[82] Gegenstand der Absprache dürfen allerdings nur die Rechtsfolgen sein, nicht hingegen der Schuldspruch oder Maßregeln der Besserung und Sicherung, § 257c Abs. 2 StPO. Im Rahmen der Rechtsfolgen können die Ober- und Untergrenze der Strafe vereinbart werden, § 257c Abs. 3 StPO. Die Bindung des Gerichts an eine Verständigung entfällt nur dann, wenn rechtlich oder tatsächlich bedeutsame Umstände übersehen worden sind oder sich neu ergeben haben, § 257c Abs. 4 StPO.[83]

Einleitung

Literatur: Benz/Klindt, Compliance 2020 – ein Blick in die Zukunft, BB 2010, 2977; Burgi, Compliance im Staat – Staat und Compliance, CCZ 2010, 41; Bussmann/Matschke, Die Zukunft der unternehmerischen Haftung bei Compliance-Verstößen, CCZ 2009, 132; Dangl, Unternehmensinterne Untersuchungen: rechtlicher Rahmen und strafprozessuale Verwertbarkeit, 2019; Dilling, Interne Ermittlungen im Spannungsfeld zwischen Unternehmensstrafrecht und Whistleblowing, CCZ 2020, 132; Gercke, Außerstrafrechtliche Nebenfolgen in Wirtschaftsstrafverfahren – ein Überblick, wistra 2012, 291; Göpfert/Drägert/Woyte, Beseitigung von Amnestiezusagen, ZWH 2012, 132; Grützner, Unternehmensstrafrecht vs. Ordnungswidrigkeiten-

---

[76] Wabnitz/Janovsky/Schmitt/Dannecker/Bülte 1. Kap. Rn. 109; grundl. zur Entwicklung des Strafverfahrensrechts Ostendorf ZIS 2013, 172.

[77] Zu den Einzelheiten Ranft Rn. 1868 ff.

[78] Eing. zu diesem Grundsatz Achenbach ZStW 87 (1975), 74 ff.; Barthel, Der Begriff der Tat im Strafprozeßrecht, 1972, passim; Detmer, Der Begriff der Tat im strafprozessualen Sinn, 1989, passim; Gillmeister NStZ 1989, 1; Jung JZ 1984, 533; Loos JZ 1978, 592; Neuhaus, Der strafverfahrensrechtliche Tatbegriff – „ne bis in idem", 1985, passim; Eb. Schmidt JZ 1972, 113; Wolter GA 1986, 143.

[79] StRspr, s. nur BGHSt 22, 375 (385); 29, 341 (342); BGH StV 1991, 245; NJW 1992, 2838; Meyer-Goßner/Schmitt StPO § 264 Rn. 1 ff.

[80] Zum Begriff der materiellen Rechtskraft s. MüKoZPO/Gottwald § 322 Rn. 1 ff.

[81] BGHSt 6, 92 (95); Ranft Rn. 1872.

[82] Vgl. Roxin/Schünemann § 17 Rn. 7 ff.; zur Rechtlage vor Einf. des § 257c StGB Wabnitz/Janovsky/Schmitt/Dannecker/Bülte 1. Kap. Rn. 49 ff.; s. auch Stuckenberg ZIS 2013, 212.

[83] Die Verfassungsmäßigkeit des § 257c Abs. 4 StPO wurde nun auch durch das BVerfG bestätigt, NJW 2013, 1058 mAnm Caspari DRiZ 2013, 160; Fezer HRRS 2013, 117; Leipold NJW-Spezial 2013, 248; s. zuletzt allgemein zu § 257c StPO BVerfG NStZ 2016, 422 mAnm Bittmann.

recht, CCZ 2015, 56; Hegnon, Aufsicht als Leitungspflicht – Umfang persönlich wahrzunehmender Aufsichtspflichten von Geschäftsleitern bei vertikaler Arbeitsteilung aus gesellschafts- und strafrechtlicher Sicht, CCZ 2009, 57; Heuking/von Coelln, Die Neuregelung des § 299 StGB – Das Geschäftsherrenmodell als Mittel zur Bekämpfung der Korruption?, BB 2016, 323; Hugger/Pasewaldt, UK Bribery Act: erste Verurteilung nach neuem britischen Korruptionsstrafrecht, CCZ 2012, 23; Kappel/Ehling, Wie viel Strafe ist genug? – Deutsche Unternehmen zwischen UK Bribery Act, FCPA und StGB, BB 2011, 2115; Keul/Wulf, Rechtliche Rahmenbedingungen des anwaltlichen Ombudsmannes, ZWH 2011, 50; Knauer, Interne Ermittlungen (Teil I) – Grundlagen, ZWH 2012, 41; Kraft/Winkler, Zur Garantenstellung des Compliance-Officers – Unterlassungsstrafbarkeit durch Organisationsmangel?, CCZ 2009, 29;; Küster, Der rechtliche Rahmen für unternehmensinterne Ermittlungen, 2019; Moosmayer, Compliance, 2012; Peters, Hospitality und Strafrecht oder „Bitte nicht (an)füttern", ZWH 2012, 262; Remberg, Wie viel Compliance braucht der Mittelstand?, BB 2012, Die erste Seite; Reyhn/Rübenstahl, Der 3. Evaluierungsbericht zur OECD-Anti-Korruptionskonvention – Gesetzgeberischer Handlungsbedarf und strengere Compliance-Anforderungen?, CCZ 2011, 161; Rieder/Prusko, Neues zum Vorsatznachweis in Korruptionsfällen. Der Fall Bourke und seine Bedeutung in Zivilprozess und Schiedsverfahren, ZWH 2012, 257; Roxin, Täterschaft und Tatherrschaft, 10. Aufl. 2019; Rübenstahl, Der Foreign Corrupt Practices Act (FCPA) der USA, NZWiSt 2012, 401; Schemmel/Minkoff, Die Bedeutung des Wirtschaftsstrafrechts für Compliance Management Systeme und Prüfungen nach dem IDW PS 980, CCZ 2012, 49; Schünemann, Der Gesetzesentwurf zur Bekämpfung der Korruption – überflüssige Etappe auf dem Niedergang der Strafrechtskultur, ZRP 2015, 68; Sonnenberg, Compliance-Systeme in Unternehmen, JuS 2017, 917; Spehl/Grützner, „Resource Guide to the U.S. Foreign Corrupt Practices Act" („FCPA-Guide") – Eine Hilfe für Unternehmen im Umgang mit dem FCPA, CCZ 2013, 198; Süße/Püschel, UK Bribery Act 2010 aktuell – Die Strafverfolgung von Unternehmen unter Sec. 7 UKBA gewinnt an Fahrt, CCZ, 2016, 131; Teicke/Mohsseni, Facilitation Payments – Haftungsrisiken für Unternehmen nach deutschem Recht, FCPA und UK Bribery Act, BB 2012, 911; Trüg, Die Verbandsgeldbuße gegen Unternehmen. Ist-Zustand und Reformüberlegungen, ZWH 2011, 6; Wolf, Der Compliance-Officer – Garant, hoheitlich Beauftragter oder Berater im Unternehmensinteresse zwischen Zivil-, Straf- und Aufsichtsrecht?, BB 2011, 1353; Zabel, Strafrecht und Governance: ein neues Modell moderner Punitivität?, JZ 2011, 617.

1   Auf den ersten Blick scheinen für Unternehmen – und dies gilt insbesondere für den Vertriebsbereich – vor allem zivil- und wirtschaftsrechtliche Kenntnisse von Belang zu sein. Diese Sichtweise greift jedoch zu kurz, verkennt sie doch die zunehmende Bedeutung straf- und ordnungswidrigkeitenrechtlicher Normen, deren Verständnis unerlässlich für eine erfolgreiche sowie langfristig effektive und sichere Unternehmensführung ist. Mögliche Folgen der Verletzung von Strafvorschriften können eine enorme Reichweite haben und sind deshalb ein wichtiger und ihrer Bedeutung nach stetig wachsender Faktor des **„Corporate Governance-Systems"** eines Unternehmens. Diese erhöhte Relevanz findet ihren Ursprung in den zunehmenden **Pönalisierungstendenzen** → Rn. 2 ff. und einer spürbar ansteigenden Punitivität, deren Auswirkungen sich einerseits in einem gesteigerten **Interesse der Öffentlichkeit an wirtschaftsstrafrechtlichen Sachverhalten** → Rn. 16 und andererseits in den **Privatisierungsbewegungen** im Bereich des Straf- und Strafverfahrensrechts → Rn. 15 ff. manifestieren.

A. Punitivität und „in dubio pro libertate"

2   Vollkommen zu Recht bezeichnen Dannecker/Bülte die Reichweite und Grenzen des Grundsatzes „in dubio pro libertate" als eine der großen ungelösten Fragen des Wirtschaftsstrafrechts.[1] Dennoch gilt in der Rechtspraxis seit Jahren das Dogma: Im Zweifel für die Pönalisierung. Im Folgenden seien überblicksartig zunächst die Punitivitätstendenzen sowie die damit einhergehenden Strafbarkeitsrisiken im **Allgemeinen** → Rn. 3 ff. und sodann im **Besonderen Teil** → Rn. 6 ff. des Wirtschaftsstrafrechts aufgezeigt.

---

[1] Wabnitz/Janovsky/Schmitt/Dannecker/Bülte 1. Kap. Rn. 130 ff. Zum umstrittenen Begriff des Wirtschaftsstrafrechts Wabnitz/Janovsky/Schmitt/Dannecker/Bülte 1. Kap. Rn. 5 ff.

I. Formen der Sanktionierung im Allgemeinen Teil des Wirtschaftsstrafrechts

Grundsätzlich kennt das deutsche Strafrecht zwar **keine Unternehmensstrafbarkeit,**[2] **3** jedoch können zum einen **Geldbußen** nach den **§§ 30, 130 OWiG** gegen das Unternehmen oder die Verantwortlichen verhängt[3] → Rn. 4 sowie eine Vermögensabschöpfung über das Rechtsinstitut der **Einziehung nach §§ 73 ff. StGB** angeordnet werden.[4] Zum anderen kann sich eine Strafbarkeit der Leitungsorgane über die **Organ- und Vertreterhaftung nach § 14 StGB** oder ggf. über die Figur der **sog. mittelbaren Täterschaft kraft Organisationsherrschaft** → Rn. 5 ergeben.

1. Bebußung im und gegen das Unternehmen

Sanktionen für und gegen Unternehmen ergeben sich bei wirtschaftskriminellen Ver- **4** haltensweisen in erster Linie aus dem **OWiG (§§ 30, 130 OWiG).** § 130 OWiG sanktioniert die Verletzung von Aufsichtspflichten in Unternehmen und Betrieben, sieht allerdings auch eine Exkulpationsmöglichkeit bei „gehöriger Aufsicht" vor.[5] Die Regelung rekurriert auf die gesellschaftsrechtliche Billigung der Prinzipien der Aufgabendelegation und Arbeitsteilung in großen Unternehmensstrukturen, betont aber gleichzeitig, dass eine Unternehmensleitung dadurch nicht per se von ihren Pflichten und Haftungsrisiken freigestellt wird.[6] Es gilt zwar der Grundsatz, dass man sich auf die ordnungsgemäße Erfüllung der delegierten Aufgaben verlassen darf; dieser findet seine Grenzen aber in einer angemessenen Aufsichtspflicht. Nach der sog. **Fünf-Stufen-Lehre** ergeben sich für die Geschäfts- und Leitungsebene **Auswahl-, Instruktions-, Organisations-, Überwachungs-** und **Sanktionspflichten.**[7] Dieser sehr weit gefasste Pflichtenkatalog führt zu einer verfassungsrechtlich bedenklichen Öffnung des Tatbestandes, der dadurch zu einem „haftungsrechtliche[n] Damokles-Schwert" wird,[8] zumal die vorsätzliche Verletzung der Aufsichtspflicht mit einer **Geldbuße von bis zu zehn Millionen Euro** geahndet werden kann (vgl. § 30 Abs. 2 Nr. 1 OWiG).[9] Eine ähnliche Regelung findet sich im UK Bribery Act von 2010 dazu → Rn. 13. Nach Ansicht der OECD wird von den diversen Möglichkeiten einer **Unternehmensgeldbuße** bislang allerdings viel zu selten Gebrauch gemacht.[10]

2. Täterschaft aus dem Unternehmen – Mittelbare Täterschaft kraft Organisationsherrschaft

Ein Resultat der zunehmenden Punitivität im Wirtschaftsstrafrecht ist die Verschärfung **5** und Ausweitung der Haftung durch die Rechtsfigur der sog. **mittelbaren Täterschaft kraft Organisationsherrschaft.**[11] Ihre Anwendung auf **wirtschaftsstrafrechtliche Sachverhalte** ist höchst umstritten.[12] Ursprünglich wurde diese Form der Täterschaft durch Roxin entwickelt, um Fälle zu erfassen, in denen ein oder mehrere Hintermänner

---

[2] Bussmann/Matschke CCZ 2009, 132; Kappel/Ehling BB 2011, 2115; zur europäischen Entwicklung Kutschaty DRiZ 2013, 16; zum jüngsten Entwurf eines Unternehmensstrafrechts Knauer NStZ 2020, 441.
[3] Trüg ZWH 2011, 6.
[4] Kappel/Ehling BB 2011, 2115 (2116). Zur begrifflichen und inhaltlichen Neuregelung der strafrechtlichen Vermögensabschöpfung bereits → Vor Rn. 14.
[5] Hegnon CCZ 2009, 57 (58).
[6] Hegnon CCZ 2009, 57.
[7] Bussmann/Matschke CCZ 2009, 132 (133); KK-OWiG/Rogall § 130 Rn. 42.
[8] Bussmann/Matschke CCZ 2009, 132 (133).
[9] Die fahrlässige Verletzung der Aufsichtspflicht kann im Höchstmaß mit 5.000.000 EUR geahndet werden, vgl. § 30 Abs. 2 Nr. 2 OWiG.
[10] Reyhn/Rübenstahl CCZ 2011, 161 (165).
[11] Dazu ausführlich Schönke/Schröder/Heine/Weißer § 25 Rn. 26.
[12] Zur Kritik Mansdörfer, Zur Theorie des Wirtschaftsstrafrechts, 2011, S. 394.

hierarchische Organisationsstrukturen ausnutzen, um als planvoll lenkende Zentralfigur(en) regelhafte Abläufe in Gang zu setzen.[13] Zwar ermöglicht es diese Rechtsfigur einerseits, der besonderen Problematik der Verantwortlichkeit bei Wirtschaftsstraftaten in Unternehmen mit arbeitsteiligen Strukturen besser Rechnung tragen zu können;[14] andererseits muss die Frage aufgeworfen werden, ob eine dadurch bewirkte Ausweitung der Haftung auf gewöhnliche unternehmerische Sachverhalte tatsächlich geboten erscheint. Dagegen spricht vor allem, dass dieses Rechtsinstitut seinen Ausgangspunkt in der Aburteilung der Taten von Befehlshabern in der ehemaligen DDR findet und insbesondere zur Erfassung der Hintermänner von hierarchischen Machtstrukturen im kriminellen Bandenbereich, zB bei mafiösen Strukturen, dient.[15] In Anbetracht der Tatsache, dass eine Anwendung im Wirtschaftsbereich bereits vereinzelt durch die Rspr. erfolgt ist[16] und insbesondere auch für den Bereich der systematischen Betrugstaten durch **Anlageberatung im Bankensektor** → § 263 Rn. 106 diskutiert wird, ist eine Anwendung in der Rechtspraxis derzeit aber nicht für ausgeschlossen zu erklären.[17]

II. Punitivität im Besonderen Teil des Wirtschaftsstrafrechts

6 Die Pönalisierungstendenzen und Strafbarkeitsrisiken ergeben sich nicht nur aus einer Extension im Allgemeinen Teil des Wirtschaftsstrafrechts. Vielmehr lässt auch ein Blick auf die Normen des Besonderen Teils diese Einschränkung des „in dubio pro libertate"-Grundsatzes befürchten. Die Darstellung beschränkt sich hier auf die wichtigsten strafrechtlichen Normen, denen im Bereich des Vertriebs Bedeutung zukommt. Dabei sind grundsätzlich zwei methodisch unterschiedliche Ausdehnungen strafrechtlicher Anwendungsbereiche zu beobachten: Zum einen neigt die Judikative in der **Auslegung der Strafnormen** zu einem weiten Verständnis der einzelnen Tatbestände. Dies belegt die Entwicklung der Rspr. zu den Vermögensdelikten, insbesondere zu den **§§ 263, 266 StGB** → Rn. 7 ff. Zum anderen ist der Wille der Legislative zu erkennen, durch **Gesetzesnovellierungen** vermeintlich bestehende Strafbarkeitslücken im Bereich der Wirtschaftsdelinquenz gänzlich zu schließen. Ein Beleg hierfür ist die Neufassung der **Bestechungstatbestände** (§§ 299 ff. und 331 ff. StGB) im Kernstrafrecht des StGB → Rn. 11 ff. Hinzu treten schließlich immer bedeutender werdende **außerstrafrechtliche Zwangsmaßnahmen** → Rn. 14.

1. Vermögensdelikte, §§ 263 und 266 StGB

7 Oftmals ist die Erfassung neuer Sachverhalte unter strafrechtliche Normen durch Gesetzgebung und Rechtsprechung technischen und gesellschaftlichen Entwicklungen geschuldet. Dazu zwei Beispiele:

8 Ein typisches Charakteristikum unserer heutigen Zeit ist die **vermehrte Nutzung des Internets.** Neben der Tatsache, dass das Internet zunehmend als Plattform für den Kauf von Waren und Dienstleistungen dient, stellen sich vor allem die Einfachheit und schnell zu erzielende Breitenwirkung, die Anonymität und der oft leichtfertige Umgang der Nutzer als Vorteile für den Vertrieb dar. Während früher der Verkauf von Zeitschriftenabonnements durch Haustürgeschäfte ein viel diskutiertes Thema war, stehen derzeit vor allem sog. **Abo- und Kostenfallen im Internet** → § 263 Rn. 83 ff. in der Diskussion.

9 Nach der **Finanzkrise 2008** stellte sich zudem massiv die Frage nach der strafrechtlichen Verantwortlichkeit sowohl von Bankberatern als auch von Mitgliedern der Führungsebene von Finanzinstituten. In der zivilrechtlichen Rspr. wurde mit der Einführung einer Auf-

---

[13] Roxin, Täterschaft und Teilnahme, S. 242 ff.; s. auch BGH wistra 2008, 57.
[14] NK-StGB/Schild § 25 Rn. 42.
[15] Zur Differenzierung zwischen Feind- und Bürgerstrafrecht s. Jakobs HRRS 2004, 90.
[16] BGH wistra 2003, 424; s. auch BGH NStZ 2004, 559 (561) – Bremer-Vulkan-Verfahren.
[17] BeckOK StGB/Kudlich § 25 Rn. 33 f.; MüKoStGB/Joecks/Scheinfeld § 25 Rn. 147 ff.; Schönke/Schröder/Heine/Weißer § 25 Rn. 30.

klärungspflicht für Banken bei der **Haftung von Kapitalanlageberatungen** → § 263 Rn. 106 ff. reagiert und dabei – ohne nähere Ausführungen – auf die Möglichkeit einer auch strafrechtlichen Einstandspflicht insbesondere nach § 263 StGB hingewiesen.[18] Die Fragen nach einer potentiellen Aufklärungspflicht und deren Bedeutung im Rahmen der Täuschungshandlung beim Betrug sind weitestgehend ungeklärt. Ebenso wird bei der Haftung von Finanzinstituten zunehmend die Anwendung der **mittelbaren Täterschaft kraft Organisationsherrschaft** diskutiert → § 263 Rn. 106. Die Bemühungen der Rspr., ein strafrechtliches Haftungsregime der Führungsriegen begründen zu wollen, zeugen von dem Gedanken, dass eine liberale Wirtschaftsordnung nicht nur Freiheiten gewährt, sondern auch Verantwortung für unternehmerisches Handeln begründet.

Die Tendenz ansteigender Punitivität vor allem in wirtschaftlichen Sachverhalten ist aber **10** nicht nur als Reaktion auf neue technische und gesellschaftliche Phänomene zu begreifen. Dies belegt die Methodik der Schadensermittlung der Rspr. bei § 263 StGB → Rn. 44 ff. und § 266 StGB → Rn. 77 ff., die sich durch die Einführung der Rechtsfigur einer schadensgleichen konkreten Vermögensgefährdung stark gewandelt hat. Ein endgültiger Schaden kann sich nunmehr auch bereits aus der **konkreten Vermögensgefährdung** ergeben, ohne dass ein tatsächlicher Vermögensverlust eingetreten ist.[19] Das BVerfG bestätigte diese bedenkliche Vorverlagerung der Strafbarkeit durch seine Beschlüsse vom 10.3.2009[20] und 23.6.2010.[21] Bis heute gibt es für die Grenzziehung zwischen einer konkreten und bloß abstrakten Gefährdung des Vermögens keine allgemeingültigen Kriterien. Vielmehr muss die Schadensfeststellung in jedem Einzelfall sorgfältig vorgenommen werden, um so auch zu verhindern, dass die Figur der schadensgleichen Vermögensgefährdung die Strafbarkeit des Versuches der Untreue durch die Hintertür einführt.

2. Bestechungsdelikte, §§ 299 ff., 331 ff. StGB

Im Rahmen der Korruptionsdelikte wurde der Gesetzgeber durch das **Gesetz zur 11 Bekämpfung der Korruption vom 13.8.1997**[22] erstmals selbst aktiv und dehnte die Strafbarkeit erheblich aus. Im Zuge dieser Novellierung wurde die zuvor in § 12 UWG aF geregelte Bestechlichkeit und Bestechung im geschäftlichen Verkehr in das StGB (§ 299 StGB) verlagert. Durch die nunmehr im Kernstrafrecht verankerte Pönalisierung der Korruption im privaten Wirtschaftsbereich sollte ein klares Zeichen bezüglich dieser sozialethisch zu missbilligenden Verhaltensweisen gesetzt werden.[23] Gleichzeitig wurde durch die Aufnahme von Drittvorteilen eine entscheidende Erweiterung vorgenommen. Diese erfolgte parallel auch für die Amtsträgerkorruption (§§ 331 ff. StGB). Bei Letzterer ist nunmehr bereits der bloße Zusammenhang mit irgendeiner Dienstausübung ausreichend → StGB § 333 Rn. 13.[24] Durch das zweite **Gesetz zur Bekämpfung der Korruption vom 20.11.2015**[25] reagierte der Gesetzgeber auf den europäischen Druck zur Erweiterung der Korruptionsdelikte und hat mit der Änderung des § 299 StGB das sog. **Geschäftsherrenmodell** → StGB § 299 Rn. 52 ff., 66 f. in das deutsche Strafrechtssystem eingeführt.[26] Durch das **Gesetz zur Bekämpfung der Korruption im Gesundheitswesen**

---

[18] S. für die Aufklärungspflicht bei sog. Zins-Swap-Geschäften BGH ZIP 2016, 961 sowie BGHZ 205, 117.

[19] StRspr, s. nur BGHSt 33, 244 (246); 47, 160 (167); 48, 354 (355); 51, 100 (113 ff.) – Fall Kanther; 52, 323 (338) – Fall Siemens; zuletzt BGH NJW 2016, 2585 – Fall Nürburgring mAnm Saliger/Schweiger NJW 2016, 2600. S. auch NK-StGB/Kindhäuser § 263 Rn. 297 ff.; Schönke/Schröder/Perron § 263 Rn. 143 f.; Satzger/Schluckebier/Widmaier/Satzger § 263 Rn. 245 ff.; LK-StGB/Tiedemann § 263 Rn. 168 f.

[20] BVerfG NJW 2009, 2370.

[21] BVerfG NStZ 2010, 626.

[22] BGBl. 1997 I 2038.

[23] MüKoStGB/Krick § 299 Rn. 1; Schönke/Schröder/Eisele § 299 Rn. 1.

[24] Wabnitz/Janovsky/Schmitt/Bannenberg 13. Kap. Rn. 53; Schönke/Schröder/Heine/Eisele § 331 Rn. 2.

[25] BGBl. 2015 I 2025.

[26] Krit. Heuking/v. Coelln BB 2016, 323; Schünemann ZRP 2015, 68.

vom 30.5.2016[27] führte der Gesetzgeber schließlich die Straftatbestände der §§ 299a, 299b StGB → StGB § 299a Rn. 1 ff., 6 ff. zum Schutze des Gesundheitswesens ein.

12   Auch der Schutz des **ausländischen Wettbewerbs** iRd Bestechungsdelikte wurde sukzessive verstärkt. Zu dieser Erweiterung führten sowohl Entwicklungen **im europäischen und internationalen Recht.** Zuletzt führte das **Gesetz zur Bekämpfung der Korruption vom 20.11.2015**[28] zu erheblichen Erweiterungen und Änderungen beim Amtsträger- und Bedienstetenbegriff sowie bei der Erfassung von Sachverhalten mit Auslandsbezug → Vor §§ 331–336 Rn. 4 ff.

13   Weitere Beispiele für die zunehmende Internationalisierung der Punitivität im Bereich der Korruptionsdelikte sind der **UK Bribery Act**[29] und der **US-amerikanische Foreign Corrupt Practices Act (FCPA)**[30], die eine wachsende Gefahr strafrechtlicher Verfolgung für deutsche Unternehmen mit Geschäftsbeziehungen in den UK oder die USA bei wirtschaftskriminellen Verhaltensweisen darstellen. Aufgrund der Aktualität, aber auch wegen der viel diskutierten Reichweite der Möglichkeit zur Strafverfolgung ist hier vor allem der UK Bribery Act von größerer Bedeutung. Durch den UK Bribery Act können neben Einzelpersonen auch Unternehmen über die nationalen Grenzen des Vereinigtes Königreichs hinweg mit schwerwiegenden Strafen zur Verantwortung gezogen werden.[31] Nach **§ 7 des UK Bribery Act** macht sich ein Unternehmen bereits strafbar, wenn es nicht verhindert, dass eine dem Unternehmen „nahestehende Person" eine andere Person besticht und diese dabei im Interesse des Unternehmens handelt.[32] Eine Strafbarkeit kann nur verhindert werden, wenn der Nachweis geführt wird, dass etwaige Maßnahmen zur Verhinderung solcher Vorgehensweisen getroffen worden sind, zu denen das britische Justizministerium entsprechende Leitlinien herausgegeben hat.[33] Diese decken sich in etwa mit den erforderlichen Aufsichtsmaßnahmen nach § 130 OWiG sowie der hierzu entwickelten „Fünf-Stufen-Lehre" bereits → Rn. 4 und umfassen die folgenden sechs Prinzipien: angemessene Prozesse (proportionate procedures), Engagement der obersten Führungskräfte (top-level-commitment), Risikoanalyse (risk assessment), sorgfältige Prüfung aller für das Unternehmen tätigen Personen (due diligence), Kommunikation einschließlich Schulungen (communication, including training) sowie Überwachung und Weiterentwicklung (monitoring and review).[34]

III. Außerstrafrechtliche Sanktionsmodelle

14   Auch außerhalb des Strafrechts finden sich bedeutende **Nebenfolgen,** die in ihrer Wirkung und Härte für die Unternehmen oft mit den strafrechtlichen Sanktionen gleichzusetzen sind oder diese sogar übertreffen.[35] Zu diesen gehören vor allem **zivilrechtliche Haftungsansprüche** (insbes. §§ 823 Abs. 2 BGB, 831 Abs. 2 BGB),[36] **arbeitsrechtliche** und (für Täter im Beamtenverhältnis) **disziplinarische Konsequenzen, gewerberecht-**

---

[27] BGBl. 2016 I 1254.

[28] BGBl. 2015 I 2025.

[29] UK Bribery Act zur Bekämpfung von Korruption im ausländischen Geschäftsverkehr vom 1.7.2001; aktuell dazu Süße/Püschel CCZ 2016, 113.

[30] Ausführlich dazu Rübenstahl NZWiSt 2012, 401; Spehl/Grützner CCZ 2013, 198; Teicke/Mohsseni BB 2012, 911 (913).

[31] Kappel/Ehling BB 2011, 2115. Ausführlich dazu KK-OWiG/Rogall § 30 Rn. 267.

[32] S. Section 7 (1) „A relevant commercial organisation („C") is guilty of an offence under this section if a person („A") associated with C bribes another person [...]; s. Section 8 „For the purposes of section 7, a person („A") is associated with C if (disregarding any bribe under consideration) A is a person who performs services for or on behalf of C."

[33] Hugger/Pasewaldt CCZ 2012, 23 f.; Kappel/Ehling BB 2011, 2115 (2116).

[34] Hugger/Pasewaldt CCZ 2012, 23 (24).

[35] Ausführlich zu den außerstrafrechtlichen Sanktionen Gercke wistra 2012, 291; MAH Strafverteidigung/ Hiebl/Dannenfeldt § 33 Rn. 1 ff.

[36] Gercke wistra 2012, 291 (292 f.).

liche Folgen (wie zB die Eintragung ins Gewerbezentralregister), **vergabe- und wett-bewerbsrechtlichen Sanktionen** (zB Vergabeverbote oder die mögliche Eintragung in ein Korruptionsregister), **steuerliche Sanktionen** sowie Konsequenzen in Bezug auf die **Berufsausübung.** So führt bspw. eine Verurteilung wegen einer vorsätzlich begangenen Straftat nach den §§ 263–264a StGB oder den §§ 265b–266a StGB mit einer Freiheitsstrafe von mindestens einem Jahr nach § 6 GmbHG zwangsläufig zu einem Ausschluss von der Geschäftsführerfähigkeit.[37]

B. Konsequenzen der wachsenden Punitivität

Die Fälle **Ackermann, Kirch** und **Zumwinkel,** die Affären um schwarze Kassen und   **15** Korruption bei **Siemens,** der **Kölner Müllskandal,** der **Ankauf von Steuerdaten** aus der Schweiz, **der Fall Hoeneß,** und zuletzt das **Verfahren um die Deutsche Bank** vor dem LG München zeigen eines sehr deutlich: Mit der Kriminalisierungstendenz wächst auch das Interesse der Öffentlichkeit an wirtschaftsstrafrechtlichen Großverfahren → Rn. 16. Die wirtschaftlichen Entscheidungsträger reagieren mit der Schaffung aufwendiger und komplexer **Compliance-Systeme zur Vermeidung von Strafbarkeitsrisiken** → Rn. 17 ff. und bemühen sich um die Aufklärung begangener Straftaten durch **interne Ermittlungen** und **Whistleblowing** → Rn. 20 ff., sollten die Systeme eines privatisiert-präventiven Strafrechts einmal versagt haben.

I. Öffentliches Interesse an wirtschaftsstrafrechtlichen Verfahren

Eine extensive Berichterstattung durch **Medien** jeglicher Couleur über Korruptions-,   **16** Betrugs- und Untreueskandale in großen Unternehmen oder von wirtschaftlichen Entscheidungsträgern ist häufig mit **großen Reputationsschäden** und **wirtschaftlichen Einbußen** für die Betroffenen verbunden. Der **mediale Druck** ist bisweilen enorm und die zunehmende Neigung vieler Journalisten zur sog. **Verdachtsberichterstattung** führt nicht selten zu einer fatalen Vorverurteilung in der Öffentlichkeit.[38] Letztlich haben wirtschaftsstrafrechtliche Skandale und das öffentliche Interesse maßgeblich dazu beigetragen, dass die Gefahr wirtschaftskriminellen Handelns und dessen weitreichende Konsequenzen sehr viel stärker in das Bewusstsein von Unternehmen gerückt sind. Das Thema **Compliance** → Rn. 17 ff. hat auf der unternehmerischen Agenda mittlerweile Prioritätsstatus erlangt und dominiert über weite Strecken die politisch-gesellschaftliche Strafrechtsdiskussion.[39]

II. Compliance als Privatisierung strafrechtlicher Verantwortung

Der in den letzten Jahren aufgekommene und in der öffentlichen Wahrnehmung omni-   **17** präsente Begriff der **Compliance** stellt eine unmittelbare Reaktion auf die geschilderten Punitivitätstendenzen → Rn. 2 ff. dar.[40] Durch die Einschaltung einer Compliance-Organisation sollen vor allem **wirtschaftskriminelle Verhaltensweisen** und daraus entstehende Gefahrenpotentiale unterbunden werden:[41] Eine durch Compliance zu sichernde ordnungsgemäße Unternehmensführung und -tätigkeit im Einklang mit dem geltenden Recht soll die **Risiken strafrechtlicher Verfolgung** sowie **ordnungswidrigkeitenrechtlicher**

---

[37] Wicke GmbHG § 6 Rn. 4.

[38] Zur Bedeutung, den Voraussetzungen und Grenzen der Verdachtsberichterstattung ausführlich MAH-Strafverteidigung/Lehr § 21 Rn. 17 ff.

[39] Burgi CCZ 2010, 41.

[40] Benz/Klindt BB 2010, 2977; ausdrücklich zum Privatierungsgedanken Zabel JZ 2011, 617.

[41] Schemmel/Minkoff CCZ 2012, 49; Sonnenberg JuS 2017, 917.

Sanktionen für die Unternehmen in Form von Geldbußen oder auferlegten Vergabe-verboten möglichst effizient vermeiden. Gleichzeitig sollen **arbeitsrechtliche, organisa-torische** und **personelle Konsequenzen** reduziert und schwerwiegenden **Reputations-schäden** durch eine öffentlichkeitswirksame Aufarbeitung in den Medien vorgebeugt werden.

18 Das gewachsene Bewusstsein unternehmensinterner Strafprävention hat zur Einführung und zum Ausbau interner **Compliance-Richtlinien und Verhaltenscodices** sowie der Schaffung ganzer **Compliance-Systeme** inklusive der Etablierung von **Compliance-Officern** geführt. Letztere haben die Aufgabe, Gesetzesverstöße durch wirtschaftskriminel-le Verhaltensweisen zu vermeiden, indem sie für die Einhaltung der Gesetze und diesbezüg-licher unternehmensinterner Regeln und Richtlinien seitens des Unternehmens Sorge zu tragen haben.[42] Aber nicht nur in den Unternehmen selbst, sondern auch in der Wissen-schaft und vom Staat wurden **Richtlinien und Verhaltensempfehlungen** entwickelt, deren Beachtung nicht nur zur Verhinderung wirtschaftskriminellen Verhaltens beitragen, sondern bei erfolgten Verstößen auch Entlastung bieten bzw. zur Exkulpation führen kann.

19 Versteht man Compliance somit als System eines **präventiv einsetzenden Strafrechts,** so wird deutlich, dass der Gesetzgeber die Verantwortung des Rechtsgüterschutzes auf die Normunterworfenen überträgt und ihnen eine kooperative Zusammenarbeit anbietet. Compliance ist damit nichts anderes als die sukzessive **Privatisierung** hoheitlicher Auf-gaben.[43]

III. Privatisierung des Strafverfahrensrechts – Interne Ermittlungen

20 Neben der Schaffung von Compliance-Systemen zeigt sich in Unternehmen zunehmend der Trend zur Durchführung **interner Ermittlungen.** Die Notwendigkeit dazu ergibt sich aus der Tatsache, dass bei ersten Anzeichen eines Fehlverhaltens im Unternehmen auch die unterlassene Aufklärung bzw. Verhinderung weiterer Handlungen strafrechtliche Kon-sequenzen nach sich ziehen kann.[44] Darüber hinaus ist in internen Untersuchungen ein wirksames Werkzeug der Prävention zu erblicken, da die Untersuchungen den Mitarbeitern die Tragweite und Bedeutung derartiger Regelverstöße deutlich machen.[45] Da weder dem unternehmenseigenen Management noch den möglicherweise hinzugezogenen **externen Dienstleistern,** wie Kanzleien oder Wirtschaftsprüfern, hoheitliche Befugnisse zukom-men, sind diese auf die intern verfügbaren Materialien sowie die Mitwirkung der Mit-arbeiter und anderer Beteiligter angewiesen.[46] Dies ist zum einen deshalb problematisch, da der Tat- und Vorsatznachweis, vor allem in Korruptionsfällen, wegen der regelmäßig vorliegenden **Verschleierungsbemühungen der Beteiligten** nur schwer zu führen sein wird. Zum anderen ergeben sich Probleme daraus, dass rechtsstaatliche Mindeststandards berührt sind, wenn durch die internen Ermittlungen eine **Privatisierung der Strafver-folgung** in Gang gesetzt wird, die Gefahr läuft, sich zu einem **Public Private Partner-ship** fortzubilden und sukzessive den Grundsatz des alleinigen Verfolgungs- und Anklage-monopols der Staatsanwaltschaft (Akkusationsprinzip) zu untergraben.[47]

21 Insgesamt leisten interne Ermittlungen jedoch einen großen Beitrag zur Aufklärung wirtschaftskrimineller Sachverhalte.[48] Erfolgversprechend sind dabei vor allem die Einrich-

---

[42] Kraft/Winkler CCZ 2009, 29. Zur Strafbarkeit des Compliance-Officers BGHSt 54, 44; Park/Bottmann 2. Kapitel Rn. 36 ff. Zur Stellung des Compliance-Officers Wolf BB 2011, 1353.

[43] Sehr lesenswert hierzu Zabel JZ 2011, 617.

[44] Dies ist „Ausfluss der Leitungsaufgabe der Unternehmensleitung", Knauer ZWH 2012, 41 (46); s. auch Knauer/Gaul NStZ 2013, 192.

[45] Moosmayer S. 95 ff.

[46] Rieder/Prusko ZWH 2012, 257.

[47] Knauer ZWH 2012, 41; zum rechtlichen Rahmen für unternehmensinterne Ermittlungen vgl. Küster Der rechtliche Rahmen für unternehmensinterne Ermittlungen, 2019.

[48] Knauer ZWH 2012, 41.

tung sog. **Whistleblower-Hotlines**[49], die Zurverfügungstellung von **Amnestieprogram- men**[50] sowie der **Einsatz anwaltlicher Ombudsmänner**[51], um den Hinweisgebern ausreichend Schutz vor eigener Verfolgung zu bieten.

Neben diesen Formen der Privatisierung der Strafverfolgung und der zunehmenden **22** Kooperation zwischen Unternehmen und Staatsanwaltschaft bei der Aufklärung von Wirtschaftsstraftaten hat auch in den organisatorischen Strukturen der **Justiz** eine Ent- wicklung des Ausbaus und der Förderung von Maßnahmen speziell zur Verfolgung von Wirtschaftsdelinquenz stattgefunden.[52] Einerseits sind in den 70ern die ersten **Wirt- schaftsstrafkammern** entstanden, andererseits wurden bereits seit den 60er Jahren in einigen Bundesländern **Schwerpunktstaatsanwaltschaften** gebildet, die vor allem we- gen ihrer Spezialisierung und personellen Zusammensetzung, bestehend aus Juristen und Wirtschaftswissenschaftlern, besonders effizient zusammenarbeiten.[53]

C. Fazit

Insgesamt zeigt sich, dass nicht nur in Deutschland, sondern auch im internationalen **23** Bereich die **Haftung von Unternehmen** bei Wirtschaftsstraftaten kontinuierlich aus- geweitet wird. Dennoch bestehen weiterhin viele Unsicherheiten und offene Fragen. Unklar ist bspw., ob eine Doppelbestrafung nach dem UK Bribery Act und dem StGB zulässig ist,[54] oder in welchen Konstellationen die mittelbare Täterschaft kraft Organisati- onsherrschaft angewandt werden kann bereits → Rn. 5. Die zunehmenden Pönalisierungs- tendenzen und strafrechtlichen Haftungsverschärfungen bedingen dabei ein stark **anstei- gendes Regulierungsbedürfnis** über die Etablierung von **Kontrollmechanismen** und **Compliance-Systemen** in Unternehmen. Auch wenn dieser Hang zur Überregulierung zT positive Akzente setzt, va im Hinblick auf die Sensibilität strafrechtlicher Haftung im wirtschaftlichen Kontext, wird dadurch zugleich auch die Komplexität interner Abläufe gesteigert und ein allgemeines Klima des Misstrauens geschaffen. Regelrecht umstritten ist, wie viel Compliance überhaupt notwendig bzw. ausreichend ist. Die Höhe der aufzuwen- dend Kosten wird kontrovers diskutiert; insbesondere für den Mittelstand stellt sich die Frage, welche Anforderungen ein Compliance-System erfüllen muss, damit es effektiv, aber gleichzeitig auch finanziell tragbar und wirtschaftlich rentabel ist.[55] Die Etablierung effi- zienter Compliance-Systeme stellt weiterhin eine der großen Herausforderungen wirt- schaftlich erfolgreicher Unternehmen dar.[56]

Generell scheint eine uferlose Ausweitung der Strafbarkeit im Bereich **der freien Wirt-** **24** **schaft** bedenklich. Insbesondere die Heranziehung der **Figur der mittelbaren Täter- schaft kraft Organisationsherrschaft** im wirtschaftlichen Kontext ist kritisch zu bewer- ten. Gleiches gilt für die bedenklich weite Auslegung einzelner Tatbestandsmerkmale der Vermögens- und Korruptionsdelikte: Auch wenn gerade dem Bereich der Korruption ein großes Gefahrenpotential inhärent ist, so darf nicht jede Verhaltensweise des sozialtypischen Umgangs im geschäftlichen Verkehr pönalisiert werden. Vor allem die Einführung des **Geschäftsherrenmodells** in § 299 Abs. 1 Nr. 2, Abs. 2 Nr. 2 StGB → StGB § 299 Rn. 52 ff., 66 f. gibt Anlass zu der Sorge, dass künftig reine Vertragsverletzungen im Verhältnis zwischen Arbeitgeber und -nehmer strafrechtlicher Sanktionierung unterliegen.

---

[49] Dazu Minoggio in Minoggio, Unternehmensverteidigung, § 9 Rn. 25 ff.; zu internen Ermittlungen im Spannungsfeld zwischen Unternehmensstrafrecht und Whistleblowing Dilling CCZ 2020, 132.
[50] Dazu eingehend Göpfert/Drägert/Woyte ZWH 2012, 132.
[51] Ausführlich Keul/Wulf ZWH 2011, 50.
[52] Wabnitz/Janovsky/Schmitt/Dannecker/Bülte 1. Kap. Rn. 125.
[53] Wabnitz/Janovsky/Schmitt/Dannecker/Bülte 1. Kap. Rn. 125 f.
[54] Zur Frage der Doppelbestrafung und dem ne bis in idem-Grundsatz s. Kappel/Ehling BB 2011, 2115 (2117 ff.).
[55] Remberg BB 2012, 1.
[56] Benz/Klindt BB 2010, 2977.

Die Regelung erscheint weder in Bezug auf eine liberale Wirtschaftsordnung noch im Hinblick auf den fragmentarischen **ultima-ratio-Charakter des Strafrechts** sinnvoll. Dass eine höhere Regelungsdichte nicht mit einer größeren Rechtssicherheit gleichzusetzen ist, belegen die Korruptionsdelikte eindrucksvoll.[57]

25 Der Bereich des Wirtschaftsstrafrechts insgesamt unterliegt also einem kontinuierlichen Bedeutungszuwachs. Sowohl der nationale als auch der europäische bzw. internationale Gesetzgeber treiben die strafrechtlich relevanten Regulierungen mit Nachdruck voran, sodass es mit Spannung zu erwarten bleibt, welchen neuen Herausforderungen sich die Unternehmen und deren Führungskräfte aus strafrechtlicher Perspektive künftig zu stellen haben werden.

§ 263 Betrug

(1) **Wer in der Absicht, sich oder einem Dritten einen rechtswidrigen Vermögensvorteil zu verschaffen, das Vermögen eines anderen dadurch beschädigt, daß er durch Vorspiegelung falscher oder durch Entstellung oder Unterdrückung wahrer Tatsachen einen Irrtum erregt oder unterhält, wird mit Freiheitsstrafe bis zu fünf Jahren oder mit Geldstrafe bestraft.**

(2) **Der Versuch ist strafbar.**

(3) **¹ In besonders schweren Fällen ist die Strafe Freiheitsstrafe von sechs Monaten bis zu zehn Jahren. ² Ein besonders schwerer Fall liegt in der Regel vor, wenn der Täter**

1. **gewerbsmäßig oder als Mitglied einer Bande handelt, die sich zur fortgesetzten Begehung von Urkundenfälschung oder Betrug verbunden hat,**
2. **einen Vermögensverlust großen Ausmaßes herbeiführt oder in der Absicht handelt, durch die fortgesetzte Begehung von Betrug eine große Zahl von Menschen in die Gefahr des Verlustes von Vermögenswerten zu bringen,**
3. **eine andere Person in wirtschaftliche Not bringt,**
4. **seine Befugnisse oder seine Stellung als Amtsträger oder Europäischer Amtsträger mißbraucht oder**
5. **einen Versicherungsfall vortäuscht, nachdem er oder ein anderer zu diesem Zweck eine Sache von bedeutendem Wert in Brand gesetzt oder durch eine Brandlegung ganz oder teilweise zerstört oder ein Schiff zum Sinken oder Stranden gebracht hat.**

(4) **§ 243 Abs. 2 sowie die §§ 247 und 248a gelten entsprechend.**

(5) **Mit Freiheitsstrafe von einem Jahr bis zu zehn Jahren, in minder schweren Fällen mit Freiheitsstrafe von sechs Monaten bis zu fünf Jahren wird bestraft, wer den Betrug als Mitglied einer Bande, die sich zur fortgesetzten Begehung von Straftaten nach den §§ 263 bis 264 oder 267 bis 269 verbunden hat, gewerbsmäßig begeht.**

(6) **Das Gericht kann Führungsaufsicht anordnen (§ 68 Abs. 1).**

Literatur: Alexander, Neuregelungen zum Schutz vor Kostenfallen im Internet, NJW 2012, 1985; Bachmann, Innenprovisionen als Betrug?, wistra 1997, 253; Bayer, „Dr. C. & Co. – Praxis für den Menschen", JA 2022, 122; Bechtel, Gibt es ein Verbraucherschutzstrafrecht? – Eine Annäherung unter Betrachtung zentraler Regelungen aus Kern- und Nebenstrafrecht, NZWiSt 2021, 222; Becker/Rönnau, Grundwissen – Strafrecht: Der Gefährdungsschaden bei Betrug (§ 263 StGB) und Untreue (§ 266 StGB), JuS 2017, 499; Begemaier/Wölfel, Sale-and-Steal-Back: Betrug? – Zugleich Besprechung von BGH, Urt. v. 15.4.2015 – 1 StR 337/14, NStZ 2016, 129; Bittmann, Forderung und Betrugstatbestand, GS Joecks (2018), 203; ders., Quantifizierung des Betrugsschadens und Untreuenachteils im Wege korrigierter ex-post-Betrachtung, NStZ 2013, 72; Bülte, Der Irrtum über das Verbot im Wirtschaftsstrafrecht, NStZ 2013, 65; Cornelius, Europäisches Verbraucherleitbild und nationales Betrugsstrafrecht am Beispiel von Kostenfallen im Internet, NStZ 2015, 310; ders., Betrug durch verschleierte Kick-Back-Zahlungen bei Immobilienfinanzierungen?, NZWiSt 2012, 259; Dämmer, Auswirkungen von „Button-Lösung" und Widerrufsrecht auf den Eingehungsbetrug, 2020; Dannecker, Die Bestimmung des Betrugsschadens in der Rechtsprechung des BGH – Von der intersubjektiven Wertsetzung zur gegenleistungsbasierten Verkehrswertermittlung, NStZ 2016, 318; Dietel/Guttau, Betrügt ein Apotheker die gesetzlichen Krankenkassen, wenn er Rabatte nicht weitergibt?,

---

[57] Peters ZWH 2012, 262.

PharmR 2010, 440; Eisele, Zur Strafbarkeit von sog. „Kostenfallen" im Internet, NStZ 2010, 193; Flohr, Die vorvertragliche Aufklärung beim Abschluss von Vertriebsvertägen, ZVertriebsR 2013, 71; Gerst/Meinicke, Die strafrechtliche Relevanz der Kick-Back-Rechtsprechung des XI. BGH-Zivilsenates und die Folgen für eine ordnungsgemäße Compliance-Funktion, CCZ 2011, 96; ders./ders., Zwischen Verkaufsgeschick und Betrug: Strafbarkeitsrisiken beim Vertrieb von Kapitalanlageprodukten am Beispiel offener Immobilienfonds, StraFo 2011, 29; Hatz, Die Strafbarkeit von sog. „Abofallen" im Internet, JA 2012, 186; Hinrichs, Konsequenzen der Vorgaben des BVerfG zur Figur des Gefährdungsschadens, wistra 2013, 161; Jahn, Strafrecht BT: Betrug und Untreue, JuS 2013, 179; Jordans, Aufklärungspflichten über Einnahmen aus dem Vertrieb von Finanzprodukten – eine Übersicht über die Rechtsprechung zu Kick-Backs, Provisionen und Margen seit dem Jahr 2000, BKR 2011, 456; Klesczewski/Schröder, „Maskendeal", JA 2021, 917; Luttermann, Wirtschaftsstrafrecht, Zur prozessualen Lösung von Bewertungsfragen bei Vermögensdelikten als Freiheitsbasis, wistra 2012, 251; Lück, Fortgeschrittenenklausur – Strafrecht: Betrug – Dieselgate, JuS 2018, 1148; Nassall, Wenn das Blaue am Himmel bleibt – Die Rechtsprechung des BGH zur Haftung des freien Anlageberaters, NJW 2011, 2323; Oppermann, „Euro-Rettung" und europäisches Recht, NJW 2013, 6; Peglau, Vermögensschaden, „Vermögensgefährdung" und die neuere verfassungsgerichtliche Rechtsprechung, wistra 2012, 368; Portner, Strafbarkeit des Kick-back-Vorgangs in der öffentlichen Auftragsvergabe, 2019; ders., Kick-backs bei der Vergabe öffentlicher Aufträge, wistra 2021, 1; Raue, „Kostenpflichtig bestellen" – ohne Kostenfalle? – Die neuen Informations- und Formpflichten im Internethandel, MMR 2012, 438; Puppe, Das Cum/Ex-Model und die Lehre von der Konkurrenz, NStZ 2021, 596; Schlösser, Verdeckte Kick-Back-Zahlungen von Fondsgesellschaften an Banken als strafbares Verhalten gegenüber den Bankkunden? – Zugleich Anmerkung zum Urteil des OLG Stuttgart vom 16.3.2011 – 9 U 129/10 –, BKR 2011, 465; Schmidt, Persönlicher Schadenseinschlag bei Betrug und Untreue, NJW 2015, 284; Schneider, Neuregelung der „Button-Lösung" zum Schutz der Verbraucher bei Vertragsschlüssen im Internet, ZAP Fach 3, 277; Schröder, Handbuch Kapitalmarktstrafrecht, 2015; Stam, Das „große Ausmaß" – ein unbestimmbarer Rechtsbegriff, NStZ 2013, 144; Wagner/Spemann, Organhaftungs- und Strafbarkeitsrisiken für Aufsichtsräte, NZG 2015, 945; Wilschke, Einordnung und Behandlung von „Abofallen" – aktuelle Rechtsprechung und Schaltflächenlösung, VuR 2012, 171; Witte, Haftung für die nicht erfolgte Offenlegung von Kick-Back-Zahlungen. Eine Bestandsaufnahme, DStR 2009, 1759.

Übersicht

A. Handelsvertreter

I. Allgemeines

1   **1. Grundstruktur und Entwicklung der Norm.** Betrug ist die durch Täuschung bewirkte Schädigung fremden Vermögens in der Absicht, sich selbst oder einen Dritten rechtswidrig zu bereichern. Der Täter des § 263 StGB zeichnet sich aber nicht nur durch Gewinnstreben, sondern gewöhnlich auch durch überlegenes Wissen aus, das er gekonnt einsetzt, um sein Opfer zu einer irrtumsbedingten und damit selbstschädigenden Vermögensverfügung zu verleiten.[1] Der Tatbestand umfasst zahlreiche Fallkonstellationen, insbesondere auch im Unternehmens- und Finanzbereich, mit der Folge, dass der Betrug eines der **bedeutendsten Delikte des Wirtschaftsstrafrechts** ist und gerade auch für den **Vertrieb besondere Relevanz** erlangt → Rn. 81 ff.

2   Während der Betrug als Straftatbestand an sich bereits im römischen Recht erste Erwähnung fand, wurde seine Einordnung als **Vermögensdelikt,** in Abweichung zur bis dahin verfolgten Zwecksetzung auf den Schutz der Wahrheit, erst wesentlich später getroffen.[2] Die Abs. 1 und 2 der heute gültigen Fassung gehen auf das RStGB zurück und haben seither keine Veränderung erfahren.[3] Abs. 2 regelt den **Versuch,** Abs. 3 als **Strafzumessungsregel** die Ahndung besonders schwerer Fälle und Abs. 5 enthält **Qualifikationstatbestände** für die Fälle der banden- und gewerbsmäßigen Begehung.

3   **2. Rechtsgut.** Geschütztes Rechtsgut des § 263 StGB ist nach hM allein das **Vermögen.**[4] Zum strafrechtlichen Vermögensbegriff → Rn. 38 ff. Vom Schutzbereich umfasst ist neben dem individuellen auch das öffentliche Vermögen,[5] also sowohl inländisches als

---

[1] NK-StGB/Kindhäuser § 263 Rn. 45 f.
[2] Satzger/Schluckebier/Widmaier/Satzger § 263 Rn. 1.
[3] Satzger/Schluckebier/Widmaier/Satzger § 263 Rn. 1.
[4] Vgl. nur RGSt 74, 167 (168); BGH NJW 1952, 1062; 1961, 1876; 1987, 388; NStZ-RR 2000, 331; BeckOK StGB/Beukelmann § 263 Rn. 1; Graf/Jäger/Wittig/Dannecker § 263 Rn. 5; Fischer § 263 Rn. 3; NK-StGB/Kindhäuser § 263 Rn. 10 ff.; Schönke/Schröder/Perron § 263 Rn. 3; MR/Saliger § 263 Rn. 1; vgl. auch MüKoStGB/Hefendehl § 263 Rn. 1 ff., der auf die Möglichkeit weiterer geschützter Rechtsgüter hinweist.
[5] MüKoStGB/Hefendehl § 263 Rn. 7.

auch ausländisches Staatsvermögen sowie solches der EU.[6] Geschützt ist jedoch nur der Zustand des Vermögens zum Zeitpunkt der Tat, sodass bloß angestrebte oder ungewisse Vermögensexpektanzen nicht dem Schutzbereich zuzuordnen sind.[7] Die Dispositionsfreiheit, die Wahrheit im Geschäftsverkehr oder die Möglichkeit zur reinen Vermögensmehrung unterfallen ebenfalls nicht § 263 StGB.[8] Tatbestandsmäßig ist dementsprechend auch nicht das Ausnutzen bloßer Geschicklichkeit im Geschäftsverkehr, bspw. durch ein überlegenes Sachwissen oder weiterreichendere Informationen.[9]

3. Deliktscharakter. Der Betrug zeichnet sich in erster Linie als **Selbstschädigungs-** **4** **delikt** aus.[10] Der Täter greift folglich nicht unmittelbar in fremdes Vermögen ein, sondern veranlasst das Opfer selbst zu einer irrtumsbedingten Vermögensverfügung.[11] Aus dem Merkmal der Vermögensverfügung ergibt sich auch das **Abgrenzungskriterium zum Diebstahl,** der als Fremdschädigungsdelikt eine Schädigung des Vermögens durch den Täter fordert.[12] Darüber hinaus ist § 263 StGB auch ein sog. **Vermögensverschiebungs-**[13] sowie ein klassisches **Erfolgsdelikt.**

II. Objektiver Tatbestand

1. Kausalität und Zurechnungszusammenhang der äußeren Tatmerkmale. Die **5** objektive Tatseite des § 263 StGB umfasst vier Tatbestandsmerkmale: Der Täter hat durch **Täuschung** → Rn. 7 ff. bei seinem Opfer einen **Irrtum** → Rn. 27 ff. hervorzurufen, der dieses zu einer **Vermögensverfügung** → Rn. 31 ff. bewegt, die in einem **Vermögensschaden** → Rn. 38 ff. resultiert. Dabei hat jede Tatbestandsvoraussetzung die nachfolgende zu bedingen, sodass sich ein entsprechend kausal-funktionaler Zusammenhang zwischen den einzelnen Tatelementen ergeben muss.[14] Diese durchgängige Verbindung ist zwingend notwendig, um das unmittelbare Verhältnis zwischen der Täuschung als Auslöser der Ereigniskette und dem Vermögensschaden als Ergebnis des Geschehensablaufs hervorzuheben.[15] Da § 263 StGB als Selbstschädigungsdelikt den Betrüger die Rolle eines mittelbaren Täters einnehmen lässt, dient diese Verknüpfung auch dazu, dem Täter die Vermögensverfügung des Getäuschten als eigentliche Tathandlung zurechnen zu können.[16] Die Zurechnung erfolgt über den Irrtum, der unmittelbar aus der Täuschung des Täters resultiert und als Beweggrund für die Verfügung des Getäuschten letztendlich auch für den Vermögensschaden (mit)ursächlich ist.[17]

2. Täterkreis. Der Betrugstatbestand ist **kein Sonderdelikt** und kann von jedermann **6** verwirklicht werden. Nach der nicht unumstrittenen[18] Rspr. des BGH ist eine täterschaftliche Begehung auch im Wege einer **mittelbaren Täterschaft kraft Organisations-**

---

[6] Lackner/Kühl/Kühl § 263 Rn. 2; Schönke/Schröder/Perron § 263 Rn. 1/2.

[7] Graf/Jäger/Wittig/Dannecker § 263 Rn. 5, 86; Fischer § 263 Rn. 3.

[8] BGH NJW 1983, 1917; NStZ-RR 2007, 347 (348); NStZ 2015, 89 (91). Die Dispositionsfreiheit kann nur dann unter den Schutzbereich subsumiert werden, wenn diese an sich einen geldwerten Vermögensteil beinhaltet, Fischer § 263 Rn. 3; vgl. auch NK-StGB/Kindhäuser § 263 Rn. 13 ff.

[9] BeckOK StGB/Beukelmann § 263 Rn. 1; Fischer § 263 Rn. 2; MR/Saliger § 263 Rn. 1.

[10] MüKoStGB/Hefendehl § 263 Rn. 9; Satzger/Schluckebier/Widmaier/Satzger § 263 Rn. 10.

[11] Graf/Jäger/Wittig/Dannecker § 263 Rn. 6; Satzger/Schluckebier/Widmaier/Satzger § 263 Rn. 10.

[12] Fischer § 263 Rn. 70; MüKoStGB/Hefendehl § 263 Rn. 9.

[13] NK-StGB/Kindhäuser § 263 Rn. 53 f.; LK-StGB/Tiedemann § 263 Rn. 3; Satzger/Schluckebier/Widmaier/Satzger § 263 Rn. 12.

[14] MüKoStGB/Hefendehl § 263 Rn. 10; NK-StGB/Kindhäuser § 263 Rn. 44; Lackner/Kühl/Kühl § 263 Rn. 16.

[15] Lackner/Kühl/Kühl § 263 Rn. 54.

[16] Vgl. NK-StGB/Kindhäuser § 263 Rn. 44 ff.

[17] NK-StGB/Kindhäuser § 263 Rn. 44.

[18] S. zur Kritik an der Ausdehnung der Figur der mittelbaren Täterschaft kraft Organisationsherrschaft auf Wirtschaftsstraftaten statt vieler Mansdörfer, Zur Theorie des Wirtschaftsstrafrechts, 2011, S. 394; lehrreich auch Rönnau JuS 2021, 923.

herrschaft in Unternehmen, § 25 Abs. 1 Alt. 2 StGB, dazu bereits → Einl. Rn. 5, möglich.[19]

7 **3. Täuschung über Tatsachen.** Zur Verwirklichung des § 263 StGB muss zunächst eine **Täuschung über Tatsachen** vorliegen. Der Begriff der Täuschung ist zwar nicht im Gesetzeswortlaut enthalten, ergibt sich jedoch aus dem Zusammenhang unter Bezugnahme auf die Tathandlungen und dem hieraus hervorgehenden Irrtum.[20]

8 **a) Täuschung. aa) Grundsätzliches.** Nach dem Gesetzeswortlaut besteht die Tathandlung des § 263 StGB in der Vorspiegelung falscher bzw. der Entstellung oder Unterdrückung wahrer Tatsachen. Der Wortlaut ist im Hinblick auf eine rechtssichere Auslegung als unglücklich zu bezeichnen und bedarf der Klarstellung dahingehend, dass als Tathandlung nur die Täuschung über Tatsachen in Betracht kommt.[21] Für eine taugliche Tathandlung muss der Täter entweder auf das Vorstellungsbild einer täuschungsfähigen Person einwirken oder trotz Bestehen einer entsprechenden Verpflichtung einen vorhandener Irrtum nicht korrigieren. Eine Täuschung kann sowohl durch aktives Tun in Form einer ausdrücklichen → Rn. 9 oder einer konkludenten Erklärung → Rn. 10 ff. erfolgen als auch – bei Vorliegen einer Garantenstellung nach § 13 StGB – durch ein Unterlassen → Rn. 13 ff. verwirklicht werden.[22]

9 **bb) Ausdrücklich.** Eine ausdrückliche Erklärung kann in **mündlicher** und **in schriftlicher Form** erfolgen,[23] wobei nach hM selbst **Gesten und Zeichen** ausreichend sind.[24] Unter dem Vorspiegeln falscher Tatsachen ist die unwahre Behauptung des Bestehens von nicht gegebenen Umständen zu verstehen.[25] Die Tathandlungsvariante des Entstellens wahrer Tatsachen meint die Manipulation durch Einfügungen, Auslassungen oder anderen Veränderungen des Inhalts.[26] Eine ausdrückliche Täuschung durch Unterdrücken wahrer Tatsachen liegt vor, wenn aktiv verhindert wird, dass eine Aufklärung bzw. Richtigstellung erfolgt oder eine offene Erklärung auf Verschleierung angelegt ist.[27]

10 **cc) Konkludent.** Eine Täuschungshandlung kann nicht nur durch eine ausdrückliche Erklärung, sondern auch **konkludent** durch ein Verhalten, das nach der **Verkehrsanschauung** als stillschweigende Erklärung zu verstehen ist, erfolgen.[28] Hierbei ist auf den **Empfängerhorizont** sowie die **Gesamtumstände** der konkreten Situation abzustellen.[29] Dies führt dazu, dass unterschiedliche Maßstäbe bei der Beurteilung des möglicherweise konkludent mitgeteilten Erklärungsinhaltes anzusetzen sind, zB orientiert an der Art der Berufsgruppe, der Dauer der Geschäftsbeziehungen, der Vorkenntnisse usw.

11 Vor dem Hintergrund der Vertragsfreiheit liegt deshalb bspw. im **Fordern eines bestimmten Preises** idR nicht gleichzeitig auch eine konkludente Erklärung darüber vor, dass dieser Preis angemessen ist oder dem Marktwert entspricht.[30] Der bloße Verkauf von

---

[19] MüKoStGB/Hefendehl § 263 Rn. 834; vgl. zB BGH wistra 2008, 57.
[20] Fischer § 263 Rn. 14.
[21] MR/Saliger § 263 Rn. 11.
[22] BeckOK StGB/Beukelmann § 263 Rn. 11; Fischer § 263 Rn. 15 a f.; Satzger/Schluckebier/Widmaier/Satzger § 263 Rn. 37.
[23] Fischer § 263 Rn. 18; MüKoStGB/Hefendehl § 263 Rn. 103; LK-StGB/Tiedemann § 263 Rn. 24; Satzger/Schluckebier/Widmaier/Satzger § 263 Rn. 38.
[24] Fischer § 263 Rn. 18; MüKoStGB/Hefendehl § 263 Rn. 103; LK-StGB/Tiedemann § 263 Rn. 24.
[25] Fischer § 263 Rn. 18; MüKoStGB/Hefendehl § 263 Rn. 61; NK-StGB/Kindhäuser § 263 Rn. 90.
[26] Fischer § 263 Rn. 19; MüKoStGB/Hefendehl § 263 Rn. 61.
[27] Fischer § 263 Rn. 20; MüKoStGB/Hefendehl § 263 Rn. 61.
[28] OLG Frankfurt a. M. NJW 2011, 398 (400); Satzger/Schluckebier/Widmaier/Satzger § 263 Rn. 39; Graf/Jäger/Wittig/Dannecker § 263 Rn. 13. Zur Frage, ob im Geschäftsverkehr konkludent ein Minimum an Redlichkeit miterklärt wird s. zuletzt BGH StV 2016, 158 m. Bespr. Begemaier/Wölfel NStZ 2016, 129.
[29] BGH NJW 2007, 782 (784); Graf/Jäger/Wittig/Dannecker § 263 Rn. 34; Satzger/Schluckebier/Widmaier/Satzger § 263 Rn. 40.
[30] BGH NStZ 2015, 461 mAnm Greeve NStZ 2015, 463; BGH NStZ 2010, 88; OLG Stuttgart NStZ 2003, 554; BeckOK StGB/Beukelmann § 263 Rn. 12; Graf/Jäger/Wittig/Dannecker § 263 Rn. 38; LK-StGB/Tiedemann § 263 Rn. 35, 38.

völlig überteuerten Leistungen begründet noch keine Täuschungshandlung, da es jedem Partizipant des Geschäftsverkehrs unbenommen bleibt, seine uU bessere Sachkenntnis zu seinem Vorteil auszunutzen.[31]

Etwas anderes gilt, wenn zB gem. § 612 Abs. 2 BGB oder § 632 Abs. 2 BGB eine taxmäßige oder übliche Vergütung als vereinbart gilt. Hier ist der Abrechnung des Dienst-leisters oder Werkunternehmers die konkludente Erklärung zu entnehmen, das geforderte Entgelt entspreche dem als vereinbart geltenden Üblichen.[32]

Im **Unterschied** zum Unterlassen knüpft die konkludente Täuschungshandlung an **12** ein aktives Tun an.[33] Das bloße **Ausnutzen** eines bereits vorhandenen Irrtums auf Seiten des Opfers wie auch die reine Hoffnung darauf reichen dementsprechend nicht aus.[34]

dd) Täuschung durch Unterlassen. Grundsätzlich ist eine Täuschung auch durch ein **13** Unterlassen möglich. Dies setzt gem. § 13 StGB eine **Garantenstellung** des Täters ggü. dem Getäuschten sowie eine **Gleichstellung** seiner Untätigkeit mit einem Tun (Ent-sprechungsklausel) voraus.[35] Die unterlassene Handlung muss zudem möglich und zumut-bar sein.[36] Sowohl die Abgrenzung zu einer konkludenten Täuschungshandlung als auch die konkreten Anforderungen an die erforderliche Pflicht zur Aufklärung sind umstritten. Die Stellung als Garant kann sich aus **Treu und Glauben** → Rn. 15, aus **Ingerenz** → Rn. 16, aus **Gesetz** → Rn. 17 oder aus einem zugrunde liegendem **Vertrag** → Rn. 18 herleiten, wobei sich die besondere Einstandspflicht auf den Schutz des Opfers vor ver-mögensrelevanten Selbstschädigungen beziehen muss.[37]

Zum Teil wird ein **besonderes Vertrauensverhältnis** als eigene Kategorie zur Begrün- **14** dung einer Garantenstellung herangezogen.[38] Richtigerweise bedarf es jedoch für die Annahme einer Garantenstellung stets eines besonders engen Vertrauensverhältnisses, sodass hierin keine eigenständige Fallgruppe gesehen werden kann. Eine strafbarkeitsbegründende Garantenstellung ergibt sich nicht durch jedes rechtliche oder tatsächliche Verhältnis.[39] Ein Unterlassen ist vielmehr nur dann strafbewehrt, wenn den Täter eine besondere Einstands-pflicht für die Unversehrtheit der Rechtsgüter Dritter trifft.[40] Vor diesem Hintergrund hat die obergerichtliche Rechtsprechung eine Strafbarkeit durch Unterlassen in Form des **Schweigens** bzw. der **unterbliebenen Aufklärung** über erhaltene Zuviel-Leistungen im Rahmen eines regulären Arbeitsvertrages verneint, da die Vermögensfürsorge gerade keine arbeitsvertragliche Hauptpflicht darstellt.[41]

Der **Grundsatz von Treu und Glauben** kann nur in absoluten Ausnahmefällen eine **15** Garantenstellung begründen.[42] Die Heranziehung des Grundsatzes allein wegen einer besonderen Höhe des Schadens oder einer besonderen Schutzbedürftigkeit des Opfers ist jedenfalls unzulässig.[43]

---

[31] BGH wistra 2011, 335 (337). Möglich bleibt allerdings eine Strafbarkeit nach § 291 StGB oder eine Ordnungswidrigkeit nach § 3 WiStG bzw. – im Fall der Wohnraumvermietung – nach § 8 Abs. 1 Nr. 2 WoVermG.
[32] BGH NStZ-RR 2020, 213 (214).
[33] Graf/Jäger/Wittig/Dannecker § 263 Rn. 31; Satzger/Schluckebier/Widmaier/Satzger § 263 Rn. 46.
[34] Fischer § 263 Rn. 28; Satzger/Schluckebier/Widmaier/Satzger § 263 Rn. 45.
[35] Vgl. für den Betrug nur OLG Bamberg NStZ-RR 2012, 248 f. Vgl. auch BeckOK StGB/Heuchemer § 13 Rn. 30 ff.; Fischer § 13 Rn. 8.
[36] Graf/Jäger/Wittig/Dannecker § 263 Rn. 41; Fischer § 13 Rn. 7.
[37] Satzger/Schluckebier/Widmaier/Satzger § 263 Rn. 87. Vgl. zuletzt auch BGH BeckRS 2017, 110960 Rn. 23.
[38] Graf/Jäger/Wittig/Dannecker § 263 Rn. 45.
[39] Vgl. OLG Bamberg NStZ-RR 2012, 248 (250).
[40] Für den Betrug s. BGH NJW 1994, 950 (951); OLG Celle NStZ-RR 2010, 207 (208).
[41] OLG Celle NStZ-RR 2010, 207. Zu den allgemeinen Anforderungen an eine strafrechtlich relevante Aufklärungspflicht s. OLG Stuttgart NStZ 2003, 554.
[42] Satzger/Schluckebier/Widmaier/Satzger § 263 Rn. 88.
[43] BGH NJW 1994, 950 (952); OLG Stuttgart NStZ 2003, 554 (555); OLG Celle NStZ-RR 2010, 207 (209).

16   Eine Garantenstellung aus **Ingerenz** kann zB im Rahmen des Vertriebs von gefährlichen oder gesundheitsschädigenden Produkten in Betracht kommen.[44] Eine aus Ingerenz begründete Einstandspflicht kommt dem Täter grds. dann zu, wenn er die Entstehung des Irrtums beim Getäuschten aufgrund pflichtwidrigen Vorverhaltens zu verantworten hat.[45] Ein solches pflichtwidriges Vorverhalten ist regelmäßig in der Informationsverfälschung oder bewusst irreführenden Darstellung zu sehen.[46] Oftmals ist ein Rückgriff auf die Garantenstellung aus Ingerenz aber gar nicht notwendig, da entweder eine spezifische vertragliche Grundlage zur Begründung der Garantenstellung besteht oder bereits eine konkludente Täuschungshandlung durch aktives Tun vorliegt.

17   Eine Garantenstellung **kraft Gesetzes** kann sich aus privatrechtlichen oder auch öffentlich-rechtlichen Normen ergeben,[47] bspw. wenn die Ad-hoc-Meldepflicht nach § 26 WpHG zu beachten ist.

18   Für den **Vertrieb** erlangen vor allem **Garantenpflichten aus Vertragsverhältnissen** Bedeutung. Lässt sich dem zugrunde liegenden Vertragsverhältnis im Einzelfall eine Aufklärungspflicht entnehmen, so hat der Betroffene als Garant auch regelmäßig dafür Sorge zu tragen, dass dem Vertragspartner keine Vermögenseinbußen entstehen.[48] Allgemeine vertragliche Pflichten aus gegenseitigen Rechtsgeschäften reichen jedoch nicht ohne weiteres für die Annahme einer derartigen Aufklärungspflicht aus.[49] Vielmehr ist ein besonderes Vertrauensverhältnis zu fordern, das sich aus dem Charakter des Vertrages selbst oder daraus resultierenden Besonderheiten, wie zB einer langjährigen Geschäftsbeziehung, ergeben muss.[50] Die Reichweite der jeweiligen Garantenpflicht hat sich in Anlehnung an die zivilgerichtliche Rechtsprechung zu Aufklärungspflichten im Anlagebereich an den verschiedenen Berufsgruppen zu orientieren und hängt von den Umständen des Einzelfalles ab. Im Bereich der **Vermögensberatung** ist das enge Vertrauensverhältnis jedenfalls gegeben, da die notwendige Aufklärungspflicht sogar Teil der vertraglichen Vereinbarung ist.[51]

19   **b) Tatsachen. aa) Allgemein.** Jede Täuschung iSv § 263 StGB hat sich auf Tatsachen zu beziehen.[52] Unter **Tatsachen** sind zunächst alle Geschehnisse, Vorgänge und Zustände der Vergangenheit oder Gegenwart zu verstehen, die sich auf die Außen- oder Innenwelt beziehen und dem Beweis zugänglich sind.[53]

20   **bb) Äußere und innere Tatsachen.** Umfasst werden sowohl **äußere** als auch **innere** Tatsachen:[54]

21   Unter **äußere Tatsachen** fallen insbesondere die Herkunft, Echtheit, Quantität, Mangelfreiheit sowie die rechtlichen Beziehungen von Sachen und Gegenständen.[55] Des Wei-

---

[44] Vgl. zB BGHSt 37, 106 – Lederspray; ferner NK-StGB/Schild § 25 Rn. 42.
[45] Satzger/Schluckebier/Widmaier/Satzger § 263 Rn. 103. Ausführlich zur Garantenstellung aus Ingerenz BeckOK StGB/Heuchemer § 13 Rn. 92 ff.; Schönke/Schröder/Bosch § 13 Rn. 32 ff.
[46] NK-StGB/Kindhäuser § 263 Rn. 155; Graf/Jäger/Wittig/Dannecker § 263 Rn. 50.
[47] Satzger/Schluckebier/Widmaier/Satzger § 263 Rn. 90 ff.
[48] OLG Celle NStZ-RR 2010, 207 (208).
[49] BGH NStZ 2015, 461 mAnm Greeve NStZ 2015, 463; BGH NStZ 2010, 502; OLG Bamberg wistra 2012, 279 (281).
[50] OLG Stuttgart NStZ 2003, 554; OLG Bamberg NStZ-RR 2012, 248 (250); Fischer § 13 Rn. 36; Graf/Jäger/Wittig/Dannecker § 263 Rn. 54.
[51] BGH NJW 1981, 1266; OLG Koblenz BeckRS 2006, 00532; Graf/Jäger/Wittig/Dannecker § 263 Rn. 54; LK-StGB/Tiedemann § 263 Rn. 61.
[52] NK-StGB/Kindhäuser § 263 Rn. 70; Schönke/Schröder/Perron § 263 Rn. 8.
[53] BGH NStZ 2015, 89 (90); BeckOK StGB/Beukelmann § 263 Rn. 3; Graf/Jäger/Wittig/Dannecker § 263 Rn. 14; Fischer § 263 Rn. 6; MüKoStGB/Hefendehl § 263 Rn. 75; Schönke/Schröder/Perron § 263 Rn. 8; Satzger/Schluckebier/Widmaier/Satzger § 263 Rn. 15; LK-StGB/Tiedemann § 263 Rn. 9 f.
[54] BeckOK StGB/Beukelmann § 263 Rn. 4; Schönke/Schröder/Perron § 263 Rn. 8 ff.; LK-StGB/Tiedemann § 263 Rn. 11 f.
[55] Schönke/Schröder/Perron § 263 Rn. 8; MR/Saliger § 263 Rn. 14; Satzger/Schluckebier/Widmaier/Satzger § 263 Rn. 17 f. Zur Frage einer strafbaren konkludenten Täuschung über die Mängelfreiheit von Diesel-PKW im sog. Abgas-Skandal s. MR/Saliger § 263 Rn. 46a f.

teren können auch in Angaben über wirtschaftliche Verhältnisse Tatsachen begründet liegen.[56]

Bei **inneren Tatsachen** handelt es sich vor allem um Überzeugungen, Motive, Kennt- **22** nisse oder Vorstellungen.[57] Sie erlangen über die aus ihnen resultierenden Auswirkungen indizielle Relevanz.[58] Oftmals bezieht sich die Täuschung über innere Tatsachen auf zukünftige Ereignisse: So hängt zB die Übernahme vertraglicher Vorleistungspflichten von der Absicht des Vertragspartners ab, die geschuldete Gegenleistung auch tatsächlich zu erbringen.[59] Entscheidend für die Annahme einer Täuschung ist dementsprechend nicht der zeitliche Bezugspunkt der innersubjektiven Tatsache.[60]

cc) Werturteile, Meinungsäußerungen und Rechtsauffassungen. Grundsätzlich **23** sind Werturteile, zB in der Form von Meinungsäußerungen oder Rechtsauffassungen, keine Tatsachen.[61] Betrugsrelevanz kann ihnen jedoch zukommen, wenn sie einen **Tatsachen-kern** enthalten, über den getäuscht wird.[62] Werturteile können häufiger als gedacht einen relevanten Tatsachenkern enthalten:[63] So wurde in der Rspr. zB die Aussage, dass ein Produkt wegen einer technischen Neuerung nunmehr als konkurrenzlos anzusehen ist, als Tatsache eingeordnet.[64] Ebenfalls als ausreichend ernsthaft und damit täuschungsrelevant wurde die zur Werbung für Schlankheits- und Haarwuchsmittel verwendete Aussage angesehen, dass eine 100 %-ige Garantie bezüglich der Wirkung gegeben werde.[65]

Dennoch sind **reklamehafte Anpreisungen** aus der Werbungsbranche regelmäßig nicht **24** vom Tatsachenbegriff erfasst, da es derartigen Äußerungen meist augenscheinlich an der erforderlichen Ernsthaftigkeit fehlt.[66]

Besonders schwierig erweist sich die Abgrenzung zwischen betrugsrelevanter Tatsache **25** und tatbestandslosem Werturteil bei **Prognosen.** Prognosen spielen häufig im Kapitalanlagebereich eine Rolle, bspw. wenn Aussagen über Marktchancen oder künftige Wertentwicklungen getroffen werden.[67] Grundsätzlich gilt auch hier, dass diese spezielle Form von Werturteilen an sich keine Tatsachen darstellen, zumal prognostische Aussagen immer zukunftsgerichtet und damit unsicher sind.[68] Ein Tatsachenkern ist jedoch regelmäßig in **Aussagen über gegenwärtige Bedingungen,** die der Prognose als Grundlage dienen, enthalten.[69] Ein Sonderfall ergibt sich bei Äußerungen von Personen mit einer **besonderen Fachkompetenz:** Bei ihnen wird das getroffene Werturteil dadurch zur betrugsrelevanten Tatsache, dass eine Befähigung zur Erstellung von Prognosen wahrheitswidrig vorgegeben wird und der Täter mangels Nachprüfbarkeit seiner Aussage durch den Getäuschten Anspruch auf Richtigkeit seiner Feststellung erhebt,[70] so zB bei Auskünften eines (angeb-

---

[56] Graf/Jäger/Wittig/Dannecker § 263 Rn. 15.

[57] MüKoStGB/Hefendehl § 263 Rn. 86.

[58] Graf/Jäger/Wittig/Dannecker § 263 Rn. 16; Satzger/Schluckebier/Widmaier/Satzger § 263 Rn. 19; LK-StGB/Tiedemann § 263 Rn. 12.

[59] NK-StGB/Kindhäuser § 263 Rn. 76.

[60] Graf/Jäger/Wittig/Dannecker § 263 Rn. 17.

[61] BGH BeckRS 1992, 31095740; NStZ 2004, 218 (219); Graf/Jäger/Wittig/Dannecker § 263 Rn. 14 u. 19; BeckOK StGB/Beukelmann § 263 Rn. 5; MüKoStGB/Hefendehl § 263 Rn. 89; Satzger/Schluckebier/Widmaier/Satzger § 263 Rn. 20; LK-StGB/Tiedemann § 263 Rn. 13.

[62] BGH NStZ 2004, 218 (219); Fischer § 263 Rn. 9; MüKoStGB/Hefendehl § 263 Rn. 89; MR/Saliger § 263 Rn. 16; Satzger/Schluckebier/Widmaier/Satzger § 263 Rn. 21; s. auch LK-StGB/Tiedemann § 263 Rn. 14 [Tatsachenkern oder -grundlage].

[63] Fischer § 263 Rn. 9 ff.; MüKoStGB/Hefendehl § 263 Rn. 89 ff.

[64] OLG Frankfurt a. M. wistra 1986, 31.

[65] BGH NJW 1987, 388.

[66] BGH NStZ 2004, 218 (219); BayObLGSt 1955, 8 (15); BeckOK StGB/Beukelmann § 263 Rn. 7; Graf/Jäger/Wittig/Dannecker § 263 Rn. 22; Fischer § 263 Rn. 10; so beispielsweise bei der Aussage „Redbull verleiht Flügel".

[67] Vgl. Fischer § 263 Rn. 12.

[68] Graf/Jäger/Wittig/Dannecker § 263 Rn. 26; LK-StGB/Tiedemann § 263 Rn. 9, 16.

[69] Vgl. BGH BeckRS 2019, 42614 Rn. 47; Graf/Jäger/Wittig/Dannecker § 263 Rn. 27; Fischer § 263 Rn. 12; LK-StGB/Tiedemann § 263 Rn. 16; so bspw. bei Statistiken.

[70] Graf/Jäger/Wittig/Dannecker § 263 Rn. 24.

lichen) Rechtsanwalts oder Kunstsachverständigen.[71] Wird über die **eigene Überzeugung** im Hinblick auf das Aufstellen einer Prognose getäuscht, kann eine Täuschung über innere Tatsachen in Betracht kommen; ein Betrug scheidet jedoch aus, wenn durch Empfehlungen in der Form bloß wertender Prognosen im Wertpapierhandel **Kursschwankungen** herbeigeführt werden, die dann für eigene Geschäfte ausgenutzt werden.[72] Mit Recht wird dem unsicheren Abgrenzungskriterium zwischen straffreiem Werturteil und strafbarer Tatsache die Kritik einer gewissen Beliebigkeit zuteil.[73]

26   **dd) Sonderproblem: Täuschung durch wahre Tatsachen.** Die Problematik des **Täuschens durch wahre Tatsachen** ergibt sich vor allem in den Fällen der **sog. Abo- oder Kostenfallen**[74] → Rn. 83 ff. Hierbei wird die Unaufmerksamkeit der Nutzer dergestalt ausgenutzt, dass zwar zutreffende Hinweise und damit wahre Tatsachenangaben gemacht werden, diese aber nicht ohne weiteres zu erkennen sind.[75] Trotz der Behauptung wahrer Tatsachen durch den Anbieter wird der Nutzer regelmäßig durch das diffuse Gesamtbild getäuscht. Der BGH hat bspw. eine Strafbarkeit nach § 263 StGB bejaht, wenn der Täter **rechnungsähnliche Angebotsschreiben** → Rn. 81 ff. unter der Verwendung typischer Rechnungsmerkmale, zB durch die hervorgehobene Angabe der Zahlungsfrist, derartig abfasst, dass der Angebotscharakter vollständig in den Hintergrund tritt und beim Empfänger der Eindruck einer Zahlungspflicht entsteht.[76] Erforderlich ist jedoch immer, dass es dem Täter gerade darauf ankommt, bei den Opfern eine Vermögensschädigung herbeizuführen. Vertraut oder hofft der Täter lediglich darauf, dass es auf Seiten des Opfers zu einem vermögensschädigendem Irrtum kommt, mag das zwar als sozialethisch verwerflich anzusehen sein, stellt aber ohne Einwirkung auf das Opfer noch keine betrugsrelevante Täuschungshandlung dar.[77] **Abzugrenzen** sind derartige konkludente Täuschungshandlungen von dem straflosen Ausnutzen eines Irrtums.[78]

27   **4. Irrtum.** Durch die Täuschung über Tatsachen muss ein **Irrtum** hervorgerufen oder aufrechterhalten werden. Ein Irrtum ist jede **Fehlvorstellung über Tatsachen** in Form des Auseinanderfallens von subjektiver Vorstellung und Realität.[79] Als ausreichend wird ein sog. **sachgedankliches Mitbewusstsein** erachtet, das bereits besteht, wenn der Geschädigte zum Zeitpunkt der Tat eine Art **Begleitwissen** in sich trägt, das jedoch weder vollständig noch aktuell vorhanden sein muss.[80] Gerade im Geschäftsleben ist es typisch, dass aus üblichen Verhaltensweisen **unreflektiert Schlüsse** gezogen werden. So macht sich regelmäßig niemand bei der Annahme von Bargeld unmittelbar Gedanken über die Echtheit.[81]

28   Ein **Mitverschulden des Opfers** oder dessen **Leichtgläubigkeit** führen nach hM nicht zu einem Ausschluss des Irrtums.[82] Hingegen ist ein tatbestandlicher Irrtum zu verneinen, wenn der Betroffene über kein entsprechendes Wissen verfügt oder sich gar keine Vorstel-

---

[71] BGH NStZ 2008, 96 (97); bsp. bei Schönke/Schröder/Perron § 263 Rn. 10.

[72] Graf/Jäger/Wittig/Dannecker § 263 Rn. 27.

[73] Vgl. Graf/Jäger/Wittig/Dannecker § 263 Rn. 19.

[74] Vgl. dazu BGH NJW 2014, 2595; OLG Frankfurt a. M. NJW 2011, 398; BeckRS 2009, 04882.

[75] S. dazu Fischer § 263 Rn. 28 ff.

[76] BGH NStZ 2002, 86.

[77] BGH NStZ-RR 2004, 110 (111); OLG Frankfurt a. M. NJW 2011, 398; Graf/Jäger/Wittig/Dannecker § 263 Rn. 30; Fischer § 263 Rn. 28a. S. auch Eisele NStZ 2010, 193 (194), der beim Abstellen auf die Motivation des Täters auf die Gefahr einer Versubjektivierung des Täuschungsmerkmales hinweist.

[78] Fischer § 263 Rn. 28a.

[79] BeckOK StGB/Beukelmann § 263 Rn. 23; Graf/Jäger/Wittig/Dannecker § 263 Rn. 58; Fischer § 263 Rn. 54; MüKoStGB/Hefendehl § 263 Rn. 249; Schönke/Schröder/Perron § 263 Rn. 33; LK-StGB/Tiedemann § 263 Rn. 77.

[80] BeckOK StGB/Beukelmann § 263 Rn. 25; MüKoStGB/Hefendehl § 263 Rn. 252; Schönke/Schröder/Schröder § 263 Rn. 39.

[81] MüKoStGB/Hefendehl § 263 Rn. 252.

[82] BGH NJW 2003, 1198 (1199); Graf/Jäger/Wittig/Dannecker § 263 Rn. 58; Schönke/Schröder/Perron § 263 Rn. 32a.

lungen macht und dementsprechend nur eine Tatsachenunkenntnis **(ignorantia facti)** vorliegt.[83] Dies gilt jedoch unter der Einschränkung, dass gerade **keine Prüfungspflichten** bestehen.[84] Nach bisher hM liegt auch dann kein Irrtum vor, wenn das Opfer durch **Sonderwissen** in der Lage ist, die Täuschung zu erkennen, weshalb in diesen Fällen lediglich eine Versuchsstrafbarkeit in Betracht kommt.[85]

Im Falle der Geltendmachung einer unberechtigten Forderung kann auch dann ein Betrug vorliegen, wenn das Opfer weiß, dass die geltend gemachte Forderung nicht berechtigt ist, aber über die Möglichkeit der Durchsetzung durch den Täter irrt.[86]

Bei **Zweifeln des Opfers** ist ein Irrtum anzunehmen, wenn dieses die falsche Erklärung **29** trotz Skepsis als eher wahr einschätzt.[87] Ausreichend ist es daher, wenn der Getäuschte die Erklärung möglicherweise für wahr hält und er sich hiervon tatsächlich beeinflussen lässt.[88]

Problematisch ist die Irrtumsbestimmung bei **arbeitsteilig organisierten Unterneh-** **30** **men, Körperschaften** und **anderen Personengesellschaften**.[89] Hier stellt sich vor allem die Frage, wer als Getäuschter in Betracht kommt und inwiefern das überlegene Wissen von **Mitarbeitern, Hilfspersonen** oder **Vertretern** (zB Anwälten, Steuerberatern oder Wirtschaftsprüfern) strafrechtlich zu berücksichtigen ist.[90] Ausgangspunkt ist die Überlegung, dass der Irrende und der Verfügende grds. personenidentisch sein müssen.[91] Hieran anknüpfend betont der BGH, dass bei arbeitsteilig tätigen Unternehmen dargelegt werden müsse, wer im konkreten Fall die Entscheidung getroffen und damit die Verfügung vorgenommen hat:[92] Liegt sowohl bei dem Verfügenden als auch der beteiligten Hilfsperson oder dem Vertreter ein Irrtum vor, so ist eine Betrugsstrafbarkeit regelmäßig zu bejahen.[93] Schwieriger gestalten sich solche Fälle, in denen die Hilfspersonen oder Vertreter über ein „Mehr" an Wissen verfügen und diese Kenntnisse beim Verfügenden einen Irrtum letztlich verhindert hätten; in diesen Konstellationen wird dem Getäuschten das Wissen regelmäßig zuzurechnen sein, sodass ein Betrug aufgrund fehlenden Irrtums abzulehnen ist.[94]

5. Vermögensverfügung. Das ungeschriebene Tatbestandsmerkmal der Vermögens- **31** verfügung verleiht dem Betrug den Charakter eines Selbstschädigungsdelikts und dient der Abgrenzung zum Diebstahl → Rn. 4. Nur wenn der Getäuschte durch einen Irrtum veranlasst über sein Vermögen verfügt, ist der objektive Tatbestand des Betrugs verwirklicht.

a) Begriff der Vermögensverfügung. Unter einer Vermögensverfügung ist **jedes** **32** **Handeln, Dulden oder Unterlassen** des Getäuschten zu verstehen, das sich **unmittelbar vermögensmindernd** auswirkt.[95]

---

[83] BeckOK StGB/Beukelmann § 263 Rn. 25; Graf/Jäger/Wittig/Dannecker § 263 Rn. 59; Fischer § 263 Rn. 57; MüKoStGB/Hefendehl § 263 Rn. 250 ff.; LK-StGB/Tiedemann § 263 Rn. 78; aA Schönke/Schröder/Perron § 263 Rn. 37; NK-StGB/Kindhäuser § 263 Rn. 170 f. Richtigerweise fehlt es in solchen Fällen mangels tauglichen Täuschungsadressaten wohl schon an der Tathandlung.
[84] Graf/Jäger/Wittig/Dannecker § 263 Rn. 61.
[85] MüKoStGB/Hefendehl § 263 Rn. 281; LK-StGB/Tiedemann § 263 Rn. 81.
[86] OLG Frankfurt a. M. BeckRS 2018, 27953 Rn. 35.
[87] BGH BeckRS 1990, 02363; NJW 2001, 3718 (3719); NStZ 2018, 540 (542); Fischer § 263 Rn. 55 f.
[88] BGH NJW 2003, 1198 (1199); Graf/Jäger/Wittig/Dannecker § 263 Rn. 62. Vgl. auch BGH 14.3.2016 – 3 StR 516/15, BeckRS 2016, 6513.
[89] S. hierzu BGH BeckRS 2010, 02975; NJW 2003, 1198; ausführlich dazu MüKoStGB/Hefendehl § 263 Rn. 282 ff.
[90] BGH NJW 2003, 1198 (1199 f.); MüKoStGB/Hefendehl § 263 Rn. 282 ff.; LK-StGB/Tiedemann § 263 Rn. 82.
[91] LK-StGB/Tiedemann § 263 Rn. 82.
[92] BGH BeckRS 2010, 02975 Rn. 2; vgl. auch BGH BeckRS 2019, 6806 Rn. 7 ff., wonach die Feststellung ausnahmsweise entbehrlich ist, wenn alle als Verfügende in Betracht kommenden Personen dem täuschungsbedingten Irrtum erlegen waren.
[93] LK-StGB/Tiedemann § 263 Rn. 82.
[94] MüKoStGB/Hefendehl § 263 Rn. 287.
[95] BGH NJW 1960, 1068 (1069); BeckOK StGB/Beukelmann § 263 Rn. 31; MüKoStGB/Hefendehl § 263 Rn. 300 ff.; NK-StGB/Kindhäuser § 263 Rn. 197.

33   **b) Anforderungen an die Vermögensverfügung.** Die Vermögensverfügung muss **bewusst** und **freiwillig** erfolgen[96] sowie unmittelbar zu einer Vermögensminderung führen.[97] Für die Beurteilung, ob eine Vermögensverfügung vorliegt, sind nicht zivilrechtliche Maßstäbe, sondern ein rein **faktisches Verständnis** maßgeblich.[98]

34   **Irrt** der Verfügende über seine **Verfügungsbefugnis**, sodass er fälschlicherweise annimmt, einen Auftrag des Berechtigten auszuführen, er aber in Wirklichkeit ohne Verfügungsberechtigung vorgeht, macht er sich wegen Diebstahls in mittelbarer Täterschaft nach §§ 242, 25 Abs. 1 Alt. 2 StGB strafbar und nicht wegen Betruges.[99]

35   Eine Vermögensverfügung liegt nicht nur in einem aktiven Handeln, sondern kann auch durch ein Unterlassen verwirklicht werden, zB durch den **Verzicht auf eine Forderung.**[100]

36   **c) Vermögensverfügung im Rahmen des Dreiecksbetruges.** Beim **Dreiecksbetrug** fallen verfügende und geschädigte Person auseinander. Während derjenige, der dem Irrtum unterliegt, personenidentisch mit dem Verfügenden sein muss, ist ein Auseinanderfallen von Verfügendem und Geschädigten durchaus möglich.[101] Diese Konstellation findet sich aufgrund arbeitsteiliger Strukturen besonders häufig im Geschäftsleben, va, wenn der **Vermögensgeschädigte** eine **juristische Person** ist.[102] Jedoch verlangt der Betrug als Selbstschädigungsdelikt, dass eine Tatbestandsmäßigkeit bei der Zwischenschaltung eines Dritten nur im Falle eines ausreichenden **Näheverhältnisses** gegeben ist.[103] Die Anforderungen hieran sind im Einzelnen umstritten:[104] Die wohl hM bestimmt eine Zurechnung in Anwendung der **sog. Nähe- oder Lagertheorie,** wonach es zumindest erforderlich ist, dass der Verfügende, typischerweise als Angestellter, Vertreter oder Beauftragter, „im Lager" des Geschädigten steht und dessen Machtbereich zugeordnet werden kann.[105]

37   Besonders streitig sind die Anforderungen an dieses rechtlich oder faktisch zu bestimmende Näheverhältnis beim **Dreiecksforderungsbetrug.**[106] Zweifelhaft scheint, ob ein Näheverhältnis bereits dadurch begründet wird, wenn vom Getäuschten gutgläubig eine Forderung begründet oder zum Erlöschen gebracht wird.[107] Diese Frage stellt sich bspw. bei der **befreienden Leistung an einen Altgläubiger iRd § 407 BGB.** Teilweise wird hierzu die Auffassung vertreten, dass ein Näheverhältnis schon allein deshalb bestehe, weil dem Schuldner aufgrund der befreienden Wirkung seiner Leistung eine tatsächliche Einwirkungsmöglichkeit eingeräumt werde.[108] Dem ist jedoch entgegenzuhalten, dass § 407 BGB dem Schutz des Schuldners dient und dieser demnach gerade nicht demselben Lager zugerechnet werden kann.

38   **6. Vermögensschaden. a) Vermögensbegriff.** Der strafrechtliche Vermögensbegriff ist Gegenstand eines breiten dogmatischen Diskurses, der seit Jahren intensiv aufrechterhalten wird. Die Ansätze zur Bestimmung dessen, was das **Vermögen** iSd Strafrechts ist, erstrecken sich dabei über klassisch normative Überlegungen bis hin zu rein faktischen

---

[96] BGH NJW 1960, 1068 (1069); MüKoStGB/Hefendehl § 263 Rn. 302 ff.
[97] BeckOK StGB/Beukelmann § 263 Rn. 32 ff.; MüKoStGB/Hefendehl § 263 Rn. 330 ff.; Lackner/Kühl/Kühl § 263 Rn. 25 ff.
[98] NK-StGB/Kindhäuser § 263 Rn. 198; Lackner/Kühl/Kühl § 263 Rn. 23; zur faktischen Betrachtungsweise im Wirtschaftsstrafrecht → Vor Rn. 2.
[99] Eing. dazu OLG Stuttgart NJW 1965, 1930.
[100] NK-StGB/Kindhäuser § 263 Rn. 200; LK-StGB/Tiedemann § 263 Rn. 103.
[101] OLG Düsseldorf NJW 1994, 3366 (3367); BeckOK StGB/Beukelmann § 263 Rn. 34; NK-StGB/Kindhäuser § 263 Rn. 208.
[102] MüKoStGB/Hefendehl § 263 Rn. 355; NK-StGB/Kindhäuser § 263 Rn. 209.
[103] MüKoStGB/Hefendehl § 263 Rn. 356; vgl. auch BGH BeckRS 2017, 113897 Rn. 14.
[104] Zum Streitstand s. statt vieler MüKoStGB/Hefendehl § 263 Rn. 357 ff.
[105] BGH NJW 1963, 1068 (1069); OLG Düsseldorf NJW 1994, 3366 (3367); MR/Saliger § 263 Rn. 132 ff.
[106] MüKoStGB/Hefendehl § 263 Rn. 362 ff.; MR/Saliger § 263 Rn. 138 ff.
[107] NK-StGB/Kindhäuser § 263 Rn. 211.
[108] LK-StGB/Tiedemann § 263 Rn. 117; aA MR/Saliger § 263 Rn. 145.

Betrachtungsweisen. Einigkeit besteht insoweit, als dass den **§§ 253, 263 und 266 StGB** ein einheitlicher Vermögensbegriff zu Grunde liegt.[109] Als überzeugend wird sich im Folgenden der in der Rspr. verwendete **wirtschaftliche Vermögensbegriff** erweisen → Rn. 40.[110]

aa) Juristischer Vermögensbegriff. Der juristische Vermögensbegriff umfasst alle **39** Vermögensrechte und -pflichten einer Person.[111] Die Definition erfolgt **im Einklang mit zivil- und öffentlich-rechtlichen Normen** und zielt auf die Vermeidung von Normwidersprüchen innerhalb der Rechtsordnung ab.[112] Ein rein juristischer Vermögensbegriff hat sich als unzulänglich erwiesen und wird dementsprechend nicht mehr vertreten.[113]

bb) Wirtschaftlicher Vermögensbegriff. Dem steht diametral der **wirtschaftliche** **40** **Vermögensbegriff** des BGH gegenüber. Prägend für die Bestimmung des Vermögens ist eine wirtschaftliche Betrachtung ohne Beachtung außerstrafrechtlicher (insbes. zivilrechtlicher) Bestimmungen. Umfasst sind demnach alle Vermögenspositionen, denen im Geschäftsverkehr ein **wirtschaftlicher Wert** zukommt.[114] Diese Auffassung der Rspr. überzeugt.[115] Danach werden auch mögliche Kompensationen mit eingeschlossen, soweit sie keine unbeachtliche reparatio damni darstellen.[116] Nach dem wirtschaftlichen Vermögensbegriff gehören zum Vermögen neben den unstrittigen Vermögensbestandteilen wie zB Geld, Eigentum oder Besitz auch **tatsächliche Erwerbsaussichten, nichtige Forderungen** und die **Arbeitskraft,** soweit dieser ein wirtschaftlicher Wert beizumessen ist.[117] Tatsächliche Anwartschaften **(Exspektanzen)** müssen ausreichend konkret sein, also mit großer Wahrscheinlichkeit einen Vermögenszuwachs erwarten lassen, um in den strafrechtlichen Vermögensbegriff zu fallen.[118] Nach dem wirtschaftlichen Vermögensbegriff werden auch Vermögensbestandteile aus **rechts- oder sittenwidrigen Geschäften** umfasst,[119] so dass zB der **rechtswidrige Besitz** zu dem von § 263 StGB geschützten Vermögen gehört.[120] Nicht umfasst sind mangels vermögensrechtlicher Natur hingegen **staatliche Sanktionen** wie zB eine verhängte Geldbuße oder -strafe.[121]

---

[109] Schönke/Schröder/Perron § 263 Rn. 78b; MR/Saliger § 263 Rn. 150 [einheitlicher Vermögensbegriff].

[110] BGH NJW 1952, 833; OLG Hamburg NJW 1966, 1525. Eine Änderung innerhalb der Rechtsprechung ist trotz einzelner abweichender Entscheidungen (BGH NStZ 2001, 534; 1987, 407) in Richtung eines juristisch-ökonomischen Verständnisses nicht zu erblicken (Graf/Jäger/Wittig/Dannecker § 263 Rn. 79). Ein Anfragebeschluss des 2. Strafsenates, sich von primär wirtschaftlichem Vermögensbegriff zu entfernen (BGH NStZ 2016, 596), wurde vom 4., 5, und 1. Strafsenat abgelehnt (BGH NStZ-RR 2017, 44; 2017, 110; 2017, 112; BeckRS 2016, 19297 Rn. 36 ff.).

[111] MüKoStGB/Hefendehl § 263 Rn. 366.

[112] MüKoStGB/Hefendehl § 263 Rn. 366; LK-StGB/Tiedemann § 263 Rn. 128.

[113] Graf/Jäger/Wittig/Dannecker § 263 Rn. 79; Fischer § 263 Rn. 89.

[114] MüKoStGB/Hefendehl § 263 Rn. 370; MR/Saliger § 263 Rn. 152; Satzger/Schluckebier/Widmaier/Satzger § 263 Rn. 148 f.

[115] S. dazu nur BGH BeckRS 2012, 07959; NJW 1987, 388; OLG Hamburg NJW 1966, 1525; LG Frankfurt a. M. NStZ-RR 2003, 140.

[116] MüKoStGB/Hefendehl § 263 Rn. 370; zur reparatio damni Widmaier/Jofer § 14 Rn. 59.

[117] BeckOK StGB/Beukelmann § 263 Rn. 40 ff.; Graf/Jäger/Wittig/Dannecker § 263 Rn. 81 ff.; MüKoStGB/Hefendehl § 263 Rn. 341; beschränkt auf die Arbeitsleistung und nicht bezüglich der Arbeitskraft Fischer § 263 Rn. 100.

[118] BeckOK StGB/Beukelmann § 263 Rn. 40; MR/Saliger § 263 Rn. 163 ff.; Satzger/Schluckebier/Widmaier/Satzger § 263 Rn. 156.

[119] Auch der Anspruch einer Prostituierten auf das vereinbarte Entgelt (§ 1 S. 1 ProstG) gehört zum strafrechtlich geschützten Vermögen, BGH NStZ 2016, 283 im Anschluss an BGH NStZ 2011, 278. Zur Frage, ob der unerlaubte Besitz von BtM zum strafrechtlich geschützten Vermögen gehört s. den Anfragebeschluss des 2. Senates v. 1.6.2016, BeckRS 2016, 12729, abgelehnt vom 4., 5. und 1. Strafsenat (BGH NStZ-RR 2017, 44; 2017, 110; 2017, 112).

[120] BGH NStZ 2008, 627. S. auch MR/Saliger § 263 Rn. 172.

[121] Graf/Jäger/Wittig/Dannecker § 263 Rn. 85; Schönke/Schröder/Perron § 263 Rn. 78a; MR/Saliger § 263 Rn. 179.

41   **cc) Juristisch-ökonomischer Vermögensbegriff.** In der Literatur wird überwiegend ein **juristisch-ökonomischer Vermögensbegriff** vertreten.[122] Dieser weicht nur in geringem Maße von dem wirtschaftlichen Vermögensbegriff ab. Unterschiede ergeben sich jedoch in den Fallkonstellationen der **sitten- und rechtswidrigen Rechtsgeschäfte** und des **Ganovenbetruges,** da der juristisch-ökonomische Vermögensbegriff als Vermögen nur solche Wirtschaftsgüter erfasst, die von der **Rechtsordnung gebilligt** werden.[123]

42   **dd) Personaler Vermögensbegriff.** Der von Otto begründete personale Vermögensbegriff sieht im Vermögen eine **personal strukturierte Einheit,** die sich aus den von der Rechtsordnung anerkannten Beziehungen zwischen Personen und Objekten speist.[124]

43   **ee) Funktionaler Vermögensbegriff.** Nach dem funktionalen Vermögensbegriff ist die Zuordnung einer Position zum Vermögen immer nur vorläufig.[125] Vermögen meint nach funktionaler Bestimmung die **Verfügungsmacht,** die einer Person über abstrakt geldwerte Güter, die ihr rechtlich zugeordnet und übertragbar sind, zukommt.[126]

44   **b) Schadensermittlung. aa) Grundsätzliches.** Ein **Schaden** iSd § 263 StGB ist nach ständiger Rspr. jede **Vermögenseinbuße** und entspricht begrifflich dem Vermögensnachteil iSd § 266 StGB → StGB § 266 Rn. 67 ff.[127]

45   **Maßgeblicher Zeitpunkt** für die Schadensfeststellung ist die Vermögensverfügung.[128]

46   Die **Schadensermittlung** muss unter Bezugnahme auf die Schutzgutbestimmung von § 263 StGB → Rn. 3, nach der nur das Vermögen geschützt wird, erfolgen.[129] Nach ständiger Rspr. erfolgt diese nach dem **Prinzip der Gesamtsaldierung** anhand eines Vergleichs der Vermögenslage vor und nach dem schädigenden Ereignis.[130] Demzufolge liegt kein Schaden vor, wenn die Minderung durch einen erfolgten Vermögenszuwachs aufgewogen wird.[131] Auch ohne tatsächliche Vermögenseinbuße kann ein Schaden vorliegen, wenn die Leistung aus Sicht eines objektiven Betrachters wirtschaftlich wertlos ist (zum subjektiven Schadenseinschlag → Rn. 50).

47   Die Problematik wirtschaftlicher Wertlosigkeit zeigt sich vor allem in den Fällen der **sog. Abo- oder Kostenfallen**[132] → Rn. 83 ff., bei denen regelmäßig von der kostenfreien Bereitstellung der Leistung ausgegangen wird, Hinweise über anfallende Kosten nur versteckt vorliegen und es sich idR um Leistungen handelt, die anderweitig kostenfrei erhältlich sind. Ein Schaden aufgrund individueller Wertlosigkeit wird auch in den ähnlich gelagerten Fällen der **rechnungsähnlichen Angebotsschreiben** → Rn. 81 ff., diskutiert.[133]

---

[122] Graf/Jäger/Wittig/Dannecker § 263 Rn. 79; Fischer § 263 Rn. 90; Schönke/Schröder/Perron § 263 Rn. 82 f.; MR/Saliger § 263 Rn. 158 ff.; Satzger/Schluckebier/Widmaier/Satzger § 263 Rn. 150 jeweils mwN; Eisele/Bechtel JuS 2018, 97 (99 f.).
[123] BeckOK StGB/Beukelmann § 263 Rn. 42; Graf/Jäger/Wittig/Dannecker § 263 Rn. 79; MR/Saliger § 263 Rn. 155 f.
[124] Otto AT § 38 Rn. 3 ff.; Otto, Die Struktur des strafrechtlichen Vermögensschutzes, S. 26 ff.
[125] Ausführlich dazu NK-StGB/Kindhäuser § 263 Rn. 275 ff.
[126] Graf/Jäger/Wittig/Dannecker § 263 Rn. 80; Fischer § 263 Rn. 89.
[127] BVerfG NJW 2009, 2370 (2371); BGH NStZ-RR 2011, 312 (313); NStZ 2009, 150. Zu Begriffsbestimmungen des Nachteils iSd § 266 StGB siehe BGH NStZ 2012, 151; 2010, 329; BeckRS 2008, 23926; 2003, 08145; eing. zur Quantifizierung des Betrugsschadens Bittmann NStZ 2013, 72.
[128] BGH NStZ 2016, 286; wistra 2012, 267 (268); NZG 2011, 874 (875); Fischer § 263 Rn. 111.
[129] Gerst/Meinicke StraFo 2011, 29 (30).
[130] BGH wistra 2012, 267 (268); NStZ-RR 2011, 312 (313); BeckRS 2009, 08260; Graf/Jäger/Wittig/Dannecker § 263 Rn. 86; Fischer § 263 Rn. 111; Satzger/Schluckebier/Widmaier/Satzger § 263 Rn. 206 ff.; BGH, Beschl. v. 16.12.2020 – 6 StR 251/20.
[131] BGH wistra 2012, 267 (268); NStZ-RR 2011, 312 (313); StraFo 2011, 308 (310); wistra 2011, 340 (341); Fischer § 263 Rn. 111.
[132] OLG Frankfurt a. M. NJW 2011, 398.
[133] BGH NStZ-RR 2004, 110; NStZ 2001, 430 (432); NJW 1970, 1932.

Bei **gegenseitigen Verträgen** ergibt sich ein Schaden, wenn sich Leistung und Gegen- **48** leistung nach den jeweiligen Umständen wertmäßig nicht entsprechen.[134] Täuscht der Täter über Umstände, die für den Verkehrswert des Vertragsgegenstandes maßgeblich sind, liegt ein Schaden gleichwohl nur vor, wenn die erbrachte Leistung aus Sicht eines objektiven Betrachters dem vereinbarten Preis nicht gleichkommt; unerheblich ist dagegen regelmäßig, ob die gelieferte Ware von geringerem Wert ist als die vertraglich vereinbarte.[135]

Ein Schaden kann bei gegenseitigen Verträgen selbst dann anzunehmen sein, wenn **49** Zahlungen (noch) nicht geleistet wurden. In diesen Fällen besteht der Schaden darin, dass der schuldrechtlichen Verpflichtung des Getäuschten kein gleichwertiger Anspruch gegen- übersteht (eingehend → Rn. 52 ff.).[136] Zwar besteht in der Regel ein **Anfechtungsrecht;** dieses hat jedoch – trotz der zivilrechtlichen ex-tunc-Wirkung – bei der Berechnung eines betrugsrelevanten Schadens außer Betracht zu bleiben.[137]

Ein strafrechtlich relevanter Schaden kann sich auch bei vorliegender Gleichwertigkeit **50** von Leistung und Gegenleistung durch einen **subjektiven, individuellen oder persönli- chen Schadenseinschlag** ergeben. Danach liegt ein Vermögensschaden vor, wenn der Getäuschte weder eine Verwendung zum vertraglich vorausgesetzten Zweck noch in sonstiger zumutbarer Weise für die durch Täuschung erlangte Sache hat (sog. Zweck- verfehlungslehre),[138] er durch die eingegangene Verpflichtung zu vermögensschädigenden Maßnahmen genötigt wird[139] oder er aufgrund der eingegangenen Verpflichtung nicht mehr über die Mittel verfügen kann, die zur ordnungsmäßigen Erfüllung seiner Ver- bindlichkeiten oder für eine angemessene Wirtschafts- und Lebensführung unerlässlich sind.[140] Um den Charakter des Betrugstatbestandes als Vermögensschädigungs- und Er- folgsdelikt nicht zu untergraben und um einer Annäherung des zivilrechtlichen an den strafrechtlichen Schadensbegriff, die dem fragmentarischen Charakter und der ultima-ratio Funktion des Strafrechts zuwiderliefe, vorzubeugen,[141] muss das Rechtsinstitut des sub- jektiven Schadenseinschlags **restriktiv** angewandt werden.[142] Der BGH hat zuletzt in Erwägung gezogen, auf das Institut des persönlichen Schadenseinschlages gänzlich zu ver- zichten.[143]

Wenn sich lediglich die Aussicht auf eine **reine Vermögensmehrung** nicht verwirk- **51** licht, liegt kein strafrechtlich relevanter Schaden vor, da eine solche nicht vom Schutz- bereich der Norm umfasst ist.[144] Daher ist in der Regel auch keine Betrugstat gegeben, wenn ein Einkäufer durch Täuschung eine Rabattgewährung erhält (zum **Rabattbetrug** → Rn. 103 ff.).[145]

bb) Eingehungs- und Erfüllungsbetrug. Bei **Austauschverträgen** kann einerseits **52** bereits der Abschluss des Vertrages zu einem betrugsrelevanten Schaden führen, andererseits aber auch erst die Erfüllung der geschuldeten Leistungspflichten.

---

[134] BGH wistra 2011, 340 (341). Zur Frage der Schadensbezifferung bei gegenseitig geschuldeten Leis- tungen zuletzt BGH NStZ 2016, 286; 2016, 283; BeckRS 2016, 04207; 2015, 16201. Vgl. auch Dannecker NStZ 2016, 318.

[135] BGH BeckRS 2012, 17118.

[136] OLG Frankfurt a. M. NJW 2011, 398 (403).

[137] BGH NJW 1970, 1932; OLG Frankfurt a. M. NJW 2011, 398 (403); differenzierend Kleszcewski/ Schröder JA 2021, 917 (919 f.).

[138] BGH NStZ-RR 2001, 41; NJW 1962, 309; allg. zur Zweckverfehlungslehre Jahn JuS 2013, 179.

[139] BGH NJW 1962, 309.

[140] BGH NJW 1962, 309. Insgesamt zur Problematik MR/Saliger § 263 Rn. 207 ff.

[141] Gerst/Meinicke CCZ 2011, 96 (98).

[142] BGH StraFo 2011, 308 (311); Bayer JA 2022, 122 (126).

[143] BGH NStZ 2014, 318 m. krit. Bespr. von Schmidt NJW 2015, 284; relativiert durch BVerfG NJW 2013, 365 (367).

[144] BGH NStZ-RR 2007, 347; NStZ 2004, 557; NJW 1985, 2428; Fischer § 263 Rn. 114. Vgl. auch MR/Saliger § 263 Rn. 163 ff.

[145] BGH NStZ-RR 2007, 347; NStZ 2004, 557; Graf/Jäger/Wittig/Dannecker § 263 Rn. 403 ff.; Fischer § 263 Rn. 122.

53 Liegt schon im **Abschluss eines Vertrages** der Schaden, so handelt es sich um einen sog. **Eingehungsbetrug.** Ein Schaden ist danach schon immer dann anzunehmen, wenn sich die wirtschaftliche Position des Betroffenen unmittelbar nach Vertragsschluss finanziell schlechter darstellt. Dies beurteilt sich anhand eines Vergleichs der Vermögenslagen vor und nach der Übernahme der schuldrechtlichen Verpflichtung: Liegt auf Seiten des täuschenden Vertragsteils eine minderwertige Leistungspflicht vor, zB weil dieser leistungsunwillig oder leistungsunfähig ist, so liegt für den Getäuschten bereits darin ein Schaden.[146] Für einen Schaden ausreichend ist also bereits die Negativprognose im Hinblick auf die Erbringung der aus einem gegenseitigen Vertrag resultierenden Leistungsansprüche.[147] Umstritten ist beim Eingehungsbetrug der Zeitpunkt der **Vollendung:** Mit der hM ist Vollendung bereits mit Abschluss des Vertrages gegeben, da schon zu diesem Zeitpunkt der Verpflichtung des Getäuschten eine nur minderwertige Leistung des Täuschenden gegenübersteht.[148]

54 Ein Vermögensschaden besteht bei der betrügerischen Abwicklung von Austauschverträgen **(sog. Erfüllungsbetrug),** wenn eine Vermögensminderung ohne entsprechende Kompensation vorliegt. Hierbei ist der Marktwert der Leistung bzw. Gegenleistung aus Sicht eines objektiven Dritten zu bestimmen.[149] Entspricht der Wert der erbrachten Leistung nicht dem der geschuldeten Leistung, so liegt eine Schädigung auf Seiten desjenigen vor, der zu viel für die minderwertige Ware oder Leistung erbracht hat. Ein Schaden liegt jedoch nicht schon dann vor, wenn der Betroffene den Vertragsabschluss ohne die Täuschungshandlung nicht vorgenommen hätte.[150]

55 Im Rahmen des Erfüllungsbetruges ist zwischen dem sog. **echten Erfüllungsbetrug** und dem sog. **unechten Erfüllungsbetrug** zu unterschieden. Ein echter Erfüllungsbetrug liegt vor, wenn **nach Vertragsabschluss** über die Qualität der geschuldeten Leistung getäuscht wird und nur deshalb die Annahme der Leistung erfolgt.[151] Wird hingegen bereits **bei Vertragsschluss** ein Irrtum über die Qualität erregt und in der Folge eine minderwertige Leistung erbracht, so handelt es sich um einen unechten Erfüllungsbetrug,[152] so bspw. in den klassischen **Gebrauchtwagenfällen.** Hier nimmt die Rspr. im Falle der Manipulation des Kilometerstandes vor Vertragsschluss keinen Schaden an, wenn der erzielte Verkaufspreis – gemessen an der Schwackeliste – dem tatsächlichen Verkehrswert entspricht.[153]

56 cc) **Schadensgleiche Vermögensgefährdung.** Ein Schaden iSd § 263 StGB kann bereits dann vorliegen, wenn eine sog. **schadensgleiche konkrete Vermögensgefährdung** eingetreten ist.[154] Die Begrifflichkeit ist insoweit missverständlich, als dass bereits in der reinen Vermögensgefährdung ein **vollendeter Schaden** liegt. In seinem Beschluss

---

[146] BGH BeckRS 2016, 12769; Schönke/Schröder/Perron § 263 Rn. 128; s. aktuell zur Schadensbestimmung beim Eingehungsbetrug BGH NStZ 2014, 318 mAnm Piel NStZ 2014, 399; vgl. auch BGH BeckRS 2020, 9285 Rn. 9; BGH, Urt. v. 8.12.2021 – 6 StR 236/21.

[147] Cornelius NZWiSt 2012, 259 (262); Lück JuS 2018, 1148 (1151).

[148] BGH NJW 1953, 836; OLG Stuttgart NJW 2002, 384; Satzger/Schluckebier/Widmaier/Satzger § 263 Rn. 261; LK-StGB/Tiedemann § 263 Rn. 161, 274; die Gegenansicht sieht hierin lediglich eine erste Stufe der Vertragsabwicklung, vgl. Schönke/Schröder/Perron § 263 Rn. 130.

[149] OLG Hamm BeckRS 2011, 03094.

[150] OLG Hamm BeckRS 2011, 03094.

[151] BGH BeckRS 2016, 10440; MüKoStGB/Hefendehl § 263 Rn. 649; Satzger/Schluckebier/Widmaier/Satzger § 263 Rn. 265.

[152] BGH NJW 1961, 1876; OLG Hamm NStZ 1992, 593; OLG Düsseldorf NJW 1991, 1841; BayObLG NJW 1987, 2452; Satzger/Schluckebier/Widmaier/Satzger § 263 Rn. 266 f.

[153] OLG Hamm NStZ 1992, 593; OLG Düsseldorf NJW 1991, 1841; BayObLG NJW 1987, 2452; MüKoStGB/Hefendehl Rn. 651 f.; Zum ebenfalls bekannten Gabardinehosenfall (BGH NJW 1961, 1876) s. MüKoStGB/Hefendehl § 263 Rn. 653 ff.; aA etwa Bittmann GS Joecks, 2018, 203 (215 f.).

[154] BGH NStZ 2008, 397 (zu § 266 StGB); BGH NJW 2003, 3717; BeckRS 1994, 31090708; NJW 1966, 1975; 1964, 874; OLG Hamm BeckRS 2011, 03094; vgl. auch NK-StGB/Kindhäuser § 263 Rn. 297 ff.; MR/Saliger § 263 Rn. 223 ff.; Satzger/Schluckebier/Widmaier/Satzger § 263 Rn. 248 ff.; LK-StGB/Tiedemann § 263 Rn. 168 f.; eingehend zum Gefährdungsschaden Becker/Rönnau JuS 2017, 499.

vom 10.3.2009 zu § 266 StGB hat das BVerfG die **Verfassungsmäßigkeit** dieser Figur bestätigt.[155] Eine derartige Gefährdung liegt vor, wenn sie so ausreichend konkret ist, dass nach den Umständen des Einzelfalls die naheliegende Möglichkeit der endgültigen Vermögenseinbuße besteht; eine nur abstrakte Vermögensgefährdung reicht hingegen nicht aus.[156] Dies ist damit zu begründen, dass ein Schaden erst dann angenommen werden kann, wenn mit einer Schädigung derart ernstlich zu rechnen ist, dass das **Verlustrisiko** nach einer wirtschaftlichen Betrachtungsweise bereits eine Wertminderung im Vermögen des Opfers begründet.[157] Die Abgrenzung zwischen einer schadensgleichen Vermögensgefährdung und einer rein abstrakten Gefahr für das Vermögen ist im Einzelfall schwierig und von den jeweiligen Umständen des Falles abhängig. Eine schadensgleiche Vermögensgefährdung kann jedenfalls nur dann bejaht werden, wenn die sie begründenden Tatsachen einwandfrei festgestellt wurden; ungenügend ist es, wenn diese nur auf vagen Vermutungen oder Wahrscheinlichkeiten fußen.[158] Ein typischer Fall der schadensgleichen Vermögensgefährdung ist der Eingehungsbetrug → Rn. 53.

III. Subjektiver Tatbestand

1. Vorsatz. Im subjektiven Tatbestand ist im Hinblick auf alle Merkmale des objektiven **57** Tatbestands **bedingter Vorsatz** ausreichend.[159] Bezüglich der sehr komplexen und normativ ausgestalteten objektiven Tatbestandsmerkmale muss der Täter iSe **Parallelwertung in der Laiensphäre** den sozialen Sinn des Geschehens hinreichend erfasst haben.[160] So muss der Täter zB iRd konkludenten Täuschung die Verkehrsanschauung kennen, die der Bestimmung des Aussagewertes zugrunde gelegt wird.[161]

2. Bereicherungsabsicht. Der Betrug ist ein Delikt mit **überschießender Innen- 58 tendenz:**[162] Neben dem Vorsatz hinsichtlich aller Merkmale des objektiven Tatbestands muss der Täter zusätzlich auch die Absicht haben, sich oder einem Dritten einen rechtswidrigen und stoffgleichen Vermögensvorteil zu verschaffen.

a) Vermögensvorteil. Ein **Vermögensvorteil** ist die zumindest vorübergehend güns- **59** tigere Ausgestaltung der Vermögenslage.[163] Hierin liegt das spiegelbildliche und damit auch „stoffgleiche" Gegenstück zum Vermögensschaden: Der Verlust des Getäuschten wird zum Vorteil des Täuschenden.[164] Der Vorteilsbegriff ist nicht so weit wie iRd §§ 331 ff. StGB zu verstehen, da nur rein **wirtschaftliche Vorteile** erfasst werden.[165]

b) Absicht, sich oder einen Dritten zu bereichern. Die **Absicht,** sich oder einem **60** Dritten einen rechtswidrigen Vermögensvorteil zu verschaffen, erfordert direkten Vorsatz

---

[155] BVerfG NJW 2009, 2370; siehe auch BVerfG NStZ 2010, 626.
[156] BGH NJW 1966, 1975 (1976); OLG Hamm BeckRS 2011, 03094; BGH BeckRS 2019, 42614 Rn. 32; NK-StGB/Kindhäuser § 263 Rn. 298; Schönke/Schröder/Perron § 263 Rn. 143; LK-StGB/Tiedemann § 263 Rn. 168; Satzger/Schluckebier/Widmaier/Satzger § 263 Rn. 252.
[157] BGH NJW 2003, 3717 (3719); OLG Hamm BeckRS 2011, 03094; NK-StGB/Kindhäuser § 263 Rn. 298; Schönke/Schröder/Perron § 263 Rn. 143; LK-StGB/Tiedemann § 263 Rn. 170; s. hierzu auch Hinrichs wistra 2013, 161 (164); zustimmend, aber kritisch hinsichtlich des Begriffes Peglau wistra 2012, 368 (371).
[158] Vgl. BGH StV 2016, 158; BeckRS 1994, 31090708.
[159] MüKoStGB/Hefendehl § 263 Rn. 868; Schönke/Schröder/Perron § 263 Rn. 165; MR/Saliger § 263 Rn. 272.
[160] MR/Saliger § 263 Rn. 272; grundlegend zu den Irrtumskonstellationen Bülte NStZ 2013, 65.
[161] MüKoStGB/Hefendehl § 263 Rn. 869; NK-StGB/Kindhäuser § 263 Rn. 351.
[162] Satzger/Schluckebier/Widmaier/Satzger § 263 Rn. 310.
[163] MüKoStGB/Hefendehl § 263 Rn. 880; Schönke/Schröder/Perron § 263 Rn. 167; Satzger/Schluckebier/Widmaier/Satzger § 263 Rn. 311; LK-StGB/Tiedemann § 263 Rn. 254.
[164] MüKoStGB/Hefendehl § 263 Rn. 880; Satzger/Schluckebier/Widmaier/Satzger § 263 Rn. 314; LK-StGB/Tiedemann § 263 Rn. 256.
[165] Schönke/Schröder/Perron § 263 Rn. 167; LK-StGB/Tiedemann § 263 Rn. 254.

iSd **dolus directus 1. Grades.**[166] Die Bereicherung muss allerdings nicht das einzige oder überwiegende Motiv des Täters sein.[167]

61   Die Bereicherungsabsicht stellt **kein besonderes persönliches Merkmal** dar, weshalb **§ 28 Abs. 1 StGB** keine Anwendung findet.[168]

62   **c) Stoffgleichheit.** Die Bereicherung und der Vermögensschaden müssen **stoffgleich** sein. Das bedeutet, dass der Schaden unmittelbar durch die Vermögensverfügung herbeigeführt worden sein muss.[169] Die Bereicherung ist damit die Kehrseite der Schädigung.[170] Praxisrelevante Schwierigkeiten bereitet hier va der **Provisionsvertreterbetrug** → Rn. 98 ff.[171]

63   **d) Rechtswidrigkeit.** Der subjektive Tatbestand setzt weiterhin voraus, dass die Bereicherungsabsicht des Täters auf einen **rechtswidrigen** Vermögensvorteil gerichtet ist. Die Bereicherung ist rechtmäßig, wenn nach bürgerlichem oder öffentlichem Recht ein **fälliger und einredefreier Anspruch** auf den Vorteil besteht und kein unbegründeter Rechtsanspruch durchgesetzt werden soll.[172] Hält der Täter den Anspruch fälschlicherweise für rechtswidrig, macht er sich wegen **(untauglichen) Versuchs** strafbar.[173] Geht der Täter hingegen fälschlicherweise von der Rechtmäßigkeit des angestrebten Vorteils aus, ist ein **Tatbestandsirrtum** iSd § 16 Abs. 1 S. 1 StGB gegeben.[174]

64   **e) Vorsatz bzgl. Stoffgleichheit und Rechtswidrigkeit.** Der Vorsatz des Täters hat auch die Rechtswidrigkeit und Stoffgleichheit des Vermögensvorteils einzuschließen.

IV. Versuch, Vollendung und Beendigung

65   Der **Versuch** des Betrugs ist nach § 263 Abs. 2 StGB strafbar. Aufgrund des mehraktigen Verlaufs einer Betrugstat ist der **Versuchsbeginn** regelmäßig erst bei Vornahme der Täuschungshandlung gegeben, durch die das Opfer zu einer irrtumsbedingten und zu einem Vermögensschaden führenden Vermögensverfügung veranlasst werden soll.[175]

66   Der Betrug gilt als **vollendet,** wenn ein Vermögensschaden eingetreten ist.[176] Dies kann bei einer schadensgleichen Vermögensgefährdung → Rn. 56 bereits dann der Fall sein, wenn die Gefahr einer Vermögensminderung bei der Vermögensverfügung hinreichend groß ist.[177]

---

[166] MR/Saliger § 263 Rn. 278; LK-StGB/Tiedemann § 263 Rn. 249.

[167] BGH BeckRS 2011, 21551; NJW 1961, 1172; Satzger/Schluckebier/Widmaier/Satzger § 263 Rn. 312; LK-StGB/Tiedemann § 263 Rn. 250; zum dolus directus 1. Grades Otto StrafR AT § 7 Rn. 31.

[168] MR/Saliger § 263 Rn. 277.

[169] BGH StraFo 2011, 238 (239); NJW 1954, 1008 mH auf die nicht veröffentlichten Entscheidungen des Senats v. 29.1.1953 – 5 StR 846/52 und v. 26.2.1954 – 5 StR 689/53; OLG Hamm NJW 1958, 513; Fischer § 263 Rn. 187; Schönke/Schröder/Perron § 263 Rn. 168; LK-StGB/Tiedemann § 263 Rn. 256.

[170] BGH NJW 1954, 1008; OLG Hamm NJW 1958, 513; Schönke/Schröder/Perron § 263 Rn. 168; LK-StGB/Tiedemann § 263 Rn. 256.

[171] MR/Saliger § 263 Rn. 285 m. w. Bsp.; vgl. zudem aktuell zur Stoffgleichheit im Zusammenhang mit der Absicht, einem Dritten bei einem Gebrauchtwagenverkauf einen rechtswidrigen Vermögensvorteil zu verschaffen: BGH NJW 2020, 2798 (2801).

[172] Graf/Jäger/Wittig/Dannecker § 263 Rn. 123; Fischer § 263 Rn. 191; MüKoStGB/Hefendehl § 263 Rn. 922 ff.; NK-StGB/Kindhäuser § 263 Rn. 369.

[173] BGH NStZ 2003, 663 (664); MüKoStGB/Hefendehl § 263 Rn. 936.

[174] BGH NStZ-RR 1997, 257 (258); MüKoStGB/Hefendehl § 263 Rn. 934.

[175] BGH NStZ 2011, 400; MüKoStGB/Hefendehl § 263 Rn. 937 ff.; MR/Saliger § 263 Rn. 301; BGH, Urt. v. 23.10.2019 – 2 StR 139/19.

[176] MüKoStGB/Hefendehl § 263 Rn. 949; NK-StGB/Kindhäuser § 263 Rn. 378; Schönke/Schröder/Perron § 263 Rn. 178; MR/Saliger § 263 Rn. 296; LK-StGB/Tiedemann § 263 Rn. 272.

[177] MüKoStGB/Hefendehl § 263 Rn. 949; Satzger/Schluckebier/Widmaier/Satzger § 263 Rn. 332; LK-StGB/Tiedemann § 263 Rn. 273.

Beendigung tritt nach hM mit Erlangung des angestrebten Vermögensvorteils und **67** Abschluss der Tat im Ganzen ein.[178] Mit der Beendigung beginnt die **Verjährungsfrist** zu laufen, § 78a S. 1 StGB, die nach § 78 Abs. 3 Nr. 4 StGB beim Betrug idR **5 Jahre** betragen wird.

V. Rechtfertigung

Beim Betrug sind die **allgemeinen Rechtfertigungsgründe** heranzuziehen. Eine **68** Rechtfertigung wird nur in Ausnahmefällen in Betracht kommen. Ein **wirtschaftlicher Notstand** → Vor Rn. 12 wird regelmäßig an der objektiven Erforderlichkeit oder zumindest an der normativen Angemessenheit scheitern.[179]

VI. Regelbeispiele (Abs. 3)

Die **Strafzumessungsvorschrift** des § 263 Abs. 1 StGB legt nach Regelbeispieltechnik **69** einen erhöhten Strafrahmen (6 Monate bis 10 Jahre) für besonders schwere Fälle fest. Dies ist jedoch nicht zwingend; vielmehr hat stets eine **Gesamtabwägung** stattzufinden, ob die den Regelbeispielen zugeschriebene Indizwirkung im Einzelfall auch tatsächlich ausgelöst wurde.[180] Möglich bleibt dem Tatrichter unabhängig davon stets die Annahme eines unbenannten schweren Falles.

1. Gewerbs- und bandenmäßige Begehung (Nr. 1). Das Regelbeispiel der Nr. 1 ist **70** erfüllt, wenn entweder eine gewerbsmäßige oder eine bandenmäßige Begehung stattgefunden hat. Sind beide Alternativen **kumulativ** erfüllt, ist die Tat gem. **Abs. 5 qualifiziert** und als **Verbrechen** (vgl. § 12 StGB) einzustufen → Rn. 78.

Gewerbsmäßig (Alt. 1) iSd § 263 Abs. 3 Nr. 1 StGB handelt, wer sich durch die **71** wiederholte Begehung von Betrugs- oder Urkundenfälschungen eine nicht lediglich vorübergehende Einnahmequelle von einiger Dauer und einigem Umfang verschaffen will.[181] Liegt dieses Bestreben vor, kann bereits bei der **ersten Tatbegehung** ein gewerbsmäßiges Handeln angenommen werden.[182] Dem steht auch nicht entgegen, dass es möglicherweise zu weiteren Taten gar nicht kommt.[183] Ausreichend ist es, wenn dem Täter die erstrebten Vorteile auch nur **mittelbar** zugutekommen.[184]

Eine **bandenmäßige Begehung (Alt. 2)** setzt einen Zusammenschluss **von mindes-** **72** **tens drei Personen** voraus, die sich mit dem Willen verbunden haben, in der Zukunft für eine gewisse Dauer mehrere selbstständige, im Einzelnen noch nicht notwendigerweise klar strukturierte Straftaten des im Gesetz genannten Deliktstyps zu begehen.[185] Ein „gefestigter Bandenwille" und ein „Tätigwerden in einem übergeordneten Bandeninteresse" sind nicht erforderlich.[186]

---

[178] BGH NStZ-RR 2016, 42; StraFo 2004, 215; NJW 1984, 987 (988); Schönke/Schröder/Perron § 263 Rn. 178; MR/Saliger § 263 Rn. 298; Satzger/Schluckebier/Widmaier/Satzger § 263 Rn. 335; aA [Eintritt endgültiger Schädigungserfolg] NK-StGB/Kindhäuser § 263 Rn. 380 f.

[179] LK-StGB/Tiedemann § 263 Rn. 289.

[180] MüKoStGB/Hefendehl § 263 Rn. 965; Satzger/Schluckebier/Widmaier/Satzger § 263 Rn. 378.

[181] BGH NJW 2004, 2840 (2841); s. auch BGH NStZ-RR 2011, 373; BeckRS 2011, 07824; NStZ 2004, 265 (266); Graf/Jäger/Wittig/Dannecker § 263 Rn. 131; MüKoStGB/Hefendehl § 263 Rn. 967; NK-StGB/Kindhäuser § 263 Rn. 391; LK-StGB/Tiedemann § 263 Rn. 296.

[182] BGH NStZ-RR 2011, 373 (374); BeckRS 2011, 07824; NJW 2004, 2840 (2841); NStZ 2004, 265 (266); MR/Saliger § 263 Rn. 316; LK-StGB/Tiedemann § 263 Rn. 296.

[183] BGH NJW 2004, 2840 (2841); MR/Saliger § 263 Rn. 316.

[184] BGH NStZ-RR 2011, 373; Fischer § 263 Rn. 210; NK-StGB/Kindhäuser § 263 Rn. 391.

[185] Zur gleichlautenden Definition der Bande bei § 244 StGB: BGH NJW 2001, 2266; s. auch BGH NStZ 2007, 269; 2002, 200 (201). Vgl. auch Graf/Jäger/Wittig/Dannecker § 263 Rn. 132; MüKoStGB/Hefendehl § 263 Rn. 968; Schönke/Schröder/Perron § 263 Rn. 188a; Satzger/Schluckebier/Widmaier/Satzger § 263 Rn. 386.

[186] BGH NJW 2001, 2266.

73   **2. Intensivierter Vermögensverlust (Nr. 2).** Ein besonders schwerer Fall nach Nr. 2 liegt vor, wenn die Tat zu einem Vermögensverlust **großen Ausmaßes (Alt. 1)** führt, also die Schadenshöhe außergewöhnlich hoch ist.[187] Die hM nimmt einen Vermögensverlust großen Ausmaßes ab **50.000 EUR** an.[188] Umstritten ist, ob eine schadensgleiche Vermögensgefährdung → Rn. 56 zu einem Vermögensverlust großen Ausmaßes führen kann. Vom BGH und der überwiegenden Literatur wird vertreten, dass der reine **Gefährdungsschaden** keinen solchen Vermögensverlust begründen kann.[189] Dies ist insoweit inkonsequent, als dass im Grunddelikt eine schadensgleiche Gefährdung für die Annahme eines endgültigen Schadens ausreichend ist.[190] Will man den Gefährdungsschaden iRd Abs. 3 Nr. 2 Alt. 1 StGB anerkennen, sollte zumindest eine höhere Wertgrenze gelten, da aus einer Gefährdung regelmäßig ein geringerer tatsächlicher Schaden eintritt.[191] Für die Bestimmung des großen Ausmaßes ist auf die Vermögenseinbuße auf Seiten des Opfers abzustellen.[192] Bei Betrugsserien kommt eine **Addition der Einzelschäden** nur insoweit in Betracht, als dass sie dieselben Opfer betreffen.[193] Das Regelbeispiel kommt in Fällen bloßer Versuchsstrafbarkeit nicht zur Anwendung.[194]

74   **Nr. 2 Alt. 2** ist verwirklicht, wenn der Täter beabsichtigt, eine **große Zahl von Menschen** in die Gefahr des Verlustes von Vermögenswerten zu bringen. Menschen sind alle **natürlichen Personen,**[195] juristische Personen sind nur in Ausnahmefällen, wie zB einer **Ein-Mann-GmbH** erfasst.[196] Ab welcher Größenordnung von einer großen Anzahl von Menschen iSd Nr. 2 Alt. 2 gesprochen werden kann, ist bislang höchstrichterlich nicht geklärt. Zumindest wird das Regelbeispiel bejaht, wenn der Täter eine Breitenwirkung erzielen will, wie dies regelmäßig bei Postwurfsendungen, Zeitungsanzeigen, Zeitschriftenbeilagen und auch Internetanzeigen der Fall ist,[197] und wenn zumindest eine Anzahl im zweistelligen Bereich vorliegt.[198] Unstreitig hat der BGH das Regelbeispiel bei einer Anzahl von 123 Betroffenen bejaht.[199] Auch in der Lehre besteht insoweit keine Einigkeit, die Meinungen reichen hier von mindestens drei Personen[200] über zehn Personen[201] bis hin zu 50 Personen.[202] Überzeugend ist die Anzahl von **mindestens 20 Personen.**[203]

75   **3. Wirtschaftliche Not (Nr. 3).** Das Opfer befindet sich in wirtschaftlicher Not, wenn ihm die Mittel für überlebenswichtige Aufwendungen für sich oder auch eine unterhaltsberechtigte Person fehlen.[204] Nr. 3 erfasst dabei selbst Schäden, die aufgrund ihrer weitrei-

---

[187] Schönke/Schröder/Perron § 263 Rn. 188c; Fischer § 263 Rn. 215; jüngst dazu Stam NStZ 2013, 144.
[188] BGH BeckRS 2016, 01162; 2009, 06482; 2007, 00005; NJW 2004, 169 (170); LG Düsseldorf BeckRS 2010, 05310. Vgl. auch Graf/Jäger/Wittig/Dannecker § 263 Rn. 137; NK-StGB/Kindhäuser § 263 Rn. 394; Schönke/Schröder/Perron § 263 Rn. 188c; Satzger/Schluckebier/Widmaier/Satzger § 263 Rn. 390; krit. Fischer § 263 Rn. 215a f.
[189] BGH NStZ-RR 2007, 269; BeckRS 2007, 00005; Fischer § 263 Rn. 217; NK-StGB/Kindhäuser § 263 Rn. 394; Schönke/Schröder/Perron § 263 Rn. 188c; MR/Saliger § 263 Rn. 321.
[190] BGH NJW 2008, 2451 zu § 266 StGB; Fischer § 263 Rn. 217; Satzger/Schluckebier/Widmaier/Satzger § 263 Rn. 391.
[191] Satzger/Schluckebier/Widmaier/Satzger § 263 Rn. 391; LK-StGB/Tiedemann § 263 Rn. 298 f.; aA Stam NStZ 2013, 144 (146).
[192] BGH NStZ-RR 2012, 114; NStZ 2012, 213.
[193] BGH NStZ-RR 2012, 114; NStZ 2012, 213.
[194] BGH BeckRS 2020, 13446 Rn. 2; 2009, 10582.
[195] BGH NStZ 2001, 319; Graf/Jäger/Wittig/Dannecker § 263 Rn. 138; Fischer § 263 Rn. 219.
[196] BGH NStZ 2001, 319; Satzger/Schluckebier/Widmaier/Satzger § 263 Rn. 393.
[197] OLG Jena NJW 2002, 2404 (2405).
[198] OLG Frankfurt a. M. NJW 2011, 398 (404); s. auch Graf/Jäger/Wittig/Dannecker § 263 Rn. 138.
[199] BGH NStZ-RR 2011, 373 (373 f.).
[200] Lackner/Kühl/Kühl § 263 Rn. 66.
[201] LK-StGB/Tiedemann § 263 Rn. 299.
[202] Joecks StGB § 263 Rn. 186.
[203] So auch NK-StGB/Kindhäuser § 263 Rn. 396; Schönke/Schröder/Perron § 263 Rn. 188d; Satzger/Schluckebier/Widmaier/Satzger § 263 Rn. 393.
[204] Graf/Jäger/Wittig/Dannecker § 263 Rn. 139.

chenden Folgen für das Opfer nicht mehr mit dem Vermögensgewinn des Täters als stoffgleich anzusehen sind.[205]

4. Missbrauch einer Befugnis oder Stellung als Amtsträger oder Europäischer 76 **Amtsträger (Nr. 4).** Für den Begriff des Amtsträgers bzw. Europäischen Amtsträgers ist § 11 Abs. 1 Nr. 2 bzw. Nr. 2a StGB maßgeblich. Der Europäische Amtsträger wurde durch Art. 1 Nr. 7 des Gesetzes zur Bekämpfung der Korruption vom 20.11.2015 (BGBl. 2015 I 2025 (2026)) in Abs. 3 S. 2 Nr. 4 eingefügt. Die Befugnis wird missbraucht, wenn bei der Tatbegehung gerade im Rahmen der Zuständigkeit gehandelt wird.[206] Die Stellung als Amtsträger missbraucht, wer außerhalb der Zuständigkeit, aber unter Ausnutzung der aus dem Amt üblicherweise erwachsenden Handlungsmöglichkeiten agiert.[207]

5. Vortäuschen eines Versicherungsfalles (Nr. 5). Wird durch die Betrugstat ein 77 Versicherungsfall vorgetäuscht, indem ein in Wahrheit nicht bestehender Anspruch geltend gemacht wird, ist das Regelbeispiel der Nr. 5 erfüllt.[208] Zuvor muss der Täter oder ein Dritter zum Zweck der Vortäuschung des Versicherungsfalles eine Sache von besonderem Wert (idR über 750 EUR)[209] in Brand gesetzt oder dessen teilweise oder ganze Zerstörung durch Brandlegung verursacht oder ein Schiff zum Sinken oder Stranden gebracht haben.

VII. Qualifikation (Abs. 5)

In Abs. 5 ist ein Qualifikationstatbestand enthalten. Liegt **kumulativ** eine gewerbsmäßi- 78 ge und bandenmäßige Begehung vor, so ist die Tat als **Verbrechen** (vgl. § 12 Abs. 1 StGB) einzustufen.[210]

VIII. Konkurrenzen

Werden durch eine Täuschungshandlung mehrere Personen geschädigt oder führen 79 mehrere Täuschungshandlungen zu einer Vermögensverfügung, so liegt nur **ein Betrug** vor.[211] Grundsätzlich besteht zu anderen Delikten des StGB **Tateinheit,** wenn diese durch die gleiche Tathandlung verwirklicht wurden (§ 52 StGB) und ihnen keine vermögensbezogene Schutzrichtung zukommt (zB §§ 153 ff., 156, 164 StGB).[212] Im Verhältnis zu den Korruptionsdelikten nach den **§§ 331 ff. StGB** liegt Tateinheit nur vor, wenn bei der Vorteilsannahme über die Bereitschaft zur Vornahme der Diensthandlung getäuscht wird.[213] Idealkonkurrenz zu **§ 266 StGB** ist nach hM anzunehmen, wenn die Untreuehandlung durch einen Betrug begangen wurde.[214] **§ 264 StGB** geht dem Betrug als lex specialis vor, ohne dabei eine Sperrwirkung bei Nicht-Anwendbarkeit zu entfalten.[215] Die **§§ 265, 265a StGB** sind hingegen subsidiär.[216] Grundsätzlich ist wegen der unterschiedlich zu schützenden Rechtsgüter Tateinheit zwischen § 263 StGB und **§ 298 StGB** anzunehmen, wenngleich der Betrug iSd § 263 StGB weitaus größeren Beweis-

---

[205] Fischer § 263 Rn. 220; Schönke/Schröder/Perron § 263 Rn. 188e; LK-StGB/Tiedemann § 263 Rn. 300.

[206] Graf/Jäger/Wittig/Dannecker 263 Rn. 143; Fischer § 263 Rn. 221; Schönke/Schröder/Perron § 263 Rn. 188f; LK-StGB/Tiedemann § 263 Rn. 301.

[207] Graf/Jäger/Wittig/Dannecker § 263 Rn. 143; Fischer § 263 Rn. 221; Schönke/Schröder/Perron § 263 Rn. 188f; MR/Saliger § 263 Rn. 325; LK-StGB/Tiedemann § 263 Rn. 301.

[208] Fischer § 263 Rn. 223; NK-StGB/Kindhäuser § 263 Rn. 399.

[209] NK-StGB/Kindhäuser § 263 Rn. 400.

[210] MüKoStGB/Hefendehl § 263 Rn. 993; Satzger/Schluckebier/Widmaier/Satzger § 263 Rn. 405.

[211] MR/Saliger § 263 Rn. 333. Vgl. auch BGH BeckRS 2015, 17969.

[212] MüKoStGB/Hefendehl § 263 Rn. 1000; NK-StGB/Kindhäuser § 263 Rn. 408; Satzger/Schluckebier/Widmaier/Satzger § 263 Rn. 357.

[213] MüKoStGB/Hefendehl § 263 Rn. 1000; LK-StGB/Tiedemann § 263 Rn. 318.

[214] MüKoStGB/Hefendehl § 263 Rn. 1004; LK-StGB/Tiedemann § 263 Rn. 315.

[215] NK-StGB/Kindhäuser § 263 Rn. 410.

[216] MüKoStGB/Hefendehl § 263 Rn. 1004.

schwierigkeiten unterliegt, so zB in Hinblick auf die Nachweisbarkeit eines Vermögensschadens.[217] Aufgrund der Privilegierungsfunktion der **§§ 352, 353 StGB** ist ein Rückgriff auf § 263 StGB im Wege der Gesetzeskonkurrenz gesperrt.[218] In Bezug auf **Delikte des Nebenstrafrechts** ist Tateinheit mit den **§§ 370, 371 AO** gegeben, wenn der Täter über die Steuervorteile hinaus durch Täuschung weitere Vorteile erlangen will.[219] Des Weiteren wird Idealkonkurrenz vor allem auch zu den **§§ 16 UWG und 119 WpHG** angenommen.[220]

80   **Tatmehrheit** (§ 53 StGB) liegt hingegen vor, wenn eine Handlung, die dem Betrug folgt, über die bloße Sicherung des Vermögensdelikts hinausgeht, so zB bei einem Anstellungsbetrug, bei dem noch weitere Betrugshandlungen folgen, um durch die Angabe falscher Daten höhere Bezüge zu erhalten.[221] Beschränken sich die weiteren Tathandlungen hingegen auf die Bereicherungssicherung, ohne einen eigenständigen Vermögensschaden zu begründen, so stellen diese eine sog. **mitbestrafte Nachtat** dar.[222] Nach dem Willen des Gesetzgebers (BT-Drs. 18/8831, 15, 20) liegt wegen der unterschiedlichen Schutzrichtungen (Sportintegrität) regelmäßig Tatmehrheit mit den neuen §§ 265c, 265d StGB vor.

IX. Vertriebsrelevante Betrugsformen

81   **1. Betrugskonstellationen bei Verschleierung von Vertragsabschlüssen. a) Rechnungsähnliche Angebotsschreiben.** Bei **rechnungsähnlichen Angebotsschreiben** versucht der Täter über den Abschluss von Verträgen zu täuschen. In dem Präzedenzfall, den der BGH 2001 zu entscheiden hatte, wurden Personen angeschrieben, in deren Umfeld es kürzlich zu einem Todesfall gekommen war.[223] Ermittelt wurden diese durch **Todesanzeigen** aus Tageszeitungen, in denen die Getäuschten als Angehörige genannt waren. An diesen Personenkreis erfolgte wenige Tage nach Erscheinen der Anzeigen die Zusendung eines als „Insertionsofferte" bezeichneten Schreibens mit dem Angebot einer weiteren Todesanzeige, dem ein zum Teil vorausgefüllter Überweisungsträger beigefügt war. Das Schriftstück enthielt eine Vielzahl an **rechnungsähnlichen Merkmalen,** sodass einige der angeschriebenen Personen den entsprechenden Betrag überwiesen. Der BGH bejahte eine konkludente Täuschungshandlung, obwohl die in dem übersandten rechnungsähnlichen Angebot enthaltenen Tatsachen objektiv zutrafen.[224] Eine Täuschung liege selbst bei Mitverschulden und Sorglosigkeit des Opfers vor, wenn der Täter die inhaltlich richtige Erklärung bewusst einsetzt, um unter dem **Anschein ‚äußerlich verkehrsgerechten Verhaltens'** einen Irrtum zu provozieren, der zu einer selbstschädigenden Vermögensverfügung des Adressaten führt.[225] Eine derartige planmäßige Irrtumserregung kann jedoch nur angenommen werden, wenn durch die Gesamtgestaltung des Schreibens der Angebotscharakter völlig in den Hintergrund tritt.[226]

82   Die Grundsätze seiner Todesanzeigen-Entscheidung hat der BGH in den Jahren 2004 und 2014 erneut bestätigt. In den zugrunde liegenden Fällen erhielten Unternehmer unmittelbar nach ihrer Eintragung in das Handelsregister eine ‚Angebotsrechnung' für die

---

[217] MüKoStGB/Hohmann § 298 Rn. 105.
[218] Schönke/Schröder/Perron § 263 Rn. 182.
[219] BGH NJW 1989, 1619 mwN; Lackner/Kühl/Kühl § 263 Rn. 68; Satzger/Schluckebier/Widmaier/ Satzger § 263 Rn. 359; LK-StGB/Tiedemann § 263 Rn. 321; für das Verhältnis zwischen § 263 StGB und § 370 AO ausführlich Puppe NStZ 2021, 596 (597 f.).
[220] Fischer § 263 Rn. 238; Satzger/Schluckebier/Widmaier/Satzger § 263 Rn. 359.
[221] OLG Celle BeckRS 1972, 31365527; MüKoStGB/Hefendehl § 263 Rn. 1005.
[222] BeckOK StGB/Beukelmann § 263 Rn. 121; NK-StGB/Kindhäuser § 263 Rn. 413.
[223] BGH NJW 2001, 2187.
[224] BGH NJW 2001, 2187 (2188).
[225] BGH NJW 2001, 2187 (2189).
[226] BGH wistra 2014, 439; NStZ 2001, 430; s. auch BGH NStZ-RR 2004, 110; NJW 2001, 2187.

Eintragung in eine Datenbank. Der BGH bestätigte in diesen Entscheidungen, dass Leichtgläubigkeit oder Erkennbarkeit die Schutzbedürftigkeit der potentiellen Opfer und damit eine Täuschung nicht per se ausschließen.[227]

b) Abo- oder Kostenfallen im Internet. Mit zunehmender Bedeutung des Internets 83 hat auch die Möglichkeit von Betrugshandlungen durch den Online-Vertrieb von Waren und Leistungen zugenommen. Probleme stellen sich vor allem bei den sog. **Abo- oder Kostenfallen.**

In den Fällen der Abo- oder Kostenfallen handelt es sich um den Vertrieb von Waren 84 und Leistungen über das Internet. Dabei wird beabsichtigt, durch das **Verstecken von Hinweisen über anfallende Kosten** und das **Ausnutzen der Unaufmerksamkeit** von Internetnutzern diese zu einem Vertragsschluss zu veranlassen. Seitens der Benutzer der betreffenden Internetseiten wird dabei zumeist von der kostenfreien Bereitstellung der Leistung ausgegangen, da diese im Regelfall anderweitig gratis erhältlich ist, sodass der Schluss zumindest nahe liegt, auch in diesem Fall werde eine kostenfreie Bereitstellung angeboten.

Zunächst stellt sich das Problem, ob sich aus dem Ausnutzen der Unaufmerksamkeit der 85 Nutzer durch die **Behauptung wahrer Tatsachen** eine **konkludente Täuschungshandlung** ergeben kann. In Anlehnung an seine Rspr. zum Betrug durch rechnungsähnliche Angebotsschreiben hat der BGH zuletzt 2014 klarstellend ausgeführt, dass eine Täuschung grundsätzlich auch dann vorliegen kann, wenn der Erklärungsempfänger bei sorgfältiger Überprüfung den wahren Charakter der Erklärung hätte erkennen können.[228] Ein **Mitverschulden** auf Seiten des Opfers schließt einen Betrug folglich nicht aus.[229] Schwierig kann im Einzelfall die Abgrenzung zwischen konkludenter Täuschungshandlung und straffreiem Ausnutzen eines Irrtums sein: Für eine betrugsrelevante Täuschungshandlung muss die Gestaltung der Internetseite gerade darauf angelegt sein, den Nutzer in die Irre zu führen. Hierbei ist darauf abzustellen, wie sich die Gestaltung einem **durchschnittlichen Internetnutzer** darstellt und ob die Entgeltlichkeit bereits bei Aufruf der Seite zu erkennen ist.[230] Es ist auf den **objektiven Gesamteindruck** abzustellen.[231] Der Gesetzgeber hat durch die Regelungen in den §§ 312i ff. BGB einige konkretisierende Maßgaben konstituiert und versucht, das strafrechtliche Problem der konkludenten Täuschungshandlungen bei Abofallen zivilrechtlich zu lösen.[232]

Für die **Schadensermittlung** sind grundsätzlich die allgemeinen Grundsätze anzuwen- 86 den → Rn. 44 ff. Bei den Abofallen handelt es sich regelmäßig um **Austauschverträge,** bei welchen ein Schaden anzunehmen ist, wenn ein Ausgleich der Vermögensminderung im Wege der Gesamtsaldierung durch die Gegenleistung nicht erfolgt.[233]

Als problematisch stellt sich die **Schadensfeststellung** dar, wenn die angebotene Leis- 87 tung anderweitig **kostenlos verfügbar** ist. Grundsätzlich bezweckt § 263 StGB nicht den Schutz der Dispositionsfreiheit,[234] weshalb auch finanziell völlig unsinnige Geschäfte nicht allein aufgrund ihrer Unwirtschaftlichkeit einen Betrugsschaden darstellen, wenn der Betreffende dies gewollt und damit von seiner wirtschaftlichen Bewegungsfreiheit Gebrauch gemacht hat.

---

[227] BGH wistra 2014, 439; NStZ-RR 2004, 110.
[228] BGH NJW 2014, 2595 m. Bespr. von Cornelius NStZ 2015, 310.
[229] Dazu Hatz JA 2012, 186 (188).
[230] OLG Frankfurt a. M. NJW 2011, 398 (400); OLG Düsseldorf NJW 1991, 1841. Vgl. aber auch BGH NJW 2014, 2595 (2597 f.), wonach die Anwendung des Leitbildes des durchschnittlich verständigen und aufmerksamen Verbrauchers gem. Art. 6 der RL 2005/29/EG über unlautere Geschäftspraktiken nicht zu einer Begrenzung der Betrugsstrafbarkeit führen darf [Grenzen richtlinienkonformer Auslegung].
[231] OLG Frankfurt a. M. NJW 2011, 398 (401).
[232] Zwar zur alten Fassung der §§ 312 ff. BGB, aber dennoch aktuell und lehrreich Raue MMR 2012, 438.
[233] OLG Köln wistra 2009, 126 (127).
[234] BGH NJW 1952, 1062 (1063) [Es ist keine „Aufgabe des Strafrechts, sorglose Menschen gegen ihre eigene Unwirtschaftlichkeit zu schützen"]; Bechtel NZWiSt 2021, 222 (223).

88   Ein **Schaden** ist jedoch gegeben, wenn nach Auffassung eines **objektiven Beurteilers** eine **praktisch wertlose Leistung** vorliegt.[235]

89   Dies ist mit dem **OLG Frankfurt a. M.** dann der Fall, wenn die angebotenen Leistungen nur für eine einmalige oder allenfalls gelegentliche Verwendung geeignet sind, sodass gerade ein Abonnement der Dienste wirtschaftlich gesehen wertlos ist.[236] Dem OLG Frankfurt a. M. ist zwar grundsätzlich zuzustimmen, denn in einer wirtschaftlich wertlosen Leistung liegt ein vermögensschädigender Umstand. Zu hinterfragen sind allerdings die Kriterien, die das Gericht dabei aufgestellt hat:

90   Zunächst ist das Abstellen auf die abonnementweise statt durch einmalige Zahlung erfolgende Inanspruchnahme wenig sinnfällig. Dass eine Leistung zwar einmalig wirtschaftlich wertvoll, der mehrfache Bezug im Rahmen eines Abonnements aber wertlos erscheint, wird wohl nur in wenigen Ausnahmefällen denkbar sein und liegt eher in der individuell-subjektiven Verwendung als in objektiven Wertmaßstäben begründet.

91   Des Weiteren kann auch nicht allein aus der Tatsache, dass die Leistung anderweitig kostenfrei zur Verfügung gestellt wird, zwingend auf den Eintritt eines Schadens geschlossen werden.[237] Dies ergibt sich aus dem Schutzzweck des § 263 StGB, der weder vor der Dispositionsfreiheit noch vor wirtschaftlich ungünstigen Geschäften schützt. Dies würde eine zu große Einschränkung der Vertrags- und wirtschaftlichen Handlungsfreiheit bedeuten. Die wirtschaftliche Sinnlosigkeit begründet keineswegs die wirtschaftliche Wertlosigkeit.

92   Zudem ist den Besonderheiten des Internets Rechnung zu tragen:[238] Eine Leistung kann auch darin zu erblicken sein, dass dem Nutzer die aufwendige Suche erspart bleibt oder Ergebnisse bereits zusammengestellt vorliegen. Demnach ist zu differenzieren, ob lediglich „sinnlose" Informationen, die ohne großen Aufwand und ohne Kenntnisse im Umgang mit dem Internet, wie zB bloße Verlinkungen zu anderen leicht auffindbaren Internetangeboten, vorliegen, oder ob gerade in der Zusammenstellung der Informationen die Leistung besteht, auch wenn die einzelnen Informationen kostenfrei zur Verfügung stehen. Nur im ersten Fall kann regelmäßig von der Wertlosigkeit ausgegangen werden.

93   **2. Betrugskonstellationen bei Rückvergütungen. a) Kick-Back-Zahlungen.** **Kick-Back-Zahlungen** sind verdeckte (Provisions-)Zahlungen. Klassischerweise wird ein **überhöhter Preis** (zB bei Finanzprodukten oder Immobilien) vereinbart, von dem ein Teilbetrag als Kick-Back-Zahlung umgehend **rückvergütet** wird. Kick-Back-Zahlungen sind besonders in den letzten Jahren im **Bereich des Vertriebs von Finanzprodukten** durch Banken und andere Finanzdienstleister[239] wie auch bei **Immobilienfinanzierungen** zur Ermöglichung sofortiger Liquidität durch verschleierte Rückvergütungen[240] sowie zuletzt bei der durch Täuschung erlangten **Subventionsvergabe**[241] in den Fokus der strafrechtlichen Diskussion gerückt. Im Bereich der Finanzprodukte hat der BGH zu den aufklärungspflichtigen Kick-Backs bspw. Ausgabeaufschläge und Verwaltungsvergütungen gezählt.[242] Der strafrechtlichen Rspr. ist bislang jedoch noch keine abschließende Klärung aller Rechtsfragen in diesem Bereich gelungen. Deshalb ist insbesondere auf die **neuere zivilrechtliche Rspr. zu den Aufklärungspflichten** zurückzugreifen, um das Vorliegen einer meist konkludenten oder durch Unterlassen verwirklichten Täuschungshandlung iRd Betrugstatbestandes bestimmen zu können. Zu **Rückvergütungen im Bereich des Ver-**

---

[235] BGH NJW 2014, 2595 (2598 f.); BeckRS 2012, 00005; OLG Frankfurt a. M. NJW 2011, 398 (403).

[236] OLG Frankfurt a. M. NJW 2011, 398 (403).

[237] Vgl. dazu Hatz JA 2012, 186; Wilschke VuR 2012, 171.

[238] Eing. zu den Besonderheiten vor dem Hintergrund der „Button-Regelung" bzw. „Schaltflächenlösung" Alexander NJW 2012, 1985; Raue MMR 2012, 438; Schneider ZAP Fach 3, 277.

[239] S. hierzu Jordans BKR 2011, 456 (456 f.).

[240] S. hierzu Cornelius NZWiSt 2012, 259 (259 f.).

[241] BGH NJW 2014, 2295 (2297 f.) – Resort Schwielowsee; vgl. zu den Kick-Backs bei der Vergabe öffentlicher Aufträge Portner wistra 2021, 1.

[242] BGH BeckRS 2011, 10176 Rn. 25.

triebs von Finanzprodukten wurde von den Zivilgerichten wiederholt klargestellt, dass der Bank die Pflicht zukommt, Kunden über entsprechende Rückvergütungsvereinbarungen aufzuklären.[243] Zur Begründung dieser Aufklärungspflichten werden vor allem die Verpflichtung nach den §§ 675, 667 BGB zur Herausgabe zurückerstatteter Provisionszahlungen[244] und die aus den Rückvergütungen folgende Interessenkollision herangezogen.[245]

Abzugrenzen von diesen aufklärungspflichtigen Rückvergütungen sind die sog. **Innen-** **94** **provisionen.** Innenprovisionen sind nicht ausgewiesene Vertriebsprovisionen, wie bspw. solche, die bei einem Fonds aus dem Anlagevermögen gezahlt werden.[246] Während über sie zivilrechtlich unter bestimmten Umständen aufgeklärt werden muss,[247] wird man strafrechtlich nur schwerlich an einen solchen Pflichtverstoß anknüpfen können: Da der Kunde regelmäßig den beanspruchten Gegenwert erhält, wird es jedenfalls an einem Vermögensschaden fehlen.[248]

Kick-Back-Zahlungen **im Bereich des Immobilienkaufs** betreffen vor allem folgende **95** Fallgestaltung:[249] Zur Erlangung eines Darlehens einer Bank wird dem Darlehensnehmer von einer dritten Partei ein Angebot über den Kauf einer Immobilie gemacht. Hierbei wird vereinbart, den Kaufpreis mit einem über dem tatsächlichen Wert liegenden Betrag festzulegen und den sich ergebenden Differenzbetrag als Kick-Back-Zahlung nach Erlangung des Darlehens unmittelbar an den Käufer zurückzuvergüten, sodass dieser hierüber frei verfügen kann.

Für die erforderliche Täuschungshandlung gegenüber der Bank wird in diesen Fällen **96** häufig auf die fehlende **Bonität des Darlehensnehmers** abgestellt. Eine betrugsrelevante Täuschung über Tatsachen liegt insbesondere dann vor, wenn ggü. der Bank gefälschte Unterlagen (zB Gehaltsabrechnungen) vorgelegt werden. Des Weiteren kann eine Täuschung über die **Werthaltigkeit** der Sicherheiten vorliegen, da die Festsetzung eines fiktiven, überhöhten und nicht angemessenen Kaufpreises eine von der Realität abweichende Aussage bzgl. des Wertes der Immobilie und damit eine konkludente Täuschung darstellt. Zu berücksichtigen ist jedoch, dass nach allgemeiner Auffassung durch eine bestimmte Preisfestsetzung nicht auch die Angemessenheit des Preises miterklärt wird. Gleiches hat auch für den Darlehensbetrag zu gelten, solange kein auffälliges Missverhältnis zwischen Leistung und Gegenleistung besteht.[250] Eine Täuschung und damit auch ein hierdurch bedingter Irrtum scheiden in diesen Fällen also regelmäßig aus, zumal die Bank nach internen Vorgaben sogar verpflichtet ist, eine eigene Bewertung der Sicherheiten für das Darlehen vorzunehmen. Eine Täuschungshandlung kann jedoch im **Abweichen von dem vereinbarten Verwendungszweck** des Darlehens bestehen, da der Verwendungszweck Bestandteil des Darlehensvertrages und für die Zinsfestlegung maßgeblich ist. Das **Verschweigen der Kick-Back-Zahlungen** ist insoweit als Täuschung im Zusammenhang mit dem Abweichen vom vereinbarten Verwendungszweck zu sehen. Ein **Irrtum** seitens der Bank wird dann regelmäßig sowohl bzgl. des Kaufpreises als auch bzgl. des Verwendungszweckes gegeben sein. Die Kausalität, die zwischen Irrtum und Vermögensverfügung bestehen muss, wird zumindest in Bezug auf den Irrtum über den Verwendungszweck im Einzelfall sorgfältig zu prüfen sein, da der Bank der Verwendungszweck bei ausreichender Bonität letztlich gleichgültig sein kann.[251]

Fraglich bleibt allerdings, ob die Täuschung über die Kick-Back-Zahlung und den **97** Verwendungszweck überhaupt zu einem **Schaden** führt. Die täuschungsbedingte Veranlassung zur Darlehensgewährung stellt einen Eingehungsbetrug dar, bei dem festgestellt

---

[243] BGH NJW 2009, 2298; 2007, 1876; 2001, 962; Gerst/Meinicke CCZ 2011, 96.
[244] Graf/Jäger/Wittig/Dannecker § 263 Rn. 426.
[245] OLG Stuttgart NZG 2011, 634 (635).
[246] BGH BeckRS 2011, 10176 Rn. 22.
[247] S. dazu BGH BeckRS 2011, 10176 Rn. 22 mH auf BGHZ 158, 110 (118).
[248] Bachmann wistra 1997, 253 (256).
[249] Eingehend dazu Cornelius NZWiSt 2012, 259 ff.
[250] Cornelius NZWiSt 2012, 259 (260).
[251] Cornelius NZWiSt 2012, 259 (262).

werden muss, dass bereits durch den Vertragsabschluss ein Schaden entstanden ist. Im Rahmen von Darlehensvergaben liegt ein Schaden vor, wenn dem Vermögen des Darlehensgebers nach erfolgter Ausgabe des Darlehens ein geringerer Wert zukommt, wobei auf den Zeitpunkt der Darlehenshingabe abzustellen ist.[252] Ein Schaden liegt deshalb regelmäßig nur dann vor, wenn keine ausreichenden Sicherheiten bestehen.[253] Maßgeblich für die Berechnung des Schadens ist in diesen Fallgestaltungen, ob und in welchem Umfang die Bank ein höheres Ausfallrisiko trifft, als es bestanden hätte, wenn die risikobestimmenden Faktoren korrekt bestimmt worden wären.[254] Auf dieser Grundlage wird ein Schaden häufig verneint werden müssen, da über die bestellten Sicherheiten gerade nicht getäuscht wurde und der Verwendungszweck für die Bestimmung des Ausfallrisikos letztlich unbedeutend ist.[255] Auch der entgangene Mehrzins begründet regelmäßig keinen Schaden, es sei denn, dass die höheren Zinsen der Abdeckung des Risikos dienen sollten.[256] Dies ist aber bei einer Täuschung durch Verschweigen der Kick-Back-Zahlungen nicht der Fall, weil die Bonität und der Wert der Sicherheiten davon nicht berührt werden.[257] Es ist lediglich eine erwartete Vermögensmehrung ausgeblieben, die nicht zum Schutzbereich gehört.[258]

98 **b) Provisionszahlungen.** Neben den Kick-Back-Zahlungen kann ein Betrug in Zusammenhang mit Provisionen auch in der Weise begangen werden, dass nicht der Erhalt der Provision verschleiert, sondern über die Umstände, aus denen sich der Provisionsanspruch ergibt, getäuscht wird. Der Betrug kann sich dabei gegen den Provisionsgeber oder gegen Dritte richten, die in irreführender Weise zum Vertragsabschluss, aus welchem dem Täter dann ein Provisionsanspruch erwächst, verleitet werden.

99 Bei einem Betrug ggü. dem **Provisionsgeber** wird durch den Verkäufer einer Ware über die Grundlage bzw. den Anspruch auf die Provision getäuscht. Dies ist bspw. der Fall, wenn Vertragsabschlüsse, die gar nicht oder nicht in provisionsanspruchsbegründender Weise bestehen, fingiert werden,[259] oder wenn ein Vertragsabschluss aufgrund zusätzlicher Täuschungshandlungen ggü. den Käufern zustande kommt, sodass diese anfechtbar sind und der Provisionsanspruch ex-tunc entfällt.[260]

100 Problematisch ist in diesen sog. **Provisionsvertreterfällen** die **Stoffgleichheit** iRd Bereicherungsabsicht → Rn. 62. Grundsätzlich besteht nämlich zwischen dem Schaden des Käufers und der Vermögensverfügung in Form der Provisionsauszahlung keine Stoffgleichheit.[261] Anknüpfungspunkt für die Strafbarkeit ist deshalb die Annahme eines **fremdnützigen Betrugs** ggü. und zu Lasten des Kunden und zu Gunsten des Provisionsgebers.[262] Die Rspr. begründet die Stoffgleichheit damit, dass der Täter in diesen Fällen auch in der Absicht handelt, seiner Firma einen Vermögensvorteil in Gestalt des Vertragsabschlusses zu verschaffen.[263] Daneben kommt idR auch ein **eigennütziger Betrug** ggü. und zu Lasten des Provisionsgebers (Unternehmers) in Betracht, wenn durch das Einfordern oder Anneh-

---

[252] BGH NStZ 2009, 150 (151); NStZ-RR 2000, 331; Cornelius NZWiSt 2012, 259 (263).
[253] BGH NStZ-RR 2005, 374 (375); vgl. auch BGH BeckRS 2017, 124936 Rn. 9.
[254] BGH NJW 2012, 2370 (2371).
[255] Cornelius NZWiSt 2012, 259 (266).
[256] Cornelius NZWiSt 2012, 259 (266).
[257] Cornelius NZWiSt 2012, 259 (266).
[258] Der BGH hat in einem ähnlich gelagerten Fall zwar einen Schaden iSe konkreten Vermögensgefährdung dadurch angenommen, dass das Risiko nicht gedeckt war und dabei auf die verschleierten Kick-Back-Zahlungen und den dadurch erhöhten Kaufpreise für schwer verkäufliche Immobilien abgestellt; dort lag jedoch gerade eine Täuschung über die Bonität und damit unstreitig ein Schaden vor, s. BGH NStZ-RR 2005, 374 (375).
[259] S. bspw. BGH NJW 1954, 1008; OLG Celle NJW 1975, 2218; 1959, 399; LG Paderborn BeckRS 2011, 05481(unter zusätzlicher Täuschung des Kunden).
[260] S. bspw. BGH NJW 1970, 2221; 1968, 261; OLG Hamm NJW 1958, 513.
[261] MüKoStGB/Hefendehl § 263 Rn. 913.
[262] BeckOK StGB/Beukelmann § 263 Rn. 78; MüKoStGB/Hefendehl § 263 Rn. 913; Schönke/Schröder/Perron § 263 Rn. 169; Satzger/Schluckebier/Widmaier/Satzger § 263 Rn. 317.
[263] OLG Saarbrücken NJW 1968, 262; OLG Braunschweig NJW 1961, 1272.

men der Provision über die Wirksamkeit und Unanfechtbarkeit des Vertrages mit dem Kunden ausdrücklich oder konkludent getäuscht wird.[264]

Ein Erfüllungsschaden liegt in diesen Fällen für den Käufer nicht bereits dann vor, wenn **101** er den Vertragsabschluss ohne die Täuschungshandlung unterlassen hätte.[265] Jedoch kommt ein Schaden im Wege des **persönlichen Schadenseinschlags** → Rn. 50 in Betracht, zB aufgrund individueller Wertlosigkeit der Leistung.[266] Bei der Schadensbegründung auf Seiten des Provisionsgebers scheint der Schaden unproblematisch in Form der Auszahlung der Provision vorzuliegen. Hierbei hat der BGH jedoch einschränkend angenommen, dass eine Provision, die lediglich gutgeschrieben wird, nur dann einen Schaden in Form einer schadensbegründenden Vermögensgefährdung darstellt, wenn vereinbart war, dass die Provision nur entsprechend den Zahlungen zu entrichten ist, die aus den vermittelten Geschäften eingehen.[267]

Werden nach geleisteter Unterschrift durch den Kunden die Bestelldaten **nachträglich 102** durch den Provisionsvertreter **abgeändert,** fehlt es für einen Betrugsschaden regelmäßig an der **Unmittelbarkeit.** In diesen Fällen führt nämlich nicht die irrtumsbedingte Vermögensverfügung direkt zum Eintritt eines Schadens, vielmehr bedarf es eines weiteren Zwischenschritts in Form der Urkundenfälschung durch den Provisionsvertreter. Hier kommt daher nur ein tateinheitlich zu den Urkundendelikten begangener, eigennütziger Betrug ggü. und zu Lasten des Unternehmens in Betracht.[268]

3. Sonstige Betrugskonstellationen. a) Rabattbetrug. Eine Betrugskonstellation **103** beim Einkauf von Waren kann dergestalt vorliegen, dass die **Rabattgewährung durch Täuschung** erschlichen wurde. Eine Strafbarkeit scheitert hier aber regelmäßig am notwendigen Schaden. Zwar wäre seitens des Verkäufers ohne die Täuschungshandlung kein Rabatt eingeräumt und dadurch ein höherer Verkaufspreis erzielt worden; hierin ist aber lediglich die Möglichkeit des Verkäufers auf eine **Vermögensmehrung** zu sehen, die nicht vom Schutzbereich des § 263 StGB umfasst ist → Rn. 3.[269] Ein Schaden kann aber dann vorliegen, wenn die Geschäftschance des getäuschten Warenanbieters ausnahmsweise zu einem Vermögenswert erstarkt.[270] In den von der Rspr. bisher behandelten Fällen handelte es sich meistens um **Mengenrabatte** gegenüber Großkunden, bei denen nicht ohne weiteres davon ausgegangen werden kann, dass die Ware anderweitig zu einem höheren Preis hätte verkauft werden können.[271] Um den hypothetischen Umsatzerlös eines anderweitigen Verkaufs zu ermitteln, muss im Einzelfall eine Marktanalyse vorgenommen werden.[272]

Auch im Zusammenhang mit der **Nicht-Weitergabe** erhaltener Rabatte an einen **104** Geschäftspartner (zB eine Versicherung oder einen Franchisenehmer) kann betrügerisches Verhalten vorliegen. Entscheidend ist dabei, welcher Vertragstyp den Geschäftsbeziehungen zugrunde liegt und ob sich daraus eine eindeutige Verpflichtung zur Weitergabe ergibt → Rn. 111.

b) Vertrieb von Kapitalanlageprodukten. Der **Vertrieb von Finanzprodukten** ist **105** insbesondere im Zuge der **Finanzkrise** und den Skandalen über Beratungsmissstände im Bankensektor in den Vordergrund des öffentlichen und strafrechtlichen Diskurses gerückt.[273] Grundsätzlich wird eine Betrugsstrafbarkeit unproblematisch angenommen, wenn

---

[264] Schönke/Schröder/Perron § 263 Rn. 169; Satzger/Schluckebier/Widmaier/Satzger § 263 Rn. 317.
[265] BGH NJW 1968, 902; OLG Hamm BeckRS 2011, 03094.
[266] BGH NJW 1970, 1932; 1968, 261.
[267] BGH NJW 1954, 1008.
[268] S. hierzu OLG Celle NJW 1975, 2218.
[269] S. dazu BGH NStZ-RR 2007, 347; NStZ 2004, 557; 1991, 488; BeckOK StGB/Beukelmann § 263 Rn. 52.2; Fischer § 263 Rn. 122; Graf/Jäger/Wittig/Dannecker § 263 Rn. 403 ff.
[270] S. dazu BGH NStZ 2004, 557.
[271] BGH NStZ-RR 2007, 347; NStZ 2004, 557; 1991, 488.
[272] BGH NStZ-RR 2007, 347 (348); NStZ 2004, 557.
[273] Dazu Luttermann wistra 2012, 251; Oppermann NJW 2013, 6.

ein ersichtlich mangelhaftes Finanzprodukt unter Behauptung unzutreffender Angaben vermittelt wird. Eine derartige Konstellation ist zB im Falle von sog. **Schrottimmobilien** anzunehmen, wenn zugesichert wurde, dass es sich bei diesen um eine festverzinsliche Anlage handele.[274]

106   Schwieriger ist die strafrechtliche Beurteilung, wenn zweifelhaft ist, ob eine Beratung als angemessen und ausreichend angesehen werden kann. Auch wenn die Anlageberatung idR von einer natürlichen Person vorgenommen wird, ist zu beachten, dass diese häufig in Unternehmensstrukturen eingebettet ist, sodass neben der strafrechtlichen Sanktionierung des unmittelbaren Täters auch eine **Sanktionierung der Unternehmensleitung oder des Unternehmens** über die Anwendung der §§ 29a, 30 und 130 OWiG → Einl. Rn. 4 im Raum steht. Werden von einem Mitglied der Unternehmensleitung bestimmte Rahmenbedingungen ausgenutzt, innerhalb derer sein Tatbeitrag regelhafte Abläufe auslöst, kann eine mittelbare Täterschaft (§ 25 Abs. 1 Alt. 1 StGB) nach den Grundsätzen der **sog. Täterschaft kraft Organisationsherrschaft** → Einl. Rn. 5 in Betracht zu ziehen sein.[275] Speziell beim **Vertriebsmittler** erlangt diese Konstellation Relevanz und wurde bereits in Bezug auf den Handelsvertreter in einem Fall durch den BGH entschieden.[276] In dem diesem Urteil zugrunde liegenden Sachverhalt wurden von den Angeklagten zum Vertrieb von stillen Beteiligungen an der von ihnen gegründeten OHG freie Handelsvertreter eingesetzt, die von diesen vorher geschult wurden. Der BGH kritisierte die tatgerichtliche Annahme einer mittäterschaftlichen Begehung, da die Angeklagten selbst keinerlei Kontakt zu den Anlegern hatten. Eine andere Bewertung würde sich auch nicht daraus ergeben, dass die Angeklagten die Einlagen selbst zeichneten, denn eine Täuschung sei zu diesem Punkt bereits durch das Handeln der gutgläubigen Handelsvertreter gegeben. In Betracht komme daher nur die mittelbare Täterschaft kraft Organisationsherrschaft. Ob die Tatmittler, hier die Handelsvertreter, dabei vorsätzlich handelten oder, wie vorliegend, zutreffend gutgläubig gewesen seien, sei unbedeutend. Die Tatherrschaft wurde vom BGH mit der Durchführung der Schulungen begründet, da durch diese das spätere Verkaufsverhalten und die Art und Weise im Umgang mit den Kunden geprägt wurde.

107   Diskussionspotential enthält die Frage nach einer grds. **Aufklärungspflicht des Beraters.** Die neuere Rspr. der Zivilsenate hat eine Aufklärungspflicht der Berater im Kapitalanlagebereich angenommen und – ohne weitere Ausführungen – darauf hingewiesen, dass bei einer Verletzung dieser Aufklärungspflicht auch eine Strafbarkeit wegen Betruges in Betracht kommen kann.[277] Hierbei wurde eine Differenzierung zwischen Beratern, die für eine **Bank** tätig sind und bankungebundenen, **freien Beratern** vorgenommen.[278] Die Unterscheidung wird damit begründet, dass den freien Beratern außerhalb des Anwendungsgebietes von § 70 WpHG keine (ungefragte) Aufklärungspflicht zukomme, da der Anleger bei solchen Beratern – anders als bei Bankberatern – von einer ‚eingepreisten‘ Vergütung ausgehen muss.[279] Eine Aufklärungspflicht sollte jedenfalls vor dem Hintergrund angenommen werden, dass ein Kunde, der eine Beratung in Anspruch nimmt, selbst gerade nicht über die entsprechenden **fachlichen Kenntnisse** verfügt. Dem Berater wird ein **weitreichendes persönliches Vertrauen** entgegengebracht, das besonders weitgehende Pflichten gegenüber dem betreuten Kapitalanleger begründet.[280]

---

[274] Gerst/Meinicke StraFo 2011, 29 (30).
[275] BGH NJW 2000, 443 (448); OLG Stuttgart NZG 2011, 634; LG München BeckRS 2012, 02669; Schlösser BKR 2011, 465 (472).
[276] BGH NJW 2004, 375.
[277] Zur Aufklärungspflicht bzgl. Rückvergütungen BGH BeckRS 2011, 10176; speziell zur Aufklärungspflicht bzgl. Provisionen BGH NZG 2010, 623; OLG Stuttgart NZG 2011, 634 (634 ff.); OLG Koblenz BeckRS 2006, 00532.
[278] Vgl. BGH BeckRS 2011, 10176 Rn. 29 und BGH NZG 2010, 623; s. auch Witte DStR 2009, 1759 (1760).
[279] BGH BeckRS 2011, 10176 Rn. 29 ff.
[280] OLG Koblenz BeckRS 2006, 00532.

Im Bereich des Vertriebs von Finanzprodukten ist dem **Vertriebsmittler** eine dem **108** Anlagevermittler ähnliche Stellung zuzuschreiben, die aber aufgrund der größeren Selbstständigkeit und dem primär werbenden Charakter eine im Verhältnis reduzierte Aufklärungspflicht mit sich bringt, die sich auf die richtige und vollständige Informations- und Auskunfterteilung beschränkt.[281]

Eine Schadensbegründung kann im Bereich der Anlageberatung im Wege des sog. **109** **persönlichen Schadenseinschlags** → Rn. 50 erfolgen.[282] Der BGH hat dies zB in einem Fall angenommen, bei dem derart über die Eigenart und das Risiko der betreffenden Anlage getäuscht wurde, dass diese für den Kunden in Anbetracht seiner Beweggründe für die Kapitalanlage vollständig unbrauchbar war.[283] Gleichzeitig wurde jedoch hervorgehoben, dass normative Gesichtspunkte zwar auch im Bereich des Schadens berücksichtigt werden können, der Charakter des § 263 StGB als Vermögens- und Erfolgsdelikt jedoch gewahrt bleiben müsse.[284] Eine Schadensbegründung im Wege des persönlichen Schadenseinschlages muss demnach die **Ausnahme** bleiben. Bei der **Berechnung des Schadens** ist den unterschiedlichen Fallgestaltungen Rechnung zu tragen: Bei Fällen, in denen die Kapitalanlage völlig unbrauchbar ist, sind die gesamten Transaktionskosten als Teil des Schadens zu berücksichtigen; bei überhöhten Vermittlergebühren, die letztlich auch bei Kick-Back-Zahlungen → Rn. 93 ff. vorliegen können, ist der Betrag der angefallenen Transaktionskosten abzüglich solcher Kosten, die auch bei regulären Geschäften dieser Art in Anschlag gebracht worden wären, heranzuziehen.[285] Handelt es sich lediglich um einen Fall verdeckter **Kick-Back-Zahlungen,** ohne dass auch eine Falschberatung vorliegt, darf deshalb nicht die gesamte Anlagesumme in Anschlag gebracht werden, sondern nur auf die Höhe der jeweiligen Provisionszahlungen abgestellt werden.[286]

B. Vertragshändler

(Es gelten keine Besonderheiten.) **110**

C. Franchisenehmer

Als **Täter** kommen sowohl der Franchisegeber als auch der Franchisenehmer in Betracht. **111** Anknüpfungspunkt für strafbares Verhalten wird idR die Nichtabführung von vertraglich vereinbarten geldwerten Vorteilen an den Vertragspartner sein. Der strafrechtliche Vorwurf wird demnach häufig in einem **Unterlassen** (§ 13 StGB) begründet liegen, sodass eine Garantenstellung erforderlich ist. Diese wird sich im Einzelfall aus den Klauseln des Franchisevertrags ergeben. So kann eine vertraglich vereinbarte Umgehungsklausel eine besondere Pflichtenstellung iSd § 13 StGB konstituieren, wenn der Franchisenehmer entgegen dieser Klausel in irgendeiner Form versucht, die vereinbarte Lieferantenprovision des Franchisegebers zu umgehen.[287] Gleiches gilt für den Franchisegeber, wenn dieser nach einer Vertragsklausel zur Weitergabe aller mit den Lieferanten vereinbarter Einkaufsvorteile

---

[281] OLG Koblenz BeckRS 2006, 00532; vgl. auch BGH BeckRS 2019, 42614 Rn. 23 ff., hier weist der BGH auf die Notwendigkeit hin, anhand der besonderen Umstände des konkreten Einzelfalls sorgfältig zu prüfen, ob zwischen einer an dem Erwerb oder der Veräußerung einer Anlage interessierten Person und einem in den Vertrieb oder Erwerb eingeschalteten Mittelsmann ein Vermittlungsvertrag oder sogar ein Anlageberatungsvertrag zustande gekommen ist und ob sich aus diesem Vertrag eine Aufklärungspflicht ergibt.
[282] Schröder HdB Kapitalmarktstrafrecht Rn. 859.
[283] BGH StraFo 2011, 308 (311).
[284] BGH StraFo 2011, 308 (311).
[285] Speziell bezogen auf Optionsgeschäfte HdB Kapitalmarktstrafrecht Rn. 872 f.
[286] Schlösser BKR 2011, 465 (466).
[287] S. hierzu OLG Düsseldorf BeckRS 2011, 23540.

an den Franchisenehmer verpflichtet ist.[288] Aus der **Nicht-Weitergabe erhaltener Rabatte** an den Franchisenehmer kann sich somit eine relevante Betrugsstrafbarkeit ergeben.

D. Kommissionsagent

112   (Es gelten keine Besonderheiten.)

§ 266 Untreue

(1) **Wer die ihm durch Gesetz, behördlichen Auftrag oder Rechtsgeschäft eingeräumte Befugnis, über fremdes Vermögen zu verfügen oder einen anderen zu verpflichten, mißbraucht oder die ihm kraft Gesetzes, behördlichen Auftrags, Rechtsgeschäfts oder eines Treueverhältnisses obliegende Pflicht, fremde Vermögensinteressen wahrzunehmen, verletzt und dadurch dem, dessen Vermögensinteressen er zu
betreuen hat, Nachteil zufügt, wird mit Freiheitsstrafe bis zu fünf Jahren oder mit
Geldstrafe bestraft.**

(2) **§ 243 Abs. 2 sowie die §§ 247, 248a und 263 Abs. 3 gelten entsprechend.**

Literatur: Altenburg, Unternehmerische (Fehl-)Entscheidungen als Untreue?: Eine gefährliche (Fehl-)
Entwicklung!, BB 2015, 323; Behrend, Aktuelle handelsvertreterrechtliche Fragen in Rechtsprechung und
Praxis, NJW 2003, 1563; Bernsmann, Alles Untreue? Skizzen zu Problemen der Untreue nach § 266 StGB,
GA 2007, 219; Beukelmann, Untreuestrafbarkeit und unternehmerisches Ermessen, NJW-Spezial 2012, 568;
ders., Der Untreuenachteil, NJW-Spezial 2008, 600; ders. Untreue und Gemeinwohl, StV 2013, 403; Bitt-
mann, Anspruch auf Ersatz betrügerisch angerichteten Schadens ohne Strafrechtsschutz?, NStZ 2012, 289;
ders., Dogmatik der Untreue, insbesondere des Vermögensnachteils, NStZ 2012, 57; ders., Risikogeschäft –
Untreue – Bankenkrise, NStZ 2011, 361; ders., Das BGH-Urteil im sog. „Bugwellenprozeß" – das Ende der
„Haushaltsuntreue"?, NStZ 1998, 495; Bosch, Die Bestimmung von Vermögensbetreuungspflichten, JURA
2021, 1439; Böttger, Wirtschaftsstrafrecht in der Praxis, 2. Aufl. 2020; Brand, Untreuestrafrechtliche Implika-
tionen der Nürburgring-Sanierung, NZG 2016, 690; Bringewat, Der Kreditkartenmißbrauch – eine Ver-
mögensstraftat!, NStZ 1985, 535; Bülte, Der Irrtum über das Verbot im Wirtschaftsstrafrecht, NStZ 2013, 65;
Burkhardt, Zu einer restriktiven Interpretation der Treubruchshandlung, Bemerkungen zum Urteil des OLG
Hamm in NJW 73, 1809, NJW 1973, 2190; Dahs, § 266 StGB – allzu oft missverstanden, NJW 2002, 272;
Daniels, Das Mannesmann-Verfahren – Erwiderungen zu Jahn, ZRP 2004, 179, ZRP 2004, 270; Dannecker,
Die strafrechtsautonome Bestimmung der Untreue als Schutzgesetz i. R. d. § 823 II BGB – Kommentar zu
OLG Dresden, NZG 2000, 259, NZG 2000, 243; Dierlamm, Untreue – ein Auffangtatbestand?, NStZ 1997,
534; Ende, Die Dispositionsbefugnis des Unternehmers (Herstellers) im Rahmen vertikaler Vertriebssysteme,
NJW 1999, 326; Englisch, Untreue abschaffen – nein danke!, NJW 2005, 2974; Fabricius, Strafbarkeit der
Untreue im Öffentlichen Dienst, NStZ 1993, 414; Fornauf/Jobst, Die Untreuestrafbarkeit von GmbH-Ge-
schäftsführer und Limited-Director im Vergleich, GmbHR 2013, 125; Fleischer, Konzernuntreue zwischen
Straf- und Gesellschaftsrecht: Das Bremer Vulkan-Urteil, NJW 2004, 2867; Gehrmann/Lammers, Kommunale
Zinsswapgeschäfte und strafrechtliches Risiko, KommJur 2011, 41; Hamm, Kann der Verstoß gegen Treu und
Glauben strafbar sein?, NJW 2005, 1993; Hannich/Röhm, Die Herbeiführung eines Vermögensverlustes
großen Ausmaßes im Betrugs- und Untreuestrafrecht, NJW 2004, 2061; Helmrich, Zur Strafbarkeit bei
fehlenden oder unzureichenden Risikomanagementsystemen in Unternehmen am Beispiel der AG, NZG
2011, 1252; Hillenkamp, Risikogeschäft und Untreue NStZ 1981, 161; Hüls, Bestimmtheitsgrundsatz, § 266
StGB und § 370 Abs. 1 Nr. 1 AO, NZWiSt 1/2012, 12; Jahn, Untreue durch die Führung „schwarzer Kassen"
– Fall Siemens/ENEL, JuS 2009, 173; ders., Lehren aus dem „Fall Mannesmann", ZRP 2004, 179; ders./
Ziemann, „Untreuestrafrecht 2.0", ZIS 2016, 552; Kasiske, Der Vermögensschaden bei Risikogeschäften,
NZWiSt 2016, 302; Kindhäuser/Nikolaus, Der Tatbestand des Betrugs (§ 263 StGB), JuS 2006, 193; Knauer,
Strafbare Untreue (§ 266 StGB) im Kultur und Theaterbetrieb, Kultur und Recht 1/2010; ders. Bildung
verdeckter Kassen als Untreue – Fall Siemens, NStZ 2009, 151; ders. Die Strafbarkeit der Bankvorstände für
missbräuchliche Kreditgewährung, NStZ 2002, 399; Köllner/Lendermann, Untreue eines Vorstandsvorsitzen-
den wegen Belastung der Gesellschaft mit privaten Reisekosten, NZI 2016, 476; Krause, Strafrechtliche
Haftung des Aufsichtsrates, NStZ 2011, 57; Krüger, Neues aus Karlsruhe zu Art. 103 II GG und § 266 StGB –
Bespr. von BVerfG, Beschl. v 23.6.2010 – 2 BvR 2559/08, NStZ 2011, 369; Kubiciel, Gesellschaftsrechtliche
Pflichtwidrigkeit und Untreuestrafbarkeit, NStZ 2005, 353; Kudlich, Konkretisierungsauftrag erfüllt? Eine
Zwischenbilanz nach der Untreue-Entscheidung des BVerfG, ZWH 1/2011, 1; Kutzner, Einfache gesell-
schaftsrechtliche Pflichtverletzungen als Untreue – Die Kinowelt-Entscheidung des BGH NJW 2006, 3541;
Labsch, Der Kreditkartenmißbrauch und das Untreuestrafrecht, NJW 1986, 104; Lang/Eichhorn/Golombek/

---

[288] Emde EWiR 2004, 67 (68).

von Tippelskirch, Regelbeispiel für besonders schweren Fall des Betrugs bzw. der Untreue – Vermögensverlust großen Ausmaßes, NStZ 2004, 528; Lehleiter/Hoppe, Die Haftung des Bankverantwortlichen bei der Kreditvergabe, BKR 2007, 178; Leipold/Schaefer, Vermögensverschiebung des GmbH-Geschäftsführers in der Krise – Bankrott oder Untreue?, NZG 2009, 937; Leite, Vorsatz und Irrtum bezüglich der Pflichtwidrigkeit bei der Untreue (§ 266 StGB). Pflichtwidrigkeit als gemischtes Blankett- bzw. gesamttatbewertendes Merkmal, GA 2015, 517; Lesch/Hüttemann/Reschke, Zur Untreue im Unternehmensverbund, NStZ 2005, 609; Mansdörfer, Die Vermögensgefährdung als Nachteil im Sinne des Untreuetatbestands, JuS 2009, 114; Matt, Missverständnisse zur Untreue – Eine Betrachtung auch zum Verhältnis von (Straf-)Recht und Moral, NJW 2005, 389; Mitsch, Die Untreue – Keine Angst vor § 266 StGB!, JuS 2011, 97; ders., Strafrecht Besonderer Teil 2, 2015; Neye, Die „Verschwendung" öffentlicher Mittel als strafbare Untreue, NStZ 1981, 369; Pavlakos, Die Zuwiderhandlung gegen Compliance-Regeln als Pflichtverletzung bei der Untreue, NZWiSt 2021, 376; Ranft, Der Kreditkartenmißbrauch (§ 266b Alt. 2 StGB), JuS 1988, 673; Ransiek, Risiko, Pflichtwidrigkeit und Vermögensnachteil bei der Untreue, ZStW 116 (2004), 634; ders., Anerkennungsprämien und Untreue – Das „Mannesmann"-Urteil des BGH, NJW 2006, 814; ders., „Verstecktes" Parteivermögen und Untreue, NJW 2007, 1727; Rieble/Klebeck, Strafrechtliche Risiken der Betriebsratsarbeit, NZA 2006, 758; Rönnau, Grundwissen–Strafrecht: Der Verfügungsbegriff beim Betrug, JuS 2011, 982; Rönnau/Hohn, Die Festsetzung (zu) hoher Vorstandsvergütungen durch den Aufsichtsrat – ein Fall für den Staatsanwalt?, NStZ 2004, 113; Rose, Die strafrechtliche Relevanz von Risikogeschäften, wistra 2005, 281; Rotsch, „Schwarze Kassen bei der S-AG", JA 2013, 278; Rübenstahl/Wasserburg, „Haushaltsuntreue" bei Gewährung von Subventionen – Zugleich Besprechung des Urteils des BGH vom 8.4.2003, NStZ 2004, 521; Safferling, Bestimmt oder nicht bestimmt? Der Untreuetatbestand vor den verfassungsrechtlichen Schranken – Anmerkung zum Beschluss des BVerfG vom 23.6.2010 – 2 BvR 2559/08; 105/09; 491/09, NStZ 2011, 376; Saliger, Auswirkungen des Untreue-Beschlusses des Bundesverfassungsgerichts vom 23.6.2010 auf die Schadensdogmatik, ZIS 2011, 902; ders., Das Untreuestrafrecht auf dem Prüfstand der Verfassung, NJW 2010, 3195; ders, Parteienuntreue durch schwarze Kassen und unrichtige Rechenschaftsberichte, NStZ 2007, 545; ders., Rechtsprobleme des Untreuetatbestandes, JA 2007, 326; Satzger, „Schwarze Kassen" zwischen Untreue und Korruption – Eine Besprechung des Urteils BGH – 2 StR 587/07 (Siemens-Entscheidung), NStZ 2009, 297; ders., Probleme des Schadens beim Betrug, Jura 2009, 518; Schäfer, Die Strafbarkeit der Untreue zum Nachteil einer KG NJW 1983, 2850; Schlösser, Täterschaft und Teilnahme bei der Untreue – Zugleich Besprechung der „Nürburgring"-Entscheidung, BGH, Beschl. v. 26.11.2015 – 3 StR 17/15, BGHSt 61, 48; ders./Dörfler, Strafrechtliche Folgen eines Verstoßes gegen den Deutschen Corporate Governance Kodex, wistra 2007, 326; Schmitt, Untreue von Bank- und Sparkassenverantwortlichen bei der Kreditvergabe, BKR 2006, 125; Schneider, Spezifische Fragen der Untreue bei der Bürgschaftsvergabe, wistra 2015, 369; Schröder, Untreue durch Investitionen in ABS-Anleihen, NJW 2010, 1169; ders., Handbuch Kapitalmarktstrafrecht 2. Aufl. 2010; Schulte, Abgrenzung von Bankrott, Gläubigerbegünstigung und Untreue bei der KG, NJW 1983, 1773; Schünemann, Zur Quadratur des Kreises in der Dogmatik des Gefährdungsschadens, NStZ 2008, 430; ders., Der Bundesgerichtshof im Gestrüpp des Untreuetatbestands, NStZ 2006, 196; ders., Die „gravierende Pflichtverletzung" bei der Untreue: dogmatischer Zauberhut oder taube Nuss?, NStZ 2005, 473; Schwind, Zur Strafbarkeit der Entgegennahme von anonymen Parteispenden als Untreue (§ 266 StGB) – dargestellt am Fall Dr. Helmut Kohl, NStZ 2001, 349; Seibt/Schwarz, Aktienrechtsuntreue, AG 2010, 301; Seier/Martin, Die Untreue (§ 266 StGB), JuS 2001, 874; Solka/Altenburg, Staatliche Sanktionen als Untreuenachteil?, NZWiSt 2016, 212; Steinkühler/Kunze, Schmiergelder, Schwarze Kassen und ihre kündigungsrechtlichen Konsequenzen, RdA 2009, 367; Trüg/Zeyher, Anwendbarkeit der im Bereich der Untreue (§ 266 StGB) entwickelten Zustimmungslösung von Gesellschaftsorganen auf die Aktiengesellschaft, NZWiSt 2021, 169; Ulmer, Der Vertragshändler, München 1969; Velten, Untreue durch Belastung mit dem Risiko zukünftiger Sanktionen am Beispiel verdeckter Parteienfinanzierung, NJW 2000, 2852; Wagner/Spemann, Organhaftungs- und Strafbarkeitsrisiken für Aufsichtsräte, NZG 2015, 945; Wessels/Hillenkamp, Strafrecht Besonderer Teil 2, 2016; Wessing, Untreue durch Kreditvergabe (WestLB/Boxclever) – zugleich Anmerkung zu BGH, Urt. v. 13.8.2009 – 3 StR 576/08, BKR 2010, 159; Wessing/Krawczyk, Der Untreueparagraf auf dem verfassungsrechtlichen Prüfstand, NZG 2010, 1121; Wickel, „Die kriminellen Geschäftsführer", JA 2019, 747; Windolph, Risikomanagement und Riskcontrol durch das Unternehmensmanagement nach dem Gesetz zur Kontrolle und Transparenz im Unternehmensbereich (KonTraG); ius cogens für die treuhänderische Sorge i. S. v. § 266 StGB – Untreue?, NStZ 2000, 522.

Übersicht

A. Handelsvertreter

I. Allgemeines

1   **1. Untreue als klassische Wirtschaftsstraftat.** In den letzten Jahren hat sich die Untreue als sanktionsrechtliches Schreckgespenst von Wirtschaftsgrößen und Politikern hervorgetan. Den rasanten Aufstieg zur **zentralen Wirtschaftsstraftat** verdankt dieser Tatbestand seinem wiederholten Einsatz als **Allzweckwaffe** zur Verfolgung und Verurteilung von Vermögenskriminalität sowohl im öffentlichen als auch im privaten Sektor.[1] Zahlreiche namhafte sowie kontroverse Strafverfahren rufen § 266 StGB immer wieder in das öffentliche Bewusstsein: Während die Verfahren gegen Manfred Kanther[2] und Helmut

---

[1] Hüls NZWiSt 2012, 12; Jahn JuS 2009, 173 (175) [„Allroundtalent des Wirtschaftsstrafrechts"]; Mitsch JuS 2011, 97 [„Allzweckwaffe"]; Matt NJW 2005, 389 (390) u. Ransiek ZStW 116 (2004), 634 [„§ 266 StGB passt immer"]; Achenbach/Ransiek/Rönnau/Seier/Lindemann 2. Kapitel 5. Teil Rn. 1; Wittig § 20 Rn. 5; krit. bzgl. der ausschweifenden Anwendung des § 266 StGB Knauer NStZ 2002, 399; Knauer NStZ 2009, 151.

[2] BGH NJW 2007, 1760 – Fall Kanther/Weyrauch.

Kohl[3] im Rahmen der CDU-Spendenaffäre zu den bekanntesten Beispielen aus der **Politik** zählen, sind es im **Wirtschaftsleben** in erster Linie die überaus prominenten Fälle Mannesmann,[4] VW[5] und Siemens[6] sowie zuletzt die Verfahren gegen die ehemaligen BayernLB Banker Gribkowsky[7] oder die HSH Nordbank,[8] der Fall Middelhoff[9] sowie die Aufarbeitung der Nürburgring-Pleite[10] gewesen, die die Untreue zu ihrer Sonderstellung als Wundermittel der Justiz bei den Aufräumarbeiten von „**White-Collar-Crimes**" geführt haben.[11] Das **öffentliche Interesse,** das diese Verfahren regelmäßig wecken, ist zum einen auf die eher außer- und ungewöhnlichen Beschuldigten zurückzuführen, die dem stereotypen Bild des Straftäters widersprechen. Zum anderen sind es die immensen Schadenssummen, welche die Untreue zu ihrer rechts- und kriminalpolitischen Popularität gebracht haben.

2. Systematik, Problemfelder, Schutzgut und Verfassungsgemäßheit der **2** **Norm.** Der Tatbestand der Untreue ist erfüllt, wenn der Täter unter **Verletzung** → Rn. 36 ff. seiner **Vermögensbetreuungspflicht** → Rn. 12 ff. **vorsätzlich** → Rn. 93 ff. einen kausalen **Vermögensschaden** → Rn. 67 ff. hervorruft. Anders als der Betrug → StGB § 263 Rn. 58 erfordert die Untreue **keine besondere (Bereicherungs-) Absicht** oder Motivation des Täters, dieser kann vielmehr auch aus altruistischen Gründen handeln.[12] Der Versuch oder die fahrlässige Begehung einer Untreue ist nicht unter Strafe gestellt, allerdings bewirkt die Möglichkeit einer **schadensgleichen Vermögensgefährdung** → Rn. 85 ff. eine sehr frühe Vollendungsstrafbarkeit → Rn. 101. § 266 StGB ist durch das Erfordernis eines Vermögensschadens **Erfolgsdelikt** in der Gestalt eines **Verletzungsdeliktes,** selbst wenn man die Figur der schadensgleichen Vermögensgefährdung → Rn. 85 ff. als eigene Schadenskategorie der Untreue anerkennt.[13]

Die **Problematik** im Umgang mit dem Untreuetatbestand ergibt sich zum einen aus **3** seiner **tatbestandlichen Unbestimmtheit** → Rn. 5 und zum anderen aus der daraus resultierenden **Uneinigkeit** im Hinblick auf die Auslegung, Bedeutung und Bewertung der einzelnen Tatbestandsmerkmale.[14] So ist umstritten, ob die Vermögensbetreuungspflicht in beiden Tatvarianten eine einheitliche Qualität aufweist (sog. **streng monistische Untreuetheorie**),[15] oder ob sich die Intensität der Schutzpflicht des Täters für das ihm anvertraute Vermögen nicht vielmehr aus seiner tatsächlichen Stellung als Vermögensbetreuer zu ergeben hat **(sog. modifizierte dualistische Untreuetheorie)** → Rn. 8 ff.[16] Auch die Natur der Missachtung dieser Pflicht ruft uneinheitliche Bewertungsansätze hervor, die verschiedene rechtliche Anforderungen an die Art, Schwere und Zielrichtung der

---

[3] LG Bonn NStZ 2001, 375 – Fall Kohl.

[4] BGH NJW 2006, 522 – Fall Mannesmann/Vodafone.

[5] LG Braunschweig CCZ 2008, 32 – Fall Hartz mAnm Rieble CCZ 2008, 34.

[6] BGH NJW 2009, 89 – Fall Siemens.

[7] LG München I BeckRS 2013, 07994– Fall Gribkowsky.

[8] BGH NStZ 2017, 227 – Fall HSH-Nordbank mAnm Schweiger WuB 2017, 294.

[9] LG Essen BeckRS 2016, 04218 – Fall Middelhoff.

[10] BGH NJW 2016, 2585 – Fall Nürburgring mAnm Brand NZG 2016, 690; Saliger/Schweiger NJW 2016, 2600.

[11] Achenbach/Ransiek/Rönnau/Seier/Lindemann 2. Kapitel 5. Teil Rn. 7; eing. Zur Untreuestrafbarkeit von GmbH-Geschäftsführern und Limited-Directors Fornauf/Jobst GmbHR 2013, 125.

[12] Altenburg BB 2015, 323 (324); MüKoStGB/Dierlamm § 266 Rn. 2; Graf/Jäger/Wittig/Waßmer § 266 Rn. 10.

[13] BVerfG NJW 2010, 3209 (3214); BGH NStZ 2011, 520 (521); Satzger/Schluckebier/Widmaier/Saliger § 266 Rn. 1.

[14] Vgl. hierzu Saliger JA 2007, 326; Seier JuS 2001, 874 (875).

[15] So die hM BGHSt 24, 386; 33, 244 (250); MüKoStGB/Dierlamm § 266 Rn. 31; Fischer § 266 Rn. 22; Lackner/Kühl/Heger § 266 Rn. 4; Satzger/Schluckebier/Widmaier/Saliger § 266 Rn. 6; einschr. [sog. Eingeschränkte monistische Theorie] Schönke/Schröder/Perron § 266 Rn. 2.

[16] Bringewat NStZ 1985, 535; Labsch JURA 1987, 344 (346); Ranft JuS 1988, 673; LK-StGB/Schünemann § 266 Rn. 18, 57 f.

Pflichtverletzung → Rn. 43 ff. stellen.[17] Schließlich bereitet die Bestimmung des Taterfolges in der Form eines endgültigen und kausalen **Vermögensschadens** nicht unerhebliche Probleme → Rn. 67 ff.

4   **Schutzgut** der Vorschrift ist allein das **Individualvermögen** des Treugebers → Rn. 68 ff.[18] Weitere Rechtsgüter, wie etwa die **Dispositionsfreiheit** oder das **Vertrauen** in die pflichtgemäße Betreuung des Vermögens, unterfallen **nicht** dem strafrechtlichen Schutz des § 266 StGB.[19] Dementsprechend reicht die bloße Verletzung der Betreuungspflicht ohne Vermögensminderung für eine Strafbarkeit nach § 266 StGB nicht aus.[20]

5   Trotz erheblicher Bedenken aufgrund **struktureller Unterbestimmtheit**[21] wird die Norm für mit dem **Bestimmtheitsgebot nach Art. 103 Abs. 2 GG** vereinbar und damit für **verfassungsgemäß** gehalten, sofern sie unter der Vorgabe des sog. **Präzisierungsgebotes**[22] von der Rspr. konkretisierend und restriktiv ausgelegt wird.[23] Insbesondere eine **Verschleifung von Tatbestandsmerkmalen,** zB dergestalt, dass der Vermögensnachteil gänzlich in der Pflichtverletzung aufgeht, ist vor diesem Hintergrund unzulässig.[24]

6   **3. Tatbestandsstruktur. a) Tatbestandsalternativen, § 266 Abs. 1 Alt. 1 und Alt. 2 StGB.** Die Strafvorschrift enthält zwei Tatbestandsalternativen, den **Treubruchtatbestand** (§ 266 Abs. 1 Alt. 1 StGB) als lex generalis und den **Missbrauchstatbestand** (§ 266 Abs. 1 Alt. 2 StGB) als lex specialis.[25] Auch wenn beide Varianten verschiedene Anforderungen an die zivilrechtliche Wirksamkeit der Schädigungshandlung des Täters stellen, erlangt die Unterscheidung für die Anwendung und Reichweite der Vorschrift für die im Vertrieb relevanten Fälle nur eine untergeordnete Bedeutung, sofern man mit der hM davon ausgeht, dass **beide Tatbestandsalternativen** eine **Vermögensbetreuungspflicht** des Täters voraussetzen **(streng monistische Untreuetheorie)** → Rn. 10.[26]

7   Der **Missbrauchstatbestand** → Rn. 38 ff. setzt voraus, dass der Treunehmer zivilrechtlich wirksam im Außenverhältnis über das ihm anvertraute Vermögen des Treugebers verfügen oder diesen verpflichten kann, sog. **Vermögensverfügungsbefugnis.** Er ist dabei allerdings intern an Verhaltensregeln gebunden, die ihm der Treugeber im Rahmen der **Vermögensbetreuungspflicht** auferlegt.[27] Bei der Missbrauchsalternative handelt der Täter folglich nach außen hin rechtmäßig, überschreitet aber im Innenver-

---

[17] Gravierende vermögensbezogene Pflichtverletzung vgl. BGH NJW 2011, 88 – Siemens/AUB; BGH NJW 2006, 522 – Mannesmann/Vodafone; vgl. auch BGH NJW 2004, 2248 – Konzernuntreue, Bremer Vulkan; BGH NJW 2002, 1585 – Sponsoring; 2002, 1211 – Pflichtverletzung bei Kreditvergabe; Ransiek NJW 2006, 814; Dannecker NZG 2000, 243; aA Schünemann NStZ 2005, 473; Knauer NStZ 2002, 399.

[18] StRspr: BVerfG NJW 2010, 3209 (3212); BGHSt 43, 293 (297); 47, 295 (301); 50, 331 (342); BGH NStZ 2011, 520 (521); 2014, 517 (519); Fischer § 266 Rn. 2; Lackner/Kühl/Heger § 266 Rn. 1; Schönke/Schröder/Perron § 266 Rn. 1; Satzger/Schluckebier/Widmaier/Saliger § 266 Rn. 1.

[19] BGH NStZ 2018, 105 (107); 2014, 517 (519); BGHSt 43, 293 (297); MüKoStGB/Dierlamm § 266 Rn. 1; Fischer § 266 Rn. 2; Satzger/Schluckebier/Widmaier/Saliger § 266 Rn. 1.

[20] BVerfG NStZ 2010, 626 (628); Knauer Kultur und Recht 2010, 5.

[21] MüKoStGB/Dierlamm § 266 Rn. 3; Krüger NStZ 2011, 369; Kudlich ZWH 2011, 1; Ransiek ZStW 116 (2004), 634 (678 f.); Satzger/Schluckebier/Widmaier/Saliger § 266 Rn. 4.

[22] Das Präzisierungsgebot wurde den Gerichten in einem bahnbrechenden Beschluss vom BVerfG auferlegt, BVerfG NJW 2010, 3209 (3215).

[23] BVerfG NJW 2010, 3209 (3212 ff.); 2009, 2370; Fischer § 266 Rn. 5; Schönke/Schröder/Perron § 266 Rn. 1a; Satzger/Schluckebier/Widmaier/Saliger § 266 Rn. 4; LK-StGB/Schünemann § 266 Rn. 27 ff.; zur Konkretisierenden Auslegung jüngst OLG Köln BeckRS 2013, 08025.

[24] BVerfG NJW 2010, 3209 (3211, 3215); Satzger/Schluckebier/Widmaier/Saliger § 266 Rn. 8. Vgl. auch Bittmann wistra 2013, 1 f.

[25] Ausf. Zum Streit um das Verhältnis der beiden Tatbestandsvarianten zueinander MüKoStGB/Dierlamm § 266 Rn. 23 ff.; NK-StGB/Kindhäuser § 266 Rn. 11 ff.

[26] StRspr Seit BGHSt 24, 386 (387 ff.); s. auch MüKoStGB/Dierlamm § 266 Rn. 31; Fischer § 266 Rn. 6a; NK-StGB/Kindhäuser § 266 Rn. 26; Satzger/Schluckebier/Widmaier/Saliger § 266 Rn. 6.

[27] Schröder/Schröder/Perron § 266 Rn. 2; Achenbach/Ransiek/Rönnau/Seier/Lindemann 2. Kapitel 5. Teil Rn. 113.

hältnis die vorgegebenen Rahmenbedingungen, sodass der Missbrauch nichts anderes als das **Überschreiten des rechtlichen Dürfens im Rahmen des rechtlichen Könnens** ist.[28] Der **Treubruchstatbestand** → Rn. 42 ist dagegen rechtlich einfacher ausgestaltet und lässt als Tathandlung jedes **tatsächliche Verhalten** ausreichen, das zu einer Verletzung der Vermögensbetreuungspflicht führt.[29] Hierbei spielt die rechtliche Wirksamkeit der Handlung keine Rolle, solange aufgrund der Pflichtverletzung ein Vermögensnachteil eintritt.

b) Verhältnis der Tatbestandsvarianten zueinander. Seit jeher umstritten ist das **8** Verhältnis der beiden Tatbestandsalternativen zueinander. Weitgehende Einigkeit besteht mittlerweile dahingehend, dass beide Varianten eine **qualitativ gleichwertige Vermögensbetreuungspflicht** → Rn. 12 ff. erfordern,[30] die der Täter durch ein pflichtwidriges Tun oder Unterlassen verletzt, wodurch beim Vermögensinhaber ein Vermögensnachteil eintritt.

Ursprünglich wurde von der Rspr. und der hL jedoch die Ansicht vertreten, die **9** Untreuevorschrift bestehe aus zwei unverbundenen Tatbeständen, die abweichende Anforderungen an die Tatausübung stellen und somit grundverschiedene Sachverhalte erfassen **(sog. dualistische Lehre).**[31] Diese Beurteilung des Tatbestandes, die auch heute noch eine kleine Anhängerschaft hat,[32] stützt sich auf die Annahme, dass lediglich die Treubruchvariante eine Verletzung der Vermögensbetreuungspflicht als zwingende Untreuehandlung erfordert.

Seit dem **Scheckkartenurteil**[33] des BGH haben sich **Rspr.**[34] und **hL**[35] von diesem **10** Verständnis des Untreuetatbestands distanziert und vertreten eine einheitliche Auslegung des § 266 StGB, die die Vermögensbetreuungspflicht als Voraussetzung beider Handlungsalternativen ansieht **(sog. streng monistische Untreuetheorie).** Konsequenz dieser Ansicht ist, dass die Missbrauchsalternative ihre Selbstständigkeit als Tatbestand verliert und als **Spezialfall des Treubruchs** zu behandeln ist.[36] Sowohl der **Wortlaut** als auch die **Reaktion des Gesetzgebers,** der infolge des Scheckkartenurteils mit § 266b StGB einen eigenen Straftatbestand zur Erfassung des Scheckkartenmissbrauchs einführte, sprechen für eine einheitliche Behandlung des Tatbestands.[37] Dieser **Gleichlauf von Missbrauchs- und Treubruchvariante** wird von der Rspr. mittlerweile fortlaufend bestätigt.[38]

II. Objektiver Tatbestand

1. Täterkreis und Vermögensbetreuungspflicht. a) Tauglicher Täter. Die Un- **11** treue setzt als **Sonderdelikt** eine qualifizierte Vermögensbetreuungspflicht des Täters voraus, die ein **besonderes persönliches strafbegründendes Merkmal** gem. § 28

---

[28] BGH NJW 1954, 202; MüKoStGB/Dierlamm § 266 Rn. 32.

[29] Statt vieler Fischer § 266 Rn. 33.

[30] BVerfG NJW 2010, 3209 (3215); BGHSt 24, 386; 33, 244 (250); MüKoStGB/Dierlamm § 266 Rn. 31; Fischer § 266 Rn. 22; Lackner/Kühl/Heger § 266 Rn. 4; Satzger/Schluckebier/Widmaier/Saliger § 266 Rn. 6.

[31] BGHSt 1, 186; BGH NJW 1960, 53; LK-StGB/Schünemann § 266 Rn. 18 ff.

[32] Schönke/Schröder/Perron § 266 Rn. 2; LK-StGB/Schünemann § 266 Rn. 18 ff.

[33] BGH NJW 1973, 63.

[34] BGHSt 24, 386; 33, 244 (250).

[35] MüKoStGB/Dierlamm § 266 Rn. 31; Fischer § 266 Rn. 22; Lackner/Kühl/Heger § 266 Rn. 4; Satzger/Schluckebier/Widmaier/Saliger § 266 Rn. 6.

[36] BGHSt 50, 331 (342); MüKoStGB/Dierlamm § 266 Rn. 26; Satzger/Schluckebier/Widmaier/Saliger § 266 Rn. 7; Wessels/Hillenkamp StrafR BT II Rn. 749.

[37] MüKoStGB/Dierlamm § 266 Rn. 31; Satzger/Schluckebier/Widmaier/Saliger § 266 Rn. 6; s. auch BT-Drs. 10/5058, 31, 33.

[38] S. nur BGH StraFo 2012, 374; NStZ 2010, 632 (633); NJW 2009, 89 (91 f.) – Fall Siemens; OLG München wistra 2010, 155 (156 f.).

Abs. 1 StGB darstellt.[39] Dritte, die **nicht** mit der Aufgabe betraut sind, fremde Vermögensinteressen wahrzunehmen, können lediglich als **Teilnehmer** belangt werden.[40]

12   **b) Vermögensbetreuungspflicht. aa) Bedeutung für den Tatbestand.** Die Vermögensbetreuungspflicht kennzeichnet das zwischen Treunehmer und Treugeber bestehende (Innen-)Verhältnis und stellt das **strafbegründende Merkmal** der Untreue dar.[41] Tauglicher Untreuetäter kann demnach nur sein, wer zum **Zeitpunkt der Tathandlung** eine Vermögensbetreuungspflicht innehat.[42] Obwohl der Vermögensbetreuungspflicht die zentrale Aufgabe der Begrenzung und Charakterisierung der Untreue zukommt, werden ihre Voraussetzungen nicht vom Gesetz definiert, sondern unterliegen der **konkretisierenden Auslegungspflicht** durch die Tatgerichte (Präzisierungsgebot des BVerfG).[43]

13   **bb) Gegenstand der Vermögensbetreuungspflicht.** Das Gesetz selbst gibt für die Konkretisierung des Inhalts und Gegenstandes der Vermögensbetreuungspflicht keine genauen Anhaltspunkte vor. Die **charakteristischen Merkmale** sind vielmehr durch eine am Schutzzweck der Norm → Rn. 4 orientierte **Auslegung** zu bestimmen. Ausgehend vom Wortlaut muss die Vermögensbetreuungspflicht auf einem **engen Verhältnis** des Treunehmers zum Treugeber basieren, das den Treunehmer mit einer besonderen **Verantwortung** im Hinblick auf die Erhaltung und den **Schutz der materiellen Güter** des Treugebers versieht.[44] Den Treunehmer trifft folglich die Aufgabe, nach Maßgabe des Treugebers die **Fürsorge** für die ihm im Innenverhältnis anvertrauten Vermögenswerte zu tragen.[45] Die Vermögensbetreuungspflicht legitimiert und begrenzt zugleich die Handlungsmöglichkeiten des Treunehmers im Umgang mit der fremden Vermögensmasse.

14   Nicht jede Verpflichtung des Täters gegenüber dem Geschäftsherrn und dessen Vermögen ist jedoch als Vermögensbetreuungspflicht zu werten. Erforderlich ist eine **qualifizierte Pflicht,** die dem Treunehmer die Rechtsstellung eines **Beschützergaranten** verleiht.[46] Maßgeblich ist das der Beziehung von Treugeber und Treunehmer zugrunde liegende **faktische Treueverhältnis,**[47] das nicht mit der synallagmatischen Verbindung einer Vertragsrelation gleichzusetzen ist **(Fremdnützigkeit der Vermögensbetreuungspflicht).**[48] Nur die aus diesem Verhältnis resultierenden Pflichten sind für Umfang, Inhalt und Grenzen der Vermögensbetreuungspflicht entscheidend.[49] So können auch **rechtmäßige Handlungen** die Vermögensbetreuungspflicht verletzen, sofern der Treunehmer gerade dadurch die ihm im Innenverhältnis vom Treugeber aufgetragenen Maßgaben missachtet. Allein **schuldrechtliche Nebenpflichten** reichen zur Begründung einer Ver-

---

[39] BGH NJW 2016, 2585 (2599); NStZ-RR 2009, 102 f.; NJW 2006, 522 (530); 2002, 1585 (1589); MüKoStGB/Dierlamm § 266 Rn. 288; Fischer § 266 Rn. 185; Schönke/Schröder/Perron § 266 Rn. 52; Roxin/Greco AT I § 10 Rn. 130 f.; Satzger NStZ 2009, 297 (299).

[40] BGH NStZ 2019, 525 (526); NJW 1960, 158; Fischer § 266 Rn. 186; Graf/Jäger/Wittig/Waßmer § 266 Rn. 20. Zu beachten ist allerdings, dass auch der Vermögensbetreuungspflichtige lediglich Teilnehmer sein kann, wenn er widerwillig an einem Vorhaben außerhalb seines Pflichtenkreises lediglich unterstützend mitwirkt, vgl. BGH NJW 2016, 2585 (2599) mAnm Saliger/Schweiger NJW 2016, 2600 (2601).

[41] BGH NJW 2006, 522 (530); NK-StGB/Kindhäuser § 266 Rn. 31; Satzger/Schluckebier/Widmaier/Saliger § 266 Rn. 9.

[42] Mitsch BT II 1 § 8 Rn. 32; Graf/Jäger/Wittig/Waßmer § 266 Rn. 44.

[43] BVerfG NJW 2010, 3209 (3215); Dierlamm NStZ 1997, 534 (535).

[44] BVerfG NJW 2010, 3209 (3213); BGHSt 55, 288 (298); BGH wistra 2011, 424; Satzger/Schluckebier/Widmaier/Saliger § 266 Rn. 10; BGH, Urt. v. 14.7.2021 – 6 StR 282/20.

[45] MüKoStGB/Dierlamm § 266 Rn. 45.

[46] Schönke/Schröder/Perron § 266 Rn. 23b; Satzger/Schluckebier/Widmaier/Saliger § 266 Rn. 11; Graf/Jäger/Wittig/Waßmer § 266 Rn. 31; BGH, Urt. v. 14.7.2021 – 6 StR 282/20.

[47] RGSt 69, 58 (61 f.).

[48] Vgl. MüKoStGB/Dierlamm § 266 Rn. 43, 49: Wer im Rahmen von synallagmatischen Schuldverhältnissen eigene Interessen verfolgt, kann nicht gleichzeitig eine fremdnützige Vermögensfürsorge betreiben, so auch BGH NStZ 2020, 35 (36) zum Darlehensvertrag. Vgl. auch BGHSt 49, 147 (155); 52, 182 (186 f.).

[49] BGH NJW 2011, 88 (91) – Siemens/AUB.

mögensbetreuungspflicht nicht aus.[50] Liegt der Rechtsbeziehung zwischen Treugeber und Treunehmer ein Vertragsverhältnis zugrunde, so ist entscheidend, dass dieses die typischen Elemente einer **Geschäftsbesorgung iSd § 675 BGB** aufweist und dass die dadurch festgelegte Verpflichtung zur fremdnützigen Vermögensfürsorge einen wesentlichen Inhalt der Rechtsbeziehung ausmacht.[51]

cc) Indizielle Merkmale einer Vermögensbetreuungspflicht. Um dem allgemei- **15** nen Begriff der Vermögensbetreuungspflicht schärfere Konturen zu verleihen, nimmt die Rspr. im **Einzelfall** eine wertende Betrachtung anhand eines von ihr entwickelten **Indizienkataloges** vor.[52] Dieser kann jedoch kein verbindliches Leitbild, geschweige denn feste Voraussetzungen und Bedingungen einer Vermögensbetreuungspflicht vermitteln,[53] sondern soll lediglich Anhaltspunkte für die Bewertung im Einzelfall bieten. In die Beurteilung als wesentliche Indizien miteinfließen können dabei **Gewicht, Bedeutung, Reichweite** und **Dauer** der jeweiligen Pflicht sowie der **Entscheidungsspielraum** und die **Verantwortlichkeit** des Treunehmers bei der Ausführung seiner Pflichten.[54] Im Einzelnen führt dies zu folgenden indiziellen Merkmalen:

(1) Hauptpflicht. Die Vermögensbetreuungspflicht muss jedenfalls die **Hauptpflicht** **16** und nicht nur bloße Nebenverpflichtung des Treunehmers sein, sie muss also den wesentlichen Inhalt des Vertragsverhältnisses zwischen Treunehmer und Treugeber bilden und von einigem Gewicht und gewisser Bedeutung sein.[55]

(2) Gewicht und Bedeutung. Die Vermögensbetreuungspflicht hat zudem eine Für- **17** sorgepflicht von einigem Gewicht und einiger Bedeutung zu sein.[56] Die **Bedeutung** der Verpflichtung ist in erster Linie am eigenverantwortlichen Handlungsspielraum des Täters → Rn. 18 f. festzumachen: Hat der Täter einer nur untergeordneten oder bloß mechanischen Tätigkeit nachzukommen, die im weitesten Sinne die Betreuung von Vermögensinteressen beinhaltet, so ist ihm regelmäßig keine Vermögensbetreuungspflicht auferlegt.[57]

(3) Selbständigkeit und Eigenverantwortlichkeit. Ein weiteres Anzeichen einer **18** Vermögensbetreuungspflicht ist ein **nicht unerhebliches Maß an Selbständigkeit und Eigenverantwortlichkeit.**[58] Hat der Vermögensbetreuer bei seiner Pflichterfüllung so gut wie keinen eigenen Handlungsspielraum, weil er lediglich den strengen Weisungen und Vorgaben des Geschäftsherrn gehorchen muss, so ergibt sich für ihn kaum die Möglichkeit, die Grenzen seines Dürfens zu übertreten.[59] Maßgebliche Indizien sind die vom Treugeber **unabhängige Kontrollmacht** des Treunehmers über das ihm zur Verfügung gestellte Vermögen[60] sowie **Umfang** und **Dauer** der Verpflichtung.[61]

Vor diesem Hintergrund hält die Rspr. insbesondere Tätigkeiten, die das **Einkassieren,** **19** **Verwalten** und **Abliefern** von Geldern umfassen für geeignet, Vermögensbetreuungs-

---

[50] BGH NJW 2008, 1827 ff.; 1953, 1600 (1601); BGHSt 1, 186 (188); MüKoStGB/Dierlamm § 266 Rn. 45; NK-StGB/Kindhäuser § 266 Rn. 33; Schönke/Schröder/Perron § 266 Rn. 23b.

[51] BGH BeckRS 2020, 3998 Rn. 14; NStZ 1989, 72; wistra 1984, 143; OLG Koblenz NStZ 1995, 51; Fischer § 266 Rn. 38; Schönke/Schröder/Perron § 266 Rn. 23; LK-StGB/Schünemann § 266 Rn. 73 ff.

[52] RGSt 69, 58; BGHSt 13, 315 (317); BVerfG NJW 2010, 3209 (3214); Satzger/Schluckebier/Widmaier/Saliger § 266 Rn. 10; Graf/Jäger/Wittig/Waßmer § 266 Rn. 32; lehrreich zur Bestimmung von Vermögensbetreuungspflichten Bosch JURA 2021, 1439.

[53] BGH NJW 1996, 65 ff.

[54] RGSt 69, 58 (61 f.); 69, 279 (280); BGH NJW 1960, 53.

[55] BGHSt 1, 186 (189); 3, 289 (293 f.); BGH NJW 2010, 2948 (2949); 2013, 1615; 2015, 1618 (1619 f.); 2016, 2585 (2590).

[56] BGHSt 3, 289 (293 f.); s. auch BGH NStZ 1982, 201.

[57] BGH NJW 1954, 320.

[58] BGHSt 3, 289 (294); 13, 315 (317 ff.); BGH NStZ 2006, 38; BeckRS 2021, 22339 Rn. 17.

[59] MüKoStGB/Dierlamm § 266 Rn. 52.

[60] BGH BeckRS 2020, 3998 Rn. 13; NJW 2016, 2585 (2591); 2013, 1615 unter Bezug auf BVerfGE 126, 170 (208 ff.).

[61] Vgl. BGH NJW 1960, 53; RGSt 69, 279; 69, 58 (61 f.); Schönke/Schröder/Perron § 266 Rn. 24.

pflichten zu begründen.[62] Dagegen scheidet bei **Boten, Schreibkräften** oder **einfachen Kassierern** mangels unabhängiger Entscheidungsbefugnisse regelmäßig die Annahme von Vermögensbetreuungspflichten aus.[63]

20 **(4) Bewertung des Indizienkatalogs.** Auch wenn die von der Rspr. aufgestellten Kriterien eine angemessene Begrenzung und restriktive Handhabung des Tatbestandes fördern, so können sie für die Beurteilung einer Vermögensbetreuungspflicht nicht mehr als nur **Indizien** sein. Für die Annahme einer Vermögensbetreuungspflicht im **Einzelfall** muss es sich nach einer **Gesamtbewertung** aller Umstände um eine Pflicht handeln, die sowohl wirtschaftlich betrachtet als auch aus der Sicht des individuell Verpflichteten einen nicht unerheblichen Stellenwert besitzt und ihm die Möglichkeit der selbstständigen Interessenswahrnehmung lässt. Während der Umfang und die Dauer der Pflicht lediglich äußerliche und eher weniger aussagekräftige Faktoren darstellen,[64] kommt dem Merkmal der **Selbstständigkeit** eine erhebliche Indizkraft zu.

21 **dd) Die Entstehung des Vermögensbetreuungsverhältnisses.** Der Untreuetatbestand benennt **Gesetz, behördlichen Auftrag, Rechtsgeschäft** (Abs. 1 Var. 1) **und Treueverhältnis** (Abs. 1 Var. 2) als Entstehungsgründe einer Vermögensbetreuungspflicht. Die Aufzählung ist **abschließend,** sodass ausschließlich die in § 266 Abs. 1 StGB aufgelisteten Entstehungsgründe eine relevante Vermögensbetreuungspflicht begründen können.[65] Dabei können diese nicht nur isoliert, sondern auch in Kombination vorliegen oder sich überschneiden,[66] zB beim Geschäftsführer einer GmbH (§§ 6, 35 GmbHG), bei Prokuristen (§§ 48 ff. HGB) oder beim Vorstand einer AG (§§ 78, 84 AktG). Während Gesetz, behördlicher Auftrag und Rechtsgeschäft alle **zivilrechtlich oder öffentlich-rechtlich wirksamen Rechtsverhältnisse** erfasst, die dem Täter gesetzliche oder vertragliche Vermögensbetreuungspflichten auferlegen, unterfallen dem Treueverhältnis die Fälle, in denen der Täter statt einer rechtlich fundierten Vermögensbetreuungspflicht lediglich wegen seiner **faktischen Nähe zum Vermögen** eines Dritten besonders verpflichtet ist, den fremden Vermögensinteressen keinen Schaden zuzufügen.[67]

22 **(1) Missbrauchsvariante (Abs. 1 Var. 1): Durch Gesetz, behördlichen Auftrag oder Rechtsgeschäft.** In der Missbrauchsvariante wird dem Täter die Pflicht, fremde Vermögensinteressen wahrzunehmen, durch eine gesetzlich oder vertraglich fundierte Beziehung auferlegt. Das außerstrafrechtlich begründete Verhältnis zwischen Treugeber und Treunehmer hat dabei alle wesentlichen **Kriterien einer Vermögensbetreuungspflicht** zu vereinen → Rn. 12 ff. und inhaltlich einem **fremdnützigen Geschäftsbesorgungsauftrag** zu gleichen. Liegen alle Voraussetzungen vor, verfügt der Treunehmer über **eine Verfügungs- oder Verpflichtungsbefugnis,** die ihn zum tauglichen Täter des § 266 StGB macht.

23 An erster Stelle wird das **Gesetz** selbst als Entstehungsgrund der Vermögensbetreuungspflicht genannt. In diesem Fall ergibt sich das Vermögensbetreuungsverhältnis unmittelbar aus der Stellung des Täters, der seine Vermögensbetreuungspflicht aus den gesetzlich festgelegten Vorgaben für seine konkrete Position ableitet.[68] In Betracht kommen zB Abwickler (§ 265 Abs. 3 AktG), Betreuer (§§ 1896 ff. BGB), die Eltern (§§ 1626 ff. BGB), Gerichtsvollzieher (§§ 753, 755, 803 ZPO), Insolvenzverwalter (§§ 56 ff. InsO), Nachlass-

---

[62] BGHSt 13, 315 (318). Vgl. MüKoStGB/Dierlamm § 266 Rn. 54; Satzger/Schluckebier/Widmaier/Saliger § 266 Rn. 10.

[63] BGH NStZ 1983, 455; Fischer StGB § 266 Rn. 49 m. w. Bsp.; BeckOK StGB/Wittig § 266 Rn. 44.1.

[64] Graf/Jäger/Wittig/Waßmer § 266 Rn. 41.

[65] BGH NJW 2004, 2248; wistra 1989, 63; NJW 1983, 461; Graf/Jäger/Wittig/Waßmer § 266 Rn. 43.

[66] Schönke/Schröder/Perron § 266 Rn. 7; Satzger/Schluckebier/Widmaier/Saliger § 266 Rn. 12; LK-StGB/Schünemann § 266 Rn. 32, 60; BGH, Beschl. v. 29.1.2020 – 1 StR 421/19.

[67] BGH NJW 1954, 1009; RGSt 69, 15 (16); Fischer § 266 Rn. 39 ff.

[68] MüKoStGB/Dierlamm § 266 Rn. 37; Schönke/Schröder/Perron § 266 Rn. 8.

pfleger (§ 1960 Abs. 2 BGB), Nachlassverwalter (§ 1985 BGB), Sequester (§§ 848, 855 ZPO) oder der Vormund (§§ 1793 ff. BGB).[69]

Die Erteilung einer Vermögensbetreuungspflicht durch **behördlichen Auftrag** beruht 24 hingegen in der Regel auf einem hoheitlichen Verwaltungsakt oder öffentlich-rechtlichen Vertrag. Hier erhält der Täter dann meist im Rahmen eines Dienstgeschäftes seine Vermögensbetreuungspflicht, so zB Abgeordnete,[70] Finanzbeamte,[71] Lehrstuhlinhaber,[72] ärztliche Direktoren einer Universitätsklinik,[73] Oberbürgermeister[74] oder Sparkassenleiter.[75]

Der Täter kann seine Stellung als Vermögensbetreuer schließlich durch **Rechtsgeschäft** 25 erlangen. Maßgeblich für die Annahme einer Vermögensbetreuungspflicht ist das Innehaben einer Vollmachtstellung.[76] In Betracht kommen zB Handelsvertreter (§ 84 HGB) → Rn. 35,[77] Kommissionäre (§ 383 HGB)[78] → Rn. 125 und Rechtsanwälte,[79] aber auch AG-Aufsichtsratsmitglieder, GmbH-Geschäftsführer und geschäftsführende Gesellschafter.[80]

(2) Treubruchvariante (Abs. 1 Var. 2): Durch Treueverhältnis. Die Treubruch- 26 variante lässt **faktische Treueverhältnisse** als Quelle für Vermögensbetreuungspflichten ausreichen und löst sich damit von der sonst für die Untreue charakteristischen außerstrafrechtlichen Rechtsakzessorietät.[81] Erforderlich für die Annahme einer Vermögensbetreuungspflicht ist, dass sich aus dem **tatsächlichen Treueverhältnis**[82] eine faktische Machtstellung des Treunehmers über die fremden Vermögensmassen des Treugebers ergibt.[83] Das Treueverhältnis dient der Erfassung von Untreuetätern, die ohne gültige vertraglich oder gesetzlich fundierte Vermögensbetreuungspflicht nur aufgrund ihres tatsächlichen Auftretens als Vermögensbetreuer strafrechtlich verpflichtet sind, das anvertraute Vermögen nicht zu schädigen.[84] Diese **rein strafrechtlich fundierte Vermögensbetreuungspflicht** entsteht, weil der Täter durch die tatsächliche Übernahme der Vermögensfürsorge die Position eines Beschützergaranten für das fremde Vermögen einnimmt (wie bspw. der faktische Geschäftsführer).[85]

Für die Treubruchvariante kommen im Wesentlichen **vier Fallkonstellationen** in 27 Betracht:[86] Gesetzes- oder sittenwidrige Vermögensbetreuungsverhältnisse → Rn. 28 ff., rechtsunwirksame Vermögensbetreuungsverhältnisse → Rn. 32, erloschene Vermögensbetreuungsverhältnisse → Rn. 33 und drittbezogene Vermögensbetreuungsverhältnisse → Rn. 34.

---

[69] Für weitere Bsp. s. Satzger/Schluckebier/Widmaier/Saliger § 266 Rn. 13.
[70] OLG Koblenz NStZ 1999, 564 (656).
[71] BGH NStZ 2007, 596; NJW 1998, 91; BGHSt 24, 326.
[72] BGH NJW 1982, 2881.
[73] BGH NJW 2002, 2801 (2802).
[74] BGH BeckRS 2021, 22339 Rn. 16; NJW 2020, 628 (629); wistra 2006, 306.
[75] BGH NJW 1955, 508.
[76] MüKoStGB/Dierlamm § 266 Rn. 39; Achenbach/Ransiek/Rönnau/Seier/Lindemann 2. Kapitel 5. Teil Rn. 110 ff.
[77] BGH MDR 1954, 606; OLG Koblenz MDR 1968, 779; OLG Köln NJW 1967, 1923; OLG Hamm NJW 1957, 1041.
[78] BGHSt 1, 186 (189).
[79] BGH wistra 1987, 65; NJW 1983, 461; 1957, 596.
[80] Ausf. Satzger/Schluckebier/Widmaier/Saliger § 266 Rn. 15 f.
[81] Satzger/Schluckebier/Widmaier/Saliger § 266 Rn. 25; LK-StGB/Schünemann § 266 Rn. 61 [„Strafgrund der Untreue in Reinform"].
[82] BGH NJW 1954, 1009; RGSt 69, 15 (16); MüKoStGB/Dierlamm § 266 Rn. 163; Fischer § 266 Rn. 40.
[83] BGH NStZ 2019, 52 (53); Satzger/Schluckebier/Widmaier/Saliger § 266 Rn. 25.
[84] BGH NStZ 1997, 124 (125); Fischer § 266 Rn. 40; Graf/Jäger/Wittig/Waßmer § 266 Rn. 96, 98.
[85] BGH NJW 2013, 624 (625); vgl. auch Fischer StGB § 266 Rn. 40, 42; NK-StGB/Kindhäuser § 266 Rn. 38; LK-StGB/Schünemann § 266 Rn. 61, 65.
[86] Einteilung zu finden bei Satzger/Schluckebier/Widmaier/Saliger § 266 Rn. 26 ff.

28 **(a) Gesetzes- oder sittenwidrige Vermögensbetreuungsverhältnisse.** Umstritten ist die Frage, ob sich ein Vermögensbetreuer nach § 266 StGB strafbar machen kann, wenn das seiner Vermögensbetreuungspflicht zugrundeliegende Rechtsverhältnis **gesetzes- oder sittenwidrig** und daher **nichtig** ist (sog. **Ganovenuntreue**). Da der Geschäftsherr aufgrund der Nichtigkeit des Rechtsgeschäftes kein schützenswertes Interesse an der Einhaltung der Vereinbarung haben kann, macht sich der Treunehmer zweifelsohne **nicht** nach § 266 StGB strafbar, wenn er die Ausführung des gesetzes- oder sittenwidrigen Auftrages schlichtweg **unterlässt**.[87] Anders liegt der Fall, wenn der Vermögensbetreuer der geforderten **sitten- oder gesetzeswidrigen Aufgabenstellung nachgeht** und dabei untreuetypisch die Vermögensinteressen des Auftraggebers missachtet. Denn die Frage, ob der Untreuetatbestand dem Vermögen des Geschäftsherrn auch dann Schutz bietet, wenn die Ziele, die er verfolgt, rechtswidrig sind, lässt differierende Bewertungen zu:

29 So ließe sich argumentieren, dass der Wandel eines widerrechtlichen Vermögensbetreuungsverhältnisses in ein tatsächliches Verhältnis mit dem Ziel, den beauftragten Betreuer weiterhin zur Ausführung des unrechtmäßigen Auftrags zu Gunsten des Geschäftsherrn zu animieren, eine **grobe Missachtung der Gesamtrechtsordnung** darstellt. Berücksichtigt man die sittenwidrigen Ziele, die der Geschäftsherr mit dem Einsatz seines Vermögens verfolgt, sollte das Vermögen als Vehikel des rechtswidrigen Vorhabens wohl kaum noch den Schutz des Untreuetatbestands genießen dürfen.[88]

30 Allerdings würde es der Rechtsordnung auch nicht unmittelbar widersprechen, wenn nichtige Betreuungsverhältnisse als tatsächliche Treueverhältnisse die Grundlage für einen Vermögensschutz nach § 266 StGB legen könnten. Denn das Vermögen soll, ungeachtet des Verwendungszwecks, grds. nicht rechtswidrig geschädigt werden und als Mittel sittenwidriger Geschäfte nicht völlig schutzlos einem **rechtsfreien Raum** überlassen bleiben.[89]

31 **Vorzugswürdig** erscheint eine Beurteilung im Einzelfall und unter Zugrundelegung des von § 266 StGB verfolgten Schutzzweckes → Rn. 4. Berücksichtigt man die **Wertung der §§ 73 ff. StGB**, wonach rechtswidrig erlangtes Vermögen de lege lata nicht schutzwürdig ist, liegt im Hinblick auf die Schutzrichtung des § 266 StGB **kein Wertungswiderspruch** vor, wenn der Treunehmer eines nichtigen Betreuungsverhältnisses die bemakelten Vermögenswerte des Treugebers **abredewidrig zu eigenen Zwecken** einsetzt.[90] So macht sich ein **Bereichsvorstandsmitglied einer AG** nicht wegen Untreue strafbar, wenn es schwarzes Geld abredewidrig nicht für Bestechungszwecke verwendet, sondern selbst verbraucht.[91] Eine andere Bewertung ist dann geboten, wenn der Treunehmer Gelder veruntreut, die – losgelöst von dem nichtigen Rechtsverhältnis – ihrerseits **unbemakelt** sind; denn insoweit besteht ein schutzwürdiges Vertrauen des Treugebers dahingehend, dass sein Vermögen nicht veruntreut wird.[92]

32 **(b) Rechtsunwirksame Vermögensbetreuungsverhältnisse.** Da ein **faktisches Treueverhältnis** ausreichend ist, besteht nach zutreffender Ansicht eine Vermögensbetreuungspflicht des Täters auch bei rechtsunwirksamen Betreuungsverhältnissen.[93] Die Begründung eines tatsächlichen Treueverhältnisses bei zivilrechtlicher Unwirksamkeit des Betreuungsverhältnisses ist von **zwei Faktoren** abhängig: (1) Der Täter hat die **faktische Betreuung des Vermögens** übernommen. (2) Der Täter und der Geschäftsherr haben

---

[87] BGHSt 20, 143 (146); 8, 254 (258); RGSt 73, 157 (158); 70, 8 (9); MüKoStGB/Dierlamm § 266 Rn. 166; Fischer § 266 Rn. 45; Schönke/Schröder/Perron § 266 Rn. 31; Saliger JA 2007, 326 (328).
[88] BGH NJW 1954, 889; 1950, 606; RGSt 70, 7; MüKoStGB/Dierlamm § 266 Rn. 168; SK-StGB/Hoyer § 266 Rn. 42; Schönke/Schröder/Perron § 266 Rn. 31.
[89] BGHSt 8, 254 (258); LK-StGB/Schünemann § 266 Rn. 64; Wessels/Hillenkamp StrafR BT II Rn. 774.
[90] MüKoStGB/Dierlamm § 266 Rn. 168; Schönke/Schröder/Perron § 266 Rn. 31.
[91] Satzger/Schluckebier/Widmaier/Saliger § 266 Rn. 29.
[92] NK-StGB/Kindhäuser § 266 Rn. 42; Satzger/Schluckebier/Widmaier/Saliger § 266 Rn. 29.
[93] BGH NStZ-RR 2020, 145 (146); MüKoStGB/Dierlamm § 266 Rn. 163; Fischer § 266 Rn. 42; LK-StGB/Schünemann § 266 Rn. 63.

sich auf die fremdnützige Übernahme der Vermögensbetreuungspflicht **tatsächlich geeinigt**.[94] Ein Treueverhältnis entsteht daher typischerweise, wenn die Vermögensbetreuungsvereinbarung unter **Formfehlern oder Rechtsmängeln** leidet, wie etwa bei Nichteinhaltung von Formvorschriften oder Willensmängeln einer Partei zum Zeitpunkt der Einigung. In diesem Fall kommt zwar kein zivilrechtlich wirksames Rechtsverhältnis zustande, aber die tatsächliche Einigung über die Übertragung der Vermögensbetreuungspflicht an den Täter bleibt als strafrechtskonstituierendes Treueverhältnis erhalten.[95] Vor diesem Hintergrund kommt eine Vermögensbetreuungspflicht auch bei **faktischen Geschäftsführern einer GmbH**,[96] **vorschriftswidrig gewählten Vorständen einer AG**[97] sowie **Geschäftsunfähigkeit des Vermögensinhabers**[98] in Betracht.

(c) Erloschene Vermögensbetreuungsverhältnisse. Die Vermögensbetreuungs- **33** pflicht kann nach allgemeiner Auffassung in bestimmten Fällen durch ein tatsächliches Verhältnis aufrechterhalten werden, wenngleich **das wirksame Betreuungsverhältnis rechtmäßig beendet worden ist**.[99] Entscheidend für das Fortbestehen der Vermögensbetreuungspflicht ist, dass der Täter nach formeller Auflösung des Vermögensfürsorgeverhältnisses seine fremdnützige Betreuung des Vermögens faktisch nicht aufgibt. Setzt der Täter seine Tätigkeit als Vermögensbetreuer entsprechend der ursprünglichen Vereinbarung oder nach dem mutmaßlichen Willen des Geschäftsherrn fort und bleibt dadurch sein fremdnütziges Herrschaftsverhältnis zum fremden Vermögen bestehen, so genügt der **Rechtsschein,** um ihn weiterhin an tatsächliche Vermögensbetreuungspflichten zu binden.[100] Der ehemalige Vermögensbetreuer ist im Übrigen lediglich zur Rückabwicklung des zugrunde liegenden Rechtsverhältnisses verpflichtet. Ein Verstoß gegen diese allgemeine **zivilrechtliche Schuldnerpflicht** führt deshalb mangels Vermögensbetreuungspflicht nicht zu einer Untreuestrafbarkeit, auch wenn hierdurch ein Vermögensnachteil zu Lasten des Geschäftsherrn entsteht.[101]

(d) Drittbezogene Vermögensbetreuungsverhältnisse. Da es für die Begründung **34** eines tatsächlichen Treueverhältnisses nur auf die faktische Nähe des Betreuers zum anvertrauten Vermögen ankommt, können auch **Dritte,** die vom Vermögensbetreuer als **Erfüllungsgehilfe zur Vermögensfürsorge** eingesetzt werden, durch ein tatsächliches Treueverhältnis an den Geschäftsherrn gebunden werden und mit der Vermögensbetreuung betraut sein.[102] Führt der Einsatz des Dritten als Vertreter oder Beauftragter des Vermögensbetreuers dazu, dass dieser ebenfalls eine **faktische Machtposition** einnimmt, so wird er dadurch unmittelbar zur Vermögensfürsorge gegenüber dem Geschäftsherrn seines Auftraggebers verpflichtet. Das bloße Auftreten als **Wirtschaftsprüfer** oder **Steuerberater** einer Unternehmensgruppe gegenüber Kapitalanlegern reicht dafür aber **nicht** aus.[103] Bei der Delegation der Abwehr von Vermögensschäden entsteht für den Beauftragenden im

---

[94] Vgl. Fischer § 266 Rn. 42 f.; Schönke/Schröder/Perron § 266 Rn. 30.

[95] MüKoStGB/Dierlamm § 266 Rn. 163; Satzger/Schluckebier/Widmaier/Saliger § 266 Rn. 27; Graf/Jäger/Wittig/Waßmer § 266 Rn. 98.

[96] BGHSt 3, 32; 6, 314; 31, 118; BGH StV 1984, 461; MüKoStGB/Dierlamm § 266 Rn. 144; Dierlamm NStZ 1996, 153; Satzger/Schluckebier/Widmaier/Saliger § 266 Rn. 27 f.

[97] BGHZ 65, 190; Satzger/Schluckebier/Widmaier/Saliger § 266 Rn. 27; LK-StGB/Schünemann § 266 Rn. 63.

[98] BGHZ 53, 210 (211) [Geisteskrankheit]; Satzger/Schluckebier/Widmaier/Saliger § 266 Rn. 27; Graf/Jäger/Wittig/Waßmer § 266 Rn. 99.

[99] BGH BeckRS 2013, 15849 Rn. 11 ff.; BGHSt 8, 149; MüKoStGB/Dierlamm § 266 Rn. 164; Fischer § 266 Rn. 43; Satzger/Schluckebier/Widmaier/Saliger § 266 Rn. 28; LK-StGB/Schünemann § 266 Rn. 62; Graf/Jäger/Wittig/Waßmer § 266 Rn. 100.

[100] MüKoStGB/Dierlamm § 266 Rn. 164; Graf/Jäger/Wittig/Waßmer § 266 Rn. 100.

[101] Str., wie hier: Fischer § 266 Rn. 43; MüKoStGB/Dierlamm § 266 Rn. 164; Schönke/Schröder/Perron § 266 Rn. 30; Satzger/Schluckebier/Widmaier/Saliger § 266 Rn. 28; aA LK-StGB/Schünemann § 266 Rn. 62.

[102] BGH 2, 324; BGH NJW 2083, 1807; 1984, 800; NStZ 2000, 376; Schönke/Schröder/Perron § 266 Rn. 32; Satzger/Schluckebier/Widmaier/Saliger § 266 Rn. 30; LK-StGB/Schünemann § 266 Rn. 66 f.

[103] BGH NStZ 2006, 38 (39); Satzger/Schluckebier/Widmaier/Saliger § 266 Rn. 30.

Rahmen der Vermögensbetreuungspflicht eine Organisationspflicht in Bezug auf die ordnungsgemäße Auswahl des Mitarbeiters und dessen Kontrolle bei Anhaltspunkten für eine Vermögensschädigung.[104]

35 **c) Besonderheiten beim Handelsvertreter.** Da der Handelsvertretervertrag im Wesentlichen eine Vereinbarung zwischen dem Handelsvertreter und seinem Vollmachtgeber über eine entgeltliche **fremdnützige Geschäftsbesorgung** iSd § 675 BGB darstellt,[105] kommt der Handelsvertreter grds. als tauglicher Täter des § 266 StGB in Betracht. Der Handelsvertreter ist nach §§ 84, 86 HGB mit der Aufgabe betraut, als Stellvertreter des Unternehmers Geschäfte für diesen mit dem Ziel zu vermitteln und abzuschließen, dessen Vermögen zu mehren. Er zeichnet sich dabei insbesondere durch seine **Selbständigkeit und Eigenverantwortlichkeit** aus.[106] Ist der Handelsvertreter eine natürliche Person, so hat er sich durch seine Unabhängigkeit vom Geschäftsherrn und der freien Ausgestaltung seiner Tätigkeit deutlich als selbständiger Gewerbetreibender zu qualifizieren, da ihm sonst nach § 84 Abs. 2 S. 2 HGB lediglich der Rechtsstatus eines Angestellten des Unternehmens zukäme.[107] Obwohl der Handelsvertreter weitgehend eigenverantwortlich handeln kann, wird seine Handlungsfreiheit über den Grundsatz von Treu und Glauben sowie die **Interessenswahrnehmungspflicht** aus § 86 Abs. 1 Hs. 1 HGB soweit reduziert, dass er die fremdnützigen Geschäfte ausschließlich im Sinne der Interessen des vertretenen Unternehmens abzuschließen hat.[108] Diese **Hauptpflicht** des Handelsvertreters, die Interessen des Geschäftsherrn bei der Ausführung seiner fremdnützigen Geschäftsbesorgungstätigkeit zu wahren, versetzt ihn in die Position eines **untreuetauglichen Vermögensbetreuers.**[109]

36 **2. Tathandlung bzw. Pflichtverletzung. a) Tathandlungen.** Tathandlung der Untreue ist die **Verletzung einer Vermögensbetreuungspflicht.** Die Anknüpfung an die bloße Verletzung einer in § 266 StGB nicht näher bestimmten Vermögensbetreuungspflicht verleiht der Untreue ihren Charakter als Auffangtatbestand für alle Vermögensschädigungen, die durch das pflichtwidrige Verhalten von Personen aus dem engeren Kreis des Vermögensinhabers ausgelöst werden.[110] Die eigentliche **Pflichtwidrigkeit** → Rn. 43 ff. äußert sich oft als Vertragsverstoß oder Übertretung einer öffentlich-rechtlichen bzw. zivilrechtlichen Vorschrift und richtet sich nach **außerstrafrechtlichen Bezugsnormen** (sog. **außerstrafrechtliche Rechtsakzessorietät**).[111] Allein der Verstoß gegen eine außerstrafrechtliche Norm genügt allerdings nicht zur Annahme einer untreuerelevanten Pflichtverletzung, vielmehr muss in einem zweiten Schritt geprüft werden, ob der Verstoß auch **strafwürdig** ist (sog. **asymmetrische Akzessorietät**).[112]

37 Der Untreuetatbestand kennt **zwei Tathandlungsvarianten:** Zum einen kann die Veruntreuung des fremden Vermögens durch eine im Außenverhältnis rechtlich wirksame Verfügung oder Verpflichtung, die im Innenverhältnis den Interessen des Geschäftsherrn widerspricht, vollzogen werden (**Missbrauchsvariante,** Abs. 1 Var. 1 → Rn. 38 ff.). Zum

---

[104] BGH, Urt. v. 14.7.21 – 6 StR 282/20.
[105] Martinek/Semler/Flohr VertriebsR-HdB/Flohr/Pohl § 17 Rn. 33.
[106] BGH NStZ 1984, 74; Martinek/Semler/Flohr VertriebsR-HdB/Flohr/Pohl § 17 Rn. 1; NK-StGB/Kindhäuser § 266 Rn. 58.
[107] Behrend NJW 2003, 1563; Martinek/Semler/Flohr VertriebsR-HdB/Flohr/Pohl § 17 Rn. 2.
[108] Martinek/Semler/Flohr VertriebsR-HdB/Flohr/Pohl § 17 Rn. 53 f.; Martinek/Semler/Flohr VertriebsR-HdB/Martinek § 4 Rn. 19.
[109] BGH wistra 1992, 66; NStZ 1983, 74; RGSt 71, 336; OLG Frankfurt a. M. NStZ-RR 1997, 201; OLG Koblenz MDR 1968, 779; OLG Köln NJW 1967, 1923; OLG Hamm NJW 1957, 1401; MüKoStGB/Dierlamm § 266 Rn. 98; Fischer § 266 Rn. 48; NK-StGB/Kindhäuser § 266 Rn. 58; Schönke/Schröder/Perron § 266 Rn. 25; mit Einschr. Lackner/Kühl/Heger § 266 Rn. 13; Graf/Jäger/Wittig/Waßmer § 266 Rn. 50.
[110] Dierlamm NStZ 1997, 534; Matt NJW 2005, 389 (390); Mitsch JuS 2011, 97 (100); Safferling NStZ 2011, 376 (377); BGH, Beschl. v. 3.5.2022 – 1 StR 10/22.
[111] Satzger/Schluckebier/Widmaier/Saliger § 266 Rn. 33; BeckOK StGB/Wittig § 266 Rn. 20, 47.
[112] Fischer § 266 Rn. 59; MüKoStGB/Dierlamm § 266 Rn. 174; BeckOK StGB/Wittig § 266 Rn. 20, 47; Bosch JURA 2021, 1439.

anderen können alle sonstigen rechtsgeschäftlichen oder tatsächlichen Handlungen, die zu einer Missachtung der Vermögensbetreuungspflicht führen, nach § 266 StGB strafbar sein (**Treubruchvariante,** Abs. 1 Var. 2 → Rn. 42 ff.). Die Handlungsvarianten unterscheiden sich lediglich durch die unterschiedliche rechtliche Ausgestaltung des Verhältnisses zwischen Treugeber und Treunehmer → Rn. 22 ff. Diese Differenzierung wirkt sich weder auf die angedrohte Rechtsfolge des pönalisierten Verhaltens noch auf die strafbegründenden Anforderungen an den Täter aus, da beide Handlungsalternativen nach hM die Verletzung einer **jeweils identisch ausgestalteten Vermögensbetreuungspflicht** als besonderes persönliches Merkmal voraussetzen → Rn. 8 ff.

aa) Missbrauchsvariante (Abs. 1 Var. 1): Missbrauch der Verfügungs- oder Ver- **38** **pflichtungsbefugnis.** Der Täter kann im Rahmen der ihm aufgetragenen Geschäftsbesorgung mit einer **Verfügungs- oder Verpflichtungsbefugnis** → Rn. 22 ausgestattet sein, die es ihm ermöglicht, unter Wahrung der Vermögensinteressen des Geschäftsherrn wirksam Rechtsgeschäfte zu Gunsten und zu Lasten des anvertrauten Vermögens einzugehen. Dieses **Innenverhältnis** repräsentiert den eigentlichen Auftrag des Täters und beinhaltet das Vermögensbetreuungsverhältnis, das ihn zur Wahrung der Vermögensinteressen des Geschäftsherrn verpflichtet **(rechtliches Dürfen).**[113]

Die erteilte Verfügungs- oder Verpflichtungsbefugnis berechtigt den Täter, im eigenen **39** oder im fremden Namen mit Dritten Rechtsgeschäfte abzuschließen oder Schuldverhältnisse einzugehen, die **rechtliche Wirksamkeit** gegenüber dem vertretenen Geschäftsherrn entfalten.[114] Diese extern wirkende Vollmachtstellung oder Ermächtigung des Täters legt sein **rechtliches Können im Außenverhältnis** fest.[115]

Nimmt der Treunehmer nun eine zivilrechtlich oder öffentlich-rechtlich wirksame Ver- **40** fügungs- oder Verpflichtungshandlung vor und widerspricht das rechtsgeschäftliche Verhalten den internen Maßgaben des Geschäftsherrn, so erfüllt das im Außenverhältnis gültige Geschäft den Tatbestand der Untreue, soweit es sich nachteilig auf das anvertraute Vermögen auswirkt.[116] Zusammenfassend liegt ein tatbestandsrelevanter **Missbrauch der Verfügungs- oder Verpflichtungsbefugnis** nach Abs. 1 Var. 1 vor, wenn der Täter sein **rechtliches Dürfen** im Rahmen seines **rechtlichen Könnens überschreitet.**[117]

Eine solche Abweichung der Befugnisausübung von der Berechtigung im Innenverhält- **41** nis kann auch durch ein **Unterlassen** (§ 13 StGB) bewirkt werden.[118] Voraussetzung hierfür ist, dass das Unterlassen einer aktiven Erklärung entspricht und ein Rechtsgeschäft wirksam einleiten kann. In Betracht kommen bspw. das Schweigen auf ein **Kaufmännisches Bestätigungsschreiben** gem. §§ 362, 383 HGB hin oder **das Unterlassen einer Mängelrüge beim Handelskauf** gem. § 377 Abs. 2 HGB.[119] Die erforderliche **Garantenstellung** des Täters (§ 13 StGB) folgt aus seiner aus dem Innenverhältnis resultierenden Vermögensbetreuungspflicht.[120]

bb) Treubruchvariante (Abs. 1 Var. 2): Verletzung der Vermögensbetreuungs- **42** **pflicht.** Neben die für die Rechtspraxis eher unbedeutendere Missbrauchsvariante tritt die Treubruchvariante nach Abs. 1 Var. 2, die alle **Tathandlungen** sonstiger **rechtsgeschäft-**

---

[113] MüKoStGB/Dierlamm § 266 Rn. 136 f.; Satzger/Schluckebier/Widmaier/Saliger § 266 Rn. 21 f.; Graf/Jäger/Wittig/Waßmer § 266 Rn. 68.

[114] MüKoStGB/Dierlamm § 266 Rn. 134 ff.; Mitsch JuS 2011, 97 (99).

[115] BGH wistra 1988, 191; NJW 1984, 2539; 1954, 202; Satzger/Schluckebier/Widmaier/Saliger § 266 Rn. 21; Graf/Jäger/Wittig/Waßmer § 266 Rn. 69 ff.

[116] BGH NJW 2006, 925; 2006, 522; MüKoStGB/Dierlamm § 266 Rn. 137, 160; Graf/Jäger/Wittig/Waßmer § 266 Rn. 81.

[117] BGH NStZ 2004, 266 (268); wistra 1988, 191; NJW 1984, 2539 (2540); BGHSt 5, 61 (63); Fischer § 266 Rn. 9; Lackner/Kühl/Heger § 266 Rn. 6; MüKoStGB/Dierlamm § 266 Rn. 137.

[118] MüKoStGB/Dierlamm § 266 Rn. 138 ff.; Satzger/Schluckebier/Widmaier/Saliger § 266 Rn. 22; LK-StGB/Schünemann § 266 Rn. 30.

[119] Schönke/Schröder/Perron § 266 Rn. 16; Satzger/Schluckebier/Widmaier/Saliger § 266 Rn. 22.

[120] MüKoStGB/Dierlamm § 266 Rn. 138; Fischer § 266 Rn. 32.

licher oder tatsächlicher Art erfasst, die eine Verletzung der Vermögensbetreuungspflicht bewirken.[121] Die Pflichtverletzung ist in der **nicht ordnungsgemäßen** oder nicht wie vereinbarten Ausführung der **Geschäftsbesorgung** zu sehen.[122] Da die Treubruchvariante über die Einbeziehung auch nur faktischer Treueverhältnisse und über die Unabhängigkeit wirksamer Ausübung externer Rechtsmacht deutlich weiter reicht als die Missbrauchsvariante, ist sie **besonders restriktiv** auszulegen.[123]

43   **b) Pflichtwidrigkeitsmerkmal.** Entscheidend für die Annahme einer Tathandlung nach § 266 StGB ist das Vorliegen der **Pflichtwidrigkeit**.[124] Dieses Kriterium ist erfüllt, wenn der Täter eine Vorgabe des Geschäftsherrn, die nicht nur Bestandteil seiner konkreten Pflichtenstellung im Rahmen des Geschäftsauftrags ist, sondern auch der fremden Vermögensbetreuung dient, verletzt. Da das Pflichtwidrigkeitsmerkmal ein **komplexes normatives Tatbestandsmerkmal** und kein Blankettmerkmal ist, bei welchem zunächst geeignete außerstrafrechtliche Normen zur Bestimmung der Pflichtwidrigkeit zu ermitteln und sodann in Übereinstimmung mit § 266 StGB auszulegen sind,[125] hängt die Bestimmung der Pflichtwidrigkeit entscheidend von außerstrafrechtlichen Vorschriften und privatrechtlichen Vereinbarungen ab **(außerstrafrechtliche Akzessorietät).**[126] Dabei sind die Vermögensbetreuungspflicht als besonderes persönliches Merkmal des tauglichen Täters und die Pflichtwidrigkeit als besonderes tatbestandserfüllendes Merkmal der Tathandlung zwei strikt zu unterscheidende Voraussetzungen der Untreuetat.[127] Diese scharfe **Trennung zwischen Pflichtverletzung und Vermögensbetreuungspflicht** des Täters ist von besonderer Bedeutung, weil gerade mit Blick auf das Bestimmtheitsgebot des Art. 103 Abs. 2 GG nicht jeder Pflichtverstoß als Pflichtverletzung iSd § 266 StGB gewertet werden soll, sondern nur solche, die auch eine Überschreitung der Vermögensbetreuungspflicht bewirken.[128] Die Frage, ob ein Verhalten den Tatbestand der Untreue erfüllt, ist daher **zweistufig** zu beantworten: In einem ersten Schritt ist eine **außerstrafrechtliche Pflichtverletzung mit Vermögensbezug** → Rn. 44 f. festzustellen, die in einem zweiten Schritt auch den **strafrechtlichen Anforderungen** des § 266 StGB → Rn. 46 ff. genügen muss.[129]

44   **aa) Außerstrafrechtliche Pflichtverletzung mit Vermögensbezug.** Zunächst hat eine geeignete Pflichtverletzung als Tathandlung vorzuliegen. Die Tathandlung hat die **Verletzung** einer **gesetzlichen** oder **vertraglichen Regelung** zu sein, die dem **konkreten Pflichtenkreis des Täters** zuzuordnen ist[130] und inhaltlich einen **Bezug**

---

[121] BGHSt 24, 386 (387); 8, 254 (257); Fischer § 266 Rn. 50; NK-StGB/Kindhäuser § 266 Rn. 64; Schönke/Schröder/Perron § 266 Rn. 35; Satzger/Schluckebier/Widmaier/Saliger § 266 Rn. 24; Graf/Jäger/Wittig/Waßmer § 266 Rn. 65 ff.

[122] MüKoStGB/Dierlamm § 266 Rn. 170; Schönke/Schröder/Perron § 266 Rn. 35a.

[123] BVerfG NJW 2010, 3209 (3214); BGH 47, 295 (297 f.); RGSt 69, 58 (60 f.); MüKoStGB/Dierlamm § 266 Rn. 161; Schönke/Schröder/Perron § 266 Rn. 22; Satzger/Schluckebier/Widmaier/Saliger § 266 Rn. 24; LK-StGB/Schünemann § 266 Rn. 56 ff.

[124] Eingehend zum Merkmal der Pflichtwidrigkeit Bittmann wistra 2013, 1.

[125] BVerfG NJW 2010, 3209 (3210); Satzger/Schluckebier/Widmaier/Saliger § 266 Rn. 33.

[126] MüKoStGB/Dierlamm § 266 Rn. 174; Kubiciel NStZ 2005, 353 (354); Pavlakos NZWiSt 2021, 376 (377); Satzger/Schluckebier/Widmaier/Saliger § 266 Rn. 33; BeckOK StGB/Wittig § 266 Rn. 20, 47.

[127] Fischer § 266 Rn. 59; Satzger/Schluckebier/Widmaier/Saliger § 266 Rn. 42; Pavlakos NZWiSt 2021, 376 (377).

[128] StRspr: BVerfG NJW 2010, 3209 (3211); BGH NJW 2004, 2248; 1991, 1069; 1988, 2483; NStZ 1986, 361; OLG Düsseldorf StV 1997, 459; OLG Hamm NStZ-RR 2000, 236.

[129] MüKoStGB/Dierlamm § 266 Rn. 174; Satzger/Schluckebier/Widmaier/Saliger § 266 Rn. 31 ff.; Schünemann NStZ 2006, 196 (198).

[130] Im Handel und Vertrieb ist vor allem die Sorgfalt eines ordentlichen Kaufmanns gem. § 347 HGB als allgemeine Verhaltensrichtlinie und Pflichtenstellung heranzuziehen. Für GmbH-Geschäftsführer gilt § 43 Abs. 1 GmbHG, für Vorstandsmitglieder §§ 116, 93 AktG, vgl. dazu auch BGH NStZ 2010, 700; 2006, 401; Krause NStZ 2011, 57 (61).

zum fremden Vermögen aufweist.[131] Steht das Verhalten des Handelnden mit dem öffentlichen oder privaten Recht im Einklang, so kann es auch nach strafrechtlichen Maßstäben nicht rechtswidrig sein.[132] Dies bedeutet, dass rechtlich vertretbare Handlungen, die an der zivilrechtlichen oder öffentlich-rechtlichen Bezugsvorschrift gemessen gerade noch dem „Nicht-Unerlaubten" zuzuordnen sind und die Grenze zum klaren Rechtsbruch nicht erkennbar überschreiten, keine Pflichtverletzung iSd § 266 StGB darstellen, weil sie nicht **deutlich als Rechtsverstoß vorherzusehen** sind.[133] Umgekehrt muss nicht jeder vertragliche oder gesetzliche Pflichtverstoß des Handelnden zwangsläufig den Straftatbestand der Untreue erfüllen (**sog. negativ-asymmetrische Akzessorietät**).[134]

Damit nur solche Pflichtverletzungen, die auch tatsächlich dem Schutzzweck des § 266 **45** StGB → Rn. 4 unterfallen, vom Tatbestand erfasst werden und um eine verfassungswidrige Erweiterung des Untreuetatbestands zu unterbinden, muss für § 266 StGB eine **vermögensbezogene Pflichtverletzung** vorliegen.[135] Die unmittelbar verletzte Vorschrift selbst muss **vermögensschützenden Charakter** für das zu betreuende Vermögen haben.[136] Der Zweck, nicht jede mit Vermögensnachteilen verbundene Verletzung einer außerstrafrechtlichen Pflicht durch einen vermögensbetreuungspflichtigen Täter bereits als Untreue zu interpretieren, wird bereits erreicht, wenn die verletzte außerstrafrechtliche Rechtsnorm **zumindest mittelbar fremdvermögensschützenden Charakter** hat.[137] Der mittelbare Fremdvermögensbezug bestimmt sich in erster Linie nach dem **Schutzzweck** der betroffenen Norm, der mit Hilfe der klassischen **Auslegungsregeln** zu ermitteln ist.[138] Nicht erforderlich ist, dass die Norm **einzig** bzw. **vordringlich** den Schutz fremder Vermögenszwecke verfolgt; schützt die durch den Vermögensbetreuer überschrittene Norm oder Pflicht **ausschließlich das öffentliche Interesse**, ist die Pflichtverletzung aber nicht von § 266 StGB erfasst.[139]

bb) Strafrechtliche Anforderungen an die Pflichtverletzung. (1) Innerer, funk- **46** **tionaler Zusammenhang.** Um die Flut möglicher Tathandlungen weiter einzudämmen und so dem Untreuetatbestand im Hinblick auf die verfassungsrechtlichen Erfordernisse hinreichende Konturen zu geben, darf nicht die Verletzung jeder vermögensbezogenen Pflichten nach § 266 StGB strafbar sein, sondern nur solcher, die aus dem **Aufgabenkreis des Täters** hervorgehen und sich als Bestandteil seiner **Vermögensbetreuungspflicht** offensichtlich erkennen lassen.[140] Da der Strafgrund der Untreue in einer Nachteilszufügung des Vermögens durch denjenigen, der zur Vermögensbetreuung eingesetzt wurde, liegt, muss dieser **innere funktionale Zusammenhang** zwischen der Pflichtverletzung

---

[131] MüKoStGB/Dierlamm § 266 Rn. 170; Dierlamm StraFo 2005, 397 ff.; Satzger/Schluckebier/Widmaier/Saliger § 266 Rn. 35; Graf/Jäger/Wittig/Waßmer § 266 Rn. 66a.

[132] MüKoStGB/Dierlamm § 266 Rn. 173; Fischer § 266 Rn. 59.

[133] BGH NJW 2002, 1211; 2000, 2364; MüKoStGB/Dierlamm § 266 Rn. 173.

[134] Fischer § 266 Rn. 59; Kubiciel NStZ 2005, 353 (355); Satzger/Schluckebier/Widmaier/Saliger § 266 Rn. 33.

[135] BGH NJW 1998, 913 (914); 1956, 151 (152 ff.); Schünemann NStZ 2006, 196 (198); Schlösser StV 2017, 123 (126); BeckOK StGB/Wittig § 266 Rn. 23, 49.

[136] BGH NJW 2016, 2585 (2595) mAnm Saliger/Schweiger NJW 2016, 2600 (2601); BGH NJW 2015, 1618 (1622) – Konzept Wahlsieg 2006; BGH wistra 2011, 424 (425); BGHSt 56, 203 (211); 55, 288 (300 f.) – Siemens/AUB; Kubiciel NStZ 2005, 353 (354); Satzger/Schluckebier/Widmaier/Saliger § 266 Rn. 35; Graf/Jäger/Wittig/Waßmer § 266 Rn. 66 aA Brand/Sperling AG 2011, 237 und Brand NZG 2016, 690 (692); Bittmann NStZ 2012, 59.

[137] Sog. mittelbarer Fremdvermögensbezug, BGHSt 55, 288 (301) – Siemens/AUB; Satzger/Schluckebier/Widmaier/Saliger § 266 Rn. 36.

[138] Satzger/Schluckebier/Widmaier/Saliger § 266 Rn. 37.

[139] Satzger/Schluckebier/Widmaier/Saliger § 266 Rn. 37; Schlösser/Dörfler wistra 2007, 326 (329); Schünemann NStZ 2006, 196 (198).

[140] BGH NJW 2006, 522; 1992, 251; Fischer § 266 Rn. 60 f., 62; Knauer NStZ 2002, 399 (401); Knauer NStZ 2009, 151 (152); Kubiciel NStZ 2005, 353 (354).

als Tathandlung und der Vermögensbetreuungspflicht als strafbegründendes Merkmal des Täters stets gegeben sein.[141]

47   Der **innere Zusammenhang** setzt voraus, dass die untreuetaugliche Pflichtverletzung dem konkreten Pflichtenkreis des Täters angehört und insbesondere auch eine vermögensschützende Vorgabe betrifft.[142] Diesen inneren Zusammenhang hielt der BGH bspw. für **nicht gegeben** beim Verschweigen und Einbehalten einer Provision durch einen Rechtsanwalt[143] oder Vorstandsvorsitzenden einer AG,[144] bei der Hinterziehung von Konkursmasse durch den Geschäftsführer einer GmbH nach Konkurseröffnung[145] sowie der Nichtherausgabe von Bestechungsgeldern durch den Vorsitzenden der Geschäftsleitung.[146]

48   Der **funktionale Zusammenhang** stellt das Erfordernis auf, dass sich die Pflichtverletzung als **typische Ausübung** der **eigenverantwortlichen internen Machtposition** des Treunehmers darstellen bzw. **wesentlich von ihr mitgeprägt** sein muss.[147] Die Pflichtverletzung darf also nicht nur bei Gelegenheit erfolgen, sondern muss Ausdruck der Stellung des Täters als Vermögensbetreuer sein.

49   **(2) Gravierende Pflichtverletzung.** Ebenfalls das Ziel einer angemessenen Restriktion des Untreuetatbestandes verfolgt die einschränkende Voraussetzung einer gravierenden Pflichtverletzung. Seit der erste Strafsenat des BGH in zwei Urteilen zur **Kreditvergabe** die Pflichtwidrigkeit auf gravierende Verletzungen banküblicher Informations- und Prüfungspflichten (§ 18 Abs. 1 KWG) beschränkte,[148] herrscht im Hinblick auf die **Bedeutung,** den **Anwendungsbereich** und mögliche **Kriterien** einer gravierenden Pflichtverletzung iRd Untreue **Unklarheit,**[149] was sich auch in der Entwicklung der Rspr. widerspiegelt:

50   Im Anschluss an die Kreditvergabeurteile des ersten Strafsenates nahmen **drei weitere Entscheidungen des BGH (Sponsoring, Kinowelt** und **Mannesmann)**[150] Bezug auf das Merkmal einer gravierenden Pflichtverletzung, allerdings jeweils ausschließlich im Hinblick auf **unternehmerische Ermessensentscheidungen** der Angeklagten. Diese Begrenzung des Erfordernisses einer gravierenden Pflichtverletzung auf Entscheidungen mit Beurteilungs- und Ermessensspielraum, wie ihn die **Business Judgement Rule** nach § 93 Abs. 1 S. 2 AktG für unternehmerische Entscheidungen vorzeichnet, ist in der Rspr. seit dem **Beschluss des BVerfG** aus dem Jahr 2010, in welchem dem Merkmal der gravierenden Pflichtverletzung ausdrücklich eine **tatbestandsbegrenzende Funktion** zugeschrieben wurde,[151] nicht mehr so deutlich zu erkennen. Mit Ausnahme der Entscheidung zum **Nürburgringverfahren,** in welcher der dritte Strafsenat des BGH die Schwere der Pflichtverletzung ebenfalls allein auf die Überschreitung des weiten Ermessensspielraumes bei unternehmerischen Entscheidungen stützte,[152] beschränken sich andere Urteile bei der Anwendung des Merkmals der gravierenden Pflichtverletzung nicht mehr auf Sachverhalte mit weitem unternehmerischen Ermessensspielraum, so zB in den

---

[141] MüKoStGB/Dierlamm § 266 Rn. 185; Kubiciel NStZ 2005, 353 (354); Satzger/Schluckebier/Widmaier/Saliger § 266 Rn. 44 ff.; Schünemann NStZ 2006, 196 (198).
[142] BGH NJW 2002, 2801; 1992, 251; 1991, 1069; 1988, 2483; Satzger/Schluckebier/Widmaier/Saliger § 266 Rn. 44 f.
[143] BGH NJW 1991, 1069.
[144] BGH NStZ 1995, 233.
[145] BGH NStZ 1991, 432.
[146] BGH NStZ 1995, 92; zu allem ausf. Satzger/Schluckebier/Widmaier/Saliger § 266 Rn. 45.
[147] LG Düsseldorf NJW 2004, 3275 (3281); Schönke/Schröder/Perron § 266 Rn. 23, 26; Satzger/Schluckebier/Widmaier/Saliger § 266 Rn. 46.
[148] BGHSt 47, 148 (150 ff.); 46, 30 (32). Vgl. dazu Knauer NStZ 2002, 399.
[149] Ausf. Satzger/Schluckebier/Widmaier/Saliger § 266 Rn. 47 ff.
[150] BGHSt 47, 187 (195) – Sponsoring; BGH NJW 2006, 453 (454 f.) – Kinowelt mAnm Kutzner NJW 2006, 3541; BGHSt 50, 331 (343 ff.) – Mannesmann.
[151] BVerfG NJW 2010, 3209 (3215).
[152] BGH NJW 2016, 2585 mAnm Brand NZG 2016, 690 (703, 709) und Saliger/Schweiger NJW 2016, 2600 (2601).

Fällen des **Kölner Parteispenden-Skandals,**[153] der **HSH-Nordbank**[154] oder **Middel-hoff.**[155]

Vor dem Hintergrund der Entwicklung in der Rspr. und unter Berücksichtigung der **51** Aussagen im Beschluss des BVerfG von 2010, in dessen Zentrum vor allem das verfassungsgerichtliche Gebot der Einschränkung des Untreuetatbestandes stand, kann geschlossen werden, dass das Merkmal der gravierenden Pflichtverletzung mittlerweile ein **allgemeines Restriktionskriterium** der Untreue darstellt.[156] Zu beachten ist aber, dass andere Strafsenate als der 1. das Kriterium der gravierenden Pflichtverletzung jedenfalls nicht generell für erforderlich halten, wie zuletzt der 3. Strafsenat hinsichtlich der Verletzung interner Kompetenzregeln bei der Kreditvergabe.[157] Im Hinblick auf die **Anforderungen** an eine gravierende Pflichtverletzung könnte sinnvollerweise zwischen **Entscheidungen mit Handlungsspielraum** und **sonstigen Fällen** unterschieden werden:[158]

Für **Entscheidungen mit unternehmerischem Ermessensspielraum** sollte der **52** Grundsatz gelten, dass eine gravierende Pflichtverletzung immer dann vorliegt, wenn der Verstoß auf der Grundlage einer umfassenden Gesamtwürdigung **evident** unvertretbar oder **willkürlich** ist, also nicht mehr als vom Unternehmensinteresse gedeckt angesehen werden kann.[159] Dem Kriterium „gravierend" käme dann uU gegenüber der Feststellung der – eindeutigen – Pflichtwidrigkeit gar keine eigene Bedeutung mehr zu. Zwar ließe sich auch auf die im Sponsoring-Urteil aufgestellten **Indizien** abstellen,[160] allerdings sind diese weder klar gewichtet noch ins Verhältnis gesetzt und erscheinen eher beliebig. Im Übrigen lässt sich auch ohne Bezugnahme auf diesen Indizienkatalog über das **Kriterium der Evidenz** eine zufriedenstellende Bewertung erreichen.[161]

In **sonstigen Fällen** empfiehlt es sich, zwischen gewichtigen und weniger gewichtigen **53** außerstrafrechtlichen Pflichtverletzungen zu unterscheiden: Während Verstöße gegen gewichtige Pflichten die Annahme einer gravierenden Pflichtverletzung nahelegen (oder dieses Kriterium sogar entbehrlich machen, s. oben beim 3. Strafsenat in 2021), ist bei weniger gewichtigen Pflichten mit marginaler Bedeutung nicht automatisch ein Strafbedürfnis gegeben, das deshalb im Einzelfall genau überprüft werden muss.[162] Als gravierende Pflichtverletzung wurden demnach die **zweckwidrige Verwendung von Fraktionsgeldern**[163] oder die **pflichtwidrige Abrechnung von Reisekosten,** die ausschließlich privat veranlasst waren,[164] eingestuft. Letztlich könnte das Kriterium der gravierenden Pflichtverletzung damit vor allem bei Verstößen gegen lediglich untergeordnete außerstrafrechtliche Vorschriften eine – dort aber auch verfassungsrechtlich bedeutsame – Rolle spielen.

[153] BGHSt 56, 203 (213) – Kölner Parteispenden-Fall.
[154] BGH NStZ 2017, 227 mAnm Schweiger WuB 2017, 294 – HSH-Nordbank.
[155] LG Essen BeckRS 2016, 04218, S. 106 f. – Fall Middelhoff mAnm Köllner/Lendermann NZI 2016, 476.
[156] MR/Matt § 266 Rn. 51, 76; Satzger/Schluckebier/Widmaier/Saliger § 266 Rn. 48; aA LK-StGB/Schünemann § 266 Rn. 95 ff.
[157] BGH NStZ 2021, 738; zuvor schon in BGHSt 61, 48 für Ermessensentscheidungen.
[158] Differenzierung so zu finden bei Satzger/Schluckebier/Widmaier/Saliger § 266 Rn. 49 ff.
[159] BGH NJW 2016, 2585 – Nürburgring mAnm Saliger/Schweiger NJW 2016, 2600; LG Hamburg BeckRS 2015, 09104 VI. 2. B. und c. – HSH-Nordbank; Kubiciel NStZ 2005, 353 (360); MR/Matt § 266 Rn. 80, 83; Satzger/Schluckebier/Widmaier/Saliger § 266 Rn. 49; Theile ZIS 2011, 616 (626); aA Bittmann wistra 2013, 1 (7 f.).
[160] BGHSt 47, 187 [fehlende Nähe zum Unternehmensgegenstand, Unangemessenheit im Hinblick auf die Ertrags- und Vermögenslage, fehlende innerbetriebliche Transparenz sowie Vorliegen sachwidriger Motive]; zust. MüKoStGB/Dierlamm § 266 Rn. 175 f.
[161] Satzger/Schluckebier/Widmaier/Saliger § 266 Rn. 49; Saliger HRRS 2006, 10 (19 f.); Schünemann NStZ 2005, 473 (475 f.).
[162] Satzger/Schluckebier/Widmaier/Saliger § 266 Rn. 50; Seibt/Schwarz AG 2010, 301 (312 ff.).
[163] BGH NJW 2015, 1618 (1619 f.) – Konzept „Wahlsieg 2006".
[164] LG Essen BeckRS 2016, 04218, S. 106 f. – Fall Middelhoff mAnm Köllner/Lendermann NZI 2016, 476.

54   **cc) Tatbestandsausschließendes Einverständnis. (1) Grundsätze.** Die **Pflichtwidrigkeit** und damit die **Tatbestandsmäßigkeit** der Tathandlung kann der Geschäftsherr grds. durch sein **Einverständnis** in das Geschäft **ausschließen**.[165] Das Einverständnis erweitert die Befugnis oder Berechtigung des beauftragten Vermögensbetreuers im rechtsgeschäftlichen oder tatsächlichen Umgang mit dem anvertrauten Vermögen, sodass seine Handlungen nicht außerhalb des ursprünglich eingeräumten rechtlichen Dürfens liegen. Da das Einverständnis zum Zeitpunkt der Tat vorliegen muss, ist eine **nachträgliche Genehmigung** unbeachtlich.[166]

55   Die **Wirksamkeit** des tatbestandsausschließenden Einverständnisses richtet sich im Wesentlichen nach den Voraussetzungen der **rechtfertigenden Einwilligung**.[167] Der dispositionsbefugte Vermögensinhaber oder Geschäftsherr ist dabei anhand der relevanten zivilrechtlichen oder öffentlich-rechtlichen Vorgaben zu ermitteln. Bei **Gesellschaften** → Rn. 57 ff. ist maßgeblich, wer als Vermögensinhaber oberstes Willensbildungsorgan ist und zeitgleich über ausreichend Handlungskompetenz verfügt.[168] Der berechtigte Geschäftsherr hat **einverständnisfähig** und bei seiner Erklärung **frei von Willensmängeln** zu sein.[169] Darüber hinaus muss er Art und Bedeutung seiner Erklärung kennen. Inwieweit der rechtmäßige Geschäftsherr über die Gründe und Folgen seiner Zustimmung aufgeklärt sein muss, bestimmt sich individuell nach seiner geschäftlichen Erfahrenheit und den Besonderheiten des zu bejahenden Geschäfts. Einem mit dem fraglichen Geschäft unvertrauten Geschäftsherrn müssen demnach in besonderem Maße die **möglichen Vermögensnachteile** und sonstigen Folgen eines Geschäfts bewusst sein, bevor er seine Zustimmung erteilt, was insbesondere bei **Risikogeschäften** → Rn. 61 ff. besondere Relevanz erlangt.[170] Nichtsdestotrotz führt die geschäftliche Unerfahrenheit des Einverständnisberechtigten nicht generell zur Unwirksamkeit der Erklärung.[171]

56   Auch ein **mutmaßliches Einverständnis** des Geschäftsherrn kann sich tatbestandsausschließend auf die sonst pflichtwidrige Handlung des Vermögensbetreuers auswirken.[172] Da die Figur der sog. **hypothetischen Einwilligung** primär für den Bereich des Arztstrafrechts konzipiert wurde, findet sie iRd Untreue nach wohl überwiegender Meinung **keine** Anwendung.[173]

57   **(2) Einverständnis durch Gesellschafter und Aktionäre.** Bei unternehmerischen Vermögensentscheidungen ist das Einverständnis häufig von Organen oder Gesellschaftern der Personen- bzw. Kapitalgesellschaften einzuholen. Die Voraussetzungen eines wirksamen Einverständnisses richten sich in diesen Fällen nach der jeweiligen Betriebsform und Organisation des zustimmungsberechtigten Gremiums.

58   Das tatbestandsausschließende Einverständnis der **Gesellschafter einer GmbH** in pflichtwidrige Geschäfte iSd § 266 StGB war lange Zeit nicht anerkannt, da die Zustimmung der Gesellschafter in ein Verhalten, das sich nachteilig auf das Vermögen der Gesell-

---

[165] BGH NStZ 2012, 630 (632); NJW 2009, 89 (91); 2006, 522; 2004, 2248; MüKoStGB/Dierlamm § 266 Rn. 143, 200; Fischer § 266 Rn. 90; Schönke/Schröder/Perron § 266 Rn. 21; Satzger/Schluckebier/Widmaier/Saliger § 266 Rn. 58.
[166] KG BeckRS 2014, 22076, S. 5; BGH NJW 2006, 522; BGHSt 3, 32; NK-StGB/Kindhäuser § 266 Rn. 66; LK-StGB/Schünemann § 266 Rn. 198.
[167] Fischer § 266 Rn. 92 mH auf Wessels/Hillenkamp StrafR BT II Rn. 760; Satzger/Schluckebier/Widmaier/Saliger § 266 Rn. 59.
[168] BGH NStZ 2012, 630 (632 f.); BGHSt 55, 266 (278); BGH wistra 2010, 445 (447). Vgl. auch Fischer § 266 Rn. 93 ff.
[169] MüKoStGB/Dierlamm § 266 Rn. 144; Fischer § 266 Rn. 92.
[170] Satzger/Schluckebier/Widmaier/Saliger § 266 Rn. 59.
[171] MüKoStGB/Dierlamm § 266 Rn. 144.
[172] Str., wie hier: MüKoStGB/Dierlamm § 266 Rn. 145; Fischer § 266 Rn. 90; Satzger/Schluckebier/Widmaier/Saliger § 266 Rn. 58; LK-StGB/Schünemann § 266 Rn. 198; aA [Rechtfertigungsgrund] NK-StGB/Kindhäuser § 266 Rn. 124; Schönke/Schröder/Perron § 266 Rn. 48.
[173] Fischer § 266 Rn. 90; Schönke/Schröder/Perron § 266 Rn. 21; Satzger/Schluckebier/Widmaier/Saliger § 266 Rn. 58; aA OLG Hamm ZWH 2012, 457 (458) mAnm Tsambikakis ZWH 2012, 514.

schaft auswirkt, als grds. unwirksam galt.[174] In Abkehr von dieser Rspr. des RG erkennt der BGH seit BGHSt 35, 333 (337) an, dass das einstimmige tatbestandsausschließende Einverständnis der Gesellschafter grds. **wirksam** ist, **sofern** die Zustimmung das Stammkapital (§ 30 GmbHG) nicht gefährdet,[175] der Gesellschaft nicht ihre Liquidität entzogen wird[176] und keine Überschuldung vorliegt.[177] Diese Begrenzung der Zustimmungsfähigkeit der Gesellschafter durch die Rspr. **konterkariert** die ausschließlich **vermögensschützende Funktion** des Untreuetatbestands → Rn. 4 und verfolgt in erster Linie einen Gläubigerschutz, der eigentlich von den §§ 283 ff. StGB bezweckt wird.[178]

Für das wirksame Einverständnis bei einer **Personengesellschaft** ist die Zustimmung **59** aller Gesellschafter einzuholen.[179]

Bei einer **AG** kommt es entweder auf das vom Alleinaktionär oder von der Gesamtheit **60** der Aktionäre durch einen **Beschluss** der **Hauptversammlung** erteilte Einverständnis an, das jedoch nicht gegen Rechtsvorschriften verstoßen oder aus sonstigen Gründen unwirksam sein darf.[180]

c) Risikogeschäfte, insbesondere schwarze Kassen. aa) Risikogeschäfte. Beson **61** dere Bedeutung erlangt das Merkmal der Pflichtwidrigkeit im Rahmen sog. Risikogeschäfte. Auch wenn es allgemeiner Meinung entspricht, dass allein das Eingehen risikobehafteter Geschäfte ebenso wenig eine strafbare Untreue begründet wie der endgültige Fehlschlag eines solchen Geschäfts,[181] ist der Begriff bis heute **nicht einheitlich definiert.** Überzeugend ist die Ansicht, die unter Risikogeschäften solche Geschäfte versteht, denen **typischerweise** ein **erhöhtes Maß** an **Prognoseungewissheit** innewohnt.[182] Darunter sind jedenfalls **Kreditvergaben** → Rn. 63 sowie **Börsen-** und **Termingeschäfte** als klassische Spekulationsgeschäfte zu fassen, **nicht** jedoch Schmiergeldzahlungen oder die Gewährung kompensationsloser Anerkennungsprämien,[183] da diese Geschäfte evident pflichtwidrig sind und naturgemäß kein erhöhtes Prognoserisiko in sich tragen.[184]

Die Beurteilung von Risikogeschäften richtet sich prinzipiell nach den **allgemeinen** **62** **Regeln,** insbesondere gelten die Ausführungen zur **Pflichtverletzung bei unternehmerischem Ermessensspielraum** → Rn. 52 sowie zum **Einverständnis** → Rn. 57 ff. entsprechend. Entscheidend ist eine Bewertung des Geschäfts anhand des **Innenverhältnisses** zwischen Treunehmer und Treugeber aus der **ex ante Perspektive:**[185] Bewegt sich die Entscheidung bzw. Handlung des Treunehmers in den Bahnen einer mit dem Geschäftsherrn wirksam getroffenen **Risikoabrede,** so scheidet eine Untreuestrafbarkeit aufgrund

---

[174] RGSt 71, 353 (355 ff.).

[175] BGHSt 3, 32 (39 f.); 9, 203 (216); BGH NJW 2000, 154 (155).

[176] BGH ZWH 2013, 366 (367); BeckRS 2013, 10324 Rn. 30; NStZ 2012, 630 (633); ZWH 2012, 22; NJW 2009, 2225 (2227); BGHSt 54, 52 (58).

[177] BGH wistra 1999, 381 f.; 1991, 305 f.; 1990, 99.

[178] MüKoStGB/Dierlamm § 266 Rn. 158; Fischer § 266 Rn. 99; Schönke/Schröder/Perron § 266 Rn. 21b; Satzger/Schluckebier/Widmaier/Saliger § 266 Rn. 107.

[179] BGH JA 1991, 312; wistra 1989, 264 (266); OLG München NJW 1994, 3112 (3113); MüKoStGB/ Dierlamm § 266 Rn. 146; Fischer § 266 Rn. 93.

[180] BGH wistra 2006, 190, unter Bezugnahme auf BGHSt 35, 333 (335 ff.); aA Fischer § 266 Rn. 102 in Bezug auf strukturelle Unterschiede zwischen AG und GmbH; vermittelnd Trüg/Zeyher NZWiSt 2021, 169, nach denen ein tatbestandsausschließendes Einverständnis der Aktionäre nur dort möglich ist, wo das Aktienrecht ausdrücklich eine Mitwirkungsbefugnis der Aktionäre bzw. der Hauptversammlung vorsieht.

[181] BGH StV 2004, 424; Fischer § 266 Rn. 63 f.; Hillenkamp NStZ 1981, 161 (164 ff.); Rose wistra 2005, 281; Schröder NJW 2010, 1169 (1171).

[182] Vgl. BGH StV 2004, 424; Schönke/Schröder/Perron § 266 Rn. 20; Satzger/Schluckebier/Widmaier/ Saliger § 266 Rn. 61; Achenbach/Ransiek/Rönnau/Seier/Lindemann 2. Kapitel 5. Teil Rn. 391.

[183] BGHSt 50, 331 (346) – Fall Mannesmann, wonach für die Gewährung solcher Prämien noch nicht mal ein Beurteilungsspielraum besteht.

[184] Satzger/Schluckebier/Widmaier/Saliger § 266 Rn. 61; Saliger JA 2007, 326 (332).

[185] MüKoStGB/Dierlamm § 266 Rn. 229; NK-StGB/Kindhäuser § 266 Rn. 73 ff.; Satzger/Schluckebier/Widmaier/Saliger § 266 Rn. 62.

des Einverständnisses selbst bei einem Fehlschlag des Geschäfts aus.[186] Fehlen dagegen klare Vorgaben des Geschäftsherrn im Hinblick auf Risikogrenzen, so kommt es auf den **mutmaßlichen Willen** an, der anhand der für das Geschäft und die **Branche üblichen Sorgfalt** sowie des Zwecks und Ziels des Geschäfts zu ermitteln ist.[187] Ein Risikogeschäft überschreitet demnach die Grenzen zur strafbaren Untreue, wenn der Abschluss des Geschäftes auch unter Berücksichtigung des durch die Business Judgement Rule (§ 93 Abs. 1 S. 2 AktG) eingeräumten Entscheidungs- und Ermessensspielraumes **wirtschaftlich evident unvertretbar** und damit **gravierend pflichtwidrig** ist.[188] Unabhängig davon handelt jedenfalls **pflichtwidrig**, wer in der **Art eines Spielers** bewusst und entgegen den **Regeln der kaufmännischen Sorgfalt** agiert.[189]

63   Ein klassischer Anwendungsfall des Risikogeschäftes ist die **Kreditbewilligung**,[190] die besonders im Lichte der Finanz- und Wirtschaftskrise zunehmende Bedeutung erlangt hat.[191] Auch hier gelten grds. die zum Risikogeschäft und zum Einverständnis getätigten Aussagen → Rn. 57 ff., 61 ff. Allerdings betont die Rspr. bei den Fällen der Kreditvergabe das Vorliegen eines **sorgfältigen und ordnungsgemäßen Entscheidungsfindungs- und Abwägungsprozesses** als Kriterium zur Beurteilung einer möglichen Strafbarkeit.[192] Der 1. Strafsenat des BGH hat hierzu in seinen beiden Kredituntreueurteilen verschiedene **Indizien** benannt, anhand derer die Pflichtwidrigkeit einer Kreditgewährung beurteilt werden soll.[193] Danach liegt eine pflichtwidrige Untreuehandlung insbesondere dann vor, wenn der beauftragte Entscheidungsträger seinen Fehlentschluss ohne Berücksichtigung der **bankenüblichen Informations- und Prüfungspflichten** vornimmt und seinen Ermessensspielraum oder die festgelegten **Höchstkreditgrenzen** überschreitet. Im Zentrum der Bewertung einer Kreditbewilligung als pflichtwidrig steht nach Ansicht des BGH die Vorschrift des **§ 18 KWG:** Ein **gravierender Verstoß** gegen die bankübliche Informations- und Prüfungspflicht nach § 18 KWG soll danach eine Pflichtwidrigkeit nach § 266 StGB implizieren.[194] Um auch im Bereich der Kreditvergaben weiterhin am Erfordernis einer umfassenden und **strafrechtsautonomen Gesamtwürdigung** aller Umstände festhalten zu können, sollten die Aussagen des BGH dahingehend verstanden werden, dass sich die interne Pflichtwidrigkeit einer Kreditbewilligung zwar **in erster Linie an** § 18 KWG orientiert, aber **nicht ausschließlich.**[195]

64   **bb) Schwarze Kassen.** Die Bildung und Verwaltung sog. **schwarzer Kassen** unterfällt grds. dem Katalog der anerkannten Untreuetathandlungen und findet sowohl im privatwirtschaftlichen als auch im öffentlichen Bereich statt.[196] Unter einer schwarzen Kasse ist ein **Bestand an Geldern** zu verstehen, der unter **Verletzung von Pflichten**

---

[186] BGH StV 2004, 424 (425); MüKoStGB/Dierlamm § 266 Rn. 231; Hillenkamp NStZ 1981, 161 (165 f.); Satzger/Schluckebier/Widmaier/Saliger § 266 Rn. 62.
[187] BGH StV 2004, 424; NJW 1975, 1234 (1236); Schönke/Schröder/Perron § 266 Rn. 20; Rose wistra 2005, 281 (286 f.); Satzger/Schluckebier/Widmaier/Saliger § 266 Rn. 63.
[188] Altenburg BB 2015, 323 (325); MüKoStGB/Dierlamm § 266 Rn. 232; Fischer § 266 Rn. 67; Schönke/Schröder/Perron § 266 Rn. 20; Satzger/Schluckebier/Widmaier/Saliger § 266 Rn. 63; vgl. dazu LG Hamburg BeckRS 2015, 09104, VI. – HSH Nordbank, wo das LG Hamburg eine gravierende Pflichtverletzung verneinte (s. aber dazu mittlerweile BGH NStZ 2017, 227 mAnm Schweiger WuB 2017, 294) und BGH NJW 1975, 1234 (1236) – Bundesligaskandalfall, in welchem der BGH auf die höhere Wahrscheinlichkeit eines Verlustes als auf einen Gewinn abstellte.
[189] BGH NJW 1990, 3219 (3220); 1975, 1235 (1236); Fischer § 266 Rn. 67.
[190] BGHSt 46, 30 (34); BGH wistra 1985, 109 (191).
[191] BGH NJW 2002, 1211; Schröder ZStW 123 (2011).
[192] BGHSt 47, 148 (149 f.); 46, 30 (34); BGH ZIP 2009, 1854 (1857); BVerfG NJW 2010, 3209 (3217); vgl. auch BGH NStZ 2021, 738 (739).
[193] BGHSt 47, 148 (150 ff.); 46, 30 (34); Fischer § 266 Rn. 71; Wessing BKR 2010, 159 (160 ff.).
[194] BGHSt 47, 148 (152) [„zentrale Bestimmung für die Kreditvergabe"]; krit. dazu Knauer NStZ 2002, 399 (400 ff.); Achenbach/Ransiek/Rönnau/Seier/Lindemann 2. Kapitel 5. Teil Rn. 284 ff.
[195] Satzger/Schluckebier/Widmaier/Saliger § 266 Rn. 120.
[196] Fischer § 266 Rn. 75; Schönke/Schröder/Perron § 266 Rn. 35a; Satzger NStZ 2009, 297 (298); Rotsch JA 2013, 278.

gebildet und vor dem Geschäftsherrn **verheimlicht** wird, aber von der **Motivation** getragen ist, die Gelder im Sinne und **zu Zwecken des Geschäftsherrn zu verwenden.**[197] Eine untreuerelevante schwarze Kasse kann demnach begrifflich **nicht** vorliegen, wenn die Zahlungsvorgänge **transparent** und **nachvollziehbar** sind[198] oder die Kasse mit **Einverständnis des Treugebers** → Rn. 57 ff. gebildet wird.[199] Im Einzelnen kann sich die Ermittlung der Pflichtwidrigkeit des Bildens oder Unterhaltens einer schwarzen Kasse als schwierig erweisen.[200]

In der **Privatwirtschaft** fungieren die verschleierten Geldmittel idR als **Beste-** 65 **chungszahlungen** oder werden auf sonstige Art und Weise als rechtswidrige Zuwendungen eingesetzt.[201] Verschieben Angestellte oder Vorstandsmitglieder Geldmittel der Gesellschaft ohne Zustimmung oder Kenntnis der Aktionäre, des Gesamtvorstandes oder des Aufsichtsrats auf verdeckte Konten, sodass diese nicht mehr auf das anvertraute Vermögen zugreifen können, so ist diese **aktive Bildung einer schwarzen Kasse** als Pflichtverletzung iSd § 266 StGB zu begreifen.[202] Die interne Pflichtwidrigkeit des Bildens schwarzer Kassen ergibt sich regelmäßig bereits aus dem Verstoß gegen die nunmehr innerhalb von Unternehmen weitestgehend implementierten internen Verhaltens- und **Compliance-Regelungen,** die meist explizit die Verschiebung von Vermögenswerten zu Korruptionszwecken untersagen.[203] Jedenfalls verstößt die aktive Bildung solcher Geldanlagen gegen **Buchführungs- und Bilanzierungspflichten,** da die Lage des Vermögens nicht nach §§ 238 ff. HGB bzw. § 140 AO ordnungsgemäß verbucht und kenntlich gemacht wird.[204] Daneben verletzt die Verschleierung von anvertrauten Vermögenswerten ohne bzw. gegen den Willen des Treugebers auch das allgemeine Gebot der **Sorgfalt eines ordentlichen Kaufmanns** (§§ 43 Abs. 1 GmbHG, 93 Abs. 1 S. 1 AktG).[205]

In der Praxis häufiger als das Errichten ist die **Weiterführung** bzw. das **Aufrecht-** 66 **erhalten schwarzer Kassen.** Werden bereits angelegte schwarze Kassen von Angestellten eines Unternehmens pflichtwidrig weiterverwaltet und dadurch fortlaufend fremdes Vermögen verschleiert, wertet die Rspr. diese Handlungen seit der Siemens/ENEL-Entscheidung nicht als aktive Schädigung, sondern als **pflichtwidriges Unterlassen** (§ 13 StGB), da der Offenlegungs- und ordnungsgemäßen Verbuchungspflicht des Vermögens nicht genügt wird.[206] Für die Pflichtwidrigkeit ist es **unbeachtlich,** dass die Verschleierung der Geldmittel zu Gunsten des Geschäftsherrn vorgenommen wurde, sofern dieser Einsatz des Vermögens nicht mit den internen Vorgaben des Geschäftsherrn übereinstimmt.[207] Zur Frage des **Vermögensschadens bei schwarzen Kassen** → Rn. 89 f.

3. Vermögensnachteil als Taterfolg. Die pflichtwidrige Tathandlung des Vermögen- 67 betreuungspflichtigen hat zu einem **Vermögensnachteil** zu führen. Erst mit dem Eintritt

---

[197] Fischer § 266 Rn. 130 ff.; Satzger/Schluckebier/Widmaier/Saliger § 266 Rn. 95; Saliger NStZ 2007, 545 (547).

[198] Vgl. BGHSt 40, 287 (293).

[199] BGHSt 55, 266 (278) – Fall Trienekens; BGH NJW 2009, 89 (91) – Fall Siemens; Saliger NStZ 2007, 545 (547); Fischer NStZ 2009, Sonderheft für Miebach, 20.

[200] Vgl. nur BGH NJW 2010, 3458 (3460 ff.) u. BGH NJW 2009, 89 (91) – Fall Siemens mAnm Knauer NStZ 2009, 151 (152 f.) u. Satzger NStZ 2009, 297 (300 ff.); BGH NJW 2007, 1760 – Fall Kanther/Weyrauch; LG Bonn NStZ 2001, 375 – Fall Kohl. S. auch Ransiek NJW 2007, 1727 (1728); Schwind NStZ 2001, 349 (352 ff.); Velten NJW 2000, 2852 (2853).

[201] Fischer § 266 Rn. 75; Schönke/Schröder/Perron § 266 Rn. 35a; Satzger NStZ 2009, 297 (298).

[202] BGH NJW 2010, 3458 (3460) – Fall Trienekens; Knauer NStZ 2009, 151 (152); Satzger NStZ 2009, 297 (300 f.).

[203] Fischer § 266 Rn. 81; Satzger NStZ 2009, 297 (300); Steinkühler/Kunze RdA 2009, 367 (369 ff.).

[204] Knauer NStZ 2009, 151 (152); Satzger NStZ 2009, 297 (300).

[205] Satzger NStZ 2009, 297 (300); Wessing/Krawczyk NZG 2010, 1121 (1122).

[206] BGH NJW 2010, 3458 (3460 ff.) u. BGH NJW 2009, 89 (91) – Fall Siemens; BGH NStZ 2020, 544 (545); Fischer § 266 Rn. 78 ff.; krit. Knauer NStZ 2009, 151 (152); Satzger NStZ 2009, 297.

[207] BGH NJW 2009, 89 (91) – Fall Siemens; BGH NJW 2007, 1760 (1766) – Fall Kanther/Weyrauch.

eines Nachteils für das zu betreuende Vermögen ist eine vollendete Untreuetat gegeben.[208] Der Vermögensnachteil charakterisiert die Untreue als **Vermögensschädigungsdelikt** → Rn. 2 und stellt damit ein **zentrales Tatbestandsmerkmal** dar.[209] Um den verfassungsrechtlichen Anforderungen des **Verschleifungsverbotes** von Schaden und Pflichtverletzung → Rn. 5 zu genügen, ist es notwendig, den Vermögensnachteil als **selbstständiges Tatbestandsmerkmal** zu begreifen, das strikt von der Pflichtverletzung zu trennen ist.[210] Der Vermögensschaden ist, sofern es sich nicht um einfach gelagerte Fälle handelt, seiner **Höhe** nach **exakt zu beziffern** und die Ermittlung ist in den Urteilsgründen **wirtschaftlich nachvollziehbar,** ggf. unter Hinzuziehung von sachverständigen Gutachten darzulegen.[211] Maßgebliche Bedeutung kommt dabei den Vorschriften des **Bilanzrechts** zu.[212] Eine **Schätzung** des Schadens kommt nur in Betracht, soweit verbleibende Unsicherheiten eine genaue Bestimmung verhindern und der Zweifelssatz (in dubio pro reo) Berücksichtigung findet.[213]

68   **a) Tatobjekt. aa) Fremdes Vermögen und Begriff des Geschädigten.** Da der Täter durch die Pflichtverletzung gerade das ihm zur Betreuung übertragene Vermögen anzugreifen hat, muss sich die Untreuetat gegen **fremdes Vermögen** richten.[214] **Geschädigter** kann nur der eigentliche **Vermögensinhaber** als Treugeber sein, sodass betreutes und geschädigtes Vermögen **identisch** sein müssen.[215] Vermögensinhaber und auftraggebender Geschäftsherr können allerdings **personenverschieden** sein, da es unerheblich ist, ob der Täter seine Pflichtstellung als Treunehmer durch einen für die wirtschaftlichen Vorhaben des Vermögensinhabers zuständigen Geschäftsherrn erhält oder das Vermögensbetreuungsverhältnis unmittelbar zwischen ihm und dem Vermögensinhaber zustande kommt.[216] Richtet sich die Untreuehandlung gegen ein **Gesamthandvermögen,** so liegt ein relevanter Schaden erst dann vor, wenn auch das Vermögen der einzelnen Gesellschafter durch die Pflichtverletzung belastet ist.[217]

69   **bb) Vermögensbegriff.** Der Begriff des Vermögens bei der Untreue ist nach hM **inhaltsgleich** mit dem des **§ 263 StGB,**[218] sodass im Hinblick auf Inhalt und Umfang auf die dortigen Ausführungen verwiesen werden kann → StGB § 263 Rn. 38 ff. Der **wirtschaftlichen Betrachtungsweise** der Rspr. folgend meint Vermögen alle geldwerten Güter einer juristischen oder natürlichen Person nach Abzug der Verbindlichkeiten → StGB § 263 Rn. 40, sodass auch sitten- oder rechtswidrige Geschäfte vom

---

[208] BGH NJW 1999, 1489 (1490 f.); 1995, 603 (605); Bittmann NStZ 2012, 57; MüKoStGB/Dierlamm § 266 Rn. 284, 286; Satzger/Schluckebier/Widmaier/Saliger § 266 Rn. 132.
[209] BVerfG NJW 2010, 3209 (3212 ff.); 2009, 2370 (2372); Satzger/Schluckebier/Widmaier/Saliger § 266 Rn. 64.
[210] BVerfG NJW 2010, 3209 (3215); BGHSt 46, 30 (34); 43, 293 (297); BGH BeckRS 2021, 16085 Rn. 8; Bittmann NStZ 2012, 57; Fischer § 266 Rn. 64; Matt NJW 2005, 389 (390); Mitsch JuS 2011, 97 (98); NK/Kindhäuser § 266 Rn. 94; Satzger/Schluckebier/Widmaier/Saliger § 266 Rn. 64 f.; LK-StGB/Schünemann § 266 Rn. 163.
[211] BVerfG NJW 2010, 3209 (3215); 2013, 365 (366); BGH NStZ 2020, 294 (296).
[212] BVerfG NJW 2010, 3209 (3219).
[213] BVerfG NJW 2010, 3209 (3215); vgl. dazu Fischer StraFo 2012, 429.
[214] BGH NJW 2006, 1984 (1985); 2006, 522 (524 ff.); 2002, 2801 (2802 f.); MüKoStGB/Dierlamm § 266 Rn. 201; Fischer § 266 Rn. 110.
[215] BGH NJW 1995, 603 (605); 1983, 461 (462); OLG Hamm NJW 1973, 1809 (1810).
[216] Graf/Jäger/Wittig/Waßmer § 266 Rn. 162.
[217] Gesamthandvermögen besitzen die GbR, oHG, KG, Vor-GmbH, GmbH & Co KG und die Limited & Co KG; vgl. BGH NJW 2006, 1984 (1985 f.); StV 1992, 465; NJW 1987, 1710; NStZ 1987, 279; MüKoStGB/Dierlamm § 266 Rn. 201; Fischer § 266 Rn. 113; Graf/Jäger/Wittig/Waßmer § 266 Rn. 163.
[218] BGHSt 40, 287 (295); 15, 342 (343 f.); BVerfG NJW 2009, 2370 (2371); Bittmann NStZ 2012, 57; MüKoStGB/Dierlamm § 266 Rn. 201; Fischer § 266 Rn. 115; Hannich/Röhm NJW 2004, 2061; Lackner/Kühl/Heger § 266 Rn. 17; Mansdörfer JuS 2009, 114; Satzger/Schluckebier/Widmaier/Saliger § 266 Rn. 67; LK-StGB/Schünemann § 266 Rn. 164; diff. Schönke/Schröder/Perron § 266 Rn. 39b.

Vermögensbegriff umfasst sind, soweit dies nach einer normativen Bewertung geboten erscheint.[219]

Für den Untreuetatbestand ist von besonderer Bedeutung, dass auch tatsächliche **Ex-** **70** **spektanzen** mit einem vom Geschäftsverkehr anerkannten wirtschaftlichen Wert bereits dem geschützten Vermögensbegriff unterfallen.[220] Allerdings kommt nur solchen Erwerbs- und Gewinnaussichten ein wirtschaftlicher Wert zu, die **wahrscheinlich einen Vermögenszuwachs** erwarten lassen.[221] Die bloß vage Hoffnung oder die ungewisse Aussicht auf Vermögenseinnahmen sowie gewinnbringende Geschäftsvereinbarungen können, mangels hinreichender Konkretisierung, nicht wirtschaftlich evaluiert und somit auch nicht durch § 266 StGB geschützt werden.[222] Die pflichtwidrige Verhinderung von sicheren und tatsächlichen Gewinnaussichten durch den Vermögensbetreuer begründet hingegen einen Vermögensnachteil in der Form des **Vereitelns einer Vermögensmehrung** dazu → Rn. 83 f.[223]

b) Vermögensnachteil. Der Vermögensnachteil bildet den **Taterfolg** der Untreue. **71** Dieser tritt ein, wenn der vermögensbetreuungspflichtige Täter durch eine Verletzung seiner Pflicht das ihm anvertraute Vermögen schädigt.

aa) Nachteilsbegriff. Unter **Nachteil** iSd § 266 StGB ist jede durch die Tathandlung **72** verursachte Vermögenseinbuße zu verstehen.[224] Nach wohl hM stimmt der Vermögensnachteil als Vollendungselement der Untreue mit dem Begriff des Vermögensschadens als Taterfolg des Betrugstatbestands überein → StGB § 263 Rn. 44.[225] Diese **Gleichstellung des Vermögensnachteilsbegriff bei § 266 StGB mit dem Begriff des Vermögensschadens bei § 263 StGB** kann allerdings aufgrund des anderen Angriffsweges auf das Vermögen, das andere Täterprofil, die strukturelle Nähe von Tathandlung und Taterfolg sowie die Straflosigkeit des Versuchs bei der Untreue nicht überzeugen:[226]

So verlangen die Straflosigkeit der versuchten Untreue wie auch die schmale Grenze **73** zwischen Tathandlung und Erfolgseintritt eine **besonders restriktive Auslegung des Nachteils** bei Vorliegen einer schadensgleichen Vermögensgefährdung → Rn. 85 ff.[227] Die interne Vermögensbetreuungspflicht des Untreuetäters, die ihm zum einen besondere Einwirkungsmöglichkeiten auf das Vermögen gewährt, ihn zum anderen aber auch verpflichtet, ausschließlich zugunsten des anvertrauten Vermögens zu handeln, drängt gleichfalls zu einer zurückhaltenden Auslegung des Vermögensnachteils. Insbesondere bei der

---

[219] BVerfG NJW 2010, 3209 (3212); 2009, 2370 (2371); BGHSt 34, 199 (203); 16, 220 (221); BGH NJW 1975, 1234 (1235); RGSt 44, 230 (234). Vgl. auch Satzger/Schluckebier/Widmaier/Saliger § 266 Rn. 67.

[220] BVerfG NJW 2010, 3209 (3216); BGH wistra 1989, 224 (225); NJW 1983, 1807 (1808); 1965, 770 (771 f.); MüKoStGB/Dierlamm § 266 Rn. 210; Fischer § 266 Rn. 116; NK/Kindhäuser § 266 Rn. 98; LK-StGB/Schünemann § 266 Rn. 167, 176; Graf/Jäger/Wittig/Waßmer § 266 Rn. 176 ff.

[221] BGHSt 17, 147 (148); BGH NJW 1975, 1234 (1235 f.; Fischer § 266 Rn. 111; Satzger/Schluckebier/Widmaier/Saliger § 266 Rn. 65.

[222] BGH NJW 1983, 1807 (1808); 1975, 1234 (1235 f.); 1965, 770 (771 f.).

[223] BGH wistra 1995, 61 (62); 1989, 224 (225); NJW 1983, 1807 (1808); OLG Bremen NStZ 1989, 228 (229); Satzger/Schluckebier/Widmaier/Saliger § 266 Rn. 68.

[224] BGH NStZ 2010, 330 (331); 2004, 205 (206).

[225] BGH NJW 1998, 913 (914); 1995, 603 (605 ff.); BGHSt 15, 342 (343 f.); RGSt 73, 283; MüKoStGB/Dierlamm § 266 Rn. 201; Fabricius NStZ 1993, 414 (416); Fischer § 266 Rn. 115; Lackner/Kühl/Heger § 266 Rn. 17; Graf/Jäger/Wittig/Waßmer § 266 Rn. 161.

[226] BGH NJW 2008, 2451; 2007, 1760; Hillenkamp NStZ 1981, 161; Mansdörfer JuS 2009, 114; Schönke/Schröder/Perron § 266 Rn. 39; Satzger/Schluckebier/Widmaier/Saliger § 266 Rn. 69; Schünemann NStZ 2008, 430.

[227] BGH wistra 2001, 217 (219); NJW 1999, 1489 (1490); 1966, 261; MüKoStGB/Dierlamm § 266 Rn. 226; Schönke/Schröder/Perron § 266 Rn. 45; Satzger/Schluckebier/Widmaier/Saliger § 266 Rn. 69, 82 ff.

Bewertung von **vereitelten Vermögensmehrungen** → Rn. 83 f. ist auf die konkreten Verpflichtungen des Vermögensbetreuers im Innenverhältnis Rücksicht zu nehmen.[228]

74   **bb) Kausalität und Pflichtwidrigkeitszusammenhang.** Zwingende Voraussetzung einer Untreuestrafbarkeit ist die **Kausalität zwischen Pflichtverletzung und Vermögensnachteil,** damit sichergestellt bleibt, dass Pflichtverletzung und Nachteil selbstständige und unabhängig voneinander zu prüfende Tatbestandsmerkmale sind.[229] Für die Kausalität gelten die **allgemeinen Regeln,** sodass eine Pflichtverletzung kausal für den Vermögensschaden ist, wenn sie nicht hinweggedacht werden kann, ohne dass der Vermögensnachteil in seiner konkreten Gestalt mit an Sicherheit grenzender Wahrscheinlichkeit entfiele.

75   Allerdings reicht schlichte Kausalität nicht aus, vielmehr muss zwischen den beiden Tatbestandsmerkmalen auch ein **Pflichtwidrigkeitszusammenhang** im Sinne einer objektiven Zurechenbarkeit bestehen.[230] Danach ist der Tatbestand der Untreue nicht erfüllt, wenn der Vermögensnachteil mit an Sicherheit grenzender Wahrscheinlichkeit auch bei **pflichtgemäßem Alternativverhalten** des Täters eingetreten wäre.[231] So scheidet bei der **Kredituntreue** eine Strafbarkeit mangels Pflichtwidrigkeitszusammenhanges aus, wenn ein Bankangestellter einen später notleidend werdenden Kredit ohne hinreichende Bonitätsprüfung gewährt, den er aber auch bei sorgfältiger Prüfung bewilligt hätte, weil die Kreditunwürdigkeit des Kunden, zB aufgrund gut gefälschter Angaben, nicht zu erkennen war.[232]

76   Im Gegensatz zum Betrugstatbestand, der einen **Unmittelbarkeitszusammenhang** → StGB § 263 Rn. 5, 32 zwischen der Verfügungshandlung des Opfers und dem Schadenseintritt fordert, muss der Vermögensnachteil bei der Untreue **nicht** unmittelbar aus der Pflichtverletzung folgen.[233] Zur Unmittelbarkeit bei der Nachteilsbestimmung → Rn. 78.

77   **cc) Ermittlung des Nachteils über das Gesamtsaldierungsprinzip.** Der Vermögensnachteil iSd § 266 StGB hat sorgfältig im Rahmen einer mehrstufigen wirtschaftlichen Prüfung der betroffenen Vermögenslage errechnet zu werden.[234] Die Ermittlung erfolgt dabei, wie iRd Betruges → StGB § 263 Rn. 46, nach dem **Gesamtsaldierungsprinzip,**[235] das zunächst danach fragt, ob das Vermögen tatsächlich gemindert wurde (1) und im Anschluss prüft, ob Kompensationen schadensmindernd angerechnet werden müssen (2).

---

[228] BVerfG NJW 2010, 3209 (3216); BGH wistra 1989, 224 (225); NJW 1983, 1807 (1809 ff.); 1965, 770 (772); OLG Bremen NStZ 1989, 228 (229); Satzger/Schluckebier/Widmaier/Saliger § 266 Rn. 69.

[229] BGHSt 46, 30 (34); Satzger/Schluckebier/Widmaier/Saliger § 266 Rn. 99; Achenbach/Ransiek/Rönnau/Seier/Lindemann 2. Kapitel 5. Teil Rn. 209; Graf/Jäger/Wittig/Waßmer § 266 Rn. 164.

[230] MüKoStGB/Dierlamm § 266 Rn. 202; NK-StGB/Kindhäuser § 266 Rn. 99; Satzger/Schluckebier/Widmaier/Saliger § 266 Rn. 100, 102; Graf/Jäger/Wittig/Waßmer § 266 Rn. 165. Vgl. auch BGH NJW 2000, 2364 (2365); 1998, 913 (914).

[231] BGHSt 11, 1 (7); 33, 61 (63); 49, 1 (4); Lackner/Kühl/Heger § 266 Rn. 16; Satzger/Schluckebier/Widmaier/Saliger § 266 Rn. 102; Achenbach/Ransiek/Rönnau/Seier/Lindemann 2. Kapitel 5. Teil Rn. 209 ff.; Graf/Jäger/Wittig/Waßmer § 266 Rn. 165.

[232] Vgl. hierzu Satzger/Schluckebier/Widmaier/Saliger § 266 Rn. 102; Achenbach/Ransiek/Rönnau/Seier/Lindemann 2. Kapitel 5. Teil Rn. 284 f.

[233] Ausf. MR/Matt § 266 Rn. 132; Satzger/Schluckebier/Widmaier/Saliger § 266 Rn. 105; Graf/Jäger/Wittig/Waßmer § 266 Rn. 167.

[234] MüKoStGB/Dierlamm § 266 Rn. 202; NK-StGB/Kindhäuser § 266 Rn. 100 ff.; vgl. weitergehend OLG Köln BeckRS 2013, 08025, das eine wertende Gesamtbetrachtung unter Einbeziehung von normativen und wirtschaftlichen Gesichtspunkten fordert.

[235] BGH NStZ 2010, 330 (331); 2004, 205 (206); 1986, 455 (456); OLG Bremen NStZ 1989, 228 (229); MüKoStGB/Dierlamm § 266 Rn. 202; Fischer § 266 Rn. 115a; Schönke/Schröder/Perron § 266 Rn. 40; Satzger/Schluckebier/Widmaier/Saliger § 266 Rn. 70 ff.; LK-StGB/Schünemann § 266 Rn. 168; Seier JuS 2001, 874 (878).

(1) Saldierung. Zunächst ist anhand eines **Vergleichs** der Vermögenslage vor und nach **78**
der pflichtwidrigen Tathandlung zu ermitteln, ob das Vermögen in seinem **wirtschaftli-**
chen Gesamtwert durch die Pflichtverletzung gemindert wurde.[236] Ein Vermögensnachteil liegt vor, wenn sich unter **wirtschaftlichen Gesichtspunkten** ein **Negativsaldo**
zulasten des Vermögens des Treugebers ergibt, also die durch die Pflichtverletzung bewirkte Minderung des Vermögens nicht durch eine durch dieselbe Tathandlung bewirkte
Werterhöhung vollständig ausgeglichen wird.[237] Maßgeblicher **Zeitpunkt** für den Vergleich des Gesamtvermögens vor und nach der Pflichtverletzung ist die **Vollendung der**
konkreten Pflichtverletzung aus der **ex-ante Perspektive.**[238] Für die Annahme eines
Nachteils muss dieser **unmittelbar** aus der Pflichtverletzung resultieren.[239]

(2) Kompensation. Ein Nachteil liegt nicht vor, wenn und soweit durch die ver- **79**
mögensschädigende Tathandlung zugleich ein den Verlust vollständig begleichender **Ver-**
mögenszuwachs beim Geschädigten erzeugt wurde.[240] Der Vergleich der Vermögenslage
des Geschäftsherrn vor und nach der Tathandlung soll daher nicht nur ermitteln, ob und
inwieweit eine Minderung des anvertrauten Vermögens bewirkt wurde, sondern auch, ob
dieser Verlust durch andere wirtschaftliche Folgen derselben Pflichtverletzung ausgeglichen
wurde. Kann der Vermögensnachteil durch einen auf gleichem Weg und zur selben Zeit
geschaffenen Zugewinn für die fremde Vermögenslage **vollständig** beseitigt werden, so ist
der Eintritt des Taterfolgs ausgeschlossen.[241]

Die geldwerten Nach- und Vorteile für das Vermögen des Geschäftsherrn müssen **80**
gleichzeitig, scil. **unmittelbar** durch dieselbe Untreuetathandlung entstanden sein, um in
der Auswertung des Gesamtvermögens Berücksichtigung zu finden (sog. **Einzelbetrach-**
tung).[242] Ein bloß zufällig zeitgleich eintretender Vermögensvorteil kann den durch die
Pflichtverletzung verursachten Nachteil deshalb ebenso wenig revidieren wie Gewinne
oder Verluste, die sich vor oder nach der eigentlichen Tathandlung realisieren. Die Gegenüberstellung der Gewinn- und Verlustseite des beanstandeten Verhaltens beschränkt sich
dabei nur auf solche Einnahmen und Abzüge, die einen **konkreten wirtschaftlichen**
Geldwert haben.[243] Ein Vorteil ist überdies nur dann wirtschaftlich voll kompensations-
fähig, sofern er **jederzeit** und **ohne großen Aufwand** durch den Treuber realisiert
werden kann.[244]

---

[236] BVerfG NJW 2010, 3209 (3216); 2009, 2370 (2371); BGH NJW 2016, 2585 (2592); NStZ 2014, 517
(519); BGHSt 43, 293 (297); BGH NStZ 2004, 205 (206); NJW 1975, 1234 (1235); Fischer § 266 Rn. 115;
MüKoStGB/Dierlamm § 266 Rn. 202; Satzger/Schluckebier/Widmaier/Saliger § 266 Rn. 70.

[237] BGH NJW 2015, 1618 (1621); 2011, 3528 (3529) mAnm Ufer ZWH 2012, 21; BGHSt 47, 295
(301 f.); 43, 293 (298); Lackner/Kühl/Heger § 266 Rn. 17, 17b; Fischer § 266 Rn. 115a; Schönke/Schrö-
der/Perron § 266 Rn. 40 f.; LK-StGB/Schünemann § 266 Rn. 168 f.; NK-StGB/Kindhäuser § 266
Rn. 106 f.; Achenbach/Ransiek/Rönnau/Seier/Lindemann 2. Kapitel 5. Teil Rn. 170; MüKoStGB/Dier-
lamm § 266 Rn. 202; BGH, Beschl. v. 1.9.2022 – 1 StR 171/22.

[238] BGH NJW 2016, 2585 (2592); NStZ 2014, 517 (520); NStZ-RR 2006, 378 (379); wistra 2000, 384
(386); Schönke/Schröder/Perron § 266 Rn. 40 f.; BGH, Beschl. v. 9.8.2022 – 6 StR 119/22.

[239] BGH NJW 2016, 2585 (2595); 2015, 1618 (1623); 2011, 3528 (3529); 2009, 3173 (3175) – Berliner
Straßenreinigungsfall mAnm Mosiek HRRS 2009, 565; NK-StGB/Kindhäuser § 266 Rn. 107; Satzger/
Schluckebier/Widmaier/Saliger § 266 Rn. 78; Solka/Altenburg NZWiSt 2016, 212 (213 ff.). Zum Ver-
hältnis von Eingehungs- und Erfüllungsschaden s. Saliger/Schweiger NJW 2016, 2600 (2601).

[240] StRspr: BGH NJW 2015, 1618 (1621); NStZ-RR 2006, 378 (379); NStZ 2004, 205 (206); NJW 1998,
913 (914); NStZ 1997, 543; NJW 1975, 1234 (1235); 1961, 685.

[241] BGH NJW 1998, 913 (914); 1995, 603 (605 ff.); 1983, 1807 (1809); MüKoStGB/Dierlamm § 266
Rn. 206; Schönke/Schröder/Perron § 266 Rn. 40 f.

[242] BGH NJW 2015, 1618 (1621); NStZ-RR 2006, 378 (379); 2002, 237 (238); NJW 2002, 2801 (2803);
1998, 913 (914); NStZ 1997, 543; 1986, 455 (456); 1983, 1807 (1808); 1975, 1234 (1235); MüKoStGB/
Dierlamm § 266 Rn. 207; NK-StGB/Kindhäuser § 266 Rn. 107; Satzger/Schluckebier/Widmaier/Saliger
§ 266 Rn. 73; LK-StGB/Schünemann § 266 Rn. 168; Graf/Jäger/Wittig/Waßmer § 266 Rn. 171.

[243] BGH NStZ-RR 2002, 237 (238); NStZ 1986, 455 (456); NJW 1975, 1234 (1235). Zur Frage der
Verrechenbarkeit pflichtwidriger bzw. gesetzwidriger Mittelabflüsse mit konkreten Chancen auf Vermögensgewinn, insbesondere Schmiergeldzahlungen s. Satzger/Schluckebier/Widmaier/Saliger § 266 Rn. 76 f.

[244] BGH NJW 2015, 1618 (1621); Satzger/Schluckebier/Widmaier/Saliger § 266 Rn. 73 u. Rn. 74 für
Bsp. kompensationsgeeigneter Vermögensvorteile.

81   Diese einzelaktsbezogene Betrachtungsweise ist jedoch in bestimmten Ausnahmefällen nicht geeignet, alle wesentlichen und kompensationsfähigen geldwerten Transaktionen, die die Vermögenslage des Geschäftsherrn beeinflussen, zu erfassen. Insbesondere in Fällen, in denen die vermögensschädigende Pflichtverletzung des Täters **Teil eines wirtschaftlich selbstständigen Gesamtkonzepts** ist, ist nach überwiegender Ansicht der Rspr. und hL eine sog. **Gesamtbetrachtung** vorzunehmen.²⁴⁵ Eine solche ist geboten, wenn nach dem der Tathandlung zugrundeliegenden wirtschaftlichen Plan **mehrere Verfügungen** erforderlich sind, um den ausgleichenden Erfolg zu bewirken, wie dies zB bei **komplexen Investitionsentscheidungen** der Fall ist.²⁴⁶

82   Entstehen aus der Pflichtverletzungshandlung **zivilrechtliche Ersatzansprüche** zu Gunsten des Geschäftsherrn, etwa wegen unrechtmäßiger Bereicherung gem. §§ 812 ff. BGB oder auf Schadensersatz aus §§ 823 Abs. 2 iVm einem Schutzgesetz bzw. § 826 BGB, können diese **nicht** als unmittelbarer Vermögensvorteil gewertet werden.²⁴⁷ Die strikte Begrenzung der kompensationstauglichen Vermögensvorteile auf **unmittelbar** aus der Pflichtverletzung resultierende Vorteile ermöglicht eine Abgrenzung zur **nachträglichen Schadenswiedergutmachung:** Während die simultane Nachteilskompensation den Erfolg und somit auch die strafbare Erfüllung des Untreuetatbestands verhindert, kann die nachträgliche Bereitschaft des Täters, den schon eingetretenen tatbestandserfüllenden Schaden zu begleichen, nur noch bei der Strafzumessung ins Gewicht fallen.²⁴⁸

83   **c) Besondere Nachteilskonstellationen. aa) Ausbleiben einer Vermögensmehrung als Schaden. (1) Grundsätzliches.** Ein Taterfolg setzt nicht zwingend den Eintritt eines Wertverlustes voraus, denn auch der Ausfall eines Vermögenszuwachses kann, **abhängig von der konkreten Pflichtenstellung des Täters,** einen Vermögensnachteil bedeuten.²⁴⁹ Umfassen die Vermögensinteressen des Geschäftsherrn, die der verpflichtete Täter wahrzunehmen hat, nicht lediglich die Wahrung des ursprünglichen Vermögenswertes, sondern darüber hinaus auch eine Mehrung seines Vermögens oder eine möglichst vorteilhafte Geschäftsführung, so kann das Versäumnis eines Gewinns oder die Vereitelung eines besonders günstigen Geschäftsabschlusses mit einem Vermögensnachteil gleichzusetzen sein.²⁵⁰ Das Ausbleiben einer Vermögensmehrung gilt allerdings nur dann als tatbestandlicher Nachteil, wenn die **Gewinnexpektanzen → Rn. 70** des Geschäftsherrn bereits einen wirtschaftlich messbaren Wert angenommen haben, konkret begründet sind und sich mit **hoher Wahrscheinlichkeit** realisiert hätten.²⁵¹ Die bloße Hoffnung oder ungewisse Aussicht des Geschäftsherrn auf eine Wertsteigerung seines Vermögens ist nicht ausreichend.²⁵²

84   **(2) Sonderfall: Kick-Back-Zahlungen.** Eine besondere Fallkonstellation der vereitelten Vermögensmehrung können sog. **Kick-Back-Zahlungen** bilden, bei denen typischerweise **Schmiergelder** aus dem Vermögen des Geschäftsherrn über den Geschäfts-

---

²⁴⁵ BGHSt 47, 295 (302); Bittmann NStZ 2012, 57 (58); MüKoStGB/Dierlamm § 266 Rn. 207; Satzger/Schluckebier/Widmaier/Saliger § 266 Rn. 75; LK-StGB/Schünemann § 266 Rn. 169; Graf/Jäger/Wittig/Waßmer § 266 Rn. 172.

²⁴⁶ Vgll MüKoStGB/Dierlamm § 266 Rn. 207; LK-StGB/Schünemann § 266 Rn. 169.

²⁴⁷ BGH NJW 2015, 1618 (1621); wistra 1993, 265 (266); MüKoStGB/Dierlamm § 266 Rn. 209; Schönke/Schröder/Perron § 266 Rn. 42; Satzger/Schluckebier/Widmaier/Saliger § 266 Rn. 73.

²⁴⁸ BGH NJW 2007, 1760 (1766); 1995, 603 (606); NStZ 1986, 455 (456); Satzger/Schluckebier/Widmaier/Saliger § 266 Rn. 73; LK-StGB/Schünemann § 266 Rn. 169.

²⁴⁹ BVerfG NJW 2010, 3209 (3216); BGH NJW 1989, 224 (225); 1983, 1807 (1809 ff.); wistra 1965, 770 (772); OLG Bremen NStZ 1989, 228 (229); MüKoStGB/Dierlamm § 266 Rn. 210; NK-StGB/Kindhäuser § 263 Rn. 31; Satzger/Schluckebier/Widmaier/Saliger § 266 Rn. 80.

²⁵⁰ BVerfG NJW 2010, 3209 (3216); BGH NJW 1983, 1807 (1809); 1965, 770 (771 ff.); OLG Bremen NStZ 1989, 228 (229).

²⁵¹ BGH NJW 1983, 1807 (1808); 1975, 1234 (1235 f.); 1965, 770 (771 f.); RGSt 71, 333 (334); MüKoStGB/Dierlamm § 266 Rn. 210; Fischer § 266 Rn. 116; Satzger/Schluckebier/Widmaier/Saliger § 266 Rn. 80; Graf/Jäger/Wittig/Waßmer § 266 Rn. 177.

²⁵² BGH NStZ-RR 2002, 237 (238); OLG Bremen NStZ 1989, 228 (229).

partner als Lieferanten einer Ware oder sonstigen Leistung an den Treunehmer **zurück-fließen**.[253] Die Bestechungsgelder sind dabei in einem über die Kick-Back-Abrede vereinbarten erhöhten Preis enthalten, den der vertretene, aber in die Schmiergeldabrede nicht eingeweihte Dienstherr für die geschuldete Leistung des Vertragspartners erbringen muss. Über solche vom Geschäftsherrn nicht genehmigte und als **verdeckte Provisionen** getarnte Zahlungen erlangt der Treunehmer Vorteile, die über seine Vergütung hinausgehen und ihm nicht zustehen.[254] Finden derartige Vereinbarungen zwischen einer Vertragspartei und dem vermögensbetreuungspflichtigen Vertreter statt, so ist diese zu **widerrechtlichen Korruptionszwecken** bewirkte Belastung des fremden Vermögens **regelmäßig als Nachteil iSd § 266 StGB** zulasten des Geschäftsherrn zu bewerten.[255] Entscheidend für die Annahme eines Nachteils ist, dass die **pflichtwidrige Vereinbarung** sog. Rückvergütungsrabatte zu einem überteuerten Preis der Leistung und damit zur **Ungleichwertigkeit der Gegenleistung** führt.[256] Letzteres ist der Fall, wenn der Betrag, um den der Preis pflichtwidrig erhöht wurde, dem Geschäftsherrn auch als Rabattsumme hätte erlassen werden können.[257] Diese Bewertung überzeugt vor allem in Fällen, in denen das Schmiergeld für den Vertragspartner einen bloßen **Durchlaufposten** darstellt.[258]

bb) Schadensgleiche Vermögensgefährdung. (1) Begriff der Vermögensgefähr- 85 dung. Nach der wohl hM in Rspr. und h.L finden die beim Betrug entwickelten Grundsätze einer **schadensgleichen Vermögensgefährdung** → StGB § 263 Rn. 56 bei der Untreue entsprechende Anwendung.[259] Eine Vermögensgefährdung ist dann als Taterfolg zu werten, wenn sie eine derart **konkrete Gefahr** des Vermögensverlustes begründet, dass aus **wirtschaftlicher Sicht** das Vermögen bereits **gegenwärtig gemindert** ist,[260] auch wenn sich ein endgültiger Verlust nicht realisiert.[261] Erforderlich ist, dass die Gefährdung **hinreichend konkret** ist, rein abstrakte Gefahren reichen nicht aus.[262]

(2) Vermögensgefährdung bei der Untreue. Aufgrund der **Vergleichbarkeit von 86 Untreue und Betrug** im Hinblick auf das zu schützende Rechtsgut des Vermögens überträgt die Rspr. die betrugstypische Schadenskonstruktion der Vermögensgefährdung ohne weiteres als Sonderform des Vermögensnachteils auf den Untreuetatbestand.[263] Während die **strukturellen Besonderheiten des Betrugstatbestandes,** die in der stoffglei-

[253] Satzger/Schluckebier/Widmaier/Saliger § 266 Rn. 81.
[254] BGHSt 50, 299 (315) – Kölner Müllskandal; BGHSt 49, 317 (333 ff.); MüKoStGB/Dierlamm § 266 Rn. 274.
[255] Fischer § 266 Rn. 117; NK-StGB/Kindhäuser § 266 Rn. 114; Satzger/Schluckebier/Widmaier/Saliger § 266 Rn. 81.
[256] BGHSt 47, 295 (299); BGH wistra 1989, 224 (225); NJW 1983, 1807 (1808); Fischer § 266 Rn. 118; NK-StGB/Kindhäuser § 266 Rn. 114; Satzger/Schluckebier/Widmaier/Saliger § 266 Rn. 81.
[257] BGH BeckRS 2018, 37760 Rn. 39; NJW 2006, 925 (930 ff.); NStZ 2005, 569 (571 ff.); NJW 2002, 2801 (2803 ff.); 2001, 2102; MüKoStGB/Dierlamm § 266 Rn. 274; Satzger/Schluckebier/Widmaier/Saliger § 266 Rn. 81.
[258] BGHSt 50, 299 (315) – Kölner Müllskandal; BGH NStZ 2005, 569 (571); MüKoStGB/Dierlamm § 266 Rn. 274; Fischer § 266 Rn. 119; Satzger/Schluckebier/Widmaier/Saliger § 266 Rn. 81; Saliger NJW 2006, 3377 (3378).
[259] BVerfG NJW 2010, 3209 (3218); NStZ 2009, 560; BGH NJW 2008, 1827 (1829); 2003, 3717; wistra 2001, 218; NJW 1999, 1489 (1490 f.); 1966, 261; MüKoStGB/Dierlamm § 266 Rn. 211; Fischer § 266 Rn. 150; Mansdörfer JuS 2009, 114; Satzger/Schluckebier/Widmaier/Saliger § 266 Rn. 82; Schünemann NStZ 2008, 430; Seier/Martin JuS 2001, 874 (878); Graf/Jäger/Wittig/Waßmer § 266 Rn. 183.
[260] BVerfG NJW 2010, 3209 (3219); BGH NStZ 2020, 294 (296); NJW 2016, 2585 (2592); 2008, 1827 (1829); 2003, 3717; 2001, 3638 (3640); Fischer § 266 Rn. 150; NK-StGB/Kindhäuser § 266 Rn. 110; Schönke/Schröder/Perron § 266 Rn. 45; Satzger/Schluckebier/Widmaier/Saliger § 266 Rn. 82; Graf/Jäger/Wittig/Waßmer § 266 Rn. 183.
[261] BGH NStZ-RR 2005, 343.
[262] BVerfG NJW 2009, 2370 (2372); BGH NJW 2016, 2585 (2592); BGHSt 44, 376 (384).
[263] BVerfG NStZ 2009, 560; BGH NJW 2008, 1827 (1829); 2007, 1760 (1762); NStZ-RR 2005, 343; NJW 2003, 3717; 2001, 3638 (3640); NStZ 2001, 248 (250); wistra 1999, 350 (354); NJW 1995, 603 (605 ff.); 1966, 201. Krit. MüKoStGB/Dierlamm § 266 Rn. 226; Fischer § 266 Rn. 159; Matt NJW 2005, 389 (390); Schünemann NStZ 2008, 430 ff.; Graf/Jäger/Wittig/Waßmer § 266 Rn. 183 ff.

chen Bereicherung des Täters durch eine selbstschädigende Vermögensverfügung des Opfers liegen, eine weitgehend bedenkenlose Gleichsetzung der Vermögensgefährdung mit einem tatsächlichen Schaden gestatten, sind **Grund** und **Grenzen** der **schadensgleichen Vermögensgefährdung für die Untreue gesondert zu bestimmen.**[264] Dies gilt insbesondere vor dem Hintergrund, dass die durch die Anwendung einer konkreten Vermögensgefahr bewirkte **Vorverlagerung des Vollendungszeitpunktes** das berechtigte **Risiko des Unterlaufens der Straflosigkeit des Versuches** → Rn. 100 in sich trägt[265] und ein **subjektives Korrektiv** in Form einer Bereicherungsabsicht bei § 266 StGB **fehlt.**[266] Aus diesen Gründen ist die Figur des Gefährdungsschadens in jedem Einzelfall sorgfältig und unter Berücksichtigung des **verfassungsrechtlichen Bestimmtheitsgebotes restriktiv** anzuwenden.[267]

87 **(3) Restriktionsbemühungen in Rspr. und hL.** Im sog. **Kanther-Urteil** bemühte sich der BGH, eine Restriktion der Anwendung der Figur der schadensgleichen Vermögensgefahr über eine **subjektive Begrenzungslösung** zu erreichen. Danach hat der Täter bei der Überschreitung seiner Pflichtenstellung nicht nur die ihm bewusste konkrete Gefahr eines Vermögensschadens in Kauf zu nehmen, sondern auch **die tatsächliche Realisierung dieser Gefahr zu billigen.**[268] Der Versuch, die Vermögensgefährdung mittels einer subjektiven Billigung der Schadensrealisierung als objektiven Tatererfolg der Untreue zu legitimieren, scheint insbesondere aus **dogmatischen Gründen problematisch:** Denn das Erfordernis eines zusätzlichen „Schadensrealisierungsvorsatzes"[269] führt zu einer verfassungsrechtlich nicht unbedenklichen **Versubjektivierung** eines normativen Merkmals des objektiven Tatbestandes.[270]

88 Demgegenüber verfolgt eine **objektive Begrenzungslösung** die Bestrebung, dem Gefährdungsschaden durch einheitliche Konturen und inhaltliche Grenzen ein ausreichendes Maß an Bestimmtheit zu verleihen.[271] Geeignet scheint dabei ein **Unmittelbarkeitserfordernis,** das nur solche Gefährdungslagen in den Kreis potentieller Gefährdungsschäden mit einbezieht, die bereits so **konkret** sind, dass sie geeignet sind, **unmittelbar** in eine tatsächliche Vermögenseinbuße umzuschlagen.[272] Dieses eingrenzende Kriterium stimmt auch mit **der verfassungsgerichtlichen Rspr.** überein, welche die **wirtschaftlich nachvollziehbare Feststellung** eines Gefährdungsschadens unter Zugrundelegung **bilanzrechtlicher Vorschriften** angemahnt hat.[273]

89 **(4) Anwendungsfall: Gefährdungsschaden und schwarze Kassen.** Die Bewertung **schwarzer Kassen** zum Begriff → Rn. 64 zeigt die Probleme der Gerichte mit einer einheitlichen Auffassung und Einordnung der schadensgleichen Vermögensgefährdung als Erfolg des Untreuetatbestands besonders deutlich auf: Während der 2. Strafsenat im Fall

---

[264] Perron   NStZ 2008, 518;   Satzger/Schluckebier/Widmaier/Saliger   § 266   Rn. 83;   Saliger ZStW 2000, 611 f.

[265] MüKoStGB/Dierlamm § 266 Rn. 211; Matt NJW 2005, 389 (391); Schönke/Schröder/Perron § 266 Rn. 45; Satzger/Schluckebier/Widmaier/Saliger § 266 Rn. 83; Graf/Jäger/Wittig/Waßmer § 266 Rn. 184.

[266] Satzger/Schluckebier/Widmaier/Saliger § 266 Rn. 83.

[267] BVerfG NJW 2009, 2370 (2372); MüKoStGB/Dierlamm § 266 Rn. 211; Graf/Jäger/Wittig/Waßmer § 266 Rn. 183 f.

[268] BGHSt 51, 100 (121 f.) – Fall Kanther/Weyrauch; Ransiek NJW 2007, 1727; Perron NStZ 2008, 517; Saliger NStZ 2007, 545; dem folgend BGH NStZ 2007, 704 u. BGHSt 52, 182 (190); der subj. Lösung grds. zustimmend Fischer § 266 Rn. 183 f.; Fischer StraFo 2008, 275 ff.; Schünemann NStZ 2008, 433 f.

[269] Saliger NStZ 2007, 545 (550).

[270] Ransiek NJW 2007, 1727 (1729); Saliger NStZ 2007, 545 (550); vgl. auch die abweichenden Meinungen in BGH NStZ 2008, 457 (458) u. BGH NJW 2009, 89 (92) – Fall Siemens.

[271] Bernsmann GA 2007, 229 f.; Ransiek NJW 2007, 1729; Saliger NStZ 2007, 550 f.; Schlösser NStZ 2008, 398; Achenbach/Ransiek/Rönnau/Seier/Lindemann 2. Kapitel 5. Teil Rn. 195, 401.

[272] Matt NJW 2005, 389 (391); Satzger/Schluckebier/Widmaier/Saliger § 266 Rn. 87; Graf/Jäger/Wittig/Waßmer § 266 Rn. 184 f. Vgl. auch BVerfG NJW 2009, 2370 (2372); BGH NJW 2003, 3717; 1999, 1489 (1491).

[273] BVerfG NJW 2013, 365 (366); 2010, 3209 (3219); sich anschließend BGH NJW 2016, 2585 (2592); 2011, 2675 f.; OLG Köln BeckRS 2014, 14061.

Kanther die Übertragung von Geldern auf verdeckte Schwarzkonten noch als **schadens-gleiche Vermögensgefährdung** ansah,[274] verschärfte er seine Rspr. im Fall Siemens insofern, als er sie auf die Privatwirtschaft übertrug und in der Übernahme und Verwaltung einer schwarzen Kasse bereits einen **endgültigen Vermögensverlust** erkannte, ohne auf eine subjektive Restriktion des Tatbestandes, wie sie im Fall Kanther entwickelt wurde → Rn. 95, Rücksicht zu nehmen.[275] Diese Rspr. wurde im Fall Trienekens sowie aktuell im sog. Gleisbaufall bestätigt und fortgeführt: Sowohl der 2. Strafsenat im Fall Trienekens als auch der 5. Strafsenat im Gleisbaufall nahmen einen **endgültigen Vermögensschaden** in der **Höhe der gesamten in der schwarzen Kasse enthalten Mittel** an.[276]

Diese Rspr. ist **nicht unproblematisch,** da sie die Untreue von ihrem Charakter als   **90** Vermögensdelikt entfernt und contra legem in ein **Bilanz- und Korruptionsvorfeld-delikt** umgestaltet.[277] Sachgemäßer erscheint eine vom **Verwendungszweck abhängige Beurteilung** schwarzer Kassen:[278] Danach macht sich **nicht** wegen Untreue strafbar, wer eine schwarze Kasse allein mit der Motivation bildet, die darin enthaltenen Gelder **allein für Zwecke des Geschäftsherrn** zu verwenden, weshalb auch die Zahlung von Beste-chungsgeld allein zur Erlangung vorteilhafter Aufträge aus dem Anwendungsbereich nach § 266 StGB zu fallen hat.[279] Die Grenze zur **Strafbarkeit** ist erst dann überschritten, wenn der Treunehmer die schwarze Kasse so ausgestaltet, dass **Gläubiger unkontrolliert Zugriff** darauf haben oder das Schwarzgeld **unzuverlässig bei Dritten** aufbewahrt wird.[280]

cc) Individueller Schadenseinschlag. Die **Lehre vom individuellen Schadensein-** **91** **schlag,** die im Rahmen des Betruges entwickelt wurde zu Einzelheiten → StGB § 263 Rn. 50, bildet auch bei der Untreue eine **Ausnahme von dem Grundsatz,** dass kein Vermögensnachteil vorliegt, wenn Leistung und Gegenleistung objektiv gleichwertig sind.[281] Besondere Relevanz erlangt die Lehre vom individuellen Schadenseinschlag bei der **Haushaltsuntreue** im öffentlichen Sektor, wenn zweckgebundene Mittel pflichtwidrig anderweitig eingesetzt werden.[282] Im **privaten Geschäftssektor** kann die Lehre vom individuellen Schadenseinschlag einen Nachteil iSd § 266 StGB konstituieren, wenn der Geschäftsherr die empfangene Gegenleistung nicht zu den erwarteten Zwecken einsetzen kann und er auch in sonstiger zumutbarer Weise von der Kompensation keinen Gebrauch machen kann. Entscheidend ist dabei, dass die Leistung für den konkreten Geschäftsherrn nicht nur ganz oder überwiegend zwecklos, sondern aus der Sicht eines objektiven Betrachters auch **subjektiv wertlos** ist.[283] Das **BVerfG** hat den Einsatz der Lehre vom

---

[274] BGHSt 51, 100 (113) – Fall Kanther/Weyrauch.

[275] BGH NJW 2009, 89 (92) – Fall Siemens. Vgl. dazu auch Satzger/Schluckebier/Widmaier/Saliger § 266 Rn. 96.

[276] BGH NStZ 2014, 646 – Gleisbaufall; BGHSt 55, 266 (282 ff.) – Fall Trienekens; vgl. auch BGH NStZ 2020, 544 (545).

[277] Knauer NStZ 2009, 151 (153); Satzger NStZ 2009, 297 (302); Satzger/Schluckebier/Widmaier § 266 Rn. 97; kritisch auch Wickel JA 2019, 747 (755 f.).

[278] Zust. MüKoStGB/Dierlamm § 266 Rn. 248; Matt NJW 2005, 389 (391); Satzger/Schluckebier/Widmaier/Saliger § 266 Rn. 97; Satzger NStZ 2009, 297 (303 f.); LK-StGB/Schünemann § 266 Rn. 180.

[279] Satzger/Schluckebier/Widmaier/Saliger § 266 Rn. 97.

[280] Satzger/Schluckebier/Widmaier/Saliger § 266 Rn. 97.

[281] Vgl. BGH NStZ 2010, 329 (332); NStZ-RR 2004, 54 (55); NJW 1998, 913 – Bugwellenentscheidung, hierzu: Bittmann NStZ 1998, 495; Eisele/Bechtel JuS 2018, 97 (101 f.); Schönke/Schröder/Perron § 266 Rn. 43; Satzger/Schluckebier/Widmaier/Saliger § 266 Rn. 79; LK-StGB/Schünemann § 266 Rn. 175; Graf/Jäger/Wittig/Waßmer § 266 Rn. 187.

[282] Vgl. dazu BGH NStZ 2014, 517 (519); NStZ-RR 2002, 237 (238); NStZ 2001, 248 (251); BGHSt 43, 293 (299); Fischer § 266 Rn. 125 ff.; Schönke/Schröder/Perron § 266 Rn. 44; Rübenstahl/Wasserburg NStZ 2004, 521 ff.; Satzger/Schluckebier/Widmaier/Saliger § 266 Rn. 79; Graf/Jäger/Wittig/Waßmer § 266 Rn. 210 ff. Zur Frage der kommunalen Haushaltsuntreue durch sog. SWAP-Geschäfte s. bspw. Gehrmann/Lammers KommJur 2011, 41. Ausführlich zu Fragen der strafbaren Haushaltsuntreue Saliger/Schweiger ZG 2008, 16.

[283] BGH NStZ 2018, 105 (107); JR 2010, 404 (406); Schönke/Schröder/Perron § 266 Rn. 43; Satzger/Schluckebier/Widmaier/Saliger § 266 Rn. 79; Graf/Jäger/Wittig/Waßmer § 266 Rn. 187.

individuellen Schadenseinschlag als begrenzendes Kriterium des Untreuetatbestandes **verfassungsrechtlich gebilligt.**[284]

92 Nichtsdestotrotz zeugen mehrere Entscheidungen des BGH von der **Unsicherheit der Tatgerichte** im Umgang mit der Lehre vom persönlichen Schadenseinschlag, weshalb der BGH klargestellt hat, dass die Figur erst zur Anwendung gelangen kann, wenn feststeht, dass der **objektive Vergleich von Leistung und Gegenleistung keinen Negativsaldo** ergibt.[285] Danach kann in der durch eine Kreditaufnahme begründeten **Zinsverpflichtung** ein relevanter Nachteil gesehen werden, wenn das Darlehen unter den Voraussetzungen eines individuellen Schadenseinschlages → StGB § 263 Rn. 50 für den Treugeber subjektiv wirtschaftlich wertlos ist.[286] Ein Vermögensnachteil muss jedoch **ausscheiden,** wenn das Erlangte zwar nicht dem Vereinbarten entspricht, allerdings einen für jedermann **realisierbaren Gegenwert** aufweist.[287]

III. Subjektiver Tatbestand

93 **1. Vorsatz. a) Allgemeines.** § 266 StGB ist ein Vorsatzdelikt (§ 15 StGB) und stellt fahrlässiges Verhalten richtigerweise nicht unter Strafe. Ausreichend ist **bedingter Vorsatz,** eine Bereicherungsabsicht ist nicht erforderlich.[288] Der Täter hat nicht nur seine besondere Pflichtenstellung als Vermögensbetreuer zu kennen, sondern muss auch den möglichen Eintritt des Vermögensnachteils von vornherein überblicken und billigend in Kauf nehmen.[289] Um dem verfassungsrechtlichen Verschleifungsverbot → Rn. 5 zu genügen, sind der **Vorsatz zur Pflichtverletzung** und der **Vorsatz zur Nachteilszufügung,** insbesondere bei Risikogeschäften, **unabhängig** voneinander zu bestimmen.[290]

94 Aufgrund der Konturlosigkeit des objektiven Tatbestands und der fehlenden tatbestandlich überschießenden Innentendenz werden **strenge Anforderungen an den Nachweis** des Untreuevorsatzes gestellt.[291] Die stRspr fordert eine besonders sorgfältige Prüfung des subjektiven Tatbestands, die den genauen Tatplan und die Motive des Täters gründlich ermitteln soll.[292] Auch wenn die Bemühungen der Rspr. um eine restriktive Handhabung prinzipiell zu begrüßen sind, ist zu beachten, dass eine sinnvolle und rechtssichere Begrenzung des Tatbestandes nur objektiv und nicht subjektiv geleistet werden kann.[293]

95 **b) Vorsatz bei schadensgleicher Vermögensgefährdung.** Verursacht das pflichtwidrige Verhalten des Untreuetäters eine **schadensgleiche Vermögensgefährdung** → Rn. 85 ff., so hat der Täter die Gefährdung des fremden Vermögens als mögliche Folge seiner Pflichtüberschreitung grds. zu erkennen und die tatsächliche Verwirklichung dieser Gefahrenlage billigend in Kauf zu nehmen.[294] Seit dem Kanther-Urteil des BGH werden

---

[284] BVerfG NJW 2013, 365 (367).

[285] BGH NStZ 2014, 517 (519); Satzger/Schluckebier/Widmaier/Saliger § 266 Rn. 79.

[286] BVerfG NJW 2013, 365 (367) – Fall Schäch.

[287] In diesen Fällen kommt es auf die Figur des individuellen Schadenseinschlages gar nicht an, da ein Vermögensschaden in jedem Fall ausscheidet, vgl. BGH NStZ 2014, 318 (320) [zum Betrug].

[288] BVerfG NJW 2010, 3209 (3214); BGH StraFo 2003, 432; wistra 2000, 60 (61); NStZ 1986, 455 (456); NJW 1975, 1234 (1236); BGHSt 3, 23 (25); RGSt 75, 85; MüKoStGB/Dierlamm § 266 Rn. 283; Schönke/Schröder/Perron § 266 Rn. 49; Satzger/Schluckebier/Widmaier/Saliger § 266 Rn. 127.

[289] BGHSt 47, 295 (302); BGH wistra 2000, 61; NStZ 1997, 543; wistra 1993, 225 (227); NJW 1991, 990 (991); 1990, 3219 (3220); NStZ 1986, 455 (456); RGSt 77, 228 (229); Bittmann NStZ 2012, 57 (61); MüKoStGB/Dierlamm § 266 Rn. 284 f.; Schönke/Schröder/Perron § 266 Rn. 49; Graf/Jäger/Wittig/Waßmer § 266 Rn. 222.

[290] BGH NStZ 2013, 715. Vgl. auch Satzger/Schluckebier/Widmaier/Saliger § 266 Rn. 127 f.

[291] BGH NJW 2002, 2801 (2803); NStZ 1997, 543; NJW 1983, 461; 1975; 1234 (1236).

[292] BGH NStZ 2007, 704 (705); wistra 2003, 463; NJW 2002, 2801 (2803); NStZ 1990, 437 (438); NJW 1975, 1234 (1236); BGHSt 3, 23 (25).

[293] MüKoStGB/Dierlamm § 266 Rn. 283; Dierlamm NStZ 1997, 534 (535); Hillenkamp NStZ 1981, 161 (163); NK-StGB/Kindhäuser § 266 Rn. 123; Matt NJW 2005, 389 (391); Schönke/Schröder/Perron § 266 Rn. 50; Satzger/Schluckebier/Widmaier/Saliger Rn. 127; Graf/Jäger/Wittig/Waßmer § 266 Rn. 223.

[294] MüKoStGB/Dierlamm § 266 Rn. 285; NK-StGB/Kindhäuser § 266 Rn. 123; Schönke/Schröder/Perron § 266 Rn. 50.

die genauen Anforderungen an den **bedingten Nachteilsvorsatz** jedoch **uneinheitlich** beantwortet: Während der **2. Strafsenat** und ihm folgend der **5. Strafsenat** seitdem verlangen, dass der Vorsatz des Täters nicht nur die Gefährdung des Vermögens umfasst, sondern auch die **Billigung der Realisierung eines endgültigen Vermögensverlustes** einschließt,[295] sieht der **1. Strafsenat** in der konkreten Vermögensgefährdung bereits eine reale Vermögenseinbuße und geht diesbezüglich **von direktem Vorsatz** aus.[296]

Die Restriktion des Gefährdungsschadens als Taterfolg soll der verfassungsrechtlichen **96** Forderung nachkommen, die Untreue unter **Berücksichtigung des Bestimmtheits-gebots** (Art. 103 Abs. 2 GG) auszulegen. Der Versuch, die Eingrenzung auf subjektiver Ebene vorzunehmen, läuft dieser Zielsetzung jedoch **zuwider:** Denn das geforderte starke voluntative Vorsatzelement lastet zum einen dem bereits überbeanspruchten Untreuetat-bestand eine zusätzliche, nicht vorgesehene **überschießende Innentendenz** an, zum anderen erzeugt es bloß **scheinbar** eine Restriktion:[297] Die objektive Tatseite verlangt bereits einen **Unmittelbarkeitszusammenhang** zwischen Gefährdungslage und endgül-tigem Vermögensverlust, sodass gesichert ist, dass nur solche Vermögensgefährdungen als objektiver Taterfolg gelten, die auch ohne weitere Zwischenschritte zeitnah in eine endgültige Wertminderung des Vermögens übergehen.[298] Aus diesem Grund scheint die Eingrenzung der schadensgleichen Vermögensgefährdung als strafbegründender Erfolgsein-tritt erst auf subjektiver Tatseite wenig zielführend und eine Restriktion auf **objektiver Ebene** vorzugswürdig → Rn. 88.

2. Irrtum. Als besonders schwierig erweist sich bei der Untreue die Differenzierung von **97** **Tatbestands-** (§ 16 StGB) und **Verbotsirrtum** (§ 17 StGB).[299] Während der Tat-bestandsirrtum die fehlende Erkennung oder falsche tatsächliche Einschätzung von objekti-ven Tatbestandsmerkmalen erfasst und den Vorsatz entfallen lässt (§ 16 Abs. 1 S. 1 StGB), irrt sich der Täter beim Verbotsirrtum über die rechtliche Bewertung seines Handelns. Ist der **Rechtsirrtum** für den Täter **unvermeidbar,** entfällt gem. **§ 17 S. 1 StGB** die Schuld. Hätte er seinen Verbotsirrtum **vermeiden** können, kommt lediglich eine Strafmil-derung nach **§ 49 Abs. 1 StGB** in Betracht, § 17 S. 2 StGB.

Besondere Relevanz erlangt ein möglicher **Irrtum über die Pflichtwidrigkeit** des **98** Täterhandelns. Während in der **Lit.** die Auffassungen von einem **generellen Vorsatz-ausschluss**[300] über einen **generellen Verbotsirrtum**[301] bis hin zu einer **differenzieren-den Ansicht,** die die Pflichtwidrigkeit als normatives Tatbestandsmerkmal einordnet,[302] reichen, verfolgt die **Rspr.** in dieser Frage **keine einheitliche Linie.**[303] Vorzugswürdig erscheint die Lösung, die Frage des Irrtums anhand der **Komplexität der Pflichtwidrig-keit im Einzelfall** zu beantworten: Je **evidenter** die Pflichtwidrigkeit ist, desto näher liegt die Annahme eines **Verbotsirrtums** und je **komplizierter** die Bestimmung der Pflicht-

---

[295] BGH NJW 2007, 1760 – Fall Kanther mAnm Perron NStZ 2008, 517; BGH wistra 2007, 384 (385); NJW 2010, 1764 f.; ebenso der 5. Strafsenat BGHSt 52, 182 (190) u. BGH BeckRS 2013, 10324; s. auch: OLG Hamburg NStZ 2010, 335 (336) mit Anm. Zimmermann FD-StrafR 2009, 292392; MüKoStGB/Dierlamm § 266 Rn. 285; Ransiek NJW 2007, 1727 (1729); Saliger NStZ 2007, 545 (550 f.); Schünemann NStZ 2008, 430; Graf/Jäger/Wittig/Waßmer § 266 Rn. 224 ff.

[296] BGH NStZ 2008, 457 f.; ferner BGHSt 56, 203 (221) u. BGHSt 53, 199 (204).

[297] Bernsmann GA 2007, 219 (230); NK-StGB/Kindhäuser § 266 Rn. 123; Mansdörfer JuS 2009, 114 (116); Ransiek NJW 2007, 1727 (1729); Graf/Jäger/Wittig/Waßmer § 266 Rn. 225.

[298] MüKoStGB/Dierlamm § 266 Rn. 226; Matt NJW 2005, 389 (391); Satzger/Schluckebier/Widmaier/Saliger § 266 Rn. 86; Graf/Jäger/Wittig/Waßmer § 266 Rn. 184.

[299] Ausf. Zu den Irrtumskonstellationen im Wirtschaftsstrafrecht Bülte NStZ 2013, 65; im Allgemeinen zur Irrtumsproblematik Leite GA 2015, 517.

[300] MüKoStGB/Dierlamm § 266 Rn. 284; Schönke/Schröder/Perron § 266 Rn. 49.

[301] NK-StGB/Kindhäuser § 266 Rn. 122; LK-StGB/Schünemann § 266 Rn. 193 f.

[302] Jakobs NStZ 2005, 276 (277); Vogel/Hocke JZ 2006, 568 (571).

[303] BGH NJW 2006, 814 (816) – Fall Mannesmann [Verbotsirrtum]; BGH NJW 2007, 1760 (1766) – Fall Kanther [Tatbestandsirrtum]; BGH NJW 2010, 92 (93, 95) – VW [jedenfalls kein Tatbestandsirrtum].

widrigkeit anhand außerstrafrechtlicher Normen ist, desto naheliegender ist die Annahme eines **Tatbestandsirrtums.**[304]

99   Im Hinblick auf die **irrige Annahme eines Einverständnisses** gilt: Geht der Täter fälschlicherweise von einem nicht vorhandenen Einverständnis des Geschäftsherrn aus, so lässt dieser Tatbestandsirrtum den Vorsatz entfallen, § 16 Abs. 1 S. 1 StGB.[305] Kennt der Täter dagegen den entgegenstehenden Willen des Geschäftsherrn, glaubt aber dennoch, in dessen Interesse tätig zu werden, so führt diese Fehlvorstellung zu einem Verbotsirrtum nach § 17 StGB, der idR vermeidbar sein wird.[306]

IV. Versuch, Vollendung und Beendigung

100   Die Untreue ist ein Vergehen, § 12 Abs. 2 StGB, sodass der Versuch mangels ausdrücklicher Regelung im Gesetz gem. § 23 Abs. 1 StGB **nicht strafbar** ist.

101   Die Untreuetat ist mit Eintritt des pflichtwidrig herbeigeführten Vermögensnachteils, auch im Falle einer **schadensgleichen Vermögensgefährdung** → Rn. 85 ff., **vollendet.**[307]

102   Mit endgültigem Eintritt des Vermögensnachteils liegt der für die **Verjährungsfrist** → Rn. 117 maßgebliche **Beendigungszeitpunkt** der Untreuetat vor.[308] Zu berücksichtigen ist, dass der Vermögensnachteil auch erst durch mehrere Ereignisse endgültig verursacht sein oder sein endgültiges Ausmaß erreicht haben kann. Für die **schadensgleiche Vermögensgefährdung** → Rn. 85 ff. gilt, dass Beendigung entweder mit dem Umschlagen der konkreten Gefährdungslage in einen effektiven Vermögensverlust oder mit dem endgültigen Feststehen des Nichteintritts eines effektiven Vermögensverlustes eintritt.[309]

V. Rechtswidrigkeit und Schuld

103   Im Rahmen der Rechtswidrigkeit sind die **allgemeinen Rechtfertigungsgründe,** insbesondere der **rechtfertigende Notstand** (§ 34 StGB) und die **allgemeine Pflichtenkollision,**[310] heranzuziehen. Das Einverständnis des Geschäftsherrn führt bereits zum Ausschluss des Tatbestands → Rn. 54 ff. und ist deshalb nicht erst auf Ebene der Rechtswidrigkeit zu berücksichtigen.

VI. Strafzumessung

104   **1. Allgemeine Rechtsfolgen bei § 266 StGB.** Die **Strafe** für § 266 Abs. 1 StGB ist wie beim Betrug **Geldstrafe** oder **Freiheitsstrafe** bis zu **fünf Jahren.** Die Begehung einer Untreue in einem besonders schweren Fall nach § 266 Abs. 2 iVm § 263 Abs. 3 StGB → Rn. 106 ff. ist nach Regelbeispieltechnik mit einer erhöhten **Freiheitsstrafe von sechs bis zu 10 Jahren** bedroht.

105   **Grundlage** jeder Strafzumessung ist nach **§ 46 Abs. 1 StGB** die Schuld, aber auch die **Motive** des Täters können auf die Straffolgen Einfluss nehmen: So kann das Vorgehen des Täters mit **Bereicherungsabsicht** ohne Verstoß gegen das Doppelwertungsverbot des § 46 Abs. 3 StGB zu einer Strafschärfung führen, während das Vorgehen **ohne Eigennutz**

---

[304] MR/Matt § 266 Rn. 151; Satzger/Schluckebier/Widmaier/Saliger § 266 Rn. 129.

[305] Schönke/Schröder/Perron § 266 Rn. 49; Satzger/Schluckebier/Widmaier/Saliger § 266 Rn. 129.

[306] BGH NStZ 1986, 455 (456); Schönke/Schröder/Perron § 266 Rn. 49.

[307] BGH NJW 2001, 2560; NStZ 2001, 650; 1998, 514 (515); MüKoStGB/Dierlamm § 266 Rn. 286; Schönke/Schröder/Perron § 266 Rn. 51; Graf/Jäger/Wittig/Waßmer § 266 Rn. 247, Wessels/Hillenkamp StrafR BT II Rn. 786.

[308] BGH NStZ 2003, 540 (541); 2001, 650; wistra 1989, 97; Schönke/Schröder/Perron § 266 Rn. 58; Satzger/Schluckebier/Widmaier/Saliger § 266 Rn. 132.

[309] BGH NJW 2003, 3498; 2001, 2102 (2106); NStZ 2001, 650; Fischer § 266 Rn. 187; NK-StGB/Kindhäuser § 266 Rn. 126; Schönke/Schröder/Perron § 266 Rn. 51, 58; LK-StGB/Schünemann § 266 Rn. 199.

[310] BGH NJW 1976, 680; BGHSt 12, 299 (304); NK-StGB/Kindhäuser § 266 Rn. 124; Satzger/Schluckebier/Widmaier/Saliger § 266 Rn. 130; Graf/Jäger/Wittig/Waßmer § 266 Rn. 250.

regelmäßig einen Strafmilderungsgrund darstellt.[311] Von besonderer Bedeutung für die Strafzumessung sind auch die **Höhe** und das **Ausmaß** des Vermögensverlustes sowie der Umstand, ob ein **endgültiger Nachteil** oder lediglich eine **Gefährdung** des anvertrauten Vermögens durch die Tat bewirkt wurde.[312] Bei **Teilnehmern** ohne Vermögensbetreuungspflicht findet eine **obligatorische Strafmilderung nach § 28 Abs. 1 StGB** statt.

2. Besonders schwere Fälle. a) Verweisung auf § 263 Abs. 3 StGB. Über § 266 **106** Abs. 2 StGB finden die in **§ 263 Abs. 3 S. 2 StGB normierten Straferschwerungsgründe** → StGB § 263 Rn. 69 ff. unter Einschränkung von § 243 Abs. 2 StGB auch auf den Untreuetatbestand Anwendung. Vor dem Hintergrund der **strukturellen Unterschiede von Betrug und Untreue** muss die pauschale Verweisung auf die Regelung zu den besonders schweren Fällen beim Betrug auf die Untreue als **gesetzgeberischer Misserfolg** gewertet werden.[313] Es ist dem Rechtsanwender auferlegt, die Regelbeispielverweisungen **untreueadäquat auszulegen**.[314] Für die Beurteilung, ob ein besonders schwerer Fall vorliegt, kommt es stets auf die **Gesamtumstände des Einzelfalles,** wie bspw. die Dauer der Tat, Schwere des Vertrauensbruchs oder Maß der aufgewandten kriminellen Energie an.[315] Über die Verweisung auf § 243 Abs. 2 StGB ist die Annahme eines besonders schweren Falles bei **geringfügigen Schäden,** wobei die Grenze wohl bei ca. 25 EUR liegt,[316] **ausgeschlossen.**

aa) Gewerbs- und bandenmäßige Begehung (Nr. 1). § 266 Abs. 2 iVm § 263 **107** Abs. 3 S. 2 Nr. 1 StGB normiert **gewerbsmäßiges bzw. bandenmäßiges Handeln** als besonders schweren Fall der Untreue. Der Täter handelt **gewerbsmäßig,** wenn er beabsichtigt, sich durch wiederholte Untreuetaten eine Einnahmequelle von einigem Umfang und einiger Dauer zu verschaffen vgl. → StGB § 263 Rn. 71. Ein **bandenmäßiges Vorgehen** ist zu bejahen, wenn sich mindestens drei Personen ausdrücklich oder konkludent mit dem Willen zusammengeschlossen haben, künftig und für eine gewisse Zeit mehrere selbstständige Untreuetaten zu begehen vgl. → StGB § 263 Rn. 72. Das Regelbeispiel hat für die Untreue **praktisch keine Relevanz,** da eine gewerbs- oder bandenmäßige Begehung im Hinblick auf die **enge personale Beziehung** zwischen Treunehmer und Treugeber eher **atypisch** ist.[317]

bb) Intensivierter Vermögensverlust (Nr. 2). § 266 Abs. 2 iVm § 263 Abs. 3 S. 2 **108** Nr. 2 Alt. 1 StGB regelt die **Herbeiführung eines Vermögensverlustes großen Ausmaßes** als besonders schweren Fall. Maßgeblich ist der **Wert der Vermögenseinbuße** und nicht der des Erlangten → StGB § 263 Rn. 73. Der BGH hat unter breiter Zustimmung in der Lit. die Grenze bei einem Schaden von mindestens **50.000 EUR** angesetzt.[318] Aufgrund der im Durchschnitt deutlich höheren Schadenssummen ist jedoch eine Grenze von **100.000 EUR** zu befürworten.[319] Um das Regelbeispiel im Fall einer **schadens-**

---

[311] BGH wistra 1999, 418; Schönke/Schröder/Perron § 266 Rn. 53; Graf/Jäger/Wittig/Waßmer § 266 Rn. 278.
[312] BGH NJW 2009, 528 (531); Fischer § 266 Rn. 188; Graf/Jäger/Wittig/Waßmer § 266 Rn. 280.
[313] MüKoStGB/Dierlamm § 266 Rn. 302; Lackner/Kühl/Heger § 266 Rn. 22; NK-StGB/Kindhäuser § 266 Rn. 128; Schönke/Schröder/Perron § 266 Rn. 53; Satzger/Schluckebier/Widmaier/Saliger § 266 Rn. 111; LK-StGB/Schünemann § 266 Rn. 219 [„kapitale Fehlleistung"]; Wessels/Hillenkamp StrafR BT II Rn. 786 [„nur von sehr begrenztem Sinn"].
[314] Satzger/Schluckebier/Widmaier/Saliger § 266 Rn. 135.
[315] BGH wistra 2002, 63; MüKoStGB/Dierlamm § 266 Rn. 304; Schönke/Schröder/Perron § 266 Rn. 53; Satzger/Schluckebier/Widmaier/Saliger § 266 Rn. 135; LK-StGB/Schünemann § 266 Rn. 217.
[316] LG Lübeck wistra 2014, 455.
[317] MüKoStGB/Dierlamm § 266 Rn. 303; Schönke/Schröder/Perron § 266 Rn. 53; Satzger/Schluckebier/Widmaier/Saliger § 266 Rn. 136; LK-StGB/Schünemann § 266 Rn. 218.
[318] BGH NZG 2013, 268 (270) – Telekom-Spitzelaffäre; BGHSt 48, 360 (361); zust. KG BeckRS 2014, 22076; Lackner/Kühl/Heger § 266 Rn. 22; Schönke/Schröder/Perron § 266 Rn. 53.
[319] MüKoStGB/Dierlamm § 266 Rn. 304; Lang/Eichhorn/Golombek/v. Tippelskirch NStZ 2004, 532; MR/Matt § 266 Rn. 160; Satzger/Schluckebier/Widmaier/Saliger § 266 Rn. 136; Achenbach/Ransiek/Rönnau/Seier/Lindemann 2. Kapitel 5. Teil Rn. 35.

gleichen Vermögensgefährdung → Rn. 85 ff. annehmen zu können, muss sich die Gefahr nach der Rspr. auch tatsächlich realisieren.[320]

109   § 266 Abs. 2 iVm § 263 Abs. 3 S. 2 Nr. 2 Alt. 2 StGB erfasst die Fälle, in denen der Täter in der Absicht handelt, durch fortgesetzte Begehung von Untreuetaten eine **große Zahl von Menschen in die Gefahr des Verlustes von Vermögenswerten zu bringen.** Die Anzahl der Menschen, die der Untreuetäter in die Gefahr eines Vermögensverlustes bringen muss, um das Regelbeispiel zu erfüllen, ist im Gesetzeswortlaut nicht genannt. Ein vorzugswürdiger tatbestandsspezifischer und restriktiver Lösungsansatz verlangt die Gefährdung von **mind. 20 Personen** vgl. → StGB § 263 Rn. 74. Dem Regelbeispiel kommt aus denselben Gründen wie in → Rn. 107 nur **geringe praktische Relevanz** zu.[321]

110   **cc) Wirtschaftliche Not (Nr. 3).** § 266 Abs. 2 iVm § 263 Abs. 3 S. 2 Nr. 3 StGB ist verwirklicht, wenn der Untreuetäter durch die pflichtwidrige Tat eine andere Person **in wirtschaftliche Not bringt.** Zwischen der Untreuetat und der wirtschaftlichen Not muss ein **Ursachenzusammenhang** bestehen vgl. → StGB § 263 Rn. 75. Da die Notlage im Gegensatz zu § 263 Abs. 3 S. 2 Nr. 2 Alt. 2 StGB bei der Untreue nicht nur natürliche, sondern auch **juristische Personen** betreffen kann, kann das Regelbeispiel bei der Untreue im Einzelfall durchaus von Bedeutung sein.[322]

111   **dd) Missbrauch einer Befugnis oder Stellung als Amtsträger oder Europäischer Amtsträger (Nr. 4).** § 266 Abs. 2 iVm § 263 Abs. 3 S. 2 Nr. 4 StGB knüpft an die **Tatbegehung durch einen Amtsinhaber** an → StGB § 263 Rn. 76. Die Straferhöhung ergibt sich aus der Amtsträgereigenschaft (§ 11 Abs. 1 Nr. 2 StGB). Eine mögliche **Doppelbelastung** des Täters, der sowohl Amtsträger als auch Vermögensbetreuungspflichtiger ist, erkennt die Rspr. **nicht** an: Denn während die Amtsträgereigenschaft einen strafschärfenden Faktor darstellt, handelt es sich bei der Vermögensbetreuungspflicht um ein strafbegründendes Merkmal, sodass ein Verstoß gegen § 46 Abs. 3 StGB nicht vorliegt.[323]

112   **ee) Vortäuschen eines Versicherungsfalls (Nr. 5).** § 266 Abs. 2 iVm § 263 Abs. 3 S. 2 Nr. 4 StGB, der sich auf die Vortäuschung eines Versicherungsfalls bezieht → StGB § 263 Rn. 77, ist auf die Untreue **nicht** übertragbar.[324]

113   **b) Nicht normierte besonders schwere Fälle.** Da den Regelbeispielen des § 263 Abs. 3 S. 2 StGB lediglich Indizwirkung zukommt, können auch ungeschriebene Tatkonstellationen einen besonders schweren Fall begründen. Als unbenannte besonders schwere Fälle kommen insbesondere untreuespezifische tat- und täterbezogene Umstände in Betracht, wie etwa eine **besonders gravierende Pflichtverletzung** oder ein **außergewöhnlich großer Umfang der Tatfolgen.**[325]

VII. Konkurrenzen, Strafverfolgung und Prozessuales

114   **1. Konkurrenzen. Innerhalb des Tatbestandes** geht die Missbrauchsvariante der Treubruchvariante als **lex specialis** vor.[326] **Tateinheit** ist denkbar mit **Betrug,** wenn der

---

[320] BGHSt 48, 354 (359); zust. Lang/Eichhorn NStZ 2004, 528 (530); Schönke/Schröder/Perron § 266 Rn. 53.
[321] Schönke/Schröder/Perron § 266 Rn. 53; LK-StGB/Schünemann § 266 Rn. 218.
[322] MüKoStGB/Dierlamm § 266 Rn. 305; LK-StGB/Schünemann § 266 Rn. 218.
[323] BGH NStZ 2000, 592; StV 2001, 111; abl. MüKoStGB/Dierlamm § 266 Rn. 306; Schönke/Schröder/Perron § 266 Rn. 53; LK-StGB/Schünemann § 266 Rn. 218 krit. auch Fischer § 266 Rn. 190.
[324] HM: MüKoStGB/Dierlamm § 266 Rn. 307; Fischer § 266 Rn. 191; Schönke/Schröder/Perron § 266 Rn. 53; Satzger/Schluckebier/Widmaier/Saliger § 266 Rn. 136; LK-StGB/Schünemann § 266 Rn. 218 f., 221.
[325] BGH NStZ-RR 2003, 257 (258); Graf/Jäger/Wittig/Waßmer § 266 Rn. 244.
[326] OLG Hamm NJW 1968, 1940.

Nachteil auch durch die Täuschung eines Dritten pflichtwidrig herbeigeführt wurde.[327] Lässt der Täter durch die Pflichtverletzung Bestandteile des Vermögensnachteils sich selbst und dem Unternehmensinhaber zukommen, kommt Idealkonkurrenz mit **Bankrott** in Betracht.[328] Mit **Bestechlichkeit** kann § 266 StGB idealiter konkurrieren, wenn sich die tatbestandsmäßigen Handlungen wenigstens teilweise überschneiden.[329]

2. Strafverfolgung. a) Von Amts wegen. Die Untreue ist ein **Offizialdelikt** und **115** wird grds. nur **von Amts wegen** verfolgt.

b) Auf Antrag. Ausnahmen gelten im Fall von **Haus- und Familienuntreue** gem. **116** § 266 Abs. 2 iVm § 247 StGB und **Bagatellschäden** gem. § 266 Abs. 2 iVm § 248a StGB: Bei der Haus- und Familienuntreue wird eine Verfolgung der Tat ausschließlich auf Antrag des Vermögensinhabers oder Geschäftsherrn bewirkt (sog. **absolutes Antragsdelikt**). Hat die Untreuetat einen geringwertigen Vermögensverlust ausgelöst, hängt auch hier die Strafverfolgung von der Antragsstellung des Verletzen (§ 77 Abs. 1 StGB) ab, wobei das Antragserfordernis durch die Bejahung eines besonderen öffentlichen Interesses durch die Staatsanwaltschaft ersetzt werden kann (sog. **relatives Antragsdelikt**).

c) Verfolgungsverjährung. Die Verfolgungsverjährungsfrist beträgt bei der Untreue, **117** auch in besonders schweren Fällen (§ 78 Abs. 4 StGB) **fünf Jahre** (§ 78 Abs. 3 Nr. 4 StGB). Die Frist beginnt mit **Beendigung** der Tat durch den Eintritt eines endgültigen Vermögensnachteils → Rn. 102 (§ 78a StGB) und kann sich durch **Ruhens-** (§ 78b StGB) oder **Unterbrechungsgründe** (§ 78c StGB), die den Lauf der Frist stoppen oder hemmen, erheblich verlängern. Besondere Bedeutung kann für die Untreue der Ruhensgrund nach **§ 78b Abs. 4 StGB** erlangen, der den Verjährungseintritt auf bis zu 15 Jahre nach Tatbeendigung verlängern kann, § 78b Abs. 4 iVm § 78c Abs. 3 S. 2 StGB.

3. Prozessuales. Prozessual gilt die Untreue als **relative Wirtschaftsstrafsache.** Ver- **118** langt die Aufklärung des Sachverhalts besondere wirtschaftliche Fachkenntnisse, die die gewöhnliche Kompetenz und Lebenserfahrung der erstinstanzlichen Strafkammer des LG übersteigen, so ist die **Wirtschaftsstrafkammer** nach **§ 74c Abs. 1 Nr. 6a GVG** zuständig.

Häufig werden groß aufgezogene Untreueverfahren nach **§ 153 StPO** bzw. **§ 153a** **119** **StPO** eingestellt[330] oder sogar mit einem freisprechenden Urteil beendet.[331] Die häufige Einstellung von Untreueverfahren ist auf die **hoch komplexen Wirtschaftssachverhalte** zurückzuführen, die besonders sorgfältig unter die einzelnen Tatbestandsmerkmale des § 266 Abs. 1 StGB subsumiert werden müssen und die Strafverfolgungsorgane regelmäßig vor große Herausforderungen stellen.

Seit der **Neufassung des § 395 Abs. 3 StPO** („insbesondere") durch das 2. Opfer- **120** rechtsreformgesetz v. 1.10.2009 (BGBl. I 2088) kann in Untreueverfahren in Ausnahmefällen eine **Nebenklage** zugelassen werden, sofern eine Prüfung im Einzelfall die **besondere Schutzbedürftigkeit** des möglicherweise durch die Tat Verletzten, die sich vordergründig aus dem wirtschaftliche Interesse an der effektiven Durchsetzung zivilrechtlicher Ansprüche gegen den Angeklagten, speist, ergibt.[332]

---

[327] BGH NZWiSt 2020, 119 (121); NStZ 2008, 340; wistra 1992, 342 (343); BGHSt 8, 254 (260); MüKoStGB/Dierlamm § 266 Rn. 309; Fischer § 266 Rn. 195; NK-StGB/Kindhäuser § 266 Rn. 130; Satzger/Schluckebier/Widmaier/Saliger § 266 Rn. 133.

[328] BGHSt 30, 127 (130); 28, 371 (373); NK-StGB/Kindhäuser § 266 Rn. 130; Satzger/Schluckebier/Widmaier/Saliger § 266 Rn. 133.

[329] BGH NJW 2006, 925 (932); Satzger/Schluckebier/Widmaier/Saliger § 266 Rn. 133.

[330] Vgl. nur BGH NStZ-RR 2007, 176 – CDU-Spendenaffäre; BGH NStZ 1997, 543 – Fall Kohl; OLG Frankfurt a. M. NStZ 2001, 426; s. auch Englisch NJW 2005, 2974; Wessing/Krawczyk NZG 2010, 1121 (1124).

[331] Zuletzt BGH BeckRS 2015, 09104– HSH Nordbank, allerdings nicht rechtskräftig, vgl. das aufhebende Urteil des BGH NStZ 2017, 227.

[332] BGH NJW 2012, 2601 (2602).

B. Vertragshändler

121 Der Vertragshändler kann grds. als **tauglicher Täter** → Rn. 11 der Untreue in Betracht kommen. Der Vertragshändler verkauft die Ware des Herstellers **im eigenen Namen** und **auf eigene Rechnung.**[333] Folglich hat er selbst das finanzielle Risiko des unmittelbaren Absatzgeschäfts zu tragen, da das herstellende Unternehmen keine direkte Vertragsbeziehung zu den Kunden seiner Ware eingeht.[334] Trotz dieser substanziellen Gegensätzlichkeit zum **Handelsvertreter** → Rn. 35, stellt auch die Einkaufsvereinbarung des Vertragshändlers mit dem Hersteller nach hM einen typengemischten Vertrag mit überwiegendem **Geschäftsbesorgungscharakter** entsprechend § 675 BGB dar.[335] Die Geschäftsbesorgungskomponente des Vertrags bedingt, dass zwischen dem Vertragshändler und seinem Lieferanten ein auf Dauer angelegtes **besonderes Vertrauensverhältnis** mit **Interessenswahrnehmungspflichten** besteht, das größtenteils dem Innenverhältnis des Handelsvertretervertrags gleichkommt und deshalb eine analoge Anwendung der §§ 84 ff. HGB legitimiert.[336] So ist der Vertragshändler bspw. verpflichtet, sich nachhaltig um den Umschlag der Handelsobjekte und der Marke des Herstellers zu bemühen.[337] Diese **Absatzförderungspflicht** bezieht den Vertragshändler in einer Art und Weise in das Vertriebssystem ein, die ihn zum **verlängerten Arm** des Herstellers macht und ihn als solchen auch zur Wahrnehmung der Interessen des Unternehmens verpflichtet.[338] Nichtsdestotrotz ist zu berücksichtigen, dass diese Interessenswahrung zugunsten des Geschäftsherrn **nicht die typische Hauptaufgabe** des Vertragshändlers darstellt, sondern lediglich als **Nebenpflicht** bei der Ausführung des eigenen Warenverkaufs an den Endkunden zu berücksichtigen ist. Daher ist in jedem **Einzelfall** genau zu prüfen, ob die Beziehung des Vertragshändlers zu seinem Lieferanten und Hersteller wirklich als **Vermögensbetreuungsverhältnis iSd § 266 Abs. 1 StGB** → Rn. 12 ff. zu bewerten ist.[339]

C. Franchisenehmer

122 Die Frage, ob der Franchisenehmer **tauglicher Untreuetäter** → Rn. 11 ist, wird nicht einheitlich beantwortet und hängt von der Stellung innerhalb der Franchisekooperation ab. Bei der genauen Bestimmung der **Rechtsnatur des Franchisevertrags** und der **Einordnung des Franchisenehmers im Vertriebssystem** ist zwischen den Grundformen des Franchisings zu differenzieren → Rn. 123 f. Das zwingende Merkmal, das jeden Franchisevertrag als solchen kennzeichnet, ist das sog. **Franchisepaket,** das dem Franchisenehmer vom Franchisegeber überlassen wird und die Verwendung des Warenzeichens, des Handelsnamens sowie sonstiger Kennzeichen der Franchisemarke legitimiert.[340] Die geschäftliche Beziehung zwischen Franchisegeber und Franchisenehmer basiert auf einem **Misch- oder Kombinationsvertrag,** der Elemente des Handelsvertreter- aber auch des Vertragshändlervertrags enthalten kann.[341] Der Franchisevertrag lässt sich damit insgesamt

---

[333] Martinek/Semler/Flohr VertriebsR-HdB/Martinek § 4 Rn. 21.

[334] BGH NJW-RR 1991, 1053; Martinek/Semler/Flohr VertriebsR-HdB/Martinek § 4 Rn. 21.

[335] Martinek/Semler/Flohr VertriebsR-HdB/Martinek § 4 Rn. 29; Ulmer Vertragshändler S. 340.

[336] Martinek/Semler/Flohr VertriebsR-HdB/Manderla § 22 Rn. 7; Martinek/Semler/Flohr VertriebsR-HdB/Martinek § 4 Rn. 28.

[337] Martinek/Semler/Flohr VertriebsR-HdB/Manderla § 22 Rn. 13; Martinek/Semler/Flohr VertriebsR-HdB/Martinek § 4 Rn. 30.

[338] BGH NJW 1971, 29 (30); Ende NJW 1999, 326 (327).

[339] Vgl. dazu auch Radtke JuS 1994, 587 (593).

[340] Martinek/Semler/Flohr VertriebsR-HdB/Martinek § 4 Rn. 34, 49.

[341] Martinek/Semler/Flohr VertriebsR-HdB/Martinek § 4 Rn. 34; Martinek/Semler/Flohr VertriebsR-HdB/Habermeier/Martinek § 27 Rn. 48.

als **Typenkombinationsvertrag** verstehen, der sich flexibel der konkreten Ausgestaltung der jeweiligen Franchisevereinbarung anpasst.[342]

I. Subordinations-Franchising

Das Subordinations-Franchising ist ein **vertikales Vertriebssystem,** das sich als eine **123** Weiterführung und Steigerung des Vertragshandels, geprägt durch Merkmale des Handelsvertretervertrages, darstellt.[343] Der Franchisenehmer schließt im eigenen Namen und auf eigene Rechnung Geschäfte über die Erzeugnisse oder Dienstleistungen des Franchisegebers ab. Die besondere Geschäftsbindung des Franchisenehmers an den Franchisegeber tritt durch Kenntlichmachung seines Unternehmens als Filiale des Franchisegeberbetriebes deutlich nach außen.[344] Sowohl die **Abhängigkeit** vom Franchisepaket als auch die **Funktionalisierung** durch den Franchisegeber für den Absatz des Marketingkonzepts kennzeichnen den Franchisenehmer als klar untergeordnete Partei.[345] Da der Subordinations-Franchisevertrag in ähnlicher Weise wie der Handelsvertretervertrag überwiegend fremdnützigen Geschäftsbesorgungscharakter aufweist, richtet sich die Rechtsstellung des Franchisenehmers grds. nach den allgemeinen Regeln der Geschäftsbesorgung und wird durch die speziellen Vorschriften zum Handelsvertreter ergänzt. **Für** eine **Vermögensbetreuungspflicht** des Subordinationsfranchisenehmers spricht, dass ihn unter analoger Anwendung des § 86 Abs. 1 Hs. 1 HGB eine **Interessenswahrnehmungspflicht,** eine besondere **Treuepflicht,** Schädigungen des Systemimages zu vermeiden, sowie eine **Pflicht zur Förderung des Absatzes** der Franchiseware oder Dienstleistung trifft.[346] Allerdings ist der Subordinationsfranchisenehmer, anders als der Handelsvertreter → Rn. 35, aufgrund der Bindung an das Franchisepaket und seiner Unterordnung und Weisungsabhängigkeit gegenüber dem Franchisegeber **nicht in der Lage,** völlig eigenverantwortlich unabhängige Entscheidungen bezüglich seiner Geschäftsführung oder des Warenabsatzes zu tätigen. Daher ist eine **Vermögensbetreuungspflicht** des Subordinations-Franchisevertrags, vorbehaltlich individueller Vertragsgestaltungen, grds. **abzulehnen.**

II. Partnerschafts-Franchising

Das in Deutschland wenig verbreitete, aber dennoch durchaus präsente Partnerschafts- **124** Franchising kann verschiedene Erscheinungsformen mit jeweils eigener spezieller Vertragsgestaltung annehmen. Das Partnerschafts-Franchisemodell basiert in Abkehr von der klassischen vertikalen Vertriebsorganisation auf der **gleichberechtigten Beziehung der Vertragsparteien** innerhalb des Absatzsystems.[347] Statt des üblichen Subordinationsverhältnisses ist der Franchisenehmer im Partnerschafts-Franchising **gleichgestellter Geschäftspartner,** der bei der Gestaltung des Franchiseunternehmens und der Durchsetzung der vertretenen Marke **aktiv beteiligt** ist.[348] Zwar ist auch er durch das Franchisepaket an den Franchisegeber gebunden, doch wird ihm mit der Markenidentität nicht gleichzeitig die Stellung eines fremdnützigen Absatzmittlers auferlegt.[349] Der Franchisenehmer verfolgt mit seiner Absatztätigkeit vielmehr **eigene Interessen** und wird dabei lediglich über die Franchisemarke unterstützt. Er ist daher nicht verpflichtet, die wirtschaftlichen Ziele des Franchisegebers zu repräsentieren.[350] Damit stellt sich das Partnerschafts-Franchising als **synallagmatisches Austauschverhältnis ohne fremdnützigen**

---

[342] Martinek/Semler/Flohr VertriebsR-HdB/Martinek § 4 Rn. 60.
[343] BGH NJW 1985, 1894 – McDonalds; Ende NJW 1999, 326; Martinek/Semler/Flohr VertriebsR-HdB/Martinek § 4 Rn. 52; Martinek/Semler/Flohr VertriebsR-HdB/Martinek/Habermeier § 26 Rn. 21.
[344] Martinek/Semler/Flohr VertriebsR-HdB/Martinek § 4 Rn. 52.
[345] Martinek/Semler/Flohr VertriebsR-HdB/Martinek § 4 Rn. 54.
[346] Martinek/Semler/Flohr VertriebsR-HdB/Habermeier/Martinek § 27 Rn. 12, 55 ff.
[347] Martinek/Semler/Flohr VertriebsR-HdB/Martinek/Habermeier § 26 Rn. 24.
[348] Martinek/Semler/Flohr VertriebsR-HdB/Martinek § 4 Rn. 63 ff.
[349] Martinek/Semler/Flohr VertriebsR-HdB/Martinek/Habermeier § 26 Rn. 24.
[350] Martinek/Semler/Flohr VertriebsR-HdB/Martinek § 4 Rn. 64 ff.

Geschäftsbesorgungscharakter dar, auf das das Handelsvertreterrecht nicht anwendbar ist.[351] Dem Franchisenehmer obliegt gem. § 242 BGB allerdings die **vertragliche Nebenpflicht,** absatzschädigende Handlungen und Verletzungen der Vermögensinteressen des Franchisegebers zu unterlassen.[352] Diese vermögensinteressenwahrende Vertragskomponente begründet jedoch als bloße Nebenpflicht noch **keine Vermögensbetreuungspflicht** iSd § 266 StGB, die gerade eine Hauptpflicht des Untreuetäters → Rn. 16 zu sein hat. Zudem steht das synallagmatische Austauschverhältnis ohne fremdnützige Absatztätigkeit einer Vermögensbetreuungspflicht des Franchisenehmers entgegen.[353]

D. Kommissionsagent

125   Der Kommissionsvertrag ist, ähnlich dem **Handelsvertretervertrag** → Rn. 35, eine Dienstleistungsvereinbarung mit **Geschäftsbesorgungscharakter** gem. § 675 Abs. 1 BGB.[354] Dabei tritt der Kommissionär als mittelbarer und ermächtigter Vertreter (§ 185 BGB) im eigenen Namen auf, schließt jedoch auf Rechnung des Geschäftsherrn Verträge ab.[355] Das Verhältnis zwischen Kommissionär und Kommittent entspricht grds. dem Innenverhältnis des Handelsvertretervertrags, weshalb der Kommissionär bei der Ausführung seines Verkaufs- oder Einkaufsauftrags die Interessen des Kommittenten wahrzunehmen hat.[356] Diese **wesentliche Pflicht** kommt in § 384 Abs. 1 HGB zum Ausdruck, wonach es dem Kommissionsagenten ua untersagt ist, Geschäfte mit Preisabweichungen zum Nachteil des Kommittenten einzugehen.[357] Diese Ausgestaltung des Kommissionsvertrags bedingt, dass der Kommissionär **regelmäßig vermögensbetreuungspflichtig** und damit tauglicher Untreuetäter ist.[358]

§ 298 Wettbewerbsbeschränkende Absprachen bei Ausschreibungen

(1) **Wer bei einer Ausschreibung über Waren oder Dienstleistungen ein Angebot abgibt, das auf einer rechtswidrigen Absprache beruht, die darauf abzielt, den Veranstalter zur Annahme eines bestimmten Angebots zu veranlassen, wird mit Freiheitsstrafe bis zu fünf Jahren oder mit Geldstrafe bestraft.**

(2) **Der Ausschreibung im Sinne des Absatzes 1 steht die freihändige Vergabe eines Auftrages nach vorausgegangenem Teilnahmewettbewerb gleich.**

(3) **¹Nach Absatz 1, auch in Verbindung mit Absatz 2, wird nicht bestraft, wer freiwillig verhindert, daß der Veranstalter das Angebot annimmt oder dieser seine Leistung erbringt. ²Wird ohne Zutun des Täters das Angebot nicht angenommen oder die Leistung des Veranstalters nicht erbracht, so wird er straflos, wenn er sich freiwillig und ernsthaft bemüht, die Annahme des Angebots oder das Erbringen der Leistung zu verhindern.**

---

[351] Martinek/Semler/Flohr VertriebsR-HdB/Martinek § 4 Rn. 64 f., 78.

[352] Martinek/Semler/Flohr VertriebsR-HdB/Martinek § 4 Rn. 65.

[353] BGH NStZ 2006, 38; NJW 1991, 2574; MüKoStGB/Dierlamm § 266 Rn. 48; Lackner/Kühl/Heger § 266 Rn. 11; Satzger/Schluckebier/Widmaier/Saliger § 266 Rn. 11; Graf/Jäger/Wittig/Waßmer § 266 Rn. 35.

[354] Martinek/Semler/Flohr VertriebsR-HdB/Flohr/Pohl § 31 Rn. 7; Martinek/Semler/Flohr VertriebsR-HdB/Martinek § 4 Rn. 21.

[355] Martinek/Semler/Flohr VertriebsR-HdB/Flohr/Pohl § 31 Rn. 7 ff.; Seier/Martin JuS 2001, 874 (876).

[356] Martinek/Semler/Flohr VertriebsR-HdB/Flohr/Pohl § 31 Rn. 4; Martinek/Semler/Flohr VertriebsR-HdB/Martinek § 4 Rn. 21.

[357] Martinek/Semler/Flohr VertriebsR-HdB/Martinek § 4 Rn. 22 f.

[358] BGH NStZ 1998, 348; wistra 1987, 136; 1987, 60; OLG Düsseldorf NJW NStZ 1998, 348; Fischer § 266 Rn. 48; NK-StGB/Kindhäuser § 266 Rn. 58; Schönke/Schröder/Perron § 266 Rn. 25; Satzger/Schluckebier/Widmaier/Saliger § 266 Rn. 15; Seier/Martin JuS 2001, 874 (876); Graf/Jäger/Wittig/Waßmer § 266 Rn. 49.

Literatur: Conrad, § 298 StGB und der fehlerhafte Vergabewettbewerb, ZFBR 2015, 132; Greeve, Ausgewählte Fragen zu § 298 StGB seit Einführung durch das Gesetz zur Bekämpfung der Korruption vom 13.8.1997, NStZ 2002, 505; dies., Zur Strafbarkeit wettbewerbswidriger Absprachen nach dem neuen § 298 StGB und zu weiteren Änderungen nach dem Gesetz zur Bekämpfung der Korruption, ZVgR 1998, 463; Heuking, Strafbarkeitsrisiken beim Submissionsbetrug, BB 2013, 1155; Oldigs, Die Strafbarkeit von Submissionsabsprachen nach dem neuen § 298 StGB. Notwendige Reform oder purer Aktionismus, wistra 1998, 291; Otto, Wettbewerbsbeschränkende Absprachen bei Ausschreibungen, § 298 StGB, wistra 1999, 41; Simonis, Vergaberechtliche Compliance – Die Folgen von Rechtsverstößen bei der Vergabe öffentlicher Aufträge, CCZ 2016, 70.

Übersicht

A. Handelsvertreter

I. Allgemeines

1. Genese und Deliktscharakter. Die Vorschrift des § 298 StGB wurde durch das **1** **KorrBekG v. 13.8.1997** (BGBl. I 2018) in das Strafgesetzbuch aufgenommen und zuletzt durch das **2. KorrBekG v. 20.11.2015** (BGBl. I 2015) marginal abgeändert. Wesentliche Veränderungen für die Anwendbarkeit des § 298 StGB schaffte das **Siebte Gesetz zur Änderung des GWB v. 7.7.2005** (BGBl. I 1954),[1] da die Vorschrift als **kartellrechtsakzessorischer Straftatbestand** maßgeblich durch die Normen des GWB ausgefüllt wird.[2] Seit Juli 2005 verbietet **§ 1 GWB** alle Vereinbarungen zwischen Unternehmen, Beschlüsse von Unternehmensvereinigungen und aufeinander abgestimmte Verhaltensweisen von Unternehmen, die eine Verhinderung, Einschränkung oder Verfälschung des Wettbewerbs verfolgen, wobei es unerheblich ist, ob die beteiligten Unternehmen unter-

---

[1] MüKoStGB/Hohmann § 298 Rn. 27; BeckOK StGB/Momsen/Laudien § 298 Rn. 2.
[2] Graf/Jäger/Wittig/Böse § 298 Rn. 3; MüKoStGB/Hohmann § 298 Rn. 27.

einander **im Wettbewerb** stehen.[3] Ebenfalls irrelevant ist, ob es sich um **horizontale oder vertikale Wettbewerbsbeschränkungen** handelt, also ob die Absprache zwischen zwei oder mehreren partizipierenden Unternehmen der gleichen Handelsstufe stattfindet (horizontal) oder ob es sich um ein Zusammenwirken auf unterschiedlichen Wirtschaftsstufen, zB zwischen einem an der Ausschreibung teilnehmenden Unternehmen und dem Veranstalter (vertikal), handelt.[4]

2   Nach zutreffender hM ist § 298 StGB ein **abstraktes Gefährdungsdelikt,** da für eine Strafbarkeit bereits die bloße Abgabe eines Angebots bei einer Ausschreibung ausreicht und es nicht auf einen tatbestandlichen Erfolg in der Form eines Vermögensschadens ankommt.[5] Daneben ist die Vorschrift ein **Tätigkeitsdelikt,** dessen Unrecht sich in der Vornahme der tatbestandlichen Handlung erschöpft.[6]

3   **2. Rechtsgut.** Das geschützte Rechtsgut, das maßgeblich durch die **Kartellrechtsakzessorietät** des Tatbestandes bestimmt wird,[7] ist der **freie Wettbewerb bei Ausschreibungen.**[8] In diesem Schutz **inbegriffen** sind auch das **Individualvermögen** des Veranstalters und der Mitbewerber.[9]

II. Objektiver Tatbestand

4   **1. Täter.** Nach hM ist § 298 StGB als **Allgemeindelikt** zu qualifizieren, das von **jedermann** begangen werden kann.[10] Allerdings kann sich eine **Begrenzung des Täterkreises** aus der für die Tatbestandsverwirklichung notwendigen Rechtswidrigkeit der Absprache → Rn. 27 ergeben, was jedoch nicht dazu führt, dass § 298 StGB zu einem Sonderdelikt wird.[11] Nach überwiegender Auffassung scheidet eine Täterschaft von **reinen Hilfspersonen,** wie zB von Sekretären, aus; für sie kommt lediglich eine Strafbarkeit aufgrund einer **Beihilfehandlung** in Betracht.[12]

5   Eine **Mittäterschaft** kann jedoch auch bei Personen, die nicht selber an der Angebotsabgabe beteiligt waren, in Betracht kommen, sofern ihnen diese zuzurechnen ist.[13] Dies können Mitglieder des Kartells, die selber kein Angebot abgeben oder auch sonstige Personen des Veranstalters mit wesentlicher Beteiligung vor Abgabe des Angebots sein.[14] Eine derartige mittäterschaftliche Strafbarkeit setzt jedoch die von der hM vertretene **Erfassung vertikaler Absprachen** → Rn. 25 voraus. Auf dieser Grundlage

---

[3] BT-Drs. 15/3640, 7 u. 44; MüKoStGB/Hohmann § 298 Rn. 27.

[4] BGH NJW 2012, 3318; OLG Celle wistra 2012, 318 (321); Fischer § 298 Rn. 10; MüKoStGB/Hohmann § 298 Rn. 27; BeckOK StGB/Momsen/Laudien § 298 Rn. 2.

[5] Wie hier: Satzger/Schluckebier/Widmaier/Bosch § 298 Rn. 2; Fischer § 298 Rn. 3; Lackner/Kühl/Heger § 298 Rn. 1; Schönke/Schröder/Heine/Eisele § 298 Rn. 16; NK-StGB/Dannecker § 298 Rn. 16; Greeve ZVgR 1998, 463 (464 f.); BeckOK StGB/Momsen/Laudien § 298 Rn. 13; Otto wistra 1999, 41; aA [Verletzungs- bzw. Erfolgsdelikt] Graf/Jäger/Wittig/Böse § 298 Rn. 2; MüKoStGB/Hohmann § 298 Rn. 6.

[6] Satzger/Schluckebier/Widmaier/Bosch § 298 Rn. 2; NK-StGB/Dannecker § 298 Rn. 16; Fischer § 298 Rn. 3; BeckOK StGB/Momsen/Laudien § 298 Rn. 13; aA MüKoStGB/Hohmann § 298 Rn. 9.

[7] BT-Drs. 13/5584, 14; LK-StGB/Tiedemann Vor § 298 Rn. 5.

[8] BT-Drs. 13/5584, 9; BGH NJW 2014, 1252; NK-StGB/Dannecker § 298 Rn. 11; Lackner/Kühl/Heger § 298 Rn. 1; Schönke/Schröder/Heine/Eisele Vor § 298 Rn. 4; BeckOK StGB/Momsen/Laudien § 298 Rn. 3 u. 11; Oldigs wistra 1998, 291 (293).

[9] BT-Drs. 13/5584, 9 u. 13; Fischer § 298 Rn. 2; Lackner/Kühl/Heger § 298 Rn. 1; Schönke/Schröder/Heine/Eisele Vor § 298 Rn. 5; aA [Ausschließlich Wettbewerbsschutz] Satzger/Schluckebier/Widmaier/Bosch § 298 Rn. 1; Graf/Jäger/Wittig/Böse § 298 Rn. 1; MüKoStGB/Hohmann § 298 Rn. 4; aA [Mittelbarer Schutz] NK-StGB/Dannecker § 298 Rn. 13; LK-StGB/Tiedemann § 298 Rn. 6.

[10] BGH NJW 2012, 3318 (3319); NK-StGB/Dannecker § 298 Rn. 19; Fischer § 298 Rn. 17; Lackner/Kühl/Heger § 298 Rn. 6; Schönke/Schröder/Heine/Eisele § 298 Rn. 22; BeckOK StGB/Momsen/Laudien § 298 Rn. 24.

[11] NK-StGB/Dannecker § 298 Rn. 19; vgl. auch Fischer § 298 Rn. 17.

[12] Schönke/Schröder/Heine/Eisele § 298 Rn. 17; MüKoStGB/Hohmann § 298 Rn. 89.

[13] BGH NStZ 2013, 41 (42); NK-StGB/Dannecker § 298 Rn. 104; Greeve ZVgR 1998, 463 (471); Schönke/Schröder/Heine/Eisele § 298 Rn. 23; MüKoStGB/Hohmann § 298 Rn. 90.

[14] Satzger/Schluckebier/Widmaier/Bosch § 298 Rn. 18.

kann sich eine Mittäterschaft auch für den Veranstalter selbst oder dessen Mitarbeiter ergeben.[15]

2. Tatsituation. a) Ausschreibung. Unter einer Ausschreibung iSv Abs. 1 ist ein Ver- **6** fahren zu verstehen, in welchem ein **Veranstalter** mehrere **Angebote** von diversen **Anbietern** für die Lieferung von **Waren** oder die Erbringung bestimmter **Dienstleistungen** einholt.[16] Hierdurch soll im Rahmen eines freien Wettbewerbs der **Marktpreis** und damit auch das **günstigste Angebot** ermittelt werden.[17] Die Grundsätze des Vergabeverfahrens, die in den §§ 97 ff. GWB geregelt sind, gelten, sofern die in § 106 GWB festgelegten Schwellenwerte bei der Auftragsvergabe erreicht oder überschritten werden; andernfalls sind die Vorschriften der Vergabe- und Vertragsordnung für Leistungen (VOL/A), der Vergabe- und Vertragsordnung für Bauleistungen (VOB/A) und/oder der Verdingungsordnung für freiberufliche Leistungen (VOF) heranzuziehen.[18]

Ungeklärt ist bislang, ob auch **internationale Ausschreibungen** vom Schutzbereich **7** umfasst werden. Von der wohl hM wird dies unter Zugrundelegung einer europarechtsfreundlichen Auslegung zumindest im Hinblick auf **Ausschreibungen von der EU selbst** oder solche, die dem EU-Recht unterliegen, bejaht.[19]

b) Veranstalter. Die Vorschrift des § 298 StGB umfasst sowohl **öffentliche Aus-** **8** **schreibungen** als auch solche von **privaten Veranstaltern.**

Bei **öffentlichen Ausschreibungen** sind die Auftraggeber durch die Bundeshaushalts- **9** ordnung, die Landeshaushaltsordnungen und die Gemeindehaushaltsverordnungen verpflichtet, sich auf die **Verfahren** nach der **VOB/A** oder der **VOL/A** bzw. den **§§ 97 ff. GWB** zu beschränken.[20] Primäres Schutzobjekt von § 298 StGB sind Verträge, die zwischen einem Unternehmen und einem öffentlichen Auftraggeber geschlossen werden. Die **Ausgestaltung,** sei es eine privat- oder öffentlich-rechtliche, ist dabei **nicht von Relevanz.**[21] Die öffentlichen Auftraggeber bestimmen sich nach **§ 99 Nr. 1–4 GWB.** Hierzu gehören vor allem Gebietskörperschaften (Nr. 1), juristische Personen des öffentlichen und des privaten Rechts, „die zu dem besonderen Zweck gegründet wurden, im Allgemeininteresse liegende Aufgaben nichtgewerblicher Art zu erfüllen" (Nr. 2) sowie „natürliche oder juristische Personen des privaten Rechts, die auf dem Gebiet der Trinkwasser- oder Energieversorgung oder des Verkehrs tätig sind, wenn diese Tätigkeiten auf der Grundlage von besonderen oder ausschließlichen Rechten ausgeübt werden, die von einer zuständigen Behörde gewährt wurden" (Nr. 4).

Erfasst werden neben den öffentlichen Auftraggebern auch Ausschreibungen durch **pri-** **10** **vate Veranstalter,** sofern die Ausschreibungsverfahren inhaltlich den Anforderungen der §§ 97 ff. GWB oder der VOB/ bzw. VOL/A entsprechen.[22]

c) Arten des Ausschreibungsverfahrens. Neben der bereits beim Veranstalterbegriff **11** erfolgten Unterscheidung zwischen öffentlichen und privaten Ausschreibungen → Rn. 8 ff. lässt sich im Rahmen der Arten von Ausschreibungsverfahren zwischen **offenen** und **nicht offenen Verfahren** differenzieren:

---

[15] Satzger/Schluckebier/Widmaier/Bosch § 298 Rn. 18 f.

[16] Graf/Jäger/Wittig/Böse § 298 Rn. 6; Satzger/Schluckebier/Widmaier/Bosch § 298 Rn. 3; NK-StGB/Dannecker § 298 Rn. 23; Schönke/Schröder/Heine/Eisele § 298 Rn. 4; MüKoStGB/Hohmann § 298 Rn. 30; LK-StGB/Tiedemann § 298 Rn. 19.

[17] NK-StGB/Dannecker § 298 Rn. 23; MüKoStGB/Hohmann § 298 Rn. 30.

[18] NK-StGB/Dannecker § 298 Rn. 25 ff.; MüKoStGB/Hohmann § 298 Rn. 31; LK-StGB/Tiedemann § 298 Rn. 20.

[19] Graf/Jäger/Wittig/Böse § 298 Rn. 14; NK-StGB/Dannecker § 298 Rn. 116; LK-StGB/Tiedemann § 298 Rn. 53 f.

[20] NK-StGB/Dannecker § 298 Rn. 33; MüKoStGB/Hohmann § 298 Rn. 45.

[21] MüKoStGB/Hohmann § 298 Rn. 44; LK-StGB/Tiedemann § 298 Rn. 20.

[22] BGH NStZ 2003, 548; Graf/Jäger/Wittig/Böse § 298 Rn. 12; Satzger/Schluckebier/Widmaier/Bosch § 298 Rn. 5; NK-StGB/Dannecker § 298 Rn. 35 ff.; Fischer § 298 Rn. 6; Schönke/Schröder/Heine/Eisele § 298 Rn. 4; MüKoStGB/Hohmann § 298 Rn. 47 f.; vgl. auch OVG Münster BeckRS 2018, 4477.

12 Für öffentliche Aufträge, bei denen die in § 106 GWB festgelegten Schwellenwerte erreicht oder überschritten werden → Rn. 6, sind die Arten des Ausschreibungsverfahrens in § 119 GWB geregelt. In Abs. 2 ist dort der Regelfall der **offenen Verfahren** genannt, in denen eine unbeschränkte Anzahl von Unternehmen öffentlich zur Abgabe von Angeboten aufgefordert wird.[23] Ziel dieser Verfahrensart ist ein **unbeschränkter Vergabewettbewerb**.[24] Aufgrund der regelmäßig später erfolgenden Offenlegung der teilnehmenden Bieter sind Absprachen hier erst zu einem sehr späten Zeitpunkt möglich, sodass eine geringere Wahrscheinlichkeit wettbewerbswidriger Absprachen besteht.[25]

13 Im Gegensatz zu den offenen Verfahren wird bei Ausschreibungen im Wege der **nicht offenen Verfahren** nur ein beschränkter Kreis an Unternehmen aus den Bewerbern einer zunächst öffentlich erfolgten Aufforderung zur Teilnahme an der Abgabe eines Angebots ausgesucht.[26]

14 Des Weiteren fallen auch Verfahren der **freihändigen Vergabe** nach Abs. 2 in den Schutzbereich des § 298 StGB, da insoweit de lege lata eine Gleichstellung mit den Ausschreibungsverfahren nach Abs. 1 erfolgt.[27] Regelmäßige Voraussetzung ist dabei ein **vorausgegangener Teilnahmewettbewerb**, der insoweit dem der offenen Verfahren entsprechen muss.[28] Fehlt dieser, kommt grds. nur eine Strafbarkeit wegen Betrugs oder eine ordnungswidrigkeitsrechtliche Sanktion nach den §§ 1, 81 GWB in Betracht.[29] In **Ausnahmefällen** kann trotz fehlenden Teilnahmewettbewerbes von einer wirksamen Ausschreibung ausgegangen werden.[30]

15 Die Vergabe im Rahmen eines sog. **wettbewerblichen Dialogs** wird als eine Art Vorverfahren zur Bestimmung des Auftragsgegenstandes nicht vom Tatbestand erfasst.[31]

16 **d) Vergabe ohne Ausschreibung oder fehlerhaftes Ausschreibungsverfahren.** Findet keine Ausschreibung statt, kommt eine Strafbarkeit nach § 298 StGB nicht in Betracht. Die auf den ersten Blick in Umkehrschluss zum vorher Gesagten scheinbar zwangsläufige Feststellung bedarf gesonderter Erwähnung, da in der Praxis grds. eine weite Auslegung üblich ist.[32] **Umstritten** ist insbesondere die Behandlung von Fällen eines fehlerhaft durchgeführten Ausschreibungsverfahrens.[33] Hier wird in der Literatur sowohl die Auffassung vertreten, dass jegliches Vorliegen eines Mangels unabhängig von dessen Schwere unbedeutend ist, solange nur eine Ausschreibung an sich durchgeführt wurde[34] als auch die Auffassung, dass nach der Schwere des Mangels differenziert werden muss und eine tatbestandliche Erfassung nur bei leichten Formfehlern durchgreift.[35] Bei fehlerhaftem Verfahren sollte jedenfalls über einen **Strafaufhebungsgrund** nachgedacht werden.[36]

---

[23] Graf/Jäger/Wittig/Böse § 298 Rn. 8; LK-StGB/Tiedemann § 298 Rn. 20.
[24] NK-StGB/Dannecker § 298 Rn. 41; MüKoStGB/Hohmann § 298 Rn. 36.
[25] NK-StGB/Dannecker § 298 Rn. 41; MüKoStGB/Hohmann § 298 Rn. 36; LK-StGB/Tiedemann § 298 Rn. 21.
[26] Graf/Jäger/Wittig/Böse § 298 Rn. 8; Satzger/Schluckebier/Widmaier/Bosch § 298 Rn. 3; NK-StGB/Dannecker § 298 Rn. 43; MüKoStGB/Hohmann § 298 Rn. 37.
[27] NK-StGB/Dannecker § 298 Rn. 44 ff.; MüKoStGB/Hohmann § 298 Rn. 41; LK-StGB/Tiedemann § 298 Rn. 22.
[28] MüKoStGB/Hohmann § 298 Rn. 41; LK-StGB/Tiedemann § 298 Rn. 22.
[29] Satzger/Schluckebier/Widmaier/Bosch § 298 Rn. 3; MüKoStGB/Hohmann § 298 Rn. 41; LK-StGB/Tiedemann § 298 Rn. 22.
[30] Vgl. dazu BGH NZBau 2014, 238 (239).
[31] NK-StGB/Dannecker § 298 Rn. 47; MüKoStGB/Hohmann § 298 Rn. 43.
[32] Vgl. Greeve NStZ 2002, 505 (507).
[33] Vgl. dazu Conrad ZfBR 2015, 132 (135).
[34] MüKoStGB/Hohmann § 298 Rn. 49; LK-StGB/Tiedemann § 298 Rn. 19; zumindest bei öffentlichen Ausschreibungen uneingeschränkt zustimmend Graf/Jäger/Wittig/Böse § 298 Rn. 11.
[35] NK-StGB/Dannecker § 298 Rn. 51.
[36] Greeve NStZ 2002, 505 (507 f.); Schönke/Schröder/Heine/Eisele § 298 Rn. 9.

e) Waren oder Dienstleistungen. Die Ausschreibung muss Waren oder Dienstleistun- **17** gen zum Gegenstand haben. Die Bestimmung dieser Merkmale erfolgt **kartellrechts-akzessorisch.**[37]

Waren iSd Vorschrift sind danach alle Gegenstände des Geschäftsverkehrs, worunter **18** neben bewegliche Sachen auch Immobilien,[38] Rechte,[39] Unternehmen[40] sowie unkörperliche Gegenstände wie Gewinnchancen,[41] Ideen oder „know how" eines Unternehmens[42] zu fassen sind.

Unter **Dienstleistungen** (bisher: „gewerbliche Leistungen")[43] sind Tätigkeiten im ge- **19** schäftlichen Verkehr zu verstehen, die für eine andere Person, die als Empfänger des Leistungserfolges fungiert, erbracht werden und die daher meistens auf einer vertraglichen Grundlage in Form eines Dienst- oder Werkvertrages beruhen.[44] Erfasst sind nicht nur Leistungen eines Gewerbetriebes, sondern auch der freien Berufe.[45] Darüber hinaus sind auch staatliche Leistungen in der Privatwirtschaft[46] oder auch Leistungen von privaten Anbietern umfasst, wenn diese in formeller Hinsicht den Anforderungen an die geregelten Verfahren entsprechen.[47]

3. Tathandlung. Tathandlung ist die **Abgabe eines Angebots,** das auf einer rechts- **20** widrigen Absprache beruht. Erforderlich ist eine Erklärung gegenüber dem Veranstalter, die einen Preis bezüglich der von der Ausschreibung umfassten Leistungen zum Inhalt hat und die festgesetzten Bedingungen des Verfahrens anerkennt, sodass grundsätzlich die sofortige Annahme des Angebots möglich wäre.[48]

a) Angebot. Voraussetzung für ein Angebot iSd Vorschrift ist eine **eindeutige, voll- 21 ständige** und vom **Befugten unterschriebene Erklärung,** die vor allem den **Preis** als besonders wichtiges Entscheidungskriterium im Bereich der Ausschreibungsverfahren enthält.[49] Des Weiteren müssen dem Angebot **alle Angaben** und Erklärungen zu entnehmen sein, die von der Vergabestelle gefordert werden. Darüber hinausgehend sollen zum Zwecke der **Vergleichbarkeit** der Angebote keine weiteren Ausführungen gemacht werden.[50] Einzelne Punkte können bei fehlender Präzisierung nachverhandelt werden.[51]

Nicht unter den Begriff des Angebots fallen Erklärungen, die **formale** oder **inhaltliche 22 Unzulänglichkeiten** aufweisen und letztlich für eine Annahme unzureichend ausgestaltet sind, wie zB bloße Ankündigungen[52] oder außerhalb des offiziellen Verfahrens liegende

---

[37] Graf/Jäger/Wittig/Böse § 298 Rn. 6; Satzger/Schluckebier/Widmaier/Bosch § 298 Rn. 4; Lackner/Kühl/Heger § 298 Rn. 2; Heine/Eisele in Schönke/Schröder § 298 Rn. 10; Tiedemann in LK § 298 Rn. 23.

[38] Graf/Jäger/Wittig/Böse § 298 Rn. 6; Satzger/Schluckebier/Widmaier/Bosch § 298 Rn. 4; NK-StGB/Dannecker § 298 Rn. 54; Schönke/Schröder/Heine/Eisele § 298 Rn. 10; LK-StGB/Tiedemann § 298 Rn. 24.

[39] Schönke/Schröder/Heine/Eisele § 298 Rn. 10; MüKoStGB/Hohmann § 298 Rn. 52; LK-StGB/Tiedemann § 298 Rn. 24.

[40] Graf/Jäger/Wittig/Böse § 298 Rn. 6; Schönke/Schröder/Heine/Eisele § 298 Rn. 10.

[41] Graf/Jäger/Wittig/Böse § 298 Rn. 6; MüKoStGB/Hohmann § 298 Rn. 52; LK-StGB/Tiedemann § 298 Rn. 24.

[42] NK-StGB/Dannecker § 298 Rn. 54; MüKoStGB/Hohmann § 298 Rn. 52; LK-StGB/Tiedemann § 298 Rn. 24.

[43] BT-Drs. 18/4350, 30 stellt klar, dass die sprachliche Änderung durch das 2. KorrBekG v. 2015 nur eine Folge der Änderung des UWG ist und insoweit die am Kartellrecht orientierte Auslegung unberührt lässt.

[44] BT-Drs. 13/5584, 14 (mit Verweis auf BB 1960, 385); Graf/Jäger/Wittig/Böse § 298 Rn. 6; Satzger/Schluckebier/Widmaier/Bosch § 298 Rn. 4; LK-StGB/Tiedemann § 298 Rn. 25.

[45] BT-Drs. 13/5584, 14; Graf/Jäger/Wittig/Böse § 298 Rn. 6; Fischer § 298 Rn. 8.

[46] Graf/Jäger/Wittig/Böse § 298 Rn. 6.

[47] Fischer § 298 Rn. 8.

[48] Fischer § 298 Rn. 13.

[49] Graf/Jäger/Wittig/Böse § 298 Rn. 17; MüKoStGB/Hohmann § 298 Rn. 55 ff.

[50] MüKoStGB/Hohmann § 298 Rn. 57.

[51] Graf/Jäger/Wittig/Böse § 298 Rn. 17.

[52] Fischer § 298 Rn. 13; MüKoStGB/Hohmann § 298 Rn. 55.

Bemühungen, insbesondere Bestechungshandlungen.[53] Insoweit kommt allenfalls eine Strafbarkeit wegen versuchten Betrugs in Betracht.[54] Bei Vorliegen eines unzulänglichen Angebots wird zwischen **schwerwiegenden** (zB § 25 Nr. 1 Abs. 1 VOL/A; § 25 Nr. 1 Abs. 1 VOB/A) und **weniger schwerwiegenden Mängeln** differenziert:[55] Bei Ersteren liegt regelmäßig kein Angebot vor, da solche Angebote zwingend vom Verfahren auszuschließen sind und keine Möglichkeit einer Gefährdung für das geschützte Rechtsgut des freien und fairen Wettbewerbs → Rn. 3 besteht. Bei weniger schwerwiegenden Mängeln ist der Ausschluss eine **Ermessensentscheidung** der Vergabestelle. Sollte hiernach ein Ausschluss vorgenommen werden, liegt wiederum kein Angebot iSd Vorschrift vor. Kommt es hingegen zu keinem Ausschluss oder lediglich zu der späteren Beanstandung, so ist dies für die Gefährdung des Wettbewerbs unbeachtlich und eine Subsumtion durch den Begriff des Angebots vorzunehmen.[56]

23   **Umstritten** ist, ob auch ein **verspätetes Angebot** vom Tatbestand erfasst wird. Nach der **Rspr.** ist dies zu bejahen, da der vergaberechtliche Ausschluss nicht beachtlich sei. Dies ergebe sich daraus, dass ansonsten auch das Angebot, das auf einer Absprache beruhe, nicht umfasst wäre.[57] Dieser Auffassung wird entgegengehalten, sie beruhe auf der unzutreffenden Annahme, dass die Konstellationen des grundsätzlich auf einer Absprache beruhenden und damit annahmefähigen Angebots und des von Anfang an aufgrund formaler Unzulänglichkeit auszuschließenden Angebotes gleichgesetzt werden können.[58]

24   **b) Abgabe.** Aus der tatbestandlichen Voraussetzung der Abgabe eines Angebots ergibt sich im Umkehrschluss, dass bei **fehlender Abgabe** oder auch im Falle eines **Widerrufes** der Tatbestand nicht erfüllt ist.[59] Bei Letzterem ist jedoch der Zeitpunkt entscheidend: Ein Angebot ist abgegeben, sobald ein **Zugang** beim Veranstalter vorliegt, da dadurch die Gefahr einer Berücksichtigung im Ausschreibungsverfahren und somit der Beeinträchtigung des freien Wettbewerbes geschaffen wird.[60] Dies bedeutet jedoch nicht, dass der Veranstalter hiervon auch Kenntnis erlangt oder dieses sogar angenommen haben muss; ausreichend ist, wenn es zu einer **Berücksichtigung im Verfahren** kommt.[61]

25   **c) Auf einer Absprache beruhend.** Weiterhin ist zwingende Voraussetzung, dass das Angebot auf einer rechtswidrigen Absprache beruht. Zur Auslegung des **Begriffs der Absprache** ist auf den Schutzzweck der Norm → Rn. 3 zurückzugreifen. Aus der Gesetzesbegründung und der allgemein **kartellrechtsakzessorischen Auslegung** lässt sich ableiten, dass zumindest Vereinbarungen nach § 1 GWB eingeschlossen sind.[62] Während vor der Neufassung des § 1 GWB → Rn. 1 unstreitig lediglich **horizontale Absprachen** erfasst waren, steht seit einem Beschluss des BGH aus dem Jahre 2012 fest, dass **auch vertikale Absprachen** erfasst sind.[63] Vor diesem Hintergrund ist der entgegenstehenden Meinung,[64] die weiterhin auch nur horizontale Absprachen unter den Tatbestand subsumieren will, nicht zu folgen.

26   Eine Absprache setzt voraus, dass **zwischen zwei Unternehmern** eine **Vereinbarung** bezüglich der Angebotsabgabe in einem bestimmten Ausschreibungsverfahren stattgefun-

---

[53] Graf/Jäger/Wittig/Böse § 298 Rn. 17.
[54] NK-StGB/Dannecker § 298 Rn. 57.
[55] Vgl. dazu auch Conrad ZfBR 2015, 132 u. BGH NZBau 2014, 238 (239 f.).
[56] MüKoStGB/Hohmann § 298 Rn. 61.
[57] BGH NStZ 2003, 548; 2002, 505 mit Anm. Greeve NStZ 2002, 505 (510); LK-StGB/Tiedemann § 298 Rn. 29.
[58] Graf/Jäger/Wittig/Böse § 298 Rn. 18; ähnlich auch Fischer § 298 Rn. 15a.
[59] Graf/Jäger/Wittig/Böse § 298 Rn. 17.
[60] Satzger/Schluckebier/Widmaier/Bosch § 298 Rn. 17; MüKoStGB/Hohmann § 298 Rn. 63.
[61] Graf/Jäger/Wittig/Böse § 298 Rn. 20; Satzger/Schluckebier/Widmaier/Bosch § 298 Rn. 7; Fischer § 298 Rn. 15.
[62] Graf/Jäger/Wittig/Böse § 298 Rn. 22; Schönke/Schröder/Heine/Eisele § 298 Rn. 16.
[63] BGH NJW 2012, 3318; s. hierzu auch Heuking BB 2013, 1155. So auch schon die bereits vorher hM Fischer § 298 Rn. 10; Schönke/Schröder/Heine/Eisele § 298 Rn. 17; LK-StGB/Tiedemann § 298 Rn. 14.
[64] Graf/Jäger/Wittig/Böse § 298 Rn. 24; NK-StGB/Dannecker § 298 Rn. 73.

den hat. Welche Anforderungen an die konkrete Ausgestaltung der Absprache zu stellen sind, ist anhand der **Umstände des Einzelfalls** zu bestimmen.[65] Nach hM ist jedenfalls **keine Bindungswirkung** zwischen den an der Absprache Beteiligten **erforderlich,** sondern ein abgestimmtes Verhalten ausreichend.[66]

d) Rechtswidrigkeit der Absprache. Die Rechtswidrigkeit, durch die sich die Ab- **27** sprache auszeichnen muss, ist nach hM **normatives Tatbestandsmerkmal.**[67] Bei der Auslegung ist zu beachten, dass die Rechtswidrigkeit hier nicht im Sinne eines Widerspruchs zur allgemeinen Rechtsordnung zu verstehen ist, sondern aufgrund der dem § 298 StGB immanenten **Kartellrechtsakzessorietät** vielmehr in einem **Verstoß gegen Regelungen des GWB** besteht.[68]

e) Finalität. Ziel der rechtswidrigen Absprache muss es sein, auf den Veranstalter dahin- **28** gehend einzuwirken, dass dieser das entsprechende **Angebot annimmt.**[69] Es muss sowohl eine Festlegung auf einen bestimmten Inhalt als auch auf ein konkretes Ausschreibungsverfahren vorliegen.[70] Ein Verheimlichen der Absprache ist nicht notwendig.[71]

III. Subjektiver Tatbestand

1. Vorsatz. Im Rahmen des subjektiven Tatbestandes reicht **bedingter Vorsatz** aus.[72] **29** Der Vorsatz muss sich auf die Abgabe eines auf einer rechtswidrigen Absprache beruhenden Angebots, die Ausschreibung des Angebots, den Kausalzusammenhang zwischen Angebot und Absprache sowie die Finalität beziehen.[73] Da es sich bei der Ausschreibung, der Rechtswidrigkeit → Rn. 27 und der Absprache um **normative Tatbestandsmerkmale** handelt, ist eine Parallelwertung in der Laiensphäre erforderlich.[74]

2. Irrtum. Liegt ein Irrtum insoweit vor, als dass der Täter glaubt, **keine rechtswidrige,** **30** dh gegen das Wettbewerbsrecht verstoßende Handlung vorzunehmen, so ist dies ein vorsatzausschließender **Tatbestandsirrtum** iSv § 16 StGB.[75] Nimmt der Täter umgekehrt fälschlicherweise an, dass ein Verstoß gegen das GWB vorliegt, bleibt seine Handlung straflos, da der **Versuch** gerade **nicht unter Strafe** gestellt ist.[76]

IV. Vollendung und Beendigung

Die Tat ist **vollendet,** wenn das auf einer rechtswidrigen Absprache beruhende Angebot **31** dem Veranstalter zugegangen ist.[77]

---

[65] Fischer § 298 Rn. 11.

[66] NK-StGB/Dannecker § 298 Rn. 66; Schönke/Schröder/Heine/Eisele § 298 Rn. 16; MüKoStGB/Hohmann § 298 Rn. 67; BeckOK StGB/Momsen/Laudien § 298 Rn. 29; LK-StGB/Tiedemann § 298 Rn. 32.

[67] Satzger/Schluckebier/Widmaier/Bosch § 298 Rn. 11; MüKoStGB/Hohmann § 298 Rn. 70; aA Graf/Jäger/Wittig/Böse § 298 Rn. 26.

[68] BT-Drs. 13/5584, 14; BGH NZBau 2004, 513 (514); NK-StGB/Dannecker § 298 Rn. 68; MüKoStGB/Hohmann § 298 Rn. 70.

[69] Fischer § 298 Rn. 12a; NK-StGB/Dannecker § 298 Rn. 87; MüKoStGB/Hohmann § 298 Rn. 79; BeckOK StGB/Momsen/Laudien § 298 Rn. 31.

[70] NK-StGB/Dannecker § 298 Rn. 87 f.; MüKoStGB/Hohmann § 298 Rn. 80 f.

[71] NK-StGB/Dannecker § 298 Rn. 89; BeckOK StGB/Momsen/Laudien § 298 Rn. 31.

[72] Statt vieler Fischer § 298 Rn. 18; MüKoStGB/Hohmann § 298 Rn. 83.

[73] Satzger/Schluckebier/Widmaier/Bosch § 298 Rn. 13; NK-StGB/Dannecker § 298 Rn. 90 ff.

[74] NK-StGB/Dannecker § 298 Rn. 92; Schönke/Schröder/Heine/Eisele § 298 Rn. 21; MüKoStGB/Hohmann § 298 Rn. 83.

[75] Fischer § 298 Rn. 18a; BeckOK StGB/Momsen/Laudien § 298 Rn. 37; vgl. auch NK-StGB/Dannecker § 298 Rn. 92.

[76] NK-StGB/Dannecker § 298 Rn. 92; BeckOK StGB/Momsen/Laudien § 298 Rn. 37; LK-StGB/Tiedemann § 298 Rn. 43.

[77] Fischer § 298 Rn. 15; Schönke/Schröder/Heine/Eisele § 298 Rn. 27; MüKoStGB/Hohmann § 298 Rn. 97.

32   Vor dem Hintergrund des Schutzgutes von § 298 StGB → Rn. 3 und um einem sehr späten Verjährungseintritt entgegenzuwirken, ist die Tat richtigerweise mit dem Zeitpunkt der Zuschlagserteilung **beendet.**[78]

V. Rechtfertigung

33   Die **allgemeinen** Rechtfertigungsgründe kommen nur bei Fällen in Betracht, die nicht bereits durch die **spezial-gesetzlichen** Regelungen der §§ 2 und 3 GWB erfasst werden.[79] Wenn diese nicht vorliegen, kann zwar grds. auch der allgemeine Rechtfertigungsgrund des Notstands nach **§ 34 StGB** in Frage kommen; dieser wird jedoch regelmäßig daran scheitern, dass mildere Mittel zur Verfügung gestanden hätten und somit die objektive Erforderlichkeit verneint werden muss.[80]

VI. Tätige Reue (Abs. 3)

34   Abs. 3 schafft – in verfassungsgemäßer Art und Weise[81] – im Hinblick auf den sehr frühen Vollendungszeitpunkt → Rn. 31 einen **persönlichen Strafaufhebungsgrund** in Form der tätigen Reue, wenn der Täter nach Abgabe des Angebots freiwillig verhindert, dass der Veranstalter dieses annimmt oder seine Leistung erbringt (S. 1) bzw. sich freiwillig und ernsthaft bemüht, den Eintritt dieser Erfolge zu verhindern, wenn das Angebot ohne Zutun des Täters nicht angenommen oder die Leistung des Veranstalters nicht erbracht wird (S. 2).[82]

VII. Konkurrenzen

35   Besteht die Abgabe eines Angebotes aus mehreren **Teilhandlungen,** so sind diese einheitlich als **eine Tat im materiellen Sinne** zu betrachten. Hingegen stellen **mehrere Angebotsabgaben** in verschiedenen Ausschreibungsverfahren selbst dann mehrere selbstständige Taten nach **§ 53 StGB** dar, wenn diesen eine einheitliche Absprache zugrunde liegt.[83] In Bezug auf **§ 263 StGB** ist Tateinheit gegeben, da die beiden Strafvorschriften unterschiedliche Rechtsgüter schützen → Rn. 3.[84] Gleiches gilt auch bezüglich der Amtsdelikte nach den **§§ 331 ff. StGB** und der Bestechung und Bestechlichkeit im geschäftlichen Verkehr nach **§ 299 StGB,** sofern ein kollusives Zusammenwirken mit den Mitarbeitern des Veranstalters vorliegt.[85]

B. Vertragshändler

36   (Es gelten keine Besonderheiten.)

---

[78] Str., wie hier: BGH NJW 2004, 1539 (1541); Wabnitz/Janovsky/Dannecker Kap. 18 Rn. 48; Dannecker NStZ 1985, 49 (51); LK-StGB/Tiedemann § 298 Rn. 57; aA [Beendigung mit letzter Leistung des Auftraggebers] Fischer § 298 Rn. 15b; Schönke/Schröder/Heine/Eisele § 298 Rn. 27; aA [Beendigung mit Angebotsabgabe] MüKoStGB/Hohmann § 298 Rn. 97.

[79] Satzger/Schluckebier/Widmaier/Bosch § 298 Rn. 15; NK-StGB/Dannecker § 298 Rn. 93; Fischer § 298 Rn. 19; Schönke/Schröder/Heine/Eisele § 298 Rn. 26; MüKoStGB/Hohmann § 298 Rn. 98; BeckOK StGB/Momsen/Laudien § 298 Rn. 38.

[80] Satzger/Schluckebier/Widmaier/Bosch § 298 Rn. 15; NK-StGB/Dannecker § 298 Rn. 93; Fischer § 298 Rn. 19; Schönke/Schröder/Heine/Eisele § 298 Rn. 26; MüKoStGB/Hohmann § 298 Rn. 98.

[81] BVerfG wistra 2009, 269 (270).

[82] Lackner/Kühl/Heger § 298 Rn. 8, MüKoStGB/Hohmann § 298 Rn. 99; LK-StGB/Tiedemann § 298 Rn. 44.

[83] Satzger/Schluckebier/Widmaier/Bosch § 298 Rn. 20; NK-StGB/Dannecker § 298 Rn. 111; MüKoStGB/Hohmann § 298 Rn. 103; BeckOK StGB/Momsen/Laudien § 298 Rn. 31.

[84] Satzger/Schluckebier/Widmaier/Bosch § 298 Rn. 20; BeckOK StGB/Momsen/Laudien § 298 Rn. 40.

[85] Satzger/Schluckebier/Widmaier/Bosch § 298 Rn. 20; MüKoStGB/Hohmann § 298 Rn. 104; BeckOK StGB/Momsen/Laudien § 298 Rn. 40; aA [Tatmehrheit] NK-StGB/Dannecker § 298 Rn. 113.

C. Franchisenehmer

(Es gelten keine Besonderheiten.)   37

D. Kommissionsagent

(Es gelten keine Besonderheiten.)   38

§ 299 Bestechlichkeit und Bestechung im geschäftlichen Verkehr

(1) **Mit Freiheitsstrafe bis zu drei Jahren oder Geldstrafe wird bestraft, wer im geschäftlichen Verkehr als Angestellter oder Beauftragter eines Unternehmens**

1. **einen Vorteil für sich oder einen Dritten als Gegenleistung dafür fordert, sich versprechen lässt oder annimmt, dass er bei dem Bezug von Waren oder Dienstleistungen einen anderen im inländischen oder ausländischen Wettbewerb in unlauterer Weise bevorzuge, oder**
2. **ohne Einwilligung des Unternehmens einen Vorteil für sich oder einen Dritten als Gegenleistung dafür fordert, sich versprechen lässt oder annimmt, dass er bei dem Bezug von Waren oder Dienstleistungen eine Handlung vornehme oder unterlasse und dadurch seine Pflichten gegenüber dem Unternehmen verletze.**

(2) **Ebenso wird bestraft, wer im geschäftlichen Verkehr einem Angestellten oder Beauftragten eines Unternehmens**

1. **einen Vorteil für diesen oder einen Dritten als Gegenleistung dafür anbietet, verspricht oder gewährt, dass er bei dem Bezug von Waren oder Dienstleistungen ihn oder einen anderen im inländischen oder ausländischen Wettbewerb in unlauterer Weise bevorzuge, oder**
2. **ohne Einwilligung des Unternehmens einen Vorteil für diesen oder einen Dritten als Gegenleistung dafür anbietet, verspricht oder gewährt, dass er bei dem Bezug von Waren oder Dienstleistungen eine Handlung vornehme oder unterlasse und dadurch seine Pflichten gegenüber dem Unternehmen verletze.**

Literatur: Acker/Ehling, Einladung in die Business-Lounge? – Strafbarkeitsrisiko bei Vergabe oder Annahme von Einladungen im geschäftlichen Verkehr, BB 2012, 2517; Arbeitskreis Corporate Compliance, Kodex zur Abgrenzung von legaler Kundenpflege und Korruption, 2010; Arzt/Weber/Heinrich/Hilgendorf (AWHH), Strafrecht BT, 2021; Bach, Kundenbindungsprogramme und Bestechung im geschäftlichen Verkehr nach § 299 II StGB, wistra 2008, 47; Ballo/Skoupil, „Quick-Savings" – ein Problem des Korruptionsstrafrechts? Zur Reichweite des § 299 StGB bei Zuwendungen an das Anstellungsunternehmen, NJW 2019, 1174; Beukelmann, Der Handelsvertreter unter strafrechtlichem Generalverdacht!?, NJW-Spezial 2011, 184; Bömer, Anti-Korruptions-Compliance – Einladungen, Geschenke oder „kulante" Zugeständnisse an öffentliche Amtsträger als Problem, GWR 2011, 28; Brand/Wostry, Die Strafbarkeit des Vorstandsmitglieds einer AG gem. § 299 I StGB, WRP 2008, 637; Bürger, § 299 StGB – eine Straftat gegen den Wettbewerb?, wistra 2003, 130; ders., Bestechungsgelder im privaten Wirtschaftsverkehr – doch noch steuerlich abzugsfähig?, DStR 2003, 1421; Caspari, Die neuere Rechtsprechung des BGH zu den Korruptionsdelikten des StGB, DRiZ 2008, 284; Stellungnahme des Deutschen Anwaltsvereins durch den Strafrechtsausschuss zum Gesetzesentwurf der Bundesregierung „Entwurf eines Zweiten Gesetzes zur Bekämpfung der Korruption", Stand 19. September 2006, Stellungnahme Nr. 66/2006; Dann, Und immer ein Stück weiter – Die Reform des deutschen Korruptionsstrafrechts, NJW 2016, 203; Dannecker, Die Straflosigkeit der Korruption niedergelassener Vertragsärzte als Herausforderung für den Gesetzgeber, ZRP 2013, 37; ders./Schröder, Neuregelung der Bestechlichkeit und Bestechung im geschäftlichen Verkehr. Entgrenzte Untreue oder wettbewerbskonforme Stärkung des Geschäftsherrenmodells?, ZRP 2015, 48; Erb, Ungereimtheiten bei der Anwendung von § 299 StGB, FS Geppert, 2011, 97; Gaede, Die Zukunft der europäisierten Wirtschaftskorruption gemäß § 299 StGB, NZWiSt 2014, 281; Gercke/Wollschläger, Das Wettbewerbserfordernis i. S. d. § 299 StGB – zugleich Besprechung der „Allianz-Arena-Entscheidung" des BGH vom 9.8.2006 (1 StR 50/06), wistra 2008, 5; Greeve, Korruptionsdelikte in der Praxis, 2005; Gribl, Der Vorteilsbegriff bei den Bestechungsdelikten, 1991; Grützner/Momsen/Behr, § 299 StGB – Straflosigkeit des Betriebsinhabers und Strafbarkeit von Drittvorteilen, NZWiSt 2013, 88; Haas, Geschenke an Arbeitnehmer: Was ist erlaubt, was ist verboten?, BC 2010, 492; Haft/Schwoerer, Bestechung im internationalen Geschäftsverkehr, FS Weber, 2004, 367; Heermann, Prämien, Preise, Provisionen. Zur lauterkeitsrechtlichen Beurteilung von Absatzfördermaßnahmen im Handel gegenüber Nichtverbrauchern, WRP 2006, 8; Helmrich, Zum Beginn der Verfolgungsverjährung bei Bestechungsdelikten (§§ 299, 331 ff. StGB), wistra 2009, 10; Heuking/von Coelln, Die Neuregelung des § 299 StGB – Das Geschäftsherrenmodell als Mittel zur Bekämpfung der Korruption?, BB 2016, 323; Hoven, aktuelle rechtspolitische Entwicklungen im Korruptionsstrafrecht – Bemerkungen zu den neuen Strafvorschriften über Mandatsträgerbestechung und Bestechung im geschäftlichen Verkehr, NStZ 2015, 553; dies./Kubiciel/Waßmer, Das Ende des Sommermärchens – Strafbarkeit korruptiver Einflussnahmen auf die Vergabe sportlicher Großereignisse, NZWiSt 2016, 121; Jakob, Das Ganze ist mehr als die Summe seiner Teile – Eine praxisorientierte Anwendung des „Ampel-Kodex" im Kontext von Einladungen und Geschenken, CCZ 2010, 61; Jansen, Die Pflichtverletzung im Rahmen der „Geschäftsherrenvariante" des § 299 StGB, NZWiSt 2019, 41; Kindhäuser/Goy, Zur Strafbarkeit ungenehmigter Drittmitteleinwerbung – Zugleich eine Besprechung von BGH – 1 StR 372/01 und BGH – 1 StR 541/01, NStZ 2003, 291; Klengel/Rübenstahl, Zum „strafrechtlichen" Wettbewerbsbegriff des § 299 StGB und zum Vermögensnachteil des Geschäftsherrn bei der Vereinbarung von Provisionen bzw. „Kick-backs", HRRS 2007, 52; Knauer, Anmerkung zu BGH vom 29.8.2008 – 2 StR 587/07 – Bildung verdeckter Kassen als Untreue – Fall Siemens ENEL, NStZ 2009, 151; Köhler, Die Reform der Bestechungsdelikte unter besonderer Berücksichtigung der subjektiven Tatumstände der §§ 331 ff. StGB, 2005; Korte, Bekämpfung der Korruption und Schutz des freien Wettbewerbs mit den Mitteln des Strafrechts, NStZ 1997, 513; Krack, Die Tätige Reue im Wirtschaftsstrafrecht, NStZ 2001, 505; Krekeler/Werner, Unternehmer und Strafrecht, 2006; Kubiciel, Gesetz zur Bekämpfung der Korruption. Stellungnahme zum Referentenentwurf des Bundesministeriums der Justiz und für Verbraucherschutz, KPKp, 2014; Leyendecker/Ott, Borstgras statt Halali, SZ Nr. 124, 1./2. Juni 2013 S. 25; Lorenz, Vertriebsfördermaßnahmen marktbeherrschender Unternehmen: Die Beurteilung nach Art. 82 EG, UWG und StGB, WRP 2005, 992; Löw, Korruptionsdelikte im Lichte der Compliance-Funktion – „Aber Sie wissen doch, wie es läuft", JA 2013, 88; Lüderssen, Der Angestellte im Unternehmen – quasi ein Amtsträger? Der Verzicht auf die Gefährdung des Wettbewerbes in der geplanten Strafvorschrift des § 299 Abs. 1 Ziff. 2 StGB, FS Tiedemann, 2008, 889; Marschlich, Praxis der Compliance-Organisation: Geschenke und Einladungen, CCZ, 110; Martín, Zur Struktur von „sozialadäquaten Handlungen" und ihre sachlogische Eingliederung im Verbrechensaufbau, FS Tiedemann, 2008, 205; Nepomuck/Groß, Zuwendungen an den Anstellungsbetrieb als Drittvorteile im Sinne des § 299 StGB?, wistra 2012, 132; Noltensmeier, Die Verbindung des Angenehmen mit dem Nützlichen – Ein neues Anwendungsgebiet für die Gesamtbetrachtungslehre des BGH, HRRS 2009, 151; Odenthal, Der „geschäftliche Betrieb" als Leistungsempfänger nach § 299 StGB, wistra 2005, 170; Park, § 299 StGB – Auslegungshilfe durch steuerrechtliche Fremdvergleichskriterien?, wistra 2010, 321; Passarge, Aktuelle Entwicklungen in der Gesetzgebung zur Korruptionsbekämpfung, DStR 2016, 482; Pelz, Änderung des Schutzzwecks einer Norm durch Auslegung? Zur Reichweite des § 299 Abs. 2 StGB a. F., ZIS 2008, 333; ders., Compliance Risiko: VIP-Lounges, CCZ 2010, 73; Pfuhl, Von erlaubter Verkaufsförderung und strafbarer Korruption, 2010; Pragal, Das Pharma-„Marketing" um die niedergelassenen Kassenärzte: „Beauftragtenbestechung" gemäß § 299 StGB!, NStZ 2005, 133; ders., § 299 StGB – Keine Straftat gegen den Wettbewerb!, ZIS 2006, 63; Rengier, Korkengelder und andere Maßnahmen zur Verkaufsförderung im Lichte des Wettbewerbs(straf)recht, FS Tiedemann, 2008, 837; Rönnau, „Angestelltenbestechung" in Fällen mit Auslandsbezug, JZ 2007, 1084; Röske/Böhme, Der vermeintliche Betriebsinhaber als tauglicher Täter i. S. d. § 299 StGB, wistra 2011, 445; Saliger, Das Unrecht der Korruption, FS Kargl, 2015, 493; ders./Gaede, Rückwirkende Ächtung der Auslandskorruption und Untreue als Korruptionsdelikt – Der Fall Siemens als Startschuss in ein entgrenztes internationalisiertes Wirtschaftsstrafrecht?, HRRS 2008, 57; Samson, Die Angestelltenbestechung. Vom Niedergang deutscher Gesetzgebungskunst, FS Sootak, 2008, 225; Satzger, Bestechungsdelikte und Sponsoring, ZStW 115 (2003), 469; ders., „Schwarze Kassen" zwischen Untreue und Korruption – Eine Besprechung des Urteils BGH – 2 StR 587/07 (Siemens-Entscheidung), NStZ 2009, 297; Schmidl, Der Fluch der bösen Tat – Finder's Fees und Bestechlichkeit von Beratern, wistra 2006, 286; Schünemann, Der Gesetzesentwurf zur Bekämpfung der Korruption – überflüssige Etappe auf dem Niedergang der Strafrechtskultur, ZRP 2015, 68; Schuhr, Funktionale Anforderungen an das Handeln als Amtsträger (§§ 331 ff. StGB) oder Beauftragter (§ 299 StGB) – Besprechung des Beschlusses des BGH vom 5.5.2011 – 3 StR 458/10, NStZ 2012, 11; Überhofen, Korruption und Bestechungsdelikte im staatlichen Bereich, 1999; Ulmer, Der Vertragshändler, 1969; Vogel, Wirtschaftskorruption und Strafrecht – Ein Beitrag zu Regelungsmodellen im Wirtschaftsstrafrecht, FS Weber, 2004, S. 395; Walter, Angestelltenbestechung, internationales Strafrecht und Steuerstrafrecht, wistra 2001, 321; Walther, Anmerkungen zur geplanten Neufassung von § 299 StGB, NZWiSt 2015, 255; Weitnauer, Bonusprogramme im geschäftlichen Bereich – Eine rechtliche Grauzone, NJW 2010, 2560; Wentzell, Zur Tatbestandsproblematik der §§ 331, 332 StGB, 2004; Winkelbauer, Ketzerische Gedanken zum Tatbestand der Angestelltenbestechlichkeit (§ 299 Abs. 1 StGB), FS Weber, 2004, 385; Wittig, § 299 StGB durch Einschaltung von Vermittlerfirmen bei Schmiergeldzahlungen, wistra 1998, 7; Wollschläger, Der Täterkreis des § 299 Abs. 1 StGB und Umsatzprämien im Stufenwettbewerb, 2009.

Übersicht

A. Handelsvertreter

I. Allgemeines

1 **1. Entstehungsgeschichte, Deliktscharakter und Grundstruktur.** Mit der Schaffung des § 299 StGB, der ausschließlich **im privaten Wirtschaftssektor** Anwendung findet, beabsichtigte der Gesetzgeber eine umfassendere und wirkungsvollere Korruptionsbekämpfung.[1] Seit dem **KorrBekG v. 13.8.1997**[2] ersetzt § 299 StGB deshalb § 12 UWG aF, der zuvor das Verbot der Bestechlichkeit und Bestechung im geschäftlichen Verkehr außerhalb des StGB regelte. Die Neuregelung im StGB sollte ein klares Zeichen bezüglich der sozialethisch zu missbilligenden Korruption im geschäftlichen Bereich setzen,[3] wofür zusätzlich **Drittzuwendungen** unter Strafe gestellt und der **Strafrahmen** auf bis zu drei Jahre Freiheitsstrafe sowie in besonders schweren Fällen (§ 300 StGB) auf drei Monate bis zu fünf Jahren Freiheitsstrafe angehoben wurde.[4] Zudem wurde durch die Einfügung des § 301 StGB die Möglichkeit einer **Verfolgung von Amts wegen** bei besonderem öffentlichen Interesse → StGB § 301 Rn. 2 geschaffen. Durch das **Zweite Gesetz zur Bekämpfung der Korruption vom 20.11.2015**[5] hat der Gesetzgeber zuletzt auf den europäischen Druck zur Erweiterung der Korruptionsdelikte reagiert und in § 299 StGB eine neue Tathandlungsalternative, das sog. **Geschäftsherrenmodell** mit Einwilligungsvorbehalt eingeführt. Die neu geschaffenen Abs. 1 Nr. 2 und Abs. 2 Nr. 2 stellen nunmehr auch solche Verhaltensweisen unter Strafe, die nicht notwendigerweise die Gefahr einer Wettbewerbsverzerrung, sondern lediglich eine Pflichtverletzung des Arbeitnehmers gegenüber seinem Arbeitgeber begründen.[6]

2 Die Bestechlichkeit und Bestechung im geschäftlichen Verkehr ist ein **abstraktes Gefährdungsdelikt,** eine tatsächliche Bevorzugung in wettbewerbswidriger Weise ist dementsprechend genauso wenig erforderlich wie der Eintritt eines realen Vermögensschadens.[7] Da § 299 StGB § 12 UWG aF nachgebildet ist, enthält die Vorschrift ebenfalls **zwei Tatbestände,** deren Reihenfolge grds. dem Aufbau der §§ 331 ff. StGB entspricht:[8] Während § 299 Abs. 1 Nr. 1 und Nr. 2 StGB die **passive Bestechung** (Bestechlichkeit) erfassen, regeln § 299 Abs. 2 Nr. 1 und Nr. 2 StGB die **aktive Bestechung** im privaten Wirtschaftssektor (Bestechung). In beiden Fällen ist eine **Unrechtsvereinbarung** bezogen

---

[1] Vgl. BT-Drs. 13/5584, 9, 15; MüKoStGB/Krick § 299 Rn. 1; Satzger/Schluckebier/Widmaier/Rosenau § 299 Rn. 1; Graf/Jäger/Wittig/Sahan § 299 Rn. 1.

[2] BGBl. I 2038.

[3] BT-Drs. 13/5584, 9, 15; Schönke/Schröder/Eisele § 299 Rn. 2; Satzger/Schluckebier/Widmaier/Rosenau § 299 Rn. 2.

[4] Graf/Jäger/Wittig/Sahan § 299 Rn. 1.

[5] BGBl. 2015 I 2025.

[6] BeckOK StGB/Momsen/Laudien § 299 Rn. 2; Dann NJW 2016, 203 (204).

[7] BGH NJW 2006, 3290 (3298); MüKoStGB/Krick § 299 Rn. 1, 17; Satzger/Schluckebier/Widmaier/Rosenau § 299 Rn. 1.

[8] Vgl. BGH NStZ 2004, 677 (678); NJW 2001, 2102 (2107); MüKoStGB/Krick § 299 Rn. 1.

auf eine Bevorzugung in unlauterer Weise Tatbestandsvoraussetzung → Rn. 31 ff. Ein Pendant zur Vorteilsannahme (§ 331 StGB) und zur Vorteilsgewährung (§ 333 StGB) findet sich bei der Korruption im geschäftlichen Bereich allerdings nicht.[9] § 299 StGB erfasst über Abs. 1 Nr. 1, Abs. 2 Nr. 1 (Abs. 3 aF) auch Bestechungshandlungen **im Ausland**.[10] Zuvor waren deutsche Korruptionshandlungen, die ausschließlich im internationalen Wirtschaftsraum wirkten und sich nur gegen nicht-deutsche Konkurrenten richteten, nach überwiegender Ansicht nicht von § 299 StGB erfasst → Rn. 68 ff.[11] Eine erhebliche Strafbarkeitsausdehnung erfuhr die Vorschrift zuletzt durch das **Zweite Gesetz zur Bekämpfung der Korruption v. 20.11.2015**:[12] Über die neu eingefügten Abs. 1 Nr. 2 und Abs. 2 Nr. 2 werden nun auch Pflichtverletzungen **außerhalb des Wettbewerbs** erfasst, die sich lediglich im Principal-Agent-Verhältnis abspielen.[13] Zu dem bislang bekannten Wettbewerbsmodell gesellt sich ein **Geschäftsherrenmodell** → Rn. 52 ff., 66 f., das es künftig erlaubt, arbeitsvertraglichen Pflichtverletzungen mit der Sanktionenschere des Strafrechts zu begegnen.[14] Mit dem Zweiten KorrBekG wurde zudem das **Antragserfordernis** nach § 301 StGB relativiert → StGB § 301 Rn. 1. Schließlich wurde **§ 335a StGB** eingefügt, welcher für Richter und bestimmte Bedienstete ausländischer oder internationaler Behörden den Anwendungsbereich der §§ 331 ff. StGB erweitert → Vor §§ 331–336 Rn. 1, 9.

2. Rechtsgüterschutz und Kriminologie. Seit der Einführung des Geschäftsherren-   **3** modells sollte bei den Rechtsgütern von § 299 wie folgt differenziert werden: Das **Kollektivrechtsgut des freien und lauteren Wettbewerbs** wird nach insoweit einhelliger Auffassung von § 299 Abs. 1 Nr. 1, Abs. 2 Nr. 1 StGB **(Wettbewerbsmodell)** geschützt.[15] Umstritten ist dabei allein die konkrete Auslegung dieses Allgemeinrechtsguts: So sieht die Rechtsprechung erweiternd auch das öffentliche Interesse an der Verhinderung und Bekämpfung von Auswüchsen im Wettbewerb[16] ebenso wie die abstrakte Gefahr sachwidriger Entscheidungen als vom Schutzbereich mitumfasst an.[17] Geschützt wird letztlich im Interesse der Allgemeinheit der **freie und faire Wettbewerb** iSv Wettbewerbsbedingungen bzw. der **Wettbewerb als Institution**.[18]

§ 299 Abs. 1 Nr. 2 und Abs. 2 Nr. 2 **(Geschäftsherrenmodell** → Rn. 52 ff., 66 f.)   **4** schützen seit dem 2. KorrBekG de lege lata **unmittelbar das Vermögen und die Interessen des Geschäftsherren** an einer loyalen und von Dritten unbeeinflussten Erfüllung der Pflichten durch seine Angestellten und Beauftragten.[19] Damit hat der Gesetzgeber den früheren Streit darüber, ob § 299 StGB aF neben dem Wettbewerb tatsächlich auch die Vermögensinteressen des Geschäftsherrn und der Mitbewerber als **Individualrechtsgüter**

---

[9] Graf/Jäger/Wittig/Sahan § 299 Rn. 5.

[10] Fischer § 299 Rn. 1; Lackner/Kühl/Heger § 299 Rn. 1; MüKoStGB/Krick § 299 Rn. 3.

[11] Frühere hL, vgl. Fischer § 299 Rn. 1; s. auch BGH NJW 2009, 89 (92 f.) – Fall Siemens.

[12] BGBl. I 2015.

[13] BeckOK StGB/Laudien/Momsen § 299 Rn. 2.

[14] Zu Recht krit. ggü. dieser Neuregelung BRAK, Stellungnahme 40/2015, S. 3; Dann NJW 2016, 203 (204 ff.); Dannecker/Schröder ZRP 2015, 48 (49 ff.); Hoven NStZ 2015, 553 (556 ff.); Saliger FS Kargl, 2015, 501 f.; Schünemann ZRP 2015, 68 (69) [„Niedergang der Strafrechtskultur"]; Vogel FS Weber, 2004, 399; Walther NZWiSt 2015, 255 (256 ff.).

[15] BT-Drs. 13/4118, 9; BGHSt 49, 214 (229); 31, 207; Erb FS Geppert, 2011, 97; Fischer § 299 Rn. 2; BeckOK StGB/Laudien/Momsen § 299 Rn. 5; Röske/Böhme wistra 2011, 445; Satzger/Schluckebier/Widmaier/Rosenau § 299 Rn. 4.

[16] BGH NJW 1983, 1919 (1920) [zu § 12 UWG aF]; Schönke/Schröder/Eisele § 299 Rn. 3.

[17] BGH NStZ-RR 2015, 278; NJW 2006, 3290 Rn. 84.

[18] Pelz ZIS 2008, 333 (334); Graf/Jäger/Wittig/Sahan § 299 Rn. 4. ZT wird auch die „Nichtkäuflichkeit übertragender oder sonst besonders fremdverantwortlicher Entscheidungsmacht sowie des diesbezüglichen Vertrauens der Allgemeinheit" als vom Schutzbereich erfasstes Rechtsgut angesehen, Pragal ZIS 2006, 63 (75).

[19] BT-Drs. 18/4350, 21; BeckOK StGB/Laudien/Momsen § 299 Rn. 7; Dann NJW 2016, 203 (204); Hoven NStZ 2015, 553 (556).

schützt,[20] für erledigt erklärt. Bedeutung erlangt der Meinungsstreit vor allem im Rahmen der Diskussion über die Einwilligung bzw. Kenntnis des Geschäftsherrn und den sich daraus ergebenden Auswirkungen für die Strafbarkeit des Täters → Rn. 91. Die Unterscheidung zwischen den Schutzgütern wird zudem relevant in Bezug auf eine erfolgte Wiedergutmachung des Täters nach § 46a StGB. Durch die Einführung des Geschäftsherrenmodells scheint es angebracht einen Täter-Opfer-Ausgleich für die Variante des § 299 Abs. 1 Nr. 2, Abs. 2 Nr. 2 StGB anzunehmen. Da durch § 299 Abs. 1 Nr. 1, Abs. 2 Nr. 1 StGB das Rechtsgut des „fairen Wettbewerbs" geschützt wird, ist dies dort nicht möglich (Fußnote einfügen: BGH, 26.1.2022 – 1 StR 460/21). Das neu integrierte Geschäftsherrenmodell führt zu einer nicht unerheblichen **Überschneidung der Anwendungs- und Schutzbereiche von §§ 266, 299 StGB,** was die berechtigte Frage der Notwendigkeit dieser Regelung aufwirft.[21] Die Verortung des Geschäftsherrenmodells im 26. Abschnitt des StGB („Straftaten gegen den Wettbewerb") vermag im Lichte seiner angelegten Schutzrichtung im System des StGB nicht zu überzeugen und konterkariert die im Gesetz angelegte Dichotomie der beiden Straftatbestände.[22]

5   Der Schutzbereich erstreckt sich in Abs. 1 Nr. 1 und Abs. 2 Nr. 1 auch auf den **ausländischen Wettbewerb** → Rn. 68 ff., sodass die unzulässige Beeinflussung fremder Märkte unabhängig davon, ob deutsche oder ausschließlich ausländische Mitbewerber der Wettbewerbsmanipulation zum Opfer fallen, unter Strafe gestellt wird.[23] Auch die neu geschaffenen Abs. 1 Nr. 2 und Abs. 2 Nr. 2 stellen Bestechungshandlungen mit Auslandsbezug unter Strafe. Nichtsdestotrotz wird die Geltung für Auslandtaten weiterhin durch das Strafanwendungsrecht der §§ 3 ff. StGB bedingt.[24]

6   Die besondere Schärfe und Kompromisslosigkeit des § 299 StGB als Ausdruck rigoroser Korruptionsbekämpfung auch im privaten Wirtschaftssektor hat **weitreichende Konsequenzen für den alltäglichen Geschäftsbetrieb:** Während einst die Vergabe von Geschenken und Einladungen an Geschäftspartner als übliche Klimapflege galt, ist heute die **Sozialadäquanz** → Rn. 36 ff. sämtlicher Zuwendungen unter dem Aspekt der Bestechung zu prüfen.[25] Die Gefahr, dass die Annahme oder Gewährung solcher Gefälligkeiten als strafbare Wettbewerbsverzerrung verstanden werden kann, spiegelt sich in den **Compliancerichtlinien** vieler Unternehmen wider. Auch die Neufassung der Vorschrift durch das 2. KorrBekG bestätigt das **ansteigende Strafbarkeitsrisiko** für Unternehmensangehörige: Über Abs. 1 Nr. 2 und Abs. 2 Nr. 2 können rein vertragliche Pflichtverletzungen ohne Wettbewerbsverstoß nicht nur arbeitsrechtliche, sondern auch strafrechtliche Konsequenzen nach sich ziehen → Rn. 52 ff., 56 f. Insoweit erhöhen die mittlerweile zT stark aufgeblähten Compliancesysteme entgegen ihrer ursprünglichen Zwecksetzung die Gefahr strafrechtlicher Verfolgung für Betriebsangehörige. Aus diesem Grund werden diesbezügliche Richtlinien und Vorgaben in Zukunft noch exakter ausgearbeitet und abgestimmt werden müssen, um unternehmensinterne Compliance nicht vollständig ad absurdum zu führen.

---

[20] Für einen zumindest mittelbaren Schutz: BGH NJW 1983, 1919 (1920) [zu § 12 UWG aF]; Fischer § 299 Rn. 2; Satzger/Schluckebier/Widmaier/Rosenau § 299 Rn. 5; Graf/Jäger/Wittig/Sahan § 299 Rn. 4 [Reflex]; für einen gleichrangigen Schutz: NK-StGB/Dannecker § 299 Rn. 5 f.; Schönke/Schröder/Eisele § 299 Rn. 3; MüKoStGB/Krick § 299 Rn. 3; Walter wistra 2001, 321 (323); jetzt auch BGH NJW 2021, 3606.

[21] Ebenfalls zu Recht krit. Gaede NZWiSt 2014, 281 (286 f.); Heuking/v. Coelln BB 2016, 323 (332); BeckOK StGB/Laudien/Momsen § 299 Rn. 7; Saliger FS Kargl, 2015, 501; and. BT-Drs. 18/4350, 21.

[22] BeckOK StGB/Laudien/Momsen § 299 Rn. 7; Vogel FS Weber, 2004, 496.

[23] Vgl. BT-Drs. 14/8998, 10; MüKoStGB/Krick § 299 Rn. 3; Graf/Jäger/Wittig/Sahan § 299 Rn. 2 u. 4.

[24] Insbes. die Anforderungen des § 7 StGB sind bei der Frage der Gültigkeit des § 299 StGB bei Auslandstaten zu beachten: vgl. dazu BeckOK StGB/Laudien/Momsen § 299 Rn. 13 f.; Graf/Jäger/Wittig/Sahan § 299 Rn. 4.

[25] Vgl. dazu ausführlich die Richtlinien des Arbeitskreises Corporate Compliance von Dr. Helmut Görling [sog. → „Ampelmodell" Rn. 48], S. 6; Löw JA 2013, 88 (93 ff.).

II. Objektiver Tatbestand der Bestechlichkeit in der Wettbewerbsalternative (Abs. 1 Nr. 1)

Die Bestechlichkeit und Bestechung im geschäftlichen Verkehr ist dem Aufbau der **7** Amtsträgerbestechung in weiten Teilen nachgebildet und nimmt daher in gleicher Weise eine klare Trennung zwischen **passivem und aktivem Täterverhalten** vor.[26] Darüber hinaus kann der Tatbestand jeweils in eine **Wettbewerbsalternative** (Abs. 1 Nr. 1 und Abs. 2 Nr. 1 → Rn. 8 ff. und → Rn. 60 ff.) und in eine **Geschäftsherrenalternative** (Abs. 1 Nr. 2 und Abs. 2 Nr. 2 → Rn. 52 ff., 66 f.) aufgegliedert werden. Ob die Tat sich als Bestechlichkeit oder Bestechung darstellt, ergibt sich dabei aus der **Geber- oder Nehmereigenschaft** des potentiellen Täters.

1. Täterkreis. Der objektive Tatbestand des § 299 Abs. 1 Nr. 1 StGB kann nur von **8** einem **Angestellten** oder **Beauftragten** eines Unternehmens verwirklicht werden. Diese Limitierung des Täterkreises macht die Bestechlichkeit zu einem **Sonderdelikt**, § 28 Abs. 1 StGB findet insoweit Anwendung.[27] An der Tat beteiligte Personen können daher lediglich als **Anstifter** oder **Gehilfen** des Haupttäters, nicht jedoch als (Mit)Täter belangt werden.[28] Als tauglicher Täter grundsätzlich **ausgeschlossen** ist der **Geschäftsinhaber** → Rn. 15.[29]

a) Angestellter. Angestellter iSd § 299 StGB ist, wer im Rahmen eines **vertraglich 9** oder **faktisch** begründeten und noch nicht beendeten **Dienst-**, **Werk-** oder **Auftragsverhältnisses** den **Weisungen eines Geschäftsherrn** unterliegt.[30] Zur Bestimmung des Begriffs des Angestellten sind nicht etwa die Wertungen des Arbeits- oder Steuerrechts heranzuziehen und auch die zivilrechtliche Wirksamkeit der betrieblichen Beschäftigung ist nicht entscheidend.[31] Vielmehr sind die **faktischen Verhältnisse** der Tätigkeit maßgeblich, weshalb der Angestelltenbegriff weit auszulegen ist. Entsprechend ist auch eine Dauerhaftigkeit oder Entgeltlichkeit der Tätigkeit nicht erforderlich.[32] Der Angestellte oder Beamte einer **öffentlich-rechtlichen Körperschaft** kann tauglicher Täter sein, wenn die Körperschaft im privatwirtschaftlichen Bereich und nicht hoheitlich tätig wird.[33] Während sich aus dem Kriterium der **Weisungsgebundenheit** zusammen mit dem Bestehen eines **vertraglichen Beschäftigungsverhältnisses** grundsätzlich eine klare Einordnung ergibt, ist die Bestimmung der Täterqualität in einigen **Sonderfällen** nicht ganz einfach: Für den **Geschäftsführer einer GmbH** ist zumindest nach hL aufgrund der faktisch vorliegenden Weisungsgebundenheit die Angestellteneigenschaft zu bejahen;[34] dies jedoch dann nicht, wenn der Geschäftsführer zugleich **Alleingesellschafter der GmbH** ist, da dieser dann dem Geschäftsinhaber als untauglichem Täter → Rn. 15 faktisch gleichsteht.[35] **Betriebsratsmitgliedern** kommt dann eine Angestellteneigenschaft zu, wenn über das betriebs-

---

[26] Vgl. NK-StGB/Dannecker § 299 Rn. 27; Schönke/Schröder/Eisele § 299 Rn. 4; SK-StGB/Rogall StGB § 299 Rn. 2; Graf/Jäger/Wittig/Sahan § 299 Rn. 5.

[27] Schönke/Schröder/Eisele § 299 Rn. 5 f.; Satzger/Schluckebier/Widmaier/Rosenau § 299 Rn. 6; LK-StGB/Tiedemann § 299 Rn. 10.

[28] Lackner/Kühl/Heger § 299 Rn. 2; MüKoStGB/Krick § 299 Rn. 19.

[29] MüKoStGB/Krick § 299 Rn. 20.

[30] NK-StGB/Dannecker § 299 Rn. 29; Schönke/Schröder/Eisele § 299 Rn. 11; Graf/Jäger/Wittig/Sahan § 299 Rn. 11; BFH BeckRS 2021, 21004 Rn. 31.

[31] MüKoStGB/Krick § 299 Rn. 23; Graf/Jäger/Wittig/Sahan § 299 Rn. 11.

[32] Fischer § 299 Rn. 14.

[33] MüKoStGB/Krick § 299 Rn. 27.

[34] Fischer § 299 Rn. 14; Schönke/Schröder/Eisele § 299 Rn. 11; Satzger/Schluckebier/Widmaier/Rosenau § 299 Rn. 8; Graf/Jäger/Wittig/Sahan § 299 Rn. 11.

[35] LG Frankfurt a. M. BeckRS 2015, 08986; MüKoStGB/Krick § 299 Rn. 28; Odenthal wistra 2005, 170 (171); aA Pragal ZIS 2006, 63 (73); gleiches gilt auch für ähnliche Konstellationen im Rahmen der KG, vgl. Schönke/Schröder/Eisele § 299 Rn. 11.

interne Handeln hinaus ein Tätigwerden nach außen vorliegt.[36] In jedem Fall muss eine ausreichende Entscheidungskompetenz oder Einflussnahme des Angestellten auf Entscheidungen im Betrieb gegeben sein, weshalb **untergeordnete Hilfskräfte** jedenfalls nicht unter den Tatbestand des § 299 StGB fallen.[37]

10   **b) Beauftragter.** Die zweite Gruppe tauglicher Täter des § 299 StGB bilden die Beauftragten. **Beauftragter** ist, wer, ohne Geschäftsführer oder Angestellter zu sein, aufgrund seiner **Stellung im Betrieb** berechtigt und verpflichtet ist, für diesen geschäftlich zu handeln und auf die im Rahmen des Betriebs zu treffenden **Entscheidungen,** die dessen **Waren- und Leistungsaustausch** betreffen, **Einfluss nehmen kann.**[38] Auch hier sind die tatsächlichen Gegebenheiten maßgebend,[39] was von der hL vor allem mit der **Auffangfunktion** des Beauftragtenbegriffs begründet wird.[40] Vor diesem Hintergrund wird der **faktische Geschäftsführer** regelmäßig als Beauftragter zu bewerten sein.[41] Umstritten ist die Einordnung von **Vorstandsmitgliedern einer AG:** Während teilweise eine Angestelltenstellung angenommen wird,[42] ordnen die Rechtsprechung und der überwiegende Teil der Literatur Vorstandsmitglieder eher als Beauftragte ein.[43] Ebenfalls regelmäßig als Beauftragte anzusehen sind die **Aufsichtsratsmitglieder einer AG.**[44] Des Weiteren werden auch **kaufmännische Leiter einer AG, Gründer eines Vereins** und **Vereinsvorstände**[45] sowie **Vorsitzende eines Konsumvereins** als Beauftragte iSd § 299 StGB qualifiziert.[46]

11   Auch der allein handelnde **geschäftsführende Gesellschafter einer Personengesellschaft** wird häufig als Beauftragter angesehen.[47] Diese Einordnung begegnet jedoch Bedenken:[48] Die Pflicht des Gesellschafters, den Aufgaben und Verpflichtungen des Unternehmens interessensgerecht nachzukommen, ist Bestandteil jedes Gesellschaftsvertrags. Da die Gesellschafter einer Personengesellschaft unbeschränkt mit ihrem Privatvermögen für unternehmerische Entscheidungen haften, führen sie ihre Funktion im Betrieb jedenfalls auch **im eigenen Interesse** und nicht primär als fremde Angelegenheit der Gesellschaft aus, sodass eine Beauftragtenstellung des Gesellschafters in der Praxis wohl eher selten glaubhaft gemacht werden kann.

12   Das **Kriterium der Weisungsabhängigkeit** ist für die Qualifizierung als Beauftragter nicht von entscheidender Bedeutung. Dies führt unter anderem dazu, dass auch **Außenstehenden** die Stellung als Beauftragter zukommen kann, wenn ihre Position es erlaubt, Entscheidungen für den Betrieb zu treffen oder zu veranlassen. Dabei muss dem Außenstehenden jedoch **ausreichende Entscheidungskompetenz und Einflussmöglichkeit**

---

[36] Graf/Jäger/Wittig/Sahan § 299 Rn. 11 verlangt ein „Marktverhalten nach außen"; Tiedemann in LK § 299 Rn. 14 nimmt die Angestellteneigenschaft bei Personen an, „soweit sie nicht nur betriebsintern handeln".

[37] BayObLG NJW 2006, 268 (271); Fischer § 299 Rn. 14; Krekeler/Werner Rn. 437; Graf/Jäger/Wittig/Sahan § 299 Rn. 11.

[38] Statt vieler Graf/Jäger/Wittig/Sahan § 299 Rn. 12; BFH BeckRS 2021, 21004 Rn. 31.

[39] BGH BeckRS 2011, 10129 Rn. 68.

[40] Fischer § 299 Rn. 15; Satzger/Schluckebier/Widmaier/Rosenau § 299 Rn. 9; Graf/Jäger/Wittig/Sahan § 299 Rn. 12.

[41] Schönke/Schröder/Eisele § 299 Rn. 12; Krekeler/Werner Rn. 439.

[42] Lackner/Kühl/Heger § 299 Rn. 2; SK-StGB/Rogall § 299 Rn. 33.

[43] Fischer § 299 Rn. 16; Grützner/Momsen/Behr NZWiSt 2013, 88 (90); Schönke/Schröder/Eisele § 299 Rn. 12; MüKoStGB/Krick § 299 Rn. 8; aA Brand/Wostry WRP 2008, 637 (644) [Gleichstellung mit dem Betriebsinhaber].

[44] RGSt 68, 119 (120); NK-StGB/Dannecker § 299 Rn. 36; MüKoStGB/Krick § 299 Rn. 38; LK-StGB/Tiedemann § 299 Rn. 14; für Aufsichtsratsmitglieder einer Genossenschaft Schönke/Schröder/Eisele § 299 Rn. 12.

[45] NK-StGB/Dannecker § 299 Rn. 36.

[46] RGSt 68, 263 (270); Schönke/Schröder/Eisele § 299 Rn. 12.

[47] NK-StGB/Dannecker § 299 Rn. 23; Graf/Jäger/Wittig/Sahan § 299 Rn. 12; Winkelbauer FS Weber, 2004, 385 (389).

[48] Ebenfalls krit. Bürger DStR 2003, 1421 (1424 f.).

zukommen, sodass auch hier untergeordnete Hilfskräfte von vornherein als Täter ausscheiden.[49]

Beauftragte iSd Vorschrift können demnach **Architekten, freiberufliche Bauinge-** 13 **nieure, Handelsvertreter** → Rn. 16, **Anlage-** und **Steuerberater, Rechtsanwälte** und **Werkvertragspartner** sein, wenn und soweit sie für einen geschäftlichen Betrieb tätig werden.[50] Ebenso taugliche Täter sind **Insolvenzverwalter** und **Testamentsvoll-strecker**.[51] Auch wer im Rahmen eines Unternehmensberatervertrages die **Vermittlung von Lieferanten** übernimmt, ist Beauftragter.[52] Allerdings muss stets eine ausreichende Möglichkeit zur Einflussnahme auf Entscheidungen vorliegen, eine bloße Vermittlerstellung genügt nicht.[53] **Vermittler von Strohfirmen** sind demnach nicht als taugliche Täter des § 299 StGB einzustufen, da sie nicht befugtermaßen handeln.[54] Gleiches gilt auch für Vermittler in **Ausschreibungsverfahren,** solange sie als Doppelmakler für beide involvierten Parteien tätig werden und deren Interessen gleichermaßen neutral vertreten.[55] Die Zulässigkeit von Zuwendungen im Rahmen von Ausschreibungen deckt sich mit der im HGB festgelegten und als Regelfall angesehenen Bezahlung von Handelsmaklern durch beide Seiten nach § 99 HGB.[56] Von diesem Fall der zulässigen Zuwendung an Handelsmakler ist der Fall von **Provisionszahlungen an sog. Vertrauensmakler** zu unterscheiden: Der Vermittler steht hier in einem besonderen Näheverhältnis zu dem Betrieb, der die Ausschreibung vornimmt und ist somit als Beauftragter anzusehen.[57] Ähnlich ist die Einstufung bei Vermittlern von Agenturen (zB **Werbeagenturen**): Solange sie als selbstständige Unternehmen auftreten, ist eine Beauftragtenstellung abzulehnen.[58]

Lange Zeit sehr umstritten war die Frage, ob **niedergelassene Vertragsärzte** bei der 14 Verordnung von Arzneimitteln als Amtsträger oder Beauftragte handeln. Nachdem sowohl der 3. Strafsenat des BGH[59] als auch der 5. Strafsenat des BGH[60] die Amtsträger- bzw. Beauftragtenstellung bejaht hatten, legten sie die Frage dem **Großen Senat** zur endgültigen Entscheidung vor: Dieser schloss sich jedoch nicht den beiden Strafsenaten an, sondern entschied, dass niedergelassene Vertragsärzte weder Amtsträger iSd § 11 Abs. 2 Nr. 2c StGB noch Beauftragte iSd § 299 StGB seien.[61] Die Beauftragtenstellung scheitere nach Ansicht des Großen Senates an der **besonderen Konstruktion der Zwischenschaltung Kassenärztlicher Vereinigungen (KV)** und am **Fehlen unmittelbarer Rechtsbeziehungen** zwischen Arzt und Krankenkasse.[62] Da diese Entscheidung einen Freifahrtsschein für Schmiergeldzahlungen im Vertragsarztsystem bedeutete und eine große **Strafbarkeitslücke** in das System zur Bekämpfung der Korruption riss, empfahl der Große Senat ein gesetzgeberisches Tätigwerden auf diesem Gebiet.[63] Nach langwieriger Gesetzgebungsgeschichte wurden schließlich die §§ 299a, 299b StGB → § 299a Rn. 6 ff. durch das **Gesetz zur Bekämpfung von Korruption im Gesundheitswesen v. 30.5.2016**[64] mit Wirkung zum 4.6.2016 in das StGB eingeführt.

---

[49] BayObLG wistra 1996, 28 (30); Fischer § 299 Rn. 16.
[50] Graf/Jäger/Wittig/Sahan § 299 Rn. 12 u. 14.
[51] BeckOK StGB/Momsen/Laudien § 299 Rn. 25.
[52] Satzger/Schluckebier/Widmaier/Rosenau § 299 Rn. 9.
[53] Schmidl wistra 2006, 286 (288).
[54] Wittig wistra 98, 7 (9).
[55] Graf/Jäger/Wittig/Sahan § 299 Rn. 12.
[56] Graf/Jäger/Wittig/Sahan § 299 Rn. 12.
[57] BGH GRUR 1968, 587 (589); Graf/Jäger/Wittig/Sahan § 299 Rn. 12.
[58] NK-StGB/Dannecker § 299 Rn. 38.
[59] BGH NStZ 2012, 35.
[60] BGH NStZ-RR 2011, 303.
[61] BGH NJW 2012, 2530; krit. Dannecker ZRP 2013, 37 (38 ff.).
[62] BGH NJW 2012, 2530 (2533 ff.); ausführlich zur Thematik NK-StGB/Dannecker § 299 Rn. 39; MüKoStGB/Krick § 299 Rn. 44 ff.
[63] BGH NJW 2012, 2530 (2535).
[64] BGBl. I 1254.

15   **c) Geschäftsinhaber als untauglicher Täter.** **Geschäftsinhaber** sowie alle anderen **selbstständigen Unternehmer** stellen **mangels Weisungsgebundenheit** keine tauglichen Täter des § 299 StGB dar.[65] Auch eine Täterschaft durch **Unterlassen** kommt für sie mangels Garantenpflicht gegenüber den Angestellten oder Beauftragten nicht in Betracht.[66] Denkbar bleibt allerdings eine Haftung des Betriebsinhabers bzw. Unternehmens nach **§§ 30, 130 OWiG,** wenn leitende Mitarbeiter oder vertretungsberechtigte Organmitglieder durch betriebsbezogene Handlungen unternehmensspezifische Pflichten oder gar Strafvorschriften (wie § 299 StGB) verletzen.[67] Eine **Ausnahme** stellt das Tätigwerden des Betriebsinhabers für einen anderen Betrieb dar: In diesem Fall kann der Geschäftsinhaber die **Stellung eines faktischen Angestellten** einnehmen, wenn er sich dem fremden Betriebsprozess unterordnet und seine unternehmerische Selbständigkeit derart aufgibt, dass ein starkes Abhängigkeitsverhältnis zum anderen Geschäftsherrn entsteht.[68]

16   **d) Der Handelsvertreter als Täter iSd § 299 StGB.** Der Handelsvertreter ist aufgrund seiner **wirtschaftlichen Abhängigkeit** als tauglicher Täter des § 299 Abs. 1 StGB zu bewerten.[69] Üblicherweise wird er dabei als **Beauftragter** eines Unternehmens eingestuft.[70] Zwar wird die typische Stellung des Handelsvertreters als Beauftragter nicht ausdrücklich im Gesetz benannt, doch legt § 84 Abs. 1 HGB seine Funktion als Vermittlungs- und Absatzvertreter fest. Im Rahmen dieser Tätigkeit verpflichtet sich der Handelsvertreter für ein fremdes Unternehmen aufzutreten mit dem Ziel, in dessen Namen interessensgerechte Verträge einzuleiten oder sogar vollständig abzuschließen.[71] Die Befugnis des Handelsvertreters, Vertragsbindungen für das fremde Unternehmen eingehen zu können, ermöglicht ihm eine bedeutende Einflussnahme auf Entscheidungen des fremden Betriebs. Da dieser Einordnung das Leitbild des Handelsvertreters als **Einfirmenvertreter** iSd § 92a HGB zugrunde liegt,[72] ist der Handelsvertreter nur dann Beauftragter iSd § 299 StGB, wenn er im Rahmen seiner Vermittlungstätigkeit lediglich im Interesse einer Firma handelt und infolge dieser einseitigen Verpflichtung nicht zusätzlich von der entgegenstehenden Vertragspartei vergütet werden darf.[73] Dabei ist alleine auf das relevante Vertragsvermittlungsverfahren abzustellen. Aber auch ein **Mehrfirmenvertreter** kann als Beauftragter eines Betriebes auftreten und somit als tauglicher Täter iSd § 299 Abs. 1 StGB zu bewerten sein, wenn er bei der entscheidenden Vertragsvergabe nur eine der involvierten Parteien vertritt und seine weiteren Auftraggeber in keiner Weise am gleichen Geschäft beteiligt sind.

17   **2. Unternehmensbegriff.** Der Begriff des **Unternehmens** (vormals „geschäftlicher Betrieb") iSd § 299 StGB umfasst jede auf gewisse Dauer betriebene Tätigkeit im Wirt-

---

[65] BGH NJW 1968, 1572 (1573); NStZ 2012, 35 (37 f.); BayObLG NJW 1996, 268 (270) mAnm Haft NJW 1996, 238; BFH BeckRS 2021, 21004 Rn. 31, NK-StGB/Dannecker § 299 Rn. 44; Schönke/Schröder/Eisele § 299 Rn. 11; MüKoStGB/Krick § 299 Rn. 20.
[66] NK-StGB/Dannecker § 299 Rn. 27; MüKoStGB/Krick § 299 Rn. 20.
[67] Martinek/Semler/Flohr VertriebsR-HdB/Passarge § 31 Rn. 20 ff.
[68] BGH BeckRS 2011, 10129 Rn. 65 = NZS 2012, 236; NK-StGB/Dannecker § 299 Rn. 38; Wollschläger S. 95. ZT wird im Hinblick auf die Folgen eines möglichen Ausschlusses verlangt, dass auch der Geschäftsherr vom Tatbestand erfasst werden sollte, Bürger wistra 2003, 130 (135); mit Einschr. Erb FS Geppert, 2011, 108.
[69] BGH GRUR 1968, 587 (588) – Bierexport [zu § 12 UWG aF]; BGH NStZ 2012, 35; NK-StGB/Dannecker § 299 Rn. 36; Schönke/Schröder/Eisele § 299 Rn. 11; MüKoStGB/Krick § 299 Rn. 35; Martinek/Semler/Flohr VertriebsR-HdB/Passarge § 82 Rn. 12; Graf/Jäger/Wittig/Sahan § 299 Rn. 12.
[70] NK-StGB/Dannecker § 299 Rn. 36; Lackner/Kühl/Heger § 299 Rn. 2; Schönke/Schröder/Eisele § 299 Rn. 12; MüKoStGB/Krick § 299 Rn. 34 f.; Graf/Jäger/Wittig/Sahan § 299 Rn. 12.
[71] Martinek/Semler/Flohr VertriebsR-HdB/Flohr/Pohl § 17 Rn. 3, 4.
[72] Martinek/Semler/Flohr VertriebsR-HdB/Flohr/Pohl § 17 Rn. 23.
[73] BGH NJW 1968, 1572 (1573); NK-StGB/Dannecker § 299 Rn. 36; MüKoStGB/Krick § 299 Rn. 35; Graf/Jäger/Wittig/Sahan § 299 Rn. 12.

schaftsleben, die den **Austausch von Leistungen und Gegenleistungen** betrifft.[74] Dabei ist neben Handels- und Gewerbebetrieben auch jede andere Art eines geschäftlichen Betriebes gemeint, so auch **freiberufliche Tätigkeiten**.[75] Da eine Gewinnerzielungsabsicht nicht verlangt wird, erfasst der Begriff auch kulturelle, soziale oder gemeinnützige Einrichtungen und ist damit weiter als der des gewerblichen Betriebes.[76] Bei öffentlichen Tätigkeiten muss zumindest ein wirtschaftlicher Bezug vorliegen.[77]

3. Handeln im geschäftlichen Verkehr. Voraussetzung des § 299 StGB ist ein Han **18** deln im geschäftlichen Verkehr. Hierunter wird jede der **Förderung eines Geschäftszweckes dienende Tätigkeit** verstanden,[78] bei der der Angestellte oder Beauftragte für den Betrieb auftritt.[79] In Abgrenzung zu privaten oder hoheitlichen Tätigkeiten muss es sich um **geschäftliche Beziehungen** mit Bezug zum Erwerbsleben handeln.[80] Da der Begriff **weit auszulegen** ist,[81] ist dies etwa auch beim bloßen Verschenken von Waren anzunehmen, solange dabei das Ziel der Kundengewinnung im Vordergrund steht.

4. Vorteil. Unter einem Vorteil ist jede **Leistung** zu verstehen, auf die der Empfänger **19** **keinen Rechtsanspruch** hat und die dazu geeignet ist, seine **wirtschaftliche, rechtliche** oder auch nur **persönliche Lage objektiv zu verbessern**.[82] In der Regel wird es sich um materielle Zuwendungen handeln, bei denen grds. weder die Höhe des Vermögenswertes[83] noch die genaue gegenständliche Bestimmbarkeit von Bedeutung sind.[84] Des Weiteren ist es unerheblich, ob der gewährte Vorteil durch Eigenmittel oder Kapazitäten eines Dritten finanziert wird.[85] Die Vorteilsgewährung muss auch keine andauernde Besserstellung des Nehmers bewirken.[86] Als Beispiele für **materielle Vorteile** sind vor allem Geldzahlungen, wie zB Verkäuferprämien oder Provisionen, die häufig in Form von Rückvergütungen vorliegen, zu nennen, aber auch Sachwerte, die unentgeltliche Überlassung von Geschäftsanteilen, Rabatte und Gebrauchsvorteile, wie zB die Überlassung eines Leihwagens oder Urlaubsreisen, kommen in Betracht.[87] Darüber hinaus können auch kulante Zugeständnisse einen Vorteil darstellen, wenn die erbrachte Leistung über den tatsächlichen Anspruch hinausgeht. Nach herrschender Ansicht können zudem **immaterielle Zuwendungen** einen Vorteil iSd § 299 StGB darstellen.[88] Erforderlich ist allerdings eine gewisse Erheblichkeit der Zuwendung, sodass der bloß ideelle oder persönliche Wert der Leistung aus Sicht des Empfängers einem materiellen Gewinn gleichkommt.[89] Als immaterielle Zuwendungen werden zB die Verleihung von Ehrenämtern, Auszeichnungen, Förderungen für berufliches Fortkommen, aber auch zweckgerichtete sexuelle Gefälligkeiten verstanden.[90]

---

[74] BGHSt 2, 396 (403); BGH BeckRS 2011, 10129 Rn. 74; BeckOK StGB/Laudien/Momsen § 299 Rn. 17.

[75] BGHSt 57, 202 (212); Schönke/Schröder/Eisele § 299 Rn. 7.

[76] RGSt 55, 31; Satzger/Schluckebier/Widmaier/Rosenau § 299 Rn. 13.

[77] BGHSt 2, 396 (403); 10, 358 (365 f.); 41, 140 (141); MüKoStGB/Krick § 299 Rn. 54; vgl. auch BGH BeckRS 2018, 38756 Rn. 23.

[78] BGH GRUR 1953, 293 (m. Verweis auf RGZ 108, 272 (274); RGSt 66, 380).

[79] NK-StGB/Dannecker § 299 Rn. 47.

[80] NK-StGB/Dannecker § 299 Rn. 47; Fischer § 299 Rn. 20.

[81] MüKoStGB/Krick § 299 Rn. 54.

[82] BGH NStZ-RR 2015, 278; NStZ 2008, 216 (217); NJW 2003, 2996 (2997 f.); MüKoStGB/Krick § 299 Rn. 55; Satzger/Schluckebier/Widmaier/Rosenau § 299 Rn. 19.

[83] MüKoStGB/Krick § 299 Rn. 56.

[84] NK-StGB/Dannecker § 299 Rn. 55.

[85] RG GA 1941, 383 (384); NK-StGB/Dannecker § 299 Rn. 55.

[86] BGH NJW 1961, 472.

[87] NK-StGB/Dannecker § 299 Rn. 56 und MüKoStGB/Krick § 299 Rn. 56 m. w. Bsp.

[88] BGH NJW 1988, 2547 (2548); 1986, 859 (860); 1983, 2509 (2512 f.); NK-StGB/Dannecker § 299 Rn. 57; Fischer § 299 Rn. 10; LK-StGB/Tiedemann § 299 Rn. 27.

[89] NK-StGB/Dannecker § 299 Rn. 57.

[90] BGH StV 1989, 16; NK-StGB/Dannecker § 299 Rn. 57 m. w. Bsp.; MüKoStGB/Krick § 299 Rn. 57; Graf/Jäger/Wittig/Sahan § 299 Rn. 20.

20 Von diesen beiden Gruppen der materiellen und immateriellen Zuwendungen sind die **sozialadäquaten Zuwendungen** zu unterscheiden, die im Wege der Auslegung zum Teil vom Tatbestand auszunehmen sind dazu → Rn. 36 ff.[91]

21 Da mit der Einführung des § 299 in das StGB Drittzuwendungen tatbestandsrelevant geworden sind → Rn. 1, fallen seither auch **Zuwendungen ohne jegliche Besserstellung des Betroffenen,** sei es unmittelbar oder mittelbar, unter den Tatbestand.[92]

22 Diese Einbeziehung von **Drittvorteilen** führt dazu, dass **Vorteilsempfänger** neben dem Angestellten oder Beauftragten auch jede weitere natürliche oder juristische Person sein kann.[93] Nach überwiegender Meinung fällt hierunter auch der **geschäftliche Betrieb,** in dem der Angestellte oder für den der Beauftragte **selbst beschäftigt** ist.[94] Dies wird zunächst mit dem Wortlaut begründet, der insoweit keine Einschränkung erkennen lässt.[95] Des Weiteren wird darauf verwiesen, dass auch in anderen Straftatbeständen, die Drittzuwendungen sanktionieren, der Geschäftsbetrieb bzw. der Betriebsinhaber als Drittbegünstigte erfasst sind.[96]

23 Diese **pauschale Kriminalisierung von Drittvorteilen** ist vor allem in Bezug auf die Anforderungen und Erwartungen im geschäftlichen Verkehr als **problematisch** zu bewerten. Für den Angestellten oder Beauftragten ist es häufig nur ein schmaler Grat zwischen einerseits erlaubter, zT sogar arbeitsrechtlich geforderter Bemühungen um Vorteile für den Geschäftsherrn, und andererseits strafbarer Korruption.[97] Darüber hinaus ist die Annahme insbesondere im Hinblick auf die **Straflosigkeit des Geschäftsherrn** → Rn. 15 inkonsequent und nicht systemkonform: Während der Angestellte oder Beauftragte, der einen Vorteil für seinen Geschäftsherrn oder seinen Betrieb fordert, der Strafbarkeit nach § 299 StGB unterfällt, hat die Forderung oder die Annahme des gleichen Vorteils durch den Geschäftsherrn selbst keine Strafbarkeit nach § 299 StGB zur Folge.[98]

24 Um die sich aus dieser Unstimmigkeit ergebenden **Abgrenzungsprobleme bei Drittvorteilen** zu vermeiden, wird auf unterschiedliche Art und Weise versucht, die Strafbarkeitsrisiken für Angestellte und Beauftragte beim Aushandeln eines Vorteils für den Betrieb zu minimieren: Teilweise wird vorgeschlagen, für die Beurteilung der Strafbarkeit die Kriterien des Handelns im **Zuständigkeitsbereich** des Unternehmens und die **Transparenz** beim Handeln des Angestellten oder Beauftragten zu Rate zu ziehen.[99] In eine ähnliche Richtung geht die Forderung, dass zumindest bei der Erfüllung **lauterer arbeitsrechtlicher Pflichten** keine Tatbestandsverwirklichung angenommen werden kann.[100] Ebenfalls wird vertreten, dass es entscheidend sei, ob es zu einer Beeinträchtigung des Leistungswettbewerbes gekommen ist, also sachwidrige Gründe maßgeblich waren.[101] Zum Teil wird sogar jede Vorteilsgewährung, die ohne Kenntnis des Geschäftsherrn erfolgt, als nicht tatbestandserfüllend angesehen, da es sich nur um die Ausübung der **Vertragsfreiheit** des Prinzipals handele.[102]

[91] BGH NStZ 2005, 334 (335); NK-StGB/Dannecker § 299 Rn. 58.
[92] NK-StGB/Dannecker § 299 Rn. 61; Schönke/Schröder/Eisele § 299 Rn. 19; MüKoStGB/Krick § 299 Rn. 19.
[93] Fischer § 299 Rn. 18.
[94] NK-StGB/Dannecker § 299 Rn. 61; BeckOK StGB/Momsen/Laudien § 299 Rn. 35; LK-StGB/Tiedemann § 299 Rn. 26.
[95] Fischer § 299 Rn. 17 f.; MüKoStGB/Krick § 299 Rn. 60.
[96] Park wistra 2010, 321 (326).
[97] Nepomuck/Groß wistra 2012, 132; Schönke/Schröder/Eisele § 299 Rn. 19; Graf/Jäger/Wittig/Sahan § 299 Rn. 24; krit. auch Fischer Rn. 18.
[98] Winkelbauer FS Weber, 2004, 387; zu Recht krit. Nepomuck/Groß wistra 2012, 132 (135), die auf den Wertungswiderspruch zwischen Handeln des Angestellten/Beauftragten und Handeln des Geschäftsherrn hinweisen.
[99] Odenthal wistra 2005, 170 (172) krit. dazu NK-StGB/Dannecker § 299 Rn. 61.
[100] Fischer § 299 Rn. 18 f.
[101] NK-StGB/Dannecker § 299 Rn. 61.
[102] Samson FS Sootak, 2008, 237.

In eine ähnliche Richtung argumentiert die **Rechtsprechung,** die bei der Bewertung 25 von Drittvorteilen auf die **persönlichen Interessen des Bestochenen** rekurriert und darauf abstellt, ob die Vorteile dem Angestellten oder Beauftragten zumindest mittelbar zugutekommen, da nur in diesem Fall der Leistungswettbewerb auch tatsächlich eine Beeinträchtigung erfahren hat.[103]

Überzeugend erscheint es, den eigenen Betrieb zwar grds. als tauglichen Vorteilsemp- 26 fänger anzusehen, jedoch mit der Einschränkung einer notwendigerweise engen Auslegung dahingehend, dass die Vorteile zumindest nicht ausschließlich für den eigenen Betrieb gefordert wurden.

5. Tathandlungen. Der Tatbestand des § 299 Abs. 1 Nr. 1 StGB ist erfüllt, wenn ein 27 Angestellter oder Beauftragter eines Unternehmens einen Vorteil **fordert, sich versprechen lässt** oder **annimmt.** Dies setzt jedoch zwingend voraus, dass der Angestellte oder Beauftragte gerade **in Ausübung seiner Tätigkeit** als Betriebsangehöriger handelt.[104]

a) Fordern. Ein **Fordern** liegt vor, wenn der Angestellte oder Beauftragte ausdrücklich 28 oder konkludent erklärt, dass er einen Vorteil begehrt.[105] Die Erklärung des Täters muss den Vorteil als Gegenleistung für eine unlautere Bevorzugung des Gebers im geschäftlichen Wettbewerb erkennen lassen und auf den Abschluss einer entsprechenden Unrechtsvereinbarung → Rn. 31 ff. abzielen. Die bloße Forderung eines Vorteils ohne entsprechende Belohnung der Gegenseite ist keine Tathandlung iSd § 299 StGB.[106] **Täuscht** der Täter seine Absicht zur Gegenleistung nur vor, liegt keine Bestechung, sondern ein Betrug (§ 263 StGB) vor.[107] Im Unterschied zu den beiden anderen Tathandlungen bedarf es zur Verwirklichung des Forderns **keiner Übereinkunft** zwischen Nehmer und Geber:[108] Ob die Gegenseite den Vorteil des Täters erkennt, annimmt oder ablehnt, ist ohne Relevanz, sodass bereits die **untauglichen Ansätze** des Täters, eine Unrechtsvereinbarung abzuschließen, mit Strafe bedroht sind.[109] Dieser vom Wortlaut gedeckten weiten Vorverlagerung der (Vollendungs-)Strafbarkeit werden mit Recht zT große Bedenken entgegengebracht, da es an einer Korrekturmöglichkeit ähnlich der Regelung in § 298 Abs. 3 StGB (Strafaufhebung im Wege des Rücktritts, dazu → StGB § 298 Rn. 34) fehlt.[110]

b) Sich-Versprechen-lassen. **Sich-Versprechen-lassen** meint die konkludente oder 29 ausdrückliche Annahme eines Angebots, das sich auf einen **zukünftig zu erbringenden Vorteil** bezieht.[111] Im Unterschied zum Fordern muss hier die **Mitwirkung** des Vorteilsgebers in Form des Versprechens vorliegen.[112] Jedoch ist es ebenfalls unerheblich, ob der versprochene Vorteil dem Täter auch tatsächlich zukommt.[113]

c) Annehmen. Taugliche Tathandlung ist auch die **tatsächliche Entgegennahme des** 30 **Vorteils,** wobei allerdings nach außen erkennbar sein muss, dass der Angestellte oder Beauftragte den Vorteil gerade für sich oder einen Dritten in Anspruch nimmt.[114] Voraus-

---

[103] BGH NJW 2006, 925 (927); 1986, 859 (860); BGHSt 33, 336.

[104] MüKoStGB/Krick § 299 Rn. 67; Graf/Jäger/Wittig/Sahan § 299 Rn. 29.

[105] BGHSt 8, 214 (215); 15, 88 (94, 98); NStZ 2006, 628 (629); NK-StGB/Dannecker § 299 Rn. 51; MüKoStGB/Krick § 299 Rn. 63; Satzger/Schluckebier/Widmaier/Rosenau § 299 Rn. 16; Graf/Jäger/Wittig/Sahan § 299 Rn. 26.

[106] MüKoStGB/Krick § 299 Rn. 63.

[107] BGHSt 8, 214 (215).

[108] BeckOK StGB/Laudien/Momsen § 299 Rn. 39; Graf/Jäger/Wittig/Sahan § 299 Rn. 26.

[109] Fischer § 299 Rn. 30; Schmidl wistra 2006, 286 (290); LK-StGB/Tiedemann § 299 Rn. 48.

[110] NK-StGB/Dannecker § 299 Rn. 51; krit. Krack NStZ 2001, 505 (507).

[111] BGHSt 10, 237 (241).

[112] MüKoStGB/Krick § 299 Rn. 64; Satzger/Schluckebier/Widmaier/Rosenau § 299 Rn. 17; Graf/Jäger/Wittig/Sahan § 299 Rn. 27.

[113] NK-StGB/Dannecker § 299 Rn. 52.

[114] BGHSt 14, 123 (127); 15, 88 (97); NK-StGB/Dannecker § 299 Rn. 53; Schönke/Schröder/Eisele § 299 Rn. 20; MüKoStGB/Krick § 299 Rn. 65.

setzung ist dementsprechend das **Einigsein** beider Parteien über den Sinn und Zweck des Vorteils.[115]

31   **6. Unrechtsvereinbarung.** Zentrale Tatbestandsvoraussetzung ist die sog. **Unrechtsvereinbarung,**[116] welche die widerrechtliche Verknüpfung von Vorteil und Bevorzugung und damit den Strafgrund des § 299 StGB darstellt. Nur wenn die jeweilige Tathandlung gerade die Motivation für den (beabsichtigten) unlauteren Vorzug war, ist das Strafunrecht der Vorschrift auch verwirklicht.[117]

32   **a) Vorteil als Gegenleistung.** Der Vorteil → Rn. 19 ff. muss sich gerade als Gegenleistung für die Bevorzugung darstellen. Erforderlich ist dafür – zumindest aus Sicht des Täters – das Vorliegen eines **Gegenseitigkeitsverhältnisses („do ut des")**, wobei die konkrete Ausgestaltung der Bevorzugung nur schemenhaft umrissen sein,[118] aber dennoch ein gewisses Maß an **Bestimmtheit** aufweisen muss. Anders als bei §§ 331 ff. StGB → § 333 Rn. 19 hat der Gesetzgeber von einer Lockerung der Unrechtsvereinbarung im geschäftlichen Verkehr abgesehen, da § 299 StGB und §§ 331 ff. StGB insoweit einen unterschiedlichen Rechtsgüterschutz verfolgen.[119] Vom Tatbestand umfasst sind, ebenfalls anders als bei §§ 331 ff. StGB, **nur künftige Privilegierungen,** weshalb eine Belohnung für bereits erbrachte Leistungen zur Begehung des § 299 StGB nicht ausreicht.[120] Wird durch die Zuwendung nur eine **allgemeine Klimapflege** betrieben, die keinen konkreten Bezug zu einer erwarteten Bevorzugung aufweist, liegt ebenfalls keine strafrechtliche relevante Handlung vor.[121] Unerheblich ist, ob die angestrebte Bevorzugung tatsächlich stattfindet.[122] Entscheidend ist, dass **kein rechtlicher Anspruch** auf sie besteht.[123]

33   **b) Bevorzugung im Wettbewerb.** Strafbar ist in der Wettbewerbsalternative (Abs. 1 Nr. 1, Abs. 2 Nr. 1) nur eine Bevorzugung bei dem Bezug von Waren oder gewerblichen Leistungen in einer **Wettbewerbssituation.** Eine solche muss aus Sicht des Vorteilsgewährenden (sog. **versubjektivierte Auslegung der Unrechtsvereinbarung**) zum (uU erst künftigen) **Zeitpunkt der Bevorzugung** vorliegen.[124] Der Mitbewerber muss noch nicht genau bestimmbar sein, es ist ausreichend, dass die ernstliche Möglichkeit des Eintritts eines Konkurrenten in den Wettbewerb besteht.[125] Die Möglichkeit zur Bevorzugung setzt dabei sprachlogisch **mindestens zwei Bewerber** voraus.[126] Eine Wettbewerbssituation muss aber ausscheiden, wenn eine Besserstellung gar nicht möglich ist oder wenn eine **Monopolstellung** ohne Aussicht auf künftige Mitbewerber besteht.[127] Ebenfalls keine Wettbewerbssituation stellt das **bloß private Konkurrenzverhältnis** zu einem sich ebenfalls um eine Arbeitsstelle bewerbenden Arbeitnehmer dar.[128] Teilweise wird gefordert, eine Tat-

---

[115] Fischer § 299 Rn. 30.
[116] BGHSt 15, 88 (97); 39, 45 (56); BGH NStZ 2000, 319; NJW 2005, 692 (693) [zu § 331 aF]; BGH NJW 1991, 367 (370) [zu § 12 UWG aF].
[117] Satzger/Schluckebier/Widmaier/Rosenau § 299 Rn. 22; Graf/Jäger/Wittig/Sahan § 299 Rn. 38.
[118] BGHSt 32, 290 (291); BGH NStZ 1989, 74; 2000, 319; NJW 2001, 2558 (2558); wistra 2003, 59 (62); MüKoStGB/Krick § 299 Rn. 68.
[119] NK-StGB/Dannecker § 299 Rn. 67; Schönke/Schröder/Eisele § 299 Rn. 22.
[120] RGSt 66, 81 (84); BGH NJW 1968, 1572 (1574) – Bierexport; NK-StGB/Dannecker § 299 Rn. 66; Satzger/Schluckebier/Widmaier/Rosenau § 299 Rn. 22.
[121] Fischer § 299 Rn. 22.
[122] NK-StGB/Dannecker § 299 Rn. 68; MüKoStGB/Krick § 299 Rn. 68.
[123] OLG Braunschweig NStZ 2010, 392 (393); Schönke/Schröder/Eisele § 299 Rn. 18.
[124] hM, wie hier: BGHSt 37, 191 (194); BGH NStZ-RR 2015, 278 mAnm Bürger NZWiSt 2016, 64; BGH NZWiSt 2020, 402 Rn. 25; BeckRS 2020, 1450 Rn. 18; NK-StGB/Dannecker § 299 Rn. 73 f.; MüKoStGB/Krick § 299 Rn. 68, 76; aA [Zeitpunkt der Tathandlung maßgeblich] Fischer § 299 Rn. 24.
[125] BGH BeckRS 2020, 1450 Rn. 18; NJW 2006, 3290; Caspari DRiZ 2008, 284 (286); Graf/Jäger/Wittig/Sahan § 299 Rn. 33.
[126] BGH BeckRS 2020, 1450 Rn. 18; NJW 2006, 3290 (3298); Lackner/Kühl/Heger § 299 Rn. 5; MüKoStGB/Krick § 299 Rn. 76; Satzger/Schluckebier/Widmaier/Rosenau § 299 Rn. 24; Graf/Jäger/Wittig/Sahan § 299 Rn. 31.
[127] NK-StGB/Dannecker § 299 Rn. 71; Fischer § 299 Rn. 25; MüKoStGB/Krick § 299 Rn. 76.
[128] OLG Stuttgart JR 2015, 650.

bestandsverwirklichung im Wege der teleologischen Reduktion auszuschließen, wenn aufgrund einer endgültigen Vorentscheidung auf Seiten des Auftraggebers nur **„pro forma"** eine Wettbewerbssituation besteht, wie dies bspw. in der **Allianz-Arena-Entscheidung** der Fall war.[129]

Nach der jüngst von der Rechtsprechung erneut vertretenen Ansicht, reicht für eine Bevorzugung jedoch bereits eine bevorzugte Zulassung zu einem internen Auswahlverfahren oder eines beschränkten Teilnahmewettbewerbs.[130]

c) In unlauterer Weise. Das Kriterium **in unlauterer Weise** will den Tatbestand auf **34** von **sachwidrigen Motiven** geleitete Bevorzugungen begrenzen, die einem **redlichen und fairen Wettbewerb** entgegenstehen.[131] Ob Bestechungshandlungen in einzelnen **Branchen** oder Geschäftskreisen **üblich** sind, hat auf die Unlauterkeit ebenso keinen Einfluss[132] wie die **Pflichtwidrigkeit** der Handlung gegenüber dem Geschäftsherrn (möglich bleibt aber eine Strafbarkeit nach § 299 Abs. 1 Nr. 2 StGB → Rn. 52 ff., 56 f.).[133] Da das Kriterium der Lauterkeit nur das strafwürdige Verhandeln von Vorteil und Bevorzugung als Kern der Unrechtsvereinbarung konkretisiert, kommt ihm nach wohl hL und Rspr. **keine eigenständige Bedeutung** zu.[134]

d) Beim Bezug von Waren oder gewerblichen Dienstleistungen. Die Bevorzugung **35** hat für die Verwirklichung des Tatbestandes im Rahmen des **Bezugs von Waren oder gewerblichen Dienstleistungen** stattzufinden. Unter **Waren** fallen in Erweiterung des engen handelsrechtlichen Begriffs alle wirtschaftlichen Güter, die Bestandteil eines Handels sein können, demnach auch alle Rechte. Ebenfalls wettbewerbsrechtlich und sehr weit ausgelegt wird der Begriff der **gewerblichen Dienstleistungen,**[135] worunter alle geldwerten Leistungen des gewerblichen oder geschäftlichen Lebens, mithin auch solche der **freien Berufe,**[136] fallen. **Bezug** meint den gesamten wirtschaftlichen Vorgang von der Bestellung bis hin zur Auslieferung.[137] Konkrete Beispiele sind eine zügigere Abwicklung der Zahlungsmodalitäten,[138] der Verzicht, eine Forderung geltend zu machen[139] oder auch die Herausgabe von Daten über Angebotspreise anderer Mitbewerber.[140]

e) Abgrenzung strafbarer von straflosen Handlungen. Für die Beratungspraxis sehr **36** bedeutsam ist die Frage nach der **Differenzierung von strafbaren und straffreien Zuwendungen.** Feste Wertgrenzen oder eindeutige Kategorien sucht man bislang vergebens. Zwar können Codices, Richtlinien und in der Literatur entwickelte Empfehlungen zur Orientierung herangezogen werden, maßgeblich bleibt aber stets die tatgerichtliche Bewertung im Einzelfall.

---

[129] Vgl. BGH NJW 2006, 3290; krit. dazu Gercke/Wollschläger wistra 2008, 5 (8 ff.).

[130] BGH, Urteil vom 6.7.2022 – 2 StR 50/21.

[131] RGSt 48, 291 (295); BGHSt 2, 396 (401); 49, 214 (227); Schönke/Schröder/Eisele § 299 Rn. 19; MüKoStGB/Krick § 299 Rn. 77.

[132] Walter wistra 2001, 321 (327).

[133] Fischer § 299 Rn. 28; NK-StGB/Dannecker § 299 Rn. 79; MüKoStGB/Krick § 299 Rn. 77; aA AWHH StrafR BT § 49 Rn. 58. Zu der in diesem Rahmen oft diskutierten Einwilligung des Geschäftsherrn → Rn. 91.

[134] Fischer § 299 Rn. 29; BeckOK StGB/Momsen/Laudien § 299 Rn. 52; Graf/Jäger/Wittig/Sahan § 299 Rn. 41; Winkelbauer FS Weber, 2004, 388.

[135] MüKoStGB/Krick § 299 Rn. 75; Graf/Jäger/Wittig/Sahan § 299 Rn. 37.

[136] Fischer § 299 Rn. 23; Schönke/Schröder/Eisele § 299 Rn. 24; MüKoStGB/Krick § 299 Rn. 75; Satzger/Schluckebier/Widmaier/Rosenau § 299 Rn. 26; früher, dh vor der Änderung des Gesetzeswortlauts von „gewerblicher Leistung" zu „Dienstleistung" aA LG Magdeburg wistra 2002, 156 (157); NK-StGB/Dannecker § 299 Rn. 86; Pragal ZIS 2006, 63 (79); Graf/Jäger/Wittig/Sahan § 299 Rn. 37.

[137] Schönke/Schröder/Eisele § 299 Rn. 25.

[138] BGH NJW 1957, 1243 (1244); BGHSt 10, 269 (270); Satzger/Schluckebier/Widmaier/Rosenau § 299 Rn. 26.

[139] NK-StGB/Dannecker § 299 Rn. 87; Schönke/Schröder/Eisele § 299 Rn. 24.

[140] BGH NJW 1995, 2301; BeckRS 2010, 21228 Rn. 10; wistra 2010, 376; Satzger/Schluckebier/Widmaier/Rosenau § 299 Rn. 26.

37   **aa) Restriktive Auslegung und Sozialadäquanz.** Für die Abgrenzung von strafbaren zu straffreien Handlungen wird eine **restriktive Auslegung** angewandt. Dabei wird sowohl von der Literatur[141] als auch von der Rechtsprechung[142] primär das Kriterium der **Sozialadäquanz** bemüht. Nach diesem Kriterium sollen solche Tathandlungen von der Strafbarkeit ausgenommen sein, die aufgrund ihrer Einordnung als sozialadäquat nicht geeignet sind, eine Beeinflussung des Wettbewerbs zu bewirken.[143] Begründet wird dies einerseits mit der Geringwertigkeit sozialadäquater Zuwendungen,[144] andererseits mit der Straflosigkeit derartiger Zuwendungen, da sie sich im Rahmen der gesellschaftlichen Ordnung bewegen.[145]

38   Unklar ist die **dogmatische Einordnung der Sozialadäquanz:** So wird diese von der **Rechtsprechung** teilweise als eingrenzendes Kriterium iRd Vorteils,[146] teilweise als Kriterium, aufgrund dessen die Beziehung zwischen Vorteil und Dienstausübung entfallen kann, angesehen.[147] In der **Literatur** wird das Kriterium der Sozialadäquanz ebenfalls unterschiedlich eingeordnet.[148] Für die Praxis ist die exakte dogmatische Verordnung jedoch **ohne Belang.**

39   Von Relevanz ist vielmehr die **konkrete Bestimmung und Definition sozialadäquater Handlungen.** Strittig ist insoweit vor allem, ob auch höhere Beträge oder Vorteilswerte unter Anwendung des Kriteriums der Sozialadäquanz aus dem Tatbestand ausgenommen werden können.[149]

40   Die **Rechtsprechung** ist in verschiedenen Entscheidungen auf das Kriterium der Sozialadäquanz eingegangen, allerdings ohne dabei konkrete Richtlinien in Form von Wertgrenzen oder verschiedenen Fallgruppen festzulegen.[150] Vor dem Hintergrund, dass der BGH bislang eine eher zurückhaltendere Rechtsprechung im Zusammenhang mit der **Sozialadäquanz von Zuwendungen** befürwortete, lässt sich Folgendes festhalten:

41   Zu den Vorteilen, die unter dem Gesichtspunkt der Sozialadäquanz vom Tatbestand auszuschließen sind, zählen in Anlehnung an die Rechtsprechung und Literatur zu §§ 331 ff. StGB in erster Linie **Zuwendungen von geringem Wert.**[151] Eine gegenseitige Orientierung und Bezugnahme von Literatur und Rechtsprechung ist aufgrund der Ähnlichkeit und teilweisen Gleichläufigkeit der §§ 299, 331 ff. StGB in einem ersten Schritt sinnvoll, muss jedoch vor dem Hintergrund, dass die jeweiligen **Grenzen** im Bereich des **privaten Wirtschaftsverkehrs weiter** zu ziehen sind als im Bereich der öffentlichen Verwaltung, eingeschränkt werden.[152]

---

[141] Graf/Jäger/Wittig/Papathanasion § 333 Rn. 20 f.; Gribl S. 105 f.; Schönke/Schröder/Heine/Eisele § 331 Rn. 40; Kindhäuser/Goy NStZ 2003, 291 (293); Köhler S. 153; Korte NStZ 1997, 513 (515); MüKoStGB/Korte § 331 Rn. 134 ff.; NK-StGB/Kuhlen § 331 Rn. 98 ff.; erstmals ausf. erörtert von Welzel in seinen Studien zum System des Strafrechts (1939).

[142] BGH wistra 2011, 391; NStZ 2008, 688; 2005, 334; NStZ-RR 2003, 171; NStZ 2003, 158; NStZ-RR 2002, 272; NJW 1986, 859; 1983, 2509.

[143] Statt vieler MüKoStGB/Krick § 299 Rn. 59.

[144] Satzger/Schluckebier/Widmaier/Rosenau § 299 Rn. 20.

[145] Martín FS Tiedemann, 2008, 205 (208) (mit Verweis auf Welzels Studien S. 141 f.).

[146] BGH NJW 1986, 859.

[147] BGH NStZ 2005, 334.

[148] Vgl. nur Knauer/Kaspar GA 2005, 385 (399) [einschränkende Auslegung iSe möglichen Ausschlusses einer Unrechtsvereinbarung aufgrund fehlender Gefahrschaffung] und Sahan in GJW § 299 Rn. 21 [bei erlaubtem Risiko Einschränkung bereits im Rahmen des Vorteilsbegriffes].

[149] Für die Amtsträgerkorruption Schönke/Schröder/Heine/Eisele § 331 Rn. 40; NK-StGB/Kuhlen § 331 Rn. 99; BeckOK StGB/v. Heintschel-Heinegg § 331 Rn. 36. Vgl. auch Knauer/Kaspar GA 2005, 385 (397).

[150] BGH wistra 2011, 391; NStZ 2008, 3580 – Utz Claassen; BGH NStZ 2005, 334; NStZ-RR 2003, 171; NJW 2003, 763; 1986, 859; 1983, 2509.

[151] BGH wistra 2011, 39129; NStZ 2005, 334 (335); NJW 2003, 763 (765); NK-StGB/Kuhlen § 331 Rn. 99; Wentzell S. 39. Allerdings können unter gewissen Umständen auch Zuwendungen von geringerem Wert den Tatbestand des § 299 StGB verwirklichen, Pelz CCZ 2010, 73 (74).

[152] Acker/Ehling BB 2012, 2517 (2519); MüKoStGB/Krick § 299 Rn. 59; Pelz CCZ 2010, 73 (74).

Als straflose Zuwendungen können danach zunächst vor allem kleinere Geschenke oder 42
Aufmerksamkeiten wie **Werbegeschenke** (zB Notizblöcke oder Kugelschreiber[153]) verstanden werden.[154] Weitere Bsp. für straflose Zuwendungen sind **Einladungen zum Essen**
oder die **Abholung mit einem Geschäftswagen.**[155] Ebenfalls vom Tatbestand ausgeschlossen sind nach hM **gestaffelte Mengenrabatte,** wenn keine Unverhältnismäßigkeit
in Bezug zum Wert der betreffenden Ware vorliegt.[156]

Für die **Beratungspraxis** bleibt die wenig hilfreiche Erkenntnis, dass es weder in der 43
Rechtsprechung noch in der Literatur bislang zu einer grundlegenden Einigung bzw.
Festlegung **konkreter Wertgrenzen** gekommen ist. Gegen feste Wertgrenzen streiten
dabei auch gute Argumente, wie bspw. die unterschiedlichen Verhältnisse im internatio-
nalen Standard, das Diskussionspotential bei geringfügiger Abweichung, die sich anschließend
ergebende Notwendigkeit unternehmensinterner Kontrollen, wie auch die Tatsache, dass
Differenzen zwischen den unterschiedlichen Ebenen in einem Unternehmen unberücksichtigt bleiben.[157] Finden sich in den **Compliance-Richtlinien von Unternehmen** feste
Wertgrenzen, so können diese mangels strafrechtskonstituierender Wirkung nur als erste
Orientierung dienen: So werden Wertgrenzen bei Geschenken erfahrungsgemäß bei ca.
30 EUR[158] und bei Veranstaltungen und Einladungen zum Essen bei knapp 100 EUR pro
Person angesetzt.[159] Des Weiteren findet sich häufig die Empfehlung, bei Geschenken und
kleinen Aufmerksamkeiten in geldwerter Form wie auch bei anstößigen oder illegalen
Zuwendungen die Annahme ganz zu verweigern.[160] In Fällen mit **Auslandsbezug** schließlich soll auf die Sicht eines die internationale Situation kennenden Außenstehenden
abzustellen sein,[161] wobei nicht allein die Verhältnisse im betreffenden Land maßgeblich
sind, sondern die Vorgaben, die **international Geltung** beanspruchen können.

Daneben kann zur Bestimmung des Vorliegens einer Unrechtsvereinbarung iSe regel- 44
widrigen Äquivalenzverhältnisses auch auf die **Geringfügigkeit** und **Transparenz** der
Zuwendungen sowie auf die **Einhaltung außerstrafrechtlicher Regeln** abgestellt werden.[162]

bb) Gesamtschau und Kriterien der Rechtsprechung. In der Gesamtschau muss die 45
Notwendigkeit der Einzelfallbetrachtung ohne schematische Orientierung an festen
Wertgrenzen oder unternehmensinternen Vorgaben betont werden.

Zwar wird in der Rechtsprechung zu den Amtsdelikten auch auf konkrete Merkmale 46
verwiesen, die im Bereich der Bestechlichkeit und Bestechung im Geschäftsverkehr Geltung beanspruchen können:[163] So hat der BGH in seinem **Urteil zum Versenden von
Fußball-EM-Tickets an politische Funktionsträger** die Plausibilität eines anderen
Ziels, die Stellung des Amtsträgers, die Beziehung des Vorteilsgebers zu dessen dienstlichen
Aufgaben, die Vorgehensweise bei dem Angebot, dem Versprechen oder dem Gewähren
von Vorteilen sowie die Art, der Wert und die Zahl solcher Vorteile als **Kriterien** herangezogen.[164]

---

[153] Gribl S. 114.
[154] BGH wistra 2003, 59 (63); NJW 1958, 2112 [zu §§ 1, 12, 14 UWG]; MüKoStGB/Krick § 299
Rn. 59.
[155] BGHSt 15, 239 (252); 39, 45 (47 f.); NK-StGB/Dannecker § 299 Rn. 58.
[156] NK-StGB/Dannecker § 299 Rn. 58; Schönke/Schröder/Eisele § 299 Rn. 35.
[157] Marschlich CCZ, 110 (111 ff.).
[158] Haas BC 2010, 492 (494); Marschlich CCZ, 110 (111).
[159] Marschlich CCZ, 110 (111).
[160] Haas BC 2010, 492 (492 f.).
[161] NK-StGB/Dannecker § 299 Rn. 60.
[162] Knauer/Kaspar GA 2005, 385 (395).
[163] Acker/Ehling BB 2012, 2517 (2519).
[164] BGH NJW 2008, 3580 (3583) – Utz Claassen.

47   Dass diese Kriterien einen recht weiten Beurteilungsspielraum zulassen und damit wenig zur **Rechtssicherheit bei der Beurteilung von Korruptionshandlungen** beitragen,[165] hat selbst der BGH erkannt.[166]

48   **cc) Praxishinweise unter Berücksichtigung der Rechtsprechung sowie außergesetzlichen Regelungen (sog. Ampelmodell).** Basierend auf der bisherigen Rechtsprechung bemüht sich der **Arbeitskreis Corporate Compliance**[167] um die Entwicklung eines für die Praxis tauglichen Modells zur sicheren Abgrenzung straffreier von strafbaren Handlungen (sog. **Ampelmodell**).[168] Die Ampel kann jedoch nur einen groben Handlungsrahmen aufzeigen, der durch interne Ausarbeitungen innerhalb der Unternehmen weiter konkretisiert werden muss.[169] Der Bedeutung im Alltag folgend werden in Anlehnung an die Farben einer Ampel drei Bereiche differenziert: Im **grünen Bereich** kann stets von einer zulässigen Zuwendung ausgegangen werden, im **gelben Bereich** sollten für mehr Transparenz klarstellende Informationen (zB durch Nachfrage bei der Compliance-Abteilung) vor Annahme der Zuwendung eingeholt werden, **im roten Bereich** ist die Annahme stets zu verweigern.

49   Der **grüne Bereich** erfasst alle sozialadäquaten Zuwendungen, die zum besseren Verständnis in Fallgruppen unterteilt sind: Danach gehören in den grünen Bereich jedenfalls kleinere Aufmerksamkeiten, Zuwendungen, bei denen eine Ablehnung im Widerspruch zu üblichen Umgangsregelungen steht sowie alle Vorteile, die keinen geschäftlichen Bezug aufweisen.[170] Im Bereich der kleinen Aufmerksamkeiten wird die Festsetzung konkreter Wertgrenzen zwar grds. abgelehnt, nichtsdestotrotz hat sich in der unternehmerischen Praxis ein Wert von ca. 50 EUR bewährt.[171] Zuwendungen, die trotz eines höheren Wertes angenommen werden dürfen, weil dies landesüblichen Gepflogenheiten entspricht, müssen in jedem Fall dem Unternehmen übergeben, der gesamten Belegschaft zur Verfügung gestellt oder gespendet werden.

50   Zum **gelben Bereich** gehören sozialadäquate Zuwendung und Einladungen, die aufgrund eines höheren Wertes aus dem grünen Bereich herausfallen. Es bedarf hier stets einer umsichtigen Abwägung aller Umstände des Einzelfalls (zB Art, Umfang, Anlass, Häufigkeit etc) dahingehend, ob es sich bei der Zuwendung noch um eine sozialadäquate handelt. Dies ist jedenfalls nicht mehr der Fall, wenn bei der Annahme die Gefahr eines Interessenskonfliktes besteht.[172]

51   Eine Zuordnung zum **roten Bereich** ist bei üppigen Geldgeschenken, bei Zuwendungen, die einen unmittelbaren Bezug zu betrieblichen Entscheidungen aufweisen sowie bei solchen, die sexueller oder anstößiger Natur sind, geboten.[173]

III. Objektiver Tatbestand der Bestechlichkeit in der Geschäftsherrenalternative (Abs. 1 Nr. 2)

52   Wegen Bestechlichkeit im geschäftlichen Verkehr macht sich nach Einführung des Geschäftsherrenmodells durch Abs. 1 Nr. 2 nunmehr auch strafbar, wer beim Bezug von Waren oder Dienstleistungen für sich oder einen Dritten **unter Verletzung von Pflichten**

---

[165] Noltensmeier HRRS 2009, 151 (153).
[166] BGH NJW 2008, 3580 (3583) – Utz Claassen.
[167] Der Arbeitskreis wurde auf die Anregung von Dr. Helmut Görling hin im Jahre 2005 gegründet und setzt sich aus Compliance-Verantwortlichen bedeutender Unternehmen, aus hochrangigen Fachleuten der Justiz (Gerichtswesen, Generalstaatsanwaltschaft), des Europäischen Rechnungshofes, des Bundeskriminalamtes, von Eurojust sowie führenden Strafrechtswissenschaftlern und auf das Thema Wirtschaftskriminalität spezialisierten Rechtsanwälten zusammen.
[168] Arbeitskreis Corporate Compliance S. 6.
[169] Arbeitskreis Corporate Compliance S. 12.
[170] Arbeitskreis Corporate Compliance S. 13 ff.
[171] Arbeitskreis Corporate Compliance S. 14.
[172] Arbeitskreis Corporate Compliance S. 17 ff.
[173] Arbeitskreis Corporate Compliance S. 19.

gegenüber dem Unternehmen ohne Einwilligung des Unternehmens einen Vorteil fordert, sich anbieten lässt oder annimmt.[174] Bezüglich des Täterkreises, der Tathandlungen, des Handelns im geschäftlichen Verkehr und des Unternehmens- und Vorteilsbegriffs gilt grundsätzlich das zu Abs. 1 Nr. 1 Gesagte.[175] Im Folgenden wird deshalb nur auf Modifikationen und Abweichungen sowie den Gegenstand der Unrechtsvereinbarung iSd Abs. 1 Nr. 2 eingegangen.

1. Täter nach dem Geschäftsherrenmodell. Das Geschäftsherrenmodell überträgt die **53**
Konzeption der amtsbezogenen Korruptionsdelikte (§§ 331 ff. StGB) auf die Wirtschaft.[176] Zwar können Täter iSd Abs. 1 Nr. 2 gleichermaßen wie bei Abs. 1 Nr. 1 nur Angestellte oder Beauftragte sein; nichtsdestotrotz findet sich bei der Bestimmung des Täterkreises von Abs. 1 Nr. 2 der eigentlich nur für die Amtsträgerdelikte passende Gedanke des Vertrauens der Bevölkerung in die Sauberkeit und Sachlichkeit der Verwaltung wieder:[177] So stellt der Gesetzgeber in der neuen Tatvariante Pflichtverletzungen von Angestellten und Beauftragten gegenüber ihrem Arbeitgeber mit Pflichtverletzungen eines Amtsträgers gegenüber dem Staat und Bürgern gleich. Schon vor diesem Hintergrund, aber auch im Hinblick auf die unterschiedlichen Schutzrichtungen der amtsbezogenen und privaten Korruptionsdelikte, muss die Konzeption der Neuregelung wohl für rechtspolitisch verfehlt erachtet werden.[178]

2. Unrechtsvereinbarung. Gegenstand der Unrechtsvereinbarung nach Abs. 1 Nr. 2 **54**
ist ebenso wie bei Abs. 1 Nr. 1 die Gewährung von Vorteilen beim Bezug von Waren oder Dienstleistungen im geschäftlichen Verkehr[179] vgl. dazu → Rn. 31 ff. Nicht erforderlich ist indessen, dass die Gefahr einer Wettbewerbsverzerrung eintritt. Ausreichend ist allein, dass es durch die Unrechtsvereinbarung zu einer Verletzung der Pflichten des Angestellten oder Beauftragten gegenüber seinem Geschäftsherrn kommen soll.[180]

a) Vorteil als Gegenleistung. Der Vorteil muss sich als eine **Gegenleistung für die** **55**
Vornahme oder das Unterlassen einer Handlung durch den Angestellten oder Beauftragten des Unternehmens erweisen.[181] Nicht tatbestandsmäßig ist damit die bloße Annahme eines Vorteils.[182] Es bedarf vielmehr einer darüber hinausgehenden Verfehlung,[183] also – anders gewendet – eines weiteren Akts, durch den sich der Vorteilsnehmer die Gegenleistung erst erarbeitet.

b) Pflichtverletzung gegenüber dem Geschäftsherrn. Das der Unrechtsverein- **56**
barung zugrundeliegende – über die bloße Annahme eines Vorteils hinausgehende – Handeln oder Unterlassen muss sich als eine **Pflichtverletzung gegenüber dem Geschäftsherrn** darstellen.[184] Dem Wortlaut des Abs. 1 Nr. 2 ist keine Eingrenzung der in Betracht kommenden Pflichten zu entnehmen. In der Entwurfsbegründung zur Neufassung des § 299 StGB heißt es schlicht, dass sich die gegenüber dem Geschäftsherrn zu befolgenden Pflichten „insbesondere aus Gesetz oder Vertrag ergeben" können.[185] Vor diesem Hintergrund kann grundsätzlich jede Art von Pflichtverletzung dem Tatbestand des

---

[174] BeckOK StGB/Laudien/Momsen § 299 Rn. 60, 69; ERST/Rübenstahl/Teubner § 299 Rn. 39.
[175] Da das Gesetz wortgleiche Formulierungen verwendet, ist insoweit auch eine einheitliche Auslegung und Anwendung der Norm geboten.
[176] Passarge DStR 2016, 482 (484).
[177] Passarge DStR 2016, 482 (484).
[178] So auch Passarge DStR 2016, 482 (484).
[179] BeckOK StGB/Laudien/Momsen § 299 Rn. 45.
[180] Dann NJW 2016, 203 (204).
[181] Vgl. BT-Drs. 18/6389, 15; BeckOK StGB/Laudien/Momsen § 299 Rn. 45 f.; Dann NJW 2016, 203 (204); Hoven NStZ 2015, 553 (556); Passarge DStR 2016, 482 (483).
[182] BT-Drs. 18/6389, 15; Hoven NStZ 2015, 553 (556).
[183] BT-Drs. 18/6389, 15; Hoven NStZ 2015, 553 (556).
[184] BT-Drs. 18/6389, 15; BeckOK StGB/Laudien/Momsen § 299 Rn. 60; Dann NJW 2016, 203 (204); Hoven NStZ 2015, 553 (556); Passarge DStR 2016, 482 (484).
[185] BT-Drs. 18/4350, 21.

Abs. 1 Nr. 2 unterfallen, was vor allem Bedenken hinsichtlich der Reichweite der Strafbarkeit und einer Vereinbarkeit mit § 266 StGB (vgl. hierzu bereits → Rn. 4) hervorruft: Zum einen können Unternehmen durch die Gesetzesänderung die Reichweite der Strafbarkeit durch ihre Compliance-Vorschriften mitbestimmen, zum anderen lassen sich durch das Geschäftsherrenmodell auch Pflichtverletzungen bestrafen, die entgegen der Konzeption des Untreuetatbestands in keinerlei Bezug zur Vermögenssphäre des Geschäftsherrn stehen.[186]

57   **c) Pflichtverletzung im Interesse des Vorteilsgebers.** Eine den Tatbestand einschränkende Voraussetzung des Abs. 1 Nr. 2 besteht darin, dass die **Unrechtsvereinbarung im Interesse des Vorteilgebers** liegen muss.[187] Dies ergibt sich zwar nicht unmittelbar aus dem Wortlaut der Norm, ist aber dem Gesetzeszweck der Vorschrift, nur solche Verhaltensweisen unter Strafe zu stellen, mit denen objektiv die Gefahr einhergeht, dass Dritte auf unzulässige Weise Einfluss auf die Pflichtenerfüllung der Bediensteten des Geschäftsherrn nehmen, zu entnehmen.[188] Fehlt es an einem Interesse des Vorteilsgebers an der Pflichtverletzung, so begeht der Angestellte oder Beauftrage einen Pflichtenverstoß, gegen den sich der Geschäftsherr nur mit den Mitteln des Arbeitsrechts wehren kann.

58   **d) Beim Bezug von Waren oder gewerblichen Dienstleistungen.** Die Vorteilsgewährung hat schließlich – wie bei Abs. 1 Nr. 1 – beim **Bezug von Waren oder gewerblichen Dienstleistungen** zu geschehen, weshalb rein innerbetriebliche Störungen nicht dem Anwendungsbereich der Norm unterfallen.[189] Der weite Tatbestand des Abs. 1 Nr. 2 erfährt so eine weitere Einschränkung, indem – wie im Wettbewerbsmodell – der Bezug der Unrechtsvereinbarung zu einem Erwerbsvorgang gefordert wird.[190]

59   **e) Restriktive Anwendung durch wettbewerbsbezogene Auslegung.** Angesichts der offenkundigen Gefahr, dass durch die tatbestandliche Ausdehnung des § 299 StGB nach Einführung des Geschäftsherrenmodells auch strafunwürdige Fälle, wie die Verletzung geringster arbeitsvertraglicher Pflichten, kriminalisiert werden,[191] fragt sich, ob eine Begrenzung des Tatbestands aus einer **wettbewerbsbezogenen Auslegung der Pflichtverletzung** folgen kann.[192] Das Meinungsspektrum hierzu ist geteilt: Während Schünemann in einer solchen Auslegung einen Widerspruch zum Willen der Entwurfsverfasser, mit der Norm ausdrücklich die „Interessen des Geschäftsherren an der loyalen und unbeeinflussten Erfüllung der Pflichten durch seine Angestellten und Beauftragten" zu schützen, sieht,[193] erkennen Kubiciel, Hoven und Dannecker/Schröder kein eindeutiges Votum des Gesetzgebers für die Einführung eines umfassenden Geschäftsherrenmodells.[194] Sie geben vielmehr zu bedenken, dass der Gesetzgeber mit dem Verzicht auf das Merkmal „im Wettbewerb" nicht vollkommen wettbewerbsferne Pflichtverletzungen habe erfassen wollen.[195] Solange es keine obergerichtliche Klärung in der Frage der wettbewerbsbezogenen Auslegung des Tatbestandes gibt, wird sich der Rechtsanwender in der Praxis mit dieser **rechtsunsicheren Ausgangslage** zufriedengeben müssen.

---

[186] Walther NZWiSt 2015, 255 (257).
[187] BT-Drs. 18/6389, 15; Dann NJW 2016, 2032 (204).
[188] Vgl. BT-Drs. 18/6389, 15.
[189] Hoven NStZ 2015, 553 (556).
[190] Dann NJW 2016, 203 (204 f.).
[191] Hoven NStZ 2015, 553 (557).
[192] Für eine solche Beschränkung auf wettbewerbsbezogene Pflichtverstöße NK-StGB/Dannecker § 299 Rn. 93; ERST/Rübenstahl/Teubner § 299 Rn. 46; ausführlich dazu Jansen NZWiSt 2019, 41; in Bezug auf sog. „Quick-Savings" auch Ballo/Skoupil NJW 2019, 1174.
[193] Schünemann ZRP 2015, 68 (70).
[194] Dannecker/Schröder ZRP 2015, 48 (49); Kubiciel KPKp 4/2014, 15 f.
[195] Dannecker/Schröder ZRP 2015, 48 (49); Hoven NStZ 2015, 553 (559 f.).

IV. Objektiver Tatbestand der Bestechung in der Wettbewerbsalternative (Abs. 2 Nr. 1)

Der objektive Tatbestand der aktiven Bestechung nach § 299 Abs. 2 Nr. 1 StGB ent- **60** spricht in **spiegelbildlicher Abbildung** der in Abs. 1 geregelten Bestechlichkeit.[196] Es werden deshalb nur die **Modifizierungen** und **Abweichungen** näher erläutert, im Übrigen gilt das zu Abs. 1 Nr. 1 Gesagte.

1. Täter. Im Gegensatz zu Abs. 1 stellt Abs. 2 **kein Sonderdelikt** dar, der Tatbestand **61** kann von **jedermann** verwirklicht werden.[197] Jedoch ist im Hinblick auf das Schutzgut → Rn. 3 auch hier Voraussetzung, dass das Handeln zum **Zwecke der Beeinflussung des Wettbewerbs** erfolgt. Daher muss derjenige, der nicht selbst am geschäftlichen Wettbewerb beteiligt ist, zumindest im Interesse eines der Mitbewerber tätig werden, um tauglicher Täter zu sein.[198] Fehlt das Handeln im Interessenkreis des Mitbewerbers, so kommt nur eine **Beihilfe- oder Anstiftungshandlung** in Form des Bereitstellens von Mitteln zur Bestechung in Betracht.[199]

2. Tathandlungen. Die Tathandlungen bilden jeweils das **Gegenstück** zu den Tat- **62** handlungen des Abs. 1 Nr. 1, so entspricht das **Anbieten** dem Fordern, das **Versprechen** dem Sich-Versprechen-Lassen und das **Gewähren** dem Annehmen eines Vorteils.[200] Insoweit kann auf die vorangegangenen Ausführungen verwiesen werden, sodass Empfänger des Vorteils → Rn. 19 auch hier wieder ausschließlich Angestellte → Rn. 9 oder Beauftragte → Rn. 10 eines Unternehmens → Rn. 17 sein können, denen ein Vorteil als Gegenleistung → Rn. 32 für eine unlautere Bevorzugung im Wettbewerb → Rn. 33 beim Bezug von Waren oder gewerblichen Dienstleistungen → Rn. 35 angeboten, versprochen oder gewährt wird.

a) Anbieten. Anbieten ist jedes **In-Aussicht-Stellen** eines zukünftigen Vorteils. Er- **63** forderlich ist dafür eine konkludente oder ausdrückliche Willenserklärung auf Seiten des Vorteilsgebers,[201] die auf eine Unrechtsvereinbarung → Rn. 31 ff. abzielt und vom Vorteilsempfänger zur Kenntnis genommen wird.[202] Unerheblich ist, ob der Vorteil tatsächlich von der Geberseite erbracht wird.

b) Versprechen. Versprechen ist die **Zusage** des Vorteils.[203] Das im Rahmen des **64** Anbietens Gesagte gilt entsprechend.

c) Gewähren. Gewähren meint die **tatsächliche Verschaffung** des Vorteils in der **65** Absicht und dem Willen, dass ein Übergang der Verfügungsgewalt auf den Vorteilsempfänger stattfindet.[204] Im Gegensatz zum Anbieten und Versprechen muss eine Unrechtsvereinbarung (zumindest stillschweigend) zustande kommen.[205]

---

[196] Fischer § 299 Rn. 31; Eisele in Schönke/Schröder/Eisele § 299 Rn. 42; Graf/Jäger/Wittig/Sahan § 299 Rn. 30.

[197] MüKoStGB/Krick § 299 Rn. 95; Satzger/Schluckebier/Widmaier/Rosenau § 299 Rn. 34.

[198] Satzger/Schluckebier/Widmaier/Rosenau § 299 Rn. 34.

[199] BGH NStZ 2000, 430 [Beihilfe zu § 12 UWG]; NK-StGB/Dannecker § 299 Rn. 106; Schönke/Schröder/Eisele § 299 Rn. 43.

[200] NK-StGB/Dannecker § 299 Rn. 107; Graf/Jäger/Wittig/Sahan § 299 Rn. 30.

[201] BGH NJW 1961, 1483.

[202] BGH NJW 1960, 2154 (2155); 1961, 1483; Fischer § 299 Rn. 32; MüKoStGB/Krick § 299 Rn. 97; Graf/Jäger/Wittig/Sahan § 299 Rn. 30.

[203] Fischer § 299 Rn. 32; Satzger/Schluckebier/Widmaier/Rosenau § 299 Rn. 33.

[204] NK-StGB/Dannecker § 299 Rn. 109; BeckOK StGB/Momsen/Laudien StGB § 299 Rn. 42; Schönke/Schröder/Eisele § 299 Rn. 46; Satzger/Schluckebier/Widmaier/Rosenau § 299 Rn. 33.

[205] Str. wie hier: NK-StGB/Dannecker § 299 Rn. 109; Schönke/Schröder/Eisele § 299 Rn. 46; BeckOK StGB/Momsen/Laudien § 299 Rn. 43; Graf/Jäger/Wittig/Sahan § 299 Rn. 30 aA BGH NJW 1961, 468 [zu § 333 StGB aF]; BGH NStZ 2000, 439 [zu § 333 StGB aF]; MüKoStGB/Krick § 299 Rn. 98.

V. Objektiver Tatbestand der Bestechung in der Geschäftsherrenalternative (Abs. 2 Nr. 2 StGB)

66   **1. Allgemeines.** Spiegelbildlich zur Bestechlichkeit nach Abs. 1 Nr. 2 regelt Abs. 2 Nr. 2 die **Bestrafung der Bestechung** in der neu eingeführten Geschäftsherrnalternative.[206] Abs. 2 Nr. 2 StGB stellt damit auch jenseits einer Wettbewerbslage solche Verhaltensweisen unter Strafe, die darauf gerichtet sind, einem Angestellten oder Beauftragten eines Unternehmens einen Vorteil für diesen oder einen Dritten als Gegenleistung dafür anzubieten, zu versprechen oder zu gewähren, dass er beim Bezug von Waren oder Dienstleistungen eine Handlung vornimmt oder unterlässt und dadurch eine Pflichtverletzung gegenüber dem Unternehmen begeht.[207]

67   **2. Anwendung und Auslegung.** Bei der Anwendung und Auslegung von Abs. 2 Nr. 2 sind gegenüber Abs. 1 Nr. 2 keine Besonderheiten zu berücksichtigen.[208] Dementsprechend muss (wie bei Abs. 1 Nr. 2) Gegenstand der Unrechtsvereinbarung ein Vorteil als Gegenleistung sein → Rn. 55, der beim Bezug von Waren oder Dienstleistungen gewährt wird → Rn. 58 und mit einer Pflichtverletzung des Vorteilsnehmers gegenüber dem Unternehmen als Geschäftsherrn zusammenhängt → Rn. 56. Die Pflichtverletzung des Vorteilsnehmers muss schließlich – wie bei Abs. 1 Nr. 2 – im Interesse des Vorteilgebers liegen → Rn. 57.

VI. Ausländischer Wettbewerb (Abs. 1 Nr. 1, Abs. 2 Nr. 1)

68   **1. Allgemeines.** Unabhängig von der Inbezugnahme des ausländischen Wettbewerbs in Abs. 1 Nr. 1 und Abs. 2 Nr. 1 unterfällt eine Tat mit Auslandsbezug dem deutschen Strafrecht, wenn sie eine sog. **Inlandstat** nach § 3 StGB (sog. **Territorialitätsprinzip**) darstellt. Die jeweilige Strafbarkeit im betreffenden Staat ist dann ohne Bedeutung.[209]

69   Liegt kein Inlandsbezug der Bestechungshandlung vor, so handelt es sich um eine sog. **ausschließliche Auslandstat.** Bei dieser kann sich eine Strafbarkeit nach § 299 StGB gem. § 7 StGB nur ergeben, wenn die Tat im betreffenden Land ebenfalls unter Strafe gestellt ist.[210] Nach der Rechtsprechung ist dabei keine Kongruenz von deutscher und ausländischer Strafnorm erforderlich, ausreichend ist eine ähnliche Sanktionierung im Hinblick auf die konkrete Tat iSd § 264 StPO.[211]

70   § 299 Abs. 1 Nr. 1, Abs. 2 Nr. 1 StGB unterstellt also Handlungen im ausländischen Wettbewerb dem Tatbestand, ohne dass dabei die soeben erläuterten **allgemeinen Regeln des internationalen Strafrechts (§§ 3–9 StGB)** überlagert werden.[212] Vor dieser tatbestandlichen Erweiterung[213] war umstritten, ob der ausländische Wettbewerb überhaupt

---

[206] BeckOK StGB/Laudien/Momsen § 299 Rn. 44; Passarge DStR 2016, 482 (483).

[207] In den europarechtlichen Vorgaben zur Korruptionsbekämpfung (Strafrechtsübereinkommen des Europarats vom 27.1.1999, EU-Rahmenbeschluss 2003/568/JI), die Anlass zur Änderung des § 299 StGB durch das Zweite Gesetz zur Bekämpfung der Korruption vom 20.11.2015 gaben, wird bei der Unrechtsvereinbarung allein auf eine Pflichtverletzung gegenüber dem Geschäftsherrn abgestellt, dh die tatbestandliche Ausdehnung des Geschäftsherrmodells auf den Vorteilsgeber war nicht zwingend vorgegeben, sondern stand vielmehr im Ermessen des Gesetzgebers; vgl. zur Kritik der Bestrafung des Vorteilsgebers auch Dannecker/Schröder ZRP 2015, 48 f.

[208] BeckOK StGB/Laudien/Momsen § 299 Rn. 44.

[209] Schönke/Schröder/Eisele § 299 Rn. 30 f.; vgl. zum Tatortbegriff BGH BeckRS 2018, 38754 Rn. 24; Tatort kann nur der Handlungsort sein, an dem die auf die Unrechtsvereinbarung gerichtete Erklärung abgegeben oder angenommen oder der Vorteil gefordert, angeboten, versprochen, gewährt oder angenommen wird.

[210] Graf/Jäger/Wittig/Sahan § 299 Rn. 53.

[211] BGHSt 2, 160 (161); 42, 275 (277); NK-StGB/Dannecker § 299 Rn. 127.

[212] NK-StGB/Dannecker § 299 Rn. 121; Satzger/Schluckebier/Widmaier/Rosenau § 299 Rn. 4; Graf/Jäger/Wittig/Sahan § 299 Rn. 4.

[213] Vor der Änderung der Vorschrift durch das 2. KorrBekG v. 20.11.2015, BGBl. I 2015, war der ausländische Wettbewerb über Abs. 3 aF erfasst. Diese Regelung geht nun komplett in Abs. 1 Nr. 1, Abs. 2 Nr. 1 auf, vgl. BT-Drs. 18/4350, 22.

vom Schutzbereich umfasst wird → Rn. 72.[214] Dieser Diskussion über den Anwendungsbereich in Fällen mit Auslandsbezug ist nun insoweit abgeholfen, als ihr nur noch in den
Fällen, die **zeitlich vor dem 30.8.2002** liegen,[215] Bedeutung zukommt. Im Hinblick auf
die für § 299 StGB geltende Verjährungsfrist des § 78 Abs. 3 Nr. 4 StGB (5 Jahre) hat sie
jedoch keine praktische Relevanz mehr und wird dementsprechend unter → Rn. 72 ff. nur
im Überblick dargestellt.

Da der deutsche Gesetzgeber mit der Erfassung des weltweiten Wettbewerbs über   **71**
europäische Vorgaben zum strafrechtlichen Schutz des Wettbewerbs in der EU hinausgegangen ist,[216] kann sich für deutsche Wettbewerber ein **volkswirtschaftlicher Nachteil**
gegenüber ausländischen Mitstreitern aus Ländern mit weniger weit reichendem Strafrechtsschutz ergeben.[217] Dieses Ergebnis wird im Hinblick auf die teilweise **Üblichkeit
korrupter Handlungen** in den geschäftstreibenden Staaten nicht ganz zu Unrecht
kritisiert, zumal eine **Rechtfertigung** von Korruptionstaten über das Argument der
Sozialadäquanz derartiger Handlungen in den betreffenden Ländern nicht in Betracht
kommt.[218]

2. Fälle mit Auslandsbezug vor dem 30.8.2002. Umstritten ist, ob bei Taten, die **vor**   **72**
dem 30.8.2002 begangen wurden, eine Rückwirkung zur Anwendung gelangen kann,
sofern diese noch nicht verjährt sind:

Die Strafbarkeit dieser Fälle ist nur zu bejahen, wenn im Wege einer **europarechts-**   **73**
freundlichen Auslegung[219] oder aufgrund eines **bestehenden internationalen Schutzes** bereits vor Aufnahme des ausländischen Wettbewerbs in den Tatbestand eine Anwendung des § 299 StGB aF in Betracht kam. Wenngleich sich weder aus dem Wortlaut noch
aus der Entstehungsgeschichte eine enge Auslegung des § 299 StGB aF ergab,[220] verneinte
die hM[221] vor dem 30.8.2002 konsequent eine Erstreckung auf ausländische Rechtsgüter
mit dem Argument, dass bereits bei der Vorläufernorm des § 12 UWG aF Tathandlungen, die ausschließlich gegen den ausländischen Wettbewerb gerichtet waren, nicht
vom Schutzbereich der Vorschrift erfasst wurden. Die fehlende Motivation des Gesetzgebers, in § 299 StGB Änderungen ggü. der Vorgängernorm des § 12 UWG aF vorzunehmen,[222] sprach ebenfalls gegen eine Änderung dieser Auslegung in Bezug auf § 299
StGB.

So entschied auch der BGH 2008 in der **Enel-Affäre der Siemens AG,** dass § 299   **74**
StGB aF zum Schutze von Unternehmen, die im ausländischen Wettbewerb ohne andere
deutsche Wettbewerber standen, nur solche Handlungen im ausländischen Wettbewerb
erfasst, die sich gleichzeitig auch gegen deutsche Mitbewerber richteten.[223]

Daraus folgt, dass § 299 StGB aF jedenfalls auf Taten, die nicht bereits vor dem 30.8.2002   **75**
beendet waren, keine Anwendung findet.[224]

---

[214] Satzger/Schluckebier/Widmaier/Rosenau § 299 Rn. 27.
[215] Mit dem Gesetz zur Ausführung […] der Gemeinsamen Maßnahme betreffend die Bestechung im
privaten Sektor v. 22.12.1998 (ABl. 1998 L 358, 2) v. 22.8.2002 (BGBl. I 3387) wurde mit Wirkung zum
30.8.2002 der Abs. 3 in die Norm eingefügt, der erstmals explizit den ausländischen Wettbewerb erfasste.
[216] Graf/Jäger/Wittig/Sahan § 299 Rn. 51.
[217] Graf/Jäger/Wittig/Sahan § 299 Rn. 4 u. 53.
[218] Fischer § 299 Rn. 43; Graf/Jäger/Wittig/Sahan § 299 Rn. 53.
[219] LK-StGB/Tiedemann § 299 Rn. 64.
[220] Walter wistra 2001, 321.
[221] BGH NJW 2009, 89 (93); Haft/Schwoerer FS Weber, 2004, 376; Pelz ZIS 2008, 333 (339); Rönnau
JZ 2007, 1084; Fischer § 299 Rn. 26; Saliger/Gaede HRRS 2008, 57 (61 f.).
[222] BT-Drs. 13/5584, 15; BGH NJW 2009, 89 (93 ff.); BeckRS 2008, 23926 Rn. 52 ff.; NK-StGB/
Dannecker § 299 Rn. 74a.
[223] BGH NJW 2009, 89 (93); vgl. auch Pelz ZIS 2008, 333 ff.
[224] BGH NJW 2009, 89 (92 f.); Knauer NStZ 2009, 151 (153); Ransiek NJW 2009, 95 (98).

VII. Sonderproblem: Absatzförderungsmaßnahmen

76 **1. Allgemeines.** Neben den bereits erörterten grundsätzlichen Kriterien zur Abgrenzung straffreier von strafbaren Handlungen im Bereich der Bestechungsdelikte → Rn. 36 ff., lassen sich speziell bei der Betrachtung von **Absatzförderungsmaßnahmen** konkretere Aussagen treffen.

77 **2. Einzelne Maßnahmen zur Absatzförderung. a) Rabatte. Gestaffelte Mengenrabatte** sind als zulässig anzusehen, solange sie nicht außer Verhältnis zum Wert der betreffenden Sache stehen bereits → Rn. 42.[225]

78 **b) Prämien.** Vor dem Hintergrund der Rechtsprechung zu § 12 UWG aF[226] ist davon auszugehen, dass **Herstellerprämien,** die sich unmittelbar an die Angestellten oder Beauftragten eines Unternehmens richten, grds. den Tatbestand des § 299 StGB erfüllen.[227] Der Ansicht, die eine Strafbarkeit im Falle der Prämiengewährung vom Wissen bzw. der **Einwilligung des Geschäftsherren** → Rn. 91 abhängig machen will,[228] muss entgegengehalten werden, dass es zumindest iRd Strafbarkeit nach § 299 Abs. 1 Nr. 1, Abs. 2 Nr. 1 StGB nicht auf eine Pflichtverletzung gegenüber dem Geschäftsherren ankommen kann. Möglich bleibt allerdings seit dem 2. KorrBekG v. 20.11.2015 (BGBl. I 2015) eine Strafbarkeit nach dem Geschäftsherrenmodell, § 299 Abs. 1 Nr. 2, Abs. 2 Nr. 2 StGB → Rn. 52 ff., 66 f.

79 **c) Provisionen.** Gerade in Berufsfeldern, die typischerweise mit Provisionszahlungen in Berührung treten, wie dies zB beim **Handelsvertreter gem. §§ 87 ff. HGB** der Fall ist, kann sich ein Strafbarkeitsrisiko im Hinblick auf § 299 StGB ergeben. Ein entscheidendes Kriterium zur Differenzierung von strafbaren zu straflosen Handlungen ist dabei die **Höhe der Provisionszahlungen.**[229] Da die Höhe der Handelsvertreterprovisionen vom Gesetz nicht festgeschrieben ist (§ 87b Abs. 1 HGB), richtet sich diese nach den in der jeweiligen **Branche üblichen Quoten:** So ist bspw. bei einer Vermittlung von Anzeigeaufträgen durch Werbeagenturen eine Provisionszahlung von ca. 15 %, bei der Vermittlung von Immobilien von ca. 3 % bis zu 7 % und bei Gütern, die geringwertig sind, von bis zu 50 % üblich. Stehen keine Erfahrungswerte zur Verfügung, so ist nach **billigem Ermessen** zu verfahren. Vor diesem Hintergrund kann auch eine im Millionenbereich liegende Provision bei einem entsprechenden Grundgeschäft angemessen sein. Neben der Höhe der Provisionszahlung stellt die Rspr. im Einzelfall auch auf die Umstände der Provisionszahlung zum Zeitpunkt des Vertragsschlusses ab und prüft, ob sich Anhaltspunkte im Hinblick auf eine benachteiligende Wettbewerbssituation ergeben.[230]

80 Ebenfalls einem hohen Strafbarkeitsrisiko nach § 299 StGB ausgesetzt sind die **externen Beratungsfirmen,** die in den letzten Jahren aufgrund ihres regemäßig hohen Einflusses auf die wesentlichen Entscheidungen von Wirtschaftsunternehmen einen enormen Bedeutungszuwachs erfahren haben. Die Grenze zur strafbaren Handlung ist jedenfalls dann überschritten, wenn sich ein Berater bei seiner Tätigkeit allein von **sachfremden Kriterien,** wie der **Existenz und der Höhe einer Provisionszahlung** leiten lässt.[231] Darunter fällt auch die Vereinbarung sog. Kick-Back-Zahlungen, die als verschleierte Provisionszahlungen jedoch solange unproblematisch sind, wie sie die freie Berufsausübung des Beraters nicht negativ beeinflussen.

---

[225] Bach wistra 2008, 47 (49); Schönke/Schröder/Eisele § 299 Rn. 35; MüKoStGB/Krick § 299 Rn. 59.

[226] Vgl. RG 14.5.1914 – 3 StR – III 140/14 – Korkengeld-Fall; BGH 21.12.1973 – I ZR 100/72, GRUR 1974, 394 – Verschlusskapsel-Fall; OLG Stuttgart WRP 1974, 22.

[227] Lorenz WRP 2005, 992 (999).

[228] Lüderssen FS Tiedemann, 2008, 894.

[229] BGH BeckRS 2010, 21228 Rn. 14; Beukelmann NJW-Spezial 2011, 184.

[230] BGH GRUR 1968, 587 (591).

[231] Schmidl wistra 2006, 286 (287).

d) Kundenbindungsprogramme/Bonusprogramme. Prinzipiell steht einer Straf- **81** barkeit im Falle von sog. **Kundenbindungsprogrammen** (zB Vielfliegerprogrammen oder Payback-Systemen) entgegen, dass Vorteile für in der Vergangenheit liegende Bevorzugungen grds. vom Tatbestand ausgeschlossen sind → Rn. 32.[232] Dennoch kann sich in bestimmten Einzelfällen eine Strafbarkeit nach § 299 StGB vor dem Hintergrund ergeben, dass die jeweiligen Kundenbindungsprogramme immer nur den Angestellten oder Beauftragten selbst begünstigen und nicht dem sie anstellenden Unternehmen zur Verfügung stehen, sodass sie durchaus geeignet sein können, eine **Beeinflussung des Mitarbeiters** zu Gunsten eigener Interessen und zu Lasten der Unternehmenszwecke herbeizuführen.[233] Wenn der Dienstherr die Nutzung und Teilnahme am Bonusprogramm nicht explizit auch für **private Zwecke** gebilligt hat, besteht für Mitarbeiter stets die Gefahr einer Strafbarkeit nach § 299 StGB.[234]

e) Sponsoring. Beim **Sponsoring** kommt es entscheidend darauf an, ob die Unterstüt- **82** zungshandlungen rein **altruistischer und damit strafloser Natur** sind.[235] Üblicherweise spielt die Problematik des Sponsorings eine größere Rolle bei der Amtsträgerkorruption → StGB § 333 Rn. 24, weshalb auf die dortigen Ausführungen verwiesen wird.

VIII. Subjektiver Tatbestand

1. Vorsatz. Im Rahmen des subjektiven Tatbestandes ist **dolus eventualis** ausrei- **83** chend.[236] Dieser muss sich dabei auf alle Umstände des objektiven Tatbestandes beziehen, also auf die Stellung des Bestochenen als Angestellter oder Beauftragter eines Unternehmens, auf die Vorteilsgewährung sowie auf die Umstände, die im Einzelfall die Unlauterkeit des Vorteils und der Bevorzugung bedingen.[237] Zudem muss sich der Vorsatz darauf erstrecken, dass der andere den Vorteil als Gegenleistung im Austausch für eine Bevorzugung auffasst (= Unrechtsvereinbarung). In der **Tatvariante des Forderns (Abs. 1) und des Anbietens (Abs. 2)** ist im Hinblick auf den Abschluss der Unrechtsvereinbarung sogar Absicht erforderlich.[238]

a) Wettbewerbsmodell (Abs. 1 Nr. 1, Abs. 2 Nr. 1). In den Fällen des § 299 Abs. 1 **84** Nr. 1, Abs. 2 Nr. 1 StGB muss es dem Täter darauf ankommen, dass der Vorteilsgeber den Vorteil als Gegenleistung für die Bevorzugung gewährt.[239] In den Fällen des § 299 Abs. 2 Nr. 1 StGB muss der Täter darüber hinaus in **Wettbewerbsabsicht** handeln,[240] dh es muss ihm darauf ankommen, den eigenen Absatz oder den Absatz eines Dritten zu fördern.

b) Geschäftsherrenmodell (Abs. 1 Nr. 2, Abs. 2 Nr. 2). Abs. 1 Nr. 2 und Abs. 2 **85** Nr. 2 StGB erfordern die **Kenntnis** von der mit der Vorteilsgewährung einhergehenden Pflichtverletzung gegenüber dem Geschäftsherren.[241] Während ein Angestellter oder Beauftragter ohne weiteres Kenntnis von seiner gegenüber dem Unternehmen bestehenden Pflichtenstellung haben wird, ist regelmäßig davon auszugehen, dass der Vorteilsgeber als eine in Bezug auf das Unternehmen externe Person meist nicht die konkrete Pflichtenstellung des Vorteilnehmers gegenüber dessen Unternehmen und Geschäftsherrn kennen

---

[232] BGH GRUR 1968, 587 (588); Bach wistra 2008, 47 (48); Schönke/Schröder/Eisele § 299 Rn. 23.
[233] Ausf. Weitnauer NJW 2010, 2560.
[234] Weitnauer NJW 2010, 2560 (2562).
[235] Schönke/Schröder/Eisele § 299 Rn. 23; Satzger ZStW 115 (2003), 469 (488).
[236] Fischer § 299 Rn. 40; Greeve Rn. 458; MüKoStGB/Krick § 299 Rn. 92 f.; Satzger/Schluckebier/Widmaier/Rosenau § 299 Rn. 36.
[237] BGH NJW 1998, 1874 (1877); Fischer § 299 Rn. 40; Graf/Jäger/Wittig/Sahan § 299 Rn. 57 f.
[238] MüKoStGB/Krick § 299 Rn. 92; Satzger/Schluckebier/Widmaier/Rosenau § 299 Rn. 36.
[239] Fischer § 299 Rn. 40; BeckOK StGB/Laudien/Momsen § 299 Rn. 45, 73.
[240] Eisele in Schönke/Schröder § 299 Rn. 49; BeckOK StGB/Laudien/Momsen § 299 Rn. 73; Fischer StGB § 299 Rn. 40.
[241] BeckOK StGB/Laudien/Momsen § 299 Rn. 73.

wird.[242] Hierdurch können sich praktische Probleme beim Vorsatznachweis ergeben.[243]

86   **2. Irrtum.** Ein vorsatzausschließender **Tatbestandsirrtum nach § 16 StGB** liegt vor, wenn der Täter die tatsächlichen Umstände, die zum objektiven Tatbestand gehören oder das normative Tatbestandsmerkmal der Unlauterkeit begründen, nicht kennt.[244] Bewertet der Täter hingegen sein Verhalten fälschlicherweise als lauter, so unterliegt er einem **Verbotsirrtum nach § 17 StGB.**[245] Irrt der Täter über die **Geschäftsinhabereigenschaft** des Vorteilsempfängers, so liegt für ihn ein strafloser Versuch vor.[246] Geht der Täter fälschlicherweise davon aus, ein Angestellter oder Beauftragter sei **Betriebsinhaber,** so entfällt sein Vorsatz nach § 16 StGB.[247] Im Hinblick auf einen **Irrtum über die Einwilligung des Geschäftsherrn** ist zu differenzieren: IRd § 299 Abs. 1 Nr. 1, Abs. 2 Nr. 1 StGB liegt ein für den Vorsatz unbeachtlicher Verbotsirrtum nach § 17 StGB vor, iRd **§ 299 Abs. 1 Nr. 2, Abs. 2 Nr. 2 StGB** ist hingegen von einem vorsatzausschließenden Tatbestandsirrtum nach § 16 StGB auszugehen.[248] Glaubt der Täter bei § 299 Abs. 1 Nr. 2, Abs. 2 Nr. 2 StGB jedoch, seinem Geschäftsherrn gegenüber gar keine Pflichtenstellung innezuhaben, so liegt ein Verbotsirrtum nach § 17 StGB vor, der den Vorsatz unberührt lässt. Kennt der Vorteilsgewährende iRd § 299 Abs. 2 Nr. 2 StGB die konkrete Pflichtenstellung des Begünstigten gegenüber dessen Geschäftsherrn nicht, so wird sein Vorsatz regelmäßig zu verneinen sein.[249]

IX. Vollendung, Beendigung und Versuchsstrafbarkeit

87   Die Feststellung der **Vollendung** richtet sich aufgrund der Einordnung des § 299 StGB als **Tätigkeitsdelikt** nach dem Abschluss der Tathandlungen, sodass Vollendung bei **§ 299 Abs. 1 StGB** bereits mit dem Fordern, Sich-Versprechen-Lassen oder Annehmen und bei **§ 299 Abs. 2 StGB** mit dem Anbieten, Versprechen oder Gewähren des Vorteils eintritt.[250] Voraussetzung ist gerade nicht das Vorliegen einer tatsächlichen Bevorzugung.[251] Während es beim **Anbieten** und **Fordern** für die Vollendung nicht zum Abschluss einer Unrechtsvereinbarung kommen muss, liegt Vollendung beim **Sich-Versprechen-Lassen** und **Annehmen** bzw. **Versprechen** und **Gewähren** erst mit dem tatsächlichen Zustandekommen einer Unrechtsvereinbarung vor.[252] Nicht erforderlich ist das Vorliegen einer Wettbewerbssituation, ausreichend ist vielmehr allein die Vorstellung vom Vorliegen einer solchen zum Zeitpunkt der beabsichtigten Bevorzugung.[253]

88   Die Tat ist mit der letzten Annahme des vereinbarten Vorteils **beendet.**[254] Kommt es zu keiner Vorteilsgewährung, so tritt Beendigung mit dem endgültigen Scheitern der darauf

---

[242] Heuking/v. Coelln BB 2016, 323 (330 f.); BeckOK StGB/Laudien/Momsen § 299 Rn. 75.

[243] Heuking/v. Coelln BB 2016, 323 (330 f.); BeckOK StGB/Laudien/Momsen § 299 Rn. 75.

[244] MüKoStGB/Krick § 299 Rn. 92; Satzger/Schluckebier/Widmaier/Rosenau § 299 Rn. 38.

[245] Schönke/Schröder/Eisele § 299 Rn. 48; MüKoStGB/Krick § 299 Rn. 92; BeckOK StGB/Laudien/Momsen § 299 Rn. 73; Satzger/Schluckebier/Widmaier/Rosenau § 299 Rn. 38; diff. NK-StGB/Dannecker § 299 Rn. 102; aA LK-StGB/Tiedemann § 299 Rn. 51.

[246] Graf/Jäger/Wittig/Sahan § 299 Rn. 59. Unberührt bleibt allerdings nach Röske/Böhme wistra 2011, 445 (447) die Strafbarkeit des Empfängers, da der Irrtum nur den Geber betrifft und es faktisch zu einer Unrechtsvereinbarung kommt.

[247] Fischer § 299 Rn. 41.

[248] BeckOK StGB/Momsen/Laudien § 299 Rn. 73.

[249] Heuking/von Coelln BB 2016, 323 (330 f.); BeckOK StGB/Momsen/Laudien § 299 Rn. 75.

[250] NK-StGB/Dannecker § 299 Rn. 133; Schönke/Schröder/Eisele § 299 Rn. 51.

[251] BGHSt 10, 358 (367 f.); NK-StGB/Dannecker § 299 Rn. 133; Fischer § 299 Rn. 37; MüKoStGB/Krick § 299 Rn. 38; BeckOK StGB/Momsen/Laudien § 299 Rn. 71; Graf/Jäger/Wittig/Sahan § 299 Rn. 54.

[252] NK-StGB/Dannecker § 299 Rn. 134; Schönke/Schröder/Eisele § 299 Rn. 51; MüKoStGB/Krick § 299 Rn. 116; BeckOK StGB Momsen/Laudien § 299 Rn. 71.

[253] NK-StGB/Dannecker § 299 Rn. 133.

[254] BGHSt 10, 237 (243); BGH NJW 2006, 925 (928) mAnm Saliger NJW 2006, 3377; BGH NStZ-RR 2018, 178 (180); Fischer § 299 Rn. 38; MüKoStGB/Krick § 299 Rn. 117; BeckOK StGBMomsen/Laudien § 299 Rn. 71; Satzger/Schluckebier/Widmaier/Rosenau § 299 Rn. 41.

gerichteten Bemühungen ein.[255] Mit der Beendigung beginnt die **Verjährungsfrist** zu laufen, § 78a StGB.

Der **Versuch** des § 299 StGB ist nicht strafbar. Bei den Tathandlungen des Forderns 89 (Abs. 1) und des Anbietens (Abs. 2) ist die Strafbarkeit allerdings versuchsähnlich weit vorverlagert, sodass schon bei Begehung dieser Tatvarianten Vollendung eintritt.[256] Die Möglichkeit einer **tätigen Reue** – vergleichbar der Regelung in § 298 Abs. 3 StGB → StGB § 298 Rn. 34 – ist bei § 299 StGB nicht vorgesehen.[257]

X. Rechtfertigung

Im Rahmen der Rechtfertigung werden vor allem zwei Fallgruppen diskutiert: Zum 90 einen ist vor dem Hintergrund, dass in weiten Teilen der Welt der Abschluss größerer Geschäfte nur unter der Voraussetzung einer Vorteilsgewährung möglich ist, an eine Rechtfertigung durch **§ 34 StGB bei wirtschaftlicher Notwendigkeit** zu denken. Diese wird jedoch regelmäßig daran scheitern, dass mildere Mittel zur Verfügung stehen.[258] Wird jedoch zusätzlich damit gedroht, ohne Schmiergeldzahlung die vertraglichen Beziehungen zu beenden, so kommt ein **Nötigungsnotstand** in Betracht, der allerdings über § 35 StGB nur die Schuld entfallen lassen kann.[259]

Zum anderen wird die rechtfertigende Wirkung einer **Einwilligung des Geschäfts-** 91 **herrn** diskutiert. Seit der Einführung des Geschäftsherrenmodells in § 299 Abs. 1 Nr. 2, Abs. 2 Nr. 2 StGB durch das 2. KorrBekG v. 20.11.2015 (BGBl. I 2015) → Rn. 52 ff., 66 f. ist hier zu differenzieren: Für § 299 Abs. 1 Nr. 1, Abs. 2 Nr. 1 StGB **(Wettbewerbsalternative)** gilt, dass **mangels Dispositionsbefugnis** des Geschäftsherrn über die geschützten Rechtsgüter → Rn. 3 eine rechtfertigende Einwilligung nicht in Betracht kommt.[260] Bei § 299 Abs. 1 Nr. 2, Abs. 2 Nr. 2 StGB **(Geschäftsherrenalternative)** ist dagegen eine Einwilligung aufgrund des **individualschützenden Charakters** → Rn. 4 prinzipiell denkbar.

In einem aktuellen Urteil, welches jedoch noch § 299 StGB aF, der keine Unterscheidung zwischen der Wettbewerbsalternative und der Geschäftsherrenalternative kannte, betrifft, entschied der BGH, dass auch hier trotz des kumulativen Schutzes von Individual- und Universalrechtsgütern eine Einwilligung des Geschäftsherrn möglich sei und stellt hierbei eine Parallele zu den Einwilligungsgrundsätzen im Rahmen des Untreuetatbestandes her.[261]

XI. Konkurrenzen

Wird § 299 StGB gleichzeitig mit **§ 298 StGB** oder auch mit **§§ 333, 334 StGB** 92 verwirklicht, so ist jeweils von **Tateinheit** auszugehen.[262] Gleiches gilt für das Konkurrenzverhältnis zu **§ 266 StGB,** wenn nicht aufgrund fehlenden einheitlichen Tatgeschehens

---

[255] BGH NJW 2003, 2996; NK-StGB/Dannecker § 299 Rn. 135; Fischer § 299 Rn. 38; Lackner/Kühl/Heger § 299 Rn. 7; Schönke/Schröder/Eisele § 299 Rn. 51; Krekeler/Werner, Unternehmer und Strafrecht, 2006, Rn. 470; Graf/Jäger/Wittig/Sahan § 299 Rn. 55; s. auch Helmrich wistra 2009, 10 (12 ff.).

[256] BGHSt 10, 358 (367); NK-StGB/Dannecker § 299 Rn. 136; Satzger/Schluckebier/Widmaier/Rosenau § 299 Rn. 39.

[257] Krit. dazu Krack NStZ 2001, 505 (508).

[258] NK-StGB/Dannecker § 299 Rn. 132; Schönke/Schröder/Eisele § 299 Rn. 50; MüKoStGB/Krick § 299 Rn. 121; BeckOK StGB/Momsen/Laudien § 299 Rn. 77; Rönnau JZ 2007, 1084 (1086); Graf/Jäger/Wittig/Sahan § 299 Rn. 62.

[259] Schönke/Schröder/Eisele § 299 Rn. 50; Wittig wistra 1998, 7 (10).

[260] RG 48, 291 (293 ff.); OLG Düsseldorf WRP 1979, 37; NK-StGB/Dannecker § 299 Rn. 130; Fischer § 299 Rn. 42; Schönke/Schröder/Eisele § 299 Rn. 50; MüKoStGB/Krick § 299 Rn. 120; BeckOK StGB/Momsen/Laudien § 299 Rn. 76; Graf/Jäger/Wittig/Sahan § 299 Rn. 61; LK-StGB/Tiedemann § 299 Rn. 55; aA Rengier FS Tiedemann, 2008, 848.

[261] BGH NJW 2021, 3606.

[262] Fischer § 299 Rn. 47; Schönke/Schröder/Eisele § 299 Rn. 52; BeckOK StGB/Momsen/Laudien § 299 Rn. 79; ausf. zum Verhältnis des § 299 StGB zu §§ 331 ff. StGB MüKoStGB/Krick § 299 Rn. 146.

Tatmehrheit anzunehmen ist.[263] Tateinheit kann auch bei Vortäuschen des Willens zur Bevorzugung im Verhältnis von **§ 263 StGB** zu § 299 Abs. 1 StGB vorliegen.[264] Des Weiteren ist Tateinheit mit **§§ 253, 264 StGB** denkbar. In Bezug auf Nötigungshandlungen im Bereich von Kartellabsprachen nach den §§ 240, 253 StGB liegt **Tatmehrheit** vor. Bei **fortlaufender Vorteilsgewährung** wird durch jede Annahme eine eigenständige Tat begründet und damit auch jeweils erneut der Tatbestand des § 299 StGB erfüllt.[265] **Innerhalb der Strafbarkeit** nach § 299 StGB wird das Versprechen durch die Tathandlung des Gewährens konsumiert. Eine Handlungseinheit liegt bei der Verwirklichung mehrerer Tathandlungen nur dann vor, wenn im Rahmen der Unrechtsvereinbarung bereits eine genaue Bestimmung des Vorteils stattgefunden hat.[266] Aufgrund des untreue-ähnlichen Charakters von § 299 Abs. 1 Nr. 2, Abs. 2 Nr. 2 StGB (**Geschäftsherren-alternative**) → Rn. 52 ff., 66 f. kann im Verhältnis zu **§ 23 GeschGehG,** der ua die Interessen des Unternehmers vor einer Verletzung seiner Betriebs- und Geschäftsgeheimnisse schützt,[267] Tateinheit angenommen werden.

B. Vertragshändler

93   Die diversen **Einflussmöglichkeiten auf Absatzentscheidungen** machen den Vertragshändler regelmäßig zum Beauftragten des Herstellers und damit zum **tauglichen Täter des § 299 Abs. 1 StGB.** Diese Stellung ergibt sich aus dem besonderen Vertragsverhältnis zum Produzenten: Zwar bezieht der Vertragshändler Waren auf eigene Rechnung und wickelt den weiteren Absatz der Güter im eigenen Namen ab, doch liegt dieser scheinbar selbstständigen Handelstätigkeit eine enge Geschäftsbeziehung mit dem herstellenden Unternehmen zugrunde.[268] Der sog. **Vertragshändlervertrag** ist gesetzlich nicht geregelt, aber die von der Rspr.[269] und Lit.[270] entwickelten Richtlinien verleihen diesem Vertriebssystem spezifische Rahmenbedingungen:[271] Danach ist die Einkaufsvereinbarung zwischen Vertragshändler und Hersteller dem Grunde nach eine typengemischte Vertragsart mit Geschäftsbesorgungscharakter (vgl. § 675 BGB).[272] Die **Geschäftsbesorgungskomponente** des Vertrags hat zur Folge, dass zwischen dem Vertragshändler und seinem Lieferanten ein auf Dauer angelegtes besonderes Vertrauensverhältnis mit gegenseitigen Absatzförderungs- und Interessenswahrnehmungspflichten besteht, das größtenteils dem Innenverhältnis des Handelsvertretervertrags gleichkommt und daher eine **analoge Anwendung der §§ 84 ff. HGB** zulässt.[273] Durch das interne Vertragsverhältnis wird der nach außen hin eigenständig handelnde Vertragshändler zum **verlängerten Arm des Produzenten** und als **Beauftragter** in die Vertriebsorganisation des Herstellungsunternehmens eingebunden.[274]

---

[263] BGH NJW 2006, 925 (932); Schönke/Schröder/Eisele § 299 Rn. 52; LK-StGB/Tiedemann § 299 Rn. 60.

[264] NK-StGB/Dannecker § 299 Rn. 139; LK-StGB/Tiedemann § 299 Rn. 60.

[265] BGH NStZ 2009, 446; Schönke/Schröder/Eisele § 299 Rn. 52; BGH, Beschl. v. 29.1.2020 – 1 StR 421/19.

[266] BGH wistra 1995, 61 (62 f.); Satzger/Schluckebier/Widmaier/Rosenau § 299 Rn. 45; Graf/Jäger/Wittig/Sahan § 299 Rn. 68.

[267] Joecks/Miebach in MüKoStGB GeschGehG § 23 Rn. 171.

[268] Martinek/Semler/Flohr VertriebsR-HdB/Manderla § 22 Rn. 9; Martinek/Semler/Flohr VertriebsR-HdB/Martinek § 4 Rn. 21, 29; Ulmer Vertragshändler S. 206.

[269] BGH NJW 1971, 29 (30); OLG Zweibrücken BB 1983, 1301 (1301 f.).

[270] Ulmer Vertragshändler S. 206.

[271] Martinek/Semler/Flohr VertriebsR-HdB/Martinek § 4 Rn. 22.

[272] Martinek/Semler/Flohr VertriebsR-HdB/Martinek § 4 Rn. 30; Ulmer Vertragshändler S. 340.

[273] BGH NJW 1971, 29 (30); OLG München BB 1997, 595; OLG Köln BB 1994, 1881 f.; Ulmer Vertragshändler S. 206; Martinek/Semler/Flohr VertriebsR-HdB/Manderla § 22 Rn. 2, 7; Martinek/Semler/Flohr VertriebsR-HdB/Martinek § 4 Rn. 28.

[274] OLG München BB 1997, 595; OLG Köln BB 1994, 1881 f.; Martinek/Semler/Flohr VertriebsR-HdB/Manderla § 22 Rn. 5.

C. Franchisenehmer

Der Franchisenehmer kann, soweit er **faktisch als Beauftragter** des Franchisegebers 94
tätig wird,[275] tauglicher Täter des § 299 Abs. 1 StGB sein. Seine Täterqualität hängt von
der Stellung innerhalb der Franchisekooperation ab. Bei der genauen Bestimmung der
Rechtsnatur des Franchisevertrags und der **Einordnung des Franchisenehmers im
Vertriebssystem** ist zwischen den Grundformen des Franchisings zu differenzieren dazu
sogleich → Rn. 95 f. Das zwingende Merkmal, das jeden Franchisevertrag als solchen kennzeichnet, ist das sog. **Franchisepaket,** das dem Franchisenehmer vom Franchisegeber
überlassen wird und die Verwendung des Warenzeichens, des Handelsnamens sowie sonstiger Kennzeichen der Franchisemarke legitimiert.[276] Die geschäftliche Beziehung zwischen
Franchisegeber und Franchisenehmer basiert auf einem **Misch- oder Kombinationsvertrag,** der Elemente des Handelsvertreter- aber auch des Vertragshändlervertrags enthalten
kann.[277] Der Franchisevertrag lässt sich damit insgesamt als **Typenkombinationsvertrag**
verstehen, der sich flexibel der konkreten Ausgestaltung der jeweiligen Franchisevereinbarung anpasst.[278]

I. Subordinations-Franchising

Der Subordinations-Franchisenehmer ist regelmäßig als **Beauftragter** des Franchisen- 95
ehmers und somit als **tauglicher Täter** des § 299 Abs. 1 StGB zu begreifen.[279] Die
Beauftragtenstellung des Franchisenehmers ist die Konsequenz seiner **festen Einbindung
in den Franchisebetrieb** sowie seiner **Einwirkungsmöglichkeit** auf Handelsentschei-
dungen. Diese Eigenschaften sind Grundelemente des Subordinations-Franchisings und
feste Bestandteile der Vertragsvereinbarung zwischen Franchisenehmer und Franchisegeber.[280] Das Subordinations-Franchising ist ein **vertikales Vertriebssystem,** das sich als
eine Weiterführung und Steigerung des Vertragshandels, geprägt durch Merkmale des
Handelsvertretervertrages, darstellt.[281] Der Franchisenehmer schließt im eigenen Namen
und auf eigene Rechnung Geschäfte über die Erzeugnisse oder Dienstleistungen des
Franchisegebers ab. Die besondere Geschäftsbindung des Franchisenehmers an den Franchisegeber tritt durch Kenntlichmachung seines Unternehmens als Filiale des Franchisegeberbetriebes deutlich nach außen.[282] Sowohl die **Abhängigkeit** vom Franchisepaket als auch
die **Funktionalisierung** durch den Franchisegeber für den Absatz des Marketingkonzepts
kennzeichnen den Franchisenehmer als klar untergeordnete Partei.[283] Dennoch bewahrt
der Franchisenehmer durch die eigenständige Führung der externen Vertriebstätigkeit
seine Selbstständigkeit als Händler und kann Entscheidungen bezüglich des Warenabsatzes
an den Endverbraucher wesentlich beeinflussen.

II. Partnerschafts-Franchising

Den Partnerschafts-Franchisenehmer wird man regelmäßig **nicht** als Beauftragten des 96
Franchisegebers verstehen können, denn im Gegensatz zum Subordinationsverhältnis ist der

---

[275] MüKoStGB/Krick § 299 Rn. 34.
[276] Martinek/Semler/Flohr VertriebsR-HdB/Martinek § 4 Rn. 34, 49; Martinek/Semler/Flohr Ver-
triebsR-HdB/Martinek/Habermeier § 27 Rn. 60.
[277] Martinek/Semler/Flohr VertriebsR-HdB/Martinek § 4 Rn. 34; Martinek/Semler/Flohr VertriebsR-
HdB/Martinek/Habermeier § 27 Rn. 48.
[278] Martinek/Semler/Flohr VertriebsR-HdB/Martinek § 4 Rn. 60.
[279] BGH NJW 1995, 2355.
[280] Martinek/Semler/Flohr VertriebsR-HdB/Martinek/Habermeier § 26 Rn. 21.
[281] BGH NJW 1985, 1894 – McDonalds; Ende NJW 1999, 326; Martinek/Semler/Flohr VertriebsR-
HdB/Martinek § 4 Rn. 52; Martinek/Semler/Flohr VertriebsR-HdB/Martinek/Habermeier § 26 Rn. 21.
[282] Martinek/Semler/Flohr VertriebsR-HdB/Martinek § 4 Rn. 49.
[283] Martinek/Semler/Flohr VertriebsR-HdB/Martinek § 4 Rn. 54.

Franchisenehmer im Partnerschafts-Franchising **gleichgestellter Geschäftspartner,** der bei der Gestaltung des Franchiseunternehmens und der Durchsetzung der vertretenen Marke aktiv beteiligt wird.[284] Zwar ist auch er durch das Franchisepaket an den Franchisegeber gebunden, doch wird ihm mit der Markenidentität nicht gleichzeitig die Stellung eines fremdnützigen Absatzmittlers auferlegt.[285] Der Franchisenehmer verfolgt mit seiner Absatztätigkeit vielmehr eigene Interessen und wird dabei lediglich über die Franchisemarke unterstützt. Er ist daher nicht verpflichtet, die wirtschaftlichen Ziele des Franchisegebers zu repräsentieren.[286] Damit nimmt der Partnerschafts-Franchisenehmer die Rolle eines **unabhängigen und selbstständigen Vertragspartners** ein, der nicht verpflichtet ist, als untergeordnete Partei für den Franchisegeber tätig zu werden. Daher ist der Partnerschafts-Franchisenehmer grundsätzlich kein geeigneter Vorteilsempfänger iSd § 299 StGB und kommt als **Täter** idR **nicht in Betracht.**

D. Kommissionsagent

97   Der Kommissionsvertrag ist eine Dienstleistungsvereinbarung mit Geschäftsbesorgungscharakter gem. § 675 Abs. 1 BGB. Das Verhältnis zwischen Kommissionsagent und Kommittent entspricht grds. dem Innenverhältnis des Handelsvertretervertrags (§§ 84 ff. HGB), weshalb der Kommissionsagent seinen Verkaufs- oder Einkaufsauftrag für den Kommittenten interessensgerecht auszuführen hat.[287] Dabei ist der Kommissionsagent derart eng in die Vorgänge des Unternehmens eingebunden, dass er seine **wirtschaftliche Eigenständigkeit** als Kaufmann verliert und als **Angestellter des Betriebs** anzusehen ist.[288] Damit ist der Kommissionsagent als **tauglicher Täter** des § 299 StGB zu bewerten.

§ 299a StGB Bestechlichkeit im Gesundheitswesen

Wer als Angehöriger eines Heilberufs, der für die Berufsausübung oder die Führung der Berufsbezeichnung eine staatlich geregelte Ausbildung erfordert, im Zusammenhang mit der Ausübung seines Berufs einen Vorteil für sich oder einen Dritten als Gegenleistung dafür fordert, sich versprechen lässt oder annimmt, dass er

1. bei der Verordnung von Arznei-, Heil- oder Hilfsmitteln oder von Medizinprodukten,

2. bei dem Bezug von Arznei- oder Hilfsmitteln oder von Medizinprodukten, die jeweils zur unmittelbaren Anwendung durch den Heilberufsangehörigen oder einen seiner Berufshelfer bestimmt sind, oder

3. bei der Zuführung von Patienten oder Untersuchungsmaterial

Einen anderen im inländischen oder ausländischen Wettbewerb in unlauterer Weise bevorzuge, wird mit Freiheitsstrafe bis zu drei Jahren oder mit Geldstrafe bestraft.

Literatur: Aldenhoff/Valluet, Entwurf des BMJV zur Korruption im Gesundheitswesen (§ 299a StGB), medstra 2015, 195; Badle, § 299a StGB – Eine Prognose aus Sich der Strafverfolgung, medstra 2015, 139; Braun, Grundfälle zur Korruption im Gesundheitswesen (§§ 299a, 299b StGB), JA 2019, 115; Brettel/Mand, Die neuen Straftatbestände gegen Korruption im Gesundheitswesen, A&R 2016, 99; Brettel/Duttge/Schur, Kritische Analyse des Entwurfs eines Gesetzes zur Bekämpfung der Korruption im Gesundheitswesen, JZ 2015, 929; Cosack, Gleichstellung von zuwendungsbedingten vertrags- und privatärztlichen Verschreibungen bei der Normierung eines neuen Straftatbestandes, ZIS 2013, 226; Cosack, Korruptionsbekämpfung im Gesundheitswesen ohne Telekommunikationsüberwachung – eine legislative Lücke?, ZRP 2016, 18; Dannecker, Die Straflosigkeit der Korruption niedergelassener Vertragsärzte als Herausforderung für den Gesetz-

---

[284] Martinek/Semler/Flohr VertriebsR-HdB/Martinek § 4 Rn. 63 ff.

[285] Martinek/Semler/Flohr VertriebsR-HdB/Martinek/Habermeier § 26 Rn. 24.

[286] Martinek/Semler/Flohr VertriebsR-HdB/Martinek § 4 Rn. 64 ff.

[287] Vgl. Martinek/Semler/Flohr VertriebsR-HdB/Flohr/Pohl § 31 Rn. 4; Martinek/Semler/Flohr VertriebsR-HdB/Martinek § 4 Rn. 21.

[288] Martinek/Semler/Flohr VertriebsR-HdB/Flohr/Pohl § 31 Rn. 11.

geber, ZRP 2013, 37; Diener, Aktuelle Entwicklungen und Themenfelder im Bereich der Pharma-Selbstkontrolle, PharmR 2015, 338; Dieners, Die neuen Tatbestände zur Bekämpfung der Korruption im Gesundheitswesen, PharmR 2015, 529; Dieners/Cahnbley, Die neuen Tatbestände der Bestechlichkeit und Bestechung im Gesundheitswesen (§§ 299a, b StGB) und ihr Verhältnis zu den Vorschriften des ärztlichen Berufsrechts und des Heilmittelwerberechts, MPR 2016, 48; Frank/Vogel, Korruptionsbekämpfung im Gesundheitswesen – symbolisch und (un)gut, AnwBl. 2016, 94; Gaede, Patientenschutz und Indizienmanagement – der Regierungsentwurf zur Bekämpfung der Korruption im Gesundheitswesen, medstra 2015, 263; Gaede/Lindemann/Tsambikakis, Licht und Schatten – Die materiell-rechtlichen Vorschriften des Referentenentwurfs des BMJV zur Bekämpfung von Korruption im Gesundheitswesen, medstra 2015, 142; Gaßner, Korruption im Gesundheitswesen – Definition, Ursachen, Lösungsansätze, NZS 2012, 521; Geiger, Rabatte im Arzneimittelhandel – erwünschter Preiswettbewerb oder verbotene Korruption?, medstra 2016, 9; Heil/Oeben, §§ 299a, b StGB auf der Zielgeraden – Auswirkungen auf die Zusammenarbeit im Gesundheitswesen, PharmR 2016, 217; Jary, Anti-Korruption – Neue Gesetzesvorhaben zur Korruptionsbekämpfung im Gesundheitswesen und im internationalen Umfeld, PharmR 2015, 99; Kölbel, §§ 299a ff StGB und die unzuträgliche Fokussierung auf den Wettbewerbsschutz, medstra 2016, 193; ders., Strafrecht, Compliance, Pharmamarketing – Kriminologische Beobachtungen anlässlich des Entwurfs zu §§ 299a ff StGB n. F., ZIS 2016, 452; Kubiciel, Bestechlichkeit und Bestechung im Gesundheitswesen – Grund und Grenze der §§ 299a, 299b, StGB-E, MedR 2016, 1; ders., Anwendbarkeit der §§ 299a, 299b StGB in Monopollagen, Kölner Papiere zur Kriminalpolitik (KPzK), 3/2106; ders./Tsambikakis, Bestechlichkeit und Bestechung im Gesundheitswesen (299a StGB) – Stellungnahme zum Entwurf des Bayerischen Staatsministeriums der Justiz, medstra 2015, 11; Passarge, Aktuelle Entwicklungen in der Gesetzgebung zur Korruptionsbekämpfung, DStR 2016, 482; Ramb, Healthcare Compliance: Aktuelle Entwicklungen und globale Trends, CCZ 2015, 26; Pragal/Handel, Der Regierungsentwurf zur Bekämpfung der Korruption im Gesundheitswesen – ein großer Wurf mit kleinen Schwächen (Teil 1), medstra 2015, 337; dies., Der Regierungsentwurf zur Bekämpfung der Korruption im Gesundheitswesen – ein großer Wurf mit kleinen Schwächen (Teil 2), medstra 2016, 22; Rönnau/Wegner, Zur Behandlung von „entschleierten Schmiergeldern" im Rahmen von §§ 299a, 299b StGB – zugleich ein Beitrag zur Auslegung des Begriffs der „Zuführung" von Patienten und Untersuchungsmaterial, NZWiSt 2021, 81; Schneider, Sonderstrafrecht für Ärzte? – Eine kritische Analyse der jüngsten Gesetzesentwürfe zur Bestrafung der „Ärztekorruption", HRRS 2013, 473; ders., Das Gesetz zur Bekämpfung der Korruption im Gesundheitswesen und die Angemessenheit der Vergütung von HCP, medstra 2016, 195; ders./Ebermann, Der Regierungsentwurf zur Bekämpfung von Korruption im Gesundheitswesen, A&R 2015, 202; Schröder, Korruptionsbekämpfung im Gesundheitswesen durch Kriminalisierung von Verstößen gegen berufsrechtliche Pflichten zur Wahrung der heilberuflichen Unabhängigkeit: Fünf Thesen zu den §§ 299a, 299b StGB des Regierungsentwurfs vom 29.7.2015, Teil 1, NZWiSt 2015, 321; ders., Korruptionsbekämpfung im Gesundheitswesen durch Kriminalisierung von Verstößen gegen berufsrechtliche Pflichten zur Wahrung der heilberuflichen Unabhängigkeit: Fünf Thesen zu den §§ 299a, 299b StGB des Regierungsentwurfs vom 29.7.2015, Teil 2, NZWiSt 2015, 361; Taschke/Zapf, §§ 299a, 299b StGB-E – Folgen für die Kooperation zwischen Pharmaunternehmen und Medizinprodukteherstellern mit niedergelassenen Ärzten, medstra 2015, 332 (336); Tsambikakis, Kommentierung des Gesetzes zur Bekämpfung der Korruption im Gesundheitswesen, medstra 2016, 131; Wigge, Grenzen der Zusammenarbeit im Gesundheitswesen – der Gesetzesentwurf zur Bekämpfung von Korruption im Gesundheitswesen, NZS 2015, 447; Wissing/Cierniak, Strafbarkeitsrisiken des Arztes und von Betriebsinhabern nach dem Entwurf eines Gesetzes zur Bekämpfung von Korruption im Gesundheitswesen, NZWiSt 2016, 41.

Übersicht

A. Grundsätzliches

I. Rechtspolitischer Hintergrund

1   Am 4.6.2016 ist das **Gesetz zur Bekämpfung von Korruption im Gesundheitswesen**[1] (Antikorruptionsgesetz) in Kraft getreten, durch das die neuen Straftatbestände der
Bestechung (§ 299a StGB) und Bestechlichkeit (§ 299b StGB) im Gesundheitswesen eingeführt wurden. Danach kann künftig jeder Angehörige eines Heilberufs bestraft werden, der
einen Vorteil dafür erhält, dass er bei der Verordnung oder dem Bezug von Arzneimitteln
und Medizinprodukten oder bei der Zuführung von Patienten einen anderen in unlauterer
Weise bevorzugt. Der Vorteilsgeber wird spiegelbildlich strafrechtlich erfasst. Sämtliche,
auch langjährig eingeübte Formen der Kooperation und Incentivierung im Gesundheitswesen stehen seitdem auf dem strafrechtlichen Prüfstand.

2   Ausgangspunkt für die eigenständige Normierung von Korruptionstatbeständen im Gesundheitswesen war der **Beschluss des Großen Senats für Strafsachen des Bundesgerichtshofes** vom 29.3.2012,[2] nach dem niedergelassene Vertragsärzte keine tauglichen
Täter der bestehenden Korruptionstatbestände des Strafgesetzbuchs sein können. Insbesondere handeln Vertragsärzte bei der Wahrnehmung ihrer Aufgaben – anders als angestellte
Ärzte, die an öffentlichen (Universitätsklinikum) oder öffentlich-rechtlich getragenen Krankenhäusern tätig sind – weder als Amtsträger (§§ 11 Abs. 1 Nr. 2c, 331 ff. StGB) noch als
Beauftragte der gesetzlichen Krankenkassen iSd § 299 Abs. 1 StGB. Mit dieser Entscheidung hatte der Große Senat den Bestrebungen verschiedener Strafgerichte,[3] korruptive

---

[1] Gesetz zur Bekämpfung von Korruption im Gesundheitswesen vom 30.5.2016, BGBl. I 1254.
[2] Großer Senat für Strafsachen BGHSt 57, 202.
[3] So wurde in der Rechtsprechung die Beauftrageneigenschaft iSd § 299 StGB überwiegend bejaht, vgl.
OLG Braunschweig NStZ 2010, 392 mAnm Dannecker; AG Ulm 26.2.2010 – 3 Cs 37 Js 9933/07; LG
Hamburg 9.12.2010 – 618 KLs 10/09. Zur Entwicklung der Rechtsprechung auch Dannecker ZRP 2013,
37 (38); Schröder NZWiSt 2015, 321 (321 f.).

Verhaltensweisen im Gesundheitswesen nach den bestehenden Strafvorschriften zu sanktionieren, eine eindeutige Absage erteilt.[4]

Gleichwohl hat der Große Senat für Strafsachen den Gesetzgeber mehr oder weniger **3** ausdrücklich dazu aufgefordert, die sich daraus ergebende **Strafbarkeitslücke** zu schließen.[5] Dem ist der Gesetzgeber mit dem Gesetz zur Bekämpfung der Korruption im Gesundheitswesen,[6] das am 14.4.2016 vom Bundestag verabschiedet wurde und am 4.6.2016 in Kraft getreten ist, nachgekommen. Das Strafgesetzbuch ist seitdem um zwei völlig neue Straftatbestände erweitert worden, die sich auf einen **eigenen Berufsstand bzw. Wirtschaftszweig** erstrecken.[7] Anders als im Rahmen von § 299 StGB sind Nehmer- und Gebertatbestände dabei nicht in einer Norm zusammengefasst, sondern entsprechend der Vorteilsannahme/Bestechlichkeit (§§ 331, 332 StGB) und der Vorteilsgewährung/Bestechung (§§ 333, 334 StGB) auf zwei eigenstände Tatbestände aufgeteilt. § 299a StGB erfasst die Bestechlichkeit im Gesundheitswesen (Nehmerseite), § 299b StGB sanktioniert die Bestechung im Gesundheitswesen (Geberseite).[8]

Bekämpft werden sollen durch die neuen Vorschriften sämtliche korruptive Verhaltens- **4** weisen im Gesundheitswesen, wie beispielsweise die – besonders praxisrelevante – Zahlung von **„Zuweisungsprämien"** für die Zuführung von Patienten oder **Prämienzahlungen** von Pharmaunternehmen an Ärzte, mit denen das Verschreibungsverhalten eines bestimmten Präparats beeinflusst werden soll.[9] Auch alle unzulässigen Entgelte für die Verschreibung von Arzneimitteln in Form von **Rabatten** oder **Kick-Backs** sind erfasst.

Entsprechend der gesetzgeberischen Intention, durch die neuen Regelungen Strafbar- **5** keitslücken der bestehenden Bestechungsvorschriften zu schließen, sind die neuen §§ 299a, b StGB in ihrer **Struktur** dem bestehenden § 299 StGB nachgebildet,[10] dessen Anwendungsbereich nunmehr auf die „Angehörigen eines Heilberufs" ausgedehnt wird. Bei der **Auslegung** und Anwendung der §§ 299a, 299b StGB kann daher grundsätzlich auf die durch die Rechtsprechung zu § 299 StGB und, soweit passend, zu §§ 331 ff. StGB entwickelten Grundsätze zurückgegriffen werden.[11]

II. Gesetzgebungsverfahren

Die eingeführten Neuregelungen sind das Ergebnis eines **langwierigen Gesetz-** **6** **gebungsverfahrens,** das von einer regen Strafrechtspublizistik[12] begleitet wurde. Verabschiedet wurde das Gesetz letztlich in der Fassung des Ausschusses für Recht und Verbraucherschutz.[13] Die im ursprünglichen Regierungsentwurf noch vorgesehene Tatbestandsalternative der **Verletzung berufsrechtlicher Regelungen** wurde gestrichen.

---

[4] Ebenso Wissing/Cierniak NZWiSt 2016, 41.

[5] Von einer unverhohlenen Aufforderung spricht Tsambikakis medstra 2016, 131.

[6] Gesetz zur Bekämpfung von Korruption im Gesundheitswesen vom 30.5.2016, BGBl. I 1254.

[7] Als „einmaligen Vorgang" bezeichnet dies Passarge DStR 2016, 482 (487). In der Literatur wurde darin mitunter eine ungerechtfertigte Ungleichbehandlung der Heilberufe erblickt, vgl. Schneider HRRS 2013, 473 (478); Schneider/Ebermann A&R 2015, 202 (206):

[8] Passarge DStR 2016, 482 (484).

[9] BT-Drs. 18/6446, 11 f.

[10] BT-Drs. 18/6446, 16.

[11] BT-Drs. 18/8106, 13; Dieners PharmR 2015, 529 (530); Wissing/Cierniak NZWiSt 2016, 41 (42).

[12] Die unterschiedlich ausgeprägte Neutralität dieser Beiträge kritisiert Kölbel ZIS 2016, 452 (454, sowie dort Fn. 27), der darauf verweist, dass unter dem Stichwort „Korruption im Gesundheitswesen" bei juris für den Zeitraum vom 1.1.2015 bis zum 31.3.2016 insgesamt 37 Beiträge erfasst sind.

[13] BT-Drs. 18/8106; BGBl. 2016 I 1254.

Grund für die Streichung waren insbesondere verfassungsrechtliche Bedenken im Hinblick auf die Vereinbarkeit mit dem Bestimmtheitsgebot.[14]

7   Strafrechtlich erfasst sind jetzt ausschließlich wettbewerbsrechtliche Verstöße, obwohl die Verletzung berufsrechtlicher Regeln im Rahmen der Unrechtsvereinbarung bei der Konkretisierung eines zulässigen Wettbewerbes noch Relevanz erlangen kann.

8   §§ 299a, 299b StGB sind entgegen dem Ansinnen des ursprünglichen Regierungsentwurfs als **Offizialdelikte** ausgestaltet.[15] Überdies wurde in diesem Zusammenhang das SGB V geändert, wonach die kassenärztliche Bundesvereinigung nun einen regelmäßigen Erfahrungsaustausch zwischen den Krankenkassen, den berufsständischen Kammern und der Staatsanwaltschaft organisiert und darüber die Aufsichtsbehörden informiert.[16]

III. Rechtsgut und Deliktscharakter

9   **1. Rechtsgut.** Da die § 299a und § 299b StGB im 26. Abschnitt des Strafgesetzbuches verankert sind, handelt es sich bereits aus systematischen Gründen um Vorschriften, die in erster Linie dem **Schutz eines fairen Wettbewerbs im Gesundheitswesen** dienen.[17] Gerade mit Blick auf das System der gesetzlichen Krankenversicherung, das besonders starken Regulierungen unterliegt, erscheint die Annahme eines wirklich freien Wettbewerbes allerdings zu hoch gegriffen. Vielmehr handelt es sich bei dem Wettbewerb im Gesundheitswesen um einen speziellen Bereich des Wettbewerbs. Deshalb wird mitunter darauf hingewiesen, dass die §§ 299a, 299b StGB weniger dem freien Wettbewerb als dem Schutz des gesundheitsrechtlichen Steuerungs-, Verteilungs- und Ordnungsmechanismus gegen unlautere Verzerrungen dienen.[18] Das Patienteninteresse an einer unbeeinflussten Berufsausübung wie auch die Vermögensinteressen der Wettbewerber, Patienten und gesetzlichen Krankenkassen[19] genießen allenfalls **mittelbaren Schutz.**[20]

10   Die Begründung des Regierungsentwurfes, an der auch die Beschlussempfehlung des Ausschusses für Recht und Verbraucherschutz festhält,[21] geht hingegen von einem **doppelten Rechtsgüterschutz** aus, bei dem der Schutz des Vertrauens der Patienten in die Integrität heilberuflicher Entscheidungen neben der Sicherung eines fairen Wettbewerbs im Gesundheitswesen steht.[22]

---

[14] BT-Drs. 18/8106, 15; Vgl. im Einzelnen Aldenhoff/Valluet medstra 2015, 195 (196 ff.); Pragal/Handel medstra 2015, 337 (342); BRAK, Stellungnahme 40/2015, S. 8 f.; Diener PharmR 2015, 338 (341); Gaede/Lindemann/Tsambikakis medstra 2015, 142 (152); Taschke/Zapf medstra 2015, 332 (336); Dieners PharmR 2015, 529 (531); beschwichtigend indes Schröder NZWiSt 2015, 321 (330 ff.); der den Entwurf „im Hinblick auf die „Vertrauensbruchvarianten" (§§ 299a Abs. 1 Nr. 2, Abs. 2, § 299b Abs. 1 Nr. 2, Abs. 2 StGB) – noch – mit dem strafrechtlichen Gesetzlichkeitsprinzip gemäß Art. 103 Abs. 2 GG vereinbar" hält; Schröder NZWiSt 2015, 361 (362 ff.); auf die Risiken weißt auch Cahnbley MPR 2015, 145 (147 f.) hin und fordert daher, dass die für den jeweiligen Heilberufsangehörigen geltenden Berufspflichten zur Wahrung der heilberuflichen Unabhängigkeit identifiziert und streng beachtet werden.

[15] BT-Drs. 18/8106, 7, 13, 16–17.

[16] BT-Drs. 18/8106, 15.

[17] Brettel/Mand A&R 2016, 99 (101). Hingegen sieht Cosack eine größere Nähe zum Betrug und der Untreue und spricht sich deshalb für eine Verortung im 22. Abschnitt aus, Cosack ZIS 2013, 227 (232).

[18] Kubiciel MedR 2016, 1 (2); Brettel/Mand A&R 2016, 99 (102). Diese Richtung geht wohl auch der Ansatz Kölbels medstra 2016, 193 (194), der die Fokussierung auf den Wettbewerbsschutz kritisiert und auf die bestehenden Interessenkonflikte hinweist.

[19] Ausführlich dazu Cosack ZIS 2013, 227 (228 ff.).

[20] In diesem Sinne die wohl herrschende Literaturmeinung Tsambikakis medstra 2016, 131 (132 f.); Dieners/Cahnbley MPR 2016, 48 (49); Gaede/Lindemann/Tsambikakis medstra 2015, 142 (146 f.); Dann/Scholz NJW 2016, 2077 (2077); ERST/Rübenstahl/Teubner § 299a Rn. 5. Für ein rein wettbewerbsstrafrechtliches Modell BRAK, Stellungnahme 40/2015, S. 5 ff.; ausführlich hierzu auch Frank/Vogel AnwBl 2016, 94 (96).

[21] BT-Drs. 18/8106, 14, 17.

[22] BT-Drs. 18/6446, 12 f.; befürwortend Wissing/Cierniak NZWiSt 2016, 41 (42); Schröder NZWiSt 2015, 321 (322, 325); so nun auch LG Hildesheim medstra 2020, 381 (382). Zum Schutz des Vertrauensverhältnisses zwischen Arzt und Patient bereits Dannecker ZRP 2013, 37 (40 f.).

Der Ansatz des doppelten Rechtsgüterschutzes überzeugt jedoch gerade mit Blick auf die **11** letztendliche Streichung der Tatbestandsvariante der Verletzung berufsrechtlicher Regelungen **nicht**.[23] Dennoch bezieht sich auch die Beschlussempfehlung des Rechtsausschusses ausdrücklich auf einen doppelten Rechtsgüterschutz.[24] Das grundsätzlich berechtigte Interesse des Patienten, eine von dritter Seite unbeeinflusste Behandlung durch einen Arzt zu erfahren, setzt aufgrund der Deliktsstruktur nunmehr also stets eine auf die Beeinträchtigung des Wettbewerbs gerichtete Handlung voraus.

2. Deliktsnatur. §§ 299a, 299b StGB sind der Struktur des § 299 StGB nachgebildet.[25] **12** Ebenso wie bei § 299 StGB handelt es sich bei den neuen Tatbeständen um **abstrakte Gefährdungsdelikte.**[26] Dass die intendierte unlautere Bevorzugung tatsächlich eintritt, ist nicht erforderlich.[27]

§ 299a StGB ist ein **Sonderdelikt,** Täter kann nur sein, wer Angehöriger eines Heilbe- **13** rufes ist. Die Tätereigenschaft ist demnach als besonderes persönliches Merkmal iSd § 28 Abs. 1 StGB einzustufen.[28] Für Tatbeteiligte, die nicht Fachkreisangehörige sind, kommt damit in Bezug auf § 299a StGB lediglich eine Teilnehmerstrafbarkeit in Betracht. Die Strafe ist gem. § 28 Abs. 1 iVm § 49 Abs. 1 StGB zu mildern.

B. Objektiver Tatbestand

I. Täterkreis

Täter können sämtliche **Angehörige eines Heilberufes** sein, der für die Berufsaus- **14** übung oder die Führung der Berufsbezeichnung eine staatliche geregelte Ausbildung erfordert.[29] Damit ist die Bestechlichkeit im Gesundheitswesen bei Weitem nicht nur für die – stets im Zentrum der rechtspolitischen Debatte stehenden – niedergelassenen Vertragsärzte relevant.[30] Ein Korrektiv zu dem weit gefassten Täterkreis stellen jedoch die speziell formulierten Anknüpfungshandlungen der § 299a Nr. 1–3 StGB für die Unrechtsvereinbarung dar.[31]

Für die Ab- und Eingrenzung des Täterkreises verweist der Gesetzgeber ausdrücklich auf **15** die in **§ 203 Abs. 1 Nr. 1 StGB** vorgesehenen Regelungen.[32] Einen Unterschied zwischen angestellten oder freiberuflichen Heilberufsangehörigen macht der neue Tatbestand nicht, wie auch nicht zwischen privatärztlichen oder vertragsärztlichen Kassenzugehörigkeit unterschieden wird.[33] Im Hinblick auf den Schutzzweck der Vorschrift dazu → Rn. 9 ff. ist dies auch nur konsequent.

---

[23] So ausdrücklich auch Dann/Scholz NJW 2016, 2077 (2080); ERST/Rübenstahl/Teubner § 299a Rn. 4; Tsambikakis medstra 2016, 131 (132); Lorenz/Vogel NZWiSt 2020, 452 (456). Das verbale Festhalten der Beschlussempfehlung am Doppelrechtsgut bezeichnet Kölbel medstra 2016, 193 (193) als „Leerformel", jedoch kritisiert er auch die Fokussierung auf den Wettbewerbsschutz.

[24] BT-Drs. 18/8106, 17.

[25] BT-Drs. 18/6446, 16.

[26] BT-Drs. 18/6446, 21; Wissing/Cierniak NZWiSt 2016, 41 (45); Dann/Scholz NJW 2016, 2077 (2077); Satzger/Schluckebier/Widmaier/Rosenau § 299a Rn. 1.

[27] BT-Drs. 18/6446, 21.

[28] Tsambikakis medstra 2016, 131 (133); Wissing/Cierniak NZWiSt 2016, 41 (42); Satzger/Schluckebier/Widmaier/Rosenau § 299a Rn. 3.

[29] Krit. gegen die extensive Fassung des Täterkreises Gaede/Lindemann/Tsambikakis medstra 2015, 142 (149).

[30] Darauf zu Recht ausdrücklich hinweisend Kubiciel MedR 2016, 1 (2). Für eine Beschränkung des Täterkreises zumindest im ersten Schritt auf Ärzte und Zahnärzte Brettel/Duttge/Schur JZ 2015, 929 (934). In eine ähnliche Richtung auch Sahan in GJW § 299a Rn. 6.

[31] Brettel/Mand A&R 2016, 99 (101).

[32] BT-Drs. 18/6446, 17.

[33] BT-Drs. 18/6446, 16; Jary PharmR 2015, 99 (101).

16   **1. Akademische Heilberufe.** Vom Tatbestand des § 299a sind in erster Linie die Angehörigen der **akademischen Heilberufe** erfasst, deren Ausübung eine durch Gesetz und Approbationsverordnung vorgesehene Ausbildung voraussetzt, wie Ärzte, Tierärzte und Zahnärzte, psychologische Psychotherapeuten, Kinder- und Jugendpsychotherapeuten.[34]

17   Der **Apotheker** ist ein akademischer Heilberuf, sodass Angehörige dieser Berufsgruppe grundsätzlich zum tauglichen Täterkreis auf Nehmerseite gehören. Aufgrund der gänzlichen Streichung der im ursprünglichen Regierungsentwurf noch vorgesehenen Strafbarkeit von Abgabeentscheidungen ist der Apotheker jedoch aus dem Täterkreis der Nehmerseite faktisch so gut wie herausgefallen.[35] Apotheker können indes Täter einer Bestechung gem. § 299b StGB sein, so wenn bspw. der Apotheker einem Vertragsarzt mietfreie Praxisräume überlässt, damit der Arzt im Gegenzug die Patienten in seine Apotheke schickt.[36]

18   **2. Nicht-akademische Heilberufe.** Zu den tatbestandlich erfassten Heilberufen gehören auch die sog. **Gesundheitsfachberufe,** deren Ausbildung ebenfalls gesetzlich geregelt ist. Auch die Angehörigen der Gesundheitsfachberufe haben, wenn auch in begrenzterem Umfang, Entscheidungen zu treffen und Leistungen zu erbringen, die für die Gesundheitsversorgung wichtig sind, sodass korruptive Einflussnahmen und Absprachen ebenfalls strafwürdig erscheinen.

19   Zu den erfassten Angehörigen der Gesundheitsfachberufe zählen ua Krankenschwestern, Krankenpfleger, Kinderkrankenschwestern (KrPflG), Logopäden (LogopG), Ergotherapeuten (ErgThG), Masseure, Physiotherapeuten (MPhG) sowie Hebammen und Entbindungspfleger (HebG), medizinisch-technische Assistenten (MTAG) und pharmazeutisch-technische-Assistenten (PTA-APrV).[37]

20   **Nicht** erfasst sind hingegen **Heilpraktiker,** da deren Ausbildung nicht staatlich geregelt ist.[38] Nach § 1 HeilprG setzt die Ausübung der Tätigkeit lediglich eine Erlaubnis voraus.

21   **Nicht** erfasst sind ferner sämtliche sogenannte **Gesundheitshandwerksberufe.**[39] Dies entspricht dem Heilberufsbegriff des § 203 StGB, unter den ebenfalls nur die Gesundheitsfachberufe, nicht hingegen die Gesundheitshandwerksberufe subsumiert werden.[40] Bestätigt wird diese Interpretation durch das OVG Lüneburg: Dieses hat bereits judiziert, dass Augenoptiker, Hörgeräteakustiker, Orthopädie- oder Zahntechniker keinen Heil- oder Heilhilfsberuf ausüben, sondern ein „Gesundheitshandwerk".[41] Daher sind auch Zahnlabore bzw. deren Inhaber nicht taugliche Täter des § 299a StGB.[42]

22   Freilich können diese Berufsgruppen aber Täter einer aktiven Bestechung iSd § 299b StGB sein, da es sich hierbei um ein Jedermann-Delikt handelt.

II. Tathandlungen

23   Die Tathandlungen des Forderns, Sich-Versprechen-Lassens und Annehmens entsprechen denen des § 299 Abs. 1 StGB, sodass im Wesentlichen auf die dazu entwickelten

---

[34] BT-Drs. 18/6446, 17.

[35] BT-Drs. 18/8106, 14; Tsambikakis medstra 2016, 131 (132); Rübenstahl/TeubnerERST/Rübenstahl/ Teubner § 299a Rn. 15; vgl. auch OLG Köln PharmR 2019, 256 (257).

[36] Bsp. zu finden bei Tsambikakis medstra 2016, 131 (132).

[37] BT-Drs. 18/6446, 16; s. dazu auch ausführlich Ramb CCZ 2015, 262 (263); Tsambikakis medstra 2016, 131 (133); Schönke/Schröder/Eisele § 203 Rn. 62.

[38] Tsambikakis medstra 2016, 131 (133); Schönke/Schröder/Eisele § 203 Rn. 62; Fischer § 203 Rn. 19; MüKoStGB/Cierniak/Niehaus § 203 Rn. 37.

[39] ERST/Rübenstahl/Teubner § 299a Rn. 16. Für Heil/Oeben PharmR 2016, 217 (218), ist dies Ausdruck einer gewissen Ungleichbehandlung der Akteure im Gesundheitswesen.

[40] BeckOK StGB/Weidemann § 203 Rn. 16.

[41] OVG Lüneburg DÖV 2013, 610.

[42] OLG Hamburg 7.5.2014 – 5 U 199/11, BeckRS 2014, 10326; BeckOK StGB/Weidemann § 203 Rn. 16.

Auslegungsgrundsätze zurückgegriffen werden kann, worauf auch die Gesetzesbegründung ausdrücklich hinweist→ § 299 Rn. 27 ff.[43]

III. Vorteil

1. Allgemein. Die Tathandlung muss einen **Vorteil** zum Gegenstand haben. Ein Vor- 24 teil ist jede Zuwendung, auf die der Täter keinen Rechtsanspruch hat und die seine wirtschaftliche, rechtliche oder persönliche Lage objektiv verbessert.[44] Es gelten prinzipiell die zu §§ 299, 331 ff. StGB und §§ 31, 32 MBO entwickelten Grundsätze → § 299 Rn. 19 ff.[45]

Der Vorteilsbegriff umfasst daher nicht nur Geld- und Bonuszahlungen, sondern auch 25 **geldwerte Leistungen;** dazu zählen etwa die Zuwendung von Sachwerten durch Überlassung von technischen Geräten[46] und Mustern, die Bezahlung von Weihnachtsfeiern[47] und die Einräumung von Vermögens- oder Gewinnbeteiligungen.[48] Auch wenn die Annahme eines Vorteils in angemessener Höhe gem. § 32 MBO nicht berufsrechtswidrig ist, wenn dieser ausschließlich für berufsbezogene Fortbildungsveranstaltungen geleistet wird, so handelt es sich bei einseitigen Zuwendungen in Form von unentgeltlichen Einladungen zu Kongressen oder Fortbildungsveranstaltung um einen Vorteil iSd § 299a StGB.[49] Einen sehr praxisrelevanten wirtschaftlichen Vorteil stellt ferner die (gegenseitige) Zuführung von Patienten durch (wechselseitige[50]) Zuweisungen und bloße Empfehlungen dar.

Auch **immaterielle Zuwendungen,** wie die Befriedigung der Eitelkeit durch Ehrun- 26 gen und bestimmte Ämter können einen Vorteil darstellen.[51]

Unerheblich ist, ob der Vorteil für den Täter oder einen **Dritten** entsteht,[52] sodass auch 27 die Anstellungskörperschaft des Heilberufsangehörigen Vorteilsempfänger sein kann.[53]

2. Abschluss eines Vertrages. Ein Vorteil kann schließlich – entsprechend der Rechts- 28 lage zu § 299 StGB – auch im **Abschluss eines Vertrages** liegen, der finanzielle Leistungen an den Angehörigen eines Heilberufes zur Folge hat, auf die ohne den entsprechenden Vertragsschluss kein Anspruch bestünde, und zwar selbst dann, wenn das Entgelt in einem angemessenen Verhältnis zur erbrachten Leistung steht.[54]

Deshalb können grundsätzlich auch vergütete Anwendungsbeobachtungen sowie Hono- 29 rarzahlungen für Vorträge wie auch Berater- und Gutachterverträge einen Vorteil im Sinne der Vorschrift darstellen; dasselbe gilt für die Gewährung von Rabatten[55] oder die Beteiligung an einem Unternehmen.[56] Schließlich besteht auch bei grundsätzlich **zulässigen Kooperationsformen** die Möglichkeit, einen strafbaren Vorteil iSd § 299a StGB abzuleiten.[57] Hinter dieser (gesetzgeberischen) Rechtsauffassung steht die Erwägung, dass bereits

---

[43] BT-Drs. 18/6446, 17.
[44] BT-Drs. 18/6446, 17; BGH NJW 2003, 763 (764); Fischer § 299 Rn. 8; Schönke/Schröder/Eisele § 299 Rn. 18; Dieners PharmR 2015, 529 (530); Ramb CCZ 2015, 262 (263); Jary PharmR 2015, 99 (101).
[45] BT-Drs. 18/6446, 17; dazu kritisch Wigge NZS 2015, 447 (449 ff.).
[46] OLG Karlsruhe NJW 2001, 907 (908 m. w. Beispielen).
[47] BGH NJW 2003, 763 (764).
[48] BT-Drs. 18/6446, 18.
[49] Wissing/Cierniak NZWiSt 2016, 41 (43); Tsambikakis medstra 2016, 131 (134).
[50] Dazu auch Pragal/Handel medstra 2015, 337 (343); Pragal/Handel medstra 2016, 22 (24).
[51] BT-Drs. 18/6446, 17; Braun JA 2019, 115 (116); Passarge DStR 2016, 482 (483); Tsambikakis medstra 2016, 131 (134); Wissing/Cierniak NZWiSt 2016, 41 (43); vgl. auch VG Berlin BeckRS 2021, 10597 Rn. 29.
[52] Wissing/Cierniak NZWiSt 2016, 41 (43).
[53] Tsambikakis medstra 2016, 131 (134); ERST/Rübenstahl/Teubner § 299a Rn. 25.
[54] BT-Drs. 18/6446, 18.
[55] Speziell zu Rabatten Geiger medstra 2016, 9.
[56] Ausführlich zu möglichen Vorteilen Tsambikakis medstra 2015, 131 (134).
[57] Tsambikakis medstra 2015, 131 (134); ERST/Rübenstahl/Teubner § 299a Rn. 30 f.; krit. dazu, va im Hinblick auf den Abschluss sog. Selektivverträge Wigge NZS 2015, 447 (451 f.).

die Eröffnung von Nebenerwerbsmöglichkeiten dazu führen kann, dass sich der bevorteilte Heilberufler mit der Bevorzugung dieses Geschäftspartners revanchiert.[58]

30   **3. Teleologische Reduktion bei sozialadäquaten Zuwendungen.** Eine **Geringwertigkeits- oder Bagatellgrenze** für Vorteile gibt es ebenso wenig wie bei §§ 299, 331 ff. StGB, sodass die Höhe der materiellen Zuwendung grundsätzlich ohne Bedeutung ist.[59]

31   Allerdings handelt es sich, wie auch bei den anderen Korruptionsdelikten, dann nicht um einen strafbaren Vorteil iSd § 299a StGB, wenn es sich um eine **sozialadäquate Zuwendung** handelt, der die objektive Eignung zur Beeinflussung einer konkreten heilberuflichen Entscheidung fehlt. Um eine sozialadäquate Zuwendung handelt es sich indes aber nicht schon dann, wenn das fragliche Verhalten faktisch weit verbreitet ist („das tun doch alle").[60] Hinsichtlich der §§ 299 und 331 ff. StGB wird die Grenze des Sozialüblichen regelmäßig bei **25–50 EUR** gesehen → § 299 Rn. 37 ff.

32   Gerade weil es aber keine feste Geringwertigkeits- oder Bagatellgrenze gibt, ist nicht allein der objektive Wert der Zuwendung entscheidend, sondern sind auch die **branchenüblichen Gepflogenheiten,** die ua durch die Industriekodizes festgelegt werden, zu berücksichtigen.[61] So regelt bspw. § 20 Abs. 2 FSA Kodex Fachkreise,[62] dass bei wissenschaftlichen Fortbildungsveranstaltungen für die Eingeladenen angemessene Reise-, Bewirtungs- und notwendige Übernachtungskosten dann übernommen werden dürfen, sofern der berufsbezogene wissenschaftliche Charakter der internen Fortbildungsveranstaltung eindeutig im Vordergrund steht, wohingegen Unterhaltungs- und Freizeitprogramme (zB Theater, Konzert, Sportveranstaltungen) weder finanziert noch organisiert werden dürfen.

33   Eine Eignung zur Beeinflussung der Entscheidung fehlt regelmäßig bei ganz **geringfügigen oder allgemein üblichen Werbegeschenken** wie Plastikkugelschreibern, Notizblöcken oder Werbekalendern.[63]

IV. Unrechtsvereinbarung

34   **1. Allgemein.** Nicht jedes Annehmen, Sich-Versprechen-Lassen oder Fordern eines Vorteils führt zur Verwirklichung des Tatbestandes. Die Weite des Vorteilsbegriffes wird vielmehr durch das Tatbestandsmerkmal der Unrechtsvereinbarung eingegrenzt, die – wie bei allen Bestechungsdelikten – den **Kern der Vorschrift** bildet.[64]

35   Die Unrechtsvereinbarung verlangt, dass der Heilberufler den Vorteil **als Gegenleistung** für eine jedenfalls angestrebte unlautere Bevorzugung im Wettbewerb fordert, sich versprechen lässt oder annimmt.[65] Damit wird zum Ausdruck gebracht, dass die Übereinkunft von Geber und Nehmer auf einen ungemessenen, sachwidrigen Tausch von Vorteil und Gegenleistung gerichtet ist. Es gelten prinzipiell die bei § 299 StGB entwickelten Grundsätze → § 299 Rn. 31 ff.[66]

---

[58] Kubiciel MedR 2016, 1 (3).
[59] BT-Drs. 18/6446, 17.
[60] So auch Kubiciel MedR 2016, 1 (4).
[61] Dazu Schneider/Ebermann A&R 2015, 202 (204).
[62] Kodex des Vereins Freiwillige Selbstkontrolle für die Arzneimittelindustrie eV (FSA) zur Zusammenarbeit von Pharmaunternehmen mit medizinischen Fachkreisen.
[63] BT-Drs. 18/6446, 17 f.; Tsambikakis medstra 2016, 131 (134); Pragal/Handel medstra 2015, 337 (340); Satzger/Schluckebier/Widmaier/Rosenau § 299a Rn. 12.
[64] Wissing/Cierniak NZWiSt 2016, 41 (43); zudem ausführlich zur Unrechtsvereinbarung Knauer/Kaspar GA 2005, 385 ff.
[65] BT-Drs. 18/6446, 18.
[66] BT-Drs. 18/6446, 18. Eine konkrete Unrechtsvereinbarung als unverzichtbar bezeichnend auch Cosack ZRP 2016, 18 (18). Zur Unbestimmtheit des Merkmals in medizinrechtlichen Sachverhalten Frank/Vogel AnwBl 2016, 94 (100).

Es wird deshalb, anders als bei §§ 331, 333 StGB, der Nachweis einer **echten Unrechts-** 36
vereinbarung verlangt:[67] Der Täter muss den Vorteil gerade als Gegenleistung für eine
zumindest intendierte unlautere Bevorzugung im Wettbewerb fordern, sich versprechen
lassen oder annehmen. Allein der Zweck des Aufbaus allgemeinen Wohlwollens (**„Anfüt-**
tern" oder **„Klimapflege"**) bleibt straflos.[68]

2. Maßstab. Weder in der Rechtsprechung noch innerhalb der Staatsanwaltschaften 37
noch in der Literatur existiert eine allgemeingültige Definition einer strafrechtlich relevanten Unrechtsvereinbarung.

Auch die Gesetzesbegründung und die Beschlussempfehlung des Rechtsausschusses ge- 38
ben insoweit lediglich Anhaltspunkte. Keine Unrechtsvereinbarung liegt danach bei der
Gewährung von Vorteilen vor, die ihren Grund ausschließlich in der Behandlung von
Patienten oder anderen heilberuflichen Leistungen finden.[69] Zudem werden die Verein-
barung und die Annahme von **Rabatten** und sonstigen Vorteilen nicht von §§ 299a, b
StGB erfasst, wenn diese an den Patienten oder die jeweiligen Kostenträger weitergegeben
werden.[70] Um eine Unrechtsvereinbarung handelt es sich aber freilich dann, wenn eine
Zuwendung gegen das berufsrechtliche Verbot der Zuweisung gegen Entgelt verstößt.[71]

Angesichts der vielfältigen Sachverhaltskonstellationen lässt sich die Bestimmung einer 39
Unrechtsvereinbarung daher nur anhand einer **umfassenden,** die berufsspezifischen Besonderheiten des Gesundheitswesens berücksichtigenden **Einzelfallbetrachtung** vornehmen. Gleichwohl müssen bestimmte Grundannahmen feststehen, da es nicht Ziel sein kann,
jede Form von attraktiven Nebeneinnahmemöglichkeiten von Heilberuflern zu kriminali-
sieren. Zum einen ist ein effektives und leistungsfähiges Gesundheitswesen auf Kooperationen unter den beteiligten Marktteilnehmern angewiesen; die berufliche Zusammenarbeit ist gesundheitspolitisch gewollt und liegt zudem auch im Interesse des Patienten.[72]
Zum anderen ist dem marktwirtschaftlichem Kontext gerecht zu werden.

Aus der Kasuistik der zu den bisherigen Korruptionstatbeständen ergangenen Einzelfall- 40
entscheidungen lässt sich jedoch eine gewisse **Kategorisierung** der allgemein maßgeblichen Beurteilungskriterien entnehmen.

a) Vorliegen einer plausiblen vertraglichen Zielsetzung (Verhältnismäßigkeit im 41
weiteren Sinn). Indiz gegen eine Unrechtsvereinbarung ist zunächst, wenn einer Vereinbarung eine wirtschaftlich plausible oder sonstige **legitime Zielsetzung** zugrunde
liegt.[73]

So erklärt sich bspw., warum die bloße Teilnahme an vergüteten Anwendungsbeob- 42
achtungen noch nicht den Tatbestand des § 299a StGB erfüllen kann.[74] Denn bei **Anwen-**
dungsbeobachtungen ist zunächst davon auszugehen, dass sie einem legitimen Nutzen
für den Vorteilsgewährer haben. Sie dienen der systematischen Sammlung von Erkenntnissen über bereits zugelassene oder registrierte Arzneimittel oder von Medizinprodukten
und ermöglichen Herstellern auf breiter Basis die Überprüfung von Anwendungsvorteilen
und Verträglichkeit und tragen damit zur Vermeidung von Haftungsrisiken bei.[75] Indizien
für einen fehlenden legitimen Zweck und damit für das Vorliegen einer Unrechtsvereinbarung können ua jedoch dann bestehen, wenn die Anwendungsbeobachtung allein zu
Marketingzwecken erfolgt, um den Produktabsatz neu anzukurbeln oder die Ergebnisse

---

[67] BT-Drs. 18/6446, 17 f.; Kubiciel MedR 2016, 1 (3); Ramb CCZ 2015, 262 (263); Tsambikakis medstra
2016, 131 (135); Wissing/Cierniak NZWiSt 2016, 41 (43).
[68] BT-Drs. 18/6446, 18; Braun JA 2019, 115 (117); Graf/Jäger/Wittig/Sahan § 299a Rn. 19; vgl. auch
OLG Köln PharmR 2019, 256 (257).
[69] BT-Drs. 18/6446, 18.
[70] BT-Drs. 18/8106, 15.
[71] BT-Drs. 18/6446, 18; Tsambikakis medstra 2016, 131 (135).
[72] BT-Drs. 18/6446, 18.
[73] BGH NStZ 2008, 688.
[74] BT-Drs. 18/6446, 19; s. auch Wissing/Cierniak NZWiSt 2016, 41 (44 f.).
[75] Rotsch Criminal Compliance/Taschke/Schoop § 21 Rn. 39.

nicht öffentlich gemacht werden.[76] Auch ein offensichtliches Desinteresse des Vorteils-gebers an der Leistung des Heilberuflers (bspw. Dokumentation) oder fehlende Kontrolle sind starke Indizien für die Annahme einer Unrechtsvereinbarung.[77] In diesen Fällen besteht die begründete Gefahr, dass die vergütete Teilnahme an der Anwendungsbeob-achtung allein als Anreiz für eine bevorzugte Verschreibung oder Empfehlung bestimmter Arzneimittel gedacht ist.[78]

43　　Solange sich aus den Verträgen keine rechtliche oder faktische Koppelung ergibt, erfüllen auch branchenüblich und allgemein gewährte **Rabatte und Skonti** nicht die Vorausset-zungen einer Unrechtsvereinbarung,[79] sondern sind Ausdruck eines legitimen Marktver-haltens.

44　　Die Frage, ob es sich noch um ein zulässiges Marktverhalten handelt oder schon um eine strafbare Unrechtsvereinbarung, kann insbesondere hinsichtlich den sehr praxisrelevanten **Gewinnbeteiligungen an einem Unternehmen** im Gesundheitswesen Schwierigkeiten bereiten, da die Übergänge hier fließend sind. Vertragsgestaltungen, bei denen die Gewinn-beteiligung unmittelbar von der Anzahl der zugewiesenen Patienten oder dem dadurch erzielten Umsatz abhängt,[80] erfüllen aber zweifellos die Voraussetzungen einer strafbaren Unrechtsvereinbarung („Zuführungsprämie"[81]).

45　　**b) Höhe der Vergütung.** Die Gesetzesbegründung weist ausdrücklich darauf hin,[82] dass die Honorierung heilberuflicher Leistungen im Rahmen zulässiger beruflicher Zusammen-arbeit ohne Hinzutreten weiterer Umstände grundsätzlich nicht den Verdacht einer Un-rechtsvereinbarung begründen könne. Etwas anderes gelte indessen, wenn festgestellt wird, dass das **Entgelt** nicht entsprechend dem Wert der erbrachten heilberuflichen Leistung nicht **in wirtschaftlich angemessener Höhe** nachvollziehbar festgelegt worden sei.

46　　Wann eine Vergütung der Höhe nach angemessen ist, wird durch die Neuregelung nicht bestimmt. Vielmehr bedarf es auch hier einer **Einzelfallbetrachtung.** Insoweit bieten zunächst die gesetzlich geregelten Abrechnungssysteme eine Orientierung. Jedoch muss es auch jenseits des originären Anwendungsbereiches der gesetzlich geregelten Abrechnungs-systeme möglich sein, Heilberufler für ihre freiberufliche Tätigkeit **individuell nach Leistung, fachlicher Qualifikation** und **wissenschaftlichem Renommee** zu bezahlen. Den Vertragsparteien ist bei der Vergütungsbemessung innerhalb dieser Grenzen ein grundsätzlich **breiter Beurteilungsspielraum** zu gewähren, den die Instanzen der Straf-rechtspflege nicht durch eigene Angemessenheitsvorstellungen ersetzen dürfen.[83]

47　　**c) Transparenz.** Als weiterer Gesichtspunkt zur Bestimmung einer Unrechtsverein-barung kann die Transparenz eines Vorgangs herangezogen werden. Denn eine **Doku-mentation** und **Offenlegung** des Austauschs spricht gegen eine Unrechtsvereinbarung der Parteien.[84] Demgegenüber prägt die Heimlichkeit eines Vorgehens dessen Unlauterkeit entscheidend mit. Das Kriterium der Transparenz darf indessen nicht überbewertet werden, da selbstredend auch die transparente sachwidrige Koppelung von Vorteil und Gegenleis-tung sachwidrig bleibt.[85]

48　　**d) Einhaltung außerstrafrechtlicher Regeln.** Schließlich haben auch die Einhaltung oder Nichteinhaltung außerstrafrechtlicher Regelungen, insbesondere die Vorschriften des

---

[76] Schneider medstra 2016, 195 (199).
[77] Dann/Scholz NJW 2016, 2077 (2079); Schneider medstra 2016, 195 (200).
[78] BT-Drs. 18/6446, 19.
[79] BT-Drs. 18/6446, 22; eing. dazu Geiger medstra 2016, 9 ff. [erlaubter Preiswettbewerb].
[80] BT-Drs. 18/6446, 19.
[81] BT-Drs. 18/6446, 12.
[82] BT-Drs. 18/6446, 18, 19.
[83] Schneider medstra 2016, 195 (197, 200).
[84] Obiter dicta BGH wistra 2003, 303 = MedR 2003, 688; OLG Köln NStZ 2002, 35 = MedR 2002, 413.
[85] Satzger ZStW 115, 469.

einschlägigen Berufsrechts Einfluss auf die Bestimmung und Auslegung einer Unrechtsvereinbarung.[86] Die Gesetzesbegründung stellt dies auch für das (zahn)ärztliche Berufsrecht ausdrücklich klar.[87]

e) Fazit. Kooperationen im Gesundheitswesen sind nicht per se bemakelt; entscheidend **49** sind vielmehr die konkrete Zielsetzung und Ausgestaltung des Vertrages.[88] Mangels eindeutiger Vorgaben sind die Grenzen zwischen zulässiger Kooperation und unlauterer Korruption fließend. Um bereits den Anschein einer Unrechtsvereinbarung möglichst zu vermeiden, ist den beteiligten Akteuren daher in jedem Fall zu raten, Wert auf eine nachvollziehbare und transparente Vertragsgestaltung zu legen, bei der die jeweils zu erbringenden Leistungen detailliert beschrieben und die Kalkulationsgrundlagen der Vergütung offengelegt werden.[89] Die Befolgung der vier Grundprinzipien der sog. Compliance, die auch in den §§ 30 ff. der Musterberufsordnung (MBO) für Ärzte niedergelegt sind, ist unabdingbare Voraussetzung, um die bestehenden (korruptions-)strafrechtlichen Risiken auszuschließen bzw. weitestgehend zu minimieren. Es handelt sich hierbei um das Trennungsprinzip, das eine klare Trennung zwischen der Zuwendung und möglichen Umsatzgeschäften verlangt, das Transparenzprinzip, das Dokumentationsprinzip und das Äquivalenzprinzip, das ein ausgewogenes Verhältnis von Leistung und Gegenleistung einfordert.[90]

3. Anknüpfungshandlungen. Die Unrechtsvereinbarung muss auf ein in § 299a **50** Abs. 1 Nr. 1–3 StGB normiertes **Marktverhalten** abzielen, womit sich die §§ 299a, b StGB – abgesehen vom speziellen Täterkreis – gegenüber § 299 StGB unterscheiden.

a) Verordnung, Nr. 1. Die Verordnungsvariante erfasst die unlautere Bevorzugung bei **51** der Verordnung von Arznei-, Heil- oder Hilfsmitten oder Medizinprodukten. Der Begriff des **Verordnens** umfasst die Verschreibung von Arzneimitteln, Heil-, Hilfsmitteln und Medizinprodukten zugunsten von Patienten, unabhängig davon, ob für das verschriebene Mittel oder Produkt eine Verschreibungspflicht besteht.[91] Erfasst sind auch Tätigkeiten, die mit dem Verordnen in einem engen Zusammenhang stehen, wie bspw. die Verordnungsübersendung an einen anderen Leistungserbringer.[92]

Der Begriff des **Arzneimittels** richtet sich nach § 2 AMG, der Begriff des **Medizin-** **52** **produktes** nach § 3 MPG, die dort legal definiert sind. Die Begrifflichkeiten der Heil- und Hilfsmittel sind den §§ 32, 33 SGB V entnommen. Die Gesetzesbegründung weist zudem ausdrücklich darauf hin, dass auf die in der Rechtsprechung diesbezüglich entwickelten Begriffsbestimmungen zurückgegriffen werden kann.[93] **Heilmittel** sind danach ärztlich verordnete Dienstleistungen, die auf einen Heilerfolg ausgerichtet sind oder einem Heilzweck dienen oder einen Heilerfolg sichern und deshalb nur von entsprechend ausgebildetem Personal erbracht werden dürfen; darunter fallen insbesondere Maßnahmen der physikalischen Therapie, der podologischen Therapie, der Stimm-, Sprech- und Sprachtherapie, sowie Maßnahmen der Ergotherapie.[94] **Hilfsmittel** sind sächliche Mittel, die durch ersetzende, unterstützende oder entlastende Wirkung den Erfolg der Krankenbehandlung sichern, eine Behinderung ausgleichen oder ihr vorbeugen.[95] Vom Tatbestand nicht erfasst werden reine Nahrungsergänzungsmittel und diätische Lebensmittel.[96]

---

[86] Knauer/Kaspar GA 2005, 397 f.
[87] BT-Drs. 18/6446, 19.
[88] Ebenso Badle medstra 2015, 139 (139).
[89] In diesem Sinne auch Dann/Scholz NJW 2016, 2077 (2079).
[90] Dazu Heil/Oeben PharmR 2016, 217 (222); ebenfalls Rotsch Criminal Compliance/Krüger § 20 Rn. 53 ff.
[91] BT-Drs. 18/6446, 20; s. auch Tsambikakis medstra 2016, 131 (135).
[92] BT-Drs. 18/6446, 20.
[93] BT-Drs. 18/6446, 20.
[94] BT-Drs. 18/6446, 20; Spickhoff/Wabnitz SGB V § 32 Rn. 4.
[95] BT-Drs. 18/6446, 20; Spickhoff/Wabnitz SGB V § 33 Rn. 2.
[96] LG Hildesheim medstra 2020, 381 (381).

53   **b) Bezug, Nr. 2.** Unter **Bezug** ist jegliche Form des Sich-Verschaffens zu verstehen, sei es auf eigene oder fremde Rechnung. Allerdings sind nur solche Bezugsentscheidungen erfasst, die sich auf tatbestandlich erfasste Produkte beziehen, die der Heilberufler ohne vorherige Verordnung **unmittelbar** beim oder am Patienten **anwendet,** wie bspw. Implantate oder Prothesen.

54   Ausgenommen ist explizit der Bezug von Mitteln oder Produkten, die nicht zur Weitergabe an den Patienten bestimmt sind. Darunter fallen insbesondere Ausstattungsgegenstände, wie etwa Behandlungsstühle oder Röntgengeräte.[97] (Verbrauchs-)Material, das sowohl **Praxisbedarf** darstellt als auch der Behandlung am Patienten dient, wie bspw. Alkoholtupfer, Mundschutz oder Desinfektionsmittel, ist aufgrund der nicht bestehenden gesonderten Abrechenbarkeit dieser Produkte eher dem rein unternehmerischen Kontext zuzuordnen und damit aus dem Tatbestand auszunehmen.[98]

55   Der Heilberufsangehörige muss die Anwendung nicht selbst ausführen; es genügt, wenn ein organisatorisch und weisungsgebundener **Berufshelfer** die Tätigkeit vornimmt, insoweit gelten die Grundsätze des § 203 Abs. 3 S. 2 StGB.[99]

56   **c) Zuführung, Nr. 3.** Der Begriff des **Zuführens** soll nach den Worten des Gesetzgebers inhaltlich dem sozial- und berufsrechtlichen Zuweisungsbegriff entsprechen, § 73 Abs. 7 SGB V, § 31 MBO.[100] Allerdings soll der Begriff der Zuführung auch weiter sein.[101]

57   Erfasst ist jede Form der Einwirkung auf den Patienten mit der Absicht, dessen Auswahl eines Arztes oder eines anderen Leistungserbringers zu beeinflussen. Dementsprechend sollen Zuweisungen, Überweisungen, und Verweisungen, aber auch einfache Empfehlungen erfasst werden.[102] Eine tatbestandsmäßige Anknüpfungshandlung liegt damit insbesondere dann vor, wenn ein niedergelassener Arzt Patienten einem anderen Arzt, einem Klinikum oder anderen Leistungserbringern (bspw. Physiotherapeuten) vermittelt. Leistungserbringer sind dabei nur solche juristischen oder natürlichen Personen, die für die Krankenkassen Leistungen erbringen und deren Leistungen deshalb abrechenbar sind. Daher fällt die Zuführung von Kunden an einen privaten Hersteller von Nahrungsergänzungsmitteln durch einen umsatzbeteiligten Arzt nicht unter die Vorschrift.[103]

58   **4. Unlautere Bevorzugung im inländischen oder ausländischen Wettbewerb. a) Wettbewerbssituation.** Für die Auslegung des Merkmals der Wettbewerbssituation kann auf die Rechtsprechung und Literatur des entsprechenden Tatbestandsmerkmals bei § 299 StGB zurückgegriffen werden → § 299 Rn. 33.[104] Allerdings gilt es auch bei diesem Tatbestandsmerkmal, die bereichsspezifischen Besonderheiten des Gesundheitswesens in den Blick zu nehmen.

59   Voraussetzung ist das Vorliegen eines **wirtschaftlichen Konkurrenzverhältnisses,** womit es zumindest zweier Konkurrenten bedarf, zwischen denen der Heilberufler wählen kann.[105] Der Gesetzgeber will jedoch keine allzu strengen Maßstäbe an das Merkmal des

---

[97] BT-Drs. 18/6446, 22; Tsambikakis medstra 2016, 131 (135).

[98] Tsambikakis medstra 2016, 131 (135).

[99] BT-Drs. 18/8106, 15.

[100] BT-Drs. 18/6446, 20.

[101] Wissing/Cierniak NZWiSt 2016, 41 (45); vgl. auch ERST/Rübenstahl/Teubner § 299a Rn. 38; kritisch insoweit Rönnau/Wegner NZWiSt 2019, 81.

[102] BT-Drs. 18/6446, 20; vgl. auch LG Hildesheim medstra 2020, 381 (381).

[103] So LG Hildesheim medstra 2020, 381 (382); im Ergebnis zust. Lorenz/Vogel NZWiSt 2020, 452; krit. Wegner medstra 2020, 381 (383 f.); Vizcaino Diaz jurisPR-StrafR 15/2020 Anm. 1.

[104] BT-Drs. 18/6446, 21; so auch Kubiciel MedR 2016, 1 (3).

[105] Wissing/Cierniak NZWiSt 2016, 41 (45 f.); Jary PharmR 2015, 99 (102); Tsambikakis medstra 2016, 131 (136). Ausführlich ERST/Rübenstahl/Teubner § 299a Rn. 41 ff.

Wettbewerbs stellen, sodass auch bei vermeintlichen **Monopolisten**[106] sowie im Bereich der personalisierten, individualisierten Medizin oder der gezielten Therapie eine Wettbewerbssituation vorliegen kann.[107]

b) Unlautere Bevorzugung. Auch bezüglich des Begriffs der **Unlauterkeit** kann **60** grundsätzlich auf § 299 StGB zurückgegriffen werden → § 299 Rn. 34.[108] Danach ist eine Bevorzugung unlauter, wenn sie nicht ausschließlich auf sachlichen Erwägungen beruht und geeignet ist, Mitbewerber durch die Umgehung der Regelungen des Wettbewerbs zu schädigen.[109]

Konkretisiert wird die Unlauterkeit durch die jeweiligen **Normen des Sozial-, Ge- 61 sundheits- und ärztlichen Berufsrechts.** Daher beruht die Entscheidung ohne Hinzutreten weiterer Umstände dann nicht auf sachfremden Erwägungen, wenn die Bevorzugung berufs- oder sozialrechtlich zulässig ist.[110]

Zu beachten ist allerdings, dass nicht jeder berufsrechtliche Verstoß zur Annahme der **62** Unlauterkeit führt, da es aufgrund der gesetzlichen Ausgestaltung des Tatbestandes stets auf einen Bezug zum Wettbewerb ankommt vgl. Rechtsgutdiskussion → Rn. 9 ff.

5. Berufsbezogenheit. Die Unrechtsvereinbarung muss sich auf ein Tätigwerden, das **63** im Zusammenhang mit der Ausübung der heilberuflichen Tätigkeit des Fachkreisangehörigen steht, beziehen. **Private Handlungen** außerhalb der beruflichen Tätigkeit bleiben von der Strafbarkeit ausgenommen, ein Angestellten- oder Beauftragtenverhältnis wie bei § 299 StGB ist nicht erforderlich.[111] Aufgrund der durch die Nr. 1–3 erforderlichen Verhaltensweisen und der in der Unrechtsvereinbarung liegenden Verknüpfung von Vorteil und Leistung hat das Tatbestandsmerkmal der Berufsbezogenheit hauptsächlich **deklaratorischen Charakter.**[112]

C. Subjektiver Tatbestand

Dolus eventualis ist ausreichend. Entscheidend ist, dass der Täter die die Unlauterkeit **64** begründenden Umstände erfasst hat.[113]

Irrt der Täter über die tatsächlichen Umstände, die zu den gesetzlichen Tatbestands- **65** merkmalen gehören, so liegt ein vorsatzausschließender Tatbestandsirrtum gem. § 16 StGB vor. Das gilt freilich auch für den Fall, dass der Täter die tatsächlichen Umstände, die die Unlauterkeit begründen, nicht kennt. Unterliegt der Täter hingegen einem Irrtum über die normative Bedeutung einzelner Tatbestandsmerkmale, so handelt es sich um einen Verbotsirrtum gem. § 17 StGB → § 299 Rn. 86.

---

[106] Bei § 299 StGB war bislang anerkannt, dass trotz Bestehens eines Monopols eine strafbare Bevorzugung in Betracht kommt, wenn diese aus Sicht der Beteiligten auf die Ausschaltung und wettbewerbliche Schlechterstellung eines zukünftigen potentiellen Mitbewerbers abzielt. Mit Einführung des Geschäftsherrnmodells bei § 299 StGB wird jedoch zunehmend für eine restriktivere Auslegung des Wettbewerbsbegriffes plädiert, vgl. dazu Kubiciel KPuK 3/2016, 3; Hoven NStZ 2015, 553 (556); Tsambikakis medstra 2016, 131 (136). Dies zeigt, dass der Wettbewerbsbegriff auch bei § 299 StGB im Fluss ist. Der pauschale Verweis auf die Auslegung des Begriffs bei § 299 StGB ist deshalb an dieser Stelle eigentlich zu kurz gegriffen.
[107] BT-Drs. 18/8106, 13, 15.
[108] BT-Drs. 18/6446, 20.
[109] Dieners/Cahnbley MPR 2016, 48 (51); Tsambikakis medstra 2016, 131 (137).
[110] BT-Drs. 18/6446, 20.
[111] BT-Drs. 18/6446, 20 f.
[112] Pragal/Handel medstra 2015, 337 (339); Tsambikakis medstra 2016, 131 (138); ERST/Rübenstahl/Teubner § 299a Rn. 48.
[113] Braun JA 2019, 115 (118); Tsambikakis medstra 2016, 131 (139).

D. Rechtswidrigkeit und Schuld

66   Es gelten für die §§ 299a, b StGB keine Besonderheiten, sodass hier auf die allgemeinen Regeln zu verweisen ist → § 299 Rn. 90.

67   Wie auch bei der Wettbewerbsalternative des § 299 Abs. 1 Nr. 1, Abs. 2 Nr. 1 StGB kommt eine **rechtfertigende Einwilligung** mangels Dispositionsbefugnis nicht in Betracht. Ungeachtet davon, ob man mit dem Gesetzgeber von einem doppelten Rechtsgüterschutz ausgeht, schützen die §§ 299a, b StGB stets den fairen Wettbewerb im Gesundheitswesen, womit es sich um ein Allgemeinrechtsgut handelt, das nicht zur Disposition des Einzelnen steht vgl. → Rn. 9 ff.

E. Allgemeine Lehren

I. Vollendung, Beendigung, Versuch

68   **Vollendet** ist die Tat mit Vornahme der Tathandlung. Da es sich um ein abstraktes Gefährdungsdelikt handelt → Rn. 12, kommt es nicht darauf an, ob tatsächlich eine Bevorzugung eintritt, ausreichend ist, dass die wettbewerbswidrige Bevorzugung Gegenstand der Unrechtsvereinbarung ist. Deshalb spielt es auch keine Rolle, ob objektiv überhaupt ein Wettbewerbsverhältnis besteht; es genügt vielmehr, wenn der Täter sich ein solches vorstellt.[114]

69   Erst mit der letzten Annahme des von der Unrechtsvereinbarung erfassten Vorteils ist die Tat **beendet**.[115]

70   Da es sich bei § 299a StGB um ein Vergehen handelt, ist der **Versuch** mangels expliziter Anordnung straflos, §§ 23 Abs. 1 Alt. 2, 12 Abs. 2 StGB.

II. Täterschaft, Teilnahme

71   Für die Abgrenzung von Täterschaft und Teilnahme gelten die allgemeinen Regeln.

72   Besondere Erwähnung verdient an dieser Stelle, dass eine Beihilfestrafbarkeit bei sog. **berufstypischem Verhalten**[116] nur unter eingeschränkten Voraussetzungen in Betracht kommt.

73   Die Strafbarkeitsrisiken ziehen über die unmittelbar Angehörigen eines Heilberufes hinaus weitere Kreise. Ein nicht zu unterschätzendes Problem stellt in diesem Zusammenhang die mittlerweile auch ausdrücklich durch den BGH anerkannte **Geschäftsherrenhaftung**[117] dar, womit auch die „Geschäftsherrn" von Betrieben im Gesundheitswesen in den Fokus der strafrechtlichen Verantwortlichkeit der neuen Tatbestände rücken.[118] Von der Geschäftsherrnhaftung betroffen sind nicht nur der (Praxis-) Inhaber selbst, sondern auch die vertretungsberechtigten Organe der juristischen Person, wie Vorstände und andere Personen mit Leitungsfunktion. Aus der Stellung als Betriebsinhaber ergibt sich abhängig von den Umständen des Einzelfalles eine Garantenpflicht zur Verhinderung betriebsbezogener Straftaten nachgeordneter Mitarbeiter.

---

[114] Wissing/Cierniak NZWiSt 2016, 41 (45).

[115] Vgl. dazu Fischer § 299 Rn. 38 mwN.

[116] Eine umfangreiche Darstellung zu dieser umstrittenen Problematik bieten MAH Wirtschafts- und Steuerstrafsachen/Knauer/Kämpfer § 3 Rn. 78 ff.

[117] BGHSt 57, 42 (45 ff.).

[118] Ausdrücklich in diesem Zusammenhang bereits auch Wissing/Cierniak NZWiSt 2016, 41 (46).

F. Rechtsfolgen, Konkurrenzen und Prozessuales

I. Rechtsfolgen

Die **Strafe** beträgt – wie auch bei § 299 StGB – Freiheitsstrafe bis zu drei Jahren oder **74** Geldstrafe. Eine **Strafzumessungsregel** für besonders schwere Fälle enthält § 300 StGB, der sowohl auf § 299 StGB als auch auf die neuen §§ 299a, b StGB verweist.

Daneben drohen die **Maßregel des Berufsverbots** (§ 70 StGB) sowie **berufsrecht- 75 liche Konsequenzen,** wie der Verlust der Zulassung oder der Approbation, die häufig einschneidender sind als das strafrechtliche Verfahren selbst.[119]

Nicht unbeachtet bleiben dürfen auch die quasi „automatischen" **steuer- und steuer- 76 strafrechtlichen Folgen,** die bei der gewinnmindernden Geltendmachung von Vorteilen iSd § 4 Abs. 5 Nr. 10 EStG zu einer Steuerhinterziehung führen.[120]

Auch wird sich im Hinblick auf §§ 30, 130 OWiG vgl. dazu → Einl. Rn. 4 das Haf- 77 tungsregime für Krankenhaus- und Pharmakonzerne wohl verschärfen.[121] Die **Unternehmensgeldbuße** sollten aber auch andere juristische Personen, wie medizinische Versorgungszentren und rechtsfähige Personengesellschaften („Gemeinschaftspraxen", § 30 Abs. 1 Nr. 3 OWiG) im Blick haben.[122] Der erweiterter Verfall in § 302 StGB gilt auch für § 299a StGB.[123]

II. Konkurrenzen

In konkurrenzrechtlicher Hinsicht werfen die Korruptionstatbestände des Gesundheits- 78 wesens mitunter Probleme auf. Im Verhältnis zu **korruptionsfremden Tatbeständen** wie §§ 263, 266, 223 ff. StGB gelten die zu den §§ 299, 331 ff. StGB entwickelten Grundsätze,[124] sodass von Tateinheit auszugehen ist, wenn durch eine als Gegenleistung für den Vorteil vorgenommene pflichtwidrige Handlung weitere Straftatbestände verletzt werden.

Diskussionsbedarf besteht jedoch im Hinblick auf das **Verhältnis zu den anderen 79 Korruptionsdelikten.** In Bezug zu § 299 StGB geht der Gesetzgeber aufgrund des nach seinem Verständnis teilweise differierenden Rechtsgüterschutzes regelmäßig von Tateinheit aus.[125] Dagegen wird teilweise aber auch von Spezialität der §§ 299a, b StGB gegenüber § 299 StGB ausgegangen.[126]

Im Verhältnis der §§ 299a, b StGB zu den **§§ 331 ff. StGB** verweist die Gesetzes- 80 begründung lediglich auf die für das Verhältnis von § 299 StGB zu den §§ 331 ff. StGB entwickelten Grundsätze.[127] Dieser Verweis hilft allerdings nur bedingt weiter. Es ist nämlich umstritten, ob die §§ 331 ff. StGB zu § 299 StGB in Tateinheit[128] stehen oder die Korruptionsdelikte gegen Amtsträger leges speciales[129] sind. Angesichts des speziellen Täterkreises und der speziellen Tatsituation ist wohl von Spezialität[130] der §§ 299a, b StGB gegenüber den insoweit unspezifischeren §§ 331 ff. StGB und nicht von einer tateinheitli-

---

[119] Frank/Vogel AnwBl 2016, 94 (98); zum Verhältnis von strafrechtliche und berufsrechtlicher Sanktionierung Brand MedR 2013, 277 (279).

[120] Zu den Nebenfolgen im Steuer(straf)recht Pragal/Handel medstra 2015, 337 (344).

[121] Kubiciel MedR 2016, 1 (4).

[122] Pragal/Handel medstra 2015, 337 (344).

[123] BT-Drs. 18/6446, 24.

[124] BT-Drs. 18/6446, 16.

[125] BT-Drs. 18/6446, 16; in diese Richtung auch ERST/Rübenstahl/Teubner § 299a Rn. 57.

[126] So bereits Kubiciel/Tsambikakis medstra 2015, 11 (2015); Tsambikakis medstra 2016, 131 (139).

[127] BT-Drs. 18/6446, 16; ausführlich ERST/Rübenstahl/Teubner § 299a Rn. 58 ff.

[128] Dazu auch → § 299 Rn. 92; NK-StGB/Dannecker § 299 Rn. 143; Lackner/Kühl/Heger § 299 Rn. 9.

[129] So Fischer § 331 Rn. 40; LK-StGB/Tiedemann § 299 Rn. 61; in diesem Sinn offenbar auch BGHSt 43, 96 (105).

[130] Tsambikakis medstra 2016, 131 (139 f.).

chen Begehungsweise[131] auszugehen. Andernfalls bliebe es für Ärzte, die an öffentlichen Krankenhäusern tätig sind, bei der Strafbarkeit bloßer Klimapflege, wohingegen angestellte Ärzte einer Privatklinik den „unverbindlichen Präsentkorb mit Champagner" des Pharmareferenten annehmen dürfen.[132] Die mit der Annahme von Spezialität der §§ 299a, b StGB gegenüber den §§ 331 ff. StGB verbundene Privilegierung derjenigen Amtsträger, die keine Heilberufsangehörigen sind, lässt sich jedoch damit rechtfertigen, eine strafrechtliche Gleichbehandlung aller Heilberufler unabhängig von ihrer Amtsträgereigenschaft bewirken zu wollen.[133]

III. Prozessuales

81   §§ 299a, 299b StGB sind nunmehr **Offizialdelikte**.[134] Die im Regierungsentwurf noch vorgesehene Ausgestaltung als relatives Antragsdelikt ist entfallen.[135]

82   Durch eine Änderung des § 74c Abs. 1 S. 1 Nr. 5a GVG wird bei den Landgerichten die **Zuständigkeit der Wirtschaftsstrafkammer** im ersten Rechtszug begründet, da durch die neuen Regelungen regelmäßig Sachverhalte betroffen sein werden, für die besondere Kenntnisse des Wirtschaftslebens erforderlich sind.[136]

§ 299b StGB Bestechung im Gesundheitswesen

Wer einem Angehörigen eines Heilberufs im Sinne des § 299a im Zusammenhang mit dessen Berufsausübung einen Vorteil für diesen oder einen Dritten als Gegenleistung dafür anbietet, verspricht oder gewährt, dass er

1. bei der Verordnung von Arznei-, Heil- oder Hilfsmitteln oder von Medizinprodukten,
2. bei dem Bezug von Arznei- oder Hilfsmitteln oder von Medizinprodukten, die jeweils zur unmittelbaren Anwendung durch den Heilberufsangehörigen oder einen seiner Berufshelfer bestimmt sind, oder
3. bei der Zuführung von Patienten oder Untersuchungsmaterial

ihn oder einen anderen im inländischen oder ausländischen Wettbewerb in unlauterer Weise bevorzuge, wird mit Freiheitsstrafe bis zu drei Jahren oder mit Geldstrafe bestraft.

1   § 299b StGB stellt spiegelbildlich zu § 299a StGB die aktive Bestechung unter Strafe. Der einzige Unterschied zu § 299a StGB ergibt sich daraus, dass der **Täterkreis** keinen Beschränkungen unterliegt und somit **jedermann** strafbar sein kann, der mit tatbestandlicher Zielrichtung einem Heilberufsangehörigen einen Vorteil zuwendet.[1] Ausweislich der Gesetzesbegründung gelten die Ausführungen zu den Tatbestandsmerkmalen des § 299a StGB entsprechend.[2]

2   Die Auslegung der Tatbestandsmerkmale, die auch in § 299 StGB verwendet werden, folgt den für diese Vorschriften entwickelten Grundsätzen.[3] Der Täter auf Geberseite muss einem Heilberufler einen Vorteil im Rahmen einer Unrechtsvereinbarung anbieten, versprechen oder gewähren.

---

[131] In diese Richtung in Bezug auf den Regierungsentwurf Gaede medstra 2015, 263 (267).
[132] So plakativ Pragal/Handel medstra 2015, 337 (344).
[133] Tsambikakis medstra 2016, 131 (140); Pragal/Handel medstra 2015, 337 (344).
[134] BT-Drs. 18/8106, 13, 16 f.
[135] Dieses wurde im Zuge des Gesetzgebungsverfahrens immer wieder kritisiert, Aldenhoff/Valluet medstra 2015, 195 (199); Frank/Vogel AnwBl 2016, 94 (99).
[136] BT-Drs. 18/6446, 24.
[1] BT-Drs. 18/6446, 23.
[2] BT-Drs. 18/6446, 23.
[3] Braun JA 2019, 115 (116, 117); Dann/Scholz NJW 2016, 2077 (2077); Tsambikakis medstra 2016, 131 (138).

§ 300 Besonders schwere Fälle der Bestechlichkeit und Bestechung im geschäftlichen Verkehr und im Gesundheitswesen

[1] In besonders schweren Fällen wird eine Tat nach §§ 299, 299a, 299b mit Freiheitsstrafe von drei Monaten bis zu fünf Jahren bestraft. [2] Ein besonders schwerer Fall liegt in der Regel vor, wenn

1. die Tat sich auf einen Vorteil großen Ausmaßes bezieht oder
2. der Täter gewerbsmäßig handelt oder als Mitglied einer Bande, die sich zur fortgesetzten Begehung solcher Taten verbunden hat.

Literatur: Hannich/Röhm, Die Herbeiführung eines Vermögensverlustes großen Ausmaßes im Betrugs- und Untreuestrafrecht, NJW 2004, 2061; Krüger, Zum „großen Ausmaß" in § 263 III S. 2 Nr. 2 StGB, wistra 2005, 247; Rolletschke/Roth Neujustierung der Steuerhinterziehung „großen Ausmaßes" (§ 370 Abs. 3 S. 2 Nr. 1 AO) aufgrund des Schwarzgeldbekämpfungsgesetzes, wistra 2012, 216; Rotsch, Der Vermögensverlust großen Ausmaßes bei Betrug und Untreue, ZStW 117 (2005), 577.

A. Handelsvertreter

I. Allgemeines

Die Strafzumessungsvorschrift des § 300 StGB wurde durch das **KorrBekG v.** 1
13.8.1997[1] in das StGB eingeführt und durch das **Gesetz zur Bekämpfung von Korruption im Gesundheitswesen v. 30.5.2016**[2] neugefasst. Die Norm bedingt seitdem eine **Erweiterung des Strafmaßes** für besonders schwere Fälle der Bestechlichkeit und Bestechung im geschäftlichen Verkehr (§ 299 StGB) und im Gesundheitswesen (§§ 299a, 299b StGB) von drei Monaten bis zu fünf Jahren Freiheitsstrafe. Bleibt das ausgesprochene Strafmaß unterhalb von sechs Monaten Freiheitsstrafe, so kann nach § 47 Abs. 2 StGB alternativ eine Geldstrafe verhängt werden.[3] Bei den in der Vorschrift enthaltenen **Regelbeispielen** handelt es sich nicht um Tatbestandsmerkmale, sondern um Elemente der Strafzumessung, weshalb die Annahme eines besonders schweren Falles selbst bei Vorliegen eines Regelbeispiels nicht zwingend ist, sondern von der Ermessensentscheidung des erkennenden Gerichts im Einzelfall abhängt. Umgekehrt kann die tatgerichtliche Bewertung selbst bei fehlender Verwirklichung eines Regelbeispiels zur Annahme eines **unbenannten schweren Falles** → Rn. 5 führen.[4] Die Vorschrift orientiert sich in ihrer Ausgestaltung an § 335 StGB.

II. Die benannten Regelbeispiele

1. Vorteil großen Ausmaßes (Nr. 1). Das Regelbeispiel nach Nr. 1 ist verwirklicht, 2
wenn der **Durchschnittswert** der Bestechungszahlungen deutlich überschritten wird.[5] Die Unbestimmtheit der Vorschrift erfordert dabei stets eine sorgfältige **Einzelfallbetrachtung** und bedingt eine **restriktive sowie tatbestandsspezifische Auslegung.**[6] Maßgeblich für die Annahme eines Vorteils großen Ausmaßes ist jedenfalls nur die **Höhe des Vorteils,** nicht der Umfang der Bevorzugung.[7] Im Hinblick auf die Schutzzwecke der Vorschriften → § 299 Rn. 3 f., → § 299a Rn. 9 ff. ist es erforderlich, dass der Vorteil in besonderer Art und Weise **geeignet** ist, den **Vorteilsempfänger zu korrumpieren,** weshalb es ent-

---

[1] BGBl. I 2038.
[2] BGBl. I 1254.
[3] NK-StGB/Dannecker § 300 Rn. 1; BeckOK StGB/Momsen/Laudien § 300 Rn. 2.
[4] MüKoStGB/Krick § 300 Rn. 4.
[5] Graf/Jäger/Wittig/Sahan § 300 Rn. 8; Wolters JuS 1998, 100 (1103).
[6] Fischer § 300 Rn. 4; LK-StGB/Tiedemann § 300 Rn. 4.
[7] BGH NStZ-RR 2015, 278 (280); MüKoStGB/Krick § 300 Rn. 12 ff.

scheidend auf die jeweiligen Verhältnisse des Vorteilsempfängers ankommt.[8] Vor dem Hintergrund, dass sich die Rspr. bislang noch nicht eindeutig dazu geäußert hat und der prinzipielle Mehrwert einer betragsmäßig festgelegten Untergrenze generell in Frage steht,[9] gibt es bislang **keine allgemein anerkannte Wertgrenze.** In Anlehnung an die Auslegung des § 335 StGB → § 335 Rn. 2 werden Richtwerte von 10.000 EUR,[10] 20.000 EUR,[11] 25.000 EUR[12] und 50.000 EUR[13] diskutiert. Da § 299 StGB und §§ 331 ff. StGB einen unterschiedlichen Rechtsgüterschutz verfolgen, erscheint es nicht sachgerecht, im Bereich der Bestechungsdelikte im privaten Sektor die gleichen Richtwerte wie im Bereich der Amtsdelikte anzuwenden. Vor diesem Hintergrund und den gesetzgeberischen Willen berücksichtigend[14] sollte eine mögliche Grenze bei **50.000 EUR** angesetzt werden.[15]

3   **2. Gewerbsmäßig oder als Mitglied einer Bande (Nr. 2).** Das Regelbeispiel der Nr. 2 umfasst alle Fälle der gewerbsmäßigen und bandenmäßigen Tatbegehung. Der Erschwernisgrund der **Gewerbsmäßigkeit** liegt regelmäßig bei sog. Schmiergeldsystemen vor und weist ansonsten keine Besonderheiten gegenüber der Regelung in § 335 Abs. 2 Nr. 3 StGB auf → § 335 Rn. 5.[16] Gewerbsmäßigkeit ist damit bei vorhandener Absicht des Täters, sich durch eine wiederholte Tatbegehung eine fortlaufende Einnahmequelle von einiger Dauer und einigem Umfang zu verschaffen, selbst bei der ersten Tatbegehung anzunehmen.[17]

4   Für die Annahme einer **Bande** ist es erforderlich, dass sich mindestens drei Personen zum Zwecke der fortgesetzten Tatbegehung zusammengeschlossen haben.[18] Ausreichend ist es, wenn **ein Täter als Mitglied der Bande** handelt, die Mitwirkung eines weiteren Bandenmitglieds bei der Tatausführung ist nicht erforderlich.[19] Unerheblich ist es für die Annahme einer Bande, wenn die Mitglieder von **beiden Seiten der korruptiven Beziehung** kommen.[20] Die weite Vorverlagerung des Vollendungszeitpunktes bei § 299 → StGB § 299 Rn. 87 führt dazu, dass bereits der **Versuch einer Unrechtsvereinbarung** das Regelbeispiel verwirklicht, wenn eine Bandenabrede zu diesem Zeitpunkt schon vorgelegen hat.[21]

5   **3. Unbenannte besonders schwere Fälle.** Ein unbenannter besonders schwerer Fall kann bspw. bei eingetretener objektiver **Schädigung von Mitbewerbern,** bei Bevorzugungen mit **sehr hohem Wert** sowie bei Vorteilen, die über ihren Charakter als Bestechungsleistung hinaus einen besonders **anstößigen oder sittenwidrigen Inhalt** haben, in Betracht kommen.[22] Da seit der Einführung des Geschäftsherrenmodells in § 299 Abs. 1 Nr. 2, Abs. 2 Nr. 2 StGB auch die Individualinteressen des Geschäftsherren de lege

---

[8] BGH NStZ-RR 2015, 278 (280); NK-StGB/Dannecker § 300 Rn. 9; LK-StGB/Tiedemann § 300 Rn. 4.

[9] BGH NJW 2004, 169 mAnm Hannich/Röhm NJW 2004, 2061; Krüger wistra 2005, 247; Rotsch ZStW 117 (2005), 577.

[10] Fischer § 300 Rn. 4, insbes. bei Auslandsbezug; SK-StGB/Rogall § 300 Rn. 6.

[11] LK-StGB/Tiedemann § 300 Rn. 4.

[12] NK-StGB/Dannecker § 300 Rn. 11; MüKoStGB/Krick § 300 Rn. 13.

[13] Rolletschke/Roth wistra 2012, 216 (217); wohl auch Schönke/Schröder/Eisele § 300 Rn. 3.

[14] BT-Drs. 13/5584, 15 [Verwirklichung von § 300 Nr. 1 StGB bereits bei geringeren Summen als bei § 264 StGB, wo die Grenze bei 50.000 EUR liegt].

[15] BGH NStZ-RR 2015, 278 (280); NJW 2006, 3290 (3298); wistra 1991, 106; Rolletschke/Roth wistra 2012, 216 (217); Satzger/Schluckebier/Widmaier/Rosenau § 300 Rn. 2.

[16] NK-StGB/Dannecker § 300 Rn. 15; Schönke/Schröder/Eisele § 300 Rn. 4.

[17] MüKoStGB/Krick § 300 Rn. 15 unter Hinweis auf BGHSt 1, 383; 29, 187 (189); BGH NStZ 1995, 85; NStZ-RR 2006, 106; vgl. auch BeckOK StGB/Momsen/Laudien § 300 Rn. 5.

[18] BGH NJW 2001, 2266 [zu § 244 StGB]; NK-StGB/Dannecker § 300 Rn. 20; Schönke/Schröder/Eisele § 300 Rn. 5; BeckOK StGB/Momsen/Laudien § 300 Rn. 5.

[19] NK-StGB/Dannecker § 300 Rn. 20; MüKoStGB/Krick Rn. 25.

[20] NK-StGB/Dannecker § 300 Rn. 20; Fischer § 300 Rn. 6; Schönke/Schröder/Eisele § 300 Rn. 5.

[21] Fischer § 300 Rn. 6; BeckOK StGB/Momsen/Laudien § 300 Rn. 5.

[22] NK-StGB/Dannecker § 300 Rn. 26; MüKoStGB/Krick § 300 Rn. 4.

lata geschützt werden → § 299 Rn. 4, wird ein besonders schwerer Fall auch bei **Untreue-handlungen gegenüber dem Geschäftsherrn** anzunehmen sein.[23]

B. Vertragshändler

(Es gelten keine Besonderheiten.)　　　　　　　　　　　　　　　　　　　　**6**

C. Franchisenehmer

(Es gelten keine Besonderheiten.)　　　　　　　　　　　　　　　　　　　　**7**

D. Kommissionsagent

(Es gelten keine Besonderheiten.)　　　　　　　　　　　　　　　　　　　　**8**

§ 301 Strafantrag

(1) **Die Bestechlichkeit und Bestechung im geschäftlichen Verkehr nach § 299 wird nur auf Antrag verfolgt, es sei denn, daß die Strafverfolgungsbehörde wegen des besonderen öffentlichen Interesses an der Strafverfolgung ein Einschreiten von Amts wegen für geboten hält.**

(2) **Das Recht, den Strafantrag nach Absatz 1 zu stellen, haben in den Fällen des § 299 Absatz 1 Nummer 1 und Absatz 2 Nummer 1 neben dem Verletzten auch die in § 8 Absatz 3 Nummer 2 und 4 des Gesetzes gegen den unlauteren Wettbewerb bezeichneten Verbände und Kammern.**

A. Handelsvertreter

I. Allgemeines

§ 301 StGB wurde durch das **KorrBekG v. 13.8.1997**[1] in das StGB aufgenommen und **1** zuletzt durch das **2. KorrBekG v. 20.11.2015**[2] leicht abgeändert. Die Vorschrift regelt, dass § 299 StGB als **relatives Strafantragsdelikt** ausgestaltet ist, was als Reaktion auf die praktischen Schwierigkeiten der Vorgängernorm (§ 22 UWG aF), die als absolutes Straf-antragsdelikt gefasst war, zu begreifen ist:[3] Die betroffenen Mitbewerber als Verletzte verzichteten in Anbetracht der drohenden Auseinandersetzung über eigene Geschäftsprak-tiken in der Öffentlichkeit häufig auf das Stellen eines Strafantrages und verhinderten so dauerhaft die strafrechtliche Aufarbeitung der Korruptionsvorwürfe.[4]

Durch die Neuregelung in § 301 Abs. 1 StGB kann die Staatsanwaltschaft nun durch die **2** Annahme eines **besonderen öffentlichen Interesses** das Verfahrenshindernis des fehlen-den Strafantrags beseitigen.[5] Ein besonderes öffentliches Interesse kann sich dabei aus den

---

[23] Vgl. zur alten Rechtslage zust. Fischer § 300 Rn. 7; BeckOK StGB/Momsen/Laudien § 300 Rn. 6; abl. NK-StGB/Dannecker § 300 Rn. 26.
[1] BGBl. I 2038.
[2] BGBl. I 2015.
[3] NK-StGB/Dannecker § 301 Rn. 1; BeckOK StGB/Laudien/Momsen § 301 Rn. 1.
[4] Satzger/Schluckebier/Widmaier/Rosenau § 301 Rn. 1.
[5] Lackner/Kühl/Heger § 301 Rn. 1; Schönke/Schröder/Eisele § 301 Rn. 2; MüKoStGB/Krick § 301 Rn. 8; BeckOK StGB/Momsen/Laudien § 301 Rn. 2; Satzger/Schluckebier/Widmaier/Rosenau § 301 Rn. 1.

unterschiedlichsten Gründen ergeben,[6] wobei **Nr. 242a RiStBV** wichtige Anhaltspunkte enthält. Entscheidend ist, dass die **Belange der Allgemeinheit** in besonderer Weise beeinträchtigt werden. Dies ist bei § 299 StGB regelmäßig anzunehmen, wenn ein **besonders schwerer Fall nach § 300 StGB** vorliegt.[7] Die Entscheidung zur Bejahung eines besonderen öffentlichen Interesses liegt im **Ermessen** der Staatsanwaltschaft und obliegt insoweit keiner gerichtlichen Kontrolle.[8]

II. Antragsberechtigter

3   Antragsberechtigt ist nach Abs. 2 in erster Linie der **Verletzte** (§ 77 Abs. 1 StGB). Dies wird regelmäßig ein **Mitbewerber** oder der **Prinzipal** bei intern pflichtwidrigem Verhalten sein.[9] Ist eine **juristische Person** verletzt, so stellt der gesetzliche Vertreter den Antrag.[10] Des Weiteren steht das Antragsrecht nach **Abs. 2** den rechtsfähigen Verbänden zur Förderung wirtschaftlicher Interessen (§ 8 Abs. 3 Nr. 2 UWG) sowie den Industrie- und Handelskammern (§ 8 Abs. 3 Nr. 4 UWG) zu. Gewerbetreibende nach § 8 Abs. 3 Nr. 1 UWG können seit der Neufassung der Vorschrift durch das 2. KorrBekG nur noch auf § 77 Abs. 1 StGB verwiesen werden.[11]

B. Vertragshändler

4   (Es gelten keine Besonderheiten.)

C. Franchisenehmer

5   (Es gelten keine Besonderheiten.)

D. Kommissionsagent

6   (Es gelten keine Besonderheiten.)

§ 302 [Aufgehoben]

Aufgehoben durch das Gesetz zur Reform der strafrechtlichen Vermögensabschöpfung vom 13.4.2017 (BGBl. I 872) mit Wirkung vom 1.7.2017.

Vor §§ 331–336

Literatur: Brockhaus/Haak, Praxistaugliche Änderungen zur Bekämpfung der Auslandskorruption?, HRRS 2015, 218; Cordes/Sartorius, Finanzierung von Nachteilsausgleichsmaßnahmen durch Unternehmen – deliktisches Handeln oder zulässiges Sponsoring?, NZWiSt 2013, 401; Dann, Und immer ein Stück weiter – Die Reform des deutschen Korruptionsstrafrechts, NJW 2016, 203; Greeve, Korruptionsdelikte in der Praxis, 2005; Grützner, Das Gesetz zur Bekämpfung der Korruption 2015 – Wesentliche Inhalte und Änderungen der Rechtslage, ZIP 2016, 253; Schmidt/Fuhrmann, „Siemens-Darmstadt" (BGHSt 52, 323)

---

[6] MüKoStGB/Krick § 301 Rn. 3; Volk Grundkurs StPO S. 116.

[7] Fischer § 301 Rn. 3; MüKoStGB/Krick § 301 Rn. 8; Satzger/Schluckebier/Widmaier/Rosenau § 301 Rn. 2.

[8] NK-StGB/Dannecker § 301 Rn. 11; BeckOK StGB/Laudien/Momsen § 301 Rn. 2.

[9] BGHSt 46, 310 (315); Schönke/Schröder/Eisele § 301 Rn. 3; MüKoStGB/Krick § 301 Rn. 5; BeckOK StGB/Momsen/Laudien § 301 Rn. 3.

[10] OLG Celle NStZ 1981, 223; Lackner/Kühl/Kühl § 77 Rn. 6.

[11] BeckOK StGB/Laudien/Momsen § 301 Rn. 3; Walther WiJ 2015, 152 (158).

und das internationale Korruptionsstrafrecht, FS Rissing-van Saan, 2011, 586; Schuster/Rübenstahl, Praxis-relevante Probleme des internationalen Korruptionsstrafrechts, wistra 2008, 201; Taschke, Die Bekämpfung der Korruption in Europa auf Grundlage der OECD-Konvention, StV 2001, 78; Walther, Auf ein Neues: Der Entwurf eines Gesetzes zur Bekämpfung der Korruption, WiJ 2015, 152.

A. Allgemeines

Die §§ 331 ff. StGB, die durch das **KorrBekG v. 13.8.1997**[1] erstmals erhebliche Um- 1 strukturierungen erfahren haben und vor kurzem durch das **2. KorrBekG v. 20.11.2015**[2] erneut leicht abgeändert wurden, stellen **Bestechungshandlungen im Amt** unter Strafe. Insoweit missverständlich, bedeutet die Überschrift des Abschnitts („Straftaten im Amt") nicht, dass es sich bei allen Tathandlungen um Sonderdelikte von Amtsträgern handelt. Täter der Vorteilsgewährung (**§ 333 StGB**) und der Bestechung (**§ 334 StGB**) kann vielmehr jedermann – mithin ebenso die im Vertrieb tätigen Personen, insbesondere Ver-triebsmittler – sein.[3] Da die Vorschriften der Vorteilsannahme (**§ 331 StGB**) und der Bestechlichkeit (**§ 332 StGB**) ausschließlich das Verhalten von Amtsträgern sanktionieren und damit für den Vertrieb wenig Relevanz besitzen, erfolgt nur eine kurze Darstellung im Rahmen dieser Vorbemerkung. Die Strafzumessungsvorschrift des **§ 335 StGB** sowie die Vorschrift des **§ 336 StGB,** durch welche das Unterlassen einer Handlung der Vornahme einer Diensthandlung oder richterlichen Handlung nach den §§ 331–335 gleichgestellt wird, werden aufgrund der ebenfalls geringeren Relevanz für den Vertrieb nur im Über-blick dargestellt. Der neu eingefügte **§ 335a StGB,** welcher für Richter und bestimmte Bedienstete ausländischer oder internationaler Behörden den Anwendungsbereich der §§ 331 ff. StGB erweitert, wird an den jeweils relevanten Stellen in der angemessenen Kürze erläutert.

B. Rechtsgut

§§ 331 ff. StGB bezwecken den Schutz der **Lauterkeit des öffentlichen Dienstes** und 2 des **Vertrauens der Allgemeinheit** in diese Lauterkeit, scil. in die Nichtkäuflichkeit von Diensthandlungen und die Sachlichkeit der Entscheidungen.[4] Neben diesem **einheitlichen Rechtsgut** wird auch die **Funktionsfähigkeit der staatlichen Verwaltung und Rechtspflege** geschützt.[5]

C. Deliktscharakter, Historie und Systematik

Die Bestechungsdelikte sind ihrer Deliktsnatur nach ausnahmslos **abstrakte Gefähr-** 3 **dungsdelikte.**[6] Ihre heutige Tatbestandsstruktur in Form der **spiegelbildlichen Aus-gestaltung** mit jeweils einem **Grundtatbestand** (§§ 331, 333 StGB) und sich anschlie-ßender **Qualifikation** (§§ 332, 334 StGB) erhielten die Bestechungsdelikte durch das **EGStGB 1974.**[7] Hierbei ist der Tatbestand der Vorteilsannahme (§ 331 StGB) kongruent zu dem der Vorteilsgewährung (§ 333 StGB) und der Tatbestand der Bestechlichkeit

---

[1] BGBl. I 2038.
[2] BGBl. I 2015.
[3] LK-StGB/Sowada Vor §§ 331 ff. Rn. 1.
[4] BT-Drs. 7/550, 269; BGH NStZ-RR 2005, 266; NStZ 2001, 425 (426); OLG Karlsruhe BeckRS 2011, 17201; BeckOK StGB/v. Heintschel-Heinegg § 331 Rn. 4; Ausf. MüKoStGB/Korte § 331 Rn. 2 ff.
[5] Schönke/Schröder/Heine/Eisele § 331 Rn. 7; Satzger/Schluckebier/Widmaier/Rosenau § 331 Rn. 7; LK-StGB/Sowada Vor §§ 331 ff. Rn. 37; BeckOK StGB/v. Heintschel-Heinegg § 331 Rn. 4 f.
[6] Fischer § 331 Rn. 2; MüKoStGB/Korte § 331 Rn. 12; LK-StGB/Sowada Vor §§ 331 ff. Rn. 39; Beck-OK StGB/v. Heintschel-Heinegg § 331 Rn. 5; aA Kargl ZStW 114 (2002), 763 (785 f.).
[7] Schönke/Schröder/Heine/Eisele § 331 Rn. 1; NK-StGB/Kuhlen § 331 Rn. 2.

(§ 332 StGB) zu dem der Bestechung (§ 334 StGB).[8] Daher kann im Rahmen der einzelnen Tatbestandsmerkmale zumeist auf die jeweiligen Ausführungen der anderen Vorschriften verwiesen werden. Die früher eigens geregelte Richterbestechung wurde durch die speziellen Regelungen für Richter und Schiedsrichter in den §§ 331–334 StGB ersetzt.[9] Die ursprüngliche Verwendung des Begriffs des Beamten wurde ebenfalls aufgegeben und durch eine Verweisung auf die Legaldefinitionen des Amtsträgers und der für den öffentlichen Dienst besonders Verpflichteten in § 11 Abs. 1 Nr. 2 und 4 StGB ausgetauscht.[10] Inzwischen wurden die tauglichen Vorteilsempfänger und Täter der §§ 331 ff. StGB durch das **2. KorrBekG v. 20.11.2015**[11] um **Europäische Amtsträger** (§ 11 Abs. 1 Nr. 2a StGB) und **Mitglieder eines Gerichts der EU** sowie **ausländische und internationale Bedienstete (§ 335a StGB)** ergänzt. Die vorherigen Erweiterungen des Personenkreises durch das **EUBestG** und das **IntBestG** sind damit hinfällig dazu → Rn. 4 ff.

D. Aktuelle Umsetzung europäischer und internationaler Vorgaben

4   Die Vorschriften der §§ 331 ff. StGB wurden bereits vor den Änderungen durch das 2. KorrBekG v. 20.11.2015[12] über Regelungen auf europäischer und internationaler Ebene ergänzt. Von besonderer Bedeutung waren für die Anwendbarkeit der §§ 331 ff. StGB vor allem das **EU-Bestechungsgesetz (EUBestG)** und das **Gesetz zur Bekämpfung internationaler Bestechung (IntBestG)**.[13]

5   Durch das **EUBestG v. 10.9.1998**[14] wurden deutsche Richter und Amtsträger im Hinblick auf die Zuwendung für künftige, pflichtwidrige Diensthandlungen mit Richtern und Amtsträgern anderer EU-Staaten sowie der Gerichte der Europäischen Gemeinschaften gleichgestellt.[15] Ergänzend wurden durch das **IntBestG v. 10.9.1998**[16] ausländische Amtsträger im Rahmen einer Strafbarkeit nach § 334 StGB deutschen Amtsträgern gleichgestellt sowie eine weltweite Gleichstellung von deutschen Richtern mit solchen eines ausländischen Staates oder eines internationalen Gerichts bewirkt.[17] Beide Gesetze dienten der **Umsetzung europäischer und internationaler Übereinkommen** im gemeinsamen Kampf gegen die Korruption.[18]

6   Die Regelungen des EUBestG und des IntBestG sind jedoch mittlerweile durch das **2. KorrBekG v. 20.11.2015** mit Wirkung zum 26.11.2015 nahezu gänzlich entfallen. Lediglich der in § 2 Abs. 1 IntBestG verankerte Tatbestand der „Bestechung ausländischer Abgeordneter im Zusammenhang mit internationalem geschäftlichen Verkehr" (§ 2 Abs. 1 IntBestG) ist beibehalten worden. Durch das 2. KorrBekG wurden die **§§ 11 Abs. 1 Nr. 2a, 335a StGB** unter Etablierung eines **Europäischen Amtsträgerbegriffs** in das StGB eingefügt. Diese Novellierungen setzen das lange von der BReg angekündigte[19] und bereits vom Entwurf eines Strafrechtsänderungsgesetzes v. 4.10.2007[20] verfolgte Ziel um, die

---

[8] BeckOK StGB/v. Heintschel-Heinegg § 331 Rn. 1.
[9] NK-StGB/Kuhlen § 331 Rn. 2 ff.
[10] NK-StGB/Kuhlen § 331 Rn. 2 ff.
[11] BGBl. I 2015.
[12] BGBl. I 2015.
[13] Schönke/Schröder/Heine/Eisele § 331 Rn. 3 f.; LK-StGB/Sowada Vor §§ 331 ff. Rn. 25.
[14] BGBl. II 2340.
[15] Dazu MüKoStGB/Korte § 331 Rn. 28; Satzger/Schluckebier/Widmaier/Rosenau § 331 Rn. 1; Schmidt/Fuhrmann FS Rissing-van Saan, 2011, 592.
[16] BGBl. II 2327.
[17] Satzger/Schluckebier/Widmaier/Rosenau § 331 Rn. 2; LK-StGB/Sowada § 334 Rn. 4; BeckOK StGB/v. Heintschel-Heinegg § 331 Rn. 69.
[18] Ausf. zu der internationalen und europäischen Entwicklung vor dem 2. KorrBekG v. 20.11.2015 MüKoStGB/Korte § 331 Rn. 27 ff.
[19] BT-Drs. 14/8527, 105 Nr. 5.
[20] BR-Drs. 548/07, 2, 18 f.; BT-Drs. 16/6558, 5, 11 f.

relevanten **Bestechungsvorschriften aus dem Nebenstrafrecht** (insbes. das EUBestG und das IntBestG) in das StGB zu übertragen.[21] Bezweckt ist damit eine **vereinfachte Rechtsanwendung** in der Praxis.[22] Dabei geht § 11 Abs. 1 Nr. 2a StGB teilweise nicht unerheblich über die Regelungen im EUBestG aF hinaus: Einerseits wird der Kreis der Personen deutlich weiter gefasst, andererseits gilt § 11 Abs. 1 Nr. 2a StGB nun für die gesamten §§ 331 ff. StGB.[23] Sowohl die Neuregelungen in § 11 Abs. 1 Nr. 2a StGB als auch in § 335a StGB erlangen Bedeutung für die Bestimmung des relevanten Personenkreises bei den §§ 331 ff. StGB.

In § 11 Abs. 1 Nr. 2a StGB → Rn. 8 findet sich im Allgemeinen Teil des StGB eine **7** Legaldefinition des Europäischen Amtsträgers,[24] der in den §§ 331 ff. StGB explizit zum tauglichen Täter- bzw. Vorteilsnehmerkreis gehört. Dieser Begriff des Europäischen Amtsträgers ist jedoch nicht auf die Vorschrift des § 335a StGB anzuwenden, welcher einen eigenen Anwendungsbereich, insbesondere für Amtsträger anderer EU-Mitgliedsstaaten, hat → Rn. 9.[25]

Der **Europäische Amtsträgerbegriff (§ 11 Abs. 1 Nr. 2a StGB)** umfasst in **Nr. 2a** **8** **lit. a** (Art. 2 § 1 Abs. 1 Nr. 1 lit. b und Nr. 2 lit. c EUBestG aF) die Mitglieder der Europäischen Kommission, der Europäischen Zentralbank, des Rechnungshofes oder eines Gerichts der EU (zB EuGH). Beamte oder sonstige Bedienstete der EU oder einer auf der Grundlage des Rechts der EU geschaffenen Einrichtung werden von **Nr. 2a lit. b** (Art. 2 § 1 Abs. 1 Nr. 2b EUBestG aF) erfasst.[26] Darunter fallen **nicht** die Bediensteten des Europäischen Patentamtes in München.[27] **Nr. 2a lit. c** erfüllt eine Auffangfunktion und zählt auch Personen, die mit der Wahrnehmung von Aufgaben der EU oder einer auf der Grundlage des Rechts der EU geschaffenen Einrichtung beauftragt sind, zum Kreis der Europäischen Amtsträger.[28]

§ 335a StGB erweitert die Anwendungsbereiche der §§ 331 ff. StGB auf **ausländische** **9** **und international Bedienstete. Abs. 1** enthält dabei **Gleichstellungsregelungen** für die **Bestechlichkeit** (§ 332 StGB) und die **Bestechung** (§ 334 StGB), jeweils auch iVm § 335 StGB und ersetzt sowohl Art. 2 § 1 EUBestG[29] als auch Art. 2 § 1 IntBestG.[30] Wie schon im EUBestG und im IntBestG vorgesehen, ist Abs. 1 nur einschlägig, soweit sich das Verhalten der jeweiligen Personen auf eine pflichtwidrige Diensthandlung bezieht.[31] Jedoch ist ein Zusammenhang mit dem internationalen geschäftlichen Verkehr, wie dies noch im IntBestG der Fall war, nicht mehr erforderlich. Falls diese recht weitläufige Pönalisierung im Einzelfall zu Ungerechtigkeiten führt, so soll diesem Umstand nach dem gesetzgeberischen Willen im Rahmen der Rechtswidrigkeit, Schuld und Strafzumessung sowie auf strafprozessualer Ebene (§ 153c Abs. 1 Nr. 1 StPO) Rechnung getragen werden.[32] **Abs. 2** schafft für **Mitglieder und Bedienstete des Internationalen Strafgerichtshofes** eine **Sonderregelung,** die § 2 IStGH-GleichstellungsG ersetzt und sich nur auf die Vorteilsannahme (§ 331 StGB) und die Vorteilsgewährung (§ 333 StGB) bezieht. **Abs. 3** schließlich ersetzt § 1 Abs. 2 Nr. 10 NATO-Truppen-Schutzgesetz und schafft eine **Gleichstellungsklausel für Soldaten** und bestimmte **Bedienstete** der in der Bundesrepublik

---

[21] Ausf. zur Neuregelung NK-StGB/Saliger § 11 Rn. 43a ff.
[22] BT-Drs. 18/4350, 13.
[23] BT-Drs. 18/4350, 23; Dann NJW 2016, 203 (205); Grützner ZIP 2016, 253 (254).
[24] Ausf. zum Europäischen Amtsträgerbegriff NK-StGB/Saliger § 11 Rn. 43c ff.
[25] Walther WiJ 2015, 152 (153).
[26] Zur Auslegung der Begriffe Brockhaus/Haak HRRS 2015, 218 (219 f.).
[27] Walther WiJ 2015, 152 (153).
[28] NK-StGB/Saliger § 11 Rn. 43e.
[29] Hinfällig dürfte damit der Beschl. des BGH v. 10.6.2015, NStZ 2016, 83 sein, wonach eine zweistufige Prüfung der Amtsträgerschaft iRd Art. 2 § 1 Abs. 1 Nr. 2 lit. a EUBestG zu erfolgen hat.
[30] BT-Drs. 18/4350, 24; BeckOK StGB/v. Heintschel-Heinegg § 335a Rn. 2.
[31] BeckOK StGB/v. Heintschel-Heinegg § 335a Rn. 3.
[32] BT-Drs. 18/4350, 24; BeckOK StGB/v. Heintschel-Heinegg § 335a Rn. 6.

Deutschland stationierten Truppen der nichtdeutschen Vertragsstaaten des Nordatlantik-pakts **(NATO),** die sich zur Tatzeit im Inland aufhalten.[33]

§ 333 Vorteilsgewährung

(1) **Wer einem Amtsträger, einem europäischen Amtsträger, einem für den öffentlichen Dienst besonders Verpflichteten oder einem Soldaten der Bundeswehr für die Dienstausübung einen Vorteil für diesen oder einen Dritten anbietet, verspricht oder gewährt, wird mit Freiheitsstrafe bis zu drei Jahren oder mit Geldstrafe bestraft.**

(2) **Wer einem Richter, Mitglied eines Gerichts der Europäischen Union oder Schiedsrichter einen Vorteil für diesen oder einen Dritten als Gegenleistung dafür anbietet, verspricht oder gewährt, daß er eine richterliche Handlung vorgenommen hat oder künftig vornehme, wird mit Freiheitsstrafe bis zu fünf Jahren oder mit Geldstrafe bestraft.**

(3) **Die Tat ist nicht nach Absatz 1 strafbar, wenn die zuständige Behörde im Rahmen ihrer Befugnisse entweder die Annahme des Vorteils durch den Empfänger vorher genehmigt hat oder sie auf unverzügliche Anzeige des Empfängers genehmigt.**

Literatur: Ambos/Ziehn, Zur Strafbarkeit von Schulfotografen wegen Bestechung oder Vorteilsgewährung gemäß §§ 333, 334 StGB, NStZ 2008, 498; Arbeitskreis Corporate Compliance, Kodex zur Abgrenzung von legaler Kundenpflege und Korruption, 2010; Bernsmann, Die Korruptionsdelikte (§§ 331 ff. StGB) – Eine Zwischenbilanz, StV 2003, 521; Bock/Borrmann, Vorteilsannahme (§ 331 StGB) und Vorteilsgewährung (§ 333 StGB) durch Kultursponsoring?, ZJS 2009, 625; Bömer, Anti-Korruptions-Compliance – Einladungen, Geschenke oder „kulante" Zugeständnisse an öffentliche Amtsträger als Problem, GWR 2011, 28; Dauster, Private Spenden zur Förderung von Forschung und Lehre: Teleologische Entschärfung des strafrechtlichen Vorteilsbegriffs nach § 331 StGB und Rechtfertigungsfragen, NStZ 1999, 63; Eiermann, Spenden und Sponsoring im kommunalen Bereich, KommJur 2006, 374; Francuski, Prozeduralisierung im Wirtschaftsstrafrecht, 2014; Gribl, Der Vorteilsbegriff bei den Bestechungsdelikten, 1991; Harriehausen, Einwerbung und Annahme von Drittmitteln – immer mit einem Fuß im Gefängnis?, NStZ 2013, 256; Hecker, Strafrecht BT: Bestechung bei Beauftragung von Schulfotografen, JuS 2012, 655; Hugger, S 20-Leitfaden „Hospitality und Strafrecht", CCZ 2012, 65; Jakob, Das Ganze ist mehr als die Summe seiner Teile – Eine praxisorientierte Anwendung des „Ampel-Kodex" im Kontext von Einladungen und Geschenken, CCZ 2010, 61; Kindhäuser/Goy, Zur Strafbarkeit ungenehmigter Drittmitteleinwerbung – Zugleich eine Besprechung von BGH – 1 StR 372/01 und BGH, NStZ 2003, 291; Knauer/Kaspar, Restriktives Normverständnis nach dem Korruptionsbekämpfungsgesetz, GA 2005, 385; Köhler, Die Reform der Bestechungsdelikte unter besonderer Berücksichtigung der subjektiven Tatumstände der §§ 331 ff. StGB, 2005; Korte, Bekämpfung der Korruption und Schutz des freien Wettbewerbs mit den Mitteln des Strafrechts, NStZ 1997, 513; Martín, Zur Struktur von „sozialadäquaten Handlungen" und ihre sachlogische Eingliederung in den Verbrechensaufbau, FS Tiedemann, 2008, 205; Noltensmeier, Die Verbindung des Angenehmen mit dem Nützlichen – Ein neues Anwendungsgebiet für die Gesamtbetrachtungslehre des BGH, HRRS 2009, 151; Ostendorf, Bekämpfung der Korruption als rechtliches Problem oder zunächst moralisches Problem?, NJW 1999, 615; Reiff, Von kleinen Aufmerksamkeiten und großen Geschenken – was ist erlaubt? – „Eine Tasse Kaffee? Nein danke" – Wo fängt Korruption an?, CCZ 2018, 194; Reischauer/Esterhazy/Kamp, Was nehm ich – und wenn ja, wie viel?, WirtschaftsWoche 19.12.2011, 82; Richter, Leitfaden „Hospitality und Strafrecht" vorgelegt, NJW-Spezial 2011, 568; Satzger, Bestechungsdelikte und Sponsoring, ZStW 115 (2003), 469; Schlösser, Zur Strafbarkeit des Public Fundraising nach den §§ 331 ff. StGB am Beispiel des Schulfotografen-Falles – (BGH, Urt. v. 26.5.2011 – 3 StR 492/10), NZWiSt 2013, 11; Schreiber/Rosenau/Combé/Wrackmeyer, Zur Strafbarkeit der Annahme von geldwerten Zuwendungen durch Städte und Gemeinden nach § 331 StGB, GA 2005, 265; Schünemann, Strafrechtliche Sanktionen gegen Wirtschaftsunternehmen?, FS Tiedemann, 2008, 777; Überhofen, Korruption und Bestechungsdelikte im staatlichen Bereich, 1999; Wentzell, Zur Tatbestandsproblematik der §§ 331, 332 StGB, 2004.

Übersicht

---

[33] Ausf. Dazu BeckOK StGB/v. Heintschel-Heinegg § 335a Rn. 9 ff.

A. Handelsvertreter

I. Allgemeines

1. Entwicklung und Tatbestandsstruktur. § 333 StGB stellt **spiegelbildlich** zu **1** § 331 StGB und als **Grundtatbestand** zu § 334 StGB das Anbieten, Versprechen oder Gewähren von Vorteilen an Staatsdiener unter Strafe.[1] Im Gegensatz zu §§ 331, 332 StGB, die Sonderdelikte darstellen, kann Täter der Allgemeindelikte nach §§ 333, 334 StGB **jedermann** sein.[2] Mit dem KorrBekG v. 13.8.1997[3] wurde der tatbestandliche Anwendungsbereich erheblich erweitert: Zum einen unterfallen seitdem auch **Drittvorteile** dem Tatbestand,[4] zum anderen ist iRd **Unrechtsvereinbarung** kein Bezug mehr auf eine konkrete Diensthandlung erforderlich, ausreichend ist allein die Vereinbarung eines Vorteils „für die Dienstausübung", wobei bereits vorgenommene oder künftige Diensthandlungen mitumfasst sind.[5] Auf der Rechtsfolgenseite führte das KorrBekG vor allem zu einer **Verschärfung des Strafmaßes.**[6]

2. Rechtsgut. Welchen Schutzzweck die §§ 331 ff. StGB im Einzelnen genau verfolgen, **2** ist vor dem Hintergrund der Komplexität der Bestechungshandlungen mit jeweils verschiedenen Handlungsvorgängen und unterschiedlichem Unrechtskern[7] seit jeher **umstritten.**[8]

---

[1] Lackner/Kühl/Heger § 333 Rn. 1; Schönke/Schröder/Heine/Eisele § 333 Rn. 1; MüKoStGB/Korte § 333 Rn. 1; NK-StGB/Kuhlen § 333 Rn. 1.

[2] Lackner/Kühl/Heger § 333 Rn. 2; MüKoStGB/Korte § 333 Rn. 7.

[3] BGBl. I 2038.

[4] NK-StGB/Kuhlen § 331 Rn. 4; MüKoStGB/Korte § 333 Rn. 3.

[5] BGHSt 53, 6; MüKoStGB/Korte § 333 Rn. 3; Schönke/Schröder/Heine/Eisele § 333 Rn. 1; Reiff CCZ 2018, 194 (195).

[6] MüKoStGB/Korte § 333 Rn. 3; NK-StGB/Kuhlen § 331 Rn. 4; BeckOK StGB/von Heintschel-Heinegg § 331 Rn. 3.

[7] MüKoStGB/Korte § 331 Rn. 2 ff.

[8] NK-StGB/Kuhlen § 331 Rn. 9; LK-StGB/Sowada Vor §§ 331 ff. Rn. 29; BeckOK StGB/v. Heintschel-Heinegg § 331 Rn. 4 ff.

Gleichwohl besteht – mit geringfügig voneinander abweichenden Ausprägungen[9] – Einigkeit darüber, dass allen Tatbeständen der §§ 331 ff. StGB ein **einheitliches Schutzgut** zugrunde liegt, das sich mit dem **Vertrauen in die Unkäuflichkeit staatlicher Funktionsträger** und in die **Integrität des Staates** prägnant zusammenfassen lässt bereits → Vor §§ 331–336 Rn. 2.[10]

II. Objektiver Tatbestand der Vorteilsgewährung (Abs. 1 und 2)

3   **1. Täter.** Täter der Vorteilsgewährung kann **jedermann** sein.[11] Dementsprechend ist auch die Konstellation der Vorteilsgewährung von einem Amtsträger an einen anderen Amtsträger vom Tatbestand erfasst.[12]

4   Da die Vorteilsgewährung ein **Allgemeindelikt** ist, findet die Strafmilderung nach § 28 Abs. 1 StGB bei **Teilnehmern** keine Anwendung.[13]

5   **2. Vorteilsempfänger.** Nur die in § 333 Abs. 1 und Abs. 2 StGB genannten öffentlichen Funktionsträger können Vorteilsempfänger sein. Danach hat der Täter des Abs. 1 den Vorteil an **Amtsträger** (§ 11 Abs. 1. Nr. 2 StGB), **europäische Amtsträger** (§ 11 Abs. 1 Nr. 2a StGB → Vor §§ 331–336 Rn. 8), **für den öffentlichen Dienst besonders Verpflichtete** (§ 11 Abs. 1 Nr. 4 StGB) oder **Soldaten der Bundeswehr** (§ 1 Abs. 1 SoldG) zu richten. Der Täter des Abs. 2 muss sich an **Richter** (§ 11 Abs. 1 Nr. 3 StGB), **Mitglieder eines Gerichts der Europäischen Union** (§ 11 Abs. 1 Nr. 2a lit.a StGB) oder **Schiedsrichter** wenden. Darüber hinaus sind die Erweiterungen des potentiellen Vorteilsempfängerkreises nach **§ 335a StGB Abs. 2 StGB** → Vor §§ 331–336 Rn. 9 zu beachten.

6   **3. Vorteil.** Unter einem Vorteil ist, wie bei § 299 StGB → StGB § 299 Rn. 19 jede **Leistung** zu verstehen, auf die der Empfänger **keinen Rechtsanspruch** hat und die dazu geeignet ist, seine **wirtschaftliche, rechtliche** oder auch nur **persönliche Lage objektiv zu verbessern.**[14] Der Vorteilsbegriff umfasst dabei sowohl materielle als auch immaterielle Vorteile.[15]

7   **Materielle Vorteile** sind alle Zuwendungen mit **messbarem Vermögenswert.** Die Höhe des Wertes ist dabei irrelevant, sodass auch abgewendete Vermögensminderungen oder sehr **geringwertige wirtschaftliche Besserstellungen** als Vorteil iSd §§ 331 ff. StGB zu begreifen sind.[16] Zu den materiellen Vorteilen wurden zB die Übernahme von Reise- und Übernachtungskosten für Kongressreisen sowie von Betriebs- und Weihnachts-

---

[9] Die Rspr. betont als Rechtsgüter das Vertrauen der Allgemeinheit in die Nichtkäuflichkeit von Diensthandlungen und die Sachlichkeit von Entscheidungen der Amtsträger, die Integrität der Amtsträger und die Lauterkeit des öffentlichen Dienstes, vgl. BGH NStZ-RR 2005, 266; NStZ 2001, 425 (426); OLG Karlsruhe BeckRS 2011, 17201. Die Lit. benennt primär die Funktionsfähigkeit staatlicher Verwaltung und Rechtspflege sowie die Lauterkeit des öffentlichen Dienstes als Rechtsgüter, vgl. Lackner/Heger § 331 Rn. 1; Schönke/Schröder/Heine/Eisele § 331 Rn. 7; MüKoStGB/Korte § 331 Rn. 8; Satzger/Schluckebier/Widmaier/Rosenau § 331 Rn. 7; LK-StGB/Sowada Vor §§ 331 ff. Rn. 37; BeckOK StGB/v. Heintschel-Heinegg § 331 Rn. 4.

[10] BT-Drs. 7/550, 269; BGH NJW 2002, 2801 (2803); 2001, 2560; 2001, 2558 (2559); Fischer § 331 Rn. 2; Lackner/Kühl/Heger § 331 Rn. 1; Schönke/Schröder/Heine/Eisele § 331 Rn. 7; krit. MüKoStGB/Korte § 331 Rn. 4.

[11] Graf/Jäger/Wittig/Papathanasiou § 333 Rn. 5; MüKoStGB/Korte § 333 Rn. 7; Satzger/Schluckebier/Widmaier/Rosenau § 333 Rn. 2.

[12] OLG Frankfurt a. M. NJW 1989, 847 (848); Graf/Jäger/Wittig/Papathanasiou § 333 Rn. 5; Schönke/Schröder/Heine/Eisele § 333 Rn. 2; Satzger/Schluckebier/Widmaier/Rosenau § 333 Rn. 2.

[13] NK-StGB/Kuhlen § 333 Rn. 2.

[14] BGH NJW 1983, 2509 (2512); BVerwG BeckRS 2020, 28914 Rn. 45; MüKoStGB/Korte § 331 Rn. 82; NK-StGB/Kuhlen § 331 Rn. 39.

[15] BeckOK StGB/von Heintschel-Heinegg § 331 Rn. 19 ff.

[16] BGH NStZ 2000, 596; Fischer § 331 Rn. 11c; MüKoStGB/Korte § 331 Rn. 83 ff.; NK-StGB/Kuhlen § 331 Rn. 40 ff.; aA [kein Vorteil bei Zuwendung unter einem Wert von 50 DM] Kaiser NJW 1981, 321 (322).

feiern,[17] die kostenlose Überlassung oder Reparatur hochwertiger Geräte,[18] die Stundung von Forderungen,[19] der Abschluss eines Vertrages (zB eines lukrativen Beratervertrages),[20] die Vereinbarung eines Preisnachlasses[21] sowie die Zurverfügungstellung von Eintrittskarten für entgeltpflichtige Veranstaltungen, wie ein WM-Fußballspiel[22] oder ein Rolling Stones Konzert,[23] gezählt. Schließlich können auch kulante Zugeständnisse einen materiellen Vorteil darstellen, wenn dadurch über die Leistungspflicht, auf die ein Anspruch besteht, hinausgegangen wird.[24]

Der Gewährung **immaterieller Vorteile** kommt in der Praxis eine eher untergeordnete **8** Bedeutung zu. Im Sinne einer restriktiven Auslegung müssen die immateriellen Vorteile in irgendeiner Art und Weise **greifbar** sein, also einen **objektiv messbaren Inhalt** besitzen.[25] Demnach reicht allein eine Befriedigung des Ehrgeizes und des Geltungsbedürfnisses nicht aus.[26] Denkbar sind dagegen die Verleihung von gewichtigen Titeln und Ehrenämtern,[27] die Aufnahme in exklusive Clubs[28] oder die Gewährung sexuellen Kontaktes, sofern eine gewisse Erheblichkeitsschwelle überschritten wird.[29]

Seit dem KorrBekG von 1997 (BGBl. I 2038) erfasst § 333 StGB – wie § 299 StGB **9** → StGB § 299 Rn. 1, 22 – **Drittvorteile.** Dementsprechend muss nicht zwingend der Staatsdiener selbst von dem Vorteil profitieren, ausreichend ist es, dass dieser als **fremdnütziger Mittelsmann** die erlangte oder erstrebte Zuwendung einem Dritten zukommen lässt.[30] Als Dritter kommen **Privatpersonen, öffentliche Körperschaften** sowie **juristische Personen** in Betracht, solange sie in keiner Weise an der zugrunde liegenden Unrechtsvereinbarung mitgewirkt haben.[31] Auch die **Dienststelle des Amtsträgers** kann tauglicher Vorteilsempfänger sein.[32]

Besondere Bedeutung erlangt die Thematik der Drittzuwendungen im Bereich des sog. **10** **(Kultur-)Sponsorings,** zumal gerade kulturelle Veranstaltungen aufgrund der beschränkten staatlichen Förderung häufig auf private Unterstützung aus der Wirtschaft angewiesen sind.[33]

Da nach der Rspr. bereits die Eingehung eines Rechtsgeschäfts einen Vorteil darstellt,[34] **11** kann sich eine Strafbarkeit beim Sponsoring bereits bei Vertragsschluss ergeben.[35] Um im Hinblick auf diesen **frühen Vollendungszeitpunkt** den Tatbestand nicht unverhältnis-

[17] BGH NStZ 2003, 128; LG Potsdam LKV 2014, 335.
[18] OLG Karlsruhe NJW 2001, 907 (908).
[19] BGH NJW 1961, 1483.
[20] BGH NJW 1983, 2509 (2512).
[21] BGH NJW 2001, 2558.
[22] BGH NJW 2008, 3580 (3581).
[23] AG Hamburg BeckRS 2021, 33917.
[24] Bömer GWR 2011, 28.
[25] NJW 2002, 2801 (2804); bestätigt durch BGH NJW 2003, 763 (767); Schönke/Schröder/Heine/Eisele § 331 Rn. 18; MüKoStGB/Korte § 331 Rn. 67; NK-StGB/Kuhlen § 331 Rn. 45 f.; krit. Fischer § 331 Rn. 11 e f.
[26] OLG Karlsruhe NJW 2001, 907 (908); LG Bonn PharmR 2001, 91 (95); MüKoStGB/Korte § 331 Rn. 90.
[27] Schönke/Schröder/Heine/Eisele § 331 Rn. 19; NK-StGB/Kuhlen § 331 Rn. 46.
[28] von Graf/Jäger/Wittig/Häfen § 331 Rn. 30; MüKoStGB/Korte § 331 Rn. 92.
[29] Vgl. BGH NJW 2020, 2484 (2486); die bloße Gelegenheit zu sexuellen Handlungen ist ebenso wenig ausreichend wie ein flüchtiger Kuss oder eine einfache Umarmung, BGH NJW 1989, 914; StV 1994, 527.
[30] BGH wistra 2011, 391 – Schulfotografie; vgl. hierzu aktuell auch BGH NZWiSt 2021, 325; OLG Karlsruhe NJW 2001, 907 (908); Fischer § 331 Rn. 14, 14a; Schönke/Schröder/Heine/Eisele § 331 Rn. 20 ff.; MüKoStGB/Korte § 331 Rn. 97 ff.; NK-StGB/Kuhlen § 331 Rn. 47 ff.; LK-StGB/Sowada § 331 Rn. 41 ff.
[31] MüKoStGB/Korte § 331 Rn. 97 ff.; NK-StGB/Kuhlen § 331 Rn. 50.
[32] Bömer GWR 2011, 28.
[33] Vgl. dazu Bock/Borrmann ZJS 2009, 625.
[34] BGHSt 31, 264.
[35] Bock/Borrmann ZJS 2009, 625 (629).

mäßig ausufern zu lassen, wird deshalb vorgeschlagen, diesen auf rein privatnützliche[36] bzw. eigennützige Zuwendungen[37] zu beschränken. Gegen eine solche Lösung sprechen allerdings der Wortlaut der Norm sowie der Sinn und Zweck der Erstreckung des Tatbestands auf Drittvorteile durch das KorrBekG.[38] Geboten scheint jedenfalls mangels Gefährdung der geschützten Rechtsgüter → Rn. 2 ein **Ausschluss der Strafbarkeit beim Kultursponsoring** im Wege einer **teleologischen Reduktion,** infolge derer der Vorteil regelmäßig nicht ‚für die Dienstausübung' gewährt wird.[39] Zu der Problematik von Zuwendungen an einen Amtsträger im Rahmen des sog. **Sportsponsorings** sogleich → Rn. 24.

12   Die erheblichen Probleme bei der strafrechtlichen Beurteilung von Sponsoringsachverhalten, insbesondere im Hinblick auf das Merkmal des Vorteils, veranschaulicht der sog. **Schulfotografiefall** aus dem Jahr 2011,[40] bei welchem es um von Schulfotografen an die Schulen gewährte Zuwendungen im Rahmen von Schulfotoaktionen ging. Während das LG Hildesheim die zT als „Rabatt", „Sponsoring" oder „Aufwandsentschädigung" bezeichneten und am Umsatz bzw. der Anzahl der Schüler orientierten Zuwendungen nicht als strafbare Vorteilsgewährung einstufte,[41] stellte der BGH in seinem aufhebenden Urteil klar, dass es einem **strafbaren Vorteil iSd §§ 331 ff. StGB** prinzipiell nicht entgegensteht, dass es sich bei den Zuwendungen um **vertraglich vereinbarte Leistungen** handelt. Denn die Zuwendung eines verbotenen Vorteils kann auch im Rahmen einer vertraglichen Vereinbarung erfolgen.[42] Zur Frage der **Abgrenzung** strafloser von strafbaren Zuwendungen **innerhalb des Vertragsverhältnisses** bemühte der 3. Strafsenat sodann eine **verwaltungsakzessorische Auslegung** mit dem Ergebnis der verwaltungsrechtlichen Unzulässigkeit der Leistungen.[43] Weitere Entscheidungen in ähnlich gelagerten Schulfotoaktionsfällen bestätigen die Auslegung des BGH, nach der ein strafbarer Vorteil auch im Rahmen eines Vertragsverhältnisses vorliegen kann.[44] Nichtsdestotrotz wird eine Strafbarkeit häufig an der **fehlenden Unrechtsvereinbarung** → Rn. 19 ff. scheitern.[45]

13   **4. Dienstausübung.** Eine Strafbarkeit nach § 333 Abs. 1 StGB setzt voraus, dass der Vorteil im Sinne eines Gegenseitigkeitsverhältnisses mit der Dienstausübung **verknüpft** wird.[46] Erforderlich ist dabei seit dem KorrBekG v. 1997 (BGBl. I 2038) nicht mehr, dass auf eine konkrete Dienstausübung Bezug genommen wird. Vielmehr reicht es aus, dass ein Vorteil allgemein für eine **künftige oder bereits vorgenommene Dienstausübung** angeboten, versprochen oder gewährt wird.[47] Der Rechtsprechung ist insoweit eine eher weite Auslegung des Tatbestandsmerkmals zu entnehmen (Fußnote einfügen: BGH, 1.6.2021 – 6 StR 119/21). Dies zeigt sich insbesondere im Vergleich zu anderen Korruptionsvorschriften wie § 108e StGB. Dort muss in Bezug auf das parallel zur Dienstausübung entwickelte Merkmal der Mandatswahrnehmung die parlamentarische Mandatstätigkeit als solche erfasst sein und eine von den Beteiligten vereinbarte Berufung des Abgeordneten auf

[36] LG Bonn PharmR 2001, 91 (93) [zu §§ 331, 332 StGB]; Dauster NStZ 1999, 63 (66 f.) zu Spenden im Bereich der Förderung von Forschung und Lehre; Ostendorf NJW 1999, 615 (617).

[37] Korte NStZ 1997, 513 (515).

[38] Bock/Borrmann ZJS 2009, 625 (629).

[39] Bock/Borrmann ZJS 2009, 625 (636).

[40] BGH wistra 2011, 391 mAnm Hecker JuS 2012, 655.

[41] LG Hildesheim BeckRS 2010, 16632.

[42] BGH wistra 2011, 391 (392).

[43] BGH wistra 2011, 391 (393). Krit. dazu Ambos/Ziehn NStZ 2008, 498.

[44] VGH München NVwZ-RR 2016, 52; OLG Celle NJW 2008, 164. Anders die Zivilrechtsprechung BGH NJW 2006, 225 (228).

[45] Vgl. NK-StGB/Kuhlen § 331 Rn. 88a.

[46] KG NStZ-RR 2008, 373 (374); BGH BeckRS 2021, 12231 Rn. 38.

[47] Schönke/Schröder/Heine/Eisele § 331 Rn. 30; MüKoStGB/Korte § 331 Rn. 104; BeckOK StGB/ v. Heintschel-Heinegg § 331 Rn. 13.

dessen Status bei außerparlamentarischen Behördenentscheidungen für eine Strafbarkeit nicht ausreicht (Fußnote einfügen: BGH, 5.7.2022 – StB 7/22, StB 8/22, StB 9/22).

Zu den Anforderungen an die Unrechtsvereinbarung → Rn. 19 ff.

14 Für eine Strafbarkeit nach § 333 Abs. 2 muss der Vorteil entsprechend die Gegenleistung für eine **bestimmte richterliche Handlung** darstellen, wobei diese ebenfalls bereits vorgenommen worden oder als zukünftig in Aussicht gestellt sein kann.[48]

15 5. Tathandlungen. Der Täter muss zur Tatbestandsverwirklichung entweder einer bestimmten Amtsperson einen Vorteil für die Dienstausführung (Abs. 1) oder einem Richter oder Schiedsrichter einen Vorteil für eine richterliche Handlung (Abs. 2) **anbieten, versprechen** oder **gewähren**.

16 a) Anbieten. Anbieten ist, wie bei § 299 Abs. 1 StGB → StGB § 299 Rn. 63, das **In-Aussicht-Stellen** eines **zukünftigen Vorteils**. Die Tathandlungsvariante des Anbietens setzt eine auf Abschluss einer Unrechtsvereinbarung → Rn. 19 ff. gerichtete **einseitige Willenserklärung** voraus, die dem Amtsträger **ausdrücklich** oder **konkludent** zur Kenntnis gebracht wird.[49] Auch eine Anfrage im Wege vorsichtig formulierter Fragen ist zur Verwirklichung der Tathandlung des Anbietens ausreichend.[50] Solange der wahre Sinn der Erklärung objektiv erkennbar ist, ist es unerheblich, ob der Vorteilsempfänger diesen auch tatsächlich versteht.[51] Denkbar ist auf Seiten des Vorteilsempfängers die Einschaltung eines **Mittelsmannes,** welchem der Vorteil stellvertretend angeboten wird.[52]

17 b) Versprechen. Versprechen meint den willensübereinstimmenden **Abschluss einer Unrechtsvereinbarung** → Rn. 19 ff.[53]

18 c) Gewähren. Kommt es zu einer **tatsächlichen Zuwendung** des Täters an den Vorteilsempfänger, so liegt die Variante des Gewährens vor.[54] Erforderlich ist die **Annahme** des Vorteils durch den Amtsträger selbst oder durch einen **Mittelsmann** für den Amtsträger.[55] Will der Täter durch die Zuwendung nur eine Mittelsperson beeinflussen, um über diese auf einen Amtsträger einzuwirken, so genügt dies nicht.[56] Ein Gewähren kann auch vorliegen, wenn eine Unrechtsvereinbarung erst **im Nachhinein** geschlossen wird, solange der Vorteilsgeber den **Vorteil** beim Vorteilsempfänger **belässt** und der Abschluss einer Unrechtsvereinbarung über das Indiz des reinen Überlassens hinaus **feststellbar** ist.[57]

19 6. Unrechtsvereinbarung. a) Allgemeines. Zentrale Voraussetzung der Vorteilsgewährung und Kern aller Bestechungsdelikte ist das Vorliegen einer **Unrechtsvereinbarung.**[58] Wie bereits durch das Merkmal der „Dienstausübung" → Rn. 13 f. deutlich wird, muss das Ziel des Vorteilsgebers in der Honorierung einer bereits erfolgten oder in

---

[48] Fischer § 333 Rn. 8; MüKoStGB/Korte § 333 Rn. 28; NK-StGB/Kuhlen § 333 Rn. 11.

[49] BGHSt 15, 88 (102); 16, 40 (46); Lackner/Kühl/Heger § 333 Rn. 3; MüKoStGB/Korte § 333 Rn. 11; BeckOK StGB/v. Heintschel-Heinegg § 333 Rn. 2.

[50] Schönke/Schröder/Heine/Eisele § 333 Rn. 3; Satzger/Schluckebier/Widmaier/Rosenau § 333 Rn. 5; LK-StGB/Sowada § 333 Rn. 4.

[51] Lackner/Kühl/Heger § 333 Rn. 3; MüKoStGB/Korte § 333 Rn. 11.

[52] BGHSt 43, 275; OLG Düsseldorf NStZ 2003, 684 (685) [Zuwendung an die Partei des betreffenden Amtsträgers]; Böse JR 2003, 523 (525); Schönke/Schröder/Heine/Eisele § 333 Rn. 4; NK-StGB/Kuhlen § 333 Rn. 4.

[53] Str., wie hier: Fischer § 333 Rn. 4; Graf/Jäger/Wittig/Papathanasiou § 333 Rn. 13; Schönke/Schröder/Heine/Eisele § 333 Rn. 5; NK-StGB/Kuhlen § 333 Rn. 5; BeckOK StGB/von Heintschel-Heinegg § 333 Rn. 2; aA [einseitige Erklärung ausreichend] MüKoStGB/Korte § 333 Rn. 13.

[54] Fischer § 333 Rn. 4; Graf/Jäger/Wittig/Papathanasiou § 333 Rn. 14; MüKoStGB/Korte § 333 Rn. 14; Satzger/Schluckebier/Widmaier/Rosenau § 333 Rn. 7.

[55] BGHSt 43, 275; Graf/Jäger/Wittig/Papathanasiou § 333 Rn. 14; NK-StGB/Kuhlen § 333 Rn. 6; LK-StGB/Sowada § 333 Rn. 11. Die allein an den Mittelsmann gerichtete Zuwendung reicht nicht aus, MüKoStGB/Korte § 333 Rn. 14.

[56] Graf/Jäger/Wittig/Papathanasiou § 333 Rn. 14; Schönke/Schröder/Heine/Eisele § 333 Rn. 4.

[57] Graf/Jäger/Wittig/Papathanasiou § 333 Rn. 15; NK-StGB/Kuhlen § 333 Rn. 6.

[58] BGH NJW 2008, 3580 (3582) – Utz Claassen.

der Beeinflussung einer künftigen Dienstausübung des Amtsträgers bzw. einer konkreten richterlichen Handlung durch eine verbotene Zuwendung (sog. **Gegenseitigkeitsverhältnis**[59]) liegen. Seit den Änderungen durch das **KorrBekG von 1997** (BGBl. I 2038) ist Bezugspunkt der §§ 331 ff. StGB nur noch eine sog. **gelockerte Unrechtsvereinbarung,** die nicht mehr den Nachweis einer bestimmten, bereits vorgenommenen oder künftigen Diensthandlung fordert, sondern **irgendeine vergangene oder künftige dienstliche Tätigkeit** genügen lässt.[60] Hintergrund der Änderung sind kriminalpolitische Bestrebungen gewesen, Beweisschwierigkeiten iRd §§ 331 ff. StGB auszuräumen.[61] Im Gegensatz zu § 299 StGB sind die Anforderungen an die Unrechtsvereinbarung bei §§ 331 ff. StGB zwar geringer, gänzlich aufgegeben sind sie aber nicht.[62]

20   **b) Abgrenzung strafbarer von straflosen Handlungen und Kriterium der Sozialadäquanz.** Für allgemeine Fragen zur Abgrenzung von strafbaren zu strafrechtlich unbedenklichen Handlungen unter Berücksichtigung des Kriteriums der Sozialadäquanz kann auf die entsprechenden Ausführungen bei § 299 StGB verwiesen werden → StGB § 299 Rn. 36 ff.

21   **aa) Restriktive Auslegung und allgemeine Abgrenzungskriterien.** Die durch die herabgesetzten Anforderungen an eine Unrechtsvereinbarung extrem niedrige Strafbarkeitsschwelle hat neben dem einschränkenden Kriterium der Sozialadäquanz zu einer **Vielzahl von weiteren Restriktionsbemühungen** geführt. In der Literatur wird bei der Bestimmung des Vorliegens einer Unrechtsvereinbarung zT eine **restriktive Auslegung** in Form einer Abgrenzung zwischen Vorteilen **für und zur Dienstausübung** diskutiert.[63] Auch nach der Rspr. ist eine Vorteilsannahme, die zu den regulären Dienstpflichten zu zählen ist und sich im Bereich sozialadäquaten Verhaltens bewegt, nicht tatbestandsmäßig.[64] Daneben wird teilweise auch eine enge Auslegung in Anlehnung an das **Kriterium der Privatnützigkeit** favorisiert, wonach ein Vorteil iSd Vorschrift nur vorliegt, wenn es sich um eine privatnützige, also keine rein staatsnützige Zuwendung handelt.[65] **Kriterien,** die jedenfalls zur Bestimmung des Vorliegens einer Unrechtsvereinbarung im Sinne eines regelwidrigen Äquivalenzverhältnisses herangezogen werden können, sind neben der **Geringfügigkeit** auch die **Transparenz** der Zuwendung sowie die **Einhaltung außerstrafrechtlicher Regeln.**[66]

22   Im Bereich der Amtsträgerkorruption werden auf dieser Grundlage speziell **Trinkgelder** und **kleinere Geschenke,** zB an den Briefträger zum Jahresende, als sozialadäquat und damit straflos eingestuft.[67] Zu beachten ist jedoch, dass unternehmensinterne Richtlinien auch bei Kleinstzuwendungen eine **Wertgrenze** vorgeben können, die von den Vorteilsempfängern zu beachten sind.[68]

---

[59] An einem solchen kann es nach dem OLG Düsseldorf NZG 2015, 1247 mAnm von der Meden GWR 2015, 403 und Jahn JuS 2015, 850 fehlen, wenn in aller Offenheit durch den Vorstand einer AG Präsente an Amtsträger derjenigen Stadt übergeben werden, die Alleinaktionärin der fraglichen Gesellschaft ist; BGH, Urt. v. 21.10.2020 – 2 StR 72/20.

[60] BGH NJW 2004, 3571, OLG Karlsruhe NStZ 2011, 164; Fischer § 331 Rn. 21 f.; Lackner/Kühl/Heger § 331 Rn. 10a; Schönke/Schröder/Heine/Eisele § 331 Rn. 30; MüKoStGB/Korte § 331 Rn. 116 ff.

[61] BT-Drs. 13/8079, 15.

[62] BGH NJW 2008, 3580 (3582) – Utz Claassen.

[63] Noltensmeier HRRS 2009, 151 (152).

[64] BGH NJW 1983, 2509 (2512); ohne Bezugnahme auf sozialadäquates Verhalten BGH NJW 2008, 3580.

[65] LG Bonn PharmR 2001, 91 (94); abl. Satzger ZStW 115 (2003), 469 (496); Knauer/Kaspar GA 2005, 385 (392).

[66] Knauer/Kaspar GA 2005, 385 (395).

[67] Gribl, Der Vorteilsbegriff bei den Bestechungsdelikten, 1991, S. 114; Köhler, Die Reform der Bestechungsdelikte unter besonderer Berücksichtigung der subjektiven Tatumstände der §§ 331 ff. StGB, 2005, S. 153. Für weitere Bsp. der Sozialadäquanz siehe § 331 ff. StGB s. LK-StGB/Sowada § 331 Rn. 73; vgl. auch BVerwG BeckRS 2020, 28914 Rn. 45 wonach ein Bargeldgeschenk iHv 250 EUR an eine Bürosachbearbeiterin nicht mehr als sozialadäquat anzusehen ist.

[68] Diese Wertgrenze wird regelmäßig bei 5–10 EUR anzusetzen sein, MüKoStGB/Korte § 331 Rn. 137.

bb) Gesamtschau und Kriterien der Rechtsprechung. In seiner Entscheidung zum **23**
Sportsponsoring im Jahre 2008 hat sich der BGH schwerpunktmäßig mit den Anforderungen an das Vorliegen einer Unrechtsvereinbarung beschäftigt und dabei **Kriterien** aufgestellt, die als **Richtlinien mit Indizwirkung** zur Abgrenzung straffreier von strafbaren
Zuwendungen dienen sollen.[69] Diese Kriterien sind in einer umfassenden Gesamtschau zu
würdigen. Im Einzelnen bezieht der BGH neben der **Plausibilität** in Bezug auf eine
andere Zielsetzung die Stellung des Amtsträgers und die Beziehung des Vorteilsgebers zu
dessen dienstlichen Aufgaben **(dienstliche Berührungspunkte),** die Vorgehensweise bei
dem Angebot, dem Versprechen oder dem Gewähren von Vorteilen **(Heimlichkeit oder
Transparenz)** sowie die **Art,** den **Wert** und die **Zahl** solcher Vorteile in seine Überlegungen mit ein.[70] In der Literatur wird eine Erweiterung dieses **proceduralen Kriterienkataloges**[71] um die Aspekte der **Anwesenheit** des Einladenden oder eines Vertreters
und des **Zeitpunktes** der Zuwendung favorisiert.[72]

cc) Besondere Problembereiche – Das Sportsponsoring und die Drittmittel- **24**
forschung. Die Unterstützung durch private Wirtschaftsteilnehmer ist als **elementare
Finanzquelle** für Städte, Gemeinden und Landkreise[73] sowohl in der Form des **Sponsorings** als auch im Bereich der **Drittmittelforschung** grundsätzlich anerkannt und zulässig.[74] Dennoch ergeben sich gerade in diesen Bereichen häufig Probleme im Hinblick
auf die Überschreitung der relevanten Strafbarkeitsgrenze, insbesondere unter Berücksichtigung des normativen Tatbestandsmerkmals der **Unrechtsvereinbarung.** Zu Fragen
des **Kultursponsorings** im Rahmen des Vorteils bereits → Rn. 10 ff. Explizit für den Fall
des **Sportsponsorings** hat der BGH im Jahre 2008 den soeben in → Rn. 23 erläuterten
Kriterienkatalog zur Beurteilung des Vorliegens einer strafrechtlich relevanten Unrechtsvereinbarung aufgestellt und dabei deutlich gemacht, dass die Annahme einer solchen nicht
bereits daran scheitert, dass die Vorteilszuwendung in eine prinzipiell sozialadäquate Handlung, wie hier das Sponsoringkonzept, eingebettet wird.[75] Vor diesem Hintergrund hat die
Initiative Sportstandort Deutschland einen **„Hospitality und Strafrecht"**-Leitfaden
speziell bezogen auf die Einladungspraxis von Sponsoren bei Sport- und Kulturveranstal-
tungen entwickelt:[76] Danach ist vor allem die **Transparenz** ein geeignetes Kriterium, um
der Vermutung strafbarer Zuwendung entgegenzuwirken. **Indizien,** die zur Zurückhaltung mahnen sollten, sind demnach vor allem eine hochwertige Bewirtung, Übernahme
von Reise- und Übernachtungskosten sowie die Verteilung teurer Geschenke. Ebenfalls
größte Vorsicht ist bei Einladungen geboten, die auch für die Ehepartner oder andere
Familienangehörige gelten.

Ebenfalls auf **procedurale Entlastungskriterien** hat sich der BGH im Fall der **Drittel-** **25**
mittelforschung gestützt und auf diese Weise eine einschränkende Auslegung des Tatbestandes vorgenommen: Nach Ansicht des 1. Strafsenates ist das Rechtsgut der §§ 331 ff.
StGB → Rn. 2 nicht verletzt, wenn das im **Hochschulrecht vorgeschriebene Verfahren**
für die Mitteleinwerbung (Anzeige und Genehmigung) eingehalten wird.[77] Auf der Grund-

---

[69] BGH NJW 2008, 3580 – Utz Claassen.
[70] BGH NJW 2008, 3580 (3583) – Utz Claassen; vgl. auch BGH BeckRS 2021, 12231 Rn. 38.
[71] Zur Ausgestaltung weiterer proceduraler Lösungsmodelle iRd Korruptionsdelikte s. Francuski Wirtschaftsstrafrecht S. 464 ff.
[72] Jakob CCZ 2010, 61.
[73] Eiermann KommJur 2006, 374.
[74] Vgl. zur Zulässigkeit des Sponsorings die Allgemeine Verwaltungsvorschrift zur Förderung von Tätigkeiten des Bundes durch Leistungen Privater (Sponsoring, Spenden und sonstige Schenkungen) v. 7.7.2003,
Bundesanzeiger Nr. 126, 14906; die Zulässigkeit der Drittmittelforschung ergibt sich aus der Garantie der
Forschungsfreiheit nach Art. 5 Abs. 3 S. 1 GG, vgl. BVerfGE 15, 256; Köhler, Die Reform der Bestechungsdelikte unter besonderer Berücksichtigung der subjektiven Tatumstände der §§ 331 ff. StGB, 2005,
S. 116 f.
[75] BGH NJW 2008, 3580 (3583) – Utz Claassen.
[76] s. dazu auch Hugger CCZ 2012, 65; Richter NJW-Spezial 2011, 568.
[77] BGH NJW 2002, 2801 (2803).

lage dieser Rechtsprechung ist eine **verwaltungsakzessorische Auslegung** des Tatbestandes vorzunehmen,[78] bei der die Beachtung der vier folgenden Prinzipien maßgeblich ist: das **Trennungsprinzip,** das **Transparenzprinzip,** das **Dokumentationsprinzip** und das **Äquivalenzprinzip.**[79]

26   Im Ergebnis lassen sich bislang für die Abgrenzung von straffreiem zu strafbarem Verhalten im Rahmen der §§ 331 ff. StGB – wie auch im Bereich der Bestechlichkeit und Bestechung im geschäftlichen Verkehr → StGB § 299 Rn. 36 ff. – keine allgemeingültigen Kriterien finden, sodass es stets auf eine **wertende Betrachtung im Einzelfall** anhand der vom BGH aufgestellten Indizienkataloge ankommt.[80]

III. Qualifikationstatbestand (Abs. 2)

27   § 333 Abs. 2 StGB stellt mit der Vorteilsgewährung an Richter oder Schiedsrichter eine **Qualifikation** zu § 333 Abs. 1 StGB sowie einen **Grundtatbestand** zu § 334 Abs. 2 StGB dar.[81]

IV. Subjektiver Tatbestand

28   Für eine Strafbarkeit nach § 333 StGB ist erforderlich, dass der Täter zumindest mit **bedingtem Vorsatz,** der sich auf die Amtsträger- oder Richtereigenschaft des Vorteilsempfängers erstrecken muss, handelt.[82] Des Weiteren muss der Täter das Vorliegen einer Unrechtsvereinbarung mit dem Gegenstand einer Dienstausübung nach Abs. 1 oder einer bestimmten richterlichen Handlung nach Abs. 2 in seinen Vorsatz mit aufgenommen haben.[83]

V. Genehmigung (Abs. 3)

29   Nach Abs. 3 ist eine Vorteilsgewährung gerechtfertigt und somit nicht strafbar, wenn eine **wirksame Genehmigung** vorliegt.[84] Voraussetzung dafür ist, dass die zuständige Behörde im Rahmen der ihr zustehenden Befugnisse im Voraus die Annahme eines Vorteils durch den betreffenden Empfänger autorisiert oder ihre Zustimmung auf unverzügliche Anzeige hin nachholt.[85] Im Gegensatz zum Vorliegen einer **vorherigen Genehmigung,** bei der die hM zu Recht auf beiden Seiten der Beteiligten einen Rechtfertigungsgrund annimmt,[86] stellt die **nachträgliche Genehmigung** lediglich einen Strafaufhebungsgrund dar.[87] Erfolgt die Tathandlung zwar im Voraus, jedoch in der berechtigten Annahme und in Erwartung auf eine noch folgende Genehmigung, so liegt unabhängig von der tatsächlichen späteren Erteilung einer Genehmigung ein Rechtfertigungsgrund in Form einer **mutmaßlichen Genehmigung** vor.[88] Anders als bei § 331

---

[78] Hecker JuS 2012, 655; Schreiber/Rosenau/Combé/Wrackmeyer GA 2005, 265 (270).
[79] Kindhäuser/Goy NStZ 2003, 291 (295).
[80] So auch OLG Düsseldorf NZG 2015, 1247 mAnm von der Meden GWR 2015, 403 und Jahn JuS 2015, 850.
[81] MüKoStGB/Korte § 333 Rn. 28.
[82] MüKoStGB/Korte § 333 Rn. 29; BeckOK StGB/v. Heintschel-Heinegg § 333 Rn. 5.
[83] Fischer § 333 Rn. 12; Schönke/Schröder/Heine/Eisele § 333 Rn. 7; BeckOK StGB/v. Heintschel-Heinegg § 333 Rn. 5.
[84] Fischer § 333 Rn. 11; Graf/Jäger/Wittig/Papathanasiou § 333 Rn. 28, 30; Schönke/Schröder/Heine/Eisele § 333 Rn. 8; Satzger/Schluckebier/Widmaier/Rosenau § 333 Rn. 10; BeckOK StGB/v.Heintschel-Heinegg § 333 Rn. 6.
[85] Graf/Jäger/Wittig/Papathanasiou § 333 Rn. 28.
[86] BGH NJW 1983, 2509 (2513); Fischer § 331 Rn. 35; Graf/Jäger/Wittig/Papathanasiou § 333 Rn. 30; Schönke/Schröder/Heine/Eisele § 333 Rn. 10; NK-StGB/Kuhlen § 333 Rn. 131; BeckOK StGB/von Heintschel-Heinegg § 331 Rn. 39.1; aA [Tatbestandsausschluss] Bernsmann StV 2003, 521 (522).
[87] Graf/Jäger/Wittig/Papathanasiou § 333 Rn. 33; Schönke/Schröder/Heine/Eisele § 331 Rn. 11; MüKoStGB/Korte § 333 Rn. 36; BeckOK StGB/v. Heintschel-Heinegg § 333 Rn. 44.1; differenzierend NK-StGB/Kuhlen § 331 Rn. 132 ff.
[88] Fischer § 331 Rn. 36; Graf/Jäger/Wittig/Papathanasiou § 333 Rn. 31.

Abs. 3 StGB führt die Genehmigung nach § 333 Abs. 3 StGB auch zur Straflosigkeit, wenn der **Amtsträger** den Vorteil **gefordert** hat.[89]

VI. Vollendung, Beendigung und Versuch

Vollendung tritt mit Vornahme der Tathandlung in Form des Anbietens, Versprechens **30** oder Gewährens ein.[90] Die für den Verjährungsbeginn (§ 78a StGB) relevante **Beendigung** tritt ein, wenn die Handlung vorgenommen wurde, die zur Erfüllung der Unrechtsvereinbarung notwendig war und der gesamte Vorteil endgültig und vollständig erhalten bzw. gewährt wurde.[91] Realisiert sich der versprochene oder geforderte Vorteil nur zum Teil oder gar nicht, so tritt Verjährung erst zu dem Zeitpunkt ein, in welchem sich das Versprechen oder die Forderung des Vorteils als endgültig fehlgeschlagen erwiesen hat.[92] Nach dem BGH beginnt die Verjährung aber erst mit Vornahme der Handlung, falls diese der Annahme des Vorteils **nachfolgt**.[93] Für **Beamte** beginnt die Verjährung unabhängig davon und entgegen einer neueren Entscheidung des 1. Strafsenates[94] jedenfalls zu dem Zeitpunkt zu laufen, in dem sie aus der Beamtenstellung ausscheiden.[95] Der **Versuch** ist nicht strafbar.[96]

VII. Konkurrenzen

Innerhalb des Tatbestandes wird Abs. 1 von Abs. 2 im Wege der Gesetzeskonkurrenz **31** verdrängt.[97] Beim Vorliegen **mehrerer Vorteilsgewährungen** ist grundsätzlich Tatmehrheit (§ 53 StGB) gegeben, es sei denn, es liegt allen Tathandlungen eine den Vorteil präzisierende Unrechtsvereinbarung zu Grunde.[98] Im Verhältnis von § 333 StGB zu **§ 334 StGB** gilt, dass die Vorteilsgewährung regelmäßig hinter der Bestechung zurücktritt.[99] Zu **§§ 263, 266, 299 StGB** steht § 333 StGB in Idealkonkurrenz.[100]

B. Vertragshändler

(Es gelten keine Besonderheiten.)   **32**

C. Franchisenehmer

(Es gelten keine Besonderheiten.)   **33**

---

[89] MüKoStGB/Korte § 333 Rn. 39 f.; NK-StGB/Kuhlen § 333 Rn. 12; BeckOK StGB/v. Heintschel-Heinegg § 333 Rn. 6.

[90] Schönke/Schröder/Heine/Eisele § 333 Rn. 13; BeckOK StGB/v.Heintschel-Heinegg § 333 Rn. 8.

[91] BGHSt 11, 345 (347); 16, 207 (209); BGH NStZ-RR 2008, 42 [zu § 299]; Graf/Jäger/Wittig/Papathanasiou § 333 Rn. 40; NK-StGB/Kuhlen § 331 Rn. 152; ERST/Saliger/Schweiger § 78a Rn. 12; BeckOK StGB/v. Heintschel-Heinegg § 331 Rn. 53.

[92] BGH NStZ 2004, 41 (42); BGHSt 52, 300 (305); BGH NStZ 2012, 511 (514); MüKoStGB/Korte § 331 Rn. 226 f.; NK-StGB/Kuhlen § 331 Rn. 152; ERST/Saliger/Schweiger § 78a Rn. 12.

[93] BGHSt 52, 300; BGH NStZ 2012, 513; Schönke/Schröder/Heine/Eisele § 332 Rn. 23; Helmrich wistra 2009, 10 (13); ERST/Saliger/Schweiger § 78a Rn. 12.

[94] BGH NStZ 2012, 511 (513) nimmt eine Beendigung der Tat auch dann an, wenn; der Bestochene zum Zeitpunkt der Zahlung bereits aus dem Amt ausgeschieden ist.

[95] ERST/Saliger/Schweiger § 78a Rn. 12.

[96] Schönke/Schröder/Heine/Eisele § 333 Rn. 13; Satzger/Schluckebier/Widmaier/Rosenau § 333 Rn. 16.

[97] MüKoStGB/Korte § 333 Rn. 45; Satzger/Schluckebier/Widmaier/Rosenau § 333 Rn. 11.

[98] BGHSt 47, 22 (30); BGH NJW 2004, 693 (695); Satzger/Schluckebier/Widmaier/Rosenau § 333 Rn. 11.

[99] Fischer § 333 Rn. 14; Satzger/Schluckebier/Widmaier/Rosenau § 333 Rn. 12; BeckOK StGB/v. Heintschel-Heinegg § 333 Rn. 10.

[100] NK-StGB/Kuhlen § 331 Rn. 151; LK-StGB/Sowada § 331 Rn. 143.

D. Kommissionsagent

34   (Es gelten keine Besonderheiten.)

§ 334 Bestechung

(1) ¹Wer einem Amtsträger, einem Europäischen Amtsträger, einem für den öffentlichen Dienst besonders Verpflichteten oder einem Soldaten der Bundeswehr einen Vorteil für diesen oder einen Dritten als Gegenleistung dafür anbietet, verspricht oder gewährt, daß er eine Diensthandlung vorgenommen hat oder künftig vornehme und dadurch seine Dienstpflichten verletzt hat oder verletzen würde, wird mit Freiheitsstrafe von drei Monaten bis zu fünf Jahren bestraft. ²In minder schweren Fällen ist die Strafe Freiheitsstrafe bis zu zwei Jahren oder Geldstrafe.

(2) ¹Wer einem Richter, Mitglied eines Gerichts der Europäischen Union oder Schiedsrichter einen Vorteil für diesen oder einen Dritten als Gegenleistung dafür anbietet, verspricht oder gewährt, daß er eine richterliche Handlung

1. vorgenommen und dadurch seine richterlichen Pflichten verletzt hat oder
2. künftig vornehme und dadurch seine richterlichen Pflichten verletzen würde,

wird in den Fällen der Nummer 1 mit Freiheitsstrafe von drei Monaten bis zu fünf Jahren, in den Fällen der Nummer 2 mit Freiheitsstrafe von sechs Monaten bis zu fünf Jahren bestraft. ²Der Versuch ist strafbar.

(3) Falls der Täter den Vorteil als Gegenleistung für eine künftige Handlung anbietet, verspricht oder gewährt, so sind die Absätze 1 und 2 schon dann anzuwenden, wenn er den anderen zu bestimmen versucht, daß dieser

1. bei der Handlung seine Pflichten verletzt oder,
2. soweit die Handlung in seinem Ermessen steht, sich bei der Ausübung des Ermessens durch den Vorteil beeinflussen läßt.

A. Handelsvertreter

I. Allgemeines

1   Die Bestechung nach § 334 StGB bildet das **spiegelbildliche Gegenstück** zum Bestechlichkeitstatbestand (§ 332 StGB) und ist gleichzeitig eine **Qualifikation** zur Vorteilsgewährung (§ 333 StGB).[1]

II. Objektiver Tatbestand (Abs. 1)

2   **1. Täterkreis.** Da die Bestechung kein Sonderdelikt ist, kann Täter **jedermann** sein.[2] Für **Dritte** ist eine Strafbarkeit durch **Teilnahme** möglich, die sich nach den allgemeinen Regeln richtet.[3]

3   **2. Vorteilsempfänger.** Vorteilsempfänger nach Abs. 1 kann ein Amtsträger, ein Europäischer Amtsträger, ein für den öffentlichen Dienst besonders Verpflichteter oder ein Soldat der Bundeswehr sein. Wer **Amtsträger** ist, bestimmt sich nach § 11 Abs. 1 Nr. 2 StGB. Der **Europäische Amtsträger** ist in § 11 Abs. 1 Nr. 2a StGB legaldefiniert → Vor

---

[1] NK-StGB/Kuhlen § 334 Rn. 1; BeckOK StGB/v. Heintschel-Heinegg § 334 Rn. 1.
[2] MüKoStGB/Korte § 334 Rn. 3; NK-StGB/Kuhlen § 334 Rn. 2; LK-StGB/Sowada § 334 Rn. 2; BeckOK StGB/v. Heintschel-Heinegg § 334 Rn. 1.
[3] Schönke/Schröder/Heine/Eisele § 334 Rn. 11.

§§ 331–336 Rn. 8.[4] Wer ein für den **öffentlichen Dienst besonders Verpflichteter** ist, richtet sich nach § 11 Abs. 1 Nr. 4 StGB. Der Begriff des **Soldaten** ist in § 1 SoldG niedergeschrieben.

Seit den Änderungen durch das **2. KorrBekG v. 20.11.2015** (BGBl. I 2015) sind die **4** personalen Erweiterungen des Vorteilsempfängerkreises, die primär durch das EUBestG und das IntBestG[5] vorgenommen wurden, durch die Neuregelungen in **§§ 11 Abs. 1 Nr. 2a, 335a StGB** ersetzt worden dazu bereits → Vor §§ 331–336 Rn. 4 ff. Neben den in Abs. 1 explizit genannten Personen kommen über den neu eingefügten **§ 335a Abs. 1 Nr. 2 StGB** auch **Amtsträger anderer EU-Mitgliedsstaaten** oder **internationaler Organisationen** als potentielle Vorteilsempfänger in Betracht → Vor §§ 331–336 Rn. 9.

3. Vorteil. Das Merkmal des Vorteils bestimmt sich nach denselben Anforderungen wie **5** bei § 333 StGB, sodass auf die dortigen Ausführungen verwiesen werden kann → § 333 Rn. 6 ff.

4. Diensthandlung. Für eine Strafbarkeit nach § 334 StGB muss bezogen auf das **6** Anbieten, Versprechen oder Gewähren eines Vorteils eine Gegenleistung in Form einer vergangenen, gegenwärtigen oder zukünftigen **pflichtwidrigen Diensthandlung** vorliegen.[6] Eine Diensthandlung liegt vor, wenn das Handeln zu den dienstlichen Obliegenheiten des Amtsträgers gehört.[7] Dabei begeht der Amtsträger nicht nur dann eine pflichtwidrige Diensthandlung, wenn er eine Handlung vornimmt, die in den Kreis seiner Amtspflichten fällt, sondern auch, wenn er seine amtliche Stellung dazu missbraucht, eine durch die Dienstvorschriften verbotene Handlung vorzunehmen, die ihm seine Stellung als Amtsträger ermöglicht.[8] Die Pflichtwidrigkeit der Diensthandlung bestimmt sich nach dem jeweiligen nationalen Recht.[9] Eine pflichtwidrige Diensthandlung ist zB die Erteilung einer Genehmigungen, Erlaubnis oder Konzession entgegen den hierfür geltenden Bestimmungen.[10] Steht dem Amtsträger ein Ermessensspielraum zu, liegt eine pflichtwidrige Diensthandlung vor, wenn der Amtsträger sich nicht ausschließlich von sachlichen Gesichtspunkten leiten lässt.[11]

5. Tathandlungen. Die Tathandlungen des **Anbietens, Versprechens** oder **Gewäh-** **7** **rens** nach Abs. 1 und 2 entsprechen denen der Vorteilsgewährung nach § 333 StGB → § 333 Rn. 15 ff.

6. Unrechtsvereinbarung. Die **Unrechtsvereinbarung** ist wie auch bei den anderen **8** Bestechungsdelikten die zentrale Tatbestandvoraussetzung, sodass auf die dortigen Ausführungen verwiesen werden kann → StGB § 299 Rn. 31 ff. und → § 333 Rn. 19 ff.

III. Objektiver Tatbestand (Abs. 2)

Durch Abs. 2 wird die Bestechung von **Richtern, Mitgliedern eines Gerichts der EU** **9** (zB des EuGH) und **Schiedsrichtern** unter Strafe gestellt. Mit Ausnahme der hier erforderlichen **pflichtwidrigen richterlichen Handlung,** entsprechen die Merkmale des Tatbestandes denen des § 333 Abs. 2 StGB, sodass insoweit auf die dortigen Ausführungen verwiesen werden kann → § 333 Rn. 27. Seit den Änderungen durch das **2. KorrBekG v.**

---

[4] Mit dieser Regelung dürften die Feststellung im Beschluss des BGH v. 10.6.2015, NStZ 2016, 83, wonach eine zweistufige Prüfung der Amtsträgerschaft iRd Art. 2 § 1 Abs. 1 Nr. 2 lit. a EUBestG zu erfolgen hat, hinfällig sein.
[5] Zur alten Rechtslage MüKoStGB/Korte § 334 Rn. 1.
[6] BeckOK StGB/v. Heintschel-Heinegg § 334 Rn. 2; nach BGH NJW 2021, 2522 (2524) dürfen die Anforderungen an die Bestimmtheit der zukünftigen Diensthandlung nicht allzu eng gefasst werden; BGH, Beschl. v. 1.6.2021 – 6 StR 119/21.
[7] BGH NStZ 2000, 596 (598); NJW 2018, 1767; BeckRS 2020, 41115 Rn. 18; NJW 2020, 2484 (2485).
[8] BGH NStZ 1987, 326 (327); BeckRS 2020, 41115 Rn. 18; NJW 2020, 2484 (2485).
[9] NK-StGB/Kuhlen § 334 Rn. 3d; LK-StGB/Sowada § 334 Rn. 5.
[10] MüKoStGB/Korte § 332 Rn. 20.
[11] BGH NJW 2020, 2484 (2485).

20.11.2015 (BGBl. I 2015) sind die Gleichstellungen durch das EUBestG, IntBestG und IStGH-GleichstellungsG durch die Neuregelung in **§ 334 Abs. 2 StGB** und **§ 335 Abs. 1 Nr. 1 StGB** ersetzt worden → Vor §§ 331–336 Rn. 4 ff. Während § 334 Abs. 2 StGB selbst die Mitglieder eines Gerichts der Europäischen Union mit einbezieht, werden von § 335a Abs. 1 Nr. 1 StGB Richter eines ausländischen oder internationalen Gerichts erfasst.

IV. Abs. 3

10   **Abs. 3** bestimmt, dass es für die Tatbestandsverwirklichung bei **künftigen Dienst- oder Ermessenshandlungen** irrelevant ist, ob der Vorteilsempfänger die Diensthandlung später tatsächlich vornimmt oder nicht. Der Gesetzgeber wollte mit der Regelung betonen,[12] dass es ausreicht, wenn der Gewährende den Amtsträger **zu bestimmen versucht,** bei der Handlung seine Pflichten zu verletzen (Nr. 1) oder sich bei der Ausübung seines Ermessens beeinflussen zu lassen (Nr. 2). Sie dient damit lediglich der **klarstellenden Abgrenzung** zwischen Bestechung und bloßer Vorteilsgewährung.[13]

V. Subjektiver Tatbestand

11   Für eine Strafbarkeit nach § 334 StGB muss der Täter mindestens mit **bedingtem Vorsatz** handeln.[14] Insbesondere muss die Pflichtwidrigkeit der Diensthandlung vom Vorsatz mitumfasst sein.[15]

VI. Rechtfertigung

12   Im Gegensatz zur Vorteilsgewährung (§ 333 Abs. 3 StGB → § 333 Rn. 29) kommt bei der Bestechung eine Rechtfertigung aufgrund einer Genehmigung **nicht** in Betracht.[16] Denkbar kann ein **rechtfertigender Notstand** für den Fall bleiben, dass der Täter zugleich Opfer einer Erpressung des Vorteilsempfängers ist.[17]

VII. Vollendung, Beendigung und Versuch

13   **Vollendung** tritt mit Vornahme der Tathandlung in Form des Anbietens, Versprechens oder Gewährens ein.[18] Zur Bestimmung des für den Verjährungsbeginn relevanten **Beendigungszeitpunktes** gelten die Ausführungen bei § 333 StGB entsprechend → StGB § 333 Rn. 30. Der **Versuch** ist nur bei einer Bestechung nach **Abs. 2** strafbar.

VIII. Konkurrenzen

14   Im Wege der Gesetzeskonkurrenz verdrängt die Bestechung die Vorteilsgewährung nach **§ 333 StGB** (Spezialität).[19] Zwischen den **einzelnen Tathandlungen** besteht grundsätzlich Tatmehrheit.[20] Bei Zusammentreffen einer Strafbarkeit nach **§ 299 Abs. 2 StGB** und nach **§ 334 StGB** kann Tateinheit bestehen, wenn der vorteilsempfangende Amtsträger zugleich in einem Angestellten- oder Beauftragtenverhältnis eines geschäftlichen Betriebes steht.[21] Für den Fall, dass die erwartete pflichtwidrige Diensthandlung eine Straftat darstellt,

---

[12] BT-Drs. 7/550, 273.
[13] Lackner/Kühl/Heger § 334 Rn. 3; Fischer § 334 Rn. 8.
[14] Graf/Jäger/Wittig/Papathanasiou § 334 Rn. 15; MüKoStGB/Korte § 334 Rn. 14; NK-StGB/Kuhlen § 334 Rn. 7; BeckOK StGB/v. Heintschel-Heinegg § 334 Rn. 5; BGH BeckRS 2020, 41115 Rn. 23.
[15] Lackner/Kühl/Heger § 334 Rn. 4; NK-StGB/Kuhlen § 334 Rn. 7.
[16] NK-StGB/Kuhlen § 334 Rn. 10.
[17] Ausf. dazu MüKoStGB/Korte § 334 Rn. 17.
[18] Schönke/Schröder/Heine/Eisele § 334 Rn. 12; BeckOK StGB/v. Heintschel-Heinegg § 334 Rn. 7.
[19] Fischer § 333 Rn. 14; Satzger/Schluckebier/Widmaier/Rosenau § 333 Rn. 12.
[20] Graf/Jäger/Wittig/Papathanasiou § 334 Rn. 25.
[21] Graf/Jäger/Wittig/Papathanasiou § 334 Rn. 25; MüKoStGB/Korte § 334 Rn. 22.

ist Idealkonkurrenz zur **Anstiftung** (§ 26 StGB) oder zur **versuchte Anstiftung** (§ 30 StGB) gegeben.[22] Im Übrigen gelten die gleichen Grundsätze wie bei § 333 StGB → StGB § 333 Rn. 31.

B. Vertragshändler

(Es gelten keine Besonderheiten.)   **15**

C. Franchisenehmer

(Es gelten keine Besonderheiten.)   **16**

D. Kommissionsagent

(Es gelten keine Besonderheiten.)   **17**

§ 335 Besonders schwere Fälle der Bestechlichkeit und Bestechung

(1) **In besonders schweren Fällen wird**

1. **eine Tat nach**
   a) **§ 332 Abs. 1 Satz 1, auch in Verbindung mit Abs. 3, und**
   b) **§ 334 Abs. 1 Satz 1 und Abs. 2, jeweils auch in Verbindung mit Abs. 3,**
   mit Freiheitsstrafe von einem Jahr bis zu zehn Jahren und
2. **eine Tat nach § 332 Abs. 2, auch in Verbindung mit Abs. 3, mit Freiheitsstrafe nicht unter zwei Jahren**

bestraft.

(2) **Ein besonders schwerer Fall im Sinne des Absatzes 1 liegt in der Regel vor, wenn**

1. **die Tat sich auf einen Vorteil großen Ausmaßes bezieht,**
2. **der Täter fortgesetzt Vorteile annimmt, die er als Gegenleistung dafür gefordert hat, daß er eine Diensthandlung künftig vornehme, oder**
3. **der Täter gewerbsmäßig oder als Mitglied einer Bande handelt, die sich zur fortgesetzten Begehung solcher Taten verbunden hat.**

A. Handelsvertreter

I. Allgemeines

Die Vorschrift stellt eine **Strafzumessungsregelung** dar, deren Anwendungsbereich **1** sich nur auf die §§ 332, 334 StGB einschließlich der Fälle mit **Auslandsbezug,** die seit dem **2. KorrBekG v. 20.11.2015** (BGBl. I 2015) über die Neuregelungen in den **§§ 11 Abs. 1 Nr. 2a, 335a StGB** von der Strafbarkeit mit erfasst werden, erstreckt. Auch wenn die Regelbeispiele aus Abs. 2 Nr. 1 und 3 denen des § 300 StGB → StGB § 300 Rn. 2 ff. entsprechen, ist eine **tatbestandsspezifische Auslegung** im Einzelfall vorzunehmen. Das Regelbeispiel nach Abs. 2 Nr. 2 kann nur bei der Bestechlichkeit nach § 332 StGB Anwendung finden[1] und besitzt deshalb für den Vertrieb nur eine untergeordnete Relevanz. Wird eines der in § 335 Abs. 2 StGB genannten Regelbeispiele ver-

---

[22] Graf/Jäger/Wittig/Papathanasiou § 334 Rn. 25.
[1] MüKoStGB/Korte § 335 Rn. 5.

wirklicht, so besteht die **widerlegbare Vermutung** dafür, dass die Tat als ein besonders schwerer Fall der Bestechlichkeit oder Bestechung anzusehen ist.[2] Der BGH hat den **indiziellen Charakter der Regelbeispiele** des § 335 StGB bekräftigt und hervorgehoben, dass dieser durch die Gesamtumstände eines Falles nach der tatrichterlichen Gesamtwürdigung auch entkräftet werden kann.[3] Für die **Verjährung** ist § 78 Abs. 4 StGB zu beachten.[4]

II. Regelbeispiele

2   **1. Vorteil großen Ausmaßes (Nr. 1).** Für die Bestimmung eines Vorteils großen Ausmaßes sind grds. nur **materielle Vorteile** maßgeblich, da die ohnehin schwierige Grenzziehung im Bereich der immateriellen Gewinne kaum sinnvoll vorgenommen werden kann.[5] Für die Bejahung des Regelbeispiels muss der Wert des materiellen Vorteils weit über dem im Durchschnitt Üblichen liegen.[6] Nach überwiegender Ansicht in der Lit.,[7] der sich die Rspr. zT angeschlossen hat,[8] ist aus Gründen der Praktikabilität und der Ratio der Strafschärfung bei der Bestimmung primär auf **pauschale und objektive Kriterien** abzustellen; dem täterbezogenen Kriterium der Lebensumstände kommt dagegen nur eine zweitrangige Bedeutung zu.[9]

3   Als **Wertgrenze** werden in der Literatur verschiedene Werte, angefangen bei mindestens 10.000 EUR,[10] über 25.000 EUR[11] bis hin zu 50.000 EUR[12] diskutiert. Im Hinblick auf die erhebliche Strafschärfung ist eine restriktive Auslegung zu befürworten und die Wertgrenze relativ hoch anzusetzen. So geht auch der **BGH** aktuell von einer Wertgrenze von mindestens **50.000 EUR** aus.[13]

4   **2. Fortgesetzte Annahme von geforderten Vorteilen für künftige Handlungen (Nr. 2).** Abs. 2 Nr. 2 gilt ausschließlich für die Bestechlichkeit nach **§ 332 StGB** und will in erster Linie **Wiederholungstäter** angemessen sanktionieren.[14] Das Regelbeispiel setzt damit voraus, dass es zu einer mehrfachen – nach hL **mindestens dreimaligen**[15] – Begehung rechtlich selbstständiger Taten kommt. Umstritten ist, ob eine Verwirklichung des Regelbeispiels bereits bei der **ersten Tat** angenommen werden kann, wenn die erkennbare Absicht der Wiederholung besteht.[16] Unter Berücksichtigung der hohen Strafandrohung wird man dies richtigerweise verneinen müssen.[17]

---

[2] Vgl. zur Regelbeispieltechnik Fischer § 243 Rn. 2.
[3] BGH StV 2011, 16.
[4] NK-StGB/Kuhlen § 335 Rn. 9.
[5] Heger in Lackner/Kühl § 335 Rn. 2; MüKoStGB/Korte § 335 Rn. 8; NK-StGB/Kuhlen § 335 Rn. 3; LK-StGB/Sowada § 335 Rn. 4; BeckOK StGB/v. Heintschel-Heinegg § 335 Rn. 3.
[6] LG Leipzig BeckRS 2012, 00588; Satzger/Schluckebier/Widmaier/Rosenau § 335 Rn. 4; LK-StGB/Sowada § 335 Rn. 4.
[7] Schönke/Schröder/Heine/Eisele § 335 Rn. 3; NK-StGB/Kuhlen § 335 Rn. 3; Satzger/Schluckebier/Widmaier/Rosenau § 335 Rn. 4; diff. LK-StGB/Sowada § 335 Rn. 4.
[8] OLG Celle BeckRS 2011, 06730.
[9] Satzger/Schluckebier/Widmaier/Rosenau § 335 Rn. 4; LK-StGB/Sowada § 335 Rn. 4.
[10] Kein Vorteil großen Ausmaßes unter 10.000 EUR: Fischer § 335 Rn. 6; Lackner/Kühl/Heger § 335 Rn. 2.
[11] Schönke/Schröder/Heine/Eisele § 335 Rn. 3; NK-StGB/Kuhlen § 335 Rn. 4; MüKoStGB/Korte Rn. 9.
[12] BeckOK StGB/v. Heintschel-Heinegg § 335 Rn. 3.
[13] BGH NStZ 2016, 349 unter Bezugnahme auf BGH NStZ 2016, 288 [zu § 370 Abs. 3 S. 2 Nr. 1 AO]; vgl. auch OLG Celle BeckRS 2011, 06730.
[14] BT-Drs. 13/5584, 17; LK-StGB/Sowada § 335 Rn. 11 ff.; BeckOK StGB/v. Heintschel-Heinegg § 335 Rn. 5.
[15] Fischer § 335 Rn. 9; MüKoStGB/Korte § 335 Rn. 13; Satzger/Schluckebier/Widmaier/Rosenau § 335 Rn. 8; BeckOK StGB/v. Heintschel-Heinegg § 335 Rn. 5.
[16] Bejahend MüKoStGB/Korte § 335 Rn. 14; einschr. Fischer § 335 Rn. 9.
[17] Satzger/Schluckebier/Widmaier/Rosenau § 335 Rn. 8; SK-StGB/Stein/Deiters § 335 Rn. 4; ebenfalls zu Recht krit. LG Hildesheim BeckRS 2009, 28108.

3. Gewerbsmäßiges und bandenmäßiges Handeln (Nr. 3 Alt. 1 und 2). Das dritte 5
Regelbeispiel des § 335 StGB erfordert ein gewerbsmäßiges oder bandenmäßiges Handeln.
Gewerbsmäßig handelt, wer sich durch wiederholte Tatbegehung eine Einnahmequelle
von nicht nur vorübergehender Art und Dauer verschaffen will.[18] Bei Vorliegen dieser
Absicht kann bereits bei der **ersten Tatbegehung** ein gewerbsmäßiges Handeln angenommen werden.[19] Ausreichend ist, dass die Tat eine nur **mittelbare Einnahmequelle**
bildet.[20]

Eine **bandenmäßige Tatbegehung** liegt vor, wenn es sich um einen Zusammenschluss 6
von **mindestens drei Personen** handelt, die sich zur fortgesetzten Begehung von Taten
nach Abs. 1 verbunden haben.[21] Die dem Zusammenschluss zugrunde liegende **Bandenabrede** kann auch konkludent geschlossen werden.[22]

4. Unbenannte besonders schwere Fälle. Ein besonders schwerer Fall kann auch 7
außerhalb der explizit genannten Regelbeispiele vorliegen. Dies kommt vor allem bei
besonders schweren oder **besonders vielen Pflichtwidrigkeiten** sowie bei der **Ausnutzung einer Zwangslage** in Betracht.[23]

B. Vertragshändler

(Es gelten keine Besonderheiten.) 8

C. Franchisenehmer

(Es gelten keine Besonderheiten.) 9

D. Kommissionsagent

(Es gelten keine Besonderheiten.) 10

§ 336 Unterlassen der Diensthandlung

**Der Vornahme einer Diensthandlung oder einer richterlichen Handlung im Sinne
der §§ 331 bis 335a steht das Unterlassen der Handlung gleich.**

A. Handelsvertreter

I. Entstehungsgeschichte

Mit Einführung des § 336 StGB durch das **KorrBekG 1997** (BGBl. I 2038) erfolgte die 1
Gleichstellung eines Unterlassens mit der Vornahme einer Diensthandlung oder richterlichen Handlung.[1] Die Neuerung dient lediglich der **Klarstellung,** da bereits zuvor

---

[18] LG Lüneburg BeckRS 2015, 03604; LG Wuppertal 11.8.2004 – 26 Kls 835 Js 19/01 – 31/03 VI; LK-
StGB/Sowada § 335 Rn. 15; BeckOK StGB/v. Heintschel-Heinegg § 335 Rn. 6.
[19] BGH NStZ 1995, 85; 1998, 98; OLG Köln NStZ-RR 2003, 299; OLG Stuttgart NStZ 2003, 40 f.;
MüKoStGB/Korte § 335 Rn. 16; Satzger/Schluckebier/Widmaier/Rosenau § 335 Rn. 10; LK-StGB/So-
wada § 335 Rn. 15.
[20] BGH StraFo 2003, 179; wistra 1999, 465; NK-StGB/Kuhlen § 335 Rn. 7.
[21] BGH NStZ 2001, 421[zu § 244 StGB]; NK-StGB/Kuhlen § 335 Rn. 8; Satzger/Schluckebier/Wid-
maier/Rosenau § 335 Rn. 11.
[22] BGH NJW 2005, 2629 (2630) [zu § 30 BtMG]; BeckOK StGB/v. Heintschel-Heinegg § 335 Rn. 7.
[23] Fischer § 335 Rn. 12; MüKoStGB/Korte § 335 Rn. 18; LK-StGB/Sowada § 335 Rn. 17.
[1] BeckOK StGB/v. Heintschel-Heinegg § 336 Rn. 1.

anerkannt war, dass auch ein Unterlassen einer Diensthandlung als Gegenleistung für einen Vorteil tatbestandsmäßig ist.[2]

II. Allgemeines

2   Erforderlich ist für die Strafbarkeit des Unterlassens, dass die unterlassene Handlung in den **Pflichtenkreis** des Amtsträgers oder Richters fällt, sie also im Falle der Durchführung eine Diensthandlung oder richterliche Handlung darstellen würde.[3] Maßgeblich für die Beurteilung der Pflichtwidrigkeit einer unterlassenen Diensthandlung sind die **einschlägigen Dienstvorschriften**.[4]

B. Vertragshändler

3   (Es gelten keine Besonderheiten.)

C. Franchisenehmer

4   (Es gelten keine Besonderheiten.)

D. Kommissionsagent

5   (Es gelten keine Besonderheiten.)

---

[2] BT-Drs. 7/550, 276; Lackner/Kühl/Heger § 336 Rn. 1; Schönke/Schröder/Heine/Eisele § 336 Rn. 1.
[3] MüKoStGB/Korte § 336 Rn. 4 ff.
[4] SK-StGB/Stein/Deiters § 336 Rn. 4.

Vierter Teil. Vorschriften des Wettbewerbsrechts

I. Deutsches Recht

§ 1 GWB Verbot wettbewerbsbeschränkender Vereinbarungen

Vereinbarungen zwischen Unternehmen, Beschlüsse von Unternehmensvereinigungen und aufeinander abgestimmte Verhaltensweisen, die eine Verhinderung, Einschränkung oder Verfälschung des Wettbewerbs bezwecken oder bewirken, sind verboten.

Literatur: Bechtold, Die Entwicklung des deutschen Kartellrechts seit der 7. GWB-Novelle (Juli 2005 bis Oktober 2007), NJW 2007, 3761; Freytag/Gerlinger, Kombinationsangebote im Pressemarkt, WRP 2004, 537; Giesler, Die Bedeutung der „Apollo"-Rechtsprechung für Franchiseverträge, ZIP 2004, 744; Hess, Buchpreisbindung für E-Books?, AfP 2011, 223; Klawitter, Zur Bindung der Endverbraucherpreise durch ein Vertriebssystem über Handelsvertreter, GRUR 1986, 754; Kroitzsch, Zur Frage der Fortsetzung eines nichtigen Alleinvertriebsvertrages, GRUR 1976, 103; Kröner, Probeabonnements im Pressevertrieb: Ein Preisbindungsmissbrauch?, WRP 2003, 1149; Metzlaff/Brösamle, § 6 Abs. 3 BuchPrG − Zwischen Buchvertrieb und Wettbewerb, ZVertriebsR 2021, 286; Säcker/Mohr, Die Beurteilung von Einkaufskooperationen gemäß Art. 101 Abs. 1 und Abs. 3 AEUV, WRP 2011, 793; Schwark, Zum Verbot der Preisbindung bei einer auf Handelsvertreterverträgen aufgebauten Absatzorganisation, NJW 1986, 2957; Semler, Echte und unechte Handelsvertreter − Abgrenzungsfragen und kartellrechtliche Bedeutung, ZVertriebsR 2012, 156; Soppe, Von „Add-Ons", „Gadgets" und „Covermounts" im Pressevertriebsrecht − preisbindungsrechtliche Überlegungen, WRP 2005, 565; Stauber, Neues zum „echten" Handelsvertreter, NZKart 2015, 423; v. Becker, Vertrieb von Verlagserzeugnissen, ZUM 2002, 172; Waldenberger, Preisbindung bei Zeitungen und Zeitschriften − Der neue § 15 GWB, NJW 2002, 2914; Wallenfels/Russ, Buchpreisbindungsgesetz, 6. Auflage 2012; Westermann, Einkaufskooperation der öffentlichen Hand nach der Feuerlöschzüge-Entscheidung des BGH, ZWeR 2003, 481.

Übersicht

A. Einleitung

I. Normzweck

1   § 1 GWB ist eine der zentralen Normen des deutschen Kartellrechts zur Bekämpfung von Wettbewerbsbeschränkungen. Er bezweckt Wettbewerbsbeschränkungen durch Vereinbarungen zwischen Unternehmen, Beschlüsse von Unternehmensvereinigungen und aufeinander abgestimmte Verhaltensweisen zu unterbinden.

II. Verhältnis zum Europarecht insbesondere Art. 101 AEUV

2   **1. Grundsätzliches Verhältnis.** § 1 GWB wurde durch die 7. GWB Novelle (2005) an Art. 101 Abs. 1 AEUV angepasst, sodass dessen Auslegung auch bei der Anwendung des § 1 GWB zu berücksichtigen ist.[1] Art. 3 Abs. 1 KartellVO[2] verpflichtet die Wettbewerbsbehörden und Gerichte der Mitgliedsstaaten, wenn sie einzelstaatliches Wettbewerbsrecht auf Verhaltensweisen, die den Handel zwischen Mitgliedsstaaten beeinträchtigen können, anwenden, daneben auch Art. 101 AEUV anzuwenden. Ergänzend zu dieser Pflicht europäisches Wettbewerbsrecht anzuwenden, bestimmt die sogenannte **Konvergenzklausel** des Art. 3 Abs. 2 S. 1 KartellVO, „dass die Anwendung des einzelstaatlichen Wettbewerbsrechts [...] nicht zum Verbot von Vereinbarungen zwischen Unternehmen, Beschlüssen von Unternehmensvereinigungen und aufeinander abgestimmten Verhaltensweisen führen [darf], welche den Handel zwischen Mitgliedstaaten zu beeinträchtigen geeignet sind, aber den Wettbewerb im Sinne des Artikels 81 Absatz 1 des Vertrags nicht einschränken oder die Bedingungen des Artikels 81 Absatz 3 des Vertrags erfüllen oder durch eine Verordnung zur Anwendung von Artikel 81 Absatz 3 des Vertrags erfasst sind." Auf diese Weise sollen die Wettbewerbsregeln im Sinne einer Verwirklichung des Binnenmarkts angepasst und ein **level playing field** geschaffen werden.[3] Art. 3 Abs. 1 und 2 KartellVO werden von § 22 GWB in Bezug genommen, der auch im nationalen Recht eine gleichlaufende Anwendung von Art. 101 AEUV und § 1 GWB anordnet.

3   Für Fälle mit zwischenstaatlichem Bezug sind somit immer die Wertungen des Europarechts zu berücksichtigen. Der deutsche Gesetzgeber hat sich darüber hinaus für eine Angleichung des § 1 GWB an die europäischen Vorschriften entschieden, sodass auch ohne einen Zwischenstaatlichkeitsbezug grundsätzlich keine Unterschiede zwischen deutschem und europäischem Kartellverbot bestehen. Begründet wurde die Anpassung zum einen mit der mangelnden begrifflichen Schärfe der Zwischenstaatlichkeitsklausel und zum anderen mit der anderenfalls drohenden unterschiedlichen Behandlung von großen Unternehmen einerseits und kleinen und mittleren Unternehmen andererseits.[4]

4   Der Wortlaut des § 1 GWB unterscheidet sich vom Wortlaut des Art. 101 AEUV trotz des ausdrücklichen Zieles der Anpassung an Art. 101 Abs. 1 AEUV dennoch in zweierlei Hinsicht. Zum einen wurde die Zwischenstaatlichkeitsklausel weggelassen, zum anderen auf den Katalog der Regelbeispiele verzichtet. § 1 GWB erfasst – als nationale Norm naturgemäß – also auch solche Wettbewerbsbeschränkungen, die nicht geeignet, sind den Handel zwischen Mitgliedstaatlichkeiten zu beeinträchtigen. Der Verzicht auf die in Art. 101 Abs. 1 AEUV erwähnten Regelbeispiele beabsichtigt ausweislich der Gesetzes-

---

[1] BT-Drs. 15/3640, 21; Bechtold/Bosch § 1 Rn. 4; Bunte in Langen/Bunte GWB Einl. GWB Rn. 118 ff.; Zimmer in Immenga/Mestmäcker GWB § 1 Rn. 5; Roth/Ackermann in FK § 1 Rn. 17 ff., insbes. 34 und 42.
[2] Verordnung (EG) Nr. 1/2003 des Rates v. 16.12.2002 zur Durchführung der in den Artikeln 81 und 82 des Vertrags niedergelegten Wettbewerbsregeln.
[3] BT-Drs. 15/3640, 23.
[4] BT-Drs. 15/3640, 22 f.

begründung keine inhaltliche Abweichung. Vielmehr sollen auch diese bei Auslegung und Anwendung des § 1 GWB herangezogen werden.[5]

2. Freistellungsfähigkeit im deutschen Recht. Der Einfluss des europäischen Kartell- **5** rechts endet jedoch nicht bei der Angleichung des § 1 GWB an Art. 101 AEUV. § 2 GWB regelt die **Freistellungsfähigkeit** von Maßnahmen, die unter das Verbot des § 1 GWB fallen.

§ 2 Abs. 1 GWB entspricht dabei Art. 101 Abs. 3 AEUV und regelt die **Einzelfrei-** **6** **stellung.** Unterschiede im Wortlaut beruhen darauf, dass § 2 GWB nach dem Systemwechsel zum Prinzip der Legalausnahme formuliert worden ist. Die deutsche Vorschrift stellt daher direkt vom Verbot frei, während Art. 101 Abs. 3 AEUV noch davon spricht, dass freigestellt werden kann. Das System der Legalausnahme im europäischen Recht beruht vielmehr auf Art. 1 KartellVO.[6] Inhaltliche Abweichungen bestehen jedoch nicht.

§ 2 Abs. 2 GWB ordnet eine entsprechende Geltung der **Gruppenfreistellungsver-** **7** **ordnungen** des Rates und der Kommission an. Es handelt sich um eine dynamische Verweisung.[7] Die Gruppenfreistellungsverordnungen gelten also in ihrer jeweils aktuellen Fassung, ohne dass es eines Umsetzungsaktes bedarf.[8] Die Vorschrift hat für Sachverhalte mit zwischenstaatlichem Bezug wegen Art. 3 Abs. 2 KartellVO nur deklaratorische für rein innerdeutsche Sachverhalte jedoch konstitutive Wirkung.[9]

3. Rechtsfolgen im deutschen Recht. Das GWB kennt keine Art. 101 Abs. 2 AEUV **8** entsprechende Vorschrift. Die **Nichtigkeit** einer gegen § 1 GWB verstoßenden Vereinbarung ergibt sich aus der allgemeinen Vorschrift des § 134 BGB, dem Verstoß gegen ein gesetzliches Verbot. Ob eine Vereinbarung gesamt- oder teilnichtig ist, richtet sich grundsätzlich nach § 139 BGB und bei Vereinbarungen, die auf allgemeinen Geschäftsbedingungen basieren, nach § 306 BGB.[10]

Weitere Rechtsfolgen eines Verstoßes gegen § 1 GWB regeln die §§ 32, 33 und 81 **9** GWB. Diese Vorschriften beziehen sich sowohl auf § 1 GWB als auch auf Art. 101 AEUV. Insoweit besteht kein Unterschied zwischen den Rechtsfolgen.

Gemäß § 32 GWB ist die Kartellbehörde ermächtigt, Unternehmen zu verpflichten, eine **10** Zuwiderhandlung gegen eine Vorschrift des GWB oder gegen Art. 101 AEUV abzustellen **(Abstellungsverfügung).** Was für Maßnahmen unter „Abhilfemaßnahmen" zufassen sind, wurde durch die Änderung des § 32 Abs. 2 GWB im Rahmen der 8. GWB Novelle konkretisiert. Demnach sind auch Verfügungen mit strukturellem Inhalt erfasst.[11] Ebenso ist durch den damals neu eingeführten § 32 Abs. 2a GWB klargestellt, dass im Rahmen einer Abstellungsverfügung die Kartellbehörden berechtigt sind, die Rückerstattung von Vorteilen, welche durch ein kartellrechtswidriges Verhalten erwirtschaftet worden sind, anzuordnen.[12]

§ 33 Abs. 1 GWB gewährt betroffenen Mitbewerbern oder sonstigen Marktteilnehmern **11** in diesen Fällen einen **Unterlassungsanspruch.**

§ 33a Abs. 1 GWB verpflichtet zum **Schadensersatz,** wenn der Verstoß vorsätzlich **12** oder fahrlässig begangen wird. Ein vorsätzlich oder fahrlässig begangener Verstoß ist gemäß § 81 GWB darüber hinaus in der Regel ordnungswidrig und kann mit Bußgeld geahndet werden.[13]

---

[5] BT-Drs. 15/3640, 23.
[6] Vgl. Kommentierung zu → Art. 101 Rn. 69.
[7] BT-Drs. 15/3640, 25.
[8] Vgl. zur im Gesetzgebungsprozess erwogenen Verordnungsermächtigung BT-Drs. 15/3640, 44.
[9] BT-Drs. 15/3640, 44.
[10] Bechtold/Bosch § 1 Rn. 95 f.
[11] Keßler in MüKoGWB § 32 Rn. 2.
[12] Keßler in MüKoGWB § 32 Rn. 4.
[13] Meyer-Lindemann in LMR § 81 Rn. 127 ff.

13 Seit der 8. GWB Novelle (2013) sind gemäß § 33 Abs. 4 Nr. 2 GWB auch „qualifizierte Einrichtungen" anspruchsberechtigt.[14]

14 Im Rahmen der bis zum 27.12.2016 umzusetzenden Kartellschadensersatzrichtlinie[15] kam es durch die 9. GWB Novelle (2017) auch im Bereich des GWB zu Änderungen.[16] Unter einem neuen Kapitel 6 „Befugnisse der Kartellbehörden, Sanktionen und Schadensersatz" wurden weitere Paragraphen hinzugefügt. Danach regelt der § 33 GWB den Beseitigungs- und Unterlassungsanspruch und die §§ 33a–33h GWB die Schadensersatzpflicht eines Kartellanten. Letztere umfassen im Sinne der Kartellschadensersatzrichtlinie insbesondere die „passing-on-defence" (§ 33c GWB), Regeln bezüglich der Darlegungs- und Beweislast (insbes. § 33a Abs. 2 GWB), die Privilegierung von Kronzeugen (§ 33e GWB) sowie die Privilegierung von kleineren und mittleren Unternehmen (insbes. § 33d Abs. 3, 4 GWB). Ebenso ist § 81 GWB modifiziert worden.[17] Abs. 3a–3e sehen eine effektive Bußgeldfestsetzung vor.[18]

15 Das GWB ist hinsichtlich wettbewerbsbeschränkender Vereinbarungen, Beschlüsse und abgestimmter Verhaltensweisen weitgehend an das europäische Recht und insbesondere Art. 101 AEUV angeglichen worden. Daher wird umfassend auf die Kommentierung zu dieser Vorschrift verwiesen und nachfolgend nur auf Besonderheiten des deutschen Rechts eingegangen.

III. Unterschiede in der Anwendung des deutschen und europäischen Rechts

16 **1. Spürbarkeit der Wettbewerbsbeschränkung.** § 1 GWB erfasst auch wettbewerbsbeschränkende Maßnahmen, die nicht geeignet sind, den Handel zwischen Mitgliedsstaaten zu beeinträchtigen. Verboten sind also auch Maßnahmen, die den Wettbewerb auf nationaler, regionaler oder lokaler Ebene beschränken. Um den Tatbestand dennoch nicht ausufern zu lassen und jegliche Wettbewerbsbeschränkung zu sanktionieren, wird jedoch auch im deutschen Recht das **ungeschriebene Tatbestandsmerkmal der Spürbarkeit anerkannt.**[19]

17 Das Bundeskartellamt hat eine **Bagatellbekanntmachung**[20] veröffentlicht, in der es darlegt, dass es regelmäßig von der Einleitung eines Verfahrens auf der Grundlage des § 1 GWB oder des Art. 101 AEUV absehen wird, wenn der gemeinsame Marktanteil der an einer horizontalen Vereinbarung beteiligten Unternehmen 10 % auf keinem der betroffenen Märkte überschreitet. Der gemeinsame Marktanteil bei nicht-horizontalen Vereinbarungen darf 15 % nicht überschreiten. Ist unklar, um welche Art Vereinbarung es sich handelt, gilt die 10 % Schwelle.[21] Die Bagatellbekanntmachung weicht insoweit von derjenigen der europäischen Kommission ab.[22]

18 **2. Nachfragetätigkeit der öffentlichen Hand.** Der **EuGH** wendet Art. 101 AEUV nur auf Unternehmen an, wenn einer wirtschaftlichen Tätigkeit nachgegangen wird. Eine Tätigkeit ist dabei wirtschaftlich, wenn Güter oder Dienstleistungen angeboten werden.[23] Bei der Beurteilung des wirtschaftlichen Charakters der Einkaufstätigkeit sei die beabsichti-

---

[14] Staebe in Schulte/Just GWB § 33 Rn. 2.

[15] Richtlinie 2014/104/EU des Europäischen Parlaments und des Rates v. 26.11.2014 über bestimmte Vorschriften für Schadensersatzklagen nach nationalem Recht wegen Zuwiderhandlungen gegen wettbewerbsrechtliche Bestimmungen der Mitgliedstaaten und der Europäischen Union.

[16] 9. Gesetz zur Änderung des GWB vom 1.6.2017, BGBl. 2017 I 1416.

[17] Referentenentwurf zu 9. GWB-ÄndG vom 1.7.2016 Rn. 51.

[18] Referentenentwurf zu 9. GWB-ÄndG vom 1.7.2016 S. 88 ff.

[19] Bechtold/Bosch § 1 Rn. 42 f.

[20] Bekanntmachung Nr. 18/2007 des Bundeskartellamtes über die Nichtverfolgung von Kooperationsabreden mit geringer wettbewerbsbeschränkender Bedeutung vom 13.3.2007.

[21] Bagatellbekanntmachung, Rn. 7 ff.

[22] Vgl. → AEUV Art. 101 Rn. 56.

[23] EuGH Slg. 2006, I-6295 Rn. 25 mwN = EuZW 2006, 600 – FENIN.

ge Verwendung ausschlaggebend.[24] Daher werden Nachfragetätigkeiten der öffentlichen Hand im europäischen Kartellrecht nicht erfasst, sofern diese „mit der Ausübung hoheitlicher Befugnisse untrennbar verbunden" sind.[25]

Demgegenüber hat die deutsche Rechtsprechung vor Erlass der 7. GWB Novelle auch **19** Nachfragetätigkeiten der öffentlichen Hand – unabhängig von der späteren Verwendung der erworbenen Güter – als mögliche Wettbewerbsbeschränkung angesehen und § 1 GWB angewendet.[26] Nach Erlass der 7. GWB Novelle und des FENIN-Urteils erging keine klärende höchstrichterliche Rechtsprechung, sodass fraglich ist, ob die deutsche Rechtsprechung daran festhalten wird, auch Wettbewerbsbeschränkungen durch Nachfragemacht der öffentlichen Hand dem § 1 GWB zu unterwerfen.[27] Der BGH hat eine Entscheidung bisher ausdrücklich offen gelassen.[28] Während das Bundeskartellamt in seinem Tätigkeitsbericht 2005/2006 noch ausführte, dass es auch nach dem FENIN-Urteil keinen Anlass gesehen habe von seiner höchstrichterlich bestätigten Auffassung abzuweichen, sodass nach seiner Auffassung auch die Nachfragetätigkeit von Hoheitsträgern ein gegebenenfalls kartellrechtswidriges Verhalten darstellen könne,[29] Wendete das Bundeskartellamt in einem Beschluss vom 9.7.2015 die Grundsätze der FENIN-Rechtsprechung an.[30] Zugleich wies es aber darauf hin, dass die Grundsätze der FENIN-Rechtsprechung „in der Rechtspraxis zum Unternehmensbegriff des § 1 GWB bislang noch nicht ausdrücklich angewendet worden" sind.[31]

Die Entwicklung der Rechtsprechung bleibt daher abzuwarten. **20**

3. Mittelstandskartelle. a) Grundsätze. Das deutsche Kartellrecht kennt mit § 3 **21** GWB eine Privilegierung von Kooperationen zugunsten kleinerer und mittlerer Unternehmen (sogenannte „Mittelstandskartelle"). § 3 GWB fingiert, dass die Voraussetzungen des § 2 Abs. 1 GWB erfüllt sind, sofern Vereinbarungen zwischen miteinander im Wettbewerb stehenden Unternehmen und Beschlüsse von Unternehmensvereinigungen, die die Rationalisierung wirtschaftlicher Vorgänge durch zwischenbetriebliche Zusammenarbeit zum Gegenstand haben, den Wettbewerb auf dem Markt nicht wesentlich beeinträchtigen und die Vereinbarung oder der Beschluss dazu dient, die Wettbewerbsfähigkeit kleiner oder mittlerer Unternehmen zu verbessern. Sind seine Voraussetzungen erfüllt, ist eine Prüfung der Voraussetzungen des § 2 Abs. 1 GWB nicht erforderlich.[32] Andererseits kommt eine Freistellung nach § 2 Abs. 1 GWB auch dann in Betracht, wenn die Voraussetzungen des § 3 GWB nicht vorliegen. Insofern besteht keine Sperrwirkung.[33] Aufgrund des Vorrangs des europäischen Rechts gilt die Freistellung nach § 3 GBW nur für Kooperationen, die nicht geeignet sind, den Handel zwischen Mitgliedsstaaten zu beeinträchtigen.[34]

b) Die einzelnen Tatbestandsmerkmale. Eine Privilegierung kommt aufgrund des **22** Tatbestandsmerkmals „miteinander in Wettbewerb stehende Unternehmen" nur für **hori-**

---

[24] EuGH Slg. 2006, I-6295 Rn. 26 = EuZW 2006, 600 – FENIN.

[25] EuGH ECLI:EU:C:2012:449 Rn. 38 ff. – Compass-Datenbank; kritisch dazu etwa Böni/Palzer RIW 2012, 528.

[26] BGHZ 152, 347 Rn. 13 = GRUR 2003, 633 – Ausrüstungsgegenstände für Feuerlöschzüge; dazu Westermann ZWeR 2003, 481; BGH GRUR 1999, 771 (773) – Lottospielgemeinschaften.

[27] Wiedemann, 1. Kapitel, § 4 Rn. 9; Lober in Schulte/Just GWB § 1 Rn. 20.

[28] BGH 6.11.2013 – KZR 58/11, BeckRS 2013, 20507 Rn. 52 – VBL-Gegenwert; BGH WuW/E DE-R 2161 Rn. 12.

[29] Tätigkeitsbericht des Bundeskartellamts, BT-Drs. 16/5710, 52; vgl. zur Anwendbarkeit des § 1 GWB auf die Nachfragetätigkeit von Hoheitsträgern auch: Bechtold NJW 2007, 3761 (3762); Säcker/Mohr WRP 2011, 793 (798 f.); Zimmer in Immenga/Mestmäcker GWB § 1 Rn. 20 f.; Bechtold/Bosch § 1 Rn. 8 ff.; Säcker/Molle in MüKoGWB § 1 Rn. 4.

[30] BKartA 9.7.2015 – B1–72/12, BeckRS 2016, 1139 Rn. 229, 250.

[31] BKartA 9.7.2015 – B1–72/12, BeckRS 2016, 1139 Rn. 283.

[32] BT-Drs. 15/3640, 44 f.

[33] BT-Drs. 15/3640, 44 f.

[34] BT-Drs. 15/3640, 44 f.

zontale Kooperationen in Betracht.[35] Die zwischenbetriebliche Zusammenarbeit führt zu einer **Rationalisierung wirtschaftlicher Vorgänge,** wenn die wirtschaftliche Effizienz durch Verbesserung des Kosten-Leitungs-Verhältnisses gesteigert wird.[36]

23 Eine **wesentliche Beeinträchtigung des Wettbewerbes** auf dem Markt liegt nicht vor, wenn die Kooperationswirkungen eine ausgewogene Wettbewerbsstruktur auf den betroffenen Märkten bestehen lässt.[37]

24 Die Kooperationsvereinbarung muss dazu dienen, die Wettbewerbsfähigkeit **kleiner oder mittlerer Unternehmer** zu verbessern. Die Unternehmensgröße wird anhand eines Vergleichs der Unternehmen mit ihren Mitbewerbern bestimmt.[38] Eine Freistellung nach § 3 GWB schließt nicht aus, dass auch Großunternehmen an der Vereinbarung beteiligt sind, allerdings muss die Beteiligung erforderlich sein, um die Verbesserung der Wettbewerbsfähigkeit herbeizuführen.[39] Die Wettbewerbsfähigkeit kleiner oder mittlerer Unternehmen kann auf verschiedene Weisen verbessert werden, sodass dieses Merkmal weit auszulegen ist.[40] Sie muss den Ausgleich größenbedingter Nachteile beabsichtigen und hierzu geeignet sein.[41] Die Eignung muss objektiv nachvollziehbar belegt werden.[42] In Betracht kommen unter anderem Kooperationen bei Produktion, Beschaffung und Vertrieb.[43]

25 **4. Bereichsausnahmen.** Trotz der Harmonisierung zwischen EU- und deutschem Kartellrecht bestehen einige Sonderregelungen im deutschen Kartellrecht. So kennt das GWB besondere Vorschriften zur Preisbindung bei Zeitungen und Zeitschriften[44] und weitgehende Ausnahmen vom Kartellverbot im Bereich der Landwirtschaft.[45] Darüber hinaus ordnet das Buchpreisbindungsgesetz eine gesetzliche Preisbindung für Bücher an.[46]

26 **a) Zeitungen und Zeitschriften, § 30 GWB.** § 30 Abs. 1 GWB erlaubt eine Preisbindung beim Vertrieb von Zeitungen und Zeitschriften. Erfasst werden darüber hinaus auch Preisbindungen sowohl bezüglich Produkten, die Zeitungen oder Zeitschriften reproduzieren oder substituieren und bei einer Gesamtwürdigung als verlagstypisch anzusehen sind, als auch bezüglich Kombinationsprodukten, bei denen eine Zeitung oder Zeitschrift im Vordergrund steht.

27 **aa) Überblick.** Die Vorgängerregelung des § 15 GWB aF enthielt bis zum 30.9.2002 eine generelle Preisbindungsmöglichkeit für Verlagserzeugnisse. Nach der Ausgliederung der Buchpreisbindung in das BuchPrG[47] bezieht sie sich nur noch auf Zeitungen und Zeitschriften und deren Substitute beziehungsweise Kombinationsprodukte.

28 Eng verknüpft mit der Preisbindungsmöglichkeit ist das in Deutschland existierende **Pressegrossosystem.** Der Vertrieb von Zeitungen und Zeitschriften erfolgt mit Ausnahme des Bahnhofsbuchhandels[48] grundsätzlich über Großhändler, die regelmäßig ein

---

[35] BT-Drs. 15/3640, 44 f.; Bechtold/Bosch § 3 Rn. 6.
[36] BKartA WuW/E DE-V 127 (129) – Fleurop II.
[37] Schneider in Langen/Bunte GWB § 3 Rn. 52; Bechtold/Bosch § 3 Rn. 10.
[38] Fuchs in Immenga/Mestmäcker GWB § 3 Rn. 45 ff.; Bunte in FK § 3 Rn. 85; Schneider in Langen/Bunte GWB § 3 Rn. 44; Bechtold/Bosch § 3 Rn. 11; Pampel in MüKoGWB § 3 Rn. 61.
[39] Bechtold/Bosch § 3 Rn. 11; Schneider in Langen/Bunte § 3 Rn. 47; kritisch zur Beteiligung von Großunternehmen Fuchs in Immenga/Mestmäcker § 3 Rn. 55.
[40] Schneider in Langen/Bunte GWB § 3 Rn. 50.
[41] Schneider in Langen/Bunte GWB § 3 Rn. 50; Fuchs in Immenga/Mestmäcker GWB § 3 Rn. 72.
[42] Schneider in Langen/Bunte GWB § 3 Rn. 50; Fuchs in Immenga/Mestmäcker GWB § 3 Rn. 71.
[43] Schneider in Langen/Bunte GWB § 3 Rn. 50; Fuchs in Immenga/Mestmäcker GWB § 3 Rn. 73; Bechtold/Bosch § 3 Rn. 8; für weitere Beispiele siehe Bunte in FK § 3 Rn. 61 ff.
[44] → Rn. 26.
[45] → Rn. 61.
[46] → Rn. 52.
[47] Dazu → Rn. 52.
[48] Dieser wird von den Verlagen direkt beliefert, Nordemann in LMR § 30 Rn. 11.

Alleinvertriebsrecht in ihrem jeweiligen Vertragsgebiet innehaben.[49] Durch § 30 Abs. 2a GWB ist das Pressegrossosystem gesetzlich geschützt.[50] Nach § 30 Abs. 2a GWB sind Vereinbarungen zwischen Verlagen und Pressegrossisten, bzw. deren Vereinigungen von dem Kartellverbot des § 1 GWB ausgenommen, sofern diese Branchenvereinbarungen den flächendeckenden und diskriminierungsfreien Vertrieb von Zeitungs- und Zeitschriftensortimenten durch die Pressegrossisten regeln. Darunter fallen insbesondere die Voraussetzungen und die Vergütungen für den Vertrieb sowie die dadurch abgegoltenen Leistungen. Die Monopolkommission sowie das Bundeskartellamt standen der Neuaufnahme der Regelung ins das GWB kritisch gegenüber.[51] Ebenso bestehen in der Literatur Bedenken bezüglich der Europarechtskonformität dieser Regelung.[52] Mit dem § 30 Abs. 2b GWB besteht eine weitere kartellrechtliche Ausnahme. Danach gilt das Kartellverbot nicht für Vereinbarungen zwischen Zeitungs- oder Zeitschriftenverlagen über eine verlagswirtschaftliche Zusammenarbeit, soweit die Vereinbarung den Beteiligten ermöglicht, ihre wirtschaftliche Basis für den intermedialen Wettbewerb zu stärken. Ziel dieser Regelung ist eine Stärkung der Wettbewerbsfähigkeit der Print- sowie Internetpresse gegenüber konkurrierenden anderen Medienunternehmen.[53]

Die Ausnahme vom Verbot der Preisbindung durch § 30 Abs. 1 GWB wird regelmäßig **29** mit der Zielsetzung der **Überallerhältlichkeit** begründet.[54] Zeitungen und Zeitschriften stellten ein **Kulturgut** dar, das durch die **Pressefreiheit** geschützt sei.[55] Die amtliche Begründung führt aus, dass „das historisch gewachsene, zeitungs- und zeitschriftenspezifische Vertriebssystem gewährleiste […], dass die Presseerzeugnisse zu einheitlichen Preisen überall erhältlich sind, damit sich Bürger in allen Teilen des Landes unter den gleichen Voraussetzungen eine eigene Meinung bilden können. Die vertragliche Preisbindung für Zeitungen und Zeitschriften dient vorrangig dem Zweck, diese Überallerhältlichkeit sicherzustellen."[56]

Kehrseite der Preisbindung ist das **Remissionsrecht** der Grossisten. Unverkaufte Exem- **30** plare von Zeitungen und Zeitschriften können, ohne dass den Grossisten Kosten entstehen, an die Verlage zurückgegeben (remittiert) werden.[57] Die Remission ist auch Einzelhändlern möglich.[58] Das Risiko der Unverkäuflichkeit wird daher von den Verlagen und nicht den Vertriebsmittlern getragen.[59] Deren Stellung gleicht insoweit denen eines Kommissionsagenten.[60] Gerade das Remissionsrecht ist nach Ansicht der Kommission unerlässliche Voraussetzung für die Freistellung der Preisbindung.[61] Da in derartigen Fällen die Verlage das Hauptrisiko tragen, sollten sie auch den Verkaufspreis festsetzen können.[62] Die Erlaubnis der Preisbindung iSd § 30 Abs. 1 GWB ist daher mit den Vorgaben des Europäischen

---

[49] BGH 24.10.2011 – KZR 7/10 Rn. 2, BeckRS 2011, 25519 – Grossistenkündigung.

[50] Bahr in Langen/Bunte GWB § 30 Rn. 126.

[51] Bahr in Langen/Bunte GWB § 30 Rn. 129.

[52] Emmerich in Immenga/Mestmäcker GWB § 30 Rn. 151; Nordemann in Loewenheim/Meessen/Riesenkampff/Kersting/Meyer-Lindemann § 30 Rn. 135 f., mwN.

[53] Gesetzentwurf zu 9. GWB ÄndG S. 59.

[54] Nordemann in LMR § 30 Rn. 8; Emmerich in Immenga/Mestmäcker GWB, vgl. → § 30 Rn. 18; Waldenberger/Pardemann in FK § 30 Rn. 3.

[55] BVerfGE 77, 346 (354) = NJW 1988, 1833; BT-Drs. 14/9196, 14; Waldenberger/Pardemann in FK § 30 Rn. 29.

[56] BT-Drs. 14/9196, 14.

[57] Beck'scher Online-Kommentar Informations- und Medienrecht, Hennemann in Gersdorf/Paal GWB § 30 Rn. 3; Waldenberger/Pardemann in FK § 30 Rn. 15; Nordemann in LMR § 30 Rn. 7.

[58] Waldenberger/Pardemann in FK § 30 Rn. 15.

[59] Freytag/Gerlinger WRP 2004, 537 (541).

[60] Waldenberger NJW 2002, 2914 (2915); Waldenberger/Pardemann in FK § 30 Rn. 15.

[61] Vgl. zu den Verfahren bezüglich des belgischen Pressevertriebssystems: XXIX. Wettbewerbsbericht 1999, S. 181 ff.; dazu auch: Bechtold/Bosch § 30 Rn. 31; Waldenberger/Pardemann in FK § 30 Rn. 26 f.; kritisch zur Bedeutung des Remissionsrechts und dessen Heranziehung zur Rechtfertigung Emmerich in Immenga/Mestmäcker GWB § 30 Rn. 18 ff.

[62] XXIX. Wettbewerbsbericht 1999, 182; Bahr in Langen/Bunte GWB § 30 Rn. 12.

Kartellrechts (insbes. Art. 3 Abs. 1 KartellVO) vereinbar.[63] Wenn keine spürbare Beeinträchtigung des zwischenstaatlichen Handelns droht, ist schon der Anwendungsbereich des Art. 101 AEUV nicht eröffnet.[64]

31   Es existiert **keine Pflicht zur Preisbindung**.[65] Insoweit besteht ein Unterschied zur Buchpreisbindung. Die Preisbindung erfolgt für Zeitungen und Zeitschriften auf vertraglicher Ebene, während § 3 BuchPrG eine gesetzliche Pflicht zur Preisbindung statuiert. Die Preisbindungsmöglichkeit besteht nicht nur für den einzelnen (einmaligen) Verkauf einer Zeitung oder Zeitschrift sondern auch für den andauernden **Abonnementbezug.**

32   **bb) Der Preisbindungsmöglichkeit unterfallende Produkte.** § 30 Abs. 1 GWB erlaubt die Preisbindung von Zeitungen und Zeitschriften. Eine Differenzierung zwischen Zeitungen und Zeitschriften ist nicht trennscharf möglich[66] aufgrund der für beide Medienarten gleichen Rechtslage jedoch entbehrlich.[67] Zu Grunde zu legen ist ein funktionaler Zeitungs- und Zeitschriftenbegriff.[68] Zeitungen und Zeitschriften sind durch eine **periodische Erscheinungsweise** gekennzeichnet.[69] Als Kriterien für die Anwendbarkeit des § 30 GWB ist auf den Inhalt, den Zweck, die Herstellungsweise und die Vertriebsmethode eines jeden einzelnen Produktes abzustellen.[70]

33   Eine **Reproduktion** liegt vor, wenn das Produkt mit der zugrundeliegenden Zeitschrift ganz oder teilweise inhaltlich übereinstimmt.[71] Dies ist etwa bei Mikrofilmen oder Mikrofiches der Fall.[72] **Substitute** sind die Produkte, die eine Zeitung oder Zeitschrift ersetzen. Hierbei ist auf die Sicht der Nachfrager abzustellen.[73] Die Preisbindung der Freistellung soll ihrem Sinn und Zweck nach nicht anhand der Verkörperung des Verlagserzeugnisses erfolgen; vielmehr sollen auch neuen technischen Entwicklungen erfasst werden.[74] Substitute sind etwa Onlineangebote von Verlagen.[75]

34   Reproduktionen und Substitute sind einer Preisbindung nur zugänglich, wenn sie bei Würdigung der Gesamtumstände **verlagstypisch** sind. **Umstritten** ist, was als verlagstypisch anzusehen ist. Einerseits wird auf das Vertriebssystem und insbesondere das Remissionsrecht abgestellt.[76] Andererseits wird ebendies als nicht geeignetes Kriterium angesehen und eine funktionale Betrachtungsweise befürwortet.[77] Als Kriterien eigneten sich die Periodizität, die (Teil-)Finanzierung durch Werbung und eine Trennung zwischen redaktionellem Teil und Werbung.[78] Die Rechtsprechung scheint Produkte als verlagstypisch anzusehen, wenn sie ihrer Eigenart nach bestimmt sind, herkömmliche Verlagsprodukte zu ersetzen.[79]

---

[63] Nordemann in LMR § 30 Rn. 147 f.; Bechtold/Bosch § 30 Rn. 61; Waldenberger/Pardemann in FK § 30 Rn. 24; Bahr in Langen/Bunte GWB § 30 Rn. 9 ff.; zweifelnd Emmerich in Immenga/Mestmäcker GWB § 30 Rn. 20.
[64] Bechtold/Bosch GWB § 30 Rn. 61.
[65] Bechtold/Bosch GWB § 30 Rn. 9; dazu kritisch Bremer/Hackl/Klasse in MüKoGWB § 30 Rn. 121 f.
[66] Vgl. Waldenberger/Pardemann in FK § 30 Rn. 45.
[67] Waldenberger/Pardemann in FK § 30 Rn. 47; Emmerich in Immenga/Mestmäcker GWB § 30 Rn. 26; Bechtold/Bosch § 30 Rn. 10; Nordemann in LMR § 30 Rn. 27.
[68] BGH NJW 1997, 1911 (1912); Nordemann in LMR § 30 Rn. 27; Waldenberger in FK § 30 Rn. 42.
[69] Vgl. etwa Emmerich in Immenga/Mestmäcker § 30 Rn. 26; Bechtold/Bosch § 30 Rn. 10; Nordemann in LMR § 30 Rn. 27; v. Becker ZUM 2002, 172 (174).
[70] Waldenberger/Pardemann in FK § 30 Rn. 49.
[71] Waldenberger/Pardemann in FK § 30 Rn. 50.
[72] Bahr in Langen/Bunte GWB § 30 Rn. 19.
[73] BGH NJW 1997, 1911 (1913) – NJW auf CD-ROM; Bahr in Langen/Bunte GWB § 30 Rn. 20.
[74] Vgl. BGH NJW 1997, 1911 (1913) – NJW auf CD-ROM.
[75] Emmerich in Immenga/Mestmäcker § 30 Rn. 28; Bechtold/Bosch § 30 Rn. 12, der dies zumindest bei gleichzeitigem Verkauf einer Printausgabe bejaht.
[76] Nordemann in LMR § 30 Rn. 32; Emmerich in Immenga/Mestmäcker GWB § 30 Rn. 27; Bremer/Hackl/Klasse in MüKoGWB § 30 Rn. 45.
[77] Waldenberger/Pardemann in FK § 30 Rn. 51.
[78] Waldenberger/Pardemann in FK § 30 Rn. 51.
[79] BGH NJW 1997, 1911 (1913) – NJW auf CD-ROM: Die Entscheidung erging noch zu § 16 GWB aF.

Eine Preisbindung ist auch hinsichtlich sogenannter **Kombinationsprodukte** zulässig.[80] **35** Hierunter sind Beigaben zu Zeitungen und Zeitschriften zu verstehen.[81] Der Preis des Verlagserzeugnisses kann sich durch die Beigabe erhöhen.[82] Die Beigabe muss den Inhalt der Zeitung oder Zeitschrift nicht ergänzen und auch keinen eigenständigen Informationsgehalt aufweisen.[83] Es können also auch branchenfremde Gegenstände mit Zeitungen kombiniert werden.[84] Erforderlich für die Möglichkeit zur Preisbindung ist jedoch, dass die Zeitung oder Zeitschrift im Vordergrund steht, § 30 Abs. 1 S. 2 GWB aE. Maßstab ist, „ob sich das Produkt nach Ankündigung, Aufmachung und Vertriebsweg aus Sicht des Verbrauchers insgesamt noch als Presseerzeugnis darstellt."[85]

cc) Umfang der Preisbindung. Ausgenommen vom Verbot der Preisbindung sind nur **36** **vertikale Absprachen,** also solche zwischen Unternehmen, die auf unterschiedlichen Vertriebsstufen tätig sind. Eine Absprache zwischen Wettbewerbern über die Preise ihrer jeweiligen Zeitung oder Zeitschrift (horizontale Preisabsprachen) verstößt demgegenüber wie in anderen Sektoren auch gegen § 1 GWB. Die Verlage müssen die Preise für ihre jeweiligen Produkte also eigenständig festlegen. Verboten ist jegliche Form der kollektiven, heteronomen **Preisbindung.**[86]

Erfasst sind jedoch auch die Fälle des sogenannten **Dualvertriebs,** also solche, in denen **37** ein Unternehmen neben seiner Verlagstätigkeit auch als Grossist tätig wird. Hinsichtlich der Tätigkeit als Grossist kann eine Vereinbarung über eine Preisbindung mit konkurrierenden Verlagen geschlossen werden.[87]

Gem. § 30 Abs. 2a S. 1 GWB sind Branchenvereinbarungen zwischen Presseverlegern **38** und Pressegrossisten grundsätzlich freigestellt. Dies umfasst Branchenvereinbarungen zu Preisen und Konditionen sowie möglicherweise zu Monopolgebieten.[88] Damit können auch Absprachen, welche horizontale Aspekte betreffen, von dem Preisbindungsverbot des § 1 GWB freigestellt sein.[89] Eine Unionsrechtswidrigkeit der Norm versucht der Gesetzgeber durch § 30 Abs. 2a S. 2 GWB zu umgehen. Demnach sind die in § 30 Abs. 2a S. 1 GWB genannten Vereinigungen sowie deren Mitglieder „mit Dienstleistungen von allgemeinem wirtschaftlichen Interesse betraut". Dies soll dazu führen, dass iSd Art. 106 Abs. 2 AUEV das Verbot des Art. 101 AEUV nicht anzuwenden ist. Ob diese Regelung tatsächlich einer Prüfung des EuGH standhält, bleibt fraglich.[90] Das OLG Düsseldorf verneinte eine wirksame Betrauung iSd Art. 106 Abs. 2 AEUV.[91] Demgegenüber geht der BGH in seinem Revisionsurteil von einem weiten Entscheidungsspielraum des Gesetzgebers aus und nimmt einen wirksamen Ausschluss des Art. 101 Abs. 1 AEUV über § 33 Abs. 2a GWB iVm Art. 106 Abs. 2 AEUV an.[92] Eine abschließend klärende Vorlage an den EuGH steht bisher aus.

Die Preisbindungsmöglichkeit umfasst alle Vertriebsstufen. Verlagen ist es also möglich **39** den Endverbraucherpreis dadurch festzulegen, dass sie ihre Abnehmer verpflichten, ihrer-

---

[80] Kombinationsangebote können auch einen sonstigen unangemessenen unsachlichen Einfluss („übertriebenes Anlocken") iSd § 4 Nr. 1 UWG darstellen; vgl. etwa Sosnitza in POS UWG § 4 Rn. 1.88 ff.
[81] Soppe WRP 2005, 565 (566); Emmerich in Immenga/Mestmäcker GWB § 30 Rn. 29.
[82] Soppe WRP 2005, 565 (566).
[83] BGH GRUR 2006, 161 (163) – Zulässige wertvolle Zugabe ohne Wertangabe; einen eigenständigen Informationsgehalt fordert hingegen: Emmerich in Immenga/Mestmäcker GWB § 30 Rn. 32.
[84] BGH GRUR 2006, 161 Ls. 3 – Zulässige wertvolle Zugabe ohne Wertangabe.
[85] BGH GRUR 2006, 161 (164) – Zulässige wertvolle Zugabe ohne Wertangabe mit Verweis auf Freytag/Gerlinger WRP 2004, 537 (541).
[86] Emmerich in Immenga/Mestmäcker GWB § 30 Rn. 41.
[87] Vgl. Waldenberger/Pardemann in FK § 30 Rn. 62; Nordemann in LMR § 30 Rn. 37; vgl. auch Art. 2 Abs. 4 Vertikal-GVO → VO (EU) 330/2010 Art. 2 Rn. 107 ff.
[88] Nordemann in LMR § 30 Rn. 4; Weber in Schulte/Just § 30 Rn. 32 ff.
[89] Weber in Schulte/Just § 30 Rn. 32.
[90] Nordemann in LMR § 30 Rn. 135 f., mwN; Weber in Schulte/Just § 30 Rn. 34.
[91] GRUR-RR 2014, 353.
[92] GRUR 2016, 304.

seits ihre Abnehmer zu verpflichten den verlagsseitig festgelegten Endverbraucherverkaufspreis einzuhalten. Neben der Festlegung des Preises selbst ist auch die Regelung etwaiger **Rabatte** – etwa für Abonnenten generell oder speziell für Abonnements für Studenten[93] – möglich.[94] Ausgeschlossen ist jedoch die Festlegung anderer als Verkaufspreise, sodass die Verlage keine Möglichkeit haben die Mietpreise von sogenannten Lesezirkeln zu beeinflussen.[95]

40   Bindet ein Unternehmen Preise gemäß § 30 GWB, muss dies umfassend geschehen. Das Gebot der **Lückenlosigkeit**[96] soll sicherstellen, dass die Wettbewerbsverhältnisse beim Vertrieb von Zeitungen und Zeitschriften für alle Vertriebsmittler gleich sind. Die Bindung eines Vertriebsmittlers ist also dann nicht mehr gerechtfertigt, wenn dieser befürchten muss, dass „seine Mitbewerber ohne eine entsprechende rechtliche oder tatsächliche Bindung Wettbewerb treiben können."[97] Enthält das Preisbindungssystem Lücken können Vertriebsmittlern die Beachtung der Preisbindung wegen unzulässiger Rechtsausübung verweigern.[98] Nur eine lückenlose Preisbindung ist daher (zivil-)rechtlich durchsetzbar. Die Lückenlosigkeit wird allgemein in die Bestandteile theoretische (gedankliche) und praktische Lückenlosigkeit aufgeteilt.

41   **Gedankliche Lückenlosigkeit** ist gegeben, wenn sowohl der preisbindende Verlag als auch die gebundenen Händler nur an ebenfalls gebundene Weiterverkäufer vertreiben dürfen.[99] Ein preisbindender Verlag darf also „nichts tun, was die Bindung der Endverkaufspreise untergräbt und dem vertragstreuen gebundenen Händler Schwierigkeiten bereiten kann."[100]

42   Neben der umfassenden gleichmäßigen Bindung ist auch deren Durchsetzung Bestandteil einer gedanklichen Lückenlosigkeit. Erforderlich ist daher ein Kontroll- und Überwachungssystem.[101]

43   **Praktische Lückenlosigkeit** besteht, wenn die Preisbindung im Wesentlichen eingehalten wird. Dabei sind einzelne Ausnahmen, die etwa durch Testkäufe festgestellt wurden, dann unbeachtlich, wenn seitens des preisbindenden Verlags gegen die abweichenden Vertriebsmittler unverzüglich vorgegangen wird.[102]

44   **dd) Formerfordernis.** Die Preisbindung muss gemäß § 30 Abs. 2 GWB schriftlich erfolgen. Das Formerfordernis bezieht sich jedoch nur auf den Teil einer Vereinbarung, der Preisabsprachen betrifft, sodass andere Vertragsbestandteile formfrei vereinbart werden können. § 126 Abs. 2 BGB gilt nicht, sodass nicht erforderlich ist, dass die gleiche Urkunde von beiden Vertragsparteien unterzeichnet wird, sondern es vielmehr ausreicht, dass zwei verschiedene Urkunden unterschrieben sind.[103]

45   Gemäß § 30 Abs. 2 S. 2 genügt die Unterzeichnung von Urkunden, die auf **Preislisten oder Preismitteilungen** Bezug nehmen. Möglich ist daher insbesondere eine Klausel, die den jeweils auf die Zeitung oder die Zeitschrift aufgedruckten Preis als verbindlich erklärt.[104]

---

[93] Bremer/Hackl/Klasse in MüKoGWB § 30 Rn. 64.

[94] Bechtold/Bosch § 30 Rn. 13; Nordemann in LMR § 30 Rn. 43; Waldenberger/Pardemann in FK § 30 Rn. 67.

[95] Waldenberger/Pardemann in FK § 30 Rn. 69.

[96] Auch → VO (EU) 330/2010 Rn. 44 ff.

[97] BGHZ 143, 232 = GRUR 2000, 724 mwN – Außenseiteranspruch II.

[98] Bechtold/Bosch § 30 Rn. 25; Emmerich in Immenga/Mestmäcker GWB § 30 Rn. 48; Waldenberger/Pardemann in FK § 30 Rn. 84 ff.

[99] Nordemann in LMR § 30 Rn. 57 ff.; Waldenberger/Pardemann in FK § 30 Rn. 95 ff.

[100] BGHZ 166, 154 Rn. 23 = GRUR 2006, 773 mwN – Probeabonnement.

[101] Nordemann in LMR § 30 Rn. 61.

[102] Nordemann in LMR § 30 Rn. 62; Bechtold/Bosch § 30 Rn. 24.

[103] Bechtold/Bosch § 30 Rn. 19 f.

[104] Kröner WRP 2003, 1149 (1151); Nordemann in LMR § 30 Rn. 53; Bechtold/Bosch § 30 Rn. 21; aA Emmerich in Immenga/Mestmäcker GWB § 30 Rn. 72, der Preisaufdrucke als nicht ausreichend ablehnt, da das Schriftformerfordernis anderenfalls sinnentleert würde.

Nichtbeachtung der Formvorschriften führt dazu, dass die Preisbindung nicht nach **46** § 30 Abs. 1 GWB vom Verbot des § 1 GWB ausgenommen ist.[105] Sie ist daher **nichtig.**[106] Der Umfang der Nichtigkeit richtet sich nach § 139 BGB. Erfolgt die Vereinbarung einer Preisbindung zusammen mit dem Remissionsrecht, ist davon auszugehen, dass beide Klauseln untrennbar sind, sich die Nichtigkeit der Preisbindung also auf das Remissionsrecht erstreckt.

§ 30 Abs. 2 GWB erschwert die Vereinbarung von Preisbindungen. Folgt man der **47** Auffassung, dass Preisbindungen von Zeitungen und Zeitschriften nach Art. 101 Abs. 1 oder Abs. 3 privilegiert sind,[107] liegt bei zwischenstaatlichem Bezug ein **Verstoß gegen die Konvergenzklausel** des Art. 3 Abs. 2 KartellVO vor, sodass Preisbindungen bei grenzüberschreitendem Handel formfrei vereinbart werden können.[108]

ee) Missbrauch. § 30 Abs. 3 S. 1 GWB ermöglicht dem Bundeskartellamt, Preisbin- **48** dungen für unwirksam zu erklären, wenn diese missbräuchlich gehandhabt werden (Nr. 1) oder für sich genommen oder in Verbindung mit anderen Wettbewerbsbeschränkungen geeignet sind, die gebundenen Waren zu verteuern oder ein Sinken ihrer Preise zu verhindern oder ihre Erzeugung oder ihren Absatz zu beschränken (Nr. 2). Mit § 30 Abs. 3 S. 2 GWB erhält das Bundeskartellamt ebenfalls die Möglichkeit, Branchenvereinbarungen iSd § 30 Abs. 2a GWB für unwirksam zu erklären. Diese Möglichkeit besteht auch für eine Vereinbarung im Sinne des neuen § 30 Abs. 2b GWB.

Eine **missbräuchliche Handhabung** liegt vor, wenn die Preisbindung gegen den Sinn **49** und Zweck des § 30 GWB verstößt.[109] Relevant ist insbesondere ein **Verstoß gegen das Lückenlosigkeitsgebot.**[110] Dies kann etwa durch einen sogenannten zweigleisigen Vertrieb geschehen, also durch den Verkauf der gleichen Ware zu unterschiedlichen Preisen.[111] Ebenfalls missbräuchlich sind Klauseln, die die Abnehmer der Verlage zu weitgehend beschränken, etwa durch Einschränkungen des Remissionsrechts,[112] tiefgehende Bucheinsichtsrechte oder Querlieferungsverbote für den Großhandel.[113]

Die zweite Alternative des § 30 Abs. 3 GWB setzt eine Eignung zur Verteuerung, zur **50** Verhinderung einer Vergünstigung oder zur Reduktion der Erzeugung oder des Absatzes voraus. Tatsächliche Wirkungen sind nicht erforderlich;[114] es handelt sich um einen Gefährdungstatbestand.

Ob eine Preisbindung zu einer Verteuerung des Produktes führt, ist anhand eines **51** Handelsspannenvergleichs zu ermitteln.[115] Zu vergleichen sind die Handelsspannen bei gebundenen Preisen mit denen bei ungebundenen; sind erstere wesentlich höher ist die Preisbindung geeignet, zu einer Verteuerung zu führen.[116] Auch zur Beurteilung der Eignung zur Verhinderung einer Preissenkung ist ein Handelsspannenvergleich durchzuführen.[117] Allerdings kommt der zweiten und dritten Alternative des § 30 Abs. 3 S. 1 Nr. 2 GWB heute keine praktische Bedeutung mehr zu.[118]

b) Buchpreisbindung. § 3 BuchPrG verpflichtet gewerbs- oder geschäftsmäßige Ver- **52** käufer von Büchern an Letztabnehmer, den festgesetzten Verkaufspreis einzuhalten. § 5

---

[105] Nordemann in LMR § 30 Rn. 54.
[106] Nordemann in LMR § 30 Rn. 54; Emmerich in Immenga/Mestmäcker GWB § 30 Rn. 73.
[107] Nordemann in LMR § 30 Rn. 55.
[108] Ausführlich Nordemann in LMR § 30 Rn. 55; Waldenberger/Pardemann in FK § 30 Rn. 72.
[109] Nordemann in LMR § 30 Rn. 74.
[110] Bechtold/Bosch § 30 Rn. 27.
[111] Emmerich in Immenga/Mestmäcker GWB § 30 Rn. 111 f.
[112] Nordemann in LMR § 30 Rn. 78.
[113] Emmerich in Immenga/Mestmäcker GWB § 30 Rn. 113.
[114] Emmerich in Immenga/Mestmäcker GWB § 30 Rn. 119.
[115] Nordemann in LMR § 30 Rn. 84; Bechtold/Bosch § 30 Rn. 28; Waldenberger/Pardemann in FK § 30 Rn. 183.
[116] Vgl. Waldenberger/Pardemann in FK § 30 Rn. 183.
[117] Vgl. Waldenberger/Pardemann in FK § 30 Rn. 183 f.
[118] Emmerich in Immenga/Mestmäcker GWB § 30 Rn. 125 u. 126; Bechtold/Bosch § 30 Rn. 28.

BuchPrG verpflichtet Verleger und Importeure, einen derartigen Verkaufspreis festzusetzen und ebenso wie eventuelle Änderungen des Preises zu veröffentlichen. Die Buchpreisbindung basiert daher einerseits anders als früher andererseits anders als die Preisbindung bei Zeitungen und Zeitschriften heute nicht auf einer vertraglichen Bindung. Es handelt sich vielmehr um eine **unmittelbare gesetzliche Pflicht.** Ein Verstoß gegen die Buchpreisbindung liegt vor, wenn es möglich ist, bei einem Buchhändler günstiger einzukaufen als bei einem anderen.[119]

53   Die Buchpreisbindung, die in Deutschland seit 1887 besteht, wird mit der **kulturpolitischen Bedeutung der Bücher** gerechtfertigt.[120] Gemäß § 1 BuchPrG sichert die Festsetzung verbindlicher Preise beim Verkauf an Letztabnehmer sowohl den Erhalt eines breiten Buchangebots als auch durch ein weites Verkaufsnetz den Zugang einer breiten Öffentlichkeit zu diesem Angebot. Auch die Buchpreisbindung wird daher vom Grundsatz der **Überallverfügbarkeit**[121] geprägt.[122]

54   Die Preisbindung wurde lange Jahre durch vertikale Verträge bewirkt. Die Vereinbarkeit dieser Buchpreisbindung mit dem europäischen Kartellrecht war unsicher, sodass der Gesetzgeber sich entschieden hat, eine gesetzliche Bindung einzuführen, der keine kartellrechtlichen Bedenken entgegenstehen sollen.[123]

55   Der Buchpreisbindung unterfallen gemäß § 2 Abs. 1 BuchPrG neben Büchern auch Musiknoten und kartographische Produkte, deren Reproduktionen und Substitute sowie Kombinationsprodukte, bei denen das buchtypische Element die Hauptsache bildet.

56   **Bücher** sind durch Heftung oder Klammerung in einem Einband oder Umschlag zusammengefasste bedruckte Papierblätter- und Bögen.[124] Sie müssen verlags- oder buchhandelstypisch sein, das heißt aus Verlagen stammen und sich zum Vertrieb über den Buchhandel eignen.[125] Auf eine urheberrechtliche Schutzfähigkeit kommt es – obschon sie zumeist gegeben sein wird – nicht an.[126] Ob **E-Books** als Substitute in den Anwendungsbereich der Preisbindung fallen war bisher umstritten.[127] Seit dem 1.9.2016 stellt § 2 Abs. 1 Nr. 3 BuchPrG klar, dass auch E-Books von den Regelungen des Buchpreisbindungsgesetzes umfasst sind.

57   Es existieren mehrere Ausnahmen von der Preisbindung. Nicht preisgebunden sind gemäß § 2 Abs. 2 BuchPrG **fremdsprachige Bücher,** wenn sie nicht überwiegend für den Absatz in Deutschland bestimmt sind. § 3 S. 2 BuchPrG nimmt den Handel mit **gebrauchten Büchern** von der Preisbindungspflicht aus. § 7 BuchPrG kennt neben abnehmerspezifischen Ausnahmen etwa für Autoren, Verlagsmitarbeiter, Lehrer, wissenschaftliche Bibliotheken und für Sammelbestellungen für den Schulunterricht auch Ausnahmen für Mängelexemplare und anlässlich Geschäftsaufgaben.

58   **Grenzen findet die Buchpreisbindung im Nebenleistungswettbewerb.** So gestattet § 7 Abs. 4 geringwertige Zugaben, die Übernahme geringwertiger Kosten, der Versand- oder Beschaffungskosten und andere handelsübliche Nebenleistungen.

59   Die Pflicht zur Festsetzung eines Endverkaufspreises gemäß § 5 BuchPrG wird durch § 6 BuchPrG konkretisiert. Dieser verpflichtet die Verlage in § 6 Abs. 1 BuchPrG bei der Festsetzung der Preise und Konditionen neben den Umsatzzahlen auch den Beitrag, den kleinere Buchhandlungen zur flächendeckenden Versorgung leisten und deren buchhändlerischen Service zu berücksichtigen. Die Vorschrift ist ausweislich der Gesetzesbegründung

---

[119] OLG Frankfurt a. M. MMR 2012, 681; ausführlich zur Zulässigkeit von Nachlässen: Weitner GRUR-RR 2012, 1 (3 ff.).

[120] BT-Drs. 14/9196, 8.

[121] Vgl. zu diesem Grundsatz bei Zeitungen und Zeitschriften → Rn. 29.

[122] Ausführlich zu Sinn und Nutzen der Preisbindung Wallenfels/Russ § 1 Rn. 4 ff.; kritisch zur Preisbindung Emmerich in Immenga/Mestmäcker GWB § 30 Rn. 8 ff.

[123] BT-Drs. 14/9196, 8; zu vorherigen Systemen ausführlich Wallenfels/Russ § 1 Rn. 11 ff.

[124] Wallenfels/Russ BuchPrG § 2 Rn. 2.

[125] Wallenfels/Russ BuchPrG § 2 Rn. 2.

[126] Wallenfels/Russ BuchPrG § 2 Rn. 2.

[127] Bejahend: Wallenfels/Russ BuchPrG § 2 Rn. 9; ablehnend: Hess AfP 2011, 223.

erforderlich, um das Ziel der Preisbindung, den Sortimentsbuchhandel zu stärken, zu erreichen.[128] § 6 Abs. 2 BuchPrG verbietet Verlagen, branchenfremde Händler zu günstigeren Konditionen als den Buchhandel zu beliefern. § 6 Abs. 3 BuchPrG schützt den Zwischenbuchhandel, indem er Verlagen untersagt, für diese schlechtere Konditionen festzusetzen als für Letztverkäufer, die sie direkt beliefern.[129]

Mit dem Gesetz zur Änderung des Buchpreisbindungsgesetzes wurde § 4 BuchPrG **60** gestrichen.[130] Damit werden auch grenzüberschreitende Buchverkäufe an Letztabnehmer in Deutschland der Buchpreisbindung unterworfen.[131] Als unterschiedslose Maßnahme und zum Schutz des Buches als Kulturgut als ein zwingender Grund des Allgemeininteresses ist eine unionsrechtswidrige Verletzung der Waren- oder Dienstleistungsfreiheit durch die gesetzliche Erweiterung der Buchpreisbindung unwahrscheinlich.[132] Möglich erscheint hingegen, dass durch die Buchpreisbindung auch auf Verkäufer außerhalb Deutschlands die Bundesrepublik Deutschland gegen ihre mitgliedschaftliche Treuepflicht aus Art. 4 Abs. 3 EUV iVm Art. 101 AEUV verstößt.[133] Ein solcher Verstoß gegen das mitgliedstaatliche Loyalitätsgebot droht immer dann, wenn die Mitgliedstaaten Maßnahmen treffen, welche sich gegen die effektive Durchsetzung des Art. 101 AEUV wenden.[134] Mit einer Preisbindung aller Verkäufer an Letztabnehmer in Deutschland wird ein Wettbewerb auf dieser Ebene ausgeschlossen. Letztendlich könnte jedoch ein Verstoß gegen das mitgliedstaatliche Loyalitätsgebot ausscheiden, sofern der Verkauf von Büchern an Letztabnehmer als eine Dienstleistung von allgemeinem wirtschaftlichen Interesse iSd Art. 106 Abs. 2 AEUV zu verstehen ist. Gerade wenn wie im Bereich der Zeitungen und Zeitschriften eine Ausnahme von Art. 101 AEUV für zwischen Unternehmen vereinbarten Preisbindungen über Art. 106 Abs. 2 AEUV denkbar ist, kann ein Verstoß gegen das mitgliedstaatliche Loyalitätsgebot durch die gesetzliche Normierung einer solchen Vereinbarung nicht angenommen werden.

c) Landwirtschaft, § 28 GWB. Gemäß § 28 Abs. 1 GWB gilt § 1 GWB nicht für **61** Vereinbarungen von landwirtschaftlichen Erzeugerbetrieben sowie für Vereinbarungen und Beschlüsse von landwirtschaftlichen Erzeugerbetrieben und Vereinigungen von solchen Erzeugervereinigungen über

1. die Erzeugung oder den Absatz landwirtschaftlicher Erzeugnisse oder
2. die Benutzung gemeinschaftlicher Einrichtungen für die Lagerung, Be- oder Verarbeitung landwirtschaftlicher Erzeugnisse,

sofern sie keine Preisbindung enthalten und den Wettbewerb nicht ausschließen.

§ 28 Abs. 2 GWB erlaubt **vertikale Preisbindungen,** wenn diese Sortierung, Kenn- **62** zeichnung oder Verpackung von landwirtschaftlichen Erzeugnissen betreffen.[135]

§ 28 Abs. 3 GWB verweist hinsichtlich der Definition eines landwirtschaftlichen Erzeug- **63** nisses auf Anhang I des AEUV.[136]

§ 28 GWB ist mit den Vorgaben des **Europarechts** vereinbar. Die Verordnungen 1184/ **64** 2006 und 1234/2007 nehmen Vereinbarungen, Beschlüsse und Verhaltensweisen, die wesentlicher Bestandteil einer einzelstaatlichen Marktordnung oder zur Verwirklichung der Ziele des Art. 39 AEUV notwendig sind, von der Anwendung des Art. 101 Abs. 1 AEUV aus.[137]

---

[128] BT-Drs. 14/9196, 11.
[129] Wallenfels/Russ BuchPrG § 6 Rn. 19 ff.; ausführlich zu § 6 Abs. 3 BuchPrG auch Metzlaff/Brösamle ZVertriebsR 2021, 286.
[130] G. v. 31.7.2016 BGBl. I 1937 (Nr. 39), Art. 1 Nr. 4.
[131] Wallenfels in LMR GWB Anh. zu § 30 Rn. 5.
[132] Gesetzentwurf der Bundesregierung v. 6.4.2016; Drucksache 18/8043, 8.
[133] Grave/Nyberg in LMR AEUV Art. 101 Abs. 1 Rn. 54.
[134] Siehe nur EuGH ECLI:EU:C:2009:502 = EuZW 2009, 694 Rn. 24.
[135] Vgl. Bechtold/Bosch § 28 Rn. 9; Schweizer in Immenga/Mestmäcker § 28 Rn. 80 ff.
[136] Der Anhang ist ua bei Bechtold/Bosch § 28 Rn. 4 abgedruckt.
[137] Art. 176 Abs. 1 UAbs. 2 VO (EU) 1234/2007; Art. 2 VO (EU) 1184/2006; vgl. Bechtold/Bosch § 28 Rn. 10.

65   Im **Bereich der Landwirtschaft sind also weitergehende Beschränkungen** des Wettbewerbs als in anderen Sektoren möglich. So können Verträge eine Begrenzung der Anbauflächen und Erzeugungsmengen regulieren.[138] Derartige Vereinbarungen verstoßen als Quotenkartelle in nicht-landwirtschaftlichen Vereinbarungen gegen § 1 GWB.

66   **Horizontale Preisabsprachen** sind jedoch auch im Bereich der Landwirtschaft nicht zulässig. Zulässig ist hingegen ein **Gemeinschaftsverkauf** durch eine Erzeugervereinigung.[139]

67   § 1 GWB gilt auch dann, wenn die Vereinbarung oder der Beschluss zu einem Ausschluss des Wettbewerbs führt. Der **Wettbewerb ist ausgeschlossen,** wenn er die ihm in der Marktwirtschaft obliegenden Funktionen nicht mehr wahrnehmen kann.[140] Es ist nicht erforderlich, dass der letzte verbliebene Wettbewerb ausgeschaltet wird.[141] Ein Wettbewerbsausschluss liegt andererseits jedoch auch noch nicht bei Marktanteilen in Höhe der Marktbeherrschungsvermutungen vor.[142]

68   **5. Schriftformerfordernis.** § 34 GWB aF kannte bis zur 6. GWB-Novelle ein Schriftformerfordernis für Kartellverträge und Kartellbeschlüsse (§§ 2–8) sowie für Verträge, die Beschränkungen der in den §§ 16, 18, 20 und 21 bezeichneten Art enthalten.[143] Dieses besteht nur noch im Rahmen des § 30 Abs. 2 GWB, also für Zeitungen und Zeitschriften fort. Die Rechtsprechung zieht der Geltendmachung der Formnichtigkeit Grenzen. Einer Partei kann es verwehrt sein, sich auf den Mangel der Schriftform zu berufen, wenn diese Partei Vorteile aus der Vereinbarung gezogen und die Formnichtigkeit zu verantworten hat.[144]

B. Besonderheiten bezüglich einzelner Vertriebsmittler

I. Handelsvertreter

69   Auch im Rahmen des § 1 GWB existiert das sogenannte Handelsvertreterprivileg. Dieses nimmt bestimmte Vereinbarungen in echten Handelsvertretervereinbarungen von der Anwendung des Kartellverbots aus. Es ist aufgrund der Angleichungen der Rechtsordnungen ebenso auszulegen wie bei Art. 101 Abs. 1 AEUV, sodass umfassend auf die dortigen Ausführungen[145] verwiesen wird und nachfolgend nur auf die deutschen Leitentscheidungen eingegangen wird.

70   Der BGH hat bereits 1968 erwogen, Handelsvertreter- und Kommissionsverträge vom Kartellverbot auszunehmen.[146] In der **Farbumkehrfilm-Entscheidung** zitiert er die Begründung des Regierungsentwurfs, nach der „Bindungen, die der Auftraggeber seinem Agenten über die Durchführung des Geschäfts auferlegt", nicht kartellrechtswidrig sein sollten, da Weisungen eines Geschäftsherrn an seinen Handelsvertreter „als typischer Bestandteil eines solchen Dienstvertrags zulässig seien".[147] Für die Einordnung als privilegierter (echter) Handelsvertreter, der vom Eigenhändler abzugrenzen ist,[148] hat

---

[138] Bechtold/Bosch § 28 Rn. 6.

[139] Bechtold/Bosch § 28 Rn. 7; zu den Anforderungen an die Ausgestaltung Schweizer in Immenga/Mestmäcker GWB § 28 Rn. 49 ff.

[140] BKartA WuW/E DE-V 103 (105) – Rübenzucker; Bechtold/Bosch § 28 Rn. 8.

[141] BKartA WuW/E DE-V 103 (105) – Rübenzucker.

[142] KG WuW/E DE-R 816 (821) – Rübenzucker: Bechtold/Bosch § 28 Rn. 8.

[143] Zu dessen Aufhebung vgl. etwa Pape in Metzlaff § 23 Rn. 144.

[144] BGH GRUR 2003, 1062 (1063) – Preisbindung durch Franchisegeber II, dazu Anm. Giesler ZIP 2004, 744.

[145] → AEUV Art. 101 Rn. 149.

[146] BGHZ 51, 163 (168) = GRUR 1969, 496 – Farbumkehrfilme mit Anm. Hefermehl GRUR 1969, 498.

[147] BGHZ 51, 163 (168) = GRUR 1969, 496 – Farbumkehrfilme.

[148] BGH GRUR 1986, 750 (752) – EH-Partner-Vertrag.

Metzlaff/B. Müller

der BGH in nachfolgenden Entscheidungen in erster Linie auf die **Risikoverteilung** abgestellt.[149]

Wesentlich für Handelsvertreterbeziehungen sei, dass die „Gewinne und Verluste aus den **71** vom Handelsvertreter vermittelten oder getätigten Abschlüssen grundsätzlich den Geschäftsherrn treffen."[150] Die Risikoverteilung korrespondiere mit einem Weisungsrecht, das dem Geschäftsherrn ermöglichen soll, sein Risiko zu steuern.[151] Als zugrunde zulegende Risiken nennt der BGH neben den vom Geschäftsherrn zu tragenden Risiken der Lagerhaltung und der Vorausdisposition das Delkredererisiko, welches gegebenenfalls auch dem Handelsvertreter zugewiesen werden könne.[152] Insoweit bestehen weitreichende Überschneidungen zur **Weihnachtsbekanntmachung**.[153]

Auch der BGH unterscheidet zwei verschiedene Märkte: den Markt für Handelsver- **72** treterdienstleistungen und den für die Produkte des Geschäftsherrn.[154] Beschränkungen auf dem Markt für Vermittlerdienstleistungen müssen sich aus dem Wesen des Handelsvertretervertrags ergeben[155] (sog. **Immanenzgedanke**). Dies sei bei **Wettbewerbsverboten** nicht der Fall.[156] Insofern ist eine Anwendung des Handelsvertreterprivilegs im Rahmen des § 1 GWB auch für Mehrfachvertreter – freilich nur bezüglich der Beschränkungen des Produktmarktes – denkbar.[157]

Aufgrund der weitgehenden Ähnlichkeit der bisherigen Rechtsprechung, der Vorrangs- **73** regelung des europäischen Kartellrechts durch Art. 3 Abs. 2 KartellVO beziehungsweise § 22 GWB und der Zielsetzung der siebten GWB-Novelle einer weitreichenden Anpassung, ist zu erwarten, dass die deutsche Rechtsprechung auch die anderen von der Kommission und den europäischen Gerichten genannten Risiken berücksichtigen wird.[158] Fraglich ist indes, ob auch das Bundeskartellamt eine Annäherung an die europäische Rechtspraxis vollzieht. Obwohl es für eine Anwendung des Handelsvertreterprivilegs im Einklang mit der Kommission und den Gerichten der Europäischen Union in der HRS-Entscheidung[159] auf das unternehmerische Risiko abstellte, verneinte es ein „echtes" Handelsvertreterverhältnis mit einem Verweis auf die Entscheidung Vlaamse Reisbureaus des EuGH aus dem Jahre 1987[160] und einer vermeintlichen Unabhängigkeit von HRS.[161]

II. Vertragshändler

Für den Vertragshändler gelten hier keine Abweichungen oder Besonderheiten, ins- **74** besondere ist das Handelsvertreterprivileg grundsätzlich nicht anwendbar, da der Vertragshändler im Regelfall die Risiken aus dem Geschäftsverhältnis trägt.

---

[149] BGH GRUR 1976, 101 (102) – EDV-Zubehör mit Anm. Kroitzsch GRUR 1976, 103; BGH GRUR 1986, 750 (752) – EH-Partner-Vertrag mit Anm. Klawitter GRUR 1986, 754 und Schwark NJW 1986, 2957.
[150] BGH GRUR 1986, 750 (752) – EH-Partner-Vertrag.
[151] BGH GRUR 1986, 750 (752) – EH-Partner-Vertrag; zur Bedeutung des Weisungsrechts des Geschäftsherrn in diesem Zusammenhang ausführlich B. Müller, Handelsvertreterprivileg im EU-Kartellrecht, S. 86 ff.
[152] BGH GRUR 1986, 750 (752) – EH-Partner-Vertrag.
[153] Vgl. zur frühzeitigen Nutzung der gleichen Kriterien auch Emmerich in Immenga/Mestmäcker, 5. Aufl. 2012, Art. 101 Abs. 1 Rn. 188, der dem BGH wohl eine Vorreiterrolle zuspricht.
[154] BGHZ 112, 218 (221) = GRUR 1991, 626 – Pauschalreisenvermittlung.
[155] BGHZ 112, 218 (221) = GRUR 1991, 626 – Pauschalreisenvermittlung.
[156] BGHZ 97, 317 (326) – EH-Partner-Vertrag = GRUR 1986, 750; 112, 218 (221) – Pauschalreisenvermittlung = GRUR 1991, 626.
[157] Vgl. zu dieser Problematik auch → AEUV Art. 101 Rn. 165.
[158] Semler ZVertriebsR 2012, 156 (158).
[159] BKartA BeckRS 2014, 04343– HRS Bestpreisklausel; nicht beanstandet von OLG Düsseldorf WuW/E D-R 2015 (4572–4594).
[160] EU:C:1987:418.
[161] Ausführlich hierzu: Stauber in NZKart 2015, 423.

III. Franchisenehmer

75   Die kartellrechtliche Beurteilung von Franchisevereinbarungen richtet sich nach den europarechtlichen Vorgaben des Art. 101 AEUV, sodass umfassend auf die dortigen Ausführungen verwiesen wird.

76   Beschränkungen in Franchiseverträgen sind nach der **Pronuptia-Entscheidung** des EuGH[162] vom Kartellverbot ausgenommen, wenn sie unerlässlich für das Funktionieren des Systems sind.[163] Vorausgegangen war ein Vorlageersuchen des BGH.[164] Das Bundeskartellamt hat daran anknüpfend in den Tätigkeitsberichten 1985/1986[165] und 1987/1988[166] Stellung zu Beschränkungen in Franchisesystemen genommen. Diese Stellungnahmen beziehen sich allerdings zum Teil noch auf die Franchise-GVO, die mittlerweile in der Vertikal-GVO aufgegangen ist. Auch die Ausführungen zum Verhältnis des deutschen Rechts der Preisempfehlungen zu den nach europäischem Recht existierenden Möglichkeiten sind durch die Angleichung der Rechtsordnungen überholt.

77   **Preisbindungsklauseln** sind sowohl nach Ansicht des EuGH als auch des BGH nicht unerlässlich und stellen damit ein Verstoß gegen die kartellrechtlichen Verbotsvorschriften dar.[167] Die Preisbindung wird auch vom BGH als grundsätzlich mit den Zielen des Wettbewerbsrechts unvereinbar angesehen.[168] Eine Reduktion des Preisbindungsverbots des damaligen § 15 GWB, das seit der 7. GWB-Novelle von § 1 GWB umfasst ist, scheide aus, wenn der gebundene Unternehmer das Risiko des Geschäfts trage.[169] Sie sei „allenfalls denkbar, wenn sie der Erfüllung einer auch aus der Sicht des Kartellrechts beachtlichen Rechtspflicht dient, wenn kartellrechtlich erhebliche rechtliche oder wirtschaftliche Gegebenheiten eine Einschränkung der unternehmerischen Gestaltungsfreiheit auch im Hinblick auf den mit dem gesetzlichen Verbot verfolgten Zweck geboten erscheinen lassen oder wenn die vom Gesetz vorausgesetzte Interessenlage nicht besteht, weil der die Bindung aussprechende Vertragspartner bei der gebotenen wirtschaftlichen Betrachtungsweise der Geschäftsherr des Zweitgeschäftes ist, dessen Weisungen der Gebundene bei dem Abschluß zu folgen hat. Betroffen davon sind in erster Linie solche Formen der Absatzmittlung, bei denen der Gebundene als Handelsvertreter, Kommissionär oder in einer entsprechenden sonstigen Geschäftsbesorgung für das hinter ihm stehende Unternehmen auftritt."[170] Franchiseverträge sind jedoch dadurch gekennzeichnet, dass der Franchisenehmer in eigenem Namen und auf eigene Rechnung handelt. Der Franchisegeber trägt also weder die Risiken der Geschäfte des Franchisenehmers noch ist die Bezeichnung Geschäftsherr passend. Eine kartellrechtlich zulässige Preisbindung scheidet daher aus.[171] Erlaubt sind jedoch Höchstpreisbindungen.

78   **Preisempfehlungen** sind jedoch auch in Franchisesystemen zulässig. Der EuGH stellt hierzu fest, dass diese keine Wettbewerbsbeschränkungen darstellten, solange weder zwischen Franchisegeber und Franchisenehmern noch unter diesen eine abgestimmte Verhaltensweise über deren Anwendung vorliege.[172] Nach dem Wegfall des Empfehlungsverbots des § 22 GWB gelten für Preisempfehlungen keine besonderen nationalen Regelun-

---

[162] EuGH Slg. 1986, 353 = GRUR-Int 1986, 193 – Pronuptia.
[163] EuGH Slg. 1986, 353 Rn. 27 = GRUR-Int 1986, 193 – Pronuptia.
[164] BGH 15.5.1984 – KZR 8/83, BeckRS 1986, 31168755.
[165] BT-Drs. 11/554, 31.
[166] BT-Drs. 11/4611, 30.
[167] EuGH Slg. 1986, 353 Rn. 23 = GRUR-Int 1986, 193 – Pronuptia; BGHZ 140, 342 = GRUR 1999, 1025 – Preisbindung durch Franchisegeber; BGH GRUR 2003, 1062 – Preisbindung durch Franchisegeber II.
[168] BGHZ 140, 342 (346 ff.) = GRUR 1999, 1025 – Preisbindung durch Franchisegeber.
[169] BGHZ 140, 342 (346 ff.) = GRUR 1999, 1025 – Preisbindung durch Franchisegeber.
[170] BGHZ 140, 342 (346 ff.) = GRUR 1999, 1025 – Preisbindung durch Franchisegeber.
[171] BGHZ 140, 342 (346 ff.) = GRUR 1999, 1025 – Preisbindung durch Franchisegeber.
[172] EuGH Slg. 1986, 353 Rn. 24 = GRUR-Int 1986, 193 – Pronuptia.

gen mehr.[173] Sie sind kartellrechtlich zulässig, wenn sie sich nicht tatsächlich wie Mindest- oder Festverkaufspreise auswirken.[174]

Klauseln, die zu einer Aufteilung des Marktes führen, werden vom EuGH nicht als **79** unerlässlich angesehen. **Gebietsschutzklauseln** sind jedoch freistellungsfähig, sofern sie iSd Art. 4 lit. b i Vertikal-GVO nur den aktiven Verkauf in Gebiete, die der Franchisegeber sich selbst oder einem anderen Franchisenehmer vorbehalten hat, betreffen und die Kunden des Franchisenehmers nicht beschränkt werden.[175] Ergibt die Auslegung, dass auch der passive Verkauf untersagt wird, ist die Klausel nicht freistellungsfähig; eine geltungserhaltende Reduktion auf die Beschränkung des aktiven Verkaufs kommt nicht in Betracht.[176] Besonderheiten des deutschen Rechts bestehen also nicht.

Ob **Alleinbezugsverpflichtungen** Wettbewerbsbeschränkungen darstellen, hat der **80** BGH in der Entscheidung „Bau und Hobby" zwar offen gelassen, da die Klausel dort in den Anwendungsbereich der alten Vertikal-GVO fiel und somit freigestellt war;[177] allerdings verweist der BGH diesbezüglich auf die Pronuptia Entscheidung des EuGH. Dieser sieht Verpflichtungen der Franchisenehmer, die Waren nur beim Franchisegeber oder von einen von diesem ausgesuchten Dritten zu beziehen, zumindest dann als notwendig für das Funktionieren des Franchisesystems an, wenn es unmöglich ist, objektive Qualitätsnormen für den Warenbezug aufzustellen oder die Kontrolle deren Einhaltung übermäßig hohe Kosten verursachen würde.[178] Das **OLG Düsseldorf** hat eine Alleinbezugsverpflichtung hingegen in einem Fall nicht als unerlässlich angesehen, indem der Franchisegeber vorher längere Zeit den (Teil-)Bezug von Konkurrenzwaren erlaubt hat, ihm Qualitätsvorgaben hinsichtlich der Vertragsprodukte und deren Kontrolle möglich waren und eine Markenverwässerung durch andere Maßnahmen ausgeschlossen werden konnte.[179] Eine Freistellung scheiterte in dem Fall an einer Überschreitung der Fünf-Jahres-Grenze des Art. 5 lit. a Vertikal-GVO.[180] Das Bundeskartellamt sieht die Verpflichtung zum Bezug beim Franchisenehmer zum Zweck der Qualitätskontrolle als zulässig an, wenn dieser die Waren selbst herstellt.[181]

Franchisesysteme können neben vertikalen Fragestellungen, die das Verhältnis Franchise- **81** geber/Franchisenehmer betreffen auch problematische **horizontale Wirkungen** aufweisen.[182] So besteht das Verbot der Preisabsprache auch zwischen den Franchisenehmern. Die wettbewerbsschädlichen Wirkungen – insbesondere eine Reduzierung oder Ausschaltung des Preiswettbewerbs – treten unabhängig von der Ausgestaltung der Preisbindung ein.[183]

IV. Kommissionsagent

Das **Handelsvertreterprivileg** ist auch auf Kommissionsagenten anwendbar. Bezüglich **82** seiner Voraussetzungen wird auf die Ausführungen zu Art. 101 AEUV[184] und die zum Handelsvertreter[185] verwiesen.

---

[173] Seeliger in Wiedemann, 2. Aufl., § 10 Rn. 144.
[174] Vgl. Art. 4 lit. a Vertikal-GVO, dazu und zur Auffassung des Bundeskartellamtes → VO (EU) 2022/720 Art. 4 Rn. 163 ff.
[175] → AEUV Art. 101 Rn. 239 ff.
[176] Vgl. OLG Frankfurt a. M. BeckRS 2008, 1741.
[177] BGH GRUR 2009, 424 Rn. 16 – Bau und Hobby.
[178] EuGH Slg. 1986, 353 Rn. 21 = GRUR-Int 1986, 193 – Pronuptia.
[179] OLG Düsseldorf BeckRS 2007, 8367.
[180] OLG Düsseldorf BeckRS 2007, 8367.
[181] BKartA Tätigkeitsbericht 1985/1986, 32 f.
[182] Martinek in MSHF § 28 Rn. 15 f.
[183] BKartA Tätigkeitsbericht 1985/1986, 33 f.
[184] → AEUV Art. 101 Rn. 154.
[185] → Rn. 69.

§ 18 GWB Marktbeherrschung

(1) Ein Unternehmen ist marktbeherrschend, soweit es als Anbieter oder Nachfrager einer bestimmten Art von Waren oder gewerblichen Leistungen auf dem sachlich und räumlich relevanten Markt

1. ohne Wettbewerber ist,
2. keinem wesentlichen Wettbewerb ausgesetzt ist oder
3. eine im Verhältnis zu seinen Wettbewerbern überragende Marktstellung hat.

(2) Der räumlich relevante Markt kann weiter sein als der Geltungsbereich dieses Gesetzes.

(2a) Der Annahme eines Marktes steht nicht entgegen, dass eine Leistung unentgeltlich erbracht wird.

(3) Bei der Bewertung der Marktstellung eines Unternehmens im Verhältnis zu seinen Wettbewerbern ist insbesondere Folgendes zu berücksichtigen:

1. sein Marktanteil,
2. seine Finanzkraft,
3. sein Zugang zu wettbewerbsrelevanten Daten,
4. sein Zugang zu den Beschaffungs- oder Absatzmärkten,
5. Verflechtungen mit anderen Unternehmen,
6. rechtliche oder tatsächliche Schranken für den Marktzutritt anderer Unternehmen,
7. der tatsächliche oder potenzielle Wettbewerb durch Unternehmen, die innerhalb oder außerhalb des Geltungsbereichs dieses Gesetzes ansässig sind,
8. die Fähigkeit, sein Angebot oder seine Nachfrage auf andere Waren oder gewerbliche Leistungen umzustellen, sowie
9. die Möglichkeit der Marktgegenseite, auf andere Unternehmen auszuweichen.

(3a) Insbesondere bei mehrseitigen Märkten und Netzwerken sind bei der Bewertung der Marktstellung eines Unternehmens auch zu berücksichtigen:

1. direkte und indirekte Netzwerkeffekte,
2. die parallele Nutzung mehrerer Dienste und der Wechselaufwand für die Nutzer,
3. seine Größenvorteile im Zusammenhang mit Netzwerkeffekten,
4. sein Zugang zu wettbewerbsrelevanten Daten,
5. innovationsgetriebener Wettbewerbsdruck.

(3b) Bei der Bewertung der Marktstellung eines Unternehmens, das als Vermittler auf mehrseitigen Märkten tätig ist, ist insbesondere auch die Bedeutung der von ihm erbrachten Vermittlungsdienstleistungen für den Zugang zu Beschaffungs- und Absatzmärkten zu berücksichtigen.

(4) Es wird vermutet, dass ein Unternehmen marktbeherrschend ist, wenn es einen Marktanteil von mindestens 40 Prozent hat.

(5) Zwei oder mehr Unternehmen sind marktbeherrschend, soweit

1. zwischen ihnen für eine bestimmte Art von Waren oder gewerblichen Leistungen ein wesentlicher Wettbewerb nicht besteht und
2. sie in ihrer Gesamtheit die Voraussetzungen des Absatzes 1 erfüllen.

(6) Eine Gesamtheit von Unternehmen gilt als marktbeherrschend, wenn sie

1. aus drei oder weniger Unternehmen besteht, die zusammen einen Marktanteil von 50 Prozent erreichen, oder
2. aus fünf oder weniger Unternehmen besteht, die zusammen einen Marktanteil von zwei Dritteln erreichen.

(7) Die Vermutung des Absatzes 6 kann widerlegt werden, wenn die Unternehmen nachweisen, dass

1. die Wettbewerbsbedingungen zwischen ihnen wesentlichen Wettbewerb erwarten lassen oder

2. die Gesamtheit der Unternehmen im Verhältnis zu den übrigen Wettbewerbern keine überragende Marktstellung hat.

(8) **Das Bundesministerium für Wirtschaft und Energie berichtet den gesetzgebenden Körperschaften nach Ablauf von drei Jahren nach Inkrafttreten der Regelungen in Absatz 2a und Absatz 3a über die Erfahrungen mit den Vorschriften.**

Literatur: Basedow, Konsumentenwohlfahrt und Effizienz – Neue Leitbilder der Wettbewerbspolitik?, WuW 2007, 712; Baum, Die Entwicklung des deutschen Kartellrechts, NJW 2001, 3159; ders., Der Referentenentwurf der 8. GWB-Novelle im Überblick, BB 2011, 3075; Becker/Zapfe, Energiekartellrechtsanwendung in Zeiten der Regulierung, ZWeR 2007, 419; Benisch, Bestimmung der Marktstellung bei Nachfragern, WuW 1977, 619; Bischke/Brack, Neuere Entwicklungen im Kartellrecht „Big data" zunehmend im Visier der Kartellbehörden: Das BKartA untersucht das Geschäftsverhalten von Facebook, NZG 2016, 502; Brück, Wettbewerb auf nachgelagerten Märkten, WRP 2008, 1160; Chirita, The EC Commission's Guidance Paper on the Application of Art. 82 EC: An efficient Means of compliance for Germany?, ECJ 2009, 677; Eilmannsberger, Verbraucherwohlfahrt, Effizienzen und ökonomische Analyse – Neue Paradigmen im europäischen Kartellrecht?, ZWeR 2009, 437; Ewald, Chr., Paradigmenwechsel bei der Abgrenzung relevanter Märkte, ZWeR 2004, 512; Frenz, Monopolmissbrauch und Duales System, WuW 2002, 962; Fuchs, Effizienzorientierung im Wettbewerbs- und Kartellrecht? in: Fleischer/Zimmer, Effizienz als Regelungsziel im Handels- und Wirtschaftsrecht, 2008, S. 69; Haus, Kommunikationskartellrecht – Ein Rahmen für den Wettbewerb in Kommunikationsmärkten, WuW 2004, 171; Heinemann, Die Relevanz des »more economic approach« für das Recht des geistigen Eigentums, GRUR 2008, 949; Hoppmann, Preisunelastizität der Nachfrage als Quelle von Marktbeherrschung, in: Festschrift für Günther, S. 283; ders., Behinderungsmissbrauch, 1980; ders., Marktbeherrschung und Preismißbrauch, 1983; ders., Zur Abgrenzung des relevanten Marktes im Rahmen der Missbrauchsaufsicht über marktbeherrschende Unternehmen bei Arzneimitteln; Immenga, Ökonomie und Recht in der europäischen Wettbewerbspolitik, ZWeR 2006, 346; ders., Gefordertes Kartellrecht – 50 Jahre GWB, ZWeR 2008, 3; Inderst/Schwalbe, Effekte verschiedener Rabattformen, ZWeR 2009, 65; Jickeli, Marktzutrittsschranken im Recht der Wettbewerbsbeschränkungen, 1990; Jüngst, Marktbeherrschungsbegriff, überragende Marktstellung und Diversifikation, 1980; Junghanns, Preis-Kosten-Scheren in der Telekommunikation, WuW 2002, 567; Körber, Wettbewerb in dynamischen Märkten – Zum Microsoft-Urteil des EuG vom 17.9.2007, WuW 2007, 1209; Lademann, Methodologische und erfahrungswissenschaftliche Probleme bei der Abgrenzung des relevanten Marktes, WuW 1988, 575; Lange, Handbuch zum deutschen und europäischen Kartellrecht; Mestmäcker, Das marktbeherrschende Unternehmen im Recht der Wettbewerbsbeschränkungen; Münchener Kommentar zum Europäischen und Deutschen Wettbewerbsrecht (Kartellrecht); Möschel, Der Oligopolmissbrauch im Recht der Wettbewerbsbeschränkungen, 1974; ders., Die Kontrolle über marktbeherrschende Unternehmen, WRP 1987, 67; Pohlmann, Die Marktbeherrschungsvermutungen des GWB im Zivilprozess ZHR 164 (2000), 589; Romeiser, Marktzutrittsschranken im Handel, 1998; Säcker, Zur Bedeutung der Nachfragemacht für die Feststellung von Angebotsmacht, BB 1988, 416; ders., Abschied vom Bedarfsmarktkonzept, ZWeR 2004, 1; ders., Freiheit durch Wettbewerb, Wettbewerb durch Regulierung, ZNER 2004, 98; Säcker, Der Abschied vom Bedarfsmarktkonzept, ZWeR 2004; Schmidt A./Voigt, Der »more economic approach« in der Missbrauchsaufsicht, WuW 2006, 1097; Schmidt, K.-E., Die Bedeutung des Preiswettbewerbs im Begriff des wesentlichen Wettbewerbs, in: Festschrift für Günther, S. 307; Schmidtchen, Der »more economic approach« in der Wettbewerbspolitik, WuW 2006, 6; Schnelle/Kollmann, BKartA: Kein Marktmissbrauch von Google gegenüber Presseverlagen, GRUR-Prax 2016, 113; Schöppe, Rückgang des mengenmäßigen Marktanteils als Indiz, DB 1977, 385; Schreiber, K., Facebook kombiniert Nutzerdaten missbräuchlich, da DSGVO-widrig, GRUR-Prax 2019, 266; Schroeder, D., Telekommunikationsgesetz und GWB, WuW 1999, 14; Schroeder, W., Monopol von Sportverbänden und Veranstalterkonkurrenz bei Wettkämpfen, WRP 2006, 1327; Schwalbach, Die wettbewerbsbezogene Abgrenzung des relevanten Marktes; Siebert, Zur Marktabgrenzung bei Zeitungsverlagen, Publikums- und Fachzeitschriftverlagen, Buchverlagen, WuW 2004, 399; Soyez/Berg, Preiskontrolle und Vergleichsmarktkonzept in der Wasserwirtschaft, WuW 2007, 726; Thomas, Die verfahrensrechtliche Bedeutung der Marktbeherrschungsvermutungen des § 19 Abs. 3 GWB, WuW 2002, 470; Tetzlaff, Sport unter der Kartellupe – Anmerkungen zum Fall UEFA-Cup-Spiel 1. FC Köln gegen Inter Mailand, WuW 1988, 93; Thomas, Die verfahrensrechtliche Bedeutung der Marktbeherrschungsvermutungen des § 19 III GWB, WuW 2002, 470; Treis/Lademann, Die Abgrenzung des sachlich relevanten Marktes im Lebensmittelhandel, GRUR 1987, 262; Wagemann, Die Fortentwicklung des Vergleichsmarktkonzepts in der Preismissbrauchsaufsicht, Festschrift Bechtold, 2006, S. 593; Wendland, H., Zur sachlichen und räumlichen Abgrenzung der Angebotsmärkte des Lebensmittelhandels durch die Rspr., WRP 1988, 147; Weyer, Neue Fragen des Mißbrauchs marktbeherrschender Stellungen, AG 2. Aufl. 2008, 257; Wolf, D., Der relevante Markt: Wettbewerb macht an den Grenzen nicht Halt, WISU 1995, 977.

Übersicht

A. Allgemein

I. Einleitung

1   Grundlage für einen funktionierenden Wettbewerb ist die Freiheit von staatlicher Reglementierung. In bestimmten Situationen jedoch ist die Begrenzung des Handelns der Marktteilnehmer erforderlich, um funktionierenden Wettbewerb zu gewährleisten.[1] So kann zB die Ausübung von überlegener Marktmacht durch einen Marktteilnehmer die Freiheit der unterlegenen Marktteilnehmer derart einschränken, dass von einem funktionierenden Wettbewerb nicht mehr gesprochen werden kann. An dieser Stelle setzen die §§ 18 ff. GWB an. Sie dienen der Kontrolle von Marktteilnehmern mit einer besonderen Marktmacht, um wettbewerbsbeschränkendes Verhalten dieser Marktteilnehmer zu unterbinden.[2]

---

[1] Immenga/Mestmäcker/Fuchs GWB Rn. 5.
[2] BGH WuW/E DE-R 839 – Privater Pflegedienst; LMRKM/Kühnen Rn. 3.

Mit der 10. GWB-Novelle wurde in Abs. 3 die Nr. 3 eingefügt sowie der gesamte **2**
Abs. 3b. Mit diesen Änderungen soll die Missbrauchsaufsicht weiter modernisiert werden,
um eine sachgerechte Anwendung des Kartellrechts auf digitale Märkte und insbesondere
in Bezug auf digitale Plattformen sicherzustellen.

Die in Abs. 1 enthaltene Definition der Marktbeherrschung ist für das Behinderungs- **3**
und Diskriminierungsverbot (§ 19) sowie für die Fusionskontrolle (§ 36 Abs. 1) relevant.[3]
Das Bundeskartellamt hat die Grundsätze zur Marktbeherrschung in der Fusionskontrolle
in einem Leitfaden vom 29.3.2012 zusammengefasst.[4] Diese Grundsätze sind auch für die
Feststellung der Marktbeherrschung gemäß § 18 anwendbar.[5]

II. Marktbeherrschung

1. Systematik. Marktbeherrschung ist einer der zentralen Begriffe des Kartellrechts.[6] **4**
Diese Marktstellung darf nicht missbräuchlich ausgenutzt werden. Um einen Missbrauch
einer marktbeherrschenden Stellung festzustellen, muss zunächst die Marktbeherrschung
des Unternehmens festgestellt werden. Die Feststellung einer marktbeherrschenden Stellung hat in einem Doppelschritt[7] zu erfolgen: Zunächst ist der „relevante Markt" abzugrenzen. Anschließend ist die Stellung des Unternehmens auf dem „relevanten Markt" zu
ermitteln.[8] Entscheidend für die Feststellung der Marktbeherrschung ist der Beherrschungsgrad. Der Beherrschungsgrad wird auf Grundlage von Marktstruktur- und Marktverhal-
tenstests untersucht,[9] die zum einen die Marktstellung des Unternehmens und zum anderen
das Verhalten seiner Wettbewerber und der Marktgegenseite berücksichtigen.[10] Es reicht
nicht aus, wenn ein Unternehmen potentiell zu einer Marktbeherrschung in der Lage wäre,
eine bestimmte Ware tatsächlich aber nicht anbietet oder nachfragt.[11] Es muss tatsächlich
eine Wettbewerbssituation mit anderen Unternehmen im relevanten Markt bestehen. Für
die Ermittlung, ob ein Unternehmen marktbeherrschend ist, sind alle zugehörigen Konzernunternehmen mit zu berücksichtigen.[12]

2. Unternehmen. Das Missbrauchsverbot in § 19 GWB richtet sich ausschließlich an **5**
Unternehmen. Es gilt der sog. funktionale Unternehmensbegriff.[13] Danach ist „jedwede
Tätigkeit im geschäftlichen Verkehr" von dem Verbot erfasst.[14] Auf die Rechtsform des
Handelnden kommt es nicht an. Die Unternehmenseigenschaft liegt somit vor, wenn eine
natürliche oder juristische Person oder eine Personenvereinigung eine Tätigkeit im ge-
schäftlichen Verkehr ausübt,[15] die über die Tätigkeiten zur Deckung der persönlichen
Bedürfnisse hinausgeht. Eine Gewinnerzielungsabsicht ist nicht erforderlich.[16]

Unternehmen, die Vertriebsmittler wie zB Vertragshändler, Handelsvertreter, Franchi- **6**
senehmer und Kommissionsagenten einsetzen, sind ebenso wie die Vertriebsmittler als
Unternehmen iSd § 18 zu qualifizieren. In der Praxis ist meist das Unternehmen marktbeherrschend, welches den jeweiligen Vertriebsmittler einsetzt. Allerdings gilt Abs. 1 so-

---

[3] FK-KartellR/Paschke Rn. 7.
[4] BKartA, Leitfaden zur Marktbeherrschung in der Fusionskontrolle.
[5] Kling/Thomas § 20 Rn. 15.
[6] Bechtold Rn. 2.
[7] LMRKM/Kühnen Rn. 12; Bechtold Rn. 4; Immenga/Mestmäcker/Fuchs GWB Rn. 24.
[8] LMRKM/Kühnen Rn. 12; abweichende Ansätze: Knöpfle DB 1990, 1385.
[9] Immenga/Mestmäcker/Fuchs GWB Rn. 24.
[10] FK-KartellR/Paschke Rn. 11.
[11] Bechtold Rn. 4.
[12] Bechtold Rn. 3a.
[13] Bechtold Rn. 4; Immenga/Mestmäcker/Fuchs GWB Rn. 3.
[14] BGH WuW/E BGH 1142 f.– Volksbühne II; WuW/E BGH 1246 – Feuerwehrschutzanzüge; WuW/E
BGH 1474 (1477) – Architektenkammer; WuW/E BGH 2627 (2632) – Sportübertragungen; Immenga/
Mestmäcker/Fuchs GWB Rn. 3; LMRKM/Kühnen Rn. 3.
[15] BGH WuW/E BGH 1246 (1247) – Feuerwehrschutzanzüge; Immenga/Mestmäcker/Fuchs
GWBRn. 3.
[16] BGH WuW/E BGH 1142 (1143) – Volksbühne II.

wohl für Anbieter als auch für Nachfrager. Demzufolge kann auch ein Vertriebsmittler Adressat des Missbrauchsverbots sein.

7   Die unternehmerische Tätigkeit ist von der Sphäre des privaten Verbrauchs, der abhängigen Arbeit und des hoheitlichen Handelns abzugrenzen, die außerhalb des Anwendungsbereichs des GWB liegen.[17] Allerdings kann auch ein Hoheitsträger (öffentliche Hand) Unternehmer sein, wenn er keine hoheitliche Gewalt ausübt, sondern im geschäftlichen Verkehr tätig wird. Sofern die öffentliche Hand sich den allgemeinen privatrechtliche Mitteln bedient, etwa bei der Beschaffung von Waren und Dienstleistungen, handelt sie als Unternehmen, selbst wenn sie damit öffentliche Aufgaben erfüllt.[18]

8   **3. Marktabgrenzung.** Die Marktabgrenzung ist erforderlich, um zu ermitteln, ob das betreffende Unternehmen in der Lage ist, den wirksamen Wettbewerb im relevanten Markt zu beeinträchtigen.[19] Dabei ist zwischen dem sachlich, räumlich und zeitlich relevanten Markt zu unterscheiden.[20]

9   **a) Sachlich relevanter Markt. aa) Bedarfsmarktkonzept.** Bei der Prüfung der Marktbeherrschung geht es um die Feststellung, ob es Unternehmen gibt, die dem potentiellen marktbeherrschenden Unternehmen Schranken in seiner Tätigkeit setzen.[21] Diese Feststellung erfolgt aus der Sicht der Marktgegenseite und nicht aus der Sicht des zu prüfenden Unternehmens.[22] Es geht also nicht darum, ob das zu prüfende Unternehmen sich in seiner Tätigkeit durch andere Anbieter eingeschränkt sieht, sondern ob es aus Sicht der Marktgegenseite objektiv zumutbare Alternativen gibt (Bedarfsmarktkonzept).[23] Daher wird die Marktmacht eines Unternehmens durch das Ausmaß an Ausweichmöglichkeiten der Marktgegenseite auf Wettbewerber des (möglicherweise marktbeherrschenden) Unternehmens bestimmt.[24] Es wird folglich untersucht, welche Güter oder gewerblichen Leistungen aus Sicht der Nachfrager als Alternativen in Betracht kommen und entsprechend zu einem Markt gehören.[25] Hier ist auch zu berücksichtigen, dass neue Märkte dadurch entstehen können, dass eine neue Tätigkeit aufgenommen wird, die eine aktuelle oder potenzielle Nachfrage befriedigt.[26] Dies wird insbesondere bei der komplexen Marktabgrenzung bei sozialen Netzwerken deutlich.[27] In der Praxis ist die Marktabgrenzung durch die Komplexität der Märkte und der oft fehlenden Informationen zum Gesamtmarkt schwierig.[28]

10   Marktbeherrschende Unternehmen können sowohl auf Anbieter- wie auch auf Abnehmerseite vorkommen. Daher ist zwischen Angebotsmacht und Nachfragemacht zu unterscheiden. Bei der Angebotsmacht kommt es auf die Ausweichmöglichkeiten der Abnehmer und bei der Nachfragemacht auf die Ausweichmöglichkeiten der Anbieter an.[29] Je nachdem, ob die Angebotsmacht oder die Nachfragemacht untersucht wird, ist eine unterschiedliche Marktabgrenzung vorzunehmen.[30] Anders verhält es sich, wenn der Abnehmer

---

[17] LMRKM/Kühnen Rn. 2; Immenga/Mestmäcker/Fuchs GWB Rn. 3.

[18] BGH WuW/E 2627 (2632 f.) – Sportübertragungen; Bechtold § 1 Rn. 13; Berg/Mäsch/Berg/Mudrony GWB § 1 Rn. 9.

[19] FK-KartellR/Paschke Rn. 14.

[20] EuGH Slg. 1978, 207 Rn. 11 – United Brands Company/Komm.

[21] Langen/Bunte/Bardong GWB Rn. 16.

[22] Langen/Bunte/Bardong GWB Rn. 16; FK-KartellR/Paschke Rn. 62.

[23] Langen/Bunte/Bardong GWB Rn. 16.

[24] Langen/Bunte/Bardong GWB Rn. 16.

[25] LG Dortmund ZVertriebsR 2019, 65; Emmerich KartellR § 4 Rn. 24.

[26] BGH WuW/E DE-R 357 (358) – Feuerwehrgeräte; Bechtold/Bosch/Bechtold/Bosch Rn. 7.

[27] BGH 23.6.2020 – KVR 69/19, GRUR-RS 2020, 20737 Rn. 21 ff. – Facebook; BKartA 6.2.2019 – B 6–22/16, BeckRS 2019, 4895; vgl. zu Internet-Plattformen auch BKartA WuW/E DE-V 449 – DaimlerChrysler/T-Online; EU Kommssion 3.10.2014 – COMP/M.7217 Rn. 54 – Facebook/WhatsApp.

[28] Wiedemann/Wiedemann § 23 Rn. 15; Beispiele: Langen/Bunte/Bardong GWB Rn. 28; Immenga/Mestmäcker/Fuchs GWB Rn. 3; FK-KartellR/Paschke Rn. 31.

[29] Bechtold Rn. 5.

[30] BGH WuW/E BGH 1435 (1439 f.) – Vitamin B 12; KG WuW/E OLG 5549 (5556 ff.) – Fresenius/Schiwa; Langen/Bunte/Bardong GWB Rn. 15.

einem Dritten die Auswahl des Produktes überlässt, zB der Patient als Abnehmer, der dem behandelnden Arzt die Auswahl des Medikaments überlasst. Hier kommt es auf die Sicht des Dritten (Nachfragedisponent) an.[31]

Zur Ermittlung der Ausweichmöglichkeiten der Marktgegenseite wird auf die funktionelle **11** Austauschbarkeit der Produkte oder gewerblichen Leistungen des Marktbeherrschers und der anderen Anbieter aus Sicht der Abnehmer geschaut.[32] Die Austauschbarkeit muss bestehen, ohne dass eine besondere sachliche oder psychologische Anpassungsleistung des Abnehmers erforderlich ist.[33] Von dem sachlich relevanten Angebotsmarkt werden alle Erzeugnisse und gewerblichen Leistungen erfasst, die vom Abnehmer hinsichtlich ihrer Eigenschaften, Preise und ihres vorgesehenen Verwendungszwecks als austauschbar angesehen werden.[34] Dabei kommt es nicht auf die physikalisch-technische oder chemische Identität an.[35] Vielmehr sind diejenigen Leistungen demselben sachlichen Markt zuzurechnen, die sich nach ihren Eigenschaften, ihrem wirtschaftlichen Verwendungszweck und ihrer Preislage so nahestehen, dass der verständige Verbraucher sie in berechtigter Weise „abwägend miteinander vergleichend und als gegeneinander austauschbar für die Deckung eines bestimmten Bedarfs als geeignet ansieht".[36] Die Austauschbarkeit an sich ist eine Tatfrage[37], die daran anknüpfende Frage nach der Einbeziehung in einen relevanten Markt hingegen eine Rechtsfrage.[38]

Bei der Bewertung von vertriebsvertraglichen Sachverhalten bzw. den in Vertriebsverträgen zu erbringenden Leistungen wurden zB die folgenden sachlich relevanten Märkte angenommen:

- Bei einem von einem Großhändler geltend gemachten Anspruch auf Belieferung gegen den Hersteller ist nicht der Absatzmarkt an Endkunden der sachlich relevante Markt, sondern der Markt an dem sich der Hersteller als Anbieter und der Großhändler als Nachfrager gegenüber stehen.[39]
- Im Zusammenhang mit dem Anspruch auf Zulassung als Kfz-Vertragswerkstatt ist der sachlich relevante Markt der Markt für Instandsetzungen- und Wartungsarbeiten. Hier stehen sich die Hersteller von Kraftfahrzeugen als Anbieter von Ressourcen für die Erbringung der Instandsetzungs- und Wartungsarbeiten und die Werkstätten als Nachfrager gegenüber.[40]
- Bei Ansprüchen eines Händlers wegen Sperrung des Händlerkontos auf Online-Marktplätzen ist der sachlich relevante Markt der Markt für das Dienstleistungsangebot von Online-Marktplätzen gegenüber Händlern.[41]

---

[31] BGH WuW/E BGH 1435 (1440) – Vitamin B 12; BGH WuW/E DE-R 303 (305) – Taxikrankentransporte; KG WuW/E OLG 5549 (5556) – Fresenius/Schiwa; LMRKM/Kühnen Rn. 19; Langen/Bunte/Bardong GWB Rn. 19.

[32] BGH WuW/E BGH 3026 (3028) – Backofenmarkt; WuW/E DE-R 1419 (1423) – Deutsche Post/trans-o-flex; KG WuW/E OLG 995 (996) – Handpreisauszeichner; Langen/Bunte/Bardong GWB Rn. 19.

[33] OLG Düsseldorf 3.4.2019 – Kart 2/18 (V) Rn. 67, BeckRS 2019, 15020 – Ticketvertrieb II; MüKo-EuWettbR/Wolf GWB Rn. 6.

[34] StRspr BGH WuW/E DE-R 3303 – MAN-Vertragswerkstatt; BGH WuW/E BGH 1445 (1447) – Valium; BGH WuW/E BGH 1711 (1714) – Mannesmann/Breuninghaus; WuW/E BGH 2150 (2153) – Rheinmetall/WMF; Langen/Bunte/Bardong GWB Rn. 20.

[35] BKartA WuW/E BKartA 2591 (2593) – Fresenius/Semina; LMRKM/Kühnen Rn. 38.

[36] StRspr BGH WuW/E DE-R 3303 – MAN-Vertragswerkstatt; BGH WuW/E DE-R 1355 (1357) – Staubsaugerbeutelmarkt; KG WuW/OLG 995 (996) – Handpreisauszeichner; Immenga/Mestmäcker/Fuchs GWB Rn. 37 und Rn. 87 mit vielen Beispielen; Kling/Thomas § 6 Rn. 20.

[37] BGH WuW/E DE-R 2879 Rn. 29 – Kosmetikartikel.

[38] Vgl. dazu BGH WuW 2019, 262 Rn. 20 ff. – EDEKA/Kaiser's Tengelmann; MüKoEuWettbR/Wolf GWB Rn. 10.

[39] OLG Düsseldorf NZKart 2021, 368 (369 f.) – Verbundunternehmen.

[40] BGH 30.3.2011 – KZR 6/09 Rn. 11 f., BeckRS 2011, 9195 – MAN; 26.1.2016 – KZR 41/14, BeckRS 2016, 8083 Rn. 20 f. – Jaguar Vertragswerkstatt; BGH 23.1.2018 – KZR 48/15, BeckRS 2018, 2279 Rn. 23, mit weiteren Nachweisen; LG Köln BeckRS 2020, 36940 Rn. 46 = ZVertriebsR 2021, 59 (63) – Weiterbelieferung in Forstsetzung eines Vertragswerkstättenvertrages.

[41] LG Frankfurt a. M. 12.2.2019 – 3–06 O 94/18, GRUR-RS 2019, 50007; LG München MMR 2021, 995 = BeckRS 2021, 10613; LG Stuttgart ZVertriebsR 2021, 252 (255) = MMR 2021, 1000 mit dem Ergebnis, dass keine Marktbeherrschung von Amazon nachgewiesen wurde.

– Bei sozialen Netzwerken gehören soziale Netzwerke für persönliche zwischenmensch-liche Beziehungen wie Facebook/WhatsApp nicht dem gleichen sachlichen Markt an, wie, berufliche Netzwerke (Xing, Linked In) oder Messaging-Dienste (Snap Chat).[42]

12   Da es sich um gewerbliche Leistungen handeln muss, wird regelmäßig gefordert, dass die Leistungen entgeltlich erfolgen müssen und unentgeltliche Leistungen nicht als Marktleis-tung angesehen werden können.[43] Dies ist aber aufgrund der geänderten wirtschaftlichen Entwicklungen nicht immer sachgerecht. Mit dem durch die 9. GWB-Novelle eingefügten Abs. 2a ist nun klar gestellt, dass auch unentgeltliche Leistungsbeziehungen Marktleistun-gen sind und ein Markt vorliegen kann. Die Annahme eines Marktes bei unentgeltlichen Leistungen setzt aber voraus, dass das Angebot der unentgeltlichen Leistung „Teil einer zumindest mittelbar oder längerfristig auf Erwerbszwecke angelegten Strategie" dient.[44] Die EU Kommission[45] und jüngst auch das Bundeskartellamt[46] hatten zuletzt bereits auch unentgeltliche Leistung für relevant erachtet.

13   Funktionell nicht austauschbare Produkte (oder Leistungen) können zudem mit in den relevanten Markt einbezogen werden, wenn die Anbieter in der Lage sind, durch gering-fügige Änderungen ihrer Produktion mit verhältnismäßig geringem zeitlichen und finan-ziellen Aufwand die Produktion auf verwandte Produkte umzustellen, um auf dem relevanten Markt wettbewerbsfähig zu bleiben (sog. **Angebotsumstellungsflexibili-tät**).[47]

14   Zur Überprüfung der Austauschbarkeit bzw. der Marktbeherrschung können auch wei-tere Methoden herangezogen werden, wie die Kreuz-Preis-Elastizität[48] oder das Konzept der Wirtschaftspläne.[49] Die Methoden haben ihre Schwäche darin, dass sie von festen Komponenten ausgehen und mitunter die Entwicklung eines Marktes nicht ausreichend berücksichtigen können.

15   **bb) Kreuz-Preis-Elastizität.** Nach dem Modell der Kreuz-Preis-Elastizität wird ein relevanter Markt abgegrenzt, indem untersucht wird, inwieweit Preisbewegungen (wie Preiserhöhungen) dazu führen, dass Nachfrager auf ein anderes Produkt ausweichen („SSNIP-Test").[50] Sie dient dazu, den Grad der Austauschbarkeit von Produkten aus Sicht der Abnehmer festzustellen.[51] Es wird dabei geprüft, ob Kunden als Reaktion auf eine geringfügige aber dauerhafte Erhöhung der relativen Preise (zwischen 5 % und 10 %) ihre Nachfrage auf andere Produkte (oder Gebiete) umstellen würden.[52] All die Produkte, auf die ein Verbraucher bei einer derartigen Preiserhöhung ausweichen würde, sind Teil des

---

[42] BGH 23.6.2020 – KVR 69/19 Rn. 21 ff., GRUR Int. 2021, 603 – Facebook; siehe auch EU Komms-sion 3.10.2014 – COMP/M.7217 Rn. 54 – Facebook/WhatsApp.

[43] OLG Düsseldorf BeckRS 2015, 03467 = NZKart 2015, 148 Rn. 27 – HRS; Bischke/Brack NZG 2016, 502; BKartA BeckRS 2009, 08244 Rn. 138 – Kabel Deutschland/Orion.

[44] Begründung zur 9. GWB-Novelle, S. 52.

[45] EU Kommission 3.10.2014 – COMP/M.7217 Rn. 45 ff. – Facebook/WhatsApp.

[46] BKartA WuW 2016, 38; Schnelle/Kollmann GRUR-Prax 2016, 113; BKartA 25.6.2015 – B6–39/15 – Online-Immobilienplattformen; BKartA 22.10.2015 – B6–57/15, BeckRS 2016, 1137 – Online-Datingplatt-formen; BKartA 6.2.2019 – B6–22/16, BeckRS 2019, 4895 – Facebook.

[47] Langen/Bunte/Bardong GWB Rn. 36; BKartA WuW/E BKartA 2335 (2346); Immenga/Mestmäcker/Fuchs GWB Rn. 50.

[48] Langen/Bunte/Bardong GWB Rn. 26; Immenga/Mestmäcker/Fuchs GWB Rn. 51; FK-KartellR/Paschke Rn. 38.

[49] Mestmäcker § 19 Rn. 9 ff.; Günther, 4, 6; Säcker ZWeR 2004, 1 (14 ff.); ablehnend dazu: Siebert WuW 2004, 399 ff.

[50] Immenga/Mestmäcker/Fuchs GWB Rn. 51; genannt wird dieser Test auch SSNIP („Small but sig-nificant non-transitory increase in price"). Bekanntmachung der Kommission über die Definition des relevanten Marktes im Sinne des Wettbewerbsrechts der Gemeinschaft, ABl. 1997 C 372, 5 Rn. 15 ff., 39; vgl. EuG 15.12.2010 – T-427/08 Rn. 69, BeckRS 2010, 91437 – CEAHR/Kommission für die Aufnahme des SSNIP-Tests durch die europäische Rechtsprechung.

[51] Langen/Bunte/Bardong GWB Rn. 26.

[52] MüKoEUWettbR/Kerber/Schwalbe, Band 1, 1. Teil Rn. 273; EuGH Slg. 1978, 207 – United Brands; Komm. Bekanntmachung über die Definition des relevanten Marktes im Sinne des Wettbewerbsrechts der Gemeinschaft. ABl. 1997 C 372, 5, Rn. 17; Bechtold EGV Art. 82 Rn. 9.

relevanten Produktmarktes. Wenn Nachfrager trotz Preiserhöhung nicht auf ein anderes Produkt umsteigen, liegt grundsätzlich ein separater Markt vor.

Im Ergebnis dient das Konzept allenfalls der „indiziellen Beurteilungshilfe".[53] An dem **16** nur gering praxistauglichen Modell lässt sich kritisieren, dass nur schwierig bestimmt werden kann, in welchem Umfang Nachfrager zu einer anderen Ware oder Leistung wechseln können, sobald sich das Verhältnis der Preise dieser Waren oder Leistungen untereinander verändert.[54] Außerdem ist unklar, ob der Ausgangspreis nicht bereits ein – aufgrund der Marktbeherrschung – erhöhter Preis ist.[55]

cc) Konzept der Wirtschaftspläne. Nach dem „Konzept der Wirtschaftspläne" wer- **17** den die Wirtschaftspläne, dh das Marktverhalten der Unternehmen selbst, als Ausgangspunkt der Marktabgrenzung vorgenommen. Damit wird die überlegene Marktkenntnis der Unternehmen für die Feststellung vorhandener oder fehlender kompetitiver Verhältnisse genutzt.[56]

Dieses Konzept eignet sich allerdings weniger für die praktische Rechtsanwendung, denn **18** die Stufe der Marktabgrenzung wird übersprungen, um direkt zur Feststellung wettbewerblichen oder nichtwettbewerblichen Verhaltens vorzustoßen.[57] Die Marktabgrenzung ist aber gerade entscheidend für die spätere Feststellung einer etwaigen Marktbeherrschung eines Unternehmens.

b) Räumlich relevanter Markt. Die Marktbeherrschung besteht innerhalb eines be- **19** stimmten Gebietes.[58] Der räumlich relevante Markt umfasst das Gebiet, in dem die beteiligten Unternehmen die relevanten Produkte oder Dienstleistungen anbieten, die Wettbewerbsbedingungen hinreichend einheitlich sind und spürbar unterschiedliche Wettbewerbsbedingungen vorherrschen, als in benachbarten Gebieten.[59]

aa) Funktionelle Austauschbarkeit. Der räumliche Abgrenzungsbereich bestimmt **20** sich im Wesentlichen nach den gleichen Kriterien, die bei der Feststellung des sachlichen Marktes herangezogen werden.[60] Entscheidende Kriterien der Abgrenzung des räumlich relevanten Marktes sind ebenfalls die funktionelle Austauschbarkeit und die Ausweichmöglichkeiten aus Sicht der Nachfrager.[61] Diese können bei Netzwerken auch durch Sprachbarrieren beeinfluss werden.[62] Zur Abgrenzung des räumlichen Marktes ist daher zu ermitteln, ob die Wettbewerbsbedingungen in bestimmten Gebieten weitgehend übereinstimmen oder deutliche Unterschiede vorliegen.[63] Liegen erhebliche Unterschiede im Preisniveau oder bei den Anbietern in bestimmten Gebieten vor, spricht dies für unterschiedliche räumliche Märkte.[64]

Bis 2005 ging der BGH davon aus, dass der räumlich relevante Markt nur maximal so **21** groß sein kann wie das Gebiet der Bundesrepublik. Seit der 7. GWB-Novelle ist durch die damals neu eingefügte Formulierung in Abs. 2 klargestellt, dass es sich in demselben Gebiet, je nach Marktverhältnissen, um lokale, regionale, nationale, europaweite oder Weltmärkte handeln kann. Begründet wird dies mit den ökonomischen Gegebenheiten der Märkte. Diese lassen eine Begrenzung des relevanten Marktes auf das Inland nicht mehr zu.

---

[53] Immenga/Mestmäcker/Fuchs GWB Rn. 52.
[54] LMRKM/Kühnen Rn. 14; Immenga/Mestmäcker/Fuchs GWB Rn. 52.
[55] BGH WuW/E DE-R 2268 – Soda-Club II.
[56] Immenga/Mestmäcker/Fuchs GWB Rn. 54; FK-KartellR/Paschke Rn. 36.
[57] Immenga/Mestmäcker/Fuchs GWB Rn. 54.
[58] EuGH Slg. 1978, 207 (284) – Chiquita; Immenga/Mestmäcker/Fuchs GWB Rn. 58.
[59] Bechtold Rn. 23.
[60] Wiedemann/Wiedemann § 23 Rn. 11.
[61] BGH WuW/E DE-R 1301 (1302) – Sanacorp/ANZAG; Langen/Bunte/Bardong GWB Rn. 44 Immenga/Mestmäcker/Fuchs GWB Rn. 37.
[62] BGH 23.6.2020 – KVR 69/19, GRUR-RS 2020, 20737 Rn. 35 – Facebook.
[63] BKartA WuW/E DE-V 203 (207) – Krautkrämer/Nutronik; BKartA WuW/E DE-V 1325 (1327) – Coherent/Excel; Langen/Bunte/Bardong GWB Rn. 46.
[64] Langen/Bunte/Bardong GWB Rn. 46.

22   **bb) Regional begrenzte Teilmärkte.** Wenn die Austauschmöglichkeiten der Nachfrager aus objektiven Gründen regional begrenzt sind, ist der relevante Markt kleiner.[65] Dies ist zB dann der Fall, wenn regulatorische Anforderungen den Markt begrenzen,[66] auf Grund von hohen Transportkosten die Lieferung von Gütern nur innerhalb eines begrenzten Gebiets wirtschaftlich sinnvoll ist (Zement, Mehl)[67] oder die Güter nur begrenzt verarbeitungsfähig[68] oder haltbar[69] sind. Auch verfestigte traditionelle Absatzmöglichkeiten können dazu führen, dass Lieferungen aus tatsächlichen Gründen nicht stattfinden.[70]

23   **c) Zeitlich relevanter Markt.** Die zeitlichen Marktgrenzen haben eine geringere praktische Bedeutung als die sachlichen und räumlichen.[71] Sie spielen dann eine Rolle, wenn ein Unternehmen auf Grund zeitlich begrenzter Umstände eine vorübergehende Machtposition erlangt hat. Letztlich werden die maßgeblichen Kriterien bereits im Rahmen des sachlich relevanten Markts abgehandelt, da sich hinter zeitlichen Abgrenzungsproblemen meist sachliche Probleme verbergen.[72] Denn soweit eine Ware oder Dienstleistung nur zeitlich begrenzt wird, handelt es sich um eine Frage der sachlichen Marktabgrenzung.[73] Die Rechtsprechung hat bislang zur Frage, nach welchen Kriterien ein Markt zeitlich abzugrenzen ist, nicht eindeutig Stellung bezogen.[74]

24   **4. Besonderheiten Nachfragemacht. a) Sachlich relevanter Markt.** Von Abs. 1 werden auch marktbeherrschende Nachfrager erfasst.[75] Die Marktabgrenzung iSd Nachfragemacht ist umstritten.[76]

25   Die herrschende Meinung folgt dem **Angebotsumstellungskonzept.**[77] Das für Angebotsmärkte entwickelte Bedarfsmarktkonzept wird für die Beurteilung der Wettbewerbsbeschränkungen auf Nachfragemärkten „spiegelbildlich" übertragen.[78] Dabei wird auf die Austauschbarkeit der Nachfrage aus der Sicht der Anbieter abgestellt.[79] Die Nachfrager sind austauschbar, wenn sie im Wesentlichen identische Mengen und Erzeugnisse gleicher oder ähnlicher Qualität nachfragen und sich die Abnahmemodalitäten der jeweiligen Abnehmer nur unwesentlich unterscheiden.

26   Nach diesem Modell kommt es insbesondere auf **alternative Absatzwege** oder Absatzmöglichkeiten an, die dem Anbieter zur Verfügung stehen.[80] Hier spielt die Produktionsflexibilität und Programmelastizität bei der Marktabgrenzung eine Rolle, um festzustellen, ob ein Anbieter dem Verhalten eines Nachfragers oder einer Nachfragergruppe dadurch

---

[65] BGH WuW/E BGH 3037 (3042) – Raiffeisen; Langen/Bunte/Bardong GWB Rn. 49.

[66] ZB „leitungsgebundene Versorgungswirtschaft auf Grund bestehender Demarkations- und Konzessionsverträge" KG WuW/E OLG 1893 ff. – Erdgas Schwaben; BKartA WuW/E BKartA 2157 – EVS/Technische Werke Stuttgart.

[67] BKartA WuW/E BKartA 2297 f. – Heidelberger Zement/Malik; Langen/Bunte/Bardong GWB Rn. 49.

[68] KG WuW/E OLG 2093 (2099 f.) – Bituminöses Mischgut.

[69] KG WuW/E OLG 2862 f. – REWE/Florimex.

[70] BGH WuW/E BGH 1655 f. – Zementmahlanlage II.

[71] Beispiele: BKartA TB 1972, 82 – Plakatwerbung (Deutsche Städtereklame); BGH WuW/E BGH 2406 (2408 f.) – Inter Mailand-Spiel.

[72] Bechtold Rn. 28; Immenga/Mestmäcker/Fuchs GWB Rn. 66.

[73] Immenga/Mestmäcker/Fuchs GWB Rn. 66.

[74] BGH WuW/E BGH 1027 (1030) – Sportartikelmesse II; Immenga/Mestmäcker/Fuchs GWB Rn. 66.

[75] Wiedemann/Wiedemann § 23 Rn. 10.

[76] Zum Streitstand Immenga/Mestmäcker/Fuchs GWB Rn. 80 f.

[77] Bechtold Rn. 29; Immenga/Mestmäcker/Fuchs GWB Rn. 80.

[78] BGH WuW/E BGH 2483 (2487) – Sonderungsverfahren; KG WuW/E OLG 3577 (3585) – Hussel/Mara; KG WuW/E OLG 3917 (3927 f.) – Coop/Wandmaker; Langen/Bunte/Bardong GWB Rn. 41; Immenga/Mestmäcker/Fuchs GWB Rn. 79; Bechtold Rn. 29.

[79] BGH WuW/E BGH 2483 (2487 ff.) – Sonderungsverfahren; KG WuW/E OLG 3124 ff. – Milchaustauschfuttermittel; KG WuW/E OLG 3577 (3585) – Hussel/Mara; KG WuW/E OLG 3917 (3927 f.) – Coop/Wandmaker; Bechtold Rn. 29; Immenga/Mestmäcker/Fuchs GWB Rn. 79; Langen/Bunte/Bardong GWB Rn. 41; LMRKM/Kühnen Rn. 17.

[80] LG Dortmund NZKart 2019, 231 (233) bezogen auf den Anspruch eines Automobilzulieferers auf Fortsetzung der Belieferung; Langen/Bunte/Bardon GWB Rn. 47.

ausweichen kann, dass er seine Produktion unter zumutbaren Bedingungen ohne größere Schwierigkeiten auf ein anderes Erzeugnis umstellt.[81]

In der Literatur wird vereinzelt das **Konzept der Marktgleichwertigkeit** vertreten.[82] **27** Danach ist die Nachfragemacht davon abhängig, inwieweit die Marktgegenseite, dh ein Anbieter auf andere Nachfrager ausweichen kann und dadurch der Verhaltensspielraum eines Nachfragers durch die konkurrierende Nachfrage anderer Abnehmer begrenzt ist.[83] Unklar bleibt jedoch, welche Maßstäbe für die Feststellung einer Marktbeherrschung herangezogen werden. Des Weiteren sind die Abnahmemodalitäten sehr unterschiedlich.[84] Aus diesen Gründen eignet sich diese Ansicht für die Praxis nur dahingehend, dass das Konzept ergänzend zur Beurteilung einer Marktbeherrschung herangezogen werden kann.

b) Räumlich relevanter Markt. Hinsichtlich der räumlichen Marktabgrenzung ist mit **28** Blick auf die Nachfragemachtprüfung auf die räumlichen Ausweichmöglichkeiten der Anbieter abzustellen.[85] Der räumliche Markt kann sowohl durch rechtliche als auch durch tatsächliche Gründe begrenzt sein.[86] Er bestimmt sich danach, inwiefern die örtliche, regionale, inländische und ggf. ausländische Nachfrage aus Sicht des verständigen Durchschnittsanbieters austauschbar ist.[87]

5. Tatbestandsalternativen der Marktbeherrschung. a) Überblick. Das Gesetz **29** kennt unterschiedliche Formen der Marktbeherrschung.[88] Im Hinblick auf die marktbeherrschende Stellung eines einzelnen Unternehmens ist zwischen dem Vollmonopol (Abs. 1 Nr. 1) und dem Quasi-Monopol (Abs. 1 Nr. 2) einerseits sowie dem Vorliegen einer überragenden Marktstellung (Abs. 1 Nr. 3) andererseits zu unterscheiden.[89] Ein Monopol kann sowohl aus rechtlichen als auch aus tatsächlichen Gründen vorliegen.[90] Bei der Prüfung, ob eine und welche der Tatbestandsalternativen erfüllt ist, ist eine Gesamtabwägung aller Umstände[91] unter Beachtung der Marktstrukturen und des Marktverhaltens vorzunehmen.[92]

b) Marktbeherrschung wegen Fehlens wesentlichen Wettbewerbs (Abs. 1 Nr. 1 30 und Nr. 2). Nach der Legaldefinition in Abs. 1 ist ein Unternehmen marktbeherrschend, wenn es ohne Wettbewerber ist (Abs. 1 Nr. 1) oder keinem wesentlichen Wettbewerb ausgesetzt ist (Abs. 1 Nr. 2). Entscheidendes Merkmal ist der „vom Wettbewerb nicht hinreichend kontrollierte Verhaltensspielraum".[93]

aa) Einzelmarktbeherrschung (Abs. 1 Nr. 1). Ein Unternehmen hat eine Monopol- **31** stellung, wenn es „ohne Wettbewerber" ist.[94] Die Einzelmarktbeherrschung kann als rechtliches[95] oder auch tatsächliches[96] Monopol in Erscheinung treten.[97] Meist entsteht eine

---

[81] KG WuW/E OLG 3917 (3927) – Coop/Wandmaker; OLG Düsseldorf WuW/E OLG 2274 (2277) – Errichtung von Fernmeldetürmen; Immenga/Mestmäcker/Fuchs GWB Rn. 80; LMRKM/Kühnen Rn. 53.
[82] Vgl. etwa Benisch WuW 1977, 619 (624 ff.); Reimann WuW 1976, 541 (544 ff.).
[83] Langen/Bunte/Bardong GWB Rn. 41.
[84] Immenga/Mestmäcker/Fuchs GWB Rn. 81.
[85] BGH WuW/E BGH 3037 (3042) – Raiffeisen; Immenga/Mestmäcker/Fuchs GWB Rn. 85.
[86] BGH WuW/E BGH 2483 (2488) – Sonderungsverfahren; dazu Köhler, Wettbewerbs- und kartellrechtliche Kontrolle der Nachfragemacht, S. 40; Immenga/Mestmäcker/Fuchs GWB Rn. 85.
[87] FK-KartellR/Paschke Rn. 124 mwN.
[88] Langen/Bunte/Bardong GWB Rn. 64.
[89] Langen/Bunte/Bardong GWB Rn. 64.
[90] Immenga/Mestmäcker/Fuchs GWB Rn. 98.
[91] Immenga/Mestmäcker/Fuchs GWB Rn. 92, Rn. 108.
[92] BGH WuW/E BGH 1749 (1755) – Klöckner/Becorit.
[93] BGH WuW/E BGH 1533 (1536) – Erdgas Schwaben; BKartA WuW/E DE-V 135 (137) – Heitkamp; Bechtold Rn. 31.
[94] FK-KartellR/Paschke Rn. 164 mwN.
[95] FK-KartellR/Paschke Rn. 164 mwN.
[96] FK-KartellR/Paschke Rn. 164 mwN.
[97] BGH WuW/E BGH 647 (649) – Rinderbesamung; Emmerich KartellR § 4 Rn. 77.

Marktbeherrschung ohne Wettbewerber nur infolge hoheitlicher Regelungen, die bestimmten Unternehmen eine solche Marktstellung zukommen lassen.[98]

32 **bb) Kein wesentlicher Wettbewerb (Abs. 1 Nr. 2).** Ein Unternehmen ist nach Abs. 1 Nr. 2 marktbeherrschend, wenn es „keinem wesentlichen Wettbewerb" ausgesetzt ist. An einem wesentlichen Wettbewerb fehlt es jedenfalls dann, wenn das Unternehmen sein Verhalten im Großen und Ganzen selbst bestimmen kann, ohne auf Wettbewerber, Abnehmer oder Lieferanten besondere Rücksicht nehmen zu müssen.[99] Hier wird geprüft, ob unter Berücksichtigung verschiedener Parameter, wie zB Marktverhalten und Marktstrukturen,[100] wesentlicher Wettbewerb vorliegt.[101]

33 **(1) Marktanteil.** Der Marktanteil eines Unternehmens ist der wichtigste Indikator, ob das Unternehmen als Anbieter wesentlichem Wettbewerb ausgesetzt ist.[102] Entscheidende Grundlage für die Berechnung des Marktanteils ist der relevante Markt. Zu einem Markt können nur die Marktteilnehmer gerechnet werden, die auf der gleichen Wirtschaftsstufe tätig sind. In diesem Zusammenhang ist entscheidend, welche Funktionen die jeweiligen Unternehmen beim Absatz der Produkte haben.[103] Geht es darum, den Markt und die Marktposition eines Herstellers im Verhältnis zum Handel zu ermitteln und erfolgt der Vertrieb der Waren über unterschiedliche Wirtschaftsstufen, „kommt es grundsätzlich nur auf die Verhältnisse auf dem Handelsmarkt an und damit auf das Volumen der Verkäufe der Hersteller an den Handel an."[104] Verkäufe von Herstellern, die nicht an den Handel sondern direkt an Endkunden liefern, werden dabei nicht mit berücksichtigt, da aus Sicht des Handels diese Volumina nicht zur Bedarfsdeckung zur Verfügung stehen.[105]

34 Sofern die Marktanteile bei über 80 % liegen, spricht vieles dafür, dass kein wesentlicher Wettbewerb besteht.[106] In der Praxis ist die Situation meist nicht so eindeutig, weil es mehrere Wettbewerber gibt und ein Unternehmen nicht so offensichtlich den Wettbewerb dominiert. In diesen Fällen wird auf die Tatbestandsalternative der „überragenden Marktstellung" (Abs. 1 Nr. 3) ausgewichen.

35 Für die Berechnung des Marktanteils ist der Absatz des betroffenen Unternehmens im räumlichen Markt ins Verhältnis mit dem Gesamtmarktvolumen zu setzen. Das Marktvolumen wird anhand der Produktion aller Hersteller auf dem relevanten Markt abzüglich Ausfuhr aus dem räumlich relevanten Markt und zuzüglich Einfuhr im räumlich relevanten Markt ermittelt, wobei die Produktionsmengen für den Eigenverbrauch[107] oder für Lieferungen innerhalb des Konzerns[108] nicht in das Marktvolumen hineingerechnet werden. Nach der Praxis des Bundeskartellamts und der Rechtsprechung erfolgt die Ermittlung des Marktvolumens im Regelfall anhand des Wertes (in EUR) und nicht anhand der Mengen (Stückzahlen).[109] Eine festgelegte Regel gibt es dafür aber nicht.[110] Sofern eine genaue Ermittlung des Marktvolumens nicht möglich ist, muss das Marktvolumen geschätzt wer-

---

[98] Kling/Thomas § 6 Rn. 34.
[99] BGH WuW/E BGH 1949 (1951) – Braun-Almo.
[100] Emmerich KartellR § 27 Rn. 37; Begr. RegE 1971, BT-Drs. VI 2520, 21 f.
[101] BGH WuW/E BGH 1435 (1441) – Vitamin B 12; BGH WuW/E BGH 1445 (1449) – Valium; BGH WuW/E BGH 3037 (3039) – Raiffeisen.
[102] Vgl. OLG Düsseldorf AG 2007, 556 (558) – SZ/Südost-Kurier; Bechtold Rn. 33.
[103] Bechtold Rn. 34.
[104] BGH 26.1.2016 – KVR 11/15 Rn. 31, BeckRS 2016, 8082 Rn. 31.
[105] BGH 26.1.2016 – KVR 11/15 Rn. 31, BeckRS 2016, 8082 Rn. 31.
[106] BGH WuW/E BGH 1501 (1503) – Kfz-Kupplungen; Bechtold Rn. 34.
[107] NZKart 2016, 280 Rn. 31; BGH WuW/E BGH 1501 (1503) – Kfz-Kupplungen; Bechtold Rn. 34.
[108] BKartA WuW/E DE-V 1113 (1115 f.) – Railion/RBH.
[109] BGH WuW/E BGH 2150 ff. (2154) – Rheinmetall/WMF; WuW/E BGH 1501 (1503) – Kfz-Kupplungen; BGH WuW/E 2783 (2790) – Warenzeichenerwerb; KG WuW/E OLG 4771 (4778) – Folien und Beutel.
[110] Bechtold Rn. 34.

den. Sind die entsprechenden Wertzahlen nicht vorhanden, kann auf die Stück- und Mengenzahlen zurückgegriffen werden.[111]

(2) Substitutionswettbewerb. Für die Prüfung, ob kein wesentlicher Wettbewerb **36** besteht, wird zum Teil auch der Substitutionswettbewerb berücksichtigt.[112] Unter Substitutionswettbewerb wird auch der Wettbewerb mit Produkten verstanden, deren Austauschbarkeit zwar beschränkt ist, so dass sie nicht zum relevanten Markt gehören, die aber dennoch geeignet sind, die Produkte des relevanten Marktes zu ersetzen.[113] Eine Berücksichtigung wird teilweise für nicht erforderlich gehalten.[114] Entgegen dieser Meinung sollte dieses Merkmal dennoch im Einzelfall zu berücksichtigen sein,[115] da der Substitutionswettbewerb im Einzelfall den Verhaltensspielraum auf dem betroffenen Markt hinreichend begrenzen und kontrollieren kann.[116]

(3) Potentieller Wettbewerb. Auch der potentielle Wettbewerb kann bei der Bewer- **37** tung mit einbezogen werden. Unter potentiellem Wettbewerb ist der bereits gegenwärtige Einfluss auf den wirtschaftlichen Entscheidungs- und Verhaltensspielraum der Marktteilnehmer zu verstehen, der von einem nicht auf dem relevanten Markt tätigen Unternehmen allein schon auf Grund seiner Fähigkeit zum künftigen Markteintritt ausgeht.[117]

Ob potentieller Wettbewerb ebenfalls zur Bestimmung der Wettbewerbsbedingungen auf **38** einem Markt zu berücksichtigen ist, wird nicht einheitlich beurteilt.[118] Die Problematik des potentiellen Wettbewerbs als relevanter Faktor liegt darin, dass der Missbrauch nach § 19 fehlenden wesentlichen Wettbewerb zum Zeitpunkt der Verfügung voraussetzt.[119] Folglich müsste zukünftiger (potentieller) Wettbewerb unbeachtet bleiben. Allerdings könnten Unternehmen, die auf dem Markt noch nicht als Anbieter auftreten, bereits einen wettbewerbsrelevanten Faktor auf dem Markt bilden.[120]

Der potentielle Wettbewerber ist jedenfalls dann einzubeziehen, wenn mit hoher **39** Wahrscheinlichkeit mit einem Markteintritt des potentiellen Wettbewerbers zu rechnen ist.[121] Eine bloß theoretische Möglichkeit des Marktzutritts reicht aber nicht aus. Zum Teil wird auch vertreten, dass der potentielle Wettbewerb nicht nur dann einbezogen werden soll, wenn der Markteintritt unmittelbar bevorsteht, sondern auch wenn ein potentieller Wettbewerb geeignet ist „das aktuelle Verhalten der Marktteilnehmer zu beeinflussen",[122] zB weil die Voraussetzungen für einen Markteintritt objektiv vorliegen. Dies wird damit begründet, dass der Schutz des potentiellen Wettbewerbs aus der Zielsetzung des GWB folge, wonach der umfassende Schutz des Wettbewerbs gewährleistet sein soll.

cc) Nachfragemarktbeherrschung. Die vorausgehenden Überlegungen finden auch **40** auf die Marktgegenseite Anwendung: Auch auf Seiten der Nachfrager ist ein Quasimonopol denkbar. Die Nachfragemacht ist allerdings schwierig festzustellen, gleichwohl wird

---

[111] Bechtold Rn. 34.
[112] BGH NZKart. 2020, 141 – Whitelisting/Werbeblocker.
[113] BGH WuW/E BGH 2112 (2123) – Gruner+Jahr/Zeit I; Bechtold Rn. 35.
[114] BGH WuW/E BGH 2112 (2123) – Gruner+Jahr/Zeit I; WuW/E BGH 2433 (2441) – Gruner+Jahr/Zeit II; ausdrücklich offen gelassen in WuW/E BGH 2425 (2430) – Niederrheinische Anzeigenblätter; vgl. auch Bechtold AfP 1985, 36 ff. und DB 1987, 2559.
[115] BKartA WuW/E DE-V 1113 (1118) – Railion/RBH; WuW/E DE-V 1065 (1068) – Siemens/Möller.
[116] LG Hannover WuW/E DE-R 975 (976) – Unterkunftsverzeichnis; ABl. 2004 C 31, 5 ff. Rn. 60; Wiedemann/Wiedemann § 23 Rn. 11.
[117] Bechtold Rn. 36.
[118] Dafür: KG WuW/E OLG 1745 (1752 f.); OLG Düsseldorf WuW/E DE-R 3173 (3192) – Anzeigengemeinschaft.
[119] Immenga/Mestmäcker/Fuchs GWB Rn. 105.
[120] Langen/Bunte/Bardong GWB Rn. 124.
[121] Vgl. KG WuW/E OLG 1745 (1752) – Kfz-Kupplungen; KG WuW/E OLG 2234 (2239) – Blei- und Silberhütte Braubach; KG WuW/E OLG 4771 (4779) – Folien und Beutel; LMRKM/Kühnen Rn. 94.
[122] Bechtold Rn. 36.

von einer grundsätzlichen Gleichstellung zur Angebotsmarktbeherrschung ausgegangen.[123] Sowohl nach der Rechtsprechung als auch nach der Literatur ist anerkannt, dass Marktmacht auf der Nachfrageseite bereits bei geringerer Marktkonzentration, also bei niedrigeren Marktanteilen der Nachfrager, erreicht wird als auf Angebotsseite.[124]

41   **c) Marktbeherrschung wegen überragender Marktstellung (Abs. 1 Nr. 3).** Ein Unternehmen ist nach Abs. 1 Nr. 3 marktbeherrschend, wenn es „eine im Verhältnis zu seinen Mitbewerbern überragende Marktstellung" hat.[125] Bei der Bewertung der Marktstellung eines Unternehmens im Verhältnis zu seinen Wettbewerbern sind die in Abs. 3, Abs. 3a und Abs. 3b aufgeführten Parameter zu berücksichtigen.

42   **aa) Allgemeines.** Nach der Rechtsprechung ist eine Gesamtschau aller relevanten Umstände für den betroffenen Markt und dessen Wettbewerbsbedingungen entscheidend, da sich eine marktbeherrschende Stellung regelmäßig nicht anhand eines Merkmals feststellen lässt.[126] Für die Beurteilung ist ausschlaggebend, ob das Unternehmen „einen überragenden (einseitigen) Verhaltensspielraum bei der Entwicklung der Marktstrategien oder auch beim Einsatz einzelner Aktionsparameter" besitzt[127] bzw. dass dem Unternehmen ein „vom Wettbewerb nicht hinreichend kontrollierbarer Verhaltensspielraum" zur Verfügung steht.[128] Hierbei ist der Vergleich mit der Marktstellung anderer Unternehmen erforderlich (horizontale Ausrichtung). Die Machtposition wird also im Verhältnis zu den Wettbewerbern definiert, obwohl sich der aus der überragenden Marktstellung resultierende Verhaltensspielraum auf die Marktgegenseite auswirkt.[129] Darüber hinaus spielt aber durch die Kriterien der Umstellungsflexibilität und der Ausweichmöglichkeiten der Marktgegenseite auch die vertikale Ausrichtung eine Rolle.[130] Eine starke Marktstellung auf der Marktgegenseite schließt eine überragende Marktstellung nicht generell aus, insbesondere, wenn die Nachfrage alle Anbieter gleichermaßen trifft.[131]

43   Um eine überragende Marktstellung gemäß Abs. 1 Nr. 3 feststellen zu können, werden eine Vielzahl an Kriterien herangezogen. Dies sind insbesondere die in Abs. 3, Abs. 3a und Abs. 3b aufgelisteten Merkmale. Diese sind aber nicht abschließend.[132] So wird die Marktphase (Entwicklungsstadium eines Marktes), der erleichterte Zugang zu öffentlichen Subventionen,[133] überragende Qualität des Produkts oder der Leistung, besondere technologische Ressourcen, optimale betriebliche Organisation, horizontale, vertikale oder konglomerate Diversifikation nicht erwähnt, obwohl diese Faktoren ebenfalls relevant sein können.[134] Der mit der 9. GWB-Novelle ergänzte Katalog an Kriterien, die bei der Beurteilung der Marktstellung von Unternehmen künftig zu berücksichtigen sind (Abs. 3a), betrifft vor allem mehrseitige Märkte, dh Märkte mit mindestens zwei unterscheidbaren Nutzergruppen. Dies betrifft besonders Netzwerke und Plattformen. Bei solchen Märkten sind auf die Netzwerkeffekte, die parallele Nutzung mehrerer Dienste, der Wechselaufwand („Lock-in"), die Größenvorteile im Zusammenhang mit Netzwerkeffekten, der Zugang zu

---

[123] Vgl. BKartA WuW/E BKartA 2161 ff. (2166) – Coop/Wandmaker; KG WuW/E OLG 3917 (3937) – Coop/Wandmaker.
[124] BGH WuW/E BGH 2483 (2489) – Sonderungsverfahren; Immenga/Mestmäcker/Fuchs GWB § 19 Rn. 81, Bechtold Rn. 40; Kling/Thomas Rn. 29.
[125] Langen/Bunte/Bardong GWB Rn. 60.
[126] Vgl. BGH WuW/E BGH 1749 (1754 f.) – Klöckner/Becorit; BGH WuW/E BGH 1435 (1439) – Vitamin B 12; BGH WuW/E BGH 1905 (1908) – Münchener Wochenblatt; Immenga/Mestmäcker/Fuchs GWB Rn. 106; Langen/Bunte/Bardong GWB Rn. 85.
[127] Immenga/Mestmäcker/Fuchs GWB Rn. 107.
[128] Immenga/Mestmäcker/Fuchs GWB Rn. 107.
[129] Langen/Bunte/Bardong GWB Rn. 75.
[130] Bechtold Rn. 41.
[131] BGH WuW/E BGH 2738 (2791) – Warenzeichenerwerb; Langen/Bunte/Bardong GWB Rn. 75.
[132] Ebel NJW 1973, 1577 (1581); Langen/Bunte/Bardong GWB Rn. 81.
[133] BGH WuW/E BGH 1749 (1755) – Klöckner/Becorit; BGH WuW/E BGH 2575 (2580) – Kampffmeyer-Plange; BGH WuW/E DE-R 1301 (1303) – Sanacorp/ANZAG.
[134] Langen/Bunte/Bardong GWB Rn. 81.

wettbewerbsrelevanten Daten und der innovationsgetriebene Wettbewerbsdruck zu berücksichtigen. Der mit der 10. GWB-Novelle eingeführt Abs. 3b soll das Konzept der sog. „Intermediationsmacht" in die Prüfung zur Marktposition integrieren, da in der digitalen Wirtschaft Vermittler bzw. Intermediäre eine zunehmende Bedeutung erlangt haben.[135]

bb) Kriterien für die Bewertung der Marktstellung (Abs. 3). (1) Marktanteil. **44** Der Marktanteil ist ein wichtiger Faktor für den wettbewerblichen Erfolg eines Unternehmens.[136] Die Bestimmung der Marktanteile ist deshalb von entscheidender Bedeutung (Abs. 3 Nr. 1), da sie abbilden, in welchem Umfang ein Unternehmen die Nachfrage auf dem relevanten Markt im Bezugszeitraum tatsächlich bedient hat.[137] Bei einem Marktanteil von 40 % wird gemäß Abs. 4 eine Marktbeherrschung eines Unternehmens vermutet. Dies ist aber lediglich ein Anhaltspunkt.[138] So ist für eine marktbeherrschende Stellung ein über mehrere Jahre hinweg unangefochten bestehender hoher Marktanteil ein besonders bedeutsames Indiz.[139] Schwankungen bei den Marktanteilen können zwar für einen ausreichenden Wettbewerb sprechen, bedeuten aber nicht, dass keine überragende Marktstellung vorliegt.[140]

Neben der absoluten Größe eines Marktanteils ist seine relative Größe, dh der Abstand **45** zu den Marktanteilen der Wettbewerber, entscheidend.[141] So wurde trotz eines Anteils von 12 % eine überragende Marktstellung bejaht, weil die Wettbewerber mit Marktanteilen von nur 0,25 % stark zersplittert waren.[142] Hingegen wurde bei einem Marktanteil von ungefähr 21 % trotz großen Abstandes zu den Mitbewerbern eine Marktbeherrschung verneint, da weitere Faktoren für eine überragende Marktstellung fehlten.[143]

Darüber hinaus sind noch andere Bewertungsfaktoren im Zusammenspiel mit dem **46** Marktanteil zu berücksichtigen.

(2) Finanzkraft. Unter Finanzkraft wird „die Gesamtheit der finanziellen Mittel und **47** Möglichkeiten eines Unternehmens, insbesondere die Finanzierungsmöglichkeiten (Eigen- und Fremdfinanzierung) sowie sein Zugang zum Kapitalmarkt" verstanden.[144] Die wettbewerbliche Bedeutung der Finanzkraft liegt darin, dass sie kleinere Konkurrenten in einem Marktverhalten entmutigen und von aggressivem Wettbewerbsverhalten abschrecken[145] kann und folglich kein Wettbewerb entsteht (Abschreckungstheorie).[146] Hierbei kommt es auf die Sicht der aktuellen aber auch potentiellen Wettbewerber an.[147] Gleichermaßen kann die Finanzkraft der Wettbewerber auch gegen die Marktbeherrschung eines Unternehmens sprechen.[148] Letztendlich kommt es auf die Umstände des Einzelfalles an.[149]

Entscheidendes Merkmal zur Überprüfung der Finanzkraft eines Unternehmens ist in der **48** Praxis regelmäßig der Umsatz.[150] Maßgeblich ist die Sicht „von außen" auf das Unterneh-

---

[135] Begründung Entwurf 10. GWB-Novelle BT-Drs. 19/23492, 79.

[136] BGH WuW/E BGH 1445 (1450) – Valium; BGH WuW DE-R 2268 (2273) – Soda-Club II; Immenga/Mestmäcker/Fuchs GWB Rn. 115.

[137] Langen/Bunte/Bardong GWB Rn. 87.

[138] LMRKM/Kühnen Rn. 81.

[139] BGH WuW/E DE-R 1301 (1303) – Sanacorp/ANZAG.

[140] BGH WuW/E BGH 2783 (2790) – Warenzechenerwerb; Bechtold Rn. 42.

[141] BGH WuW/E BGH 2731 (2735 f.) – Inlandstochter; Wiedemann/Wiedemann § 23 Rn. 32; Immenga/Mestmäcker/Fuchs GWB Rn. 121.

[142] KG WuW/E OLG 2862 (2863 ff.) – Rewe/Florimex; Bechtold Rn. 42.

[143] BGH WuW/E BGH 2771 (2773 f.) – Kaufhof/Saturn; Immenga/Mestmäcker/Fuchs GWB Rn. 125.

[144] Begr. zum RegE der 2. GWB-Novelle BT-Drs. VI/2520, 23; Bechtold Rn. 43; LMRKM/Kühnen Rn. 121.

[145] BGH WuW/E BGH 2150 (2157) – Rheinmetall/WMF; WuW/E 1501 (1509 ff.) – Kfz-Kupplungen, wo die Finanzkraft im „marktnahen" Bereich gefordert wurde; Bechtold Rn. 43 und 44.

[146] Wiedemann/Wiedemann § 23 Rn. 34.

[147] Immenga/Mestmäcker/Fuchs GWB Rn. 125.

[148] OLG Düsseldorf WuW/E DE-R 1033 (1039 f.) – Sanacorp/ANZAG.

[149] Wiedemann/Wiedemann § 23 Rn. 34.

[150] BGH WuW/E BGH 2150 (2157) – Rheinmetall/WMF; KG WuW/E OLG 4167 (4171) – Kampfmeyer/Plange; Langen/Bunte/Bardong GWB Rn. 122; LMRKM/Kühnen Rn. 89.

men, denn die tatsächliche Verfügbarkeit von finanziellen Mitteln ist in der Öffentlichkeit oft nicht bekannt.[151] Neben dem Umsatz sind auch andere Bewertungsfaktoren, wie Cashflow,[152] Gewinn,[153] Umsatzrendite, Eigenkapital, etc zu berücksichtigen.[154] Während zB Gewinne über mehrere Jahre für eine überragende Marktposition sprechen können, schließen Verluste eines Unternehmens über mehrere Jahre die überragende Marktstellung häufig aus.[155]

49   **(3) Zugang zu wettbewerbsrelevanten Daten.** Für die Geschäftstätigkeit von Unternehmen kann der Zugang zu Daten insbesondere durch die zunehmende Digitalisierung von entscheidender wettbewerblicher Bedeutung sein.[156] Die (exklusive) Herrschaft und Kontrolle über Daten kann daher die Marktstellung von Unternehmen gegenüber ihren Wettbewerbern beeinflussen und zu einer Marktbeherrschung führen. Im Gegenzug kann ein fehlender Zugang zu Daten zu Marktzutrittsschranken führen.

50   Durch die Einfügung des neuen Nr. 3 in Abs. 3 mit der 10. GWB-Novelle wird klargestellt, dass der Zugang zu Daten nicht nur bei mehrseitigen Märkten und Netzwerken für die Bewertung der Marktstellung eines Unternehmens von Bedeutung ist (→ Rn. 59), sondern auch in allen anderen Wirtschaftsbereichen.

51   **(4) Zugang zu Absatz- und Beschaffungsmärkten.** Bei diesem Merkmal wird bewertet, inwieweit das Unternehmen einen gegenüber Wettbewerbern überlegenen Zugang zu seinen Absatz- und Beschaffungsmärkten hat.[157] Eine Marktbeherrschung entsteht, wenn ein Unternehmen, welches auf vor- und/oder nachgelagerten Marktstufen tätig ist,[158] derart in die Wertschöpfungskette integriert ist (vertikale Integration), dass kein Wettbewerb besteht.[159] In Betracht kommt ein besserer Zugang zu den Absatzmärkten auf Grund eines umfassenden Produktionssortiments,[160] wegen eigener Vertriebsfilialen,[161] herausragender Marktgeltung von Marken[162] sowie entsprechende Vorteile auf der Beschaffungsseite.[163] Der Zugang zu Versorgungsleitungen oder sog. „essential facilities" kann zB dadurch, dass das Unternehmen Eigentümer oder Inhaber der Rechte ist, zu einem erheblichen Wettbewerbsvorteil führen.[164] Dabei spielt es keine Rolle, ob die vertikale Integration auf Grund konzerninterner Strukturen zustande kommt, zB durch eine hohe Fertigungs- oder Leistungstiefe, oder auf Grund unternehmensexterner Verbindungen, wie durch Beteiligungen an anderen Unternehmen oder vertragliche Liefer- und Absatzbeziehungen.[165]

52   **(5) Verflechtungen mit anderen Unternehmen.** Verflechtungen mit anderen Unternehmen liegen vor, wenn Unternehmen und Zulieferer derart miteinander verbunden sind,

---

[151] BGH WuW/E BGH 2150 (2157) – Rheinmetall/WMF; BGH WuW/E BGH 2150 (2157) – Edelmetallbestecke; KG WuW/E 3303 (3311) – Süddeutscher Verlag-Donau Kurier; OLG Düsseldorf WuW/W DE-R 1973 (1978) – SZ/Südost Kurier; Bechtold Rn. 44; Langen/Bunte/Bardong GWB Rn. 83.

[152] BKartA WuW/E BKartA 1685 (1687) – Mannesmann/Brueninghaus; BKartA WuW/E BKartA 2729 (2749) – Hochtief/Philipp Holzmann; Immenga/Mestmäcker/Fuchs GWB Rn. 126.

[153] OLG Düsseldorf WuW/E DE-R 1159 (1162) – BASF/NEPG.

[154] BKartA WuW/E BKartA 2729 (2750 f.) – Hochtief/Philipp Holzmann; Immenga/Mestmäcker/Fuchs GWB Rn. 126; Emmerich KartellR § 27 Rn. 44; Bechtold Rn. 44.

[155] Bechtold Rn. 44.

[156] Commission Staff Working Document, Evaluation of the Commission Notice on the definition of relevant market for the purpose of Community competition law of 9 December 1997 v. 12.7.2021, SWD (2021) 199 final, S. 55.

[157] Langen/Bunte/Bardong GWB Rn. 111.

[158] Langen/Bunte/Bardong GWB Rn. 112; LMRKM/Kühnen Rn. 91.

[159] Immenga/Mestmäcker/Fuchs GWB Rn. 127.

[160] KG WuW/E OLG 3759 ff. – Pillsbury/Sonnen-Bassermann; Wiedemann/Wiedemann § 23 Rn. 33.

[161] BGH WuW/E BGH 2150 ff. – Rheinmetall/WMF.

[162] BKartA TB 1999/2000, 104 f. – Henkel/Luhns.

[163] BKartA WuW/E BKartA 1571 ff. – Kaiser/VAW.

[164] BKartA WuW/E DE-V 91 (93) – LEW; WuW/E DE-V 195 (199) – Westfälische Erdgas; Bechtold Rn. 45.

[165] Bechtold Rn. 45.

dass ein Unternehmen von diesen Finanzmittel oder Ressourcen erhält.[166] Es geht hierbei nicht um konzerninterne Verflechtungen, sondern um weniger enge Verbindungen, die aber wettbewerblich relevant sind.[167] Verflechtungen können sich zB aus Minderheitsbeteiligungen und personellen Verbindungen ergeben.[168]

(6) Marktzutrittsschranken. Die Bewertung der rechtlichen und tatsächlichen Schranken für den Marktzutritt spielt eine große Rolle für die Ermittlung der Marktposition eines Unternehmens. Es geht darum, zu bewerten, ob Unternehmen daran gehindert sind, auf einem bestimmten Markt tätig zu werden.[169] Sind Unternehmen rechtlich, zB auf Grund von rechtlichen Anforderungen oder Zöllen,[170] oder tatsächlich, zB auf Grund von erheblichen Investitionen,[171] daran gehindert, auf dem relevanten Markt tätig zu werden, geht von diesen Unternehmen kein Wettbewerbsdruck aus. Für die Marktzutrittsschranken ist nicht die individuelle Stärke eines Unternehmens entscheidend, sondern die äußeren Wettbewerbsbedingungen.[172] **53**

Letztendlich ist maßgeblich, ob die Kontrolle des beherrschenden Unternehmens über den nicht hinreichend kontrollierten Verhaltensspielraum dadurch beschränkt ist, dass in absehbarer Zukunft neue Wettberber auf dem Markt auftreten und ebenfalls im relevanten Bereich tätig sein können.[173] Je höher die Marktzutrittsschranken sind, umso geringer ist der Wettbewerbsdruck und desto weniger angreifbar ist die Position eines Unternehmens. **54**

(7) Tatsächlicher und potentieller Wettbewerb im In- und Ausland. Ein weiterer Faktor zur Bestimmung der Marktbeherrschung ist der Wettbewerb durch in- und ausländische Unternehmen.[174] Hierbei ist gegebenenfalls eine grenzüberschreitende Prüfung der Markt- und Wettbewerbsbedingungen erforderlich.[175] **55**

(8) Umstellungsflexibilität. Für die Ermittlung der Marktbeherrschung ist auch die Frage relevant, inwieweit ein Unternehmen in der Lage ist, sein Angebot oder seine Nachfrage auf andere Unternehmen oder gewerbliche Leistungen umzustellen (Umstellungsflexibilität).[176] Erfasst wird der Zusammenhang zwischen Umstellungsflexibilität und Marktstärke, sowohl für den Anbieter als auch für den Nachfrager.[177] **56**

Bei der Angebotsmarktbeherrschung besteht Marktstärke, wenn der Anbieter in der Lage ist, sein Angebot auf andere Waren oder gewerbliche Leistungen umzustellen.[178] Je größer die Fähigkeit des Anbieters, sein Angebot auf andere Waren und Dienstleistungen umzustellen, desto geringer ist die Abhängigkeit des Anbieters von seinen Nachfragern und umgekehrt.[179] Für die Nachfragemarktbeherrschung ist die Fähigkeit des Nachfragers relevant, seine Nachfrage auf andere Produkte oder gewerbliche Leistungen umzustellen.[180] Verfügt das zu bewertende Unternehmen über eine im Vergleich zu seinen Wettbewerbern höhere Umstellungsflexibilität, muss dies in die Prüfung der Marktbeherrschung mit einfließen. Besteht allerdings bei den Wettbewerbern eine entsprechende Umstellungsflexibilität, ist die Umstellungsflexibilität bei dem zu bewertenden Unternehmen nicht relevant. **57**

---

[166] Immenga/Mestmäcker/Fuchs GWB Rn. 130.
[167] Immenga/Mestmäcker/Fuchs GWB Rn. 130; LMRKM/Kühnen Rn. 93.
[168] BGH WuW/E BGH 3037 (3041) – Raiffeisen; LMRKM/Kühnen Rn. 93.
[169] Langen/Bunte/Bardong GWB Rn. 124.
[170] Vgl. BKartA WuW/E BKartA 1799 (1803) – Blei- und Silberhütte Braubach; Bechtold Rn. 47.
[171] BKartA WuW/E BKartA 2247 (2250 f.) – Hüls/Condea; BGH WuW/E BGH 1501 (1504) – Kfz-Kupplungen.
[172] Langen/Bunte/Ruppelt GWB Rn. 131.
[173] Langen/Bunte/Ruppelt GWB Rn. 132.
[174] BGH WuW/E BGH 3026 (3029 ff.) – Backofen-Beschluss; Bechtold Rn. 48; Kling/Thomas § 20 Rn. 41.
[175] LMRKM/Kühnen Rn. 96.
[176] Immenga/Mestmäcker/Fuchs GWB Rn. 136.
[177] BT-Drs. 11/4610, 18.
[178] Bechtold Rn. 50.
[179] LMRKM/Kühnen Rn. 103; Bechtold Rn. 50.
[180] Bechtold Rn. 50.

58   **(9) Ausweichmöglichkeiten der Marktgegenseite.** Bei den Ausweichmöglichkeiten der Marktgegenseite kommt es darauf an, ob die Marktgegenseite dem Marktbeherrscher ausweichen kann und zu anderen Wettbewerbern, also den Konkurrenten des Marktbeherrschers, wechseln kann oder eine nicht auf den Marktbeherrscher fokussierte Tätigkeit ausüben kann.[181] Je mehr Ausweichmöglichkeiten der Marktgegenseite zur Verfügung stehen, desto geringer ist die Marktbeherrschung des Anbieters oder des Nachfragers.[182]

59   **cc) Kriterien bei mehrseitigen Märkten und Netzwerken nach Abs. 3a.** Mit den Kriterien des Abs. 3a soll die Analyse der Marktverhältnisse und die Bewertung der Marktstellung in Anbetracht des digitalen Wandels und die zunehmende Bedeutung mehrseitiger Märkte und Netzwerke verbessert werden. Die Erfahrung hatte gezeigt, dass die Anwendung von wettbewerbsökonomischen Konzepten, wie zB dem SSNIP-Test, die an Reaktionen der Nachfrager auf Preiserhöhungen anknüpfen, unzureichend sind, wenn eine Nutzergruppe kein Entgelt zahlen muss. In einem solchen Fall besteht kein Spielraum die Preise unabhängig festzusetzen, aber dennoch kann durch einen Zugang zu Daten Marktmacht vorliegen.

60   Bei den mehrseitigen Märkten unterhält ein Anbieter verschiedene Beziehungen zu unterschiedlichen Gruppen von Marktteilnehmern und gleichzeitig liegt eine direkte Austauschbeziehung zwischen den zwei oder mehr Nutzergruppen vor.[183] Die Besonderheit bei mehrseitigen Märkten und Netzwerken ergibt sich aus den indirekten Netzwerkeffekten, die Tendenzen von Konzentration fördern und sich auf die Preisgestaltung auswirken können. Solche indirekten Netzwerkeffekte liegen vor, wenn größere oder geringere Nutzerzahlen sich für den Nutzer unmittelbar positiv oder negativ auf die Nützlichkeit des Produkts bzw. der Leistung auswirken.[184] Solche mehrseitigen Märkten sind zB Internetplattformen (Händler und Verbraucher), werbefinanzierte Medien (Werbende und Adressaten), Einkaufszentren (Geschäfte und Kunden), Computer-Software (Softwareentwickler und Nutzer), Betriebssysteme (Entwickler von Programmen und Endkunden des Betriebssystems), Spielekonsolen (Entwickler von Spielen und Spieler), Kreditkartensysteme (Aussteller der Kreditkarten, Kreditkarten akzeptierende Geschäfte und Kreditkartennutzer), App Stores (Entwickler von Apps und Endgerätenutzer).[185]

61   Bei Internetplattformen sind die Netzwerkeffekt leicht ersichtlich, da bei größerem Angebot durch Händler, die Plattform für Nutzer interessanter wird und dies wiederum zu einer höheren Attraktivität für Händler und Nutzer führt. So hat das Bundeskartellamt eine Marktbeherrschung von Facebook auf dem nationalen Markt für soziale Netzwerke für private Nutzer auf der Basis der Kriterien in Abs. 3a angenommen, da Facebook ua „aufgrund hoher Nutzeranteile, des zu beobachtenden Ausscheidens von Wettbewerbern und den erheblichen Lock-in Effekten" ein „vom Wettbewerb nicht zu kontrollierender Verhaltens- und Datenverarbeitungsspielraum" zukommt.[186] Aber auch Computer-Software kann Netzwerkeffekte erzielen, da der Nutzer die Software zwar allein Nutzen kann, der Nutzungswert aber steigt, wenn die erstellten Dateien auch ausgetauscht und von anderen Nutzer gelesen und bearbeitet werden können.

62   Größenvorteile von Unternehmen, die sich durch einen Zusammenschluss zB im Rahmen einer Einkaufsgemeinschaft zusammenschließen, sind keine Netzwerkeffekte im Sinne des Abs. 3a. Für die Annahme von mehrseitige Märkten müssen immer mindestens zwei unterscheidbare Nutzergruppen zusammen kommen.[187]

---

[181] LG Köln BeckRS 2020, 36940 Rn. 50 ff. = ZVertriebsR 2021, 59 (63) – Weiterbelieferung in Fortsetzung eines Vertragswerkstättenvertrages; LMRKM/Kühnen Rn. 104.
[182] Bechtold Rn. 52.
[183] LG München 12.5.2021 – 37 O 32/21, BeckRS 2021, 10613 Rn. 44 ff. zur Abgrenzung des Markts bezogen auf Amazon Marketplace, MMR 2021, 995 = BeckRS 2021, 10613; Fuchs Immenga Rn. 70.
[184] Begründung Entwurf 9. GWB-Novelle BT-Drs. 18/10207, 49.
[185] Begründung Entwurf 9. GWB-Novelle BT-Drs. 18/10207, 49.
[186] BKartA BeckRS 2019, 4895; GRUR-Prax 2019, 266.
[187] Begründung Entwurf 9. GWB-Novelle BT-Drs. 18/10207, 49.

(1) Direkte und indirekte Netzwerkeffekte. Unter Netzwerkeffekten (auch als „po- **63**
sitive Skaleneffekten auf der Nachfrageseite" bezeichnet) versteht man die Auswirkungen,
die zwischen verschiedenen Nutzern oder Nutzergruppen eines Produktes auftreten. Netzwerkeffekte sind positiv, wenn der Nutzen für einzelnen Nutzer bei gleichbleibenden
Bedingungen steigt. Negative Netzwerkeffekte liegen vor, wenn der Nutzen bei einer
steigenden Anzahl von Nutzern sinkt.[188]

Direkte Netzwerkeffekte betreffen das Verhältnis zwischen dem Nutzen und der Anzahl
der Nutzer eines Produkts oder einer Dienstleistung. Je größer die Nachfrage nach einem
Netzwerk, desto stärker machen sich die Effekte bemerkbar. Beispiele hierfür sind Webseiten, bei denen sich eine einheitliche Gruppe von Nutzern (Mitgliedern) vernetzen.

Bei den indirekte Netzwerkeffekten, die typisch sind für mehrseitige Märkte, profitieren **64**
verschiedene Nutzergruppen von dem Netzwerk einseitig oder wechselseitig voneinander.[189] Jede Nutzergruppe zieht einen Nutzen daraus, dass eine andere Nutzergruppe die
Plattform nutzt (zB Internetplattformen, Betriebssysteme).

Je größer ein mehrseitiger Dienst oder ein Netzwerk, desto stärker werden die Netz- **65**
werkeffekte, was zu exponentiellen Wachstumsraten und einer Monopolbildung führen
kann. Konkurrierende Netzwerke oder Plattformen verlieren durch die gesteigerte Attraktivität eines Netzwerkes oder Plattformanbieters immer mehr an Bedeutung und sind nicht
mehr wettbewerbsfähig („Tipping").[190]

**(2) Parallele Nutzung mehrerer Dienste und der Wechselaufwand für die Nut- 66
zer.** Wie stark die Netzwerkeffekte sind, hängt unter anderem davon ab, ob die parallele
Nutzung von anderen Netzwerken möglich ist („Multi-Homing") und wie hoch die
Wechselkosten zwischen den Netzwerken und Plattformen sind. Bei dieser Bewertung
spielt auch eine Rolle, inwieweit sich die Netzwerke und Plattformen unterscheiden und
welchen Wert die Nutzer diesen unterschiedlichen Eigenschaften beimessen.

Wechselkosten sind nicht nur finanzielle Kosten und Ausgaben wie zB Gebühren, **67**
sondern bezeichnen allgemein den Aufwand, der dem Nutzer entsteht, um von dem einen
Netzwerk zu einem anderen Netzwerk zu wechseln. Dabei wird ganz allgemein geschaut,
was für den Verbleib bei der derzeitigen Plattform spricht.[191] Eine starke Kundenbindung
an ein Netzwerk wird auch in den Wechselkosten berücksichtigt und kann für eine starke
Marktstellung sprechen.[192] Wenn Nutzer mehrere Plattformen oder Netzwerke parallel
nutzen, (zB Werbung in mehreren Medien, Anbieten auf mehreren Plattformen, Mitglied
in mehreren Netzwerken, Nutzung von mehreren Kreditkarten) wirkt sich dies auf die
Marktstellung aus. Die Neigung zum Tipping wird dadurch reduziert. Häufig wird sich die
parallele Nutzung von mehreren Diensten durch die eine Nutzergruppe, auch auf die
andere Nutzergruppe auswirken.

(3) Größenvorteile im Zusammenhang mit Netzwerkeffekten,. Die Größenvor- **68**
teile des Unternehmens sind bereits unter Abs. 3 Nr. 5 berücksichtigt. Sie beziehen sich
auf seine Kostensituation, seine Skaleneffekte („economies of scale").[193] Bei den mehrseitigen Märkten spielt dieses Kriterien jedoch eine besondere Rolle, da zB bei Internetplattformen zusätzliche Nutzer keine oder nur geringe Kosten verursachen. Bestehende
Größenvorteile können sich dadurch noch stärker auswirken und die indirekten Netzwerkeffekte verstärken.[194]

(4) Zugang zu wettbewerbsrelevanten Daten. Der Zugang zu Daten kann eine **69**
erhebliche Marktzutrittsschranke sein, wenn Daten für die Geschäftätigkeit erforderlich

---

[188] Begründung Entwurf 9. GWB-Novelle BT-Drs. 18/10207, 49.
[189] Begründung Entwurf 9. GWB-Novelle BT-Drs. 18/10207, 50.
[190] Begründung Entwurf 9. GWB-Novelle BT-Drs. 18/10207, 50.
[191] Begründung Entwurf 9. GWB-Novelle BT-Drs. 18/10207, 50.
[192] Begründung Entwurf 9. GWB-Novelle BT-Drs. 18/10207, 50.
[193] Begründung Entwurf 9. GWB-Novelle BT-Drs. 18/10207, 51.
[194] Begründung Entwurf 9. GWB-Novelle BT-Drs. 18/10207, 51.

sind. Haben Unternehmen nicht die Möglichkeit, die erforderlichen Datenpools aufzubauen und sonst keinen Zugang zu den Daten, kann die exklusive Herrschaft über die relevanten Daten zu Wettbewerbsvorteilen und sogar Marktmacht führen. Für etwaige Wettbewerbsvorteile sind aber nicht nur der Zugang zu Daten, sondern auch die Fähigkeiten die Daten auszuwerten und zu verarbeiten relevant.[195]

70   **(5) Innovationsgetriebener Wettbewerbsdruck.** Mit dem Kriterium des innovationsgetriebenen Wettbewerbsdrucks will der Gesetzgeber die Wirkungen von Innovationspotentialen berücksichtigen. Hier soll berücksichtigt werden, dass Unternehmen durch Innovationen die Marktpositionen von Wettbewerbern angreifen und verändern können. Neue Technologien oder Angebote können daher auch kurzfristig etablierte Marktpositionen verändern. In der Praxis wird dieser Aspekt jedoch schwer zu bewerten sein, da es hier um die Berücksichtigung einer zukünftigen Entwicklung geht. Dh es muss bewertet werden, ob ein aktuell markbeherrschendes Unternehmen gegebenenfalls zukünftig nicht mehr diese Stellung innehat, und daher bereits jetzt nicht von einer Marktbeherrschung auszugehen ist.[196]

71   **dd) Bedeutung von Vermittlungsleistungen auf mehrseitigen Märkten (Abs. 3b).** Mit der 10. GWB-Novelle wurde geregelt, dass bei der Bewertung der Marktstellung eines Unternehmens, welches als Vermittler auf mehrseitigen Märkten auftritt, insbesondere auch die Bedeutung der von dem Unternehmen erbrachten Vermittlungsleistungen für den Zugang zu Beschaffungs- und Absatzmärkten zu berücksichtigen ist. Damit soll die „Intermediationsmacht" in die Prüfung der Marktstellung einbezogen werden, da die Vermittlungstätigkeit in der digitalen Wirtschaft immer größere Bedeutung hat.[197]

72   Abs. 3b trägt der Tatsache Rechnung, dass die in der Regel mehrseitigen Plattformen als Vermittler mit ihrer Tätigkeit für die Vermittlung von Angebot und Nachfrage Daten sammeln, aggregieren und auswerten. Dies hat laut Bundeskartellamt[198] zur Folge, dass die Anbieter für eine effektive Vermittlung auf möglichst vorteilhafte Bewertungen und Listings angewiesen sind. Dadurch kann der Vermittler einen relevanten Einfluss auf den Markterfolg der Anbieter haben und sogar Kontrolle über den Marktzugang der Anbieter bekommen.[199] Entsprechend ist bei der Bewertung der Marktstellung eines Vermittler bei mehrseitigen Märkten seine Rolle für den Zugang zu Absatz- oder Beschaffungsmärkten zu prüfen.

73   **ee) Besonderheiten bei der Nachfragemarktbeherrschung.** Grundsätzlich sind für die Nachfragemarktbeherrschung die gleichen Erwägungen wie für die Marktbeherrschung auf der Angebotsseite maßgebend.[200] Die Besonderheiten bei der Nachfragemarktbeherrschung führen jedoch dazu, dass eine marktbeherrschende Stellung nur in Ausnahmefällen angenommen wird.[201] Für die Nachfragemarktbeherrschung kommt es auf die Fähigkeit des Nachfragers an, seine Nachfrage auf andere Waren oder gewerbliche Leistungen umzustellen. Je größer die Fähigkeit des Nachfragers ist, seine Nachfrage auf andere Waren oder Dienstleistungen umzustellen, desto unabhängiger ist er von seinen Anbietern und umgekehrt.[202]

74   **6. Verhältnis von Abs. 1 Nr. 2 zu Abs. 1 Nr. 3.** Das Verhältnis der beiden Vorschriften ist streitig. Die Frage, ob eine überragende Stellung gegeben ist, ist vor allem dann

---

[195] Begründung Entwurf 9. GWB-Novelle BT-Drs. 18/10207, 51.
[196] Begründung Entwurf 9. GWB-Novelle BT-Drs. 18/10207, 51.
[197] Referentenentwurf des Bundesministeriums für Wirtschaft und Energie v. 24.1.2020, 71.
[198] BKartA 26.8.2015 – B2-98/11 Rn. 87 f. – ASICS; 22.12.2015 – B9-121/13 Rn. 263 – Booking.com.
[199] Referentenentwurf des Bundesministeriums für Wirtschaft und Energie vom 24.1.2020, 71.
[200] Wiedemann/Wiedemann § 23 Rn. 24; Emmerich KartellR § 27 Rn. 46.
[201] Wiedemann/Wiedemann § 23 Rn. 25.
[202] Bechtold Rn. 50.

relevant, wenn feststeht, dass das Unternehmen wesentlichem Wettbewerb ausgesetzt ist.[203] Die frühere Rechtsprechung sah in Nr. 2 und Nr. 3 ein echtes Alternativverhältnis.[204] Heute vertritt die Rechtsprechung die Auffassung, dass es sich bei Nr. 2 und Nr. 3 um zwei verschiedene Betrachtungsweisen des Marktgeschehens handele, die sich in gewissem Maße ergänzen und gegenseitig beeinflussen. Die heutige Ansicht erfordert eine Gesamtbetrachtung des Marktgeschehens. Bei der Prüfung der Marktmacht eines Unternehmens nach Abs. 1 Nr. 2 sind ebenfalls die in Abs. 3, Abs. 3a und Abs. 3b genannten Faktoren zu berücksichtigen.[205] Begründet wird dies mit dem Schutzzweck des Oligopoltatbestands, wonach außenstehende Dritte geschützt werden sollen.[206]

7. Marktbeherrschung durch mehrere Unternehmen (Abs. 5). Bei einem Oligopol **75** steht einer geringen Anzahl von Anbietern eine beliebige Anzahl von Nachfragern gegenüber. Für die Beurteilung, ob ein Oligopol besteht, ist eine Gesamtbetrachtung aller relevanten Umstände maßgeblich.[207] Unter Berücksichtigung der Marktstruktur ist zu prüfen, ob ein dauerhaft einheitliches Verhalten der Mitglieder des Oligopols zu erwarten ist.[208]

Nach dem gesetzlichen Tatbestand ist zwischen dem Innenverhältnis der betroffenen **76** Unternehmen und dem Außenverhältnis zu den übrigen Mitbewerbern zu differenzieren.[209] Hierbei ist eine zweistufige wettbewerbliche Prüfung vorzunehmen.[210] Zunächst ist im Innenverhältnis festzustellen, ob zwischen den Unternehmen kein wesentlicher Wettbewerb besteht. Die Prüfung des Außenverhältnisses betrachtet, inwieweit die Oligopol-Unternehmen in ihrer Gesamtheit nicht wesentlichem Wettbewerb ausgesetzt sind (Abs. 1 Nr. 2) oder insgesamt eine überragende Marktstellung innehaben (Abs. 1 Nr. 3).[211]

a) Innenverhältnis. Voraussetzung für das Bestehen einer Marktbeherrschung ist, dass **77** zwischen den Oligopolunternehmen „für eine bestimmte Art von Waren oder gewerblichen Leistungen ein wesentlicher Wettbewerb nicht besteht".[212] Der fehlende Binnenwettbewerb muss tatsächliche Gründe haben und auf die bestehenden Wettbewerbsverhältnisse zurückzuführen sein.[213] Vereinbarungen, Empfehlungen oder Abstimmungen reichen nicht.[214] Auch hier ist eine Gesamtbetrachtung aller maßgebenden Umstände entscheidend.[215]

b) Gruppenbewusstsein/Gruppeneffekt. Im Innenverhältnis ist zu prüfen, ob ein **78** Gruppeneffekt[216] bzw. ein Gruppenbewusstsein vorliegt.[217] Die durch dieses Verhalten

---

[203] FK-KartellR/Paschke Rn. 216.

[204] Zu § 19 Abs. 2 S. 1 Nr. 1 und Nr. 2 GWB aF: BGH WuW/E BGH 1435 (1439) – Vitamin B12; BGH WuW/E BGH 1445 (1449) – Valium; BGH WuW/E BGH 1678 (1680) – Valium II; KG WuW/E OLG 2234 (2235) – Tonolli/Blei und Silberhütte Brauchbach (offen gelassen in der Rechtsbeschwerdeentscheidung BGH WuW/E BGH 1824 (1825) – Tonolli/Silber- und Bleihütte Brauchbach); KG WuW/E OLG 3759 (3785) – Pillsbury/Sonnen-Bassermann.

[205] BGH WuW/E BGH 1824 (1827) – Tonolli/Blei- und Silberhütte Braubach; LMRKM/Götting § 19 Rn. 27; Wiedemann/Wiedemann § 23 Rn. 28; LMRKM/Kühnen Rn. 73.

[206] Immenga/Mestmäcker/Fuchs GWB Rn. 101.

[207] Bechtold Rn. 59.

[208] Bechtold Rn. 59.

[209] Immenga/Mestmäcker/Fuchs GWB Rn. 163.

[210] LMRKM/Kühnen Rn. 113; Langen/Bunte/Bardong GWB Rn. 161.

[211] LMRKM/Kühnen Rn. 113.

[212] Bechtold Rn. 60.

[213] Langen/Bunte/Bardong GWB Rn. 194; aA Bechtold Rn. 60 wonach es gleichgültig ist, ob der fehlende Wettbewerb auf tatsächlichen oder rechtlichen Gründen beruht.

[214] Langen/Bunte/Bardong GWB Rn. 196.

[215] BGH WuW/E DE-R 2451 (2457) – E.ON/Stadtwerke Eschwege; Langen/Bunte/Bardong GWB Rn. 194.

[216] Immenga/Mestmäcker/Fuchs GWB Rn. 165.

[217] Bechtold Rn. 61.

betroffenen Dritten können dem gleichförmigen Marktverhalten der Oligopolisten nicht ausweichen. Daraus folgt eine Marktbeherrschung der Gruppe.[218]

79   Unter Gruppeneffekt werden die Wirkungen einer marktbeherrschenden Gruppe von Unternehmen verstanden, die sich auf Dritte auf die gleiche Weise auswirken können wie die eines Einzelmarktbeherrschers.[219] Der Gruppeneffekt führt zur Unausweichlichkeit gegenüber Dritten, so dass eine Gleichbehandlung mit marktbeherrschenden Einzelunternehmen gerechtfertigt ist.[220]

80   Gruppenbewusstsein ist das bewusst gleichförmige Marktverhalten der Oligopolisten auf Grund der gleichgerichteten Interessen.[221] Das Gruppenbewusstsein „beruht zB auf der Homogenität der relevanten Produkte, hoher Markttransparenz und niedrigem Innovationspotential".[222] Selbst wenn kein Gruppenbewusstsein feststellbar ist, kann „das Gesamtbild von so hochgradiger Erstarrung der Antriebskräfte des Wettbewerbers" zeugen, dass kein wesentlicher Wettbewerb mehr gegeben ist.[223]

81   Indiz für eine gemeinsame Marktbeherrschung kann die Gleichförmigkeit des Verhaltens bei der Preisfestsetzung über einen längeren Zeitraum hinweg sein,[224] zB gleiche Preise, gleichförmige Preissenkungen oder Preissteigerungen. Die Gleichförmigkeit auf Grund gleicher Interessen und gegenseitiger Abhängigkeit ist umso wahrscheinlicher, je weniger Unternehmen einem Oligopol angehören und je höher deren Marktanteil bzw. je geringer die Zahl der Außenseiter ist.[225] Weiteres Indiz ist die langfristige Angleichung der Marktanteile im Gegensatz zu kurzfristigen Schwankungen der Marktanteile.[226]

82   Gleichförmigkeit kann sich auch auf Grund von Tätigkeitsüberschneidungen der Oligopolisten auf Drittmärkten ergeben. Diese können auf der Zusammenarbeit in Gemeinschaftsunternehmen[227] oder auf langfristigen Lieferbeziehungen beruhen.[228] Ferner können die Wettbewerber auf Grund kapitalmäßiger oder personeller Verflechtungen davon Abstand nehmen, sich gegenseitigen Wettbewerb zu bereiten.[229]

83   **c) Nachfrager-Oligopol.** Beim Nachfrager-Oligopol sind mehrere Nachfrager gemeinsam marktbeherrschend.[230] Das Nachfrager-Oligopol kommt in der Praxis allerdings selten vor.[231]

84   **d) Verhältnis Abs. 1 und Abs. 5.** Das Verhältnis zwischen Abs. 1 und Abs. 5 ist umstritten. Zum einen wird vertreten, dass sich Abs. 1 und Abs. 5 ausschließen.[232] Begründet wird dies damit, dass ein Markt entweder durch ein marktbeherrschendes Einzelmonopol oder ein Oligopol bestimmt wird.[233] Beide Marktbeherrschungsformen könnten also

---

[218] KG WuW/E OLG 2053 (2059) – Valium; LMRKM/Kühnen Rn. 115; Immenga/Mestmäcker/Fuchs GWB Rn. 164.
[219] Vgl. BGH WuW/E BGH 907 (913) – Fensterglas VI; Immenga/Mestmäcker/Fuchs GWBRn. 165.
[220] Immenga/Mestmäcker/Fuchs GWB Rn. 165.
[221] KG WuW/E 5907 (5914 f.) – Rheinpfalz/Medien-Union.
[222] Bechtold Rn. 61; WuW/E DE-V 1365 (1372) – Phonak/ReSound; OLG Düsseldorf WuW/E DE-R 2094 (2100) – E.ON/Stadtwerke Eschwege; BKartA WuW/E DE-V 1163 (1169) – Springer/ProSiebenSat. 1.
[223] Vgl. BGH WuW/E BGH 907 (913) – Fensterglas VI; Bechtold Rn. 61; LMRKM/Kühnen Rn. 115; Langen/Bunte/Bardong Rn. 226; Immenga/Mestmäcker/Fuchs GWB Rn. 165.
[224] LMRKM/Kühnen Rn. 115.
[225] LMRKM/Kühnen Rn. 116; Immenga/Mestmäcker/Fuchs GWB Rn. 165.
[226] Bechtold Rn. 61.
[227] BKartA WuW/E BKartA 2669 (2676) – Lindner Licht GmbH; LMRKM/Kühnen Rn. 115.
[228] BKartA WuW/E BKartA 2143 (2145) – Glasfaserkabel; WuW/E BKartA 2247 (2249) – Hüls/Condea; LMRKM/Kühnen Rn. 100.
[229] BGH WuW/E BGH 2195 (2197) – Abwehrblatt II; WuW/E BGH 2433 (2440) – Gruner+Jahr/Zeit II; KG WuW/E OLG 5907 (5914) – Rheinlandpfalz/Medien-Union; LMRKM/Kühnen Rn. 115.
[230] KG WuW/E 3917 (3927) – Coop/Wandmaker.
[231] Bechtold Rn. 65 mwN.
[232] Vgl. KG WuW/E OLG 3759 (3765) – Pillsbury/Sonnen-Bassermann; KG WuW/E OLG 2234 (2235) – Blei- und Silberhütte Braubach; LMRKM/Kühnen Rn. 112.
[233] Immenga/Mestmäcker/Fuchs GWB Rn. 167.

nicht nebeneinander bestehen. Sie können nur alternativ vorliegen.[234] Dagegen wird angeführt, dass eine eindeutige Abgrenzung dem Schutzzweck der Normen nicht gerecht werde. Geschützt seien die außenstehenden Dritten. Es sei ein fließender Übergang beider Marktbeherrschungsformen zu beachten.[235] Danach kann eine Verfügung nach Abs. 1 sich subsidiär auf Abs. 5 beziehen.

III. Marktbeherrschungsvermutung (Abs. 4, 6 und 7)

1. Allgemeines. Die rechtliche Funktion der Marktbeherrschungsvermutungen ist nicht **85** ganz klar. Auf Grund der Mischung von Vermutungs- und Fiktionsregelungen in Abs. 4 (Einzelmarktbeherrschung) und Abs. 6 und 7 (Oligopol-Marktbeherrschung) ergeben sich insbesondere für die Beweisregeln und deren Auslegung Schwierigkeiten. Bei der Formulierung der Einzelmarktbeherrschung in Abs. 4 wird ausdrücklich der Begriff Vermutung verwendet „Es wird vermutet …". Bei der Oligopol-Marktbeherrschung lautet die Formulierung „eine Gesamtheit von Unternehmen gilt…". Abs. 7 verweist aber nicht auf die Fiktion, sondern auf die „Vermutung des Absatzes 6". Daraus könnte der Schluss gezogen werden, dass die Vermutungen in Abs. 4 und 6 die gleiche Rechtsnatur haben.[236] Da allerdings in der Begründung zum Regierungsentwurf zur 8. GWB Novelle[237] ausdrücklich festgestellt wird, dass keine materielle Änderung der Vorschrift gewünscht ist, muss wie auch vor der 8. GWB-Novelle bei der Rechtsnatur zwischen der Einzelmarktbeherrschungsvermutung in Abs. 4 und der Oligopol-Marktbeherrschungsvermutung in Abs. 6 unterschieden werden.[238]

2. Einzelmarktbeherrschungsvermutung (Abs. 4). Die Vermutungsregelungen des **86** Abs. 4 sollen die Rechtsanwendung des Vorliegens der Marktbeherrschung bei bestimmten Marktanteilen erleichtern.[239] Die Marktbeherrschungsvermutung soll nach dem gesetzgeberischen Willen sowohl für die Zusammenschlusskontrolle als auch für die Missbrauchskontrolle gelten.[240] Sie gilt sowohl für die Angebots- als auch für die Nachfragemacht.[241]

Nach Abs. 4 wird der Marktanteil eines Einzelunternehmens ziffernmäßig in Beziehung **87** zum Volumen eines Gesamtmarktes gesetzt. Für die Abgrenzung des Gesamtmarktes in sachlicher, räumlicher und zeitlicher Hinsicht gilt dasselbe wie im Rahmen des Abs. 1.[242]

a) Vermutung. Gemäß Abs. 4 wird eine Marktbeherrschung vermutet, wenn ein Un- **88** ternehmen einen Marktanteil von 40% hat. Die bisherige Schwelle von „einem Drittel" wurde mit der 8. GWB-Novelle in 2013 auf 40% geändert. Es wird dabei nicht nur auf das Erreichen der Marktanteilsschwelle geschaut, sondern auch auf die Entwicklung der Marktanteile über einen längeren Zeitraum. Bei starken Schwankungen der Marktanteile kann auch ein Mittelwert über mehrere Jahre gebildet werden.[243] Starke Schwankungen bei den Marktanteilen können auf wesentlichen Wettbewerb hindeuten,[244] wohingegen konstant hohe Marktanteile für das Fehlen eines wesentlichen Wettbewerbs sprechen.[245] Nicht nur der absolute Marktanteil, sondern auch der relative Marktanteil, dh der Marktanteil im

---

[234] BGH WuW/E BGH 1435 (1439) – Vitamin B 12.
[235] BGH WuW/E BGH 1678 (1680) – Valium II; FK-KartellR/Paschke Rn. 438.
[236] Bechtold Rn. 67.
[237] BT-Drs. 17/9852, 23.
[238] OLG Düsseldorf WuW/E DE-R 3000 (3005) – Tankstellenbetriebe Thüringen.
[239] MüKoGWB/Wolf Rn. 76.
[240] Beschlussempfehlung und Bericht des Ausschusses für Wirtschaft zum RegE der 6. GWB-Novelle, BT-Drs. 13/10633, 72; Thomas WuW 2002, 470 (471).
[241] Immenga/Mestmäcker/Fuchs GWB Rn. 195.
[242] Immenga/Mestmäcker/Fuchs GWB Rn. 194.
[243] BKartA WuW/E DE-V 331 (333) – Flowserve/Ingersoll-Dresser; hier wurde bei starken Schwankungen der Marktanteile der Durchschnitt über drei Jahre genommen.
[244] BGH WuW/E BGH 2783 (2790) – Warenzeichenerwerb.
[245] BGH WuW/E DE-R 1301 (1303) – Sanacorp/ANZAG.

Vergleich zu den Wettbewerbern, spielt eine Rolle. Dabei gilt, je größer der Abstand zum nächsten Wettbewerber, desto stärker ist die Marktposition.[246]

89   **b) Widerlegung.** Die Vermutung der Marktbeherrschung kann widerlegt werden.[247] Die Widerlegung ist dann möglich, wenn das Unternehmen wesentlichem Wettbewerb ausgesetzt ist (Abs. 1 Nr. 2) und keine überragende Marktstellung hat (Abs. 1 Nr. 3).[248] Im Rahmen der Amtsermittlung müssen im Verwaltungsverfahren (→ Rn. 88) alle gegen eine Monopolvermutung sprechenden Tatsachen berücksichtigt werden, so dass für eine Widerlegung im eigentlichen Sinne wenig Raum bleibt.[249]

90   Die Vermutung kann auch dadurch widerlegt werden, dass ein anderes Unternehmen marktbeherrschend ist, also keinem wesentlichen Wettbewerb gemäß Abs. 1 Nr. 2 ausgesetzt ist oder eine überragende Marktstellung gem. Abs. 1 Nr. 3 hat,[250] sofern man der Ansicht folgt, dass nur ein Unternehmen im Sinne von Abs. 1 marktbeherrschend sein kann.[251]

91   **c) Bedeutung im Rahmen der Verfahrensarten.** Auf Grund der prozessualen Unterschiede sind die Auswirkungen der Marktbeherrschungsvermutungen im Kartellverwaltungs-, Kartellordnungswidrigkeiten- und Kartellzivilverfahren verschieden.[252]

92   **aa) Verwaltungsverfahren.** Die Beweislast für die Marktbeherrschung im Verwaltungsverfahren liegt bei den Kartellbehörden. Die Kartellbehörden müssen daher die Vermutungsvoraussetzungen nachweisen[253] und versuchen, im Rahmen des Amtsermittlungsgrundsatzes die materiellen Voraussetzungen für die Markbeherrschung festzustellen.[254] Hierbei sind auch Kriterien zugunsten der Unternehmen, dh Kriterien, die gegen eine Marktbeherrschung sprechen, zu berücksichtigen.[255] Sollten nach Ausschöpfung aller Erkenntnisse Zweifel an einer Marktbeherrschung bestehen bleiben, so geht dies zu Lasten des Unternehmens.[256] Insoweit wirkt die Umkehr der materiellen Beweislast zu Lasten des Unternehmens.[257] Kann das Unternehmen den Gegenbeweis für die Marktbeherrschung nicht führen, gilt das Unternehmen als marktbeherrschend.[258]

93   **bb) Ordnungswidrigkeitenverfahren.** Die Vermutung findet im Ordnungswidrigkeitenverfahren keine Anwendung.[259] Es gilt hier der für die straf- und quasistrafrechtlichen Tatbestände geltende Grundsatz in dubio pro reo. Danach dürfen Sanktionen nur dann verhängt werden, wenn die Erfüllung aller maßgeblichen Tatbestandsmerkmale unabhängig von Beweislastregeln zweifelsfrei feststehen.[260]

94   **cc) Zivilverfahren.** Fraglich ist, ob die Marktbeherrschungsvermutung im Zivilprozess Anwendung findet. Die Rechtsprechung hat die Anwendbarkeit der Beweislastumkehr

---

[246] OLG Düsseldorf AG 2007, 556 (558) – SZ/Südost Kurier.
[247] Immenga/Mestmäcker/Fuchs GWB Rn. 42.
[248] BGH WuW/E BGH 1501 (1504) – Kfz-Kupplungen; Bechtold Rn. 72.
[249] Immenga/Mestmäcker/Fuchs GWB Rn. 198.
[250] Bechtold Rn. 72.
[251] FK-KartellR/Paschke Rn. 472.
[252] Kling/Thomas § 20 Rn. 74 f.
[253] OLG Düsseldorf WuW/E DE-R 1159 (1161) – BASF/NEPG.
[254] BGH WuW/E BGH 1749 (1753 f.) – Klöckner/Becorit; MüKoGWB/Wolf Rn. 83.
[255] BGH WuW/E BGH 990 (993) – Papierfiltertüten; BGH WuW/E 1283 (1287) – Asbach Uralt; LMRKM/Kühnen Rn. 121.
[256] BGH WuW/E BGH 1749 (1754) – Klöckner/Becorit; BGH WuW/E BGH 2231 (2237 f.) – Metro/Kaufhof; LMRKM/Kühnen Rn. 121.
[257] Langen/Bunte/Bardong GWB Rn. 222.
[258] BGH WuW/E BGH 1749 (1754) – Klöckner/Becorit; BGH WuW/E BGH 2231 (2237 f.) – Metro/Kaufhof; LMRKM/Kühnen Rn. 130; Bechtold Rn. 69; Immenga/Mestmäcker/Fuchs GWB Rn. 198.
[259] LMRKM/Kühnen Rn. 133; Thomas WuW 2002, 470 ff.
[260] LMRKM/Kühnen Rn. 133; Bechtold Rn. 70, 58; Thomas WuW 2002, 470 (476).

entweder abgelehnt,[261] offen gelassen[262] oder nur für teilweise anwendbar erklärt.[263] Meist wird vertreten, dass die Marktbeherrschungsvermutung nicht zu einer echten Beweislastumkehr führt, aber Indizwirkung hat. Das in Anspruch genommene Unternehmen muss substantiiert darlegen, weshalb es trotz der Erfüllung des vom Anspruchssteller zu beweisenden Vermutungstatbestands nicht marktbeherrschend ist.[264]

3. Oligopolvermutung (Abs. 6 und 7). a) Vermutung. Gemäß Abs. 6 Nr. 1 wird **95** ein Oligopol vermutet, wenn zwei oder mehr Unternehmen einen Marktanteil von 50 % haben. Dabei sind die jeweiligen Anteile der Oligopolunternehmen unerheblich. Die Vermutung wird nur gegen die größten Unternehmen angewendet.[265] Teile der Literatur vertreten daher auch die Ansicht, dass, wenn der Marktanteil von 50 % bereits durch die beiden größten Unternehmen erreicht wird, diese beiden Unternehmen als marktbeherrschend gelten. Ein drittes Unternehmen wird dann nicht mehr in die Marktbeherrschungsvermutung mit einbezogen.[266] Dieser Ansicht scheint das BKartA nicht zu folgen. Es hat (bestätigt durch das OLG Düsseldorf) im Phonak/ReSound Fall die Oligopolvermutung auf die drei größten Unternehmen angewendet, obwohl die zwei größten bereits die 50 % Schwelle erfüllt haben.[267]

Nach Abs. 6 Nr. 2 wird ein Oligopol vermutet, wenn bis zu fünf Unternehmen zwei **96** Drittel oder mehr Marktanteile haben. Diese Vermutung ist als Auffangtatbestand zu verstehen, vor allem für solche Fälle, in denen bis zu fünf Unternehmen relativ gleichmäßig verteilte Marktanteile haben.[268] Die Prüfung erfolgt in zwei Schritten: Zunächst muss festgestellt werden, dass zwischen mehreren Unternehmen keine wesentlicher Wettbewerb besteht (fehlender Binnenwettbewerb) und im zweiten Schritt, ob die Gesamtheit der Unternehmen des Oligopols im Verhältnis zu ihren Wettbewerbern eine marktbeherrschende Stellung hat (fehlender Außenwettbewerb).[269] Entsprechend liegt kein Oligopol vor, wenn drei Hersteller von Sportschuhen in lebhaften Preis- und Produktwettbewerb stehen.[270]

Sofern die jeweiligen Voraussetzungen der Vermutung erfüllt sind, gilt (vorbehaltlich des **97** Gegenbeweises) jedes Unternehmen als marktbeherrschend.[271]

b) Widerlegung. Die Vermutungen können durch die in Abs. 7 festgelegten Nachweise **98** widerlegt werden.[272] Dies ist zum einen dann der Fall, wenn im Innenverhältnis wesentlicher Wettbewerb zwischen den Oligopolisten zu erwarten ist.[273] Entscheidend für die Beurteilung des Wettbewerbsverhaltens sind die Strukturmerkmale.[274] Ob wesentlicher Wettbewerb zu erwarten ist, ist wiederum anhand einer Gesamtbetrachtung der maßgeblichen Umstände zu bewerten.[275] Dass tatsächlich Wettbewerb stattfindet, reicht als Nachweis zur Widerlegung der Vermutung nicht aus.[276] Es muss auch für die Zukunft ein

---

[261] OLG Düsseldorf WuW/E OLG 1913 (1914) – Allkauf; Bechtold Rn. 70.

[262] BGH WuW/E BGH 1629 (1631) – Revell Plastics; OLG Düsseldorf WuW/E OLG 3895 (3896) – Vermessungsauftrag.

[263] BGH WuW/E BGH 2483 (2488 f.) – Sonderungsverfahren.

[264] BGH WuW/E BGH 2483 (2489) – Sonderungsverfahren; Langen/Bunte/Bardong GWB Rn. 224; ausführlicher Streitstand MüKoGWB/Wolf Rn. 77.

[265] Bechtold Rn. 75.

[266] Bechtold Rn. 75.

[267] OLG Düsseldorf WuW/E DE-R 2477 (2488) – Phonak/ReSound.

[268] Bechtold Rn. 75.

[269] OLG Düsseldorf 5.8.2020, GRUR-RS 2020, 24925 Rn. 34 ff. – Umstellungsfrist für Motorradvertragshändler.

[270] OLG Düsseldorf NZKart 2021, 368 – Verbundunternehmen.

[271] FK-KartellR/Paschke Rn. 492.

[272] Immenga/Mestmäcker/Fuchs GWB Rn. 203; Langen/Bunte/Nothdurft GWB § 19 Rn. 71.

[273] Immenga/Mestmäcker/Fuchs GWB Rn. 203.

[274] KG WuW/E OLG 3051 (3072) – Morris-Rothmans.

[275] BGH WuW/E BGH 1824 (1827) – Tonelli/Blei- und Silberhütte Braubach; BKartA WuW/E DE-V 267 (269) – Chipkarten; Immenga/Mestmäcker/Fuchs GWB Rn. 203.

[276] Immenga/Mestmäcker/Fuchs GWB Rn. 203.

wesentlicher Wettbewerb zu erwarten sein. Allerdings können die aktuelle Wettbewerbs-situation und die Wettbewerbsverhältnisse in der Vergangenheit ein Indiz für die erforder-liche Zukunftsprognose sein, sofern die Wettbewerbssituation strukturell bedingt ist und nicht auf der allgemeinen Marktsituation beruht, die jederzeit veränderbar ist.[277]

99   Zum anderen kann die Vermutung widerlegt werden, wenn die Unternehmen nach-weisen, dass die Gesamtheit der Unternehmen im Verhältnis zu den übrigen Wettbewer-bern keine überragende Stellung hat.[278] Hierbei werden die Unternehmen im Außenver-hältnis als eine Einheit behandelt und anderen Unternehmen gegenübergestellt.[279] Der Nachweis, dass keine überragende Marktposition vorliegt, wird in der Regel nicht auf Grund der Marktanteile des bzw. der anderen Unternehmen erfolgen, da die Unternehmen mit den größten Marktanteilen in die Vermutung einbezogen wurden. Daher kommt es auf andere Kriterien an, zB besonders umfangreiche Ressourcen, die die Ressourcen der Oligopolisten übersteigen.[280]

100   **c) Bedeutung im Rahmen der Verfahrensarten.** Die Vermutung des Abs. 6 enthält eine echte Beweislastumkehr.[281] Sie kann gemäß Abs. 7 widerlegt werden. Die formelle Beweislast liegt bei den am Zusammenschluss beteiligten Unternehmen. Diese Beweis-regeln finden sowohl im Verwaltungs- als auch im Kartellzivilverfahren Anwendung.[282]

101   **4. Verhältnis von Oligopolvermutung und vermuteter Einzelmarktbeherr-schung.** Das Verhältnis von Monopolvermutung und Oligopolvermutung ist umstritten.[283] Zum einen wird vertreten, dass sich die beiden Vermutungen gegenseitig aufheben wür-den.[284] Des Weiteren wird vertreten, dass die Vermutungen nicht nebeneinander anwend-bar sind, da wie bereits oben erwähnt (unter Abs. 5) ein Markt nicht zugleich durch ein Monopol und ein Oligopol beherrscht werden könne (→ Rn. 80). Sind die Vorausset-zungen beider Vermutungen erfüllt, wird vertreten, dass die (Einzel-)Marktbeherrschung dann zu Lasten des Unternehmens, für das beide Vermutungen übereinstimmend erfüllt sind, vermutet wird.[285]

102   Das Bundeskartellamt bejaht die parallele Anwendung der beiden Vermutungen, wobei der Schwerpunkt der Vermutungen zu berücksichtigen ist.[286] Dies hat zur Folge, dass je nach Sachverhalt eine von beiden Vermutungen erfüllt ist. Zu berücksichtigen ist hierbei speziell das Innenverhältnis.[287] Die beiden Vermutungen haben zum Zweck, dass sie Anhaltspunkte für die fehlende Funktionsfähigkeit des Marktes geben.

B. Handelsvertreter

103   Sowohl der Handelsvertreter als auch der Unternehmer können Normadressat der § 18 ff. GWB sein und eine marktbeherrschende Position haben.

---

[277] BKartA WuW/E DE-V 109 (110) – Dow Chemical/Shell; Bechtold Rn. 78.
[278] Immenga/Mestmäcker/Fuchs GWB Rn. 205.
[279] Immenga/Mestmäcker/Fuchs GWB Rn. 205; Bechtold Rn. 80.
[280] Bechtold Rn. 80.
[281] MüKoGWB/Wolf Rn. 94; Bechtold Rn. 77; Thomas WuW 2002, 470 (481).
[282] Bechtold Rn. 74; LMRKM/Götting § 19 Rn. 54.
[283] Immenga/Mestmäcker/Fuchs GWB Rn. 206, LMRKM/Kühnen Rn. 121; MüKoGWB/Wolf Rn. 105 f.
[284] KG WuW/E OLG 2234 (2235) – Blei- und Silberhütte Brauchbach; offen gelassen von BGH WuW/E BGH 1824 f. – Tonelli/Blei- und Silberhütte Braubach.
[285] Bechtold Rn. 71.
[286] BKartA WuW/E DE-V 427 (428) – 3 M/ESPE; LMRKM/Kühnen Rn. 121.
[287] KG WuW/E OLG 3759 (3765) – Pillsbury/Sonnen-Bassermann; WuW/E OLG 3051 (3070) – Morris/Rothmans; Langen/Bunte/Bardong GWB Rn. 245.

C. Vertragshändler

Der Vertragshändler kann ebenso wie der Unternehmer eine marktbeherrschende Stel- 104
lung gemäß § 18 innehaben.

D. Franchisenehmer

Für den Franchisenehmer und den Franchisegeber gibt es keine Besonderheiten, so dass 105
hier auf die Ausführungen zum Vertragshändler verwiesen wird.

E. Kommissionsagent

Für den Kommissionsagenten gilt das Gleiche wie für den Handelsvertreter, so dass auf 106
die Ausführungen zum Handelsvertreter verwiesen wird.

§ 19 GWB Verbotenes Verhalten von marktbeherrschenden Unternehmen

(1) **Der Missbrauch einer marktbeherrschenden Stellung durch ein oder mehrere Unternehmen ist verboten.**

(2) **Ein Missbrauch liegt insbesondere vor, wenn ein marktbeherrschendes Unternehmen als Anbieter oder Nachfrager einer bestimmten Art von Waren oder gewerblichen Leistungen**

1. **ein anderes Unternehmen unmittelbar oder mittelbar unbillig behindert oder ohne sachlich gerechtfertigten Grund unmittelbar oder mittelbar anders behandelt als gleichartige Unternehmen;**
2. **Entgelte oder sonstige Geschäftsbedingungen fordert, die von denjenigen abweichen, die sich bei wirksamem Wettbewerb mit hoher Wahrscheinlichkeit ergeben würden; hierbei sind insbesondere die Verhaltensweisen von Unternehmen auf vergleichbaren Märkten mit wirksamem Wettbewerb zu berücksichtigen;**
3. **ungünstigere Entgelte oder sonstige Geschäftsbedingungen fordert, als sie das marktbeherrschende Unternehmen selbst auf vergleichbaren Märkten von gleichartigen Abnehmern fordert, es sei denn, dass der Unterschied sachlich gerechtfertigt ist;**
4. **sich weigert, ein anderes Unternehmen gegen angemessenes Entgelt mit einer solchen Ware oder gewerblichen Leistung zu beliefern, insbesondere ihm Zugang zu Daten, zu Netzen oder anderen Infrastruktureinrichtungen zu gewähren, und die Belieferung oder die Gewährung des Zugangs objektiv notwendig ist, um auf einem vor- oder nachgelagerten Markt tätig zu sein und die Weigerung, den wirksamen Wettbewerb auf diesem Markt auszuschalten droht, es sei denn, die Weigerung ist sachlich gerechtfertigt;**
5. **andere Unternehmen dazu auffordert, ihm ohne sachlich gerechtfertigten Grund Vorteile zu gewähren; hierbei ist insbesondere zu berücksichtigen, ob die Aufforderung für das andere Unternehmen nachvollziehbar begründet ist und ob der geforderte Vorteil in einem angemessenen Verhältnis zum Grund der Forderung steht.**

(3) **¹Absatz 1 in Verbindung mit Absatz 2 Nummer 1 und Nummer 5 gilt auch für Vereinigungen von miteinander im Wettbewerb stehenden Unternehmen im Sinne der §§ 2, 3 und 28 Absatz 1, § 30 Absatz 2a, 2b und § 31 Absatz 1 Nummer 1, 2 und 4. ²Absatz 1 in Verbindung mit Absatz 2 Nummer 1 gilt auch für Unternehmen, die Preise nach § 28 Absatz 2 oder § 30 Absatz 1 Satz 1 oder § 31 Absatz 1 Nummer 3 binden.**

Literatur: Bahr, Das Erfordernis freien Zugangs zu B2B-Marktplätzen nach EG-Kartellrecht, WuW 2002, 230; Basedow, Konsumentenwohlfahrt und Effizienz – Neue Leitbilder der Wettbewerbspolitik?, WuW 2007, 712; Bauer, Kartellrechtliche Zulässigkeit von Beschränkungen des Internetvertriebs in selektiven Vertriebssystemen, WRP 2003, 243; Bechtold, Anmerkung zum BGH-Beschl. v. 1.10.84 „Gruner & Jahr/Zeit", AfP 1985, 26; ders., Pflicht zur Übernahme der Bruttopreise des Vorlieferanten? WuW 1996, 14; ders., Zulassungsansprüche zu selektiven Vertriebssystemen unter besonderer Berücksichtigung der Kfz-Vertriebssysteme, NJW 2003, 3729; ders., Der Referentenentwurf der 8. GWB-Novelle im Überblick, BB 2011, 3075; Becker/Zapfe, Energiekartellrechtsanwendung in Zeiten der Regulierung, ZWeR 2007, 419; Böge, Die leitungsgebundene Energiewirtschaft zwischen klassischer Wettbewerbsaufsicht und Regulierung, in: Festschrift für Baur, 2002, S. 399; Brück, Wettbewerb auf nachgelagerten Märkten, WRP 2008, 1160; Büdenbender, Das kartellrechtliche Preismissbrauchsverbot in der aktuellen höchstrichterlichen Rechtsprechung, ZWeR 2006, 233; ders., Die Bedeutung der Preismissbrauchskontrolle nach § 315 BGB in der Energiewirtschaft, NJW 2007, 2945; Burkert, Die Zulässigkeit von Koppelungsgeschäften aus wettbewerbsrechtlicher Sicht, 1992; Deselaers, Die „Essential Facilities"-Doktrin im Lichte des Magill-Urteils des EuGH, EuZW 1995, 563; Dittman, Öffnung von Märkten durch kartellrechtlichen Kontrahierungszwang, Diss. 2003; Dreher, M., Die Verweigerung des Zugangs zu einer wesentlichen Einrichtung als Missbrauch der Marktbeherrschung, DB 1999, 833; ders., Die Zukunft der Missbrauchsaufsicht in einem ökonomisierten Kartellrecht, WuW 2008, 23; Drexl, Geistiges Eigentum als integraler Bestandteil der europäischen Wettbewerbsordnung, FIW 2007, S. 79; Ebenroth/Obermann, Zweitvertretungsanspruch in Absatzmittlungsverhältnissen aus § 26 Abs. 2, DB 1981, 329; Eilmansberger, Verbraucherwohlfahrt, Effizienzen und ökonomische Analyse – Neue Paradigmen im europäischen Kartellrecht?, ZWeR 2009, 437; Emde, Gedanken zum (kartellrechtlichen) Kontrahierungsanspruch – zugleich Besprechung des Urteils des LG Köln vom 22.10.2020 – 88 O (Kart) 32/20, ZVertriebsR 2021, 3; Ensthaler/Bock, Verhältnis zwischen Kartellrecht und Immaterialgüterrecht am Beispiel der Essential-facility-Rechtsprechung von EuGH und EuG, WRP 2009, 1; Ewald, Chr., Predatory Pricing als Problem der Missbrauchsaufsicht, WuW 2003, 1165; Fezer, Vertriebsbindungssysteme als Unternehmensleistung – Zum Wettbewerbsschutz des selektiven Vertriebs im Grauen Markt, GRUR 1990, 551; Fleischer, Behinderungsmissbrauch durch Produktinnovation, 1997; Frenz, Monopolmissbrauch und Duales System, WuW 2002, 962; Fuchs, Effizienzorientierung im Wettbewerbs- und Kartellrecht? in: Fleischer/Zimmer, Effizienz als Regelungsziel im Handels- und Wirtschaftsrecht, 2008, S. 69; Hahn, R., Die Beurteilung von Niedrigpreispolitik und Mischkalkulation marktbeherrschender Unternehmen im Rahmen der Mißbrauchsaufsicht nach § 22 Abs. 4 Satz 2 Nr. 1 GWB, WuW 1984, 285; Harte-Bavendamm/Kreutzman, Neue Entwicklungen in der Beurteilung selektiver Vertriebssysteme, WRP 2003, 682; Haus, Kommunikationskartellrecht – Ein Rahmen für den Wettbewerb in Kommunikationsmärkten, WuW 2004, 171; Heinemann, Die Relevanz des »more economic approach« für das Recht des geistigen Eigentums, GRUR 2008, 949; Hirsch, Gibt § 26 Abs. 2 GWB einen Anspruch auf einen bestimmten Film zu einer bestimmten Zeit?, GRUR 1987 490; Hoffmann, J., Preisscheren durch vertikal integrierte Oligopole, WuW 2003, 1278; Hölzler/Satzky, Wettbewerbsverzerrungen durch nachfragemächtige Handelsunternehmen, FIW-Schriftenreihe Heft 90, 1980; Hoppmann, Zur Abgrenzung des relevanten Marktes im Rahmen der Missbrauchsaufsicht über marktbeherrschende Unternehmen bei Arzneimitteln; Immenga, Ökonomie und Recht in der europäischen Wettbewerbspolitik, ZWeR 2006, 346; Inderst/Schwalbe, Effekte verschiedener Rabattformen, ZWeR 2009, 65; Junghanns, Preis-Kosten-Scheren in der Telekommunikation, WuW 2002, 567; Karehnke, Die Abgabe von Produkten unter Selbstkostenpreis, AG 1992, 327; Kartte, Konzepte des BKartA zur Erfassung von Nachfragemacht des Handels, in: Wettbewerb als Herausforderung und Chance, 1989, S. 59; Kilian, Diskriminierungsverbot und Kontrahierungszwang für Markenartikelhersteller, ZHR 142 (1978) 453; Kirchhoff, Die Beurteilung von Bezugsverhältnissen nach europäischem Kartellrecht, WuW 1995, 361; Klaue, Nationales Kartellrecht und Zuliefererproblematik unter besonderer Berücksichtigung der Automobilindustrie, ZIP 1989, 1313; Klimisch/Lange, Zugang zu Netzen und anderen wesentlichen Einrichtungen als Bestandteil der kartellrechtlichen Mißbrauchsaufsicht, WuW 1998, 15; Kleinmann/Bechtold, Kommentar zur Fusionskontrolle; Kling/Thomas, Kartellrecht; Knöpfle, Zur Missbrauchsaufsicht über marktbeherrschende Unternehmen auf dem Preissektor, BB 1974, 862; ders., Wettbewerbs- und kartellrechtliche Kontrolle der Nachfragemacht, 1979; ders., Nachfragewettbewerb und Marktbeherrschung, 1986; Köhler, zur Kontrolle der Nachfragemacht nach dem neuen GWB und dem neuen UWG, WRP 2006, 139; Körber, Wettbewerb in dynamischen Märkten – Zum Microsoft-Urteil des EuG vom 17.9.2007, WuW 2007, 1209; Kokhoff, Grenzen des selektiven Vertriebs von Markenartikeln, WuW 1985, 854; Kuhn, Preishöhenmissbrauch (excessive pricing) im deutschen und europäischen Kartellrecht, WuW 2006, 578; Lange, Die kartellrechtliche Kontrolle der Gewährung von Rabatten, WuW 2002, 220; ders., Handbuch zum deutschen und europäischen Kartellrecht; Lange, K. W., Die kartellrechtliche Kontrolle der Gewährung von Rabatten, WuW 2002, 220; Lehmann, Schutz des Leistungswettbewerbs und Verkauf unter Einstandspreis – Anmerkung zu den BGH-Entscheidungen „Elbe-Markt", „mini-Preis", „Der Superhit" und „Verkauf unter Einstandspreis", GRUR 1979, 368; Lötzsch/Bornheim, Zivilrechtliche Rechtsfolgen bei Nichtbeachtung der neuen Vergabevorschriften der VOB/A durch private Auftraggeber, NJW 1995, 2134; Lukes, Stromlieferung im liberalisierten Strommarkt, BB 1999, Beil. zu Heft 21; Lutz, Kartellrechtliche Missbrauchsaufsicht über HuK-Gaspreise – Marktabgrenzung und Marktbeherrschung, RdE 2000, 62; Mandel, Diskriminierungsverbot gemäß § 26 Abs. 2 Satz 2 des Gesetzes gegen Wettbewerbsbeschränkungen und Grenzen der Zulässigkeit für den selektiven Vertrieb, Frankfurt a. M., 1991 (Europäische Hochschulschriften, Reihe II, Rechtswissenschaft; Bd. 933); Mees, Preisunterbietungen als Behinderungen aus wettbewerbsrechtlicher und kartellrechtlicher Sicht in der Rspr. des BGH, WRP 1992, 223; Münchener Kommentar zum Europäischen und Deutschen Wettbewerbsrecht (Kartellrecht); Moura e Silva, Predatory Pricing under Article 82 and the Recoupment Test, ECLR 2009, 61; Nette, Die kartell- und wettbewerbsrechtliche Beurteilung der Preisunterbietung, 1984; Nicklisch, Der verbandsrechtliche Aufnahmezwang und die Inhaltskontrolle satzungsmäßiger Aufnahmevoraussetzungen, JZ 1976, 105; Olshausen, Zivil- und wirtschaftsrechtliche Instrumente gegen überhöhte Preise, ZHR 146 (1982); Ritter, Regierungsentwurf zum Gesetz zur Bekämpfung von Preismissbrauch im Bereich der Energieversorgung und des Lebensmittelhandels, WuW 2008, 142; Romeiser, Marktzutrittsschranken im Handel, 1998; Sack, Der Verkauf unter Selbstkosten im Handel und Handwerk, BB 1988, Beil. 3 zu Heft 11; Säcker, Zur Bedeutung der Nachfragemacht für die Feststellung von Angebotsmacht, BB 1988, 416; ders., Abschied vom Bedarfsmarktkonzept, ZWeR 2004, 1; ders., Freiheit durch Wettbewerb, Wettbewerb durch Regulierung, ZNER 2004, 98; Säcker, Der Abschied vom Bedarfsmarktkonzept, ZWeR 2004; Schmidt A./Voigt, Der »more economic approach« in der Missbrauchsaufsicht, WuW 2006, 1097; Schmidt, K.-E., Die Bedeutung des Preiswettbewerbs im Begriff des wesentlichen Wettbewerbs, in: Festschrift für Günther, S. 307; Schmidtchen, Der »more economic approach« in der Wettbewerbspolitik, WuW 2006, 6; Schmidt/Wuttke, Leistungswettbewerb und unbillige Behinderung i. S. des § 26 Abs. 4 GWB, BB 1998, 754; Schnelle/Kollmann, BKartA: Kein Marktmissbrauch von Google gegenüber Presseverlagen, GRUR-Prax 2016, 113; Schockenhoff, Die gerichtliche Durchsetzung von Belieferungsansprüchen aus § 26 Abs. 2 GWB, NJW 1990, 152; Schroeder, W., Monopol von Sportverbänden und Veranstalterkonkurrenz bei Wettkämpfen, WRP 2006, 1327; Schumacher, Altes und Neues zur Kampfpreisunterbietung, ZWeR 2007, 352; Siebert, Zur Marktabgrenzung bei Zeitungsverlagen, Publikums- und Fachzeitschriftverlagen, Buchverlagen, WuW 2004, 399; Soyez/Berg, Preiskontrolle und Vergleichsmarktkonzept in der Wasserwirtschaft, WuW 2007, 726; Theobald, Der Zugang zu Strom- und Gasnetzen: Eine Rechtsprechungsübersicht, WuW 2001, 1; Thomas, Die verfahrensrechtliche Bedeutung der Marktbeherrschungsvermutungen des § 19 III GWB, WuW 2002, 470; ders., Die Anwendung des erweiterten Diskriminierungsverbots auf Markenartikelhersteller, Festschrift Bechtold, 2006, S. 593; Westen, Unbillige Behinderung von Wettbewerbern durch Verkauf unter Einstandspreis, 1987; Wilhelmi, Lizenzverweigerung als Missbrauch einer marktbeherrschenden Stellung in der Gemeinschaftsrechtsprechung, WRP 2009, 1431; Wirtz, Anwendbarkeit von § 20 GWB auf selektive Vertriebssysteme nach Inkrafttreten der VO 1/2003, WuW 2003, 1039; Zimmer, Der rechtliche Rahmen für die Implementierung moderner ökonomischer Ansätze, WuW 2007, 1198.

Übersicht

A. Allgemein

I. Einleitung

1   **1. Systematik des § 19.** § 19 verbietet den Missbrauch einer marktbeherrschenden Stellung durch ein oder mehrere Unternehmen. Die fehlende wettbewerbliche Kontrolle des unternehmerischen Verhaltens eines marktbeherrschenden Unternehmens soll – in gewissem Maße – durch eine gesetzliche Beschränkung der Verhaltensspielräume ausgeglichen werden.[1] Abs. 1 enthält die Generalklausel, welche in Abs. 2 durch Regeltatbestände konkretisiert wird.[2] Abs. 2 unterscheidet zwischen den Tatbeständen Behinderungsmissbrauch (Nr. 1 Alt. 1), Diskriminierung (Abs. 1 Alt. 2), Ausbeutungsmissbrauch (Nr. 2), Strukturmissbrauch (Nr. 3), Missbrauch durch Zugangsverweigerung (Nr. 4) und Missbrauch durch Aufforderung zur Gewährung von Vorteilen (passive Diskriminierung) (Nr. 5).[3]

2   Mit der 8. GWB-Novelle wurde der frühere § 19 in zwei Paragraphen aufgeteilt: Die Definition der Markbeherrschung und die Marktbeherrschungsvermutung findet sich nunmehr in § 18. § 19 enthält das Missbrauchsverbot. Außerdem wurden die Behinderungsverbote, die bisher in § 19 Abs. 4 Nr. 1 aF und in § 20 Abs. 1 aF geregelt waren, in Abs. 2 Nr. 1 zusammengeführt. Zusätzlich ist in Abs. 2 Nr. 1 das Diskriminierungsverbot aufgenommen worden. Das in § 20 Abs. 3 aF enthaltene Verbot der Aufforderung zur Gewährung von Vorteilen (passive Diskriminierung) wurde in den neuen § 19 Abs. 2 Nr. 5 GWB überführt, der mit der 9. GWB-Novelle geändert wurde.

3   Mit der 10. GWB-Novelle wurde die Formulierung insoweit geändert, dass nicht mehr das missbräuchliche Ausnutzung der Marktbeherrschung relevant ist, sondern der Missbrauch der Marktbeherrschung. Damit wird klargestellt, dass keine „strikte Kausalität" zwischen der Marktbeherrschung und dem Missbrauch erforderlich ist.[4] Eine entsprechende Klarstellung gab es bereits für das „Anzapfverbots" in Absatz 2 Nummer 5. Mit der Änderung in Absatz 1 ist diese Klarstellung nun für alle Fälle des Ausbeutungsmissbrauchs erfolgt.

4   **2. Verhältnis zum EU-Kartellrecht.** Aus Art. 2 Abs. 2 VO Nr. 1/2003[5] folgt, dass für den Anwendungsbereich des § 19 der Vorrang des europäischen Rechts gilt. Die herrschende Meinung,[6] wie auch die EU Kommission[7] wendet für die Abgrenzung zwischen dem EU und nationalen Kartellrecht das Zwischenstaatlichkeitsprinzip an. Es besagt, dass EU-Recht dann zur Anwendung kommt, wenn eine bestimmte Verhaltensweise geeignet ist, den Handel zwischen den Mitgliedstaaten zu beeinträchtigen. Sollte dies nicht der Fall sein, wird ein Sachverhalt allein nach den nationalen Regeln behandelt. Sofern die Voraussetzungen der Tatbestände von Art. 102 AEUV oder § 19 vorliegen, kann meist ohne erneute Subsumtion auch ein Verstoß gegen die jeweils andere Norm angenommen werden.[8] Dies bedeutet aber nicht, dass § 19 eine bloße Widerspiegelung der EU-rechtlichen Vorschrift (Art. 102 AEUV) darstellt.[9]

5   In der Praxis ist eine klare Abgrenzung zwischen § 19 GWB und Art. 102 AEUV schwierig, zudem sind die Anforderungen der Zwischenstaatlichkeitsklausel nicht besonders

---

[1] FK-KartellR/Weyer Rn. 4 mwN.

[2] LMRKM/Loewenheim Rn. 3; FK-KartellR/Paschke Rn. 1.

[3] Wiedemann/Wiedemann § 23 Rn. 43; FK-KartellR/Weyer Rn. 8.

[4] Begründung Entwurf 10. GWB-Novelle BT-Drs. 19/23492, 70.

[5] Verordnung (EG) Nr. 1/2003 des Rates vom 16.12.2002 zur Durchführung der in den Artikeln 81 und 82 des Vertrags niedergelegten Wettbewerbsregeln, ABl. 2003 L 1, 1.

[6] Lange Rn. 833.

[7] Bekanntmachung der Kommission Leitlinien über den Begriff der Beeinträchtigung des zwischenstaatlichen Handels in den Artikeln 81 und 82 des Vertrages (2004/C 101/07) 27.4.2004.

[8] BGH WuW/E DE-R 2268 – Soda-Club II; Langen/Bunte/Nothdurft GWB Rn. 32.

[9] Langen/Bunte/Nothdurft GWB Rn. 36.

hoch.[10] So finden die beiden Regelungen häufig parallel Anwendung.[11] Nach Art. 3 VO 1/2003 sind die nationalen Gerichte und Behörden ausdrücklich zur parallelen Anwendung von Art. 102 AEUV verpflichtet.[12] Art. 102 AEUV ist von den nationalen Wettbewerbsbehörden parallel zu den nationalen Vorschriften anzuwenden, wenn diese eine missbräuchliche Verhaltensweise eines Unternehmens mit beherrschender Marktstellung prüfen, die den Handel zwischen den Mitgliedstaaten beeinträchtigen kann.[13] Dabei können die nationalen Missbrauchsvorschriften – im Gegensatz zu den Vorschriften, die das Kartellverbot (§ 1 GWB) regeln – strenger sein als die EU-rechtlichen Parallelvorschriften.[14] Dagegen darf das nationale Recht Verhaltensweisen nicht erlauben, die nach Art. 102 AEUV verboten sind.[15]

II. Normzweck

§ 19 ist als „dritte Säule" neben dem Kartellverbot gemäß § 1 und der Fusionskontrolle **6** nach den §§ 35 ff. GWB/EG Fusionskontrollverordnung Nr. 139/2004 eine zentrale Vorschrift des GWB und regelt den Missbrauch einer marktbeherrschenden Stellung durch Kontrolle.[16] Zweck der Vorschrift ist es, die wirtschaftliche Bewegungsfreiheit Dritter im Einflussbereich marktbeherrschender Unternehmen zu schützen.[17] Durch die 6. GWB-Novelle wurde die Norm von einer rein kartellbehördlichen Missbrauchsaufsicht in ein **Verbotsgesetz** umgewandelt,[18] um eine Anpassung an das Gemeinschaftsrecht zu erreichen und die privaten Kartellrechtsdurchsetzung zu erleichtern.[19]

III. Normadressat

Das Missbrauchsverbot richtet sich an marktbeherrschende Unternehmen.[20] Hoheitliche **7** Tätigkeiten fallen nicht unter Art. 102.[21] Die **Marktbeherrschung** wird grundsätzlich gemäß § 18 GWB ermittelt. Je nach Fallgestaltung, insbesondere der Art des Missbrauchs kann aber eine differenzierte Betrachtung sachgerecht sein.[22] So neigt die Rechtsprechung zB bei der Behinderung und der Diskriminierung nach Abs. 2 Nr. 1 bei der Feststellung des relevanten Marktes zu einer engen und spezifischen Marktabgrenzung (zB Messeveranstalter, die nur für spezifische Fachmessen tätig sind,[23] Gemeinden als Eigentümer von Grundstücken, welche zur Betreibung von Schilderprägungswerkstätten geeignet sind,[24] Ersatzteilmärkte).[25]

Das Behinderungs- und Diskriminierungsverbot kann auch auf **Drittmärkten** Geltung **8** erlangen, ohne dass auf diesen Drittmärkten selbst eine marktbeherrschende Stellung bestehen muss (sog. Kopplungsfälle).[26] Verspricht zB ein marktbeherrschendes Unternehmen einem Abnehmer für den Bezug von Waren oder Dienstleistungen auf dem beherrsch-

---

[10] EuGH WuW/E EU-R 1557 Rn. 50 – AEPI; Emmerich KartellR § 3 Rn. 18.
[11] BGH WuW/E DE-R 2268 – Soda-Club II; Emmerich KartellR § 3 Rn. 18, 57, 68 ff.
[12] Langen/Bunte/Nothdurft GWB Rn. 30; Emmerich KartellR § 3 Rn. 18, 57, 68 ff.
[13] Emmerich KartellR § 3 Rn. 18, 57, 68 ff.
[14] Emmerich KartellR § 3 Rn. 18, 57, 68 ff.
[15] Emmerich KartellR § 3 Rn. 18, 57, 68 ff.
[16] LMRKM/Loewenheim Rn. 1.
[17] Immenga/Mestmäcker/Fuchs GWB Rn. 4; Emmerich KartellR § 27 Rn. 63.
[18] Immenga/Mestmäcker/Fuchs GWB Rn. 5.
[19] BT-Drs. 13/9720, 35.
[20] Langen/Bunte/Nothdurft GWB Rn. 58.
[21] EuGH NZKart 2021, 342 – Lebensmittelüberwachung in Italien.
[22] OLG Hamburg NJWE-WettbR 1997, 286 (287) – fachdental Nord II; BGH WuW/E 1238 (1241) – Registrierkassen.
[23] OLG Hamburg NJWE-WettbR 1997, 286 (287) – fachdental Nord II.
[24] BGH WuW/E DE-R 2581 (2584) – Neue Trift.
[25] BGH WuW/E BGH 1238 (1241) – Registrierkassen; Bechtold Rn. 3.
[26] BGH WuW/E BGH 1911 (1914) = NJW 1982, 1759 – Meierei-Zentrale; BGHZ 33, 259 (263) = NJW 1961, 172 – Molkerei-Genossenschaft; Bechtold Rn. 11.

ten Markt bestimmte Vorteile, wenn der Abnehmer auch auf einem nichtbeherrschten Markt, auf dem das Unternehmen tätig ist, von diesem Unternehmen Waren oder Dienstleistungen bezieht, liegt ein sog. Kopplungsgeschäft vor. Das Gleiche ist der Fall, wenn ein marktbeherrschender Abnehmer die Abnahme von einem Lieferanten auf dem beherrschten Markt davon abhängig macht, dass der Lieferant ihm auf dem nicht beherrschten Markt Vorteile einräumt.[27] In beiden Fällen hat die Behinderung ihren Ursprung auf dem beherrschten Markt. Die Behinderung wirkt sich jedoch auf den Drittmarkt aus.

9   Der Normadressat von Abs. 1 muss den relevanten Markt nicht notwendigerweise allein beherrschen. Es sind Fälle denkbar, in denen der Wettbewerb durch mehrere Unternehmen genauso gefährdet sein kann, wie im Fall der Marktbeherrschung durch ein einzelnes Unternehmen. Auch mehrere Unternehmen können marktbeherrschend sein, wenn zwischen ihnen kein relevanter Wettbewerb besteht und sie in ihrer Gesamtheit als marktbeherrschend gemäß § 18 Abs. 5 GWB gelten (sog. Oligopolunternehmen).[28] Für weitere Ausführungen zur Marktbeherrschung und den relevanten Märkten → GWB § 18 Rn. 1 ff.

IV. Missbrauch

10   **1. Generalklausel.** Die Generalklausel in § 19 Abs. 1 verbietet jeden Missbrauch einer marktbeherrschenden Stellung durch ein oder mehrere Unternehmen. Wie im EU-Recht ist der Missbrauch funktional auf die Beeinträchtigung der Wettbewerbsverhältnisse zu verstehen. Nicht die marktbeherrschende Stellung eines Unternehmens als solche ist verboten, sondern erst der Missbrauch der marktbeherrschenden Stellung.[29] Ziel der Missbrauchskontrolle ist es, den Zugang zum Markt des marktbeherrschenden Unternehmens offen zu halten und dessen Konkurrenten zu schützen.[30] Dieses Ziel wird von der Rechtsprechung als Grundlage für die Bekämpfung von wettbewerbsschädlichem Verhalten angesehen.[31]

11   Mit der 10. GWB Novelle wurde Abs. 1 insoweit geändert, dass der „Missbrauch" und nicht mehr das „missbräuchliche Ausnutzung" der marktbeherrschenden Stellung verboten ist. Aufgrund der früheren Formulierung des „missbräuchlichen Ausnutzens einer marktbeherrschenden Stellung" wurde von Teilen der Rechtsprechung – zumindest beim Konditionenmissbrauch – eine strikte Kausalität gefordert.[32] Bei einer solchen strikten Kausalität wären nur solche Verhaltensweise verboten, die der Normadressat allein aufgrund der marktbeherrschenden Stellung durchsetzen konnte. Dies wurde nicht als sachgerecht angesehen und stand im Widerspruch zu der Rechtsprechung zu anderen Missbrauchskonstellationen. Entsprechend hat der BGH im Facebook-Fall[33] entschieden, dass „die Ausnutzung einer marktbeherrschenden Stellung [...] bei einem Konditionenmissbrauch nach § 19 Absatz 1 GWB nicht stets einen Kausalzusammenhang zwischen der Marktbeherrschung und dem missbilligten Verhalten (Verhaltenskausalität) voraus" setzt. Es kann auch ein kausaler Zusammenhang zwischen der Marktbeherrschung und dem Marktergebnis genügen (Ergebniskausalität), „wenn aufgrund der besonderen Marktbedingungen das Verhalten des marktbeherrschenden Unternehmens zu Marktergebnissen führt, die bei funktionierendem Wettbewerb nicht zu erwarten wären, und zudem das beanstandete Verhalten nicht nur eine Ausbeutung darstellt, sondern gleichzeitig auch geeignet ist, den Wettbewerb zu behindern." Mit der Änderung der Formulierung in Abs. 1 ist nun klargestellt, dass der

---

[27] OLG Düsseldorf WuW/E DE-R 2287 – Stadtwerke Düsseldorf; Bechtold Rn. 11.
[28] LMRKM/Loewenheim Rn. 6.
[29] Immenga/Mestmäcker/Fuchs GWB Rn. 60, 61.
[30] BT-Drs. IV/617, 96.
[31] KG WuW/E OLG 995 (999) – Handpreisauszeichner; WuW/E OLG 1767 (1771) – Kombinationstarif; Immenga/Mestmäcker/Fuchs GWB Rn. 60.
[32] OLG Düsseldorf 26.8.2019 – VI Kart 1/19 [V], BeckRS 2019, 18837; Körber NZKart 2019, 187 ff.; BT-Drs. IV/617, 96.
[33] BGH 23.6.2020 – KVR 69/19, GRUR-Int. 2021, 603 Rn. 70 ff. – Facebook.

Missbrauch an sich tatbestandsrelevant ist und nicht voraussetzt, dass dem Unternehmen das missbräuchliche Verhalten nur aufgrund seiner Marktbeherrschung möglich war.

Von dem Missbrauch können nicht nur die relevanten Märkte betroffen sein, sondern **12** der Missbrauch kann auch Auswirkungen auf Drittmärkte haben (→ Rn. 8).[34]

In der Praxis haben die Regelbeispiele eine größere Bedeutung als die Generalklausel.[35] **13** Die Regelbeispiele decken die meisten Fallkonstellationen ab, so dass für die Anwendung der Generalklausel selten Raum bleibt.[36] Allerdings ermöglicht es die Generalklausel auch solche Konstellationen zu erfassen, die nicht direkt von den Regelbeispielen abgedeckt werden, zB missbräuchlichen Kopplungsstrategien gegenüber Verbrauchern.[37]

2. Regelbeispiele. Unter die Regelbeispiele in Abs. 2 fallen der Behinderungsmiss- **14** brauch und die Diskriminierung (Nr. 1), der Ausbeutungsmissbrauch (Nr. 2), der Strukturmissbrauch (Nr. 3), der Missbrauch durch Zugangsverweigerung (Nr. 4) und der Missbrauch durch Aufforderung zur Gewährung von Vorteilen (passive Diskriminierung) (Nr. 5).

a) Behinderungsmissbrauch und Diskriminierung (Abs. 2 Nr. 1). Durch das **15** Verbot des Behinderungsmissbrauchs und der Diskriminierung unterliegen die marktbeherrschenden Unternehmen zusätzlichen Rücksichtnahmepflichten, so dass sie sowohl gegenüber der Marktgegenseite als auch gegenüber den Wettbewerbern „wettbewerbsinkonformes, leistungsfremdes Marktverhalten" zu unterlassen haben, um eine weitere Verschlechterung der Wettbewerbsbedingungen zu verhindern.[38] Hier geht es in erster Linie um die Aufrechterhaltung des funktionsfähigen Wettbewerbs mit den Konkurrenten des Marktbeherrschers. Erfasst werden Behinderungen sowohl gegenüber Wettbewerbern als auch gegenüber Unternehmen der Marktgegenseite.[39] Dabei muss nicht der Individualschutz beeinträchtigt sein, sondern die allgemeinen Wettbewerbsmöglichkeiten.[40]

Abs. 2 Nr. 1 umfasst 2 Alternativen: die unbillige Behinderung und die Diskriminierung, **16** wobei in der Praxis Überschneidungen bei den beiden Alternativen möglich sind.[41]

aa) Unbillige Behinderung (Abs. 2 Nr. 1 Alt. 1). Ein Fall des Abs. 2 Nr. 1 Alt. 1 **17** liegt vor, wenn ein marktbeherrschendes Unternehmen als Anbieter oder Nachfrager einer bestimmten Art von Waren oder gewerblichen Leistungen ein anderes Unternehmen unmittelbar oder mittelbar unbillig behindert. In der Praxis kommen die Fälle der unbilligen Behinderung vor allem im Verhältnis mit Wettbewerbern des Normadressaten vor. Allerdings kann eine Maßnahme auch die vor- oder nachgelagerten Marktteilnehmer unbillig behindern.

(1) Behinderung. Der Begriff der **Behinderung** war in der alten Fassung des § 19 in **18** Abs. 4 Nr. 1 ausdrücklich definiert als eine „Beeinträchtigung der Wettbewerbsmöglichkeiten anderer Unternehmen". Diese Definition ist auch nach der 8. GWB-Novelle relevant. Eine solche Beeinträchtigung liegt bereits bei jeder wettbewerblich nachteiligen Maßnahme für ein anderes Unternehmen vor.[42] Erfasst werden auch mittelbare Behin-

---

[34] BGH WuW/E DE-R 1206 – Strom und Telefon I; WuW/E DE-R 1210 – Strom und Telefon II; BGH WuW/E DE-R 1555 (1556) – Friedhofsruhe; OLG Düsseldorf WuW/E DE-R 880 (883) – Strom & Fon; KG WuW/E OLG 3124 (3129) – Milchaustauschfuttermittel; LMRKM/Loewenheim Rn. 6.

[35] LMRKM/Loewenheim Rn. 12.

[36] Bechtold Rn. 5.

[37] BGH WuW/E BGH 2406 – Inter Mailand-Spiel (Kopplung des Verkaufs von Eintrittskarten für ein Europapokalspiel an den gleichzeitigen Erwerb eines Tickets für ein eher unattraktives Bundesligaspiel des Vereins).

[38] KG WuW/E OLG 2402 = BB 1981, 1110 – Fertigfutter/Effem.

[39] Bechtold Rn. 7.

[40] BGH WuW/E DE-R 1210 (1211) – Strom und Telefon II.

[41] OLG Karlsruhe EuZW 2010, 237 (239).

[42] BGH WuW/E 863 (870) – Rinderbesamung II; BGHZ 81, 322 (327) – Original-VW-Ersatzteile II; Bechtold Rn. 8 und 14, Dazu kann im Einzelfall auch das Whitelisting oder Blacklisting gehören, siehe hierzu BGH NZKart 2020, 141 – Whitelisting/Werbeblocker; MMR 2020, 24 – Werbeblocker III.

derungen, etwa durch Einflussnahme auf Lieferanten oder Abnehmer des Behinderten.[43] Es reicht aus, dass die Maßnahme objektiv zur Behinderung geeignet ist; die Annahme eines Behinderungsmissbrauchs erfordert folglich nicht zwingend die Feststellung einer tatsächlichen Behinderung.[44] Ob das Verhalten auch missbräuchlich ist, hängt davon ab, ob das Verhalten unbillig ist.[45]

19   **(2) Unbilligkeit.** Die Behinderung eines Unternehmens stellt für sich allein genommen noch keinen Missbrauch dar. Erforderlich ist, dass die Behinderung unbillig ist. Die **Unbilligkeit** der Behinderung wird durch eine **Abwägung der Interessen** der Beteiligten festgestellt. Beteiligte, deren Interessen berücksichtigt werden müssen, sind zunächst der die Behinderung ausübende Normadressat und der hiervon direkt Betroffene. Daneben sind jedoch auch die Interessen von sonstigen Adressaten des Schutzbereichs der Norm, wie zB Wettbewerber eines marktbeherrschenden Unternehmens zu berücksichtigen, wenn deren Interessen indirekt von der Behinderung berührt werden.[46] Nach der Rechtsprechung sind daneben auch die Interessen der Endverbraucher[47] und des Gemeinwohls[48] zu berücksichtigen. Dies gilt jedenfalls dann, wenn diese Interessen mit der Zielsetzung des GWB vereinbar sind, was im Falle des Interesses der Endverbraucher regelmäßig der Fall ist.[49] Berücksichtigungsfähig sind allerdings nur solche Ziele, welche nicht in Widerspruch zu den Zielen des GWB (also dem Ziel der Freiheit des Wettbewerbs) stehen[50] und nicht durch die (übrige) Rechtsordnung missbilligt werden.[51]

20   Auch die **Wertungen des europäischen Wettbewerbsrechts** sind bei der Abwägung zu berücksichtigen. Die europäischen wettbewerbsrechtlichen Wertungen sind größtenteils identisch mit den nationalen Wertungen des GWB.[52] Zu beachten ist hierbei Art. 3 Abs. 2 der VO 1/2003.[53] Nach Art. 3 Abs. 2 der VO 1/2003 dürfen von Art. 101 Abs. 1 AEUV (ehemals Art. 81 Abs. 1 EUV) erfasste Fälle, welche den Wettbewerb iSd Art. 101 Abs. 1 AEUV nicht einschränken bzw. nach Art. 101 Abs. 3 AEUV oder durch die Gruppenfreistellungsverordnung freigestellt sind, nicht nach nationalem Recht verboten werden. Gemäß § 22 Abs. 2 S. 2 GWB findet diese Regelung jedoch auf §§ 18–21 keine Anwendung.[54] Demnach ist es möglich, dass ein wettbewerbsrelevantes Verhalten, welches nach europäischem Wettbewerbsrecht erlaubt ist, gegen nationales Wettbewerbsrecht verstößt.[55] Die Wertungen des europäischen Wettbewerbsrechts sind jedoch in die Interessenabwägung mit einzubeziehen.[56]

---

[43] LMRKM/Loewenheim Rn. 17.
[44] BGH 23.6.2020 – KVR 69/19 Rn. 88, 98 f. GRUR-Int. 2021, 603 – Facebook.
[45] Bechtold Rn. 8.
[46] BGH WuW/E BGH 1211 – Kraftwagen-Leasing; WuW/E BGH 509 (514) – Original-Ersatzteile; LMRKM/Loewenheim Rn. 22, 19.
[47] BGH WuW/E BGH 2990 (2997 f.) – Importarzneimittel; BGH WuW/E BGH 2919 (2922) – Orthopädisches Schuhwerk; OLG Karlsruhe WuW/E 5615 (5619 f.) – Schilderprägebetrieb; Bechtold Rn. 18.
[48] BKartA 8.9.2015 – B6–126/14, BeckRS 2016, 1138; WuW 2016, 38; Schnelle/Kollmann GRUR-Prax 2016, 113; BGH WuW/E DE-R 2163 (2164 f.) – Freihändige Vermietung an Behindertenwerkstatt; WuW/E DE-R 1951 (1952) – Bevorzugung einer Behindertenwerkstatt; Bechtold Rn. 18.
[49] LMRKM/Loewenheim Rn. 19.
[50] BGH WuW/E BGH 3058 (3063) – Pay-TV-Durchleitung; BGHZ 38, 90 (102) = WuW/E BGH 502 – Treuhandbüro; BGH WuW/E DE-R 1984 – Autoruf-Genossenschaft II; BGH WuW/E DE-R 134 (135) – Bahnhofsbuchhandel; BGH WuW/E BGH 2919 (2922) – Orthopädisches Schuhwerk; Bechtold Rn. 18; Langen/Bunte/Nothdurft GWB § 20 Rn. 121.
[51] BGH WuW/E BGH 2368 (2369 f.) – Handtuchspender; BGH WuW/E DE-R 1051 (1054 f.) – Vorleistungspflicht; WuW/E DE-R 741 (746 f.) – ambiente.de; WuW/E BGH 2589 (2591 f.) – Frankiermaschinen; Langen/Bunte/Nothdurft GWB Rn. 312.
[52] LMRKM/Loewenheim Rn. 23.
[53] Verordnung (EG) Nr. 1/2003 des Rates zur Durchführung der in Artikeln 81 und 82 des Vertrags niedergelegten Wettbewerbsregeln ABl. 2003 L 1, 1.
[54] Langen/Bunte/Nothdurft GWB § 20 Rn. 141.
[55] Ausführl. dazu Bechtold § 22 Rn. 8.
[56] Bechtold NJW 2003, 3729 ff.; LMRKM/Loewenheim Rn. 23; Wirtz WuW 2003, 1042.

Bei **Interessenabwägung** sind die Interessen der Beteiligten unter Beachtung der wett- **21** bewerbsrechtlichen gesetzlichen Wertungen gegenüber zu stellen und anschließend im Rahmen einer Gesamtwürdigung abzuwägen.[57] Hierbei kommt dem mit der Behinderung erstrebten Ziel und dem für die Zielerreichung gewählten Mittel eine besondere Bedeutung zu. Das Mittel muss für die Zielerreichung geeignet sein.[58] Dabei hat sich der Normadressat grundsätzlich für das für die Zielerreichung mildeste Mittel zu entscheiden.[59] Schließlich muss das Mittel im Hinblick auf das mit der Behinderung verfolgte Ziel verhältnismäßig sein.[60] Hierbei spielt vor allem die Schwere der Behinderung bzw. des Eingriffs in die Interessen des Betroffenen im Verhältnis zu dem mit der Behinderung bezweckten Ziel des Normadressaten eine Rolle.[61]

IRd Interessenabwägung ist ferner zu beachten, dass die Ziele und die für die Ziel- **22** erreichung gewählten Mittel umso strenger zu bewerten sind, je größer die **Marktmacht des Normadressaten** ist. Dies folgt aus der Erwägung, dass bei einem marktbeherrschenden Normadressaten die Möglichkeiten des benachteiligten Unternehmens, auf andere Marktteilnehmer auszuweichen, per se geringer sind.[62]

Bei der Interessenabwägung ist im Rahmen der Interessen des Normadressaten zu **23** berücksichtigen, dass der Normadressat in seiner unternehmerischen Tätigkeit grundsätzlich frei ist. Er kann sein Absatz- und Bezugssystem frei gestalten.[63] Das gilt sowohl für den Vertrieb der Waren und Leistungen und die Entscheidung, den Vertrieb direkt oder mit Vertriebsmittlern durchzuführen,[64] als auch für die Ausgestaltung der Kundendienstsysteme.[65] So steht es dem Normadressaten grundsätzlich frei, sachlich angemessene Anforderungen an eine Aufnahme in sein Vertriebssystem zu knüpfen, sofern diese einheitlich und diskriminierungsfrei sind.[66] Es kommt auch nicht darauf an, ob die mit der Behinderung bezweckte Zielsetzung vernünftig oder unvernünftig ist.[67] Maßnahmen zur Förderung eines Konkurrenten, die sein eigenes Unternehmen schädigen, können von dem Normadressaten nicht verlangt werden.[68]

Die Interessen des Normadressaten sind mit den **Interessen des betroffenen Unter-** **24** **nehmens** abzuwägen. Dabei sind auf Seiten des betroffenen Unternehmens nur solche Interessen zu berücksichtigen, die die freie wettbewerbsrechtliche Betätigung des von der Behinderung betroffenen Unternehmens bezwecken.[69] Geschützt sind so zB die Interessen

---

[57] LMRKM/Loewenheim Rn. 22.

[58] BGH WuW/E BGH 1829 (1838) – Original-VW-Ersatzteile; Langen/Bunte/Nothdurft GWB Rn. 338 mwN.

[59] BGH WuW/E BGH 1783 (1785) – Neue Osnabrücker Zeitung; WuW/E BGH 1495 (1497) – Autoruf-Genossenschaft; WuW/E BGH 1429 (1431) – Asbach-Fachgroßhändlervertrag; KG WuW/E OLG 2247 (2253) – Parallellieferteile; KG WuW/E OLG 1828 (1830) – Englisch-Wörterbuch; LMRKM/Loewenheim Rn. 22.

[60] LMRKM/Loewenheim Rn. 22.

[61] BGH WuW/E BGH 1783 (1785) – Neue Osnabrücker Zeitung; LMRKM/Loewenheim Rn. 22.

[62] Zu § 20 aF GWB: BGH WuW/E DE-R 357 (358) – Feuerwehrgeräte; BGH WuW/E BGH 3058 – Pay-TV-Durchleitung; OLG München WuW/E DE-R 1260 (1291) – BMW-Händlermarge; OLG Stuttgart WuW/E DE-R 1191 (1195) – Telefonbuch-Inserate; OLG Düsseldorf WuW/E DE-R 1184 (1486) – InfraCard-Tarif; LMRKM/Loewenheim Rn. 29.

[63] StRspr zB BGH NJOZ 2021, 341 – Radio Cottbus; OLG Düsseldorf 14.4.2021 – U (Kart) 14/20 Rn. 19, BeckRS 2021, 19714; BGH WuW/E BGH 2238 ff. = GRUR 1986, 750 (753) – EH-Partner-Vertrag; WuW/E BGH 2351 (2356 f.) – Belieferungsunwürdige Verkaufsstätten II; WuW/E DE-R 220 (221) – U-Bahn-Buchhandlungen; WuW/DE-R 1377 (1378 f.) – Sparberaterin; WuW/E BGH 1793 ff. = GRUR 1981, 610 (611) – SB-Verbrauchermarkt/Carrera; BGH WuW/E DE-R 1832 (1834) – Lesezirkel; WuW/E BGH 502 (508) – Treuhandbüro; LMRKM/Loewenheim Rn. 20; Bechtold Rn. 24 mit weiteren Beispielen.

[64] BGH WuW/E DE-R 2363 (2367) – Post-Wettannahmestelle.

[65] OLG München WuW/E OLG 5032 ff. – Wartung von Reanimationsgeräten.

[66] BGH NZKart 2021, 175 Rn. 28 – Radio Cottbus; Bechtold/Bosch/Bechtold/Bosch Rn. 24.

[67] LMRKM/Loewenheim Rn. 20.

[68] BGH WuW/E BGH 2953 (2964) – Gasdurchleitung; WuW/E BGH 2755 (2759) – Aktionsbeiträge; LMRKM/Loewenheim Rn. 20.

[69] LMRKM/Loewenheim Rn. 21.

des betroffenen Unternehmens an freiem Zugang zum Markt,[70] die Möglichkeit, seine Absatz- und Bezugswege frei wählen zu können,[71] und die Chancengleichheit mit anderen Wettbewerbern.[72]

25   Zu beachten ist auch, dass § 19 dem Wettbewerb dient, ihn aber nicht völlig aufheben soll. Eine zu strenge Auslegung des Behinderungs- und Diskriminierungsverbotes des Nr. 1 darf daher nicht dazu führen, den Normadressaten vom Wettbewerb auszuschließen.[73] Zum Wettbewerb gehört nämlich auch das Bestreben, die eigenen Marktanteile auszuweiten (wie zB durch die Einräumung von Rabatten) oder sich von anderen Wettbewerbern abzugrenzen (wie zB durch den Aufbau eines exklusiven Vertriebssystems).[74] So ist zB der Abbruch von Lieferbeziehungen dann nicht unbillig, wenn dies eine Reaktion auf vertragswidriges Verhalten des Lieferanten ist[75] oder der Lieferant sich als unzuverlässig erwiesen hat.[76]

26   Entscheidungserheblicher **Zeitpunkt der Interessenabwägung** ist der Zeitpunkt der Entscheidung, zB im Falle eines Verfahrens der Schluss der mündlichen Verhandlung und nicht der Zeitpunkt der zu bewertenden Maßnahme des Normadressaten.[77] Daraus folgt, dass auch solche Interessen zu berücksichtigen sein können, die erst nach der Behinderung auftreten.[78]

27   **(3) Fallgruppen.** Die Wettbewerbsmöglichkeiten anderer Unternehmen können zB durch eine gezielte Niedrigpreispolitik, Koppelungspraktiken,[79] längerfristige Bezugsbindungen insbesondere bei Ausschließlichkeitsbindungen[80] und Rabatte beeinträchtigt werden.

28   **(i) Niedrigpreisstrategien.** Während der Preiswettbewerb grundsätzlich zulässig und erwünscht ist, findet er dort seine Grenze, wo die Preisgestaltung nicht mehr einer betriebswirtschaftlich vernünftigen, nach kaufmännischen Grundsätzen vertretbaren Kalkulation entspricht.[81] Die Niedrigpreisstrategien können in verschiedene Fallgruppen eingeteilt werden. Diese sind insbesondere der Verkauf unter Einstandspreis, die Kampfpreise, die Kosten-Preis-Schere und die Quersubventionierungen.

29   Der **Verkauf unter Einstandspreisen** ist regelmäßig missbräuchlich. Seit der 6. GWB-Novelle, mit der § 20 Abs. 4 S. 2 aF (jetzt § 20 Abs. 3 S. 2) GWB eingeführt wurde, ist es selbst Unternehmen, die unterhalb der Marktbeherrschungsschwelle liegen, verboten, ihre Waren nicht nur gelegentlich unter Einstandspreis anzubieten.[82] Dies gilt erst Recht für marktbeherrschende Unternehmen nach § 18.[83] Verkauft ein marktbeherrschendes Unternehmen systematisch seine Waren und Dienstleistungen unter Einkaufspreis, so stellt dies idR einen Behinderungsmissbrauch dar, wenn das Verhalten nicht ausnahmsweise sachlich gerechtfertigt ist.[84] In seiner früheren Rechtsprechung ging der BGH noch davon aus, dass

---

[70] BGH WuW/E BGH 1200 (1204) – Vermittlungsprovision für Flugpassagen; LMRKM/Loewenheim Rn. 21.

[71] BGH 3.3.1969 – KVR 6/68, BeckRS 1969 – Sportartikelmesse II; LMRKM/Loewenheim Rn. 21.

[72] OLG Frankfurt a. M. WuW/E OLG 1283 (1286) – Brunneneinheits-Kunststoffkasten; LMRKM/Loewenheim Rn. 21.

[73] BGH WuW/E DE-R 201 – Schilderpräger im Landratsamt; LMRKM/Loewenheim Rn. 28.

[74] LMRKM/Loewenheim Rn. 28.

[75] LG Dortmund NZKart 2019, 231 (232) – MQB-Hintersitzlehnen; OLG Düsseldorf NZKart 2019, 62; Bechtold/Bosch/Bechtold/Bosch Rn. 17.

[76] LG Dortmund NZKart 2019, 231 (234).

[77] BGH WuW/E BGH 1629 (1633) – Modellbauartikel II; WuW/E BGH 1587 (1593) – Modellbauartikel I; LMRKM/Loewenheim Rn. 30.

[78] BGH WuW/E BGH 1629 (1634) – Modellbauartikel II; LMRKM/Loewenheim Rn. 22.

[79] KG WuW/E DE-R 1595 für Blumendistanzhandel; Bechtold Rn. 11; Emmerich KartellR § 27 Rn. 77.

[80] Immenga/Mestmäcker/Markert/Fuchs GWB Rn. 177.

[81] BGH WuW/E 3195 (2199 f.) – Abwehrblatt II.

[82] Wiedemann/Wiedemann § 23 Rn. 65.

[83] Wiedemann/Wiedemann § 23 Rn. 65.

[84] LMRKM/Loewenheim Rn. 16.

bei einem systemischen und nicht nur gelegentlichen Verkauf unter Einstandspreis eine unbillige Behinderung nicht unbedingt vorliegt.[85]

Nach der Rechtsprechung des BGH ist auch eine gegen einen bestimmten Wettbewerber 30 gerichtete gezielte Preisunterbindung unzulässig, wenn sie unter Einsatz nicht leistungsgerechter **Kampfpreise** die Verdrängung und Vernichtung der Mitbewerber bezweckt.[86]

Die **Kosten-Preis-Schere** (price/margin squeeze) ist dadurch gekennzeichnet, dass ein 31 Unternehmen, das sowohl Lieferant eines Vorprodukts als auch Anbieter des Endproduktes ist, Wettbewerber durch Erhöhung der Verkaufspreise für das Vorprodukt bei gleichzeitiger Senkung der Preise für das Endprodukt verdrängt.[87] Dies hat zur Folge, dass der Wettbewerber auf Grund der hohen Kosten für das Vorprodukt nicht in der Lage ist, genauso günstige Preise auf dem Endproduktmarkt anzubieten. Dieser Fall ist in § 20 Abs. 3 S. 2 Nr. 3 gesetzlich geregelt.

Die **Quersubventionierungen** stellen einen Sonderfall der Niedrigpreispolitik dar.[88] 32 Hier werden Kosten, die auf einem nicht beherrschten Drittmarkt anfallen, auf einen anderen Markt verlagert, auf dem das Unternehmen marktbeherrschend ist. Dadurch kann das Unternehmen auf dem nicht beherrschten Drittmarkt Waren und Leistungen zu einem Preis anbieten, der nicht auf Effizienz beruht, sondern auf der vorgenommenen Kostenverlagerung.[89] Eine Quersubventionierung muss nicht immer missbräuchlich sein. Ein Missbrauch liegt aber dann vor, wenn das Unternehmen die Kosten verlagert, um die Produkte oder Leistungen auf dem Drittmarkt zu einem nicht kostendeckenden Preis anzubieten und dadurch die Wettbewerber auf dem Drittmarkt auszuschalten.[90]

(ii) Koppelung. Auch **Koppelungspraktiken** können ein missbräuchliches Verhalten 33 darstellen, wenn ein marktbeherrschendes Unternehmen den Verkauf eines Produktes ohne sachlichen Grund mit dem Verkauf eines anderen Produktes oder einer (anderen) Dienstleistung koppelt.[91] Die Koppelung ist deswegen bedenklich, da das Unternehmen seine bereits auf einem Markt bestehende Marktposition auf einen weiteren Markt überträgt und damit die Wettbewerber auf dem nicht beherrschten Markt behindert. Bei der Koppelung können jedoch auch sachlich gerechtfertigte Gründe vorliegen, zB die Verpflichtung zum Abschluss eines Dienstleistungsvertrages zusammen mit einem Produkt aus Sicherheitsgründen.

Bei den Koppelungen wird in tatsächlicher Hinsicht zwischen Zwangskoppelungen[92] 34 und faktischen Koppelungen, die auf Preisanreizen beruhen, unterschieden.[93] Ein Koppelungsangebot, mit dem ein marktbeherrschender Stromversorger Strom- und Telekommunikationsdienstleistungen zu einem vergünstigten Gesamtgrundpreis anbietet, ist grundsätzlich nicht unzulässig.[94] Es darf aber keine Zwangskoppelung vorliegen und auf dem Telekommunikationsmarkt dürfen keine Marktzutrittsschranken für Wettbewerber entste-

---

[85] BGH WuW/E 2977 (2982) – Hitlisten-Platten zu § 26 Abs. 4 GWB aF.

[86] BGH WuW/E DE-R 1042 – Wal-Mart; ebenso OLG Düsseldorf WuW/E DE-R 867 (869 ff.) – Germania; LMRKM/Loewenheim Rn. 16.

[87] Immenga/Mestmäcker/Markert/Fuchs GWB Rn. 173 mwN; LMRKM/Loewenheim Rn. 36; OLG Düsseldorf BeckRS 2016, 09887 – Preis-Kosten-Schere, Telekommunikation, Postdienstleiter, Briefbeförderung, Transport.

[88] OLG Frankfurt a. M. WuW/E DE-R 1589 (1590 f.) – Fernsehzeitschrift; OLG Celle WuW/E DE-R 1592 ff. – Einkauf aktuell.

[89] OLG Frankfurt a. M. WuW/E DE-R 1589 (1590 ff.) – Fernsehzeitschrift; OLG Celle WuW/E DE-R 1592 ff. – Einkauf aktuell.

[90] OLG Frankfurt a. M. WuW/E DE-R 1589 (1590 ff.) – Fernsehzeitschrift; Berg/Mäsch/Lorenz Rn. 21.

[91] BGH WuW/E DE-R (1206; 1210 ff.) – Strom und Telefon I/II; KG WuW/E OLG 995 (995 ff.) – Handpreisauszeichner; OLG Hamburg WuW/E DE-R 2831 (2835 f.) – CRS-Betreiber/Lufthansa; OLG Düsseldorf WuW/E DE-R 2287 ff. – Stadtwerke Düsseldorf; LMRKM/Loewenheim Rn. 35.

[92] KG WuW/E OLG 995 (995 ff.) – Handpreisauszeichner.

[93] KG WuW/E OLG 3124 ff. – Milchaustauschfuttermittel; BKartA TB 1983/1984, 107 f.

[94] BGH WuW/E DE-R 1206 ff. – Strom und Telefon I; OLG Frankfurt a. M. 22.12.2020, GRUR-RR 2021, 181 (184) Rn. 50 f. – Bahnkartenvertrieb I.

hen.[95] Des Weiteren darf von einem Koppelungsangebot keine tatsächliche Sogwirkung ausgehen. So war die Koppelung von ISDN-Anschluss mit Internetzugang verboten, auch wenn der Kunde nicht zur Abnahme von ISDN-Anschluss mit Internetzugang verpflichtet wurde.[96] Dies zeigt, dass letztendlich immer die Umstände des Einzelfalles entscheidend sind.[97]

35   Kopplungen können auch durch Druck oder ungenaue oder ungenügende Informationen bewirkt werden. So hat Soda Stream zB durch Warnhinweise und den Hinweis, dass unbefugtes Befüllen von Kohlensäurezylindern gesetzwidrig sein kann, die Verbraucher und Händler zu einer Rückgabe der Zylinder an Soda Stream veranlasst.[98] Dadurch konnte Soda Stream den Vertrieb der Trinkwasserbesprudelungsgeräte mit dem Befüllen der Zylinder koppeln.

36   **(iii) Ausschließlichkeitsbindungen (Exklusivitätsvereinbarungen).** Ausschließlichkeitsbindungen können gegebenenfalls zu einer Marktverschließung (Marktabschottung) bzw. zu einer Verhinderung des Marktzuganges und des Absatzes für kleinere Wettbewerber führen.[99] Ist ein Abnehmer verpflichtet, bestimmte Produkte ausschließlich von einem Anbieter zu beziehen, werden die Absatzmöglichkeiten der Wettbewerber des Anbieters in ihren Absatzmöglichkeiten beschränkt. So sind Ausschließlichkeitsbindungen des marktbeherrschenden Unternehmers unbillig, wenn sie nur zwischen einem Marktbeherrscher und seinen Abnehmern ausgemacht werden.[100] Auch der Zutritt neuer Anbieter auf dem Markt wird durch Ausschließlichkeitsvereinbarungen deutlich erschwert oder sogar verhindert.

37   **Bestpreis- bzw. Meistbegünstigungsklauseln** können, abgesehen von der beschränkenden Wirkung auf die Preissetzungsfreiheit des Verpflichteten,[101] eine der Ausschließlichkeitsbindung vergleichbare Wirkung haben, denn sie mindern die Attraktivität der Aufnahme von Geschäftsbeziehungen mit anderen Unternehmern.[102]

38   Auch bei Ausschließlichkeitsbindungen muss die konkrete Situation und vor allem die Ausgestaltung der Vereinbarung im Rahmen einer **Interessenabwägung** (→ Rn. 19 ff.) untersucht werden. Dabei spielen insbesondere die folgenden Faktoren eine Rolle: Parallelverhalten anderer Anbieter, Dauer und Umfang der Bindung und Marktanteile der Unternehmen. Auch die Sicherstellung eines zuverlässigen Kundendienstes oder vergleichbare technische oder qualitative Gründe können als sachliche Rechtfertigung relevant sein.[103]

39   **(iv) Rabatte.** Bestimmte Rabattpraktiken marktbeherrschender Anbieter können einen Missbrauch ihrer Marktstellung darstellen, wenn sie eine leistungsfremde Sogwirkung bewirken.[104] Zwar wird der Kunde nicht wie bei einer Ausschließlichkeitsbindung verpflichtet, die Rabatte können jedoch die gleichen Auswirkungen haben wie Ausschließlichkeitsbindungen. Die Wirkung ist eine langfristige Bindung mit dem Ziel, den Bezug bei Wettbewerbern zu verhindern.[105] Je nach Ausgestaltung der Rabattsysteme wird nicht

---

[95] BGH WuW/E DE-R 1206 ff. – Strom und Telefon I; LMRKM/Loewenheim Rn. 35.

[96] BGH WuW/E DE-R 1283 – Der Oberhammer.

[97] Emmerich KartellR § 27 Rn. 80.

[98] BKartA WuW/E DE-R 2268 – Soda-Club II; BKartA 22.1.2015 – B3–164/14, BeckRS 2015, 13894 – Soda Stream, abgeschlossen mit Bußgeld iHv 225.000 EUR.

[99] KG WuW/E DE-R 1595 ff. – Blumendistanzhandel; BKartA TB 1975, 77 – TUI; TB 1977, 69 – Strumpfwaren; Wiedemann/Wiedemann § 23 Rn. 65.

[100] OLG Düsseldorf NZKart 2019, 282 (283) – Ticketvertrieb II; BGH NZKart 2020, 383 (384); Bechtold/Bosch/Bechtold/Bosch Rn. 29.

[101] zunächst offen gelassen vom OLG Düsseldorf WuW/E DE-R 4572 (4594) – Bestpreisklausel u. BeckRS 2016, 10054 Rn. 117 – Enge Bestpreisklausel, dann für zulässig erklärt NZKart 2019, 379 – Enge Bestpreis-Klausel II; Immenga/Mestmäcker/Markert/Fuchs Rn. 626.

[102] Immenga/Mestmäcker/Markert/Fuchs Rn. 626; Langen/Bunte/Nothdurft Rn. 361.

[103] LMRKM/Loewenheim Rn. 34.

[104] Immenga/Mestmäcker/Markert/Fuchs GWB Rn. 171.

[105] KG WuW/E OLG 2403 ff. – Fertigfutter/Effem.

nur die marktbeherrschende Position auf dem beherrschten Markt aufrechterhalten, sondern auch die Marktposition auf dem (noch) nicht beherrschten Markt ausgedehnt.

Problematisch sind insbesondere Treuerabatte sowie Rabatt- und Bonussysteme, die an **40** die Erreichung von bestimmten Umsatzgrößen (Umsatzrabatte) oder die Abnahme von ganzen Sortimenten (Sortimentsrabatte) geknüpft sind.[106] Bei den Treuerabatten werden die Rabatte davon abhängig gemacht, dass der Kunde seinen ganzen oder den überwiegenden Teil seines Bedarfs an Produkten oder Leistungen bei dem marktbeherrschenden Unternehmen bezieht. Treuerabatte können jedoch zulässig sein, wenn im Einzelfall keine Sogwirkung entsteht, weil beispielsweise die Rabatthöhe nur gering oder die Erlangung des Rabatts für die Abnehmer mit einem Zeit- oder Kostenaufwand verbunden ist.[107] Bei den Umsatzrabatten wird die Rabattgewährung oder die Gewährung eines Bonus an die Erreichung eines bestimmten Umsatzes gebunden. Im Falle des Gesamtumsatzrabattes wird nicht nur an den Umsatz eines konkreten Produktes oder einer bestimmten Leistung angeknüpft, sondern an die Abnahme der unterschiedlichen Leistungen oder Produkten, die der Marktbeherrscher anbietet. Bei den Sortimentsrabatten wird der Rabatt gewährt, wenn bestimmte Sortimente oder das ganze Sortiment beim marktbeherrschenden Anbieter bezogen werden. Auch Zielrabatte können problematisch sein, wenn das vorgegebene Umsatzziel über der Abnahmemenge des vorherigen Referenzzeitraums liegt. All diesen Rabatt- oder Bonussystemen ist gemein, dass sie verhindern, dass der Abnehmer einen Teil seines Bedarfs bei einem anderen Anbieter deckt.

Zudem sind Rabattsysteme kritisch, bei denen der Rabattsatz überproportional zur **41** Volumenmenge ansteigt, mit der Folge, dass großvolumige Kunden einen deutlich höheren Rabatt erhalten und gegenüber den kleineren Wettbewerbern einen deutlichen Wettbewerbsvorteil erlangen. Jahresumsatzrabatte, die eine zu große Differenz zwischen dem niedrigsten und höchstmöglichen Rabatt aufweisen, können daher auch als „gezielte Ungleichbehandlung" kleinerer Abnehmer angesehen werden.[108]

Mengenrabatte dagegen, deren Höhe ausschließlich vom Umfang des einzelnen Auf- **42** trages eines Abnehmers abhängen, können auch von marktbeherrschenden Lieferanten gewährt werden. Unzulässig kann es jedoch sein, wenn im Rahmen eines Mengenrabatts die Rabattstufen so gesetzt sind, dass nur bestimmten wenigen Abnehmern überhaupt eine Inanspruchnahme des vollen Rabatts möglich ist. Gleiches gilt für Funktionsrabatte. Diese knüpfen an bestimmte Leistungen des Abnehmers für den Lieferanten an (zB Großhandelsfunktionsrabatte, Rabatte für Lagerhaltung, Transport der Ware, intensive Werbung für die Produkte).

Die konkrete Ausgestaltung der Rabatte ist sehr entscheidend, da die unterschiedlichen **43** Rabattsysteme unterschiedlich starke Auswirkungen auf den Wettbewerb haben. Dabei spielen der Referenzzeitraum, die Rabattstaffelung, die Bezugsgröße, die Maximalhöhe und der Zeitpunkt der Auszahlung eine große Rolle. Grundsätzlich gilt, je länger der jeweilige Referenzzeitraum für die Ermittlung der Rabatte, desto stärker die Sogwirkung und desto problematischer ist die Gewährung des Rabatts. So können auch von marktbeherrschenden Unternehmen Rabatte gewährt werden, deren Referenzzeitraum nur auf ein Quartal abstellen (zB Umsatz im Quartal). Auch die Rabatthöhe und die Bezugsgröße der jeweiligen Rabatte spielen eine wichtige Rolle. So entfalten Rabatte, die nur auf den gesteigerten Umsatz gewährt werden, eine deutlich geringere Sogwirkung als Rabatte, die auf den gesamten Jahresumsatz gewährt werden.[109] Darüber hinaus haben Rabatte, die bereits im Voraus gewährt werden und bei Nichterreichung der definierten Vorgaben von dem Kunden zurückgezahlt werden müssen, eine größere Bindungswirkung als Rabatte,

---

[106] BKartA WuW/E 1805 – International Harvester; BKartA WuW/E BKartA 1817 – Fertigfutter; KG WuW/E OLG 2403 ff. – Fertigfutter/Effem; TB 1999/2000, 129 – Spielwaren.
[107] KG WuW/E OLG 3656 (3658) – TUI-Partnerschaftsbonus; OLG Düsseldorf WuW 2019, 318 (320 f.) – Ticketvertrieb II; MüKoEuWettbR/Westermann Rn. 71.
[108] BGH WuW DE-R 3967 – Rabatttafel; BKartA 19.5.2011 – B 3 – 139/10 Rn. 9 – Merck KGaA.
[109] BKartA 19.5.2011 – B3 – 139/10 Rn. 8 – Merck KGaA.

die nachträglich ausgezahlt werden. Bei den im Voraus gewährten Rabatten sind diese regelmäßig in die Kalkulation mit einbezogen worden, so dass die Abnehmer eine Rückzahlung idR unbedingt verhindern wollen.

44   Auf europäischer Ebene gab es mehrere Entscheidungen zu Rabatten, die sich mit den Details der Rabatt- und Bonusgewährung und den wettbewerblichen Auswirkungen auseinandersetzen (→ AEUV Art. 102 Rn. 90 ff.).

45   **bb) Diskriminierung (Abs. 2 Nr. 1 Alt. 2).** Der zweite Verbotstatbestand des Abs. 2 Nr. 1 (neben der unbilligen Behinderung) ist die ungerechtfertigte ungleiche Behandlung gleichartiger Unternehmen. Das Gesetz verbietet nicht grundsätzlich, dass ein Unternehmen ein anderes ungleich behandelt. Das Verbot richtet sich nur an marktbeherrschende Unternehmen, über § 20 Abs. 1 an marktstarke Unternehmen und Unternehmensvereinigungen und die in Abs. 3 genannten Normadressaten.

46   **(1) Ungleichbehandlung.** Ungleichbehandlung bedeutet entweder die Benachteiligung oder Bevorzugung eines Unternehmens gegenüber gleichartigen Unternehmen.[110] Nr. 1 umfasst sowohl die unmittelbare als auch die mittelbare Ungleichbehandlung.[111] Mittelbar ist die Ungleichbehandlung dann, wenn sich der Normadressat Dritter bedient, um die Ungleichbehandlung auszuüben (zB ein Hersteller weist seinen Großhändler an, dass er seine Abnehmer zu ungleichen Konditionen beliefern soll).[112]

47   **Gleichartig** bedeutet, dass zwei oder mehr Unternehmen gemessen an ihrer wirtschaftlichen Tätigkeit und Funktion im Verhältnis zum Normadressaten die gleiche Aufgabe erfüllen.[113] Daher können nur solche Unternehmen gleichartig sein, die auf derselben Wirtschaftsstufe (zB als Einzelhändler, als Großhändler oder als Hersteller) tätig sind.[114] Entscheidend ist nicht die tatsächliche Praxis des (angeblich) diskriminierenden oder behindernden Unternehmens, sondern die Praxis im Markt, dh es wird auch auf das Verhalten der Wettbewerber geschaut. So gelten Großhändler und Einzelhändler trotzdem als gleichartig, wenn einige Hersteller den Vertrieb über Großhändler abwickeln, das (angeblich) diskriminierende oder behindernde Unternehmen aber Großhändler grundsätzlich nicht beliefert. Wichtig ist bei dem Merkmal der Gleichartigkeit, dass die anderen Unternehmen dieselbe unternehmerische und wirtschaftliche Funktion im Verhältnis zum Normadressat ausüben (zB Einzelhändler, Großhändler, etc).[115] Es ist jedoch nicht erforderlich, dass die gleichartigen Unternehmen miteinander im Wettbewerb stehen. Die Gleichartigkeit muss im Hinblick auf den betroffenen Markt ermittelt werden. Die Tätigkeit von Unternehmen auf anderen Märkten ist nicht relevant.[116] Der Prüfungsmaßstab für die Gleichartigkeit ist nicht allzu streng (Marktöffnungsfunktion des Abs. 1 und 2). Die Gleichartigkeit ist vielmehr auf Grund einer „Grobsichtung" festzustellen.[117]

48   Gleichartig sind zB[118]

– Facheinzelhandel und Warenhäuser[119]

---

[110] BGH WuW/E BGH 1069 (1071) – Tonbandgeräte; LMRKM/Loewenheim Rn. 41.

[111] Langen/Bunte/Nothdurft GWB Rn. 295.

[112] LMRKM/Loewenheim Rn. 42.

[113] BGH WuW/E DE-R 1329 (1331) – Standard-Spundfass II; WuW/E BGH 675 (678) – Uhrenoptiker; LMRKM/Loewenheim Rn. 43.

[114] BGHZ 101, 72 (79) = WuW/E BGH 2399 (2404) – Krankentransporte; WuW/E BGH 1635 (1637) – Plaza SB Warenhaus; OLG München WuW/E DE-R 313 (316) – Hörfunkwerbung; Bechtold Rn. 37.

[115] BGH WuW/E BGH 2399 (2404) – Krankentransporte; WuW/E BGH 1635 (1637) – Plaza SB Warenhaus; OLG München WuW/E DE-R 313 (316) – Hörfunkwerbung; Bechtold Rn. 37.

[116] BGH WuW/E BGH 2399 (2404) – Krankentransporte.

[117] BGH WuW/E DE-R 1203 (1204) – Depotkosmetik im Internet; WuW/E DE-R 134 – Bahnhofsbuchhandel; WuW/E BGH 2707 (2714) – Krankentransportunternehmen II; WuW/E BGH 2683 (2686) – Zuckerrübenanlieferungsrecht I; WuW/E BGH 1885 (1897) – Adidas; WuW/E BGH 2535 (2539) – Lüsterbehangsteine; Langen/Bunte/Nothdurft GWB Rn. 299.

[118] Weitere Beispiele siehe Bechtold Rn. 38.

[119] zuletzt BGH WuW/E BGH 2351 (2356) – Belieferungsunwürdige Verkaufsstätten II.

– stationärer Einzelhandel und Versandhandel (für Spielwaren)[120]
– stationärer Facheinzelhandel und Internethandel (für Parfums und Ticketverkauf)[121]
– Bahnhofsbuchhandel und Einzelhandel, der andere Presseerzeugnisse vertreibt[122]
– Sportartikel-Selbstbedienungswarenhäuser mit Fachhandel und Sportfachabteilungen von Warenhäusern[123]
– Fachhandel für Sanitärarmaturen und Installateure[124]
– im Vertrieb von Unterhaltungselektronik Facheinzelhandel und Handelsvertreter, die in stationären Facheinzelhandelsgeschäften tätig sind[125]
– Makler und Versicherungsvermittler[126]
– Hersteller und Importeure von Arzneimitteln[127]
– herstellerunabhängige Reparaturunternehmen im Hinblick auf die Belieferung mit Ersatzteilen für eine bestimmte Warenart im Verhältnis untereinander[128] oder im Verhältnis zu herstellergebundenen Reparaturunternehmen.[129] Eine Gleichartigkeit von Reparaturunternehmen und Teilehandel ist aber nicht gegeben.[130]

Gleichartigkeit liegt beispielsweise nicht vor bei Kreditvermittlern und Banken im Hin- **49** blick auf die Nachfrage von Schufa-Auskünften, da diese Unternehmen unterschiedliche Aufgaben erfüllen.[131]

Ein Tochterunternehmen kann nicht für den Vergleich der Gleichartigkeit herangezogen **50** werden.[132] Konzernunternehmen sind grundsätzlich keine gleichartigen Unternehmen iSd Abs. 2 Nr. 1; diese werden als wirtschaftliche Einheit gesehen.[133]

Normadressat des Gleichbehandlungsgebots des Abs. 2 Nr. 1 ist nur der aktiv handelnde **51** Marktteilnehmer. Die Entgegennahme von Vorteilen etwa durch Kunden oder Lieferanten, welche gleichartigen Unternehmen nicht gewährt werden (sog. **passive Ungleichbehandlung**), wird von Abs. 2 Nr. 1 nicht erfasst.[134] In Übereinstimmung mit dem Wortlaut des Abs. 2 Nr. 1 wird die **Gleichbehandlung ungleicher Unternehmen** ebenfalls nicht erfasst.[135]

Das Diskriminierungsverbot richtet sich nicht gegen jede Ungleichbehandlung, sondern **52** nur „gegen die sich hieraus ergebende Beeinträchtigung der wettbewerblichen Chancengleichheit gleichartiger Unternehmen."[136] Es ist daher im Rahmen einer Abwägung zu prüfen, ob eine unterschiedliche Behandlung ohne sachlich gerechtfertigten Grund erfolgt

---

[120] für Spielwaren: KG WuW/E OLG 3501 ff. – Märklin; OLG Hamburg WRP 1988, 464 (468) – Märklin; für Modellbauartikel differenzierend BGH NJW 1979, 2515 (2516) – Modellbauartikel I; WuW/E BGH 1671– Robbe-Modellsport; WuW/E BGH 1995 (1997) – Modellbauartikel III; für Kosmetikartikel BGH BB 1998, 2332 (2333 f.) – Depotkosmetik.

[121] BGH WuW/E DE-R 1203 (1204) – Depotkosmetik im Internet; für Ticketverkauf OLG Hamburg WuW/E DE-R 1076 (1081) – Online Ticketshop; Langen/Bunte/Nothdurft GWB Rn. 302.

[122] BGH WuW/E DE-R 133 (135) – Bahnhofsbuchhandel.

[123] BGH WuW/E BGH 1885 (1887) – adidas.

[124] BKartA WuW/E BKartA 2010 ff. (2014).

[125] BGH WuW/E BGH 2238 (2246) – EH-Partner-Vertrag; vgl. auch KG WuW/E OLG 1499 (1502) – AGIP II.

[126] OLG München BeckRS 2010, 27186 – Kündigung der Maklercourtagevereinbarung.

[127] BGH WuW/E BGH 2990 (2994) – Importarzneimittel.

[128] BGH WuW/E BGH 2589 (2590) – Frankiermaschinen; OLG Karlsruhe WuW/E DE-R 79 (80) – Feuerwehr-Drehleitern; Traub WRP 1978, 110 ff.

[129] BKartA WuW/E BKartA 1781 (1785) – Identteile.

[130] OLG Frankfurt a. M. WuW/E OLG 4017 (4022) – Gabelstapler.

[131] BGH WuW/E BGH 2134 ff. – Schufa.

[132] BGH WuW/E BGH 1238 (1240) – Registrierkassen = NJW 1982, 2775 (2779) – Stuttgarter Wochenblatt.

[133] BGH WuW/E DE-R 1003 (1005) – Kommunaler Schilderprägerbetrieb; WuW/E BGH 2755 (2759) – Aktionsbeträge; OLG Frankfurt a. M. WuW/E DE-R 826 (828) – StAZ; LMRKM/Loewenheim Rn. 45.

[134] LMRKM/Loewenheim Rn. 41.

[135] BGH WuW/E BGH 502 (507) – Treuhandbüro; KG WuW/E OLG 317 (320) – Tapeten; OLG Hamburg WuW/E OLG 378 (379) – Dornkaat; LMRKM/Loewenheim Rn. 41.

[136] BGH Wuw/E DE-R 3446 Rn. 32 – Grossistenkündigung; BGH GRUR 2021, 1552 (1553) – wilhelm.tel.

und sich nachteilig auf die Wettbewerbsposition des betroffenen Unternehmens auswirkt. Der Normadressat ist zu dem nur verpflichtet, das betroffene Unternehmen gleich zu behandeln; einen Anspruch des betroffenen auf Abschluss eines Vertrages zu „handelsüblichen Konditionen" besteht nicht.[137]

53   **(2) Fehlen einer sachlichen Rechtfertigung.** Das Verbot des Abs. 2 Nr. 1 Alt. 2 setzt voraus, dass die unterschiedliche Behandlung ohne **sachlich gerechtfertigten Grund** erfolgt. Ob eine gerechtfertigte oder ungerechtfertigte Ungleichbehandlung vorliegt, ist entsprechend der Feststellung der **Unbilligkeit** beim Tatbestand der unbilligen Behinderung durch eine **Abwägung der Interessen** des Normadressaten und des betroffenen Unternehmens unter Einbeziehung der auf die Freiheit des Wettbewerbs gerichteten Zielsetzung des GWB festzustellen.[138] Insoweit wird auf die Ausführungen in → Rn. 19 ff. verwiesen. Dabei sind insbesondere auch die unternehmerische Freiheit des Normadressaten, zB bei der Wahl und Ausgestaltung seiner Vertriebswege,[139] und das Angebot und die Nachfrage von Leistungen und Waren[140] zu berücksichtigen (siehe auch Fallgruppen in → Rn. 56 ff.). Im Rahmen der Interessenabwägung ist auch immer zu bedenken, dass auch ein marktbeherrschendes Unternehmen nicht verpflichtet ist, einen (potentiellen) Wettbewerber zum eigenen Schaden zu fördern.[141]

54   Verhaltensweisen des **Nichtleistungswettbewerbs**[142] sind sachlich nicht gerechtfertigt. Gleiches gilt für Praktiken, die darauf abzielen, den Abnehmer darin einzuschränken, jederzeit das für ihn günstigste Angebot frei auszuwählen und dann – ohne wirtschaftliche Nachteile – zu einem neuen Vertragspartner zu wechseln.[143] Allerdings kann zB eine niedrige Preisgestaltung durch einen Wettbewerber gerechtfertigt sein, wenn diese niedrigen Preise auch bei bestehendem Wettbewerb gefordert würden.[144] Eine Niedrigpreisstrategie (→ Rn. 28 ff.), um Wettbewerber aus dem Markt zu treiben oder den Zugang von weiteren Anbietern zu verhindern, ist jedoch nicht sachlich gerechtfertigt.

55   Der **entscheidungserhebliche Zeitpunkt** für die Feststellung der Rechtfertigung der Ungleichbehandlung ist der Zeitpunkt der Entscheidung, zB im Falle eines Verfahren der Schluss der mündlichen Verhandlung.[145] Insoweit wird auf die Ausführungen in → Rn. 26 verwiesen.

56   **cc) Fallgruppen für die unbillige Behinderung und Diskriminierung.** Die Fälle der unbilligen Behinderung oder sachlich nicht gerechtfertigten Diskriminierung lassen sich zu verschiedenen Fallgruppen zusammenfassen. Wie immer bei der Bildung von Fallgruppen, ist jeder Einzelfall genau auf seine Besonderheiten hin zu prüfen, was je nach Sachlage eine andere Wertung erforderlich machen kann.

57   **(1) Geschäftsverweigerung durch den Anbieter.** Die Geschäftsverweigerung umfasst Fälle, in denen ein Anbieter von Waren oder Leistungen die Belieferung eines Nachfragers verweigert.[146] Hier geht es nicht um Fälle, in denen die Belieferung trotz Bestehens eines

---

[137] OLG Düsseldorf 14.4.2021 – U (Kart) 14/20, BeckRS 2021, 19714 Rn. 18.
[138] BGH WuW/E DE-R 1329 (1333) – Standard-Spundfass II; WuW/E DE-R 839 – Privater Pflegedienst; WuW/E BGH 502 (508) – Treuhandbüro; LMRKM/Loewenheim Rn. 47.
[139] BGH WuW/E BGH 2755 (2758) – Aktionsbeiträge.
[140] BGH WuW/E BGH 2805 (2809 f.) – Stromeinspeisung; WuW/E BGH 2919 (2922) – Orthopädisches Schuhwerk; Bechtold Rn. 42.
[141] BGH WuW/E BGH 2755 (2759) – Aktionsbeiträge; OLG Düsseldorf WuW/E DE-R 1615 (1616) – Das Telefonbuch; OLG München WuW/E DE-R 1270 (1273) – GSM Wandler; KG WuW/E DE-R 1274 (1278) – GSM-Gateway.
[142] KG WuW/E OLG 1767 (1772) – Kombinationstarif; WuW/E OLG 1983 (1985) – Rama-Mädchen; WuW/E OLG 2403 (2407) – Fertigfutter; vgl. auch KG WuW/E OLG 3124 (3131) – Milchaustauschfuttermittel; BGH WuW/E BGH 2195 (2200 ff.) – Abwehrblatt II.
[143] LMRKM/Loewenheim Rn. 25.
[144] Bechtold Rn. 60.
[145] LMRKM/Loewenheim Rn. 30.
[146] LMRKM/Loewenheim Rn. 49.

vertraglichen Lieferanspruchs verweigert wird. Besteht ein solcher vertraglicher Belieferungsanspruch, ist der Sachverhalt (auch) nach den Grundsätzen des Vertragsrechts zu bewerten.

Grundsätzlich steht es jedem Unternehmen frei, sein Absatzsystem nach den eigenen **58** Bedürfnissen und im eigenen Ermessen so zu gestalten, wie dieses es für wirtschaftlich sinnvoll und richtig erachtet.[147] Dies schließt auch das Recht ein, zu entscheiden, an wen das Unternehmen liefern will oder unter welchen Voraussetzungen die Belieferung erfolgt. Das Absatzsystem eines marktbeherrschenden (oder marktstarken) Unternehmens muss aber nach sachlichen Kriterien ausgestaltet sein und angewendet werden. Das Unternehmen darf nicht willkürlich vorgehen.[148]

Um Veränderungen im Wettbewerb Rechnung zu tragen, kann sich ein Unternehmen **59** neuen Anforderungen, wie zB einer Verdichtung des Wettbewerbsdrucks, neuen Formen des Wettbewerbs oder auch unternehmensinternen Umstrukturierungen, gegenüber sehen. Daher muss im oben genannten Rahmen auch die Neugestaltung des Absatzsystems verbunden mit einer Änderung der Abnehmerstruktur möglich sein.[149] Darunter fällt auch die Entscheidung eines Unternehmens, bestimmte Marktstufen von dem eigenen Absatzsystem auszuschließen, also zB direkt in das Geschäft mit den Endkunden einzutreten, auf Großhändler als Zwischenhändler zu verzichten[150] oder nur die Händler zu beliefern, die bestimmte Kriterien erfüllen. Allerdings sind bei derartigen Änderungen die in → Rn. 53 genannten Anforderungen zu beachten und eine Interessenabwägung unter Berücksichtigung der Belange der Beteiligten und der Interessen des Wettbewerbs vorzunehmen.

Lieferverweigerungen haben idR stärkere Auswirkungen auf die Betroffenen als zB eine **60** Ungleichbehandlung. Aus diesen Gründen werden bei Lieferverweigerungen die Interessen der Abnehmer iRd Interessenabwägung stärker berücksichtigt bzw. der Gestaltungsspielraum des Normadressaten stärker eingeschränkt.[151]

Aus Sicht der Lieferanten können folgende Gründe eine Liefersperre rechtfertigen: **61** Kapazitätsbeschränkungen, Vertriebsbindungen (zB Fachhandelsbindungen, selektive Vertriebssysteme[152] auch wenn ein praktiziertes Vertriebskonzept noch nicht lückenlos gestattet ist[153]), Eigenschaften des Abnehmers (zB Unzuverlässigkeit, schlechte Zahlungsmoral oder mangelnde Bonität),[154] Verstoß gegen Vertragsbestimmungen oder die Sortimentsstrategie des Abnehmers.[155] – Existenzgefährdung des Anbieters durch Abwanderung des Fachhandels bei der Belieferung von Selbstbedienungs-Verbrauchermärkten.[156] So kann ein Hersteller zB die Belieferung eines Händlers verweigern, wenn der Händler nur schnell und leicht verkäufliche Produkte abnimmt, der Hersteller sonst aber nur Händler beliefert, die das gesamte Sortiment führen.[157]

Bei den Abnehmern sind ua die folgenden Interessen bei der Interessenabwägung zu **62** berücksichtigen: die Notwendigkeit der Liefergegenstände für die Erbringung weiterer Leistungen oder Herstellung von Waren, die Bedeutung der Vertriebstätigkeit der Liefer-

---

[147] BGH WuW/E DE-R 3446 Rn. 38 – Grossistenkündigung; OLG München BeckRS 2010, 27186 – Kündigung der Maklercourtagevereinbarung; LMRKM/Loewenheim Rn. 50.

[148] BGH WuW/E DE-R 220 – U-Bahn-Buchhandlungen; WuW/E DE-R 134 – Bahnhofsbuchhandel; LMRKM/Loewenheim Rn. 50.

[149] BGH WuW/E DE-R 134 – Bahnhofsbuchhandel; WuW/E BGH 2360 – Freundschaftswerbung; WuW/E BGH 1995 (1996) – Modellbauartikel III; LMRKM/Loewenheim Rn. 50.

[150] BGH WuW/E DE-R 1051 (1053) – Vorleistungspflicht; LMRKM/Loewenheim Rn. 51.

[151] Immenga/Mestmäcker/Markert/Fuchs GWB Rn. 186.

[152] LG Köln BeckRS 2020, 36940 Rn. 42 = ZVertriebsR 2021, 59 (62) – Weiterbelieferung in Fortsetzung eines Vertragswerkstättenvertrages; Emde ZVertriebsR 2021, 3.

[153] BGH GRUR 1981, 917 (918) – Sportschuhe.

[154] LG Leipzig 20.5.2021, GRUR-RS 2021, 36037, Rn. 36 ff.– Presse-Grosso-Vertriebssystem.

[155] BGH GRUR 1979, 731 (732) – Markt-Renner; GRUR 1981, 761 (769) – Belieferungsunwürdige Verkaufsstätten I.

[156] BGH GRUR 1981, 917 (918, 919) – Sportschuhe.

[157] BGH GRUR 1979, 731 (732) – Markt-Renner.

gegenstände für das Gesamtunternehmen oder eine etwaige Existenzgefährdung im Falle der Nichtbelieferung.[158] Ein lediglich geringerer geschäftlicher Erfolg (zB als freie Werkstatt im Vergleich zur Vertragswerkstatt) ist für die Bewertung nicht relevant, wenn zu erwarten ist, dass der Betroffene grundsätzlich wirtschaftlichen Erfolg haben kann.[159] IRd Interessenabwägung wird auch die Marktmacht berücksichtigt nach dem Grundsatz: je größer die Marktmacht, umso mehr Rücksichtnahme kann vom Normadressaten gefordert werden.[160]

63   Bei der Interessenabwägung muss auch darauf abgestellt werden, ob die Ungleichbehandlung sich nachteilhaft auf die Wettbewerbsposition des betroffenen Unternehmens auswirkt.[161] So wirken sich geringere Margen oder höhere Preise nicht unbedingt nachteilhaft auf die wettbewerbliche Chancengleichheit aus.[162] Unterschiedliche Provisionen oder Provisionsmodelle bei Handelsvertretern haben zB in der Regel keine Auswirkungen auf den Preis der vermittelten Verträge für Waren und Dienstleistungen. So wurde von der Rechtsprechung angenommen, dass ein Makler, gegenüber Versicherungsvermittlern nicht in seiner wettbewerblichen Tätigkeit beeinträchtigt war, da die Versicherung die von dem Makler vermittelten Verträge annahm, auch wenn er für die vermittelten Verträge nicht vergütet wurde.[163] Bei Vertragshändlern oder gewerblichen Endkunden mag diese Wertung anders ausfallen.

64   Die unterschiedliche Vergütung oder Marge kann aber – auch bei Handelsvertretern – zu einer „Störung des Marktgeschehens" führen, wenn durch die höhere Vergütung der begünstigte Vertragspartner in der Lage wäre, zusätzliche Aktivitäten, wie zB Werbung oder Kundendienstleistungen, vorzunehmen, die ein anderer Vertreter aufgrund der niedrigeren Vergütung/Marge nicht unternehmen kann. Es muss aber erkennbar sein, dass der Geschäftserfolg tatsächlich durch die geringere Vergütung negativ beeinflusst wird.[164]

65   Bei der Interessenabwägung sind auch die Interessen des Wettbewerbs und die wettbewerbsrechtlichen Wertungen zu berücksichtigen. Daher ist eine Lieferverweigerung mit der Begründung, der Abnehmer werde sich nicht an die Preisvorgaben halten, kein sachlich gerechtfertigter Grund. Eine befürchtete Preisunterbietung ist grundsätzlich keine Rechtfertigung für eine Nichtbelieferung. Etwas anderes kann dann aber gelten, wenn die Belieferung des neuen Händlers, der für seine Preisunterbietung bekannt ist, nachweislich und in erheblichem Umfang dazu führt, dass die Stammkunden sich von dem Lieferanten abwenden.[165]

66   Hat der Abnehmer die Möglichkeit, die Produkte anderweitig zu beziehen,[166] oder kann er die Produkte des Lieferanten durch andere Produkte ersetzen,[167] spricht dies idR gegen eine Lieferpflicht.

---

[158] BGH WuW/E BGH 1793 (1797) = GRUR 1981, 917 (918) – Sportschuhe; OLG Hamburg WuW/E 3795 (3797). LG Köln, 19.3.2019 – 31 O 280/17, Rn. 56 – unity-media 3.

[159] LG Köln BeckRS 2020, 36940 Rn. 47, 50 = ZVertriebsR 2021, 59 (63) – Weiterbelieferung in Forsetzung eines Vertragswerkstättenvertrages.

[160] BGH WuW/E DE-R 357 – Feuerwehrgeräte; WuW/E BGH 3058 – Pay-TV-Durchleitung; OLG München WuW/E DE-R 1260 (1291) – BMW-Händlermarge; OLG Stuttgart WuW/E DE-R 1191 (1195) – Telefonbuch-Inserate; OLG Düsseldorf WuW/E DE-R 1184 (1486) – InfraCard-Tarif; LMRKM/Loewenheim Rn. 50.

[161] BGH Wuw/E DE-R 3446 Rn. 32 – Grossistenkündigung.

[162] OLG München BeckRS 2010, 27186 – Kündigung der Maklercourtagevereinbarung; KG WuW/E OLG 3656 (3658) – TUI Partnerschaftsbonus.

[163] OLG München BeckRS 2010, 27186 – Kündigung der Maklercourtagevereinbarung; KG WuW/E OLG 3656 (3658) – TUI Partnerschaftsbonus.

[164] OLG München BeckRS 2010, 27186 – Kündigung der Maklercourtagevereinbarung; KG WuW/E OLG 3656 (3658) – TUI Partnerschaftsbonus.

[165] BGH WuW/E BGH 1793 (1797) = NJW 1981, 2355 – Sportschuhe; OLG Stuttgart WuW/E OLG 3343 (3344 f.) – Skibindungen; OLG München WuW/E OLG 2134 ff. – Bergsportausrüstungen; OLG Düsseldorf WuW/E OLG 2167 (2169) – Nordmende; OLG Düsseldorf WuW/E OLG 2225 (2227 f.) – adidas.

[166] BGH WuW/E BGH 2479 = GRUR 1988, 640 (641) – Reparaturbetrieb; OLG München WuW/E OLG 5116 (5118) – Importparfümerie; Bechtold Rn. 45.

[167] OLG Stuttgart WuW/E DE-R 6 ff. – Kennzeichnungsgeräte; Bechtold Rn. 45.

Rechtsfolge eines Verstoßes gegen das Behinderung- oder Diskriminierungsverbot nach **67** Nr. 1 kann eine Kontrahierungspflicht bezüglich Neukunden bzw. die Einschränkung von Kündigungsrechten gegenüber Altkunden sein.[168] Allerdings darf diese Pflicht nicht zu einer lebenslänglichen Bindung führen. Dies wäre mit der Freiheit des Wettbewerbs nicht vereinbar. Im Falle von zulässigen Kündigungen kann aber eine angemessene Umstellungsfrist erforderlich sein.[169]

(2) Selektive Vertriebssysteme, qualitative und quantitative Kriterien. In Fällen **68** der Geschäftsverweigerung durch einen Anbieter erfolgt dies immer häufiger im Zusammenhang mit der Einführung eines selektiven Vertriebssystems. Selektive Vertriebssysteme, dh Vertriebssysteme, bei denen der Anbieter die Abnehmer anhand von festgelegten Kriterien auswählt, führen regelmäßig dazu, dass Abnehmer, die die Kriterien nicht erfüllen, von der Belieferung ausgeschlossen sind.[170] Dabei kann die Nichtbelieferung durch qualitative und/oder quantitative Kriterien begründet sein.

Eine Auswahl der Abnehmer nach **qualitativen Kriterien** kommt zB dann in Be- **69** tracht, wenn der Anbieter seine Produkte oder Leistungen nur durch Abnehmer vertreiben will, welche über bestimmte Qualitätsmerkmale (zB besondere Fachkunde) verfügen, bestimmte (Zusatz-)Leistungen anbieten und/oder deren Geschäfte bestimmte Ausstattungen vorweisen (zB bei Fachgeschäften).[171] Beinhaltet das Absatzsystem des Anbieters von vornherein den Ausschluss bestimmter Vertriebsformen (wie den Vertrieb durch Supermärkte oder Warenhäuser), so sind an die Gründe für den Ausschluss strengere Anforderungen zu stellen, als wenn der Absatz über bestimmte Vertriebsformen nicht eingeschränkt ist.[172]

Der Anbieter kann auch auf Grund von **quantitativen Kriterien** eine Auswahl treffen, **70** zB Mindestabsatzmengen, Beschränkung der Anzahl von Verkaufsstätten insgesamt oder in bestimmten Gebieten. Auch eine Kombination aus qualitativen und quantitativen Kriterien ist möglich.

Die Festlegung der quantitativen Kriterien liegt im Ermessen des Anbieters.[173] Während **71** die frühere Rechtsprechung die Selektion der Abnehmer anhand von sachgerechten Kriterien verlangte,[174] ist dies auf der Basis der LandRover Jaguar Entscheidung des EuGH nicht mehr erforderlich.[175] Demnach ist der Anbieter bei der Festlegung der quantitativen Kriterien frei, dh diese müssen weder objektiv gerechtfertigt noch nachvollziehbar sein. Außerdem liegt die Auswahl der Händler im Ermessen des Herstellers und darf auch diskriminierend sein. Unter Berücksichtigung der bisherigen Rechtsprechung zur Belieferungsverweigerung eines Händlers wegen dessen Niedrigpreisstrategie[176] ist allerdings noch offen, ob dem Ermessen des Herstellers eventuell doch Grenzen gesetzt sind. Einschränkungen können sich aus §§ 19 und 20 GWB ergeben.[177] Hier wäre dann aber die Rechtsprechung zu dauerhaften oder nur vorübergehenden Liefersperren zu berücksichtigen (→ GWB § 21 Rn. 46 ff.).

---

[168] BGH WuW/E DE-R 206 (209) – Depotkosmetik; Bechtold Rn. 45.
[169] OLG Düsseldorf 5.8.2020, GRUR-RR 2021, 187 (191) = GRUR-RS 2020, 24925, Rn. 44 ff. – Umstellungsfrist für Motorradvertragshändler.
[170] Zur Definition von selektiven Vertriebssystemen siehe auch Art. 1 Abs. 1 lit. e der Vertikal-GVO der Europäischen Kommission.
[171] BGH WuW/E BGH 1429 ff. – Bedienungsfachgroßhändler; WuW/E BGH 1995 (1996) – Modellbauartikel III; WuW/E BGH 1793 ff. – SB-Verbrauchermarkt; WuW/E BGH 2351 (2356) – Belieferungsunwürdige Verkaufsstätten II; OLG München WuW/E OLG 5659 – Versand-Parfümerie.
[172] BGH WuW/E BGH 1671 (1676) – Robbe-Modellsport; WuW/E BGH 1530 (1532) – Fassbierpflegekette; LMRKM/Loewenheim Rn. 54.
[173] EuGH BB 2012, 1883 Rn. 32 ff. – Jaguar Land Rover.
[174] OLG Stuttgart WuW/E DE-R 1191 (1195 f.) – Telefonbuchinserate; OLG Frankfurt a. M. WuW/E DE-R 1081 (1083) – Lotterieannahmestelle; LMRKM/Loewenheim Rn. 55.
[175] EuGH BB 2012, 1883 Rn. 32 ff. – Jaguar Land Rover.
[176] OLG München WuW/E OLG 2134 ff. – Bergsportausrüstungen; OLG Düsseldorf WuW/E OLG 2167 (2169) – Nordmende; OLG Düsseldorf WuW/E OLG 2225 (2227 f.) – adidas.
[177] BGH WuW 2016, 433 Rn. 28 – Jaguar-Vertragswerkstatt.

72   Die Anforderungen an die Abnehmer müssen unter Berücksichtigung der Zielsetzung des GWB zumutbar sein und diskriminierungsfrei[178] angewendet werden. Dies führt dazu, dass das gewählte Vertriebssystem lückenlos sein muss,[179] da die Lückenhaftigkeit eines Vertriebssystems zu einer unbilligen Behinderung der Außenseiter führen kann.

73   Weiterhin kann die geforderte diskriminierungsfreie Anwendung zur Folge haben, dass all solche Händler zum selektiven Vertriebssystem zugelassen werden müssen, die die qualitativen Anforderungen erfüllen.[180] Allerdings sind auch die **Wertungen der Vertikal-GVO** zu berücksichtigen, wonach selektive Vertriebssysteme unter bestimmten Voraussetzungen freigestellt sind (→ Vertikal-GVO Rn. 1 ff.). Die Vertikal-GVO findet gemäß § 2 GWB auch für deutsche Sachverhalte Anwendung. Im Ergebnis bedeutet dies, dass allein die Tatsache, dass ein Bewerber die qualitativen Kriterien erfüllt, noch keinen Zulassungsanspruch begründet. Aber im Falle der Ablehnung riskiert der Hersteller, dass eine Freistellung nach der Vertikal-GVO erforderlich ist.[181] Ein Kontrahierungszwang ist (mangels der notwendigen Marktbeherrschung) auch nicht gegeben, wenn ein Kfz-Werkstattunternehmer, der bislang als Vertragswerkstatt tätig war, die Tätigkeit auch als freie Werkstatt ausüben kann, auch wenn dies gegebenenfalls zu einer wirtschaftlichen Beeinträchtigung führen kann.[182]

74   Aus der Vertikal-GVO lässt sich nicht ableiten, dass bei Erfüllung der qualitativen Voraussetzungen ein Anspruch auf Zulassung seitens des Abnehmers besteht bzw. eine Belieferungspflicht oder eine Pflicht zur Zulassung zum selektiven Vertriebssystem seitens des Anbieters. So sind qualitative (und quantitative) selektive Vertriebssysteme, die durch die Vertikal-GVO freigestellt sind, auf Grund des Vorrangs des Gemeinschaftsrechts schutzwürdig und berechtigen den Anbieter, die Zulassung von Abnehmern zum selektiven Vertriebssystem und die Belieferung zu verweigern.[183]

75   **(3) Nichtzulassung zu Messen und Ausstellungen.** Die Nichtzulassung zu Messen und Ausstellungen ist ein Unterfall der Nichtbelieferung auf Grund quantitativer oder qualitativer Zugangskriterien. Grundsätzlich kann auf die dort gemachten Ausführungen verwiesen werden (→ Rn. 69 ff.).

76   Nach der (bisherigen) deutschen Rechtsprechung muss bei der Nichtzulassung zu Messen und Ausstellungen die Auswahl der Zugelassenen auf sachlich nachvollziehbaren Kriterien beruhen.[184] Der Veranstalter hat grundsätzlich das Recht, den Charakter der Veranstaltung zu bestimmen. Wie auch im Rahmen der Bewertung der Ausgestaltung von Absatzsystemen hat der Veranstalter daher einen Spielraum bei der Gestaltung der Zulassungsbedingungen, welche der Wahrung des vom Veranstalter gesetzten Charakters der Veranstaltung dienen.[185] Je nach Bedeutung der Messe oder Ausstellung ist der Spielraum der Gestaltung der Zulassungskriterien jedoch weiter oder enger. Dabei gilt, dass der Zulassungsspielraum umso enger ist, je bedeutender die Veranstaltung ist.[186] So kann es notwendig sein, die Auswahl nach (neutralem) Losverfahren oder auf Grund des Rotationsprinzips durchzuführen.[187] Besonderheiten ergeben sich, wenn, wie vor allem bei Ausstel-

---

[178] BGH WuW/E BGH 1814 (1820) – Allkauf-Saba; GRUR 1979, 792 (795) – Modellbauartikel I.

[179] BGH WuW/E BGH 1211 (1216) – Kfz-Leasing.

[180] BGH WuW 2016, 433 Rn. 28 – Jaguar-Vertragswerkstatt; BGH WuW/E DE-R 1621 ff. – Qualitative Selektion.

[181] LG Köln 22.10.2020 Rn. 41, BeckRS 2020, 36940, Rn. 61.

[182] LG Köln 22.10.2020 Rn. 50, BeckRS 2020, 36940 Rn. 61.

[183] Bechtold NJW 2003, 3729 ff.; Bechtold Rn. 25.

[184] OLG Düsseldorf WuW/E DE-R 619 (622) – Fetting; OLG Frankfurt a. M. WuW/E OLG 5027 (5030) – Art Frankfurt 1992; Langen/Bunte/Nothdurft GWB Rn. 426.

[185] OLG Frankfurt a. M. WuW/E OLG 3347 (3352) – Kürschnerhandwerk; Langen/Bunte/Nothdurft GWB Rn. 427.

[186] BGH WuW/E BGH 1027 – Sportartikelmesse II; OLG Frankfurt a. M. WuW/E OLG 3347 (3353) – Kürschnerhandwerk; Langen/Bunte/Nothdurft GWB Rn. 427.

[187] OLG Düsseldorf WuW/E OLG 4173 (4176) – Art Cologne; OLG Schleswig WuW/E OLG 4138 – Internord; LMRKM/Loewenheim Rn. 56.

lungen, die Auswahl auf Sachverständigengremien oder Jurys übertragen wird. Diesen kommt grundsätzlich ein Beurteilungsspielraum zu. Nur im Falle von offensichtlichen Unrichtigkeiten bei der Auswahl der Zulassungsberechtigten[188] oder bei einer Beeinflussung der Sachverständigengremien oder Jurys durch bestimmte Interessen(-gruppen)[189] ist eine nicht gerechtfertigte Diskriminierung gegeben.

(4) Umstellung des Vertriebssystems. Die Freiheit des Anbieters, seine Vertriebswege **77** frei zu gestalten, berechtigt den Anbieter auch, sein Vertriebssystem zu ändern und auf ein anderes Vertriebssystem umzustellen.[190] Der Anbieter ist in diesem Fall berechtigt, den Abnehmern, die die neuen Anforderungen nicht erfüllen, die Lieferbeziehung zu kündigen. Hier ist aber gegebenenfalls eine (längere) Umstellungsfrist zu gewähren.[191]

Ob die Umstellung eine Beendigung der Belieferung rechtfertigt, hängt vom jeweiligen **78** Einzelfall ab. So erfordert eine Kündigung im Zusammenhang mit der Umstellung des Vertriebs über Vertragshändler auf einen Vertrieb über Handelsvertreter eine Interessenabwägung, wenn der Vertragshändler einer Umstellung auf ein Handelsvertretervertragsverhältnis nicht zustimmt.[192] Das Interesse des Herstellers, mit der Umstellung des Vertriebs auf Handelsvertreter dem Preisbindungsverbot zu entgehen, ist nach dem BGH nicht schützenswert.[193]

(5) Mangellagen. Lieferverweigerungen können sich nicht nur aus der Gestaltung des **79** Absatzsystems des Anbieters ergeben, sondern auch darauf beruhen, dass der Anbieter den Bedarf (auf Grund von Mangellagen) nicht decken kann. Grundsätzlich darf der Anbieter nicht einzelne Abnehmer von der Belieferung ausschließen, sondern muss die Abnehmer nach bestimmten Quoten beliefern (Repartierung).[194] Eine bestimmte Repartierung nach bestimmten Mengen kann dem Anbieter aber nicht vorgegeben werden.[195] Allerdings muss die Repartierung nach sachlichen Gründen erfolgen. So können zB frühere Abnahmemengen bei der Feststellung der an die einzelnen Abnehmer zu liefernden Mengen herangezogen werden. Bei Neuabnehmern kann eine an sachlich nachvollziehbare Kriterien gelehnte Schätzung stattfinden.[196] Jedoch ist der Anbieter nicht gezwungen, unwirtschaftlich zu handeln.[197] Vertreibt der Anbieter die Produkte oder Leistungen neben den Abnehmern durch einen eigenen Vertrieb, so darf dieser nicht gegenüber den Abnehmern bevorzugt werden.[198]

Abnehmer sind unabhängig von der rechtlichen Ausgestaltung des Lieferverhältnisses **80** gleich zu behandeln. So ist es für die Ermittlung der Lieferquote zB unerheblich, ob ein Abnehmer Vertragshändler ist, der andere jedoch nicht.[199]

---

[188] OLG Düsseldorf WuW/E DE-R 619 (622) – Fetting; OLG Frankfurt a. M. WuW/E OLG 5027 (5030) – Art Frankfurt 1992; OLG Düsseldorf WuW/E OLG 4173 (4176 f.) – Art Cologne; Langen/Bunte/Nothdurft GWB Rn. 429.

[189] OLG Jena 21.9.1994 – 2 [HS] U 105/93 – Fertighausausstellung; Langen/Bunte/Nothdurft GWB Rn. 429.

[190] BGH 6.10.2015 – KZR/87/13, NZKartR 2015, 535 Rn. 59 – Porsche Tuning; ZVertriebsR 2016, 52 Rn. 59; BGH WuW/E BGH 2360 (2366) – Freundschaftswerbung; WuW/E BGH 1885 (1886) – Adidas; OLG Hamburg WRP 1988, 464 (468); Bechtold Rn. 26.

[191] BGH WuW/E BGH 2360 (2366) – Freundschaftswerbung; OLG Hamburg WRP 1988, 464 (468).

[192] Bechtold Rn. 26.

[193] BGH WuW/E BGH 2238 (2246) – EH-Partner-Vertrag.

[194] BGH WuW/E BGH 1027 (1031) – Sportartikelmesse II; KG WuW/E OLG 1507 (1512) – Chemische Grundstoffe II; OLG Hamburg GRUR 1987, 566; LG München WuW/E LG/AG 626 ff. – Windsurfbretter; Hirsch GRUR 1987, 490.

[195] BGH WuW/E BGH 1345 – Polyester Grundstoffe; LMRKM/Loewenheim Rn. 56.

[196] KG WuW/E OLG 1507 (1513) – Chemische Grundstoffe II; LMRKM/Loewenheim Rn. 56.

[197] BKartA Tätigkeitsbericht 1964, 27; LMRKM/Loewenheim Rn. 55.

[198] KG WuW/E OLG 3957 (3962 f.) – Strass; KG WuW/E OLG 1507 (1512) – Chemische Grundstoffe II; Bericht des Wirtschaftsausschusses zur Novelle 1973 BT-Drs. 7/765, 10; LMRKM/Loewenheim Rn. 56.

[199] KG WuW/E OLG 1507 (1513) – Chemische Grundstoffe II; LMRKM/Loewenheim § 20 Rn. 97.

81 **(6) Zugang zu Netzen.** Geht es um den Zugang zu Netzen oder sonstigen Infrastruktureinrichtungen, so ist zunächst zu prüfen, ob sich dieser nicht nach Sondergesetzen (zB §§ 20 ff. EnWG (Elektrizitäts- und Gasversorgungsnetze) oder §§ 16 ff. TKG (Telekommunikationsnetze) richtet.[200] Wird die Infrastruktureinrichtung von einem marktbeherrschenden Unternehmen betrieben, so richtet sich die Zulässigkeit der Verweigerung des Zugangs (auch) nach § 19 Abs. 2 Nr. 4. Darum erlangt Abs. 2 Nr. 1 nur dann eine eigenständige Bedeutung, wenn die Infrastruktureinrichtung von einem Unternehmen mit relativer Marktmacht (§ 20 Abs. 1) betrieben wird.[201] Die Gebührenpflichtigkeit beim Wechsel eines Stromlieferanten ist zB eine unbillige Behinderung iSd Abs. 2 Nr. 1.[202]

82 **(7) Gründe in der Person des Nichtbelieferten.** Neben der bereits unter → Rn. 69 f. dargestellten Nichtbelieferung auf Grund qualitativer Kriterien, können auch (sonstige) in der Person des Abnehmers liegende Gründe den Anbieter zu einer Nichtbelieferung veranlassen. So kann die Nichtbelieferung zB auf der Unzuverlässigkeit, mangelnder Bonität, dem fortgesetzten Vertragsbruch oder einem sonstigen Verhalten des Abnehmers beruhen.[203] Liegt ein Vertragsbruch schon mehrere Jahre zurück, kann dieser eine Lieferverweigerung nicht mehr rechtfertigen.[204] Die (vertragsgemäße) Nichtbelieferung ist jedoch immer nur dann gerechtfertigt, wenn sie verhältnismäßig ist. Das bedeutet, dass das mit der Nichtbelieferung verfolgte Ziel nur durch die Nichtbelieferung, nicht aber durch die Wahl eines milderen Mittels erreicht werden kann.[205] Als milderes Mittel kann so zB eine zeitlich begrenzte Liefersperre ausreichen[206] oder die Forderung besonderer Sicherheiten.

83 Die Rechtsprechung sah unter anderem folgende vom Abnehmer gesetzte Gründe als Rechtfertigung für die Nichtbelieferung an: Zerstören des Vertrauensverhältnisses durch die Drohung mit geschäftsschädigenden Maßnahmen,[207] Straftaten zu Lasten des Lieferanten,[208] üble Nachrede gegenüber anderen Kunden,[209] schwerwiegende Vertragsverletzungen.[210]

84 **(8) Nichtaufnahme in Verbände.** Die Aufnahme in einen Verband wird durch die Satzung des Verbandes geregelt. Zu beachten ist, dass ein Verstoß gegen Abs. 1 nur dann in Betracht kommt, wenn die Teilnahme am Geschäftsverkehr ohne Mitgliedschaft in dem Verband nicht möglich ist.[211] Erfüllt das betroffene Unternehmen die in der Satzung festgelegten Voraussetzungen für die Aufnahme in den Verband nicht, dann ist dies ein sachlich gerechtfertigter Grund für die Ablehnung des Unternehmens.[212] Die satzungsmäßigen Aufnahmevoraussetzungen dürfen jedoch keine unbillige Behinderung bzw. nicht gerechtfertigte Diskriminierung darstellen.[213] In den Fällen der Nichtaufnahme in Verbände oder Vereine ist immer auch zu prüfen, ob § 20 Abs. 5 einschlägig ist.[214]

85 **(9) Preis-, Rabatt- und Konditionendifferenzierung.** Grundsätzlich fordert das Behinderungs- und Diskriminierungsverbot des Abs. 2 Nr. 1, dass die den Abnehmern

---

[200] LMRKM/Loewenheim Rn. 83.
[201] LMRKM/Loewenheim Rn. 83.
[202] Bay. Landeskartellbehörde WuW/E DE-V 347 – Bad Tölz.
[203] LG Dortmund NZKart 2019, 231 – MQB-Hintersitzlehnen; LMRKM/Loewenheim Rn. 96.
[204] BGH 6.10.2015 – KZR/87/13, NZKartR 2015, 535 Rn. 69 – Porsche Tuning; ZVertriebsR 2016, 52 Rn. 69.
[205] LG Dortmund NZKart 2019, 231 – MQB-Hintersitzlehnen.
[206] BGH WuW/E BGH 1423 (1425) – Sehhilfen.
[207] BGH WuW/E BGH 1391 (1396) – Rossignol; LMRKM/Loewenheim Rn. 96: „Vertragsverletzung, die die Vertrauensbasis untergräbt".
[208] BGH WuW/E BGH 1423 (1425) – Sehhilfen.
[209] BGH WuW/E BGH 1629 (1633) – Modellbauartikel II.
[210] BGH WuW/E BGH 1624 f. – BMW-Direkthändler II.
[211] BGH WuW/E BGH 1495 (1496 f.) – Autoruf-Genossenschaft; LMRKM/Loewenheim Rn. 59.
[212] Weitere Ausführungen siehe auch Bechtold § 20 Rn. 69 ff.
[213] BGH WuW/E BGH 1725 (1728) – Deutscher Landseer Club; WuW/E BGH 1347 (1349) – Rad- und Kraftfahrerbund; WuW/E BGH 947 (950) – Universitätssportclub; LMRKM/Loewenheim Rn. 59.
[214] LMRKM/Loewenheim Rn. 59.

gewährten Konditionen und Preise gleich sind. Sie sind aber nur dann missbräuchlich, wenn sich die unterschiedlichen Konditionen nachteilhaft auf die Wettbewerbsposition des betroffenen Unternehmens auswirken.[215] Dabei muss erkennbar sein, dass der Geschäftserfolg tatsächlich durch die schlechteren Konditionen negativ beeinflusst wird.[216] Unterschiedliche (sich auf die Chancengleichheit auswirkende) Konditionen und Preise müssen sachlich gerechtfertigt sein. An die Rechtfertigung sind jedoch nicht allzu hohe Anforderungen zu stellen. Als Rechtfertigungsgrund reicht schon aus, dass im Markt günstigere oder (zu Lasten der Abnehmer) schlechtere Konditionen durchsetzbar waren.[217] Es wurden ua folgende Gründe von der Rechtsprechung als Rechtfertigung für eine Konditionen- und Preisdifferenzierung angesehen: unterschiedliche Leistungen, zB Beratungsleistungen oder Lagerhaltung,[218] unterschiedliche Funktion der Abnehmer,[219] Abnahme unterschiedlicher Mengen,[220] Frachtwege, Zahlungsfristen,[221] durch die Abnehmer ausgeübter Druck.[222]

(10) Abnehmerbindungen. Abnehmerbindungen kommen in Form der **Ausschließ-** **86** **lichkeitsbindung** und der **Kopplungsbindung** vor. Bei der Ausschließlichkeitsbindung ist der Abnehmer verpflichtet, seinen Bedarf ausschließlich bei einem Lieferanten zu decken.[223] Bei der Kopplungsbindung ist der Abnehmer verpflichtet, zusätzlich zu dem Bezug der Waren des Hauptgeschäftes, sachlich nicht dazugehörende Produkte oder Leistungen von dem Anbieter abzunehmen.[224] (→ Rn. 33 f.) Betroffen von derartigen Bindungen sind zum einen die Abnehmer aber auch die Wettbewerber des Anbietenden.[225]

Die Rechtmäßigkeit der Abnehmerbindungen ist auf Grund europäischen Wettbewerbs- **87** rechts zu prüfen.[226] Gemäß Art. 3 Abs. 2 VO 1/2003 und § 22 Abs. 2 S. 1 GWB dürfen durch Gruppenfreistellungsverordnungen freigestellte Vereinbarungen nicht durch deutsches Recht verboten werden. Daher verstoßen derartige Bindungen, soweit der zwischenstaatliche Handel in der EU betroffen ist, nicht gegen § 19, wenn diese, nach der Rechtsprechung des EuGH zu Art. 101 AEUV und Art. 102 AEUV keinen wettbewerbsrechtlichen Verstoß begründen oder auf Grund der Vertikal-GVO[227] oder der Kfz-GVO[228] freigestellt sind.[229] Zum Vorliegen eines Verstoßes gegen Art. 101 und 102 AEUV, den Freistellungsvoraussetzungen und den Umfang der Freistellung wird auf die entsprechende Kommentierung verwiesen.

Eine Rechtfertigung für Kopplungsbindungen kommt vor allem dann in Betracht, wenn **88** die gekoppelten Leistungen das sichere Funktionieren, die Qualität, die sichere Bedienung sowie den Goodwill des gekoppelten/koppelnden Produkts sicherstellen.[230]

---

[215] BGH Wuw/E DE-R 3446 Rn. 32 – Grossistenkündigung.

[216] OLG München BeckRS 2010, 27186 – Kündigung der Maklercourtagevereinbarung; KG WuW/E OLG 3656 (3658) – TUI Partnerschaftsbonus.

[217] BGH WuW/E DE-R 839 (841) – Privater Pflegedienst; OLG Hamburg WuW/E DE-R 403 (406 f.) – Pay-TV-Durchleitung; Bechtold Rn. 50.

[218] BGH WuW/E BGH 1995 = GRUR 1983, 396 ff. = DB 1983, 2407 f. – Modellbauartikel III.

[219] BGH WuW/E BGH 1429 ff. – Asbach-Fachgroßhändlervertrag; Bechtold Rn. 50.

[220] BGH WuW/E BGH 1413 (1415) – Mehrpreis von 11 %; Bechtold Rn. 50.

[221] Bechtold Rn. 50.

[222] KG EWiR § 26 GWB 1/86, 73; Bechtold Rn. 50.

[223] LMRKM/Loewenheim Rn. 62.

[224] LMRKM/Loewenheim Rn. 62.

[225] BGH WuW/E BGH 509 (513) – Original-Ersatzteile; LMRKM/Loewenheim Rn. 62.

[226] LMRKM/Loewenheim Rn. 64.

[227] Verordnung (EU) Nr. 330/2010 der Kommission vom 20.4.2010 über die Anwendung von Artikel 101 Absatz 3 des Vertrages über die Arbeitsweise der Europäischen Union auf Gruppen von vertikalen Vereinbarungen und abgestimmten Verhaltensweisen, ABl. 2010 L 102, 1.

[228] Verordnung (EU) Nr. 461/2010 der Kommission vom 27.5.2010 über die Anwendung von Artikel 101 Absatz 3 des Vertrages über die Arbeitsweise der Europäischen Union auf Gruppen von vertikalen Vereinbarungen und abgestimmten Verhaltensweisen im Kraftfahrzeugsektor, ABl. 2010 L 129, 51.

[229] LMRKM/Loewenheim Rn. 64.

[230] KG WuW/E OLG 995 (1000) – Handpreisauszeichner; LMRKM/Loewenheim Rn. 63.

89   **(11) Geschäftsverweigerung durch den Abnehmer.** Im Gegensatz zur Belieferungspflicht kommt eine an den Abnehmer gerichtete Pflicht zur Abnahme angebotener Produkte oder Leistungen nur ausnahmsweise in Betracht.[231] Eine Pflicht zur Abnahme ist nur
gegeben, wenn keine weniger beeinträchtigenden Maßnahmen in Frage kommen.[232] So
zB, wenn auf Grund der Marktverhältnisse die Verweigerung der Abnahme den Anbieter
vom relevanten Markt (vollständig) ausschließt.[233] Dies kommt vor allem in solchen
Märkten in Betracht, die einer hohen staatlichen Regulierung unterliegen und nur einen
relevanten Abnehmer kennen.

90   Ein Abnehmer ist auch nicht verpflichtet, einem Anbieter einen seiner Leistungsfähigkeit
entsprechenden Teil der zu erteilenden Aufträge zu erteilen.[234]

91   Die **Auswahl des Anbieters** durch den Abnehmer darf jedoch nicht willkürlich sein. So
muss die Auswahl des Anbieters nach sachlichen Kriterien erfolgen. Hoheitsträger können
als Abnehmer verpflichtet sein, die Auftragserteilung nach den Bestimmungen des Vergabe-
rechts (§§ 97–101 GWB) durchzuführen.[235]

92   **dd) Beweislast.** Derjenige, der sich auf die unbillige Behinderung oder Diskriminierung
beruft und daraus Rechte geltend macht, ist sowohl für die Behinderung als auch die
Unbilligkeit bzw. die Diskriminierung darlegungs- und beweispflichtig.[236] Der Betroffene
ist aber nicht verpflichtet, eine erhebliche oder spürbare Wettbewerbsbeeinträchtigung
darzulegen.[237] Diese Bewertung hat im Rahmen der Interessenabwägung zu erfolgen.[238]
Hat der Betroffene die Ungleichbehandlung dargelegt, spricht dies prima facie für eine
unzulässige Diskriminierung und es ist dann an dem Normadressat die Ungleichbehandlung
zu rechtfertigen.[239] Die Beweislast für das Vorliegen eines sachlich gerechtfertigten Grundes
für eine unterschiedliche Behandlung liegt im Verwaltungsverfahren bei der Kartellbehörde.[240]

93   **ee) Rechtsfolgen.** Ein Verstoß gegen Abs. 2 Nr. 1 ist mit verwaltungs-, zivil- und
bußgeldrechtlichen Rechtsfolgen bewehrt.[241]

94   **(1) Verwaltungsrechtliche Rechtsfolgen.** Die nach § 48 Abs. 2 GWB zuständigen
Kartellbehörden können im Untersagungsverfahren vorgehen und Maßnahmen nach den
§§ 32–32b GWB treffen. Daneben besteht für die zuständige Kartellbehörde gemäß § 34
die Möglichkeit, die vom Verstoßenden erlangten (wirtschaftlichen) Vorteile abzuschöpfen.
Ob und wie die zuständige Kartellbehörde vorgeht, steht in ihrem pflichtgemäß auszuübenden Ermessen.[242]

---

[231] BGH WuW/E BGH 2990 (2995) – Importarzneimittel; WuW/E BGH 2683 (2686 f.) – Zuckerrübenanlieferungsrecht I; OLG Stuttgart WuW/E DE-R 307 (310) – Medizinische Hilfsmittel; Langen/Bunte/
Nothdurft GWB Rn. 414.

[232] BGH WuW/E BGH 2990 – Importarzneimittel; WuW/E BGH 2683 – Zuckerrübenanlieferungsrecht
I; WuW/E BGH 3104 (3106) – Zuckerrübenanlieferungsrecht II.

[233] BGH WuW/E BGH 2707 (2716) – Krankentransportunternehmen II; OLG Karlsruhe WuW/E OLG
5066 (5070) – Direktabrechnungsausschluss.

[234] BGH WuW/E BGH 3104 (3107) – Zuckerrübenanlieferungsrecht II; BGH NJW 1977, 628 (630) –
Abschleppunternehmen; OLG Stuttgart WuW/E DE-R 307 (310) – Medizinisches Hilfsmittel; Bechtold
Rn. 51.

[235] BGH WuW/E BGH 2399 (2405) – Krankentransporte; OLG Düsseldorf WuW/E OLG 2274 (2280) –
Fernmeldetürme; Markert Lötzsch/Bornheim NJW 1995, 2134 (2136); Bechtold Rn. 52.

[236] BGH WuW/E BGH 3079 (3084) – Stromeinspeisung II; WuW/E BGH 2762 (2767) – Amtsanzeiger;
WuW/E BGH 3099 (3103) – Stromveredelung.

[237] BGH GRUR 2021, 1552 (1553) – wilhelm.tel.

[238] BGH GRUR 2021, 1552 (1553 f.) – wilhelm.tel.

[239] BGH GRUR 2021, 1552 (1553) – wilhelm.tel mit weiteren Nachweisen.

[240] OLG Hamburg WuW/E DE-R 2831 (2837) – CRS-Betreiber/Lufthansa; BKartA TB 1997/1998, 22;
Immenga/Mestmäcker/Markertl GWB § 20 Rn. 117.

[241] Immenga/Mestmäcker/Fuchs GWB Rn. 384 ff.

[242] Immenga/Mestmäcker/Möschel GWB Rn. 367.

Die Möglichkeit der Vorteilsabschöpfung an den Bundeshaushalt besteht auch für rechts- **95** fähige Verbände zur Förderung gewerblicher oder selbständiger beruflicher Interessenverbände gemäß § 33 Abs. 4. Zu beachten ist, dass mit der 8. GWB-Novelle den vormals nicht erfassten Verbänden der Marktgegenseite eine Klagebefugnis und den Verbraucherverbänden ein Unterlassungsanspruch und ein Anspruch auf Vorteilsabschöpfung im Fall von Massen- oder Streuschäden eingeräumt wurden.[243]

(2) Bußgeldverfahren. Als Ordnungswidrigkeiten können Verstöße gegen Abs. 2 **96** Nr. 1 nach §§ 81 ff. GWB mit Geldbußen geahndet werden.

(3) Zivilrechtsschutz. (i) Schadensersatz-, Unterlassungs- und/oder Beseiti- **97** **gungsansprüche.** Nach § 33 und § 33a GWB können Betroffene oder Verbände Schadensersatz-, Unterlassungs- und/oder Beseitigungsansprüche geltend machen (→ GWB § 1 Rn. 10 ff.).

Räumt das Behinderungs- und Diskriminierungsverbot des Abs. 2 Nr. 1 dem Norm- **98** adressaten gewisse Ermessensspielräume ein (so zB in Fällen, in denen einem Händler auf Grund von quantitativen Kriterien die Auswahl als Abnehmer versagt wird (→ Rn. 70 f.)), so kann der Betroffene nicht auf Belieferung klagen. In diesen Fällen kann der Normadressat (nur) zur fehlerfreien Ausübung seines Ermessensspielraums verpflichtet werden.[244]

Begründet der Verstoß gegen Abs. 2 Nr. 1 durch den Normadressaten einen Kontrahie- **99** rungszwang (zB die Pflicht zur Belieferung), so kann dieser sowohl mit dem Schadensersatzanspruch als auch dem Beseitigungsanspruch verfolgt werden. Verfolgt der Kläger mit der Klage das Ziel des Vertragsschlusses mit dem Klagegegner, so muss der Klageantrag auf die Annahme eines bestimmten und vollständigen Angebotes gerichtet sein (§ 253 Abs. 2 Nr. 2 ZPO).[245] Ist dies dem Kläger nicht möglich, so muss er Feststellungsklage erheben.[246]

Drohen erhebliche Wettbewerbsnachteile, kann der Betroffene vorläufigen Rechtsschutz **100** im Wege der einstweiligen Verfügung suchen.[247]

(ii) Nichtigkeit, § 134 BGB. Verträge oder einseitige Rechtsgeschäfte, die gegen **101** Abs. 2 Nr. 1 verstoßen, sind gemäß § 134 BGB nichtig, wenn die Rechtsfolge der Nichtigkeit einzige Möglichkeit der Abschaltung des Verstoßes ist.[248] In der Praxis beruht der Verstoß auf einer Vereinbarung mit Dritten oder einer Nichtbelieferung. In diesen Fällen ist die Nichtigkeit keine angemessene und wirksame Rechtsfolge zur Unterbindung des Verstoßes. Soweit die Nichtigkeit rechtmäßige kartellrechtsneutrale Vereinbarungen mit Dritten berührt, welche das kartellrechtswidrige Rechtsgeschäft nicht kennen und an diesem nicht mitgewirkt haben, ist das neutrale Geschäft nicht nichtig.[249]

ff) Verhältnis zu anderen Bestimmungen. § 1 GWB ist (unabhängig, ob es sich um **102** eine vertikale oder horizontale Vereinbarung handelt) neben Abs. 2 anwendbar.[250]

Gemäß Art. 3 Abs. 2 VO 1/2003 und § 22 Abs. 2 S. 1 GWB dürfen durch Gruppenfrei- **103** stellungsverordnungen freigestellte Vereinbarungen nicht durch deutsches Recht verboten werden (→ Rn. 20). Bei der Anwendung nationalen Kartellrechts auf von Art. 101 AEUV oder Art. 102 AEUV erfasste Sachverhalte ist auch Art. 101 AEUV bzw. Art. 102 AEUV anzuwenden (Art. 3 Abs. 1)[251]. Ferner sind auf Grund der Verzahnung von nationalem und

---

[243] Begründung Entwurf 8. GWB-Novelle, BT-Drs. 17/9852, 27.
[244] OLG Frankfurt a. M. GRUR 1992, 554 (556) – Kunstmesse Art Frankfurt II; Bechtold Rn. 97.
[245] BGH WuW/E BGH 2125 (2126) – Technics; BGH WuW/E BGH 1885 (1886) – adidas; Bechtold Rn. 98.
[246] Schockenhoff NJW 1990, 152; Bechtold Rn. 98.
[247] OLG Stuttgart WuW/E OLG 4829 (4832) – Katalysatornachrüstsätze.
[248] Bechtold Rn. 99.
[249] OLG Karlsruhe WuW/E DE-R 59 (60) – Kfz-Schilderpräger; Langen/Bunte/Nothdurft GWB Rn. 483.
[250] BGH WuW/E BGH 2195 (2201) – Abwehrblatt II; LMRKM/Loewenheim Rn. 118.
[251] Verordnung (EG) Nr. 1/2003 des Rates zur Durchführung der in Artikeln 81 und 82 des Vertrags niedergelegten Wettbewerbsregeln ABl. 2003 L 1, 1; LMRKM/Loewenheim § 20 Rn. 61.

europäischem Kartellrecht die Zielsetzungen des europäischen Kartellrechts grundsätzlich bei der Bewertung nationaler Sachverhalte zu berücksichtigen.[252]

104 **b) Ausbeutungsmissbrauch (Abs. 2 Nr. 2).** Ausbeutungsmissbrauch liegt vor, wenn ein marktbeherrschendes Unternehmen Entgelte oder sonstige Geschäftsbedingungen fordert, die von denjenigen abweichen, die sich bei wirksamem Wettbewerb mit hoher Wahrscheinlichkeit ergeben würden. Hierbei sind insbesondere die Verhaltensweisen von Unternehmen auf vergleichbaren Märkten mit wirksamem Wettbewerb zu berücksichtigen.[253]

105 Die Folge des Ausbeutungsmissbrauchs ist die Schädigung der Vertragspartner auf vertikaler Ebene.[254] Abs. 2 Nr. 2 schützt folglich insbesondere die Marktgegenseite vor missbräuchlichen Verhaltensweisen eines marktbeherrschenden Unternehmens.

106 Ein Ausbeutungsmissbrauch ist immer dann möglich, wenn das Unternehmen der Marktgegenseite die Bedingungen der Geschäftsbeziehung diktieren kann. Wenn das marktbeherrschende Unternehmen Verhaltensweisen zur Erreichung von Ergebnissen anwendet, die bei funktionsfähigem Wettbewerb nicht zu erreichen gewesen wären, liegt missbräuchliches Verhalten vor.

107 So wird die Festsetzung überhöhter Preise oder Zahlungsbedingungen durch den marktbeherrschenden Anbieter sowie die Forderung von besonders niedrigen Preisen oder günstigen Vertragsbedingungen durch marktbeherrschende Nachfrager von Abs. 2 Nr. 2 erfasst. Die Stellung von Nutzungsbedingungen einschließlich Datenschutzrichtlinien und Cookie-Richtlinien können grundsätzlich auch als Konditionen und Geschäftsbedingungen im Sinne des Abs. 2 Nr. behandelt werden. Diese können dann missbräuchlich sein, wenn sie (privaten Facebook-)Nutzern keine Wahlmöglichkeit lassen, ob sie das Netzwerk mit einer intensiveren Personalisierung des Nutzungserlebnisses mit potentiell unbeschränktem Zugriff auf ihre Daten, die außerhalb von Facebook freigegeben werden, verwenden wollen oder sich nur mit einer Personalisierung einverstanden erklären wollen, die auf den Daten beruht, die sie auf facebook.com selbst preisgeben.[255] Neben der Beeinträchtigung des Rechts auf informationelle Selbstbestimmung stellt die fehlende Wahlmöglichkeit vor dem Hintergrund der hohen Wechselhürden („Lock-in-Effekte") auch eine kartellrechtlich relevante Ausbeutung der Nutzer dar, weil der Wettbewerb wegen der marktbeherrschenden Stellung von Facebook seine Kontrollfunktion nicht mehr wirksam ausüben kann.[256]

108 Der Konditionenmissbrauch gemäß Abs. 2 Nr. 2 Hs. 1 Alt. 2 ist ein Unterfall des Preismissbrauchs. Die Grundsätze, die für den Preismissbrauch gelten, finden auch hier Anwendung. Es ist aber eine Gesamtbetrachtung des **Leistungsbündels** vorzunehmen. Bei der Gesamtbetrachtung werden die hypothetischen Konditionen auf den Wettbewerbsmärkten herangezogen und miteinander verglichen, und nicht das dispositive Gesetzesrecht.[257] Die ungünstige Wirkung einer Klausel kann zB durch günstige Wirkungen anderer Konditionen oder durch eine Preisgestaltung ausgeglichen werden.[258]

109 Um festzustellen, ob die geforderten Entgelte oder sonstigen Geschäftsbedingungen gegenüber der Marktgegenseite missbräuchlich sind, wird ein hypothetischer Wettbewerb mit dem **Vergleichsmarktkonzept** ermittelt. Bei der Prüfung eines Preishöhenmissbrauchs kann mangels Vergleichsmarkt auf das Verhältnis zwischen Kosten und Gewinn abgestellt werden.[259]

---

[252] OLG Düsseldorf WuW/E DE-R 1480 – R.-Uhren.
[253] KG WuW/E OLG 1467 – Benzinpreis; BGH WuW/E BGH 1445 (1478) – Valium; BGH WuW/E DE-R 375 – Flugpreisspaltung.
[254] EuGH WuW/E EWG 425 – Chiquita Bananen; EG-Kommission 23.7.2004 case COMP/A.36.570/D3 Rn. 184 ff. – Sundbusserne/Port of Helsingborg; Immenga/Mestmäcker/Fuchs GWB Rn. 201; Kuhn WuW 2006, 578 ff.; LMRKM/Loewenheim Rn. 67.
[255] BGH 23.6.2020 – KVR 69/19, GRUR-Int. 2021, 603 Rn. 63 ff. – Facebook.
[256] BGH 23.6.2020 – KVR 69/19 GRUR-Int. 2021, 603 Rn. 63 ff. – Facebook.
[257] LMRKM/Loewenheim Rn. 68.
[258] BGH WuW/E BGH 2103 (2105) – Favorit; LMRKM/Loewenheim Rn. 81.
[259] BGH NZKart 2020, 141 (144) – Whitelisting/Webeblocker; Bechtold/Bosch/Bechtold/Bosch Rn. 62.

aa) Vergleichsmarktkonzept. Zur Feststellung eines wettbewerbsanalogen Preises sind 110
Verhaltensweisen von Unternehmen vergleichbarer Märkte mit einem wirksamen Wettbewerb entscheidend.[260] Für die Feststellung, ob eine Ausbeutung vorliegt, ist der hypothetische Wettbewerb (Als-ob-Wettbewerb) auf einem vergleichbaren Markt relevant.[261] Nach
dem Vergleichsmarktkonzept werden Märkte untersucht, die als im Wesentlichen vergleichbar gelten und von denen angenommen wird, dass auf ihnen funktionierender Wettbewerb herrscht.[262]

Der BGH verlangt eine konkrete Ermittlung des Preises, um festzustellen, inwieweit der 111
tatsächlich verlangte Preis überhöht und daher Missbrauch indiziert ist.[263] Zudem fordert
der BGH ein „geeignetes und ausreichend sicheres Vergleichsmaterial".[264]

Als **sachlicher Vergleichsmarkt** ist auf sachlich relevante Märkte mit verwandten 112
Waren oder Leistungen abzustellen.[265] Dabei sind die produktionstechnischen Strukturen,
aber auch die Vergleichbarkeit von Lieferanten- und Abnehmerstrukturen zu berücksichtigen.[266]

Der **räumliche Vergleichsmarkt** ergibt sich aus Abs. 2 Nr. 2 Hs. 2.[267] Hiernach sind 113
insbesondere die Verhaltensweisen von Unternehmen auf vergleichbaren Märkten mit
wirksamem Wettbewerb zu berücksichtigen.[268] Es wird der Preis bzw. die Konditionen auf
einem anderen räumlichen Markt für dieselben Waren und Leistungen festgestellt und zu
den Bedingungen des Normadressaten in Relation gesetzt.[269]

Hierzu können innerhalb Deutschlands vergleichbare regionale oder lokale Märkte 114
herangezogen werden.[270] Fehlt es im Inland für denselben sachlichen Markt an einem
örtlichen Vergleichsmarkt, zB weil ein Unternehmen im gesamten Bundesgebiet marktbeherrschend ist, kann auch auf Vergleichsmärkte im Ausland zurückgegriffen werden.[271]
Dabei muss der ausländische Markt mit dem inländischen Markt vergleichbar sein. Es ist
auch ein Vergleich mit nur einem Unternehmen denkbar.[272]

Beim **zeitlichen Vergleichsmarkt** werden die Bedingungen (Preis, Konditionen) als 115
Vergleich herangezogen, die sich früher auf demselben Markt bei noch wirksamem Wettbewerb gebildet hatten.[273] Dies gilt insbesondere, wenn die Marktbeherrschung erst seit
kurzer Zeit besteht und sich das Unternehmen in Zeiten, als es noch nicht marktbeherrschend war, anders verhalten hat.[274] Allerdings kann auf einen solchen zeitlichen Vergleichsmarkt nur zurückgegriffen werden, wenn es sich um einen Wettbewerbsmarkt
handelt.[275] Ansonsten ist es nicht gerechtfertigt, bei einer Preiserhöhung anzunehmen, dass
der früher geforderte Preis ein Wettbewerbspreis war, der erhöhte Preis aber nicht.[276]

Es kommt selten vor, dass die zu vergleichenden Märkte hinsichtlich ihrer Wettbewerbs- 116
bedingungen und Strukturmerkmale identisch sind.[277] Daher müssen die Unterschiede

---

[260] Immenga/Mestmäcker/Fuchs GWB Rn. 216.
[261] Bechtold Rn. 55; Immenga/Mestmäcker/Fuchs GWB Rn. 216.
[262] Kling/Thomas § 20 Rn. 167.
[263] BGH WuW/E BGH 1445 (1452 ff.) – Valium.
[264] BGH WuW/E BGH 2309 (2311) – Glockenheide.
[265] BKartA TB 1991/92, 136 f. – Spareckzins; KG WuW/E OLG 4649 – Hamburger Benzinpreise;
BKartA TB 1989/90, 58 – Autobahntankstellen; LMRKM/Loewenheim Rn. 72.
[266] LMRKM/Loewenheim Rn. 72.
[267] LMRKM/Loewenheim Rn. 69.
[268] Emmerich KartellR § 27 Rn. 116.
[269] Langen/Bunte/Nothdurft GWB Rn. 145.
[270] LMRKM/Loewenheim Rn. 71; Langen/Bunte/Nothdurft GWB Rn. 145.
[271] LMRKM/Loewenheim Rn. 71; BKartA WuW/E BKartA 1526 (1526 ff.) – Valium/Librium.
[272] BGH WuW/E BGH 1445 (1452) – Valium; BGH WuW/E BGH 2309 (2311) – Glockenheide;
LMRKM/Loewenheim Rn. 70 f.
[273] Langen/Bunte/Nothdurft GWB Rn. 146.
[274] Langen/Bunte/Nothdurft GWB Rn. 146; Bechtold Rn. 58.
[275] Anders die früher vom Bundeskartellamt vertretene Sockel-Theorie in den Mineralöl- und Autopreis-
Verfahren; LMRKM/Loewenheim Rn. 73.
[276] Langen/Bunte/Nothdurft GWB Rn. 146; Bechtold Rn. 58.
[277] LMRKM/Loewenheim Rn. 70; Kling/Thomas § 20 Rn. 167.

zwischen dem tatsächlichen Markt und dem Vergleichsmarkt qualifiziert und quantifiziert[278] und durch entsprechende **Zuschläge** bzw. **Abschläge** korrigiert werden.[279] Dies ist insbesondere dann erforderlich, wenn die Missbräuchlichkeit des Verhaltens durch den Vergleich mit nur einem Vergleichsunternehmen begründet wird.[280] Zu Gunsten des Normadressaten können objektive Strukturmerkmale herangezogen werden.[281] Hingegen können individuelle Eigenschaften und Besonderheiten des marktbeherrschenden Unternehmens (zB die Unternehmensgröße oder der Umsatz) Korrekturen idR nicht rechtfertigen.[282] Je mehr Zu- oder Abschläge erforderlich sind, desto geringer ist die Vergleichbarkeit des hypothetischen und des tatsächlichen Marktes.

117   Die Preise müssen genau ermittelt werden, so dass eine Vergleichbarkeit im Einzelfall durch Zu- und Abschläge möglich ist. Dabei kommt es bei unterschiedlichen Preisen auf dem Vergleichsmarkt auf den höchsten Preis an und nicht auf den Durchschnittspreis.[283] Zwar sind auch Schätzungen zulässig, diese dürfen aber nicht zu einem „wettbewerbsanalogen Preis führen, der überwiegend auf geschätzten Zu- und Abschlägen beruht".[284] Sofern Unsicherheiten bei der Einschätzung des herangezogenen Vergleichsmaterials verbleiben, ist im Einzelfall zusätzlich noch ein Sicherheitszuschlag zu berücksichtigen.[285]

118   Der Vergleich insbesondere beim Konditionenmissbrauch muss stets unter Berücksichtigung des gesamten Leistungsbündels erfolgen.[286] Bei der Gesamtbetrachtung werden die hypothetischen Konditionen auf Wettbewerbsmärkten herangezogen und miteinander verglichen, nicht das dispositive Gesetzesrecht.[287] Dabei können nachteilhafte Konditionen mit besonders günstigen Konditionen ausgeglichen werden,[288] zB eine schlechtere Preisgestaltung durch besonders vorteilhafte Zahlungsbedingungen oder umfangreichere Mängelhaftungsrechte.

119   **bb) Erheblichkeit.** Ein missbräuchliches Verhalten liegt nur dann vor, wenn der ordnungsgemäß ermittelte Vergleichspreis erheblich von dem Preis abweicht, den das betroffene Unternehmen fordert.[289] Begründet wird dies damit, dass jeder Rechtsmissbrauch eine erhebliche Abweichung von der jeweiligen Norm voraussetzt.[290]

120   Demzufolge ist ein Erheblichkeitszuschlag von mindestens 5 %[291] bzw. 10 %[292] zu berücksichtigen. Anders verhält es sich im Energiebereich; dort führt eine erhebliche Überschreitung des Vergleichspreises nicht zwangsläufig zu einem Missbrauch.[293]

121   **cc) Sachliche Rechtfertigung.** Anders als in Abs. 2 Nr. 1 Alt. 2 und Nr. 3 sieht der Wortlaut des Abs. 2 Nr. 2 nicht vor, dass ein Verhalten nur bei Fehlen eines sachlichen Grundes missbräuchlich ist. Dennoch liegt nach der Rechtsprechung des BGH kein Ausbeutungsmissbrauch vor, wenn das Verhalten des marktbeherrschenden Unternehmens

---

[278] Bechtold Rn. 59 ff.
[279] Langen/Bunte/Nothdurft GWB Rn. 152.
[280] BGH WuW/E DE-R 1513 (1517 f.) – Stadtwerke Mainz; OLG Düsseldorf WuW/E DE-R 1236 (1237) – TEAG.
[281] BGH WuW/E BGH 2309 (2312) – Glockenheide; LMRKM/Loewenheim Rn. 76.
[282] Bechtold Rn. 59.
[283] KG WuW/E 2935 (2940) – BAT Am Biggenkopf Süd.
[284] Bechtold Rn. 59; BGH WuW/E DE-R 1513 (1518); BGH WuW/E BGH 1678 – Valium II; BGH WuW/E DE-R 1513 – Stadtwerke Mainz.
[285] BGH WuW/E BGH 2967 (2975) – Strompreis Schwäbisch Hall; LMRKM/Loewenheim Rn. 70.
[286] BGH WuW/E 2103 (2105) = NJW 1986, 846 – Favorit.
[287] LMRKM/Loewenheim Rn. 70.
[288] BGH WuW/E DE-R 1513 – Stadtwerke Mainz.
[289] BGH WuW/E DE-R 1513 – Stadtwerke Mainz; LMRKM/Loewenheim Rn. 74; aA Langen/Bunte/ Nothdurft GWB Rn. 157.
[290] LMRKM/Loewenheim Rn. 74; Wiedemann/Lübbert/Schöner § 23 Rn. 204.
[291] OLG Düsseldorf WuW/E DE-R 1439 (1443) – Stadtwerke Mainz.
[292] OLG Düsseldorf WuW/E DE-R 1239 (1246) – TEAG.
[293] BGH WuW/E BGH 2967 (2975) – Strompreis Schwäbisch Hall.

sachlich gerechtfertigt ist.[294] Das Verhalten des Marktbeherrschers muss auch gegenüber der Marktgegenseite sachlich gerechtfertigt sein. Eine sachliche Rechtfertigung muss auf besonderen Gründen beruhen und eine Abwägung widerstreitender Interessen berücksichtigen.[295] Hierbei ist wie beim Behinderungsmissbrauch gemäß § 19 Abs. 2 Nr. 1 die Klärung der sachlichen Rechtfertigung auf Grund einer umfassenden Interessenabwägung zu beurteilen.[296] Die Gründe müssen dann mit dem Wettbewerbsgedanken vereinbar sein.[297]

Dagegen lehnen BKartA[298] und Teile der Literatur[299] die Möglichkeit einer sachlichen **122** Rechtfertigung ab. Es bleibe kein Raum für eine sachliche Rechtfertigung, da ungerechtfertigtes Verhalten bereits in der den Abnehmer benachteiligenden Abweichung des Wettbewerbspreises liege.

Demgegenüber ist aber anzuführen, dass im Einzelnen sachliche Gründe für eine solche **123** Preispolitik (Abweichung vom wettbewerbsanalogen Preis) sprechen können.[300] Zwar wird nach dem Wortlaut des Abs. 2 Nr. 2 bei einer Überschreitung des wettbewerbsanalogen Preises ein Missbrauch nicht wegen einer sachlichen Rechtfertigung ausgeschlossen.[301] Dennoch stellt die sachliche Rechtfertigung ein ungeschriebenes Tatbestandsmerkmal dar.

c) Strukturmissbrauch (Abs. 2 Nr. 3). Ein Strukturmissbrauch liegt vor, wenn die **124** Preise oder Konditionen eines Herstellers für verschiedene Leistungen oder Abnehmer in sich widersprüchlich, willkürlich oder sonst nicht sachlich zu rechtfertigen sind.[302] Nr. 3 findet nur auf angebotsmächtige Unternehmen Anwendung.

Bestehen große Unterschiede zwischen zwei verschiedenen Leistungen im Hinblick auf **125** die Preise und Konditionen und sind diese unterschiedlichen Preise und Konditionen nicht durch unterschiedliche Herstellungskosten oder sonstige Gründe zu rechtfertigen, ist dies ein Indiz für missbräuchliches Verhalten.[303] Es handelt sich also um eine Diskriminierung der Marktgegenseite.[304]

Der Rechtsprechung des BGH folgend gilt der Strukturmissbrauch als Unterfall des **126** Ausbeutungsmissbrauchs nach Nr. 2.[305] Nach dem Wortlaut unterscheiden sich die beiden Regelungen dadurch, dass für Nr. 2 der Maßstab der hypothetische Wettbewerb auf Vergleichsmärkten ist, während bei Nr. 3 auf das eigene Verhalten des marktbeherrschenden Unternehmens auf „vergleichbaren Märkten" abgestellt wird.[306]

aa) Erheblichkeit. Wie auch bei Abs. 2 Nr. 2 ist ein Erheblichkeitszuschlag für die **127** Preis- und Konditionendifferenzierung vorzunehmen (→ Rn. 120).[307]

bb) Sachliche Rechtfertigung. Die Preis- und Konditionenspaltung ist nur dann **128** missbräuchlich, wenn es an einer sachlichen Rechtfertigung für die Preis- und Konditionendifferenzierung fehlt. Die Anforderungen an die sachliche Rechtfertigung entsprechen den Anforderungen an die Rechtfertigung bei der Diskriminierung gemäß Abs. 2 Nr. 1

---

[294] BGH WuW/E BGH 1965 ff. – Gemeinsamer Anzeigenteil; BGH WuW/E BGH 1445 (1454) – Valium; KG WuW/E OLG 2617 (2618 f.) – Regional unterschiedliche Tankstellenpreise; LMRKM/ Loewenheim Rn. 75.
[295] BGH WuW/E BGH 1965 (1966) – Gemeinsamer Anzeigenteil; LMRKM/Loewenheim Rn. 75.
[296] LMRKM/Loewenheim Rn. 75; Langen/Bunte/Nothdurft GWB Rn. 160.
[297] BGH WuW/E BGH 2967 (2971) – Strompreis Schwäbisch-Hall.
[298] BKartA WuW/E DE-V 750 (755) – RWE Net.
[299] Bechtold NJW 1980, 1265 (1266); Bechtold Rn. 56.
[300] FK-KartellR/Weyer Rn. 139, 181.
[301] LMRKM/Loewenheim Rn. 75.
[302] BGH WuW/E DE-R 375 (377) – Flugpreisspaltung; KG WuW/E DE-R 124 (127) – Flugpreis Berlin-Frankfurt; OLG Frankfurt a. M. WuW/E DE-R 2860 (2862 f.) – Entega; Bechtold Rn. 63; Kling/ Thomas § 20 Rn. 193.
[303] Bechtold Rn. 63.
[304] LMRKM/Loewenheim Rn. 69.
[305] BGH WuW/E DE-R 375 (377) – Flugpreisspaltung.
[306] Bechtold Rn. 63.
[307] Bechtold Rn. 64; OLG Frankfurt a. M. WuW/E DE-R 2860 (2864 f.) – Entega.

GWB (→ Rn. 53 f.).[308] Während allerdings nach Abs. 2 Nr. 1 der Normadressat nicht verpflichtet ist, ungleiche Fälle auch ungleich zu behandeln, verpflichtet Abs. 2 Nr. 3 das marktbeherrschende Unternehmen, ungleiche Fälle auch entsprechend ungleich zu behandeln.[309]

129   Die Preis- und Konditionendifferenzierung kann damit gerechtfertigt werden, dass der beanstandete hohe Preis nicht kostendeckend ist, die Preisspaltung also erforderlich ist, um Verluste zu vermeiden.[310] Ein Unternehmen kann nicht dazu gezwungen werden, durch eine Preissenkung Angebote unter Selbstkosten abzugeben, auch dann nicht, wenn es auf diesem Markt eine beherrschende Stellung hat.[311] Dies erfordert aber, dass die Verlustsituation „auf objektiven, für jeden anderen Anbieter gleichermaßen wirksam werdenden" Parametern beruht und nicht auf „unternehmensindividuellen Umständen".[312] Eine Preisspaltung ist dann auch zulässig, wenn der niedrige Preis die Reaktion auf die Verlustpreisstrategie eines Wettbewerbers ist („meeting competition defense").[313]

130   **cc) Beweislast.** Auf Grund der Beweislastumkehr in Abs. 2 Nr. 3 („es sei denn, dass der Unterschied sachlich gerechtfertigt ist") liegt die Beweislast für die sachliche Rechtfertigung bei dem marktbeherrschenden Unternehmen.[314] Dies gilt sowohl für das Verwaltungsverfahren als auch das Zivilverfahren. Im Verwaltungsverfahren muss die Kartellbehörde aber auch Informationen zugunsten des marktbeherrschenden Unternehmens ermitteln und verwerten.[315]

131   **d) Missbrauch durch Zugangsverweigerung (Abs. 2 Nr. 4).** Abs. 2 Nr. 4 wurde mit der 10. GWB-Novelle neu gefasst. Die frühere Fassung des Abs. 2 Nr. 4 war geprägt vom engen Verständnis einer missbräuchlichen Zugangsverweigerung insbesondere bezogen auf physische Infrastruktur. Die neu offenere Formulierung erfasst deutlich mehr Fälle, zB kann die Verweigerung des Zugangs zu Plattformen oder Schnittstellen, die Verweigerung des Zugangs zu wettbewerbsrelevanten Daten sowie die Verweigerung der Lizensierung von Immaterialgüterrechten[316] den Missbrauch einer marktbeherrschenden Stellung begründen. Die Gesetzesänderung orientiert sich auch an der Rechtsprechung des EuG zum Tatbestand der Zugangsverweigerung im Rahmen des Artikel 102 Absatz 2 Buchstabe b AEUV.[317] Mit dieser Änderung wird der zunehmenden Digitalisierung und dem Wert von Daten, Schnittstellen und Netzen Rechnung getragen.

Die Voraussetzungen des Abs. 2 Nr. 4 sind erfüllt, wenn sich ein marktbeherrschendes Unternehmen weigert, ein anderes Unternehmen gegen angemessenes Entgelt mit einer Ware oder gewerblichen Leistung zu beliefern, insbesondere ihm Zugang zu Daten, zu Netzen oder zu anderen Infrastruktureinrichtungen zu gewähren und die Belieferung oder die Gewährung des Zugangs objektiv notwendig ist, um auf einem vor- oder nachgelagerten Markt tätig zu sein und die Weigerung, den wirksamen Wettbewerb auf diesem Markt auszuschalten droht. Die Weigerung der Belieferung oder des Zugangs steht dem Verlangen eines unangemessen hohen Entgelts oder sonstiger unangemessener Konditionen gleich. Damit ist Abs. 2 Nr. 4 GWB eine Ausprägung der Essential Facilities Doktrin des EuGH.[318]

---

[308] LMRKM/Loewenheim Rn. 75, Bechtold Rn. 64; Wiedemann/Wiedemann § 23 Rn. 213.
[309] Bechtold Rn. 64.
[310] BGH WuW/E DE-R 375 (377 f.) – Flugpreisspaltung.
[311] BGH WuW/E DE-R 375 (377 f.) – Flugpreisspaltung; Kling/Thomas § 20 Rn. 198.
[312] BGH WuW/E DE-R 375 (377 f.) – Flugpreisspaltung; Bechtold Rn. 64.
[313] Bechtold Rn. 64.
[314] BGH WuW DE-R 375 (377) – Flugpreisspaltung; DE-R 2739 (2740) – Entega.
[315] Bechtold Rn. 65.
[316] Begründung Entwurf 10. GWB-Novelle BT-Drs. 19/23492, 72.
[317] EuG Slg. 2007, II-014191 – Microsoft.
[318] Begründung Entwurf 7. GWB-Novelle, BT-Drs. 15/3640, 29; Begründung Entwurf 6. GWB-Novelle, BT-Drs. 13/9720, 36 f.

Der Anwendungsbereich der Norm ist nur eröffnet, wenn der betroffene Inhaber der **132** Netze bzw. Infrastruktureinrichtungen oder derjenige, der die Daten oder Netze kontrolliert, eine marktbeherrschende Stellung innehat.

aa) Verweigerung der Belieferung mit Waren und Dienstleistungen, insbeson- 133 dere Zugang zu Daten, Netzen oder anderen Infrastruktureinrichtungen. Das marktbeherrschende Unternehmen muss anderen Unternehmen die Belieferung mit Waren oder gewerblichen Leistungen verweigern. Diese Verweigerung kann auch in Form der Zugangsverweigerung zu Daten, Netzen oder anderen Infrastruktureinrichtungen liegen. Die Forderung eines unangemessen hohen Entgeltes oder unangemessenen Konditionen für die Belieferung oder die Gewährung des Zugangs steht der Ablehnung der Belieferung oder des Zugangs gleich.[319]

Entsprechend dem Zweck der Norm soll verhindert werden, dass der Inhaber der **134** wesentlichen Einrichtung seine Marktposition auf Produkt- und Dienstleistungsmärkten dadurch absichert, dass er anderen Unternehmen die (Mit)Benutzung der Einrichtung verweigert und diese anderen Unternehmen dadurch gehindert werden, auf dem nachgelagerten Markt tätig zu werden. Die marktbeherrschende Position des Normadressaten muss daher im Hinblick auf den Markt für die Benutzung der Daten, Netze oder Infrastruktureinrichtungen vorliegen. Es ist nicht erforderlich, dass auch auf dem vor- oder nachgelagerten Markt eine Marktbeherrschung gegeben ist.[320]

Die Begriffe Daten, Netze und Infrastruktureinrichtungen sind allgemein zu verstehen. **135** Entsprechend sind die Begriff Daten, Netze und Infrastruktureinrichtungen so auszulegen, dass es sich um Daten oder Strukturen handelt, deren Zugang oder Mitbenutzung erforderlich ist, um auf bestimmten Märkten tätig zu werden.[321] Entsprechend sind sowohl physische als auch virtuelle Verbindungen zwischen verschiedenen Orten erfasst, wie zB Straßen- und Schienennetze, Leitungen[322] oder technische und sonstige Einrichtungen oder Daten, die dem Waren- und Dienstleistungsabsatz dienen, zB Plattformen, Schnittstellen, die Lizensierung von Immaterialgüterrechten, wettbewerbsrelevante Daten oder Zugangsdaten,[323] Informationssysteme,[324] Fahrpläne, Verzeichnisse oder Produktinformationen für Wartungsunternehmen.[325]

So wäre zB ein Fall erfasst, wenn ein marktbeherrschendes Unternehmen den Zugang **136** über die Nutzungsdaten einer bestimmten Person oder Maschine hat und diese Daten für ein anderes Unternehmen erforderlich sind, um zB Reparatur- oder Wartungsdienste oder komplementäre Leistungen anzubieten.[326] Der Zugang zu den Daten muss aber nur im Rahmen der datenschutzrechtlichen Anforderungen gefordert werden.[327]

bb) Erforderlichkeit der Belieferung oder des Zugangs für Tätigkeit auf Vor- 137 und nachgelagerte Märkte. Die Belieferung oder der Zugang muss objektiv erforderlich sein, um auf einem vor- oder nachgelagerten Markt tätig zu sein. Es ist daher zu prüfen, ob die Belieferung bzw. der Zugang zwingend erforderlich ist, um einen Wettbewerb auf den vor- oder nachgelagerten Märkten zu ermöglichen oder ob dies auch auf anderen Wegen bzw. mit anderen Mitteln erreicht werden kann.[328] Keine Erforderlichkeit liegt bei Substituierbarkeit vor. Dies ist dann der Fall, wenn das angeblich behinderte Unternehmen auf

---

[319] BGH WuW/E DE-R 977 (982) – Fährhafen Puttgarden; OLG Brandenburg WuW/E DE-R 2824 (2827) – Brandenburg-Lotto.
[320] BGH WuW/E DE-R 1520 (1523) – Arealnetz; BKartA WuW/E DE-V 149 – Berliner Stromdurchleitung; LMRKM/Loewenheim Rn. 87, 89.
[321] LMRKM/Loewenheim Rn. 87.
[322] BGH WuW/E DE-R 1520 – Arealnetz.
[323] Begründung Entwurf 10. GWB-Novelle BT-Drs. 19/23492, 72.
[324] KG WuW/E DE-R 1321 (1324) – Gera-Rostock; Bechtold Rn. 69.
[325] OLG München WuW/E DE-R 251 – Fahrzeugdaten.
[326] Begründung Entwurf 10. GWB-Novelle BT-Drs. 19/23492, 72.
[327] Begründung Entwurf 10. GWB-Novelle BT-Drs. 19/23492, 72.
[328] BT-Drs. 13/9720, 73; Bechtold Rn. 71.

andere Daten, Netze oder Einrichtungen ausweichen kann. Das Gleiche gilt bei Duplizier-barkeit, also der Möglichkeit der Errichtung eigener Netz- oder Infrastruktureinrichtun-gen.[329] Dies setzt aber voraus, dass das Netz oder die Infrastruktureinrichtung tatsächlich geschaffen werden kann und nicht wegen fehlender Genehmigung oder Platzmangels nicht realisierbar ist.[330]

138   **cc) Drohendes Ausschalten des Wettbewerbs.** Ist die Belieferung oder der Zugang objektiv erforderlich, um auf einem vor- oder nachgelagerten Markt tätig zu sein, bedeutet dies, dass ohne den Zugang dem betroffenen Unternehmen ein Eintritt auf dem Markt nicht möglich ist. Damit wird weiterer Wettbewerb verhindert. Sofern aber der Zugang zwar erforderlich ist, aber aus anderen Gründen das betroffene Unternehmen nicht tätig werden kann, wird der Wettbewerb nicht durch die fehlende Belieferung oder den fehlenden Zugang ausgeschaltet. Insofern muss eine Kausalität zwischen der Verweigerung der Belieferung bzw. des Zugangs und der drohenden Ausschaltung des Wettbewerbs vorliegen.

139   **dd) Angemessenes Entgelt.** Der Inhaber eines Netzes, von Daten oder einer Infra-struktureinrichtung kann den Zugang von der Zahlung eines angemessenen Entgelts abhängig machen. Was noch angemessen ist, muss im Einzelfall entschieden werden. In der Praxis gibt es regelmäßig keinen Marktpreis, der für die Mitbenutzung als Vergleichsmaß-stab herangezogen werden kann. Unter Berücksichtigung betriebswirtschaftlicher Gesichts-punkte hat der Inhaber aber in jedem Fall einen Anspruch darauf, dass alle durch die Inanspruchnahme verursachten Kosten abgedeckt werden (Kostendeckung).[331] Darüber hinaus sind auch die Abschreibung für die Einrichtung und die Erhaltungs- und Wartungs-kosten[332] ebenso wie eine angemessene Verzinsung des eingesetzten Kapitals anzurech-nen.[333] Weigert sich der Antragsteller, ein angemessenes Entgelt zu zahlen, so ist die Zugangsverweigerung nicht missbräuchlich.[334]

140   **ee) Sachliche Rechtfertigung.** Sofern ein sachlich gerechtfertigter Grund vorliegt, stellt die Weigerung der Belieferung oder des Zugangs keinen Missbrauch dar.[335] Dazu muss das marktbeherrschende Unternehmen nachweisen, dass die Mitbenutzung aus betriebs-bedingten oder sonstigen Gründen nicht möglich oder nicht zumutbar ist.[336] Allein das allgemeine Interesse des Normadressaten an einer ausschließlichen Nutzung der Einrich-tungen kann eine Zugangsverweigerung nicht rechtfertigen.[337] Dadurch erfährt der vom BGH aufgestellte Grundsatz, dass kein Wettbewerber verpflichtet sei, einen Konkurrenten zu seinem eigenen Schaden zu fördern,[338] eine wesentliche Einschränkung.[339]

141   Die fehlende Möglichkeit besteht zB bei fehlender Kapazität. So ist der Inhaber der Einrichtung nicht verpflichtet, einem Dritten Kapazitäten zur Verfügung zu stellen, wenn der Inhaber die gesamte Kapazität benötigt, um seinen eigenen Bedarf zu decken. Ob eine Erhöhung der Kapazität gefordert werden kann, muss im Rahmen der Zumutbarkeit geklärt werden.[340]

---

[329] BKartA WuW/E DE-V 1879 (1887 ff.) – Scandlines; Bechtold Rn. 73 bezogen auf die Unmöglichkeit gemäß dem früheren Wortlaut des Abs. 2 Nr. 4; Immenga/Mestmäcker/Fuchs GWB Rn. 283.
[330] Bechtold Rn. 73.
[331] Bechtold Rn. 74; Wiedemann/Wiedemann § 23 Rn. 240.
[332] Bechtold Rn. 74.
[333] Emmerich KartellR § 27 Rn. 134; Wiedemann/Wiedemann § 23 Rn. 240.
[334] BGH WuW DE-R 2708 (2714).
[335] LMRKM/Loewenheim Rn. 94.
[336] FK-KartellR/Weyer Rn. 105; Wiedemann/Wiedemann § 23 Rn. 237.
[337] LMRKM/Loewenheim Rn. 96; Immenga/Mestmäcker/Fuchs GWB Rn. 289.
[338] BGH WuW/E BGH 2953 (2964) – Gasdurchleitung; WuW/E BGH 2755 (2759) – Aktionsbeiträge; LMRKM/Loewenheim Rn. 96.
[339] LMRKM/Loewenheim Rn. 96; Immenga/Mestmäcker/Fuchs GWB Rn. 289.
[340] LMRKM/Loewenheim Rn. 95.

Bei der Prüfung der Zumutbarkeit ist – entsprechend der Wertungen im Rahmen der **142** Rechtfertigung in den anderen Behinderungstatbeständen (→ Rn. 19 ff.) – eine umfassende Interessensabwägung unter Berücksichtigung der Zielsetzungen des GWB und der spezialgesetzlichen Vorschriften (zB des Energiewirtschaftsgesetz[341]) vorzunehmen.[342] Bei der Abwägung kann auch berücksichtigt werden, ob der Marktbeherrscher erhebliche unternehmerische Risiken bei der Errichtung der Infrastruktur oder der Netze bzw. der Sammlung der Daten eingegangen ist, oder ob die Netze oder Infrastruktureinrichtungen durch gesetzlich abgesicherte Privilegien oder Monopole errichtet wurden.[343] Bei erheblichen eigenen wirtschaftlichen Risiken und Investitionen kann die Zugangsverweigerung für einen gewissen Zeitraum sachlich gerechtfertigt sein, damit das Unternehmen in der Lage ist, seine Investitionen zum Teil zu amortisieren.[344]

Abs. 2 Nr. 4 findet keine Anwendung für den Zugang zu gewerblichen Schutzrech- **143** ten.[345] Der Inhaber von gewerblichen Schutzrechten ist folglich nicht verpflichtet, eine Lizenz zur Nutzung der Rechte zu vergeben. Wenn allerdings der Schutzrechtsinhaber Lizenzen an den Schutzrechten vergibt und den betroffenen Markt beherrscht, kann der Inhaber auf Grund des Diskriminierungsverbots gemäß § 19 Abs. 2 Nr. 1 verpflichtet sein, weitere Lizenzen zu vergeben.[346]

ff) Beweislast. In Abs. 2 Nr. 4 ist eine Umkehr der Beweislast geregelt. Der Inhaber des **144** Netzes, der Daten oder der Infrastruktureinrichtung trägt die Beweislast für die Rechtfertigung der Zugangsverweigerung auf Grund der Unmöglichkeit oder Unzumutbarkeit der Mitbenutzung.[347] Begründet wird dies mit dem besonders hohen Grad wettbewerblich nicht kontrollierter Marktmacht.[348]

Die Beweislast für die geschilderte Abhängigkeit von der Belieferung bzw. der Mitbenut- **145** zung von Netzen, Daten oder Infrastruktureinrichtungen trägt im Zivilprozess der Antragsteller. Gleiches gilt für die Angemessenheit des Entgelts ist. Dies ergibt sich daraus, dass der Wortlaut in Nr. 4 nur in Bezug auf die sachliche Rechtfertigung eine Beweislastumkehr vorsieht. Im Verwaltungsverfahren liegt die Beweislast auf Grund des dort geltenden Amtsermittlungsprinzips bei der Kartellbehörde.

e) Missbrauch durch Aufforderung zur Gewährung von Vorteilen (Verbot der **146** **passiven Diskriminierung) (Abs. 2 Nr. 5).** Die Regelung des Abs. 2 Nr. 5 wurde durch die 9. GWB-Novelle neu gefasst. Es wurde das Erfordernis der Ausnutzung der Marktstellung und die Tatbestandsalternative der Veranlassung zur Vorteilsgewährung gestrichen.

aa) Normzweck und Normadressat. Marktbeherrschende Nachfrager dürfen Anbie- **147** ter nicht dazu auffordern, dass diese dem marktbeherrschenden Nachfrager im Vergleich zu ihren Wettbewerbern ungerechtfertigte Vorteile einräumen. Abs. 2 Nr. 5 schützt vor allem (Nachfrage-)Wettbewerber vor einem marktbeherrschenden anderen Nachfrager, welcher sich gegenüber seinen Wettbewerbern Vorteile verschaffen will.[349] Abs. 2 Nr. 5 schützt aber auch den Anbieter, der durch den marktbeherrschenden Nachfrager zur Einräumung von Vorteilen aufgefordert wird.[350] In der Praxis ist das Schutzbedürfnis von Anbietern vor mittelbaren Diskriminierungen marktbeherrschender Konkurrenz-Anbieter wesentlich ge-

---

[341] Mit Details zum Energiebereich siehe Bechtold Rn. 78 f. und LMRKM/Loewenheim Rn. 96.

[342] FK-KartellR/Grave § 20 Rn. 172.

[343] BKartA WuW/DE DE-V 149 (156) – Berliner Stromdurchleitung; Bechtold Rn. 80.

[344] Bechtold Rn. 80.

[345] BGH WuW/E DE-R 2613 – Orange-Book Standard.

[346] Bechtold Rn. 80.

[347] LMRKM/Loewenheim Rn. 97.

[348] BT-Drs. 13/9720, 73.

[349] Ulmer WuW 1980, 477.

[350] BKartA 3.7.2014 – B2–58/09, BeckRS 2014, 123417 Rn. 42– EDEKA Hochzeitsrabatte; aA KG WuW/E DE-R 367 (368) – Schulbuchbeschaffung; Bechtold Rn. 84.

ringer, als im Fall der mittelbaren Diskriminierung von Abnehmern durch Konkurrenz-Abnehmer.

148   **bb) Verbotenes Verhalten.** Abs. 2 Nr. 5 erfasst die Aufforderung einer Vorteilseinräumung ohne sachlich gerechtfertigten Grund.

149   **(1) Vorteile.** Durch die 7. GWB-Novelle 2005 wurde das Wort „Vorzugsbedingungen" durch **„Vorteile"** ersetzt. Dadurch wurde klargestellt, dass nicht nur die Aufforderung oder Veranlassung zur Einräumung (ungerechtfertigter vertraglicher) Konditionen vom Schutzbereich des Abs. 2 Nr. 5 erfasst ist, sondern auch sonstige (nicht in Verbindung mit den Konditionen des Geschäfts) stehende Vorteile.[351] Vorzugsbedingungen sind diejenigen besonderen Vorteile, die zusätzlich zu den leistungsbedingten Nachlässen und sonstigen Leistungsentgelten von dem Nachfrager auf Grund seiner überlegenen Marktstellung bei dem Anbieter mit der Absicht durchgesetzt werden, sich damit im Wettbewerb eine weder markt- noch leistungsbedingte Vorzugsstellung gegenüber den marktschwächeren Konkurrenten zu verschaffen.[352] Ein wesentliches Merkmal von (ungerechtfertigten) Vorteilen ist, dass es sich um Begünstigungen des marktbeherrschenden Abnehmers handeln muss, welchen keine (entsprechende) Gegenleistung gegenübersteht und die nur auf Grund der Marktmacht des Abnehmers gewährt wurden.[353]

150   **(2) Aufforderung.** Die aF des Abs. 2 Nr. 5 enthielt zwei Tatbestandsalternativen, nämlich die Aufforderung oder das Veranlassen der Vorteilsgewährung. Die Unterscheidung der Tatbestandsalternativen in der aF unterschied sich darin, dass die Veranlassung eine Vollendung der Vorteilsgewährung verlangte und für die Aufforderung schon der Versuch des marktbeherrschenden Unternehmens ausreicht, die Vorteile zu erlangen. Die nF des Abs. 2 Nr. 5 führt aber in der Praxis nicht zu einer Änderung der Rechtslage. Im Rahmen der sachlichen Rechtfertigung kann jedoch berücksichtigt werden, ob und wie die Aufforderung tatsächlich umgesetzt wurde.[354]

151   Harte Verhandlungen zwischen Hersteller und Händler, um bessere Konditionen zu erhalten, zB weil größere Mengen abgenommen werden, sind nicht zu beanstanden.[355] Nicht jede Aufforderung zur Gewährung von Vorteilen durch ein marktbeherrschendes Unternehmen ist verboten. Bereits der Wortlaut in Abs. 2 Nr. 5 sieht vor, dass nachvollziehbare Gründe oder das Verhältnis des Vorteils zum Grund der Forderung bei der Bewertung zu berücksichtigen sind. Entsprechend müssen für einen Missbrauch zusätzliche Gesichtspunkte hinzukommen, die das Verlangen von besseren Konditionen in der Gesamtbetrachtung missbräuchlich machen.[356]

152   **(3) Keine Ausnutzung der Marktstellung erforderlich.** Das Ausnutzen der Marktstellung des Abnehmers muss nicht kausal für die Forderung des Vorteils sein.[357] Dies ergibt sich aus der Änderung des Abs. 2 Nr. 5 durch die 9. GWB-Novelle, mit der das Erfordernis des Ausnutzens der Marktstellung aus dem Wortlaut des Abs. 2 Nr. 5 gestrichen wurde. Bisher war umstritten, ob der geforderte Vorteil gerade auf der Ausnutzung der Marktbeherrschung beruhen müsse.

153   **(4) Fehlen einer sachlichen Rechtfertigung.** Die Aufforderung zur Gewährung von Vorteilen muss ohne sachlich gerechtfertigten Grund erfolgen. Die in Satz 2 aufgeführten Kriterien sollen die Prüfung der sachlichen Rechtfertigung erleichtern. Besonders relevant ist, ob und inwieweit der Adressat der Aufforderung den Grund und gegebenenfalls auch die Berechnung der Forderung nachzuvollziehen kann. Es ist jedoch immer eine Einzelfall-

---

[351] Bechtold Rn. 88.
[352] Begründung Entwurf 4. GWB-Novelle 1980 BT-Drs. 8/2136, 25.
[353] LMRKM/Loewenheim Rn. 103.
[354] Begründung Entwurf 9. GWB-Novelle.
[355] BKartA 3.7.2014 – B2–58/09, BeckRS 2014, 123417 Rn. 54, 68 ff. – EDEKA Hochzeitsrabatte.
[356] BKartA 3.7.2014 – B2–58/09, BeckRS 2014, 123417 Rn. 68 ff. – EDEKA Hochzeitsrabatte.
[357] Langen/Bunte/Nothdurft GWB Rn. 230; MüKoGWB/Westermann Rn. 187.

abwägung notwendig. Daher sind die Interessen des marktbeherrschenden Abnehmers und des betroffenen Anbieters unter Beachtung der Zielsetzung des GWB abzuwägen.[358] Bei der Interessenabwägung ist auch auf das Verhalten von Unternehmen, die nicht Normadressaten des Abs. 2 Nr. 5 sind und über keine besondere Marktmacht verfügen, abzustellen.[359] Dh das Verlangen von Vorteilen kann gerechtfertigt sein, wenn diese auch ein Abnehmer, welcher über keine besondere Marktmacht verfügt, verlangen würde.[360]

Wie oben unter → Rn. 149 schon angemerkt, spielt bei der Frage der Rechtfertigung **154** der Aufforderung zur Einräumung von Vorteilen eine entscheidende Rolle, ob dem Vorteil eine entsprechende Gegenleistung zugrunde liegt. So kann die Abnahme erheblicher Mengen die Einräumung von besonderen Rabatten rechtfertigen.[361] Darüber hinaus wird geprüft, ob „die Begründung und Berechnung der Forderungen" und „die Begründung und die Berechnung des Grundes bzw. der Gegenleistungen für den Lieferanten nachvollziehbar" sind und ob „die Höhe der Forderung im Verhältnis zum Grund bzw. zur Gegenleistung angemessen" ist.[362] Der Prüfung der Angemessenheit kommt dabei große Bedeutung zu.[363]

Eine nachträgliche Anpassung der vertraglichen Konditionen wird idR nur dann gerecht- **155** fertigt sein, wenn die Anpassung auch auf dem Klageweg durchgesetzt werden könnte (also zB nach den Grundsätzen des Wegfalls der Geschäftsgrundlage (§ 313 BGB).[364] Maßnahmen, die die Vorteile absichern (zB Ausschließlichkeitsbindungen oder Meistbegünstigungsklauseln), sind regelmäßig nicht gerechtfertigt.[365]

cc) Beweislast. Für das Vorliegen einer sachlichen Rechtfertigung ist der Normadressat **156** darlegungs- und beweispflichtig.[366]

dd) Rechtsfolgen und Verhältnis zu anderen Bestimmungen. Die Rechtsfolgen **157** eines Verstoßes gegen Abs. 2 Nr. 5 entsprechen den Rechtsfolgen eines Verstoßes gegen Abs. 2 Nr. 1. Die Kartellbehörden werden regelmäßig nur gegen den Auffordernden oder Veranlasser vorgehen, nicht aber gegen den Empfänger der Aufforderung.[367]

V. Geltung für Kartelle und Preisbinder (Abs. 3)

Abs. 3 erweitert den Adressatenkreis für bestimmte Missbrauchstatbestände des § 19. Im **158** Hinblick auf das Verbot der Behinderung und der Diskriminierung gemäß Abs. 2 Nr. 1 sind neben den marktbeherrschenden Unternehmen auch bestimmte Unternehmensvereinigungen (nämlich solche iSd §§ 2, 3 und 28 Abs. 1 GWB, § 30 Abs. 2a GWB und § 31 Abs. 1 Nr. 1, 2 und 4 GWB) und preisbindende Unternehmen (nach § 28 Abs. 2 GWB und § 30 Abs. 1 S. 1 GWB oder § 31 Abs. 1 Nr. 3 GWB) Normadressaten. Im Hinblick auf das Verbot der passiven Diskriminierung gemäß Abs. 2 Nr. 5 sind die vorgenannten Unternehmensvereinigungen Normadressat.

Vor der 8. GWB-Novelle war die Anwendbarkeit auf die Unternehmensvereinigungen **159** und Preisbinder in § 20 Abs. 1 aF geregelt. Die jetzige Regelung in Abs. 3 entspricht weitgehend der Rechtslage vor der 8. GWB-Novelle. Allerdings wurden die Branchenverbände der Verleger und der Händler für Zeitschriften und Zeitungen (§ 30 Abs. 2a und

---

[358] Langen/Bunte/Nothdurft GWB Rn. 244.
[359] Bechtold Rn. 90.
[360] Bechtold Rn. 90.
[361] BKartA 3.7.2014 – B2–58/09, BeckRS 2014, 123417 Rn. 266 – EDEKA Hochzeitsrabatte; Bechtold Rn. 90.
[362] BKartA 3.7.2014 – B2–58/09, BeckRS 2014, 123417 Rn. 266 – EDEKA Hochzeitsrabatte.
[363] BKartA 3.7.2014 – B2–58/09, BeckRS 2014, 123417 Rn. 276 ff. – EDEKA Hochzeitsrabatte.
[364] Bechtold Rn. 90.
[365] LMRKM/Loewenheim Rn. 108.
[366] BGH WuW/E DE-R 984 (990) – Konditionenanpassung; Köhler WRP 2006, 139 (143 f.).
[367] Bechtold Rn. 78.

2b) und die Wasserversorgungsunternehmen (§ 31 Abs. 1 Nr. 1, 2 und 4) in den Kreis der Normadressaten aufgenommen.

160   **1. Vereinigungen von miteinander im Wettbewerb stehenden Unternehmen iSd §§ 2, 3 und 28 Abs. 1, § 30 Abs. 2a, 2b oder § 31 Abs. 1 Nr. 1, 2 und 4.** Neben den marktbeherrschenden Unternehmen sind auch **Unternehmensvereinigungen** von miteinander im Wettbewerb stehenden Unternehmen iSd §§ 2, 3 und 28 Abs. 1, § 30 Abs. 2a, 2b und § 31 Abs. 1 Nr. 1, 2 und 4 Normadressaten des § 19 Abs. 1 Nr. 1 und Nr. 5. Eine besondere, tatsächliche Machtposition einer solchen Vereinigung ist nicht erforderlich. Bei den Unternehmensvereinigungen iSd §§ 2, 3 und 28 Abs. 1, § 30 Abs. 2a, 2b oder § 31 Abs. 1 Nr. 1, 2 und 4 handelt es sich um freigestellte Kartelle. Die Unternehmen müssen nach dem Wortlaut des Abs. 3 miteinander im Wettbewerb stehen. Dies bedingt, dass nur horizontale Kartelle – nicht aber vertikale Vereinbarungen – erfasst werden.[368] Der Gesetzgeber sah die Möglichkeit des Begründens von Marktmacht durch solche Unternehmensvereinigungen als ausreichend an, um diese in den Normadressatenkreis des § 19 aufzunehmen.[369]

161   Die einzelnen **Mitglieder einer Unternehmensvereinigung** werden – es sei denn, das einzelne Mitglied fällt als solches in den Anwendungsbereich des § 19 (etwa weil es iSd § 20 Abs. 1 Abs. 1 relativ marktmächtig ist) – nicht erfasst. Das bedeutet, die Behinderung oder Diskriminierung muss von der Vereinigung ausgehen. Wird nur ein einzelnes Mitglied der Vereinigung tätig, kann allerdings zu prüfen sein, ob das einzelne Mitglied eine von der Vereinigung veranlasste Behinderungs- oder Diskriminierungsmaßnahme ausführt oder selbstständig tätig wird.[370]

162   **2. Preisbindende Unternehmen.** Auch preisbindende Unternehmen sind Normadressat des § 19 Abs. 2 Nr. 1. Preisbindende Unternehmen sind Unternehmen, die die (Verkaufs-)Preise ihrer Abnehmer verbindlich festlegen. Die preisbindenden Unternehmen müssen landwirtschaftliche Erzeugerbetriebe gemäß § 28 Abs. 2 GWB, Zeitungs- und Zeitschriftenverlage gemäß § 30 Abs. 1 S. 1 GWB, Wasserversorgungsunternehmen gemäß § 31 Abs. 1 Nr. 3 GWB sein. Die Einbeziehung preisbindender Unternehmen in den Normadressatenkreis des § 19 Abs. 2 Nr. 1 rechtfertigt sich dadurch, dass einem Unternehmen, welches die Preise auf nachgelagerten Märkten binden kann, üblicherweise auch eine (dem übrigen Normadressatenkreis des § 19) entsprechende Marktmacht zukommt.[371]

163   Insbesondere bei Lieferketten, die mehrere (vertikale) Marktstufen erfassen, ist zu untersuchen, welche Unternehmen preisbindend iSd Vorschrift sind und welche Unternehmen durch eine Preisbindung behindert werden. Unter den Normadressatenkreis fällt zunächst das preisbindende Unternehmen.

164   Das **preisgebundene Unternehmen** ist nicht Normadressat von Abs. 2 Nr. 1. Auch dann nicht, wenn es die von dem Bezugsunternehmen gesetzte Preisbindung seinerseits – ohne hierzu verpflichtet zu sein – an die Abnehmer weitergibt. Anders ist dies zu beurteilen, wenn es sich bei dem Bezugsunternehmen und dem die Preisbindung weitergebenden Unternehmen um verbundene (Vertriebs-)Unternehmen handelt.[372] In diesen Fällen findet eine Zurechnung statt. Ansonsten erfolgt grundsätzlich keine Zurechnung der von dem Hersteller gesetzten Preisbindung.

165   Zur Anwendung des § 19 Abs. 2 Nr. 1 ist es nicht erforderlich, dass eine Preisbindung auf der direkt nachgelagerten **Marktstufe** (Stufe 1) selbst vorliegt. Sind die Preise auf der

[368] Begründung Entwurf 7. GWB-Novelle, BT-Drs. 15/3640, 45 f.; LMRKM/Loewenheim Rn. 7.
[369] OLG Celle WuW/E OLG 2379 (2380) – Teppich-Globalprämie; BKartA WuW/E BKartA 747 (752) – Linoleum; Langen/Bunte/Nothdurft GWB Rn. 101.
[370] BGH WuW/E BGH 1175 (1179) – Ostmüller; KG WuW/E OLG 4907 (4912 f.) – Offizieller Volleyball; LMRKM/Loewenheim Rn. 7.
[371] BGHZ 49, 90 = WuW/E BGH 886 (890) – Jägermeister; Immenga/Mestmäcker/Fuchs GWB Rn. 355.
[372] OLG Schleswig 28.1.2010 – 16 U (Kart) 55/09, BeckRS 2010, 2834 Rn. 11; Bechtold Rn. 94.

direkt nachgelagerten Marktstufe (Stufe 1) zwar nicht gebunden, besteht jedoch eine Verpflichtung zur Weitergabe der Preisbindung auf der nächst unteren Marktstufe (Stufe 2), so ist der Anwendungsbereich des § 19 Abs. 2 Nr. 1 eröffnet.[373] Beispielhaft greift § 19 Abs. 2 Nr. 1 im Verhältnis Hersteller-Großhändler ein, wenn der Hersteller nur die End-konsumentenpreise dem Großhändler verbindlich vorgibt. In diesem Fall ist auch der nichtgebundene Großhändler in das Preisbindungssystem einbezogen und die Preisbindung auf Einzelhändlerebene hat Einfluss auf die Preisbildung im Großhandel.[374] Im umge-kehrten Fall der Bindung der Großhandelspreise kann sich der Einzelhändler ebenfalls auf Abs. 2 Nr. 1 berufen.[375]

Auf Abs. 2 Nr. 1 können sich nicht nur die von der Preisbindung betroffenen Abnehmer **166** bzw. Teilnehmer der nachgelagerten Marktstufen berufen, sondern auch die Wettbewerber des Preisbinders.[376] Dies folgt aus der Systematik des Abs. 2 Nr. 1, welcher Behinderungen und Diskriminierungen auf vertikaler und horizontaler Ebene erfasst.[377]

Nicht erfasst sind Behinderungen und Diskriminierungen des Preisbinders im Zusam-**167** menhang mit nicht preisgebundener Ware, die neben preisgebundenen Waren vertrieben wird, solange § 19 nicht aus anderen Gründen (wie zB der Marktbeherrschung durch das vertreibende Unternehmen) eröffnet ist.[378]

VI. Rechtsfolgen des Missbrauchs

Rechtsfolgen des Missbrauchs können zivil-, verwaltungs- oder ordnungswidrigkeits-**168** rechtlicher Art sein.

1. Kartellbehördliche Maßnahmen. Die Kartellbehörden können, sofern die entspre-**169** chenden Voraussetzungen vorliegen, eine Untersagungsverfügung hinsichtlich des konkre-ten missbräuchlichen Verhaltens gemäß § 32 GWB erteilen. Diese Befugnis ergibt sich daraus, dass es sich bei Abs. 1 um ein Verbotsgesetz iSd § 32 handelt und die Kartell-behörde daher das verbotene Verhalten untersagen kann.[379]

Des Weiteren besteht die Möglichkeit der Vorteilsabschöpfung gemäß § 34 GWB und **170** der Bußgeldandrohung gemäß § 81 Abs. 2 Nr. 1. § 81 Abs. 1 Nr. 1 GWB sieht eine Bußgeldsanktion vor in den Fällen, in denen vorsätzlich oder fahrlässig gegen das Verbot verstoßen wird.

2. Zivilrechtliche Sanktionen. Ein Verstoß gegen Abs. 1 und Abs. 2 kann über § 134 **171** BGB zur Nichtigkeit eines Vertrages führen, wenn der Vertrag dem gesetzlichen Verbot des Missbrauchs einer marktbeherrschenden Stellung zuwiderläuft.[380] Da Abs. 1 Schutz-gesetz iSd § 33 GWB ist, hat der „Betroffene" die Möglichkeit, über § 33 Beseitigungs-und Unterlassungsansprüche und über § 33a Schadensersatzansprüche geltend zu ma-chen.Es ist nicht erforderlich, dass die Kartellbehörde eine Missbrauchsverfügung erlassen hat, über die sich das Unternehmen hinweggesetzt hat.[381] Sofern ein Schaden auf die

---

[373] BGHZ 49, 90 = WuW/E BGH 886 (889 f.) – Jägermeister.
[374] BGHZ 49, 90 = WuW/E BGH 886 (889) – Jägermeister; BGH WuW/E DE-R 134 – Bahnhofsbuch-handel; OLG Düsseldorf WuW/E 380 (383) – Cash and Carry; BKartA WuW/E 1441 (1442); LMRKM/Loewenheim § 20 Rn. 15.
[375] KG WuW/E 877 (881) – Zigaretten-Einzelhandel; Langen/Bunte/Nothdurft GWB Rn. 112.
[376] BGH WuW/E BGH 1211 = NJW 1972, 483 – Kraftwagen-Leasing; Immenga/Mestmäcker/Fuchs GWB Rn. 358.
[377] Immenga/Mestmäcker/Fuchs GWB Rn. 356.
[378] BGH WuW/E BGH 886 (889 f.) – Jägermeister; LMRKM/Loewenheim § 20 Rn. 14.
[379] BGH WuW/E BGH 1435 (1437) – Vitamin B 12; KG WuW/E OLG 5165 (5180) – Gasdurchleitung; LMRKM/Loewenheim Rn. 98.
[380] OLG Düsseldorf NJW 2009, 1087 (1088) zu einem Mietvertrag mit einem Schildpräger.
[381] LMRKM/Loewenheim Rn. 117; In der bis 1998 geltenden Fassung hatte das Missbrauchsverbot keine unmittelbare Wirkung, sondern es bedurfte der Umsetzung durch eine Verbotsverfügung seitens der Kartell-behörde.

nächste Marktstufe weitergereicht wurde, mindert dies gegebenenfalls den Schaden, hat aber keinen Einfluss darauf, dass der Schaden zunächst entstanden ist.[382]

B. Handelsvertreter

172   Sowohl der Handelsvertreter als auch der Unternehmer können Normadressat des § 19 sein. So darf das marktbeherrschende Unternehmen seine Marktmacht nicht gegenüber dem Handelsvertreter missbrauchen. Entsprechend darf ein marktbeherrschender Handelsvertreter seine Marktmacht nicht gegenüber dem Unternehmen missbrauchen.

C. Vertragshändler

173   § 19 findet im Verhältnis zwischen dem Unternehmen und dem Vertragshändler Anwendung. Demzufolge darf der Unternehmer seine Marktmacht nicht gegenüber dem Vertragshändler ausnutzen. Das Gleiche gilt auch für den Vertragshändler, wenn dieser als Nachfrager eine marktbeherrschende Stellung innehat.

D. Franchisenehmer

174   Für den Franchisenehmer und den Franchisegeber gibt es keine Besonderheiten, so dass hier auf die Ausführungen zum Vertragshändler verwiesen wird.

E. Kommissionsagent

175   Für den Kommissionsagenten gilt das Gleiche wie für den Handelsvertreter, so dass auf die Ausführungen zum Handelsvertreter verwiesen wird.

§ 19a Missbräuchliches Verhalten von Unternehmen mit überragender marktübergreifender Bedeutung für den Wettbewerb

(1) [1]**Das Bundeskartellamt kann durch Verfügung feststellen, dass einem Unternehmen, das in erheblichem Umfang auf Märkten im Sinne des § 18 Absatz 3a tätig ist, eine überragende marktübergreifende Bedeutung für den Wettbewerb zukommt. [2]Bei der Feststellung der überragenden marktübergreifenden Bedeutung eines Unternehmens für den Wettbewerb sind insbesondere zu berücksichtigen:**

1. seine marktbeherrschende Stellung auf einem oder mehreren Märkten,

2. seine Finanzkraft oder sein Zugang zu sonstigen Ressourcen,

3. seine vertikale Integration und seine Tätigkeit auf in sonstiger Weise miteinander verbundenen Märkten,

4. sein Zugang zu wettbewerbsrelevanten Daten,

5. die Bedeutung seiner Tätigkeit für den Zugang Dritter zu Beschaffungs- und Absatzmärkten sowie sein damit verbundener Einfluss auf die Geschäftstätigkeit Dritter.

[3]**Die Verfügung nach Satz 1 ist auf fünf Jahre nach Eintritt der Bestandskraft zu befristen.**

(2) [1]**Das Bundeskartellamt kann im Falle einer Feststellung nach Absatz 1 dem Unternehmen untersagen,**

---

[382] OLG Dresden NZKart 2021, 191 (192) – Trassenentgelte Sachsen/Thüringen; Bechtold/Bosch/Bechtold/Bosch Rn. 96).

1. beim Vermitteln des Zugangs zu Beschaffungs- und Absatzmärkten die eigenen Angebote gegenüber denen von Wettbewerbern bevorzugt zu behandeln, insbesondere
   a) die eigenen Angebote bei der Darstellung zu bevorzugen;
   b) ausschließlich eigene Angebote auf Geräten vorzuinstallieren oder in anderer Weise in Angebote des Unternehmens zu integrieren;
2. Maßnahmen zu ergreifen, die andere Unternehmen in ihrer Geschäftstätigkeit auf Beschaffungs- oder Absatzmärkten behindern, wenn die Tätigkeit des Unternehmens für den Zugang zu diesen Märkten Bedeutung hat, insbesondere
   a) Maßnahmen zu ergreifen, die zu einer ausschließlichen Vorinstallation oder Integration von Angeboten des Unternehmens führen;
   b) andere Unternehmen daran zu hindern oder es ihnen zu erschweren, ihre eigenen Angebote zu bewerben oder Abnehmer auch über andere als die von dem Unternehmen bereitgestellten oder vermittelten Zugänge zu erreichen;
3. Wettbewerber auf einem Markt, auf dem das Unternehmen seine Stellung, auch ohne marktbeherrschend zu sein, schnell ausbauen kann, unmittelbar oder mittelbar zu behindern, insbesondere
   a) die Nutzung eines Angebots des Unternehmens mit einer dafür nicht erforderlichen automatischen Nutzung eines weiteren Angebots des Unternehmens zu verbinden, ohne dem Nutzer des Angebots ausreichende Wahlmöglichkeiten hinsichtlich des Umstands und der Art und Weise der Nutzung des anderen Angebots einzuräumen;
   b) die Nutzung eines Angebots des Unternehmens von der Nutzung eines anderen Angebots des Unternehmens abhängig zu machen;
4. durch die Verarbeitung wettbewerbsrelevanter Daten, die das Unternehmen gesammelt hat, Marktzutrittsschranken zu errichten oder spürbar zu erhöhen, oder andere Unternehmen in sonstiger Weise zu behindern, oder Geschäftsbedingungen zu fordern, die eine solche Verarbeitung zulassen, insbesondere
   a) die Nutzung von Diensten davon abhängig zu machen, dass Nutzer der Verarbeitung von Daten aus anderen Diensten des Unternehmens oder eines Drittanbieters zustimmen, ohne den Nutzern eine ausreichende Wahlmöglichkeit hinsichtlich des Umstands, des Zwecks und der Art und Weise der Verarbeitung einzuräumen;
   b) von anderen Unternehmen erhaltene wettbewerbsrelevante Daten zu anderen als für die Erbringung der eigenen Dienste gegenüber diesen Unternehmen erforderlichen Zwecken zu verarbeiten, ohne diesen Unternehmen eine ausreichende Wahlmöglichkeit hinsichtlich des Umstands, des Zwecks und der Art und Weise der Verarbeitung einzuräumen;
5. die Interoperabilität von Produkten oder Leistungen oder die Portabilität von Daten zu verweigern oder zu erschweren und damit den Wettbewerb zu behindern;
6. andere Unternehmen unzureichend über den Umfang, die Qualität oder den Erfolg der erbrachten oder beauftragten Leistung zu informieren oder ihnen in anderer Weise eine Beurteilung des Wertes dieser Leistung zu erschweren;
7. für die Behandlung von Angeboten eines anderen Unternehmens Vorteile zu fordern, die in keinem angemessenen Verhältnis zum Grund der Forderung stehen, insbesondere
   a) für deren Darstellung die Übertragung von Daten oder Rechten zu fordern, die dafür nicht zwingend erforderlich sind;
   b) die Qualität der Darstellung dieser Angebote von der Übertragung von Daten oder Rechten abhängig zu machen, die hierzu in keinem angemessenen Verhältnis stehen.

[2]Dies gilt nicht, soweit die jeweilige Verhaltensweise sachlich gerechtfertigt ist. [3]Die Darlegungs- und Beweislast obliegt insoweit dem Unternehmen. [4]§ 32 Absatz 2 und 3, die §§ 32a und 32b gelten entsprechend. [5]Die Verfügung nach Absatz 2 kann mit der Feststellung nach Absatz 1 verbunden werden.

Spenner

(3) Die §§ 19 und 20 bleiben unberührt.

(4) Das Bundesministerium für Wirtschaft und Energie berichtet den gesetzgebenden Körperschaften nach Ablauf von vier Jahren nach Inkrafttreten der Regelungen in den Absätzen 1 und 2 über die Erfahrungen mit der Vorschrift.

§ 20 GWB Verbotenes Verhalten von Unternehmen mit relativer oder überlegener Marktmacht

(1) [1]§ 19 Absatz 1 in Verbindung mit Absatz 2 Nummer 1 gilt auch für Unternehmen und Vereinigungen von Unternehmen, soweit von ihnen andere Unternehmen als Anbieter oder Nachfrager einer bestimmten Art von Waren oder gewerblichen Leistungen in der Weise abhängig sind, dass ausreichende und zumutbare Möglichkeiten, auf dritte Unternehmen auszuweichen, nicht bestehen und ein deutliches Ungleichgewicht zur Gegenmacht der anderen Unternehmen besteht (relative Marktmacht). [2] § 19 Absatz 1 in Verbindung mit Absatz 2 Nummer 1 gilt ferner auch für Unternehmen, die als Vermittler auf mehrseitigen Märkten tätig sind, soweit andere Unternehmen mit Blick auf den Zugang zu Beschaffungs- und Absatzmärkten von ihrer Vermittlungsleistung in der Weise abhängig sind, dass ausreichende und zumutbare Ausweichmöglichkeiten nicht bestehen. [3]Es wird vermutet, dass ein Anbieter einer bestimmten Art von Waren oder gewerblichen Leistungen von einem Nachfrager abhängig im Sinne des Satzes 1 ist, wenn dieser Nachfrager bei ihm zusätzlich zu den verkehrsüblichen Preisnachlässen oder sonstigen Leistungsentgelten regelmäßig besondere Vergünstigungen erlangt, die gleichartigen Nachfragern nicht gewährt werden.

(1a) [1]Eine Abhängigkeit nach Absatz 1 kann sich auch daraus ergeben, dass ein Unternehmen für die eigene Tätigkeit auf den Zugang zu Daten angewiesen ist, die von einem anderen Unternehmen kontrolliert werden. [2]Die Verweigerung des Zugangs zu solchen Daten gegen angemessenes Entgelt kann eine unbillige Behinderung nach Absatz 1 in Verbindung mit § 19 Absatz 1, Absatz 2 Nummer 1 darstellen. [3]Dies gilt auch dann, wenn ein Geschäftsverkehr für diese Daten bislang nicht eröffnet ist.

(2) § 19 Absatz 1 in Verbindung mit Absatz 2 Nummer 5 gilt auch für Unternehmen und Vereinigungen von Unternehmen im Verhältnis zu den von ihnen abhängigen Unternehmen.

(3) [1]Unternehmen mit gegenüber kleinen und mittleren Wettbewerbern überlegener Marktmacht dürfen ihre Marktmacht nicht dazu ausnutzen, solche Wettbewerber unmittelbar oder mittelbar unbillig zu behindern. [2]Eine unbillige Behinderung im Sinne des Satzes 1 liegt insbesondere vor, wenn ein Unternehmen

1. Lebensmittel im Sinne des § 2 Absatz 2 der Verordnung (EG) Nr. 178/2002 des Europäischen Parlaments und des Rates zur Festlegung der allgemeinen Grundsätze und Anforderungen des Lebensmittelrechts, zur Errichtung der Europäischen Behörde für Lebensmittelsicherheit und zur Festlegung von Verfahren zur Lebensmittelsicherheit (ABl. L 31 vom 1.2.2002, S. 1), die zuletzt durch die Verordnung (EU) 2019/1381 (ABl. L 231 vom 6.9.2019, S. 1) geändert worden ist, unter Einstandspreis oder

2. andere Waren oder gewerbliche Leistungen nicht nur gelegentlich unter Einstandspreis oder

3. von kleinen oder mittleren Unternehmen, mit denen es auf dem nachgelagerten Markt beim Vertrieb von Waren oder gewerblichen Leistungen im Wettbewerb steht, für deren Lieferung einen höheren Preis fordert, als es selbst auf diesem Markt

anbietet, es sei denn, dies ist jeweils sachlich gerechtfertigt. [3]Einstandspreis im Sinne des Satzes 2 ist der zwischen dem Unternehmen mit überlegener Marktmacht und seinem Lieferanten vereinbarte Preis für die Beschaffung der Ware oder Leistung, auf den allgemein gewährte und im Zeitpunkt des Angebots bereits mit hinreichender Sicherheit feststehende Bezugsvergünstigungen anteilig angerechnet werden, soweit nicht für bestimmte Waren oder Leistungen ausdrücklich etwas anderes vereinbart ist. [4]Das Anbieten von Lebensmitteln unter Einstandspreis ist sachlich gerechtfertigt, wenn es geeignet ist, den Verderb oder die drohende Unverkäuflichkeit der Waren beim Händler durch rechtzeitigen Verkauf zu verhindern sowie in vergleichbar schwerwiegenden Fällen. [5]Werden Lebensmittel an gemeinnützige Einrichtungen zur Verwendung im Rahmen ihrer Aufgaben abgegeben, liegt keine unbillige Behinderung vor.

(3a) Eine unbillige Behinderung im Sinne des Absatzes 3 Satz 1 liegt auch vor, wenn ein Unternehmen mit überlegener Marktmacht auf einem Markt im Sinne des § 18 Absatz 3a die eigenständige Erzielung von Netzwerkeffekten durch Wettbewerber behindert und hierdurch die ernstliche Gefahr begründet, dass der Leistungswettbewerb in nicht unerheblichem Maße eingeschränkt wird.

(4) Ergibt sich auf Grund bestimmter Tatsachen nach allgemeiner Erfahrung der Anschein, dass ein Unternehmen seine Marktmacht im Sinne des Absatzes 3 ausgenutzt hat, so obliegt es diesem Unternehmen, den Anschein zu widerlegen und solche anspruchsbegründenden Umstände aus seinem Geschäftsbereich aufzuklären, deren Aufklärung dem betroffenen Wettbewerber oder einem Verband nach § 33 Absatz 4 nicht möglich, dem in Anspruch genommenen Unternehmen aber leicht möglich und zumutbar ist.

(5) [1]Wirtschafts- und Berufsvereinigungen sowie Gütezeichengemeinschaften dürfen die Aufnahme eines Unternehmens nicht ablehnen, wenn die Ablehnung eine sachlich nicht gerechtfertigte ungleiche Behandlung darstellen und zu einer unbilligen Benachteiligung des Unternehmens im Wettbewerb führen würde.

Literatur: Bartodziej, Ansprüche auf Mitgliedschaft in Vereinen und Verbänden, ZGR 1991, 517; Bergmann, Maßstäbe für die Beurteilung einer Kosten-Preis-Schere im Kartellrecht, WuW 2001, 234; Dangelmaier, Der Verkauf unter Einstandspreis im Spiegel des deutschen und europäischen Kartellrechts, Hamburg 2003; Eser, Warenverkauf unter Einstandspreis als Wettbewerbs- und kartellrechtlicher Sicht, BB 1985, 699; Fichert/Keßler, Untereinstandspreisverkäufe im Lebensmitteleinzelhandel, WuW 2002, 1173; Gassner/Dangelmaier, Neues zur Kartellrechtswidrigkeit von Verkäufen unter Einstandspreis, WuW 2003, 491; Gloy, Zur Beurteilung gezielter Kampfpreise nach Kartell- und Wettbewerbsrecht, in: FS Gaedertz, 1992, 209; Heitzer, Schwerpunkte der deutschen Wettbewerbspolitik, WuW 2007, 854/861; Hoffmann, Preisscheren durch vertikal integrierte Oligopole, WuW 2003, 1278; Hölzler/Satzky, Wettbewerbsverzerrungen durch nachfragemächtige Handelsunternehmen, FIW-Schriftenreihe Heft 90, 1980; Hossenfelder, Töllner, Ost, Kartellrechtspraxis und Kartellrechtsprechung 2005/06, B IV, Rn. 618 ff., 21. Aufl. 2006; Hucko, Die neuen Beweisregeln im Behinderungstatbestand der 5. GWB-Novelle, WuW 1990, 618; Jüttner-Kramny, Das Phänomen „Nachfragemacht", WuW 1982, 278; Köhler, Durchsetzung von Vorzugsbedingungen durch marktmächtige Nachfrager, BB 1999, 1017; ders., Verkauf unter Einstandspreis im neuen GWB, BB 1990, 679; Krause/Oppolzer, Anwendungsprobleme des § 20 IV GWB hinsichtlich des Verkaufs unter Einstandspreis, WuW 2000, 17; Kreutzer, Wettbewerb um jeden Preis? Zur Problematik des Verkaufs zu Verlustpreisen im Einzelhandel, WRP 1985, 467 ff.; Luber, Verkauf unter Einstandspreis und Dumpingpreise im französischen Recht; WuW 2001, 686; Michael, Verfassungsrechtliche Fragen des kartellrechtlichen Aufnahmezwanges, Diss., Berlin 1994; Ritter, Regierungsentwurf zum Gesetz zur Bekämpfung von Preismissbrauch im Bereich der Energieversorgung und des Lebensmittelhandels, WuW 2008, 142; Ritter/Lücke, Die Bekämpfung von Preismissbrauch im Bereich der Energieversorgung und des Lebensmittelhandels, WuW 2007, 698; Schmidt/Wuttke, Leistungswettbewerb und unbillige Behinderung i. S. des § 26 Abs. 4 GWB, BB 1998, 754; Schmitz, Preisunterbindung als Problem des GWB, WuW 1992, 209 ff.; Steinbeck, Der Anspruch auf Aufnahme in einen Verein – dargestellt am Beispiel der Sportverbände, WuW 1996, 91; Traub, Verbandsautonomie und Diskriminierung, WRP 1985, 591; Ulmer, Kartellrechtliche Schranken der Preisunterbietung nach § 26 Abs. 4 GWB, in: FS v. Gamm, 1990, S. 677; Vieweg, Normsetzung und -anwendung deutscher und internationaler Verbände, Berlin 1990; Wiebe, Wettbewerbs- und zivilrechtliche Rahmenbedingungen der Vergabe und Verwendung von Gütezeichen, WRP 1993, 74 und 156.

Übersicht

A. Überblick

I. Einleitung und Bedeutung

1   Während § 19 das wettbewerbsrelevante Verhalten von Marktteilnehmern vor Missbrauch durch marktbeherrschende Unternehmen und Unternehmensvereinigungen schützt, erfasst § 20 nach der 8. GWB-Novelle nur noch Fälle relativer oder überlegener Marktmacht. Gerade solche Unternehmen und Unternehmensvereinigungen haben gesteigerte Möglichkeiten, sich im Verhältnis zu ihren Mitwettbewerbern, Lieferanten und Abnehmern im Wettbewerb durchzusetzen. Daher schränkt § 20 die wettbewerbsrechtliche Handlungsfreiheit von Marktteilnehmern mit besonderer Marktmacht ein. Nach der Intention des Gesetzgebers sollte sich Abs. 1 S. 1 ursprünglich vor allem an Markenhersteller und marktstarke Nachfrager richten. Jedoch ist Abs. 1 S. 1 nicht auf diesen Adressatenkreis begrenzt.[1] Ein allgemeines – an alle Marktteilnehmer, unabhängig von ihrer Marktmacht, gerichtetes – Behinderungs- und Diskriminierungsverbot ist dem deutschen Kartellrecht fremd.[2]

Mit der 10. GWB-Novelle wurde § 20 erneut geändert. Während bisher kleinere und **2** mittlere Unternehmen in den Schutzbereich des § 20 fielen, wird mit der Änderung die Beschränkung auf kleine und mittlere Unternehmen aufgehoben. Begründet wird dies damit, dass Abs. 1 „dem Schutz des Wettbewerbs als Prozess und Institution"[3] dient und nicht dem Mittelstand. Es wird erwartet, dass Abs. 1 insbesondere bei „der Verfolgung neuartiger Wettbewerbsgefährdungen" relevant wird. Damit sind zB Behinderungen durch digitale Plattformen gemeint, von denen auch große Unternehmen abhängig sein können.[4] Zudem erfolgte mit der 10. GWB-Novelle die Ergänzung des Abs. 1a, der sich mit der datenbedingten Abhängigkeit befasst sowie die Einführung eines Gefährdungstatbestands in Abs. 3a, der bei einer ernstlichen Gefahr einer Monopolisierung iwS im Falle einer Behinderung durch ein Unternehmen mit überlegener Marktmacht ein rechtzeitiges Eingreifen zu ermöglicht.

Abs. 1 schützt Unternehmen vor unbilliger Behinderung und ungerechtfertigter Dis- **3** kriminierung gemäß § 19 Abs. 2 Nr. 1, wenn diese als Nachfrager oder Anbieter von einem Unternehmen oder einer Unternehmensvereinigung abhängig sind und ein deutliches Ungleichgewicht zu anderen Unternehmen vorliegt. Behinderung umfasst hierbei jede Beschränkung wettbewerbsrelevanter Handlungen durch die marktstarken Unternehmen und Unternehmensvereinigungen. Sowohl in der Tatbestandsalternative der Behinderung als auch in der Ungleichbehandlung erfordert das Verhalten des marktstarken Normadressaten eine Wertung. In Fällen der Behinderung muss diese „unbillig" sein. Eine Ungleichbehandlung ist wettbewerbsrechtlich nur dann zu beanstanden, wenn diese sachlich nicht gerechtfertigt ist.[5]

Abs. 3 und 4 schützen kleine und mittlere Unternehmen vor unbilliger Behinderung, **4** wie insbesondere Fälle des Verkaufs unter Einstandspreis, durch Wettbewerber mit überlegener Marktmacht. In Vertikalverhältnissen – also zugunsten von Abnehmern und Lieferanten – finden Abs. 3 und 4 keine Anwendung.[6]

Abs. 5 schützt vor Diskriminierungen beim (erwünschten) Eintritt in Wirtschafts- und **5** Berufsvereinigungen oder Gütezeichengemeinschaften.

II. Behinderungs- und Diskriminierungsverbot (Abs. 1)

1. Normadressat. Abs. 1 erweitert den Anwendungsbereich des in § 19 Abs. 2 Nr. 1 **6** GWB geregelten Behinderungs- und Diskriminierungsverbots auf marktstarke bzw. relativ marktstarke Unternehmen und Unternehmensvereinigungen. Das Behinderungs- und Diskriminierungsverbot des § 19 Abs. 2 Nr. 1 richtet sich sonst nur gegen marktbeherrschende Unternehmen, bestimmte Unternehmensvereinigungen (nämlich solche iSd §§ 2, 3 und 28 Abs. 1, § 30 Abs. 2a, 2b und § 31 Abs. 1 Nr. 1, 2 und 4 GWB) und preisbindende Unternehmen (gemäß § 28 Abs. 2 und § 30 Abs. 1 S. 1 und § 31 Abs. 1 Nr. 3 GWB).

---

[1] BGH WuW/E BGH 1629 (1630) – Modellbauartikel II; BGH WuW/E BGH 1567 (1568) – Fernsehgeräte I; BGH WuW/E BGH 1391 (1392) – Rossignol; Immenga/Mestmäcker/Markert GWB Rn. 5.
[2] Langen/Bunte/Nothdurft GWB Rn. 2.
[3] Begründung Entwurf 10. GWB-Novelle BT-Drs. 19/23492, 78.
[4] Begründung Entwurf 10. GWB-Novelle BT-Drs. 19/23492, 78 f.
[5] Langen/Bunte/Nothdurft GWB Rn. 3.
[6] Bericht des Wirtschaftsausschusses BT-Drs. 8/3690, 30; LMRKM/Loewenheim Rn. 3.

7   **a) Relativ marktstarke Unternehmen und Unternehmensvereinigungen (Abs. 1 S. 1). aa) Unternehmen und Unternehmensvereinigungen.** Nach Abs. 1 S. 1 sind auch Beeinträchtigungen der Wettbewerbsfreiheit durch Unternehmen und durch Unternehmensvereinigungen mit relativer Marktmacht verboten. Der Unternehmensbegriff entspricht dem Begriff gemäß § 18 GWB (→ § 18 Rn. 5 ff.). Der Begriff der Unternehmensvereinigung ist wohl nicht identisch mit dem in § 19 Abs. 3 verwendeten Begriff, da in § 19 Abs. 3 auf bestimmte Unternehmensvereinigungen verwiesen wird (solche iSd §§ 2, 3 und 28 Abs. 1, § 30 Abs. 2a, 2b und § 31 Abs. 1 Nr. 1, 2 und 4 GWB). Der Begriff der Unternehmensvereinigung iSd § 20 Abs. 1 S. 1 muss folglich auch andere Unternehmensvereinigungen umfassen. Die Unternehmen bilden aber nur dann eine Unternehmensvereinigung iSd § 20 Abs. 1, wenn sie sich organisatorisch zu einem bestimmten Kooperationszweck zusammengefunden haben.[7] Die einzelnen **Mitglieder einer Unternehmensvereinigung** werden nicht erfasst, es sei denn das einzelne Mitglied fällt als solches in den Anwendungsbereich des § 19 (etwa weil es relativ marktmächtig iSd Abs. 1 ist). Das bedeutet, die Behinderung oder Diskriminierung muss von der Vereinigung ausgehen. Wird nur ein einzelnes Mitglied der Vereinigung tätig, muss geprüft werden, ob das einzelne Mitglied eine von der Vereinigung veranlasste Behinderungs- oder Diskriminierungsmaßnahme ausführt oder selbstständig tätig wird.[8]

8   **bb) Abhängigkeit eines Unternehmens als Anbieter oder Nachfrager und Ungleichgewicht zur Marktmacht.** Die Unternehmen und Unternehmensvereinigungen unterliegen nur insoweit dem Verbot gemäß § 19 Abs. 2 Nr. 1, soweit von ihnen andere Unternehmen als Anbieter oder Nachfrager von Waren oder Leistungen in der Weise abhängig sind, dass ausreichende und zumutbare Möglichkeiten, auf ein anderes Unternehmen auszuweichen, nicht bestehen und ein deutliches Ungleichgewicht zur Gegenmacht der anderen Unternehmen besteht. Damit sind entgegen der aF des Abs. 1 auch große Unternehmen von Abs. 1 geschützt. Voraussetzung ist aber dass ein deutliches Ungleichgewicht gegenüber einem anderen Unternehmen vorliegt.

9   Im Wege einer Einzelfallprüfung sind nach funktionalen Kriterien die Besonderheiten des relevanten Marktes unter Einbeziehung des Verhältnisses zu Wettbewerbern zu berücksichtigen.[9] Es kommt daher auch auf die Größenverhältnisse zu den Wettbewerbern[10] und im Einzelfall auch zu der Marktgegenseite an.[11] Wettbewerber sind im Fall der sortimentsbedingten Abhängigkeit (→ Rn. 28) die anderen Nachfrager und in Fällen nachfragebedingter Abhängigkeit die anderen Anbieter.[12] In den Fällen der unternehmensbedingten Abhängigkeit (→ Rn. 32) kommt dem Vergleich mit der Marktgegenseite besondere Bedeutung zu.[13]

10   Entscheidend für die Abhängigkeit des anderen Unternehmens von dem Normadressaten ist, ob dieses auf dem sachlich und örtlich relevanten Markt auf ein oder mehrere andere Unternehmen ausweichen kann.[14] Die Ausweichmöglichkeit muss darüber hinaus ausreichend und zumutbar sein. Dabei ist immer auf die individuelle Situation des Betroffenen abzustellen.[15] Ausreichend bedeutet, dass das Unternehmen seinen Bedarf sowohl in quan-

---

[7] Bechtold Rn. 8.

[8] BGH WuW/E BGH 1175 (1179) – Ostmüller; KG WuW/E OLG 4907 (4912 f.) – Offizieller Volleyball; LMRKM/Loewenheim Rn. 6.

[9] BGH WuW/E DE-R 984 – Konditionenanpassung; LG Dortmund NZKart 2019, 231 (233) – MQB-Hintersitzlehnen; LMRKM/Loewenheim Rn. 9; MüKoEuWettbR/Westermann Rn. 42.

[10] Begründung 5. GWB-Novelle, BT-Drs. 11/4610, 15 f.

[11] BGH WuW/E DE-R 984 (987) – Konditionenanpassung; WuW/E BGH 2875 (2878) – Herstellerleasing; KG WuW/E OLG 4753 (4760) – VW-Leasing.

[12] LMRKM/Loewenheim Rn. 9.

[13] BGH 6.10.2015 – KZR/87/13, BeckRS 2015, 17973 Rn. 56, NZKartR 2015, 535 Rn. 56 – Porsche Tuning; ZVertriebsR 2016, 52 Rn. 56; BGH WuW/E BGH 2875 (2878 f.) – Herstellerleasing; WuW/E DE-R 984 – Konditionenanpassung; LMRKM/Loewenheim Rn. 9.

[14] BGH WuW/E BGH 2683 (2685) – Zuckerrübenanlieferungsrecht; WuW/E BGH 1993 – Privatschule; WuW/E BGH 1805 (1806) – Privatgleisanschluss; Langen/Bunte/Nothdurft GWB Rn. 23.

[15] Bechtold Rn. 11.

titativer als auch qualitativer Hinsicht bei einem oder mehreren anderen Unternehmen decken kann.[16] Wenn ein Produkt also von anderen Anbietern bezogen werden kann, zB Großhändlern, kann die Abhängigkeit vom Hersteller entfallen.[17] Auch eine Bezugsquelle auf dem „Graumarkt" kann uU eine Ausweichalternative sein.[18]

Zumutbar ist eine Ausweichalternative nur dann, wenn die mit ihr verbundenen wirt- **11** schaftlichen Risiken und Belastungen nicht unverhältnismäßig sind.[19] Grundsätzlich ist die Zumutbarkeit dann gegeben, wenn das Unternehmen die betreffenden Waren oder Leistungen zu denselben Konditionen erhalten kann, wie seine Wettbewerber.[20] Auch die Möglichkeit, die Waren und Leistungen im Ausland zu beziehen oder zu verkaufen, muss berücksichtigt werden. Zumutbar ist die Alternative unter anderem dann nicht, wenn sie rechtlich unzulässig oder bedenklich wäre.[21]

Zudem muss ein deutliches Ungleichgewicht zur Marktmacht vorliegen. Diese Anfor- **12** derung wurde zwar erst mit der 10. GWB-Novelle eingefügt, sie wurde aber auch schon früher in der Rechtsprechung berücksichtigt. So fehlt es auch nach der bisherigen Rechtsprechung an einem Abhängigkeitsverhältnis bei Vorliegen einer adäquaten Gegenmacht.[22]

Eine adäquate Gegenmacht kann zB bestehen, wenn eine wechselseitige Abhängigkeit **13** vorliegt, weil das Unternehmen mit relativer Marktmacht selbst von dem Anspruchssteller abhängig ist. Aber auch bei einer wechselseitigen Abhängigkeit kann ein deutliches Ungleichgewicht zur Gegenmacht vorliegen, nämlich dann wenn eine Partei sich in einer größeren Abhängigkeit befindet (asymmetrische Abhängigkeit). Nur bei einer symmetrischen Abhängigkeit entfällt die Normadressateneigenschaft.[23] Es muss daher im Einzelfall geprüft werden, wie die wechselseitige Abhängigkeit ausgestaltet ist bzw. sich auswirkt.

Folgende Gesichtspunkte sind bei der Bewertung von wechselseitigen Abhängigkeiten zu **14** berücksichtigen: die unterschiedlichen Folgen für die Parteien im Falle der Beendigung der Vertragsbeziehung, zB inwieweit sich die fehlenden Umsätze im Vergleich zum Gesamtumsatz der jeweiligen Unternehmen auswirkt,[24] die Bedeutung der Leistungen für die Tätigkeit der Unternehmen und die Ausweichmöglichkeiten. Hat zB eine Software, die speziell für ein Unternehmen entwickelt wurde, bei diesem Unternehmen nur eine untergeordnete Bedeutung, während die Software bei dem Anbieter der Software einen großen Umsatzanteil darstellt, kann sich das Unternehmen, dass die Software bezieht, nicht auf eine Abhängigkeit berufen.[25]

Der Gesetzgeber geht davon aus, besonders in den Bereichen IT und Automobilzuliefe- **15** rer solche wechselseitigen aber gegebenenfalls asymmetrischen Abhängigkeiten vorliegen können, da die Unternehmen nur schwer auf andere Anbieter oder Nachfrager ausweichen können, aber die Auswirkungen für die Unternehmen unterschiedlich stark sein können.[26]

Mit der Ergänzung von S. 2 wird berücksichtigt, dass auch eine Abhängigkeit von einem **16** Intermediär bestehen kann, sofern ausreichende und zumutbare Möglichkeiten zum Ausweichen auf andere Absatz- oder Beschaffungskanäle nicht bestehen.

---

[16] BGH WuW/E BGH 1629 (1630) – Modellbauartikel II; BGH WuW/E BGH 1391 (1393) – Rossignol; LMRKM/Loewenheim Rn. 15.
[17] BGH WuW/E BGH 2479 ff. (2482) – Reparaturbetrieb; OLG Karlsruhe WuW/E DE-R 2213 ff. – BGB Kommentar.
[18] OLG Frankfurt a. M. WuW/E DE-R 73 ff. – Guerlain.
[19] BGH WuW/E BGH 2491 (2494) – Opel-Blitz; LMRKM/Loewenheim Rn. 18.
[20] BGH WuW/E BGH 1620 (1623) – Revell Plastics; LMRKM/Loewenheim Rn. 18.
[21] BGH WuW/E BGH 2479 ff. = GRUR 1988, 640 (641) – Reparaturbetrieb; OLG München WuW/E OLG 5116 (5118) – Importparfümerie.
[22] BGH WRP 2018, 556 Rn. 29 – Hochzeitsrabatte I; Begründung Entwurf 10. GWB-Novelle BT-Drs. 19/23492, 79.
[23] Begründung Entwurf 10. GWB-Novelle BT-Drs. 19/23492, 79.
[24] Begründung Entwurf 10. GWB-Novelle BT-Drs. 19/23492, 79.
[25] Begründung Entwurf 10. GWB-Novelle BT-Drs. 19/23492, 79.
[26] Begründung Entwurf 10. GWB-Novelle BT-Drs. 19/23492, 79.

17   **b) Vermutung der Abhängigkeit eines Anbieters gemäß Abs. 1 S. 3.** Die Beweislast für die Abhängigkeit liegt im Zivilprozess grundsätzlich bei dem Unternehmen, das sich auf die Abhängigkeit beruft.[27] Die Darlegungs- und Beweispflicht des die Abhängigkeit behauptenden Klägers wurde jedoch durch die Einführung der Vermutungswirkung des Abs. 1 S. 3 (bis zur 10. GWB-Novelle S. 2) durch die 4. GWB-Novelle 1980 erleichtert.[28] Demnach wird die Abhängigkeit eines Anbieters von einem Nachfrager vermutet, wenn der Anbieter dem Nachfrager zusätzlich zu den verkehrsüblichen Preisnachlässen oder sonstigen Leistungsentgelten regelmäßig besondere Vergünstigungen einräumt, die gleichartigen Nachfragern nicht eingeräumt werden. Gemäß dem Wortlaut gelten die Vermutungswirkung und Beweiserleichterung nur im Hinblick auf den Anbieter, nicht jedoch im Hinblick auf den Nachfrager. Sie umfasst daher nur das Nichtvorhandensein von ausreichenden und zumutbaren Ausweichmöglichkeiten für einen Anbieter auf andere Nachfrager.[29]

18   Die Folge der Vermutungswirkung ist, dass der Klagegegner das Vorliegen der Voraussetzungen für die Vermutung der Abhängigkeit substantiiert bestreiten muss. Ein einfaches Bestreiten reicht hier nicht aus.[30]

19   **Voraussetzung für die Vermutungswirkung** ist, dass ein Anbieter einer bestimmten Art von Waren oder Dienstleistungen von einem Nachfrager zusätzlich zu den verkehrsüblichen Preisnachlässen oder sonstigen Leistungsentgelten regelmäßig besondere Vergünstigungen erlangt, die gleichartigen Nachfragern nicht gewährt werden. Es muss sich somit um eine besondere Vergünstigung handeln, die zusätzlich zu den verkehrsüblichen Vergünstigungen gewährt wird.

20   **Besondere Vergünstigungen** sind Preisnachlässe oder Entgelte, die nicht Gegenleistung für die Abnahme der Waren oder Leistungen sind. Unter Gegenleistung ist nicht allein der Preis zu verstehen. Entscheidend ist dabei, ob der Nachlass oder das Entgelt in einem konkreten funktionalen Zusammenhang mit dem Bezug der Waren oder Leistungen steht oder nicht. Ein solcher Zusammenhang ist etwa bei einem besonderen Nachlass beim Bezug einer großen Abnahmemenge der Fall. Dabei darf die Vergünstigung im Hinblick auf die Abnahme nicht unverhältnismäßig sein.[31] Ist die Vergünstigung unverhältnismäßig, handelt es sich um eine besondere Vergünstigung iSd Abs. 1 S. 3.[32] Zu den besonderen Vergünstigungen iSd Abs. 1 S. 3 zählen zB „Eintrittsgelder" vor der Aufnahme einer Geschäftsbeziehung, die keinen direkten Zusammenhang mit dem Bezug und der Abnahme der Leistungen durch den Nachfrager haben.[33]

21   **Verkehrsüblich** sind Preisnachlässe oder Entgelte, welche im Geschäftsverkehr nicht nur unwesentlich verbreitet sind. Die Anforderungen an das Merkmal der Verkehrsüblichkeit sind nicht allzu hoch. Es ist daher nicht entscheidend, ob diese Nachlässe oder Entgelte neu sind oder der herrschenden Verkehrssitte entsprechen. Entscheidend ist aber ein bestimmter Verbreitungsgrad.[34]

22   **Gleichartigen Nachfragern** darf die Vergünstigung nicht eingeräumt werden. Gleichartig sind Nachfrager, die in ihrer Funktion auf der gleichen Stufe der Nachfrageseite stehen (zB als Großhändler oder als Einzelhändler).[35] Auch wenn es auf das konkrete Abnahmeverhältnis nicht ankommt, liegt idR keine Gleichartigkeit der Abnehmer vor, wenn die Abnahmebedingungen, zB die Abnahmemengen, unterschiedlich sind.[36]

---

[27] BGH WuW/E BGH 1620 (1621) – Revell Plastics.
[28] Bechtold Rn. 20.
[29] Zur Abhängigkeit vom Anbieter von Nachfragern siehe BKartA 3.7.2014 – B2–58/09 Rn. 89 ff., BeckRS 2014, 123417 – EDEKA Hochzeitsrabatte.
[30] LMRKM/Loewenheim Rn. 41; Wiedemann/Lübbert/Schöner § 24 Rn. 31.
[31] LMRKM/Loewenheim Rn. 42.
[32] Begründung Entwurf 4. Novelle BT-Drs. 8/2136, 24; LMRKM/Loewenheim Rn. 53.
[33] Bechtold Rn. 21.
[34] Immenga/Mestmäcker/Markert GWB Rn. 52.
[35] LMRKM/Loewenheim Rn. 45.
[36] Begr. zum RegE der 4. Novelle BT-Drs. 8/2136, 24; LMRKM/Loewenheim Rn. 45.

Die Vergünstigungen müssen dem Nachfrager **regelmäßig** eingeräumt werden. Werden **23** die Vergünstigungen den Abnehmern nicht regelmäßig, dh nicht über einen längeren Zeitraum, gewährt, wird keine Vermutungswirkung begründet.[37]

Die Vermutungswirkung des Abs. 1 S. 3 ist **widerlegbar.** Die Vermutung kann zB die **24** Darlegung von sachlich gerechtfertigten Gründen für die Einräumung der Vergünstigungen widerlegt werden.[38] Da die Vermutungswirkung für die Abhängigkeit iSd Abs. 1 S. 1 gilt, kann die Vermutung auch durch den Nachweis der ausreichenden und zumutbaren Ausweichmöglichkeit des Anbieters auf andere Nachfrager unter Bezugnahme auf die jeweiligen Marktanteile von Anbieter und Nachfrager, der Sortimentsbreite des Nachfragers und/oder der (sonstigen) Bezugsmöglichkeiten widerlegt werden.[39]

Die Vermutung gilt im Zivilverfahren und im Verwaltungsverfahren. Im Zivilverfahren **25** führt die Vermutung dazu, dass der Normadressat substantiiert darlegen muss, warum keine Abhängigkeit vorliegt, auch wenn die Voraussetzungen für die Vermutung erfüllt sind. Ein unsubstantiiertes Bestreiten wäre nicht ausreichend.

Im Ordnungswidrigkeitenverfahren gilt die Vermutung nicht. Es gilt hier der für die **26** straf- und quasistrafrechtlichen Tatbestände geltende Grundsatz in dubio pro reo. Danach dürfen Sanktionen nur dann verhängt werden, wenn die Erfüllung aller maßgeblichen Tatbestandsmerkmale unabhängig von Beweislastregeln zweifelsfrei feststehen.[40]

c) Fallgruppen. In der Praxis haben sich folgende Fallgruppen der Abhängigkeit ent- **27** wickelt:[41]

aa) Sortimentsbedingte Abhängigkeit. Die **sortimentsbedingte (auch sorti-** **28** **mentsgebundene) Abhängigkeit** oder **Spitzenstellenabhängigkeit** liegt vor, wenn ein Händler eine bestimmte Ware führen oder Leistung erbringen muss, um konkurrenzfähig zu sein.[42] In der Rechtsprechung[43] heißt es dazu, dass eine Abhängigkeit dann vorliegt, wenn „das Fehlen dieser Ware im Angebot eines Handelsunternehmens, bei dem der Verkehr das Angebot als selbstverständlich voraussetzt, zu einem Verlust an Ansehen und zu einer wichtigen Beeinträchtigung der Wettbewerbsfähigkeit führt"[44] oder wenn „ein Hersteller auf Grund der Qualität und Exklusivität seines Produktes ein solches Ansehen genießt und eine solche Bedeutung erlangt hat, dass der nachfragende Händler in seiner Stellung als Anbieter darauf angewiesen ist, gerade (auch) dieses Produkt in seinem Sortiment zu führen, und sich daher vorhandene Möglichkeiten, auf andere Hersteller auszuweichen, nicht als ausreichend und zumutbar erweisen"[45] (sog. „must stock items" oder „must-have-Produkte").[46] Bei der Prüfung der sortimentsgebundenen Abhängigkeit ist entscheidend, ob im jeweiligen Einzelfall die Kunden das Führen der bestimmten Ware oder das Anbieten der bestimmten Leistung erwarten können. Hier spielt die Distributionsrate (dh wie viele der vergleichbaren Händler das Produkt führt) eine maßgebliche Rolle.[47] Wenn nämlich ein Großteil der Händler das Produkt führt, dann setzt der Markt selbst-

---

[37] OLG Saarbrücken WuW/E OLG 1837 – Globus; Immenga/Mestmäcker/Markert GWB Rn. 56.

[38] Begründung Entwurf 4. Novelle BT-Drs. 8/2136, 24; LMRKM/Loewenheim Rn. 47.

[39] Begründung Entwurf 4. Novelle BT-Drs. 8/2136, 24; LMRKM/Loewenheim Rn. 47.

[40] LMRKM/Kühnen § 18 Rn. 127; Thomas WuW 2002, 470 (476).

[41] Diese sollen auch nach der Änderung des Abs. 1 weiterhin gelten, Begründung Entwurf 10. GWB-Novelle BT-Drs. 19/23492, 79.

[42] LG Stuttgart 24.5.2016 – 41 O 67/14 KfH, BeckRS 2016, 134169 Ziffer 3b); LMRKM/Loewenheim Rn. 21.

[43] BGH WuW/E BGH 2479 ff. = GRUR 1988, 640 (641) – Reparaturbetrieb; BGH WuW/E BGH 1567 (1568) – Fernsehgeräte I; BGH WuW/E BGH 1391 (1394) – Rossignol; KG WuW/E OLG 5439 (5446 f.) – Kraftwerkskomponenten; OLG München WuW/E OLG 5116 (5118) – Importparfümerie.

[44] BGH WuW/E BGH 1429 (1431) – Asbach-Fachgroßhändlervertrag; LG Dortmund BeckRS 2017, 152332.

[45] BGH WuW/E DE-R 481 (482) – Designer Polstermöbel; Bechtold Rn. 14.

[46] vgl. BGH NJW 1976, 801 (803) – Rossignol; BGH BeckRS 2017, 139790 Rn. 17 – Rimowa; OLG Düsseldorf NZKart 2021, 368 (369); BeckOK KartellR/Hetmank Rn. 29.

[47] OLG Düsseldorf 14.4.2021 – U (Kart) 14/20, NJOZ 2021, 1529 (31) Rn. 35 f.

verständlich voraus, dass das Produkt angeboten wird. Wird das Produkt aber nicht angeboten, kann dies zum Verlust des Ansehens und zu einer Beeinträchtigung der Wettbewerbsfähigkeit des Händlers führen.[48] Daher spricht eine hohe Distributionsrate bei Waren, die nicht über ein selektives Vertriebssystem verkauft werden, in der Regel für eine Spitzenstellungsabhängigkeit.[49] Dabei ist aber zu berücksichtigen, dass Kunden regelmäßig höhere oder andere Erwartungen an einen Fachhändler stellen als an einen Nicht-Fachhändler, zB im Hinblick auf die Auswahl oder die Verfügbarkeit von bestimmten Waren oder Leistungen und die Erwartungshaltung nicht alleiniges Beurteilungskriterium sein darf.[50] Vor allem bei einem Marktanteil von weniger als 10 % geht die Rechtsprechung nur unter besonderen Umständen von einer Spitzengruppenabhängigkeit einzelner Nachfrager aus.[51]

29 **bb) Spitzengruppenabhängigkeit.** Die **Spitzengruppenabhängigkeit** ist ein Unterfall der sortimentsbedingten Abhängigkeit[52] und kommt vor allem auf Einzelhandelsebene vor. Sie liegt dann vor, wenn ein Händler entweder alle oder zumindest einen Teil der bekannten Markenwaren eines Produktes oder einer Produktgruppe führen muss, um wettbewerbsfähig zu sein.[53] Welche Hersteller oder Markenwaren der Spitzengruppe zuzuordnen sind, hängt von der typischen Sortimentsgestaltung von vergleichbaren Wettbewerbern des Händlers ab.[54] Für die Ermittlung der Bedeutung der Waren für die Spitzengruppenabhängigkeit sind die Marktanteile der Hersteller ein wichtiges Indiz.[55] Die Präsenz der relevanten Produkte bei vergleichbaren Unternehmen/Anbietern (Distributionsrate) spielt für die Ermittlung der Spitzengruppenabhängigkeit nur eine untergeordnete Rolle, da die jeweiligen Marken regelmäßig miteinander im Wettbewerb stehen und damit austauschbar sind. Folglich werden die jeweiligen Markenwaren nicht von allen Anbietern im Sortiment geführt.[56] Bei einer Distributionsrate von 80 % liegt eine Spitzengruppenabhängigkeit nahe.[57]

30 Der Händler ist solange von Herstellern der Markenwaren abhängig, bis er ein ausreichendes Sortiment an Markenwaren anbieten kann.[58] Tritt ein neuer Händler in den Markt, kann er im Falle der Nichtbelieferung durch die Markenhersteller von jedem der Hersteller abhängig sein, solange bis er ein ausreichendes Sortiment vorweisen kann. Insoweit fallen alle Hersteller der Spitzengruppe, die eine Belieferung verweigern, in den Verbotsbereich des Abs. 1 iVm § 19 Abs. 2 Nr. 1.[59] Allerdings scheidet eine Spitzengruppenabhängigkeit dann aus, wenn andere Anbieter aus der Spitzengruppe bereit sind, den Händler zu beliefern. „Nur wenn feststeht, dass kein Spitzengruppenanbieter bereit ist, unter zumutbaren Konditionen zu liefern, kann der von einer Belieferung abhängige Händler nach seiner Wahl" einen der Spitzengruppenanbieter zu einer Belieferung zwingen. Nur in diesem Fall liegt die Auswahl, von welchem Hersteller der Spitzengruppe die Belieferung gefordert wird, im Ermessen des Händlers.[60]

---

[48] OLG Düsseldorf NZKart 2021, 368 (369) – Verbundunternehmen.
[49] BGH NZKart 2018, 134 – Rimowa; OLG Düsseldorf NZKart 2021, 368 (369) – Verbundunternehmen.
[50] OLG Düsseldorf NZKart 2021, 368 (370) – Verbundunternehmen.
[51] LG Dortmund ZVertriebsR 2019, 65; LG Nürnberg WuW 2010, 1272.
[52] Bechtold Rn. 15.
[53] BGH WuW/E BGH 2125 ff. (2128) – Technics; OLG München 17.4.2015 – 1 HK O 7249/13, U 3886/14, BeckRS 2014, 123228.
[54] OLG Düsseldorf WuW/E DE-R 1480 (1484) – Rolex Uhren; BGH WuW/E BGH 1567 (1569) – Fernsehgeräte I; BGH WuW/E BGH 2351 (2354 f.) – Belieferungsunwürdige Verkaufsstätten II.
[55] BGH WuW/E BGH 2125 (2127) – Technics; WuW/E BGH 2419 (2423) – Saba-Primus.
[56] BGH WuW/E BGH 2419 (2420 ff.) – Saba-Primus.
[57] BGH 9.5.2000 – KZR 28/98, BeckRS 2000, 4962; WuW/E DE-R 481 (483 f.) = NJW-RR 2000, 1286 – Designer-Polstermöbel.
[58] BGH WuW/E BGH 1667 (1669) – Nordmende; WuW/E BGH 2990 (2994) – Importarzneimittel; WuW/E DE-R 481 (483 f.) = NJW-RR 2000, 1286 – Designer-Polstermöbel.
[59] Immenga/Mestmäcker/Markert GWB Rn. 33.
[60] OLG Düsseldorf WuW/E DE-R 1480 (1484) – Rolex Uhren; aA BGH WuW/E BGH 2419 (2420) – Saba-Primus; WuW/E BGH 2990 (2994) – Importarzneimittel.

Die Beweislast für das Fehlen alternativer Bezugsmöglichkeiten liegt bei dem Unterneh- **31** men, welches sich auf die sortimentsbedingte Abhängigkeit beruft.[61] Hat das Unternehmen sich nicht um anderweitige Bezugsquellen bemüht, sondern sich nur auf den Vertrieb einer bestimmten Markenware beschränkt, spricht dies gegen eine Abhängigkeit des Unternehmens.[62]

cc) Unternehmensbedingte Abhängigkeit. Bei der **unternehmensbedingten Ab- 32 hängigkeit** ist ein Anbieter oder Nachfrager derart auf eine bestimmte Art von Waren oder Leistungen eines anderen Unternehmens ausgerichtet, dass ein Wechsel des Anbieters nur unter wesentlichen Wettbewerbsnachteilen stattfinden kann.[63] Die unternehmensbedingte Abhängigkeit ist insoweit auf Nachfrageseite ein Unterfall der sortimentsgebundenen Abhängigkeit und ist vor allem bei Handelsunternehmen denkbar, die sich auf den Vertrieb der Ware oder Leistung eines bestimmten Herstellers derart spezialisiert haben, dass deren Kunden das Handelsunternehmen mit dem Hersteller identifizieren und sie daher nicht ohne Weiteres auf andere Waren ausweichen können.[64] Dies ist häufig bei Franchisenehmern der Fall, kann aber auch bei Vertragshändlern vorliegen.[65] Bei der Ermittlung der Abhängigkeit kommt es meist nicht darauf an, ob der Händler seine bereits getätigten Investitionen schon amortisiert hat, dh auch bei einer vollen Amortisation kann eine Abhängigkeit vorliegen.[66] Hat der Händler die Möglichkeit, andere Produkte zu vertreiben, die aber nicht gleichwertig oder weniger exklusiv sind, dann liegt keine Abhängigkeit vor. Die vom Händler gewählte Ausrichtung, nur besonders exklusive Produkte zu vertreiben, kann nicht zu Lasten des Herstellers zu einer Abhängigkeit iSd § 20 führen.[67] Allerdings kann im Einzelfall eine einseitig gewählte Bezugskonzentration den Tatbestand der unternehmensbedingten Abhängigkeit erfüllen.[68] Eine vorherige vertragliche Vereinbarung, zB zwischen Hersteller und Vertragshändler, ist nicht erforderlich. Die autonom gewählte Bezugskonzentration wird dann „im Rahmen der Interessenabwägung bei der Billigkeitsprüfung" berücksichtigt.[69]

Auf der Anbieterseite kommt die unternehmensbedingte Abhängigkeit vor allem bei **33** Herstellern in Betracht, welche im Wesentlichen nur für einen bestimmten Kunden produzieren (so zB der Zulieferer[70]) oder ihren Vertrieb dauerhaft auf ein bestimmtes Unternehmen ausgerichtet haben.[71] Auf Grund der Spezialisierung der Produkte oder Prozesse und den mit einer Produktionsumstellung verbundenen wirtschaftlichen Schwierigkeiten, kann der Anbieter von einem bestimmten Abnehmer abhängig sein.[72]

---

[61] OLG Düsseldorf WuW/E DE-R 1480 (1484) – Rolex Uhren; BGH WuW/E BGH 2419 (2423) – Saba-Primus; WuW/E DE-R 481 (482) = NJW-RR 2000, 1286 (1288) – Designer-Polstermöbel.

[62] OLG Düsseldorf WuW/E DE-R 1480 (1484) – Rolex Uhren; BGH WuW/E BGH 1620 (1623) – Revell Plastics; WuW/E BGH 2419 (2420) – Saba-Primus.

[63] BGH WuW//E DE-R 3303 (3307) – Vertragswerkstätten; BGH WuW/E BGH 2983 (2988) – Kfz-Vertragshändler; WuW/E BGH 2491 (2493) – Opel Blitz; OLG Frankfurt a. M. WuW/E 4689 (4690 f.) – neuform; BKartA WuW/E DE-V 1335 (1338 f.) – Praktiker Baumärkte; OLG Düsseldorf 5.8.2020, GRUR-RR 2021, 187 (190) = GRUR-RS 2020, 24925 Rn. 43 ff. – Umstellungsfrist für Motorradvertragshändler Immenga/Mestmäcker/Markert GWB Rn. 38.

[64] BGH 6.10.2015 – KZR/87/13, NZKart 2015, 535 Rn. 54, 63 f. = ZVertriebsR 2016, 52 Rn. 54, 63 f. – Porsche Tuning; BGH WuW/E BGH 1621 (1623) – Qualitative Selektion; WuW/E BGH 2983 (2988) – Kfz-Vertragshändler; WuW/E BGH 2491 (2493) – Opel Blitz; OLG Frankfurt a. M. BeckRS 2019, 6419 Rn. 63 ff. = ZVertriebsR 2020, 122 (128).

[65] Immenga/Mestmäcker/Markert GWB Rn. 38.

[66] BGH WuW/E DE-R 1621 ff. (1623) – Qualitative Selektion.

[67] OLG Düsseldorf 27.3.2019, BeckRS 2019, 8956 Rn. 18, 4; Bechtold Rn. 16.

[68] BGH 6.10.2015 – KZR/87/13, NZKartR 2015, 535 Rn. 54 = ZVertriebsR 2016, 52 Rn. 54 – Porsche Tuning.

[69] BGH 6.10.2015 – KZR/87/13, NZKartR 2015, 535 Rn. 54 = ZVertriebsR 2016, 52 Rn. 54 – Porsche Tuning; BGH WuW 2016, 433 Rn. 28 – Jaguar-Vertragswerkstatt.

[70] Klaue ZIP 1989, 1313 (1315).

[71] Immenga/Mestmäcker/Markert GWB Rn. 38.

[72] FK-KartellR/Grave Rn. 50.

34   IdR setzt die unternehmensbedingte Abhängigkeit langfristige Vertragsbeziehungen zwischen dem Anbieter oder Nachfrager und dem Unternehmen voraus.[73] Unternehmen, die neu am Markt sind, können daher (idR) nicht unternehmensbedingt abhängig sein. Denkbar ist dann aber eine sortimentsbedingte Abhängigkeit (Spitzenstellenabhängigkeit oder Spitzengruppenabhängigkeit).[74]

35   Die Rechtsfolge in Fällen der sortimentsbedingten Abhängigkeit bzw. der unternehmensbedingten Abhängigkeit ist nicht unbedingt ein Unterlassungs- oder Beseitigungsanspruch bzw. ein Schadensersatzanspruch, der letztendlich zu einer lebenslänglichen Bindung der Parteien führen könnte, zB in Form einer fortwährenden Belieferung. Eine solche Rechtsfolge wäre ein wesentlicher Eingriff in die Wettbewerbsfreiheit des marktstarken Unternehmens und mit der Zielsetzung des GWB zum Schutz des Wettbewerbs unvereinbar.[75] Je nach Einzelfall kann die Verpflichtung des Normadressaten daher nicht die Belieferung sein, sondern die Gewährung einer gewissen **Übergangsfrist,** damit das abhängige Unternehmen ausreichend Zeit hat, seine Lieferbeziehungen bzw. seinen Kundenstamm umzustellen. Eine Kündigungsfrist, die kartellrechtswidrig zu kurz ist, kann im Rahmen einer geltungserhaltenden Reduktion durch die rechtmäßige längere Frist ersetzt werden.[76] Versäumt das abhängige Unternehmen sich umzustellen, so indiziert dies das Nichtvorliegen eines Abhängigkeitsverhältnisses[77] bzw. lässt das Rechtsschutzbedürfnis des betroffenen Unternehmens entfallen. Bei qualitativen und quantitativen selektiven Vertriebssystemen kann die Beendigung der Vertragsbeziehung im Rahmen der Interessenabwägung missbräuchlich sein, sofern der Händler alle qualitativen Anforderungen erfüllt.[78]

36   **dd) Mangelbedingte Abhängigkeit.** Die **mangelbedingte Abhängigkeit** liegt vor, wenn dem betroffenen Unternehmen ein Umstellen auf eine andere Bezugsquelle zu wettbewerbsfähigen Bedingungen wegen einer generellen Verknappung von Produkten nicht möglich ist.[79] Die Abhängigkeit bezieht sich hier nicht auf ein bestimmtes Produkt, sondern auf eine Gattung von Produkten.[80] Typisch für eine mangelbedingte Abhängigkeit ist, dass außerordentliche Umstände die Versorgung stören; beispielhaft ist hier zB die Abhängigkeit freier Tankstellen in Fällen einer Ölknappheit, wenn die Mineralölkonzerne das ihnen zur Verfügung stehende Öl durch eigene Tankstellen vollständig verkaufen können.[81] Eine Verknappung von Produkten eines Markenherstellers wegen Kapazitätsengpässen, wodurch nicht mehr alle Bestellungen von Händlern mit dem Produkt bedient werden können, wird nicht erfasst.[82]

37   **2. Verbotenes Verhalten.** Die Normadressaten des Abs. 1 unterliegen ebenso wie die marktbeherrschenden Unternehmen (und die in § 19 Abs. 3 genannten Unternehmen) dem Behinderungs- und Diskriminierungsverbot des § 19 Abs. 2 Nr. 1 (→ § 19 Rn. 15 ff.).

38   **3. Rechtsfolgen.** Ein Verstoß gegen Abs. 1 iVm § 19 Abs. 2 Nr. 1 ist mit verwaltungs-, zivil- und bußgeldrechtlichen Rechtsfolgen bewehrt.[83]

39   **a) Verwaltungsrechtliche Rechtsfolgen.** Die nach § 48 Abs. 2 GWB zuständigen Kartellbehörden können im Untersagungsverfahren vorgehen und Maßnahmen nach den

---

[73] Immenga/Mestmäcker/Markert GWB Rn. 38.
[74] Immenga/Mestmäcker/Markert GWB Rn. 41.
[75] LMRKM/Loewenheim Rn. 32.
[76] OLG Düsseldorf NZKart 2020, 483 (484); Bechtold/Bosch/Bechtold/Bosch Rn. 18.
[77] OLG Düsseldorf WuW/E OLG 1913 (1918) – Allkauf; KG WuW/E OLG 1548 (1551) – SABA; LMRKM/Loewenheim Rn. 32.
[78] BGH WuW 2016, 433 Rn. 32, 34 – Jaguar-Vertragswerkstatt.
[79] Langen/Bunte/Nothdurft GWB Rn. 50.
[80] Langen/Bunte/Nothdurft GWB Rn. 50.
[81] Bericht 1973 BT-Drs. 7/765, 10; Langen/Bunte/Nothdurft GWB Rn. 50.
[82] OLG Hamburg GRUR 1987, 566 f.; Hirsch GRUR 1987, 490; Bechtold Rn. 19.
[83] Immenga/Mestmäcker/Markert GWB Rn. 63, 58.

§§ 32–32b GWB treffen. Daneben besteht für die zuständige Kartellbehörde gemäß § 34 die Möglichkeit, die vom Verstoßenden erlangten (wirtschaftlichen) Vorteile abzuschöpfen. Ob und wie die zuständige Kartellbehörde vorgeht, steht in ihrem pflichtgemäß auszuübenden Ermessen.[84]

Die Möglichkeit der Vorteilsabschöpfung an den Bundeshaushalt besteht auch für rechts **40** fähige Verbände zur Förderung gewerblicher oder selbständiger beruflicher Interessenverbände gemäß § 33 Abs. 4.

b) Bußgeldverfahren. Als Ordnungswidrigkeiten können Verstöße gegen Abs. 1 iVm **41** § 19 Abs. 2 Nr. 1 nach §§ 81 ff. GWB mit Geldbußen geahndet werden.

c) Zivilrechtsschutz. aa) Schadensersatz-, Unterlassungs- und/oder Beseiti **42** **gungsansprüche.** Nach § 33 und § 33a GWB können Betroffene oder Verbände Schadensersatz-, Unterlassungs- und/oder Beseitigungsansprüche geltend machen (→ GWB § 1 Rn. 10 ff.).

Räumt das Behinderungs- und Diskriminierungsverbot des § 19 Abs. 2 Nr. 1 dem Norm **43** adressaten gewisse Ermessensspielräume ein (so zB in Fällen, in denen ein Lieferant auf Grund von quantitativen Kriterien die Belieferung eines Händlers verweigert (→ § 19 Rn. 69 f.)), so kann der Betroffene nicht auf Belieferung klagen. In diesen Fällen kann der Normadressat (nur) zur fehlerfreien Ausübung seines Ermessensspielraums verpflichtet werden.[85]

Begründet der Verstoß gegen § 19 Abs. 2 Nr. 1 durch den Normadressaten einen **44** Kontrahierungszwang (zB die Pflicht zur Belieferung), so kann dieser sowohl mit dem Schadensersatzanspruch als auch dem Beseitigungsanspruch verfolgt werden. Verfolgt der Kläger mit der Klage das Ziel des Vertragsschlusses mit dem Klagegegner, so muss der Klageantrag auf die Annahme eines bestimmten und vollständigen Angebotes gerichtet sein (§ 253 Abs. 2 Nr. 2 ZPO).[86] Ist dies dem Kläger nicht möglich, so muss er Feststellungsklage erheben.[87]

Drohen erhebliche Wettbewerbsnachteile, kann der Betroffene vorläufigen Rechtsschutz **45** im Wege der einstweiligen Verfügung suchen.[88]

bb) Nichtigkeit, § 134 BGB. Verträge oder einseitige Rechtsgeschäfte, die gegen § 19 **46** Abs. 2 Nr. 1 verstoßen, sind gemäß § 134 BGB nichtig, wenn die Rechtsfolge der Nichtigkeit die einzige Möglichkeit der Abschaltung des Verstoßes ist.[89] In der Praxis beruht der Verstoß auf einer Vereinbarung mit Dritten oder einer Nichtbelieferung. In diesen Fällen ist die Nichtigkeit keine angemessene und wirksame Rechtsfolge zur Unterbindung des Verstoßes. In diesen Fällen kann der Missbrauch idR nur durch Anpassung der Konditionen, Weiterbelieferung oder Schadensersatz- und Unterlassungsansprüche abgestellt werden.[90] Soweit die Nichtigkeit rechtmäßige kartellrechtsneutrale Vereinbarungen mit Dritten berührt, welche das kartellrechtswidrige Rechtsgeschäft nicht kennen und an diesem nicht mitgewirkt haben, ist das neutrale Geschäft nicht nichtig.[91]

III. Datenbedingte Abhängigkeit) (Abs. 1a)

Da der Zugang zu wettbewerbsrelevanten Daten im Zuge der fortschreitenden Digitali **47** sierung mitentscheidend sein wird für die Innovations- und Wettbewerbsfähigkeit eines Unternehmens, hat der Gesetzgeber mit der 10. GWB-Novelle die datenbedingte Abhän

---

[84] Immenga/Mestmäcker/Markert GWB Rn. 63, 58.
[85] OLG Frankfurt a. M. GRUR 1992, 554 (556) – Kunstmesse Art Frankfurt II; Bechtold § 19 Rn. 97.
[86] BGH WuW/E BGH 2125 (2126) – Technics; BGH WuW/E BGH 1885 (1886) – adidas; Bechtold § 19 Rn. 98.
[87] Schockenhoff NJW 1990, 152; Bechtold § 19 Rn. 98.
[88] OLG Stuttgart WuW/E OLG 4829 (4832) – Katalysatornachrüstsätze.
[89] LMRKM/Loewenheim § 19 Rn. 116.
[90] LMRKM/Loewenheim § 19 Rn. 116.
[91] OLG Karlsruhe WuW/E DE-R 59 (60) – Kfz-Schilderpräger; Immenga/Mestmäcker/Markert GWB Rn. 169.

gigkeit in Abs. 1a gesetzlich normiert.[92] Folglich kann auch die Zugangsverweigerung zu Daten durch ein Unternehmen ohne Marktbeherrschung missbräuchlich im Sinne von Abs. 1 in Verbindung mit § 19 Abs. 2 Nummer 1 sein. Es handelt sich dabei um eine neue Kategorie der Abhängigkeit, die eine Fortentwicklung der unternehmensbedingten bzw. nachfragebedingten Abhängigkeit darstellt.[93]

48   Bei der datenbedingten Abhängigkeit ist eine vertragliche oder faktische Beziehung gemäß Abs. 1a nicht erforderlich. Die bisherige Rechtsprechung hatte bereits früher bei unternehmensbedingter Abhängigkeit eine faktische Beziehung zwischen Normadressaten und Normbegünstigten als ausreichend angesehen, aber trotzdem auf eine langjährige Ausrichtung des Geschäftsmodells auf ein anderes Unternehmen abgestellt.[94]

49   Durch den Verweis auf Abs. 1 soll deutlich gemacht werden, dass ein Zugangsrecht zu wettbewerbsrelevanten Daten sinnvoll sein kann, soweit die Vorteile einer mehrfachen Nutzung der betreffenden Daten die Nachteile eines Verlustes der exklusiven Verfügung über diese Daten überwiegen.[95] Mit der Referenz zu Abs. 1 soll zudem ein Rückgriff auf die bisheriger Rechtsprechung zu Abs. 1, zB zu kritischen Datenzugangskonstellationen, geschaffen werden.[96]

50   In Bezug auf die datenbedingte Abhängigkeit sind gemäß dem Gesetzgeber unbillige Behinderungen insbesondere in den folgenden zwei Konstellationen denkbar.[97]

     Bei der ersten Konstellation handelt es sich um Vertragsverhältnisse innerhalb von Wertschöpfungsnetzwerken. Werden von beiden Parteien Beiträge für die Wertschöpfung erbracht, sollen die entstehenden Daten, unter Berücksichtigung der jeweiligen Wertschöpfungsbeiträge gemeinsam genutzt werden. Dies ist grundsätzlich auch im Interesse der Parteien. Wenn aber ein Ungleichgewicht bei der Marktposition oder der Verhandlungsmacht vorliegt, kann ein Vertragspartner gegebenenfalls die alleinige Nutzung der Daten ohne Zugang der anderen Vertragspartei durchsetzen. Eine solche Konstellation soll durch den Abs. 1a abgedeckt werden, wenn der andere Vertragspartner in seiner wirtschaftlichen Tätigkeit unbillig beschränkt ist oder der Wechsel zu einem Wettbewerber mangels Zugang zu Daten eingeschränkt ist.[98]

51   Die zweite Konstellation erfasst den Datenzugang Dritter, die Dienste auf einem vor- oder nachgelagerten Markt anbieten möchten.[99] Hier liegt keine vorherige Geschäfts- oder Vertragsverbindung vor. Der Gesetzgeber hält vor allem dann eine unbillige Behinderung für „denkbar, wenn die Daten Grundlage bedeutender eigener Wertschöpfung des Zugangspetenten sein sollen bzw. ohne den Zugang eine Vermachtung nachgelagerter Märkte droht".[100] Selbst wenn ein relativ marktmächtiges Unternehmen diese Daten noch nicht allgemein oder anderen zur Verfügung gestellt hat, kann die Zugangsverweigerung eine unbillige Behinderung gemäß Abs. 1a S. 2 darstellen. In diesen Fällen bedarf aber die Unbilligkeit einer besonders sorgfältigen Prüfung. Dabei sind ua die folgenden Gesichtspunkte zu berücksichtigen: die Wertschöpfungsbeiträge, das Schutzbedürfnis von neu entwickelten Geschäftsmodellen, die bei zu weiter Offenlegung der Daten gefährdet sein können, dem Aufwand die Daten datenschutzkonform nutzbar oder zugänglich zu machen, die Kosten der Datenerzeugung und des Datenzugangs sowie die Auswirkungen auf den nachgelagerten Markt (Marktverschluss).[101] Dabei soll ein Zugangsanspruch nur zu solchen

---

[92] Entwurf 10. GWB-Novelle BT-Drs. 19/23492, 80.

[93] Entwurf 10. GWB-Novelle BT-Drs. 19/23492, 80.

[94] BGH 6.10.2015 – KZR 87/13, BeckRS 2015, 17973 – Porsche Tuning; Entwurf 10. GWB-Novelle BT-Drs. 19/23492, 80.

[95] Entwurf 10. GWB-Novelle BT-Drs. 19/23492, 80.

[96] Entwurf 10. GWB-Novelle BT-Drs. 19/23492, 80.

[97] Entwurf 10. GWB-Novelle BT-Drs. 19/23492, 80.

[98] Entwurf 10. GWB-Novelle BT-Drs. 19/23492, 80 f. mit weiteren Beispielen.

[99] Entwurf 10. GWB-Novelle BT-Drs. 19/23492, 81.

[100] BGH 31.1.2012 – KZR 65/10, BeckRS 2012, 4855 Rn. 31 – Werbeanzeigen; Entwurf 10. GWB-Novelle BT-Drs. 19/23492, 81.

[101] Entwurf 10. GWB-Novelle BT-Drs. 19/23492, 81.

Daten sachgerecht sein, die dem marktmächtigeren Unternehmen selbst zugänglich sind und bei denen der Aufwand der Zugangsgewährung nicht unzumutbar ist.[102] Bietet das nachteilig betroffene Unternehmen an, die Kosten für die Zugangsgewährung zu tragen, muss dies in die Abwägung mit einbezogen werden.[103]

Ist der Zugang zu den relevanten Daten auch anderweitig möglich, zB auf der Grundlage **52** eines Datenzugangs über den Nutzer des Produkts,[104] liegt durch die Ausweichmöglichkeiten keine Abhängigkeit vor.[105] Auch auf einen Zugang zu wettbewerblich sensiblen Daten, Geschäftsgeheimnissen oder datenschutzrechtlich geschützten Daten besteht in der Regel kein Anspruch.[106]

IV. Aufforderung zur Gewährung von Vorteilen (Verbot der passiven Diskriminierung) (Abs. 2)

1. Normadressat. Abs. 2 erweitert den Anwendungsbereich des § 19 Abs. 2 Nr. 5 **53** (Aufforderung zur Gewährung von Vorteilen) auf marktstarke Unternehmen und Unternehmensvereinigungen. Marktstarke Unternehmen und Unternehmensvereinigungen iSd Abs. 2 sind Unternehmen und Unternehmensvereinigungen, von denen andere Unternehmen abhängig sind. Bei den von Abs. 2 erfassten Unternehmensvereinigungen handelt es sich zB um Einkaufsvereinbarungen. Abs. 2 erfasst alle abhängigen Unternehmen, unabhängig davon, ob sie kleine und mittlere Unternehmen sind oder nicht. Ausreichend ist, dass die Marktstärke in Bezug auf bestimmte Abnehmer vorliegt.[107]

Das Verbot von Abs. 2 iVm § 19 Abs. 2 Nr. 5 richtet sich an marktstarke Nachfrager. **54** Diese dürfen Anbieter nicht dazu auffordern, dass diese dem marktstarken Nachfrager im Vergleich zu ihren Wettbewerbern ungerechtfertigte Vorteile einräumen. Abs. 2 schützt nur (Nachfrage-)Wettbewerber vor einem marktstarken (anderen) Nachfrager, welcher sich gegenüber seinen Wettbewerbern Vorteile verschaffen will.[108] Abs. 2 schützt nicht den Anbieter, der durch den marktstarken Nachfrager zur Einräumung von Vorteilen aufgefordert wird.[109] In der Praxis ist das Schutzbedürfnis von Anbietern vor mittelbaren Diskriminierungen marktstarker Konkurrenz-Anbieter wesentlich geringer, als im Fall der mittelbaren Diskriminierung von Abnehmern durch Konkurrenz-Abnehmer.

2. Verbotenes Verhalten. Die Normadressaten des Abs. 2 unterliegen ebenso wie die **55** markbeherrschenden Unternehmen (und die in § 19 Abs. 3 genannten Unternehmen) dem Verbot der Aufforderung einer missbräuchlichen Vorteilseinräumung gemäß § 19 Abs. 2 Nr. 5 (→ § 19 Rn. 149 ff.).

3. Rechtsfolgen. Ein Verstoß gegen Abs. 2 iVm § 19 Abs. 2 Nr. 5 ist mit verwaltungs-, **56** zivil- und bußgeldrechtlichen Rechtsfolgen bewehrt.

a) Verwaltungsrechtliche Rechtsfolgen. Die nach § 48 Abs. 2 GWB zuständigen **57** Kartellbehörden können im Untersagungsverfahren vorgehen und Maßnahmen nach den §§ 32–32b GWB treffen. Daneben besteht für die zuständige Kartellbehörde gemäß § 34 die Möglichkeit, die vom Verstoßenden erlangten (wirtschaftlichen) Vorteile abzuschöpfen. Ob und wie die zuständige Kartellbehörde vorgeht, steht in ihrem pflichtgemäß aus-

---

[102] Entwurf 10. GWB-Novelle BT-Drs. 19/23492, 81.
[103] Entwurf 10. GWB-Novelle BT-Drs. 19/23492, 81.
[104] Entwurf 10. GWB-Novelle BT-Drs. 19/23492, 81.
[105] EuG 14.9.2017 – T-751/15, BeckRS 2017, 124493 – Contact Software; Entwurf 10. GWB-Novelle BT-Drs. 19/23492, 81.
[106] Entwurf 10. GWB-Novelle BT-Drs. 19/23492, 82.
[107] Bechtold Rn. 25.
[108] Ulmer WuW 1980, 477.
[109] KG WuW/E DE-R 367 (368) – Schulbuchbeschaffung; Bechtold § 19 Rn. 84.

zuübenden Ermessen.[110] Die Kartellbehörden gehen jedoch idR nur gegen den Auffordernden oder Veranlasser vor, nicht aber gegen den Empfänger der Aufforderung.[111]

58   **b) Bußgeldverfahren.** Als Ordnungswidrigkeiten können Verstöße gegen Abs. 2 Nr. 1 nach §§ 81 ff. GWB mit Geldbußen geahndet werden.

59   **c) Zivilrechtsschutz.** Nach § 33 und § 33a GWB können Betroffene oder Verbände Schadensersatz-, Unterlassungs- und/oder Beseitigungsansprüche geltend machen (→ GWB § 1 Rn. 10 ff.). Gegebenenfalls kann auch ein Anspruch auf Herausgabe einer ungerechtfertigten Bereicherung vorliegen.[112]

V. Behinderungsverbot für Unternehmen mit überlegener Marktmacht (Abs. 3)

60   **1. Normzweck.** Abs. 3 schützt kleine und mittlere Unternehmen vor unbilliger Behinderung durch Wettbewerber unter Ausnutzung ihrer Marktmacht und schließen so eine Regelungslücke. Geschützt durch Abs. 3 werden aber nur kleine und mittlere Wettbewerber. Andere Wettbewerber oder Abnehmer und/oder Lieferanten der geschützten (kleinen und mittleren) Abnehmer fallen nicht in den Schutzbereich der Norm.[113]

61   Da Abs. 3 auf Horizontalverhältnisse Anwendung findet, ist es unerheblich, ob das überlegene Unternehmen am Markt als Anbieter oder Nachfrager auftritt.[114] Weiterhin ist es unerheblich, ob das überlegene Unternehmen auch vertikale Geschäftsbeziehungen zu seinen Wettbewerbern unterhält.[115] Beruht die Behinderung von Wettbewerbern jedoch auf Eingriffen in das jeweilige Vertikalverhältnis, so scheidet die Anwendung des Abs. 3 aus.[116]

62   **2. Normadressat (Abs. 3).** Normadressaten des Abs. 3 sind Unternehmen, die gegenüber kleinen und mittleren Wettbewerbern eine überlegene Machtmacht haben. Unter den Schutzbereich des Abs. 1 fallen also nur kleine oder mittlere Unternehmen. Voraussetzung ist ein Horizontalverhältnis zwischen dem marktstarken Unternehmen und den kleinen und mittleren Unternehmen,[117] dh das kleine und mittlere Unternehmen muss Wettbewerber des Normadressaten sein.

63   Der Begriff des „kleinen und mittleren Unternehmens" ist gesetzlich nicht definiert. Auf Grund der Unterschiede des jeweils zu betrachtenden relevanten Marktes ist eine generalisierende Einordnung nach absoluten Zahlen nicht möglich.[118] Es ist daher in jedem Einzelfall zu untersuchen, ob es sich bei den betroffenen Unternehmen um kleine oder mittlere Unternehmen des relevanten Marktes handelt. Entscheidend dabei ist die Größe der Wettbewerber zu dem überlegenen Unternehmen auf dem sachlich und räumlich relevanten Markt.

64   Auch wenn eine Qualifizierung auf Grund absoluter Kriterien nicht möglich ist,[119] gibt es doch Anhaltspunkte, wann ein Unternehmen als ein kleineres oder mittleres Unternehmen angesehen werden kann. Ein Unternehmen mit weniger als 25 Mio. EUR Umsatz ist

---

[110] Immenga/Mestmäcker/Markert GWB Rn. 58, § 19 Rn. 367 ff.

[111] Bechtold § 19 Rn. 78.

[112] Bechtold Rn. 28.

[113] LMRKM/Loewenheim Rn. 52, 61.

[114] KG WuW/E DE-R 380 (381) – Milchlieferungsverträge; Langen/Bunte/Nothdurft GWB Rn. 103.

[115] Langen/Bunte/Nothdurft GWB Rn. 103.

[116] OLG Düsseldorf WuW/E DE-R 829 (831) – Freie Tankstellen; Langen/Bunte/Nothdurft GWB Rn. 103.

[117] BGH WuW/E DE-R 1006 (1009) – Fernwärme Börnsen; OLG Düsseldorf WuW/E DE-R 829 (833 f.) – Freie Tankstellen.

[118] Immenga/Mestmäcker/Maskert GWB Rn. 22.

[119] OLG Düsseldorf WuW/E DE-R 829 – Freie Tankstellen; Begründung Entwurf 5. GWB-Novelle, BT-Drs. 11/4610, 23 iVm 15 f.; LMRKM/Loewenheim Rn. 56.

wohl immer ein kleines Unternehmen (§ 35 Abs. 1 Nr. 2, Abs. 2 GWB).[120] Bei einem Unternehmen mit einem Jahresumsatz unter 250 Mio. EUR besteht nach der Rechtsprechung die widerlegbare Vermutung, dass es sich um ein kleines oder mittleres Unternehmen handelt.[121] Unternehmen mit einem Jahresumsatz von über 500 Mio. EUR gelten regelmäßig als Großunternehmen (§ 35 Abs. 1 Nr. 1).[122]

Zur Feststellung der gegenüber den kleinen oder mittleren Unternehmen überlegenen **65** Marktmacht ist ein Größenvergleich des Normadressaten zu den Wettbewerbern auf dem sachlich und räumlich relevanten Markt durchzuführen.[123] Überlegene Marktmacht liegt dann vor, wenn auf dem relevanten Markt das Verhalten des überlegenen Unternehmens nicht ausreichend durch den Wettbewerb kontrollierbar ist.[124] Dabei sind die in § 18 Abs. 3 GWB aufgeführten Kriterien, welche im Rahmen einer Gesamtbetrachtung zu prüfen sind, relevant:[125] Marktanteil, Finanzkraft, Zugang zu den Beschaffungs- oder Absatzmärkten, Verflechtungen mit anderen Unternehmen, rechtliche oder tatsächliche Schranken für den Marktzutritt anderer Unternehmen, der tatsächliche oder potentielle Wettbewerb durch andere Unternehmen, die Fähigkeit, das Angebot oder die Nachfrage auf andere Waren oder gewerbliche Leistungen umzustellen, die Möglichkeit der Marktgegenseite, auf andere Unternehmen auszuweichen. Die Schwelle der überlegenen Marktmacht iSd Abs. 3 liegt aber unter der der Marktbeherrschung gemäß § 18.[126]

Unerheblich ist, ob es auf dem relevanten Markt noch andere mit dem überlegenen **66** Unternehmen vergleichbare Unternehmen oder gar größere Unternehmen gibt.[127] Im Gegensatz zu Fällen der Marktbeherrschung durch ein Unternehmen können daher auch mehrere Unternehmen unabhängig voneinander überlegene Unternehmen iSd Abs. 3 sein.[128]

3. Verbotenes Verhalten. a) Unbillige Behinderung unter Ausnutzung der **67** **Marktstellung (Abs. 3 S. 1).** Abs. 3 schützt kleine und mittlere Unternehmen vor einer unbilligen Behinderung durch einen überlegenen Wettbewerber unter Ausnutzung seiner Marktstellung. Die Ausnutzung der Machtstellung muss kausal für die Behinderung sein. Das Ausnutzen der Marktmacht erfordert hierbei ein zielgerichtetes Verhalten des überlegenen Unternehmens.

Behinderung ist wie in § 19 Abs. 2 Nr. 1 jede Maßnahme (hier jedoch nur im Horizon- **68** talverhältnis), die sich objektiv nachteilig auf die wettbewerbliche Betätigung des geschützten Unternehmens auswirkt (→ § 19 Rn. 18).[129]

Auch die Unbilligkeit der Behinderung ist entsprechend § 19 Abs. 2 Nr. 1 festzustellen **69** (→ § 19 Rn. 19 ff.).[130] Demnach sind die Interessen des überlegenen Normadressaten und des Wettbewerbers unter Berücksichtigung der auf die Freiheit des Wettbewerbs gerichtete Zielsetzung des GWB gegeneinander abzuwägen.[131]

---

[120] Bechtold Rn. 10.

[121] BGH WuW/E DE-R 984 (987 f.) – Konditionenanpassung; LG Nürnberg-Fürth WuW/E DE-R 1659 (1661) – Schuh-Einzelhandel.

[122] LG Nürnberg-Fürth WuW/E DE-R 1659 (1661) – Schuh-Einzelhandel.

[123] LMRKM/Loewenheim Rn. 56.

[124] OLG Düsseldorf WuW/E DE-R 781 – Wal-Mart.
OLG Düsseldorf WuW/E DE-R 589 – Freie Tankstellen; LMRKM/Loewenheim Rn. 57.

[125] OLG Düsseldorf WuW/E DE-R 589 – Freie Tankstellen; LG Berlin GRUR-RS 2021, 14067 Rn. 37; BeckOK KartellR/Hetmank Rn. 84; Immenga/Mestmäcker/Markert Rn. 81; LMRKM/Loewenheim Rn. 57; MüKoGWB/Westermann Rn. 59.

[126] Bechtold Rn. 30.

[127] LMRKM/Loewenheim Rn. 57.

[128] OLG Düsseldorf WuW/E DE-R 781 (787) – Wal-Mart; BKartA WuW/E DE-V 1481 (1482) – Netto Marken-Discount; Bechtold Rn. 30.

[129] OLG Düsseldorf WuW/E DE-R 589 – Freie Tankstellen; Langen/Bunte/Nothdurft GWB Rn. 119 f.; MüKoGWB/Westermann Rn. 63.

[130] LMRKM/Loewenheim Rn. 61.

[131] LMRKM/Loewenheim Rn. 61.

70   Die Unbilligkeit von Rabattsystemen ist regelmäßig dann gegeben, wenn diese den Abnehmer des Normadressaten binden und die Rabatte keine Gegenleistung für besondere Leistungen oder Funktionen des Abnehmers darstellen (Treuerabatte).[132]

71   In Kopplungsfällen, in denen der Normadressat die Lieferung von Waren an die Belieferung mit anderen Waren oder Erbringung von Leistungen knüpft, muss ein sachlicher Grund für die Kopplung vorliegen. Sachliche Gründe sind hier insbesondere die Sicherung der Qualität der Produkte des Normadressaten oder die Sicherung seines Rufs (zB in Fällen, in denen die Belieferung des Hauptproduktes von der Abnahme von Ersatzteilen abhängig gemacht wird).[133] Weitere Ausführungen zur unbilligen Behinderung → § 19 Rn. 17 ff.

72   **b) Gesetzliche Beispielsfälle für unbillige Behinderung (Abs. 3 S. 2, 3 und 4).** Abs. 3 S. 2 enthält Regelfälle, in welchen das Vorliegen einer unbilligen Behinderung unwiderlegbar vermutet wird. Ebenso wird die kausale Verknüpfung der Behinderung mit dem Ausnutzen der Marktstellung unwiderlegbar vermutet.[134] Allerdings ist auch bei Vorliegen eines der Regelfälle erforderlich, dass die vermutete unbillige Behinderung durch ein Unternehmen gegenüber kleinen oder mittleren Wettbewerbern überlegener Marktmacht festgestellt wird.[135]

73   Gemäß Abs. 3 S. 2 ist jedoch die Rechtfertigung der Behinderung möglich, wenn ein sachlicher Grund für die Behinderung vorliegt. Abs. 3 S. 3 und 4 enthalten besondere Rechtfertigungsgründe für das Regelbeispiel des Abs. 3 S. 2 Nr. 1 (Anbieten von Lebensmitteln unter dem Einstandspreis).

74   **aa) Angebot von Lebensmitteln unter Einstandspreis (Abs. 3 S. 2 Nr. 1).** Gegenüber dem generellen Tatbestand des Verkaufs von Waren unter dem Einstandspreis des Abs. 3 S. 2 Nr. 2 ist Abs. 3 S. 2 Nr. 1 lex specialis, wenn es um den Verkauf von Lebensmitteln geht.[136] Anders als iRd Abs. 3 S. 2 Nr. 2 erfordert Abs. 3 S. 2 Nr. 1 nicht, dass der Verkauf unter Einstandspreis nicht nur gelegentlich vorgenommen wird. Es reicht demnach auch der einmalige Verkauf von Lebensmitteln unter dem Einstandspreis, um unter das Verbot zu fallen.[137] Der Spezialtatbestand wurde eingeführt, um den Verdrängungswettbewerb im Lebensmitteleinzelhandel, der vor allem kleine und mittlere Wettbewerber trifft, einzudämmen.[138] Wie auch in Fällen des Abs. 3 S. 2 Nr. 2 können sich nur kleine und mittlere Wettbewerber auf Abs. 3 S. 2 Nr. 1 berufen.[139]

75   Für die Definition des Begriffs Lebensmittel wird auf Art. 2 der Verordnung (EG) Nr. 178/2002 des Europäischen Parlaments und des Rates zur Festlegung der allgemeinen Grundsätze und Anforderungen des Lebensmittelrechts, zur Errichtung der Europäischen Behörde für Lebensmittelsicherheit und zur Festlegung von Verfahren zur Lebensmittelsicherheit verwiesen. Demnach sind Lebensmittel „alle Stoffe oder Erzeugnisse, die dazu bestimmt sind oder von denen nach vernünftigem Ermessen erwartet werden kann, dass sie in verarbeitetem, teilweise verarbeitetem oder unverarbeitetem Zustand von Menschen aufgenommen werden".[140] Zu „Lebensmitteln" zählen auch Getränke, Kaugummi sowie alle Stoffe – einschließlich Wasser –, die dem Lebensmittel bei seiner Herstellung oder Ver- oder Bearbeitung absichtlich zugesetzt werden. Nicht zu den Lebensmittelt gehören, Futtermittel, Pflanzen vor dem Ernten, Tabakerzeugnisse.

---

[132] BKartA WuW/E BKartA 1817 (1820 f.) – Fertigfutter; LMRKM/Loewenheim Rn. 61.
[133] LMRKM/Loewenheim Rn. 61.
[134] LMRKM/Loewenheim Rn. 58.
[135] LMRKM/Loewenheim Rn. 82.
[136] Bechtold Rn. 33.
[137] Bechtold Rn. 43.
[138] Gesetzesbegründung BT-Drs. 16/5847, 10.
[139] Bechtold Rn. 40.
[140] § 2 Abs. 2 Lebensmittel- und Futtermittelgesetzbuch; EG-Verordnung 178/2002 ABl. 2002 L 31, 1; Bechtold Rn. 41.

Betroffen von dem Verbot des Verkaufs unter Einstandspreis sind nur solche Unternehmen, die an Endverbraucher verkaufen. Der Verbotstatbestand richtet sich nicht an Produzenten, die (unverarbeitete oder teilverarbeitete) Lebensmittel an ein anderes Unternehmen verkaufen, welches diese (weiter-)verarbeitet.[141] Nicht entschieden ist die Anwendbarkeit des Abs. 3 S. 2 Nr. 1 in Fällen, in denen ein marktstarkes Unternehmen Lebensmittel unter dem Einstandspreis an einen Großverbraucher wie zB die Gastronomie verkauft.[142] **76**

Eine unbillige Behinderung ist dann nicht gegeben, wenn der Verkauf unter Einstandspreis sachlich gerechtfertigt ist. Die Darlegungs- und Beweislast für das Vorliegen sachlicher Gründe liegt bei dem marktstarken Normadressaten.[143] Einen Beispielsfall einer sachlichen Rechtfertigung enthält Abs. 3 S. 3, wonach der Verkauf unter Einstandspreis sachlich gerechtfertigt ist, wenn er geeignet ist, den Verderb oder die drohende Unverkäuflichkeit der Waren beim Händler durch rechtzeitigen Verkauf zu verhindern sowie in vergleichbar schweren Fällen. Auf Grund der Formulierung in Abs. 3 S. 3 („in vergleichbar schwerwiegenden Fällen") sind an die sachliche Rechtfertigung höhere Anforderungen zu stellen als in sonstigen Fällen einer unbilligen Behinderung.[144] Zur Ermittlung des Verderbs kann das angegebene Mindesthaltbarkeitsdatum herangezogen werden.[145] Drohende Unverkäuflichkeit ist bei Saisonartikeln oder sonstigen für einen bestimmten Anlass hergestellten Artikeln der Fall, zB Fanartikel für ein Sportereignis.[146] **77**

Abs. 3 S. 4, wonach die Abgabe von Lebensmitteln an gemeinnützige Einrichtungen zur Verwendung im Rahmen ihrer Aufgaben keine unbillige Behinderung ist, enthält keine Rechtfertigung für eine unbillige Behinderung, sondern schließt das Vorliegen einer unbilligen Behinderung aus.[147] Besondere formale Voraussetzungen sind nicht erforderlich, um gemeinnützige Einrichtung iSd Vorschrift zu sein. Es muss sich aber um eine Einrichtung handeln, die gemeinnützige Aufgaben wahrnimmt.[148] Hintergrund der Vorschrift ist, dass Lebensmittelhändler oftmals nach Geschäftsschluss verderbliche Waren an derartige Einrichtungen abgeben, auch wenn der Verfall noch nicht unmittelbar droht.[149] **78**

bb) Angebot von anderen Waren oder gewerblichen Leistungen nicht nur gelegentlich unter Einstandspreis (Abs. 3 S. 2 Nr. 2). Werden andere Waren als Lebensmittel oder gewerbliche Leistungen unter Einstandspreis angeboten, ist der Anwendungsbereich von Abs. 3 S. 2 Nr. 2 eröffnet. Im Unterschied zu Abs. 3 S. 2 Nr. 1 darf das Anbieten unter Einstandspreis „nicht nur gelegentlich" vorkommen. Erforderlich ist insoweit ein systematisches Anbieten unter Einstandspreis.[150] Ob ein systematisches Vorgehen des Normadressaten vorliegt, ist im Einzelfall unter Beachtung folgender Kriterien zu beurteilen: zeitliche Dauer des Anbietens unter Einstandspreis, Wiederholung und Regelmäßigkeit der Wiederholung des Anbietens unter Einstandspreis, Auswirkungen auf den Wettbewerb durch das Anbieten unter Einstandspreis.[151] Einzelaktionen, wie im Falle von Ladeneröffnungen, Sonderverkäufen oder (sonstigen) Werbeaktionen, von kurzer Dauer eröffnen den Tatbestand des Abs. 3 S. 2 Nr. 2 nicht.[152] Werden derartige Aktionen jedoch über einen Zeitraum von mindestens drei Wochen durchgeführt, so liegt hierin eine unbil- **79**

---

[141] Bechtold Rn. 42.
[142] Bechtold Rn. 42.
[143] BGH WuW/E DE-R 1042 (1043) – Wal-Mart; LMRKM/Loewenheim Rn. 76.
[144] LMRKM/Loewenheim Rn. 75.
[145] LMRKM/Loewenheim Rn. 73.
[146] LMRKM/Loewenheim Rn. 73.
[147] Bechtold Rn. 45.
[148] Bechtold Rn. 45.
[149] Bechtold Rn. 45.
[150] Begründung 6. GWB-Novelle, BT-Drs. 13/9720, 37; LMRKM/Loewenheim Rn. 77; MüKoGWB/Westermann Rn. 93; Köhler BB 1999, 677 (699).
[151] LMRKM/Loewenheim Rn. 77.
[152] BKartA WuW/E DE-R 1481 (1483)– Netto Markten Discount.

lige Behinderung iSd Abs. 3 S. 2 Nr. 2.[153] Dies gilt unabhängig davon, ob das Angebot während der vollen drei Wochen gilt oder regelmäßig nur an einzelnen Tagen während der drei Wochen.[154]

80   Der Tatbestand des Abs. 3 S. 2 Nr. 2 kann auch eröffnet sein, wenn verschiedene Waren nacheinander auf dem gleichen Markt unter Einstandspreis angeboten werden, da auch in diesen Fällen Wettbewerber in gleicher Weise behindert sein können, wie bei dem Anbieten der gleichen Waren unter Einstandspreis.[155]

81   Auch eine unbillige Behinderung gemäß Abs. 3 S. 2 Nr. 2 kann sachlich gerechtfertigt sein. Darlegungs- und Beweislast treffen wie in Abs. 3 S. 2 Nr. 1 den Normadressaten.[156]

82   Eine Rechtfertigung kann sich – ähnlich wie im Fall des Abs. 3 S. 3 – daraus ergeben, dass die unter Einstandspreis angebotene Ware dem Verderb ausgesetzt ist oder die Unverkäuflichkeit droht (zB Smartphones der vorigen Generation).[157] Eine Rechtfertigung kann sich aber auch daraus ergeben, dass der Normadressat sich gegen Preise seiner Wettbewerber wehrt bzw. entsprechende Preise anbieten will.[158] Allerdings ist auch in solchen Fällen eine einzelfallbezogene Prüfung durchzuführen und die Auswirkungen und Wechselwirkungen (insbesondere auf die kleinen und mittleren Wettbewerber) des Verhaltens der Marktteilnehmer zu prüfen.[159]

83   **cc) Preis-Kosten Schere (Abs. 3 S. 2 Nr. 3).** Abs. 3 S. 2 Nr. 3 betrifft den Fall, dass ein Unternehmen seine Waren nicht nur an Händler weiterverkauft, sondern auch durch ein eigenes Vertriebsnetz auf der nachgelagerten Marktstufe veräußert. In diesen Fällen darf der Preis, den das Unternehmen von seinen Kunden auf der nachgelagerten Marktstufe fordert, nicht geringer sein als der Preis, den das Unternehmen von den Händlern fordert.[160]

84   Der Normadressat muss auf dem nachgelagerten Markt gegenüber den kleineren und mittleren Unternehmen über eine überlegene Marktmacht verfügen.[161] Voraussetzung hierzu ist, dass sich der Normadressat mit den kleinen oder mittleren Unternehmen auf dem nachgelagerten Markt im Wettbewerb befindet.[162] Das ist vor allem bei Mineralölkonzernen der Fall, die neben dem Unterhalten eines eigenen Tankstellennetzes freie Tankstellen beliefern.[163]

85   Als sachliche Rechtfertigung kommt in Fällen des Abs. 3 S. 2 Nr. 3 vor allem in Betracht, dass der Normadressat durch niedrige Preise seiner Wettbewerber dazu angehalten ist, ebenfalls entsprechende Preise zu verlangen, oder der Normadressat sich neue Märkte erschließen will.[164] Jedoch sind auch hier die Auswirkungen und Wechselwirkungen im Einzelfall zu prüfen.[165]

VI. Unbillige Behinderung durch „Tipping" (Abs. 3a)

86   **1. Normzweck.** Der Abs. 3a wurde mit der 10. GWB-Novelle neu eingefügt. Damit soll ein Eingriffstatbestand geschaffen werden, für den Fall einer Behinderung von Wettbewerbern bei der eigenständigen Erzielung von Netzwerkeffekten durch Unternehmen

---

[153] BKartA WuW/E DE-V 1481 – Netto Marken Discount; WuW/E DE-V 911 – Fotoarbeitstasche; LMRKM/Loewenheim Rn. 77.
[154] BKartA WuW/E DE-V 911 – Fotoarbeitstasche; LMRKM/Loewenheim Rn. 77.
[155] Bechtold Rn. 37.
[156] LMRKM/Loewenheim Rn. 79.
[157] LMRKM/Loewenheim Rn. 80.
[158] BGH WuW/E DE-R 1042 (1045) – Wal-Mart; LMRKM/Loewenheim Rn. 80.
[159] BGH WuW/E DE-R 1042 (1046) – Wal-Mart; LMRKM/Loewenheim Rn. 80; Gassner/Dangelmaier WuW 2003, 491 (495); BKartA WuW/E DE-V 911 (915) – Fotoarbeitstasche; Bechtold Rn. 38.
[160] LMRKM/Loewenheim Rn. 81.
[161] LMRKM/Loewenheim Rn. 82.
[162] LMRKM/Loewenheim Rn. 83.
[163] LMRKM/Loewenheim Rn. 83, Ritter WuW 2008, 142 (143).
[164] LMRKM/Loewenheim Rn. 84; MüKoGWB/Westermann Rn. 83.
[165] LMRKM/Loewenheim Rn. 84.

mit überlegener Marktmacht gemäß § 18 Abs. 3a.[166] Die Bestimmung soll ein Umkippen des Marktes („Tipping") verhindern, dh eine Marktveränderung „eines durch stark positive Netzwerkeffekte geprägten Marktes mit mehreren Anbietern zu einem monopolistischen bzw. hochkonzentrierten Markt."[167] Sofern fehlender Leistungswettbewerb zum Umkippen eines Marktes führt, ist dies kartellrechtlich unbedenklich. Wenn aber Behinderungen durch Unternehmen mit überlegener Marktmacht zum Umkippen des Marktes führen, dann ist ein Einschreiten geboten.

2. Normadressat und Märkte. Normadressat des Abs. 3a ist ein Unternehmen mit **87** überlegener Marktmacht (Abs. 18 Abs. 3 GWB, dh die Schwelle der Marktbeherrschung muss noch nicht erreicht sein. Abs. 3a erfasst nur die Märkte iSd § 18 Abs. 3 und hat daher nur einen engen Anwendungsbereich. Zielrichtung des Gesetzgebers war es nur die wettbewerblich problematischen Konstellationen zu erfassen.[168]

3. Verbotenes Verhalten. Voraussetzung ist eine Behinderung der Wettbewerber bei **88** der eigenständigen Erzielung von Netzwerkeffekten. Beispiele hierfür sind Verbote zur gleichzeitigen Nutzung von mehreren Netzen („Multi-Homing"), Rabatte die zu einer Exklusivität führen,[169] Erschwerung des Wechsels von einem Anbieter zu einem anderen zB durch Wechselkosten oder Datenverlust.[170]

Durch die Behinderung muss eine ernstliche Gefahr begründet sein, dass der Leistungs- **89** wettbewerb nicht nur unerheblich eingeschränkt wird. Es handelt sich hier um einen Gefährdungstatbestand. Eine Einschränkung des Leistungswettbewerbs ist noch nicht erforderlich. Sofern also eine konkrete Verhaltensweise vorliegt, deren Gefährlichkeit für den Wettbewerb nachgewiesen werden kann, kann das Verhalten untersagt werden, auch wenn noch keine wettbewerbsschädlichen Auswirkungen vorliegen.[171] Damit soll ein frühzeitiges Eingreifen möglich sein, da ein einmal erfolgtes Umkippen des Marktes in der Regel nicht mehr rückgängig gemacht werden kann.[172]

Abs. 3a schützt nicht nur kleine und mittlere Unternehmen, sondern alle Wettbewerber. **90** Dies ist erforderlich, da in Netzwerkmärkten auch gegenüber großen Unternehmen eine überlegene Marktmacht bestehen kann.[173]

In der Praxis haben Gerichte und das Bundeskartellamt sich bereits mehrfach mit den **91** durch Abs. 3a geregelten Konstellationen befasst. So hat das Bundeskartellamt in Sachen „Facebook" festgestellt, dass der Markt für soziale Netzwerke nach seiner Marktstruktur und den weiteren Marktmachtfaktoren nach § 18 Abs. 3a und Abs. 3 ein „Tipping-Markt" ist und Facebook als Monopolisten oder Quasi-Monopolisten hervorgebracht hat.[174] Auch im Fall CTS/Eventim[175] und im Rahmen eines Zusammenschlussverfahren bei Immobilienplattformen[176] hat sich das Bundeskartellamt mit dem Thema Tipping befasst und wann dieser Prozess des Umkippen droht bzw. bereits eingesetzt hat.

4. Beweislastregelung des Abs. 4. Abs. 4 enthält eine Beweislastregelung zugunsten **92** kleiner und mittlerer Unternehmen iSd Abs. 3. Liegen Tatsachen vor, welche auf Grund

---

[166] Begründung Entwurf 10. GWB-Novelle BT-Drs. 19/23492, 82.
[167] Begründung Entwurf 10. GWB-Novelle BT-Drs. 19/23492, 82.
[168] Begründung Entwurf 10. GWB-Novelle BT-Drs. 19/23492, 82.
[169] LG Berlin MMR 2021, 653 (655) = NZKart 2021, 463 (464).
[170] Entwurf 10. GWB-Novelle BT-Drs. 19/23492, 83.
[171] LG Berlin MMR 2021, 653 (655) = NZKart 2021, 463 (464); Begründung Entwurf 10. GWB-Novelle BT-Drs. 19/23492, 82.
[172] Begründung Entwurf 10. GWB-Novelle BT-Drs. 19/23492, 82.
[173] Begründung Entwurf 10. GWB-Novelle BT-Drs. 19/23492, 83.
[174] BKartA 6.2.2019 – B6 – 22/16, BeckRS 2019, 4895 Rn. 387 ua – Facebook; Entwurf 10. GWB-Novelle BT-Drs. 19/23492, 82.
[175] BKartA 4.12.2017 – B6 – 132/14-2 Rn. 169, BeckRS 2017, 143035 – CTS Eventim; Begründung Entwurf 10. GWB-Novelle BT-Drs. 19/23492, 82.
[176] 25.6.2015 – B6 – 39/15, BKartA – Immowelt/Immonet; Begründung Entwurf 10. GWB-Novelle BT-Drs. 19/23492, 82.

allgemeiner Erfahrung den Anschein für eine unbillige Behinderung unter Ausnutzung der Marktmacht iSd Abs. 3 setzen, muss das marktstarke Unternehmen den Anschein der unbilligen Behinderung durch Ausnutzen der Marktmacht widerlegen.[177] Die Normadressateneigenschaft und die Qualifizierung der Wettbewerber als kleine oder mittlere Unternehmen müssen dagegen auch bei Anwendung des Abs. 4 festgestellt werden.[178]

93   Fraglich ist insoweit, welche Tatsachen den Anschein für eine unbillige Behinderung unter Ausnutzung der Marktmacht setzen. Es muss sich jedenfalls um solche Tatsachen handeln, deren Nachweis dem Wettbewerber (bzw. dem Verband) nicht möglich, dem Normadressaten aber leicht möglich und zumutbar ist, wobei die Unzumutbarkeit des Nachweises vor allem im Falle von Geschäftsgeheimnissen in Betracht kommt.[179]

94   Einen Anschein für eine unbillige Behinderung unter Ausnutzung der Marktmacht gemäß Abs. 3 S. 2 Nr. 2 bzw. Nr. 1 soll vor allem die erhebliche Unterschreitung des Abgabepreises gegenüber dem (für ein marktstarkes Unternehmen) marktüblichen Einstandspreis setzen.[180] Dem von Abs. 3 geschützten Wettbewerber ist es idR nicht möglich, die tatsächlichen Einkaufspreise des marktstarken Unternehmens nachzuweisen.[181]

95   Auf Grund des Amtsermittlungsgrundsatzes im Ordnungswidrigkeitenrecht findet Abs. 4 nur im Zivilverfahren Anwendung.[182]

96   **5. Rechtsfolgen.** Die Rechtsfolgen eines Verstoßes gegen Abs. 3 entsprechen den Folgen bei einem Verstoß gegen Abs. 1 (→ Rn. 38 ff.).

VII. Nichtaufnahme in Unternehmensvereinigungen oder Gütezeichengemeinschaften (Abs. 5)

97   Die Nichtaufnahme in Unternehmensvereinigungen oder Gütezeichengemeinschaften kann für den Betroffenen eine nicht unerhebliche Beeinträchtigung seiner wettbewerbsrechtlichen Gestaltungsmöglichkeiten bedeuten. Darum begründet Abs. 5 bei seiner Verletzung einen Anspruch auf Aufnahme in die Unternehmensvereinigung oder Gütezeichengemeinschaft.[183]

98   **1. Normadressat. a) Wirtschafts- und Berufsvereinigungen.** Das Ziel von Wirtschafts- und Berufsvereinigungen ist die umfassende Förderung der wirtschaftlichen oder beruflichen Interessen ihrer Mitglieder.[184] Besteht die Förderung nur in einzelnen Aspekten individueller Mitgliederinteressen (zB Finanzierung eines bestimmten Projektes), so liegt keine Wirtschafts- oder Berufsvereinigung iSd Abs. 5 vor.[185] Es muss vielmehr um die umfassende Förderung wirtschaftspolitischer oder berufsstandpolitischer Interessen gehen,[186] Dazu kann im Einzelfall auch ein nationaler Spitzensportverband gehören.[187] Nicht ausreichend sind sozialpolitische Interessen wie zB bei Gewerkschaften oder Arbeitgebervereinigungen.[188] Ferner fallen nur solche Vereinigungen unter Abs. 5, bei denen die

---

[177] Bechtold Rn. 49.
[178] Langen/Bunte/Nothdurft GWB Rn. 154; Dittrich DB 1990, 98.
[179] LMRKM/Loewenheim Rn. 88.
[180] LMRKM/Loewenheim Rn. 87; MüKoGWB/Westermann Rn. 85.
[181] LMRKM/Loewenheim Rn. 87.
[182] LMRKM/Loewenheim Rn. 85.
[183] Langen/Bunte/Nothdurft GWB Rn. 161.
[184] Langen/Bunte/Nothdurft GWB Rn. 164.
[185] BGH WuW/E BGH 2191 (2193) – Schwarzbuntzüchter; BKartA WuW/E BKartA 93 (94) – Clivia; Langen/Bunte/Nothdurft GWB Rn. 164.
[186] LMRKM/Loewenheim Rn. 91.
[187] LG Nürnberg-Fürth NZKart 2019, 288 (289) – Deutsche Ringerliga; siehe auch OLG München NZKArt 2019, 287 = BeckRS 2019, 3372 mit gleichem Ergebnis basierend auf § 19 Abs. 2 Nr. 1 GWB.
[188] LMRKM/Loewenheim Rn. 91; Küttner NJW 1980, 968.

Mitgliedschaft freiwillig ist und nicht auf gesetzlichen Bestimmungen beruht (wie zB Industrie- und Handelskammern).[189]

b) Gütezeichengemeinschaften. Gütezeichengemeinschaften sichern die Qualität be- **99** stimmter Waren oder Leistungen und berechtigen diejenigen Mitgliedsunternehmen, deren Waren oder Leistungen den Qualitätsanforderungen genügen, das bestimmte Gütezeichen zu nutzen.[190] Eine Liste mit Verbänden, welche Träger von Gütezeichen sind, wird vom Ausschuss für Lieferbedingungen und Gütesicherung (RAL) geführt.[191]

2. Verbotenes Verhalten. Die Ablehnung muss eine sachlich nicht gerechtfertigte **100** Ungleichbehandlung sein. Hierbei kommt der Satzung der Vereinigung/Gemeinschaft eine erhebliche Rolle zu.[192]

Wird die Aufnahme eines Bewerbers abgelehnt, welcher die satzungsmäßigen Voraus- **101** setzungen für eine Aufnahme erfüllt, so ist die Ablehnung grundsätzlich sachlich nicht gerechtfertigt.[193] Es können aber in Ausnahmefällen außerhalb der Satzung liegende Rechtfertigungsgründe für die Nichtaufnahme vorliegen.[194] Es ist dann eine Abwägung der Interessen der Vereinigung und des Bewerbers vorzunehmen.[195]

In Fällen einer satzungsgemäßen Ablehnung kommt ein Aufnahmeanspruch nur dann in **102** Betracht, wenn die satzungsmäßigen Aufnahmevoraussetzungen, welche der Bewerber nicht erfüllt, ihrerseits sachlich nicht gerechtfertigt sind. Ist dies der Fall, ist die entsprechende Satzungsbestimmung unwirksam oder nicht uneingeschränkt anwendbar.[196] Bei der Frage der sachlichen Rechtfertigung der Satzung ist die Satzungsautonomie der Vereinigungen zu berücksichtigen, nach der sie ihren satzungsgemäßen Zweck autonom festlegen dürfen.[197] Grundsätzlich steht es den Vereinigungen frei, die Mitgliedschaft davon abhängig zu machen, dass die Mitglieder einzig eine Funktion ausüben, die der Interessenvertretung der Vereinigung entspricht.[198] So kann zB eine Vereinigung von Fachhändlern die Aufnahme von Nichtfachhändlern in der Satzung ausschließen.[199] Ebenso kann eine Vereinigung festlegen, dass nur Hersteller Mitglieder werden können oder bei einer Händlervereinigung ein Mitglied nicht gleichzeitig Händler und Hersteller sein darf.[200]

Die Ungleichbehandlung muss zusätzlich zu einer unbilligen Benachteiligung des Unter- **103** nehmens im Wettbewerb führen. Allzu hohe Anforderungen sind an dieses Tatbestandsmerkmal nicht zu stellen. Es wird vermutet, dass die Verweigerung der Mitgliedschaft zur unbilligen Benachteiligung führt, wenn es sich bei der Vereinigung um eine Vereinigung handelt, die die wirtschaftlichen Interessen solcher Unternehmen aufgreift und unterstützt, zu denen das betroffene Unternehmen gehört.[201]

3. Rechtsfolgen. a) Aufnahmezwang. Beschlüsse und Satzungsbestimmungen, die **104** gegen Abs. 5 verstoßen, sind nach § 134 BGB nichtig. Der Ausschluss eines Mitgliedes ist bei einem Verstoß gegen Abs. 5 GWB daher unwirksam.[202]

---

[189] OLG Celle WuW/E OLG 3535 (3536) – Apothekenwerbung mit Randsortiment; Langen/Bunte/Nothdurft GWB Rn. 166.
[190] Bechtold Rn. 57.
[191] Langen/Bunte/Nothdurft GWB Rn. 168.
[192] Bechtold Rn. 59.
[193] BGHZ 63, 282 (285) = WuW/E BGH 1347 ff. – Rad- und Kraftfahrerbund; KG WuW/E OLG 4003 (4004) – Deutscher Pool-Billard-Bund; Bechtold Rn. 59.
[194] OLG Frankfurt a. M. WuW/E DE-R 2648 (2650); Bechtold Rn. 60.
[195] BGH WuW/E BGH 2226 – Aikido-Verband; Bechtold Rn. 60.
[196] BGHZ 63, 282 (285) = WuW/E BGH 1347 (1348) – Rad- und Kraftfahrerbund; KG WuW/E OLG 4003 (4004) – Deutscher Pool-Billard-Bund; Bechtold Rn. 59.
[197] Bechtold Rn. 59; Nicklisch JZ 1976, 105 (111).
[198] Bechtold Rn. 59.
[199] Bechtold Rn. 59.
[200] BGH WuW/E BGH 1061 (1062) – Zeitungsgroßhandel II.
[201] BKartA WuW/E BKartA 1170 (1174) – Gütezeichengemeinschaft; KG WuW/E OLG 2312 (2313) – Deutscher Landseer Club; LMRKM/Loewenheim Rn. 101.
[202] LMRKM/Loewenheim Rn. 103.

105 Daneben stehen den in § 33 GWB genannten Personenkreis Unterlassungs-, Beseitigungs- und Schadensersatzansprüche zu. Darunter fällt auch der Anspruch auf Aufnahme in die Vereinigung.[203]

106 **b) Anordnung, Untersagungsverfahren, Bußgeldverfahren.** Das BKartA kann bei Verstoß gegen Abs. 5 im Untersagungsverfahren nach § 32 und im Bußgeldverfahren nach § 81 Abs. 2 S. 1 GWB vorgehen.[204]

107 Eine Untersagungsverfügung, welche die vorbehaltlose Aufnahme anordnet, ist aber nur dann möglich, wenn mildere Mittel zur Abstellung der Ungleichbehandlung im konkreten Fall nicht gegeben sind.[205]

108 **4. Verhältnis zu anderen Bestimmungen.** Ist eine Vereinigung nach Abs. 5 auch unternehmerisch tätig, so kommt auch die Anwendung des § 19 Abs. 2 Nr. 1 (gegebenenfalls iVm § 20 Abs. 1 und Abs. 2) in Betracht.[206]

109 Ein Aufnahmeanspruch kann sich auch aus § 826 BGB ergeben. Allerdings setzt dieser Verschulden voraus und kommt nur dann in Betracht, wenn die die Aufnahme verweigernde Vereinigung eine Monopolstellung innehat.[207]

VIII. Verhältnis zum EU-Recht

110 Art. 101 und 102 AEUV enthalten keine generellen Verbotstatbestände bezüglich Diskriminierungen und Behinderungen durch marktstarke (nicht marktbeherrschende) Unternehmen.[208] Je nach Sachverhalt kann aber das Verhalten durch marktstarke Unternehmen gemäß Art. 101 AEUV wegen Beeinträchtigung des zwischenstaatlichen Handels verboten sein.

B. Handelsvertreter

111 Sowohl der Handelsvertreter als auch der Unternehmer können Normadressat des § 20 sein. So darf der marktstarke Unternehmer seine Handelsvertreter nicht unbillig behindern oder ohne sachlich gerechtfertigten Grund unterschiedlich behandeln, zB in Form von unterschiedlichen Provisionssätzen.

112 Auch ein marktstarker Handelsvertreter unterliegt dem Diskriminierungsverbot und dem Verbot unbilliger Behinderung. In der Praxis ist jedoch regelmäßig der Unternehmer die Vertragspartei mit der marktstarken Stellung.

C. Vertragshändler

113 § 20 kommt beim Vertragshändler in verschiedenen Konstellationen zur Anwendung. Regelmäßig ist der Hersteller die Vertragspartei mit der marktstarken Stellung. Im Einzelfall kann aber auch der Vertragshändler die marktstarke Stellung innehaben, insbesondere wenn der Vertragshändler allein den Zugang zu den Endkunden hat.

114 Beim Vertragshändler spielt in der Praxis vor allem die Lieferpflicht eine große Rolle, zB weil ein Hersteller bestimmte Vertragshändler nicht beliefern möchte. Mit der zunehmenden Zahl von selektiven Vertriebssystemen wird es in Zukunft sicher verstärkt zu Ent-

---

[203] LMRKM/Loewenheim Rn. 103.
[204] LMRKM/Loewenheim Rn. 103.
[205] KG 6.6.1997 – Kart 2/95 – Börsenverein; Langen/Bunte/Nothdurft GWB Rn. 192.
[206] Langen/Bunte/Nothdurft GWB Rn. 194.
[207] BGH WuW/E BGH 2226 – Aikido-Verband; OLG Düsseldorf WuW/E OLG 4318 – Offertenblatt; Langen/Bunte/Nothdurft GWB Rn. 195.
[208] Bechtold Rn. 66.

scheidungen im Hinblick auf Belieferungspflicht und die sachlichen Gründe für eine Nichtbelieferung kommen.

D. Franchisenehmer

Franchisenehmer werden in der Praxis häufig abhängig iSd § 20 Abs. 1 sein. Ansonsten **115** gibt es für den Franchisenehmer und den Franchisegeber keine Besonderheiten, so dass hier auf die Ausführungen zum Vertragshändler verwiesen wird.

E. Kommissionsagent

Sowohl der Kommissionsagent als auch der Unternehmer können Normadressat des § 20 **116** sein. So darf der marktstarke Unternehmer seine Kommissionsagenten nicht unbillig behindern oder ohne sachlich gerechtfertigten Grund unterschiedlich behandeln.

Auch ein marktstarker Kommissionsagent unterliegt dem Diskriminierungsverbot und **117** dem Verbot unbilliger Behinderung. In der Praxis ist jedoch regelmäßig der Unternehmer die Vertragspartei mit der marktstarken Stellung.

§ 21 GWB Boykottverbot, Verbot sonstigen wettbewerbsbeschränkenden Verhaltens

(1) Unternehmen und Vereinigungen von Unternehmen dürfen nicht ein anderes Unternehmen oder Vereinigungen von Unternehmen in der Absicht, bestimmte Unternehmen unbillig zu beeinträchtigen, zu Liefersperren oder Bezugssperren auffordern.

(2) Unternehmen und Vereinigungen von Unternehmen dürfen anderen Unternehmen keine Nachteile androhen oder zufügen und keine Vorteile versprechen oder gewähren, um sie zu einem Verhalten zu veranlassen, das nach folgenden Vorschriften nicht zum Gegensand einer vertraglichen Bindung gemacht werden darf:

1. nach diesem Gesetz
2. nach Artikel 101 oder 102 des Vertrages über die Arbeitsweise der Europäischen Union oder
3. nach einer Verfügung der Europäischen Kommission oder der Kartellbehörde, die auf Grund dieses Gesetzes oder auf Grund der Artikel 101 oder 102 des Vertrages über die Arbeitsweise der Europäischen Union ergangen ist.

(3) Unternehmen und Vereinigungen von Unternehmen dürfen andere Unternehmen nicht zwingen,

1. einer Vereinbarung oder einem Beschluss im Sinne der §§ 2, 3 oder 28 Absatz 1 beizutreten oder
2. sich mit anderen Unternehmen im Sinne des § 37 zusammenzuschließen oder
3. in der Absicht, den Wettbewerb zu beschränken, sich im Markt gleichförmig zu verhalten.

(4) Es ist verboten, einem Anderen wirtschaftlichen Nachteil zuzufügen, weil dieser ein Einschreiten der Kartellbehörde beantragt oder angeregt hat.

Literatur: Bauer/Wrage-Molkenthin, Zum Begriff der „Aufforderung" in § 26 Abs. 1 GWB, wistra 1988, 247; Bauer/Wrage-Molkenthin, Die Unbilligkeit der Beeinträchtigung in § 26 Abs. 1 GWB, wistra 1988, 336; Bechtold/Bosch, GWB, 10. Auflage 2021; Belke, Die vertikalen Wettbewerbsbeschränkungsverbote nach der Kartellgesetznovelle 1973 – Teil 2: Das Druckverbot des § 25 II GWB, ZHR 138 (1974), 291; Köhler/Bornkamm, UWG-Kommentar, 39. Auflage 2021; Frankfurter Kommentar zum Kartellrecht, Stand: April 2021; Immenga/Mestmäcker, Wettbewerbsrecht: GWB, 6. Auflage 2020; Loewenheim/Meessen/Riesenkampf/Kersting/Meyer-Lindemann GWB-Kommentar, 4. Auflage 2020; Möllers, Zur Zulässigkeit des Verbraucherboykotts – Brent Spar und Mururoa, NJW 1996, 1374; Sandrock, Die Liefersperre in kartell-

und zivilrechtlicher Sicht, JuS 1971, 57; v. Wallenberg, Kartellbußen – kein Finanzierungsinstrument für die Verbraucherarbeit, WuW 2012, 555.

Übersicht

A. Allgemein

I. Einleitung und Bedeutung

§ 21 verbietet den Boykott und das Veranlassen von Wettbewerbsbeschränkungen. Entscheidendes Merkmal der von § 21 erfassten Fälle ist die Einseitigkeit der Maßnahme, mit anderen Worten die fehlende Vereinbarung oder Abstimmung der Verhaltensweise. **1**

Praktische Bedeutung haben bisher nur § 21 Abs. 1 und Abs. 2. Viele der kartellrechtlichen Verfahren und Ahndungen nach dem OWiG betreffen einen Verstoß gegen § 21 Abs. 2 (vertikale Preisbindung, horizontaler Druck)[1]. Hintergrund für die OWiG-Verfahren ist, dass die schärfere Sanktion des OWiG häufig angebracht ist, wenn der Umgehungszweck des Anwenders festgestellt ist.[2] **2**

Hingegen wurde Abs. 3 in den Einzelfallberichten des BKartA seit 1974 nicht einmal dargestellt. Auch in einem Fall vor dem BGH[3] ging es nur mittelbar um Abs. 3. Abs. 4 kommt in der Statistik des BKartA gar nicht vor. **3**

II. Zweck

1. Abs. 1. Abs. 1 verbietet die bereits zivilrechtlich durch § 826 BGB und wettbewerbsrechtlich durch § 1 UWG unzulässigen Boykotte auch kartellrechtlich, um den freien Marktzugang der Unternehmen und einen fairen Wettbewerb zu gewährleisten. Geschützt werden sowohl das boykottierte Unternehmen in seiner Entscheidungsfreiheit, als auch der Wettbewerb.[4] Aufforderungen zum Boykott, die kein wettbewerbliches Ziel verfolgen, werden nicht von § 21 Abs. 1 erfasst.[5] **4**

2. Abs. 2. Abs. 2 richtet sich gegen die Umgehung des Verbots gemäß § 1 GWB, in dem durch Druck- und Lockmittel ein Anderer zu unerlaubtem Verhalten, zB zu horizontalen Gebietsaufteilungen oder zur Einhaltung von unverbindlichen Preisempfehlungen, veranlasst wird.[6] Dabei ist nicht erforderlich, dass der Adressat zu einem bestimmten Verhalten bewegt werden soll. Auch das Angebot gegen Entgelt auf wettbewerbliches Verhalten zu verzichten ist im Hinblick auf den Zweck als wettbewerbsbeschränkend zu bewerten.[7] Abs. 2 schützt den Wettbewerb, in dem die Entscheidungsfreiheit von Unternehmen geschützt wird. Dadurch wird verhindert, dass die im GWB und dem Vertrag über die Arbeitsweise der Europäischen Union (AEUV) normierten Verbote nicht durch die Anwendung von Druck- und Lockmittel umgangen werden.[8] Dabei reicht der Versuch der Willensbeeinflussung aus. Es ist nicht erforderlich, dass der Versuch erfolgreich war. Die Adressaten müssen sich also nicht wie vom Mittelanwender gewünscht verhalten. Abs. 2 ist **5**

---

[1] Vgl. BGH WuW/E BGH 1474 – Architektenkammer; WuW/E BGH 2326 = NJW-RR 1987, 485 – Guten Tag Apotheke II; WuW/E BGH 2688 – Warenproben in Apotheken.

[2] BGH WuW/E BGH 1246 = NJW 1973, 94 – Feuerwehrschutzanzüge; KG WuW/E OLG 5053 – Einflussnahme auf die Preisgestaltung.

[3] BGHZ 78, 190 = WuW/E 1740 – Rote Liste; Vorinstanz: WuW/E OLG 2210.

[4] BGH WuW/E BGH 1246 = NJW 1973, 94 – Feuerwehrschutzanzüge; BGHZ 36, 91 (103); LMRKM/Loewenheim Rn. 2.

[5] Immenga/Mestmäcker/Markert GWB Rn. 3.

[6] OLG Celle WuW 2016, 307 (wobei hier mangels Spürbarkeit keine verbotene Preisbindung festgestellt wurde); BGH WuW/E BGH 1736 (1738) – markt-intern; WuW/E BGH 2377 (2378) – Abwasserbauvorhaben Oberes Aartal; KG WuW/E OLG 5053 (5058) – Einflussnahme auf die Preisgestaltung; FK-KartellR/Roth Rn. 151.

[7] BGH BeckRS 2020, 26387 Rn. 12 ff.; BeckOK KartellR/Hetmank Rn. 57.

[8] BGHZ 44, 279 ff. (281) = WuW/E 690 ff. – Brotkrieg II; WuW/E BGH 2377 (2378) – Abwasserbauvorhaben Oberes Aartal; OLG Düsseldorf NZKart 2020, 446 (447); BeckRS 2019, 25417 Rn. 22 f.

daher ein verselbstständigtes Delikt der versuchten Anstiftung zu einem verbotenen Verhalten.[9]

6   **3. Abs. 3.** Abs. 3 will dreierlei unterbinden: den Beitritt zu Ausnahmekartellen iSv Abs. 3 Nr. 1, die Beteiligung von Zusammenschlüssen nach § 37 GWB (Nr. 2) und das gleichförmige Verhalten mit Zwangsmitteln (Nr. 3). Geschützt ist die Entschlussfreiheit der Unternehmen durch das Verbot äußeren Organisationszwangs. Abs. 3 setzt dort an, wo das Verbot des § 1 GWB nicht greift (zB bewusstes Parallelverhalten von Wettbewerbern) und Zusammenschlüsse etwa nur nach § 36 Abs. 1 GWB verbietbar wären. Abs. 3 sanktioniert nur das eingesetzte Zwangsmittel zur Beteiligung einer sonst zulässigen Wettbewerbsbeschränkung.[10]

7   **4. Abs. 4.** Zweck des Abs. 4 ist es, den Weg zu den Kartellbehörden praktisch offen zu halten und „attraktiv" zu machen. Diese sollen das beanstandete Verhalten prüfen und ggf. einschreiten (auch § 50 GWB). Damit ist dem öffentlichen Interesse an der Aufklärung, der Beseitigung sowie Unterbindung verbotenen oder missbräuchlichen Verhaltens gedient als auch dem Individualschutz des „Whistleblowers", der sich an die Behörde wendet.

III. Boykott (Abs. 1)

8   **1. Beteiligte.** Der Anwendungsbereich des § 21 Abs. 1 ist eröffnet, wenn der Auffordernde (Boykotteur, Verrufer) den Adressaten (Boykottierender, Sperrer, Ausführer) zur Liefer-/Bezugssperre gegenüber einem Dritten (Boykottierter, Verrufener, Gesperrter) auffordert.[11] Entsprechend muss für einen Boykott iSv Abs. 1 eine Dreiecksbeziehung vorliegen.[12]

9   Bei den Beteiligten muss es sich seitens des Boykotteurs um ein Unternehmen bzw. Vereinigungen von Unternehmen handeln. Der Begriff des „Unternehmens" ist iSd § 1 GWB einheitlich und weit auszulegen (funktionaler Unternehmensbegriff), so dass jede Tätigkeit im geschäftlichen Verkehr unabhängig von ihrer Rechtsform oder anderweitigem hoheitlichen Handeln[13] erfasst wird. Daher können auch Presseverlage,[14] Ärzte[15] oder öffentlich-rechtliche Krankenversicherungen[16] Unternehmen iSd Abs. 1 sein. Als Vereinigungen von Unternehmen werden rechtsformunabhängige organisatorische Zusammenfassungen wie Wirtschaftsverbände,[17] Sportverbände, wenn für die im Verband zusammengeschlossenen Fußballvereine der Fußball eine wirtschaftliche Tätigkeit darstellt,[18] Körperschaften des öffentlichen Rechts,[19] aber auch Dachverbände[20] angesehen. Keine Vereinigungen sind – mangels Teilnahme am Geschäftsverkehr – Privatverbraucherzusammenschlüsse,[21] Amateursportverbände oder Gewerkschaften.

10   Je nach dem, welche Tätigkeit ausgeübt wird, wird die öffentliche Hand als Unternehmen oder hoheitlich tätig. Erfolgen Maßnahmen auf der Grundlage von hoheitlichen

---

[9] Immenga/Mestmäcker/Markert GWB Rn. 52.

[10] Immenga/Mestmäcker/Markert GWB Rn. 82.

[11] BGH WuW/E DE-R 303 (304) – Taxi-Krankentransporte; WuW/E DE-R 395 (396) = NJW 2000, 809 (810) – Beteiligungsverbot für Schilderpräger.

[12] LMRKM/Loewenheim Rn. 2.

[13] Vgl. Immenga/Mestmäcker/Zimmer GWB § 1 Rn. 24, 25; LMRKM/Loewenheim Rn. 5.

[14] BGH NJW 1985, 60 = WuW/E BGH 2069 – Kundenboykott; WuW/E BGH 1666 – Denkzettel-Aktion.

[15] BGHZ 67, 81 (84) = WuW/E BGH 1469 (1470) – Auto-Analyzer; generell freie Berufe bejahend: LMRKM/Loewenheim Rn. 5.

[16] BGH WuW/E BGH 2603 (2605) – Neugeborenentransporte; BGH NJW 1987, 2931 – Importvereinbarung.

[17] BGH WuW/E BGH 2148 – Sportartikelhandel.

[18] LG Frankfurt a.M. NKartZ 2020, 267 (278) – Fußballspiele-Vermittlung; EuG Slg. 2005, II-00209 Rn. 69, 72 – Piau.

[19] BGH WuW/E BGH 1469 (1470) = BGHZ 67, 81 (84) – Auto-Analyzer.

[20] KG WuW/E OLG 5299 (5308) – Schnäppchenführer.

[21] OLG Stuttgart NJW 1975, 1888.

Befugnissen, handelt die öffentliche Hand nicht als Unternehmen. Sofern die öffentliche Hand sich aber allgemeiner privatrechtlicher Mittel bedient, zB Verträge über Lieferungen oder Leistungen abschließt, handelt sie als Unternehmen, selbst wenn sie damit öffentliche Aufgaben erfüllt.[22]

a) Boykotteur (Normadressat). Das Unternehmen selbst muss zum Boykott aufgeru- **11** fen haben. Die für das Unternehmen handelnden, natürlichen Personen können iRv § 21 Abs. 1 iVm § 81 Abs. 3 Nr. 1 GWB Täter sein, so dass gem. § 30 OWiG das Unternehmen Nebenbetroffener[23] ist. Die handelnde Person iSv § 9 OWiG ist zB der Geschäftsführer,[24] der sich bei Erkennbarkeit des Interesses des Unternehmens bzw. der Unternehmensvereinigung nicht auf eine Privatäußerung oder fehlende Vollmacht im Innenverhältnis berufen kann.[25]

b) Boykottierender. Der Boykotteur muss ein anderes Unternehmen bzw. Vereinigung **12** von Unternehmen (der Boykottierende) zum Boykott auffordern. Dabei ist nicht erforderlich, dass das andere Unternehmen konkret benannt ist. Es reicht aus, wenn der Adressatenkreis individualisierbar ist, zB „der Großhandel".[26] Auch die Aufforderung eines Verbands an seine Mitglieder ist als Aufforderung an einen Dritten anzusehen. Aufforderungen an private Endverbraucher fallen nicht unter § 21 Abs. 1.[27] Wenn Boykotteur und Boykottierender derselben Organisationseinheit zuzurechnen sind oder wenn das zum Boykott aufgeforderte Unternehmen abhängig oder weisungsgebunden ist, ist § 21 Abs. 1 nicht einschlägig.[28] Auch bei einem Handelsvertreter oder Kommissionär ist das Tatbestandsmerkmal „anderes Unternehmen" nicht vorhanden, wenn sie faktisch zu einer wirtschaftlichen Einheit verbunden sind.[29] Es fehlt in diesen Fällen schon meist die beeinflussbare Entscheidungsfreiheit des Aufgeforderten[30] (→ Rn. 21) oder die Absicht zur unbilligen Beeinträchtigung eines Dritten.

Der Boykottierende selbst ist nicht direkter Normadressat des § 21 Abs. 1 GWB, sondern **13** notwendiger Teilnehmer. Er handelt also nicht ordnungswidrig.[31] Das Verhalten des Boykottierenden kann aber unter § 19 und § 20 fallen.[32]

c) Boykottierter. Jedes dritte Unternehmen kann Boykottierter iSd Abs. 1 sein. Es ist **14** nicht erforderlich, dass das betroffene Unternehmen in einem Wettbewerbsverhältnis[33] zum Boykotteur steht. Allerdings kann ein Wettbewerbsverhältnis ein Hinweis auf die Unbilligkeit der Beeinträchtigungsabsicht sein (→ Rn. 27). Die Aufforderung muss einen bestimmten Betroffenen als Ziel haben, wobei die ausdrückliche Benennung eines Unternehmens nicht notwendig ist. Ausreichend ist die hinreichende Bestimmbarkeit aus einem potenziellen Betroffenenkreis. Dies wird bejaht bei „Verbrauchermärkten",[34] Herstellern,

---

[22] Berg/Mäsch/Berg/Mudrony GWB § 1 Rn. 9.
[23] BGH WuW/E BGH 3006 (3007) – Handelsvertretersperre; KG WuW/E OLG 1965 (1966) – Interfunk.
[24] KG WuW/E OLG 1965 – Interfunk; BGH WuW/E BGH 2148 – Sportartikelhandel; WuW/E OLG 2246 – Diamanteninstrumente.
[25] BGH WuW/E BGH 3006 – Handelsvertretersperre.
[26] Immenga/Mestmäcker/Markert GWB Rn. 15; LMRKM/Loewenheim Rn. 7; FK-KartellR/Rixen/ Roth Rn. 22.
[27] Dafür möglicherweise aus wettbewerblicher Sicht, vgl. Bechtold/Bosch Rn. 5; LMRKM/Loewenheim Rn. 6.
[28] LMRKM/Loewenheim Rn. 6; Immenga/Mestmäcker/Markert GWB Rn. 13.
[29] OLG Stuttgart WuW/E OLG 4448 (4450) – Lottoannahmestellenleiter.
[30] BGH WuW/E BGH 1238 (1240) – Registrierkassen; BGH WuW/E DE-R 303 (304) – Taxi-Krankentransporte; FK-KartellR/Rixen/Roth Rn. 17.
[31] BGH WuW/E BGH 690 (695) – Brotkrieg II; BGH WuW/E BGH 755 (757) – Flaschenbier; OLG Karlsruhe WuW/E OLG 2085 (2086) – Multiplex.
[32] LMRKM/Loewenheim Rn. 7.
[33] „Wettbewerber" wurde durch „Unternehmen" ersetzt; vgl. LMRKM/Loewenheim Rn. 8.
[34] BGH WuW/E BGH 1666 – Denkzettel-Aktion; vgl. OLG Celle WuW/E DE-R 1197 (1198) – Vermietungsverbot.

die Fabrikverkäufe durchführen,[35] Kaufhäusern ortsfremder Industrie oder ambulantem Handel.[36]

15 Ausschließlichkeitsverträge oder die Aufforderung, solche Verträge abzuschließen, sind von Abs. 1 erfasst, weil es ausreicht, dass aus einem potentiellen Kreis von Unternehmen einige für den Auffordernden erkennbare Unternehmen betroffen werden. In einem Ausschließlichkeitsvertrag liegt immer zugleich mittelbar eine Aufforderung, mit Dritten keine Lieferbeziehungen aufzunehmen.[37] Diese sind daher, soweit für den Boykotteur erkennbar, von der Aufforderung betroffen. Es kann aber an der Absicht der unbilligen Beeinträchtigung fehlen (→ Rn. 27).[38] Ausführer und Boykottierter müssen nicht im Lieferanten-Abnehmerverhältnis stehen, so dass auch der mehrstufige Boykott[39] erfasst ist.

16 An der hinreichenden Bestimmtheit fehlt es, wenn sich die Aufforderung an einen unübersehbaren Betroffenenkreis richtet, wie „gewerbliche Verkäufer",[40] oder allgemeine Appelle gegen den Bezug ausländischer oder umweltschädigender Produkte.[41]

17 **2. Liefer- oder Bezugssperre.** Eine Liefer- oder Bezugssperre ist jede dauerhafte oder vorübergehende Beendigung bestehender Lieferbeziehungen oder die Nichtaufnahme neuer Lieferbeziehungen über Waren oder gewerbliche Leistungen im geschäftlichen Verkehr.[42] Das bedeutet den Ausschluss vom Geschäftsverkehr.[43] Die zeitliche Begrenztheit, sowohl ex ante als auch ex post, ist unschädlich für das Vorliegen der Sperre.[44] Es müssen auch nicht alle Geschäftsverbindungen gekappt werden; vielmehr kann sich die Sperre auch auf einzelne Erzeugnisse beziehen[45] oder mengenmäßig begrenzt sein (partielle Sperre).[46] Hingegen ist eine Erschwerung des Geschäftsverkehrs (durch ungünstige Preise, Rabatte, AGBs) nicht immer eine Sperre, es sei denn, dies führt zu einer de facto wirtschaftlichen Sperre.[47] In diesem Fall kann jedoch der Fall einer Diskriminierung oder Behinderung gemäß § 19 und § 20 vorliegen.[48] Daneben kann aber auch eine boykottähnliche Maßnahme iSv § 4 Nr. 10 UWG vorliegen.

18 Erfasst sind nicht nur Waren, sondern auch gewerbliche Leistungen wie laborärztliche Untersuchungen, Krankentransporte, Absatzmittlung oder Erwerb/Veräußerung von Beteiligungen an Unternehmen.[49] Eine besondere Angewiesenheit des Gesperrten oder die übliche Zugänglichkeit der Waren oder gewerblichen Leistungen ist nicht erforderlich.[50]

---

[35] KG WuW/E OLG 5299 (5308) – Schnäppchenführer.

[36] So LMRKM/Loewenheim Rn. 9.

[37] BGH WuW/E BGH 2603 – Neugeborenentransporte; LMRKM/Loewenheim Rn. 6.

[38] BGH WuW/E DE-R 395 (396) = NJW 2000, 809 (810) – Beteiligungsverbot für Schilderpräger; OLG Stuttgart WuW/E OLG 2269 (2270) – ARA-Kollektion; OLG Hamburg WuW/E OLG 3249 (3252) – Castrol; aA OLG Düsseldorf WuW/E OLG 725 (727) – Marktfreie Milcherzeugnisse; OLG Celle WuW/E OLG 1001 (1002) – Hauswirtschaftsausstellung.

[39] Vgl. Immenga/Mestmäcker/Markert GWB Rn. 19 mit Beispielen; BKartA WuW/E BKartA 1280 (1284) – Oldtimer; BGH WuW/E BGH 1666 (1667) – Denkzettel-Aktion; WuW/E BGH 2069 (2071) = NJW 1985, 60 – Kundenboykott; OLG Düsseldorf WuW/E BGH 3550 (3553) – Kupferrohr-Bestellungen.

[40] OLG München WuW/E OLG 4622 (4623) – Einheimischen-Regelung.

[41] LMRKM/Loewenheim Rn. 9.

[42] BGH WuW/E BGH 3006 – Handelsvertretersperre; BGH WuW/E DE-R 303 (304) – Taxi-Krankentransporte.

[43] OLG Schleswig WuW/E OLG 3780 (3781) – Import-Arzneimittel; FK-KartellR/Rixen/Roth Rn. 28.

[44] OLG Düsseldorf WuW/E OLG 977 (979) – Vororttheater; KG WuW/E OLG 1029 (1031) – Anzeigensperre.

[45] KG WuW/E OLG 1965 – Interfunk.

[46] OLG Frankfurt a. M. WRP 1998, 98 (100) – GS Zeichen; LMRKM/Loewenheim Rn. 10.

[47] OLG Schleswig WuW/E OLG 3780 (3781) – Import-Arzneimittel; FK-KartellR/Rixen/Roth Rn. 35; LMRKM/Loewenheim Rn. 10.

[48] LMRKM/Loewenheim Rn. 10.

[49] BGHZ 67, 81 (84) = WuW/E BGH 1469 (1470) – Auto-Analyzer; WuW/E BGH 2603 (2605) – Neugeborenentransporte; WuW/E BGH 3006 (3008) – Handelsvertretersperre; WuW/E DE-R 395 (397) = NJW 2000, 809 – Beteiligungsverbot für Schilderpräger; LMRKM/Loewenheim Rn. 10.

[50] KG WuW/E OLG 1965 – Interfunk; OLG Celle GRUR-RR 2004, 118 (119) = WuW/E DE-R 1197 (1199) – Vermietungsverbot; BKartA WuW/E DE-V 1251 (1258) – Deutscher Lotto- und Tottoblock; LMRKM/Loewenheim Rn. 10.

3. Aufforderung. a) Definition. Der Begriff der Aufforderung ist weit auszulegen.[51] **19** Eine Aufforderung ist ein Versuch, bei dem der Boykotteur die freie Willensentscheidung des Boykottierenden, mit Dritten (Boykottierten) Lieferkontakte aufzunehmen oder aufrecht zu erhalten, beeinflussen will, um die Verhinderung oder Beendigung der Kontakte zu erreichen.[52] Abs. 1 ist daher ein abstraktes Gefährdungsdelikt.[53] Daher ist weder erforderlich, dass die Aufforderung kausal für die Sperre ist, noch dass die Sperre tatsächlich verhängt wird. Der Beeinflussungsversuch muss somit nicht gelingen. Jedoch liegt keine Aufforderung in einer Eigenwerbung, die sich auf die Nachfrage eines beziehenden Unternehmers auswirkt.[54]

Die Anwendung von Druckmitteln ist nicht erforderlich.[55] Liegt eine Sperrabsicht nicht **20** vor, ist die bloße Verbreitung von Tatsachen regelmäßig zulässig; gleiches gilt für die bloße Äußerung von Werturteilen[56] oder Anregungen[57] (vgl. aber → Rn. 24). Eine Warnung vor Namensmissbrauch und Verwechslungen stellt noch keine Boykottaufforderung dar.[58]

b) Entscheidungsspielraum. Eine Aufforderung ist nur dann zur Beeinflussung geeig- **21** net, wenn der Aufgeforderte (Boykottierender) frei über die Aufnahme oder Aufrechterhaltung von Lieferbeziehungen mit dem Boykottierten entscheiden kann. Ein Entscheidungsspielraum liegt mithin nicht vor, wenn auf gesetzeswidrige Beziehungen[59] oder wirksame vertragliche Unterlassungspflichten hingewiesen wird,[60] so bei Aufforderung der Einhaltung einer wirksamen Gebietsschutzvereinbarung[61] oder Hinweis auf die Vertragspflicht von Vertragshändlern, Neufahrzeuge nur auf bestimmten „freigegebenen" Ausstellungen zu präsentieren.[62] Fordert aber ein Dritter von einem Hersteller die Sperre von Händlern, die Vertriebsbindungen nicht einhalten, liegt hierin eine Aufforderung iSv Abs. 1.[63]

Liegen wirksame Unterlassungsverpflichtungen vor, etwa im Hinblick auf § 19 Abs. 2 **22** Nr. 1 GWB oder Art. 101, 102 AEUV, oder können diese wegen der Lückenhaftigkeit eines Vertriebsbindungssystems nicht durchgesetzt werden, ist dennoch die Entscheidungsfreiheit zu bejahen.[64] Gleiches gilt bei einer Aufforderung eines Lieferanten/Abnehmers eines sich unlauter verhaltenden Mitbewerbers[65] oder einer Unterlassungsaufforderung auf Grund tatsächlich nicht bestehender gewerblicher Schutzrechte.[66]

Ist der Aufgeforderte bereits „sperrwillig", scheidet ein Entscheidungsspielraum seiner- **23** seits nicht per se aus,[67] es sei denn, es liegt eine dem Auffordernden bekannte unumstößliche Haltung des Aufgeforderten zur Sperre vor.[68]

---

[51] LMRKM/Loewenheim Rn. 12; Immenga/Mestmäcker/Markert GWB Rn. 31 mwN.

[52] BGH WuW/E DE-R 303 (304) – Taxi-Krankentransporte; WuW/E DE-R 352 (354) – Kartenlesegerät; OLG Stuttgart WuW/E DE-R 256 (257 f.) – Gerüstbau; LMRKM/Loewenheim Rn. 12.

[53] Immenga/Mestmäcker/Biermann GWB § 81 Rn. 245; LMRKM/Loewenheim Rn. 10.

[54] BGH NJW 1987, 2931 – Importvereinbarung; WuW/E DE-R 2370 (2373) – importierte Fertigarzneimittel; WuW/E DE-R 352 (354) – Kartenlesegerät; WuW/E DE-R 487 (490) – Zahnersatz aus Manila.

[55] BGH WuW/E DE-R 303 – Taxi-Krankentransporte; WuW/E BGH 2137 (2139) – markt-intern/Sanitär-Installation.

[56] BGH WuW/E BGH 575 (578) – Möbelherstellergenossenschaft (zu § 823 Abs. 1 BGB, § 1 UWG aF); FK-KartellR/Rixen/Roth Rn. 41, 47.

[57] Kritisch LMRKM/Loewenheim Rn. 13; FK-KartellR/Rixen/Roth Rn. 42.

[58] OLG Düsseldorf WuW/E OLG 2401 (2402) – Telex-Verlage.

[59] LMRKM/Loewenheim Rn. 12; Immenga/Mestmäcker/Markert GWB Rn. 26.

[60] OLG Hamburg WuW/E OLG 2361 (2362) – glide window; OLG Düsseldorf WuW/E DE-R 1453 (1454 f.) – PPK-Entsorgung; LMRKM/Loewenheim Rn. 12.

[61] OLG Stuttgart WuW/E OLG 2269 – ARA-Kollektion.

[62] OLG Stuttgart WuW/E OLG 1445 (1446 f.) – Badische Ausstellung.

[63] BGH WuW/E BGH 2562 (2563) – markt-intern-Dienst; vgl. dazu Markert BB 1989, 921 ff.

[64] Immenga/Mestmäcker/Markert GWB Rn. 27.

[65] KG WuW/E OLG 1029 (1032) – Anzeigensperre.

[66] Vgl. BGH NJW 1951, 712 (713) – Mülltonnen.

[67] KG WuW/E OLG 3543 (3545) – Kontaktlinsenpflegemittel.

[68] Vgl. Bauer/Wrage-Molkenthin wistra 1988, 247 (249).

24   **c) Gesamtbewertung der Umstände.** Entscheidend für das Vorliegen einer Aufforderung sind eine ökonomische Sichtweise sowie die Gesamtbewertung aller Umstände. Form und Bezeichnung sind deshalb irrelevant, wenn der Adressat bei objektiver Betrachtung in der Handlung/Erklärung des Auffordernden eine Sperraufforderung unter Einbeziehung der in dem Adressatenfachkreis üblichen Gepflogenheiten sehen musste.[69] So können Tatsachenmitteilungen unter Umständen auch als Aufforderung zu verstehen sein.[70] Tatsachenmitteilungen und kritische Äußerungen stellen in der Regel dann eine Boykottaufforderung dar, wenn der Boykotteur diese gegenüber Abnehmern oder Lieferanten erklärt und negative Folgen ankündigt, unabhängig davon wie der Adressat sich verhält.[71] Auch die Nachfrage, wie man es „mit dem Absatzweg (…) künftig halten" wolle,[72] kann bereits einen Boykott begründen.

25   Ebenso können Anregungen als Aufforderung verstanden werden, gerade wenn unterschwellig Konsequenzen angedroht werden.[73] Eine faktische oder vertragliche bzw. positive oder negative Ausschließlichkeitsbindung kann auch eine Liefer- oder Bezugssperre konstituieren.[74] Für das Kriterium der Unbilligkeit spielt die Freistellung der Ausschließlichkeit, etwa nach der Vertikal-GVO oder Kfz-GVO (→ Rn. 35), eine Rolle.

26   Kommentare oder Kritik in legitimer Verbands- oder Pressearbeit fallen regelmäßig nicht unter den Begriff der „Aufforderung"; dies kann jedoch auch erst im Rahmen der Billigkeit zu berücksichtigen sein.[75] Hier müssen die Interessen des Auffordernden berücksichtigt werden,[76] also ob ein Wettbewerbsinteresse durch Ausschaltung/Behinderung von Mitbewerbern oder die reine Informationsweitergabe an die Öffentlichkeit bzw. unbeteiligte Dritte verfolgt wird.[77]

27   **4. Absicht der unbilligen Beeinträchtigung.** Der weite Tatbestand des Abs. 1 wird durch die erforderliche „Absicht, bestimmte Unternehmen unbillig zu beeinträchtigen", eingeschränkt.

28   **a) Beeinträchtigungsabsicht.** Der Boykotteur muss die unbillige Beeinträchtigung bestimmter Unternehmen bezwecken, so dass bloßes in Kauf nehmen (dolus eventualis), einfacher Vorsatz oder Fahrlässigkeit nicht ausreichen.[78] Nebenmotive sind unschädlich, solange die Absicht nicht völlig zurücktritt.[79] Diese kann auch bei Verfolgung eigener Geschäftsinteressen vorliegen oder einer Ausschließlichkeitsbindung, wenn dadurch der Handel mit Drittunternehmen verhindert wird. Beeinträchtigung ist jegliche Zufügung eines Nachteils (vgl. → Rn. 46 f.) gegenüber dem Boykottierten als Anbieter oder Nachfrager von Waren oder gewerblichen Leistungen (vgl. auch den Begriff der „Behin-

---

[69] BGH WuW/E BGH 2069 (2071 f.) = NJW 1985, 60 – Kundenboykott; WuW/E BGH 2137 (2138) – markt intern/Sanitär-Installation; OLG Frankfurt a. M. WRP 1998, 98 (99) – GS Zeichen; FK-KartellR/Rixen/Roth Rn. 36 ff.; LMRKM/Loewenheim Rn. 13.

[70] BGH WuW/E BGH 391 (393) – Schleuderpreise; GRUR 1974, 477 – Hausagentur; verneinend: OLG Düsseldorf WuW/E OLG 2401 – Telex-Verlage.

[71] LMRKM/Loewenheim Rn. 14.

[72] LG Hamburg WuW/E LG/AG 385 – Baustoffgroßhändler-Verband.

[73] BGH WuW/E DE-R 303 (305) – Taxi-Krankentransporte; WuW/E BGH 2069 (2072) = NJW 1985, 60 – Kundenboykott; WuW/E BGH 2137 (2138) – markt intern/Sanitär-Installation; KG WuW/E OLG 3543 (3545) – Kontaktlinsenpflegemittel; Baumbach/Hefermehl/Köhler § 4 UWG 4.119c; FK-KartellR/Rixen/Roth Rn. 46; LMRKM/Loewenheim Rn. 13.

[74] BGH WuW/E BGH 1786 (1787) – ARA; WuW/E DE-R 395 (396) = NJW 2000, 809 – Beteiligungsverbot für Schilderpräger; OLG Düsseldorf WuW/E OLG 977 (979) – Vororttheater.

[75] Immenga/Mestmäcker/Markert GWB Rn. 29.

[76] BGH KRB 1/74, berichtet in TB 1974, 86 unter II.2a).

[77] BGH NJW 1985, 62 (63) – Copy Charge; WuW/E BGH 2069 (2071) = NJW 1985, 60 – Kundenboykott; WuW/E BGH 2137 (2139) – markt intern/Sanitär-Installation.

[78] OLG Stuttgart WuW/E OLG 1721 – Miniaturparfümfläschchen; Immenga/Mestmäcker/Markert GWB Rn. 34; LMRKM/Loewenheim Rn. 23.

[79] BGH WuW/E BGH 3067 (3072) = NJW 1996, 3212 – Fremdleasingboykott II; WuW/E DE-R 303 (307) – Taxi-Krankentransporte; FK-KartellR/Rixen/Roth Rn. 58; LMRKM/Loewenheim Rn. 23.

derung"[80] iSd § 19 bei → § 19 Rn. 18). Ein Wettbewerbsverhältnis zwischen dem Auf-
rufenden und dem Boykottierten ist nicht (mehr) erforderlich.[81] Es muss aber ein wettbewerbsrechtlicher Bezug vorhanden sein, da der Wettbewerb Schutzobjekt des Abs. 1 ist
(vgl. → Rn. 4) und eine Abgrenzung von politischen und gesellschaftlichen Beeinträchtigungen erfolgen soll.[82] Der tatsächliche Eintritt der Beeinträchtigung ist nicht erforderlich,
da laut Wortlaut die Absicht bereits ausreicht. Auch ein mögliches Ausweichen des Boykottierten auf Dritte führt nicht zum Ausschluss der Beeinträchtigung.[83] Die Unbilligkeit muss
von der Absicht mitumfasst sein, wobei Kenntnis der Umstände reicht.[84] Die Absicht ist
meist zu bejahen, wenn der Boykotteur mit dem Boykottierten in einem Wettbewerbsverhältnis steht oder in den Wettbewerb anderer Unternehmen eingreifen will.[85]

b) Unbilligkeit. Ob die absichtliche Beeinträchtigung unbillig ist, ist unter umfassender **29**
Abwägung der schutzwürdigen Interessen der Beteiligten und der auf die Freiheit des
Wettbewerbs gerichteten Zielsetzung des GWB auf der Grundlage einer Gesamtschau zu
entscheiden.[86] In der Regel wird die Unbilligkeit vorliegen, da diese im Gegensatz zu § 19
Abs. 2 (→ § 19 Rn. 19) indiziert[87] ist und nur ausnahmsweise die Interessen des Boykot-
teurs als rechtmäßig angesehen werden.

Die Unbilligkeit kann auch über § 4 Nr. 10 UWG entschieden werden (Auslegungs- **30**
zusammenhang). Wenn der Boykottaufruf rechtswidrig iSd § 4 Nr. 10 UWG ist, ist dieser
auch unbillig.[88] Beeinträchtigungen wegen wettbewerbskonformer Handlungen der Marktteilnehmer als natürliche Konsequenz des Wettbewerbs sind also nicht zu beanstanden,
solange sie keinen Boykott darstellen.

Als Rechtfertigungsgrund kommen die Abwehr eines rechtswidrigen Angriffs (Abwehr- **31**
boykott) sowie zulässige Vertragsbindungen bzw. gewerbliche Schutzrechte und die Wahrnehmung berechtigter Interessen in Betracht. Wenn der Boykottierte rechtswidrig handelt,
dem Boykotteur keine anderweitigen (gerichtlichen bzw. behördlichen) Mittel zur Verfügung stehen und der Boykott in Ausmaß und Wirkung auf den Boykottierten auf das
unbedingt erforderliche Maß beschränkt ist, kann die Aufforderung gerechtfertigt sein.[89]
Der Verhältnismäßigkeitsgrundsatz ist insofern zu beachten. Anlass, Ziel, Mittel und Wirkung des Boykotts sind zu berücksichtigen und abzuwägen.[90] Meist wird ein Boykott aber
deswegen nicht gerechtfertigt und verhältnismäßig sein, weil gerichtliche Abhilfe – auch im
Wege der einstweiligen Verfügung – möglich ist.[91] Ebenso, wenn die einstweilige Verfügung beantragt und der Verfahrensausgang nicht abgewartet wurde.[92]

Verhält sich ein Wettbewerber unlauter iSd UWG, ist das kein automatischer Recht- **32**
fertigungsgrund, die Abnehmer/Lieferanten des Wettbewerbers zur Bezugs-/Liefersperre
aufzufordern.[93] Wenn ein vertriebsgebundener Abnehmer den Hersteller zu einer generel-

---

[80] LMRKM/Loewenheim Rn. 17.
[81] Nach der früheren Fassung (§ 26 Abs. 1 aF GWB) musste der Auffordernde Wettbewerber des Boykottierten sein.
[82] Immenga/Mestmäcker/Markert GWB Rn. 36.
[83] KG WuW/E OLG 3543 (3546) – Kontaktlinsenpflegemittel; WuW/E OLG 1965 – Interfunk;
LMRKM/Loewenheim Rn. 17.
[84] LMRKM/Loewenheim Rn. 23.
[85] BGH WuW/E BGH 1666 – Denkzettel-Aktion; WuW/E BGH 2137 (2139) – markt intern/Sanitär-
Installation.
[86] BGH WuW/E DE-R 395 (397) = NJW 2000, 809 (810) – Beteiligungsverbot für Schilderpräger;
WuW/E DE-R 303 (305 f.) – Taxi-Krankentransporte; WuW/E BGH 2562 (2563) – markt-intern-Dienst;
KG WuW/E OLG 5299 (5308) – Schnäppchenführer.
[87] LMRKM/Loewenheim Rn. 18.
[88] Immenga/Mestmäcker/Markert GWB Rn. 7, 37.
[89] BGH WuW/E BGH 2069 (2073) = NJW 1985, 60 – Kundenboykott; KG WuW/E OLG 1687 (1699)
– Laboruntersuchungen; WuW/E OLG 5103 (5105) – Dire Straits European Tour 1992.
[90] So LMRKM/Loewenheim Rn. 20.
[91] KG WuW/E OLG 5103 (5105) – Dire Straits European Tour 1992; LMRKM/Loewenheim Rn. 20.
[92] LG München GRUR-RS 2020, 22356 Rn. 36 ff.; BeckOK KartellR/Hetmank Rn. 28.
[93] BGH WuW/E BGH 1381 – Einfirmenvertreter.

len Sperre gegen ein Konkurrenzunternehmen auffordert, obwohl nur vereinzelte Filialen die Anforderungen an eine Belieferung nicht erfüllen, liegt Unbilligkeit vor.[94] Dies ist aber nicht der Fall in der generellen Äußerung vertriebsgebundener Händler, die Vertriebsbindung einzuhalten.[95]

33   Nicht unbillig ist hingegen die Wahrnehmung berechtigter Interessen. Inhalt, Form und Begleitumstände der Aufforderung müssen hierbei gebotenes und notwendiges Mittel zur Erreichung dieses gebilligten Zwecks darstellen.[96] In der Regel ist dies der Fall bei Hinweisen auf rechtswidrige Lieferbeziehungen wegen gesetzlicher Verbote wie gewerbliche Schutzrechte oder Vertrag und deren Rechtsfolgen.[97] Meist liegt aber hier schon keine Willensbeeinflussung vor bzw. fehlt es an der Bestimmtheit.[98]

34   Die Meinungs- oder Pressefreiheit kann ein Rechtfertigungsgrund sein. Auf die Meinungsfreiheit, Art. 5 Abs. 1 S. 1 GG, oder die Pressefreiheit, Art. 5 Abs. 1 S. 2 Var. 1 GG, kann sich aber nicht berufen, wer den Wettbewerb beeinträchtigen will. Nur bei nichtwirtschaftlichen Zielen, wie dem Umwelt- oder Tierschutz, oder politischen und ideellen Absichten kann überhaupt der Schutzbereich der Grundrechte eröffnet sein und nur dann, wenn kein ökonomischer Druck vorliegt oder kein rechtswidriges Verhalten erzwungen wird.[99]

35   Ausschließlichkeitsbindungen können als vertragliche Bindungen einen Boykott rechtfertigen und die Unbilligkeit verneinen. Dies kann nur der Fall sein, wenn sie nicht unter Art. 101 AEUV, § 1 GWB oder andere gesetzliche Verbote fallen.[100] § 21 Abs. 1 wird dann oft mangels fehlender Bestimmtheit nicht anwendbar sein. Ausschließlichkeitsbindungen sind meist privilegiert durch Art. 101 Abs. 3 AEUV und der Vertikal-GVO. Unbilligkeit kommt also nur bei einer gegen bestimmte Dritte gerichteten Zielsetzung in Betracht, dh wenn bestimmbare Mitbewerber beeinträchtigt werden und kein Rechtfertigungsgrund vorliegt.[101]

36   **5. Rechtsfolgen, weitere Verstöße und Konkurrenzen.** Die Rechtsfolgen eines Verstoßes gegen § 21 Abs. 1 ergeben sich kumulativ aus dem GWB, dem UWG sowie dem BGB.

37   **a) GWB. (1) Ordnungswidrigkeit und Schadensersatz.** Die Kartellbehörde kann nach §§ 32 ff. GWB im Verwaltungsverfahren das verstoßende Unternehmen, also den Auffordernden, nach pflichtgemäßem Ermessen verpflichten, das verstoßende Verhalten abzustellen bzw. zu unterlassen. Eine solche verwaltungsrechtliche Maßnahme kommt nur dann in Betracht, wenn die ernsthafte Besorgnis eines Verstoßes (Erstbegehungsgefahr) besteht,[102] dh dem Auffordernden kann für die Vergangenheit kein Schuldvorwurf gemacht werden.[103] In der Praxis werden Verstöße gegen Abs. 1 als Bußgeldverfahren geführt.

---

[94] KG WuW/E OLG 1965 (1966) – Interfunk.
[95] WuW/E BGH 2562 (2563) – markt-intern-Dienst.
[96] BGH WuW/E BGH 2562 (2563 f.) – markt-intern-Dienst; KG WuW/E OLG 5299 (5308) Schnäppchenführer; OLG Frankfurt a. M. Pharma Recht 1996, 410 (413) – Wirksame Arzneimittel; FK-KartellR/ Rixen/Roth Rn. 72; zum Boykottaufruf nach § 823 BGB zB OLG Düsseldorf WuW/E OLG 3550 (3557) – Kupferrohr-Bestellungen; zu § 4 Nr. 10 UWG BGH GRUR 1959, 244 (247) – Versandbuchhandlung; GRUR 1970, 465 (466) – Prämixe.
[97] BGH WuW/E BGH 509 (516) – Original-Ersatzteile; OLG Stuttgart WuW/E OLG 2269 (2270) – ARA-Kollektion; OLG Düsseldorf WuW/E DE-R 1453 (1454 f.) – PPK-Entsorgung.
[98] LMRKM/Loewenheim Rn. 21; FK-KartellR/Rixen/Roth Rn. 74.
[99] BVerfG NJW 1983, 1181 (1182) – Denkzettelaktion; NJW 1969, 1161 – Blinkfüer; BGH WuW/E BGH 1666 (1669) – Denkzettelaktion; NJW 1985, 62 (63) – Copy Charge; WuW/E BGH 2069 (2072) – NJW 1985, 60 – Kundenboykott; WuW/E BGH 2137 (2139) – markt intern/Sanitär-Installation; NJW 1985, 1620 – Mietboykott; OLG Düsseldorf GRUR 1984, 131 (134) – Fragebogenaktion; OLG Frankfurt a. M. NJW 1969, 2095 – Seehundsfelle; OLG Düsseldorf WuW/E OLG 3550 (3557) – Kupferrohr-Bestellungen; Krüger GRUR 1989, 738 ff.; LMRKM/Loewenheim Rn. 19.
[100] BGH WuW/E BGH 3067 (3071) = NJW 1996, 3212 – Fremdleasingboykott II.
[101] LMRKM/Loewenheim Rn. 22; FK-KartellR/Rixen/Roth Rn. 65.
[102] Immenga/Mestmäcker/Emmerich GWB § 32 Rn. 9.
[103] Bechtold/Bosch Rn. 11.

Gem. § 81 Abs. 3 Nr. 1 GWB stellt der Verstoß gegen § 21 eine Ordnungswidrigkeit **38** dar, so dass § 9 OWiG Anwendung findet. Dabei ist auf die handelnden, natürlichen Personen abzustellen.[104] Das Unternehmen bzw. die Unternehmensvereinigung, dem die handelnden natürlichen Personen angehören, ist gemäß § 30 OWiG Nebenbetroffener. Der Boykottierende handelt nicht ordnungswidrig, weil er bloß Teilnehmer ist (→ Rn. 13).

Der Boykottierte hat einen Unterlassungsanspruch gem. § 33 GWB und einen Schadens- **39** ersatzanspruch gem. § 33a GWB gegen den Boykotteur. Die Durchsetzung dieses Anspruchs ist auch im Wege der einstweiligen Verfügung möglich.[105] Der Boykottierende ist nicht betroffen, da er an der Aufforderung nicht mitgewirkt hat.[106] Die Beweislast bezüglich des Verschuldens und der Unbilligkeit trifft zwar den Boykottierten. Jedoch ist wegen des Regel-Ausnahme-Verhältnisses der Unbilligkeit (→ Rn. 29) nach den Grundsätzen des prima-facie Beweises der Boykotteur darlegungspflichtig, dass die Unbilligkeit ausnahmsweise zu verneinen ist.

(2) Weitere Verstöße. Neben § 21 Abs. 1 kann ein Verstoß gegen § 1 GWB,[107] § 21 **40** Abs. 2, 3 GWB vorliegen sowie gegen § 19 Abs. 1 und 2 Nr. 1 GWB handeln. Alle genannten Vorschriften sind grundsätzlich kumulativ neben § 21 Abs. 1 anwendbar.

b) UWG. Wird ein wettbewerbsbezogenes Ziel iSd § 2 Abs. 1 Nr. 1 UWG verfolgt, **41** liegt regelmäßig ein Verstoß gegen § 4 Nr. 10 UWG vor,[108] so dass häufig der Aufruf sowohl unter § 21 GWB als auch § 4 Nr. 10 UWG fällt (→ Rn. 17, 30).[109] § 4 Nr. 10 UWG erfasst jedoch auch Nichtunternehmer, also auch Endverbraucher,[110] während § 21 GWB kein Wettbewerbsverhältnis (mehr) fordert (→ Rn. 14). Dies ist im Lichte des § 4 Nr. 10 iVm § 2 Abs. 1 Nr. 1 UWG aber unerheblich.

c) BGB. Das Rechtsgut des eingerichteten und ausgeübten Gewerbebetriebs iSv § 823 **42** Abs. 1 BGB, dem jedoch die wettbewerbsrechtlichen Spezialvorschriften vorgehen, kann durch die Aufforderung zur Liefer-/Bezugssperre verletzt sein,[111] insbesondere bei Boykottaufrufen aus außerwettbewerblichen, zB ideell (religiös, sozial, politisch, kulturell) motivierten Zwecken („Käuferstreik", NGOs, Presseorgane).[112] Die Rechtswidrigkeit ist jedoch bei § 823 Abs. 1 BGB nicht bereits indiziert. Der Boykottaufruf muss vielmehr am Maßstab des Art. 5 Abs. 1 GG gemessen werden,[113] also ob zutreffende Tatsachenbehauptungen vorliegen, bzw. ein Beitrag zur privaten und öffentlichen Meinungsbildung,[114] oder sog. „Schmähkritik".

Auch eine sittenwidrige Schädigung iSd § 826 BGB (dessen einst zentrale Bedeutung als **43** Marktsteuerungsinstrument im Zuge der Einführung des UWG und GWB erheblich gemindert ist) kommt in Betracht,[115] zB als persönliche Haftung der Geschäftsleiter oder Mitarbeiter bzw. Drittbetroffener.

---

[104] Immenga/Mestmäcker/Biermann GWB § 81 Rn. 247.

[105] KG WuW/E OLG 5103 – Dire Straits-European Tour 1992.

[106] BGH WuW/E BGH 697 (699) – Milchstreik.

[107] Vgl. BGH NJW 1984, 2819 (2821) – Familienzeitschrift; BKartA WuW/E BKartA 802 (803) – Ratio-Verbrauchermarkt.

[108] BGH WuW/E BGH 1666 (1667) – Denkzettel-Aktion; OLG Hamburg WuW/E OLG 2076 (2077) – Kaffeekrieg II.

[109] BGH WuW/E DE-R 395 (398 f.) – Beteiligungsverbot für Schilderpräger; OLG Hamburg WuW/E OLG 2067 (2071) – Werbeaktion mit Kaffeegeschirren.

[110] Immenga/Mestmäcker/Markert GWB Rn. 49.

[111] BGH WuW/E BGH 697 (699) – Milchstreik; NJW 1985, 1620 – Mietboykott; OLG Düsseldorf WuW/E OLG 3550 – Kupferrohr-Bestellungen.

[112] OLG Frankfurt a. M. NJW 1969, 2095 (2096) – Seehundfelle; NJW-RR 1988, 52 f. – Pelzmäntel; LG München I NJW-RR 1988, 54; Möllers NJW 1996, 1374.

[113] BVerfG NJW 1969, 1161 – Blinkfüer; vgl. bestätigend BGH NJW 1985, 60 (62) = WuW/E BGH 2069 – Kundenboykott; NJW 1985, 62 (63) – Copy Charge; Köhler/Bornkamm/Köhler UWG § 4 Rn. 1.18.

[114] MüKoBGB/Wagner § 823 Rn. 315, 316; BVerfG NJW 1983, 1181 – Denkzettelaktion.

[115] MüKoBGB/Wagner § 826 Rn. 215.

IV. Anwendung von Druck- und Lockmitteln (Abs. 2)

44 **1. Beteiligte. a) Mittelanwender (Normadressat).** Wie Abs. 1 richtet sich § 21 Abs. 2 an Unternehmen und Unternehmensvereinigungen. Insoweit gelten die Ausführungen zu Abs. 1 (→ Rn. 9 ff.). Der Mittelanwender muss nicht selbst an der wettbewerbsbeschränkenden Vereinbarung, durch die die Verbote umgangen werden sollen, teilhaben.[116]

45 **b) Benachteiligter/Vorteilsempfänger.** Das vom Mittelanwender ausgeübte Druck- oder Lockmittel muss an ein anderes Unternehmen gerichtet sein. Wie nach Abs. 1 gehören dazu nicht die mit dem Mittelanwender in wirtschaftlicher Einheit stehenden Unternehmen, also zB Konzernunternehmen unter einheitlicher Leitung.[117] „Andere Unternehmen" in diesem Sinne sind auch Mitglieder von Unternehmensvereinigungen, wenn die Vereinigung zur Einhaltung von Regelungen drängt, die den Wettbewerb beeinträchtigen, und die Mitglieder zu einem solchen Verhalten veranlasst.[118] Da das geschützte Rechtsgut die Entscheidungsfreiheit des Unternehmens ist, sind auch Maßnahmen des inneren Organisationszwangs innerhalb einer Vereinigung vom Normzweck des Abs. 2 erfasst.[119]

46 **2. Druck- und Lockmittel.** Die objektiven Voraussetzungen für einen Verstoß gegen Abs. 2 sind erfüllt, wenn ein Unternehmen einem anderen Unternehmen mit Nachteilen (Druckmittel) droht oder diesem Nachteile zufügt bzw. Vorteile (Lockmittel) verspricht oder gewährt. Geschieht dies, um das Unternehmen zu einem wettbewerbsbeschränkenden Verhalten zu drängen und verstieße dies – im Falle der (hypothetischen) Vereinbarung – gegen § 1 oder eine Verfügung der Kartellbehörde, ist der subjektive Tatbestand erfüllt. Entscheidend ist, ob die Anwendung des Druck- und Lockmittels zum Zweck der Umgehung des Verbots von § 1 oder einer kartellbehördlichen Verfügung erfolgt.[120] So wird zum Beispiel ein Fall des Abs. 2 vorliegen, wenn ein Hersteller seinem Vertragshändler mit einer Liefersperre oder dem Abbruch von Geschäftsbeziehungen droht, um den Vertragshändler zur Einhaltung eines bestimmten Preisniveaus beim Verkauf der Waren durch den Vertragshändler zu zwingen oder vom Verkauf von Waren in die Gebiete anderer Vertriebspartner abzuhalten.

47 Der erforderliche Umgehungszweck erfüllt eine „Filterfunktion" gegenüber allen denkbaren Varianten von Druck- und Lockmitteln. Nur wenn dieser Umgehungszweck vorliegt, ist Raum für Abs. 2. Den Umgehungszweck kann man oft nur aus den Umständen des Einzelfalls oder durch Indizien beweisen. Problematisch ist daher regelmäßig die Beurteilung von Liefersperren als verbotene „zeitweilige Willensbeugungssperre" oder zulässige „endgültige Vergeltungssperre": Wenn die Zufügung von Nachteilen, zB die Liefersperre, nicht zur Erreichung des Zwecks, sondern als Strafe erfolgt („Vergeltungssperre"), unterfällt die Liefersperre nicht dem Tatbestand des Abs. 2. Etwas anderes kann aber dann gelten, wenn die Sanktion (auch) den Zweck der Abschreckungswirkung für andere haben soll[121] (→ Rn. 53).

48 **a) Nachteilsandrohung oder -zufügung.** Unter Nachteil iSv § 21 Abs. 2 versteht man jedes Übel, das objektiv geeignet ist, den Willen des Adressaten zu beeinflussen und zu einem wettbewerbsbeschränkenden, verbotenen Verhalten zu bewegen.[122] Dabei kommt es

---

[116] BGH WuW/E 1736 (1737 f.) – markt-intern; FK-KartellR/Roth Rn. 184.

[117] Immenga/Mestmäcker/Markert GWB Rn. 57.

[118] BGH WuW/E BGH 1474 (1480) – Architektenkammer; WuW/E BGH 2326 (2328) – Guten Tag Apotheke II.

[119] Immenga/Mestmäcker/Markert GWB Rn. 57.

[120] Immenga/Mestmäcker/Markert GWB Rn. 55.

[121] Bechtold/Bosch Rn. 14.

[122] BGH WuW/E BGH 1474 (1478 f.) – Architektenkammer; WuW/E BGH 2688 (2692) – Warenproben in Apotheken; KG WuW/E OLG 5053 (5059) – Einflussnahme auf die Preisgestaltung; OLG Düsseldorf WuW/E DE-R 1453 (1458) – PPK-Entsorgung; OLG Düsseldorf WuW 2019, 592 (594) = NKartZ 2019, 603 (604) – Preisbindung zweiter Hand; FK-KartellR/Roth Rn. 163.

nicht auf die Rechtswidrigkeit an, da schließlich auch rechtmäßige Maßnahmen den Umgehungszweck erfüllen können. Damit ist auch die Klageerhebung vor den Zivil- oder Arbeitsgerichten als Nachteil zu werten.[123] Eine Erheblichkeit oder Spürbarkeit des Nachteils für den Betroffenen ist nicht notwendig.[124] Jedoch muss das Mittel geeignet sein, den Willen des anderen Unternehmens zu beeinflussen. Der problemlose, anderweitige Bezug der Ware im Falle einer Liefersperre schließt dies bereits abstrakt aus.[125] Auch der Entzug eines Vorteils, zB die Nichtgewährung von Rabatten, kann unter Umständen als Nachteil gewertet werden. Auch nicht-wirtschaftliche Nachteile (sozialer Druck) können ein Nachteil im Sinne des Abs. 2 sein.[126]

49 Beliebtes Druckmittel sind Liefersperren von Herstellern, die gegen das aus Sicht des Herstellers zu niedrige Preisniveau beim Weiterverkauf der Waren durch die Vertragspartner vorgehen wollen.[127] Regelmäßig sind solche Liefersperren ein Nachteil iSv Abs. 2, da eine alternative Bezugsmöglichkeit faktisch nicht gegeben ist. Die Weigerung, ein anderes Unternehmen erstmals zu beliefern, kann auch einen Nachteil iSd Abs. 2 darstellen. Dies gilt insbesondere, wenn zunächst die Aussicht auf Belieferung bedingungslos eingeräumt wurde und der zukünftige Geschäftspartner Aufwendung infolgedessen tätigte.[128] Weitere Nachteile können Rabattkürzungen,[129] Aufkaufaktionen,[130] Abbruch der Geschäftsbeziehungen[131] oder nicht gewährte Unterstützungsleistungen[132] sein.

50 Auch Bezugssperren kommen als Druckmittel in Betracht, da diese geeignet sind, die Verbote iSv Abs. 2 zu umgehen, insbesondere in Bezug auf die Preise und Geschäftsbedingungen des gesperrten Lieferanten gegenüber anderen Abnehmern.[133]

51 Weitere Druckmittel können systematische Preisunterbietungen,[134] die Einleitung berufsrechtlicher Maßnahmen,[135] Verbandsausschluss,[136] die Verhängung von Vereinsstrafen[137] und das Anhängigmachen von Gerichtsverfahren[138] sein.

52 Ein Unternehmen ist weiterhin berechtigt, auf dem Klagewege seine Rechte durchzusetzen, sofern der Umgehungszweck iSv Abs. 2 nicht vorhanden ist.[139] Erfolgt die Durchsetzung der Rechte jedoch mit einer wettbewerbsbeschränkenden Zielsetzung, können auch zulässige Mittel einen Verstoß gegen Abs. 2 darstellen. Liegen Verstöße gegen § 4 Nr. 10, 11 UWG oder andere unstreitig gesetzwidrige Verhaltensweisen vor, sind Maßnahmen zur Ermittlung des Verstoßes regelmäßig kein Nachteil, zumal gesetzliche Pflichten eingehalten werden müssen und die Verpflichtung zur Einhaltung von gesetzli-

---

[123] Immenga/Mestmäcker/Markert GWB Rn. 58.

[124] FK-KartellR/Roth Rn. 168.

[125] KG WuW/E OLG 5053 (5059) – Einflussnahme auf die Preisgestaltung; vgl. KG WuW/E OLG 2205 – Jeans; FK-KartellR/Roth Rn. 166; LMRKM/Loewenheim Rn. 32.

[126] FK-KartellR/Roth Rn. 165; LMRKM/Loewenheim Rn. 32.

[127] BGH WuW/E BGH 690 (693) – Brotkrieg II; WuW/E BGH 755 (757) – Flaschenbier; KG WuW/E OLG 5053 (5059) – Einflussnahme auf die Preisgestaltung; OLG Düsseldorf WuW 2019, 592 (595) = NKartZ 2019, 603 (604) – Preisbindung zweiter Hand; FK-KartellR/Roth Rn. 170.

[128] BGH WuW/E BGH 1246 (1247) – Feuerwehrschutzanzüge.

[129] Immenga/Mestmäcker/Markert GWB Rn. 59.

[130] KG WuW/E OLG 5053 (5054 f.) – Einflussnahme auf die Preisgestaltung.

[131] KG WuW/E OLG 2205 – Jeans; WuW/E OLG 5053 ff. (5059) – Einflussnahme auf die Preisgestaltung.

[132] Immenga/Mestmäcker/Markert GWB Rn. 59.

[133] BGH WuW/E BGH 1736 (1738) – markt-intern; FK-KartellR/Roth Rn. 172.

[134] KG WuW/E OLG 1775 (1776) – Silierungsanlagen; OLG Stuttgart NJWE-WettbR 1996, 94 f. – Kanalreiniger.

[135] BGH WuW/E BGH 2326 (2328) – Guten Tag Apotheke II.

[136] OLG Karlsruhe WuW/E OLG 4313 – Tankuntersuchung.

[137] BGH WuW/E BGH 451 (455) – Kein Export ohne WBS.

[138] BGH WuW/E BGH 1474 (1479) – Architektenkammer; WuW/E BGH 2688 (2692) – Warenproben in Apotheken; KG WuW/E OLG 563 – Tischtennisbälle.

[139] Vgl. BGH WuW/E BGH 1474 (1479) – Architektenkammer; WuW/E BGH 2688 (2692) – Warenproben in Apotheken; FK-KartellR/Roth Rn. 175.

chen Verpflichtungen nicht von § 1 GWB erfasst wäre.[140] Das GWB schützt nur den lauteren, nicht auch den unlauteren oder gesetzwidrigen Wettbewerb.[141]

53 Abs. 2 erfasst nicht nur das Zufügen, sondern bereits das Androhen eines Nachteils. Eine Androhung ist das ernsthafte Inaussichtstellen eines Druckmittels, bei dem der Adressat nach gewöhnlichen Umständen davon ausgehen musste, dass die angedrohte Maßnahme auch ausgeführt wird.[142] Die Androhung muss nicht konkreter Art sein, auch das Androhen gewisser „Unannehmlichkeiten" reicht aus.[143] Der Bedrohte muss die Androhung weder ernst nehmen, noch mit ihrer Ausführung rechnen.[144] Er muss nur irgendwie Kenntnis davon nehmen. Es kann sogar die Erklärung einer Liefersperre an einen Dritten ausreichen, wenn diese geeignet ist, den Willen des Kenntnis nehmenden Unternehmens zu beeinflussen, etwa weil durch die Sperre des einen auch andere Abnehmer entsprechend reagieren sollen.[145] So kann eine Kündigung eines Händlers, der Waren unter einem vom Hersteller gewünschten Preisniveau verkauft, nicht nur gegenüber dem gekündigten Händler, sondern auch gegenüber anderen Händlern einen Druck zur Einhaltung eines bestimmten Preisniveaus bezwecken und bewirken. Eine Warnung vor nachteiligen Konsequenzen wegen eines Verhaltens des Gewarnten ist als „Druck" iSv Abs. 2 zu verstehen, wenn der Nachteil vom Warnenden ausgeht. Dies ist nicht der Fall bei einer nicht beeinflussbaren möglichen Handlung eines Dritten.[146] Ist der Nachteil bereits eingetreten, so ist er zugefügt iSd Abs. 2. Hierfür bedarf es keiner vorherigen Androhung.[147]

54 Bloße Empfehlungen ohne Druck fallen nicht unter die Androhung des Nachteils, selbst wenn der Empfänger der Empfehlung vom Empfehlenden abhängig ist und daher eine mögliche faktische Bindung vorhanden wäre.[148] Auch Gespräche über die Preisbildung zwischen Lieferant und Abnehmer sind nicht per se als Druckausübung zu qualifizieren.[149] Relevant für die Beurteilung von unzulässigem und zulässigem Verhalten bleibt die Feststellung des Umgehungszwecks, unabhängig von der Bezeichnung der Erklärung oder Maßnahme.

55 **b) Versprechen/Gewähren von Vorteilen.** Ein Vorteil ist jede beim Adressaten eintretende Verbesserung seiner Lage, die geeignet ist, seinen Willen zu beeinflussen und ihn zu einem wettbewerbsbeschränkenden Verhalten iSv Abs. 2 zu veranlassen.[150] Der Vorteil ist die Kehrseite des Nachteils, so dass die obigen Ausführungen (→ Rn. 48 ff.) entsprechend gelten. Besteht ein Rechtsanspruch auf den Vorteil, ist aber dessen Durchsetzbarkeit fraglich, kann dieser dennoch zur Willensbeeinflussung geeignet sein.[151] Dies ist auch der Fall bei einseitigem Verzicht auf die Durchsetzung von Ansprüchen gegen den Adressaten. Vorteile können iVm § 4 UWG Sondervergünstigungen wie Treuerabatte, Werbekostenzuschüsse und Aufhebung früherer Liefersperren sein.[152] Kauft ein Unternehmen eine Ware zu einem höheren Preis bei einem Wettbewerber, um im Gegenzug

[140] BGH NJW 1987, 954 (955) – Aktion Rabattverstoß; Immenga/Mestmäcker/Markert GWB Rn. 61.

[141] BGH NJW 1962, 247 (248) – Export ohne WBS; NJW 1987, 954 (955) – Aktion Rabattverstoß.

[142] BGH WuW/E BGH 1736 (1738) – markt-intern; KG WuW/E OLG 1394 (1396) – japanischer Fotoimport; OLG Düsseldorf NZKart 2020, 446 (447) mwN; OLG Stuttgart WuW/E OLG 3981 (3982) – Trägerhose; FK-KartellR/Roth Rn. 179; LMRKM/Loewenheim Rn. 34.

[143] KG WuW/E OLG 1394 (1396) – japanischer Fotoimport; KG WuW/E OLG 1775 (1776) – Silierungsanlagen.

[144] KG WuW/E OLG 1687 – Laboruntersuchungen; FK-KartellR/Roth Rn. 179.

[145] BGH WuW/E BGH 704 (709) – Saba; vgl. LMRKM/Loewenheim Rn. 36.

[146] FK-KartellR/Roth Rn. 183.

[147] LMRKM/Loewenheim Rn. 35; FK-KartellR/Roth Rn. 178.

[148] Immenga/Mestmäcker/Markert GWB Rn. 63; LMRKM/Loewenheim Rn. 34.

[149] OLG Düsseldorf NZKart 2020, 446 (447) – Vergeltungssperre; BeckOK KartellR/Maritzen Vertikal-GVO Art. 4 Rn. 12.

[150] BGH WuW/E BGH 858 (862) – Konkurrenzfiliale; FK-KartellR/Roth Rn. 186; LMRKM/Loewenheim Rn. 36.

[151] FK-KartellR/Roth Rn. 188.

[152] Vgl. Immenga/Mestmäcker/Markert GWB Rn. 65.

Informationen über das Preisverhalten des Wettbewerbers zu erhalten und dadurch eine Abstimmung über die Preise zu ermöglichen (was bereits nach § 1 GWB verboten ist), kann das einen Vorteil darstellen.[153] Auch ein „Gebietsaustausch" ist ein Vorteil, wenn zB die Auflösung einer Konkurrenzfiliale oder Sortimentsbegrenzung dem Konkurrenten im Gegenzug für dessen Rückzug aus dem Verkaufsgebiet des Anbietenden angeboten wird.[154] Es muss sich jedoch um einen Vorteil handeln, der über das übliche Maß der „Gegenleistung" im konkreten Fall hinausgeht, so zB bei einer Submissionsvereinbarung über eine normale Abstandszahlung hinaus im Gegenzug für die Abgabe eines Scheinangebots oder das Unterlassen des eigenen Angebots.[155] Ein Vorteil ist auch dann gegeben, wenn ein Nachteil vermieden wird.[156]

Ein Versprechen liegt dann vor, wenn der Vorteil dem Empfänger ernsthaft in Aussicht **56** gestellt wird.[157] Empfänger und Versprechender müssen sich dabei nicht abstimmen. Der Versprechende muss sein Versprechen nicht einmal ernst meinen. Gewährt ist ein Vorteil, wenn die Situationsverbesserung tatsächlich beim Empfänger eingetreten ist.[158]

3. Umgehungszweck. Auf subjektiver Seite des Tatbestands müssen die Druck- oder **57** Lockmittel des Abs. 2 zu dem Zweck eingesetzt werden, den Adressaten zu einem wettbewerbsbeschränkenden Verhalten zu veranlassen. Dieses müsste entweder – als Vertrag gedacht – gegen § 1 GWB oder gegen eine kartellbehördliche Verfügung (wie § 30 Abs. 3) verstoßen. Der Mittelanwender muss mit Absicht handeln, also den Erfolg des wettbewerbswidrigen Verhaltens beabsichtigen.[159] Dolus eventualis (bedingter Vorsatz), der den Erfolg lediglich billigend in Kauf nimmt, reicht für den Umgehungszweck nicht aus.[160] Ansonsten wären endgültige Liefersperren nach Abs. 2 gegenüber preisgünstigen Wiederverkäufern per se verboten, da durch solche Liefersperren andere Abnehmer unweigerlich in ihrem Preisverhalten mitbeeinflusst werden und Letzteres billigend in Kauf genommen würde. Dies verstieße gegen die durch den BGH getroffene Unterscheidung von zulässigen endgültigen Vergeltungssperren und verbotenen zeitweiligen Willensbeugungssperren (→ Rn. 59).[161] Entsprechend hindert Abs. 2 einen Hersteller nicht, einen Einzelhändler deshalb zu sperren, weil dessen Verkaufspreise seinen Vorstellungen nicht entsprechend, wenn nicht gleichzeitig dadurch der gesperrte Einzelhändler zu künftigen Wohlverhalten entsprechend den Interessen des Herstellers veranlasst werden, sondern die Sperre endgültig sein soll.[162]

Der Erfolgseintritt ist nicht erforderlich, dh der Adressat muss nicht zu dem wettbewerbs- **58** widrigen Verhalten veranlasst werden.[163] Auch ist nicht erforderlich, dass der Anwender ein bestimmtes Verhalten beabsichtigt.[164] Der Zweck muss nicht Hauptmotiv des Mittelanwenders sein, sondern kann auch ein Nebenmotiv sein, solange der Zweck aus Sicht des Anwender für den Adressaten erkennbar ist. Nicht erforderlich ist aber, dass der Adressat den Zweck tatsächlich erkannt hat.[165] Im Einzelfall kann auch erst durch die Verknüpfung

---

[153] OLG Düsseldorf WuW/E OLG 2137 (2139) – Öllieferung an Bundeswehr.
[154] BGH WuW/E BGH 858 (862) – Konkurrenzfiliale.
[155] BGH WuW/E BGH 2377 (2378) – Abwasserbauvorhaben Oberes Aartal; KG WuW/E OLG 4398 (4399) – Bundesbahnbedienstete; FK-KartellR/Roth Rn. 190; Immenga/Mestmäcker/Markert GWB Rn. 65.
[156] FK-KartellR/Roth Rn. 187.
[157] BGH WuW/E BGH 858 (862) – Konkurrenzfiliale; FK-KartellR/Roth Rn. 192.
[158] LMRKM/Loewenheim Rn. 38.
[159] BGH WuW/E BGH 704 (709) – Saba; WuW/E BGH 1246 (1248) = NJW 1973, 94 – Feuerwehrschutzanzüge; FK-KartellR/Roth Rn. 193.
[160] Immenga/Mestmäcker/Markert GWB Rn. 67; LMRKM/Loewenheim Rn. 39.
[161] Vgl. OLG Düsseldorf BeckRS 2020, 17294 Rn. 50 mwN; FK-KartellR/Roth Rn. 196; Immenga/Mestmäcker/Markert GWB Rn. 68.
[162] OLG Düsseldorf NZKart 2020, 446 (447) – Vergeltungssperre.
[163] BGH WuW/E BGH 858 (862) – Konkurrenzfiliale; FK-KartellR/Roth Rn. 193.
[164] BGH NKArtZ 2020, 610 (611) – Bezirksschornsteinfeger.
[165] BGH WuW/E BGH 704 (709) – Saba; WuW/E BGH 755 (758) – Flaschenbier; FK-KartellR/Roth Rn. 197 f.

eines angedrohten Nachteils, der an sich nicht rechtswidrig ist, mit einem unzulässigen Zweck die Rechtswidrigkeit begründet werden.[166]

59   **a) Liefersperren.** Die Unterscheidung zwischen zulässigen permanenten Vergeltungssperren und verbotenen temporären Willensbeugungssperren wurde erstmals vom BGH im Fall „Saba"[167] getroffen. Dies führt zu erheblichen Beweisproblemen in der Praxis. Nach dieser Unterscheidung erlaubt Abs. 2 dem Lieferanten, einen Abnehmer deswegen zu sperren, weil dessen Verkaufspreise nicht den empfohlenen Richtpreisen des Lieferanten entsprechen, wenn die Sperre endgültig sein soll und der Abnehmer nicht etwa sein Verhalten für die Zukunft „korrigieren" soll. Jedenfalls ist der Gesperrte nicht in seinem Willen beeinflusst, wenn eine derartige endgültige Sperre als Reaktion auf sein Preisverhalten erfolgt.[168] Das ist selbst dann der Fall, wenn eine Sperre zunächst zeitweise als Willensbeugungssperre angelegt ist, später aber in eine endgültige Liefersperre umgewandelt wird.[169] Bis zur Umwandlung in eine endgültige Vergeltungssperre ist die (zeitweilige Willensbeugungs-)Sperre nach Abs. 2 aber verboten und rechtswidrig. Entscheidend ist der Zweck zum Zeitpunkt der Verhängung der Sperre.[170] Diesen Vorsatzwechsel muss das sperrende Unternehmen beweisen.[171] Umgekehrt kann eine zunächst endgültige Vergeltungssperre sich in eine verbotene Willensbeugungssperre verwandeln, wenn zB die Aufhebung unter der Bedingung der Preiskonformität angeboten wird.[172] Eine derartige Aufhebung stellt das Versprechen eines Vorteils dar (→ Rn. 55) und kann indizieren, dass die „Endgültigkeit" von Anfang an nur vorgetäuscht war und nur zum Zwecke der Preisbeeinflussung erfolgte. Schließlich hat der BGH im Fall „Saba" auch anerkannt, dass auch endgültige Sperren gleichzeitig den Willensbeugungszweck mit dem Ziel des „richtigen" Preisverhaltens gegenüber dritten, noch nicht gesperrten Abnehmern konkludent beinhalten können.[173]

60   Die Differenzierung zwischen solchen endgültigen und zeitweisen Sperren mag Bedenken auslösen.[174] Dennoch ist die Differenzierung richtig und in der Praxis sehr entscheidend.[175] Anderenfalls entstünde ein Lieferzwang gegenüber Abnehmern, der weit über die Pflichten der §§ 19, 20 GWB hinausginge, was mit der Zielrichtung des GWB (Freiheit des Wettbewerbs) unvereinbar ist.[176] Auch marktbeherrschende/marktstarke Unternehmen dürfen grundsätzlich den Absatz ihrer Produkte nach ihren Vorstellungen gestalten und den Vertrieb über Wiederverkäufer generell ausschließen.[177] Dass das Verbot des § 21 Abs. 2 leerlaufen könnte, ist nicht ersichtlich. Wenn man realistische Beweisanforderungen an das Vorhandensein des Umgehungszwecks stellt und keine strengen Beweispflichten an die Drittwirkung einer endgültigen Liefersperre, andererseits aber nicht kategorisch von einer Willensbeeinflussung gegenüber den weiterbelieferten Abnehmern ausgeht, findet § 21 Abs. 2 genügend Anwendungsspielraum.[178] Dass die endgültige Liefersperre ein wirksames Disziplinierungsinstrument werden könnte, hat die Entwicklung seit 1965 widerlegt (vgl. auch die Erweiterung des Anwendungsbereichs von § 19 Abs. 1 auf marktstarke Lieferan-

---

[166] BGH NKArtZ 2020, 610 (612) – Bezirksschornsteinfeger.
[167] BGH WuW/E BGH 704 (710 f.) – Saba.
[168] BGH WuW/E BGH 704 (710 f.) – Saba; WuW/E BGH 755 (758) – Flaschenbier; WuW/E BGH 1246 (1248) = NJW 1973, 94 – Feuerwehrschutzanzüge; KG WuW/E OLG 1394 (1396) – japanischer Fotoimport; FK-KartellR/Roth Rn. 199; OLG Düsseldorf NZKart 2020, 446 (447) – Vergeltungssperre.
[169] BGH WuW/E BGH 690 (694) – Brotkrieg II; OLG Düsseldorf WuW E/OLG 974 (977) – Bierverlag; FK-KartellR/Roth Rn. 211 f.
[170] FK-KartellR/Roth Rn. 211 f.
[171] FK-KartellR/Roth Rn. 211.
[172] BGH WuW/E 690 (695) – Brotkrieg II; WuW BGH 755 (758) – Flaschenbier; FK-KartellR/Roth Rn. 211.
[173] BGH WuW/E BGH 704 (712) – Saba; WuW/E BGH 2688 (2693) – Warenproben in Apotheken; OLG Koblenz WuW/E OLG 867 (871) – Anzeige; FK-KartellR/Roth Rn. 201.
[174] OLG Koblenz WuW/E OLG 867 (871 f.) – Anzeige; Belke ZHR 138, 291 (298 ff.).
[175] So auch Immenga/Mestmäcker/Markert GWB Rn. 71; FK-KartellR/Roth Rn. 201.
[176] Vgl. BGH WuW/E 690 (694) – Brotkrieg II; Immenga/Mestmäcker/Markert GWB Rn. 71.
[177] Vgl. Immenga/Mestmäcker/Markert GWB § 20 Rn. 154.
[178] So auch Immenga/Mestmäcker/Markert GWB Rn. 71.

ten). Daher liegt keine kartellrechtswidrige Kündigung gegenüber dem Gekündigten vor, wenn durch die Kündigung kein Verhalten erzwungen, sondern nachträglich sanktioniert werden soll.[179]

Ob endgültige Vergeltungssperren gegen bestimmte Abnehmer auch das Preisverhalten **61** anderer Abnehmer beeinflussen sollen, hängt davon ab, ob und wie der Sperrende den nicht Gesperrten die Sperre bekannt macht.[180] Ist die Sperre so auszulegen, dass nicht nur ein Einzelfall „berichtigt" werden soll, sondern ein Exempel statuiert wird und dadurch sich in vergleichbaren Situationen befindende Wiederverkäufer in Bedrängnis gebracht fühlen, so ist eine Drittbeeinflussung anzunehmen. Freilich tauchen auch Abgrenzungsprobleme auf, da jede endgültige Sperre unvermeidbar Signalwirkung auf andere Anbieter hat.[181]

Oft kann nur im Wege des Indizienbeweises aus den Gesamtumständen die Preisbeein- **62** flussungsabsicht bei der Androhung oder Verhängung einer Liefersperre festgestellt werden. Für die Annahme einer Preisbeeinflussungsabsicht reicht es aber nicht aus, dass keine anderen Motive, wie die Durchsetzung einer Vertriebsbindung, ersichtlich sind.[182] Auch die Mitteilung einer bereits getroffenen Sperrentscheidung vor der tatsächlichen Ausführung reicht nicht aus, insbesondere da eine solche Mitteilung möglicherweise nach § 242 BGB geboten sein kann.[183] Etwas anderes gilt, wenn die Sperre bloß angedroht wird und deren Ausführung nur im Falle einer unterlassenen „Preisanpassung" erfolgen soll.[184] Jedoch kann auch in diesen Fällen der Lieferant mit Wirkung ex nunc eine zulässige endgültige Vergeltungssperre verhängen.[185]

b) Beweis. Dass Druck- oder Lockmittel auch zum Umgehungszweck angewandt wer- **63** den, kann meist nur durch Gesamtbeurteilung aller Umstände festgestellt werden.[186] Das alleinige Vorliegen des objektiven Tatbestandes indiziert nicht den Umgehungszweck.[187] Die Indizwirkung besteht wohl eher bei bloßer Androhung von Nachteilen oder dem Versprechen von Vorteilen und wenn dabei vom Anwender eine Beziehung mit einem von ihm bezeichneten wettbewerbswidrigen Verhalten hergestellt wird.[188] Fügt der Mittelanwender dem anderen jedoch tatsächlich einen Nachteil zu, zB indem er Lieferbeziehungen nicht mehr fortsetzt bzw. erstmals verweigert, sind auch andere Zwecke (zB „legitime Marktpflege")[189] denkbar. In diesem Fall müssen weitere Umstände hinzutreten, damit der Umgehungszweck erkennbar wird.[190]

4. Primärverbote. Das Verhalten, welches mit dem Druck- oder Lockmittel erreicht **64** werden soll, darf „nach diesem Gesetz oder nach einer aufgrund dieses Gesetzes ergangenen Verfügung nicht zum Gegenstand einer vertraglichen Bindung gemacht werden". Der Umgehungszweck iSv Abs. 2 bezieht sich einerseits auf § 1 GWB, also das Verbot wettbewerbsbeschränkender Vereinbarungen, und andererseits auf kartellbehördlich verhängte Verbote solcher Bindungen nach § 30 Abs. 3 GWB. Das setzt voraus, dass das durch

---

[179] OLG Düsseldorf BeckRS 2019, 25418 Rn. 68.

[180] OLG Koblenz WuW/E OLG 867 (871) – Anzeige; FK-KartellR/Roth Rn. 212; Belke ZHR 138, 291 (306).

[181] So auch Immenga/Mestmäcker/Markert GWB Rn. 73.

[182] BGH WuW/E BGH 704 (711) – Saba; FK-KartellR/Roth Rn. 207 ff.

[183] OLG Düsseldorf WuW/E OLG 974 (976) – Bierverlag.

[184] KG WuW/E OLG 1394 (1396) – japanischer Fotoimport; FK-KartellR/Roth Rn. 204; vgl. Belke ZHR 138, 291 (316).

[185] BGH WuW/E BGH 690 (694 f.) – Brotkrieg II; WuW/E BGH 755 (758) – Flaschenbier; vgl. Belke ZHR 138, 291 (317); FK-KartellR/Roth Rn. 212.

[186] BGH WuW/E BGH 704 (711) – Saba; WuW/E BGH 755 (758) – Flaschenbier; FK-KartellR/Roth Rn. 202; Gutzler BB 1966, 390 (392).

[187] BGH WuW/E BGH 704 (711) – Saba; WuW/E BGH 690 (695) – Brotkrieg II; FK-KartellR/Roth Rn. 202.

[188] BGH WuW/E BGH 690 (693) – Brotkrieg II; KG WuW/E OLG 2822 (2823) – Uhrenpreisempfehlung; FK-KartellR/Roth Rn. 203.

[189] Immenga/Mestmäcker/Markert GWB Rn. 69.

[190] BGH WuW/E BGH 704 (710 f.) – Saba; KG WuW/E OLG 1780 (1783) – Krawatten.

Druck- und Lockmittel erstrebte Verhalten gegen §§ 1, 19, 20 GWB bzw. § 30 Abs. 3 GWB verstieße. Gemäß § 1 GWB muss daher die Marktbedeutung des erstrebten Verhaltens „spürbar" iSv § 1 GWB sein.[191]

65 **5. Rechtsfolgen und Konkurrenzen.** Die Rechtsfolgen eines Verstoßes gegen Abs. 2 sind wie bei Abs. 1 verwaltungs- und zivilrechtliche Sanktionen sowie mögliche Bußgelder.

66 Gem. § 32 GWB kann die Kartellbehörde bei einem Verstoß gegen Abs. 2 Unternehmen und Vereinigungen von Unternehmen dazu verpflichten, ihr Verhalten abzustellen. Dabei übt die Kartellbehörde pflichtgemäßes Ermessen gegen den Anwender der Druck- oder Lockmittel aus. Schuldhaftes Handeln ist nicht erforderlich.

67 Gemäß (→ GWB § 1 Rn. 1 ff.) GWB haben die Adressaten der Druck- oder Lockmittel Ansprüche gegen den Mittelanwender.[192] Abs. 2 schützt auch die durch die Mittel beeinträchtigten Wettbewerber des Mittelanwenders. Adressaten und Wettbewerber können auf Unterlassung, Beseitigung (§ 33 GWB) und Schadensersatz (§ 33a GWB) klagen. Der Anspruch kann auch auf einen Kontrahierungszwang hinauslaufen, wenn das angewandte Mittel zum Abbruch einer bestehenden oder Weigerung der erstmaligen Aufnahme einer Lieferbeziehung führte.[193] Nichts anderes gilt für Belieferungsansprüche, wenn nach § 19 Abs. 2 ein Geschäftsabschluss verweigert wird (→ § 19 Rn. 88 f.). Der Anspruch auf Belieferung aus § 33 GWB iVm § 21 Abs. 2 GWB greift nur durch, wenn der Lieferant mit seiner Liefersperre das Preisverhalten des Gesperrten beeinflussen will und diese sich nicht in eine endgültige Vergeltungssperre umwandelt.[194] Ein Schaden desjenigen, der beeinflusst werden sollte, ist meist bei dem bloßen Versprechen oder Gewähren von Vorteilen nicht gegeben. Rechtsgeschäfte, wie Vertragskündigungen, sind nach § 134 BGB nichtig, wenn sie verbotene Druck- oder Lockmittel iSv 21 Abs. 2 sind. Verstoßen daher Kündigungen von Sukzessivlieferungs- oder Dauerschuldverträgen gegen Abs. 2, ist für die Fortsetzung des Lieferverhältnisses eine Klage auf Feststellung der Unwirksamkeit der Kündigung ausreichend.[195]

68 Gemäß § 81 Abs. 3 Nr. 2 GWB handelt ordnungswidrig, wer vorsätzlich oder fahrlässig gegen § 21 Abs. 2 verstößt. Die tatsächlich für den Normadressaten des § 21 Abs. 2 handelnde natürliche Person ist Adressat des § 81 Abs. 3 Nr. 2 GWB iVm § 9 OWiG.[196] Das Unternehmen ist Nebenbetroffener gemäß § 30 OWiG (→ Rn. 11).

69 Wenn die Druck- oder Lockmittel von den Adressaten der §§ 19, 20 GWB angewendet werden, ist Abs. 2 unstreitig kumulativ anwendbar. Führt die gegen Abs. 2 verstoßende Anwendung der Mittel zu einer wettbewerbsbeschränkenden Vereinbarung, die dem vom Anwender verfolgten Ziel entspricht, verstoßen beide Vertragspartner gegen die Primärverbote. Bei Verstoß gegen § 1 GWB wäre dies zB die Vereinbarung zwischen einem Hersteller und dem bedrohten Vertragshändler über die Einhaltung der empfohlenen Wiederverkaufspreise durch den Vertragshändler.[197]

V. Kartell- und Fusionszwang (Abs. 3)

70 **1. Normadressat und Betroffene.** Die Adressaten des Abs. 3 sind – deckungsgleich mit Abs. 1 und 2 – Unternehmen und Unternehmensvereinigungen (→ Rn. 9). Abs. 3 schützt ebenso wie Abs. 1 und 2 Unternehmen und deren Entscheidungsfreiheit.

---

[191] BGH WuW/E BGH 2683 (2690) – Warenproben in Apotheken; FK-KartellR/Roth Rn. 215.

[192] BGH WuW/E BGH 690 (693) – Brotkrieg II; WuW/E BGH 755 (757) – Flaschenbier; FK-KartellR/Roth Rn. 228.

[193] BGH WuW/E BGH 690 (694) – Brotkrieg II; WuW/E BGH 755 (759) – Flaschenbier; WuW/E OLG 2822 (2824) – Uhrenpreisempfehlung; FK-KartellR/Roth Rn. 231.

[194] BGH WuW/E BGH 690 (694) – Brotkrieg II.

[195] Vgl. zu § 20 Abs. 1 verstoßende Vertragskündigungen BGH WuW/E 2584 (2587) – Lotterievertrieb; Immenga/Mestmäcker/Markert GWB Rn. 80.

[196] Vgl. BGH WuW/E BGH 704 (707 f.) – Saba; Immenga/Mestmäcker/Biermann § 81 Rn. 263.

[197] Vgl. Immenga/Mestmäcker/Markert GWB Rn. 81.

2. Zwang. Abs. 3 verbietet die Ausübung von Zwang, um ein Unternehmen zu einem **71** zwar legalen aber wettbewerbsbeschränkenden Verhalten zu veranlassen. Anders als bei Abs. 2, wo das bezweckte Verhalten unzulässig ist, ist bei Abs. 3 das Verhalten zwar zulässig, aber das eingesetzte Mittel unzulässig. Laut dem BGH schließt Zwang den Willen des Beeinflussten zwar nicht vollständig aus, ist jedoch so stark, dass allenfalls formell Alternativen gegenüber dem geforderten Verhalten übrig bleiben, denen zu folgen nach den Grundsätzen wirtschaftlicher Vernunft und mit Rücksicht auf die Schwere der angedrohten oder zugefügten Nachteile nicht mehr zugemutet werden kann.[198] Ob die Mittel per se rechtswidrig sind, ist unerheblich. Die Rechtswidrigkeit ergibt sich schon aus der Anwendung des Mittels mit dem Ziel, den Betroffenen zu einer der in Abs. 3 bezeichneten Verhaltensweisen zu bewegen.[199] Beispielsweise kann die vertragskonforme Kündigung eines Kredits iSv Abs. 3 verboten sein, wenn der Betroffene durch die Kündigung de facto vor die Wahl gestellt wird, ein nach Abs. 3 gefordertes Verhalten zu erfüllen oder die wirtschaftliche Existenz aufzugeben.[200] Hinreichend aber auch notwendig ist das Herstellen einer Zwangslage. Der Erfolg, zB der Beitritt zu einem freigestellten Kartell, muss nicht tatsächlich eintreten.[201] Abs. 3 erfasst nicht nur die in Nr. 1 freigestellten Kartelle (samt Mitglieder), Beteiligte an Zusammenschlüssen iSv § 37 GWB und andere Teilnehmer am gleichförmigen Verhalten, sondern auch Dritte.

3. Erzwungenes Verhalten. Die Enumeration in Abs. 3 Nr. 1–3 ist abschließend. **72**

a) Kartellzwang (Nr. 1). Nach Abs. 3 Nr. 1 darf niemand gezwungen werden, einem **73** Kartell beizutreten. Ebenso wie in § 19 Abs. 3 GWB (→ § 19 Rn. 158 f.) meint Abs. 3 Nr. 1 Kartelle, die von § 1 GWB ausgenommen sind. Dem Zweck des Abs. 3 – Verhinderung äußeren Kartellzwangs – folgend sind die Voraussetzungen des Abs. 3 Nr. 1 auch bereits gegeben, wenn die Freistellungsvoraussetzungen nach der Vorstellung der Beteiligten irrtümlicherweise erfüllt sind.[202] Fehlt die Vorstellung, ist nur § 21 Abs. 2 anwendbar, da regelmäßig zum Beitrittszwang auch eine Druckausübung vorhanden sein wird, die das Ziel hat, zu einem entsprechenden wettbewerbsbeschränkenden Verhalten zu veranlassen. Als „Beitritt" iSv Abs. 3 ist bereits die Teilnahme am Gründungsvorgang eines neuen Kartells anzusehen.[203] § 2 GWB erfasst hierbei sowohl horizontale als auch vertikale Vereinbarungen, wie Vertriebsvereinbarungen.[204] Zwingt ein Unternehmen ein anderes Unternehmen, einem nicht erlaubnisfähigen Kartell beizutreten, so fällt dies allerdings unter § 21 Abs. 2.[205]

b) Fusionszwang (Nr. 2). Abs. 3 Nr. 2 verbietet den Zwang zu jedwedem Zusam- **74** menschluss nach § 37 GWB, ohne dass es auf § 35 GWB (Fusionskontrolle) oder § 36 Abs. 1 GWB (Untersagung) ankäme. Der verbotene Zwang kann sich gegen jedes am Zusammenschluss beteiligte Unternehmen richten, das notwendigerweise für das Entstehen des Zusammenschlusses mitwirken muss. Dass andere Teilnehmer ohne Zwang mitwirken, ist unschädlich. Die Ausübung von Zwang gegen den Veräußerer beim Vermögens- und Anteilserwerb fällt auch unter Abs. 3 Nr. 2, obgleich er fusionskontrollrechtlich nicht am Zusammenschluss partizipiert.[206]

---

[198] BGH WuW/E 1740 (1745) – Rote Liste; OLG Celle WuW/E DE-R 327 (333) – Unfallersatzwagen; FK-KartellR/Roth Rn. 240; LMRKM/Loewenheim Rn. 48.

[199] BGH WuW/E BGH 1740 (1744) – Rote Liste; FK-KartellR/Roth Rn. 241; LMRKM/Loewenheim Rn. 48.

[200] So Immenga/Mestmäcker/Markert GWB Rn. 86.

[201] So auch FK-KartellR/Roth Rn. 243; Immenga/Mestmäcker/Markert GWB Rn. 86; LMRKM/Loewenheim Rn. 48; aA Immenga/Mestmäcker/Biermann GWB § 81 Rn. 132.

[202] So Immenga/Mestmäcker/Markert GWB Rn. 88.

[203] LMRKM/Loewenheim Rn. 50; FK-KartellR/Roth Rn. 246.

[204] LMRKM/Loewenheim Rn. 50.

[205] LMRKM/Loewenheim Rn. 50; Immenga/Mestmäcker/Markert GWB Rn. 88.

[206] FK-KartellR/Roth Rn. 247 f.; Immenga/Mestmäcker/Markert GWB Rn. 89.

75   **c) Gleichförmiges Verhalten (Nr. 3).** Nr. 3 verbietet Zwang gegen Wettbewerber, um ein gleichförmiges Verhalten zu erreichen. Erfasst werden sollte wohl das bewusste Parallelverhalten von Mitwettbewerbern (vgl. aus den USA conscious parallelism), wenn es nicht durch Vereinbarung oder Abstimmung beschlossen war und daher nicht unter das Kartellverbot fällt. Ein wettbewerbsbezogenes Verhalten ist gleichförmig, wenn es nicht auf der eigenen, selbstständigen Entscheidung beruht, sondern bewusst am Verhalten anderer Wettbewerber (meist Marktführer) ausgerichtet wird.[207] Es muss kein identisches Verhalten vorhanden sein. Regelmäßig darf eine derartige Ausrichtung schon nach § 1 GWB nicht vereinbart werden.

76   Es wird nur das bewusste, nicht das zufällige Parallelverhalten erfasst, da die „Absicht, den Wettbewerb zu beschränken" vorliegen muss. Dies bedeutet, dass einerseits die Zwanganwender in der Absicht handeln müssen, das gleichförmige Verhalten herbeizuführen. Andererseits genügt es, wenn der Betroffene auch unter Zwang sein Verhalten bewusst am Verhalten des freigestellten Kartells ausrichtet.[208] Problematisch bei Abs. 3 Nr. 3 ist die Abgrenzung seines Anwendungsbereiches zu anderen Verbotsvorschriften des GWB.

77   In vielen Fällen wird gleichzeitig ein Verstoß gegen Abs. 3 Nr. 3 und Abs. 2 vorliegen, da die Ausübung von Zwang ein Nachteil iSv Abs. 2 ist und das Parallelverhalten nicht Gegenstand einer Vereinbarung der Parteien sein darf.[209] Wenn aber kollektive Beschränkungen von § 1 ohne spezielles Verfahren freigestellt sind (§§ 2, 3 und 28 Abs. 1 GWB), findet nur Abs. 3 Anwendung. Nach dem System der Abs. 2 und 3 erfasst Abs. 3 Nr. 3 somit den Zwang gegen Außenseiter der nach §§ 2, 3 und 28 Abs. 1 GWB freigestellten Ausnahmekartelle, sich gleichförmig zu verhalten.[210]

78   **4. Rechtsfolgen und Konkurrenzen.** Bei einem Verstoß gegen Abs. 3 gilt nichts anderes als für Abs. 2 (→ Rn. 65 ff.). Die vom Zwang Genötigten sind Betroffene iSv § 33 GWB.[211] Konkurrenzen ergeben sich mit § 1 GWB, wenn das Kartell nicht freigestellt ist. Außerdem kann auch ein Verstoß gegen § 19 Abs. 2 GWB in Form der unbilligen Behinderung vorliegen. Ist das Zwang anwendende Unternehmen marktbeherrschend, liegt idR ein Verstoß gegen § 19 Abs. 1, Abs. 2 GWB vor. Ebenso kommt ein Verstoß gegen Abs. 2 in Betracht. Die genannten Vorschriften sind neben Abs. 3 kumulativ anwendbar.

VI. Nachteilszufügung wegen Einschaltung der Kartellbehörden (Abs. 4)

79   **1. Normadressaten und Betroffene.** Im Gegensatz zu Abs. 1–3 richtet sich Abs. 4 an jedermann und nicht nur an Unternehmen bzw. Unternehmensvereinigungen. Als Täter kommen daher sowohl juristische, als auch natürliche Personen in Betracht. Dass das Verfahren der Kartellbehörde sich gegen denjenigen richten würde (oder richtete), der den Nachteil iSv § 21 Abs. 4 zufügt, ist nicht erforderlich. Relevant ist allein, dass die Vergeltung nur deswegen geschieht, weil der „Whistleblower" sich an die Behörde wandte. Geschützt sind alle juristischen und natürlichen Personen und Behörden.[212] Nicht notwendig ist die (un)mittelbare Betroffenheit durch die Wettbewerbsbeschränkung, die Gegenstand des Verfahrens bei der Behörde wäre bzw. ist.

80   **2. Nachteilszufügung.** Abs. 4 verbietet es, einem anderen einen Nachteil zuzufügen als Reaktion darauf, dass dieser ein Einschreiten der Kartellbehörde beantragt oder angeregt hat. Dem Wortlaut nach ist im Gegensatz zu Abs. 2 nicht schon das Androhen, sondern erst das tatsächliche Zufügen eines Nachteils verboten. Der Begriff Nachteil ist deckungsgleich mit dem des Abs. 2 (vgl. → Rn. 48). Jedoch sind nur wirtschaftliche Nachteile erfasst, so

---

[207] Immenga/Mestmäcker/Markert GWB Rn. 90.
[208] So auch Immenga/Mestmäcker/Markert GWB Rn. 90; aA FK-KartellR/Roth Rn. 250.
[209] Bechtold/Bosch Rn. 19.
[210] FK-KartellR/Roth Rn. 251.
[211] Zu § 33 aF iVm § 21 Abs. 3: BGH WuW/E BGH 1740 (1744) – Rote Liste.
[212] So auch Immenga/Mestmäcker/Markert GWB Rn. 95.

dass soziale Nachteile (anders wieder Abs. 2) nicht ausreichend sind. Dennoch stehen dem unzutreffend bei den Kartellbehörden Beschuldigten angemessene rechtliche Verteidigungsmittel zur Verfügung, wie zB Widerrufs- und Schadensersatzansprüche.

3. Beantragen oder Anregen des kartellbehördlichen Einschreitens. Einschreiten **81** ist jede Art der Befassung der Kartellbehörde mit einem das GWB betreffenden Sachverhalt. Hierfür ist bereits die informelle Prüfung durch die Behörde,[213] ob weitere Sachverhaltsaufklärung und zusätzlich eine formlose (Abmahnung) oder förmliche Maßnahme (iVm § 81 GWB) nach dem GWB bzw. OWiG notwendig ist, ausreichend. Das tatsächliche Einleiten des Verfahrens seitens der Behörde ist nicht erforderlich. Anregung bedeutet auch schon das Informieren der Behörde über eine Sachlage ohne den Wunsch nach Tätigwerden. Dass der Verstoß gegen das GWB tatsächlich vorliegt, ist nicht erforderlich. Dies würde auch dem Schutzzweck des Abs. 4 zuwiderlaufen und die potenziellen Informanten abschrecken, die das Verhalten im Zweifel nicht rechtlich vollständig würdigen können.

4. Vergeltung. Die Nachteilszufügung muss als Vergeltung zugefügt worden sein, weil **82** der Betroffene ein kartellbehördliches Einschreiten angeregt/beantragt hatte. Dieses Motiv muss bei dem, der den Nachteil zufügt, vorrangig oder ausschließlich gegeben sein.[214] Dieses Motiv ist nicht bereits durch die Nachteilszufügung indiziert. Die Motivation wird sich wie bei Abs. 2 (Umgehungszweck → Rn. 57) erst aus der Würdigung aller Indizien ergeben. Das Motiv der Vergeltung wird nicht vorhanden sein, wenn ein grundlos Beschuldigter auf Grund mangelnder Vertrauensbasis mit dem „Informanten" alle Beziehungen beendet oder ein Arbeitgeber strafbares Arbeitnehmerverhalten bei der Weitergabe geschützter Daten sanktioniert.[215]

5. Rechtsfolgen. Für die Rechtsfolgen des Verstoßes gegen Abs. 4 ergibt sich nichts **83** anderes als bei den Abs. 1–3, wobei Abs. 4 auch ein Schutzgesetz iSv § 33 GWB zugunsten der Betroffenen darstellt.

B. Handelsvertreter

§ 21 spielt beim Handelsvertreter in der Praxis idR keine Rolle. An dem nach Abs. 1 **84** erforderlichen Dreiecksverhältnis fehlt es häufig, da der Handelsvertreter in der Regel so eng mit dem Unternehmer verbunden ist und eine wirtschaftliche Einheit bildet, dass der Handelsvertreter kein „anderes" Unternehmen iSd Abs. 1 ist.[216]

Denkbar wäre jedoch der Aufruf zum Boykott eines Handelsvertreters durch einen **85** Unternehmer oder der Aufruf zum Boykott eines Herstellers durch den Handelsvertreterverband oder ähnliche Vereinigungen.

Da beim echten Handelsvertreter (siehe Ausführungen zu Art. 101 AEUV) das Kartell- **86** recht regelmäßig in dem Verhältnis zwischen Handelsvertreter und Unternehmer nicht Anwendung findet, ist das Verbot des Veranlassens zu unerlaubtem Verhalten (Abs. 2) in der Praxis nicht relevant.

C. Vertragshändler

§ 21 kommt beim Vertragshändler in verschiedenen Konstellationen zur Anwendung. **87**

---

[213] Immenga/Mestmäcker/Markert GWB Rn. 97.
[214] FK-KartellR/Achenbach Rn. 306.
[215] IÜ zulässige Kündigungen wegen gegen § 17 UWG strafbarer Offenbarungen vgl. FK-KartellR/Achenbach Rn. 309.
[216] Immenga/Mestmäcker/Markert GWB Rn. 13.

88 **1. Boykott (Abs. 1).** So ist Abs. 1 einschlägig, wenn der Unternehmer den Vertragshändler auffordert, bestimmte Kunden nicht zu beliefern, um diese Kunden unbillig zu behindern. Dies können Kunden sein, die in einem Wettbewerbsverhältnis zu dem Unternehmer stehen und zB für den Vertrieb ihrer Produkte auf die Produkte des Unternehmers angewiesen sind. Ein Wettbewerbsverhältnis ist jedoch nicht Voraussetzung. So kann auch der Aufruf zum Boykott eines beliebigen Kunden unter Abs. 1 fallen, sofern die Absicht zur unbilligen Behinderung vorliegt. Die besondere Herausstellung der eigenen Produkte durch den Unternehmer gegenüber den Vertragshändlern zur Förderung des eigenen Umsatzes, zB durch aktive (auch vergleichende) Werbung, erfüllt idR nicht den Tatbestand des Abs. 1.[217] Etwas anderes gilt aber, wenn die Maßnahmen erkennbar gegen ein bestimmtes Unternehmen gerichtet sind.[218]

89 Die Aufforderung zur Liefersperre kann auch vom Vertragshändler oder einer Fachhändlervereinigung kommen, zB wenn der Vertragshändler oder die Fachhändlervereinigung den Unternehmer/Hersteller auffordert, Nicht-Fachhändler zukünftig nicht mehr zu beliefern.[219] Die Nicht-Fachhändler sind regelmäßig ein ausreichend bestimmbarer Adressatenkreis (→ Rn. 12).[220] Auch der Aufruf zum Boykott durch einen Vertragshändler oder eine Fachhändlervereinigung, keine Produkte von einem bestimmten Hersteller zu beziehen, weil dieser seine Produkte nicht nur an Fachhändler, sondern auch an Nicht-Fachhändler liefert, erfüllt regelmäßig den Tatbestand des Abs. 1.[221]

90 **2. Anwendung von Druck- oder Lockmitteln (Abs. 2).** In der Praxis ist vor allem Abs. 2 relevant, der die Ausübung von Druck- oder Lockmitteln verbietet, um einen Anderen zu unerlaubtem Verhalten zu veranlassen. Hierzu gehört zum Beispiel die Androhung von Nachteilen durch den Unternehmer, wenn der Vertragshändler sich nicht an die unverbindlichen Preisempfehlungen des Unternehmers hält,[222] die Vertragsprodukte außerhalb des Vertragsgebiets verkauft, bestimmte Kunden beliefert oder Wettbewerbsprodukte vertreibt. Die angedrohten Nachteile können die Beendigung der Lieferbeziehung, eine spätere Belieferung mit Produkten, eine geringe Liefermenge oder schlechtere Konditionen sein. Die Veranlassung zu unerlaubtem Verhalten muss nicht nur durch die Androhung von Nachteilen veranlasst werden. Auch die Gewährung von Vorteilen für das bezweckte Verhalten ist von Abs. 2 umfasst. So kann die Gewährung von besonderen Rabatten für Vertragsprodukte, die an Kunden im Vertragsgebiet verkauft werden, den Vertragshändler auch zu dem unerlaubten Verhalten veranlassen.

D. Franchisenehmer

91 Für den Franchisenehmer und den Franchisegeber gibt es keine Besonderheiten, so dass hier auf die Ausführungen zum Vertragshändler verwiesen wird.

E. Kommissionsagent

92 § 21 spielt beim Kommissionsagent in der Praxis idR keine Rolle. Es gelten die Ausführungen zum Handelsvertreter.

---

[217] BGH WuW/E DE-R 352 ff. (354) – Kartenlesegerät.
[218] BGH WuW/E DE-R 487 ff. (490) – Zahnersatz aus Manila.
[219] BGH WuW/E BGH 1736 (1738) – markt-intern.
[220] OLG Celle WuW/E DE-R 1197 ff. (1198) – Vermietungsverbot.
[221] KG WuW/E OLG 5299 ff. – Schnäppchenführer.
[222] BGH WuW/E BGH 690 – Brotkrieg II; WuW/E BGH 704 – Saba; OLG Stuttgart WuW/E OLG 3981 – Trägerhose.

II. Europäisches Recht

1. AEUV

Artikel 101 AEUV Kartellverbot

(1) **Mit dem Binnenmarkt unvereinbar und verboten sind alle Vereinbarungen zwischen Unternehmen, Beschlüsse von Unternehmensvereinigungen und aufeinander abgestimmte Verhaltensweisen, welche den Handel zwischen Mitgliedstaaten zu beeinträchtigen geeignet sind und eine Verhinderung, Einschränkung oder Verfälschung des Wettbewerbs innerhalb des Binnenmarkts bezwecken oder bewirken, insbesondere**

a) **die unmittelbare oder mittelbare Festsetzung der An- oder Verkaufspreise oder sonstiger Geschäftsbedingungen;**

b) **die Einschränkung oder Kontrolle der Erzeugung, des Absatzes, der technischen Entwicklung oder der Investitionen;**

c) **die Aufteilung der Märkte oder Versorgungsquellen;**

d) **die Anwendung unterschiedlicher Bedingungen bei gleichwertigen Leistungen gegenüber Handelspartnern, wodurch diese im Wettbewerb benachteiligt werden;**

e) **die an den Abschluss von Verträgen geknüpfte Bedingung, dass die Vertragspartner zusätzliche Leistungen annehmen, die weder sachlich noch nach Handelsbrauch in Beziehung zum Vertragsgegenstand stehen.**

(2) **Die nach diesem Artikel verbotenen Vereinbarungen oder Beschlüsse sind nichtig.**

(3) **Die Bestimmungen des Absatzes 1 können für nicht anwendbar erklärt werden auf**

– Vereinbarungen oder Gruppen von Vereinbarungen zwischen Unternehmen,

– Beschlüsse oder Gruppen von Beschlüssen von Unternehmensvereinigungen,

– aufeinander abgestimmte Verhaltensweisen oder Gruppen von solchen,

die unter angemessener Beteiligung der Verbraucher an dem entstehenden Gewinn zur Verbesserung der Warenerzeugung oder -verteilung oder zur Förderung des technischen oder wirtschaftlichen Fortschritts beitragen, ohne dass den beteiligten Unternehmen

a) **Beschränkungen auferlegt werden, die für die Verwirklichung dieser Ziele nicht unerlässlich sind, oder**

b) **Möglichkeiten eröffnet werden, für einen wesentlichen Teil der betreffenden Waren den Wettbewerb auszuschalten.**

Literatur: Canaris, Nachträgliche Gesetzeswidrigkeit von Verträgen, geltungserhaltende Reduktion und salvatorische Klauseln im deutschen und europäischen Kartellrecht, DB 2002, 930; Eilmansberger, Neues zum Handelsvertreterprivileg: Das DaimlerChrysler-Urteil des EuG, ZWeR 2006, 64; Emde, Die Unzulässigkeit längerer als fünfjähriger Wettbewerbsverbote in Vertragshändlerverträgen (Art 81 Abs 1, 2 EG i V m Art 5 lit a GVO 2790/99), WRP 2005, 1492; Ensthaler/Gesmann-Nuisll, Die rechtliche Stellung des Handelsvertreters innerhalb der Kfz-Vertriebssysteme, EuZW 2006, 167; v. Graevenitz, Category Management und Kartellrecht, WRP 2012 782–788, Kapp/Andresen, Der Handelsvertreter im Strudel des Kartellrechts, BB 2006, 2253; Kapp/Schumacher, Die kartellrechtliche Zulässigkeit des Provisionsweitergabeverbotes in Handelsvertreterverhältnissen, WuW 2007, 26; Kapp, Das Wettbewerbsverbot des Handelsvertreters: Korrekturbedarf bei den Vertikal-Leitlinien der Kommission?, WuW 2007, 1218; Kapp, EG-kartellrechtliche Fehlentwicklung bei Handelsvertreterverträgen?, WuW 1990, 814; Kapp, FS Luik, 1991, 503; Kasten, Die Leegin-Entscheidung des U. S. Supreme Court: Aufgabe des Per-se-Verbots für Mindestpreisbindungen im U. S.-Bundeskartellrecht, RIW 2007, 649; Kasten, Vertikale (Mindest-)Preisbindung im Licht des „more economic approach" – Neuorientierung der Behandlung von Preisbindungen im deutschen und EG-Kartellrecht?, WuW 2007, 994; Klawitter, Zur Bindung der Endverbraucherpreise durch ein Vertriebssystem über Handelsvertreter (Anmerkung zu BGHZ 97, 317, 322 – EH-Partner-Vertrag), GRUR 1986, 754; Köhler, Agenturvertrieb und Preisbindungsverbot, ZHR 151 (1987), 224; Kumkar, Online-Märkte und Wettbewerbsrecht, Diss 2017; Lange, Kartellrechtlicher Unternehmensbegriff und staatliches Wirtschaftshandeln in Europa, WuW 2012, 953; Lettl, Kartellverbot nach Art. 101 AEUV, §§ 1, 2 GWB und vertikale Preisempfehlung/Preisbindung, WRP 2011, 710; Markert, Die Thyssengas/STAWAG-Entscheidung des OLG Düsseldorf – ein Fehlurteil?, WuW 2002, 578; Metzlaff, Category Management und Kartellrecht, ZVertriebsR 2012, 135; Metzlaff, Mehrfirmen-Handelsvertreter und Europäisches Kartellrecht, Festschrift für Gerhard Wegen 2015, 499; Metzlaff/B. Müller, Novellierung der Vertikal-Gruppenfreistellungsverordnung geht in die nächste Phase, ZVertriebsR 2020, 34; Möschel, Absatzmittler und vertikale Preisbindung, BB 1985, 1477; B. Müller, Handelsvertreterprivileg im EU-Kartellrecht – Beurteilung von Handelsvertreterverträgen vor dem Hintergrund des Art. 101 Abs. 1 AEUV; Nolte, Reform des EG-Kartellrechts für Vertriebs- und Zulieferverträge, BB 1998, 193; Nolte, Renaissance des Handelsvertretervertriebs?, WuW 2006, 252; Pukall, Neue Politik der Europäischen Kommission hinsichtlich der wettbewerbsrechtlichen Behandlung von Vertriebsvereinbarungen, DB 1998, 2353; Rittner, Das Wettbewerbsverbot des Handelsvertreters und § 18 GWB, DB 1989, 2587; Rittner, Die EG-Kommission und das Handelsvertreterrecht – Zum geplanten EG-Recht über Vertikalverträge, DB 1999, 2097; Schwark, Zum Verbot der Preisbindung bei einer auf Handelsvertreterverträgen aufgebauten Absatzorganisation (Anmerkung zu BGHZ 97, 317, 322 – EH-Partner-Vertrag) NJW 1986, 2954; Seemann, Schranken des EG-Kartellrechts für die Ausgestaltung von Handelsvertreterverträgen, Diss. 1995; Semler/Bauer, Die neue EU-Gruppenfreistellungsverordnung für vertikale Wettbewerbsbeschränkungen – Folgen für die Rechtspraxis DB 2000, 193; Semler, Echte und unechte Handelsvertreter – Abgrenzungsfragen und kartellrechtliche Bedeutung, ZVertriebsR 2012, 156; Sosnitza/Hoffmann, Die Zukunft der vertikalen Preisbindung im Europäischen Kartellrecht, AG 2008, 107; Stauber, Neues zum „echten" Handelsvertreter, NZKart 2015, 423; Thomas, Grundsätze zur Beurteilung vertikaler Wettbewerbsverbote, WuW 2010, 177; Völcker, Handelsvertretervertrieb und EG-Kartellrecht, Diss. 1993; Vollmer, Der Zugriff auf elektronisch gespeicherte Daten im Kartellordnungswidrigkeitenverfahren, WuW 2006, 235; Walcher, Die „Schirm"-Gruppenfreistellungsverordnung und das Ende der weltweiten Erschöpfung von Markenrechten – Mehr Freiheit für den Unternehmer bei Preisgestaltung und Exportklauseln?, WRP 2005, 850; Wegner/Pfeffer, Alleinbezugsverträge über Mineralölerzeugnisse zwischen einem Tankstellenbetreiber und einem Mineralölunternehmen, EuZW 2008, 668; Westermann, Die Entscheidung des BGH zum Lotteriewettbewerb, ZWeR 2010, 81.

Übersicht

A. Einleitung

I. Grundlagen

1. Normzweck. Art. 101 AEUV leitet den Abschnitt über Wettbewerbsregeln im **1** AEUV ein. Er dient dem **Schutz des unverfälschten Wettbewerbs** im Binnenmarkt. Zu diesem Zweck untersagt er Maßnahmen, die geeignet sind, den zwischenstaatlichen Handel zu beeinträchtigen und eine Verhinderung, Einschränkung oder Verfälschung des Wettbewerbs innerhalb des Binnenmarkts bezwecken oder bewirken. Die Vorschrift unterscheidet nicht zwischen horizontalen und vertikalen Beschränkungen des Wettbewerbs, sondern verbietet jegliche Beeinträchtigung des Wettbewerbs.

Der Wortlaut des Art. 101 AEUV ist durch unbestimmte Rechtsbegriffe gekennzeichnet. **2** Insoweit kommt der bisherigen Rechtsprechungs- und Kommissionspraxis, den Leitlinien der Kommission und der Zielsetzung der Norm bei deren **Auslegung** eine erhöhte Bedeutung zu.

Rechtsfolge eines Verstoßes gegen Art. 101 Abs. 1 AEUV ist gemäß Art. 101 Abs. 2 **3** AEUV grundsätzlich die **Nichtigkeit** der Vereinbarung. Die weiteren Rechtsfolgen ergeben sich aus dem nationalen Recht. Neben der Nichtigkeit der Vereinbarung sind Kartellverfahren und Schadensersatzklagen mögliche Folgen eines Verstoßes gegen Art. 101 Abs. 1 AEUV.

Art. 101 Abs. 3 AEUV ermöglicht eine **Freistellung** der Verhaltensweisen vom Verbot **4** des Abs. 1, wenn die Voraussetzungen einer angemessenen Verbraucherbeteiligung am entstehenden Gewinn, einer Verbesserung der Warenerzeugung oder -verteilung oder ein Beitrag zur Förderung des technischen und wirtschaftlichen Fortschritts vorliegen, ohne dass den beteiligten Unternehmen Beschränkungen auferlegt werden, die für die Verwirklichung der Ziele nicht unerlässlich sind oder Möglichkeiten eröffnet werden, für einen wesentlichen Teil der betreffenden Waren den Wettbewerb auszuschalten.

2. Unmittelbare Anwendbarkeit. Das Kartellverbot des Art. 101 Abs. 1 AEUV wird **5** sowohl von der Europäischen Kommission als auch von den nationalen Wettbewerbsbehörden und Gerichten angewandt. Art. 3 Abs. 1 KartellVO[1] verpflichtet die Wett-

---

[1] Verordnung Nr. 1/2003 des Rates vom 16.12.2002 zur Durchführung der in den Artikeln 81 und 82 des Vertrags niedergelegten Wettbewerbsregeln, ABl. 2003 L 1, 1.

bewerbsbehörden und Gerichte der Mitgliedsstaaten, neben dem nationalen Wettbewerbsrecht auch Art. 101 Abs. 1 AEUV auf Vereinbarungen, Beschlüsse von Unternehmensvereinigungen und aufeinander abgestimmte Verhaltensweisen anzuwenden. Diese **Pflicht zur parallelen Anwendung** besteht jedoch nur, wenn die Verhaltensweise den Handel zwischen Mitgliedsstaaten beeinträchtigen könnte. Sie ist aufgrund der Angleichung des § 1 GWB an Art. 101 Abs. 1 AEUV für die Entscheidungen deutscher Kartellbehörden und Gerichte nahezu bedeutungslos. Beide Vorschriften stimmen weitgehend überein, sodass eine unterschiedliche Beurteilung regelmäßig ausscheidet.[2]

6   Die Pflicht zur parallelen Anwendung gemäß Art. 3 Abs. 1 KartellVO wird ergänzt durch einen **Vorrang des europäischen Kartellrechts**. Die **Konvergenzklausel** des Art. 3 Abs. 2 S. 1 KartellVO besagt, dass die Anwendung der nationalen Rechtsvorschriften nicht zum Verbot von Vereinbarungen, Beschlüssen von Unternehmensvereinigungen und abgestimmten Verhaltensweisen führen darf, die erstens geeignet sind, den Handel zwischen den Mitgliedsstaaten zu beeinträchtigen und zweitens nach europäischem Recht zulässig sind. Strengeres nationales Recht ist somit nur auf Sachverhalte anwendbar, die nicht geeignet sind, den mitgliedsstaatlichen Handel zu beeinträchtigen. Wegen der diesbezüglichen Abgrenzungsschwierigkeiten, besteht ein Anreiz für die Mitgliedsstaaten ihre kartellrechtlichen Vorschriften an die der europäischen Verträge anzugleichen.[3] Dies ist in Deutschland geschehen.[4]

7   Art. 3 Abs. 2 S. 1 KartellVO stellt (gruppen-)freigestellte Vereinbarungen solchen gleich, die nicht von Art. 101 Abs. 1 AEUV erfasst werden. Daher müssen die Mitgliedsstaaten auch die Gruppenfreistellungsverordnungen der Europäischen Kommission berücksichtigen.[5] Verordnungen wirken gemäß Art. 288 AEUV direkt und unmittelbar in jedem Mitgliedsstaat, sind also bei der Anwendung des Art. 101 Abs. 1 AEUV auch durch die Mitgliedsstaaten heranzuziehen. Die durch Art. 1 Abs. 2 KartellVO vorgesehene **Legalausnahme**[6] bindet deshalb auch die nationalen Spruchkörper. Keine Bindungswirkung entfalten hingegen Bekanntmachungen der Kommission.[7]

8   Der Anwendungsbereich mitgliedsstaatlicher Rechtsvorschriften, die andere Ziele als die europäischen Wettbewerbsregeln verfolgen, wird gemäß Art. 3 Abs. 3 KartellVO nicht berührt.[8] Anwendbar bleiben auch diejenigen Vorschriften, die einseitiges Verhalten regeln, Art. 3 Abs. 2 S. 2 KartellVO.

9   **3. Tatbestand, Art. 101 Abs. 1 AEUV. a) Unternehmensbegriff.** Art. 101 AEUV richtet sich an Unternehmen und Unternehmensvereinigungen, sodass der Unternehmensbegriff hinsichtlich aller Tatbestandsalternativen von erheblicher Bedeutung ist. Rechtsprechung, Kommissionspraxis und Schrifttum wenden den **funktionalen Unternehmensbegriff** an. Demnach umfasst der Begriff des Unternehmens „im Rahmen des Wettbewerbsrechts jede eine **wirtschaftliche Tätigkeit ausübende Einheit,** unabhängig von ihrer Rechtsform und der Art ihrer Finanzierung".[9] Zwei Merkmale müssen vorliegen:

---

[2] Vgl. auch die Kommentierung zu → GWB § 1 → Rn. 2.
[3] Langen/Bunte/Sura EuWettbRVO Nr. 1/2003 Art. 3 Rn. 17 mwN.
[4] Vgl. → GWB § 1 Rn. 2.
[5] LFP/Petsche/Lager/Metzlaff § 5 Rn. 39 ff.
[6] Ausführlich → Rn. 69.
[7] Vgl. jedoch die Schlussanträge von GA Kokott vom 6.9.2012 im Expedia-Verfahren, EuGH 13.12.2012 – Rs. C-226/11 Rn. 39: „Selbst wenn also für die nationalen Wettbewerbsbehörden und Gerichte aus der De-minimis-Bekanntmachung der Kommission keine zwingenden Vorgaben für die wettbewerbsrechtliche Beurteilung von Unternehmensvereinbarungen folgen, müssen sich diese Behörden und Gerichte doch mit der in jener Bekanntmachung zum Ausdruck kommenden Einschätzung der Kommission zur Spürbarkeit von Wettbewerbsbeschränkungen auseinandersetzen und gerichtlich überprüfbare Gründe für etwaige Abweichungen davon angeben". Das Urteil des EuGH ZVertriebsR 2013, 30 geht auf die von der Generalanwältin statuierte Pflicht zur Begründung einer Abweichung von der Bekanntmachung nicht ein und belässt es bei der Feststellung der Unverbindlichkeit, Rn. 29 des Urteils.
[8] Vgl. auch Erwägungsgrund (9) der KartellVO.
[9] StRspr seit EuGH Slg. 1991, I-1979 Rn. 21 = BeckEuRS 1991, 176877 – Höfner und Elser; vgl. für weitere Nachweise: Wiedemann § 4 Rn. 1; MüKoEuWettbR/Säcker/Steffens Art. 101 Rn. 6; Langen/Bunte/Hengst EuWettbR AEUV Art. 101 Rn. 5.

Zum einen muss es sich um eine „Einheit" handeln; zum anderen muss diese Einheit eine „wirtschaftliche Tätigkeit" ausüben.

Die **„Einheit"** ist durch eine „einheitliche Organisation persönlicher, materieller und **10** immaterieller Mittel" gekennzeichnet.[10] Unternehmen können juristische und natürliche Personen sein. Auf die wirtschaftliche Größe des Unternehmens kommt es nicht an. Auch kleine Einzelkaufleute können Unternehmen sein. Entsprechend der Kommission ist zweistufig zu prüfen: Zuerst wird untersucht, wer aufgrund einer **wirtschaftlichen Betrachtungsweise** als handelnde Einheit anzusehen ist, um sodann deren Träger als **Adressat** einer möglichen Entscheidung der Kommission herauszufiltern.[11]

Jede „Einheit" ist ein Unternehmen, wenn sie eine „wirtschaftliche Tätigkeit" ausübt. **11** Der EuGH sieht als **wirtschaftliche Tätigkeit** jede Tätigkeit an, die darin besteht, Güter oder Dienstleistungen auf einem bestimmten Markt **anzubieten**.[12] Die Tätigkeit muss üblicherweise gegen Entgelt angeboten werden. Somit handelt es sich bei jedem entgeltlichen Anbieten von Gütern auf dem Binnenmarkt um eine wirtschaftliche Tätigkeit.[13] Jedoch kann auch der Erbringer einer unentgeltlichen Leistung ausnahmsweise ein Unternehmen sein.[14]

Durch das Merkmal des Anbietens wird die reine **Nachfrage für Güter, die zu nicht- 12 wirtschaftlichen Zwecken erworben werden, ausgeschlossen.**[15] Dieser Ausschluss ist insbesondere für die Nachfragetätigkeit der öffentlichen Hand relevant, die nicht mehr der europäischen Kartellrechtskontrolle unterliegt.[16] Er ist in der deutschen Rechtsprechung und im deutschen Schrifttum auf Kritik gestoßen. Das Bundeskartellamt hat noch in seinem Tätigkeitsbericht 2005/2006 dargestellt, dass es keinen Anlass sehe, von seiner Auffassung abzuweichen und weiterhin auch die Nachfragetätigkeit als wirtschaftliche Tätigkeit ansehe.[17] Diese Praxis verfolgt das Bundeskartellamt seit dem Jahr 2015 nicht mehr.[18] Eine richterliche Entscheidung, ob das nationale Kartellrechts auch auf die reine Nachfrage für Güter, die zu nichtwirtschaftlichen Zwecken erworben werden, angewendet werden soll, ist noch nicht ergangen.

Die **Rechtsform** ist **unbedeutend,** sodass jede juristische und natürliche Person Un- **13** ternehmer iSd Art. 101 AEUV sein kann. Entscheidend ist nur die ausgeübte Tätigkeit, sodass ein und dieselbe Einheit bezüglich mancher Tätigkeiten als Unternehmer anzusehen sein kann, bezüglich anderer jedoch nicht (daher auch **„relativer Unternehmensbegriff"**).[19]

Nicht erforderlich ist eine **Gewinnerzielungsabsicht.**[20] Auch gemeinnützige Organisa- **14** tionen und soziale Einrichtungen können Unternehmen sein.[21]

---

[10] EuG Slg. 1992, II-757 Rn. 311 = BeckEuRS 1992, 189918 – Shell.

[11] Vgl. MüKoEuWettbR/Säcker/Steffens Art. 101 Rn. 4; Immenga/Mestmäcker/Zimmer EuWettbR Art. 101 Abs. 1 Rn. 27.

[12] EuGH Slg. 2008, I-4863 Rn. 22 = EuZW 2008, 605 mwN – MOTOE.

[13] Immenga/Mestmäcker/Zimmer EuWettbR Art. 101 Abs. 1 Rn. 26 f.; Loewenheim/Meessen/Riesenkampff/Kersting/Meyer-Lindemann/Grave/Nyberg Art. 101 Abs. 1 Rn. 102.

[14] ZB bei der für Zuschauer kostenlosen Ausstrahlung von Fernsehsendungen durch Fernsehsender, EuGH Slg. 1985, 3261 = NJW 1986, 650 – CBEM/CLT u. IPB.

[15] EuGH Slg. 2006, I-6319 Rn. 25 = EuZW 2006, 600 – FENIN; Immenga/Mestmäcker/Zimmer EuWettbR Art. 101 Abs. 1 Rn. 16 ff. mwN.

[16] Langen/Bunte/Hengst EuWettbR Art. 101 Rn. 8 ff.

[17] BKartA Tätigkeitsbericht 2005/2006, 52; für das Beibehalten der Nachfragetätigkeit als wirtschaftliche Tätigkeit: Langen/Bunte/Hengst EuWettbR Art. 101 Rn. 10; dem EuGH zustimmend: MüKoEuWettbR/Säcker/Herrmann 2. Aufl. 2015, Einl. Rn. 997; kritisch zur Rechtsprechung des EuGH, jedoch ohne ausdrücklich Stellung zu beziehen: Immenga/Mestmäcker/Zimmer EuWettbR Art. 101 Abs. 1 Rn. 13.

[18] Dazu → GWB § 1 Rn. 17.

[19] MüKoEuWettbR/Säcker/Steffens Art. 101 Rn. 7; Lange WuW 2002, 953.

[20] Immenga/Mestmäcker/Zimmer EuWettbR Art. 101 Rn. 46; Loewenheim/Meessen/Riesenkampff/Kersting/Meyer-Lindemann/Grave/Nyberg Art. 101 Abs. 1 Rn. 102.

[21] EuGH Slg. 1997, I-7119 Rn. 21 = EuZW 1998, 274 – Job Centre.

15   **Nicht als wirtschaftliche Tätigkeit** anzusehen sind demgegenüber der private End-verbrauch, nichtwirtschaftliche und hoheitliche Tätigkeiten sowie nach herrschender Lehre die Tätigkeit als Arbeitnehmer.[22]

16   Auf die **Dauer der Tätigkeit** kommt es nicht an. Auch eine bloß gelegentliche wirt-schaftliche Tätigkeit kann für die Unternehmenseigenschaft ausreichen.[23] Entscheidend für die Anwendung des Art. 101 AEUV ist allein die die wettbewerbsbeschränkende Wirkung, welche auch von nur kurzfristig bestehenden Unternehmen verursacht werden kann.

17   Die Bestimmung des Unternehmensbegriffes ist auch relevant für die Behandlung kon-zerninterner Wettbewerbsbeschränkungen und die Anwendbarkeit des sogenannten **Kon-zernprivilegs.** Greifen dessen Voraussetzungen, liegt keine Vereinbarung zwischen Unter-nehmen vor, sodass Art. 101 AEUV unanwendbar ist. Entscheidendes Kriterium für das Vorliegen eines Konzerns ist die Entscheidungsautonomie, also die Frage, ob Tochter- und Muttergesellschaft autonom agieren oder ob ein Weisungsrecht besteht.[24] Im Fall „Akzo Nobel" hat der EuGH entschieden, dass bei einer 100 %igen Kapitalbeteiligung eine widerlegliche Vermutung besteht, dass die Muttergesellschaft einen bestimmenden Einfluss auf die Tochter hat, sodass ein Konzern anzunehmen ist.[25]

18   An einer Vereinbarung zwischen Unternehmen kann es auch bei Handelsvertreterver-trägen mangeln (sogenanntes **„Handelsvertreterprivileg"**).[26]

19   **b) Vereinbarungen, Beschlüsse und abgestimmte Verhaltensweisen.** Art. 101 Abs. 1 AEUV unterstellt verschiedene Verhaltensweisen dem Kartellverbot. Vereinbarun-gen zwischen Unternehmen, durch die der Wettbewerb beschränkt wird, sind ebenso kartellrechtlich bedenklich wie Beschlüsse von Unternehmensvereinigungen und zwischen Unternehmen abgestimmte Verhaltensweisen.

20   **aa) Vereinbarung.** Eine Vereinbarung ist eine **Willensübereinstimmung** der betei-ligten Unternehmen. Eine solche liegt vor, wenn diese übereingekommen sind, sich in bestimmter Weise am Markt zu verhalten.[27] Es existieren keine Formerfordernisse.[28] Erfasst werden sowohl schriftliche als auch mündliche, ausdrückliche oder konkludente Verein-barungen, sofern in ihnen nur der gemeinsame Wille zum Ausdruck kommt, sich auf dem Markt in einer bestimmten Weise zu verhalten.[29]

21   Die Vereinbarung muss nicht nach dem anwendbaren nationalen Zivilrecht rechtlich verbindlich sein.[30] Auch **Gentlemen's Agreements** unterfallen dem Tatbestand des Art. 101 Abs. 1 AEUV.[31] Im Sinne eines umfassenden Wettbewerbsschutzes ist auf die Wirkung einer Absprache und nicht auf deren rechtliche Verbindlichkeit abzustellen, sodass bereits faktische, moralische oder wirtschaftliche Bindungen ausreichen, um den Tatbestand der Vereinbarung zu erfüllen.[32] Der kartellrechtliche Vereinbarungsbegriff ist folglich nicht deckungsgleich mit dem bürgerlich-rechtlichen, sondern geht über diesen hinaus.[33]

---

[22] MüKoEuWettbR/Säcker/Steffens Art. 101 Rn. 23 ff., 27 ff. mwN.

[23] EuGH Slg. 1991, I-979 = BeckEuRS 1991, 176877 – Höfner und Elser.

[24] KOM ABl. 2004 L 38, 18 Rn. 204 – Methylglukamin; EuGH ECLI:EU:C:2013:514 Rn. 38 – Stich-ting A. Portielje.

[25] Die Entscheidung Slg. 2009, I-08237 Rn. 63 = EUZW 2009, 816 – Akzo Nobel befasste sich mit der Zurechenbarkeit einer Verhaltensweise an andere Konzernunternehmen. Der Entscheidungsmaßstab ist jedoch derselbe wie derjenige bei Anwendung des Konzernprivilegs; vgl. hierzu Immenga/Mestmäcker/Zimmer EuWettbR Art. 101 Abs. 1 Rn. 32 f.

[26] Für Einzelheiten → Rn. 149 ff.

[27] EuGH Slg. 1980, 3125 Rn. 86 = BeckRS 2004, 72290 – Van Landewyck; 1970, 661 Rn. 112 = BeckRS 2004, 71129 – ACF; MüKoEuWettbR/Paschke Art. 101 Rn. 88; Immenga/Mestmäcker/Zimmer EuWettbR Art. 101 Abs. 1 Rn. 68.

[28] Statt aller: MüKoEuWettbR/Paschke Art. 101 Rn. 95.

[29] Immenga/Mestmäcker/Zimmer EuWettbR Art. 101 Abs. 1 Rn. 68 f.

[30] EuG Slg. 1998, II-1751 Rn. 65 = BeckEuRS 1998, 229982 – Mayr-Melnhof.

[31] EuGH Slg. 1970, 661 Rn. 110/114 = BeckRS 2004, 71129 – ACF.

[32] Vgl. Immenga/Mestmäcker/Zimmer EuWettbR Art. 101 Abs. 1 Rn. 70 ff. mwN aus der Praxis der Unionsorgane.

[33] Vgl. Immenga/Mestmäcker/Zimmer EuWettbR Art. 101 Abs. 1 Rn. 72.

Ob sich ein Unternehmen **freiwillig** oder **unter Druck** an der Vereinbarung beteiligt **22** hat, ist unerheblich, sofern die Beteiligung auf seinem Willen beruht.[34] Nicht erforderlich sind **Sanktionen** oder Durchsetzungsmaßnahmen. Irrelevant ist ebenfalls der Grad des Engagements an der Vereinbarung oder an einzelnen Aktionen.

Die Vereinbarung muss **zwischen Unternehmen** geschlossen werden. Dies ist bei **23** konzerninternen Absprachen und in Fällen, in denen das Handelsvertreterprivileg greift, nicht der Fall.[35]

Vereinbarungen sind von **einseitigen Maßnahmen** abzugrenzen. Einseitige Maßnah- **24** men sind solche, die ohne das Einverständnis der anderen Partei getroffen werden. Bedeutung gewinnt die Abgrenzung sowohl bezüglich der Beurteilung von Empfehlungen, Aufforderungen und Anordnungen als auch hinsichtlich Kontroll- und Anreizsystemen.[36]

Die europäischen Gerichte stellen für das Vorliegen einer Vereinbarung darauf ab, ob der **25** von der Maßnahme betroffene Vertragspartner dieser ausdrücklich oder zumindest stillschweigend zustimmt.[37] Als einseitige Maßnahmen kommen somit solche in Betracht, die ohne jegliche vorherige Kontaktaufnahme erfolgen aber auch solche, die den Regelungsbereich einer Vereinbarung überschreiten und sich auch nicht – etwa im Wege ergänzender Vertragsauslegung – in diese einfügen **(„überschießende Maßnahmen")**.[38] Eine einseitige Maßnahme liegt vor, wenn das handelnde Unternehmen nicht beabsichtigt, den Willen des Vertragspartners zu beeinflussen.[39] Eine Vereinbarung liegt nicht schon dann vor, wenn die einseitige Maßnahme eines Herstellers durch ein Kontroll- und Sanktionssystem ergänzt wird; ein solches kann jedoch ein Indiz für eine Vereinbarung sein.[40]

Tatsächlich einseitige Maßnahmen unterfallen nicht dem Kartellverbot des Art. 101 **26** Abs. 1 AEUV.[41] Sie können jedoch, wenn sie von einem marktbeherrschenden Unternehmen getroffen werden, durch Art. 102 AEUV verboten sein.

Art. 101 Abs. 1 AEUV unterscheidet nicht zwischen **horizontalen und vertikalen** **27** Vereinbarungen. Art. 101 Abs. 1 AEUV gilt daher sowohl für Kartelle zwischen Konkurrenten wie für Vertriebsvereinbarungen zwischen Unternehmen auf verschiedenen Wirtschaftsstufen. Zu den letzteren zählen zB Ausschließlichkeits- und Vertriebsbindungen, Preis- und Konditionenbindungen sowie Lizenzvereinbarungen.

bb) Beschlüsse von Unternehmensvereinigungen. Die zweite Handlungsalternative **28** des Art. 101 Abs. 1 AEUV bilden Beschlüsse von Unternehmensvereinigungen. Unternehmensvereinigungen sind Zusammenschlüsse von Unternehmen, die deren Interessen wahrnehmen, sofern die Vereinigungen nicht ohne Bezug zum Wirtschaftsleben sind oder hoheitliche Aufgaben wahrnehmen.[42] Der EuGH hat Sozialversicherungen die Unternehmenseigenschaft abgesprochen und unterwirft diese somit nicht Art. 101 Abs. 1 AEUV.[43]

Irrelevant sind sowohl die Art und Weise des Zustandekommens des Beschlusses als auch **29** dessen Verbindlichkeit, sofern nur hinreichend deutlich zum Ausdruck kommt, dass die Unternehmensvereinigung das Verhalten ihrer Mitglieder am Markt **koordinieren will.**[44]

---

[34] EuG Slg. 1996, II-961 Rn. 71 = BeckEURS 1996, 212151 – Asia Motor II; 1995, II-791 Rn. 58 = BeckEuRS 1995, 207444 – Tréfileurope; 1995, II-1127 Rn. 53 = BeckEuRS 1995, 207451 – Sotralentz.

[35] Vgl. bereits → Rn. 17 und → Rn. 147 ff.

[36] MüKoEuWettbR/Paschke Art. 101 Rn. 121 ff.

[37] EuG Slg. 2000, II-3383 Rn. 72 = GRUR-Int 2001, 616 – Adalat; bestätigt durch EuGH Slg. 2004, I-23 = EuZW 2004, 309; vgl. auch Bechtold/Bosch/Brinker Art. 101 Rn. 50.

[38] Langen/Bunte/Sura EuWettbR VO 1/2003 Art. 3 Rn. 23; Dauses/Hoffmann H. I. § 1 Rn. 42.

[39] Bechtold/Bosch/Brinker Art. 101 Rn. 50.

[40] EuGH Slg. 2004, I-23 Rn. 83 = EuZW 2004, 309 – Adalat; Kommission, Vertikal-Leitlinien, Rn. 25 lit. a.

[41] Langen/Bunte/Hengst EuWettbR Art. 101 Gen. Prinz. Rn. 100 mwN.

[42] MüKoEuWettbR/Paschke Art. 101 Rn. 140.

[43] EuGH Slg. 1993, I-637 Rn. 18, 19 = EuZW 1993, 355 – Poucet-Pistre, mwN Langen/Bunte/Hengst EuWettbR Art. 101 Rn. 26.

[44] EuGH Slg. 1987, 405 Rn. 32 = NJW 1987, 2150 – Verband der Sachversicherer; Immenga/Mestmäcker/Zimmer EuWettbR Art. 101 Abs. 1 Rn. 80 und 82; vgl. auch Westermann ZWeR 2010, 81 (93).

30   Der EuGH hat eine **Verbandsempfehlung,** die als unverbindlich bezeichnet war und nur von einem Ausschuss ausgesprochen worden ist, als Beschluss einer Unternehmensvereinigung angesehen.[45] Die Empfehlung sei unabhängig von ihrer rechtlichen Einordnung „Ausdruck des Willens des Klägers […], das Verhalten seiner Mitglieder […] der Empfehlung entsprechend zu koordinieren."[46] Auch unverbindliche Empfehlungen können somit als Beschlüsse von Unternehmensvereinigungen angesehen werden.[47] Teilweise wird einschränkend gefordert, dass die Empfehlung tatsächlich befolgt wird oder geeignet ist, auf die Verbandsmitglieder Druck auszuüben, sie zu befolgen.[48] Eine derartige Eignung sei anzunehmen, wenn abweichendes Verhalten sanktioniert werde.[49] Nur verbindliche Empfehlungen als Beschluss von Unternehmensvereinigungen anzusehen, führe zudem zu einem Widerspruch mit der Tatbestandsalternative der Vereinbarung. Hier sei gerade keine Verbindlichkeit nötig, sodass eine solche auch bei der Alternative des Beschlusses die gerade Umgehungen des Vereinbarungstatbestandes verhindern will, nicht erforderlich sein könne.[50] Auf die Verbindlichkeit des Beschlusses kommt es somit nicht an.

31   **cc) Abgestimmte Verhaltensweisen.** Bei der Tatbestandsalternative der „aufeinander abgestimmten Verhaltensweise" handelt es sich um einen **Auffangtatbestand,** der einen lückenlosen Schutz des Wettbewerbs sicherstellen soll.[51]

32   Die Wettbewerbsregeln des europäischen Rechts sehen vor, dass die Unternehmen ihr Verhalten am Markt eigenständig bestimmen (sog. **„Selbstständigkeitspostulat").**[52]

33   Die Kehrseite dieses Postulats („Abstimmung") ist das Verbot jeder unmittelbaren oder mittelbaren **Fühlungnahme** zwischen Unternehmen, die das Marktverhalten eines Mitbewerbers beeinflussen oder ihn über eigenes künftiges Marktverhalten in Kenntnis setzen will.[53] Eine solche Fühlungnahme geschieht oftmals durch **Informationsaustausch.**[54]

34   Dabei können zwei Fallgestaltungen unterschieden werden: zum einen die **Unterrichtung** der Konkurrenten **über das geplante eigene Verhalten** in der Erwartung, dass sich die Adressaten danach richten werden, zum anderen der Versuch, **über das zukünftige Verhalten der Konkurrenten Aufschluss** zu erhalten. In beiden Fällen verändern die Unternehmen durch ihre Zusammenarbeit im Wege des Informationsaustauschs künstlich die Wettbewerbsbedingungen, die gerade durch die Unsicherheit über die Reaktionen der Konkurrenten gekennzeichnet sind. Das Verbot abgestimmter Verhaltensweisen erfasst daher nach einer ständig wiederholten Formulierung des Gerichtshofs **jede Form der Koordinierung zwischen Unternehmen, die bewusst eine praktische Zusammenarbeit** an die Stelle des mit Risiken verbundenen Wettbewerbs treten lassen.[55]

35   Die abgestimmten Verhaltensweisen sind zum einen von den Vereinbarungen abzugrenzen. Anders als bei einer Vereinbarung verzichten die Beteiligten bei einer bloßen Verhaltensabstimmung von vornherein **auf jede Form einer** faktischen oder gar rechtlichen **Verbindlichkeit** ihrer Maßnahmen. Abzugrenzen ist das Merkmal der abgestimmten Ver-

---

[45] EuGH Slg. 1987, 405 Rn. 27 ff. = NJW 1987, 2150 – Verband der Sachversicherer.
[46] EuGH Slg. 1987, 405 Rn. 32 = NJW 1987, 2150 – Verband der Sachversicherer.
[47] EuGH 28.2.2013 – C-1/12 Rn. 46, BeckRS 2013, 80415 – Ordem dos Técnicos Oficiais de Contas; Langen/Bunte/Hengst EuWettbR Art. 101 Gen. Prinz. Rn. 135; FK-KartellR/Roth/Ackermann Art. 101 Abs. 1 Rn. 145 ff.; Immenga/Mestmäcker/Zimmer EuWettbR Art. 101 Abs. 1 Rn. 81 f.; aA Bechtold/Bosch/Brinker Art. 101 Rn. 52.
[48] MüKoEuWettbR/Paschke Art. 101 Rn. 149.
[49] MüKoEuWettbR/Paschke Art. 101 Rn. 149.
[50] MüKoEuWettbR/Paschke Art. 101 Rn. 149; wohl auch Immenga/Mestmäcker/Zimmer EuWettbR Art. 101 Abs. 1 Rn. 81 f.; FK-KartellR/Roth/Ackermann Art. 101 Rn. 145.
[51] Immenga/Mestmäcker/Zimmer EuWettbR Art. 101 Abs. 1 Rn. 88; MüKoEuWettbR/Paschke Art. 101 Rn. 152 f.
[52] Langen/Bunte/Hengst EuWettbR Art. 101. Rn. 109; MüKoEuWettbR/Paschke Art. 101 Rn. 152; Immenga/Mestmäcker/Zimmer EuWettbR Art. 101 Abs. 1 Rn. 88.
[53] Vgl. EuGH Slg. 1975, 1668 Rn. 173/174 = NJW 1976, 470 – Suiker Unie.
[54] Immenga/Mestmäcker/Zimmer EuWettbR Art. 101 Abs. 1 Rn. 87, 89, 92 und 94.
[55] StRspr seit EuGH Slg. 1975, 1668 Rn. 173/174 = NJW 1976, 470 – Suiker Unie; weitere Nachweise bei: Immenga/Mestmäcker/Zimmer EuWettbR Art. 101 Abs. 1 Rn. 87 f.

haltensweise ferner von dem **autonomen unternehmerischen Verhalten** (einschließlich des unbedenklichen bewussten Parallelverhaltens). Diese Abgrenzung erfolgt anhand einer Kausalitätsprüfung, sodass die Abstimmung für das anschließende Verhalten ursächlich gewesen sein muss.[56] Abgestimmte Verhaltensweisen sind daher ebenso wie Vereinbarungen von einseitigem Verhalten abzugrenzen.[57]

Eine abgestimmte Verhaltensweise ist gegeben, wenn sich Unternehmen aufgrund einer **36** Abstimmung gleichförmig am Markt verhalten. Eine „aufeinander abgestimmte Verhaltensweise" bedarf daher neben der Abstimmung auch des **entsprechenden Verhaltens,** die Unternehmen müssen deshalb entsprechend der Abstimmung am Markt tatsächlich agieren.[58] Kartellabsprachen werden zwar mitunter als **Kommunikationsdelikte** bezeichnet,[59] eine abgestimmte Verhaltensweise liegt jedoch nach der Rechtsprechung des EuGH erst vor, wenn die Abstimmung zu einem mit ihr konformen Verhalten geführt hat.[60] Der **Tatbestand ist mithin zweigliedrig** und erst erfüllt, wenn es aufgrund einer Abstimmung zu gleichförmigen Verhalten der Beteiligten kommt.[61] Insoweit unterscheiden sich abgestimmte Verhaltensweisen von Vereinbarungen zwischen Unternehmen und Beschlüssen von Unternehmensvereinigungen, die eine Durchführung nicht erfordern sondern bereits durch das Zustandekommen der Vereinbarung beziehungsweise des Beschlusses wettbewerbswidrig sind.[62]

Ist eine Abstimmung nachgewiesen und folgt ihr ein entsprechendes Verhalten, so liegt **37** eine „aufeinander abgestimmte Verhaltensweise" vor, **sofern ein ursächlicher Zusammenhang** besteht.

Allerdings erkennt der EuGH eine **Vermutung der Kausalität** an, wenn das tatsäch-**38** liche Marktverhalten deckungsgleich mit dem abgestimmten ist, sodass die Unternehmen nachweisen müssen, dass ihr Verhalten auf autonomen Entscheidungen und nicht auf der Abstimmung basiert.[63] Diese Vermutung kann bereits bei einem einmaligen Treffen eingreifen.[64] Bei einer länger andauernden Abstimmung ist sie verstärkt.[65] Im Ergebnis vermutet der EuGH also, zum einen, dass eine Abstimmung zu gleichförmigen Verhalten führt, wenn die Parteien weiterhin auf dem Markt tätig sind, und zum anderen, dass gleichförmiges Verhalten auf der Abstimmung basiert. Dagegen ist nicht erforderlich, dass es bereits zu **wettbewerbswidrigen Wirkungen** des Verhaltens gekommen ist.[66]

c) Beeinträchtigung des zwischenstaatlichen Handels. Die Verhaltensweisen müs-**39** sen geeignet sein, den zwischenstaatlichen Handel zu beeinträchtigen. Das Merkmal dient neben der **Tatbestandseingrenzung** auch der **Kompetenzabgrenzung** zwischen EU-Kommission und nationalen Wettbewerbsbehörden.[67] Die Klausel wurde lange weit ausgelegt, erfuhr jedoch im Zuge der weitgehenden Angleichung des Wettbewerbsrechts innerhalb der Union eine stärkere Restriktion.[68]

---

[56] Langen/Bunte/Hengst EuWettbR Art. 101 Rn. 116; MüKoEuWettbR/Paschke Art. 101 Rn. 155 f. und 191 f.; Immenga/Mestmäcker/Zimmer EuWettbR Art. 101 Abs. 1 Rn. 89; Lettl WRP 2011, 710 (715).

[57] Vgl. bereits → Rn. 23; zur Einseitigkeit von Preisempfehlungen Lettl WRP 2011, 710 (715).

[58] Lettl WRP 2011, 710 (715).

[59] So Vollmer WuW 2006, 235.

[60] EuGH Slg. 1999, I-4162 Rn. 118 = BeckRS 2004, 77478 – Anic Partecipazioni; bestätigend und mwN Slg. 2009, I-4562 Rn. 51 = EuZW 2009, 505 – T-Mobile Netherlands.

[61] EuGH Slg. 1999, I-4162 Rn. 118 = BeckRS 2004, 77478 – Anic Partecipazioni; vgl. auch Immenga/ Mestmäcker/Zimmer EuWettbR Art. 101 Abs. 1 Rn. 89.

[62] MüKoEuWettbR/Paschke Art. 101 Rn. 164; Lettl WRP 2011, 710 (715).

[63] EuGH Slg. 2009, I-4562 Rn. 51 = EuZW 2009, 505 – T-Mobile Netherlands; MüKoEuWettbR/ Paschke Art. 101 Rn. 167; Immenga/Mestmäcker/Zimmer EuWettbR Art. 101 Abs. 1 Rn. 89.

[64] EuGH Slg. 2009, I-4562 Rn. 54 ff. = EuZW 2009, 505 – T-Mobile Netherlands.

[65] EuGH Slg. 2009, I-4562 Rn. 54 ff. = EuZW 2009, 505 – T-Mobile Netherlands.

[66] Lettl WRP 2011, 710 (714).

[67] Immenga/Mestmäcker/Zimmer EuWettbR Art. 101 Abs. 1 Rn. 171; MüKoEuWettbR/Kirchhoff Art. 101 Rn. 725; Langen/Bunte/Hengst EuWettbR Art. 101 Rn. 291.

[68] Vgl. MüKoEuWettbR/Kirchhoff Art. 101 Rn. 729.

40   **aa) Beurteilungskriterien.** Eine Maßnahme kann nach **ständiger Rechtsprechung** den zwischenstaatlichen Handel nur beeinträchtigen, wenn „sich anhand einer Gesamtheit objektiver rechtlicher oder tatsächlicher Umstände mit hinreichender Wahrscheinlichkeit voraussehen lässt, dass sie unmittelbar oder mittelbar, tatsächlich oder potenziell, den Handel zwischen Mitgliedsstaaten beeinflussen kann".[69] Diese Formel wurde vereinzelt dahingehend ergänzt, dass eine Beeinflussung für die „Verwirklichung eines einheitlichen zwischenstaatlichen Marktes nachteilig sein" muss.[70] Die neuere Rechtsprechung führt jedoch nicht zu einer tatsächlich engeren Auslegung des Begriffs „beeinträchtigen", vielmehr stellen auch neutrale und wettbewerbsfördernde Auswirkungen eine Beeinträchtigung dar.[71] Eine Beeinträchtigung ist deshalb anzunehmen, wenn die Handelsströme aus ihrer natürlichen Richtung abgelenkt werden.[72] Die Geeignetheit einer Maßnahme zur Beeinträchtigung des zwischenstaatlichen Handels ist demnach anhand einer **Prognoseentscheidung** zu ermitteln.

41   Die Kommission hat mit den „**Leitlinien** über den Begriff der Beeinträchtigung des zwischenstaatlichen Handels in den Artikeln 81 und 82 des Vertrags"[73] eine Anleitung für die Anwendung der Klausel und die Durchführung der Prognose bekanntgemacht. Diese bindet nur die Kommission selbst, lässt jedoch die Auslegung des Merkmals durch nationale und europäische Gerichte und die Behörden der Mitgliedsstaaten unberührt.[74]

42   Die Leitlinien unterteilen den Tatbestand in die drei Merkmale „Handel zwischen Mitgliedsstaaten", „zu beeinträchtigen geeignet" und „Spürbarkeit".[75] Unter **Handel** iSd Art. 101 AEUV ist nicht nur der Warenverkehr sondern **jede grenzüberschreitende wirtschaftliche Tätigkeit** zu verstehen.[76] Der Handel **zwischen Mitgliedsstaaten** ist betroffen, wenn die Maßnahme Auswirkungen in **mindestens zwei Ländern** zeigt, wobei es ausreichend ist, wenn Teile eines Mitgliedsstaates betroffen sind oder wenn die Maßnahme zu einer Abschottung eines nationalen Marktes führt.[77] Die Abgrenzung des relevanten Marktes ist unerheblich für die Frage der zwischenstaatlichen Handelsbeeinträchtigung.[78]

43   Die Eignung zur Beeinträchtigung muss hinreichend wahrscheinlich sein und anhand objektiver Merkmale nachgewiesen werden.[79] Zu berücksichtigen sind die Art der Vereinbarung oder des Verhaltens, die Art und Menge der hierdurch erfassten Waren sowie Stellung und Bedeutung der beteiligten Unternehmen.[80] Die Geeignetheit zur Beeinflussung des Handels wird darüber hinaus durch das rechtliche und tatsächliche Umfeld bestimmt, sodass eine Handelsbeschränkung ausgeschlossen ist, wenn der grenzüberschrei-

---

[69] EuGH Slg. 1966, 282 (303) = GRUR Ausl. 586 (588) – Maschinenbau Ulm; Slg. 1997, I-4411 Rn. 20 = BeckEuRS 1997, 221840 – Ferriere Nord.

[70] EuGH Slg. 2009, I-8681 Rn. 35 = BeckEuRS 2009, 501280 – Österreichische Volksbanken; 1966, 322 (389) = BeckRS 2004, 73330 – Grundig/Consten.

[71] Loewenheim/Meessen/Riesenkampff/Kersting/Meyer-Lindemann/Grave/Nyberg Art. 101 Abs. 1 Rn. 299; Langen/Bunte/Hengst EuWettbR Art. 101 Rn. 304.

[72] EuGH Slg. 1975, 563 Rn. 38 = BeckEuRS 1975, 46974 – Frubo; EuG Slg. 1992, II-1931 Rn. 143 = BeckEuRS 1992, 189925 – Dansk Pelsdyravler Forening; Immenga/Mestmäcker/Zimmer EuWettbR Art. 101 Abs. 1 Rn. 175; Langen/Bunte/Hengst EuWettbR Art. 101 Rn. 304; MüKoEuWettbR/Kirchhoff Art. 101 Rn. 740.

[73] ABl. 2004 C 101, 81.

[74] Leitlinien zum zwischenstaatlichen Handel Rn. 3 u. 5; MüKoEuWettbR/Kirchhoff Art. 101 Rn. 730 mwN.

[75] Leitlinien zum zwischenstaatlichen Handel Rn. 18.

[76] Leitlinien zum zwischenstaatlichen Handel Rn. 19; mwN aus der Rechtsprechung des EuGH: MüKoEuWettbR/Kirchhoff Art. 101 Rn. 732; Bechtold/Bosch/Brinker Art. 101 Rn. 111; Langen/Bunte/Hengst EuWettbR Art. 101 Rn. 301 f.; Immenga/Mestmäcker/Zimmer EuWettbR Art. 101 Abs. 1 Rn. 175.

[77] Leitlinien zum zwischenstaatlichen Handel Rn. 19; Loewenheim/Meessen/Riesenkampff/Kersting/Meyer-Lindemann/Grave/Nyberg Art. 101 Abs. 1 Rn. 305; Langen/Bunte/Hengst EuWettbR Art. 101 Rn. 298.

[78] Leitlinien zum zwischenstaatlichen Handel Rn. 22.

[79] Leitlinien zum zwischenstaatlichen Handel Rn. 25.

[80] Leitlinien zum zwischenstaatlichen Handel Rn. 28.

tende Handel aus anderen Gründen **absolut beschränkt** ist. Hingegen ist eine Handelsbeschränkung anzunehmen, wenn auf anderen Gründen basierende **relative Beschränkungen** durch die Verhaltensweise verstärkt werden.[81] Eine Beeinträchtigung liegt vor, wenn sich der Handel zwischen den Mitgliedsstaaten ohne die Vereinbarung oder Verhaltensweise **anders entwickelt hätte.**[82]

Die Auswirkungen können unmittelbar oder mittelbar, tatsächlich oder potenziell sein. **44** Bei dem anzustellenden Vergleich der Handelsentwicklung mit der Vereinbarung und derjenigen, die ohne diese erfolgt wäre, ist jedoch nur auf **wahrscheinliche Auswirkungen** abzustellen, sodass hypothetische oder spekulative Auswirkungen nicht genügen.[83]

Die Beeinträchtigung des zwischenstaatlichen Handels muss spürbar sein.[84] **Abzugren-** **45** **zen** ist die **Spürbarkeit der Handelsbeeinträchtigung** von der **Spürbarkeit der Wettbewerbsbeschränkung.**[85] Wenn die Wettbewerbsbeschränkung an sich nicht spürbar ist, ist kein Verstoß gegen Art. 101 AEUV denkbar, sodass es auf eine Beschränkung des zwischenstaatlichen Handels nicht mehr ankommt. Andererseits kann jedoch bei einer nicht spürbaren Beeinträchtigung des Handels zwischen Mitgliedsstaaten eine Verfälschung des Wettbewerbs innerhalb des Binnenmarktes gegeben sein.

Ob eine Verhaltensweise spürbare Auswirkungen zeigt, ist anhand einer **Würdigung** **46** **des wirtschaftlichen und rechtlichen Gesamtzusammenhangs** zu untersuchen.[86] Insoweit ist auf die gleichen Faktoren abzustellen, die zur Beurteilung der Geeignetheit der Beeinträchtigung des zwischenstaatlichen Handels herangezogen werden, namentlich Art der Vereinbarung oder des Verhaltens, die Art und Menge der hierdurch erfassten Waren sowie Stellung und Bedeutung der beteiligten Unternehmen und das rechtliche und tatsächliche Umfeld.[87]

Die Kommission geht davon aus, dass von **kleinen und mittleren Unternehmen** **47** **(KMU)** eine spürbare Beeinträchtigung des zwischenstaatlichen Handels normalerweise nicht ausgehen wird. Etwas anderes mag jedoch gelten, wenn diese grenzüberschreitend tätig sind.[88]

Um die Beurteilung der Spürbarkeit einer Beeinträchtigung zu erleichtern, hat die **48** Kommission eine Standard-Definition für das Fehlen einer ebensolchen aufgestellt.[89] Diese sogenannte **NAAT-Regel** („**N**o **A**ppreciable **A**ffectation of **T**rade") bewirkt eine **Negativvermutung** dahingehend, dass die Kommission, wenn deren Voraussetzungen vorliegen, in der Regel kein Verfahren einleiten wird. Sofern Unternehmen gutgläubig davon ausgingen, dass die Voraussetzungen erfüllt sind, wird sie grundsätzlich auch keine Geldbußen verhängen.[90] Allerdings kann der Umkehrschluss, dass Vereinbarungen, die nicht unter die NAAT-Regel fallen, den zwischenstaatlichen Handel spürbar beeinträchtigen, nicht gezogen werden; insoweit bedarf es einer Einzelfallprüfung.[91]

Gemäß der NAAT-Regel sind Vereinbarungen dann nicht geeignet, den Handel zwi- **49** schen Mitgliedsstaaten spürbar zu beeinträchtigen, wenn der gemeinsame **Marktanteil** der Parteien auf keinem von der Vereinbarung betroffenen relevanten Markt innerhalb der Gemeinschaft **5 %** überschreitet und der **gesamte Jahresumsatz** der beteiligten Unter-

---

[81] Leitlinien zum zwischenstaatlichen Handel Rn. 32.
[82] Leitlinien zum zwischenstaatlichen Handel Rn. 35.
[83] Leitlinien zum zwischenstaatlichen Handel Rn. 43.
[84] EuGH NZKart 2015, 526 Rn. 48 – Rumänische Pensionsfonds mwN zur ständigen Rspr.
[85] Immenga/Mestmäcker/Zimmer Art. 101 Abs. 1 Rn. 181 ff.; zur Spürbarkeit der Wettbewerbsbeschränkung → Rn. 55 ff.
[86] EuGH Slg. 2009, I-8681 Rn. 37 = BeckEuRS 2009, 501280 – Österreichische Volksbanken; 2006, I-11125 Rn. 35 = BeckEuRS 2006, 435954 mwN – Asnef-Equifax.
[87] → Rn. 42; Immenga/Mestmäcker/Zimmer EuWettbR Art. 101 Abs. 1 Rn. 183.
[88] Leitlinien zum zwischenstaatlichen Handel Rn. 50.
[89] Leitlinien zum zwischenstaatlichen Handel Rn. 50.
[90] Leitlinien zum zwischenstaatlichen Handel Rn. 50.
[91] Leitlinien zum zwischenstaatlichen Handel Rn. 51.

nehmen mit den von der Vereinbarung erfassten Waren **40 Mio. EUR nicht überschreitet.**[92]

50   **bb) Fallgruppen.** Eine Beeinträchtigung des zwischenstaatlichen Handels ist bei **Vereinbarungen über den grenzüberschreitenden Waren- oder Dienstleistungsverkehr** grundsätzlich gegeben.[93] Zu verneinen ist sie allenfalls mangels Spürbarkeit oder in Fällen in denen der Markt aus anderen Gründen abgeschottet ist.[94] In Betracht kommen Vereinbarungen über Einfuhren und Ausfuhren, Kartelle, die sich auf mehrere Mitgliedstaaten erstrecken, Vereinbarungen über mitgliedsstaatenübergreifende horizontale Zusammenarbeit und in mehreren Mitgliedsstaaten durchgeführte vertikale Vereinbarungen.[95]

51   Bei der Beurteilung von Verhaltensweisen, die **nur das Gebiet eines Mitgliedsstaates** umfassen, ist festzustellen, ob trotz der begrenzten Reichweite der Vereinbarung der zwischenstaatliche Handel beschränkt wird. Dies ist für horizontale Kartelle, die das gesamte Gebiet eines Mitgliedsstaates abdecken, der Fall, da durch die Kartellabsprachen die Marktstruktur gefestigt und somit die gewünschte Durchdringung des Marktes erschwert wird.[96] Horizontale Kooperationen und vertikale Vereinbarungen, die auf einen Mitgliedsstaat begrenzt sind, beeinträchtigen den zwischenstaatlichen Handel nur, wenn sie marktabschottend wirken.[97] Betrifft die Vereinbarung nur einen Teil eines Mitgliedsstaates, muss in diesem ein erheblicher Teil des Gesamtumsatzes des Mitgliedsstaates mit der Vertragsware erzielt werden.[98]

52   Auch Vereinbarungen, an denen ein oder mehrere Unternehmen beteiligt sind, die ihren Sitz **außerhalb der Gemeinschaft** haben, fallen in den Anwendungsbereich des Art. 101 AEUV, wenn diese innerhalb der Gemeinschaft durchgeführt werden oder sich dort auswirken.[99]

53   **d) Wettbewerbsbeschränkung bezwecken oder bewirken.** Die Maßnahme muss eine Verhinderung, Einschränkung oder Verfälschung des Wettbewerbs bezwecken oder bewirken. Die Abgrenzung der drei Tatbestandsalternativen erfolgt unterschiedlich und ist aufgrund der gleichen Rechtsfolge bedeutungslos, sodass als Oberbegriff derjenige der **Wettbewerbsbeschränkung** zugrunde zu legen ist.[100] Da keine allgemein anerkannte Definition des Wettbewerbsbegriffs existiert, wird im Rahmen der Prüfung einer potenziellen Wettbewerbsbeschränkung das zu untersuchende Verhalten regelmäßig im Rahmen einer Gesamtschau gewürdigt.[101] Hierbei kommt dem Selbstständigkeitspostulat und den Auswirkungen auf den Binnenmarkt besondere Bedeutung zu.[102] Eine **Beschränkung des Wettbewerbs** liegt demnach vor, wenn die **wirtschaftliche Handlungsfreiheit der beteiligten Unternehmen oder Dritter verringert** wird und die **Marktverhältnisse hierdurch nachteilig verändert werden.** Als Wettbewerb geschützt ist dabei sowohl der

---

[92] Leitlinien zum zwischenstaatlichen Handel Rn. 52.

[93] Bechtold/Bosch/Brinker Art. 101 Rn. 112; Langen/Bunte/Hengst EuWettbR Art. 101 Rn. 320 f.; Immenga/Mestmäcker/Zimmer EuWettbR Art. 101 Abs. 1 Rn. 192; Leitlinien zum zwischenstaatlichen Handel Rn. 61.

[94] Immenga/Mestmäcker/Zimmer EuWettbR Art. 101 Abs. 1 Rn. 192; Langen/Bunte/Hengst EuWettbR Art. 101 Rn. 320 f.

[95] Leitlinien zum zwischenstaatlichen Handel Rn. 61 ff.; Langen/Bunte/Hensgt EuWettbR Art. 101 Rn. 321; Immenga/Mestmäcker/Zimmer EuWettbR Art. 101 Abs. 1 Rn. 192.

[96] Leitlinien zum zwischenstaatlichen Handel Rn. 78; EuGH NZKart 2015, 526 Rn. 48 – Rumänische Pensionsfonds mwN zur ständigen Rspr.

[97] Leitlinien zum zwischenstaatlichen Handel Rn. 83 ff. und 86 ff.

[98] Leitlinien zum zwischenstaatlichen Handel Rn. 90.

[99] EuGH Slg. 1973, 215 Rn. 16 = BeckEuRS 1973, 33641 – Continental Can; Leitlinien zum zwischenstaatlichen Handel Rn. 100.

[100] Vgl. Loewenheim/Meessen/Riesenkampff/Kersting/Meyer-Lindemann/Grave/Nyberg   Art. 101 Abs. 1 Rn. 217; Immenga/Mestmäcker/Zimmer EuWettbR Art. 101 Abs. 1 Rn. 124.

[101] Langen/Bunte/Hengst EuWettbR Art. 101 Rn. 149; Immenga/Mestmäcker/Zimmer EuWettbR Art. 101 Abs. 1 Rn. 107 iVm 117.

[102] Vgl. Immenga/Mestmäcker/Zimmer EuWettbR Art. 101 Abs. 1 Rn. 107.

tatsächliche als auch der potenzielle, der horizontale und vertikale sowie der Angebots- und Nachfragewettbewerb.[103]

Die Maßnahme muss diese Wirkung bezwecken oder bewirken, wobei sich diese beiden **54** Tatbestandsalternativen hinsichtlich ihrer Rechtsfolge – dem Verbot der Maßnahme – grundsätzlich nicht unterscheiden. Allerdings werden Maßnahmen, die eine Beschränkung des Wettbewerbs bezwecken als per se spürbar angesehen. Ein weiterer faktischer Unterschied besteht darin, dass es erheblich einfacher ist, das **„Bezwecken"** einer Wettbewerbsbeschränkung darzulegen, als die wirtschaftlichen Auswirkungen der Maßnahme zu untersuchen.[104] Eine Vereinbarung bezweckt eine Wettbewerbsbeschränkung, wenn die beteiligten Unternehmen beabsichtigen, ihre wirtschaftliche Handlungsfreiheit einzuschränken und dadurch die Marktverhältnisse nachteilig zu beeinträchtigen.[105] Das „Bezwecken" muss sich aus der Vereinbarung, dem Beschluss oder der abgestimmten Verhaltensweise unter Berücksichtigung aller Begleitumstände ergeben.[106] Abzustellen ist auf den **objektiven Zweck** einer Abrede und nicht auf die subjektiven Vorstellungen der Parteien, die allenfalls im Rahmen der Bußgeldbemessung relevant werden können.[107] Insofern müssen tatsächliche wettbewerbsbeschränkende Folgen wie etwa entstandene Schäden oder Auswirkungen auf Verbraucherpreise nicht dargelegt werden.[108]

Die beschränkende Wirkung einer Maßnahme wird anhand eines Vergleichs der **55** Marktsituation mit der Maßnahme und derjenigen, die ohne diese eingetreten wäre, ermittelt.[109] Allerdings bedarf es keiner umfassenden Marktanalyse; ausreichend ist aufgrund des ebenfalls geschützten potenziellen Wettbewerbs bereits die **hinreichend wahrscheinliche Eignung** zu wettbewerbswidrigen Auswirkungen.[110] Zu berücksichtigen ist der jeweils konkrete Rahmen, „nämlich des wirtschaftlichen und rechtlichen Zusammenhangs, in dem die betreffenden Unternehmen tätig sind, der Natur der betroffenen Waren und Dienstleistungen, der auf dem betreffenden Markt oder den betreffenden Märkten bestehenden tatsächlichen Bedingungen und der Struktur dieses Markts oder dieser Märkte."[111]

e) Spürbarkeit der Wettbewerbsbeschränkung. Die Wettbewerbsbeschränkung muss **56** nach ständiger Rechtsprechung spürbar sein.[112] Von der Wettbewerbsbeschränkung müssen spürbare Auswirkungen auf Dritte im Sinne der Beeinträchtigung der ihnen bei Wettbewerb offenstehenden Handlungsalternativen ausgehen. Abzugrenzen ist die Spürbarkeit der Wettbewerbsbeschränkung von der spürbaren Beeinträchtigung des zwischenstaatlichen Handels.[113] Durch das Erfordernis der Spürbarkeit werden den Wettbewerb nur marginal beeinträchtigende Maßnahmen von der kartellrechtlichen Kontrolle ausgenommen.

Die Kommission gibt in der 2014 novellierten **Bagatellbekanntmachung**[114] Hinweise, **57** unter welchen Voraussetzungen sie die Wirkungen einer (bewirkten) Wettbewerbsbeschränkung als nicht spürbar erachtet. Mit der Neuauflage der Bagatellbekanntmachung

---

[103] Langen/Bunte/Hengst EuWettbR Art. 101 Rn. 158 ff.

[104] Loewenheim/Meessen/Riesenkampff/Kersting/Meyer-Lindemann/Grave/Nyberg   Art. 101   Abs. 1 Rn. 226.

[105] Bechtold/Bosch/Brinker Art. 101 Rn. 81, 78 ff.

[106] Wiedemann/Lübbig § 8 Rn. 26; EuGH ECLI:EU:C:2014:2204 Rn. 58 – Cartes Bancaires/Komm.

[107] Loewenheim/Meessen/Riesenkampff/Kersting/Meyer-Lindemann/Grave/Nyberg   Art. 101   Abs. 1 Rn. 228; Immenga/Mestmäcker/Zimmer EuWettbR Art. 101 Abs. 1 Rn. 129 f.

[108] Immenga/Mestmäcker/Zimmer EuWettbR Art. 101 Abs. 1 Rn. 140.

[109] Wiedemann/Lübbig § 8 Rn. 27; vgl. auch Immenga/Mestmäcker/Zimmer EuWettbR Art. 101 Abs. 1 Rn. 135 ff.

[110] Immenga/Mestmäcker/Zimmer EuWettbR Art. 101 Abs. 1 Rn. 135; vgl. auch MüKoEuWettbR/ Wagner-von Papp Art. 101 Rn. 304; Bechtold/Bosch/Brinker Art. 101 Rn. 74.

[111] EuGH Slg. 2006, I-11145 Rn. 49 = BeckEuRS 2006, 435954 mwN – Asnef-Equifax.

[112] StRspr seit: EuGH Slg. 1966, 281 (303) = GRUR Ausl. 1966, 586 – LTM/MBU; weitere Nachweise bei: Wiedemann/Lübbig § 8 Rn. 40, 42.

[113] → Rn. 45 ff.

[114] Bekanntmachung der Kommission über Vereinbarungen von geringer Bedeutung, die iSd Art. 101 Abs. 1 des Vertrages über die Arbeitsweisen der Europäischen Union den Wettbewerb nicht spürbar beschränken (De-minimis-Bekanntmachung), ABl. 2014 C 291, 1 ff.

wurde die neuere Rechtsprechung, wie beispielsweise das Expedia-Urteil des EuGH,[115] eingearbeitet.[116] Hierfür stellt sie auf den Marktanteil der beteiligten Unternehmen ab **(quantitative Betrachtung),** wobei sich die Marktabgrenzung nach der Bekanntmachung über die Definition des relevanten Marktes vom 19.12.1997[117] richtet.[118] Die Kommission verneint die Spürbarkeit der Wettbewerbsbeschränkung bei Vereinbarungen zwischen Wettbewerbern, wenn diese weniger als 10 % gemeinsamen Marktanteil erreichen.[119] Treffen nicht miteinander in Wettbewerb stehende Unternehmen eine Vereinbarung beträgt die Grenze des von einem Unternehmen gehaltenen Marktanteils 15 %.[120] Zugrunde zu legen sind alle von der Vereinbarung betroffenen relevanten Märkte und die Anteile aller beteiligten Unternehmen.[121] Ist die Abgrenzung der Wettbewerbereigenschaft schwierig, gilt die 10 % Schwelle.[122]

58   Bei nebeneinander bestehenden **Netzen von gleichartigen Vereinbarungen** (sog. Bündel)[123] gilt eine Schwelle von 30 % für den kumulativen Abschottungseffekt der parallelen Netze, sofern der Marktanteil der an den einzelnen Vereinbarungen beteiligten Unternehmen seinerseits mindestens 5 % beträgt.[124] Die Schwellen dürfen binnen zwei aufeinander folgender Kalenderjahre um 2 % überschritten werden, ohne dass eine spürbare Wettbewerbsbeschränkung anzunehmen ist.[125]

59   Von den genannten Schwellenwerten gibt es in beiden Richtungen **Ausnahmen.** Die Schwellenwerte sind nicht anwendbar bei besonders schwerwiegenden Wettbewerbsbeschränkungen. Fand sich noch in der Bagatellbekanntmachung von 2001 unter Rn. 11 eine schwarze Liste sogenannter **Kernbeschränkungen,** geht die neue Bagatellbekanntmachung weiter.[126] Nach Rn. 13 der neuen Bagatellbekanntmachung sind in Übereinstimmung mit dem Expedia Urteil des EuGH sämtliche bezweckte Wettbewerbsbeschränkungen von dem SAFE-Harbour-Bereich der Bekanntmachung ausgenommen. Anstelle einer Auflistung von Kernbeschränkungen im Vertikalverhältnis, verweist Rn. 13 auf die in „derzeitigen oder künftigen Gruppenfreistellungsverordnungen" aufgelisteten Kernbeschränkungen.[127] Die Kommission führt beispielhaft hinsichtlich **horizontaler** Vereinbarungen **Preisabsprachen** (Absprachen bei der Festsetzung der Preise beim Verkauf von Erzeugnissen an Dritte), **Quotenabsprachen** (Absprachen hinsichtlich der Beschränkung der Produktion oder des Absatzes) und **Marktaufteilungen** (Aufteilung von Märkten oder Kunden) als Kernbeschränkung auf.[128]

60   Eine weitere Ausnahme gilt für Vereinbarungen zwischen **kleinen und mittleren Unternehmen.** Als kleine und mittlere Unternehmen gelten gemäß einer Empfehlung der Kommission[129] Unternehmen, die weniger als 250 Mitarbeiter beschäftigen, und deren Jahresumsatz 50 Mio. EUR oder deren Jahresbilanzsumme 43 Mio. EUR nicht überschreitet.[130] Die Kommission ist der Auffassung, dass Vereinbarungen zwischen derartigen Unter-

---

[115] EuGH ZVertriebsR 2013, 30 – Expedia.
[116] Bagatellbekanntmachung Rn. 1, 2; Loewenheim/Meessen/Riesenkampff/Kersting/Meyer-Lindemann/Grave/Nyberg Art. 101 Abs. 1 Rn. 265.
[117] ABl. 1997 C 372, 2.
[118] Bagatellbekanntmachung Rn. 12.
[119] Bagatellbekanntmachung Rn. 8 lit. a.
[120] Bagatellbekanntmachung Rn. 8 lit. b.
[121] Bagatellbekanntmachung Rn. 8.
[122] Bagatellbekanntmachung Rn. 9.
[123] Loewenheim/Meessen/Riesenkampff/Kersting/Meyer-Lindemann/Grave/Nyberg Art. 101 Abs. 1 Rn. 266.
[124] Bagatellbekanntmachung Rn. 10.
[125] Bagatellbekanntmachung Rn. 11.
[126] Loewenheim/Meessen/Riesenkampff/Kersting/Meyer-Lindemann/Grave/Nyberg Art. 101 Abs. 1 Rn. 271.
[127] Siehe hierzu Kommentierung zur Vertikal-GVO.
[128] Bagatellbekanntmachung Rn. 13.
[129] Empfehlung der Kommission vom 6.5.2003 betreffend die Definition der Kleinstunternehmen sowie der kleinen und mittleren Unternehmen (KMU-Empfehlung), ABl. 2003 L 124, 36.
[130] Art. 2 Abs. 1 KMU-Empfehlung.

nehmen nur selten geeignet sind, den Handel zwischen Mitgliedstaaten spürbar zu beeinträchtigen, und sich deshalb in der Regel nicht mehr die Frage der Spürbarkeit der Wettbewerbsbeschränkung stellt.[131] Die Kritik an dieser Auffassung der Kommission verweist
darauf, dass eine solche „generelle Freistellung" kleiner und mittlerer Unternehmen
Art. 101 Abs. 1 nicht zu entnehmen sei.[132] **Eine Ausnahme vom Verbot des Art. 101
Abs. 1 AEUV für kleine und mittlere Unternehmen existiere somit nicht.**[133] Damit
übereinstimmend besteht durch die Bagatellbekanntmachung keine generelle Sonderstellung für KMUs.[134] In Deutschland entspricht dieser großzügigen Haltung der Kommission
insbesondere die Ausnahme vom Kartellverbot für Mittelstandskartelle aufgrund des neuen
§ 3 GWB von 2005.

Die **Bedeutung der Bagatellbekanntmachung** beschränkt sich im Wesentlichen **61**
darauf, die Kommission bei ihrem Aufgreifermessen sowie ihrem Ermessen bei der Festsetzung von Geldbußen wegen Verstößen gegen Art. 101 Abs. 1 AEUV zu binden
(Selbstbindung). Die Kommission wird bei Vereinbarungen, die unter die Spürbarkeits-
grenze fallen, kein Verfahren eröffnen.[135] Darüber hinaus will sie gegen Unternehmen, die
gutgläubig davon ausgehen, dass die von ihnen geschlossene Vereinbarung keine spürbare
Wettbewerbsbeschränkung darstellt, kein Bußgeld verhängen.[136] Die Bagatellbekanntmachung ist jedoch weder für die europäischen Gerichte noch für nationale Wettbewerbsbehörden oder Gerichte verbindlich. Dies geht aus ihrem Wortlaut hervor und ist durch
den EuGH bestätigt worden.[137]

Vertriebsrechtliche Klauseln, die einen **wettbewerbswidrigen Zweck** verfolgen, sind **62**
insbesondere Alleinvertriebsvereinbarungen, die einen absoluten Gebietsschutz vor Parallelimporten fremder Händler gewähren[138] und rein quantitative selektive Vertriebssysteme.[139]

f) Grenzen des Tatbestands. Umstritten war, ob der Tatbestand des Art. 101 Abs. 1 **63**
AEUV einer Restriktion anhand der sogenannten **rule of reason** zugänglich ist.[140] Durch
die rule of reason sollen diejenigen Verhaltensweisen vom Kartellverbot ausgenommen
werden, die entweder nicht beschränkend wirken oder aber wettbewerbspolitisch wünschenswert sind. Es kommt daher regelmäßig zu Überschneidungen mit der Prüfung der
Freistellung gemäß Art. 101 Abs. 3 AEUV. Der EuGH hat entschieden, dass zumindest ein
Kartell, in dem Preisziele, Marktaufteilungen und Produktionsbeschränkungen vereinbart

---

[131] Bagatellbekanntmachung Rn. 4.
[132] Vgl. Immenga/Mestmäcker/Emmerich, EuWettbR, 5. Aufl. 2012, Art. 101 Abs. 1 Rn. 152 mwN,
nach dem die Kommissionspraxis dem Wortlaut des Art. 101 Abs. 1 AEUV und der Rechtsprechung widerspricht.
[133] Ähnlich FK-KartellR/Roth/Ackermann Art. 81 Rn. 407, die von einer jurisdiktionellen statt einer
materiellen Entscheidung sprechen.
[134] Loewenheim/Meessen/Riesenkampff/Kersting/Meyer-Lindemann/Grave/Nyberg Art. 101   Abs. 1
Rn. 267.
[135] Bagatellbekanntmachung Rn. 5.
[136] Bagatellbekanntmachung Rn. 5.
[137] Bagatellbekanntmachung Rn. 5 und 7; EuGH ZVertriebsR 2013, 30 Rn. 24 – Expedia; vgl. jedoch
die Schlussträge von GA Kokott vom 6.9.2012 im Expedia-Verfahren, C-226/11, BeckRS 2012, 81830
Rn. 39: „Selbst wenn also für die nationalen Wettbewerbsbehörden und Gerichte aus der De-minimis-
Bekanntmachung der Kommission keine zwingenden Vorgaben für die wettbewerbsrechtliche Beurteilung
von Unternehmensvereinbarungen folgen, müssen sich diese Behörden und Gerichte doch mit der in jener
Bekanntmachung zum Ausdruck kommenden Einschätzung der Kommission zur Spürbarkeit von Wettbewerbsbeschränkungen auseinandersetzen und gerichtlich überprüfbare Gründe für etwaige Abweichungen
davon angeben". Das Urteil des EuGH geht auf die von der Generalanwältin statuierte Pflicht zur Begründung einer Abweichung von der Bekanntmachung nicht ein und belässt es bei der Feststellung der Unverbindlichkeit, Rn. 29 des Urteils.
[138] EuGH Slg. 1966, 321 (391) = BeckRS 2004, 73330 – Grundig/Consten.
[139] Zuletzt EuGH EuZW 2012, 28 Rn. 39 ff. – Pierre Fabre Dermo Cosmétique; weitere Nachweise bei
FK-KartellR/Roth/Ackermann Art. 81 Abs. 1 Rn. 334.
[140] Vgl. zu Bedeutung und Historie der Diskussion FK-KartellR/Roth/Ackermann Art. 81 Abs. 1
Rn. 351 ff.

worden sind, nicht durch die rule of reason gerechtfertigt werden könne.[141] Eine umfassende Analyse der Vor- und Nachteile einer wettbewerbsbeschränkenden Verhaltensweise soll nach Ansicht des EuG ausschließlich im Rahmen des Art. 101 Abs. 3 AEUV erfolgen und eine Restriktion des Art. 101 Abs. 1 AEUV somit ausscheiden.[142]

64   Bedeutsam ist diese Abgrenzung zwischen Art. 101 Abs. 1 und 3 AEUV nach dem Systemwechsel hin zur Legalausnahme für die **Beweislastverteilung.**[143] Der Verstoß gegen Art. 101 Abs. 1 AEUV ist von den Wettbewerbsbehörden zu beweisen, während der Nachweis der Freistellungsfähigkeit den betroffenen Unternehmen obliegt.

65   Eine rule of reason im Sinne einer umfassenden Abwägung aller Vor- und Nachteile einer Verhaltensweise bereits auf Tatbestandsebene scheidet nach Ansicht der Gerichte daher aus.[144] Allerdings erkennt auch das EuG an, dass die Unionsgerichte sich vielfach für eine flexiblere Anwendung des Kartellverbots ausgesprochen haben.[145] Die betreffenden Urteile seien jedoch nicht als Anerkennung einer rule of reason anzusehen. Vielmehr wollen sie nur vermeiden, dass Art. 101 Abs. 1 AEUV „unterschiedslos auf sämtliche Vereinbarungen erstreckt wird, die eine Beschränkung der Handlungsfreiheit eines oder mehrerer Beteiligter bewirken."[146]

66   Eine Einschränkung des Tatbestands kommt daher nur in Betracht, wenn die Wettbewerbsbeschränkung unerlässlich, notwendig oder der Vereinbarung immanent ist und nicht bereits dann, wenn die positiven Wirkungen einer Maßnahme deren negativen überwiegen.[147] Der EuGH hat insbesondere Beschränkungen bei **Handelsvertreterverträgen**[148] und bei **Franchisesystemen,** die für das Funktionieren des Franchisesystems unerlässlich sind, vom Tatbestand des Art. 101 Abs. 1 AEUV ausgenommen.[149]

67   **4. Freistellung, Art. 101 Abs. 3 AEUV.** Art. 101 Abs. 3 AEUV ermöglicht eine Erklärung, dass Abs. 1 der Vorschrift nicht auf bestimmte Maßnahmen anzuwenden ist. Dies ist für solche Maßnahmen möglich, die unter **angemessener Beteiligung der Verbraucher** an dem **entstehenden Gewinn** zur Verbesserung der Warenerzeugung oder -verteilung oder zur Förderung des technischen oder wirtschaftlichen Fortschritts beitragen und deren wettbewerbswidrige Auswirkungen weitestgehend begrenzt sind. Insbesondere dürfen den beteiligten Unternehmen **keine Beschränkungen** auferlegt werden, die für die Verwirklichung dieser Ziele **nicht unerlässlich** sind und **keine Möglichkeiten** eröffnet werden, für einen wesentlichen Teil der betreffenden Waren den **Wettbewerb auszuschalten.**

68   Die Vorschrift dient der Korrektur der Ergebnisse, die bei der Anwendung des offenen Tatbestandes des Art. 101 Abs. 1 AEUV gefunden worden sind.[150] **Effizienzsteigernde Wirkungen und Folgen** beschränkender Maßnahmen können aus Verbrauchersicht wünschenswert sein, sodass eine Freistellungsmöglichkeit wettbewerbspolitisch sinnvoll ist.

69   Art. 1 Abs. 2 KartellVO stellt fest, dass Maßnahmen, die die Voraussetzungen des Art. 101 Abs. 3 AEUV erfüllen, nicht verboten sind, ohne dass es einer vorherigen Ent-

---

[141] EuGH Slg. 1999, I-4539 Rn. 133 = BeckRS 2004, 75308 – Montecatini.
[142] EuG Slg. 2001, II-2459 Rn. 72 ff. = BeckEuRS 2001, 353799 – M6; EuG 29.6.2012 – T-360/09, BeckRS 2012, 81353 Rn. 65 – E.ON Ruhrgas; EuG 24.5.2012 – T-111/08 Rn. 80, BeckRS 2012, 80963 – MasterCard; Immenga/Mestmäcker/Zimmer EuWettbR Art. 101 Abs. 1 Rn. 146 mwN.
[143] FK-KartellR/Roth/Ackermann Art. 81 Abs. 1 Rn. 351; Schulte/Just/de Bronett Art. 101 Rn. 146.
[144] EuG 29.6.2012 – T-360/09, BeckRS 2012, 81353 Rn. 65 – E.ON Ruhrgas; EuG 24.5.2012 – T-111/08, BeckRS 2012, 80963 Rn. 80 – MasterCard.
[145] EuG Slg. 2001, II-2459 Rn. 75 = BeckEuRS 2001, 353799 mwN – M6.
[146] EuG Slg. 2001, II-2459 Rn. 77 = BeckEuRS 2001, 353799 – M6.
[147] Bechtold/Bosch/Brinker Art. 101 Rn. 1121f; Loewenheim/Meessen/Riesenkampff/Kersting/Meyer-Lindemann/Nordemann/Nyberg Art. 101 Abs. 3 Rn. 6; eine Aufführung weiterer Ausnahmen von dem Tatbestand des Art. 101 Abs. 1 bei Dauses/Emmerich H § 2 Rn. 68 f.
[148] Vgl. dazu ausführlich → Rn. 149 ff.
[149] Pronuptia-Rechtsprechung vgl. dazu ausführlich → Rn. 188 ff.
[150] Ausführlich: Immenga/Mestmäcker/Ellger EuWettbR Art. 101 Abs. 3 Rn. 3 ff.

scheidung bedarf. Dieses **Prinzip der Legalausnahme** bewirkt, dass Unternehmen selber einschätzen müssen, ob die von ihnen geplante oder durchgeführte Maßnahme kartellrechtswidrig ist. Dies führt zu einer erheblichen Rechtsunsicherheit, der andererseits eine deutliche Entlastung der Kommission gegenübersteht.[151]

Um die Beurteilung zu erleichtern hat die Kommission auf Grundlage der Art. 103 **70** Abs. 2 lit. b, 105 Abs. 3 AEUV iVm VO 19/1965, 2821/1971, 3976/2987, 1534/1991 und 479/1992 **Gruppenfreistellungsverordnungen** erlassen, in denen die Freistellungsfähigkeit bestimmter Arten von Vereinbarungen erörtert wird. **Besondere vertriebsrechtliche Bedeutung kommt der Vertikal-GVO zu,** die Bezugs- und Vertriebsvereinbarungen behandelt.[152] Liegen die Voraussetzungen einer Gruppenfreistellungsverordnung vor, sind auch die des Art. 101 Abs. 3 AEUV erfüllt und die Maßnahme verstößt nicht gegen Art. 101 Abs. 1 AEUV.

Eine **Einzelfreistellung** erfolgt demgegenüber direkt anhand einer Subsumtion unter **71** die Voraussetzungen des Art. 101 Abs. 3 AEUV. Dieser verlangt erstens einen Effizienzgewinn, welcher sich aus einer Vereinbarung, einem Beschluss oder einer abgestimmten Verhaltensweise, die zu einer „Verbesserung der Warenerzeugung oder -verteilung oder zur Förderung des technischen oder wirtschaftlichen Fortschritts beitragen" ergibt.[153] Hierbei ist auf eine **gesamtwirtschaftliche Betrachtungsweise** abzustellen.[154] Ein Vorteil in diesem Sinne „kann nicht schon in jedem Vorteil gesehen werden, der sich aus der Vereinbarung für die Tätigkeit der an ihr beteiligten Unternehmen ergibt, sondern nur in **spürbaren objektiven Vorteilen, die geeignet sind, die mit der Vereinbarung verbundenen Nachteile für den Wettbewerb auszugleichen".**[155] Das zweite Freistellungskriterium verlangt eine angemessene Beteiligung der Verbraucher an dem entstehenden Gewinn. Im Rahmen dieser Vorschrift ist als Verbraucher die Gesamtheit aller Abnehmer anzusehen und liegt eine angemessene Beteiligung am Gewinn in jeder diesen zukommenden **qualitativen und quantitativen Verbesserung** der Güterproduktion oder des Produktvertriebs, somit in jedem durch die erste Voraussetzung verursachten Vorteils.[156]

Drittens dürfen die beteiligten Unternehmen durch die Maßnahme nur soweit be- **72** schränkt werden, wie es zur Verwirklichung der Ziele unerlässlich ist. Das Kriterium der Unerlässlichkeit ist eine Ausprägung des **Verhältnismäßigkeitsgrundsatzes** und besagt mithin, dass es keine gleich geeigneten aber weniger beschränkenden Handlungsalternativen geben darf, mithilfe welcher das Ziel ebenso erreicht werden könnte.[157]

Viertens und letztens dürfen keine Möglichkeiten eröffnet werden für einen wesentlichen **73** Teil der betreffenden Waren den Wettbewerb auszuschalten. Ob dies der Fall ist, ist anhand einer **Gesamtwürdigung der Marktsituation** – insbesondere der Marktanteile und der Marktstruktur – zu ermitteln.[158]

5. Zivilrechtliche Rechtsfolgen, Art. 101 Abs. 2 AEUV. a) Nichtigkeit. Rechts- **74** folge eines Verstoßes gegen Art. 101 Abs. 1 AEUV ist gemäß dessen Abs. 2 die **Nichtigkeit der Vereinbarung oder des Beschlusses.** Die Nichtigkeit kann von jedermann geltend gemacht werden und wirkt absolut, also sowohl zwischen den Vertragsparteien als

---

[151] Hierzu und zur Frage der Rechtmäßigkeit von Art. 1 Abs. 2 KartellVO: MüKoEuWettbR/Wolf Art. 101 Rn. 987 ff.

[152] → VO (EU) 2022/720 Vor Art. 1 Rn. 1.

[153] Loewenheim/Meessen/Riesenkampff/Kersting/Meyer-Lindemann/Nordemann/Nyberg   Art. 101 Abs. 3 Rn. 18.

[154] Immenga/Mestmäcker/Ellger EuWettbR Art. 101 Abs. 3 Rn. 134.

[155] EuG Slg. 2006, II-2981 Rn. 247 mwN = BeckRS 2006, 70744 – Glaxo Smith Kline.

[156] Immenga/Mestmäcker/Ellger EuWettbR Art. 101 Abs. 3 Rn. 231 u. 235; MüKoEuWettbR/Wolf Art. 101 Rn. 1139, 1145 ff.

[157] Immenga/Mestmäcker/Ellger EuWettbR Art. 101 Abs. 3 Rn. 261 ff.; MüKoEuWettbR/Wolf Art. 101 Rn. 1190.

[158] MüKoEuWettbR/Wolf Art. 101 Rn. 1192.

auch gegenüber Dritten; die Vereinbarung oder der Beschluss erzeugen keine Wirkungen.[159] Die Nichtigkeit erfasst auch vergangene oder zukünftige Wirkungen.[160]

75   Nichtig ist jedoch nur der Teil einer Vereinbarung oder eines Beschlusses, der gegen Art. 101 Abs. 1 AEUV verstößt.[161] Enthält eine Vereinbarung oder ein Beschluss daneben noch andere Regelungen, die sich von den kartellrechtswidrigen abtrennen lassen, richtet sich deren Wirksamkeit nach nationalem Recht.[162]

76   Bevor festgestellt werden kann, ob eine Vereinbarung wegen der Kartellrechtswidrigkeit einzelner Bestimmungen insgesamt nichtig ist, ist zu untersuchen, ob eine kartellrechtswidrige Klausel auf ein kartellrechtskonformes Maß angepasst werden kann (sog. **„geltungserhaltende Reduktion"**). Zu unterscheiden ist also zwischen der Anpassung einer kartellrechtswidrigen Klausel auf ein zulässiges Maß und der durch eine unzulässige Klausel bewirkten Gesamtnichtigkeit einer Vereinbarung. Die erste Frage betrifft den Umfang der Nichtigkeit einer einzelnen Vertragsklausel, die zweite die Gesamtnichtigkeit eines Vertrags aufgrund einer einzelnen nichtigen Klausel.

77   **aa) Geltungserhaltende Reduktion.** Die Zulässigkeit der geltungserhaltenden Reduktion hängt von der Auslegung des Art. 101 Abs. 2 AEUV ab. Fraglich ist, ob Art. 101 Abs. 2 AEUV eine Gesamtnichtigkeit der gegen Art. 101 Abs. 1 AEUV verstoßenden Klausel fordert. Die Zulässigkeit der geltungserhaltenden Reduktion im Rahmen des Art. 101 Abs. 2 AEUV ist daher den europäischen Gerichten vorbehalten.[163]. Es wird in ständiger Rechtsprechung festgestellt, dass die Folgen der Nichtigkeit einer Klausel nach nationalem Recht zu beurteilen sind.[164] Ob jedoch die Anpassung einer Klausel selbst möglich ist, sodass diese bereits nicht der Nichtigkeitsfolge des Art. 101 Abs. 2 AEUV unterfällt, ist ungeklärt.[165] Die Hinweise des EuGH auf die absolute Wirkung der Nichtigkeit betreffen die Frage, ob die Vereinbarung Dritten entgegengehalten werden kann und sind daher allenfalls als Indiz zugunsten einer umfassenden Nichtigkeit zu sehen.[166]

78   Für eine umfassende Nichtigkeit und gegen eine geltungserhaltende Reduktion wird angeführt, dass anderenfalls ein Anreiz bestünde, möglichst weitgehende Klauseln zu verwenden. Die Parteien hätten nur zu befürchten, dass diese auf ihr zulässiges Maß reduziert

---

[159] EuGH Slg. 2001, 6297 Rn. 22 = EuZW 2001, 715 – Courage mit Verweis auf: 1969, 309 Rn. 10 = GRUR-Int 1970, 23 – Portelange u. 1971, 949 Rn. 29 = GRUR-Int 1972, 495 – Béguelin.

[160] EuGH Slg. 2001, 6297 Rn. 22 = EuZW 2001, 715 – Courage mit Verweis auf: 1973, 77 Rn. 26 = GRUR-Int 1973, 640 – Brasserie de Haecht II.

[161] EuGH Slg. 2008, I-6681 Rn. 79 = EuZW 2008, 668 – CEPSA; 1983, 4173 Rn. 12 = NJW 1984, 555 – Kerpen und Kerpen; Kommission ABl. 2004 C 101, 97–118, Leitlinien zur Anwendung von Art. 81 Abs. 3 EGV Rn. 41; Immenga/Mestmäcker/K. Schmidt EuWettbR Art. 101 Abs. 2 Rn. 21; Langen/Bunte/ Hengst EuWettbR Art. 101 Rn. 462.

[162] EuGH Slg. 1983, 4173 Rn. 12 = NJW 1984, 555 – Kerpen und Kerpen; Kommission ABl. 2004 C 101, 97–118; Leitlinien zur Anwendung von Art. 81 Abs. 3 EGV Rn. 41; Immenga/Mestmäcker/ K. Schmidt EuWettbR Art. 101 Abs. 2 Rn. 21; Langen/Bunte/Hengst EuWettbR Art. 101 Rn. 462.

[163] Vgl. MüKoEUWettbR/Saecker Art. 101 Rn. 875; FK-KartellR/Weyer Art. 81 Zivilrechtliche Folgen Rn. 136; Markert WuW 2002, 578 (583); soweit ersichtlich hat der EuGH hierzu noch nicht Stellung bezogen. Dazu: Loewenheim/Meessen/Riesenkampff/Kersting/Meyer-Lindemann/Jaeger Art. 101 Abs. 2 Rn. 31; eine geltungserhaltende Reduktion scheidet aber bei Verbraucherverträgen aus: EuGH BeckRS 2012, 81231 Rn. 73 – Banco Español.

[164] EuGH Slg. 2008, I-6681 Rn. 79 = EuZW 2008, 668 – CEPSA mwN.

[165] Die Möglichkeit der geltungserhaltenden Reduktion bejahend: Canaris DB 2002, 930 (935); Thomas WuW 2010, 177 (183); MüKoEUWettbR/Säcker Art. 101 Rn. 867 ff.; Langen/Bunte/Hengst EuWettbR Art. 101 Rn. 469; Immenga/Mestmäcker/K. Schmidt EuWettbR Art. 101 Abs. 2 Rn. 29; einschränkend auch: FK-KartellR/Weyer Art. 81 Zivilrechtsfolgen Rn. 136 f., der einerseits nur auf einen „angemessenen Klauselinhalt" reduzieren will und andererseits eine Reduktion von Kernbeschränkungen einer Gruppenfreistellungsverordnung ablehnt; ablehnend bzgl. Kernbeschränkungen: OLG Düsseldorf BeckRS 2001, 12957 Rn. 79; Schultze/Pautke/Wagener Rn. 868; Langen/Bunte/Nolte EuWettbR Art. 101 Fallgruppen Rn. 406; Immenga/Mestmäcker/Ellger Vertikal-VO Art. 4 Rn. 121; Emde WRP 2005, 1492 (1496).

[166] Vgl. EuGH Slg. 2001, 6297 Rn. 22 = EuZW 2001, 715 – Courage.

werden.[167] Dem wird entgegengehalten, dass den Vorschriften der Kartellverbote kein Interesse entnommen werden könne, kartellrechtskonforme Verhaltensweisen zu untersagen. Auch mit Abschreckungserwägungen lasse sich die Gesamtnichtigkeit nicht begründen.[168] Oftmals sei die Grenze des kartellrechtlich Zulässigen zudem unklar, sodass eine Gesamtnichtigkeit unverhältnismäßig sei.[169]

Ungeklärt ist auch der **Umfang** einer geltungserhaltenden Reduktion. Fraglich ist, ob **79** überschießende Maßnahmen hinsichtlich ihres räumlichen und gegenständlichen Ausmaßes reduziert werden können. Laut BGH kommt eine geltungserhaltende Reduktion nur im Rahmen einer quantitativ überschießenden Klausel (zB in zeitlicher Hinsicht) in Betracht.[170] Teilweise wird weitergehend gefordert immer dann zu reduzieren, wenn es sich um ein **quantitatives Überschreiten** des zulässigen Maßes handelt.[171] Insoweit wird allerdings die Gefahr gesehen, dass die Gerichte nicht mehr auslegend sondern gestaltend tätig werden.[172]

Der Möglichkeit einer geltungserhaltenden Reduktion ist zumindest bei **nachträglich 80 eintretender Kartellrechtswidrigkeit** aufgrund einer Gesetzesänderung zuzustimmen.[173] Sofern eine gesetzliche Vorschrift jedoch einen Anpassungszeitraum vorsieht, ist dieser als abschließend zu werten; eine geltungserhaltende Reduktion scheidet aus. Bedeutung kommt Anpassungszeiträumen insbesondere bei Gruppenfreistellungsverordnungen zu. Durch derartige Übergangsregelungen wird deutlich, dass der Verordnungsgeber bezweckt, dass Vereinbarungen angepasst werden, wenn Unternehmen von einer Gruppenfreistellung profitieren wollen. Eine geltungserhaltende Reduktion würde diesen Anpassungsanreiz reduzieren.[174] Anpassungszeiträume werden etwa von Art. 10 Vertikal-GVO, Art. 6 Spezialisierungs-GVO, Art. 8 F&E-GVO und Art. 10 TT-GVO vorgesehen.

Anerkannt ist, dass eine geltungserhaltende Reduktion bei **Allgemeinen Geschäfts- 81 bedingungen** nicht in Betracht kommt.[175]

bb) Folge der Nichtigkeit einzelner Bestimmungen. Die Frage der geltungserhal- **82** tenden Reduktion ist von den Auswirkungen, die eine nichtige Klausel auf die anderen Bestimmungen eines Vertrages hat, zu trennen. In Deutschland beurteilt sich die Abgrenzung zwischen Teil- und Gesamtnichtigkeit für Individualverträge nach **§ 139 BGB** und für Allgemeine Geschäftsbedingungen nach **§ 306 BGB**.

§ 139 BGB besagt, dass bei einer Teilnichtigkeit das ganze Rechtsgeschäft nichtig ist, **83** wenn nicht anzunehmen ist, dass es auch ohne den nichtigen Teil vorgenommen sein würde. In einem ersten Schritt ist zu ermitteln, ob der nichtige Teil einer Vereinbarung von dieser getrennt werden kann.[176] Es muss also ein selbstständig geltungsfähiger Teil

---

[167] OLG Düsseldorf BeckRS 2001, 12957 Rn. 79; FK-KartellR/Weyer Art. 81 Zivilrechtsfolgen Rn. 136; Schultze/Pautke/Wagener Rn. 868; Langen/Bunte/Nolte EuWettbR Art. 81 Fallgruppen Rn. 637; vgl. auch BGH BeckRS 2004, 4917– Restkaufpreis, der das Argument anspricht, die Frage aber im Ergebnis offen lässt.
[168] MüKoEUWettbR/Säcker Art. 101 Rn. 867 f.; Langen/Bunte/Hengst EuWettbR Art. 101 Rn. 469; FK-KartellR/Weyer Art. 81 Zivilrechtsfolgen Rn. 136; eine Abschreckungswirkung hat der EuGH allerdings der Nichtigkeit der Verwendung missbräuchlicher Klauseln in Verbraucherverträgen zugesprochen: EuGH BeckRS 2012, 81231 Rn. 69 – Banco Español.
[169] MüKoEUWettbR/Saecker Art. 101 Rn. 867.
[170] BGH WuW/E DE-R 3275 Rn. 53 – Jette Joop; BGH NJW 2009, 1751 Rn. 25 – Subunternehmervertrag (zu § 138 BGB); ob dies für das Kartellverbot auch gelte ließ BGH BeckRS 2004, 4917– Restkaufpreis offen.
[171] Immenga/Mestmäcker/Zimmer GWB § 1 Rn. 194; Wiedemann/Topel § 50 Rn. 27.
[172] Vgl. etwa: BGH NJW 1991, 699; OLG Stuttgart NJW 2002, 1431; aA MüKoEUWettbR/Säcker Art. 101 Rn. 927, die eine Vertragsgestaltung durch Gerichte in mehreren Fällen als möglich erachten.
[173] BGH BeckRS 2004, 4917– Restkaufpreis; Canaris DB 2002, 930 ff.; ausführlich zur geltungserhaltenden Reduktion Immenga/Mestmäcker/K. Schmidt EuWettbR Art. 101 Abs. 2 Rn. 29.
[174] FK-KartellR/Weyer Art. 81 Zivilrechtsfolgen Rn. 135 ff.
[175] BGHZ 84, 109 = NJW 1982, 2309; Langen/Bunte/Hengst EuWettbR Art. 101 Rn. 469; Loewenheim/Meessen/Riesenkampff/Kersting/Meyer-Lindemann/Jaeger Art. 101 Abs. 2 Rn. 31 mwN.
[176] MüKoBGB/Busche § 139 Rn. 24.

verbleiben.[177] In einem zweiten Schritt ist dann zu klären, ob die Parteien die Vereinbarung in der verbleibenden Form geschlossen hätten.[178] Es kommt somit auf **den mutmaßlichen Parteiwillen** an.[179]

84   **Kernbeschränkungen** im Sinne einer Gruppenfreistellungsverordnung bewirken, dass alle wettbewerbsbeschränkenden Klauseln der Vereinbarung nicht freigestellt sind (Alles-oder-Nichts-Prinzip).[180] Insoweit sind derartige Klauseln als nicht von der Vereinbarung abtrennbar anzusehen. Allerdings zwingt der Grundsatz der effektiven Durchsetzung europäischer Rechtsvorschriften **(effet utile)** nicht dazu, eine Gesamtnichtigkeit anzunehmen. Die Vereinbarung einer Kernbeschränkung führt nur zum Entfall der Freistellung. Weitergehende Folgen etwa die Gesamtnichtigkeit der Vereinbarung sind nicht vorgesehen.[181] Insofern ist ebenso wie für einzelne nicht freigestellte Klauseln, die Trennbarkeit gesondert zu untersuchen. Sie ist für Wettbewerbsverbote zu bejahen.[182]

85   Ist der nichtige Teil einer Vereinbarung von dieser trennbar, ist zu untersuchen, ob die Parteien den Vertrag auch ohne diesen Teil geschlossen hätten.[183] Entscheidend sind die Umstände des Einzelfalles.[184] Auch **salvatorische Klauseln** können zur Ermittlung des mutmaßlichen Willens herangezogen werden.[185] Derartige Klauseln bewirken jedoch nur eine Umkehrung der Beweislast.[186]

86   Ist die Vereinbarung durch Allgemeine Geschäftsbedingungen geschlossen worden, gilt **§ 306 BGB.**[187] Dieser erklärt den Vertrag im Übrigen für wirksam.

87   **b) Schadensersatz.** Weitere zivilrechtliche Folge neben der Nichtigkeit der Vereinbarung oder des Beschlusses ist die Verpflichtung, Schadensersatz zu leisten. Der EuGH hat festgestellt, dass die volle Wirksamkeit des Kartellverbots beeinträchtigt wäre, „wenn nicht jedermann Ersatz des Schadens verlangen könnte, der ihm durch einen Vertrag, der den Wettbewerb beschränken oder verfälschen kann, oder durch ein entsprechendes Verhalten entstanden ist.“[188] Die privatrechtliche Durchsetzung **(private enforcement)** des Kartellrechts in Form von Schadensersatzklagen könne „wesentlich zur Aufrechterhaltung eines wirksamen Wettbewerbs in der Gemeinschaft beitragen.“[189]

88   Die Ausgestaltung der Schadensersatzklagen obliegt den Mitgliedsstaaten. Diese haben die Grundsätze der Äquivalenz und der Effektivität zu beachten, insbesondere also sicherzustellen, dass die Durchsetzung eines Schadensersatzanspruches nicht über Gebühr erschwert oder gar unmöglich wird.[190] Mit der bis zum 27.12.2016 umzusetzenden Kartellschadensersatzrichtlinie[191] wird das nationale Recht noch mehr durch europarechtliche Vorgaben bestimmt. Die Richtlinie gibt unter anderem die „passing-on-defence“ (Art. 13), die Privilegierung von Kronzeugen bezüglich der Offenlegung und Verwendung von Beweismitteln (Art. 6 Abs. 6 lit. a, Art. 7) sowie die Privilegierung von Kronzeugen im Rahmen der Gesamtschuldnerischen Haftung (Art. 11 Abs. 4 ff.) vor. Ebenso sieht die

---

[177] MüKoBGB/Busche § 139 Rn. 24.
[178] MüKoBGB/Busche § 139 Rn. 24.
[179] BGH NJW 2009, 1135 Rn. 13.
[180] Vertikal-Leitlinien Rn. 70.
[181] FK-KartellR/Weyer Art. 81 Zivilrechtsfolgen Rn. 135.
[182] Vgl. Vertikal-Leitlinien Rn. 71.
[183] BGH NJW-RR 2009, 306 Rn. 12; Staudinger/Roth § 139 Rn. 75 mwN.
[184] BGH NJW-RR 2009, 306 Rn. 12; Staudinger/Roth § 139 Rn. 75 mwN.
[185] BGH NJW 2003, 347 – Tennishallenpacht.
[186] BGH NJW 2003, 347 – Tennishallenpacht: Aufgabe von BGH NJW 1994, 1651 – Pronuptia II.
[187] MüKoEuWettbR/Säcker Art. 101 Rn. 872.
[188] EuGH Slg. 2001, 6297 Rn. 26 = EuZW 2001, 715 – Courage.
[189] EuGH Slg. 2001, 6297 Rn. 27 = EuZW 2001, 715 – Courage.
[190] EuGH Slg. 2001, 6297 Rn. 29 = EuZW 2001, 715 – Courage; EuGH Slg. 2006, I-6619 Rn. 62 – Manfredi.
[191] Richtlinie 2014/104/EU des Europäischen Parlaments und des Rates vom 26.11.2014 über bestimmte Vorschriften für Schadensersatzklagen nach nationalem Recht wegen Zuwiderhandlungen gegen wettbewerbsrechtliche Bestimmungen der Mitgliedstaaten und der Europäischen Union; vgl. Art. 21 der Kartellschadensersatzrichtlinie.

Richtlinie eine Privilegierung von kleineren und mittleren Unternehmen (Art. 11 Abs. 4 f.), eine Stärkung mittelbarer Abnehmer (Art. 14) sowie Änderungen im Bereich der Beweis- und Darlegungslast (Art. 17, Art. Art. 14 Abs. 2) vor. Ein eigenes Kapitel widmet sich der einvernehmlichen Streitbeilegung (Art. 18 f.).

Anspruchsgrundlage für Schadensersatz ist in Deutschland § 33a GWB.[192] Dieser unter- **89** scheidet nicht danach, ob ein Verstoß gegen deutsches oder europäisches Kartellrecht gegeben ist. In § 33a Abs. 2 ist die durch Art. 17 Abs. 2 der Kartellschadensersatzrichtlinie vorgegebene Vermutung enthalten, dass eine Kartellabsprache zu einem Schaden geführt hat.

Seit der ORWI-Rechtsprechung des BGH[193] ist die „passing-on-defence" auch in **90** Deutschland anerkannt. Mit § 33c GWB wird der „Einwand der Schadensabwälzung" im Sinne der Richtlinie gesetzlich geregelt. Ebenfalls ist die Gesamtschuldnerische Haftung (§ 33d GWB), die Kronzeugenprivilegierung (§ 33e GWB), die Wirkungen eines Vergleichs (§ 33f GWB) sowie die Herausgabe von Beweismitteln (§ 33g GWB) separat normiert worden.

Kartellrechtliche Besonderheiten ergeben sich durch § 33b GWB. Diese Vorschrift **91** statuiert eine **Bindungswirkung** des den Schadensersatzanspruch beurteilenden Gerichts. Das Gericht ist an die Feststellung eines Verstoßes gebunden, wie sie in einer bestandskräftigen Entscheidung der Kartellbehörde, der Kommission der Europäischen Gemeinschaft oder der Wettbewerbsbehörde oder des als solche handelnden Gerichts in einem anderen Mitgliedstaat der Europäischen Gemeinschaft getroffen wurde. Die Bindungswirkung erstreckt sich nur auf die Feststellung des Verstoßes, während die weiteren Anspruchsvoraussetzungen vom Gericht gesondert festzustellen sind.[194] Es besteht somit bei kartellrechtlichen Schadensersatzklagen nach Feststellung eines Verstoßes durch eine Wettbewerbsbehörde **(follow-on Klagen)** keine Pflicht mehr, einen Verstoß darzulegen.

§ 33b GWB basiert auf Art. 16 Abs. 1 KartellVO. Dieser besagt, dass Gerichte der **92** Mitgliedsstaaten, Sachverhalte, die bereits Gegenstand einer Kommissionsentscheidung waren, nicht anders beurteilen dürfen als diese es getan hat. Die deutsche Vorschrift erweitert die Bindung auf die Feststellung eines Verstoßes durch Wettbewerbsbehörden und Gerichte anderer Mitgliedsstaaten. Hierzu wurde in der Vergangenheit kritisch geäußert, dass es keine Gewähr für ein rechtsstaatliches Verfahren gebe und die Regelung daher mit Art. 103 Abs. 1 GG unvereinbar sei.[195] Allerdings geben die Grundsätze des EU-Rechts bereits vor, dass mitgliedstaatliche Behörden beim Vollzug unionsrechtlicher Wettbewerbsregeln den durch das Unionsrecht vorgesehenen Rechtsschutz gewährleisten müssen,[196] worunter auch rechtliches Gehör fällt.[197] Im Übrigen entspricht die bisher überschießende Umsetzung der Vorgabe des Art. 9 Abs. 1 der Kartellschadensersatzrichtlinie.

Eine weitere Erleichterung für kartellrechtliche Schadensersatzklagen kennt § 33b GWB. **93** Dieser hemmt die Verjährung für den Zeitraum, in dem die Kommission oder eine Kartellbehörde eines Mitgliedstaates der Europäischen Gemeinschaft wegen eines Kartellverstoßes ein Verfahren einleitet.

II. Horizontale Wettbewerbsbeschränkungen

Das Schlagwort „Horizontale Wettbewerbsbeschränkungen" umfasst Beschränkungen, **94** die von Unternehmen ausgehen, die auf der gleichen Stufe der Wertschöpfungskette agieren.

---

[192] Vor dieser Novelle bestand ein Anspruch gemäß § 823 Abs. 2 BGB iVm § 1 GWB.
[193] BGHZ 190, 145 – ORWI; vgl. auch Kommentierung zu → GWB § 1 Rn. 12.
[194] BT-Drs. 15/3640, 54.
[195] Immenga/Mestmäcker/Emmerich, GWB, 5. Aufl. 2014, § 33 Rn. 92 mwN.
[196] Art. 51 Abs. 1 GR-Charta; dazu auch Immenga/Mestmäcker/Franck § 33b Rn. 12 mwN.
[197] Immenga/Mestmäcker/Franck § 33b Rn. 12 mwN.

95   **1. Preisabsprachen.** Preisabsprachen sind grundsätzlich kartellrechtswidrig. Der Regelbeispielkatalog des Art. 101 Abs. 1 AEUV definiert sie im dortigen lit. a als die unmittelbare oder mittelbare Festsetzung der An- oder Verkaufspreise oder sonstigen Geschäftsbindungen. Als sonstige Geschäftsbedingungen sind dabei Lieferungs-, Abwicklungs-, Zahlungs- und Gewährleistungsmodalitäten anzusehen.[198] Aufgrund der herausgehobenen Bedeutung des Preises eines Gutes im Wettbewerb sind Absprachen über den Preis grundsätzlich und weitgehend verboten. Von Art. 101 Abs. 1 lit. a AEUV werden Mindest- und Festpreise gegebenenfalls aber auch Höchstpreise und Preisempfehlungen erfasst.[199] Eine Preisabsprache kann unmittelbar durch vertragliche Festlegung eines Preises aber auch mittelbar durch Bezugnahme auf Preisniveaus, Preise von Wettbewerbsprodukten, Handelsspannen, Rabatte oder andere Faktoren erfolgen.[200] Preisabsprachen können sowohl auf horizontaler als auch auf vertikaler Ebene vereinbart werden.[201]

96   **2. Quotenabsprachen.** Eine weitere Erscheinungsform einer horizontalen Wettbewerbsbeschränkung bilden Quotenabsprachen. Art. 101 Abs. 1 lit. b AEUV spricht von einer Einschränkung oder Kontrolle der Erzeugung, des Absatzes, der technischen Entwicklung oder der Investitionen. Ein derartiger Verzicht auf die Nutzung von Potenzialen, die hinsichtlich dieser Wettbewerbsparameter existieren, kann zu einer Erstarrung des Marktes führen. Quotenregelungen sind auch bedenklich, weil sie den Unternehmen den Anreiz nehmen, durch einen niedrigeren Preis mehr Güter abzusetzen.[202]

97   **3. Gebiets- und Kundenabsprachen.** Art. 101 Abs. 1 lit. c AEUV verbietet die Aufteilung von Märkten oder Versorgungsquellen. Klassisches Beispiel einer Marktaufteilung ist eine Absprache über die Zuordnung bestimmter Unternehmen zu bestimmten regionalen Märkten, die mit der Zusage der anderen beteiligten Unternehmen, in diese nicht zu expandieren, verbunden wird. Auf diese Weise sinkt der Wettbewerbsdruck in der betreffenden Region, sodass eine Wettbewerbsbeschränkung vorliegt. Eine derartige Wirkung kann auch durch die Aufteilung von Produktmärkten oder Kundengruppen erreicht werden.

98   Auch eine von mehreren Unternehmen gegenüber Drittunternehmen vereinbarte Zugangsverweigerung zu Versorgungsquellen kann ein Verstoß gegen Art. 101 Abs. 1 lit. c AEUV darstellen. Wird durch eine derartige Vereinbarung der Wettbewerb verfälscht, ist die Zugangsverweigerung nichtig.[203] Ein Kontrahierungszwang kann aufgrund der essential-facilities doctrine bestehen.[204]

99   **4. Kollektive Diskriminierung.** Art. 101 Abs. 1 lit. d AEUV statuiert ein Verbot der Anwendung unterschiedlicher Bedingungen bei gleichwertigen Leistungen gegenüber Handelspartnern wodurch diese im Wettbewerb benachteiligt werden. Aus dem Gesamtzusammenhang der Vorschrift ergibt sich, dass nur die zwischen Wettbewerbern abgesprochene unterschiedliche Behandlung umfasst ist, während eine Diskriminierung aufgrund autonomer Entscheidungen eines oder mehrerer Unternehmen anhand von Art. 102 AEUV zu untersuchen ist.[205] Das Regelbeispiel untersagt somit Koordinierungen auf einer Ebene der Wertschöpfungskette, die beabsichtigen, die Wettbewerbsstruktur auf einem vor- oder nachgelagerten Markt zu beeinflussen.[206]

---

[198] Immenga/Mestmäcker/Zimmer EuWettbR Art. 101 Abs. 1 Rn. 216.

[199] Vgl. für Höchstpreise und Preisempfehlungen die Kommentierung zur Vertikal-GVO → VO (EU) 330/2010 Rn. 140.

[200] Wiedemann/Lübbig § 8 Rn. 22; Immenga/Mestmäcker/Zimmer Art. 101 Abs. 1 Rn. 237.

[201] Vgl. zu vertikalen Preisbindungen → VO (EU) 330/2010 Rn. 135 ff.

[202] Langen/Bunte/Hengst EuWettbR Art. 101 Rn. 273.

[203] Immenga/Mestmäcker/Zimmer Art. 101 Abs. 1 Rn. 223.

[204] Vgl. → Art. 102 Rn. 111.

[205] Immenga/Mestmäcker/Zimmer Art. 101 Abs. 1 Rn. 224; vgl. auch die Kommentierungen zu → Art. 102 Rn. 74.

[206] Immenga/Mestmäcker/Zimmer Art. 101 Abs. 1 Rn. 225; MüKoEuWettbR/Wagner-von Papp Art. 101 Rn. 326.

5. Kopplungsvereinbarungen. Das letzte Regelbeispiel, Art. 101 Abs. 1 lit. e AEUV, **100**
untersagt die Vereinbarung einer an den Vertragsabschluss gebundenen Pflicht zur Abnahme von Gütern, die mit den Vertragsgütern weder sachlich noch nach Handelsbrauch in
Beziehung stehen. Dieses sogenannte Koppelungsverbot gilt nach wohl herrschender Meinung sowohl für kollektive, also unternehmensübergreifend abgestimmte, Bezugspflichten
als auch für einzelne Unternehmen.[207] Derartige Vereinbarungen sind insbesondere im
Hinblick auf ihre Vereinbarkeit mit Art. 102 AEUV zu untersuchen.[208]

6. Weitere horizontale Wettbewerbsbeschränkungen. Neben den in Art. 101 **101**
Abs. 1 AEUV genannten Regelbeispielen existieren weitere Maßnahmen, die eine Wettbewerbsbeschränkung aufgrund horizontaler Kooperation bezwecken oder bewirken können. Hierzu zählen neben dem Informationsaustausch unter Wettbewerbern Vereinbarungen über gemeinsame Forschung und Entwicklung, Produktion, Einkauf, Vertrieb oder
Normen. Derartige Vereinbarungen sind oftmals geeignet Effizienzgewinne herbeizuführen, sodass die Europäische Kommission „Leitlinien zur Anwendbarkeit von Artikel 101
des Vertrages über die Arbeitsweise der Europäischen Union auf Vereinbarungen über
horizontale Zusammenarbeit"[209] (sog. **„Horizontal-Leitlinien"**) herausgegeben hat. Detaillierte Ausführungen sind dem diesen Leitlinien gewidmeten Kapitel dieses Kommentars
zu entnehmen.[210]

III. Vertikale Wettbewerbsbeschränkungen

1. Überblick. a) Bedeutung des Vertriebssektors. Der Vertriebssektor ist **wirt-** **102**
schaftlich bedeutend. Dem Vertriebssektor waren bereits Anfang der 90er Jahre circa
30 % aller Unternehmen zuzuordnen.[211] Als Vertriebsformen kommen der direkte Vertrieb
durch den Lieferanten als auch der Vertrieb über Handelsvertreter (→ Rn. 147 ff.), Kommissionäre und Groß- und Einzelhändler in Betracht. Sonderformen bilden der selektive
Vertrieb (→ Rn. 188 ff.), das Franchising (→ Rn. 183 ff.) sowie der Kfz-Vertrieb. Zunehmend sind auch Mischformen erkennbar.

b) Wettbewerbspolitische Beurteilung von Vertriebsvereinbarungen. Die **wett-** **103**
bewerbspolitische Beurteilung von Wettbewerbsbeschränkungen in Vertriebsvereinbarungen ist umstritten. Früher wurden Wettbewerbsbeschränkungen in Vertriebsvereinbarungen kritisch betrachtet. Eine zunehmend an ökonomischen Kriterien orientierte
Betrachtung führte jedoch zu einer Neubewertung. Besonders weit fortgeschritten ist diese
Sichtweise in den **USA.** Dort hat ua die Chicago-Schule zu der Erkenntnis geführt, dass
Vertikalbeschränkungen oftmals von den Herstellern zu wettbewerbsfördernden Zielen (zB
der Erleichterung eines Marktzutritts) eingesetzt werden oder die Effizienz der Absatzorganisation erhöhen können (zB zur Durchsetzung des gewünschten Maßes qualifizierter
Beratungs- und sonstiger Absatzförderungsleistungen).[212] Stellvertretend für diese Entwicklung ist die Leegin-Entscheidung des U. S. Supreme Court, mit welcher das per-se-Verbot
von vertikalen Mindestpreisbindungen zugunsten einer Anwendung der rule of reason
aufgegeben wurde.[213]

---

[207] Immenga/Mestmäcker/Zimmer Art. 101 Abs. 1 Rn. 229 mwN; vgl. auch die Ausführungen zu vertikalen Kopplungsbindungen → Rn. 145.
[208] MüKoEuWettbR/Wagner-von Papp Art. 101 Rn. 327; vgl. daher die Kommentierung zu → Art. 102
Rn. 79.
[209] ABl. 2011 C 11, 1.
[210] → AEUV Anh. Art. 101 Rn. 1 ff.
[211] Grünbuch zur EG-Wettbewerbspolitik gegenüber vertikalen Wettbewerbsbeschränkungen, KOM(96)
721 endg., Rn. 15.
[212] Vgl. Dauses/Hoffmann H. I. § 2 Art. 101 Rn. 239.
[213] Vgl. Leegin vs. PSKS, U. V. 28.6.2007, Case No. 06–480 = IIC 2008, 378 (Ls.); dazu siehe auch Kasten
RIW 2007, 649; Kasten WuW 2007, 994; dezidiert gegen eine Übertragbarkeit auf das Europäische Wettbewerbsrecht: Sosnitza/Hoffmann AG 2008, 107.

104   In **Europa** besteht hingegen (immer noch) eine differenzierende Sichtweise. Die Regelbeispiele des Art. 101 Abs. 1 AEUV unterscheiden nicht nach der Art der Vereinbarungen. Preisabsprachen zwischen Wettbewerbern sind Preisbindungen vertikaler Natur gleichgestellt. Auch Art. 4 lit. a Vertikal-GVO sieht Preisbindungen weiterhin als Kernbeschränkung an. Ansätze einer weniger restriktiven Beurteilung vertikaler Beschränkungen und einer möglichen Abkehr von dem per-se Ansatz lassen sich jedoch den 2022 Leitlinien zur Vertikal-GVO entnehmen. In diesen erkennt die Kommission an, dass Preisbindungen der zweiten Hand auch Effizienzgewinne ermöglichen können.[214] So können Preisbindungen zur Produkteinführung, für kurzfristige Sonderangebote, zur Vermeidung von regelmäßigen Untereinstandspreisverkäufen (Lockvogelangeboten) und zur Bekämpfung von Trittbrettfahrern und damit zur Ermöglichung einer verbesserten Beratung hilfreich sein.[215]

105   **c) Geschichte der Vertikal-GVO.** Die grundsätzliche Anwendbarkeit des Art. 81 EG (heute: 101 AEUV) auf Vertriebsvereinbarungen führte in Verbindung mit dem damaligen Freistellungsmonopol der Kommission zu Überhäufung der Kommission mit unzähligen Freistellungsanträgen für Vertriebsvereinbarungen. Die Kommission hatte daher zur Lösung diese sog. Massenproblems seit 1983 eine Reihe von **branchenspezifischen Gruppenfreistellungsverordnungen** erlassen, welche bestimmte Vertriebsbeschränkungen automatisch vom Kartellverbot freistellten. Dazu zählten die Gruppenfreistellungsverordnungen für Alleinvertriebsvereinbarungen[216], Alleinbezugsvereinbarungen[217], Franchisevereinbarungen[218] sowie Vertriebs- und Kundendienstvereinbarungen über Kraftfahrzeuge[219]. Die Struktur der Gruppenfreistellungsverordnungen stieß jedoch zunehmend auf Kritik. Gerügt wurden vor allem die detaillierten Vorgaben, welche für die betroffenen Unternehmen einen Zwangsjackeneffekt bzw. einen Standardisierungsdruck entfalteten.[220]

106   Die Kommission nahm daher 1999 eine grundlegende **Neuorientierung ihrer Wettbewerbspolitik** vor. Sie ersetzte das System der branchenspezifischen Gruppenfreistellungsverordnungen durch eine „**Schirm-Gruppenfreistellungsverordnung**" für alle vertikalen Vereinbarungen, der Verordnung (EG) Nr. 2790/99.[221] Diese Schirm-GVO befasste sich nicht mehr mit einzelnen Formen von Vertriebsvereinbarungen, sondern enthielt erstmals allgemeine Regeln für alle Formen von Vertikalverträgen. Sie war durch folgende Merkmale gekennzeichnet: Entscheidendes Kriterium ist die **Marktmacht.** Danach wird bei fehlender Marktmacht von der Zulässigkeit vertikaler Beschränkungen ausgegangen; diese werden im Rahmen der Vertikal-GVO lediglich einer Missbrauchsaufsicht unterstellt. Nach Ansicht der Kommission kommt es nur bei schwachem Markenwettbewerb und erheblicher Marktmacht auf die Kontrolle vertikaler Vereinbarungen an. Je stärker jedoch der Markenwettbewerb ist (und damit der Inter-Brand-Wettbewerb), desto geringer wirken sich vertikale Wettbewerbsbeschränkungen aus. Das bedeutet, dass dieselbe Wettbewerbsbeschränkung unterschiedliche Auswirkungen haben kann, je nachdem wie die Marktstruktur und die Marktmacht des beschränkenden Unternehmens gestaltet sind.[222] Durch Lockerungen der formalen Anforderungen soll darauf hingewirkt werden, dass zukünftig weniger Vereinbarungen vom Kartellverbot erfasst und Verein-

---

[214] Vertikal-Leitlinien Rn. 197.
[215] Vertikal-Leitlinien Rn. 197 lit. a, b und d.
[216] Verordnung (EWG) Nr. 1983/83, ABl. 1983 L 173, 1.
[217] Verordnung (EWG) Nr. 480/83, ABl. 1983 L 173, 5.
[218] Verordnung (EWG) Nr. 4087/88, ABl. 1988 L 359, 46.
[219] Verordnung (EG) Nr. 1475/95, ABl. 1995 L 145, 25.
[220] Vgl. Nolte BB 1998, 2429; Semler/Bauer DB 2000, 193.
[221] Verordnung (EG) Nr. 2790/99 vom 22.12.1999 über die Anwendung von ex-Art. 81 Abs. 3 EGV auf Gruppen von vertikalen Vereinbarungen, ABl. 1999 L 336, 21.
[222] Vgl. Pukall DB 1998, 2353.

barungen marktstarker Unternehmen wirksamer geprüft werden. Bei Marktanteilen bis zu 30 % wird eine Freistellung ermöglicht.[223] Ab 30 % beginnt das Risiko der Marktbeherrschung, so dass die letzte Bedingung des Art. 101 Abs. 3 AEUV (damals: Art. 81 Abs. 3 EG) (Bestehenbleiben eines wesentlichen Wettbewerbes) nicht mehr erfüllt sei. Dieser neue ökonomische Ansatz soll zur Arbeitserleichterung sowohl bei den betroffenen Unternehmen führen (die dann ihre Vereinbarungen nicht mehr anmelden müssen), als auch die EG-Kommission von der Flut der Einzelfreistellungsanträge entlasten. Ferner enthielt die Schirm-GVO einen **Katalog von Kernbeschränkungen** (schwarzen Liste), welche wettbewerbspolitisch unerwünscht waren und deshalb einer Freistellung der gesamten Vereinbarung entgegenstehen. Ergänzt wurden die Schirm-GVO durch umfangreiche **„Leitlinien für vertikale Beschränkungen",** welche sowohl die Schirm-GVO kommentierten als auch Leitlinien für die Behandlung nicht gruppenfreigestellter Vertriebsvereinbarungen gaben.

Die Vertikal-GVO 2790/1999 war gemäß ihres Art. 13 bis zum 31.5.2010 befristet und **107** wurde aufgrund der positiven Erfahrungen durch die Vertikal-GVO 330/2010 ersetzt.[224] Diese galt bis zum 31.5.2022[225] und wurde ihrerseits am 1.6.2022 durch eine neue Verordnung abgelöst, die bis zum 31.5.2034 gilt.[226] Der neuen Vertikal-GVO 2022/720 ging ein dreieinhalb-jähriger Novellierungsprozess voraus, im Rahmen dessen die Kommission in verschiedenen Phasen Konsultationen und Workshops durchführte sowie mehrere Gutachten einholte.[227] Im Juli 2021 veröffentlichte die Kommission dann einen ersten Entwurf der neuen Vertikal-GVO,[228] zu dem erneut Stellungnahmen eingereicht werden konnten. Die nunmehr finale und aktuelle Fassung der neuen Vertikal-GVO 2022/720 knüpft dabei an die bisherige Verordnung an und übernimmt deren Regelungen im Wesentlichen, bringt aber – insbesondere, um der weiter zunehmenden Bedeutung des Online-Handels Rechnung zu tragen[229] – neben vielen neuen Begriffsbestimmungen auch einige sehr relevante Änderungen mit sich. Damit einher gehen beispielsweise einige Änderungen, die teils ein gewisses Umdenken erkennen lassen: Während bislang der Online-Handel im Vergleich zum stationären Handel vor allem als schutzwürdig angesehen wurde und daher nicht schlechter gestellt werden durfte, ist eine unterschiedliche Behandlung von Online-Vertrieb und stationärem Vertrieb nun durchaus möglich, wie die Regelung zur Freistellung des sog. zweigliedrigen Vertriebs („Dualvertrieb") zeigt. Gleichzeitig wurde die Einschränkung der effektiven Nutzung des Internets für den Vertrieb als Kernbeschränkung eingestuft und Doppelpreissysteme für grundsätzlich gruppenfreistellungsfähig erklärt. Neu ist beispielsweise auch die Ausweitung des Alleinvertriebs auf fünf Abnehmer sowie die Möglichkeit des Herstellers von seinen Abnehmern zu verlangen, bestimmte Verkaufsverbote zum Schutz des Alleinvertriebs/selektiven Vertriebs an ihre Abnehmer (Kunden) durchzureichen.[230]

Die neue Vertikal-GVO wurde durch eine Überarbeitung der dazugehörigen **Leitlini-** **108** **en**[231] ergänzt. Die Ausführungen zum Internetvertrieb wurden umfassender ausgestaltet und insbesondere neue Abschnitte zur Behandlung von Beschränkungen der Nutzung von

---

[223] Die 30 % stellen eine Kompromiss zwischen den ursprünglich von der Kommission im Weißbuch vorgeschlagenen Marktanteilen von 20 % (generelle, automatische Freistellung von vertikalen Vereinbarungen – „negative clearance presumption" – es sei denn, es sind bestimmte Kernbeschränkungen enthalten) und 40 % (Freistellung, soweit nur bestimmte, im Entwurf festgelegte Beschränkungen enthalten sind, die in der Regel den Wettbewerb nicht sehr stark beeinträchtigen).
[224] Erwägungsgrund (2) der Vertikal-GVO 330/2010.
[225] Art. 10 Vertikal-GVO 330/2010.
[226] Art. 11 Vertikal-GVO 2022/720.
[227] Ausführlich zum Novellierungsprozess und der dabei angewandten Vorgehensweisen Metzlaff/B. Müller ZVertriebsR 2020, 341.
[228] Vertikal-GVO-Entwurf v. 9.7.2021, C (2021) 5026 final.
[229] Erwägungsgrund (10) ff. der Vertikal-GVO 2022/720.
[230] Vgl. die Kommentierung zur Vertikal-GVO → VO (EU) 2022/720 Rn. 1 ff.
[231] ABl. 2022 C 248, 1.

Online-Marktplätzen[232] und von Preisvergleichsdiensten[233] und zu Paritätsverpflichtungen[234] aufgenommen.

109   **2. Der Ansatz der Kommission.** Beschränkungen des Wettbewerbs können nicht nur von Maßnahmen auf der gleichen Wertschöpfungsstufe ausgehen, sondern auch auf Vereinbarungen zwischen Anbietern und Nachfragern basieren. Derartige Vereinbarungen weisen häufiger Effizienzgewinne iSd Art. 101 Abs. 3 AEUV auf als solche horizontaler Art. Dies ist darauf zurückzuführen, dass die Parteien einer vertikalen Vereinbarung einander ergänzte Aufgaben wahrnehmen und den jeweiligen Vertragspartner bei seiner wirtschaftlichen Tätigkeit unterstützen, während bei horizontalen Vereinbarungen grundsätzlich die Absatzinteressen der einen Vertragspartei mit denen der anderen unvereinbar sind.

110   Auch wenn vertikale Vereinbarungen aufgrund der einander ergänzenden Tätigkeiten grundsätzlich geeignet sind, Effizienzgewinne zu erzeugen, können von ihnen negative Wirkungen ausgehen. Zu befürchten ist eine **Marktabschottung,** mithin der Ausschluss anderer Anbieter oder Abnehmer durch Errichtung von Marktzutritts- oder Expansionsschranken.[235] Dies kann beispielsweise durch eine Alleinbezugsverpflichtung bewirkt werden, die anderen Herstellern den Zugang zu den Einrichtungen des Vertriebsmittlers verwehrt. Andererseits kann ein Exklusivvertrieb den Wettbewerb auf Händlerebene beeinträchtigen und den Markt zugunsten des exklusiv belieferten Vertriebsmittlers abschotten.

111   Vertikale Vereinbarungen können auch geeignet sein, eine Kollusion zwischen den Herstellern zu erleichtern, und so zu einer Verringerung des Markenwettbewerbs führen.[236] Derartige Folgen sind insbesondere aufgrund möglicher Informationsweitergabe seitens der Vertriebsmittler an die Hersteller zu befürchten. Neben einer Beschränkung des Markenwettbewerbs (inter-brand), also demjenigen auf Anbieterebene, ist auch eine Beschränkung des sogenannten markeninternen Wettbewerbs möglich (intra-brand), da Anbieter meistens gleichlautende vertikale Vereinbarungen mit einer Vielzahl von Vertriebsmittlern schließen, die durch die darin enthaltenen Beschränkungen zu einem gleichförmigen Verhalten angeregt oder sogar gezwungen werden könnten.[237]

112   Vertikale Vereinbarungen können, soweit durch sie ein an Ländergrenzen orientierter Gebietsschutz vereinbart wird, die Binnenmarktintegration behindern.[238]

113   Möglichen negativen Auswirkungen stehen jedoch potenziell auch positive Wirkungen gegenüber. So kann durch vertikale Vereinbarungen das sogenannte **Trittbrettfahrerproblem** minimiert oder gelöst werden. Als Trittbrettfahrer gilt ein Unternehmen, das von den Vertriebsanstrengungen eines anderen profitiert, etwa indem es auf eine eigene Beratungsleistung verzichtet und daher in der Lage ist, den Preis eines beratenden Konkurrenten zu unterbieten und die von diesem beratenen Abnehmer als eigene Kunden zu gewinnen.[239] Ein derartiges Ausnutzen der Vertriebsanstrengungen eines Konkurrenten kann beispielsweise durch Alleinvertriebsvereinbarungen ausgeschlossen werden.[240] Eine Sonderkonstellation des Trittbrettfahrerproblems bilden die sogenannten **Gütesiegel-Trittbrettfahrer.** Hierbei handelt es sich um Fälle, in denen ein Hersteller bei der Produkteinführung auf den Vertrieb über besonders angesehene Einzelhändler angewiesen ist, um sich deren wichtigen Vertriebskanal zu erhalten, sodass insoweit ein befristeter Allein- oder Selektivvertrieb erforderlich sein kann.[241]

---

[232] Vertikal-Leitlinien Rn. 332 ff.
[233] Vertikal-Leitlinien Rn. 343 ff.
[234] Vertikal-Leitlinien Rn. 356 ff.
[235] Vertikal-Leitlinien Rn. 18 lit. a.
[236] Vertikal-Leitlinien Rn. 18 lit. b.
[237] Vgl. Vertikal-Leitlinien Rn. 18 lit. c.
[238] Vertikal-Leitlinien Rn. 18 lit. d.
[239] Vertikal-Leitlinien Rn. 16 lit. b.
[240] Vertikal-Leitlinien Rn. 16 lit. b.
[241] Vertikal-Leitlinien Rn. 16 lit. d.

Alleinvertriebsvereinbarungen können auch genutzt werden, um **Marktzutrittsschran-** 114 **ken** von Vertriebsmittlern abzubauen. Besteht aufgrund des Erfordernisses erheblicher Investitionen ein Hemmnis neue Märkte zu erschließen, wird dieses aufgrund der durch den Alleinvertrieb gesicherten Nachfrage verringert, sodass die Erschließung neuer Märkte gerade durch die Beschränkung des Wettbewerbs ermöglicht wird.[242] Sowohl Anbieter als auch Abnehmer können beim Vertragsschluss vertragspezifische Investitionen (**„relation-ship-specific investments")** scheuen, sodass auch Anreize für Investitionen seitens des Anbieters wie etwa Wettbewerbsverbote für den Vertriebsmittler positiv wirken können.[243] Ähnlich stellt sich die Situation bei der Übertragung von Know-how dar. Der Anbieter ist daran interessiert, dass das von ihm übertragene Know-how nur dem Vertrieb seiner Produkte dient, sodass eine Übertragung die Vereinbarung eines Wettbewerbsverbotes erfordert beziehungsweise durch diese erleichtert wird.[244]

Durch vertikale Vereinbarungen insbesondere über die Preisgestaltung kann zudem das **115** **Problem der doppelten Gewinnmaximierung** gelöst werden. Hierunter wird der Interessenkonflikt zwischen Anbieter und Abnehmer verstanden, also die Diskrepanz der widerstreitenden Interessen, namentlich dem des Anbieters an niedrigeren Preisen, um aufgrund des damit regelmäßig höheren Absatzes seinen Umsatz zu optimieren, mit demjenigen des Abnehmers, der an möglichst hohen Verkaufspreisen zur eigenen Umsatzoptimierung interessiert ist.[245]

Auch durch Mindestbezugsmengen können Effizienzvorteile erreicht werden. Dies ist **116** der Fall, wenn der Hersteller aufgrund der Mindestmenge Größenvorteile (**„economies of scale")** erreichen kann, die sich günstig auf den Einzelhandelsverkaufspreis auswirken.[246] Aufgrund der gegenüber Banken möglicherweise verbesserten Informationslage über die wirtschaftliche Lage des Vertragspartners und einem gesteigerten Interesse an dessen Fortbestand, kann die Bereitschaft zur Kreditvergabe eines an einer Vereinbarung beteiligten Unternehmen höher sein als die anderer Kreditgeber, sodass durch vertikale Vereinbarungen **Unzulänglichkeiten der Kapitalmärkte** ausgeglichen werden können.[247] Eine durch vertikale Vereinbarungen wie Selektivvertriebs- oder Franchiseverträge herbeigeführte Einheitlichkeit und Qualität der Produkte, kann für Verbraucher aufgrund der verbesserten Beurteilungsmöglichkeiten vorteilhaft sein.[248]

Aufgrund dieser möglichen Auswirkungen vertikaler Vereinbarungen und der vergli- **117** chen mit horizontalen Kooperationen geringeren Gefahren für den Wettbewerb, hat die Kommission mit der Vertikal-GVO eine Gruppenfreistellungsverordnung erlassen, die als sogenannte Schirm-GVO vertikale Vereinbarungen weitgehend von der Vorschrift des Art. 101 Abs. 1 AEUV ausnimmt.[249] Die Kommission hat Leitlinien für vertikale Beschränkungen erlassen, in denen sie sowohl die Vertikal-GVO als auch bestimmte in dieser nicht enthaltene vertikale Beschränkungen näher erläutert und Maßstäbe für deren Beurteilung bekannt gibt.[250] Die nachfolgenden Ausführungen zu vertikalen Beschränkungen, die nicht von der Vertikal-GVO freigestellt sind, orientieren sich an deren Aufbau.

a) Faktoren für die Prüfung einer Wettbewerbsbeschränkung. Hinsichtlich ver- **118** tikaler Vereinbarungen ist mithin zuerst zu untersuchen, ob eine Wettbewerbsbeschränkung iSd Art. 101 Abs. 1 AEUV vorliegt, anschließend ob die Vereinbarung in den Anwendungsbereich der Vertikal-GVO fällt und – sollte dies wegen des Vertragsinhalts

---

[242] Vertikal-Leitlinien Rn. 16 lit. c.
[243] Vertikal-Leitlinien Rn. 16 lit. e.
[244] Vertikal-Leitlinien Rn. 16 lit. f.
[245] Vertikal-Leitlinien Rn. 13 und 16.
[246] Vertikal-Leitlinien Rn. 16 lit. g.
[247] Vertikal-Leitlinien Rn. 16 lit. i.
[248] Vertikal-Leitlinien Rn. 16 lit. h.
[249] Vgl. die Kommentierung zur Vertikal-GVO → VO (EU) 2022/720 Rn. 1 ff.
[250] ABl. 2022 C 248, 1.

oder der Marktanteile der Unternehmen nicht der Fall sein – schlussendlich, ob die Voraussetzungen für eine Einzelfreistellung nach Art. 101 Abs. 3 AEUV erfüllt sind.[251]

119   Der erste Prüfungspunkt ist mithin das Vorliegen einer **spürbaren Wettbewerbsbeschränkung** iSd Art. 101 AEUV. Sofern eine Freistellung aufgrund der Vertikal-GVO nicht in Betracht kommt, da die Marktanteilsschwellen überschritten sind, führt die Kommission eine umfassende wettbewerbsrechtliche Untersuchung durch, in deren Rahmen sie auf die folgenden Kriterien abstellt:

– Art der Vereinbarung
– Marktstellung der beteiligten Unternehmen
– Marktstellung der Wettbewerber (vor- und nachgelagert)
– Marktstellung der Abnehmer der Vertragsprodukte
– Marktzutrittsschranken
– Betroffene Stufe der Produktions- oder Vertriebskette
– Beschaffenheit des Produkts
– Dynamik des Marktes
– Sonstige Faktoren.[252]

120   Das Gewicht der einzelnen Kriterien ist dabei nicht immer identisch, sondern einzelfallabhängig und bestimmt sich unter anderem nach den jeweils anderen Kriterien, sodass innerhalb dieser eine Wechselwirkung bestehen kann.[253]

121   **Vertikale Vereinbarungen unterscheiden sich ihrer Art** nach hinsichtlich unterschiedlicher Beschränkungen, Laufzeiten und des Prozentsatzes der von ihnen umfassten Waren an den Gesamtverkäufen dieser Warengruppe.[254] Bei der Beurteilung der Vereinbarung ist nicht ausschließlich auf deren Wortlaut abzustellen, sondern sind beispielsweise auch die von der Vereinbarung ausgehenden Anreizwirkungen zu beachten, sodass eine Gesamtbetrachtung ihrer Folgen anzustellen ist.[255]

122   Das wichtigste Kriterium zur Beurteilung der **Marktstellung der beteiligten Unternehmen oder Wettbewerber** ist deren jeweiliger Marktanteil.[256] Relevant sind darüber hinaus Wettbewerbs- und Kostenvorteile, die sich unter anderem aus überlegener Technologie, Markenführerschaft oder einer überlegenen Produktpalette ergeben können.[257] Als weiterer Indikator lässt sich der Grad der Produktdifferenzierung nennen. Denn Markenbildung führt gegebenenfalls eher zu einer stärkeren Produktdifferenzierung und dabei zu geringerer Substituierbarkeit. Dies wiederum reduziert Nachfrageelastizität und bietet mehr Spielraum für höhere Preise.[258] Die Marktstellung ist naturgemäß von der Struktur des Marktes abhängig, sodass bei oligopolistischen und/oder starren Märkten von einer erhöhten Gefahr der Kollusion auszugehen ist.[259]

123   Die **Marktstellung der Abnehmer** ist anhand einer doppelten Marktanalyse zu ermitteln: Einmal ist auf den Marktanteil auf dem jeweiligen Bezugsmarkt abzustellen und so die Nachfragemacht zu ermitteln, zum anderen ist die Stellung auf dem Markt, auf dem die Abnehmer die Vertragsgüter weiterverkaufen, zu berücksichtigen.[260] Relevante Faktoren hierfür sind die räumliche Verbreitung der Verkaufsstätten, Eigenmarken und das Markenimage.[261]

124   **Marktzutrittsschranken** basieren auf Gegebenheiten eines Marktes, durch die ein Markteintritt für neue Anbieter wirtschaftlich unattraktiv wird. Es kommt eine Vielzahl

---

[251] Vgl. Vertikal-Leitlinien Rn. 7.
[252] Vertikal-Leitlinien Rn. 278 f.
[253] Vgl. Vertikal-Leitlinien Rn. 280.
[254] Vertikal-Leitlinien Rn. 281.
[255] Vertikal-Leitlinien Rn. 281.
[256] Vertikal-Leitlinien Rn. 282 f.
[257] Vertikal-Leitlinien Rn. 282.
[258] Vertikal-Leitlinien Rn. 282.
[259] Vertikal-Leitlinien Rn. 282 f.
[260] Vertikal-Leitlinien Rn. 283.
[261] Vertikal-Leitlinien Rn. 283.

unterschiedlicher Faktoren in Betracht, die den Zugang begrenzen. Hierzu zählen staatliche Vorschriften und Beihilfen, Einfuhrzölle, eine auf natürlichen Gegebenheiten basierende Knappheit von benötigten Ressourcen ebenso wie die Notwendigkeit der Nutzung von im fremden Eigentum stehenden wesentlichen Einrichtungen.[262] Auch eine hohe Treue der Abnehmer zu den etablierten Marken kann den Eintritt eines neuen Anbieters erschweren.[263] Die Investitionsentscheidung zum Eintritt in einen neuen Markt hängt von den Erwartungen des potenziellen neuen Anbieters ab; ein Unternehmen wird nur dann in einen neuen Markt eintreten, wenn es erwartet, dass sich seine Aufwendungen rentieren. Besonderer Bedeutung kommen bei der Investitionsentscheidung den sogenannten „verlorenen Kosten"/„sunk costs" zu, das heißt denjenigen Aufwendungen, die bei einem Marktaustritt unwiederbringlich sind.[264] Unwiederbringlich sind Aufwendungen, wenn deren Ergebnis nicht für ein anderes Unternehmen verwendbar ist, also beispielsweise Werbeausgaben für eine bestimmte nicht weiter genutzte Marke.[265] Die Kommission sieht Marktzutrittsschranken als gering an, wenn davon auszugehen ist, dass sich als Reaktion auf Preissteigerungen neue Unternehmen innerhalb von ein bis zwei Jahren am Markt etablieren werden.[266]

Eine Marktzutrittsschranke kann sich auch daraus ergeben, dass eine vertikale Verein- **125** barung den Markzutritt erschwert oder sogar (potenzielle) Wettbewerber ausschließt. Als Beispiel nennt die Kommission in den Vertikal-Leitlinien ein Wettbewerbsverbot, das ein Anbieter, der bereits im Markt ist, seinen Händlern auferlegt und sie auf diese Weise an sich bindet. Dieses Wettbewerbsverbot könne eine erhebliche Abschottungswirkung haben, nämlich wenn ein potenzieller Anbieter wegen des Wettbewerbsverbots für seinen Markteintritt mangels „Verfügbarkeit" nicht auf bereits auf dem Markt tätige Händler zurückgreifen kann, sondern vielmehr ein eigenes Vertriebssystem (über Händler) aufbauen muss und ihm dadurch sunk costs entstehen.[267]

Ein weiteres Kriterium zur Beurteilung der Wettbewerbsbeeinträchtigung ist die **die 126 betroffene Stufe der Produktions- oder Vertriebskette,** auf der die Beschränkung eingreifen soll. Eine Beschränkung auf der Ebene eines Zwischenproduktes ist weniger gravierend als eine solche auf der Ebene eines Endproduktes.[268] Käufer der Zwischenprodukte sind Unternehmen, die regelmäßig eine bessere Markt- und Produktkenntnis haben als Verbraucher, die bei der Beschaffung der Endprodukte Marke und Image eines Produktes mehr Bedeutung beimessen.[269]

Vertikale Vereinbarungen und deren Folgen für den Wettbewerb sind auch anhand der **127 Beschaffenheit des Produktes** zu untersuchen, das vertrieben wird. Relevante Faktoren sind hier der Preis, die Homogenität der Produkte und die durchschnittliche Anschaffungshäufigkeit.[270]

Mit den Vertikal-Leitlinien aus dem Jahr 2022 hat die Kommission ausdrücklich die **127a** **„Dynamik des relevanten Marktes"** als weiteren Faktor zur Beurteilung der wettbewerbsrechtlichen Situation aufgenommen. Dies ist darauf zurückzuführen, dass sich eine vertikale Vereinbarung je nach Dynamik des Marktes unterschiedlich auswirken kann. Inhaltlich erinnert dieser Faktor an das, was die Kommission bislang als „Marktreife" bezeichnete,[271] legt aber den Fokus vermehrt auf das Potenzial von Innovationen und Netzwerkeffekten. So könnten beispielsweise dynamische und innovative Wettbewerber mit Produktneuerungen ausreichend Wettbewerbsbedruck erzeugen, sodass die potenziel-

---

[262] Vertikal-Leitlinien Rn. 285.
[263] Vertikal-Leitlinien Rn. 285.
[264] Vertikal-Leitlinien Rn. 285.
[265] Vertikal-Leitlinien Rn. 285.
[266] Vertikal-Leitlinien Rn. 285.
[267] Vertikal-Leitlinien Rn. 286.
[268] Vgl. Vertikal-Leitlinien Rn. 287.
[269] Vertikal-Leitlinien Rn. 287.
[270] Vertikal-Leitlinien Rn. 288.
[271] Vertikal-Leitlinien (2010) Rn. 118.

len negativen Auswirkungen einer bestimmten vertikalen Vereinbarung im Ergebnis unproblematisch sind. Umgekehrt könnte eine solche Vereinbarung auch Wettbewerber daran hindern, von Netzwerkeffekten zu profitieren und dadurch zu langfristigen negativen Auswirkungen auf den Wettbewerb führen.[272]

128   Als **sonstige Faktoren** sind Vereinbarungen mit ähnlichen Wirkungen sowie gesetzliche Bestimmungen ebenso zu berücksichtigen, wie die Fragen, ob die Vereinbarung beidseitig beschränkend wirkt oder nur einseitig gestellt worden ist, und ob ein Verhalten auf Kollusion schließen lässt oder eine solche in der Vergangenheit durchgeführt worden ist.[273] Darüber hinaus kann auch das regulatorische Umfeld von Bedeutung sein.[274]

129   **b) Faktoren für die Prüfung der Freistellungsfähigkeit.** Liegt eine wettbewerbsbeschränkende, vertikale Vereinbarung im Sinne von Art. 101 Abs. 1 AEUV vor, ist zu untersuchen, ob diese freistellungsfähig ist. Es bietet sich an, zuerst die Anwendbarkeit der Vertikal-GVO zu untersuchen. Ist diese nicht anwendbar, kommt eine Einzelfreistellung gemäß Art. 101 Abs. 3 AEUV in Betracht.[275] Eine solche ist möglich, wenn durch die Vereinbarung objektive Effizienzgewinne erzielt werden, also eine Verbesserung der Warenerzeugung oder -verteilung oder eine Förderung des technischen oder wirtschaftlichen Fortschritts erreicht wird, die Verbraucher an diesen Gewinnen angemessen beteiligt werden, die vereinbarten Beschränkungen zur Verwirklichung der Gewinne unerlässlich sind und darüber hinaus den beteiligten Unternehmen keine Möglichkeit eröffnet wird, für einen wesentlichen Teil der betroffenen Waren den Wettbewerb auszuschalten.[276]

130   Notwendig ist folglich zuerst eine positive Wirkung der Vereinbarung auf die Warenerzeugung oder -verteilung oder eine Förderung des technischen oder wirtschaftlichen Fortschritts.[277] Wie bereits dargestellt, können vertikale Vereinbarungen zu einer Reihe positiver Auswirkungen führen.[278]

131   Ob eine Maßnahme iSd Art. 101 Abs. 3 AEUV **unerlässlich** ist, beurteilt sich durch einen Vergleich mit offensichtlich realistischen und weniger restriktiven Alternativmaßnahmen, sodass auf hypothetische und theoretische Ausweichregelungen nicht eingegangen werden muss.[279] Die Vereinbarung muss ihre negativen Wirkungen durch eine angemessene **Verbraucherbeteiligung** an ihren positiven Auswirkungen vollumfänglich ausgleichen.[280] Das Verbot den Restwettbewerb auszuschließen erfordert eine Untersuchung der Marktstruktur und der Verhaltensweise: Eine Freistellung ist daher grundsätzlich ausgeschlossen, wenn eine marktbeherrschende Stellung erlangt, verstärkt oder missbräuchlich ausgenutzt wird.[281]

132   **3. Fallgruppen.** Die Kommission wendet die Kriterien zur Beurteilung vertikaler Beschränkungen auf häufige Erscheinungsformen folgender Beschränkungen an.

133   **a) Markenzwang/Konkurrenzverbote.** Verpflichtet sich ein Abnehmer gegenüber seinem Anbieter dazu, nur dessen Produkte zu führen, spricht man von Markenzwang. Es handelt sich somit um ein Wettbewerbsverbot in Form eines Konkurrenzverbotes. Die Kommission stellt einem Verbot konkurrierende Waren zu verkaufen, die Verpflichtung 80 % des Bedarfs einer bestimmten Produktkategorie bei dem Anbieter einzukaufen gleich.[282] Auch sogenannte **„englische Klauseln"**, nach denen ein Abnehmer verpflichtet

---

[272] Vertikal-Leitlinien Rn. 289.
[273] Vertikal-Leitlinien Rn. 290.
[274] Vertikal-Leitlinien Rn. 290.
[275] Dazu auch → Rn. 71 ff.
[276] Vgl. bereits → Rn. 67 ff.
[277] Vertikal-Leitlinien Rn. 291 lit. a und 293.
[278] → Rn. 67 ff.
[279] Vertikal-Leitlinien Rn. 291 lit. c und 295.
[280] Vertikal-Leitlinien Rn. 291 lit. b und 294.
[281] Vertikal-Leitlinien Rn. 291 lit. d und 296.
[282] Vertikal-Leitlinien Rn. 298; vgl. auch Art. 1 Abs. 1 lit. f Vertikal-GVO.

ist, günstigere Angebote – oftmals unter Angabe des Unternehmers – an den Anbieter zu melden und diese nur zu nutzen, wenn der Anbieter nicht die gleichen Konditionen gewährt, wirken wie Markenzwang.[283]

Derartige Verpflichtungen sind geeignet, den Markt abzuschotten, da konkurrierenden **134** Anbietern erschwert wird, geeignete Vertriebsmittler zu finden. Die Eignung zur Abschottung des Marktes ist desto größer je stärker der Wettbewerbsdruck ohne den Markenzwang wäre, das heißt, dass ein Markenzwang umso kritischer zu beurteilen ist, je dynamischer der Markt ist und je eher mit Expansionen tatsächlicher oder Neueintritten potenzieller Konkurrenten zu rechnen ist.[284] Bei Markenzwangsvereinbarungen spielen sowohl kumulative Wirkungen als auch die Laufzeit der Vereinbarung eine wichtige Rolle: Je weitgehender ähnliche Markenzwangvereinbarungen verschiedener Anbieter sind und je länger sie Geltung beanspruchen, desto eher entfalten sie spürbare wettbewerbsbeschränkende Wirkungen.[285] Anders als noch in den Vertikal–Leitlinien aus dem Jahr 2010[286] nennt die Kommission in den Vertikal-Leitlinien 2022 keine Richtwerte für Laufzeiten von Markenzwangvereinbarungen mehr, die zur Beurteilung der Spürbarkeit herangezogen werden können. Allerdings können nach den Vertikal-Leitlinien 2022 ausdrücklich auch Vereinbarungen mit Markenzwang, die stillschweigend über einen Zeitraum von fünf Jahren hinaus verlängert werden können, unter die Gruppenfreistellung fallen. Dies setzt jedoch voraus, dass der Abnehmer nach Ablauf der Fünfjahresfrist seinen Anbieter effektiv wechseln kann, was bedeutet, dass er die Vereinbarung mit Markenzwang mit einer angemessenen Kündigungsfrist und zu angemessenen Kosten wirksam kündigen oder neu aushandeln kann.[287] Eine Markenzwangvereinbarung führt auch dann eher zu einer wettbewerbswidrigen Beschränkung, wenn sie von marktbeherrschenden Unternehmen eingegangen wird.[288] Kumulative Wirkungen dürften dann nicht vorliegen, wenn weniger als 50 % eines Marktes durch Markenzwang gebunden sind und der Marktanteil des größten Anbieters nicht mehr als 30 % beträgt.[289] Zu berücksichtigen sind des Weiteren etwaige **Ausgleichszahlungen** an die Marktgegenseite, da diese einem Markenzwang gegebenenfalls freiwillig zustimmt, sofern die das Wettbewerbsverbot ausgleichenden Zahlungen die damit einhergehenden Umsatzeinbußen zu kompensieren geeignet sind.[290] Zu beachten ist, dass eine derartige Kompensation der Abnehmer nicht zwingend auch den Endverbrauchern zugutekommt, sodass eine spürbare Wettbewerbsbeschränkung trotz Kompensation vorliegen kann, wenn durch mehrere ähnlich wirkende Vereinbarungen der Marktzutritt neuer Anbieter erschwert wird.[291] Auch die Handelsstufe kann für die Frage einer spürbaren Wettbewerbsbeschränkung entscheidend sein. Bei **Zwischenprodukten** ist eine Wettbewerbsbeschränkung unwahrscheinlich, wenn insgesamt weniger als 50 % des Marktes gebunden sind und das bindende Unternehmen nicht marktbeherrschend ist.[292] Relevant ist auch wie einfach die Errichtung eines eigenen Großhandelsvertriebsnetz ist und ob ein solches allein durch den Vertrieb eines Produktes Bestand haben könnte oder ob der Vertrieb einer Produktpalette erforderlich wäre.[293] Bei **Endprodukten** ist die Gefahr einer Marktabschottung größer, sodass die Kommission eine Wettbewerbsbeschränkung auf-

---

[283] Vertikal-Leitlinien Rn. 298.
[284] Vertikal-Leitlinien Rn. 301.
[285] Vertikal-Leitlinien Rn. 302.
[286] Nach Vertikal-Leitlinien (2010) Rn. 133 beschränkten Vereinbarungen von nichtmarktbeherrschenden Unternehmen mit einer Laufzeit unter einem Jahr den Markt grundsätzlich nicht spürbar, bei einer Dauer zwischen einem und fünf Jahren sei eine sorgfältige Abwägung notwendig gewesen. Die Fristen waren für marktbeherrschende Unternehmen zu kürzen. Da diese Richtwerte nicht in die neue Fassung der Vertikal-Leitlinien übernommen wurden, sollten sie nur noch mit äußerster Vorsicht als grobe Orientierung dienen.
[287] Vertikal-Leitlinien Rn. 248 und 300.
[288] Vertikal-Leitlinien Rn. 302.
[289] Vertikal-Leitlinien Rn. 304.
[290] Vertikal-Leitlinien Rn. 306.
[291] Vertikal-Leitlinien Rn. 306.
[292] Vertikal-Leitlinien Rn. 307.
[293] Vertikal-Leitlinien Rn. 308.

grund kumulativer Wirkung grundsätzlich annimmt, wenn insgesamt 40 % des Marktes gebunden sind.[294]

135 Existieren spürbare Wettbewerbsbeschränkungen, sind die positiven Auswirkungen der Vereinbarung relevant, um festzustellen, ob eine Freistellung nach Art. 101 Abs. 3 AEUV in Betracht kommt. Markenzwangvereinbarungen sind insbesondere geeignet, um Trittbrettfahrer- und Hold-up-Probleme sowie Kreditvergabeprobleme zu lösen. Anbieterseitiges Trittbrettfahren, beispielsweise durch Ausnutzen von Investitionen eines Konkurrenten in die Verkaufsräume eines Vertriebsmittlers, kann durch Markenzwang zugunsten des investierenden Unternehmens ausgeschlossen werden. Auch hold-up Probleme in Zusammenhang mit vertragsspezifischen Investitionen des Anbieters können durch Wettbewerbsverbote gelöst werden, da das investierende Unternehmen seine Entscheidung zu investieren, aufgrund der gesicherten Nachfrage getroffen hat, und ohne diese die Investition unterblieben wäre.[295] Als Kriterien für die Freistellungsfähigkeit sind unter anderem Dauer des Wettbewerbsverbotes und Umfang der Investition heranzuziehen, wobei eine sehr umfangreiche Investition gegebenenfalls ein Wettbewerbsverbot für mehr als fünf Jahre erfordern kann.[296] Wettbewerbsverbote für die gesamte Dauer der Vertragslaufzeit kommen insbesondere bei Know-how-Übertragung in Betracht, da eine solche regelmäßig nur erfolgt, wenn das weitergegebene Wissen nicht für andere Zwecke verwendet wird.[297]

136 **b) Alleinvertrieb.** Anbieter und Abnehmer können in vertikalen Vereinbarungen einen sogenannten Alleinvertrieb vereinbaren. Hierbei weist ein Anbieter ein Gebiet oder eine Kundengruppe sich selbst oder höchstens fünf Abnehmern exklusiv zu, während er allen anderen Abnehmern Beschränkungen hinsichtlich des aktiven Verkaufs in Gebiete oder an Kundengruppen auferlegt, die er exklusiv zugewiesen hat.[298] Der Alleinvertrieb fällt als Ausschließlichkeitsbindung unter den Tatbestand des **Art. 101 Abs. 1 AEUV.** Alleinvertriebsvereinbarungen können jedoch unter den Voraussetzungen des Art. 4 lit. b Vertikal-GVO 2022/720 freigestellt sein. Der Gebiets- oder Kundenschutz ist jedoch nicht absolut. Denn der passive Verkauf[299] in exklusiv zugewiesene Gebiete oder an exklusiv zugewiesene Kundengruppen ist nicht gruppenfreistellungsfähig.[300]

137 Alleinvertriebsvereinbarungen können **wettbewerblich positive Folgen** aufweisen. Sie sind insbesondere geeignet, Vertriebsmittler zu Investitionen anzuregen, die sie anderenfalls nicht vorgenommen hätten. Wenn einem Vertriebsmittler Gebietsschutz zugesagt und dieser so vor Wettbewerbern geschützt wird, wird dieser eher bereit sein, neue Märkte zu erschließen.[301] Außerdem eignen sich Alleinvertriebsvereinbarungen zur Steigerung der Verkaufsanstrengungen der Vertriebsmittler, da diese nicht befürchten müssen, dass ihre Anstrengungen Wettbewerbern zugutekommen.[302] Alleinvertriebsvereinbarungen können durch Größenvorteile auch zu Kostensenkungen führen.[303]

138 Allerdings können Alleinvertriebsvereinbarungen auch **wettbewerblich negative Folgen** haben. Alleinvertriebsvereinbarungen sind geeignet, den **Markt abzuschotten,** da durch die Marktaufteilung der markeninterne Wettbewerb innerhalb der jeweiligen Gebiete ausgeschlossen wird.[304] Aufgrund des daraufhin verringerten Wettbewerbsdrucks auf der Ebene der Vertriebsmittler steigt das Potenzial für Preiserhöhungen oder Qualitätsminderungen. Diese Gefahr ist umso größer je verbreiteter Alleinvertriebsvereinbarungen in

---

[294] Vertikal-Leitlinien Rn. 310.
[295] Vertikal-Leitlinien Rn. 314 f.
[296] Vertikal-Leitlinien Rn. 315.
[297] Vertikal-Leitlinien Rn. 318.
[298] Vgl. Art. 1 lit. h Vertikal-GVO.
[299] Zur Abgrenzung von aktivem und passivem Verkauf siehe die Kommentierung zur Vertikal-GVO → VO (EU) 2022/720 Rn. 69 ff. und 73 ff.
[300] Vgl. Vertikal-Leitlinien Rn. 222.
[301] Vertikal-Leitlinien Rn. 16 lit. c.
[302] Vertikal-Leitlinien Rn. 16 lit. b.
[303] Vertikal-Leitlinien Rn. 16 lit. g.
[304] Vertikal-Leitlinien Rn. 119 und 125 f.

dem jeweiligen Markt sind, also je stärker die Bedrohungen durch kumulative Wirkungen ähnlicher Vertriebsvereinbarungen anderer Anbieter sind.[305] Marktzutrittsschranken werden durch Alleinvertriebsvereinbarungen insbesondere errichtet, wenn nachfragemächtige Abnehmer von mehreren Anbietern als Alleinvertriebsmittler eingesetzt werden, da anderen Händlern in derartigen Konstellationen wenig Ausweichmöglichkeiten und somit geringe Marktchancen verbleiben.[306] Nachfragemächtige Abnehmer können zusammenwirken, indem sie Anbietern Alleinvertriebsvereinbarungen aufzwingen und somit die Wettbewerbsmöglichkeiten ihrer Mitbewerber beeinträchtigen.[307] Die von Alleinvertriebsvereinbarungen ausgehenden Gefahren sind umso größer je beständiger die Nachfrage nach einem bestimmten Produkt ist, also je stabiler und gefestigter der Markt ist, und je weniger Wettbewerbsdruck durch Innovationsfreudigkeit und schwankende Marktanteile besteht.[308] Gefahren für den Wettbewerb sind bei Alleinvertriebsvereinbarungen insbesondere auf der Einzelhandelsebene zu erwarten, und zwar besonders dann, wenn es sich um große Gebiete handelt, da in solchen Konstellationen die Ausweichmöglichkeiten der Verbraucher begrenzt sind.[309] Auf Großhandelsstufe sind Wettbewerbsbeschränkungen möglich, wenn ein Großhändler Alleinvertriebsmittler mehrerer Anbieter ist.[310] Alleinvertriebsvereinbarungen können den Wettbewerb insbesondere durch eine Kombination mit anderen Regelungen wie Markenzwang oder Alleinbezugsverpflichtungen beschränken.[311]

c) Alleinbelieferung. Alleinbelieferungsvereinbarungen sind Vereinbarungen, durch **139** die sich ein Anbieter verpflichtet, die Vertragsprodukte für die Zwecke eines Weiterverkaufs oder für einen bestimmten Verwendungszweck ausschließlich oder hauptsächlich nur an einen Abnehmer in der Gemeinschaft zu liefern (sog. **Alleinbelieferungspflicht**).[312] Faktische Alleinbelieferungsvereinbarungen können aber auch durch wirtschaftliche Anreize entstehen, die den Anbieter veranlassen, seine Verkäufe im Wesentlichen auf einen Abnehmer zu konzentrieren.[313]. Die Lieferung von Zwischenprodukten zum Zwecke der Weiterverarbeitung mit Ausschließlichkeitsbindung wird häufig auch als **„industrial supply"** bezeichnet.[314]

Alleinbelieferungsvereinbarungen sind nach Art. 3 Abs. 2 der Vertikal-GVO Nr. 2022/ **140** 720 vom Kartellverbot **freigestellt,** wenn sowohl der Anbieter als auch der Abnehmer auf seinem Markt nicht mehr als 30 % Marktanteil haben. Wird diese Schwelle überschritten, kommt eine Einzelfreistellung in Betracht.

Alleinbelieferungsvereinbarungen haben **Abschottungseffekte** und sind daher wett- **141** bewerbsbeschränkend, da andere Abnehmer vom Markt ausgeschlossen werden. Die Gefahr einer Marktabschottung steigt mit zunehmender Marktmacht des Abnehmers auf dem vorgelagerten Beschaffungs- und dem nachgelagerten Vertriebsmarkt[315]. Die Gefahr der Marktabschottung ist umso höher, je mehr Lieferungen gebunden sind und je länger der Abnehmer eine Alleinbelieferungsklausel anwendet.[316] Die Kommission geht davon aus, dass Alleinbelieferungsverpflichtungen von mehr als fünf Jahren bei den meisten Investitionsarten regelmäßig nicht notwendig sind, um die behaupteten Effizienzgewinne zu

---

[305] Vertikal-Leitlinien Rn. 127; vgl. auch EuGH Slg. 1991, I-977 Rn. 14 = BeckRS 2004, 75294 – Delimitis; 1967, 544 = GRUR-Int 1968, 299 – Brasserie de Haecht.

[306] Vertikal-Leitlinien Rn. 130.

[307] Vertikal-Leitlinien Rn. 131.

[308] Vertikal-Leitlinien Rn. 132.

[309] Vertikal-Leitlinien Rn. 134.

[310] Vertikal-Leitlinien Rn. 135.

[311] Vgl. Vertikal-Leitlinien Rn. 129.

[312] Vertikal-Leitlinien Rn. 321; zur Veranschaulichung siehe das Beispiel in Rn. 331 der Vertikal-Leitlinien.

[313] Vertikal-Leitlinien Rn. 321.

[314] Vertikal-Leitlinien Rn. 321; Langen/Bunte/Nolte EuWettbR Art. 101 Fallgruppen Rn. 393.

[315] Vertikal-Leitlinien Rn. 323.

[316] Vertikal-Leitlinien Rn. 324.

realisieren bzw. dass diese Gewinne nicht ausreichen, um die Abschottungswirkung zu kompensieren.[317] Unterhalb dieser Frist ist eine sorgfältige Prüfung erforderlich. Betrifft die Vereinbarung homogene Produkte ist die Gefahr einer Wettbewerbsbeschränkung geringer, da die Ausweichmöglichkeiten der Marktgegenseite gegenüber denen bei stark unterschiedlichen Produkten erhöht sind.[318] Neben der Stellung des Abnehmers im vor- und im nachgelagerten Markt, dem Umfang und der Dauer der Alleinbelieferungsklausel sind auch die Stellung der konkurrierenden Abnehmer im vorgelagerten Markt[319], die Marktzutrittschranken auf der Ebene der Anbieter[320], die Gegenmacht der Anbieter sowie die Handelsstufe und die Beschaffenheit des Produkts[321] wichtige Faktoren für die Frage der Abschottungswirkung.

142 Alleinbelieferungsvereinbarungen können zu **Effizienzgewinnen** führen zB zum Schutz hoher vertragsspezifischer Investitionen auf der Seite des Anbieters oder des Abnehmers.[322] Im Fall beiderseitiger hoher vertragsspezifischer Investitionen von Anbieter und Abnehmer ist eine Kombination von Alleinbelieferungspflicht und Wettbewerbsverbot zur Absicherung der vertragsspezifischen Investitionen im Regelfall nur gerechtfertigt, wenn keine Marktbeherrschung vorliegt.[323] Andere Effizienzgewinne, insbesondere die Erzielung von Größenvorteilen, können Alleinbelieferungsvereinbarungen grundsätzlich nicht rechtfertigen, da meist weniger wettbewerbsbeschränkende Alternativen vorliegen, wie beispielsweise Mengenvorgaben für den Anbieter.[324] Die **Unerlässlichkeit** einer Alleinbelieferungspflicht liegt regelmäßig dann vor, wenn sie für die Funktionsfähigkeit einer Spezialisierungs- oder Forschungs- und Entwicklungsvereinbarung notwendig ist.[325]

143 Die Gefahr einer Marktabschottung ist bei Produkten, die zur Weiterverarbeitung angeboten werden, geringer. Bei derartigen Zwischenprodukten ist Vorsicht hinsichtlich der **Kernbeschränkung des Art. 4 lit. f Vertikal-GVO** geboten.[326] Diese nimmt Klauseln, die es Anbietern untersagen, Teile, die sie zur Weiterverwendung an Abnehmer verkaufen, daneben auch als Ersatzteile zu verkaufen, von der Freistellung durch die Vertikal-GVO aus. Alleinbelieferungsverpflichtungen, die grundsätzlich nach der Vertikal-GVO freigestellt sein können, sind also so zu gestalten, dass Anbieter, die ein anderes Unternehmen mit einem weiterzuverarbeitenden Produkt beliefern dadurch nicht die Möglichkeit verlieren, das Produkt selbst auch als Ersatzteil zu vertreiben.[327] Durch dieses Kernbeschränkungsverbot soll verhindert werden, dass der Ersatzteilmarkt abgeschottet wird.[328]

144 **d) Vorauszahlungen für den Zugang.** Als Vorauszahlungen für den Zugang sind Leistungen eines Anbieters an den Abnehmer, um Zugang zu dessen Vertriebsstruktur zu erlangen, anzusehen. Es handelt sich somit um eine **Eintrittsgebühr.** Sie können ähnlich wirken wie Alleinbelieferungspflichten, da eine hohe Gebühr Anbieter davon abhalten kann, das jeweilige Produkt über mehrere verschiedene Vertriebsmittler zu vertreiben, da sie die Investitionsrisiken scheuen. Die Beschränkung auf einen Vertriebsmittler ist umso wahrscheinlicher je mehr der potenziellen Abnehmer den Vertrieb eines Produktes von dem Erhalt einer Zugangsgebühr abhängig machen.[329] Die Zugangsgebühren bedeuten Kosten für den Anbieter, die regelmäßig durch erhöhte Listenpreise ausgeglichen werden,

---

[317] Vertikal-Leitlinien Rn. 324.
[318] Vertikal-Leitlinien Rn. 328.
[319] Vertikal-Leitlinien Rn. 325.
[320] Vertikal-Leitlinien Rn. 326.
[321] Vertikal-Leitlinien Rn. 328.
[322] Immenga/Mestmäcker/Ellger EuWettbR Art. 101 Abs. 3 Rn. 551.
[323] Vertikal-Leitlinien Rn. 327.
[324] Vertikal-Leitlinien Rn. 329 f.
[325] Immenga/Mestmäcker/Ellger EuWettbR Art. 101 Abs. 3 Rn. 551 mwN.
[326] Vgl. Schultze/Pautke/Wagener Rn. 830 f.
[327] Schultze/Pautke/Wagener Rn. 830 f.
[328] Dazu die Kommentierung zur Vertikal-GVO → VO (EU) 2022/720 Rn. 229 ff.
[329] Vertikal-Leitlinien Rn. 379 f.

sodass ein Preisanstieg der Endprodukte wahrscheinlich ist.[330] Andererseits können Eintrittsgelder zu einer sowohl qualitativ als auch quantitativ besseren Vertriebsauslastung führen, da Anbieter nur bereit sein werden für Produkte Zugangszahlungen zu leisten, deren Erfolg am Markt sie für wahrscheinlich erachten. Anbieter sind aufgrund der besseren Information über ihre Produkte häufig besser geeignet, deren Erfolgsaussichten am Markt einzuschätzen, als Händler, sodass durch die Zahlung von Zugangsgeldern die Informationsasymmetrie verringert werden kann.[331]

e) Produktgruppenmanagement. Produktgruppenmanagementvereinbarungen (auch   **145** „**Category-Management-Vereinbarungen**")[332] sehen vor, dass ein Abnehmer einem Anbieter die Federführung über das Marketing einer bestimmten Gruppe von Produkten überträgt. Dieser Gruppe gehören regelmäßig auch Konkurrenzprodukte an und nicht nur die anbietereigene Produkte.[333] Die Aufgaben und Befugnisse eines Category-Captain können verschiedentlich ausgestaltet werden. Dementsprechend ist eine einzelfallabhängige Beurteilung ihrer kartellrechtlichen Zulässigkeit erforderlich. Diese richtet sich nach dem Grad der Beeinflussung des Händlers und den Möglichkeiten den Vertrieb von Konkurrenzprodukten zu erschweren. Wird ein Anbieter von mehreren Abnehmern als Category-Captain eingesetzt, bergen Category-Management-Vereinbarungen die Gefahr der Kollusion auf Händlerebene, da derselbe Anbieter die Vertriebsstrategien mehrerer Abnehmer beeinflussen und aufeinander abstimmen kann. Auch eine Kollusion auf Anbieterebene ist nicht auszuschließen, da der Category-Captain regelmäßig Informationen über seine Mitbewerber erhalten wird.[334] Andererseits können derartige Vereinbarungen nach Ansicht der Kommission gegebenenfalls den Verbrauchernutzen steigern, da sich das Produktgruppenmanagement an den Gewohnheiten der Kunden orientiere.[335]

Die zwei Kernkriterien bei der Beurteilung von Category-Management-Vereinbarungen   **146** sind demnach der Grad der Beeinflussung des Vertriebsmittlers und das Maß der gewonnenen und/oder ausgetauschten Informationen. Kartellrechtlich weniger bedenklich sind Category-Management-Verhaltensweisen somit dann, wenn sie nur als Empfehlungen ausgesprochen werden, durch der Zugang der Wettbewerber zum Vertriebsmittler nicht erschwert wird, der Category-Captain nicht für unverhältnismäßig viele Abnehmer als solcher tätig ist, die Tätigkeit des Category-Captain möglichst vollständig dokumentiert und der Informationsaustausch minimiert wird.[336]

f) Kopplungsbindung. Eine Kopplungsbindung ist die Verpflichtung des Abnehmers,   **147** zusätzlich zu den Vertragswaren weitere von diesen unabhängige Waren zu erwerben. Waren sind als unabhängig anzusehen, wenn ein großer Teil der Kunden das eine Produkt ohne das andere erwirbt.[337] Kopplungsbindungen werfen insbesondere hinsichtlich Art. 102 AEUV kartellrechtliche Fragestellungen auf.[338] Ein Verstoß gegen Art. 101 Abs. 1 AEUV ist jedoch denkbar, wenn von einer Kopplungsbindung ähnliche Wirkungen ausgehen wie von einer Markenzwangsvereinbarung.[339] Dies ist der Fall, wenn der Abnehmer das gekoppelte Produkt ohne die Vereinbarung bei einem anderen Anbieter erworben hätte, allerdings um das Vertragsprodukt zu erwerben auf diese Alternative verzichtet.

---

[330] Vertikal-Leitlinien Rn. 382.
[331] Vertikal-Leitlinien Rn. 383 f.
[332] Ausführlich hierzu Metzlaff ZVertriebsR 2012, 138 ff.
[333] Vertikal-Leitlinien Rn. 385.
[334] Vertikal-Leitlinien Rn. 387.
[335] Vertikal-Leitlinien Rn. 388; fraglich ist, woran sich die Vertriebsbemühungen der Händler selbst orientieren sollen, wenn nicht an den Verbrauchergewohnheiten. Zumindest ist nicht eindeutig, dass diese den Verbrauchergewohnheiten weniger Bedeutung beimessen als anbieterseitig durchgeführte. Vielmehr ist anzunehmen, dass Händler die Verbrauchergewohnheiten besser einschätzen können als Hersteller, da sie regelmäßigeren und direkteren Kontakt zu den Kunden haben.
[336] Ausführlich Metzlaff ZVertriebsR 2012, 135 (144 f.); vgl. auch v. Graevenitz WRP 2012, 782 (788).
[337] Vertikal-Leitlinien Rn. 389.
[338] Vgl. → Art. 102 Rn. 79.
[339] Vertikal-Leitlinien Rn. 389.

148   **g) Weitere vertikale Beschränkungen.** Für die Beurteilung vertikaler Beschränkungen die von der Vertikal-GVO als Kernbeschränkungen angesehen werden, insbesondere Preisbindungen, Gebiets- und Kundengruppenbeschränkungen, Maßnahmen des selektiven Vertriebs, Lieferverbote für Ersatzteile und Wettbewerbsverbote siehe die Kommentierungen zur Vertikal-GVO.[340]

B. Besonderheiten bezüglich einzelner Vertriebsmittler

I. Handelsvertreter

149   **1. Voraussetzungen des Handelsvertreterprivilegs. a) Wirtschaftliche Einheit.** Das Kartellverbot (Art. 101 AEUV, § 1 GWB) gilt nur bei Verhaltensweisen **zwischen selbständigen Unternehmen.** Handelsvertreter sind dem Kartellrecht uneingeschränkt unterworfen hinsichtlich horizontaler Vereinbarungen der Handelsvertreter untereinander. Bei Handelsvertreterverträgen zwischen Anbietern und Handelsvertretern bestehen jedoch kartellrechtliche Besonderheiten. Handelsvertreter sind **Hilfsorgane** des Geschäftsherrn. Sie bilden mit dem Geschäftsherrn (Anbieter) eine **wirtschaftliche Einheit,** die sich auf dem Markt der Vertragsprodukte einheitlich verhält. Derartige Vereinbarungen sind daher grundsätzlich **keine Vereinbarungen „zwischen Unternehmen"** im Sinne des Kartellrechts. Das Kartellverbot ist nicht anwendbar **(„Handelsvertreterprivileg").** Greift dieses sogenannte **Handelsvertreterprivileg** ein, ist die Vereinbarung nicht vom Verbot des Art. 101 Abs. 1 AEUV erfasst.

150   Voraussetzung für die Kartellrechtsprivilegierung (Handelsvertreterprivileg) ist jedoch, dass es sich um einen echten Handelsvertreter (und **nicht um einen Eigenhändler**) handelt. Es muss ausgeschlossen werden, dass Unternehmer und Absatzmittler ihre Beziehung der kartellrechtlichen Kontrolle entziehen, in dem sie formal ein Handelsvertreterverhältnis begründen, während tatsächlich eine Lieferanten-Händlerbeziehung besteht. Es wird insoweit von **echten Handelsvertretern,** denen das Handelsvertreterprivileg zugutekommt, und **unechten Handelsvertretern** gesprochen, auf die Art. 101 Abs. 1 AEUV uneingeschränkt anwendbar ist.[341]

151   Für die Frage, ob zwischen dem Geschäftsherrn (Anbieter) und dem Handelsvertreter eine **wirtschaftliche Einheit** und damit ein „echtes" Handelsvertreterverhältnis vorliegt, wurde zunächst eher auf **formale Aspekte** (Eigentum an den Waren, Handeln im fremden Namen und auf fremde Rechnung, Umfang der Weisungsgebundenheit) abgestellt.[342] Das Abstellen auf formale Aspekte stieß auf Kritik. Die Kritik verwies ua darauf, dass sowohl Vertragshändler (wie zB Kfz-Händler) als auch Franchisenehmer umfangreichen Weisungen unterliegen, ohne dass ein Anlass zu einer auch sie erfassenden Kartellrechtprivilegierung bestehe.[343] In der Folge traten die formalen Aspekte immer mehr in den Hintergrund; stattdessen wurde vor allem auf die Risikoverteilung abgestellt.[344]

152   **b) Abgrenzung durch EuGH und EuG.** Der EuGH hat in der Entscheidung **Suiker Unie** im Jahre 1975 zunächst das Handeln im fremden Namen und auf fremde Rechnung sowie die Weisungsgebundenheit des Handelsvertreters als entscheidendes Indiz für das Vorliegen einer Eingliederung angesehen. Diese Vermutung sollte jedoch widerlegt sein, wenn der Handelsvertreter die dem vermittelten Geschäft innewohnenden wirtschaftlichen Risiken trägt.[345] Erheblich für die Anwendbarkeit des Handelsvertreterprivilegs war bereits

---

[340] Vgl. → VO (EU) 2022/720 Rn. 1 ff.

[341] Siehe nur Langen/Bunte/Nolte Fallgruppen zu Art. 101 Rn. 659 f.; Loewenheim/Meessen/Riesenkampff/Kersting/Meyer-Lindemann/Baron Vert-GVO Art. 1 Rn. 61; Semler ZVertriebsR 2012, 156.

[342] Vgl. die sog. Weihnachtsbekanntmachung der Kommission vom 24.12.1962, ABl. 1962 Nr. 139, 2921, die freilich zusätzlich auf die Risikoverteilung abstellt.

[343] Vgl. Kapp WuW 2007, 1218 (1224).

[344] Vertikal-Leitlinien Rn. 30 f.

[345] EuGH Slg. 1975, 1663 Rn. 481 = NJW 1976, 470 – Suiker Unie.

auch in jenem Fall die Verteilung der wirtschaftlichen Risiken. Auch in der Entscheidung **Volkswagen/V. A. G.** (1995) stellte der EuGH auf das Handeln im fremden Namen und auf fremde Rechnung sowie die Weisungsgebundenheit des Handelsvertreters (formale Aspekte) sowie auf die Übernahme des wirtschaftlichen Risikos des Handelsvertreters ab.[346] Im Urteil **DaimlerChrysler** hat das EuG festgestellt, dass das Kartellverbot nicht anwendbar sei, wenn ein Vertreter trotz eigener Rechtspersönlichkeit sein Geschäftsgebaren nicht autonom bestimmt, sondern weisungsgebunden ist.[347] Mit den Urteilen „CEPSA I" vom 14.12.2006[348] und „CEPSA II/Tobar" vom 11.9.2008[349] bekräftigte der EuGH die von der Kommission von Anfang an vertretene Linie, wonach entscheidend ist, wer „die finanziellen und kommerziellen Risiken des Warenabsatzes an Dritte" trägt. In diesen Entscheidungen stellt der EuGH ebenfalls klar, dass es für die Frage der wirtschaftlichen Einheit nicht auch zusätzlich auf eine **„Eingliederung"** als weiteres Prüfkriterium neben der Risikoverteilung ankomme.[350] Die „Eingliederung" ist vielmehr das Ergebnis der Prüfung, ob es sich um ein „echtes" Handelsvertreterverhältnis und damit um eine wirtschaftliche Einheit handelt, in dem der Handelsvertreter (fast) keine Risiken aus den vermittelten Geschäften zu tragen verpflichtet ist.[351]

In seiner neueren Entscheidung zum Spannstahl-Kartell stellte das EuG für die Einordnung als wirtschaftliche Einheit im Einklang mit der bisherigen Rechtsprechung darauf ab, wer das wirtschaftliche Risiko trage und ob die Vermittlungsleistung einen „Ausschließlichkeitscharakter" aufweise.[352] Letztendlich führte in diesem konkreten Fall die Bejahung der wirtschaftlichen Einheit, also das Vorliegen eines „echten" Handelsvertreters, zu einer Haftung des Geschäftsherrn für den Kartellverstoß des Handelsvertreters.   **153**

c) Abgrenzung durch Kommission. Die **Kommission** stellt in den Vertikal-Leit-   **154** linien für die Frage, ob Artikel 101 Abs. 1 AEUV anwendbar ist, auf die finanzielle oder geschäftliche Risikotragung ab.[353] Die Leitlinien enthalten eine – **nicht abschließende –** **Liste** insoweit im konkreten Einzelfall zu prüfender „Risiken". Die Kommission zählt in den Vertikal-Leitlinien **drei Arten von Risiken** auf, von denen keine oder nur unbedeutende Risiken vom Handelsvertreter übernommen werden dürfen.[354] Dies sind erstens Risiken, die unmittelbar mit dem Absatz der Waren verbunden sind **(vertragsspezifische Risiken),** zweitens solche Risiken, die mit den marktspezifischen Investitionen verbunden sind **(marktspezifische Risiken)** und drittens **Risiken aus sonstigen Tätigkeiten.** Nur die Übernahme nicht lediglich unbedeutender wirtschaftliche Risiken ist insoweit entscheidend. Neben den eben aufgeführten Arten der „relevanten Risiken", gibt es „irrelevante Risiken". Letztere sind für die Einordnung eines Absatzmittlerverhältnisses als echte Handelsvertretung nicht von Bedeutung.

Diese Vorgehensweise wurde durch den **EuGH** mittlerweile im Grundsatz bestätigt.[355]   **155** Der EuGH erwähnt zwar die Leitlinien der Kommission[356] nicht und verwendet das

---

[346] EuGH Slg. 1995, I-3477 Rn. 19 = EuZW 1995, 795 – Volkswagen/V. A. G.

[347] EuG Slg. 2005, II-3319 Rn. 88 = BeckRS 2005, 70688 – DaimlerChrysler.

[348] EuGH Slg. 2006, I-11987 Rn. 44–46 = EuZW 2007, 150 – CEEES.

[349] EuGH Slg. 2008, I-6681 Rn. 40 = EuZW 2008, 668 – CEPSA/Tobar.

[350] EuGH Slg. 2006, I-11987 Rn. 44–46 = EuZW 2007, 150 – CEEES; aA Wiedemann/Kirchhoff § 11 Rn. 12.

[351] EuGH Slg. 2006, I-11987 Rn. 44–46 = EuZW 2007, 150 – CEEES; so auch Grabitz/Hilf/Nettesheim/Stockenhuber, 75 Erg. Liefg. 2022, Art. 101 Rn. 172.

[352] EuG NZKart 2015, 345 – Spannstahl-Kartell (voestalpine).

[353] Vertikal-Leitlinien Rn. 30. Wie schon angesprochen die Leitlinien sind eine Verwaltungsmeinung der Europäischen Kommission, sie binden daher die Gerichte nicht.

[354] Vertikal-Leitlinien Rn. 31; dabei gibt es für den Geschäftsherrn auch die Möglichkeit, die Risiken (pauschal) abzugelten, vgl. Vertikal-Leitlinien Rn. 35.

[355] EuGH Slg. 2008, I-6681 Rn. 36 ff. = EuZW 2008, 668 – CEPSA; EuGH Slg. 2006, I-11987 Rn. 51 f. = EuZW 2007, 150 – CEEES; zu einer ausführlichen Darstellung und Analyse der in diesem Kontext relevanten Entscheidungen der Unionsgerichte und des BGH siehe B. Müller, Handelsvertreterprivileg im EU-Kartellrecht, S. 109 ff.

[356] Zum Entscheidungszeitpunkt galten noch die Vertikal-Leitlinien von 2000, ABl. 2000 C 291, 1.

Begriffspaar „Risiken des Absatzes der Waren" und „Risiken der marktspezifischen Investitionen."[357] Allerdings übernimmt er die Kriterien der Kommission im Wesentlichen, sodass eine einheitliche Beurteilung durch die europäischen Institutionen zu erwarten ist.[358]

156   **aa) Vertragsspezifische Risiken.** Zu den vertragsspezifischen Risiken gehören Risiken, welche mit den im Rahmen der Vermittlervereinbarung eingegangenen Verträgen unmittelbar zusammenhängen. So darf ein Handelsvertreter nicht an den Kosten einschließlich der **Transportkosten** beteiligt sein, die mit der Lieferung/Erbringung bzw. Erwerb der Vertragswaren/-dienstleistungen verbunden sind.[359] Dies schließt nicht aus, dass der Handelsvertreter Beförderungsleistungen erbringt, sofern die Kosten vom Auftraggeber übernommen werden.

157   Eine **Lagerung** der Vertragsware auf Kosten und Risiko des Vermittlers ist ein Indiz für eine Risikoverteilung zu Lasten des Vermittlers. Eine Lagerung auf „eigenes Risiko" ist gegeben, wenn der Vermittler die Kosten für die Lagerung oder des Verlusts der Vertragsprodukte übernimmt oder unverkaufte Produkte nur durch Zuzahlung an den Lieferanten zurückgeben kann (Retouren), es sei denn der Vermittler haftet aufgrund eigenen Verschuldens, etwa wegen des Nichteinhaltens von Sicherheitsbestimmungen.[360]

158   Der Handelsvertreter darf gegenüber Dritten keine Haftung für Schäden übernehmen, die durch das verkaufte Produkt verursacht wurden **(Produkthaftung)**, es sei denn, er ist als Handelsvertreter dafür verantwortlich.[361]

159   Der Handelsvertreter darf keine Haftung dafür übernehmen, dass die Kunden ihre Vertragspflichten erfüllen **(Erfüllungsrisiko)**, mit Ausnahme des Verlustes der Provision des Handelsvertreters.[362] Allerdings darf der Handelsvertreter für eigenes Verschulden haften (wenn er es zB versäumt, zumutbare Sicherheitsmaßnahmen oder Diebstahlsicherungen vorzusehen oder zumutbare Maßnahmen zu treffen, um Diebstähle dem Auftraggeber oder der Polizei zu melden).

160   Auch die Haftung des Handelsvertreters bei Nichtbezahlung der verkauften Ware durch die Kunden ist ein relevantes Risiko **(Zahlungs-, Kreditrisiko, Insolvenz des Kunden).**[363] Soweit ein Kunde nicht bezahlt, muss der Geschäftsherr bei sorgfältiger Handlungsweise des Vermittlers haften. Anders ist dies nur bei Verschulden des Handelsvertreters, zB weil er es unterlassen hat, dem Lieferanten alle, ihm bekannten Informationen hinsichtlich der Zahlungsverlässlichkeit seiner Kunden zu übermitteln.

161   **bb) Marktspezifische Risiken.** Zu den geschäfts- bzw. marktspezifischen Risiken zählen solche Investitionen, welche erforderlich sind, damit der Absatzmittler Verträge mit Dritten über die Vertragsprodukte aushandeln und abschließen kann. Solche Kosten sind im Falle der Beendigung des Vertrages mit dem Geschäftsherrn für den Vertreter wertlos (sunk costs). Dazu zählen zB

- die unmittelbare oder mittelbare Pflicht, in verkaufsfördernde Maßnahmen zu investieren **(Verkaufsförderkosten –** Beispiel: Beteiligung an den Werbeaufwendungen des Auftraggebers);[364]
- die Pflicht, in marktspezifische Ausrüstungen, Räumlichkeiten oder Mitarbeiterschulungen zu investieren **(Marktspezifische Investitionen –** Beispiel: Errichtung eines Kraftstofftankes im Fall des Kraftstoffeinzelhandels oder spezielle Software für den Verkauf von

---

[357] EuGH Slg. 2006, I-11987 Rn. 50 = EuZW 2007, 150 – CEEES.
[358] Die dritte Risikokategorie (sonstige Tätigkeiten) wurde erstmalig durch die Vertikal-Leitlinien von 2010 (ABl. 2010 C 130, 1) erwähnt. Zur Bestätigung der Kommissionskriterien vgl. auch Immenga/Mestmäcker/Zimmer EuWettbR Art. 101 Abs. 1 Rn. 286; Loewenheim/Meessen/Riesenkampff/Kersting/Meyer-Lindemann/Baron Vert.-GVO Art. 1 Rn. 48.
[359] Vertikal-Leitlinien Rn. 33 lit. b.
[360] Vertikal-Leitlinien Rn. 33 lit. c.
[361] Vertikal-Leitlinien Rn. 33 lit. e.
[362] Vertikal-Leitlinien Rn. 33 lit. d.
[363] Dazu B. Müller, Handelsvertreterprivileg im EU-Kartellrecht, S. 208 ff.
[364] Vertikal-Leitlinien Rn. 33 lit. f.

Policen im Fall von Versicherungsvermittlern, es sei denn, der Auftraggeber übernimmt diese Kosten in vollem Umfang);[365]

• die unmittelbare oder mittelbare Pflicht zur **Instandhaltung, Instandsetzung und Erneuerung** der betrieblichen Einrichtungen und Ausstattungen auf eigene Kosten des Vertreters.

cc) Risiken aus sonstigen Tätigkeiten. Der Handelsvertreter darf keine anderen **162** Tätigkeiten auf Verlangen des Auftraggebers auf demselben sachlich relevanten Markt wahrnehmen, es sei denn, der Auftraggeber übernimmt die Kosten hierfür in vollem Umfang.[366] So darf der Handelsvertreter zB nicht am Aufbau und am Betrieb eines Kunden- und Wartungsdienstes beteiligt sein, sofern er dafür keine angemessene Vergütung vom Geschäftsherrn bekommt.

dd) Irrelevante Risiken. Handelsvertreterverträge müssen nicht, um nicht unter **163** Art. 101 Abs. 1 AEUV zu fallen, den Handelsvertreter von seinem allgemeinen unternehmerischen Risiko freistellen. Irrelevante Risiken sind daher solche Risiken, welche der Erbringung von Vermittlerdiensten allgemein anhaften **(allgemeine Investitionen)** wie zB die Anmietung von Geschäftsräumen (zB Büro), die Einstellung von allgemein qualifiziertem Personal und allgemein erforderliche Investitionen.[367] Diese sind für die Einordnung als echter Handelsvertreter ohne Belang. Dies entspricht der Stellung des Handelsvertreters als selbständiger Gewerbetreibender (vgl. Art. 1 Abs. 2 Handelsvertreter-Richtlinie[368]); er trägt insoweit notwendigerweise auch unternehmerische Verantwortung.[369]

EuGH und Kommission stellen mithin einheitlich auf die Risikotragung als wesentliches **164** Merkmal einer wirtschaftlichen Einheit und der Anwendbarkeit des Handelsvertreterprivilegs ab. Der EuGH zieht Risiken des Warenabsatzes und der marktspezifischen Investitionen für die Abgrenzung heran und stellt fest, dass Art. 101 Abs. 1 AEUV nicht bereits bei jeglicher Risikotragung durch den Handelsvertreter anzuwenden ist, sondern erst wenn dieser mehr als nur einen geringen Teil zu tragen hat.[370]

d) Mehrfirmenvertreter. Streitig ist, ob das Handelsvertreterprivileg auch für solche **165** Handelsvertreter gilt, die zwar keine relevanten Risiken tragen, aber für mehrere Unternehmen tätig sind **(sog. Mehrfirmenvertreter).** Nach einer Ansicht soll das Handelsvertreter-Privileg bei **Mehrfirmenvertreter** nicht gelten[371]. Diese Ansicht stützt sich auf das Urteil des EuGH in der Sache **„Flämische Reisebüros" aus dem Jahr 1987.**[372] Dort hatte der EuGH festgestellt, dass die Reisevermittler, die für mehrere Reiseveranstalter Reiseleistungen verkauften (Mehrfirmen-Handelsvertreter), keine in das Unternehmen der einzelnen Reiseveranstalter integrierten Hilfsorgane seien. Daraus wird gefolgert, dass es neben der Risikoverteilung auf das weitere Kriterium der Eingliederung ankomme, welches bei Mehrfirmen-Handelsvertretern eben nicht erfüllt sein könne.

Der genannten Ansicht kann nicht gefolgt werden. Die „Eingliederung" ist kein Kriteri- **166** um, das zusätzlich zur Verteilung der wirtschaftlichen Risiken zu prüfen ist (siehe oben).[373]

---

[365] Vertikal-Leitlinien Rn. 33 lit. g.

[366] Vertikal-Leitlinien Rn. 33 lit. h; ausführlich dazu Langen/Bunte/Nolte EuWettbR Art. 101 Fallgruppen Rn. 684; sowie B. Müller, Handelsvertreterprivileg im EU-Kartellrecht, S. 229 ff.

[367] Vgl. Vertikal-Leitlinien Rn. 32.

[368] Richtlinie vom 18.12.1986 zur Koordinierung der Rechtsvorschriften der Mitgliedstaaten betreffend die selbständigen Handelsvertreter (86/653/EWG).

[369] Rittner DB 1999, 2097 (2099).

[370] EuGH Slg. 2008, I-6881 Rn. 36 ff. = EuZW 2008, 668 – CEPSA.

[371] So bspw. Langen/Bunte/Nolte Fallgruppen zu Art. 101 Rn. 651; wohl Eilmansberger ZWeR 2006, 64 (74); Nolte WuW 2006, 252 (256); sowie Wiedemann/Kirchhoff § 11 Rn. 32 ff. für den Fall, dass der Handelsvertreter für konkurrierende Geschäftsherren tätig wird.

[372] EuGH Slg. 1987, 3801 Rn. 20 = BeckRS 2004, 70731 – Flämische Reisebüros.

[373] Zu einer dogmatischen Begründung dieses Ergebnisses siehe B. Müller, Handelsvertreterprivileg im EU-Kartellrecht, S. 87 ff. und 92 f.; aA: Wiedemann/Kirchhoff § 11 Rn. 12; Langen/Bunte/Nolte Fallgruppen zu Art. 101 Rn. 648 ff.

Die „Eingliederung" ist vielmehr die Folge der Risikoverteilung, wobei die Risikoverteilung das alleinige Kriterium ist. Auf dem Markt, auf dem die Produkte des Geschäftsherrn
veräußert werden, sind die Eingliederung des Vertreters in das Unternehmen des Geschäftsherrn und die Tragung des Geschäftsrisikos durch den Geschäftsherrn zwei Seiten derselben
Medaille.[374]

167 Der durch das Urteil „Flämische Reisebüros" behauptete Ausschluss von Mehrfachvertretungen aus dem Handelsvertreter-Privileg kann zudem nicht ohne Berücksichtigung der
Besonderheiten des damals entschiedenen Falles beurteilt werden: Der EuGH hatte in dem
Verfahren über die Vereinbarkeit einer belgischen Verordnung zu befinden, die Reisebüros
die Weitergabe ihrer Provision an die Kunden verbot. Der EuGH stellte jedoch fest, dass
vor Inkrafttreten der Verordnung bereits ein inhaltsgleiches Verbot bestand, auf das sich der
belgische Verband der Reisevermittler und der Verband der Reiseveranstalter geeinigt
hatten. Darin sah der EuGH eine wettbewerbsbeschränkende Vereinbarung zwischen
Unternehmen bzw. Unternehmensvereinigungen, die erst in der Folge durch die Verordnung Gesetzeskraft erhielt.[375] Natürlich handelt es sich im Verhältnis der Handelsvertreter
untereinander nicht um eine wirtschaftliche Einheit, so dass das Handelsvertreterprivileg
insoweit nicht gelten konnte. Die Entscheidung des EuGH muss deshalb vor diesem
Hintergrund gesehen werden.[376] Der Fall betraf dementsprechend nicht **den Markt für
die Produkte des Geschäftsherrn** als vielmehr den davon zu unterscheidenden **Markt
für Vermittlerdienste** des Handelsvertreters.[377]

168 Keine Rolle spielt somit, ob der Handelsvertreter für einen oder mehrere Geschäftsherren oder Auftraggeber tätig wird; entscheidend ist immer nur, ob in dem konkreten
Verhältnis zwischen Geschäftsherrn und Handelsvertreter die Voraussetzungen für eine
echte Handelsvertretung vorliegen. Andere Vertragsverhältnisse bleiben dabei außer Betracht. Das Handelsvertreterprivileg greift danach (nur dann) ein, wenn der Vertreter keine
oder lediglich unbedeutende Risiken in Bezug auf die vermittelten Geschäfte und in Bezug
auf die geschäftsspezifischen Investitionen für das betreffende Geschäftsfeld trägt. Diese
Ansicht wird auch von der Mehrheit des neueren Schrifttums[378] geteilt. Dem entspricht
auch die Entscheidung des EuG im Spannstahl-Kartell[379]. Das EuG benutzt das Begriffspaar
„eingegliedertes Hilfsorgan" bloß als ein Synonym für „wirtschaftliche Einheit".[380] Die
EU-Kommission geht in ihren Leitlinien zur Anwendung der Vertikal-GVO davon aus,
dass eine Privilegierung des Handelsvertreterverhältnisses „weniger wahrscheinlich [ist],
wenn der Handelsvertreter Verträge im Namen einer großen Zahl von Auftraggebern
aushandelt bzw. schließt."[381] Wann eine solche „große Zahl" anzunehmen ist, wird nicht
näher konkretisiert. Vielmehr verweist die EU-Kommission lediglich auf die bereits genannte EuGH-Entscheidung in der Sache „Flämische Reisebüros"[382]. Dennoch lässt sich

---

[374] GA Kokott Schlussanträge vom 13.7.2006 – C-217/05 Rn. 48 Fn. 52 – CEPSA I; so auch Loewen-
heim/Meessen/Riesenkampff/Kersting/Meyer-Lindemann/Baron Vert-GVO Art. 1 Rn. 48 mwN.
[375] EuGH Slg. 1987, 3801 Rn. 13 ff. = BeckRS 2004, 70731 – Flämische Reisebüros.
[376] So auch Seemann, Schranken des EG-Kartellrechts für die Ausgestaltung von Handelsvertreterverträgen, 1995, 50; Loewenheim/Meessen/Riesenkampff/Kersting/Meyer-Lindemann/Baron Vert-GVO Art. 1
Rn. 66.
[377] GA Kokott Schlussanträge vom 13.7.2006 – C-217/05 Rn. 48 Fn. 52 – CEEES.
[378] Grabitz/Hilf/Nettesheim/Stockenhuber, 75 Erg. Liefg. 2022, Art. 101 Rn. 173; Oetker/Busche
§ 84 Rn. 87; Ensthaler/Gesmann-Nuissl EuZW 2006, 167 (168 f.); Staub/Emde Rn. 191 f.; Dauses/
Emmerich H. I. § 2 Art. 101 Rn. 99a, c; Eilmansberger ZWeR 2006, 64 (69 f.); Kapp/Andresen BB
2006, 2253 (2254); Immenga/Mestmäcker/Emmerich, EuWettbR, 5. Aufl. 2012, Art. 101 Abs. 1
Rn. 190 f.; Kapp FS Luik, 1991, 503; Klawitter GRUR 1986, 754 (Anmerkung zu BGHZ 97, 317 (322)
– EH-Partner-Vertrag); Loewenheim/Meessen/Riesenkampff/Kersting/Meyer-Lindemann/Baron Vert-
GVO Art. 1 Rn. 66; Metzlaff FS Wegen, 2015, 499 (505); Schwark NJW 1986, 2954 (Anmerkung zu
BGHZ 97, 317 (322) – EH-Partner-Vertrag); B. Müller, Handelsvertreterprivileg im EU-Kartellrecht,
S. 318 ff.
[379] EuG NZKart 2015, 345 – Spannstahl-Kartell (voestalpine).
[380] Stauber NZKart 2015, 423 (424).
[381] Vgl. Vertikal-Leitlinien Rn. 30.
[382] EuGH Slg. 1987, 3801 Rn. 20 = BeckRS 2004, 70731 – Flämische Reisebüros.

festhalten, dass auch die EU-Kommission offenbar der Ansicht ist, dass bei einer Mehrfirmenvertretung das Handelsvertreterprivileg grundsätzlich greift.

Ein grundsätzlicher Ausschluss von Mehrfachvertretern aus dem Geltungsbereich des **169** Handelsvertreter-Privilegs würde auch zu **absurden Ergebnissen** führen: Die Geltung des Handelsvertreterprivilegs allein für Einfirmenvertreter würde dazu führen, dass die Beziehungen des Mehrfirmen-Handelsvertreters zu seinen Geschäftsherren selbst dann vom Kartellverbot erfasst werden, wenn der Vertreter aus keinem der vermittelten Geschäfte irgendein wirtschaftliches Risiko tragen würde. Nur noch Einfirmenvertretern käme das Handelsvertreterprivileg zugute. Geschäftsherrn müssten zwangsläufig ihr Vertriebssystem auf Einfirmenvertreter umstellen (Folge: Abschottung der Märkte!) oder aber sie könnten dem Mehrfirmenvertreter keine Preisvorgaben mehr machen. Das kann wettbewerbspolitisch nicht gewollt sein. Wettbewerbspolitisch soll die Abschottung der Märkte gerade vermieden werden, indem zB Konkurrenzverbote vom Kartellrechtsprivileg ausgenommen werden. Sollen Handelsvertreter aber mehrere Geschäftsherren vertreten, folgt daraus zwingend, dass das Handelsvertreterprivileg auch bei Mehrfachvertretungen gelten muss.

e) Vertreter mit Doppelprägung. Umstritten ist, ob das Handelsvertreterprivileg bei **170** Vertretern mit Doppelprägung gilt oder insoweit das Kartellverbot wie bei „unechten" Handelsvertretern anwendbar ist. Hierbei handelt es sich um Konstellationen, in denen der Vertreter neben seiner Eigenschaft als Vertreter auch noch als Eigenhändler tätig ist. Unter Verweis auf die „Zucker"-Entscheidung des EuGH aus dem Jahre 1975[383] wird pauschal die Ansicht vertreten, dass für einen Vertriebsmittler, der sowohl als Handelsvertreter für einen Geschäftsherrn und zugleich auch als Eigenhändler tätig ist, das Handelsvertreterprivileg mangels Eingliederung in das Vertriebssystems des Geschäftsherrn nicht anwendbar sei.[384]

Der genannten Ansicht kann nicht gefolgt werden. Die „Eingliederung" ist kein Kriteri **171** um, das zusätzlich zur Verteilung der wirtschaftlichen Risiken zu prüfen ist (siehe oben). Die „Eingliederung" ist vielmehr die Folge der Risikoverteilung, wobei die Risikoverteilung das alleinige Kriterium ist. Auf dem Markt, auf dem die Produkte des Geschäftsherrn veräußert werden, sind die Eingliederung des Vertreters in das Unternehmen des Geschäftsherrn und die Tragung des Geschäftsrisikos durch den Geschäftsherrn zwei Seiten derselben Medaille.[385]

Der durch die „Zucker"-Entscheidung des EuGH behauptete Ausschluss von Vertretern **172** mit Doppelprägung aus dem Handelsvertreter-Privileg kann zudem nicht ohne Berücksichtigung der Besonderheiten des damals entschiedenen Falles beurteilt werden: Deutsche Zuckerhersteller vertrieben Verbrauchszucker sowohl an die verarbeitende Industrie als auch den Einzelhandel. Der Vertrieb des Zuckers erfolgte über Absatzmittler. Diese waren sowohl Handelsvertreter als auch Händler: Als **Handelsvertreter** vertrieben sie den Zucker an die verarbeitende Industrie. Auf den Verarbeitungssektor entfielen 55 % des Zuckerabsatzes. Als (Groß-)**Händler** vertrieben sie den Zucker an den Einzelhandel. Die Absatzmittler durften auch als Eigenhändler Zucker exportieren oder zur Denaturierung verkaufen. Die Absatzmittler unterlagen in ihren Handelsvertreter-Verträgen **zwei Verboten:** Den Handelsvertretern wurde untersagt, die **verarbeitende Industrie als Händler zu beliefern** (Wettbewerbsverbot). Die Handelsvertreter durften nur mit Zustimmung des Zuckerherstellers für andere Hersteller tätig werden (Alleinvertretung). Im Ergebnis betrifft die Zucker-Entscheidung daher nicht Beschränkungen auf **dem Markt für die Produkte**

[383] EuGH Slg. 1975, 1669 Rn. 544 ff. = NJW 1976, 470 – Suiker Unie.
[384] So bspw. Staub/Emde Vor § 84 Rn. 192; Walcher WRP 2005, 850 (852); Langen/Bunte/Nolte EuWettbR Art. 101 Fallgruppen Rn. 651; für den Fall, dass sich Handelsvertretertätigkeit und Eigenhändlertätigkeit auf dieselbe Ware beziehen von der Groeben/Schwarze/Hatje/Klotz Art. 101 Fallgruppen Rn. 406.
[385] GA Kokott Schlussanträge vom 13.7.2006 – C-217/05 Rn. 48 Fn. 52 – CEEES.

des Geschäftsherrn als vielmehr Beschränkungen auf dem davon zu unterscheidenden **Markt für Vermittlerdienste** des Handelsvertreters.[386]

172a   Die Kommission hat in den Vertikal-Leitlinien aus 2022 nun ausdrücklich klargestellt, dass es einer echten Handelsvertretung nicht per se entgegensteht, wenn der Handelsvertreter für denselben Geschäftsherrn als Eigenhändler tätig wird. Entscheidend ist, dass „die unter den Handelsvertretervertrag fallenden Tätigkeiten und Risiken klar abgegrenzt werden können".[387] Dabei muss der Geschäftsherr **alle relevanten Risiken** übernehmen, die im Zusammenhang mit den im Rahmen des Handelsvertreterverhältnisses verkauften Waren oder Dienstleistungen stehen. Insoweit ergeben sich also bei der Beurteilung des Vertreterverhältnisses keine Besonderheiten.[388] Darüber hinaus ist nach Auffassung der Kommission erforderlich, dass der Händler eine **echte Entscheidungsmöglichkeit** dahingehend hat, ob er das Handelsvertreterverhältnis eingehen möchte. Es darf folglich **kein faktischer Zwang** bestehen, eine entsprechende Vereinbarung zu schließen.[389]

172b   Darüber hinaus weist die Kommission auf zwei weitere Punkte hin: Erstens auf die **Gefahr einer Beeinflussung** der Verkaufsanreize und Entscheidungsfreiheit **des Handelsvertreters,** wenn dieser für denselben Anbieter auch als Eigenhändler tätig wird – beispielsweise mit Blick auf Preise für Produkte, die er als unabhängiger Händler vertreibt.[390] Zweitens auf die Schwierigkeiten der **Zuordnung von Investitionen** zu der Eigenhändlertätigkeit bzw. der Handelsvertretertätigkeit des Absatzmittlers und damit die Frage, welche Investitionen als marktspezifische Risiken einzuordnen sind. Das gelte umso mehr, wenn beide Tätigkeiten des Händlers denselben relevanten Markt betreffen. Dazu stellen die Vertikal-Leitlinien folgenden **Maßstab** auf: „Je weniger austauschbar die im Rahmen des Handelsvertretervertrags verkauften Produkte und die vom Handelsvertreter eigenständig verkauften Produkte sind, desto geringer ist im Allgemeinen die Wahrscheinlichkeit für das Auftreten solcher Schwierigkeiten."[391]

172c   Ob die Kommission im Falle einer Beeinflussung eine echte Handelsvertretung ablehnen würde, lässt sich den Ausführungen nicht eindeutig entnehmen. Allerdings sprechen die Art der Darstellung und der Gesamtzusammenhang eher dafür. Hinsichtlich der marktspezifischen Risiken steht zwar bereits nach den allgemein bekannten Grundsätzen fest, dass der Geschäftsherr diese übernehmen oder jedenfalls entsprechend abgelten muss.[392] Allerdings ist an dieser Stelle hervorzuheben, wie nach Auffassung der Kommission bei einer Vertretung mit Doppelprägung zu ermitteln ist, welche Investitionen marktspezifisch und damit relevant sind: Dabei sei die „hypothetische Situation eines Handelsvertreters zugrunde [zu] legen, der noch nicht am relevanten Markt tätig ist".[393] Der Geschäftsherr müsse dann „marktspezifische Investitionen tragen, die erforderlich sind, um auf dem relevanten Markt tätig zu werden."[394] Das bedeutet, dass der Geschäftsherr gegebenenfalls auch Investitionen übernehmen muss, die Produkte betreffen, die der Absatzmittler zwar als Eigenhändler vertreibt, jedoch einen Bezug zu den Produkten seiner Handelsvertretertätigkeit haben und nicht ausschließlich mit der Eigenhändlertätigkeit zusammenhängen.[395]

172d   **f) Online-(Handels)plattformen.** Bereits seit längerem wird diskutiert, ob das Handelsvertreterprivileg auch im Bereich der Online-Plattformwirtschaft gelten kann. Das Bundeskartellamt lehnte beispielsweise in seiner Entscheidung „HRS Bestpreisklausel" die Einordnung des Absatzmittlerverhältnisses zwischen der Hotel-Buchungsplattform und den

---

[386] GA Kokott Schlussanträge vom 13.7.2006 – C-217/05 Rn. 48 Fn. 52, BeckRS 2006, 70968 – CEEES.
[387] Vgl. Vertikal-Leitlinien Rn. 36.
[388] Dazu bereits → Rn. 154 ff.
[389] Vertikal-Leitlinien Rn. 36.
[390] Vertikal-Leitlinien Rn. 37.
[391] Vertikal-Leitlinien Rn. 38.
[392] Dazu aber → Rn. 172c.
[393] Vertikal-Leitlinien Rn. 39.
[394] Vertikal-Leitlinien Rn. 39.
[395] Vgl. Vertikal-Leitlinien Rn. 39.

auf der Plattform vertretenen Hotels als echte Handelsvertretung unter anderem deshalb ab, weil es an einer „Abhängigkeit" der Buchungsplattform HRS von den jeweiligen Hotels als Geschäftsherrn gefehlt habe.[396] Auch nach den Ausführungen der Kommission in den Vertikal-Leitlinien erfüllen Vereinbarungen zwischen Unternehmen, die in der Online-Plattformwirtschaft tätig sind, „in der Regel nicht die Voraussetzungen für eine Einstufung als [echte] Handelsvertreterverträge."[397] Als Begründung wird angeführt, dass solche Unternehmen im Allgemeinen als unabhängige Wirtschaftsteilnehmer handeln und „nicht als Teil der Unternehmen, für die sie Dienstleistungen erbringen." Ausdrücklich wird die Sorge geäußert, dass Online-Plattformen aufgrund ihrer Größe und Verhandlungsmacht die Geschäftsstrategie und die Bedingungen bestimmen könnten, zu denen die Vertragswaren oder -dienstleistungen verkauft werden. Dadurch wären es die Plattformen (Vertreter), die ihren Geschäftsherrn (den Verkäufern der Waren oder Dienstleistungen) Vorgaben machen würden und nicht umgekehrt, wie es bei einer „typischen" Handelsvertretung der Fall wäre.[398]

Die Bedenken der Kommission, dass große Plattformen ihre Verhandlungsmacht ausspielen könnten, sind nicht völlig unbegründet. Dennoch ist es – wie auch der Wortlaut der Vertikal-Leitlinien durch die Formulierung „in der Regel" verdeutlicht – nicht von vornherein auszuschließen, dass ein Verhältnis mit einer Online-Handelsplattform als echtes Handelsvertreterverhältnis qualifiziert werden kann und daher das Handelsvertreterprivileg gilt. Entscheidend ist, dass in dem konkreten Fall die entsprechenden Voraussetzungen für eine Privilegierung vorliegen.[399]   **172e**

2. Reichweite des Handelsvertreterprivilegs. Das Handelsvertreterprivileg bewirkt **173** keine umfassende Ausnahme vom Kartellverbot, sondern bezieht sich nur auf Einzelaspekte der Tätigkeit des Handelsvertreters. Es ist zu unterscheiden zwischen Beschränkungen des Handelsvertreters, die sich auf die, durch diesen vermittelten Geschäfte – also auf den Produktmarkt – beziehen, und solchen, die sich auf dessen Tätigkeit selbst – also auf den Markt für Vermittlungsdienstleistungen – beziehen. Vom Handelsvertreterprivileg werden nur die Beschränkungen erfasst, die sich auf das vermittelte Geschäft beziehen.[400] Demgegenüber sind Beschränkungen, die sich auf den Markt für Vermittlungsdienstleistungen beziehen und also die Tätigkeit des Handelsvertreters selbst betreffen, an Art. 101 Abs. 1 AEUV zu messen.[401]

a) Beschränkungen hinsichtlich des vermittelten Geschäfts. Beschränkungen ech- **174** ter Handelsvertreter hinsichtlich der vermittelten Geschäfte **(Produktmarktbeschränkungen)** sind vereinbar mit Art. 101 Abs. 1 AEUV, da der Geschäftsherr die Risiken des Geschäfts trägt und somit in der Lage sein muss, dessen Ausgestaltung maßgeblich zu beeinflussen.[402]

Zulässig sind insbesondere: **175**

– Beschränkungen hinsichtlich des Gebiets, in dem der Vertreter die fraglichen Waren oder Dienstleistungen verkaufen darf;

---

[396] BKartA BeckRS 2014, 04342 – HRS; zu dieser Entscheidung ausführlich Kumkar, Online-Märkte und Wettbewerbsrecht, Diss. 2017, S. 213 f.

[397] Vertikal-Leitlinien Rn. 46.

[398] Vertikal-Leitlinien Rn. 46.

[399] Ausführlicher dazu, insbesondere zu der Bedeutung der Einflussmöglichkeit des Geschäftsherrn in diesen Fällen B. Müller, Handelsvertreterprivileg im EU-Kartellrecht, S. 328 ff.

[400] EuGH Slg. 2008, I-6681 Rn. 41 = EuZW 2008, 668 – CEPSA mAnm Wegner/Pfeffer EuZW 2008, 668 (673); Vertikal-Leitlinien Rn. 41; Loewenheim/Meessen/Riesenkampff/Kersting/Meyer-Lindemann/Baron Vert-GVO Art. 1 Rn. 61; Langen/Bunte/Nolte EuWettbR Art. 101 Fallgruppen Rn. 731; Bechtold/Bosch/Brinker Art. 101 Rn. 63 ff.

[401] EuGH Slg. 2008, I-6681 Rn. 41 = EuZW 2008, 668 – CEPSA mAnm Wegner/Pfeffer EuZW 2008, 668 (673); Vertikal-Leitlinien Rn. 43; Loewenheim/Meessen/Riesenkampff/Kersting/Meyer-Lindemann/Baron Vert-GVO Art. 1 Rn. 64; Wiedemann/Kirchhoff § 11 Rn. 62; Langen/Bunte/Nolte EuWettbR Art. 101 Fallgruppen Rn. 738 ff.; Stauber NZKart 2015, 423.

[402] Vertikal-Leitlinien Rn. 41.

— Beschränkungen hinsichtlich der Kunden, an die der Vertreter die fraglichen Waren oder
Dienstleistungen verkaufen darf;

— die Preise und die Bedingungen, zu denen der Vertreter die vertraglichen Waren oder
Dienstleistungen verkaufen oder ankaufen muss.[403]

176   Im Falle einer echten Handelsvertretung sind derartige Vorgaben bereits keine „Vereinbarungen zwischen Unternehmen" iSd Art. 101 Abs. 1 AEU, weil Geschäftsherr und echter Handelsvertreter auf dem Produktmarkt eine wirtschaftliche Einheit bilden und daher aus kartellrechtlicher Sicht als ein Unternehmen anzusehen sind.[404] Darüber hinaus wären Produktmarktbeschränkungen auch nicht als Wettbewerbsbeschränkung anzusehen, da sie sich auf die Vertragsbeziehungen des Auftragsgebers beziehen und dieser sie auch vereinbaren könnte, wenn er den Vertrag selbst – also ohne Einschaltung eines Handelsvertreters – schlösse.

177   **b) Grenzen des Handelsvertreterprivilegs.** Beschränkungen echter Handelsvertreter auf dem **Markt, auf dem die Produkte des Geschäftsherrn** vertrieben werden **(Produktmarktbeschränkungen),** unterliegen dem Handelsvertreterprivileg und sind insoweit dem Kartellrecht entzogen. Beschränkungen auf dem davon zu unterscheidenden **Markt für Vermittlerdienstleistungen** des Handelsvertreters, welche die Vermittlungstätigkeit des Handelsvertreters selbst betreffen **(Vermittlungsmarktbeschränkungen),** unterfallen hingegen nicht dem Handelsvertreterprivileg. Denn in Bezug auf diese Vereinbarungen stehen sich Geschäftsherr und Handelsvertreter stets als zwei eigenständige Unternehmen iSd Art. 101 Abs. 1 AEUV gegenüber, weshalb eine „Vereinbarung zwischen Unternehmen" vorliegt.

178   Auftraggebern soll durch das Handelsvertreterprivileg nur Gelegenheit gegeben werden, ihren Vertrieb in Übereinstimmung mit ihren Vorstellungen zu organisieren, nicht aber den Wettbewerb auf dem Markt für Vermittlungsleistungen zu verfälschen. Insoweit sind Klauseln, die das Verhältnis zwischen Handelsvertreter und Auftraggebern betreffen, auf ihre Vereinbarkeit mit Art. 101 Abs. 1 AEUV zu untersuchen.

179   Ein Verstoß kann vorliegen, wenn entweder Vertreter oder Auftraggeber hinsichtlich ihrer Vertragsbeziehungen zu weiteren Auftraggebern eingeschränkt werden. Das Verbot für den Auftraggeber einen weiteren Vertreter zu beauftragen **(Alleinvertretung),** sieht die Kommission grundsätzlich als unbedenklich an, während eine Markenzwangsklausel – also eine Bestimmung, die den Vertreter hindert für mehrere Auftraggeber tätig zu sein, – oder ein Wettbewerbsverbot geeignet sein können, den Markt abzuschotten und so den Wettbewerb zu beschränken.[405] Derartige Beschränkungen können jedoch von der Vertikal-GVO oder im Einzelfall nach Art. 101 Abs. 3 AEUV freigestellt sein.[406] Auffallend ist, dass der EuGH in seiner Entscheidung „Flämische Reisebüros"[407] eine **Mehrfachvertretung** noch als hinderlich für die Anwendung des Handelsvertreterprivilegs angesehen hat, während die Kommission Exklusivitätsvereinbarungen nunmehr gegebenenfalls kritisch sieht. Diese Entwicklung ist zu begrüßen. Der Umstand, dass ein Handelsvertreter für mehrere Unternehmen tätig ist, beeinflusst das durch den Handelsvertreter vermittelte Geschäft nicht, sodass dieser weiterhin die Risiken des Geschäftes zu tragen hat und dem Handelsvertreter gegenüber weisungsbefugt ist. Es handelt sich folglich nicht um eine Vereinbarung zwischen Unternehmen.[408] Eine Mehrfachvertretung kann darüber hinaus positive Wirkungen auf den Markenwettbewerb haben und ist somit wettbewerbspolitisch wünschenswert.[409]

---

[403] Vertikal-Leitlinien Rn. 41 lit. a–c.

[404] Dazu bereits → Rn. 149 f.

[405] Vertikal-Leitlinien Rn. 43; aA Kapp WuW 2007, 1218 ff., der sich für eine per-se Zulässigkeit eines Wettbewerbsverbotes für Handelsvertreter ausspricht; vgl. auch Semler ZVertriebsR 2012, 156 (159).

[406] Vertikal-Leitlinien Rn. 43.

[407] EuGH Slg. 1987, 3801 (3828) = BeckRS 2004, 70731 – Flämische Reisebüros.

[408] Ausführlich Kapp/Andresen BB 2006, 2253 (2255); vgl. auch FK-KartellR/Roth/Ackermann Art. 101 Abs. 1 Rn. 80; vgl. auch → Rn. 165 ff.

[409] Kapp/Andresen BB 2006, 2253 (2255).

Vereinbarungen in echten Handelsvertreterverträgen werden allerdings dann nicht vom **180** Handelsvertreterprivileg erfasst, wenn sie **kollusives Verhalten** fördern. Dies kann der Fall sein, wenn mehrere Auftraggeber denselben Handelsvertreter nutzen, um den Markt abzuschotten, gemeinsame Strategien festzulegen oder Informationen auszutauschen.[410]

c) Provisionsweitergabeverbot. Fraglich ist, ob ein Provisionsweitergabeverbot vom **181** Handelsvertreterprivileg erfasst wird. Nach herrschender Meinung kann ein Provisionsweitergabeverbot, das mit einem unechten Handelsvertreter vereinbart worden ist, gegen Art. 101 Abs. 1 AEUV verstoßen.[411] Demgegenüber wird ein Verbot der Provisionsweitergabe, das mit einem echten Handelsvertreter vereinbart wird, unterschiedlich bewertet. Die Frage, ob ein Provisionsweitergabeverbot kartellrechtlich zulässig ist, ist nach wie vor Gegenstand heftiger Diskussionen in Literatur und Praxis. Grund hierfür ist vor allem der weiter zunehmende Handel über das Internet, der den Vergleich von Angeboten erheblich erleichtert. Dadurch besteht nicht zuletzt für Vertriebsmittler, die als Handelsvertreter oder als Kommissionsagenten tätig sind, ein erheblicher Anreiz, einen Teil ihrer Provision zur Gewährung von Rabatten oder anderen Vergünstigungen einzusetzen.

Die Ansicht, wonach das Verbot der Provisionsweitergabe eine wettbewerbsbeschränken- **182** de Vereinbarung sei, wird vertreten vom Bundeskartellamt, vom OLG München[412], LG Heidelberg[413] und einem Teil der Literatur[414]. Zur Begründung wird im Wesentlichen darauf abgestellt, dass die Entscheidung des Handelsvertreters, über die ihm zustehende Provision zu Gunsten des Kunden ganz oder teilweise zu verfügen, **die Interessen des Geschäftsherrn nicht berühre.** Die Weitergabe der Provision betreffe **nicht** das **Verhältnis zwischen Geschäftsherrn und dem Abnehmer,** an den der Handelsvertreter das Geschäft vermittelt. Vielmehr berühre das Provisionsweitergabeverbot das (interne) Verhältnis zwischen Geschäftsherr und Handelsvertreter und hierbei insbesondere die geschäftliche Betätigungsfreiheit des Letzteren. Deshalb sei dem Handelsvertreterverhältnis ein entsprechendes Verbot nicht immanent, sondern würde im Ergebnis den Wettbewerb zwischen den einzelnen Handelsvertretern (unzulässig) beschränken.

Die Beurteilung der Zulässigkeit eines Provisionsweitergabeverbotes dürfte davon abhän- **183** gen, ob man eine solche Klausel als eine Vereinbarung ansieht, die den betroffenen **Produktmarkt** betrifft, dh den Vertrieb der Vertragswaren unmittelbar betrifft, oder ob man den allgemeinen „**Vermittlermarkt**" als betroffen ansieht, dh das Verhältnis zwischen Handelsvertreter und dritten Geschäftsherren. Eine Wettbewerbsbeschränkung auf dem Vermittlermarkt wäre vom Handelsvertreterprivileg nicht erfasst.

Richtigerweise ist die Entscheidung, einem Handelsvertreter die Weitergabe der Pro- **184** vision zu erlauben oder zu verbieten, der **Preisbestimmungshoheit des Geschäftsherrn** – und damit dem Produktmarkt – zuzuordnen. Zumindest in einem „echten" Handelsvertreterverhältnis steht es deshalb dem Handelsvertreter nur dann frei, zu Gunsten der Abnehmer über seine Provision zu verfügen, wenn der Geschäftsherr dies ausdrücklich oder konkludent erlaubt hat.[415] Die Provision ist Bestandteil des durch den Abnehmer zu

---

[410] Vgl. Vertikal-Leitlinien Rn. 44.

[411] Vertikal-Leitlinien Rn. 192; Kapp/Schumacher WuW 2007, 26 (29 f.); Wiedemann/Kirchhoff § 11 Rn. 37.

[412] OLG München NJW-RR 2005, 770 (771). Das OLG München hielt das Verbot eines Provisionsverzichts von Reisebüros für unzulässig. Reisebüros hatten ihren Kunden entweder einen Teil des gezahlten Kaufpreises zurückgewährt oder diese von vornherein einen geringeren Preis zahlen lassen. Das OLG sah kein schützenswertes Interesse der Reiseveranstalter an dem Provisionsweitergabeverbot.

[413] LG Heidelberg NJW-RR 1990, 362 (363).

[414] Wiedemann/Kirchhoff § 11 Rn. 37; Eilmansberger ZWeR 2006, 64 (72); Köhler ZHR 151 (1987), 224 (233); Völcker, Handelsvertretervertrieb und EG-Kartellrecht, Diss. 1993, 272; Seemann, Schranken des EG-Kartellrechts für die Ausgestaltung von Handelsvertreterverträgen, Diss. 1995, 248.

[415] Vertikal-Leitlinien, Rn. 41, 192; Langen/Bunte/Nolte EuWettbR Art. 101 Fallgruppen Rn. 737 mwN; Loewenheim/Meessen/Riesenkampff/Kersting/Meyer-Lindemann/Baron Vert-GVO Art. 1 Rn. 63; Dauses/Emmerich H. I. § 2 Art. 101 Rn. 99b; Rittner DB 1989, 2587 (2588 f.); Kapp WuW 2007, 1218 (1229); Kapp WuW 1990, 814 (820 f.); vgl. auch B. Müller, Handelsvertreterprivileg im EU-Kartellrecht, S. 300 ff.

zahlenden Verkaufspreises. Da der Geschäftsherr nach allgemeiner Ansicht berechtigt ist, den Verkaufspreis zu bestimmen, bedeutet dies zugleich, dass er sich auch Maßnahmen der Handelsvertreter erwehren darf, die diese Preissetzung durch die (teilweise) Weitergabe ihrer Provision unterlaufen. Das Interesse des Auftraggebers an einheitlichen Preisen erschöpft sich nicht notwendigerweise in einheitlichen an ihn zu zahlenden Preisen, sondern kann sich auch auf einheitliche Endverkaufspreise beziehen.[416] Das Markenimage ist gefährdet, wenn seine Handelsvertreter ihre Provisionen in unterschiedlicher Weise weitergeben und so das einheitliche Produktansehen gefährden.

185   Nur das Verbot der Provisionsweitergabe kann zudem die „free rider"-Problematik lösen. Ohne Provisionsweitergabeverbot könnten einige Handelsvertreter von der Leistung anderer Handelsvertreter profitieren: Während einige versuchen, durch **bessere und kostenintensive Beratung** im Wettbewerb zu bestehen, könnten andere Vertreter auf **jegliche Beratung verzichten** und allein durch das Mittel der Provisionsweitergabe um Kunden werben.[417] Der Abnehmer würde sich bei ersteren – **kostenintensiv – beraten** lassen und die Ware bzw. Dienstleistung sodann bei dem günstigeren Handelsvertreter einkaufen, der die Beratung nicht oder nicht in gleichem Umfang anbietet. Die schrankenlose Zulässigkeit der Provisionsweitergabe begünstigt allein den Handelsvertreter, der seine eigenen Leistungen im Zusammenhang mit der Geschäftsvermittlung im größtmöglichen Umfang reduziert.[418] Außerdem wird es Auftraggebern regelmäßig nur möglich sein, geeignete Handelsvertreter zu finden und zu Beratungs- und Kundendienstleistungen zu bewegen, wenn sie diesen eine angemessene Provision gewähren und sie davor schützen, dass konkurrierende Handelsvertreter ohne eigenes Dienstleistungsangebot von ihren Anstrengungen profitieren. Die Gestaltung der Provisionszahlungen berührt also die Interessen des Auftraggebers wesentlich. Abweichendes Verhalten der Handelsvertreter setzt den Auftraggeber erheblichen Risiken in Bezug auf Markenimage sowie Ausbreitung und Qualität der Vertriebsstruktur aus, sodass ein Provisionsweitergabeverbot für eine interessengerechte Ausgestaltung einer Vertriebsorganisation unerlässlich sein kann.

II. Kommissionsagent

186   Das Handelsvertreterprivileg ist gegebenenfalls auch auf Kommissionsagentenverträge anwendbar, da auch diese in die Vertriebsstruktur eines Anbieters eingegliedert sein können. Entscheidend ist wiederum die Risikoverteilung, sodass eine Anwendung des Privilegs in Betracht kommt, wenn der Kommissionsagent außer dem Provisionsrisiko keine weiteren relevanten Risiken zu tragen hat.[419]

III. Vertragshändler

187   Für den Vertragshändler gelten hier keine Abweichungen oder Besonderheiten, insbesondere ist das Handelsvertreterprivileg grundsätzlich nicht anwendbar, da der im eigenen Namen und auf eigene Rechnung handelnde Vertragshändler im Regelfall die wirtschaftlichen Risiken aus dem Geschäftsverhältnis trägt.[420]

IV. Franchisenehmer

188   Besonderheiten ergeben sich hingegen bei der kartellrechtlichen Beurteilung von Franchisevereinbarungen. Der Wortlaut des Art. 101 AEUV differenziert zwar nicht zwischen

---

[416] Kapp/Schumacher WuW 2007, 26 (30 f.).
[417] Ausführlich Kapp/Schumacher WuW 2007, 26 (30 f.).
[418] Vgl. Möschel BB 1985, 1477 (1479); Kapp WuW 1990, 814 (820 f.).
[419] Wiedemann/Kirchhoff § 10 Rn. 39; Kumkar, Online-Märkte und Wettbewerbsrecht, Diss. 2017, S. 197; zur Risikotragung von Kommissionsagenten vgl. auch MSHF/Martinek § 3 Rn. 12.
[420] Vgl. Bechtold/Bosch/Brinker Vert-GVO Art. 1 Rn. 15; FK-KartellR/Roth/Ackermann Art. 101 Abs. 1 Rn. 71.

verschiedenen Vertriebsmittlern, jedoch ist aufgrund der gesonderten Interessenlage eine differenzierte Betrachtung der Beschränkungen einer Franchisevereinbarung erforderlich.

Der EuGH hat in seinem Grundsatzurteil zu Franchisesystemen „Pronuptia"[421] fest- **189** gestellt, dass die Vereinbarkeit von Bestimmungen in Vertriebsfranchisingverträgen mit dem Kartellverbot des damaligen Art. 85 EWG-Vertrag und damit des heutigen Art. 101 Abs. 1 AEUV im Einzelfall zu untersuchen ist. Weiter stellt er fest, dass **Bestimmungen** in Franchisesystemen, die für dessen Funktionieren **unerlässlich** sind, **keine Beschränkungen** iSd Art. 101 Abs. 1 AEUV darstellen.[422]

Bestimmungen, die verhindern sollen, dass das vom Franchisegeber vermittelte Know- **190** how und die durch diesen gewährte Unterstützung Konkurrenten des Franchisegebers zugutekommt, sind demnach ebenso unerlässlich wie Bestimmungen über die Kontrolle, die zur Wahrung der Identität und des Ansehens der durch die Geschäftsbezeichnung symbolisierten Vertriebsorganisation unerlässlich sind.[423] Nicht notwendig sind jedoch Vereinbarungen über die Aufteilung der Märkte zwischen Franchisegeber und Franchisenehmer oder zwischen mehreren Franchisenehmern, sodass solche Vereinbarungen dem Anwendungsbereich des Art. 101 Abs. 1 AEUV unterfallen.[424]

Art. 101 Abs. 1 AEUV ist auch nicht anwendbar auf **Wettbewerbsverbote,** die sich auf **191** die Vertragsgüter beziehen, wenn diese notwendig sind, um die Einheitlichkeit und den Ruf des Franchisesystems zu erhalten.[425] Beschränkenden Charakter kann ein solches Wettbewerbsverbot erst erhalten, wenn es über die Vertragsdauer hinaus andauert.[426] Ist eine Wettbewerbsbeschränkung zu bejahen, kommt jedoch eine Freistellung durch die Vertikal-GVO in Betracht.[427]

Art. 101 Abs. 1 AEUV ist somit auch nicht anwendbar auf **Alleinbezugsverpflichtun-** **192** **gen,** sofern die Bezugsbindung notwendig ist, um die Einheitlichkeit und den Ruf des Franchisesystems zu erhalten. Eine solche Notwendigkeit lehnt der EuGH ab, sofern der Franchisegeber objektive Qualitätsnormen aufstellen und anwenden kann, die Waren in gleicher Qualität sicherstellen. Allerdings kann es in einigen Fällen – wie bei Modeartikeln – undurchführbar sei, objektive Qualitätsnormen aufzustellen. Zudem kann die Überwachung der Einhaltung der objektiven Qualitätsnormen bei einer großen Zahl von Franchisenehmern unzumutbar sein. Eine Alleinbezugsverpflichtung, wonach der Franchisenehmer nur Waren des Franchisegebers oder von diesem ausgewählter Lieferanten verkaufen darf, ist in solchen Fällen als zum Schutz des Ansehens der Vertriebsorganisation notwendig anzusehen. Allerdings sieht der EuGH nur eine Alleinbezugsverpflichtung zugunsten des Franchisesystems, nicht aber bloß des Franchisegebers als notwendig an. Damit die Alleinbezugsverpflichtung nicht unter Art. 101 Abs. 1 AEUV fällt ist es also erforderlich, dass die Franchisenehmer voneinander beziehen können dürfen.[428] Sofern dennoch ein Querbezugsverbot vereinbart wird, ist Art. 101 Abs. 1 AEUV anwendbar, sodass die Alleinbezugsverpflichtung auf ihre Freistellungsfähigkeit geprüft werden muss. Eine Gruppenfreistellung kommt aufgrund Art. 2 Vertikal-GVO für Franchisesysteme dann in Betracht, wenn weder die Marktanteilsschwellen des Art. 3 Vertikal-GVO noch die Fünfjahresgrenze des Art. 5 Vertikal-GVO überschritten werden,[429] wobei bei Wett-

---

[421] EuGH Slg. 1986, 353 = NJW 1986, 1415 – Pronuptia.
[422] Die Entscheidung erging noch zu einer alten Fassung der Verträge und bezieht sich daher in Leitsatz 2 auf Art. 85 EWG-Vertrag. Dieser entspricht nunmehr Art. 101 Abs. 1 AEUV.
[423] EuGH Slg. 1986, 353 Rn. 27 = NJW 1986, 1415 – Pronuptia.
[424] EuGH Slg. 1986, 353 Rn. 27 = NJW 1986, 1415 – Pronuptia.
[425] Vertikal-Leitlinien Rn. 166.
[426] Vertikal-Leitlinien Rn. 166.
[427] Beachte Art. 5 Abs. 1 und 3 Vertikal GVO, → VO (EU) 2022/720 Rn. 284 ff.
[428] EuGH Slg. 1986, 353 Rn. 21 = NJW 1986, 1415 – Pronuptia; davon zu trennen ist die Frage, ob für die Frage der Gruppenfreistellungsfähigkeit beim Alleinvertrieb Querlieferungen erlaubt sein müssen. Das ist nicht der Fall. Lediglich beim selektiven Vertrieb müssen für eine Gruppenfreistellungsfähigkeit Querlieferungen zulässig sein → VO (EU) 2022/720 Rn. 208.
[429] BGH GRUR 2009, 424 Rn. 16 = NJW 2009, 1753 – Bau und Hobby.

bewerbsverboten mittlerweile eine stillschweigende Verlängerung über fünf Jahre hinaus möglich ist. Dies setzt jedoch voraus, dass der Abnehmer nach Ablauf der Fünfjahresfrist seinen Anbieter effektiv wechseln kann, was bedeutet, dass er mit einer angemessenen Kündigungsfrist und zu angemessenen Kosten wirksam kündigen oder neu aushandeln können muss.[430]

193   Dem Schutz des übertragenen Know-hows kommt in Franchisevereinbarungen besondere Bedeutung zu. Die Kommission führt in den Vertikal-Leitlinien aus, welche Vereinbarungen sie grundsätzlich als notwendig ansieht, um das geistige Eigentum des Franchisegebers zu schützen.[431]

V. Selektiver Vertrieb

194   Der Begriff des selektiven Vertriebssystems wird unterschiedlich verwendet und auf Systeme mit verschiedenen Ausgestaltungen bezogen. Allen ist gemein, dass der Anbieter eines Produktes seine Vertriebsmittler auswählt und das Produkt nicht an jeden liefert. Unterschiede bestehen hinsichtlich der Auswahlkriterien, der Vertragspflichten der Parteien und der Gegenseitigkeit der Verpflichtungen. Besondere Regelungen zu selektiven Vertriebssystemen enthält die Vertikal-GVO.[432]

195   **1. Nicht wettbewerbsbeschränkende selektive Vertriebssysteme.** Trotz der unterschiedlichen Terminologie und der Vielzahl verschiedener Systemgestaltungen lassen sich Typen von selektiven Vertriebssystemen unterscheiden. Die sogenannten offenen und die qualitativen Vertriebssysteme werden von Art. 101 AEUV mangels (spürbarer) Wettbewerbsbeschränkung nicht erfasst.

196   **Offene selektive Vertriebssysteme** kennen keine Beschränkungen der Weiterverkaufsmöglichkeiten. Sowohl Herstellern als auch Vertriebsmittlern steht es frei, das Produkt an Außenseiter, also an Unternehmen, die nicht Mitglied des selektiven Vertriebssystems sind, zu verkaufen. Eine Auswahl der Vertriebsmittler erfolgt durch den Anbieter anhand qualitativer Kriterien wie zB der Eignung und der Verpflichtung zu Kundendienst und –beratung.[433] Offene selektive Vertriebssysteme werden den Tatbestand des Art. 101 Abs. 1 AEUV bereits mangels Spürbarkeit der Wettbewerbsbeschränkung regelmäßig nicht verwirklichen.[434]

197   Die Kommission nimmt – in Übereinstimmung mit der Rechtsprechung des EuGH[435] – auch rein **qualitative, selektive Vertriebssysteme** vom Anwendungsbereich des Art. 101 Abs. 1 AEUV aus, wenn die vom EuGH entwickelten sog. **„Metro-Kriterien"**[436] erfüllt sind: Erstens muss die Beschaffenheit des Produkts einen selektiven Vertrieb notwendig machen, etwa zur Wahrung seiner Qualität und zur Gewährleistung seines richtigen Gebrauchs. Zweitens muss die Auswahl der zugelassenen Händler des selektiven Vertriebssystems aufgrund objektiver – und interessierten Vertriebsmittlern zugänglicher – Kriterien qualitativer Art erfolgen, die diskriminierungsfrei für alle potenziellen Wiederverkäufer festzulegen und unterschiedslos anzuwenden sind. Drittens dürfen die festgelegten Kriterien nicht über das erforderliche Maß hinausgehen, dh sie müssen geeignet sein, das legitime Interesse (zB Wahrung der Qualität oder Gewährleistung des richtigen Gebrauchs der Waren) sicherzustellen, und sie dürfen nicht über das hinausgehen, was zur Erreichung dieses Ziels erforderlich ist.[437]

---

[430] Vertikal-Leitlinien Rn. 248 und 300.
[431] Vertikal-Leitlinien Rn. 87; vgl. auch → VO (EU) 2022/720 Rn. 83.
[432] Vgl. → VO (EU) 2022/720 Rn. 44 ff.
[433] Wiedemann/Kirchhoff § 11 Rn. 344 ff.; Schultze/Pautke/Wagener Rn. 216.
[434] Wiedemann/Kirchhoff § 11 Rn. 344 ff.; Schultze/Pautke/Wagener Rn. 216.
[435] EuGH Slg. 1977, 1875 – Metro I; Slg. 1986, 3021 – Metro II; EuGH Slg. 2011, I-9419 Rn. 41 – Pierre Fabre; ECLI:EU:C:2017:941 Rn. 24 – Coty Germany GmbH/Parfümerie Akzente GmbH.
[436] EuGH Slg. 1977, 1875 Rn. 20 f. – Metro I; Slg. 1986, 3021 – Metro II; EuGH Slg. 2011, I-9419 Rn. 41 – Pierre Fabre; ECLI:EU:C:2017:941 Rn. 24 – Coty Germany GmbH/Parfümerie Akzente GmbH.
[437] Vertikal-Leitlinien Rn. 149.

Die Beschaffenheit eines Produkts macht einen selektiven Vertrieb notwendig, wenn nur **198**
ein solcher die Qualität des Produktes wahren oder seinen richtigen Gebrauch sicherstellen
kann.[438] Entscheidend ist eine einzelfallabhängige **Beurteilung der Eigenschaften und
der Natur des Produktes.** Ein selektiver Vertrieb kommt somit insbesondere bei hochwertigen oder hochtechnologischen Produkten und solchen mit hohem Beratungsaufwand
in Betracht (materielle Eigenschaften), aber auch bei Luxuswaren (immaterielle Eigenschaften).[439] Ob auch Markenwaren ein selektives Vertriebssystem notwendig machen können,
ließ der EuGH in der Coty-Entscheidung offen. Die Frage ist jedoch – vorbehaltlich der
erforderlichen Betrachtung des Einzelfalls – grundsätzlich zu bejahen. Denn bei Markenwaren handelt es sich in der Regel um hochwertig verarbeitete Produkte aus hochwertigen
Materialien. Sofern die Markenwaren oder ihr Gebrauch eine Beratung oder anderweitige
Dienstleistungen erfordern, dürfte schon deshalb ein selektiver Vertrieb erforderlich sein.
Jedenfalls bei Qualitäts-Markenwaren wird auch die Wahrung des Markenimages die Errichtung eines selektiven Vertriebssystems rechtfertigen.[440] Dies ist auch folgerichtig, da sich
Luxuswaren nicht trennscharf von anderweitigen hochwertigen Markenartikeln abgrenzen
lassen dürften. Markenwaren können daher aufgrund der Kombination von materiellen und
immateriellen Eigenschaften die vom EuGH aufgestellten Anforderungen für einen selektiven Vertrieb ebenfalls erfüllen.

Die Kriterien für die Aufnahme in das selektive Vertriebssystem müssen nicht generell **199**
zugänglich sein, ausreichend ist es bereits, wenn sie einem interessierten Vertriebspartner
nach dessen Anfrage zur Verfügung gestellt werden.[441] Diese **Kriterien müssen qualitativer Art** sein, sich also auf die Eignung eines Vertriebsmittlers beziehen. In Betracht
kommen Anforderungen an die Beratungsqualität, die Fähigkeit Kundendienst zu erbringen, die Lage und Ausstattung des Geschäftslokals und ähnliche Kriterien, die sicherstellen,
dass die Qualität des Produkts gewahrt und dieses richtig benutzt wird. Qualitative Kriterien können sich darüber hinaus auf die Erreichung von Nachhaltigkeitszielen wie Bekämpfung des Klimawandels, Umweltschutz oder Begrenzung des Verbrauchs natürlicher
Ressourcen beziehen.[442]

Die Kriterien müssen sich auf das **erforderliche Maß** beschränken. Sie müssen also **200**
geeignet sein, um die Ziele des Qualitätsschutzes und der richtigen Handhabung des
Produktes zu erreichen und dürfen nicht unverhältnismäßig beschränkend wirken.

2. Wettbewerbsbeschränkende selektive Vertriebssysteme. Demgegenüber be- **201**
schränken Vertriebssysteme, in denen die Auswahl der Vertriebsmittler (auch) von quantitativen Kriterien abhängt, grundsätzlich den Wettbewerb. Der Anwendungsbereich des
Art. 101 Abs. 1 AEUV ist eröffnet. Allerdings stellt die Vertikal-GVO **quantitative
selektive Vertriebssysteme** vom Kartellverbot frei, wenn die Marktanteile 30 % nicht
übersteigen und es sowohl dem Hersteller als auch dessen Vertriebsmittlern untersagt ist, an
Außenseiter zu verkaufen. Das Vertriebssystem muss also beidseitig geschlossen sein.[443]

Oftmals enthalten selektive Vertriebssysteme jedoch nur eine händlerseitige Verpflich- **202**
tung, nicht an Außenseiter zu liefern, während der Hersteller in seiner Abnehmerwahl frei
bleibt.[444] In diesen Fällen kommt mangels Anwendbarkeit der Vertikal-GVO nur eine
Einzelfallbeurteilung anhand der allgemeinen Kriterien des Art. 101 Abs. 3 AEUV in
Betracht.

---

[438] Vertikal-Leitlinien Rn. 149.
[439] Vgl. Vertikal-Leitlinien Rn. 149 und 164.
[440] So auch GA Wahl: EuGH Schlussanträge GA Wahl v. 26.7.2017, ZVertriebsR 2017, 319 Rn. 92 –
Coty.
[441] Vgl. EuGH EU:C:2012:351 Rn. 31 – Auto 24 SARL/Jaguar Land Rover France SAS; Vertikal-
Leitlinien Rn. 151.
[442] Vertikal-Leitlinien Rn. 144; Wiedemann/Kirchhoff § 11 Rn. 358 ff.
[443] Schultze/Pautke/Wagener Rn. 217; ausführlich hierzu auch die Kommentierung zur Vertikal-GVO
→ VO (EU) 2022/720 Rn. 53.
[444] Schultze/Pautke/Wagener Rn. 217; Wiedemann/Kirchhoff § 11 Rn. 347.

Anhang Art. 101: Horizontal-Leitlinien

Die von der Europäischen Kommission herausgegebenen Leitlinien zur Anwendbarkeit von Artikel 101 des Vertrages über die Arbeitsweise der Europäischen Union auf Vereinbarungen über horizontale Zusammenarbeit sind im Amtsblatt 2011/C 11/01 veröffentlicht worden. Aufgrund des Umfangs dieser Leitlinien wurde von einem Abdruck abgesehen.

Literatur: Auf'mkolk, Der reformierte Rechtsrahmen der EU-Kommission für Vereinbarungen über horizontale Zusammenarbeit, WuW 2011, 699; Bechtold, Leitlinien der Kommission und Rechtssicherheit – am Beispiel der neuen Hoizontal-Leitlinien, GRUR 2012, 107; Fritzsche, Die neuen Regeln über horizontale Kooperation im europäischen Wettbewerbsrecht, EuZW 2011, 208; Gehring/Mäger, Kartellrechtliche Grenzen von Kooperationen zwischen Wettbewerbern – Neue Leitlinien der EU-Kommission, DB 2011, 398; Inderst, Die Ökonomische Analyse von Nachfragemacht in der Wettbewerbspolitik, WuW 2008, 1261; Karenfort, Der Informationsaustausch zwischen Wettbewerbern – kompetitiv oder konspirativ?, WuW 2008, 1154; Lorenz, Die kartellrechtlichen Grenzen für öffentliche Aussagen zur Unternehmensstrategie, WM 2012, 1113; Lübbig, Die Reform der EU-kartellrechtlichen Regeln über die horizontale Zusammenarbeit, EWS 2011, 5; Pohlmann, Keine Bindungswirkung von Bekanntmachungen und Mitteilungen der Europäischen Kommission, WuW 2005, 1005; Säcker/Mohr, Die Beurteilung von Einkaufskooperationen gemäß Art. 101 Abs. 1 und Abs. 3 AEUV, WRP 2011, 793; Schweda, Die Bindungswirkung von Bekanntmachungen und Leitlinien der Europäischen Kommission, WuW 2004, 1133.

A. Einleitung

I. Grundsätzliches

1   Die Leitlinien zur Anwendbarkeit von Artikel 101 des Vertrages über die Arbeitsweise der Europäischen Union auf Vereinbarungen über horizontale Zusammenarbeit[1] („Horizontal-Leitlinien") enthalten **Hinweise der Europäischen Kommission** über die Prüfung von Vereinbarungen von Unternehmen, Beschlüssen von Unternehmensvereinigungen und abgestimmte Verhaltensweisen, die die horizontale Zusammenarbeit zwischen Unternehmen betreffen.

2   Die (noch) aktuellen Leitlinien haben die vorherige Fassung aus dem Jahr 2000 ersetzt.[2] Allerdings werden diese Leitlinien ihrerseits am 1.1.2023 durch eine neue Fassung abgelöst. Anfang März 2022 hat die Kommission bereits einen entsprechenden Entwurf veröffentlicht.[3]

2a   Der **Entwurf** sieht insbesondere vor, die Leitlinien teilweise neu zu strukturieren und durch zusätzliche Kapitel und erläuternde Ausführungen sowie klarstellende Hinweise in bereits vorhandenen Kapiteln zu ergänzen. Davon verspricht sich die Kommission die Verständlichkeit der Leitlinien insgesamt zu verbessern und Unternehmen die Selbstprüfung ihrer Vereinbarungen auf Vereinbarkeit mit Art. 101 Abs. 1 AEUV zu erleichtern.[4] Dazu gehört auch, dass die Leitlinien künftig in zwei neuen Kapiteln die Anwendung der

---

[1] ABl. 2011 C 11, 1.

[2] ABl. 2001 C 3, 2; zu den Änderungen durch die Leitlinien im Jahr 2011: Bechtold GRUR 2012, 107; Fritzsche EuZW 2011, 208; Auf'mkolk WuW 2011, 699; Gehring/Mäger DB 2011, 398.

[3] Der Entwurf vom 1.3.2022 ist abrufbar unter https://ec.europa.eu/competition-policy/public-consultations/2022-hbers_en (zuletzt abgerufen am 12.11.2022).

[4] Dazu die Ausführungen der Kommission in einem Papier, das begleitend zu dem Entwurf der Horizontal-Leitlinien am 1.3.2022 veröffentlicht wurde, abrufbar unter https://ec.europa.eu/competition-policy/public-consultations/2022-hbers_en (zuletzt abgerufen am 12.11.2022).

dann ebenfalls neuen **FuE-GVO**[5] und **Spezialisierungs-GVO**[6] erläutern sollen, um die Funktionsweise der Verordnungen und die verschiedenen darin verwendeten Begriffe und Definitionen verständlicher zu machen. Aus Gründen der Übersichtlichkeit werden „**Vereinbarungen über Normen**" und „**Standardbedingungen**" in dem Entwurf nicht mehr – wie bisher – gemeinsam behandelt, sondern in zwei eigenständigen Kapiteln. Neu hinzugefügt worden ist darüber hinaus ein Kapitel zu **Nachhaltigkeitsvereinbarungen.** Darin beschreibt die Kommission, was unter solchen Vereinbarungen zu verstehen ist und wann diese nicht unter Art. 101 Abs. 1 AEUV fallen oder wann jedenfalls eine Einzelfreistellung nach Art. 101 Abs. 3 AEUV in Betracht kommt. Damit soll den Unternehmen mehr Rechtssicherheit geboten werden, bei einer Zusammenarbeit zum Zwecke der Verwirklichung von Nachhaltigkeitszielen und der Festlegung von Nachhaltigkeitsstandards.

Auf die mit dem Entwurf der Leitlinien einhergehenden inhaltlichen Änderungen wird **2b** jeweils an geeigneter Stelle in der Kommentierung Bezug genommen. Dies betrifft insbesondere die Ausführungen zum Informationsaustausch. Abzuwarten bleibt jedoch, inwieweit die Änderungen in die finale Fassung der Leitlinien übernommen und/oder weitere Anpassungen vorgenommen werden.

Als horizontale Zusammenarbeit ist dabei grundsätzlich eine Kooperation tatsächlicher **3** oder potenzieller Wettbewerber anzusehen. Jedoch kann auch eine Kooperation zwischen Nichtwettbewerbern anhand der Horizontal-Leitlinien beurteilt werden. Die Kommission nennt das Beispiel zweier Unternehmen, die auf demselben Produktmarkt aber verschiedenen räumlichen Märkten tätig sind, ohne potenzielle Wettbewerber zu sein.[7]

Horizontale Vereinbarungen können sowohl positive als auch negative Auswirkungen **4** auf den Wettbewerb haben, sodass eine Einzelfallprüfung geboten ist. Diese erfolgt in einem zweistufigen Verfahren, sodass zuerst zu untersuchen ist, ob eine Wettbewerbsbeschränkung im Sinne von Art. 101 Abs. 1 AEUV vorliegt, um sodann festzustellen, ob diese gegebenenfalls nach dessen Abs. 3 freigestellt werden kann. Eine Gesamtabwägung im Sinne einer „rule-of-reason", wie sie das amerikanische Kartellrecht kennt, erfolgt nicht im Rahmen der Prüfung, ob eine Wettbewerbsbeschränkung vorliegt, sondern erst bei der Freistellungsfähigkeit.[8]

Diese Prüfung soll den Unternehmen durch die Leitlinien erleichtert werden, die jedoch **5** nicht als umfassend anzusehen sind, sondern nur Hinweise geben und flexibel angewendet werden sollen.[9] Diese Hinweise gliedern sich in einen allgemeinen Abschnitt zum Informationsaustausch zwischen Unternehmen und einzelnen Abschnitten zu verschiedenen Kooperationsformen. Behandelt werden Vereinbarungen über Forschung und Entwicklung, sowie Vereinbarungen über eine gemeinsame Produktion, einen gemeinsamen Einkauf, eine gemeinsame Vermarktung und Normungsvereinbarungen. **Vertriebsrechtlich** relevant sind dabei insbesondere die Abschnitte über Einkaufs- und Vermarktungsvereinbarungen sowie die Ausführungen der Kommission zum Informationsaustausch.

Vereinbaren Unternehmen eine Kooperation auf mehreren verschiedenen Wirtschafts- **6** stufen sind grundsätzlich die Ausführungen zu allen Arten horizontaler Vereinbarungen relevant und heranzuziehen.[10] Auf den Schwerpunkt einer Vereinbarung ist abzustellen, wenn die Leitlinien für eine gewisse Art der Kooperation geschützte Bereiche vorsehen

---

[5] Die Gruppenfreistellungsverordnung für Forschungs- und Entwicklungsvereinbarungen („FuE-GVO") ABl. 2010 L 335, 36 gilt noch bis zum 31.12.2022. Einen Entwurf für eine neue FuE-GVO hat die Kommission ebenfalls Anfang März 2022 veröffentlicht.
[6] Gruppenfreistellungsverordnung für Spezialisierungsvereinbarungen („Spezialisierungs-GVO") ABl. 2010 L 335, 43 gilt noch bis zum 31.12.2022. Einen Entwurf für eine neue Spezialisierungs-GVO hat die Kommission ebenfalls Anfang März 2022 veröffentlicht.
[7] Horizontal-Leitlinien Rn. 1.
[8] Horizontal-Leitlinien Rn. 20; vgl. EuG Slg. 2006, II-1231 Rn. 69 ff. = BeckRS 2006, 70352 – O2; auch → AEUV Art. 101 Rn. 63.
[9] Horizontal-Leitlinien Rn. 7.
[10] Horizontal-Leitlinien Rn. 13.

oder zwischen bezweckter und bewirkter Wettbewerbsbeschränkung differenzieren.[11] Der Schwerpunkt einer Vereinbarung wird anhand des Ausgangspunkts einer Vereinbarung und dem Grad der jeweiligen Kooperation ermittelt.[12] Vertriebsrechtliche Vereinbarungen, die sowohl den gemeinsamen Einkauf als auch die gemeinsame Vermarktung umfassen, betreffen somit regelmäßig schwerpunktmäßig den gemeinsamen Einkauf. Allerdings kann der Schwerpunkt auf der gemeinsamen Vermarktung liegen, wenn diese alle Produkte umfasst und der gemeinsame Einkauf nur Teile des Produktportfolios betrifft.[13]

7 Die Leitlinien binden die Gerichte und Behörden der Mitgliedstaaten nicht, sondern bewirken rechtlich nur eine **Selbstbindung der Kommission.**[14] Allerdings werden sie von anderen Entscheidungsträgern berücksichtigt, sodass eine faktische Bindung auch festzustellen ist.[15] Weitergehend wird eine Pflicht der nationalen Gerichte und Wettbewerbsbehörden, Abweichungen von den Leitlinien zu begründen, erwogen.[16]

II. Einzelne, vertriebsrechtlich bedeutsame Formen der horizontalen Zusammenarbeit

8 **1. Vermarktungsvereinbarungen.** Vermarktungsvereinbarungen regeln Kooperationen von Wettbewerbern hinsichtlich des Verkaufs, des Vertriebs und der Verkaufsförderung ihrer untereinander austauschbaren Produkte. Der Begriff Vermarktungsvereinbarungen umfasst daher eine **Vielzahl unterschiedlicher Vereinbarungen,** die hinsichtlich ihres Grades an Kooperation stark differieren können. Erscheinungsformen sind sowohl weitgehende Kooperationen wie die Gründung von Gemeinschaftsunternehmen als auch auf Teilbereiche wie gemeinsame Werbung beschränkte Formen der Zusammenarbeit.[17]

9 Besonderer Bedeutung kommen dabei Vertriebsvereinbarungen zu. Diese werden grundsätzlich von der Vertikal-GVO behandelt.[18] Allerdings umfasst diese gemäß ihres Art. 2 Abs. 4 Vereinbarungen zwischen Wettbewerbern nur, wenn es sich um Fälle des sogenannten Dualvertriebs handelt, also solche in denen nur der Hersteller auf beiden Stufen des Vertriebskette – also als Hersteller und als Händler – aktiv ist. Um von der Freistellung der Vertikal-GVO zu profitieren, muss die Wettbewerbssituation folglich auf der Handelsebene liegen. Sind die kooperierenden Unternehmen jedoch beide auf Herstellerebene tätig, ist die Kooperation nicht von der Vertikal-GVO umfasst, sodass sie hinsichtlich ihrer horizontalen Auswirkungen anhand der Horizontal-Leitlinien zu beurteilen ist. Neben der Prüfung der horizontalen Wirkungen ist eine Prüfung der vertikalen Beschränkungen anhand der Vertikal-Leitlinien durchzuführen.[19] Vermarktungsvereinbarungen können auch gegenseitig sein und zwar, wenn Hersteller von Wettbewerbsprodukten vereinbaren, die Produkte des jeweils anderen mit zu vertreiben. Gegenseitige Vereinbarungen bergen eine erhöhte Gefahr der Marktaufteilung.[20] Vereinbarungen, die sowohl horizontale als auch vertikale Auswirkungen zeigen können, sind folglich anhand beider Leitlinien zu beurteilen.

10 Zu berücksichtigen ist, dass sich eine Vereinbarung nicht nur auf dem unmittelbar betroffenen sachlich und räumlich relevanten Markt auswirken kann, sondern darüber

---

[11] Horizontal-Leitlinien Rn. 13.

[12] Horizontal-Leitlinien Rn. 14.

[13] Vgl. für die Schwerpunktsetzung zwischen gemeinsamer Forschung und Entwicklung und gemeinsamer Produktion Horizontal-Leitlinien Rn. 14.

[14] Pohlmann WuW 2005, 1005 ff.; Loewenheim/Meessen/Riesenkampff/Kersting/Meyer-Lindemann/ Grave/Nyberg Art. 101 Abs. 1 Rn. 18 ff.; aA Schweda WuW 2004, 1133 ff., der ein Abweichungsrecht nur für Sonderfälle anerkennen möchte.

[15] Loewenheim/Meessen/Riesenkampff/Kersting/Meyer-Lindemann/Grave/Nyberg Art. 101 Abs. 1 Rn. 18; Pohlmann WuW 2005, 1005 (1008 f.).

[16] Schlussanträge der Generalanwältin Kokott v. 6.9.2012 – C-226/11, BeckRS 2012, 81830 – Expedia; Bechtold GRUR 2012, 107 (108).

[17] Horizontal-Leitlinien Rn. 225.

[18] → VO (EU) 2022/720 Vor Art. 1 Rn. 1 ff.

[19] Horizontal-Leitlinien Rn. 228.

[20] Horizontal-Leitlinien Rn. 238.

hinaus auch benachbarte Märkte beeinflussen kann, sodass auch deren Veränderungen bei der Beurteilung nach Art. 101 AEUV zu berücksichtigen sind.[21]

a) Wettbewerbsbeschränkung gemäß Art. 101 Abs. 1 AEUV. Kooperationen in **11** Form von Vermarktungsvereinbarungen bergen **erhebliches wettbewerbsbeschränkendes Potenzial.** Gefährdungen liegen insbesondere in einer Festsetzung von Preisen oder in einer Begrenzung der Produktionsmenge und einer damit einhergehenden künstlichen Verknappung des Angebots. Auch Kundenzuweisungen oder die Aufteilung von Märkten können durch Vermarktungsvereinbarungen geregelt werden. Des Weiteren bedenklich ist der durch Vermarktungsvereinbarungen oftmals bewirkte Informationsaustausch, der es den beteiligten Unternehmen gegebenenfalls ermöglicht oder erleichtert, sich abgestimmt zu verhalten.[22]

Vermarktungsvereinbarungen, durch die **Preise festgesetzt** werden, führen gegebenen- **12** falls auch zu einer Abstimmung über die Produktionsmengen der beteiligten Unternehmen. Die Ausschaltung des Preiswettbewerbs und die Festsetzung von Quoten nehmen den betroffenen Unternehmen Anreize zu abweichendem Verhalten und bezwecken eine Wettbewerbsbeschränkung.[23] Unerheblich ist, ob der Verkauf der Produkte zentral oder durch die jeweiligen Unternehmen selbst erfolgt, solange davon ausgegangen werden kann, dass insgesamt der festgesetzte Preisrahmen befolgt wird.[24]

Eine bezweckte Wettbewerbsbeschränkung ist regelmäßig auch bei **gegenseitigen** **13** **Markt- oder Kundenzuweisungen** anzunehmen, also dann, wenn Unternehmen vereinbaren, dass nur ein Unternehmen seine Produkte in einem bestimmten Gebiet oder an einen bestimmten Kundenkreis vertreiben darf.[25] Handelt es sich nicht um eine gegenseitige Vertriebsvereinbarung, ist die Gefahr der Marktaufteilung geringer, sodass zu überprüfen ist, ob die Vereinbarung auf der Absicht basiert, nicht in die jeweils anderen Gebiete zu expandieren.[26]

Wettbewerbsbeschränkende Auswirkungen liegen nicht vor, wenn die Koope- **14** rationsvereinbarung erst den Markteintritt gestattet, da die an einer derartigen Vereinbarung beteiligten Unternehmen ohne diese nicht in dem jeweiligen Markt agieren könnten und daher kein (potenzielles) Wettbewerbsverhältnis vorliegt. Derartige **Konsortialvereinbarungen oder Arbeitsgemeinschaften** ermöglichen somit erst den Marktzutritt und sind daher Voraussetzung für wettbewerbliches Handeln der beteiligten Unternehmen, sodass keine beschränkenden Wirkungen von ihnen ausgehen können. Dieser Arbeitsgemeinschaftsgedanke ist jedoch nur anwendbar, wenn die Vereinbarung objektiv erforderlich ist, um den Marktzutritt der Unternehmer zu bewirken.[27] In diesem Zusammenhang hat die Kommission in den Entwurf der Leitlinien einen neuen Abschnitt zur Beurteilung von Vereinbarungen von **Bieterkonsortien** aufgenommen.[28] Dabei geht es um die Situation, dass zwei oder mehr Parteien zusammenarbeiten, um ein gemeinsames Angebot in einem öffentlichen oder privaten Ausschreibungsverfahren abzugeben. Es wird ausführlich dargestellt unter welchen Voraussetzungen eine Vereinbarung noch als den Wettbewerb nicht beschränkende Konsortialvereinbarung einzustufen ist und wann die Grenze zu einer Wettbewerbsbeschränkung als überschritten gilt.

Wettbewerbswidrige Auswirkungen von Vermarktungsvereinbarungen sind nach Ansicht **15** der Kommission nur wahrscheinlich, wenn der gemeinsame Marktanteil der beteiligten Unternehmen mehr als 15 % beträgt.[29] Die Kommission spricht insoweit von einer **Grup-**

---

[21] Horizontal-Leitlinien Rn. 229.
[22] Horizontal-Leitlinien Rn. 233.
[23] Horizontal-Leitlinien Rn. 234.
[24] Horizontal-Leitlinien Rn. 235.
[25] Horizontal-Leitlinien Rn. 236.
[26] Horizontal-Leitlinien Rn. 236.
[27] Horizontal-Leitlinien Rn. 237.
[28] Horizontal-Leitlinien-Entwurf aus März 2022 Rn. 386 ff.
[29] Horizontal-Leitlinien Rn. 240.

penfreistellung für alle Vermarktungsvereinbarungen, die von Unternehmen mit weniger als 15 % Marktanteil geschlossen werden.[30]

16   Vermarktungsvereinbarungen können insbesondere dann ein **abgestimmtes Verhalten** bewirken, wenn sie dazu führen, dass die variablen Kosten der Unternehmen zu einem erheblichen Teil einheitlich sind. Dies kann durch einen hohen Grad an Vereinheitlichung der variablen Kosten durch die Vereinbarung selbst der Fall sein. Allerdings kann auch das Überschreiten einer kritischen Schwelle bei einem geringeren Grad an Vereinheitlichung durch die Vereinbarung selbst aber einem hohen Grundniveau an einheitlichen Kosten ausreichen.[31] Eine Kollusion kann durch Angleichung der variablen Kosten jedoch nur bewirkt werden, wenn die Vermarktungskosten einen hohen Anteil der gesamten variablen Kosten ausmachen und die Parteien der Vereinbarung über Marktmacht verfügen.[32]

17   Ein kollusives Zusammenwirken kann auch durch den Austausch von Informationen bewirkt werden, sodass auch dieser auf das erforderliche Maß zu beschränken ist. Der Austausch von Preisinformationen ist im Rahmen einer Vereinbarung über gemeinsame Werbung nicht erforderlich und ansonsten nach den generellen Kriterien für den Informationsaustausch zu beurteilen.[33]

18   **b) Freistellung nach Art. 101 Abs. 3 AEUV.** Sofern Vermarktungsvereinbarungen eine Wettbewerbsbeschränkung bezwecken oder bewirken, kommt es für deren kartellrechtliche Zulässigkeit auf ihre Freistellungsfähigkeit gemäß Art. 101 Abs. 3 AEUV an. Vermarktungsvereinbarungen können **Effizienzgewinne** durch die **Verbesserung der Warenverteilung oder eine Förderung des wirtschaftlichen Fortschritts** bewirken, wohingegen durch sie eine Verbesserung der Warenerzeugung oder eine Förderung des technischen Fortschritts nicht herbeigeführt werden kann. Die Effizienzgewinne dürfen nicht auf dem Wegfall der mit Wettbewerb verbundenen Kosten beruhen, sondern müssen auf Einsparungen aus der Zusammenlegung wirtschaftlicher Tätigkeiten basieren. Größen- und Verbundvorteile können derartige Synergieeffekte bewirken, Transportkostensenkungen, die auf Kundenzuweisungen und nicht auf der Integration der Logistik basieren, jedoch nicht.[34]

19   Sofern sich Unternehmen auf Effizienzgewinne berufen, müssen sie diese belegen. Dies kann durch den Nachweis von erheblichen Investitionen oder von Kostenersparnissen geschehen. In Betracht kommen Nachweise über eingebrachte Vermögenspositionen oder über den Abbau von Doppelaufwendungen.[35] Auch die Bündelung zersplitterter Angebote kann zu Effizienzgewinnen führen.[36] Werden die Effizienzgewinne nicht nachgewiesen und beschränkt sich die Vermarktungsvereinbarung auf eine gemeinsame Verkaufsstelle, handelt es sich nach Ansicht der Kommission wahrscheinlich um ein verschleiertes Kartell.[37]

20   Die Wettbewerbsbeschränkungen müssen für das Erreichen der Effizienzgewinne **unerlässlich** sein. Kritisch sind insbesondere Preisfestsetzungen oder Marktaufteilungen zu sehen, die nur unter außergewöhnlichen Umständen als unerlässlich anzusehen sind.[38]

21   Erforderlich ist, dass die Effizienzgewinne an die **Verbraucher weitergegeben** werden und zwar so weit, dass sie die negativen Wirkungen der Wettbewerbsbeschränkung überwiegen. Die Verbrauchersituation muss sich also durch die Vereinbarung verbessern. Eine Weitergabe der Effizienzgewinne kann durch Preissenkungen, Qualitätssteigerungen oder ein breiteres Angebot entstehen. Nach Ansicht der Kommission ist es wahrscheinlich, dass

---

[30] Horizontal-Leitlinien Rn. 241.
[31] Horizontal-Leitlinien Rn. 242.
[32] Horizontal-Leitlinien Rn. 243.
[33] Horizontal-Leitlinien Rn. 244; vgl. auch die Ausführungen zum Informationsaustausch → Rn. 35.
[34] Horizontal-Leitlinien Rn. 246 f.
[35] Horizontal-Leitlinien Rn. 248.
[36] Langen/Bunte/Braun Nachbem. zu Art. 101 Fallgruppen Rn. 241, mwN.
[37] Horizontal-Leitlinien Rn. 248.
[38] Horizontal-Leitlinien Rn. 249.

Parteien deren gemeinsamer Marktanteil weniger als 15 % beträgt, die Effizienzgewinne in ausreichendem Umfang an Verbraucher weitergegeben.[39] Der geringe Marktanteil stützt die Vermutung, dass ein erhebliches Potential zur Eroberung weiterer Marktanteile durch die Weitergabe von Effizienzgewinnen besteht.

Um von der Freistellungswirkung zu profitieren, darf auch der Wettbewerb nicht aus- **22** geschaltet werden. Zu untersuchen ist der relevante Markt der Vertragsgüter selbst sowie die benachbarten/spill-over-Märkte.[40]

2. Einkaufsvereinbarungen. Wettbewerbsbeschränkungen können nicht nur durch **23** eine gemeinsame Vermarktung sondern auch durch einen **gemeinsamen Einkauf mehrerer Wettbewerber** entstehen. Die mit einem gemeinsamen Einkauf beabsichtigte und gegebenenfalls erreichte Nachfragemacht kann aufgrund von Größenvorteilen zu niedrigeren Preisen oder qualitativ besseren Produkten führen, jedoch auch unerwünschte Folgen für den Wettbewerb aufweisen.[41] Zu befürchten sind insbesondere ein Marktausschluss für andere Einkäufer, eine Aufteilung des Marktes, ein geringerer Innovationsgrad sowie durch die Angleichung der Kosten bewirkte höhere Preise. Trotz dieser möglichen Gefahren steht die Rechtsprechung Einkaufsvereinbarungen grundsätzlich positiv gegenüber, sofern die beteiligten Unternehmen nicht verpflichtet werden, die Vertragsware über die Kooperation zu beziehen.[42]

Einkaufsvereinbarungen können auf **unterschiedliche Weise** umgesetzt werden. Der **24** gemeinsame Einkauf kann beispielsweise durch lockere Formen der Zusammenarbeit oder durch die Gründung eines gemeinsamen Einkaufsunternehmens geregelt werden. Der Entwurf der neuen Leitlinien stellt klar, dass dieses Kapitel für alle Wirtschaftszweige gilt und, dass bereits gemeinsame Verhandlungen in den Anwendungsbereich fallen können und nicht nur gemeinsame Einkäufe.[43] Die Form ist für die Beurteilung von Einkaufsgemeinschaften nicht relevant. Entscheidend für die Beurteilung der kartellrechtlichen Zulässigkeit sind die Auswirkungen der Vereinbarung. Zu unterscheiden sind gegebenenfalls die Auswirkungen horizontaler und vertikaler Art. Bilden mehrere Unternehmen eine Einkaufsallianz, sind zuerst die horizontalen Folgen für den Wettbewerb zwischen den einzelnen Allianzmitgliedern zu untersuchen. Anschließend sind die Vereinbarungen zwischen der Allianz, also der gegründeten Unternehmensvereinigung, und jedem einzelnen Mitglied zu beurteilen, wobei diesbezüglich eine Freistellung nach der Vertikal-GVO in Betracht kommt.[44] Zu beachten ist insbesondere Art. 2 Abs. 2 Vertikal-GVO, der für die Freistellungsfähigkeit vorsieht, dass der Umsatz keiner der beteiligten Wareneinzelhändler die Schwelle von 50 Mio. EUR überschreitet.

Einkaufsvereinbarungen können sich auf **mehreren Märkten** auswirken: dem unmittel- **25** bar betroffenen Einkaufsmarkt selbst und den nachgelagerten Verkaufsmärkten, der an der Vereinbarung beteiligten Unternehmen. Alle Märkte sind bei der Beurteilung zu berücksichtigen. Die Marktabgrenzung erfolgt mithilfe der in der Bekanntmachung über die Definition des relevanten Marktes dargelegten Abgrenzungsmethode, also insbesondere anhand der Substituierbarkeit. Allerdings ist für die Abgrenzung hinsichtlich der Einkaufsmärkte auf die Sicht der Anbieter abzustellen, folglich zu fragen, ob diesen ausreichende andere Nachfrager zur Verfügung stehen, sodass ihnen Absatzalternativen offen stehen. Dies kann durch eine Untersuchung der Reaktionen auf eine geringe, nicht nur vorübergehende Preissenkung ermittelt werden.[45] Hinsichtlich der Verkaufsmärkte ergeben sich keine Besonderheiten.[46]

---

[39] Horizontal-Leitlinien Rn. 250.
[40] Horizontal-Leitlinien Rn. 251.
[41] Horizontal-Leitlinien Rn. 200 ff.; vgl. auch Inderst WuW 2008, 1261 ff.
[42] Säcker/Mohr WRP 2011, 793 (796).
[43] Horizontal-Leitlinien-Entwurf aus März 2022 Rn. 311 f.
[44] Horizontal-Leitlinien Rn. 195.
[45] Horizontal-Leitlinien Rn. 198.
[46] Horizontal-Leitlinien Rn. 199.

26   **a) Wettbewerbsbeschränkung gemäß Art. 101 Abs. 1 AEUV.** Mögliche **Folgen einer Einkaufsvereinbarung** sind mit der erhöhten Nachfragemacht einhergehende Wettbewerbsbeschränkungen auf dem Einkaufsmarkt oder den nachgelagerten Verkaufsmärkten. Die Kommission nennt beispielhaft die Gefahr höherer Preise und geringerer Produktionsmenge, Produktqualität oder Vielfalt. Auch sei ein Rückgang der Innovationsfreudigkeit, sowie eine Marktaufteilung oder eine wettbewerbswidrige Verschließung des Marktes für andere mögliche Einkäufer zu befürchten.[47] Wettbewerbswidrige Auswirkungen sind umso eher zu erwarten, je marktmächtiger die an der Einkaufsvereinbarung beteiligten Unternehmen auf den nachgelagerten Verkaufsmärkten sind. Es ist weniger wahrscheinlich, dass marktstarke Nachfrager Kostensenkungen durch den gemeinsamen Einkauf an die Verbraucher weitergeben, da sie aufgrund ihrer Marktposition in der Lage sein können, diese Einsparungen einzubehalten. Diese Gefahr besteht nicht erst bei einer marktbeherrschenden Stellung, sondern kann schon bei einem erheblichen Grad an Marktmacht vorliegen.[48]

27   Ein erheblicher Grad an Marktmacht kann es den einkaufenden Unternehmen auch ermöglichen auf die Marktgegenseite einzuwirken, ihr Angebot zu verändern und so gegebenenfalls durch Qualitätssenkungen oder Reduzierung der Produktvielfalt zu einem suboptimalen Angebot führen.[49] Auch können konkurrierende Einkäufer vom Kauf bei effizienten Anbietern ferngehalten werden, der Markt also abgeschottet werden, was desto eher zu befürchten ist, je weniger Anbieter in dem jeweiligen Markt tätig sind und je höher die Marktzutrittsschranken für neue Anbieter sind.[50]

28   Einkaufsvereinbarungen **bezwecken eine Wettbewerbsbeschränkung,** wenn sie nur vordergründig den gemeinsamen Einkauf regeln, aber tatsächlich abgeschlossen werden, um verbotene Praktiken wie Preisfestsetzungen, Produktionsbeschränkungen oder Marktaufteilungen zu regeln.[51] Es darf sich mithin nicht um Umgehungs- und Verschleierungsvereinbarungen handeln. Werden in Einkaufsvereinbarungen die **Ankaufspreise festgesetzt,** kann dies einen Verstoß gegen Art. 101 Abs. 1 lit. a AEUV darstellen. Dieser besagt, dass die unmittelbare oder mittelbare Festsetzung der An- oder Verkaufspreise, wenn sie zur Beschränkung des Wettbewerbs geeignet ist, verboten ist.[52] Dies solle jedoch nach Ansicht der Kommission dann nicht der Fall sein, wenn sich die Parteien einer gemeinsamen Einkaufsregelung über die Einkaufspreise einigen, die den Anbietern auf der Grundlage der gemeinsamen Einkaufsregelung für unter den Liefervertrag fallende Produkte gezahlt werden können.[53] Das von der Kommission zitierte Urteil French Beef erging anlässlich einer Vereinbarung zwischen Verbänden von landwirtschaftlichen Erzeugern und Verbänden von Schlachthofbetreibern, durch die diese Mindestpreise für Schlachtkühe festgesetzt hatten. Das EuG stellte fest, dass eine derartige Vereinbarung eine Beschränkung des Wettbewerbs bezwecke.[54] Im Fall T-Mobile Netherlands stellte der EuGH fest, dass eine abgestimmte Verhaltensweise über die maximal zu zahlenden Händlerprovisionen einen wettbewerbswidrigen Zweck verfolge.[55] Damit erweiterte er seine Rechtsprechung aus dem Fall BNIC, in dem er feststellte, dass die Vereinbarung eines Mindestankaufspreises und die Übersendung dieser Vereinbarung zur behördlichen Billigung und Allgemeinverbindlicherklärung ihrer Natur nach eine Verfälschung des Wettbewerbs bezwecke.[56] Insoweit besteht eine Diskrepanz zwischen Rechtsprechung und

---

[47] Horizontal-Leitlinien Rn. 200.
[48] Horizontal-Leitlinien Rn. 201.
[49] Horizontal-Leitlinien Rn. 202.
[50] Horizontal-Leitlinien Rn. 203.
[51] Horizontal-Leitlinien Rn. 205.
[52] Horizontal-Leitlinien Rn. 206 mit Verweis auf EuG Slg. 2006, II-4987 Rn. 83 ff. = BeckEuRS 2006, 437251 – French Beef und EuGH Slg. 2009, I-04529 Rn. 37 = EuZW 2009, 505 – T-Mobile Netherlands.
[53] Horizontal-Leitlinien Rn. 206.
[54] EuG Slg. 2006, II-4987 Rn. 85 = BeckEuRS 2006, 437251 – French Beef.
[55] EuGH Slg. 2009, I-4529 Rn. 37 = EuZW 2009, 505 – T-Mobile Netherlands.
[56] EuGH Slg. 1985, 391 Rn. 22 – Bureau National interprofessionel du cognac (BNIC).

Horizontal-Leitlinien.[57] Die Kommission will Vereinbarungen, durch die Einkaufspreise festgesetzt werden, auf ihre Auswirkungen auf den Wettbewerb untersuchen, sodass der Unterschied zwischen beiden Ansichten letztendlich auf die Art des Nachweises der Wettbewerbsbeschränkung reduziert ist. Der Nachweis, dass eine Verhaltensweise bezweckt, den Wettbewerb zu beschränken, kann ohne umfassende wirtschaftliche Analysen erfolgen, die erforderlich sind, um nachzuweisen, dass eine derartige Beschränkung erfolgt ist.[58]

Einkaufskooperationen, die keine Wettbewerbsbeschränkung bezwecken, müssen in ih- **29** rem rechtlichen und wirtschaftlichen Zusammenhang auf ihre tatsächlichen und wahrscheinlichen **Auswirkungen auf den Wettbewerb** untersucht werden, wobei die negativen Auswirkungen auf Einkaufs- und Verkaufsmärkten zu berücksichtigen sind.[59] Als wichtigstes Kriterium stellt die Kommission bei dieser Analyse auf die Marktmacht der Unternehmen ab und hält **wettbewerbswidrige Wirkungen für unwahrscheinlich,** wenn die Parteien der gemeinsamen Einkaufsregelung einen **gemeinsamen Marktanteil von unter 15 %** haben.[60] Zumindest sei es in solchen Fällen wahrscheinlich, dass die Freistellungsvoraussetzungen des Art. 101 Abs. 3 AEUV erfüllt seien.[61] Allerdings seien wettbewerbsbeschränkende Auswirkungen auch bei einem Überschreiten der Schwelle dieses „geschützten Bereiches" nicht automatisch wahrscheinlich, sondern es sei eine umfassende Würdigung unter Berücksichtigung von Faktoren wie Marktkonzentration und möglicher Gegenmacht starker Anbieter erforderlich.[62] Wettbewerbswidrige Nachfragemacht ist wahrscheinlich, wenn die Einkaufsvereinbarung einen hinreichend großen Teil des Gesamtvolumens eines Einkaufsmarktes betrifft, der es ermöglichen könnte, andere Einkäufer vom Markt auszuschließen, und so mittelbar die Produktmenge, -qualität und -vielfalt auf dem Verkaufsmarkt zu beeinflussen.[63] Neben dem Einkaufsvolumen sind auch die Zahl und die Intensität der Verbindungen zwischen den Wettbewerbern auf dem Markt von Bedeutung, um die Nachfragemacht einer Einkaufsvereinbarung zu ermitteln. Die Marktstruktur wird daher auch durch Einkaufsgemeinschaften anderer Nachfrager beeinflusst.[64] Sind die in einer Einkaufsgemeinschaft zusammengeschlossenen Einkäufer auf anderen (räumlichen) Verkaufsmärkten aktiv, sind wettbewerbswidrige Auswirkungen unwahrscheinlich.[65]

Neben den Gefahren durch marktmächtige Einkaufsvereinbarungen für den Wettbewerb **30** auf dem Einkaufsmarkt, können Einkaufsvereinbarungen auch ein **kollusives Zusammenwirken** auf dem Verkaufsmarkt begünstigen.[66] Eine Kollusion ist insbesondere bei einer Angleichung der Kostenstruktur wahrscheinlich. Eine derartige Angleichung kann auf einem hohen Anteil gemeinsamer variabler Kosten basieren und ist daher umso wahrscheinlicher je bedeutender der Anteil der auf den gemeinsamen Einkauf entfallenden Kosten ist.[67]

Um einen gemeinsamen Einkauf zu ermöglichen, ist oftmals der **Austausch von 31 Informationen** erforderlich, durch den die Parteien der Vereinbarung in die Lage versetzt werden können, Rückschlüsse auf das Verhalten der jeweils anderen Beteiligten zu ziehen. Neben den Informationen über Einkaufspreise und -mengen, kann auch ein Austausch über Verkaufszahlen und -preise erfolgen. Risiken im Zusammenhang mit dem Informationsaustausch innerhalb von Einkaufsvereinbarungen können reduziert werden, indem

---

[57] Säcker/Mohr WRP 2011, 793 (800) gehen noch weiter als die Ansicht der Kommission und lehnen generell die Bezweckung einer Wettbewerbsbeschränkung durch Einkaufskooperationen ab.
[58] Vgl. hierzu die Kommentierung zu → AEUV Art. 101 Rn. 53.
[59] Horizontal-Leitlinien Rn. 207.
[60] Horizontal-Leitlinien Rn. 208.
[61] Horizontal-Leitlinien Rn. 208.
[62] Horizontal-Leitlinien Rn. 209.
[63] Horizontal-Leitlinien Rn. 210.
[64] Horizontal-Leitlinien Rn. 211.
[65] Horizontal-Leitlinien Rn. 212.
[66] Horizontal-Leitlinien Rn. 214.
[67] Horizontal-Leitlinien Rn. 214.

dieser auf das Mindestmaß begrenzt wird, und die Daten nur zusammengestellt, jedoch nicht den einzelnen Unternehmen zur Verfügung gestellt werden.[68] Dies kann durch die Einschaltung eines unabhängigen Dritten erfolgen. Für die Beurteilung der negativen Wirkungen eines Informationsaustausches ist auf die Grundsätze der kartellrechtlichen Beurteilung des Informationsaustausches abzustellen.[69]

32   **b) Freistellung nach Art. 101 Abs. 3 AEUV.** Neben Gefahren für den Wettbewerb bieten Einkaufsvereinbarungen auch das Potential erheblicher **Effizienzgewinne.** Der gemeinsame Einkauf kann aufgrund der höheren Bestellmenge zu Einsparungen von Transaktions-, Transport- und Lagerkosten führen, sodass aufgrund dieser Skaleneffekte die Einkaufspreise reduziert werden können.[70] Auch qualitative Verbesserungen oder Produktinnovationen sind wahrscheinlicher, da Anbieter eher bereit sind, Produkte zu verbessern oder einzuführen, wenn diese über eine gesicherte und große Nachfrage verfügen.[71]

33   Als zweites Freistellungskriterium nennt Art. 101 Abs. 3 AEUV die **Unerlässlichkeit der Wettbewerbsbeschränkung.** Bezüglich Einkaufsvereinbarungen ist insbesondere die Vereinbarung einer **Bezugsverpflichtung** relevant, die dann unerlässlich sein kann, wenn nur durch sie die positiven Wirkungen der Einkaufsvereinbarung und somit insbesondere die Größenvorteile erreicht werden können.[72]

34   Die durch die Vereinbarung erzielten Effizienzgewinne müssen an die **Verbraucher weitergegeben** werden und zwar soweit, dass sie die negativen Wettbewerbswirkungen überwiegen.[73] Eine reine Verbesserung der Kostensituation der Vereinbarungsbeteiligten reicht folglich nicht aus, sondern die Vereinbarung muss sich vorteilhaft für die Verbraucher auswirken.[74] Dies ist unter anderem der Fall, wenn die Endverkaufspreise gesenkt werden, was insbesondere dann anzunehmen ist, wenn die Parteien der Vereinbarung durch eine Senkung der Preise Marktanteile hinzugewinnen können.[75] Im Umkehrschluss ist es unwahrscheinlich, dass die Parteien ohnehin bereits über Marktmacht verfügen, da der Anreiz zu Marktanteilsgewinnen aufgrund der starken Marktstellung geringer ist.[76]

35   Der **Wettbewerb** darf durch die Vereinbarung weder auf dem Einkaufs- noch auf dem Verkaufsmarkt **ausgeschaltet** werden.[77] Insofern kann es gegebenenfalls notwendig sein, den Kreis der an der Einkaufsvereinbarung beteiligten Unternehmen zu begrenzen.

36   **3. Informationsaustausch.** Die Kommission misst horizontalen Kooperationen in Form des Informationsaustausches zunehmend Potenzial für Wettbewerbsbeschränkungen bei. Sie widmet diesen Verhaltensweisen in den Horizontal-Leitlinien einen eigenen Abschnitt. Für Unternehmen, welche keine Wettbewerber sind, besteht bei einem Informationsaustausch nach Ansicht des EuG hingegen keine Vermutung für eine Verletzung des Art. 101 Abs. 1 AEUV.[78]

36a   In dem Entwurf der Leitlinien hebt die Kommission nun ausdrücklich hervor, dass es verschiedene Arten des Austauschs von Informationen gibt, aber auch verschiedene Arten von Daten, die unter die den Informationsaustausch im Sinne der Leitlinien fallen. Dabei stellte die Kommission klar, dass es unerheblich sei, ob die Informationen **direkt** zwischen Wettbewerbern ausgetauscht oder offengelegt werden oder **indirekt** durch oder über einen Dritten (zB Dienstleister, Plattform, Online-Tool oder Algorithmus), eine gemeinsame

---

[68] Horizontal-Leitlinien Rn. 215.
[69] Vgl. Horizontal-Leitlinien Rn. 55 ff. und → Rn. 36.
[70] Horizontal-Leitlinien Rn. 217.
[71] Horizontal-Leitlinien Rn. 217.
[72] Horizontal-Leitlinien Rn. 218.
[73] Horizontal-Leitlinien Rn. 219.
[74] Horizontal-Leitlinien Rn. 219.
[75] Horizontal-Leitlinien Rn. 219.
[76] Horizontal-Leitlinien Rn. 219.
[77] Horizontal-Leitlinien Rn. 220.
[78] EuG 16.9.2013 – T-380/10, BeckRS 2013, 81740 Rn. 79 – Wabco Europe; EuG 16.9.2013 – T-379/10, BeckRS 2018, 13923 und EuG 16.9.2013 T-381/10, BeckRS 2013, 81739 Rn. 91 ff. – Keramag.

Stelle (zB Wirtschaftsverband), ein Marktforschungsinstitut oder über Lieferanten oder Einzelhändler.[79] Informationen lägen unabhängig davon vor, ob es sich um unbearbeitete und unstrukturierte digitale Inhalte handelt, die vor ihrer Nutzbarkeit verarbeitet werden müssen **(Rohdaten),** oder um **vorverarbeitete Daten,** die bereits aufbereitet und validiert wurden, oder um Daten, die bearbeitet wurden, um aussagekräftige Informationen jeglicher Form zu generieren. Nach dem Entwurf ist jede andere Art von Information von den Leitlinien erfasst; einschließlich **nicht-digitaler Informationen.** Umfasst sei dabei aber auch der **physische Informations- und Datenaustausch.**[80]

Der Austausch von Informationen kann zwar ebenso wie andere horizontale Koope- **37** rationsformen positive Wirkungen für den Wettbewerb haben. Er birgt jedoch auch erhebliches kollusives Potenzial und kann somit eine Gefahr für den Wettbewerb darstellen. Eine solche Gefahr liegt insbesondere in der Verringerung der strategischen Ungewissheit und der Verletzung des Selbständigkeitspostulats des Art. 101 AEUV, das Unternehmen auferlegt, ihre Wettbewerbsstrategie selbst zu bestimmen.[81] Durch Informationsaustausch kann also eine abgestimmte Verhaltensweise bewirkt werden, indem die beteiligten Unternehmen bewusst eine praktische Zusammenarbeit an die Stelle des mit Risiken verbundenen Wettbewerbs treten lassen.[82]

Positive Effekte eines Informationsaustausches können Effizienzgewinne aufgrund des **38** Abbaus von Informationsasymmetrien und der Möglichkeit des Benchmarkings sein. Ebenso können auf verschiedenen Stufen der Wertschöpfungskette Optimierungspotenziale bestehen, die durch einen Informationsaustausch genutzt werden können. Letztlich kann ein Informationsaustausch auch die Suchkosten der Verbraucher senken, diesen also unmittelbar nutzen.[83]

Andererseits besteht durch die Möglichkeit der Abstimmung die **Gefahr einer Ein- 39 schränkung des Wettbewerbs.** Die Wahrscheinlichkeit einer Wettbewerbsbeschränkung durch Informationsaustausch richtet sich nach den Eigenschaften des Marktes und der Art der ausgetauschten Informationen.[84]

Mögliche Wettbewerbsbeschränkungen müssen auf einer Vereinbarung, einem Beschluss **40** oder einer abgestimmten Verhaltensweise basieren, damit Art. 101 AEUV angewendet werden kann. Eine solche liegt vor, wenn Unternehmen sich entscheiden, bewusst eine praktische Zusammenarbeit an die Stelle des mit Risiken verbundenen Wettbewerbs treten zu lassen.[85] Der Begriff der abgestimmten Verhaltensweise setzt jedoch neben einer Abstimmung zwischen den betroffenen Unternehmen auch ein entsprechendes Marktverhalten voraus und einen Kausalzusammenhang zwischen beiden.[86] Ein gemeinsamer Plan ist hierfür nicht erforderlich, sondern es reicht bereits aus, wenn Unternehmen ihre Politik nicht mehr selbständig bestimmen.[87] Findet ein Austausch sensibler Geschäftsinformationen zwischen Wettbewerbern zur Vorbereitung einer wettbewerbswidrigen Vereinbarung statt, genügt dies nach dem Entwurf der Leitlinien bereits als Beweis für das Vorliegen einer abgestimmten Verhaltensweise iSd Art. 101 Abs. 1 AEUV. In diesem Fall sei es nicht erforderlich, nachzuweisen, dass sich diese Wettbewerber förmlich zu einem bestimmten Verhalten verpflichtet haben oder dass sie ihr künftiges Verhalten auf dem

---

[79] Horizontal-Leitlinien-Entwurf aus März 2022 Rn. 408.
[80] Horizontal-Leitlinien-Entwurf aus März 2022 Rn. 407.
[81] Horizontal-Leitlinien Rn. 60 mit Verweis auf EuGH Slg. 1998, I-3111 Rn. 86 – John Deere.
[82] Horizontal-Leitlinien Rn. 60 mit Verweis auf EuGH Slg. 2009, I-4529 Rn. 26 = EuZW 2009, 505 – T-Mobile Netherlands.
[83] Horizontal-Leitlinien Rn. 57.
[84] Horizontal-Leitlinien Rn. 58.
[85] Horizontal-Leitlinien Rn. 60.
[86] Horizontal-Leitlinien-Entwurf aus März 2022 Rn. 413; vgl. auch EuGH ECLI:EU:C:2016:42 Rn. 39 und 40 – Eturas ua; ECLI:EU:C:2015:184 Rn. 126 – Dole Food und Dole Fresh Fruit Europe/Kommission. Horizontal-Leitlinien-Entwurf aus März 2022 Rn. 413; mit Verweis auf EuGH ECLI:EU:C:2017:46 Rn. 135 – Duravit ua/Kommission.
[87] Horizontal-Leitlinien Rn. 60.

Markt abgesprochen haben.[88] Abzugrenzen ist eine abgestimmte Verhaltensweise von der Anpassung des Wettbewerbsverhaltens an das bei Wettbewerbern festgestellte oder erwartete Verhalten, wenn die Feststellung oder Erwartung auf eigenen Marktbeobachtungen basiert.[89] Art. 101 AEUV will also nicht jegliches **Parallelverhalten** unterbinden, sondern nur eine Fühlungnahme zwischen Wettbewerbern verhindern, die bezweckt oder bewirkt, dass Wettbewerbsbedingungen entstehen, die ohne die Fühlungnahme nicht entstanden wären.[90] Ob eine derartige Veränderung der Wettbewerbsbedingungen erfolgt, ist anhand der Art der Waren oder erbrachten Dienstleistungen, der Bedeutung und Zahl der beteiligten Unternehmen sowie dem Umfang des in Betracht kommenden Marktes zu ermitteln.

41   Verboten ist zum einen eine **Fühlungnahme,** durch die das Marktverhalten eines Wettbewerbers beeinflusst werden soll, zum anderen bereits die Information eines Wettbewerbers über die Pläne des eigenen Unternehmens.[91] Der Austausch von Informationen ist also dann geeignet, zu Wettbewerbsbeschränkungen zu führen, wenn er die strategische Ungewissheit auf dem Markt verringert und die ausgetauschten Informationen strategisch relevant sind, da ein derartiger Austausch die Kollusion erleichtert.[92] Dies kann sowohl bei institutionalisierten **Marktinformationssystemen**[93] als auch bei einmaligen Treffen der Fall sein.

42   **Nicht erforderlich** ist, dass der Austausch **gegenseitig** erfolgt. Es reicht vielmehr aus, wenn ein Unternehmen seine strategischen Informationen weitergibt, da bereits die Weitergabe strategischer Informationen seitens eines Unternehmens die strategische Ungewissheit für alle Wettbewerber reduziert, sodass die Gefahr einer Verringerung des Wettbewerbs und eines kollusiven Verhaltens entsteht.[94] Es besteht des Weiteren eine **Vermutung,** dass die Empfänger strategischer Informationen diese auch nutzen und ihr Marktverhalten anpassen, sofern sie nicht ausdrücklich erklären, die Information nicht erhalten zu wollen.[95] Eine abgestimmte Verhaltensweise kann bereits bei einem einmaligen Informationsaustausch vorliegen.[96]

43   Erfolgt der Austausch **echt öffentlich,** also beispielsweise in jedermann zugänglichen Medien, ist er grundsätzlich nicht als abgestimmte Verhaltensweise zu werten. Allerdings kann auch ein echt öffentlicher Informationsaustausch kartellrechtlich bedenklich sein, wenn er als Instrument der Abstimmung genutzt wird.[97] Die Abgrenzung ist im Einzelfall nicht trennscharf möglich, sodass eine erhebliche Rechtsunsicherheit über das zulässige Maß öffentlicher Äußerungen besteht.[98]

44   **a) Wettbewerbsbeschränkung gemäß Art. 101 Abs. 1 AEUV.** Der Austausch von Informationen zwischen Wettbewerbern kann **kollusives Verhalten** ermöglichen oder erleichtern und dadurch den Wettbewerb beschränken. Eine mögliche Folge ist die Verständigung über Koordinierungsmodalitäten, die zu einem Kollusionsergebnis führen kann.[99] Eine derartige Folge ist möglich, da der Informationsaustausch zu ähnlichen

---

[88] Horizontal-Leitlinien-Entwurf aus März 2022 Rn. 413; mit Verweis auf EuGH ECLI:EU:C:2017:46 Rn. 135 – Duravit ua/Kommission.

[89] Horizontal-Leitlinien Rn. 61.

[90] Horizontal-Leitlinien Rn. 61.

[91] Horizontal-Leitlinien Rn. 61.

[92] Horizontal-Leitlinien Rn. 61.

[93] Hierzu Karenfort WuW 2008, 1154 ff.

[94] Horizontal-Leitlinien Rn. 62 mit Hinweis auf EuG Slg. 2001, II-2035 Rn. 54 – Tate & Lyle/Kommission.

[95] Horizontal-Leitlinien Rn. 62 mit Hinweis auf EuGH Slg. 1999, I-4287 Rn. 162 – P. Hüls/Kommission; 1999, I-4125 Rn. 121 – AnicPartezipazoni.

[96] Horizontal-Leitlinien Rn. 62 mit Hinweis auf EuGH Slg. 2009, I-4529 Rn. 54 = EuZW 2009, 505 – T-Mobile Netherlands.

[97] Horizontal-Leitlinien Rn. 63.

[98] Lorenz WM 2012, 1113 ff.

[99] Horizontal-Leitlinien Rn. 66.

Erwartungen hinsichtlich der Unsicherheiten auf dem Markt führen kann, sodass mit ähnlichen Verhaltensweisen und strategischen Entscheidungen zu rechnen ist. Dies gilt insbesondere, wenn Informationen bezüglich eines geplanten künftigen Verhaltens ausgetauscht werden.[100] Des Weiteren kann der Austausch von Informationen ein wichtiger Bestandteil zur Überwachung eines Kollusionsergebnisses darstellen und so dessen Stabilität ermöglichen oder erhöhen, da die Unternehmen anhand der ausgetauschten Informationen in die Lage versetzt werden, kontrollieren zu können, ob und wie weit die Abstimmungsergebnisse befolgt und umgesetzt worden sind. Diese Kontrolle kann sodann gegebenenfalls zu Sanktionen oder anderen Reaktionen führen.[101] Eine derartige Überwachung wird insbesondere durch den Austausch aktueller oder historischer Daten ermöglicht.[102] Eine dritte mögliche Wirkung des Informationsaustausches ist die Stabilisierung des Kollusionsergebnisses. Der Informationsaustausch erhöht die Markttransparenz und ermöglicht den beteiligten Unternehmen somit zu überwachen, wo und wann andere Unternehmen in den Markt einzutreten versuchen, und bietet so die Gelegenheit gezielt gegen die Markteintritte vorzugehen.[103]

Neben der Gefahr gezielter Behinderungen von nicht am Informationsaustausch beteiligten Unternehmen, kann ein Informationsaustausch auch zu einer **wettbewerbswidrigen Marktverschließung** führen, wenn die Informationen von großer strategischer Bedeutung sind und die nicht am Austausch beteiligten Unternehmen mangels Zugang zu den Informationen über eine wesentlich schlechtere Wettbewerbsposition verfügen.[104] Marktabschottende Auswirkungen können auch erst auf nachgelagerten Märkten entstehen, etwa indem vertikal integrierte Unternehmen durch den Informationsaustausch in die Lage versetzt werden, auf dem vorgelagerten Markt Marktmacht zu erlangen, die sie nutzen können, um auf den nachgelagerten Märkten den Preis eines wesentlichen Inputs zu erhöhen und so die dortige Wettbewerbssituation zu beeinflussen.[105] **45**

Bezweckte Wettbewerbsbeschränkungen sind solche Arten des Informationsaustausches, die ihrem Wesen nach geeignet sind, den Wettbewerb zu beschränken. Nach Ansicht der Kommission ist insbesondere der Austausch über künftiges Preis- oder Mengenverhalten geeignet, ein Kollusionsergebnis zu erzeugen. Diese Einschätzung teilt auch das Gericht.[106] In den Horizontal-Leitlinien hält die Kommission fest, dass der Austausch aktueller Informationen generell eher zur Wettbewerbsförderung geeignet sei als der über zukünftige Absichten.[107] **46**

In dem Leitlinienentwurf gibt es eine ganze Liste **„besonders sensibler Geschäftsinformationen"**, deren Austausch von der Rechtsprechung und/oder der Kommission als bezweckte Wettbewerbsbeschränkung eingestuft wird:[108] der Austausch mit Wettbewerbern über die derzeitigen und künftigen Produktionskapazitäten eines Unternehmens,[109] der Austausch mit Wettbewerbern über die geplante Geschäftsstrategie eines Unternehmens,[110] der Austausch mit Wettbewerbern über die Vereinbarungen eines Unternehmens in Bezug auf die aktuelle und künftige Nachfrage,[111] der Austausch mit Wettbewerbern über den **46a**

[100] Horizontal-Leitlinien Rn. 66.
[101] Horizontal-Leitlinien Rn. 67.
[102] Horizontal-Leitlinien Rn. 67.
[103] Horizontal-Leitlinien Rn. 68.
[104] Horizontal-Leitlinien Rn. 70.
[105] Horizontal-Leitlinien Rn. 71.
[106] EuG ECLI:EU:T:2020:307 Rn. 96 – Infineon Technologies/Kommission; ECLI:EU:T:2016:738 Rn. 134–136 – Philips und Philips France/Kommission; ECLI:EU:T:2013:129 Rn. 317 ff., 546 ff. – Del Monte/Kommission; s. aber jetzt zu bezweckten Wettbewerbsbeschränkungen EuGH ECLI:EU:C:2014:2204 Rn. 55 ff. – Cartes Bancaires/Komm.
[107] Horizontal-Leitlinien Rn. 73.
[108] Horizontal-Leitlinien-Entwurf aus März 2022 Rn. 424.
[109] EuG ECLI:EU:T:2020:307 Rn. 85 und 96 – Infineon Technologies/Kommission; ECLI:EU:T:2016:738 Rn. 104 – Philips und Philips France/Kommission.
[110] EuG ECLI:EU:T:2020:307 Rn. 98 – Infineon Technologies/Kommission.
[111] EuG ECLI:EU:T:2015:611 Rn. 51 – Samsung SDI ua/Kommission.

künftigen Absatz eines Unternehmens,[112] der Austausch mit Wettbewerbern über die aktuelle Situation eines Unternehmens und seine Geschäftsstrategie,[113] der Austausch mit Wettbewerbern über zukünftige, für den Verbraucher relevante Produkteigenschaften[114] und der Austausch von Informationen mit Wettbewerbern über Marktpositionen und Strategien bei Auktionen für Finanzprodukte.[115]

46b   Die Kommission erkennt jedoch in dem Entwurf der Leitlinien ausdrücklich an, dass Unternehmen, die Informationen austauschen, Maßnahmen treffen können, um den Zugang zu Informationen oder deren Verwendung zu beschränken oder zu kontrollieren, sodass verhindert werden kann, dass sensible Informationen das Verhalten des Wettbewerbs beeinflussen. Als Beispiel nennt die Kommission den Einsatz von **„Clean Teams"**. Darunter ist nach dem Leitlinienentwurf „eine begrenzte Gruppe von Personen aus einem Unternehmen [zu verstehen], die nicht in das Tagesgeschäft eingebunden und an strenge Vertraulichkeitsprotokolle in Bezug auf sensible Geschäftsinformationen gebunden ist. Ein „Clean Team" kann beispielsweise bei der Umsetzung einer anderen Vereinbarung über horizontale Zusammenarbeit eingesetzt werden, um sicherzustellen, dass die für die Zwecke dieser Zusammenarbeit bereitgestellten Informationen nach dem Grundsatz „Kenntnis nur, wenn nötig" („Need-to-know-Prinzip") und in aggregierter Form bereitgestellt werden."[116]

47   Ob ein Informationsaustausch zu wettbewerbswidrigen Auswirkungen führt, ist anhand verschiedener Kriterien zu untersuchen, wobei die tatsächliche Situation mit Informationsaustausch mit derjenigen zu vergleichen ist, die wahrscheinlich eingetreten wäre, wenn der Informationsaustausch nicht stattgefunden hätte.[117] Wettbewerbswidrige Auswirkungen sind dann wahrscheinlich, wenn durch den Austausch ein Wettbewerbsparameter wie Preis, Produktionsmenge, Produktqualität, Produktvielfalt oder Innovation negativ beeinflusst wird.[118] Bei der Prüfung der wettbewerbswidrigen Auswirkungen eines Informationsaustausches ist auf die Marktmerkmale und die Art der ausgetauschten Informationen abzustellen.

48   Ob und inwieweit ein Informationsaustausch geeignet ist, den Wettbewerb zu beschränken ist nicht generell zu beantworten sondern anhand der Gegebenheiten jedes Einzelfalles.[119] Maßnahmen, die auf einem Markt potentiell wettbewerbsfördernd wirken, können sich auf anderen Märkten mit unterschiedlichen strukturellen Merkmalen eventuell positiv auswirken. Sind Märkte strukturell vergleichbar können divergierende Ergebnisse erzielt werden, wenn die Art der ausgetauschten Informationen variiert. Insofern ist die Eignung zur Wettbewerbsbeeinträchtigung anhand einer Gesamtschau der Marktmerkmale und der Art der ausgetauschten Informationen zu ermitteln.

49   **aa) Marktmerkmale.** Der Austausch von Informationen kann die **Transparenz** eines Marktes erhöhen. Transparente Märkte erleichtern eine Kollusion, indem sie die Verständigung über Koordinierungsmaßnahmen ebenso wie deren Überwachung vereinfachen.[120] Die Auswirkungen eines Informationsaustausches sind anhand des ursprünglichen Transparenzgrades und des Beitrages, den dieser zur Veränderung der Transparenz beiträgt, zu ermitteln. Der ursprüngliche Transparenzgrad hängt von der Anzahl der Wettbewerber und der Art ihrer Transaktionen ab, während eine Erhöhung des Transparenz-

---

[112] EuG ECLI:EU:T:2020:307 Rn. 96 – Infineon Technologies/Kommission.
[113] EuG ECLI:EU:T:2020:307 Rn. 70 – Infineon Technologies/Kommission.
[114] Beschluss der Kommission v. 8.7.2021 im Fall AT.40178, Pkw-Emissionen, Erwägungsgründe 84, 107 und 124–126.
[115] Beschluss der Kommission v. 20.5.2021 in der Sache AT.40324, Europäische Staatsanleihen, Erwägungsgrund 94.
[116] Horizontal-Leitlinien-Entwurf aus März 2022 Rn. 440.
[117] Horizontal-Leitlinien Rn. 75.
[118] Horizontal-Leitlinien Rn. 76.
[119] Loewenheim/Meessen/Riesenkampff/Kersting/Meyer-Lindemann/Grave/Nyberg Art. 101 Abs. 1 Rn. 315, mwN.
[120] Horizontal-Leitlinien Rn. 77.

grades insbesondere in Betracht kommt, wenn der Informationsaustausch Rückschlüsse auf das künftige Verhalten der Wettbewerber ermöglicht. Wettbewerbswidrige Folgen sind umso eher zu befürchten, je transparenter der Markt bereits ist oder durch den Austausch wird.[121]

Die Effektivität eines Informationsaustausches hängt auch von dem **Konzentrations-** 50 **grad** eines Marktes ab. Auf Märkten mit oligopolistischen Strukturen sind Kollusionsergebnisse wahrscheinlicher, da die Koordinierung und Überwachung der an einer abgestimmten Verhaltensweise beteiligten Unternehmen umso leichter ist, je weniger Unternehmen an einer solchen beteiligt sind.[122]

Auch die **Komplexität eines Marktes** kann entscheidenden Einfluss auf die Auswir- 51 kungen eines Informationsaustausches haben. So sind auf wenig komplexen Märkten, wie sie beispielsweise bei homogenen Produkten zu finden sind, weniger Informationen für die strategische Positionierung relevant, sodass ein Austausch über eben diese umso eher zu einer Angleichung der Verhaltensweisen führen kann.[123] Allerdings kann auch auf komplexen Märkten ein Kollusionsergebnis erzielt werden, etwa indem sich Unternehmen bei ihren Absprachen eines Preispunktesystems bedienen.[124] Mit der Komplexität eines Marktes hängt auch die Symmetrie der Marktstrukturen zusammen. Verfügen die an einer abgestimmten Verhaltensweise beteiligten Unternehmen über ähnliche Strukturen hinsichtlich Kosten, Nachfrage, Marktanteilen, Produktpalette und Kapazitäten sind Kollusionsergebnisse wahrscheinlicher, da die Anreizwirkung für alle vergleichbar ist.[125]

Ein weiteres wesentliches Marktmerkmal ist die **Marktstabilität.** Unterliegt ein Markt 52 starken Angebots- oder Nachfrageschwankungen, ist nicht ohne weiteres ersichtlich, welche Faktoren für das Ergebnis eines Unternehmens gerade relevant sind. Ist ein Markt jedoch sowohl auf Angebots- als auch auf Nachfrageseite stabil, ist es für Unternehmen leichter mögliche Ursachen für die jeweilige Geschäftsentwicklung festzustellen, sodass ein Informationsaustausch, der die Marktstabilität steigert, mit größerer Wahrscheinlichkeit wettbewerbswidrige Auswirkungen haben wird, als ein solcher, durch den die Marktstabilität nicht beeinflusst wird.[126] Das Kriterium der Marktstabilität spielt insbesondere auf Märkten eine Rolle, auf denen Innovationen ein erhebliches Gewicht zukommt, da eine Kollusion dort umso wahrscheinlicher Bestand haben kann, je höher die Marktzutrittsschranken sind.[127]

Einfluss auf die Wahrscheinlichkeit eines andauernden Kollusionsergebnisses hat auch der 53 **Planungshorizont** der Unternehmen. Sind diese eher an kurzfristigen Gewinnen interessiert, ist ein Kollusionsergebnis nach Ansicht der Kommission weniger wahrscheinlich, als wenn diese davon ausgehen, dass sie längerfristig gemeinsam am Markt agieren.[128]

Wesentlich für den Bestand eines Kollusionsergebnisses ist die Reaktion auf abweichen- 54 des Verhalten eines Unternehmens. Verfügen die anderen an der Verhaltensweise beteiligten Unternehmen über Vergeltungs- und Sanktionsmechanismen, ist eine Abweichung unwahrscheinlich.[129] An derartigen Mechanismen kann es insbesondere auf Märkten, die von Großaufträgen gekennzeichnet sind, fehlen.[130] Hingegen können vertikal integrierte Unternehmen durch ihre Präsenz auf zwei Märkten gegebenenfalls über mehr geeignete Sanktionsmöglichkeiten verfügen.[131]

---

[121] Horizontal-Leitlinien Rn. 78.
[122] Horizontal-Leitlinien Rn. 79; EuGH 4.6.2009 – C-8/08, BeckRS 2009, 70612 Rn. 34 f. – T-Mobile Netherlands; EuGH 28.5.1998 – C-7/95 P, BeckRS 2004, 77716 Rn. 88 – John Deere/Kommission.
[123] Horizontal-Leitlinien Rn. 80.
[124] Horizontal-Leitlinien Rn. 80.
[125] Horizontal-Leitlinien Rn. 82.
[126] Horizontal-Leitlinien Rn. 81.
[127] Horizontal-Leitlinien Rn. 81.
[128] Horizontal-Leitlinien Rn. 83 f.
[129] Horizontal-Leitlinien Rn. 85.
[130] Horizontal-Leitlinien Rn. 85.
[131] Horizontal-Leitlinien Rn. 85.

55   Insgesamt ist bei der Beurteilung eines Informationsaustausches also insbesondere kritisch zu hinterfragen, ob dieser die Ungewissheiten des Marktes verringert. Dies ist eher wahrscheinlich, wenn der zugrundeliegende Markt hinreichend transparent, konzentriert, nichtkomplex, stabil und symmetrisch ist.[132]

56   **bb) Merkmale des Informationsaustausches.** Auch die Art der ausgetauschten Informationen und die Weise des Austausches selbst, können unterschiedlich geeignet sind, um eine Wettbewerbsbeschränkung zu bewirken. Besonders relevant um die strategische Ungewissheit auf dem jeweiligen Markt zu verringern sind **strategische Informationen** zu denen die Kommission unter anderem Informationen bezüglich aktueller Preise, Kundenlisten, Produktionskosten, Mengen, Umsätze, Verkaufszahlen, Kapazitäten, Qualität, Marketingpläne, Risiken, Investitionen, Technologien sowie FuE-Programme und deren Ergebnisse zählt.[133] Für bedeutsam hält sie insbesondere Preis- und Mengeninformationen gefolgt von Nachfrage- und Kosteninformationen, wobei Technologiedaten dann besonders wichtig sind, wenn die am Informationsaustausch beteiligten Unternehmen im FuE-Sektor miteinander konkurrieren.[134]

57   Ein Informationsaustausch ist wahrscheinlich dann besonders geeignet, eine Wettbewerbsbeschränkung zu bewirken, wenn die an ihm beteiligten Unternehmen einen hinreichend großen Teil des **Marktes abdecken.** Ist dies nicht der Fall, können die nicht an einem Austausch beteiligten Unternehmen die Stabilität des Kollusionsergebnis durch gegensätzliche Verhaltensweisen gefährden.[135] Die Schwelle der hinreichenden Marktabdeckung kann nicht generell festgelegt werden, sondern ist einzelfallabhängig zu ermitteln. Die Kommission sieht allerdings einen Informationsaustausch, der mit anderen Kooperationsarten einhergeht, dann als unbedenklich an, wenn er nicht über das für die Kooperation erforderliche Maß hinausgeht und der Marktanteil die Grenzwerte der jeweiligen Vereinbarung nicht überschreitet.[136] Die an einem Informationsaustausch beteiligten Unternehmen verfügen also nur dann über einen hinreichenden Anteil an Marktabdeckung, wenn dieser ihnen ermöglicht eine abgestimmte Verhaltensweise dauerhaft aufrechtzuerhalten und Vorstöße nicht an der Vereinbarung beteiligter Unternehmen unwahrscheinlich sind.

58   Entscheidend für die Bewertung der Eignung zur Wettbewerbsbeschränkung ist auch die **Aggregation der Daten.** Werden diese in einer Art und Weise aufbereitet, veröffentlicht und ausgetauscht, dass ihr Empfänger keine Rückschlüsse mehr auf deren Herkunft und die strategischen Absichten des informierenden Unternehmens ziehen kann, sind wettbewerbswidrige Auswirkungen unwahrscheinlich. Geschieht der Austausch jedoch auf individueller Basis, sodass die beteiligten Unternehmen erkennen können, wer welche Informationen bereitgestellt hat, ist eine Abstimmung über das Wettbewerbsverhalten wahrscheinlicher.[137] Allerdings bleibt auch bei aggregierten Daten ein Risiko der Wettbewerbsbeschränkung und zwar in Fällen, in denen trotz einer Zusammenführung und Anonymisierung ein Rückschluss auf das Wettbewerbsverhalten einzelner Wettbewerber gezogen werden kann. Dieser Rückschluss muss nicht notwendig individualisiert erfolgen, sondern es reicht aus, wenn anhand der Informationen ersichtlich ist, dass ein Wettbewerber sich anders verhalten hat als abgestimmt.[138] Dies ist nach Ansicht der Kommission insbesondere bei einem Informationsaustausch auf engen Oligopolmärkten zu befürchten.[139]

59   Auch das **Alter der Daten** ist relevant für die Beurteilung möglicher Wirkungen eines Informationsaustausches. Ein Informationsaustausch ist umso bedenklicher je eher Rückschlüsse auf das Verhalten der Wettbewerber gezogen werden kann. Dies ist unwahrschein-

---

[132] Horizontal-Leitlinien Rn. 77.
[133] Horizontal-Leitlinien Rn. 86.
[134] Horizontal-Leitlinien Rn. 86.
[135] Horizontal-Leitlinien Rn. 87.
[136] Horizontal-Leitlinien Rn. 88.
[137] Horizontal-Leitlinien Rn. 89.
[138] Horizontal-Leitlinien Rn. 89.
[139] Horizontal-Leitlinien Rn. 89.

lich, wenn historische Daten ausgetauscht werden, da sich künftiges Verhalten nicht notwendigerweise anhand von Daten zu vergangenen geschäftlichen Entwicklungen abschätzen lässt. Eine generelle Einordnung von Daten historisch lässt sich nicht treffen. Vielmehr richtet sich die Aussagekraft vergangener Daten nach ihrem Typ, ihrer Aggregation, der Häufigkeit des Austausches und den Marktgegebenheiten. Beispielhaft nennt die Kommission Daten historisch, wenn sie um ein mehrfaches älter sind, als die branchenübliche Laufzeit von Verträgen, sofern letztere Aufschluss über Preisneuverhandlungen geben.[140]

Die **Häufigkeit eines Informationsaustausches** ist ein entscheidender Faktor bei der **60** Bewertung der Nützlichkeit der ausgetauschten Informationen. Durch einen häufigen Austausch kann die Durchsetzung einer abgestimmten Verhaltensweise überwacht werden und können beständige Verhaltensmuster der Wettbewerber offengelegt und entdeckt werden. Die Gefahren für den Wettbewerb sind also bei häufigem Informationsaustausch größer als bei seltenem, wobei die Intervalllänge, anhand derer die Häufigkeit bestimmt wird, von der Beständigkeit des Marktes abhängt, sodass auf Märkten, die üblicherweise von längeren Vertragslaufzeiten gekennzeichnet sind, ein seltener Austausch bedenklich sein kann, der auf Märkten mit langen Vertragslaufzeiten noch als zulässig anzusehen ist.[141] Bereits ein einmaliger Austausch kann ausreichen, um eine abgestimmte Verhaltensweise anzunehmen.[142]

Auch der **Austausch öffentlicher Informationen** kann unter gewissen Umständen **61** kartellrechtswidrig sein. Dies kann der Fall sein, wenn zwar theoretisch für jedermann eine Zugangsmöglichkeit zu den Informationen besteht, der Austausch aber zeit- oder kostensparend wirkt, oder auf andere Art und Weise Effizienzvorteile gegenüber dem öffentlichen Zugang bietet. Informationen, die zwar von jedermann, allerdings nur unter Einsatz prohibitiv hoher Aufwendungen erlangt werden können, sind nicht als öffentlich anzusehen.[143] Auch marginale Zusatzinformationen zu öffentlichen Informationen können ausreichen, um ein Kollusionsergebnis herbeizuführen.[144]

Zwar kann ein **öffentlicher Informationsaustausch,** der dann vorliegt, wenn die **62** Informationen allen Wettbewerbern und Abnehmern gleichermaßen zur Verfügung gestellt werden, die Wahrscheinlichkeit eines Kollusionsergebnisses verringern, da nicht an der Kollusion teilnehmende Unternehmen auf die Abstimmung ihrer Wettbewerber reagieren und Gegenmaßnahmen ergreifen können.[145] Ein Kollusionsergebnis kann dennoch nicht vollständig ausgeschlossen werden.

Die Eignung eines Informationsaustausches, ein Kollusionsergebnis herbeizuführen, **63** hängt somit von der Marktstruktur und den ausgetauschten Informationen ab. Je einfacher anhand der Informationen und den zugrundeliegenden Gegebenheiten ein Rückschluss auf die möglichen Strategien und Verhaltensweise der Wettbewerber geschlossen werden kann, desto eher verstößt ein Informationsaustausch gegen Art. 101 Abs. 1 AEUV.

b) Freistellung nach Art. 101 Abs. 3 AEUV. Mit dem Informationsaustausch einher- **64** gehende **Effizienzgewinne** sind insbesondere anhand der verbesserten Möglichkeiten der beteiligten Unternehmen, sich an erfolgreichen Praktiken ihrer Wettbewerber zu orientieren, wahrscheinlich.[146] Darüber hinaus kann durch den Austausch von Marktinformationen eine ineffiziente Lagerhaltung oder Logistik optimiert werden, sodass durch einen Informationsaustausch eine optimierte Befriedigung der Nachfrage bewirkt werden kann, was letztendlich den Verbrauchern zugutekommen kann.[147] Nach Ansicht der Kommission kann auch der Austausch über Kundendaten eine Effizienzsteigerung bewirken, da diese die

---

[140] Horizontal-Leitlinien Rn. 90.
[141] Horizontal-Leitlinien Rn. 91.
[142] EuGH Slg. 2009, I-4529 Rn. 54 = EuZW 2009, 505 – T-Mobile Netherlands.
[143] Horizontal-Leitlinien Rn. 92.
[144] Horizontal-Leitlinien Rn. 93.
[145] Horizontal-Leitlinien Rn. 94.
[146] Horizontal-Leitlinien Rn. 95.
[147] Horizontal-Leitlinien Rn. 96.

gesammelten Daten bei langjährigem Kontakt zu einem Anbieter bei einem Wechsel zu einem anderen beibehalten können.[148] Die Unternehmen seien darüber hinaus durch den Austausch von Kundendaten in der Lage kundenspezifische Preise anzubieten, die je nach Risikoprofil variieren, sodass Kunden gegebenenfalls von günstigeren Preisen profitieren.[149] Auch der Austausch von Marktanteilen kann eventuell zu Effizienzgewinnen führen, da er als Qualitätssiegel verstanden werden kann und so den Verbrauchernutzen erhöhen kann.[150]

65   Aus Verbrauchersicht kann ein echt öffentlicher Informationsaustausch sinnvoll sein, da so Suchkosten reduziert und fundiertere Entscheidungen getroffen werden können.[151] Die Verbraucherpreise können sinken, wenn der Informationsaustausch auf Anbieterebene zu einer Suchkostensenkung führt.[152] Der Austausch über künftige Preisgestaltungen ist grundsätzlich nicht geeignet, Effizienzgewinne zu erzeugen.[153] Eine Ausnahme liegt jedoch vor, wenn durch eine echt öffentliche Ankündigung einer Preisveränderung, die gegebenenfalls mit einer Vorbestellmöglichkeit gekoppelt ist, die Ausgabenplanung von Verbrauchern verbessert wird.[154]

66   Der Austausch historischer Daten ist im Regelfall weniger bedenklich als der aktueller Informationen oder derjenige über künftige Verhaltensweisen. Dennoch kann auch der Austausch über künftige Verhaltensweisen effizienzsteigernd sein, etwa wenn durch den Austausch von Forschungsfortschritten Doppelausgaben vermieden werden können.[155] Bei derartigen Konstellationen sind die Einsparungen sorgfältig mit den Gefahren für die Innovationsfreude der beteiligten Unternehmen zu vergleichen.

67   Der Austausch der Informationen muss **unerlässlich** sein, um die Effizienzgewinne zu realisieren. Diese dürfen somit nicht auch auf andere Art und Weise realisierbar sein, sodass der Austausch auf diejenigen Informationen zu beschränken ist, die für die Verbesserung der Warenerzeugung oder Verteilung oder zur Förderung des technischen oder wirtschaftlichen Fortschritts notwendig sind.[156] Ein Informationsaustausch ist nicht unerlässlich, wenn die gleiche Wirkung auch anders erreicht werden könnte, sodass der Austausch individualisierter Daten für Benchmarking-Zwecke nicht notwendig ist, wenn ein Benchmarking auch mit aggregierten Daten möglich wäre.[157] Auch der Austausch über künftige Preise und Mengen ist wahrscheinlich nicht unerlässlich.[158]

68   Die **Effizienzgewinne müssen an die Verbraucher weitergegeben** werden und der **Wettbewerb darf nicht ausgeschaltet** werden. Eine Weitergabe von Effizienzgewinnen ist wahrscheinlicher, wenn der Marktanteil der am Informationsaustausch beteiligten Unternehmen gering ist.[159]

B. Besonderheiten bezüglich einzelner Vertriebsmittler

I. Handelsvertreter

69   Die Horizontal-Leitlinien sind bei echten Handelsvertretern mangels Wettbewerbereigenschaft nicht anwendbar. Echter Handelsvertreter und Geschäftsherr sind im Verhältnis

---

[148] Horizontal-Leitlinien Rn. 97; EuGH Slg. 2006, I-11125 Rn. 56 – Asnef-Equifax/Ausbanc.
[149] Horizontal-Leitlinien Rn. 97; EuGH Slg. 2006, I-11125 Rn. 55 – Asnef-Equifax/Ausbanc.
[150] Horizontal-Leitlinien Rn. 98.
[151] Horizontal-Leitlinien Rn. 99.
[152] Horizontal-Leitlinien Rn. 99.
[153] Horizontal-Leitlinien Rn. 99.
[154] Horizontal-Leitlinien Rn. 99.
[155] Horizontal-Leitlinien Rn. 100.
[156] Horizontal-Leitlinien Rn. 101.
[157] Horizontal-Leitlinien Rn. 101.
[158] Horizontal-Leitlinien Rn. 101.
[159] Horizontal-Leitlinien Rn. 103.

zueinander als eine wirtschaftliche Einheit und damit als ein Unternehmen anzusehen.[160] Sie können daher nicht als Wettbewerber zueinander qualifiziert werden. Für den echten Handelsvertreter gelten hier keine Abweichungen oder Besonderheiten.

Ist das Verhältnis zu anderen Handelsvertretern betroffen gelten keine Abweichungen. **70** Absprachen und abgestimmte Verhaltensweisen zwischen verschiedenen Handelsvertretern sind diesen ebenso wie anderen Unternehmensformen verboten, wenn solche Verhaltensweisen den Wettbewerb beschränken und nicht freigestellt sind. Das Selbstständigkeitspostulat, also das Gebot autonome Entscheidungen zu treffen und sich diesen entsprechend am Markt zu verhalten, verpflichtet auch Handelsvertreter. Selbst wenn diese von einem Geschäftsherrn gebunden werden, ist ihnen eine Fühlungnahme mit anderen ebenfalls gebundenen Handelsvertretern untersagt.

In Betracht kommen etwa abgestimmte Verhaltensweisen oder Vereinbarungen der **71** Handelsvertreter untereinander über das Ausmaß einer vertraglich zugelassenen **Provisionsweitergabe.** Sofern der Geschäftsherr derartige Provisionsweitergaben nicht verbietet,[161] darf der intra-brand Wettbewerb nicht durch Vereinbarungen der Handelsvertreter untereinander beschränkt werden. Auch gleichförmige Zusatzleistungen der Handelsvertreter oder Absprachen über Markt- oder Kundenaufteilungen können wettbewerbsbeschränkend wirken.

II. Vertragshändler

Für den Vertragshändler gelten hier keine Abweichungen oder Besonderheiten. **72**

III. Franchisenehmer

Auch Franchisenehmer unterliegen dem Kartellverbot. Im Verhältnis zum Franchisege- **73** ber können horizontale Vereinbarungen oder abgestimmte Verhaltensweisen vorliegen, wenn der Franchisegeber auch Eigenbetriebe oder einen Online-Shop unterhält. Dann sind Franchisegeber und Franchisenehmer auf der Vertriebsstufe Wettbewerber, soweit sie aus Sicht der Kunden räumlich als alternative Bezugsquellen in Betracht kommen. Allerdings ist der Eigenbetrieb dann nicht als ausreichend für die Annahme eines Wettbewerbsverhältnisses anzusehen, wenn es sich dabei nur um untergeordnete Stätten handelt, die zur Erprobung und Marktforschung dienen.[162] Ein vertikaler Informationsaustausch zwischen Franchisegeber und -nehmer ist von der Vertikal-GVO 2022 freigestellt, sofern folgende Voraussetzungen erfüllt sind: (1) Die vertikale Vereinbarung muss eine nicht-wechselseitige Vereinbarung sein; (2) der Franchisenehmer ist gemeinsam mit den mit ihm verbundenen Unternehmen auf der vorgelagerten Marktstufe, auf welcher er die Waren oder Dienstleistungen bezieht, kein Wettbewerber des Franchisegebers; (3) der vertikale Informationsaustausch betrifft die Umsetzung der vertikalen Vertriebsvereinbarung und (4) der vertikale Informationsaustausch ist zur Verbesserung der Produktion oder des Vertriebs der Vertragswaren oder -dienstleistungen erforderlich. Ob der Informationsaustausch unmittelbar die vertikale Vereinbarung betrifft oder für die Verbesserung der Produktion oder des Vertriebs der Vertragswaren oder -dienstleistungen erforderlich ist, hängt vom Einzelfall ab. Die Kommission gibt in den Leitlinien eine (nicht abschließende) Liste von Informationen, die unmittelbar die vertikale Vereinbarung betreffen und für die Verbesserung der Produktion oder des Vertriebs der Vertragswaren oder -dienstleistungen erforderlich sind.[163] Fehlt es an der „Erforderlichkeit", ist der Informationsaustausch anhand der Horizontalleitlinien zu beurteilen.

---

[160] Dazu sowie zu den Voraussetzungen einer echten Handelsvertretung → AEUV Art. 101 Rn. 149 ff.
[161] Hierzu → AEUV Art. 101 Rn. 181 ff.
[162] Vgl. Giesler/Nauschütt FranchiseR/Rosenfeld Kap. 2 Rn. 137.
[163] Hierzu → AEUV Art. 101 Rn. 113a.

74   Allerdings können auch im Verhältnis der Franchisenehmer untereinander wettbewerbsbeschränkende Vereinbarungen getroffen oder abgestimmte Verhaltensweise umgesetzt
werden.[164] Für diese gelten keine Besonderheiten, sodass insbesondere Preisabsprachen,
Markt- oder Kundenaufteilungen und vergleichbare Verhaltensweisen der Franchisenehmer
untereinander dem Kartellverbot unterfallen.

75   Horizontale Gesichtspunkte kartellrechtlicher Art stellen sich ferner, wenn Franchisenehmer etwa durch gesellschaftliche Verflechtungen, Franchisebeiräte oder auf vergleichbare
Weise Einfluss auf die Unternehmenspolitik des Franchisegebers und somit mittelbar auf
die, der mit ihnen in Wettbewerb stehenden Franchisenehmern, erhalten.[165]

IV. Kommissionsagent

76   Für den Kommissionsagenten gelten hier keine Abweichungen oder Besonderheiten.

Artikel 102 AEUV Missbrauch einer marktbeherrschenden Stellung

[1] **Mit dem Binnenmarkt unvereinbar und verboten ist die missbräuchliche Ausnutzung einer beherrschenden Stellung auf dem Binnenmarkt oder auf einem wesentlichen Teil desselben durch ein oder mehrere Unternehmen, soweit dies dazu führen
kann, den Handel zwischen Mitgliedstaaten zu beeinträchtigen.**

[2] **Dieser Missbrauch kann insbesondere in Folgendem bestehen:**

a) **der unmittelbaren oder mittelbaren Erzwingung von unangemessenen Einkaufs-
oder Verkaufspreisen oder sonstigen Geschäftsbedingungen;**
b) **der Einschränkung der Erzeugung, des Absatzes oder der technischen Entwicklung
zum Schaden der Verbraucher;**
c) **der Anwendung unterschiedlicher Bedingungen bei gleichwertigen Leistungen gegenüber Handelspartnern, wodurch diese im Wettbewerb benachteiligt werden;**
d) **der an den Abschluss von Verträgen geknüpften Bedingung, dass die Vertragspartner zusätzliche Leistungen annehmen, die weder sachlich noch nach Handelsbrauch in Beziehung zum Vertragsgegenstand stehen.**

Literatur: Albors-Llorens, The Role of Objective Justification and Efficiencies in the Application of Article
82 EC, CMLRev 2007, 1727; Apon, Cases Against Microsoft: Similar Cases, Different Remedies, ECLR
2007, 327; Bartosch, Das Urteil des Europäischen Gerichts erster Instanz in der Rechtssache Microsoft, RIW
2007, 908; Baudenbacher, The CFI's Microsoft judgment – Three seconds that changed the IT world,
European Law Reporter 2007, 342; Bechtold, St., Sekundärmärkte und das Kartellrecht – Eine Bestandsaufnahme, in: FS R. Bechtold, 2006, 31; Bishop, Loyalty Rebates und „Merger Standards": A roadmap for
the practical assessment of Article 82 investigations, in: Ehlermann/Marquis (Hrsg.); Böni/Regenthal, Die
Beurteilung einer marktbeherrschenden Stellung unter besonderer Berücksichtigung des „more economic
approach", WuW 2006, 1230; Burkert, Die Zulässigkeit von Koppelungsgeschäften aus wettbewerbsrechtlicher Sicht, 1992; Cohen Jehoram/Mortelmans, Zur „Magill"-Entscheidung des Europäischen Gerichtshofs,
GRUR Int. 1997, 11; Dolmans/Graf/Little, Microsoft's browser-choice commitments and public inter-
operability undertaking, ECLR 2010, 268; Ebenroth/Abt, Beendigung von Absatzmittlungsverhältnissen
nach dem Recht des EWGV, EWS 1993, 81; Fuchs, Der „ebenso effiziente Wettbewerber" als Maßstab für
die Missbrauchskontrolle über marktbeherrschende Unternehmen – eine kritische Würdigung, in: FS
Möschel, 2011, 241; Gauß, Die Anwendung des kartellrechtlichen Missbrauchsverbots nach Art. 82 EG
(Art. 102 AEUV) in innovativen Märkten, 2010; Gravengaard, The meeting competition defence principle –
a defence for price discrimination and predatory pricing?, ECLR 2006, 658; Gravengaard/Kjaersgaard, The
EU Commission guidance on exclusionary abuse of dominance – and its consequences in practice, ECLR
2010, 285; Henk-Merten, Die Kosten-Preis-Schere im Kartellrecht, 2004; Hertfelder, Die consumer welfare
im europäischen Wettbewerbsrecht, 2010; Hirsbrunner, Neues aus Brüssel zum Verhältnis von Patent- und
Kartellrecht: Die AstraZeneca-Entscheidung der Europäischen Kommission, EWS 2005, 488; Hoffmann,
Preisscheren durch vertikal integrierte Oligopole, WuW 2003, 1278; Hohmann, Die essential facility doctrine
im Recht der Wettbewerbsbeschränkungen, 2001; Inderst/Schwalbe, Effekte verschiedener Rabattformen –
Überlegungen zu einem ökonomisch fundierten Ansatz, ZWeR 2009, 65; Klein-Beber, Rechtfertigen
Hoheitsakte von US-Behörden Liefersperren auf deutschem/europäischem Markt?, RIW 1990, 189; Klotz,

---

[164] Bundeskartellamt Tätigkeitsbericht 1985/1986, 33.
[165] Vgl. Giesler/Nauschütt FranchiseR/Rosenfeld Kap. 2 Rn. 134 ff.

Die Preis-Kosten-Schere bei regulierten Entgelten als Verstoß gegen EG-Wettbewerbsrecht, MMR 2008, 650; Kroes, Neelie: CLI 2008 Vol. 4; Kühnert/Xeniadis, Missbrauchskontrolle auf Sekundärmärkten, WuW 2008, 1054; Künzler, Effizienz oder Wettbewerbsfreiheit?, 2008; Kuhn, Preishöhenmissbrauch (excessive pricing) im deutschen und europäischen Kartellrecht, WuW 2006, 578; Lange, Europäisches Kartellrecht und geistiges Eigentum – der Fall Microsoft, in: Lange/Klippel/Ohly (Hrsg.), Geistiges Eigentum und Wettbewerb, 2009, 131; Lange/Pries, Die Neuorientierung der europäischen Missbrauchsaufsicht in dem Bereich von Kampfpreisstrategien (predatory pricing), EWS 2009, 57; dies., Möglichkeiten und Grenzen der Missbrauchskontrolle von Kopplungsgeschäften: Der Fall Microsoft, EWS 2008, 1; Langer, Tying and Bundling as a Leveraging Concern under EC Competition Law, 2007; Lenßen, Der kartellrechtlich relevante Markt, 2008; Leupold, Anmerkung zu EuGH, Urt. v. 17.2.2011, Rs. C-52/09 „TeliaSonera", EuZW 2011, 345; Loewenthal, The Defence of „Objective Justification" in the Application of Article 82 EC, World Comp. 2005, 455; Lommler, Das Verhältnis des kartellrechtlichen Verbots der Kosten-Preis-Schere zum Verbot der Kampfpreisunterbietung, WuW 2011, 244; Montag, Gewerbliche Schutzrechte, wesentliche Einrichtungen und Normung im Spannungsfeld zu Art. 86 EGV, EuZW 1997, 71; Möschel, Der Missbrauch marktbeherrschender Stellungen nach Art. 82 EG-Vertrag und der „More Economic Approach", JZ 2009, 1040; Müller, C., Abschied vom Bedarfsmarktkonzept?, 2007; Müller/Rodenhausen, The Rise and Fall of the Essential Facility Doctrine, ECLR 2008, 310; Murphy/Liberatore, Abuse of Regulatory Procedures – the AstraZeneca Case: Part 1, ECLR 2009, 223; Murphy, Abuse of Regulatory Procedures – the AstraZeneca Case: Part 2, ECLR 2009, 289; ders., Abuse of Regulatory Procedures – the AstraZeneca Case: Part 3, ECLR 2009, 314; Najork, Die Beurteilung von Quersubventionen nach den Wettbewerbsregeln des EG-Vertrages, 2004; Ostendorf/Grün, Geltung des Konzernprivilegs im Rahmen des Missbrauchsverbots in Europäischen und Deutschen Kartellrecht, WuW 2008, 950; Pautke/Leupold, Rabatte – Haben marktbeherrschende Unternehmen nach dem British Airways-Urteil des EuGH endlich mehr Klarheit?, EWS 2007, 241; Pfeffer, Berücksichtigung des internationalen Wettbewerbs bei der räumlichen Abgrenzung des relevanten Marktes, WuW 1986, 853; Schellhaaß, Preismißbrauchsaufsicht gegenüber Mehrproduktunternehmen, ZgS 138 (1982), 36; Steffens/Arnold, Die Entscheidung GlaxoSmithKline AEVE des EuGH – Missbrauch marktbeherrschender Stellung durch Verhinderung von Parallelexporten von Arzneimitteln?, ZWeR 2008, 427; Tekautschitz, Machtmissbrauch marktbeherrschender Unternehmen im Europäischen Kartellrecht unter besonderer Berücksichtigung des Pharmavertriebs, 2008; Winkler, Die missbräuchliche Gestaltung von Infrastrukturen, 2005; Wirtz/Möller, Das Diskussionspapier der Kommission zur Anwendung von Art. 82 EG auf Behinderungsmissbräuche, WuW 2006, 226; Wurmnest, Marktmacht und Verdrängungsmissbrauch, 2010; Zäch/Künzler, Efficiency or freedom to compete? Towards an axiomatic theory of competition law, ZWeR 2009, 269;

Übersicht

A. Überblick

I. Einleitung

1   Art. 102 verbietet die missbräuchliche Ausnutzung einer marktbeherrschenden Stellung, soweit dies zu einer Beeinträchtigung des zwischenstaatlichen Handels führen kann.

2   Durch das Missbrauchsverbot des Art. 102 werden das Kartellverbot des Art. 101 AEUV und die fusionskontrollrechtlichen Bestimmungen ergänzt. Während sich Art. 101 AEUV gegen Vereinbarungen richtet, die geeignet sind, den Handel zwischen Mitgliedstaaten zu beeinträchtigen, verbietet Art. 102 die missbräuchliche Ausnutzung einer marktbeherrschenden Stellung (einseitige Maßnahmen).[1] Das Verbot richtet sich grundsätzlich nicht gegen das Innehaben oder den Erwerb einer marktbeherrschenden Stellung als solcher.

3   Art. 102 findet auf missbräuchliche Verhaltensweisen von Unternehmen Anwendung, die geeignet sind, den Handel zwischen den Mitgliedstaaten zu beeinträchtigen („Zwischenstaatlichkeitskriterium"). Nach der Rechtsprechung des EuGH liegt eine Beeinträchtigung des Handels zwischen den Mitgliedstaaten vor, wenn eine Maßnahme unter Berücksichtigung der Gesamtheit objektiver rechtlicher und tatsächlicher Umstände erwarten lässt, dass sie den Warenverkehr zwischen den Mitgliedstaaten – unmittelbar oder mittelbar – nachteilig beeinflusst.[2] Es kommt demnach nicht darauf an, ob der Handel zwischen Mitgliedstaaten tatsächlich beeinträchtigt wird.

4   Die Anwendung des Art. 102 setzt das Vorliegen einer marktbeherrschenden Stellung (allein oder kollektiv) voraus. Um festzustellen, ob eine marktbeherrschende Stellung vorliegt, ist eine Bestimmung des sachlich und räumlich relevanten Marktes erforderlich. Erst nachdem der relevante Markt abgegrenzt und eine marktbeherrschende Stellung festgestellt wurde, ist in einem weiteren Schritt zu prüfen, ob ein Missbrauchstatbestand erfüllt ist.

5   Art. 102 ist als Generalklausel ausgestaltet, die durch vier Tatbestandsbeispiele ergänzt wird. Werden diese erfüllt, ist grundsätzlich von einem Missbrauch einer marktbeherrschenden Stellung auszugehen.

---

[1] Bechtold/Bosch/Brinker Rn. 1.
[2] Bechtold/Bosch/Brinker Rn. 63.

Art. 102 ist wie Art. 101 AEUV unmittelbar im nationalen Recht anwendbar.[3] Betroffe- **6** ne der von Art. 102 erfassten Maßnahmen können sich direkt vor den nationalen Gerichten auf Art. 102 berufen.[4] Daneben können die Kommission und die nach nationalem Recht zuständigen Wettbewerbsbehörden die Verletzung von Art. 102 feststellen und Unterlassung bzw. Abstellung der Verletzung verlangen sowie Geldbußen verhängen.

Im Gegensatz zu wettbewerbsbeschränkenden Vereinbarungen iSd Art. 101 AEUV, die **7** nach Art. 102 Abs. 3 freigestellt werden können, ist eine Freistellung vom Verbot des Art. 102 nicht möglich. Liegt ein missbräuchliches Verhalten eines marktbeherrschenden Unternehmens vor, so ist dieses unzulässig und verboten.[5]

Die Kommission hat im Jahr 2009 die „Erläuterungen zu den Prioritäten der Kommission **8** bei der Anwendung von Art. 82 des EG-Vertrags auf Fälle von Behinderungsmissbrauch durch marktbeherrschende Unternehmen"[6] („Prioritätenmitteilung") veröffentlicht, in der es die von den Gerichten entwickelten Rechtsgrundsätze und die Sicht der Kommission zu Art. 102 zusammenfasst und zu Lücken und Zweifelsfragen Stellung bezieht.[7]

In Ergänzung zu den einschlägigen wettbewerbsrechtlichen Entscheidungen der Kom- **9** mission soll die Prioritätenmitteilung mehr Klarheit und Vorhersehbarkeit in Bezug auf den allgemeinen Prüfungsrahmen schaffen, anhand dessen die Kommission entscheidet, ob sie Fälle eines Behinderungsmissbrauchs verfolgt. Zugleich soll sie den Unternehmen als Hilfestellung dienen, damit diese besser einschätzen können, ob ein bestimmtes Verhalten ein Tätigwerden der Kommission nach Art. 102 auslösen könnte. Hintergrund der Prioritätenmitteilung sind Bestrebungen der Kommission, bei der Anwendung des Art. 102 einen „more economic approach" zu gehen.[8] Dieser „more economic approach" soll bei der Beurteilung von Sachverhalten, (neuen) ökonomischen Erkenntnissen und Entwicklungen und den Auswirkungen des Verhaltens des Normadressaten (Effizienzgedanke) mehr Gewicht geben.[9]

In der Prioritätenmitteilung wird ausdrücklich festgehalten, dass keine Aussage über die **10** geltende Rechtslage gemacht wird.[10] Die Kommission legt lediglich ihre eigenen Prioritäten in der Mitteilung offen. Den Aussagen der Kommission kommt jedoch erhebliche praktische Bedeutung zu. Nach herrschender Lehre bewirken sie eine Selbstbindung der Kommission. Eine Bindung anderer Rechtsanwender, wie insbesondere der Gerichte, erfolgt durch die Prioritätenmitteilung nicht.[11] Die in der Prioritätenmitteilung niedergelegten Erwägungen der Kommission können in der Praxis jedoch bei der rechtlichen Prüfung herangezogen werden.[12]

II. Normadressaten

Art. 102 richtet sich an marktbeherrschende Unternehmen. Für den Unternehmens- **11** begriff des Art. 102 gilt das Gleiche wie für Art. 101 AEUV. Art. 102 findet auf jedes Handeln im geschäftlichen Verkehr durch eine natürliche oder juristische Person oder nichtrechtsfähige Personenvereinigung Anwendung (→ AEUV Art. 101 Rn. 9 ff.).[13]

Auch Staaten können Unternehmen und damit den kartellrechtlichen Vorschriften **12** unterworfen sein. Bei der Abgrenzung von hoheitlichem zu unternehmerischem Handeln spielen die Organisation oder Rechtsform genauso wenig eine Rolle, wie die Art und

---

[3] Langen/Bunte/Bulst EuWettbR Rn. 2.
[4] Langen/Bunte/Bulst EuWettbR Rn. 2.
[5] Bechtold/Bosch/Brinker Rn. 2.
[6] ABl. 2009 C 45, 7.
[7] Immenga/Mestmäcker/Fuchs EuWettbR Rn. 9.
[8] Immenga/Mestmäcker/Fuchs EuWettbR Rn. 8 f.
[9] Immenga/Mestmäcker/Fuchs EuWettbR Rn. 9.
[10] ABl. 2009 C 45, 7 Rn. 3; Langen/Bunte/Bulst EuWettbR Rn. 22.
[11] Immenga/Mestmäcker/Fuchs EuWettbR Rn. 16 f.
[12] Langen/Bunte/Bulst EuWettbR Rn. 5.
[13] Immenga/Mestmäcker/Fuchs EuWettbR Rn. 19.

Weise der Finanzierung.[14] Es kommt vielmehr auf die ausgeübte Tätigkeit an.[15] Wenn ein Staat sich allerdings bei der Ausübung einer genuinen Staatstätigkeit (zB Überwachungsmaßnahmen im Allgemeininteresse) eines privatrechtlichen Unternehmens bedient, dann kann dies trotzdem noch ein hoheitliches Handeln darstellen, welches nicht Art. 102 unterliegt.[16] Die Frage der Anwendbarkeit der Wettbewerbsregeln muss daher jeweils im Einzelfall geprüft werden.

III. Marktbeherrschung

13   **1. Definition des relevanten Markts.** Grundvoraussetzung für die Anwendbarkeit von Art. 102 ist, dass der Normadressat auf dem Binnenmarkt oder einem wesentlichen Teil desselben eine marktbeherrschende Stellung innehat. Um die Marktstellung zu ermitteln, ist in einem ersten Schritt der relevante Markt zu bestimmen und in einem weiteren Schritt der Beherrschungsgrad des betreffenden Unternehmens auf dem relevanten Markt. Die beiden Schritte stehen in einer engen Wechselbeziehung. Der festgestellte Beherrschungsgrad wird von der Marktabgrenzung wesentlich beeinflusst. Gleichzeitig werden mitunter vom zu beurteilenden Marktverhalten Rückschlüsse auf die Marktabgrenzung gezogen.[17]

14   Um die Marktstellung zu ermitteln, muss zunächst der relevante Markt bestimmt werden. Die Kommission hat in ihrer Bekanntmachung über die Definition des relevanten Marktes im Sinne des Wettbewerbsrechts der Gemeinschaft[18] die Parameter zur Marktabgrenzung zusammengefasst und erläutert. Danach spielen die Wettbewerbskräfte, die auf die Unternehmen wirken, eine wichtige Rolle. Dafür sind insbesondere die Nachfragesubstitution (dh inwieweit ein Produkt durch ein anderes ersetzt werden kann), die Angebotssubstitution (dh die Möglichkeit der Hersteller, kurzfristig ihr Angebot umzustellen) und der potentielle Wettbewerb relevant.[19]

15   Vor allem der Nachfragesubstitution kommt eine unmittelbare und besonders wirksame disziplinierende Kraft zu, da ein Anbieter seine Verkaufskonditionen nur begrenzt kontrollieren kann, wenn es für die Abnehmer ausreichend Substitute gibt, auf die die Abnehmer bei nachteilhaften Konditionen, insbesondere Preiserhöhungen, ausweichen können.[20] Diese Ausweichmöglichkeiten bestehen aber nur in Bezug auf zur Verfügung stehende Alternativangebote. Die Abgrenzung des relevanten Marktes besteht daher im Wesentlichen darin, festzustellen, welche Produkte/Leistungen (sachlicher Markt) und welche räumlichen Anbieter (räumlicher Markt) als Alternativen zur Verfügung stehen. Auch eine zeitliche Komponente kann in Einzelfällen relevant sein.

16   **a) Sachlich relevanter Markt.** Der sachlich relevante Markt umfasst sämtliche Erzeugnisse und/oder Dienstleistungen, die von den Verbrauchern hinsichtlich ihrer Eigenschaften, Preise und ihres vorgesehenen Verwendungszwecks als **austauschbar** oder **substituierbar** angesehen werden.[21] Eine absolute Austauschbarkeit ist nicht gefordert. Ausreichend ist die hinreichende Möglichkeit, ein Produkt oder eine Leistung anstelle des oder der anderen zu nutzen.[22]

---

[14] EuGH Slg. 1991, 1979 Rn. 21 – Arbeitsvermittlungsmonopol.

[15] Immenga/Mestmäcker/Fuchs EuWettbR Rn. 19.

[16] EuGH NZKart 2021, 342 Rn. 49 ff.; Slg. 1997, 1547 Rn. 22 f. – Calì/SEPG; Immenga/Mestmäcker/Fuchs EuWettbR Rn. 20.

[17] Immenga/Mestmäcker/Fuchs EuWettbR Rn. 44.

[18] ABl. 1997 C 372, 5 Rn. 7.

[19] KOMM. ABl. 1997 C 372, 5 Rn. 13 f.

[20] KOMM. ABl. 1997 C 372, 5 Rn. 13.

[21] KOMM. ABl. 1997 C 372, 5 Rn. 7; KOMM. COMP/38096 Rn. 135 – Clearstream.

[22] KOMM. COMP/38.233 Rn. 193 ff. – Wanadoo Interactive; bestätigt durch EuG Slg. 2007, II-107 Rn. 88 – France Télécom/Kommission; KOMM. ABl. 1988 L 65, 19 (32 f.) – Eurofix-Bauco/Hilti; bestätigt durch EuG Slg. 1991, II-1439 (1473 f.) – Hilti; EuGH Slg. 1983, 3461 Rn. 38 f. – Michelin; Slg. 1996, 5951 Rn. 19 – Tetra Pak II; EuGH Slg. 1979, 461 Rn. 28 – Hoffmann-La Roche; KOMM ABl. 1997 L 258, 1 Rn. 86 – Irish Sugar; Grabitz/Hilf/Nettesheim/Jung Rn. 38.

Für die Austauschbarkeit spielen aus Sicht der Abnehmer regelmäßig die Qualität und die **17** Eigenschaften des Produktes, der Preis, technische Besonderheiten eines Produktes/einer Leistung, Verbraucherpräferenzen,[23] Verfügbarkeit im Markt, die Verwendungsmöglichkeiten[24] und Vertriebssysteme[25] eine Rolle.[26] So wurden anhand der vorstehenden Aspekte Ersatzteile trotz ihrer potentiellen Substituierbarkeit mit Erstausrüstungsteilen nicht demselben Markt zugeordnet.[27]

Der EuGH stellt vor allem auf die Eigenschaften der Leistungen und die Verwendbarkeit **18** des Produktes aus Sicht des Abnehmers ab.[28] Es werden danach all jene Produkte/Leistungen in den Markt einbezogen, die sich auf Grund ihrer Eigenschaften zur Befriedigung besonders eignen und mit anderen Erzeugnissen nur in geringem Maß austauschbar sind.[29]

Funktionell nicht austauschbare Produkte können mit in den relevanten Markt einbezo- **19** gen werden, wenn die Anbieter dieser Produkte in der Lage sind, durch geringfügige Änderungen ihrer Produktion mit verhältnismäßig geringem zeitlichen und finanziellen Aufwand die Produktion auf austauschbare Produkte umzustellen, um auf dem relevanten Markt wettbewerbsfähig zu bleiben **(Angebotsumstellungsflexibilität)**.[30]

Die Kommission wie auch viele europäische Gerichte stellen insbesondere auf den Preis **20** ab, um zu ermitteln, ob ein Produkt von den Verbrauchern als austauschbar angesehen wird. Ein wichtiges Kriterium ist in diesem Zusammenhang die **Kreuzpreiselastizität.** Dabei wird der sachlich relevante Markt anhand eines gedanklichen Experiments (der **„SSNIP"** („small but significant non-transitory increase in price")[31] festgestellt. Hier wird geprüft, ob Kunden als Reaktion auf eine geringfügige aber dauerhafte Erhöhung der relativen Preise (zwischen 5 % und 10 %) ihre Nachfrage auf andere Produkte (oder Gebiete) umstellen würden.[32] All die Produkte, auf die ein Verbraucher bei einer derartigen Preiserhöhung ausweichen würde, sind Teil des relevanten Produktmarktes. Wenn Nachfrager trotz Preiserhöhung nicht auf ein anderes Produkt umsteigen, liegt grundsätzlich ein separater Markt vor.

Separate Märkte können sich auch bei Waren ergeben, die im Hochpreissegment ver- **21** trieben werden („Luxusgüter").[33] Hier wird nicht unbedingt nach dem Preis abgegrenzt, der Preiswettbewerb wird jedoch berücksichtigt.[34]

Die Kommission stellt seit einiger Zeit auch auf Aspekte der Wettbewerbsökonomie ab **22** (siehe auch die Prioritätenmitteilung → Rn. 8). In den USA werden diese Modelle schon seit mehreren Jahren genutzt. Diese Entwicklung hin zur ökonomischen Analyse wird sich sicher fortsetzen. Diese – meist aufwendigen und kostspieligen – Analysen werden idR bei besonders aufwendigen Fällen vorgenommen.[35]

---

[23] EuGH Slg. 1996, 5951 Rn. 19 – Tetra Pak II; dazu KOMM. COMP/A. 37.507/F3 Rn. 362–370 – AstraZeneca; Grabitz/Hilf/Nettesheim/Jung Rn. 41.

[24] KOMM. ABl. 1988 L 65, 19 (32 f.) – Eurofix-Bauco/Hilti, bestätigt durch EuG Slg. 1991, II-1439 (1473 f.) – Hilti.

[25] KOMM. COMP/A. 37.507/F3 Rn. 362–370 – AstraZeneca.

[26] Bechtold/Bosch/Brinker Rn. 8.

[27] EuGH Slg. 1983, 3461 Rn. 38 f. – Michelin; Grabitz/Hilf/Nettesheim/Jung Rn. 41; Bechtold/Bosch/ Brinker Rn. 11; Immenga/Mestmäcker/Fuchs EuWettbR Rn. 58.

[28] EuGH Slg. 1983, 3461 Rn. 37 – Michelin.

[29] EuGH Slg. 1983, 3461 Rn. 37 – Michelin; Bechtold/Bosch/Brinker Rn. 9.

[30] KOMM. ABl. 1997 C 372, 5 Rn. 20.

[31] KOMM. ABl. 1997 C 372, 5 Rn. 15 ff., 39; vgl. EuG 15.12.2010 – T-427/08, GRUR-Int 2011, 527 Rn. 69 – CEAHR/Kommission für die Aufnahme des SSNIP-Tests durch die europäische Rechtsprechung.

[32] EuGH Slg. 1978, 207 – United Brands; KOMM. ABl. 1997 C 372, 5 Rn. 17; Bechtold/Bosch/Brinker Rn. 10.

[33] Immenga/Mestmäcker/Fuchs EuWettbR Rn. 60.

[34] EuGH Slg. 1984, 883 (902) – Hasselblad („teure" und „billige" Spiegelreflexkameras); EuGH Slg. 1978, 131 (147 ff.) – Miller („teure" und „billige" Tonträger); KOMM. ABl. 1989 L 35, 31 (32 f.) – Charles Jourdan („teure" und „billige" Schuhe); KOMM. ABl. 1992 L 12, 24 (25, 29) – Yves Saint Laurent; KOMM. ABl. 1992 L 236, 11 (15 f.) – Parfums Givenchy; KOMM. ABl. 1991 L 75, 57 (58) – Vichy (Kosmetika der unteren Preiskategorie).

[35] Kroes CLI 2008 Vol. 4 Nr. 3, 4, 6; Bechtold/Bosch/Brinker Rn. 12.

23 **b) Räumlich relevanter Markt.** Der räumlich relevante Markt ist das Gebiet, in welchem die Produkte vertrieben werden und in welchem die Wettbewerbsbedingungen hinreichend homogen sind, um dieses Gebiet von anderen Märkten abzugrenzen.[36] Entscheidend ist die Sicht der Marktgegenseite. Die Homogenität der Wettbewerbsbedingungen hängt von den wirtschaftlichen Rahmenbedingungen für den Absatz der Produkte des sachlich relevanten Marktes ab. Dazu zählen insbesondere die Preise, Anbieterstruktur und Vertriebswege. Die Kommission prüft dabei, ob die Preise und Vertriebssysteme in den einzelnen Mitgliedstaaten weitgehend einheitlich sind oder sich stark unterscheiden. Auch die Marktanteile in den einzelnen Mitgliedstaaten werden berücksichtigt.[37]

24 Weitere wichtige Kriterien zur Feststellung des räumlich relevanten Marktes sind die Transportfähigkeit von Produkten, Transportkosten, nationale (oder regionale) Kundenpräferenzen,[38] Produkt- und Markendifferenzierung in einzelnen Ländern,[39] Kultur- und Sprachunterschiede,[40] das Erfordernis einer lokalen Gebietspräsenz, das Angebot von Beratungsleistungen und Kosten für die Errichtung eines Vertriebsnetzes.[41] Dazu kommen Vermarktungsregelungen[42] und sonstige regulatorische Schranken wie technische Normen, Verpackungs- und Beschriftungsvorschriften, Währungsunterschiede, Steuersätze, Zölle, Abgaben und Genehmigungsvoraussetzungen.[43]

25 Gibt es bei den Kriterien in den einzelnen Mitgliedstaaten große Unterschiede, spricht dies für nationale Märkte. Sind die Faktoren in mehreren Mitgliedstaaten weitgehend gleich, ist von einem räumlichen Markt auszugehen, der mehrere Mitgliedstaaten umfasst.

26 Die Kommission stellt auch bei der Frage nach der Abgrenzung des räumlichen Marktes auf die Kreuzpreiselastizität ab. Entscheidend ist in diesem Rahmen, ob ein Nachfrager bei einer geringfügigen aber dauerhaften Erhöhung der relativen Preise seine Nachfrage auf Lieferanten an einem anderen Standort umstellen würde (→ Rn. 20).[44]

27 Der räumlich relevante Markt kann den gesamten Binnenmarkt erfassen oder auch nur einen Teil davon. Möglich sind auch regionale oder lokale Märkte. Auch weltweite Märkte sind denkbar.[45]

28 **c) Zeitlicher Markt.** Zeitliche Aspekte spielen bei der Marktabgrenzung nur selten eine Rolle. Bei befristeten Angeboten, die häufig wechseln, zB in der Unterhaltungsindustrie, kann der zeitliche Faktor eine Rolle spielen. IdR wird eine etwaige zeitliche Komponente bereits iRd Abgrenzung des sachlich relevanten Marktes berücksichtigt.[46]

29 **d) Marktabgrenzung in Fällen der Marktbeherrschung durch Nachfrager.** Es ist allgemein anerkannt, dass auch nachfragende Unternehmen gegenüber ihren Anbietern eine marktbeherrschende Stellung einnehmen können.[47] Kommt eine marktbeherrschende Stellung auf der Nachfrageseite in Betracht, ist bei der Ermittlung des relevanten Marktes die Sicht der Anbieterseite entscheidend.[48] Hierbei spielt die Austauschbarkeit des Produkts

---

[36] EuGH Slg. 1978, 207 Rn. 10 f. – United Brands; KOMM. ABl. 1997 C 372, 5 Rn. 8; Immenga/Mestmäcker/Fuchs EuWettbR Rn. 65.

[37] Immenga/Mestmäcker/Fuchs EuWettbR Rn. 65; KOMM. ABl. 1997 C 372, 5 Rn. 28.

[38] KOMM. COMP/E-1/38.113 Rn. 47 ff. – Prokent/Tomra.

[39] KOMM. ABl. 1997 C 372, 5 Rn. 33, 47; KOMM. ABl. 1998 L 246, 1 Rn. 139 – Van den Bergh Foods: Die Verwendung unterschiedlicher Markennamen in den einzelnen Mitgliedstaaten „[veranschaulicht] eindeutig den nationalen Charakter der Märkte".

[40] Immenga/Mestmäcker/Fuchs EuWettbR Rn. 65.

[41] KOMM. ABl. 1997 C 372, 5 Rn. 28, 46, 48; Grabitz/Hilf/Nettesheim/Jung Rn. 50.

[42] EuGH Slg. 1978, 207 Rn. 36/38, 45/56 – United Brands; Grabitz/Hilf/Nettesheim/Jung Rn. 49.

[43] Bechtold/Bosch/Brinker Rn. 14.

[44] KOMM. ABl. 1997 C 372, 5 Rn. 29, 17; Grabitz/Hilf/Nettesheim/Jung Rn. 50.

[45] KOMM. COMP/37792 Rn. 427 – Microsoft; Bechtold/Bosch/Brinker Rn. 14.

[46] Bechtold/Bosch/Brinker Rn. 17.

[47] Bechtold/Bosch/Brinker Rn. 21.

[48] EuGH Slg. 1985, 1105 (1123 ff.) – CICCE; KOMM. III. Wettbewerbsbericht Rn. 67 ff.; Immenga/Mestmäcker/Fuchs EuWettbR Rn. 71.

oder der Leistung keine Rolle.[49] Entscheidend ist hingegen die aus Sicht des Anbieters vorzunehmende Bewertung der Verwendungsmöglichkeiten seines Produkts.[50] Je weniger Verwendungsmöglichkeiten bestehen und der Anbieter daher bezüglich des Absatzes an einen Nachfrager gebunden ist, desto eher ist von einer Marktbeherrschung des Nachfragers auszugehen.[51] Unter diesen Umständen ist die Frage der Marktabgrenzung eng mit der Frage der Marktbeherrschung verbunden. Lieferanten, welche einen hohen Spezialisierungsgrad aufweisen und ihre Produkte nach Spezifikationen des Nachfragers fertigen, sind hierbei tendenziell abhängig von diesem Nachfrager.

Eine Marktbeherrschung des Nachfragers kommt zB im Automobilbereich häufiger vor. **30** Hier produzieren die Zulieferer zum Teil ein bestimmtes Produkt nur für einen Hersteller. Wenn dem Zulieferer eine Produktionsumstellung für den Bedarf anderer Nachfrager nicht mit vertretbarem Aufwand möglich ist, so stellt das für den bestimmten Hersteller produzierte Produkt einen separaten Markt dar, welcher vom Hersteller beherrscht wird.[52] Anders ist es nur, wenn eine Umstellung der Produktion dem Lieferanten zumutbar und ohne großen Aufwand möglich ist.

e) Einzelfallentscheidung und Dokumentation der Marktabgrenzung. Im Ergeb- **31** nis muss der relevante Markt immer auf der Grundlage der spezifischen Produkte und Leistungen und unter Berücksichtigung einer Vielzahl von Parametern ermittelt werden. In manchen Fällen wird die Bestimmung des relevanten Marktes nicht eindeutig möglich sein, mit der Folge, dass je nach Abgrenzung des Marktes ein sehr hoher oder ein sehr geringer Marktanteil ermittelt wird. In jedem Fall sollte die genaue Marktanalyse dokumentiert werden, um im Falle von Untersuchungen durch die Kartellbehörden die Anstrengungen für die Ermittlung des relevanten Marktes nachweisen zu können.

2. Marktbeherrschung. a) Allgemeines. Nach Ermittlung des relevanten Marktes **32** muss nun festgestellt werden, ob das relevante Unternehmen auf diesem Markt eine marktbeherrschende Position innehat. Marktbeherrschung ist „die wirtschaftliche Machtstellung eines Unternehmens […] die dieses in die Lage versetzt, die Aufrechterhaltung eines wirksamen Wettbewerbs auf dem relevanten Markt zu verhindern, indem sie ihm die Möglichkeit verschafft, sich seinen Wettbewerbern, seinen Abnehmern und letztlich den Verbrauchern gegenüber in einem nennenswerten Umfang unabhängig zu verhalten".[53] Entscheidendes Merkmal ist daher die Unabhängigkeit des Unternehmens, die es in die Lage versetzt, den Wettbewerb auf dem relevanten Markt zu verhindern. Die absolute Beherrschung des relevanten Marktes in einer Weise, die es dem Unternehmen gestattet, seinen Willen unbeschränkt durchzusetzen, ist nicht erforderlich.[54] Vielmehr genügt es, wenn das marktbeherrschende Unternehmen seine Entscheidungen und Verhaltensweisen unabhängig von seinen Kunden, Lieferanten und Wettbewerbern treffen und durchführen kann.[55] Dies kann auch gegenüber Kunden der Fall sein, die ihrerseits marktbeherrschend sind, soweit diese von den Produkten oder Leistungen des Unternehmens abhängig sind.[56] Wenn also ein Unternehmen die Möglichkeit hat, die Preise und Konditionen und die Produktion und die Verteilung der Produkte zu bestimmen, wird das Unternehmen als marktbeherrschend angesehen.[57]

---

[49] LMRKM/Bergmann/Fiedler Rn. 21; Immenga/Mestmäcker/Fuchs EuWettbR Rn. 71.

[50] Immenga/Mestmäcker/Fuchs EuWettbR Rn. 71.

[51] EuGH Slg. 1995, 743 – RTE (Magill); EuGH Slg. 1999, 2387 – Deutsche Bahn; Bechtold/Bosch/ Brinker Rn. 21.

[52] Immenga/Mestmäcker/Fuchs EuWettbR Rn. 72.

[53] EuGH Slg. 1978, 207 Rn. 63, 66 – United Brands; EuGH Slg. 2009, 2369 Rn. 103 – France Télécom; KOMM. ABl. 1991 L 152, 40 Rn. 41 – Soda-ICI; Grabitz/Hilf/Nettesheim/Jung Rn. 62.

[54] Bechtold/Bosch/Brinker Rn. 18.

[55] EuGH Slg. 1979, 461 Rn. 39 – Hoffmann-La Roche; KOMM. ABl. 2000 L 30, 1 Rn. 92, 95 – Virgin/British Airways; Grabitz/Hilf/Nettesheim/Jung Rn. 63.

[56] KOMM. ABl. 1997 L 258, 1 Rn. 106, 107 – Irish Sugar; Grabitz/Hilf/Nettesheim/Jung Rn. 63.

[57] Bechtold/Bosch/Brinker Rn. 18.

33   Wettbewerb auf dem relevanten Markt schließt das Vorhandensein einer beherrschenden Stellung nicht aus, soweit das marktbeherrschende Unternehmen auf die Bedingungen des Wettbewerbs einen wesentlichen Einfluss hat oder diese gar bestimmen kann und selbst derart unabhängig ist, dass es diese Bedingungen im Wettbewerb nicht beachten muss.[58] Insoweit dient der Wettbewerb dem marktbeherrschenden Unternehmen anstatt dieses zu kontrollieren. Leistungswettbewerb ist durch die gegenseitige Abhängigkeit der Verhaltensweisen der Marktteilnehmer gekennzeichnet. Ständiges Reagieren auf Verhaltensweisen von Mitwettbewerbern, Lieferanten und Kunden ist eine Voraussetzung für effektiven Wettbewerb.

34   Verhindern des Wettbewerbs auf dem relevanten Markt bedeutet nicht die völlige Ausschaltung jedes Wettbewerbs. Ausreichend ist, wenn das Unternehmen in der Lage ist, Wettbewerber wesentlich zu schwächen.[59]

35   Die Anwendbarkeit von Art. 102 setzt eine marktbeherrschende Stellung auf dem Gemeinsamen Markt oder zumindest auf wesentlichen Teilen voraus. Ein wesentlicher Teil kann ein Mitgliedsstaat sein;[60] bei großen Mitgliedstaaten wurde sogar die Anwendbarkeit von Art. 102 bejaht, wenn die marktbeherrschende Stellung nur für einen Teil des Mitgliedsstaates bestand.[61] Eine markbeherrschende Stellung iSd Art. 102 besteht nicht, wenn die marktbeherrschende Position lediglich in regionalen oder lokalen Märkten gegeben ist. In diesen Fällen sind §§ 18 ff. GWB ggf. einschlägig.

36   Die marktbeherrschende Stellung kann von einem Unternehmen (Einzelmarktbeherrschung) oder aber durch mehrere Unternehmen gemeinsam (Kollektivmarktbeherrschung) eingenommen werden.

37   **b) Einzelmarktbeherrschung.** Wenn ein Unternehmen auf dem relevanten Markt über ein Monopol verfügt, begründet dies eine Marktbeherrschung durch ein einzelnes Unternehmen (Einzelmarktbeherrschung). Die Marktbeherrschung kann hierbei auf faktischen Gründen[62] oder auf Grund gesetzlicher Bestimmung beruhen. Eine Monopolstellung wird für ehemalige gesetzliche Monopolbetriebe im Bereich der Post, Telekommunikation oder Bahn angenommen.[63]

38   Besteht auf dem relevanten Markt Wettbewerb und mithin keine Monopolstellung, dann ist die Marktposition des relevanten Unternehmens von entscheidender Bedeutung. Die Marktposition wird vor allem durch die Marktanteile dargestellt.[64] Auf Grund der Rechtsprechung ist bei einem **Marktanteil von größer gleich 75 %** von einer marktbeherrschenden Stellung auszugehen.[65] Liegen die Marktanteile **zwischen 40 % und 75 %,** müssen für die Annahme einer marktbeherrschenden Stellung weitere Umstände hinzutreten.[66] Dabei gilt, je geringer der Marktanteil, desto mehr Umstände müssen hinzukommen, um eine marktbeherrschende Stellung anzunehmen.[67]

39   Wichtiges Kriterium für die Feststellung der Marktbeherrschung ist auch der **Marktanteil der Wettbewerber.** So wurde in den nachfolgend aufgeführten Fällen eine Marktbeherrschung festgestellt: Marktanteil von ca. 66 % bei Marktanteilen der Wettbewerber

---

[58] EuGH Slg. 1979, 461 Rn. 39, 70 – Hoffmann-La Roche; EuGH Slg. 1983, 3461 Rn. 48 – Michelin; Grabitz/Hilf/Nettesheim/Jung Rn. 63.

[59] EuGH Slg. 1978, 207 Rn. 126, 128 – United Brands; KOMM. ABl. 1991 L 152, 21 Rn. 41 – Soda-Solvay; Grabitz/Hilf/Nettesheim/Jung Rn. 63.

[60] KOMM. ABl. 2001 L 125, 27 Rn. 42 – Deutsche Post AG; Bechtold/Bosch/Brinker Rn. 20.

[61] KOMM. ABl. 1998 L 72, 30 Rn. 106 – Flughafen Frankfurt/Main AG.

[62] KOMM. COMP/38096 Rn. 203 – Clearstream.

[63] Bechtold/Bosch/Brinker Rn. 23.

[64] KOMM. COMP/37792 Rn. 429 – Microsoft; Bechtold/Bosch/Brinker/Hirsbrunner EGV Art. 82 Rn. 22.

[65] EuGH Slg. 1979, 461 Rn. 41 – Hoffmann-La Roche; EuG Slg. 1994, II-755 Rn. 119 und 121 – Tetra Pak II; Immenga/Mestmäcker/Fuchs EuWettbR Rn. 87.

[66] EuGH Slg. 1978, 207 (294 ff.) – United Brands; KOMM. ABl. 1988 L 317, 47 Rn. 23 ff. – SABENA; KOMM. ABl. 1976 L 95, 1 (12 ff.) – Chiquita; Immenga/Mestmäcker/Fuchs EuWettbR Rn. 91.

[67] Immenga/Mestmäcker/Fuchs EuWettbR Rn. 91.

von 15% und 6%;[68] Marktanteil von mindestens 64% bei Marktanteilen von vier Wettbewerbern unter 10%;[69] Marktanteil von 50%-60%, der das Zwei- bis Dreifache des Marktanteils des nachfolgenden Wettbewerbers betrug;[70] Marktanteil von 50%-54% bei Marktanteilen der Wettbewerber von 19% und 16%;[71] Marktanteil von 57%-65% bei Marktanteilen der Wettbewerber von 4%-8%;[72] Marktanteil von über 40%, wenn der Marktanteil doppelt so hoch ist wie die Marktanteile der nächstgrößten Wettbewerber und gleichzeitig eine überragende Verhandlungsstärke gegenüber den Abnehmern vorliegt.[73]

Bei **Marktanteilen unter 50%** ist eine Marktbeherrschung nur dann anzunehmen, **40** wenn dies durch das Vorliegen gewichtiger Gründe, zB die Marktstruktur, gerechtfertigt ist.[74] Im Gegensatz dazu wird nach deutschem Recht gemäß § 18 Abs. 4 GWB bei Vorliegen von Marktanteilen von 40% eine Marktbeherrschung vermutet (→ GWB § 18 Rn. 88).

Auch wenn die Marktanteile von entscheidender Bedeutung sind, müssen auch andere **41** Kriterien berücksichtigt werden: zB die Zersplitterung des Marktes,[75] der Konzentrationsgrad des Marktes,[76] die Struktur der Wettbewerber hinsichtlich ihrer Größe, Finanzkraft etc,[77] der Entwicklungsstand bei neuen Wachstumsmärkten,[78] die Marktmacht auf Nachbarmärkten oder die Struktur des Vertriebsnetzes.[79] Auch gewerbliche Schutzrechte können eine marktbeherrschende Stellung begründen, sofern das Schutzrecht dem Unternehmen die Möglichkeit verschafft, den relevanten Markt effektiv zu kontrollieren.[80] Es ist daher jeweils eine Einzelfallprüfung bei der Ermittlung der Marktbeherrschung vorzunehmen.

c) Kollektivmarktbeherrschung. Auch mehrere Unternehmen können zusammen **42** marktbeherrschend sein. Voraussetzung hierfür ist, dass zwischen den Unternehmen kein relevanter Wettbewerb besteht und sie in ihrer Gesamtheit marktbeherrschend sind (sogenanntes Oligopolunternehmen).[81] Oligopole können auf Grund der Zusammenfassung wesentlicher Wettbewerber in Konzernstrukturen oder auf Grund von Vereinbarungen (Kartellen) oder sonstigen (tatsächlichen) Gründen entstehen.[82]

Die Tatsache, dass zwischen (wesentlichen) Wettbewerbern kein Wettbewerb stattfindet, **43** reicht nicht aus, um das Bestehen eines marktbeherrschenden Oligopols zu bejahen.[83] Erforderlich ist, dass die beteiligten Unternehmen derartige Bindungen untereinander unterhalten, dass sie gegenüber den außenstehenden Wettbewerbern, Kunden und Lieferanten als Einheit vorgehen können.[84] Die Bindungen können sich durch personelle,

[68] EuGH Slg. 1979, 461 (529 f.) Rn. 63 – Vitamingruppe C – Hoffmann-La Roche.

[69] EuGH Slg. 1979, 461 (528 f.) Rn. 59, 60 – Vitamingruppe B6 – Hoffmann-La Roche.

[70] KOMM. X. Wettbewerbsbericht (1980) Rn. 152.

[71] EuGH Slg. 1979, 461 (530) Rn. 64, 66 – Vitamingruppe E – Hoffmann-La Roche.

[72] KOMM. ABl. 1981 L 353, 33 Rn. 35 – Michelin, insoweit bestätigt durch EuGH Slg. 1983, 3461 Rn. 52 – Michelin.

[73] KOMM. COMP/A. 39.116/B2 Rn. 24 f. – Coca-Cola (Entscheidung nach Art. 9 VO 1/2003).

[74] KOMM. ABl. 1997 C 372, 5, Anhang B1 Rn. 14; KOMM. ABl. 1988 L 317, 47 Rn. 23 ff. – SABENA; Immenga/Mestmäcker/Fuchs EuWettbR Rn. 92 f.

[75] EuGH Slg. 1975, 1663; 1996, 2013 – Suiker Unie; EuGH Slg. 1978, 207 (290 f.) – United Brands; EuGH Slg. 1979, 461 (524, 525, 528 f., 529 f.) – Hoffmann-La Roche; KOMM. 16.7.2003 – COMP/38.233 Rn. 213, 215 – Wanadoo Interactive; Immenga/Mestmäcker/Fuchs EuWettbR Rn. 88.

[76] Immenga/Mestmäcker/Fuchs EuWettbR Rn. 88.

[77] EuGH Slg. 1983, 3461 Rn. 59 – Michelin; Immenga/Mestmäcker/Fuchs EuWettbR Rn. 88.

[78] Körber NZKart 2014, 378 (380 ff.); LMRKM/Bergmann/Fiedler Rn. 133.

[79] KOMM. ABl. 2002 L 143, 1 Rn. 181 – Michelin; Bechtold/Bosch/Brinker/Hirsbrunner EGV Art. 82 Rn. 23 Bechtold/Bosch/Brinker Rn. 24.

[80] Immenga/Mestmäcker/Fuchs EuWettbR Rn. 81.

[81] Bechtold/Bosch/Brinker/Hirsbrunner EGV Art. 82 Rn. 25 Bechtold/Bosch/Brinker Rn. 26.

[82] KOMM. ABl. 1997 L 258, 1 – Irish Sugar; Langen/Bunte/Bulst EuWettbR Rn. 64.

[83] EuG Slg. 1992, II-1403 (1547) – Flachglas; EuGH Slg. 1994, I-1477 Rn. 41 – Almelo; EuG Slg. 1996, II-1403 Rn. 358 – Compagnie Maritime Belge; Bechtold/Bosch/Brinker Rn. 26.

[84] EuGH Slg. 2000, I-1365 Rn. 41–45 – Compagnie Maritime Belge Transport; Immenga/Mestmäcker/Fuchs EuWettbR Rn. 119.

vertragliche und/oder gesellschaftsrechtliche Verflechtungen der beteiligten Unternehmen ergeben.[85] So zum Beispiel im Fall eines Einkaufskartells.[86]

44   Die Annahme eines Oligopols ist auch in Fällen möglich, in denen die Unternehmen sich im Wettbewerb hinsichtlich wesentlicher Faktoren wie Preis(-änderungen) parallel verhalten (Reaktionsverbundenheit).[87] Die Rechtsprechung nimmt im Bereich der Fusionskontrolle ein marktbeherrschendes Oligopol an, wenn auf Grund einer hohen Markttransparenz und wirksamer Sanktionen ein struktureller Anreiz für ein kollusives Zusammenarbeiten besteht.[88] Zusätzlich ist erforderlich, dass auf dem relevanten Markt kein aktueller oder potentieller Wettbewerb und keine ausgleichende Nachfragemacht existiert.[89]

45   **d) Berechnung des Marktanteils.** Für die Berechnung des Marktanteils muss der Absatz des betroffenen Unternehmens im relevanten Markt in Verhältnis zu dem Gesamtmarktvolumen gesetzt werden. Das Gesamtvolumen ist die Summe der auf dem relevanten Markt abgesetzten Waren oder Dienstleistungen. Auch Waren oder Dienstleistungen, die in das Gebiet eingeführt werden, sind bei der Ermittlung des Gesamtvolumens mit einzubeziehen.[90] Produktionsmengen für den Eigenverbrauch oder Lieferungen innerhalb des Konzerns werden nicht berücksichtigt.

46   Die Berechnung kann nach Werten oder nach Mengen erfolgen. Eine festgelegte Regel, auf welcher Basis die Berechnung erfolgt, gibt es nicht. Die Kommission und die Gerichte weisen in ihren Entscheidungen häufig nicht aus, auf welcher Basis die Marktanteile berechnet wurden. Es gibt aber Beispiele für die Berechnung nach Mengen[91] wie auch nach Werten.[92] Je nachdem, ob die Berechnung anhand von Werten oder Mengen erfolgt, führt die Berechnung im Regelfall zu unterschiedlichen Ergebnissen.[93]

47   **e) Potenzieller Wettbewerb, Marktzutrittschancen.** Neben der Berücksichtigung des Marktanteils ist für die Bewertung der Marktposition auch die disziplinierende Wirkung durch potentielle Wettbewerber zu berücksichtigen. Vor allem, wenn konkrete Anhaltspunkte vorliegen, zB ungenutzte Produktionskapazitäten,[94] eine hohe Umstellungsflexibilität durch potentielle Wettbewerber in Bezug auf die relevanten Produkten,[95] ist der potentielle Wettbewerb mit einzubeziehen. Die rein theoretische Möglichkeit des Marktzutritts ist nicht ausreichend.[96] Bei der Ermittlung, ob potentieller Wettbewerb besteht, spielen die Marktzutrittsschranken eine große Rolle. Je größer die Marktzutrittsschranken, zB durch hohe Investitionen,[97] aufwendige Forschung und Entwicklung,[98] regulatorische Beschränkungen,[99] Verbrauchergewohnheiten oder -präferenzen,[100] desto weniger wahr-

---

[85] EuG Slg. 1999, II-2969 Rn. 50–52, 57 – Irish Sugar; Immenga/Mestmäcker/Fuchs EuWettbR Rn. 119.

[86] EuGH Slg. 1985, 1105 – CICEE; Bechtold/Bosch/Brinker Rn. 26.

[87] Emmerich AEUV Art. 101 Abs. 1 Rn. 89 ff.; Bechtold/Bosch/Brinker Rn. 26; Immenga/Mestmäcker/Fuchs EuWettbR Rn. 120.

[88] EuG Slg. 2002, II-2585 – Airtours; Immenga/Mestmäcker/Fuchs EuWettbR Rn. 123; Bechtold/Bosch/Brinker Rn. 26.

[89] EuG Slg. 2002, II-2585 – Airtours; Immenga/Mestmäcker/Fuchs EuWettbR Rn. 123; Bechtold/Bosch/Brinker Rn. 26.

[90] Immenga/Mestmäcker/Fuchs EuWettbR Rn. 94.

[91] KOMM. ABl. 1976 L 95, 1 – Chiquita.

[92] KOMM. ABl. 1972 L 7, 25 (30 ff.) – Continental Can.

[93] EuGH Slg. 1979, 461 (503 ff.) – Hoffmann-La Roche; KOMM. ABl. 1993 L 116, 21 (24 ff.) – Gillette.

[94] EuGH Slg. 1979, 461 Rn. 48, 55. – Hoffmann-La Roche.

[95] EuGH Slg. 1973, 215 Rn. 33 – Continental Can.

[96] Immenga/Mestmäcker/Fuchs EuWettbR Rn. 97.

[97] KOMM. 22.2.2006 – COMP/B-2/38.381 Rn. 27 – Alrosa/De Beers (Entscheidung nach Art. 9 VO 1/2003).

[98] KOMM. 13.5.2009 – COMP/37.990 Rn. 854 ff. – Intel.

[99] KOMM. ABl. 1989 L 43, 27 Rn. 92 – Decca Navigator System; vgl. auch 19.12.1990, ABl. 1991 L 152, 21 Rn. 45 – Soda-Solvay: Konkurrenzschutz durch Antidumpingzölle; KOMM. ABl. 2001 L 166, 1 Rn. 96 und 75–77 – Duales System Deutschland.

[100] EuGH Slg. 1983, 3461 Rn. 56 – Michelin; KOMM. ABl. 1976 L 95, 1 (12 f.) – Chiquita; ABl. 1987 L 286, 36 Rn. 18 – BBI/Boosey & Hawkes.

scheinlich ist eine kontrollierende Wirkung durch potentielle Wettbewerber. Je leichter ein Marktzutritt, desto wahrscheinlicher ist die disziplinierende Wirkung.

IV. Missbrauch

1. Einleitung. Art. 102 S. 1 enthält den Generaltatbestand der missbräuchlichen Aus- **48** nutzung einer marktbeherrschenden Stellung. Art. 102 enthält in Satz 2 vier Regelbeispiele für einen Missbrauch, die sich vornehmlich auf vertikale Vereinbarungen beziehen, zB Vereinbarungen zwischen Herstellern und Händlern. Der Anwendungsbereich des Art. 102 ist aber nicht auf die Regelbeispiele begrenzt.[101] In der Praxis fallen die meisten Fälle des Behinderungsmissbrauchs nicht unter die Regelbeispiele, sondern werden unter die Generalklausel des Satz 1 subsumiert.[102] Ob eine Kausalbeziehung zwischen Markt- beherrschung und Missbrauch bestehen muss war in der Rechtsprechung und Literatur lange ohne wesentliche Bedeutung, ist jedoch anlässlich des Verfahrens gegen Facebook wieder aktuell geworden.[103] Dass eine Kausalität erforderlich ist, ergibt sich sowohl aus dem Wortlaut der Vorschrift, als auch aus systematisch-teleologischen Erwägungen.[104]

a) Missbräuchlichen Ausnutzung. Der Begriff der missbräuchlichen Ausnutzung wird **49** definiert als „Verhaltensweisen eines Unternehmens in beherrschender Stellung, die die Struktur des Marktes beeinflussen können, auf dem der Wettbewerb gerade wegen der Anwesenheit des fraglichen Unternehmens bereits geschwächt ist, und die die Aufrecht- erhaltung des auf dem Markt noch bestehenden Wettbewerbs oder dessen Entwicklung durch die Verwendung von Mitteln behindern, welche von den Mitteln eines normalen Produkt- oder Dienstleistungswettbewerbs auf der Grundlage der Leistungen der Markt- bürger abweichen".[105]

Leistungswettbewerb ist durch das Reagieren-müssen auf die Verhaltensweisen der ande- **50** ren Marktteilnehmer gekennzeichnet. Im Fall des Bestehens eines funktionierenden Wett- bewerbs kann kein Wettbewerber Maßnahmen treffen, ohne bei deren Entscheidung bzw. Umsetzung das Verhalten seiner Mitwettbewerber, Lieferanten oder Kunden in Betracht zu ziehen. Entscheidend für einen Missbrauch ist demnach, dass die Strukturen eines effekti- ven Wettbewerbs durch Verhaltensweisen eines marktbeherrschenden Unternehmens, wel- che nicht denen des Leistungswettbewerbs entsprechen, beeinträchtigt werden.[106] Beson- ders in Fällen einer Monopolstellung oder überragender Marktmacht eines Marktteilneh- mers ist effektiver Leistungswettbewerb gefährdet bzw. eingeschränkt oder sogar aufgehoben. Aus diesem Grund sind Verhaltensweisen, die völlig üblich im Geschäftsver- kehr sind, bei marktbeherrschenden Unternehmen verboten oder nur unter bestimmten Voraussetzungen zulässig.[107]

Bei der Auslegung von Art. 102 wird vor allem auf den Wortlaut, die Systematik, den **51** Sinn von Art. 102 und die Ziele des AEUV abgestellt. Dabei orientiert sich der EuGH vor allem an dem Ziel eines effektiven Wettbewerbs im Binnenmarkt.[108]

---

[101] EuGH Slg. 2007, 2331 Rn. 57 – British Airways; Grabitz/Hilf/Nettesheim/Jung Rn. 119.

[102] Immenga/Mestmäcker/Fuchs EuWettbR Rn. 133.

[103] BKartA 6.2.2019 – B6-22/16, BeckRS 2019, 4895 – Facebook; OLG Düsseldorf NZKart 2019, 495 – Facebook I; MMR 2019, 742; MüKoWettbR/Eilmansberger/Bien Rn. 265.

[104] Vgl. GA Lenz Schlussanträge Slg. 1991, I-3359 Rn. 41 – AKZO; Monopolkommission, XXII. Haupt- gutachten 2018, Rn. 677; OLG Düsseldorf 26.8.2019 – VI-Kart 1/19 (V), NZKart 2019, 495 Rn. 52 – Facebook I; MüKoWettbR/Eilmansberger/Bien Rn. 272.

[105] EuGH Slg. 1979, 461 Rn. 91 – Hoffmann-La Roche; EuGH Slg. 1991, I-3359 Rn. 69 – AKZO; EuG Slg. 1993, II-389 Rn. 118 – BPB; EuG Slg. 1999, II-2969 Rn. 111 – Irish Sugar; Grabitz/Hilf/Nettesheim/ Jung Rn. 120.

[106] Grabitz/Hilf/Nettesheim/Jung Rn. 122.

[107] EuG Slg. 1990, II-347 (357 f.) – Tetra Pak.

[108] EuGH Slg. 1973, 215 Rn. 25 f. – Continental Can; Langen/Bunte/Bulst EuWettbR Rn. 82 ff.; Berg/ Mäsch/Berg Rn. 38.

52　　Art. 102 schützt neben dem Wettbewerb und damit der Marktstruktur auch die einzelnen Marktteilnehmer (Wettbewerber, Kunden und Lieferanten).[109] Verboten ist daher die Beeinträchtigung der bereits geschwächten Marktstruktur durch den Einsatz von Mitteln, die dem Leistungswettbewerb fremd sind. Weiterhin ist die **Ausbeutung von Geschäftspartnern, die Behinderung von Wettbewerbern und die Diskriminierung von Geschäftspartnern und Wettbewerbern** (jeweils unter Ausnutzung einer marktbeherrschenden Stellung) verboten.[110]

53　　**b) Auswirkungen auf Drittmärkte.** Der Missbrauch muss sich nicht unbedingt auf dem von dem Unternehmen beherrschten Markt auswirken. Auch Auswirkungen auf **Drittmärkte** werden vom Missbrauchsverbot erfasst.[111] In diesen Fällen wird eine hinreichend enge Verbindung zwischen dem beherrschten Markt und dem Drittmarkt gefordert,[112] was bei Komplementärprodukten und potentiellen Substituten idR der Fall ist.[113] Allerdings sind bei Auswirkungen auf Drittmärkte die Anforderungen zur Feststellung eines Missbrauchs besonders hoch.[114]

54　　**c) Objektive Rechtfertigung.** Der Wortlaut des Art. 102 geht nicht davon aus, dass bei sachlichen Gründen die scheinbar missbräuchliche Verhaltensweise objektiv gerechtfertigt sein kann, wie dies zT im deutschen Recht in § 19 GWB ausdrücklich geregelt ist. Allerdings hat die Rechtsprechung Rechtfertigungsgründe iRd Missbrauchsprüfung berücksichtigt.[115] So wurde zB bei einer missbräuchlichen Geschäftsverweigerung geprüft, ob objektive berechtigte Gründe für die Verweigerung vorliegen.[116] Das Gleiche gilt bei Kopplungsgeschäften.[117]

55　　Auch der Gesichtspunkt, dass ein Unternehmen berechtigt sein muss, seine wirtschaftlichen Interessen zu verfolgen, findet im Rahmen der Prüfung einer Rechtfertigung Eingang.[118] Dies ist zB im Zusammenhang mit Preisunterbietungen relevant, wenn das marktbeherrschende Unternehmen durch niedrige Preise seiner Wettbewerber zur Preisunterbietung „veranlasst" wurde („meeting competition defence").[119] Diese Rechtfertigung wird aber idR nur ausnahmsweise dazu führen, dass ein missbräuchliches Verhalten zulässig ist.[120]

56　　Auch Effizienzgewinne können eine Rechtfertigung für ein ansonsten missbräuchliches Verhalten darstellen.[121] Dies setzt aber voraus, ähnlich wie bei der Prüfung einer Freistellung gemäß Art. 101 Abs. 3 AEUV (→ AEUV Art. 101 Rn. 110, 129 ff.), dass die schädliche Wirkung durch Effizienzvorteile aufgewogen wird, die Maßnahme für die

---

[109] EuGH Slg. 1973, 215 – Continental Can; EuGH Slg. 1979, 461 Rn. 91 – Hoffmann-La Roche; EuG 24.5.2007 – T-151/01 Rn. 120, BeckRS 2007, 70337 – DSD; Bechtold/Bosch/Brinker Rn. 31; Langen/Bunte/Bulst EuWettbR Rn. 102.

[110] Immenga/Mestmäcker/Fuchs EuWettbR Rn. 134.

[111] KOMM. ABl. 1992 L 72, 1 Rn. 104 – Tetra Pak II; 24.3.2004 – COMP/37.792 Rn. 544 – Microsoft; EuGH Slg. 1996, 5951 Rn. 25 ff. – Tetra Pak II; EuG Slg. 2003, II-5917 Rn. 127 – British Airways/Kommission; EuGH Slg. 1974, 223 Rn. 22, 25 – Commercial Solvents; Immenga/Mestmäcker/Fuchs EuWettbR Rn. 140 ff.

[112] EuG Slg. 2003, II-5917 Rn. 127 – British Airways/Kommission; EuGH 17.7.2014 – C 553/12 P, BeckEuRS 2014, 440864 Rn. 66 – Kommission/DEI.

[113] GD Wettbewerb, Diskussionspapier, Rn. 101.

[114] EuGH Slg. 1996, 5951 Rn. 27 f. – Tetra Pak II.

[115] Immenga/Mestmäcker/Fuchs EuWettbR Rn. 153.

[116] EuG Slg. 2007, II-3601 Rn. 688 – Microsoft/Kommission; KOMM. 24.3.2004 – COMP/C-3/37.792 Rn. 709 ff. – Microsoft; EuGH Slg. 2004, 5039 Rn. 51 – IMS Health.

[117] EuGH Slg. 1996, 5951 Rn. 37 – Tetra Pak II; KOMM. ABl. 1988 L 65, 19 Rn. 88–96 – Eurofix-Bauco/Hilti.

[118] EuGH Slg. 1978, 207 Rn. 189 f. – United Brands.

[119] EuG Slg. 2007, II-107 Rn. 185 ff. – France Télécom/Kommission; Immenga/Mestmäcker/Fuchs EuWettbR Rn. 154.

[120] Immenga/Mestmäcker/Fuchs EuWettbR Rn. 154.

[121] EuGH Slg. 2007, 2331 Rn. 68 ff. – British Airways/Kommission.

Erreichung des Zwecks erforderlich und verhältnismäßig ist und dass die entstehenden Effizienzen den Verbrauchern zugutekommen.[122]

2. Fallgruppen. Unter Beachtung der oben dargestellten Schutzrichtungen des Art. 102 **57** lassen sich die folgenden Fallgruppen bilden.

a) Ausbeutungsmissbrauch, Konditionenmissbrauch. Art. 102 S. 2 lit. a enthält als **58** erstes Regelbeispiel den Ausbeutungsmissbrauch. Der Tatbestand des Satz 2 lit. a ist erfüllt, wenn der Normadressat auf Grund seiner marktbeherrschenden Stellung **unangemessene Einkaufs- oder Verkaufspreise oder sonstige Geschäftsbedingungen** erzwingt.[123] Unter Erzwingen ist die einseitige Vorgabe und Durchsetzung von unangemessenen Preisen und Konditionen auf Grund der wirtschaftlichen Machtposition zu verstehen.[124] Es ist nicht erforderlich, dass der andere Marktteilnehmer sich gegen die unangemessenen Preise und Konditionen wehrt; ausreichend ist, dass er diese akzeptiert.

Die von dem marktbeherrschenden Unternehmen erzwungenen Preise müssen unange- **59** messen sein, dh entweder überhöht,[125] wenn das marktbeherrschende Unternehmen als Anbieter auftritt, oder unangemessen niedrig, wenn er als Nachfrager auftritt. Zur Ermittlung der Unangemessenheit der durchgesetzten Preise wurden verschiedene Methoden entwickelt,[126] zB das Konzept der Gewinnbegrenzung und insbesondere das räumliche Vergleichsmarktkonzept. Tendenziell kommen beide Methoden zu denselben Ergebnissen und werden in der Praxis auch kombiniert angewandt.

Nach dem **Konzept der Gewinnbegrenzung** wird die Unangemessenheit der Preise **60** bei einem unangemessenen Gewinn unter Beachtung angemessener Kosten und eines angemessenen Risikozuschlags festgestellt.[127]

Nach dem räumlichen **Vergleichsmarktkonzept** vergleicht der EuGH die zu prüfen- **61** den Preise mit den auf einem nationalen Teilmarkt als Vergleichsmarkt herrschenden Preisen.[128] In diesen Fällen wird angenommen, dass auf dem Vergleichsmarkt bei funktionierendem Wettbewerb keine höheren bzw. auf Einkaufsseite keine niedrigeren Preise gefordert werden. Werden erheblich höhere einseitig festgesetzte Entgelte als diejenigen in anderen Mitgliedsstaaten gefordert, kann dies ein Indiz für den Missbrauch einer Marktbeherrschenden Stellung angesehen werden.[129] Dem marktbeherrschenden Unternehmen obliegt es dann, gegenläufige Indizien vorzutragen und gegebenenfalls zu beweisen.[130] Regelmäßig sind niedrige bzw. fallende Preise ein Zeichen erhöhten Wettbewerbs. Anders nur in Fällen der Kampfpreisunterbietung durch ein marktbeherrschendes Unternehmen (→ Rn. 101).

Ein Missbrauch ist nicht nur in dem Verlangen von unangemessenen Preisen zu sehen, **62** sondern kann auch durch die **Verwendung unangemessener (sonstiger) Geschäftsbedingungen** vorliegen. Unangemessen sind Geschäftsbedingungen dann, wenn diese den Geschäftspartner unangemessen benachteiligen.[131] Dies ist zumindest dann der Fall, wenn die Konditionen „offensichtlich unbillig sind bzw. zu den Kosten der Leistungserbringung

---

[122] Dazu ausf. Immenga/Mestmäcker/Fuchs EuWettbR Rn. 155.

[123] EuGH Slg. 1978, 207 Rn. 248 ff. – United Brands; Bechtold/Bosch/Brinker Rn. 34.

[124] BGH 8.12.2020 – KZR 60/16, NKartZ 2021, 363 (365) Rn. 23 = – Stornierungsentgelt II mit weiteren Nachweisen; Immenga/Mestmäcker/Fuchs EuWettbR Rn. 174.

[125] OLG Frankfurt a. M. 22.12.2020, GRUR-RR 2021, 181 Rn. 62 f.– Bahnkartenvertrieb I.

[126] Bechtold/Bosch/Brinker Rn. 34.

[127] EuGH Slg. 1978, 207 Rn. 248, 257 – United Brands; Immenga/Mestmäcker/Fuchs EuWettbR Rn. 176; Bechtold/Bosch/Brinker Rn. 34.

[128] EuGH Slg. 1989, 2811 Rn. 25 – SACEM; EuGH Slg. 1975, 1367 Rn. 15/16 – General Motors; Bechtold/Bosch/Brinker Rn. 35; ausf. dazu auch Immenga/Mestmäcker/Fuchs EuWettbR Rn. 181.

[129] BGH 8.12.2020 – KZR 60/16, NKartZ 2021, 363 (365) Rn. 24– Stornierungsentgelt II; BGH 1.9.2020 – KZR 12/15, NKartZ 2021, 51 (54) Rn. 68 – Stationspreissystem II.

[130] BGH 8.12.2020 – KZR 60/16, NKartZ 2021, 363 (365) Rn. 24– Stornierungsentgelt II; BGH 1.9.2020 – KZR 12/15 Rn. 69, NKartZ 2021, 51 (54) – Stationspreissystem II.

[131] EuGH Slg. 1974, 409 Rn. 7 – Sacchi; EuG WuW/E EU-R 1273 – DSD; Bechtold/Bosch/Brinker Rn. 36.

in einem offensichtlichen Missverhältnis stehen".[132] So wurde zB eine Verpflichtung zur Zahlung von Lizenzgebühren an das marktbeherrschende Unternehmen für missbräuchlich erachtet, da in dem konkreten Fall von dem marktbeherrschenden Unternehmen keine Leistungen oder nur sehr geringe Leistungen erbracht wurden.[133] Auch bei Nutzungsbeschränkungen ist Vorsicht geboten. So wurden Beschränkungen, die den Abnehmer daran hinderten, die gelieferten Maschinen umzubauen, mit anderen Anlagen zu verbinden, Instandhaltungs- oder Reparaturarbeiten durchzuführen oder fremde Ersatzeile zu verwenden als missbräuchlich beanstandet.[134] Ebenso können Preisbindungsklauseln[135], eine ungerechtfertigte Bindung eines Vertragspartners, Weiterverkaufsverbote[136], das Verbot an bestimmte Abnehmer zu liefern,[137] überlange vertragliche Bindungen,[138] Preisanpassungsklauseln,[139] Wettbewerbsverbote,[140] Garantiebeschränkungen[141] und Verwendungs- und Weitergabebeschränkungen[142] bei marktbeherrschenden Unternehmen missbräuchlich sein.[143]

63 In der Praxis wird die Unbilligkeit und das Missverhältnis selten offensichtlich sein. In diesem Fall muss die Unangemessenheit durch eine Abwägung der Interessen des marktbeherrschenden Unternehmens und seiner Geschäftspartner ermittelt werden. Im Rahmen der Interessenabwägung ist auch das Ziel des Gemeinsamen Marktes zu berücksichtigen.[144]

64 Das Verhalten des marktbeherrschenden Unternehmens muss auch verhältnismäßig sein.[145] Der Grundsatz der Verhältnismäßigkeit verlangt, dass der Vertragspartner nicht mehr als erforderlich eingeschränkt werden darf. Es darf also kein milderes Mittel für die Erreichung des gewünschten Zwecks zur Verfügung stehen.[146]

65 Die Einhaltung von nationalen Rechtsvorschriften schließt missbräuchliches Verhalten nicht aus.[147] Die Zielrichtung der nationalen Vorschriften ist häufig eine andere als die der Art. 101 und Art. 102 (zB §§ 307 ff. BGB). Daher kann auch bei konformem Verhalten mit nationalen Bestimmungen ein Verstoß gegen Art. 102 vorliegen.

66 **b) Einschränkung der Erzeugung, des Absatzes oder der technischen Entwicklung zum Schaden des Verbrauchers.** Missbräuchlich sind Verhaltensweisen, die die Erzeugung, den Absatz oder die technische Entwicklung zum Nachteil des Verbrauchers einschränken. Erfasst werden durch Abs. 2 lit. b vor allem die **künstliche Verknappung**

---

[132] Oberster Gerichtshof Österreich (OGH) 17.2.2021 – 16 Ok 4/20d, NKartZ 2021, 313 (314) Rn. 169 – Peugeot-Vertrieb Österreich; EuGH Slg. 1974, 409 (431) – Sacchi; zuletzt KOMM. ABl. 2001 L 166, 1 Rn. 111 – Duales System Deutschland, bestätigt durch EuGH Slg. 2007, II-1607 – Duales System Deutschland; Immenga/Mestmäcker/Fuchs EuWettbR Rn. 186.

[133] Der Lizenznehmer von Duales System Deutschland war vertraglich zur Zahlung von Lizenzgebühren für die Nutzung des Zeichens „Der Grüne Punkt" verpflichtet, wobei die Lizenzgebühren auch dann unverändert blieben, wenn die von Duales System Deutschland zu erbringende Leistung gar nicht oder nur sehr begrenzt in Anspruch genommen wurde.

[134] KOMM. ABl. 1992 L 72, 1 (22) – Tetra Pak II, bestätigt durch EuG Slg. 1994, II-755 Rn. 212 – Tetra Pak II.

[135] EuGH Slg. 1989, 803 Rn. 42 – Ahmed Saeed; Bechtold/Bosch/Brinker Rn. 36.

[136] EuGH Slg. 1978, 207 Rn. 152/160 – United Brands.

[137] EuGH Slg. 1975, 1663 Rn. 398/399 – Suiker Unie.

[138] EuGH Slg. 1988, 5987 Rn. 10 – Alsatel.

[139] EuGH Slg. 1988, 5987 Rn. 10 – Alsatel.

[140] EuGH Slg. 1975, 1663 (478, 481) – Suiker Unie.

[141] EuGH Slg. 1994, 667 – Hilti.

[142] EuGH Slg. 1978, 207 Rn. 152–162 – United Brands; Bechtold/Bosch/Brinker Rn. 42 mit weiteren Beispielen.

[143] KOMM. ABl. 1971 L 134, 15 (22) – Gema I; Bechtold/Bosch/Brinker Rn. 35; Berg/Mäsch/Berg Rn. 63.

[144] Bechtold/Bosch/Brinker Rn. 36.

[145] EuGH Slg. 1978, 207 Rn. 207, 298 – United Brands; KOMM. ABl. 2001 L 166, 1 Rn. 112 – Duales System Deutschland; EuG Slg. 1994, II-755 Rn. 137 – Tetra Pak II.

[146] EuGH Slg. 1974, 313 (317) – BRT II; KOMM. ABl. 1971 L 134, 15 (24) – GEMA I; ABl. 1972 L 166, 22 – GEMA II; ABl. 1982 L 94, 12 (16 ff.) – GEMA-Satzung.

[147] EuGH Slg. 1974, 313 (317) – BRT II; KOMM. ABl. 1971 L 134, 15 (24) – GEMA I; ABl. 1972 L 166, 22 – GEMA II; ABl. 1982 L 94, 12 (16 ff.) – GEMA-Satzung.

von Erzeugniswaren, was zu nachteiligen Effekten für den Verbraucher, wie zB die Verteuerung der Waren, führt.[148] Hierbei wird vom Tatbestand nicht nur die Beschränkung der eigenen Erzeugung oder des eigenen Absatzes erfasst, sondern auch die Veranlassung der Beschränkung fremder Erzeugung oder fremden Absatzes.[149] Abs. 2 lit. b gilt auch für die Einschränkung der Erzeugung bzw. des Absatzes von (Dienst-)Leistungen.[150]

Die Einschränkung kann (vor allem im Fall der Veranlassung der Einschränkung fremder **67** Erzeugung oder fremden Absatzes) in der Vereinbarung unangemessener vertraglicher Bedingungen zu sehen sein oder auch durch die Anwendung wirtschaftlichen Drucks.[151] Im ersten Fall kann gleichzeitig auch der Tatbestand der Verwendung unangemessener Geschäftsbedingungen gem. Abs. 2 lit. a verwirklicht sein.[152]

Die **Einschränkung der eigenen Produktion** (oder die **Veranlassung der Ein-** **68** **schränkung der Produktion eines Dritten**) ist dann missbräuchlich, wenn hiermit trotz Nachfrage eine Verteuerung oder Verknappung des Angebots zum Nachteil der Verbraucher bezweckt ist.[153] So wurde zB die Einschränkung der Herstellung von Ersatzteilen für ein Pkw-Model, von dem noch viele Fahrzeuge genutzt wurden, als missbräuchlich angesehen.[154]

Die Einschränkung fremder Produktion kann durch eine Vereinbarung zwischen zwei **69** Unternehmen über bestimmte Produktionsanteile erreicht werden (zB Vereinbarungen über gemeinsame Investitionen, Spezialisierungen oder Wettbewerbsverbote).[155] Derartige Vereinbarungen sind missbräuchlich, wenn sie eine wettbewerbswidrige Zielsetzung haben.[156] Je nach Ausgestaltung sind diese gegebenenfalls vor dem Hintergrund der relevanten Gruppenfreistellungsverordnungen zu prüfen.[157]

Eine **Rechtfertigung** der (eigenen) Produktionseinschränkung kann sich daraus er- **70** geben, dass der Erzeuger mit der Maßnahme keine Angebotsverknappung bezweckt, sondern sich an verändertes Nachfrageverhalten anpasst, Kapazitäten für die Produktion anderer Erzeugnisse schaffen will oder durch die Einschränkung Rationalisierungszwecke verfolgt.[158]

Auch die **Einschränkung des eigenen und die Veranlassung der Einschränkung** **71** **fremden Absatzes** kann missbräuchlich sein. Die Missbräuchlichkeit ergibt sich hierbei aus den gleichen Gründen wie bei der Einschränkung der Produktion.[159]

Im Rahmen von selektiven Vertriebssystemen ergibt sich die Rechtfertigung aus der **72** Auswahl der Händler nach objektiven, sachlich nachvollziehbaren und nicht diskriminierenden Kriterien.[160] Auch das Aufgeben unrentabler Forschung oder Entwicklung im

---

[148] Langen/Bunte/Bulst EuWettbR Rn. 186.
[149] EuGH Slg. 1975, 1663 (2004, 2020 ff.) – Suiker Unie; EuGH Slg. 1978, 207 (295 ff.) – United Brands; Langen/Bunte/Bulst EuWettbR Rn. 187.
[150] EuGH Slg. 1991, 5889 – Merci convenzionali porto di Genova; EuGH Slg. 1991, 1979 – Arbeitsvermittlungsmonopol; Langen/Bunte/Bulst EuWettbR Rn. 190.
[151] KOMM. ABl. 1992 L 72, 1 Rn. 165 – Tetra Pak II; EuGH Slg. 1975, 1663 (2030 ff.) – Suiker Unie; Langen/Bunte/Bulst EuWettbR Rn. 189.
[152] Langen/Bunte/Bulst EuWettbR Rn. 189.
[153] Langen/Bunte/Bulst EuWettbR Rn. 193.
[154] EuGH Slg. 1988, 6039 Rn. 16 – CICRA ua Renault; EuGH Slg. 1988, 6211 Rn. 9 – Volvo/Veng; Berg/Mäsch/Berg Rn. 65.
[155] Langen/Bunte/Bulst EuWettbR Rn. 196.
[156] Langen/Bunte/Bulst EuWettbR Rn. 196.
[157] Zum Beispiel Verordnung (EU) Nr. 1218/2010 der Kommission vom 14.12.2010 über die Anwendung von Artikel 101 Absatz 3 des Vertrags über die Arbeitsweise der Europäischen Union auf bestimmte Gruppen von Spezialisierungsvereinbarungen ABl. 2010 L 335, 43; Verordnung (EU) Nr. 1217/2010 der Kommission vom 14.12.2010 über die Anwendung von Artikel 101 Absatz 3 des Vertrags über die Arbeitsweise der Europäischen Union auf bestimmte Gruppen von Vereinbarungen über Forschung und Entwicklung ABl. 2010 L 335, 36; Langen/Bunte/Bulst EuWettbR Rn. 196.
[158] Langen/Bunte/Bulst EuWettbR Rn. 195.
[159] EuGH Slg. 1978, 207 (295) – United Brands; Langen/Bunte/Bulst EuWettbR Rn. 192.
[160] EuGH Slg. 1977, 1875 (1908 ff.) – Metro Saba; EuGH Slg. 1981, 1563 (1580 ff.) – Salonia; Langen/Bunte/Bulst EuWettbR Rn. 201.

Rahmen von Rationalisierungsmaßnahmen ist nicht missbräuchlich.[161] Missbräuchlich ist hingegen die Einstellung der Herstellung von Produkten oder die Erbringung von Leistungen, wenn es dem Hersteller bzw. dem Anbieter ohne wesentliche Schwierigkeiten möglich und zumutbar ist, Produkte oder Leistungen herzustellen bzw. anzubieten.[162]

73   Bei Vorliegen besonderer Umstände kann auch der Erwerb von geistigen Eigentumsrechten missbräuchlich sein. Hierbei ist vor allem auf die konkrete Wettbewerbsstruktur, welche durch das Innehaben der geistigen Eigentumsrechte berührt wird, entscheidend.[163]

74   **c) Diskriminierung.** Das dritte Regelbeispiel des Abs. 2 lit. c enthält den Tatbestand des Missbrauchs durch diskriminierende Verhaltensweisen gegenüber Handelspartnern auf einer vor- oder nachgelagerten Wirtschaftsstufe, wodurch diese im Wettbewerb benachteiligt werden. Darüber hinaus kommt auch eine Diskriminierung von Endverbrauchern in Betracht, die allerdings nicht unter Abs. 2 lit. c fällt, sondern von der Generalklausel erfasst wird.

75   Diskriminierung bedeutet, dass vergleichbare Handelspartner, welche gegenüber dem marktbeherrschenden Unternehmen gleichwertige Leistungen erbringen bzw. von diesem gleichwertige Leistungen beziehen, unterschiedlich behandelt werden. Chancengleichheit spielt hierbei eine entscheidende Rolle in der Bewertung von etwaigen diskriminierenden Maßnahmen. Tochterunternehmen und Drittunternehmen, die auf dem Markt die gleichen Funktionen ausüben, sind vergleichbar.[164] Werden diese unterschiedlich behandelt, liegt eine Diskriminierung vor. Dies bedeutet aber nicht, dass ein Hersteller alle Abnehmer gleich behandeln muss. So kann ein marktbeherrschendes Unternehmen seine Vertragshändler unterschiedlich behandeln, insbesondere von diesen andere Preise und Konditionen verlangen als von einem Abnehmer, der die Produkte weiter verarbeitet. Entscheidend für die Abgrenzung ist, ob die Abnehmer miteinander im Wettbewerb stehen.[165]

76   Das Diskriminierungsverbot umfasst sowohl die unmittelbare als auch die mittelbare Ungleichbehandlung.[166] Mittelbar ist die Ungleichbehandlung dann, wenn sich der Normadressat Dritter bedient, um die Ungleichbehandlung auszuüben (zB ein Hersteller weist seinen Großhändler an, dass er seine Abnehmer zu ungleichen Konditionen beliefern soll).[167]

77   Wenn vergleichbare Marktteilnehmer oder Sachverhalte unterschiedlich behandelt werden, liegt immer eine Diskriminierung vor. Ob diese dann missbräuchlich ist, hängt davon ab, ob die Diskriminierung durch sachliche Gründe gerechtfertigt ist, die mit den Vertragszielen eines einheitlichen Marktes mit freiem Wettbewerb in Einklang stehen.[168]

78   So können unterschiedliche Kostenfaktoren unterschiedliche Preise eines Marktbeherrschers gegenüber seinen vergleichbaren Abnehmern rechtfertigen, zB unterschiedliche Produktionskosten, Logistikkosten, Steuerbelastungen, Währungsunterschiede, Arbeitskosten etc.[169] Das Entsprechende gilt für gewährte Vergünstigungen, zB in Form von Rabatten oder Boni. Zu beachten ist aber, dass die Ungleichbehandlung nicht den Zielen des freien Wettbewerbs widersprechen darf. So sind zB Rabatte für Waren, die nur für Waren gewährt werden, die im zugewiesenen Vertragsgebiet abgesetzt werden, oder als Anreiz für eine faktische Ausschließlichkeitsbindung (→ Rn. 87) missbräuchlich.

79   **d) Kopplungsgeschäfte, Bündelung.** Abs. 2 lit. d behandelt den Missbrauchstatbestand des Kopplungsgeschäfts. Demnach liegt ein Missbrauch dann vor, wenn ein Ab-

---

[161] Langen/Bunte/Bulst EuWettbR Rn. 205.
[162] EuGH Slg. 1991, 5889 – Merci convenzionali porto di Genova; Langen/Bunte/Bulst EuWettbR Rn. 208 f.
[163] EuG Slg. 1990, II-347 (357) – Tetra Pak.
[164] KOMM ABl. 2002 L 120, 19 Rn. 63.
[165] LMRKM/Huttenlauch Rn. 203.
[166] Immenga/Mestmäcker/Fuchs EuWettbR Rn. 386.
[167] LMRKM/Loewenheim GWB § 19 Rn. 42.
[168] Bechtold/Bosch/Brinker Rn. 57.
[169] Immenga/Mestmäcker/Fuchs EuWettbR Rn. 390.

nehmer verpflichtet wird, zusätzliche Leistungen anzunehmen, die weder sachlich noch nach Handelsbrauch in Beziehung zum Vertragsgegenstand stehen. Eine missbräuchliche Kopplung kann auch durch die Gewährung von Rabatten erfolgen, wenn der Rabatt für das eine Produkt davon abhängig ist, welche Produkte bzw. wie viele andere Produkte der Abnehmer vom Marktbeherrscher abnimmt.[170] Durch die Koppelung kann es sowohl auf dem Markt des koppelnden Produktes als auch dem Markt des gekoppelten Produktes zu Marktverschließungen und Preiserhöhungen kommen.[171]

Während Unternehmen grundsätzlich frei sind, in welchen Kombinationen sie ihre **80** Leistungen anbieten und verkaufen, ist eine Kopplung dann missbräuchlich, wenn (i) der Anbieter auf dem Markt, auf dem das Produkt nachgefragt wird, eine marktbeherrschende Stellung hat, (ii) die gekoppelten Leistungen unterschiedlichen Märkten angehören, (iii) der Kunde kein Wahlrecht hat, ob er die Produkte einzeln oder gemeinsam beziehen möchte, (iv) dies zu einem Ausschluss des Wettbewerbs führt und keine Rechtfertigung für die Kopplung vorliegt.[172]

Die beiden von dem Unternehmen angebotenen Leistungen müssen unterschiedlichen **81** Märkten angehören, dh sie dürfen keine einheitliche Leistung darstellen. Ob dies der Fall ist, muss im Einzelnen geprüft werden. In der Entscheidungspraxis wurde zB in den folgenden Fällen eine einheitliche Leistung verneint: bei technischen Geräten und deren Ersatzteilen,[173] bei Verpackungsmaschinen und den dazugehörenden Kartons,[174] bei technischen Geräten und den ggf. notwendigen Wartungs- und Instandsetzungsdienstleistungen,[175] bei einem rechnergesteuerten Flugreservierungssystem und Bodendienstabfertigung,[176] bei Produkten und Logistikleistungen (Transport).[177]

Die Kopplung kann dann gerechtfertigt sein, wenn die Zusatzleistung sachlich oder nach **82** Handelsbrauch in Beziehung zum Vertragsgegenstand steht. Ist die Kopplung objektiv notwendig, um der Qualität oder der Funktionsweise des Vertragsgegenstandes, dem Gesundheitsschutz der Verbraucher oder der Produktsicherheit zu genügen, kann diese ebenfalls gerechtfertigt sein, wenn die Kopplung das mildeste Mittel zu Erreichung dieser Ziele ist.[178] In der Regel wird dies jedoch nicht der Fall sein.[179] Eine Rechtfertigung durch Handelsbrauch ist zudem dann ausgeschlossen, wenn die Leistungen im Markt auch getrennt angeboten werden.[180]

e) Geschäfts- und Lieferverweigerung. Ein Unternehmen ist grundsätzlich nicht ver- **83** pflichtet, mit einem anderen Unternehmen oder einem Verbraucher in geschäftliche Beziehungen zu treten oder diese Geschäftsbeziehung aufrecht zu erhalten.[181] Daher muss ein Unternehmen auch frei sein, bestimmte Abnehmer nicht zu beliefern, mit diesen nicht zu kontrahieren oder die vertragliche Beziehung mit ihnen zu beenden. Vor diesem Hintergrund sind strenge Anforderungen an eine missbräuchliche Geschäfts- und Lieferverweigerung zu stellen.[182] Da eine Nichtbelieferung durch ein marktbeherrschendes Unternehmen aber erhebliche Auswirkungen auf die Wettbewerbsfähigkeit eines Unternehmens und den Wettbewerb insgesamt haben kann, muss die Entscheidung, keine Ver-

---

[170] EuGH Slg. 1979, 461 Rn. 109 – Hoffmann-La Roche.
[171] KOMM. ABl. 2009 C 45, 7 Rn. 55 – Prioritätenmitteilung.
[172] KOMM. COMP/37.792 Rn. 794 – Microsoft, best. durch EuG Slg. 2007, II-3601 Rn. 842 – Microsoft; Hoeren/Sieber/Holznagel/Beckmann/Müller, Multimedia-Recht, Teil 10 Kartellrecht Rn. 203.
[173] EuG Slg. 1994, II-755 Rn. 212 – Tetra Pak II; Bechtold/Bosch/Brinker Rn. 44.
[174] EuG Slg. 1994, II-755 Rn. 212 – Tetra Pak II; Bechtold/Bosch/Brinker Rn. 44.
[175] EuG Slg. 1994, II-755 Rn. 212 – Tetra Pak II.
[176] KOMM. ABl. 1988 L 317, 47 (53) – SABENA; Bechtold/Bosch/Brinker Rn. 44.
[177] KOMM. ABl. 1988 L 284, 41 (55) – British Sugar.
[178] Langen/Bunte/Bulst EuWettbR Rn. 242.
[179] EuGH Slg. 1996, 5951 Rn. 36 – Tetra Pak II; Bechtold/Bosch/Brinker Rn. 45.
[180] Bechtold/Bosch/Brinker Rn. 45.
[181] EuGH Slg. 1978, 207 Rn. 182/191 – United Brands; EuG Slg. 2000, II-3383 Rn. 80 – Bayer; Bechtold/Bosch/Brinker Rn. 48.
[182] EuGH Slg. 2000, 825 Rn. 60/61 – Deutsche Post; Bechtold/Bosch/Brinker Rn. 48.

tragsbeziehungen mit einem anderen Unternehmen einzugehen, in einem angemessenen Verhältnis zu den Auswirkungen auf das betroffene Unternehmen und den Wettbewerb stehen.[183] Darüber hinaus müssen objektive Gründe für die Geschäftsverweigerung vorliegen, die mit den Vertragszielen eines effektiven freien Wettbewerbs im Binnenmarkt vereinbar sind.[184]

84   Der Weigerung, mit einem anderen Unternehmen in Geschäftsbeziehungen zu treten, steht es gleich, wenn der Abnehmer nur unzureichend oder verzögert von von dem marktbeherrschenden Unternehmen beliefert wird oder wenn das marktbeherrschende Unternehmen die Vertragsbeziehung beendet. Auch in diesen Fällen muss das Verhalten die dadurch entstehenden Auswirkungen miteinbeziehen, durch einen objektiven Grund gerechtfertigt sein und das Verhältnismäßigkeitsprinzip eingehalten werden.[185]

85   Objektive Gründe für eine Geschäftsverweigerung können zB Vertragsverletzungen durch das betroffene Unternehmen sein. Dies gilt aber nur, wenn die vertragliche Regelung, gegen die der Abnehmer verstoßen hat, kartellrechtskonform ist. So kann der Verstoß gegen eine unzulässige Nutzungsbeschränkung, Gebietsbeschränkungen oder Bezugsbindung keinen Abbruch der Vertragsbeziehungen rechtfertigen. Allerdings hat der EuGH in dem Fall „GlaxoSmithKline AEVE",[186] in dem es um eine Lieferverweigerung zur Vermeidung eines „ruinösen Parallelhandels"[187] ging, anerkannt, dass ein marktbeherrschendes Unternehmen frei ist, „in einem vernünftigen und verhältnismäßigen Umfang der Bedrohung zu begegnen, die die Tätigkeiten eines [Parallelhändlers] für seine eigenen geschäftlichen Interessen darstellen".[188]

86   Bei selektiven Vertriebssystemen wurde anerkannt, dass der Vertrieb von Wettbewerbsprodukten durch einen Händler dann den Abbruch der Lieferbeziehungen durch das marktbeherrschende Unternehmen rechtfertigt, wenn der Vertrieb von Wettbewerbsprodukten die Haupttätigkeit des Händlers darstellt und das marktbeherrschende Unternehmen den Abbruch der Lieferbeziehung rechtzeitig ankündigt.[189] Allerdings rechtfertigt das Entstehen eines Wettbewerbsverhältnisses zwischen dem Belieferten und dem marktbeherrschenden Unternehmen den Abbruch der Geschäftsbeziehung nicht, wenn der Abbruch dessen Existenz gefährdet.[190]

87   **f) Ausschließlichkeitsbindungen.** Verpflichtet ein marktbeherrschendes Unternehmen einen Geschäftspartner, ausschließlich seine Produkte zu beziehen bzw. nur an ihn die eigenen Produkte zu verkaufen, so liegt grundsätzlich ein Missbrauch vor.[191] Dies gilt unabhängig davon, ob die Bindung rechtlicher oder tatsächlicher Natur ist.[192] Es ist daher auch ausreichend, wenn die Ausschließlichkeitsbindungen auf Grund von Anreizen, zB Rabatten oder Prämien für den Abbruch von Geschäftsbeziehungen mit Wettbewerbern[193] erzielt werden.[194] Das gilt auch, wenn der Abnehmer selbst ein marktstarkes Unternehmen ist.[195]

88   Ausschließlichkeitsbindungen kommen als Bezugsverpflichtungen, Lieferverpflichtungen oder auch Andienungspflichten vor. Es muss nicht der gesamte Bedarf von der vereinbarten

---

[183] EuGH Slg. 2000, 825 Rn. 60/61 – Deutsche Post; Bechtold/Bosch/Brinker Rn. 48.

[184] Bechtold/Bosch/Brinker Rn. 48.

[185] EuGH Slg. 1978, 207 Rn. 182/183 – United Brands; EuG NZKart 2019, 36 – Deutsche Telekom/Kommission; Bechtold/Bosch/Brinker Rn. 50; Immenga/Mestmäcker/Fuchs Rn. 308.

[186] EuGH Slg. 2008, 7319 – GlaxoSmithKline AEVE.

[187] Immenga/Mestmäcker/Fuchs EuWettbR Rn. 319.

[188] EuGH Slg. 2008, 7319 Rn. 71 – GlaxoSmith-Kline AEVE.

[189] KOMM. ABl. 1987 L 286, 36 (41) – BBI/Boosey & Hawkes; Bechtold/Bosch/Brinker Rn. 50.

[190] KOMM. ABl. 1987 L 286, 36 (40) – BBI/Boosey & Hawkes; KOMM. ABl. 1978 L 22, 23 (32) – Hugin/Liptons; Bechtold/Bosch/Brinker Rn. 50.

[191] EuGH Slg. 1979, 461 Rn. 90 – Hoffmann-La Roche; EuGH Slg. 1994, 1477 Rn. 44 – Almelo; Bechtold/Bosch/Brinker Rn. 41.

[192] Bechtold/Bosch/Brinker Rn. 41.

[193] KOMM. ABl. 1989 L 10, 50 (69) – BPB.

[194] EuGH Slg. 1979, 461 Rn. 90 – Hoffmann-La Roche.

[195] EuGH Slg. 1979, 461 Rn. 90 – Hoffmann-La Roche (Vertragspartner Unilever).

oder tatsächlichen Bindung erfasst sein. Auch Mindestabnahmeverpflichtungen sind problematisch, wenn sie dazu führen, dass der Abnehmer einen wesentlichen Teil seines Bedarfs bei dem marktbeherrschenden Unternehmen decken muss.[196] Als wesentlicher Teil werden bereits 80 % des Bedarfs gesehen.[197] In Einzelfällen kann sogar eine Abnahmeverpflichtung von 75 % des Bedarfs ausreichend sein, um eine Ausschließlichkeitsbindung anzunehmen.[198]

Je nach Einzelfall muss im Falle einer Exklusivität nicht zwingend eine konkrete Eignung **89** zur Beschränkung oder Verdrängung des Wettbewerbs nachgewiesen werden, die Verdrängungswirkung kann sich aus Bindungsgrad, Laufzeit der vertraglichen Verpflichtung und der Marktstärke des Unternehmens ergeben.

Auch Maßnahmen, die zu einer langen zeitlichen Bindung führen, können missbräuchlich sein. Dies gilt zB für lange Laufzeiten oder lange Kündigungsfristen.[199] So wurde eine automatische Verlängerung der Vertragslaufzeit um 15 Jahre als missbräuchlich angesehen.[200] Ab wann eine Laufzeit missbräuchlich ist oder nicht, ist immer eine Frage des Einzelfalls. So wurde eine 5-jährige Laufzeit beanstandet und die Unternehmen zu einer Reduzierung der Ausschließlichkeitsbindung auf zwei Jahre verpflichtet.[201] In einem anderen Fall wurden Ausschließlichkeitsbindungen mit Kündigungsfristen von 3–6 Monaten (nach einer festen Laufzeit von einem Jahr) von der Kommission als missbräuchlich beanstandet.[202]

g) Rabatte. Die Gewährung von Rabatten durch marktbeherrschende Unternehmen **90** kann einen Verstoß gegen Art. 102 darstellen. Dies ist insbesondere dann der Fall, wenn Rabatte darauf abzielen, Kunden über die Gewährung eines finanziellen Vorteils, der nicht auf einer rechtfertigenden wirtschaftlichen Leistung beruht, vom Bezug bei Wettbewerbern abzuhalten, Wettbewerber vom Markt abzuschotten, Handelspartnern für gleichwertige Leistungen ungleiche Bedingungen aufzuerlegen oder die beherrschende Stellung durch einen verfälschten Wettbewerb zu stärken.[203]

Rabatte können in mehrerer Hinsicht kartellrechtliche Bedenken aufwerfen. Sie können **91** zu einer Bindungswirkung führen, die auf eine faktische Ausschließlichkeitsbindung hinausläuft (→ Rn. 87) aber auch Kampfpreisstrategien (→ Rn. 101) unterstützen und im Rahmen der Koppelung von Produkten (→ Rn. 79) angewendet werden.

Die kartellrechtliche Beurteilung von Rabatten stellt jeweils im Einzelfall darauf ab, ob **92** der Rabatt eine besondere wirtschaftliche Leistung des Vertragspartners vergütet oder auf eine Verfälschung des Wettbewerbs abzielt.[204] Es wird daher die konkrete Wirkung und nicht die vertragliche Gestaltung betrachtet. Nach der Rechtsprechung der Gemeinschaftsgerichte können Rabatte in die folgenden typisierten Erscheinungsformen unterteilt werden: (i) unbedenkliche (dh nicht-missbräuchliche) Rabatte, (ii) generell missbräuchliche Rabatte, sowie (iii) Rabatte, die jeweils im Einzelfall zu prüfen sind.[205] Bei allen Rabatten muss aber in jedem Einzelfall – mit Ausnahme der Mengenrabatte, die regelmäßig kartellrechtlich unbedenklich sind – eine Analyse über die Auswirkungen der Rabatte vorgenommen werden. Diese Analyse muss nach der Intel-Rechtsprechung des EuGH auf der Basis der folgenden 5 Kriterien erfolgen: (i) das Ausmaß der beherrschenden Stellung des Unternehmens auf dem relevanten Markt, (ii) den Umfang der Markterfassung durch die

---

[196] EuG Slg. 1993, II-389 Rn. 68 – BPB; Bechtold/Bosch/Brinker Rn. 41.
[197] VO 330/2010 Art. 1 Abs. 1d); Bechtold/Bosch/Brinker Rn. 41.
[198] EuG 12.6.2014 – T-286/09, BeckRS 2014, 80984 Rn. 135 – Intel.
[199] KOMM. ABl. 1991 L 152, 21 (35) – Soda-Solvay.
[200] EuGH Slg. 1988, 5987 Rn. 10 – Alsatel; Bechtold/Bosch/Brinker Rn. 41.
[201] XI. Wettbewerbsbericht 1981, Rn. 73 ff. zum Fall Kohlensaures Natron.
[202] ABl. 1991 L 152, 40 Rn. 12, 13, 57 ff. – Soda ICI.
[203] EuGH Slg. 1983, 3461 Rn. 71 – Michelin; Bechtold/Bosch/Brinker Rn. 46.
[204] Immenga/Mestmäcker/Fuchs EuWettbR Rn. 250.
[205] EuG 16.6.2014 – T-286/09, BeckEuRS 2014, 419441 Rn. 72–78 – Intel. Immenga/Mestmäcker/Fuchs EuWettbR Rn. 251.

beanstandete Verhaltensweise, (iii) die Bedingungen und Modalitäten der Gewährung der in Rede stehenden Rabatte sowie (iv) deren Dauer und Höhe und das Vorliegen einer Strategie zur Verdrängung der mindestens ebenso effizienten Wettbewerber.[206]

93   Rabatte kommen vor allem in Form von Treuerabatten, Sortimentsrabatten, Gruppen-rabatten und Ziel- oder Jahresumsatzrabatten vor.

94   **aa) Unbedenkliche Rabatte.** Als unbedenklich werden grundsätzlich reine **Mengen-rabatte** betrachtet, die ausschließlich auf Kostenersparnis wegen des höheren Umfangs der getätigten Käufe anknüpfen und an die Handelspartner weitergegeben werden.[207] Bei den Mengenrabatten wird angenommen, dass sie die Folge von erhöhter Effizienz sind, die Unternehmen mit entsprechenden Größenvorteilen erreichen können.[208] Die Tatsache, dass Unternehmen mit größeren Abnahmemengen bessere Konditionen bekommen, ist zulässig.[209] Unbedenklich sind auch Funktionsrabatte, die den Handelspartnern für die Übernahme bestimmter Aufgaben gewährt werden,[210] sowie Markteinführungsrabatte[211] und Barzahlungsrabatte.[212]

95   Allerdings kann die Ausgestaltung des Rabatts, zB hohe Eintrittsschwellen oder Rabatt-sprünge, im Einzelfall missbräuchlich sein.[213] Wirkt der Mengenrabatt aber auf Grund der konkreten Staffelung diskriminierend (etwa deshalb, weil nur bestimmte bzw. einige wenige Handelspartner die konkreten Rabatte auch erreichen können) oder ist der Rabatt nicht auf Grund einer Kostenersparnis oder anderer Gründe objektiv gerechtfertigt, so ist das kon-krete Rabattsystem missbräuchlich iSd Art. 102 AEUV. Ebenso missbräuchlich können Mengenrabatte sein, die als Zielrabatte wirken, dh erst bei Erreichen bestimmter Bestell-mengen innerhalb eines gewissen Zeitraums rückwirkend erstattet werden.[214]

96   **bb) Generell missbräuchliche Rabatte.** Generell missbräuchlich sind im Gegensatz zu „normalen" Mengenrabatten sog. „Treuerabatte", die den jeweiligen Handelspartner dazu veranlassen sollen, seinen Bedarf zur Gänze oder zumindest zu einem wesentlichen Teil beim Marktbeherrscher zu decken. Treuerabatte entfalten typischerweise eine marktver-schließende Sogwirkung und halten Handelspartner davon ab, Produkte von Wettbewer-bern zu beziehen. Sie wirken faktisch wie Ausschließlichkeitsbindungen und werden generell als missbräuchlich betrachtet.[215] Es kommt dabei nicht auf die Rabatthöhe oder darauf an, ob der Rabatt laufend gewährt oder retrospektiv (etwa als Belohnung) erstattet wird.[216] Ausschlaggebend ist jeweils die Eignung, Handelspartner vom Bezug bei Wett-bewerbern abzuhalten.[217]

97   Treuerabatte haben in der Regel auch eine diskriminierende Wirkung und sind auch aus diesem Grund missbräuchlich iSd Art. 102 AEUV. Dies ist beispielsweise bei höheren Rabatten für besonders „treue" Kunden, also Handelspartner, die nicht von Wettbewerbern beziehen, der Fall.[218] Gleiches gilt für die Gewährung von Rabatten bei gleichzeitiger

---

[206] EuGH 26.1.2022 – T-286/09, NZKart 2014, 267 Rn. 484 ff. – Intel.
[207] EuG 6.10.2015 – C-23/14, BeckRS 2015, 81258 Rn. 27 f. – Post Danmark; EuG 12.6.2014 – T-286/09, BeckRS 2014, 80984 Rn. 75 – Intel; EuGH Slg. 2007, 2331 Rn. 68 – British Airways/Kommission; EuGH Slg. 1975, 1663 Rn. 510 ff. – Suiker Unie; Bechtold/Bosch/Brinker Rn. 47.
[208] EuG 12.6.2014 – T-286/09, BeckRS 2014, 80984 Rn. 135 – Intel; EuG Slg. 2003, II-4071 Rn. 58 – Michelin.
[209] EuG 12.6.2014 – T-286/09, BeckRS 2014, 80984 Rn. 72–78 – Intel; Berg/Mäsch/Berg Rn. 83.
[210] Immenga/Mestmäcker/Fuchs EuWettbR Rn. 252.
[211] EuGH Slg. 1979, 461 – Hoffmann-La Roche.
[212] EuGH Slg. 1983, 3461 Rn. 66 – Michelin.
[213] EuGH Slg. 2001, I-2613 – Portugal.
[214] EuG 6.10.2015 – C-23/14, BeckRS 2015, 81258 Rn. 28 – Post Danmark; Immenga/Mestmäcker/Fuchs EuWettbR Rn. 252.
[215] EuG 12.6.2014 – T-286/09, BeckRS 2014, 80984 Rn. 76 f. – Intel; EuGH Slg. 2007, 2331 Rn. 62 ff. – British Airways/Kommission.
[216] EuG Slg. 2003, II-4071 – Michelin.
[217] EuG 6.10.2015 – C-23/14, BeckRS 2015, 81258 Rn. 27 – Post Danmark.
[218] EuGH Slg. 1994, 667 – Hilti.

Abnahme bestimmter, untereinander nicht austauschbarer Waren („Koppelungsgeschäft") (→ Rn. 79).[219]

cc) Im Einzelfall zu beurteilende Rabatte. Ziel- oder Jahresumsatzrabatte sind dann **98** missbräuchlich, wenn sie nach dem individuellen Abnahmebedarf oder Abnahmeziel eines Abnehmers gestaffelt sind[220] oder ihre Ausgestaltung dem Abnehmer unbekannt ist[221] und somit jeweils eine den Treuerabatten vergleichbare Sogwirkung aufweisen.[222] Ein kartellrechtswidriger Rabatt liegt zudem vor, wenn dieser an bestimmte Verkaufsziele anknüpft und individuell und selektiv anhand der Abnahmefähigkeit des Kunden festgelegt wird.[223] Sortimentsrabatte, bei denen der Handelspartner dafür prämiert wird, seinen gesamten Bedarf aus dem Sortiment eines Anbieters zu decken, können ebenso einen Missbrauch darstellen.[224]

Die konkrete Ausgestaltung der Rabatte ist sehr entscheidend, da die unterschiedlichen **99** Rabattsysteme unterschiedlich starke Auswirkungen auf den Wettbewerb haben.[225] Dabei spielen der Referenzzeitraum,[226] die Rabattstaffelung, die Bezugsgröße, die Maximalhöhe und der Zeitpunkt der Auszahlung eine große Rolle. Grundsätzlich gilt, je länger der jeweilige Referenzzeitraum für die Ermittlung der Rabatte, desto stärker die Sogwirkung und desto problematischer ist die Gewährung des Rabatts. So können auch von marktbeherrschenden Unternehmen Rabatte gewährt werden, deren Referenzzeitraum nur auf ein Quartal abstellen (zB Umsatz im Quartal). Auch die Rabatthöhe und die Bezugsgröße der jeweiligen Rabatte spielen eine wichtige Rolle. So entfalten Rabatte, die nur auf den gesteigerten Umsatz gewährt werden, eine deutlich geringere Sogwirkung als Rabatte, die auf den gesamten Jahresumsatz gewährt werden. Vor allem retroaktive Rabatte, dh Rabatte, die rückwirkend auf den gesamten bezogenen Umsatz gewährt werden, wirken sich besonders nachteilhaft aus. Selbst bei nur geringen Rabatten kann die Erreichung von Umsatzschwellen oder −zielen erhebliche Auswirkungen haben. Darüber hinaus haben Rabatte, die bereits im Voraus gewährt werden und bei Nichterreichung der definierten Vorgaben von dem Kunden zurückgezahlt werden müssen, eine größere Bindungswirkung als Rabatte, die nachträglich ausgezahlt werden. Bei den im Voraus gewährten Rabatten sind diese regelmäßig in die Kalkulation mit einbezogen worden, so dass die Abnehmer eine Rückzahlung idR unbedingt verhindern wollen. Wird festgestellt, dass die Rabatte treubildende Effekt haben, spielt es keine Rolle mehr, ob es durch die Rabatte zu der Verdrängung ebenso effizienter Wettbewerber kommt.[227]

Ebenso missbräuchlich können Gruppenrabatte sein, die für den ausschließlichen Bezug **100** durch eine Gruppe von Handelspartnern gewährt wird. Diese Form gilt als besonders wettbewerbsfeindlich, da sich der Druck auf die Einzelunternehmen erhöht.[228]

h) Kampfpreise (Predatory pricing). Einen weiteren Missbrauchstatbestand bildet die **101** gezielte Kampfpreisunterbietung („predatory pricing"). Dabei unterbietet ein Marktbeherrscher die Preise seiner Wettbewerber in der Absicht, diese aus dem Markt zu drängen bzw. vom Markt auszuschließen, um dann anschließend ungehindert Preise über das Wettbewerbsniveau anheben zu können.[229] Dieser Tatbestand ist insoweit problematisch, als dass

---

[219] EuGH Slg. 1979, 461 Rn. 89 – Hoffmann-La Roche.
[220] EuGH Slg. 1979, 461 Rn. 89 – Hoffmann-La Roche.
[221] EuGH Slg. 1983, 3461 Rn. 71 – Michelin.
[222] EuG 6.10.2015 – C-23/14, BeckRS 2015, 81258 Rn. 33 – Post Danmark; EuGH Slg. 1979, 461 Rn. 89 – Hoffmann-La Roche; Bechtold/Bosch/Brinker Rn. 46.
[223] Immenga/Mestmäcker/Fuchs EuWettbR Rn. 255.
[224] EuGH Slg. 1979, 461 Rn. 89 – Hoffmann-La Roche; Bechtold/Bosch/Brinker Rn. 46.
[225] EuGH Slg. 2007, 2331 Rn. 73 f. – British Airways/Kommission.
[226] EuG 6.10.2015 – C-23/14, BeckRS 2015, 81258 Rn. 34 – Post Danmark; EuG Slg. 2003, II-4071 Rn. 88 – Michelin.
[227] EuG 6.10.2015 – C-23/14, BeckRS 2015, 81258 Rn. 32 – Post Danmark.
[228] KOMM. ABl. 1988 L 284, 41 (56) – British Sugar; Bechtold/Bosch/Brinker Rn. 46.
[229] Immenga/Mestmäcker/Fuchs EuWettbR Rn. 232.

niedrige Preise in der Regel auch Ausdruck eines besonders funktionsfähigen Wettbewerbs sind.

102   Missbräuchliche Preisunterbietung liegt grundsätzlich vor, wenn zwecks Ausschaltung von Konkurrenten die geforderten Preise unter den durchschnittlichen variablen Kosten für die Produkte liegen.[230] Jeder Verkauf führt bei dem Marktbeherrscher zu einem Verlust der gesamten Fixkosten sowie zumindest eines Teils seiner variablen Kosten.[231] In diesem Fall wird die Verdrängungsabsicht vermutet.[232]

103   Werden Preise gefordert, welche zwar über den durchschnittlichen variablen Kosten jedoch unter den durchschnittlichen Gesamtkosten (das heißt Fixkosten plus variable Kosten) liegen, so liegt ein Missbrauch vor, wenn derartige Preise planmäßig mit dem Zweck der Ausschaltung der Konkurrenz gefordert werden.[233] Allerdings muss die Verdrängungsabsicht des Marktbeherrschers nachgewiesen werden. Die Dauer, die Häufigkeit und das Ausmaß der Verlustverkäufe sind Anhaltspunkte für eine Verdrängungsabsicht.[234]

104   Wendet ein marktbeherrschendes Unternehmen (Preis-)Bedingungen diskriminierend an, so liegt ein Missbrauch auch dann vor, wenn bestimmte Preismargen nicht unterschritten werden.[235] Handelt es sich aber bei der Maßnahme um eine Abwehrreaktion auf das Verhalten von Konkurrenten, ist dies in der Regel nicht missbräuchlich ("meeting competition defence").[236] Ebenso zulässig ist der Abverkauf von Waren wegen drohender Unverkäuflichkeit (etwa bei kurzfristig verderblichen Lebensmitteln).[237]

105   Eine Quersubventionierung wird hingegen als missbräuchlich angesehen, sofern die angeführten Kriterien für die Kampfpreisunterbietung erfüllt sind. Dies liegt etwa vor, wenn die Erlöse in einem Bereich ihre spezifischen Zusatzkosten nicht decken und andererseits die Erlöse in einem anderen Bereich die "stand-alone" Kosten überschreiten.[238]

106   Ein Missbrauch liegt aber nicht vor, wenn die Preise in einer Höhe festgelegt werden, die im Wesentlichen die Kosten für den Vertrieb der Waren decken. In einem solchen Fall hat grundsätzlich ein ebenso effizienter und leistungsfähiger Wettbewerber die Möglichkeit, mit dem marktbeherrschenden Unternehmen zu konkurrieren.[239]

107   **i) Kosten–Preis–Schere.** Die **Kosten–Preis–Schere** (price/margin squeeze) ist dadurch gekennzeichnet, dass ein Unternehmen, das sowohl Lieferant eines Vorprodukts als auch Anbieter des Endprodukts ist (vertikal integriertes Unternehmen), Wettbewerber durch Erhöhung der Verkaufspreise für das Vorprodukt bei gleichzeitiger Senkung der Preise für das Endprodukt verdrängt.[240] Dies führt dazu, dass der Wettbewerber auf Grund der hohen Kosten für das Vorprodukt nicht in der Lage ist, entsprechend günstige Preise auf dem Endproduktmarkt anzubieten.

108   Während der Preiswettbewerb grundsätzlich zulässig und erwünscht ist, findet er dort seine Grenze, wo die Preisgestaltung für Leistungen an Wettbewerber in einem vorgelagerten Markt, im Vergleich zu den Endkundenpreisen in einem nachgelagerten Markt unverhältnismäßig sind und hierdurch der Wettbewerb auf dem vorgelagerten oder nachgelager-

---

[230] EuGH Slg. 2009, I-2369 Rn. 109 – France Télécom; EuGH Slg. 1991, 3359 Rn. 7 – AKZO; KOMM. ABl. 2001 L 125, 127 Rn. 35 – Deutsche Post AG; Bechtold/Bosch/Brinker Rn. 38.

[231] EuGH Slg. 1991, 3359 Rn. 72 – AKZO.

[232] EuGH Slg. 1996, 5951 Rn. 44 – Tetra Pak II; Bechtold/Bosch/Brinker Rn. 28.

[233] EuGH Slg. 1991, 3359 Rn. 7 – AKZO; KOMM. ABl. 2001 L 125, 127 Rn. 35 – Deutsche Post AG; Bechtold/Bosch/Brinker Rn. 38.

[234] EuG Slg. 1994, II-755 Rn. 151 – Tetra Pak II; EuGH Slg. 1996, 5951 – Tetra Pak II; Berg/Mäsch/Berg Rn. 92.

[235] Bechtold/Bosch/Brinker Rn. 38.

[236] EuGH Slg. 1991, 3359 Rn. 7 – AKZO; Bechtold/Bosch/Brinker Rn. 38.

[237] Immenga/Mestmäcker/Fuchs EuWettbR Rn. 247.

[238] KOMM. ABl. 2001 L 125, 127 Rn. 6 – Deutsche Post AG.

[239] EuGH 27.3.2012 – C-209/10, GRUR-Int 2012, 922 Rn. 38 – Post Danmark; Berg/Mäsch/Berg Rn. 93.

[240] Immenga/Mestmäcker/Fuchs EuWettbR Rn. 373.

ten Markt beeinträchtigt wird.[241] Dies ist insbesondere der Fall, wenn durch die Preisgestaltung durch das marktbeherrschende Unternehmen andere Anbieter auf dem nachgelagerten Markt ausgeschlossen werden.[242] Entscheidend ist jedoch, dass die Vorleistungen und die Endleistungen des marktbeherrschenden Unternehmens vergleichbar sind.[243] Dh, dass sie mindestens ähnliche technische Spezifikationen und Funktionen aufweisen.[244]

Liegen die Endkundenpreise unter den Preisen für die Vorleistungen, liegt eine unzuläs- **109** sige Kosten-Preis-Schere vor.[245] Dies ist zB der Fall, wenn ein Fahrzeughersteller neben seinem Generalimporteuer mit einer eigenen Tochter im Markt tätig ist und den Generalimporteur durch hohe Entgelte für Vorleistungsprodukte dazu zwingt gegenüber seinen Kunden höherer Entgelte zu berechnen, als die Tochtergesellschaft den Endkunden in Rechnung stellt.[246] Liegen die Endkundenpreise darüber, so liegt eine Kosten-Preis-Schere dann vor, wenn die produktspezifischen Kosten des marktbeherrschenden Unternehmens die Differenz zwischen Endkundenpreisen und Vorleistungspreisen übersteigen.[247]

j) Wettbewerbsklauseln. Wettbewerbsklauseln sind dann missbräuchlich, wenn sie un- **110** angemessen sind. Hierbei ist auf das Wesen der wirtschaftlichen Beziehung der Beteiligten abzustellen.[248] Wird einem Abnehmer verboten, gleichzeitig auch für Wettbewerber als **Absatzmittler** tätig zu werden oder Wettbewerbsprodukte zu vertreiben,[249] ist dies missbräuchlich.[250] Daher kann ein marktbeherrschendes Unternehmen idR seinen Vertragshändlern keine Wettbewerbsverbote auferlegen. Bei einem **Franchisepartner** sind derartige Beschränkungen jedoch in den Fällen zulässig, in denen die Beschränkung gemäß der Pronuptia-Rechtssprechung[251] keine Wettbewerbsbeschränkung darstellt (→ AEUV Art. 101 Rn. 188 und zu → HGB § 90a Rn. 65 ff.).

Bei **Handelsvertretern,** die in die Absatzorganisation des marktbeherrschenden Unter- **111** nehmens integriert sind, ist die Vereinbarung eines Wettbewerbsverbots idR nicht missbräuchlich.[252] Wenn durch das mit dem Handelsvertreter vereinbarte Wettbewerbsverbot allerdings zu einer derartigen Marktzutrittsschranke führt, dass ausländische Wettbewerber auf diese Handelsvertreter für den Marktzutritt angewiesen sind, können Wettbewerbsverbote in Handelsvertreterverträgen missbräuchlich sein.[253] Das wird allerdings selten der Fall sein. Auch in den Fällen, in denen der Handelsvertreter nicht nur als Hilfsorgan des Unternehmens tätig wird, sondern verpflichtet ist, finanzielle und geschäftsspezifische Risiken zu tragen (siehe Ausführungen zu → AEUV Art. 101 Rn. 149 ff. und zur → Vertikal-GVO Rn. 10 ff.), kann das vom marktbeherrschenden Unternehmen auferlegte Wettbewerbsverbot einen Missbrauch darstellen.

k) Essential Facilities. Die Verweigerung des Zugangs zu Einrichtungen, welche für **112** die wirtschaftliche Betätigung auf einem nachgelagerten Markt unerlässlich ist (essential

---

[241] KOMM. ABl. 1988 L 284, 41 Rn. 66 – Napier-Brown; Bechtold/Bosch/Brinker Rn. 39.

[242] Bechtold/Bosch/Brinker Rn. 40.

[243] EuG WuW/E EU-R 1429 – Deutsche Telekom; KOMM. ABl. 2003 L 263, 9 Rn. 106 – Deutsche Telekom; Bechtold/Bosch/Brinker Rn. 40.

[244] Ausf. Bechtold/Bosch/Brinker Rn. 40.

[245] EuG WuW/E EU-R 1429 – Deutsche Telekom; KOMM. ABl. 2003 L 263, 9 Rn. 106 – Deutsche Telekom; Bechtold/Bosch/Brinker Rn. 40.

[246] Oberster Gerichtshof Österreich (OGH) 17.2.2021 – 16 Ok 4/20d, NKartZ 2021, 313 (317) Rn. 206 = ZVertriebsR 2121, 334 – Peugeot-Vertrieb Österreich.

[247] EuG WuW/E EU-R 1429 – Deutsche Telekom; KOMM. ABl. 2003 L 263, 9 Rn. 106 – Deutsche Telekom; Bechtold/Bosch/Brinker Rn. 40; ausführlich zur Kosten-Preis-Schere Immenga/Mestmäcker/Fuchs EuWettbR Rn. 373 ff.

[248] EuGH Slg. 1975, 1663 Rn. 486 – Suiker Unie; Bechtold/Bosch/Brinker Rn. 43.

[249] KOMM. ABl. 1973 L 140, 17 (39) – Europäische Zuckerindustrie, bestätigt durch EuGH Slg. 1975, 1663 (2015, 2017) – Suiker Unie.

[250] EuGH Slg. 1978, 207 Rn. 194 – United Brands; Bechtold/Bosch/Brinker Rn. 43.

[251] EuGH Slg. 1986, 419 – Pronuptia.

[252] EuGH Slg. 1975, 1663 Rn. 486 – Suiker Unie.

[253] EuGH Slg. 1975, 1663 (2017) – Suiker Unie.

facility), ist missbräuchlich, wenn die betreffende Einrichtung nicht duplizierbar ist.[254] In Betracht kommen etwa von einem marktbeherrschenden Unternehmen betriebene Häfen,[255] Programminformationen von Fernsehsendern an Fernsehzeitschriften[256] und Schnittstelleninformationen von Microsoft.[257]

113   Wenn es sich bei der wesentlichen Einrichtung um eine echte Innovation handelt, gilt dies allerdings nur eingeschränkt.[258] Der Zugang zu einer Innovation oder einer von einem Unternehmen spezifisch für seine Tätigkeit entwickelt geschaffenen Infrastruktur würde zwar den Wettbewerb kurzfristig fördern, aber wenn dem Wettbewerb der Zugang zu der Innovation oder Infrastruktur zu leicht gewährt wird, gäbe es einen Anreiz mehr für den Wettbewerb selbst in Innovation oder Infrastruktur zu investieren.[259] Dies wiederum schadet dem Wettbewerb, weil es den Anreiz für Innovationen und Investitionen reduziert. Auch bei Entwicklungen, welche von immateriellen Schutzrechten geschützt sind, ist das marktbeherrschende Unternehmen nur dann zur Gewährung der Nutzung verpflichtet, wenn (i) die Verweigerung zum Nachteil des Verbrauchers erfolgt, (ii) das marktbeherrschende Unternehmen sich durch die Verweigerung eine marktbeherrschende Stellung auch auf einem Sekundärmarkt sichert und auf diesem Markt jeglichen Wettbewerb ausschließen kann und (iii) keine objektive Rechtfertigung für die Verweigerung gegeben ist.[260]

114   **l) Sonstige Missbrauchsfälle.** Da es sich bei Art. 102 S. 1 um einen Generaltatbestand der missbräuchlichen Ausnutzung einer marktbeherrschenden Stellung handelt, sind die aufgeführten Fallgruppen nicht abschließend zu verstehen. So wurde ein Missbrauch beispielsweise in Fällen angenommen, in denen Wettbewerber zum Zweck der Marktabschottung Produkte ausgetauscht hatten.[261] Auch kann die Durchsetzung von vertraglichen Bestimmungen missbräuchlich sein, wenn diese Bestimmungen dem marktbeherrschenden Unternehmen etwas zusprechen, was dieses vernünftigerweise nicht erwarten dürfte, oder sich in der Zwischenzeit die bei Vertragsschluss bestehenden Umstände geändert haben.[262]

115   Der Missbrauch kann auch in der Privilegierung der eigenen Angebote liegen, wie dies zB bei der Preissuchmaschine von Google der Fall war.[263] Google hatte in seine allgemeine Suchmaschine Google Shopping integriert, jedoch unter Nutzung eines anderen Algorithmus als die allgemeine Google-Suche, mit der Folge, dass die Ergebnisse unabhängig von der Relevanz für die Sucht immer auf der ersten Seite Positioniert waren. Der EuG kam zu dem Ergebnis, dass Google aufgrund seiner Marktbeherrschung zur „Suchneutralität" und zur diskriminierenden Anwendung der Algorithmen verpflichtet ist.

116   Ein Missbrauch kann auch bei der Verweigerung einer Lizensierung eines Standard essentiellen Patents vorliegen. Bei derartigen Patenten kontrolliert der Inhaber nicht nur den Technologiezugang, sondern auch den Zugang zum Markt. Hier kann der Inhaber daher verpflichtet sein, eine Lizenz zu sogenannten FRAND Bedingungen (Fair, Reasonable and Non-Discriminatory) anzubieten bzw. abzuschließen. Auch die Durchsetzung eines patentrechtlichen Unterlassungsanspruchs kann missbräuchlich sein, wenn der Patentinhaber sich geweigert hat einen Patentlizenzvertrag gemäß FRAND Bedingungen abzuschließen.[264]

---

[254] Bechtold/Bosch/Brinker Rn. 53.

[255] KOMM. ABl. 1994 L 15, 8 – Sealink II; KOMM. ABl. 1994 L 55, 52 – Hafen von Rodby; Bechtold/Bosch/Brinker Rn. 53.

[256] EuGH Slg. 1995, 743 Rn. 48 – RTE (Magill); Bechtold/Bosch/Brinker Rn. 53.

[257] EuG WuW/E EU-R 863 – Microsoft; EuG WuW/E EU-R 1307 – Microsoft; Bechtold/Bosch/Brinker Rn. 53.

[258] EuGH Slg. 2004, 5039 Rn. 51 – IMS Health; Bechtold/Bosch/Brinker Rn. 56.

[259] EuGH 25.2.2021 – C-152/19 P, NZKart 2021, 296 Rn. 47 – Brandbandmarkt Slowakei I (Deutsche Telekom).

[260] Bechtold/Bosch/Brinker Rn. 54.

[261] EuG Slg. 1994, II-755 Rn. 212 – Tetra Pak II; Bechtold/Bosch/Brinker Rn. 59.

[262] EuG Slg. 1998, II-2937 Rn. 113 – ITT; Bechtold/Bosch/Brinker Rn. 60.

[263] EuG GRUR-RS 2021, 33726.

[264] BGH GRUR 2009, 694 ff. – Orange-Book-Standard.

V. Beeinträchtigung des Handels zwischen Mitgliedstaaten

1. Einleitung. Art. 102 kommt zur Anwendung, wenn die missbräuchliche Ausnutzung **117** einer marktbeherrschenden Stellung geeignet ist, den Handel zwischen Mitgliedstaaten zu beeinträchtigen (Zwischenstaatlichkeit). Das Tatbestandsmerkmal der Eignung zur Beeinträchtigung des Handels zwischen den Mitgliedstaaten dient der Abgrenzung zu rein nationalen Sachverhalten[265] und ist entsprechend dem gleichlautenden Tatbestandsmerkmal des Art. 101 auszulegen (→ AEUV Art. 101 Rn. 39 ff.).[266]

2. Beeinträchtigung. Ein Verhalten beeinträchtigt dann den Handel zwischen Mit- **118** gliedstaaten, wenn dieses „unmittelbar oder mittelbar, tatsächlich oder der Möglichkeit nach den Warenverkehr zwischen den Mitgliedstaaten in einer Weise beeinflusst, die der Verwirklichung der Ziele eines einheitlichen zwischenstaatlichen Marktes nachteilig sein können."[267] Dies ist auf Grund der „Gesamtheit [aller] objektiver rechtlicher oder tatsächlicher Umstände mit hinreichender Wahrscheinlichkeit" festzustellen.[268] Eine tatsächliche Beeinträchtigung muss nicht vorliegen.[269]

Unmittelbar wirkt die Beeinträchtigung, wenn diese sich direkt auf im Binnenmarkt **119** gehandelte Produkte oder Leistungen bezieht.[270] Mittelbar wirkt die Beeinträchtigung, wenn diese sich auf ein Vorprodukt bezieht und das Endprodukt im Binnenmarkt gehandelt wird.[271]

3. Zwischenstaatlichkeit. Verhaltensweisen, deren wettbewerbsbeschränkende Wir- **120** kungen sich auf das gesamte Hoheitsgebiet eines Mitgliedstaates erstrecken, sind nach der Rechtsprechung des EuGH in der Regel geeignet, den Handel zwischen den Mitgliedstaaten zu beeinträchtigen, da sie grundsätzlich die Abschottung nationaler Märkte verfestigen. Ein- oder Ausfuhrverbote oder sonstige Maßnahmen oder Vereinbarungen, die den innergemeinschaftlichen Handel zwischen zwei oder mehreren Mitgliedstaaten betreffen, sind stets Beeinträchtigungen des Handels zwischen den Mitgliedstaaten.[272] Der Sitz der beteiligten Unternehmen spielt hierbei keine Rolle.[273] Beziehen sich Ausfuhrverbote auf den Export in bzw. Einfuhrverbote auf den Import von Drittstaaten, so ist das Tatbestandsmerkmal und jedes Umgehen der innergemeinschaftlichen Zwischenstaatlichkeit zunächst nicht erfüllt.[274] Etwas anderes gilt, wenn sich Ausfuhr- bzw. Einfuhrvereinbarungen rückwirkend auf den Handel zwischen Mitgliedstaaten auswirken. Das ist zB bei Vereinbarungen der Fall, welche Reimporte erschweren sollen und/oder der Preisstabilität in den Mitgliedstaaten dienen.[275]

Auch eine Maßnahme, die nur auf dem Gebiet eines Mitgliedstaates Geltung erlangt, **121** schließt die Beeinträchtigung des Handels zwischen den Mitgliedstaaten nicht aus.[276] Dies

---

[265] Immenga/Mestmäcker/Fuchs EuWettbR Rn. 22.

[266] Immenga/Mestmäcker/Fuchs EuWettbR Rn. 22.

[267] EuGH Slg. 1966, 322 – Maschinenbau Ulm; EuGH Slg. 1980, 3775 – L'Oréal; EuG Slg. 1991, II-535 Rn. 65 – BBC; Bechtold/Bosch/Brinker Rn. 63.

[268] EuGH Slg. 1966, 322 – Maschinenbau Ulm; EuGH Slg. 1980, 3775 – L'Oréal; EuG Slg. 1991, II-535 Rn. 65 – BBC; Bechtold/Bosch/Brinker Rn. 64.

[269] EuG Slg. 1991, II-485 Rn. 76 – RTE; EuGH Slg. 1991, 1979 Rn. 64 – Arbeitsvermittlungsmonopol; KOMM. ABl. 1971 L 134, 15 (26) – GEMA I; Langen/Bunte/Bulst EuWettbR Rn. 385.

[270] KOMM. COMP/38096 Rn. 339 – Clearstream; Bechtold/Bosch/Brinker Rn. 64.

[271] EuGH Slg. 1985, 391 – BNIC/Clair; EuGH Slg. 1993, 1307 – Ahlström; Bechtold/Bosch/Brinker Rn. 64.

[272] EuGH Slg. 1978, 131 – Miller; EuG Slg. 1994, II-549 – Parker Pen; KOMM. ABl. 1981 L 326, 32 – Flachglas; Bechtold/Bosch/Brinker Rn. 65.

[273] Immenga/Mestmäcker/Fuchs EuWettbR Rn. 23.

[274] KOMM. ABl. 1975 L 38, 10 – Goodyear Italiana; KOMM. ABl. 1976 L 28, 19 – SABA; Bechtold/Bosch/Brinker Rn. 67.

[275] KOMM. ABl. 1982 L 362, 40 – Zinkbleche; EuGH Slg. 1984, 1679 – CRAM und Rheinzink; Bechtold/Bosch/Brinker Rn. 68.

[276] KOMM. ABl. 1971 L 134, 15 (26) – GEMA I; KOMM. ABl. 1982 L 360, 36 (41) – British Telecommunications; Langen/Bunte/Bulst EuWettbR Rn. 385.

folgt daraus, dass, auch wenn eine Maßnahme nur auf dem Gebiet eines Mitgliedsstaates wirkt, dies Marktteilnehmern aus anderen Mitgliedstaaten den Zugang zu dem Markt des Mitgliedsstaates erschweren kann (Marktabschottung).[277] Dies war zB in GEMA der Fall, wo allein in Deutschland wirkende Bestimmungen der Urheberrechtsverwertungsgesellschaft GEMA die Aufnahme des Wettbewerbs auf dem deutschen Markt durch Musikverleger anderer Mitgliedstaaten behinderten.[278]

122   In Fällen, in denen sich das missbräuchliche Verhalten nur auf einen Teil eines Mitgliedstaates bezieht, muss die Anwendbarkeit von Art. 102 jeweils gesondert geprüft werden. Soweit Art. 102 nicht anwendbar ist, weil das Zwischenstaatlichkeitskriterium nicht erfüllt ist, kommen ggf. parallel bzw. subsidiär nationalstaatliche Wettbewerbsregeln zur Anwendung. Diese sind, innerhalb der EU weitgehend dem EU-Recht angeglichen, so zB § 19 GWB.

123   Wird durch das Verhalten des marktbeherrschenden Unternehmens die Struktur des Wettbewerbs auf dem Binnenmarkt oder einem wesentlichen Teil davon, etwa durch die Behinderung eines Wettbewerbers, verändert, so liegt in der Regel eine Beeinträchtigung des Handels zwischen den Mitgliedstaaten vor.[279]

VI. Rechtsfolgen

124   **1. Verwaltungsrechtliche Rechtsfolgen.** Die auf Art. 83 EG (heute Art. 103) beruhende Verordnung (EG) Nr. 1/2003 des Rates vom 16.12.2002 zur Durchführung der in den Artikeln 81 und 82 des Vertrages niedergelegten Wettbewerbsregeln[280] beinhaltet die verwaltungsrechtlichen Rechtsfolgen eines Verstoßes gegen Art. 102 (und Art. 101).[281] Danach kann die Kommission die missbräuchliche Ausnutzung einer marktbeherrschenden Stellung iSd Art. 102 feststellen und Unterlassung bzw. Abstellung des Verhaltens verlangen (Art. 7 Verordnung (EG) Nr. 1/2003).[282] Die Kommission ist auch berechtigt, Verpflichtungszusagen von Unternehmen anzunehmen, welche dann als bindend erklärt werden (Art. 9 Verordnung (EG) Nr. 1/2003). Daneben kann die Kommission Geldbußen anordnen.[283] Gegebenenfalls kann die Kommission dem Normadressaten auch bestimmte Maßnahmen zur Abstellung der missbräuchlichen Ausnutzung aufgeben,[284] so zB die Beschränkung einer missbräuchlichen Laufzeit auf eine angemessene, nicht missbräuchliche Dauer (→ Rn. 90). Bei Nichterfüllung der von der Kommission auferlegten Maßnahmen kann die Kommission auch Zwangsgelder verhängen (Art. 24 Verordnung (EG) Nr. 1/2003).[285] Darüber hinaus kann die Kommission einstweilige Maßnahmen anordnen (Art. 8 Verordnung (EG) Nr. 1/2003).[286]

125   Auch das Bundeskartellamt ist berechtigt, bei Verstößen gegen Art. 102 tätig zu werden (Art. 3 Verordnung (EG) Nr. 1/2003 iVm §§ 32–34 und 81 Abs. 1 Nr. 2 GWB). Seine Zuständigkeit endet aber, wenn die Kommission ein Verfahren nach Kapitel III der Verordnung (EG) Nr. 1/2003 eingeleitet hat (Art. 11 Abs. 6 Satz 1 Verordnung (EG) Nr. 1/2003).[287]

126   **2. Zivilrechtliche Rechtsfolgen.** Art. 102 ist unmittelbar anwendbar.[288] Bei einem Verstoß gegen Art. 102 kommen Unterlassungs- und Schadensersatzansprüche des Betrof-

---

[277] EuGH Slg. 1972, 977 – Cementhandelaren; Bechtold/Bosch/Brinker Rn. 66.
[278] KOMM. ABl. 1971 L 134, 15 (26) – GEMA I.
[279] EuGH Slg. 1983, 3461 Rn. 102–104 – Michelin; EuGH Slg. 1979, 1869 Rn. 17–20 – Hugin; Immenga/Mestmäcker/Fuchs EuWettbR Rn. 23.
[280] ABl. 2003 L 1, 1.
[281] Immenga/Mestmäcker/Fuchs EuWettbR Rn. 418.
[282] Immenga/Mestmäcker/Fuchs EuWettbR Rn. 418.
[283] Grabitz/Hilf/Nettesheim/Jung Rn. 12.
[284] Calliess/Ruffert/Weiß Rn. 77.
[285] Berg/Mäsch/Berg Rn. 130.
[286] Bechtold/Bosch/Brinker Rn. 71.
[287] Berg/Mäsch/Berg Rn. 131.
[288] Grabitz/Hilf/Nettesheim/Jungs Rn. 12.

fenen in Betracht.[289] So ist Art. 102 Schutzgesetz iSd § 823 Abs. 2 BGB.[290] Daneben kommt als Anspruchsgrundlage auch Art. 33 GWB in Betracht.[291]

Rechtsgeschäfte, die auf einem Verstoß gegen Art. 102 beruhen, sind nichtig.[292] Die **127** Nichtigkeit bestimmt sich nach nationalen Normen und ergibt sich in Deutschland aus § 134 BGB.[293] § 138 BGB findet hingegen keine Anwendung, da andernfalls auf nationaler Ebene noch eine Wertung erfolgen würde.[294]

Da Art. 102 keine Vorschriften über die Durchsetzbarkeit der Rechtsfolgen beinhaltet, **128** bestimmt sich auch die Vollstreckbarkeit nach nationalem Recht.[295]

3. Beweislast. Die Beweislast für einen Verstoß gegen Art. 102 liegt bei den Kartell- **129** behörden (Art. 2 S. 1 Verordnung (EG) Nr. 1/2003).[296] Obwohl das Fehlen einer Rechtfertigung Teil der tatbestandlichen Prüfung für das Vorliegen eines missbräuchliches Verhaltens ist, hat das Gericht den Parteien die Beweislast für die Rechtfertigung auferlegt.[297] Beruft sich ein Unternehmen auf einen Verstoß gegen Art. 102, trägt das Unternehmen die Beweislast für das Vorliegen eines Missbrauchs.

VII. Verhältnis zu anderen Vorschriften

Art. 101 und Art. 102 sind bei Erfüllen der Tatbestandsmerkmale beider Normen neben- **130** einander anwendbar (Idealkonkurrenz).[298] Die Strafe bemisst sich aber nach dem schwersten Verstoß (Nichtkumulationsprinzip).[299]

Im Falle der Anwendbarkeit von Art. 101 und Art. 102 bewirkt eine Freistellung gemäß **131** Art. 101 Abs. 3 nicht die Freistellung von einem Verstoß gegen Art. 102.[300] Im Gegensatz zum Erfüllen der Tatbestandsvoraussetzungen des Art. 101 bedeutet der Verstoß gegen Art. 102 an sich schon ein nicht hinnehmbares, den Wettbewerb im Binnenmarkt einschränkendes Verhalten.[301]

Im Übrigen steht es der Kommission oder den Gerichten frei – bei Erfüllen der Tat- **132** bestandsvoraussetzungen beider Normen – einen Verstoß auf Art. 101 oder Art. 102 zu begründen.[302]

B. Handelsvertreter

Sowohl der Handelsvertreter als auch der Unternehmer können Normadressat des **133** Art. 102 sein. So darf das marktbeherrschende Unternehmen seine Marktmacht nicht gegenüber dem Handelsvertreter (oder dem Endkunden) missbrauchen. Entsprechend darf ein marktbeherrschender Handelsvertreter seine Marktmacht nicht gegenüber dem Unter-

---

[289] Grabitz/Hilf/Nettesheim/Jung Rn. 12.

[290] Bechtold/Bosch/Brinker Rn. 72.

[291] Bechtold/Bosch/Brinker Rn. 72.

[292] Calliess/Ruffert/Weiß Rn. 76.

[293] Bechtold/Bosch/Brinker Rn. 72.

[294] Calliess/Ruffert/Weiß Rn. 76.

[295] Bechtold/Bosch/Brinker Rn. 73.

[296] EuG Slg. 2001, II-3871 Rn. 58 – Hitachi ua/Kommission entschieden für Art. 101 AEUV; Berg/Mäsch/Berg Rn. 135.

[297] EuG Slg. 2009, II-3155 Rn. 185 – Clearstream; EuG Slg. 2007, II-3601 Rn. 688 – Microsoft; Berg/Mäsch/Berg Rn. 137.

[298] KOMM. ABl. 1989 L 43, 27 Rn. 44 – Decca Navigator System; Langen/Bunte/Bulst EuWettbR Rn. 387.

[299] KOMM. ABl. 1989 L 33, 44 (67) – Flachglas II; KOMM. ABl. 1992 L 96, 34 (43) – Aer Lingus; Langen/Bunte/Bulst EuWettbR Rn. 388.

[300] EuGH Slg. 1995, 865 – BPB Industries; EuGH Slg. 2000, 1365 Rn. 130 – Compagnie maritime belge; Langen/Bunte/Bulst EuWettbR Rn. 388.

[301] Langen/Bunte/Bulst EuWettbR Rn. 38.

[302] EuGH Slg. 1979, 461 (550) – Hoffmann-La Roche; EuG Slg. 1990, II-347 (356, 357 f.) – Tetra Pak; KOMM. ABl. 1989 L 33, 44 (68) – Flachglas II; Langen/Bunte/Bulst EuWettbR Rn. 387.

nehmen missbrauchen. In der Praxis ist ein Missbrauch durch den Unternehmer gegenüber dem Handelsvertreter wahrscheinlicher.

C. Vertragshändler

134 Art. 102 findet im Verhältnis zwischen dem Unternehmen und dem Vertragshändler Anwendung. Demzufolge darf der Unternehmer seine Marktmacht nicht gegenüber dem Vertragshändler ausnutzen. Das Gleiche gilt auch für den Vertragshändler, wenn dieser eine marktbeherrschende Stellung innehat.

D. Franchisenehmer

135 Für den Franchisenehmer und den Franchisegeber gibt es keine Besonderheiten, so dass hier auf die Ausführungen zum Vertragshändler verwiesen wird.

E. Kommissionsagent

136 Für den Kommissionsagenten gilt das Gleiche wie für den Handelsvertreter, so dass auf die Ausführungen zum Handelsvertreter verwiesen wird.

2. Verordnung (EU) 2022/720 der Kommission

vom 10. Mai 2022

über die Anwendung des Artikels 101 Absatz 3 des Vertrags über die Arbeitsweise der Europäischen Union auf Gruppen von vertikalen Vereinbarungen und abgestimmten Verhaltensweisen

(Text von Bedeutung für den EWR)

Literatur: Bauer/de Bronett, Die EU-Gruppenfreistellungsverordnung für vertikale Wettbewerbsbeschränkungen, 2001; Beutelmann, Selektive Vertriebssysteme im europäischen Kartellrecht, 2004; Bonacker, Fälle zur Regulierung des Internethandels in selektiven und sonstigen Vertriebssystemen, GRUR-Prax 2012, 4; Dreyer/Lemberg, Möglichkeiten und Grenzen der Beschränkung des Internetvertriebs, BB 2012, 2004; Eickhoff, EuGH: Selektiver Vertrieb rechtfertigt nicht De-facto-Verbot von Internetverkäufen, GWR 2011, 503; Ellenrieder, Das Totalverbot des Internetvertriebs im selektiven Vertrieb als bezweckte Wettbewerbsbeschränkung, WRP 2012, 141; Ende/Klein, Gründzuge des Vertriebsrecht im Internet, 2001; Funke/Just, Die neue Gruppenfreistellungsverordnung für vertikale Verträge – Neue Wettbewerbsregeln für Liefer- und Vertriebsvereinbarungen, KSzW 2010, 151; Funke/Just, Neue Wettbewerbsregeln für den Vertrieb: Die Verordnung (EU) Nr. 330/2010 für Vertikalverträge, DB 2010, 1389; Goßler/Wentzel, Der Entwurf der neuen Vertikal-GVO im Lichte des Entwurfs der neuen Vertikal-Leitlinien, ZVertriebsR 2021, 341; Haslinger, Wie weit ist der Ausschluss moderner Vertriebsformen beim Internetvertrieb möglich? – Wohin steuert der selektive Vertrieb?, WRP 2009, 279; Klein, SSNIP-Test oder Bedarfsmarktkonzept?, WuW 2010, 169; Lettl, Die neue Vertikal-GVO (EU Nr. 330/2010), WRP 2010, 807; Malec/v. Bodungen, Die neue Vertikal-GVO und ihre Auswirkungen auf die Gestaltung von Liefer- und Vertriebsverträgen, BB 2010, 2383; Metzlaff, Franchisesysteme und EG-Kartellrecht – neueste Entwicklungen, BB 2000, 1201; Metzlaff/B. Müller, Novellierung der Vertikal-Gruppenfreistellungsverordnung geht in die nächste Phase, ZVertriebsR 2020, 341; Murach, Die (neue) Vertikal-Gruppenfreistellungsverordnung, GWR 2010, 210; Neubauer, EuGH: Internetvertriebsverbot im selektiven Vertriebssystem nicht gerechtfertigt – keine Gruppenfreistellung, MMR 2012, 53; Oechsler, EuGH: Anforderungen an die Zulässigkeit selektiver Vertriebssysteme, LMK 2011, 325999; Oest/Wagener, Der EuGH bestätigt die Kartellrechtswidrigkeit eines Totalverbots des Internetvertriebs, RIW 2012, 35; Pfeffer, Markenpflege als rechtfertigender Einwand im Kartellrecht?, MarkenR 2012, 365; Picht/Leitz, Vertikal-dual-digital: Der Entwurf der neuen Vertikal-GVO und -Leitlinien, NZKart 2021, 480; Piper/Ohly/Sosnitza, Gesetz gegen den unlauteren Wettbewerb, 5. Auflage, 2010; Pischel, Der Internetvertrieb nach der neuen Schirm-Gruppenfreistellungsverordnung für den Vertikalvertrieb und deren Leitlinien, GRUR 2010, 972; Rahlmeyer, Zur Einordnung eines selektiven Betriebssystems als Wettbewerbsbeschränkung, ZVertriebsR 2012, 56; Rohrßen, Online-Vertrieb in der EU – Vertriebskartellrecht: Die neue Vertikal-GVO 2022, ZVertriebsR 2021, 293; Rösner, Aktuelle Probleme der Zulässigkeit von Selektivvertriebssystemen vor dem Hintergrund der Reform der Vertikal-GVO, WRP 2010, 1114; Schulze zur Wiesche, Selektiver Vertrieb und Internet, K&R 2010, 541; Seeliger/Klauß, Auswirkungen der neuen Vertikal-GVO und Vertikal-Leitlinien auf den Internetvertrieb, GWR 2010, 233; Semler/Bauer, Die neue EU-Gruppenfreistellungsverordnung für vertikale Wettbewerbsbeschränkungen – Folgen für die Rechtspraxis, DB 2000, 193; v. Hülsen, Ausgewählte praktische Probleme des selektiven Vertriebs aus kartellrechtlicher Sicht, ZVertriebsR 2012, 299; Velte, Verbot des Vertriebs von Produkten über das Internet als Wettbewerbsbeschränkung, EuZW 2012, 19; Wiemer, Informationsaustausch im Vertikalverhältnis, WuW 2009, 750; Wijckmans/Tuytschaever, Vertical Agreements in EU Competition Law, 2nd edition, 2012.

Vorb Art. 1 – Übersicht über die Vertikal-GVO

DIE EUROPÄISCHE KOMMISSION –
gestützt auf den Vertrag über die Arbeitsweise der Europäischen Union, gestützt auf die Verordnung Nr. 19/65/EWG des Rates vom 2. März 1965 über die Anwendung von Artikel 85 Absatz 3 des Vertrages auf Gruppen von Vereinbarungen und aufeinander abgestimmten Verhaltensweisen, insbesondere auf Artikel 1,
nach Veröffentlichung des Entwurfs dieser Verordnung,

nach Anhörung des Beratenden Ausschusses für Kartell- und Monopolfragen,
in Erwägung nachstehender Gründe:

(1) Nach der Verordnung Nr. 19/65/EWG ist die Kommission ermächtigt, Artikel 101 Absatz 3 des Vertrags über die Arbeitsweise der Europäischen Union (im Folgenden „AEUV") durch Verordnung auf bestimmte Gruppen von vertikalen Vereinbarungen und entsprechenden abgestimmten Verhaltensweisen anzuwenden, die unter Artikel 101 Absatz 1 AEUV fallen.

(2) In der Verordnung (EU) Nr. 330/2010 der Kommission ist eine Gruppe von vertikalen Vereinbarungen beschrieben, bei der die Kommission davon ausging, dass die Voraussetzungen des Artikels 101 Absatz 3 AEUV in der Regel erfüllt waren. Die Erfahrungen mit der Anwendung der Verordnung (EU) Nr. 330/2010, deren Geltungsdauer am 31. Mai 2022 endet, waren, wie in der Evaluierung der Verordnung festgestellt, insgesamt positiv. In Anbetracht dieser Erfahrungen sowie neuer Marktentwicklungen wie des stark wachsenden elektronischen Handels und neuer oder an Bedeutung gewinnender Arten vertikaler Vereinbarungen ist es angezeigt, eine neue Gruppenfreistellungsverordnung zu erlassen.

(3) Die Gruppe von Vereinbarungen, die in der Regel die Voraussetzungen des Artikels 101 Absatz 3 AEUV erfüllen, umfasst vertikale Vereinbarungen über den Bezug oder Verkauf von Waren oder Dienstleistungen, die zwischen nicht miteinander im Wettbewerb stehenden Unternehmen, zwischen bestimmten Wettbewerbern oder von bestimmten Vereinigungen des Wareneinzelhandels geschlossen werden. Diese Gruppe umfasst ferner vertikale Vereinbarungen, die Nebenabreden über die Übertragung oder Nutzung von Rechten des geistigen Eigentums enthalten. Der Begriff „vertikale Vereinbarungen" sollte so verstanden werden, dass er auch entsprechende abgestimmte Verhaltensweisen einschließt.

(4) Für die Anwendung des Artikels 101 Absatz 3 AEUV durch Verordnung ist es nicht erforderlich, die vertikalen Vereinbarungen zu definieren, die unter Artikel 101 Absatz 1 AEUV fallen können. Bei der Prüfung einzelner Vereinbarungen nach Artikel 101 Absatz 1 AEUV sind mehrere Faktoren, insbesondere die Marktstruktur auf der Angebots- und Nachfrageseite, zu berücksichtigen.

(5) Die durch diese Verordnung bewirkte Gruppenfreistellung sollte nur vertikalen Vereinbarungen zugutekommen, bei denen mit hinreichender Sicherheit anzunehmen ist, dass sie die Voraussetzungen des Artikels 101 Absatz 3 AEUV erfüllen.

(6) Bestimmte Arten von vertikalen Vereinbarungen können die wirtschaftliche Effizienz innerhalb einer Produktions- oder Vertriebskette erhöhen, indem sie eine bessere Koordinierung zwischen den beteiligten Unternehmen ermöglichen. Insbesondere können sie dazu beitragen, die Transaktions- und Vertriebskosten der beteiligten Unternehmen zu verringern und deren Verkäufe und Investitionen zu optimieren.

(7) Die Wahrscheinlichkeit, dass derartige effizienzsteigernde Auswirkungen stärker ins Gewicht fallen als etwaige von Beschränkungen in vertikalen Vereinbarungen ausgehende wettbewerbswidrige Auswirkungen, hängt von der Marktmacht der an der Vereinbarung beteiligten Unternehmen ab und insbesondere von dem Maß, in dem diese Unternehmen dem Wettbewerb anderer Anbieter von Waren oder Dienstleistungen ausgesetzt sind, die von ihren Kunden aufgrund der Eigenschaften, der Preise und des Verwendungszwecks des Produkts als austauschbar oder substituierbar angesehen werden.

(8) Solange der auf jedes an der Vereinbarung beteiligten Unternehmen entfallende Anteil am relevanten Markt 30 % nicht übersteigt, kann davon ausgegangen werden, dass vertikale Vereinbarungen, die nicht bestimmte Arten schwerwiegender Wettbewerbsbeschränkungen enthalten, im Allgemeinen zu einer Verbesserung der Produktion oder des Vertriebs und zu einer angemessenen Beteiligung der Verbraucher an dem daraus entstehenden Gewinn führen.

(9) **Oberhalb dieser Marktanteilsschwelle von 30 %** kann nicht davon ausgegangen werden, dass vertikale Vereinbarungen, die unter Artikel 101 Absatz 1 AEUV fallen, stets objektive Vorteile mit sich bringen, die in Art und Umfang ausreichen, um die Nachteile für den Wettbewerb auszugleichen. Es kann allerdings auch nicht davon ausgegangen werden, dass diese vertikalen Vereinbarungen entweder unter Artikel 101 Absatz 1 AEUV fallen oder die Voraussetzungen des Artikels 101 Absatz 3 AEUV nicht erfüllen.

(10) **Die Online-Plattformwirtschaft** spielt eine immer wichtigere Rolle im Vertrieb von Waren und Dienstleistungen. In der Online-Plattformwirtschaft tätige Unternehmen ermöglichen neue Geschäftsmodelle, die anhand der mit vertikalen Beziehungen in der traditionellen Wirtschaft verbundenen Konzepte nicht immer einfach zu kategorisieren sind. Insbesondere Online-Vermittlungsdienste ermöglichen es Unternehmen, anderen Unternehmen oder Endverbrauchern Waren oder Dienstleistungen anzubieten, indem sie die Einleitung direkter Transaktionen zwischen Unternehmen oder zwischen Unternehmen und Endverbrauchern vermitteln. Vereinbarungen über die Bereitstellung von Online-Vermittlungsdiensten sind vertikale Vereinbarungen und sollten daher unter die Gruppenfreistellung auf der Grundlage dieser Verordnung fallen können, sofern die in dieser Verordnung festgelegten Voraussetzungen erfüllt sind.

(11) **Die in der Verordnung (EU) 2019/1150** des Europäischen Parlaments und des Rates verwendete Begriffsbestimmung von Online-Vermittlungsdiensten sollte für die Zwecke dieser Verordnung angepasst werden. Insbesondere um dem Anwendungsbereich des Artikels 101 AEUV Rechnung zu tragen, sollte sich die in dieser Verordnung verwendete Begriffsbestimmung auf Unternehmen beziehen. Sie sollte sowohl Online-Vermittlungsdienste umfassen, die die Einleitung direkter Transaktionen zwischen Unternehmen vermitteln, als auch Online-Vermittlungsdienste, die die Einleitung direkter Transaktionen zwischen Unternehmen und Endverbrauchern vermitteln.

(12) **Im Falle des zweigleisigen Vertriebs** verkauft ein Anbieter Waren oder Dienstleistungen nicht nur auf der vorgelagerten, sondern auch auf der nachgelagerten Stufe und steht somit mit seinen unabhängigen Händlern im Wettbewerb. Falls keine Kernbeschränkungen vorliegen und der Abnehmer nicht auf der vorgelagerten Stufe mit dem Anbieter im Wettbewerb steht, sind bei diesem Szenario die potenziellen negativen Auswirkungen der vertikalen Vereinbarung auf die Wettbewerbsbeziehungen zwischen dem Anbieter und dem Abnehmer auf der nachgelagerten Stufe weniger bedeutend als die potenziellen positiven Auswirkungen der vertikalen Vereinbarung auf den Wettbewerb im Allgemeinen auf der vor- oder der nachgelagerten Stufe. Daher sollten vertikale Vereinbarungen, die in solchen Szenarios des zweigleisigen Vertriebs geschlossen werden, durch diese Verordnung freigestellt werden.

(13) **Der Informationsaustausch** zwischen einem Anbieter und einem Abnehmer kann zu den wettbewerbsfördernden Auswirkungen vertikaler Vereinbarungen beitragen, insbesondere zur Optimierung der Produktions- und Vertriebsprozesse. Im Falle des zweigleisigen Vertriebs kann der Austausch bestimmter Arten von Informationen jedoch horizontale Bedenken aufwerfen. Aus diesem Grund sollte mit dieser Verordnung nur der Informationsaustausch zwischen einem Anbieter und einem Abnehmer in einem Szenario des zweigleisigen Vertriebs freigestellt werden, in dem die ausgetauschten Informationen einen direkten Bezug zur Umsetzung der vertikalen Vereinbarung haben und zur Verbesserung der Herstellung oder des Vertriebs der Vertragswaren oder -dienstleistungen erforderlich sind.

(14) **Die Begründung für die Freistellung** vertikaler Vereinbarungen bei zweigleisigem Vertrieb gilt nicht für vertikale Vereinbarungen über die Bereitstellung von Online-Vermittlungsdiensten, bei denen der Anbieter der Online- Vermittlungsdienste auch ein Wettbewerber auf dem relevanten Markt für den Verkauf der vermittelten Waren oder Dienstleistungen ist. Anbieter von Online-Vermittlungsdiensten mit einer

solchen Hybridstellung können die Fähigkeit und den Anreiz haben, das Ergebnis des Wettbewerbs auf dem relevanten Markt für den Verkauf der vermittelten Waren oder Dienstleistungen zu beeinflussen. Daher sollten solche vertikalen Vereinbarungen durch diese Verordnung nicht freigestellt werden.

(15) Diese Verordnung sollte keine vertikalen Vereinbarungen freistellen, die Beschränkungen enthalten, die wahrscheinlich den Wettbewerb beschränken und den Verbrauchern schaden oder die für die Herbeiführung der effizienzsteigernden Auswirkungen nicht unerlässlich sind. Insbesondere sollte die Gruppenfreistellung nach dieser Verordnung nicht für die vertikale Vereinbarungen gelten, die bestimmte Arten schwerwiegender Wettbewerbsbeschränkungen enthalten, wie Mindest- und Festpreise für den Weiterverkauf und bestimmte Arten des Gebietsschutzes einschließlich der Verhinderung der wirksamen Nutzung des Internets für den Verkauf oder bestimmter Beschränkungen der Online-Werbung. Dementsprechend sollten Beschränkungen des Online-Verkaufs und der Online-Werbung unter die Gruppenfreistellung nach dieser Verordnung fallen, wenn sie nicht unmittelbar oder mittelbar, für sich allein oder in Verbindung mit anderen Umständen unter der Kontrolle der beteiligten Unternehmen darauf abzielen, die wirksame Nutzung des Internets durch den Abnehmer oder dessen Kunden zum Verkauf der Vertragswaren oder -dienstleistungen in bestimmte Gebiete oder an bestimmte Kundengruppen zu verhindern oder die Nutzung eines ganzen Online-Werbekanals wie Preisvergleichsdienste oder Suchmaschinenwerbung zu verhindern. Beispielsweise sollten Beschränkungen des Online-Verkaufs nicht unter die Gruppenfreistellung nach dieser Verordnung fallen, wenn ihr Ziel darin besteht, das Gesamtvolumen des Online-Verkaufs der Vertragswaren oder -dienstleistungen auf dem betreffenden Markt oder die Möglichkeit für Verbraucher, die Vertragswaren oder -dienstleistungen online zu kaufen, erheblich zu verringern. Bei der Einstufung einer Beschränkung als Kernbeschränkung im Sinne des Artikels 4 Buchstabe e können Inhalt und Kontext der Beschränkung berücksichtigt werden, sie sollte jedoch nicht von den marktspezifischen Umständen oder den individuellen Eigenschaften der beteiligten Unternehmen abhängen.

(16) Durch die Verordnung sollten keine Beschränkungen freigestellt werden, bei denen nicht mit hinreichender Sicherheit davon ausgegangen werden kann, dass sie die Voraussetzungen des Artikels 101 Absatz 3 AEUV erfüllen. Die Gruppenfreistellung sollte insbesondere an bestimmte Voraussetzungen geknüpft werden, die den Zugang zum relevanten Markt gewährleisten und Kollusion auf diesem Markt vorbeugen. Zu diesem Zweck sollte die Freistellung von Wettbewerbsverboten auf Verbote mit einer Höchstdauer von fünf Jahren beschränkt werden. Ferner sollten Verpflichtungen, die die Mitglieder eines selektiven Vertriebssystems veranlassen, die Marken bestimmter konkurrierender Anbieter nicht zu verkaufen, vom Rechtsvorteil dieser Verordnung ausgeschlossen werden. Der Rechtsvorteil dieser Verordnung sollte nicht für Paritätsverpflichtungen gelten, die Abnehmer von Online-Vermittlungsdiensten veranlassen, Endverbrauchern Waren oder Dienstleistungen nicht über konkurrierende Online-Vermittlungsdienste zu günstigeren Bedingungen anzubieten, zu verkaufen oder weiterzuverkaufen.

(17) Durch die Begrenzung des Marktanteils, den Ausschluss bestimmter vertikaler Vereinbarungen von der Gruppenfreistellung und die in dieser Verordnung festgelegten Voraussetzungen ist in der Regel sichergestellt, dass Vereinbarungen, auf die die Gruppenfreistellung Anwendung findet, die beteiligten Unternehmen nicht in die Lage versetzen, den Wettbewerb in Bezug auf einen wesentlichen Teil der betreffenden Waren oder Dienstleistungen auszuschalten.

(18) Nach Artikel 29 Absatz 1 der Verordnung (EG) Nr. 1/2003 des Rates kann die Kommission den Rechtsvorteil der vorliegenden Verordnung entziehen, wenn sie in einem bestimmten Fall feststellt, dass eine Vereinbarung, für die die Gruppenfreistellung nach dieser Verordnung gilt, dennoch Wirkungen hat, die mit Artikel 101 Absatz 3 AEUV unvereinbar sind. Die Wettbewerbsbehörde eines Mitgliedstaats kann

den aus dieser Verordnung erwachsenden Rechtsvorteil f entziehen, wenn die Voraussetzungen nach Artikel 29 Absatz 2 der Verordnung (EG) Nr. 1/2003 erfüllt sind.

(19) Entzieht die Kommission oder eine mitgliedstaatliche Wettbewerbsbehörde den Rechtsvorteil der vorliegenden Verordnung, so trägt sie die Beweislast dafür, dass die betreffende vertikale Vereinbarung in den Anwendungsbereich des Artikels 101 Absatz 1 AEUV fällt und dass diese Vereinbarung mindestens eine der vier Voraussetzungen des Artikels 101 Absatz 3 AEUV nicht erfüllt.

(20) Bei der Entscheidung, ob der Rechtsvorteil der vorliegenden Verordnung nach Artikel 29 der Verordnung (EG) Nr. 1/2003 entzogen werden sollte, sind die wettbewerbswidrigen Auswirkungen, die sich daraus ergeben, dass der Zugang zu einem relevanten Markt oder der Wettbewerb auf diesem Markt durch gleichartige Auswirkungen paralleler Netze vertikaler Vereinbarungen erheblich eingeschränkt werden, von besonderer Bedeutung. Derartige kumulative Auswirkungen können sich insbesondere aus Alleinvertriebssystemen, Alleinbelieferungsvereinbarungen, selektiven Vertriebssystemen, Paritätsverpflichtungen oder Wettbewerbsverboten ergeben.

(21) Um die Überwachung paralleler Netze vertikaler Vereinbarungen, die gleichartige wettbewerbswidrige Auswirkungen haben und mehr als 50 % eines Marktes abdecken, zu verbessern, kann die Kommission durch Verordnung erklären, dass die vorliegende Verordnung auf vertikale Vereinbarungen, die bestimmte auf den betroffenen Markt bezogene Beschränkungen enthalten, keine Anwendung findet, und dadurch die volle Anwendbarkeit des Artikels 101 AEUV auf diese Vereinbarungen wiederherstellen.

A. Einleitung

Die Verordnung (EU) 2022/720 der Kommission vom 10.5.2022 über die Anwendung **1** von Artikel 101 Absatz 3 des Vertrags über die Arbeitsweise der Europäischen Union auf Gruppen von vertikalen Vereinbarungen und abgestimmten Verhaltensweisen (nachfolgend **„Vertikal-GVO"**) regelt die Voraussetzungen, unter denen das Kartellverbot des Art. 101 AEUV auf Gruppen von vertikalen Vereinbarungen nicht anwendbar ist. Sie ersetzt die Vertikal-GVO Nr. 330/2010 vom 20.4.2010.[1]

Gemäß **Art. 101 Abs. 3 AEUV** können die Bestimmungen des **Kartellverbotes** für **2** **nicht anwendbar** erklärt werden, wenn Vereinbarungen, abgestimmte Verhaltensweisen oder Beschlüsse von Unternehmensvereinigungen zur Verbesserung der Warenerzeugung oder -verteilung oder zur Förderung des technischen oder wirtschaftlichen Fortschritts beitragen, die Verbraucher angemessen an dem entstehenden Gewinn beteiligt werden und den beteiligten Unternehmen keine Beschränkungen auferlegt werden, die für die Verwirklichung dieser Ziele nicht unerlässlich sind, und keine Möglichkeiten eröffnet werden, für einen wesentlichen Teil der betreffenden Waren den Wettbewerb auszuschalten.[2] Die Kommission kann Verordnungen zur Anwendung des Art. 101 Abs. 3 AEUV auf Gruppen von Vereinbarungen erlassen. Hierbei ist dem Erfordernis einer wirksamen Überwachung bei möglichst einfacher Verwaltungskontrolle Rechnung zu tragen.[3]

Diese **Gruppenfreistellungsverordnungen** sollen für Rechtssicherheit und Rechts- **3** klarheit sorgen, indem sie die Voraussetzungen für eine Freistellung nach Art. 101 Abs. 3 AEUV konkretisieren.[4] Rechtsanwender sollen auf diese Weise ohne großen Aufwand

---

[1] Zur Geschichte der Vertikal-GVO bereits → AEUV Art. 101 Rn. 105 ff. dieses Kommentars.
[2] Vgl. bereits → AEUV Art. 101 Rn. 67.
[3] Art. 105 Abs. 3 iVm Art. 103 Abs. 2 lit. b AEUV und VO Nr. 19/65/EWG des Rates vom 2.3.1965 über die Anwendung von Artikel 85 Absatz 3 des Vertrages auf Gruppen von Vereinbarungen und aufeinander abgestimmten Verhaltensweisen.
[4] LFP/Saria § 1 Rn. 83 ff.

absehen können, welche Vertragsgestaltungen zulässig sind und welche einen Verstoß gegen Art. 101 Abs. 1 AEUV bewirken könnten. Der durch die Gruppenfreistellungsverordnungen erfasste Bereich wird daher auch als **„sicherer Hafen"** bezeichnet. Die Vertikal-GVO gilt grundsätzlich für vertikale Bezugs- oder Vertriebsvereinbarungen aller Branchen und Vertriebsformen. Auf diesem branchenübergreifenden Regelungsansatz beruht auch die Bezeichnung als „Schirm-GVO".[5]

4   Nach Erwägungsgrund (15) soll die Vertikal-GVO „keine Vereinbarungen freistellen, die Beschränkungen enthalten, die wahrscheinlich den Wettbewerb beschränken und den Verbrauchern schaden oder die für die Herbeiführung der effizienzsteigernden Auswirkungen nicht unerlässlich sind." Nicht unter die Vertikal-GVO fallende Vereinbarungen, können dennoch **individuell nach Art. 101 Abs. 3 AEUV freigestellt** sein, sodass nach Ansicht des EuGH kein Anlass besteht, die Vorschriften der Vertikal-GVO weit **auszulegen**.[6] Aus diesem Grund sind auch **Analogien** zu den Regelungen der Vertikal-GVO grundsätzlich nicht erforderlich.[7]

5a   Die Vertikal-GVO ist schematisch aufgebaut: Zunächst sind in Artikel 1 die für die Vertikal-GVO geltenden Begriffsbestimmungen aufgeführt. Anschließend wird in Artikel 2 beschrieben, auf welche Vereinbarungen die Gruppenfreistellung überhaupt anwendbar ist. Allerdings gilt dies nur, soweit die in Artikel 3 festgelegten Marktanteilschwellen nicht überschritten werden. Die Gruppenfreistellung entfällt jedoch für alle ansonsten freistellungsfähigen wettbewerbsbeschränkenden Klauseln einer Vereinbarung, wenn die Vereinbarung auch nur eine einzige sog. Kernbeschränkung iSd Artikels 4 enthält (sog. **Alles-oder-Nichts-Prinzip**). Darüber hinaus zählt Artikel 5 einige Beschränkungen auf, die nicht von der Gruppenfreistellung erfasst werden. Die weiteren Regelungen der Vertikal-GVO betreffen den Entzug des Rechtsvorteils im Einzelfall (Artikel 6), die Nichtanwendung der Vertikal-GVO (Artikel 7), die Anwendung der Marktanteilschwelle (Artikel 8), die Anwendung der Umsatzschwelle (Artikel 9), den Übergangszeitraum (Artikel 10) sowie die Geltungsdauer der Vertikal-GVO (Artikel 11).

5b   Eine Konkretisierung der Regelungen der Vertikal-GVO erfolgt durch die von der Kommission herausgegebenen **Vertikal-Leitlinien,**[8] in denen die Kommission Hinweise über die Anwendung der Verordnung gibt und Beurteilungsmaßstäbe für vertikale Beschränkungen setzt.

6   Die Bestimmungen der Vertikal-GVO sind auch für die Anwendung deutschen Kartellrechts relevant. So bestimmt § 2 Abs. 2 GWB, dass die Verordnungen des Rates oder der Kommission über die Anwendung von Art. 101 AEUV entsprechend gelten. Art. 3 Abs. 1 KartellVO verpflichtet die Wettbewerbsbehörden der Mitgliedstaaten zur Anwendung der Wettbewerbsregeln des AEUV, wenn die Verhaltensweise geeignet ist, den Handel zwischen den Mitgliedstaaten zu beeinträchtigen. Die Konvergenzklausel des Art. 3 Abs. 2 KartellVO ordnet für diesen Fall einen Vorrang des europäischen Rechts an. Da somit für abweichende nationale Regelungen nur ein eingeschränkter Spielraum verbleibt, hat sich der Gesetzgeber entschlossen das nationale Kartellrecht weitgehend an das europäische anzupassen; zu diesem Zweck stellt § 2 Abs. 2 GWB – für Fälle mit zwischenstaatlichem Bezug rein deklaratorisch, für rein nationale Fälle konstitutiv – fest, dass die Gruppenfreistellungsverordnungen gelten.[9]

---

[5] Schultze/Pautke/Wagener Rn. 105; LFP/Petsche/Lager § 7 Rn. 30.

[6] Vgl. EuGH GRUR-Int 2011, 1077 Rn. 57 = EuZW 2012, 28 – Pierre Fabre Dermo-Cosmétique; zur Auslegung von Gruppenfreistellungsverordnungen generell LFP/Saria § 1 Rn. 87 ff.

[7] Zur Analogiefähigkeit von Gruppenfreistellungsverordnungen LFP/Saria § 1 Rn. 95; die Kommission erwähnt in Rn. 67 der Vertikal-Leitlinien (Mitteilung der Kommission, Leitlinien für vertikale Beschränkungen, 2010/C 130/01) jedoch – für den Sonderfall der mobilen Verkaufsstätten – die Möglichkeit einer analogen Anwendung.

[8] ABl. 2022 C 248, 1 (im Folgenden „Vertikal-Leitlinien").

[9] BT-Drs. 15/3640, 25.

B. Handelsvertreter

Die Vertikal-GVO enthält hinsichtlich Handelsvertretervereinbarungen keine besonde- **7** ren Regelungen. Allerdings ist der kartellrechtlichen Beurteilung von Handelsvertretervereinbarungen in den Vertikal-Leitlinien ein eigener Abschnitt gewidmet.[10] Die Beurteilung vertikaler Beschränkungen in Handelsvertreterverträgen weist einige Besonderheiten auf. Diese basieren auf dem sogenannten Handelsvertreterprivileg. Demzufolge fallen Beschränkungen des Handelsvertreters dann nicht unter Art. 101 Abs. 1 AEUV, wenn sie den Markt für die Produkte des Geschäftsherrn – also das Verhältnis zum Endabnehmer – betreffen (sog. Produktmarkt) und der Geschäftsherr die Risiken des Geschäftes trägt **(echter Handelsvertreter)**.[11] Beschränkungen, die den Markt für Vermittlerleistungen – also das Verhältnis zwischen Handelsvertreter und Geschäftsherrn selbst – betreffen, sind jedoch nicht privilegiert. Trägt der Handelsvertreter die Risiken des Geschäfts **(unechter Handelsvertreter)** ist er kartellrechtlich wie ein Eigenhändler zu behandeln.

Besonderheiten ergeben sich für den echten Handelsvertreter bei den möglichen Kern- **8** beschränkungen,[12] den Möglichkeiten zum Ausschluss des Internetvertriebs[13] sowie im Bereich der Online-Plattformwirtschaft.[14]

Hinsichtlich beider Arten von Handelsvertretern stellt sich die Frage nach den zugrunde **9** zu legenden Marktanteilen[15] und den zulässigen Beschränkungen, die den Markt für Vermittlerleistungen betreffen.[16]

C. Vertragshändler

Die Vertikal-GVO geht vom Leitbild des Vertragshändlers aus. Sie ist hinsichtlich aller **10, 11** Vorschriften umfassend auf den Vertragshändler anzuwenden. Besondere Vorschriften existieren für den selektiven Vertrieb.[17]

D. Franchisenehmer

Die Vertikal-GVO enthält hinsichtlich Franchisevereinbarungen keine besonderen Vor- **12** schriften. Dennoch widmet die Kommission Franchisevereinbarungen mehrere Absätze in den Vertikal-Leitlinien, da bezüglich Franchisevereinbarungen einige Besonderheiten zu beachten sind.[18]

In Franchisevereinbarungen verpflichtet sich der Franchisegeber dem Franchisenehmer **13** eine Lizenz zur Nutzung seines geistigen Eigentums zu gewähren und diesen fortlaufend kommerziell und technisch zu unterstützen.[19] Der Franchisenehmer ist regelmäßig verpflichtet für die Nutzung des Franchise-Pakets ein Entgelt zu leisten.[20] Die Übertragung von Lizenzen an Rechten des geistigen Eigentums ermöglicht es Franchisenehmern ohne größere Investitionen den Geschäftsbetrieb aufzunehmen und dem Franchisegeber sein Vertriebsnetz rasch auszubauen. Allerdings muss dieser regelmäßig die Weitergabe seines

---

[10] Dazu Vertikal-Leitlinien Rn. 29–46.
[11] Ausführlich → AEUV Art. 101 Rn. 149 ff.; sowie B. Müller Handelsvertreterprivileg im EU-Kartellrecht.
[12] Dazu → Rn. 233.
[13] Dazu → Rn. 272.
[14] Dazu → AEUV Art. 101 Rn. 172d.
[15] Dazu → Rn. 149.
[16] Dazu → Rn. 308.
[17] Dazu → Rn. 44.
[18] Vgl. insbesondere Vertikal-Leitlinien Rn. 85 ff., 164 ff., 173.
[19] Vertikal-Leitlinien Rn. 164.
[20] Vertikal-Leitlinien Rn. 164.

Know-hows befürchten und wird daher bemüht sein, die Nutzung desselben nur für die Produkte oder Dienstleistungen zu ermöglichen, die zu seinem Franchisesystem gehören.

14 Um dieser besonderen Interessenlage gerecht zu werden, hat die Kommission im Jahr 1988 die **Franchise-GVO**[21] erlassen, die mittlerweile in der Vertikal-GVO aufgegangen ist. Die Franchise-GVO enthielt kasuistische Regelungen mit Klauseln, die vom Verbot des damaligen Art. 85 Abs. 1 EWG-Vertrag (heute: Art. 101 Abs. 1 AEUV) freigestellt worden sind.[22] Um von dem Rechtsvorteil der Gruppenfreistellung zu profitieren, mussten die Vereinbarungen diese freigestellten Klauseln **(weiße Klauseln)** verwenden. Die Kommission hat ihre Regelungstechnik in der Vertikal-GVO geändert. Statt Klauseln einzeln freizustellen, existiert nun eine Generalausnahme von Art. 101 Abs. 1 AEUV, die wiederum durch die Kernbeschränkungen und einzelne nicht freigestellte Vereinbarungen durchbrochen werden kann.[23]

15 Der EuGH hat in seinem Grundsatzurteil zu Franchisesystemen „Pronuptia"[24] festgestellt, dass **Bestimmungen** in Franchisesystemen, die für dessen Funktionieren **unerlässlich** sind, **keine Beschränkungen** iSd Art. 101 Abs. 1 AEUV darstellen.[25] Bestimmungen, die verhindern sollen, dass das vom Franchisegeber vermittelte Know-how und die gewährte Unterstützung dessen Konkurrenten zugutekommt, sind demnach ebenso unerlässlich wie Bestimmungen über die Kontrolle, die zur Wahrung der Identität und des Ansehens der durch die Geschäftsbezeichnung symbolisierten Vertriebsorganisation unerlässlich ist.[26] Die Kommission hat zur Konkretisierung der zulässigen Beschränkungen des Know-how umfassend Stellung genommen.[27]

16 Besonderheiten bestehen bezüglich des für die Freistellungsfähigkeit zugrundeliegenden Marktes bei Franchisesystemen.[28] Hinsichtlich der Freistellung einzelner Klauseln kann jedoch keine allgemeine Antwort für Franchisesysteme getroffen werden. Die Klauseln sind im Einzelfall zu bewerten und müssen einer Kategorie der Vertikal-GVO, die nicht vertriebsformspezifisch aufgebaut ist, zugeordnet werden. Regelmäßig ist in einem ersten Schritt zu klären, ob es sich um ein Alleinvertriebsfranchise oder ein Selektivvertriebsfranchise handelt und ob Wettbewerbsverbote vereinbart worden sind, um dann in einem zweiten Schritt die Vertragsklauseln auf ihre Zulässigkeit nach den jeweils einschlägigen Bestimmungen der Vertikal-GVO zu untersuchen.[29]

E. Kommissionsagent

17 Der Kommissionsagent wird kartellrechtlich wie ein Handelsvertreter beurteilt. Die Kommission stellt in den Vertikal-Leitlinien fest, dass die Einstufung durch die Vertragsparteien oder die einzelstaatlichen Gesetze für die Würdigung des kartellrechtlichen Handelsvertreterbegriffs belanglos sind.[30] Ein Handelsvertreter ist demnach „eine juristische oder natürliche Person, die mit der Vollmacht ausgestattet ist, im Auftrag einer anderen Person (des Auftraggebers) entweder im eigenen Namen oder im Namen des Auftraggebers Verträge auszuhandeln oder zu schließen, die Folgendes zum Gegenstand haben: − den Ankauf von Waren oder Dienstleistungen durch den Auftraggeber, oder − den Verkauf von

---

[21] VO (EWG) Nr. 4087/88 der Kommission vom 30.11.1988 über die Anwendung von Artikel 85 Absatz 3 des Vertrags auf Gruppen von Franchisevereinbarungen.

[22] Vgl. Art. 2, 3, 4 und 6 der Franchise-GVO.

[23] Für einen Überblick über die einzelnen freigestellten Klauseln der Franchise-GVO und deren Freistellung durch die Vertikal-GVO vgl. Schultze/Pautke/Wagener Rn. 706 f.

[24] EuGH Slg. 1986, 353 = NJW 1986, 1415 – Pronuptia.

[25] Die Entscheidung erging noch zu einer alten Fassung der Verträge und bezieht sich daher in Leitsatz 2 auf Art. 85 Abs. 1 EWG-Vertrag. Dieser entspricht nunmehr Art. 101 Abs. 1 AEUV.

[26] EuGH Slg. 1986, 353 Rn. 16 = NJW 1986, 1415 – Pronuptia.

[27] Vgl. → Rn. 78 ff.

[28] Vgl. → Rn. 145.

[29] Vertikal-Leitlinien Rn. 189 f.; Wijckmans/Tuytschaever Rn. 6.80.

[30] Vertikal-Leitlinien Rn. 30.

Waren oder Dienstleistungen des Auftraggebers."[31] Der in eigenem Namen handelnde Kommissionsagent ist daher kartellrechtlich als Handelsvertreter zu klassifizieren.[32] Es kann folglich auf die diesbezüglichen Ausführungen verwiesen werden.[33]

Auch beim Kommissionsagent besteht also das Erfordernis die Risikotragung zu unter- **18** suchen, um festzustellen, ob eine kartellrechtliche Privilegierung in Betracht kommt.[34] Es kann insoweit auch von **echten** und **unechten** Kommissionsagenten gesprochen werden.[35]

Artikel 1 – Begriffsbestimmungen

(1) **Für die Zwecke dieser Verordnung gelten folgende Begriffsbestimmungen:**
...

Übersicht

A. Einleitung

Art. 1 Vertikal-GVO definiert einige Begriffe, die für die Anwendung der Verordnung **19** wesentlich sind.

---

[31] Vertikal-Leitlinien Rn. 29.
[32] Wiedemann/Kirchhoff § 11 Rn. 45; Immenga/Mestmäcker/Zimmer EuWettbR Art. 101 Abs. 1 Rn. 285.
[33] → Rn. 8 (Vor Artikel 1 B. Handelsvertreter).
[34] Zur Risikotragung von Kommissionsagenten MSHF/Martinek § 3 Rn. 12.
[35] Hierzu bereits → Rn. 8.

I. Vertikale Vereinbarung, Art. 1 Abs. 1 lit. a Vertikal-GVO

(1) Für die Zwecke dieser Verordnung gelten folgende Begriffsbestimmungen:

a) „vertikale Vereinbarung" ist eine Vereinbarung oder abgestimmte Verhaltensweise zwischen zwei oder mehr Unternehmen, die für die Zwecke der Vereinbarung oder der abgestimmten Verhaltensweise jeweils auf einer anderen Stufe der Produktions- oder Vertriebskette tätig sind und die die Bedingungen betrifft, zu denen die beteiligten Unternehmen Waren oder Dienstleistungen beziehen, verkaufen oder weiterverkaufen dürfen;

20   Prägend für Anwendungsbereich, Reichweite und Regelungsmaterie der Vertikal-GVO ist der Begriff der vertikalen Vereinbarung. Darunter sind Vereinbarungen und abgestimmte Verhaltensweisen zwischen zwei oder mehr Unternehmen auf verschiedenen Produktions- und Vertriebsstufen zu verstehen, welche sich auf Bedingungen beziehen, zu denen Unternehmen Güter oder Dienstleistungen kaufen, verkaufen oder weiterverkaufen. Vier Merkmale sind daher für das Vorliegen einer vertikalen Vereinbarung entscheidend:

- Vereinbarung oder abgestimmte Verhaltensweise,
- zwischen zwei oder mehr Unternehmen,
- welche auf verschiedenen Produktions- und Vertriebsstufen tätig sind,
- die Vereinbarung bezieht sich auf Bedingungen, zu denen Unternehmen Güter oder Dienstleistungen „kaufen, verkaufen oder weiterverkaufen"

21   **1. Vereinbarung oder abgestimmte Verhaltensweise.** Der Begriff der Vereinbarung oder abgestimmten Verhaltensweise ist iSd Art. 101 AEUV zu verstehen, von dessen Anwendung die Vertikal-GVO ausnahmsweise freistellt.[1] Art. 101 Abs. 1 AEUV nennt neben Vereinbarungen und abgestimmten Verhaltensweisen auch Beschlüsse von Vereinigungen als Anknüpfungspunkt für möglicherweise kartellrechtswidriges Verhalten. Beschlüsse von Unternehmensvereinigungen sind in Art. 1 Abs. 1 lit. a Vertikal-GVO jedoch nicht erwähnt und damit vom Anwendungsbereich der Vertikal-GVO nicht umfasst.[2]

22   **2. Zwei oder mehr Unternehmen.** Durch das Tatbestandsmerkmal „zwischen .... Unternehmen" werden Verträge mit natürlichen Personen aus dem Anwendungsbereich der Vertikal-GVO herausgenommen.[3] Verträge mit natürlichen Personen umfasst auch Art. 101 Abs. 1 AEUV grundsätzlich nicht, sodass diesem Merkmal ein rein deklaratorischer Charakter zukommt.

23   Durch das Tatbestandsmerkmal „zwischen **zwei oder mehr** Unternehmen" werden mehrseitige Vereinbarungen erfasst. Dies können mehrstufige Verträge sein, bei denen Unternehmen aus verschiedenen Wirtschaftsstufen einen gemeinsamen Vertrag schließen, beispielsweise ein Vertrag zwischen Hersteller, Großhändler und Einzelhändler.[4] Auch werden Verträge zwischen Franchisegeber, Master-Franchisenehmer und dessen Franchisenehmer erfasst. Daneben ist die Vertikal-GVO auf Franchisevereinbarungen zwischen dem Franchisegeber, einer GmbH als Franchisenehmer und einer natürlichen Person anwendbar, die als kontrollierender Gesellschafter hinter dem Franchisenehmer steht und dem Franchisevertrag als persönlich haftende Person beitritt. Allerdings können Franchisenehmer (= GmbH) und kontrollierende natürliche Person als wirtschaftliche Einheit und damit als ein Unternehmen angesehen werden.

---

[1] Vgl. hierzu die Ausführungen zum Kartellverbot → AEUV Art. 101 Rn. 19.
[2] Vgl. Schultze/Pautke/Wagener Rn. 114 ff., die sich für eine analoge Anwendung der Vertikal-GVO aussprechen, sofern die anderen Voraussetzungen für eine Freistellung gegeben sind, zugleich aber anmerken, dass der praktische Anwendungsbereich gering bleiben wird.
[3] Vgl. hierzu Vertikal-Leitlinien Rn. 56.
[4] So das Beispiel der Kommission, vgl. Vertikal-Leitlinien Rn. 57.

3. Vertikalverhältnis. Der Begriff der vertikalen Vereinbarung im Sinne der Vertikal- **24** GVO umfasst nur Vereinbarungen und abgestimmte Verhaltensweisen, bei denen die Beteiligten für die Zwecke der Vereinbarung auf einer anderen Stufe der Produktions- oder Vertriebskette tätig sind (zB Hersteller und Vertriebsmittler). Vereinbarungen oder abgestimmte Verhaltensweisen zwischen Unternehmen, die auf der gleichen Stufe tätig sind, sind demgegenüber horizontaler Art und unterfallen nicht der Vertikal-GVO.[5] Damit grenzt die Vertikal-GVO ihren Anwendungsbereich gegenüber horizontalen Vereinbarungen ab.

Erforderlich ist jedoch nur, dass die Beteiligten „für die **Zwecke der Vereinbarung**" in **25** einem Vertikalverhältnis zueinander stehen. Im Übrigen (also außerhalb der Vertragsbeziehung) können die Unternehmen bei einer ihrer anderen wirtschaftlichen Tätigkeiten dagegen auch auf derselben Stufe (zB auf der Einzelhandelsebene) als Wettbewerber tätig sein. Auch die Betätigung eines Unternehmens auf mehreren Stufen der Produktions- und Vertriebskette ist insoweit für die Einordnung als „Vertikalverhältnis" unschädlich, sofern bezogen auf die Vereinbarung oder abgestimmte Verhaltensweise ein Vertikalverhältnis vorliegt.[6]

Zu beachten ist jedoch. dass nach Art. 2 Abs. 4 Vertikal-GVO **Vereinbarungen zwi-** **26** **schen Wettbewerbern** grundsätzlich nicht gruppenfreistellungsfähig sind. Etwas anderes gilt jedoch ausnahmsweise für die Fälle des sogenannten **Dualvertriebs.** Hierbei handelt es sich um eine Vertriebsstruktur bei der ein Anbieter von Waren und Dienstleistungen, diese sowohl über Dritte als auch selbst vertreibt (zB über eine Filiale oder einen eigenen Online-Shop). Die Freistellung gilt in diesem Fall trotz Wettbewerbs auf der Einzelhandelsstufe, wenn der Abnehmer nicht auch auf der Ebene der Bereitstellung des Vertragsgutes Wettbewerber des Anbieters ist. Die neue Vertikal-GVO enthält für den Dualvertrieb jedoch wiederum zwei Rück-Ausnahmen: Nicht gruppenfreistellungsfähig ist erstens der Informationsaustausch zwischen Anbieter und Abnehmer, soweit er nicht direkt die Umsetzung der vertikalen Vereinbarung betrifft und für die Verbesserung der Produktion oder des Vertriebs der Vertragsware erforderlich ist (Art. 2 Abs. 5 Vertikal-GVO). Zweitens ist die Vertikal-GVO nicht auf hybride Online-Plattformen anwendbar, also auf Online-Vermittlungsdiensten, bei denen der Anbieter der Vermittlungsdienste gleichzeitig Wettbewerber des Abnehmers auf der Ebene für den Vertrieb der vermittelten Ware oder Dienstleistung ist (Art. 2 Abs. 6 Vertikal-GVO).

Beim **Franchising** ist der Franchisegeber – so schon der Wortsinn – weder auf einer **27** „Produktions- noch auf einer Vertriebsstufe" tätig. Das gilt erst recht, wenn der Franchisegeber in erster Linie ein Geschäftskonzept zur Verfügung stellt. So wird zB beim Masterfranchising oft nur ein Franchisekonzept und nicht auch Waren oder Dienstleistungen „verkauft". Streng genommen wäre die Vertikal-GVO nach ihrem Wortlaut nicht anwendbar. Das Tatbestandsmerkmal der anderen Ebene der Produktions- oder Vertriebskette dient letztlich jedoch nur der Abgrenzung zwischen vertikalen und horizontalen Vereinbarungen. Bei Franchiseverträgen handelt es sich allerdings unstreitig um vertikale Vereinbarungen. Beim Franchising stehen Franchisegeber und Franchisenehmer auf einer unterschiedlichen Stufe, selbst wenn in erster Linie nur ein Geschäftskonzept lizenziert wird. Die Vertikal-GVO erfasst daher grundsätzlich auch alle Arten von Franchiseverträgen.[7]

---

[5] Zur Anwendung des Art. 101 AEUV auf horizontale Vereinbarungen, vgl. Mitteilung der Kommission, Leitlinien zur Anwendbarkeit von Artikel 101 des Vertrags über die Arbeitsweise der Europäischen Union auf Vereinbarungen über horizontale Zusammenarbeit, 2011/C 11/01.

[6] Metzlaff BB 2000, 1201 (1203); Immenga/Mestmäcker/Ellger EuWettbR Art. 2 Rn. 13; Schultze/Pautke/Wagener Rn. 126.

[7] Vgl. auch die Begründungserwägung Nr. 10 der Ermächtigungsverordnung Nr. 1215/99 des Rates vom 10.6.1999, ABl. 1999 L 148, 1. Diese versteht unter „vertikalen Vereinbarungen" im Sinne von Art. 1 Vertikal-GVO auch Franchisevereinbarungen. Begreift man ein Geschäftskonzept im weiteren Sinne als Ware, so läge bereits deshalb eine „vertikale Vereinbarung" vor. Vgl. Vertikal-Leitlinien Rn. 166 f.; ebenso dazu die Ausführungen → Rn. 134.

28   **4. Gegenstand der Vereinbarung: Bezug- oder Vertrieb von Waren oder Dienstleistungen.** Die Vereinbarung muss die Bedingungen betreffen, zu denen die beteiligten Unternehmen Waren und Dienstleistungen beziehen, verkaufen oder weiterverkaufen dürfen. Gemeint sind sämtliche Bedingungen über den Bezug und Vertrieb der durch die Vereinbarung oder abgestimmte Verhaltensweise betroffenen Güter. Dies können sowohl die ursprünglich vom Anbieter gelieferten Güter als auch solche sein, die aus deren Weiterverarbeitung zu Zwischen- und Endprodukten entstanden sind.[8]

29   Darunter fallen auch **Rahmenvereinbarungen,** welche noch durch einzelne Austauschgeschäfte betreffend den Kauf von Waren oder Dienstleistungen ausgefüllt werden müssen. Dies können zB Franchisevereinbarungen sein, bei denen der Franchisenehmer die Franchiseprodukte vom Franchisegeber oder einem benannten Dritten zu beziehen hat. **OEM-Verträge,** bei denen Waren des Herstellers vom OEM-Abnehmer unter dessen eigener Marke verkauft werden, sind ebenso „vertikale Vereinbarungen", sofern die Parteien nicht Wettbewerber sind (es sei denn, die Ausnahme nach Art. 2 Abs. 4 Vertikal-GVO ist erfüllt).

30   Umfasst werden jedoch nur Vereinbarungen, deren zumindest mittelbarer Gegenstand der Bezug oder Vertrieb eines Ursprungsproduktes ist. Deshalb erfasst die Vertikal-GVO zwar beispielsweise Vereinbarungen über vom Absatzmittler gekaufte Erzeugnisse, welche er sodann zu Zwischen- und Endprodukten weiterverarbeitet oder auch nur an Dritte vermietet. Die eigentlichen Miet- und Leasingvereinbarungen sind hingegen nicht nach der Vertikal-GVO freigestellt.[9]

II. Vertikale Beschränkung, Art. 1 Abs. 1 lit. b Vertikal-GVO

(1) **Für die Zwecke dieser Verordnung gelten folgende Begriffsbestimmungen:**
…

b) **„vertikale Beschränkung" ist eine Wettbewerbsbeschränkung in einer vertikalen Vereinbarung, die unter Artikel 101 Absatz 1 AEUV fällt;**

31   Es gelten die allgemeinen Grundsätze zu Wettbewerbsbeschränkungen iSd Art. 101 Abs. 1 AEUV.[10] Eine Beschränkung liegt somit nicht vor, wenn die Regelung der vertikalen Vereinbarung schon nicht in den Anwendungsbereich des Art. 101 Abs. 1 AEUV fällt.

III. Wettbewerber, Art. 1 Abs. 1 lit. c Vertikal-GVO

(1) **Für die Zwecke dieser Verordnung gelten folgende Begriffsbestimmungen:**
…

c) **„Wettbewerber" ist ein tatsächlicher oder potenzieller Wettbewerber; „tatsächlicher Wettbewerber" ist ein Unternehmen, das auf demselben relevanten Markt tätig ist; „potenzieller Wettbewerber" ist ein Unternehmen, bei dem realistisch und nicht nur hypothetisch davon ausgegangen werden kann, dass es ohne eine vertikale Vereinbarung wahrscheinlich innerhalb kurzer Zeit die zusätzlichen Investitionen tätigen oder andere Kosten auf sich nehmen würde, die erforderlich wären, um in den relevanten Markt einzutreten;**

32   Die Definition der Wettbewerber ist bedeutsam für Art. 2 Abs. 4 Vertikal-GVO, nach der Vereinbarungen zwischen Wettbewerbern unter bestimmten Voraussetzungen nicht in

---

[8] Vertikal-Leitlinien Rn. 59.
[9] Vertikal-Leitlinien Rn. 61; so auch Schultze/Pautke/Wagener Rn. 137.
[10] Vgl. hierzu die Ausführungen zum Kartellverbot → AEUV Art. 101 Rn. 52.

den Anwendungsbereich der Vertikal-GVO fallen.[11] Wettbewerber im Sinne der Vertikal-GVO sind Unternehmen, die auf demselben relevanten Markt tatsächlich oder potentiell miteinander konkurrieren. Ein Unternehmen ist ein **tatsächlicher Wettbewerber,** wenn es bereits mit einem anderen Unternehmen auf demselben (sachlich, räumlich und ggf. Zeitlich) relevanten Markt konkurriert.[12]

Ein Unternehmen ist ein **potentieller Wettbewerber,** wenn realistischerweise davon 33 ausgegangen werden kann, dass es ohne die vertikale Vereinbarung wahrscheinlich innerhalb kurzer Zeit die zusätzlichen Investitionen tätigen oder sonstige Kosten auf sich nehmen würde, die erforderlich wären, um in den sachlich und räumlich relevanten Markt einzutreten. Die Einschätzung muss dabei die Struktur des Marktes, sowie das wirtschaftliche und rechtliche Umfeld berücksichtigen. Anders als nach der bisherigen Fassung des Art. 1 Abs. 1 lit. c Vertikal-GVO aus dem Jahr 2010 ist es nicht mehr erforderlich, dass der Markteintritt „als Reaktion auf einen geringen, aber anhaltenden Anstieg der relativen Preise" erfolgte. Damit stellt die Kommission nicht mehr ausdrücklich auf den sogenannten SSNIP-Test ab. SSNIP steht für „Small but Significant Non-transitory Increase in Price".[13] Durch die Änderung könnte zukünftig ein Unternehmen noch eher als potentieller Wettbewerber einzuordnen sein als bisher. Zwar muss der Markteintritt nach wie vor binnen eines kurzen Zeitraumes wahrscheinlich sein, welchen die Kommission mit „normalerweise nicht länger als ein Jahr" angibt.[14] Zudem muss eine reale und konkrete Möglichkeit für das Unternehmen bestehen, in den Markt einzutreten.[15] Allerdings ist wiederum auch nicht erforderlich, mit Sicherheit nachzuweisen, dass das Unternehmen tatsächlich in den relevanten Markt eintreten und in der Lage sein wird, seinen Platz dort zu behalten.[16]

IV. Anbieter, Art. 1 Abs. 1 lit. d Vertikal-GVO

(1) **Für die Zwecke dieser Verordnung gelten folgende Begriffsbestimmungen:**

...

d) **„Anbieter" ist auch ein Unternehmen, das Online-Vermittlungsdienste erbringt;**

Seit der letzten Novellierung im Jahr 2022 enthält die Vertikal-GVO nicht mehr nur 34 eine Begriffsbestimmung betreffend den „Abnehmer" (jetzt in Art. 1 lit. k Vertikal-GVO), sondern auch eine Begriffsbestimmung betreffend den **„Anbieter".** Dabei handelt es sich jedoch in beiden Fällen lediglich um eine Klarstellung und nicht um eine abschließende Definition. Als Anbieter sind nach Art. 1 Abs. 1 lit. d Vertikal-GVO ausdrücklich auch Unternehmen anzusehen, die **Online-Vermittlungsdienste** erbringen. Was unter Online-Vermittlungsdiensten zu verstehen ist, wird in Art. 1 Abs. 1 lit. e Vertikal-GVO definiert.

Ob ein Unternehmen für die Zwecke der Vertikal-GVO als Anbieter einzuordnen ist, 35 muss für jede vertikale Vereinbarung, die das Unternehmen eingeht, gesondert geprüft werden. Denn gerade im Bereich der Online-Plattformwirtschaft werden Unternehmen häufig nicht nur als Vermittler tätig, sondern treten daneben auch selbst als Käufer oder Verkäufer von Waren oder anderen Dienstleistungen auf. In Bezug auf eine einzelne

---

[11] Dazu die Ausführungen → Rn. 107 ff.

[12] Vertikal-Leitlinien Rn. 90.

[13] Vgl. zum SSNIP-Test etwa Klein WuW 2010, 169.

[14] Vertikal-Leitlinien Rn. 90 Satz 3 f.; der relevante Eintrittszeitraum wird bei F&E-Vereinbarungen jedoch mit „höchstens drei Jahren" (Art. 1 lit. t F&E-GVO) und bei TT-Vereinbarungen mit „ein bis zwei Jahren" (Rn. 29 TT-Leitlinien) angegeben.

[15] Vertikal-Leitlinien Rn. 90 S. 5.

[16] Vgl. EuGH EU:C:2020:52 Rn. 36–45 – Generics (UK) und andere/Competition and Markets Authority; EU:C:2021:243 Rn. 54–57 – H. Lundbeck A/S und Lundbeck Ltd./Europäische Kommission.

Vereinbarung kann ein Unternehmen jedoch immer nur entweder als Anbieter oder als Abnehmer qualifiziert werden.[17]

36   Vor diesem Hintergrund gilt ein Unternehmen, das Online-Vermittlungsdienste iSd Art. 1 Abs. 1 lit. e Vertikal-GVO erbringt, in Bezug auf diesen Dienst als Anbieter, während ein Unternehmen, das Waren oder Dienstleistungen über den Online-Vermittlungsdienst anbietet oder verkauft, in Bezug auf diese Vereinbarung als Abnehmer gilt; unabhängig davon, ob es für die Nutzung des Online-Vermittlungsdienstes ein Entgelt bezahlt. Einer Einordnung als Anbieter steht es zudem nicht entgegen, wenn das Unternehmen, welches die Online-Vermittlungsdienste erbringt, Zahlungen für die von ihm vermittelten Transaktionen entgegennimmt oder zusätzlich Nebendienstleistungen anbietet, wie beispielsweise Werbedienstleistungen, Ratingdienste oder Versicherungen oder Garantien für Schäden.[18]

37   Die Einordnung als Anbieter oder Abnehmer ist von besonderer Bedeutung, weil die Regelungen der Vertikal-GVO teilweise in unterschiedlicher Weise gelten. Relevant ist dies zum Beispiel bei der Bestimmung des relevanten Marktes für Berechnung der Marktanteile für die Anwendung der in Art. 3 Abs. 1 Vertikal-GVO genannten Schwellenwerte; bei der Anwendung von Art. 4 Vertikal-GVO (Kernbeschränkungen) oder bei Art. 5 Vertikal-GVO (nicht freigestellte Beschränkungen).[19]

V. Online-Vermittlungsdienste, Art. 1 Abs. 1 lit. e Vertikal-GVO

(1) **Für die Zwecke dieser Verordnung gelten folgende Begriffsbestimmungen:**

...

e) **„Online-Vermittlungsdienste" sind Dienste der Informationsgesellschaft im Sinne des Artikels 1 Absatz 1 Buchstabe b der Richtlinie (EU) 2015/1535 des Europäischen Parlaments und des Rates,[20] die es Unternehmen ermöglichen, Waren oder Dienstleistungen anzubieten,**

   i) indem sie die Einleitung direkter Transaktionen mit anderen Unternehmen vermitteln oder

   ii) indem sie die Einleitung direkter Transaktionen zwischen diesen Unternehmen und Endverbrauchern vermitteln,

   unabhängig davon, ob und wo die Transaktionen letztlich abgeschlossen werden;

38   Der mit der Novellierung im Jahr 2022 neu eingeführte Art. 1 Abs. 1 lit. e Vertikal-GVO definiert, was im Rahmen der Verordnung unter **„Online-Vermittlungsdienste"** zu verstehen ist: Die Online-Vermittlung der Einleitung einer direkter Transaktion zwischen zwei Parteien. Dabei ist es unerheblich, ob die beiden Parteien entweder zwei Unternehmen sind oder ein Unternehmen und ein Endverbraucher. Nicht erforderlich ist zudem, dass die Transaktion zwischen den beiden tatsächlich geschlossen wird. Ausweislich Erwägungsgrund (11) der Vertikal-GVO dient diese Definition auch der Abgrenzung von dem Begriff „Online-Vermittlungsdienste", wie er in der Platform-to-Business-Verordnung („P2B-VO")[21] verwendet wird. Als Beispiele sind hier zu nennen: E-Commerce-Marktplätze, App-Stores, Preisvergleichstools und von Unternehmen genutzte Social-Media-Dienste.[22]

---

[17] Vgl. Vertikal-Leitlinien Rn. 65 und 67.
[18] Vgl. Vertikal-Leitlinien Rn. 65 und. 67.
[19] Vgl. Vertikal-Leitlinien Rn. 68.
[20] Richtlinie (EU) 2015/1535 des Europäischen Parlaments und des Rates vom 9.9.2015 über ein Informationsverfahren auf dem Gebiet der technischen Vorschriften und der Vorschriften für die Dienste der Informationsgesellschaft (ABl. 2015 L 241, 1).
[21] Verordnung (EU) 2019/1150 des Europäischen Parlaments und des Rates vom 20.6.2019 zur Förderung von Fairness und Transparenz für gewerbliche Nutzer von Online-Vermittlungsdiensten, ABl. 2019 L 186, 57.
[22] Vertikal-Leitlinien Rn. 64.

VI. Wettbewerbsverbot, Art. 1 Abs. 1 lit. f Vertikal-GVO

(1) **Für die Zwecke dieser Verordnung gelten folgende Begriffsbestimmungen:**

...

f) **„Wettbewerbsverbot" ist eine unmittelbare oder mittelbare Verpflichtung, die den Abnehmer veranlasst, keine Waren oder Dienstleistungen herzustellen, zu beziehen, zu verkaufen oder weiterzuverkaufen, die mit den Vertragswaren oder -dienstleistungen im Wettbewerb stehen, oder eine unmittelbare oder mittelbare Verpflichtung des Abnehmers, auf dem relevanten Markt mehr als 80 % seines Gesamtbezugs an Vertragswaren oder -dienstleistungen und ihren Substituten, der anhand des Werts des Bezugs oder, falls in der Branche üblich, am bezogenen Volumen im vorangehenden Kalenderjahr berechnet wird, vom Anbieter oder von einem anderen vom Anbieter benannten Unternehmen zu beziehen;**

Art. 1 Abs. 1 lit. f Vertikal-GVO definiert „Wettbewerbsverbot" als Konkurrenzverbot **39** oder als Mindestabnahmeverpflichtung. Beide Gestaltungsvarianten bewirken das Gleiche: Die Wahlmöglichkeiten der Abnehmer zwischen verschiedenen Lieferanten werden begrenzt, sodass der Wettbewerb beschränkt wird. Sie bergen das Risiko einer Marktabschottung gegenüber konkurrierenden Anbietern („Markenzwang"). Die Gruppenfreistellung von solchen Wettbewerbsverboten erfolgt in den Grenzen des Art. 5 Vertikal-GVO.

Ein **„Konkurrenzverbot"** ist eine unmittelbare oder mittelbare Verpflichtung des **40** Abnehmers, keine mit den Vertragswaren oder -dienstleistungen konkurrierenden Produkte herzustellen, zu kaufen oder zu verkaufen.

Als „Wettbewerbsverbot" gelten ferner auch **Mindestabnahmeverpflichtungen,** welche den Abnehmer unmittelbar oder mittelbar verpflichten, mehr als 80 % seines Gesamtbezugs an Gütern vom Anbieter oder von einem von dem Anbieter benannten Dritten zu erwerben. Bei der Ermittlung der Prozentgrenze ist der Gesamtbezug des Abnehmers an den vertragsgegenständlichen Gütern im vorangegangenen Kalenderjahr zugrunde zu legen. Dieser wird anhand des Werts des Bezugs oder – sofern branchenüblich – dessen Volumen ermittelt. Liegen bei Abschluss der Vereinbarung keine Bezugsdaten vor, können diese geschätzt werden.[23]

Wettbewerbsverbote im Sinne der Vertikal-GVO sind nur Verpflichtungen des Abnehmers. Davon sind **Alleinbelieferungsvereinbarungen** zu unterscheiden, welche nur den Anbieter verpflichten. **42**

Die Definition des Wettbewerbsverbotes im Sinne der Vertikal-GVO erfordert eine **43** **unmittelbare oder mittelbare Verpflichtung** des Abnehmers. Ein Wettbewerbsverbot liegt dabei nicht nur in den Fällen vor, in denen die Abnahmeverpflichtung als ausdrückliche und rechtlich verbindliche Verpflichtung gefasst ist. Auch **faktische Bindungen** genügen.[24] Wirtschaftliche Anreizregelungen wie zB Rabatte können einen Abnehmer faktisch an den Anbieter binden und den Bezug von Dritten auf diese Weise ausschließen. Sie können daher als „mittelbare Verpflichtungen" angesehen werden. Auch die Kommission geht von einem Wettbewerbsverbot iSd Art. 1 Abs. 1 lit. f Vertikal-GVO aus, wenn entsprechende faktische Bindungen vorliegen.[25] Allerdings lässt sich aus dem in Art. 1 lit. f Vertikal-GVO verankerten Schwellenwert von 80 % ableiten, dass derartige Klauseln darauf gerichtet sein müssen, Konkurrenzprodukte nahezu vollständig von dem Vertrieb durch den Vertriebsmittler auszuschließen.[26]

---

[23] Vertikal-Leitlinien Rn. 247.
[24] So auch Schultze/Pautke/Wagener Rn. 192; Bauer/de Bronett/Bauer Rn. 145 ff.
[25] Vertikal-Leitlinien Rn. 298 ff.
[26] Vgl. Immenga/Mestmäcker/Ellger EuWettbR Art. 5 Rn. 14.

VII. Selektive Vertriebssysteme, Art. 1 Abs. 1 lit. g Vertikal-GVO

(1) Für die Zwecke dieser Verordnung gelten folgende Begriffsbestimmungen:

...

g) „selektive Vertriebssysteme" sind Vertriebssysteme, in denen sich der Anbieter verpflichtet, die Vertragswaren oder -dienstleistungen unmittelbar oder mittelbar nur an Händler zu verkaufen, die anhand festgelegter Merkmale ausgewählt werden, und in denen sich diese Händler verpflichten, die betreffenden Waren oder Dienstleistungen nicht an Händler zu verkaufen, die innerhalb des vom Anbieter für den Betrieb dieses Systems festgelegten Gebiets nicht zum Vertrieb zugelassen sind;

44 Selektive Vertriebssysteme sind dadurch gekennzeichnet, dass der Anbieter eines Gutes nicht jedermann dessen Vertrieb ermöglicht, sondern bei der Organisation des Warenabsatzes den Kreis potenzieller Vertriebspartner beschränkt. Eine solche **Auswahl der Vertriebspartner** wird hauptsächlich vorgenommen, um die Exklusivität von Markenprodukten zu schützen.[27] Zentrale Regelung eines selektiven Vertriebssystems ist die Verpflichtung, die Vertragsgüter nicht an Unternehmen zu verkaufen, die dem Vertriebssystem nicht angehören (sog. **„Außenseiter"**). Ein selektives Vertriebssystem im Sinne der Vertikal-GVO liegt jedoch nur vor, wenn ein **Verbot der Belieferung von Außenseitern für beide** Vertragsparteien vereinbart worden ist.[28]

45 Der Anbieter eines Gutes ist allerdings nicht verpflichtet, in allen seinen Absatzmärkten eine gleichartige Vertriebsstruktur zu errichten. Aus dem letzten Halbsatz des Art. 1 Abs. 1 lit. g Vertikal-GVO ergibt sich, dass ein selektives Vertriebssystem auch nur für ein festgelegtes Gebiet eingerichtet werden kann, während in anderen Gebieten eine andere Vertriebsstruktur gewählt wird.[29] Besondere Vorschriften zu selektiven Vertriebssystemen finden sich im Rahmen des Kernbeschränkungskatalogs des Art. 4 Vertikal-GVO.[30]

46 **1. Geschlossene und offene selektive Vertriebssysteme.** Nicht vom Anwendungsbereich des Art. 1 Abs. 1 lit. g Vertikal-GVO umfasst sind offene Vertriebssysteme, innerhalb derer es den Vertriebsmittlern offensteht, die Vertragsgüter auch an Außenseiter zu verkaufen.[31] Diese sind nur an andere Beschränkungen wie beispielsweise die Pflicht zur Errichtung eines Kundenservices gebunden.[32] Offene Vertriebssysteme können zwar auch wettbewerbsbeschränkende Bestimmungen beinhalten. Sofern jedoch lediglich eine bewirkte und keine bezweckte Wettbewerbsbeschränkung vorliegt, scheidet ein Verstoß gegen Art. 101 AEUV in der Regel mangels Spürbarkeit der Wettbewerbsbeschränkung aus. Sollten doch einmal spürbare Wettbewerbsbeschränkungen vorliegen, ist die Vertikal-GVO zwar anwendbar, deren Spezialvorschriften zu selektiven Vertriebssystemen jedoch nicht, da ein selektives Vertriebssystem im Sinne der Vertikal-GVO eben nur vorliegt, wenn ein **Verbot der Belieferung von Außenseitern für beide Vertragsparteien**[33] vereinbart worden ist.

47 **2. Qualitative und quantitative selektive Vertriebssysteme.** Zu unterscheiden sind des Weiteren qualitative und quantitative selektive Vertriebssystemen. Diese variieren hinsichtlich der festgelegten Merkmale, anhand derer die Entscheidung über die Aufnahme in das selektive Vertriebssystem erfolgt.

48 **Quantitative selektive Vertriebssysteme** kennen – evtl. auch neben qualitativen Kriterien – Kriterien, welche die Anzahl der aufzunehmenden Händler mengenmäßig

---

[27] Vertikal-Leitlinien Rn. 143 ff.
[28] Zur Abgrenzung von selektivem Vertrieb und Alleinvertrieb → Rn. 60.
[29] Schultze/Pautke/Wagener Rn. 210.
[30] Art. 4 lit. c vgl. hierzu → Rn. 195 ff.
[31] LFP/Schuhmacher § 8 Rn. 4.
[32] Schultze/Pautke/Wagener Rn. 216.
[33] Dazu → Rn. 44.

beschränken. Die Kommission führt beispielhaft Mindest- oder Höchstumsätze oder Händlerzahlbegrenzungen an.[34] Diese sind grundsätzlich eine Wettbewerbsbeschränkung, sodass sie dem Regelungsbereich der Vertikal-GVO unterfallen.

Ein rein **qualitatives selektives Vertriebssystem** liegt vor, wenn die Anzahl der **49** Händler des selektiven Vertriebssystems mittelbar dadurch beschränkt wird, dass die Händler für die Aufnahme in das Vertriebssystem Kriterien erfüllen müssen, die nicht alle interessierten Vertriebspartner erfüllen können. Als Kriterien sind zum Beispiel denkbar: Die Beschaffenheit des Produktes, Absatzzahlen, die Fortbildung des Vertriebspersonals, der Service, der in einer Vertriebsstätte anzubieten ist, Werbung oder die Art Präsentation der Produkte.[35] Qualitative Kriterien können sich jedoch auch auf Nachhaltigkeitsziele beziehen, wie beispielsweise Klimawandel, Umweltschutz oder die Reduzierung des Verbrauchs natürlicher Ressourcen. Vor diesem Hintergrund dürfte ein Anbieter von seinen Händlern verlangen, an ihren Vertriebsstätten Aufladedienste oder Recycling-Einrichtungen zur Verfügung zu stellen oder sicherzustellen, dass die Waren auf nachhaltige Weise geliefert werden, beispielsweise mit Lastenfahrrädern statt mit Kraftfahrzeugen.[36] Die Kriterien für die Aufnahme in das selektive Vertriebssystem müssen nicht generell zugänglich sein, ausreichend ist es bereits, wenn sie einem interessierten Vertriebspartner nach dessen Anfrage zur Verfügung gestellt werden.[37] In solchen rein qualitativ selektiven Vertriebssystemen sind Beschränkungen unter bestimmten Voraussetzungen bereits **keine Wettbewerbsbeschränkung,** sodass sie von vornherein nicht vom Kartellverbot des Art. 101 Abs. 1 AEUV erfasst sind.[38] Eine Freistellung ist dann nicht erforderlich.

Das ist der Fall, wenn die von dem EuGH aufgestellten sogenannten **„Metro-Krite-** **50** **rien"** erfüllt sind.[39] Danach ist erstens erforderlich, dass die Beschaffenheit des Produkts einen selektiven Vertrieb notwendig macht, etwa zur Wahrung seiner Qualität und zur Gewährleistung seines richtigen Gebrauchs. Zweitens muss die Auswahl der zugelassenen Händler des selektiven Vertriebssystems aufgrund objektiver – und interessierten Vertriebsmittlern zugänglicher – Kriterien qualitativer Art erfolgen, die diskriminierungsfrei für alle potenziellen Wiederverkäufer festzulegen und unterschiedslos anzuwenden sind. Drittens dürfen die festgelegten Kriterien nicht über das erforderliche Maß hinausgehen.

Die Beschaffenheit eines Produkts macht einen selektiven Vertrieb notwendig, wenn nur **51** ein solcher die Qualität des Produktes wahren oder seinen richtigen Gebrauch sicherstellen kann.[40] Entscheidend ist eine einzelfallabhängige **Beurteilung der Eigenschaften und der Natur des Produktes.** Ein selektiver Vertrieb kommt somit insbesondere bei hochwertigen oder hochtechnologischen Produkten und solchen mit hohem Beratungsaufwand in Betracht (materielle Eigenschaften),[41] aber auch bei Luxuswaren wegen ihrer luxuriösen Ausstrahlung (immaterielle Eigenschaften).[42] Ob auch Markenwaren ein selektives Vertriebssystem notwendig machen können, ließ der EuGH in der Coty-Entscheidung offen. Die Frage ist jedoch – vorbehaltlich der erforderlichen Betrachtung des Einzelfalls – grundsätzlich zu bejahen. Denn bei Markenwaren handelt es sich in der Regel um hochwertig verarbeitete Produkte aus hochwertigen Materialien Sofern die Markenwaren oder ihr

---

[34] Vertikal-Leitlinien Rn. 144; zu einem Beispiel für ein quantitatives selektives Vertriebssystem siehe Vertikal-Leitlinien Rn. 163.

[35] Vgl. Vertikal-Leitlinien Rn. 144.

[36] Vertikal-Leitlinien Rn. 144.

[37] Vgl. EuGH EU:C:2012:351 Rn. 31 – Auto 24 SARL/Jaguar Land Rover France SAS; Vertikal-Leitlinien Rn. 151.

[38] Vgl. Vertikal-Leitlinien Rn. 148.

[39] Siehe EuGH EU:C:1977:167 Rn. 20 f. – Metro/Commission; EU:C:1980:289 Rn. 15 f. – L'Oréal/De Nieuwe AMCK; EU:C:2011:649 Rn. 41 – Pierre Fabre Dermo-Cosmétique SAS/Président de l'Autorité de la concurrence; EU:C:2017:941 Rn. 24 ff. – Coty Germany GmbH/Parfümerie Akzente GmbH.

[40] Vertikal-Leitlinien Rn. 149.

[41] Vertikal-Leitlinien Rn. 149 und 164; in diesem Sinne auch bereits zuvor Goßler/Wentzel ZVertriebsR 2021, 341 (343); vgl. auch EuGH EU:C:2017:941 Rn. 24 ff. – Coty Germany GmbH/Parfümerie Akzente GmbH.

[42] EuGH EU:C:2017:941 Rn. 24 – Coty Germany GmbH/Parfümerie Akzente GmbH.

Gebrauch eine Beratung oder anderweitige Dienstleistungen erfordern, dürfte schon deshalb ein selektiver Vertrieb erforderlich sein. Jedenfalls bei Qualitäts-Markenwaren wird auch die Wahrung des Markenimages die Errichtung eines selektiven Vertriebssystems rechtfertigen.[43] Dies ist auch folgerichtig, da sich Luxuswaren nicht trennscharf von anderweitigen hochwertigen Markenartikeln abgrenzen lassen dürften. Markenwaren können daher aufgrund der Kombination von materiellen und immateriellen Eigenschaften die vom EuGH aufgestellten Anforderungen für einen selektiven Vertrieb ebenfalls erfüllen.

52   Bei der Frage, ob die Metro-Kriterien erfüllt sind, ist nicht nur das qualitativ selektive Vertriebssystem insgesamt zu betrachten, sondern auch die konkret zu prüfende Vereinbarung. Dies gilt insbesondere hinsichtlich der **Verhältnismäßigkeit.** Dabei ist erstens zu untersuchen, ob die Vereinbarung **geeignet** ist, die Ziele zu erreichen, welche mit dem selektiven Vertriebssystem verfolgt werden. Zweites ist beurteilen, ob die Vereinbarung über das Maß hinaus geht, das **erforderlich** ist, um diese Ziele zu erreichen.[44] Nach der Auffassung der Kommission erfüllen Kernbeschränkungen iSd Art. 4 der Vertikal-GVO[45] jedenfalls nicht die Anforderungen an die Verhältnismäßigkeit im Rahmen der Metro-Kriterien. Wie jedoch der EuGH bereits feststellte, kann es beispielsweise für einen Anbieter von Luxusgütern im Rahmen eines selektiven Vertriebssystems verhältnismäßig sein, seinen Vertragshändlern die Nutzung von Online-Marktplätzen zu verbieten, solange dies nicht indirekt die effektive Nutzung des Internets durch den Vertragshändler zum Verkauf der Waren an bestimmte Gebiete oder Kunden verhindert.[46] In einem Verbot der Nutzung von Online-Marktplätzen sieht jedoch auch die Kommission jedenfalls dann keine Einschränkung des Verkaufs in bestimmte Gebiete oder an bestimmte Kunden, wenn es dem Händler freisteht, seinen eigenen Online-Shop zu betreiben und online zu werben, um auf seine Online-Aktivitäten aufmerksam zu machen und potenzielle Kunden anzuziehen.[47]

53   **3. Beidseitigkeit der Verpflichtungen des Vertriebssystems.** Die Definition der Vertikal-GVO umfasst ihrem Wortlaut nach nur selektive Vertriebssysteme, in denen sich sowohl Anbieter als auch Abnehmer verpflichten, die Vertragsgüter nicht an Außenseiter zu liefern. Da die meisten Vertriebssysteme jedoch nur händlerseitige Verpflichtungen beinhalten dürften, wird das Wort „verpflichtet" entweder dahingehend verstanden, dass es auch rein faktische Bindungen umfasst[48] oder eine analoge Anwendung im Rahmen der Legalausnahme des Art. 101 Abs. 3 AEUV angedacht ist.[49]

54   Die **Einseitigkeit der Verpflichtungen** in selektiven Vertriebsverträgen mag regelmäßig darauf zurückzuführen sein, dass der Anbieter von sich aus an dem Schutz des Vertriebssystems interessiert ist, also ohnehin nicht an Außenseiter liefern würde. Nichtsdestotrotz zwingt der Wortlaut der Vertikal-GVO dazu, nur beidseitig verpflichtende selektive Vertriebssysteme als solche im Sinne der Verordnung anzusehen. Hierfür spricht auch der Ausnahmecharakter der Verordnung, die eben nur solche Vereinbarungen freistellen soll, durch die der Wettbewerb aller Wahrscheinlichkeit nach nicht beschränkt wird. Behalten sich Anbieter jedoch den – ihren Abnehmern verbotenen – Weiterverkauf an Außenseiter vor, kann der markeninterne Wettbewerb beschränkt werden. Für eine pauschale Freistellung durch eine Gruppenfreistellungsverordnung ist daher kein Raum, sodass im Einzelfall zu untersuchen ist, ob die Voraussetzungen des Art. 101 Abs. 3 AEUV gegeben sind.[50]

---

[43] So auch GA Wahl: EuGH Schlussanträge GA Wahl v. 26.7.2017, ZVertriebsR 2017, 319 Rn. 92 – Coty.
[44] EuGH EU:C:2017:941 Rn. 43 ff. – Coty Germany GmbH/Parfümerie Akzente GmbH.
[45] Dazu ab → Rn. 156.
[46] Vgl. EuGH EU:C:2017:941 Rn. 67 – Coty Germany GmbH/Parfümerie Akzente GmbH.
[47] Vertikal-Leitlinien Rn. 150, ebenso 208; dazu auch → Rn. 243 ff. und 265.
[48] So Beutelmann 91; Rösner WRP 2010, 1114 (1116).
[49] So Schultze/Pautke/Wagener Rn. 218.
[50] Vgl. hierzu auch Erwägungsgrund (5) der Vertikal-GVO demzufolge die Freistellung nur solchen Vereinbarungen zugutekommen soll, von denen mit hinreichender Sicherheit angenommen werden kann, dass sie die Voraussetzungen des Art. 101 Abs. 3 AEUV erfüllen.

Metzlaff/B. Müller

Ein selektives Vertriebssystem im Sinne der Vertikal-GVO ist somit nur ein solches, in **55** dem sich **beide Vertragsparteien verpflichten,** keine Verträge mit Außenseitern zu schließen und das die Aufnahme von Vertragspartnern an bestimmte qualitative Kriterien knüpft.

VIII. Alleinvertriebssysteme, Art. 1 Abs. 1 lit. h Vertikal-GVO

(1) **Für die Zwecke dieser Verordnung gelten folgende Begriffsbestimmungen:**

...

h) „Alleinvertriebssysteme" sind Vertriebssysteme, in denen der Anbieter ein Gebiet oder eine Kundengruppe sich selbst oder höchstens fünf Abnehmern exklusiv zuweist und allen anderen Abnehmern Beschränkungen in Bezug auf den aktiven Verkauf in das exklusiv zugewiesene Gebiet oder an die exklusiv zugewiesene Kundengruppe auferlegt;

Seit ihrer Novellierung im Jahr 2022 enthält die Vertikal-GVO in Art. 1 Abs. 1 lit. h **56** eine Bestimmung des Begriffs **„Alleinvertriebssystem".** Danach ist ein solches anzunehmen, wenn ein Anbieter sich selbst oder höchstens fünf Abnehmern Gebiete oder Kundengruppen exklusiv zuweist, während er anderen Abnehmern hinsichtlich des aktiven Verkaufs in die ausschließlich zugewiesenen Gebiete bzw. an die ausschließlich zugewiesenen Kundengruppen Beschränkungen auferlegt. Anders als nach der Auffassung der Kommission in den alten Vertikal-Leitlinien aus dem Jahr 2010,[51] setzt damit ein Alleinvertriebssystem also keine exklusive Zuweisung an einen einzigen Händler mehr voraus, sondern lässt eine Zuweisung an eine begrenzte Anzahl von Händlern zu (sog. **geteilter Alleinvertrieb**).

Während in dem Entwurf der neuen Vertikal-GVO aus Sommer 2021 lediglich von **57** einer „begrenzten Anzahl von Abnehmern" die Rede war,[52] hat sich die Kommission am Ende ausdrücklich auf eine **Höchstanzahl von fünf Abnehmern** festgelegt, um die Rechtssicherheit zu erhöhen.[53] Sofern ein Gebiet oder eine Kundengruppe noch nicht exklusiv an einen oder mehrere Händler zugewiesen wurde, kann der Anbieter dieses Gebiet oder diese Kundengruppe auch exklusiv für sich selbst reservieren, unabhängig davon, ob er dann tatsächlich dort oder für die Kundengruppe tätig wird. Erforderlich ist jedoch, dass der Anbieter alle seine Händler über die Exklusivität informiert.[54]

Nicht eindeutig fest steht nach der Begriffsbestimmung, ob die Kommission auch dann **58** ein Alleinvertriebssystem annimmt, wenn der Anbieter **sich selbst vorbehält** in ein Alleinvertriebsgebiet zu liefern oder an eine bestimmte Kundengruppe zu verkaufen **und** gleichzeitig **weiteren Abnehmern** dasselbe Gebiet oder dieselbe Kundengruppe exklusiv zuweist. Zwar spricht der Wortlaut der Begriffsbestimmung in der Vertikal-GVO eher dagegen. Denn dort heißt es „sich selbst oder fünf Abnehmern …" Allerdings lässt sich anhand der Ausführungen in den (bisher) geltenden Vertikal-Leitlinien argumentieren, dass die Kommission auch in dem genannten Fall ein Alleinvertriebssystem annehmen dürfte, sofern die genannte Höchstanzahl von fünf Händlern[55] in einem Gebiet oder für eine Kundengruppe insgesamt nicht überschritten wird. Denn zum einen stellte die Kommission bereits in den bisher geltenden Vertikal-Leitlinien ausdrücklich heraus, dass ein Alleinvertrieb unabhängig von den Verkäufen des Anbieters in ein Gebiet oder an eine Kundengruppe anzunehmen war, wenn ein Gebiet oder eine Kundengruppe gleichzeitig exklusiv

---

[51] Vgl. ABl. 2010 C 130, 1 (im Folgenden: „Vertikal-Leitlinien (2010)") Rn. 50 f.
[52] Art. 1 Abs. 1 lit. g Vertikal-GVO-Entwurf v. 9.7.2021, C (2021) 5026 final.
[53] Art. 1 Abs. 1 lit. h Vertikal-GVO.
[54] Vertikal-Leitlinien Rn. 124.
[55] Zu der Frage, ob diese Anzahl den Anbieter bereits mit einschließt oder dieser zusätzlich anbieten darf, sogleich.

einem Abnehmer zugewiesen war.[56] Da es nunmehr auch nach Auffassung der Kommission einem Alleinvertrieb ohnehin nicht mehr entgegensteht, wenn ein Gebiet oder eine Kundengruppe mehreren Händlern zugewiesen ist, spricht dies umso mehr dafür, dass ein Alleinvertrieb selbst dann anzunehmen ist, wenn der Anbieter trotz Zuweisung an andere Händler das betreffende Gebiet oder die Kundengruppe zusätzlich selbst beliefert. Zum anderen steht dieses Verständnis im Einklang damit, dass die Kommission die Anzahl der zugelassenen Händler auch zum Schutz des Anbieters auf fünf beschränkt, so dass im Ergebnis der Anbieter jedenfalls selbst „einer der fünf" sein kann. Denn bei dieser Anzahl hätten die Händler – bei gleichzeitiger Flexibilität des Anbieters sein Vertriebssystem zu organisieren – noch ausreichend Anreize in Werbung zu investieren und sich auch sonst um den Verkauf von Produkten des Anbieters zu bemühen, während bei mehr als fünf Abnehmern (Händlern) bereits ein erhöhtes Risiko von Trittbrettfahrer-Effekten (sog. free-reding)[57] unter diesen bestünde.[58] Anhand der Systematik der Vertikal-GVO lässt sich sogar noch weitergehend dahin argumentieren, dass der Anbieter selbst in die zulässige Anzahl von fünf Händlern gar nicht mit einzubeziehen ist, sondern vielmehr zusätzlich zu seinen Händlern anbieten darf. Denn in Art. 4 lit. b Ziff. i Vertikal-GVO heißt es: „dem Anbieter vorbehalten ist oder […] höchstens **fünf weiteren Alleinvertriebshändlern** exklusiv zugewiesen wurde." Damit können bei einem Alleinvertriebssystem insgesamt fünf Händler und der Anbieter selbst in einem exklusiv zugewiesenen Gebiet tätig werden oder an eine bestimmte Kundengruppe verkaufen.

59   Die Alleinvertriebsvereinbarung sollte das exklusiv zugewiesene Gebiet bzw. die exklusiv zugewiesene Kundengruppe möglichst genau definieren. Das Gebiet kann dabei beispielsweise dem Gebiet eines Mitgliedstaates der EU entsprechen oder auf einen Teil dessen beschränkt sein oder aber mehrere Mitgliedstaaten umfassen. Eine exklusiv zugewiesene Kundengruppe lässt sich beispielsweise anhand eines oder mehrerer Kriterien definieren. Möglich ist ebenso eine abschließende Auflistung bestimmter Kunden oder sogar die exklusive Zuweisung eines einzelnen Kunden.[59]

60   Von großer Bedeutung ist die **Abgrenzung von Alleinvertriebssystemen und selektiven Vertriebssystemen.** Beide sind insoweit vergleichbar als sie die Anzahl der Händler und die Möglichkeiten des Weiterverkaufs beschränken. Anders als beim selektiven Vertrieb wird die Anzahl der Händler beim Alleinvertrieb jedoch nicht anhand bestimmter Auswahlkriterien beschränkt. Der wichtigste Unterschied besteht allerdings in der Art und Weise, wie die Händler geschützt werden. Beim Alleinvertrieb wird lediglich der aktive Verkauf in ein bestimmtes Gebiet oder an eine bestimmte Kundengruppe einschränkt. In einem selektiven Vertriebssystem betrifft die Weiterverkaufsbeschränkung jeglichen aktiven und passiven Verkauf durch nicht zugelassene Händler. Dadurch kommen nur zugelassene Händler sowie Endverbraucher als Abnehmer infrage.[60]

IX. Rechte des geistigen Eigentums, Art. 1 Abs. 1 lit. i Vertikal-GVO

(1) **Für die Zwecke dieser Verordnung gelten folgende Begriffsbestimmungen:**

...

i) **„Rechte des geistigen Eigentums" umfassen unter anderem gewerbliche Schutzrechte, Know-how, Urheberrechte und verwandte Schutzrechte;**

---

[56] Vertikal-Leitlinien (2010) Rn. 51; dies stellte damals eine Änderung im Vergleich zu den Vertikal-Leitlinien aus dem Jahr 2000 dar. Dort nahm die Kommission einen Alleinvertrieb nur an, wenn auch der Anbieter an Verkäufen gehindert war. Siehe dazu auch Malec/v. Bodungen BB 2010, 2383 (2387); weiterführend Immenga/Mestmäcker/Ellger EuWettbR Art. 4 Rn. 66; Wijckmans/Tuytschaever Rn. 4.110.
[57] Vgl. dazu Vertikal-Leitlinien Rn. 16 lit. b.
[58] Vertikal-Leitlinien Rn. 121.
[59] Vertikal-Leitlinien Rn. 123.
[60] Vgl. auch Vertikal Rn. 145.

Die Legaldefinition für Rechte des geistigen Eigentums beschränkt sich auf eine nicht **61** abschließende Aufzählung von Rechten des geistigen Eigentums. Als Erscheinungsformen eines Rechts des geistigen Eigentums werden gewerbliche Schutzrechte, Know-how, Urheberrechte und verwandte Schutzrechte genannt. Zu den geistigen Eigentumsrechten zählen ferner das Recht am Namen (Firma) sowie Unternehmenskennzeichen.

Der Begriff der Rechte des geistigen Eigentums ist bedeutsam für die Bestimmung des **62** sachlichen Anwendungsbereiches der Vertikal-GVO in Art. 2 Abs. 3. Dort wird konkretisiert, unter welchen Voraussetzungen eine Vereinbarung über Rechte des geistigen Eigentums durch die Vertikal-GVO freigestellt wird.[61]

X. Know-how, Art. 1 Abs. 1 lit. j Vertikal-GVO

(1) **Für die Zwecke dieser Verordnung gelten folgende Begriffsbestimmungen:**

...

j) **„Know-how" ist eine Gesamtheit nicht patentgeschützter praktischer Kenntnisse, die der Anbieter durch Erfahrung und Erprobung gewonnen hat und die geheim, wesentlich und identifiziert sind; in diesem Zusammenhang bedeutet „geheim", dass das Know-how nicht allgemein bekannt oder leicht zugänglich ist; „wesentlich" bedeutet, dass das Know-how für den Abnehmer bei der Verwendung, dem Verkauf oder dem Weiterverkauf der Vertragswaren oder -dienstleistungen bedeutsam und nützlich ist; „identifiziert" bedeutet, dass das Know-how so umfassend beschrieben ist, dass überprüft werden kann, ob die Merkmale „geheim" und „wesentlich" erfüllt sind;**

Bei Know-how handelt es sich um ein Recht des geistigen Eigentums im Sinne von **63** Art. 1 Abs. 1 lit. j Vertikal-GVO. Der Begriff bezeichnet eine Gesamtheit nicht patentgeschützter **praktischer Kenntnisse,** die der Anbieter durch Erfahrung und Erprobung gewonnen hat und die **geheim, wesentlich und identifiziert** sind. Die Know-how-Definition in Art. 1 Vertikal-GVO hat ua Auswirkung auf die Freistellung des einjährigen nachvertraglichen Wettbewerbsverbotes (Art. 5 Abs. 3 lit. c Vertikal-GVO), des zeitlich unbegrenzten Verbotes der Nutzung des Know-how des Franchisegebers (Art. 5 Abs. 3 letzter Satz) sowie auf Freistellung von allgemeinen Pflichten zum Schutz des Know-how.[62]

Das Merkmal **„geheim"** erfordert, dass das Know-how nicht allgemein bekannt oder **64** leicht zugänglich ist. Geheim bleiben praktische Kenntnisse auch dann, wenn sie einer Vielzahl von Lizenznehmern zur Verfügung gestellt werden, sofern sie nicht für jedermann erkennbar sind.[63] Häufig sind viele Teile des Erfahrungswissens (zB eines Franchisegebers) und sogar Handlungsanleitungen über ein im Vertriebssystem angewandtes Verfahren auch frei in der Öffentlichkeit verfügbar. Erst recht gilt dies bei Einbeziehung des Internets („Ubiquität des Wissens"). Tatsächlich geheim ist dann nur die Kombination der einzelnen Elemente bzw. die konkrete Umsetzung im Vertriebssystem. Insoweit ist der Begriff „geheim" dahingehend zu verstehen, dass auch die konkrete Art der Kombination von bekannten Einzelelementen/-informationen ein geheimes Know-how darstellen kann. Dies entspricht auch der Definition des Begriffes „geheim" in Art. 2 Nr. 1 lit. a der VO (EU) 2016/945 (sogenannte Know-how Richtlinie).

Wesentlich sind Kenntnisse, die bedeutsam und nützlich sind, um die Geschäftstätigkeit **65** des Abnehmers zu vereinfachen. Es genügt also, wenn die Kenntnisse den Vertrieb der Waren oder Dienstleistungen effizienter gestalten.[64] Die Kenntnisse müssen für den Vertrieb der Waren oder Dienstleistungen nicht unerlässlich sein.

---

[61] Vgl. hierzu → Rn. 94.
[62] Vertikal-Leitlinien Rn. 87 lit. a–g.
[63] Schultze/Pautke/Wagener Rn. 267.
[64] Vertikal-Leitlinien Rn. 73.

66 Um zu überprüfen ob die Kenntnisse geheim und wesentlich sind, müssen diese **identifiziert,** also umfassend beschrieben, sein. Hierfür ist keine bestimmte Form erforderlich, sondern nur eine objektiv nachvollziehbare Darstellung der praktischen Kenntnisse.[65]

XI. Abnehmer, Art. 1 Abs. 1 lit. k Vertikal-GVO

(1) Für die Zwecke dieser Verordnung gelten folgende Begriffsbestimmungen:

...

k) „Abnehmer" ist auch ein Unternehmen das auf der Grundlage einer unter Artikel 101 Absatz 1 AEUV fallenden Vereinbarung Waren oder Dienstleistungen für Rechnung eines anderen Unternehmens;

67 Die Vertikal-GVO begrenzt den Kreis der Abnehmer nicht auf Unternehmen, die die Ware oder Dienstleistung selbst erwerben oder auf eigene Rechnung verkaufen, sondern schließt auch solche Unternehmen ein, die aufgrund einer vertikalen Vereinbarung die Vertragsgüter für Rechnung des Anbieters verkaufen. Dies können **beispielsweise Handelsvertreter, Kommissionäre oder Kommissionsagenten** sein.[66]

68 Allerdings ist eine Anwendung der Vertikal-GVO nur notwendig, sofern nicht das sogenannte Handelsvertreterprivileg einschlägig ist.[67] Danach ist das Kartellrecht auf Beschränkungen der Handlungsfreiheit des Vermittlers nicht anwendbar, sofern die Beschränkungen der Handlungsfreiheit den Produktmarkt betreffen und zwischen Vermittler und Geschäftsherr eine wirtschaftliche Einheit besteht. Das Handelsvertreterprivileg ist hingegen nicht anwendbar auf Beschränkungen der Handlungsfreiheit, welche den Markt für Vermittlungsdienste betreffen.[68]

XII. Aktiver Verkauf, Art. 1 Abs. 1 lit. l Vertikal-GVO

(1) Für die Zwecke dieser Verordnung gelten folgende Begriffsbestimmungen:

...

l) „aktiver Verkauf" ist die gezielte Ansprache von Kunden durch Besuche, Schreiben, E-Mails, Anrufe oder sonstige Formen der direkten Kommunikation oder durch gezielte Werbung und Absatzförderung, offline oder online, beispielsweise durch Printmedien oder digitale Medien, einschließlich Online-Medien, Preisvergleichsdiensten oder Suchmaschinenwerbung, die auf Kunden in bestimmten Gebieten oder aus bestimmten Kundengruppen ausgerichtet sind, durch den Betrieb einer Website mit einer Top-Level-Domain, die bestimmten Gebieten entspricht, oder durch das Angebot von in bestimmten Gebieten üblichen Sprachoptionen auf einer Website, sofern diese Sprachen sich von denen unterscheiden, die in dem Gebiet, in dem der Abnehmer niedergelassen ist, üblicherweise verwendet werden;

69 Mit der Novellierung im Jahr 2022 erhielten sowohl die Begriffsbestimmung des „aktiven Verkaufs" als auch des „passiven Verkaufs"[69] Einzug in die Vertikal-GVO, was die Bedeutsamkeit der Abgrenzung zwischen den beiden „Verkaufsformen" unterstreicht. Dabei handelt es sich im Wesentlichen um eine Kodifizierung bereits bekannter Kriterien, sowie

---

[65] Vgl. hierzu auch → Rn. 47 der Leitlinien zur TT-GVO, in welchem die Kommission zum insofern gleichlautenden Merkmal der Identifizierbarkeit auch Listen von Mitarbeitern, die Schulungen vornehmen als ausreichend erachtet.
[66] Loewenheim/Meessen/Riesenkampff/Kersting/Meyer-Lindemann/Baron   VO   330/2010   Art. 1 Rn. 45.
[67] Vgl. hierzu → AEUV Art. 101 Rn. 149.
[68] Vgl. hierzu bereits → AEUV Art. 101 Rn. 177.
[69] Dazu die Ausführungen zu Art. 1 Abs. 1 lit. m ab → Rn. 73.

klarstellende Beispiele. Für eine Abgrenzung ist es jedoch erforderlich, stets beide Begriffsbestimmungen und die entsprechenden Ausführungen gemeinsam zu berücksichtigen.

Ein **aktiver Verkauf** liegt nach der Vertikal-GVO vor, wenn der Verkauf auf die 70
gezielte Ansprache eines Kunden zurückzuführen ist. Wie die Vielzahl der in der Begriffsbestimmung des aktiven Verkaufs aufgeführten Beispiele verdeutlicht, geht es dabei nicht
nur um die aktive Ansprache des Kunden im Rahmen von persönlichen Kundengesprächen, bei Besuchen, Telefonaten, auf dem Postweg oder per E-Mail. Vielmehr ist auch
gezielte (Online-)Werbung als Form des aktiven Verkaufs anzusehen. Gerade im Bereich
der Online-Werbung ist es dem Anbieter möglich, Werbung nur in bestimmten Gebieten
oder Kunden anzuzeigen, die anhand bestimmter Kriterien ausgewählt werden, einschließlich persönlicher Kunden-Präferenzen oder ihres geographischen Standorts.[70]

Besonders zu berücksichtigen ist die Differenzierung der Kommission zwischen aktivem 71
und passivem Verkauf bei dem Angebot oder der Verwendung unterschiedlicher **Sprachoptionen.** In der bisher geltenden Fassung der Vertikal-Leitlinien ging die Kommission in
dieser Hinsicht noch insgesamt von einem passiven Verkauf aus.[71] Nunmehr vertritt die
Kommission folgende differenzierende Ansicht: Bietet ein Händler auf einer Website oder
in einem Online-Shop Sprachoptionen an, die sich von denen unterscheiden, die am Ort
seiner Niederlassung üblicherweise verwendet werden, dann liege in dieser Vorgehensweise
eine Form des aktiven Verkaufs in die Gebiete, in welchen die angebotenen Sprachen
üblicherweise verwendet werden. Die Kommission schränkt diesen Ansatz jedoch zu recht
zumindest für das Anbieten englischsprachiger Optionen wieder ein: Aufgrund ihrer weiten
Verbreitung sei die Verwendung der englischen Sprache als solche kein Indikator für aktive
Verkäufe in englischsprachige Länder.[72]

In gleicher Weise stuft die Vertikal-GVO das Einrichten eines Online-Shops oder einer 72
eigenen Website ausdrücklich als aktiven Verkauf ein, wenn der verwendete **Domain-
Name** ein anderer ist als der Domain-Name des Niederlassungsortes des Verkäufers. Die
Verwendung einer generischen oder nicht länderspezifischen Domain ist hingegen eine
Form des passiven Verkaufs.[73]

XIII. Passiver Verkauf, Art. 1 Abs. 1 lit. m Vertikal-GVO

(1) **Für die Zwecke dieser Verordnung gelten folgende Begriffsbestimmungen:**

...

m) „passiver Verkauf" ist ein auf unaufgeforderte Anfragen einzelner Kunden zurückgehender Verkauf, einschließlich der Lieferung von Waren an oder der Erbringung von Dienstleistungen für solche Kunden, der nicht durch gezielte Ansprache der betreffenden
Kunden, Kundengruppen oder Kunden in den betreffenden Gebieten ausgelöst wurde
und den Verkauf infolge der Teilnahme an öffentlichen Vergabeverfahren oder privaten
Aufforderungen zur Interessensbekundung einschließt.

Mit der Novellierung im Jahr 2022 erhielten sowohl die Begriffsbestimmung des „aktiven 73
Verkaufs"[74] als auch des „passiven Verkaufs" Einzug in die Vertikal-GVO, was die Bedeutsamkeit der Abgrenzung zwischen den beiden „Verkaufsformen" unterstreicht. Dabei
handelt es sich im Wesentlichen um eine Kodifizierung bereits bekannter Kriterien, sowie
klarstellende Beispiele. Für eine Abgrenzung ist es jedoch erforderlich, stets beide Begriffsbestimmungen und die entsprechenden Ausführungen gemeinsam zu berücksichtigen.

Ein **passiver Verkauf** liegt vor, wenn der Anbieter unaufgeforderte Anfragen bzw. 74
Bestellungen erledigt oder **allgemeine Werbemaßnahmen** durchführt und diese in

---

[70] Vertikal-Leitlinien Rn. 214.
[71] Vertikal-Leitlinien (2010) Rn. 52.
[72] Vertikal-Leitlinien Rn. 213.
[73] Dazu auch Vertikal-Leitlinien Rn. 214.
[74] Art. 1 Abs. 1 lit. l ab → Rn. 69.

einem Verkauf resultieren. Als Beispiel für eine allgemeine Werbemaßnahmen nennt die Kommission Werbeanzeigen auf einer für jeden Besucher frei zugänglichen Website einer regionalen Tageszeitung in der in dieser Region üblicherweise verwendeten Sprache.[75]

75   Vor diesem Hintergrund sieht die Kommission beispielsweise die **Einrichtung eines Online-Shops** oder das **Anbieten einer App in einem App-Store** grundsätzlich ausdrücklich als Form des passiven Verkaufs an.[76] Dies muss unabhängig davon gelten, ob der Shop auf einem eigenen Server oder auf einem Server eines Dritten gehostet wird. Besucht ein Kunde aus einem/einer anderen als dem Anbieter exklusiv zugewiesenen Gebiet/ Kundengruppe ohne aktive Ansprache durch den Händler die Website oder App des Händlers, nimmt darüber mit dem Händler Kontakt auf und dieser Kontakt führt zu einem Verkauf, liegt darin ebenfalls grundsätzlich ein passiver Verkauf. Davon umfasst ist auch die Lieferung des entsprechenden Produkts.[77] Denn der Zugriff des Kunden auf die Website oder App des Händlers ist auf die auf die effektive Nutzung des Internets durch den Kunden zurückzuführen. Etwas anderes kann jedoch gelten, wenn der Händler auf der Website/in der App/in dem Online-Shop eine andere **Sprachoption** verwendet oder anbietet als sie am Ort seiner Niederlassung üblicherweise verwendet wird.[78] Dasselbe gilt für die Verwendung von **Domain-Namen**.[79]

76   Darüber hinaus ist es als passiver Verkauf anzusehen, wenn sich ein Kunde auf eigenen Wunsch vom Händler (automatisch) beispielsweise über Produkte informieren lässt und eine solche Information letztlich zu einem Verkauf führt. Ebenso ist die Anwendung von Techniken zur Suchmaschinenoptimierung, die darauf abzielen die Sichtbarkeit des Online-Shops zu erhöhen, eine Form des passiven Verkaufs.[80]

XIV. Verbundene Unternehmen, Art. 1 Abs. 2 Vertikal-GVO

(2) **Für die Zwecke dieser Verordnung schließen die Begriffe „Unternehmen", „Anbieter" und „Abnehmer" die jeweils mit diesen verbundenen Unternehmen ein.**

„Verbundene Unternehmen" sind:

a) Unternehmen, in denen ein an der Vereinbarung beteiligtes Unternehmen unmittelbar oder mittelbar

   i) die Befugnis hat, mehr als die Hälfte der Stimmrechte auszuüben, oder

   ii) die Befugnis hat, mehr als die Hälfte der Mitglieder des Leitungs- oder Aufsichtsorgans oder der zur gesetzlichen Vertretung berufenen Organe zu bestellen, oder

   iii) das Recht hat, die Geschäfte des Unternehmens zu führen, oder

b) Unternehmen, die in einem an der Vereinbarung beteiligten Unternehmen unmittelbar oder mittelbar die unter Buchstabe a aufgeführten Rechte oder Befugnisse haben, oder

c) Unternehmen, in denen ein unter Buchstabe b genanntes Unternehmen unmittelbar oder mittelbar die unter Buchstabe a aufgeführten Rechte oder Befugnisse hat, oder

d) Unternehmen, in denen ein an der Vereinbarung beteiligtes Unternehmen gemeinsam mit einem oder mehreren der unter den Buchstaben a, b und c genannten Unternehmen oder in denen zwei oder mehr der zuletzt genannten Unternehmen gemeinsam die unter Buchstabe a aufgeführten Rechte oder Befugnisse haben, oder

e) Unternehmen, in denen die folgenden Unternehmen gemeinsam die unter Buchstabe a aufgeführten Rechte oder Befugnisse haben:

   i) an der Vereinbarung beteiligte Unternehmen oder mit ihnen jeweils verbundene Unternehmen im Sinne der Buchstaben a bis d, oder

   ii) eines oder mehrere der an der Vereinbarung beteiligten Unternehmen oder eines oder mehrere der mit ihnen verbundenen Unternehmen im Sinne der Buchstaben a bis d und ein oder mehrere dritte Unternehmen.

---

[75] Vgl. Vertikal-Leitlinien Rn. 214.

[76] Vertikal-Leitlinien Rn. 212; etwas anderes kann jedoch für andere Sprachoptionen gelten, die auch auf der Website angeboten werden hierzu → Rn. 71.

[77] So auch Vertikal-Leitlinien Rn. 212.

[78] Dazu bereits → Rn. 71.

[79] Dazu → Rn. 72.

[80] Vgl. Vertikal-Leitlinien Rn. 212.

Gemäß Art. 1 Abs. 2 Vertikal-GVO ist bei der Anwendung der Verordnung nicht **77** ausschließlich auf die beteiligten Unternehmen, Anbieter und Abnehmer abzustellen, sondern es sind auch die mit diesen verbundenen Unternehmen zu berücksichtigen. Ein Unternehmen ist mit einem anderen verbunden, wenn es unmittelbar oder mittelbar befugt ist, mehr als die Hälfte der Stimmrechte auszuüben oder mehr als die Hälfte der Mitglieder des Leitungs- oder Aufsichtsorgans oder der zur gesetzlichen Vertretung berufenen Organe zu bestellen oder die Geschäfte des Unternehmens zu führen.[81] Entscheidend ist also ein bestimmender Einfluss eines Unternehmens auf ein anderes.

Dieser Einfluss kann bei **Tochter-**[82], **Mutter-**[83] **und Schwesterunternehmen**[84] gege- **78** ben sein. Ein Unternehmensverbund im Sinne der Vertikal-GVO liegt in diesen Fällen auch bezüglich der Unternehmen vor, die mit einem Tochter-, Mutter- oder Schwesterunternehmen verbunden sind, also deren Tochter-, Mutter- oder Schwesterunternehmen.[85] Ebenso ist eine Verbindung zwischen Unternehmen bei Gemeinschaftsunternehmen gegeben.[86]

Die Verbindung verschiedener Unternehmen ist für die Berechnung der Marktanteils- **79** schwelle nach Art. 3 Vertikal-GVO relevant, da hierbei gemäß Art. 3 Abs. 1 iVm Art. 1 Abs. 2 Vertikal-GVO der kombinierte Marktanteil der verbundenen Unternehmen anzusetzen ist.

B. Handelsvertreter

Für den Handelsvertreter gelten hier – außer der gesonderten Einbeziehung in den **80** Anwendungsbereich der Vertikal-GVO durch Art. 1 lit. k – keine Besonderheiten.

C. Vertragshändler

Für den Vertragshändler gelten hier keine Besonderheiten.   **81**

D. Franchisenehmer

I. Franchisesysteme als selektive Vertriebssysteme

Auch Franchisesysteme können selektive Vertriebssysteme sein.[87] Dies ist jedoch nicht **82** zwingend und daher nicht bei allen Franchisesystemen der Fall. Vielmehr ist im Einzelfall anhand der Ausgestaltung des Systems zu ermitteln, ob es sich um ein selektives Vertriebssystem handelt.[88] Liegt ein solches vor, sind die Kernbeschränkungen beziehungsweise insbesondere die Ausnahmen des Art. 4 lit. c Vertikal-GVO sowie das Verbot des Boykotts bestimmter individualisierter Wettbewerber des Art. 5 Abs. 1 lit. c Vertikal-GVO zu beachten. Für die Beurteilung von Franchisevereinbarungen, welche Gebietsschutz und Schutz vor aktivem Verkauf durch andere Franchisenehmer enthalten, sind dagegen die für den Alleinvertrieb geltenden Regeln maßgeblich und damit insbesondere Art. 4 lit. b Vertikal-GVO.[89]

---

[81] Vgl. Art. 1 Abs. 2 lit. a i–iii Vertikal-GVO.
[82] Es liegt eine Verbindung gemäß Art. 1 Abs. 2 lit. a Vertikal-GVO vor.
[83] Es liegt eine Verbindung gemäß Art. 1 Abs. 2 lit. b Vertikal-GVO vor.
[84] Es liegt eine Verbindung gemäß Art. 1 Abs. 2 lit. c Vertikal-GVO vor.
[85] Schultze/Pautke/Wagener Rn. 338.
[86] Vgl. Art. 1 Abs. 2 lit. d und e Vertikal-GVO.
[87] Ebenso die Vertikal-Leitlinien Rn. 167.
[88] Schultze/Pautke/Wagener Rn. 708 ff.; Wijckmans/Tuytschaever Rn. 6.82.
[89] So auch Vertikal-Leitlinien Rn. 167.

II. Franchise und Know-how Schutz

83   Die Kommission macht detaillierte Ausführungen zu den Beschränkungen der Franchisenehmer, die zum Schutz des geistigen Eigentums zulässig sind. Sie erachtet die folgenden Verpflichtungen als notwendig, um das geistige Eigentum des Franchisegebers zu schützen:[90]

– die Verpflichtung, weder unmittelbar noch mittelbar in einem ähnlichen Geschäftsbereich tätig zu werden;

– die Verpflichtung, keine Anteile am Kapital eines Wettbewerbers zu erwerben, sofern dies dem Franchisenehmer ermöglichen würde, das geschäftliche Verhalten des Unternehmens zu beeinflussen;

– die Verpflichtung, das vom Franchisegeber mitgeteilte Know-how nicht an Dritte weiterzugeben, solange dieses Know-how nicht öffentlich zugänglich ist;

– die Verpflichtung, dem Franchisegeber alle bei der Nutzung der Franchise gewonnenen Erfahrungen mitzuteilen und ihm sowie anderen Franchisenehmern die nichtausschließliche Nutzung des auf diesen Erfahrungen beruhenden Know-hows zu gestatten;

– die Verpflichtung, dem Franchisegeber Verletzungen seiner Rechte des geistigen Eigentums mitzuteilen, für die er Lizenzen gewährt hat, gegen Rechtsverletzer selbst rechtliche Schritte einzuleiten oder den Franchisegeber in einem Rechtsstreit gegen Verletzer zu unterstützen;

– die Verpflichtung, das vom Franchisegeber mitgeteilte Know-how nicht für andere Zwecke als die Nutzung der Franchise zu verwenden;

– die Verpflichtung, Rechte und Pflichten aus der Franchisevereinbarung nur mit Erlaubnis des Franchisegebers auf Dritte zu übertragen.

84   Diese Verpflichtungen sind daher, soweit sie nach Anwendung der „Pronuptia"-Grundsätze unter Art. 101 Abs. 1 AEUV fallen, freigestellt.[91] Die Definition des Know-hows ist insbesondere für Wettbewerbsverbote relevant. Gerade Franchisesysteme kommen in Betracht, um von der Möglichkeit des nachvertraglichen Wettbewerbsverbotes gemäß Art. 5 Abs. 3 UAbs. 2 zu profitieren.[92]

E. Kommissionsagent

85   Für den Kommissionsagenten gelten hier – außer der gesonderten Einbeziehung in den Anwendungsbereich der Vertikal-GVO durch Art. 1 lit. k – keine Besonderheiten.

Artikel 2 – Freistellung

(1) **Nach Artikel 101 Absatz 3 AEUV und nach Maßgabe dieser Verordnung gilt Artikel 101 Absatz 1 AEUV nicht für vertikale Vereinbarungen. Diese Freistellung gilt, soweit solche Vereinbarungen vertikale Beschränkungen enthalten.**

(2) **Die Freistellung nach Absatz 1 gilt nur dann für vertikale Vereinbarungen zwischen einer Unternehmensvereinigung und einem ihrer Mitglieder oder zwischen einer solchen Vereinigung und einem einzelnen Anbieter, wenn alle Mitglieder der Vereinigung Wareneinzelhändler sind und wenn keines ihrer Mitglieder zusammen mit seinen verbundenen Unternehmen einen jährlichen Gesamtumsatz von mehr als 50 Mio. EUR erwirtschaftete. Vertikale Vereinbarungen solcher Vereinigungen werden von dieser Verordnung unbeschadet der Anwendbarkeit des Artikels 101 AEUV auf**

---

[90] Vertikal-Leitlinien Rn. 87 lit. a–g.
[91] Vgl. → AEUV Art. 101 Rn. 189.
[92] → Rn. 312 f.; Wijckmans/Tuytschaever Rn. 6.81.

horizontale Vereinbarungen zwischen den Mitgliedern einer solchen Vereinigung sowie auf Beschlüsse der Vereinigung erfasst.

(3) **Die Freistellung nach Absatz 1 gilt für vertikale Vereinbarungen, die Bestimmungen enthalten, die die Übertragung von Rechten des geistigen Eigentums an den Abnehmer oder die Nutzung solcher Rechte durch den Abnehmer betreffen, sofern diese Bestimmungen nicht Hauptgegenstand der Vereinbarung sind und sofern sie sich unmittelbar auf die Nutzung, den Verkauf oder den Weiterverkauf von Waren oder Dienstleistungen durch den Abnehmer oder seine Kunden beziehen. Die Freistellung gilt unter der Voraussetzung, dass diese Bestimmungen für die Vertragswaren oder -dienstleistungen keine Wettbewerbsbeschränkungen enthalten, die denselben Zweck verfolgen wie vertikale Beschränkungen, die durch diese Verordnung nicht freigestellt sind.**

(4) **Die Freistellung nach Absatz 1 gilt nicht für vertikale Vereinbarungen zwischen Wettbewerbern. Diese Freistellung gilt jedoch für zwischen konkurrierenden Unternehmen geschlossene, nicht wechselseitige vertikale Vereinbarungen, wenn**

a) **der Anbieter auf der vorgelagerten Stufe als Hersteller, Importeur oder Großhändler und auf der nachgelagerten Stufe als Importeur, Großhändler oder Einzelhändler von Waren tätig ist, während der Abnehmer ein auf der nachgelagerten Stufe tätiger Importeur, Großhändler oder Einzelhändler, jedoch kein Wettbewerber auf der vorgelagerten Stufe ist, auf der er die Vertragswaren bezieht, oder**
b) **der Anbieter ein auf mehreren Handelsstufen tätiger Dienstleister ist, der Abnehmer demgegenüber Dienstleistungen auf der Einzelhandelsstufe anbietet und auf der Handelsstufe, auf der er die Vertragsdienstleistungen bezieht, kein Wettbewerber ist.**

(5) **Die Ausnahmen nach Absatz 4 Buchstaben a und b gelten nicht für den Informationsaustausch zwischen Anbieter und Abnehmern, der entweder nicht direkt die Umsetzung der vertikalen Vereinbarung betrifft oder nicht zur Verbesserung der Produktion oder des Vertriebs der Vertragswaren oder -dienstleistungen erforderlich ist oder keine dieser beiden Voraussetzungen erfüllt.**

(6) **Die Ausnahmen nach Absatz 4 Buchstaben a und b gelten nicht für vertikale Vereinbarungen in Bezug auf die Bereitstellung von Online-Vermittlungsdiensten, wenn der Anbieter der Online-Vermittlungsdienste ein Wettbewerber auf dem relevanten Markt für den Verkauf der vermittelten Waren oder Dienstleistungen ist.**

(7) **Diese Verordnung gilt nicht für vertikale Vereinbarungen, deren Gegenstand in den Geltungsbereich einer anderen Gruppenfreistellungsverordnung fällt, außer wenn dies in einer solchen Verordnung vorgesehen ist.**

Übersicht

A. Einleitung

I. Anwendungsbereich der Vertikal-GVO

86   Der Anwendungsbereich der Vertikal-GVO lässt sich sachlich, persönlich und zeitlich eingrenzen. Zu beachten ist auch ein eventueller Vorrang anderer Gruppenfreistellungsverordnungen.

87   **1. Sachlicher Anwendungsbereich, Art. 2 Abs. 1 Vertikal-GVO.** Der sachliche Anwendungsbereich der Vertikal-GVO ist auf **vertikale Vereinbarungen** beschränkt. Der Begriff der „vertikalen Vereinbarung" wird in Art. 1 Abs. 1 lit. a Vertikal-GVO kommentiert.[1] Ferner gilt die Freistellung nur, „soweit diese Vereinbarungen vertikale Beschränkungen enthalten". Der Begriff der „vertikalen Beschränkung" wird in Art. 1 Abs. 1 lit. b Vertikal-GVO kommentiert.[2]

88   Liegt schon keine Wettbewerbsbeschränkung vor, so bedarf es bereits keiner Freistellung und mithin auch nicht der Anwendung der Vertikal-GVO. Das Vorliegen einer Wettbewerbsbeschränkung richtet sich nach Art. 101 Abs. 1 AEUV. Insofern gelten bezüglich der Vertikal-GVO keine Besonderheiten.

89   Die Vertikal-Leitlinien stellen fest, dass nicht spürbare Wettbewerbsbeschränkungen (im Sinne der **de-minimis-Bekanntmachung**) dem Anwendungsbereich des Art. 101 AEUV entzogen sind.[3] Die de-minimis-Bekanntmachung spricht Vereinbarungen von Nichtwettbewerben die Spürbarkeit der Wettbewerbsbeschränkung ab, wenn deren Marktanteil 15 % auf den relevanten Märkten nicht übersteigt.[4] Ausgenommen sind jedoch Vereinbarungen, die Kernbeschränkungen im Sinne der Vertikal-GVO enthalten.[5] Zu berücksichtigen ist zudem, dass die europäischen Gerichte jede bezweckte Wettbewerbsbeschränkung als spürbar einordnen.[6]

---

[1] Vgl. hierzu ab → Rn. 20.

[2] Vgl. hierzu → Rn. 31.

[3] Vgl. Vertikal-Leitlinien Rn. 24 ff. und Bekanntmachung über Vereinbarungen von geringer Bedeutung, die im Sinne des Artikels 101 Absatz 1 des Vertrags über die Arbeitsweise der Europäischen Union den Wettbewerb nicht spürbar beschränken (De-minimis-Bekanntmachung) (2014/C 291/01).

[4] De-minimis-Bekanntmachung, Rn. 8 lit. b.

[5] De-minimis-Bekanntmachung, Rn. 13.

[6] Hierzu die Ausführungen zum Kartellverbot → AEUV Art. 101 Rn. 61.

Dem direkten Anwendungsbereich entzogen sind auch Vereinbarungen, die zwar **wett-** **90** **bewerbsbeschränkend** wirken, jedoch nicht geeignet sind, den Handel zwischen den Mitgliedsstaaten spürbar zu beeinträchtigen. Allerdings entfalten die Gruppenfreistellungs-verordnungen gemäß § 2 Abs. 2 GWB auch Wirkungen für die Anwendung deutschen Rechts, sodass deren Regelungen auch für die Beurteilung von Vereinbarungen, die sich nur innerhalb des deutschen Marktes auswirken, Bedeutung erlangen.[7]

Besonderheiten ergeben sich auch bezüglich Handelsvertreterverhältnissen[8] und Zuliefer- **91** vereinbarungen. **Zuliefervereinbarungen** sind gemäß der Bekanntmachung über Zuliefer-verträge[9] Vereinbarungen, in denen ein Unternehmen ein anderes beauftragt, nach seinen Weisungen Erzeugnisse herzustellen, Dienstleistungen zu erbringen oder Arbeiten zu verrichten, die für den Auftraggeber bestimmt sind oder für seine Rechnung ausgeführt werden.[10] Art. 101 AEUV ist nicht auf Zuliefervereinbarungen anwendbar, die die Ver-pflichtung des Zulieferers beinhalten, die vom Auftraggeber stammenden Kenntnisse oder Betriebsmittel nur zum Zweck der Vertragserfüllung zu benutzen und weder diese selbst noch die mit ihrer Hilfe bereitgestellten Vertragsgüter Dritten zur Verfügung zu stellen.[11] Die Ausnahme vom Verbot des Art. 101 Abs. 1 AEUV gilt jedoch nur, wenn die zur Verfügung gestellten Kenntnisse erforderlich sind, um die Leistung des Zulieferers zu ermöglichen.[12]

2. Anwendbarkeit auf Unternehmensvereinigungen, Art. 2 Abs. 2 Vertikal- **92** **GVO. a) Begriff der Unternehmensvereinigung, Art. 2 Abs. 2 Vertikal GVO.** Die Vertikal-GVO richtet sich ebenso wie die Wettbewerbsregeln der Art. 101, 102 AEUV an Unternehmen. Es gilt der **funktionale Unternehmensbegriff.**[13]

Die Definition der vertikalen Vereinbarung in Art. 1 Abs. 1 lit. a Vertikal-GVO umfasst **93** auch Vereinbarungen einer Unternehmensvereinigung mit Unternehmen, welche auf einer anderen (vor- oder nachgelagerten) Produktions- oder Vertriebsstufe stehen. Vertikale Vereinbarungen von Unternehmensvereinigungen mit Anbietern oder Kunden/Mitglie-dern fallen demnach grundsätzlich in den Anwendungsbereich der Verordnung.

Unternehmensvereinigungen bestehen jedoch meist aus Unternehmen, die auf der glei- **94** chen Wirtschaftsstufe agieren und daher Wettbewerber sind. Eine vertikale Vereinbarung dieser Vereinigungen mit Dritten hat daher regelmäßig auch Auswirkungen auf das Hori-zontalverhältnis zwischen den Mitgliedern dieser Vereinigung, sodass von diesen Verein-barungen ein erhöhtes Risiko einer Wettbewerbsbeschränkung ausgeht.

Art. 2 Abs. 2 Vertikal-GVO enthält daher eine **Einschränkung** der Freistellung von **95** vertikalen Vereinbarungen nach Art. 2 Abs. 1 Vertikal-GVO. Der Art. 2 Abs. 2 Vertikal-GVO stellt Vereinbarungen zwischen Unternehmensvereinigungen und ihren Mitgliedern oder zwischen einer Unternehmensvereinigung und deren Anbietern nur frei, wenn die Mitgliedsunternehmen alle Wareneinzelhändler sind und keines zusammen mit seinen ver-bundenen Unternehmen mehr als 50 Mio. EUR jährlichen Gesamtumsatz erwirtschaftet.

b) Berechnung der Umsatzschwelle, Art. 9 Vertikal-GVO. Art. 9 Vertikal-GVO **96** bestimmt die Art und Weise der **Berechnung der Umsatzschwelle.** Zugrunde zu legen sind die Umsätze, die das an der vertikalen Vereinbarung beteiligte Unternehmen und die mit diesem verbundenen Unternehmen im letzten Geschäftsjahr mit allen Waren und Dienstleistungen ohne Steuern und sonstige Abgaben erzielt hat. Umsätze, die durch

---

[7] Hierzu → Rn. 6.
[8] Ausführlich dazu → Rn. 126 ff.
[9] Bekanntmachung der Kommission vom 18.12.1978 über die Beurteilung von Zulieferverträgen nach Artikel 85 Absatz 1 des Vertrages zur Gründung der Europäischen Wirtschaftsgemeinschaft, ABl. 1979 C 1, 2.
[10] Bekanntmachung über Zulieferverträge, Rn. 2.
[11] Bekanntmachung über Zulieferverträge, Rn. 2.
[12] Bekanntmachung über Zulieferverträge, Rn. 2.
[13] Vgl. hierzu die Ausführungen zum Kartellverbot → AEUV Art. 101 Rn. 8.

Handel innerhalb des Verbundes entstanden sind, bleiben bei der Betrachtung außer Betracht.[14] Da Umsätze regelmäßigen Schwankungen unterliegen, sieht Art. 9 Abs. 2 Vertikal-GVO eine Übergangsfrist vor, sodass die Freistellungswirkung auch nach Überschreiten der Umsatzschwelle bis zum Fristende andauert. Die Vereinbarungen bleiben daher auch dann freigestellt, wenn keiner der Einzelhändler im Zeitraum von zwei aufeinanderfolgenden Geschäftsjahren die Schwelle um mehr als 10 % überschreitet, also nicht mehr als 55 Mio. EUR umsetzt.

97   **c) Horizontale Vereinbarungen einer Unternehmensvereinigung.** Eine Überprüfung **horizontaler** Vereinbarungen zwischen den Mitgliedern der Unternehmensvereinigung bleibt gemäß Art. 2 Abs. 2 S. 2 Vertikal-GVO jedoch möglich. Die horizontalen Aspekte sind nach den Horizontalen Leitlinien[15] zu beurteilen.

98   **3. Anwendbarkeit auf Rechte des geistigen Eigentums, Art. 2 Abs. 3 Vertikal-GVO.** Der Anwendungsbereich der Vertikal-GVO ist grundsätzlich auf Bezugs- und Vertriebsvereinbarungen beschränkt.[16] Sofern solche Vereinbarungen Regelungen über geistige Eigentumsrechte enthalten (zB Regelungen über Marken, Urheberrechte und Know-how), können auch diese gemäß Art. 2 Abs. 3 Vertikal-GVO unter bestimmten Voraussetzungen freigestellt sein. Die Übertragung oder Nutzung solcher geistigen Eigentumsrechte darf nicht den Hauptgegenstand der Vereinbarung bilden. Freigestellt sind nur solche vertraglichen Abreden, bei denen es sich um einen **Annex zu Vertriebs- oder Bezugsvereinbarungen** handelt. Haben die Parteien jedoch eine eigenständige Vereinbarung über geistige Eigentumsrechte getroffen, sind die einschlägigen Regelungen über geistige Eigentumsrechte anzuwenden; dazu zählt insbesondere die **Gruppenfreistellungsverordnung für den Technologietransfer** sowie die Regelungen über **Zuliefervereinbarungen**.[17] Art. 2 Abs. 3 Vertikal-GVO enthält somit eine **Abgrenzungsregelung** zwischen eigenständigen Vereinbarungen über geistige Eigentumsrechte und Vertriebsverträgen mit wettbewerbsbeschränkenden Vereinbarungen, die sich auf geistige Eigentumsrechte beziehen.

99   **a) Rechte des geistigen Eigentums.** Der Begriff der „**Rechte des geistigen Eigentums**" wird in Art. 1 Abs. 1 lit. i Vertikal-GVO kommentiert.[18] Dazu zählen neben gewerblichen Schutzrechten in Form von Marken auch Urheberrechte und Know-how.[19] Der Begriff des „Know-how" wird in Art. 1 Abs. 1 lit. j Vertikal-GVO gesondert kommentiert.[20] Er umfasst sowohl kommerzielles als auch technisches Know-how.

100   **b) Übertragung oder Nutzung von Rechten.** Durch die Vereinbarung müssen Rechte des geistigen Eigentums **auf den Abnehmer** übertragen oder diesem Nutzungsrechte an solchen eingeräumt werden. Damit wird klargestellt, dass die Vertikal-GVO nur auf Regelungen über geistige Eigentumsrechte anwendbar ist, die einen Annex zu Bezugs- bzw. Vertriebsvereinbarungen darstellen. Auch werden dadurch Fälle aus dem Anwendungsbereich ausgeschlossen, bei denen das geistige Eigentumsrecht dem Abnehmer gehört und dieser es dem Anbieter überträgt bzw. zur Nutzung überlässt.

101   Solche Vertragsgestaltungen sind häufig in **Zuliefervereinbarungen** enthalten, bei denen der Hersteller (Abnehmer) das geistige Eigentumsrecht besitzt und der Zulieferer (Anbieter) das Produkt nach seinen Anweisungen fertigt (**weisungsgebundene Herstellung**). In diesen Fällen scheidet eine gruppenweise Freistellung aus.

---

[14] Auffällig ist, dass die Berechnung gemäß Art. 9 Vertikal-GVO auf das Geschäftsjahr, die Berechnung der Marktanteilsschwellen gemäß Art. 8 Vertikal-GVO jedoch auf das Kalenderjahr abstellt.
[15] ABl. 2011 C 11, 1; vgl. die Kommentierung → AEUV Anh. Art. 101 Rn. 1 ff.
[16] Dazu → Rn. 28.
[17] Für Zuliefervereinbarungen vgl. → Rn. 91, für Technologietransfervereinbarungen → Rn. 119.
[18] Vgl. hierzu → Rn. 61 f.
[19] Vertikal-Leitlinien Rn. 79.
[20] Vgl. hierzu → Rn. 63 ff.

c) Nebenabrede zu Vertriebs- oder Bezugsvereinbarung. Voraussetzung der Frei- **102** stellung von Regelungen über geistige Eigentumsrechte ist, dass sie **nicht den Hauptgegenstand** der Vereinbarung bilden. Die Vertikal-GVO ist somit nicht anwendbar auf reine Lizenzverträge, die nicht die Lieferung von Waren oder Dienstleistungen zum Gegenstand haben. Dies betrifft in erster Linie Verträge über die **Übertragung von reinen Markenlizenzen** oder über die **Verwertung von urheberrechtlich geschützten Werken.** Die Vertikal-GVO ist auch auf vergleichbare Fallgestaltungen nicht anwendbar, bei denen die Lieferung einer Ware (nur) der Durchführung der Lizenzvereinbarung (Hauptgegenstand) dient.[21]

Voraussetzung der Freistellung von Regelungen über geistige Eigentumsrechte ist, dass **103** sie sich unmittelbar auf die Nutzung, den Verkauf oder den Weiterverkauf von Waren oder Dienstleistungen durch den Abnehmer oder seine Kunden beziehen. Die Übertragung oder Lizenzierung von Rechten darf daher nur der Durchführung einer Bezugs- oder Vertriebsvereinbarung dienen.

Ausgeschlossen sind damit Fälle einer reinen Herstellerlizenz.[22] Damit fällt auch das **reine** **104** **Hersteller-Franchising,** bei dem der Franchisegeber dem Franchisenehmer das Knowhow zur Herstellung einer Ware oder Dienstleistung überlässt, aus dem Anwendungsbereich der Vertikal-GVO.[23]

d) Keine Wirkung wie Wettbewerbsbeschränkung. Art. 2 Abs. 3 S. 2 Vertikal- **105** GVO schließt eine Freistellung aus, wenn die Bestimmungen über Rechte des geistigen Eigentums eine Wettbewerbsbeschränkung enthalten, deren Zweck ähnlich der Zwecke der Wettbewerbsbeschränkungen ist, die nicht nach der Vertikal-GVO freistellungsfähig sind. Die Abreden über geistige Eigentumsrechte dürfen daher keine mit **schwarzen Klauseln** (Art. 4 Vertikal-GVO) oder **roten Klauseln** (Art. 5 Vertikal-GVO) vergleichbaren Zwecke enthalten. Die Vorschrift stellt somit ein **Umgehungsverbot** dar.[24]

e) Einzelne Vertriebsvereinbarungen. Der praktisch bedeutsamste Fall für die An- **106** wendung von Art. 2 Abs. 3 Vertikal-GVO sind **Franchise-Vereinbarungen.**[25]

4. Anwendbarkeit auf Vereinbarungen mit Wettbewerbern, Art. 2 Abs. 4–6 **107** **Vertikal-GVO.** Nach Art. 2 Abs. 1 Vertikal-GVO werden nur vertikale Wettbewerbsbeschränkungen in vertikalen Vereinbarungen freigestellt.[26] Art. 2 Abs. 4 Vertikal-GVO enthält eine **Einschränkung** dieser Freistellung von vertikalen Vereinbarungen. Die Freistellung gilt nicht für vertikale Vereinbarungen zwischen zwei konkurrierenden Unternehmen (Wettbewerbern). Wettbewerber sind „tatsächliche oder potentielle Anbieter in demselben sachlich und räumlich relevanten Markt. Der sachlich relevante Markt umfasst Waren oder Dienstleistungen, die vom Abnehmer aufgrund ihrer Eigenschaften, ihrer Preislage und ihres Verwendungszweckes als mit den Vertragswaren oder -dienstleistungen austauschbar oder durch diese substituierbar angesehen werden" (siehe Definition in Art. 1 Abs. 1 lit. c Vertikal-GVO).

a) Freistellung der Dualdistribution Art. 2 Abs. 4 S. 2 Vertikal GVO. Art. 2 **108** Abs. 4 S. 2 Vertikal-GVO enthält jedoch eine **Rückausnahme** für den Fall der sog. **Dualdistribution,**[27] bei dem der Anbieter seine Waren beziehungsweise Dienstleistungen nicht nur über die Abnehmer, sondern im Wege des Direktvertriebs auch selbst vertreibt –

---

[21] Siehe dazu Vertikal-Leitlinien Rn. 72 lit. c und 74 S. 1.
[22] Die Kommission erwähnt den Fall der Herstellung von Getränken oder Arzneimitteln nach festgelegten Rezepturen des Herstellers; vgl. Vertikal-Leitlinien Rn. 74 lit. a.
[23] Schultze/Pautke/Wagener Rn. 411; Metzlaff BB 2000, 1201 (1203).
[24] Schultze/Pautke/Wagener Rn. 394.
[25] Vgl. zu den erfassten Arten von Franchisevereinbarungen → Rn. 127.
[26] Vgl. dazu → Rn. 87.
[27] Wird auch als „Dualvertrieb" oder „zweigleisiger Vertrieb" bezeichnet.

zum Beispiel über eigene Filialen oder einen eigenen Online-Shop. In diesen Fällen sind Anbieter und Abnehmer auf der Vertriebsstufe Wettbewerber. Selbst wenn Anbieter und Abnehmer insoweit Wettbewerber sind, ist die Vertikal-GVO unter folgenden Bedingungen – und vorbehaltlich der Art. 2 Abs. 5 und 6 Vertikal-GVO[28] – anwendbar: (1) Die vertikale Vereinbarung muss eine nicht-wechselseitige Vereinbarung sein; (2) der Abnehmer ist gemeinsam mit den mit ihm verbundenen Unternehmen auf der vorgelagerten Marktstufe, auf welcher er die Waren oder Dienstleistungen bezieht, kein Wettbewerber des Anbieters. Dies gilt unabhängig davon, ob die beteiligten Unternehmen dort als Hersteller, Importeure oder Großhändler tätig sind.

109   In Konstellationen des dualen Vertriebs ist der Anbieter der Vertragsgüter auf **mehreren Stufen der Vertriebskette** aktiv, der Abnehmer jedoch nur als Händler auf der Einzelhandelsstufe. Da sich Anbieter und Abnehmer nur auf dem Absatzmarkt für Drittkunden als Wettbewerber gegenüberstehen, bezüglich der Bereitstellung der Vertragsgüter jedoch keine Konkurrenz besteht, sind die Risiken horizontaler Wettbewerbsbeschränkungen geringer.

110   Aus diesem Grund dürfen die Vereinbarungen auch **nicht wechselseitig** sein, da ansonsten die dargestellte Kollusionsgefahr bestünde. An der Wechselseitigkeit fehlt es, wenn der Anbieter die Vertragsprodukte über die Abnehmer vertreibt und nicht auch umgekehrt entsprechende konkurrierende Produkte von dem Abnehmer zum Zwecke des Vertriebes bezieht.

111   **b) Ausnahme Informationsaustausch, Art. 2 Abs. 5 Vertikal GVO.** Sind die Voraussetzungen des Art. 2 Abs. 4 S. 2 Vertikal-GVO erfüllt, ist die Vertikal-GVO grundsätzlich auf die gesamte vertikale Vereinbarung anwendbar und damit grundsätzlich auch auf den Austausch von Informationen zwischen den Vertragsparteien betreffend die Durchführung der Vereinbarung. Ganz allgemein kann ein solcher Informationsaustausch zu der wettbewerbsfördernden Wirkung einer vertikalen Vereinbarung beitragen, einschließlich der Optimierung von Produktionsprozessen und des Vertriebs der Vertragsgüter.[29] Das gilt grundsätzlich ebenso im Fall der Dualdistribution. Allerdings ist in dieser Konstellation möglicherweise nicht jeder Informationsaustausch zwischen Anbieter und Abnehmer wettbewerbsfördernd. Die Kommission hat vor diesem Hintergrund im Rahmen der Novellierung der Vertikal-GVO im Jahr 2022 in Art. 2 Abs. 5 Vertikal-GVO eine **Ausnahme** zum Art. 2 Abs. 4 S. 2 Vertikal-GVO normiert: Danach gilt die mögliche Gruppenfreistellung im Fall der Dualdistribution jedenfalls nicht für den **Informationsaustausch** zwischen Anbieter und einem Abnehmer, sofern der Informationsaustausch entweder nicht direkt die Umsetzung der vertikalen Vereinbarung betrifft oder nicht zur Verbesserung der Produktion oder des Vertriebs der Vertragswaren oder -dienstleistungen erforderlich ist oder keine dieser beiden Voraussetzungen erfüllt. Für eine Gruppenfreistellung des vertikalen Informationsaustausches müssen daher beide Voraussetzungen gegeben sein. Dieser neu postulierte Grundsatz der Erforderlichkeit wirft Abgrenzungsfragen zum Tatbestand des Kartellverbotes auf. Denn das Kartellverbot ist schon nicht einschlägig, wenn eine wettbewerbliche Beurteilung im Rahmen eines Rule-of-Reason-Ansatzes ergibt, dass bestimmte Beeinträchtigungen des Abnehmers notwendig sind für die Umsetzung eines an sich kartellrechtsneutralen Instituts. So hatte der EuGH bereits in seiner Pronuptia-Entscheidung entscheiden, dass schon keine Wettbewerbsbeschränkung iSd Kartellverbotes gegeben sei, sofern die Beschränkungen unerlässlich sind entweder zum Schutze des Know-hows oder zum Schutz der Identität und des Ansehens des Vertriebssystems.[30]

112   Nach den Vertikal-Leitlinien gilt für die Zwecke des Art. 2 Abs. 5 Vertikal-GVO jede Art von Kommunikation zwischen den Parteien der vertikalen Vereinbarung als Informati-

---

[28] Zu Art. 2 Abs. 5 Vertikal-GVO ab → Rn. 111; zu Art. 2 Abs. 6 Vertikal-GVO → Rn. 115.
[29] Vgl. Erwägungsgrund (13) der Vertikal-GVO.
[30] EuGH Slg. 1986, 353 Rn. 15 = NJW 1986, 1415 – Pronuptia.

onsaustausch, unabhängig von deren konkreter Ausgestaltung. Damit ist es beispielsweise unerheblich, ob nur eine Vertragspartei (unaufgefordert) Informationen weitergibt, ob der Informationsaustausch einseitig oder gegenseitig oder ob der Austausch schriftlich oder mündlich erfolgt.[31]

Ob der Informationsaustausch unmittelbar die vertikale Vereinbarung betrifft oder für die **113** Verbesserung der Produktion oder des Vertriebs der Vertragswaren oder -dienstleistungen erforderlich ist, hängt nach Auffassung der Kommission von der **Ausgestaltung des jeweiligen Vertriebssystems** ab. Es sind somit die Umstände des Einzelfalles maßgeblich. Bei einer Alleinvertriebsvereinbarung könnte es zum Beispiel erforderlich sein, Informationen betreffend die Vertriebsaktivitäten in bestimmten exklusiv zugewiesenen Gebieten auszutauschen. Bei einer Franchisevereinbarung kann es beispielsweise erforderlich sein, dass der Franchisenehmer dem Franchisegeber Informationen über die Einhaltung der Auswahlkriterien und etwaiger Beschränkungen für Verkäufe an nicht zugelassene Händler mitteilt.[32]

Die Kommission gibt in den Leitlinien eine (nicht abschließende) Liste von Informatio- **113a** nen, die unmittelbar die vertikale Vereinbarung betreffen und für die Verbesserung der Produktion oder des Vertriebs der Vertragswaren oder -dienstleistungen erforderlich sind: **Technische Informationen,** welche die Vertragswaren oder -dienstleistungen betreffen, einschließlich Informationen betreffend Zertifizierung, Handhabung, Verwendung, Instandhaltung, Reparatur; **logistische Informationen** für die Produktion oder für den Vertrieb der Vertragswaren oder -dienstleistungen, einschließlich Informationen über Lagerbestände, sowie Absatzzahlen und Retouren[33] – letztere sofern keine Informationen über bestimmte Endkunden übermittelt werden, es sei denn der Austausch genau dieser Informationen ist seinerseits erforderlich.[34] Als erforderlich werden ferner **aggregierte Informationen über Käufer** der Vertragswaren oder -dienstleistungen sowie Kundenpräferenzen und -feedback angesehen sowie **Marketinginformationen des Abnehmers** über Vermarktung/Werbekampagnen der Waren/Dienstleistungen und **unverbindliche Preisempfehlungen** oder Höchstpreisvorgaben, sofern die Grenzen der Preissetzungsfreiheit des Händlers beachtet werden.

Als eher nicht erforderlich für die Verbesserung der Produktion oder des Vertriebs der **113b** Vertragswaren oder -dienstleistungen oder als nicht unmittelbar die vertikale Vereinbarung betreffend werden demgegenüber genannt: **Informationen über zukünftige Preise,** zu denen Anbieter und Abnehmer auf dem nachgelagerten Markt anzubieten beabsichtigen (Ausnahmen: Sonderangebotskampagnen/Produkteinführungen); **kundenspezifische Daten,** es sei denn der Austausch ist erforderlich, (i) um Anforderungen eines bestimmten Endverbrauchers zu erfüllen (Anpassung; Kundenbindungsprogramme; Garantieleistung) oder (ii) der Austausch ist erforderlich für das Vertriebssystem (bspw. bei Zuweisung bestimmter Kunden; Informationen über Waren, die vom Absatzmittler unter seinem eigenen Markennamen verkauft werden **(Eigenmarken),** gegenüber einem Hersteller konkurrierender Markenwaren, es sei denn, der Hersteller ist auch der Produzent der Eigenmarkenwaren.[35]

Erfüllt der betrachtete Austausch von Informationen im konkreten Fall den Ausnahme- **114** tatbestand des Art. 2 Abs. 5 Vertikal-GVO, bedeutet dies zwar, dass dieser Informationsaustausch nicht von einer eventuellen Gruppenfreistellung der vertikalen Vereinbarung erfasst wird. Ob jedoch ein Verstoß gegen Art. 101 Abs. 1 AEUV vorliegt, steht damit nicht von vornherein fest und bleibt einer weiteren Beurteilung vorbehalten. Ggf. empfiehlt die Kommission risikomindernde Maßnahmen wie zB die Aggregierung/Anonymisierung der Verkaufsinformationen oder die Errichtung von internen chinese Walls.

---

[31] Vertikal-Leitlinien Rn. 97.
[32] Vertikal-Leitlinien Rn. 98.
[33] Vertikal-Leitlinien Rn. 99 lit. a und b.
[34] Vertikal-Leitlinien Rn. 100 lit. b.
[35] Vertikal-Leitlinien Rn. 100 lit. a.

115   **c) Ausnahme Online-Vermittlungsdienste mit Hybridstellung, Art. 2 Abs. 6 Vertikal-GVO.** Im Rahmen der Novellierung der Vertikal-GVO im Jahr 2022 hat die Kommission für den Fall der Dualdistribution noch eine weitere Ausnahme neu eingeführt: Nach Art. 2 Abs. 6 Vertikal-GVO gilt die Möglichkeit einer Gruppenfreistellung nicht für die **Erbringung von Online-Vermittlungsdiensten,**[36] sofern der Anbieter der Online-Vermittlungsdienste auf dem relevanten Markt eine sogenannte **Hybridstellung** innehat. Das bedeutet, dass der Anbieter der Vermittlungsdienste selbst Dienstleistungen oder Waren als Händler anbietet und damit tatsächlicher oder potentieller Wettbewerber[37] auf dem relevanten Markt der für den Abnehmer vermittelten Waren und Dienstleistungen ist. Von dieser Ausnahme werden damit insbesondere Online-Plattformen wie Amazon betroffen sein, soweit es um deren Dualvertriebsansatz geht.

Als Grund für den Ausschluss von der Gruppenfreistellung führt die Kommission an, dass Anbieter von Online-Vermittlungsdiensten mit einer solchen Hybridstellung die Fähigkeit und den Anreiz haben könnten, ihren eigenen Vertrieb zu begünstigen und den Wettbewerb auf dem relevanten Markt zu beeinflussen.[38]

116   **5. Verhältnis zu anderen Gruppenfreistellungsverordnungen, Art. 2 Abs. 7 Vertikal-GVO.** Gemäß Art. 2 Abs. 7 Vertikal-GVO – der Art. 2 Abs. 5 Vertikal-GVO aF aus dem Jahr 2010 entspricht – gilt diese nicht für vertikale Vereinbarungen, die in den Geltungsbereich einer anderen Gruppenfreistellungsverordnung fallen, es sei denn, dies ist in einer solchen Verordnung vorgesehen. Die Vorschrift bewirkt folglich eine **Subsidiarität der Vertikal-GVO** gegenüber anderen Gruppenfreistellungsverordnungen. Diese Subsidiarität basiert auf dem Charakter der Vertikal-GVO als Schirm-GVO, die sektorübergreifend und auf verschiedene Arten von Vereinbarungen angewendet werden kann, während andere Gruppenfreistellungsverordnungen nur für bestimmte Branchen oder Tätigkeitsbereiche gelten.

117   Eine Abgrenzung ist bezüglich der KFZ-GVO[39], der Technologietransfer-GVO[40], der Spezialisierungs-GVO[41] und der Forschungs- und Entwicklungs-GVO[42] vorzunehmen.

118   Das Verhältnis von **KFZ-GVO und Vertikal-GVO** ist in jener ausdrücklich geregelt. Art. 3 KFZ-GVO bestimmt, dass ab dem 1.6.2013 die Vertikal-GVO auf vertikale Vereinbarungen über den Bezug, Verkauf oder Weiterverkauf von neuen Kraftfahrzeugen anzuwenden ist. Für Vereinbarungen, die sich auf den Markt für Kraftfahrzeugersatzteile oder Instandsetzungs- und Wartungsdienstleistungen für Kraftfahrzeuge beziehen, gilt gemäß ihrem Art. 4 die speziellere KFZ-GVO.

119   Die Abgrenzung zur **Technologietransfer-GVO** erfolgt demgegenüber anhand einer Beurteilung des Vereinbarungsinhalts. Die Technologietransfer-GVO stellt Vereinbarungen frei, durch die ein Unternehmen geschützte Technologie an ein anderes lizenziert, das diese nutzt, um die Vertragsprodukte herzustellen.[43] Insoweit bildet sie das Gegenstück zur Vertikal-GVO, die Vereinbarungen zum Recht des geistigen Eigentums nur erfasst, wenn

---

[36] ISd Art. 1 Abs. 1 lit. e Vertikal-GVO, dazu bereits → Rn. 38.

[37] Siehe zur Begriffsbestimmung die Ausführungen zu Art. 1 Abs. 1 lit. c Vertikal-GVO → Rn. 32 f.

[38] Erwägungsgrund (14) der Vertikal-GVO.

[39] Verordnung EU Nr. 461/2010 der Kommission vom 27.5.2010 über die Anwendung von Artikel 101 Absatz 3 des Vertrags über die Arbeitsweise der Europäischen Union auf Gruppen von vertikalen Vereinbarungen und abgestimmten Verhaltensweisen im Kraftfahrzeugsektor, ABl. 2010 L 129, 52; vgl. auch → VO (EU) 461/2010 Rn. 1 ff.

[40] Verordnung (EU) Nr. 316/2014 der Kommission vom 21.3.2014 über die Anwendung von Artikel 101 Absatz 3 des Vertrags über die Arbeitsweise der Europäischen Union auf Gruppen von Technologietransfer-Vereinbarungen Text von Bedeutung für den EWR, ABl. 2014 L 93, 17.

[41] Verordnung (EU) Nr. 1218/2010 der Kommission vom 14.12.2010 über die Anwendung von Artikel 101 Absatz 3 des Vertrags über die Arbeitsweise der Europäischen Union auf bestimmte Gruppen von Spezialisierungsvereinbarungen, ABl. 2010 L 335, 43.

[42] Verordnung (EU) Nr. 1217/2010 der Kommission vom 14.12.2010 über die Anwendung von Artikel 101 Absatz 3 des Vertrags über die Arbeitsweise der Europäischen Union auf bestimmte Gruppen von Vereinbarungen über Forschung und Entwicklung, ABl. 2010 L 335, 36.

[43] Art. 2 Technologietransfer-GVO.

diese Nebenabreden einer Bezugs- oder Liefervereinbarung sind.[44] Die **Abgrenzung** von Technologietransfer-GVO und Vertikal-GVO erfolgt also anhand des **Schwerpunkts der Vereinbarung.** Liegt dieser in der Übertragung geistigen Eigentums ist die Technologietransfer-GVO anzuwenden, liegt er in Bezugs- und Vertriebsvereinbarungen die Vertikal-GVO.[45]

Die Spezialisierungs-GVO und die Forschungs- und Entwicklungs-GVO bezie- **120** hen sich auf Kooperationen miteinander in Wettbewerb stehender Unternehmen. Zwischen solchen liegt eine horizontale Vereinbarung vor, sodass die Abgrenzung zwischen diesen Verordnungen und der Vertikal-GVO anhand der Art der Vereinbarung erfolgt und regelmäßig keine Schwierigkeiten bereitet.[46]

6. Zeitlicher Anwendungsbereich. Die Vertikal-GVO trat gemäß Art. 11 Vertikal- **121** GVO am 1.6.2022 in Kraft. Bis zum 31.5.2023 gelten gemäß Art. 10 Vertikal-GVO die Freistellungskriterien der alten Vertikal-GVO[47] für solche Vereinbarungen, die vor dem 31.5.2022 in Kraft befindlich waren und die Bestimmungen der alten Vertikal-GVO berücksichtigt haben.

Die Geltungsdauer der Vertikal-GVO ist zeitlich auf zwölf Jahre begrenzt und verliert **122** ihre Wirkung am 31.5.2034.

Zu beachten ist, dass die Freistellungswirkung auch nach Überschreiten der Marktanteils- **123** grenze noch bestehen kann. Art. 8 lit. d Vertikal-GVO regelt einen **Übergangszeitraum** für Vereinbarungen, die von Unternehmen geschlossen worden sind, deren Marktanteil die 30 % Grenze nach Vertragsschluss überschritten hat.[48] Wird die Umsatzgrenze des Art. 2 Abs. 2 Vertikal-GVO überschritten, besteht eine Übergangsfrist gemäß Art. 9 Abs. 2 Vertikal-GVO.[49]

II. Grundsatz der Freistellung, Art. 2 Vertikal-GVO und Prinzip der Legalausnahme, Art. 1 Abs. 2 KartellVO

Eine **Freistellung vom Kartellverbot** des Art. 101 Abs. 1 AEUV kommt gemäß **124** Art. 101 Abs. 3 AEUV in Betracht, wenn Vereinbarungen, abgestimmte Verhaltensweisen oder Beschlüsse von Unternehmensvereinigungen zur Verbesserung der Warenerzeugung oder -verteilung oder zur Förderung des technischen oder wirtschaftlichen Fortschritts beitragen, die Verbraucher angemessen an dem entstehenden Gewinn beteiligt werden und den beteiligten Unternehmen keine Beschränkungen auferlegt werden, die für die Verwirklichung dieser Ziele nicht unerlässlich sind, und keine Möglichkeiten eröffnet werden, für einen wesentlichen Teil der betreffenden Waren den Wettbewerb auszuschalten.

Seit dem Erlass der KartellVO[50] sind gemäß deren Art. 1 Abs. 2 alle Vereinbarungen, die **125** die Voraussetzungen des Art. 101 Abs. 3 AEUV erfüllen, per se freigestellt und es bedarf keiner behördlichen Entscheidung mehr **(„Prinzip der Legalausnahme").**[51] Gruppenfreistellungsverordnungen, die auf der Grundlage des Art. 103 Abs. 1, 2 lit. b AEUV iVm Art. 105 Abs. 3 AEUV erlassen werden, bündeln Vereinbarungen, bezüglich derer die Kommission davon ausgeht, dass die Voraussetzungen erfüllt sind. Bei einer Freistellung durch eine Verordnung oder Richtlinie ist das Erfordernis einer wirksamen Überwachung bei möglichst einfacher Verwaltungskontrolle zu berücksichtigen.

---

[44] Dazu → Rn. 98 ff.

[45] Schultze/Pautke/Wagener Rn. 467 ff.; LFP/Bauer § 12 Rn. 50.

[46] Schultze/Pautke/Wagener Rn. 477.

[47] Verordnung (EU) 330/2010, ABl. 2010 L 102, 1.

[48] Vgl. hierzu → Rn. 147 f.

[49] Vgl. zur Berechnung → Rn. 96.

[50] Verordnung (EG) Nr. 1/2003 des Rates vom 16.12.2002 zur Durchführung der in den Artikeln 81 und 82 des Vertrags niedergelegten Wettbewerbsregeln, ABl. 2003 L 1, 1.

[51] Vgl. hierzu auch Erwägungsgrund (4) der KartellVO.

B. Handelsvertreter

126 Besonderheiten ergeben sich bezüglich Beschränkungen von Handelsvertretern. Eine Freistellung von Bestimmungen derartiger Handelsvertreterverträge durch die Vertikal-GVO ist nur erforderlich, wenn diese überhaupt in den Anwendungsbereich des Art. 101 Abs. 1 AEUV fallen. Dies ist nicht der Fall, soweit das sog. **Handelsvertreterprivileg** eingreift.[52] Entscheidend ist dabei, ob der Handelsvertreter im konkreten Fall als anderes Unternehmen im Sinne der Vorschrift **(unechter Handelsvertreter)** anzusehen ist oder ob er für die Zwecke des Art. 101 Abs. 1 AEUV mit dem beauftragenden Unternehmen eine wirtschaftliche Einheit bildet und damit beide in kartellrechtlicher Hinsicht als ein Unternehmen einzustufen sind **(echter Handelsvertreter).** Für die Beurteilung einer solchen Unternehmenseingliederung ist vor allem auf die Risikoverteilung zwischen Unternehmen und Handelsvertreter abzustellen.[53]

127 Trägt das beauftragende Unternehmen die in diesem Zusammenhang relevanten wirtschaftlichen Risiken, ist der Handelsvertreter in das Unternehmen des Geschäftsherrn eingegliedert und Art. 101 AEUV daher auf bestimmte Vereinbarungen des Handelsvertreterverhältnisses unanwendbar.[54] Verbleiben jedoch wesentliche der relevanten Risiken beim Handelsvertreter, ist dieser aus kartellrechtlicher Sicht als eigenständiges Unternehmen anzusehen, mit der Folge dass der komplette Handelsvertretervertrag anhand von Art. 101 Abs. 1 AEUV zu überprüfen ist. Es besteht dann gegebenenfalls die Möglichkeit einer Freistellung durch die Vertikal-GVO.[55]

128 Die Vertikal-Leitlinien stellen für die Beurteilung der Handelsvertretereigenschaft auf die folgenden Kriterien ab:[56]

I. Leistung der Vertragsgüter/Vertragserfüllung

129 Im Falle des Warenbezugs oder -vertriebs spricht es eher für eine echte Handelsvertretung, wenn das Eigentum an den Vertragswaren nicht auf den Handelsvertreter übergeht und Dienstleistungen nicht durch den Handelsvertreter selbst erbracht, sondern nur vermittelt werden. Geht das Eigentum an den Vertragswaren für eine sehr kurze Zeit auf den Handelsvertreter über, während er die Waren im Namen des beauftragenden Unternehmens verkauft, spricht dies nicht gegen eine echte Handelsvertretung, sofern der Handelsvertreter keine Kosten oder Risiken im Zusammenhang mit dem Eigentumsübergang trägt.[57]

II. Kostentragung des Vertreters

130 Der Vertreter darf mit den Kosten, die in Zusammenhang mit dem Erwerb oder dem Vertrieb der Vertragsgüter entstehen, nicht endgültig belastet werden.[58] Sofern der Handelsvertreter Vertragswaren lagert, muss dies – mit Ausnahme der Haftung für Verschulden – auf Kosten und Risiko des Auftraggebers geschehen, der darüber hinaus zur unentgeltlichen Rücknahme nicht verkaufter Vertragsware verpflichtet ist.[59]

---

[52] Ausführlich dazu die Ausführungen zum Kartellverbot → AEUV Art. 101 Rn. 149 ff.

[53] Vertikal-Leitlinien Rn. 29 ff. mwN.

[54] Die Unanwendbarkeit betrifft nur solche Vereinbarungen zwischen beauftragendem Unternehmen und Handelsvertreter, die den Produktmarkt betreffen (sog. Produktmarkt-Vereinbarungen). Ausführlich dazu die Ausführungen zum Kartellverbot → AEUV Art. 101 Rn. 149 ff.

[55] Vertikal-Leitlinien Rn. 43.

[56] Für eine ausführliche Betrachtung und Analyse dieser Kriterien siehe B. Müller Handelsvertreterprivileg im EU-Kartellrecht, S. 198 ff.

[57] Vertikal-Leitlinien Rn. 33 lit. a.

[58] Vgl. Vertikal-Leitlinien Rn. 31 lit. a und 33 lit. b.

[59] Vertikal-Leitlinien Rn. 33 lit. c.

III. Haftung des Vertreters

Die Haftung des Vertreters gegenüber Dritten muss sich auf eigenes Verschulden bezie- **131**
hen und darf nicht als Produkthaftung ausgestaltet sein.[60] Des Weiteren darf die Haftung
des Vertreters gegenüber den Vertragsparteien auf Erfüllung des Vertrags mit Ausnahme des
Provisionsverlustes nicht über die Haftung für vertretereigenes Verschulden hinausgehen.[61]

IV. Investitionspflichten des Vertreters

Eine Verpflichtung des Handelsvertreters in Verkaufsförderungsmaßnahmen des Auftrag- **132**
gebers oder marktspezifische Ausrüstungen, Räumlichkeiten oder Mitarbeiterschulungen
zu investieren, sofern der Auftraggeber nicht die Kosten hierfür übernimmt, spricht ebenfalls für die Eigenständigkeit des Handelsvertreters.[62] Gleiches gilt für das Verlangen des
Auftraggebers andere Tätigkeiten auf demselben sachlich-relevanten Markt auszuführen.[63]

Sind die Voraussetzungen des Handelsvertreterprivilegs nicht gegeben, ist der Handelsvertreter als eigenständiges Unternehmen iSd Art. 101 Abs. 1 AEUV anzusehen, welcher
mithin anzuwenden ist. In solchen Fällen kann die Vereinbarung zwischen beauftragendem
Unternehmen und Handelsvertreter dann jedoch durch die Vertikal-GVO freigestellt sein.

C. Vertragshändler

Für den Vertragshändler gelten hier keine Besonderheiten. **133**

D. Franchisenehmer

Die Anwendbarkeit der Vertikal-GVO auf Franchisesysteme hängt von der Art des **134**
Franchisings – also dem jeweiligen Franchisegegenstand – ab. Außer dem reinen Hersteller-Franchising werden alle Formen von Franchise-Verträgen erfasst.[64] Bedeutung gewinnt
insbesondere die Regelung des Art. 2 Abs. 3 Vertikal-GVO zur Übertragung geistigen
Eigentums. Die Übertragung des geistigen Eigentums muss Annex zu einer Vertriebsgestaltung sein. Allerdings muss nach dem Wortlaut nicht der Abnehmer mit dem Vertrieb
beauftragt sein. Es ist ausreichend, wenn Kunden des Abnehmers die Vertragswaren oder
Dienstleistungen nutzen, verkaufen oder weiterverkaufen. Daher erfasst die Vertikal-GVO
ebenso das Master-Franchising (auch: Haupt-Franchising), bei dem der Masterfranchise-
Nehmer das Know-how an Dritte unterlizensiert.[65]

Die Arten des Vertriebsfranchisings, bei denen der Franchisenehmer die Waren nicht nur **135**
vom Franchisegeber, sondern von einem Dritten bezieht, sind ebenfalls freigestellt.[66] Auch
das Großhandels-Franchising ist freistellungsfähig.

---

[60] Vertikal-Leitlinien Rn. 33 lit. e.
[61] Vertikal-Leitlinien Rn. 33 lit. d.
[62] Vertikal-Leitlinien Rn. 33 lit. f und g.
[63] Vertikal-Leitlinien Rn. 33 lit. h.
[64] Die Kommission stellt in den Vertikal-Leitlinien Rn. 86 und 166 f. jedoch fest, dass sie in der Regel
auch auf diese Vereinbarungen die in der Vertikal-GVO und den Vertikal-Leitlinien niedergelegten Grundsätze anwenden wird.
[65] Vertikal-Leitlinien Rn. 86; Metzlaff BB 2000, 1201 (1203).
[66] Schultze/Pautke/Wagener Rn. 419.

E. Kommissionsagent

136   Der Kommissionsagent wird kartellrechtlich wie ein Handelsvertreter beurteilt, sodass auf die diesbezüglichen Ausführungen verwiesen wird.[67]

Artikel 3 – Marktanteilsschwelle

(1) **Die Freistellung nach Artikel 2 gilt nur, wenn der Anteil des Anbieters an dem relevanten Markt, auf dem er die Vertragswaren oder -dienstleistungen anbietet, und der Anteil des Abnehmers an dem relevanten Markt, auf dem er die Vertragswaren oder -dienstleistungen bezieht, jeweils nicht mehr als 30 % beträgt.**

(2) **Bezieht ein Unternehmen im Rahmen einer Mehrparteienvereinbarung die Vertragswaren oder -dienstleistungen von einem an der Vereinbarung beteiligten Unternehmen und verkauft es sie anschließend an ein anderes, ebenfalls an der Vereinbarung beteiligten Unternehmen, so gilt die Freistellung nach Artikel 2 nur, wenn es die Voraussetzungen des Absatzes 1 als Abnehmer wie auch als Anbieter erfüllt.**

A. Einleitung

137   Freigestellt sind gemäß Art. 3 Abs. 1 Vertikal-GVO nur vertikale Vereinbarungen zwischen Unternehmen, die einen Marktanteil von **weniger als 30 %** haben. Es wird vermutet, dass unterhalb dieser Schwelle die Vorteile vertikaler Vereinbarungen deren Nachteile überwiegen.[1]

I. Absatz- und Bezugsmarkt/Doppelmarktprinzip

138   Seit der Fassung der Vertikal-GVO aus dem Jahr 2010 bezieht sich die Marktanteilsschwelle des Art. 3 Abs. 1 Vertikal-GVO sowohl auf den Absatzmarkt des Anbieters als auch auf den Bezugsmarkt des Abnehmers. Beide Vertragspartner dürfen somit nicht über mehr als 30 % Marktanteil verfügen. Die Fassung der Vertikal-GVO aus dem Jahr 2000 stellte noch ausschließlich auf den Lieferantenanteil auf dem Anbietermarkt ab.

139   Die **Einführung einer zweiten Marktanteilsschwelle** mit der Vertikal-GVO (2010) wurde mit den Gefahren für den Wettbewerb, die von nachfragemächtigen Unternehmen ausgehen und insbesondere kleinere und mittlere Unternehmen (KMU) benachteiligen könnten, begründet.[2] Sie ist jedoch damals auf Kritik gestoßen.[3] Es sei insbesondere für Anbieter nicht immer leicht nachzuvollziehen über welchen Anteil die Marktgegenseite verfüge, sodass es zu Schwierigkeiten und Risiken bei der Anwendung der Verordnung kommen könne, wodurch diese ihren Status als „sicheren Hafen" verlöre.[4] Auch das Argument des Schutzes von KMU sei nicht überzeugend, da durch die Neuregelung Vereinbarungen zwischen Kleinanbietern und deren marktmächtigen Abnehmern aus dem Anwendungsbereich ausgenommen worden sind. Die Vertikal-GVO regele aber überwiegend Beschränkungen der Abnehmer, sodass gerade durch die zweite Marktanteils-

---

[67] Dazu → Rn. 126.

[1] Vgl. Erwägungsgrund (8) der Vertikal-GVO.

[2] Kommission MEMO/10/138.

[3] Funke/Just DB 2010, 1389 (1392); Funke/Just KSzW 2010, 151 (156); Lettl WRP 2010, 807 (811); LFP/Petsche/Lager § 7 Rn. 72; Schultze/Pautke/Wagener Rn. 479 ff.; Stellungnahme des Bundesministeriums für Wirtschaft und Technologie und des Bundeskartellamtes zum Entwurf einer Verordnung der Europäischen Kommission über die Anwendung von Artikel 81 Absatz 3 EG-Vertrag auf Gruppen von vertikalen Vereinbarungen und aufeinander abgestimmten Verhaltensweisen, abrufbar unter: http://ec.europa.eu/competition/consultations/2009_vertical_agreements/bundeministeriumswirtschafttechno_de.pdf.

[4] Funke/Just DB 2010, 1389 (1392); Lettl WRP 2010, 807 (811).

schwelle die Wettbewerbsfreiheit der kleinen und mittelständischen Anbieter ungewollt eingeschränkt werden könne. Insbesondere KMU könnten durch Beschränkungen marktstarker Nachfrager profitieren, ohne dass dies zu wettbewerbspolitisch unerwünschten Ergebnissen führe.[5]

Im Rahmen des Novellierungsprozess für die nunmehr geltende Vertikal-GVO wurden   **140** im Zusammenhang mit der Marktanteilsschwelle im Wesentlichen zwei Themen diskutiert, nämlich erstens die Höhe der Marktanteilsschwelle und zweitens Schwierigkeiten bei deren Anwendung, insbesondere mit Blick auf Unklarheiten bei der Abgrenzung des relevanten Marktes im Bereich der Online-Märkte.[6] Dennoch hat die Kommission an Art. 3 Vertikal-GVO keine Änderungen vorgenommen und an der bisherigen Fassung festgehalten.

Der **relevante Markt** ist nach den allgemeinen Grundsätzen über die Bestimmung des   **141** relevanten Marktes abzugrenzen, sodass insbesondere die Substituierbarkeit der Güter aus der Sicht der Nachfrager zu untersuchen ist.[7] Umstritten ist, ob der Absatz- und der Bezugsmarkt identisch sind oder ob unterschiedliche Märkte existieren und zu untersuchen sind.[8] Richtigerweise ist auf einen **einheitlichen Markt** abzustellen, auf dem sich Anbieter und Abnehmer gegenüberstehen und der anhand der Sicht des Abnehmers ermittelt wird.[9] Gemäß Art. 3 Abs. 2 Vertikal-GVO sind in einer Mehrparteienvereinbarung bezüglich eines Zwischenhändlers beide Märkte, auf denen dieser tätig ist, also sein Bezugsmarkt und sein Absatzmarkt, zu berücksichtigen. Besonderheiten ergeben sich bezüglich des zugrunde zu legenden Marktes bei Franchisevereinbarungen.[10]

Auch bei der Bestimmung des **räumlich relevanten Marktes** ist grundsätzlich nach den   **142** allgemeinen Mechanismen zur Marktabgrenzung vorzugehen. Die räumlich relevanten Märkte werden jedoch regelmäßig großflächiger abgegrenzt werden, als dies bei privaten Endverbrauchermärkten der Fall wäre, da im Rahmen der Vertikal-GVO stets zwei Unternehmen beteiligt sind. Diese unterliegen geringeren lokalen Beschränkungen hinsichtlich ihrer Absatz- und Bezugsaktivitäten als Privatverbraucher, sodass für sie auch weiter entfernte Bezugsalternativen in Betracht kommen.[11]

Bezieht sich die Vereinbarung nicht auf einzelne Produkte, sondern umfasst sie mehrere   **143** ähnliche Produkte, kann auch der Anteil der beteiligten Unternehmen am Angebot beziehungsweise der Nachfrage dieser **Produktpalette** zugrunde gelegt werden, sofern die Nachfrage nicht nach den Einzelprodukten sondern nach dem Gesamtangebot besteht.[12]

Wird hingegen nicht das gesamte Produktportfolio nachgefragt, ist die Vertikal-GVO   **144** nur hinsichtlich derjenigen Produkte anwendbar, für die die Voraussetzungen vorliegen. Es kann also notwendig werden, Vertriebsvereinbarungen, die einheitlich für mehrere Produkte geschlossen worden sind, unterschiedlich zu bewerten. Diejenigen Produkte, für die die Freistellungsvorrausetzungen erfüllt sind, sind freigestellt, während für diejenigen, die aufgrund eines zu hohen Marktanteils nicht freistellungsfähig sind, die allgemeinen Wettbewerbsregeln gelten.[13]

---

[5] Funke/Just KSzW 2010, 151 (156); Schultze/Pautke/Wagener Rn. 485.

[6] Vgl. Commission Staff Working Document, Evaluation of the Vertical Block Exemption Regulation, SWD (2020) 173 final, v. 8.9.2020, abrufbar unter: https://ec.europa.eu/competition/consultations/2018_vber/staff_working_document.pdf; S. 160 ff.; dazu auch Metzlaff/B. Müller ZVertriebsR 2020, 341 (345).

[7] Vgl. Vertikal-Leitlinien Rn. 170, in dem auf die „Bekanntmachung der Kommission über die Definition des relevanten Marktes im Sinne des Wettbewerbsrechts der Gemeinschaft", ABl. 1997 C 372, 5, verwiesen wird. Zur Marktabgrenzung → AUEV Art. 101 Rn. 13 ff.

[8] Schultze/Pautke/Wagener Rn. 499 mwN.

[9] So auch Schultze/Pautke/Wagener Rn. 499.

[10] Vgl. hierzu die Ausführungen → Rn. 152.

[11] Metzlaff Franchising-HdB/Metzlaff § 26 Rn. 117.

[12] Entspricht im Wesentlichen dem Art. 7 Vertikal-GVO aF aus dem Jahr 2010, Änderungen gab es insbesondere in Bezug auf den Übergangszeitraum → Rn. 147.

[13] Vgl. Vertikal-Leitlinien Rn. 49.

II. Berechnung der Marktanteile, Art. 8 Vertikal-GVO

145   Art. 8 Vertikal-GVO[14] erläutert die Berechnungsweise für die Marktanteile iSd Art. 3 Vertikal-GVO. Grundlage für die Berechnung des Marktanteils des Anbieters ist der Absatzwert, für die Berechnung des Marktanteils des Abnehmers ist der Bezugswert entscheidend. Liegen keine konkreten Daten vor, kann gemäß Art. 8 lit. a Vertikal-GVO geschätzt werden. Der Marktanteil des Anbieters umfasst nicht nur Lieferungen an externe Anbieter, sondern schließt auch solche an vertikal integrierte Händler und Handelsvertreter ein, Art. 8 lit. c Vertikal-GVO. Vertikal integrierte Händler sind verbundene Unternehmen iSd Art. 1 Abs. 2 Vertikal-GVO.[15] Nicht umfasst werden jedoch Eigenproduktionen, also die Herstellung eines Zwischenprodukts, das im eigenen Unternehmen verwendet wird.[16] Marktanteile, die auf verbundene Unternehmen iSd Art. 1 Abs. 2 lit. e Vertikal-GVO entfallen, werden deren beherrschenden Unternehmen zu gleichen Teilen zugerechnet, Art. 8 lit. e Vertikal-GVO.

146   Die Ermittlung des Marktanteils eines Unternehmens erfolgt auf Basis der Daten des vorangegangenen Kalenderjahrs, Art. 8 lit. b Vertikal-GVO.

III. Übergangszeitraum, Art. 8 lit. d Vertikal-GVO

147   Der Marktanteil eines Unternehmens ist keine statische Größe, sondern unterliegt ebenso wie der Umsatz regelmäßig Schwankungen.[17] Die Vertikal-GVO sieht eine Übergangsregelung für Vereinbarungen vor, an denen ein Unternehmen beteiligt ist, dessen Marktanteil nach Vertragsschluss 30 % überschreitet. In einem solchen Fall gilt die Freistellung gemäß Art. 7 lit. d Vertikal-GVO noch für zwei weitere Kalenderjahre. Mit der Novellierung der Vertikal-GVO im Jahr 2022 ist eine weitergehende Differenzierung hinsichtlich der Länge des Übergangszeitraums weggefallen. Nach der alten Fassung galt die Freistellung nur für ein weiteres Kalenderjahr, sobald der Marktanteil die Schwelle von 35 % überschritten hatte.

148   Entfällt die Freistellung gilt Art. 101 Abs. 1 AEUV unverändert, sodass die Nichtigkeitsfolge des Art. 101 Abs. 2 AEUV eingreifen kann.[18] Ein Wiederaufleben der Freistellung ist somit auch dann nicht möglich, wenn die Marktanteile wieder unter die 30 % Grenze fallen.[19]

B. Handelsvertreter

149   Handelsvertreter sind auf zwei verschiedenen Märkten tätig.[20] Erstens besteht im Verhältnis zum Geschäftsherrn ein **Markt für die Vermittlerdienste.** Dieser bezieht sich auf die Vermittlungsleistung des Handelsvertreters (Vermittlungsmarkt). Zweitens besteht im Verhältnis zum Endabnehmer ein **Markt für die Produkte des Geschäftsherrn** (Produktmarkt). Hinsichtlich des Marktanteils der für Handelsvertreterverhältnisse zugrunde zu legen ist, bieten sich daher grundsätzlich zwei Optionen: Zugrundelegung des Marktanteils auf dem Vermittlungsmarkt oder Zugrundelegung des Marktanteils auf dem Markt für die Produkte des Geschäftsherrn.

150   Art. 3 Abs. 1 Vertikal-GVO spricht von dem Markt auf dem der Abnehmer – hierunter fallen gemäß Art. 1 lit. k auch Handelsvertreter – die Vertragswaren oder -dienstleistungen

---

[14] Vgl. Vertikal-Leitlinien Rn. 172.
[15] Vgl. Vertikal-Leitlinien, Rn. 115 und → Rn. 73.
[16] Vertikal-Leitlinien Rn. 176.
[17] Vgl. hierzu bereits die Ausführungen zu Übergangsregelungen bei der Anwendung der Umsatzschwelle gemäß Art. 9 Abs. 2 Vertikal-GVO, → Rn. 96.
[18] Immenga/Mestmäcker/Ellger EuWettbR Art. 7 Rn. 9.
[19] Immenga/Mestmäcker/Ellger EuWettbR Art. 7 Rn. 9.
[20] Dazu → AEUV Art. 101 Rn. 173.

bezieht. Abzustellen ist daher auf den Marktanteil, den der Handelsvertreter auf dem Produktmarkt innehat. Es kommt also auf die von ihm im Namen des Geschäftsherrn verkauften Produkte im Vergleich zu der Gesamtheit der durch alle Vertriebsformen verkauften Produkte an. Auch der Marktanteil des Anbieters ist derjenige auf dem jeweils relevanten Produktmarkt. Der Anteil auf dem Vermittlungsmarkt ist insofern irrelevant.

C. Vertragshändler

Für den Vertragshändler gelten hier keine Besonderheiten. **151**

D. Franchisenehmer

Für den Franchisenehmer ergeben sich Besonderheiten bei der Berechnung der Markt- **152** anteile. Franchisenehmer fragen nicht ein bestimmtes Produkt oder eine Dienstleistung nach, sondern ein spezielles (Franchise-)Konzept. Da es regelmäßig nur wenige Anbieter von untereinander austauschbaren Franchisekonzepten gibt, wäre der Marktanteil von 30 % oftmals erreicht, sodass für eine Freistellung von Franchisevereinbarungen kein Raum bliebe. Daher ist nicht der Markt für Franchisekonzepte zugrunde zu legen, sondern auf den Markt für die durch das Franchisekonzept vertriebenen Güter abzustellen.[21] Dies entspricht auch dem Interesse der Endabnehmer, diese haben ein Interesse an den Vertragsprodukten, wohingegen die Vertriebsform selten ein gesteigertes Interesse hervorruft.

Der Marktanteil des Franchisegebers errechnet sich also anhand des Wertes der Güter, die **153** seine Franchisenehmer an dem Gesamtmarkt der Vertragsgüter vertreiben. Dieser Wert wird in Relation zu dem Gesamtvolumen des Marktes – also inklusive derjenigen Waren die über andere Vertriebsformen abgesetzt werden – gesetzt und ergibt dadurch den Marktanteil des Franchisegebers.[22] Der Marktanteil des Franchisegebers ist damit identisch mit der Summe der Marktanteile seiner Franchisenehmer.

Die **Feststellung des somit betroffenen Marktes** stellt für größere Franchisesysteme **154** eher kein Problem dar. Anders ist es jedoch bei den zahlenmäßig überwiegenden kleineren und mittleren Systemen. Die Mehrheit der (kleinen und großen) Mitglieder beklagen Schwierigkeiten bei der **Feststellung der betroffenen Marktanteile.** Viele kleine Systeme sehen sich insbesondere in der Anfangsphase zudem finanziell oder von ihren Ressourcen her gar nicht in der Lage, selber oder mit Hilfe von Dritten die notwendigen Feststellungen zur Bestimmung der betroffenen Märkte bzw. Marktanteile vorzunehmen. Hier wäre eine zeitliche Ausnahme von zB 3–5 Jahren beginnend mit dem Start des Franchisesystems wünschenswert gewesen. Die Kommission hat diese Idee bisher nicht aufgegriffen.

E. Kommissionsagent

Der Kommissionsagent wird kartellrechtlich wie ein Handelsvertreter beurteilt, sodass auf **155** die diesbezüglichen Ausführungen verwiesen wird.[23]

---

[21] Vertikal-Leitlinien Rn. 173.
[22] Vertikal-Leitlinien Rn. 173.
[23] Dazu → Rn. 149 f.

Artikel 4 – Beschränkungen, die zum Ausschluss des Rechtsvorteils der Gruppenfreistellung führen – Kernbeschränkungen

Die Freistellung nach Artikel 2 gilt nicht für vertikale Vereinbarungen, die unmittelbar oder mittelbar, für sich allein oder in Verbindung mit anderen Umständen, unter der Kontrolle der beteiligten Unternehmen Folgendes bezwecken:

a) Die Beschränkung der Möglichkeit des Abnehmers, seinen Verkaufspreis selbst festzusetzen; dies gilt unbeschadet der Möglichkeit des Anbieters, Höchstverkaufspreise festzusetzen oder Preisempfehlungen auszusprechen, sofern sich diese nicht infolge der Ausübung von Druck oder der Gewährung von Anreizen durch eines der beteiligten Unternehmen tatsächlich wie Fest- oder Mindestverkaufspreise auswirken;

b) wenn der Anbieter ein Alleinvertriebssystem betreibt, die Beschränkung des Gebiets oder der Kunden, in das bzw. an die der Alleinvertriebshändler die Vertragswaren oder -dienstleistungen aktiv oder passiv verkaufen darf, mit Ausnahme

   i) der Beschränkung des aktiven Verkaufs durch den Alleinvertriebshändler und durch seine Direktkunden in ein Gebiet oder an eine Kundengruppe, das bzw. die dem Anbieter vorbehalten ist oder von dem Anbieter höchstens fünf weiteren Alleinvertriebshändlern exklusiv zugewiesen wurde,

   ii) der Beschränkung des aktiven oder passiven Verkaufs durch den Alleinvertriebshändler und durch seine Kunden an nicht zugelassene Händler in einem Gebiet, in dem der Anbieter ein selektives Vertriebssystem für die Vertragswaren oder -dienstleistungen betreibt,

   iii) der Beschränkung des Niederlassungsorts des Alleinvertriebshändlers,

   iv) der Beschränkung des aktiven oder passiven Verkaufs an Endverbraucher durch einen Alleinvertriebshändler, der auf der Großhandelsstufe tätig ist,

   (v) der Beschränkung der Möglichkeit des Alleinvertriebshändlers, Teile, die zur Weiterverwendung geliefert werden, aktiv oder passiv an Kunden zu verkaufen, die diese Teile für die Herstellung derselben Art von Waren verwenden würden, wie sie der Anbieter herstellt;

c) wenn der Anbieter ein selektives Vertriebssystem betreibt,

   (i) die Beschränkung der Gebiete oder Kunden, in bzw. an die die Mitglieder des selektiven Vertriebssystems die Vertragswaren oder -dienstleistungen aktiv oder passiv verkaufen dürfen, mit Ausnahme

     1. der Beschränkung des aktiven Verkaufs durch Mitglieder des selektiven Vertriebssystems und durch ihre Direktkunden in ein Gebiet oder an eine Kundengruppe, das bzw. die dem Anbieter vorbehalten ist oder von dem Anbieter höchstens fünf Alleinvertriebshändlern exklusiv zugewiesen wurde,

     2. der Beschränkung des aktiven oder passiven Verkaufs durch Mitglieder des selektiven Vertriebssystems und durch ihre Kunden an nicht zugelassene Händler in dem Gebiet, in dem das selektive Vertriebssystem betrieben wird,

     3. der Beschränkung des Niederlassungsorts der Mitglieder des selektiven Vertriebssystems,

     4. der Beschränkung des aktiven oder passiven Verkaufs an Endverbraucher durch auf der Großhandelsstufe tätige Mitglieder des selektiven Vertriebssystems,

     5. der Beschränkung der Möglichkeit, Teile, die zur Weiterverwendung geliefert werden, aktiv oder passiv an Kunden zu verkaufen, die diese Teile für die Herstellung derselben Art von Waren verwenden würden, wie sie der Anbieter herstellt;

   (ii) die Beschränkung von Querlieferungen zwischen Mitgliedern des selektiven Vertriebssystems, die auf derselben Handelsstufe oder unterschiedlichen Handelsstufen tätig sind;

(iii) die Beschränkung des aktiven oder passiven Verkaufs an Endverbraucher durch auf der Einzelhandelsstufe tätige Mitglieder des selektiven Vertriebssystems, unbeschadet Buchstabe c Ziffer i Nummern 1 und 3;

d) wenn der Anbieter weder ein Alleinvertriebssystem noch ein selektives Vertriebssystem betreibt, die Beschränkung der Gebiete oder Kunden, in bzw. an der Abnehmer die Vertragswaren oder -dienstleistungen aktiv oder passiv verkaufen darf, mit Ausnahme

  (i) der Beschränkung des aktiven Verkaufs durch den Abnehmer und durch seine Direktkunden in ein Gebiet oder an eine Kundengruppe, das bzw. die dem Anbieter vorbehalten ist oder von dem Anbieter höchstens fünf Alleinvertriebshändlern exklusiv zugewiesen wurde,

  (ii) der Beschränkung des aktiven oder passiven Verkaufs durch den Abnehmer und durch seine Kunden an nicht zugelassene Händler in einem Gebiet, in dem der Anbieter ein selektives Vertriebssystem für die Vertragswaren oder -dienstleistungen betreibt,

  (iii) der Beschränkung des Niederlassungsorts des Abnehmers,

  (iv) der Beschränkung des aktiven oder passiven Verkaufs an Endverbraucher durch einen Abnehmer, der auf der Großhandelsstufe tätig ist,

  v) der Beschränkung der Möglichkeit des Abnehmers, Teile, die zur Weiterverwendung geliefert werden, aktiv oder passiv an Kunden zu verkaufen, die diese Teile für die Herstellung derselben Art von Waren verwenden würden, wie sie der Anbieter herstellt;

e) die Verhinderung der wirksamen Nutzung des Internets zum Verkauf der Vertragswaren oder -dienstleistungen durch den Abnehmer oder seine Kunden, da dies eine Beschränkung des Gebiets oder der Kunden, in das bzw. an die die Vertragswaren oder -dienstleistungen verkauft werden dürfen, im Sinne der Buchstaben b, c oder d darstellt, unbeschadet der Möglichkeit, dem Abnehmer Folgendes aufzuerlegen:

  i) andere Beschränkungen des Online-Verkaufs oder

  ii) Beschränkungen der Online-Werbung, die nicht darauf abzielen, die Nutzung eines ganzen Online-Werbekanals zu verhindern;

f) die zwischen einem Anbieter von Teilen und einem Abnehmer, der diese Teile weiterverwendet, vereinbarte Beschränkung der Möglichkeit des Anbieters, die Teile als Ersatzteile an Endverbraucher, Reparaturbetriebe, Großhändler oder andere Dienstleister zu verkaufen, die der Abnehmer nicht mit der Reparatur oder Wartung seiner Waren betraut hat.

Übersicht

A. Einleitung

156   Auch von vertikalen Vereinbarungen zwischen Unternehmen, die über weniger als 30 % Marktanteil verfügen, können Wettbewerbsbeschränkungen ausgehen, die mit Art. 101 Abs. 1 AEUV unvereinbar sind. Daher nimmt Art. 4 Vertikal-GVO einige besonders einschränkende Bestimmungen von der Freistellung aus (sogenannte **„Kernbeschränkungen"**, **„hardcore restrictions"** oder **„schwarze Klauseln"**). Enthält eine vertikale Vereinbarung eine solche Kernbeschränkung, entfällt die Freistellungswirkung des Art. 2 Vertikal-GVO für alle ansonsten von der Vertikal-GVO freigestellten Klauseln (Alles-oder-Nichts-Prinzip).[1] Es besteht jedoch weiterhin die Möglichkeit einer Einzelfreistellung gemäß Art. 101 Abs. 3 AEUV, wenn die Unternehmen wettbewerbsfördernde Wirkungen nachweisen können, die Beschränkung unerlässlich ist, die Verbraucher beteiligt werden und der Wettbewerb nicht ausgeschaltet wird.[2]

157   Die Freistellung gilt gemäß Art. 4 Vertikal-GVO nicht für vertikale Vereinbarungen, die unmittelbar oder mittelbar, für sich allein oder in Verbindung mit anderen Umständen, die die beteiligten Unternehmen kontrollieren können, eine Kernbeschränkung bezwecken. Im Gegensatz zu Art. 101 AEUV erwähnt die Vertikal-GVO nur die Möglichkeit des

---

[1] Anders ist dies bei Verstößen gegen Art. 5 Vertikal-GVO, demzufolge die Freistellung nur für einzelne Bestimmungen nicht gilt.
[2] Vgl. Vertikal-Leitlinien Rn. 180 f.

Bezweckens einer Kernbeschränkung, nicht aber deren Bewirkung.[3] Klauseln, die eine Wettbewerbsbeschränkung bewirken aber nicht bezwecken, sind somit nach Art. 2 Abs. 1 Vertikal-GVO freigestellt.[4] Bezweckte Wettbewerbsbeschränkungen iSd Art. 101 Abs. 1 AEUV, die jedoch keine Kernbeschränkung iSd Art. 4 lit. a–f Vertikal-GVO darstellen und nicht unter Art. 5 Vertikal-GVO fallen,[5] sind ebenso freigestellt.[6]

Die Begrenzung des Kernbeschränkungsverbots auf bezweckte Kernbeschränkungen **158** kann zu Konflikten mit der Zielsetzung der Vertikal-GVO führen, die gerade beabsichtigt, nur solche Vereinbarungen freizustellen, die wettbewerbspolitisch wünschenswerte Folgen haben.[7] Diese Konflikte können dadurch gelöst werden, dass Vereinbarungen, die – ohne dies zu bezwecken – wettbewerbsbeschränkend wirken, der Vorteil der Gruppenfreistellung nach Art. 29 KartellVO entzogen werden kann.[8]

Auch Vereinbarungen, die als Kernbeschränkung anzusehen sind, können jedoch kartell-rechtlich zulässig sein. Dies ist der Fall, wenn sie bereits nicht in den Anwendungsbereich **159** des Art. 101 Abs. 1 AEUV fallen.[9] Dies kann bei einer objektiven Notwendigkeit etwa aus Gründen des Schutzes der öffentlichen Sicherheit oder der Gesundheit der Fall sein.[10] Ebenso besteht die Möglichkeit der Einzelfreistellung nach Art. 101 Abs. 3 AEUV.

Im Zuge der **Novellierung der Vertikal-GVO** im Jahr 2022 wurde Art. 4 Vertikal- **160** GVO neu strukturiert sowie teilweise inhaltlich überarbeitet und um eine weitere Kern-beschränkung ergänzt. Während Art. 4 lit. a Vertikal-GVO weiterhin das Thema Preis-bindung betrifft, enthalten die Art. 4 lit. b–d Vertikal-GVO nun nach Vertriebssystemen differenzierende Kernbeschränkungen und Ausnahmen, die für jeden Vertriebskanal gel-ten.[11] Die Aufteilung ist wie folgt: Alleinvertrieb (lit. b), selektiver Vertrieb (lit. c) und „freier" Vertrieb (lit. d). Dabei geht es im Wesentlichen um die bereits in der bisher geltenden Fassung der Vertikal-GVO (2010) enthaltenen Gebiets- und Kundengruppen-beschränkungen und entsprechende Ausnahmen, die sich bei allen drei genannten Ver-triebsarten überwiegend überschneiden. Für den selektiven Vertrieb sind in Art. 4 lit. c Ziff. ii und iii Vertikal-GVO zusätzlich noch Regelungen betreffend Beschränkungen von Querlieferungen und Beschränkungen des aktiven oder passiven Verkaufs an Endverbrau-cher in selektiven Vertriebssystemen enthalten. Neu eingeführt wurde in Art. 4 lit. e Ver-tikal-GVO eine Regelung betreffend die effektive Nutzung des Internets. Die bisher in Art. 4 lit. e Vertikal-GVO enthaltene Kernbeschränkung, welche Wettbewerbsbeschrän-kungen für Lieferanten zum Gegenstand hat, ist nunmehr mit demselben Inhalt in Art. 4 lit. f Vertikal-GVO zu finden.

In den ebenfalls überarbeiteten Vertikal-Leitlinien hebt die Kommission nun deutlicher **161** als bisher folgende **zwei Grundsätze** hervor, die sie bei der Beurteilung einer vertikalen Vereinbarung anwendet, wenn darin eine Kernbeschränkung enthalten ist: (1) Ist eine Kernbeschränkung iSd Art. 4 Vertikal-GVO in einer vertikalen Vereinbarung enthalten, so fällt diese wahrscheinlich unter Art. 101 Abs. 1 AEUV; (2) es ist unwahrscheinlich, dass eine Vereinbarung, die eine Kernbeschränkung iSd Art. 4 Vertikal-GVO enthält, die Voraussetzungen von Art. 101 Abs. 3 AEUV erfüllt.[12]

Die Frage zur Reichweite der in Art. 4 Vertikal-GVO genannten Kernbeschränkungen **162** und Ausnahmen stellt sich insbesondere bei der Beurteilung von Online-Vertriebsaktivitä-

---

[3] Vgl. Schultze/Pautke/Wagener Rn. 518, denen zufolge aufgrund der objektiven Auslegung der Ver-einbarung Wirkung und Zweck aber oftmals kongruent seien.
[4] Wijckmans/Tuytschaever Rn. 4.09 ff.
[5] Dazu die Ausführungen zu Art. 5 Vertikal-GVO ab → Rn. 279.
[6] Wijckmans/Tuytschaever Rn. 4.29.
[7] Vgl. → Rn. 4.
[8] Vgl. → Rn. 315 ff.
[9] Vertikal-Leitlinien Rn. 180.
[10] Vertikal-Leitlinien Rn. 180.
[11] Vertikal-Leitlinien Rn. 202; zu den in diesem Zusammenhang für den Online-Vertrieb geltenden Besonderheiten vgl. → Rn. 242 ff.
[12] Vgl. Vertikal-Leitlinien Rn. 180 lit. a und b.

ten. Wegen der weiterhin zunehmenden Bedeutung des Internetvertriebs wird auf diese Thematik in einem gesonderten Abschnitt eingegangen.[13]

I. Preisbeschränkungen, Art. 4 lit. a Vertikal-GVO

163   Art. 4 lit. a Vertikal-GVO nimmt als erste Kernbeschränkung Vereinbarungen von der Freistellung aus, durch die dem Abnehmer die Möglichkeit genommen wird, seinen Verkaufspreis selbst festzusetzen. Höchstpreise und Preisempfehlungen können jedoch zulässig sein. Inhaltlich gab es in dieser Hinsicht durch die Novellierung der Vertikal-GVO im Jahr 2022 keine Änderungen, allerdings einige klarstellende Hinweise von Seiten der Kommission in den Vertikal-Leitlinien, insbesondere zu Preisüberwachungssoftware.[14]

164   Verkaufspreis im Sinne von Art. 4 lit. a Vertikal-GVO ist der Preis, den der Abnehmer von seinen Kunden verlangt. Der Preis eines Produktes stellt einen der wesentlichen Wettbewerbsparameter für dessen Vertrieb dar. Eine Einschränkung der Preisgestaltung der Abnehmer durch den Hersteller kann daher spürbare Auswirkungen auf den Wettbewerb auf der Händlerebene haben. Die Wirkungen einer **Preisbindung** können auf vielfältige Weise erreicht werden.

165   **1. Unmittelbare Preisbindung.** Eine Preisbindung kann einerseits unmittelbar in einer vertikalen Vereinbarung geregelt werden. Den offensichtlichsten Fall einer unzulässigen Preisbindung stellt mithin ein vertraglich geregelter **Festpreis** dar.[15] Die Kommission nennt in den Vertikal-Leitlinien als Beispiele für eine unmittelbare Bindung auch Vertragsbestimmungen oder Praktiken, die unmittelbar den Preis festsetzen, den der Abnehmer seinem Kunden in Rechnung stellen muss, die es dem Anbieter erlauben den Verkaufspreis festzusetzen, oder die es dem Abnehmer verbieten, unter einem bestimmten Preisniveau zu verkaufen.[16]

166   **2. Mittelbare Preisbindung.** Die Festlegung eines Preises oder eines gewissen **Preisniveaus** kann anderseits jedoch auch anders erreicht werden. Die Kommission nennt in den Vertikal-Leitlinien verschiedene Mechanismen, durch deren Anwendung es Herstellern gelingen kann, ihre Abnehmer zur gleichförmigen Preisfestsetzung zu bewegen. Hierzu zählen beispielsweise Abmachungen über Absatzspannen oder über Nachlässe, die der Vertriebsmittler auf ein vorgegebenes Preisniveau höchstens gewähren darf, Bestimmungen nach denen die Gewährung von Nachlassen oder die Erstattung von Werbeaufwendungen durch den Anbieter von der Einhaltung eines vorgegebenen Preisniveaus abhängig gemacht wird, oder der vorgeschriebene Weiterverkaufspreis an die Weiterverkaufspreise von Wettbewerbern gebunden wird, die Festlegung sog. Mindestpreisrichtlinien,[17] die es dem Händler verbieten Werbepreise unterhalb eines vom Anbieter festgelegten Betrags zu wählen, sowie Drohungen, Einschüchterung, Warnungen, Strafen, Verzögerung und Aussetzung von Lieferungen und Vertragskündigungen bei Nichteinhaltung eines bestimmten Preisniveaus.[18]

167   Ebenfalls effektiviert werden können unmittelbare und mittelbare Preisbindungen über Maßnahmen, die dem Abnehmer weniger Anreiz zur Senkung des Weiterverkaufspreises geben. Dazu zählt die Kommission grundsätzlich auch die Anwendung einer **Meistbegünstigungsklausel**. Hinsichtlich der Gruppenfreistellungsfähigkeit derartiger Klauseln ist jedoch zwischen sog. „engen" und „weiten" Bestpreis- bzw. Preisparitätsklauseln zu differenzieren.[19] Als weiteres Mittel, das die Preisfestsetzung effektivieren kann, nennt die Kommission nunmehr den Einsatz von **Preisüberwachungssoftware,** obgleich der Ein-

---

[13] Dazu → Rn. 242 ff.
[14] Dazu → Rn. 176 f.
[15] Vertikal-Leitlinien Rn. 185.
[16] Vertikal-Leitlinien Rn. 186.
[17] Auch als minimum advertised prices („MAPs") bezeichnet.
[18] Vertikal-Leitlinien Rn. 187.
[19] Dazu ausführlich → Rn. 305 ff.

satz einer solchen Software für sich genommen nicht bereits als Preisbindung eingestuft wird.[20]

Alle diese Maßnahmen beeinflussen die Preisfestsetzung durch den Abnehmer, da dieser **168** nicht mehr strikt anhand der Kategorien Angebot und Nachfrage entscheiden wird, sondern auch sachfremde Erwägungen die Preispolitik mitbestimmen können. Besonders geeignet zur Festlegung eines Preisniveaus sind derartige Maßnahmen, wenn sie mit **Informationsverpflichtungen** der Abnehmer, insbesondere über die Preisgestaltung von Wettbewerbern oder anderen Mitgliedern eines selektiven Vertriebssystems, einhergehen.[21]

3. Höchstpreise und Preisempfehlungen. Art. 4 lit. a Hs. 2 Vertikal-GVO enthält **169** eine **Ausnahme** vom Preisbindungsverbot. Zulässig sind **Höchstverkaufspreise** oder **Preisempfehlungen,** sofern sichergestellt ist, dass solche nicht wie Fest- oder Mindestverkaufspreise wirken. Eine solche Wirkung kann durch die Ausübung von Druck oder die Gewährung von Anreizen erfolgen.

Die Festlegung von Höchstpreisen durch den Anbieter kann für diesen wirtschaftlich **170** sinnvoll sein, um das Problem der doppelten Gewinnmaximierung zu lösen. Hierdurch wird die unterschiedliche Anreizsituation der Vertriebsmittler und Hersteller bei der Preisfestsetzung beschrieben. Der Abnehmer hat naturgemäß ein Interesse daran, zu einem möglichst hohen Preis an den Endkunden zu verkaufen. Der Anbieter hingegen profitiert, da er nur seinen eigenen Verkaufspreis erzielt, regelmäßig stärker durch einen höheren Absatz seiner Produkte, der einfacher zu erreichen ist, wenn der Verkaufspreis niedriger angesetzt wird.[22]

Preisempfehlungen und Höchstpreise bezwecken, dass sie von den Vertriebsmittlern als **171** Anhaltspunkt für ihre eigene Preisfestlegung genommen werden. Ihre Festlegung erleichtert den Vertriebsmittlern im Horizontalverhältnis die Vereinheitlichung der Preise und kann somit zu einer Erstarrung des Preiswettbewerbs auf dem Vertragsgütermarkt führen.[23] Preisempfehlungen und Höchstpreise können daher wie Fest- oder Mindestverkaufspreise wirken, wenn die Abnehmer nicht geneigt sind, von diesen abzuweichen, wobei eine Abweichung von dem empfohlenen Preis durch die Abnehmer desto unwahrscheinlicher ist, je stärker die Marktposition des Anbieters ist.[24]

Ob es sich tatsächlich um Preisempfehlungen oder Höchstverkaufspreise und nicht um **172** Fest- oder Mindestverkaufspreise handelt, ist „unter Berücksichtigung sämtlicher Klauseln in ihrem wirtschaftlichen und rechtlichen Zusammenhang und des Verhaltens der Vertragsparteien" zu prüfen.[25] Festzustellen ist, „ob ein solcher Endverkaufspreis nicht in Wirklichkeit mittelbar oder verschleiert vorgegeben ist, z. B. durch die Festlegung des Spielraums des Wiederverkäufers oder durch die Obergrenze der Preisnachlässe, die dieser auf den empfohlenen Verkaufspreis gewähren kann, sowie durch Drohungen, Einschüchterungen, Warnungen, Sanktionen oder Anreize".[26]

Das **Bundeskartellamt** hatte im sogenannten Kontaktlinsenbeschluss im Jahr 2009 **173** bereits die „nachträgliche und nachdrückliche Thematisierung" unverbindlicher Preisempfehlungen als Versuch der Einflussnahme und unzulässige Druckausübung iSd Art. 4 lit. a Vertikal-GVO angesehen.[27] Diese Maßnahmen gefährdeten die Unverbindlichkeit der Empfehlung und die Preissetzungsfreiheit der Abnehmer, die aufgrund der Preisbeobachtung und den diesbezüglichen Gesprächen den Schluss ziehen müssten, dass eine unver-

---

[20] Vertikal-Leitlinien Rn. 190 f.
[21] Vgl. Vertikal-Leitlinien Rn. 190.
[22] Vgl. auch Vertikal-Leitlinien Rn. 13.
[23] Vgl. Vertikal-Leitlinien Rn. 199.
[24] Vertikal-Leitlinien Rn. 200.
[25] EuGH Slg. 2009, I-2437 Rn. 79 = EuZW 2009, 374 – Pedro IV Servicios.
[26] EuGH Slg. 2009, I-2437 Rn. 80 = EuZW 2009, 374 – Pedro IV Servicios; 2008, I-6681 = EuZW 2008, 668 – CEPSA.
[27] BKartA WuW/E DE-V 1813 = LSK 2010, 090929 – Kontaktlinsen; kritisch dazu: Lettl WRP 2011, 710 (723 ff.).

änderte Preispolitik Konsequenzen haben wird.[28] Das Amt stützte sich auf die alten Leitlinien der Kommission, die als „für sich genommen" eindeutig unproblematisch und damit die bloße Übergabe einer Liste mit Preisempfehlungen und Preisobergrenzen gerade nicht als vertikale Preisbindung ansahen.[29] Die überarbeiteten Vertikal-Leitlinien aus dem Jahr 2022 beziehen zwar zu diesem konkreten Punkt nicht mehr ausdrücklich Stellung. Allerdings ist bei Gesamtbetrachtung der dortigen Darstellungen nicht davon auszugehen, dass die Kommission ihre Auffassung in dieser Hinsicht geändert hat. In dem späteren sogenannten **Vorsitzendenschreiben**[30] rückt das Bundeskartellamt von seiner strikten Auffassung ab und sieht ein Thematisieren einer Preisempfehlung nur dann als problematisch an, wenn dadurch die autonome Preissetzungsfreiheit des Abnehmers beeinträchtigt wird. Der BGH sah in der Scout-Entscheidung in dem einmaligen „Thematisieren" einer UVP entsprechend dann eine unzulässige Druckausübung, wenn auf **Nachfrage des Händlers** Sanktionen nicht ausdrücklich ausgeräumt werden eben.[31]

174 **4. Zulässigkeit von Preisbindungen im Einzelfall.** Preisbindungen stellen demnach grundsätzlich eine Kernbeschränkung dar, sodass die gesamte Vereinbarung von der Freistellungswirkung des Art. 2 Vertikal-GVO ausgenommen ist. Es besteht jedoch die Möglichkeit einer **Einzelfreistellung** nach Art. 101 Abs. 3 AEUV. Allerdings vermutet die Kommission, dass dessen Voraussetzungen nicht vorliegen, wenn eine Kernbeschränkung vereinbart worden ist.[32] Eine Einzelfreistellung kommt somit nur selten in Betracht.

175 Die Kommission führt vier **Beispielsfälle** an, bei denen sie die Voraussetzungen des Art. 101 Abs. 3 AEUV als gegeben ansieht. Eine Preisbindung könne demnach dann mit Effizienzgewinnen einhergehen, wenn sie während der **Einführungsphase eines Produktes** vereinbart werde.[33] Auch um im Rahmen eines Franchise- oder ähnlichen Vertriebssystems eine kurzfristige **Sonderangebotskampagne,** deren Dauer regelmäßig zwei bis sechs Wochen betrage, durchzuführen, könnten Preisbindungen effizienzsteigernd wirken.[34] Eine Preisbindung komme gegebenenfalls zudem in Betracht, um das **Trittbrettfahrerproblem** bei beratungsintensiven Gütern zu lösen, und zwar dann, wenn nachgewiesen werden könne, dass die Preisbindung Trittbrettfahrern einen Anreiz bietet, selbst Beratungsleistungen anzubieten und die angebotene Kundenberatung vor dem Verkauf insgesamt den Kunden zugutekommt.[35] Darüber hinaus führt die Kommission nunmehr ausdrücklich aus, dass auch die Festsetzung eines Mindest-Verkaufspreises oder eines Mindestpreises für Werbeangebote[36] – obgleich grundsätzlich als indirekte Preisbindung unzulässig[37] – ausnahmsweise mit Effizienzgewinnen einhergehen kann, um einen bestimmten Händler davon abzuhalten, das Produkt des Anbieters regelmäßig als Lockvogelangebot zu benutzen. Verkauft ein Händler ein Produkt regelmäßig unter dem Großhandelspreis, kann dies dem Markenimage des Produkts schaden und langfristig die Gesamtnachfrage nach dem Produkt verringern und dabei Anreize des Anbieters untergraben, in Qualität und Markenimage zu investieren.[38]

176 **5. Preisüberwachungssoftware und Erfüllungsverträge.** Das Bundeskartellamt hatte im Kontaktlinsenbeschluss noch offen gelassen, ob eine reine **Preisbeobachtung** zulässig

---

[28] BKartA WuW/E DE-V 1813 Rn. 52 ff. = LSK 2010, 090929 – Kontaktlinsen.
[29] BKartA WuW/E DE-V 1813 Rn. 55 = LSK 2010, 090929 – Kontaktlinsen; vgl. Vertikal-Leitlinien (2010) Rn. 48.
[30] WuW 2010, 786 ff.
[31] BGH 6.11.2021 – KZR 13/12, BeckRS 2012, 24546.
[32] Vgl. Vertikal-Leitlinien Rn. 195.
[33] Vertikal-Leitlinien Rn. 197 lit. a.
[34] Vertikal-Leitlinien Rn. 197 lit. b.
[35] Vertikal-Leitlinien Rn. 197 lit. d.
[36] Auch als minimum advertised prices (‚MAPs') bezeichnet.
[37] Vertikal-Leitlinien Rn. 187, dazu → Rn. 166 f.
[38] Vertikal-Leitlinien Rn. 197 lit. c.

ist.[39] Eine reine Beobachtung der Wiederverkaufspreise ist jedoch einseitiger Natur, sodass weder eine Vereinbarung noch eine abgestimmte Verhaltensweise vorliegen.[40] In der Fassung der Vertikal-Leitlinien aus dem Jahr 2022 hebt die Kommission nun ausdrücklich hervor, dass eine Preisüberwachung durch den Anbieter – beispielsweise mittels **Preis-überwachungssoftware** – zwar eine (un)mittelbare Preisfestsetzung wirksamer machen könne, jedoch für sich genommen als solche keine Preisbindung darstelle.[41] Allerdings kann die Grenze zur Unzulässigkeit schnell überschritten sein, wenn der Anbieter sich nicht auf eine Beobachtung der Preisentwicklung beschränkt, sondern bei Preissenkungen eingreift.[42]

Eine weitere neue Klarstellung in den Vertikal-Leitlinien betrifft sog. **Erfüllungsver- 177 träge.** Ein Erfüllungsvertrag ist eine vertikale Vereinbarung des Anbieters mit einem Abnehmer zum Zweck der Ausführung (Erfüllung) eines zuvor zwischen dem Anbieter und einem bestimmten Endnutzer geschlossenen Liefervertrags. Die Kommission sieht die Festsetzung des Weiterverkaufspreises für die Ware oder Dienstleistung in dem Erfüllungsvertrag zwischen Anbieter und Abnehmer nicht als unzulässige Preisbindung an, wenn der Anbieter den Abnehmer auswählt, der die Vereinbarung ausführen soll. Wählt hingegen der Kunde das Unternehmen aus, das die Erfüllungsdienstleistungen erbringen soll, kann die Vorgabe des Weiterverkaufspreises durch den Anbieter nach Auffassung der Kommission einer Preisbindung gleichkommen.[43]

II. Alleinvertrieb, Art. 4 lit. b Vertikal-GVO

Art. 4 lit. b Vertikal-GVO betrifft den **Alleinvertrieb** (auch **Exklusivvertrieb**). Es muss 178 sich somit um Fälle handeln, bei denen ein Anbieter einem einzigen Abnehmer oder einer begrenzten Anzahl von Abnehmern Gebiete oder Kundengruppen exklusiv zuweist und/ oder sich diese selbst vorbehält. Anders als bisher,[44] setzt ein gruppenfreistellungsfähiges Alleinvertriebssystem seit der Novellierung der Vertikal-GVO im Jahr 2022 keine exklusive Zuweisung an einen einzigen Händler mehr voraus, sondern lässt eine Zuweisung an höchstens fünf Abnehmern zu (sog. **geteilter Alleinvertrieb**).[45]

Nach der Regelung in Art. 4 lit. b Vertikal-GVO sind Bestimmungen von der Frei- 179 stellung ausgenommen, durch die ein Abnehmer gehindert wird, die Vertragsgüter an eine bestimmte Kundengruppe oder innerhalb eines bestimmten Gebiets zu verkaufen. Grundsätzlich muss den Abnehmern folglich der Vertrieb innerhalb des Europäischen Wirtschaftsraums ermöglicht werden. Allerdings sind derartige **Gebiets- oder Kundengruppenbeschränkungen** nicht umfassend von der Freistellung des Art. 2 Vertikal-GVO ausgenommen. Vielmehr bestehen im Falle des Alleinvertriebs **fünf Rückausnahmen,** sodass im Rahmen vertikaler Vereinbarungen dennoch ein Regelungsspielraum für Kundengruppen- und Gebietsbeschränkungen verbleibt. Die Gestaltungsfreiheit für Vertriebsverträge ist hinsichtlich Kunden- und Gebietsbeschränkungen also dahingehend beschränkt, dass die Vorgaben der fünf Ausnahmeregelungen strikt zu befolgen sind, um in den Genuss der Gruppenfreistellung zu gelangen.[46] Art. 4 lit. b Vertikal-GVO betrifft nur Beschränkungen des Alleinvertriebshändlers, sodass Beschränkungen des Anbieters gruppenfreigestellt sind.[47]

[39] BKartA WuW/E DE-V 1813 Rn. 51 = LSK 2010, 090929 – Kontaktlinsen.
[40] Lettl WRP 2011, 710 (728).
[41] Vertikal-Leitlinien Rn. 191.
[42] Dazu auch Rohrßen ZVertriebsR 2021, 293 (295).
[43] Vertikal-Leitlinien Rn. 193.
[44] Vgl. zur bisherigen Rechtslage Vertikal-Leitlinien (2010) Rn. 51.
[45] Dazu ausführlich die Ausführungen zu Art. 1 Abs. 1 lit. h Vertikal-GVO ab → Rn. 56.
[46] Wijckmans/Tuytschaever Rn. 4.61.
[47] Vgl. Vertikal-Leitlinien Rn. 202 ff.; Wijckmans/Tuytschaever Rn. 4.65.

180 Gebiets- und Kundengruppenbeschränkungen können auf verschiedene Weise erreicht werden. Dabei kommen sowohl **direkte Beschränkungen** als auch **indirekte Beschränkungen** in Betracht.[48]

181 **1. Beschränkung des aktiven Verkaufs, Art. 4 lit. b i Vertikal-GVO.** Die erste Ausnahme vom Gebiets- oder Kundengruppenbeschränkungsverbot erlaubt Regelungen, durch die der **aktive Verkauf**[49] in Gebiete oder an Kundengruppen beschränkt wird, die der Anbieter sich selbst vorbehalten oder ausschließlich einem anderen Alleinvertriebshändler oder höchstens fünf Alleinvertriebshändlern zugewiesen hat. Dabei darf der Anbieter die exklusive Zuweisung eines Gebiets und einer Kundengruppe miteinander verknüpfen, indem er beispielsweise einem Händler den Alleinvertrieb an eine bestimmte Kundengruppe in einem bestimmten Gebiet überlässt.[50] Der Anbieter darf also den anderen Vertriebsmittlern vertraglich untersagen, in das Alleinvertriebsgebiet oder an eine bestimmte Kundengruppe aktiv zu vertreiben.

182 Damit dieses Verbot nicht ohne Weiteres untergraben wird, kann der Anbieter darüber hinaus von seinen Vertriebsmittlern verlangen, dass diese die Beschränkung des aktiven Verkaufs (in Gebiete oder an Kundengruppen, die der Anbieter sich selbst vorbehalten oder ausschließlich einem anderen Alleinvertriebshändler oder höchstens fünf Alleinvertriebshändlern zugewiesen hat) ihren **Direktkunden** auferlegen. Nicht verlangen darf der Anbieter hingegen, dass seine Vertriebsmittler die Beschränkung auch an die Kunden weitergeben, die in der Vertriebskette weiter unten stehen als die Direktkunden.[51] Nach der alten Fassung der Vertikal-GVO war bereits ein solches „Durchreichen" an die Direktkunden der Vertriebsmittler unzulässig.[52] Anders als früher umfasst das Verbot des aktiven Vertriebs damit nicht mehr nur eine Vertriebsstufe.

183 Die Ausnahmeregelung greift bereits bevor ein Gebiet einem konkreten Vertriebsmittler zugewiesen worden ist, sofern eine Belieferung durch den Anbieter selbst oder einen von diesem benannten Alleinvertriebshändler in absehbarer Zeit erfolgt.[53]

184 Die Beschränkung des aktiven Vertriebs kann nicht nur Alleinvertriebshändlern auferlegt werden. Vielmehr ist es Anbietern möglich nur für einige Gebiete Alleinvertriebshändler zu autorisieren und anderen Vertriebsmittlern zu dem Schutz jener Alleinvertriebshändler zu untersagen, in die jeweiligen Gebiete oder an die Kundengruppen aktiv zu verkaufen. Es besteht kein Anspruch des beschränkten Vertriebsmittlers auf ein eigenes Alleinvertriebsgebiet.[54]

185 Eingeschränkt werden darf jedoch nur der **aktive Vertrieb**,[55] während der passive Vertrieb unbeschränkt bleiben muss. Aus diesem Grund ist die Abgrenzung von aktivem und passivem Verkauf von sehr großer Bedeutung und wird insbesondere bei der Beurteilung geschäftlicher Handlungen im Zusammenhang mit dem Internetvertrieb relevant.[56] **Passiver Vertrieb** liegt vor, wenn der Anbieter nur unaufgeforderte Bestellungen erledigt oder allgemeine Werbemaßnahmen durchführt. Werbemaßnahmen sind auch dann allgemein, wenn sie zwar nicht auf ein bestimmtes Gebiet oder eine bestimmte Kundengruppe zugeschnitten sind, diese aber dennoch (durch Streueffekte) erreichen, sofern sie eine vernünftige Alternative zur Ansprache von Kunden außerhalb dieses Gebiets oder dieser Kundengruppe darstellen. Vernünftig ist eine Werbemaßnahme, wenn sie auch dann wirt-

---

[48] Dazu bereits → Rn. 156 ff.
[49] Zur Begriffsbestimmung des aktiven Verkaufs und zur Abgrenzung vom passiven Verkauf, siehe die Ausführungen zu Art. 1 Abs. 1 lit. l und m ab → Rn. 69 bzw. 73.
[50] Vertikal-Leitlinien Rn. 221.
[51] Vertikal-Leitlinien Rn. 219 f.
[52] Vgl. Art. 4 lit. b Ziff. i Vertikal-GVO (2010).
[53] Vgl. zur Vertikal-GVO (2010), allerdings insoweit übertragbar auf die neue Fassung: Immenga/Mestmäcker/Ellger EuWettbR Art. 4 Rn. 65.
[54] Immenga/Mestmäcker/Ellger EuWettbR Art. 4 Rn. 62.
[55] Ausführlich dazu die Ausführungen bei Art. 1 Abs. 1 lit. l Vertikal-GVO → Rn. 69 ff.
[56] Vgl. → Rn. 248.

schaftlich sinnvoll wäre, wenn sie die vorbehaltenen Gebiete oder Kundengruppen nicht erreichen würde.[57]

Noch in dem Entwurf der Vertikal-Leitlinien aus Sommer 2021 wies die Kommission **186** darauf hin, dass die Ausnahme des Art. 4 lit. b i Vertikal-GVO wahrscheinlich nicht erfüllt sei (und deshalb der Rechtsvorteil der Vertikal-GVO entzogen würde), wenn die Beschränkungen, welche anderen Abnehmern des Anbieters auferlegt werden, kein angemessenes Schutzniveau bieten, um die Anreize für den/die Alleinvertriebshändler zu sichern, in das betreffende Alleinvertriebsgebiet zu investieren. Denn dann fehle es an einer Rechtfertigung für die Einrichtung eines Alleinvertriebssystems.[58] Diese Ausführungen wurden jedoch zu Recht kritisiert. Denn ein solcher Ansatz hätte zu Bewertungsschwierigkeiten und damit zu Rechtsunsicherheiten geführt.[59] Wohl vor dem Hintergrund dieser Kritik hat die Kommission die Passage nicht in die finale Fassung der Vertikal-Leitlinien aufgenommen.

2. Beschränkungen des Verkaufs an nicht zugelassene Händler in selektiven **187** **Vertriebsgebieten, Art. 4 lit. b ii Vertikal-GVO.** Die zweite Ausnahme vom Gebiets- oder Kundengruppenbeschränkungsverbot erlaubt einem Anbieter, der Alleinvertrieb und selektiven Vertrieb in verschiedenen Gebieten kombiniert, einem Alleinvertriebshändler den **aktiven oder passiven Verkauf an nicht zugelassene Händler** in einem Gebiet zu untersagen, in dem der Anbieter ein selektives Vertriebssystem betreibt oder welches der Anbieter für den Betrieb eines selektiven Vertriebssystems reserviert hat. Um den geschlossenen Charakter selektiver Vertriebssysteme zu schützen, kann der Anbieter von seinen Alleinvertriebshändlern darüber hinaus verlangen, dass sie ihren Kunden untersagen, aktive und passive Verkäufe an nicht zugelassene Händler in Gebieten zu tätigen, in denen der Anbieter ein selektives Vertriebssystem betreibt oder das er sich zu diesem Zweck vorbehalten hat. Der Anbieter hat folglich die Möglichkeit, aktive und passive Verkaufsbeschränkungen in der Vertriebskette weiterzugeben.[60]

3. Beschränkungen des Niederlassungsorts, Art. 4 lit. b iii Vertikal-GVO. Nicht **188** dem Kernbeschränkungsverbot unterfallen Beschränkungen in Bezug auf den Ort der Niederlassung des Alleinvertriebshändlers, sodass in vertikale Vereinbarungen Regelungen aufgenommen werden können, durch welche Anforderungen an die Lage einer Niederlassung gestellt werden („**Standortklausel**" oder „**location clauses**").[61] Diese Möglichkeit bestand bereits nach der alten Vertikal-GVO aus dem Jahr 2010.[62]

Der Begriff der Niederlassung umfasst dabei sowohl Vertriebsstellen als auch Lager. **189** Festgelegt werden kann dabei eine bestimmte Anschrift, ein bestimmter Ort oder ein bestimmtes Gebiet.[63] Auf diese Weise können je nach Geschäftstätigkeit ähnlich weitreichende Beschränkungen erreicht werden wie durch die direkte Vereinbarung von Gebietsschutzklauseln.[64] Legt ein Franchisesystem, das Güter des täglichen Bedarfs – etwa Backwaren – vertreibt, für die Endabnehmer erfahrungsgemäß nur geringe Distanzen zu fahren bereit sind, eine bestimmte Adresse als Niederlassung fest, kommt dieser Festlegung höchstwahrscheinlich die gleiche Wirkung wie der direkten Begrenzung auf ein Gebiet zu. Trotz der möglichen weitgehenden Beschränkungen sind Standortklauseln bei Marktanteilen bis zu 30 % freigestellt.

Ebenfalls von der Ausnahme erfasst ist die Festlegung eines Gebietes für eine **mobile** **190** **Vertriebsstelle,** außerhalb dessen sie nicht betrieben werden darf. Neu aufgenommen in

---

[57] Ausführlich dazu die Ausführungen bei Art. 1 Abs. 1 lit. m Vertikal-GVO → Rn. 73 ff.
[58] Vertikal-Leitlinien-Entwurf v. 9.7.2021, C (2021) 5038 final, Rn. 205.
[59] Dazu insbesondere Picht/Leitz NZKart 2021, 480 (483).
[60] Vertikal-Leitlinien Rn. 223.
[61] Vertikal-Leitlinien Rn. 224.
[62] Wijckmans/Tuytschaever Rn. 4.80; Funke/Just DB 2010, 1389 (1392); Immenga/Mestmäcker/Ellger EuWettbR Art. 4 Rn. 45 f.
[63] Vertikal-Leitlinien Rn. 224.
[64] So bereits zur Vertikal-GVO (2010 Wijckmans/Tuytschaever Rn. 4.65.

die Vertikal-Leitlinien hat die Kommission zudem den Hinweis, dass die **Einrichtung und Nutzung eines Online-Shops** durch einen Händler nicht der Eröffnung einer physischen Verkaufsstätte an einem anderen Standort gleichgestellt werden kann und daher nicht von der Ausnahme zur Beschränkug des Niederlasungsortes erfasst ist.[65]

191 **4. Verkauf an Endverbraucher durch Großhändler, Art. 4 lit. b iv Vertikal-GVO.** Die vierte Ausnahme vom Gebiets- oder Kundengruppenbeschränkungsverbot besagt, dass eine Beschränkung des Vertriebs hinsichtlich des Gebiets- oder der Kundengruppen auch gegenüber Alleinvertriebshändlern zulässig ist, die als **Großhändler** agieren. Diesen darf untersagt werden, an Endverbraucher zu verkaufen. Der Begriff Endverbraucher erfasst auch Unternehmen.[66] Dadurch kann ein Anbieter, der sich für einen dreistufigen Vertriebsweg bestehend aus Hersteller, Groß- und Einzelhändlern entschieden hat, dafür sorgen, dass diese Vertriebsorganisation bestehen bleibt. Das Verbot nicht an Endverbraucher zu verkaufen muss nicht absolut sein, sondern kann sich auch nur auf kleinere Endverbraucher beziehen, während Endverbraucher mit erhöhtem Bedarf auch durch den Großhandel beliefert werden dürfen.[67] Wie die Vertikal-GVO nach ihrem Wortlaut nun ausdrücklich klarstellt, können sowohl der aktive als auch der passive Verkauf untersagt werden. Die alte Vertikal-GVO verwendete lediglich den Begriff „Verkauf". Allerdings hatte die Kommission bereits damals einen entsprechenden klarstellenden Hinweis in die Vertikal-Leitlinien aufgenommen.[68]

5. Weiterverkauf an Konkurrenten des Anbieters, Art. 4 lit. b v Vertikal-GVO.
192 Die fünfte Ausnahme vom Gebiets- oder Kundengruppenbeschränkungsverbot in Art. 4 lit. b Ziff. v Vertikal-GVO ermöglicht Regelungen, durch die ein Anbieter einem Alleinvertriebshändler den aktiven oder passiven **Vertrieb von Teilen,** welche ihm zur Weiterverwendung geliefert werden, an Kunden **untersagen** kann, die diese Teile zur Herstellung derselben Art von Waren verwenden würden, wie sie der Anbieter herstellt. Der Begriff „Teil" umfasst dabei alle Zwischenprodukte. Als „Weiterverwendung" sind alle Vorleistungen für die Herstellung von Waren einzustufen.[69]

193 Die Vorschrift will somit Herstellern von Produkten, deren Teile auch für andere Produkte genutzt werden können, eine Kooperation erleichtern. Einem Anbieter ist es möglich, die Verwendung eigener Teile in Wettbewerbsprodukten zu unterbinden, um so die Einzigartigkeit der eigenen Produkte abzusichern und zu gewährleisten. So kann etwa ein Hersteller von Mobiltelefonen Einzelteile, die sich auch zur Verwendung in Festnetztelefonen eignen, mit der Bedingung verkaufen, dass diese nicht zum Einbau in Mobiltelefone verwendet werden.[70]

194 Ein Belieferungsverbot kann jedoch gemäß Art. 102 AEUV missbräuchlich sein, wenn es verhindert, dass ein neuartiges Produkt hergestellt werden kann, für dessen Produktion das fragliche Teil unerlässlich ist (sog. **essential-facilities-doctrine**).[71]

---

[65] Vertikal-Leitlinien Rn. 224.
[66] Immenga/Mestmäcker/Ellger EuWettbR Art. 4 Rn. 72 mwN.
[67] Vertikal-Leitlinien Rn. 225.
[68] Vertikal-Leitlinien (2010) Rn. 55.
[69] Vertikal-Leitlinien Rn. 226.
[70] Wijckmans/Tuytschaever Rn. 4.165 nennen beispielhaft Teile, die sich sowohl für Drucker als auch Kopierer eignen.
[71] Um den Missbrauchstatbestand des Art. 102 AEUV zu erfüllen, muss das Teil technisch oder wirtschaftlich alternativlos für die Produktion eines neuartigen Produktes sein, für das eine potenzielle Nachfrage besteht. Die Weigerung einer Lizenzerteilung darf nicht aus sachlichen Gründen gerechtfertigt sein und muss geeignet sein, den Wettbewerb auf dem nachgelagerten oder abgeleiteten Markt auszuschließen, vgl. EuGH Slg. 2004, 5039 = EuZW 2004, 345 – IMS Health; Vgl. zur essential-facilities-doctrine auch Dauses/Ludwigs/Emmerich H. I. § 3 AEUV Art. 102 Rn. 111 ff.

III. Selektiver Vertrieb, Art. 4 lit. c Vertikal-GVO

Art. 4 lit. c Vertikal-GVO enthält Kernbeschränkungen und Ausnahmen für selektive 195 Vertriebssysteme.[72] Dabei werden zum einen einige Regelungen zum Alleinvertrieb zu Kundengruppen- und Gebietsbeschränkungen gespiegelt. Zum anderen gibt es einige Sonderregelungen für den selektiven Vertrieb, betreffend Beschränkungen von Querlieferungen und Beschränkungen des aktiven oder passiven Verkaufs an Endverbraucher.

1. Gebiets- oder Kundengruppenbeschränkungen, Art. 4 lit. c i Vertikal-GVO. Auch im Rahmen von selektiven Vertriebssystemen sind **Kundengruppen- und Ge- 196 bietsbeschränkungen grundsätzlich von der Freistellung ausgenommen,** Art. 4 lit. c Vertikal-GVO. Also Bestimmungen, durch die ein Mitglied des selektiven Vertriebssystems („zugelassene Händler") gehindert wird, die Vertragsgüter an eine bestimmte Kundengruppe oder innerhalb eines bestimmten Gebiets zu verkaufen. Dabei sind sowohl direkte als auch indirekte Beschränkungen des Abnehmers denkbar. Allerdings existieren fünf **Rückausnahmen,** sodass im Rahmen vertikaler Vereinbarungen eines selektiven Vertriebssystems dennoch ein Spielraum für Kundengruppen- und Gebietsbeschränkungen verbleibt.

a) Beschränkung des aktiven Verkaufs, Art. 4 lit. c i Nr. 1 Vertikal-GVO. Die 197 erste Ausnahme betrifft Beschränkungen der Möglichkeit von zugelassenen Händlern, außerhalb des selektiven Vertriebssystems zu verkaufen. Danach ist es den Anbietern erlaubt, den **aktiven Verkauf,**[73] einschließlich gezielter Online-Werbung, durch zugelassene Händler in andere Gebiete oder an Kundengruppen beschränken, die einem oder mehreren Händlern exklusiv zugewiesen oder ausschließlich dem Anbieter vorbehalten sind. Dabei darf der Anbieter von den zugelassenen Händlern verlangen, dass diese die Beschränkung des aktiven Verkaufs ihren **Direktkunden** auferlegen. Der passive Vertrieb[74] muss hingegen unbeschränkt bleiben.[75]

Die Ausnahmeregelung greift bereits bevor ein Gebiet einem konkreten Vertriebsmittler 198 zugewiesen worden ist, sofern eine Belieferung durch den Anbieter selbst oder einen von diesem benannten Alleinvertriebshändler in absehbarer Zeit erfolgt.[76]

b) Außenseiterverkauf bei selektiven Vertriebssystemen, Art. 4 lit. c i Nr. 2 199 Vertikal-GVO. Die zweite Ausnahme erlaubt es dem Anbieter in einem selektiven Vertriebssystemen den zugelassenen Händlern und ihren Kunden zu untersagen, innerhalb irgendeines vom Anbieter für den Betrieb eines selektiven Vertriebssystems festgelegten Gebiets an nicht zugelassene Händler **(„Außenseiter")**[77] zu verkaufen.[78] Anders als in der alten Fassung der Vertikal-GVO[79] ist nun ausdrücklich sowohl die Beschränkung des aktiven Verkaufs als auch des passiven Verkaufs zulässig.

Nicht von der Ausnahme des Art. 4 lit. c Ziff. i Nr. 2 Vertikal-GVO erfasst ist ein 200 Verbot des Verkaufs an Abnehmer aus Gebieten, in denen das Vertragsprodukt nicht über ein selektives Vertriebssystem, sondern über andere Vertriebsformen vertrieben wird.[80] Ein Händler aus einem freien Gebiet, das nicht dem selektiven Vertrieb vorbehalten ist, ist

---

[72] Zur Begriffsbestimmung des selektiven Vertriebs bereits die Ausführungen zu Art. 1 Abs. 1 lit. g Vertikal-GVO → Rn. 44 ff.

[73] Zur Begriffsbestimmung des aktiven Vertriebs sowie zur Abgrenzung zum passiven Vertrieb ausführlich bereits → Rn. 6 ff.

[74] Zur Begriffsbestimmung des passiven Vertriebs sowie zur Abgrenzung zum aktiven Vertrieb ausführlich bereits → Rn. 73 ff.

[75] Vertikal-Leitlinien Rn. 229.

[76] Vgl. zur Vertikal-GVO (2010), allerdings insoweit übertragbar auf die neue Fassung: Immenga/Mestmäcker/Ellger EuWettbR Art. 4 Rn. 65.

[77] Nicht dem Vertriebssystem angehörende Vertriebsmittler, vgl. → Rn. 44 f.

[78] Zu Ansprüchen gegen den Außenseiter im Falle eines Schleichbezugs POS/Ohly § 4 Rn. 10.77 ff.

[79] Dort Art. 4 lit. b Ziff. iii Vertikal-GVO (2010).

[80] Immenga/Mestmäcker/Ellger EuWettbR Art. 4 Rn. 89; Schultze/Pautke/Wagener Rn. 662.

also – obwohl selbst kein Mitglied des selektiven Vertriebssystems – kein Außenseiter und darf beliefert werden.

201 Zu beachten ist, dass **Querlieferungen** an andere Mitglieder des selektiven Vertriebssystems gemäß Art. 4 lit. c Ziff. ii nicht untersagt werden können.[81]

202 **c) Beschränkung des Niederlassungsortes, Art. 4 lit. c i Nr. 3 Vertikal-GVO.** Als dritte Ausnahme erlaubt Art. 4 lit. c Ziff. i Nr. 3 Vertikal-GVO dem Anbieter eines selektiven Vertriebssystems den zugelassenen Händlern Vorgaben in Bezug auf den Ort der Niederlassung zu machen („**Standortklauseln**" oder „**location clauses**").[82] Diese Möglichkeit bestand bereits nach der alten Vertikal-GVO aus dem Jahr 2010.[83]

203 Der Begriff der Niederlassung umfasst dabei sowohl Vertriebsstellen als auch Lager. Festgelegt werden kann dabei eine bestimmte Anschrift, ein bestimmter Ort oder ein bestimmtes Gebiet.[84] Auf diese Weise können je nach Geschäftstätigkeit ähnlich weitreichende Beschränkungen erreicht werden wie durch die direkte Vereinbarung von Gebietsschutzklauseln.[85] Für eine **mobile Vertriebsstelle** kann ein Gebiet festgelegt werden, außerhalb dessen sie nicht betrieben werden darf. Neu aufgenommen in die Vertikal-Leitlinien hat die Kommission den Hinweis, dass die **Einrichtung und Nutzung eines Online-Shops** durch einen Händler nicht der Eröffnung einer physischen Verkaufsstätte an einem anderen Standort gleichgestellt werden kann und daher nicht von der Ausnahme erfasst ist.[86]

204 **d) Verkauf an Endverbraucher durch Großhändler, Art. 4 lit. c i Nr. 4 Vertikal-GVO.** Die vierte Ausnahme vom Gebiets- oder Kundengruppenbeschränkungsverbot besagt, dass eine Beschränkung des Vertriebs hinsichtlich des Gebiets- oder der Kundengruppen auch gegenüber zugelassenen Händlern eines selektiven Vertriebssystems zulässig ist, die als **Großhändler** agieren. Diesen darf untersagt werden, an Endverbraucher zu verkaufen. Der Begriff Endverbraucher erfasst auch Unternehmen.[87] Dadurch kann ein Anbieter, der sich für einen dreistufigen Vertriebsweg bestehend aus Hersteller, Groß- und Einzelhändlern entschieden hat, dafür sorgen, dass diese Vertriebsorganisation bestehen bleibt. Das Verbot nicht an Endverbraucher zu verkaufen, muss nicht absolut sein, sondern kann sich auch nur auf kleinere Endverbraucher beziehen, während Endverbraucher mit erhöhtem Bedarf auch durch den Großhandel beliefert werden dürfen.[88] Wie die Vertikal-GVO nach ihrem Wortlaut nun ausdrücklich klarstellt, können sowohl der aktive als auch der passive Verkauf untersagt werden.

205 **e) Weiterverkauf an Konkurrenten des Anbieters, Art. 4 lit. c i Nr. 5 Vertikal-GVO.** Die fünfte Ausnahme in Art. 4 lit. c Ziff. i Nr. 5 Vertikal-GVO ermöglicht Regelungen, durch die ein Anbieter einem zugelassenen Händler eines selektiven Vertriebssystems den aktiven oder passiven **Verkauf von „Teilen"**, welche ihm zur Weiterverwendung geliefert werden, an Wettbewerber des Anbieters **untersagen** kann. Mit Wettbewerbern sind Kunden gemeint, die diese Teile zur Herstellung derselben Art von Waren verwenden würden, wie sie der Anbieter herstellt. Der Begriff „Teil" umfasst dabei alle Zwischenprodukte. Als „Weiterverwendung" sind alle Vorleistungen für die Herstellung von Waren einzustufen.[89]

206 Die Vorschrift will somit Herstellern von Produkten, deren Teile auch für andere Produkte genutzt werden können, eine Kooperation erleichtern. Dadurch ist es einem Anbie-

---

[81] Vgl. → Rn. 208 f.
[82] Vertikal-Leitlinien Rn. 231.
[83] Art. 4 lit. c Hs. 2 Vertikal-GVO (2010).
[84] Vertikal-Leitlinien Rn. 231.
[85] So bereits zur Vertikal-GVO (2010) Wijckmans/Tuytschaever Rn. 4.65.
[86] Vertikal-Leitlinien Rn. 231.
[87] Vgl. Immenga/Mestmäcker/Ellger EuWettbR Art. 4 Rn. 72 mwN.
[88] Vertikal-Leitlinien Rn. 232.
[89] Vgl. Vertikal-Leitlinien Rn. 233.

ter möglich, die Verwendung eigener Teile in Wettbewerbsprodukten zu unterbinden, um so die Einzigartigkeit der eigenen Produkte abzusichern und zu gewährleisten. So kann etwa ein Hersteller von Mobiltelefonen Einzelteile, die sich auch zur Verwendung in Festnetztelefonen eignen, mit der Bedingung verkaufen, dass diese nicht zum Einbau in Mobiltelefone verwendet werden.[90]

Ein Belieferungsverbot kann jedoch gemäß Art. 102 AEUV missbräuchlich sein, wenn **207** dadurch verhindert wird, dass ein neuartiges Produkt hergestellt werden kann, für dessen Produktion das fragliche Teil unerlässlich ist (sog. **essential–facilities–doctrine**).[91]

2. Querlieferungen, Art. 4 lit. c ii Vertikal-GVO. Innerhalb selektiver Vertriebs- **208** systeme darf auch der Handel zwischen dessen Mitgliedern – gleich auf welcher Handelsstufe diese tätig sind – nicht beschränkt werden. Das Verbot des Art. 4 lit. c Ziff. ii Vertikal-GVO ist redundant.[92] Art. 4 lit. c Ziff. i Vertikal-GVO verbietet Kundengruppenbeschränkungen. Eine Ausnahme für das Verbot der Querlieferungen ist dort bereits nicht vorgesehen, sodass Art. 4 lit. c Ziff. ii Vertikal-GVO kein eigener Regelungsbereich verbleibt.[93] Dennoch wurde das Verbot in identischer Form aus der alten Vertikal-GVO auch in die nunmehr geltende Fassung übernommen.

Durch die Aufnahme in das selektive Vertriebssystem wurde festgestellt, dass diese zum **209** Handel mit dem Vertragsprodukt berechtigt und geeignet sind, sodass ein Verbot der Querlieferungen nicht erforderlich ist. Insbesondere darf keine Alleinbezugsverpflichtung zugunsten des Anbieters vereinbart werden, sondern es muss zugelassenen Einzel- und Großhändlern möglich sein, sich untereinander zu beliefern.[94] Abzugrenzen ist das Verbot der Querlieferungen innerhalb eines selektiven Vertriebssystems, von dem Verbot des Verkaufs an Außenseiter, das gemäß Art. 4 lit. c Ziff. i Nr. 2 Vertikal-GVO zulässig ist.[95]

Zulässig kann ein Verbot der Querlieferungen sein, wenn es gemäß Art. 101 Abs. 3 AEUV einzelfreigestellt ist. Die Kommission führt als Beispiel ein selektives Vertriebssystem auf Großhandelsebene an, in dem die Großhändler verpflichtet sind, verkaufsfördernde Maßnahmen zugunsten der von ihnen belieferten Einzelhändler zu ergreifen. Seien diese verkaufsfördernden Maßnahmen aus Praktikabilitätsgründen vertraglich nicht genau festlegbar, könne das Verbot des aktiven Vertriebs gerechtfertigt sein.[96]

3. Endverbrauchergeschäfte, Art. 4 lit. c iii Vertikal-GVO. Die in Art. 4 lit. c **210** Ziff. iii Vertikal-GVO enthaltene Kernbeschränkung besagt, dass den auf der Einzelhandelsstufe tätigen zugelassenen Händlern eines selektiven Vertriebssystems grundsätzlich weder der aktive noch der passive **Verkauf an Endverbraucher** untersagt werden darf. Als Endverbraucher im Sinne der Regelung gelten auch als im Namen von Endverbrauchern handelnde Einkäufer.[97] Die Regelung macht jedoch zwei Ausnahmen: Von der Einordnung als Kernbeschränkung ausgenommen ist in diesem Zusammenhang erstens ein Verbot an Endverbraucher aktiv oder passiv zu verkaufen, die sich in einem Gebiet befinden oder einer Kundengruppe angehören, das bzw. die exklusiv einem anderen

---

[90] Wijckmans/Tuytschaever Rn. 4.165 nennen beispielhaft Teile, die sich sowohl für Drucker als auch Kopierer eignen.
[91] Um den Missbrauchstatbestand des Art. 102 AEUV zu erfüllen, muss das Teil technisch oder wirtschaftlich alternativlos für die Produktion eines neuartigen Produktes sein, für das eine potenzielle Nachfrage besteht. Die Weigerung einer Lizenzerteilung darf nicht aus sachlichen Gründen gerechtfertigt sein und muss geeignet sein, den Wettbewerb auf dem nachgelagerten oder abgeleiteten Markt auszuschließen, vgl. EuGH Slg. 2004, 5039 = EuZW 2004, 345 – IMS Health; Vgl. zur essential-facilities-doctrine auch Dauses/Ludwigs/Emmerich H. I. § 3 AEUV Art. 102 Rn. 111 ff.
[92] Wijckmans/Tuytschaever Rn. 4.176.
[93] Wijckmans/Tuytschaever Rn. 4.176.
[94] Vgl. Vertikal-Leitlinien Rn. 237.
[95] Vgl. hierzu bereits → Rn. 209.
[96] Vgl. Vertikal-Leitlinien Rn. 183.
[97] Vertikal-Leitlinien Rn. 234.

Händler zugewiesen wurde oder an Endverbraucher, die dem Anbieter vorbehalten sind, weil er in dem Gebiet ein Alleinvertriebssystem betreibt.[98] Zweitens schließt die Regelung nicht die Möglichkeit des Anbieters aus, zugelassenen Händlern zu untersagen, Geschäfte von nicht zugelassenen Niederlassungen aus zu betreiben.[99]

211 Eine **Kombination von Alleinvertrieb[100] und selektivem Vertrieb in demselben Gebiet** ist auch nach der Vertikal-GVO aus dem Jahr 2022 nicht möglich. Dies gilt nach den Vertikal-Leitlinien selbst dann, wenn der Anbieter den Alleinvertrieb auf der Großhandelsstufe und den selektiven Vertrieb auf der Einzelhandelsstufe einrichtet.[101] Einem Mitglied eines selektiven Vertriebssystems kann also kein Alleinvertriebsrecht eingeräumt werden. Die Verknüpfung beider Vertriebsmethoden würde nach Ansicht der Kommission zu einer Beschränkung des aktiven oder passiven Verkaufs iSd Art. 4 lit. b oder c Vertikal-GVO führen.[102] Allerdings kann sich der Anbieter verpflichten, nur einen Händler oder eine bestimmte Anzahl von Händlern in einem bestimmten Gebiet zu beliefern in dem das selektive Vertriebssystem betrieben wird.[103] Nutzt ein Anbieter eines selektiven Vertriebssystems diese Möglichkeit, sind die Mitglieder zumindest vor lokaler Konkurrenz geschützt und müssen (nur) die Fernabsatzmethoden anderer Mitglieder des selektiven Vertriebssystems fürchten. Da umgekehrt Beschränkungen des Anbieters nicht von der Regelung erfasst werden, stellt es zudem keine Kernbeschränkung dar, wenn sich der Anbieter verpflichtet, keine Direktverkäufe in ein bestimmtes Gebiet zu tätigen.[104]

212 Hingegen ist eine **Kombination von Alleinvertrieb und selektivem Vertrieb für unterschiedliche Gebiete** möglich. Anbieter können also auch Mitgliedern eines selektiven Vertriebssystems Vertriebsbeschränkungen auferlegen, wenn diese Beschränkungen dem Schutz eines in einer anderen Region betriebenen Vertriebssystems dienen.[105] Wie sich aus Art. 4 lit. c Ziff. i Nr. 1 Vertikal-GVO ergibt, sieht die Vertikal-GVO die Möglichkeit vor, den Mitgliedern des selektiven Vertriebssystems Beschränkungen aufzuerlegen, um das Alleinvertriebsrecht zu schützen. Die spiegelbildliche Beschränkung des Alleinvertriebsmittlers – diesem also Verkäufe an Außenseiter im Gebiet des selektiven Vertriebs zu verbieten – ist jedoch nicht möglich, da sie eine nicht ausgenommene Gebiets- oder Kundengruppenbeschränkung iSd Art. 4 lit. b Vertikal-GVO darstellt.[106] Daher besteht die Gefahr der Aushöhlung eines selektiven Vertriebssystems durch den Handel mit Alleinvertriebshändlern in anderen Gebieten.[107]

213 Außerhalb der Vertikal-GVO ist eine Verknüpfung mit Klauseln, die einen Vertragshändler vor weiteren Vertragshändlern schützen soll, anhand von Art. 101 Abs. 3 AEUV im Einzelfall auf ihre Freistellungsfähigkeit zu untersuchen. Eine Freistellung kommt in Betracht, wenn die Klausel erforderlich ist, um umfangreiche Investitionen zu schützen.[108]

IV. Freier Vertrieb, Art. 4 lit. d Vertikal-GVO

214 Art. 4 lit. d Vertikal-GVO enthält Kernbeschränkungen und Ausnahmen für den sog. freien Vertrieb und damit für alle Vertriebssysteme, die nicht unten den Alleinvertrieb[109]

---

[98] Dazu Art. 4 lit. c Ziff. i Nr. 1 Vertikal-GVO und die entsprechenden Ausführungen → Rn. 197.
[99] Dazu Art. 4 lit. c Ziff. i Nr. 3 Vertikal-GVO und die entsprechenden Ausführungen → Rn. 202 f.
[100] ISd Art. 1 Abs. 1 lit. h Vertikal-GVO, dazu die Ausführungen ab → Rn. 56.
[101] Vertikal-Leitlinien Rn. 236.
[102] Vertikal-Leitlinien Rn. 236.
[103] Vertikal-Leitlinien Rn. 236.
[104] Vgl. Vertikal-Leitlinien Rn. 236.
[105] Vgl. Vertikal-Leitlinien Rn. 234.
[106] Schultze/Pautke/Wagener Rn. 798 ff.; Wijckmans/Tuytschaever Rn. 4.186 f.
[107] Schultze/Pautke/Wagener Rn. 800; Wijckmans/Tuytschaever Rn. 4.187.
[108] Vertikal-Leitlinien Rn. 162.
[109] Dazu Art. 1 Abs. 1 lit. h Vertikal-GVO und die Ausführungen ab → Rn. 56.

oder den selektiven Vertrieb[110] fallen. Die Einführung des „freien Vertriebs" als eigene Kategorie im Bereich der Kernbeschränkungen ist die Konsequenz daraus, dass seit der letzten Novellierung der Vertikal-GVO Art. 4 lit. b Vertikal-GVO nur für den Alleinvertrieb und Art. 4 lit. c Vertikal-GVO nur für den selektiven Vertrieb gilt, aber dennoch eine Regelung der Kernbeschränkungen und Ausnahmen für alle übrigen Vertriebssysteme erforderlich ist.

Nach der Regelung in Art. 4 lit. d Vertikal-GVO sind **Kundengruppen- und Ge-** 215 **bietsbeschränkungen grundsätzlich von der Freistellung ausgenommen.** Das sind Bestimmungen, durch die ein Abnehmer gehindert wird, die Vertragsgüter an eine bestimmte Kundengruppe oder innerhalb eines bestimmten Gebiets zu verkaufen. Grundsätzlich muss den Abnehmern folglich der Verkauf innerhalb des Europäischen Wirtschaftsraums ermöglicht werden. Dabei sind sowohl direkte als auch indirekte Beschränkungen des Abnehmers denkbar. Allerdings sind derartige Gebiets- oder Kundengruppenbeschränkungen nicht umfassend von der Freistellung des Art. 2 Vertikal-GVO ausgenommen. Vielmehr bestehen **fünf Rückausnahmen,** sodass im Rahmen vertikaler Vereinbarungen dennoch ein Regelungsspielraum für Kundengruppen- und Gebietsbeschränkungen verbleibt. Die Gestaltungsfreiheit für Vertriebsverträge ist hinsichtlich Kunden- und Gebietsbeschränkungen also dahingehend beschränkt, dass die Vorgaben der fünf Ausnahmeregelungen strikt zu befolgen sind, um in den Genuss der Gruppenfreistellung kommen zu können.[111]

1. Beschränkung des aktiven Verkaufs, Art. 4 lit. d i Vertikal-GVO. Die erste 216 Ausnahme erlaubt die Beschränkung des **aktiven Verkaufs,**[112] einschließlich gezielter Online-Werbung, durch Abnehmer in Gebiete oder an Kundengruppen, die einem oder mehreren Händlern exklusiv zugewiesen wurden oder ausschließlich dem Anbieter vorbehalten sind. Dabei darf der Anbieter von Abnehmern verlangen, dass diese die Beschränkung des aktiven Verkaufs ihren **Direktkunden** auferlegen. Der passive Vertrieb[113] muss hingegen unbeschränkt bleiben.[114]

Die Ausnahmeregelung greift bereits, bevor ein Gebiet einem konkreten Vertriebsmittler 217 zugewiesen worden ist, sofern eine Belieferung durch den Anbieter selbst oder einen von diesem benannten Alleinvertriebshändler in absehbarer Zeit erfolgt.[115]

2. Beschränkungen des Verkaufs an unautorisierte Händler in selektiven Ver- 218 **triebsgebieten, Art. 4 lit. d ii Vertikal-GVO.** Die zweite Ausnahme vom Gebiets- oder Kundengruppenbeschränkungsverbot erlaubt einem Anbieter, seinen Abnehmern, die in freien Gebieten ansässig sind, den **aktiven oder passiven Verkauf an nicht zugelassene Händler** in einem Gebiet zu untersagen, in welchem der Anbieter ein selektives Vertriebssystem betreibt oder welches der Anbieter für den Betrieb eines selektiven Vertriebssystems reserviert hat. Dabei darf der Anbieter seine Abnehmer auch verpflichten, das ihnen auferlegte Verbot an ihre direkten Kunden durchzureichen, sodass sich das Verbot im Ergebnis über mehrere Handelsstufe erstrecken kann.[116] Das bedeutet, dass auch der direkte Kunde desAbnehmers daran gehindert werden kann, an nicht zugelassene Händler innerhalb des selektiven Vertriebssystems zu verkaufen.

---

[110] Dazu Art. 1 Abs. 1 lit. g Vertikal-GVO und die Ausführungen ab → Rn. 44.
[111] Wijckmans/Tuytschaever Rn. 4.61.
[112] Zur Begriffsbestimmung des aktiven Vertriebs sowie zur Abgrenzung zum passiven Vertrieb ausführlich bereits ab → Rn. 69.
[113] Zur Begriffsbestimmung des passiven Vertriebs sowie zur Abgrenzung zum aktiven Vertrieb ausführlich bereits ab → Rn. 73.
[114] Vertikal-Leitlinien Rn. 240.
[115] Vgl. zur Vertikal-GVO (2010), allerdings insoweit übertragbar auf die neue Fassung: Immenga/Mestmäcker/Ellger EuWettbR Art. 4 Rn. 65.
[116] Vgl. Vertikal-Leitlinien Rn. 241.

219 **3. Beschränkungen des Niederlassungsorts, Art. 4 lit. d iii Vertikal-GVO.** Als dritte Ausnahme erlaubt Art. 4 lit. d Ziff. iii Vertikal-GVO dem Anbieter seinen Abnehmern Vorgaben in Bezug auf den Ort der Niederlassung zu machen (**„Standortklauseln"** oder **„location clauses"**).[117] Diese Möglichkeit bestand bereits nach der alten Vertikal-GVO aus dem Jahr 2010.[118]

220 Der Begriff der Niederlassung umfasst dabei sowohl Vertriebsstellen als auch Lager. Festgelegt werden kann dabei eine bestimmte Anschrift, ein bestimmter Ort oder ein bestimmtes Gebiet.[119] Auf diese Weise können je nach Geschäftstätigkeit ähnlich weitreichende Beschränkungen erreicht werden wie durch die direkte Vereinbarung von Gebietsschutzklauseln.[120] Für eine **mobile Vertriebsstelle** kann ein Gebiet festgelegt werden, außerhalb dessen sie nicht betrieben werden darf. Neu aufgenommen in die Vertikal-Leitlinien hat die Kommission den Hinweis, dass die **Einrichtung und Nutzung eines Online-Shops** durch einen Händler nicht der Eröffnung einer physischen Verkaufsstätte an einem anderen Standort gleichgestellt werden kann und daher nicht von der Ausnahme erfasst ist.[121]

221 **4. Verkauf an Endverbraucher durch Großhändler, Art. 4 lit. d iv Vertikal-GVO.** Die vierte Ausnahme vom Gebiets- oder Kundengruppenbeschränkungsverbot besagt, dass ein Anbieter Abnehmern, die als **Großhändler** tätig sind, den Verkauf an Endverbraucher untersagen darf. Der Begriff Endverbraucher erfasst auch Unternehmen.[122] Dadurch kann ein Anbieter, der sich für einen dreistufigen Vertriebsweg bestehend aus Hersteller, Groß- und Einzelhändlern entschieden hat, dafür sorgen, dass diese Vertriebsorganisation bestehen bleibt. Das Verbot nicht an Endverbraucher zu verkaufen, muss nicht absolut sein, sondern kann sich auch nur auf kleinere Endverbraucher beziehen, während der Großhändler Endverbraucher mit erhöhtem Bedarf weiterhin beliefern darf.[123] Wie die Vertikal-GVO nach ihrem Wortlaut nun ausdrücklich klarstellt, kann der Anbieter sowohl den aktiven als auch den passiven Verkauf untersagen.

5. Weiterverkauf an Konkurrenten des Anbieters, Art. 4 lit. d v Vertikal-GVO.
222 Die fünfte Ausnahme in Art. 4 lit. d Ziff. v Vertikal-GVO ermöglicht Regelungen, durch die ein Anbieter einem Abnehmer den aktiven oder passiven **Verkauf von „Teilen"**, welche ihm zur Weiterverwendung geliefert werden, an Wettbewerber des Anbieters **untersagen** kann. Mit Wettbewerbern sind Kunden gemeint, die diese Teile zur Herstellung derselben Art von Waren verwenden würden, wie sie der Anbieter herstellt. Der Begriff „Teil" umfasst dabei alle Zwischenprodukte. Als „Weiterverwendung" sind alle Vorleistungen für die Herstellung von Waren einzustufen.[124]

223 Die Vorschrift will somit Herstellern von Produkten, deren Teile auch für andere Produkte genutzt werden können, eine Kooperation erleichtern. Dadurch ist es einem Anbieter möglich, die Verwendung eigener Teile in Wettbewerbsprodukten zu unterbinden, um so die Einzigartigkeit der eigenen Produkte abzusichern und zu gewährleisten. So kann etwa ein Hersteller von Mobiltelefonen Einzelteile, die sich auch zur Verwendung in Festnetztelefonen eignen, mit der Bedingung verkaufen, dass diese nicht zum Einbau in Festnetztelefone verwendet werden.[125]

224 Ein Belieferungsverbot kann jedoch gemäß Art. 102 AEUV missbräuchlich sein, wenn dadurch verhindert wird, dass ein neuartiges Produkt hergestellt werden kann, für

---

[117] Vertikal-Leitlinien Rn. 242.
[118] Art. 4 lit. c Hs. 2 Vertikal-GVO (2010).
[119] Vertikal-Leitlinien Rn. 242.
[120] So bereits zur Vertikal-GVO (2010) Wijckmans/Tuytschaever Rn. 4.65.
[121] Vertikal-Leitlinien Rn. 242.
[122] Immenga/Mestmäcker/Ellger EuWettbR Art. 4 Rn. 72 mwN.
[123] Vgl. Vertikal-Leitlinien Rn. 243.
[124] Vgl. Vertikal-Leitlinien Rn. 244.
[125] Wijckmans/Tuytschaever Rn. 4.165 nennen beispielhaft Teile, die sich sowohl für Drucker als auch Kopierer eignen.

dessen Produktion das fragliche Teil unerlässlich ist (sog. **essential-facilities-doctrine**).[126]

V. Bereits nicht unter Art. 101 Abs. 1 AEUV fallende Beschränkungen

Beschränkungen iSd Art. 4 lit. b–d Vertikal-GVO können auch dann vereinbart werden, **225** sofern sie ausnahmsweise nicht unter Art. 101 Abs. 1 AEUV fallen. Zu nennen ist hier die Durchführung von **Markteinführungstests.** Dabei kann den mit diesen Tests beauftragten Vertriebsmittlern der aktive Verkauf in Gebiete oder an Kundengruppen, die nicht für den Test vorgesehen sind, untersagt werden.[127] Diese Möglichkeit ist sachlich auf kleinere Gebiete und Kundengruppen beschränkt. Sie darf nicht über den erforderlichen Zeitraum hinausgehen. Eine feste zeitliche Grenze nennt die Kommission, anders als in den Vertikal-Leitlinien 2000[128], die noch von einem Jahr sprachen, nicht mehr.[129]

VI. Verhinderung der effektiven Nutzung des Internets, Art. 4 lit. e Vertikal-GVO

Im Rahmen der Novellierung der Vertikal-GVO im Jahr 2022 wurde mit Art. 4 lit. e **226** eine weitere Kernbeschränkung in die Verordnung aufgenommen. Nach dieser Regelung ist es als Kernbeschränkung anzusehen, wenn eine vertikale Vereinbarung, die unmittelbar oder mittelbar, für sich allein oder in Verbindung mit anderen von den Parteien kontrollierten Faktoren darauf abzielt, die **effektive Nutzung des Internets** durch den Abnehmer oder seine Kunden für den Verkauf der Vertragswaren oder -dienstleistungen an bestimmte Gebiete oder Kunden zu verhindern.

Vor diesem Hintergrund sind grundsätzlich alle vertikalen Vereinbarungen Kern- **227** beschränkungen im Sinne dieser Regelung, die eine oder mehrere Beschränkungen des Online-Vertriebs oder der Online-Werbung enthält, die es dem Abnehmer de facto untersagen, das Internet für den Verkauf der Vertragswaren oder -dienstleistungen zu nutzen. Denn solche Vereinbarungen bezwecken zumindest die Beschränkung des passiven Verkaufs an Endverbraucher, die online kaufen möchten und sich außerhalb des räumlichen Handelsgebiets des Käufers befinden. Dasselbe gilt grundsätzlich für vertikale Vereinbarungen, die die effektive Nutzung des Internets durch einen Abnehmer oder seine Kunden für den Verkauf von Vertragswaren oder -dienstleistungen in bestimmte Gebiete oder an bestimmte Kunden zwar nicht unmittelbar verbieten, aber bezwecken.[130] Entscheidend ist jedoch in diesem Zusammenhang stets, was genau unter „effektive Nutzung" des Internets als Vertriebsweg des Abnehmers oder dessen Kunden zu verstehen ist und ob diese trotz der betreffenden Vereinbarung noch möglich ist. Dabei seien nach Auffassung der Kommission zwar Inhalt und Kontext der Beschränkung zu berücksichtigen, nicht jedoch marktspezifische Umstände oder individuelle Merkmale der Parteien der vertikalen Vereinbarung.[131]

Aufgrund der Bedeutung der gesamten Thematik werden Einzelheiten in dem gesonder- **228** ten Teil „Internetvertrieb" behandelt.[132]

---

[126] Um den Missbrauchstatbestand des Art. 102 AEUV zu erfüllen, muss das Teil technisch oder wirtschaftlich alternativlos für die Produktion eines neuartigen Produktes sein, für das eine potenzielle Nachfrage besteht. Die Weigerung einer Lizenzerteilung darf nicht aus sachlichen Gründen gerechtfertigt sein und muss geeignet sein, den Wettbewerb auf dem nachgelagerten oder abgeleiteten Markt auszuschließen, vgl. EuGH Slg. 2004, 5039 = EuZW 2004, 345 – IMS Health; Vgl. zur essential-facilities-doctrine auch Dauses/Ludwigs/Emmerich H. I. § 3 AEUV Art. 102 Rn. 111 ff.
[127] Vertikal-Leitlinien Rn. 184.
[128] Vertikal-Leitlinien (2000) Rn. 119.
[129] Vertikal-Leitlinien Rn. 184.
[130] Vertikal-Leitlinien Rn. 203.
[131] Vertikal-Leitlinien Rn. 203 aE.
[132] Dazu ab → Rn. 242.

VII. Wettbewerbsbeschränkungen für Lieferanten, Art. 4 lit. f Vertikal-GVO

229 Eine Besonderheit weist die Kernbeschränkung des Art. 4 lit. f Vertikal-GVO auf, da diese im Gegensatz zu den anderen Kernbeschränkungen nicht die Verhaltensmöglichkeiten des Abnehmers begrenzt, sondern den Handlungsspielraum des **Anbieters einschränkt.** Die Regelung hat sich im Vergleich zur alten Vertikal-GVO im Kern nicht geändert, wurde jedoch ausdrücklich auf Großhändler ausgeweitet: Unzulässig ist eine Vereinbarung, die dem Anbieter verbietet, Teile, die er dem Abnehmer zur Weiterverwendung verkauft, auch als Ersatzteile an Endverbraucher, Reparaturbetriebe, Großhändler oder andere Dienstleister zu verkaufen, die der Abnehmer nicht mit der Reparatur oder Wartung seiner Waren betraut hat.

230 Derartige Vereinbarungen bezwecken eine Abschottung des Marktes für Originalersatzteile, indem sich der Abnehmer neben dem Vertrieb des Endproduktes auch dessen Reparatur vorbehalten möchte. Sie stellen das Spiegelbild zu den Art. 4 lit. b Ziff. v, lit. c Ziff. i Nr. 5 und lit. d Ziff. v Vertikal-GVO dar, durch den es Abnehmern verboten werden kann, die zur Weiterverwendung bezogene Ware an Kunden weiterzuverkaufen, wenn diese daraus Produkte herstellen, die mit denen des Anbieters konkurrieren.[133]

231 Durch Art. 4 lit. f Vertikal-GVO wird Abnehmern nur die Möglichkeit genommen, den Herstellern von Ersatzteilen zu untersagen, diese an unabhängige Reparaturbetriebe oder Endverbraucher zu liefern.

232 **Zulässig** ist jedoch diesen Herstellern den **Vertrieb an Vertragswerkstätten des Abnehmers zu untersagen,** sodass diese gezwungen werden können, die Ersatzteile von ihrem Vertragshersteller zu beziehen.[134] Sofern die Gegenstände mit der Marke des abnehmenden Herstellers versehen sind, kommen auch markenrechtliche Unterlassungsansprüche in Betracht.[135] Auch Beschränkungen, die es dem Anbieter untersagen, die Teile an andere Hersteller zur Weiterverwendung zu verkaufen, sind freigestellt; erlaubt sein muss nur der Verkauf als Ersatzteil.[136]

B. Handelsvertreter

233 Bei Handelsvertretern ist zwischen Beschränkungen echter und unechter Handelsvertreter zu differenzieren.

I. Preisbindung

234 Der Spielraum für Preisbindungen gegenüber **echten Handelsvertretern** ist gegenüber anderen Vertriebsformen deutlich erweitert. Der Anbieter kann bei echten Handelsvertreterverträgen den Handelsvertretern Vorgaben hinsichtlich des vom Endabnehmer zu zahlenden Preises machen, den Preis also vollumfänglich binden.[137]

235 Die Kommission sieht bei **unechten Handelsvertreterverhältnissen ein Provisionsweitergabeverbot** allerdings als **Kernbeschränkung** iSd Art. 4 lit. a Vertikal-GVO an.[138] Um dies zu vermeiden, „sollte es dem Handelsvertreter freigestellt sein, den vom Kunden tatsächlich zu zahlenden Preis zu senken, ohne dass dadurch das Einkommen des Auftraggebers geschmälert wird."[139]

---

[133] Vgl. hierzu bereits → Rn. 192, 205 f. und 222 ff.
[134] Schultze/Pautke/Wagener Rn. 829.
[135] Immenga/Mestmäcker/Ellger EuWettbR Art. 4 Rn. 103.
[136] Schultze/Pautke/Wagener Rn. 830.
[137] Vgl. dazu bereits → AEUV Art. 101 Rn. 173 ff.
[138] Vgl. dazu bereits → AEUV Art. 101 Rn. 180.
[139] Vertikal-Leitlinien Rn. 192.

Metzlaff/B. Müller

II. Gebiets- und Kundengruppenbeschränkungen

Handelsvertretern auferlegte Beschränkungen hinsichtlich des Gebiets oder des Kunden- **236** kreises, in dem beziehungsweise an den der Handelsvertreter die Vertragsprodukte verkaufen darf, sind Beschränkungen, die den Produktmarkt betreffen. Die Kommission sieht sie – ebenso wie Preisbindungen – bei **echten Handelsvertreterverhältnissen** als „entscheidend" an, wenn der Geschäftsherr die Risiken übernehmen und die Geschäftsstrategie festlegen können soll.[140] Echte Handelsvertreter können also auch in dieser Hinsicht beschränkt werden, ohne dass der Anwendungsbereich des Art. 101 Abs. 1 AEUV eröffnet ist. Möglich ist sowohl die Einschränkung des aktiven wie auch des passiven Vertriebs.[141] Klauseln, die Art. 4 lit. b, lit. c Ziff. i oder lit. d Vertikal-GVO entsprechen, sind somit in echten Handelsvertreterverhältnissen zulässig.

Bezüglich **unechten Handelsvertretern** bestehen keine Besonderheiten, sodass auf **237** diese die Kernbeschränkungen unverändert anzuwenden sind.

C. Vertragshändler

Für den Vertragshändler gelten hier keine Besonderheiten.   **238**

D. Franchisenehmer

Die Anwendbarkeit der Kernbeschränkungen ist nicht hinsichtlich aller Franchisesysteme **239** einheitlich. Es ist erforderlich, das Franchisesystem zu klassifizieren und zu ermitteln welche Beschränkungen konkret auferlegt werden können. Allerdings bestehen hinsichtlich der anzuwendenden Kernbeschränkungen keine Unterschiede zu deren Anwendung auf andere Vertriebsformen. Beispielsweise muss in einem selektiven Franchisesystem ebenso wie bei anderen selektiven Vertriebssystemen eine Querlieferungsmöglichkeit bestehen und der Verkauf an Endverbraucher zulässig sein.[142]

Keine Besonderheiten bestehen grundsätzlich beim Gebietsschutz. Insbesondere ist **240** Art. 101 Abs. 1 AEUV anwendbar. Der EuGH hat in der Rechtssache Pronuptia entschieden, dass es zwar sein „kann […], dass ein Franchisebewerber nicht das Risiko auf sich nehmen würde, der Kette beizutreten und dazu eigene Investitionen vorzunehmen, eine verhältnismäßig hohe Aufnahmegebühr zu zahlen sowie sich zur Entrichtung einer bedeutenden Jahresgebühr zu verpflichten, wenn er nicht dank eines gewissen Schutzes gegen die Konkurrenz des Franchisegebers und anderer Franchisenehmer erwarten könnte, dass sein Geschäft Gewinn abwirft. Diese Überlegung kann jedoch nur bei der eventuellen Prüfung der Vereinbarung im Hinblick auf die Voraussetzungen des Art. 85 III [nunmehr Art. 101 Abs. 3 AEUV] eine Rolle spielen."[143] Die Zulässigkeit von Gebietsschutzabreden richtet sich also nach den allgemeinen Regeln.

E. Kommissionsagent

Der Kommissionsagent wird kartellrechtlich wie ein Handelsvertreter beurteilt, sodass auf **241** die diesbezüglichen Ausführungen verwiesen wird.[144]

---

[140] Vertikal-Leitlinien Rn. 41.
[141] Wijckmans/Tuytschaever Rn. 6.134.
[142] Wijckmans/Tuytschaever Rn. 6.90.
[143] EuGH Slg. 1986, 353 Rn. 24 = NJW 1986, 1415 – Pronuptia.
[144] → Rn. 233.

EXKURS: Internetvertrieb

A. Einleitung

242   Die Frage nach der Reichweite von Gebiets- und Kundengruppenbeschränkungen stellt sich insbesondere auch bei der Beurteilung von Online-Vertriebsaktivitäten. Die Bedeutung des Internethandels wächst weiterhin kontinuierlich und ein Ende dieser Entwicklung ist nicht in Sicht.[1] Hinsichtlich des Unionszieles der Verwirklichung des Binnenmarktes[2] bietet das Internet enorme Potenziale, da es sich ohnehin um Fernabsatzgeschäfte handelt und Ländergrenzen somit weniger Bedeutung zukommt als beim stationären Verkauf.[3]

I. Grundsatz des effektiven Internetvertriebs

243   Die vorherige Fassung der Vertikal-GVO aus dem Jahr 2010 enthielt selbst noch keine ausdrückliche Aussage zum Internetvertrieb. Der Internetvertrieb wurde als passiver Vertrieb angesehen, und daher von Art. 4 lit. b Vertikal-GVO aF miterfasst. Allerdings enthielten die damaligen Vertikal-Leitlinien Ausführungen zum Internetvertrieb. Dort statuierte die Kommission den Grundsatz des freien Vertriebs im Internet: **„prinzipiell muss es jedem Händler erlaubt sein, das Internet für den Verkauf von Waren zu nutzen"**.[4] Dem Online-Handel wurde damals durch Vertikal-GVO (2010) besondere Bedeutung beigemessen. Der Vertrieb über das Internet sollte umfassend gefördert werden. Im Lichte der Rechtsprechung des EuGH wurde der Grundsatz nun modifiziert und lautet: Jeder muss frei darin sein, das **Internet effektiv** zu **nutzen**. Diesen neuen Grundsatz hat die Kommission nunmehr auch unmittelbar in die Vertikal-GVO (2022) in Art. 4 lit. e Vertikal-GVO einfließen lassen.[5] Die weiterhin große Bedeutung des Internetvertriebs wurde in den Erwägungsgründen[6] betont. In den Definitionen wurde die Begriffsbestimmung zu „Online-Vermittlungsdiensten" aufgenommen.[7] Online-Vermittlungsdienste mit Hybridstellung wurden aus der Anwendbarkeit der Verordnung herausgenommen (Art. 2

---

[1] Vgl. etwa: Dreyer/Lemberg BB 2012, 2004 (2005); aber auch Erwägungsgründe (2) und (10) f. der Vertikal-GVO.

[2] Art. 2 Abs. 3 EUV; zur Bedeutung des Onlinevertriebs für die Verwirklichung des Binnenmarktes Pressemitteilung der Kommission IP/10/445.

[3] Vgl. LFP/Petsche/Lager § 7 Rn. 112.

[4] Vertikal-Leitlinien (2010) Rn. 52.

[5] Dazu → Rn. 226 ff.

[6] Erwägungsgründe (2) und (10) ff. der Vertikal-GVO.

[7] Dazu die Ausführungen. Zu Art. 1 Abs. 1 lit. e Vertikal-GVO → Rn. 38.

Abs. 6 Vertikal-GVO).[8] Zudem sind sog. „weite" Paritätsklauseln ebenfalls ausdrücklich von der Gruppenfreistellung ausgenommen (Art. 5 lit. d Vertikal-GVO).[9]

Fraglich war lange, ob der Internetvertrieb generell verboten werden kann. Zumindest **244** für ein **Totalverbot des Internetvertriebs** in selektiven Vertriebssystemen konnte diese Frage höchstrichterlich geklärt werden. Der EuGH hat in dem Urteil Pierre Fabre Dermo-Cosmétique entschieden, dass ein Verbot des Internetvertriebs in selektiven Vertriebssystemen eine bezweckte Wettbewerbsbeschränkung darstellt und nicht von der Freistellung des Art. 2 Vertikal-GVO umfasst ist.[10] Allerdings bestehe – trotz des Verstoßes gegen die Kernbeschränkung des Art. 4 lit. c Vertikal-GVO – die Möglichkeit einer Einzelfreistellung.[11] Mit Einführung der neuen **Kernbeschränkung** in Art. 4 lit. e Vertikal-GVO hat die Kommission die Rechtsprechung des EuGH kodifiziert und verdeutlicht, dass die effektive Nutzung des Internets als Vertriebsweg in allen Formen von Vertriebssystemen zu beachten ist. Die Regelung sieht vor, dass eine vertikale Vereinbarung als Kernbeschränkung anzusehen ist, die unmittelbar oder mittelbar, für sich allein oder in Verbindung mit anderen von den Parteien kontrollierten Faktoren darauf abzielt, die effektive Nutzung des Internets durch den Abnehmer oder seine Kunden für den Verkauf der Vertragswaren oder -dienstleistungen an bestimmte Gebiete oder Kunden zu verhindern.[12] Dabei ist dieser **„Grundsatz der Möglichkeit zur effektiven Nutzung",** der sich nun ausdrücklich durch die gesamte Vertikal-GVO und die Vertikal-Leitlinien zieht, weniger eine wesentliche inhaltliche Neuerung als eine Verdeutlichung der bisherigen Anwendungspraxis und Interpretation durch die Gerichte. Dennoch dürfte der Grundsatz **der Möglichkeit zur effektiven Nutzung** des Internets neue Anwendungsspielräume öffnen und eine Abkehr vom (zu engen) Verständnis bedeuten, dem Abnehmer müsse über das Internet alles erlaubt sein. Ganz allgemein lässt sich sagen, dass der neue Grundsatz gewahrt ist, wenn es dem Abnehmer grundsätzlich erlaubt ist, erstens einen eigenen Online-Shop zu betreiben und zweitens Online-Werbung zu schalten.[13]

Eine Einzelfreistellung nach Art. 101 Abs. 3 AEUV kommt für ein Verbot des **245** Internetvertriebs in Betracht, wenn ein solches aus **Sicherheits–** oder **Gesundheitsschutzgründen** erforderlich ist.[14] Diese Gesichtspunkte wurden vom Gerichtshof jedoch ebenfalls restriktiv angewendet. So hat er in der Entscheidung Deutscher Apothekenverband[15], die in Pierre Fabre Dermo Cosmetique aufgegriffen wird,[16] festgestellt, dass der Onlineversandhandel von nicht-verschreibungspflichtigen Medikamenten nicht eingeschränkt werden könne.[17] Eine Einschränkung komme nur in Betracht, wenn dies zur „individuellen Beratung des Kunden und seines Schutzes bei der Abgabe von Arzneimitteln sowie [zur] Kontrolle der Echtheit von ärztlichen Verschreibungen und [zur] Gewährleistung einer umfassenden und bedarfsgerechten Arzneimittelversorgung" erforderlich sei.[18] Auch der Vertrieb von Kontaktlinsen bedingt keinen Ausschluss des Internetvertriebs.[19]

---

[8] Dazu → Rn. 111 ff.

[9] Dazu → Rn. 115.

[10] Die Entscheidung EuGH EU:C:2011:649 = GRUR-Int 2011, 1077 = EuZW 2012, 28 – Pierre Fabre Dermo-Cosmétique – erging noch zur Vertikal-GVO aus dem Jahr 2000, deren Art. 4 lit. c jedoch nur sprachlich verändert worden ist, sodass die Entscheidung auch für die Neufassung des Art. 4 lit. c Ziff. i Vertikal-GVO Bedeutung erlangt; Urteilsanmerkungen: Oechsler LMK 2011, 325999; Eickhoff GWR 2011, 503; Wegner BB 2011, 2958; Neubauer MMR 2012, 53; Rahlmeyer ZVertriebsR 2012, 56.

[11] EuGH GRUR-Int 2011, 1077 Rn. 59 = EuZW 2012, 28 – Pierre Fabre Dermo-Cosmétique.

[12] Zu einzelnen Beschränkungen des Internetvertriebs, die als solche Kernbeschränkungen anzusehen sind → Rn. 249 ff.

[13] Vgl. Vertikal-Leitlinien Rn. 208; aber zu den als Kernbeschränkung zu qualifizierenden Beschränkungen → Rn. 249 ff.; hingegen zu den grundsätzlich zulässigen Beschränkungen → Rn. 262 ff.

[14] Vertikal-Leitlinien Rn. 180.

[15] EuGH Slg. 2003, I-14887 = EuZW 2004, 21 – Deutscher Apothekenverband.

[16] EuGH GRUR-Int 2011, 1077 Rn. 44 = EuZW 2012, 28 – Pierre Fabre Dermo-Cosmétique.

[17] EuGH Slg. 2003, I-14887 Rn. 112 = EuZW 2004, 21 – Deutscher Apothekenverband.

[18] EuGH Slg. 2003, I-14887 Rn. 106 = EuZW 2004, 21 – Deutscher Apothekenverband.

[19] EuGH Slg. 2010, I-12213 Rn. 76 = ZVertriebsR 2012, 395 – Ker-Optika.

246   Somit besteht zwar grundsätzlich eine Möglichkeit, Vertriebsmittlern den Onlinehandel zu untersagen. Allerdings zieht der EuGH enge Grenzen. Nach Ansicht der Kommission ist es zwar im Einzelfall möglich, eine Einrede der Effizienz zu erheben.[20]

247   Fraglich ist, ob ein Verbot des Internetvertriebs durch das Ziel, das **Prestige des Vertragsgutes** schützen zu wollen, gerechtfertigt ist.[21] Die europäischen Gerichte haben in früheren Entscheidungen die „Aura des Luxus" als schutzwürdig angesehen.[22] Der EuGH stellte in der Pierre Fabre Entscheidung fest, dass „das Ziel, den Prestigecharakter zu schützen, kein legitimes Ziel zur Beschränkung des Wettbewerbs sein [kann] und [...] es daher nicht rechtfertigen [kann], dass eine Vertragsklausel, mit der ein solches Ziel verfolgt wird, nicht unter Art. 101 Abs. 1 AEUV fällt."[23] Keine Aussage traf der EuGH zur anschließenden Frage, ob der Schutz des Prestigecharakters jedoch als Effizienzgewinn im Rahmen einer Einzelfreistellung des Art. 101 Abs. 3 AEUV angesehen werden kann.[24] In Entscheidungsbesprechungen wurde einerseits festgestellt, dass der Wortlaut nahelege, dass der EuGH den Prestigeschutz im Rahmen des Art. 101 AEUV generell – also weder für die Frage einer Wettbewerbsbeschränkung noch für die einer Freistellung – berücksichtigen wollte. Andererseits wurde vertreten, dass die Berücksichtigung von Markengesichtspunkten weiterhin als Effizienzgewinn zu werten sei.[25] Eine Einzelfreistellung kommt zwar in Betracht, allerdings ist zu erwarten, dass die europäischen Gerichte hieran hohe Hürden stellen werden. Insbesondere am Kriterium der Unerlässlichkeit des Totalverbots des Online-Handels wird eine Freistellung regelmäßig scheitern, da weniger restriktive Mittel oftmals geeignet sein können, den Gefahren des Internetvertriebs zu begegnen.[26] Außerhalb dieses Totalverbotes bestand nach Pierre Fabre jedoch weiterhin Unklarheit, ob der pauschale Ausschluss der erkennbaren Einschaltung von Drittunternehmen bei Internetverkäufen im Rahmen der Durchführung eines selektiven Vertriebssystems mit Art. 101 Abs. 1 AEUV vereinbar ist oder als bezweckte Beschränkung einer Einzelfreistellung bedarf.[27] Erst als das OLG Frankfurt a. M. dem EuGH Fragen zur kartellrechtlichen Zulässigkeit innerhalb von selektiven Vertriebssystemen bei Luxusprodukten zur Klärung im Wege des Vorabentscheidungsverfahrens vorgelegte,[28] konnte der EuGH mit der Coty Entscheidung seine bisherige Rechtsprechung konkretisieren und bestehende Unklarheiten beseitigen. Zunächst bestätigte der EuGH seine Feststellung aus Pierre Fabre, dass auch die Wahrung des Prestigecharakters einer Ware den Totalausschluss des Internetvertriebs nicht rechtfertigt, stellte aber gleichzeitig klar, dass der Prestigecharakter grundsätzlich ein legitimes Bedürfnis für eine Wettbewerbsbeschränkung sein kann.[29] Darüber hinaus verdeutlichte der EuGH, dass ein Verbot des Vertriebs über eine Drittplattform im Online-Handel unter bestimmten Voraussetzungen – nämlich wenn die Metro-Kriterien erfüllt sind[30] – bereits keine Wettbewerbsbeschränkung iSd Art. 101 Abs. 1 AEUV darstellt, sodass es gar nicht auf die Frage der Freistellungsfähigkeit ankommt.[31]

---

[20] Vertikal-Leitlinien Rn. 179 f.; zu den zulässigen Beschränkungen → Rn. 253 ff.

[21] EuGH GRUR-Int 2011, 1077 Rn. 45 ff. = EuZW 2012, 28 – Pierre Fabre Dermo-Cosmétique.

[22] So bereits Rahlmeyer ZVertriebsR 2012, 56, der insbesondere auf EuG Slg. 1996, II-1961 Rn. 109 – Leclerc II verweist; vgl. auch Neubauer MMR 2012, 53; Wegner BB 2011, 2958.

[23] EuGH GRUR-Int 2011, 1077 Rn. 46 = EuZW 2012, 28 – Pierre Fabre Dermo-Cosmétique.

[24] In letzterem Sinne zuletzt LG Frankurt 31.7.2014 WuW/E DE-R 2014 (4595–4600) – Logo-Klauseln und BKartA WuW 2016, 198 – Asics.

[25] Wegner BB 2011, 2958 (2959); Pfeffer MarkenR 2012, 365 (369).

[26] Pfeffer MarkenR 2012, 365 (369).

[27] So LG Frankfurt a. M. ZVertriebsR 2014, 311 ff. – Funktionsrucksäcke; LG Frankfurt a. M. WuW/E DE-R 4595 ff. – Logo-Klauseln.

[28] Vgl. Vorlagebeschluss OLG Frankfurt a. M. WuW 2016, 314–315 – Depotkosmetik II; → Rn. 206 ff.

[29] EuGH ECLI:EU:C:2017:941 = EuZW 2018, 122 Rn. 30 ff. – Coty.

[30] Dazu bereits → Rn. 50 ff.

[31] EuGH ECLI:EU:C:2017:941 = EuZW 2018, 122 Rn. 43 ff. – Coty.

II. Abgrenzung aktiver/passiver Internetvertrieb

Von besonderer Bedeutung für die Würdigung möglicher Beschränkungen des Internet- 248
vertriebs ist die Abgrenzung zwischen aktivem und passivem Vertrieb.[32] Anders als ihre
vorherige Fassung enthält die Vertikal-GVO mittlerweile in Art. 1 Abs. 1 lit. l bzw. m
Begriffsbestimmungen für den aktiven und den passiven Verkauf, um eine Abgrenzung zu
erleichtern. Dabei wird auch auf den Internetvertrieb Bezug genommen.[33]

III. Als Kernbeschränkungen zu qualifizierende Einschränkungen

Wie bereits dargestellt, ist nach Art. 4 lit. e Vertikal-GVO eine vertikale Vereinbarung 249
als Kernbeschränkung anzusehen, wenn sie darauf abzielt, die effektive Nutzung des
Internets durch den Abnehmer oder seine Kunden für den Verkauf der Vertragswaren oder
-dienstleistungen in bestimmten Gebieten oder an bestimmte Kunden zu verhindern.[34]
Neben Vereinbarungen, die unmittelbar zu einer solchen eben beschriebenen Beschränkung führen, gibt es Vereinbarungen und Vorgaben, die mittelbar diese Wirkung haben.
Für letztere lassen sich folgende Beispiele nennen:

Als Kernbeschränkung gelten demnach Bestimmungen, durch die der Anbieter seinen 250
Abnehmer verpflichtet, dessen Website so einzurichten, dass Kunden außerhalb dessen
Gebietes die Website **nicht erreichen** können. Ebenso ist eine automatische **Umleitung**
auf die Website des Anbieters oder derjenigen des Vertriebsmittlers, dem das Gebiet des
Kunden zugewiesen worden ist, unzulässig. Zulässig ist jedoch eine Verpflichtung zum
Setzen von Links auf eben jene Websites.[35]

Gegen das Kernbeschränkungsverbot verstößt auch eine Regelung, die den Vertriebs- 251
mittler verpflichtet, den Bestellvorgang eines Kunden abzubrechen, wenn durch die **Kre-
ditkarteninformationen** erkennbar wird, dass die Adresse des Kunden nicht im Gebiet
des Vertriebsmittlers liegt.[36]

Dasselbe gilt für eine Anforderung an den Händler, nach welcher dieser nur in einem 252
physischen Raum oder in **physischer Anwesenheit von Fachpersonal** verkaufen
darf.[37]

Ebenso verstößt es gegen Art. 4 lit. e Vertikal-GVO, wenn der Händler vor Abschluss 253
eines Online-Verkaufs die **Genehmigung des Anbieters** einholen muss.[38]

Als Beschränkung der wirksamen Nutzung des Internets als Vertriebsweg sieht es die 254
Kommission darüber hinaus an, wenn der Anbieter dem Händler die **Verwendung von
Warenzeichen oder Markennamen** des Anbieters auf dessen **eigener Website** unter-
sagt.[39] Nicht als Kernbeschränkung stuft es die Kommission hingegen ein, wenn dem
Abnehmer untersagt wird, den Markennamen des Anbieters im **Domainnamen** seines
Online-Shops zu verwenden.[40]

Ein dem Abnehmer auferlegtes Verbot, einen oder mehrere **Online-Shops** einzurichten 255
oder zu betreiben ist unabhängig davon eine Beschränkung der wirksamen Nutzung des
Internets als Vertriebsweg, ob der Online-Shop auf einem eigenen Server des Abnehmers
gehostet wird oder auf einem Server eines Dritten.[41]

---

[32] Grundsätzlich zu der Unterscheidung zwischen passivem und aktivem Vertrieb vgl. → Rn. 157 f.
[33] Dazu ausführlich ab → Rn. 69 bzw. 73.
[34] Zum Maßstab bereits → Rn. 227.
[35] Vertikal-Leitlinien Rn. 206 lit. a.
[36] Vertikal-Leitlinien Rn. 206 lit. b.
[37] Vgl. EuGH GRUR-Int 2011, 1077 Rn. 36 f. = EuZW 2012, 28 – Pierre Fabre Dermo-Cosmétique;
Vertikal-Leitlinien Rn. 206 lit. c.
[38] Vertikal-Leitlinien Rn. 206 lit. d.
[39] Vertikal-Leitlinien Rn. 206 lit. e.
[40] Vertikal-Leitlinien Rn. 210.
[41] Vertikal-Leitlinien Rn. 206 lit. f; Rn. 203 am Ende sowie Rn. 224.

256   Ein generelles Verbot der **Nutzung eines Online-Werbekanals** (zB Werbung in Suchmaschinen) beschränkt ebenfalls die effektive Nutzung des Internets als Vertriebsweg und ist deshalb als Kernbeschränkung einzustufen, weil die Möglichkeit des Abnehmers eingeschränkt wird, Kunden außerhalb seines physischen Handelsgebiets anzusprechen, sie über seine Angebote zu informieren und sie in seinen Online-Shop oder andere Vertriebskanäle zu locken.[42] **Preisvergleichsinstrumente** (wie Preisvergleichsportale oder Preisvergleichs-Apps) gelten dabei nach Ansicht der Kommission in diesem Zusammenhang regelmäßig als Online-Werbekanal und nicht als eigenständiger Online-Vertriebskanal, weil Preisvergleichsinstrumente in der Regel keine Verkaufs- und Kauffunktionalität bieten, sondern lediglich Kunden auf die Website des Einzelhändlers weiterleiten und so eine direkte Transaktion zwischen dem Kunden und dem Einzelhändler ermöglichen.[43] Als Beschränkungen, die indirekt die Nutzung eines ganzen Online-Werbekanals verbieten und deshalb auch als Kernbeschränkungen anzusehen sind, lässt sich beispielsweise die Verpflichtung anführen, Warenzeichen oder Markennamen des Anbieters nicht für Angebote zu verwenden, auf die in Suchmaschinen verwiesen werden soll. Dasselbe gilt für ein generelles Verbot der **Weitergabe von Preisdaten an Preisvergleichsportale.**[44]

257   Die Beschränkung der Nutzung eines **bestimmten** Online-Werbekanals (und damit auch Preisvergleichsportals) ist hingegen regelmäßig nicht als Kernbeschränkung anzusehen, weil der Abnehmer oder dessen Kunden noch andere Online-Werbekanäle nutzen können und daher eine effektive Nutzung des Internets möglich bleibt. Eine Beschränkung oder ein Verbot der Nutzung der meistgenutzten Werbedienste im jeweiligen Online-Werbekanal könnte jedoch wiederum auf eine solche Verhinderung der wirksamen Nutzungsmöglichkeit hinauslaufen, wenn es die übrigen Kanäle de facto nicht ermöglichen, Kunden für den Online-Shop des Abnehmers zu gewinnen.[45]

258   Vor diesem Hintergrund lässt sich wiederum nicht pauschal sagen, ob die Kommission bei einem Verbot oder einer Beschränkung der Nutzung eines einzelnen Online-Werbekanals oder Preisvergleichsportals – je nach dessen „Bedeutung" für die Möglichkeit Kunden zu gewinnen – bereits eine Kernbeschränkung annehmen würde. Entscheidend ist daher eher eine Einzelfallbetrachtung, um herauszufinden, ob durch die konkrete Maßnahme die Möglichkeit des Händlers, das Internet wirksam als Vertriebsweg zu nutzen, eingeschränkt wird.[46]

IV. Grundsätzlich freistellungsfähige Einschränkungen

259   Anders als nach der alten Fassung der Vertikal-Leitlinien aus dem Jahr 2010,[47] sieht die Kommission sog. **Doppelpreissysteme** – auch **„dual pricing"** genannt – grundsätzlich nicht mehr als Kernbeschränkung an. Dabei handelt es sich um Vereinbarungen, in denen für Güter, die der Abnehmer online verkaufen möchte, ein höherer Preis bestimmt wird als für solche, die offline verkauft werden sollen. Auch das Bundeskartellamt hat solche Doppelpreissysteme in der Vergangenheit als Kernbeschränkungen in Form der Beschränkung des passiven Vertriebs eingestuft.[48] Die Kommission begründet ihren Richtungswechsel damit, dass Anbieter unterschiedliche Großhandelspreise für Online- und Offline-Händler festsetzen können sollen, um als eine Art Belohnung unterschiedlich hohe Investi-

---

[42] Vertikal-Leitlinien Rn. 206 lit. g.
[43] Vertikal-Leitlinien Rn. 344.
[44] Vertikal-Leitlinien-Entwurf Rn. 206 lit. g.
[45] Vertikal-Leitlinien-Entwurf Rn. 206 lit. g.
[46] Zum Maßstab bereits → Rn. 227.
[47] Vertikal-Leitlinien Rn. 52 lit. d; kritisch zum Verbot des dual-pricing bereits damals: Seeliger/Klauß GWR 2010, 233.
[48] Zu einer „Wesentlichkeitsprüfung" von Doppelpreissystemen äußerte sich zuletzt BKartA WuW 2016, 198 Rn. 329 – Asics.

tionen des Händlers in den jeweiligen Vertriebskanal auszugleichen und um Anreize für Investitionen zu schaffen.[49] Entscheidend ist jedoch, dass der Unterschied des Großhandelspreises in einem angemessenen Verhältnis zu den Unterschieden bei den Investitionen und Kosten steht, die dem Abnehmer für den Verkauf in den einzelnen Vertriebskanälen entstehen.

Vor diesem Hintergrund gilt die Zulässigkeit von Doppelpreissystemen folglich nicht **260** ausnahmslos. So nimmt die Kommission eine Kernbeschränkung an, wenn der Preisunterschied, wie von Art. 4 lit. b, c oder d Vertikal-GVO erfasst, darauf abzielt, Verkäufe an bestimmte Kundengruppen oder in bestimmte Gebiete zu verhindern. Eine Kernbeschränkung iSd Art. 4 lit. e Vertikal-GVO sei ebenfalls anzunehmen, wenn durch den Preisunterschied auf der Großhandelsstufe die effektive Nutzung des Internets als Vertriebskanal verhindert werden soll. Von einem solchen Fall geht die Kommission insbesondere aus, wenn der Preisunterschied die effektive Nutzung des Internets für den Online-Verkauf unrentabel oder finanziell nicht tragbar macht.[50]

V. Aktive Vertriebsmethoden, die eingeschränkt werden können

Der aktive Vertrieb kann gemäß Art. 4 lit. b Ziff. i und lit. c Ziff. i Nr. 1 und lit. d **261** Ziff. i Vertikal-GVO jedoch eingeschränkt werden. So verbleiben den Parteien einer vertikalen Vereinbarung auch beim Internetvertrieb einige **Gestaltungsmöglichkeiten.** Als aktiver Vertrieb ist die gezielt an bestimmte Kunden gerichtete Werbung etwa durch **gebietsspezifisch geschaltete Banner auf Websiten Dritter** anzusehen. Auch **Zahlungen an bestimmte Suchmaschinen und bestimmte Online-Werbeanbieter,** die erfolgen, damit Werbung gezielt Nutzern in einem bestimmten Gebiet oder einer bestimmten Kundengruppe erscheint, sind als Verhaltensweisen des aktiven Vertriebs zu verstehen und daher untersagungsfähig.[51] Dasselbe gilt, wenn der Händler auf seiner Website **Sprachoptionen** anbietet, die sich von denen unterscheiden, die am Ort seiner Niederlassung üblicherweise verwendet werden. Denn dieses Vorgehen wird von der Kommission in den Vertikal-Leitlinien aus 2022 ausdrücklich als aktiver Vertrieb eingestuft. Die englische Sprache ist wegen ihrer weiten Verbreitung jedoch davon ausgenommen.[52] Zu berücksichtigen ist jedoch, dass die zuvor genannten Einschränkungen des aktiven Vertriebs nur zulässig sind, solange die effektive Nutzung des Internets als Vertriebsweg möglich bleibt.[53] **Ausnahmen** bestehen zudem für den selektiven Vertrieb gegenüber Endverbrauchern. Dieser kann gemäß Art. 4 lit. c Ziff. iii Vertikal-GVO nicht eingeschränkt werden, sodass Mitgliedern eines selektiven Vertriebssystems auch der aktive Vertrieb im Internet erlaubt werden muss.[54]

VI. Sonstige zulässige Beschränkungen des Internetvertriebs

Zulässig ist es auch, den Vertriebsmittlern gewisse Vorgaben hinsichtlich der Ausgestal- **262** tung ihrer Online-Vertriebsaktivitäten zu machen. Dies kommt insbesondere – aber nicht ausschließlich – für den selektiven Vertrieb in Betracht. So stellt die Kommission in den neuen Vertikal-Leitlinien ausdrücklich fest, dass Verkaufsmodalitäten, die nicht die Beschränkung des Gebiets und der Kundengruppen zum Gegenstand haben, grundsätzlich zulässig sind und daher von den Anbietern und ihren Händlern vereinbart werden können. Damit können **Beschränkungen der Nutzung eines bestimmten Online-Vertriebskanals** oder die **Festlegung von Qualitätsstandards für den Online-Verkauf** – unabhängig vom Vertriebssystem des Anbieters – unter die Gruppenfreistellung

---

[49] Vertikal-Leitlinien Rn. 209.
[50] Vertikal-Leitlinien Rn. 209.
[51] Vgl. Vertikal-Leitlinien Rn. 208.
[52] Dazu bereits → Rn. 71 sowie Vertikal-Leitlinien Rn. 213.
[53] Dazu bereits → Rn. 244 und 249 ff.
[54] Vgl. Vertikal-Leitlinien Rn. 234.

fallen. Allerdings gilt dies nur, sofern durch diese Beschränkungen auch die effektive Nutzung des Internets durch den Abnehmer oder ihre Kunden weder unmittelbar noch mittelbar, für sich genommen oder in Verbindung mit anderen Faktoren eingeschränkt wird.[55]

263   Nach den alten Vertikal-Leitlinien durften sich die Vorgaben an den Internetvertrieb nur im Rahmen dessen bewegen, was auch offline zulässig gewesen wäre. Aufgrund der Unterschiedlichkeit der verschiedenen Vertriebswege waren dabei nicht einzelne Beschränkungen miteinander zu vergleichen, sondern es war eine Gesamtbetrachtung aller Regelungen anzustellen. Danach waren folglich Beschränkungen des Internetvertriebs nur möglich, wenn deren Zweck und Wirkung auch offline zulässig wäre (**Äquivalenzgrundsatz**).[56] In den neuen Vertikal-Leitlinien hat die Kommission den Äquivalenzgrundsatz jedoch **aufgegeben.** Denn die von Anbietern auferlegten Kriterien in Bezug auf den Onlinevertrieb müssen im Vergleich zu stationären Verkaufsstellen nicht mehr gleichwertig sein.[57] Allerdings ist dabei stets der neue Art. 4 lit. e Vertikal-GVO einzuhalten.

264   Qualitätsanforderungen für den Internetvertrieb kommen insbesondere bei selektiven Vertriebssystemen in Betracht und können die Abnehmer unter anderem dazu verpflichten, dass sie über einen oder mehrere physische Verkaufspunkte verfügen (sog. **„brick-store-Klausel"**).[58] Durch eine derartige Verpflichtung kann der reine Internetvertrieb folglich ausgeschlossen werden; eine mengenmäßige Beschränkung des Internetvertriebs dadurch, dass der Hersteller Online-Anteile an den Gesamtverkäufen eines Händlers vorgibt, ist jedoch unzulässig.[59]

265   Vertikale Vereinbarungen können auch die Nutzung von **Plattformen Dritter** reglementieren. So kann nach Ansicht der Kommission bestimmt werden, dass der Abnehmer diese nur im Einklang mit den von ihm mit dem Anbieter vereinbarten Normen und Voraussetzungen über deren Nutzung verwendet, um beispielsweise das Image und die Positionierung seiner Marke zu schützen, den Verkauf von gefälschten Produkten zu verhindern, ausreichende Dienstleistungen vor und nach dem Verkauf zu gewährleisten oder sicherzustellen, dass der Abnehmer, der auch Einzelhändler ist, eine direkte Beziehung zu den Kunden unterhält. Die Einschränkungen können dabei von der Auferlegung bestimmter qualitativer Anforderungen reichen, welche die Plattform des Dritten erfüllen muss, bis hin zu einem Verbot die Plattform zu nutzen.[60] Bislang wurde dies jedoch nur im Rahmen eines selektiven Vertriebssystems als zulässig erachtet.[61] Außerhalb des selektiven Vertriebs wurden jegliche Vertriebsverbote über **Internetangebote Dritter** von der Rechtsprechung bisher durchweg als unzulässig erachtet.[62]

266   Zulässig ist auch, wenn der Anbieter eine gewisse **Mindestmenge an offline abgesetzten Gütern** verlangt, sofern diese erforderlich ist, um einen effizienten Betrieb des physischen Verkaufspunktes zu gewährleisten. Diese Mindestmenge kann für alle Abnehmer identisch sein oder aufgrund objektiver Kriterien wie zB der Größe der Abnehmer im Vertriebsnetz oder deren geographischer Lage differieren.[63] Hingegen sind **absolute Men-**

---

[55] Insbesondere Vertikal-Leitlinien Rn. 208; dazu auch bereits → Rn. 226 f.

[56] Vertikal-Leitlinien (2010) Rn. 54; vgl. auch BGH GRUR 2004, 351 – Depotkosmetik im Internet.

[57] Vgl. Vertikal-Leitlinien Rn. 207 f., 235.

[58] Vertikal-Leitlinien Rn. 208 lit. d.

[59] Vgl. → Rn. 266; insofern im Widerspruch zu den Vertikal-Leitlinien BGH GRUR 2004, 351 (352) – Depotkosmetik im Internet.

[60] Vertikal-Leitlinien Rn. 208 lit. c und 334. EuGH EU:C:2017:941 – Coty Germany GmbH/Parfümerie Akzente GmbH.

[61] Siehe nur EuGH EU:C:2017:941 – Coty Germany GmbH/Parfümerie Akzente GmbH.

[62] IRd selektiven Vertriebs der Ausschluss von Plattformen zulässig OLG Frankfurt a. M. ZVertriebsR 2016, 123–130 – Funktionsrucksäcke; aA noch KG BB 2013, 2768–2771 – Schulranzen und –rucksäcke; außerhalb eines selektiven Vertriebssystems unzulässig und ohne Möglichkeit der Einzelfreistellung OLG Schleswig GRUR-RR 2015, 34 ff. – Partnervereinbarung.

[63] Vertikal-Leitlinien Rn. 208 lit. e.

genbegrenzungen der über das Internet abgesetzten Güter eine unzulässige Kundengruppenbeschränkung.[64]

Beschränkungen von **Online-Werbung** können unter die Gruppenfreistellung fallen, **266a**
vorausgesetzt sie zielen nicht darauf ab, die Nutzung eines gesamten Werbekanals durch
den Abnehmer zu verhindern.[65] Freistellungsfähig sind insbesondere: Die Vorgabe, dass die
Online-Werbung bestimmte Qualitätsstandards erfüllen oder bestimmte Inhalte oder Informationen enthalten muss; die Auflage, dass der Käufer nicht die Dienste bestimmter
Online-Werbeanbieter in Anspruch nimmt, die bestimmte Qualitätsstandards nicht einhalten; das Verbot, den Markennamen des Anbieters im Domainnamen des Online-Shops des
Abnehmers in der Online-Werbung zu verwenden.[66]

Herstellern ist es möglich an die **Internetseiten** ihrer Vertriebsmittler **Qualitätsanfor-** **267**
derungen zu stellen. Es kommen – ebenso wie für Offline-Qualitätsanforderungen –
verschiedene Vorgaben in Betracht.[67]

Technische Anforderungen können sich auf folgende Aspekte des Onlineangebots **268**
beziehen:[68]

- das Erscheinungsbild der Website,[69]
  die Serverinfrastruktur,[70]
- die Ladezeiten, die Geschwindigkeit des Seitenaufbaus und die Navigationsgeschwindig-
  keit,[71]
- die Auflösung,[72]
- die Struktur (im Sinne einer nutzerfreundlichen Navigation).[73]

Inhaltlich können die Vertriebsmittler verpflichtet werden,[74]   **269**

- auf der Internetseite den Standort ihres Ladenlokals anzugeben,[75]
- zum Besuch desselben anzuregen,[76]
- die Sortimentstiefe und -breite dem Offlineangebot anzupassen,[77]
- umfassend über die Vertragsprodukte zu informieren,[78]
- die Vertragsprodukte von anderen (no-Name)-Produkten abzugrenzen,[79]
- Links auf die Seite des Anbieters und anderer Händler zu setzen,[80]
- Links auf abwertende Seiten zu unterlassen.[81]

Vorgaben an das Erscheinungsbild können die Pflicht umfassen,[82]   **270**

- das Online-Angebot dem Vertragsprodukt angemessen zu gestalten,[83]

---

[64] Vgl. Vertikal-Leitlinien Rn. 203.

[65] Dazu bereits → Rn. 226 f.

[66] Vertikal-Leitlinien Rn. 210.

[67] v. Hülsen ZVertriebsR 2012, 299 (303); dazu auch Vertikal-Leitlinien Rn. 208.

[68] Die nachfolgende Aufzählung stammt im Wesentlichen von v. Hülsen ZVertriebsR 2012, 299 (304 f.).

[69] Vertikal-Leitlinien Rn. 208 lit. a.

[70] Immenga/Mestmäcker/Ellger EuWettbR Art. 4 Rn. 52.

[71] Immenga/Mestmäcker/Ellger EuWettbR Art. 4 Rn. 99; Haslinger WRP 2009, 279 (283); v. Hülsen
ZVertriebsR 2012, 299 (305) mwN.

[72] Haslinger WRP 2009, 279 (283); Pischel GRUR 2010, 972 (976); v. Hülsen ZVertriebsR 2012, 299
(305).

[73] Haslinger WRP 2009, 279 (283); Pischel GRUR 2010, 972 (976); v. Hülsen ZVertriebsR 2012, 299
(305) mwN.

[74] Die nachfolgende Aufzählung stammt von v. Hülsen ZVertriebsR 2012, 299 (305 f.).

[75] Haslinger WRP 2009, 279 (282); v. Hülsen ZVertriebsR 2012, 299 (305).

[76] OLG Karlsruhe GRUR-RR 2010, 109 (111); Pischel GRUR 2010, 972 (976); v. Hülsen ZVertriebsR
2012, 299 (305) mwN.

[77] Haslinger WRP 2009, 279 (283); v. Hülsen ZVertriebsR 2012, 299 (305).

[78] LG Mannheim GRUR-RR 2008, 253; v. Hülsen ZVertriebsR 2012, 299 (305) mwN.

[79] Pischel GRUR 2010, 972 (976); v. Hülsen ZVertriebsR 2012, 299 (305).

[80] Vertikal-Leitlinien Rn. 206 lit. a.

[81] Langen/Bunte/Nolte EuWettbR Art. 81 Fallgruppen Rn. 604; v. Hülsen ZVertriebsR 2012, 299 (305)
mwN.

[82] Die nachfolgende Aufzählung stammt von v. Hülsen ZVertriebsR 2012, 299 (305 f.).

[83] Lettl WRP 2010, 807 (818); Vertikal-Leitlinien Rn. 208 lit. b.

- die Corporate Identity des Anbieters zu berücksichtigen,[84]
- hochwertige Produktdarstellungen zu nutzen,[85]
- zu gewährleisten, dass das Internetangebot aufgrund seiner Gestaltung (look & feel) zur Wiedererkennung der Vertragsprodukte und Marken führt.[86]

271   Hinsichtlich des **Vertragsschlusses und der Vertragsabwicklung** sind die folgenden Vorgaben möglich:[87]

- Pflicht zur Einrichtung und zum Betrieb einer Onlinekundendienststelle,
- Pflicht zur Übernahme der Rücksendungskosten,
- Begrenzung des Onlinevertriebs auf haushaltsübliche Mengen, um den Parallelhandel zu begrenzen,
- Pflicht zur Anwendung sicherer Zahlungssysteme,
- Pflicht zur zügigen Vertragsdurchführung.[88]

B. Handelsvertreter

272   Geschäftsherren können **echten Handelsvertretern** den Internetvertrieb generell verbieten. Denn Beschränkungen der Tätigkeiten des Vertreters in Bezug auf die Vertragswaren sind als unerlässlich anzusehen, um die Risikotragung durch den Geschäftsherrn zu rechtfertigen und diesem die Möglichkeit zu bieten, die Strategie festzulegen.[89] Im Übrigen betreffen solche Beschränkungen – zu denen auch ein Totalverbot des Internetvertriebs gehört – den Produktmarkt. Auf diesem bilden ein echter Handelsvertreter und sein Geschäftsherr aus kartellrechtlicher Sicht ein Unternehmen. Aus diesem Grund ist eine derartige Vereinbarung bereits keine „Vereinbarung zwischen zwei Unternehmen" iSd Art. 101 Abs. 1 AEUV und fällt damit gar nicht in den Anwendungsbereich der Vorschrift.[90]

273   Die Kommission nimmt den echten Handelsvertreter in den Vertikal-Leitlinien weder ausdrücklich vom Grundsatz des Internetvertriebs aus noch erstreckt sie diesen Grundsatz auf den Handelsvertreter. Allerdings sieht auch sie Beschränkung des Gebiets und der Kunden als der Anwendung des Art. 101 Abs. 1 AEUV entzogen. Für einen Ausschluss der Nutzung des Internets als Vertriebsweg kann jedoch nichts anderes gelten. Vielmehr ist von der Zulässigkeit eines solches Ausschlusses auszugehen.[91]

274   Für den **unechten Handelsvertreter** gelten hier keine Besonderheiten. Es gilt der Grundsatz, die effektive Nutzung des Internets zu ermöglichen. Ein Totalverbot des Internetvertriebs ist nicht möglich, Beschränkungen sind jedoch im oben beschriebenen Umfang möglich.

C. Vertragshändler

275   Für den Vertragshändler gelten hier keine Besonderheiten.

---

[84] Haslinger WRP 2009, 279 (283); v. Hülsen ZVertriebsR 2012, 299 (305).

[85] Haslinger WRP 2009, 279 (283); v. Hülsen ZVertriebsR 2012, 299 (305) mwN.

[86] Pischel GRUR 2010, 972 (976); v. Hülsen ZVertriebsR 2012, 299 (305) mwN.

[87] Die nachfolgende Aufzählung stammt von v. Hülsen ZVertriebsR 2012, 299 (306).

[88] Bezüglich aller: Vertikal-Leitlinien Rn. 235.

[89] Vgl. Vertikal-Leitlinien Rn. 41.

[90] Dazu die Kommentierung zu → AEUV Art. 101 Rn. 149.

[91] So auch BGH NJW-RR 2008, 1491 (1493) – Postwettannahmestelle; Dreyer/Lemberg BB 2012, 2004 (2009).

D. Franchisenehmer

Auch bezüglich Franchisevereinbarungen stellt sich die Frage nach der Möglichkeit eines **276** Totalverbots des Internetvertriebs. Zwar geht der EuGH in der Pronuptia-Entscheidung – angesichts der Tatsache, dass die Entscheidung 1986 erging, verständlicherweise – nicht auf den Internetvertrieb ein; allerdings kann aus der Beurteilung der Gebiets- und Kundengruppenbeschränkungen in Franchiseverträgen gefolgert werden, dass auch ein Totalausschluss des Internetvertriebs Bedenken ausgesetzt ist.[92] Ob ein solcher Totalausschluss zum „Schutz der Identität und des Namens der durch die Geschäftsbezeichnung symbolisierten Vertriebsorganisation"[93] unerlässlich ist, ist angesichts der restriktiven jüngeren Rechtsprechung zum Prestigeschutz[94] fraglich. In Einzelfällen kann aber der spezifische Auftritt des Franchisesystems derart an den stationären Handel gekoppelt sein (zB durch Verbreitung eines besonderen haptischen Duft-, Licht- und Tonauftritts), dass sich ein entsprechender Internetauftritt von vornherein verbietet.

Allerdings können auch Franchisenehmern Vorgaben hinsichtlich der Ausgestaltung des **277** Internetvertriebs gemacht werden. In Anwendung der Pronuptia-Grundsätze sind diese oftmals bereits nicht freistellungsbedürftig, sondern schon dem Anwendungsbereich des Art. 101 Abs. 1 AEUV entzogen. Der EuGH hat Franchisegebern die Möglichkeit zugesprochen, Franchisenehmer zu verpflichten, die Vertragswaren nur in dem „nach den Anweisungen des Franchisegebers eingerichteten und ausgestatteten Ladengeschäft zu verkaufen, um ein einheitliches Erscheinungsbild zu gewährleisten."[95] Gleiches muss für Vorgaben an den Internetvertrieb gelten. So kann Franchisenehmern auch bei Überschreiten der Marktanteilsschwellen die Verpflichtung zur Nutzung der Corporate Identity und eines franchiseweiten Bestellsystems auferlegt werden.

E. Kommissionsagent

Der Kommissionsagent wird kartellrechtlich wie ein Handelsvertreter beurteilt, sodass auf **278** die diesbezüglichen Ausführungen verwiesen wird.[96]

Artikel 5 – Nicht freigestellte Beschränkungen

(1) **Die Freistellung nach Artikel 2 gilt nicht für die folgenden, in vertikalen Vereinbarungen enthaltenen Verpflichtungen:**

a) **unmittelbare oder mittelbare Wettbewerbsverbote, die für eine unbestimmte Dauer oder für eine Dauer von mehr als 5 Jahren gelten;**

b) **unmittelbare oder mittelbare Verpflichtungen, die den Abnehmer veranlassen, Waren oder Dienstleistungen nach Beendigung der Vereinbarung nicht herzustellen, zu beziehen, zu verkaufen oder weiterzuverkaufen;**

c) **unmittelbare oder mittelbare Verpflichtungen, die die Mitglieder eines selektiven Vertriebssystems veranlassen, Marken bestimmter konkurrierender Anbieter nicht zu verkaufen;**

d) **Unmittelbare oder mittelbare Verpflichtungen, die einen Abnehmer von Online-Vermittlungsdiensten veranlassen, Endverbrauchern Waren oder Dienstleistungen nicht über konkurrierende Online-Vermittlungsdienste zu günstigeren Bedingungen anzubieten, zu verkaufen oder weiterzuverkaufen.**

---

[92] Vgl. EuGH Slg. 1986, 353 Rn. 24 = NJW 1986, 1415 – Pronuptia.
[93] Vgl. EuGH Slg. 1986, 353 Rn. 17 = NJW 1986, 1415 – Pronuptia.
[94] Dazu → Rn. 196.
[95] EuGH Slg. 1986, 353 Rn. 19 = NJW 1986, 1415 – Pronuptia.
[96] Dazu → Rn. 272 ff.

(2) Abweichend von Absatz 1 Buchstabe a gilt die Begrenzung auf fünf Jahre nicht, wenn die Vertragswaren oder -dienstleistungen vom Abnehmer in Räumlichkeiten und auf Grundstücken verkauft werden, die im Eigentum des Anbieters stehen oder von diesem von nicht mit dem Abnehmer verbundenen Dritten gemietet oder gepachtet worden sind worden sind, und das Wettbewerbsverbot nicht über den Zeitraum hinausreicht, in dem der Abnehmer diese Räumlichkeiten und Grundstücke nutzt.

(3) Abweichend von Absatz 1 Buchstabe b gilt die Freistellung nach Artikel 2 für unmittelbare oder mittelbare Verpflichtungen, die den Abnehmer veranlassen, Waren oder Dienstleistungen nach Beendigung der Vereinbarung nicht herzustellen, zu beziehen, zu verkaufen oder weiterzuverkaufen, sofern sämtliche folgenden Voraussetzungen erfüllt sind:

a) die Verpflichtungen beziehen sich auf Waren oder Dienstleistungen, die mit den Vertragswaren oder -dienstleistungen im Wettbewerb stehen;

b) die Verpflichtungen beschränken sich auf Räumlichkeiten und Grundstücke, von denen aus der Abnehmer während der Vertragslaufzeit seine Geschäfte betrieben hat;

c) das Wettbewerbsverbot ist unerlässlich, um Know-how, das dem Abnehmer vom Anbieter übertragen wurde, zu schützen;

d) die Dauer der Verpflichtungen ist auf höchstens ein Jahr nach Beendigung der Vereinbarung begrenzt.

Absatz 1 Buchstabe b gilt unbeschadet der Möglichkeit, Nutzung und Offenlegung von nicht allgemein zugänglichem Know-how unbefristeten Beschränkungen zu unterwerfen.

Übersicht

A. Einleitung

279   Die Freistellungswirkung kann auch nur bezüglich **einzelner Bestimmungen** entfallen. Art. 5 Vertikal-GVO nimmt einige Beschränkungen von der Freistellung aus. Diese Beschränkungen sind keine Kernbeschränkung iSd Art. 4 Vertikal-GVO, die die übrigen wettbewerbsbeschränkenden Vorschriften einer Vereinbarung von der Freistellungswirkung ausnehmen würden. Enthält eine vertikale Vereinbarung eine Klausel, die gegen den Katalog des Art. 5 Vertikal-GVO verstößt, ist nur diese Klausel nicht freigestellt, während die anderen Vorschriften der Vereinbarung weiterhin von der Gruppenfreistellung umfasst sind. Dies setzt jedoch nach Auffassung der Kommission voraus, dass die betreffende Klausel von der übrigen Vereinbarung abtrennbar ist. Ist eine Abtrennbarkeit zu verneinen, geht die Kommission davon aus, dass die Gruppenfreistellung für die gesamte Vereinbarung entfällt.[1] In jedem Fall verbleibt jedoch die Möglichkeit einer Einzelfreistellung nach Art. 101 Abs. 3 AEUV.

---

[1] Vgl. Vertikal-Leitlinien Rn. 7 und 246.

Erfüllen die nicht freigestellten Klauseln auch die Voraussetzungen für eine Einzelfrei- 280
stellung nicht, sind sie gemäß Art. 101 Abs. 2 AEUV **nichtig.** Die Fortgeltung der
restlichen Vereinbarung richtet sich dann nach nationalem Recht, sodass auch an dieser
Stelle entscheidend ist, ob die einzelnen Klauseln vom Rest des Vertrags abgetrennt werden
können.[2]

Die Wirksamkeit der restlichen Vereinbarung richtet sich bei Individualvereinbarungen 281
nach § 139 BGB und bei Verwendung von Allgemeinen Geschäftsbedingungen nach § 306
BGB. § 139 BGB kennt eine Vermutung der Gesamtnichtigkeit. Die Vorschrift ist eine
Beweislastregel. Die Partei, die sich auf die Wirksamkeit der Restvereinbarung beruft, muss
darlegen, dass diese Wirksamkeit dem mutmaßlichen Willen der Vertragspartner entspricht.
§ 306 BGB bestimmt demgegenüber eine andauernde Wirksamkeit der restlichen Vereinbarung.[3]

Insbesondere bei Wettbewerbsverboten gemäß Art. 5 Abs. 1 lit. a Vertikal-GVO stellt 282
sich jedoch vorhergehend die Frage, ob eine **geltungserhaltende Reduktion** in Betracht
kommt.[4] Dies ist für die durch Art. 101 Abs. 2 AEUV angeordnete Nichtigkeitsfolge
ungeklärt.[5]

Bei Anwendung der Vertikal-GVO auf rein innerdeutsche Sachverhalte begründet § 134 283
BGB die Nichtigkeit der Vereinbarung. Eine geltungserhaltende Reduktion ist im Rahmen
des § 134 BGB grundsätzlich möglich. Der BGH hat auch die Anpassung eines zeitlich zu
lange bemessenen Wettbewerbverbotes zugelassen.[6] Eine Anpassung eines (darüber hinaus)
gegenständlich oder räumlich zu weitgehenden Wettbewerbsverbotes, scheide jedoch aus.[7]
Restriktiver wird auch gefordert, die zeitliche Anpassung eines überlangen Wettbewerbsverbotes aufgrund der Regelung des Art. 5 Abs. 1 lit. a Vertikal-GVO abzulehnen.[8]

I. Wettbewerbsverbote, Art. 5 Abs. 1 lit. a Vertikal-GVO

Art. 5 Abs. 1 lit. a Vertikal-GVO nimmt Klauseln, die unmittelbare oder mittelbare 284
Wettbewerbsverbote enthalten, die für eine unbestimmte Dauer oder für eine Dauer von
mehr als fünf Jahren vereinbart worden sind, von der Freistellung aus. Anders als noch nach
der alten Vertikal-GVO[9] sind Vereinbarungen, die sich nach dem Ablauf von fünf Jahren
stillschweigend verlängern, nicht mehr von der Gruppenfreistellung ausgenommen. Voraussetzung für eine Gruppenfreistellung ist jedoch, dass die vertikale Vereinbarung mit
einer angemessenen Kündigungsfrist gekündigt bzw. zu angemessenen Kosten wirksam neu
verhandelt werden kann. Einem Abnehmer soll also tatsächlich die Möglichkeit offen
stehen, nach Ablauf der Fünfjahresfrist den Lieferanten zu wechseln.[10]

Wettbewerbsverbote sind gemäß Art. 1 Abs. 1 lit. f Vertikal-GVO Klauseln, die Abneh- 285
mern den **Vertrieb von Gütern verbieten,** die mit denen des Anbieters in Wettbewerb
stehen, oder **Mindestbezugsverpflichtungen**[11], die den Abnehmer verpflichten mehr als
80 % seines Gesamtbezugs bei dem Anbieter zu beziehen.[12] Verpflichtungen des Anbieters,
nur einen Vertriebsmittler zu beliefern **(Alleinbelieferungspflichten),** fallen nicht unter

---

[2] Vgl. Vertikal-Leitlinien Rn. 246.
[3] Ausführlich zu den Rechtsfolgen eines Verstoßes gegen Art. 101 AEUV → AEUV Art. 101 Rn. 74.
[4] Ausführlich auch hierzu die Kommentierung zum Kartellverbot → AEUV Art. 101 Rn. 77.
[5] Zu diesbezüglichen salvatorischen Klauseln: Wijckmans/Tuytschaever Rn. 5.72.
[6] BGH NJW 2009, 1751 Rn. 25 – Subunternehmervertrag (zu § 138 BGB); ob dies für das Kartellverbot
auch gelte, ließ BGH BeckRS 2004, 4917– Restkaufpreis offen.
[7] Ausführlich auch hierzu die Kommentierung zum Kartellverbot → AEUV Art. 101 Rn. 79; vgl. etwa:
BGH NJW 1991, 699; OLG Stuttgart NJW 2002, 1431.
[8] Schultze/Pautke/Wagener Rn. 868; vgl. → AEUV Art. 101 Rn. 80.
[9] Dort Art. 5 Abs. 1 UAbs. 2 Vertikal-GVO (2010).
[10] Vgl. Vertikal-Leitlinien Rn. 248.
[11] (Relative) Mindestbezugsverpflichtungen idS sind von Mindestabnahmeverpflichtungen, die eine absolute Menge als Bezugsgröße kennen, abzugrenzen; letztere unterfallen nicht Art. 5 Vertikal-GVO und sind
grundsätzlich freigestellt, Wijckmans/Tuytschaever Rn. 5.18.
[12] Vgl. hierzu → Rn. 39 ff.

Art. 5 lit. a Vertikal-GVO und sind von der Vertikal-GVO somit – bei Erfüllung der weiteren Voraussetzungen – freigestellt.

286 Die Freistellung gilt für Wettbewerbsverbote, bei denen keine Tatsachen vorliegen, die dafür sprechen, dass der Abnehmer auch nach Ablauf der Fünfjahresfrist faktisch in seinen Wettbewerbsmöglichkeiten beschränkt ist.[13] Entscheidend ist also, dass die Vertragsparteien nach Ablauf der fünf Jahre eine erneute Entscheidung über das Wettbewerbsverbot treffen können.[14] Die Verlängerung eines Wettbewerbsverbotes muss zur Disposition beider Vertragsparteien stehen und die Entscheidung hierüber darf nicht bereits durch die ursprünglich vereinbarte Klausel beschränkt werden.

287 Die Kommission nennt in den Vertikal-Leitlinien Beispiele für mögliche faktische Beschränkungen der effektiven Beendigung des Allein- oder Mindestbezugs. Ein Darlehensvertrag ist unschädlich, wenn durch dessen Abwicklung der Abnehmer nicht an der Beendigung des Allein- oder Mindestbezugs gehindert wird.[15] Sieht der Darlehensvertrag jedoch etwa steigende Zinsen, Raten oder eine sofortige Fälligkeit des Gesamtbetrags vor, wenn das Wettbewerbsverbot nicht verlängert wird, ist die Entscheidungsfähigkeit des Abnehmers über die Verlängerung des Wettbewerbsverbots beschränkt.[16] Stellt ein Hersteller seinem Abnehmer Ausrüstung zur Verfügung, die nicht vertragsspezifisch ist, also insbesondere nicht auf das vom Hersteller vertriebene Produkt zugeschnitten ist, sollte der Abnehmer die Ausrüstung nach Vertragsende zum Marktpreis übernehmen können.[17] Der Beispielskatalog ist nicht abschließend. Vielmehr ist möglich, dass die Kommission jegliche Gestaltung, die zu einer Verlängerung des Wettbewerbsverbots zwingt, als Beschränkung der Verlängerungsfreiheit ansieht, und somit das Wettbewerbsverbot als auf unbestimmte Zeit geschlossen ansieht.[18]

288 Art. 5 Abs. 2 Vertikal-GVO enthält eine **Rückausnahme.** Die Freistellung gilt auch für Wettbewerbsverbote, die gegenüber Abnehmern ausgesprochen worden sind, die für ihre Geschäftstätigkeit **Räumlichkeiten** und **Grundstücke** nutzen, die im Eigentum des Anbieters stehen oder von diesem gemietet oder gepachtet worden sind, sofern das Verbot auf die Dauer der Nutzung begrenzt ist. Von Anbietern kann nicht erwartet werden, dass von ihnen zur Verfügung gestellte Räume für den Vertrieb von Konkurrenzprodukten nützlich sind.[19] Diese Rückausnahme gilt nach den Vertikal-Leitlinien analog für **mobile Verkaufsstellen.**[20]

II. Nachvertragliche Herstellungs-, Bezugs- und Vertriebsverbote, Art. 5 Abs. 1 lit. b Vertikal-GVO

289 Art. 5 Abs. 1 lit. b Vertikal-GVO lässt die Freistellung für unmittelbare oder mittelbare Verpflichtungen entfallen, die den Abnehmer veranlassen, Waren oder Dienstleistungen **nach Beendigung der Vereinbarung** nicht herzustellen, zu beziehen, zu verkaufen oder weiterzuverkaufen. Die Vorschrift ergänzt Art. 5 Abs. 1 lit. a Vertikal-GVO der ein Wettbewerbsverbot während der Vertragslaufzeit betrifft um die Fälle eines nachvertraglichen Wettbewerbsverbots.

290 Der Wortlaut ist der Definition des Wettbewerbsverbotes in Art. 1 Abs. 1 lit. f Vertikal-GVO sehr ähnlich. Diese bezieht sich jedoch nur auf Güter, die mit den Vertragsgütern in Wettbewerb stehen. Hierdurch unterscheidet sich somit auch der Regelungsbereich des Art. 5 Abs. 1 lit. b Vertikal-GVO von dem des Art. 5 Abs. 1 lit. a Vertikal-GVO. Klauseln iSd Art. 5 Abs. 1 lit. b Vertikal-GVO verbieten weitergehend jegliche Vertriebstätigkeit

---

[13] Vertikal-Leitlinien Rn. 248.
[14] Schultze/Pautke/Wagener Rn. 859; Langen/Bunte/Nolte EuWettbR Art. 81 Fallgruppen Rn. 648.
[15] Vertikal-Leitlinien Rn. 248.
[16] Langen/Bunte/Nolte EuWettbR Art. 81 Fallgruppen Rn. 653.
[17] Vertikal-Leitlinien Rn. 248.
[18] Schultze/Pautke/Wagener Rn. 867.
[19] Vertikal-Leitlinien Rn. 249.
[20] Vertikal-Leitlinien Rn. 249.

des Abnehmers nach Vertragsbeendigung unabhängig davon, ob die vertriebenen Produkte im Wettbewerb mit denen des Anbieters stehen. Ein derart weitgehendes Tätigkeitsverbot ist offensichtlich wettbewerbsbeschränkend.

Allerdings sind Konstellationen denkbar, in denen Anbieter ein schützenswertes Interesse **291** an nachvertraglichen Wettbewerbsverboten haben können. Art. 5 Abs. 3 UAbs. 1 Vertikal-GVO sieht daher für bestimmte Konstellationen eine **Rückausnahme** vor. Ein nachvertragliches Bezugs-, Herstellungs- oder Vertriebsverbot kann vereinbart werden, wenn vier Bedingungen kumulativ erfüllt sind.

Erstens muss sich die Verpflichtung auf **Wettbewerbsprodukte,** also Waren und Dienst- **292** leistungen, die mit denen des Anbieters in Wettbewerb stehen, beziehen. Freistellungsfähig sind also nur nachvertragliche Wettbewerbsverbote, die sachlich auf Produkte, die nach allgemeinen Kriterien als konkurrierend anzusehen sind, begrenzt sind.[21] Hierunter fallen insbesondere die Produkte für deren Vertrieb das vom Anbieter überlassene Know-how verwendet werden könnte.[22]

Zweitens darf sich das Verbot nur auf die während der Vertragszeit genutzten Räumlich- **293** keiten und Grundstücke erstrecken. Diese enge Begrenzung erlaubt keinen Gebietsschutz. Es steht dem Abnehmer vielmehr frei nach Vertragsbeendigung „ein Haus weiter ein Konkurrenzgeschäft aufzumachen und die Kunden weiter an sich zu binden".[23] Ein derartiger Gebietsschutz kann jedoch gegebenenfalls nach Art. 101 Abs. 3 AEUV einzelfreigestellt sein.[24]

Drittens muss das Verbot zum Schutz des dem Abnehmer vom Anbieter übertragenen **294** Know-hows unerlässlich sein. Insoweit ergeben sich Schnittmengen zu dem Kriterium der Wettbewerbsprodukte. Unerlässlich ist ein Wettbewerb zum Schutz des Know-hows, wenn der Abnehmer dieses ansonsten zu seinem eigenen Vorteil ausnutzen kann.[25] Darüber hinaus kennt Art. 5 Abs. 3 UAbs. 2 Vertikal-GVO einen zeitlich unbegrenzten Know-how-Schutz, der nicht auf die abstrakte Gefährdung durch geschäftliche Tätigkeit sondern auf die konkrete Verwendung des Know-hows abstellt.[26]

Viertens darf ein nachvertragliches Wettbewerbsverbot gemäß Art. 5 Abs. 3 UAbs. 1 **295** lit. d Vertikal-GVO nur für ein Jahr nach Beendigung der Vereinbarung vereinbart werden.

Eine **weitere Rückausnahme** befindet sich in Art. 5 Abs. 3 UAbs. 2 Vertikal-GVO. **296** Diesem zufolge bleibt es Anbietern unbenommen, ihre Abnehmer hinsichtlich der Nutzung und Offenlegung von nicht allgemein zugänglichem Know-how unbefristet zu beschränken. Als Nutzung ist jede geschäftliche Verwertung des Know-hows zu verstehen.[27] Unklar ist, wieso gemäß Art. 1 Abs. 1 lit. h Vertikal-GVO Know-how nur dann vorliegt, wenn es geheim, also nicht „allgemein bekannt und leicht zugänglich", ist, und Art. 5 Abs. 3 UAbs. 2 Vertikal-GVO dann die Möglichkeit eröffnet nicht „allgemein zugängliches" Know-how unbefristet zu schützen. Das Merkmal „allgemein zugänglich" ist nicht geeignet, den Know-how-Begriff weiter einzuschränken als das Merkmal „geheim". Insofern bietet es keinen Mehrwert und seiner Erwähnung hätte es nicht bedurft.[28]

---

[21] Schultze/Pautke/Wagener Rn. 887; Immenga/Mestmäcker/Ellger EuWettbR Art. 5 Rn. 31; Loewenheim/Meessen/Riesenkampff/Kersting/Meyer-Lindemann/Baron VO 330/2010 Art. 5 Rn. 410.

[22] Schultze/Pautke/Wagener Rn. 887; Immenga/Mestmäcker/Ellger EuWettbR Art. 5 Rn. 31; Loewenheim/Meessen/Riesenkampff/Kersting/Meyer-Lindemann/Baron VO 330/2010 Art. 5 Rn. 410.

[23] Metzlaff BB 2000, 1201 (1209); Schultze/Pautke/Wagener Rn. 888; Loewenheim/Meessen/Riesenkampff/Kersting/Meyer-Lindemann/Baron VO 330/2010 Art. 5 Rn. 410; Immenga/Mestmäcker/Ellger EuWettbR Art. 5 Rn. 32.

[24] Wijckmans/Tuytschaever Rn. 5.58.

[25] Loewenheim/Meessen/Riesenkampff/Kersting/Meyer-Lindemann/Baron VO 330/2010 Art. 5 Rn. 410.

[26] Hierzu → Rn. 287.

[27] Immenga/Mestmäcker/Ellger EuWettbR Art. 5 Rn. 40.

[28] So auch schon Metzlaff Franchising-HdB/Metzlaff § 26 Rn. 111 zur Vorgängerverordnung.

297   Der Anwendungsbereich des Art. 5 Abs. 3 UAbs. 2 Vertikal-GVO unterscheidet sich von dem des UAbs. 1 folglich dahingehend, dass dieser vor Gefährdungen des überlassenen Know-hows durch Aufnahme einer Konkurrenztätigkeit und UAbs. 2 vor tatsächlichen Verletzungen durch nicht zugelassene Nutzung und Offenlegung schützt.[29] Es handelt sich somit um einen mehrstufigen Prozess des Know-how Schutzes. UAbs. 2 bietet zwar einen zeitlich nicht befristeten Schutz. Dieser betrifft jedoch nur die Nutzung oder Offenlegung des konkret überlassenen Know-hows, während UAbs. 1 vorgelagert wirkt, indem bereits die abstrakte Möglichkeit der Gefährdung durch die Aufnahme einer konkurrierenden Geschäftstätigkeit ausreicht.

III. Verkaufsverbote in selektiven Vertriebssystemen, Art. 5 Abs. 1 lit. c Vertikal-GVO

298   Nicht freigestellt sind weiterhin Klauseln, die es den Mitgliedern eines selektiven Vertriebssystems untersagen, Marken **bestimmter konkurrierender Anbieter** nicht zu verkaufen. Ausgeschlossen sind damit nicht generelle Verbote des Vertriebs von Wettbewerbsprodukten, sondern nur Bestimmungen, die bestimmte Anbieter aussondern **(individualisierte Wettbewerbsverbote)**.[30] Die Vorschrift bezweckt Anbietern, die den gleichen Vertriebsmittler nutzen, die Möglichkeit zu nehmen durch gleichlautende Vereinbarungen den Zugang Dritter zu dessen Verkaufsstätten einzuschränken. Die Kommission nennt ein solches Vorgehen „Marktausschluss eines konkurrierenden Anbieters in Form eines kollektiven **Boykotts**".[31] Die Gefahr des Marktausschlusses birgt das Verkaufsverbot jedes selektiven Vertriebssystems. Die Freistellung entfällt unabhängig von kumulativen Wirkungen, also auch, wenn nur ein selektives Vertriebssystem den Verkauf von Produkten eines bestimmten Konkurrenten untersagt.

299   Der Wortlaut des Art. 5 Abs. 1 lit. c Vertikal-GVO spricht von Mitgliedern eines selektiven Vertriebssystems. Daher erfasst die Vorschrift auch Verkaufsverbote zulasten der Anbieter. Dieser Erweiterung des Adressatenkreises wird in der Praxis freilich wenig Bedeutung zukommen.[32]

300   Ein generelles Verbot, Güter von konkurrierenden Anbietern zu verkaufen, ist auch für selektive Vertriebssysteme nicht anhand von Art. 5 Abs. 1 lit. c Vertikal-GVO sondern nach Art. 5 Abs. 1 lit. a Vertikal-GVO derselben Vorschrift zu beurteilen. Auch in selektiven Vertriebssystemen kann daher eine allgemeine Markenausschließlichkeit vereinbart werden.[33]

301   Das auf bestimmte Konkurrenten beschränkte Wettbewerbsverbot gilt nur für selektive Vertriebssysteme. Anbietern, die andere Vertriebsformen nutzen, ist es daher möglich, das Wettbewerbsverbot auf bestimmte einzelne Konkurrenten zu begrenzen.[34]

302   Ein Verbot bezieht sich auf bestimmte konkurrierende Anbieter, wenn diese ausdrücklich genannt sind oder anhand der konkreten Umschreibung jederzeit feststellbar ist, welche Anbieter erfasst sein sollen.[35] So reicht auch eine abstrakte Beschreibung aus, wenn diese aufgrund der Marktgegebenheiten aber das Unternehmen, auf das das Verkaufsverbot abzielt, erkennen lässt.[36]

---

[29] Schultze/Pautke/Wagener Rn. 895; Immenga/Mestmäcker/Ellger EuWettbR Art. 5 Rn. 38; Wijckmans/Tuytschaever Rn. 5.63.

[30] Vertikal-Leitlinien Rn. 252; Semler/Bauer DB 2000, 193 (199); Immenga/Mestmäcker/Ellger EuWettbR Art. 5 Rn. 42.

[31] Vertikal-Leitlinien Rn. 252.

[32] Schultze/Pautke/Wagener Rn. 900.

[33] Immenga/Mestmäcker/Ellger EuWettbR Art. 5 Rn. 48; Schultze/Pautke/Wagener Rn. 899; Wijckmans/Tuytschaever Rn. 5.66.

[34] Immenga/Mestmäcker/Ellger EuWettbR Art. 5 Rn. 47; Schultze/Pautke/Wagener Rn. 901; Wijckmans/Tuytschaever Rn. 5.66.

[35] Schultze/Pautke/Wagener Rn. 903.

[36] Immenga/Mestmäcker/Ellger EuWettbR Art. 5 Rn. 48.

Konkurrierende Anbieter sind auch potenzielle Wettbewerber.[37] Freilich wird ein indivi- **303** dualisiertes Verkaufsverbot bezüglich der Produkte potenzieller Wettbewerber mangels aktuellen Wettbewerbsverhältnisses praktisch selten erfolgen.

Der umgekehrte Fall des Art. 5 Abs. 1 lit. c Vertikal-GVO also die Verpflichtung eines **304** Mitglieds eines selektiven Vertriebssystems, die Produkte bestimmter konkurrierender Anbieter zu führen, ist freigestellt.[38]

IV. Paritätsverpflichtungen, Art. 5 Abs. 1 lit. d Vertikal-GVO

Der vierte Ausschluss von der Gruppenfreistellung wurde im Jahr 2022 als neuer Art. 5 **305** Abs. 1 lit. d in die Vertikal-GVO aufgenommen und betrifft Paritätsverpflichtungen – auch Meistbegünstigungsklauseln oder plattformübergreifende Paritätsvereinbarungen genannt.[39] Die Frage der Freistellungsfähigkeit dieser Vereinbarungen war in der Vergangenheit auch Gegenstand von Gerichtsentscheidungen.[40]

Die Kommission hat mit der neuen Regelung nun sog. **„weite" Paritätsverpflichtun-** **306** **gen** von der Gruppenfreistellung ausgeschlossen. Das sind Vereinbarungen, bei denen sich ein Anbieter von Waren oder Dienstleistungen gegenüber einem Anbieter von (Online-) Vermittlungsdiensten (zB Marktplätze oder Preisvergleichsinstrumente)[41] verpflichtet, seine Waren oder Dienstleistungen weder anderen Parteien noch auf anderen Kanälen (selbst) zu günstigeren Konditionen anzubieten als über die (Online)-Vermittlungsplattform des An- bieters der Vermittlungsdienste mit dem die Paritätsverpflichtung geschlossen wurde. Die Konditionen können dabei Preise, Verfügbarkeit, Produktmengen, Produktqualität und -bandbreite oder andere Angebots- oder Verkaufsbedingungen betreffen.[42] Unerheblich ist dabei, ob die Verpflichtung ausdrücklich oder durch andere direkte oder indirekte Mittel angewandt wird. Davon umfasst ist auch die Anwendung von Preisstaffelung oder anderen Anreizen oder Maßnahmen, deren Anwendung von den Konditionen abhängt, unter denen der Abnehmer der Online-Vermittlungsdienste Unternehmen oder Endkunden Waren oder Dienstleistungen unter Nutzung konkurrierender Anbieter von Online-Vermittlungs- diensten anbietet.[43]

Nicht grundsätzlich ausgeschlossen von der Gruppenfreistellung sind hingegen sog. **307** **„enge" Paritätsverpflichtungen.** Demnach kann – soweit die anderen Freistellungs- voraussetzungen erfüllt sind – ein Anbieter von (Online-)Vermittlungsdiensten dem Anbie- ter von Waren und Dienstleistungen untersagen, dass dieser seine Waren und Dienstleis- tungen im (eigenen) Direktvertrieb zu günstigeren Konditionen anbietet als über die Vermittlungsplattform.[44] Die Kommission weist jedoch in den Vertikal-Leitlinien aus- drücklich darauf hin, dass Art. 6 Vertikal-GVO die Möglichkeit vorsieht, nach Art. 29 KartellVO den Rechtsvorteil der Freistellung im Einzelfall zu entziehen, wenn der relevan- te Markt für die Erbringung von Online-Vermittlungsdiensten hoch konzentriert ist und der Wettbewerb zwischen den Anbietern solcher Dienste durch die kumulative Wirkung paralleler Netze gleichartiger Vereinbarungen eingeschränkt wird, die die Abnehmer von Online-Vermittlungsdiensten daran hindern, Endverbrauchern Waren oder Dienstleistun- gen über ihre Direktvertriebskanäle zu günstigeren Bedingungen anzubieten.[45]

---

[37] Schultze/Pautke/Wagener Rn. 907.
[38] Schultze/Pautke/Wagener Rn. 909.
[39] Vertikal-Leitlinien Rn. 356.
[40] Anwendbarkeit der Vertikal-GVO noch offen gelassen: OLG Düsseldorf WuW/E DE-R 2015 (4572–4594) – HRS-Bestpreisklauseln.
[41] Vgl. zur Begriffsbestimmung und Definition von Online-Vermittlungsdiensten Art. 1 Abs. 1 lit. e Ausführungen → Rn. 38.
[42] Vertikal-Leitlinien Rn. 253.
[43] Vertikal-Leitlinien Rn. 253, 356.
[44] Dazu Vertikal-Leitlinien Rn. 369 ff.
[45] Dazu Vertikal-Leitlinien Rn. 259; zum Einzelfallentzug der Freistellung ab → Rn. 315.

B. Handelsvertreter

308   Art. 5 lit. a Vertikal-GVO betrifft aufgrund der Definition des Art. 1 lit. f Vertikal-GVO nur Wettbewerbsverbote, die dem Abnehmer auferlegt werden. Möglich sind jedoch auch Verpflichtungen des Anbieters, nur einen Vertreter zu benennen (**Alleinvertretungsklauseln**). Diese betreffen – genauso wie die spiegelbildlichen Beschränkungen der Handelsvertreter (**Markenzwangklauseln**) – das Verhältnis des Geschäftsherrn zum Handelsvertreter also den Markt für Handelsvertreterdienstleistungen.[46] Insofern ist das Handelsvertreterprivileg nicht anwendbar und die Vereinbarung an Art. 101 Abs. 1 AEUV zu messen.

309   Ihre Zulässigkeit richtet sich daher nach den gleichen Kriterien wie bei anderen Vertriebsmittlern. Allerdings stellt die Kommission in den Vertikal-Leitlinien fest, dass Alleinvertreterklauseln in der Regel keine wettbewerbsschädigenden Auswirkungen haben werden.[47] Markenzwangsklauseln und Wettbewerbsverbote, die den Handelsvertretern auferlegt werden, können jedoch den Wettbewerb beschränken, wenn sie zur Abschottung des Marktes führen. In diesen Fällen ist die Vertikal-GVO anwendbar, sodass eine Freistellung in Betracht kommt.[48]

C. Vertragshändler

310   Für den Vertragshändler gelten hier keine Besonderheiten.

D. Franchisenehmer

311   Die besondere Natur von Franchisesystemen, die insbesondere durch das Erfordernis eines einheitlichen Erscheinungsbildes und die weitreichende Know-how Übertragung bedingt ist, führt auch bei Wettbewerbsverboten zu Besonderheiten. Es ist einerseits wahrscheinlicher, dass diese bereits nicht Art. 101 Abs. 1 AEUV unterfallen, andererseits ist auch eine Gruppen- oder Einzelfreistellung wahrscheinlicher.

312   Im Pronuptia-Urteil hat der EuGH festgestellt, dass es für den Schutz des Know-hows und damit für die Funktionsfähigkeit des Franchisesystems unerlässlich sein könne, „dem Franchisenehmer [ein] Verbot [aufzuerlegen], während der Vertragsdauer oder während eines angemessenen Zeitraums nach Vertragsbeendigung ein Geschäft mit gleichem oder ähnlichem Zweck in einem Gebiet zu eröffnen, in dem er zu einem der Mitglieder der Vertriebsorganisation in Wettbewerb treten könnte."[49] Demnach ist **Art. 101 Abs. 1 AEUV auf Wettbewerbsverbote bereits nicht anwendbar,** die sich auf die Vertragsgüter beziehen, wenn diese notwendig sind, um die Einheitlichkeit und den Ruf des Franchisesystems zu erhalten.[50] Beschränkenden Charakter kann ein solches Wettbewerbsverbot erst erhalten, wenn es über die Vertragsdauer hinaus andauert.[51]

313   Die auch im Pronuptia-Urteil angesprochene Möglichkeit eines Wettbewerbsverbotes für einen angemessen Zeitraum nach Vertragsbeendigung wird durch die Ausnahmebestimmungen zu Art. 5 Abs. 1 lit. b Vertikal-GVO umgesetzt. Insbesondere die Regelung des Art. 5 Abs. 3 UAbs. 2 Vertikal-GVO scheint für Franchisesysteme maßgeschneidert.[52]

---

[46] Vgl. zu den verschiedenen Märkten bereits → Rn. 7.
[47] Vertikal-Leitlinien Rn. 43.
[48] Vertikal-Leitlinien Rn. 43; Wijckmans/Tuytschaever Rn. 6.139.
[49] EuGH Slg. 1986, 353 Rn. 16 = NJW 1986, 1415 – Pronuptia.
[50] Vertikal-Leitlinien Rn. 166.
[51] Vertikal-Leitlinien Rn. 166.
[52] Wijckmans/Tuytschaever Rn. 6.95; Schultze/Pautke/Wagener Rn. 702.

E. Kommissionsagent

Der Kommissionsagent wird kartellrechtlich wie ein Handelsvertreter beurteilt, sodass auf **314** die diesbezüglichen Ausführungen verwiesen wird.[53]

Artikel 6 – Entzug des Rechtsvorteils im Einzelfall

(1) **Nach Artikel 29 Absatz 1 der Verordnung (EG) Nr. 1/2003 des Rates kann die Kommission den Rechtsvorteil der vorliegenden Verordnung entziehen, wenn sie in einem bestimmten Fall feststellt, dass eine vertikale Vereinbarung, für die die Freistellung nach Artikel 2 der vorliegenden Verordnung gilt, dennoch Wirkungen hat, die mit Artikel 101 Absatz 3 AEUV unvereinbar sind. Solche Wirkungen können beispielsweise auftreten, wenn der relevante Markt für die Bereitstellung von Online-Vermittlungsdiensten stark konzentriert ist und der Wettbewerb zwischen den Anbietern solcher Dienste durch die kumulative Wirkung paralleler Netze ähnlicher Vereinbarungen beschränkt wird, die die Möglichkeiten von Abnehmern von Online-Vermittlungsdiensten beschränken, Waren oder Dienstleistungen über ihre Direktvertriebskanäle Endnutzern zu günstigeren Bedingungen anzubieten, zu verkaufen oder weiterzuverkaufen.**

(2) **Die Wettbewerbsbehörde eines Mitgliedstaats kann den aus dieser Verordnung erwachsenden Rechtsvorteil entziehen, wenn die Voraussetzungen nach Artikel 29 Absatz 2 der Verordnung (EG) Nr. 1/2003 erfüllt sind.**

A. Einleitung

Es bestehen mehrere Möglichkeiten der Wettbewerbsbehörden die Freistellungswirkung **315** zu begrenzen. Einerseits kann die Kommission nach Art. 7 Vertikal-GVO[1] durch Verordnung Vereinbarungen, die vertikale Beschränkungen enthalten und einen bestimmten Markt betreffen, von der Freistellung durch die Vertikal-GVO ausnehmen (sog. **Nichtanwendung**).[2] Andererseits ermöglicht Art. 29 Abs. 1 KartellVO der Kommission einzelnen Vereinbarungen die Freistellung zu entziehen (sog. **Einzelfallentzug**).Diese Möglichkeit steht gemäß Art. 29 Abs. 2 KartellVO auch den Wettbewerbsbehörden der Mitgliedsstaaten zu, wenn das Gebiet oder ein Teil desselben alle Merkmale eines gesonderten räumlichen Marktes aufweist. In der bisher geltenden Vertikal-GVO wurden die Entzugsmöglichkeiten, die die KartellVO bietet, lediglich in den Erwägungsgründen wiedergegeben.[3] Nunmehr sind die Entzugsmöglichkeiten in Art. 6 Vertikal-GVO zu finden, der auf Art. 29 KartellVO verweist. Inhaltlich gab es jedoch keine Änderungen. Vielmehr wird durch die Aufnahme des Verweises in Art. 6 Vertikal-GVO und die dortigen Ausführungen vor allem die Bedeutung des Einzelfallentzug im Zusammenhang mit den Entwicklungen im Bereich des Online-Handels betont.

Die Möglichkeiten den Rechtsvorteil zu entziehen basieren auf dem Ziel der möglichst **316** effizienten Kontrolle bei möglichst einfacher Verwaltung. Das Institut der Gruppenfreistellung ist auf eine Gruppierung ausgelegt, sodass es zu Fällen kommen kann, in denen die tragenden Gedanken einer Gruppenfreistellung keine Geltung beanspruchen können.[4]

---

[53] → Rn. 308 f.
[1] Dieser entspricht dem Art. 6 Vertikal-GVO (2010).
[2] Dazu die Ausführungen ab → Rn. 326.
[3] Vgl. Erwägungsgründe (16) ff. der Vertikal-GVO (2010).
[4] Vgl. Erwägungsgründe (18) ff. Vertikal-GVO.

I. Kommissionsentscheidung, Art. 6 Abs. 1 Vertikal-GVO iVm Art. 29 Abs. 1 KartellVO

317   Die Kommission kann im Einzelfall die Freistellungswirkung der Vertikal-GVO entziehen, wenn sie feststellt, dass eine Vereinbarung, für die die Vertikal-GVO gilt, dennoch Wirkungen hat, die mit Art. 101 Abs. 3 AEUV unvereinbar sind. Diese **Einzelfallkorrektur** dient der Umsetzung der in Art. 103 Abs. 2 lit. b aE AEUV niedergelegten Anforderungen an die Erteilung einer Gruppenfreistellung. Sie ermöglicht einen sachgerechten Ausgleich zwischen einer möglichst weitgehenden und zugleich effizienten Kontrolle des Wettbewerbs.

318   Bei einer Entscheidung nach Art. 29 Abs. 1 KartellVO sollen gleichartige Auswirkungen paralleler Netze vertikaler Vereinbarungen gemäß Art. 6 Abs. 1 Vertikal-GVO besonders berücksichtigt werden.

319   Liegen die Voraussetzungen des Art. 29 Abs. 1 KartellVO vor, kann die Kommission den Rechtsvorteil der Vertikal-GVO entweder von sich aus oder aufgrund einer Beschwerde entziehen. Dies umfasst auch die Möglichkeit nationaler Wettbewerbsbehörden – unbeschadet ihrer eigenen Entzugsbefugnis nach Art. 29 Abs. 2 KartellVO[5] – die Kommission zu ersuchen, tätig zu werden. Denn nur die Kommission kann den Rechtsvorteil der Vertikal-GVO unionsweit entziehen, vgl. Art. 29 KartellVO.

II. Entscheidung durch nationale Wettbewerbsbehörden, Art. 6 Abs. 1 Vertikal-GVO iVm Art. 29 Abs. 2 KartellVO

320   Gemäß Art. 29 Abs. 2 KartellVO können auch **Wettbewerbsbehörden der Mitgliedstaaten** die Freistellungswirkung im Einzelfall aufheben. Dies ist möglich, wenn die mit Art. 101 Abs. 1 AEUV unvereinbaren Auswirkungen in einem Mitgliedstaat oder Teilen eines solchen, die alle Merkmale eines gesonderten räumlichen Marktes aufweisen, auftreten. Die Entscheidung einer nationalen Wettbewerbsbehörde wirkt nur für den Bereich des jeweiligen Marktes.

321   In Deutschland ist gemäß § 50 Abs. 4 GWB das **Bundeskartellamt** für die Entscheidung nach Art. 29 Abs. 2 KartellVO zuständig.

B. Handelsvertreter

322   Für den Handelsvertreter gelten hier keine Besonderheiten.

C. Vertragshändler

323   Für den Vertragshändler gelten hier keine Besonderheiten.

D. Franchisenehmer

324   Für den Franchisenehmer gelten hier keine Besonderheiten.

E. Kommissionsagent

325   Für den Kommissionsagenten gelten hier keine Besonderheiten.

---

[5] Dazu → Rn. 320 f.

Artikel 7 – Nichtanwendung dieser Verordnung

Nach Artikel 1a der Verordnung Nr. 19/65/EWG kann die Kommission durch Verordnung erklären, dass in Fällen, in denen mehr als 50 % des relevanten Marktes von parallelen Netzen gleichartiger vertikaler Beschränkungen abgedeckt werden, die vorliegende Verordnung auf vertikale Vereinbarungen, die bestimmte Beschränkungen des Wettbewerbs auf diesem Markt enthalten, keine Anwendung findet.

A. Einleitung

Es bestehen mehrere Möglichkeiten der Wettbewerbsbehörden, die Freistellungswirkung **326** zu begrenzen. Die Kommission oder Wettbewerbsbehörden der Mitgliedstaaten können einerseits gemäß Art. 6 Vertikal-GVO iVm Art. 29 KartellVO einzelne Vereinbarungen von der Freistellung ausnehmen.[1] Andererseits ermöglicht Art. 7 Vertikal-GVO[2] der Kommission durch Verordnung Vereinbarungen, die vertikale Beschränkungen enthalten und einen bestimmten Markt betreffen, von der Freistellung durch die Vertikal-GVO **auszunehmen,** wenn der relevante Markt zu mehr als 50 % von parallelen Netzen gleichartiger vertikaler Beschränkungen abgedeckt wird. Eine solche Maßnahme richtet sich nicht an einzelne Unternehmen, sondern betrifft alle Unternehmen, deren Vereinbarungen die in einer Verordnung nach Art. 7 Vertikal-GVO genannten Voraussetzungen erfüllen.[3]

Der Entzug des Vorteils ist auf einen bestimmten Markt begrenzt. Dies unterscheidet **327** eine Nichtanwendungsverordnung iSd Art. 7 Vertikal-GVO von einer ebenfalls zulässigen Aufhebungsverordnung. Eine Änderungsverordnung würde hingegen den Vorteil der Gruppenfreistellungsverordnung generell entziehen beziehungsweise zu einer – zu vermeidenden – branchenspezifischen Zerteilung der Verordnung führen.[4]

Der relevante Markt wird nach den allgemeinen Grundsätzen ermittelt.[5] Netze sind als **328** parallel einzustufen, wenn von ihnen ähnliche Beschränkungen des Wettbewerbs ausgehen. Dies kann beispielsweise bei gleichzeitig bestehenden qualitativen und quantitativen selektiven Vertriebssystemen der Fall sein.[6]

Wird eine **Verordnung** iSd Art. 6 Vertikal-GVO erlassen, ist die Vertikal-GVO in **329** Bezug auf die betreffenden Beschränkungen und die Märkte nicht mehr anwendbar, mit der Konsequenz, dass Art. 101 Abs. 1 und 3 AEUV insoweit uneingeschränkt gelten.[7] Die Regelungen einer solchen Verordnung müssen hinreichend **bestimmt** sein, sodass die Kommission den sachlich und räumlich relevanten Markt und die Art der Beschränkung, die nicht mehr freigestellt sein soll, angeben muss.[8]

Eine Verpflichtung der Kommission zum Erlass einer Verordnung besteht nicht. Es **330** handelt sich um eine **Ermessensentscheidung** („kann … erklären"). Die Vertikal-Leitlinien bestimmen, dass die Kommission erwägen wird, ob die Vereinbarkeit mit Art. 101 AEUV nicht in geeigneterer Weise durch einen Entzug der Freistellung im Einzelfall gewährleistet werden kann.[9]

Die Wirkungen der Freistellung entfallen frühestens sechs Monate nach Erlass einer **331** Verordnung iSd Art. 7 Vertikal-GVO.[10]

---

[1] Dazu bereits → Rn. 315 ff.

[2] Dieser entspricht dem Art. 6 Vertikal-GVO (2010).

[3] Vertikal-Leitlinien Rn. 269.

[4] AA Schultze/Pautke/Wagener Rn. 911 und Loewenheim/Meessen/Riesenkampff/Kersting/Meyer-Lindemann/Baron VO 330/2010 Art. 6 Rn. 434, die Art. 7 dementsprechend für überflüssig halten.

[5] Vgl. → AEUV Art. 102 Rn. 13.

[6] Vertikal-Leitlinien Rn. 258.

[7] Vertikal-Leitlinien Rn. 271.

[8] Vertikal-Leitlinien Rn. 272.

[9] Vertikal-Leitlinien Rn. 269; vgl. auch die Ausführungen zum Einzelfallentzug gemäß Art. 6 Vertikal-GVO → Rn. 263.

[10] Vertikal-Leitlinien Rn. 273 und Art. 1a Verordnung Nr. 19/65/EWG.

332 Die praktische Bedeutung der Vorschrift ist gering. Soweit ersichtlich wurde die Möglichkeit zur Erklärung der Nichtanwendung weder im Geltungszeitraum der aktuellen noch der vorangegangen Vertikal-GVO genutzt.[11]

B. Handelsvertreter

333 Für den Handelsvertreter gelten hier keine Besonderheiten.

C. Vertragshändler

334 Für den Vertragshändler gelten hier keine Besonderheiten.

D. Franchisenehmer

335 Für den Franchisenehmer gelten hier keine Besonderheiten.

E. Kommissionsagent

336 Für den Kommissionsagenten gelten hier keine Besonderheiten.

Artikel 8 – Anwendung der Marktanteilsschwelle

Für die Anwendung der Marktanteilsschwellen im Sinne des Artikels 3 gelten folgende Vorschriften:

a) **der Marktanteil des Anbieters wird anhand des Absatzwerts und der Marktanteil des Abnehmers anhand des Bezugswerts berechnet. Liegen keine Angaben über den Absatz- bzw. Bezugswert vor, so können zur Ermittlung des Marktanteils des betreffenden Unternehmens Schätzungen vorgenommen werden, die auf anderen verlässlichen Marktdaten unter Einschluss einschließlich beruhen;**

b) **die Marktanteile werden anhand der Angaben für das vorangegangene Kalenderjahr ermittelt;**

c) **der Marktanteil des Anbieters schließt Waren oder Dienstleistungen ein, die zum Zweck des Verkaufs an vertikal integrierte Händler geliefert werden;**

d) **beträgt ein Marktanteil ursprünglich nicht mehr als 30 % und überschreitet er anschließend diese Schwelle, so gilt die Freistellung nach Artikel 2 im Anschluss an das Jahr, in dem die Schwelle von 30 % erstmals überschritten wurde, noch für zwei weitere Kalenderjahre;**

e) **der Marktanteil der in Artikel 1 Absatz 2 UA 2 Buchstabe e genannten Unternehmen wird zu gleichen Teilen jedem Unternehmen zugerechnet, das die in Buchstabe a des genannten Unterabsatzes aufgeführten Rechte oder Befugnisse hat.**

337 Die Berechnung der Marktanteilsschwelle ist nur für die Anwendung des Artikels 3 Vertikal-GVO relevant. Sie ist dort erläutert.[1]

---

[11] Vgl. Wijckmans/Tuytschaever Rn. 8.04.
[1] → Rn. 145.

Artikel 9 – Anwendung der Umsatzschwelle

(1) Für die Berechnung des jährlichen Gesamtumsatzes im Sinne des Artikels 2 Absatz 2 sind die Umsätze zu addieren, die das jeweilige an der vertikalen Vereinbarung beteiligte Unternehmen und die mit ihm verbundenen Unternehmen im vorangegangenen Geschäftsjahr mit allen Waren und Dienstleistungen ohne Steuern und sonstige Abgaben erzielt haben. Dabei werden Umsätze zwischen dem an der vertikalen Vereinbarung beteiligten Unternehmen und den mit ihm verbundenen Unternehmen oder zwischen den mit ihm verbundenen Unternehmen nicht mitgerechnet.

(2) Die Freistellung nach Artikel 2 bleibt bestehen, wenn der jährliche Gesamtumsatz im Zeitraum von zwei aufeinanderfolgenden Geschäftsjahren die Schwelle um nicht mehr als 10 % übersteigt.

Die Berechnung der Umsatzschwelle ist nur für die Anwendung des Artikels 2 Abs. 2 **338** Vertikal-GVO relevant. Sie ist dort erläutert.[1]

Artikel 10 – Übergangszeitraum

Das Verbot nach Artikel 101 Absatz 1 AEUV gilt in der Zeit vom 1. Juni 2022 bis zum 31. Mai 2023 nicht für bereits am 31. Mai 2022 in Kraft befindliche Vereinbarungen, die zwar die Freistellungskriterien dieser Verordnung nicht erfüllen, aber am 31. Mai 2022 die Freistellungskriterien der Verordnung (EU) Nr. 330/2010 erfüllt haben.

Der Übergangszeitraum ist im zeitlichen Anwendungsbereich der Vertikal-GVO erläu- **339** tert.[1*]

Artikel 11 – Geltungsdauer

Diese Verordnung tritt am 1. Juni 2022 in Kraft.
Ihre Geltungsdauer endet am 31. Mai 2034.

Die Vorschrift betrifft den zeitlichen Anwendungsbereich der Gruppenfreistellungsver- **340** ordnung. Dieser reicht vom 1.6.2022 bis zum 31.5.2034.

Regelungen zur zeitlichen Anwendbarkeit der Gruppenfreistellungsverordnung finden **341** sich auch in Art. 8 und 10 Vertikal-GVO, die bereits erläutert worden sind: Art. 10 Vertikal-GVO regelt einen Übergangszeitraum zur Anpassung der vertikalen Vereinbarungen;[1**] Art. 8 Vertikal-GVO regelt den Zeitraum für den die Freistellung einer Vereinbarung trotz Überschreitens der Freistellung fortbesteht.[1]

---

[1] → Rn. 96.
[1*] → Rn. 123.
[1**] → Rn. 123.
[1] → Rn. 147.

3. Verordnung (EU) Nr. 461/2010 der Kommission

vom 27. Mai 2010

über die Anwendung von Artikel 101 Absatz 3 des Vertrags über die Arbeitsweise der Europäischen Union auf Gruppen von vertikalen Vereinbarungen und abgestimmten Verhaltensweisen im Kraftfahrzeugsektor

Literatur: Ensthaler, Marktabgrenzung bei Kfz-Servicesystemen – keine marktbeherrschende Stellung der Kfz-Hersteller? NJW 2011, 2701; Ensthaler/Gesmann-Nuissl/Stopper, Ausgleichsansprüche des KFZ-Vertragshändlers für drittbestimmte Investitionen und den Kundenstamm bei ordentlicher Kündigung oder Herabstufung, DB 2003, 257 ff.; Ensthaler/Funk/Stopper, Handbuch des Automobilvertriebsrechts (2003); Faatz, Der Kraftfahrzeugvertrieb vor dem Hintergrund des europäischen Kartellverbots (2005); Funke/Just, Neue Wettbewerbsregeln für den Vertrieb: Die Verordnung (EU) Nr. 330/2010 für Vertikalverträge, DB 2010, 1389 ff.; Karl, Kraftfahrzeugvertrieb und Europäisches Privatrecht (2005); Lettl, Die neue Vertikal-GVO (EU Nr. 330/2010), WRP 2010, 807 ff.; Malec/v. Bodungen, Die neue Vertikal-GVO und ihre Auswirkungen auf die Gestaltung von Liefer- und Leistungsverträgen, BB 2010, 2383 ff.; Polley, Die neue Vertikal-GVO – Inhaltliche Neuerungen und verpasste Chancen, CuR 2010, 625 ff.; Schumacher/Erdmann, Die EG-kartellrechtliche Neuregelung des Kfz-Vertriebs, WuW 2011, 463 ff.; Spenner, Variantenreichtum bei der Marktabgrenzung im Aftermarket, BB 2011, 1281; Terboven, Quantitative Study to Define the Relevant Market in the Passenger Car Sector (2002); Walz, Das Kartellrecht des Automobilvertriebs (2005); Wegner, Neue Kfz-GVO (VO 461/2010) – des Kaisers neue Kleider? Teil 1: die Anschlussmärkte, BB 2010, 1803; ders. Neue Kfz-GVO (VO 461/2010) – Teil 2: Individuelle Beurteilung von Verträgen außerhalb der GVO auf den Anschlussmärkten, BB 2010, 1867 ff.; Wegner/Oberhammer, Neue Kfz-GVO (VO 461/2010) – Teil 3: der Vertrieb von Neufahrzeugen ab Juni 2013, BB 2011, 1408 ff. Wiedemann, Die neue EU-Vertikal GVO – Licht und Schatten, WuW 2010, 611.

A. Überblick

I. Überblick

Die Verordnung (EU) Nr. 461/2010 der Kommission vom 27.5.2010 über die Anwen- **1** dung von Artikel 101 Absatz 3 des Vertrages über die Arbeitsweise der Europäischen Union auf Gruppen von vertikalen Vereinbarungen und abgestimmten Verhaltensweisen im Kraftfahrzeugsektor[1] (Kfz-GVO) regelt die Voraussetzungen unter denen vertikale Vereinbarungen über den Vertrieb von Kraftfahrzeug-Ersatzteilen vom Kartellverbot des Art. 101 AEUV bzw. § 1 GWB freigestellt sind. Diese gilt gemäß Art. 8 Kfz-GVO bis zum 31.5.2023. Zum Zeitpunkt der Fertigstellung des Manuskripts war absehbar, dass die EU Kommission eine Nachfolge-Verordnung erlassen wird.[2] Ein Entwurf lag zu diesem Zeitpunkt aber noch nicht vor.

Art. 101 AEUV verbietet Vereinbarungen oder abgestimmte Verhaltensweisen zwischen **2** Unternehmen, die geeignet sind, den Handel zwischen den Mitgliedsstaaten zu beeinträchtigen, und die eine Beschränkung oder Verfälschung des Wettbewerbs innerhalb der Europäischen Union bezwecken oder bewirken (s. Ausführungen zu Art. 101 AEUV). Aufgrund des sehr weiten Wortlauts von Art. 101 Abs. 1 AEUV sieht Art. 101 Abs. 3 AEUV vor, dass bestimmte Vereinbarungen und abgestimmte Verhaltensweisen von dem Kartellverbot freigestellt werden können. Voraussetzung ist gemäß Art. 101 Abs. 3 AEUV dass die Vereinbarung/abgestimmte Verhaltensweise unter angemessener Beteiligung der

---

[1] ABl. 2010 L 129, 52 ff.
[2] Bericht der Kommission, Bewertungsbericht der Kommission über die Anwendung der Verordnung (EU).
Nr. 461/2010 (Kfz-Gruppenfreistellungsverordnung) v. 28.5.2021, COM(2021) 264 final.

Verbraucher an dem entstehenden Gewinn zur Verbesserung der Warenerzeugung oder -verteilung oder zur Förderung des technischen oder wirtschaftlichen Fortschritts beitragen. Weiterhin dürfen den beteiligten Unternehmen keine Beschränkungen auferlegt werden, die für die Verwirklichung dieser Ziele nicht unerlässlich sind oder die Möglichkeiten eröffnen, für einen wesentlichen Teil der betreffenden Waren den Wettbewerb auszuschalten.

3 Die Kommission hat bestimmte Gruppen von vertikalen Vereinbarungen identifiziert, die nach Auffassung der Kommission im Allgemeinen die Voraussetzungen von Art. 101 Abs. 3 AEUV (→ AEUV Art. 101 Rn. 67) erfüllen.[3] In Bezug auf diese Gruppen von Vereinbarungen hat die Kommission sog. Gruppenfreistellungsverordnungen erlassen. Sofern die in den Gruppenfreistellungsverordnungen festgelegten Voraussetzungen erfüllt sind, sind die Vereinbarungen vom Kartellverbot des Art. 101 AEUV freigestellt. Damit schafft die Kommission einen sog. „safe harbour" für die Unternehmen, sofern die Vereinbarung den Anforderungen der jeweils einschlägigen Gruppenfreistellungsverordnung entspricht.

4 Die für Vertriebsverträge wichtigsten Gruppenfreistellungsverordnungen sind die Verordnung (EU) Nr. 2020/720 der Kommission vom 10.5.2022 über die Anwendung des Artikels 101 Absatz 3 des Vertrages über die Arbeitsweise der Europäischen Union auf Gruppen von vertikalen Vereinbarungen und abgestimmten Verhaltensweisen[4] (Vertikal-GVO) und die Kfz-GVO. Bis zum 31.5.2022 fand auch noch die Verordnung (EU) Nr. 330/210 der Kommission vom 20.4.2010 über die Anwendung von Artikel 101 Absatz 3 des Vertrages über die Arbeitsweise der Europäischen Union auf Gruppen von vertikalen Vereinbarungen und abgestimmten Verhaltensweisen[5] („Vertikal-GVO von 2010") Anwendung (→ Rn. 17 f.).

5 Die Kfz-GVO von 2002 umfasste vertikale Vereinbarungen über (i) den Bezug und Verkauf von neuen Kraftfahrzeugen, (ii) den Bezug und Verkauf von Kraftfahrzeugersatzteilen und (iii) die Erbringung von Instandsetzungs- und Wartungsdienstleistungen. Die Kfz-GVO von 2002 hatte eine Laufzeit bis zum 31.5.2010. Vor dem Auslaufen der Kfz-GVO von 2002 untersuchte die Kommission den Bedarf einer separaten Gruppenfreistellungsverordnung für den Kraftfahrzeugsektor. Die Ergebnisse der Untersuchung ergaben, dass es beim Vertrieb von neuen Kraftfahrzeugen keine erheblichen Beeinträchtigungen des Wettbewerbs gibt, die sich von dem Vertrieb von anderen Waren unterscheiden.[6] Aus diesem Grunde sah die Kommission keine Notwendigkeit mehr für eine besondere, strengere oder andere Gruppenfreistellungsverordnung für den Vertrieb von neuen Kraftfahrzeugen.[7] Dies hat zur Folge, dass vertikale Vereinbarungen über den Bezug, Verkauf oder Weiterverkauf von neuen Kraftfahrzeugen nunmehr unter die Vertikal-GVO fallen. Damit die Unternehmen, die 2002 ihre Vertriebssysteme nach der Kfz-GVO von 2002 ausgerichtet haben, genügend Zeit haben, ihre Verträge an die Regelungen der Vertikal-GVO anzupassen, wurde die Laufzeit der Kfz-GVO von 2002 bis zum 31.5.2013 verlängert[8] (→ Rn. 17 ff.).

6 In Bezug auf den Vertrieb von Ersatzeilen und die Erbringung von Instandsetzungs- und Wartungsleistungen stellte die Kommission bei ihrer Untersuchung fest, dass es auf diesem Anschlussmarkt noch erhebliche Beeinträchtigungen des Wettbewerbs gibt, die eine separate Gruppenfreistellungsverordnung erfordern.[9] Da diese Anschlussmärkte idR markenspezifisch sind, gibt es auf diesen Märkten weniger Wettbewerb.[10]

---

[3] Kfz-GVO Erwägungsgrund 2.

[4] ABl. 2022 L 134/4.

[5] ABl. 2010 L 102, 1.

[6] Bericht zur Bewertung der Verordnung (EG) Nr. 1400/2002 der Kommission vom 28.5.2008, SEK (2008) 1964; Mitteilung der Kommission (KOM 2009, 388).

[7] Kfz-GVO Erwägungsgrund 10.

[8] Kfz-GVO Erwägungsgrund 19.

[9] Kfz-GVO Erwägungsgründe 11 und 14.

[10] Immenga/Mestmäcker/Ellger EuWettbR Allgemeines zur Kfz-GVO Rn. 18; Kfz-Leitlinien Rn. 15.

Ein funktionierender Wettbewerb auf dem Kfz-Anschlussmarkt erfordert einerseits einen 7 funktionierenden Wettbewerb zwischen den Werkstätten (untereinander zwischen den zugelassenen Werkstätten, sowie zwischen zugelassenen und unabhängigen Werkstätten) und andererseits einen wirksamen Wettbewerb auf dem Ersatzteilmarkt.[11] Darüber hinaus ist es erforderlich, dass die jeweiligen Marktteilnehmer Zugang zu den Ersatzteilen und dem erforderlichen Know-how für die Erbringungen der Dienstleistungen haben. Unzureichender Wettbewerb in diesem Markt bedeutet auch ein Sicherheitsrisiko, weil Kraftfahrzeuge, die nicht ordnungsgemäß repariert und gewartet werden, ggf. nicht sicher sind.[12] Außerdem können schlecht gewartete Fahrzeuge durch verstärkte Emissionen negative Auswirkungen auf die Umwelt und die Gesundheit haben.[13]

Die Vertikal-GVO hätte nach Auffassung der Kommission den kartellrechtlichen Be- 8 sonderheiten auf dem Anschlussmarkt nicht ausreichend Rechnung getragen. Aus diesen Gründen hat die Kommission unter Berücksichtigung der sektorspezifischen Besonderheiten die Kfz-GVO für vertikale Vereinbarungen über den Vertrieb von Kfz-Ersatzteilen und die Erbringung von Instandsetzungs- und Wartungsdienstleistungen erlassen. Diese ist zusätzlich zur Vertikal-GVO anwendbar, mit der Folge, dass Vereinbarungen über den Vertrieb von Kfz-Ersatzteilen und die Erbringungen von Instandsetzungs- und Wartungsdienstleistungen nur dann vom Kartellverbot des Art. 101 Abs. 1 AEUV freigestellt sind, wenn die Freistellungsvoraussetzungen der Vertikal-GVO und zusätzlich die Freistellungsvoraussetzungen der Kfz-GVO erfüllt sind (Art. 4 Kfz-GVO).

Ergänzend zur Kfz-GVO hat die Kommission „Ergänzende Leitlinien für vertikale 9 Beschränkungen in Vereinbarungen über den Verkauf und die Instandsetzung von Kraftfahrzeugen und den Vertrieb von Kraftfahrzeugersatzteilen"[14] (Kfz-Leitlinien) erlassen. Die Kfz-Leitlinien geben ergänzende Erläuterungen zu den relevanten Grundsätzen der Kfz-GVO und helfen bei der Auslegung der Kfz-GVO anhand von konkreten Fallbeispielen. Darüber hinaus gelten ergänzend die Vertikal-Leitlinien,[15] die die Kommission für die Auslegung der Vertikal-GVO erlassen hat.

Anders als die Kfz-GVO, die zwingendes Recht ist, sind die Kfz-Leitlinien, ebenso wie 10 die Vertikal-Leitlinien nur für die Kommission bindend. Die nationalen Kartellbehörden und Gerichte sind nicht an die Leitlinien gebunden.

Die Kommission sieht in der Intransparenz von vertraglichen Bestimmungen die 11 Gefahr, dass das Wettbewerbsverhalten zu Lasten der Händler beeinflusst wird, zB durch Drohungen, Einschüchterungen, verspätete Lieferung, wenn etwa ein bestimmtes Preisniveau nicht eingehalten wird oder Verkäufe an Kunden außerhalb des Vertragsgebiets getätigt werden.[16] Je klarer und transparenter die vertraglichen Rechte und Pflichten geregelt sind, desto weniger wahrscheinlich sei eine wettbewerbswidrige Einflussnahme durch den Anbieter. Die Kommission legt daher den Anbietern nahe, einen Verhaltenskodex in Bezug auf allgemein geltende Kündigungsfristen abhängig von der jeweiligen Laufzeit oder Entschädigungsregelungen zu entwickeln und diesen Verhaltenskodex in die Vertragsbeziehungen mit den Händlern einzubinden.[17] Die Kommission will bei Vorliegen und Einbeziehung eines solchen Verhaltenskodexes, der öffentlich zugänglich ist und vom Anbieter eingehalten wird, dies bei der Beurteilung des Verhaltens des Anbieters als relevanten Faktor berücksichtigen. Es ist allerdings zweifelhaft, ob ein solcher Verhaltenskodex in der Praxis einen Mehrwert bieten kann. Da ein solcher Verhaltenskodex wettbewerbskonform sein muss, wird es bei Einhaltung des Verhaltenskodex regelmäßig nicht zu einem Verstoß gegen Art. 101 AEUV kommen. Wenn doch, liegen die ge-

---

[11] Kfz-GVO Erwägungsgrund 13.
[12] Kfz-GVO Erwägungsgrund 12.
[13] Kfz-GVO Erwägungsgrund 12.
[14] ABl. 2010 C 138, 16.
[15] ABl. 2010 C 130, 1; Kfz-Leitlinien Rn. 2.
[16] Kfz-Leitlinien Rn. 7.
[17] Kfz-Leitlinien Rn. 7.

forderten Voraussetzungen nicht vor, da sich in diesem Fall der Anbieter nicht an den Verhaltenskodex gehalten hat.

II. Begriffsbestimmungen

Begriffsbestimmungen

(1) Für die Zwecke dieser Verordnung gelten folgende Begriffsbestimmungen:

a) „vertikale Vereinbarung" ist eine Vereinbarung oder abgestimmte Verhaltensweise, die zwischen zwei oder mehr Unternehmen, von denen jedes für die Zwecke der Vereinbarung oder der abgestimmten Verhaltensweise auf einer anderen Ebene der Produktions- oder Vertriebskette tätig ist, besteht und die die Bedingungen betrifft, zu denen die beteiligten Unternehmen Waren oder Dienstleistungen beziehen, verkaufen oder weiterverkaufen dürfen;

b) „vertikale Beschränkung" ist eine Wettbewerbsbeschränkung in einer vertikalen Vereinbarung, die unter Artikel 101 Absatz 1 AEUV fällt;

c) „zugelassene Werkstatt" ist ein Erbringer von Instandsetzungs- und Wartungsdienstleistungen für Kraftfahrzeuge, der dem von einem Kraftfahrzeuganbieter eingerichteten Vertriebssystem angehört;

d) „zugelassener Händler" ist ein Händler von Ersatzteilen für Kraftfahrzeuge, der dem von einem Kraftfahrzeuganbieter eingerichteten Vertriebssystem angehört;

e) „unabhängige Werkstatt" ist

   i) ein Erbringer von Instandsetzungs- und Wartungsdienstleistungen für Kraftfahrzeuge, der nicht dem von einem Kraftfahrzeuganbieter, dessen Kraftfahrzeuge er instand setzt oder wartet, eingerichteten Vertriebssystem angehört,

   ii) eine zugelassene Werkstatt im Vertriebssystem eines Anbieters, soweit sie Instandsetzungs- und Wartungsdienstleistungen für Kraftfahrzeuge erbringt, für die sie nicht Mitglied des Vertriebssystems des entsprechenden Anbieters ist;

f) „unabhängiger Händler" ist:

   i) ein Händler von Ersatzteilen für Kraftfahrzeuge, der nicht dem von einem Kraftfahrzeuganbieter eingerichteten Vertriebssystem angehört,

   ii) ein zugelassener Händler im Vertriebssystem eines Anbieters, soweit er Ersatzteile für Kraftfahrzeuge vertreibt, für die er nicht Mitglied des Vertriebssystems des entsprechenden Anbieters ist;

g) „Kraftfahrzeuge" sind Fahrzeuge mit Selbstantrieb und mindestens drei Rädern, die für den Verkehr auf öffentlichen Straßen bestimmt sind;

h) „Ersatzteile" sind Waren, die in ein Kraftfahrzeug eingebaut oder an ihm angebracht werden und ein Bauteil dieses Fahrzeugs ersetzen, wozu auch Waren wie Schmieröle zählen, die für die Nutzung des Kraftfahrzeugs erforderlich sind, mit Ausnahme von Kraftstoffen;

i) „selektive Vertriebssysteme" sind Vertriebssysteme, in denen sich der Anbieter verpflichtet, die Vertragswaren oder -dienstleistungen unmittelbar oder mittelbar nur an Händler zu verkaufen, die aufgrund festgelegter Merkmale ausgewählt werden, und in denen sich diese Händler verpflichten, die betreffenden Waren oder Dienstleistungen nicht an Händler zu verkaufen, die innerhalb des vom Anbieter für den Betrieb dieses Systems festgelegten Gebiets nicht zum Vertrieb zugelassen sind.

(2) Für die Zwecke dieser Verordnung schließen die Begriffe „Unternehmen", „Anbieter", „Hersteller" und „Abnehmer" die jeweils mit diesen verbundenen Unternehmen ein.

„Verbundene Unternehmen" sind:

a) Unternehmen, in denen ein an der Vereinbarung beteiligtes Unternehmen unmittelbar oder mittelbar

   i) die Befugnis hat, mehr als die Hälfte der Stimmrechte auszuüben, oder

   ii) die Befugnis hat, mehr als die Hälfte der Mitglieder des Leitungs- oder Aufsichtsorgans oder der zur gesetzlichen Vertretung berufenen Organe zu bestellen, oder

   iii) das Recht hat, die Geschäfte des Unternehmens zu führen;

b) Unternehmen, die in einem an der Vereinbarung beteiligten Unternehmen unmittelbar oder mittelbar die unter Buchstabe a aufgeführten Rechte oder Befugnisse haben;

c) Unternehmen, in denen ein unter Buchstabe b genanntes Unternehmen unmittelbar oder mittelbar die unter Buchstabe a aufgeführten Rechte oder Befugnisse hat;

d) Unternehmen, in denen ein an der Vereinbarung beteiligtes Unternehmen gemeinsam mit einem oder mehreren der unter den Buchstaben a, b und c genannten Unternehmen oder in denen zwei oder mehr der zuletzt genannten Unternehmen gemeinsam die unter Buchstabe a aufgeführten Rechte oder Befugnisse haben;

e) Unternehmen, in denen die folgenden Unternehmen gemeinsam die unter Buchstabe a aufgeführten Rechte oder Befugnisse haben:

   i) an der Vereinbarung beteiligte Unternehmen oder mit ihnen jeweils verbundene Unternehmen im Sinne der Buchstaben a bis d oder

   ii) eines oder mehrere der an der Vereinbarung beteiligten Unternehmen oder eines oder mehrere der mit ihnen verbundenen Unternehmen im Sinne der Buchstaben a bis d und ein oder mehrere dritte Unternehmen.

Die Kfz-GVO enthält – wie auch die Vertikal-GVO – eine Definition der meisten **12** Begriffe, die für die Auslegung der Kfz-GVO wichtig sind. Diese Begriffe werden in Art. 1 definiert. Ein Teil dieser Definitionen ist identisch oder fast wortgleich mit den Definitionen in Art. 1 der Vertikal-GVO. Soweit die Begriffe auch in der Vertikal-GVO verwendet werden, gelten die Ausführungen in den Vertikal-Leitlinien auch für die Definitionen in der Kfz-GVO.

Die Ausführungen zu den Definitionen in Art. 1 finden sich bei der jeweiligen Vor- **13** schrift, in der die definierten Begriffe vorkommen.

III. Vertrieb von neuen Kraftfahrzeugen (Kapitel II)

Kapitel II befasst sich mit dem Vertrieb von neuen Kraftfahrzeugen. In Art. 2 wird die **14** befristete Fortgeltung der Kfz-GVO von 2002 festgelegt und in Art. 3 die Anwendbarkeit der Vertikal-GVO für den Vertrieb von neuen Kraftfahrzeugen.

1. Geltung der Kfz-GVO von 2002 (Art. 2)
Geltung der Verordnung (EG) Nr. 1400/2002

Nach Artikel 101 Absatz 3 AEUV gilt Artikel 101 Absatz 1 AEUV vom 1. Juni 2010 bis zum 31. Mai 2013 nicht für vertikale Vereinbarungen, die die Bedingungen betreffen, unter denen die beteiligten Unternehmen neue Kraftfahrzeuge beziehen, verkaufen oder weiterverkaufen dürfen, und die die in der Verordnung (EG) Nr. 1400/2002 festgelegten Freistellungsvoraussetzungen erfüllen, die speziell vertikale Vereinbarungen über den Bezug, Verkauf oder Weiterverkauf neuer Kraftfahrzeuge betreffen.

Art. 2 regelt, dass für vertikale Vereinbarungen über den Bezug, Verkauf oder Weiterver- **15** kauf neuer Kraftfahrzeuge die Kfz-GVO von 2002 bis zum 31.5.2013 gilt. Im Ergebnis bedeutet dies, dass die Kfz-GVO von 2002, deren Laufzeit bis zum 31.5.2010 befristet war, für den Bezug, Verkauf oder Weiterverkauf von neuen Kraftfahrzeugen bis zum 31.5.2013 weiter gilt. Soweit eine Vereinbarung über den Vertrieb von neuen Kraftfahrzeugen die Voraussetzungen der Kfz-GVO von 2002 erfüllt, ist diese Vereinbarung von dem Kartellverbot des Art. 101 Abs. 1 AEUV bis zum 31.5.2013 freigestellt.

Die Weitergeltung der Kfz-GVO von 2002 bis zum 31.5.2013 soll den Herstellern von **16** Kraftfahrzeugen eine Übergangsfrist gewähren,[18] in der sie ihre Vertriebsverträge an die Voraussetzungen der Vertikal-GVO anpassen können, welche gemäß Art. 3 ab dem 1.6.2013 für den Vertrieb neuer Kraftfahrzeuge gilt. Besonders für Hersteller mit (quantitativen) selektiven Vertriebssystemen besteht ein Prüfungs- und gegebenenfalls Anpassungsbedarf, da die Kfz-GVO von 2002 für quantitative selektive Vertriebssysteme eine Marktanteilsschwelle von 40 % vor sah, während die Marktanteilsschwelle der Vertikal-GVO bei 30 % liegt. Wird die Marktanteilsschwelle der Vertikal-GVO überschritten, muss geprüft

---

[18] Kfz-GVO Erwägungsgrund 19.

werden, ob eine Freistellung gemäß Art. 101 Abs. 3 AEUV erfolgen kann. Ist dies nicht möglich, muss die Vereinbarung geändert werden.

2. Geltung der Vertikal-GVO (Art. 3)
Anwendung der Verordnung (EU) Nr. 330/2010

Ab dem 1. Juni 2013 gilt die Verordnung (EU) Nr. 330/2010 für vertikale Vereinbarungen über den Bezug, Verkauf oder Weiterverkauf neuer Kraftfahrzeuge.

17   Art. 3 regelt, dass ab 1.6.2013 für Vereinbarungen über den Bezug, Verkauf oder Weiterverkauf neuer Kraftfahrzeuge die Vertikal-GVO gilt. Die Kommission hat in ihren Marktuntersuchungen vor Auslaufen der Kfz-GVO von 2002 festgestellt,[19] dass sich die Wettbewerbsbedingungen für den Vertrieb von neuen Kraftfahrzeugen nicht wesentlich von den Wettbewerbsbedingungen von anderen Branchen unterscheiden. Aus diesem Grund bestand kein Anlass (mehr) für den Bezug, Verkauf oder Weiterverkauf von neuen Kraftfahrzeugen andere Reglungen als für sonstige vertikale Vereinbarungen vorzusehen.[20]

18   Die Freistellungsvoraussetzungen der Kfz-GVO von 2002 sind in vielen Bereichen strenger als die Freistellungsvoraussetzungen der Vertikal-GVO. So waren Wettbewerbsverbote beim Vertrieb von neuen Kraftfahrzeugen zum Beispiel nicht freigestellt (Art. 5 der Kfz-GVO von 2002), nicht einmal für eine bestimmte Dauer (Art. 5 Abs. 1 der Vertikal-GVO (→ Vertikal-GVO Rn. 284 f.)). Insofern bedeutet die Anwendung der Vertikal-GVO für die Hersteller eine Erleichterung.

19   Die Marktanteilsschwellen der Vertikal-GVO sind strenger als die der Kfz-GVO von 2002. Für eine Freistellung nach der Vertikal-GVO darf der Marktanteil beider Parteien 30 % nicht übersteigen (Art. 3 Vertikal-GVO – zu weiteren Details siehe Ausführungen zur → Vertikal-GVO Rn. 137 ff.). Nach Art. 3 Abs. 1 der Kfz-GVO von 2002 fällt eine Vereinbarung in den Anwendungsbereich der Kfz-GVO von 2002 wenn der Marktanteil des Lieferanten 30 % übersteigt; eine Marktanteilsschwelle für den Abnehmer gibt es nicht. Für quantitative selektive Vertriebssysteme liegt die Marktanteilsschwelle sogar bei 40 %.

20   Seit 1.6.2013 ist nun einheitlich für den Vertrieb von Kraftfahrzeugen, egal ob gebraucht oder neu, die Vertikal-GVO relevant. Die Vertikal-GVO erlangt damit eine noch größere Bedeutung. Für die Einheitlichkeit des Vertriebs auch im Kraftfahrzeugsektor ist diese Entwicklung zu begrüßen, da nunmehr der Vertrieb aller Kraftfahrzeuge, dh Autos, Lastkraftfahrzeuge und Motorräder den gleichen Regelungen unterliegen. Der Begriff des „Kraftfahrzeugs" (Art. 1 Abs. 1 lit. g), (→ Rn. 28), der in der Vergangenheit relevant für die Abgrenzung war, ob eine vertikale Vereinbarung unter die Kfz-GVO von 2002 oder unter die Vertikal-GVO fiel, bleibt aber noch in Bezug auf den Kfz-Anschlussmarkt relevant.[21]

IV. Vereinbarungen in Bezug auf den Kfz–Anschlussmarkt

21   Kapitel III befasst sich mit den Vereinbarungen in Bezug auf den Kfz-Anschlussmarkt, dh insbesondere den Vertrieb von Kfz-Ersatzteilen sowie die Erbringung von Wartungs- und Instandsetzungsleistungen. Art. 4 regelt die Voraussetzungen für eine Freistellung und Art. 5 enthält die Kfz-spezifischen Kernbeschränkungen.

1. Freistellungsvoraussetzungen (Art. 4)
Freistellung

Nach Artikel 101 Absatz 3 AEUV und nach Maßgabe dieser Verordnung gilt Artikel 101 Absatz 1 AEUV nicht für vertikale Vereinbarungen, die die Bedingungen betreffen, unter denen die beteiligten Unternehmen Kraftfahrzeugersatzteile beziehen, verkaufen oder weiterverkaufen oder Instandsetzungs- und Wartungsdienstleistungen für Kraftfahrzeuge er-

---

[19] SEK(2008) 1946; KOM(2009) 388.
[20] Kfz-GVO Erwägungsgrund 10.
[21] Immenga/Mestmäcker/Ellger EuWettbR Art. 2 Rn. 5.

bringen dürfen, und die die Freistellungsvoraussetzungen der Verordnung (EU) Nr. 330/ 2010 erfüllen und keine der in Artikel 5 der vorliegenden Verordnung aufgeführten Kernbeschränkungen enthalten.

Diese Freistellung gilt, soweit solche Vereinbarungen vertikale Beschränkungen enthalten.

a) Anwendungsbereich. Nach Art. 4 werden vertikale Vereinbarungen, die die Bedin- **22** gungen betreffen, unter denen die beteiligten Unternehmen Kraftfahrzeugersatzteile beziehen, verkaufen oder weiterverkaufen oder Instandsetzungs- und Wartungsleistungen für Kraftfahrzeuge erbringen dürfen, vom Kartellverbot des Art. 101 Abs. 1 AEUV freigestellt, wenn die Freistellungsvoraussetzungen der Vertikal-GVO vorliegen und die Vereinbarung keine der in Art. 5 aufgeführten schwerwiegenden Beschränkungen, sogenannte Kernbeschränkungen, enthält.

Die in Art. 4 verwendeten Begriffe sind überwiegend in der Kfz-GVO oder der Ver- **23** tikal-GVO legal definiert.

aa) Vertikale Vereinbarung. Unter einer **vertikalen Vereinbarung** iSd Art. 1 Abs. 1 **24** lit. a ist jede Vereinbarung und abgestimmte Verhaltensweise zwischen Unternehmen zu verstehen, die auf unterschiedlichen Stufen der Produktions- oder Vertriebskette tätig sind, und die Bedingungen über den Kauf, Verkauf oder Weiterverkauf von Waren oder Dienstleistungen regelt. Der Begriff der vertikalen Vereinbarung entspricht der Definition in Art. 1 Abs. 1 lit. a Vertikal-GVO.

Die Begriffe **„Vereinbarung"** und **„abgestimmte Verhaltensweisen"** sind weder in **25** der Kfz-GVO noch in der Vertikal-GVO definiert. Gemäß der Rechtsprechung zu Art. 101 Abs. 1 AEUV ist eine „Vereinbarung" jede ausdrückliche, förmliche oder stillschweigende Willenserklärung zwischen zwei oder mehreren natürlichen oder juristischen Personen über das Marktverhalten der einen oder beiden Parteien.[22] Unter einer „abgestimmten Verhaltensweise" ist jede unmittelbare oder mittelbare Kontaktaufnahme zwischen zwei oder mehr Unternehmen zu verstehen, die dazu führt, das das zukünftige Unternehmensverhalten aufgrund der Kontaktaufnahme nicht mehr autonom, sondern entsprechend dem Inhalt der Fühlungnahme bestimmt wird.[23]

Die vertikale Vereinbarung muss zwischen **Unternehmen** abgeschlossen werden. Ein **26** Unternehmen ist jede natürliche oder juristische Person oder nicht rechtsfähige Personenvereinigung, die eine Handlung im geschäftlichen Verkehr vornimmt. Verträge mit Verbrauchern werden nicht erfasst; diese fallen allerdings auch nicht in den Anwendungsbereich des Art. 101 AEUV (siehe auch die Ausführungen zur → Vertikal-GVO Rn. 22 ff.).

bb) Bedingungen im Hinblick auf den Vertrieb von Ersatzteilen und die Erbrin- 27 gung von Instandsetzungs- und Wartungsdienstleistungen. Die vertikale Vereinbarung muss Bedingungen betreffen, unter denen die beteiligten Unternehmen Kraftfahrzeugersatzteile beziehen, verkaufen oder weiterverkaufen oder Instandsetzungs- und Wartungsleistungen für Kraftfahrzeuge erbringen dürfen.

Die Begriffe „Kraftfahrzeuge" und „Ersatzteile" sind in Art. 1 Abs. 1 der Kfz-GVO **28** definiert. Ein **Kraftfahrzeug** ist gemäß Art. 1 Abs. 1 lit. g ein Fahrzeug mit Selbstantrieb und mindestens drei Rädern, das für den Verkehr auf öffentlichen Straßen bestimmt ist. Instandsetzungs- und Wartungsleistungen für Motorräder werden nicht von der Kfz-GVO erfasst. Auch Leistungen für Baustellenfahrzeugen, die zwar auf öffentlichen Straßen fahren, hierfür aber nicht bestimmt sind, fallen nicht unter die Kfz-GVO.[24]

Ersatzteile sind nach der Definition in Art. 1 Abs. 1 lit. h Waren, die in ein Kraftfahr- **29** zeug eingebaut oder an diesem angebracht werden und ein Bauteil des Fahrzeugs ersetzen.

---

[22] EuGH Slg. 1970, 769 (803) – Boehringer; Slg. 1983, 3151 (3195) – AEG-Telefunken/Kommission.
[23] SPW Rn. 109; Bechtold/Bosch/Brinker AEUV Art. 101 Rn. 47 mwN.
[24] EuG 13.1.2004 – T-67-01 Rn. 113 ff., BeckRS 2004, 70031; LMRKM/Vogel Kfz-GVO Rn. 14.

Auch Schmieröle, Brems- und Kühlflüssigkeiten,[25] sofern sie für die Nutzung des Fahrzeugs erforderlich sind, sind Kraftfahrzeugersatzteile. Kraftstoffe gelten nicht als Kraftfahrzeug-ersatzteile. Die Ersatzteile müssen bestimmungsgemäß in ein Kraftfahrzeug eingebaut oder angebracht werden und ein Bauteil des Fahrzeugs ersetzen. Aufgrund der Definition können die gleichen Waren unter die Kfz-GVO und unter die Vertikal-GVO fallen, je nachdem für welchen Gebrauch (Erstausstattung/Ersatzteil) die Waren bestimmt sind.

30   Bauteile, Instandsetzungsgeräte, Diagnose- und Ausrüstungsgegenstände sind keine Er-satzteile. Nach dem Wortlaut der Kfz-GVO (mit Ausnahme des Art. 5 lit. b) könnte man davon ausgehen, dass der Vertrieb von Instandsetzungsgeräten, Diagnose- und Ausrüstungs-gegenständen der Vertikal-GVO unterfällt. Dies gilt insbesondere weil Art. 4 sich lediglich auf Ersatzteile und Dienstleistungen bezieht. Da sich allerdings die Kernbeschränkung in Art. 5b) (→ Rn. 69) ausdrücklich auf Instandsetzungsgeräte, Diagnose- und Ausrüstungs-gegenstände bezieht, sollen die Bestimmungen der Kfz-GVO wohl auch für diese Waren gelten. Dies erscheint auch deshalb sinnvoll, da nur bei Zugang zu den Instandsetzungs-geräten, Diagnose- und Ausrüstungsgegenständen ein wirksamer Wettbewerb bei den Instandsetzungs- und Wartungsdienstleistungen gewährleistet werden kann.

31   Nach der Legaldefinition des Art. 1 Abs. 1 lit. h fallen Vereinbarungen zwischen dem Hersteller der Originalteile für die Kraftfahrzeuge, die der OEM (= Original Equipment Manufacturer) an den Kfz-Hersteller liefert, nicht unter die Kfz-GVO, da diese OEM-Teile zwar in ein Kraftfahrzeug eingebaut oder an ihm angebracht werden, nicht aber ein Bauteil ersetzen.

32   Die in Art. 5 aufgeführten Kernbeschränkungen machen aber deutlich, dass dies nicht von der Kommission gewollt war, da die Kernbeschränkungen ua das Verhältnis zwischen OEM und Kfz-Hersteller betreffen. Dies ergibt sich auch aus den Erläuterungen in den Kfz-Leitlinien. Hier wird zum Beispiel in Rn. 18 der Kfz-Leitlinien deutlich gemacht, dass es das Ziel der Wettbewerbspolitik der Kommission ist, im Kraftfahrzeugsektor den Zugang der Ersatzteilhersteller zum Kfz-Anschlussmarkt sicherzustellen und den Ersatzteilhändlern und Werkstätten Zugang zu den Ersatzteilen zu ermöglichen.

33   Die Kfz-GVO von 2002 hat sich ausführlich mit dem Begriff Originalersatzteile befasst.[26] Gemäß den Kfz-Leitlinien ist ein Originalersatzteil ein Ersatzteil, das nach den Spezifikatio-nen und Produktionsnormen gefertigt wird, die der Kfz-Hersteller für die Fertigung von Teilen oder Ausrüstung für den Bau des Kraftfahrzeugs vorschreibt.[27] Die Kfz-GVO enthält hierzu keine Ausführungen. In den Kfz-Leitlinien nimmt die Kommission darauf Bezug,[28] ohne sich allerdings mit der Thematik zu befassen, dass der Verkauf von Teilen zwischen OEM und Kfz-Hersteller nicht der Kfz-GVO unterliegt.

34   **cc) Vertikale Beschränkung.** Eine Freistellung setzt voraus, dass die vertikale Verein-barung eine vertikale Beschränkung enthält. Eine vertikale Beschränkung iSd Art. 101 Abs. 1 AEUV ist anzunehmen, wenn die Beschränkung geeignet ist, den zwischenstaatli-chen Handel spürbar zu beeinträchtigen und eine Verhinderung, Einschränkung oder Verfälschung des Wettbewerbs innerhalb des Binnenmarkts bezweckt oder bewirkt. Die Definition der vertikalen Beschränkung in der Kfz-GVO ist identisch mit der Definition in der Vertikal-GVO. Insoweit wird auf die Ausführungen zur → Vertikal-GVO Rn. 31 und zu → AEUV Art. 101 Rn. 20 ff. verwiesen. Liegt keine vertikale Beschränkung iSd Art. 101 Abs. 1 AEUV (bzw. § 1 GWB) vor, ist eine Freistellung aufgrund der Kfz-GVO und der Vertikal-GVO nicht erforderlich.

35   Rein qualitative selektive Vertriebssysteme („einfache Fachhandelsbindung"), die auf-grund der Art der Waren erforderlich sind und bei der die Auswahl der Händler nach einheitlichen und objektiven Kriterien ausgewählt werden, fallen nicht unter Art. 101

---

[25] LPF/Schlenger/Hinrichs/Mansouri § 13 Rn. 83.
[26] Kfz-GVO von 2002 Art. 1 Abs. 1 lit. t.
[27] Kfz-Leitlinien Rn. 19.
[28] Kfz-Leitlinien Rn. 18 f.

Abs. 1 AEUV und bedürfen daher keiner Freistellung. Diese sind auch unabhängig von den Marktanteilen der Parteien zulässig.[29] Ausgenommen sind lediglich solche Vereinbarungen, die auf dem relevanten Markt derart häufig vorkommen und gleichartig ausgestaltet sind, dass für andere Vertriebsformen kein Raum bleibt und dadurch der Marktzutritt für Wettbewerber behindert oder sogar ausgeschlossen wird.[30] Wenn die rein qualitativen Vereinbarungen Beschränkungen enthalten, die über das Erforderliche hinausgehen („qualifizierte Fachhandelsbindung"), fallen diese zusätzlichen Beschränkungen unter Art. 101 Abs. 1 AEUV.

Siehe auch die Ausführungen zu → AEUV Art. 101 Rn. 194 ff.   **36**

b) Freistellung nach der Vertikal-GVO. Eine Freistellung nach der Kfz-GVO erfordert zunächst eine Freistellung nach der Vertikal-GVO. Eine Freistellung nach der Vertikal-GVO setzt voraus, dass der jeweilige Marktanteil der Vertragsparteien auf dem relevanten Markt 30 % nicht übersteigt (Art. 3 Abs. 1 Vertikal-GVO) und die Vereinbarung keine der in Art. 4 Vertikal-GVO genannten Kernbeschränkungen enthält.   **37**

aa) Marktanteilsschwellen. Zur Ermittlung der Marktanteile muss zunächst der relevante Markt bestimmt werden. Der **sachlich relevante Markt** umfasst sämtliche Erzeugnisse und/oder Dienstleistungen, die von den Verbrauchern aufgrund ihrer Eigenschaften, des Preises und des Verwendungszwecks als austauschbar oder substituierbar angesehen werden (Bedarfsmarktkonzept).[31] Inwieweit ein Produkt von den Verbrauchern als austauschbar angesehen wird, wird ua mit dem SSNIP-Test („small but significant nontransitory increase in price") ermittelt.[32] Hier wird geprüft, inwieweit Kunden auf ein anderes Produkt ausweichen, wenn der Preis für dieses Produkt sich um ca. 5 % bis 10 % erhöht.[33] All die Produkte, auf die ein Verbraucher bei einer derartigen Preiserhöhung ausweichen würde, sind Teil des relevanten Produktmarktes.   **38**

Neben dem sachlich relevanten Markt ist auch der **räumlich relevante Markt** zu ermitteln. Die Kommission definiert den räumlich relevanten Markt als das Gebiet, in dem die beteiligten Unternehmen die relevanten Produkte oder Dienstleistungen anbieten, in dem die Wettbewerbsbedingungen hinreichend homogen sind und welches sich von benachbarten Gebieten durch spürbar unterschiedliche Wettbewerbsbedingungen unterscheidet.[34] Für die Abgrenzung des räumlich relevanten Marktes spielen Transportkosten, nationale (oder regionale) Kundenpräferenzen, Produkt- und Markendifferenzierung[35] und regulatorische Vorgaben wie Zölle und Steuern[36] eine Rolle.   **39**

Für weitere Ausführungen zur Marktabgrenzung siehe auch die Ausführungen zu → Vertikal-GVO Rn. 113 ff., → AEUV Art. 102 Rn. 14a.   **40**

Bei der Marktabgrenzung geht die Kommission beim **Ersatzteilevertrieb** von einem markenspezifischen Markt aus.[37] Die Ersatzteile für die Kraftfahrzeuge eines Herstellers sind regelmäßig nicht mit Ersatzteilen eines anderen Herstellers austauschbar. Der Ersatzteilmarkt umfasst Ersatzteile, die mit dem Markenzeichen des Kfz-Herstellers versehene Original-Teile (OEM-Teile sowie Teile von Drittherstellern, sofern die Ersatzteile tech-   **41**

---

[29] EuGH Slg. 1976, 1875 Rn. 20, 21 – Metro I.

[30] EuGH Slg. 1986, 3021 Rn. 40 ff. – Metro II; EuG Slg. 1996, II-1961 Rn. 172, 174 – Groupement d'achat Édouard Leclerc.

[31] Komm. Bekanntmachung über die Definition des relevanten Marktes im Sinne des Wettbewerbsrechts der Gemeinschaft. ABl. 1997 C 372, 5 Rn. 7; Immenga/Mestmäcker/Ellger EuWettbR Art. 4 Rn. 23.

[32] Komm. Bekanntmachung über die Definition des relevanten Marktes im Sinne des Wettbewerbsrechts der Gemeinschaft. ABl. 1997 C 372, 5 Rn. 17.

[33] EuGH Slg. 1978, 207 – United Brands; Komm. Bekanntmachung über die Definition des relevanten Marktes im Sinne des Wettbewerbsrechts der Gemeinschaft ABl. 1997 C 372, 5 Rn. 17; Bechtold/Bosch/Brinker Art. 102 Rn. 10.

[34] Komm. Bekanntmachung über die Definition des relevanten Marktes im Sinne des Wettbewerbsrechts der Gemeinschaft. ABl. 1997 C 372, 5 Rn. 8.

[35] Grabitz/Hilf/Nettesheim/Jung AEUV Art. 102 Rn. 50.

[36] Bechtold/Bosch/Brinker AEUV Art. 102 Rn. 15.

[37] Kfz-Leitlinien Rn. 15. Kritisch zu dieser Marktabgrenzung Wegner BB 2010, 1803 f.

nisch und qualitativ gleichwertig zu den Originalteilen der Hersteller sind und nach den gleichen Spezifikationen gefertigt wurden.[38]

42　Da der Ersatzteilvertrieb häufig im Rahmen der selektiven Vertriebssysteme der Kfz-Hersteller erfolgt und diese national organisiert sind,[39] sind die Ersatzteilmärkte häufig nationale Märkte. Die Vertragsbedingungen der einzelnen Werkstätten sind innerhalb der jeweils nationalen Märkte meist weitgehend gleich, unterscheiden sich aber jeweils von den Bedingungen in anderen Mitgliedsstaaten.[40]

43　Auch bei **Instandsetzungs- und Wartungsdienstleistungen** geht die Kommission von einem markenspezifischen Markt aus.[41] Dies ergibt sich daraus, dass Verbraucher nur solche Werkstätten aufsuchen, die auch das jeweilige Fahrzeug warten können. Vertragswerkstätten anderer Marken werden daher von den Verbrauchern nicht als Alternative wahrgenommen.[42] Auch der EuG geht von einer markenspezifischen Marktabgrenzung aus.[43] Der sachlich relevante Markt umfasst einerseits die Garantieleistungen, für die dem Kunden keine Kosten entstehen, sowie die allgemeine Reparatur und Wartung.[44] Auch Leistungen, die durch Rückrufaktionen der Hersteller oder aus Kulanz erfolgen, sind Teil des sachlich relevanten Marktes.[45]

44　Die Kommission zieht unter gewissen Umständen auch einen Systemmarkt in Betracht, der sowohl Kraftfahrzeuge als auch Ersatzteile umfasst.[46] Wenn ein erheblicher Anteil der Abnehmer die Kosten für den Kauf des Kraftfahrzeugs wie auch die Kosten für die Ersatzteile und Dienstleistungen während der gesamten Lebensdauer des Kraftfahrzeugs in seine Entscheidung zum Kauf eines Kraftfahrzeugs einbezieht, ist eine solche Systemmarktabgrenzung denkbar. Allerdings ist dieses Käuferverhalten regelmäßig nur bei gewerblichen Nutzern denkbar. Im Allgemeinen werden Kraftfahrzeuge von Privatpersonen oder kleinen oder mittleren Unternehmen gekauft, die Fahrzeuge und Aftermarketleistungen separat einkaufen und nicht den Überblick über die Gesamtkosten der Fahrzeughaltung haben. Daher geht die Kommission grundsätzlich von einer markenspezifischen Marktabgrenzung aus.

45　Wie auch bei den Ersatzteilen sind die Märkte für die Reparatur- und Instandsetzungsdienstleistungen nationale Märkte, da die Vertriebssysteme der Hersteller national organisiert sind und die Vertragsbedingungen sich in den jeweiligen Mitgliedsstaaten unterscheiden.[47]

46　Die markenspezifische Marktabgrenzung der Kommission und des EuGH führt dazu, dass in der Praxis sowohl der Hersteller als auch die an die Kfz-Hersteller gebundenen Werkstätten einen Marktanteil von über 30 % haben. Als Folge ist die Vereinbarung nicht gruppenfreigestellt. Damit sind auch Wettbewerbsverbote zu Lasten der Werkstätten nicht durch die Gruppenfreistellungsverordnungen freigestellt und damit auch keine Begrenzung auf nur einen Hersteller möglich (→ Rn. 85 ff.). Eine Freistellung kann dann nur über die Voraussetzungen des Art. 101 Abs. 3 AEUV erfolgen.

47　Der BGH folgt beim Kfz-Aftermarket der markenspezifischen Marktabgrenzung der Kommission nicht. Der BGH stellt nicht auf die Sicht des Endkunden ab, sondern auf den vorgelagerten Markt zwischen Hersteller und Werkstätten.[48] Im Hinblick auf die Tätigkeit

---

[38] Immenga/Mestmäcker/Ellger EuWettbR Art. 4 Rn. 28; BGH 6.10.2015 – KZR 87/13, BeckRS 2015, 17973. Rn. 85

[39] Immenga/Mestmäcker/Ellger EuWettbR Art. 4 Rn. 27, 29.

[40] Immenga/Mestmäcker/Ellger EuWettbR Art. 4 Rn. 29.

[41] Kfz-Leitlinien Rn. 15. Kritisch zu dieser Marktabgrenzung Wegner BB 2010, 1803 f.

[42] Immenga/Mestmäcker/Ellger EuWettbR Allgemeines zur Kfz-GVO Rn. 42 und 43.

[43] EuG Slg. 2010, II-5865 – CEAHR.

[44] Kritisch zu dieser Marktabgrenzung Wegner BB 2010, 1803 (1805).

[45] Immenga/Mestmäcker/Ellger EuWettbR Allgemeines zur Kfz-GVO Rn. 43.

[46] Kfz-Leitlinien Fussnote zu Rn. 57.

[47] Immenga/Mestmäcker/Ellger EuWettbR Art. 4 Rn. 35.

[48] BGH 30.3.2011 – KZR 6/09, GRUR 2011, 943 (944) Rn. 11 f.– MAN-Vertragswerkstatt; 26.1.2016 – KZR 41/14, BeckRS 2016, 8083 Rn. 20 f. – Jaguar Vertragswerkstatt; 23.1.2018 – KRZ 48/15, BeckRS 2018, 2279 Rn. 23 – Jaguar- und Land Rover Vertragswerkstatt; LG Köln ZVertriebsR 2021, 59 (63).

der Vertragswerkstätten und der Zulassung zu dem System des Herstellers stellt der BGH darauf ab, ob die Zulassung eine Ressource darstellt, „ohne die der Zugang zum nachgelagerten Endkundenmarkt nicht oder nicht sinnvoll möglich ist."[49] Es kommt also für die Marktabgrenzung darauf an, ob freie Werkstätten, welche Arbeiten an den Fahrzeugen der jeweiligen Marke durchführen möchten, eine wirtschaftlich sinnvolle Möglichkeit haben, diese Tätigkeit auch ohne den Status einer Vertragswerkstatt des jeweiligen Herstellers auszuüben.[50] Besteht diese Möglichkeit nicht, gilt der Hersteller in Bezug auf die Wartungs- und Instandsetzungsdienstleistungen für die eigene Marke als marktbeherrschend. Der sachliche Markt ist dann markenspezifisch abzugrenzen.[51] Vor allem bei hochpreisigen Fahrzeugen ist anzunehmen, dass die Eigentümer ein besonderes Interesse haben, ihr Fahrzeug auch nach dem Ende der Garantiefrist bei einer Vertragswerkstatt warten und reparieren zu lassen.[52] Bei Nutzfahrzeugen ist im Gegenzug dazu eher anzunehmen, dass ua wegen aus Kostengesichtspunkten auch freie Werkstätten mit in den sachlichen Markt einbezogen werden müssen.[53] Während bei einer markenspezifischen Marktabgrenzung die Hersteller meist Marktanteile von mehr als 30 % haben und damit eine Freistellung nach der Kfz-GVO (und der Vertikal-GVO) regelmäßig nicht möglich ist, kann die vom BGH vorgenommene Marktangrenzung im Aftermarket dazu führen, dass die Marktanteilsschwelle von 30 % nicht überschritten wird. In der Praxis ist dies von erheblicher Bedeutung, da qualitative, quantitative selektive Vertriebssysteme nur bis zur Marktanteilsschwelle von 30 % gruppenfreigestellt sind.[54]

In Bezug auf die Diagnose- und Informationssysteme ist der Hersteller in aller Regel **48** marktbeherrschend. Substitutionsprodukte gibt es hier nicht und daher kann nur der Hersteller Zugang zu diesen Systemen gewähren.[55]

Die **Berechnung der Marktanteile** erfolgt gemäß Art. 8 der Vertikal-GVO dh der **49** Marktanteil des Anbieters wird anhand des Absatzwertes und der Marktanteil des Abnehmers anhand des Bezugswertes auf der Basis der Vorjahreszahlen berechnet. Insoweit wird auf die Ausführungen zu Art. 8 der Vertikal-GVO (→ Vertikal-GVO Rn. 145 f.) verwiesen.

Gemäß Art. 8 lit. d und lit. e führen kurzfristige Überschreitungen der Marktanteil- **50** schwelle nicht zum Verlust der Freistellung. Wird die Marktanteilsschwelle von 30 % überschritten ohne dass die Marktanteile über 35 % hinaus gehen, gilt die Freistellung für weitere zwei Kalenderjahre (Art. 8 lit. d Vertikal-GVO). Lagen die Marktanteile zunächst im Rahmen der 30 % und kommt es dann zu einer Erhöhung der Marktanteile von mehr als 35 %, dann gilt die Freistellung für ein weiteres Kalenderjahr (Art. 8 lit. e Vertikal-GVO). Siehe auch die Ausführungen zu Art. 8 Vertikal-GVO (→ Vertikal-GVO Rn. 120 f., 336 f.).

bb) Keine Kernbeschränkungen der Vertikal-GVO. Die Vereinbarung darf keine **51** der in Art. 4 Vertikal-GVO enthaltenen Kernbeschränkungen enthalten. In Bezug auf diese Freistellungsvoraussetzung wird auf die Ausführungen zur Vertikal-GVO verwiesen (→ Vertikal-GVO Rn. 155 ff.). Ist eine Vereinbarung nicht nach der Vertikal-GVO freigestellt, ist auch eine Freistellung nach der Kfz-GVO nicht möglich. In diesem Fall kann die Vereinbarung nur bei Vorliegen der Voraussetzungen des Art. 101 Abs. 3 AEUV freigestellt sein. Dies bedarf einer Selbsteinschätzung durch die Parteien unter Berücksichtigung der Auswirkungen und Vorteile der Vereinbarung.

---

[49] BGH 26.1.2016 – KZR 41/14, BeckRS 2016, 8083 Rn. 23 – Jaguar-Vertragswerkstatt.
[50] BGH 26.1.2016 – KZR 41/14, BeckRS 2016, 8083 Rn. 22 – Jaguar-Vertragswerkstatt.
[51] BGH 26.1.2016 – KZR 41/14, BeckRS 2016, 8083 Rn. 22 – Jaguar-Vertragswerkstatt.
[52] BGH 26.1.2016 – KZR 41/14, BeckRS 2016, 8083 Rn. 24 – Jaguar-Vertragswerkstatt.
[53] BGH 30.3.2011 – KZR 6/09, BeckRS 2011, 9195 Rn. 17 = GRUR 2011, 943 (945) – MAN-Vertragswerkstatt.
[54] BGH NJW 2011, 2730 = Spenner BB 2011, 1281 Rn. 22.
[55] BGH 6.10.2015 – KZR 87/13, BeckRS 2015, 17973 Rn. 108.

52 **c) Keine Kernbeschränkung der Kfz-GVO.** Die Vereinbarung darf keine der in Art. 5 genannten Beschränkungen enthalten (→ Rn. 53 ff.).

2. Kernbeschränkungen (Art. 5)

Die Freistellung nach Artikel 4 gilt nicht für vertikale Vereinbarungen, die unmittelbar oder mittelbar, für sich allein oder in Verbindung mit anderen Umständen unter der Kontrolle der beteiligten Unternehmen Folgendes bezwecken:

a) die Beschränkung des Verkaufs von Kraftfahrzeugersatzteilen durch Mitglieder eines selektiven Vertriebssystems an unabhängige Werkstätten, welche diese Teile für die Instandsetzung und Wartung eines Kraftfahrzeugs verwenden;

b) die zwischen einem Anbieter von Ersatzteilen, Instandsetzungsgeräten, Diagnose- oder Ausrüstungsgegenständen und einem Kraftfahrzeughersteller vereinbarte Beschränkung der Möglichkeiten des Anbieters, diese Waren an zugelassene oder unabhängige Händler, zugelassene oder unabhängige Werkstätten oder an Endverbraucher zu verkaufen;

c) die zwischen einem Kraftfahrzeughersteller, der Bauteile für die Erstmontage von Kraftfahrzeugen verwendet, und dem Anbieter dieser Bauteile vereinbarte Beschränkung der Möglichkeiten des Anbieters, sein Waren- oder Firmenzeichen auf diesen Teilen oder Ersatzteilen effektiv und gut sichtbar anzubringen.

53 Die Vereinbarung darf keine der in Art. 5 genannten Kernbeschränkungen enthalten. Die negativen Wirkungen der Kernbeschränkungen werden als derart stark eingestuft, dass sie nicht durch Effizienzgewinne iSd Art. 101 Abs. 3 AEUV aufgewogen werden können. Ist eine solche Beschränkung in der vertikalen Vereinbarung enthalten, ist die gesamte Vereinbarung nicht gruppenfreigestellt.

54 **a) Beschränkung des Verkaufs von Kraftfahrzeugersatzteilen durch Mitglieder eines selektiven Vertriebssystems an unabhängige Werkstätten.** Die Vereinbarung darf keine Beschränkung des Verkaufs von Kraftfahrzeugersatzteilen durch Mitglieder eines selektiven Vertriebssystems an unabhängige Werkstätten, welche diese Teile für die Instandsetzung und Wartung eines Kraftfahrzeugs verwenden, enthalten. Mit dieser Bestimmung will die Kommission den freien Zugang zu den Kfz-Ersatzteilen für nicht-vertragsgebundene Werkstätten sicherstellen. Ein effektiver Wettbewerb durch die Werkstätten, die nicht zum Vertriebssystem des Kfz-Herstellers gehören, ist nur möglich, wenn diese Werkstätten die erforderlichen Kfz-Ersatzteile für die Instandsetzungs- und Wartungsleistungen zur Verfügung haben. Eine gleichlautende Bestimmung war bereits in der Kfz-GVO von 2002 enthalten. Die in Art. 5 lit. a verwendeten Begriffe sind in Art. 1 definiert und werden in den nachstehenden Absätzen erläutert.

55 **aa) selektive Vertriebssysteme.** Gemäß Art. 1 Abs. 1 lit. i sind **„selektive Vertriebssysteme"** Vertriebssysteme, in denen sich der Anbieter verpflichtet, die Vertragswaren oder -dienstleistungen unmittelbar oder mittelbar nur an Händler zu verkaufen, die aufgrund festgelegter Merkmale ausgewählt werden, und in denen sich diese Händler verpflichten, die betreffenden Waren oder Dienstleistungen nicht an Händler zu verkaufen, die innerhalb des vom Anbieter für den Betrieb dieses Systems festgelegten Gebiets nicht zum Vertrieb zugelassen sind. Die Definition des Begriffs „selektive Vertriebssysteme" entspricht der des Begriffs in der Vertikal-GVO.

56 Wichtig ist, dass bei den selektiven Vertriebssystemen iSd Kfz-GVO und der Vertikal-GVO eine wechselseitige Verpflichtung des Herstellers/Lieferanten und des Händlers/Abnehmers vorliegen muss. Dh der Hersteller muss sich verpflichten, die Waren oder Dienstleistungen nur an solche Händler zu verkaufen, die die festgelegten Kriterien erfüllen. Weiterhin müssen die Händler verpflichtet sein, die Vertragsprodukte oder -leistungen nur an solche Händler weiterzuverkaufen, die ebenfalls die festgelegten Kriterien erfüllen. Nur wenn sowohl der Hersteller als auch der Händler verpflichtet ist, handelt es sich um ein geschlossenes selektives Vertriebssystem, welches der Definition des Art. 1 Abs. 1 lit. i Kfz-GVO (und Art. 1 Abs. 1 lit. e Vertikal-GVO) entspricht. Die wechselseitigen Verpflichtungen müssen auf die Gebiete beschränkt sein, in denen das selektive Vertriebssystem implementiert wurde. Für ausführliche Ausführungen zu selektiven Vertriebssystemen wird auf die Ausführungen zur Vertikal-GVO in → Vertikal-GVO Rn. 195 ff. verwiesen.

Art. 1 Abs. 1 lit. i unterscheidet nicht zwischen qualitativen selektiven Vertriebssyste- **57** men, bei denen qualitative Merkmale für die Auswahl der Händler entscheidend sind, und quantitativen selektiven Vertriebssystemen, bei denen quantitative Kriterien, wie Mindestabnahmemengen oder eine Beschränkung der Anzahl der Mitglieder für die Auswahl der Mitglieder relevant sind.[56] Daher gilt Art. 5 lit. a für alle Arten von selektiven Vertriebssystemen.[57]

bb) Kraftfahrzeugersatzteile. Zu dem Begriff **Kraftfahrzeugersatzteile** → Rn. 28 ff. **58** Erfasst werden sowohl Originalersatzteile, also Teile welche vom Hersteller gefertigt wurden oder den Produktionsnormen und Spezifikationen des Herstellers entsprechen (→ Rn. 33),[58] wie auch sonstige Ersatzteile.

cc) unabhängige Werkstatt. Gemäß Art. 1 Abs. 1 lit. e gilt als „unabhängige Werk- **59** statt" (i) ein Erbringer von Instandsetzungs- und Wartungsdienstleistungen für Kraftfahrzeuge, der nicht dem von einem Kraftfahrzeuganbieter, dessen Kraftfahrzeuge er instand setzt oder wartet, eingerichteten Vertriebssystem angehört sowie (ii) zugelassene Werkstätten im Vertriebssystem eines Anbieters, soweit sie Instandsetzungs- und Wartungsdienstleistungen für Kraftfahrzeuge erbringen, für die sie nicht Mitglied des Vertriebssystems des entsprechenden Anbieters sind. Damit gilt auch eine zugelassene Werkstatt für einen Hersteller als unabhängige Werkstatt, sofern sie für einen anderen Hersteller nicht zu den Vertragswerkstätten gehört.

Durch den Verweis auf Kraftfahrzeuganbieter in der Definition des Begriffs der unabhän- **60** gigen Werkstatt ist die Mitgliedschaft in dem selektiven Vertriebssystem des Kfz-Herstellers relevant. Soweit ein Hersteller von Kfz-Ersatzteilen ein selektives Vertriebssystem für den Vertrieb seiner Produkte errichtet, gilt eine Werkstatt auch dann als unabhängig iSd Art. 1 Abs. 1 lit. e, wenn diese Werkstatt Teil des selektiven Vertriebssystems des Ersatzteilherstellers ist.[59]

dd) zugelassene Werkstatt. Die **zugelassene Werkstatt** ist gemäß Art. 1 Abs. 1 lit. c **61** ein Erbringer von Instandsetzungs- und Wartungsdienstleistungen für Kraftfahrzeuge, die dem von einem Kraftfahrzeuganbieter eingerichteten Vertriebssystem angehört.

Die mit den Mitgliedern des selektiven Vertriebssystems des Kfz-Herstellers geschlossene **62** Vereinbarung dürfen die Mitglieder nicht beschränken, die Kfz-Ersatzteile an unabhängige Werkstätten zu verkaufen. Dabei ist es unbeachtlich, ob die Beschränkung in einer Vereinbarung mit dem Kfz-Hersteller oder mit dem Ersatzteilhersteller enthalten ist.[60] Die Beschränkung des Verkaufs gilt jedoch nur in Bezug auf solche unabhängigen Werkstätten, die die Ersatzteile für die Instandsetzung und Wartung eines Kraftfahrzeugs verwenden. Will die unabhängige Werkstatt die Ersatzteile weiter verkaufen, ist das Verkaufsverbot zulässig und bei Vorliegen der anderen Voraussetzungen gruppenfreigestellt.

Um sicherzustellen, dass die unabhängige Werkstatt das Ersatzteil nicht zum Weiterver- **63** kauf erwirbt, muss die Mitglieds-Werkstatt vertraglich eine Verwendungsbeschränkung bzw. ein Weiterverkaufsverbot vereinbaren. Eine solche Beschränkung zwischen dem Mitglied des Vertriebssystems und der unabhängigen Werkstatt ist freigestellt.[61]

---

[56] Immenga/Mestmäcker/Ellger EuWettbR Art. 5 Rn. 9.
[57] LFP/Schlenger/Hinrichs/Mansouri Rn. 89.
[58] Kfz-Leitlinien Rn. 19.
[59] Immenga/Mestmäcker/Ellger EuWettbR Art. 5 Rn. 10.
[60] Immenga/Mestmäcker/Ellger EuWettbR Art. 5 Rn. 11.
[61] Immenga/Mestmäcker/Ellger EuWettbR Art. 5 Rn. 14; Bechtold/Bosch/Brinker VO zur Kfz-GVO von 2002 Art. 4 Rn. 54.

64   Für die Vertragsgestaltung ist es entscheidend, dass sich die vertraglichen Bestimmungen eng an dem Wortlaut des Art. 5 lit. a orientieren. Wird in der Beschränkung des Verkaufs nicht zwischen Weiterverkauf und Verwendung differenziert, liegt eine Kernbeschränkung vor, die eine Gruppenfreistellung unmöglich macht. Wird die Beschränkung des Verkaufs nicht geregelt, liegt kein geschlossenes selektives Vertriebssystem vor (siehe Ausführungen zum selektiven Vertriebssystem unter → Rn. 55 f.).

65   **b) Beschränkung des Verkaufs von Ersatzteilen, Instandsetzungsgeräten, Diagnose- oder Ausrüstungsgegenständen.** Gemäß Art. 5 lit. b darf eine Vereinbarung zwischen einem Anbieter und einem Kraftfahrzeughersteller den Anbieter nicht beschränken, Ersatzteile, Instandsetzungsgeräte, Diagnose- oder Ausrüstungsgegenstände an zugelassene oder unabhängige Händler, zugelassene oder unabhängige Werkstätten oder an Endverbraucher zu verkaufen. Enthält eine Vereinbarung zwischen dem Hersteller der Ersatzteile, Instandsetzungsgeräte, Diagnose- oder Ausrüstungsgegenstände eine derartige Beschränkung, ist die Vereinbarung nicht gruppenfreigestellt. Durch diese Bestimmung soll einerseits der effektive Wettbewerb auf den Instandsetzungs- und Wartungsmärkten gewährleistet werden.[62] Andererseits soll allen Marktteilnehmern, auch den Endverbrauchern, Zugang zu Originalersatzteilen gewährt werden.[63] Gleichzeitig gibt diese Bestimmung dem Anbieter der Waren und Geräte (im Regelfall dem Ersatzteilhersteller) die Möglichkeit, die Waren und Geräte nicht nur über den Kfz-Hersteller zu verkaufen, sondern auch auf dem freien Markt.[64]

66   **aa) Definitionen.** Die Begriffe Ersatzteile, zugelassener Händler, unabhängiger Händler, zugelassene oder unabhängige Werkstätten sind in Art. 1 Abs. 1 definiert. Nicht definiert sind die Begriffe Anbieter, Instandsetzungsgeräte, Diagnose- und Ausrüstungsgegenstände. Für die Definition der Begriffe Ersatzteile, unabhängige oder zugelassene Werkstätten wird auf die Ausführungen unter → Rn. 29 f. (Ersatzteil), → Rn. 58 f. (unabhängige Werkstatt) und → Rn. 59 f. (zugelassene Werkstatt) verwiesen.

67   Gemäß Art. 1 Abs. 1 lit. d ist ein **zugelassener Händler** ein Händler von Ersatzteilen für Kraftfahrzeuge, der dem von einem Kraftfahrzeuganbieter eingerichteten Vertriebssystem angehört.

68   Ein „**unabhängiger Händler**" ist in Art. 1 Abs. 1 lit. f definiert als (i) ein Händler von Ersatzteilen für Kraftfahrzeuge, der nicht dem von einem Kraftfahrzeuganbieter eingerichteten Vertriebssystem angehört, oder (ii) ein zugelassener Händler im Vertriebssystem eines Anbieters, soweit er Ersatzteile für Kraftfahrzeuge vertreibt, für die er nicht Mitglied des Vertriebssystems des entsprechenden Anbieters ist.

69   Die Kommission verwendet in Art. 5 lit. b den Begriff Anbieter von Ersatzteilen, Instandsetzungsgeräte, Diagnose- oder Ausrüstungsgegenstände. Der Begriff Anbieter wird von der Kommission nicht definiert. Es kann sich daher bei dem Anbieter einerseits um den Hersteller der Waren handeln, was in der Praxis vornehmlich der Fall sein wird, oder aber auch um einen Importeur der Waren. Ein allgemeiner Ersatzteilhändler ist kein Anbieter iSd Art. 5 lit. b, da bei dieser Kernbeschränkung die dem Kfz-Hersteller vorgelagerte Wirtschaftsstufe erfasst werden soll.[65]

70   **bb) Zuliefervereinbarung.** Die Vereinbarung zwischen einem Kfz-Hersteller und einem Hersteller von Kraftfahrzeugteilen ist eine Zuliefervereinbarung. Unter bestimmten Voraussetzungen sind Beschränkungen in Zuliefervereinbarungen keine Wettbewerbsbeschränkungen iSd Art. 101 Abs. 1 AEUV. Gemäß der Zulieferbekanntmachung der Kommission[66] ist eine Verpflichtung des Zulieferers, die vom Auftraggeber, hier dem Kfz-

---

[62] Kfz-GVO Erwägungsgrund 17.
[63] Immenga/Mestmäcker/Ellger EuWettbR Art. 5 Rn. 26.
[64] Immenga/Mestmäcker/Ellger EuWettbR Art. 5 Rn. 26.
[65] Immenga/Mestmäcker/Ellger EuWettbR Art. 5 Rn. 24.
[66] Bekanntmachung vom 18.12.1978 über die Beurteilung von Zulieferverträgen nach Art. 85 Abs. 1 des Vertrages zur Gründung der Europäischen Wirtschaftsgemeinschaft, ABl. 1979 C 1, 2.

Hersteller, stammenden Kenntnisse und Betriebsmittel nur zum Zweck der Vertragserfüllung zu benutzen und Dritten nicht zur Verfügung zu stellen sowie die hergestellten
Erzeugnisse oder erbrachten Dienstleistungen nur an den Auftraggeber zu liefern keine
Wettbewerbsbeschränkung, wenn der Auftragnehmer gewerbliche Schutzrechte in Form
von Patenten, Gebrauchsmustern, Geschmacksmustern oder ähnlichen Rechten, geheime
technische Kenntnisse oder Herstellungsverfahren (Know-how), Entwürfe, Pläne oder
sonstige Unterlagen, Stanzen, Formen, Werkzeuge oder deren Zubehör vom Auftraggeber
erhält und zur vereinbarungsgemäßen Vertragserfüllung verwendet.[67] Wenn jedoch der
Auftragnehmer bereits über die nötigen Kenntnisse und Betriebsmittel verfügt oder wenn
er sich diese unter angemessenen Bedingungen verschaffen kann, können die vorgenannten
Beschränkungen des Verkaufs bzw. der Verwendung eine Wettbewerbsbeschränkung darstellen und folglich in den Anwendungsbereich von Art. 101 Abs. 1 AEUV fallen. Das
Gleiche gilt, wenn die Zuliefervereinbarung Beschränkungen enthält, die über die in der
Zulieferbekanntmachung genannten Beschränkungen hinausgeht. Sofern also die Zuliefervereinbarung Beschränkungen über den Vertrieb von Ersatzteilen (nicht Bauteilen) und
Instandsetzungsgeräten, Diagnose- und Ausrüstungsgegenständen enthält, die über das
zulässige Maß gemäß der Zulieferbekanntmachung hinausgeht, und unter Art. 101 AEUV
fällt, ist jede Verpflichtung des Zulieferers, die Waren nur an den Kfz-Hersteller zu liefern
(Alleinbelieferungsverpflichtung) eine Kernbeschränkung.

cc) Beschränkungen. Nach Art. 5 lit. b darf die Vereinbarung zwischen einem Kfz- **71**
Hersteller und dem Anbieter von Ersatzteilen, Instandsetzungsgeräten, Diagnose- und
Ausrüstungsgegenständen nicht den Anbieter dieser Waren darin beschränken, diese Waren
an Händler oder Werkstätten zu verkaufen. Nicht nur der Zugang zu Ersatzeilen, sondern
auch der Zugang zu den Instandsetzungsgeräten, Diagnose- und Ausrüstungsgegenständen
ist für einen wirksamen Wettbewerb im Aftermarket erforderlich. Aufgrund der technischen Entwicklung und der Elektronikkomponenten sind die Werkstätten ohne die
entsprechenden Geräte idR nicht in der Lage die Instandsetzungs- und Wartungsdienstleistungen an einem Kraftfahrzeug zu erbringen. Aus diesem Grund hat die Kommission
diese Waren in die Kernbeschränkung aufgenommen. Dies ist allerdings nicht stringent, da
Art. 4 sich nur auf Ersatzeile und Instandsetzungs- und Wartungsleistungen bezieht (siehe
Ausführungen hierzu unter → Rn. 27).

Art. 5 lit. b erfasst nicht die den Vertragswerkstätten durch die Kfz-Hersteller auferlegten **72**
Verpflichtungen für Garantie- und Mängelhaftungsarbeiten (Gewährleistungsarbeiten) sowie sonstige von dem Kfz-Hersteller zu tragende Wartungs- und Reparaturarbeiten, wie
zB kostenloser Kundendienst oder Rückrufaktionen, nur Originalersatzteile zu verwenden.[68] Eine solche Beschränkung ist regelmäßig gruppenfreigestellt.

c) Effektives und gut sichtbares Anbringen von Waren- oder Firmenzeichen auf **73**
diesen Teilen oder Ersatzteilen. Die Freistellung gilt nach Art. 5 lit. c nicht für Ver-
einbarungen zwischen einem Kfz-Hersteller und einem Anbieter von Bauteilen für die
Erstmontage von Kraftfahrzeugen, in der der Anbieter beschränkt wird, seine Waren- oder
Firmenzeichen auf diesen Bauteilen oder Ersatzteilen effektiv und gut sichtbar anzubringen.
Mit dieser Bestimmung können die Verbraucher und Werkstätten feststellen, welche Ersatzteile von anderen Anbietern als dem Kfz-Hersteller verfügbar sind und anstatt der Teile des
Kfz-Herstellers für das Kraftfahrzeug verwendet werden können.[69] Durch das Anbringen
der Waren- oder Firmenzeichen kann ein Verbraucher oder die Werkstatt erkennen, wer
der Hersteller der Bauteile ist und das Ersatzteil von dem Teilehersteller oder über dessen
Vertriebssystem beziehen. Ohne diese Transparenz wäre es auch für den Teilehersteller
schwierig, seine Produkte als (Original)Ersatzteile auf den Markt zu bringen.

---

[67] Kfz-Leitlinien Rn. 23, Zulieferbekanntmachung Nr. 2.
[68] Kfz-GVO Erwägungsgrund 17; Immenga/Mestmäcker/Ellger EuWettbR Art. 5 Rn. 29.
[69] Kfz-Leitlinien Rn. 24; Kfz-GVO Erwägungsgrund 18.

74   Nach dem Wortlaut von Art. 4 Abs. 1 gilt die Freistellung nur für Vereinbarungen, die die Bedingungen betreffen, unter denen die beteiligten Unternehmen Kraftfahrzeugersatzteile beziehen. Vereinbarungen über den Bezug von Bauteilen für die Erstmontage in einem Kraftfahrzeug sind davon nicht unmittelbar erfasst. Da allerdings nur über das Anbringen der Waren- oder Firmenzeichen der Wettbewerb auf den Ersatzeilmärkten gefördert werden kann, betrifft eine Vereinbarung über den Bezug von Bauteilen auch indirekt die Bedingungen unter denen Ersatzteile bezogen werden können.

75   Das Recht zur Anbringung des Waren- oder Firmenzeichens umfasst auch das Recht diese Angaben auf der Verpackung und der Dokumentation zu dem betreffenden Teil anzubringen.[70] Auch der Kfz-Hersteller ist berechtigt, sein Waren- oder Firmenzeichen auf dem Bau- und Ersatzteil anzubringen, sofern dies das effektive und gut sichtbare Anbringen der Erkennungszeichen des Teileherstellers nicht beeinträchtigt.[71] In Anbetracht des verfolgten Zwecks muss das Anbringen der Waren- und Firmenzeichen auch dauerhaft und auch bei einem späteren Ausbau des Bauteils gut sichtbar und erkennbar sein.[72]

76   **3. Rechtsfolgen bei Vorliegen einer Kernbeschränkung.** Sofern die Vereinbarung eine Kernbeschränkung iSd Art. 5 enthält, ist die gesamte Vereinbarung nicht gruppenfreigestellt. Wettbewerbsbeschränkungen, die sonst freigestellt wären, zB bestimmte Gebiets- oder Kundenkreisbeschränkungen oder auf die Dauer von fünf Jahren beschränkte Wettbewerbsverbote, sind ebenfalls nicht freigestellt.

77   Die in der Vereinbarung enthaltenen Wettbewerbsbeschränkungen gemäß Art. 101 Abs. 1 AEUV sind gemäß Art. 101 Abs. 2 AEUV nichtig. Ob die gesamte Vereinbarung aufgrund der Bestimmungen nichtig ist, wird nach § 139 BGB beurteilt. Danach ist das ganze Rechtsgeschäft nichtig, wenn nicht anzunehmen ist, dass es auch ohne den nichtigen Teil vorgenommen worden wäre. Dies muss jeweils im Einzelfall geprüft werden.

78   In vielen Fällen wird mit einer salvatorischen Klausel in dem Vertrag geregelt, dass auch bei Vorliegen einer nichtigen Bestimmung der restliche Teil des Vertrages fortbesteht. Bei Entwurf und Abschluss eines Vertrages sollten die Parteien sich jedoch bewusst für oder auch gegen eine salvatorische Klausel entscheiden. Dies gilt insbesondere, wenn Zweifel an der Wirksamkeit einiger Klauseln bestehen, weil die Marktanteile der Parteien 30 % übersteigen.

79   Zwar ist grundsätzlich auch eine Einzelfreistellung gemäß Art. 101 Abs. 3 AEUV denkbar; in der Praxis liegen aber die Freistellungsvoraussetzungen des Art. 101 Abs. 3 bei einer Kernbeschränkung nicht vor.

80   **4. Rechtsfolgen der Freistellung.** Wenn eine Vereinbarung die Freistellungsvoraussetzungen der Vertikal-GVO und der Kfz-GVO erfüllt, sind gemäß Art. 4 Abs. 2 alle Wettbewerbsbeschränkungen in der Vereinbarung vom Kartellverbot des Art. 101 Abs. 1 AEUV freigestellt.

81   **5. Umfang der Freistellung. a) Wettbewerbsverbote/Markenzwang.** Ist die Vereinbarung freigestellt, können Wettbewerbsverbote (Markenzwang) zu Lasten des Abnehmers für eine Dauer von maximal fünf Jahren und begrenzt auf die Vertragslaufzeit vereinbart werden (Art. 5 Abs. 1 lit. a Vertikal-GVO).[73] Damit können Kfz-Hersteller oder Ersatzteilhersteller mit ihren Abnehmern (Werkstätten und Händlern) vereinbaren, dass diese keine Wettbewerbsprodukte beziehen, verwenden und verkaufen.[74] Die Laufzeit des Wettbewerbsverbots darf fünf Jahre nicht übersteigen. Ein unbefristetes Wettbewerbsverbot ist nicht freigestellt, das gleiche gilt für Wettbewerbsverbote, die sich automatisch ver-

---

[70] Immenga/Mestmäcker/Ellger EuWettbR Art. 5 Rn. 33; Kommission, Kraftfahrzeugvertrieb und Kundendienst in der Europäischen Union, Leitfaden zur VO 1400/2002, Frage 97, S. 88.
[71] Immenga/Mestmäcker/Ellger EuWettbR Art. 5 Rn. 33.
[72] Immenga/Mestmäcker/Ellger EuWettbR Art. 5 Rn. 34.
[73] Kfz-Leitlinien Rn. 26.
[74] Kfz-Leitlinien Rn. 26.

längern und nicht ausdrücklich auf eine Gesamtlaufzeit von maximal fünf Jahren beschränkt sind. Nach Ablauf des Fünfjahreszeitraums kann jedoch ein identisches Wettbewerbsverbot für weitere fünf Jahre vereinbart werden. Der Abnehmer muss aber frei sein, ob er ein weiteres Wettbewerbsverbot eingehen möchte oder nicht. Behinderungen, Zwang oder Drohungen, zB mit Kündigung, dürfen die Entscheidungsfreiheit der Händler und Werkstätten nicht beeinflussen. Ein solches Vorgehen würde einer stillschweigenden Verlängerung des Wettbewerbsverbots gleichkommen.[75] Siehe hierzu auch die Ausführungen zur Vertikal-GVO unter → Rn. 284 f.).

82   Nachvertragliche Wettbewerbsverbote sind nur in den engen Grenzen des Art. 5 Abs. 1 lit. b Vertikal-GVO zulässig. Es wird auf die Ausführungen zu → Vertikal-GVO Art. 5 Abs. 1 Rn. 289 ff. verwiesen.

83   Die Verpflichtung einer zugelassenen Werkstatt für Instandsetzungsleistungen im Rahmen der Mängelhaftung (Gewährleistung) oder der Herstellergarantie oder Leistungen im Falle von Rückrufaktionen oder unentgeltlichem Kundendienst nur die vom Hersteller gelieferten Originalersatzteile zu verwenden, gilt nicht als Wettbewerbsverbot, sondern als objektiv gerechtfertigte Forderung des Kfz-Herstellers.[76]

84   In Bezug auf Wettbewerbsverbote in selektiven Vertriebssystemen gibt es insoweit eine Besonderheit, dass gemäß Art. 5 Abs. 1 lit. c der Vertikal-GVO unmittelbare und mittelbare Verpflichtungen, die die Mitglieder eines selektiven Vertriebssystems veranlassen die Marken von bestimmten Wettbewerbern zu verkaufen, nicht frei gestellt sind.[77] Hier befürchtet die Kommission, dass der Markenzwang zur Ausschaltung des Wettbewerbs und zu Marktzutrittsschranken für neue Wettbewerber führt.[78]

85   Auch wenn Wettbewerbsverbote iRd Vertikal-GVO freigestellt sind, sieht die Kommission auch Risiken durch die Wettbewerbsverbote. Aus Sicht der Kommission können Wettbewerbsverbote zur Marktabschottung führen und dem Verbraucher insbesondere durch steigende Preise, einer geringen Auswahl an Produkten, sinkender Qualität oder geringe Produktinnovationen schaden.[79]

86   Da Wettbewerbsverbote aber auch positive Wirkungen entfalten können, zB die Förderung des Markenimages und des Ansehen des Vertriebsnetzes,[80] ist nach Ansicht der Kommission die grundsätzliche Freistellung von Wettbewerbsverboten (sofern die den Anforderungen von Art. 5 Vertikal-GVO entspricht) gerechtfertigt. Die Kommission erkennt auch an, dass die Anbieter in die Werkstätten und Händler investieren, zB durch Ausstattungen, und insoweit auch ein berechtigtes Interesse daran haben, dass die getätigten Investitionen den Kunden ihrer Marke zugute kommen. Andere Anbieter, die diese Investitionen nicht tätigen, sollen nicht von diesen Investitionen profitieren („Trittbrettfahrer-Problem").[81] Danach können Investitionen des Anbieters in den Abnehmer Wettbewerbsverbote rechtfertigen. Dieser Aspekt ist auch in der Zulieferbekanntmachung berücksichtigt (→ Rn. 70). Die genannten Gesichtspunkte sind daher zu berücksichtigen, wenn eine Vereinbarung aufgrund zu hoher Marktanteile nicht unter die Gruppenfreistellungsverordnungen fällt und dennoch Mindestabnahmemengen oder Wettbewerbsverbote vereinbart werden sollen.

87   **b) Mindestabnahmemengen.** Mindestabnahmemengen können die gleiche Wirkung entfalten, wie Wettbewerbsverbote. Daher gelten Vereinbarungen, die einen Abnehmer unmittelbar oder mittelbar verpflichten, mehr als 80 % seines Bedarfs an Vertragswaren oder -dienstleistungen und deren Substitute von dem Lieferanten oder einem anderen vom Lieferanten benannten Unternehmen zu beziehen, als Wettbewerbsverbot (Art. 1d) lit. b

---

[75] Kfz-Leitlinien Rn. 26.
[76] Kfz-Leitlinien Rn. 39.
[77] Kfz-Leitlinien Rn. 27.
[78] Kfz-Leitlinien Rn. 27 f.
[79] Kfz-Leitlinien Rn. 28.
[80] Kfz-Leitlinien Rn. 30.
[81] Kfz-Leitlinien Rn. 29.

Vertikal-GVO).[82] Verpflichtet ein (Kfz-)Hersteller eine Werkstatt oder einen Händler zu einer Abnahmemenge an Ersatzteilen, die mehr als 80 % des Bedarfs der Werkstatt oder des Händlers ausmacht, muss diese Abnahmeverpflichtung auf fünf Jahre begrenzt sein. Alternativ kann vertraglich geregelt werden, dass die Abnahmeverpflichtung nur bis zu 80 % des Bedarfs gilt und die Werkstatt oder der Händler danach nicht mehr zur Abnahme der Ersatzteile vom (Kfz-)Hersteller verpflichtet ist.

88   **c) Zugang zu technischen Informationen.** Ein effektiver Wettbewerb der zugelassenen und unabhängigen Werkstätten sowie der Händler auf dem Aftermarket erfordert nicht nur, dass die unabhängigen Marktteilnehmer die Ersatzteile beziehen können und Zugang zu den Diagnose- und Ausrüstungsgegenständen haben, sondern es ist auch erforderlich, dass die Marktteilnehmer Zugang zu den erforderlichen technischen Informationen haben. Der Begriff der technischen Informationen ist weit zu verstehen und umfasst ua Software und Softwareupdates, Fehlercodes, Teilekataloge, Ersatzteilnummern, Kfz-Identifikationsnummern, Kfz-Identifikationsmethoden, Instandsetzungs- und Wartungsverfahren sowie sonstige Arbeitsanweisungen, die für den Vertrieb von Ersatzteilen oder die Instandsetzung und Wartung von Kraftfahrzeugen erforderlich sind.[83] Unabhängige Marktteilnehmer erfassen nicht nur Ersatzhändler und Werkstätten, sondern auch Ersatzteilhersteller, Hersteller von Werkstattausrüstungen oder Werkzeugen, Pannenhilfedienste, Anbieter von Inspektions- und Prüfleistungen, Herausgeber von technischen Informationen sowie Einrichtungen für Aus- und Weiterbildung für Werkstattmitarbeiter.[84] Der Zugang zu den erforderlichen technischen Informationen soll auf Anfrage und ohne ungebührliche Verzögerung in einer verwendungsfähigen Form und zu einem angemessen Preis den Marktteilnehmern gewährt werden.[85]

89   Was die Folgen sind, wenn die Hersteller die technischen Informationen nicht zur Verfügung stellen, ist nicht eindeutig geregelt. Die Kommission führt an, dass die Art und Weise des Zugangs zu den technischen Informationen für die Frage entscheidend ist, ob die Vereinbarungen mit zugelassenen Werkstätten mit Art. 101 AEUV vereinbar sind. Da die Verweigerung des Zugangs aber nicht durch die Vereinbarungen mit zugelassenen Werkstätten erfolgt, sondern auf der Grundlage von separaten Vereinbarungen bzw. der Verweigerung zum Abschluss einer Vereinbarung, wird das Vorenthalten des Zugangs zu technischen Informationen sich entweder durch den Entzug der Freistellung oder dem Erlass einer Verordnung zur Nichtanwendbarkeit der Kfz-GVO gemäß Art. 6 (→ Art. 6 Rn. 90 ff.) oder der Vertikal-GVO gemäß Art. 6 Vertikal-GVO auswirken.

V. Schlussbestimmungen (Kapitel IV)

1. Nichtanwendung dieser Verordnung (Art. 6)
Nichtanwendung dieser Verordnung

Nach Artikel 1a der Verordnung Nr. 19/65/EWG kann die Kommission durch Verordnung erklären, dass in Fällen, in denen mehr als 50 % des relevanten Marktes von parallelen Netzen gleichartiger vertikaler Beschränkungen abgedeckt werden, die vorliegende Verordnung auf vertikale Vereinbarungen, die bestimmte Beschränkungen des Wettbewerbs auf diesem Markt enthalten, keine Anwendung findet.

90   Nach Art. 6 Kfz-GVO kann die Kommission bestimmte Vereinbarungen von der Freistellung durch die Kfz-GVO ausnehmen. Voraussetzung ist, dass mehr als 50 % des relevanten Marktes von parallelen Netzen gleichartiger Beschränkungen abgedeckt werden. Eine identische Bestimmung ist auch in Art. 6 der Vertikal-GVO enthalten.

---

[82] Kfz-Leitlinien Rn. 31.
[83] Kfz-Leitlinien Rn. 66.
[84] Kfz-Leitlinien Rn. 66.
[85] Kfz-Leitlinien Rn. 67.

Hintergrund für die Bestimmung ist, dass die Kommission sich die Freiheit vorbehalten **91** will, in Einzelfällen die Freistellung zu entziehen, wenn zwar die einzelnen vertikalen Vereinbarungen die Freistellungsvoraussetzungen erfüllen, aber der Wettbewerb dadurch beeinträchtigt wird, dass es eine Vielzahl solcher Vereinbarungen gibt, die dann zur Marktabschottung führen. Solche kumulativen Effekte kann es zB geben, wenn alle Vereinbarungen die gleichen Anforderungen an die Händler stellen und dadurch bestimmte Kategorien von Händlern vom Markt ausgeschlossen werden oder Marktzutrittsschranken für neu auf den Markt kommende Wettbewerber entstehen.

Das Vorliegen paralleler Netze von gleichartigen vertikalen Vereinbarungen ist dann **92** anzunehmen, wenn bei wettbewerbsrechtlicher Bewertung diese Vereinbarungen Beschränkungen enthalten, die die gleiche oder eine ähnliche Wirkung auf dem Markt entfalten.[86] Das ist typischerweise dann der Fall, wenn die Beschränkungen von Käufern oder Lieferanten zu Markenzwang, Vertriebsbeschränkungen oder Marktaufteilungen führen. Besonders bei Wettbewerbsverboten, Mindestabnahmeverpflichtungen und selektiven Vertriebssystemen sieht die Kommission die Gefahr der kumulativen Effekte.[87]

Für die Ermittlung der **Marktabdeckungsquote** muss zunächst der sachlich und räum- **93** lich relevante Markt bestimmt werden. Für die Abgrenzung des relevanten Marktes sind die Kriterien in der Bekanntmachung der Kommission zur Definition des relevanten Marktes[88] heranzuziehen.[89] Bei der Abgrenzung spielen sowohl die Art und der Inhalt der vertikalen Vereinbarung eine Rolle, wie auch die in der vertikalen Vereinbarung enthaltenen Beschränkungen. Häufig wird der nach Art. 6 relevante Markt der gleiche Markt sein, der für die Anwendbarkeit der Kfz-GVO entscheidend ist.[90] Die Marktabdeckungsquote ergibt sich durch die Summe der von gleichartigen Netzen abgedeckten Marktanteile im Vergleich zum Gesamtmarkt.

In der Praxis ist die Marktabdeckungsquote von nebeneinander bestehenden Netzen von **94** gleichartigen vertikalen Vereinbarungen auf dem relevanten Markt im Kfz-Bereich regelmäßig gegeben.[91]

Die Kommission hat ein Ermessen, ob und wie sie von Art. 6 Gebrauch machen **95** möchte.[92] Die Kommission wird dabei unter Berücksichtigung des Verhältnismäßigkeitsgrundsatzes abwägen, auf welche Weise die Wettbewerbsbeschränkung wirksam bekämpft wird. Das kann bei zB durch die Nichtanwendbarkeit der Kfz-GVO auf die gleichartigen Vereinbarungen mehrerer Lieferanten sein oder auch durch die Nichtanwendbarkeit der Kfz-GVO für die vertikale Vereinbarung nur eines Unternehmens.[93] Nach Ansicht der Kommission ist der Erlass einer Verordnung zur Nichtanwendbarkeit der Kfz-GVO angemessen, wenn anzunehmen ist, dass der Wettbewerb oder der Zugang zum relevanten Markt spürbar beschränkt ist.[94] Bei parallelen Netzen von selektiven Vertriebssystemen, mit Selektionskriterien, die nicht durch die Beschaffenheit der Produkte gerechtfertigt sind oder bestimmte Vertriebsarten ausschließen, und eine Marktabdeckung von mehr als 50 % haben, ist eine solche Marktabschottungswirkung idR gegeben.[95]

Die Entscheidung, dass keine Freistellung gemäß der Kfz-GVO Anwendung findet, **96** erfolgt durch Verordnung. Eine solche Verordnung muss hinreichend bestimmt sein mit Angabe des sachlich und räumlich relevanten Marktes und der Art der nicht mehr freigestellten Beschränkung.[96]

---

[86] EuGH Slg. 1991, I-935 – Delimitis; SPW Rn. 912; Vertikal-Leitlinien, Rn. 75.
[87] Kfz-Leitlinien Rn. 33 ff.
[88] ABl. 1997 C 372, 5.
[89] Immenga/Mestmäcker/Ellger EuWettbR Art. 6 Rn. 3.
[90] Immenga/Mestmäcker/Ellger EuWettbR Art. 6 Rn. 3.
[91] Immenga/Mestmäcker/Ellger EuWettbR Art. 6 Rn. 2.
[92] Vertikal-Leitlinien Rn. 81.
[93] Vertikal-Leitlinien Rn. 82.
[94] Vertikal-Leitlinien Rn. 81.
[95] Vertikal-Leitlinen Rn. 81; SPW Rn. 916.
[96] Vertikal-Leitlinien Rn. 83.

97   Erlässt die Kommission eine entsprechende Verordnung ist die Kfz-GVO nach einer Übergangsfrist von mindestens sechs Monaten (Art. 1 lit. a VO 19/65) nicht mehr anwendbar. Die Verordnung wirkt nur für die Zukunft und nicht rückwirkend.

98   Neben der Möglichkeit eine Verordnung zur Nichtanwendbarkeit der Kfz-GVO zu erlassen, kann die Kommission den Rechtsvorteil der Freistellung gemäß Art. 29 VO 1/2003 entziehen, wenn der Markt durch die kumulative Wirkung paralleler Netze von gleichartigen vertikalen Vereinbarungen, zB durch Wettbewerbsverbote, erheblich beschränkt wird.[97]

2. Überwachung und Bewertungsbericht (Art. 7)
Überwachung und Bewertungsbericht

Die Kommission wird die Anwendung dieser Verordnung überwachen und spätestens bis zum 31. Mai 2021 einen Bericht erstellen; sie berücksichtigt dabei insbesondere die Voraussetzungen von Artikel 101 Absatz 3 AEUV.

99   Gemäß Art. 7 ist die Kommission verpflichtet, die Auswirkungen der Kfz-GVO auf den Wettbewerb im Kraftfahrzeugvertrieb, bei der Lieferung von Ersatzteilen und der Erbringung von Kundendienstleistungen für Kraftfahrzeuge im Binnenmarkt zu überwachen.[98] Die Ergebnisse müssen in einem Bericht zusammengestellt werden. Bei der Prüfung und Bewertung sollen insbesondere die Freistellungsvoraussetzungen des Art. 101 Abs. 3 AEUV berücksichtigt werden.

100   Der Bericht über die Anwendung der Kfz-GVO muss mindestens zwei Jahre vor Auslaufen der Kfz-GVO vorliegen. Dadurch hat die Kommission ausreichend Zeit darüber zu entscheiden, ob auch weiterhin eine sektorspezifische Gruppenfreistellungsverordnung für den Kfz-Anschlussmarkt erforderlich ist. Wenn die Wettbewerbsverhältnisse im Kfz-Anschlussmarkt keine gesonderten Regelungen (mehr) erfordern, könnte auch dieser Bereich von einer allgemeinen Vertikal-Gruppenfreistellungsverordnung geregelt werden. Da in einem solchen Fall – wie auch bei der aktuellen Vertikal-GVO – gegebenenfalls Sonderregelungen für den Kfz-Anschlussmarkt in die Vertikal-GVO aufgenommen werden, hat die Kommission durch die Frist zur Erstellung des Berichts bis zum 31.5.2021 auch noch eine Vorlaufzeit von einem Jahr bis zum Auslaufen der Vertikal-GVO am 31.5.2022.

3. Geltungsdauer und Rechtsverbindlichkeit (Art. 8)
Geltungsdauer

Diese Verordnung tritt am 1. Juni 2010 in Kraft.

Sie gilt bis zum 31. Mai 2023.

Diese Verordnung ist in allen ihren Teilen verbindlich und gilt unmittelbar in jedem Mitgliedstaat.

101   Die Kfz-GVO ist am 1.6.2010 in Kraft getreten. Gemäß Art. 2 gilt die Kfz-GVO von 2002 neben der Kfz-GVO fort, jedoch beschränkt auf den Bezug, Verkauf und Weiterverkauf von neuen Kraftfahrzeugen.

102   Die Kfz-GVO ist bis zum 31.5.2023 in Kraft und hat damit eine längere Laufzeit als die Vertikal-GVO, welche nur bis zum 31.5.2022 gilt (siehe Art. 10 der Vertikal-GVO). Das ist insoweit bemerkenswert, da gemäß Art. 4 Kfz-GVO die Voraussetzungen für eine Freistellung nach der Vertikal-GVO vorliegen müssen. Die Vertikal-GVO ist aber ab dem 1.6.2022 nicht mehr in Kraft, so dass der Verweis ins Leere geht.[99]

103   Die Kfz-GVO ist in allen Mitgliedsstaaten unmittelbar anwendbar. Es bedarf keiner nationalen Umsetzung. Dies wird in § 2 Abs. 2 GWB auch noch einmal ausdrücklich festgestellt. § 2 Abs. 2 S. 2 GWB regelt außerdem, dass die von der Kommission über die Anwendung von Art. 101 AEUV erlassenen Gruppenfreistellungsverordnungen auch dann

---

[97] Vertikal-Leitlinien Rn. 35.
[98] Kfz-GVO Erwägungsgrund 25.
[99] Immenga/Mestmäcker/Ellger EuWettbR Art. 8.

Anwendung finden, wenn die genannten Vereinbarungen und Verhaltensweisen nicht geeignet sind, den Handel zwischen den EU Mitgliedsstaaten zu beeinträchtigen. Die Kfz-GVO gilt damit auch für rein nationale Sachverhalte.

B. Handelsvertreter

Beim echten Handelsvertreter finden Art. 101 Abs. 1 AEUV (→ AEUV Art. 101 **104** Rn. 149 ff.) und § 1 GWB keine Anwendung. In diesen Fällen bedarf es keiner Freistellung nach der Kfz-GVO, so dass die Kfz-GVO nicht anwendbar ist.

Wenn der Handelsvertreter aufgrund der ihm übertragenen Kosten und Risiken in den **105** Anwendungsbereich des Kartellrechts fällt (→ AEUV Art. 101 Rn. 149 f.), ist die Kfz-GVO anwendbar, in der Praxis wird es jedoch idR nicht zu einer Freistellung kommen, da der Handelsvertretervertrag aufgrund der Verpflichtung des Handelsvertreters sich an die vom Unternehmer vorgegebenen Preise zu halten und die typischerweise in Handelsvertreterverträgen enthaltenen Gebiets- und/oder Kundenkreisbeschränkungen Kernbeschränkungen iSd Art. 4 Vertikal-GVO enthält. Bei Vorliegen von Kernbeschränkungen gemäß Art. 4 Vertikal-GVO ist keine Freistellung nach der Kfz-GVO möglich.

C. Vertragshändler

Die Kfz-GVO findet im Verhältnis zwischen dem Unternehmen (Kfz-Hersteller, Anbie- **106** ter von Kfz-Teilen und Geräten) und dem Vertragshändler (Kfz-Händler, Kfz-Werkstatt) Anwendung. Enthält der Vertragshändlervertrag eine Wettbewerbsbeschränkung iSd Art. 101 Abs. 1 AEUV oder § 1 GWB ist die Möglichkeit für eine Freistellung nach der Kfz-GVO eröffnet. Es sind dann die Voraussetzungen für eine Freistellung gemäß Art. 4 zu prüfen.

Zu beachten ist, dass sich aus der Kfz-GVO oder Vertikal-GVO kein Anspruch auf Belieferung oder Zulassung zu einem selektiven Vertriebssystem ergeben, selbst wenn der Händler oder die Werkstatt die qualitativen Kriterien erfüllen. Allerdings kann der Lieferant/Hersteller sich bei einer Ablehnung gegebenenfalls nur auf die quantitative Selektion berufen.[100]

D. Franchisenehmer

Für den Franchisenehmer und den Franchisegeber gibt es keine kfz-spezifischen Beson- **107** derheiten,[101] so dass hier auf die Ausführungen zum Vertragshändler verwiesen wird. Zur Frage, ob die Beschränkungen in einer Franchisevereinbarung Wettbewerbsbeschränkungen gemäß Art. 101 AEUV und § 1 GWB sind, siehe die Ausführungen zu → AEUV Art. 101 Rn. 188 ff.

E. Kommissionsagent

Für den Kommissionsagenten gilt das Gleiche wie für den Handelsvertreter, so dass auf **108** die Ausführungen zum Handelsvertreter verwiesen wird.

---

[100] BGH 30.3.2011 – KZR 6/09, GRUR 2011, 943 (944) Rn. 11 f. – MAN-Vertragswerkstatt.
[101] Martinek/Semler/Flohr VertriebsR-HdB/Omlor § 46. Automobile Rn. 28 f.

III. Schweizer Recht

Praxis der schweizerischen Wettbewerbskommission (WeKo)

Literatur: Amstutz/Reinert (Hrsg.), Kartellgesetz, Basler Kommentar, 2. Auflage 2021; Borer, Wettbewerbsrecht I, 2011; Graber, Die neue Vertikalbekanntmachung 2010 der WEKO, Wichtige Revisionspunkte und Faustregeln für den Praktiker, Jusletter, 23. August 2010, Rn. 1 ff.; Kaufmann, Informationsaustausch unter Wettbewerbern im Schweizer Kartellrecht, ZVertriebsR 2014, S. 83 ff. (zit. Kaufmann, Informationsaustausch); Kaufmann, Relative Marktmacht 2022, sic! 2022, S. 181 ff. (zit. Kaufmann, relative Marktmacht); Krauskopf/Kaufmann, Das System der Rechtfertigungsgründe im Kartellrecht, Einwendungen bei Wettbewerbsabreden, sic! 2013, S. 67 ff.; Heizmann, Der Begriff des marktbeherrschenden Unternehmens im Sinne von Art. 4 Abs. 2 in Verbindung mit Art. 7 KG, Diss., 2005; Stäuber/Burger, Einführung der relativen Marktmacht in der Schweiz, ZWeR 2021, S. 235 ff.; Strahm, Hochpreisproblematik bei Wareneinkäufen, Die Volkswirtschaft, 6/2006, S. 10 ff.; Tschudin (Hrsg.), Schweizerisches Kartellrecht in der Praxis, 2018; Weber, Wettbewerbsrecht II, 2011; Zäch, Schweizerisches Kartellrecht, 2. Auflage, 2005; Zäch/Arnet/Baldi/Kiener/Schaller/Schraner/Spühler (Hrsg.), KG, Kommentar zum Bundesgesetz über Kartelle und andere Wettbewerbsbeschränkungen, 2018; Zäch/Tuchschmid, Unterstellung relativ marktmächtiger Unternehmen unter die schweizerische Missbrauchsaufsicht, ZWeR 2021, S. 217 ff.

A. Rechtliche Grundlagen

I. Einleitung

Der Schweizer Verfassungsgeber hat sich im Bereich des Kartellrechts für eine **Miss-** **brauchsgesetzgebung** entschieden. Anders als etwa im europäischen Wettbewerbsrecht sind Wettbewerbsbeschränkungen nach Schweizer Recht damit **nicht per se verboten,** sondern grundsätzlich nur dann unzulässig, wenn sie volkswirtschaftlich oder sozial schädliche Auswirkungen zeitigen.[1] Wie diese Systemvorgaben umzusetzen sind, hat der Verfassungsgeber allerdings nicht bestimmt.[2] Mit der Einführung von Vermutungstatbeständen im Bereich vertikaler Abreden im Zuge der Kartellgesetzrevision 2003 hat sich das Schweizer Kartellgesetz jedenfalls in einem aus vertriebsrechtlicher Sicht zentralen Punkt der Verbotsgesetzgebung der EU angenähert. **1**

Unabhängig von diesen rechtssystematischen Unterschieden orientieren sich Gesetz- **2** gebung und Praxis im Schweizer Kartellrecht stark an der Rechtsentwicklung und der Praxis der EU. So wurde auch die erwähnte Änderung im Bereich vertikaler Abreden in der Kartellgesetzrevision 2003 mit der Anpassung an das europäische Recht begründet, ebenso die letzte Revision der **Vertikalbekanntmachung**[3] sowie die Revision der **Kfz-** **Bekanntmachung**[4] in den Jahren 2010 bzw. 2015[5]. Auch die derzeit laufende Revision der Vertikalbekanntmachung, die voraussichtlich Ende 2022 abgeschlossen sein wird, dient

---

[1] Vgl. Art. 96 Abs. 1 BV; in diesem Zusammenhang ist oft von einem „effects based approach" die Rede. In praktischer Hinsicht ist von Bedeutung, dass die Wettbewerbsbehörden die Beweisführungslast für die volkswirtschaftlichen oder sozial schädlichen Auswirkungen tragen.

[2] Borer Art. 1 N 7 f.

[3] Bekanntmachung über die wettbewerbsrechtliche Behandlung vertikaler Abreden (Vertikalbekanntmachung, VertBek), Beschluss der Wettbewerbskommission vom 28.6.2010. Die Wettbewerbskommission veröffentlichte im Mai 2017 allerdings eine überarbeitete Version der Vertikalbekanntmachung, dazu und zur laufenden Revision → Rn. 23 ff.

[4] Bekanntmachung über die wettbewerbsrechtliche Behandlung vertikaler Abreden im Kraftfahrzeugsektor (Kfz-Bekanntmachung, KfzBek), Beschluss der Wettbewerbskommission vom 29.6.2015.

[5] Vgl. Ziff. VI f. VertBek und Ziff. IV f. KfzBek; sodann die Botschaft über die Änderung des Kartellgesetzes vom 7.11.2001, BBl. 2002, 2051 f.; und mit Hinweisen auf die parlamentarische Beratung Zäch, Kartellrecht, Rn. 347.

dem Nachvollzug der Rechtsentwicklungen auf europäischer Ebene.[6] Im Ergebnis deckt sich die Praxis der Schweizer Wettbewerbsbehörden denn auch weitgehend mit der Praxis der Europäischen Kommission zum Wettbewerbsrecht der EU.

3   Erwähnenswert ist, dass die Gesetzgebung und die Rechtsprechung zum Vertriebskartellrecht in der Schweiz seit mehr als einem Jahrzehnt im Bann des Kampfes gegen die „Hochpreisinsel Schweiz" und die als ungenügend empfundene Weitergabe von Wechselkursvorteilen stehen. Die in diesem Zusammenhang geplante Einführung eines Teilkartellverbotes zur leichteren Bekämpfung vertikaler Preisbindungen und Gebietsabschottungen im grenzüberschreitenden Verhältnis[7] wurde vom Parlament im September 2014 zwar zunächst abgelehnt. Dennoch ist aufgrund eines Mitte 2016 ergangenen Leitentscheides des Schweizer Bundesgerichtes zu vertikalen Gebietsabreden davon auszugehen, dass im Bereich der horizontalen und vertikalen Kernbeschränkungen eine im Ergebnis einem Teilkartellverbot entsprechende Verschärfung des Schweizer Kartellrechts stattgefunden hat.[8] Auch die explizite Verankerung des Konzepts der relativen Marktmacht nach deutschem Vorbild im Schweizer Kartellgesetz per 1.1.2022 atmete diesen Geist.[9]

II. Das Schweizer Kartellgesetz[10]

4   **1. Wettbewerbsabreden (Art. 5 KG). a) Allgemeines.** Nach Art. 5 Abs. 1 KG unzulässig sind „Abreden, die den Wettbewerb auf einem Markt für bestimmte Waren oder Leistungen erheblich beeinträchtigen und sich nicht durch Gründe der wirtschaftlichen Effizienz rechtfertigen lassen, sowie Abreden, die zur Beseitigung wirksamen Wettbewerbs führen". Das Kartellgesetz unterscheidet demnach zwischen **wettbewerbsbeseitigenden** Abreden (sog. Kernbeschränkungen), die grundsätzlich nicht gerechtfertigt werden können, und **wettbewerbsbeschränkenden** Abreden, die einer Rechtfertigung zugänglich sind.[11]

5   **b) Wettbewerbsbeseitigende Abreden.** Eine Beseitigung wirksamen Wettbewerbs im Sinne von Art. 5 Abs. 1 KG wird für bestimmte Arten horizontaler und vertikaler Wettbewerbsabreden[12] von Gesetzes wegen vermutet.[13] Es sind dies nach Art. 5 Abs. 3 KG horizontale Preis- und Mengenabreden und Abreden über die Marktaufteilung nach Gebieten oder Geschäftspartnern sowie nach Art. 5 Abs. 4 KG vertikale Preis- und Gebietsabreden. Die Tatbestände setzen jeweils **kumulativ** zwei Elemente voraus: (i) eine horizontale oder vertikale Abrede, welche (ii) den in der entsprechenden Bestimmung erwähnten Inhalt aufweist.[14]

6   Im Unterschied zu den wettbewerbsbeschränkenden Abreden weisen die wettbewerbsbeseitigenden Abreden, zumindest im Bereich der Vermutungstatbestände, grundsätzlich **keinen Marktbezug** auf.[15] Die Vermutung der Wettbewerbsbeseitigung knüpft alleine an

---

[6] Dazu auch → Rn. 23 ff.

[7] Botschaft zur Änderung des Kartellgesetzes und zum Bundesgesetz über die Organisation der Wettbewerbsbehörde vom 22.2.2012, BBl. 2012, 3905 ff. (3914).

[8] BGE 143 II 297 – Gaba; auch → Rn. 8.

[9] Die relative Marktmacht nach Schweizer Zuschnitt soll nach dem ausdrücklichen Willen des Gesetzgebers die Beschaffung im Ausland erleichtern und zu „fairen" Konsumentenpreisen im Vergleich zum europäischen Ausland führen. Zur Einführung des Konzepts der relativen Marktmacht in der Schweiz etwa Zäch/Tuchschmid S. 218 f.; Kaufmann, relative Marktmacht, S. 181 f.

[10] Bundesgesetz über Kartelle und andere Wettbewerbsbeschränkungen (Kartellgesetz, KG) vom 6.10.1995 (SR 251).

[11] Zäch Rn. 358.

[12] Die Legaldefinition der Wettbewerbsabrede findet sich in Art. 4 Abs. 1 KG.

[13] Wettbewerbsbeseitigende Abreden sind zwar theoretisch auch außerhalb der Vermutungstatbestände denkbar, praktisch jedoch ohne Bedeutung, vgl. Zäch Rn. 1126.

[14] Zäch Rn. 452 ff. und 462 ff.

[15] Umstritten ist, ob dies die Wettbewerbsbehörden von der Feststellung des betroffenen bzw. relevanten Marktes entbindet. Immerhin ist für die Beurteilung, ob die Vermutung der Wettbewerbsbeseitigung umgestoßen werden kann, der Marktbezug unumgänglich. Dazu eingehend Amstutz/Reinert/Krauskopf/Schaller Art. 5 N 85 ff., mit Hinweis auf die unterschiedlichen Lehrmeinungen.

den Inhalt der Abrede an, wobei die Wettbewerbskommission aus praktischen Gründen dem Wortlaut einer schriftlichen Vereinbarung gegebenenfalls starkes Gewicht beimisst. Die Vermutung kann durch den Nachweis widerlegt werden, dass trotz der Abrede noch wirksamer Innen- oder Außenwettbewerb besteht.[16] Dabei muss nicht uneingeschränkter Wettbewerb dargetan werden, bereits ein gewisser Teil- oder Restwettbewerb genügt.[17] Gelingt dieser Nachweis, was in der Praxis in der Regel der Fall sein wird[18], so liegt nach der Gaba-Rechtsprechung des Schweizer Bundesgerichtes grundsätzlich eine den Wettbewerb erheblich beschränkende Abrede vor, die jedoch einer Rechtfertigung nach Art. 5 Abs. 2 KG zugänglich ist.[19]

c) Wettbewerbsbeschränkende Abreden. Nach Art. 5 Abs. 1 KG unzulässig sind **7** Abreden, die den Wettbewerb auf einem Markt für bestimmte Waren oder Dienstleistungen erheblich beeinträchtigen und nicht durch Gründe der wirtschaftlichen Effizienz gerechtfertigt werden können. Der Tatbestand setzt damit **kumulativ** vier Elemente voraus: (i) eine Abrede, welche (ii) einen Markt für bestimmte Waren oder Dienstleistungen betrifft, (iii) den Wettbewerb auf diesem Markt erheblich beschränkt und (iv) nicht aus Gründen der wirtschaftlichen Effizienz gerechtfertigt werden kann.[20]

Vor dem Hintergrund der Ausgestaltung des Schweizer Kartellrechts als Missbrauchs- **8** gesetzgebung[21] war im Schweizer Kartellrecht längere Zeit umstritten, wie das Tatbestandsmerkmal der Erheblichkeit einer Wettbewerbsbeschränkung im Bereich von harten Kartellabreden[22] auszulegen ist. Konkret stand in Frage, ob die **Erheblichkeit** bei horizontalen oder vertikalen Preis-, Mengen- und Gebietsabreden alleine nach qualitativen oder aber auch nach quantitativen Kriterien zu beurteilen ist.[23] Das höchste Schweizer Gericht hat diesbezüglich am 28.6.2016 in Sachen Gaba[24] mit einem Leitentscheid für Klarheit gesorgt. Nach Ansicht des Bundesgerichtes genügt im Bereich der harten Kartellabreden der Nachweis qualitativer Erheblichkeit, ungeachtet quantitativer Kriterien wie beispielsweise den Marktanteilen der Beteiligten. Die Wettbewerbskommission hat dies in einer Anpassung der Vertikalbekanntmachung[25] insofern berücksichtigt, als bei qualitativ bzw. dem Inhalt nach harten vertikalen Abrede im Sinne von Art. 5 Abs. 4 KG das Kriterium der Erheblichkeit „grundsätzlich" erfüllt sein soll, falls die Vermutung der Wettbewerbsbeseitigung umgestoßen werden kann. Vorbehalten bleiben Bagatellfälle.[26] Jedenfalls gelten harte Kartellabreden unter Schweizer Recht gemäß der Rechtsprechung des höchsten Schweizer Gerichts bereits aufgrund ihres Inhaltes als erhebliche Wettbewerbsbeschränkungen.[27] Das Vorhandensein von Auswirkungen auf dem relevanten Markt spielt dabei keine Rolle. Vorbehalten bleibt aber immerhin die Rechtfertigung aus Gründen der wirtschaftlichen Effizienz.[28]

Die **Rechtfertigungs- oder Effizienzgründe** des Schweizer Kartellgesetzes orientie- **9** ren sich trotz konzeptioneller Unterschiede materiell stark am europäischen Recht, was

---

[16] Zur Widerlegung der Vermutung eingehend Zäch Rn. 476.

[17] BGE 129 II 37 E. 8.3.2 – Buchpreisbindung.

[18] Zäch/Arnet/Baldi/Kiener/Schaller/Schraner/Spühler/Graber Cardinaux/Maschemer Art. 6 N 178; mit Hinweis auf die zwei bislang einzigen Ausnahmen, nämlich die Fälle Hors-Liste Medikamente und Marché du liver écrit en français.

[19] BGE 143 II 297 – Gaba; auch → Rn. 8.

[20] Zäch Rn. 363 ff.

[21] Vgl. Art. 96 Abs. 1 BV und Art. 1 KG.

[22] Gemeint sind in diesem Zusammenhang die vermutungsweise wettbewerbsbeseitigenden horizontalen und vertikalen Kartellabreden im Sinne von Art. 5 Abs. 3 und 4 KG, → Rn. 5 ff.

[23] Hintergrund der Diskussion war wohl nicht zuletzt die teilweise widersprüchliche erscheinende Praxis der Wettbewerbsbehörden, insbesondere des Bundesverwaltungsgerichtes.

[24] BGE 143 II 297 – Gaba; zum Verfahrensgegenstand auch → Rn. 58 ff. und 115 f.

[25] Dazu → Rn. 23 ff.

[26] Die Natur der Erheblichkeit als Bagatellklausel darf aber nicht darüber hinwegtäuschen, dass bereits ein geringes Maß an Beeinträchtigung ausreichend ist, um als erheblich qualifiziert zu werden, vgl. VertBek-Erläuterungen, Rn. 10; BGE 143 II 297 E. 5.1.6 – Gaba.

[27] Vgl. BGE 143 II 297 E. 5.2.5 – Gaba.

[28] BGE 143 II 297 E. 5.3.1 – Gaba.

insbesondere für den Vertriebsbereich respektive vertikale Abreden gilt.[29] Die unter Schweizer Recht zulässigen Rechtfertigungsgründe werden in Art. 5 Abs. 2 KG zwar abschließend genannt. Wegen der bewusst offenen Formulierung ist in der Praxis aber ein breites Spektrum an Kooperationsformen zulässig.[30] Mit Bezug auf Vertriebssysteme denkbar sind etwa Abreden zur Senkung von Vertriebskosten, zur Verbesserung des Vertriebs[31], oder zur Förderung der Verbreitung von beruflichem Know-How.[32] Vorausgesetzt wird stets, dass die in Frage stehende Abrede zur Verwirklichung des Rechtfertigungsgrundes notwendig ist und den Abredebeteiligten keinesfalls die Möglichkeit zur Wettbewerbsbeseitigung eröffnet. In diesem Zusammenhang sei darauf hingewiesen, dass die Beteiligung der Verbraucher am Gewinn nach Schweizer Recht kein separates Kriterium der Rechtfertigung darstellt.[33] Die Wettbewerbskommission kann die Voraussetzungen gerechtfertigter Abreden in allgemeinen Bekanntmachungen konkretisieren und hat von dieser Kompetenz mehrfach Gebrauch gemacht.[34]

10   **d) Sanktionen.** Aus Sicht der rechtsunterworfenen Unternehmen ist die Unterscheidung zwischen wettbewerbsbeschränkenden Abreden und vermutungsweise wettbewerbsbeseitigenden Abreden insofern von großer Bedeutung, als nach Schweizer Recht nur Kernbeschränkungen, also Wettbewerbsabreden im Sinne von Art. 5 Abs. 3 und 4 KG, mit **direkten Sanktionen** belegt werden können. Dabei können Kernbeschränkungen, für welche die gesetzliche Vermutung der Wettbewerbsbeseitigung umgestoßen werden konnte, eine Rechtfertigung dann aber misslingt, gemäß der geltenden Praxis des Bundesgerichtes ebenfalls sanktioniert werden.[35] Zu denken ist etwa an eine vertikale Kernbeschränkung in einem Vertriebssystem (etwa eine Abrede über absoluten Gebietsschutz), für welche die Vermutung der Wettbewerbsbeseitigung nach Art. 5 Abs. 4 KG wegen vorhandenen Außenwettbewerbs umgestoßen werden kann. Schlägt nun eine Rechtfertigung nach Art. 5 Abs. 2 KG fehl, liegt eine erheblich wettbewerbsbeschränkende Abrede nach Art. 5 Abs. 1 KG vor, die nach geltender Rechtsprechung sanktioniert werden kann. Die **Sanktionshöhe** beträgt zufolge Art. 49a Abs. 1 KG maximal 10% des in den letzten drei Jahren erzielten Jahresumsatzes.

11   **2. Marktbeherrschung und relative Marktmacht (Art. 7 KG). a) Allgemeines.** Marktbeherrschende sowie relativ marktmächtige Unternehmen verhalten sich zufolge Art. 7 Abs. 1 KG unzulässig, wenn sie „durch den Missbrauch ihrer Stellung auf dem Markt andere Unternehmen in der Aufnahme oder Ausübung des Wettbewerbs behindern oder die Marktgegenseite benachteiligen". Der Tatbestand setzt damit **kumulativ** drei Elemente voraus: (i) ein marktbeherrschendes oder relativ marktmächtiges Unternehmen, (ii) eine Behinderung oder Benachteiligung anderer Marktteilnehmer sowie (iii) das missbräuchliche Ausnutzen der marktbeherrschenden oder relativ marktmächtigen Stellung.[36] Erforderlich ist sodann stets, dass die Behinderung oder Benachteiligung direkte Folge des Missbrauchs der Marktstellung ist.[37]

---

[29] Zäch/Arnet/Baldi/Kiener/Schaller/Schraner/Spühler/Zirklick/Bangerter Art. 5 N 281.

[30] Botschaft zu einem Bundesgesetz über Kartelle und andere Wettbewerbsbeschränkungen (Kartellgesetz KG) vom 23.11.1994, BBl. 1995, 468 ff. (558); vgl. auch Krauskopf/Kaufmann S. 75 ff.

[31] Dies im Sinne einer allgemeinen Produkteverbesserung. Denkbar sind etwa vertragliche Verpflichtung zur Sicherstellung einer fachkundigen Beratung oder zur ausreichenden Lagerhaltung, Zäch Rn. 408; vgl. auch Weber VertBek Ziff. 16 N 6 ff.

[32] Ziff. 16 Abs. 2 lit. f VertBek; dies ist insbesondere im Bereich des Franchisings von Bedeutung; vgl. auch Weber VertBek Ziff. 16 N 18 f.

[33] Der Schweizer Gesetzgeber hat sich bewusst gegen einen entsprechenden Passus in Art. 5 Abs. 2 KG entschieden. Die dort vorgesehene „absolute" Schranke der Wettbewerbsbeseitigung stelle bereits sicher, dass die Effizienzgewinne zumindest teilweise über den Markt an die Verbraucher verteilt werden, Borer Art. 5 N 46.

[34] Art. 6 KG, zu den Bekanntmachungen der Wettbewerbskommission eingehend → Rn. 21 ff.

[35] BGE 143 II 297 E. 9.4.6 – Gaba.

[36] Borer Art. 7 N 5; Zäch Rn. 527; mit Bezug auf die relative Marktmacht auch Kaufmann, relative Marktmacht, S. 193; aM Amstutz/Reinert/Amstutz/Carron Art. 7 N 22 f., welche vier Tatbestandsmerkmale unterscheiden, was im Ergebnis aber keine Rolle spielt.

[37] Zäch Rn. 622.

b) Marktbeherrschung. Als **marktbeherrschend** gelten nach Art. 4 Abs. 2 KG „ein- **12** zelne oder mehrere Unternehmen, die auf einem Markt als Anbieter oder Nachfrager in der Lage sind, sich von andern Marktteilnehmern (Mitbewerbern, Anbietern oder Nachfragern) in wesentlichem Umfang unabhängig zu verhalten". Das Vorliegen einer marktbeherrschenden Stellung wird in konstanter Praxis der Wettbewerbskommission zweistufig geprüft.[38] In einem ersten Schritt wird der **relevante Markt** sachlich, räumlich und allenfalls zeitlich abgegrenzt.[39] In einem zweiten Schritt wird dann die **Marktstellung** des als marktbeherrschend in Betracht gezogenen Unternehmens untersucht.[40]

c) Relative Marktmacht. Nach der Teilrevision des Kartellgesetzes 2003 war in der **13** Schweizer Lehre umstritten, ob das Schweizer Kartellgesetz mit der Legaldefinition der marktbeherrschenden Stellung in Art. 4 Abs. 2 KG auch die **relative Marktmacht** nach Vorbild des deutschen GWB umfasste.[41] Die Schweizer Wettbewerbsbehörden haben Fälle wirtschaftlicher Abhängigkeit jedenfalls vereinzelt geprüft, auch wenn keine abschließenden und insbesondere keine höchstrichterlich geprüften Fälle entwickelt werden konnten.[42] Anfang 2021 wurde der Lehrstreit um die relative Marktmacht dann nach mehreren Anläufen auf politischer Ebene erledigt: Mit der Annahme des indirekten Gegenvorschlages zur sog. „Fair-Preis-Initiative" wurde die relative Marktmacht nach deutschem Vorbild explizit in Art. 4 Abs. 2bis KG verankert und per 1.1.2022 in Kraft gesetzt. Fälle sortimentsbedingter Abhängigkeit, etwa im Zusammenhang mit sog. „Must Stock"-Produkten, wie auch unternehmendbedingte Abhängigkeiten werden demnach auch durch das Schweizer Recht erfasst.[43] Wegen der ausdrücklichen Anlehnung an das deutsche Recht kann für die Darstellung der Fallgruppen und Anwendungsvoraussetzungen auf die Kommentierung der entsprechenden Bestimmungen des GWB verwiesen werden.[44]

Vor der expliziten Verankerung in Art. 4 Abs. 2bis KG wurde die relative Marktmacht **14** nur in einem einzigen Verfahren, das zudem die spezielle Situation der Nachfragemacht im Schweizer Detailhandel betraf, eingehend thematisiert.[45] In anderen Verfahren prüften die Wettbewerbsbehörden das Vorliegen relativer Marktmacht immerhin summarisch.[46] In einigen weiteren Verfahren haben die Wettbewerbsbehörden sodann zumindest auf die Möglichkeit des Bestehens relativer Marktmacht hingewiesen, wobei sich eine eingehende Prüfung teilweise deshalb erübrigte, weil bereits Marktbeherrschung nachgewiesen werden

---

[38] Vgl. zum Vorgehen etwa RPW 2012/1, 95 ff. Rn. 112 ff., Vertrieb von Tickets im Hallenstadion Zürich; sodann Amstutz/Reinert/Reinert/Wälchli Art. 4 Abs. 2 N 3 ff.; Heizmann Rn. 42 ff.

[39] Zur Marktabgrenzung eingehend etwa Amstutz/Reinert/Reinert/Wälchli Art. 4 Abs. 2 N 94 ff.; Zäch/Arnet/Baldi/Kiener/Schaller/Schraner/Spühler/Stäuble/Schraner Art. 4 Abs. 2 N 28 ff.; Heizmann Rn. 179 ff.; Zäch Rn. 532.

[40] Die Marktstellung wird üblicherweise anhand der Marktstruktur (insbes. Marktanteile), der Unternehmensstruktur, des Marktverhaltens sowie der Transaktionskosten beurteilt, vgl. Zäch/Arnet/Baldi/Kiener/Schaller/Schraner/Spühler/Stäuble/Schraner Art. 4 Abs. 2 N 179 ff.; Zäch Rn. 582 ff.

[41] Der Lehrstreit hatte kurz gesagt zum Hintergrund, dass der Gesetzestext in Art. 4 Abs. 2 KG die in der Botschaft zur Teilrevision dokumentierte Absicht des Gesetzgebers, nämlich das Erfassen wirtschaftlicher Abhängigkeiten unterhalb der Schwelle zur Marktbeherrschung, nur unzureichend zum Ausdruck brachte. Zum Lehrstreit etwa Kaufmann, relative Marktmacht, S. 182; und bereits Heizmann Rn. 386 ff.

[42] Vgl. dazu → Rn. 133 ff.

[43] Zäch/Tuchschmid S. 218 ff.; Kaufmann, relative Marktmacht, S. 181 ff.; Stäuber/Burger S. 235 ff.

[44] Kaufmann, relative Marktmacht, S. 185, 188 ff., mit Hinweisen; eine umfangreiche Darstellung der deutschen Fallpraxis findet sich etwa bei Immenga/Mestmäcker/Markert GWB § 20 Rn. 28 ff.; im Übrigen ist die Schweizer Lehre wegen den in hohem Masse auslegungsbedürftigen gesetzlichen Kriterien relativer Marktmacht, der expliziten konzeptionellen Anlehnung und dem weitgehenden Fehlen einer Fallpraxis zu wirtschaftlichen Abhängigkeitsverhältnissen darauf angewiesen, die deutsche Lehre und Rechtsprechung zu rezipieren, vgl. bereits Zäch Rn. 575 ff.; Zäch/Arnet/Baldi/Kiener/Schaller/Schraner/Spühler/Stäuble/Schraner Art. 4 Abs. 2 N 273.

[45] RPW 2005/1, 146 ff. – CoopForte; → Rn. 140 ff.

[46] Vgl. etwa RPW 2016/1, 123 Rn. 434 – Online-Buchungsplattformen für Hotels; RPW 2013/1, 76 f. Rn. 113 ff. – Rotkreuz-Notrufsystem; RPW 2012/1, 100 Rn. 141 – Vertrieb von Tickets im Hallenstadion Zürich.

konnte.[47] Dem Vernehmen nach spielte die relative Marktmacht aber in der informellen Praxis der Wettbewerbsbehörden stets eine nicht zu unterschätzende Rolle.[48] Nachdem mit der relativen Marktmacht des Art. 4 Abs. 2bis KG lediglich explizit im Schweizer Kartellgesetz verankert wurde, was nach einem Teil der Lehre und der Praxis der Wettbewerbsbehörden ohnehin schon (auslegungshalber) darin enthalten war, dürfte diese Praxis durchaus gewisse Anhaltspunkte für den zukünftigen Umgang der Schweizer Wettbewerbsbehörden mit wirtschaftlichen Abhängigkeiten bieten.[49]

15   Bei der Strukturierung von Vertriebssystemen und der Vertragsgestaltung sollte jedenfalls berücksichtigt werden, dass die Wettbewerbskommission das Marktverhalten auch unterhalb der Schwelle zur Marktbeherrschung prüfen kann. Ratsam sind in diesem Zusammenhang je nach Sachlage etwa eine ausreichende und gut dokumentierte vorvertragliche Aufklärung, ausreichend lange Kündigungsfristen oder eine angemessene Mindestdauer der Verträge.[50] Dies gilt insbesondere im grenzüberschreitenden Verhältnis, zumal der gesetzgeberische Auftrag an die Schweizer Wettbewerbsbehörden, gegen die Diskriminierung von Schweizer Unternehmen im Bezug von Waren oder Dienstleistungen durch relativ marktmächtige Unternehmen im Ausland vorzugehen, unmissverständlich ist.[51]

16   **d) Missbräuchliches Verhalten.** Die Prüfung der **Behinderung oder Benachteiligung** anderer Marktteilnehmer wird in der Praxis meist zusammen mit der Prüfung des Missbrauchs vorgenommen.[52] Das Gesetz nennt in Art. 7 Abs. 2 KG in einem Beispielkatalog typische Behinderungs- und Ausbeutungstatbestände. Die Einzelfallprüfung nach Art. 7 Abs. 1 KG erübrigt sich dadurch allerdings nicht, dem Beispielkatalog kommt keine eigenständige Bedeutung zu.[53]

17   Eine generelle Formel zur Feststellung der **Missbräuchlichkeit** eines Marktverhaltens fehlt im Kartellgesetz. Nach dem Willen des Gesetzgebers ist das Verhalten eines marktbeherrschenden Unternehmens jedenfalls dann unzulässig, wenn es sich nicht durch sachliche Gründe, sog. **legitimate business reasons,** rechtfertigen lässt.[54] Das Gesetz sieht diese Rechtfertigungsgründe zwar nicht ausdrücklich vor. Sie lassen sich aber aus dem Zweckartikel des Kartellgesetzes ableiten und sind dem Missbrauchsbegriff inhärent.[55] Als legitimate business reasons kommen zunächst kaufmännische Grundsätze in Betracht. Dazu gehört etwa das Verlangen eines Handelsregistereintrages sowie des Nachweises der Zahlungsfähigkeit von einem potentiellen Abnehmer als Voraussetzung für eine Belieferung.[56] Unter Umständen kann eine Lieferverweigerung auch gerechtfertigt sein, wenn die zu liefernden Produkte eine qualifizierte Endkundenbetreuung erfordern und der Abnehmer

---

[47] So ausdrücklich in RPW 2011/1, 142 Rn. 295 – SIX/Terminals mit Dynamic Currency Conversion (DCC); RPW 2010/1, 145 Rn. 186 – Preispolitik Swisscom ADSL; zuvor sinngemäß in RPW 2008/4, 544 ff. – Tarifverträge Zusatzversicherung Kanton Luzern; RPW 2008/3, 385 ff. – Publikation von Arzneimittelinformationen; RPW 2006/4, 625 ff. – Flughafen Zürich AG (Unique) – Valet Parking.

[48] Amstutz/Reinert/Reinert/Wälchli Art. 4 Abs. 2 N 33.

[49] Vgl. Zäch/Arnet/Baldi/Kiener/Schaller/Schraner/Spühler/Stäuble/Schraner Art. 4 Abs. 2 N 271.

[50] Letzteres zielt auf die Sicherstellung der Amortisation spezifischer Investitionen des möglicherweise abhängigen Vertriebspartners ab, womit allerdings kein Schutz unternehmerischen Fehlverhaltens erfolgen darf. Außerdem bleibt auch in diesen Fällen eine Kündigung aus sachlichen Gründen vorbehalten; vgl. auch Merkblatt und Formular des Sekretariats der WEKO: Relative Marktmacht, vom 6.12.2021, Rn. 8 und 13.

[51] So ist auch die Ergänzung des Beispielkatalogs in Art. 7 Abs. 2 lit. g KG zu verstehen: als missbräuchliches Verhalten relativ marktmächtiger Unternehmen fällt demnach insbesondere in Betracht „die Einschränkung der Möglichkeit der Nachfrager, Waren oder Leistungen, die in der Schweiz und im Ausland angeboten werden, im Ausland zu den dortigen Marktpreisen und den dortigen branchenüblichen Bedingungen zu beziehen", vgl. dazu auch Zäch/Tuchschmid S. 223 f.

[52] Zäch Rn. 621.

[53] Borer Art. 7 N 4.

[54] Botschaft zu einem Bundesgesetz über Kartelle und andere Wettbewerbsbeschränkungen (Kartellgesetz KG) vom 23.11.1994, BBl. 1995, 468 ff. (569); vgl. auch Krauskopf/Kaufmann S. 71.

[55] Vgl. dazu Amstutz/Reinert/Amstutz/Carron Art. 7 N 170.

[56] RPW 2001/1, 105 Rn. 53 f. – Intensiv SA, Granica.

dazu nicht in der Lage ist.[57] Sodann können etwaige **Effizienzgründe** als Rechtfertigung vorgebracht werden.[58]

e) Sanktionen. Zufolge Art. 49a Abs. 1 KG kann der Missbrauch einer marktbeherr- **18** schenden Stellung mit direkten Sanktionen belegt werden. Die Sanktionshöhe beträgt maximal 10 % des in den letzten drei Geschäftsjahren in der Schweiz erzielten Jahresumsatzes.

Der Missbrauch einer relativ marktmächtigen Stellung ist demgegenüber nach dem **19** ausdrücklichen Willen des Gesetzgebers nicht mit direkten Sanktionen bedroht, das Gesetz spricht in Art. 49a Abs. 1 KG nämlich nur vom unzulässigen Verhalten marktbeherrschender Unternehmen. Stellt die Wettbewerbskommission allerdings ein unzulässiges Verhalten eines relativ marktmächtigen Unternehmens fest und verstößt dieses Unternehmen dann gegen die entsprechende Unterlassungsverfügung der Wettbewerbskommission, so kann es immerhin nach Art. 50 KG für den Verstoß gegen diese Verfügung („indirekt") sanktioniert werden.[59] Die Sanktionsdrohung ist dabei dieselbe wie bei einer direkten Sanktion, also maximal 10 % des in den letzten drei Geschäftsjahren in der Schweiz erzielten Jahresumsatzes.

3. Unternehmenszusammenschlüsse (Art. 9 und 10 KG). Aus vertriebsrechtlicher **20** Sicht ist die Zusammenschlusskontrolle von untergeordneter Bedeutung. Berührungspunkte sind etwa im Bereich von **Vertriebskooperationen** denkbar, sofern die Kooperation im Gewand eines Vollfunktionsunternehmens[60] stattfindet und die Schwellenwerte von Art. 9 Abs. 1 KG überschritten werden.[61] Wegen der marginalen Bedeutung der Zusammenschlusskontrolle für das Vertriebsrecht wird vorliegend nicht weiter auf diese Aspekte eingegangen.

III. Bekanntmachungen der Wettbewerbskommission

1. Vorbemerkungen. Gemäß Art. 6 Abs. 1 KG kann die Wettbewerbskommission in **21** allgemeinen Bekanntmachungen die Voraussetzungen umschreiben, unter denen einzelne Arten von Wettbewerbsabreden aus Gründen der wirschaftlichen Effizienz im Sinne von Art. 5 Abs. 2 KG in der Regel als gerechtfertigt gelten. Mit derartigen Bekanntmachungen soll die Rechtssicherheit in der praktischen Rechtsanwendung verbessert werden. Sie sind damit ein wesentliches Arbeitswerkzeug für den Praktiker. Die Wettbewerbskommission hat von dieser Kompetenz bisher in fünf Fällen Gebrauch gemacht.[62]

Die Bekanntmachungen der Wettbewerbskommission stellen allerdings lediglich eine **22** Interpretationsrichtlinie dar, und sie binden weder die Wettbewerbsbehörden noch die Zivilgerichte bei der Auslegung und Anwendung der kartellrechtlichen Bestimmungen.[63]

---

[57] RPW 2001/1, 105 Rn. 53 f. – Intensiv SA, Granica (ic verneint).

[58] Vgl. dazu Amstutz/Reinert/Amstutz/Carron Art. 7 N 176.

[59] Kaufmann, relative Marktmacht, S. 185, nach der hier vertretenen Auffassung beschränkt sich die Sanktionsdrohung auch gerade auf das konkrete bilaterale Verhältnis. Missbraucht das von einer Unterlassungsverfügung adressierte Unternehmen relative Marktmacht, die auch gegenüber einem in der Verfügung nicht genannten Unternehmen besteht, wäre dies gestützt auf die bestehende Verfügung nicht sanktionierbar.

[60] Art. 2 der Verordnung vom 17.6.1996 über die Kontrolle von Unternehmenszusammenschlüssen (VKU, SR 251.4), vgl. dazu Zäch Rn. 731 ff.

[61] Nach Art. 9 Abs. 1 KG sind Zusammenschlüsse dann meldepflichtig, wenn die beteiligten Unternehmen gesamthaft einen Umsatz von 2 Mrd. CHF oder einen auf die Schweiz entfallenden Umsatz von 500 Mio. CHF erzielen und kumulativ mindestens zwei der Unternehmen einen Umsatz in der Schweiz von je mindestens 100 Mio. CHF erzielen.

[62] Es sind dies: Bekanntmachung über die wettbewerbsrechtliche Behandlung vertikaler Abreden vom 28.6.2010; Bekanntmachung betreffend Abreden mit beschränkter Marktwirkung (KMU-Bekanntmachung) vom 19.12.2005; Bekanntmachung über die wettbewerbsrechtliche Behandlung von vertikalen Abreden im Kraftfahrzeugsektor vom 29.7.2015; Bekanntmachung „Voraussetzungen für die kartellgesetzliche Zulässigkeit von Abreden über die Verwendung von Kalkulationshilfen" vom 4.5.1998; Bekanntmachung „Homologation und Sponsoring bei Sportartikeln" vom 15.12.1997.

[63] BGE 129 II 18 E. 5.2.1 – Buchpreisbindung.

Die Wettbewerbskommission scheint zudem in jüngerer Vergangenheit vermehrt auf den Erlass formeller Bekanntmachungen verzichtet zu haben. Stattdessen hat das Sekretariat der Wettbewerbskommission in Merkblättern und Formularen seine beabsichtigte Praxis dargelegt, zB jüngst im Zusammenhang mit dem Inkrafttreten der Bestimmungen über die relative Marktmacht.[64]

23   **2. Bekanntmachungen über die wettbewerbsrechtliche Behandlung vertikaler Abreden.** Mit Beschluss vom 28.6.2010 hat die Schweizer Wettbewerbskommission die Bekanntmachung über die wettbewerbsrechtliche Behandlung vertikaler Abreden (Vertikalbekanntmachung, VertBek) erlassen und auf den 1.8.2010 in Kraft gesetzt. Die Vertikalbekanntmachung bezieht sich direkt auf das europäische Recht, konkret die Vertikal-GVO[65] sowie die zugehörigen Leitlinien[66]. Im Mai 2017 hat die Wettbewerbskommission dann eine aktualisierte Version der Vertikalbekanntmachung sowie am 12.6.2017 zugehörige Erläuterungen[67] veröffentlicht. Mit der Aktualisierung soll der jüngsten Fallpraxis der Wettbewerbskommission, den Rechtsentwicklungen in der EU sowie den Marktentwicklungen, insbesondere im Online-Vertrieb, Rechnung getragen werden. Die Bekanntmachung soll ausdrücklich sicherstellen, dass für vertikale Abreden „weiterhin möglichst die gleichen Regeln zur Anwendung kommen wie in der Europäischen Union". Die Wettbewerbskommission will mit der expliziten Anlehnung an das europäische Recht eine Isolierung der Schweizer Märkte vermeiden und Rechtssicherheit schaffen.[68] Diese Stoßrichtung wird auch in der laufenden Revision der Vertikalbekanntmachung beibehalten.[69] Aufgrund der teilweise vom europäischen Recht abweichenden Praxis des Schweizer Bundesgerichts ist nichtsdestotrotz vereinzelt mit einem gewissen „swiss finish" zu rechnen, etwa im Bereich von Preisempfehlungen und darauf basierenden abgestimmten Verhaltensweisen.[70]

24   Eine vollständige Harmonisierung mit dem EU-Wettbewerbsrecht ist zwar nur schon aus konzeptionellen Gründen nicht möglich, da sich der Schweizer Verfassungsgeber im Bereich des Kartellrechts für eine Missbrauchsgesetzgebung entschieden hat.[71] Mit dem Leitentscheid des Schweizer Bundesgerichtes zu vertikalen Gebietsabreden in Sachen Gaba ist jedoch davon auszugehen, dass im Bereich der vertikalen Kernbeschränkungen eine weitere Annäherung an das europäische Recht stattgefunden hat.[72] Dies kommt auch in der Überarbeiteten Vertikalbekanntmachung zum Ausdruck. Gemäß Ziff. 12 Abs. 1 Vertikalbekanntmachung erfüllen Abreden nach Art. 5 Abs. 4 KG stets das Kriterium der Erheblichkeit, auch wenn die Vermutung der Beseitigung wirksamen Wettbewerbs widerlegt werden kann. Folglich gelten die entsprechenden Abreden grundsätzlich bereits aufgrund ihres Inhaltes als erheblich.

---

[64] Merkblatt und Formular des Sekretariats der WEKO: Relative Marktmacht, vom 6.12.2021.

[65] Verordnung (EU) Nr. 330/2010 der Kommission vom 20.4.2010 über die Anwendung von Art. 101 Abs. 3 des Vertrags über die Arbeitsweise der Europäischen Union auf Gruppen von vertikalen Vereinbarungen und abgestimmten Verhaltensweisen (ABl. 2010 L 102, 1, „Vertikal-GVO").

[66] Leitlinien für vertikale Beschränkungen (ABl. 2010 C 130, 1, „Vertikal-Leitlinien").

[67] Erläuterungen der Wettbewerbskommission zur Bekanntmachung über die wettbewerbsrechtliche Behandlung vertikaler Abreden (VertBek-Erläuterungen) vom 12.6.2017.

[68] Ziffer VI f. VertBek.

[69] Die Wettbewerbskommission hat unmittelbar nach Inkrafttreten der revidierten Vertikal-GVO per 1.6.2022 die Arbeiten für eine Revision der Vertikalbekanntmachung aufgenommen. Im Sommer 2022 wurde ein Entwurf in die Vernehmlassung geschickt und deren Ergebnisse im Herbst 2022 veröffentlicht. Die revidierte Vertikalbekanntmachung sowie die zugehörigen Erläuterungen werden voraussichtlich noch vor Ende 2022 in Kraft treten. Es ist aufgrund der Vernehmlassung damit zu rechnen, dass dabei die Neuerungen der Vertikal-GVO weitestgehend übernommen werden.

[70] Siehe dazu → Rn. 30 und → Rn. 95.

[71] → Rn. 1 f.

[72] BGE 143 II 297 E. 5.2.5 – Gaba. Das Bundesgericht hielt im Übrigen in derselben Erwägung fest, dass diese Rechtsprechung auch auf horizontale Kernabreden im Sinne von Art. 5 Abs. 3 KG zur Anwendung gelangt.

a) Marktanteilsschwellen. Mit der Einführung eines zusätzlichen Marktanteilsschwel- 25
lenwertes erfolgte eine Annäherung an die entsprechenden Bestimmungen der Vertikal-
GVO.[73] Nach Ziff. 16 Abs. 2 Vertikalbekanntmachung geltend vertikale Abreden in der
Regel dann als gerechtfertigt, wenn der Anteil des Anbieters (Lieferant) am relevanten
Markt, auf dem er die Vertragswaren oder Dienstleistungen anbietet, und der Anteil des
Abnehmers (Wiederverkäufer) am relevanten Markt, auf dem er die Vertragswaren und
Dienstleistungen bezieht, jeweils nicht mehr als 30 % beträgt.[74] Davon ausgenommen sind
allerdings qualitativ schwerwiegende Abreden.[75]

Abreden, welche von Ziff. 16 Abs. 2 der Vertikalbekanntmachung nicht erfasst werden, 26
unterliegen weiterhin der Einzelfallprüfung durch die Wettbewerbsbehörden. Damit wird
auch unter der revidierten Vertikalbekanntmachung keine „Safe Harbour"-Lösung geschaffen. Eine Abrede kann allerdings aus Gründen der wirtschaftlichen Effizienz gerechtfertigt
werden. Dies kann beispielsweise durch eine effizientere Vertriebsgestaltung oder durch
eine Senkung der Vertriebskosten erreicht werden.[76]

b) Konkretisierung der Rechtfertigungsgründe. Die in Art. 5 Abs. 2 KG abschlie- 27
ßend genannten Rechtfertigungsgründe werden in Ziff. 16 Abs. 4 der Vertikalbekanntmachung mit Blick auf vertikale Abreden beispielhaft konkretisiert.[77] Die Unternehmen
können insbesondere Folgendes geltend machen[78]:

a) Zeitlich begrenzter Schutz von Investitionen für die Erschließung neuer räumlicher
   Märkte oder neuer Produktmärkte;
b) Sicherung der Einheitlichkeit und Qualität der Vertragsprodukte;
c) Schutz vertragsspezifischer Investitionen, die außerhalb der Geschäftsbeziehungen nicht
   oder nur mit hohem Verlust verwendet werden können;
d) Vermeidung von ineffizient tiefen Verkaufsförderungsmaßnahmen (zB Beratungsdienst-
   leistungen), die resultieren können, wenn ein Hersteller oder Händler von den Verkaufs-
   förderungsbemühungen eines anderen Herstellers oder Händlers profitieren kann (so
   genannte Trittbrettfahrer-Problematik);
e) Vermeidung eines doppelten Preisaufschlags, der sich ergeben kann, wenn sowohl der
   Hersteller als auch der Händler über Marktmacht verfügen (Problem der doppelten
   Marginalisierung);
f) Förderung der Übertragung von wesentlichem Know-how;
g) Sicherung von finanziellen Engagements (zB Darlehen), die durch den Kapitalmarkt
   nicht zur Verfügung gestellt werden.

c) Preisempfehlungen. Preisempfehlungen haben eine große Bedeutung in der Struk- 28
turierung von Vertriebssystemen. Die Vertikalbekanntmachung geht in Ziff. 15 auf Preisempfehlungen von Anbietern an Wiederverkäufer oder Händler ein. Preisempfehlungen
gelten nach Ziff. 15 Abs. 2 der Vertikalbekanntmachung dann als erhebliche Wettbewerbsbeschränkungen, wenn sie sich infolge der **Ausübung von Druck** oder der **Gewährung
von Anreizen** durch eines der beteiligten Unternehmen tatsächlich wie Fest- oder Mindestverkaufspreise auswirken. Damit erfolgt eine Harmonisierung mit den entsprechenden
Bestimmungen in Art. 4 lit. a der Vertikal-GVO.[79]

---

[73] Vgl. Art. 3 Abs. 1 Vertikal-GVO.

[74] Vgl. mit Bezug auf selektive Vertriebssysteme VertBek-Erläuterungen, Rn. 17.

[75] Nach Ziff. 10 und Ziff. 12 Abs. 2 VertBek, es sind dies etwa Preisbindungen, wesentliche Gebietsbeschränkungen, Wettbewerbsverbote für eine unbestimmte Dauer oder für eine Dauer von mehr als fünf
Jahren sowie bestimmte nachvertragliche Wettbewerbsverbote und Einschränkungen von Mehrmarkenvertrieb in selektiven Vertriebssystemen.

[76] Zu den übrigen Voraussetzungen der Rechtfertigung → Rn. 9.

[77] Die Rechtfertigungsgründe des Art. 5 Abs. 2 KG sind offen formuliert und lassen eine Vielzahl
möglicher Erscheinungsformen zu, vgl. Krauskopf/Kaufmann S. 75 ff.

[78] Vgl. auch Weber VertBek Ziff. 16 N 6 ff.

[79] Siehe aber BGE 147 II 72 E. 4.5.1 – Hors-Liste Medikamente; → Rn. 30 und → Rn. 95.

29   Die Druckausübung oder das Gewährung von Anreizen im Zusammenhang mit Preisempfehlungen kann wohl nach dem Verständnis der Wettbewerbskommission als Indiz für
das Vorliegen einer harten Preisabrede im Sinne von Art. 5 Abs. 4 KG interpretiert werden
(vgl. Ziff. 10 Abs. 1 lit. a der Vertikalbekanntmachung).[80] Diese Interpretation ist aus Sicht
der betroffenen Unternehmen insofern von Bedeutung, als ein wesentliches Element der
kartellrechtlichen Beurteilung von Preisempfehlungen, nämlich der marktanteilsbezogene
Befolgungsgrad, im Bereich der Kernabreden nach bundesgerichtlicher Rechtsprechung
nicht mehr berücksichtigt werden darf. Abgesehen davon hat die Wettbewerbskommission
in Ziff. 15 Abs. 3 der Vertikalbekanntmachung verschiedene „Aufgreifkriterien" beschrieben, welche Anlass zu einer näheren Prüfung von Preisempfehlungen geben können. Diese
Aufgreifkriterien sind beispielhaft zu verstehen und im Sinne einer „Gesamtschau" zu
verwenden.[81] Es sind dies:

a) Der Umstand, dass Preisempfehlungen in nicht allgemein zugänglicher Weise abgegeben
   werden, sondern nur an die Wiederverkäufer oder Händler;

b) Der Umstand, dass Preisempfehlungen die von Herstellern oder Lieferanten in der
   Schweizer Franken auf den Produkten, Verpackungen oder in Katalogen etc angebracht
   werden, nicht ausdrücklich als unverbindlich bezeichnet sind;

c) Der Umstand, dass das Preisniveau der von den Preisempfehlungen betroffenen Produkte bei vergleichbarer Gegenleistung deutlich höher liegt als im benachbarten Ausland;

d) Der Umstand, dass die Preisempfehlungen tatsächlich von einem bedeutenden Teil der
   Wiederverkäufer oder Händler befolgt werden.

30   Zu ergänzen ist, dass die Wettbewerbskommission die Vertikalbekanntmachung bezüglich Preisempfehlungen bislang nicht an den Entscheid des Bundesgerichtes in Sachen
Hors-Liste-Medikamente[82] angepasst hat. Nach diesem Entscheid wäre davon auszugehen,
dass in bestimmten Konstellationen eine auf Preisempfehlungen basierende Verhaltensabstimmung auch ohne das Ausüben von Druck oder das Gewähren von Anreizen den
Tatbestand einer Wettbewerbsabrede nach Art. 4 Abs. 1 KG erfüllen könnte.[83] Der Verzicht auf diese „koordinierenden" Elemente würde eine deutliche Verschärfung gegenüber
dem europäischen Wettbewerbsrecht bedeuten. Der Umstand, dass die Vertikalbekanntmachung in diesem Punkt nicht angepasst wurde, mag einerseits damit zusammenhängen,
dass der Entscheid in Sachen Hors-Liste Medikamente einen sehr spezifischen und kaum zu
verallgemeinernden Sachverhalt betraf,[84] weshalb die Wettbewerbskommission eine maßvolle Umsetzung in Aussicht stellte. Im Rahmen der laufenden Revision der Vertikalbekanntmachung im Nachgang zum Inkrafttreten der neuen Vertikal-GVO wird diese
Anpassung allerdings vollzogen.[85]

31   **d) Widerlegung von Vermutungstatbeständen.** Eine Annäherung an das Recht der
EU erfolgte sodann mit Bezug auf die Widerlegung der in Art. 5 Abs. 4 KG begründeten
gesetzlichen Vermutung, dass vertikale Abreden über Mindest- oder Festpreise oder absoluten Gebietsschutz den Wettbewerb beseitigen. Zufolge Ziff. 11 der Vertikalbekanntmachung hat eine Gesamtbetrachtung der Marktverhältnisse unter Berücksichtigung sowohl des Interbrand-Wettbewerbs wie auch des Intrabrand-Wettbewerbs zu erfolgen. Ausschlaggebend ist demnach, ob genügend Interbrand- oder Intrabrand-Wettbewerb auf dem
relevanten Markt besteht, oder ob die Kombination von Interbrand- und Intrabrand-Wettbewerb zu genügend wirksamem Wettbewerb führt. Interbrand-Wettbewerb ist damit

---

[80] Erforderlich ist in jedem Fall ein eine minimale Willensübereinstimmung über das Befolgen der Preisempfehlungen, VertBek-Erläuterungen, Rn. 4.
[81] Graber Rn. 16; vgl. auch RPW 2014/1, 191 Rn. 73 und 83 – Kosmetikprodukte (Dermalogica).
[82] BGE 147 II 72 – Hors-Liste Medikamente.
[83] BGE 147 II 72 E. 4.5.1 – Hors-Liste Medikamente.
[84] Dazu → Rn. 96.
[85] Dazu → Rn. 23.

ausdrücklich und entgegen der vormaligen Auffassung der Wettbewerbsbehörden zumindest als Teil der Gesamtmarktbetrachtung zu berücksichtigen.

3. Kfz-Bekanntmachung. Mit Beschluss vom 29.6.2015 hat die Wettbewerbskommis- **32** sion ihre Bekanntmachung über die wettbewerbsrechtliche Behandlung von vertikalen Abreden im Kraftfahrzeugsektor (Kfz-Bekanntmachung, KfzBek) vom 21.10.2002 einer Revision unterzogen. Die revidierte Kfz-Bekanntmachung sowie die zeitgleich ebenfalls revidierten Erläuterungen zur Kfz-Bekanntmachung (Kfz-Erläuterungen)[86] gelten seit dem 1.1.2016. Am 9.9.2019 hat die Wettbewerbskommission die Kfz-Bekanntmachung sowie die Erläuterungen dann an die Gaba-Praxis des Bundesgerichtes zu Gebietsabreden sowie ihre jüngere Fallpraxis angepasst und die Dauer bis am 31.12.2023 verlängert.[87] Die Kfz-Bekanntmachung geht in ihrem Geltungsbereich der Vertikalbekanntmachung vor.[88]

In grundsätzlicher Hinsicht ist im Vergleich mit dem europäischen Recht[89] zu beachten, **33** dass die Wettbewerbskommission mit der revidierten Kfz-Bekanntmachung sektorspezifische Regeln sowohl für den Primärmarkt (Handel mit Neufahrzeugen) als auch für den Sekundärmarkt (Instandsetzung und Reparatur sowie Ersatzteilhandel) erlassen hat. Demgegenüber bestehen im europäischen Recht seit der letzten Revision der Kfz-GVO nur noch spezifische Regeln für den Sekundärmarkt.[90] Diese Besonderheit des Schweizer Rechts ist bei der Ausgestaltung von gesamteuropäischen Automobilvertriebsnetzen zu berücksichtigen.

Die Vertikalbekanntmachung wird im Übrigen in absehbarer Zukunft in eine formelle **34** Verordnung des Schweizer Bundesrates überführt werden müssen. Der Ständerat hat am 14.3.2022 als Zweitrat eine entsprechende Motion angenommen und an den Bundesrat überwiesen.[91] Mit dem Erlass einer Verordnung soll den sektorspezifischen Bestimmungen für den Automobilvertrieb zum Durchbruch verholfen werden. Im Unterschied zu den Bekanntmachungen der Wettbewerbskommission sind die Verordnungen des Bundesrates für die Zivilgerichte denn auch verbindlich, die Regeln der „Kfz-Verordnung" werden damit von den Zivilgerichten nicht mehr einfach unbeachtet bleiben können.[92] Die über das europäische Recht hinausgehenden Schweizer Regeln, insbesondere im Bereich des Primärmarktes, werden damit allerdings quasi in Stein gehauen, wodurch eine Anpassung der Regeln an veränderte Verhältnisse und Vertriebspraktiken im Automobilsektor deutlich erschwert wird.

a) Garantie und Kundendienst. Die Kfz-Bekanntmachung bezweckt insbesondere, **35** der Abschottung des schweizerischen Marktes im Kraftfahrzeughandel entgegenzuwirken. Entsprechend sind die zugelassenen Werkstätten verpflichtet, alle Kraftfahrzeuge der betreffenden Marke zu reparieren, die Herstellergarantie zu gewähren, kostenlose Wartung und sämtliche Arbeiten im Rahmen von Rückrufaktionen durchzuführen. **Werks- oder Herstellergarantien** müssten unter denselben Bedingungen im gesamten europäischen Wirtschaftsraum und in der Schweiz Gültigkeit haben. Allfällige Ansprüche sind allerdings auf dem Zivilweg durchzusetzen. Die Schweizer Wettbewerbskommission prüft einzig, ob

---

[86] RPW 2010/3, 624 ff.

[87] Vgl. Art. 22 Abs. 2 KfzBek.

[88] Ziff. III ff. und Art. 13 KfzBek.

[89] Verordnung (EU) Nr. 461/2010 der Kommission vom 27.5.2010 über die Anwendung von Artikel 101 Absatz 3 des Vertrags über die Arbeitsweise der Europäischen Union auf Gruppen von vertikalen Vereinbarungen und abgestimmten Verhaltensweisen im Kraftfahrzeugsektor, ABl. 2010 L 129, 52.

[90] Im Bereich des Primärmarktes bzw. dem Verkauf von neuen Kraftfahrzeugen gilt gemäß der Kfz-GVO 2010 seit 1.6.2013 die Vertikal-GVO der EU, was die Wettbewerbskommission allerdings bereits 2010 in den Kfz-Erläuterungen berücksichtigt hatte, vgl. RPW 2010/3, 624.

[91] Motion Gerhard Pfister vom 27.9.2018 „Effektiver Vollzug des Kartellgesetzes beim Kraftfahrzeughandel" (18.3898).

[92] So etwa das Handelsgericht des Kantons Zürich, siehe RPW 2015/3, 727 E. 4.4.2 – Kundendienstverträge. Die Wettbewerbskommission wäre demgegenüber auch nach Erlass einer Verordnung in Anwendung des Opportunitätsprinzips noch in der Lage, Anzeigen im Bereich des Automobilvertriebs schlicht zu ignorieren.

Anhaltspunkte vorliegen, dass ein Importeur von Kraftfahrzeugen bzw. sein zugelassener Händler Parallel- oder Direktimporte durch die Verweigerung von Leistungen auf Werksgarantien wiederholt behindern. Ein Endverbraucher ist somit grundsätzlich nicht verpflichtet, sein Kraftfahrzeug während der Garantiedauer ausschließlich innerhalb des Netzes zugelassener Werkstätten unterhalten oder reparieren zu lassen.[93]

36   Zu beachten ist in diesem Zusammenhang, dass Neuwagen in der Schweiz regelmäßig mit Garantie- und Servicepaketen verkauft werden, welche die Herstellergarantie erweitern und teilweise um eine Dauer von bis zu 10 Jahre verlängern. Diese Garantiepakete können im Neuwagenkauf nicht ausgeschlossen werden und sollen dem Käufer einen Anreiz setzen, sein Fahrzeug in der Schweiz und nicht im nahen Ausland zu beziehen. Die im Rahmen der Garantiepakete erweiterten Leistungen können allerdings nur bei zugelassenen Herstellern kostenlos bezogen werden. Da es sich bei den Leistungen der erweiterten Herstellergarantie um vertraglich durch den Verkäufer respektive den Schweizer Importeur zugesicherte Leistungen handelt, ist diese Praxis kartellrechtlich nicht zu beanstanden.[94] Die Garantieerweiterung erlischt überdies nicht, wenn der Käufer sein Fahrzeug während deren der Dauer der Erweiterung in einer nicht zugelassenen Werkstätte reparieren lässt, es sei denn, diese Reparaturen werden fehlerhaft durchgeführt.[95]

37   **b) Prämien und Zielvereinbarungen.** Um eine Diskriminierung zwischen dem Verkauf von Produkten in der Schweiz und dem Verkauf im EWR zu verhindern, dürfen Prämienregelungen oder andere Anreize betreffend die Lieferung von Produkten nicht vom Wohn- oder Niederlassungsort des Käufers oder dem Zulassungsort des Fahrzeuges abhängig gemacht werden. Im Rahmen einer Prämienregelung sind sämtliche Verkäufe zu berücksichtigen.[96]

38   Die Kfz-Erläuterungen machen sodann klar, in welcher Form Prämienzahlungen an Händler möglich sind: **Kaufprämien** sind nach Anzahl der neuen Kraftfahrzeuge zu berechnen, unabhängig von deren Endbestimmung (Verkauf von Endverbraucher oder an zugelassene Händler des Netzes). Eine Berücksichtigung der Endbestimmung der Kraftfahrzeuge würde eine indirekte Einschränkung für Querlieferungen darstellen. **Zielvereinbarungen** dürfen nicht an die Anzahl neuer Kraftfahrzeuge gekoppelt sein, welche beim offiziellen Importeur erworben wurden. **Mengenrabatte** mit Bezug auf die absolute Menge der beim Kraftfahrzeuglieferanten getätigten Bezüge sind demgegenüber zulässig.[97]

39   **c) Selektivvertrieb.** Die kartellrechtliche Beurteilung eines selektiven Vertriebssystems im Automobilgewerbe hängt maßgeblich davon ab, ob der Primärmarkt (Handel) oder der Sekundärmarkt (Werkstätten bzw. Reparatur und Wartung) betrachtet wird.[98]

40   Im **Primärmarkt** können die Kraftfahrzeuglieferanten für den Verkauf ihrer Automobile ein Netz zugelassener Händler errichten. Der Lieferant kann die Zulassung zu seinem Händlernetz anhand qualitativer und quantitativer Kriterien beschränken.[99] In einem solchen selektiven Vertriebssystem dürfen aktive und passive Verkäufe durch den Kraftfahrzeuglieferanten nicht beschränkt werden. Der Kraftfahrzeuglieferant kann den zugelassenen

---

[93] Kfz-Erläuterungen, Rn. 12 ff.; vgl. auch Art. 15 Ziff. 2 und 3 KfzBek.
[94] Kfz-Erläuterungen, Rn. 13.
[95] Kfz-Erläuterungen, Rn. 15.
[96] Art. 15 Ziff. 1 KfzBek, Kfz-Erläuterungen, Rn. 8.
[97] Kfz-Erläuterungen, Rn. 9 ff.
[98] Siehe Kfz-Erläuterungen, Rn. 17 ff. (Handel) und 23 ff. (Werkstätten); das EU-Recht regelt seit 2013 nur noch den Sekundärmarkt in einer separaten Kfz-GVO, auf den Primärmarkt ist die Vertikal-GVO anwendbar, vgl. auch → Rn. 32.
[99] Die Wettbewerbskommission hatte in den Kfz-Erläuterungen 2010 noch verschiedene Beispiele qualitativer und quantitativer Kriterien genannt, die für den Handel auch heute noch illustrativ sein dürften, RPW 2010/3, 626. Als qualitative Kriterien kommen demnach in Betracht: (i) Schulungspflicht für das Verkaufspersonal, (ii) Anforderungen an die Produktpräsentation, und (iii) separate Ausstellung der Kraftfahrzeuge einer Marke im Ausstellungsraum. Bei den quantitativen Kriterien kann abgestützt werden auf: (i) Jährliche Mindestabnahmemengen, (ii) Begrenzung der Händlerzahl im Verkaufsgebiet, (iii) Mindestumsatz, und (iv) quantitative Vorgaben für die Lagerung.

Händlern aber vorschreiben, nur an andere zugelassene Händler der entsprechenden Marke (Querlieferungen), an Endverbraucher sowie an bevollmächtigte Vermittler, welche im Namen eines Endverbrauchers handeln, zu verkaufen.[100]

Es steht den zugelassenen Kfz-Händlern sodann frei, sich uneingeschränkt für den Ver- **41** kauf einer oder mehrerer zusätzlicher Marken zu entscheiden, den sogenannten **Mehrmarkenvertrieb**.[101] Entsprechend müssen im Einzelfall qualitative Selektionskriterien gelockert oder sogar vollständig aufgehoben werden, sofern dies den Mehrmarkenvertrieb in der Praxis erschweren würde. Denkbar ist beispielsweise die Lockerung im Bereich der Anforderungen an eine markenspezifische Empfangstheke oder der Anforderungen, welche an die einer Marke vorzubehaltende Ausstellungsfläche oder die Anzahl auszustellender Fahrzeuge gestellt werden. Sodann darf allgemein verwendbare Ausrüstung nicht einer spezifischen Marke vorbehalten werden.[102]

Im **Sekundärmarkt** muss ein Netz zugelassener Werkstätten grundsätzlich als sog. rein **42** qualitatives selektives Vertriebssystem organisiert werden.[103] Die Zulassung hat sich demnach alleine anhand qualitativer Kriterien zu bemessen, wobei aus wirtschaftlichen Gründen differenzierte Kriterien festgelegt werden dürfen, die jeweils nach dem Grundsatz der Nichtdiskriminierung anzuwenden sind.[104] Entsprechend trifft den Kraftfahrzeuglieferanten insofern ein **Kontrahierungszwang**, als er zumindest dem Grundsatz nach alle Werkstätten, welche die entsprechenden Kriterien erfüllen, als zugelassene Werkstätten ins Netz zugelassener Werkstätten aufnehmen hat.[105] Dies betrifft auch zugelassene Händler, deren Vertrag zwar aufgelöst wurde, die aber weiterhin als zugelassene Werkstatt tätig sein wollen.[106] Das Gesagte gilt auch für die Händler von Originalersatzteilen, falls der Kraftfahrzeuglieferant ein Netz von zugelassenen Originalersatzteilhändlern errichten möchte.[107]

Die zusätzliche Anwendung quantitativer Kriterien ist im Sekundärmarkt nur ausnahms- **43** weise unter bestimmten Voraussetzungen zulässig. Die Zulässigkeit hängt insbesondere davon ab, dass ein Kraftfahrzeuglieferant nachweist, dass die Durchführbarkeit und die sachgemäße Ausführung der Reparatur- und Wartungsarbeiten durch die Zulassung weiterer Werkstätten gefährdet wäre. Nach Auffassung der Wettbewerbskommission könnte ein Kraftfahrzeuglieferant in diesem Zusammenhang etwa den Nachweis führen, dass in einem bestimmten Gebiet die für einen wirtschaftlichen Betrieb einer Werkstätte maximal verträgliche Anzahl Werkstätten bereits erreicht ist.[108]

In weitgehender Übereinstimmung mit dem Recht der EU enthält die Kfz-Bekannt- **44** machung verschiedene Bestimmungen, die unabhängigen Werkstätten einen möglichst reibungslosen Zugang zum Sekundärmarkt ermöglichen sollen. So darf eine unabhängige Werkstatt etwa Ersatzteile bei zugelassenen Werkstätten beziehen, um sie für Reparaturen oder Unterhaltsarbeiten zu verwenden. Es ist dem Kraftfahrzeuglieferanten nicht erlaubt, die Möglichkeit der Belieferung mit Ersatzteilen zu beschränken. Gleichermaßen ist unabhängigen Marktbeteiligten wie unabhängigen Werkstätten, Ersatzteilherstellern, Pannenhilfediensten oder Herausgebern von technischen Informationen der Zugang zu denselben technischen Informationen, Aus- und Weiterbildungen, Werkzeugen und Ausrüstungen wie den zugelassenen Werkstätten zu gewähren.[109]

---

[100] Kfz-Erläuterungen, Rn. 17 ff.
[101] Art. 18 KfzBek; vgl. auch Kfz-Erläuterungen, Rn. 44 ff.
[102] Kfz-Erläuterungen, Rn. 46.
[103] Kfz-Erläuterungen, Rn. 23 und 27.
[104] Kfz-Erläuterungen, Rn. 28.
[105] Im Unterschied zu den Kfz-Erläuterungen 2010 sprechen die revidierten Kfz-Erläuterungen allerdings nicht mehr ausdrücklich von einem Kontrahierungszwang. Zu beachten ist in diesem Zusammenhang, dass das Handelsgericht Zürich unter dem Regime der Kfz-Erläuterungen 2010 in einem Maßnahmenverfahren einen Kontrahierungszwang entgegen des klaren Wortlauts der damaligen Kfz-Erläuterungen abgelehnt hat, vgl. RPW 2015/3, 727 E. 4.4.2 – Kundendienstverträge.
[106] Kfz-Erläuterungen, Rn. 36.
[107] Vgl. Kfz-Erläuterungen, Rn. 34 und 38.
[108] Kfz-Erläuterungen, Rn. 27.
[109] Vgl. Art. 16 lit. e–g und Art. 17 KfzBek, Kfz-Erläuterungen, Rn. 38.

45 **d) Vertragsauflösung.** Schließlich äußert sich die Kfz-Bekanntmachung auch zu Bestimmungen über die Vertragsauflösung, die als qualitativ schwerwiegende Beeinträchtigungen des Wettbewerbs zu betrachten sind, falls sie den Kündigungsmodalitäten der Kfz-Bekanntmachung nicht entsprechen.[110] Demnach ist bei befristeten Verträgen von mindestens fünf Jahren Dauer die Nichtverlängerung mindestens sechs Monaten im Voraus anzukündigen.[111] Bei unbefristeten Verträgen ist eine Kündigungsfrist von mindestens zwei Jahren vorzusehen, wobei unter bestimmten Voraussetzungen eine Verkürzung der Kündigungsfrist auf ein Jahr zulässig ist.[112] Sodann wird in den Erläuterungen darauf hingewiesen, dass eine Koppelung der Vertragsbeendigung mit Bezug auf Verkauf einerseits und Kundendienst andererseits nicht zulässig ist. Es ist also erlaubt, sich von der Verkauftätigkeit neuer Kraftfahrzeuge zurückzuziehen, um die Tätigkeit als zugelassene Werkstatt fortzuführen, oder umgekehrt.[113]

46 **4. KMU-Bekanntmachung.** In Ziff. 1 Abs. 1 der KMU-Bekanntmachung hält die Wettbewerbskommission im Grundsatz fest, dass sie Wettbewerbsabreden als zulässig erachtet, wenn sie im Sinne der KMU-Bekanntmachung (i) „im Dienste einer Verbesserung der Wettbewerbsfähigkeit der beteiligten Unternehmen stehen" und ihnen (ii) nur eine beschränkte Marktwirkung zukommt. Dabei gelten nach Ziff. 1 Abs. 2 der KMU-Bekanntmachung Wettbewerbsabreden, an denen ausschließlich Kleinstunternehmen im Sinne der Definition in Ziff. 4 der KMU-Bekanntmachung beteiligt sind, in der Regel nicht als erhebliche Beeinträchtigung des Wettbewerbs.[114]

47 Die Voraussetzung der Verbesserung der Wettbewerbsfähigkeit verweist im Wesentlichen auf den Katalog von Effizienzgründen in Art. 5 Abs. 2 KG.[115] Allgemein formuliert gilt die Wettbewerbsfähigkeit dann als verbessert, wenn die Abrede durch leistungssteigernde oder innovationsfördernde Maßnahmen Größen- oder Verbundvorteile ermöglicht oder wenn sie Verkaufsanreize für die nachgelagerte Stufe schafft. Erforderlich ist zudem die Notwendigkeit der Abrede zur Erreichung des angestrebten Effizienzvorteils.[116]

48 Eine **beschränkte Marktwirkung** wird nach Ziff. 3 der KMU-Bekanntmachung dann vorliegen, wenn bei horizontalen Wettbewerbsabreden die beteiligten Unternehmen insgesamt auf keinem von der Abrede betroffenen relevanten Märkten ein Marktanteil von 10 % überschritten wird oder bei vertikalen Vertriebsabreden keine Überschreitung eines Marktanteils von 15 % auf den relevanten Märkten überschritten wird.[117] Davon ausgenommen sind allerdings Kernbeschränkungen[118]: Im Horizontalbereich Abreden über die direkte oder indirekte Festsetzung von Preisen, die Einschränkung von Produktions-, Bezugs- oder Liefermengen oder die Aufteilung von Märkten nach Gebieten oder Geschäftspartnern, im Vertikalbereich Abreden über Mindest- oder Festpreise oder absoluter Gebietsschutz.

---

[110] Art. 19 KfzBek.

[111] Art. 19 Ziff. 1 KfzBek.

[112] Art. 19 Ziff. 2 und 3 KfzBek. Für eine einjährige Kündigungsfrist muss die Kündigung schriftlich begründet werden, vgl. auch Kfz-Erläuterungen, Rn. 51. Sodann hat der Lieferant bei Vertragsbeendigung entweder eine Entschädigung zu entrichten oder aber nachzuweisen, dass die Kündigung aufgrund der Notwendigkeit erfolgte, das Vertriebsnetz zumindest in wesentlichen Teilen neu zu strukturieren.

[113] Kfz-Erläuterungen, Rn. 49 f.

[114] Als Kleinstunternehmen gelten Unternehmen, welche weniger als zehn Mitarbeitende beschäftigen und deren Jahresumsatz in der Schweiz 2 Mio. CHF nicht überschreitet.

[115] Denkbar sind etwa Abreden im Bereich der Produktion, der Forschung und Entwicklung, der Finanzierung, Verwaltung und Rechnungswesen, Werbung und Marketing, beim Einkauf und Vertrieb oder beim Marktauftritt von Produkten oder Unternehmen (etwa Franchising), vgl. zur Rechtfertigung im Bereich vertikaler Abreden auch Zäch/Arnet/Baldi/Kiener/Schaller/Schraner/Spühler/Graber Cardinaux/Maschemer Art. 6 N 228 ff.; auch → Rn. 9.

[116] Zu den Voraussetzungen der Rechtfertigung im Allgemeinen → Rn. 9.

[117] Dadurch, dass die Wettbewerbskommission anstelle einer umfassenden Definition der KMU auf Marktanteilsschwellen abstützt, hat sie im Ergebnis eine Art allgemeine „de-minimis"-Bekanntmachung erlassen, welche unabhängig von der Größe eines Unternehmens Anwendung findet, vgl. RPW 2008/1, 213 Rn. 5.

[118] Zu Kernbeschränkungen → Rn. 5 f.; diese Ausnahme gilt auch für Kleinstunternehmen iSv Ziff. 4 der KMU-Bekanntmachung.

5. Bekanntmachung über die Verwendung von Kalkulationshilfen. Mit Kalkulati- **49**
onshilfen können Unternehmen ihre Preisbildung bewusst oder unbewusst aufeinander
abstimmen. Zudem können Wirtschaftsverbände oder Branchenorganisation mit Kalkulationshilfen ihren Mitgliedern direkte oder indirekte Preisabreden vermitteln oder gar aufzwingen. Die Verwendung von Kalkulationshilfen kann daher als Abrede im Sinne von
Art. 4 Abs. 1 KG qualifiziert werden. Nach Art. 1 der Kalkulationshilfen-Bekanntmachung
ist die Bekanntmachung zwar grundsätzlich nur auf Abreden zwischen Unternehmen
gleicher Marktstufe anwendbar. Die Bekanntmachung ist aber zumindest sinngemäß auch
auf vertikale Abreden anwendbar, sofern diese eine „vergleichbare horizontale Auswirkung" entfalten.[119] Eine Anwendung der Bekanntmachung dürfte jedenfalls dann angezeigt
sein, wenn im Vertrieb von Produkten der Hersteller oder Lieferant gleichzeitig auch auf
derselben Marktstufe wie der Händler tätig ist.[120]

Kalkulationshilfen sind nach Art. 2 der Bekanntmachung **standardisierte, in allgemei- 50
ner Form abgefasste Hinweise und rechnerische Grundlagen,** welche den Anwen-
dern erlauben, die Kosten von Produkten oder der Erbringung von Dienstleistungen im
Hinblick auf die Preisbestimmung zu berechnen oder zu schätzen.

Nach Art. 3 der Bekanntmachung sind Abreden über den Gebrauch von Kalkulations- **51**
hilfen aus Gründen der wirtschaftlichen Effizienz in der Regel dann gerechtfertigt, wenn
(kumulativ)

a) die Kalkulationshilfen inhaltlich auf Angaben und Formeln zur Kalkulation der Kosten
   oder Bestimmung der Preise beschränkt sind;
b) die betreffenden Abreden den Austausch von Wissen und Fähigkeiten der Beteiligten im
   Bereich der Kostenrechnung oder Kalkulation bewirken;
c) sie den Beteiligten die Freiheit zur Bestimmung von Leistungs- oder Lieferkonditionen
   und Abnehmerpreisen sowie zur Gewährung von Rabatten und anderen Preisabschlägen
   belassen; und
d) sie keinen Austausch von Informationen beinhalten, die Aufschluss über das effektive
   Verhalten von einzelnen Beteiligten in der Offertstellung bzw. bezüglich der Bestimmung von Endpreisen oder Konditionen geben können.

Demgegenüber sind Abreden über die Verwendung von Kalkulationshilfen nach Art. 4 **52**
der Bekanntmachung nicht gerechtfertigt, wenn (alternativ)

a) sie den Beteiligten pauschale Beträge oder pauschale Prozentsätze für Gemeinkosten-
   zuschläge oder andere Kostenzuschläge zur Bestimmung der Selbstkosten vorgeben oder
   vorschlagen, oder
b) sie den Beteiligten Margen, Rabatte, andere Preisbestandteile oder Endpreise vorgeben
   oder vorschlagen, oder
c) sie den Beteiligten in andere Form Aufschluss über das effektive Verhalten von einzelnen
   Beteiligten in der Offertstellung bzw. bezüglich der Bestimmung von Endpreisen und
   Konditionen geben können.

B. Praxis der Wettbewerbskommission

I. Überblick

Für den Vertriebsbereich ist vorderhand die **verwaltungsrechtliche Praxis** der Wett- **53**
bewerbskommission zu den Vermutungstatbeständen für vertikale Preis- und Gebietsabreden nach Art. 5 Abs. 4 KG von Interesse. Es besteht eine durchaus nuancierte Praxis zum

---

[119] So die Kommentierung des Sekretariates der Wettbewerbskommission zum Geltungsbereich der Kalkulationshilfen-Bekanntmachung, RPW 1998/2, 359 f. Rn. 2.
[120] In der Praxis ist dies etwa im Bereich des Franchisings von Bedeutung, wo der Franchisegeber selber
noch über Eigenstellen verfügt und den Franchisenehmern gleichzeitig Kalkulationsgrundlagen oder auch
Preisempfehlungen abgibt, vgl. Amstutz/Reinert/Neff/Steiner, Kalkulationshilfen-BM N 22.

absoluten Gebietsschutz der Schweizer Märkte, insbesondere im Zusammenhang mit Exportverboten in Verträgen über den Vertrieb von Produkten im Europäischen Wirtschaftsraum (EWR), sodann zu Preisbindungen zweiter Hand, zur Problematik von Preisempfehlungen sowie zur Beschränkung des Online-Handels. Die Verwaltungspraxis der Wettbewerbskommission zu unzulässigen Verhaltensweisen marktbeherrschender oder relativ marktmächtiger Unternehmen nach Art. 7 KG ist für den Vertriebsbereich demgegenüber weniger ergiebig, zumal die Wettbewerbskommission praxisgemäß nur sehr zurückhaltend auf das Vorhandensein einer marktbeherrschenden Stellung im Sinne von Art. 4 Abs. 2 KG erkennt und der Missbrauch relativer Marktmacht unter altem Recht bislang kaum geprüft wurde.[121]

54   Die **zivilrechtliche Praxis** zu Wettbewerbsbeschränkungen ist ganz allgemein spärlich, da das kartellzivilrechtliche Verfahren im Schweizer Recht nach wie vor vergleichsweise unattraktiv ausgestaltet ist. Immerhin ist der Gesetzgeber inzwischen aktiv geworden, es befinden sich verschiedene Projekte zur Stärkung des kartellzivilrechtlichen Weges in Bearbeitung. Die Praxis der Zivilgerichte beschränkt sich im aus vertriebsrechtlicher Sicht interessanten Bereich jedenfalls auf einige wenige Entscheide. Hinzu kommt, dass die vorhandenen Entscheide mehrheitlich im Maßnahmenverfahren ergingen und deshalb nur über eine beschränkte Aussagekraft verfügen.

II. Praxis zu Art. 5 KG (Wettbewerbsabreden)

55   **1. Absoluter Gebietsschutz.** Die Schweiz ist eine notorische „Hochpreisinsel". Die hohe Kaufkraft von Schweizer Konsumenten und die daraus resultierende geringe Preissensibilität, die geringe Größe des Schweizer Marktes sowie Zollgrenzen und technische Handelshemmnisse erleichtern das Etablieren eines im Vergleich zum europäischen Ausland höheren Preisniveaus.[122] Für den Inhaber eines Vertriebsnetzes besteht sodann aus wirtschaftlichen Gründen ein grundsätzlicher Anreiz, einerseits das Preisniveau auf die Zahlungsbereitschaft der Kunden anzupassen und andererseits, sog. Arbitragegeschäfte der Händler wie auch der Endkunden nach Möglichkeit zu unterbinden. Dementsprechend stellt die Verhinderung eines absoluten Gebietsschutzes („Abschottung") des Schweizer Marktes seit bald einem Jahrzehnt ein Hauptaugenmerk in der Praxis der Schweizer Wettbewerbsbehörden dar.[123] Der im Vergleich zu anderen Währungen seit Jahren ungebrochen starke Schweizer Franken hatte zudem den politischen Druck auf die Wettbewerbskommission verstärkt, die kartellrechtlichen Instrumente zur Bekämpfung der „Hochpreisinsel Schweiz" einzusetzen.[124] Auch die explizite Verankerung der relativen Marktmacht im Schweizer Kartellgesetz im Rahmen des indirekten Gegenvorschlags zur sog. Fair-Preis-Initiative am 19.3.2021 zielte darauf ab.[125]

56   In ihren Entscheiden zum absoluten Gebietsschutz hat sich die Wettbewerbskommission deshalb vermehrt auf vertragliche Bestimmungen in Vertriebsverträgen konzentriert, die nicht direkt einen absoluten Gebietsschutz des Schweizer Marktes bezwecken, dazu aber eingesetzt werden könnten. Isoliert betrachtet sind diese vertraglichen Bestimmungen wettbewerbsrechtlich oftmals unauffällig, und sie können insbesondere auch legitimen Zwecken

---

[121] Dazu auch → Rn. 13 f.

[122] Je nach Sektor, Beobachtungszeitraum und Quelle werden Preisunterschiede zulasten der Schweizer Konsumenten von 20 bis 70 % angegeben; vgl. nur Preise und Kosten, Bericht der Preisüberwachung PUE, Bern 2014; oder Strahm S. 10 f.

[123] So auch unlängst in RPW 2017/1, 102 Rn. 57 ff. – Eflare.

[124] Auf politischer Ebene wurden mehrere Vorstöße unternommen, welche eine wirksame(re) Bekämpfung der Hochpreisinsel Schweiz erlauben sollen, so etwa die parlamentarische Initiative Hans Altherr vom 25.9.2014 „Überhöhte Importpreise. Aufhebung des Beschaffungszwangs im Inland" (14.449); die Motion der SP-Fraktion vom 24.9.2014, „Kampf gegen die Hochpreisinsel Schweiz. Entschlackte Kartellgesetzrevision" (14.3780), die Motion Hans Hess vom 18.6.2015 „Das Cassis-de-Dijon-Prinzip besser zur Wirkung bringen" (15.3631).

[125] → Rn. 13 ff.

dienen.[126] Die Wettbewerbskommission deutete denn auch verschiedentlich an, dass die wettbewerbsrechtliche Problematik in der zumindest als denkbar erachteten Kombination der verschiedenen Instrumente zur effektiven Durchsetzung eines absoluten Gebietsschutzes bestehe.[127]

a) Exportverbote. Die Wettbewerbskommission hat den absoluten Gebietsschutz des **57** Schweizer Marktes in verschiedenen Entscheiden mit Verweis auf **Exportverbote in europäischen Vertriebsverträgen** begründet. Hintergrund ist der Umstand, dass die Berechtigung der im europäischen Binnenmarkt ansässigen Händler und Grossisten zum Vertrieb von Gütern in innereuropäischen Vertriebsverträgen oftmals auf den europäischen Binnenmarkt beschränkt wird. Es ist den europäischen Distributoren demnach zwar erlaubt, sämtliche Abnehmer innerhalb des EWR zu beliefern, die Lieferung an Abnehmer außerhalb des EWR ist aber vertraglich verboten. Eine derartige Wettbewerbsbeschränkung ist aus Sicht des europäischen Wettbewerbsrechts grundsätzlich zulässig, da es am Erfordernis der Zwischenstaatlichkeit fehlt.[128] Aus Sicht des Schweizer Wettbewerbsrechts kann dies jedoch mit Bezug auf schweizerische Märkte zu einem wettbewerbsrechtlich unzulässigen absoluten Gebietsschutz führen, wie die nachfolgend dargestellte Praxis der Wettbewerbskommission zeigt.

(i) **Gaba**[129]: Der Schweizer Zahnpasta-Hersteller Gaba International AG untersagte seiner **58** österreichischen Lizenznehmerin Gebro Pharma GmbH in einem Lizenzvertrag, in welchem Gebro das Gebiet Österreich zugewiesen worden war, den direkten oder indirekten Export von Zahnpasta der Marke Elmex in andere Länder, und damit auch in die Schweiz.[130] Das Exportverbot wurde nach den Feststellungen der Wettbewerbskommission von 1982 bis 2006 effektiv praktiziert. Dies habe dazu geführt, dass Schweizer Detailhändler die Vertragsprodukte nicht im preiswerteren österreichischen Markt einkaufen und parallel importieren konnten.

Die Wettbewerbskommission beurteilte das im Lizenzvertrag zwischen Gaba und Gebro **59** enthaltene Exportverbot als Abrede über absoluten Gebietsschutz (Verbot des aktiven und passiven Verkaufes) im Sinne von Art. 5 Abs. 4 KG, welche den wirksamen Wettbewerb vermutungsweise beseitigt. Die Wettbewerbskommission vertrat dabei ausdrücklich die Auffassung, dass Art. 5 Abs. 4 KG auch Fallkonstellationen erfasse, in denen ein Gebiet im Ausland, und damit gerade nicht die Schweiz als Vertragsgebiet zugewiesen wurde. Dem Willen des Gesetzgebers entsprechend erfasse Art. 5 Abs. 4 KG auch Vertriebsverträge, welche indirekt den Schweizer Markt abschotten.[131]

Weiter hielt die Wettbewerbskommission fest, dass die Vermutung der Wettbewerbsbesei- **60** tigung aufgrund einer Gesamtbetrachtung der Marktverhältnisse widerlegt werden könne, was bei vertikalen Abreden eine fallspezifische Analyse des Interbrand- und Intrabrand-Wettbewerbs erfordere.[132] Es bestehe zwar ein gewisser Intrabrand-Wettbewerb in der Schweiz, der jedoch für sich alleine die Vermutung der Wettbewerbsbeseitigung gemäß Art. 5 Abs. 4 KG nicht widerlegen könne. Aufgrund des vorhandenen Interbrand-Wettbewerbs ging die Wettbewerbskommission in einer „Gesamtbetrachtung der Wettbewerbs-

---

[126] So bereits Botschaft zu einem Bundesgesetz über Kartelle und andere Wettbewerbsbeschränkungen (Kartellgesetz, KG) vom 23.11.1994, BBl. 1995, 546.
[127] So etwa in RPW 2010/1, 80 Rn. 130 f. – Gaba; RPW 2012/3, 524 f. – Beratung Rabattdifferenzierung bei Lieferungen in die Schweiz; Verfügung der Wettbewerbskommission in Sachen Nikon vom 28.11.2011, Rn. 459, 539.
[128] Immenga/Mestmäcker/Zimmer AEUV Art. 101 Abs. 1 Rn. 202.
[129] RPW 2010/1, 65 f. – Gaba.
[130] Gleichzeitig verpflichtete sich übrigens auch Gaba, „die Ausfuhr der Vertragsprodukte […] nach Oesterreich mit allen ihr zu Gebote stehenden Mitteln zu verhindern und auch selbst weder direkt noch indirekt in Oesterreich zu vertreiben"; mangels Auswirkungen auf die Schweizer Märkte war diese Verpflichtung unter dem Schweizer Kartellrecht allerdings nicht weiter von Belang.
[131] Vgl. RPW 2010/1, 74 f. Rn. 103 ff. – Gaba.
[132] RPW 2010/1, 85 f. Rn. 170 ff. – Gaba; die Wettbewerbskommission reagierte damit implizit auf die Kritik der Lehre an ihrer bisherigen Haltung, dass der bloße Nachweis von Interbrand-Wettbewerb für das Widerlegen der Vermutung der Wettbewerbsbeseitigung nicht ausreiche.

verhältnisse" davon aus, dass „die Vermutung der Beseitigung wirksamen Wettbewerbs durch die Kombination des vorhandenen Interbrand- und Intrabrand-Wettbewerbs umgestoßen werden kann".[133] Die Wettbewerbskommission prüfte in der Folge das Vorliegen einer **erheblichen Wettbewerbsbeschränkung** und schloss, dass die Abrede über den absoluten Gebietsschutz den Wettbewerb in qualitativer und quantitativer Hinsicht erheblich beeinträchtigt habe.[134] Insbesondere hielt die die Wettbewerbskommission fest, dass sich das Exportverbot tatsächlich auf den Schweizer Markt ausgewirkt habe, zumal die Behauptung, das Exportverbot sei „nicht gelebt" worden, von Gaba nicht substantiiert worden sei.[135]

61   In der Folge erhoben Gaba und Gebro zunächst Beschwerde an das Bundesverwaltungsgericht, welches den Entscheid der Wettbewerbskommission bestätigte und die Beschwerde abwies.[136] Das Bundesgericht, welches den Fall daraufhin abschließend zu beurteilen hatte, folgte seinen Vorinstanzen.[137] Es erkannte, dass Abreden, die den Wettbewerb vermutungsweise beseitigen – also horizontale Preis- und Mengenabreden und Abreden über die Marktaufteilung nach Gebieten oder Geschäftspartnern im Sinne von Art. 5 Abs. 3 KG sowie vertikale Abreden über Mindest- oder Festpreise oder absoluten Gebietsschutz im Sinne von Art. 5 Abs. 4 KG –, **grundsätzlich erheblich** im Sinne von Art. 5 Abs. 1 KG sind. Wettbewerbsabreden mit den in Art. 5 Abs. 3 und Abs. 4 KG genannten Inhalten beeinträchtigen den Wettbewerb damit bereits aufgrund ihres Gegenstandes, unabhängig von den tatsächlichen Auswirkungen: ein Marktbezug muss nach Auffassung des Bundesgerichts nicht hergestellt werden.[138] Im Ergebnis bedeutet dies, dass harte horizontale oder vertikale Kartellabreden unter Schweizer Recht auch bei einem Nachweis von Inter- oder Intrabrandwettbewerb bzw. einem Umstoßen der Beseitigungsvermutung stets unzulässig sind, vorbehältlich einer Rechtfertigung aus Gründen der wirtschaftlichen Effizienz und unter Vorbehalt von Bagatellfällen.[139]

62   Das Bundesgericht hatte sich in seinem Entscheid auch mit der Frage zu befassten, ob die in Art. 5 Abs. 3 und 4 KG genannten Wettbewerbsabreden auch dann sanktioniert werden können, wenn die Vermutung der Wettbewerbsbeseitigung umgestoßen werden kann, mit anderen Worten eine den Wettbewerb lediglich erheblich beschränkende Abrede vorliegt. Das Bundesgericht folgte auch in diesem Punkt seinen Vorinstanzen und bestätigte damit die langjährige Praxis der Wettbewerbskommission. Die Frage der Sanktionierbarkeit von Kernabreden hängt demnach untrennbar mit der Qualifikation als den Wettbewerb erheblich beeinträchtigende Vereinbarungen zusammen, eine Wettbewerbsbeseitigung ist dagegen nicht erforderlich.[140] Vom Anwendungsbereich der direkten Sanktionen des Schweizer Kartellgesetzes sind somit nur diejenigen Wettbewerbsabreden ausgeschlossen, die in den Art. 5 Abs. 3 und 4 KG nicht erwähnten werden.[141]

63   (ii) **Nikon**[142]: Mit Verfügung vom 28.11.2011 hat die Wettbewerbskommission die schweizerische Nikon AG wegen der Behinderung von Parallelimporten in die Schweiz mit rund 12.5 Mio. CHF gebüßt. Die Wettbewerbskommission stellte sich auf den Standpunkt, dass die Nikon-Gruppe durch vertragliche Vereinbarungen in Vertriebsverträgen sowie durch Druckausübung auf Parallelhändler das Gebiet des Schweizer Marktes absolut geschützt habe. Insbesondere habe Nikon in Vertriebsverträgen im Ausland den Verkauf

---

[133] RPW 2010/1, 103 Rn. 299 f. – Gaba.

[134] RPW 2010/1, 103 ff. Rn. 305 ff. – Gaba.

[135] RPW 2010/1, 104 Rn. 313 – Gaba; vgl. in diesem Zusammenhang die nachfolgend dargestellte, vergleichbare Argumentation in Sachen Nikon und BWM.

[136] BVGer 13.12.2013 – B-506/2010.

[137] BGE 143 II 297 E. 5.2.5 und E. 5.6 – Gaba.

[138] BGE 143 II 297 E. 5.5 – Gaba.

[139] BGE 143 II 297 E. 9.4.6 – Gaba; später auch BVGer 13.11.2015 – B-3332/2012, NZKart 2016, 40 E. 9.1.3 f.

[140] Vgl. nur RPW 2009/2, 155 Rn. 89 – Sécateurs et cisailles; → Rn. 101 ff.; RPW 2016/2, 516 f. Rn. 534 – Nikon AG.

[141] BGE 143 II 297 E. 5.1.6 und E. 9.4.6 – Gaba; vgl. auch Botschaft über die Änderung des Kartellgesetzes vom 7.11.2001, BBl. 2002, 2037.

[142] RPW 2016/2, 442 ff. – Nikon AG.

von Nikon Imaging Produkten in die Schweiz verboten. Im Zuge der Untersuchung habe sich zudem ergeben, dass Verkäufe durch Parallelhändler in die Schweiz tatsächlich behindert worden seien bzw. hätten behindert werden sollen.

Nach Ansicht der Wettbewerbskommission hat Nikon mit diversen **Exportverbotsklau-** 64 **seln** in den EWR-Verträgen Parallelimporte in die Schweiz behindert. Die Wettbewerbskommission unterschied dabei zwischen expliziten Exportverboten (Verbote, nicht in EWR-fremde Gebiete zu liefern) und impliziten Exportverboten (Verpflichtungen zur aktiven Tätigkeit in einem zugewiesenen Gebiet).[143] Die Wettbewerbskommission qualifizierte beide Abredetypen als vertikale Abreden über den absoluten Schutz von Gebieten im Sinne von Art. 5 Abs. 4 KG. Der Wettbewerb auf den relevanten Märkten sei zwar aufgrund eines gewissen Intrabrand-Wettbewerbs sowie eines intensiven Interbrand-Wettbewerbs nicht beseitigt, wohl aber im Sinne von Art. 5 Abs. 1 KG erheblich beeinträchtigt worden. Von Interesse ist in diesem Zusammenhang, dass die Wettbewerbskommission den Umstand, dass die Schweizer Händler einerseits in den Antworten der Fragebögen sowie in Anhörungen zu Protokoll gaben, bei Parallelimporten nicht behindert worden zu sein[144], und sich die EWR-Händler andererseits deren eigenen Aussage zufolge nicht an die Exportverbote hielten[145], nicht gelten ließ. Es sei anzunehmen, dass sich die Händler zufolge des Grundsatzes **pacta sunt servanda** zumindest teilweise an die vertraglichen Verpflichtungen gehalten hätten. Die Wettbewerbskommission vertrat vor diesem Hintergrund die Ansicht, dass die Parallelimporte ohne die vertraglichen Export- bzw. Importverbote bedeutender ausgefallen wären.[146]

Gegen die Verfügung der Wettbewerbskommission erhob Nikon Beschwerde an das 65 Bundesverwaltungsgericht. Das Bundesverwaltungsgericht schloss sich der Argumentation der Wettbewerbskommission im Wesentlichen an. Es hielt fest, dass aufgrund von interner Korrespondenz von Nikon mit Händlern konkrete Indizien für eine Umsetzung sowohl der Import- wie auch Exportverbote vorlägen.[147] Der Tatbestand von Art. 5 Abs. 4 KG sei auch erfüllt, wenn keine Vereinbarung das Verbot von Passivverkäufen enthält. Durch die Kombination von Import- und Exportverboten entfalte die Gebietsabschottung umfassende Wirkung.[148]

(iii) **BMW (München) AG**[149]: Mit Verfügung vom 7.5.2012 hat die Wettbewerbs- 66 kommission die Bayerische Motoren Werke AG (München) wegen der Behinderung von Direkt- und Parallelimporten in die Schweiz mit rund 157 Mio. CHF gebüßt. BMW hatte ihren Händlern im europäischen Wirtschaftsraum mittels **Exportverbotsklauseln** in den Vertriebsverträgen untersagt, Neuwagen der Marken BMW und MINI an Abnehmer in der Schweiz zu verkaufen.

Nach Auffassung der Wettbewerbskommission stellte das vertragliche Exportverbot zwi- 67 schen BMW und ihren Vertragshändlern im EWR eine unzulässige Gebietsabrede nach Art. 5 Abs. 4 KG dar.[150] Insbesondere erachtete es die Wettbewerbskommission aufgrund verschiedener Hinweise – etwa zahlreiche Anzeigen von Endkunden oder die ungenügende Bereitschaft von BMW, ihre Händler darüber zu informieren, dass das vertragliche Exportverbot nicht für Lieferungen in die Schweiz gilt – als erstellt, dass „die Existenz der Exportverbotsklauseln gemäß dem Grundsatz pacta sunt servanda ausgereicht hat, die Vertriebspartner […] davon abzuhalten, Neuwagen in die Schweiz zu verkaufen".[151] Die Vermutung der Wettbewerbsbeseitigung konnte zwar durch den Nachweis von Interbrand-

---

[143] RPW 2016/2, 457 Rn. 147 f. – Nikon AG.
[144] RPW 2016/2, 498 ff. Rn. 440 ff. – Nikon AG; die Wettbewerbskommission erklärte sich eine gewisse Diskrepanz zu früheren schriftlichen Aussagen der Händler mit der Anwesenheit der Rechtsvertreter von Nikon in den Anhörungen.
[145] RPW 2016/2, 499 f. Rn. 446 ff. – Nikon AG.
[146] RPW 2016/2, 500 f. Rn. 450 ff., 459 – Nikon AG.
[147] BVGer 16.9.2016 – B-581/2012 Rn. 7.2.5, BeckRS 2016, 108823.
[148] BVGer 16.9.2016 – B-581/2012 Rn. 7.3.2, BeckRS 2016, 108823.
[149] RPW 2012/3, 540 ff. – BMW.
[150] RPW 2012/3, 555 Rn. 141 – BMW.
[151] RPW 2012/3, 559 Rn. 167 – BMW.

Wettbewerb umgestoßen werden.[152] Nach den Feststellungen der Wettbewerbskommission führten die Exportverbote aber nicht zuletzt aufgrund der großen, durch das beträchtliche Arbitragepotenzial ausgelösten Nachfrage von Schweizer Endkunden nach Neuwagen der Marken BMW und MINI aus dem EWR zumindest seit Oktober 2010 zu einer erheblichen Beeinträchtigung des Wettbewerbs.[153]

68 Auch vor Bundesverwaltungsgericht argumentierte BMW, dass sich die Abrede nicht schädlich auf den Wettbewerb ausgewirkt habe. Einerseits habe Interbrand-Wettbewerb bestanden, weshalb eine Gebietsschutzklausel, selbst wenn sie den Wettbewerb beschränke, keine negativen Auswirkungen auf den Markt habe. Andererseits sei die fragliche Klausel aber auch nicht eingehalten worden, was zahlreiche Parallelimporte belegen würden. Die Wettbewerbskommission habe diesen Umstand nicht beachtet.[154] Das Bundesverwaltungsgericht hielt jedoch dagegen, dass ein Umstoßen der Beseitigungsvermutung wegen genügenden Inter- oder Intrabrandwettbewerbs nicht automatisch dazu führe, dass eine Abrede keine negativen Auswirkungen auf den Wettbewerb zeige.[155] Der Umstand, dass einzelne Vertragspartner einen Vertrag gelegentlich nicht einhalten, genüge zudem nicht für die Annahme, dass der Vertrag nicht gelebt worden sei.[156]

69 Auf Beschwerde von BMW hin stellte das Bundesgericht in der Folge zunächst zwar klar, dass Vertikalvereinbarungen ohne Bezug zur Schweiz nicht in den Anwendungsbereich des Schweizer Kartellgesetzes fallen. Im Ausland veranlasste Wettbewerbsbeschränkungen, die sich in der Schweiz zumindest potentiell auswirken, werden nach Ansicht des Bundesgerichtes jedoch erfasst. Das Abstützen des Bundesgerichtes auf potentielle Auswirkungen unter Verzicht auf das Erfordernis einer gewissen Intensität bedeutet im Ergebnis, dass beispielsweise ein generelles Exportverbot zwischen U.S.-amerikanischen Unternehmen unter das Kartellgesetz fällt, da dies zumindest potentiell auch Schweizer Kunden betrifft.[157] Die Praxis der Wettbewerbskommission zeigt denn auch, dass solche „exotischen" Fälle durchaus aufgegriffen werden.[158] Dies muss umso mehr für die nahen europäischen Märkte gelten.

70 Das Bundesgericht hielt weiter unter Verweis auf seine Rechtsprechung in Sachen Gaba[159] daran fest, dass es bei horizontalen oder vertikalen Abreden der Art. 5 Abs. 3 und 4 KG auf eine tatsächliche Beeinträchtigung des Wettbewerbs nicht ankomme und etwaige Auswirkungen auf den relevanten Markt („quantitatives Element") deshalb nicht geprüft werden müssen. Nach Ansicht des Bundesgerichtes sind solche Abreden „grundsätzlich" bzw. „in der Regel" erheblich im Sinne von Art. 5 Abs. 1 KG und unter Vorbehalt einer Rechtfertigung aus Effizienzgründen nach Art. 5 Abs. 2 KG unzulässig. Im konkreten Fall hatte BMW dem Urteil zufolge keine Rechtfertigungsgründe vorgebracht, weshalb die Wettbewerbskommission nach Ansicht des Bundesgerichtes mit Recht von einer unzulässigen Wettbewerbsabrede im Sinne von Art. 5 Abs. 4 iVm Art. 5 Abs. 1 KG ausgegangen war.[160] Im Ergebnis hat das Bundesgericht deshalb die Sanktion gegen BMW in der Höhe von rund 157 Mio. CHF bestätigt.

71 (iv) **RIMOWA**[161]: RIMOWA GmbH ist ein in Deutschland ansässiger Kofferhersteller, der seine Produkte weltweit in 65 Ländern mit unterschiedlichen Vertriebsformaten ver-

---

[152] RPW 2012/3, 575 Rn. 276 f. – BMW.
[153] Vgl. RPW 2012/3, 570 Rn. 235 – BMW.
[154] BVGer 13.11.2015 – B-3332/2012, NZKart 2016, 40 E. 3.4.1 ff., E. 9.1.1.
[155] BVGer 13.11.2015 – B-3332/2012, NZKart 2016, 40 E. 9.2.3.1 ff.
[156] BVGer 13.11.2015 – B-3332/2012, NZKart 2016, 40 E. 9.2.4.3 ff.
[157] Vgl. BGE 144 II 194 E. 3 – BMW.
[158] Vgl. RPW 2013/3, 285 ff. – Harley Davidson.
[159] BGE 143 II 297; auch → Rn. 58 ff.
[160] Vgl. BGE 144 II 194 E. 4.5 – BMW.
[161] RPW 2018/2, 363 ff. – RIMOWA; erste Ermittlungshandlungen wurde bereits ab Mai 2013 im Rahmen einer Marktbeobachtung und ab Oktober 2013 im Rahmen einer Vorabklärung getätigt. Die Vorabklärung wurde dann allerdings mit Blick auf das laufende Gaba-Verfahren und die darin zur Beurteilung stehenden grundsätzlichen Rechtsfragen zunächst sistiert, im Mai 2017 dann aber in eine Untersuchung überführt und fortgesetzt. Die Untersuchung wurde schließlich am 9.4.2018 mit einer einvernehmlichen Regelung abgeschlossen, RIMOWA wurde mit einer Busse von 134'943 CHF sanktioniert.

kauft. RIMOWA untersagte im Zeitraum vom 25.1.2012 bis zum 13.11.2013 in ihren Händlerverträgen mit ihren deutschen Vertriebspartnern den Export von RIMOWA-Produkten in die Schweiz. Anders als in einer „klassischen" **EWR-Klausel**[162] wurde dabei nicht nur die Lieferung an Abnehmer außerhalb des EWR untersagt, die Schweiz wurde vielmehr als ein vom Belieferungsverbot betroffenes Land explizit erwähnt.[163] Gegenstand des vertraglichen Exportverbotes waren insbesondere die Rollkoffer von RIMOWA, aber auch Aktenkoffer und Beauty-Cases.[164]

Die Wettbewerbskommission kam vor diesem Hintergrund zum Schluss, dass das Export- **72** verbot zwischen RIMOWA und ihren deutschen Vertriebspartnern passive Verkäufe in die Schweiz ausgeschlossen hatte und damit als harte vertikale Gebietsabrede im Sinne von Art. 5 Abs. 4 KG zu beurteilen war.[165] Nachdem wegen des Vorhandenseins von Inter- und Intrabrand-Wettbewerbs die Vermutung der Wettbewerbsbeseitigung widerlegt werden konnte, erkannte die Wettbewerbskommission im Einklang mit der Gaba-Praxis des Bundesgerichtes[166] eine erhebliche Beeinträchtigung des Wettbewerbs im Sinne von Art. 5 Abs. 1 KG, die weder gerechtfertigt werden konnte noch in den Bagatellbereich fiel.[167] Insbesondere ließ die Wettbewerbskommission nicht gelten, dass das Exportverbot zum Schutz von Investitionen der Schweizer Händler wie auch der deutschen (sic!) Händler erforderlich gewesen sein soll. Zum einen hätten die deutschen Vertragshändler nach Ansicht der Wettbewerbskommission kaum in die Schweiz geliefert, wenn sich das kommerziell nicht gelohnt hätte. Und nachdem der Vertrag der Schweizer Generalimporteurin aus dem Jahr 1995 datierte, war die in der Vertikalbekanntmachung vorgesehene Frist von zwei Jahren für einen möglichen Investitionsschutz im Zusammenhang mit der Erschließung neuer Märkte längst abgelaufen.[168]

(v) **Pöschl Tabakprodukte**[169]: Pöschl GmbH & Co. KG ist in der Entwicklung und **73** Herstellung sowie im Handel und Vertrieb von Tabakprodukten tätig. Gemäß eigenen Angaben ist Pöschl die weltweit größte Herstellerin von Schnupftabak und die führende deutsche Herstellerin von Tabakprodukten. Die Pöschl-Gruppe („Pöschl") vertreibt ihre Produkte mitunter über rein vertrieblich tätige, internationale Tochter- und Beteiligungsgesellschaften, darunter auch Pöschl Tobacco Switzerland AG.[170] Die Untersuchung der Wettbewerbskommission beschränkte sich aus Gründen der Verhältnismäßigkeit auf Schnupftabak und Feinschnitt und wurde aus demselben Grund auch nicht auf die europäischen Vertriebspartner von Pöschl ausgeweitet.[171] Nach den Sachverhaltsfeststellungen der Wettbewerbskommission verankerte Pöschl in ihren Vertriebsverträgen mit mehreren unabhängigen europäischen Vertriebspartnern Exportverbote. Diese unabhängigen Händler durften keine Tabakprodukte in die Schweiz liefern.[172]

Die Wettbewerbskommission kam zum Schluss, dass die von Pöschl und den europäischen **74** Vertriebspartnern vereinbarten **Exportverbote** nach Art. 5 Abs. 4 KG eine den Wettbewerb vermutungsweise beseitigende vertikale Abrede über einen absoluten Gebietsschutz darstellen. Die Exportverbote waren allerdings nicht flächendeckend in sämtlichen Händlerverträgen enthalten. Zudem ließen die Marktanteile von Pöschl auf den Märkten für Schnupftabak und Feinschnitttabak auf ein gewisses Maß an Wettbewerb schließen. Die Vermutung der Wettbewerbsbeseitigung konnte deshalb durch den Nachweis einer Kombination von Intra-

---

[162] Zu den sog. „EWR-Klauseln" auch → Rn. 57 und → Rn. 64.
[163] RPW 2018/2, 365 Rn. 29 ff. – RIMOWA.
[164] RPW 2018/2, 367 Rn. 45 – RIMOWA.
[165] RPW 2018/2, 366 Rn. 42 – RIMOWA.
[166] BGE 143 II 297 – Gaba.
[167] RPW 2018/2, 367 Rn. 49 – RIMOWA.
[168] RPW 2018/2, 368 Rn. 53 – RIMOWA; vgl. auch Ziff. 16 Abs. 4 lit. a. VertBek; und → Rn. 27.
[169] RPW 2021/4, 837 ff. – Pöschl Tabakprodukte; die Untersuchung der Wettbewerbskommission wurde mit einer einvernehmlichen Regelung abgeschlossen, Pöschl wurde mit rund 270'000 CHF gebüßt.
[170] RPW 2021/4, 837 Rn. 4 f. – Pöschl Tabakprodukte.
[171] RPW 2021/4, 837 Rn. 3 und 841 Rn. 33 – Pöschl Tabakprodukte.
[172] RPW 2021/4, 837 ff. Rn. 6 ff. – Pöschl Tabakprodukte.

und Interbrandwettbewerb beseitigt werden.[173] Da es sich nach Ansicht der Wettbewerbskommission nicht um einen Bagatellfall im Sinne der Gaba-Praxis des Bundesgerichtes
handelte, erkannte die Behörde eine den Wettbewerb erheblich beschränkende vertikale
Gebietsabrede im Sinne von Art. 5 Abs. 4 iVm Art. 5 Abs. 1 KG. Rechtfertigungsgründe
waren keine ersichtlich und wurden von Pöschl auch nicht geltend gemacht.[174]

75   **b) Bezugsbeschränkungen.** (i) **Nikon**[175]: Mit Verfügung vom 28.11.2011 stellte die
Wettbewerbskommission fest, dass Nikon ihre Schweizer Grossisten in einem bis Ende
August 2009 gültigen „Grossistenvertrag" im offenen Vertrieb dazu verpflichtet hatte, die
Produkte ausschließlich von Nikon oder einem anderen Vertragsgrossisten im Vertragsgebiet
– also der Schweiz – zu beziehen. Nach Ansicht der Wettbewerbskommission haben sich die
Grossisten damit verpflichtet, Parallelimporte in die Schweiz zu unterlassen.[176] Die Wett-
bewerbskommission kam zum Schluss, dass diese Bezugsbeschränkung bereits für sich alleine
den Tatbestand einer harten Vertikalabrede über absoluten Gebietsschutz im Sinne von Art. 5
Abs. 4 KG erfüllte, unabhängig von den Marktanteilen von Nikon und ihren Grossisten.[177]

76   Nikon brachte auch im Beschwerdeverfahren vor Bundesverwaltungsgericht vor, dass nur
dann von einem absoluten Gebietsschutz gesprochen werden könne, wenn ein Allein- oder
ein Selektivvertrieb vereinbart worden sei – nicht aber, wenn Gebiete an eine Vielzahl von
Vertriebspartnern zugewiesen seien. Das Bundesverwaltungsgericht ließ dieses Argument
ebenfalls nicht gelten. Mit Bezug auf den Intrabrand-Wettbewerb hänge die Höhe des
ausländischen Preisdruckes zudem nicht alleine von der Anzahl inländischer Vertriebspartner, sondern grundsätzlich von der Unterbindung ausländischer Exporte an Händler im
Inland ab.[178] Im Ergebnis bestätigte das Bundesverwaltungsgericht den Entscheid der Wettbewerbskommission, wobei die Sanktion aufgrund eines Berechnungsfehlers der Wettbewerbskommission leicht reduziert wurde.[179]

77   (ii) **BMW**[180]: Nach den Feststellungen der Wettbewerbskommission mit Verfügung vom
7.5.2012 hatte BMW nicht nur den Verzicht auf Exporte aus dem EWR, sondern auch
den Verzicht der Schweizer Händler auf Bezüge im EWR vertraglich geregelt. Nach
Ansicht der Wettbewerbskommission haben sich die Vertragspartner von BMW Schweiz
AG damit zum Bezug über BMW Schweiz AG verpflichtet und auf einen direkten Bezug
über andere Bestellsysteme von BMW und folglich auch auf Parallelimporte in die Schweiz
verzichtet.[181] Die Wettbewerbskommission qualifizierte die Exportverbotsklauseln in den
EWR-Verträgen sowie die Bezugsbeschränkung als bewusstes und gewolltes Zusammenwirken im Sinne einer Wettbewerbsabrede nach Art. 4 Abs. 1 KG.[182] BMW Schweiz AG
hatte allerdings die Schweizer Händler in einer Mitteilung im Jahr 2005 darauf hingewiesen, dass der Bezug im EWR im Rahmen des selektiven Vertriebssystems zulässig sei.[183]
Die Wettbewerbskommission begründete das Vorliegen einer Abrede über den absoluten
Gebietsschutz vor diesem Hintergrund dann zwar ausschließlich mit den Exportverboten in
den EWR-Verträgen[184], verpflichtete BMW aber dennoch zur Anpassung auch der Bezugsbeschränkung in den Schweizer Händlerverträgen.[185]

---

[173] RPW 2021/4, 845 f. Rn. 60 ff. – Pöschl Tabakprodukte; vgl. auch Ziff. 11 VertBek.
[174] RPW 2021/4, 846 Rn. 67 ff. – Pöschl Tabakprodukte.
[175] RPW 2016/2, 442 ff. – Nikon AG.
[176] RPW 2016/2, 452 Rn. 99 – Nikon AG.
[177] RPW 2016/2, 471 ff. Rn. 252 – Nikon AG.
[178] BVGer 16.9.2016 – B-581/2012, BeckRS 2016, 108823 E 7.3.3.
[179] BVGer 16.9.2016 – B-581/2012, BeckRS 2016, 108823 E 10. Nikon hat das Urteil des Bundesverwaltungsgerichtes, wohl unter dem Eindruck des zwischenzeitlich ergangenen Gaba-Entscheides, nicht an
das Bundesgericht weitergezogen.
[180] RPW 2012/3, 540 ff. – BMW.
[181] RPW 2012/3, 549 Rn. 88 ff. – BMW.
[182] RPW 2012/3, 549 Rn. 91 – BMW.
[183] RPW 2012/3, 550 Rn. 94 f. – BMW.
[184] RPW 2012/3, 550 ff. Rn. 96 ff. – BMW; auch → Rn. 57.
[185] RPW 2012/3, 591 Dispositiv Ziff. 2 – BMW.

(iii) **Eflare:** Mit Verfügung vom 19.12.2016 büßte die Wettbewerbskommission Eflare   78
Corporation Pty Ltd., eine australische Herstellerin von Warnblitzleuchten, wegen der
Verweigerung von Passivverkäufen zur Verhinderung von Parallelimporten. Nach den
Feststellungen der Wettbewerbskommission verweigerte Eflare unter Verweis auf ein Ex-
klusivvertriebsrecht ihrer Schweizer Generalimporteurin die Belieferung einer ausländischen Abnehmerin, welche Eflare-Warnblitzleuchten an ein Unternehmen in der
Schweiz verkaufen wollte. Hintergrund für die Anfrage der ausländischen Abnehmerin war
der Versuch des Schweizer Unternehmens, in einer Ausschreibung der Beschaffungsstelle
der Schweizer Armee eine zum Angebot der Schweizer Generalimporteurin konkurrenzie-
rende Offerte zu platzieren.[186]

Die Weigerung von Eflare erfolgte erst, nachdem diese die Schweizer Generalimporteu-   79
rin angefragt hatte, wie mit der Anfrage durch die ausländische Abnehmerin vor dem
Hintergrund des geplanten Exports in die Schweiz zu verfahren sei. Die Schweizer Generalimporteurin antwortete auf diese Anfrage von Eflare mit Verweis auf ihr exklusives
Vertriebsrecht in der Schweiz, dass etwaige Lieferanfragen durch sie selber zu beantworten
seien. Die Wettbewerbskommission sah in diesem Zusammenwirken eine Abrede zur Verhinderung von Passivverkäufen und damit zur gezielten Verhinderung eines Parallelimpor-
tes.[187]

In der Beurteilung der Auswirkungen der Vereinbarung orientierte sich die Wett-   80
bewerbskommission an der Rechtsprechung des Bundesgerichtes in Sachen Gaba. Ins-
besondere wurde die Abgrenzung des relevanten Marktes offen gelassen, „weil die genaue
Marktabgrenzung vorliegend keinen Einfluss auf die Feststellung der Unzulässigkeit und
Sanktionierung der Abrede hat".[188] Dieser Verzicht auf eine Marktabgrenzung steht in
Einklang mit der jüngsten Rechtsprechung des Bundesgerichts, wonach die Auswirkungen
auf den relevanten Märkten irrelevant sind für die Beurteilung der Erheblichkeit einer
Kernabrede.[189]

Bemerkenswert ist in diesem Zusammenhang die Aussage der Wettbewerbskommission,   81
dass der Wettbewerb nicht beseitigt sei. Einerseits wird nicht klar, welches Bezugssystem
die Wettbewerbskommission dieser Feststellung zugrunde legte – nicht zuletzt aufgrund des
Verzichts auf eine Marktabgrenzung. Andererseits erstaunt die Aussage aber auch angesichts
des Umstandes, dass der einzige Anbieter durch die fragliche Wettbewerbsabrede den
Auftritt eines Konkurrenten am Markt zu verhindern versuchte. Die Wettbewerbskommission befand nämlich lediglich, es genüge für den Nachweis von Restwettbewerb, dass das
konkurrierende Schweizer Unternehmen erfolgreich gegen die direkte Vergabe des Auftrages an die Schweizer Generalimporteurin Beschwerde haben führen können. Ebenfalls
unbegründet bleibt die Aussage, dass es sich bei der in Frage stehenden Wettbewerbsbeschränkung nicht um einen Bagatellfall handle.[190]

(iv) **Bucher Landtechnik**[191]: Bucher Landtechnik ist exklusive Generalimporteurin   82
und Grosshändlerin von Traktoren der Marken New Holland, Case IH und Steyr in der
Schweiz, wobei sämtliche Marken von derselben holländischen Herstellerin produziert
werden.[192] Bucher Landtechnik verpflichtete ihre Händler vertraglich dazu, sämtliche

---

[186] Der Untersuchung der Wettbewerbskommission war bereits ein Streit über die freihändige Vergabe
eines Auftrages der Beschaffungsstelle der Schweizer Armee zur Lieferung von Eflare-Warnblitzleuchten an
die Schweizer Generalimporteurin vorangegangen, gegen welche das Unternehmen bereits erfolgreich Beschwerde geführt hatte, RPW 2017/1, 96 Rn. 1 ff. – Eflare.

[187] RPW 2017/1, 97 Rn. 7 f. – Eflare.

[188] RPW 2017/1, 100 Rn. 45 ff. – Eflare.

[189] BGE 143 II 297 E. 5.5 – Gaba; vgl. → Rn. 61.

[190] RPW 2017/1, 101 Rn. 47 – Eflare; die Erwähnung des Bagatellfalles geht auf den Gaba-Entscheid des
Bundesgerichtes zurück, wonach es trotz „grundsätzlicher" Erheblichkeit nicht Idee sei, jeden Bagatellfall zu
prüfen, vgl. BGE 143 II 297 E. 5.1 – Gaba.

[191] RPW 2019/4, 1155 ff. – Bucher Landtechnik/Ersatzteilhandel Traktoren; die Untersuchung der Wettbewerbskommission wurde mit einer einvernehmlichen Regelung abgeschlossen, Bucher Landtechnik wurde
mit einer Busse von rund 150'000 CHF sanktioniert.

[192] RPW 2019/4, 1155 Rn. 4 – Bucher Landtechnik/Ersatzteilhandel Traktoren.

Ersatzteile für Traktoren der Marke New Holland bei ihr zu beziehen. Diese Bezugspflicht wurde durch ein Anreizsystem unterstützt, welches die Menge an bezogenen Ersatzteilen mit den Rabattkonditionen für Traktoren der Marke New Holland verknüpfte.[193]

83   Die Wettbewerbskommission war der Auffassung, dass die Bezugspflicht und das Anreizsystem Verkäufe von ausländischen Lieferanten an die Händler von Bucher Landtechnik vertraglich ausgeschlossen und den Wettbewerb damit behindert haben. Im Ergebnis sei den New Holland-Händlern ein Gebiet indirekt zugewiesen worden, indem sie vertraglich dazu verpflichtet waren, die benötigten Ersatzteile bei Bucher Landtechnik zu beziehen und ein Bezug bei anderen in- und ausländischen Ersatzteilhändlern ausgeschlossen wurde. Konkret habe die Alleinbezugsverpflichtung zu einem indirekten Ausschluss von Passivverkäufe durch andere Ersatzteilhändler im Sinne einer harten Gebietsabrede nach geführt.[194] Nachdem wegen des Vorhandenseins von Innen- und Außenwettbewerb die Beseitigungsvermutung des Art. 5 Abs. 4 KG umgestoßen werden konnte, erkannte die Wettbewerbskommission im Einklang mit der Gaba-Praxis des Bundesgerichtes[195] eine erhebliche Beeinträchtigung des Wettbewerbs im Sinne von Art. 5 Abs. 1 KG, die weder gerechtfertigt werden konnte noch in den Bagatellbereich fiel.[196]

84   **c) Preis- und Rabattdifferenzierung.** Am 13.8.2012 veröffentlichte die Wettbewerbskommission die **Beratung betreffend Rabattdifferenzierung bei Lieferungen in die Schweiz.**[197] Wegen der damaligen Frankenstärke und einem generell höheren Preisniveau in der Schweiz für die in Betracht stehenden Waren hatte ein im europäischen Wirtschaftsraum ansässiges Großhandelsunternehmen vermehrt Anfragen von Abnehmern aus der Schweiz erhalten, da die Bezugsbedingungen für den Schweizer Groß- oder Einzelhandel bei einem Direktbezug von gewissen Herstellern schlechter waren als bei einem indirekten Bezug über das Großhandelsunternehmen. Angesichts dessen hatten bestimmte Hersteller verlangt, dass das Großhandelsunternehmen erstens über eine **systematische Rabattdifferenzierung** auf Basis des in der Schweiz höheren Preisniveaus sowie der empfohlenen Endverkaufspreise der Hersteller einen höheren Einstandspreis für Waren bezahlt, welche zum Weiterverkauf in die Schweiz bestimmt sind, und zweitens die Hersteller jeweils „zu Abrechnungszwecken" darüber informiert, ob die bezogene Handelsware in die Schweiz weiterverkauft wurde.[198] Vor diesem Hintergrund hatte das Großhandelsunternehmen das Sekretariat der Wettbewerbskommission um eine Beratung[199] über die kartellrechtliche Zulässigkeit der von den Herstellern verlangten vertraglichen Verpflichtungen ersucht.

85   Unter Verweis auf ihre jüngere Praxis hielten die Wettbewerbsbehörden fest, dass die in der Beratungsanfrage beschriebene Preisdifferenzierung zu tendenziell höheren Preisen oder aber geringeren Preisreduktionen in der Schweiz führen können. Insbesondere bei Markenprodukten mit nicht zu vernachlässigenden Marktanteilen könne eine derartige Preisdifferenzierung eine erhebliche Wettbewerbsbeschränkung zur Folge haben. Eine entsprechende Verpflichtung des Großhandelsunternehmens hätte zwar keine direkte Behinderung von Parallelexporten in die Schweiz zur Folge gehabt. Allerdings hätte die vorgesehene Rabattpolitik den Parallelhandel des Großhandelsunternehmens unattraktiv gemacht und damit auf indirektem Wege Passivverkäufe in die Schweiz behindert. Die von den Herstellern verlangte Rabattdifferenzierung hätte daher zu einem **indirekten Gebiets-**

---

[193] RPW 2019/4, 1160 ff. Rn. 42 ff. – Bucher Landtechnik/Ersatzteilhandel Traktoren.

[194] RPW 2019/4, 1165 Rn. 69 – Bucher Landtechnik/Ersatzteilhandel Traktoren.

[195] BGE 143 II 297 – Gaba.

[196] RPW 2019/4, 1167 Rn. 81 ff. – Bucher Landtechnik/Ersatzteilhandel Traktoren.

[197] RPW 2012/3, 524 f. – Rabattdifferenzierung bei Lieferungen in die Schweiz.

[198] RPW 2012/3, 524 – Rabattdifferenzierung bei Lieferungen in die Schweiz.

[199] Die Schweizer Wettbewerbsbehörden sind nach Art. 23 Abs. 2 KG dazu verpflichtet, solche Beratungen durchzuführen.

schutz im Sinne von Ziff. 10 Abs. 2 der Vertikalbekanntmachung respektive Art. 5 Abs. 4 KG geführt.[200]

d) Nachverfolgen von Seriennummern. Das Nachverfolgen („Tracking") von Pro- **86** duktseriennummern kann aus Sicht eines Herstellers oder Distributors ein wirksames Instrument zum Aufspüren gestohlener Ware oder zur Bekämpfung von Produktfälschungen sein. Sodann können Seriennummern darüber Aufschluss geben, ob – und gegebenenfalls durch welche Händler – das Verbot von Lieferungen an nicht zugelassene Händler in selektiven Vertriebssystemen umgangen wurde. Dabei handelt es sich um legitime Ziele, das Nachverfolgen von Produktseriennummern ist in diesen Fällen kartellrechtlich grundsätzlich nicht zu beanstanden.

Kartellrechtlich problematisch ist das Nachverfolgen von Seriennummern allerdings bei- **87** spielsweise dann, wenn die daraus gewonnenen Informationen zur Durchsetzung eines absoluten Gebietsschutzes dienen. So ging die Wettbewerbskommission in Sachen **Nikon**[201] davon aus, dass ein Nachverfolgen von Produktseriennummern zur Durchsetzung der vertraglichen Exportverbote gedient hat: Nikon habe zunächst über Testkäufe in der Schweiz die Herkunft parallel importierter Ware ermittelt und anschließend die jeweiligen Nikon-Ländergesellschaften in den Herkunftsländern dazu gebracht, die Parallelexporteure von weiteren Verkäufen in die Schweiz abzuhalten.[202] Im Ergebnis war das Nachverfolgen von Seriennummern allerdings nicht entscheidrelevant.[203]

2. Preisabreden. a) Preisempfehlungen. (i) Hors-Liste Medikamente: Mit Ver- **88** fügung vom 2.11.2009 hat die Wettbewerbskommission gegen die Arzneimittelhersteller Pfizer AG, Eli Lilly (Suisse) AG und Bayer (Schweiz) AG wegen der Festlegung von Wiederverkaufspreisen für Arzneimittel gegen erektile Dysfunktion eine Busse von rund 5.7 Mio. CHF verhängt.[204]

Die drei Arzneimittelhersteller hatten über die Publikation von **unverbindlichen Publi-** **89** **kumspreisempfehlungen** für ihre Arzneimittel Viagra, Cialis und Levitra die Wiederverkaufspreise festgelegt. Die genannten Arzneimittel waren im Beurteilungszeitraum in der Schweiz zwar rezeptpflichtig, wurden aber von den Krankenkassen nicht vergütet.[205] Der Preis für diese Arzneimittel ist damit staatlich nicht vorgeschrieben und von den Verkäufern unter Beachtung der kartellgesetzlichen Rahmenbedingungen selber festzulegen. Nach den Feststellungen der Wettbewerbskommission sind die von den drei Herstellern empfohlenen Publikumspreise direkt in die branchenspezifischen Informatiksysteme integriert oder von den Grossisten an die Apotheken und selbstdispensierenden Ärzte übermittelt worden. Die empfohlenen Preise wurden dann zur großen Mehrheit unverändert übernommen und gegenüber den Patienten angewendet.

Die Wettbewerbskommission hat dieses Verhalten als unzulässige Preisabrede im Sinne **90** von Art. 5 Abs. 4 KG qualifiziert. Unter Verweis auf Art. 4 Abs. 1 KG hielt sie zunächst fest, dass eine vertikale Abrede auch in der Form **abgestimmten Verhaltens** bestehen könne. Bei der Feststellung der vertikalen Abrede stützte sich die Wettbewerbskommission dann insbesondere auf den hohen Befolgungsgrad der Preisempfehlung von bis zu

---

[200] RPW 2012/3, 525 – Rabattdifferenzierung bei Lieferungen in die Schweiz; vgl. auch die berechtigte Forderung zur Zurückhaltung in Fällen indirekten Gebietsschutzes bei Tschudin/Strebel S. 183 f.

[201] RPW 2016/2, 452 – Nikon AG. Auch → Rn. 63 ff.

[202] RPW 2016/2, 442 ff. – Nikon AG.

[203] RPW 2016/2, 458 f., 479, 522 Rn. 153 ff., 311, 575 – Nikon AG.

[204] RPW 2010/4, 649 ff. – Hors-Liste Medikamente: Preise von Cialis, Levitra und Viagra.

[205] Viagra, Cialis und Levitra sind auf der sog. Spezialitätenliste, einer vom schweizerischen Bundesamt für Gesundheit zu erstellenden „Liste der pharmazeutischen Spezialitäten und konfektionierten Arzneimittel mit Preisen" nicht enthalten (und daher „hors-liste"), vgl. Art. 52 Abs. 1 lit. b und Art. 64 ff. des Bundesgesetzes über die Krankenversicherung vom 18.3.1994 (KVG, SR 832.10). Die Rezeptpflicht auf Viagra und dessen Generika, welche auch ein gesetzliches Verbot der Publikumswerbung zur Folge hatte, wurde im Übrigen Anfang 2020 gestrichen, die Potenzmittel sind seither über Apotheken frei verkäuflich.

70 %.[206] In diesem Zusammenhang hat die Wettbewerbskommission früheres kollusives Verhalten der betroffenen Hersteller erschwerend berücksichtig.[207] Mitunter wegen des hohen Befolgungsgrades ging die Wettbewerbskommission weiter davon aus, dass kein genügender Intra- und Interbrand-Wettbewerb bestehe, um die Vermutung der Wettbewerbsbeseitigung nach Art. 5 Abs. 4 KG umzustoßen.[208]

91   Die vor diesem Hintergrund ausgesprochene Sanktion traf nur die drei Pharmahersteller, da die Zahl der möglicherweise wegen der Befolgung der Preisempfehlung zu sanktionierenden Apotheken und insbesondere der selbstdispensierenden Ärzte zu groß war[209], um aufgrund der zu erwartenden durchschnittlichen Sanktionshöhe den mit der Sanktionierung verbundenen Aufwand zu rechtfertigen.[210] Die Wettbewerbskommission betonte aber, dass der alleine „aufgrund der singulären Ausgangslage" zu verantwortende Verzicht auf eine Sanktionierung an der Kartellrechtswidrigkeit des Befolgens der Preisempfehlung durch die betreffenden Verkaufsstellen nichts ändere.[211]

92   Im Beschwerdeverfahren befand das Bundesverwaltungsgericht zunächst, der Fall könne nicht kartellrechtlich beurteilt werden, da das Schweizer Heilmittelgesetz (HMG) für rezeptpflichtige Arzneimittel ein Publikumswerbeverbot statuiere und der Gesetzgeber damit einen Ausnahmebereich nach Art. 3 Abs. 1 KG geschaffen habe.[212] Infolge dessen hob das Bundesverwaltungsgericht den Entscheid der Wettbewerbskommission auf. Das Bundesgericht hielt anschließend jedoch dafür, dass Vorschriften, welche den Wettbewerb lediglich regulieren, nicht jedoch ausschalten, parallel zum Kartellgesetz zur Anwendung gelangen.[213] Im konkret zur Beurteilung stehenden Fall gehe es nicht um eine Wettbewerbs-, sondern um eine gesundheitspolizeiliche Norm.[214] Der Wettbewerb sei zwar weniger breit, weil die Angebotsseite mit dem gesetzlichen Publikumswerbeverbot eines ihrer wirksamsten Werbeinstrumente verloren habe und die Nachfrageseite deshalb über geringeres Wissen bezüglich des Preises verfüge. Der Wettbewerb sei dadurch jedoch nicht ausgeschaltet im Sinne von Art. 3 Abs. 1 KG.[215] Im Ergebnis wies das Bundesgericht das Verfahren aufgrund der Anwendbarkeit des Kartellgesetzes zur materiellen Beurteilung an das Bundesverwaltungsgericht zurück.

93   Das Bundesverwaltungsgericht stellte sich in der materiellen Beurteilung dann übereinstimmend mit dem europäischen Recht auf den Standpunkt, dass unverbindliche Preisempfehlungen nur dann als grundsätzlich bedenklich anzusehen sind, wenn sie – im Sinne eines abgestimmten Verhaltens nach Art. 4 Abs. 1 KG – ihren Empfehlungscharakter

---

[206] RPW 2010/4, 675 f. Rn. 202 ff. – Hors-Liste Medikamente: Preise von Cialis, Levitra und Viagra. Der Befolgungsgrad von rund 70 % ergibt sich aus einer gewichteten Betrachtung nach der Anzahl der von der jeweiligen Verkaufsstelle verkauften Packungen. Ohne Gewichtung lag der Befolgungsgrad bei wesentlich höheren 81.7 % (Apotheken) bzw. 89.3 % (selbstdispensierende Ärzte); vgl. auch die Kritik an der Berücksichtigung des Befolgungsgrades bei Weber VertBek Ziff. 15 N 16 f.

[207] RPW 2010/4, 663 Rn. 123 ff. – Hors-Liste Medikamente: Preise von Cialis, Levitra und Viagra.

[208] Die Wettbewerbskommission hatte den relevanten Markt sachlich auf oral einzunehmende Medikamente gegen erektile Funktionsstörungen und räumlich auf die Schweiz abgegrenzt, vgl. RPW 2010/4, 670 ff. Rn. 165 ff. – Hors-Liste Medikamente: Preise von Cialis, Levitra und Viagra.

[209] Die Untersuchung wurde gegen insgesamt 1'672 Apotheken und 3'693 selbstdispensierende Ärzte eröffnet, RPW 2010/4, 699 Rn. 382 – Hors-Liste Medikamente: Preise von Cialis, Levitra und Viagra.

[210] Zu denken ist insbesondere an den Aufwand für die individuelle Sanktionsberechnung sowie die Wahrung der Verfahrensrechte jeder einzelnen Partei, RPW 2010/4, 699 Rn. 382 ff., 388 – Hors-Liste Medikamente: Preise von Cialis, Levitra und Viagra.

[211] RPW 2010/4, 699 Rn. 382 ff., 388 – Hors-Liste Medikamente: Preise von Cialis, Levitra und Viagra.

[212] BVGer 3.12.2013 – B-320/2010, GRUR-Int. 2014, 500; Art. 3 Abs. 1 KG sieht vor, dass das Kartellgesetz nicht zur Anwendung gelangen kann, wenn auf einem bestimmten Markt durch eine staatliche Markt- oder Preisordnung (lit. a) oder die Übertragung von besonderen Rechten durch den Staat auf einzelne Unternehmen zur Erfüllung öffentlicher Aufgaben (lit. b) der Wettbewerb ausgeschlossen ist. Diese Aufzählung ist abschließend, vgl. BGE 141 II 66 E. 2.3.

[213] BGE 141 II 66 E. 2.4.1.

[214] BGE 141 II 66 E. 3.3.8; dem Bundesgericht zufolge handelt es sich beim Heilmittelgesetz um eine zum Kartellgesetz parallele Normenordnung, die denselben Sachverhalt nach anderen, dh gesundheitspolizeilichen Gesichtspunkten regelt (positive Normenkonkurrenz).

[215] BGE 141 II 66 E. 4.2.3.

verlieren, was neben einem hohen Befolgungsgrad stets auch eine Einschränkung der Preisfestsetzungsfreiheit durch die Ausübung von Druck oder das Gewähren von Anreizen voraussetze. Nach Ansicht des Bundesverwaltungsgerichtes war ein solches abgestimmtes Verhalten, das eine Wettbewerbsbeschränkung hätte bezwecken oder bewirken können, jedoch nicht erstellt. Das Gericht erkannte in den Preisempfehlungen der Potenzmittelhersteller vielmehr kartellrechtlich grundsätzlich zulässige Höchstpreisempfehlungen, die sich wettbewerbsneutral ausgewirkt hätten. Das Bundesverwaltungsgericht hob die Verfügung der Wettbewerbskommission und die ausgesprochenen Sanktionen deshalb in drei zeitgleich gefällten Urteilen (erneut) auf.[216]

Das Bundesgericht hatte sich in der Folge ebenfalls erneut mit der Sache zu befassen. Es **94** hat dabei nicht nur die Verfügung der Wettbewerbskommission bestätigt.[217] Vielmehr hat das Bundesgericht die materielle Beurteilung von abgestimmten Verhaltensweisen, insbesondere im Zusammenhang mit Preisempfehlungen, verschärft. Das Bundesgericht hielt zunächst fest, dass ein abgestimmtes Verhalten im Sinne von Art. 4 Abs. 1 KG drei Elemente voraussetze, namentlich eine Verhaltensabstimmung, einen Abstimmungserfolg sowie einen Kausalzusammenhang.[218] Für das Element der Verhaltensabstimmung reiche bereits eine „gegenseitige Fühlungnahme" aus. Ein **einseitiges Informationsverhalten** wie die Abgabe einer Preisempfehlung könne dann genügen, wenn damit zu rechnen ist, dass sich die Empfänger sich der Empfehlung entsprechend verhalten.[219] Der Abstimmungserfolg bestehe im beobachtbaren tatsächlichen Marktverhalten, sprich dem Befolgungsgrad.[220] Der Kausalzusammenhang sei zwar eine Voraussetzung, im Sinne einer Beweiserleichterung aber stets als gegeben zu betrachten, wenn eine Verhaltensabstimmung und ein Abstimmungserfolg erstellt seien.[221]

Bemerkenswert ist, dass das Bundesgericht zwar davon ausging, dass in einer „wertenden **95** Gesamtbetrachtung" zu beurteilen sei, ob das Zusammenspiel zwischen Verhaltensabstimmung und Abstimmungserfolg für eine abgestimmte Verhaltensweise im Sinne von Art. 4 Abs. 1 KG ausreiche. Das Bundesgericht hielt aber ebenfalls unmissverständlich fest, dass im Zusammenhang mit unverbindlichen Preisempfehlungen unter Umständen bereits der Befolgungsgrad für sich alleine für den Nachweis einer abgestimmten Verhaltensweise genügen könne. Zusätzliche koordinierende Elemente wie **Druck oder Anreize für das Einhalten der Empfehlungen seien keine zwingende Voraussetzung.**[222] Die maßgebliche Schwelle für einen kartellrechtlich problematischen Befolgungsgrad liege bei 50 %, sowohl mit Bezug auf die Verhaltensabstimmung als solche wie auch die Frage der Teilnahme einer einzelnen Verkaufsstelle (Anzahl der Verkäufe zum empfohlenen Preis).[223]

Die vom Bundesgericht in Sachen Hors-Liste Medikamente begründete Praxis ist wegen **96** des Verzichts auf ein „koordinierendes" Element wie Anreize oder Druckausübung auf den ersten Blick deutlich strenger als das europäische Recht. Es darf aber nicht übersehen werden, dass das Bundesgericht einen Sachverhalt mit außergewöhnlichen Charakteristika zu beurteilen hatte, darunter insbesondere die Verschreibungspflicht und das damit einhergehende Publikumswerbeverbot, die speziellen Vertriebsstrukturen via Ärzte und/oder Apotheker und wohl nicht zuletzt auch eine gewisse Zurückhaltung bei den Endkonsumenten was die Abklärung unterschiedlicher Preise bei den Händlern anbelangt. Die

---

[216] Urteile des Bundesverwaltungsgerichtes B–843–2015 (Pfizer), B–844–2015 (Bayer) und B–846–2015 (Eli Lilly) vom 19.12.2017 – Hors-Liste Medikamente: Preise von Cialis, Levitra und Viagra.
[217] BGer 7.10.2021 – 2C_145/2018 – Eli Lilly, 7.10.2021 – 2C_147/2018 – Bayer und 4.2.2021 – 2C_149/2018 – Pfizer, nach der amtlichen Publikation BGE 147 II 72.
[218] BGE 147 II 72 E. 3.4.2 – Hors-Liste Medikamente.
[219] BGE 147 II 72 E. 3.4.2.3 – Hors-Liste Medikamente.
[220] BGE 147 II 72 E. 3.4.3 – Hors-Liste Medikamente.
[221] BGE 147 II 72 E. 3.4.4 – Hors-Liste Medikamente; das Bezwecken oder Bewirken einer Wettbewerbsbeschränkung muss unter Art. 4 Abs. 1 KG zwar ebenfalls noch nachgewiesen werden. Bei einer Preisempfehlung dürfte dies für die Behörde allerdings keine Herausforderung darstellen.
[222] BGE 147 II 72 E. 4.5.1 – Hors-Liste Medikamente.
[223] BGE 147 II 72 E. 5.3 – Hors-Liste Medikamente.

Wettbewerbskommission hat dem Vernehmen nach zwar eine maßvolle Übernahme dieser Praxis in Aussicht gestellt. Nichtsdestotrotz besteht das Risiko, dass in bestimmten Konstellation auch ohne das Vorliegen von Druck oder Anreize auf ein abgestimmtes Verhalten erkannt werden könnte.[224] Das letzte Wort mit Bezug auf Preisempfehlungen dürfte trotz des höchstrichterlichen Verdikts jedenfalls noch nicht gesprochen sein.[225]

97   (ii) **Kosmetikprodukte (Dermalogica)**[226]: Mit Verfügung vom 21.10.2013 entschied die Wettbewerbskommission, eine Untersuchung gegen die Care on Skin GmbH, die Generalimporteurin von Hautpflegeprodukten der Markte Dermalogica, einzustellen. Nach den Feststellungen der Wettbewerbskommission beeinträchtigten die untersuchten Wettbewerbsbeschränkungen, darunter die Empfehlung von Mindestverkaufspreisen, den Wettbewerb nicht in einem erheblichen Masse. Die Erwägungen in der Verfügung sind nichtsdestotrotz illustrativ für den Umgang der Schweizer Wettbewerbsbehörden mit **Preisempfehlungen** und dürften wegen den Erwägungen zu einer entsprechenden Verhaltensabstimmung in einem Bereich außerhalb des speziellen Kontextes des Bundesgerichte in Sachen Hors-Liste Medikamente[227] weiterhin noch von Interesse sein.

98   Care on Skin GmbH hatte ihren Abnehmern auf zwei Wegen Endverkaufspreise angegeben: Einerseits über eine Liste, welche die zu verkaufenden Produkte sowie den zugehörigen Verkaufspreis inklusive Mehrwertsteuer enthielt, und andererseits über das Bestellformular, welches für jedes Produkt sowohl den Einstandspreis exklusive Mehrwertsteuer wie auch den Verkaufspreis inklusive Mehrwertsteuer angab.[228] Die Wettbewerbskommission prüfte vor diesem Hintergrund zunächst, ob die Aufgreifkriterien für Preisempfehlungen gemäß Ziff. 15 Abs. 3 Vertikalbekanntmachung erfüllt waren.[229] Ins Gewicht fiel dabei insbesondere, dass die Verkaufspreise auf der Liste und dem Bestellformular im Untersuchungszeitraum nicht ausdrücklich als unverbindlich bezeichnet wurden und die Preisempfehlungen zudem von rund 90 % der Abnehmer eingehalten wurden.[230] Mit Bezug auf das Kriterium des deutlich höheren Schweizer Preisniveaus im Vergleich zum Ausland in Ziff. 15 Abs. 3 lit. c Vertikalbekanntmachung stellte die Wettbewerbskommission einen Unterschied von 10 % fest. Ob dieser vergleichsweise geringe Preisunterschied bereits als „deutlich höheres" Preisniveau zu gelten habe, ließ die Wettbewerbskommission allerdings offen, nachdem sie die Aufgreifkriterien im Rahmen einer Gesamtschau als erfüllt betrachtete.[231]

99   Im Weiteren prüfte die Wettbewerbskommission in Abgrenzung zu unilateralem Verhalten, ob im Zusammenhang mit den Preisempfehlungen ein Mindestmaß an Willensübereinstimmung zwischen den Beteiligten bestand. Dies hätte eine Qualifikation als **abgestimmte Verhaltensweise** im Sinne einer Wettbewerbsabrede nach Art. 4 Abs. 1 KG erlaubt. Die Wettbewerbskommission hielt zwar dafür, dass der hohe Befolgungsgrad und der Umstand, dass die Abnehmer sich eine „Orientierungshilfe bei der Preisfestsetzung" gewünscht hatten, eine abgestimmte Verhaltensweise indiziere. Infolge des Fehlens einer erheblichen Wettbewerbsbeschränkung konnte die Frage nach einem etwaigen abgestimmten Verhalten jedoch offen bleiben.[232] Ebenfalls offen bleiben konnte damit auch die Frage,

---

[224] Den Ausführungen des Bundesgerichtes zufolge wäre etwa an elektronische Kassensysteme und damit verbundenen hohen Hürden für ein Abweichen von empfehlungsbasiert automatisch im Kassensystemen erfassten Endverkaufspreisen zu denken, vgl. BGE 147 II 72 E. 5.2 – Hors-Liste Medikamente.

[225] So hat das Handelsgericht Zürich in einem kürzlich ergangenen Entscheid die neuere Praxis des Bundesgerichts schlicht ignoriert und an der (zusätzlichen) Voraussetzung von Anreizen oder Druckausübung („Befolgungsgrad Plus") festgehalten, vgl. Handelsgericht Zürich 7.12.2021 – HG180172-O, E. 2.5.2 – Systemgastronomie, Preisempfehlungen.

[226] RPW 2014/1, 184 ff. – Kosmetikprodukte (Dermalogica).

[227] BGE 147 II 72 E 4.5.1 – Hors-Liste Medikamente; auch → Rn. 88 ff.

[228] RPW 2014/1, 210 ff. Rn. 226 ff. – Kosmetikprodukte (Dermalogica).

[229] RPW 2014/1, 192 Rn. 73 – Kosmetikprodukte (Dermalogica); auch → Rn. 29.

[230] RPW 2014/1, 192 Rn. 77 ff. – Kosmetikprodukte (Dermalogica).

[231] RPW 2014/1, 192 Rn. 83 – Kosmetikprodukte (Dermalogica).

[232] RPW 2014/1, 194 Rn. 100 – Kosmetikprodukte (Dermalogica).

ob die Preisempfehlungen eine vermutungsweise unzulässige Vertikalabrede nach Art. 5 Abs. 4 KG darstellen.[233]

Bemerkenswert ist schließlich, dass die Wettbewerbskommission die Einstellung des Ver- **100** fahrens gemäß der damaligen Praxis zur Erheblichkeit von Wettbewerbsbeschränkungen mit dem Fehlen quantitativer Auswirkungen auf den Wettbewerb begründete, nachdem zumindest ein Teil der untersuchten Abreden als qualitativ erheblich erkannt wurde.[234] Ausschlaggebend waren in diesem Zusammenhang die geringen Marktanteile der Untersuchungsadressatinnen, die tiefe Marktkonzentration sowie die eher bescheidenen internationalen Preisunterschiede.[235] Es ist anzunehmen, dass diese quantitativen Kriterien unter dem Regime der späteren Gaba-Rechtsprechung des Bundesgerichtes bei der Beurteilung der Erheblichkeit keine Rolle gespielt hätten.[236]

b) Preisbindungen zweiter Hand. (i) Sécateurs et cisailles[237]: Mit Verfügung vom **101** 25.5.2009 hat die Wettbewerbskommission Felco SA und Landi Schweiz AG wegen Preisbindungen zweiter Hand mit 50'000 CHF (Felco) und 5'000 CHF (Landi) gebüsst. Nach den Feststellungen der Wettbewerbskommission hatte Felco, ein Schweizer Unternehmen, welches Garten- und Heckenscheren herstellt, ihren Händlern **Wiederverkaufspreise empfohlen.** Diese Wiederverkaufspreise wurden von Landi, welche einen Teil der Produktion von Felco in der Schweiz vertreibt, deutlich unterboten. Auf Druck anderer Händler hat Felco deshalb bei Landi interveniert und vertraglich eine Anhebung der Preise für einzelne Felco-Produkte auf einen festen Wiederverkaufspreis vereinbart.[238]

Die Wettbewerbskommission erkannte in der Vereinbarung zwischen Felco und Landi **102** eine Preisbindung zweiter Hand, welche den Vermutungstatbestand von Art. 5 Abs. 4 KG erfüllte. Die Wettbewerbskommission stellte dabei klar, dass die Vermutung der Wettbewerbsbeseitigung sowohl durch den Nachweis ausreichenden Interbrand-Wettbewerbs wie auch durch den Nachweis ausreichenden Intrabrand-Wettbewerbs umgestoßen werden könne. Im konkreten Fall vermochte bereits der vorhandene Intrabrand-Wettbewerb die Vermutung zu widerlegen. Die Wettbewerbskommission betrachtete die Abrede aber als erheblich im Sinne von Art. 5 Abs. 1 und belegte sowohl Felco als auch Landi mit einer Sanktion im Sinne von Art. 49a Abs. 1 KG, welche wegen der Inanspruchnahme der Kronzeugenregelung durch Felco, die umfassende Kooperation der Parteien und dem Abschluss einer einvernehmlichen Regelung jedoch stark reduziert wurde.[239]

Der Entscheid der Wettbewerbskommission in Sachen Sécateurs et cisailles ist aus ver- **103** schiedenen Gründen von Bedeutung. Zunächst hat die Wettbewerbskommission zum ersten Mal aufgrund einer vertikalen Kernbeschränkung im Sinne von Art. 5 Abs. 4 KG eine Sanktion ausgesprochen. Die Wettbewerbskommission hat zugleich auch erstmals eine Busse verhängt, obschon die Vermutung der Wettbewerbsbeseitigung nach Art. 5 Abs. 4 KG umgestoßen werden konnte.[240] Das Bundesgericht hat diese Praxis später mit seinem Entscheid vom 28.6.2016 in Sachen Gaba bestätigt.[241] Schließlich handelte es sich auch um den ersten Anwendungsfall der **Kronzeugenregelung** im Zusammenhang mit einer vertikalen Abrede. Da das meldende Unternehmen (Felco) als Anstifter der Abrede eingestuft wurde, kam eine vollständige Sanktionsreduktion nicht in Frage.

---

[233] RPW 2014/1, 197 Rn. 138 – Kosmetikprodukte (Dermalogica).

[234] So wurden insbesondere der absolute Gebietsschutz und die Behinderung des Online-Handels als qualitativ erheblich eingestuft, während die Einordnung bei den Preisempfehlungen offengelassen wurde, vgl. RPW 2014/1, 213 f. Rn. 250 – Kosmetikprodukte (Dermalogica).

[235] RPW 2014/1, 213 f. Rn. 250 – Kosmetikprodukte (Dermalogica).

[236] Vgl. BGE 143 II 297 – Gaba.

[237] RPW 2009/2, 143 ff. – Sécateurs et cisailles.

[238] RPW 2009/2, 143 f. Rn. 1 ff. – Sécateurs et cisailles.

[239] RPW 2009/2, 155 ff. Rn. 84 ff. – Sécateurs et cisailles.

[240] RPW 2009/2, 155 Rn. 89 – Sécateurs et cisailles.

[241] Vgl. Pressemitteilung des Schweizer Bundesgerichtes 28.6.2016 – 2C_180/2014, GRUR-Int. 2017, 786 – Gaba (nach der amtlichen Publikation BGE 143 II 297).

104   (ii) **Altimum SA**[242]: Im Mai 2010 eröffnete die Wettbewerbskommission aufgrund einer Anzeige eine Untersuchung gegen die damals noch unter Roger Guenat SA firmierte Altimum SA, eine Schweizer Generalimporteurin von Bergsportprodukten. Es bestand der Verdacht auf **Preisbindungen zweiter Hand** und eine mögliche Behinderung von Parallelimporten. Mit Verfügung vom 20.8.2012 hat die Wettbewerbskommission diese Untersuchung abgeschlossen und gegen Altimum wegen Preisbindungen zweiter Hand eine Busse in der Höhe von 470'000.- CHF verhängt.

105   Nach den Feststellungen der Wettbewerbskommission hatte Altimum für Bergsportprodukte der Marke Petzl (etwa Stirnlampen, Helme, Gurtzeug oder Eispickel) ihren Wiederverkäufern **Mindestverkaufspreise** vorgeschrieben. Zufolge Art. 5 Abs. 4 KG sind derartige Abreden unzulässig, da sie vermutungsweise den wirksamen Wettbewerb beseitigen. Von Interesse ist in diesem Zusammenhang, dass sich die Wettbewerbskommission in der Sachverhaltsfeststellung maßgeblich auf die elektronische Korrespondenz der beteiligten Unternehmen abgestützt hat, welche den Nachweis einer mündlichen Wettbewerbsabrede auf der Basis von Preisempfehlungen erst ermöglichte.[243] Im vorliegenden Fall konnte die Vermutung der Wettbewerbsbeseitigung aufgrund des Nachweises von ausreichendem Interbrand-Wettbewerb für die meisten Produktkategorien dann zwar umgestoßen werden.[244] Die Wettbewerbskommission erachtete eine erhebliche Wettbewerbsbeeinträchtigung im Sinne von Art. 5 Abs. 1 KG aufgrund der Abrede aber dennoch als erstellt, wobei in qualitativer Hinsicht insbesondere der Inhalt der Abrede – die Vereinbarung von Mindestverkaufspreisen – sowie ein **Kontroll- und Durchsetzungssystem** von Altimum schwer wogen.[245] Nach Ansicht der Wettbewerbskommission hat Altimum damit den Preiswettbewerb auf Stufe der Wiederverkäufer in der Schweiz mindestens im Zeitraum von 2006 bis Ende 2010 erheblich beeinträchtigt.[246]

106   In der Folge hatte das Bundesverwaltungsgericht auf Beschwerde von Altimum hin die Verfügung der Wettbewerbskommission zunächst aufgehoben. Nach Ansicht des Gerichtes hatte es die Wettbewerbskommission nicht geschafft, die Erheblichkeit der Wettbewerbsabrede auch nach quantitativen Gesichtspunkten nachzuweisen.[247] Das Bundesverwaltungsgericht revidierte in diesem Punkt seine eigene zuvor in Sachen Gaba entwickelte Praxis, wonach im Bereich der Kernabreden die Erheblichkeit einer Wettbewerbsabrede nur nach qualitativen Kriterien zu beurteilen ist.[248]

107   Die Wettbewerbskommission respektive das zuständige Bundesdepartement WBF hat den Entscheid des Bundesverwaltungsgerichtes dann wiederum an das Bundesgericht weitergezogen, welches die Sanktionsverfügung der Wettbewerbskommission im Sinne seiner Gaba-Rechtsprechung[249] erwartungsgemäß bestätigt hat.[250] Die Sanktion als solche wurde allerdings wegen eines Verfahrensfehlers des WBF kassiert, das Bundesgericht konnte lediglich die Unzulässigkeit der Abrede und die Sanktionierung in grundsätzlicher Hinsicht feststellen.[251]

108   (iii) **Saiteninstrumente**[252]: Musik Olar AG („Musik Olar"), eine Generalimporteurin und Grosshändlerin von Musikinstrumenten, insbesondere von Gitarren, Bässen und Zubehör, vereinbarte mit ihren Vertriebspartnern in der Schweiz Endverkaufspreise und eine verbindliche Rabattpolitik. Die Endverkaufspreise wurden in den Preislisten zwar aus-

---

[242] RPW 2016/2, 384 ff. – Altimum SA.
[243] Vgl. RPW 2016/2, 397 Rn. 116 – Altimum SA.
[244] RPW 2016/2, 417 f. Rn. 239 – Altimum SA.
[245] RPW 2016/2, 420 Rn. 259 – Altimum SA.
[246] RPW 2016/2, 426 Rn. 303 und 428 Rn. 322 – Altimum SA.
[247] BVGer 17.12.2015 – B-5685/2012 E. 6.3.1 ff. – Altimum SA.
[248] BVGer 17.12.2015 – B-5685/2012 E. 6.3.3. – Altimum SA.
[249] BGE 143 II 297 – Gaba; auch → Rn. 58 ff.
[250] BGE 144 II 246 – Altimum SA.
[251] BGE 144 II 246 E. 16 f. – Altimum SA, das WBF hatte offenbar schlicht vergessen, einen reformatorischen Antrag zur Sanktionierung zu stellen.
[252] RPW 2016/3, 722 ff. – Saiteninstrumente.

drücklich als unverbindlich bezeichnet, Musik Olar war aber über die Marge des jeweiligen Händlers informiert und kalkulierte die vom jeweiligen Händler verlangten Einstandspreise, indem von den Endverkaufspreisen gemäß Preisliste die Marge des Wiederverkäufers abgezogen wurde. Gleichzeitig kommunizierte Musik Olar ihren Händlern, bei denen es sich vielfach um langjährige Geschäftspartner handelt, welche Rabattpolitik angewendet werden sollte. Hielt sich ein Händler nicht an die Vorgaben, wurde er von Musik Olar kontaktiert und aufgefordert, die Preise anzupassen, und gegebenenfalls mit Lieferverweigerungen oder dem Verlust von Vorzugskonditionen sanktioniert.[253]

Nach Ansicht der Wettbewerbskommission hat Musik Olar mit ihren Händlern eine   **109**
Vereinbarung über Endverkaufspreise sowie eine gemeinsame Rabattpolitik geschlossen. Demnach sei im Sinne von Ziff. 10 Abs. 1 lit. a Vertikalbekanntmachung von einer **vertikalen Abrede über Mindestpreise** auszugehen, die zufolge Art. 5 Abs. 4 KG den wirksamen Wettbewerb vermutungsweise beseitige.[254] Der Intrabrand-Wettbewerb sei zwar bescheiden, in Kombination mit dem substanziellen Interbrand-Wettbewerb im Bereich Gitarren und Zubehör in der Schweiz könne die Vermutung der Wettbewerbsbeseitigung jedoch widerlegt werden.[255] Im Einklang mit ihrer damaligen Praxis prüfte die Wettbewerbskommission in der Folge das Vorliegen einer erheblichen Wettbewerbsabrede im Sinne von Art. 5 Abs. 1 KG nach qualitativen und quantitativen Kriterien in einer Gesamtbetrachtung des Einzelfalles.[256] Infolge des Vorliegens einer Abrede über Mindestpreise erachtete die Wettbewerbskommission die Abrede zwischen Musik Olar und den Wiederverkäufern als qualitativ erheblich.[257] Mit Bezug auf quantitative Auswirkungen prüfte die Wettbewerbskommission die Marktanteile von Musik Olar sowie die Preisdifferenzen zum Ausland. Trotz der eher tiefen minimal geschätzten Marktanteile von Musik Olar von nicht mehr als 10 % schloss die Wettbewerbskommission aufgrund der festgestellten Preisdifferenzen auf das Vorliegen einer (auch) quantitativ erheblichen Preisabrede.[258]

Als mögliche **Rechtfertigungsgründe** im Sinne von Art. 5 Abs. 2 KG zog die Wett-   **110**
bewerbskommission die Vermeidung eines unfairen Trittbrettfahrerverhaltens sowie die Sicherung der Einheitlichkeit und Qualität der Vertragsprodukte in Betracht.[259] Eine abschließende Prüfung dieser Rechtfertigungsgründe konnte sie jedoch unterlassen, nachdem sich die in Frage stehende Wettbewerbsabrede zur Erreichung der Effizienzvorteile als nicht notwendig erwies. Insbesondere seien mildere, ebenso geeignete Mittel denkbar gewesen, wie etwa die Einführung eines selektiven Vertriebssystems mit angemessenen Kriterien bezüglich Personal, Verkaufs- und Ausstellungsfläche. Mit der Verpflichtung zur Führung eines stationären Fachgeschäftes (sog. „brick and mortar shop") im Rahmen des selektiven Vertriebs hätte dem unfairen Trittbrettfahrerverhalten begegnet werden können. Alternativ hätten die Leistungen des stationären Handels auch mit einem fixen Betrag abgegolten werden können. Aufgrund des Gesagten ging die Wettbewerbskommission jedenfalls davon aus, dass die in Frage stehende Wettbewerbsabrede nicht durch Gründe der wirtschaftlichen Effizienz im Sinne von Art. 5 Abs. 2 KG gerechtfertigt werden kann.[260]

---

[253] RPW 2016/3, 728 ff. Rn. 56 ff. – Saiteninstrumente.
[254] RPW 2016/3, 737 Rn. 102 – Saiteninstrumente.
[255] RPW 2016/3, 738 ff. Rn. 118 f., 128 – Saiteninstrumente.
[256] RPW 2016/3, 739 Rn. 131 – Saiteninstrumente; zur späteren Praxis des Bundesgerichtes in Sachen Gaba → Rn. 8 und → Rn. 58 ff.
[257] RPW 2016/3, 739 f. Rn. 132 ff. – Saiteninstrumente.
[258] RPW 2016/3, 740 ff. Rn. 135 ff. – Saiteninstrumente; die Wettbewerbskommission wies im Rahmen der Prüfung ausdrücklich darauf hin, dass gemäß dem Rechtsmittelentscheid des Bundesverwaltungsgerichtes in Sachen Gaba eine Prüfung der quantitativen Auswirkungen unterbleiben könnte, vgl. BVGer 19.12.2013 – B-506/2010 E. 11.3.4 – Gaba. Nachdem diese Frage zum Verfügungszeitpunkt jedoch noch nicht vom Bundesgericht geklärt war, prüfte die Wettbewerbskommission dennoch auch die quantitativen Auswirkungen.
[259] RPW 2016/3, 742 f. Rn. 151 ff. – Saiteninstrumente.
[260] RPW 2016/3, 743 f. Rn. 161 ff., 167 – Saiteninstrumente.

111 Im Ergebnis schloss die Wettbewerbskommission auf das Vorliegen einer nicht gerechtfertigten, den Wettbewerb erheblich beschränkenden vertikalen Abrede über Mindestpreise im Sinne von Art. 5 Abs. 1 KG. Gemäß der damaligen und inzwischen vom Bundesgericht in Sachen Gaba[261] bestätigten Praxis sanktionierte die Wettbewerbskommission Musik Olar, obschon die Vermutung der Wettbewerbsbeseitigung umgestoßen werden konnte.[262] In Abwägung verschiedener erschwerender wie auch mildernder Umstände, insbesondere einer Selbstanzeige kurz nach Untersuchungseröffnung sowie dem Abschluss einer einvernehmlichen Regelung, erachtete die Wettbewerbskommission eine Verwaltungssanktion im Sinne von Art. 49a Abs. 1 KG in Höhe von 65'000 CHF als dem Verstoß von Musik Olar angemessen.[263]

112 (iv) **Stöckli Ski**[264]: Stöckli Swiss Sports AG, ist in der Entwicklung, Konstruktion und Herstellung sowie im Handel und Vertrieb von Ski im Premiumsegment und anderen Sportartikeln tätig. Stöckli vertreibt die für den untersuchten Sachverhalt relevanten Stöckli Ski in der Schweiz einerseits über 16 eigene Stöckli-Filialen sowie über ein selektives Vertriebsnetz mit unabhängigen Stöckli-Händlern, wovon allerdings nur 80 % über einen schriftlichen Vertriebsvertrag verfügten.[265] Zwischen Ende 2003 bis Ende 2018 verpflichtet sich die Mehrzahl der Stöckli-Händler in den Vertriebsverträgen gegenüber Stöckli unter anderem dazu, die unverbindlichen Preisempfehlungen von Stöckli respektive die Schweizer Verkaufspreise für Stöckli Ski nicht zu unterbieten, keine Preise über das Internet zu kommunizieren, keine Stöckli Ski über das Internet zu verkaufen und keine Querlieferungen von Stöckli Ski vorzunehmen oder zu dulden. Eine kleinere Zahl der Verträge enthielt zudem eine Konventionalstrafe für Verstöße gegen die Pflicht zum Einhalten der Schweizer Verkaufspreise.[266]

113 Die Wettbewerbskommission stellte bereits in einer Vorabklärung fest, dass 88 % bis 95 % der Stöckli-Händler sich an die UVP von Stöckli und damit an die Schweizer Verkaufspreise für Stöckli Ski gehalten hatten.[267] Demgegenüber war auf dem relevanten Markt von funktionierendem Interbrand-Wettbewerb auszugehen. Stöckli verfügte gemäß den Feststellungen der Wettbewerbskommission in den Jahren 2016 bis 2018 nämlich über einen Marktanteil von lediglich zwischen 10 bis 20 %, wobei sich unter den wichtigsten Konkurrenten auf dem Schweizer Markt wesentlich größere Marken wie Head, Atomic, Salomon und Rossignol befanden.[268] In Fortsetzung der in Sachen Gaba begründeten Praxis zu harten Vertikalabreden erachtete die Wettbewerbskommission den Wettbewerb aufgrund des Inhalts der Abrede dennoch als qualitativ in erheblicher Weise beschränkt, unabhängig von den quantitativen bzw. tatsächlichen Auswirkungen. Ein Bagatellfall im Sinne der Gaba-Rechtsprechung des Bundesgerichtes liege nicht vor.[269] Raum für eine Rechtfertigung aus Effizienzgründen bestand nach Ansicht der Wettbewerbskommission ebenfalls nicht. Insbesondere erachtete die Wettbewerbskommission die Vereinbarung von Mindestpreisen als nicht notwendig, um dem Trittbrettfahrerproblem zu begegnen. Konkret fiel ins Gewicht, dass Serviceleistungen wie Einstellung und Montage separat verrechnet werden konnten, ebenso, dass im Rahmen eines selektiven Vertriebssystems mit geeigneten Kriterien dieselben Effizienzvorteile hätten erzielt werden können.[270]

---

[261] Vgl. Pressemitteilung des Schweizer Bundesgerichtes 28.6.2016 – 2C_180/2014, GRUR-Int. 2017, 786 – Gaba (nach der amtlichen Publikation BGE 143 II 297).

[262] RPW 2016/3, 746 Rn. 183 – Saiteninstrumente.

[263] RPW 2016/3, 749 ff. Rn. 207 ff. – Saiteninstrumente.

[264] RPW 2019/4, 1142 ff. – Stöckli Ski; die Untersuchung der Wettbewerbskommission wurde mit einer einvernehmlichen Regelung abgeschlossen, Stöckli wurde mit rund 140'000 CHF gebüßt.

[265] Das selektive Vertriebssystem war allerdings nicht Gegenstand der Untersuchung der Wettbewerbskommission, siehe RPW 2019/4, 1143 Rn. 5 – Stöckli Ski.

[266] RPW 2019/4, 1143 Rn. 6 f. sowie S. 1146 Rn. 43 – Stöckli Ski.

[267] RPW 2019/4, 1143 Rn. 11 – Stöckli Ski; dies war mithin ein Grund für die Untersuchungseröffnung.

[268] RPW 2019/4, 1148 Rn. 58 – Stöckli Ski.

[269] RPW 2019/4, 1148 Rn. 60 – Stöckli Ski; vgl. zur Natur der Erheblichkeit als Bagatellklausel BGE 143 II 297 E 5.1 – Gaba; VertBek-Erläuterungen, Rn. 10.

[270] RPW 2019/4, 1148 Rn. 61 ff. – Stöckli Ski.

3. Informationsaustausch. Horizontale Abreden über den gegenseitigen Austausch **114** von marktsensiblen Daten zwischen Konkurrenten sind aus wettbewerbsrechtlicher Sicht grundsätzlich kritisch zu betrachten. Demgegenüber dienen vertikale Abreden in Vertriebsverträgen über den Austausch von Marktdaten, insbesondere im Sinne von **Informationsverpflichtungen** der Vertriebspartner zugunsten eines Herstellers oder Importeurs, oftmals legitimen Zwecken und können für den Erfolg eines Vertriebssystems wesentlich sein.[271] Wie die jüngere Praxis der Wettbewerbskommission zeigt, können solche Informationsverpflichtungen aber je nach Kontext wettbewerbsrechtliche Risiken bergen, sowohl im Hinblick auf Preis- als auch Gebietsabreden.

(i) **Gaba**[272]: Die Schweizer Zahnpasta-Herstellerin Gaba International AG verpflichtete **115** seine österreichische Vertriebspartnerin Gebro Pharma GmbH in einem Vertriebsvertrag dazu, aktive Verkäufe an Kunden außerhalb des zugewiesenen Vertragsgebietes zu unterlassen und Gaba über sämtliche Bestellungen von Kunden außerhalb des Vertragsgebietes zu informieren.[273] Bei Nichteinhalten der Informationspflicht sah der Vertriebsvertrag die Möglichkeit zur Kündigung seitens Gaba vor.[274]

Für die Qualifikation der **Informationspflicht** als Wettbewerbsabrede im Sinne von **116** Art. 4 Abs. 1 KG war nach Auffassung der Wettbewerbskommission entscheidend, dass die Informationspflicht die Entscheidautonomie von Gebro maßgeblich zu beeinflussen vermochte.[275] Die Informationspflicht habe es Gaba ermöglicht, auf die Exporte von Gebro Einfluss zu nehmen und dadurch ein **faktisches Verbot des Passivverkaufs** durchzusetzen.[276] Da eine Informationspflicht für sich alleine aber noch keine Gebietsschutzabrede im Sinne von Art. 5 Abs. 4 KG darstellen kann, wären zusätzliche Indizien erforderlich gewesen, welche auf eine Umsetzung des Gebietsschutzes auf Basis der Informationspflicht nahegelegt hätten.[277] Dieser Verdacht ließ sich Laufe des Verfahrens allerdings nicht erhärten, weshalb Gaba und Gebro lediglich wegen des bis 2006 praktizierten absoluten Gebietsschutzes sanktioniert wurden.[278]

(ii) **ASCOPA**[279]: Der Schweizerische Berufsverband der Hersteller, Importeure und **117** Lieferanten von Kosmetik- und Parfümerieprodukten (ASCOPA)[280] organisierte zwischen seinen Mitgliedern einen Austausch von marktsensiblen Daten verschiedener Art. Die Verbandsmitglieder tauschten insbesondere Preisinformationen untereinander aus (Bruttoverkaufspreislisten, teilweise mit unverbindlichen Wiederverkaufspreisen), zudem historische Informationen wie etwa Bruttoumsatzzahlen sowie Bruttowerbeinvestitionen. Ferner beschloss der Verband allgemeine Geschäftsbedingungen, welche die Verbandsmitglieder als Vorlage für die eigenen Geschäftsbedingungen verwenden konnten.[281] Der Informationsaustausch war vertraulich und wurde nach Angaben von ASCOPA während mindestens 30 Jahren betrieben.[282]

Die Wettbewerbskommission befasste sich in Sachen ASCOPA erstmals eingehend mit **118** dem Thema des Informationsaustausches zwischen Konkurrenten. Den Feststellungen der Wettbewerbskommission zufolge hatten die Unternehmen zwar Informationen über Preis-

---

[271] Kaufmann Informationsaustausch S. 83 f.

[272] RPW 2010/1, 65 f. – Gaba.

[273] Das Verbot des aktiven Verkaufs sowie die Informationspflicht ersetzten im Jahr 2006 ein bis zu diesem Zeitpunkt praktiziertes umfassendes Exportverbot, RPW 2010/1, 66 Rn. 10 ff. – Gaba; auch → Rn. 58 ff.

[274] RPW 2010/1, 72 Rn. 91 – Gaba.

[275] RPW 2010/1, 72 Rn. 93 – Gaba; unter Verweis auf EuG 30.4.2009 – T-18/03, GRUR-Int 2009, 1023.

[276] RPW 2010/1, 72 Rn. 93 S. 80 Rn. 130 – Gaba.

[277] RPW 2010/1, 80 Rn. 131 – Gaba.

[278] RPW 2010/1, 80 Rn. 134 – Gaba.

[279] RPW 2011/4, 531 ff. – ASCOPA.

[280] Der Verband umfasst rund 30 Mitglieder, darunter auch die Schweizer Tochterunternehmen bekannter Hersteller der Luxuskosmetikbranche, darunter Bulgari Parfums, Chanel, Estée Lauder, L'Oréal Produits de Luxe, Parfums Christian Dior, Richemont oder YSL Beauté, vgl. RPW 2011/4, 531 f. Rn. 1 ff. – ASCOPA.

[281] Zum Umfang des Informationsaustausches RPW 2011/4, 536 ff. Rn. 25 ff. – ASCOPA.

[282] Also mindestens zwischen 1978 bis 2008, RPW 2011/4, 536 Rn. 25, 28 – ASCOPA.

elemente von hunderten von Produkten ausgetauscht. Es lagen allerdings keine Indizien vor, wonach sich die Unternehmen über die zukünftigen Preise bestimmter Produkte geeinigt hatten. Die Wettbewerbskommission qualifizierte den Informationsaustausch daher nicht als vermutungsweise wettbewerbsbeseitigende Preisabrede im Sinne von Art. 5 Abs. 3 lit. a KG.[283] Allerdings habe der Austausch von Informationen die Ungewissheit über das Marktgeschehen stark verringert und den betroffenen Unternehmen eine Anpassung des Marktverhaltens ermöglicht.[284] Die Wettbewerbskommission kam deshalb zum Schluss, dass der Informationsaustausch zu einer qualitativ und quantitativ[285] erheblichen Beschränkung des Wettbewerbs zwischen den Unternehmen auf dem Markt für Parfümerie- und Kosmetikprodukte geführt hatte.[286]

119 Da das Verhalten der Unternehmen nicht in den Bereich der vermutungsweise wettbewerbsbeseitigenden Horizontalabreden nach Art. 5 Abs. 3 KG fiel, konnte die Wettbewerbskommission lediglich den weiteren Informationsaustausch unter Androhung von Sanktionen im Widerhandlungsfall verbieten, nicht aber direkte Sanktionen aussprechen.[287]

120 (iii) **Beratung Rabattdifferenzierung bei Lieferungen in die Schweiz**[288]: In der am 13.8.2012 publizierten Beratung betreffend Rabattdifferenzierung bei Lieferungen in die Schweiz hat sich das Sekretariat der Wettbewerbskommission auch zu Informationsverpflichtungen im Zusammenhang mit der Behinderung von Parallelimporten geäußert.

121 Im Einklang mit ihrer bisherigen Praxis[289] zu Informationsverpflichtungen in Vertriebsverträgen vertraten die Wettbewerbsbehörden den Standpunkt, dass eine vertragliche Verpflichtung des Distributors, den Hersteller über Exporte in ein bestimmtes Gebiet zu informieren, eine Einflussnahme auf diese Exporte ermöglicht und dadurch die Durchsetzung eines **faktischen Passivverkaufsverbots** zumindest erleichtern könnte. Mit anderen Worten erachten die Schweizer Wettbewerbsbehörden derartige Informationspflichten als grundsätzlich geeignet, Parallelimporte zu behindern, wobei die Informationspflicht für sich allein genommen aber noch keine Abrede im Sinne von Art. 5 Abs. 4 KG begründen kann.[290]

122 **4. Beschränkung des Online-Handels.** Die Praxis der Schweizer Wettbewerbsbehörden zur Beschränkung des Online-Handels ist als Element der Fokussierung auf die Bekämpfung des absoluten Gebietsschutzes und die Verhinderung der Abschottung des Schweizer Marktes zu verstehen. Die Wettbewerbskommission hat dabei unter Verweis auf die Vertikalbekanntmachung von Anfang an klargestellt, dass sie Abreden über die Beschränkungen des Online-Handels grundsätzlich gleich zu behandeln gedenkt wie die Europäische Kommission unter der Vertikal-GVO.

123 (i) **Behinderung des Onlinehandels**[291]: Mit Verfügung vom 11.7.2011 genehmigte die Wettbewerbskommission eine einvernehmliche Regelung mit Electrolux AG und V-Zug AG. Die beiden Haushaltgeräteherstellerinnen verpflichteten sich darin, den zugelassenen Wiederverkäufern in ihrem selektiven Vertriebssystem den Verkauf von Vertragsprodukten über das Internet grundsätzlich zu gestatten. Die Untersuchungsadressatinnen hatten ihren

---

[283] RPW 2011/4 S. 586 ff. Rn. 406 ff. – ASCOPA.
[284] RPW 2011/4 S. 589 Rn. 434 – ASCOPA.
[285] Nachdem es sich nach den Feststellungen der Wettbewerbskommission bei der in Frage stehenden Wettbewerbsabrede nicht um eine Abrede im Bereich der Vermutungstatbestände von Art. 5 Abs. 3 KG gehandelt hatte, wäre der Nachweis quantitativer Auswirkungen auch im Lichte der jüngsten Praxis des Bundesgerichtes in Sachen Gaba erforderlich gewesen, vgl. Pressemitteilung des Schweizer Bundesgerichtes 28.6.2016 – 2C_180/2014, GRUR Int. 2017, 786 – Gaba (nach der amtlichen Publikation BGE 143 II 297).
[286] RPW 2011/4 S. 640 Rn. 792 – ASCOPA.
[287] RPW 2011/4, 644 Dispositiv Ziff. 2 – ASCOPA.
[288] RPW 2012/3, 524 ff. – Rabattdifferenzierung bei Lieferungen in die Schweiz; → Rn. 72 f.
[289] Vgl. RPW 2010/1, 65 ff. – Gaba, → Rn. 115 f.
[290] RPW 2012/3, 525 – Rabattdifferenzierung bei Lieferungen in die Schweiz. Die bloße Möglichkeit einer Einflussnahme auf Exporte genügt demzufolge auch nicht für die Unzulässigkeit der Informationsverpflichtung, vgl. Tschudin/Strebel S. 185.
[291] RPW 2011/3, 372 ff. – Behinderung des Online-Handels.

Händlern zuvor den Verkauf über Online-Shops verboten bzw. mit strengen Auflagen faktisch verunmöglicht. In beiden Fällen begründeten die Unternehmen die Restriktionen mit einem Qualitätsanspruch an ihre Produkte, welcher mit einem Vertrieb über das Internet („wie Massenware") nicht vereinbar sei.[292]

Die Wettbewerbskommission vertrat mit Bezug auf die Problematik eines möglichen **124** absoluten Gebietsschutzes unter Verweis auf Ziff. 3 der Vertikalbekanntmachung zunächst die Auffassung, dass der Vertrieb von Produkten über das Internet grundsätzlich als Passiv- verkauf zu gelten habe. Eine Beschränkung des Internet- oder Online-Handels resultiere daher stets in einer qualitativ schwerwiegenden Wettbewerbsabrede im Sinne von Ziff. 12 Abs. 2 der Vertikalbekanntmachung, die für sich alleine bereits als **starkes Indiz für eine unzulässige Vertikalabrede** zu gelten habe. Weiter nannte die Wettbewerbskommission in ausdrücklicher Anlehnung an die europäische Praxis drei Beispiele für Vereinbarungen, bei denen von einer Beschränkung des passiven Verkaufs im Sinne einer absoluten Gebiets- schutzabrede nach Art. 5 Abs. 4 KG auszugehen sei: (i) die Vereinbarung, dass der Händler Kunden aus einem anderen Vertragsgebiet den Zugriff auf seine Website mit technischen Mitteln verhindert, (ii) die Vereinbarung, dass der Händler auf seiner Website eine auto- matische Weiterleitung auf die Website des Herstellers oder eines anderen Händlers einrich- tet, und (iii) die Vereinbarung, dass der Wiederverkäufer Transaktionen von Kunden unterbricht, falls die Liefer- oder Kreditkartenadresse nicht im Vertragsgebiet des Händlers liegt.[293]

Die Wettbewerbskommission bezog sich in ihren Erwägungen nicht zuletzt auf Pro- **125** dukte, die wegen Preisunterschieden im internationalen Verhältnis über ein hohes Arbitra- gepotenzial verfügen. Sie hielt fest, dass die wettbewerbsrechtliche Problematik einer Behinderung des Online-Handels insbesondere dann gegeben sei, „wenn dadurch der grenzüberschreitende Warenverkehr eingeschränkt werden soll, um den Schweizer Markt abzuschotten".[294] Im Ergebnis erkannte die Wettbewerbskommission allerdings keine An- haltspunkte für eine Gebietsabschottung im Sinne von Art. 5 Abs. 4 KG. Sie qualifizierte das Verhalten von Electrolux AG und V-Zug AG erhebliche Wettbewerbsabrede im Sinne von Art. 5 Abs. 1 KG.[295] Die Wettbewerbskommission bezweifelte schließlich das Vor- liegen von Rechtfertigungsgründen, insbesondere im Zusammenhang mit dem Problem des sog. „Freeriding", konnte die Frage wegen der einvernehmlichen Regelung jedoch offen lassen.[296]

(ii) **Kosmetikprodukte (Dermalogica)**[297]: Dermalogica Inc., eine amerikanische Her- **126** stellerin von Hautpflegeprodukten der Marke Dermalogica, untersagte der Schweizer Ge- neralimporteurin Care on Skin GmbH („Care on Skin"), die Vertragsprodukte über das Internet zu verkaufen. Die ausländischen Vertriebsverträge zwischen Dermalogica Inc. und deren ausländischen Vertriebspartnern enthielten demgegenüber keine derartigen Verbote. Care on Skin wiederum untersagte in den Kooperationsverträgen mit ihren Schweizer Wiederverkäufern den Online-Handel ebenfalls ausdrücklich. Sowohl der Vertriebsvertrag wie auch die Kooperationsverträge wurden von den Untersuchungsadressatinnen bereits infolge der Untersuchungseröffnung angepasst.[298]

Nach den Vorbringen von Care on Skin handelte es sich bei der in Frage stehenden **127** Klausel um ein „administratives Versehen", das zudem im weder in der Schweiz noch im europäischen Ausland oder den USA so verstanden worden sei. Die Wettbewerbskommis- sion hielt diesbezüglich mit Blick auf das Vorliegen einer Wettbewerbsabrede im Sinne von

---

[292] Vgl. RPW 2011/3, 372 f. Rn. 6 f. – Behinderung des Online-Handels.
[293] RPW 2011/3, 381 Rn. 74 – Behinderung des Online-Handels; vgl. auch VertBek-Erläuterungen, Rn. 18 ff.
[294] Im Ganzen RPW 2011/3, 381 f. Rn. 72 ff. – Behinderung des Online-Handels.
[295] RPW 2011/3, 382 Rn. 77 – Behinderung des Online-Handels.
[296] RPW 2011/3, 392 f. Rn. 161 ff. – Behinderung des Online-Handels.
[297] RPW 2014/1, 184 ff. – Kosmetikprodukte (Dermalogica).
[298] RPW 2014/1, 194 Rn. 101 ff. – Kosmetikprodukte (Dermalogica).

Art. 4 Abs. 1 KG dafür, dass die Vertriebsverträge rechtsgültig zustande gekommen seien, was Care on Skin auch nie bestritten habe.[299] Sie erwog sodann, dass ein **Verbot von Internetverkäufen** je nach den Umständen als vertikale Preisabrede oder als Abrede über den absoluten Gebietsschutz im Sinne von Art. 5 Abs. 4 KG erscheinen könne. Als zusätzliche Anhaltspunkte nannte die Wettbewerbskommission insbesondere eine etwaige Koppelung des Verbots des Online-Handels an eine Preisempfehlung oder an eine Vereinbarung, welche die Rabattpolitik des Händlers beeinflusst, oder das zusätzliche Aussprechen oder Umsetzen von Maßnahmen wie Drohungen, Warnungen, Strafen, Lieferverzögerungen oder Vertragskündigung bei Nichteinhaltung eines bestimmten Preisniveaus.[300] Ob eine Behinderung des Online-Handels den Tatbestand der vertikalen Preisabrede respektive des absoluten Gebietsschutzes erfülle, sei jedenfalls stets aufgrund der konkreten Umstände des Einzelfalles zu beurteilen. Als Faustregel könne gelten, dass mit steigender Intensität der Beschränkungen, die den Vertriebspartnern auferlegt werden, eher von einer harten Vertikalabrede im Sinne von Art. 5 Abs. 4 KG auszugehen sei. Ungeachtet einer etwaigen harten Vertikalabrede stelle eine Behinderung des Online-Handels sodann zufolge Ziff. 3 iVm Ziff. 12 Abs. 2 lit. b Vertikalbekanntmachung eine qualitativ schwerwiegende Abrede dar, die den Tatbestand von Art. 5 Abs. 1 KG erfüllen könne.[301]

128   Die Wettbewerbskommission stellte in der Sache zwar fest, dass sowohl mit Bezug auf eine etwaige Gebietsabrede als auch eine Preisabrede nach Art. 5 Abs. 4 KG zusätzliche, möglicherweise qualifizierende Elemente erkennbar seien, namentlich Gebietszuweisungen in den Vertriebsverträgen zwischen Dermalogica und ihren Vertriebspartnern sowie die Preisempfehlungen von Care on Skin, die in der Schweiz praktisch flächendeckend eingehalten worden sind. Eine abschließende Beurteilung konnte die Wettbewerbskommission allerdings offen lassen, nachdem gemäß der damaligen Praxis zur Beurteilung der Erheblichkeit von Wettbewerbsabreden keine erhebliche Beeinträchtigung des Wettbewerbs vorlag.[302] Die Verfügung der Wettbewerbskommission vom 21.10.2013 ist in Rechtskraft erwachsen. Vor dem Hintergrund der jüngsten Entwicklungen in der Rechtsprechung[303] dürften ähnlich gelagerte Fälle in Zukunft jedoch anders entschieden werden.

129   (iv) **Jura**[304]: Jura Elektroapparate AG („Jura"), eine Schweizer Herstellerin von Kaffeemaschinen für den Heimgebrauch sowie professionelle Kunden, hatte ihren Vertriebspartnern Verkäufe über das Internet vertraglich untersagt. Nach den Feststellungen der Wettbewerbskommission hatte Jura zudem bei ihren Vertriebspartnern, welche die Verpflichtung zur Unterlassung des Online-Handels missachteten, interveniert und insbesondere Lieferungen an die betreffenden Händler gestoppt.[305]

130   Unter Verweis auf ihre Rechtsprechung in Sachen Behinderung des Online-Handels[306] hielt die Wettbewerbskommission zunächst fest, dass eine **Beschränkung des Internetvertriebs** nicht ohne zusätzliche qualifizierende Merkmale als harte Vertikalabrede im Sinne von Art. 5 Abs. 4 KG geltend könne. Als mögliche zusätzliche Anhaltspunkte für eine harte vertikale Preisabrede im Sinne einer Preisbindung zweiter Hand erwähnte die Wettbewerbskommission im Einklang mit dem Entscheid in Sachen Kosmetikprodukte (Dermalogica) eine Koppelung des Verbots von Internetverkäufen an eine Preisempfehlung oder an eine Vereinbarung über die Rabattpolitik der Wiederverkäufer oder zusätzliche

---

[299] RPW 2014/1, 195 Rn. 105 f. – Kosmetikprodukte (Dermalogica).

[300] RPW 2014/1, 198 Rn. 140 -Kosmetikprodukte (Dermalogica); vgl. auch VertBek-Erläuterungen, Rn. 18 f.

[301] RPW 2014/1, 198 Rn. 143 – Kosmetikprodukte (Dermalogica).

[302] RPW 2014/1, 198 f. Rn. 144 ff. – Kosmetikprodukte (Dermalogica), vgl. auch die Bemerkungen zur Beurteilung der Erheblichkeit von Wettbewerbsbeschränkungen im Schweizer Kartellrecht in → Rn. 8 und 58 ff.

[303] BGE 143 II 297 – Gaba; auch → Rn. 58 ff.

[304] RPW 2014/2, 407 ff. – Jura.

[305] RPW 2014/2, 411 Rn. 47 – Jura.

[306] RPW 2011/3, 372 ff. – Behinderung des Online-Handels.

Maßnahmen wie Drohungen, Warnungen, Strafen, Lieferverzögerungen oder Vertragskündigung bei Nichteinhaltung eines bestimmten Preisniveaus.[307]

Zu den möglichen Merkmalen für eine harte vertikale Gebietsabrede erwog die Wett- **131**
bewerbskommission weiter, dass ein Verbot von Internetverkäufen als **Passivverkaufs-**
verbot zu qualifizieren sei, welches bereits für sich alleine ein starkes Indiz für eine
unzulässige Wettbewerbsabrede im Sinne von Art. 5 Abs. 4 KG darstelle. In Kombination
mit der Zuweisung von Absatzgebieten sei davon auszugehen, dass die Beseitigungsvermutung von Art. 5 Abs. 4 KG erfüllt sei. Die Beschränkung des Online-Handels sei
insbesondere dann problematisch, wenn dadurch der grenzüberschreitende Warenverkehr
eingeschränkt werden soll, um den Schweizer Markt abzuschotten. Dies könne speziell bei
Produkten der Fall sein, deren Preisniveau in der Schweiz dasjenige im europäischen
Ausland deutlich übersteige. Die Wettbewerbskommission erwähnte sodann als Beispiele
zwei Konstellationen, die eine Subsumption unter Art. 5 Abs. 4 KG nahelegen. Erstens, das
Vorliegen einer Vereinbarung, wonach Kunden aus anderen Vertragsgebieten der Zugriff
auf die Website des Händlers verhindert werden soll oder die Kunden automatisch eine
andere Website umzuleiten sind. Zweitens, das Vorliegen einer Vereinbarung, wonach der
Händler Internet-Transaktionen von Kunden aus anderen Vertragsgebieten unterbrechen
muss.[308] In jedem Fall habe die Beurteilung aber anhand des Einzelfalles zu erfolgen.[309]

Im Ergebnis erkannte die Wettbewerbskommission keine zusätzlichen qualifizierenden **132**
Merkmale, die auf eine harte Vertikalabrede hätten schließen lassen.[310] Die Wettbewerbskommission prüfte infolge dessen das Vorliegen einer erheblichen Wettbewerbsbeschränkung im Sinne von Art. 5 Abs. 1 KG, wobei sie unter Verweis auf die einschlägigen
Bestimmungen der Vertikalbekanntmachung zur Beschränkung passiver Verkäufe von einer
qualitativ erheblichen Wettbewerbsbeschränkung ausging. Aufgrund des Marktanteils von
Jura von 16 bis 20 % ging sie sodann davon aus, dass die Beschränkung des Online-Handels
auch quantitative Auswirkungen auf den relevanten Produktemärkten gezeitigt hatte.[311]
Nachdem Jura allerdings das umstrittene Verhalten bereits im Jahr 2013 eingestellt und den
zum selektiven Vertrieb zugelassenen Vertriebspartnern seit 2013 den Online-Handel
erlaubt hatte, sofern bestimmte Qualitätsanforderungen zum Weiterverkauf über das Internet erfüllt wurden, hat die Wettbewerbskommission eine abschließende Beurteilung im
Rahmen einer einvernehmlichen Regelung offen gelassen.[312]

III. Praxis zu Art. 7 KG (Marktbeherrschung und relative Marktmacht)

1. „Must-in-Stock"-Produkte. Die nachfolgend dargestellten Entscheide der Wett- **133**
bewerbskommission zu sog. „Must Stock"-Produkten – in der Schweiz in der Regel als
„Must-in-Stock"-Produkte bezeichnet – sind noch vor der Revision des Begriffs des
marktbeherrschenden Unternehmens im Zuge der Teilrevision des Kartellgesetzes 2003
sowie der expliziten Verankerung des Konzepts der relativen Marktmacht per 1.1.2022
ergangen. Die dargestellten Entscheide sind nichtsdestotrotz illustrativ für den Umgang der
Schweizer Wettbewerbsbehörden mit wirtschaftlichen Abhängigkeiten.[313]

(i) Feldschlösschen-Hürlimann-Biere[314]: Die Bierherstellerin Feldschlösschen-Hürli- **134**
mann-Holding (FHH) vertrieb ihre Getränke über die sog. „großen Depositäre", wobei es
sich entweder um unabhängige Dritte oder aber um Tochtergesellschaften der FHH
handelte. Für die Belieferung der Depositäre stellte die FHH Selektionskriterien auf,

---

[307] RPW 2014/2, 413 Rn. 61 – Jura.
[308] RPW 2014/2, 413 Rn. 62 – Jura.
[309] RPW 2014/2, 413 Rn. 61 und 62 – Jura.
[310] RPW 2014/2, 413 Rn. 63 – Jura.
[311] RPW 2014/2, 414 Rn. 66 – Jura.
[312] RPW 2014/2, 414 Rn. 67 f. – Jura.
[313] Unter dem Konzept der relativen Marktmacht wären die Entscheide wohl unter dem Titel der
sortimentsbedingten Abhängigkeit beurteilt worden, vgl. Zäch Rn. 579.
[314] RPW 1999/1, 58 ff. – Distribution von Feldschlösschen-Hürlimann-Biere.

welche die Bezugsmodalitäten in der Sparte Bier nach quantitativen Kriterien festlegten. Je nach Volumen respektive Gewicht konnten sich die Depositäre von den Brauereien direkt beliefern lassen, mussten das Bier in der Brauerei ab Platz oder aber bei einem anderen Depositär beziehen.[315] Einige unabhängige Depositäre hatten der FHH deshalb vorgeworfen, eine marktbeherrschende Stellung im Sinne von Art. 7 KG zu missbrauchen. Geltend gemacht wurde eine Diskriminierung und Behinderung der unabhängigen Depositäre seitens FHH, insbesondere durch die Verweigerung der direkten Belieferung trotz erfüllten Selektionskriterien, durch eine Festlegung von Wiederverkaufspreisen sowie durch Klauseln in den Bierlieferverträgen zwischen Gastronomiebetrieben und der FHH, welche die Belieferung durch konzerneigene Depositäre vorschrieben.

135   Das Sekretariat der Wettbewerbskommission ging davon aus, dass die Biere der FHH nicht durch andere Biere ausländischer oder inländischer Brauereien substituierbar sind und es sich deshalb bei den FHH-Bieren um sog. **„Must-in-Stock"-Produkte** handelt. Ins Gewicht fiel zudem, dass die Brauereien durch entsprechende Verpflichtungen in den Bierlieferverträgen die Nachfrage der Gaststätten steuerten. Daher grenzte das Sekretariat den sachlich relevanten Markt auf die Biere der FHH ab.[316] Bei der Beurteilung der Marktstellung der FHH berücksichtigte das Sekretariat auch die faktische Bindungswirkung der Bierlieferverträge sowie den Umstand, dass die FHH in den räumlich relevanten Märkten selber einen beträchtlichen Teil der Abnehmer im Gastronomiebereich kontrollierte. Das Sekretariat kam zum Schluss, dass die unabhängigen Depositäre vor allem in den Gebieten, in welchen die Biere der FHH stark nachgefragt werden, auf eine Geschäftsbeziehung mit der FHH zwingend angewiesen sind. Die FHH könne sich deshalb gegenüber den Depositären in wesentlichem Umfang unabhängig verhalten und sei damit als marktbeherrschendes Unternehmen im Sinne von Art. 4 Abs. 2 KG zu qualifizierten.[317]

136   (ii) **Intensiv SA, Granica**[318]: Novadent AG, die Betreiberin eines Versandhandels für Produkte des zahnärztlichen Bedarfs, machte in einem Schreiben an das Sekretariat der Wettbewerbskommission geltend, von Intensiv SA, einer in Granica (Kanton Tessin) domizilierten Herstellerin von rotierenden Dentalinstrumenten, im Sinne von Art. 7 KG im Wettbewerb behindert worden zu sein. Intensiv hatte eine Belieferung von Novadent mitunter mit dem Argument verweigert, dass diese als Versandhändlerin über keinen technischen Außendienst verfüge und daher nicht in der Lage sei, einen angemessenen Kundenservice zu gewährleisten. Weiter verlange Intensiv als Voraussetzung für eine Belieferung einen Eintrag im Handelsregister sowie einen Nachweis der Zahlungsfähigkeit.

137   In der Abgrenzung des sachlich relevanten Marktes stellte die Wettbewerbskommission fest, dass die Marktgegenseite von Intensiv, vorwiegend die Dentalhändler, in der Bestimmung ihrer Nachfrage an die Bestellungen der Zahnärzte gebunden sind. Es bestehe eine entsprechende Abhängigkeit der Dentalhändler bezüglich der Produkte von Intensiv. Deshalb, also aus Sicht der nachfragenden Zahnärzte, sei der sachlich relevante Markt unter Ausschluss anderer Verbrauchsmaterialien auf rotierende Instrumente der verschiedenen Hersteller abzugrenzen, darunter auch die von Intensiv hergestellten rotierenden Dentalinstrumente.[319] Bei der Beurteilung der Marktstellung von Intensiv berücksichtigte die Wettbewerbskommission vor dem Hintergrund schwacher aktueller und potentieller Konkurrenz insbesondere die Stellung der Marktgegenseite. Nach den Feststellungen der Wettbewerbskommission hätte diese dann als stark eingestuft werden können, wenn sie innert

---

[315] RPW 1999/1, 58 Rn. 3 f. – Distribution von Feldschlösschen-Hürlimann Bieren.
[316] RPW 1999/1, 58 Rn. 16 – Distribution von Feldschlösschen-Hürlimann Bieren.
[317] RPW 1999/1, 58 Rn. 24 f. – Distribution von Feldschlösschen-Hürlimann Bieren. Eine abschließende Beurteilung des Sachverhaltes erübrigte sich, da die FHH den Bedenken der Wettbewerbsbehörden im Rahmen einer Konzernumstrukturierung Rechnung trug. Die Vorwürfe der unabhängigen Depositäre wurden durch die Sicherstellung der einheitlichen Durchsetzung der Selektionskriterien, durch den Verzicht auf eine Festlegung von Wiederverkaufspreisen sowie eine Änderung der Bierlieferverträge Rechnung berücksichtigt.
[318] RPW 2001/1, 96 ff. – Intensiv SA, Granica.
[319] RPW 2001/1, 100 Rn. 29 ff. – Intensiv SA, Granica.

nützlicher Frist auf einen anderen Hersteller von rotierenden Instrumenten hätte ausweichen und demnach auf Geschäftsbeziehungen mit Intensiv verzichten können.[320] Im konkreten Fall fehlte es der Marktgegenseite aber an Ausweichmöglichkeiten auf andere Hersteller, da es sich aufgrund der spezifischen Nachfrage durch die nachgelagerte Marktstufe bei den Produkten von Intensiv um **„Must-in-stock"-Produkte** handelte.[321] Ein Dentalhändler müsse die rotierenden Dentalinstrumente von Intensiv anbieten können, um den Zahnärzten den gewünschten „one-stop-Kauf" zu ermöglichen.[322]

Die Wettbewerbskommission ging vor diesem Hintergrund davon aus, dass Intensiv im **138** schweizerischen Markt für rotierende Dentalinstrumente über eine marktbeherrschende Stellung verfügt und diese durch die Verweigerung von Geschäftsbeziehungen missbraucht hat. Nach den Feststellungen der Wettbewerbskommission war das Verlangen eines Handelsregistereintrages sowie eines Nachweises der Zahlungsfähigkeit zwar im Sinne von **legitimate business reasons** gerechtfertigt. Die Nichtbelieferung von Händlern, welche über keinen technischen Dienst verfügten, ließ sich demgegenüber nicht sachlich rechtfertigen. Intensiv wurde deshalb von der Wettbewerbskommission verpflichtet, auch Dentalhändler, welche über keine Kundenbetreuung durch einen Außendienst verfügen, zu den üblichen Bedingungen zu beliefern.[323]

2. Unternehmensbedingte Abhängigkeit. Die Praxis der Wettbewerbskommission zu **139** unternehmensbedingten wirtschaftlichen Abhängigkeiten betrifft fast ausschließlich den Bereich des Schweizer Detailhandels, der wesentlich durch die beiden mit großem Abstand marktstärksten Wettbewerber Migros und Coop geprägt ist. Die entsprechenden Erwägungen der Wettbewerbskommission lassen sich daher nur bedingt auf Fälle unternehmensbedingter Abhängigkeiten in anderen Branchen übertragen.[324]

(i) **CoopForte**[325]: Die Wettbewerbskommission hatte die Einführung des sogenannten **140** „Bonus CoopForte" durch den Schweizer Detailhändler Coop zu beurteilen. Der Bonus CoopForte sah vor dem Hintergrund einer neuen Warenhausstrategie einen generellen Abzug von 0.5 % auf dem fakturierten Wert der Warenlieferung der Zulieferer vor. Im Gegenzug wollte Coop gegenüber den Lieferanten verschiedene Zusatzleistungen erbringen, etwa administrative Vereinfachungen, Verbesserungen in der Sortimentsbewirtschaftung und diverse Marketingmaßnahmen. Der Bonus CoopForte betraf mit wenigen Ausnahmen sämtliche Lieferanten der Coop-Gruppe. Die Umsetzung erfolgte auf vertraglicher Ebene, indem sich die Lieferanten über die Annahme der allgemeinen Geschäftsbedingungen von Coop automatisch zur Bezahlung des Bonus CoopForte verpflichteten respektive verpflichten mussten.[326]

Die Wettbewerbskommission prüfte die Marktstellung von Coop auf den räumlich **141** national abgegrenzten **Märkten für Distributionsleistungen des Detailhandels,** wobei sie im Einklang mit der Rechtsprechung der EU-Kommission von nach Produktgruppen

---

[320] RPW 2001/1, 103 f. Rn. 41 f. – Intensiv SA, Granica.

[321] Nach den Feststellungen der Wettbewerbskommission verlangten rund 60 % der Schweizer Zahnärzte nach den rotierenden Instrumenten von Intensiv, dies nicht zuletzt wegen der „Angewöhnung" der Zahnärzte an die Produkte von Intensiv in der universitären Ausbildung; siehe dazu die Ausführungen zur aktuellen und potentiellen Konkurrenz, RPW 2001/1, 101 ff. Rn. 37 ff. – Intensiv SA, Granica.

[322] RPW 2001/1, 104 Rn. 43 – Intensiv SA, Granica; Novadent machte denn auch geltend, die Lieferverweigerung verhindere den Aufbau eines konkurrenzfähigen Vollsortimentes, wobei wegen der Marktbedeutung der rotierenden Instrumente von Intensiv auch auf dem übrigen Sortiment Umsatzverluste resultierten.

[323] RPW 2001/1, 108 Rn. 66 sowie S. 109 (Dispositiv) – Intensiv SA, Granica.

[324] Auch die Fälle zu unternehmensbedingten Abhängigkeiten, respektive nachfragebedingten Unternehmensabhängigkeiten, sind noch vor der expliziten Verankerung der relativen Marktmacht im Schweizer Kartellgesetz per 1.1.2022 beurteilt worden. Die Beurteilung erfolgte aber bereits unter dem erweiterten Begriff der marktbeherrschenden Stellung, der nach dem Willen des Gesetzgebers auch individuelle (wirtschaftliche) Abhängigkeiten im Sinne der relativen Marktmacht erfasste, vgl. Kaufmann, relative Marktmacht, S. 182.

[325] RPW 2005/1, 146 ff. – CoopForte.

[326] RPW 2005/1, 146 f. Rn. 2 ff. – CoopForte.

unterschiedlichen Märkten ausging.[327] Der Fokus der Wettbewerbskommission lag dabei insbesondere auf Feststellung von individuellen Abhängigkeiten der Lieferanten. Diesbezüglich hielt die Wettbewerbskommission zunächst unter Verweis auf die Erweiterung des Marktbeherrschungsbegriffes im Zuge der Kartellgesetzrevision 2003 fest, dass nunmehr zwischen „klassischer" Marktbeherrschung und wirtschaftlicher Abhängigkeit[328] zu unterscheiden sei. Letzteres betreffe „die wirtschaftliche Beziehung zwischen Unternehmen verschiedener Marktstufen, wo ein Unternehmen mit einer beispielsweise hohen Nachfragemacht ein oder mehrere Geschäftspartner von sich abhängig machen" könne.[329] Eine solche wirtschaftliche Abhängigkeit liegt nach Auffassung der Wettbewerbskommission insbesondere dann vor, wenn ein Verlust der Geschäftsbeziehung die Geschäftstätigkeit des abhängigen Unternehmens existenziell gefährden würde.[330]

142   In der Folge definierte die Wettbewerbskommission zwei Voraussetzungen, die im Wesentlichen zwei verschiedene Gruppen von Beurteilungskriterien für das Vorliegen einer wirtschaftlichen Abhängigkeit darstellen. Die erste Gruppe dient der Feststellung des **Fehlens vergleichbarer Abnehmer** für die Produkte und Dienstleistungen des Lieferanten und ist spezifisch auf Lieferanten von Markenprodukten zugeschnitten. Innerhalb dieser Gruppe ist auf folgende Beurteilungskriterien abzustützen: (i) den Anteil des Detailhändlers am Umsatz des Lieferanten, (ii) die Verhandlungsmacht des Lieferanten sowie (iii) die Existenz von Absatzalternativen. Die zweite Gruppe dient der Feststellung des **Vorhandenseins spezifischer Investitionen** des Lieferanten in die Geschäftsbeziehung mit dem Detailhändler und ist spezifisch auf die Lieferanten von Eigenmarken des Detailhändlers ausgerichtet. Innerhalb dieser Gruppe ist auf folgende Beurteilungskriterien abzustützen: (i) die neuere Unternehmensentwicklung, (ii) die Verträge zwischen dem Lieferanten und dem Detailhändler sowie (iii) auf die Umstellungskosten. Die Wettbewerbskommission präzisierte in ihren späteren Entscheiden, dass die beiden Voraussetzungen alternativ zu verstehen sind, die jeweiligen Beurteilungskriterien hingegen kumulativ erfüllt werden müssen. Hinzu kommt, dass eine nach diesem Prüfungsraster festgestellte wirtschaftliche Abhängigkeit nicht aus einer geschäftsstrategischen Fehlentscheidung resultieren darf, mithin also **ohne Selbstverschulden** des Lieferanten entstanden sein muss.[331]

143   Eine abschließende Beurteilung des Vorliegens einer marktbeherrschenden Stellung wie auch eines allenfalls missbräuchlichen Verhaltens erübrigte sich, da Coop den wettbewerbsrechtlichen Bedenken im Rahmen einer einvernehmlichen Regelung mit den Wettbewerbsbehörden im Sinne von Art. 29 KG Rechnung tragen konnte.[332]

144   (ii) **Vertrieb von Tickets im Hallenstadion Zürich**[333]: In den Allgemeinen Geschäftsbedingungen für die Benutzung des Hallenstadions Zürich mussten sich die Veranstalter gegenüber der Aktiengesellschaft Hallenstadion Zürich (AGH) mitunter dazu verpflichten, der AGH ein Kontingent von mindestens 50 % der Tickets sämtlicher Kategorien zu Standardkonditionen in Konsignation zur Verfügung zu stellen („Ticketing-Klausel"). Im Zusammenhang damit bestand eine Vereinbarung zwischen AGH und Ticketcorner AG, wonach Ticketcorner mindestens 50 % der Tickets sämtlicher Kategorien für alle Ver-

---

[327] Vgl. nur etwa EU IV/M.1221 – Rewe/Meinl; EU IV/M.803 – Rewe/Billa; EU Comp/M.2161 – Ahold/Superdiplo.

[328] Die Wettbewerbskommission vermied die Verwendung des Begriffs „relative Marktmacht" im CoopForte-Entscheid sowie in den darauffolgenden Entscheiden. Erst in jüngeren Entscheiden verdeutlichte die Wettbewerbskommission, dass die Prüfung einer wirtschaftlichen Abhängigkeit im Sinne des CoopForte-Entscheides der Feststellung relativer Marktmacht dient, vgl. RPW 2012/1, 100 Rn. 141 – Vertrieb von Tickets im Hallenstadion Zürich; RPW 2008/4, 578 Rn. 169 Fn. 130 – Tarifverträge Zusatzversicherung Kanton Luzern.

[329] RPW 2005/1, 160 f. Rn. 92 f. – CoopForte, mit Verweisen auf die Botschaft über die Änderung des Kartellgesetzes vom 7.11.2001, BBl. 2002, 2023 (2045).

[330] RPW 2005/1, 161 Rn. 94 – CoopForte.

[331] Vgl. zu den Beurteilungskriterien RPW 2005/1, 161 ff. Rn. 98 ff. – CoopForte; und zu den späteren Präzisierungen RPW 2008/1, 201 f. Rn. 604 ff. – Migros/Denner; RPW 2006/1, 137 f. Rn. 57.

[332] RPW 2005/1, 168 Rn. 163 – CoopForte.

[333] RPW 2012/1, 74 ff. – Ticketvertrieb im Hallenstadion Zürich.

anstaltungen im Hallenstadion Zürich exklusiv vertreiben durfte. Die Wettbewerbskommission prüfte die AGB der AGH und die Ticketing-Klausel respektive die Vereinbarung zwischen AGH und Ticketcorner im Hinblick auf den allfälligen Missbrauch einer marktbeherrschenden Stellung sowie das allfällige Vorliegen einer unzulässigen Wettbewerbsabrede.[334]

Die Wettbewerbskommission untersuchte die Marktstellung von AGH auf dem nach **145** Sprachregionen räumlich abgegrenzten Markt für die Vermietung von Lokalitäten zur Durchführung von Anlässen, der neben dem Hallenstadion andere Veranstaltungshallen, aber auch Stadien und offene Veranstaltungsplätze einschließt.[335] In Fortsetzung ihrer bisherigen Praxis prüfte die Wettbewerbskommission eine allfällige marktbeherrschende Stellung im Sinne von Art. 4 Abs. 2 KG in zwei Schritten[336]: In einem ersten Schritt untersuchte die Wettbewerbskommission das Vorhandensein von **Marktbeherrschung,** was wegen aktuellen Wettbewerbs durch andere Hallen, Kongresszentren, Stadien und Open-Air-Plätze zu verneinen war.[337] In einem zweiten Schritt untersuchte die Wettbewerbskommission das Vorliegen wirtschaftlicher Abhängigkeiten zur Begründung **relativer Marktmacht,** was sie in einer summarischen Prüfung ebenfalls verneinte. Entscheidend war insbesondere, dass die wirtschaftliche Bedeutung der im Hallenstadion durchgeführten Anlässe für die meisten Veranstalter zu gering war, als dass daraus ein kartellrechtsrelevantes Abhängigkeitsverhältnis hätte resultieren können. Zudem verfügten die wenigen Veranstalter, deren Anlässe im Hallenstadion Zürich von substantieller wirtschaftlicher Bedeutung waren, nach Auffassung der Wettbewerbskommission über genügend Verhandlungsmacht gegenüber AGH, da die Anlässe auch für AGH von großer wirtschaftlicher Bedeutung waren.[338]

Im Ergebnis hat die Wettbewerbskommission sowohl das Vorliegen einer marktbeherr- **146** schenden Stellung wie auch einer unzulässigen Wettbewerbsabrede verneint. Was das Vorliegen einer Wettbewerbsabrede anbelangt, so lag nach Auffassung der Wettbewerbskommission zwar eine qualitativ schwerwiegende Wettbewerbsabrede vor, die unter quantitativen Gesichtspunkten aber nicht als erheblich qualifiziert werden konnte.[339]

Das Bundesverwaltungsgericht beurteilte den Sachverhalt auf Beschwerde von zwei Kon- **147** kurrentinnen von Ticketcorner hin anders. Die marktbeherrschende Stellung des Hallenstadions resultiere aus den Wettbewerbsvorteilen, die sich aus dem vorteilhaften Standort in Zürich-Oerlikon und den vielfältigen Verwendungsmöglichkeiten ergäben.[340] Insbesondere auf dem Markt für sog. „Mega-Einzel-Bühnenshows" fehle in der Schweiz ein vergleichbarer Anbieter.[341] Der Eintritt eines neuen Anbieters auf dem Markt, also der Bau einer neuen multifunktionalen Grosshalle, sei nicht absehbar.[342] Über das Vorliegen missbräuchlicher Verhaltensweisen sowie von unzulässigen Wettbewerbsabreden urteilte das Bundesverwaltungsgericht nicht abschließend. Es bestünden zwar Anhaltspunkte für ein wett-

---

[334] RPW 2012/1, 74 Rn. 1 ff. – Ticketvertrieb im Hallenstadion Zürich.

[335] RPW 2012/1, 98 Rn. 131 – Ticketvertrieb im Hallenstadion Zürich.

[336] RPW 2012/1, 94 Rn. 111 – Ticketvertrieb im Hallenstadion Zürich; so ausdrücklich auch schon in RPW 2011/1, 142 Rn. 295 – SIX/Terminals mit Dynamic Currency Conversion (DCC); RPW 2010/1, 145 Rn. 186 – Preispolitik Swisscom ADSL; zuvor jedenfalls sinngemäß, etwa in RPW 2008/4, 544 ff. – Tarifverträge Zusatzversicherung Kanton Luzern; RPW 2008/3, 385 ff. – Publikation von Arzneimittelinformationen; RPW 2006/4, 625 ff. – Flughafen Zürich AG (Unique) – Valet Parking.

[337] RPW 2012/1, 100 Rn. 140 – Ticketvertrieb im Hallenstadion Zürich.

[338] RPW 2012/1, 100 Rn. 141 – Ticketvertrieb im Hallenstadion Zürich.

[339] RPW 2012/1, 111 f. Rn. 202 ff. – Ticketvertrieb im Hallenstadion Zürich. Anzumerken ist, dass AGH mit Pressemitteilung vom 24.10.2012 bekannt gegeben hat, das von der Untersuchung betroffene „50 %-Regime" respektive die entsprechenden Verträge mit Ticketcorner per Ende 2013 auslaufen zu lassen.

[340] RPW 2016/4, 1125 Rn. 239 ff., Urteil des Bundesverwaltungsgerichts vom 24.11.2016 – Vertrieb von Tickets im Hallenstadion Zürich.

[341] RPW 2016/4, 1124 Rn. 232, Urteil des Bundesverwaltungsgerichts vom 24.11.2016 – Vertrieb von Tickets im Hallenstadion Zürich.

[342] RPW 2016/4, 1122 f. Rn. 208 ff., Urteil des Bundesverwaltungsgerichts vom 24.11.2016 – Vertrieb von Tickets im Hallenstadion Zürich.

bewerbsschädliches Verhalten. Zur abschließenden Beurteilung bedürfe es jedoch weiterer Untersuchungen. Das Bundesverwaltungsgericht wies in seinem Urteil deshalb das Verfahren zur Neubeurteilung und Vervollständigung der Untersuchungen an die Vorinstanz zurück.[343]

148   AGH und Ticketcorner wiederum erhoben in der Folge Beschwerde an das Bundesgericht. Das Bundesgericht bestätigte das Urteil des Bundesverwaltungsgerichtes größtenteils und wies die Sache wie bereits das Bundesverwaltungsgericht zur weiteren Beurteilung an die Wettbewerbskommission zurück.[344] Das Bundesgericht war insbesondere der Auffassung, dass dem Hallenstadion wegen des hohen Marktanteils, der besonderen Funktionalität und der „außerordentlich gute Lage im Herzen der Deutschschweiz" insgesamt eine marktbeherrschende Stellung zukomme.[345] AGH habe ihre Marktstellung mit der Verwendung der Ticketing-Klausel in den Allgemeinen Geschäftsbedingungen missbraucht, im Sinne eines **Koppelungsgeschäfts** nach Art. 7 Abs. 2 lit. f KG.[346]. Das Bundesgericht hieß die Beschwerde lediglich insofern gut, als es einen Missbrauch einer marktbeherrschenden Stellung durch Ticketcorner für nicht erstellt erachtete.[347] Auch diesbezüglich wies das Bundesgericht die Sache allerdings zur weiteren Sachverhaltsprüfung an die Wettbewerbskommission zurück.[348]

---

[343] RPW 2016/4, 1151 Rn. 443, Urteil des Bundesverwaltungsgerichts vom 24.11.2016 – Vertrieb von Tickets im Hallenstadion Zürich.

[344] BGer 12.2.2020 – 2C_113/2017 – Vertrieb von Tickets im Hallenstadion Zürich.

[345] BGer 12.2.2020 – 2C_113/2017 E. 5.5.3 – Vertrieb von Tickets im Hallenstadion Zürich. Im Unterschied zur Wettbewerbskommission prüfte das Bundesgericht nicht, ob AGH allenfalls über relative Marktmacht verfügen könnte. Nachdem bereits eine marktbeherrschende Stellung festgestellt werden konnte, war dies aber auch nicht erforderlich.

[346] BGer 12.2.2020 – 2C_113/2017 E. 6.2 – Vertrieb von Tickets im Hallenstadion Zürich.

[347] Abgesehen von den hier interessierenden Aspekten des Missbrauchs einer marktbeherrschenden Stellung durch AGH oder Ticketcorner war das Bundesgericht auch der Auffassung, dass die Kooperationsvereinbarung zwischen AGH und Ticketcorner sowohl auf dem Markt der Veranstaltungslokalitäten für Rock- und Popkonzerte (Großanlässe) als auch für den entsprechenden Ticketing-Markt eine erhebliche Beeinträchtigung des Wettbewerbs nach Art. 5 Abs. 1 KG dargestellt habe. Es sei offensichtlich, dass mit der Kooperationsvereinbarung andere Ticketing-Anbieter vom Markt ferngehalten werden sollten. Rechtfertigungsgründe waren nach Ansicht des Bundesgerichtes keine ersichtlich. Siehe BGer 12.2.2020 – 2C_113/2017 E. 7 – Vertrieb von Tickets im Hallenstadion Zürich.

[348] BGer 12.2.2020 – 2C_113/2017 E. 8 – Vertrieb von Tickets im Hallenstadion Zürich.

Fünfter Teil. Vorschriften des Lauterkeitsrechts

§ 4 UWG

Unlauter handelt wer

1. ...
2. ...
3. Waren oder Dienstleistungen anbietet, die eine Nachahmung der Waren oder Dienstleistungen eines Mitbewerbers sind, wenn er
   a) ...
   b) die Wertschätzung der nachgeahmten Ware oder Dienstleistung unangemessen ausnutzt oder beeinträchtigt oder
   c) die für die Nachahmung erforderlichen Kenntnisse oder Unterlagen unredlich erlangt hat;
4. ...

(Vormals geregelt als Plagiatstatbestand in § 4 Nr. 9b, c UWG a. F.)

Literatur: Billing/Lang, Grenzen der Werbemöglichkeit eines Franchise-Gebers durch die Impressumpflicht gem. § 5a III Nr. 2 UWG, ZVertriebsR 2013, 207; Böhner, Ergänzender Leistungsschutz für Franchise-Systeme bei Nachahmung durch den Franchise-Nehmer (§§ 3, 4 Nr. 9 UWG), Jahrbuch Franchising 2010, 193; Eck in Handbuch des Wettbewerbsrechts, 4. Auflage, München 2010, § 56; Harte-Bavendamm/ Henning-Bodewig, UWG, 3. Auflage, München 2013; Harten/Korte, Geheimnisschutz im Vertriebsrecht, ZVertriebsR 2021, 155; Köhler/Bornkamm/Feddersen, UWG, 39. Auflage, München 2021; Koos/Menke/ Ring, Praxis des Wettbewerbsrechts, Münster 2009, Kap. I/683;
Otte-Gräbner/Kutscher-Puis, Handlungsbedarf durch das neue Geschäftsgeheimnisgesetz für Vertraulichkeitsvereinbarungen im Rahmen von Liefer- und Vertriebsverträgen, ZVertriebsR 2019, 288; Wiebe in Münchener Kommentar Lauterkeitsrecht, München 2006, § 4 Nr. 9 UWG; Westermann, Handbuch Knowhow-Schutz, München 2007.

A. Vorbemerkung

Franchise-Nehmern wird im Rahmen des Franchise-Vertrages aber auch für das Betrei- **1** ben ihres Franchise-Outlets das für das jeweilige Franchise-System kennzeichnende Knowhow zur Verfügung gestellt – dieses prägt das jeweilige Franchise-System. Dabei ist Knowhow eines Franchise-Systems die Gesamtheit von nicht patentierten praktischen Erkenntnissen, die auf Erfahrungen des Franchise-Gebers sowie auf Erprobungen durch diesen beruhen und die geheim, wesentlich und identifiziert sind. Dabei muss das Know-how des Franchise-Systems in seiner Substanz, seiner Struktur oder genauen Zusammensetzung nicht allgemein bekannt oder zugänglich sein. Es ist dann für ein Franchise-System wesentlich, wenn es sich um Kenntnisse handelt, die für den Verkauf der Waren und Erbringung von Dienstleistungen durch den jeweiligen Franchise-Nehmer von grundsätzlicher Bedeutung sind[1]. Insofern hat jedes Franchise-System ein Interesse daran, dass das jeweilige Franchise-System kennzeichnende Know-how nicht nur während der Dauer der Zusammenarbeit geheim gehalten wird, sondern auch vom Franchise-Nehmer nach Beendigung des Franchise-Vertrages nicht für eigene Zwecke verwendet werden darf. Insoweit hat jegliches Plagiat des Franchise-Systems, sei es, dass es sich auf die Art und Weise der zu erbringenden Dienstleistungen des Franchise-Nehmers, die Einrichtung und Ausstattung des jeweiligen Franchise-Outlets oder auf das Franchise-System insgesamt bezieht, nach Beendigung des Franchise-Vertrages zu unterbleiben.

---

[1] Allgemein zum Know-how eines Franchise-Systems: Flohr, Franchise-Vertrag, S. 3 ff.; siehe auch allgemein zum vertraglichen Know-how-Schutz: Westermann Kap. 5, mwN.

2   Der Durchsetzung dieses Schutzes des geistigen Eigentums eines Franchise-Systems dient die Regelung des ergänzenden wettbewerbsrechtlichen Leistungsschutzes iSv § 4 Ziff. 9c UWG.

B. Ergänzender wettbewerbsrechtlicher Leistungsschutz
(§ 4 Ziff. 3c UWG)

I. Vorbemerkung

3   Das LG Wiesbaden hat sich erstmals in seinem Urteil vom 18.12.2009[2] mit der Frage befasst, ob ein Unterlassungsanspruch eines Franchise-Gebers nach § 4 Ziff. 3c UWG besteht, wenn der aus einem Franchise-System ausgeschiedene Franchise-Nehmer seinen eigenen Betrieb nach den „Systemausstieg" nach der Geschäftsidee des Franchise-Gebers unter Nutzung des System-Know-hows fortführt, allerdings nicht nur unter Darstellung der Zugehörigkeit zum Franchise-System aus dem er (ggf. durch ein vorgeschobenen fristlose Kündigung) ausgeschieden ist. Betroffen sind also von § 4 Nr. 9c UWG solche Fälle, in denen sich das Ladenlokal eines ehemaligen Franchise-Nehmers wie ein „Plagiat" des Ladenlokals der Franchise-Nehmer des jeweiligen Franchise-Systems darstellt, sei es durch die Außendarstellung, die Inneneinrichtung, die zu erbringenden Dienstleistungen und deren Bewerbung oder aber auch die Produktpalette insgesamt.

II. Fortsetzung der Dienstleistungen

4   Um eine Verletzung des Plagiatstatbestandes des § 4 Ziff. 3c UWG zu bejahen, reicht es aber allein nicht aus, dass von einem ehemaligen Franchise-Nehmer nach Beendigung des Franchise-Vertrages die bislang innerhalb des Franchise-Systems angebotenen Dienstleistungen in seinem eigenen Ladenlokal fortgesetzt werden. Vielmehr müssen weitere Umstände hinzukommen, die das Vorgehen des Franchise-Nehmers als unlauter und damit als wettbewerbswidrig erscheinen lassen[3].

5   Dabei reicht es für einen Verstoß gegen das Plagiatsverbot bei Fortsetzung des ehemaligen Franchise-Outlets als eigenem Outlet aus, wenn Kenntnisse und Unterlagen, Marketing und/oder Verkaufsförderungsmaßnahmen, die das jeweilige Franchise-System kennzeichnen, nun für eigene Zwecke verwendet werden, in dem zB unabhängig von der Verletzung bestehender Urheberrechte Werbeflyer des Franchise-Systems weiterhin Verwendung finden, die Produkte, die jetzt vom ehemaligen Franchise-Nehmer angeboten werden, in einer Weise präsentiert werden, die der Präsentation der Produkte des Franchise-Systems entspricht oder aber das Franchise-Outlet in der Gesamtheit seiner Ausstattung (Farben/Einrichtung) so fortgeführt wird, dass es für einen Verbraucher schwierig ist, zu erkennen, dass es sich bei diesem Ladenlokal nicht mehr um ein Franchise-Outlet des jeweiligen Franchise-Systems handelt. Dies gilt auch für die Fälle, in denen das Franchise-System durch eine besondere Art und Weise der Dienstleistung, zB dem Abfüllen von Öl und Wein gekennzeichnet ist und sich dazu im Ladenlokal des Franchise-Systems auch eine entsprechende das Franchise-System kennzeichnende Anordnung der Fässer, aus denen abgefüllt werden kann, befindet oder aber auch das Franchise-System kennzeichnende Amphoren-Wand. Eine Verletzung des Plagiatstatbestandes kann aber auch bereits dann gegeben sein, wenn Verkaufstechniken, die Präsentation von Geschenkverpackungen oder aber auch das Franchise-Outlet kennzeichnende Probiertische für die Produkte des Franchise-Systems sich in gleicher Weise im Ladenlokal des ehemaligen Franchise-Nehmers befinden.

---

[2] LG Wiesbaden 18.12.2009 – 13 O 59/09, BeckRS 2011, 3364; dazu Böhner Jahrbuch Franchising 2010, 193 (194 ff.).
[3] So zu Recht: Böhner Jahrbuch Franchising 2010, 193 (197).

Ob und inwieweit eine Maßnahme des ausgeschiedenen Franchise-Nehmers als Plagiat **6** angesehen werden kann, bedarf jedoch einer Einzelbetrachtung, und zwar in Bezug auf jede vom ehemaligen Franchise-Nehmer durchgeführte Dienstleistung.

Nach **Böhner**[4] ist auch die Nutzung von System-Know-how, das unter Vertragsbruch **7** erlangt wurde, unter dem Begriff Nutzung von Kenntnissen und Unterlagen, zu subtionieren. Dies ist regelmäßig dann der Fall, wenn das Know-how, das zunächst redlich erlangt wurde, missbräuchlich zur Leistungsübernahme ausgenutzt wird. Davon ist bei einem Franchise-Nehmer auszugehen, der aufgrund einer unwirksamen fristlosen Kündigung des abgeschlossenen Franchise-Vertrages gem. § 314 Abs. 1 BGB oder einer nicht greifenden Anfechtung des Franchise-Vertrages wegen arglistiger Täuschung durch den Franchise-Geber gem. § 123 BGB mit der ex-tunc Nichtigkeit des abgeschlossenen Franchise-Vertrages (§ 142 BGB) das System-Know-how weiter nutzen will, allerdings ohne in der Verpflichtung zu stehen, die dafür nach dem beendeten Franchise-Vertrag vereinbarten Gegenleistungen – nämlich die monatlich laufenden Franchise- und/oder Marketing-Gebühren zu leisten. Der Franchise-Nehmer macht sich nämlich dann die für das Franchise-System vorgenommene Aufbauarbeit, die auf dem Know-how des Franchise-Systems beruht und von dem der Franchise-Geber davon ausgehen konnte, dass dieses Know-how lediglich für die vertraglich vereinbarte Laufzeit des Franchise-Vertrages auch nur für Zwecke des Franchise-Systems genutzt wird, selbst zu eigen. Dieser nutzt somit das Know-how des Franchise-Systems für eigene Zwecke fort, ohne irgendwelchen vertraglichen Verpflichtungen gegenüber dem Franchise-Geber zu unterliegen, und zwar sowohl im Hinblick auf Zahlungs- als auch Geheimhaltungsverpflichtungen.

III. Einzelfälle des Plagiatstatbestandes (Mitbewerberschutz)

Dies bezieht sich aber nicht nur darauf, dass der Franchise-Nehmer geistiges Eigentum **8** des Franchise-Gebers nutzt, sondern der Plagiatstatbestand des § 4 Nr. 3c UWG ist auch dann gegeben, wenn wesentliche Merkmale, die das Franchise-System kennzeichnen, weitergenutzt werden, wie etwa:

- **die systemtypischen Farben,**
- **die Art und Weise der Möblierung eines Restaurants**
- **der verlegte Fußboden, soweit dieser für das Franchise-System etwa durch die Art der Verlegung, Farbe oder Holzauswahl kennzeichnend ist**
- **die Nutzung von Verkaufstechniken, soweit diese das Franchise-System kennzeichnen (etwa besondere Art und Weise der Präsentation von Geschenken)**
- **die Übernahme des Ladenlokals prägender Stilelemente, wie etwa einer Amphoren-Wand oder Fass-Pyramide zum Abfüllen von Weinen**
- **die Weiternutzung der systemtypischen Ausstattung des Ladenlokals, etwa besonders gestalteter Probiertische bei Einzelhandels-Franchise-Systemen oder Verkaufstheken**
- **die Weiternutzung der die Produkte des Franchise-Systems kennzeichnenden Hinweisschilder (Farbe/Gestaltung).**

Jedes einzelne Element ist in der Regel nicht ausreichend, um die Verletzung des **9** Plagiatstatbestandes des § 4 Ziff. 3c UWG zu begründen. Es wird insoweit auf eine Gesamtbetrachtung aller Umstände ankommen. Lassen diese Gesamtumstände erkennen, dass das Franchise-System für eigene Zwecke durch den Franchise-Nehmer abgekupfert worden ist, also ein Plagiat vorliegt, so folgt daraus die Unredlichkeit des Franchise-Nehmers. Dies ist auch vom LG Münster mit Urteil vom 21.4.2010[5] im Hinblick auf ein Restaurant-Franchise-System entschieden worden.

---

[4] Franchising 2010, 193 (197).
[5] BeckRS 2010, 16557 mAnm Böckenholt GRUR-Prax 2010, 373.

C. Vertraglicher Unterlassungsanspruch

10   Um nicht den Plagiatstatbestand des § 4 Nr. 3c UWG bemühen zu müssen, ist es daher zu empfehlen, dass im Rahmen des Franchise-Vertrages (etwa durch eine Anlage zum Vertrag) ausdrücklich vereinbart wird, welche Maßnahmen und Änderungen am Franchise-Outlet vorzunehmen sind, für den Fall, dass der Franchise-Nehmer das Franchise-Outlet (dessen Hauptmieter er ist) nach Beendigung des Franchise-Vertrages für eigene Zwecke weiter nutzt. Dann besteht ein vertraglicher Unterlassungsanspruch, wenn die im Franchise-Vertrag festgelegten Maßnahmen nach Beendigung des Franchise-Vertrages vom ausgeschiedenen Franchise-Nehmer nicht umgesetzt werden. Dann kommt es auf die Unredlichkeit oder die Frage der Illoyalität des Franchise-Nehmers nicht an. Insofern kann ein solcher vertraglicher Unterlassungsanspruch einfacher durchgesetzt werden als ein Unterlassungsanspruch, der auf dem Plagiatstatbestand des § 4 Nr. 3c UWG zurückgeht.

§ 5a Irreführung durch Unterlassen

(1) **Bei der Beurteilung, ob das Verschweigen einer Tatsache irreführend ist, sind insbesondere deren Bedeutung für die geschäftliche Entscheidung nach der Verkehrsauffassung sowie die Eignung des Verschweigens zur Beeinflussung der Entscheidung zu berücksichtigen.**

(2) **Unlauter handelt, wer die Entscheidungsfähigkeit von Verbrauchern im Sinne des § 3 Absatz 2 dadurch beeinflusst, dass er eine Information vorenthält, die im konkreten Fall unter Berücksichtigung aller Umstände einschließlich der Beschränkungen des Kommunikationsmittels wesentlich ist.**

(3) **Werden Waren oder Dienstleistungen unter Hinweis auf deren Merkmale und Preis in einer dem verwendeten Kommunikationsmittel angemessenen Weise so angeboten, dass ein durchschnittlicher Verbraucher das Geschäft abschließen kann, gelten folgende Informationen als wesentlich im Sinne des Absatzes 2, sofern sie sich nicht unmittelbar aus den Umständen ergeben:**
1. **(nicht abgedruckt)**
2. **die Identität und Anschrift des Unternehmers, gegebenenfalls die Identität und Anschrift des Unternehmers, für den er handelt;**
3. **5. (nicht abgedruckt)**

(4) **Als wesentlich im Sinne des Absatzes 2 gelten auch Informationen, die dem Verbraucher auf Grund gemeinschaftsrechtlicher Verordnungen oder nach Rechtsvorschriften zur Umsetzung gemeinschaftsrechtlicher Richtlinien für kommerzielle Kommunikation einschließlich Werbung und Marketing nicht vorenthalten werden dürfen.**

Literatur: Billing/Lang, Grenzen der Werbemöglichkeiten eines Franchise-Gebers durch die Impressumpflicht gem. § 5 III Nr. 2 UWG, ZVertriebsR 2013, 207.

Übersicht

I. Vorbemerkung

Zweck der Informationspflicht iSv § 5a Abs. 3 Nr. 2 UWG ist es, dem Verbraucher in **1** Angeboten klare und unmissverständliche Angaben darüber zu verschaffen, mit wem er in geschäftlichen Kontakt tritt[1]. Die gesetzliche Informationspflicht soll demgemäß dem Verbraucher auch ermöglichen, ohne Schwierigkeiten Kontakt mit dem anbietenden Unternehmen aufzunehmen[2]. Dabei müssen die Informationen für den Verbraucher leicht erkennbar sein[3]. Insofern müssen nach der Entscheidung des OLG München Lebensmittelhandelsketten in ihren Werbeprospekten über die Identität der Inhaber der einzelnen Filialen informieren. Ein Hinweis auf den Filialfinder im Internet soll dabei nach Entscheidung des OLG München nicht ausreichend sein[4].

II. Impressumpflicht bei der Werbung von Franchise-Systemen

1. Ausgangspunkt. Die Verbraucherorganisationen und die Wettbewerbszentrale gehen **2** davon aus, dass angeblich eine irreführende Werbung durch Unterlassen der Angabe von Anschrift und Identität von teilnehmenden Märkten/Ladengeschäften/Outlets von Franchise-Nehmern gegeben sei, wenn diese Angaben nicht im Rahmen einer Aktionswerbung des Franchise-Systems gemacht werden. Den Ansatzpunkt für das Vorgehen sehen beide Organisationen in der Vorschrift des § 5a Abs. 3 Nr. 2 UWG.

Dabei ist zugleich festzustellen, dass die Prüfung der Einhaltung der Voraussetzungen des **3** § 5a Abs. 3 Nr. 2 UWG durch die Wettbewerbszentrale und weitere Verbraucherorganisationen sich nicht nur auf Filialsysteme beschränkt, sondern zwischenzeitlich auch auf Franchise-Systeme erstreckt wird.

a) Rechtsprechung OLG München. Das OLG München hat sich in seinem Urteil **4** vom 31.3.2011[5] mit der Werbung von Netto-Einzelhandels-Märkten in einem Prospekt im Rahmen einer Aktionswerbung für Lebensmittel und sonstige Waren befasst. In dieser Werbung fand sich in kleiner Schrift am unteren Rand auf der ersten Seite des Prospektes der Hinweis:

> *„Sie suchen den nächsten ...-Markt in Ihrer Nähe? Info unter 0800/2000015 (nur in* **5** *Deutschland gültig) oder auf unserer Homepage www...“.*

Auf der Website von netto gab es einen Link „Filial-Finder“, der die Adressen der **6** einzelnen Märkte erkennen ließ. Im Eingangsbereich jedes Marktes war deutlich sichtbar der vollständige Firmenname nebst Kontaktadresse angegeben.

Dennoch hat das OLG München in seinem Urteil vom 31.3.2011 eine Verletzung der **7** Informationspflicht nach § 5a Abs. 3 Nr. 2 UWG angenommen. Es genüge nicht, wenn nur in der Werbung auf den nächsten Markt, nicht jedoch auch auf andere nahegelegene Märkte hingewiesen werde. Auch hätte Identität und Anschrift des werbenden Unter-

---

[1] So ausdrücklich, Dreier in Harte-Bavendamm/Henning-Bodewig UWG § 5a Rn. 105; aus der Rspr. siehe: OLG Hamburg 20.10.2011 – 5 W 134/11, BeckRS 2012, 656.
[2] Dreier in Harte-Bavendamm/Henning-Bodewig § 5a Rn. 105; Köhler/Bornkamm UWG § 5a Rn. 33; OLG Hamm BeckRS 2011, 25913.
[3] OLG München WRP 2011, 1213.
[4] OLG München WRP 2011, 1213; siehe dazu: Münker NJW-Aktuell 2011, Nr. 27, 16; ausführlich Billing/Lang ZVertriebsR 2013, 207.
[5] OLG München 31.3.20116 – 6 U 3517/10, BeckRS 2011, 21255 – Filialsystem Netto.

nehmens angegeben werden müssen. Ein Telefonanruf oder das Aufrufen der Internetadresse sei kein hinreichender Ersatz für solche Angaben in dem Prospekt selbst. Der Einwand, Mitbewerber würden in gleicher Weise handeln und ihre Informationspflichten verletzen, wurde von dem Gericht nicht gehört. Eine Gleichheit im Unrecht gebe es nicht.

8   **b) Rechtsprechung OLG Hamm.** Das OLG Hamm hat sich in seinem Beschluss vom 11.8.2011[6] mit einer Prospektwerbung der Muttergesellschaft von Roller befasst. In dieser Prospektwerbung wurde auf eine eigene Internetseite des Filialsystems verwiesen. Auch waren in dem Prospekt die Anschriften von fünf Filialen angegeben.

9   Das OLG Hamm hielt diese Angaben in seinem Beschluss vom 11.8.2011 dennoch für unzureichend. Bei Angeboten in der Prospektwerbung müsse die Identität und Anschrift des anbietenden Unternehmens angegeben werden. Anbietendes Unternehmen sei zum einen das werbende Mutterunternehmen aber auch die jeweilige Filiale. Jedoch hätten diese weder ihre Identität noch ihre Anschrift in der Prospektwerbung angegeben. Anbietende Unternehmen seien ferner die in der Nähe der angesprochenen Verbraucher liegenden Filialen, in denen die Verbraucher die Käufe tätigen könnten. Es genüge nicht, lediglich die Anschriften der Filialen anzugeben. Bei Handelsunternehmen müssten zudem die genaue Firma und die Rechtsform angegeben werden. Dies hätte auch ohne Mühe vorgenommen werden können.

10   Es reiche nicht aus, dass der Verbraucher sich die Informationen über die Internetseite des Mutterunternehmens hätte beschaffen können. Vielmehr müsse der Verbraucher in der Lage sein, ohne Schwierigkeiten Kontakt mit dem anbietenden Unternehmen aufzunehmen. Wenn der Verbraucher erst Internetseiten aufrufen oder sich zum Geschäftslokal begeben muss, um die für erforderlich gehaltenen Informationen zu erhalten, werde dem gewünschten Verbraucherschutz nicht hinreichend genüge getan.

11   **c) Rechtsprechung des BGH.** Mit der Impressumspflicht und damit der Informationsvermittlung über die an Werbeaktionen teilnehmenden Franchise-Nehmer hat der BGH mit Urteil vom 4.2.2016[7] abschließend entschieden. Der BGH hat dieser Entscheidung zwei Leitsätze vorangestellt, die für die zukünftige Informationsvermittlung bei überregionalen Werbeaktionen von Franchise-Systemen zu beachten sind; und zwar

> *„1. Ein Handeln eines Unternehmers für einen anderen Unternehmer i. S. v. § 5a III Nr. 2 UWG, bei dem die Identität und Anschrift des anderen Unternehmers mitzuteilen ist, für dessen Waren oder Dienstleistungen sich der Verbraucher auf der Grundlage des ihm gemachten Angebots entscheiden kann, setzt weder voraus, dass das Angebot bereits eine vertragliche Bindung vorsieht, noch auch, dass ein Fall der offenen Stellvertretung oder eine vergleichbare Fallgestaltung vorliegt.*
>
> *2. Wesentliche Informationen, werden auch denn i. S. d. § 5a II UWG a. F. vorenthalten, wenn sie zwar bereitgestellt werden, dies aber auf unklare, unverständliche oder zweideutige Weise geschieht. … "*

12   Aufgrund dieser Entscheidung sind Franchise-Systeme verpflichtet, bei Marketingaktionen Informationen zu den teilnehmenden Franchise-Nehmern so zu vermitteln, dass diese für den Endverbraucher klar und verständlich sind und nicht in zweideutiger Weise erfolgen. Entschieden hat der BGH allerdings nicht die Frage, ob es ausreichend ist, wenn in der Anzeige deutlich gemacht wird, dass alle teilnehmenden Franchise-Nehmer-Märkte entweder im Internet oder unter der in der Anzeige veröffentlichten Telefonnummer abrufbar sind.

13   **2. Stellungnahme Gutachterausschuss.** Der bei den Dachorganisationen aller Kammern, dem Deutschen Industrie- und Handelstag gebildete **Gutachterausschuss für**

---

[6] OLG Hamm 11.8.2011 – I-4 W 66/11, BeckRS 2011, 23813 – Filialsystem Roller.
[7] ZVertriebsR 2016, 196 – Fressnapf.

Wettbewerbsfragen hat sich in seinem im März 2012 vorgelegten Gutachten[8] auch mit dem **„Umfang der Identitätsangaben bei Gemeinschaftswerbung von Verbundgruppen, Franchise-Unternehmen und Filialnetzen"**.

In diesem Gutachten heißt es ua: 14

> *„Muss bei überregionaler Prospektwerbung (Papier) von Verbundgruppen, Franchise-Gebern* 15
> *oder Unternehmen mit großem Filialnetz jedes einzelne Verbundgruppen-Anschlusshaus, jeder*
> *Franchise-Nehmer bzw. jede Filiale mit genauer Unternehmensbezeichnung, Rechtsform und*
> *Anschrift angegeben werden?*
> *Antwort des Gutachterausschusses:*
> *Es reicht aus, wenn in dem Prospekt auf eine Internet-Homepage verwiesen wird, auf der die*
> *vollständigen Angaben zu den einzelnen Verbundgruppen-Teilnehmern, Franchise-Nehmern*
> *und Filialen zu finden sind. Der Medienbruch ist dabei hinzunehmen, da eine Pflicht zum*
> *Abdruck aller nach § 5a UWG anzugebenden Einzelinformationen zu einem unzumutbaren*
> *Umfang des Prospektes führen und jegliche gemeinsame Werbung von Verbundgruppen, Fran-*
> *chise-Anbietern oder überregional tätigen Anbietern mit großem Filialnetz faktisch unmöglich*
> *machen würde. Zu dem ist der Nutzer für den Verbraucher zweifelhaft, da dieser in der Regel*
> *seinen Lebensmittel- oder Sportfachhändler kennt und die genauen firmenrechtlichen Angaben*
> *leicht herausfinden kann. Nur bei überregional tätigen Anbietern mit unselbständigen Filialen*
> *sollte, da es sich schließlich – im Gegensatz zu anderen Organisationsformen – nur um ein*
> *einziges Unternehmen handelt, die vollständige Firmenangabe der Zentrale angegeben werden.*
> *…"*

3. Konflikt Wettbewerbs-/Kartellrecht. Hinzu kommt ein weiterer Aspekt: die For- 16
mulierung in der Aktionswerbung **„alle Angebote sind nur in den teilnehmenden Märkten erhältlich"** soll gleichzeitig auch deutlich machen, dass es sich nicht um eine abgestimmte Werbung mit abgestimmten Preisen handelt, sondern jeder Franchise-Nehmer für sich die Entscheidung getroffen hat, teilnehmen zu wollen oder nicht. Nur so kann ein ansonsten in der Aktionswerbung liegender Verstoß gegen das Preisbindungsverbot des § 1 GWB ausgeschlossen werden.

Dies wird von den Gerichten, die sich bislang mit § 5a Abs. 3 Nr. 2 UWG und dessen 17
Bedeutung für Franchise-Systeme befasst haben, überhaupt nicht gesehen bzw. mit dem Hinweis abgetan, dass diese kartellrechtliche Frage für die wettbewerbsrechtliche Beurteilung eine Aktionswerbung und der sich aus § 5a Abs. 3 Nr. 2 UWG ergebenden Informationsverpflichtung gegenüber dem Letztverbraucher nichts zu tun habe. Dies würde dann, wenn man § 5a Abs. 3 Nr. 2 UWG auf Aktionswerbungen des jeweiligen Franchise-Systems im Sinne des LG Berlin anwendet, dazu führen, dass jede Aktionswerbung zugleich sich als eine unzulässige Preisbindung gegenüber den Franchise-Nehmern darstellt und damit der Verstoß gegen § 1 GWB, der das Bundeskartellamt zu einer Ermittlung veranlassen kann, gegeben ist.

4. Tatsächliche Umsetzbarkeit. Betroffen von dieser Betrachtung der Wettbewerbs- 18
zentrale ist insbesondere eine **Rundfunk- aber auch Fernsehwerbung,** die mit dem auch Ihnen bekannten Schlusssatz **„in fast allen teilnehmenden …-Märkten"** endet. Eine solche Werbung wäre zukünftig nicht mehr möglich, da in der Rundfunkwerbung jedes einzelne Franchise-Outlet mit Name und Anschrift genannt werden müsste (!). Dies mag bei kleinen Systemen mit 15 oder 20 Franchise-Nehmern vielleicht noch möglich sein, sicher aber nicht mehr bei Franchise-Systemen mit 100 Franchise-Nehmern und mehr.

Auch dadurch wird deutlich, dass durch die Vorgehensweise der Wettbewerbszentrale im 19
Verfahren vor dem LG Berlin und die Anwendung des § 5a Abs. 3 Nr. 2 UWG auf Franchise-Systeme dem Grunde nach jede Aktionswerbung für dieses Franchise-System ad absurdum führt bzw. rechtlich und tatsächlich unmöglich macht.

---

[8] WRP 2012, 924.

20 **5. Grundsätze zur Aktionswerbung bei Franchise-Systemen.** Sollten sich die Grundsätze durchsetzen, so wie diese in der Entscheidung des OLG München vom 31.3.2011, der des OLG Hamm vom 11.8.2011 und der des BGH vom 5.2.2016 vorskizziert sind, sollte jedes Franchise-System vor einer Aktionswerbung bzw. Marketingaktionen, an denen möglicherweise nicht alle Franchise-Nehmer des Franchise-Systems teilnehmen, folgende Maßnahmen veranlassen:

- die Werbung muss den Franchise-Nehmern dargestellt werden,
- den Franchise-Nehmern ist eine Entscheidungsfrist zu setzen, innerhalb deren sie dem Franchise-System mitzuteilen haben, ob sie an der Aktionswerbung (Prospektwerbung/ Flyer/Zeitungsanzeige/Rundfunk/TV-Werbung) teilnehmen,
- es dürfen in der Aktionswerbung nur die Franchise-Nehmer des Franchise-Systems genannt werden, die tatsächlich ihre Teilnahme zugesagt haben, dann aber unter Angabe der vollständigen Firma und Anschrift,
- erstreckt sich die Aktionswerbung nicht nur auf ein sondern auf mehrere Produkte, so müsste die Einwilligung eines jeden Franchise-Nehmers zur Aktionswerbung für jedes beworbene Produkt abgefragt werden,
- damit in der Aktionswerbung des Franchise-Systems kein Verstoß gegen § 1 GWB vorliegt, müsste jeder Franchise-Nehmer auch zugleich erklären, dass der in der Aktionswerbung für das jeweilige beworbene Produkt ausgewiesene Preis auch seinem Verkaufspreis entspricht und der in der Aktionswerbung wiedergegebene Verkaufspreis demgemäß „sein Preis" ist.

21 Nur wenn diese Grundsätze eingehalten werden, kann in der Werbung ein Verstoß gegen § 5a Abs. 3 Nr. 2 UWG und ein daraus folgendes wettbewerbswidriges Handeln des jeweiligen Franchise-Nehmers aber auch der Franchise-Zentrale vermieden werden.

22 **6. Impressumpflicht und Zurechnungstatbestand des § 8 Abs. 2 UWG.** Dabei kommt noch ein weiterer Aspekt hinzu: schaltet ein Franchise-Nehmer eine Anzeige, die nicht den Voraussetzungen des § 5a Abs. 3 Nr. 2 UWG genügt, so kann schon nach der bisherigen Rechtsprechung des BGH über § 8 Abs. 2 UWG diese wettbewerbswidrige Werbung des Franchise-Nehmers der jeweiligen Franchise-Systemzentrale zugerechnet werden[9]. Insofern besteht jetzt auch die Verpflichtung für alle Franchise-Nehmer des Franchise-Systems darauf hinzuweisen, dass diese bei ihrer eigenen Werbung die Vorschrift des § 5a Abs. 3 Nr. 2 UWG zu beachten haben und diese Verpflichtung erst recht dann gilt, wenn zB mehrere Franchise-Nehmer in der Wochenendausgabe einer Zeitschrift eine gemeinsame Werbung schalten.

23 Wird nämlich die Franchise-Systemzentrale abgemahnt, muss diese insofern eine Unterlassungserklärung wegen Verstoßes der Werbung gegen § 5a Abs. 3 Nr. 2 UWG abgeben, so steht diese in der Verpflichtung, alle Franchise-Nehmer des Franchise-Systems in entsprechender Weise zu unterrichten, damit diese nicht eine ähnliche wettbewerbswidrige Werbung schalten.

III. Impressumpflicht und Vertragshändlerverträge

24 Die Grundsätze sind in entsprechender Weise auch für gemeinsame Werbeflyer von Vertragshändler-Systemen zu beachten. Insofern gibt es keinen Unterschied zwischen den Werbeaktionen von Franchise- oder Vertragshändler-Systemen.

IV. Impressumpflicht und Handelsvertretersysteme

25 Bei Handelsvertretersystemen dürfte sich das Problem der gemeinsamen Werbung und der gesetzlichen Impressumpflicht gem. § 5a Abs. 3 Nr. 2 UWG grundsätzlich nicht stellen. Wenn überhaupt nicht Produkte beworben werden, so werden diese nur durch den

---

[9] siehe BGH NJW 1995, 2355; BB 2000, 1959 – Neu in Bielefeld I.

jeweiligen Handelsvertreter beworben. Die Frage der Impressumpflicht stellt sich allerdings dann, wenn das Unternehmen für seine Produkte Werbung macht und im Rahmen der Werbung sämtliche Handelsvertreter des Unternehmens genannt werden. Dann gilt für diese Nennung der Handelsvertreter auch die gesetzliche Impressumpflicht nach § 5a Abs. 3 Nr. 2 UWG. Alle Handelsvertreter sind dann so anzugeben, dass sich deren Identität und Anschrift für den Letztverbraucher unmittelbar aus dem Werbeflyer ergibt.

§ 8 UWG Beseitigung und Unterlassung

(1) [1]**Wer eine nach § 3 oder § 7 unzulässige geschäftliche Handlung vornimmt, kann auf Beseitigung und bei Wiederholungsgefahr auf Unterlassung in Anspruch genommen werden.** [2]**Der Anspruch auf Unterlassung besteht bereits dann, wenn eine derartige Zuwiderhandlung gegen § 3 oder § 7 droht.**

(2) **Werden die Zuwiderhandlungen in einem Unternehmen von einem Mitarbeiter oder Beauftragten begangen, so sind der Unterlassungsanspruch und der Beseitigungsanspruch auch gegen den Inhaber des Unternehmens begründet.**

(3) **(Nicht abgedruckt)**

Literatur: Flohr, Haftung des Franchise-Gebers – Zum Urteil des BGH vom 6. April 2000 (I ZR 667/98) ZAP 2001, 363; Wulf, Allgemeine Geschäftsbedingungen zum Internetvertrieb, in: Formularsammlung Vertriebsrecht, München 2013, 560 ff.

I. Eigenverantwortlichkeit des Franchise-Nehmers

Jeder Franchise-Nehmer ist für seine regionale Werbung selbst verantwortlich. Ist diese **1** wettbewerbswidrig, so kann nicht nur dieser, sondern auch der Franchise-Geber auf Unterlassung oder ggf. auch auf Schadensersatz nach erfolgter Auskunftserteilung in Anspruch genommen werden. Der Bundesgerichtshof hat nämlich insoweit mit seinem Urteil vom 5.4.1995[1] festgestellt, dass dem Franchise-Geber wettbewerbswidriges Handeln des Franchise-Nehmers gem. § 8 Abs. 2 UWG zuzurechnen ist. Die Franchise-Organisation sei insgesamt zu beurteilen. Für den Letztverbraucher sei in der Regel nicht erkennbar, ob die wettbewerbswidrige Werbung vom Franchise-Nehmer oder auf Veranlassung des Franchise-Gebers geschaltet wird.

Allerdings kann dem Franchise-Geber nur die wettbewerbswidrige Handlung, nicht aber **2** auch ein Auskunfts- und Schadensersatzanspruch zugerechnet werden. Für eine solche Zurechnung bietet § 8 Abs. 2 UWG keine Rechtsgrundlage, wie der BGH mit seinem Urteil vom 6.4.2000[2] festgestellt hat. Hätte der BGH ins einer Entscheidung angenommen, dass durch § 8 Abs. 2 UWG auch ein solcher Schadensersatzanspruch dem Franchise-Geber zugerechnet wird, so hätte für diesen immer die Gefahr bestanden, insgesamt für das Franchise-System auf Schadensersatz in Anspruch genommen werden zu können, also für jegliche von einem Franchise-Nehmer – möglicherweise auch nicht mit der Zentrale abgestimmte – wettbewerbswidrige Werbung.

II. Zurechnungstatbestand (§ 8 Abs. 2 UWG)

1. Wettbewerbswidrige Werbung des Franchise-Nehmers. Nunmehr steht aber **3** fest, dass jeder Franchise-Nehmer für die von ihm geschaltete wettbewerbswidrige Werbung selbst verantwortlich ist, soweit es um daraus resultierende Auskunfts- und Schadensersatzverpflichtungen geht. Damit dürften auch Kettenabmahnungen der Vergangenheit angehören, also Abmahnungen, bei denen jeder einzelne Franchise-Nehmer eines Franchise-Systems für die gleiche wettbewerbswidrige Werbung von einem Mitkonkurrenten

---

[1] NJW 1995, 2355.
[2] BB 2000, 1959 – Neu in Bielefeld I; siehe zur Störerhaftung von Werbeagenturen: Neuner GRUR 2005, 214.

abgemahnt wird, in der Hoffnung, dann Auskunfts- und Schadenersatzansprüche gegenüber dem Franchise-Geber geltend machen zu können. Mit der weiteren Entscheidung des BGH vom 6.4.2000[3] ist davon auszugehen, dass solche Kettenabmahnungen innerhalb von Franchise-Systemen als missbräuchliche Geltendmachung eines wettbewerbsrechtlichen Unterlassungsanspruchs anzusehen sind.

4   **2. Fortsetzung wettbewerbswidriger Werbung und Bestrafungsantrag.** Eine Frage ist aber noch in der Rechtsprechung ungeklärt, kann gegenüber einem Franchise-Geber, der aufgrund einer ihm gem. § 8 Abs. 2 UWG zugerechneten wettbewerbswidrigen Werbung eines Franchise-Nehmers rechtskräftig auf Unterlassung verurteilt worden ist, Bestrafungsantrag gestellt werden, wenn der Verstoß gegen die rechtskräftige Untersagungsverfügung durch den Franchise-Nehmer erfolgt. Dies ist zu bejahen. Die Zurechnung gegenüber dem Franchise-Geber erfolgt aufgrund eines erneuten wettbewerbswidrigen Verhaltens des Franchise-Nehmers. Ein solches wettbewerbswidriges Verhalten wird aber gem. § 8 Abs. 2 UWG zugerechnet, so dass ein Ordnungsstrafenbeschluss gegenüber dem Franchise-Geber ergehen kann.

5   Dem kann der Franchise-Geber nur begegnen, indem dieser nach Erlass eines rechtskräftigen Unterlassungsurteils alle Franchise-Nehmer des Systems über die Unterlassungsverfügung unterrichtet und darauf achtet, dass eine entsprechende wettbewerbswidrige Werbung zukünftig von Franchise-Nehmern nicht geschaltet wird. Erfolgt eine solche Unterrichtung, so mangelt es an dem für den Erlass eines Ordnungsstrafenbeschlusses notwendigen Verschulden des Franchise-Gebers[4].

6   **3. Ungerechtfertigte Abmahnung.** Wird ein Franchise-System zu Unrecht abgemahnt, um so Druck auf den Franchise-Geber und die vom Franchise-System über die einzelnen Franchise-Nehmer ausgehende Werbung auszuüben, so kann darin auf der Grundlage des Beschlusses des BGH vom 15.7.2005[5] ein rechtswidriger und schuldhafter Eingriff in das Recht am eingerichteten und ausgeübten Gewerbebetrieb des Franchise-Gebers liegen. Der Abmahnende ist dann nicht nur zum Schadenersatz gem. §§ 3, 4 Nr. 1, 8, 10 iVm § 9 UWG und aus § 826 BGB verpflichtet, sondern auch gem. § 823 Abs. 1 BGB[6].

III. Zurechnungstatbestände des Telemediengesetzes

7   Haftungsrisiken können sich für den Franchise-Geber aber nicht nur aus einer wettbewerbswidrigen Werbung des Franchise-Nehmers, sondern auch daraus ergeben, dass Franchise-Nehmer Lichtbilder und sonstige Informationen in den eigenen Internetauftritt einstellen, ohne über Urheber- oder Nutzungsrechte zu verfügen. Dafür kann ggf. nach einem Urteil des OLG Hamburg vom 29.6.2007[7] der Franchise-Geber haftbar gemacht werden. Zwar haften Dienstanbieter gem. § 10 TelemedienG nicht für fremde Informationen, die auf ihrer Internetseite eingestellt werden. Diese Vorschrift erfasst jedoch nur Schadensersatzansprüche, findet jedoch auf Unterlassungsansprüche, etwa von Lichtbildern, an denen der jeweilige Franchise-Nehmer keine Urheberrechte besitzt, keine Anwendung. Das OLG Hamburg hat in der Entscheidung vom 29.6.2007[8] festgestellt, dass ein Franchise-Geber, der seinen Franchise-Nehmern den Bilder-Upload ermöglicht, sich die „fremden Informationen" jedenfalls dann als „eigene Informationen" zu eigen macht, wenn diese Informationen den hauptsächlichen Teil des Internetangebotes des Franchise-Neh-

---

[3] BB 2000, 1959 – Neu in Bielefeld II.

[4] Vgl. Köhler/Bornkamm/Feddersen, UWG, Einl. UWG Rn. 7.2 ff.

[5] ZIP 2005, 1690.

[6] Zum Ganzen siehe auch den Vorlagebeschluss des Ersten Senates des BGH vom 12.8.2004, ZIP 2004, 1919; dazu Wagner ZIP 2005, 49; Vorwerk ZIP 2005, 1127 und Lindacher EWiR 2004, 1123.

[7] OLG Hamburg 29.6.2007 – 5 U 165/06; zum Recht am bearbeitenden Lichtbild: OGH ecolex 2010, 267; zu einer entsprechenden Lizenzgebühr: BVerfG GRUR-RR 2009, 375.

[8] OLG Hamburg 29.6.2007 – 5 U 165/06.

mers darstellen. Die Haftung ergibt sich dann aus § 7 Abs. 1 TelemedienG. Insofern ist jeder Franchise-Geber verpflichtet, Franchise-Nehmer darauf hinzuweisen, dass diese nur solche Lichtbilder oder sonstige Texte auf ihrer Homepage unter der Corporate Identity des Franchise-Systems einstellen dürfen, an denen diese die Urheberrechte besitzen oder aber diesen entsprechende Nutzungsrechte verliehen worden sind. Insofern muss jeder Franchise-Nehmer darauf hingewiesen werden, dass er für jedes Bild oder Text einen entsprechenden Nachweis oder eine Quellenangabe beizubringen hat.

IV. Eigenwerbung von Vertragshändlern

Werben Vertragshändler wettbewerbswidrig, so greifen auch insofern im Verhältnis zum **8** Unternehmen die Grundsätze des § 8 Abs. 2 UWG. Auch insoweit kann die wettbewerbswidrige Werbung des Vertragshändlers auf der Grundlage des Urteils des BGH vom 5.4.1995[9] dem Unternehmen zugerechnet werden, es sei denn, für den Letztverbraucher ist erkennbar, dass es sich bei der wettbewerbswidrigen Werbung **ausschließlich** um eine solche des Vertragshändlers handelt.

V. Werbung eines Handelsvertreters

Die praktische Bedeutung von § 8 Abs. 2 UWG einer wettbewerbswidrigen Werbung **9** eines Handelsvertreters ist nur gering. In der Regel handelt es sich bei Werbemaßnahmen eines Handelsvertreters um solche, die er ausschließlich für sich selbst veranlasst. Ist jedoch für den Verbraucher nicht erkennbar, dass es sich bei der wettbewerbswidrigen Anzeige nicht nur um eine solche des Handelsvertreter handelt, sondern kann diese Anzeige auch auf das Unternehmen bezogen werden, so kommt auch insoweit § 8 Abs. 2 UWG zur Anwendung.

VI. Gesetz zum Schutz von Geschäftsgeheimnissen

Das für alle Vertriebssysteme von Bedeutung „Gesetz zum Schutz von Geschäftsgeheim- **10** nissen" ist am 26.4.2019 in Kraft getreten. Mit dem Inkrafttreten des Gesetzes sind die vormals geltenden Regelungen §§ 17, 19 UWG, in denen der Schutz von Geschäfts- und Betriebsgeheimnissen bislang geregelt war, außer Kraft getreten.

Dieses „Gesetz zum Schutz von Geschäftsgeheimnissen" hat grundsätzliche Bedeutung für das Know-how eines jeden Vertriebssystems. Wird das Know-how entsprechend den Regelungen des „Gesetzes zum Schutz von Geschäftsgeheimnissen" verwaltet, so kann ein Unterlassungsanspruch gem. § 6 GeschGehG geltend gemacht werden – zB gegenüber Nachahmern oder auch gegenüber ausgeschiedenen Franchise-Nehmern oder Vertriebspartnern, die nach Beendigung des Franchise- oder Vertriebsvertrages das ihnen nur für die Dauer des abgeschlossenen Vertrages zur Nutzung überlassene Know-how weiterhin für eigene Zwecke unberechtigt nutzen oder unberechtigt Dritten zur Nutzung überlassen.

Bislang gab es zum „Gesetz zum Schutz von Geschäftsgeheimnissen" und der Anwen- **11** dung des Unterlassungstatbestandes des § 6 GeschGehG keine Rechtsprechung. Insofern hat das OLG Hamm mit seinem Urteil vom 15.9.2020[10] „juristisches Neuland" beschritten.

Im konkreten Fall, der erstinstanzlich durch Urteil des LG Münster vom 30.10.2019 entschieden worden ist, ging es darum, dass der Geschäftsführer des Beklagtenunternehmens, der zuvor bei der Klägerin angestellt war, Konstruktionszeichnungen für wesentliche Bauteile in unrechtmäßiger Weise erlangt hatte, indem er vertrauliche Entwicklungsunterlagen rechtswidrig vervielfältigt und mitgenommen hatte bzw. sich die entsprechenden E-Mail-Schreiben an seinen privaten E-Mail-Account hatte weiterleiten lassen.

---

[9] NJW 1995, 2355.
[10] ZVertriebsR 2021, 302 mAnm Flohr; siehe allgemein: Otte-Gräbner/Kutscher-Puis ZVertriebsR 2019, 288; Harten/Korte ZVertriebsR 2021, 155.

Sowohl das LG Münster als auch das OLG Hamm sahen keinen Unterlassungsanspruch als gegeben an, weil nicht der Nachweis dafür erbracht werden konnte, dass das „Gesetz zum Schutz von Geschäftsgeheimnissen" in entsprechender Weise im Unternehmen der Klägerin umgesetzt worden war.

12 Zunächst befasst sich das OLG Hamm mit der Frage, wann ein Geschäftsgeheimnis iSv § 2 Nr. 1 GeschGehG vorliegt.

Danach ist ein Geschäftsgeheimnis eine Information, die weder insgesamt noch in der genauen Anordnung und Zusammensetzung ihrer Bestandteile den Personen in den Kreisen, die üblicherweise mit dieser Art von Informationen umgehen, allgemein bekannt oder ohne weiteres zugänglich ist und daher vom wirtschaftlichen Wert und die Gegenstand von den Umständen nach angemessenen Geheimhaltungsmaßnahmen durch den rechtmäßigen Inhaber ist und bei der ein berechtigtes Interesse an der Geheimhaltung besteht.

Diese Voraussetzung an dem Begriff des Geschäftsgeheimnisses erfüllt grundsätzlich das Know-how eines jeden Vertriebssystems.

Dieses ist weder insgesamt noch in der genauen Anordnung noch in der Zusammensetzung der Bestandteile solchen Personen bekannt, die nicht auf der Grundlage eines Vertriebsvertrages mit dem Unternehmen zusammenarbeiten.

Dieses Know-how, das das Vertriebssystem präsentiert, stellt auch einen wirtschaftlichen Wert dar und Unternehmen, die Vertriebsverträge abschließen, treffen angemessene Geheimhaltungsmaßnahmen, wobei im Hinblick auf den Schutz des Know-hows eines Vertriebssystems ein berechtigtes Interesse an der Geheimhaltung besteht.

Insofern ist davon auszugehen, dass das Absatz- und/oder Vertriebs-Konzept eines Vertriebssystems als Geschäftsgeheimnis iSv § 2 Nr. 1 GeschGehG anzusehen ist.

13 Um aber einen Unterlassungsanspruch nach § 6 GeschGehG geltend machen zu können, müssen auch die weiteren Voraussetzungen gegeben sein, dh

- es müssen angemessene Geheimhaltungsmaßnahmen ergriffen worden sein;
- Verstöße gegen Geheimhaltungsmaßnahmen müssen zu entsprechenden Reaktionen des Unternehmens führen;
- das Unternehmen ist verpflichtet, jedem Hinweis auf die Umgehung von Geschäftsgeheimnissen sorgfältig nachzugehen und das Sicherheitskonzept zeitnah anzupassen;
- es müssen Sanktionen gegenüber demjenigen ergriffen werden, der das Know-how eines Vertriebssystems unberechtigt, dh für eigene Zwecke oder durch Weitergabe an Dritte nutzt.

Insofern ist es notwendig, dass jedes Vertriebssystem solche angemessenen Geheimhaltungsmaßnahmen ergreift, sei es

- dass zunächst im Rahmen des Vertriebsvertrages vereinbart wird, dass das Know-how des Vertriebssystems geheim zu halten ist;
- mit jedem Interessenten und Vertriebspartner sowie dessen Mitarbeitern, die mit dem Know-how des Vertriebssystems arbeiten, eine umfassende Geheimhaltungsvereinbarung geschlossen wird;
- durch das Unternehmen stichpunktartig überprüft wird, ob das Know-how durch den Vertriebspartner und/oder dessen Mitarbeiter geheim gehalten wird;
- bei Verstößen in angemessener Weise reagiert wird, zunächst durch eine Abmahnung und im Falle der Nichteinstellung des gerügten Verstoßes gegen die Geheimhaltungsverpflichtung die fristlose Kündigung des abgeschlossenen Vertriebsvertrages erklärt wird, verbunden
- mit der nach dem Vertriebsvertrag eingeräumten rechtlichen Möglichkeit, gegenüber dem Verletzer des Geschäftsgeheimnisses eine Vertragsstrafe fällig zu stellen.

Entsprechendes gilt, wenn zB ein Handelsvertretervertrag, ein Fachhändlervertrag oder Vertragshändlervertrag oder eine allgemeine Vertriebsvereinbarung, eine Kundenschutzvereinbarung oder ein Lizenzvertrag abgeschlossen wird.

Entscheidend ist aber auch immer, welche Geheimhaltungsmaßnahmen als angemessen **14** anzusehen sind. Auch insoweit hilft die Entscheidung des OLG Hamm vom 15.9.2020 weiter.

Das OLG Hamm hält fest:

• dass die Angemessenheit keinen optimalen Schutz voraussetze,
• es aber nicht ausreiche, wenn durch das Unternehmen bloß ein Minimum an Schutz-vorkehrungen ergriffen wird.

Für die Angemessenheit sind entsprechend dem Urteil des OLG Hamm vom 15.9.2020 folgende Wertungskriterien zu berücksichtigen:

• Art und wirtschaftlicher Wert des Geschäftsgeheimnisses
• Grad des Wettbewerbsvorteils durch Geheimhaltung
• Schwierigkeit der Geheimhaltung
• konkrete Gefährdungslage

Das OLG Hamm betont aber auch, dass die Kosten für die Geheimhaltungsmaßnahmen in einem vernünftigen Verhältnis zum Wert des Geschäftsgeheimnisses stehen müssen, wobei sich kein festes Kosten-Wert-Verhältnis ergibt.

Aber auch hier bestehen bei Vertriebssystemen grundsätzlich keine Probleme.

Die Kosten für die Geheimhaltung beschränken sich in der Regel darauf, das Know-how in entsprechender Weise zu dokumentieren, bei Vertragsverstößen durch Vertriebspartner diesen Verstößen nachzugehen, ggf. die fristlose Kündigung des Vertriebsvertrages zu erklären und eine Vertragsstrafe fällig zu stellen und diese, im Falle der Nichtzahlung auch gerichtlich einzuklagen.

In der Umkehrung kann § 6 GeschGehG dann nicht als Unterlassungsanspruch heran- **15** gezogen werden, wenn feststeht, dass das Unternehmen in der Vergangenheit mit Ver-stößen gegen die Geheimhaltungsverpflichtung des Know-hows ohne angemessene Re-aktion umgegangen ist, dh gegenüber dem Verletzer weder Unterlassungsansprüche gel-tend gemacht noch eine Vertragsstrafe eingefordert oder aber die fristlose Kündigung des Vertriebsvertrages erklärt bzw. eine verwirkte Vertragsstrafe gerichtlich geltend gemacht hat.

Insofern ist es aus Sicht des OLG Hamm – zu Recht – zwingend erforderlich, jedem Hinweis auf eine Umgehung von Geschäftsgeheimnissen sorgfältig nachzugehen und ggf. das Sicherheitskonzept anzupassen und Sanktionen zu ergreifen. Kann dies nicht festgestellt werden, so wird das Vorliegen von angemessenen Geheimhaltungsmaßnahmen verneint, sodass auch kein Unterlassungsanspruch nach § 6 GeschGehG geltend gemacht werden kann.

Das OLG Hamm befasst sich dann zwar noch in der vorgenannten Entscheidung mit der **16** Frage, ob zusätzlich Unterlassungsansprüche

• gem. § 823 Abs. 1 BGB unter dem Aspekt des Eingriffs in das Recht am eingerichteten und ausgeübten Gewerbebetrieb,
• bzw. gem. § 826 BGB bzw.
• gem. §§ 8 Abs. 1, 4 Nr. 3c UWG[11]

gegeben sind, verneint dies aber deswegen, weil im konkreten Fall keine Nachahmung iSv § 4 Nr. 3c UWG festgestellt werden konnte und auch die Voraussetzungen einer sittenwidrigen Schädigung iSv § 826 BGB nicht vorlagen und es im konkreten Fall an der Unmittelbarkeit und Betriebsbezogenheit eines Eingriffs in das Recht am eingerichteten und ausgeübten Gewerbebetrieb mangelte, um so einen Unterlassungsanspruch aus § 823 Abs. 1 BGB herleiten zu können. Dies dürfte in der Regel bei Verstößen gegen die Geheimhaltungsverpflichtung immer so sein – ist aber immer eine einzelfallbezogene Betrachtung.

---

[11] Dazu ausführlich: Köhler/Bornkamm/Feddersen UWG Einl. Rn. 7.1–7.7 mwN.

§ 3 Abs. 1, 3 UWG i. V. m. Nr. 14 des Anhangs zu § 3 Abs. 3 UWG

§ 3 Verbot unlauterer geschäftlicher Handlungen

(1) Unlautere geschäftliche Handlungen sind unzulässig

(2) (...)

(3) Die im Anhang dieses Gesetzes aufgeführten geschäftlichen Handlungen gegenüber Verbrauchern sind stets unzulässig.

(4) (...)

Anhang (zu § 3 Absatz 3)

Folgende geschäftliche Handlungen sind gegenüber Verbrauchern stets unzulässig: Irreführende geschäftliche Handlungen (...)

14. Schneeball- oder Pyramidensystem

die Einführung, der Betrieb oder die Förderung eines Systems zur Verkaufsförderung, bei dem vom Verbraucher ein finanzieller Beitrag für die Möglichkeit verlangt wird, eine Vergütung allein oder zumindest hauptsächlich durch die Einführung weiterer Teilnehmer in das System zu erlangen;

Literatur: Büllesbach, Auslegung der irreführenden Geschäftspraktiken des Anhangs I der Richtlinie 2005/29/EG über unlautere Geschäftspraktiken; Brammsen/Apel, Madoff, Phoenix, Ponzi und Co. – Bedarf das „Schneeballverbot" der progressiven Kundenwerbung in § 16 II UWG der Erweiterung?, WRP 2011, 400; Dies, Schneeballsysteme nach der 4finance-Entscheidung des EuGH – Abstimmungsprobleme im Verhältnis von Nr. 14 Anhang I UGP-RL und Nr. 14 Anhang zu § 3 Abs. 3 UWG untereinander und § 16 Abs. 2 UWG, GRUR Int. 2014, 1119; Brammsen/Leible, Multi-Level-Marketing im System des deutschen Lauterkeitsrechts, BB 1997, Beilage 10 zu Heft 32; Hartlage, Progressive Kundenwerbung – immer wettbewerbswidrig?, WRP 1997, 1; E. Koch, Die Richtlinie gegen unlautere Geschäftspraktiken; Leible, Multi-Level-Marketing ist nicht wettbewerbswidrig!, WRP 1998, 18; Thume, Multi-Level-Marketing, ein stets sittenwidriges Vertriebssystem?, WRP 1999, 280; Willingmann, Sittenwidrigkeit von Schneeballsystem-Gewinnspielen und Konditionsausschluss, NJW 1997, 2932. Weitere Literatur zur progressiven Kundenwerbung: Vgl. Literaturverzeichnis vor der Kommentierung zu § 16 Abs. 2.

Übersicht

A. Allgemeines

I. Einleitung

1. Entstehungsgeschichte. Nr. 14 des Anhangs zu § 3 Abs. 3 dient der **Umsetzung** **1** **von Nr. 14 Anhang I UGP-Richtlinie.**[1] Mit dem Zweiten Gesetz zur Änderung des Gesetzes gegen den unlauteren Wettbewerb (BGBl. 2015 I 2158 ff.) wurde der Wortlaut aufgrund der Rechtsprechung des EuGH[2] bzw. zur Anpassung an die konkrete Formulierung von Nr. 14 Anhang I UGP-Richtlinie angepasst.[3] Zuletzt wurden durch das Gesetz zur Stärkung des Verbraucherschutzes im Wettbewerbs- und Gewerberechts (BGBl. I S. 3504) weitere Anpassungen vorgenommen: Zum einen wurden Zwischenüberschriften eingeführt („Irreführende geschäftliche Handlungen" für die Nummern 1–23c und „Aggressive geschäftliche Handlungen" für die Nummern 24–31), zum anderen wurden den einzelnen Nummern eigene Überschriften vorangestellt. In Nr. 14 wurde der Klammerzusatz am Ende („Schneeball- oder Pyramidensystem") gestrichen und als Überschrift vorangestellt. Die Überschriften dienen dabei lediglich der Verbesserung der Lesbarkeit und Orientierung; inhaltliche Änderung sind von Gesetzgeber nicht beabsichtigt.[4]

Nr. 14 Anhang I der UGP-Richtlinie lautet: **2**

Geschäftspraktiken, die unter allen Umständen als unlauter gelten (…) Irreführende Geschäftspraktiken (…)

14. Einführung, Betrieb oder Förderung eines Schneeballsystems zur Verkaufsförderung, bei dem der Verbraucher die Möglichkeit vor Augen hat, eine Vergütung zu erzielen, die hauptsächlich durch die Einführung neuer Verbraucher in ein solches System und weniger durch den Verkauf oder Verbrauch von Produkten zu erzielen ist.

Insoweit ist zu beachten, dass der Wortlaut der Norm, der scheinbar nur „Schneeball- **3** oder Pyramidensysteme" erfasst, missverständlich ist. Der Richtliniengeber wollte **nicht**

---

[1] Richtlinie 2005/29/EG des Europäischen Parlaments und des Rates vom 11.5.2005 über unlautere Geschäftspraktiken im binnenmarktinternen Geschäftsverkehr zwischen Unternehmen und Verbrauchern und zur Änderung der Richtlinie 84/450/EWG des Rates, der Richtlinien 97/7/EG, 98/27/EG und 2002/65/EG des Europäischen Parlaments und des Rates sowie der Verordnung (EG) Nr. 2006/2004 des Europäischen Parlaments und des Rates, ABl. 2005 L 149, 22, berichtigt ABl. 2009 L 253, 18.
[2] EuGH WRP 2014, 816 Rn. 34.
[3] Siehe auch Begr. RegE, BT-Drs. 18/4535, 17: In seinem Urteil vom 3.4.2014 in der Rechtssache C-515/12 hat der EuGH (WRP 2014, 816) im Leitsatz festgestellt: „[…] Anhang I Nr. 14 der Richtlinie 2005/29/EG […] ist dahin auszulegen, dass ein Schneeballsystem nur dann unter allen Umständen eine unlautere Geschäftspraxis darstellt, wenn ein solches System vom Verbraucher einen finanziellen Beitrag gleich welcher Höhe im Austausch für die Möglichkeit verlangt, eine Vergütung zu erzielen, die hauptsächlich durch die Einführung neuer Verbraucher in ein solches System und weniger durch den Verkauf oder Verbrauch von Produkten zu erzielen ist."
[4] Begr. RegE, BT-Drs. 19/27873, 44.

nur „Schneeball- oder Pyramidensysteme" ieS erfassen, sondern auch sonstige Systeme der progressiven Kundenwerbung (→ Rn. 15).

4   **2. Regelungsgegenstand und Zweck.** Nr. 14 des Anhangs zu § 3 Abs. 3 iVm § 3 Abs. 3, Abs. 1 **verbietet** in Umsetzung von Nr. 14 Anhang I UGP-Richtlinie **per se** die Einführung, den Betrieb und die Förderung von Schneeball- oder Pyramidensystemen. Hintergrund dieses per se-Verbotes ist die Einschätzung, dass solche Geschäftspraktiken stets die Entscheidung des Durchschnittsverbrauchers iSv Erwägungsgrund 18 S. 2 UGP-Richtlinie wesentlich beeinflussen und gegen das Gebot der beruflichen Sorgfalt verstoßen.[5]

5   Nr. 14 Anhang I UGP-Richtlinie ist dem Bereich der **irreführenden Geschäftspraktiken** (Art. 6 und 7 UGP-Richtlinie) zugeordnet.[6] Daher liegt es nahe, als Normzweck den **Schutz der Verbraucher vor Täuschung und daraus folgender Vermögensgefährdung** anzusehen.[7] Diese Einordnung durch den Richtliniengeber erscheint angesichts der typischen Gefahren progressiver Kundenwerbung, insbesondere der (unzutreffenden) mutmaßlichen Erwartung einer Gewinnerzielung bei tatsächlich eintretenden wirtschaftlichen Verlusten (→ § 16 Abs. 2 Rn. 5) vertretbar, wenn auch nicht zwingend. Ob der Richtlinientatbestand wie § 16 Abs. 2 (→ § 16 Abs. 2 Rn. 5) darüber hinaus einen Schutz vor glücksspielartiger Willensbeeinflussung bezweckt[8], ist unklar; denn weder aus der Richtlinie noch den ihr zugrunde liegenden Materialien, insbesondere dem Richtlinienvorschlag[9], ist ersichtlich, dass der Richtliniengeber in Gestalt von Nr. 14 Anhang I UGP-Richtlinie einen solchen Schutz gewähren wollte.

6   Mittelbar schützt die Vorschrift wie alle Vorschriften der UGP-Richtlinie nach der Vorstellung des Richtliniengebers rechtmäßig handelnde **Mitbewerber** vor unlauterem Handeln von Konkurrenten und trägt damit zur **Gewährleistung eines lauteren Wettbewerbs** im Sinne der Allgemeinheit bei.[10]

7   Zu den einzelnen **Erscheinungsformen** progressiver Kundenwerbung → § 16 Abs. 2 Rn. 7 ff.

8   **3. Verhältnis zu anderen Vorschriften.** Die von Nr. 14 des Anhangs zu § 3 Abs. 3 erfassten Systeme der progressiven Kundenwerbung unterliegen in strafrechtlicher Hinsicht regelmäßig, aber nicht stets[11] dem Verbot gemäß § 16 Abs. 2.

II. Tatbestand

9   **1. Allgemeines zur Auslegung des Tatbestandes. a) Richtlinienkonforme Auslegung.** Den Inhalten der UGP-Richtlinie, insbesondere der Nr. 14 ihres Anhangs I, und den ihr zugrunde liegenden Erwägungen des Richtliniengebers kommt bei der Auslegung

---

[5] Vorschlag für eine Richtlinie des Europäischen Parlaments und des Rates über unlautere Geschäftspraktiken im binnenmarktinternen Geschäftsverkehr zwischen Unternehmen und Verbrauchern und zur Änderung der Richtlinien 84/450/EWG, 97/7/EG und 98/27/EG (Richtlinie über unlautere Geschäftspraktiken), KOM(2003) 356 endg., 10.

[6] Die auch für Nr. 14 Anh. I UGP-Richtlinie geltende Überschrift lautet „Irreführende Geschäftspraktiken".

[7] Insoweit ebenso Harte-Bavendamm/Henning-Bodewig/Dreyer Anhang zu § 3 Abs. 3 Rn. 292.

[8] Harte-Bavendamm/Henning-Bodewig/Dreyer Anh. zu § 3 Abs. 3 Rn. 292.

[9] Vorschlag für eine Richtlinie des Europäischen Parlaments und des Rates über unlautere Geschäftspraktiken im binnenmarktinternen Geschäftsverkehr zwischen Unternehmen und Verbrauchern und zur Änderung der Richtlinien 84/450/EWG, 97/7/EG und 98/27/EG (Richtlinie über unlautere Geschäftspraktiken), KOM(2003) 356 endg.

[10] Vgl. Erwägungsgrund 8 S. 2 UGP-Richtlinie bezüglich sämtlicher Vorschriften der UGP-Richtlinie; vgl. auch Erwägungsgrund 6 S. 1; Harte-Bavendamm/Henning-Bodewig/Dreyer Anh. zu § 3 Abs. 3 Rn. 292.

[11] AA OLG Frankfurt a. M. BeckRS 2011, 18934; 2011, 16036; Harte-Bavendamm/Henning-Bodewig/Dreyer Anhang zu § 3 Abs. 3 Rn. 293 f.; so wohl ebenfalls Köhler/Bornkamm/Feddersen/Köhler Anh. zu § 3 Abs. 3 Rn. 14.2, 14.5; Hoeren BB 2008, 1182 (1189) hält Nr. 14 des Anh. zu § 3 Abs. 3 für umfassender und qualifiziert § 16 Abs. 2 als lex specialis.

von Nr. 14 des Anhangs zu § 3 Abs. 3 besondere Bedeutung zu. Die Vorschrift ist **richt-linienkonform** auszulegen. Daher ist ein Rückgriff auf Auslegungsergebnisse zu § 16 Abs. 2 ausgeschlossen und nicht, auch nicht eingeschränkt[12], zulässig.[13] Methodisch sind die Grundsätze der unionsrechtlichen Gesetzesauslegung maßgeblich.[14] Bei Zweifelsfragen hinsichtlich der Auslegung ist eine Vorlage an den EuGH gemäß Art. 267 AEUV geboten.[15]

b) Keine restriktive Auslegung wegen Ausgestaltung als per se-Verbot erforder- **10** **lich.** In der **Literatur** wird diskutiert, ob die Tatbestände in Anhang I UGP-Richtlinie und damit auch im Anhang zu § 3 Abs. 3 **generell** restriktiv auszulegen sind. Richtig ist dabei, dass sämtliche Tatbestände in Anhang I UGP-Richtlinie in Hinblick auf besondere Fallgestaltungen formuliert worden sind; dies gilt notwendigerweise auch für den Anhang zu § 3 Abs. 3.[16] Daraus folgt, dass es sich bei den im Anhang zu § 3 Abs. 3 genannten Tatbeständen gerade **nicht** um **verallgemeinerungsfähige Beispiele** handelt; nur verallgemeinerungsfähige Beispiele würden jedoch als Basis für einen Analogieschluss in Betracht kommen.[17] Aus der fehlenden Analogiefähigkeit lässt sich jedoch kein Umkehrschluss dahingehend ziehen, dass Nr. 14 und die anderen Tatbestände des Anhangs notwendigerweise restriktiv auszulegen wären.[18] Zwar mag die Ausgestaltung als per se-Verbot auf den ersten Blick für eine Qualifikation als Ausnahme vom generellen lauterkeitsrechtlichen Wertungsvorbehalt und damit für eine restriktive Auslegung sprechen,[19] jedoch hat der Richtliniengeber die Vorschriften des Anhangs I nicht als Ausnahmen vom generellen lauterkeitsrechtlichen Wertungsvorbehalt konzipiert. Vielmehr handelt es sich schlicht um eine Aufzählung von bestimmten (im Anhang enumerativ aufgeführten) Verhaltensweisen, deren ausdrückliche Qualifikation als unlautere Geschäftspraktiken dadurch größere Rechtssicherheit schaffen soll, dass solche Praktiken in allen Mitgliedstaaten identisch behandelt werden.[20] Die Schaffung von Rechtssicherheit durch Harmonisierung ist das eigentliche Ziel der Richtlinie.[21] Die Erreichung dieses Ziels erfordert aber weder eine generell restriktive Auslegung der Tatbestände in Anhang I UGP-Richtlinie noch im Anhang zu § 3 Abs. 3.[22]

2. Geschäftliche Handlung eines Unternehmers gegenüber Verbrauchern. Un- **11** **ternehmer** ist gemäß § 2 Abs. 1 Nr. 6 jede natürliche oder juristische Person, die geschäftliche Handlungen im Rahmen ihrer gewerblichen, handwerklichen oder beruflichen Tätigkeit vornimmt, und jede Person, die im Namen oder Auftrag einer solchen Person handelt.

Die Norm schützt, wie aus § 3 Abs. 3 hervorgeht, nur **Verbraucher** iSv § 2 Abs. 2 **12** iVm § 13 BGB (→ § 16 Abs. 2 Rn. 27 ff.). Die (nicht überzeugende) Rechtsprechung des BGH, letztlich alle nicht-kaufmännischen Marktteilnehmer als Verbraucher im Rahmen

---

[12] Fezer/Büscher/Obergfell/Obergfell Anh. Nr. 14 Rn. 14.
[13] Wohl aA OLG Frankfurt a. M. BeckRS 2011, 16036; Harte-Bavendamm/Henning-Bodewig/Dreyer Anh. zu § 3 Abs. 3 Rn. 295 ff.; vgl. auch Köhler/Bornkamm/Feddersen/Köhler Anh. zu § 3 Abs. 3 Rn. 14.5.
[14] Köhler/Bornkamm/Feddersen/Köhler Anh. zu § 3 Abs. 3 Rn. 0.7.
[15] Ohly/Sosnitza/Sosnitza Anh. (zu § 3 Abs. 3) Rn. 5.
[16] OLG Köln GRUR-RR 2011, 275 (276); Köhler/Bornkamm/Feddersen/Köhler Anh. zu § 3 Abs. 3 Rn. 0.8; Ohly/Sosnitza/Sosnitza Anh. (zu § 3 Abs. 3) Rn. 5.
[17] OLG Köln GRUR-RR 2011, 275 (276); Köhler/Bornkamm/Feddersen/Köhler Anh. zu § 3 Abs. 3 Rn. 0.8.
[18] Köhler/Bornkamm/Feddersen/Köhler Anh. zu § 3 Abs. 3 Rn. 0.8; Ohly/Sosnitza/Sosnitza Anh. (zu § 3 Abs. 3) Rn. 5; aA zB Harte-Bavendamm/Henning-Bodewig/Henning-Bodewig Anh. zu § 3 Abs. 3 Vorb. Rn. 16; Götting/Nordemann/Wirtz § 3 Rn. 17.
[19] Harte-Bavendamm/Henning-Bodewig/Henning-Bodewig Anh. zu § 3 Abs. 3 Vorb. Rn. 7.
[20] Erwägungsgrund 17 S. 1 UGP-Richtlinie.
[21] Erwägungsgründe 3 ff. und Art. 1 („durch Angleichung der Rechts- und Verwaltungsvorschriften der Mitgliedstaaten über unlautere Geschäftspraktiken […] zu einem reibungslosen Funktionieren des Binnenmarkts […] beizutragen") UGP-Richtlinie.
[22] Ohly/Sosnitza/Sosnitza Anh. (zu § 3 Abs. 3) Rn. 5.

von § 16 Abs. 2 zu qualifizieren (→ § 16 Abs. 2 Rn. 29) ist auf die unmittelbar auf Unionsrecht basierende Vorschrift des Nr. 14 des Anhangs nicht übertragbar. Dies gilt schon deshalb, weil der BGH im Rahmen der Bestimmung des Verbraucherbegriffs iSv § 16 Abs. 2 auch auf den Charakter der Vorschrift als Unternehmensdelikt[23] abstellt. Der Verbraucherbegriff des Unionsrechts wird vom EuGH demgegenüber grundsätzlich eng ausgelegt. So hat der EuGH etwa zu Art. 13 f. EuGVÜ ausgeführt, es seien nur solche Verträge von den Verbraucherschutzvorschriften erfasst, die eine Einzelperson zur Deckung ihres Eigenbedarfs für Zwecke des privaten Verbrauchs abschließt.[24] Übertragen auf das Lauterkeitsrecht bedeutet dies, dass ein Verbraucher nur eine solche natürliche Person sein kann, die im Geschäftsverkehr als Verbraucher auftritt und ausschließlich zu privaten Zwecken handelt, wobei privat alles ist, was dem privaten Konsum oder der sonstigen individuellen Bedarfsdeckung und der persönlichen Daseinsvorsorge dient.[25] Davon kann nicht die Rede sein, wenn potentielle Interessenten zur Teilnahme an einem System geworben werden sollen, in dem sie sodann als Unternehmer tätig werden. Dies bestätigt sich insbesondere bei Berücksichtigung von Vorschriften und Wertungen der UGP-Richtlinie: Sie will Verbraucher schützen, nicht angehende Unternehmer. Entscheidend für die Qualifikation des Angesprochenen als Verbraucher ist daher das jeweilige System, dem dieser jeweils beitritt. Denn erst mit der Entscheidung für einen Systembeitritt entsteht eine Gefahr für eine geschäftliche Entscheidung des Angesprochenen (Art. 5 Abs. 2b), Art. 2e) UGP-Richtlinie). Entscheidet sich der Angesprochene durch den Systembeitritt jedoch zur Aufnahme einer unternehmerischen Tätigkeit, handelt er nicht allein zum Zweck privaten Konsums oder der sonstigen individuellen Bedarfsdeckung oder der persönlichen Daseinsvorsorge.[26]

13 § 3 Abs. 3 bestimmt, dass in den im Anhang zu § 3 Abs. 3 genannten Fällen stets (per se) eine **geschäftliche Handlung** iSv § 2 Abs. 1 Nr. 1 vorliegt. Dies muss (und darf) im Einzelfall daher nicht geprüft werden.

3. System zur Verkaufsförderung, bei dem vom Verbraucher ein finanzieller Beitrag für die Möglichkeit verlangt wird, eine Vergütung allein oder zumindest hauptsächlich durch die Einführung weiterer Teilnehmer in das System zu erlan-
14 gen. a) Schneeball- oder Pyramidensystem. Der Wortlaut der Norm erfasst ohne Berücksichtigung der Überschrift **nicht nur Schneeball- und Pyramidensysteme ieS, sondern auch weitere Formen progressiver Kundenwerbung** (→ § 16 Abs. 2 Rn. 7 ff.) wie Geldgewinnspiele und bestimmte Kettenbriefsysteme[27], sofern diese nicht ohnehin als Unterfälle von Schneeball- oder Pyramidensystemen qualifiziert werden[28]. Durch die Überschrift „Schneeball- oder Pyramidensystem" hat der Gesetzgeber den Anwendungsbereich allerdings scheinbar auf Schneeball- und Pyramidensysteme begrenzt. Aus dem Gesetz selbst ergibt sich somit nicht, ob Geldgewinnspiele und Kettenbriefsysteme aus dem Anwendungsbereich der Norm ausgeschlossen oder von ihr erfasst sein sollen. Die kurze Begründung des Regierungsentwurfs zur Änderung des UWG aus dem Jahr 2008 ist insofern ebenfalls wenig aufschlussreich, lässt aber durch die weite Definition von Schnee-

---

[23] BGH NJW 2011, 1236 Rn. 28.
[24] EuGH Slg. 1997, I-3767 Rn. 17 – Dentalkit; ebenso BGH NJW 2008, 435 Rn. 6; 2005, 1273 (1274).
[25] Ohly/Sosnitza/Sosnitza § 2 Rn. 106.
[26] Rechtspolitisch mag man der Ansicht sein, dass der Verbraucherbegriff weit verstanden werden sollte. Das mag auch wünschenswert sein. Es obliegt jedoch dem Richtliniengeber (bzw. dann auch dem deutschen Gesetzgeber im Rahmen der Umsetzung), de lege ferenda den erforderlichen Schutzumfang herzustellen. Selbst wenn der Richtliniengeber beabsichtigt haben sollte, auch „Nichtkaufleute" zu erfassen, finden sich dafür keine Anhaltspunkte; es besteht kein Raum für eine erweiternde Auslegung. Das Gesetz zur Stärkung des Verbraucherschutzes im Wettbewerbs- und Gewerberecht (BGBl. I S. 3504) hat hieran nichts geändert.
[27] Ebenso iErg Köhler/Bornkamm/Feddersen/Köhler Anh. zu § 3 Abs. 3 Rn. 14.2; vgl. auch Brammsen/Apel GRUR-Int 2014, 1119 (1123).
[28] So Köhler/Bornkamm/Feddersen/Köhler Anh. zu § 3 Abs. 3 Rn. 14.2.

ballsystemen und Pyramidensystemen[29] erkennen, dass auch Geldgewinnspiele und Kettenbriefsysteme grundsätzlich erfasst werden können. Da diese Auslegung dem Wortlaut der Norm ohne die Überschrift entspricht, ist bereits auf dieser Basis anzunehmen, dass auch Geldgewinnspiele und Kettenbriefsysteme als „Schneeball- oder Pyramidensystem" iSv Nr. 14 des Anhangs zu § 3 Abs. 3 zu qualifizieren sind.

Dieses Ergebnis folgt ohnehin aus einer **richtlinienkonformen Auslegung** unter besonderer Berücksichtigung von Nr. 14 Anhang I UGP-Richtlinie.[30] Die Formulierung „Schneeballsystem zur Verkaufsförderung" ist darin untechnisch iSv „System der progressiven Kundenwerbung" zu verstehen. Dies legt insbesondere die uneinheitliche Terminologie in Nr. 14 Anhang I UGP-Richtlinie in der deutschen („Schneeballsystem"), englischen und französischen Fassung („Pyramidensystem"[31]) nahe. Zudem ist der Wortlaut der Richtlinienvorschrift im Übrigen weit gefasst und deckt grundsätzlich auch andere Systeme progressiver Kundenwerbung als Schneeballsysteme (oder Pyramidensysteme) ieS ab. Ferner stellt der Wortlaut gerade jenes Element heraus, das allen Systemen progressiver Kundenwerbung gemeinsam ist, nämlich dass „der Verbraucher die Möglichkeit vor Augen hat, eine Vergütung zu erzielen, die hauptsächlich durch die Einführung neuer Verbraucher in ein solches System und weniger durch den Verkauf oder Verbrauch von Produkten zu erzielen ist".[32] Überdies ist nicht erkennbar, dass Schneeballsysteme (oder Pyramidensysteme) ieS für Verbraucher gefährlicher sind als andere Erscheinungsformen der progressiven Kundenwerbung. Daher ist anzunehmen, dass auch diese anderen Erscheinungsformen der progressiven Kundenwerbung erfasst sein sollen. Dies muss dann auch für Nr. 14 des Anhangs gelten.

b) Verlangen eines finanziellen Beitrags vom Verbraucher für die Möglichkeit, eine Vergütung allein oder zumindest hauptsächlich durch die Einführung weiterer Teilnehmer in das System zu erlangen – richtlinienkonforme Auslegung. aa) Unzutreffende Wiedergabe der Richtlinienbestimmung – Richtlinienkonforme Auslegung. Gemäß Nr. 14 Anhang zu § 3 Abs. 3 muss vom Verbraucher ein finanzieller Beitrag für die Möglichkeit verlangt werden, **eine Vergütung allein oder zumindest hauptsächlich durch die Einführung weiterer Teilnehmer in das System zu erlangen.** Die Formulierung der früheren Fassung („muss das System den Eindruck vermitteln") wich zwar noch deutlicher vom ebenfalls wenig gelungenen Wortlaut der deutschen Fassung von Nr. 14 Anhang I UGP-Richtlinie ab (→ Rn. 17). Jedoch bildet auch die neue Fassung von Nr. 14 des Anhangs zu § 3 Abs. 3 die tatbestandlichen Anforderungen nicht zutreffend ab.

Wie sich aus der französischen und der englischen Fassung der Richtlinie[33], aber auch aus dem Vorschlag der Richtlinie in deutscher Fassung[34] ergibt, richtet sich das per se-Verbot gegen Systeme, bei denen der Verbraucher **eine Leistung gerade deshalb** erbringt, weil er **im Gegenzug die Möglichkeit bekommt,** hauptsächlich aus der Einführung neuer

---

[29] Begr. RegE, BT-Drs. 16/10145, 32 f.: „Schneeballsysteme sind solche Verkaufsförderungsmaßnahmen, bei denen der Veranstalter zunächst mit einem von ihm unmittelbar geworbenen Erstkunden und dann mit den durch dessen Vermittlung geworbenen weiteren Kunden Verträge abschließt. Pyramidensysteme sind Verkaufsförderungsmaßnahmen, bei denen der unmittelbar vom Veranstalter geworbene Erstkunde selbst gleichlautende Verträge mit anderen Verbrauchern schließt."

[30] IErg ebenso Köhler/Bornkamm/Feddersen/Köhler Anh. zu § 3 Abs. 3 Rn. 14.2, 14.8.

[31] Engl.: „pyramid promotional scheme"; frz.: „système de promotion pyramidale".

[32] Büllesbach, Auslegung der irreführenden Geschäftspraktiken des Anhangs I der Richtlinie 2005/29/EG über unlautere Geschäftspraktiken, 102.

[33] Als Beispiel sei die englische Fassung zitiert: „Establishing, operating or promoting a pyramid promotional scheme where a consumer gives consideration for the opportunity to receive compensation that is derived primarily from the introduction of other consumers into the scheme rather than from the sale or consumption of products."

[34] Vorschlag für eine Richtlinie des Europäischen Parlaments und des Rates über unlautere Geschäftspraktiken im binnenmarktinternen Geschäftsverkehr zwischen Unternehmen und Verbrauchern und zur Änderung der Richtlinien 84/450/EWG, 97/7/EG und 98/27/EG (Richtlinie über unlautere Geschäftspraktiken), KOM(2003) 356 endg., 38.

Verbraucher in das System (und weniger aus dem Verkauf oder Verbrauch von Produkten) **eine Vergütung zu erzielen.** Diese Vorgabe hatte der deutsche Gesetzgeber umzusetzen. Vor diesem Hintergrund ist Nr. 14 Anhang zu § 3 Abs. 3 **richtlinienkonform auszulegen.** Zu begrüßen ist, dass Nr. 14 Anhang zu § 3 Abs. 3 (anders als die deutsche Fassung von Nr. 14 des Anhangs I zur UGP-Richtlinie) nicht länger unterschlägt, dass der Verbraucher für die Teilnahme am System eine Leistung zu erbringen hat (→ Rn. 20). Dieses Merkmal ist bedeutsam für die Abgrenzung von Systemen, die für die Teilnahme keine Leistung verlangen; solche Systeme fallen nicht unter Nr. 14 des Anhangs. **Nicht richtlinienkonform** ist allerdings, dass ausweislich des Wortlauts ein „finanzieller Beitrag" vom Verbraucher „verlangt wird". Dies steht nicht im Einklang mit dem Wortlaut von Nr. 14 Anhang I UGP-Richtlinie und verengt den Anwendungsbereich der Norm. Danach werden insbesondere solche Fälle nicht erfasst, in denen es an einem „Verlangen" fehlt, selbst wenn nur bei Erbringung einer Leistung durch den Verbraucher die (vermeintliche) **Möglichkeit** der Erzielung einer Vergütung besteht. In richtlinienkonformer Auslegung ist der **Anwendungsbereich** von Nr. 14 des Anhangs zu § 3 Abs. 3 **entsprechend zu erweitern.**

18   Zwar bildet Nr. 14 des Anhangs zu § 3 Abs. 3 den Tatbestand von Nr. 14 Anhang I UGP-Richtlinie insoweit unzutreffend ab, als sie von der **Einführung von „Teilnehmern" anstelle von „Verbrauchern"** in das System spricht, was einen über Nr. 14 Anhang I UGP-Richtlinie hinausgehenden Anwendungsbereich suggeriert. Allerdings ergibt sich aus dem Sinn und Zweck der Formulierung, dass mit „Teilnehmern" ebenfalls Verbraucher gemeint sind. Dieses Ergebnis ergibt sich auch wegen des Gebots der richtlinienkonformen Auslegung aus dem Wortlaut von Nr. 14 Anhang I UGP-Richtlinie („… durch die Einführung neuer Verbraucher…").

19   Darüber hinaus weicht die Formulierung **„allein oder zumindest hauptsächlich"** in Nr. 14 des Anhangs zu § 3 Abs. 3 von der Richtlinienvorgabe „hauptsächlich" (englische Fassung: „primarily", französische Fassung: „essentiellement") ab; dies dürfte im Ergebnis aber unschädlich sein, da „hauptsächlich" im Ergebnis auch „allein"-Fälle umfasst.[35] Unklar bleibt weiterhin insbesondere auf Basis der englischen und der deutschen Fassung von Nr. 14 Anhang I UGP-Richtlinie, ob auch solche Fälle abgedeckt sein sollen, in denen der Verbraucher eine Leistung erbringt, weil er zu Unrecht (ohne dass dies von ihm verlangt wird) davon ausgeht, dass dies erforderlich ist, um eine Vergütung erzielen zu können. Auch solche Fälle unter Nr. 14 Anhang I UGP-Richtlinie zu fassen, dürfte mit dem Durchschnittsverbrauchermaßstab der UGP-Richtlinie nicht vereinbar sein; Fehlannahmen des Verbrauchers sollten im Grundsatz nicht dem Unternehmer angelastet werden. Daher besteht insoweit wohl kein Bedarf einer entsprechenden richtlinienkonformen Auslegung von Nr. 14 des Anhangs zu § 3 Abs. 3.

20   **bb) Erbringung eines finanziellen Beitrags durch den Verbraucher.** Der Verbraucher muss einen finanziellen Beitrag erbringen. Diese Leistung muss, entgegen dem Wortlaut, aber **nicht notwendigerweise eine Geldleistung** sein. In der 4finance-Entscheidung[36] verwendet der EuGH zwar unterschiedliche Formulierungen. So spricht er unter Rn. 21 jener Entscheidung zunächst davon, dass es eines „wirtschaftlichen Beitrags" bedürfe (englische Fassung „economic contribution", französische Fassung „contribution économique"). Unter Rn. 23 jener Entscheidung stellt der EuGH dann fest, dass Systeme im Sinne von Anhang I Nr. 14 der Richtlinie 2005/29 voraussetzten, dass die Teilnehmer einen „finanziellen Beitrag" (englischer Wortlaut: „financial contribution", französischer Wortlaut: „participation financière") entrichten. Letztlich wird man angesichts der begrifflichen Unschärfen nicht davon ausgehen können, dass der EuGH nur Geldleistungen als relevant erachtet. Die „4finance"-Entscheidung betraf nur eine (wenngleich symbolische) Geldleistung; es war also nicht Gegenstand der Entscheidung, ob nur Geldleistungen oder

---

[35] Vgl. EuGH WRP 2014, 816 Rn. 28.
[36] EuGH WRP 2014, 816.

auch Leistungen anderer Art erfasst sind. Vor allem aber wäre eine enge Auslegung, wonach nur Geldleistungen erfasst werden, mit dem tendenziell (zugunsten des Verbrauchers) eher weiten Schutzbereich der UGP-Richtlinie bzw. von Nr. 14 des Anhangs zu § 3 Abs. 3 unvereinbar. Dementsprechend verengen auch weder die englische noch die französische Fassung der Richtlinie (noch der deutsche Richtlinienvorschlag) den Begriff der Leistung auf Geldleistungen. **Typischerweise** wird es sich allerdings um eine **Geldleistung** handeln, vor allem in Form von Entgelten für die Teilnahme am System in Gestalt von „Mitgliedsbeiträgen" etc. Dem entsprechend wählt die (unverbindliche) Broschüre der Generaldirektion Gesundheit und Verbraucherschutz der EU-Kommission zur UGP-Richtlinie hierzu ein Beispiel, in dem an einem Systembeitritt interessierte Personen für den Beitritt eine unverhältnismäßig hohe Gebühr zahlen müssen.[37] Neben der Erbringung von Geldleistungen kommt die Erbringung von **Sach- oder Dienstleistungen** oder die **Übertragung von Rechten** in Betracht. Auch diese Leistungen sind als **Vermögens-verfügungen** in gleicher Weise wie Geldleistungen des Verbrauchers geeignet, sein Vermögen nachteilig (zum Vorteil des Unternehmers) zu belasten, ohne dass ihm im Gegenzug eine adäquate Gegenleistung zufließt.

Die Höhe bzw. der Umfang der Leistung ist nach der „4finance"-Entscheidung des **21** EuGH unerheblich. Vielmehr ist jeglicher Beitrag erfasst, **unabhängig von seiner Höhe.**[38]

cc) Möglichkeit, eine Vergütung zu erlangen. Der Verbraucher erbringt die Leis- **22** tung für die **Möglichkeit, eine Vergütung zu erlangen.**[39] Eine synallagmatische Verknüpfung der Leistung mit der (möglichen) Vergütung ist dabei nicht erforderlich.[40] Ob die **Vergütung** tatsächlich erzielt werden kann, ist unerheblich.[41] Die Richtlinie legt auch weder fest noch stellt sie darauf ab, woher die Vergütung stammt; angesichts der Konzeption der Systeme progressiver Kundenwerbung wird es sich typischerweise um die innerhalb des Systems **umverteilten Teilnehmerbeiträge** handeln.[42]

Angesichts des offenen Wortlauts ist die Ausschüttung einer **Vergütung an den Ver-** **23** **braucher sowohl in Geld- als auch in Sachleistungen** möglich[43], die Vorteile müssen lediglich einen Vermögenswert haben. Rein immaterielle Vorteile genügen dagegen angesichts des Begriffs „Vergütung" nicht.

Da der Verbraucher die Leistung **für** die Möglichkeit erbringt, eine Vergütung zu **24** erlangen, muss ihm zuvor die Funktionsweise des Systems auf irgendeine Weise nahegebracht worden sein. Wie der Unternehmer dem Verbraucher die Funktionsweise kommuniziert, etwa durch ein „Versprechen", dh eine Zusage der Gewährung solcher Vorteile (so § 16 Abs. 2), oder auf sonstige Weise, ist unerheblich. Maßgeblich ist, ob der jeweilige **(fiktive)**[44] **Durchschnittsverbraucher** iSv Erwägungsgrund 18 S. 2 UGP-Richtlinie die Möglichkeit erhält, durch die Erbringung einer bestimmten Leistung eine Vergütung zu erzielen.

---

[37] Broschüre der Generaldirektion Gesundheit und Verbraucherschutz der EU-Kommission zur UGP-Richtlinie, 22.

[38] EuGH WRP 2014, 816 Rn. 26.

[39] Maßgeblich ist dagegen abweichend von Nr. 14 Anh. I UGP-Richtlinie deutscher Fassung, ob er „diese Möglichkeit vor Augen hat" oder das System gemäß Nr. 14 Anh. zu § 3 Abs. 3 diesen „Eindruck vermittelt".

[40] Wohl aA Fezer/Büscher/Obergfell/Obergfell Anh. Nr. 14 Rn. 19, 22: „Zusage eines wirtschaftlichen Vorteils" bzw. „versprochene Vergütungen".

[41] Wohl aA Fezer/Büscher/Obergfell/Obergfell Anh. Nr. 14 Rn. 22.

[42] Vgl. Fezer/Büscher/Obergfell/Obergfell Anh. Nr. 14 Rn. 22; vgl. auch EuGH WRP 2014, 816 Rn. 20 f., 27 f.

[43] Anders noch – abweichend von der französischen und der englischen Fassung – die deutsche Fassung des Vorschlags für eine Richtlinie des Europäischen Parlaments und des Rates über unlautere Geschäftspraktiken im binnenmarktinternen Geschäftsverkehr zwischen Unternehmen und Verbrauchern und zur Änderung der Richtlinien 84/450/EWG, 97/7/EG und 98/27/EG (Richtlinie über unlautere Geschäftspraktiken), KOM (2003) 356 endg., 37 („finanzielle Vergütung").

[44] Erwägungsgrund 18 S. 1 UGP-Richtlinie.

25 **dd) Vergütung zumindest hauptsächlich aus der Einführung neuer Teilnehmer in das System.** Die Vergütung muss sich **hauptsächlich** aus der Einführung neuer Teilnehmer (dem Wortlaut nach müssen diese nicht notwendigerweise Verbraucher sein) in das System und **weniger** aus dem Verkauf oder Verbrauch von Produkten ergeben. Dieses Tatbestandsmerkmal dient der **Abgrenzung zu Systemen, denen es an der Progressivität fehlt;** bei solchen Systemen folgt die Vergütung nicht hauptsächlich aus der Einführung neuer Teilnehmer in das System, sondern aus dem Verkauf oder Verbrauch von Produkten.

26 Ob sich die Vergütung hauptsächlich aus der Einführung neuer Teilnehmer in das System ergibt, folgt aus der Analyse, ob im Rahmen einer **Gesamtbetrachtung** des Vergütungssystems dessen Ausgestaltung **in erster Linie dem Waren(ab)verkauf an außerhalb der Struktur stehende Dritte dient oder ob das System typischerweise, dh nach der Art der Werbung, (im Grunde nur) darauf zielt, neue Teilnehmer in die Absatzstruktur einzubinden.**[45] Somit entspricht das zentrale Abgrenzungskriterium im Wesentlichen demjenigen im Rahmen von § 16 Abs. 2 (→ § 16 Abs. 2 Rn. 31).

27 Allerdings kann sich **theoretisch** ein Unterschied bei der Auslegung daraus ergeben, dass Nr. 14 Anhang I UGP-Richtlinie **ausschließlich auf „Verbraucher" abstellt,** während § 16 Abs. 2 auf weiteren Stufen die Werbung weiterer „Abnehmer" genügen lässt (während Nr. 14 des Anhangs zu § 3 Abs. 3 wiederum auf die Werbung von „Teilnehmern" abstellt). Ihrem Sinn und Zweck nach sowie in **richtlinienkonformer Auslegung** ist Nr. 14 des Anhangs zu § 3 Abs. 3 jedoch so zu verstehen, dass auch insoweit nur die Einführung von „Verbrauchern", nicht aber von „Teilnehmern" relevant ist. Während also nach § 16 Abs. 2 ein System theoretisch auch so angelegt sein kann, dass auf der ersten Stufe nur Verbraucher, danach aber „Abnehmer", dh auch Unternehmer, in das System eingeführt werden, verlangt Nr. 14 Anhang I UGP-Richtlinie und damit richtlinienkonform auch Nr. 14 des Anhangs zu § 3 Abs. 3 ein allein auf die Einführung von Verbrauchern abgestimmtes System. **In der Praxis** wird sich daraus kein nennenswerter Unterschied ergeben, denn Systeme progressiver Kundenwerbung werden in aller Regel allein auf die Einführung neuer Verbraucher ausgerichtet sein.

28 **4. Einführung, Betrieb, Förderung.** Nicht nur die **Einführung** des Systems ist erfasst. Auch der **Betrieb,** dh das In-Gang-Halten des Systems[46], und die **Förderung** eines tatbestandsmäßigen Systems, insbesondere durch Werbung[47], aber auch durch die Teilnahme daran, wird von der Norm erfasst.

29 **5. Keine Spürbarkeitsprüfung.** Schon vor Inkrafttreten des Zweiten Gesetzes zur Änderung des Gesetzes gegen den unlauteren Wettbewerb war eine Prüfung der Spürbarkeit der Beeinträchtigung der Verbraucherinteressen nicht vorgesehen. Das Spürbarkeitserfordernis war zwar allgemein in § 3 Abs. 1 angelegt; jedoch galt dies nicht für die Tatbestände des Anhangs, da es sich um **per se-Verbote** handelte und nach wie vor handelt.[48] Nunmehr ist ohnehin das Spürbarkeitskriterium in § 3 Abs. 1 entfallen. Dies ist unschädlich. Der darin zum Ausdruck kommende Verhältnismäßigkeitsgrundsatz dürfte vom Richtliniengeber bereits bei der Formulierung der Tatbestände des Anhangs I zur UGP-Richtlinie berücksichtigt worden sein[49]; dafür spricht bereits die Differenzierung zwischen den per se-Verboten und den weiteren Unlauterkeitstatbeständen der UGP-Richtlinie. Dementsprechend ist nicht ersichtlich, inwiefern sich der Verhältnismäßigkeits-

---

[45] Auf „Teilnehmer" abstellend OLG Frankfurt a. M. BeckRS 2011, 16036; 2011, 18934; Wünsche BB 2012, 273 (275).

[46] Büllesbach, Auslegung der irreführenden Geschäftspraktiken des Anhangs I der Richtlinie 2005/29/EG über unlautere Geschäftspraktiken, 106.

[47] Fezer/Büscher/Obergfell/Obergfell Anh. Nr. 14 Rn. 36.

[48] Harte-Bavendamm/Henning-Bodewig/Henning-Bodewig Anh. zu § 3 Abs. 3 Vorb. Rn. 1 f.; Ohly/Sosnitza/Sosnitza Anh. (zu § 3 Abs. 3) Rn. 3.

[49] Harte-Bavendamm/Henning-Bodewig/Henning-Bodewig Anh. zu § 3 Abs. 3 Vorb. Rn. 22.

grundsatz auf der **Tatbestandsseite** auswirken sollte.[50] Allenfalls auf der **Rechtsfolgenseite** im Rahmen der Entscheidung über die Art und Weise der Sanktionierung unter nationalem Recht könnte dies in Ausnahmefällen anders sein, zumal Art. 13 UGP-Richtlinie den Mitgliedstaaten insofern[51] einen gewissen Spielraum einräumt.[52]

III. Kein Umkehrschluss auf Zulässigkeit der geschäftlichen Handlung bei fehlender Tatbestandsmäßigkeit

Ist ein Tatbestand des Anhangs zu § 3 Abs. 3 nicht einschlägig, so wirkt sich dies **nicht** **30** auf die Beurteilung nach anderen lauterkeitsrechtlichen Tatbeständen aus. Insbesondere **indiziert fehlende Tatbestandsmäßigkeit nicht die lauterkeitsrechtliche Zulässigkeit** der jeweiligen geschäftlichen Handlung.[53] Dies gilt auch für das Verbot progressiver Kundenwerbung in Nr. 14 des Anhangs zu § 3 Abs. 3.

IV. Rechtsfolgen

1. Lauterkeitsrecht. Die geschäftliche Handlung ist **unzulässig** gemäß § 3 Abs. 3.   **31**
Der Verstoß kann gemäß §§ 8, 3 Abs. 1, Abs. 3 von den in § 8 Abs. 3 genannten **32** Anspruchsberechtigten im Wege von **Beseitigungs- und Unterlassungsansprüchen** geltend gemacht werden. Ferner können gem. § 9 Abs. 1 Mitbewerbern sowie gem. § 9 Abs. 2 den von der progressiven Kundenwerbung betroffenen Verbrauchern **Schadensersatzansprüche** zustehen. Bei § 9 Abs. 2 handelt es sich um einen Anspruch aus schuldhafter unerlaubter Handlung.[54] Art. 9 Abs. 2 beruht auf Art. 11a Abs. 1 UGP-Richtlinie 2019, wonach die Mitgliedstaaten verpflichtet sind, für die durch unlautere Geschäftspraktiken geschädigten Verbraucher angemessene und wirksame Rechtsbehelfe zu schaffen (insbesondere Schadensersatzansprüche). Der Gesetzgeber war daher gezwungen, für Verbraucher eine eigene Anspruchsgrundlage für Schadensersatzansprüche wegen Verstößen gegen Nr. 14 des Anhangs zu § 3 Abs. 3 zu schaffen, da eine solche Anspruchsgrundlage im deutschen Recht bislang fehlte[55]. Darüber hinaus können **Gewinnabschöpfungsansprüche** gemäß § 10 bestehen.
Ferner kommen **regelmäßig dieselben Ansprüche wegen Verstoßes gegen §§ 3,** **33** **3a, 16 Abs. 2** in Betracht. Allerdings ist der Rückgriff auf diese Vorschriften angesichts des per se-Verbots gemäß § 3 Abs. 1, 3 iVm Nr. 14 des Anhangs zu § 3 Abs. 3 regelmäßig unnötig.[56] Dasselbe gilt im Hinblick auf §§ 5, 3 Abs. 2, Abs. 1, sofern danach im Einzelfall eine Irreführung zu bejahen ist.[57]
Es ist nicht auszuschließen, dass die von Nr. 14 des Anhangs zu § 3 Abs. 3 erfassten **34** Systeme **von einzelnen Tatbeständen von § 4a erfasst werden.**[58] Hier kommt es auf die Umstände des Einzelfalls an; im Grundsatz gilt, dass § 4a aggressive Geschäftspraktiken erfasst, während Nr. 14 des Anhangs zu § 3 Abs. 3 nach der Richtliniensystematik zum Bereich der Irreführung gehört.

---

[50] Harte-Bavendamm/Henning-Bodewig/Henning-Bodewig Anhang zu § 3 Abs. 3 Vorb. Rn. 22.
[51] Nicht aber über das „Ob"; vgl. den klaren Wortlaut von Art. 13 UGP-Richtlinie. Dies außer Acht lassend die Gesetzesbegründung, BT-Drs. 16/10145, 30.
[52] Harte-Bavendamm/Henning-Bodewig/Henning-Bodewig Anh. zu § 3 Abs. 3 Vorb. Rn. 23.
[53] Harte-Bavendamm/Henning-Bodewig/Henning-Bodewig Anhang zu § 3 Abs. 3 Vorb. Rn. 19 f.; Ohly/Sosnitza/Sosnitza Anh. (zu § 3 Abs. 3) Rn. 4; aA E. Koch, Die Richtlinie gegen unlautere Geschäftspraktiken, 96.
[54] Harte-Bavendamm/Henning-Bodewig/Goldmann § 9 Rn. 47.
[55] Harte-Bavendamm/Henning-Bodewig/Goldmann § 9 Rn. 13, 15.
[56] Harte-Bavendamm/Henning-Bodewig/Dreyer Anh. zu § 3 Abs. 3 Nr. 14 Rn. 295 ff. differenziert: vorrangige Prüfung von Nr. 14.
[57] Vgl. näher Fezer/Büscher/Obergfell/Obergfell Anh. Nr. 14 Rn. 9 ff.; Köhler/Bornkamm/Feddersen/Bornkamm § 16 Rn. 58.
[58] So aber Begr. RegE, BT-Drs. 16/10145, 33; iErg ebenso Ohly/Sosnitza/Sosnitza Anh. (zu § 3 Abs. 3) Rn. 42.

35   **2. Strafrecht. Strafrechtliche Rechtsfolgen** können sich in erster Linie aus § 16 Abs. 2 ergeben (→ § 16 Abs. 2 Rn. 66 ff.).

36   **3. BGB.** Bislang bestand Einigkeit darin, dass dem Geschädigten keine Ansprüche aus § 3 Abs. 3, Abs. 1 iVm Nr. 14 des Anhangs zu § 3 Abs. 3 iVm § 823 Abs. 2 S. 1 BGB zustehen, weil es sich bei den lauterkeitsrechtlichen Regelungen nicht um ein Schutzgesetz handelte (→ § 16 Abs. 2 Rn. 78). Aus Sicht der geschädigten **Verbraucher** kamen daher Schadensersatzansprüche wegen Verletzung lauterkeitsrechtlicher Regelungen bislang nur in Gestalt von § 16 Abs. 2 iVm § 823 Abs. 2 S. 1 BGB in Betracht (zu Einzelheiten → § 16 Abs. 2 Rn. 78). Mit der Umsetzung von Art. 11a Abs. 1 UGP-Richtlinie 2019[59] und der Einführung von § 9 Abs. 2 wurde diese Systematik jedoch durchbrochen.[60] Seither können nunmehr auch den unmittelbar geschädigten Verbrauchern gem. § 9 Abs. 2 Schadensersatzansprüche zustehen. Andere dem Verbraucher gegebenenfalls nach Unionsrecht oder dem nationalen Recht zustehende Rechtsbehelfe bleiben unberührt (Art. 11a Abs. 2 UGP-Richtlinie 2019) und können parallel geltend gemacht werden. Vielmehr kann ein Schadensersatzanspruch nach der Einführung von § 9 Abs. 2 auch auf § 823 Abs. 2 S. 1 BGB iVm § 3 Abs. 1, Abs. 3, Nr. 14 des Anhangs zu § 3 Abs. 3 gestützt werden, weil § 3 nunmehr als Schutzgesetz zu qualifizieren ist. Im Einzelfall ist auch an Ansprüche gemäß § 823 Abs. 2 BGB iVm § 263 StGB und gemäß § 826 BGB zu denken.[61]

37   Hinsichtlich der Schadensersatzansprüche von **Mitbewerbern** sind die lauterkeitsrechtlichen Regelungen abschließend.[62] Andernfalls könnte die spezielle Verjährungsregelung in § 11 umgangen werden.[63] Ob dies auch für Schadensersatzansprüche von **Verbrauchern** gem. § 9 Abs. 2 der Fall ist, ist angesichts Art. 11a Abs. 1 UGP-Richtlinie 2019 unklar. Der Wortlaut („Diese Rechtsbehelfe berühren nicht die Anwendung anderer Rechtsbehelfe, die den Verbrauchern nach dem Unionsrecht oder dem nationalen Recht zur Verfügung stehen.") spricht jedenfalls gegen eine Sperrwirkung der lauterkeitsrechtlichen Regelungen. Daher dürfte bis zu einer anderweitigen höchstrichterlichen Klärung davon auszugehen sein, dass für Schadensersatzansprüche des Verbrauchers gem. § 823 Abs. 2 S. 1 BGB iVm § 3, Nr. 14 des Anhangs zu § 3 Abs. 3 die regelmäßige dreijährige Verjährungsfrist des § 195 BGB zur Anwendung kommt.

38   Die Rechtsgeschäfte im Rahmen des Beitritts zum und der Teilnahme am System sind **gemäß §§ 134, 138 Abs. 1 BGB nichtig,** hinsichtlich der Rückforderung nach Bereicherungsrecht gelten gewisse Einschränkungen (→ § 16 Abs. 2 Rn. 82).

V. Bedeutung des Tatbestands für die Beurteilung von geschäftlichen Handlungen im Verhältnis zwischen Unternehmen

39   Ob die Tatbestände des Anhangs zu § 3 Abs. 3 **im Verhältnis zwischen Unternehmern** („B2B-Verhältnis") irgendeine rechtliche Wirkung entfalten, obgleich sie allein das Verhältnis zwischen Unternehmern und Verbrauchern („B2C-Verhältnis") betreffen, kann vorliegend offen bleiben.[64] Denn Nr. 14 des Anhangs zu § 3 Abs. 3 betrifft eine geschäftliche Handlung, die im B2B-Verhältnis **praktisch nicht vorkommt.**

---

[59] Art. 11a wurde durch Art. 3 Ziff. 5 der „Omnibus"-Richtlinie (EU) 2019/2161 in die UGP-Richtlinie eingeführt.

[60] Harte-Bavendamm/Henning-Bodewig/Goldmann § 9 Rn. 6 ff.

[61] Alexander WRP 2004, 407 (420).

[62] Alexander WRP 2004, 407 (420).

[63] Alexander WRP 2004, 407 (420) mit eing. Begr. zur Spezialität.

[64] Vgl. Harte-Bavendamm/Henning-Bodewig/Henning-Bodewig Anh. zu § 3 Abs. 3 Vorb. Rn. 17 f.; für eine Übertragung der Wertungen bei der Beurteilung von geschäftlichen Handlungen im B2B-Verhältnis Köhler/Bornkamm/Feddersen/Köhler Anh. zu § 3 Abs. 3 Rn. 0.12.

B. Handelsvertreter

Für den Handelsvertreter gelten hier keine Abweichungen oder Besonderheiten.   **40**

C. Vertragshändler

Für den Vertragshändler gelten hier keine Abweichungen oder Besonderheiten.   **41**

D. Franchisenehmer

Für den Franchisenehmer gelten hier keine Abweichungen oder Besonderheiten.   **42**

E. Kommissionsagent

Für den Kommissionsagenten gelten hier keine Abweichungen oder Besonderheiten.   **43**

§ 16 Abs. 2 UWG Strafbare Werbung

(2) **Wer es im geschäftlichen Verkehr unternimmt, Verbraucher zur Abnahme von Waren, Dienstleistungen oder Rechten durch das Versprechen zu veranlassen, sie würden entweder vom Veranstalter selbst oder von einem Dritten besondere Vorteile erlangen, wenn sie andere zum Abschluss gleichartiger Geschäfte veranlassen, die ihrerseits nach der Art dieser Werbung derartige Vorteile für eine entsprechende Werbung weiterer Abnehmer erlangen sollen, wird mit Freiheitsstrafe bis zu zwei Jahren oder mit Geldstrafe bestraft.**

Literatur: Beckemper, Die Strafbarkeit des Veranstaltens eines Pyramidenspiels nach § 6c UWG, wistra 1999, 169; Brammsen/Apel, Madoff, Phoenix, Ponzi und Co. – Bedarf das „Schneeballverbot" der progressiven Kundenwerbung in § 16 II UWG der Erweiterung?, WRP 2011, 400; Dies, Schneeballsysteme nach der 4finance-Entscheidung des EuGH – Abstimmungsprobleme im Verhältnis von Nr. 14 Anhang I UGP-RL und Nr. 14 Anhang zu § 3 Abs. 3 UWG untereinander und zu § 16 Abs. 2 UWG, GRUR Int. 2014, 1119; Brammsen/Leible, Multi-Level-Marketing im System des deutschen Lauterkeitsrechts, BB 1997, Beilage 10 zu Heft 32; Dornis, Der „Schenkkreis" in der Strafbarkeitslücke? – Zum Tatbestandsmerkmal des „geschäftlichen Verkehrs" in § 16 Abs. 2 UWG, WRP 2007, 1303; Finger, Strafbarkeitslücken bei so genannten Kettenbrief-, Schneeball- und Pyramidensystemen, ZRP 2006, 159; Granderath, Strafbarkeit von Kettenbriefaktionen, wistra 1988, 173; Grebing, Die Strafbarkeit der progressiven Kundenwerbung und der Wirtschaftsspionage im Entwurf zur Änderung des UWG, wistra 1984, 169; Hartlage, Progressive Kundenwerbung – immer wettbewerbswidrig?, WRP 1997, 1; Kilian, Zur Strafbarkeit von Ponzi-Schemes – Der Fall Madoff nach deutschem Wettbewerbs- und Kapitalmarktstrafrecht, HRRS 2009, 285; Krack, Legitimationsdefizite des § 16 Abs. 2 UWG, FS Otto, 2007, 609; Lampe, Strafrechtliche Probleme der „progressiven Kundenwerbung", Goltdammer's Archiv 1977, 33, 42; Leible, Multi-Level-Marketing ist nicht wettbewerbswidrig!, WRP 1998, 18; Mäsch/Hesse, Multi-Level-Marketing im straffreien Raum – Veränderungen der strafrechtlichen Beurteilung von Direktvertriebssystemen durch die UWG-Novelle 2004, GRUR 2010, 10; Möller, Leistungskondiktion trotz beiderseitiger Sittenwidrigkeit? – Die Einschränkung des § 817 S. 2 BGB durch den BGH, NJW 2006, 268; Olesch, § 16 II: Ein Schiff ohne Wasser, WRP 2007, 908; Otto/ Brammsen, Progressive Kundenwerbung, Strukturvertriebe und Multi-Level-Marketing, WiB 1996, 281; Otto, „Geldgewinnspiele" und verbotene Schneeballsysteme nach § 6c UWG, wistra 1997, 81; ders., Wirtschaftliche Gestaltung am Strafrecht vorbei – Dargestellt am Beispiel des § 6c UWG, Jura 1999, 97; ders., Zur Strafbarkeit der progressiven Kundenwerbung nach UWG § 6c, wistra 1998, 227; Raube, Strafrechtliche Probleme der progressiven Kundenwerbung unter besonderer Berücksichtigung von Kettenbriefen, 1995; H. Richter, Kettenbriefe doch straflos?, wistra 1990, 216; Thume, Multi-Level-Marketing, ein stets sittenwidriges Vertriebssystem?, WRP 1999, 280; Többens, Die Straftaten nach dem Gesetz gegen den unlauteren Wettbewerb (§§ 16–19 UWG), WRP 2005, 552; Wegner, Reform der Progressiven Kundenwerbung (§ 6c), wistra 2001, 171; Willingmann, Sittenwidrigkeit von Schneeballsystem-Gewinnspielen und Kondiktionsausschluss, NJW 1997, 2932; Wünsche, Abgrenzung zulässiger Multi-Level-Marketing-Systeme von unzulässiger Kundenwerbung, BB 2012, 273.

Übersicht

A. Allgemeines

I. Einleitung

1   **1. Entstehungsgeschichte.** § 16 Abs. 2 basiert auf § 6c aF, der durch das Zweite Gesetz zur Bekämpfung der Wirtschaftskriminalität vom 15.5.1986[1] in das UWG aufgenommen wurde, um die sog. **„progressive Kundenwerbung"** effektiver zu bekämpfen.[2] Die damals bestehenden zivil- und strafrechtlichen Regelungen einschließlich § 263 StGB,

---

[1] BGBl. 1986 I 721 (725 f.).
[2] Begr. RegE, BT-Drs. 10/5058, 38.

waren insofern als unzureichend angesehen worden.[3] Es folgten weitere Reformen in den Jahren 2000[4] und 2004[5].

Obgleich die Vorschrift nicht auf Unionsrecht beruht, ist sie **unionsrechtskonform** 2 auszulegen. Dies gilt insbesondere im Hinblick auf die Vorgaben der **UGP-Richtlinie**[6], da § 16 Abs. 2 das von der UGP-Richtlinie materiellrechtlich beinahe[7] vollständig harmonisierte[8] B2C-Verhältnis berührt. Dass es sich bei § 16 Abs. 2 um eine Strafrechtsnorm handelt, ändert daran nichts. Der Vorrang des Unionsrechts, einschließlich der Verpflichtung zur richtlinienkonformen Auslegung, betrifft auch Normen des Strafrechts.[9] Dem deutschen Gesetzgeber war dies bewusst.[10]

2. Regelungsgegenstand und Zweck. § 16 Abs. 2 verbietet die progressive Kunden- 3 werbung, insbesondere sog. **„Schneeballsysteme"** und **„Pyramidensysteme",** aber auch bestimmte Arten von Gewinnspielen und Kettenbriefaktionen. Die Norm dient der Bekämpfung unlauterer „Schneeballsysteme" iwS.[11]

Typisch für die progressive Kundenwerbung ist die gezielte Veranlassung von Laien zur 4 Abnahme von Produkten durch das Versprechen bestimmter Vorteile (wie zB Preisnachlässe) für den Abschluss gleichartiger Geschäfte mit weiteren Laien, die wiederum entsprechende Vorteile für die Akquise weiterer Laien erhalten sollen.[12] Die Attraktivität der Produkte selbst ist für die Abnahmeentscheidung allenfalls von geringer Bedeutung; dem Abnehmer kommt es vielmehr darauf an, gerade durch die Einführung weiterer Teilnehmer in das System besondere Vorteile zu erlangen. Typischerweise ergeben sich die Umsätze in solchen Systemen dementsprechend nicht aus einer produktiven unternehmerischen Tätigkeit, sondern allein oder jedenfalls ganz überwiegend aus einem Ausbau der Struktur.[13]

Die progressive Kundenwerbung bringt für die Systemteilnehmer Risiken mit sich. Die 5 Systeme sind regelmäßig so angelegt, dass nach einem gewissen Ausbau der Struktur keine weiteren Kunden akquiriert werden können (**„Marktverstopfung").**[14] Es besteht also die Gefahr, dass zumindest die zuletzt geworbenen Teilnehmer ihren (Geld-)Einsatz nicht durch die Anwerbung weiterer Teilnehmer amortisieren können und Verluste erleiden.[15] Ferner wird solchen Systemen ein **glücksspielartiger Charakter** zugeschrieben[16]; der jeweils Umworbene habe keinen ausreichenden Überblick über den Entwicklungsstand des

---

[3] Begr. RegE, BT-Drs. 10/5058, 38; Köhler/Bornkamm/Feddersen/Bornkamm Rn. 34.

[4] Gesetz zur vergleichenden Werbung und zur Änderung von wettbewerbsrechtlichen Vorschriften v. 1.9.2000, BGBl. I 1374.

[5] Gesetz gegen den unlauteren Wettbewerb (UWG) v. 3.7.2004, BGBl. I 1414.

[6] Richtlinie 2005/29/EG des Europäischen Parlaments und des Rates vom 11.5.2005 über unlautere Geschäftspraktiken im binnenmarktinternen Geschäftsverkehr zwischen Unternehmen und Verbrauchern und zur Änderung der Richtlinie 84/450/EWG des Rates, der Richtlinien 97/7/EG, 98/27/EG und 2002/65/EG des Europäischen Parlaments und des Rates sowie der Verordnung (EG) Nr. 2006/2004 des Europäischen Parlaments und des Rates, ABl. 2005 L 149, 22, berichtigt ABl. 2009 L 253, 18.

[7] Eine Ausnahme besteht für den Bereich der guten Sitten und des Anstands, Erwägungsgrund 7 S. 3 ff. UGP-Richtlinie. Innerhalb ihres Anwendungsbereichs harmonisiert die Richtlinie das B2C-Verhältnis vollständig.

[8] Harte-Bavendamm/Henning-Bodewig/Dreyer Rn. 1, 5; Ohly/Sosnitza/Ohly Einf. C Rn. 43, 45.

[9] Harte-Bavendamm/Henning-Bodewig/Dreyer Rn. 4; Dannecker ZStW 177 (2005), 697 (705 ff.); Eisele JA 2000, 991 (998); Soyka wistra 2007, 127 (128); im Hinblick auf § 16 Abs. 2 UWG aA Brammsen/Apel GRUR-Int 2014, 1119 (1122).

[10] Begr. RegE, BT-Drs. 16/10145, 18.

[11] Begr. RegE, BT-Drs. 15/1487, 26.

[12] Köhler/Bornkamm/Feddersen/Bornkamm Rn. 35; Harte-Bavendamm/Henning-Bodewig/Dreyer Rn. 47.

[13] Harte-Bavendamm/Henning-Bodewig/Dreyer Rn. 47.

[14] Dies folgt aus der den Systemen idR zugrunde liegenden mathematischen Gesetzmäßigkeit (geometrische Reihe).

[15] Köhler/Bornkamm/Feddersen/Bornkamm Rn. 35; Harte-Bavendamm/Henning-Bodewig/Dreyer Rn. 47; das Ziel der Marktverengung ist für sich genommen jedoch legitim, vgl. Krack FS Otto, 2007, 609 (613).

[16] Insoweit zu Recht kritisch Krack FS Otto, 2007, 609 (614 f.).

Systems und wisse daher nicht, ob ihm die Anwerbung weiterer Abnehmer gelingen wird.[17] Darüber hinaus soll die Gefahr bestehen, dass potenzielle Kunden durch irreführende Versprechungen geworben werden.[18] Diese Risiken dürften tatsächlich (allenfalls) bei der Ansprache von Verbrauchern[19], nicht aber von professionellen Teilnehmern am Geschäftsverkehr bestehen. Daher schützt das **abstrakte Gefährdungsdelikt**[20] nur **Verbraucher** vor **Täuschung, glücksspielartiger Willensbeeinflussung und Vermögensgefährdung**.[21] Sie sollen nicht in Vertriebsmethoden verstrickt werden, die schon ihrer Anlage nach für sie gefährlich und schadensträchtig sind.[22]

6 **Mittelbar** schützt die Norm die Interessen der Wettbewerber und der Allgemeinheit an einem unverfälschten Wettbewerb[23].

7 **3. Erscheinungsformen progressiver Kundenwerbung.** Die verschiedenen Erscheinungsformen progressiver Kundenwerbung werden **uneinheitlich systematisiert.**[24] Dies gilt insbesondere im Hinblick auf die Einordnung von (Geld-)Gewinnspielen und Kettenbriefsystemen. (Geld-)Gewinnspiele und Kettenbriefsysteme sind zwar Erscheinungsformen der progressiven Kundenwerbung, aber kein Unterfall von Schneeball- oder Pyramidensystemen.

8 **a) Schneeballsysteme ieS.** Charakteristisch für Schneeballsysteme ieS ist, dass die Teilnehmer vom Unternehmer **kostengünstig, oft kostenlos, Produkte erwerben können, sofern sie ihm weitere Abnehmer zuführen;** pro Abnehmer erhalten sie dann beispielsweise Gutschriften, die auf den Preis des von ihnen selbst erworbenen Produkts angerechnet werden. Als Beleg, dass die neuen Abnehmer auf ihre Vermittlung hin bestellt haben, verwenden die Teilnehmer Bestellscheine oÄ, die sie zuvor für einen bestimmten Betrag beim Unternehmer erwerben mussten.[25] Auch diese Bestellscheine können sie an die weiteren Abnehmer vertreiben.[26] Dies setzt sich nach der Konzeption der Systeme auf allen weiteren Stufen fort. Die Produktlieferung erfolgt typischerweise erst nachdem der Teilnehmer den Produktpreis – bei Vermittlungserfolgen abzüglich der Gutschriften – gezahlt hat.[27]

9 Der Unternehmer kontrahiert nicht nur mit den selbst geworbenen Systemteilnehmern, seinen Erstkunden, sondern auch mit allen von diesen und weiteren Teilnehmern geworbenen Abnehmern.[28]

10 **b) Pyramidensysteme.** Pyramidensysteme **binden die Teilnehmer regelmäßig stärker in den Vertrieb der Produkte ein als Schneeballsysteme ieS.** Gleichwohl zeichnen sich die nach § 16 Abs. 2 strafbaren Varianten dadurch aus, dass der Vertriebsaspekt der Verschleierung des eigentlichen Zwecks dient, durch den Ausbau des Systems Umsätze zu generieren. Pyramidensysteme sehen vor, dass der Unternehmer nur mit den von ihm selbst geworbenen Erstkunden Vereinbarungen trifft, während die Erstkunden und alle weiteren Kunden ihrerseits mit den von ihnen geworbenen Kunden system- und

---

[17] BT-Drs. 10/5058, 38; vgl. Harte-Bavendamm/Henning-Bodewig/Dreyer Rn. 47.
[18] BT-Drs. 10/5058, 38; Harte-Bavendamm/Henning-Bodewig/Dreyer Rn. 47.
[19] BT-Drs. 15/1487, 26.
[20] BGH NJW 2011, 1236 Rn. 27; Köhler/Bornkamm/Feddersen/Bornkamm Rn. 4; Harte-Bavendamm/Henning-Bodewig/Dreyer Rn. 47; MüKoStGB/S. Hohmann Rn. 63.
[21] BT-Drs. 10/5058, 39; BGH NJW 2011, 1236 Rn. 27; Harte-Bavendamm/Henning-Bodewig/Dreyer Rn. 47.
[22] BGH NJW 2011, 1236 Rn. 27; Erbs/Kohlhaas/Diemer Rn. 123.
[23] Harte-Bavendamm/Henning-Bodewig/Dreyer Rn. 47.
[24] Vgl. zB Fezer/Büscher/Obergfell/Rengier Rn. 124 ff. einerseits und Köhler/Bornkamm/Feddersen/Bornkamm Rn. 50 f. andererseits.
[25] Vgl. BGHSt 2, 79; MüKoUWG/Brammsen Rn. 85; weitere Beispiele bei Fezer/Büscher/Obergfell/Rengier Rn. 126 f.
[26] So zB in BGHSt 2, 79.
[27] So zB in BGHSt 2, 79.
[28] MüKoStGB/S. Hohmann Rn. 69; Köhler/Bornkamm/Feddersen/Bornkamm Rn. 35; Fezer/Büscher/Obergfell/Rengier Rn. 125.

inhaltsgleiche Verträge abschließen.[29] Typischerweise verpflichten sich die Erstkunden, eine große Menge von Produkten abzunehmen, die sie an weitere Abnehmer vertreiben sollen.[30] Ihnen wird vorgespiegelt, sie könnten die abgenommenen Produkte leicht selbst oder durch von ihnen angeworbene Abnehmer absetzen, was typischerweise nicht der Fall ist.[31] Nicht selten kommen weitere Kosten hinzu, insbesondere für (idR inhaltsarme) Seminarveranstaltungen[32] oder Schulungsmaterialien[33]. Vermeintliches Ziel des einzelnen Teilnehmers ist es regelmäßig, sich eine eigene Vertriebsorganisation aufzubauen, wobei er aus dem Aufbau nachfolgender Vertriebsstufen Provisionen oder andere Vorteile erzielen kann.[34] Es bietet sich geradezu an, durch Begriffe wie „Franchisenehmer", „Vertragshändler" oder „Fachhändler" Seriosität zu suggerieren, die Motivation der Teilnehmer zu steigern und den tatsächlichen Charakter des Systems zu verschleiern.[35]

c) Schenkkreise. Bei den sog. Schenkkreisen[36] wenden dem System beitretende Mit- **11** glieder bisherigen Mitgliedern, die danach aus dem System ausscheiden, teilweise erhebliche Geldbeträge als „Geschenk" zu.[37] Die Zuwendung geschieht in der Hoffnung, später, dh nach Erreichen der Spitze des Systems, selbst „beschenkt" zu werden.[38]

d) Geldgewinnspiele. Bei Geldgewinnspielen, einer Abwandlung von Schneeball- und **12** Pyramidensystemen[39], **steht die Erlangung von Spieleinsätzen durch neu anzuwerbende Mitspieler im Vordergrund.**[40] Anders als bei den oben unter b) behandelten Pyramidensystemen ist der Vertrieb von Produkten typischerweise ohne jede Bedeutung, dh er wird nicht einmal zur Verschleierung des wahren Charakters des Systems eingesetzt. IdR wird den Teilnehmern das Mitgliedschaftsrecht in einem System angeboten, das die Erzielung hoher Einnahmen verspricht.[41] Dies kann mit weiteren Angeboten kombiniert werden, etwa dem Angebot zur Teilnahme an Schulungen zur Werbung neuer Mitglieder. Die Mitspieler erwerben das Mitgliedschaftsrecht gegen Zahlung eines Geldbetrags, den sie danach durch die Akquise neuer Mitspieler zu amortisieren versuchen. Die erfolgreiche Akquise wird typischerweise durch die Erhöhung von Provisionen oder durch Rechte zur Partizipation an der Anwerbeprovision der selbst akquirierten Teilnehmer belohnt.[42] Der Veranstalter des Spiels tritt nach dessen Initiierung regelmäßig als dessen Verwalter auf, dh er erteilt Aufnahmebescheinigungen, berechnet Spielstände und Spielgewinne etc, und verlangt dafür ein Entgelt.[43] Regelmäßig wird er nicht Vertragspartner der neu eintretenden Teilnehmer.[44]

e) Kettenbriefsysteme. Kettenbriefsysteme sehen vor, dass die in das System eintreten- **13** den Teilnehmer möglichst viele weitere Teilnehmer anwerben sollen, damit die Kette nicht abreißt.[45] Typischerweise wird den Teilnehmern als **Ziel das Vorrücken auf Platz eins der zirkulierten Teilnehmer-Liste** genannt, das ihnen erhebliche Geldgewinne besche-

---

[29] MüKoStGB/S. Hohmann Rn. 70; Köhler/Bornkamm/Feddersen/Bornkamm Rn. 35; Fezer/Büscher/Obergfell/Rengier Rn. 125.

[30] Fezer/Büscher/Obergfell/Rengier Rn. 128 f.; MüKoUWG/Brammsen Rn. 86.

[31] Otto JURA 1999, 97 (98).

[32] OLG Frankfurt a. M. wistra 1986, 31.

[33] MüKoUWG/Brammsen Rn. 87 f.

[34] MüKoUWG/Brammsen Rn. 87 f.

[35] Fezer/Büscher/Obergfell/Rengier Rn. 128 ff.

[36] Bsp. aus der Rspr.: BGH NJW 2006, 45; siehe auch Brammsen/Apel GRUR-Int 2014, 1119 (1123).

[37] Bsp. aus der Rspr.: BGH NJW 2006, 45.

[38] Fezer/Büscher/Obergfell/Rengier Rn. 135; Dornis WRP 2007, 1303 (1304).

[39] MüKoUWG/Brammsen Rn. 89; vgl. zur Konzeption auch Otto wistra 1997, 81 ff.

[40] MüKoUWG/Brammsen Rn. 89; Bsp. aus der Rspr.: BGH NJW 1998, 390; ferner BGH NJW 1997, 2314 – World Trading System.

[41] MüKoUWG/Brammsen Rn. 89 f.

[42] MüKoUWG/Brammsen Rn. 89 f.

[43] Otto wistra 1997, 81 (82).

[44] Otto wistra 1997, 81 (82).

[45] Fezer/Büscher/Obergfell/Rengier Rn. 131; Bsp. aus der Rspr.: OLG Stuttgart wistra 1990, 165.

ren werde, während der Absatz von Produkten keine Rolle spielt.[46] Zu unterscheiden sind die nicht strafbaren sog. **„Selbstläufersysteme"** (→ Rn. 24), bei denen der Initiator die Kette lediglich in Gang setzt, ohne den weiteren Verlauf zu überwachen oder zu verwalten, und die zentralgesteuerten bzw. **verwalteten Systeme,** bei denen der Initiator den weiteren Fortgang des Systems gegen Entgelt steuert bzw. überwacht.[47]

14   **4. Relevanz in der wirtschaftsrechtlichen Beratung.** In der wirtschaftsrechtlichen Beratung kommen die oben unter **3.** dargestellten Systeme (→ Rn. 7 ff.) **praktisch nicht vor,** anders als die vom Tatbestand regelmäßig nicht erfassten sog. **„Multilevel-Marketing-Systeme"**[48] **(„MLM-Systeme").**[49] Diese weisen allerdings durch die Einbindung von Laien in das Vertriebssystem und die Honorierung von Aufbau und Pflege der Vertriebsstruktur je nach Ausgestaltung jedenfalls auf den ersten Blick oft eine gewisse Ähnlichkeit mit Systemen der progressiven Kundenwerbung auf. Zur Abgrenzung von MLM-Systemen von der progressiven Kundenwerbung → Rn. 56.

15   **5. Verhältnis zu anderen Vorschriften.** In **strafrechtlicher Hinsicht** sind im Zusammenhang mit § 16 Abs. 2 einige weitere Vorschriften zu beachten, insbesondere § 16 Abs. 1 und § 263 StGB (Konkurrenzen, → Rn. 73).

16   Tatbestandlich steht § 16 Abs. 2 in engem **Zusammenhang mit § 3 Abs. 1, Abs. 3 iVm Nr. 14 des Anhangs zu § 3 Abs. 3,** der ebenfalls die progressive Kundenwerbung betrifft. Danach sind Einführung, Betrieb und Förderung von Systemen zur Verkaufsförderung, bei denen vom Verbraucher ein finanzieller Beitrag für die Möglichkeit verlangt wird, allein oder hauptsächlich durch die Einführung weiterer Teilnehmer in das System eine Vergütung zu erlangen, per se lauterkeitsrechtlich verboten. Zu den möglichen **Rechtsfolgen von Verstößen gegen § 16 Abs. 2 außerhalb des Strafrechts** → Rn. 75 ff.

II. Objektiver Tatbestand

17   **1. Veranstalter als Täter. Täter** ist derjenige, der die Straftat selbst oder durch einen anderen begeht (§ 25 Abs. 1 StGB), dh derjenige, der die jeweilige Werbung bzw. das System im geschäftlichen Verkehr selbst oder durch einen anderen in Gang setzt und betreibt.[50] Je nach Ausgestaltung des Systems können auch **mehrere Personen Veranstalter** sein. Bei einer Kettenbriefaktion ist zB nicht nur derjenige Veranstalter, der die Aktion durch die Veräußerung von „Zertifikaten" an die Teilnehmer in Gang setzt; vielmehr ist auch derjenige als Veranstalter anzusehen, der den weiteren Verlauf der Aktion organisiert und kontrolliert.[51]

18   Ist der Initiator des Systems nicht als (Mit-)Täter anzusehen, kommt regelmäßig **Anstiftung** iSv § 26 StGB in Betracht.[52]

19   Im Hinblick auf die **Organ- und Vertreterhaftung,** insbesondere bei juristischen Personen, ist § 14 StGB zu beachten.[53]

20   Die Kunden bzw. Abnehmer des Systems sind als dessen Opfer und **notwendige Teilnehmer**[54] grundsätzlich straflos. Dies gilt allerdings nur insoweit, als sie nicht darüber hinaus tätig geworden sind und sich auf ihre Opferrolle bzw. auf Tätigkeiten im Zusam-

---

[46] Fezer/Büscher/Obergfell/Rengier Rn. 131.
[47] Fezer/Büscher/Obergfell/Rengier Rn. 132 f.
[48] Auch als „Strukturvertrieb" bezeichnet.
[49] Bsp. für ein MLM-System: OLG Frankfurt a. M. BeckRS 2011, 16036.
[50] Erbs/Kohlhaas/Diemer Rn. 125.
[51] OLG Stuttgart wistra 1990, 165 (166) mit Anm. Richter wistra 1990, 167; Erbs/Kohlhaas/Diemer Rn. 125.
[52] Köhler/Bornkamm/Feddersen/Bornkamm Rn. 39.
[53] Vgl. dazu näher MüKoStGB/Radtke § 14 Rn. 1 ff.
[54] Begr. RegE BT-Drs. 10/5058, 39; Köhler/Bornkamm/Feddersen/Bornkamm Rn. 39; Ohly/Sosnitza/Sosnitza Rn. 41 f.

menhang mit ihrer eigenen Anwerbung durch Dritte beschränkt haben. Unternimmt ein Opfer die Anwerbung weiterer Verbraucher, handelt es sich nicht mehr um eine lediglich notwendige Teilnahme.[55] Das Opfer wird vielmehr selbst zum Täter.

Angestellte oder Beauftragte des Veranstalters können je nach Tatbeitrag und Wil- 21 lensrichtung Täter, Anstifter oder **Gehilfen** sein.[56]

2. Unternehmen im geschäftlichen Verkehr. a) Im geschäftlichen Verkehr. § 16 22 Abs. 2 verlangt ein **Handeln im geschäftlichen Verkehr,** während die meisten Vorschriften des UWG seit 2004 auf das Vorliegen einer „geschäftlichen Handlung" iSv § 2 Abs. 1 Nr. 1 abstellen.[57] Ein Handeln im geschäftlichen Verkehr liegt bei jeder **selbständigen, wirtschaftlichen Zwecken dienenden Tätigkeit** im weitesten Sinne vor.[58] Es ist unerheblich, ob im Rahmen der Tätigkeit ein Gewinn erzielt wird.[59] Unerheblich ist ferner, ob der Veranstalter einen Gewerbebetrieb unterhält.[60]

Kein Handeln im geschäftlichen Verkehr liegt vor, wenn die **öffentliche Hand** aufgrund 23 gesetzlicher Ermächtigung hoheitlich tätig wird.[61] Ebenso wenig erfasst wird das private oder lediglich betriebsinterne Verhalten.[62]

Bei **Kettenbriefsystemen** kann es an einem Handeln im geschäftlichen Verkehr fehlen, 24 wenn der Veranstalter eines Kettenbriefsystems dieses lediglich in Gang setzt und Erwerb und Weiterveräußerung von Namenslisten ohne zentrale Steuerung allein in der Verantwortung der privaten Teilnehmer des Systems liegen (**„Selbstläufersysteme"**).[63]

§ 16 Abs. 2 verlangt **kein Handeln gerade zu Zwecken des Wettbewerbs**[64] und 25 keinen „spezifischen Wettbewerbsbezug"[65].

b) Unternehmen. Der Straftatbestand ist als Unternehmensdelikt iSv § 11 Abs. 1 Nr. 6 26 StGB ausgestaltet. Damit wird bereits der Versuch erfasst, das Werbe- und Vertriebssystem in Gang zu setzen.[66] Erforderlich ist gemäß § 22 StGB ein unmittelbares Ansetzen zur Verwirklichung des Tatbestandes.[67] Das Täterverhalten muss demnach darauf gerichtet sein, den geschützten Personenkreis zur Abnahme von Waren, Dienstleistungen oder Rechten zu veranlassen[68], wofür jede Handlung im Rahmen des jeweiligen tatbestandlichen Werbesystems genügt, die geeignet ist, das Ziel zu erreichen.[69] Dagegen ist nicht erforderlich, dass bereits Kunden geworben worden sind.

---

[55] Fezer/Büscher/Obergfell/Rengier Rn. 165; Götting/Nordemann/Trepper Rn. 35; zu hohe Anforderungen („Nutznießer" des Systems) stellt insoweit Köhler/Bornkamm/Feddersen/Bornkamm Rn. 39; zu weitgehend auch Raube, Strafrechtliche Probleme der progressiven Kundenwerbung unter besonderer Berücksichtigung von Kettenbriefen, 182 ff., Erbs/Kohlhaas/Diemer Rn. 126 (erfolgreiche Anwerbung und Integration neuer Kunden erforderlich).

[56] Erbs/Kohlhaas/Diemer Rn. 125.

[57] Vgl. dazu auch Köhler/Bornkamm/Feddersen/Bornkamm Rn. 1; bereits die UWG-Reform 2004 brachte mit der „Wettbewerbshandlung" einen terminologischen Wandel.

[58] Köhler/Bornkamm/Feddersen/Bornkamm Rn. 40; Harte-Bavendamm/Henning-Bodewig/Dreyer Rn. 50.

[59] OLG Karlsruhe GRUR 1989, 615; Harte-Bavendamm/Henning-Bodewig/Dreyer Rn. 50.

[60] Harte-Bavendamm/Henning-Bodewig/Dreyer Rn. 50.

[61] BGH GRUR 2006, 428 Rn. 12 – Abschleppkosten-Inkasso; MüKoUWG/Brammsen Rn. 116; Harte-Bavendamm/Henning-Bodewig/Dreyer Rn. 50.

[62] BGH GRUR 2000, 1076 (1077); NJW 1987, 851 (853); Köhler/Bornkamm/Bornkamm Rn. 40; Harte-Bavendamm/Henning-Bodewig/Dreyer Rn. 50.

[63] BGH NJW 1987, 851 (853); Granderath wistra 1988, 173 (175); Finger ZRP 2006, 159 (160); Köhler/Bornkamm/Feddersen/Bornkamm Rn. 40; Harte-Bavendamm/Henning-Bodewig/Dreyer Rn. 50.

[64] Harte-Bavendamm/Henning-Bodewig/Dreyer Rn. 51; aA Alexander WRP 2004, 407 (413).

[65] Harte-Bavendamm/Henning-Bodewig/Dreyer Rn. 52; Alexander WRP 2004, 407 (413); aA OLG Rostock wistra 1998, 234 (236).

[66] BT-Drs. 10/5058, 39; BGH NJW 2011, 1236 Rn. 28; MüKoStGB/S. Hohmann Rn. 73.

[67] MüKoStGB/Hoffmann-Holland StGB § 22 Rn. 109 ff. stellt die Auff. der Rspr. zum Vorliegen des unmittelbaren Ansetzens iE dar.

[68] BGH NJW 2011, 1236 Rn. 28; Erbs/Kohlhaas/Diemer Rn. 129; Köhler/Bornkamm/Feddersen/Bornkamm Rn. 41; MüKoStGB/S. Hohmann Rn. 78; Ohly/Sosnitza/Sosnitza Rn. 36.

[69] BGH NJW 2011, 1236 Rn. 28; Erbs/Kohlhaas/Diemer Rn. 129.

27   **3. Verbraucher als Tatopfer.** Die Tathandlung muss sich gegen **Verbraucher** richten. Als Verbraucher gilt gemäß § 2 Abs. 2 iVm § 13 BGB eine natürliche Person, die ein Rechtsgeschäft zu einem Zweck abschließt, der weder ihrer gewerblichen noch ihrer selbständigen beruflichen Tätigkeit zugerechnet werden kann.[70] Ob der Zweck einer gewerblichen oder selbständigen beruflichen Tätigkeit zugerechnet werden kann, hängt von dem durch Auslegung zu ermittelnden Inhalt des Rechtsgeschäfts ab, wobei erforderlichenfalls die Begleitumstände einzubeziehen sind.[71]

28   Der unionsrechtlich vorgegebene Verbraucherbegriff wird vom EuGH grundsätzlich eng ausgelegt. Danach sind nur solche Verträge von den Verbraucherschutzvorschriften erfasst, die eine Einzelperson zur Deckung ihres Eigenbedarfs für Zwecke des privaten Verbrauchs abschließt. Ein solcher Vertrag liegt aber nicht vor, wenn Vertragszweck die zukünftige Aufnahme einer beruflichen oder gewerblichen Tätigkeit ist.[72] Da die angesprochenen Personen in das System einsteigen, um im Rahmen der Systemteilnahme ein Einkommen zu erwirtschaften, spricht einiges für die Annahme, dass es sich bei ihnen nicht um Verbraucher, sondern um **Existenzgründer** handelt; diese sollten aber nach der bewussten gesetzgeberischen Beschränkung des geschützten Personenkreises von „Nichtkaufleuten" auf „Verbraucher" im Rahmen der UWG-Reform 2004[73] eigentlich von 16 Abs. 2 nicht (mehr) geschützt sein.[74]

29   Der **BGH** steht gleichwohl auf dem Standpunkt, dass die angesprochenen Personen als Verbraucher zu qualifizieren seien, sofern sie noch keine definitive Entscheidung über eine Existenzgründung treffen, sondern sich im Vorfeld dieser Entscheidung befinden.[75] Maßgeblich sei der Zeitpunkt, in dem der Geworbene erstmals durch das Absatzkonzept des Veranstalters in der Weise angesprochen werde, dass die Werbung unmittelbar in die Abnahme des Produkts einmünden solle.[76] Demnach werden Existenzgründer, folgt man dem BGH, regelmäßig als Verbraucher zu qualifizieren sein, da es im Moment der erstmaligen Ansprache noch an einem Entschluss zum Systembeitritt fehlen wird. Dieses Ergebnis ist mit Sinn und Zweck der UWG-Reform 2004 allerdings nicht in Einklang zu bringen. Auch ist es rechtspolitisch fragwürdig, weil der unionsrechtliche Verbraucherbegriff enger ist als der Verbraucherbegriff des § 16 Abs. 2. Folgt man dem BGH, kann § 16 Abs. 2 in einigen Konstellationen eingreifen, in denen das Verhalten nicht als unlauter iSv Nr. 14 des Anhangs zu § 3 Abs. 3 iVm § 3 Abs. 1, 3 zu qualifizieren ist, weil es (bei Zugrundelegung des unionsrechtlichen Verbraucherbegriffs) am Vorliegen einer geschäftlichen Handlung gegenüber Verbrauchern fehlt. Vielmehr liegt nur eine geschäftliche Handlung gegenüber Unternehmern vor (→ § 3 Abs. 1, 3 iVm Nr. 14 des Anhangs zu § 3 Abs. 3 Rn. 12). Insoweit ist auf Grundlage der BGH-Rechtsprechung strafrechtlich sanktioniert, was lauterkeitsrechtlich erlaubt ist.[77] Dieser Wertungswiderspruch müsste wegen des Vorrangs des Unionsrechts eigentlich zu Gunsten des unionsrechtlichen Verbraucherbegriffs gelöst werden. Die Rechtsprechung des BGH erklärt sich daher nur vor dem Hintergrund rechtspolitischer Erwägungen.

30   Versuchen die Angeworbenen später selbst im Rahmen des Systems Dritte zu akquirieren oder erwerben sie Waren, Dienstleistungen oder Rechte zum Weiterverkauf, so handeln sie

---

[70] Vgl. bzgl. der Problematik, ob sich der deutsche und europäische Verbraucherbegriff decken, etwa BGH NJW 2011, 1236 Rn. 29; Mäsch/Hesse GRUR 2010, 10 (12 ff.).

[71] BGH NJW 2011, 1236 Rn. 24.

[72] EuGH Slg. 1997, I-3767 Rn. 17 – Dentalkit; ebenso BGH NJW 2008, 435 Rn. 6; 2005, 1273 (1274).

[73] BT-Drs. 15/1487, 26.

[74] Mäsch/Hesse GRUR 2010, 10 (14).

[75] BGH NJW 2011, 1236 Rn. 24 ff.; 2008, 435 Rn. 6 f.; ebenso Brammsen/Apel WRP 2011, 400 (404); dies. GRUR-Int 2014, 1119 (1122); Köhler/Bornkamm/Feddersen/Bornkamm Rn. 41; aA Mäsch GRUR-Prax 2011, 200.

[76] BGH NJW 2011, 1236 Rn. 24 ff., 30; Köhler/Bornkamm/Feddersen/Bornkamm Rn. 41; Brammsen/Apel WRP 2011, 400 (404); Wünsche BB 2012, 273 (274 f.).

[77] Als weitere Folge kann aufgrund des Verstoßes gegen § 16 Abs. 2 Nichtigkeit nach §§ 134, 138 Abs. 1 BGB eintreten.

als **Unternehmer,** da sie zum Zwecke der Absatzmittlung und damit gewerblich tätig werden.[78]

4. Veranlassung zur Abnahme von Waren, Dienstleistungen oder Rechten durch **31** **das Versprechen der Erlangung besonderer Vorteile unter aufschiebender Bedingung.** Der Gesetzgeber hat anstelle einer kurzen und prägnanten Formulierung eine **ausgreifende Formulierung** gewählt, die eine **präzise Abgrenzung verbotener progressiver Kundenwerbung von erlaubten Systemen erschwert.**[79] § 16 Abs. 2 verlangt, dass der Täter es unternimmt, „Verbraucher zur Abnahme von Waren, Dienstleistungen oder Rechten durch das Versprechen zu veranlassen, sie würden entweder vom Veranstalter selbst oder von einem Dritten besondere Vorteile erlangen, wenn sie andere zum Abschluss gleichartiger Geschäfte veranlassen, die ihrerseits nach der Art dieser Werbung derartige Vorteile für eine entsprechende Werbung weiterer Abnehmer erlangen sollen." Praktisch geht es um die Prüfung, ob das jeweilige System in erster Linie auf den Vertrieb von Waren, Dienstleistungen oder Rechten oder auf den Ausbau der eigenen Struktur ausgerichtet ist.[80] Maßgeblich ist insofern eine **Gesamtschau** aller Elemente des Systems.[81]

a) Abnahme von Waren, Dienstleistungen oder Rechten. Abnahme ist jeder **32** **entgeltliche Erwerb,** unabhängig von der Bezeichnung (Kaufpreis, Gebühr etc)[82], wodurch auch auf Vermietung, Verleihung oder Leasing gerichtete Systeme erfasst werden.[83]

Waren sind alle wirtschaftlich verwertbaren Güter, die im geschäftlichen Verkehr ge- **33** handelt werden können.[84] Unter den Begriff der Waren fallen auch **Rechte** wie zB Forderungen oder Immaterialgüterrechte,[85] so dass die ausdrückliche Benennung im Tatbestand von § 16 Abs. 2 als Klarstellung zu verstehen ist.[86] Hierzu gehört auch das „Mitgliedschaftsrecht" in einem System progressiver Kundenwerbung.[87] Auch ein solches Mitgliedschaftsrecht hat einen gewissen Vermögenswert[88], da es dem Mitglied grundsätzlich die Chance eröffnet, im Rahmen der Systemteilnahme Gewinn zu erzielen.[89] Ohne dieses Recht stände ihm diese Chance nicht offen.

Dienstleistungen sind alle geldwerten unkörperlichen Leistungen gewerblicher oder **34** freiberuflicher Natur, die für einen anderen erbracht werden.[90]

b) Veranlassen durch das Versprechen besonderer, vom Veranstalter oder Drit- **35** **ten zu erlangender Vorteile unter aufschiebender Bedingung. aa) Veranlassen** **durch das Versprechen.** Der Begriff des **Veranlassens** ist weit auszulegen[91] und bezeichnet jede Tätigkeit, die auf die **psychische**[92] **Beeinflussung** im Hinblick auf die Ent-

---

[78] Köhler/Bornkamm/Feddersen/Bornkamm Rn. 41; Ohly/Sosnitza/Sosnitza Rn. 42.
[79] Zweifel an der Verfassungsmäßigkeit des § 16 Abs. 2 äußern Mäsch/Hesse GRUR 2010, 10 (12).
[80] Vgl. OLG Frankfurt a. M. BeckRS 2011, 16036; 2011, 18934.
[81] BGH NJW 2011, 1236 Rn. 35; OLG Frankfurt a. M. BeckRS 2011, 16036; 2011, 18934.
[82] MüKoUWG/Brammsen Rn. 111; Erbs/Kohlhaas/Diemer Rn. 129.
[83] Harte-Bavendamm/Henning-Bodewig/Dreyer Rn. 62.
[84] BayObLG GRUR 1991, 245 – Kettenbriefaktion; Brammsen/Apel WRP 2011, 400 (403) mwN.
[85] MüKoUWG/Brammsen Rn. 112, 114; Erbs/Kohlhaas/Diemer Rn. 132.
[86] Brammsen/Apel WRP 2011, 400 (403); vgl. in diesem Zusammenhang auch Art. 2 lit. c RL 2005/29/EG.
[87] BGH NJW 1998, 390 (391); vgl. auch OLG München NJW 1986, 1880 zu progressiver Kundenwerbung in Gestalt eines Franchisesystems.
[88] AA Otto wistra 1998, 227.
[89] BGH NJW 1998, 390 (391). Beckemper wistra 1999, 169 (171) wertet als besonderen Vorteil das Recht, sich durch eigene Aktivitäten einen „Anspruch zu verdienen".
[90] BGH GRUR 2007, 981 Rn. 27 – 150% Zinsbonus; Ohly/Sosnitza/Sosnitza § 2 Rn. 48; Brammsen/Apel WRP 2001, 400 (403).
[91] Fezer/Büscher/Obergfell/Rengier Rn. 141; Harte-Bavendamm/Henning-Bodewig/Dreyer Rn. 61.
[92] Alexander WRP 2004, 407 (415); Brammsen/Apel WRP 2011, 400 (405) stellen zu Recht fest, dass eine Veranlassung ohne „psychische" oder intellektuelle Beeinflussung kaum möglich erscheint.

scheidung über die Abnahme der angebotenen Gegenstände gerichtet ist[93], wobei wegen der Ausgestaltung der Norm als Unternehmensdelikt bereits der **Versuch** des Veranlassens genügt.

36   Das **Versprechen** besonderer Vorteile ist die Zusage der Gewährung solcher Vorteile.[94] Dabei reicht die einseitige verbindliche Ankündigung eines Vorteils aus; auf die Annahme der Erklärung oder die Einklagbarkeit von Ansprüchen kommt es nicht an.[95] Der Versprechende muss dem Empfänger die einseitige Willenserklärung zur Kenntnis geben.[96]

37   Das Gesetz verlangt einen **Zusammenhang („durch")** zwischen dem Versprechen der besonderen Vorteile (unter aufschiebender Bedingung) und dem Veranlassen des Verbrauchers zur Abnahme der Waren, Dienstleistungen oder Rechte.[97] Dieser Zusammenhang beider Elemente begründet die besondere Gefährlichkeit der progressiven Kundenwerbung.[98] Er bringt die Bedeutung des Vorteilsversprechens für den Systembeitritt zum Ausdruck. Zu unterscheiden ist dieser Zusammenhang von dem Bedingungszusammenhang zwischen der Anwerbung neuer Verbraucher und der Erlangung der versprochenen besonderen Vorteile (→ Rn. 48 ff.). Der Zusammenhang besteht dann, wenn **gerade** das Vorteilsversprechen den Verbraucher zur Abnahme der Waren, Dienstleistungen oder Rechte veranlasst.[99] Es genügt zB nicht, wenn der Erstkunde überwiegend oder allein aus persönlichen Motiven an dem System teilnimmt. Es reicht auch nicht aus, dass der Verbraucher lediglich Kenntnis vom Vertriebssystem erhält und deshalb mitwirkt.[100] Die Natur des Zusammenhangs zwischen Versprechen und Veranlassen zur Abnahme ist nicht geklärt. Literatur und Rechtsprechung gehen darauf regelmäßig nicht ein, lediglich vereinzelt findet sich die Feststellung, „gerade"[101] das Vorteilsversprechen müsse den Verbraucher zur Abnahme veranlassen, oder die Annahme, es handele sich um einen Kausalzusammenhang.[102] Letztere Position erscheint nach der Gestaltung des Tatbestands vorzugswürdig, wobei sie dahingehend zu präzisieren ist, dass es sich um eine **psychisch vermittelte Kausalität**[103] handelt. Ein Veranlassen geht einer psychischen Beeinflussung der Verbraucher gerade voraus. Müsste das Vorteilsversprechen (nach dem Täterplan) nicht kausal für die Abnahme sein, käme eine Strafbarkeit auch dann in Betracht, wenn das Vorteilsversprechen selbst für die Abnahmeentscheidung des Verbrauchers irrelevant wäre. Dies ließe sich kaum mit dem Wortlaut vereinbaren und wäre auch im Ergebnis wenig überzeugend.

38   Eine **Mitursächlichkeit** anderer Motive im Rahmen der Veranlassung zur Abnahme ist unschädlich.[104]

39   **bb) Besondere Vorteile.** Das Versprechen muss sich auf **besondere Vorteile** beziehen. Die in Aussicht gestellten Vorteile müssen geeignet sein, „die typische Dynamik eines Systems der progressiven Kundenwerbung in Gang zu setzen".[105] Sie müssen also die angesprochenen Personen dazu bewegen können, Dritte für das System zu werben, die wiederum weitere Dritte werben etc.

---

[93] BGH NJW 2011, 1236 Rn. 28; Erbs/Kohlhaas/Diemer Rn. 129; Harte-Bavendamm/Henning-Bodewig/Dreyer Rn. 61.

[94] Erbs/Kohlhaas/Diemer Rn. 138.

[95] Harte-Bavendamm/Henning-Bodewig/Dreyer Rn. 60.

[96] Erbs/Kohlhaas/Diemer Rn. 138.

[97] MüKoStGB/S.Hohmann Rn. 83; Brammsen/Apel GRUR-Int 2014, 1119 (1124) sprechen von einem objektiven Zusammenhang.

[98] Harte-Bavendamm/Henning-Bodewig/Dreyer Rn. 64.

[99] Harte-Bavendamm/Henning-Bodewig/Dreyer Rn. 64; MüKoStGB/S. Hohmann Rn. 83.

[100] MüKoStGB/S. Hohmann Rn. 83.

[101] Harte-Bavendamm/Henning-Bodewig/Dreyer Rn. 64; MüKoStGB/S. Hohmann Rn. 83; so evtl. auch OLG Rostock wistra 1998, 234 (235) („dadurch").

[102] MüKoStGB/S. Hohmann Rn. 84 (ursächlich); aA wohl Fezer/Büscher/Obergfell/Rengier Rn. 157: „Das Inaussichtstellen des Vorteils muss für das Abnahmegeschäft nicht unbedingt kausal geworden sein".

[103] Vgl. hierzu näher NK-StGB/Puppe Vor § 13 Rn. 125 ff.

[104] MüKoStGB/S. Hohmann Rn. 84.

[105] Begr. RegE BT-Drs. 10/5058, 39; BGH NJW 1998, 390 (391); Köhler/Bornkamm/Feddersen/Bornkamm Rn. 46.

Es muss sich um **Vorteile,** also **vermögenswerte** Vergünstigungen handeln, auf die der **40** Empfänger keinen gesetzlichen Anspruch hat, und die ihn materiell besserstellen.[106] Daher genügen lediglich **immaterielle** Vergünstigungen nicht.[107]

Die Vorteile müssen **besonders** sein. **Belanglose, geringwertige** Vorteile sollen aus **41** dem Anwendungsbereich ausscheiden.[108] Ob es sich um belanglose bzw. geringwertige Vorteile handelt, ist eine Einzelfallfrage. Eine feste Wertgrenze lässt sich insoweit nicht bestimmen.[109] Auf die Rechtsprechung zu §§ 243 Abs. 2, 248a StGB (Geringwertigkeit; Grenze von 50 EUR[110]) kommt es nicht an.[111] Denn die besondere Gefährlichkeit von Systemen progressiver Kundenwerbung für die jeweiligen Teilnehmer ergibt sich aus den ihnen erwachsenden Nachteilen, nicht aber aus den (bloß) in Aussicht gestellten potentiellen Vorteilen. Wesentlich ist der Wert der Vorteile im Verhältnis zu dem vom Verbraucher für die Abnahme zu zahlenden Entgelt.[112] Stellt der Unternehmer zB Vorteile in Aussicht, die voraussichtlich selbst bei optimalem Verlauf nicht einmal annähernd eine Wiedererwirtschaftung des Entgelts erlauben werden, liegen keine besonderen Vorteile vor, weil sie nicht geeignet sind, die Angesprochenen zum Systembeitritt zu veranlassen.

Nach wohl allgM dürfen die besonderen Vorteile mit den Waren, Dienstleistungen oder **42** Rechten, die der Kunde abnehmen soll, **nicht identisch** sein, sondern müssen ein zusätzliches, den entscheidenden Anreiz für die Teilnahme schaffendes Lockmittel zur Integration des Kunden in das System bilden.[113] Dabei muss es sich allerdings nicht um einen gesondert gewährten Vorteil handeln; dieser kann zB auch darin liegen, dass das Entgelt für die Ware reduziert wird.[114]

Der BGH hat zutreffend als besonderen Vorteil im Rahmen eines **Geldgewinnspiels 43** Prämien oder Provisionen für die Anwerbung weiterer Teilnehmer angesehen. Die versprochenen Werbeprämien oder Provisionen bilden den entscheidenden Anreiz für die Teilnahme am System durch Erwerb des Mitgliedschaftsrechts.[115] Dieses Mitgliedschaftsrecht ist selbst kein besonderer Vorteil, da es allein die theoretische Chance auf die Erzielung von Gewinn durch Zugang zum System eröffnet. Es ist vielmehr Gegenstand der Abnahme.[116]

Bei zentral gesteuerten oder verwalteten **Kettenbriefsystemen** liegt der besondere Vorteil **44** regelmäßig in den in Aussicht gestellten Zahlungen der neu angeworbenen Teilnehmer an früher eingetretene Teilnehmer.[117] Dies ist unproblematisch vom Wortlaut erfasst, der auch von Dritten stammende Vorteile abdeckt.[118]

---

[106] Erbs/Kohlhaas/Diemer Rn. 134.

[107] Erbs/Kohlhaas/Diemer Rn. 135; aA MüKoStGB/S. Hohmann Rn. 85.

[108] Begr. RegE BT-Drs. 10/5058, 39.

[109] Harte-Bavendamm/Henning-Bodewig/Dreyer Rn. 57.

[110] OLG Zweibrücken NStZ 2000, 536; OLG Hamm NJW 2003, 3145; wistra 2004, 34; zust. zB Schönke/Schröder/Bosch StGB § 248a Rn. 8 ff.

[111] Vgl. hierzu zB MüKoStGB/S. Hohmann Rn. 87.

[112] Ohly/Sosnitza/Sosnitza Rn. 46; Harte-Bavendamm/Henning-Bodewig/Dreyer Rn. 57 ff.

[113] Zu § 6c aF BGH NJW 1998, 390 (391); Köhler/Bornkamm/Feddersen/Bornkamm Rn. 46; Erbs/Kohlhaas/Diemer Rn. 136.

[114] Begr. RegE BT-Drs. 10/5058, 39; allg. Erbs/Kohlhaas/Diemer Rn. 137; Harte-Bavendamm/Henning-Bodewig/Dreyer Rn. 57; Többens WRP 2005, 552 (554); aA offenbar zu § 6c aF BayObLG wistra 1990, 240 (241); Richter wistra 1990, 216 (217). Ist der „besondere Vorteil" im für die Ware, die Dienstleistung oder das Recht zu zahlenden Entgelt enthalten, so ist er „herauszurechnen", indem der Wert der Ware etc dem dafür zu zahlenden Entgelt gegenüber gestellt wird, Harte-Bavendamm/Henning-Bodewig/Dreyer Rn. 59.

[115] BGH NJW 1998, 390 (391).

[116] BGH NJW 1998, 390 (391); zust. Erbs/Kohlhaas/Diemer Rn. 137; aA Otto wistra 1998, 227 f. und Fezer/Büscher/Obergfell/Rengier Rn. 153 mwN.

[117] Harte-Bavendamm/Henning-Bodewig/Dreyer Rn. 60; Fezer/Büscher/Obergfell/Rengier Rn. 154 f. mit zutr. Verweis auf die Gesetzgebungsgeschichte; ebenso bereits unter § 6c aF OLG Stuttgart wistra 1990, 165 (166); aA BayObLG wistra 1990, 240 (241).

[118] Harte-Bavendamm/Henning-Bodewig/Dreyer Rn. 60; Fezer/Büscher/Obergfell/Rengier Rn. 154 f.; vgl. dazu auch BT-Drs. 14/2959, 12 f.

45   **cc) Vom Veranstalter selbst oder einem Dritten zu erlangen.** Die Vorteile müssen nach dem Versprechen vom **Veranstalter selbst oder einem Dritten** zu erlangen sein. Der Veranstalter muss nicht versprechen, dass er die Vorteile selbst gewähren werde. § 16 Abs. 2 erfasst seit seiner Neufassung im Jahr 2000 auch das Versprechen besonderer von einem Dritten zu erlangender Vorteile, womit insbesondere die Zahlungen seitens der durch den Verbraucher später angeworbenen Teilnehmer bzw. Mitglieder zu verstehen sind.[119]

46   Den Vorteil muss der **Verbraucher selbst** erlangen, das In-Aussicht-Stellen der Gewährung an Dritte ist vom Wortlaut nicht erfasst und kann daher nicht tatbestandsmäßig sein.[120]

47   Es muss sich um **zu erlangende** Vorteile handeln, dh der **Veranstalter** muss zum Ausdruck bringen, die angesprochene Person werde einen bestimmten besonderen Vorteil **tatsächlich erhalten.**[121]

48   **dd) Aufschiebende Bedingung („wenn sie andere zum Abschluss gleichartiger Geschäfte veranlassen, die ihrerseits nach der Art dieser Werbung derartige Vorteile für eine entsprechende Werbung weiterer Abnehmer erlangen sollen").** Das System muss vorsehen, dass der Verbraucher die besonderen Vorteile für die Veranlassung anderer (Verbraucher) zum Abschluss gleichartiger Geschäfte erhält **(„Kettenelement").** Nur dann, wenn er die Struktur ausbaut, kann er die besonderen Vorteile erlangen. Dadurch erhält das System seinen progressiven Charakter. Rechtstechnisch handelt es sich um eine **aufschiebende Bedingung**[122].

49   Die veranlassten **„Anderen"** (in Nr. 14 des Anhangs zu § 3 Abs. 3 werden diese Dritten als „Teilnehmer" bezeichnet) brauchen **keine Verbraucher** zu sein, wie bereits der offene Wortlaut in deutlicher Abgrenzung zu dem ebenfalls in § 16 Abs. 2 verwandten Begriff **„Verbraucher"** zeigt.[123]

50   **Veranlassen** ist entsprechend den Ausführungen unter → Rn. 35 auszulegen.

51   Im Verhältnis zwischen Erst- und Zweitkunde sowie dem Zweitkunden und weiteren Kunden (etc) muss **keine Kausalität** zwischen dem In-Aussicht-Stellen bestimmter Vorteile und der Veranlassung zum Geschäftsabschluss bestehen.[124] Vielmehr reicht es aus, dass das **System typischerweise so strukturiert ist,** dass auch im Rahmen der weiteren Stufen die besonderen Vorteile zur Gewinnung weiterer Abnehmer in Aussicht gestellt werden.[125]

52   Das Gesetz verlangt **keine identischen,** sondern lediglich **„gleichartige" Geschäfte** und **„entsprechende" Vorteile.** Diese Formulierungen sollen es ermöglichen, Variationen hinsichtlich der Gegenstände der Abnahme und der zu gewährenden Vorteile im Verlauf der Kette zu erfassen.[126] Ferner sollen sie sicherstellen, dass Leistungsbeziehungen der Zweit- und weiteren Teilnehmer zum Veranstalter und, bei abweichender Ausgestaltung, zum Erst- bzw. unmittelbar vor ihnen in der Kette stehenden Teilnehmer abgedeckt werden.[127] Andernfalls ließen sich etwa Pyramidensysteme nicht erfassen, da darin die weiteren Teilnehmer nicht mit dem Veranstalter selbst kontrahieren (→ Rn. 10).[128]

53   Dieses Kettenelement dient auch der **Abgrenzung zum Einsatz von Laien in der Werbung** etwa im Rahmen von Buchclubs oder von Abonnementswerbung, der üblicher-

---

[119] Harte-Bavendamm/Henning-Bodewig/Dreyer Rn. 60.
[120] MüKoStGB/S. Hohmann Rn. 89.
[121] Erbs/Kohlhaas/Diemer Rn. 139. So für das Gewähren in § 6c aF bereits BayObLG GRUR 1991, 245 (246).
[122] Köhler/Bornkamm/Feddersen/Bornkamm Rn. 49; Fezer/Büscher/Obergfell/Rengier Rn. 156.
[123] Gloy/Loschelder/Erdmann UWG-HdB/Helm/Sonntag/Burger § 76 Rn. 8; Fezer/Büscher/Obergfell/Rengier Rn. 160; Otto wistra 1997, 81 (85) zu § 6c aF.
[124] Begr. RegE BT-Drs. 10/5058, 39; Ohly/Sosnitza/Sosnitza Rn. 44.
[125] Begr. RegE BT-Drs. 10/5058, 39; Ohly/Sosnitza/Sosnitza Rn. 36, 44.
[126] Begr. RegE BT-Drs. 10/5058, 39.
[127] Begr. RegE BT-Drs. 10/5058, 39.
[128] Fezer/Büscher/Obergfell/Rengier Rn. 158.

weise gegen Vergütung oder Prämien erfolgt.[129] Hiergegen wollte der Gesetzgeber nicht vorgehen.[130]

Der BGH hat das Kettenelement in einem System als **erfüllt** angesehen, in dem die **54 Buchung von Seminaren** durch den Teilnehmer Bedingung für den Vertrieb des Rechts zur Teilnahme an solchen Seminaren an Dritte gegen Provision war. Der geworbene Mitarbeiter könne sich nur durch den Vertrieb an Dritte refinanzieren.[131] Berücksichtigt wurde ferner, dass sich die Provision für den Fall weiterer Anwerbungen weiter erhöhte und Verdienstmöglichkeiten für die Anwerbung weiterer Kunden durch untergeordnete Vertriebsmitarbeiter vorgesehen waren.[132]

Dagegen ist das **Kettenelement nicht erfüllt,** wenn die Koppelung des Absatzes von **55** Waren, Dienstleistungen oder Rechten nur auf der ersten Stufe des Systems, **nicht aber auf weiteren Stufen vorgesehen ist,** etwa wenn die Erstgeworbenen nur im Warenabsatz tätig werden, ohne dass den von ihnen geworbenen Kunden Vorteile für eine entsprechende Werbung weiterer Kunden in Aussicht gestellt werden.[133]

ee) Abgrenzung. Die **herkömmlichen MLM-Systeme** sind **regelmäßig nicht tat- 56 bestandsmäßig,** da die zu erlangenden Vorteile nicht für die Veranlassung weiterer Abnehmer zum Abschluss gleichartiger Geschäfte gewährt werden. Eine nähere Beurteilung erfordert allerdings eine **Gesamtbetrachtung** des jeweiligen Vergütungssystems.[134] So stellen beispielsweise Boni für eine von dem Werbenden bewirkte Erstbestellung eines neuen Teilnehmers oder für eine Großbestellung eines von ihm persönlich geworbenen Dritten keine besonderen Vorteile dar, die dem System den Charakter einer progressiven Kundenwerbung geben. Denn sie sind nicht geeignet, die typische Dynamik eines Systems der progressiven Kundenwerbung in Gang zu setzen.[135] Ihnen fehlt daher das für § 16 Abs. 2 typische Kettenelement.[136] Dies gilt grundsätzlich **selbst dann,** wenn zusätzliche Voraussetzung für die Erlangung von Boni und die Erhaltung dieser Verdienstmöglichkeit die Abnahme bestimmter **Mindestmengen** durch den Teilnehmer innerhalb bestimmter Zeiträume ist.[137] Anders kann dies ggf. dann zu beurteilen sein, wenn ein solches System keine anderen attraktiven Verdienstmöglichkeiten bietet und der Teilnehmer gezwungen ist, zur Amortisation seiner Anfangsinvestitionen fortlaufend weitere Abnehmer zu akquirieren, um die Voraussetzungen für die Erlangung der Boni zu erhalten.[138] Ist das jedoch nicht der Fall und fehlt es dem Vergütungssystem nach einer Gesamtbetrachtung auch im Übrigen an der Progressivität, so scheidet eine Strafbarkeit nach § 16 Abs. 2 aus.[139] Dabei können dem OLG Frankfurt a. M. zufolge folgende weitere Aspekte gegen das Vorliegen eines progressiven Systems sprechen:[140]

– für den Eintritt in die Vertriebsstruktur ist **kein Eintrittsgeld** und auch **keine Abnah- 57 me einer bestimmten (Mindest-)menge** erforderlich;
– der Erwerb einer (Mindest-)Ausstattung erfordert **keine umfangreichen Ausgaben,** die über die Anwerbung weiterer Teilnehmer amortisiert werden müssten;
– das System sieht die Möglichkeit vor, dass die Abnehmer die abgenommenen Produkte bei Nichtgefallen innerhalb einer bestimmten Frist **zurückgeben** können;
– durch die Ausgestaltung des Systems steht der Anreiz, Boni im Zusammenhang mit der Einbindung Dritter in das System zu erlangen, in einem **angemessenen Ver-**

---

[129] Begr. RegE BT-Drs. 10/5058, 39.
[130] Begr. RegE BT-Drs. 10/5058, 39.
[131] BGH NJW 2011, 1236 Rn. 33.
[132] BGH NJW 2011, 1236 Rn. 33.
[133] Harte-Bavendamm/Henning-Bodewig/Dreyer Rn. 61.
[134] Vgl. OLG Frankfurt a. M. BeckRS 2011, 16036 – MonaVie; 2011, 18934.
[135] Vgl. OLG Frankfurt a. M. BeckRS 2011, 16036.
[136] OLG Frankfurt a. M. BeckRS 2011, 16036; WRP 2016, 631.
[137] OLG Frankfurt a. M. BeckRS 2011, 16036.
[138] OLG Frankfurt a. M. BeckRS 2011, 16036; WRP 2016, 631.
[139] OLG Frankfurt a. M. BeckRS 2011, 16036; 2011, 18934; WRP 2016, 631.
[140] OLG Frankfurt a. M. BeckRS 2011, 16036.

hältnis zu dem Anreiz, über die Marge zwischen Einkaufs- und Verkaufspreis Gewinne zu erzielen;

– zwar sind **Mindestabnahmemengen** vorgeschrieben, um bestimmte Boni überhaupt erlangen zu können; diese gelten jedoch **für Teilnehmer auf sämtlichen Stufen des Systems** und nicht nur für die Teilnehmer auf den unteren Stufen, so dass neu eintretende Teilnehmer anders als bei typischen Systemen progressiver Kundenwerbung im Wesentlichen dieselben Erfolgschancen wie die früher in das System eingetretenen Teilnehmer haben;

– Interessenten erhalten eine **Einkommensübersicht,** die die Verdienstmöglichkeiten realistisch darstellt (in jenem Fall verdeutlichte die Einkommensübersicht nach Auffassung des OLG Frankfurt a. M., dass die Verdienstmöglichkeiten für den ganz überwiegenden Teil der Vertriebspartner **erheblich eingeschränkt waren;** dies minderte nach Ansicht des OLG Frankfurt a. M. den Anreiz zu einem schnellen Systembeitritt in der Hoffnung, damit einen lukrativen vorderen Rang innerhalb der Absatzkette einzunehmen).

58 Auch die sog. „Ponzi-Schemes" sind in der Regel nicht tatbestandsmäßig, da insofern nicht mit Vorteilen aus der Anwerbung weiterer Teilnehmer, sondern mit hohen Renditen geworben wird.[141] In solchen Fällen kann aber eine Strafbarkeit nach §§ 263, 264a, 266 StGB[142] und § 16 Abs. 1[143] in Betracht kommen.

59 **5. Tatbestandliche Handlungseinheit.** Mehrere Förderungsakte innerhalb des Vertriebs eines Absatzsystems sind im Rahmen der tatbestandlichen Handlungseinheit zusammenzufassen.[144] So verwirklicht der Täter § 16 Abs. 2 nur einmal, wenn er mehrere Präsentationen veranstaltet, die demselben System der Kundenwerbung dienen.[145]

III. Subjektiver Tatbestand

60 **1. Vorsätzliches Handeln.** Gemäß § 15 StGB ist im Rahmen von § 16 Abs. 2 nur **vorsätzliches Handeln** strafbar, da fahrlässiges Handeln nicht ausdrücklich mit Strafe bedroht ist. Der Täter handelt vorsätzlich, wenn er sämtliche Merkmale des objektiven Tatbestands kennt und die Tat begehen will.[146] Dabei genügt bedingter Vorsatz.[147]

61 **2. Tatumstandsirrtum.** Der Täter kann einem **Tatumstandsirrtum** iSv § 16 Abs. 1 StGB unterliegen, beispielsweise indem er von ihm in Aussicht gestellte Vorteile irrtümlich nicht als besondere Vorteile im Sinne der Vorschrift qualifiziert. In diesem Fall entfällt gemäß § 16 Abs. 1 S. 1 StGB der Vorsatz. Mangels Strafbarkeit der fahrlässigen Tatbegehung greift § 16 Abs. 1 S. 2 StGB nicht ein.[148]

IV. Rechtswidrigkeit und Schuld

62 **1. Rechtswidrigkeit.** Rechtfertigungsgründe kommen allenfalls theoretisch in Betracht. Insbesondere taugt eine **Einwilligung** der betroffenen Verbraucher nicht als Rechtfertigungsgrund.[149] Denn die Verbraucher sind nicht die Inhaber des geschützten Rechtsguts; es handelt sich um ein **abstraktes Gefährdungsdelikt,** das nicht dem Schutz des Einzel-

---

[141] Köhler/Bornkamm/Feddersen/Bornkamm Rn. 47; Kilian HRRS 2009, 285 (289); Brammsen/Apel WRP 2011, 400 (409 f.).

[142] Köhler/Bornkamm/Feddersen/Bornkamm Rn. 47; Kilian HRRS 2009, 285 (286 ff.); Brammsen/Apel WRP 2011, 400 (409 f.).

[143] Köhler/Bornkamm/Feddersen/Bornkamm Rn. 47; Brammsen/Apel WRP 2011, 400 (409).

[144] KG NStZ-RR 2005, 26 (27 f.); Köhler/Bornkamm/Feddersen/Bornkamm Rn. 52.

[145] KG NStZ-RR 2005, 26 (28).

[146] Erbs/Kohlhaas/Diemer Rn. 140; vgl. zum Vorsatz näher Schönke/Schröder/Sternberg-Lieben/Schuster StGB § 15 Rn. 6 ff.

[147] Köhler/Bornkamm/Feddersen/Bornkamm Rn. 53; MüKoStGB/S. Hohmann Rn. 97; Erbs/Kohlhaas/Diemer Rn. 140.

[148] Ohly/Sosnitza/Sosnitza Rn. 49.

[149] MüKoStGB/S. Hohmann Rn. 98.

nen, sondern der Allgemeinheit der Verbraucher dient. In solchen Fällen ist die Einwilligung Betroffener bedeutungslos.[150]

2. Schuld. Dem Täter kann insbesondere wegen der häufig nicht ohne weiteres zu **63** überblickenden Rechtslage bei Begehung der Tat die Einsicht fehlen, Unrecht zu tun; er befindet sich dann gemäß § 17 S. 1 StGB in einem **Verbotsirrtum** und handelt ohne Schuld, wenn er diesen Irrtum nicht vermeiden konnte.

Ein Verbotsirrtum ist (erst) dann **unvermeidbar,** wenn der Täter trotz der ihm zuzumu- **64** tenden Anspannung des Gewissens die Einsicht in das Unrechtmäßige seines Tuns nicht zu gewinnen vermochte.[151] Dabei ist es einem Werbetreibenden allerdings zumutbar, den Rat Sachkundiger, insbesondere eines Rechtsanwalts, einzuholen[152], den er als kompetent ansehen durfte.[153]

War der Irrtum für den Täter unvermeidbar, so handelt er gemäß § 17 S. 1 StGB ohne **65** Schuld. Bei einem vermeidbaren Verbotsirrtum kann die Strafe nach § 49 Abs. 1 StGB gemildert werden.

V. Strafe und Strafmaß

Die Tat wird mit **Freiheitsstrafe bis zu zwei Jahren oder mit Geldstrafe** bestraft. **66** Wird eine Geldstrafe verhängt, so sind insbesondere § 40 Abs. 1 und 2 StGB zu beachten, wonach die in Tagessätzen verhängte Geldstrafe mindestens fünf und höchstens dreihundertsechzig volle Tagessätze beträgt und ein Tagessatz einem Betrag von einem bis zu dreißigtausend Euro entsprechen kann. Das Gericht hat gemäß § 40 Abs. 2 S. 2 StGB in der Regel von dem Nettoeinkommen auszugehen, das der Täter durchschnittlich an einem Tag hat oder haben könnte.

Die **Zumessung** der Strafe richtet sich gemäß § 46 Abs. 1 S. 1 StGB nach der **Schuld 67** des Täters. Zu beachten ist, dass eine Freiheitsstrafe unter sechs Monaten gemäß § 47 Abs. 1 StGB nur verhängt werden darf, wenn besondere Umstände, die in der Tat oder der Persönlichkeit des Täters liegen, die Verhängung einer Freiheitsstrafe zur Einwirkung auf den Täter oder zur Verteidigung der Rechtsordnung unerlässlich machen. Grundsätzlich bietet sich die Möglichkeit eines **Täter-Opfer-Ausgleichs** gemäß § 46a StGB an, um den Schaden gegenüber den Verbrauchern wiedergutzumachen.[154]

Da gemäß § 11 Abs. 1 Nr. 6 StGB der Versuch der Tat ihrer Vollendung gleichgestellt **68** ist, kommt eine Strafmilderung gemäß § 23 Abs. 2 iVm § 49 StGB nicht in Betracht.[155] Jedoch kann im Rahmen der Strafzumessung gemäß § 46 StGB berücksichtigt werden, in welcher Phase sich das Tatgeschehen befand.[156]

Die grundsätzliche Alternativität von Freiheits- und Geldstrafe wird durch § 41 S. 1 **69** StGB durchbrochen. Danach kann neben einer Freiheitsstrafe eine sonst nicht oder nur wahlweise angedrohte (**„kumulative“**) Geldstrafe verhängt werden, wenn der Täter sich[157] durch die Tat bereichert, dh einen Vermögensvorteil verschafft hat[158], oder wenn er versucht hat, sich zu bereichern.[159] Dies dürfte regelmäßig in Betracht kommen.[160] Die

---

[150] BGH NJW 1970, 1380 (1381); 1954, 1255.
[151] BGH NJW 1952, 593 (594).
[152] Köhler/Bornkamm/Feddersen/Bornkamm Rn. 22.
[153] BGH NJW 1989, 409 (410); Schönke/Schröder/Sternberg-Lieben/Schuster StGB § 17 Rn. 18.
[154] MüKoStGB/S. Hohmann Rn. 103.
[155] Köhler/Bornkamm/Feddersen/Bornkamm Rn. 54.
[156] NK-StGB/Zaczyk § 23 Rn. 3.
[157] Dies liegt bereits dann vor, wenn die aus der Tat unmittelbar erlangten Vermögensvorteile nicht dem Täter, sondern einem Dritten zufließen, der Täter hierfür aber einen anderweitigen Vermögensvorteil erhält; BGH NJW 1984, 2170; Schönke/Schröder/Stree/Kinzig StGB § 41 Rn. 3.
[158] Schönke/Schröder/Stree/Kinzig StGB § 41 Rn. 3.
[159] Vgl. dazu näher Schönke/Schröder/Stree/Kinzig StGB § 41 Rn. 1 ff.
[160] Köhler/Bornkamm/Feddersen/Bornkamm Rn. 54.

Verhängung einer kumulativen Geldstrafe muss allerdings gemäß § 41 S. 1 StGB nach allgemeinen Strafzumessungsgrundsätzen „angebracht" sein.[161]

VI. Verfall und Einziehung

70   Grundsätzlich kann das Gericht **Verfall** und **Einziehung** nach §§ 73 ff. StGB anordnen. Ein Verfall kommt allerdings gemäß § 73 Abs. 1 S. 2 StGB insoweit nicht in Betracht, als dem Verletzten aus der Tat ein Anspruch erwachsen ist, dessen Erfüllung dem Täter oder Teilnehmer den Wert des aus der Tat Erlangten entziehen würde. Dies gilt im Hinblick auf zivilrechtliche Ansprüche wie zB §§ 823 Abs. 2 BGB iVm § 16 Abs. 2 sowie § 9 Abs. 2, aber nicht im Hinblick auf den Gewinnabschöpfungsanspruch gemäß § 10.[162] Der BGH hat zu Recht festgehalten, dass der Gewinnabschöpfungsanspruch nicht dem Verletzten erwächst; er kommt nicht ihm, sondern dem Bundeshaushalt zugute.[163] Zudem droht wegen § 10 Abs. 2 und § 73c StGB keine doppelte Inanspruchnahme.[164]

VII. Strafverfolgung, Verjährung

71   § 16 Abs. 2 ist ein **Offizialdelikt,** das von Amts wegen verfolgt wird; ein Strafantrag ist nicht erforderlich. Da es sich allerdings um ein **Privatklagedelikt** handelt, § 374 Abs. 1 Nr. 7 StPO, wird die öffentliche Klage von der Staatsanwaltschaft nur dann erhoben, wenn dies im öffentlichen Interesse liegt. Insbesondere angesichts der Formulierungen in Nr. 260 RiStBV liegt es nahe, dass die Staatsanwaltschaft bei einem Verstoß gegen § 16 Abs. 2 idR ein öffentliches Interesse bejahen wird. Im Übrigen steht den Verletzten die Möglichkeit der **Privatklage** offen, § 374 Abs. 1 Nr. 7 StPO. Verletzte sind die Abnehmer von Waren, Dienstleistungen oder Rechten und jedenfalls diejenigen Unternehmer, die Waren oder Dienstleistungen gleicher oder verwandter Art herstellen, liefern bzw. erbringen.[165]

72   Die Verfolgung **verjährt** gemäß § 78 Abs. 3 Nr. 4 StGB in fünf Jahren. Die Verjährung beginnt nach § 78a S. 1 StGB, sobald die Tat beendet ist. Bei abstrakten Gefährdungsdelikten wie § 16 Abs. 2 ist die Tat mit Beendigung der Ausführungshandlung beendet; in diesem Moment tritt die Gefährdung ein.[166] Maßgeblich ist also der Moment, in dem das Unternehmen der Tat abgeschlossen ist.

VIII. Konkurrenzen

73   § 16 Abs. 2 kann in Tateinheit mit § 263 StGB realisiert werden.[167] Ferner kann Tateinheit bestehen mit § 16 Abs. 1[168]; § 16 Abs. 2 ist nicht lex specialis zu Abs. 1, da der Gesetzgeber jeweils unterschiedliche Schutzrichtungen verfolgte und die Absätze somit eigenständige Anwendungsbereiche haben.[169] Die §§ 284 ff. StGB dürften regelmäßig bereits mangels eines Spieleinsatzes nicht einschlägig sein[170]; andernfalls bestände aber Tateinheit.[171]

---

[161] Vgl. dazu näher Schönke/Schröder/Stree/Kinzig StGB § 41 Rn. 4 ff.
[162] AA Köhler/Bornkamm/Feddersen/Bornkamm Rn. 30; Alexander WRP 2004, 407 (418 f.).
[163] BGH GRUR 2008, 818 Rn. 135.
[164] BGH GRUR 2008, 818 Rn. 135.
[165] MüKoStPO/Daimagüler Rn. 24; KK-StPO/Walther StPO § 374 Rn. 6j.
[166] BGH NJW 1990, 194 (196); Schönke/Schröder/Bosch StGB § 78a Rn. 11.
[167] BGH BeckRS 2011, 29719; Köhler/Bornkamm/Feddersen/Bornkamm Rn. 60; Ohly/Sosnitza/Sosnitza Rn. 53.
[168] Köhler/Bornkamm/Feddersen/Bornkamm Rn. 60.
[169] MüKoStGB/S. Hohmann Rn. 102; vgl. Ohly/Sosnitza/Sosnitza Rn. 4, 28; aA Erbs/Kohlhaas/Diemer Rn. 144.
[170] Finger ZRP 2006, 159 (160); vgl. auch BGH NJW 1987, 851 (852 f.) und OLG Celle NJW 1996, 2660 (2661); Fezer/Büscher/Obergfell/Rengier Rn. 169 weist darauf hin, dass die §§ 284 ff. StGB, soweit ersichtlich, bereits seit Einfügung des § 6c aF nicht mehr angewandt worden seien.
[171] So nun auch Schönke/Schröder/Heine/Hecker StGB § 287 Rn. 19 (Idealkonkurrenz möglich mit § 16); iErg ebenso NK-StGB/Gaede § 287 Rn. 14 und MüKoUWG/Brammsen Rn. 142 (Spezialität von § 16 Abs. 2); überholt BGH NJW 1952, 34 (35) und NJW 1952, 392 f. (vgl. dazu BGH NJW 1987, 851 (852)).

IX. Gerichtliche Zuständigkeit

Zuständig sind die Strafgerichte.[172] Bei Berufungsverfahren oder erstinstanzlicher Zustän- **74**
digkeit des Landgerichts wird gemäß § 74c Abs. 1 S. 1 Nr. 1 GVG vor der Wirtschaftsstrafkammer verhandelt.[173]

X. Rechtsfolgen außerhalb des Strafrechts

1. UWG. Wer gegen das Verbot progressiver Kundenwerbung verstößt, kann gemäß **75**
§§ 8, 3, 3a, 16 Abs. 2 von den in § 8 Abs. 3 genannten Anspruchsberechtigten, insbesondere Mitbewerbern, auf **Beseitigung** und bei Wiederholungsgefahr auf **Unterlassung** in
Anspruch genommen werden.[174] Ferner können Mitbewerbern iSv § 2 Abs. 1 Nr. 3
Schadensersatzansprüche gemäß § 9 Abs. 1 zustehen. Darüber hinaus besteht die Möglichkeit der **Gewinnabschöpfung** gemäß § 10.[175]

Daneben kommen dieselben Ansprüche wegen der regelmäßig ebenfalls gegebenen Ver- **76**
letzung von **Nr. 14 des Anhangs zu § 3 Abs. 3 iVm § 3 Abs. 3, Abs. 1** in Betracht.
Diese werden jedenfalls in praktischer Hinsicht vorrangig sein.[176] Im Einzelfall kann ferner
ein Verstoß gegen §§ 5, 3 Abs. 2, Abs. 1 vorliegen.[177]

Dagegen wird ein Verstoß gegen §§ 4a iVm § 3 Abs. 1, Abs. 2 idR nicht in Betracht **77**
kommen (→ § 3 Abs. 1, 3 iVm Nr. 14 des Anhangs zu § 3 Abs. 3 Rn. 34).

2. BGB. Den durch das System **geschädigten Abnehmern** können im Übrigen **Scha- 78**
densersatzansprüche gemäß § 16 Abs. 2 iVm § 823 Abs. 2 BGB zustehen. § 16 Abs. 2
ist Schutzgesetz iSv § 823 Abs. 2 S. 1 BGB.[178]

Der Rückgriff auf § 16 Abs. 2 (anstatt auf Nr. 14 des Anhangs zu § 3 Abs. 3 iVm § 3 **79**
Abs. 1, Abs. 3) war bislang vor allem deshalb bedeutsam[179], weil §§ 3 Abs. 1, Abs. 3 iVm
Nr. 14 des Anhangs zu § 3 Abs. 3 nicht als Schutzgesetz qualifiziert wurde. Individuelle
Schadensersatzansprüche von Verbrauchern waren nach der Konzeption der §§ 3–7, 9 aF
nicht vorgesehen.[180] Mit der Umsetzung von Art. 11a Abs. 1 UGP-Richtlinie 2019[181] und
der Einführung von § 9 Abs. 2 wurde diese Systematik jedoch durchbrochen.[182] Eines
Rückgriffs auf § 16 Abs. 2 bedarf es daher nicht mehr; er ist aber ausweislich des Wortlauts
von Art. 11a Abs. 2 UGP-Richtlinie 2019 weiterhin zulässig.

Für Schadensersatzansprüche nach § 16 Abs. 2 iVm § 823 Abs. 2 BGB gilt die regel- **80**
mäßige **dreijährige Verjährungsfrist** gemäß § 195 BGB[183] und nicht die Sechsmonats-
frist gemäß § 11.

Im Einzelfall mögen auch Ansprüche nach § 823 Abs. 2 BGB iVm § 263 StGB und nach **81**
§ 826 BGB in Betracht kommen.[184]

---

[172] Harte-Bavendamm/Henning-Bodewig/Dreyer Rn. 8.
[173] MüKoStGB/S. Hohmann Rn. 106.
[174] Köhler/Bornkamm/Feddersen/Bornkamm Rn. 58; Ohly/Sosnitza/Sosnitza Rn. 54.
[175] Köhler/Bornkamm/Feddersen/Bornkamm Rn. 58.
[176] Köhler/Bornkamm/Feddersen/Bornkamm Rn. 59.
[177] Vgl. näher Fezer/Büscher/Obergfell/Obergfell Anh. Nr. 14 Rn. 5, 9; Köhler/Bornkamm/Feddersen/
Bornkamm Rn. 58.
[178] Alexander WRP 2004, 407 (420); Köhler/Bornkamm/Feddersen/Bornkamm Rn. 59.
[179] Harte-Bavendamm/Henning-Bodewig/Dreyer Anhang zu § 3 Abs. 3 Nr. 14 Rn. 297.
[180] Begr. RegE BT-Drs. 15/1487, 22 und 43; hM, etwa Köhler/Bornkamm/Feddersen/Köhler § 3
Rn. 10.9 und § 9 Rn. 1.10 mwN; aA Fezer/Büscher/Obergfell/Koos § 9 Rn. 3.
[181] Art. 11a wurde durch Art. 3 Ziff. 5 der „Omnibus"-Richtlinie (EU) 2019/2161 in die UGP-Richtlinie eingeführt.
[182] Harte-Bavendamm/Henning-Bodewig/Goldmann § 9 Rn. 6 ff.
[183] Alexander WRP 2004, 407 (420); Harte-Bavendamm/Henning-Bodewig/Dreyer Anhang zu § 3
Abs. 3 Nr. 14 Rn. 297.
[184] Alexander WRP 2004, 407 (420).

82   Hinsichtlich der Ersatzansprüche von **Mitbewerbern** sind die lauterkeitsrechtlichen Regelungen abschließend.[185] Andernfalls könnte die spezielle Verjährungsregelung in § 11 umgangen werden.[186]

83   Die Rechtsgeschäfte im Rahmen des Beitritts zum und der Teilnahme am System sind **gemäß §§ 134, 138 Abs. 1 BGB nichtig**[187], wobei bereicherungsrechtliche Rückgewähransprüche des jeweils den besonderen Vorteil Leistenden gemäß **§ 817 S. 2 BGB** ausgeschlossen sind.[188] Dagegen gilt § 817 S. 2 BGB nicht hinsichtlich des vom Teilnehmer geleisteten Einsatzes, wenn ihm der Gesetzesverstoß bzw. die Sittenwidrigkeit nicht bewusst war und er sich dieser Einsicht auch nicht leichtfertig verschlossen hat.[189] Ferner kann der Schutzzweck der Nichtigkeitssanktion ausnahmsweise gegen die Anwendung von § 817 S. 2 BGB sprechen.[190] Wenn etwa die Initiatoren eines „Schenkkreises" aufgrund von § 817 S. 2 BGB die erlangten Gelder behalten dürften, würde dies zur weiteren Durchführung solcher Systeme ermuntern.[191] Diese Einschränkung der Anwendung von § 817 S. 2 BGB gilt nicht nur für Rückgewähransprüche gegen die Initiatoren, sondern auch gegen weitere Bereicherungsschuldner innerhalb des Systems.[192]

B. Handelsvertreter

84   Für den Handelsvertreter gelten hier keine Abweichungen oder Besonderheiten.

C. Vertragshändler

85   Für den Vertragshändler gelten hier keine Abweichungen oder Besonderheiten.

D. Franchisenehmer

86   Für den Franchisenehmer gelten hier keine Abweichungen oder Besonderheiten.

E. Kommissionsagent

87   Für den Kommissionsagenten gelten hier keine Abweichungen oder Besonderheiten.

---

[185] Alexander WRP 2004, 407 (420).
[186] Alexander WRP 2004, 407 (420) mit eingehender Begr. zur Spezialität.
[187] BGH NJW 1978, 1970 – Golden Products; BGH NJW 1997, 2314 (2315) – World Trading System; OLG Stuttgart wistra 1990, 165 (166); OLG München NJW 1986, 1880 (1882); OLG Celle NJW 1996, 2660; Köhler/Bornkamm/Feddersen/Bornkamm Rn. 59; Ohly/Sosnitza/Sosnitza Rn. 55; Fezer/Büscher/Obergfell/Rengier Rn. 171.
[188] Fezer/Büscher/Obergfell/Rengier Rn. 171; Ohly/Sosnitza/Sosnitza Rn. 55; Alexander WRP 2004, 407 (421).
[189] BGH NJW 1997, 2314 (2315) – World Trading System; Ohly/Sosnitza/Sosnitza Rn. 55.
[190] BGH NJW 2006, 45 (46); Ohly/Sosnitza/Sosnitza Rn. 55; Möller NJW 2006, 268.
[191] BGH NJW 2006, 45 (46).
[192] BGH NJW 2008, 1942 Rn. 10.

Sechster Teil. Internationales Vertriebsrecht

Art. 3 Rom I-VO Freie Rechtswahl

(1) [1]Der Vertrag unterliegt dem von den Parteien gewählten Recht. [2]Die Rechtswahl muss ausdrücklich erfolgen oder sich eindeutig aus den Bestimmungen des Vertrags oder aus den Umständen des Falles ergeben. [3]Die Parteien können die Rechtswahl für ihren ganzen Vertrag oder nur für einen Teil desselben treffen.

(2) [1]Die Parteien können jederzeit vereinbaren, dass der Vertrag nach einem anderen Recht zu beurteilen ist als dem, das zuvor entweder aufgrund einer früheren Rechtswahl nach diesem Artikel oder aufgrund anderer Vorschriften dieser Verordnung für ihn maßgebend war. [2]Die Formgültigkeit des Vertrags im Sinne des Artikels 11 und Rechte Dritter werden durch eine nach Vertragsschluss erfolgende Änderung der Bestimmung des anzuwendenden Rechts nicht berührt.

(3) Sind alle anderen Elemente des Sachverhalts zum Zeitpunkt der Rechtswahl in einem anderen als demjenigen Staat belegen, dessen Recht gewählt wurde, so berührt die Rechtswahl der Parteien nicht die Anwendung derjenigen Bestimmungen des Rechts dieses anderen Staates, von denen nicht durch Vereinbarung abgewichen werden kann.

(4) Sind alle anderen Elemente des Sachverhalts zum Zeitpunkt der Rechtswahl in einem oder mehreren Mitgliedstaaten belegen, so berührt die Wahl des Rechts eines Drittstaats durch die Parteien nicht die Anwendung der Bestimmungen des Gemeinschaftsrechts – gegebenenfalls in der von dem Mitgliedstaat des angerufenen Gerichts umgesetzten Form –, von denen nicht durch Vereinbarung abgewichen werden kann.

(5) Auf das Zustandekommen und die Wirksamkeit der Einigung der Parteien über das anzuwendende Recht finden die Artikel 10, 11 und 13 Anwendung.

Literatur: Bairlein, Die Rechtswahl bei Masterfranchiseverträgen und mehrstufigen internationalen Liefer- und Vertriebsverträgen, IHR 2014, 1; Basedow, Theorie der Rechtswahl oder Parteiautonomie als Grundlage des Internationalen Privatrechts, RabelsZ 75 (2011), 32; Baumert, Abschlußkontrolle bei Rechtswahlvereinbarungen, RIW 1997, 805; Beitzke, Das anwendbare Recht beim Handelsvertretervertrag, DB 1961, 528; Birk, Das Handelsvertreterrecht im deutsch-italienischen Wirtschaftsverkehr, ZVglRWiss 79 (1980), 268; Bräutigam, Franchise-Verträge im deutschen internationalen Privatrecht, WiB 1997, 897; Clausnitzer/Woppen, Internationale Vertragsgestaltung – Die neue EG-Verordnung für grenzüberschreitende Verträge, BB 2008, 1798; Coester-Waltjen, Einige Überlegungen zur konkludenten Rechtswahl im europäischen Vertragsrecht, FS Sonnenberger, 2004, 343; Detzer/Ullrich, Gestaltung von Verträgen mit ausländischen Handelsvertretern und Vertragshändlern, 2000; Detzer/Zwernemann, Ausländisches Recht der Handelsvertreter und Vertragshändler, 1997; Diedrich, Rechtswahlfreiheit und Vertragsstatut – eine Zwischenbilanz angesichts der Rom I-Verordnung, RIW 2009, 378; Dutta, Kollidierende Rechtswahlklauseln in allgemeinen Geschäftsbedingungen, ZVglRWiss 104 (2005), 461; Ebenroth, Kollisionsrechtliche Anknüpfung der Vertragsverhältnisse von Handelsvertretern, Kommissionsagenten, Vertragshändlern und Handelsmaklern, RIW 1984, 165; Eberl, Die Abdingbarkeit des Ausgleichsanspruchs des Handelsvertreters bei internationalen Handelsvertreterverträgen, 2005; Emde, Handelsvertreterrecht – Relevante Vorschriften bei nationalen und internationalen Verträgen, MDR 2002, 190; Emde, Darf die Handelsvertreter-Richtlinie als geltendes Recht vereinbart und ein einheitlicher europäischer Mustervertriebsvertrag gefasst werden? ZIP 2017, 1089; Fischer, Der Handelsvertreter im deutschen und europäischen Recht, ZVglRWiss 101 (2002), 143; Freitag/Leible, Internationaler Anwendungsbereich der Handelsvertreterrichtlinie, RIW 2001, 287; Haag, Vertragsgestaltung beim grenzüberschreitenden Franchising, 2004; Hagemeister, Der Handelsvertreter im englischen Recht und seine Ansprüche bei Beendigung des Vertriebsvertrages, 2004; Hiestand, Die internationalprivatrechtliche Beurteilung von Franchiseverträgen ohne Rechtswahlklausel, RIW 1993, 173; Hoffmann, I., Die Vertragsbeendigung durch den Hersteller gegenüber seinem in- und ausländischen Vertriebshändler, 1987; Hoffmann, J., Art. 3 Abs. 4 Rom I-VO – Das Ende des Quellenpluralismus im europäischen internationalen Vertragsrecht?, EWS 2009, 254; Jayme, Zum internationalen Geltungswillen der europäischen Regeln über den Handelsvertreterausgleich, IPRax 2001, 190; ders., Rechtswahlklausel und zwingendes ausländisches Recht beim Franchise-Vertrag, IPRax 1983, 105; ders., Inhaltskontrolle von Rechtswahlklauseln in Allgemeinen Geschäftsbedingungen, FS W. Lorenz, 1991, 435; Kessler, Ausländisches und Internationales Handelsvertreter-recht, 2003; Kindler, Zur Anknüpfung von Handelsvertreter- und Vertragshändlerverträgen im neuen bundesdeutschen IPR, RIW 1987, 660; ders., Der Ausgleichsanspruch des Handelsvertreters im deutsch-italienischen Warenverkehr, 1987; ders., Neues deutsches Handelsvertreterrecht, RIW 1990, 358; Kindler/ Menges, Die Entwicklung des Handelsvertreter- und Vertragshändlerrechts seit 2005, DB 2010, 1109; Koch, AGB-Klauseln über Gerichtsstand und Erfüllungsort im europäischen Zivilrechtsverkehr: Größere Gerechtig-keit ohne Parteivereinbarung?, IPRax 1997, 405; Kränzlin, Das deutsche internationale Handelsvertreterrecht im Rechtsverkehr mit den USA, ZVglRWiss 83 (1984), 257; Leible/Lehmann, Die Verordnung über das auf vertragliche Schuldverhältnisse anzuwendende Recht („Rom I"), RIW 2008, 528; Lorenz, E., Die Rechts-wahlfreiheit im internationalen Schuldvertragsrecht, RIW 1987, 569; Magnus, Die Rom I-Verordnung, IPRax 2010, 27; Magnus, Grenzüberschreitende Vertriebsverträge, IHR 2018, 49; Mallmann, Rechtswahl-klausel unter Ausschluss des IPR, NJW 2008, 2953; Mankowski, Besondere Arten der Rechtswahl in Verträgen, FS Martiny, 2014, 449; ders., Die Rom I-Verordnung-Änderungen im europäischen IPR für Schuldverträge, IHR 2008, 13; ders., Rom I-Verordnung und Schiedsverfahren, RIW 2011, 30; ders., Der Vorschlag für die Rom I-Verordnung, IPRax 2006, 101; Martiny, Zustandekommen von Gerichtsstandsver-einbarungen und stillschweigende Rechtswahl bei Vertragshändlerverträgen, AWD 1972, 165; ders., Neues deutsches internationales Vertragsrecht, RIW 2009, 737; Merschformann, Die objektive Bestimmung des Vertragsstatut beim internationalen Warenkauf, 1991; Meyer-Sparenberg, Rechtswahlvereinbarungen in All-gemeinen Geschäftsbedingungen, RIW 1989, 347; Müller-Feldhammer, Der Ausgleichsanspruch des Ver-tragshändlers im deutsch-schweizerischen Handelsverkehr, RIW 1994, 926; Neubert, Die objektiven An-knüpfungen von Schuldverträgen gem. Art. 4 Rom I-Verordnung – Vergleich zur vormals geltenden Regelung des Art. 28 EGBGB a. F., EWS 2011, 369; Pfeiffer, Neues Internationales Vertragsrecht – Zur Rom I-Verordnung, EuZW 2008, 622; Plaßmeier, Kollisionsrechtliche Probleme internationaler Franchise-systeme, 1999; Rauscher, Verpflichtung und Erfüllungsort in Art. 5 Nr. 1 EuGVÜ unter besonderer Berück-sichtigung des Vertragshändlervertrages, 1984; Reif, Internationale Franchiseverträge, 2002; Roth, W.-H., Handelsvertretervertrag und Rom I-Verordnung – Eine Skizze, FS Spellenberg, 2010, 309; Schellenberg, Zwingendes Arbeits- und (EG-)Handelsvertreterrecht im deutsch-italienischen Rechtsverkehr, mittelbare Direktwirkung einer nicht umgesetzten EG-Richtlinie, IPRax 1990, 348; Schlemmer, Kollisions- und sachrechtliche Fragen bei Franchising, IPRax 1988, 252; Schiller, Gerichtsstandsklauseln in AGB zwischen Vollkaufleuten und das AGB-Gesetz, NJW 1979, 636; Spickhoff, Nachträgliche Rechtswahl, IPRax 1998, 462; Stankewitsch, Entscheidungsnormen im IPR als Wirksamkeitsvoraussetzungen der Rechtswahl, 2003; Stoll, Internationalprivatrechtliche Probleme bei Verwendung Allgemeiner Geschäftsbedingungen, FS Beitz-ke, 1979, 759; ders., Kollisionsrechtliche Fragen beim Kommissionsgeschäft unter Berücksichtigung des internationalen Börsenrechts, RabelsZ 24 (1959), 601; Sturm, Der Eigenhändler im Außenprivatrecht, FS Wahl, 1973, 207; Sura, Die Anknüpfung des internationalen Handelsvertretervertrages, DB 1981, 1269; Teichmann/Oltmanns, Gilt deutsches AGB-Recht für Verträge, die unter einem globalen Rahmenvertrag mit ausländischem Recht abgeschlossen werden?, ZVertriebsR 2020, 184; Tiedemann, Kollidierende AGB-Rechtswahlklauseln im österreichischen und deutschen IPR, IPRax 1991, 424; Veelken, Probleme der theoretischen Lückenlosigkeit internationaler Vertriebssysteme, RabelsZ 50 (1986), 508; Wagner, Der Grund-satz der Rechtswahl und das mangels Rechtswahl anwendbare Recht (Rom I-Verordnung), IPRax 2008, 377; Wengler, Zum IPR des Handelsvertretervertrages, ZHR 146 (1982), 30; Wildhaber, Franchising im Internationalen Privatrecht, 1991; Winkler von Mohrenfels, Franchise- und Vertriebsverträge im interna-tionalen Privatrecht ZVertriebsR 2014, 281.

Übersicht

A. Einleitung

Art. 3 Abs. 1 der Rom I-Verordnung („Rom I-VO")[1] bestimmt als **Grundsatz, dass** **1**
die Parteien das auf ihren Vertrag anzuwendende Recht frei wählen können. Nach
Abs. 1 S. 3 ist eine Rechtswahl auch nur hinsichtlich eines Teils des Vertrages möglich.
Abs. 2 erlaubt eine nachträgliche Rechtswahl. Die Abs. 3 und 4 beschränken für Inlands-
und Binnenmarktsachverhalte die Wirkungen der Rechtswahl, indem sie zwingende Vorschriften nationaler Rechtsordnungen (Abs. 3) bzw. des Gemeinschaftsrechts (Abs. 4) für
vorrangig erklären. Abs. 5 verweist für das Zustandekommen und die Wirksamkeit der
Rechtswahl auf die Art. 10, 11 und 13. Art. 3 gilt für alle Vertriebsmittler; die Kommentierung erfolgt daher schwerpunktmäßig in der „Einleitung" (→ Rn. 2 ff.). Bei den einzel-

---

[1] Verordnung (EG) Nr. 593/2008 des Europäischen Parlaments und des Rates vom 17.7.2008 über das auf
vertragliche Schuldverhältnisse anzuwendende Recht (Rom I).

nen Vertriebsmittlern werden dann die jeweiligen Besonderheiten für die zwingenden Vorschriften dargestellt (ab → Rn. 58).

I. Anwendungsbereich der Rom I-VO, Art. 1

2   Hinsichtlich des Anwendungsbereichs der Rom I-VO sind der sachliche, der zeitliche und der räumliche Anwendungsbereich zu unterscheiden. Der sachliche Anwendungsbereich der Rom I-VO ist in Art. 1 definiert (→ Rn. 3). In zeitlicher Hinsicht ist die Regelung gemäß Art. 28 auf Verträge mit Abschlussdatum nach dem 17.12.2009 anzuwenden. Für Altverträge vor diesem Datum gelten weiterhin die bis dahin einschlägigen Art. 27 –37 des Einführungsgesetzes zum Bürgerlichen Gesetzbuch (EGBGB) (→ Rn. 5). Ansonsten erklärt Art. 3 Nr. 1 lit. b EGBGB die Rom I-VO ausdrücklich für vorrangig gegenüber den Bestimmungen des EGBGB. Der räumliche Anwendungsbereich ist bei allen Sachverhalten mit Auslandsberührung eröffnet (→ Rn. 6).

3   **1. Sachlich.** Nach Art. 1 Abs. 1 S. 1 gilt die Rom I-VO für **vertragliche Schuldverhältnisse in Zivil- und Handelssachen** und **damit auch** für **Vertriebsverträge** mit Handelsvertretern, Vertragshändlern, Franchisenehmern und Kommissionsagenten. Art. 1 Abs. 2 lit. i nimmt Schuldverhältnisse aus Verhandlungen vor Abschluss des Vertrages vom Anwendungsbereich der Verordnung aus. Das anwendbare Recht hinsichtlich dieser Schuldverhältnisse richtet sich nach der Rom II-Verordnung („Rom II-VO")[2]. Deren Art. 12 Abs. 1 bestimmt, dass auf außervertragliche Schuldverhältnisse aus Verhandlungen vor Abschluss eines Vertrages, unabhängig davon, ob der Vertrag tatsächlich geschlossen wurde oder nicht, das Recht anzuwenden ist, das auf den abgeschlossenen Vertrag anzuwenden ist oder anzuwenden gewesen wäre, wenn der Vertrag geschlossen worden wäre. Dieser Verweis auf das Vertragsstatut bedeutet im Ergebnis wiederum die Anknüpfung nach der Rom I-VO. Verletzt bspw. der Franchisegeber seine Aufklärungspflichten im Hinblick auf einen deutschem Recht unterliegendem Franchisevertrag, dann richtet sich der (vor-)vertragliche Schadensersatzanspruch des Franchisenehmers nach §§ 280, 311 Abs. 2, 241 Abs. 2 BGB, auch wenn die Pflichtverletzung im Ausland erfolgt oder der Schaden dort eingetreten ist (→ Art. 4 Rn. 30).

4   Das Gesagte gilt nur für Schuldverhältnisse, die aus „Verhandlungen" vor Abschluss des Vertrages[3] entstehen. Für deliktische Handlungen, die im Vorfeld des Vertragsschlusses begangen werden, gilt dies nicht. Das anwendbare Recht richtet sich bei den letztgenannten Handlungen somit **ausschließlich** nach der **Rom II-VO.**[4]

5   **2. Zeitlich.** Die Rom I-VO gilt gem. Art. 29 Abs. 2 ab dem 17.12.2009. Sie wird auf Verträge angewandt, die nach diesem Zeitpunkt geschlossen werden (Art. 28), also mit **Abschlussdatum 18.12.2009 oder später.**[5] Auf Verträge, die vor dem 18.12.2009 geschlossen wurden, sind die Art. 27–37 EGBGB anzuwenden.[6] Der entscheidende Zeitpunkt ist auch bei Dauerschuldverhältnissen der des Vertragsschlusses.[7] Wann der Vertrag geschlossen wurde, bestimmt sich nach dem materiellen Recht, das gemäß dem bis zum Inkrafttreten der Rom I-VO geltenden Internationalen Privatrecht anzuwenden war.[8] Soweit sich aus der Anwendung der Rom I-VO relevante Unterschiede zur Rechtslage unter dem EGBGB ergeben, werden diese bei den entsprechenden Tatbestandsmerkmalen unter der Überschrift „Unterschiede zur alten Rechtslage" dargestellt.

---

[2] Verordnung (EG) Nr. 864/2007 des Europäischen Parlaments und des Rates vom 11.7.2007 über das auf außervertragliche Schuldverhältnisse anzuwendende Recht (Rom II).

[3] Emde HGB § 92c Rn. 44.

[4] Emde HGB § 92c Rn. 44; Leible/Lehmann RIW 2008, 528 (530).

[5] Emde HGB § 92c Rn. 43; Rauscher/Papst NJW 2009, 3614 (3618).

[6] Reithmann/Martiny/Martiny Rn. 1.146; Emde HGB § 92c Rn. 43; Rauscher/Papst NJW 2009, 3614 (3618).

[7] Leible/Lehmann RIW 2008, 528 (531).

[8] Leible/Lehmann RIW 2008, 528 (531).

3. Räumlich. Die Rom I-VO regelt das anwendbare Recht innerhalb der Mitglied- **6**
staaten der EU, mit Ausnahme Dänemarks.[9] Voraussetzung für die Anwendung der Verordnung ist gem. Art. 1 Abs. 1 S. 1 aE, dass das vertragliche Schuldverhältnis eine **Verbindung zum Recht verschiedener Staaten, mithin einen Auslandsbezug, aufweist.** Reine Inlandssachverhalte unterliegen hingegen nicht der Rom I-VO.

Abs. 3 zeigt, dass in der Rechtswahl der Parteien zugunsten einer ausländischen Rechts- **7**
ordnung ein solcher Auslandsbezug liegt, der zur Anwendung der Verordnung führt – auch
wenn sonst nur ein reiner Inlandssachverhalt vorliegen würde. Weitere Tatsachen, die zur
Anwendung der Verordnung führen können, sind zB der **Sitz einer Partei im Ausland**
oder die Tatsache, dass der Vertriebsmittler die **Vertriebsleistung im Ausland** erbringt.

Nach Art. 2 ist das nach der Verordnung bezeichnete Recht auch dann anzuwenden, **8**
wenn es nicht das Recht eines Mitgliedstaates ist (**„universelle Anwendung"**). Kommt
ein mitgliedstaatliches Gericht durch Anwendung der Rom I-VO bspw. zu dem Ergebnis,
dass ein Vertriebsvertrag zwischen einem deutschen Unternehmer und einem in Kalifornien tätigen Vertriebsmittler kalifornischem Recht unterliegt, so wendet es in der Folge
auch kalifornisches Recht an. Ein kalifornisches Gericht wendet die Rom I-VO aber nicht
an, sondern bestimmt das anzuwendende Recht nach dem in Kalifornien geltenden Internationalen Privatrecht. Daher können Gerichte in unterschiedlichen Staaten möglicherweise zu unterschiedlichen Ergebnissen hinsichtlich des anzuwendenden Rechts kommen.

II. Grundsatz der freien Rechtswahl nach Abs. 1

Nach Abs. 1 können die Parteien das anwendbare Recht grundsätzlich frei wählen. **9**
Erwägungsgrund 11 zur Rom I-VO hebt die **freie Rechtswahl als einen der Ecksteine
des Kollisionsrechts** im Bereich der vertraglichen Schuldverhältnisse hervor.[10] Im deut-
schen Recht ist die freie Rechtswahl ein Ausfluss der Privatautonomie, Art. 2 Abs. 1 GG.
Die Rechtswahl wird durch Vertrag vereinbart[11] und muss ausdrücklich erfolgen
(→ Rn. 17 ff.) oder sich eindeutig aus den Bestimmungen des Vertrages oder aus den
Umständen des Falles ergeben, Abs. 1 S. 2 (→ Rn. 21 ff.).

Haben die Parteien eine Rechtswahl getroffen, bezieht sich diese nach Art. 20 aus- **10**
schließlich auf die Sachnormen und nicht auf die Vorschriften des Internationalen Privatrechts der gewählten Rechtsordnung. Dadurch wird eine **Rück- oder Weiterverweisung** (Renvoi) **ausgeschlossen.**[12] Dies ist nur bei Drittstaatensachverhalten relevant, weil
bei Binnenmarktsachverhalten ohnehin in allen Mitgliedsstaaten die einheitliche Rom I-
VO gilt.[13] Wenn also ein deutscher Unternehmer und ein österreichischer Vertriebsmittler
für den Vertriebsvertrag brasilianisches Recht wählen, sind unter brasilianischem Recht
nicht die Vorschriften des brasilianischen Internationalen Privatrechts zu verstehen, sondern
ausschließlich die brasilianischen Sachnormen. Ansonsten bestünde die Gefahr, dass das
brasilianische Internationale Privatrecht für den Vertriebsvertrag ein anderes Recht als das
brasilianische für anwendbar erklärt und dem Willen der Parteien somit nicht entsprochen
wird. Die nach der Rom I-VO zulässige Rechtswahl ist insoweit **bindend.**

Die Parteien können ein **„neutrales" Recht** wählen,[14] wobei die Einschränkungen **11**
nach Abs. 3 (Inlandssachverhalt) und Abs. 4 (Binnenmarktsachverhalt, wie in dem Beispiel
unter → Rn. 10) zu beachten sind. Wählen zwei Deutsche für ihren Vertrag, der bis auf das
gewählte Recht ausschließlich Verbindungen zu Deutschland aufweist, etwa argentinisches
Recht, so finden die zwingenden Normen des deutschen Rechts gem. Abs. 3 (→ Rn. 39)
trotzdem Anwendung.

---

[9] Erwägungsgrund 46 zur Rom I-VO.
[10] Siehe auch EuGH ZVertriebsR 2014, 55 (58); Emde HGB § 92c Rn. 45.
[11] Staudinger/Magnus Rn. 36; Ferrari/Ferrari IntVertragsR Rn. 5 f.; Emde HGB § 92c Rn. 47.
[12] Grüneberg/Thorn Rn. 3; Emde HGB § 92c Rn. 45.
[13] Grüneberg/Thorn Art. 20 Rn. 1; Junker NJW 2007, 3675 (3681).
[14] MüKoBGB/Martiny Art. 3 Rn. 8; Grüneberg/Thorn Rn. 4.

12   **1. Teilrechtswahl.** Eine Teilrechtswahl ist gem. Abs. 1 S. 3 **möglich.** Die Parteien
können also vereinbaren, dass **verschiedene Teile des Vertrages verschiedenen
Rechtsordnungen unterliegen** oder ihre **Rechtwahl auf einen Teil des Vertrages
beschränken.**[15] Sie können zB vereinbaren, dass sich das formelle Zustandekommen des
Vertriebsvertrages nach spanischem Recht richtet, die materielle Wirksamkeit aber nach
deutschem Recht.[16] Eine solche Spaltung des Vertragsstatus sollte aber schon aus praktischen Gründen vermieden werden, weil das Nebeneinander mehrerer Rechte zur Rechtsunsicherheit führt.[17]

2. Zustandekommen und Wirksamkeit, Form der Rechtswahl. a) Zulässigkeit.

13   Die **lex fori,** also die Rechtsordnung des angerufenen Gerichts, bestimmt inwieweit eine
Rechtswahl der Parteien überhaupt zulässig ist, also ob sie überhaupt getroffen werden
kann.[18] Diese Frage stellt sich nur bei angerufenen Gerichten außerhalb des räumlichen
Anwendungsbereichs der Rom I-VO (→ Rn. 6). Bei angerufenen Gerichten innerhalb des
Anwendungsbereichs der Rom I-VO ist durch Abs. 1 die Zulässigkeit der Rechtswahl
sichergestellt.

14   **b) Zustandekommen und Wirksamkeit.** Ob die Einigung über die Rechtswahl
zustande gekommen und wirksam ist, richtet sich gem. Abs. 5 iVm Art. 10 Abs. 1 nach
dem Recht, das anwendbar wäre, wenn die Rechtswahl wirksam wäre, also der potentiellen
lex causae.[19] Das gilt auch für Rechtswahlklauseln in Allgemeinen Geschäftsbedingungen
(→ Rn. 18 ff.).[20] Die Rechtswahl ist ein **eigenständiger Vertrag,** auch wenn sie meist in
dem Vertrag getroffen wird, dessen Recht sie bestimmen soll.[21]

15   Ausnahmen gelten hinsichtlich des Zustandekommens der Rechtswahl nach Art. 10
Abs. 2 nur, wenn sich aus den Umständen ergibt, dass es nicht gerechtfertigt wäre, die
Wirkung des Verhaltens einer Partei nach dem nach Abs. 1 bezeichneten Recht zu
bestimmen. Für die Behauptung, sie habe dem Vertrag nicht zugestimmt (es fehle also eine
entsprechende Einigung)[22] kann sich diese Partei dann auf das Recht des Staates ihres
gewöhnlichen Aufenthaltes berufen. Dies hat insbesondere Bedeutung für die Frage, ob
Schweigen als Zustimmung gewertet werden kann.[23]

16   **c) Form.** Ob die Rechtswahl formgültig ist, beurteilt sich gem. Abs. 5 nach Art. 11. Da
die Rechtswahl als Vertrag ein zweiseitiges Rechtsgeschäft ist, kommen dabei nur die
Abs. 1 und 2 in Betracht. Nach **Art. 11 Abs. 1** sind Verträge formgültig, wenn sie die
Formerfordernisse der lex causae oder des Ortsrechts, also des Rechts des Ortes, an dem sie
geschlossen werden, erfüllen. Befinden sich die Parteien oder ihre Vertreter beim Vertragsschluss in verschiedenen Staaten, ist der Vertrag gem. **Art. 11 Abs. 2** formgültig, wenn er
die Formerfordernisse der lex causae (Var. 1) oder des Rechts eines der Staaten, in denen
sich die Parteien oder ihre Vertreter bei Vertragsschluss befinden (Var. 2), oder des Rechts
des Staates, in dem eine der Vertragsparteien zu diesem Zeitpunkt ihren gewöhnlichen
Aufenthalt hatte (Var. 3), erfüllt. Die Formgültigkeit der Rechtswahl richtet sich daher
nicht unbedingt nach dem Recht des schuldrechtlichen Vertrages.[24]

17   **3. Ausdrückliche Rechtswahl. a) Allgemeines.** Nach Abs. 1 S. 2 Alt. 1 können die
Parteien die Rechtswahl **ausdrücklich** vereinbaren. Eine solche ausdrückliche Rechtswahl

---

[15] Emde HGB § 92c Rn. 46; Bairlein IHR 2014, 1 (2); Mankowski FS Martiny, 2014, 449 (458 ff.);
Thume IHR 2014, 52 (55 f.).

[16] Grüneberg/Thorn Rn. 10.

[17] Emde HGB § 92c Rn. 46; Staudinger/Magnus Rn. 106.

[18] Grüneberg/Thorn Rn. 9; Reithmann/Martiny/Martiny Rn. 2.20; Emde HGB § 92c Rn. 47.

[19] Emde HGB § 92c Rn. 47.

[20] BGH NJW-RR 2005, 1071 (1072); Grüneberg/Thorn Rn. 9.

[21] Martinek/Semler/Flohr VertriebsR-HdB/Lakkis § 57 Rn. 12; Emde HGB § 92c Rn. 47.

[22] Grüneberg/Thorn Rn. 9.

[23] Grüneberg/Thorn Rn. 9.

[24] Grüneberg/Thorn Rn. 9.

kann sich auf die Rechtsordnung eines Staates als Ganzes beziehen (zB „Dieser Vertrag unterliegt deutschem Recht").[25] Zu beachten ist, dass internationale Übereinkommen wie das CISG (UN-Kaufrecht)[26] Teil der gewählten Rechtsordnung sein können und die Rechtswahl damit nicht ausschließlich zum nationalen Sachrecht (zB den Normen des BGB und des HGB) führt.[27] Soweit der Anwendungsbereich des CISG reicht,[28] würde es Anwendung finden und die nationalen Sachnormen nur das Übrige, wie Zustandekommen des Vertrages und Verjährung, regeln. Wenn die Parteien ausschließlich die nationalen Sachnormen wählen möchten, sollten sie Formulierungen wie „Dieser Vertrag unterliegt den Vorschriften des BGB"[29] oder besser „Dieser Vertrag unterliegt deutschem Recht mit Ausnahme des UN-Kaufrechts" (weil insbesondere im Vertriebsrecht relevante Regelungen in mehreren Gesetzen enthalten sind) verwenden.

b) Rechtswahlklauseln in AGB. Neben der Individualvereinbarung kann die Rechts- **18** wahl auch in Allgemeinen Geschäftsbedingungen getroffen werden (→ Rn. 14).[30]

Wenn deutsches Recht in den AGB als Vertragsstatut vereinbart wurde, richtet sich die **19** Einbeziehung der AGB nach §§ 305, 305a, 305c BGB,[31] weil das Zustandekommen und die Wirksamkeit der Rechtswahl nach Abs. 5 iVm Art. 10 Abs. 1 dem Recht, das bei unterstellter Wirksamkeit der Rechtswahl anwendbar wäre, unterliegen (→ Rn. 14). Für die **Einbeziehung von Rechtswahlklauseln in AGB** gelten die **gleichen Voraussetzungen wie für andere Klauseln.** Die Folgen der Rechtswahl sind zwar weitreichend. Die Auffassung, wonach deshalb von der anderen Partei eine „sinnerfassende Kenntnisnahme" nachweisbar zu erwarten sei, geht aber zu weit.[32] Unternehmer und Vertriebsmittler sind Kaufleute, an die erhöhte Anforderungen gestellt werden können.[33] Wenn die AGB in einer anderen Sprache als der Verhandlungssprache abgefasst sind, ist ein Hinweis in der Verhandlungssprache[34] oder in einer Weltsprache[35] (zB Englisch) auf die Geltung der AGB aufzunehmen.[36] Im deutschen Recht hält die Rechtswahl auch regelmäßig der Inhaltskontrolle nach § 307 BGB stand,[37] weil die Rechtswahl frei möglich ist (Art. 3 Abs. 1 Rom I-

---

[25] Ferrari/Ferrari IntVertragsR Rn. 23.

[26] Übereinkommen der Vereinten Nationen über Verträge über den internationalen Warenkauf vom 11.4.1980, BGBl. II 588.

[27] BGH NJW-RR 2010, 1217 (1219).

[28] Nach der ablehnenden Ansicht des BGH RIW 1997, 1035 (1036) soll das CISG auch auf Vertragshändlerverträge Anwendung finden, wenn mit ihrem Abschluss bereits Liefer- und Abnahmeverpflichtungen begründet werden. Das CISG ist aber nach seinem Art. 1 Abs. 1 nur auf Kaufverträge anzuwenden. Der Vertragshändlervertrag regelt die Förderung des Warenabsatzes durch den Vertragshändler und ist kein Kaufvertrag, so auch die Anm. von Klima RIW 1996, 1037 und allg. Küstner/Thume VertriebsR-HdB III Kap. IX Rn. 20.

[29] Ferrari/Ferrari IntVertragsR Rn. 23; BGH NJW-RR 2010, 1217 (1219).

[30] OLG Frankfurt a. M. BeckRS 2021, 40584 Rn. 30 (Franchisenehmer); Martinek/Semler/Flohr VertriebsR-HdB/Lakkis § 57 Rn. 52; MüKoBGB/Martiny Rn. 13; Grüneberg/Thorn Art. 3 Rn. 6; Kindler/Menges DB 2010, 1109; Küstner/Thume VertriebsR-HdB III Kap. IX Rn. 342; Reithmann/Martiny/Martiny Rn. 2.23; Reithmann/Martiny/Fabig Rn. 23.124 (Handelsvertreter), 37.149 (Vertragshändler); Reithmann/Martiny/Dutta 20.9 (Franchisenehmer); Ferrari/Ferrari IntVertragsR Rn. 24; MüKoHGB/Häuser HGB § 383 Rn. 60 (Kommissionär); Emde HGB § 92c Rn. 45, 52 ff. (differenzierend); aA BGH NJW 1990, 242 (244), dort aber mit der nicht auf Vertriebsverträge übertragbaren Besonderheit einer Dreiecksbeziehung, bei der sich die Rechtswahl auf den nicht am Verweisungsvertrag beteiligten Dritten ausgewirkt hätte, vgl. Ebenroth/Boujong/Joost/Strohn/Kindler HGB § 92c Anh. Rn. 11.

[31] OLG Hamm ZVertriebsR 2015, 235 (237 f.); NJW-RR 1998, 496 (497); Ebenroth/Boujong/Joost/Strohn/Kindler HGB § 92c Anh. Rn. 8; Martinek/Semler/Flohr VertriebsR-HdB/Lakkis § 57 Rn. 53.

[32] Vgl. dazu Ebenroth/Boujong/Joost/Strohn/Kindler HGB § 92c Anh. Rn. 10.

[33] So auch Ebenroth/Boujong/Joost/Strohn/Kindler HGB § 92c Anh. Rn. 11.

[34] OLG Hamm ZVertriebsR 2015, 237; OLG Düsseldorf IPRspr 2005, Nr. 196, 513; Martinek/Semler/Flohr VertriebsR-HdB/Lakkis § 57 Rn. 53.

[35] Grüneberg/Grüneberg BGB § 305 Rn. 27 (zur allgemeinen Einbeziehung).

[36] OLG Hamm ZVertriebsR 2015, 235 (237); OLG Düsseldorf IPRspr 2005, Nr. 196, 513; Martinek/Semler/Flohr VertriebsR-HdB/Lakkis § 57 Rn. 53.

[37] Martinek/Semler/Flohr VertriebsR-HdB/Lakkis § 57 Rn. 53; Ebenroth/Boujong/Joost/Strohn/Kindler HGB § 92c Anh. Rn. 8.

VO).[38] Das gilt jedenfalls, wenn eine Rechtsordnung einer der Parteien vereinbart wird,[39] aber auch dann, wenn die AGB ein neutrales Recht vorsehen, das für die Parteien nicht überraschend ist (§ 305c Abs. 1 BGB).

20   Probleme entstehen, wenn sowohl der Unternehmer als auch der Vertriebsmittler wirksame **Rechtswahlklauseln in ihren AGB** benutzen und diese miteinander **kollidieren.** Unter der Geltung des EGBGB wurde teilweise vertreten, das Zustandekommen der Rechtswahl dann nach dem Statut der engsten Verbindung des Vertriebsvertrages zu prüfen.[40] Allerdings kommt nach zutreffender Ansicht im Falle sich widersprechender AGB die Rechtswahl nicht wirksam zustande.[41] Das Zustandekommen der Rechtswahl richtet sich nach lex causae (→ Rn. 14). Wenn die Parteien unterschiedliche Rechtsordnungen wählen, kann die lex causae aber nicht nach der Rechtswahl bestimmt werden. Daher ist in diesen Fällen **nach den allgemeinen Regeln,** insbesondere Art. 4, **anzuknüpfen.**

21   **4. Stillschweigende Rechtswahl.** Die Rechtswahl kann auch **stillschweigend** erfolgen, wenn sie sich eindeutig aus den Bestimmungen des Vertrages oder aus den Umständen des Falles ergibt, Abs. 1 S. 2 Alt. 2.

22   **a) Unterschiede zur alten Rechtslage.** Das Erfordernis der „**Eindeutigkeit**" der stillschweigenden Rechtswahl stellt eine Änderung zur Rechtslage nach dem EGBGB dar. Nach dessen Art. 27 Abs. 1 S. 2 reichte es aus, wenn sich das anwendbare Recht „mit hinreichender Sicherheit" aus den Bestimmungen des Vertrages oder den Umständen des Falles ergibt. „Eindeutigkeit" ist demgegenüber deutlich stärker.[42] Ein Grund für diese Erhöhung der Anforderungen an eine stillschweigende Rechtswahl ist, dass die Gerichte immer wieder geneigt waren, eine Rechtswahl zugunsten ihrer eigenen Rechtsordnung anzunehmen. Dieses „Heimwärtsstreben" wollte der Verordnungsgeber zurückdrängen.[43]

23   **b) Indizien für eine stillschweigende Rechtswahl.** Es gibt mehrere Indizien für eine stillschweigende Rechtswahl. Allerdings muss im Einzelfall konkret festgestellt werden, ob wirklich eine stillschweigende Rechtswahl zustande gekommen ist.[44] Es kommt darauf an, ob sich den Indizien **der eindeutige Wille der Parteien entnehmen lässt,** ihren Vertrag der indizierten Rechtsordnung zu unterstellen.

24   **aa) Gerichtsstandsvereinbarungen.** In vielen grenzüberschreitenden Verträgen vereinbaren die Parteien einen Gerichtsstand für Rechtsstreitigkeiten aus ihrem Vertrag. Die **Vereinbarung eines ausschließlichen Gerichtsstandes** ist ein starkes Indiz für eine **Wahl des Rechts am Sitz des vereinbarten Gerichts** (Qui eligit iudicem, eligit ius).[45] So steht es auch im Erwägungsgrund 12 zur Rom I-VO, allerdings dem Wortlaut nach nur bei Wahl eines Gerichtsstands in einem Mitgliedstaat.[46] Die Parteien werden im Normalfall davon ausgehen, dass das als zuständig vereinbarte Gericht sein eigenes Recht anwendet.[47] Bestehen keine entgegenstehenden Indizien, ist daher idR in der Vereinbarung eines ausschließlichen Gerichtsstands eine stillschweigende Rechtswahl zu sehen.[48] Anders kann dies bei der Vereinbarung eines nicht ausschließlichen Gerichtsstands sein, weil das Gericht

---

[38] Martinek/Semler/Flohr VertriebsR-HdB/Lakkis § 57 Rn. 53.

[39] Martinek/Semler/Flohr VertriebsR-HdB/Lakkis § 57 Rn. 53; Ebenroth/Boujong/Joost/Strohn/Kindler HGB § 92c Anh. Rn. 8.

[40] Dutta ZVglRWiss 2005, 461 (472 ff.).

[41] Grüneberg/Thorn Rn. 9; Tiedemann IPRax 1991, 424 (426).

[42] Emde HGB § 92c Rn. 48; Reithmann/Martiny/Martiny Rn. 2.79; Leible/Lehmann RIW 2008, 528 (532).

[43] Emde HGB § 92c Rn. 48; Leible/Lehmann RIW 2008, 528 (532).

[44] BeckOK BGB/Spickhoff Rn. 21; Emde HGB § 92c Rn. 49 ff.; Bairlein IHK 2014, 1 (2 f.).

[45] BGH NJW-RR 2005, 206 (208); 1990, 183 (184); MüKoBGB/Martiny Rn. 49 mwN zu der Rspr. der Oberlandesgerichte; BeckOK BGB/Spickhoff Rn. 22; Emde HGB § 92c Rn. 51; Dostal EuZW 2018, 944 (947).

[46] Reithmann/Martiny/Martiny Rn. 2.86.

[47] MüKoBGB/Martiny Rn. 49 mwN.

[48] BeckOK BGB/Spickhoff Rn. 22.

dann bei Vertragsschluss noch nicht feststeht und der Vereinbarung kein Wille der Parteien entnommen werden kann, ein bestimmtes Recht anzuwenden.[49]

bb) Schiedsvereinbarungen. Ähnlich verhält es sich mit Klauseln, nach denen ein **25** Schiedsgericht eines bestimmten Landes zuständig sein soll. Auch darin kann ein Indiz für die **Vereinbarung des Sachrechts am Sitz des Schiedsgerichts** (Qui eligit arbitrum, eligit ius) liegen.[50] Es gilt im Grunde das zu den Gerichtsstandsvereinbarungen Gesagte (→ Rn. 24), allerdings mit Abschwächungen. Denn bei Vertragsschluss stehen nicht für alle Schiedsgerichte Schiedsort und Schiedsrichter fest, wie bei einem Ad-hoc-Schiedsgericht.[51] Aus der Zuständigkeitsvereinbarung zugunsten eines solchen Gerichts kann nicht auf eine Rechtswahl geschlossen werden.

cc) Prozessverhalten der Parteien. Ein weiteres Indiz für eine nachträgliche **26** (→ Rn. 35 f.), stillschweigende Rechtswahl kann in dem Prozessverhalten der Parteien liegen. Gehen diese im Rechtsstreit übereinstimmend von der Anwendung einer bestimmten Rechtsordnung aus, sieht die Rspr. darin idR eine stillschweigende Rechtswahl[52] bzw. die Bestätigung einer früher erfolgten stillschweigenden Rechtswahl.[53] Das gilt insbesondere, wenn die Parteien Vorschriften der Rechtsordnung anführen.[54] Problematisch ist – weil die Rechtswahl als Vertrag eine Willenseinigung der Parteien erfordert – dass die Parteien dem schuldrechtlichen Vertrag im Prozess eine bestimmte Rechtsordnung uU allein aus Unkenntnis zugrunde legen. In diesem Fall kann keine stillschweigende Rechtswahl angenommen werden.[55] Dann müssen weitere Umstände hinzutreten, um eine stillschweigende Rechtswahl annehmen zu können. Die Rspr. hat das für die Einigung erforderliche Erklärungsbewusstsein der Parteien schon in der überstimmenden rügelosen Einlassung der Parteien in der Berufungsinstanz im Hinblick auf eine vom erstinstanzlichen Gericht bejahte Vereinbarung des anwendbaren Rechts gesehen.[56] Gerade im Hinblick auf das Erfordernis der „Eindeutigkeit" der Rechtswahl ist das nicht unproblematisch. So verlangt auch der BGH inzwischen ausdrücklich einen „beiderseitigen Gestaltungswillen" der Parteien.[57] Weist das Gericht die Parteien auf die kollisionsrechtliche Fragestellung hin und bleiben diese danach bei ihrem Vortrag zu nur einer bestimmten Rechtsordnung, ist eine entsprechende Rechtswahl anzunehmen.[58]

dd) Vertragspraxis der Parteien. Stehen die Parteien schon seit längerer Zeit in **27** vertraglichen Beziehungen zueinander, kann ein Indiz für eine stillschweigende Rechtswahl hinsichtlich des streitgegenständlichen Vertrags darin liegen, dass sie ihre **bisherigen Vertragsbeziehungen** einer bestimmten Rechtsordnung unterstellt haben.[59] Das ist anders, wenn sich aus den Umständen ergibt, dass diese Vertragspraxis aufgegeben wurde oder aufgegeben werden sollte.

---

[49] MüKoBGB/Martiny Rn. 51.
[50] BGH NJW-RR 2005, 206 (208); BeckOK BGB/Spickhoff Rn. 23; MüKoBGB/Martiny Rn. 52.
[51] BeckOK BGB/Spickhoff Rn. 23; MüKoBGB/Martiny Rn. 53.
[52] BGH NJW-RR 2004, 1482 (1484); 1986, 456 (457); MüKoBGB/Martiny Rn. 54 mwN zu der Rspr. der Oberlandesgerichte; Emde HGB § 92c Rn. 51.
[53] BeckOK BGB/Spickhoff Rn. 28.
[54] BGH NJW 1991, 1292 (1293); MüKoBGB/Martiny Rn. 54.
[55] Ferrari/Ferrari IntVertragsR Rn. 31.
[56] BGH NJW 1991, 1292 (1293).
[57] BGH NJW 2009, 1205 Rn. 19; vgl. auch BGH NJW-RR 2000, 1002 (1004): Die Parteien eines Vertragshändlervertrages waren im Prozess über einen Vergleich von der Geltung des für den Vertrag gewählten deutschen Rechts ausgegangen. Sie hatten aber nach Ansicht des BGH für den Vergleich französisches Recht gewählt. Die „übereinstimmend geäußerte irrige Auffassung", deutsches Recht sei auch für den Vergleich anwendbar, reiche, so der BGH, nicht für den erforderlichen beiderseitigen Gestaltungswillen aus, der für die erneute Wahl deutschen Rechts erforderlich gewesen wäre.
[58] BeckOK BGB/Spickhoff Rn. 28; MüKoBGB/Martiny Rn. 56; Staudinger/Magnus Rn. 82.
[59] BGH NJW 2001, 1936 (1937); Staudinger/Magnus Rn. 87; MüKoBGB/Martiny Rn. 67; BeckOK BGB/Spickhoff Rn. 26; Ferrari/Ferrari IntVertragsR Rn. 32.

28   **ee) Bezugnahme auf ein bestimmtes Recht.** Eine stillschweigende Rechtswahl kann auch dadurch begründet sein, dass die Parteien in dem schuldrechtlichen Vertrag **auf eine bestimmte Rechtsordnung Bezug** nehmen.[60] Ob eine solche Bezugnahme ausreichend „eindeutig" ist, bestimmt sich nach den Umständen in jedem Einzelfall.

29   Die Parteien können in ihren Verträgen auf verschiedene Weise auf bestimmte Rechtsordnungen Bezug nehmen. Wird die **Interpretation des Vertrags** einem bestimmten Recht unterstellt (sog. construction clause, zB „This contract shall be construed in accordance with the Laws of England"), ist darin bereits eine ausdrückliche Rechtswahl zu sehen.[61] Es ist kaum vorstellbar, dass die Parteien deutsches Recht auf ihren Vertrag anwenden wollen bzw. das anwendbare Recht der objektiven Anknüpfung (nach Art. 4) überlassen, seine Auslegung sich aber ausdrücklich nach englischem Recht richten soll. Zumindest liegt darin aber ein **starker Anhaltspunkt für eine stillschweigende Rechtswahl** zugunsten der Rechtsordnung, die „interpretieren" soll, weil es den Parteien offensichtlich auf sie ankommt.[62]

30   Eine stillschweigende Rechtswahl kann auch in der **Bezugnahme auf einzelne Vorschriften** einer bestimmten Rechtsordnung liegen.[63] Der BGH hat angenommen, in der (im Original in französischer Sprache abgefassten) Formulierung „Die vorliegende Urkunde stellt einen Vergleich i. S. der Art. 2044 und folgende des Zivilgesetzbuches [im Original: code civil] dar" liege eine Rechtswahl zugunsten französischen Rechts.[64] In diesem Fall hat eine solche Auslegung auch unter dem Erfordernis der „Eindeutigkeit" nach Abs. 1 S. 2 Bestand, weil diese Formulierung keinen Zweifel daran lässt, dass die Parteien den zugrunde liegenden Vertrag einer bestimmten Rechtsordnung (der französischen) unterstellen wollen. Im Übrigen ist es bei der Bezugnahme auf einzelne Vorschriften aber immer eine Frage des Einzelfalls, ob diese allein eine stillschweigende Rechtswahl darstellt oder ob weitere Indizien hinzutreten müssen, damit sie als „eindeutig" qualifiziert werden kann.

31   Auch die Verwendung **juristisch-technischer Klauseln** wie „Vorbehalt des Eigentums" wurde als Hinweis auf eine Rechtswahl der Parteien zugunsten deutschen Rechts angesehen. Auf die Rechtswahl wurde in diesem Fall, einem Teppichkauf in der Türkei, allerdings aus der Gesamtbetrachtung aller Umstände geschlossen, wie darüber hinaus der deutschen Vertragssprache (einschließlich der Geschäftsbedingungen) und der Überschreibung des Vertrags mit „Kaufvertrag". Für sich genommen hätte jedes dieser Indizien dem Gericht nicht ausgereicht.[65]

32   Beziehen die Parteien **Allgemeine Geschäftsbedingungen** in ihren Vertrag ein, die selbst keine Rechtswahlklausel enthalten, aber erkennbar auf einem bestimmten Recht aufbauen (zB durch Verweis auf Vorschriften des HGB) oder ohne Rückgriff auf eine bestimmte Rechtsordnung nicht verständlich sind, liegt eine stillschweigende Rechtswahl nahe.[66] Generell eine Rechtswahl zugunsten derjenigen Rechtsordnung anzunehmen, der der Steller der AGB entstammt oder an dessen Sitz sie erstellt wurden, ist unter der Rom I-VO nicht mehr möglich.[67] Ein dahingehender gemeinsamer Wille der Parteien kann dem Erfordernis der Eindeutigkeit nicht entnommen werden.[68]

33   **Weitere Möglichkeiten** der Bezugnahme auf eine bestimmte Rechtsordnung und damit weitere Indizien – mit allerdings **abgeschwächtem Charakter** – sind: Der **Verweis auf**

---

[60] MüKoBGB/Martiny Rn. 58.
[61] So auch Staudinger/Magnus Rn. 89 mwN; MüKoBGB/Martiny Rn. 58.
[62] MüKoBGB/Martiny Rn. 58; aA Ferrari/Ferrari IntVertragsR Rn. 33, der auf die Zulässigkeit einer Teilrechtswahl hinweist und daraus folgert, dass eine ausdrückliche Rechtswahl im Hinblick auf die Vertragsauslegung nicht unbedingt als stillschweigende Gesamtrechtswahl zu verstehen sei.
[63] MüKoBGB/Martiny Rn. 59.
[64] BGH NJW-RR 2000, 1002 (1004).
[65] KG NJW-RR 2009, 195.
[66] Staudinger/Magnus Rn. 93.
[67] BeckOK BGB/Spickhoff Rn. 24.
[68] Staudinger/Magnus Rn. 93.

Standards wie die deutschen DIN-Normen[69], die Verwendung von **Formularen,** die auf einer **bestimmten Rechtsordnung** aufbauen[70] oder die Vereinbarung (deutscher) Tarifverträge[71].

ff) Weitere Indizien für eine stillschweigende Rechtswahl. Weitere Umstände, die   34
eine – allerdings nur geringe – Indizwirkung besitzen, sind unter anderem ein **gemeinsamer Erfüllungsort,**[72] der **Sitz der Parteien,** der **Abschlussort des Vertrages,** die **Vertragssprache** oder die **vereinbarte Währung.** Ohne Hinzutreten weiterer Anhaltspunkte kann aus dem Vorliegen dieser Tatsachen allein allerdings nicht auf „eindeutige" stillschweigende Rechtswahl geschlossen werden.

III. Zeitpunkt der Rechtswahl nach Abs. 2

1. Jederzeitige Rechtswahlmöglichkeit nach Abs. 2 S. 1. Nach Abs. 2 S. 1 können   35
die Parteien jederzeit vereinbaren, dass der Vertrag nach einem anderen Recht als dem zuvor gewählten oder dem nach Art. 4 maßgeblichen zu beurteilen ist. Es kann also ein gewähltes Recht nachträglich durch ein anderes ersetzt werden oder das objektive Vertragsstatut durch eine erstmalige Rechtswahl abgewählt werden. Das **Vertragsstatut kann sich** durch Einigung der Parteien **jederzeit wandeln.**[73] Die Rechtswahl kann somit vor, bei oder nach Vertragsschluss erfolgen und sogar noch im Prozess (→ Rn. 26).[74] Selbst nach Beendigung des Vertrages können die Parteien das für sie maßgebliche Recht wählen – so etwa im Prozess über die Folgen der Vertragsbeendigung. Eine nachträgliche Rechtswahl unterliegt den gleichen Grundsätzen wie eine ursprüngliche.[75] Sie kann ausdrücklich erfolgen (→ Rn. 17) oder stillschweigend, sofern sie „eindeutig" ist (→ Rn. 22). Die Parteien haben auch in zeitlicher Hinsicht die „größtmögliche Parteiautonomie".[76] Die Zulässigkeit des nachträglichen Wandels des Vertragsstatuts durch die Parteien ergibt sich ausschließlich aus Abs. 2; stünden Bestimmungen des bisherigen (oder auch des neuen) Vertragsstatuts der Zulässigkeit einer Änderung entgegen, sind diese unbeachtlich.[77]

Die **nachträgliche Rechtswahl** kann grundsätzlich mit Wirkung **ex nunc** oder **ex**   36
tunc erfolgen.[78] Die Parteien können also vereinbaren, dass das neu gewählte Recht nur auf zukünftige Ereignisse Anwendung finden soll oder dass der gesamte Vertrag rückwirkend dem neu gewählten Recht untersteht. Ergibt sich aus der Vereinbarung der Parteien nichts anderes, ist eine nachträgliche Rechtswahl so auszulegen, dass sie auf den Zeitpunkt des Vertragsschlusses zurückwirkt.[79] Es entspricht regelmäßig dem Willen der Parteien, den Vertrag für die gesamte Laufzeit einheitlich einer Rechtsordnung zu unterstellen.

2. Eingeschränkte Wirkung der nachträglichen Rechtswahl nach Abs. 2 S. 2.   37
Nach Abs. 2 S. 2 bleibt die **Formgültigkeit des Vertrages** von einer nachträglichen

---

[69] MüKoBGB/Martiny Rn. 62.
[70] BeckOK BGB/Spickhoff Rn. 24.
[71] MüKoBGB/Martiny Rn. 59.
[72] MüKoBGB/Martiny Rn. 64.
[73] BGH NJW 1991, 1292 (1293) zu Art. 27 Abs. 2 EGBGB; Emde HGB § 92c Rn. 106; Staudinger/Magnus Rn. 114; MüKoBGB/Martiny Rn. 77.
[74] Staudinger/Magnus Rn. 114 mwN.
[75] MüKoBGB/Martiny Rn. 77.
[76] Staudinger/Magnus Rn. 114.
[77] BeckOK BGB/Spickhoff Rn. 31; Staudinger/Magnus Rn. 119; MüKoBGB/Martiny Rn. 77.
[78] Wirkung ex tunc bejaht bei BGH NJW 1991, 1292 (1293) zu Art. 27 Abs. 2 EGBGB; MüKoBGB/Martiny Rn. 79; Staudinger/Magnus Rn. 124.
[79] BGH WM 1997, 1713 (1715): Der BGH hatte zu entscheiden, ob auf einen Handelsvertretervertrag zwischen einer in NRW ansässigen Unternehmerin und einer damals in Ostberlin ansässigen Handelsvertreterin das (westdeutsche) HGB Anwendung findet oder das DDR-Gesetz über Internationale Wirtschaftsverträge vom 5.2.1976 (GIW). Im Vertrag hatten die Parteien das GIW gewählt. Sie haben nachträglich die Geltung bundesdeutschen Rechts mündlich vereinbart. Der BGH verstand die Vereinbarung dahingehend, dass sich die nachträgliche Rechtswahl auf die gesamte Vertragslaufzeit erstrecken soll.

Rechtswahl unberührt. Diesbezüglich bleibt der Rechtszustand nach dem ursprünglich anwendbaren Recht maßgebend.[80] War der Vertrag nach dem ursprünglich anwendbaren Recht formgültig, führt die nachträgliche Rechtswahl nicht zur Formungültigkeit, wenn das neu gewählte Recht strengere Anforderungen an die Form stellt, die der Vertrag nicht erfüllt. Auf der anderen Seite kann aber eine nachträgliche Rechtswahl dazu führen, dass ein ursprünglich formnichtiger Vertrag ex tunc wirksam ist, indem die Parteien ein Recht wählen, nach dem der Vertrag die Formvoraussetzungen erfüllt[81] und keine Anzeichen vorliegen, die auf eine Änderung der Rechtswahl ex nunc hinweisen.

38   **Rechte Dritter** werden durch eine nachträgliche Rechtswahl ebenfalls nicht berührt, Abs. 2 S. 2. Das gilt wiederum nur in eine Richtung: Verschlechtert die nachträgliche Rechtswahl die Rechtsstellung eines Dritten im Vergleich zum zuvor anwendbaren Recht, bleibt das ursprüngliche Vertragsstatut im Verhältnis zwischen ihm und den Vertragsparteien weiterhin Grundlage.[82] Eine Verbesserung der Rechtsstellung von Dritten durch die nachträgliche Rechtswahl ist nach dem Schutzzweck der Norm hingegen nicht ausgeschlossen.[83] In diesem Fall gilt auch dem Dritten gegenüber das neue Vertragsstatut.

IV. Einschränkungen der Wirkung der Rechtswahl

39   **1. Zugunsten des zwingenden Rechts der Einzelstaaten nach Abs. 3. a) Allgemeines. Abs. 3 beschränkt** die **Parteiautonomie** hinsichtlich der Rechtswahl **in gewissem Umfang.** Sind alle Elemente des Sachverhalts zum Zeitpunkt der Rechtswahl in einem anderen als demjenigen Staat belegen, dessen Recht gewählt wurde, bleibt die Anwendung der zwingenden Vorschriften des anderen Staates von der Rechtswahl der Parteien unberührt **("Inlandsklausel").** Die Rechtswahl ist im Übrigen wirksam, die zwingenden Bestimmungen werden aber in das gewählte Statut „gewissermaßen injiziert"[84], so dass ein **„law mix"** entsteht.[85] Trotz der sprachlichen Unterschiede entspricht die Regelung inhaltlich vollständig Art. 3 Abs. 3 EVÜ und Art. 27 Abs. 3 EGBGB aF.[86] Wenn bspw. die beiden in Deutschland ansässigen Parteien eines Handelsvertretervertrages vereinbaren, dass der Handelsvertreter in Deutschland tätig ist und kalifornisches Recht wählen, so bleiben die zwingenden Vorschriften des deutschen Rechts, insbesondere der §§ 84 ff. HGB, anwendbar – und zwar auch die einfach zwingenden (→ Rn. 46 ff.) (international zwingende Vorschriften des deutschen Rechts können nach Art. 9 stets angewandt werden).[87] Nach kalifornischem Recht richten sich dann die Bestimmungen, die auch bei Anwendbarkeit deutschen Rechts auf den Handelsvertretervertrag abdingbar wären.[88] So wird bei einem reinen Inlandssachverhalt verhindert, dass sich die Parteien der Rechtswahl bedienen, um Vorschriften zu umgehen, die ihnen „ihre" Rechtsordnung zwingend vorschreibt. Nach dem Erwägungsgrund 15 zur Rom I-VO gilt dies unabhängig davon, ob die Rechtswahl zusammen mit einer Gerichtsstandsvereinbarung getroffen wurde oder nicht. Damit soll also auch durch die Wahl eines ausländischen Gerichtsstandes nicht der Tatbestand des reinen Binnensachverhalts umgangen werden dürfen.[89] Dies ist allerdings nicht so zu verstehen, dass dann die Gerichtsstandsvereinbarung unwirksam würde. Es bedeutet nur, dass auch das ausländische Gericht die zwingenden Normen des Inlandsrechts zu beachten hat. Dies kann in dem obigen Beispiel allerdings dazu führen – falls die Parteien

---

[80] Ferrari/Ferrari IntVertragsR Rn. 46.
[81] Staudinger/Magnus Rn. 126.
[82] BeckOK BGB/Spickhoff Rn. 34.
[83] Staudinger/Magnus Rn. 128.
[84] BeckOK BGB/Spickhoff Rn. 35.
[85] So Reithmann/Martiny/Martiny Rn. 2.137.
[86] Staudinger/Magnus Rn. 130.
[87] Martinek/Semler/Flohr VertriebsR-HdB/Lakkis § 57 Rn. 36.
[88] Emde HGB § 92c Rn. 56; Reithmann/Martiny/Martiny Rn. 2.137.
[89] Reithmann/Martiny/Martiny Rn. 2.137; Emde HGB § 92c Rn. 56.

auch Kalifornien als Gerichtsstand wählen −, dass die kalifornischen Gerichte zwingendes deutsches Handelsvertreterrecht beachten müssten.

Abs. 3 gilt allseitig. Sind alle Elemente des Sachverhalts mit einer ausländischen **40** Rechtsordnung verbunden, haben die Parteien aber deutsches Recht gewählt, finden die zwingenden Bestimmungen des einschlägigen ausländischen Rechts Anwendung.[90] Es kann zu Konflikten zwischen den nach Abs. 3 anzuwendenden zwingenden Vorschriften und den aufgrund von Art. 9 zu beachtenden inländischen Eingriffsnormen der lex fori (→ Art. 9 Rn. 2 ff., 6 f.) kommen. In diesem Fall **genießen die über Art. 9 anzuwendenden inländischen Eingriffsnormen Vorrang,** weil Art. 9 den Zweck hat, bestimmten inländischen Rechtsvorstellungen immer zum Durchbruch zu verhelfen, unabhängig davon, welches Recht an sich anwendbar ist und wie dieses bestimmt wird.[91]

b) Auslandsbezug. Es ist teilweise umstritten, welche Anforderungen an den Auslands- **41** bezug zu stellen sind, um die Anwendbarkeit von Abs. 3 zu verneinen.[92] Erwägungsgrund 15 zur Verordnung erklärt, dass die Regel nach Abs. 3 auch dann angewandt werden sollte, wenn die Rechtswahl zusammen mit einer **Gerichtsstandvereinbarung** getroffen wurde. Die Vereinbarung eines Gerichtsstands (auch im Zusammenhang mit einer Rechtswahl) stellt also noch keinen Auslandsbezug dar, der die Anwendung von Abs. 3 ausschließt. Gleiches gilt für eine **Schiedsabrede** mit Verfahrensort außerhalb der EU.[93] Nach einer Entscheidung des BGH[94] zum inhaltsgleichen Art. 27 Abs. 3 EGBGB genügt die **ausländische Staatsangehörigkeit** (beider!) Parteien nicht, um einen hinreichenden Auslandsbezug anzunehmen. Wie auch sonst im internationalen Vertragsrecht spielt die Staatsangehörigkeit der Beteiligten keine entscheidende Rolle.[95]

Ein ausreichender Auslandsbezug liegt in jedem Fall vor, wenn diejenigen **Anknüp-** **42** **fungsmerkmale,** die zur Bestimmung **des objektiven Vertragsstatus** herangezogen werden, eine Verbindung zu anderen Staaten aufweisen.[96] Hat also eine der Parteien ihre Hauptverwaltung bzw. -niederlassung (Art. 4 Abs. 1 iVm Art. 19 Abs. 1) – oder ihre Zweigniederlassung, Agentur oder sonstige Niederlassung, wenn der Vertriebsvertrag im Rahmen des Betriebs dieser Zweigniederlassung, Agentur oder sonstigen Niederlassung geschlossen wurde oder diese für die Erfüllung des Vertriebsvertrages verantwortlich ist, (Art. 4 Abs. 1 iVm Art. 19 Abs. 2) – in einem anderen Staat als demjenigen, dessen Recht gewählt wurde, ist Abs. 3 nicht einschlägig. Wenn nationale Tochtergesellschaften international operierender Konzerne lokale Einzelverträge abschließen und der Leistungsaustausch auch nur in dem jeweiligen Land stattfindet, die Einzelverträge aber auf einem Rahmenvertrag der ausländischen Muttergesellschaften beruhen, dann liegt auch hinsichtlich der Einzelverträge ein hinreichender Auslandsbezug vor.[97]

Liegt der **Erfüllungsort**[98] oder der **Abschlussort**[99] des Vertrages im Ausland, kann nach **43** überwiegender Auffassung ebenfalls von einem **ausreichenden Auslandsbezug** ausgegangen werden, auch wenn dies im Einzelnen umstritten ist.[100]

Das bloße **Interesse der Parteien** an der Anwendung ausländischen Rechts genügt **44** jedenfalls auch dann nicht, wenn die Parteien gute Gründe für die Wahl dieses Rechts haben, zB weil dieses besonders gut entwickelt ist.[101]

---

[90] Emde HGB § 92c Rn. 112; Kocher RIW 2003, 512 (513).
[91] Ferrari/Ferrari IntVertragsR Rn. 59.
[92] Staudinger/Magnus Rn. 133.
[93] MüKoBGB/Martiny Rn. 85.
[94] BGH NJW-RR 2005, 929 (931).
[95] Staudinger/Magnus Rn. 140; Reithmann/Martiny/Martiny Rn. 2.140.
[96] Staudinger/Magnus Rn. 138; MüKoBGB/Martiny Rn. 91; Ferrari/Ferrari IntVertragsR Rn. 51.
[97] Teichmann/Oltmanns ZVertriebsR 2020, 184.
[98] BeckOK BGB/Spickhoff Rn. 36; Ferrari/Ferrari IntVertragsR Rn. 52; MüKoBGB/Martiny Rn. 91.
[99] BGH NJW 1997, 1697 (1699); MüKoBGB/Martiny Rn. 91.
[100] Zum Meinungsstand siehe Staudinger/Magnus Rn. 138 f.
[101] MüKoBGB/Martiny Rn. 91; Ferrari/Ferrari IntVertragsR Rn. 55.

45 Wird ein im Inland ansässiger **Handelsvertreter** von einem inländischen Unternehmer beauftragt, auch teilweise im Ausland tätig zu werden, liegt **bei nur gelegentlichen Auslandseinsätzen** noch **kein** ausreichender **Auslandsbezug** des Handelsvertretervertrages vor. Um ein reines Inlandsgeschäft handelt es sich andererseits nicht mehr, wenn der **Einsatz im Ausland die Inlandstätigkeit überwiegt.**[102]

46 c) **(Einfach) zwingende Vorschriften des deutschen Rechts.** Von der Rechtswahl unberührt bleiben nach Abs. 3 diejenigen Bestimmungen des Rechts des maßgeblichen Staates, von denen nicht durch Vereinbarung abgewichen werden kann, also die **nicht dispositiven** (unabdingbaren)[103] Bestimmungen. Ob die jeweilige Bestimmung in Gesetzesform gekleidet ist oder dem Gewohnheits- oder Richterrecht entspringt, ist unerheblich.[104] Ebenfalls gleichgültig ist, ob es sich um eine privatrechtliche oder um eine öffentlich-rechtliche Bestimmung handelt, solange sie Wirkungen auf Schuldverträge entfaltet.[105]

47 Abzugrenzen sind die „einfach zwingenden" Vorschriften von den „international zwingenden" Vorschriften iSd Art. 9 (→ Art. 9 Rn. 4). **International zwingende Vorschriften** sind Bestimmungen, die beanspruchen, einen Sachverhalt mit Auslandsberührung ohne Rücksicht auf das jeweilige Vertragsstatut zu regeln.[106] Diese kann das angerufene Gericht unabhängig von dem sonst auf den Vertrag anzuwendenden Recht anwenden (Art. 9 Abs. 1) und auch unabhängig davon, ob der Sachverhalt bis auf die Rechtswahl nur Verbindungen zu einem Staat aufweist. **Einfach zwingende Vorschriften** sind die Bestimmungen, die innerhalb der einschlägigen Rechtsordnung nicht dispositiv sind. Von diesen Vorschriften könnten die Parteien auch nicht abweichen, wenn der Vertrag dem Recht des Staates, zu dem es die Verbindungen aufweist, unterliegt. Sie sind nach Abs. 3 trotz der Wahl einer anderen Rechtsordnung ausnahmsweise auch dann anzuwenden, wenn alle Elemente des Sachverhalts in einem bestimmten Staat belegen sind. Weist der Sachverhalt Verbindungen zu mehreren Staaten auf, sind nicht etwa die einfach zwingenden Bestimmungen aller berührten Rechtsordnungen anzuwenden. Durch Abs. 3 soll nur vermieden werden, dass die Parteien die Bestimmungen umgehen, die die objektiv einzig einschlägige Rechtsordnung ihrer Disposition entziehen würde.

48 Von erheblicher praktischer Bedeutung für Vertriebsverträge ist, dass das **AGB-Recht** (§§ 305 ff. BGB) **einfach zwingend** ist.[107] Zu den zwingenden Vorschriften des deutschen Rechts hinsichtlich des Handelsvertreters → Rn. 58 f., des Vertragshändlers → Rn. 67 f., des Franchisenehmers → Rn. 72 und des Kommissionsagenten → Rn. 76.

49 **2. Zugunsten des zwingenden Gemeinschaftsrechts nach Abs. 4. a) Allgemeines.** Nach Abs. 4 berührt eine Rechtswahl der Parteien zugunsten des Rechts eines Drittstaats, dh eines Staates, der nicht Mitgliedstaat der Europäischen Union ist, nicht die Anwendung der Bestimmungen des Gemeinschaftsrechts, von denen nicht durch Vereinbarung abgewichen werden kann, sofern alle anderen Elemente des Sachverhalts zum Zeitpunkt der Rechtswahl in einem oder mehreren Mitgliedstaaten belegen sind. Abs. 4 begrenzt die freie Rechtswahl der Parteien als Pendant zu Abs. 3 bei mangelndem außereuropäischem Bezug (**„Binnenmarktklausel"**). Die Parteien sollen sich in Fällen, die ausschließlich mit dem Gemeinschaftsgebiet verbunden sind, nicht den zwingenden Vorschriften des Gemeinschaftsrechts durch die Wahl des Rechts eines Drittstaats entziehen können.[108] Schließen also ein deutscher Unternehmer und ein österreichischer Vertriebsmittler einen in Spanien zu erfüllenden Vertriebsvertrag und wählen sie brasilianisches

---

[102] Staudinger/Magnus Rn. 141.
[103] Staudinger/Magnus Rn. 144; MüKoBGB/Martiny Rn. 87.
[104] MüKoBGB/Martiny Rn. 87.
[105] MüKoBGB/Martiny Rn. 88.
[106] BGH NJW 2006, 762 Rn. 25 (zu Art. 34 EGBGB).
[107] OLG Frankfurt a. M. NJW-RR 1989, 1018; Ebenroth/Boujong/Joost/Strohn/Kindler § 92c Anh. Rn. 14; Staudinger/Magnus Rn. 146; Emde HGB § 92c Rn. 52 ff.
[108] Staudinger/Magnus Rn. 149.

Recht, sind auf den Vertriebsvertrag trotz der Rechtswahl zwingende Gemeinschaftsrechtsbestimmungen anzuwenden.

Sofern es sich nicht um unmittelbar geltendes Gemeinschaftsrecht handelt, ist nach **50** Abs. 4 das Recht **in der von dem Mitgliedsstaat des angerufenen Gerichts umgesetzten Form** maßgeblich.[109] Nach dem klaren Wortlaut der Vorschrift ist dabei unerheblich, ob der Sachverhalt überhaupt Verbindungen zum Forumstaat aufweist.[110] Sofern der Forumstaat das Gemeinschaftsrecht überschießend umgesetzt hat, ist teleologisch auf den Mindeststandard des Gemeinschaftsrechts zu reduzieren, da mit der Binnenmarktklausel nur dem zwingenden Gemeinschaftsrecht Rechnung getragen werden soll.[111] Die überschießend umgesetzten Vorschriften der lex fori sind nur beachtlich, sofern sie im Rahmen von Art. 9 Eingriffsnormen darstellen (→ Art. 9 Rn. 28). Wenn also in einem Handelsvertretervertrag zwischen einem französischen Prinzipal und einem deutschen Handelsvertreter, der US-Recht unterliegt, die Kündigungsfrist bei einer Laufzeit von mehr als fünf Jahren drei Monate beträgt, so widerspricht dies zwar § 89 Abs. 1 S. 2 HGB, aber nicht dem Mindeststandard gem. Art. 15 Abs. 2 der Handelsvertreter-RL. Ein deutsches Gericht würde daher die dreimonatige Kündigungsfrist für zulässig erachten. Der Begriff der Mitgliedstaaten iSd Abs. 4 umfasst gem. Art. 1 Abs. 4 S. 2 alle Mitgliedstaaten der EU, also auch Dänemark.[112]

b) Mangelnder außereuropäischer Bezug. Abs. 4 setzt voraus, dass bis auf die **51** Rechtswahl der Parteien alle Elemente des Sachverhalts zum Zeitpunkt des Vertragsschlusses im Binnenmarkt belegen sind. Dabei gelten ähnliche Kriterien wie zur Bestimmung des mangelnden Auslandsbezugs in Abs. 3 (→ Rn. 41 ff.).[113] Nach dem Gedanken des Erwägungsgrundes 15 zur Rom I-VO wird auch die Vereinbarung eines Gerichtsstands außerhalb der EU keinen ausreichenden außereuropäischen Bezug herstellen.[114] Sind jedoch Elemente des Sachverhalts in Drittstaaten belegen, die für die objektive Anknüpfung nach Art. 4 Bedeutung hätten, wie der gewöhnliche Aufenthalt bzw. die Hauptverwaltung oder Niederlassung (Art. 19) der Parteien, liegt ein außereuropäischer Bezug vor und Abs. 4 ist nicht einschlägig. Es muss sich jedenfalls um **reine Binnenmarktfälle** handeln, ein lediglich starker Binnenmarktbezug reicht nicht aus, um Abs. 4 anzuwenden.[115]

c) Zwingende Bestimmungen des Gemeinschaftsrechts. Zwingende Bestimmun- **52** gen iSd Abs. 4 sind solche, die für die Gemeinschaftsrechtsordnung von grundlegender Bedeutung sind, also **den Grundfreiheiten dienen und einen unverfälschten Wettbewerb im Binnenmarkt schützen**.[116] Entweder die Bestimmung des Gemeinschaftsrechts schreibt ausdrücklich vor, dass von ihr nicht durch Vereinbarung abgewichen werden kann, oder es ist durch Auslegung zu ermitteln, ob ihr eine entsprechende Bedeutung zukommt. Von Abs. 4 sind zwingende Regeln des Primärrechts (wie die Grundfreiheiten)[117], zwingende Bestimmungen in Verordnungen und Richtlinien und

---

[109] Kritisch hierzu Leible/Lehmann RIW 2008, 528 (534), nach denen es näher gelegen hätte, auf diejenigen nationalen Umsetzungsnormen zu verweisen, die nach der objektiven Anknüpfung anwendbar gewesen wären oder ganz allgemein die Umsetzungsnormen des Mitgliedstaats für anwendbar zu erklären, zu dem der Vertrag die engsten Verbindungen aufweist.

[110] Staudinger/Magnus Rn. 163.

[111] Reithmann/Martiny/Martiny Rn. 2.143.

[112] Kritisch wiederum Leible/Lehmann RIW 2008, 528 (534), die zwar die Ergänzung des Art. 1 Abs. 4 S. 2 begrüßen, aber kritisieren, dass die Vertragsstaaten des EWR nicht berücksichtigt werden, obwohl auch diese EG-Richtlinien in nationales Recht umzusetzen haben.

[113] Ferrari/Ferrari IntVertragsR Rn. 62; MüKoBGB/Martiny Rn. 97.

[114] So auch Staudinger/Magnus Rn. 153.

[115] Staudinger/Magnus Rn. 151, 153; Emde HGB § 92c Rn. 59.

[116] Emde HGB § 92c Rn. 60; Staudinger/Magnus Rn. 160 ff.; Clausnitzer/Woopen BB 2008, 1798 (1799).

[117] Entweder finden sie ohnehin kraft Gemeinschaftsrecht Anwendung (so BeckOK BGB/Spickhoff Rn. 37) oder sie werden über Art. 4 angewandt (so Staudinger/Magnus Rn. 162), was im Ergebnis ohne Bedeutung ist.

zwingende richterrechtliche Rechtssätze erfasst.[118] Zu den zwingenden Vorschriften des Gemeinschaftsrechts hinsichtlich des Handelsvertreters → Rn. 60 f., des Vertragshändlers → Rn. 69 f., des Franchisenehmers → Rn. 73 und des Kommissionsagenten → Rn. 77.

53 **3. Durch Eingriffsnormen nach Art. 9.** Art. 9 schließt die Rechtswahl der Parteien nicht aus, sondern schränkt ihre Wirkung, wie Abs. 3 und 4, nur ein. Die Wirksamkeit der Rechtswahl wird durch Art. 9 nicht berührt. Nach Art. 9 Abs. 2 kann das angerufene Gericht Eingriffsnormen seiner Rechtsordnung stets anwenden. Der Begriff der Eingriffsnormen ist in Art. 9 Abs. 1 legaldefiniert. Nach Art. 9 Abs. 3 kann das angerufene Gericht unter bestimmten Umständen auch Eingriffsnormen anderer Staaten anwenden. Art. 9 hat zur Folge, dass diejenigen Vorschriften der gewählten Rechtsordnung nicht angewendet werden, die im Widerspruch zu den von Art. 9 erfassten Eingriffsnormen stehen. Zu den unter Art. 9 fallenden Vorschriften → Art. 9 Rn. 2 ff., 6 f. Zum Verhältnis von Art. 9 zu Abs. 3 → Rn. 40.

54 **4. Durch den ordre public nach Art. 21.** Nach Art. 21 kann die Anwendung einer Vorschrift des nach der Verordnung bezeichneten Rechts versagt werden, wenn ihre Anwendung mit der öffentliche Ordnung („ordre public") des Staates des angerufenen Gerichts offensichtlich unvereinbar ist. Unter den Begriff des ordre public fallen nationale **Vorschriften, deren Einhaltung als entscheidend für die Wahrung der politischen, sozialen oder wirtschaftlichen Ordnung des betreffenden Mitgliedstaates angesehen wird.**[119] Würde die Anwendung einer Vorschrift der gewählten Rechtsordnung den ordre public des angerufenen Gerichts verletzen, bleibt die Rechtswahl der Parteien wirksam, das Gericht würde aber die potentiell verletzende Norm nicht anwenden. Zum Verhältnis von Art. 9 zu Art. 21 → Art. 9 Rn. 8 ff. Im Bereich des Vertriebsrechts sind Verletzungen des ordre public kaum denkbar.[120]

55 **5. Für bestimmte Vertragstypen.** Die Beschränkungen der Wirkung der Rechtswahl für Verbraucher (Art. 6 Abs. 2) und Arbeitsverträge (Art. 8 Abs. 1) finden keine bzw. nur in Ausnahmefällen Anwendung.

56 **a) Verbraucherverträge, Art. 6.** Erste Voraussetzung zur Annahme einer Beschränkung der Wirkung der Rechtswahl wäre nach Art. 6 Abs. 1, dass der Vertriebsmittler den Vertriebsvertrag zu einem Zweck abschließt, der nicht seiner beruflichen oder gewerblichen Tätigkeit zugeordnet wird. Dies trifft auf Vertriebsmittler nicht zu, weil die Vertriebstätigkeit immer eine gewerbliche Tätigkeit ist. Anders als im deutschen Recht nach § 507 BGB wird der **Existenzgründer** nicht in den Schutzbereich von Art. 6 einbezogen.[121]

57 **b) Individualarbeitsverträge, Art. 8.** Die Vertriebsmittler sind selbständige Kaufleute und damit grds. keine Arbeitnehmer.[122] Wenn sie aber in bestimmten Fällen wirtschaftlich und sozial arbeitnehmerähnlich gestellt sind, können sie in den Schutzbereich einzelner arbeitsrechtlicher Normen einbezogen sein (→ HGB § 84 Rn. 24).[123] In diesen Fällen bestimmt Art. 8 Abs. 1 S. 2, dass die Rechtswahl nicht dazu führen darf, dass dem Vertriebsmittler der Schutz entzogen wird, der ihm durch die zwingenden Bestimmungen des nach Art. 8 Abs. 2–4 anwendbaren Rechts gewährt wird. Anwendbar ist nach Art. 8 Abs. 2

---

[118] Staudinger/Magnus Rn. 161.

[119] Grüneberg/Thorn Rn. 2.

[120] Emde HGB § 92c Rn. 87; Reithmann/Martiny/Fabig Rn. 23.175 (Handelsvertreter); Martinek/Semler/Flohr VertriebsR-HdB/Lakkis § 57 Rn. 44.

[121] OLG Frankfurt a. M. BeckRS 2021, 40584 Rn. 27; Ferrari/Staudinger IntVertragsR Art. 6 Rn. 22; Reithmann/Martiny/Dutta Rn. 20.10 (Franchisenehmer).

[122] Emde HGB § 92c Rn. 44; Flohr ZVertriebsR 2012, 354; vgl. auch LAG Berlin-Brandenburg ZVertriebsR 2012, 381 (Franchisenehmer).

[123] Ebenroth/Boujong/Joost/Strohn/Kindler HGB § 92c Anh. Rn. 20; Martinek/Semler/Flohr VertriebsR-HdB/Lakkis § 57 Rn. 42.

das Recht des Staates, in dem oder andernfalls von dem aus der Arbeitnehmer in Erfüllung des Vertrages gewöhnlich seine Arbeit verrichtet. Hilfsweise ist nach Abs. 3 das Recht des Staates anwendbar, in dem sich die Niederlassung befindet, die den Arbeitnehmer einge- stellt hat. Ergibt sich aus den Gesamtumständen, dass der Vertrag eine engere Verbindung zu einem anderen Staat aufweist, ist nach Abs. 4 das Recht dieses Staates anwendbar. In diesen Fällen finden nicht die zwingenden Bestimmungen des gesamten Arbeitsrechts Anwendung, sondern nur diejenigen, in deren Schutzbereich der Vertriebsmittler aus- nahmsweise einbezogen ist.

B. Handelsvertreter

I. (Einfach) zwingende Vorschriften des deutschen Handelsvertreterrechts

Unter den Voraussetzungen des Abs. 3 finden zwingende nationale Vorschriften **58** (→ Rn. 46 ff.) auch bei einer entgegenstehenden Rechtswahl Anwendung (→ Rn. 39). Beim Handelsvertreter sind dies insbesondere die **zwingenden Vorschriften der §§ 84 ff. HGB,** also die §§ 85, 86 Abs. 1 und 2, 86a, 86b Abs. 1, 87a, 87c, 88a Abs. 1, 89 Abs. 1 und 2, 89b Abs. 1–3, 90a Abs. 1–3, 92a Abs. 1 S. 2 und 92b Abs. 1. Außerhalb des HGB sind vor allem das **AGB-Recht** (§§ 305 ff. BGB), die §§ 138, 242 BGB sowie die anwend- baren Bestimmungen des Dienstvertragsrechts (§§ 624, 626 BGB) zu berücksichtigen (→ HGB § 92c Rn. 27). Bei den zwingenden nationalen Bestimmungen ist stets die Schutzrichtung zu beachten. Die Parteien können durchaus ein Recht vereinbaren, das dem Handelsvertreter einen weitergehenden Schutz gewährt. So kann bei einem rein innerdeutschen Sachverhalt belgisches Recht gewählt werden, das die Begrenzung des Ausgleichsanspruchs auf die durchschnittliche Jahresprovision (§ 89b Abs. 2 HGB) nicht kennt. Allerdings ist dabei Vorsicht geboten, da sich aus anderen Aspekten des belgischen Rechts wieder ein geringeres Schutzniveau als nach deutschem zwingenden Recht ergeben kann.

Soweit deutsches (→ GWB § 1 Rn. 69 ff.) bzw. europäisches (→ AEUV Art. 101 **59** Rn. 149 ff.) **Kartellrecht** auf Handelsvertreter Anwendung findet, darf auch davon nicht abgewichen werden (im Hinblick auf die relevanten Vorschriften → Rn. 68 zum Vertrags- händler).

II. Zwingende Bestimmungen des Gemeinschaftsrechts

Unter den Voraussetzungen des Abs. 4 findet zwingendes Gemeinschaftsrecht **60** (→ Rn. 52) auch bei der Wahl des Rechts eines Drittstaates Anwendung. Dies betrifft beim Handelsvertreter in erster Linie die zwingenden **Vorschriften der Handelsvertreter- RL**[124] (in ihrer jeweiligen Umsetzung[125] im Forumstaat, aber ggf. teleologisch reduziert bei überschießender Umsetzung auf den Mindeststandard der Handelsvertreter-RL (→ Rn. 50)). Die Richtlinie regelt die Rechte und Pflichten von Unternehmer und Handelsvertreter (Art. 3 ff.), die Vergütung des Handelsvertreters (Art. 6 ff.) sowie den Abschluss und die Beendigung des Handelsvertretervertrages (Art. 13 ff.).[126] Die zwingen- den Bestimmungen der Handelsvertreter-RL sind die Art. 3 und 4 über die Rechte und Pflichten der Parteien, Art. 10 Abs. 2 und 3 über die Fälligkeit des Provisionsanspruchs, Art. 11 Abs. 1 über das Erlöschen des Provisionsanspruchs, Art. 12 Abs. 1 und 2 über Abrechnungen und Auskünfte hinsichtlich der Provisionen, Art. 13 Abs. 1 über den An- spruch auf Beurkundung des Vertrages, Art. 15 Abs. 2 und 4 über Kündigungsfristen und

---

[124] Emde HGB § 92c Rn. 60; Grüneberg/Thorn Rn. 5.
[125] AA Emde HGB § 92c Rn. 60 (Handelsvertreter-RL in ihrer Originalfassung); Emde ZIP 2017, 1089. Die Ansicht von Emde steht gegen den Wortlaut von Abs. 4 und verkennt, dass eine Richtlinie im Gegensatz zur Verordnung idR in nationales Recht durch Umsetzungsakt transformiert werden muss.
[126] Reithmann/Martiny/Fabig Rn. 23.7.

Art. 17 und 18 über den Ausgleichs- und Schadensersatzanspruch des Handelsvertreters. Auf das Ingmar-Urteil des EuGH (→ HGB § 92c Rn. 38 ff.) muss in diesem Zusammenhang nicht zurückgegriffen werden. Das Ingmar-Urteil ist unter Art. 9 (→ Art. 9 Rn. 22 ff.) aufzuhängen. Das **Ingmar-Urteil betrifft** im Gegensatz zu Abs. 4 **keinen reinen Binnenmarktsachverhalt, sondern nur einen Sachverhalt mit starkem Gemeinschaftsbezug** und geht daher über Abs. 4 hinaus (→ Art. 9 Rn. 24). Der Schutz des Handelsvertreters erfolgt bei einem reinen Binnenmarktsachverhalt direkt über die Handelsvertreter-RL (in ihrer jeweiligen Umsetzung).

61   Soweit europäisches **Kartellrecht** auf Handelsvertreter Anwendung findet (→ AEUV Art. 101 Rn. 149 ff.), darf auch davon nicht abgewichen werden (im Hinblick auf die relevanten Vorschriften → Rn. 70 zum Vertragshändler).

C. Vertragshändler

I. Allgemeines

62   **1. Unterschiede hinsichtlich Art. 3 zum Recht der Handelsvertreter.** Unterschiede gegenüber dem Recht der Handelsvertreter ergeben sich daraus, dass der **Vertragshändler** mit dem **Unternehmer neben** dem **Vertragshändlervertrag** als Rahmenvertrag **auch** noch **Einzelkaufverträge** abschließt. In der Praxis ist es meist so, dass die Vertragshändlerverträge zwar eine Rechtswahl vorsehen, wonach der Vertragshändlervertrag und die in seiner Ausführung abgeschlossenen Kaufverträge dem Recht eines bestimmten Staates unterliegen.[127] Ist die Erstreckung auf die Kaufverträge nicht vereinbart, ist zu klären, ob eine etwaige Rechtswahl für den Rahmenvertrag trotzdem auch für die Einzelkaufverträge gilt und umgekehrt.

63   **2. Grundsatz der freien Rechtswahl für jeden Vertrag.** Nach Abs. 1 können die Parteien das anwendbare Recht sowohl für den Rahmenvertrag als auch für die Einzelkaufverträge frei wählen. Die **Einzelkaufverträge** sind **rechtlich selbständig** (→ Rn. 64)[128] und unterliegen damit der freien Rechtswahlmöglichkeit des Abs. 1 (→ Art. 4 Rn. 19). Die Parteien werden idR vereinbaren, dass der Rahmenvertrag und die Einzelkaufverträge derselben Rechtsordnung unterliegen (→ Rn. 62). Sie können aber auch vereinbaren, dass der Rahmenvertrag einer anderen Rechtsordnung unterliegt als die Einzelkaufverträge. Zu beachten ist, dass eine Rechtswahl in den Einzelkaufverträgen zugunsten der Rechtsordnung eines Vertragsstaates des UN-Kaufrechtübereinkommens zur Anwendung des CISG auf den Kaufvertrag führt, weil auch dieses Bestandteil der Rechtsordnung des betreffenden Vertragsstaates ist (→ Rn. 17, → Art. 4 Rn. 20). Die Parteien müssen die Anwendbarkeit des CISG ausdrücklich (oder stillschweigend) ausschließen, wenn sie das unvereinheitlichte Sachrecht des Staates auf den Vertrag anwenden wollen (Art. 6 CISG).

64   Die Auffassung, wonach die Einzelkaufverträge wegen ihrer engen Verbindung zum Rahmenvertrag dem Recht des Rahmenvertrages (sofern dieses gewählt wurde, dem Wahlrecht) unterliegen, hat sich nicht durchsetzen können. Es ist selbständig anzuknüpfen.[129] Grundsätzlich ist die **Risiko- und Interessenlage in den beiden Verträgen unterschiedlich.** Dies zeigt schon ein Vergleich zwischen Art. 4 Abs. 1 lit. a und Art. 4 Abs. 1 lit. f. Mangels Rechtswahl richtet sich der Kaufvertrag grds. nach dem Recht des Verkäufers (Unternehmer), während sich der Rahmenvertrag grds. nach dem Recht des Vertragshändlers (Käufers) richtet. Ein so enger Zusammenhang, dass eine einheitliche Anknüpfung

---

[127] Reithmann/Martiny/Fabig Rn. 37.146.
[128] BGH NJW 1979, 1782 (1783); OLG Düsseldorf NJW-RR 1997, 822 (823); OLG Koblenz IPRax 1994, 46 (47); Reithmann/Martiny/Fabig Rn. 37.146; Neubert EWS 2011, 369 (373); MüKoBGB/Martiny Art. 4 Rn. 156.
[129] OLG Düsseldorf NJW-RR 1997, 822 (823); MüKoBGB/Martiny Art. 4 Rn. 156.

nötig erscheint, liegt nur vor, wenn der Rahmenvertrag bereits den Inhalt der Einzelkaufverträge vorgibt.[130] Eine nur weitgehende Vorgabe genügt nicht.[131]

3. Rechtswahl im Rahmenvertrag als Indiz für eine konkludente Rechtswahl für 65
die Einzelkaufverträge. Eine Rechtswahl im Rahmenvertrag bezieht sich nicht automatisch auch auf die Einzelkaufverträge, diese sind rechtlich selbständig (→ Rn. 63). Eine
Rechtswahl im Rahmenvertrag kann aber ein Indiz für eine stillschweigende Rechtswahl
zugunsten dieses Rechts auch für die Einzelkaufverträge sein.[132] Es müssen allerdings
weitere Umstände hinzukommen. Kommt man zu dem Ergebnis, dass eine stillschweigende Rechtswahl vorliegt, umfasst mangels entgegenstehender Vereinbarungen diese auch
wieder die Vorschriften des CISG, wenn dessen Anwendungsvoraussetzungen erfüllt sind
(→ Rn. 63).

4. Rechtswahl in den Einzelkaufverträgen als Indiz für eine konkludente 66
Rechtswahl für den Rahmenvertrag. Enthält der Rahmenvertrag keine ausdrückliche
Rechtswahl, kann eine Rechtswahl in den Einzelkaufverträgen einen der Umstände bilden,
die auf eine stillschweigende Rechtswahl zugunsten dieses Rechts auch für den Rahmenvertrag schließen lassen.[133] Insbesondere in **AGB,** zB in Einkaufs- oder Verkaufsbedingungen, werden solche **Rechtswahlklauseln** in Einzelkaufverträgen häufig enthalten sein.
Dieser Umstand hat aber für sich gesehen nur eine **schwache Indizwirkung.**

II. Zwingende Bestimmungen des Vertragshändlerrechts

1. (Einfach) zwingende Vorschriften des deutschen Vertragshändlerrechts. Un- 67
ter den Voraussetzungen des Abs. 3 finden zwingende nationale Vorschriften (→ Rn. 46 ff.)
auch bei einer entgegenstehenden Rechtswahl Anwendung (→ Rn. 39). Es gilt das für den
Handelsvertreter Gesagte (→ Rn. 58), soweit die Vorschriften analog auf den Vertragshändler anwendbar sind.[134] Bei einem **reinen Inlandssachverhalt** ist also der **Ausschluss
des Ausgleichsanspruchs des Vertragshändlers nicht möglich,** auch nicht durch die
Wahl eines Rechts, das keinen Ausgleichsanspruch kennt bzw. einen Ausschluss des Ausgleichsanspruchs zulässt. Anders herum formuliert und unter Berücksichtigung der Regelung in § 92c HGB (→ HGB § 92c Rn. 53 ff.): Ist der Vertragshändler in Deutschland
tätig, sind zwei Voraussetzungen nötig, um den Ausgleichsanspruch auszuschließen: (i) Der
Sachverhalt muss einen grenzüberschreitenden Bezug haben und (ii) die Parteien müssen
ein Recht wählen, das keinen Ausgleichsanspruch kennt bzw. einen Ausschluss des Ausgleichsanspruchs zulässt (der Ausgleichsanspruch nach deutschem Recht ist auch keine
Eingriffsnorm, die insoweit einer Rechtswahl vorgehen würde, vgl. → Art. 9 Rn. 30). Ist
der Vertragshändler innerhalb des EWR (aber außerhalb von Deutschland) tätig, ist der
Ausgleichsanspruch nach dem Urteil des BGH vom 25.2.2016 zwar auch zwingend,[135] aber
es wird regelmäßig ein grenzüberschreitender Bezug vorliegen, so dass Abs. 3 nicht greift
und die Parteien den Ausgleichsanspruch durch entsprechende Rechtswahl vermeiden
können (→ HGB § 92c Rn. 55).

Es sind die **kartellrechtlichen Vorschriften** zu beachten. Dabei handelt es sich ins- 68
besondere um die Vorschriften der §§ 1, 18 ff. GWB des deutschen Kartellrechts. Aber
auch europäisches Kartellrecht kann bei einem reinen deutschen Inlandssachverhalt relevant
werden, wenn der Handel zwischen den Mitgliedstaaten spürbar beeinträchtigt ist. Ein
Beispiel ist eine Vereinbarung in dem Vertragshändlervertrag, wonach der Vertragshändler

---

[130] Soergel/v. Hoffmann EGBGB Art. 28 Rn. 119, 268 ff.; Dostal EuZW 2018, 983 (989).
[131] BGH NJW 1979, 1782 (1783); aA Giesler/Krümmel § 6 Rn. 81: einheitliche Anknüpfung, wenn die
Einzelverträge wenig oder kein wirtschaftliches Gewicht haben.
[132] OLG Hamburg TranspR-IHR 1999, 37 (38); MüKoBGB/Martiny Art. 4 Rn. 156; Reithmann/
Martiny/Fabig Rn. 37.146.
[133] MüKoBGB/Martiny Art. 4 Rn. 154; Reithmann/Martiny/Fabig Rn. 37.145.
[134] Emde HGB § 92c Rn. 56.
[135] BGH ZVertriebsR 2016, 120.

nicht berechtigt ist, die Produkte an Kunden außerhalb von Deutschland zu verkaufen. Die relevanten Vorschriften des EU-Kartellrechts sind Art. 101, 102 AEUV, sowie die entsprechenden Gruppenfreistellungsverordnungen, wie die Vertikal-GVO und die Kfz-GVO.[136]

69   **2. Zwingende Bestimmungen des Gemeinschaftsrechts.** Unter den Voraussetzungen des Abs. 4 findet zwingendes Gemeinschaftsrecht (→ Rn. 52) auch bei der Wahl des Rechts eines Drittstaates Anwendung. Die Vorschriften der Handelsvertreter-RL (in ihrer jeweiligen Umsetzung) finden auf den Vertragshändler keine Anwendung (→ HGB § 92c Rn. 52).

70   Zu beachten sind beim Vertragshändler die Vorschriften des **europäischen Kartellrechts,** also insbesondere Art. 101, 102 AEUV, die Vertikal-GVO sowie die Kfz-GVO. Die deutschen Kartellrechtsvorschriften (§§ 19, 20 GWB) werden über Abs. 4 nicht angewandt. Sie können bei einem Binnenmarktsachverhalt ausnahmsweise nur über Art. 9 Bedeutung erlangen, wenn sich die Vereinbarungen in Deutschland auswirken (§ 130 Abs. 2 GWB) (→ Art. 9 Rn. 31 ff.).

D. Franchisenehmer

I. Allgemeines

71   Hier gilt das zum Vertragshändler Gesagte (→ Rn. 62 ff.) entsprechend. Auch beim Franchisevertrag werden die aufgrund des Rahmenvertrages abgeschlossenen Einzelverträge gesondert angeknüpft (→ Art. 4 Rn. 31 f.). Die Rechtswahl in dem Rahmenvertrag kann jedoch, wie beim Vertragshändler, ein Indiz für eine konkludente Rechtswahl für die Einzelkaufverträge sein (→ Rn. 65) bzw. umgekehrt (→ Rn. 66).

II. Zwingende Bestimmungen des Franchiserechts

72   **1. (Einfach) zwingende Vorschriften des deutschen Franchiserechts.** Unter den Voraussetzungen des Abs. 3 finden zwingende nationale Vorschriften (→ Rn. 46 ff.) auch bei einer entgegenstehenden Rechtswahl Anwendung (→ Rn. 39). Es gilt das zum Vertragshändler Gesagte (→ Rn. 67 f.) entsprechend. Darüber hinaus sind die vorvertraglichen Aufklärungs- und Offenlegungspflichten zwingend (→ BGB § 311 Rn. 41 ff.). Ist der Franchisenehmer Existenzgründer iSv § 512 BGB und enthält der Franchisevertrag eine Bezugsbindung iSv § 510 Abs. 1 S. 1 Nr. 3 BGB (→ BGB § 510 Rn. 15 ff.), so finden die zwingenden Vorschriften (§ 511 BGB) der §§ 491 ff. BGB Anwendung.[137]

73   **2. Zwingende Bestimmungen des Gemeinschaftsrechts.** Unter den Voraussetzungen des Abs. 4 findet zwingendes Gemeinschaftsrecht (→ Rn. 52) auch bei der Wahl des Rechts eines Drittstaates Anwendung. Es gilt das zum Vertragshändler Gesagte (→ Rn. 69 f.) entsprechend. Die Handelsvertreter-RL findet auf den Franchisenehmer keine Anwendung (→ HGB § 92c Rn. 58). Die Verbraucherkreditrichtlinie[138] findet auf den Franchisenehmer keine Anwendung, selbst wenn sie den Vertrag zur Existenzgründung abschließen.[139]

---

[136] Art. 101 f. AEUV werden als Primärrecht allerdings direkt und nicht über Abs. 3 angewandt, → Art. 9 Rn. 32.

[137] BGH NJW 1995, 722 (723) (noch zum Verbraucherkreditgesetz); Reithmann/Martiny/Dutta Rn. 20.53.

[138] Richtlinie 2008/48/EG des Europäischen Parlaments und des Rates vom 23.4.2008 über Verbraucherkreditverträge und zur Aufhebung der Richtlinie 87/102/EWG, ABl. 2008 L 133, 66.

[139] EuGH 3.7.1997 – C-269/95, BeckRS 2004, 75849 – Benincasa; Reithmann/Martiny/Dutta Rn. 20.53. Wenn sie Anwendung finden würde, wäre die dogmatisch richtige Verortung Art. 6 und nicht Art. 3 Abs. 4.

E. Kommissionsagent

I. Allgemeines

Der Kommissionsagent schließt den Kommissionsagenturvertrag mit dem Kommittenten **74** ab. Die Parteien können das auf den Kommissionsagenturvertrag **anwendbare Recht frei** wählen. **Daneben** schließt der Kommissionsagent das **Ausführungsgeschäft mit dem Dritten** im eigenen Namen und auf Rechnung des Kommittenten ab. Die Ausführungsgeschäfte werden gesondert angeknüpft und unterliegen der selbständigen **Rechtswahlhoheit** von Kommissionsagenten und Drittem.[140]

Eine **Rechtswahl** des Kommissionsagenten und des Dritten **hinsichtlich des Ausfüh- 75 rungsgeschäfts** besitzt **keine Indizwirkung für** eine stillschweigende Rechtswahl im **Kommissionsagenturvertrag.** Dies liegt schon daran, dass die Parteien der Verträge unterschiedlich sind. Aus einer Vereinbarung des Kommissionsagenten mit dem Dritten lassen sich daher keine Rückschlüsse auf den Willen der Parteien des Kommissionsagenturvertrages ziehen. Das gilt mit gleicher Begründung auch für den umgekehrten Fall: Eine Rechtswahl hinsichtlich des Kommissionsagenturvertrages hat keine Indizwirkung für das Ausführungsgeschäft.

II. Zwingende Bestimmungen des Kommissionsagentenrechts

1. (Einfach) zwingende Bestimmungen des deutschen Rechts. Unter den Voraus- **76** setzungen des Abs. 3 finden zwingende nationale Vorschriften (→ Rn. 46 ff.) auch bei einer entgegenstehenden Rechtswahl Anwendung (→ Rn. 39). Es gilt das zum Vertragshändler Gesagte (→ Rn. 67 f.) entsprechend; die Anwendbarkeit von deutschem (→ GWB § 1 Rn. 76) bzw. europäischem (→ AEUV Art. 101 Rn. 181) Kartellrecht auf den Kommissionsagenten bedarf aber besonderer Voraussetzungen. Für den Kommissionsagenten sind zusätzlich § 392 Abs. 1 HGB (→ HGB § 392 Rn. 25) und § 402 HGB zu beachten.

2. Zwingende Bestimmungen des Gemeinschaftsrechts. Unter den Voraussetzun- **77** gen des Abs. 4 findet zwingendes Gemeinschaftsrecht (→ Rn. 52) auch bei der Wahl des Rechts eines Drittstaates Anwendung. Die Handelsvertreter-RL findet auf den Kommissionsagenten keine Anwendung (→ HGB § 92c Rn. 59). Soweit europäisches **Kartellrecht** auf den Kommissionagenten Anwendung findet (→ AEUV Art. 101 Rn. 186), darf auch davon nicht abgewichen werden (im Hinblick auf die relevanten Vorschriften → Rn. 70 zum Vertragshändler).

Art. 4 Rom I-VO Mangels Rechtswahl anzuwendendes Recht

(1) **Soweit die Parteien keine Rechtswahl gemäß Artikel 3 getroffen haben, bestimmt sich das auf den Vertrag anzuwendende Recht unbeschadet der Artikel 5 bis 8 wie folgt:**

a) **Kaufverträge über bewegliche Sachen unterliegen dem Recht des Staates, in dem der Verkäufer seinen gewöhnlichen Aufenthalt hat.**

b) **Dienstleistungsverträge unterliegen dem Recht des Staates, in dem der Dienstleister seinen gewöhnlichen Aufenthalt hat.**

c) **Verträge, die ein dingliches Recht an unbeweglichen Sachen sowie die Miete oder Pacht unbeweglicher Sachen zum Gegenstand haben, unterliegen dem Recht des Staates, in dem die unbewegliche Sache belegen ist.**

---

[140] Baumbach/Hopt/Kumpan HGB § 383 Rn. 31; Reithmann/Martiny/Martiny Rn. 27.5 (jeweils zum Kommissionär).

d) Ungeachtet des Buchstabens c unterliegt die Miete oder Pacht unbeweglicher Sachen für höchstens sechs aufeinander folgende Monate zum vorübergehenden privaten Gebrauch dem Recht des Staates, in dem der Vermieter oder Verpächter seinen gewöhnlichen Aufenthalt hat, sofern der Mieter oder Pächter eine natürliche Person ist und seinen gewöhnlichen Aufenthalt in demselben Staat hat.

e) Franchiseverträge unterliegen dem Recht des Staates, in dem der Franchisenehmer seinen gewöhnlichen Aufenthalt hat.

f) Vertriebsverträge unterliegen dem Recht des Staates, in dem der Vertriebshändler seinen gewöhnlichen Aufenthalt hat.

g) Verträge über den Kauf beweglicher Sachen durch Versteigerung unterliegen dem Recht des Staates, in dem die Versteigerung abgehalten wird, sofern der Ort der Versteigerung bestimmt werden kann.

h) Verträge, die innerhalb eines multilateralen Systems geschlossen werden, das die Interessen einer Vielzahl Dritter am Kauf und Verkauf von Finanzinstrumenten im Sinne von Artikel 4 Absatz 1 Nummer 17 der Richtlinie 2004/39/EG nach nicht diskretionären Regeln und nach Maßgabe eines einzigen Rechts zusammenführt oder das Zusammenführen fördert, unterliegen diesem Recht.

(2) Fällt der Vertrag nicht unter Absatz 1 oder sind die Bestandteile des Vertrags durch mehr als einen der Buchstaben a bis h des Absatzes 1 abgedeckt, so unterliegt der Vertrag dem Recht des Staates, in dem die Partei, welche die für den Vertrag charakteristische Leistung zu erbringen hat, ihren gewöhnlichen Aufenthalt hat.

(3) Ergibt sich aus der Gesamtheit der Umstände, dass der Vertrag eine offensichtlich engere Verbindung zu einem anderen als dem nach Absatz 1 oder 2 bestimmten Staat aufweist, so ist das Recht dieses anderen Staates anzuwenden.

(4) Kann das anzuwendende Recht nicht nach Absatz 1 oder 2 bestimmt werden, so unterliegt der Vertrag dem Recht des Staates, zu dem er die engste Verbindung aufweist.

Literatur: → Rom I-VO Art. 3 Rn. 1 ff.

Übersicht

A. Einleitung

Art. 4 Rom I-VO regelt, welches Recht auf den Vertrag anzuwenden ist, wenn keine **1** Rechtswahl oder eine unwirksame Rechtswahl getroffen wurde. Abs. 1 lit. a–h bestimmt das anwendbare Recht für bestimmte Vertragstypen. Abs. 2 regelt, als kleine Generalklausel, welches Recht auf die nicht durch Abs. 1 geregelten Verträge anzuwenden ist. Abs. 3 bestimmt, wann der Vertrag in Ausnahme zu Abs. 1 und 2 einem anderen Recht unterliegt. In Abs. 4 wird schließlich die Anknüpfung für Verträge festgelegt, deren Recht nicht nach Abs. 1 und 2 bestimmt werden kann. Wie sich bei den einzelnen Vertriebsmittlern zeigen wird (Handelsvertreter → Rn. 5, Vertragshändler → Rn. 17, Franchisenehmer → Rn. 28, Kommissionsagent → Rn. 37), ist regelmäßig an das Recht des gewöhnlichen Aufenthaltsorts des Vertriebsmittlers anzuknüpfen.[1]

B. Handelsvertreter

I. Objektive Anknüpfung des Handelsvertretervertrages

In Betracht kommt die Einordnung des Handelsvertretervertrages als Vertriebsvertrag **2** gemäß Abs. 1 lit. f oder als Dienstleistungsvertrag gemäß Abs. 1 lit. b.

Der **Begriff** des **Vertriebsvertrages** ist **verordnungsautonom festzulegen**.[2] Teil- **3** weise wird der Handelsvertretervertrag als „Grundform ständiger Vertriebsverträge" unter Abs. 1 lit. f subsumiert.[3] Dagegen spricht, dass der Handelsvertreter nicht Vertriebshändler ist,[4] weil er nicht auf einer selbstständigen Stufe im Absatzgefüge steht und kein eigenes Absatzrisiko trägt; er ist vielmehr Absatzhelfer, der als Vertriebsmittler der Stufe des Unternehmers zugeordnet ist.[5] Dass der **Handelsvertretervertrag kein Vertriebsvertrag iSv Abs. 1 lit. f** ist, ergibt sich auch aus dem Vergleich zur englischen und französischen Fassung der Verordnung. Der Vertriebsvertrag wird darin als distribution contract bzw.

---

[1] Schmidt HandelsR § 28 IV (zu Art. 28 EGBGB).
[2] Staudinger/Magnus Rn. 71.
[3] Emde HGB § 92c Rn. 70 mit Verweis auf Kindler/Menges DB 2010, 1109 und MüKoBGB/Martiny Rn. 144, die aber beide ausdrücklich den Handelsvertretervertrag als Dienstleistungsvertrag nach lit. b einstufen.
[4] Reithmann/Martiny/Fabig Rn. 23.133.
[5] Reithmann/Martiny/Fabig Rn. 23.133.

contrat de distribution bezeichnet.[6] Der Handelsvertreter wird im englischen Sprach-gebrauch hingegen als agent bzw. im Französischen als agent commercial bezeichnet.[7]

4   Richtig ist daher, den Handelsvertretervertrag als **Dienstleistungsvertrag iSv Abs. 1 lit. b** zu behandeln.[8] Die Dienstleistung des Handelsvertreters liegt in der selbstständigen Vermittlung oder dem Abschluss von Verträgen im Namen und auf Rechnung des Unter-nehmers.[9]

5   Im Ergebnis macht es aber keinen Unterschied, nach welchem Buchstaben angeknüpft wird. Beide Anknüpfungen führen zum Recht des Staates, in dem der Handelsvertreter seinen gewöhnlichen Aufenthalt hat. Der gewöhnliche Aufenthalt im Sinne der Verord-nung bestimmt sich nach Art. 19. Maßgeblich ist danach für den Handelsvertreter regel-mäßig der Ort seiner **Hauptverwaltung bzw. Hauptniederlassung** (Art. 19 Abs. 1 S. 2), oder, wenn der Handelsvertretervertrag im Rahmen des Betriebs einer Zweigniederlassung, Agentur oder sonstigen Niederlassung geschlossen wurde oder diese für die Erfüllung des Vertriebsvertrages verantwortlich ist, der **Ort dieser Zweigniederlassung, Agentur oder sonstigen Niederlassung** (Art. 19 Abs. 2). Maßgebend ist der Zeitpunkt des Vertrags-schlusses (Art. 19 Abs. 3).

II. Ausnahmsweise Anknüpfung nach Abs. 2

6   Fällt der Vertrag nicht unter Abs. 1 (Alt. 1) oder sind die Bestandteile des Vertrags durch mehr als einen der Buchstaben a–h gedeckt (Alt. 2), so unterliegt nach Abs. 2 der Vertrag dem Recht des Staates, in dem die Partei, die die für den Vertrag charakteristische Leistung zu erbringen hat, ihren gewöhnlichen Aufenthalt hat. Abs. 2 Alt. 1 spielt für den Handels-vertretervertrag idR keine Rolle, weil er unter Abs. 1 fällt (→ Rn. 2 ff.).

7   Abs. 2 Alt. 2 kann bei **gemischten Handelsvertreter-/Vertragshändlerverträgen** einschlägig sein, wenn der Handelsvertreter/Vertragshändler die Waren im Namen des Unternehmers verkaufen kann oder sie selbst vom Unternehmer kaufen und dann im eigenen Namen weiterverkaufen kann. Diese Verträge betreffen zwar auch eine Dienstleis-tung im weiteren Sinn, werden aber nicht Abs. 1 lit. b zugeordnet, sondern Abs. 2 Alt. 2, weil der Handelsvertreter-Bestandteil von lit. b abgedeckt wird (→ Rn. 4) und der Vertrags-händler-Bestandteil von lit. f (→ Rn. 17). Es kommt dann auf das Recht des Staates an, in dem die Partei ihren gewöhnlichen Aufenthalt hat, welche die für den Vertrag charakteristi-sche Leistung zu erbringen hat. Bei gemischten Verträgen erbringt die charakteristische Leistung des Vertrages der Handelsvertreter/Vertragshändler (→ Rn. 16, 24) und nicht der Unternehmer. Damit ist auch wieder das Recht des Staates des gewöhnlichen Aufenthalts bzw. der Niederlassung des Handelsvertreters/Vertragshändlers anwendbar (Abs. 2).

III. Offensichtlich engere Verbindung nach Abs. 3

8   Nach Abs. 3 kann ausnahmsweise eine andere Rechtsordnung auf den Vertrag Anwen-dung finden. Ergibt sich aus der Gesamtheit der Umstände, dass der Vertrag eine offen-sichtlich engere Verbindung zu einem anderen Staat aufweist als demjenigen, der nach Abs. 1 oder 2 bestimmt wurde, so ist das Recht dieses Staates gem. Abs. 3 anzuwenden **(Ausweichklausel)**.[10] Ob und wann eine solche offensichtlich engere Verbindung vor-liegt, ist eine Frage des Einzelfalles. Der BGH hat (noch zu Art. 28 Abs. 5 EGBGB) formuliert, dass die Ausnahmeregel eingreift, wenn „eine Anknüpfung an den gewöhnli-chen Aufenthalt des Schuldners der charakteristischen Leistung [...] blass und künstlich

---

[6] Reithmann/Martiny/Fabig Rn. 23.133.
[7] Richtlinie des Rates vom 18.12.1986 zur Koordinierung der Rechtsvorschriften betreffend die selb-ständigen Handelsvertreter, ABl. 1986 L 382, 17.
[8] So auch Kindler/Menges DB 2010, 1109; Reithmann/Martiny/Fabig Rn. 23.132; MüKoBGB/Martiny Rn. 144; Staudinger/Magnus Rn. 71; Küstner/Thume VertriebsR-HdB III Kap. III Rn. 38.
[9] Reithmann/Martiny/Fabig Rn. 23.132.
[10] Emde HGB § 92c Rn. 76.

wirken müsste".[11] Zu berücksichtigen ist, dass Art. 28 Abs. 5 EGBGB nur eine engere und keine „offensichtlich" engere Verbindung voraussetzte, so dass der **Ausnahmecharakter** von Abs. 3 noch mehr hervorgehoben ist. Es sind verschiedene Fallkonstellationen denkbar, in denen eine Anwendung von Abs. 3 nicht ausgeschlossen erscheint:[12]

1. Niederlassung des Handelsvertreters und Tätigkeitsgebiet liegen an verschie- 9 denen Orten. Wenn der Handelsvertreter vom Ort seiner Niederlassung aus in einem oder mehreren anderen Staaten tätig wird, folgt daraus allein nicht, dass der Vertrag eine offensichtlich engere Verbindung zu dem Staat oder den Staaten aufweist, in denen der Handelsvertreter tätig wird bzw. die ihm als Vertragsgebiet zugewiesen sind. Typischerweise koordiniert und organisiert der Handelsvertreter seine Tätigkeit von seiner Niederlassung aus, so dass auch zum Niederlassungsstaat eine enge Verbindung besteht.[13] Eine **offensichtlich engere Verbindung** zum Tätigkeitsgebiet ist jedenfalls nicht festzustellen. Oft unterhält der Handelsvertreter in seinem Tätigkeitsgebiet auch eine Zweigniederlassung, so dass für die Anknüpfung ohnehin auf diese gem. Art. 19 Abs. 2 abzustellen wäre.

2. Der Handelsvertreter hat keine eigene Niederlassung. Kein Fall des Abs. 3 ist 10 die Konstellation, dass der Handelsvertreter keine eigene Niederlassung und damit keinen gewöhnlichen Aufenthalt iSv Art. 19 Abs. 1 UAbs. 2 hat. Dann ist nämlich Abs. 4 anzuwenden, da das anzuwendende Recht nicht nach den Abs. 1 und 2 bestimmt werden kann (→ Rn. 14).

3. Andere Hinweise. Als andere Hinweise **für** eine **offensichtlich engere Verbin- 11 dung des Handelsvertretervertrages** zu einem anderen Staat wurden die gemeinsame Staatsangehörigkeit des Handelsvertreters und des Unternehmers[14] und das Uniformitätsinteresse des Prinzipals[15] erwogen.

Die **gemeinsame Staatsangehörigkeit** der Parteien ist allerdings kein taugliches An- 12 knüpfungsmerkmal, weil sie keinen materiellen Bezug zu dem Vertrag darstellt.[16] Ein **Uniformitätsinteresse** des Unternehmers kann sich ergeben, wenn er mit einer Vielzahl von Handelsvertretern Verträge abschließt und im Sinne eines einheitlichen Vertriebssystems an einem Gleichlauf der Verträge interessiert ist.[17] Die Folge des Uniformitätsinteresses soll nach einer Ansicht sein, dass das Recht am Sitz des Unternehmers zur Anwendung kommt. Dem ist nicht zuzustimmen, weil der Unternehmer das für ihn günstigste Recht anwenden will, was nicht zwingend das Recht an seinem Sitz sein muss.[18]

IV. Der Auffangtatbestand des Abs. 4

1. Allgemeines. Wenn das anzuwendende Recht nicht nach Abs. 1 oder Abs. 2 bestimmt 13 werden kann, dann unterliegt nach Abs. 4 der Vertrag dem Recht des Staates, zu dem er die **engste Verbindung** aufweist. Abs. 4 spielt für den Handelsvertretervertrag nur in Ausnahmefällen eine Rolle, weil sich das anwendbare Recht regelmäßig nach Abs. 1 lit. b bestimmen lässt (→ Rn. 4) oder (im Fall der gemischten Verträge) nach Abs. 2 (→ Rn. 7). Sollte Abs. 4 doch zur Anwendung kommen (→ Rn. 14), muss nach den Umständen des Einzelfalles entschieden werden, zu welchem Staat der Handelsvertretervertrag die engste

---

[11] BGH NJW-RR 2005, 206 (209).
[12] Überblick bei Martinek/Semler/Flohr VertriebsR-HdB/Lakkis § 57 Rn. 78 f.
[13] Ebenroth/Boujong/Joost/Strohn/Kindler HGB § 92c Anh. Rn. 29, der auf die technische Entwicklung (zB Email) hinweist, aufgrund derer nicht mehr vom „Tätigwerden" am Sitz des Kunden gesprochen werden kann; Martinek/Semler/Flohr VertriebsR-HdB/Lakkis § 57 Rn. 74; Dostal EuZW 2018, 983 (990).
[14] LG Hamburg IPRax 1981, 174.
[15] Hiestand RIW 1993, 173 (177 f.); Ebenroth RIW 1984, 165; Beitzke DB 1961, 528 (530).
[16] Martinek/Semler/Flohr VertriebsR-HdB/Lakkis § 57 Rn. 59.
[17] Zum Uniformitätsinteresse Ebenroth/Boujong/Joost/Strohn/Kindler HGB § 92c Anh. Rn. 31, der diese Auffassung ebenfalls ablehnt.
[18] iErg auch Ebenroth/Boujong/Joost/Strohn/Kindler HGB § 92c Anh. Rn. 31 mit dem Hinweis, dass auch der Handelsvertreter mit mehreren Unternehmern Geschäftsbeziehungen haben kann.

Verbindung aufweist. Dabei erhalten die gleichen Umstände Bedeutung, die als Indizien für eine stillschweigende Rechtswahl herangezogen werden (→ Art. 3 Rn. 23 ff.).[19]

14   **2. Handelsvertreter ohne eigene Niederlassung.** Die Anknüpfung nach Abs. 4 ist dann entscheidend, wenn der Handelsvertreter keine eigene Niederlassung hat, zB weil er vom Unternehmer erst in ein anderes Land gesandt wird. Dann kann sein gewöhnlicher Aufenthalt nicht nach Art. 19 Abs. 1 bestimmt werden und Abs. 1 und 2 helfen nicht weiter. Die wohl hM stellt in diesem Fall auf das Recht der Niederlassung des Unternehmers ab.[20] Als Argument wird der Rechtsgedanke des (inzwischen aufgehobenen) Art. 30 Abs. 2 Nr. 2 EGBGB angeführt, wonach Arbeitsverhältnisse dem Recht des Staates unterliegen, in dem sich die Niederlassung befindet, die den Arbeitnehmer eingestellt hat, sofern dieser seine Arbeit gewöhnlich nicht in ein und demselben Staat verrichtet. Andere sehen die engste Verbindung des Vertrages zum **Tätigkeitsort des Handelsvertreters.**[21] Gegen die hM spricht, dass Art. 30 Abs. 2 Nr. 2 EGBGB ausdrücklich Sachverhalte betrifft, bei denen das Einsatzgebiet in gewöhnlicher Weise wechselt. Das ist nicht mit dem Fall vergleichbar, dass der Handelsvertreter in einem einzigen Land tätig wird.[22] Sofern die anderen Umstände, die für die Bestimmung der engsten Verbindung von Bedeutung sind (→ Rn. 13), nicht ausnahmsweise dagegen sprechen, kann von der engsten Verbindung des Vertrages zum Tätigkeitsort des Handelsvertreters ausgegangen werden, weil der Handelsvertreter dort die Vertriebsleistung erbringt.

V. Altfälle

15   Die Rom I-VO gilt nur für Verträge, die nach dem 17.12.2009 geschlossen wurden (→ Art. 3 Rn. 5). Auf die Altfälle finden weiterhin die (inzwischen aufgehobenen) Art. 27 ff. EGBGB Anwendung. In der Praxis kann die Altregelung wegen der teilweise langen Laufzeiten der Verträge noch relevant sein. Sie wird daher im Rahmen dieser Kommentierung bei den einzelnen Vertriebsmittlern kurz skizziert.

16   Nach Art. 28 Abs. 1 EGBGB ist das Recht des Staates auf den Vertrag anzuwenden, zu dem der Vertrag die **engste Verbindung** aufweist. Nach Art. 28 Abs. 2 EGBGB wird dabei vermutet, dass die engste Verbindung zu dem Staat besteht, in dem die Partei, die die **vertragscharakteristische Leistung** zu erbringen hat, ihren gewöhnlichen Aufenthalt hat. Die charakteristische Leistung des Handelsvertretervertrages erbringt nach ganz hM der Handelsvertreter mit der Absatzförderung.[23] Der Vertrag untersteht damit im Regelfall dem Recht des Staates, in dem der Handelsvertreter seinen gewöhnlichen Aufenthalt hat. Ergibt sich aus der Gesamtheit der Umstände, dass der Vertrag eine engere Verbindung mit einem anderen Staat aufweist, ist nach Art. 28 Abs. 5 EGBGB das Recht dieses Staates anzuwenden (zur identischen Problematik im neuen Recht → Rn. 8 ff.).

C. Vertragshändler

I. Objektive Anknüpfung des Vertragshändlervertrages

17   **1. Der Vertragshändler als Vertriebshändler nach Abs. 1 lit. f.** Der Vertragshändlervertrag ist als Vertriebsvertrag nach Abs. 1 lit. f zu qualifizieren.[24] Damit ist das Recht

---

[19] MüKoBGB/Martiny Rn. 327.
[20] Ebenroth RIW 1984, 165 (167 f.); Baumbach/Hopt//Hopt HGB § 92c Rn. 2.
[21] Emde MDR 2002, 190 (194); Ebenroth/Boujong/Joost/Strohn/Kindler HGB § 92c Anh. Rn. 30 (jeweils zum EGBGB).
[22] Ebenroth/Boujong/Joost/Strohn/Kindler HGB § 92c Anh. Rn. 30 (jeweils zum EGBGB).
[23] BGH NJW 1993, 2753 (2754); Emde HGB § 92c Rn. 93; Ebenroth/Boujong/Joost/Strohn/Kindler HGB § 92c Anh. Rn. 25 mwN.
[24] Emde HGB § 92c Rn. 70; Kindler/Menges DB 2010, 1109; MüKoBGB/Martiny Rn. 155; Reithmann/Martiny/Martiny Rn. 2.166; aA Baumbach/Hopt/Leyens HGB Vor § 373 Rn. 45 (Subsumtion unter Art. 4 Abs. 1 lit. b).

des Staates anwendbar, in dem der **Vertragshändler seinen gewöhnlichen Aufenthalt** hat. Die Kommission begründete die Bezugnahme auf den Vertriebshändler damit, dass dieser vom Gemeinschaftsrecht als die schwächere Partei angesehen wird.[25] Noch stichhaltiger wäre der schlichte Hinweis gewesen, dass der Vertriebshändler mit der Vertriebsleistung die vertragscharakteristische Leistung erbringt (→ Rn. 24).[26]

Abs. 1 lit. f findet nur auf den Vertragshändlervertrag als Rahmenvertrag Anwendung. **18** Das Recht der Einzelkaufverträge wird gesondert bestimmt (→ Rn. 19).

2. Objektive Anknüpfung der Einzelkaufverträge. Die **Einzelkaufverträge,** die **19** zur Durchführung des Rahmenvertrages abgeschlossen werden, sind **rechtlich selbständig** und unterliegen damit nicht automatisch dem Recht des Rahmenvertrages (→ Art. 3 Rn. 63 f.).[27] Das auf sie anwendbare Recht kann frei gewählt werden und ist, im Falle des Fehlens einer Rechtswahl oder einer unwirksamen Rechtswahl, objektiv nach Art. 4 zu bestimmen. Nachdem es sich weit überwiegend um Kaufverträge über bewegliche Sachen handelt, ist nach Abs. 1 lit. a das Recht des Staates anwendbar, in dem der Verkäufer (also der Unternehmer) seinen gewöhnlichen Aufenthalt hat. Nach Abs. 1 unterliegen Rahmenvertrag und Einzelkaufverträge damit **grds. einem anderen Recht.**

Zu beachten ist das **UN-Kaufrecht (CISG).** Es findet nach Art. 1 Abs. 1 CISG auf die **20** Einzelkaufverträge Anwendung, wenn die Parteien ihre Niederlassung in verschiedenen Staaten haben und diese Staaten Vertragsstaaten des CISG sind oder die Regeln des Internationalen Privatrechts zur Anwendung des Rechts eines Vertragsstaates führen (und die Anwendungsausschlüsse nach Art. 2 CISG nicht eingreifen). Schließt also ein deutscher Unternehmer einen Kaufvertrag mit einem spanischen Vertragshändler, so findet das CISG nach seinem Art. 1 Abs. 1 lit. a Anwendung, weil die Parteien ihre Niederlassung in verschiedenen Staaten haben und Deutschland und Spanien Vertragsstaaten des CISG sind. Schließt ein deutscher Unternehmer einen Kaufvertrag mit einem Vertragshändler, der seine Niederlassung in einem Staat hat, der nicht Vertragsstaat des CISG ist, so ist das CISG nach seinem Art. 1 Abs. 1 lit. b auf den Kaufvertrag anzuwenden, weil die Regeln des Internationalen Privatrechts (Art. 4 Abs. 1 lit. a Rom I-VO (→ Rn. 19)) zur Anwendung deutschen Rechts führen und Deutschland Vertragsstaat des CISG ist. Ist nach alldem das UN-Kaufrecht anwendbar, so greift es, soweit seine Regelungsmaterie reicht. Darüber hinaus (zB Verjährung) findet das nach Abs. 1 lit. a bestimmte Recht Anwendung.

II. Ausnahmsweise Anknüpfung nach Abs. 2

Der Vertragshändlervertrag unterliegt als Vertriebsvertrag Abs. 1 lit. f (→ Rn. 17). Daher **21** hat Abs. 2 für den Vertragshändlervertrag nur Bedeutung, wenn der Vertrag auch Bestandteile enthält, die unter einen anderen Buchstaben des Abs. 1 fallen. Die Tatsache dass der Vertragshändlervertrag auch Regelungen für die einzelnen in seiner Ausführung abgeschlossenen Kaufverträge enthält, führt nicht dazu, dass der Vertragshändlervertrag nach Abs. 1 lit. a und f zu beurteilen wäre und Abs. 2 Alt. 2 Anwendung fände. Ein solches Mitregeln von Kaufvertragselementen ist für den Vertragshändlervertrag typisch. Zu den gemischten Handelsvertreter-/Vertragshändlerverträgen → Rn. 7.

III. Offensichtlich engere Verbindung nach Abs. 3

Hier kann auf die Ausführungen zum Handelsvertreter verwiesen werden (→ Rn. 8 ff.). **22**

---

[25] Kommission, Vorschlag für eine Verordnung des Europäischen Parlaments und des Rates über das auf vertragliche Schuldverhältnis anzuwendende Recht (Rom I) – KOM(2005) 650 endgültig – 2005/0261 (COD) (Fassung v. 15.12.2005), 6.

[26] Neubert EWS 2011, 369 (373).

[27] BGH NJW 1979, 1782 (1783); OLG Düsseldorf NJW-RR 1997, 822 (823); OLG Koblenz IPRax 1994, 46 (47); Reithmann/Martiny/Fabig Rn. 37.146; Neubert EWS 2011, 369 (373); Staudinger/Magnus Rn. 72, 76; MüKoBGB/Martiny Rn. 156; Dostal EuZW 2018, 983 (989); aA Grüneberg/Thorn Rn. 19.

IV. Der Auffangtatbestand des Abs. 4

23   Hier kann auf die Ausführungen zum Handelsvertreter verwiesen werden (→ Rn. 13 f.).

V. Altfälle

24   **1. Die Regelanknüpfung nach Art. 28 Abs. 1, 2 EGBGB.** Nach Art. 28 Abs. 1 und 2 EGBGB kommt es für das Recht des Vertragshändlervertrages auf die engste Verbindung bzw. die charakteristische Leistung an (→ Rn. 16). Die **charakteristische Leistung** des Vertragshändlervertrages ist nach herrschender und zutreffender Ansicht die vom **Vertragshändler** zu erbringende **Vertriebsleistung.**[28] Nach Art. 28 Abs. 2 S. 1 EGBGB wird daher vermutet, dass der Vertrag die engsten Verbindungen zu dem Staat aufweist, in dem der Vertragshändler zur Zeit des Vertragsschlusses seinen gewöhnlichen Aufenthalt hat.

25   **2. Ausnahmen nach Art. 28 Abs. 5 EGBGB.** Diese Regelanknüpfung gilt nicht, wenn sich aus der Gesamtheit der Umstände ergibt, dass der Vertrag engere Verbindungen zu einem anderen Staat aufweist (Art. 28 Abs. 5 EGBGB). Eine solche engere Verbindung wird teilweise dann angenommen, wenn der **gewöhnliche Aufenthalt bzw. die Niederlassung des Vertragshändlers und sein Tätigkeitsgebiet nicht in demselben Staat** liegen. Dann müssten zu dem Tätigkeitsgebiet engere Beziehungen als zu seiner Niederlassung bestehen. Im Gegensatz zu Art. 4 Abs. 3 Rom I-VO muss nach Art. 28 Abs. 5 EGBGB die Verbindung nicht „offensichtlich" enger sein. Man kann hier unterschiedlich argumentieren: Eine enge Beziehung besteht einerseits zum Tätigkeitsstaat, weil die Aktivitäten des Vertragshändlers auf den zu bearbeitenden Markt ausgerichtet sind. Andererseits bleibt die enge Verbindung zum Niederlassungsstaat erhalten, weil der Vertragshändler von dort aus seine administrativen Tätigkeiten ausübt und die Korrespondenz zum Unternehmer hält.[29] Weil daher zu beiden Staaten enge Beziehungen bestehen können, sollte von der Regel des Art. 28 Abs. 1, 2 EGBGB ohne Hinzutreten weiterer Umstände nicht abgewichen werden und es ist weiterhin an die Niederlassung anzuknüpfen. Zu berücksichtigen ist auch, dass der Vertragshändler oft in dem Tätigkeitsland eine Zweigniederlassung unterhält, so dass gem. Art. 28 Abs. 2 S. 2 Alt. 2 EGBGB ohnehin auf diese abzustellen wäre, wenn der Vertragshändler seine Vertriebstätigkeit von dort aus zu erbringen hat.

26   Die Praxistauglichkeit dieses Ergebnisses zeigt sich insbesondere, wenn der Vertragshändler (wie nicht selten) im Bereich mehrerer Rechtsordnungen tätig werden soll, zB wenn ihm eine bestimmte Region (wie Südeuropa) zugeordnet ist. Wenn man auf den jeweiligen Tätigkeitsort abstellen würde, dann würde ein und derselbe Vertragshändlervertrag unterschiedlichen Rechtsordnungen unterstellt werden, je nachdem wo der Vertragshändler tätig wird. Zudem hat die Niederlassung für den Vertragshändler in diesen Fällen eine große Bedeutung, weil von dort aus auch die Koordinationsarbeit stattfindet und die Präsenz vor Ort für die Vertriebstätigkeit von untergeordneter Bedeutung ist, wenn der Vertragshändler mehrere Länder bearbeitet.

27   Es wurde auch vertreten, generell (unabhängig vom Tätigkeitsort) auf das Recht am Niederlassungsort des Unternehmers abzustellen.[30] Diese Auffassung ist abzulehnen, da auf

---

[28] BGH NJW 1979, 1782 (1783); OLG Koblenz IPRax 1994, 46 (47); OLG Düsseldorf NJW-RR 1997, 822; Ebenroth/Boujong/Joost/Strohn/Kindler HGB § 92c Anh. Rn. 58; Schultze/Wauschkuhn/Spenner/Dau/Kübler Vertragshändlervertrag/Dau Rn. 1034. Anders insbes. die frz. Rspr. zum EVÜ, die den Rahmenvertrag und die Einzelkaufverträge einheitlich anknüpfte und dabei auf die Verpflichtung des Verkäufers aus den Kaufverträgen abstellte, vgl. dazu MüKoBGB/Martiny Rn. 155; Neubert EWS 2011, 369 (373).
[29] Vgl. hierzu Kindler RIW 1987, 660 (662 ff.).
[30] Müller-Feldhammer RIW 1994, 926 (928) (Anwendung des Lieferantenrechts gem. Art. 28 Abs. 5 EGBGB in bestimmten Ausnahmefällen).

die vertragscharakteristische Leistung des Vertragshändlervertrages abzustellen ist, welche nicht der Unternehmer erbringt, sondern vielmehr der Vertragshändler (→ Rn. 24).

D. Franchisenehmer

I. Objektive Anknüpfung des Franchisevertrages

1. Die Regelanknüpfung nach Abs. 1 lit. e. a) Allgemeines. Franchiseverträge un- **28** terliegen nach Abs. 1 lit. e dem Recht des Staates, in dem der **Franchisenehmer seinen gewöhnlichen Aufenthalt** hat. Der Wortlaut ist insofern eindeutig und nachvollziehbar. Stimmen, die diese Festlegung für eine „starre gesetzgeberische Entscheidung" halten, weil es verschiedene Typen des Franchisevertrages gebe und die darin festgelegten Rechte und Pflichten der Parteien teilweise stark variieren,[31] vermögen nicht zu überzeugen, weil sie sachgerechte, alternative Anknüpfungskriterien schuldig bleiben. Einem dringenden Bedürfnis einer alternativen Anknüpfung, weil der Vertrag im Einzelfall eine engere Beziehung zu einer anderen Rechtsordnung haben könnte, kann mit Abs. 3 Rechnung getragen werden.[32] Die eindeutige Regelung des Abs. 1 lit. e ist auch zu begrüßen, weil damit Unsicherheiten unter der Geltung des EGBGB überwunden wurden (→ Rn. 36).

b) Begriff des Franchisevertrages. Der Begriff des Franchisevertrages ist autonom **29** auszulegen (siehe auch Erwägungsgrund 6 zur Rom I-VO). In der Rom I-VO ist er nicht ausdrücklich definiert. Anhaltspunkte für eine Anknüpfung ergeben sich aus der (mittlerweile aufgehobenen) Gruppenfreistellungsverordnung für Franchisevereinbarungen (Franchise-GVO)[33], deren Legaldefinition für Franchisevereinbarungen zumindest als Ausgangspunkt einer autonomen Begriffsbestimmung herangezogen werden kann.[34] Die Definition umfasst das **Vertriebsfranchising** und das **Dienstleistungsfranchising,** aber auch das **Produktionsfranchising,** wenn der Franchisenehmer Waren herstellt und vertreibt.[35] Sofern man richtigerweise Abs. 1 lit. e nicht auf Franchiseverträge mit Endfranchisenehmern begrenzt, weil nach dem Wortlaut keine Anhaltspunkte dafür bestehen, fallen auch **Master-Franchiseverträge** unter dessen Tatbestand.[36]

2. Umfang der Verweisung. Die Rom I-VO bezieht sich schon ihrem Titel nach nur **30** auf vertragliche Schuldverhältnisse. Problematisch sind vertragsähnliche Schuldverhältnisse. Art. 1 Abs. 2 lit. i bestimmt, dass Schuldverhältnisse aus Verhandlungen vor Abschluss eines Vertrags nicht der Rom I-VO unterliegen (auch Erwägungsgrund 10 zur Rom I-VO und Art. 2 Abs. 1 Rom II-VO[37]). Im Bereich des Franchisevertragsrechts sind hierbei die in vielen Rechtsordnungen bestehenden **vorvertraglichen Aufklärungs- und Offenle-**

---

[31] Reithmann/Martiny/Dutta Rn. 20.13.

[32] So auch Neubert EWS 2011, 369 (372).

[33] Verordnung (EWG) Nr. 4087/88 der Kommission vom 30.11.1988 über die Anwendung von Artikel 85 Absatz 3 des Vertrages auf Gruppen von Franchisevereinbarungen, ABl. 1988 L 359, 46; damals abgelöst durch die Verordnung (EG) Nr. 2790/1999 der Kommission vom 22.12.1999 über die Anwendung von Artikel 81 Absatz 3 des Vertrages auf Gruppen von vertikalen Vereinbarungen und aufeinander abgestimmten Verhaltensweisen, ABl. 1999 L 336, 21; mittlerweile gilt die Verordnung (EU) Nr. 2022/720 der Kommission vom 10.5.2022 über die Anwendung von Artikel 101 Absatz 3 des Vertrages über die Arbeitsweise der Europäischen Union auf Gruppen von vertikalen Vereinbarungen und abgestimmten Verhaltensweisen, ABl. 2022, L 134/4.

[34] EuGH NJW 1993, 2091 Rn. 18 – Sonntag; Reithmann/Martiny/Dutta Rn. 20.21.

[35] Reithmann/Martiny/Dutta Rn. 20.3, 20.25 f., nach dessen Ansicht aber jedenfalls Joint-Venture-Verträge (zum Zwecke des Aufbaus eines Franchisesystems im Zielland) und Area-Development-Verträge zwischen einem Franchisegeber und einem Gebietsentwickler, der dem Franchisegeber Franchisenehmer im Zielland vermitteln soll, nicht unter Abs. 1 lit. e Rom I-VO fallen.

[36] Nach Reithmann/Martiny/Dutta Rn. 20.28 wäre es auch denkbar, sie unter Abs. 1 lit. b oder lit. f zu fassen, was sich aber iErg nicht auswirken würde, weil auch danach nach dem gewöhnlichen Aufenthalt des Master-Franchisenehmers anzuknüpfen wäre; Bairlein IHR 2014, 1 (3 f.).

[37] „Im Sinne dieser Verordnung umfasst der Begriff des Schadens sämtliche Folgen […] eines Verschuldens bei Vertragsverhandlungen („Culpa in contrahendo")."

gungspflichten des Franchisegebers von Bedeutung. Die Haftung wegen einer Verletzung dieser Pflichten ist kollisionsrechtlich als eine Haftung aus culpa in contrahendo zu qualifizieren.[38] Das auf diese Haftung anwendbare Recht kann wegen Art. 1 Abs. 2 lit. i nicht unmittelbar nach der Rom I-VO bestimmt werden. Im Ergebnis erfolgt die Anknüpfung aber dennoch nach der Rom I-VO. Denn nach Art. 12 Abs. 1 Rom II-VO ist auf außervertragliche Schuldverhältnisse aus Verhandlungen vor Abschluss eines Vertrags das Recht anzuwenden, das auf den Vertrag anzuwenden ist oder anzuwenden gewesen wäre, wenn er geschlossen worden wäre (→ Art. 3 Rn. 3). Dieses Recht bestimmt sich wiederum nach der Rom I-VO. Maßgeblich für die Haftung wegen einer Verletzung von vorvertraglichen Aufklärungs- und Offenlegungspflichten ist also das Recht, das auf den späteren Franchisevertrag anwendbar ist oder anwendbar gewesen wäre.[39] Das gilt allerdings nur für außervertragliche Schuldverhältnisse, die in unmittelbarem Zusammenhang mit den Verhandlungen vor Abschluss des Vertrags stehen. Das auf die Haftung wegen eines Personenschadens aus unerlaubter Handlung anwendbare Recht etwa richtet sich ausschließlich nach den Art. 4 ff. Rom II-VO, auch wenn es zu dem Schaden während der Vertragsverhandlungen gekommen ist (Erwägungsgrund 30 zur Rom II-VO).[40]

31   **3. Objektive Anknüpfung der Einzelverträge.** Die Einzelverträge, die zur Durchführung des Franchisevertrages abgeschlossen werden, unterstehen ihrem **eigenen Statut**.[41] Dieses kann grundsätzlich frei gewählt werden. Liegt keine ausdrückliche oder stillschweigende Rechtswahl für die Einzelverträge vor oder ist die Rechtswahl unwirksam, stellt sich die Frage, ob die Einzelverträge dem Recht des Franchisevertrages unterstehen.

32   Denkbar erscheint eine Anknüpfung der Einzelverträge an das Recht des Franchisevertrages nach Abs. 3. Nach den Erwägungsgründen 20 und 21 zur Rom I-VO soll bei der Bestimmung des Staates, zu dem der Vertrag eine „engere" oder „die engste" Verbindung aufweist, berücksichtigt werden, ob der Vertrag in einer sehr engen Verbindung zu einem oder mehreren anderen Verträgen steht. Dies könnte bei den Einzelverträgen aufgrund ihrer Verbindung zum Franchisevertrag angenommen werden. Allerdings müsste diese Verbindung zum Statut des Franchisevertrages „offensichtlich" enger sein als die zu dem nach Abs. 1 und 2 maßgeblichen Recht. Beim Vertragshändlervertrag wird eine solche offensichtlich engere Beziehung nicht gesehen und es gibt keinen Grund, warum dies beim Franchisevertrag anders sein sollte.[42] Daher ist auch das anwendbare Recht hinsichtlich der Einzelverträge, die zur Durchführung des Franchisevertrages abgeschlossen werden, gesondert zu bestimmen.

II. Ausnahmsweise Anknüpfung nach Abs. 2

33   Der Franchisevertrag ist bereits in Abs. 1 lit. e geregelt. Abs. 2 Alt. 2 findet keine Anwendung, auch wenn der Franchisevertrag Elemente der Einzelverträge mitregelt (entsprechend wie beim Vertragshändler → Rn. 21).

III. Offensichtlich engere Verbindung nach Abs. 3

34   Franchiseverträge können **viele komplexe Leistungspflichten** beider Parteien beinhalten.[43] Der Absatzförderungspflicht des Franchisenehmers können auch die Überlassung von Know-how und Immaterialgüterrechten sowie weitere Unterstützungspflichten des Fran-

---

[38] Reithmann/Martiny/Dutta Rn. 20.35.
[39] Reithmann/Martiny/Dutta Rn. 20.35.
[40] Nach Reithmann/Martiny/Dutta Rn. 20.35 gilt dies für alle von § 823 Abs. 1 BGB geschützten Rechte und Rechtsgüter.
[41] BGH NJW 1997, 3309 (3310); Giesler/Nauschütt FranchiseR/Krümmel Kap. 18 Rn. 60.
[42] Nach Reithmann/Martiny/Dutta Rn. 20.37 kann im Regelfall hinsichtlich der Einzelverträge von einer offensichtlich engeren Verbindung zum Statut des Franchisevertrages ausgegangen werden, so dass eine Anwendung der Ausweichklausel nach Abs. 3 möglich sei.
[43] Reithmann/Martiny/Dutta Rn. 20.2.

chisegebers gegenüberstehen. Daher ist eine mögliche offensichtlich engere Verbindung nach Abs. 3 stets zu beachten.[44] Eine offensichtlich engere Verbindung des Franchisevertrages zu einem anderen Staat als dem nach Abs. 1 bezeichneten, und zwar zu dem Recht des Aufenthaltsstaats des Franchisegebers, soll sich aufgrund des Uniformitätsinteresses ergeben können.[45] Gegen das Uniformitätsinteresse vgl. bereits → Rn. 12. Im Übrigen spricht allein die Einräumung von Nutzungsrechten an Immaterialgüterrechten durch den Franchisegeber noch nicht für eine offensichtlich engere Verbindung des Vertrages zu dem Land, in dem die registrierten Rechte eingetragen sind (Schutzland).[46] Es ist regelmäßig eine Pflicht des Franchisegebers, dem Franchisenehmer (auch) Nutzungsrechte an Immaterialgüterrechten einzuräumen.[47] Dies ist dem Franchisevertrag immanent. Das war auch dem europäischen Gesetzgeber bei der Schaffung des Art. 4 Abs. 1 lit. e bewusst, so dass davon ausgegangen werden muss, dass die Anknüpfung nach Abs. 1 lit. e dies berücksichtigt.[48] Daher kann die Ausnahmeregelung des Abs. 3 in diesem Fall nicht angewandt werden, ohne dass weitere Umstände hinzutreten.

IV. Der Auffangtatbestand des Abs. 4

Hier kann auf die Ausführungen zum Handelsvertreter verwiesen werden (→ Rn. 13 f.).   **35**

V. Altfälle

Unter Geltung des EGBGB war stark umstritten, welches Recht auf den Franchisevertrag   **36** Anwendung findet.[49] Aufgrund der vielfältigen Leistungspflichten beim Franchising auf beiden Seiten fällt die Bestimmung einer eindeutig charakteristischen Leistungspflicht schwer. Eine in der Literatur stark vertretene Ansicht stellte auf das Recht des Staates, in dem der Franchisenehmer seinen gewöhnlichen Aufenthalt hat, ab.[50] Dies entspricht der Regelung des Art. 4 Abs. 1 lit. e Rom I-VO. Dafür wurde angeführt, dass die Absatzförderungspflicht des Franchisenehmers die charakteristische Leistung des Vertrages darstelle. Die Pflichten des Franchisegebers bestünden allein in der Unterstützung des Franchisenehmers hinsichtlich dessen Absatzförderung. Daher weise der Vertrag zumindest die engste Verbindung zum Aufenthaltsstaat des Franchisenehmers auf, falls eine charakteristische Leistungspflicht nicht eindeutig auszumachen sei. Eine andere Ansicht stellte auf das Recht des Staates ab, in dem der Franchisegeber seinen gewöhnlichen Aufenthalt hat, weil der Franchisegeber die Zentralfigur im Vertriebssystem sei.[51] Schließlich lehnten einige Autoren aufgrund der vielfältigen Gestaltungsmöglichkeiten eine „starre" objektive Anknüpfung des Franchisevertrages ab und wollten die engste Verbindung für jeden Vertrag individuell bestimmen.[52] Der europäische Verordnungsgeber hat sich (nach längerer Diskussion)[53] mit der Neuregelung in Art. 4 Abs. 1 lit. e Rom I-VO zugunsten des Rechts am Aufenthaltsort des Franchisenehmers entschieden. Es ist davon auszugehen, dass sich die Gerichte bei ihrer Auslegung des alten Rechts an der Rom I-VO orientieren und dem Aufenthaltsort des Franchisenehmers die engste Verbindung zuweisen werden.

---

[44] Neubert EWS 2011, 369 (372).
[45] Zum Uniformitätsinteresse Reithmann/Martiny/Dutta Rn. 20.9, 20.13, 20.37.
[46] Zu Art. 28 EGBGB: Bräutigam WiB 1997, 897 (899); Hiestand RIW 1993, 173 (177); Giesler/Nauschütt FranchiseR/Krümmel Kap. 18 Rn. 60; MüKoBGB/Martiny Rn. 143.
[47] Reithmann/Martiny/Dutta Rn. 20.2; Neubert EWS 2011, 369 (372).
[48] Reithmann/Martiny/Dutta Rn. 20.30; Neubert EWS 2011, 369 (372); Staudinger/Magnus Rn. 69.
[49] Reithmann/Martiny/Dutta Rn. 20.14.
[50] Emde MDR 2002, 190 (194); Schlemmer IPRax 1988, 252 (253); BeckOK BGB/Spickhoff Rn. 43; Wildhaber, Franchising im Internationalen Privatrecht, S. 252.
[51] LG Düsseldorf IPRspr 2002 Nr. 31, 79 (81); Bräutigam WiB 1997, 897 (899); Hiestand RIW 1993, 173 (178); Erman/Stürner Rn. 26; Grüneberg/Thorn Rn. 18.
[52] v. Soergel/Hoffmann EGBGB Art. 28 Rn. 275.
[53] Vgl. Neubert EWS 2011, 369 (371).

E. Kommissionsagent

I. Objektive Anknüpfung des Kommissionsagenturvertrages

37 **1. Der Kommissionsagent als Dienstleister nach Abs. 1 lit. b.** Der Kommissionsagent ist ständig damit betraut, Geschäfte im eigenen Namen, aber für Rechnung des
Kommittenten abzuschließen. **Der Kommissionsagent erbringt mit der Geschäftsbesorgung eine Dienstleistung.** Die objektive Anknüpfung des Kommissionsagenturvertrages richtet sich daher nach Abs. 1 lit. b und führt zum Recht des Staates, in dem der
Kommissionsagent seinen gewöhnlichen Aufenthalt hat.[54]

38 Der Kommissionsagenturvertrag stellt keinen Vertriebsvertrag iSd Abs. 1 lit. f dar. Der
Kommissionsagent hat wie der Handelsvertreter (→ Rn. 3) außer dem Delkredere keine
wirtschaftlichen Risiken zu tragen[55] und steht daher im Absatzgefüge nicht auf einer selbstständigen Stufe (wie der Vertragshändler oder der Franchisenehmer) sondern auf der Stufe
des Kommittenten (Unternehmens). Abs. 1 lit. f erfasst aber lediglich den Eigenhändler.[56]
Im Übrigen würde auf die Anknüpfung nach Abs. 1 lit. f zum Recht des Staates führen, in
dem der Kommissionsagent seinen gewöhnlichen Aufenthalt hat.[57]

39 **2. Objektive Anknüpfung der Ausführungsgeschäfte.** Das Recht des Kommissionsagenturvertrages als Rahmenvertrag ist zu unterscheiden vom Recht der Ausführungsgeschäfte mit dem Abnehmer oder Veräußerer. Das Recht der Ausführungsverträge wird
gesondert bestimmt.[58]

II. Ausnahmsweise Anknüpfung nach Abs. 2

40 Der Kommissionsagenturvertrag ist ein Dienstleistungsvertrag iSd Abs. 1 lit. b. Abs. 2
findet daher keine Anwendung. Im Übrigen würde auch die Anknüpfung nach Abs. 2 zum
Recht des Staates führen, in dem der Kommissionsagent seinen gewöhnlichen Aufenthalt
hat, weil der **Kommissionsagent** die **vertragscharakteristische Leistung** erbringt
(→ Rn. 43).

III. Offensichtlich engere Verbindung nach Abs. 3

41 Hier kann auf die Ausführungen zum Handelsvertreter verwiesen werden (→ Rn. 8 ff.).
Nach dem dort Gesagten reicht ein abweichender Tätigkeitsort nicht aus, um eine offensichtlich engere Verbindung zu dem Tätigkeitsland zu begründen. Etwas anderes gilt nach
zutreffender Ansicht, wenn an dem vom Niederlassungsort abweichenden Tätigkeitsort
auch die Ausführungsgeschäfte durchgeführt werden, die Ausführungsgeschäfte dem Statut
des Tätigkeitslandes des Kommissionsagenten unterliegen und der Kommittent in diesem
Land auch seinen Sitz hat.[59] Diese Umstände führen aber nur kumulativ, nicht einzeln, zu
einer offensichtlich engeren Verbindung.[60]

---

[54] Staudinger/Magnus Rn. 322; Oetker/Martinek HGB § 383 Rn. 30; MüKoHGB/Häuser § 383
Rn. 61; Reithmann/Martiny/Martiny Rn. 27.2 (alle zum Kommissionär); Baumbach/Hopt/Kumpan HGB
§ 383 Rn. 31.

[55] Ebenroth RIW 1984, 165 (168).

[56] Oetker/Martinek HGB § 383 Rn. 30 (Kommissionär).

[57] Das gilt auch für die Anknüpfung nach Abs. 2, sofern man den Kommissionsagenturvertrag unter keinen
der Buchstaben des Abs. 1 subsumieren will. Die vertragscharakteristische Leistung wird vom Kommissionsagenten erbracht (→ Rn. 43), so dass wiederum dessen Aufenthaltsrecht maßgeblich ist.

[58] Reithmann/Martiny/Martiny Rn. 27.5; Baumbach/Hopt/Kumpan HGB § 383 Rn. 30; MüKoHGB/
Häuser § 383 Rn. 62 (alle zum Kommissionär).

[59] Staudinger/Magnus Rn. 322 (Kommissionär).

[60] RGZ 112, 81 (82); MüKoHGB/Häuser § 383 Rn. 62 (für den Fall, dass nur das Ausführungsgeschäft
im Ausland auszuführen war, Kommittent und Kommissionär ihren Sitz aber im Inland hatten).

IV. Der Auffangtatbestand des Abs. 4

Hier kann auf die Ausführungen zum Handelsvertreter verwiesen werden (→ Rn. 13 f.). **42**

V. Altfälle

Nach Art. 28 Abs. 1 und 2 EGBGB ist der Kommissionagenturvertrag regelmäßig dem **43** Recht am Sitz des Kommissionsagenten zu unterstellen, weil er mit der Absatzförderung die charakteristische Leistung des Kommissionsagenturvertrages erbringt.[61]

Art. 9 Rom I-VO Eingriffsnormen

(1) **Eine Eingriffsnorm ist eine zwingende Vorschrift, deren Einhaltung von einem Staat als so entscheidend für die Wahrung seines öffentlichen Interesses, insbesondere seiner politischen, sozialen oder wirtschaftlichen Organisation, angesehen wird, dass sie ungeachtet des nach Maßgabe dieser Verordnung auf den Vertrag anzuwendenden Rechts auf alle Sachverhalte anzuwenden ist, die in ihren Anwendungsbereich fallen.**

(2) **Diese Verordnung berührt nicht die Anwendung der Eingriffsnormen des Rechts des angerufenen Gerichts.**

(3) **[1]Den Eingriffsnormen des Staates, in dem die durch den Vertrag begründeten Verpflichtungen erfüllt werden sollen oder erfüllt worden sind, kann Wirkung verliehen werden, soweit diese Eingriffsnormen die Erfüllung des Vertrags unrechtmäßig werden lassen. [2]Bei der Entscheidung, ob diesen Eingriffsnormen Wirkung zu verleihen ist, werden Art und Zweck dieser Normen sowie die Folgen berücksichtigt, die sich aus ihrer Anwendung oder Nichtanwendung ergeben würden.**

Literatur: Anderegg, Ausländische Eingriffsnormen im internationalen Vertragsrecht, 1989; Beitzke, Das anwendbare Recht beim Handelsvertretervertrag, DB 1961, 528; Benzenberg, Die Behandlung ausländischer Eingriffsnormen im Internationalen Privatrecht, 2008; Beulker, Die Eingriffsproblematik im internationalen Schiedsverfahren, 2005; Busse, Die Berücksichtigung ausländischer „Eingriffsnormen" durch die deutsche Rechtsprechung, ZVglRWiss 95 (1996), 386; Birk, Das Handelsvertreterrecht im deutsch-italienischen Wirtschaftsverkehr, ZVglRWiss 79 (1980), 268; Coester, Die Berücksichtigung fremden zwingenden Rechts neben dem Vertragsstatut, ZVglRWiss 82, (1983), 1; Dubiel, Der Erfüllungsortbegriff des Vertragsgerichtsstand im deutschen, europäischen und internationalen Zivilprozessrecht, 2010; Ebenroth, Kollisionsrechtliche Anknüpfung der Vertragsverhältnisse von Handelsvertretern, Kommissionsagenten, Vertragshändlern und Handelsmaklern, RIW 1984, 165; Emde, Handelsvertreterrecht – Relevante Vorschriften bei nationalen und internationalen Verträgen, MDR 2002, 190; Farmand, Der international zwingende Charakter des § 89b HGB, 2005; Freitag, Die kollisionsrechtliche Behandlung ausländischer Eingriffsnormen nach Art. 9 Abs. Rom I-VO, IPRax 2009, 109; Freitag/Leible, Von den Schwierigkeiten der Umsetzung kollisionsrechtlicher Richtlinienbestimmungen, ZIP 1999, 1296; Gräfe/Giesa, Von Ingmar zu Unamar – Welche Beschränkungen der Rechts- und Gerichtswahlfreiheit ergeben sich aus der Entscheidung des EuGH vom 17.10.2013, C-184/ 12?, ZVertriebsR 2014, 29; Kindler, Rechtswahlfestigkeit des Handelsvertreterausgleichs bei Tätigkeitsausübung in Mitgliedstaat aber Sitz des Unternehmers in Drittstaat, BB 2001, 11; ders., Die Entwicklung des Handelsrechts seit 1998, JZ 2006, 176; Kleinschmidt, Zur Anwendbarkeit zwingenden Rechts im internationalen Vertragsrecht unter besonderer Berücksichtigung von Absatzmittlerverträgen, 1985; Klima, Zur Frage der Vereinbarkeit von § 92c HGB mit Art. 30 des Gesetzes zur Neuregelung des Internationalen Privatrechts, RIW 1987, 796; Kohte, Verbraucherschutz im Licht des europäischen Wirtschaftsrechts, EuZW 1990, 150; Köhn, Schiedsgerichtsbarkeit und ordre public im zwischenstaatlichen Handelsverkehr, KTS 1956, 129, 166, 185; Kuckein, Die „Berücksichtigung" von Eingriffsnormen im deutschen und englischen Ver-

---

[61] Ebenroth RIW 1984, 165 (168), Baumbach/Hopt/Kumpan HGB § 383 Rn. 31. Beim Kommissionsagenten ist, wie beim Handelsvertreter (→ Rn. 16), die Absatzförderung die vertragscharakteristische Leistung und nicht, wie beim Kommissionär, die Geschäftsbesorgung (Kauf und Verkauf von Waren und Wertpapieren im eigenen Namen, aber auf fremde Rechnung). Für das anwendbare Recht spielt die Unterscheidung aber keine Rolle, da sowohl Kommissionsagent als auch Kommissionär die vertragscharakteristische Leistung erbringen, zum Kommissionär: BGH NJW-RR 2003, 1582 (1583); WM 1965, 126 (127); RGZ 112, 81 (82); MüKoHGB/Häuser § 383 Rn. 35; Oetker/Martinek HGB § 383 Rn. 30; BeckOK BGB/Spickhoff Rn. 47; Stoll RabelsZ 24 (1959), 601 ff. (ausf.). Durch die Art der Geschäftsbesorgung wird die charakteristische Leistung des Kommissionsagenturvertrages lediglich näher konkretisiert.

tragsrecht, 2008; Lörcher, Wie zwingend sind in der internationalen Handelsschiedsgerichtsbarkeit zwingende Normen einer „dritten" Rechtsordnung, BB 1993 Beil. 17, 3; Maier, Der Ausgleichsanspruch des Handels-vertreters und Eigenhändlers und der ordre public, NJW 1958, 1327; Mankowski, Zur Frage der Anwendung oder Auswirkung drittstaatlicher Eingriffsnormen im internationalen Vertragsrecht, RIW 1994, 688; ders., Strukturfragen des Internationalen Verbrauchervertragsrechts, RIW 1998, 287; Nemeth/Rudisch, EuGH 9.11.2001 Rs C-381/98 „Ingmar" – wichtige Klärungen im IPR, ZfRV 42 (2001), 179; Peschke, Der Vertragshändlerausgleich in internationalen Verträgen, ZVertriebsR 2016, 144; Pfeiffer, Eingriffsnormen und ihr sachlicher Geltungsgrund, FS Geimer, 2002, 821; ders., Neues Internationales Vertragsrecht – Zur Rom I-VO, EuZW 2008, 622; Radtke, Schuldstatut und Eingriffsrecht, ZVglRWiss 84 (1985), 325; Schiffer, Zwingende Normen einer „dritten" Rechtsordnung in der internationalen Handelsschiedsgerichtsbarkeit, BB 1994, Beil. 5, 22; Schnyder, Anwendung ausländischer Eingriffsnormen durch Schiedsgerichte, RabelsZ 59 (1995), 293; Schubert, Internationale Verträge und Eingriffsrecht, RIW 1987, 729; Schlechtriem, Rechtswahl im europäischen Binnenmarkt und Klauselkontrolle – Überlegungen zu „zwingenden" Normen im EU-Binnenmarkt, FS E. Lorenz, 2001, 565; Schulte, Die Anknüpfung von Eingriffsnormen, insbesondere wirt-schaftsrechtlicher Art, im internationalen Vertragsrecht, 1975; Schurig, „Ingmar" und die „international zwingende" Handelsvertreter-Richtlinie, FS Jayme, Bd. I, 2004, 837; ders., Zwingendes Recht, „Eingriffs-normen" und neues IPR, RabelsZ 54 (1990), 217; Schwartze, Die „Ingmar"-Entscheidung des Europäischen Gerichtshofs, FS Kilian, 2004, 783; Sonnenberger, Eingriffsrecht – Das trojanische Pferd im IPR oder notwendige Ergänzung, IPRax 2003, 104; Schwarz, Das internationale Handelsvertreterrecht im Lichte von „Ingmar" – Droht das Ende der Parteiautonomie im Gemeinschaftsprivatrecht?, ZVglRWiss 101 (2002), 45; Stötzel, Zur Abdingbarkeit des analog § 89b HGB entwickelten Ausgleichsanspruchs eines Vertragshändlers durch Vereinbarung eines Drittstaatsrechts, EWS 1999, 212; Ungeheuer, Die Beachtung von Eingriffsnormen in der internationalen Handelsschiedsgerichtsbarkeit, 1996; Wegen, Fallstudie zur Abdingbarkeit des Aus-gleichsanspruchs eines deutschen Handelsvertreters durch Vereinbarung eines Drittstaatrechts mit Unter-nehmenssitz, WiB 1994, 255; Wengler, Sonderanknüpfung, positiver und negativer ordre public, JZ 1979, 175.

Übersicht

A. Einleitung

I. Regelung

Abs. 1 definiert den Begriff der Eingriffsnorm. Abs. 2 erklärt die Eingriffsnormen des **1** Rechts des angerufenen Gerichts für stets anwendbar. Nach Abs. 3 können auch ausländische Eingriffsnormen des Rechts am Erfüllungsort angewandt werden.

II. Begriff der Eingriffsnorm (Abs. 1)

1. Definition. Abs. 1 definiert den Begriff der Eingriffsnorm als zwingende Vorschrift, **2** deren Einhaltung von einem Staat als so entscheidend für die Wahrung seines öffentlichen Interesses, insbesondere seiner politischen, sozialen oder wirtschaftlichen Organisation, angesehen wird, dass sie ungeachtet des nach Maßgabe dieser Verordnung auf den Vertrag anzuwendenden Rechts auf alle Sachverhalte anzuwenden ist, die in ihren Anwendungsbereich fallen. Diese gesetzliche Definition bietet Platz für Auslegung und Unsicherheit.[1] Nach dem BGH ist es erforderlich, dass die betreffende Vorschrift nicht nur dem Schutz und dem Ausgleich widerstreitender Interessen der Vertragsparteien, also reinen Individualbelangen dient, sondern daneben zumindest auch **öffentliche Gemeinwohlinteressen** verfolgt.[2] Ein reflexartiger Schutz der öffentlichen Gemeinwohlinteressen reicht nicht aus.[3] Die Entscheidung erging zwar noch zu Art. 34 EGBGB aF. Da Art. 9 Rom I-VO allerdings die Nachfolgevorschrift von Art. 34 EGBGB aF ist (→ Rn. 5), sind Eingriffsnormen iSv Art. 9 Rom I-VO zugleich **international zwingende Bestimmungen** wie nach Art. 34 EGBGB aF (→ Rn. 4 f.), so dass auf die frühere Rspr. zurückgegriffen werden kann. Zu den Eingriffsnormen, die im Vertriebsrecht am Rande eine Rolle spielen können, zählen zB Ein- und Ausfuhrbestimmungen[4] sowie der Kulturgüterschutz.[5] **§ 138 BGB** schützt die der Rechtsordnung immanenten rechtsethischen Werte und Prinzipien[6] und ist daher auch als Eingriffsnorm zu qualifizieren.[7]

Grundsätzlich ist Zurückhaltung geboten bei der Feststellung, ob eine Norm international **3** zwingenden Charakter hat.[8] Nach Erwägungsgrund 37 zur Rom I-VO soll das angerufene Gericht Eingriffsnormen nur unter **außerordentlichen Umständen** anwenden. Die Rom I-VO folgt dem Grundprinzip der Rechtswahlfreiheit, sie fördert den internationalen Entscheidungseinklang und bezweckt grundsätzlich die einheitliche Anknüpfung des Vertragsstatuts. Diese Prinzipien werden durch die Anwendung von Eingriffsnormen außerhalb des Vertragsstatuts beeinträchtigt, da die Rechtswahl der Parteien für den von der Eingriffsnorm berührten Bereich zurücktreten muss. Der internationale Entscheidungseinklang ist gefährdet, wenn die Gerichte unterschiedliche Eingriffsnormen ihrer eigenen Rechtsordnung auf den Sachverhalt anwenden. Daraus folgt eine Spaltung des Vertragsstatuts, weil nicht einheitlich eine Rechtsordnung auf den Sachverhalt angewandt wird, sondern Eingriffsnormen einer anderen Rechtsordnung eingreifen. Dies erschwert die Rechtsanwendung. Im Zweifel ist die betreffende Vorschrift daher nicht international zwingend.[9]

2. Verhältnis zu den einfach zwingenden Bestimmungen. Die einfach zwingenden **4** Vorschriften sind von den international zwingenden Vorschriften (Eingriffsnormen) zu

---

[1] Reithmann/Martiny/Zwickel Rn. 5.15 ff.
[2] NJW 2006, 762 Rn. 26.
[3] BGH NJW 2006, 762 Rn. 27.
[4] MüKoBGB/Martiny Rn. 61 ff.
[5] MüKoBGB/Martiny Rn. 100 ff.
[6] Grüneberg/Ellenberger BGB § 138 Rn. 3.
[7] Emde HGB § 92c Rn. 82.
[8] BGH NJW 2006, 762 Rn. 28; Freitag/Leible ZIP 1999, 1296 (1299).
[9] BGH NJW 2006, 762 Rn. 28; Freitag/Leible ZIP 1999, 1296 (1299).

unterscheiden (→ Art. 3 Rn. 47). Nicht alle einfach zwingenden Vorschriften der nationalen Rechtsordnungen sind Eingriffsnormen iSv Abs. 1 (so Erwägungsgrund 27 S. 2 zur Rom I-VO).[10] Für Eingriffsnormen gelten strengere Voraussetzungen. Sie müssen insbesondere den Schutz der öffentlichen Gemeinwohlinteressen bezwecken (→ Rn. 2). Daher handelt es sich bei den vor allem im Franchiserecht ggf. anwendbaren **Verbraucherkreditvorschriften** (§§ 491 ff. BGB)[11] und den **vorvertraglichen Aufklärungs- und Offenlegungspflichten**[12] um keine Eingriffsnormen iSv Abs. 1. Die Normen/Pflichten entfalten Schutz gegenüber dem Verbraucher bzw. dem Vertragspartner; sie dienen dem öffentlichen Interesse nur reflexartig (→ Rn. 2). Gleiches gilt für das AGB-Recht (§§ 305 ff. BGB).[13] AGB-Recht wäre nur iRd Art. 6 als Verbraucherschutzrecht bei b2c-Verträgen zu berücksichtigen.[14]

5   **3. Unterschiede zur alten Rechtslage.** Die Vorgängernorm zu Art. 9 Rom I-VO war Art. 34 EGBGB (zur Geltung des EGBGB → Art. 3 Rn. 5). Danach konnten Bestimmungen des deutschen Rechts, die ohne Rücksicht auf das auf den Vertrag anzuwendende Recht den Sachverhalt zwingend regeln, stets angewandt werden. Der heutige Art. 9 Abs. 2 Rom I-VO entspricht dem Art. 34 EGBGB.[15] Daher kann hinsichtlich der Eingriffsnormen des deutschen Rechts auf die bisherige Rechtsprechung zurückgegriffen werden.[16] Art. 9 Abs. 3 Rom I-VO hingegen findet keine Entsprechung in den alten Regelungen des EGBGB. Die danach bestehende Möglichkeit, auch ausländische Eingriffsnormen des Rechts am Erfüllungsort anzuwenden, bestand unter Geltung des EGBGB nicht. Art. 7 Abs. 1 EVÜ enthielt zwar eine inhaltsgleiche Regelung, jedoch hatte Deutschland von der Möglichkeit Gebrauch gemacht, dagegen einen Vorbehalt zu erklären.[17]

III. Anwendbarkeit der Eingriffsnormen (Abs. 2)

6   **1. Allgemeine Anwendungsvoraussetzungen.** Die Anwendungsvoraussetzungen des Abs. 2 sind die Eröffnung des Anwendungsbereichs der Rom I-VO (→ Art. 3 Rn. 2 ff.) und das Vorliegen einer Eingriffsnorm iSv Abs. 1 (→ Rn. 2 f.), die der lex fori entstammt.[18] Bei Abs. 2 handelt es sich im Gegensatz zu Abs. 3 (→ Rn. 11) um **inländische Eingriffsnormen.**

7   **2. Hinreichender Inlandsbezug.** Das Erfordernis eines **hinreichenden Inlandsbezugs** als weitere Anwendungsvoraussetzung entsprach unter Geltung des Art. 34 EGBGB der überwiegenden Meinung in der Literatur.[19] Daher stellt sich die Frage, ob es auch **Anwendungsvoraussetzung des Abs. 2** ist, dass der Vertrag einen engen Bezug zum Gebiet des Gerichtsstaats haben muss. Dem Wortlaut des Art. 9 Abs. 2 lässt sich, wie auch schon Art. 34 EGBGB, diese Anwendungsvoraussetzung nicht entnehmen. Dennoch ist auch weiterhin ein hinreichender Inlandsbezug vorauszusetzen.[20] Dies beugt zum einen einer nicht gewollten ausufernden Anwendung von Eingriffsnormen vor (→ Rn. 3) und zum anderen werden die öffentlichen Gemeinwohlinteressen aus der Sicht der lex fori nur bei einem hinreichenden Inlandsbezug beeinträchtigt. Zu den Eingriffsnormen hinsichtlich

---

[10] Martinek/Semler/Flohr VertriebsR-HdB/Lakkis § 57 Rn. 23 (zu Art. 34 EGBGB).

[11] BGH NJW 2006, 762 Rn. 27; Reithmann/Martiny/Dutta Rn. 20.53; Emde HGB § 92c Rn. 82; Grüneberg/Thorn Rn. 8; vgl. auch die Nachw. bei Ferrari/Staudinger IntVertragR Rn. 18 (Fn. 59).

[12] Reithmann/Martiny/Dutta Rn. 20.54; Emde HGB § 92c Rn. 82.

[13] MüKoBGB/Martiny Rn. 89.

[14] LG Berlin NJW 2013, 2605 mAnm Streinrötter.

[15] Emde HGB § 92c Rn. 78 f.; Reithmann/Martiny/Zwickel Rn. 5.61.

[16] Reithmann/Martiny/Zwickel Rn. 5.1 ff., 5.14.

[17] Grüneberg/Thorn Rn. 11.

[18] Reithmann/Martiny/Zwickel Rn. 5.60.

[19] Grüneberg/Thorn Rn. 5; MüKoBGB/Martiny Rn. 109, 122; Kohte EuZW 1990, 150 (153); aA Radtke ZVglRWiss 84 (1985), 325 (331); Mankowski RIW 1998, 287.

[20] Reithmann/Martiny/Freitag Rn. 5.61 mwN.

des Handelsvertreters → Rn. 20 ff., des Vertragshändlers → Rn. 30 ff., des Franchisenehmers → Rn. 34 und des Kommissionsagenten → Rn. 35.

3. Verhältnis zu Art. 21 Rom I-VO. Abs. 2 eröffnet dem angerufenen Gericht die 8
Möglichkeit, Eingriffsnormen seiner eigenen Rechtsordnung auf Verträge anzuwenden, die
einer anderen Rechtsordnung unterliegen. Die Anwendung einer Eingriffsnorm führt nicht
zur Unwirksamkeit der Rechtswahl, sondern nur dazu, dass **das gewählte Recht im
Anwendungsbereich der Eingriffsnorm verdrängt wird.** Nach Art. 21 können die
Gerichte hingegen Vorschriften der auf den Vertrag anzuwendenden Rechtsordnung
nicht anwenden, wenn deren Anwendung mit der öffentlichen Ordnung („ordre public")
des Gerichtsstaates (lex fori) offensichtlich unvereinbar ist.

Eine **positive Anwendung** von Normen der lex fori über Art. 21 ist ausnahmsweise nur 9
gestattet, wenn es wegen der Nichtanwendung des ordre public-widrigen fremden Rechts
eine Lücke gibt und die Lücke durch Anwendung einer Ersatznorm geschlossen werden
muss, um den Sachverhalt sinnvoll zu regeln. Keinesfalls dürfen lex fori-Normen über
Art. 21 positiv angewandt werden, wenn die lex causae keine Bestimmungen zu einer Frage
enthält. Wenn also deutsche Gerichte § 89b HGB auf einen kalifornischem Recht unterliegenden Handelsvertretervertrag anwenden wollen, weil das kalifornische Recht den Ausgleichsanspruch nicht kennt und deswegen keine Bestimmung dazu enthält, können sie dies
nicht über Art. 21 tun.[21]

Abs. 2 hingegen **gestattet** den Gerichten **die positive Anwendung von Normen** 10
ihrer eigenen Rechtsordnung, obwohl diese nach den allgemeinen Regeln nicht auf den
Vertrag anzuwenden ist. Ist auf einen Handelsvertretervertrag kalifornisches Recht anzuwenden, kann ein deutsches Gericht die Anwendung einer Vorschrift des kalifornischen
Rechts nur unter den Voraussetzungen des Art. 21 versagen. Will es hingegen eine
deutsche Vorschrift, wie § 89b HGB, auf den Vertrag positiv anwenden, kann es dies nur,
wenn die Voraussetzungen des Abs. 2 vorliegen. In gewisser Weise lässt sich von einem
positiven ordre public sprechen.[22]

IV. Anwendbarkeit ausländischer Eingriffsnormen (Abs. 3)

Nach Abs. 3 können **ausländische Eingriffsnormen** unter bestimmten Voraussetzun- 11
gen Anwendung finden. Nach Abs. 3 S. 1 können nur Eingriffsnormen des Staates angewandt werden, in dem die durch den Vertrag begründeten Verpflichtungen erfüllt werden
sollen oder erfüllt worden sind und wenn diese Eingriffsnormen die Erfüllung des Vertrages
unrechtmäßig werden lassen. Nach Abs. 3 S. 2 wird bei der Entscheidung, ob diesen
Eingriffsnormen Wirkung verliehen wird, Art und Zweck der Normen berücksichtigt
sowie die Folgen, die sich aus ihrer Anwendung oder Nichtanwendung ergeben würden.

1. Allgemeine Anwendungsvoraussetzungen. Ausländische Eingriffsnormen können 12
nach Abs. 3 nur angewandt werden, wenn der Anwendungsbereich der Rom I-VO
eröffnet (→ Art. 3 Rn. 2 ff.) und die entsprechende Vorschrift als (ausländische) Eingriffsnorm iSd Abs. 1 zu qualifizieren ist.

2. Ausländische Vorschriften des Erfüllungsortes. Im Rahmen des Abs. 3 kann nur 13
den Eingriffsnormen des Staates Wirkung verliehen werden, in dem die durch den Vertrag
begründeten Verpflichtungen erfüllt werden sollen oder erfüllt worden sind. Andere, nicht
dem Erfüllungsortstatus unterfallende Eingriffsnormen, sind nach der Nikiforidis-Entschei-
dung des EuGH nicht zu berücksichtigen.[23] Dem Wortlaut nach scheint Abs. 3 von einem
einzigen Erfüllungsort auszugehen. Bei vielen Verträgen werden die (gegenseitigen) Ver-

---

[21] MüKoBGB/Martiny Art. 21 Rn. 3 ff.; MüKoBGB/v. Hein EGBGB Art. 6 Rn. 126 ff.
[22] Martinek/Semler/Flohr VertriebsR-HdB/Lakkis § 57 Rn. 31.
[23] EuGH NJW 2017, 141 Rn. 49.

pflichtungen aber an verschiedenen Orten erfüllt. Daher stellt sich die Frage, ob und ggf. wie im Rahmen des Abs. 3 ein einziger, **einheitlicher Erfüllungsort** zu bestimmen ist.

14   Der **Erfüllungsort** einer Leistungspflicht wird im **deutschen Recht für jede Verpflichtung** aus einem Vertrag nach § 269 BGB **selbständig** bestimmt.[24] Innerhalb eines Vertragsverhältnisses bestehen also häufig mehrere Erfüllungsorte. Im Rahmen des Abs. 3 würde dies dazu führen (die Anwendbarkeit deutschen Rechts vorausgesetzt), dass den Eingriffsnormen verschiedener Staaten Wirkung verliehen werden kann, sofern die Erfüllungsorte der verschiedenen Verpflichtungen in verschiedenen Staaten liegen. Dies (also die Bestimmung des Erfüllungsorts nach der lex causae) wird von Teilen der Literatur vertreten.[25] Wählen also ein französischer Unternehmer und ein amerikanischer Handelsvertreter für ihren Vertrag deutsches Recht, so würde sich nach deutschem Recht bestimmen, wo der Erfüllungsort des Vertrages liegt. Nach § 270 Abs. 1, 4 iVm § 269 Abs. 1 BGB läge der Erfüllungsort hinsichtlich der Zahlungspflicht des Unternehmers in Frankreich. Hinsichtlich der Vertreterleistung des Handelsvertreters läge der Erfüllungsort in den USA. Demnach könnten französischen und anwendbaren US-amerikanischen Eingriffsnormen Wirkung verliehen werden.

15   Im Sinne der **Rechtsklarheit** ist nach richtiger Auffassung aber im Rahmen des Abs. 3 ein **einziger, einheitlicher Erfüllungsort** zu bestimmen.[26] Denn nur so kann eine **einheitliche Auslegung und Anwendung des Abs. 3** erreicht werden. Man könnte zwar über § 269 BGB zu nur einem Erfüllungsort gelangen, wenn man allein auf die streitige Verpflichtung abstellt. Dann würde aber die jeweils streitgegenständliche Verpflichtung darüber entscheiden, welchen ausländischen Eingriffsnormen Wirkung verliehen werden kann. Im obigen Beispiel könnte also nur französischen Eingriffsnormen Wirkung verliehen werden, wenn die Zahlungspflicht des Unternehmers streitgegenständlich ist. Ist die Vertreterleistung des Handelsvertreters streitgegenständlich, könnte hingegen nur den anwendbaren US-amerikanischen Eingriffsnormen Wirkung verliehen werden. Solch eine Rechtsunsicherheit und divergierende Rechtsanwendung gilt es zu vermeiden, was sich nur durch die Bestimmung eines einzigen, einheitlichen Erfüllungsortes realisieren lässt.

16   Bestimmt man den Begriff des Erfüllungsortes im Rahmen des Abs. 3 hingegen **autonom iSd Gemeinschaftsrechts,** ist von Beginn an klar, welchen ausländischen Eingriffsnormen Wirkung verliehen werden kann. Diese autonome Bestimmung kann nur vom EuGH vorgenommen werden. Eine Entscheidung hierzu ist noch nicht ergangen. Denkbar erscheint (für Vertriebsverträge) eine Bestimmung des Erfüllungsortes nach Art. 5 Nr. 1 lit. b zweiter Spiegelstrich EuGVO[27] analog oder eine kollisionsrechtlich autonome Bestimmung, die sich aber wohl an Art. 5 Nr. 1 lit. b zweiter Spiegelstrich EuGVO orientieren wird.[28]

17   **3. Eingriffsnormen, die die Erfüllung des Vertrages unrechtmäßig werden lassen.** Unter Abs. 3 fallen nicht alle ausländischen Eingriffsnormen, sondern nur solche, die die Erfüllung unrechtmäßig werden lassen. Zu Abs. 3 gibt es im Vertriebsrecht noch keine Rechtsprechung. Darunter sollen zB die in manchen Rechtsordnungen bestehenden Registereintragungspflichten fallen, die die Nichtigkeit des Vertrages zur Folge haben, wenn sie nicht beachtet werden.[29] Diskutiert werden weiter außenhandelsrechtliche Vorschriften

---

[24] Siehe aber BGH NJW 2011, 2056 (2058): Der BGH bestimmt hier den Erfüllungsort iSv § 29 ZPO nicht nach der lex causae, sondern nach dem „Rechtsgedanke[n] des Art. 5 Nr. 1 lit. b) EuGVVO" mit der darin zum Ausdruck gebrachten Wertentscheidung des Unionsrechts". Ob dies für alle europäische Sachverhalte geboten erscheint, lässt der BGH offen.

[25] Vgl. Reithmann/Martiny/Zwickel Rn. 5.132.

[26] Pfeiffer EuZW 2008, 622 (628).

[27] Verordnung Nr. 44/2001 des Rates vom 22.12.2000 über die gerichtliche Zuständigkeit und die Anerkennung und Vollstreckung von Entscheidungen in Zivil- und Handelssachen, ABl. 2001 L 307, 28.

[28] Ferrari/Staudinger IntVertragsR Rn. 39; aA MüKoBGB/Martiny Rn. 117.

[29] Reithmann/Martiny/Fabig Rn. 23.176; Emde HGB § 92c Rn. 85 mit den Beispielen Bahrain, Kuwait, Vereinigte Arabische Emirate.

und der Schutz ausländischer Kulturgüter.[30] Praxisrelevant dürfte das **Kartellrecht außerhalb des EWR** sein.[31] Schließen zB ein deutscher Unternehmer und ein US-amerikanischer Vertragshändler einen in den USA zu erfüllenden Vertragshändlervertrag und verstößt der Vertrag gegen US-Kartellrecht, hat das angerufene deutsche Gericht die Möglichkeit (→ Rn. 19), das US-Kartellrecht anzuwenden (str.).[32]

Die **Ausgleichsansprüche ausländischer Rechtsordnungen** stellen hingegen **keine** **18** **Eingriffsnormen** iSv Abs. 3 dar.[33] Der Ausschluss des Ausgleichsanspruchs führt nicht dazu, dass die Erfüllung des Handelsvertretervertrages als unrechtmäßig angesehen werden müsste.[34] Dies zeigt die Wertung des § 92c Abs. 1 HGB, der einen Ausschluss unter den dortigen Voraussetzungen zulässt. Beispiel: Ein deutscher Unternehmer und ein schweizerischer Handelsvertreter schließen einen in der Schweiz zu erfüllenden Handelsvertretervertrag. Der Vertrag unterliegt deutschem Recht, der Ausgleichsanspruch (§ 89b HGB) ist gem. § 92c Abs. 1 HGB zulässig ausgeschlossen. Im Schweizer Recht gibt es einen zwingenden Ausgleichsanspruch (Art. 418u OR) (→ HGB § 92c Rn. 32 f.). Der ausschließliche Gerichtsstand soll in Deutschland sein. Das angerufene deutsche Gericht wird dem Handelsvertreter keinen Ausgleichsanspruch zugestehen, da Art. 418u OR für das deutsche Gericht ein Ausgleichsanspruch einer ausländischen Rechtsordnung und damit keine Eingriffsnorm iSv Abs. 3 ist.

4. Ermessensentscheidung des Gerichts. Nach S. 1 kann das angerufene Gericht die **19** ausländischen Eingriffsnormen berücksichtigen. Das Gericht trifft also eine Ermessensentscheidung. Bei der Ausübung des Ermessens hat das Gericht nach S. 2 **Art und Zweck der Eingriffsnormen** sowie die Folgen, die sich aus ihrer Anwendung oder Nichtanwendung ergeben würden, zu berücksichtigen.[35] Dies ist für die Vertragsparteien mit Unsicherheit verbunden. Mit Sicherheit wird die Eingriffsnorm nur von dem Gericht des Landes, in dem die Eingriffsnorm gilt, angewandt, also im Beispiel unter → Rn. 17 in Russland.

B. Handelsvertreter

Nach deutschem Recht sind relevante Eingriffsnormen iSv Abs. 1 der **Ausgleichs-** **20** **anspruch** des Handelsvertreters bei starkem Gemeinschaftsbezug (→ Rn. 21) sowie deutsches und europäisches **Kartellrecht** (→ Rn. 29).

I. Ausgleichsanspruch bei starkem Gemeinschaftsbezug

1. Eingriffsnormcharakter. Beim Handelsvertretervertrag hat der Ausgleichsanspruch **21** im Bereich der Eingriffsnormen die praktisch größte Relevanz. Hier liegt auch der Schwerpunkt der juristischen Diskussion. Durch Art. 17–19 der Handelsvertreter-RL ist ein solcher zwingend in den Rechtsordnungen der EU-Mitgliedstaaten vorgeschrieben. Nach dem Ingmar-Urteil des EuGH (→ HGB § 92c Rn. 38 ff., → Rom I-VO Art. 3 Rn. 60) kann ein Unternehmer mit Sitz in einem Drittland, dessen Handelsvertreter seine Tätigkeit innerhalb der Gemeinschaft ausübt, die Art. 17–19 der Handelsvertreter-RL (Ausgleichs- oder Schadensersatzanspruch für die Beendigung des Vertrags) nicht durch eine Rechtswahlklausel umgehen.[36] Der Zweck der Art. 17–19 der Handelsvertreter-RL erfordere, dass diese Bestimmungen „unabhängig davon, welchem Recht der Vertrag nach dem Willen der Parteien unterliegen soll, anwendbar sind, wenn der Sachverhalt **einen starken**

---

[30] Vgl. Reithmann/Martiny/Zwickel Rn. 5.148 ff., 5.151 f.
[31] Clausnitzer/Woppen BB 2008, 1798 (1805).
[32] Vgl. Reithmann/Martiny/Zwickel Rn. 5.147.
[33] Emde HGB § 92c Rn. 86.
[34] Vgl. BGH NJW 1961, 1061 (1062).
[35] Reithmann/Martiny/Zwickel Rn. 5.140 ff.
[36] EuGH NJW 2001, 2007 Rn. 25.

Gemeinschaftsbezug aufweist, etwa weil der Handelsvertreter seine Tätigkeit im Gebiet des Mitgliedstaats ausübt".[37] Der territoriale Geltungsbereich der Handelsvertreter-RL wird nicht auf solche Staaten erstreckt, mit denen die EU **Assoziierungsabkommen** abgeschlossen hat.[38] Dies gilt unabhängig davon, ob der Drittstaat die Handelsvertreter-RL in nationales Recht umgesetzt hat.[39]

22   **a) Dogmatische Einordnung des Ingmar-Urteils.** Mit der dogmatischen Einordnung des Ingmar-Urteils hat sich der EuGH nicht näher befasst. Es hat daher in der Literatur kontroverse, meist ablehnende Stimmen hervorgerufen. Für die hM in Deutschland war das Urteil eine Überraschung. Der Anwendungsbefehl des EuGH wird nun aber hingenommen. Die **Art. 17–19 der Handelsvertreter-RL** in ihrer jeweils nationalen Umsetzung sind bei starkem Gemeinschaftsbezug **als Eingriffsnormen iSv Art. 9** (Art. 34 EGBGB aF) zu qualifizieren.[40] Dies legt die Argumentation des EuGH nahe, der sich auf den Zweck der Art. 17–19 der Handelsvertreter-RL gestützt hat: Diese Vorschriften würden zunächst den **Schutz des Handelsvertreters** (Individualinteressen) bezwecken, aber darüber hinaus den Schutz der Niederlassungsfreiheit **und eines unverfälschten Wettbewerbs** im Binnenmarkt (Gemeinwohlinteressen). Die Einhaltung dieser Bestimmungen im Gemeinschaftsgebiet sei nach dem EuGH daher für die Verwirklichung dieser Ziele des EG-Vertrags (Niederlassungsfreiheit, unverfälschter Wettbewerb) unerlässlich.[41] Der EuGH fürchtete also eine Umgehung der Grundfreiheiten durch Rechtswahl und hat so im Ergebnis eine eigentlich einfach zwingende Vorschrift zu einer international zwingenden Vorschrift aufgewertet.

23   Unabhängig von der dogmatischen Einordnung des Ingmar-Urteils ist dadurch festgelegt, dass bei starkem gemeinschaftlichem Bezug (→ Rn. 26) der Ausgleichsanspruch des Handelsvertreters **rechtswahlfest** ist. Die Rechtswahl an sich bleibt wiederum wirksam, die (nationalen Umsetzungsnormen der) Art. 17–19 Handelsvertreter-RL werden aber dennoch auf den Sachverhalt angewandt. Zur Wirksamkeit eines **ausschließlichen Gerichtsstandes außerhalb der Gemeinschaft** → HGB § 92c Rn. 44.

24   Die Ingmar-Rechtsprechung geht über Art. 3 Abs. 4 hinaus, als sie nicht die Belegenheit aller Elemente außer der Rechtswahl in einem Mitgliedstaat fordert, sondern einen „starken Gemeinschaftsbezug" ausreichen lässt, um zwingende Vorschriften der Handelsvertreter-RL anzuwenden. Sie ist insofern auch unter Geltung der Rom I-VO bedenklich. Das Ingmar-Urteil darf daher nicht extensiv auf alle Vertriebsverträge ausgedehnt werden, sondern gilt nur für den Anwendungsbereich der Handelsvertreter-RL, also **lediglich für Warenvertreter** (vgl. auch → Rn. 28 zum Unamar-Urteil). Fraglich ist auch, ob das Ingmar-Urteil nur auf den Ausgleichsanspruch oder auch auf die nationalen Umsetzungsnormen der **weiteren zwingenden Vorschriften der Handelsvertreter-RL** (→ Art. 3 Rn. 60) anzuwenden ist (→ Vor § 84 Rn. 74). Der EuGH trifft hierzu im Ingmar-Urteil keine Aussage, weil er sich bei seiner Argumentation nur auf den Zweck der Art. 17–19 der Handelsvertreter-RL und nicht auf die gesamte Handelsvertreter-RL beruft (→ Rn. 22). Es dürfte aber zu weit gehen, alle Umsetzungsnormen der zwingenden Vorschriften der Handelsvertreter-RL als Eingriffsnormen zu begreifen. Das Ingmar-Urteil ist restriktiv anzuwenden und nicht jede Schlechterstellung des Handelsvertreters gegenüber dem Schutzniveau der Handelsvertreter-RL führt zu einer Verletzung der öffentlichen Gemeinwohlinteressen. Es darf dabei nicht übersehen werden, dass eine Eingriffsnorm

---

[37] EuGH NJW 2001, 2007 Rn. 25.
[38] EuGH ZVertriebsR 2017, 182 Rn. 45 – Türkei.
[39] EuGH ZVertriebsR 2017, 182 Rn. 46.
[40] Martinek/Semler/Flohr VertriebsR-HdB/Lakkis § 57 Rn. 27; Ebenroth/Boujong/Joost/Strohn/Kindler HGB § 92c Anh. Rn. 16; Küstner/Thume VertriebsR-HdB I Kap. XI Rn. 70 (jeweils zu Art. 34 EGBGB aF); Kindler BB 2001, 11 (12); Kindler JZ 2006, 176 (183 f.); Emde MDR 2002, 190 (196); Staudinger/Magnus Rn. 42; wohl auch Ferrari/Staudinger IntVertragsR Rn. 16; Reithmann/Martiny/Fabig Rn. 23.163 ff.
[41] EuGH NJW 2001, 2007 Rn. 25.

nicht dazu da ist, die reinen Individualinteressen einer Vertragspartei zu schützen (→ Rn. 2). In dem Ausgleichsanspruch könnte, mit viel Phantasie, wegen seiner finanziellen Tragweite und überragenden Bedeutung für das Handelsvertreterverhältnis noch eine über die Individualinteressen hinausgehende wirtschaftspolitische Funktion gesehen werden (aber → Rn. 27). Diese Bedeutung lassen die anderen zwingenden Vorschriften der Handelsvertreter-RL aber nicht erkennen. Es wäre allerdings nicht verwunderlich, wenn der EuGH mit dem pauschalen Verweis auf die Vereinheitlichung der Wettbewerbsbedingungen anders entscheiden würde.

Das Ingmar-Urteil und Art. 9 finden also nur Anwendung bei einem **Sachverhalt mit** **25** **Bezugspunkten außerhalb und innerhalb der Gemeinschaft.** Bei einem reinen Inlandssachverhalt nach Art. 3 Abs. 3 ergibt sich der Ausgleichsanspruch bereits aus der jeweiligen Vorschrift des Inlandes (in Deutschland § 89b HGB) (→ Art. 3 Rn. 39) und bei einem Binnenmarktsachverhalt nach Art. 3 Abs. 4 aus Art. 17–19 Handelsvertreter-RL bzw. der jeweils umgesetzten Form (→ Art. 3 Rn. 49 f.).

b) Voraussetzungen eines starken Gemeinschaftsbezugs. Da die Art. 17–19 der **26** Handelsvertreter-RL einen unverfälschten Wettbewerb der Handelsvertreter im Binnenmarkt bezwecken, kommt es für den starken Gemeinschaftsbezug nicht auf den Sitz des Handelsvertreters an, sondern vor allem darauf, ob sein **Tätigkeitsort innerhalb der Gemeinschaft** liegt (→ HGB § 92c Rn. 40). Nach der zutreffenden Entscheidung des EuGH vom 16.2.2017 in dem „Agro-Urteil" liegt der starke Gemeinschaftsbezug im umgekehrten Fall des Ingmar-Urteils nicht vor, wenn also der **Unternehmer seinen Sitz in der Gemeinschaft hat,** aber der Handelsvertreter außerhalb der Gemeinschaft tätig wird.[42] Dies entspricht der Regelung in § 92c Abs. 1 HGB.

2. Kein Eingriffsnormcharakter des Ausgleichsanspruchs nach § 89b HGB ohne **27** **starken Gemeinschaftsbezug.** Der Ausgleichsanspruch nach § 89b HGB stellt keine Eingriffsnorm iSv Abs. 1 dar, wenn kein starker Gemeinschaftsbezug vorliegt.[43] Die Diskussion hierzu ist alt – aber nicht überholt, weil die öffentlichen Gemeinwohlinteressen sich nicht so schnell wie die Gesetze ändern. Der BGH hatte im Jahre 1961 (vor der Handelsvertreter-RL) entschieden, dass die einfach zwingende Natur des § 89b HGB nicht ausschließt, dass ein niederländischer Unternehmer mit einem deutschen Handelsvertreter, der seine Niederlassung in der Bundesrepublik hat, die Anwendung niederländischen Rechts (welches damals keinen Ausgleichsanspruchsvorsatz) vereinbart. Trotz der Annahme, dass mit der Vereinbarung niederländischen Rechts (und Gerichtsstands, dazu → HGB § 92c Rn. 43) bezweckt war, den § 89b HGB auszuschließen, nahm der BGH nicht die Nichtigkeit der Vereinbarung an. Nach dem BGH ist § 89b HGB nicht von so grundlegender und weittragender Bedeutung, dass er ausländische Vorschriften ausschließen will.[44] Daraus ist zu folgern, dass jedenfalls der deutsche Gesetzgeber nicht von einem international zwingenden Charakter des Ausgleichsanspruchs per se ausgeht.[45] Daran haben auch die Handelsvertreter-RL und das Ingmar-Urteil nichts geändert. Sie haben zu keiner Änderung der deutschen Gemeinwohlinteressen geführt. Die Ingmar-Rechtsprechung muss daher auf den ihr zu Grunde liegenden Sachverhalt des gemeinschaftsrechtlichen Bezugs beschränkt bleiben.

Nach dem **Unamar-Urteil** des EuGH vom 17.10.2013 kann die lex fori des angerufe- **28** nen Gerichts eines EU-Mitgliedstaates in ihrem Anwendungsbereich das von den Parteien gewählte Recht verdrängen, wenn das gewählte Recht zwar den Mindestschutz nach der

---

[42] EuGH ZVertriebsR 2017, 182 Rn. 33 mAnm Rohrßen ZVertriebsR 2017, 186.

[43] BGH NJW 1961, 1061; Martinek/Semler/Flohr VertriebsR-HdB/Lakkis § 57 Rn. 33; Beitzke DB 1961, 528 (531); Birk ZVglRWiss 79 (1980), 268 (284); Ebenroth RIW 1984, 165; aA Maier NJW 1958, 1327 (1329).

[44] BGH NJW 1961, 1061 (1062).

[45] BT-Drs. 11/4559, 10; Martinek/Semler/Flohr VertriebsR-HdB/Lakkis § 57 Rn. 33; Reithmann/Martiny/Fabig Rn. 23.160 ff.

Handelsvertreter-RL gewährt, jedoch einen schwächeren Schutz als die lex fori.[46] Das angerufene Gericht muss dabei substantiiert feststellen, dass es der **Gesetzgeber für unerlässlich erachtet hat, dem Handelsvertreter einen über die Handelsvertreter-RL hinausgehenden Schutz zu gewähren,** unter Berücksichtigung der Natur und des Gegenstandes der zwingenden Vorschriften. Es geht dabei also um **Fälle der „überschießenden Umsetzung"** der Handelsvertreter-RL durch den nationalen Gesetzgeber. Im Bereich des deutschen Handelsvertreterrechts stellt sich insbesondere die Frage, ob auch der **Ausgleichsanspruch von Nicht-Warenvertretern,** die vom Anwendungsbereich der Handelsvertreter-RL nicht erfasst sind, international zwingendes Recht darstellt (→ Rn. 24).[47] Dies ist zu verneinen, denn allein der Wille des deutschen Gesetzgebers, Warenvertreter und Nicht-Warenvertreter gleich zu behandeln,[48] führt nicht dazu, dass der Schutz des Nicht-Warenvertreters auch bei Vereinbarung eines anderen Rechts unerlässlich wäre. Eine so weitreichende Bedeutung hat der BGH in § 89b HGB zurecht nie gesehen[49] (→ Rn. 27). Hinsichtlich der **Höhe des Ausgleichsanspruchs** nach deutschem Recht wird ein Vorrang deutschen Rechts nicht in Betracht kommen, da sich der deutsche Gesetzgeber nicht für das Schadensersatzmodell nach Art. 17 Abs. 3 der Handelsvertreter-RL (wie zB der französische Gesetzgeber) entschieden hat, sondern das Ausgleichsmodell nach Art. 17 Abs. 2 der Handelsvertreter-RL gewählt hat, wonach der Ausgleichsanspruch im Gegensatz zum Schadensersatzmodell auf eine durchschnittliche Jahresprovision begrenzt ist.[50] Auch die Kündigungsfrist von sechs Monaten nach fünf Jahren Vertragslaufzeit gem. § 89 Abs. 1 S. 2 HGB stellt eine überschießende Umsetzung durch den deutschen Gesetzgeber dar, da Art. 15 Abs. 2 der Handelsvertreter-RL ein Mindestniveau von drei Monaten vorsieht. Allerdings ist die sechsmonatige Kündigungsfrist für den deutschen Gesetzgeber nicht zum Schutz des Handelsvertreters unerlässlich, so dass sie sich gegen das Wahl eines ausländischen Rechts behaupten würde.

II. Kartellrecht

29   Soweit deutsches (→ GWB § 1 Rn. 69 ff.) bzw. europäisches (→ AEUV Art. 101 Rn. 149 ff.) **Kartellrecht** auf Handelsvertreter Anwendung findet, handelt es sich um Eingriffsnormen iSv Abs. 1[51] (im Hinblick auf die relevanten Vorschriften und den Eingriffsnormcharakter → Rn. 31 ff. zum Vertragshändler).

C. Vertragshändler

I. Ausgleichsanspruch

30   Der Ausgleichsanspruch des Vertragshändlers ist, auch bei starkem Gemeinschaftsbezug, keine Eingriffsnorm iSv Abs. 1.[52] Die Gegenansicht möchte jedoch den Ausgleichsanspruch des deutschen Vertragshändlers auch gegen die Wahl eines ausländischen Rechts, das einen

---

[46] EuGH ZVertriebsR 2014, 55 mit Anm. von Bodungen BB 2014, 403, Mankowski EWiR 2014, 11; vgl. auch Gräfe/Giesa ZVertriebsR 2014, 29.

[47] von Bodungen BB 2014, 403.

[48] Das hat zur Folge, dass auch die Vorschriften des deutschen Handelsvertreterrechts für Nicht-Warenvertreter richtlinienkonform ausgelegt werden, vgl. BGH NJW 2013, 2027 Rn. 38 zu § 90a HGB.

[49] BGH NJW 1961, 1061 (1062).

[50] Nach Gräfe/Giesa ZVertriebsR 2014, 29 (33) würde sich auch der Ausgleichsanspruch des in Frankreich tätigen Handelsvertreters eines deutschen Prinzipals nicht als international zwingendes Recht gegenüber deutschem Recht durchsetzen.

[51] Emde HGB § 92c Rn. 82; Reithmann/Martiny/Fabig Rn. 23.159.

[52] OLG Frankfurt a. M. ZVertriebsR 2017, 244 Rn. 68; Schultze/Wauschkuhn/Spenner/Dau/Kübler Vertragshändlervertrag/Dau Rn. 1053; Erhard/von Bodungen EWiR 2016, 597; Gräfe/Giesa ZVertriebsR 2014, 29 (34); Ebenroth/Boujong/Joost/Strohn/Kindler § 92c Anh. Rn. 55; Kindler NJW 2016, 1855 (1857); Martinek/Semler/Flohr VertriebsR-HdB/van der Moolen § 27 Rn. 65; Mankowski RIW 2016, 457 (458); Michaelis/Kamann EWS 2001, 301 (310); Ströbl BB 2016, 848; Teichmann ZVertriebsR 2016, 195.

Ausgleichsanspruch nicht kennt oder nach dem er ausgeschlossen werden kann, durchsetzen.[53] Sie argumentiert wie folgt: Nach dem Volvo Car-Urteil des EuGH vom 28.10.2010[54] gelte der Grundsatz der richtlinienkonformen Auslegung von EU-Vorschriften nicht nur für den unmittelbaren Anwendungsbereich der Handelsvertreter-RL, sondern auch für den Bereich, auf den das jeweilige nationale Recht diese Vorschriften analog anwendet.[55] Dies habe der EuGH in dem Unamar-Urteil vom 17.10.2013[56] (→ Rn. 28) bestätigt. Nach dem BGH-Urteil vom 25.2.2016[57] (→ HGB § 92c Rn. 53) sei Handelsvertreter- und Vertragshändlerrecht auch im internationalen Rechtsverkehr gleich zu behandeln.[58] Dies würde nach der Gegenansicht dazu führen, dass die Ingmar-Rechtsprechung mittels richtlinienkonformer Auslegung in das Vertragshändlerrecht übertragen würde. Allerdings ist bei dieser Argumentation Vorsicht geboten. Der Gleichlauf von Handelsvertreter- und Vertragshändlerrecht gilt nur soweit, wie das jeweilige nationale Recht diesen Gleichlauf vorsieht. Wenn es allerdings um eine Eingriffsnorm geht, dann findet gerade nicht das nationale (deutsche) Recht Anwendung, sondern ein ausländisches Recht und es stellt sich die Frage, ob sich das nationale Recht insoweit gegenüber dem ausländischen Recht durchsetzt. An das Vorliegen einer Eingriffsnorm sind strengere Anforderungen zu stellen; sie muss den Schutz der öffentlichen Gemeinwohlinteressen bezwecken. (→ Rn. 2 ff.) **Der gewünschte Gleichlauf von Vertragshändler- und Handelsvertreterrecht nach deutschem Recht ist jedenfalls keine ausreichende Motivation für eine Eingriffsnorm.**[59] Dabei ist zu berücksichtigen, dass der Eingriffsnorm-Charakter des Ausgleichsanspruchs nur auf die Ingmar-Rechtsprechung zurückgeht (→ Rn. 21). Die Ingmar-Rechtsprechung ist aber ausschließlich auf Warenvertreter und nicht auf Vertragshändler anwendbar (→ Rn. 24). Das Ziel der Ingmar-Rechtsprechung, den unverfälschten Wettbewerb im Binnenmarkt zu schützen (→ Rn. 22), gilt nicht für den Vertragshändler, weil eine Harmonisierung des Binnenmarktes für Vertragshändler durch den EU-Gesetzgeber nicht erfolgt ist.[60] Entsprechend hat auch der BGH in seinem Urteil vom 25.2.2016 auf die Möglichkeit des Ausschlusses des Ausgleichsanspruchs durch die Wahl eines entsprechenden ausländischen Rechts hingewiesen.[61]

II. Kartellrecht

Das Kartellrecht fällt, seine Anwendbarkeit vorausgesetzt, unter die Eingriffsnormen iSv **31** Abs. 1.[62] Dies ergibt sich daraus, dass die kartellrechtlichen Vorschriften die Marktordnung und den Wettbewerb regeln und das Funktionieren des Wirtschaftssystems sichern.[63] Sie sind daher für die Wahrung der Gemeinwohlinteressen von erheblicher Bedeutung.[64]

[53] Emde HGB § 92c Rn. 82; Emde/Valdini ZVertriebsR 2016, 353 (359); Peschke ZVertriebsR 2016, 144 (149 ff.); Fabig IHR 2019, 1 (8 ff.); Reithmann/Martiny/Fabig Rn. 37.168 ff.; Magnus IHR 2018, 49 (57).
[54] EuGH NJW-RR 2011, 255; im Anschluss BGH NJW-RR 2011, 614.
[55] Peschke ZVertriebsR 2016, 144 (151 f.).
[56] EuGH ZVertriebsR 2014, 55.
[57] BGH ZVertriebsR 2016, 120.
[58] Peschke ZVertriebsR 2016, 144 (152).
[59] Teichmann ZVertriebsR 2016, 195.
[60] Gräfe/Giesa ZVertriebsR 2014, 29 (34); Kocher RIW 2003, 512 (518 f.); Thume BB 2011, 1800 (1802); Schultze/Wauschkuhn/Spenner/Dau/Kübler Vertragshändlervertrag/Dau Rn. 1054; Martinek/Semler/Flohr VertriebsR-HdB/van der Moolen § 27 Rn. 65.
[61] BGH ZVertriebsR 2016, 120 (122); so auch OLG Frankfurt a. M. ZVertriebsR 2017, 244 Rn. 68 (obiter dictum); Erhard/von Bodungen EWiR 2016, 597; Kindler NJW 2016, 1855 (1857); Korte GWR 2016, 164; Mankowski RIW 2016, 457 (458); Ströbl BB 2016, 848; Teichmann ZVertriebsR 2016, 195.
[62] Emde HGB § 92c Rn. 82; MüKoBGB/Martin Rn. 72; Staudinger/Magnus Rn. 182; Reithmann/Martiny/Freitag Rn. 5.121 (allg.); Reithmann/Martiny/Dutta Rn. 20.46 ff. (Franchisenehmer); Reithmann/Martiny/Fabig Rn. 23.159 (Handelsvertreter); Reithmann/Martiny/Fabig Rn. 37.163 (Vertragshändler).
[63] MüKoBGB/Martiny Rn. 72.
[64] Reithmann/Martiny/Fabig Rn. 23.159 (Handelsvertreter), 37.163 (Vertragshändler).

32   Dies gilt zunächst für das **deutsche Kartellrecht** (insbesondere §§ 1, 18 ff. GWB). Das Kartellrecht ist von einer Rechtswahl unabhängig und verfolgt das **Auswirkungsprinzip.** In § 185 Abs. 2 GWB heißt es dementsprechend, dass das GWB Anwendung findet auf alle Wettbewerbsbeschränkungen, die sich in seinem Geltungsbereich auswirken, auch wenn sie außerhalb seines Geltungsbereiches veranlasst worden sind.

33   Auch das **europäische Kartellrecht** fällt unter die Eingriffsnormen des Abs. 1, wenn der Handel zwischen den Mitgliedstaaten spürbar beeinträchtigt ist (ebenso Auswirkungsprinzip). Die relevanten Vorschriften des EU-Kartellrechts sind Art. 101, 102 AEUV, sowie die entsprechenden Gruppenfreistellungsverordnungen, wie die Vertikal-GVO und die Kfz-GVO. Nicht nur nationale, sondern auch gemeinschaftsrechtliche Vorschriften können Eingriffsnormen iSv Abs. 1 sein.[65] Bezogen auf Art. 101, 102 AEUV hat Art. 9 Rom I-VO allerdings nur deklaratorische Funktion, weil diese als europäisches Primärrecht über den sekundärrechtlichen Vorschriften der Rom I-VO stehen und diese in ihrem Anwendungsbereich verdrängen.[66]

D. Franchisenehmer

34   Hier gilt das zum Vertragshändler Gesagte (→ Rn. 30 ff.) entsprechend[67] (zu der fehlenden Harmonisierung des Binnenmarktes für Franchisenehmer (→ HGB § 92c Rn. 58). Zu den Verbraucherkreditvorschriften (§§ 491 ff. BGB) und den vorvertraglichen Aufklärungs- und Offenlegungspflichten → Rn. 4.

E. Kommissionsagent

35   Hier gilt das zum Vertragshändler Gesagte (→ Rn. 30 ff.) entsprechend (zu der fehlenden Harmonisierung des Binnenmarktes für Kommissionsagenten (→ HGB § 92c Rn. 59). Die Anwendbarkeit von deutschem (→ GWB § 1 Rn. 82) bzw. europäischem (→ AEUV Art. 101 Rn. 186) Kartellrecht auf den Kommissionsagenten bedarf aber besonderer Voraussetzungen.

---

[65] EuGH EuZW 1999, 565 Rn. 39 – Eco Swiss China Time Ltd./Benetton International NV.
[66] Reithmann/Martiny/Dutta Rn. 20.46 (Franchisenehmer).
[67] Reithmann/Martiny/Dutta Rn. 20.46 ff. (Kartellrecht), 20.52 (Ausgleichsanspruch).

Siebter Teil. Vorschriften des MarkenG

§ 11 Agentenmarken

Die Eintragung einer Marke kann gelöscht werden, wenn die Marke ohne die Zustimmung des Inhabers der Marke für dessen Agenten oder Vertreter eingetragen worden ist, es sei denn, es liegt ein Rechtfertigungsgrund für die Handlungsweise des Agenten oder des Vertreters vor.

Schrifttum: Bauer, Die Agentenmarke (Art. 6septies PVÜ), GRUR Int 1971, 496; ders., Die Agentenmarke, 1972; Hoffmann, Agentenmarke vs. Lokale, inländische Geschäftsherrenmarke – gesetzessystematische Überlegungen zum Wirkungskreis des § 11 MarkenG, MarkenR 2002, 112; Hoffmann, Agentenmarke – „die Zweite", MarkenR 2003, 131; Ingerl, Die Neuregelung der Agentenmarke im Markengesetz GRUR 1998, 1; Ingerl/Rohnke, Die Umsetzung der Markenrechts-Richtlinie durch das deutsche Markengesetz, NJW 1994, 1247; Sack, Markenschutz und UWG, WRP 2004, 1405; Ullmann, Die bösgläubige Markenanmeldung und die Marke des Agenten – überschneidende Kreise, GRUR 2009, 364; Thiering, Die Rechtsprechung des EuGH und des BGH zu Markenrecht seit dem Jahr 2020, GRUR 2021, 1461.

A. Einleitung

I. Zweck der Regelung

1 Die Regelung des § 11 dient ebenso wie § 17 der Umsetzung der völkerrechtlichen Regelung des Art. 6^{septis} PVÜ. Anders als in Art. 6^{septis} PVÜ vorgesehen, ist § 11 auch auf reine Inlandssachverhalte anwendbar, sodass der **Anwendungsbereich** weiter gefasst ist als es die Konventionsregelung vorsieht. Während die ursprüngliche Markenrichtlinie (RL 2008/95/EG) die Agentenmarke nicht regelte, normiert die Neufassung der Markenrichtlinie (RL (EU) 2015/2436 vom 16.12.2016) in Art. 5 Abs. 3 lit. b MRL, die Agentenmarke als zwingendes relatives Schutzhindernis.

2 § 11 begründet ein relatives **Eintragungshindernis** und einen **Löschungsgrund** für den Fall, dass eine Marke ohne Zustimmung des Markeninhabers für dessen Agenten oder Vertreter eingetragen worden ist. Im Fall von Auslandssachverhalten durchbricht § 11 damit das Territorialitätsprinzip, das eine räumliche materielle Beschränkung des Markenrechts darstellt.[1] Ausgehend vom **Territorialitätsprinzip** ist grundsätzlich niemand daran gehindert, im Inland eine Marke anzumelden, obwohl für dieselbe Marke im Ausland Schutz für einen anderen besteht. Durch die Regelung des § 11 soll der Geschäftsherr als Markeninhaber vor einem ungetreuen Agenten oder Vertreter (im Folgenden einheitlich: Agent) geschützt werden. Der Schutz des § 11 vor dem ungetreuen Agenten soll typischerweise dann eingreifen, wenn der Geschäftsherr ein Markenrecht im Ausland besitzt, die entsprechenden Produkte im Inland durch einen Agenten vermarkten lässt, ohne eine inländische Marke zu besitzen, und der ungetreue Agent nunmehr eine identische Marke ohne Zustimmung des Geschäftsherren für sich eintragen lässt. Häufig sollen solche Marken bei Vertragsbeendigung dann als Druckmittel oder aber dem (bisherigen) Agenten zur Kennzeichnung anderweitiger Waren dienen.[2]

3 Rechtspolitisch wird die Regelung dahingehend kritisiert, dass der Geschäftsherr es selbst in der Hand habe, sich durch vertragliche Regelungen oder eine rechtzeitige Markenanmeldung abzusichern.[3] Versäume er dies, so sei er auch nicht schutzwürdiger als andere ausländische Markeninhaber, die ohne inländischen Markenschutz im Inland tätig sind und sich nicht auf §§ 11, 17 berufen können.[4]

II. Systematik

4 § 11, der in engem Verhältnis zu § 17 steht, begründet ein **relatives Schutzhindernis,** sodass bei Vorliegen der weiteren Voraussetzungen die Löschungsreife der Agentenmarke eintritt. Erlangt der Geschäftsherr rechtzeitig Kenntnis von der Eintragung der Agentenmarke, kann er Löschung im Wege des Widerspruchsverfahrens nach § 42 Abs. 2 Nr. 3, Abs. 1 verlangen. Nach Ablauf der Widerspruchsfrist eröffnen §§ 55, 51 die Möglichkeit, Klage auf Löschung vor den ordentlichen Gerichten zu erheben. Sollte der Geschäftsherr aufgrund der Agentenmarke im Verletzungsprozess in Anspruch genommen werden, so kann er dem Agenten die Löschungsreife als Einrede entgegenhalten.

5 Weitere Ansprüche gegen den ungetreuen Agenten werden durch § 17 begründet, der an die Voraussetzungen des § 11 anknüpft, nämlich auf Übertragung, Unterlassung und Schadensersatz. In Verbindung mit § 17 bestehen ferner Ansprüche nach den §§ 18 ff. auf Vernichtung und Auskunft. Weiterhin kann der Geschäftsherr auch die Ansprüche aus §§ 19a–19c geltend machen.

---

[1] Ausführlich zum Territorialitätsgrundsatz, Fezer MarkenR Einl H Rn. 7.
[2] Ingerl/Rohnke Rn. 3; Hacker in Ströbele/Hacker/Thiering Rn. 1.
[3] Ingerl/Rohnke Rn. 4; zustimmend Hoffmann MarkenR 2002, 112 (114).
[4] Ingerl GRUR 1998, 1.

III. Agent/Vertreter

1. Einheitlicher wirtschaftlich geprägter Begriff. Die in § 11 verwendeten Begriffe **6**
des „Agenten" und des „Vertreters" sind dem Art. 6^{septis} PVÜ entnommen und gesetzlich
nicht definiert.[5] Eine trennscharfe Abgrenzung zwischen „Agent" und „Vertreter" erscheint nicht notwendig. Vielmehr ist eine synonyme Verwendung zweckdienlich. Der
Begriff des Agenten bzw. Vertreters ist nicht streng rechtlich geprägt. Vielmehr ist eine
wirtschaftliche Betrachtung angezeigt.[6] Der Begriff lässt sich also nicht rechtlich verengt
derart verstehen, dass lediglich gesetzlich festumrissene Vertretungsverhältnisse, wie beispielsweise das des Handelsvertreters, erfasst wären.[7]

2. Interessenwahrnehmungspflicht. Im Rahmen der wirtschaftlichen Betrachtung **7**
wird es für die Begründung eines Agentenverhältnisses als ausreichend, aber grundsätzlich
auch erforderlich angesehen, wenn ein Vertragsverhältnis zwischen dem Agenten und dem
Geschäftsherrn besteht, das den Agenten zur **Wahrnehmung der Interessen des Geschäftsherrn** verpflichtet.[8] Ausreichend ist es dabei, wenn sich eine solche Verpflichtung
als Nebenpflicht iSd § 241 Abs. 2 BGB aus dem Schuldverhältnis ergibt; es muss sich nicht
um eine Hauptpflicht des Vertrags handeln. Auch die Übernahme wechselseitiger Pflichten
ist nicht erforderlich; maßgeblich ist vielmehr, ob sich aus den Beziehungen zwischen den
Parteien eine einseitige Interessenbindung des Agenten ergibt, die es diesem verbietet, die
Marke ohne Zustimmung des anderen Teils eintragen zu lassen.[9] Ob auch rein faktische
Agenten- oder Vertreterbeziehungen zur Begründung eines Agentenverhältnisses im Rahmen des § 11 ausreichen, ist höchstrichterlich nicht entschieden.[10] Ausreichend ist jedenfalls, wenn sich die Parteien bereits in einer Weise miteinander abgestimmt haben, die über
ein rein faktisches Verhältnis hinausgeht. Dies kann schon der Fall sein, wenn die Vereinbarung lediglich vorläufiger Natur ist und über die genauen Bedingungen einer längerfristigen Geschäftsbeziehung noch keine Einigkeit besteht.[11]

Jedenfalls nicht ausreichend sind aber reine Güteraustauschverträge, denn der bloße **8**
Kunde sollte nicht einbezogen werden.[12] Folgerichtig wurde ein Agentenverhältnis nicht
angenommen im Fall eines ehemaligen Alleinhändlers, der nach Ende der Exklusivitäts-
beziehung nur noch als bloßer Käufer auftrat.[13]

Ein Agentenverhältnis erfordert ein **gewisses Maß an Abhängigkeit,** sodass beispiels- **9**
weise Mitgesellschafter nicht erfasst sind.[14] Dies sollte jedoch nicht dahingehend verstanden
werden, dass der Schutz gerade gegen mächtige Absatzmittler nicht eingreife, wenn im
Übrigen die Interessenwahrnehmungspflicht aber besteht.[15] Nicht erforderlich ist dabei,
dass der potentielle Agent auf der Verkaufsseite aktiv ist, sondern es kann ebenso ausrei-

---

[5] Zur Möglichkeit des Rückgriffs auf die Definition nach dem WZG s. Hacker in Ströbele/Hacker/
Thiering Rn. 7.
[6] BGH GRUR 2008, 611 Rn. 21 – audison; Ingerl/Rohnke Rn. 5; Ullmann GRUR 2009, 364 (369);
rechtsvergleichend zu PVÜ/WZG Bauer, Die Agentenmarke, 1972, S. 241 f.
[7] Lange Rn. 3825; Bauer GRUR 1971, 496 (499) zur PVÜ.
[8] BGH GRUR 2008, 611 Rn. 21 – audison; vgl. auch EuG GRUR Int 2011, 612 Rn. 64 – First Defense,
zum „Treueverhältnis" nach Art. 8 Abs. 3 GMV.
[9] BGH GRUR 2008, 611 Rn. 21 – audison mwN; Ingerl/Rohnke Rn. 5; Hacker in Ströbele/Hacker/
Thiering Rn. 7.
[10] BGH GRUR 2008, 611 Rn. 33 – audison; für die Einbeziehung faktischer Agenten- und Vertreterbeziehungen: BPatG Mitt. 2001, 264 (266) – Kümpers; Fezer MarkenR Rn. 19; Ingerl/Rohnke Rn. 5.
[11] BGH GRUR 2008, 611 Rn. 33 – audison.
[12] BGH GRUR 2008, 611 Rn. 21 – audison; EuG GRUR Int 2011, 612 Rn. 64 – First Defense, zu
Art. 8 Abs. 3 GMV; Ingerl/Rohnke Rn. 5; Hacker in Ströbele/Hacker/Thiering Rn. 9; v. Gamm in BDS
Rn. 2.
[13] Vgl. BPatG BlPMZ 1992, 111.
[14] BGH GRUR 2008, 611 Rn. 24 – audison; BPatG Urt. v. 21.4.1999 – 32 W (pat) 91/99 Rn. 14; iE
Hacker in Ströbele/Hacker/Thiering Rn. 9; Fuchs-Wissemann in EBF Rn. 7.
[15] Vgl. Ingerl/Rohnke Rn. 5 aE.

chen, wenn er auf der Einkaufsseite stehend tätig ist; denn dann ist der Geschäftsherr nicht weniger schutzwürdig.[16]

10 **3. Insbesondere Vertriebsmittler.** Auch bei Vertriebsmittlern kommt es entscheidend darauf an, ob die entsprechende Interessenwahrnehmungspflicht gegeben ist.[17] Diese wird regelmäßig bei der **Integration in das Vertriebssystem** des Geschäftsherrn vorliegen.[18] Es ist jedoch auch bei Verträgen im Rahmen der Absatzorganisation möglich, dass keine ausreichende Interessenbindung besteht. So beispielsweise, wenn die Verträge neben der Gewährleistung eines einheitlichen Erscheinungsbildes im Wesentlichen dem Gebietsschutz und der Respektierung fremder Gebiete dienen, sodass eine Anmeldung nicht interessenwidrig ist.[19]

11 **a) Handelsvertreter.** Eine hinreichende **Interessenwahrnehmungspflicht** kann sich aus dem Vertragsinhalt oder den gesetzlichen Regeln des HGB ergeben. Dies gilt insbesondere bei Handelsvertretern,[20] die schon gem. § 86 Abs. 1 HGB das Interesse des Unternehmers wahrzunehmen haben (→ HGB § 86 Rn. 29 ff.). Nach dieser Norm hat der Handelsvertreter ganz allgemein alles zu unterlassen, was zur Schädigung der Interessen des Geschäftsherrn geeignet ist[21] und zwar nicht nur bis zum Geschäftsabschluss.[22] Diese Pflichten bestehen jedenfalls während der Dauer des Vertragsverhältnisses, es kann sich jedoch auch eine nachvertragliche Wirkung ergeben.[23] Entsprechend lässt sich nach hM selbst bei einer nachvertraglichen Markenanmeldung eine Verletzung der Pflicht zur Interessenwahrnehmung begründen (→ Rn. 19).

12 **b) Vertragshändler.** Ferner ist auch bei Vertragshändlern (Eigenhändlern) regelmäßig von einer hinreichenden Integration auszugehen.[24] Für den Vertragshändler gilt, dass er sich für die Marke des Herstellers einzusetzen hat.[25] Daneben kann sich eine Verpflichtung zur **Interessenwahrnehmung** auch in analoger Anwendung des § 86 Abs. 1 HGB ergeben, wenn er ähnlich wie ein Handelsvertreter in die Vertriebsorganisation eingebunden ist,[26] sodass im Wesentlichen Aufgaben und Pflichten wie beim Handelsvertreter bestehen.[27] Gerade bei Vertragshändlern ist aber darauf zu achten, dass auf der anderen Seite der Übergang zum bloßen nicht einbezogenen Kunden fließend sein kann,[28] wenn eine eher lockere Beziehung zum Geschäftsherrn besteht. Die Interessenbindung sollte demnach im Einzelfall klar anhand der bestehenden Verträge und Geschäftsbeziehungen begründet werden.

13 **c) Franchisenehmer.** Auch bei Franchisenehmern ist regelmäßig von einer Agentenstellung auszugehen.[29] Jedenfalls wenn der Franchisenehmer in einer engen Bindung zum

---

[16] OLG Schleswig NJWE-WettbR 2000, 119 (120); Ingerl/Rohnke Rn. 5; Lange Rn. 3826.
[17] BGH GRUR 2008, 917 Rn. 45 – EROS.
[18] Fezer MarkenR Rn. 16; Hacker in Ströbele/Hacker/Thiering Rn. 8; vgl. a. Fuchs-Wissemann in EBF Rn. 4.
[19] OLG München Urt. v. 2.9.1999, 6 U 5500/98 Rn. 156 – RRS Rohrreinigungsservice; Ingerl/Rohnke Rn. 5.
[20] Fezer MarkenR Rn. 16; Ingerl/Rohnke Rn. 5; Hacker in Ströbele/Hacker/Thiering Rn. 8; Fuchs-Wissemann in EBF Rn. 4; v. Gamm in BDS Rn. 2.
[21] BGHZ 42, 59 (61); MüKoHGB/von Hoyningen-Huene § 86 Rn. 29 mwN; Löwisch in EBJS HGB § 86 Rn. 4 mwN.
[22] Vgl. MüKoHGB/von Hoyningen-Huene HGB § 86 Rn. 31.
[23] MüKoHGB/von Hoyningen-Huene HGB § 86 Rn. 11 mwN; vgl. a. Löwisch in EBJS HGB § 86 Rn. 10.
[24] Fezer MarkenR Rn. 16; Ingerl/Rohnke Rn. 5; Hacker in Ströbele/Hacker/Thiering Rn. 8 jedenfalls, aber nicht zwingend nur, wenn dem Eigenhändler analog 89b HGB Ausgleichansprüche zustehen.
[25] MüKoHGB/von Hoyningen-Huene Vor § 84 Rn. 14 mwN.
[26] Vgl. BGH NJW 1984, 2101 (2102) für ein aus § 86 HGB hergeleitetes Wettbewerbsverbot; Löwisch in EBJS HGB § 86 Rn. 72; MüKoHGB/von Hoyningen-Huene Vor § 84 Rn. 16 mwN; v. Westphalen, VertragsR Rn. 2; Hopt in Baumbach/Hopt HGB Einl v § 373 Rn. 37 f. (Treue und Rücksichtnahme).
[27] Hopt in Baumbach/Hopt HGB § 84 Rn. 13.
[28] Ingerl/Rohnke Rn. 5; Ingerl GRUR 1998, 1 (2).
[29] Fezer MarkenR Rn. 16; Hacker in Ströbele/Hacker/Thiering Rn. 8 jedenfalls, aber nicht zwingend nur, wenn analog 89b HGB Ausgleichsansprüche bestehen.

Franchisegeber steht, sind die Regeln des Handelsvertreters anzuwenden;[30] dann ergibt sich eine Interessenwahrnehmungspflicht aus § 86 Abs. 1 HGB. Aber auch bei einer weniger starken Einbindung dürfte sich eine solche Pflicht im Einzelfall häufig aus den vertraglichen Beziehungen ableiten lassen, da der Franchisenehmer nicht wie ein Dritter, insbesondere nicht wie ein bloßer Kunde, dem Franchisegeber gegenübersteht. Dafür spricht auch, dass der Franchisenehmer typischerweise dazu berechtigt ist, Marken und andere Schutzrechte sowie Know-How des Franchisegebers zu nutzen,[31] sodass eine entsprechende Bindung auch interessengerecht erscheint.

d) Kommissionsagent. Auch beim Kommissionsagenten kann von einer hinreichenden **14** Integration auszugehen sein,[32] zumindest wenn auf ihn im Innenverhältnis Handelsvertreterrecht, insbesondere § 86 HGB, anwendbar ist. Dies ist allerdings nicht immer der Fall und hängt von dem **Grad der Abhängigkeit bzw. Eingliederung** ab. Bei hinreichender Eingliederung ist aber im Innenverhältnis nicht nur Geschäftsbesorgungsrecht, sondern Handelsvertreterrecht anwendbar,[33] insbesondere § 89b HGB[34] und auch § 86 HGB.[35] Unabhängig davon kann sich eine entsprechende Pflichtbindung auch ergeben, wenn im Innenverhältnis zwar nicht Handelsvertreterrecht anzuwenden ist, aber dennoch aufgrund der vertraglichen Ausgestaltung eine hinreichende Nähestellung gegeben ist. Der Kommissionsagent ist typischerweise auf Dauer dazu verpflichtet, für den Unternehmer auf dessen Rechnung ständig Waren im eigenen Namen zu handeln und zwar zu vom Unternehmer vorgegebenen Preisen,[36] sodass auch hier in der Regel von einer ausreichenden (markenbezogenen) Interessenwahrnehmungspflicht auszugehen ist.

4. Markenlizenzierung. Eine Verpflichtung zur Interessenvertretung iSd § 11 und **15** damit ein Agentenverhältnis kann auch einen **Markenlizenzvertrag** für den Lizenznehmer begründen oder ähnliche Verträge, die eine Markennutzung einräumen.[37] Ob dies der Fall ist, kann nicht anhand der Regelungen des § 30 beurteilt werden. Da diese Norm nur eine kursorische Regelung der Markenlizenz darstellt und keine Regelungen zu einer Interessenwahrnehmungspflicht des Lizenznehmers enthält, muss grundsätzlich anhand des zwischen den Parteien geschlossenen Lizenzvertrags ausgelegt werden, ob ihm eine entsprechende Pflicht zur Interessenwahrnehmung entnommen werden kann. Eine solche für § 11 relevante Pflicht wird sich aber typischerweise zumindest bei einer Auslegung nach Treu und Glauben mit Rücksicht auf die Verkehrssitte iSd §§ 157, 133 BGB ableiten lassen. Vereinzelt wird in der Literatur aber auch vertreten, dass eine Einbeziehung des Lizenznehmers zu weitgehend sei.[38] Einer solch pauschalen Aussage widerspricht jedoch, dass eine entsprechende Interessenbindung – zumindest abhängig von der konkreten Vertragsgestaltung – durchaus auch bei einem Lizenznehmer gegeben sein kann. Warum einen Lizenz-

---

[30] Vgl. auf den Einzelfall abstellend für § 89 HGB BGH NJW-RR 2002, 1554 (umfassende Eingliederung); Hopt in Baumbach/Hopt HGB Einl v § 373 Rn. 44; Löwisch in EBJS HGB § 84 Rn. 172, bei Subordinationsfranchising; MüKoHGB/von Hoyningen-Huene HGB Vor § 84 Rn. 21, Kriterien wie beim Vertragshändler.

[31] Vgl. Löwisch in EBJS HGB § 84 Rn. 107 mwN; MüKoHGB/von Hoyningen-Huene HGB Vor § 84 Rn. 17 f.

[32] Fezer MarkenR Rn. 16; Hacker in Ströbele/Hacker/Thiering Rn. 8; Fuchs-Wissemann in EBF Rn. 4; v. Gamm in BDS Rn. 2; DPA Mitt. 1985, 239 zum WZG.

[33] Hopt in Baumbach/Hopt HGB § 383 Rn. 3 und § 84 Rn. 19; Röhricht/Graf v. Westphalen/Lenz HGB § 383 Rn. 25, Handelsvertreterrecht uU anwendbar; MüKoHGB/von Hoyningen-Huene HGB Vor § 84 Rn. 12.

[34] Hopt in Baumbach/Hopt HGB § 89b Rn. 4; MüKoHGB/von Hoyningen-Huene HGB § 86 Rn. 25.

[35] Löwisch in EBJS HGB § 84 Rn. 138 mwN; MüKoHGB/von Hoyningen-Huene HGB § 86 Rn. 3 mwN.

[36] Löwisch in EBJS HGB § 84 Rn. 138 mwN.

[37] BPatG Mitt. 2001, 264 (266) – Kümpers; Fezer MarkenR Rn. 16 und § 30 Rn. 44; Ingerl/Rohnke Rn. 5; Ullmann GRUR 2009, 364 (369); Fuchs-Wissemann in EBF Rn. 6; Hacker in Ströbele/Hacker/Thiering Rn. 8 jedenfalls, wenn dem Lizenznehmer analog § 89b HGB Ausgleichsansprüche bei Beendigung des Lizenzverhältnisses zustehen.

[38] v. Schultz in v. Schultz Rn. 7.

nehmer beispielsweise dann, wenn er ähnlich wie ein Handelsvertreter in die Absatzorganisation des Lizenzgebers eingegliedert ist und nach Vertragsbeendigung dazu verpflichtet ist, diesem seinen Kundenstamm zu übertragen, nicht auch eine (markenbezogene) Interessenwahrnehmungspflicht treffen soll, ist nicht einsichtig.

16   **5. Vorvertragliche Verhältnisse.** Auch ein Verhältnis zur Anbahnung eines Agenten- oder Vertreterverhältnisses kann bereits entsprechende **vorvertragliche Pflichten** begründen, die aber nur dann zur Anwendung der §§ 11, 17 führen können, wenn später ein solches Agenten- oder Vertreterverhältnis auch begründet wird; denn andernfalls entfallen die Pflichten nach allgemeinen Grundsätzen.[39]

17   **6. Faktische Verhältnisse.** Noch nicht höchstrichterlich geklärt ist, ob auch faktische Verhältnisse ausreichen. Der BGH hat diese Frage bisher ausdrücklich offenlassen.[40] Die wohl vorherrschende Ansicht will rein faktische Agenten- oder Vertreterbeziehungen für die Begründung eines Agentenverhältnisses ausreichen lassen.[41] Für die Einbeziehung spricht, dass der Begriff der Interessenwahrnehmungspflicht nicht streng rechtlich, sondern wirtschaftlich zu verstehen ist und eine entsprechende wirtschaftliche Verpflichtung zur Interessenwahrnehmung auch bei faktischen Verhältnissen im Einzelfall durchaus zu bejahen sein kann.[42]

IV. Zeitpunkt des Agentenverhältnisses

18   **1. Anmeldung der Marke.** Die Pflicht zur Interessenwahrnehmung und damit das Bestehen des Agentenverhältnisses müssen zum Zeitpunkt der Anmeldung der Marke bestehen.[43] Dies folgt zwar nicht aus dem insoweit entgegenstehenden Wortlaut, der auf die Eintragung abstellt. § 11 ist jedoch völkerrechtskonform auszulegen.[44] Ferner liegt die **Interessenverletzung** bereits im Moment der Anmeldung durch den Agenten vor, da bereits die Anmeldung dem Agenten die Priorität sichert.[45]

19   **2. Nachvertragliche Anmeldung.** § 11 ist grundsätzlich auch auf die nachvertraglich angemeldete Agentenmarke anwendbar, denn aus dem beendeten Vertrag können sich **nachvertragliche Treuepflichten** ergeben, die noch im Zeitpunkt einer späteren Anmeldung wirken.[46] Dafür spricht neben dieser dogmatischen Begründung weiterhin, dass bei der Neufassung des Kennzeichenrechts der Gesetzgeber den zuvor enthaltenen Passus „während des Bestehens dieses Vertragsverhältnisses" gestrichen hat.[47] Auch erfolgen solche Anmeldungen häufig gerade nach beendeter bzw. gescheiterter Vertragsbeziehung, sodass die Norm andernfalls trotz des Schutzbedürfnisses nur noch einen geringen Anwendungsbereich hätte.[48] Zu beachten ist aber, dass eine solche Pflicht nicht mehr fortbesteht, wenn

---

[39] BGH GRUR 2008, 611 Rn. 24 f. – audison.

[40] BGH GRUR 2008, 611 Rn. 33 – audison.

[41] BPatG Mitt. 2001, 264 (266) – Kümpers; Fezer MarkenR Rn. 19; Lange Rn. 3826; aA Hacker in Ströbele/Hacker/Thiering Rn. 7.

[42] Ullmann GRUR 2009, 364 (369).

[43] BGH GRUR 2008, 611 Rn. 20 – audison mwN; Fezer MarkenR Rn. 29; Ingerl/Rohnke Rn. 6; Hacker in Ströbele/Hacker/Thiering Rn. 11; Fuchs-Wissemann in EKB Rn. 9; V. Gamm in BDS Rn. 3.

[44] BGH GRUR 2008, 611 Rn. 20 – audison, unter Hinweis auf die PVÜ; Hacker in Ströbele/Hacker/Thiering Rn. 11; Hoffmann MarkenR 2002, 112.

[45] Ingerl/Rohnke Rn. 6.

[46] EuG GRUR Int 2011, 612 Rn. 65 – First Defense, zu Art. 8 Abs. 3 GMV; BPatG Mitt. 2001, 264 (266) – Kümpers; Fezer MarkenR Rn. 29; Bauer GRUR Int 1971, 496 (501) zur PVÜ; Hacker in Ströbele/Hacker/Thiering Rn. 11, insbesondere unmittelbar nach Abbruch der Geschäftsbeziehungen; Lange Rn. 3830; Sack WRP 2004, 1405 (1413), analoge Anwendung; V. Gamm in BDS Rn. 3; vgl. Amtl. Begr. zum Markenrechtsreformgesetz, BT-Drs. 12/6581, dort zu § 11 vierter Absatz; kritisch Ingerl/Rohnke NJW 1994, 1247 (1252); Ingerl/Rohnke Rn. 8.

[47] BPatG Mitt. 2001, 264 (266) – Kümpers.

[48] Fuchs-Wissemann in EBF Rn. 9.

ein zunächst pflichtgebundener Exklusivhändler aus dieser Stellung ausscheidet und nur noch im reinen Güteraustauschverhältnis zum ehemaligen Geschäftsherrn steht.[49]

3. Anmeldung vor Agentenverhältnis. Wird die Markenanmeldung vor Beginn des **20** Agentenverhältnisses beantragt, kann § 11 anwendbar sein, wenn die Anmeldung während der Anbahnung eines Agentenverhältnisses erfolgt, da dies als Verletzung vorvertraglicher, auf die Wahrung der Interessen des Geschäftsherrn gerichteter Pflichten angesehen werden kann. Entsprechende Ansprüche bestehen aber nur, wenn nachfolgend tatsächlich ein Agentenverhältnis begründet wird, da andernfalls die vorvertragliche Verpflichtung entfällt.[50] Die Anwendung des § 11 wird zutreffend abgelehnt, wenn sich das Agentenverhältnis zum Zeitpunkt der Anmeldung noch nicht in der Anbahnungsphase befindet, sondern erst später verhandelt und begründet wird, da die Marke zum Zeitpunkt der Anmeldung makellos ist.[51]

V. Jüngere eingetragene Agentenmarke

§ 11 ist nur auf Registerrechte, die für den Agenten eingetragen sind, anwendbar. Wegen **21** der Rechtsfolge ist eine analoge Anwendung auf Benutzungsmarken ausgeschlossen (→ § 17 Rn. 21). Der Anmeldung bzw. Eintragung für den Agenten gleichgestellt sind Umgehungsversuche, wie beispielsweise die Anmeldung bzw. Eintragung eines Strohmanns.[52]

Soweit eine Anmeldung zwar bereits erfolgt ist, aber noch nicht zu einer Eintragung **22** geführt hat, ist neben dem Anspruch auf Übertragung aus § 17 Abs. 1 unter den entsprechenden Voraussetzungen ein Anspruch aus § 11 oder § 17 Abs. 1 auf Rücknahme der Agentenanmeldung möglich.[53]

VI. Ältere Geschäftsherrenmarke

Der Geschäftsherr muss Inhaber einer älteren Marke sein.[54] Bei einer eingetragenen **23** Marke ist dabei aber ausreichend, wenn er im Zeitpunkt der Anmeldung durch den Agenten bereits eine Anmeldung betrieben hatte, die spätestens im Zeitpunkt der Geltendmachung des Anspruchs zu einer Eintragung geführt hat; denn die vom Anmelder nicht beeinflussbare Bearbeitungsdauer darf ihn nicht belasten.[55] Im Einzelfall kann auch ausreichend sein, wenn es sich nicht um eine Marke des Geschäftsherrn handelt, nämlich wenn ein Gesellschafter oder Geschäftsführer seine Marke in eine Gesellschaft eingebracht hat und diese Gesellschaft Geschäftsherr ist.[56]

1. Ausländische Marke. Erfasst sind jedenfalls sowohl eingetragene **ausländische Mar-** **24** **ken** als auch ausländische Benutzungsmarken des Geschäftsherrn.[57] Da § 11 im Gegensatz zu Art. 6[septies] PVÜ keine Beschränkung auf Markenrechte innerhalb der Verbandsstaaten der PVÜ enthält, genügen Register- oder Benutzungsmarkenrechte in jedem Drittstaat.[58]

---

[49] BPatG BlPMZ 1992, 111 (noch zum WZG); Hacker in Ströbele/Hacker/Thiering Rn. 11.

[50] BGH GRUR 2008, 611 Rn. 24 f. – audison; insoweit auch Ingerl/Rohnke Rn. 7.

[51] Näher Ingerl/Rohnke Rn. 7.

[52] BGH GRUR 2008, 611 Rn. 17 – audison; Fezer MarkenR Rn. 26; Ingerl/Rohnke Rn. 9; Hacker in Ströbele/Hacker/Thiering Rn. 10; v. Gamm in BDS Rn. 3.

[53] Ingerl/Rohnke § 17 Rn. 17; Hacker in Ströbele/Hacker/Thiering Rn. 18 bzgl. § 11; v. Schultz in v. Schultz Rn. 3 bzgl. § 17 Abs. 1.

[54] BGH GRUR 2008, 917 Rn. 47 – EROS.

[55] BGH GRUR 2008, 611 Rn. 15 – audison; vgl. a. Ingerl/Rohnke Rn. 13; Hacker in Ströbele/Hacker/Thiering Rn. 14; v. Gamm in BDS Rn. 3.

[56] Hacker in Ströbele/Hacker Rn. 12; Fuchs-Wissemann in EBF Rn. 13.

[57] BGH GRUR 2008, 917 Rn. 45 – EROS; Fezer MarkenR Rn. 20; Ingerl/Rohnke Rn. 12.

[58] BGH GRUR 2010, 828 Rn. 31 – DiSC; Hacker in Ströbele/Hacker/Thiering Rn. 16; vgl. a. Ingerl/Rohnke Rn. 14.

25 **2. Inländische Marke.** Typischer Anwendungsfall des § 11 ist zwar, dass der Geschäftsherr lediglich ältere ausländische Markenrechte besitzt. Grundsätzlich sind jedoch auch
reine Inlandssachverhalte erfasst, zB der Fall, dass der Geschäftsherr im Inland über eine
(regional beschränkte) Benutzungsmarke verfügt.[59] Dadurch wird die Rechtsstellung des
Geschäftsherrn neben den ihm ohnehin bereits regelmäßig kraft seiner älteren Marke
unabhängig von §§ 11 und 17 zustehenden Löschungs-, Unterlassungs- und Schadensersatzansprüchen nur noch um die Widerspruchsmöglichkeit nach § 42 Abs. 2 Nr. 3 (und
i. V. m. § 17 Abs. 1 um den Übertragungsanspruch) erweitert.[60]

26 **3. Geschäftliche Bezeichnung.** Noch nicht abschließend geklärt ist, ob auch andere
ältere Rechte, insbesondere ältere **geschäftliche Bezeichnungen,** den Anspruch aus § 11
begründen können. Abstellend auf den eindeutigen Wortlaut des § 11 verneint die wohl
herrschende Meinung eine Anwendung des § 11 auch auf ältere geschäftliche Bezeichnungen des Geschäftsherrn.[61] Teilweise wird es aber als zumindest in Bezug zu Auslandssachverhalten möglich erachtet, auch Unternehmenskennzeichen zu erfassen; denn der Geschäftsherr sei hier gleichermaßen schutzbedürftig.[62] Aber auch bei Inlandssachverhalten soll
eine Analogie möglich sein, wenn das Unternehmenskennzeichen im gesamten Bundesgebiet Schutz genießt.[63]

27 **4. Verbotsbereich der Geschäftsherrenmarke.** Die jüngere Agentenmarke muss in
den Verbotsbereich der Geschäftsherrenmarke fallen. Nach herrschender Meinung erfasst
§ 11 Agentenmarken, die die **Kollisionstatbestände** des Identitätsschutzes (§§ 9 Abs. 1
Nr. 1, 14 Abs. 2 Nr. 1), des Verwechslungsschutzes (§§ 9 Abs. 1 Nr. 2, 14 Abs. 2 Nr. 2)
sowie des Bekanntheitsschutzes (§§ 9 Abs. 1 Nr. 3, 14 Abs. 2 Nr. 3) erfüllen.[64] Dies ergibt
sich zwar nicht ausdrücklich aus dem Wortlaut des § 11, aber zumindest aus einer völker-
rechtskonformen Auslegung und dem auch außerhalb des Identitätsbereichs gegebenen
Schutzbedürfnis des Geschäftsherrn, denn der Geschäftsherr soll nach dem Normzweck
nicht durch Markenanmeldungen des Agenten behindert werden. Dabei ist eine hypothetische Verletzungsprüfung durchzuführen.[65] Es ist das inländische Verkehrsverständnis maßgeblich; andernfalls könnte die Agentenmarke aufgrund eines anderen Verkehrsverständ-
nisses einen größeren Schutzumfang aufweisen und der Agent den Geschäftsherrn so
ungerechtfertigt behindern.[66]

VII. Rechtsübergang / Anspruch gegen Rechtsnachfolger

28 Wird die Agentenmarke veräußert, bleibt die Rechtsstellung des Geschäftsherrn unverändert; der neue Inhaber erwirbt die Marke so, wie sie dem Agenten zugestanden hat,
nämlich belastet mit den Ansprüchen aus §§ 11 und 17.[67] Ein **gutgläubiger Erwerb** findet
nicht statt (→ § 27 Rn. 6). Dabei sind im Falle der Löschungsklage auch § 55 Abs. 1 und 4
zu beachten, die Fragen der Passivlegitimation und Rechtskrafterstreckung regeln.

---

[59] Vgl. Amtl. Begr. zum Markenrechtsreformgesetz, BT-Drs. 12/6581, dort zu § 11 zweiter Absatz.
[60] Ingerl/Rohnke Rn. 14.
[61] Ingerl/Rohnke Rn. 12; nur für Marken Fuchs-Wissemann EBF Rn. 11.
[62] Eingehend Fezer MarkenR Rn. 21 ff.
[63] Fezer MarkenR Rn. 22; vgl. zu diesem Themenkomplex auch Hoffmann MarkenR 2003, 131 (133).
[64] Vgl. BGH GRUR 2010, 828 Rn. 34 – DiSC; OLG Hamburg GRUR-RR 2003, 269 (271) –
SNOMED; Ingerl/Rohnke Rn. 15; Fezer MarkenR Rn. 24; Hacker in Ströbele/Hacker/Thiering Rn. 20;
Fuchs-Wissemann in EBF Rn. 11.
[65] BGH GRUR 2010, 828 Rn. 35 – DiSC; Ingerl/Rohnke Rn. 15; Hacker in Ströbele/Hacker Rn. 21;
aA Ullmann GRUR 2009, 364 (368 f.), der neben Identität iSd § 14 Nr. 1 lediglich solche Nutzungen
erfassen möchte, die eine rechtserhaltende Nutzung iSd § 26 Abs. 3 darstellen würden.
[66] Eingehend BGH GRUR 2010, 828 Rn. 37 ff. – DiSC; iE Hacker in Ströbele/Hacker/Thiering Rn. 21.
[67] BGH GRUR 2008, 611 Rn. 18 – audison mwN; Ingerl/Rohnke Rn. 21; Fuchs-Wissemann in HK-
MarkenR Rn. 8; mit Verweis auf § 55 I auch Hacker in Ströbele/Hacker/Thiering Rn. 12; v. Gamm in
BDS Rn. 3.

Bei einer Veräußerung der Geschäftsherrenmarke tritt der Erwerber aufgrund der Relati- **29** vität der Schuldverhältnisse nicht automatisch in das die Agentenstellung begründende Rechtsverhältnis mit dem Agenten ein. Die Auslegung der Markenveräußerung wird aber in der Regel ergeben, dass bestehende Löschungs- und Übertragungsansprüche mit abgetreten sind.[68]

VIII. Keine Zustimmung

1. Zustimmung. Die Löschung kann nicht begehrt werden, wenn eine Zustimmung **30** vorliegt. Diese umfasst in der Terminologie des BGB sowohl die (vorherige) Einwilligung (§ 183 S. 1 BGB) als auch die (nachträgliche) Genehmigung (§ 184 Abs. 1 BGB).[69]

Eine Zustimmung unterliegt keinen Formzwängen und kann demnach auch konkludent **31** erteilt werden oder sich aus den Umständen ergeben.[70] Eine bloße Duldung ist insoweit nicht ausreichend.[71]

Regelmäßig ist nicht davon auszugehen, dass das Agentenverhältnis die Zustimmung zur **32** Markeneintragung beinhaltet, vielmehr wird typischerweise alleine die Nutzung der Marke dem Agenten gestattet.[72] Dies kann gegebenenfalls für die Zustimmung iSd § 14 MarkenG relevant sein, wenn nicht ohnehin eine Schrankenregelung, insbesondere Erschöpfung, eingreift (→ § 24 Rn. 35).

Die Beweislast für die fehlende Zustimmung liegt nicht etwa beim Inhaber der älteren **33** Marke,[73] sondern nach allgemeinen Grundsätzen beim Agenten.[74] Denn es handelt sich bei der Zustimmung um ein Tatbestandsmerkmal, dessen Vorliegen für den Agenten günstig wäre.

2. Widerruf. Eine zunächst erteilte Zustimmung soll nach der Gesetzesbegründung des **34** Markenreformgesetzes[75] auch widerruflich sein und wurde von den bisher damit befassten Oberlandesgerichten auch als widerruflich angesehen und zwar auch dann, wenn die Marke bereits eingetragen war.[76] Danach kann bereits im Übertragungsverlangen der konkludente Widerruf zu erblicken sein.[77]

Dagegen wird eingewandt, dass diese durch die amtliche Begründung gestützte These im **35** Wortlaut keinen Niederschlag gefunden hat und es dem Geschäftsherrn unbenommen bleibe, privatautonom die Folgen eines Widerrufs mit dem Vertragspartner zu regeln.[78] Demnach soll zumindest ab Anmeldung der Widerruf nicht möglich sein, wenn der Geschäftsherr die Zustimmung dazu erteilt hatte.[79] Die Rechtsprechung betont aber zutreffend, dass es der Schutz des Geschäftsherrn – auch und gerade, wenn er selbst für die

---

[68] Hacker in Ströbele/Hacker/Thiering Rn. 19; vgl. aber EuG GRUR Int 2011, 612 Rn. 72 f. – First Defense, zu Art 8 Abs. 3 GMV, aus Kaufvertrag über Anlagevermögen inkl. Marken folge keine Berechtigung zum Widerspruch iSd europäischen Rechts.

[69] Hacker in Ströbele/Hacker/Thiering Rn. 22; V. Gamm in BDS Rn. 6; Bauer GRUR Int 1971, 496 (500) zur PVÜ.

[70] Vgl. BGH GRUR 2010, 828 Rn. 49 – DiSC; OLG Hamburg GRUR-RR 2003, 269 (271 f.) – SNOMED; Ingerl/Rohnke Rn. 17; Hacker in Ströbele/Hacker/Thiering Rn. 22; Fuchs-Wissemann in EBF Rn. 14; v. Gamm in BDS Rn. 6.

[71] Vgl. BGH GRUR 2010, 828 Rn. 49 – DiSC; Hacker in Ströbele/Hacker/Thiering Rn. 22; Ingerl/ Rohnke Rn. 17; V. Gamm in BDS Rn. 6; aA Bauer GRUR Int 1971, 496 (500), stillschweigend durch Kenntnis und Duldung.

[72] Fezer MarkenR Rn. 30.

[73] So aber v. Schultz in v. Schultz Rn. 9.

[74] Hacker in Ströbele/Hacker/Thiering Rn. 24; Fuchs-Wissemann in EBF Rn. 14, mit Verweis auf eine Entscheidung des HABM; v. Gamm in BDS Rn. 6.

[75] Vgl. Amtl. Begründung zum Markenrechtsreformgesetz, BT-Drs. 12/6581 S. 73.

[76] OLG Hamburg GRUR-RR 2003, 269 (271 f.) – SNOMED; OLG Schleswig NJWE-WettbR 2000, 119 (120); s. a. Fezer MarkenR Rn. 32; zustimmend v. Schultz in v. Schultz Rn. 9.

[77] OLG Hamburg GRUR-RR 2003, 269 (271) – SNOMED.

[78] Ingerl/Rohnke Rn. 18; vgl. a. Hacker in Ströbele/Hacker/Thiering Rn. 23.

[79] Ingerl/Rohnke NJW 1994, 1247 (1252); Ingerl/Rohnke Rn. 18; Hacker in Ströbele/Hacker/Thiering Rn. 23; Fuchs-Wissemann in EBF Rn. 15.

Beendigung des Vertragsverhältnisses sorgt – gebiete, eine **widerrufliche Genehmigung** anzunehmen, sodass ihm dann die §§ 11, 17 zur Seite stehen.[80] Ferner hätte sich der Geschäftsherr zwar in der Tat vertraglich absichern können; er hätte sich aber auch generell gegen eine illoyale Markenanmeldung durch seinen Agenten absichern können, sodass nach der Argumentation der Gegenansicht § 11 insgesamt als überflüssig erscheinen würde.[81]

IX. Rechtfertigung

36 **1. Rechtfertigungsmöglichkeit.** Bisher hat § 11 den Agenten keine ausdrückliche Rechtfertigungsmöglichkeit an die Hand gegeben. Der Gesetzgeber hat zwar insoweit – abweichend von Art. 6[septis] PVÜ – auf eine ausdrückliche Normierung eines Löschungsanspruchs bei gerechtfertigter Anmeldung im Gesetz verzichtet, gleichzeitig wurde die Möglichkeit der Rechtfertigung jedoch vom Gesetzgeber vorausgesetzt und war im Wege völkerrechtskonformer Auslegung anzunehmen.[82]

37 Im Zuge des MaMoG hat der Gesetzgeber nun die Gelegenheit genutzt und einen Ausschluss des Löschungsanspruchs aus § 11 in Übereinstimmung mit Art. 6[septis] PVÜ im Falle der Rechtfertigung des Agenten in Anlehnung an Art. 8 Abs. 3 UMV ausdrücklich geregelt.[83] Grundlage für diese ergänzende Neuregelung ist die zwingende Vorgabe des Art. 13 Abs. 2 MRL.

38 **2. Praktischer Anwendungsbereich.** Noch nicht abschließend geklärt ist bislang, welche Rechtfertigungsgründe für einen Ausschluss der Ansprüche nach § 11 ausreichen können. Der Gesetzgeber hat insoweit die Möglichkeit verpasst, klare Rechtfertigungsmöglichkeiten für den Agenten in die Norm aufzunehmen und es somit der Rechtsprechung überlassen, sich mit dieser Frage auseinanderzusetzen.

39 Der Wortlaut der Vorschrift lässt insoweit zwingend darauf schließen, dass sich eine etwaige Rechtfertigung des Agenten nicht ausschließlich in der Zustimmung des Markeninhabers erschöpfen darf.[84] Letztere ist, wie oben dargestellt (→ § 11 Rn. 30 ff.) nach dem Wortlaut der Norm ein vielmehr vor der Rechtfertigung des Agenten zu prüfendes eigenständiges Tatbestandsmerkmal.

40 Im Ergebnis dürfte der Anwendungsbereich für eine Rechtfertigung eng einzuschätzen sein. Nur außergewöhnliche – im Zweifel weniger praxisrelevante – Umstände können eine Handlungsweise des Agenten rechtfertigen. Ein ohne Zustimmung gerechtfertigtes Verhalten erscheint insgesamt von eher theoretischer Bedeutung.[85]

Ein möglicher Anwendungsfall könnte vorliegen, wenn der Geschäftsherr ausnahmsweise erkennbar kein Interesse an einem inländischen Markenschutz hat, also etwa wenn er eine Marke aufgibt und eine neue Marke wählt[86] oder wenn dieser endgültig seine Produktion einstellt.[87] Eine Rechtfertigung liegt auch nahe, wenn der Agent die Marke – ohne dafür Markenschutz erlangt zu haben – bereits genutzt hat, bevor er für den Geschäftsherrn tätig wurde[88] (a. A. Eckhartt[89], wonach die bloße Benutzung für ein dauerhaftes Behalten der Marke nicht ausreichen dürfe).

---

[80] OLG Hamburg GRUR-RR 2003, 269 (272) – SNOMED; Lange Rn. 3832.

[81] OLG Hamburg GRUR-RR 2003, 269 (272) – SNOMED.

[82] Fezer MarkenR Rn. 35; Ingerl/Rohnke Rn. 19; vgl. a. Bauer GRUR Int 1971, 496 (502); iE Hoffmann MarkenR 2002, 112; iE v. Gamm in BDS Rn. 6; vgl. Amtl. Begr. zum Markenrechtsreformgesetz, BT-Drs. 12/6581, dort zu § 11 dritter Absatz.

[83] Hacker in Ströbele/Hacker/Thiering Rn. 25.

[84] Büscher/Kochendörfer, BeckOK UMVHackbarth., Art. 8 UMV, Rn. 337.

[85] Fuchs-Wissemann in EBF Rn. 16.

[86] Bauer GRUR Int 1971, 496 (502) und näher Bauer, Die Agentenmarke, 1972, S. 250 ff.

[87] Ingerl/Rohnke Rn. 19; Hacker in Ströbele/Hacker/Thiering Rn. 25; vgl. a. v. Schultz in v. Schultz Rn. 9; V. Gamm in BDS Rn. 6.

[88] Hacker in Ströbele/Hacker/Thiering Rn. 25; v. Schultz in v. Schultz Rn. 10; Bauer GRUR Int 1971, 496 (502) zum WZG.

[89] Kur/v. Bomhard/Albrecht, BeckOK Markenrecht/Eckhartt, § 11 Rn. 47.

Vorgeschlagen wurde auch der Fall, dass der Agent sich langjährig und redlich auf eigene **41**
Kosten einen **Goodwill,** also einen schützenswerten Besitzstand, erarbeitet hat.[90] Allerdings
handelt es sich hier um Fragen, die typischerweise dem Vertragsrecht oder HGB zugehörig
sind, sodass sich eine Rechtfertigung verbietet.[91]

Nicht ausreichend in jedem Fall sei allerdings die bloße Aufgabe des Geschäftsbetriebs **42**
seitens des Geschäftsherrn, da insoweit keine Abhängigkeit der Marke vom Geschäftsbetrieb
besteht.[92]

X. Unionsmarkenrecht

Am 23.3.2016 ist die VO (EU) 2015/2424 in Kraft getreten. Gem. Art. 1 Nr. 1 dieser **43**
Verordnung wird der bisher geltende Titel „Gemeinschaftsmarke" durch „Unionsmarke"
und mithin die Bezeichnung Gemeinschaftsmarkenverordnung (GMV) durch Unionsmarkenverordnung (UMV) ersetzt. Daneben wurde nach Art. 2 Abs. 1 VO (EU) 2015/2424
ein Amt der Europäischen Union für geistiges Eigentum (im Folgenden EUIPO) errichtet,
welches das Harmonisierungsamt für den Binnenmarkt ablöst und in der UMV schlicht als
„Amt" bezeichnet wird.

Auf europäischer Ebene regelt Art. 8 Abs. 3 UMV das Widerspruchsrecht des Marken- **44**
inhabers gegen eine Agentenmarke. Wie im MarkenG begründet die Agentenmarke somit
auch in der UMV ein relatives Schutzhindernis. Vor Eintragung der Unionsmarke kann der
Geschäftsherr die Zurückweisung der Anmeldung nach Art. 8 Abs. 3 verlangen. Dabei hat
der EuGH jüngst klargestellt, dass Art. 8 Abs. 3 UMV entgegen der Auffassung des EuG[93]
nicht nur bei identischen Zeichen Anwendung findet, vielmehr genüge bereits die Ähnlichkeit zwischen der prioritätsälteren Marke des Geschäftsherrn und dem vom Agenten
angemeldeten Zeichen.[94] Es könne insoweit nicht auf den Wortlaut des Art. 8 Abs. 3 GMV
zurückgegriffen werden, der keine klare Aussage darüber trifft, ob die Norm nur bei
Identität oder darüber hinaus auch bei Ähnlichkeit der sich gegenüberstehenden Marken
eingreifen solle. Vielmehr argumentiert der EuGH mit der Entstehungsgeschichte sowie
dem Ziel und Zweck der Vorschrift und stellt dabei insoweit klar, dass im Rahmen der
Auslegung des Art. 8 Abs. 3 GMV Art. 6[septis] PVÜ zu berücksichtigen sei, der auch die
Anmeldung nur ähnlicher Marken erfassen sollte.[95] Das gleiche gelte auch für die Waren
und Dienstleistungen.[96] Die Beurteilung der Ähnlichkeit der einander gegenüberstehenden
Zeichen hat dabei nicht anhand des Bestehens von Verwechslungsgefahr zu erfolgen, da
diese Voraussetzung Art. 8 Abs. 1 lit. b. UMV eigen ist, sodass im Ergebnis wohl nunmehr
von Art. 8 Abs. 3 UMV alle Fälle umfasst sind, in denen die prioritätsältere Marke mit der
angemeldeten Marke des Agenten in wirtschaftlicher Hinsicht äquivalent ist.[97]

Deckungsgleich mit der im deutschen Recht neu normierten Rechtfertigungsmöglichkeit des Agenten, ist auch im Unionsrecht ein Widerspruch des Geschäftsherrn gegen die
Anmeldung der Agentenmarke allerdings dann ausgeschlossen, wenn der Agent oder Vertreter seine Handlungsweise rechtfertigt. Nach Eintragung kann der Geschäftsherr nach
Art. 60 Abs. 1 lit. b UMV die Nichtigerklärung beim EUIPO beantragen oder auf Widerklage im Verletzungsprozessklagen. Daneben besteht ein Anspruch auf Untersagung der
Benutzung gegen den ungetreuen Agenten nach Art. 13 UMV sowie ein Übertragungs-

---

[90] Bauer GRUR Int 1971, 496 (502); vgl. auch OLG München Urt. v. 2.9.1999 – 6 U 5500/98 (Rn. 133)
– RRS Rohrreinigungsservice.
[91] Ingerl/Rohnke Rn. 19; Hacker in Ströbele/Hacker/Thiering Rn. 25 mwN.
[92] Kur/v. Bomhard/Albrecht, BeckOK Markenrecht/Eckhartt, § 11 Rn. 48.
[93] EuG, Beck-RS 2018, 24845.
[94] EuGH GRUR-RS 2020, 30029.
[95] EuGH GRUR-RS 2020, 30029, Rn. 68 – MINERAL MAGIC: Dies ergebe sich aus den Akten der
Konferenz von Lissabon aus dem Jahr 1958, S. 681; Büscher/Kochendörfer, BeckOK UMV/Hackbarth,
Art. 8 Rn. 329.
[96] Thiering, GRUR 2021, 1461 (1467 f.).
[97] EuGH GRUR-RS 2020, 30029, Rn. 92 – MINERAL MAGIC; Büscher/Kochendörfer, BeckOK
UMV/Hackbarth, Art. 8 Rn. 329.

anspruch nach Art. 21 Abs. 1 UMV. Der durch die VO (EU) 2015/2424 neu eingeführte Abs. 2 sieht zwei zusätzliche Möglichkeiten zur Durchsetzung des Übertragungsanspruchs vor: nach Abs. 2 lit. a kann ein Antrag auf Übertragung beim EUIPO gem. Art. 60 Abs. 1 lit. b UMV, statt eines Antrags auf Erklärung der Nichtigkeit, gestellt werden; nach Abs. 2 lit. b kann bei einem Unionsmarkengericht im Sinne von Art. 123 UMV, die Übertragung der Agentenmarke beantragt werden, wobei der Antrag anstelle einer Widerklage auf die Erklärung der Nichtigkeit auf Grundlage von Art. 128 Abs. 1 UMV gestellt werden kann (→ § 17 Rn. 24).[98]

B. Handelsvertreter

45   Für den Handelsvertreter gelten ansonsten keine Abweichungen oder Besonderheiten.

C. Vertragshändler

46   Für den Vertragshändler gelten ansonsten keine Abweichungen oder Besonderheiten.

D. Franchisenehmer

47   Für den Franchisenehmer gelten ansonsten keine Abweichungen oder Besonderheiten.

§ 17 Ansprüche gegen Agenten oder Vertreter

(1) **Ist eine Marke entgegen § 11 für den Agenten oder Vertreter des Inhabers der Marke ohne dessen Zustimmung angemeldet oder eingetragen worden, so ist der Inhaber der Marke berechtigt, von dem Agenten oder Vertreter die Übertragung des durch die Anmeldung oder Eintragung der Marke begründeten Rechts zu verlangen.**

(2) **[1]Ist eine Marke entgegen § 11 für einen Agenten oder Vertreter des Inhabers der Marke eingetragen worden, so kann der Inhaber die Benutzung der Marke im Sinne des § 14 durch den Agenten oder Vertreter untersagen, wenn er der Benutzung nicht zugestimmt hat. [2]Handelt der Agent oder Vertreter vorsätzlich oder fahrlässig, so ist er dem Inhaber der Marke zum Ersatz des durch die Verletzungshandlung entstandenen Schadens verpflichtet. [3]§ 14 Abs. 7 ist entsprechend anzuwenden.**

(3) **Die Absätze 1 und 2 finden keine Anwendung, wenn Rechtfertigungsgründe für die Handlungweise des Agenten oder des Vertreters vorliegen**

Schrifttum: Bauer, Die Agentenmarke (Art. 6[septies] PVÜ) GRUR Int 1971, 496; Ingerl, Die Neuregelung der Agentenmarke im Markengesetz GRUR 1998, 1; Munz, Die Zuordnung einer Marke durch Verkehrsgeltung des Zeichens im Verhältnis zwischen Hersteller und Händler nach Beendigung des Vertragsverhältnisses (§ 4 Nr. 2 MarkenG) GRUR 1995, 474; Weidlich, Das Ausstattungsrecht des Importeurs GRUR 1958, 15.

Übersicht

---

[98] Kur/v. Bomhard/Albrecht; BeckOK Markenrecht/Taxhet UMV 2017 Art. 21 Rn. 9.

A. Einleitung

I. Zweck der Regelung

Die Regelung des § 17 dient ebenso wie § 11 der Umsetzung der völkerrechtlichen **1** Regelung des Art. 6septies PVÜ. Dabei setzt § 17 Abs. 1 den in Art. 6septies Abs. 1, 3. Alt. PVÜ fakultativ vorgesehenen Anspruch auf Übertragung der Agentenmarke um, während § 17 Abs. 2 S. 1 den in Art. 6septies Abs. 2 PVÜ zwingend vorgesehenen Unterlassungsanspruch regelt. Über die Bestimmungen des Art. 6septies PVÜ hinaus gewährt § 17 Abs. 2 S. 2 dem Geschäftsherrn zudem einen Schadensersatzanspruch. Anders als in Art. 6septies PVÜ vorgesehen, ist § 17 auch auf reine Inlandssachverhalte anwendbar, sodass der Anwendungsbereich des § 17 insgesamt weiter gefasst ist, als es die Konventionsregelung vorsieht.

Im Rahmen des MaMoG wurden in § 17 die zwingenden, die Agentenmarke betreffen **2** den, Vorschriften der Art. 5 Abs. 3 lit. b sowie Art. 13 der Marken-Richtlinie umgesetzt. Die Regelung des Art. 5 Abs. 3 lit. b MRL stellt dabei klar, dass die Eintragung der Agentenmarke neben einem relativen Eintragungshindernis auch einen Nichtigkeitsgrund darstellt. Neben dieser Bestimmung stellt Art. 13 MRL die Handlungsmöglichkeiten des Geschäftsherrn für den Fall dar, dass die Agentenmarke für den Agenten oder dessen Vertreter eingetragen ist. Nach Abs. 1 lit. a besteht die Möglichkeit der Inanspruchnahme des Agenten auf Unterlassung der Benutzung sowie nach Abs. 1 lit. b ein Übertragungsanspruch nach Eintragung der Marke. Die Möglichkeit der Rechtfertigung des Agenten oder des Vertreters ist in Abs. 2 verankert.

Die Regelung des § 17 ergänzt den **Schutz des Geschäftsherrn** vor dem ungetreuen **3** Agenten oder Vertreter (im Folgenden einheitlich: Agent) aus § 11 und knüpft an die Tatbestandsvoraussetzungen des § 11 an (→ § 11 Rn. 6 ff.). Auf Grundlage des § 11 kann der Geschäftsherr die Löschung der Marke des ungetreuen Agenten im Widerspruchs (§ 42 Abs. 2 Nr. 3) oder im Löschungsverfahren (§ 51) betreiben. In Ergänzung dessen erweitert § 17 den Schutz des Geschäftsherrn um einen prioritätswahrenden Übertragungsanspruch (Abs. 1), einen Unterlassungsanspruch (Abs. 2 S. 1) sowie einen Anspruch auf Schadensersatz (Abs. 2 S. 2). Weiterhin können in Verbindung mit § 18 f. Rückruf-, Vernichtungs- und Auskunftsansprüche bestehen. Ferner sind auch die Ansprüche aus §§ 19a bis 19c, wie zum Beispiel auf Vorlage und Besichtigung, anwendbar.

Durch den **Übertragungsanspruch** des § 17 Abs. 1 soll der Geschäftsherr so gestellt **4** werden, als habe der Agent die Anmeldung für ihn betrieben, sodass dem Geschäftsherrn gegenüber anderen (jüngeren) Rechten die Priorität der Anmeldung des Agenten zugutekommt.[1] § 17 Abs. 2 gewährt dem Geschäftsherrn gegen den Agenten Ansprüche, wie sie ihm zustünden, wenn die Marke für den Geschäftsherrn eingetragen wäre. Der Unterlas

---

[1] Ingerl/Rohnke Rn. 5; Fezer MarkenR Rn. 1.

sungs- und Schadensersatzanspruch sind insbesondere von Bedeutung, wenn der Geschäftsherr im Inland über keine oder nur regionale Markenrechte verfügt, aus denen er nach § 14
gegen den Agenten vorgehen kann.

II. Gemeinsame Voraussetzungen des § 17

5 Voraussetzung aller Ansprüche aus § 17 ist zunächst das Bestehen einer rechtswidrigen
Agentenmarke iSd § 11, so dass auf die dortigen Erläuterungen verwiesen wird. Einzig für
den Schadensersatzanspruch nach § 17 Abs. 2 ist darüber hinaus ein Verschulden erforderlich. § 17 Abs. 1 und Abs. 2 kommen darüber hinaus nicht zur Anwendung, wenn auf
Seiten des Agenten Rechtfertigungsgründe bestehen (→ § 11 Rn. 36 ff.).

III. Übertragungsanspruch (Abs. 1)

6 **1. Inhalt und Geltendmachung des Anspruchs.** Der Übertragungsanspruch ist für
den Geschäftsherrn von besonderer Bedeutung, da er es ihm ermöglicht, die Priorität der
Agentenmarke für sich zu nutzen. Der **Übertragungsanspruch** erfasst sowohl die durch
Anmeldung begründete **Markenanwartschaft** als auch das durch Eintragung begründete
Vollrecht und ist auf die Abgabe der rechtsgeschäftlichen Übertragungserklärung der
angemeldeten oder eingetragenen Marke auf den Geschäftsherrn nach §§ 27, 31 gerichtet.[2]
Liegen die Voraussetzungen des § 17 Abs. 1 nur für einen Teil der von der Agentenmarke
erfassten Waren- und Dienstleistungen vor, beschränkt sich der Anspruch auf eine Teilübertragung.[3]

7 Der Anspruch auf Übertragung ist im Wege der Klage auf Abgabe der erforderlichen
Erklärung geltend zu machen. Der Anspruch kann auch im Wege des einstweiligen Rechtsschutzes durch ein Verfügungsverbot gesichert werden, um so eine zwischenzeitliche
Rücknahme der Markenanmeldung oder eine Löschung der Marke durch den Agenten zu
verhindern, wodurch die Priorität unwiederbringlich verloren ginge. Dabei soll eine vorherige Abmahnung entbehrlich sein, da gerade sie eine Rücknahme bzw. Löschung durch
den Agenten provozieren könnte, die die Sicherung des Anspruchs vereiteln würde.[4]

8 **2. Anspruchsgegner.** Der Anspruch aus § 17 Abs. 1 richtet sich gegen den ungetreuen
Agenten als registerrechtlichen Anmelder oder Inhaber der Marke oder gegen seinen
Strohmann.[5]

9 Obwohl vom Wortlaut des § 17 Abs. 1 nicht ausdrücklich erfasst, geht die hM gleichwohl zutreffend davon aus, dass sich der Anspruch auch gegen den Rechtsnachfolger
richten kann, weil dieser die Marke nur so erwirbt, wie sie dem Agenten zugestanden hat,
nämlich mit den Ansprüchen aus §§ 11 und 17 belastet.[6] Ein **Rechtserwerb** an der
Agentenmarke **kraft guten Glaubens** findet insofern nicht statt.

10 Bei Veräußerung der Geschäftsherrenmarke tritt der Erwerber aufgrund der Relativität
der Schuldverhältnisse nicht automatisch in das die Agentenstellung begründende Rechtsverhältnis mit dem Agenten ein. Die Auslegung der Markenveräußerung wird aber in der
Regel ergeben, dass bestehende Löschungs- und Übertragungsansprüche mit abgetreten
sind.[7]

---

[2] Fezer MarkenR Rn. 13.
[3] Ingerl/Rohnke Rn. 5; Fuchs-Wissemann in EBF Rn. 3.
[4] Ingerl/Rohnke Rn. 11.
[5] BGH GRUR 2008, 611 Rn. 17 f. – audison; Fezer MarkenR Rn. 15; Ingerl/Rohnke Rn. 12; Thiering
in Ströbele/Hacker/Thiering Rn. 12.
[6] BGH GRUR 2008, 611 Rn. 18 – audison mwN; Fezer MarkenR Rn. 16; Ingerl/Rohnke Rn. 12;
BDS/Büscher Rn. 6; aA Thiering in Ströbele/Hacker/Thiering Rn. 13 wonach im Fall der Veräußerung der
Marke der Geschäftsherr gegen den Erwerber nur aus § 11 im Wege des Widerspruchs bzw. der Löschung
vorgehen können soll.
[7] Hacker in Ströbele/Hacker § 11 Rn. 19; vgl. aber EuG GRUR Int 2011, 612 Rn. 72 f. – First Defense
zu Art. 8 Abs. 3 GMV, wonach aus Kaufvertrag über Anlagevermögen inkl. Marken keine Berechtigung zum
Widerspruch iSd europäischen Rechts folge.

Geht der Anspruchsgegner aus der Agentenmarke vor Übertragung gegen den Geschäfts- **11** herrn vor, steht dem Geschäftsherrn die Einrede des Rechtsmissbrauchs (§ 242 BGB) zu.[8] Die Einrede soll auch gegenüber Lizenznehmern des Inhabers der Agentenmarke wirken, die gem. § 30 Abs. 3 unmittelbar aus der Marke vorgehen.[9]

3. Wirkung der Übertragung auf Rechte Dritter an der Marke. Von dem Agenten **12** vor Übertragung an der Agentenmarke eingeräumte Rechte Dritter, wie beispielsweise Lizenzen oder Pfandrechte, muss der Geschäftsherr nach der Übertragung nicht gegen sich gelten lassen. Zwar enthält § 17 dahingehend keine explizite Regelung. Allerdings ist die Agentenmarke von Anfang an mit dem Übertragungsanspruch des Geschäftsherrn belastet und der Agent kann Dritten nicht mehr Rechte einräumen als ihm selbst an der Marke zustehen.[10] Wie bei dem patentrechtlichen Vindikationsanspruch nach § 8 PatG erlöschen mit der Übertragung der Marke auf den Geschäftsherrn Lizenzen, Nießbrauchrechte und sonstige Nutzungsrechte sowie Pfandrechte Dritter an der Marke.[11] Der Lizenznehmer kann sich nicht auf den **Sukzessionsschutz** des § 30 Abs. 5 (→ § 30 Rn. 25 f.) berufen, da die Lizenzeinräumung durch den Agenten als Nichtberechtigten erfolgte.[12]

4. Verjährung. Nach instanzgerichtlicher Rechtsprechung gilt für den Übertragungs- **13** anspruch die dreijährige **Verjährungsfrist** nach § 20 Abs. 1 iVm § 195 BGB, da es sich bei der unerlaubten Eintragung der Agentenmarken nicht um eine Dauerstörung handle. Vielmehr knüpft nach Ansicht der Rechtsprechung der Übertragungsanspruch an den Vorgang der rechtswidrigen Eintragung der Marke an und sei nicht Rechtsfolge einer Dauerstörung, wie etwa bei der ständigen Nutzung einer rechtswidrig eingetragenen Marke.[13]

IV. Unterlassungsanspruch (Abs. 2 S. 1)

Der Unterlassungsanspruch aus § 17 Abs. 2 S. 1 entspricht demjenigen des § 14 Abs. 5. **14** Der Verweis in § 17 Abs. 2 S. 1 auf die Benutzung der Marke iSd § 14 stellt klar, dass als **Verletzungshandlungen** alle Benutzungshandlungen des § 14 Abs. 2 bis 4 in Betracht kommen.[14] Der Geschäftsherr hat keinen Unterlassungsanspruch gegen die Benutzung der Marke für Waren an denen Erschöpfung eingetreten ist. Dies gilt sowohl für Waren, die direkt vom Geschäftsherrn stammen, als auch für anderweitig vom Agenten beschaffte Originalwaren, soweit die Voraussetzungen des § 24 erfüllt sind.[15] Ferner besteht kein Unterlassungsanspruch, wenn der Geschäftsherr der Benutzung der Marke zugestimmt hat.

Entgegen dem Wortlaut des § 17 Abs. 2 S. 1 besteht der Unterlassungsanspruch schon **15** mit Anmeldung der Agentenmarke, wenn sie tatsächlich zur Eintragung kommt, und nicht erst ab Eintragung.[16]

Der Unterlassungsanspruch aus § 17 Abs. 2 S. 1 richtet sich gegen den Agenten oder **16** seinen Strohmann sowie gegen **Mittäter, Teilnehmer und Störer,** die an der Verletzungshandlung mitwirken.[17] Weiterhin kann der Geschäftsherr auch Dritte auf Unterlas-

---

[8] Ingerl/Rohnke Rn. 14; Fuchs-Wissemann in EKB Rn. 5.

[9] Ingerl GRUR 1998, 1 (4).

[10] Ingerl/Rohnke Rn. 13; v. Zumbusch in v. Schultz Rn. 8; Fuchs-Wissemann in EBF Rn. 7; aA Thiering in Ströbele/Hacker/Thiering Rn. 17.

[11] S. Melullis in Benkard PatG § 8 Rn. 7 zum Erlöschen der Rechte Dritter beim patentrechtlichen Vindikationsanspruch.

[12] Ingerl/Rohnke Rn. 13.

[13] OLG Zweibrücken BeckRS 2007, 05672; Fezer MarkenR § 20 Rn. 51; aA Thiering in Ströbele/Hacker/Thiering § 20 Rn. 20; Ingerl/Rohnke § 20 Rn. 14; Schalck in BDS § 20 Rn. 10.; offen gelassen BGH GRUR 2010, 828 Rn. 50 – DiSC.

[14] Fezer MarkenR Rn. 19.

[15] Ingerl/Rohnke Rn. 15; Thiering in Ströbele/Hacker/Thiering Rn. 22.

[16] BGH GRUR 2008, 611 (612) – audison; Fezer MarkenR Rn. 18; Thiering in Ströbele/Hacker/Thiering Rn. 10.

[17] Ingerl/Rohnke Rn. 16; Thiering in Ströbele/Hacker/Thiering Rn. 13.

sung in Anspruch nehmen, die die Marke ohne Zustimmung des Geschäftsherrn benutzen und sich auf eine Ermächtigung zur Benutzung durch den Agenten berufen.[18] Ebenso wie beim Übertragungsanspruch nach § 17 Abs. 1 muss der Geschäftsherr auch beim Unterlassungsanspruch die Einräumung von Nutzungsrechten durch den Agenten zugunsten Dritter nicht gegen sich gelten lassen, da der Agent Dritten nicht mehr Rechte einräumen kann als ihm selbst an der Marke zustehen.

V. Anspruch auf Schadensersatz (Abs. 2 S. 2)

17   Der Anspruch auf Schadensersatz nach § 17 Abs. 2 S. 2 unterliegt den gleichen Grundsätzen wie der Anspruch auf Schadensersatz aus der Marke nach § 14 Abs. 6.[19] Zu ersetzen ist der Schaden, der dem Geschäftsherrn durch die Anmeldung und Eintragung der Marke sowie durch ihre eventuelle Benutzung entstanden ist.[20] Die Wahl der Berechnungsgrundlage obliegt hierbei entsprechend § 287 Abs. 1 ZPO dem Tatgericht und kann bereits bei Markenbenutzungen ausschließlich in Form von Werbung auf der Grundlage einer Umsatzlizenz erfolgen.[21] Wie der Unterlassungsanspruch richtet sich auch der **Schadensersatzanspruch** sowohl gegen den Agenten oder seinen Strohmann als auch gegen Mittäter und Teilnehmer, die an der Verletzungshandlung mitwirken, also auch gegen Dritte, die die Marke ohne Zustimmung des Geschäftsherrn benutzen und sich auf eine Ermächtigung zur Benutzung durch den Agenten berufen.[22] Voraussetzung für den Schadensersatzanspruch ist ein Verschulden des Verletzers, also ein vorsätzliches oder zumindest fahrlässiges Handeln. Beim Agenten wird der Nachweis des Verschuldens regelmäßig leichter fallen, da er typischerweise seine vertraglichen Pflichten gegenüber dem Geschäftsherrn zumindest kennen muss.[23] Anders kann es beim Nachweis des Verschuldens Dritter liegen, da nicht ohne weiteres davon ausgegangen werden kann, dass sie die vertraglichen Pflichten des Agenten gegenüber dem Geschäftsherrn kennen oder kennen müssen.

VI. Haftung für Angestellte und Beauftragte (Abs. 2 S. 3)

18   Nach § 17 Abs. 2 S. 3 ist die Vorschrift des § 14 Abs. 7 entsprechend anwendbar, wonach der Unterlassungsanspruch auch gegen den Inhaber des Betriebs geltend gemacht werden kann, wenn die Verletzungshandlung in einem geschäftlichen Betrieb von einem Angestellten oder Beauftragten begangen wird. Gleiches gilt für den Schadensersatzanspruch, wenn der Angestellte oder Beauftragte schuldhaft handelt. Die Vorschrift trägt der Möglichkeit Rechnung, dass Agenturverhältnisse auch mit juristischen Personen geschlossen werden können und dass sich Agenten häufig Angestellter bedienen, die dann möglicherweise die rechtsverletzende Handlung vornehmen.[24] Durch den Verweis auf § 14 Abs. 7 wird sichergestellt, dass sich der Unterlassungsanspruch und im Falle des Verschuldens des Angestellten oder Beauftragten auch der Anspruch auf Schadensersatz direkt gegen den Betriebsinhaber richtet, wenn die Verletzungshandlung im geschäftlichen Verkehr erfolgt.[25]

---

[18] Fezer MarkenR Rn. 21; Büscher in BDS Rn. 6; aA Thiering in Ströbele/Hacker/Thiering Rn. 13; Ingerl/Rohnke Rn. 16.

[19] Fezer MarkenR Rn. 23 und § 14 Rn. 1015 ff.; Fuchs-Wissemann in EBF Rn. 15.

[20] Fezer MarkenR Rn. 23; Fuchs-Wissemann in EBF Rn. 14.

[21] BGH Urt. v. 22.9.2021 – I ZR 20/21, GRUR-RS 2021, 36086 – Layher.

[22] AA Ingerl/Rohnke Rn. 18.

[23] Fuchs-Wissemann in EBF Rn. 15.

[24] Vgl. Amtl. Begr. zum Markenrechtsreformgesetz, BT-Drs. 12/6581 dort zu § 17 sechster Absatz.

[25] Vgl. zur Auslegung des § 14 Abs. 6 Ingerl/Rohnke Vor §§ 14–19d Rn. 43 ff.; Fezer MarkenR § 14 Rn. 1055 ff.

VII. Einrede der Nichtbenutzung (Analoge Anwendung des § 25 Abs. 1)

Der Inhaber einer eingetragenen Marke kann unter gewissen Umständen nach § 25 **19** Abs. 1 keine Rechte aus der Marke nach den §§ 14 und 18 bis 19c geltend machen, wenn er seine Marke zuvor für fünf Jahre nicht benutzt hat.

Nach dem Wortlaut des § 25 Abs. 1 sind die Ansprüche aus § 17 von der **Einrede der** **20** **Nichtbenutzung** nicht betroffen. Dem liegt die Begründung zugrunde, dass § 17 in Fällen der Markeninhaberschaft im Ausland von vornherein nicht eingreifen könne und im Übrigen von § 17 in der Praxis im Wesentlichen nur Fälle erfasst seien, in denen es sich bei der Marke des Markeninhabers (Geschäftsherrn) um eine nicht durch Eintragung geschütz- te Marke handele.[26]

In der Literatur wird dem teilweise widersprochen und vorgeschlagen, dass zumindest in **21** Bezug auf ein inländisches Registerrecht eine analoge Anwendung geboten erscheint.[27] Die Gesetzesbegründung verkenne, dass in einem solchen Fall der Übertragungsanspruch durchaus bedeutsam sein kann und es nicht gerechtfertigt wäre, den Beklagten auf das Löschungsverfahren zu verweisen, obwohl die inländische Registermarke tatsächlich nicht benutzt wird.[28] Weitergehend wird auch eine analoge Anwendung der Einrede insgesamt, also nicht nur bzgl. inländischer Registermarken, befürwortet: Denn dem Geschäftsherrn sei in keinem Fall ein schutzwürdiger Anspruch aus einer eingetragenen Marke, der ein Löschungsgrund entgegensteht (§§ 49 Abs. 1, 26), zuzugestehen.[29] Demgegenüber wird allerdings eingewandt, dass die Ansprüche aus §§ 16 und 17 ganz bewusst nicht in den Anwendungsbereich des § 25 einbezogen wurden, sodass es für die auf dieser Basis vor- geschlagene analoge Anwendung des § 25 bereits an einer planwidrigen Regelungslücke fehle.[30]

Jedoch ergebe sich das Bedürfnis einer analogen Anwendung mit Umsetzung der MRL im Zuge des MaMoG nunmehr aufgrund einer richtlinienkonformen Auslegung. Mit in Kraft treten der MRL haben die §§ 16 und 17 eine unionsrechtliche Grundlage mit den Art. 12, 13 MRL bekommen. Die MRL sieht ihrerseits in Art. 17 vor, dass die Einrede der Nichtbenutzung in allen Fällen greifen soll, in denen der Markeninhaber im Rahmen eines Verletzungsverfahrens das Verbot einer Zeichenbenutzung begehrt, sodass jedenfalls der Unterlassungsanspruch des Markeninhabers nach Art. 13 lit. a MRL, der ensprechend in § 17 Abs. 2 S. 1 MarkenG umgesetzt wurde, erfasst sein dürfe und mithin der Anwendungsbereich des § 25 Abs. 1 und 2 zu erweitern gewesen wäre. Eine solche Erweiterung des Anwendungsbereichs wurde im Zuge des MaMoG jedoch nicht berück- sichtigt; sie ergebe sich jedoch bis auf weiteres im Zuge der richtlinienkonformen Aus- legung.[31]

VIII. Analoge Anwendung bei Benutzungsmarken

Insbesondere bei langjähriger intensiver Nutzung eines Zeichens im Rahmen eines Ver- **22** triebsmittlungsverhältnisses kann es zu Marken kraft Verkehrsgeltung iSd § 4 Nr. 2 kom- men, sodass sich nach Beendigung des Verhältnisses die Frage stellt, wem die Marke zusteht.[32] Vom Wortlaut her ist die Anwendung des § 17 auf Registermarken beschränkt, sodass Ansprüche nur auf Grundlage einer analogen Anwendung abgeleitet werden kön- nen.

---

[26] Vgl. Amtl. Begr. zum Markenrechtsreformgesetz, BT-Drs. 12/6581, dort zu § 25 – fünfter Absatz; Thiering in Ströble/Hacker/Thiering § 25 Rn. 16.
[27] Ingerl/Rohnke § 25 Rn. 28; Fezer MarkenR § 25 Rn. 4.
[28] Ingerl/Rohnke § 25 Rn. 28.
[29] Fezer MarkenR Rn. 27.
[30] Thiering in Ströble/Hacker/Thiering § 25 Rn. 16.
[31] Thiering in Ströble/Hacker/Thiering § 25 Rn. 17.
[32] Vgl. Munz GRUR 1995, 474.

23   Die Frage nach der analogen Anwendbarkeit des § 17 stellt sich allerdings dann nicht, wenn die entstandene **Benutzungsmarke** ohnehin dem Geschäftsherrn zuzuordnen ist. Die Frage der Inhaberschaft richtet sich bei § 4 Nr. 2 nach der Verkehrsauffassung und zwar danach, wer vom Verkehr als Benutzer bzw. Verantwortlicher angesehen wird.[33] Dies wird typischerweise der Hersteller selbst sein, da der Verkehr nur unter besonderen Umständen von Handelsmarken ausgehen wird.[34] In der Regel wird der Verkehr insbesondere aus einer bloß zusätzlich angebrachten Angabe des Vertriebspartners nicht den Schluss ziehen, dass diesem die Marke zustehe.[35] Im Einzelfall kann aber auch der Vertriebsmittler als Inhaber der Marke anzusehen sein, insbesondere wenn auf sein Unternehmen deutlicher hingewiesen wird.[36]

24   Wird die Benutzungsmarke vom Verkehr dem Agenten zugeordnet und ist dieser damit Inhaber der Benutzungsmarke, erscheint eine analoge Anwendung des § 17 geboten. Auch wenn die Benutzung der Marke durch den Agenten und die damit erworbene Verkehrsgeltung iSd § 4 Nr. 2 nicht ohne Zustimmung des Geschäftsherren erfolgen kann, ist der Geschäftsherr in solchen Fällen ebenso schutzbedürftig, wie wenn der Agent eine Registermarke angemeldet hat. Denn der Geschäftsherr wird regelmäßig jedenfalls nicht dem endgültigen Rechtserwerb des Agenten an der Benutzungsmarke zugestimmt haben.[37]

IX. Unionsmarkenrecht

25   Die UMV regelt in entsprechender Weise in Art. 13 den Anspruch auf Unterlassung („Untersagung") und in Art. 21 Abs. 1 den Anspruch auf Übertragung. Die dort enthaltene ausdrückliche Rechtfertigungsmöglichkeit, die im deutschen Recht bisher nur ungeschrieben bestand, ist nunmehr ebenfalls ausdrücklich in § 17 Abs. 2 normiert. Ein entsprechender Schadensersatzanspruch ist in der UMV nicht geregelt. Soweit deutsches Recht in solchen Fällen überhaupt ergänzend anwendbar ist, scheidet eine analoge Anwendung aus, da die Vorschrift nicht gem. § 125b für anwendbar erklärt wurde.[38] Daneben wurden durch die VO (EU) 2015/2424 über den neu eingefügten Abs. 2 des Art. 21 zwei zusätzliche Möglichkeiten zur Durchsetzung des Übertragungsanspruchs geschaffen. Nach Abs. 2 lit. a kann ein Antrag auf Übertragung beim EUIPO gem. Art. 60 Abs. 1 lit. b UMV (anstelle eines Antrags auf Erklärung der Nichtigkeit) und nach Abs. 2 lit. b. ein Antrag auf Übertragung bei einem Unionsmarkengericht gem. Art. 123 UMV (anstelle einer Widerklage auf Erklärung der Nichtigkeit nach Art. 100 Abs. 1) gestellt werden. Bei Art. 18 Abs. 2 lit. a handelt es sich gem. dem Wortlaut um eine Rechtsgrundverweisung, womit die Voraussetzungen des Art. 60 Abs. 1 lit. b vorliegen müssen[39]. Nach Art. 4 Abs. 2 VO (EU) 2015/2424 finden die Neuregelungen des Art. 21 ab dem 1.10.2017 Anwendung.

26   Entgegen der bisherigen Fassung der Markenrichtlinie enthält die Neufassung Markenrichtlinie vom 16. Dezember 2015 (Richtlinie (EU) 2015/2436, im Folgenden MRL) in Art. 13 erstmals eine Vorschrift zur Agentenmarke. Art. 13 MRL ist im Wortlaut im Wesentlichen Art. 13 UMV nachgebildet, enthält jedoch neben der in Abs. 1 lit. a normierten Möglichkeit der Inanspruchnahme des Agenten auf Unterlassung der Benutzung zusätzlich in Abs. 1 lit. b einen Übertragungsanspruch nach Eintragung der Marke, vergleichbar mit Art. 21 UMV. Ein Rechtfertigungsgrund ist in Abs. 2 verankert.

---

[33] Ingerl/Rohnke § 4 Rn. 27 mwN; Fezer MarkenR § 4 Rn. 146 mwN; Munz GRUR 1995, 474.
[34] Ingerl/Rohnke Rn. 22 mwN.
[35] Vgl. BGH GRUR 2008, 917 Rn. 40 f. – EROS.
[36] Munz GRUR 1995, 474.
[37] Ingerl/Rohnke Rn. 23; iE Thiering in Ströbele/Hacker/Thiering Rn. 7; zustimmend auch v. Zumbusch in v. Schultz Rn. 11; iE v. Gamm in BDS Rn. 7; aA Fuchs-Wissemann in EBF § 11 Rn. 10; Lange Rn. 3834.
[38] Ingerl/Rohnke Rn. 4; Ingerl GRUR 1998, 1; Fuchs-Wissemann in EBF Rn. 16.
[39] Kur/v. Bomhard/Albrecht, BeckOK Markenrecht/Taxhet, § 17 Rn. 23.

B. Handelsvertreter

Für den Handelsvertreter gelten keine Abweichungen oder Besonderheiten.   27

C. Vertragshändler

Für den Vertragshändler gelten keine Abweichungen oder Besonderheiten.   28

D. Franchisenehmer

Für den Franchisenehmer gelten keine Abweichungen oder Besonderheiten.   29

E. Kommissionsagent

Für den Kommissionsagenten gelten keine Abweichungen oder Besonderheiten.   30

§ 23 Benutzung von Namen und beschreibenden Angaben; Ersatzteilgeschäft

(1) **Der Inhaber einer Marke oder einer geschäftlichen Bezeichnung, darf einem Dritten nicht untersagen, im geschäftlichen Verkehr Folgendes zu benutzen:**

1. **den Namen oder die Anschrift des Dritten, wenn dieser eine natürliche Person ist,**
2. **ein mit der Marke oder der geschäftlichen Bezeichnung identisches Zeichen oder ähnliches Zeichen, dem jegliche Unterscheidungskraft fehlt, oder ein identisches oder ein ähnliches Zeichen als Angabe über Merkmale oder Eigenschaften von Waren oder Dienstleistungen, wie insbesondere deren Art, Beschaffenheit, Bestimmung, Wert, geographische Herkunft oder die Zeit ihrer Herstellung oder ihrer Erbringung, oder**
3. **die Marke oder die geschäftliche Bezeichnung zu Zwecken der Identifizierung oder zum Verweis auf Waren oder Dienstleistungen als die des Inhabers der Marke, insbesondere wenn die Benutzung der Marke als Hinweis auf die Bestimmung einer Ware insbesondere als Zubehör oder Ersatzteil oder einer Dienstleistung erforderlich ist.**

(2) **Absatz 1 findet nur dann Anwendung, wenn die Benutzung durch den Dritten den anständigen Gepflogenheiten in Gewerbe oder Handel entspricht.**

Schrifttum: Bottenschein, Markenrecht versus notwendige Bestimmungshinweise, GRUR 2006, 426; Fezer, Rechtsänderungen der Wirkungsbeschränkungen des Markenrechts. Die neuen Schrankentatbestände der europäischen Markenrechtsform und der Markenrechtsmodernisierung (MRL, UMV und MaMoG/ RefE), MarkenR 2017, 141; Fezer, Theorie der Funktionalität der Immaterialgüterrechte als geistiges Eigentum, Zugleich eine rechtstheoretische Grundlegung zum Vorabentscheidungsverfahren „Ford/Wheeltrims", GRUR 2016, 30; Grützmacher/Schmidt-Bogatzky, Kompatibilitätshinweise bei Computersoftware und ihre kennzeichenrechtlichen Grenzen, CR 2005, 545; Hackbarth, Grenzen der Markennutzung für Händler und Online-Shops – Besprechung von BGH „keine.vorwerk-vertretung", GRUR 2019, 484; Jacobs, Kennzeichenrechtliche Privilegierung im Internet – Zur Anwendung der §§ 23, 24 MarkenG auf MetaTags und Domain-Namen, GRUR 2011, 1069; Jonas/Hamacher, „MAC Dog" und „shell.de" ade? – Auswirkungen des § 5 Abs. 2 UWG n. F. auf §§ 14, 15 MarkenG und die Schrankenregelung des § 23 MarkenG, WRP 2006, 662; Knaak, Schutzschranken im harmonisierten Markenrecht bei Verwendung von Handelsnamen und geographischen Herkunftsangaben, FS von Mühlendahl, 2005, 83; Kur, Ersatzteilfreiheit zwischen Marken- und Designrecht, GRUR 2016, 20; Kur, Die Schrankentatbestände im neuen Markenrecht – ein weiterer Schritt zur impliziten Harmonisierung wettbewerbsrechtliche Grundsätze, Festschrift für Karl-Heinz Fezer zum 70. Geburtstag, S. 649; Kur/Ohly, Lauterkeitsrechtliche Einflüsse auf das Markenrecht, GRUR 2020, 457; Lange, Der Konflikt zwischen Marke und Unternehmenskennzeichen nach der Céline-Entscheidung des EuGH, MarkenR 2007, 457; von Linstow, Unterschiedliche Benutzungszwecke – markenmäßige Benutzung und § 23 Nr. 2 MarkenG; ders., Die Verwendung fremder Zeichen zur Bezeichnung fremder Waren, WRP 2000, 955; Raßmann, Der Schutz des Freihaltebedürfnisses im Rahmen von § 23 MarkenG, GRUR 1999, 384; Sacré/Kops, Können Bildmarken als Bestimmungs- und Verwendungshinweise notwendig i. S. v. § 23 Nr. 3 MarkenG sein?, MarkenR 2007, 468; von Schultz, Zu den Privilegierungstatbeständen des § 23 MarkenG.

Übersicht

A. Einleitung

I. Zweck der Regelung

1   § 23 bezweckt den **Interessenausgleich** zwischen dem Ausschließlichkeitsrecht des Kennzeicheninhabers und dem Interesse anderer Unternehmen und der Allgemeinheit an der freien wirtschaftlichen Betätigung. Hierfür beschränkt die Norm das Verbotsrecht des Kennzeicheninhabers, indem es bestimmte Benutzungshandlungen von kennzeichenrechtlichen Ansprüchen freistellt, auf die andere Unternehmen angewiesen sind oder an denen ein die Interessen des Kennzeicheninhabers überwiegendes Nutzungsinteresse Dritter anzuerkennen ist.

II. Systematik

2   § 23 setzt die zwingenden Vorgaben des Art. 6 Abs. 1 MRL aF. weitgehend wörtlich um. Anders als Art. 6 Abs. 1 MRL aF.[1] sowie Art. 14 Abs. 1 MRL nF findet § 23 nicht nur Anwendung auf eingetragene Marken, sondern auch auf Benutzungsmarken mit Verkehrsgeltung iSd § 4 Nr. 2, notorisch bekannte Marken iSd § 4 Nr. 3 sowie geschäftliche Bezeichnungen iSd § 5. Gleichzeitig fällt auf, dass während die Änderungen in § 23

---

[1] Richtlinie 2008/95/EG zur Angleichung der Rechtsvorschriften der Mitgliedstaaten über Marken (kodifizierte Fassung) vom 22.10.2008.

Abs. 1 lit. b und c MarkenG tendenziell zu einer Erweiterung der Möglichkeiten legitimer Markennutzung führen, § 23 Abs. 1 lit. a MarkenG diese Möglichkeit durch den darin aufgenommenen Zusatz „wenn dieser eine natürliche Person ist" beschränkt.[2]

Für alle erfassten Kennzeichen ist § 23 **richtlinienkonform auszulegen**.[3] Im Widerspruchsverfahren findet die Vorschrift keine Anwendung.[4] Auch gegenüber wettbewerbsrechtlichen und sonstigen deliktischen Ansprüchen ist eine unmittelbare Anwendung ausgeschlossen.[5] Keine eigenständige Bedeutung besitzt § 23 ferner gegenüber dem Schutz bekannter Kennzeichen nach §§ 14 Abs. 2 Nr. 3, 15 Abs. 3, bei denen eine umfassende Prüfung der Unlauterkeit im Rahmen der dortigen Tatbestandsvoraussetzungen vorzunehmen ist.[6]

III. Abs. 2: Unlauterkeitsvorbehalt – Verstoß gegen die anständigen Gepflogenheiten in Gewerbe oder Handel

Alle drei **Schutzschranken** des § 23 unterliegen einem Unlauterkeitsvorbehalt. Dieser **3** ist je nach Zielrichtung der konkret anwendbaren Schutzschranke tatbestandsspezifisch anzuwenden. Ohne Auswirkung auf die bisherige Anwendung bleibt ferner die Anpassung der sog. Schranken-Schranke im nunmehr von Abs. 1 gelösten § 23 Abs. 2 MarkenG an den Wortlaut des Art. 14 Abs. 2 MRL, da auch dieses Tatbestandsmerkmal richtlinienkonform auszulegen war.[7] Die bisher geltende Formulierung „sofern die Benutzung nicht gegen die guten Sitten verstößt" wurde im Einklang mit Art. 14 Abs. 2 MRL durch „anständige Gepflogenheiten im Gewerbe oder Handel" ersetzt.. Der **Unlauterkeitsvorbehalt** begründet die Verpflichtung desjenigen, der sich auf die Privilegierung des § 23 beruft, alles zu tun, um den berechtigten Interessen des Kennzeicheninhabers nicht zuwiderzuhandeln.[8] Der EuGH geht insbesondere bei vier Fallgruppen von einer unlauteren Benutzung aus, nämlich, wenn (1) sie in einer Weise erfolgt, die glauben machen kann, dass eine Handelsbeziehung zwischen dem Dritten und dem Markeninhaber besteht, (2) sie den Wert der Marke dadurch beeinträchtigt, dass sie deren Unterscheidungskraft oder deren Wertschätzung in unlauterer Weise ausnutzt, (3) durch sie diese Marke herabgesetzt oder schlechtgemacht wird (4) oder der Dritte seine Ware als Imitation oder Nachahmung der Ware mit der Marke darstellt, deren Inhaber er nicht ist.[9] Daher ist eine Benutzung regelmäßig als unlauter anzusehen, wenn sie eine Rufausbeutung, Rufbeschädigung, Aufmerksamkeitsausbeutung oder Verwässerung des Kennzeichens darstellt.[10]

IV. Name und Anschrift (Abs. 1 Nr. 1)

1. Anwendungsbereich. § 23 Nr. 1 sichert die freie Verwendbarkeit des eigenen **4** Namens und der eigenen Anschrift im geschäftlichen Verkehr. Nach der Neufassung des § 23 Abs. 1 Nr. 1 kann der Inhaber einer Marke einem Dritten nicht untersagen, im geschäftlichen Verkehr dessen Namen oder Anschrift zu benutzen, wenn der Dritte eine natürliche Person ist. Im Rahmen der Novellierung wurde durch den Zusatz „wenn dieser eine natürliche Person ist", dem Wortlaut des Art. 14 Abs. 1 lit. a UMV entsprechend, Art. 14 Abs. 1 lit. a MRL umgesetzt. Durch die damit einhergehende Beschränkung des bisherigen Anwendungsbereichs, wurde die bislang weitreichende Rechtsprechung des EuGH, wonach vom Namensbegriff des § 23 Nr. 1 a. F. neben dem Familiennamen auch

---

[2] Kur/Ohly, GRUR 2020, 457 (467).
[3] BGH GRUR 1999, 992 (994) – BIG PACK.
[4] BGH GRUR 1998, 930 (931) – Fläminger; Thiering in Ströbele/Hacker Rn. 7; Ingerl/Rohnke Rn. 9.
[5] Ingerl/Rohnke Rn. 6; zur Berücksichtigung der Rechtsgedanken des § 23 im Rahmen wettbewerblicher Ansprüche, insbesondere bei § 5 Abs. 2 UWG s. Jonas/Hamacher WRP 2009, 539.
[6] BGH GRUR 1999, 992 (994) – BIG PACK.
[7] Kur/v. Bomhard/Albrecht, BeckOK Markenrecht/Kretschmar, § 23 Rn. 4.
[8] EuGH GRUR Int. 1999, 438 Rn. 61 – BMW Nederland BV/Ronald Karel Deenik.
[9] EuGH GRUR 2005, 509 Rn. 59 – Gillette Company/LA Laboratories.
[10] Ingerl/Rohnke Rn. 88.

alle Handelsnamen erfasst sein sollten,[11] zurückgedreht und nunmehr Handelsnamen sowie Unternehmenskennzeichen aus dem Schrankentatbestand ausgeschlossen. Wesentliche Änderungen für die Praxis werden hierdurch nicht erwartet, da gewillkürte Handelsnamen im Rahmen der abschließenden Interessenabwägung ohne den rechtfertigenden persönlichkeitsrechtlichen Hintergrund regelmäßig zurücktreten müssen.[12] Zweifel bestehen dagegen hinsichtlich der Frage, ob § 23 Abs. 1 Nr. 1 in seiner neuen Fassung über den Wortlaut hinaus Anwendung auf Handelsnamen findet, die den Namen einer natürlichen Person, wie beispielsweise eines aktuellen oder ehemaligen Allein- oder Mehrheitsgesellschafters, enthalten.[13]

Eine solche erweiterte Anwendung des § 23 Abs. 1 Nr. 1 soll in Betracht kommen, sofern die betroffene natürliche Person mehrheitlicher Inhaber der Gesellschaft ist bzw. war. Auch nach Kretschmar sei es ausreichend, wenn der Namensgeber jedenfalls zur Zeit der Unternehmensgründung in einem engen Verhältnis zu dem Unternehmen stand, welches seinen Namen trägt.[14] Gerechtfertigt werden könnte diese Anwendung des § 23 Abs. 1 Nr. 1 auf Handelsnamen, die den Namen einer natürlichen Person tragen, durch eine erweiterte Auslegung in Form der teleologischen Extension, nicht zuletzt da eine zu enge Auslegung der Norm, deren Sinn und Zweck der Ausweitung des Namensprivilegs auf gewillkürte Unternehmensnamen einzuschränken, widerspreche[15], oder durch analoge Anwendung des § 22 MarkenG, der auf dem Gedanken beruht, dass spätere Änderungen nicht zum Wegfall wohlerworbener Rechtspositionen führen können.[16] Hacker steht einer solchen über den Wortlaut hinausgehenden Anwendung des § 23 Abs. 1 Nr. 1 dagegen kritisch gegenüber und argumentiert dahingehend, dass es von vornherein nur um Verwendungsformen gehen kann, die tatbestandlich eine Markenverletzung darstellen, was bei rein firmenmäßiger Verwendung nicht zuträfe.[17] Vielmehr müsste das Zeichen zumindest auch zur Kennzeichnung und Unterscheidung von Waren und Dienstleistungen benutzt werden, damit das Namensprivileg relevant wird. Im Kontext der Schranke sei damit eine umfassende Betrachtung sämtlicher Umstände des Einzelfalls erforderlich, einschließlich der Gründe, die der Zeichennennung zugrunde liegen.[18] Es bleibt abzuwarten, wie der EuGH diese Frage beantworten wird.

§ 23 Abs. 1 Nr. 1 gilt nicht nur für den Namensinhaber, sondern auch für Dritte, denen der Namensinhaber die Benutzung seines Namens als Hinweis auf sich selbst gestattet hat.[19]

5   Von der Anschrift iSd § 23 Nr. 1 sind erfasst die Angabe der Straße, der Hausnummer, der Postleitzahl, des Ortes sowie der Telefon- und Telefaxnummer ohne Hinzufügung von willkürlichen Zusätzen. Nicht durch § 23 Nr. 1 privilegiert ist die Übernahme von bloßen Adressbestandteilen.[20] Auch für die Anschrift gilt nunmehr die Einschränkung des Anwendungsbereichs auf Anschriften von natürlichen Personen. Daüber hinaus sind nicht erfasst Internet-Domainnamen und E-Mail-Adressen.[21]

6   **2. Kein Verstoß gegen die anständigen Gepflogenheiten in Gewerbe oder Handel.** Die Benutzung des Namens oder der Anschrift sind nach der Neufassung des § 23 Nr. 1 in Anlehnung an den Wortlaut des Art. 14 Abs. 2 MRL nur privilegiert, sofern die Benutzung den anständigen Gepflogenheiten in Gewerbe oder Handel entspricht. § 23 a. F. stellte zwar auf die „guten Sitten" ab, jedoch wurde der Begriff der guten Sitten richt-

[11] Grdl. zur Auslegung des Namens iSd Art. 6 Abs. 1 MRL, EuGH GRUR Int 2005, 231 Rn. 80 – Anheuser Busch; GRUR 2007, 971 Rn. 31 – Céline.
[12] Kur, FS Fezer, 649, 651.
[13] Hacker, GRUR 2019, 235, 240.
[14] Kur/v. Bomhard/Albrecht, BeckOK Markenrecht/Kretschmar, § 23 Rn. 13.
[15] Kur, MarkenR 2019, 273.
[16] Kur, GRUR 2020, 457, 469.
[17] Hacker, GRUR 2019, 235, 240.
[18] Kur/Ohly, GRUR 2020, 457, 468.
[19] OLG Hamburg WRP 1997, 106 (109) – Gucci.
[20] OLG Hamburg, GRUR-RR 2006, 228 (231) – Weingarten Eden/Eden.
[21] Fezer MarkenR Rn. 51 ff.

linienkonform entsprechend dem in Art. 14 Abs. 1 MRL verwendeten Begriff der anständigen Gepflogenheiten in Gewerbe und Handel ausgelegt.[22] Die Anpassung an den Wortlaut des Art. 14 Abs. 2 MRL hat somit lediglich einen klarstellenden Charakter und keinen Einfluss auf die bisherige Praxis.

Der EuGH beurteilt das Vorliegen des Tatbestandmerkmals der anständigen Gepflogen- **7** heiten im Gewerbe oder Handel anhand von zwei Kriterien: Einerseits ist als objektives Element zu prüfen, inwieweit die Verwendung des eigenen Namens durch den Dritten von den beteiligten Verkehrskreisen oder zumindest einem erheblichen Teil dieser Kreise als Hinweis auf eine Verbindung zwischen den Waren oder Dienstleistungen des Dritten und dem Markeninhaber oder einer zur Benutzung der Marke befugten Person aufgefasst wird. Andererseits ist als subjektives Element zu prüfen, inwieweit der Dritte sich dessen hätte bewusst sein müssen, wobei auch zu berücksichtigen ist, ob es sich um eine Marke handelt, die eine gewisse Bekanntheit genießt, die der Dritte beim Vertrieb seiner Waren oder Dienstleistungen ausnutzen könnte.[23] Die Beurteilungsgrundsätze des EuGH sind anwendbar, wenn es um die Freistellung von der Verletzung einer Marke geht; im Fall des Konflikts zweier Unternehmenskennzeichen war die Freistellung nach § 23 Nr. 1 a. F. hingegen nach den von der deutschen Rechtsprechung entwickelten Grundsätzen zum Recht der Gleichnamigen zu beurteilen.[24]

3. Recht der Gleichnamigen. Vom EuGH bisher nicht bestätigt sind die von der **8** deutschen Rechtsprechung entwickelten und angewandten Kollisionsregeln zum **Recht der Gleichnamigen,** die auch nach der Neufassung des § 23 Abs. 1 Nr. 1 in Einklang mit der Intention des Gesetzgebers[25] weiterhin unverändert Anwendung finden.[26] Auf Grundlage dieser Kollisionsregeln kann von dem Inhaber älterer Namensrechte die Duldung der Benutzung eines jüngeren Namens im Geschäftsverkehr trotz Verwechslungsgefahr verlangt werden, wenn der jüngere Namensträger an der Benutzung ein schutzwürdiges Interesse hat, redlich handelt, und alle erforderlichen und zumutbaren Maßnahmen trifft, um eine Verwechslungsgefahr auszuschließen oder auf ein hinnehmbares Maß zu vermindern, insbesondere durch Aufnahme von unterscheidungskräftiger Zusätze, die die Verwechslungsgefahr verringern.[27]

Was im Einzelfall erforderlich und zumutbar ist, um einer bestehenden Verwechslungs- **9** gefahr bei Gleichnamigen zu begegnen, ist jeweils aufgrund einer umfassenden Interessenabwägung zu bestimmen; in die Abwägung können etwa einfließen die Kennzeichnungskraft und Bekanntheit des prioritätsälteren Kennzeichens, die Branchennähe oder die Notwendigkeit gerade das prioritätsjüngere Zeichen zu benutzen.[28]

Die Gleichnamigkeit berechtigt grundsätzlich nur zur Verwendung des Namens als **10** Unternehmenskennzeichen, nicht jedoch zur Registrierung bzw. Verwendung als Marke.[29] Die Duldung eines markenmäßigen Gebrauchs des Zeichens oder der Eintragung von Marken kommt nur unter engen Voraussetzungen in Betracht, wenn besondere, gewichtige

---

[22] BGH GRUR 2015, 1121 (1125) – Tuning; Fezer MarkenR Rn. 23; streitig ist, ob daneben eine Übereinstimmung mit dem Begriff der Unlauterkeit nach § 3 UWG bzw. Art. 5 Abs. 1 UGP-RL besteht, zustimmend Thiering in Ströbele/Hacker/Thiering Rn. 21; aA Ingerl/Rohnke Rn. 10.

[23] GRUR EuGH 2007, 971 Rn 34 – Céline; zu den Vorschlägen einer Konkretisierung des subjektiven Elements im Schrifttum s. Thiering in Ströbele/Hacker/Thiering Rn. 24; kritisch zu der Notwendigkeit eines Verletzungsbewusstseins als subjektives Element Ingerl/Rohnke Rn. 22.

[24] Thiering in Ströbele/Hacker/Thiering Rn. 22, 28 ff..

[25] BT-Drs. 19/2898, 70

[26] OLG Köln, BeckRS 2019, 30731 Rn. 67.

[27] BGH GRUR 2008, 801 Rn. 25 – Hansen-Bau; GRUR 2002 706 (707 f.) – vossius.de; zu den Anforderungen an unterscheidungskräftige Zusätze ausführlich Ingerl/Rohnke Rn 41.

[28] BGH GRUR 1993, 579 (580) – Römer GmbH; in der Regel reiche beispielsweise die bloße Hinzufügung des Vornamens zum Ausschluss der Verwechslungsgefahr nicht aus, so BGH NJW-RR 2011, 835 (836) – Jette Joop; BGH GRUR 1991, 475 (477).

[29] BGH GRUR 1991, 475 (478) – Caren Pfleger; BGH GRUR 1995, 825 (828) – Torres; BGH NJW-RR 2011, 835 (836 f.) – Jette Joop.

Gründen vorliegen, nach denen eine so enge Beziehung zwischen Ware und Namen besteht, dass es für den Namensträger unzumutbar wäre, auf die Benutzung seines Namens als Marke zu verzichten. Dies kann in Betracht kommen, wenn der Namensträger bei der Schaffung oder Gestaltung einer bestimmten Ware oder Warenart unter seinem Namen besondere schöpferische Leistungen erbracht hat und der Verkehr die Ware auf Grund dieser schöpferischen Leistung ohnehin mit dem Namensträger identifiziert.[30]

11   Das Gleichnamigkeitsrecht kann sowohl von dem Inhaber des jüngeren Namens als auch von seinem Rechtsnachfolger geltend gemacht werden;[31] im letzten Fall gelten die Einreden gegen den originären Inhaber des älteren Rechts auch gegenüber dem Rechtsnachfolger. Die von der Rechtsprechung entwickelten Grundsätze gelten auch im Verhältnis zum erweiterten Schutz bekannter Kennzeichen.[32] Ferner finde sie auf Gleichgewichtslagen entsprechende Anwendung, die dadurch entstanden sind, dass die Rechte an verwechslungsfähigen Unternehmensbezeichnungen jahrelang unbeanstandet nebeneinander bestanden haben[33]. Hintergrund ist der redlich erworbene Besitzstand des Inhabers des prioritätsjüngeren Zeichens.

V. Beschreibende Angaben (Abs. 1 Nr. 2)

12   **1. Anwendungsbereich.** § 23 Abs. 1 Nr. 2, der Art. 14 Abs. 1 lit b. MRL umsetzt, privilegiert die lautere Benutzung eines mit einer Marke oder einer geschäftlichen Bezeichnung, dem jegliche Unterscheidungskraft fehlt sowie ein mit der Marke identisches oder ähnliches Zeichen als Angabe über Merkmale oder Eigenschaften der Waren oder Dienstleistungen, insbesondere ihre Art oder ihre Beschaffenheit im geschäftlichen Verkehr, sofern die Benutzung den anständigen Gepflogenheiten in Gewerbe oder Handel entspricht. § 23 Abs. 1 Nr. 2 bildet neben § 8 Abs. 2 Nr. 1 und Nr. 2 somit die zweite Säule zur Wahrung des Freihaltebedürfnisses an nicht unterscheidungskräftigen und beschreibenden Angaben[34] und verfolgt damit das Ziel, allen Wirtschaftsteilnehmern die Möglichkeit zu eröffnen, beschreibende Angaben zur Bezeichnung von Merkmalen oder Eigenschaften ihrer Waren und Dienstleistungen benutzen zu können.[35]

13   Der Wortlaut des § 23 Abs. 1 Nr. 2, der auf ein „Zeichen, dem jegliche Unterscheidungskraft fehlt" abstellt weicht insoweit von dem Wortlaut des Art. 14 Abs. 1 lit. b. MRL, der seinerseits von „Zeichen oder Angaben ohne Unterscheidungskraft" spricht, ab. Jedoch gilt es zu berücksichtigen, dass weder für die Anwendbarkeit des § 23 Abs. 1 Nr. 2 relevant ist, ob das verwendete Zeichen nach § 8 Abs. 2 Nr. 1 für die betreffenden Waren hätte eingetragen werden können, noch umgekehrt, § 23 Abs. 1 Nr. 2 keine Auswirkung für die Beurteilung des Freihaltebedürfnisses im Eintragungsverfahren hat.[36] Vielmehr dient die Regelung als Korrektiv zur Privilegierung konkreter Verletzungshandlungen, wenn eine Marke entgegen § 8 Abs. 2 Nr. 1 und 2 eingetragen worden ist, das Eintragungshindernis des § 8 Abs. 2 Nr. 1 und 2 im Wege der Verkehrsdurchsetzung überwunden hat oder die eingetragene Marke einer beschreibenden Angabe ähnelt, ohne ihren Kennzeichenschutz von vornherein zu verlieren.[37]

14   Weiterhin gilt zu berücksichtigen, dass auch nach der Neufassung des § 23 Abs. 1 Nr. 2 dieser keine Anwendung in den Fällen findet, in denen ein Dritter die Marke für Waren benutzt, die unter dieser Marke vom Inhaber der Marke oder mit dessen Zustimmung in den Verkehr gebracht worden sind, da insoweit Art. 14 sowie entsprechend § 24 Abs. 1

---

[30] BGH GRUR 2011, 623 Rn. 41 f. – Peek & Clopenburg II mwN.
[31] Thiering in Ströbele/Hacker/Thiering Rn. 37.
[32] Ingerl/Rohnke Rn. 29.
[33] BGH GRUR 2015, 1201 (1211) – Sparkassen-Rot/Santander-Rot.
[34] Ingerl/Rohnke Rn. 50.
[35] Kur/v. Bomhard/Albrecht, BeckOK Markenrecht/Kretschmar, § 23 Rn. 29.
[36] Kur/v. Bomhard/Albrecht, BeckOK Markenrecht/Kretschmar, § 23 Rn. 27.
[37] Thiering in Ströbele/Hacker/Thiering Rn. 65 ff, 67.

MarkenG den vorgenannten Vorschriften gegenüber vorrangige Sonderregelungen darstellen.[38]

2. Merkmalsbeschreibende Angabe. Die Anwendbarkeit des § 23 Abs. 1 Nr. 2 setzt **15** das Vorliegen einer Angabe über Merkmale oder Eigenschaften von Waren und Dienstleistungen voraus, wobei die in § 23 Abs. 1 Nr. 2 konkret benannten Merkmals- und Eigenschaftsarten nur beispielhaft und nicht abschließend aufgezählt sind (vgl. Wortlaut „insbesondere"). § 23 Abs. 1 Nr. 2 ist daher auch auf andere merkmalsbeschreibende Angaben anwendbar. Erfasst werden auch **Gattungsbezeichnungen,** da sie die Zugehörigkeit eines Produkts zu einer bestimmten Gattung angeben und damit auf gattungstypische Produkteigenschaften hinweisen.[39]

Neben der Benutzung von Merkmalsangaben in Alleinstellung findet § 23 Abs. 1 Nr. 2 **16** nach gefestigter Rechtsprechung des BGH auch Anwendung bei Verwendung der Angabe innerhalb eines Gesamtkennzeichens aus mehreren Elementen.[40] Dies setzt allerdings voraus, dass der beschreibende Charakter der Merkmalsangabe innerhalb des Gesamtzeichens noch erhalten bleibt und erkennbar ist.[41] Von der Freistellung nach § 23 Abs. 1 Nr. 2 ausgeschlossen sind Abwandlungen von beschreibenden Angaben,[42] selbst dann, wenn die Abwandlung so geringfügig ist, dass sie dem Schutzausschließungsgrund des § 8 Abs. 2 Nr. 2 unterfällt, sowie sprechende Zeichen, die lediglich beschreibende Anklänge aufweisen, ohne beschreibend zu sein.[43]

Die markenmäßige Benutzung einer beschreibenden Angabe schließt die Anwendung **17** des § 23 Abs. 1 Nr. 2 nicht aus.[44] Denn der Geltungsbereich des § 23 Abs. 1 Nr. 2 kann eröffnet sein, wenn das Kollisionszeichen nicht nur beschreibend, sondern auch markenmäßig verwendet wird.[45] Die Benutzung der Angabe schließt alle in § 14 Abs. 3 erfassten Handlungen ein, also beispielsweise auch Benutzen in der Werbung[46]. Weiterhin kann § 23 Abs. 1 Nr. 2 nach Ansicht des BGH auch dann Anwendung finden, wenn das Kollisionszeichen keinen beschreibenden Sinngehalt besitzt, sondern es sich um eine kennzeichnungskräftige Marke handelt, die von dem Dritten zum Zweck der gebotenen Information der Abnehmer benutzt wird, beispielsweise um auf den Ursprungszustand umgebauter oder wiederaufbereiteter Geräte unter Erwähnung der ursprünglichen Herstellermarke oder um auf das Ursprungsprodukt als Bezugsgröße für das eigene Produkte hinzuweisen.[47]

---

[38] BGH, GRUR MMR, 2014, 232 (237, 238), Rn. 52 – UsedSoft II; BGH GRUR 2011, 1135, Rn. 28 – GROSSE INSPEKTION FÜR ALLE.

[39] Ingerl/Rohnke Rn. 65; für die analoge Anwendung des § 23 Nr. 2 bei Gattungsbezeichnungen Fezer MarkenR Rn. 108.

[40] BGH GRUR 2013, 631 Rn. 28 Amarula/Marulablu; BGH GRUR 2010, 646 Rn. 20 ff. – OFFROAD; BGH GRUR 2009, 678 Rn. 19 f. – POST/RegioPost; BGH GRUR 2009, 672 Rn. 41 ff. – OSTSEE-POST; aA Thiering in Ströbele/Hacker/Thiering, Rn. 94.

[41] Fezer MarkenR Rn. 88; Ingerl/Rohnke Rn. 71.

[42] BGH GRUR 2008, 803 Rn. 25 – HEITEC.

[43] Hacker in Ströbele/Hacker Rn. 85.

[44] BGH GRUR 2015, 1121 (1124) – Tuning; BGH GRUR 2008, 798 Rn. 17 – POST mwN; zum Verhältnis des § 23 Nr. 2 zu §§ 14, 15 unter dem Aspekt des marken- bzw. kennzeichenmäßigen Gebrauchs s. auch Thiering in Ströbele/Hacker Rn. 70.

[45] BGH GRUR 2004, 600 (602) – d-c-fix/CD-FIX; BGH GRUR 2009, 1162, 1163 – DAX; BGH GRUR 2004, 949, 950 Regiopost/Regional Post

[46] BGH GRUR 2015, 1121 (1123) – Tuning.

[47] BGH GRUR 1998, 697 (699) – VENUS MULTI; zur Benutzung der ursprünglichen Marken bei umgebauten bzw. wieder aufgearbeiteten Geräten s. BGH GRUR 2007, 705 Rn. 23 – Aufbereitung von Fahrzeugkomponenten; zur Benutzung der Marke DAX als Hinweis auf die Bezugsgröße von Finanzprodukten s. BGH GRUR 2009, 1162 Rn 27 f. – DAX; in diesem Sinne auch EuGH GRUR 2007, 318 Rn. 43 – Adam Opel, wonach nicht grundsätzlich ausgeschlossen werden kann, dass Art. 6 Abs. 1 lit. b MRL es Dritten erlaubt, eine Marke zu benutzen, wenn diese Benutzung darin besteht, eine Angabe über die Art, die Beschaffenheit oder über andere Merkmale der von dem Dritten vertriebenen Waren zu machen, sofern die genannte Benutzung den anständigen Gepflogenheiten in Gewerbe oder Handel entspricht; aA Hacker in Ströbele/Hacker Rn. 64 f.; Ingerl/Rohnke Rn. 74 ff.

18   Für die Beurteilung, ob das Kollisionszeichen als Angabe über Merkmale oder Eigenschaften der fraglichen Waren oder Dienstleistungen dient, ist das Verständnis der inländischen **Verkehrskreise** maßgeblich.[48] Dies gilt auch im Hinblick auf die im Zuge der Novellierung des § 23 Abs. 1 Nr. 2 eingeführte mangelnde Unterscheidungskraft des Zeichens oder der Angaben. Bei einer gespaltenen oder uneinheitlichen Verkehrsauffassung ist eine Freistellung nach § 23 Abs. 1 Nr. 2 nicht ausgeschlossen, der besonderen Verständnislage ist allerdings innerhalb der Unlauterkeitsprüfung Rechnung zu tragen.[49] Wird eine relevante Veränderung der Produkte vorgenommen und werden diese sodann wieder in den Verkehr gebracht, genügt jedenfalls die Gegenüberstellung der ursprünglichen Herstellermarke und einer eigenen Marke als neue Kennzeichnung der veränderten Ware. Maßgeblich ist, dass der Verkehr erkennt, dass der Dritte überhaupt Veränderungen an der Ware vorgenommen und dies zum Anlass genommen hat, die veränderte Ware unter seinem eigenen Zeichen anzubieten[50].

19   **3. Kein Verstoß gegen die anständigen Gepflogenheiten in Gewerbe oder Handel.** Die Freistellung nach § 23 Abs. 1 Nr. 2 ist ausgeschlossen, wenn die beschreibende Angabe gegen die anständigen Gepflogenheiten in Gewerbe oder Handel verstößt. Daher darf der Drittbenutzer den berechtigten Interessen des Markeninhabers nicht in unlauterer Weise zuwiderhandeln.[51] Ob Unlauterkeit vorliegt, ist unter **Gesamtwürdigung** aller relevanten Umstände des Einzelfalls zu beurteilen. Einzubeziehen sind neben der konkreten Benutzungshandlung auch alle sonstigen Begleitumstände außerhalb des Zeichenvergleichs.[52] Der EuGH hat hierzu vier Fallgruppen entwickelt, nach denen eine unlautere Benutzung eines geschützten Zeichens durch Dritte insbesondere vorliegt (→ § 23 Rn. 3).

20   Die Unlauterkeit der Benutzung wird nicht schon durch die bloße Identität oder Verwechslungsgefahr zwischen dem geschützten Kennzeichen und der beschreibenden Angabe begründet, weil die Schutzschranke des § 23 Abs. 1 Nr. 2 ansonsten leerliefe.[53] Vielmehr müssen zusätzliche besondere Umstände die Unlauterkeit begründen. Dies kann insbesondere der Fall sein, wenn neben der Benutzung der beschreibenden Angabe eine weitere Annäherung an das Kennzeichen erfolgt, etwa durch die konkrete Farbwahl oder grafische Gestaltung, unabhängig davon, ob die zusätzlichen Elemente Gegenstand des geschützten Kennzeichens sind oder nur von dem Inhaber des geschützten Kennzeichens benutzt werden.[54] Unlauterkeitsbegründend kann sich auch ein vorangegangenes rechtswidriges Verhalten auswirken. Denn es verpflichtet den Verletzer, einen möglichst großen Abstand zu dem geschützten Kennzeichen zu wahren als dies ohne vorangegangene Rechtsverletzung gefordert werden könnte.[55]

21   Ohne Bedeutung für die Beurteilung der Unlauterkeit ist, ob andere Benutzungsalternativen zu der konkret verwendeten Merkmalsangabe bestehen. Denn im Unterschied zu § 23 Abs. 1 Nr. 3 stellt § 23 Abs. 1 Nr. 2 nicht auf eine Notwendigkeit der Benutzung des verwendeten Zeichens ab.[56]

VI. Notwendige Bestimmungsangaben (Abs. 1 Nr. 3)

22   **1. Anwendungsbereich.** Nach § 23 Abs. 1 Nr. 3, der Art. 14 Abs. 1 lit. c MRL umsetzt, darf der Inhaber einer Marke oder einer geschäftlichen Bezeichnung einem

---

[48] BGH GRUR 1999, 238 (240) – Tour de culture.
[49] Ingerl/Rohnke Rn. 67.
[50] BGH GRUR 2015, 1121 (1124) – Tuning.
[51] BGH GRUR 2015, 1121 (1125) – Tuning; BGH GRUR 2009, 1162 Rn. 29 – DAX.
[52] Thiering in Ströbele/Hacker/Thiering Rn. 105.
[53] BGH GRUR 2009, 678 Rn. 23 – POST/RegioPost.
[54] EuGH GRUR 2004, 234 Rn. 26 – Gerolsteiner/Putsch; Fezer MarkenR Rn. 65; Thiering in Ströbele/Hacker/Thiering Rn. 109.
[55] OLG Köln GRUR-RR 2010, 41 (42) – EnzyMax/Enzymix; Fezer MarkenR Rn. 115; Thiering in Ströbele/Hacker/Thiering Rn. 116.
[56] BGH GRUR 2009, 678 Rn. 30 – POST/RegioPost.

Dritten nicht untersagen, die Marke oder die geschäftliche Bezeichnung im geschäftlichen Verkehr zu Zwecken der Identifizierung oder zum Verweis auf Waren oder Dienstleistungen als die des Inhabers der Marke zu benutzen, insbesondere wenn die Benutzung der Marke als Hinweis auf die Bestimmung einer Ware, insbesondere als Zubehör oder Ersatzteil, oder einer Dienstleistung erforderlich ist.

§ 23 Abs. 1 Nr. 3 privilegiert somit die Benutzung von Kennzeichen und geschäftlichen Bezeichnungen im geschäftlichen Verkehr zum Zwecke der Identifizierung oder zum Verweis auf Waren oder Dienstleistungen. In Anlehnung an den Wortlaut des Art. 14 Abs. 1 lit. c. MRL nennt § 23 Abs. 1 Nr. 3 lediglich beispielhaft und nicht abschließend sowohl die Benutzung der Marke „als Hinweis auf die Bestimmung einer Ware" als auch als Unterbeispiel hierzu die bereits aus § 23 Nr. 3 a. F. bekannte Formulierung „als Zubehör oder Ersatzteil" (vgl. Wortlaut „insbesondere"). Mithin erfolgt nunmehr eine unter dem Vorbehalt der lauteren Benutzung stehende generelle Freistellung von Zeichen, die die bezeichneten Waren oder Dienstleistungen als solche des Markeninhabers kenntlich machen.[57] Es wird die Marke als die des Markeninhabers identifiziert und nicht als Kennzeichen für den Ursprung der eigenen Produkte des Dritten verwendet.[58]

Auch die Privilegierung des § 23 Abs. 1 Nr. 3 steht unter der Bedingung, dass die Benutzung nicht gegen die anständigen Gepflogenheiten in Gewerbe oder Handel verstößt (Abs. 2).

Durch die Regelung soll einerseits verhindert werden, dass der Kennzeicheninhaber den Wettbewerb im Ersatzteil-, Zubehör- und Dienstleistungssegment behindert, indem er kennzeichenrechtliche Ansprüche nutzt, um eine Beschreibung der Drittprodukte und eine Information der Verbraucher über die Kompatibilität durch Benennung der Kennzeichen der Hauptprodukte zu verhindern. Auf der anderen Seite soll sichergestellt werden, dass Drittanbieter keine unlauteren Vorteile aus der Nutzung der Kennzeichen der Hauptprodukte ziehen.

2. Angabe zu Zwecken der Identifizierung oder zum Verweis auf Waren oder 23 Dienstleistungen als die des Inhabers. Die Anwendbarkeit des § 23 Abs. 1 Nr. 3 setzt die Benutzung des Kennzeichens zu Zwecken der Identifizierung oder zum Verweis auf Waren oder Dienstleistungen als die des Inhabers der Marke voraus, wobei § 23 Abs. 1 Nr. 3 nur beispielhaft die Benutzung der Marke als Hinweis auf die Bestimmung einer Ware und als Unterbeispiel hierzu die Bestimmungsangabe für Ersatzteile und Zubehör nennt. Es handelt sich insoweit **nicht** um eine **abschließende Aufzählung**. Die Regelung privilegiert daher die Benutzung von Kennzeichen zur Identifizierung oder zum Verweis auf Waren und Dienstleistungen aller Art. Hierzu zählen etwa Ergänzungswaren oder Waren, die dazu bestimmt sind, zum Verbrauch vorgesehene Teile der Originalware zu ersetzen sowie Wartungs- oder Instandsetzungsdienstleistungen, die an den Hauptwaren erbracht werden.[59] Nicht erfasst von § 23 Abs. 1 Nr. 3 sind dagegen Fälle, in denen das in Rede stehende Zeichen lediglich zur Inhaltsbeschreibung und nicht als Produktkennzeichen verwendet wird.[60]

Gleichzeitig ist die Verwendung einer fremden Marke zu Zwecken der Identifizierung 24 oder zum Verweis auf Waren oder Dienstleistungen als die des Inhabers der Marke nur dann von der Privilegierung des § 23 Abs. 1 Nr. 3 erfasst, wenn der angesprochene Verkehr die verwendete Marke zweifelsfrei als „fremde Marke" und nicht als eigene Marke des Verwenders erkennt. Daran fehlt es regelmäßig, wenn die fremde Marke in der Werbung auf dem vom Verwender angebotenen eigenen Erzeugnis wiedergegeben wird

---

[57] Kur, FS Fezer, 649, (656).
[58] Fezer, MarkenR 2017, 141, 151).
[59] Vgl. EuGH GRUR 2005, 509 Rn. 32 f. – Gillette Company/LA Laboratories; Thiering in Ströbele/Hacker/Thiering Rn. 125; Ingerl/Rohnke Rn. 110.
[60] OLG Köln, GRUR-RR 2019, 466 Rn. 16 – Küchenmaschine Rezepte zur Verwendung in Buchtiteln als inhaltsbeschreibendes Unterscheidungsmerkmal zu anderen Büchern und nicht als Produktkennzeichen.

und nicht zugleich in deutlicher Form darauf hingewiesen wird, dass es sich lediglich um die fremde Marke des Erzeugnisses handelt, für welches das angebotene Erzeugnis bestimmt ist.[61]

Ferner liegt nach dem BGH ein Hinweis auf die Bestimmung der Ware nicht vor, wenn ein Dritter Waren für ein wiederbefüllbares, mit der Marke des Originalherstellers gekennzeichneten Behältnis (beispielsweise Papierhandtuchspender oder Seifenspender) anbietet und der Verkehr davon ausgeht, dass sich die Marke auf dem Behältnis als Hinweis nicht nur für die betriebliche Herkunft des Behältnisses, sondern auch für die betriebliche Herkunft des Inhalts versteht.[62] Für die Beurteilung, ob der Verkehr eine solche Verbindung im Einzelfall tatsächlich herstellt, hat der BGH[63] drei wesentliche Kriterien herausgearbeitet: (1) Zunächst kann maßgeblich sein, ob die Nachfüllware selbst ein für den Verkehr bei der Benutzung der Ware erkennbares Zeichen trägt. Eine Kennzeichnung der Nachfüllware selbst hebt die herkunftshinweisende Funktion der Marke auf dem Behältnis für den Inhalt auf.[64] (2) Weiterhin sind auch die Bedingungen, unter denen die Nachfüllware ausgetauscht wird, bei der Beurteilung der Frage heranzuziehen und dabei gilt es insbesondere die Praktiken im jeweiligen Wirtschaftszweig sowie den Umstand, ob die Verbraucher es gewohnt sind, dass das Behältnis mit Waren anderer Hersteller bestückt wird, zu berücksichtigen. (3) Auch zu berücksichtigen ist, ob die Verbraucher den Vorrang der Befüllung selbst vornehmen.[65] Neben diesen drei Kriterien kann sich auch die Relevanz von Marken im streitgegenständlichen Produktbereich auf die Verkehrsauffassung auswirken.

25　　Die Bestimmungsangabe muss nicht wörtlich, sondern kann auch in bildlicher Form erfolgen, beispielsweise durch die Abbildung von Zubehör beim bestimmungsgemäßen Einsatz in Verbindung mit der markierten Hauptware.[66] Die Benutzung einer Marke als Bestimmungsangabe ist nicht auf Wortmarken beschränkt. Auch andere Markenformen können als Bestimmungsangabe verwendet werden, selbst dann, wenn ein Ausweichen auf Wortmarken möglich ist. Allerdings kann die Benutzung einer Wort-/Bildmarke unlauter sein, wenn es möglich und zumutbar ist auf eine Wortmarke als Bestimmungsangabe auszuweichen. Denn regelmäßig wird die Verwendung einer Wortmarke die berechtigten Interessen des Markeninhabers weniger einschneidend berühren als die Benutzung seiner Wort-/Bildmarke oder Bildmarke, weil sich die Wortmarke in erster Linie zur Beschreibung der Bestimmung von Waren und Dienstleistungen eignet.[67] Keine Bestimmungsangabe liegt nach Ansicht des BGH[68] hingegen vor, wenn unabhängig von der Marke keine Ware vorhanden sei; so beispielsweise im Fall der Herstellung einer „BMW-Plakette". Erschöpfe sich die Ware in der Verkörperung und Wiedergabe der Marke, sei diese kein Hinweis auf deren Bestimmung[69].

26　　**3. Erforderlichkeit.** Die Benutzung des Kennzeichens zur Identifizierung oder zum Verweis auf die Waren und Dienstleistungen als die des Inhabers der Marke muss erforderlich sein. Dies ist der Fall, wenn die Information über den Zweck der Ware oder Dienst-

---

[61] OLG Frankfurt am Main, GRUR.-RS 2016, 110995 – Lube-Shuttle.

[62] BGH, GRUR 2019, 79 – TORK, Kur/v. Bomhard/Albrecht, BeckOK Markenrecht/Kretschmar, § 23 Rn. 48.

[63] BGH, GRUR 2019, 79 Rn. 31 – TORK.

[64] vgl. insoweit EuGH, GRUR Int 2011, 827 Rn. 39 f. – Viking Gas; BGH, GRUR 2006, 763 Rn. 17 – Seifenspender.

[65] EuGH, GRUR Int 2011, 827 Rn. 40 – Viking Gas.

[66] BGH GRUR 2005, 163 (164) – Aluminiumräder; Ingerl/Rohnke Rn. 114.

[67] BGH GRUR 2011, 1135 Rn. 26 – GROSSE INSPEKTION FÜR ALLE; aA Ingerl/Rohnke Rn. 119, der die Wahl der verwendeten Markenform im Rahmen der Notwendigkeit prüft.

[68] BGH GRUR 2015, 1009 (1011) – BMW-Emblem.

[69] BGH GRUR 2015, 1009 (1011) – BMW-Emblem; a. A. Kur GRUR 2016, 20 (29), die einen Widerspruch in dem einerseits begriffsnotwendigen Ausschluss der Bestimmungsangabe bei Identität von Ware und Zeichen und andererseits der grundsätzlichen Möglichkeit der Bejahung einer markenmäßigen Benutzung und mithin der Zuerkennung eines „kommunikativen Mehrwerts" sieht.

leistung anders nicht sinnvoll übermittelt werden kann, dem Wiederverkäufer mithin keine schonenderen Möglichkeiten zur Verfügung stehen, um auf die Kompatibilität seiner Produkte hinzuweisen.[70] Die Benutzung des Kennzeichens muss praktisch das einzige Mittel darstellen, um der Öffentlichkeit eine verständliche und vollständige Information über die Bestimmung der Ware oder Dienstleistung zu liefern.[71] Kann die Information der angesprochenen Verkehrskreise auch auf andere Art und Weise, etwa durch Angabe technischer Standards oder Normen erfolgen, besteht keine Notwendigkeit für die Benutzung des Kennzeichens.[72] Regelmäßig wird die Notwendigkeit der Benutzung gegeben sein, wenn die Bestimmung gerade auf Produkte einer bestimmten Marke ausgerichtet ist.[73] Denn ein Unternehmen wird kaum eine andere Möglichkeit habe, seine Kunden darauf hinzuweisen, dass seine Produkte für die Anwendung mit anderen Hauptprodukten bestimmt sind, ohne auf die Marke der Hauptprodukte hinzuweisen und sie zu benutzen.

Die **Erforderlichkeitsprüfung** bezieht sich nicht auf die konkret benutzte Markenform. **27** Besteht für den Dritten keine andere Möglichkeit auf die Bestimmung seiner Produkte hinzuweisen, als die Marke der Hauptprodukte zu benutzen und stehen hierfür mehrere unterschiedliche Markenformen zur Auswahl (zB Wort- und Wort-/Bildmarken), ist die Benutzung der Marken grundsätzlich notwendig, unabhängig davon, welche Markenform benutzt wird. Im Rahmen der Prüfung der Erforderlichkeit kommt es nach der Rechtsprechung des BGH nicht darauf an, ob die Wahl einer der anderen Marken die Interessen des Markeninhabers weniger stark beeinträchtigt hätte; dies ist erst im Rahmen der Lauterkeit zu prüfen.[74]

4. Kein Verstoß gegen die anständigen Gepflogenheiten in Gewerbe oder Handel. Die Freistellung nach § 23 Abs. 1 Nr. 3 ist ausgeschlossen, wenn die Verwendung des Zeichens zu Zwecken der Identifizierung oder zum Verweis auf Waren oder Dienstleistungen als die des Inhabers der Marke gegen die anständigen Gepflogenheiten in Gewerbe oder Handel verstößt. Daher darf der Dritte den berechtigten Interessen des Markeninhabers nicht in unlauterer Weise zuwiderhandeln.[75] Ein Verstoß gegen die anständigen Gepflogenheiten in Gewerbe und Handel ergibt sich nicht bereits durch das bloße Bestehen einer Verwechslungsgefahr zwischen einem prioritätsjüngeren Zeichen als Hinweis auf die Bestimmung der eigenen Ware und einer älteren Marke.[76] Ob ein solcher Verstoß gegen die anständigen Gepflogenheiten in Gewerbe oder Handel vorliegt, ist vielmehr unter **Gesamtwürdigung aller relevanten Umstände** des Einzelfalls zu beurteilen. Maßgeblich ist dabei insbesondere, dass der durch § 23 Abs. 1 Nr. 3 Privilegierte sich auf das unbedingt notwendige Minimum der Markenverwendung beschränkt.[77] Im Rahmen der gebotenen umfassenden Beurteilung der relevanten Umstände ist insbesondere die Aufmachung zu berücksichtigen, innerhalb derer die fremde Marke zur Angabe der Bestimmung der eigenen Waren verwendet wird.[78] Darüber hinaus sind neben der konkreten Benutzungshandlung auch alle sonstigen Begleitumstände außerhalb des Zeichen-

28

---

[70] BGH GRUR 2019, 165 Rn. 30 – keine-vorwerk-vertretung; EuGH GRUR Int.1999, 438 Rn. 60 – BMW Nederland BV/Ronald Karel Deenik.

[71] EuGH GRUR 2005, 509 Rn. 35 – Gillette Company/LA Laboratories.

[72] EuGH GRUR 2005, 509 Rn. 36 – Gillette Company/LA Laboratories.

[73] Ingerl/Rohnke Rn. 118.

[74] BGH GRUR 2011, 1035 Rn. 21 – GROSSE INSPEKTION FÜR ALLE; aA OLG Köln GRUR-RR 2001, 301 (303); Ingerl/Rohnke Rn. 119; BDS/Schalk Rn. 22; a. A. Thiering in Ströbele/Hacker/Thiering Rn. 145, der insoweit darauf abstellt, dass die bloße Verwendung einer Wortmarke gegenüber einer Wort-/ Bild- oder Bildmarke allgemein weniger eingriffsintensiv sei und darauf verweist, dass sich der EuGH – entgegen der Ansicht des BGH – mit diesem speziellen Problem noch nicht auseinandergesetzt habe..

[75] BGH GRUR 2009, 1162 Rn. 29 – DAX.

[76] Kur/v. Bomhard/Albrecht, BeckOK Markenrecht/Kretschmar, § 23 Rn. 51.

[77] BGH GRUR 2019, 165 Rn- 29 – keine-vorwerk-vertretung.

[78] EuGH GURR 2004, 234 Rn. 26 – Gerolsteiner Brunnen/Putsch; BGH GRUR 2005, 423, 426 – Staubsaugerfiltertüten.

vergleichs einzubeziehen.[79] Die Unlauterkeit wird nicht schon durch die markenmäßige Benutzung ausgelöst, weil die Schutzschranke des § 23 Abs. 1 Nr. 3 ansonsten leerliefe.[80] Vielmehr müssen zusätzliche besondere Umstände die Unlauterkeit begründen.

29   Der Benutzer des Kennzeichens hat alles zu tun, um eine verbleibende Verwechslungs- bzw. Irreführungsgefahr als im Rahmen des § 23 nicht relevant erscheinen zu lassen. Nicht erforderlich ist, dass der Benutzer des Kennzeichens jede denkbare Fehlvorstellung des Verkehrs über die Herkunft der Produkte ausschließt.[81]

30   In der Regel sind **klarstellende** und eindeutige **Zusätze** erforderlich, die eine Fehl-vorstellung über die Herkunft der Produkte in dem erforderlichen Umfang vermeiden.[82] Die Verwendung von Angaben wie „passend für" wird für sich genommen häufig nicht genügen, um die Unlauterkeit auszuschließen, da solche Angaben nicht ausreichend die Verschiedenheit der Herkunft der Waren verdeutlichen.[83] Die deutliche Hervorhebung der eigenen Marke und die Benutzung der Marke des Originalherstellers im Fließtext kann die Irreführungsgefahr hingegen ausreichend minimieren.[84]

31   Das Erfordernis, dass sich der durch § 23 Abs. 1 Nr. 3 Privilegierte auf das notwendige Minimum der Markenverwendung beschränkt, wird insbesondere in den Fällen relevant, in denen der Verwender die fremde Marke in einem Domainnamen verwendet. Eine solche Verwendung der älteren Marke dient regelmäßig dem Zweck, potentielle Kunden auf das eigene Warenangebot aufmerksam zu machen und sie beispielsweise vom Online-Shops des Inhabers der älteren Marke abzuleiten. Daher beinhaltet die Verwendung der älteren Marke als Domainname jedoch nicht nur eine bloße Hinweisfunktion auf die Verwendbarkeit der eigenen Produkte auf die Waren des Markeninhabers, sondern hat darüber hinaus auch eine Werbewirkung, die über die mit der notwendigen Leistungsbestimmung einhergehenden Werbewirkung hinausgeht und daher mit den guten Sitten nicht vereinbar ist.[85] Nach der jüngeren Rechtsprechung des BGH sind kaum Konstellationen mehr denkbar, in denen es rechtmäßig ist, dass etwa ein Ersatzteilhändler die Herstellermarke als kennzeichnenden Bestandteil in seiner eigenen Domain benutzt, da dem Verwender regelmäßig schonendere Möglichkeiten, wie beispielsweise der Hinweis im Text der Internetseite, um auf den Vertrieb seiner mit der älteren Marke kompatiblen Waren hinzuweisen, zur Verfügung stehen werden.[86] Insbesondere Vorsicht ist auch geboten bei der Verwendung der älteren Marke im Wege der Adwords-Werbung. Hier geht der BGH davon aus, dass eine dreimalige, in Fettdruck gehaltene Nennung der älteren Marke über eine notwendige Leistungs-bestimmung deutlich hinausgehe.[87]

32   Wenn mehrere Markenformen (z. B. Wort- und Wort-/Bildmarken) zur Auswahl stehen, ist innerhalb der Lauterkeitsprüfung die Wahl der konkret benutzten Markenform von Bedeutung. Es besteht zwar kein grundsätzliches Rangverhältnis zwischen einzelnen Mar-kenformen in ihrer Bedeutung als Kennzeichnungsmittel. Regelmäßig wird allerdings die Benutzung einer Wortmarke die berechtigten Interessen des Markeninhabers weniger ein-schneidend berühren als die Benutzung seiner Wort-/Bildmarke oder Bildmarke, weil sich die Wortmarke in erster Linie zur Beschreibung der Bestimmung von Waren und Dienst-leistungen eignet. Zugunsten der Benutzung einer Wort-/Bildmarke oder Bildmarke kann allerdings auch zu berücksichtigen sein, dass diese Markenformen gegenüber einer Wort-marke zu einer schnelleren und deutlicheren Erfassbarkeit des Angebots führen können, ohne dass es zu einer nennenswerten Rufausbeutung kommen muss.[88] Dies kann ins-

---

[79] Thiering in Ströbele/Hacker/Thiering Rn. 148.
[80] BGH GRUR 2009, 678 Rn. 23 – POST/RegioPost.
[81] BGH GRUR 2005, 423 (425) – Staubsaugerbeutel.
[82] BGH GRUR 2005, 423 (425) – Staubsaugerbeutel.
[83] OLG Karlsruhe GRUR 1978, 111 – Hammerbohrer.
[84] BGH GRUR 2005, 423 (425) – Staubsaugerbeutel.
[85] BGH GRUR 2019, 165 Rn. 30 – keine-vorwerk-vertretung.
[86] Hackbarth, GRUR 2019, 484, 485.
[87] BGH GRUR 2019, 165 Rn. 65 – keine-vorwerk-vertretung.
[88] BGH GRUR 2011, 1035 Rn. 26 – GROSSE INSPEKTION FÜR ALLE.

besondere dann in Betracht kommen, wenn die Wort-/Bildmarke oder Bildmarke keine besondere Bekanntheit genießen und die alternative Wortmarke aufgrund ihrer konkreten Gestaltung eine schnelle Erfassbarkeit erschwert.

Je nach Art des Produkts kann die Benutzung von Bildmarken zulässig sein, unabhängig **33** von der Bekanntheit der Bildmarke und der Kürze und Prägnanz der alternativen Wortmarke. So hat der BGH die Bewerbung von Aluminiumrädern, die in einem Werbeprospekt montiert an einem Porsche-Fahrzeug und unter Erkennbarkeit des Porsche-Emblems abgebildet waren, als durch § 23 Nr. 3 a. F. privilegiert angesehen. Denn nach der Art des Produkts sei eine solche Darstellung notwendig, weil der ästhetische Eindruck, auf den es den Käufern solcher Räder in erster Linie ankomme, in vollem Umfang nur vermittelt werden könne, wenn die Räder nicht isoliert und auch nicht nur im Ausschnitt des Radkastens gezeigt würden. Ihre volle ästhetische Wirkung würden sie danach erst in der Gesamtbetrachtung mit dem Fahrzeug entfalten. Dem stehe nicht entgegen, dass Aluminiumräder auch im nicht montierten Zustand oder nur in einem Bildausschnitt beworben werden.[89] Eine unzulässige Benutzung kann demgegenüber dann vorliegen, wenn durch die Verwendung der älteren Marke als Teil einer Unternehmensbezeichnung auf eine nicht mehr bestehende Vertragshändlereigenschaft hingewiesen wird.[90] Im konkreten Fall hat die Beklagte als Teil ihrer Unternehmensbezeichnung die Marke „Harley Davidson" und Abbildungen hierzu auch nach Ende ihrer Vertragshändlereigenschaft verwendet. Das OLG entschied, dass dieser hinter der Verwendung stehende Hinweis auf die ehemalige Vertragshändlereigenschaft nicht erforderlich ist, um die Öffentlichkeit darauf hinzuweisen, dass die Beklagte spezialisiert auf den Kauf von Waren mit der Marke „Harley Davidson" ist, oder solche Waren, die unter der Marke von deren Inhaber oder mit dessen Zustimmung in den Verkehr gebracht worden sind, instand setzt und wartet.[91] Darüber hinaus stellte das OLG fest, dass durch diese Verwendung der irreführende Eindruck erweckt werde, dass nach wie vor eine Vertragshändlereigenschaft der Beklagten vorliege.[92]

VII. Unionsmarkenrecht

Die Unionsmarkenverordnung enthält in Art. 14 UMV eine im Wesentlichen inhalts- **34** gleiche Regelung zu § 23 MarkenG. Geschützt sind nach Art. 14 Abs. 1 lit. a Vor- und Nachnamen natürlicher Personen, sowie die Benutzung der Anschrift. Letztere umfasst Angaben wie Straßenname, Hausnummer, Ort und Postleitzahl.[93] Nach Art. 14 Abs. 1 lit. b umfasst die Schranke nunmehr auch für nicht unterscheidungskräftige Angaben oder Zeichen. Ein Beispiel hierzu wäre die Kollision eines nicht unterscheidungskräftigen Zeichens mit einer Marke, die als ursprünglich nicht unterscheidungskräftiges Zeichen erst durch intensive Benutzung Unterscheidungskraft erlangt hat.[94] Im Rahmen des Abs. 1 lit. c wurde die Benutzung der Marke zu Zwecken der Identifizierung oder zum Verweis auf Produkte als die des Inhabers der Ware ergänzt und der Begriff der „Notwendigkeit" wurde durch den der „Erforderlichkeit" ersetzt.

Die Grundlage für die Neufassung des § 23 MarkenG und den im Wortlaut identischen **35** Art. 14 UMV ist in Art. 14 MRL zu finden.

In der Rechtsprechung des EuGH zu Art. 9 UMV und Art. 14 MRL hat dieser im **36** Rahmen der Problematik des Überschneidungsbereichs von Marken- und Designrecht im Ersatzteilschutz die Position der Markeninhaber gestärkt. Die Vorschriften der Art. 14

---

[89] BGH GRUR 2005, 163 (164) – Aluminiumräder, allerdings hat der BGH hierzu im Rahmen der Notwendigkeit der Benutzung Stellung genommen. Unter Berücksichtigung der jüngsten Entscheidung des BGH – GROSSE INSPEKTION FÜR ALLE – wäre die benutzte Markenform und die konkrete Gestaltung des Werbeprospekts wohl innerhalb der Unlauterkeit zu prüfen.

[90] OLG Frankfurt, GRUR-RS 2021, 24024 Rn. 27.

[91] OLG Frankfurt, GRUR-RS 2021, 24024 Rn. 20.

[92] OLG Frankfurt, GRUR-RS 2021, 24024 Rn. 29.

[93] Büscher/Kochendörfer, BeckOKUMV/Pohlmann/Schramke, 23. Edition, Art. 15 UMV Rn. 3.

[94] Kur/v. Bomhard/Albrecht, BeckOK Markenrecht/Kretschmar, § 23 Rn. 3.

MusterRL und Art. 110 GGV hätten keine Auswirkungen auf das Markenrecht, vielmehr seien die markenrechtlichen Schutzschranken hinsichtlich der Ersatzteilproblematik abschließend[95].

B. Handelsvertreter

37   Für den Handelsvertreter gelten keine Abweichungen oder Besonderheiten.

C. Vertragshändler

38   Für den Vertragshändler gelten keine Abweichungen oder Besonderheiten.

D. Franchisenehmer

39   Für den Franchisenehmer gelten keine Abweichungen oder Besonderheiten.

E. Kommissionsagent

40   Für den Kommissionsagenten gelten keine Abweichungen oder Besonderheiten.

§ 24 Erschöpfung

(1) **Der Inhaber einer Marke oder einer geschäftlichen Bezeichnung hat nicht das Recht, einem Dritten zu untersagen, die Marke oder die geschäftliche Bezeichnung für Waren zu benutzen, die unter dieser Marke oder dieser geschäftlichen Bezeichnung von ihm oder mit seiner Zustimmung im Inland, in einem der übrigen Mitgliedstaaten der Europäischen Union oder in einem anderen Vertragsstaat des Abkommens über den Europäischen Wirtschaftsraum in den Verkehr gebracht worden sind.**

(2) **Absatz 1 findet keine Anwendung, wenn sich der Inhaber der Marke oder der geschäftlichen Bezeichnung der Benutzung der Marke oder der geschäftlichen Bezeichnung im Zusammenhang mit dem weiteren Vertrieb der Waren aus berechtigten Gründen widersetzt, insbesondere wenn der Zustand der Ware nach dem Inverkehrbringen verändert oder verschlechtert ist.**

Literatur: Abrar, Parallelimport und Umpacken von Lebensmitteln, MarkenR 2011, 382; Dissmann, Mund-Nasen-Schutz und gewerblicher Rechtsschutz, GRUR-Prax 2020, 537; Ingerl/Rohnke, Die Umsetzung der Markenrechts-Richtlinie durch das deutsche Markengesetz, NJW 1994, 1247; Jacobs, Markenverletzung durch Veränderung von Markenprodukten, GRUR-Prax 2015, 521; Kur, 'As good as New' - Sale of Repaired or Refurbished Goods: Commendable Practice or Trade Mark Infringement, GRUR Int. 2021, 228; Laas, Entfernung von Herstellungsnummern, GRUR Int 2002, 829; Mehler, Neues zur markenrechtlichen (Un)Zulässigkeit von Parallelimporten von Arzneimitteln und ihrem Umpacken, MarkenR 2009, 281; Sack, Die Erschöpfung von gewerblichen Schutzrechten und Urheberrechten nach deutschem Recht, WRP 1999, 1088; Sack, Die Erschöpfung von Markenrechten bei lizenzvertragswidrigem Vertrieb, GRUR Int 2010, 198; Slopek, Co-Branding bei Parallelimporten von Arzneimitteln – Kennzeichenschutz vs. Marktintegration!?, GRUR Int 2011, 1009; Slopek/Graber, Same same but different – Parallelimporte von Medizinprodukten, GRUR Int. 2018, 894; Stieper/Henke, Reichweite des Erschöpfungsgrundsatzes beim isolierten Verkauf von Produktschlüsseln – Neues vom Handel mit Softwarelizenzen, NJW 2015, 3548; Thiering; Die Rechtsprechung des EuGH und des BGH zum Markenrecht seit dem Jahr 2017, GRUR 2018, 1185; Thiering, Die Rechtsprechung des EuGH und des BGH zu Markenrecht seit dem Jahr 2020, GRUR 2021, 146.

---

[95] EuGH GRUR 2016, 77 (79) Rn. 45; zustimmend Fezer GRUR 2016, 30 (37).

Übersicht

A. Einleitung

I. Zweck der Regelung

Regelungszweck des in § 24 kodifizierten **Erschöpfungsgrundsatzes** ist es, die Belange **1** des Markenschutzes mit denen des freien Warenverkehrs in Einklang zu bringen.[1] Hierzu beschränkt § 24 das Verbotsrecht des Markeninhabers für Waren, die von dem Markeninhaber oder mit dessen Zustimmung innerhalb des EWR in Verkehr gebracht worden sind. Die Marke soll entsprechend der Herkunftsfunktion zwar die Gewähr bieten, dass alle mit ihr gekennzeichneten Waren unter der Kontrolle eines einzigen Unternehmens hergestellt worden sind und dass der Markeninhaber das **Erstvertriebsrecht** ausüben kann, um den wirtschaftlichen Wert der Marke zu realisieren.[2] Der Markeninhaber soll dann aber nicht mittels § 14 Abs. 5 den weiteren Vertrieb kontrollieren können.[3] Aus spezifisch europarechtlicher Sicht dient die Erschöpfung dem Ausgleich des Markenschutzes mit dem freien Warenverkehr und bezweckt insbesondere die Verhinderung von (künstlichen) Marktabschottungen.[4] Bereits vor Geltung des MarkenG war die Erschöpfung für das WZG richterrechtlich entwickelt worden.[5]

II. Systematik

§ 24 setzt die zwingenden Vorgaben des Art. 7 MRL aF. (nunmehr Art. 15 MRL) **2** inhaltsgleich um.[6] Anders als Art. 7 MRL aF. sowie Art. 15 MRL nF. findet § 24 nicht nur Anwendung auf eingetragene Marken, sondern auch auf Benutzungsmarken mit Verkehrsgeltung iSd § 4 Nr. 2, notorisch bekannte Marken iSd § 4 Nr. 3 sowie geschäftliche Bezeichnungen iSd § 5. Für alle erfassten Kennzeichen ist § 24 richtlinienkonform auszulegen.[7] § 24 Abs. 1 bildet den Grundtatbestand der Schutzschranke der Erschöpfung. Bei

---

[1] EuGH GRUR Int. 1996, 1144 Rn. 40, 42 – Bristol-Myers Squibb/Paranova, Boehringer.
[2] BGH GRUR 2011, 820 Rn. 16 – Kuchenbesteck-Set; vgl. näher Ingerl/Rohnke Rn. 7 ff.
[3] Amtl. Begr., BT-Drs. 12/6581, S. 81.
[4] EuGH GRUR Int 1996, 1144 Rn. 40, 46 – Bristol-Myers Squibb; vgl. Ingerl/Rohnke Rn. 6.
[5] BGH GRUR 1964, 372 (373 f.) – Maja; vgl. Fezer MarkenR Rn. 2, 7.
[6] Amtl. Begr., BT-Drs. 12/6581, S. 80.
[7] BGH GRUR 2002, 1063 (1065) – Aspirin.

Vorliegen ihrer Voraussetzungen stehen dem Kennzeicheninhaber die Verbotsrechte der §§ 14, 15 MarkenG nicht mehr zu (→ Rn. 35). § 24 Abs. 2 wiederum stellt eine Beschränkung des Erschöpfungsgrundsatzes dar und lässt das Ausschließlichkeitsrecht des Kennzeicheninhabers wieder aufleben.

III. Voraussetzung der Erschöpfung

3   Voraussetzung der Erschöpfung iSd § 24 Abs. 1 ist das **erstmalige Inverkehrbringen** der Waren im EWR durch den Kennzeicheninhaber oder mit dessen Zustimmung.

4   **1. Inverkehrbringen.** Ein Inverkehrbringen liegt vor, wenn die tatsächliche und rechtliche Verfügungsgewalt durch den Markeninhaber oder mit dessen Zustimmung auf einen unabhängigen Dritten willentlich übertragen wurde und sich dadurch der wirtschaftliche Wert der Marke realisiert hat.[8] Ist der Dritte, an den die Ware ausgehändigt wurde, vom Willen des Markeninhaber nicht unabhängig, liegt kein Inverkehrbringen vor, da insoweit die Kontrolle der Markeninhabers über die Ware fortbesteht.[9] Dies ist etwa der Fall bei Übergabe der Ware zum Transport, wenn der Transporteur den Weisungen des Markeninhabers unterliegt oder mit diesem wirtschaftlich, wie beispielsweise ein Tochterunternehmen, verbunden ist.[10] Anders ist dies dann zu beurteilen, wenn die Transportperson vom Käufer beauftragt worden ist.[11] Steht die transportrechtliche Verfügungsbefugnis nicht mehr dem Markeninhaber zu, ist von einem Übergang der tatsächlichen und rechtlichen Verfügungsgewalt auszugehen und damit von einem Inverkehrbringen der Waren.[12] Dabei sind vertragliche Vereinbarungen über eine räumliche Beschränkung des Vertriebsgebiets unerheblich und hindern den Eintritt der Erschöpfung nicht.[13] Die reine Einfuhr der Waren in den EWR stellt kein Inverkehrbringen dar, solange der Markeninhaber die Verfügungsgewalt nicht auf einen unabhängigen Dritten übertragen hat.[14] Auch die bloße Durchfuhr reicht nicht aus.[15]

5   Grundsätzlich unbeachtlich ist, ob die Waren zum entgeltlichen Weitervertrieb bestimmt sind. Anders kann es sich jedoch bei als «unverkäuflich» gekennzeichneten Warenmuster verhalten, die der Markeninhaber zwar an Dritte ausgehändigt und ihnen somit die tatsächliche Verfügungsgewalt eingeräumt hat, an denen der Markeninhaber aber weiterhin aufgrund vertraglicher Vereinbarung die rechtliche Verfügungsgewalt innehält. Zwar hat der BGH im Fall der Überlassung von «unverkäuflichen» Parfümtestern, die im Eigentum des Markeninhabers verblieben waren, die Erschöpfung bejaht.[16] Der EuGH hat allerdings in einem gleich gelagerten Fall den **Eintritt der Erschöpfung** abgelehnt, wenn der Markeninhaber durch Hinweise eindeutig seinen Willen klarstellt, dass kein Verkauf erfolgen soll.[17] Dem EuGH ist zuzustimmen, da sich der wirtschaftliche Wert in einem solchen Fall erst dann realisiert, wenn die Probe auch zu Testzwecken genutzt wird.[18]

---

[8] BGH GRUR 2021, 1191 Rn. 49 – Hyundai-Grauimport; BGH GRUR 2006, 863 Rn. 15, 17 – ex works; BDS/Schalk Rn. 8, lässt den Übergang der tatsächlichen Verfügungsgewalt ausreichen; Ingerl/Rohnke Rn. 19, stellt auf den Wechsel der rechtlichen Verfügungsgewalt ab; Fezer Rn. 11, stellt auf wirtschaftliche Betrachtungsweise ab und sieht den Übergang der rechtlichen oder der tatsächlichen Verfügungsgewalt als Indiz für Inverkehrbringen an.

[9] BGH GRUR 2021, 1191 Rn. 28 – Hyundai-Grauimport;

[10] BGH GRUR 2021, 1191 Rn. 28 – Hyundai-Grauimport; Thiering GRUR 2021, 1461 (1468).

[11] Thiering in Ströbele/Hacker/Thiering Rn. 26.

[12] Vgl. BGH GRUR 2006, 863 Rn. 18 – ex works.

[13] EuGH GRUR 2005, 507 Rn. 54 f. – Peak Holding/Axolin-Elinor; BGH GRUR 2006, 863 Rn. 16 – ex works.

[14] EuGH GRUR 2005, 507 Rn. 41 f. – Peak Holding/Axolin-Elinor; Ingerl/Rohnke Rn. 18; Thiering in Ströbele/Hacker/Thiering Rn. 22.

[15] Hacker in Ströbele/Hacker Rn. 22; Fezer MarkenR Rn. 11 mwN zur Rechtsprechung zum WZG in einem anderen Kontext; vgl. Ingerl/Rohnke Rn. 21, entscheidend sei Inverkehrbringen, Modalitäten irrelevant; Schalk in BDS Rn. 12.

[16] BGH GRUR 2007, 882 Rn. 14 – Parfümtester.

[17] EuGH GRUR 2010, 723 Rn. 48, 44 f. – Coty Prestige/Simex Trading.

[18] Thiering in Ströbele/Hacker/Thiering Rn. 27.

Bei der **Lieferung zwischen Konzernunternehmen** ist nicht schon bei unterneh- **6** mensinterner Warenbewegung zwischen verschiedenen Betrieben des Markeninhabers oder bei einem Warenverkehr innerhalb eines Konzernverbunds ein Inverkehrbringen gegeben, auch wenn die Waren dem verbundenen Unternehmen zum Verkauf zur Verfügung gestellt werden; entscheidend wird dabei auf die Leitungsmacht innerhalb des Konzerns abgestellt.[19] Gesellschaftliche Verbindungen, die keine Leitungsmacht begründen, wie etwa Minderheitsbeteiligungen, schließen hingegen den Eintritt der Erschöpfung nicht aus.[20]

Zweifelhaft kann das Inverkehrbringen auch bei exklusiven oder selektiven Vertriebs- **7** systemen sein, insbesondere wenn dabei – wie häufig – keine konzernmäßige Leitungsmacht besteht. So hat der BGH entschieden, dass ein **selektives Vertriebssystem** die Erschöpfung nicht hindert; die Situation sei mit einer Leitungsmacht nicht vergleichbar, da sich unabhängige Drittunternehmen gegenüberstünden, die einander lediglich vertraglich verpflichtet seien.[21] Zwar hat der EuGH später in einem ähnlich gelagerten Fall entschieden, dass weder die Lieferung der Exemplare des im Ausgangsverfahren fraglichen Erzeugnisses durch die Klägerin an ihren außerhalb des EWR ansässigen Depositär noch die Lieferung anderer Exemplare dieses Erzeugnisses durch die Klägerin an ihre im EWR ansässigen Depositäre als Inverkehrbringen der im Ausgangsverfahren fraglichen Erzeugnisse angesehen werden könnten.[22] In der Literatur wird diese Aussage vereinzelt so verstanden, dass sie der Rechtsprechung des BGH entgegenstehe.[23] Nach Thiering erweckt nicht nur die Entscheidung des EuGH in der Rechtssache Coty Prestige/Simex Trading Zweifel an der Rechtsprechung des BGH sondern darüber hinaus auch die Tatsache, dass der EuGH den Markeninhaber und bestimmte Dritte, darunter auch Lizenznehmer und Alleinvertriebshändler als Einheit behandelt[24], sodass es im Ergebnis nur konsequent sei, bei Warenbewegungen innerhalb dieser Einheit ein Inverkehrbringen im Sinne von § 24 zu verneinen. Auch andere Stimmen in der Literatur sehen unabhängig von dem Urteil des EuGH innerhalb eines Vertriebsbindungssystems noch kein Inverkehrbringen als gegeben, da dort keine hinreichende Unabhängigkeit der gebundenen Händler bestehe.[25] Im Ergebnis sei jedenfalls dem BGH zuzustimmen, da es sich lediglich um eine schuldrechtliche Abrede zwischen den Parteien handele, die unbeachtlich sei.[26] Diese Interpretation des EuGH-Urteils ist indes nicht zwingend. Der EuGH stellt ausdrücklich auf „Lieferung anderer Exemplare" und im Gegensatz dazu auf die „im Ausgangsverfahren fraglichen Erzeugnisse" ab. Damit liegt aber nahe, dass nur betont werden sollte, dass die Erschöpfung nur für die konkret in Rede stehenden Waren geprüft werden muss und nicht andere vom Markeninhaber in den EWR eingeführte Tester berücksichtigt werden können.[27] Damit bleibt es für die Rechtsprechung bei der Linie des BGH.

---

[19] BGH GRUR 2021, 1191 Rn. 36 – Hyundai-Grauimport;BGH GRUR 2007, 882 Rn. 15 – Parfümtester; EuGH GRUR 2005, 507 Rn. 44 – Peak Holding/Axolin-Elinor; Thiering in Ströbele/Hacker/Thiering Rn. 23, abstellend auf einheitliche Leitung iSd § 18 AktG; Ingerl/Rohnke Rn. 22, abstellend auf Weisungsgebundenheit; Fezer MarkenR Rn. 11 f., entscheidend sei rechtliche und wirtschaftliche Abhängigkeit.

[20] Schalk in BDS Rn. 10.

[21] BGH GRUR 2007, 882 Rn. 14 f. – Parfümtester.

[22] EuGH GRUR 2010, 723 Rn. 35 – Coty Prestige/Simex Trading.

[23] Thiering in Ströbele/Hacker/Thiering Rn. 25.

[24] Thiering in Ströbele/Hacker/Thiering Rn. 25 unter Verweis auf EuGH GRUR Int 1994 Rn. 34 – Ideal Standard II; EuGH GRUR 2009, 1149 Rn. 24 Marko u. a. / Diesel und EuGH GRUR 2009, 593 Rn. 43 Copad/Dior.

[25] Fezer MarkenR Rn. 11.

[26] iE Schalk in BDS Rn. 11, abstellend auf die Selbständigkeit, ohne aber auf die Entscheidung des EuGH einzugehen; iE wohl auch Ingerl/Rohnke Rn. 19, vertragliche Beschränkungen seien unerheblich, ohne aber explizit auf Vertriebssysteme oder das EuGH-Urteil einzugehen.

[27] Dem entspricht auch der Verweis des EuGH in Rn. 30 f. der Entscheidung Coty Prestige/Simex Trading auf das Urteil C-173/98 (EuGH EuZW 1999, 474 Rn. 19 – Sebago/G-B Unic), in dem sich der EuGH mit eben dieser Frage beschäftigt; außerdem prüft der EuGH erst in Rn. 44 der Coty Prestige/Simex Trading Entscheidung die hypothetische Fallgestaltung einer Lieferung der Tester an Depositäre im EWR und verneint Erschöpfung dann aus einem anderen Grund, sodass sich Rn. 35 der Coty Prestige/Simex Trading Entscheidung nicht auf diesen Sachverhalt beziehen kann.

8 **2. Räumlicher Umfang.** Das Inverkehrbringen muss im **europäischen Wirtschaftsraum** iSd EWR-Abkommens, also einem EU-Mitgliedstaat, Island, Liechtenstein oder Norwegen, erfolgt sein. Damit ist im Umkehrschluss, und weil Art. 15 MRL insofern eine abschließende Regelung darstellt, klargestellt, dass eine internationale Erschöpfung nicht stattfindet.[28] Die internationale Erschöpfung würde dazu führen, dass das Inverkehrbringen – egal in welchem Staat es erfolgt ist – zu einer Erschöpfung der Rechte führen würde. Vom Grundsatz der internationalen Erschöpfung wurde noch nach der Rechtslage im WZG ausgegangen.[29]

9 Ein **Inverkehrbringen der Waren außerhalb des EWR** durch den Markeninhaber oder mit dessen Zustimmung begründet keine Erschöpfung[30]; solche Waren können ohne Zustimmung des Markeninhabers nicht eingeführt werden. Ist ein Inverkehrbringen der Waren durch den Markeninhaber oder mit dessen Zustimmung innerhalb des EWR erfolgt, können vertragliche Bestimmungen, die den Wiederverkauf der Waren im EWR verbieten, den Eintritt der Erschöpfung nicht grundsätzlich verhindern, denn sie betreffen lediglich das Verhältnis der Vertragsparteien.[31] Dem Markeninhaber können gegebenenfalls Ansprüche wegen Vertragsverletzung zustehen; ein Vorgehen gegen den Wiederverkauf aus kennzeichenrechtlichen Ansprüchen ist hingegen ausgeschlossen.

10 Weder ist erforderlich, dass der Markeninhaber im EWR ansässig ist, wenn nur das Inverkehrbringen dort erfolgt, noch ist es ausreichend, wenn bloß der Vorlieferant im EWR ansässig ist, aber keine Zustimmung vorliegt.[32] Ferner umfasst die Zustimmung zum Inverkehrbringen in einem Drittstaat nicht etwa zugleich die (konkludente) Zustimmung zum (Re)Import in den EWR.[33] Erforderlich ist, dass die Zustimmung des Markeninhabers sich gerade auf das Gebiet des EWR bezieht.

11 **3. Vom Inhaber/mit dessen Zustimmung.** Der Eintritt der Erschöpfung nach § 24 Abs. 1 setzt voraus, dass die gekennzeichnete Ware vom Markeninhaber selbst oder mit dessen Zustimmung im EWR in den Verkehr gebracht worden ist.

12 Zunächst ist somit das **Inverkehrbringen durch den Markeninhaber** selbst erfasst. Dem Markeninhaber werden aber auch gewisse dritte Personen gleichgestellt. Der BGH stellt hierbei auf die hinreichende wirtschaftliche Verbundenheit ab, wie sie beispielsweise bei der Mutter- oder Tochtergesellschaft desselben Konzerns oder einem Eigenhändler mit Alleinvertriebsrecht gegeben sei.[34] Bei Handlungen des Markeninhabers, die die Voraussetzungen des Inverkehrbringens erfüllen, sind vertragliche Abreden, wie beispielsweise ein Weiterveräußerungsverbot, das lediglich die Vertragspartner bindet, grundsätzlich unbeachtlich.[35] Selbst auf den EWR bezogene räumliche Beschränkungen über das Vertriebsgebiet für den Fall eines Wiederverkaufs sollen dann die Erschöpfung nicht hindern.[36]

---

[28] EuGH GRUR 1998, 919 Rn. 26 – Silhouette.

[29] Ausführliche Darstellung zur Rechtslage im WZG Fezer MarkenR Rn. 18.

[30] so auch BGH GRUR 2021, 1191 Rn. 49 – Hyundai-Grauimport

[31] EuGH GRUR 2005, 507 Rn. 54 ff. – Peak Holding / Axolin Elinor.

[32] Ingerl/Rohnke Rn. 46.

[33] OLG Köln GRUR 1999, 337 (338) – Sculpture; OLG Frankfurt GRUR Int 1998, 313 – Reimport aus Rußland.

[34] BGH GRUR 2011, 820 Rn. 17 – Kuchenbesteck-Set mwN; vgl. schon zum WZG BGH GRUR 1983, 177 (178) – AQUA KING, hinsichtlich eines alleinvertriebsberechtigten Eigenhändlers; vgl. Ingerl/Rohnke Rn. 24 ff., wo unterschiedliche Fallkonstellationen bei konzernverbundenen Unternehmen unterschieden werden; Fezer MarkenR Rn. 28, wonach bei Konzernen aufgrund wirtschaftlicher Verbundenheit wechselseitige Zurechnung erfolge; Thiering in Ströbele/Hacker/Thiering Rn. 31 ff., entscheidend sei die besondere wirtschaftliche Verbundenheit; Sack GRUR Int 2010, 198 (200), der auf die Kontrollmöglichkeit in einer Hand abstellt.

[35] Ingerl/Rohnke Rn. 23.

[36] BGH GRUR 2007, 882 Rn. 16 – Parfümtester; EuGH GRUR 2005, 507 Rn. 54 f. – Peak Holding/Axolin-Elinor; vgl. aber EuGH GRUR 2010, 723 Rn. 48 – Coty Prestige/Simex Trading: Falls die Waren aber ohne Eigentumsübertragung und lediglich zu Testzwecken dem Vertragspartner mit der Maßgabe überlassen werden, dass ein Weiterverkauf verboten ist, und dies auf den Waren vermerkt ist, so schließt dies die Annahme einer Zustimmung iSd § 24 Abs. 1 aus, sodass keine Erschöpfung eintritt. Hierin ist eine Relativierung der grundsätzlichen Unbeachtlichkeit vertraglicher Abreden zu sehen, wobei aber bisher offen geblieben ist, inwieweit diese Erwägungen verallgemeinert werden können.

Die Erschöpfung kann aber auch eintreten, wenn das Inverkehrbringen zwar nicht durch **13**
den Markeninhaber oder eine ihm gleichgestellte Person, aber mit seiner Zustimmung
erfolgt. Zustimmung bedeutet einvernehmliches Inverkehrbringen.[37] Die Zustimmung kann
im Voraus, aber auch erst im Nachhinein erklärt werden. Eine konkludente Zustimmung ist
zwar möglich; dann muss sich aber aus den Anhaltspunkten und Umständen vor, bei oder
nach dem Inverkehrbringen außerhalb des EWR mit Bestimmtheit ergeben, dass der Markeninhaber auf sein Recht, sich dem Inverkehrbringen im EWR zu widersetzen, verzichtet.[38] Nach dem BGH kann auf eine konkludente Zustimmung nicht allein aus dem Umfang
der Exporte in ein EWR Land und einer daraus angeblich resultierenden Kenntnis des
Markeninhabers vom Parallelhandel geschlossen werden.[39] Die **Zustimmung des Markeninhabers** muss sich konkret auf das Inverkehrbringen der Warenexemplare im EWR bezie-
hen. Sieht ein Vertriebsvertrag eine räumliche Begrenzung auf ein Gebiet außerhalb des
EWR vor, so liegt darin keine Zustimmung zum Vertrieb im EWR (Import).[40] Auch bei
Fehlen einer ausdrücklichen vertraglichen Regelung ist bei einer Lieferung an außerhalb des
EWR ansässige Unternehmen nicht davon auszugehen, dass hierin die Zustimmung zum
Import im EWR liege[41]; allerdings kann auch hier abhängig von der Fallgestaltung eine
Erschöpfung mit Übergabe an einen Frachtführer zu bejahen sein (→ Rn. 4).

Fragen der Erschöpfung, insbesondere nach der Zustimmung des Markeninhabers, stellen **14**
sich auch im Rahmen von Lizenzverträgen. Dabei sollte zwischen der Vertriebs- und der
Herstellungslizenz unterschieden werden. Bei der **Vertriebslizenz** bezieht der Lizenznehmer die markierte Ware vom Markeninhaber selbst oder mit dessen Zustimmung von einem
Dritten; den weiteren Vertrieb soll dann der Lizenznehmer besorgen. Hier ist zunächst zu
prüfen, ob schon der Warenbezug vom Markeninhaber zur Erschöpfung geführt hat
(→ Rn. 4). Dabei ist insbesondere zu beachten, dass eine *im Kaufvertrag* enthaltene Bestimmung über räumliche Beschränkungen des Rechts zum Wiederverkauf allein das Verhältnis
zwischen den Parteien betrifft und die Erschöpfung grundsätzlich nicht hindern kann.[42] Wenn
nicht schon der Warenbezug zur Erschöpfung geführt hat, so kommt es auf das Vorliegen
einer Zustimmung durch den Markeninhaber an. Eine solche kann im Lizenzvertrag zu sehen
sein, wenn der Markeninhaber dort dem Vertrieb im EWR zugestimmt hat.[43]

Anders liegt die Konstellation hingegen bei der **Herstellungslizenz,** wenn also der **15**
Lizenznehmer sowohl die Herstellung, als auch den darauffolgenden Vertrieb der markierten
Ware, übernimmt. In diesen Fällen liegt kein Warenbezug vom Markeninhaber vor, sodass es
entscheidend darauf ankommt, ob eine Zustimmung vorliegt und zwar für das Gebiet des
EWR. Eine Zustimmung des Markeninhabers ist auch hier anzunehmen, wenn der Lizenznehmer vertraglich zum Vertrieb im EWR berechtigt ist.[44] Die Zustimmung gilt jedoch im
Rahmen einer Lizenz nicht absolut und unbedingt: Verstößt der Lizenznehmer gegen eine
der (abschließenden) Bestimmungen aus § 30 Abs. 2, so liegt keine Zustimmung des Markeninhabers vor, es tritt keine Erschöpfung ein und der Markeninhaber kann sich dem
weiteren Vertrieb der Waren widersetzen.[45] Liegt in einem solchen Fall hingegen kein

[37] Fezer MarkenR Rn. 30.

[38] EuGH GRUR 2002, 156 Rn. 47 – Davidoff; vgl. BGH GRUR 2011, 820 Rn. 21 – Kuchenbesteck-
Set; vgl. für einzelne Kriterien Ingerl/Rohnke Rn. 31.

[39] BGH GRUR 2021, 1191 Rn. 49 – Hyundai-Grauimport.

[40] Ingerl/Rohnke Rn. 34; Schalk in BDS Rn. 18.

[41] Thiering in Ströbele/Hacker/Thiering Rn. 40; vgl. auch EuGH GRUR 2002, 156 Rn. 47 – Davidoff;
vgl. BGH GRUR 2011, 820 Rn. 21 – Kuchenbesteck-Set.

[42] EuGH GRUR 2005, 507 Rn. 54 f. – Peak Holding/Axolin-Elinor; vgl. aber für eine Vertriebsvereinbarung EuGH GRUR 2010, 723 Rn. 48 – Coty Prestige/Simex Trading.

[43] Vgl. für einen Fall der Herstellungslizenz EuGH GRUR 2009, 593 Rn. 46 – Copad/Dior, wonach
grundsätzlich Zustimmung gegeben sei.

[44] Vgl. EuGH GRUR 2009, 593 Rn. 46 – Copad/Dior.

[45] EuGH GRUR 2009, 593 Rn. 47–51 – Copad/Dior; vgl dazu auch BGH GRUR 2011, 820 Rn. 23 –
Kuchenbesteck-Set; aA hinsichtlich Zustimmung, aber nicht iE Sack GRUR Int 2010, 198 (199, 201); vgl.
zur Frage des Entfallens der Zustimmung auch EuGH GRUR 2010, 723 Rn. 48 – Coty Prestige/Simex
Trading.

Verstoß nach § 30 Abs. 2 vor, so ist die Zustimmung gültig, es tritt Erschöpfung ein und es bleibt (allenfalls) bei schuldrechtlichen Ansprüchen gegen den Vertragspartner.[46] In diesem Zusammenhang hat der EuGH beispielsweise die Regelung, auf der § 30 Abs. 2 Nr. 5 („Qualität der Waren") beruht, derart interpretiert, dass im Falle von Luxus- und Prestigewaren der vertragswidrige Vertrieb des Lizenznehmers an Discounter die Qualität der Ware beeinträchtigen kann.[47] In diesen Fällen bestehe nach dem EuGH jenseits der Regelbeispiele „Veränderung" oder „Verschlechterung" der Ware ein „berechtigter Grund" für ein Verbietungsrecht des Markeninhabers, wenn die Verwendung der Marke deren Ruf zu schädigen drohe.[48] So hat der EuGH in seiner vertriebskartellrechtlichen Entscheidung in Sachen Copad/Dior ausgeführt, dass ein selektives Vertriebssystem an sich geeignet ist, die Qualität von Luxus- und Prestigeprodukten zu wahren und ihren richtigen Gebrauch zu gewährleisten und damit als mit Art. 101 AEUV für vereinbar erklärt.[49] Der EuGH konkretisierte diese Rechtsprechung in der Vergangenheit zuletzt mit einem Urteil vom 6.12.2017, in dem er entschied, dass Anbieter von Luxusartikeln ihren Händlern den Vertrieb ihrer Ware über allgmeine Verkaufsplattformen Dritter verbieten können.[50] Im Rahmen dieser Entscheidung greift der EuGH auf zum Markenrecht ergangene Entscheidungen zurück[51] und macht damit klar, dass er die Frage, unter welchen Voraussetzungen von einer Beeinträchtigung des Luxusimages einer Ware ausgegangen werden kann, einheitlich beantworten wissen will.[52] Seit dieser Entscheidung des EuGH sind eine Reihe von Entscheidungen[53] ergangen, die den Schutz des Selektivvertriebs von Markenprodukten auch außerhalb eines selektiven Vertriebssystems vor dem markenrechtlichen Hintergrund der Erschöpfung weiter stärken. Vor diesem Hintergrund haben das OLG Hamburg und das OLG Düsseldorf klargestellt, dass bei der Produktpräsentation sowohl im Online-[54] als auch im Ladenvertrieb[55] darauf zu achten sei, dass die Produkte der Markeninhaberin nicht in unmittelbarer Nähe zu Produkten abgeboten würden, die das luxuriöse Image der Produkte und Marken schädigen. Diese Gefahr der Rufschädigung bestehe insbesondere bei dem Vertrieb von Prestigeprodukten bei Discountern, bei denen die Art und Weise der Warenpräsentation die Prestigemarke ins Alltägliche ziehe, sodass die Markeninhaberin in ihrem Anspruch auf Sicherstellung der Exklusivität und luxuriösen Austrahlung ihrer Marke beeinträchtigt werde. In einem solchen Fall der drohenden Schädigung des Luxusimages und des guten Rufs der Prestigewaren sei dann eine Erschöpfung zu verneinen und der Markeninhaber könne sich dem Vertrieb seiner Produkte aus berechtigten Gründen nach Art. 15 UMV (inhaltsgleich § 24 Abs. 2 MarkenG) widersetzen.[56] Das OLG München legt demgegenüber eine restriktivere Auslegung zugrunde und stellt strengere Anforderungen an die Bejahrung berechtigter Gründe im Sinne von § 24 Abs. 2 MarkenG, die sich an den konkreten Umständen des Einzelfalls zu orientieren haben, um Rechtsunsicherheiten zulasten des freien Warenverkehrs und eine diesem letztlich schadende zu weit gehende Einflussmöglichkeit des Markeninhabers auf den ungehinderten Vertrieb erschöpfter Waren zu verhindern.[57] So genüge etwa ein rein „discounterartiges Umfeld", in dem die Produkte angeboten werden alleine nicht, denn allein, der Umstand, dass ein Discounter Luxuswaren in den in seiner Branche üblichen Formen bewirbt und anbietet, begründe noch nicht die Gefahr einer Rufschädigung, da der

---

[46] Fezer MarkenR Rn. 39; vgl. Thiering in Ströbele/Hacker/Thiering Rn. 38; aA, wenn auch nicht iE, Sack GRUR Int 2010, 198 (199, 201).
[47] EuGH GRUR 2009, 593 Rn. 30 – Copad/Dior.
[48] EuGH GRUR Int. 1998, 140 Rn. 43 – Dior/Evora.
[49] EuGH GRUR 2009, 593 Rn. 28 – Copad/Dior.
[50] EuGH, GRUR 2018, 211 – Coty Germany.
[51] EuGH, GRUR 2018, 211 Rn. 25 ff. – Coty Germany.
[52] OLG Düsseldorf GRUR RR 2018, 335 Rn. 31 – Japanischer Kosmetikhersteller.
[53] OLG Hamburg GRUR-RS 2018, 22030 – Kanebo SENSAI; OLG Düsseldorf GRUR-RR 2018, 335 Japanischer Kosmetikhersteller.
[54] OLG Hamburg GRUR-RS 2018, 22030 – Kanebo SENSAI.
[55] OLG Düsseldorf GRUR RR 2018, 335 – Japanischer Kosmetikhersteller.
[56] OLG Düsseldorf GRUR-RR 2018, 335 Rn. 27 ff. Japanischer Kosmetikhersteller.
[57] OLG München GRUR-RR 2019, 259 Rn. 39 – Sisley.

Verkehr mittlerweile daran gewöhnt sei, dass auch Discounter oder große Ketten, in ihrem Sortiment auch solche Parfümerie- und Kosmetikprodukte vorhalten, die dem höheren Preissegment zuordnen seien.[58] Auch die Tatsache, dass die Prestigeprodukte sichtbar räumlich abgesetzt und gerade nicht im gleichen Regalteil mit Fremdprodukten präsentiert werden, sei zu berücksichtigen.[59]Eine Beeinträchtigung des Rufs von Prestigeware bei Discountern könne mithin nicht generell angenommen werden, sondern vielmehr sei auch unter Berücksichtigung der „Coty"-Entscheidung des EuGH im Einzelfall streng zu prüfen, ob ein berechtigter Grund im Sinne von § 24 Abs. 2 MarkenG vorliegt.

IV. Grenze der Erschöpfung: Berechtigte Gründe (Abs. 2)

Auch wenn die Voraussetzungen des § 24 Abs. 1 gegeben sind und somit die Rechte aus **16** der Marke an sich erschöpft wären, tritt nicht immer Erschöpfung ein. Unter den Voraussetzungen des § 24 Abs. 2 tritt die Rechtsfolge der Erschöpfung nicht ein („Schranken-Schranke"), wenn sich der Zeicheninhaber der Benutzung im Zusammenhang mit dem weiteren Vertrieb der Waren aus berechtigten Gründen widersetzt, insbesondere wenn der Zustand der Waren nach ihrem Inverkehrbringen verändert oder verschlechtert ist. Bei der Formulierung „berechtigte Gründe" handelt es sich um eine **Generalklausel,** die durch einen Oberbegriff („Veränderung") und einen begrifflich darunter fallenden Beispielsfall („Verschlechterung") konkretisiert wird.[60]

1. Veränderung. Für eine **Veränderung** ist erforderlich, dass die Eigenart der Ware **17** derart betroffen ist, dass die Herkunfts- und Garantiefunktion beeinträchtigt sind.[61] Gleichgültig ist hierbei, ob die Veränderung sichtbar oder nicht sichtbar ist.[62] Dabei wird auf die produktbezogene Verkehrsauffassung abzustellen sein, insbesondere ob der Verkehr besondere Vorstellungen hinsichtlich der Integrität hat oder etwa umgekehrt gewisse Eingriffe als üblich oder zumindest irrelevant angesehen werden.[63] Eine hinreichende Veränderung wird aber anzunehmen sein, wenn das Kennzeichen verändert wird, oder wenn weitere Marken des Herstellers hinzugefügt werden.[64] Ausreichend ist aber nicht jede Veränderung, da dem Verkehr bekannt und es weitläufig üblich ist, dass gewisse Veränderungen vorgenommen werden.[65] So schließen beispielsweise übliche Reparaturen, wie der Austausch von Verschleißteilen, insbesondere wenn dabei Originalteile verwendet werden, die Erschöpfung nicht aus.

Insbesondere bei **Produktveränderungen** kann ein Ausschluss der Erschöpfung gegeben **18** sein, wenn die Herkunfts- und Garantiefunktion verletzt ist, so wenn durch die Veränderung die Eigenart der Ware berührt wird, wobei sich die Eigenart auf die charakteristischen Sacheigenschaften der Ware beziehen muss.[66] Mögliche Anwendungsfälle bilden das Aufarbeiten, die Reparatur und Modifikation von markierter Ware.[67] Unabhängig von der Frage des Handelns im geschäftlichen Verkehr iSd § 14 Abs. 2 greift die Ausnahme von der Erschöpfung aber nicht ein, wenn es sich um übliche Reparaturen handelt und soweit damit nach der Verkehrsauffassung die Eigenart der Ware nicht betroffen ist, wie häufig bei bloßen

---

[58] OLG München GRUR-RR 2019, 259 Rn. 30 – Sisley; so auch Thiering in Ströbele/Hacker/Thiering Rn. 175.

[59] OLG München GRUR-RR 2019, 259 Rn. 31 – Sisley.

[60] Ingerl/Rohnke Rn. 58; Schalk in BDS Rn. 29; kritisch zu dieser Systematisierung Hacker in Ströbele/Hacker Rn. 65.

[61] BGH GRUR 2005, 160 (161) – SIM Lock mwN; Jacobs GRUR-Prax 2015, 521 (522).

[62] BGH GRUR 2005, 160 (161) – SIM Lock mwN.

[63] Ingerl/Rohnke Rn. 59; vgl. Fezer MarkenR Rn. 47, unwesentliche oder übliche Begleiterscheinungen des geschäftlichen Verkehrs seien freigestellt.

[64] Ingerl/Rohnke Rn. 84.

[65] Ingerl/Rohnke Rn. 59.

[66] BGH GRUR 2006, 329 Rn. 28 – Gewinnfahrzeug mit Fremdemblem.

[67] Vgl. zu einzelnen Fallbeispielen Fezer MarkenR Rn. 53; Ingerl/Rohnke Rn. 61 f.

Verschleißteilen.[68] Anders kann es aber liegen, wenn keine Originalteile verwendet werden oder der Zusammenbau besondere Fachkompetenz erfordert.[69] Gleichwohl ist eine Erschöpfung ausgeschlossen, wenn im Rahmen einer Reparatur oder Aufarbeitung derart stark in die Ware eingegriffen wird, dass ein neues Produkt mit einer eigenen Identität entsteht.[70] Ein solcher intensiver Eingriff in die Ware in Form der Veränderung der Identität der Ware ist auch dann gegeben, wenn die Ware im Rahmen eines Verarbeitungsprozesses zu einem neuen Produkt umgearbeitet wird.[71]

19   Insbesondere in Fällen der Aufarbeitung von Gebrauchtwaren durch Dritte kann sich die Frage stellen, ob trotz eines Hinweises durch den aufarbeitenden Dritten die Erschöpfung gem. § 24 Abs. 2 gehindert wird, wenn weiterhin die ursprüngliche Marke vorhanden bleibt. Der Ausschlusstatbestand des § 24 Abs. 2 greift nicht ein, wenn sich auf der Ware selbst ein entsprechender **Hinweis** auf die fremde Herkunft findet oder anderweitig unmissverständlich klargestellt ist, dass dem ursprünglichen Zeichen keine herkunftshinweisende Funktion bezüglich der Veränderung zukommt.[72] Eine ähnliche Frage betrifft auch das (im Gegensatz zur Aufarbeitung bestimmungsgemäße) **Wiederbefüllen von Mehrwegbehältnissen** (wie zB Gaszylindern): Bei einem neu angebrachten Etikett des Wiederbefüllers sehe der Verkehr das noch vorhandene Zeichen des ursprünglichen Herstellers nicht als Herkunftshinweis bezüglich des Inhaltes oder der Wiederbefüllung; hinsichtlich des Behältnisses selbst sei Erschöpfung eingetreten, wenn das Wiederbefüllen keine Veränderung iSd § 24 Abs. 2 sei, sondern vielmehr gerade der bestimmungsgemäße Gebrauch.[73] In einer aktuellen Entscheidung hat der EuGH dagegen im Hinblick auf Art. 15 Abs. 2 UMV entschieden, dass sich Markeninhaber einer Benutzung durch einen Wiederverkäufer nach dem Wiederbefüllen grundsätzlich nicht widersetzen können. Das gelte jedenfalls dann, wenn die Neuetikettierung bei den Verbrauchern keinen falschen Eindruck einer wirtschaftlichen Verbindung zwischen Markeninhaber und Wiederverkäufer hervorrufe.[74] Für die Beurteilung einer solchen Verwechslungsgefahr in diesem Kontext sind nach dem EuGH die Angaben auf der Ware und der Neuetikettierung sowie die Vertriebspraktiken des betreffenden Wirtschaftszweigs und des Bekanntheitsgrades dieser Praktiken bei den Verbrauchern maßgeblich.[75]

20   Aber auch bei **Änderungen an der Verpackung** der Ware kann trotz des Wortlauts, der nur auf den „Zustand der Waren" abstellt, die Wirkung der Erschöpfung ausgeschlossen sein.[76] Denn der Wortlaut konkretisiert insoweit nur ein Beispiel der berechtigten Gründe und Produkt und Verpackung sind als kennzeichenrechtliche Einheit anzusehen.[77] Jedenfalls

---

[68] Ingerl/Rohnke Rn. 62.

[69] OLG München WRP 1993, 47 (48) – Aufgearbeitete Kupplung, wo unter Geltung des WZG das Aufarbeiten einer Kupplung mit gebrauchten Originalteilen die Erschöpfung hinderte.

[70] vgl. Kur GRUR Int. 2021, 228.

[71] Dissmann, GRUR-Prax 2020, 537 (537 f.) – Am Beispiel der Verarbeitung von Textilien zu Mund-Nasen Masken,

[72] OLG Karlsruhe GRUR 1995, 417 (419) – Rolex-Uhren; vgl. OLG München WRP 1993, 47 (48) – Aufgearbeitete Kupplung, noch zum WZG abstellend auf augenfällige und eindeutige Merkmale; aA OLG Hamburg GRUR 1997, 855, jedenfalls, wenn Verkehr im ursprünglichen Zeichen noch die Marke sieht; vgl. in diesem Kontext auch zur ggf. zulässigen Verwendung des Zeichens als beschreibenden Hinweis iSd § 23 Nr. 2: BGH GRUR 1998, 697 (699) – VENUS MULTI; BGH GRUR 2007, 705 Rn. 23 ff. – Aufarbeitung von Fahrzeugkomponenten; → § 23 Rn. 15 Fn. 33.

[73] BGH GRUR 2005, 162 (163) – SodaStream, bejaht Erschöpfung bzgl. Gaszylinder; EuGH GRUR Int 2011, 827 Rn. 35 ff. – Viking Gas/Kosan Gas, bejaht Erschöpfung, da Wert bei Verkauf des Behälters realisiert, das nationale Gericht habe aber noch zu prüfen, ob berechtigte Gründe im Einzelfall die Erschöpfung ausschließen; vgl. aber BGH GRUR 1987, 438 (438 f.) – Handtuchspender, Markenverletzung möglich, wenn Verkehr das Zeichen auf dem Handtuchspender als Herkunftshinweis bzgl. der eingelegten Handtücher versteht; vgl. zur Frage des Herkunftshinweises auch BGH GRUR 2006, 763 Rn. 11 ff. – Seifenspender, wo eine Abgrenzung zu *Handtuchspender* erfolgt.

[74] EuGH Urt. v. 27.10.2022 – C-197/21, GRUR-RS 2022, 28851.

[75] EuGH Urt. v. 27.10.2022 – C-197/21, GRUR-RS 2022, 28851.

[76] Vgl. BGH GRUR 2001, 448 (450) – Kontrollnummernbeseitigung II, wo auf einen Eingriff in die Substanz der Ware, des Behältnisses oder der Verpackung abgestellt wird.

[77] Vgl. Ingerl/Rohnke Rn. 63; Fezer MarkenR Rn. 49, 59.

ist eine einzelfallbezogene Prüfung vorzunehmen, wonach solche Eingriffe als unschädlich angesehen werden, die vom Verkehr noch als unwesentlich eingeordnet werden oder übliche Begleiterscheinungen des normalen geschäftlichen Verkehrs darstellen.[78] Beispielsweise wurde entschieden, dass eine unordentlich wirkende konkrete Aufmachung geeignet ist, den guten Ruf der Ware zu schädigen, so dass Erschöpfung nicht eintrat.[79] Die Frage der Beeinträchtigung der Verpackung stellt sich insbesondere auch beim Umpacken von Arzneimitteln.

2. Parallelimport umgepackter Ware (insbesondere Arzneimittel). Hinsichtlich der **21** Frage der **Zulässigkeit des Parallelimports von umgepackten Waren,** insbesondere Arzneimitteln, hat sich eine umfangreiche Rechtsprechung entwickelt. Aufgrund des typischerweise gegebenen Preisgefälles innerhalb der EU erscheinen Parallelimporte lukrativ, doch können beispielsweise Arzneimittel, insbesondere aufgrund öffentlich-rechtlicher Vorschriften oder auch Gepflogenheiten, im Einfuhrstaat häufig nicht unverändert vertrieben werden. Dogmatisch gesehen handelt es sich nur um Fragen der Erschöpfung iSd § 24, wenn die inländische Marke des Markeninhabers benutzt wird. Hatte der Markeninhaber die Ware nicht mit seiner inländischen Marke im EWR in den Verkehr gebracht, sondern unter einer anderen Marke, und bringt der Importeur nun die inländische Marke für den Import an, so ist dies kein Fall der Erschöpfung, doch gelten dann identische Anforderungen aufgrund der Warenverkehrsfreiheit (Art. 34, 36 AEUV; → Rn. 33).[80] Markenrechtlich zulässig sind Fälle, in denen die Marke des Herstellers komplett entfernt wurde,[81] wobei sie dann aber auch nicht mehr beispielsweise auf Blistern, Beipackzetteln oder Ähnlichem vorhanden sein darf.

Zu beachten ist, dass der EuGH die folgenden Grundsätze auch hinsichtlich alkoholischer **22** Getränke angewendet hat[82] und in der Literatur eine Anwendung hinsichtlich aller Produkte, bei denen zum inländischen Marktzutritt eine Änderung von Verpackung oder Marke erforderlich ist, vertreten wird.[83] Der BGH hat sich ferner für eine uneingeschränkte Übertragung der Grundsätze zur Rechtmäßigkeit des Parallelimports von Arzneimitteln auf Medizinprodukte ausgesprochen; der Senat hat die Frage jedoch dem EuGH vorgelegt.[84] Auf dieses Vorabentscheidungsersuchen des BGH hin hat sich der EuGH allerdings nicht abschließend zu der Frage der uneingeschränkten Anwendung der von ihm entwickelten Grundsätze zur Rechtmäßigkeit des Parallelimports von Arzneimitteln auf Medizinprodukte geäußert, da er im zu entscheidenden Fall bereits die Voraussetzung des Umverpackens unter Zugrundelegung eines nunmehr deutlich engeren Verständnisses des Begriffts verneinte (→ Rn. 23), so dass es auf die Anwendbarkeit der von ihm entwickelten Grundsätze gar nicht ankam.[85]

Ein Umpacken liegt bei jeder Veränderung der Verpackung vor, durch die der spezifische **23** Gegenstand der Marke, die Herkunft, der mit ihr versehenen Ware zu garantieren, beeinträchtigt wird.[86] Erfasst ist also beispielsweise die Neuverpackung ebenso wie unter bestimm-

---

[78] Fezer MarkenR Rn. 59, 61; Ingerl/Rohnke Rn. 63.

[79] OLG Frankfurt a. M. NJWE-WettbR 1997, 157 (159) – Unordentliche Bündelpackung, wo ein wenig gepflegter Eindruck einer Sparpackung als zur Rufschädigung geeignet beurteilt wurde.

[80] Vgl. BGH GRUR 2008, 707 Rn. 13 – Micardis, dort bei Wiederanbringung der Klagemarke nach Inverkehrbringen im EWR Prüfung anhand des § 24; vgl. BGH GRUR 2008, 1089 Rn. 24 – KLACID PRO, wonach bei Markenersetzung auf Basis der Warenverkehrsfreiheit die Voraussetzungen aus der Rechtsprechung des EuGH gelten; vgl. insgesamt Ingerl/Rohnke Rn. 66 mwN.

[81] BGH GRUR 2008, 160 Rn. 24 – CORDARONE.

[82] Vgl. im Einzelnen EuGH GRUR Int 1998, 145 Rn. 50 – Loendersloot/Ballantine; vgl. OLG Düsseldorf BeckRS 2011, 26549, wo für Lebensmittel darauf abgestellt wird, dass der EuGH nicht mit Besonderheiten der betroffenen Ware argumentiert.

[83] Ingerl/Rohnke Rn. 67; vgl. Abrar MarkenR 2011, 382 (388 ff.), näher zu den Zulässigkeitsvoraussetzungen bei Lebensmitteln.

[84] BGH GRUR 2017, 71, 74 – Debrisoft.

[85] EuGH GRUR 2018, 736 Rn. 35 – Junek Europ.Vertrieb/Lohmann & Rauscher International [Debrisoft]; Thiering, GRUR 2018, 1185 (1195).

[86] BGH GRUR 2007, 1075 Rn. 27 – STILNOX.

ten Voraussetzungen die Neuetikettierung, ferner auch der Austausch von Gebrauchsinformationen und die Bildung von Bündelpackungen.[87] Demgegenüber verneinte der EuGH nunmehr ein Umverpacken für den Fall des bloßen Anbringens eines kleinen Aufklebers auf der Originalverpackung eines Medizinprodukts, da hierdurch die Verpackung nicht verändert werde und die ursprüngliche Aufmachung der Verpackung nicht anders beeinträchtigt worden sei als durch Anbringen eines kleinen Aufklebers, der die Marke nicht verdeckt und den Parallelimporteur unter Angabe seiner Kontaktdaten, seines Strichcodes und einer Pharmazentralnummer als Verantwortlichen für das Inverkehrbringen ausweist, sodass keine Gefahr für die Herkunftsgarantie der Marke bestünde.[88] Die Fälle mit denen sich der EuGH bisher beschäftigte[89] und in denen der EuGH ein Umverpacken annahm, unterscheiden sich daduch, dass in diesen Fällen nicht nur auf der Umverpackung ein Aufkleber angebracht war, sondern darüber hinaus jeweils auch die Originalverpackung geöffnet und ein neuer Beipackzettel in einer anderen Spache als der des Herkunftslandes der Ware, aus dem sich die in Rede stehende Marke befand beigelegt worden sei.[90] Der EuGH stellt insoweit klar, dass für das Vorliegen eines Umverpackens, neben der bloßen Neuetikettierung weitere Veränderungen vorgenommen werden müssen. Der BGH übernimmt diese Ansicht des EuGH, verneint damit das Eingreifen eines „berechtigten Grundes", geht von einer Erschöpfung des Markenrechts aus und verneint folgerichtig eine Markenverletzung gem. Art. 9 Abs. 2 lit. a UMV.[91] Der BGH konkretisierte seine Rechtsprechung in drei weiteren Entscheidungen dahingehend, dass eine dem Umpacken gleichstehende Neuetikettierung auch dann nicht anzunehmen ist, wenn, abweichend dem der Entscheidung des EuGH in der Sache „Junek Europ Vertrieb/Lohmann & Rauscher International" zugrunde liegenden Sachverhalt, die Aufkleber nicht auf einem unbedruckten Teil der Originalverpackung angebracht, sondern der Barcode und die Pharmazentralnummer der Markeninhaberin überklebt wurden.[92] Der BGH stellt insoweit klar, dass es bei der Beurteilung der Frage ob ein Umverpacken vorliegt, maßgeblich auf den vom EuGH entwickelten Grundsatz ankommt, ob das nach dem Inverkehrbringen erfolgte Anbringen eines Aufklebers den spezifischen Gegenstand der Marke beeinträchtigt, der darin besteht, dem Verbraucher oder Endabnehmer die Herkunft der mit ihr versehenen Marke zu garantieren.[93] Eine solche Beeinträchtigung der Herkunftsfunktion der Marke sei jedenfalls nicht in Fällen gegeben, in denen die auf der unveränderten und ungeöffneten Originalverpackung angebrachten Aufkleber weder die Marke noch die geschäftliche Bezeichung und die Angaben zum Sitz der Markeninhaberin und zu ihrem Firmensitz, sondern lediglich die Pharmazentralnummer und den Barcode verdecken, da die Pharmazentralnummer nicht die Herkunft der Ware sicherstellt, sondern lediglich dazu dient, den Warenverkehr mit Apotheken zu organisieren und die vereinfachte Abrechnung der Apotheken mit den Krankenkassen ermöglicht.[94]

Liegt jedoch ein Umpacken vor, bemisst sich der Eintritt der Erschöpfung und damit die Zulässigkeit des Vertriebs anhand von fünf kumulativen Voraussetzungen.[95] Diese Voraussetzungen hat der EuGH in einer erst kürzlich ergangenen Entscheidung bestätigt und als Grundlage seiner weiteren Ausführungen verwendet.[96]

---

[87] Vgl. Ingerl/Rohnke Rn. 68 mwN; Thiering in Ströbele/Hacker/Thiering Rn. 100.

[88] EuGH GRUR 2018, 736 Rn. 35 u. 39 – Junek Europ.Vertrieb/Lohmann & Rauscher International [Debrisoft].

[89] EuGH GRUR 2002, 879- Boehringer Ingelheim; EuGH GRUR 2007, 586 – Boehringer Ingelheim.

[90] EuGH GRUR 2018, 736 Rn. 33 – Junek Europ.Vertrieb/Lohmann & Rauscher International [Debrisoft]; Slopek/Graber, GRUR Int. 2018, 894 (899).

[91] BGH GRUR 2019, 515 Rn. 22 – Debrisoft II.

[92] BGH GRUR 2019, 518 Rn, 44 – Curapor; BGH GRUR-RS 2018, 40129 Rn. 23 ff. – GAZIN; BGH GRUR-RS 2018, 40133 Rn. 21 ff. – SUBRASORB.

[93] EuGH GRUR 2018, 736 Rn. 36 – Junek Europ.Vertrieb/Lohmann & Rauscher International [Debrisoft]; BGH GRUR 2019, 518 Rn, 45 – Curapor.

[94] BGH GRUR 2019, 518 Rn, 45 – Curapor.

[95] EuGH GRUR Int 1996, 1144 Rn. 79 – Bristol-Myers Squibb/Paranova u. a.; folgend BGH GRUR 2001, 422 (423) – ZOCOR.

[96] EuGH Urt. v. 27.10.2022 – C-197/21, GRUR-RS 2022, 28851 Rn. 42.

Erstens muss erwiesen sein, dass die Geltendmachung des Markenrechts und damit die **24** Verhinderung des Vertriebs der umgepackten Ware nicht zu einer künstlichen Marktabschottung beitragen würde. Eine solche Marktabschottung liegt aber vor, wenn das Umpacken notwendig ist, um überhaupt die Verkehrsfähigkeit im Einfuhrstaat herzustellen, hingegen nicht schon wenn der Importeur dadurch lediglich wirtschaftliche Vorteile erlangen will.[97] Die Notwendigkeit kann beispielsweise gegeben sein aufgrund von Regelungen oder Praktiken im Einfuhrstaat,[98] so dass auch die Üblichkeit einer gewissen Packungsgröße die Notwendigkeit begründen kann.[99] Zweifelhaft ist, ob dabei der Grundsatz des mildesten Mittels gilt, wonach der Parallelimporteur das jeweils mildeste Mittel wählen muss, um die Verkehrsfähigkeit herzustellen, sodass beispielsweise das Bilden von Bündelpackungen ein milderes Mittel gegenüber einer vollständigen Neuverpackung darstellt.[100] Denn der EuGH hat entschieden, dass das Umpacken des Arzneimittels, insbesondere durch dessen Neuverpackung, für seine Vertriebsfähigkeit erforderlich sein muss.[101]

Die Voraussetzung der Erforderlichkeit betrifft dabei aber nur das Umpacken als solches **25** und nicht die Art und Weise, in der es vorgenommen wird, und folglich auch nicht die Art der Gestaltung dieser neuen Verpackung. Die Art der Gestaltung der neuen Verpackung sei folglich nicht an dem Kriterium des geringstmöglichen Eingriffs in das Markenrecht zu messen.[102] Der EuGH hat indes entscheidend darauf abgestellt, inwieweit die äußere Gestaltung einer völlig veränderten Verpackung an dem entsprechenden Grundsatz zu messen sei und nicht darauf, inwieweit die Packungsgröße angepasst werden muss.[103] So hat der BGH später auch ein Urteil des Berufungsgerichts, wonach die Frage des Aufstockens nicht an der Erforderlichkeit zu messen sei, sondern nur die Art und Weise betreffe, aufgehoben. Er hat entschieden, dass der Parallelimporteur gehalten sei, durch Aufstocken und Neuetikettierung die Verkehrsfähigkeit herzustellen, sodass dann das Umpacken in neu hergestellte Kartons nicht notwendig sei.[104]

Zweitens darf der Originalzustand des Arzneimittels von der Veränderung nicht berührt **26** werden. Unproblematisch ist insoweit beispielsweise, wenn die Ware aus der Originalpackung herausgenommen und in eine neue äußere Verpackung umgepackt wird, wenn auf der inneren Verpackung ein Aufkleber angebracht wird oder wenn lediglich ein neuer Beipack- oder Informationszettel eingelegt wird. Der Vertrieb wird aber unzulässig, wenn ein neuer Beipack- oder Informationszettel wichtige Angaben nicht enthält oder unzutreffende Angaben enthält oder wenn ein zusätzlich eingelegter Artikel, der zur Einnahme und

---

[97] EuGH GRUR 2007, 586 Rn. 36 f. – Boehringer Ingelheim; Thiering in Ströbele/Hacker/Thiering Rn. 110; Ingerl/Rohnke Rn. 72; vgl. Fezer MarkenR Rn. 82.
[98] EuGH GRUR 2007, 586 Rn. 36 – Boehringer Ingelheim.
[99] BGH GRUR-RS 2014, 07409 Rn. 15 – Micardis; BGH GRUR 2008, 160 Rn. 33 – CORDARONE.
[100] Vgl. für Beispiele milderer Mittel EuGH GRUR Int 1996, 1144 Rn. 55 – Bristol-Myers Squibb; BGH GRUR 2002, 1059 (1062) – Zantac/Zantic; GRUR 2003, 434 (436) – Pulmicort; GRUR 2002, 1063 (1066) – Aspirin; Thiering in Ströbele/Hacker/Thiering Rn. 118 ff.
[101] EuGH GRUR Int 1996, 1144 Rn. 79 – Bristol-Myers Squibb/Paranova.
[102] EuGH GRUR 2009, 154 Rn. 25–27 – Wellcome/Paranova; vgl. Ingerl/Rohnke Rn. 73: der EuGH habe den Grundsatz ausdrücklich aufgegeben, sodass nur noch die Frage nach dem „Ob" der Notwendigkeit zu prüfen sei und nicht mehr nach dem „Wie"; vgl. Slopek GRUR Int 2011, 1009 (1016 f.), der die Begründung der Entscheidung kritisiert.
[103] Vgl. EuGH GRUR 2009, 154 Rn. 27 – Wellcome/Paranova, wo auf die *Art der Gestaltung* der neuen Verpackung abgestellt wird; interessant ist in diesem Zusammenhang auch, dass das vorlegende Gericht unter dem „Grundsatz des geringstmöglichen Eingriffs" lediglich sehr allgemein versteht, dass derjenige, der die Neuetikettierung vornimmt, bei der Verwendung von Mitteln, die den Parallelimport ermöglichen, den spezifischen Gegenstand des Markenrechts möglichst wenig beeinträchtigen darf, vgl. Schlussanträge Generalanwältin Sharpston Rs. C-276/05 Rn. 19; gegen Aufgabe des Grundsatzes des mildesten Mittels iSd deutschen Dogmatik auch Hacker in Ströbele/Hacker Rn. 87; vgl. zu diesem Thema auch Fezer MarkenR Rn. 108, der allerdings (noch) nicht auf diese Entscheidung eingeht; vgl. auch Mehler MarkenR 2009, 281 (283 f.).
[104] BGH GRUR 2011, 817 Rn. 8, 20 – RENNIE, wo hinsichtlich des Urteils Wellcome/Paranova auch lediglich auf die Gestaltung der Packung abgestellt wird; der BGH behandelt zwar nicht explizit den Grundsatz des mildesten Mittels, doch handelt es sich bei der behandelten Konstellation des Aufstockens in der Sache um eine solche Frage.

zur Dosierung dient, nicht der Gebrauchsanweisung und den Dosierungsempfehlungen des Herstellers entspricht.[105] Ist hingegen ein Zulassungsbescheid des BfArM zugunsten des Importeurs mit dem Inhalt ergangen, dass den arzneimittelrechtlichen Kennzeichnungserfordernissen genüge getan ist, so entfaltet dieser Verwaltungsakt – sofern er nicht nichtig ist – Bindungswirkung im Rahmen der Prüfung der berechtigten Gründe iSv § 24 Abs. 2.[106]

27   *Drittens* müssen auf der äußeren Verpackung klar sowohl der Hersteller angegeben werden als auch von wem das Arzneimittel umgepackt worden ist.[107] Ist das umpackende Unternehmen nicht mit dem Importeur identisch, so ist es ausreichend, wenn angegeben wird, in wessen Auftrag das Umpacken vorgenommen wird.[108] Die Angabe muss von einem normalsichtigen Verbraucher bei Anwendung eines normalen Maßes an Aufmerksamkeit verstanden werden können, wobei jedoch kein ausdrücklicher Hinweis zu verlangen ist, dass das Umpacken ohne Zustimmung des Markeninhabers erfolgt ist.[109]

28   *Viertens* darf das umgepackte Arzneimittel nicht so aufgemacht sein, dass dadurch der Ruf der Marke des Herstellers geschädigt werden kann.[110] Dies kann beispielsweise bei einer schadhaften, qualitativ schlechten oder unordentlichen Verpackung der Fall sein.[111] Aber auch sonst kann eine Rufschädigung nahe liegen, wenn die Beschaffenheit der Verpackung oder eines Aufklebers so ist, dass dadurch das Image der Zuverlässigkeit und Qualität sowie das Vertrauen, das die Marke bei den betroffenen Verkehrskreisen wecken kann, geschädigt werden kann.[112] Rufschädigung soll auch möglich sein, wenn ein zusätzlicher Aufkleber so angebracht wird, dass die Marke des Inhabers ganz oder teilweise überklebt wird oder auf dem Aufkleber der Markeninhaber nicht angegeben ist oder der Name des Parallelimporteurs in Großbuchstaben geschrieben ist.[113] Es wird auch eine erweiternde Auslegung für möglich gehalten, wonach auch Maßnahmen, die nicht die Aufmachung betreffen, sondern lediglich die Werbung oder den Vertrieb, erfasst sein können.[114]

29   *Fünftens* und zuletzt muss der Importeur den Markeninhaber vorab vom beabsichtigten Anbieten unterrichten und auf Verlangen ein Muster zur Verfügung stellen,[115] wobei eine nicht durch den Importeur veranlasste Kenntnis nicht ausreichend ist.[116] Durch die ordnungsgemäße Unterrichtung entstehe ein gesetzliches Schuldverhältnis, dass den Grundsätzen von Treu und Glauben unterliege und dazu führe, dass der Markeninhaber in einer angemessenen Frist zu reagieren habe.[117] Reagiert der Markeninhaber nicht, so dürfe der

---

[105] EuGH GRUR Int 1996, 1144 Rn. 79 – Bristol-Myers Squibb; vgl. zur zweiten Voraussetzung näher Ingerl/Rohnke Rn. 78.

[106] BGH GRUR 2016, 702 (704) – Eligard.

[107] EuGH GRUR Int 1996, 1144 Rn. 79 – Bristol-Myers Squibb; vgl. näher zu dieser Voraussetzung Ingerl/Rohnke Rn. 79; Thiering in Ströbele/Hacker/Thiering Rn. 131 ff.

[108] EuGH GRUR 2011, 814 Rn. 28 f. – Orifarm u. a./Merck u. a., ohne das Interesse des Markeninhabers, klarzustellen, dass er nicht für das Umpacken verantwortlich ist, wird dadurch ebenso gewahrt.

[109] EuGH GRUR Int 1996, 1144 Rn. 71 f. – Bristol-Myers Squibb.

[110] Vgl. Näher zu dieser Voraussetzung Ingerl/Rohnke Rn. 80; Thiering in Ströbele/Hacker/Thiering Rn. 135 ff.

[111] EuGH GRUR Int 1996, 1144 Rn. 76 f. – Bristol-Myers Squibb.

[112] EuGH GRUR 2007, 586 Rn. 43 – Boehringer Ingelheim.

[113] Vgl. weiter die Aufzählung bei EuGH GRUR 2007, 586 Rn. 45 – Boeringer Ingelheim/Swingward II, wobei es sich bei der Frage der Rufschädigung in diesem Zusammenhang um eine Sachfrage handelt, die vom nationalen Gericht zu entscheiden ist; vgl. BGH GRUR Int 2009, 255 Rn. 20–22 – Lefax/Lefaxin, zu Einzelheiten der Rufschädigung beim „co-branding"; vgl. auch OLG Hamburg GRUR-RR 2010, 43 – co-branding, wonach die Grenze dann erreicht ist, wenn der Parallelimporteur nicht mehr seine erlaubte Dienstleistung kennzeichne, sondern das Ursprungszeichen derart dominiere, dass der Verkehr der Eindruck entstehe, dass der Parallelimporteur für die Herkunft garantiere.

[114] Vgl. Thiering in Ströbele/Hacker/Thiering Rn. 139; vgl. Fezer MarkenR Rn. 97, wonach auch Werbung ausreichen kann, wenn der Eindruck einer Geschäftsbeziehung hervorgerufen wird, unter Verweis auf EuGH GRUR 2007, 586 Rn. 46 – Boehringer/Swingward II.

[115] Vgl. näher Ingerl/Rohnke Rn. 81 f.; Thiering in Ströbele/Hacker/Thiering Rn. 140 ff.

[116] EuGH GRUR 2007, 586 Rn. 55 – Boehringer Ingelheim; dabei kann im Einzelfall auch die Angabe des Ausfuhrmitgliedstaates erforderlich sein, vgl. EuGH GRUR 2009, 154 Rn. 35 f. – Wellcome/Paranova.

[117] BGH GRUR 2008, 614 Rn. 23 – ACERBON; vgl. EuGH GRUR Int 2002, 739 Rn. 66 f. – Boehringer Ingelheim, wonach im Einzelfall 15 Tage angemessen sein können.

Parallelimporteur auf die ursprüngliche Reaktion des Markeninhabers aus dem Grundsatz von Treu und Glauben vertrauen. Demgegenüber würde die Geltendmachung einer späteren Beanstandung seitens des Markeninhabers, solange diese nicht mit Wirkung erst auf die Zukunft gerichtet ist, gegen § 242 BGB verstoßen, wenn der Markeninhaber innerhalb einer angemessen Frist gar keine Beanstandung geltend gemacht hat und sich erst später dem weiteren Vertrieb des umgepackten Arzneimittels widersetzt oder er zwar rechtzeitig eine Beanstandung ausgesprochen hat, seine Ansprüche später jedoch auf einen anderen Gesichtspunkt stützt.[118]

Die **Beweislast** für das Vorliegen dieser Anforderungen liegt mit Ausnahme der zweiten **30** und vierten Anforderung beim Parallelimporteur; hinsichtlich dieser beiden Anforderungen ist es hingegen ausreichend, wenn der Parallelimporteur Beweise erbringt, die vernünftigerweise vermuten lassen, dass diese Voraussetzungen erfüllt sind, so dass dann der Markeninhaber beweisen muss, dass die Voraussetzungen nicht erfüllt sind.[119]

3. Selektive Vertriebssysteme. Auch bei selektiven Vertriebssystemen kann sich die **31** Frage des Vorliegens berechtigter Gründe stellen (→ Rn. 15). Sichert der Markeninhaber sein selektives Vertriebssystem zur Überwachung mit einer **Codierung** auf den Waren oder Verpackungen, so kann in der Entfernung oder Unkenntlichmachung der Codierung ein Ausschluss der Erschöpfung liegen.[120]

Voraussetzung für das Vorliegen berechtigter Gründe iSd § 24 Abs. 2 ist in solchen Fällen **32** zunächst, dass das System weder lauterkeits- noch kartellrechtlich zu beanstanden ist.[121] Weiterhin muss mit der Decodierung ein sichtbarer, die Garantiefunktion der Marke berührender Eingriff in die Substanz der Ware, des Behältnisses oder der Verpackung verbunden sein, wie beispielsweise bei der Entfernung einer Cellophanumhüllung, Nadelung und Bestreichen der Packung mit einer Flüssigkeit und Herausschneiden eines Streichcodes.[122] Auf diese Voraussetzung wird aber verzichtet, wenn die Codierung nicht lediglich im Interesse des Markeninhabers erfolgt ist, sondern damit zugleich einer gesetzlichen Pflicht (zB die Herstellungsnummer der KosmetikVO) entsprochen wurde; denn dann sei ein die Garantiefunktion tangierender Eingriff in die Substanz der Ware gegeben, auch wenn eine sichtbare Beschädigung nicht vorliegt.[123] Unabhängig davon sind hier wettbewerbsrechtliche Ansprüche gegen Dritte (Bezieher) möglich, insbesondere unter dem Gesichtspunkt der Behinderung, dem Verleiten zum Vertragsbruch sowie auch in der Form des Schleichbezugs.[124]

4. Andere berechtigte Gründe. Nach der generalklauselartigen Fassung des § 24 Abs. 2 **33** sind auch sonstige berechtigte Gründe denkbar, ohne dass eine Veränderung oder Verschlechterung vorliegen muss. Obwohl § 24 Abs. 2 eine Generalklausel darstellt, ist eine **restriktive Auslegung** geboten, da es sich um eine Ausnahme zum Grundsatz der Erschöpfung handelt.[125] Ein berechtigtes Interesse kann insbesondere dann anzunehmen sein, wenn eine Gefahr für die Herkunfts- oder Garantiefunktion der Marke gegeben ist oder wenn die

---

[118] BGH GRUR 2008, 156, 158 Rn. 24 ff. – Aspirin II; BGH GRUR 2008, 614 Rn. 16 ff. – ACERBON; einschränkend insoweit Thiering in Ströbele/Hacker/Thiering Rn. 145, der die Rechtsprechung des BGH zum Ausschluss von Schadensersatzansprüchen in der Zeit bis zur späteren Beanstandung für akzeptabel hält, jedoch die Ansicht vertritt, dass ein darüberhinaus gehender Ausschluss von Unterlassungsansprüchen zu weit gehe.
[119] EuGH GRUR 2007, 586 Rn. 52 f. – Boehringer/Swingward II.
[120] BGH GRUR 2000, 724 (727) – Außenseiteranspruch II; vgl. auch Fezer MarkenR Rn. 71.
[121] BGH GRUR 2001, 448 (450) – Kontrollnummernbeseitigung II.
[122] BGH GRUR 2001, 448 (450) – Kontrollnummernbeseitigung II.
[123] BGH GRUR 2002, 709 (711) – Entfernung der Herstellungsnummer III; kritisch Thiering in Ströbele/Hacker/Thiering Rn. 97; Laas GRUR Int 2002, 829 (833 f.), der die Kontrolle eines Vertriebssystems nicht berücksichtigen will und einen Wertungswiderspruch zu Arzneimitteln, wo gewisse Beeinträchtigungen hinzunehmen seien, sieht.
[124] Vgl. BGH GRUR 2000, 724 (726 f.) – Außenseiteranspruch II [zu § 1 UWG a. F.]; vgl. Köhler in Köhler/Bornkamm UWG § 4 Rn. 10.63 und 10.64; Thiering in Ströbele/Hacker/Thiering Rn. 94.
[125] Ingerl/Rohnke Rn. 87.

Unterscheidungskraft oder die Wertschätzung der Marke in unlauterer Weise ausgenutzt oder beeinträchtigt wird (→ Rn. 15).[126] Der Markeninhaber kann sich gem. § 24 Abs. 2 MarkenG auch einer irreführenden Verwendung widersetzen, mittels deren Kunden zum Angebot von Fremdprodukten geleitet werden.[127] Dabei ist eine Abwägung zwischen den berechtigten Interessen des Markeninhabers und des Wiederverkäufers vorzunehmen.[128] Auch die Wertungen anderer Immaterialgüterrechte können sich auf die Beurteilung des berechtigten Interesses durchschlagen. So hat der BGH hinsichtlich des Handels mit Softwarelizenzen entschieden, dass sich der Wiederverkäufer nicht auf Erschöpfung berufen kann, wenn der Vertrieb der Produkte die ernstliche Gefahr einer Urheberrechtsverletzung seitens der Erwerber des Produkts begründe; dies müsse der Markeninhaber nicht hinnehmen.[129]

V. Beweislast

34   Nach allgemeinen Grundsätzen trifft die Beweislast für das Vorliegen der Voraussetzungen der Erschöpfung grundsätzlich den potentiellen Verletzer, dem die Ausnahme günstig ist.[130] Eine Beweislastmodifikation ist jedoch zum Schutz des freien Warenverkehrs nach Art. 34, 36 AEUV dann möglich, wenn es ohne die Modifikation dem Markeninhaber möglich wäre, die nationalen Märkte abzuschotten und damit Preisunterschiede möglicherweise zu erhalten. Ein solcher Fall ist regelmäßig dann gegeben, wenn der potentielle Verletzer im Rahmen seiner Beweislast dargelegen muss, an welchem Ort die Waren vom Markeninhaber oder mit seiner Zustimmung erstmals in den Verkehr gebracht wurden, sodass dieser erfährt, von welchem Mitglied seines Vertriebsnetzes der vermeintliche Verletzer beliefert wurde. So könnte der Markeninhaber auf seinen Vertragshändler in der Gestalt einwirken, derartige Lieferungen künftig zu unterlassen, so dass dies eine Marktabschottung nur bestärken würde.[131] Wenn also der potentielle Verletzer nachweist, dass eine tatsächliche Gefahr für die Abschottung der nationalen Märkte besteht, falls er den Beweis erbringen und somit seine Lieferquellen offenbaren müsste, muss der Markeninhaber, insbesondere wenn er seine Waren über ein exklusives Vertriebssystem in den EWR in Verkehr bringt, nachweisen dass die Waren außerhalb des EWR in den Verkehr gebracht wurden.[132] Diese Beweislastmodifikation kann aber auch bei anderen Vertriebssystemen eingreifen, wenn die Gefahr der Marktabschottung besteht.[133] Dies kann bei (selektiven) Vertriebssystemen der Fall sein,

---

[126] BGH 2019, 1053 Rn. 37 ff. – ORTLIEB II; BGH GRUR 2019, 165 Rn. 76 – keine-vorwerk-vertretung.

[127] BGH 2019, 1053 Rn. 37 – ORTLIEB II; BGH GRUR 2019, 165 Rn. 78 – keine-vorwerk-vertretung.

[128] BGH GRUR 2006, 329 Rn. 31 – Gewinnfahrzeug mit Fremdemblem mwN; vgl. zu Einzelfällen Thiering in Ströbele/Hacker/Thiering Rn. 171–181, insbes. rufschädigende Händlerwerbung, Irreführung über geschäftliche Beziehung, Zweitkennzeichnung bei Rufausbeutung oder Irreführung über Gestattung; vgl. auch Ingerl/Rohnke Rn. 87 für Einzelfälle.

[129] BGH GRUR 2015, 1108 (1114) – Green-IT; kritisierend dazu Stieper/Henke NJW 2015, 3548 (3550), wonach es für den Ausschluss der Erschöpfung entscheidend auf eine etwaige Verletzung der Herkunfts- und Garantiefunktion ankomme, die nicht von einer Verletzung des Vervielfältigungsrechts am Computerprogramm abhänge.

[130] BGH GRUR 2004, 156 (157 f.) – Stüssy II.

[131] BGH GRUR 2020, 1306 Rn. 37 – Querlieferungen.

[132] BGH GRUR 2004, 156 (158) – Stüssy II mwN, Beweislastumkehr bejaht, da Klägerin Inhaberin der ausschließlichen Vertriebsrechte für Deutschland und in allen Ländern des EWR die Alleinvertriebsberechtigung jeweils in einer Hand war, wobei der jeweilige alleinvertriebsberechtigte Generalimporteur verpflichtet war, die Ware nicht an Zwischenhändler zum Weitervertrieb außerhalb seines jeweiligen Vertragsgebiets abzugeben; vgl. BGH BeckRS 2012, 09354 Rn. 29 ff. – CONVERSE II, näher zu den Voraussetzungen der tatsächlichen Gefahr einer Marktabschottung, insbes. Verneinung, wenn Zwischenhändler zwischenzeitlich aus Vertriebsorganisation ausgeschieden ist; vgl. LG Mannheim BeckRS 2010, 09856 zur Einordnung eines Vertriebssystems als nicht ausschließlich; vgl. Fezer MarkenR Rn. 122 f., allgemein kritisch zu Ausnahmen der grundsätzlichen Beweislast aufgrund Gemeinschaftsrechts.

[133] BGH BeckRS 2012, 07106 Rn. 31 – Converse I; Ingerl/Rohnke Rn. 89, Erweiterung auf alle den Vertrieb an Außenseiter beschränkende Vertriebssysteme; Thiering in Ströbele/Hacker/Thiering Rn. 55, Erweiterung auf selektive Vertriebssysteme; vgl. aA die Nachweise bei Thiering in Ströbele/Hacker/Thiering Rn. 55.

wenn die gebundenen Mitglieder nicht an Zwischenhändler außerhalb des Systems verkaufen dürfen, nicht aber wenn die Teilnehmer auf Anfragen außenstehender Händler hin diese beliefern dürfen.[134] Der Darlegungslast sollte auch mittels eines zur Verschwiegenheit verpflichteten Dritten unter Anonymisierung der Bezugsquellen genügt werden können, wenn dieser sein Ergebnis hinreichend nachvollziehbar darlegt und eine Offenlegung unzumutbar ist.[135]

VI. Europarechtliche „Erschöpfung" bei Marktabschottung, Art. 34, 36 AEUV

Auch unmittelbar aus dem europäischen Primärrecht zur Warenverkehrsfreiheit kann sich, **35** wenn ein grenzüberschreitender Bezug vorliegt, unter gewissen Voraussetzungen in Fällen des Parallelimports eine Beschränkung des Markenrechts ergeben. Relevant können die Art. 34, 36 AEUV dann werden, wenn § 24 nicht eingreift weil der potentielle Verletzer die Marke nicht benutzt, unter der der Markeninhaber die Ware im EWR in den Verkehr gebracht hat.[136] Die Voraussetzungen der Zulässigkeit des Parallelimports sind in diesen Fällen inhaltsgleich zu denen der Erschöpfung auf Basis des § 24 (→ Rn. 23 ff.). Denn sowohl die europarechtliche Regelung des Art. 15 MRL (und der auf dem wortgleichen Art. 7 MRL aF./Art. 15 MRLberuhende § 24) als auch die Regelung der **Warenverkehrsfreiheit** dienen dem Zweck, die Belange des Markenschutzes mit denen des freien Warenverkehrs im gemeinsamen Markt in Einklang zu bringen und sind gleich auszulegen.[137]

VII. Unionsmarkenrecht

Die Unionsmarkenverordnung enthält in Art. 15 eine im Wesentlichen identische Rege **36** lung. Die ursprünglich in Art. 7 MRL aF. normierte Erschöpfung findet sich nun in Art. 15 MRL nF.

VIII. Wirkung der Erschöpfung

Der Eintritt der Erschöpfung führt dazu, dass dem Zeicheninhaber die Ansprüche aus **37** §§ 14 und 15 nicht mehr zustehen. Die Erschöpfung betrifft nur die konkret in den Verkehr gebrachten Warenexemplare und nicht etwa die gesamte Gattung sowie nicht Dienstleistungen an erschöpften Waren.[138] Obwohl vom Wortlaut des § 24 Abs. 1 nur Waren erfasst sind, wird vereinzelt in der Literatur die Anwendung von § 24 auch für Dienstleistungen mit Warenbezug, wie beispielsweise Reparatur oder Transport, für möglich gehalten.[139] Die Erschöpfung erfasst alle Benutzungshandlungen.[140] So ist beispielsweise auch die Neukennzeichnung iSd § 14 Abs. 3 Nr. 1 zulässig, soweit die Marke in identischer Form wieder

---

[134] BGH BeckRS 2012, 07106 Rn. 31 – Converse I.

[135] Ingerl/Rohnke Rn. 91; kritischerThiering in Ströbele/Hacker/Thiering Rn. 52, wonach diesem Vorgehen mit Vorsicht zu begegnen sei, unter Verweis auf BGH GRUR 2000, 299 (302) – Karate, wo zum Patentrecht allerdings entschieden wurde, dass eine Stellungnahme einer Wirtschaftsprüfungsgesellschaft nicht ausreicht, wenn nicht vorgetragen wird, dass eine Offenlegung der Bezugsquellen unzumutbar ist und auch keine Ausführungen zum Vertriebssystem des Gegners gemacht werden.

[136] EuGH GRUR Int 2000, 159 Rn. 27 f. – Upjohn/Paranova, für einen Fall der Markenersetzung; BGH GRUR Int 2009, 521 Rn. 24 – KLACID PRO, ebenfalls für Markenersetzung; vgl. näher zu den Fallgestaltungen Thiering in Ströbele/Hacker/Thiering Rn. 151, insbesondere Markenersetzung durch den Importeur, Zwei-Marken-Strategie des Markeninhabers; vgl. Fezer MarkenR Rn. 170, zur Zwei-Marken-Strategie.

[137] BGH GRUR 2008, 614 Rn. 21 – ACERBON mwN; vgl. zu einzelnen Anforderungen auch Thiering in Ströbele/Hacker/Thiering Rn. 110–140.

[138] EuGH EuZW 1999, 474 Rn. 18 f. – Sebago/G-B Unic, abstellend auf jedes einzelne Exemplar; BGH GRUR 2002, 1063 (1065) – Aspirin I, abstellend auf bestimmte Waren; Ingerl/Rohnke Rn. 15; Thiering in Ströbele/Hacker/Thiering Rn. 64.

[139] Fezer MarkenR § 14 Rn. 13 aE.

[140] BGH GRUR 2007, 882 Rn. 18 – Parfümtester mwN, wo dies für die Marke entschieden ist; Ingerl/Rohnke Rn. 49; Thieringr in Ströbele/Hacker/Thiering Rn. 61 ff.; enger wohl Fezer MarkenR Rn. 9.

angebracht wird und nicht einmal geringfügige Änderungen vorgenommen werden.[141] Darüber hinaus ist auch die Entfernung von Originalmarken von Waren, die in die EU eingeführt werden, erfasst, nachdem der EuGH diese Handlung als Verletzungshandlung qualifiziert hat.[142] Erfasst ist auch das Werbe- und Ankündigungsrecht iSd § 14 Abs. 3 Nr. 5,[143] wobei der Händler dabei nicht auf eine etwaige Wortmarke beschränkt ist, sondern eine Bildmarke verwenden darf.[144] Im Zeitpunkt der Werbung muss die beworbene Ware noch nicht vorrätig sein, der Werbende muss aber im Zeitpunkt des (geplanten) Absatzes ohne Verletzung der Rechte des Markeninhabers über sie verfügen können;[145] dabei sollen sogar Waren erfasst sein, die vom Markeninhaber erst noch zukünftig im EWR in den Verkehr gebracht werden.[146] Die Grenze liegt allerdings bei fehlendem Produktbezug, wie etwa bei unternehmensbezogener Werbung oder wenn sich die Werbung nicht auf erschöpfte Originalprodukte bezieht.[147] Maßgeblich ist insoweit, wie der Verkehr die Benutzung des fremden Kennzeichens wahrnimmt.[148] So hat der BGH entschieden, dass für den Produktbezug ausreiche, wenn der Verkehr mehreren auf einem Karton angebrachten Marken entnehme, dass der Online-Shop Podukte dieser Marken vertreibe. Mit der Anforderung einer Bezugnahme auf konkrete Originalprodukte sei keine Werbung für bestimmte Warenstücke gemeint. Vielmehr müsse der Werbende nur tatsächlich Waren des Markeninhabers vertreiben und der Verkehr müsse angesichts der Werbung davon ausgehen, dass der Verkäufer Originalprodukte in seinem Sortiment führt und veräußert.[149] Demgegenüber ließe sich diese Rechtsprechung nicht ohne Weiteres auf diejenigen Fälle übertragen, in denen der Widerverkäufer, neben Produkten des Markenherstellers Produkte anderer Hersteller vertreibe.[150] Vielmehr sei die Verwendung der Marke in der Werbung zulässig, sofern der Markeninhaber sich dieser Verwendung der Marke nicht aus berechtigten Gründen i. S. v. § 24 Abs. 2 MarkenG widersetzen kann.[151]

B. Handelsvertreter

38   Für den Handelsvertreter gelten keine Abweichungen oder Besonderheiten.

---

[141] Vgl. OLG Frankfurt GRUR 2000, 1068 (1070) – Erschöpfung der Ausstattungsmarke, bestätigt durch BGH GRUR 2002, 1063 (1067) – Aspirin I, darauf abstellend, dass bei einer Abweichung die Ware nicht „unter der Marke" in Verkehr gebracht wurde; großzügiger Thiering in Ströbele/Hacker/Thiering Rn. 72, wonach Änderungen möglich seien, wenn genaue Reproduktion technisch unzumutbar oder unmöglich.

[142] EuGH GRUR 2018, 917 Rn. 43 – Mitsubishi Shoji Kaisha Ltd. / Duma Forklifts; Kur/v. Bomhard/ Albrecht, BeckOK Markenrecht/ Steudtner, § 24 Rn. 16.

[143] EuGH GRUR 2010, 841 Rn. 77 f. – Portakabin/Primakabin mwN, auch hinsichtlich Adwords entschieden; BGH GRUR 2007, 784 Rn. 20 – AIDOL; auch hinsichtlich Adwords siehe BGH GRUR 2015, 607 (608 f.) – Google-Adwords.

[144] BGH GRUR 2003, 340 (342) – Mitsubishi; bestätigt in BGH GRUR 2011, 1135 Rn. 28 – GROSSE INSPEKTION FÜR ALLE, unter Betonung, dass hierin auch kein Widerspruch zu den Wertungen bei § 23 Nr. 3 liege.

[145] BGH GRUR 2007, 784 Rn. 21 – ADIOL; BGH GRUR 2003, 340 (342) – Mitsubishi.

[146] BGH GRUR 2003, 878 (880) – Vier Ringe über Audi; zu Recht kritisch Thiering in Ströbele/ Hacker/Thiering Rn. 69 mwN und Ingerl/Rohnke § 24 Rn. 51 mwN, da keine tatsächliche Grundlage für die Annahme von Erschöpfung vorliegt, insbesondere soweit noch nicht klar ist ob und ggf. mit welcher Aufmachung / Markierung die Ware in den Verkehr kommen wird.

[147] BGH GRUR 2019, 76 Rn. 13 ff.- beauty for less; BGH GRUR 2019, 65 Rn. 53 – keine-vorwerk-vertretung; BGH GRUR 2007, 784 Rn. 21 – ADIOL.

[148] Ingerl/Rohnke, § 24 Rn. 51.

[149] BGH GRUR 2019, 76 Rn. 16 ff – beauty for less.

[150] BGH GRUR 2019, 65 Rn. 53 – keine-vorwerk-vertretung; BGH GRUR 2019, 1053 Rn. 33 ff. – ORTLIEB II.

[151] vgl. für den inhaltsgleichen Art. 15 II MRL: EuGH GRUR 2010, 841 Rn. 91 – Portakabin.

C. Vertragshändler

Für den Vertragshändler gelten keine Abweichungen oder Besonderheiten.   39

D. Franchisenehmer

Für den Franchisenehmer gelten keine Abweichungen oder Besonderheiten.   40

E. Kommissionsagent

Für den Kommissionsagenten gelten keine Abweichungen oder Besonderheiten.   41

§ 27 Rechtsübergang

(1) **Das durch die Eintragung, die Benutzung oder die notorische Bekanntheit einer Marke begründete Recht kann für alle oder für einen Teil der Waren oder Dienstleistungen, für die die Marke Schutz genießt, auf andere übertragen werden oder übergehen.**

(2) **Gehört die Marke zu einem Geschäftsbetrieb oder zu einem Teil eines Geschäftsbetriebs, so wird das durch die Eintragung, die Benutzung oder die notorische Bekanntheit der Marke begründete Recht im Zweifel von der Übertragung oder dem Übergang des Geschäftsbetriebs oder des Teils des Geschäftsbetriebs, zu dem die Marke gehört, erfasst. ²Dies gilt entsprechend für die rechtsgeschäftliche Verpflichtung zur Übertragung eines Geschäftsbetriebs oder eines Teiles des Geschäftsbetriebs.**

(3) **Der Übergang des durch die Eintragung einer Marke begründeten Rechts wird auf Antrag eines Beteiligten in das Register eingetragen, wenn er dem Deutschen Patent- und Markenamt nachgewiesen wird.**

(4) **Betrifft der Rechtsübergang nur einen Teil der Waren oder Dienstleistungen, für die die Marke eingetragen ist, so sind die Vorschriften über die Teilung der Eintragung mit Ausnahme von § 46 Abs. 2 und 3 Satz 1 entsprechend anzuwenden.**

Literatur: C. Ahrens, Die Notwendigkeit eines Geschäftsbetriebserfordernisses für Geschäftsbezeichnungen nach dem neuen Markengesetz, GRUR 1995, 635; Brämer, Die Sicherungsabtretung von Markenrechten, 2005; Fammler, Die Gemeinschaftsmarke als Kreditsicherheit, WRP 2006, 534; Fezer, Die Kollision komplexer Kennzeichen im Markenverletzungsrecht, Konkrete Verwechslungsgefahr und markenfunktionales Inverbindungbringen, GRUR 2013, 309; V. Deutsch, Allgemeiner Kennzeichenschutz für geistige Produkte. Eine Erwiderung, GRUR 2000, 126; Görden, Vorgezogener Werktitelschutz, 2009; Hammig, Der gutgläubige Erwerb einer Marke, GRUR-Prax 2020, 501; Ingerl/Rohnke, Die Umsetzung der Markenrechts-Richtlinie durch das deutsche Markengesetz, NJW 1994, 1247; Kunz-Hallstein, Die absolute Bindung der Marke an den Geschäftsbetrieb und ihre Aufhebung durch das Erstreckungsgesetz, GRUR 1993, 439; Lwowski/Hoes, Markenrechte in der Kreditpraxis, WM 1999, 771; Pahlow, Firma und Firmenmarke im Rechtsverkehr, GRUR 2005, 705; H. Schmidt, Auf dem Weg zur vollen Anerkennung immaterieller Vermögenswerte als Kreditsicherheit?, WM 2012, 721; Starck, Marken und sonstige Kennzeichenrechte als verkehrsfähige Wirtschaftsgüter. Anmerkungen zum neuen Markenrecht, WRP 1994, 698; Traub, Die Bindung von Marke und Firma an den Geschäftsbetrieb. Diskrepanzen zwischen der unterschiedlichen Behandlung von Marken und Firmen, FS Trinkner, 1995, 431; Ullmann, Der Erwerb der Rechte an Marken und Unternehmenskennzeichen, FS v. Mühlendahl, 2005, 145.

A. Einleitung

I. Zweck der Regelung

1   **1. Allgemeines.** § 27 MarkenG regelt die grundsätzliche Fähigkeit von Markenrechten, auf andere Personen übertragen zu werden bzw. überzugehen.[1] Unter dem WZG[2] war die **Übertragung von Markenrechten** ursprünglich nur durch Veräußerung des Geschäftsbetriebs möglich, dem sie zugehörig waren (§ 8 Abs. 1 S. 2 WZG 1936). Dies gilt heute noch zB für die Firma des Kaufmanns und dessen Handelsgeschäft (§ 23 HGB).[3] Das Markenrecht war im WZG 1936 somit akzessorisch mit dem Geschäftsbetrieb des Inhabers verbunden.[4]

2   Dies entsprach nicht mehr den Anforderungen des modernen Wirtschaftslebens. Daher wurde das WZG bereits zum 1.5.1992[5] in Richtung der heutigen Rechtslage reformiert.[6] Nach § 8 Abs. 1 S. 1 WZG 1992 war es fortan möglich, das (registrierte) Warenzeichen auch ohne den Geschäftsbetrieb, zu dem dieses gehörte, zu übertragen. Diese Regelung wurde in § 27 Abs. 1 MarkenG vom 1.1.1995 übernommen und auf außerhalb des Registers erworbene Benutzungsmarken und notorisch bekannte Marken ausgedehnt.[7] Nach der heutigen Rechtslage ist das Markenrecht ein **„selbstständiges Immaterialgut"**[8] und Wirtschaftsgut. Verdeutlicht wird dies auch durch § 29 MarkenG: Markenrechte sind normaler Gegenstand der Zwangsvollstreckung (§ 29 Abs. 1 Nr. 1 MarkenG), können allgemein mit dinglichen Rechten belastet und insbesondere zu Sicherungszwecken verpfändet werden (§ 29 Abs. 1 Nr. 2 MarkenG)[9] und fallen ggf. in die Insolvenzmasse (vgl. § 29 Abs. 3 MarkenG, § 35 Abs. 1 InsO). Der Verkehrsschutz, den betriebsakzessorische Regelungen wie § 8 Abs. 1 S. 2 WZG 1936 und § 23 HGB bezwecken,[10] wird heute nicht mehr über eine Verknüpfung der Marke mit dem Betrieb, sondern allgemein über § 5 UWG gewährleistet.[11]

3   Auch das **Anwartschaftsrecht** an einer Marke, das durch die Anmeldung zur Eintragung entsteht, ist nach dem Gesetz ein eigenständiges Vermögensgut. Denn § 31 MarkenG erklärt die Regelung des § 27 MarkenG (ebenso wie §§ 28–30 MarkenG) für auf Markenanmeldungen entsprechend anwendbar, sodass Markenanwartschaftsrechte ebenso übertragbar sind wie das Vollrecht.[12]

4   **2. Verhältnis zum Firmenrecht des HGB.** § 27 MarkenG ist nicht analog auf die Firma des Kaufmanns anwendbar. Durch das ausdrückliche **Verbot der isolierten Übertragung** von Firmen in § 23 HGB fehlt es für eine Analogie bereits an einer Regelungslücke. Umgekehrt gilt entsprechendes.[13] Umstritten ist jedoch, welche der beiden Vorschriften anwendbar ist, wenn eine Marke zugleich Firmenbestandteil ist.[14] Bessere Gründe

---

[1] Rechtsvergleichender Überblick bei Fezer MarkenR Rn. 6.

[2] Warenzeichengesetz v. 5.5.1936, RGBl. II 134.

[3] Ingerl/Rohnke Vor §§ 27–31 Rn. 6 ff., 11 f.; Schlingloff in Oetker HGB § 23 Rn. 1 f.

[4] Hacker MarkenR § 30 Rn. 699; Ingerl/Rohnke Rn. 21, 27.

[5] § 47 Abs. 3 des Gesetzes über die Erstreckung von gewerblichen Schutzrechten v. 23.4.1992, BGBl. I 983.

[6] Hierzu zB Kunz-Hallstein GRUR 1993, 439.

[7] Starck WRP 1994, 698 f.; Ullmann, FS v. Mühlendahl, 2005, 145 (147).

[8] Hacker MarkenR § 30 Rn. 700; s. auch Brämer, Die Sicherungsabtretung von Markenrechten, 2005, 13, 41 f.; Fezer GRUR 2010, 209 (211).

[9] Schmidt WM 2012, 721 (726 f.).

[10] Pahlow GRUR 2005, 705; Traub, FS Trinkner, 1995, 431 f.; s. a. Zimmer in EBJS HGB § 23 Rn. 1.

[11] OLG Saarbrücken NJWE-WettbR 1999, 284 (286) – H&K (zur Geschäftsbezeichnung); Hacker MarkenR § 30 Rn. 714; Brandi-Dohrn in v. Schultz Rn. 12, Rechtsfolge: Nichtigkeit der Übertragung nach § 134 BGB.

[12] Fezer MarkenR Rn. 11; Ingerl/Rohnke § 31 Rn. 1; Hacker in Ströbele/Hacker/Thiering Rn. 62 f.

[13] Näher zum Ganzen BGH GRUR 1994, 652 (653) – Virion (zu § 8 Abs. 1 WZG 1992); Schlingloff in Oetker HGB § 23 Rn. 2; Schmidt WM 2012, 721 (725); Traub, FS Trinkner, 1995, 431 (437).

[14] Näher Pahlow GRUR 2005, 705 (710 ff.) mwN; Traub, FS Trinkner, 1995, 431 (438 f.).

sprechen für die Anwendung von § 27 MarkenG auch auf die „Firmenmarke". Denn durch die Eintragung der „Firmenmarke" entsteht gerade ein von der Firma autonomes Rechtsgut.[15] Dieses Zeichen würde dadurch gegenüber anderen Marken benachteiligt, wenn sein Schicksal entgegen der neuen Rechtslage im Ergebnis doch wieder mit der Firma des Kaufmannes und somit mit dessen Betrieb (Handelsgeschäft) verknüpft würde.[16]

3. Übergangsrecht. Kennzeichenübertragungen, die vor dem 1.5.1992 durchgeführt 5 wurden, ohne dass der Geschäftsbetrieb mit übertragen wurde (sog. „Leerübertragungen"[17]), sind und bleiben unwirksam. Eine Heilung durch §§ 27, 153 MarkenG scheidet aus.[18] Eine (nunmehr wirksame) erneute Vornahme der Übertragung ist aber möglich.[19]

4. Prozessrecht. Die Übertragung einer Marke hat auf im Übertragungszeitpunkt bereits 6 laufende Verfahren um das Markenrecht keinen Einfluss. Insoweit gilt hinsichtlich laufender gerichtlicher und patentamtlicher Verfahren § 265 ZPO (entsprechend).[20]

5. Bezüge zum Unionsmarkenrecht und zu IR-Marken. Die Übertragung von 7 Marken war lange Zeit in der EU nicht durch die MRL aF.[21] harmonisiert.[22] Die Neufassung der MRL vom 16.12.2015 enthält nunmehr in Art. 22 MRL eine Regelung über den Rechtsübergang. Nach Abs. 1 kann eine Marke, unabhängig von der Übertragung des Unternehmens, für alle oder einen Teil der Waren oder Dienstleistungen, für die sie eingetragen ist, Gegenstand eines Rechtsübergangs sein. Gem. Abs. 2 S. 1 erfasst die Übertragung des Unternehmens in seiner Gesamtheit die Marke, es sei denn, es ist etwas Anderes vereinbart oder aus den Umständen geht eindeutig etwas anderes hervor. Nach Abs. 2 S. 2 gilt dies entsprechend für die rechtsgeschäftliche Verpflichtung zur Übertragung des Unternehmens. Mit der Aufnahme dieser Regelung in die MRL wird der Grundsatz bestärkt, dass im Rahmen der Auslegung der deutschen Regelung des § 27 MarkenG der Grundsatz der Einheitlichkeit des gesamten Kennzeichnungsrechts zu wahren ist, auch soweit § 27 MarkenG keinen direkten europarechtlichen Vorgaben der MRL unterliegt.[23]

Die Übertragbarkeit der Unionsmarke ist in Art. 20 UMV geregelt. Im Zuge der Änderungsverordnung VO (EU) 2015/2424 wurde Art. 20 UMV [Art. 17 UMV aF] um die Abs. 5a–5f ergänzt und enthält nunmehr die bis dahin in der Gemeinschaftsmarken-DVO geregelte Formalien. International registrierte Marken (IR-Marken) sind demgegenüber lediglich Gruppen nationaler Marken.[24] Der deutsche Bestandteil einer solchen Gruppe ist daher nach deutschem Recht übertragbar (§ 107 MarkenG).[25] Somit ist auch § 27 MarkenG anwendbar.[26]

---

[15] Vgl. BGH GRUR 2005, 871 (873) – Seicom m. Anm. Fritzsche LMK 2006, 164503; Ahrens GRUR 1995, 635 (640); Traub, FS Trinkner, 1995, 431 (439); Ullmann, FS v. Mühlendahl, 2005, 145 (153).

[16] Ingerl/Rohnke NJW 1994, 1247 (1248); Pahlow GRUR 2005, 705 (710); Hacker in Ströbele/Hacker/ Thiering Rn. 57; aA zB Brandi-Dohrn in v. Schultz Rn. 6 unter Bezugnahme auf LG München I MMR 2000, 565 – familienname.de; im dortigen Fall ging es allerdings um die Pfändbarkeit einer aus einem Familiennamen gebildeten Internet-Domain. Das LG München I lehnte dies ab, weil dem Inhaber im konkreten Fall aus seinem Namensrecht (§ 12 BGB) ein Verbietungsrecht für die Nutzung des Namens durch den Erwerber zustand. Das Gericht hat aber ausdrücklich offen gelassen, ob dies verallgemeinerungsfähig ist (S. 566).

[17] Näher zum Begriff Traub, FS Trinkner, 1995, 431 m. Fn. 1.

[18] BGH GRUR 1998, 699 (701) – SAM; GRUR 1995, 117 (119) – NEUTREX; Brandi-Dohrn in v. Schultz Rn. 13; Hacker in Ströbele/Hacker/Thiering Rn. 64.

[19] Kunz-Hallstein GRUR 1993, 439 (448).

[20] Für das patentamtliche Verfahren BGH GRUR 1998, 940 (942) – Sanopharm; BPatG GRUR-RR 2008, 414 (416) – Umschreibungsverfahren.

[21] Richtlinie 2008/95/EG zur Angleichung der Rechtsvorschriften der Mitgliedstaaten über Marken (kodifizierte Fassung) vom 22.10.2008.

[22] Fezer MarkenR Rn. 3; Hacker in Ströbele/Hacker/Thiering Rn. 1, 6.

[23] Kur/v. Bomhard/Albrecht, BeckOK Markenrecht/Taxhet, § 24 Rn. 16, § 27 Rn. 4.

[24] Hacker in Ströbele/Hacker/Thiering Rn. 67.

[25] BGH GRUR 2010, 828 Rn. 18 – DiSC; GRUR 1998, 699 (701) – SAM.

[26] Art. 9–9ter MMA und Art. 9 PMMA enthalten für die Markenübertragung lediglich besondere registerrechtliche Regelungen, Hacker in Ströbele/Hacker/Thiering Rn. 67.

II. Systematik

8   § 27 MarkenG legt die Möglichkeit des Markenübergangs für alle Markenarten (§ 4 MarkenG) umfassend fest. Die Vorschrift gilt auch für Kollektivmarken (§ 97 Abs. 2 MarkenG)[27] und Gewährleistungsmarken (§ 106a Abs. 2 MarkenG).[28] Demgegenüber ist eine Anwendung auf geographische Herkunftsangaben ausgeschlossen (näher → Rn. 9).[29] Nicht erforderlich ist insoweit, dass die Marke vom ursprünglichen Inhaber benutzt wird oder wurde. Entscheidend ist lediglich, dass eindeutig ist, wem die Marke zuzuordnen ist.[30] Nach dem Anlass des Rechtsübergangs wird markenrechtlich nicht unterschieden. Die Vorschrift erfasst sowohl die **rechtsgeschäftliche Übertragung** als auch den **gesetzlichen Übergang** von Markenrechten.[31] Nach der amtlichen Überschrift der Vorschrift ist Übergang der Oberbegriff. Inhaltlich ist § 27 MarkenG wie folgt gegliedert: Abs. 1 enthält den Grundsatz der (Teil-)Übertragbarkeit einer Marke. Abs. 2 formuliert eine widerlegbare Vermutung:[32] In inhaltlicher Anlehnung an § 8 Abs. 1 S. 2 WZG 1936 wird postuliert, dass der Übergang eines Geschäftsbetriebs zumindest „im Zweifel" auch die zu ihm gehörigen Marken erfasst.[33] Insoweit wird die Marke gedanklich weiterhin als „Zubehör" (vgl. § 97 Abs. 1 S. 1 BGB) des Geschäftsbetriebes behandelt.[34] In Abs. 2 S. 2 hat der Gesetzgeber nunmehr klargestellt, dass dies auch für die rechtsgeschäftliche Verpflichtung zur Übertragung eines Geschäftsbetriebs oder eines Teiles des Geschäftsbetriebs entsprechend gilt. Abs. 3 enthält einen Anspruch der am Übergang des Markenrechts beteiligten Personen gegen das DPMA, diesen Übergang im Markenregister eintragen zu lassen. Im Übrigen ist die Vorschrift nur insoweit anwendbar, wie Abs. 4 nicht entgegensteht. Abs. 4 knüpft daran an, dass nach Abs. 1 und Abs. 2 auch Teile einer Marke übertragen werden können (näher → Rn. 15). In diesem Fall sollen die Regelungen zur Teilung der Eintragung entsprechend angewendet werden (§ 46 MarkenG). § 46 Abs. 2, 3 S. 1 und 2 MarkenG bleiben hierbei aber außer Betracht. § 27 MarkenG enthält keine besonderen schuldrechtlichen Vorschriften für die Markenübertragung. Insbesondere besteht etwa anders als für die Übertragung einer Gemeinschaftsmarke kein Schriftformerfordernis (§ 20 Abs. 3 UMV).[35] Die Vorschrift enthält ferner keine Regelung zum **gutgläubigen Erwerb einer Marke.** Insoweit bleibt es also bei den allgemeinen Regelungen, wonach sonstige Rechte nicht gutgläubig erworben werden können.[36] § 932 BGB ist nicht (entsprechend) auf Markenrechte anwendbar.[37] Ein gutgläubiger Erwerb einer deutschen Marke ist nicht möglich.[38] Bei dem Erwerb einer Forderung fehlt es in der Regel an einem Rechtsscheinträger.[39] Ein solcher Rechtsscheinträger ist insbesondere auch nicht das Markenregister. Dies ergibt sich schon daraus, dass gem. § 27 Abs. 3 MarkenG die Eintragung des Markenübergangs in das Markenregister allein im Belieben der Beteiligten steht.[40] Auch § 28 MarkenG, nach dem vermutet wird, dass das durch die Eintragung einer Marke begründete Recht dem im Register als Inhaber Eingetragenen zusteht, führt gerade nicht zu einer

---

[27] Pahlow in EKB Rn. 2; Fezer MarkenR Rn. 1, 10, § 97 Rn. 24; Ingerl/Rohnke Rn. 5.
[28] Hacker in Ströbele/Hacker/Thiering, § 106a, Rn. 12.
[29] Fezer MarkenR, § 27 Rn. 13.
[30] Näher Ingerl/Rohnke Rn. 22.
[31] Fezer MarkenR Rn. 20 ff., 41.
[32] Fezer MarkenR Rn. 1, 53.
[33] Prägnant Hacker in Ströbele/Hacker/Thiering Rn. 21: „Relikt des alten Akzessorietätsgrundsatzes".
[34] So Kunz-Hallstein GRUR 1993, 439 (446).
[35] v. Gamm in BDS Rn. 1; Ingerl/Rohnke Rn. 4; Hacker in Ströbele/Hacker/Thiering Rn. 72.
[36] Lwowski/Hoes WM 1999, 771 (772).
[37] Brandi-Dohrn in v. Schultz Rn. 1.
[38] Anders bei der Gemeinschaftsmarke: Das Gemeinschaftsmarkenregister begründet eine negative Publizität (Art. 23 Abs. 1 GMV) für Übertragungen nach Art. 17 Abs. 1 GMV (s. Art. 23 Abs. 2 GMV) und ist insoweit Rechtsscheinträger, Fammler WRP 2006, 534 (536); Hacker in Ströbele/Hacker/Thiering Rn. 75 m. Bsp.
[39] Hammig, GRUR-Prax 2020, 501 (501).
[40] Pahlow in EKB Rn. 9; Hacker MarkenR § 30 Rn. 711; allg. Schmidt WM 2012, 721 (723).

solchen Rechtsscheinwirkung des Registers[41]. Hacker geht vielmehr in korrekter Weise davon aus, dass es sich dabei lediglich um eine Richtigkeitsvermutung handelt, der eine beweisrechtliche Funktion im Falle der Geltendmachung von Rechten aus der Marke zukommt.[42]

III. § 27 Abs. 1 MarkenG: Rechtsübergang

1. Gegenstand des Rechtsübergangs. Gegenstand des Rechtsübergangs können alle 9 Markenarten des § 4 MarkenG (zu ihnen → Rn. 8) sein. Auf **geschäftliche Bezeichnungen** iSv § 5 MarkenG ist § 27 Abs. 1 MarkenG nur entsprechend anwendbar, wenn sie mit dem Betrieb, zu dem sie gehören, gemeinsam übertragen werden. Insoweit gilt das **Akzessorietätsprinzip** wegen der besonderen Verbindung des Zeichens mit dem Betrieb fort.[43] Werktitel (§ 5 Abs. 3 MarkenG) sollen nach einer Ansicht unter § 27 MarkenG „nur zusammen mit dem Werk"[44] übertragbar sein, sodass es auch insoweit beim Akzessorietätsprinzip bleiben soll.[45] Grund sei die enge Bindung des Titels an das Werk.[46] Demgegenüber hält eine starke Auffassung auch Werktitel für frei übertragbar.[47] Der Werktitel verhalte sich zu dem bezeichneten Werk wie die Marke zu den mit ihr gekennzeichneten Waren oder Dienstleistungen.[48] Da Marken unstreitig nach § 27 Abs. 1 MarkenG selbstständig übertragen werden können, solle dies auch für Werktitel gelten. Hierfür sprächen auch wirtschaftliche Bedürfnisse der Praxis.[49] Geografische Herkunftsangaben (§§ 126 ff. MarkenG) sind unstreitig überhaupt nicht nach § 27 Abs. 1 MarkenG übertragbar.[50] Ferner sind gem. § 31 MarkenG auch Markenanwartschaften nach § 27 Abs. 1 MarkenG übertragbar. Diese entstehen mit der Anmeldung der Marke zur Eintragung beim DPMA. Gegenstand des Übergangs kann auch bereits vor der Anmeldung zur Eintragung eine künftige Marke sein, wenn sie bereits hinreichend bestimmbar ist.[51]

2. Rechtsgeschäftliche Übertragung, 1. Alt. Die Marke kann rechtsgeschäftlich über- 10 tragen werden. Es gilt das Trennungs- und Abstraktionsprinzip.[52] Somit ist die Wirksamkeit des Kausalgeschäfts und des Erfüllungsgeschäfts jeweils eigenständig zu bewerten.[53] Zu differenzieren ist hinsichtlich des auf die rechtsgeschäftliche Übertragung anwendbaren Sachrechts: Auf das **Erfüllungsgeschäft** ist wegen des **Territorialprinzips** stets und unabhängig von einer etwaigen Rechtswahl der Parteien das Recht desjenigen Landes anwendbar, in dem die

---

[41] Hammig, GRUR-Prax 2020, 501 (501).

[42] Hacker in Ströbele/Hacker/Thiering Rn. 19.

[43] BGH GRUR 2004, 790 (792) – Gegenabmahnung; GRUR 2002, 972 (974) – FROMMIA; OLG München GRUR-RR 2007, 211 (213) – Kloster Andechs; v. Gamm in BDS Rn. 14; Fezer MarkenR Rn. 1, 12; Hildebrandt § 25 Rn. 1; Starck WRP 1994, 698 (700); Hacker in Ströbele/Hacker/Thiering Rn. 77; Ullmann, FS v. Mühlendahl, 2005, 145 (151 f.); differenzierend Ahrens GRUR 1995, 635 (640); aA Pahlow in EKB Vor §§ 27 ff. Rn. 9.

[44] Hacker in Ströbele/Hacker/Thiering Rn. 80 mwN.

[45] Zum alten Recht vgl. entsprechend BGH GRUR 1990, 218 (220) – Verschenktexte.

[46] v. Gamm in BDS Rn. 15; v. Deutsch GRUR 2000, 126 (129 f.); Starck WRP 1994, 698 (701); Hacker in Ströbele/Hacker/Thiering Rn. 80 mwN in Fn. 107; Traub, FS Trinkner, 1995, 431 (437), Fn. 18.

[47] S. nur Pahlow in EKB Vor §§ 27 ff. Rb. 11; Fezer MarkenR § 15 Rn. 168c, 334; Görden, Vorgezogener Werktitelschutz, 2009, 70 f.; Ingerl/Rohnke § Vor §§ 27–31 Rn. 7; Ullmann, FS v. Mühlendahl, 2005, 145 (152), Fn. 26; differenzierend Hildebrandt § 25 Rn. 8 (unmöglich bei Titeln für konkrete Einzelwerke wie Romane, möglich bei Titeln für Werke mit ständig wechselndem Inhalt wie Zeitschriften etc.).

[48] Besonders deutlich Brandi-Dohrn in v. Schultz Rn. 7, der gerade nicht auf die Beziehung Marke/Betrieb abstellt; dies unterstellt aber Hacker in Ströbele/Hacker/Thiering Rn. 80 dieser Ansicht („gedanklicher Fehler").

[49] Vgl. Fezer MarkenR § 15 Rn. 334; Görden, Vorgezogener Werktitelschutz, 2009, 71; Ingerl/Rohnke Vor §§ 27–31 Rn. 7; Brandi-Dohrn in v. Schultz Rn. 7.

[50] Pahlow in EKB Rn. 2; Fezer MarkenR Rn. 13; Ingerl/Rohnke Rn. 5.

[51] Ingerl/Rohnke Rn. 9; Lwowski/Hoess WM 1999, 771 (772); s. a. BGH GRUR 1968, 321 (322) – Haselnuß (zu urheberrechtlichen Verwertungsrechten); NJW-RR 1998, 1057 (1058) (zum Geschmacksmuster).

[52] Fezer/Fammler HdB Markenpraxis II 1. Teil Rn. 697; Hildebrandt § 24 Rn. 3.

[53] Hacker MarkenR § 30 Rn. 704.

Marke geschützt ist (Schutzland).[54] Für das **Kausalgeschäft** gilt dies nicht. Insoweit greifen die allgemeinen Regeln zur Rechtswahl ein.[55] Die BGH-Entscheidung „FROMMIA"[56] steht dem nicht entgegen.[57] Dort hat das Gericht zwar ohne weitere ausdrückliche Differenzierung die Anwendbarkeit von § 28 Abs. 1, 2 EGBGB,[58] der sich ausschließlich auf Verpflichtungs- geschäfte bezog, auf die „Übertragung der [deutschen] Marke" abgelehnt. Unmittelbar im Anschluss erwähnt das Gericht aber nur die „Übertragung der Marke" nach § 27 Abs. 1 MarkenG, die „wirksam im April 1997 [...] erfolgt" sei. Hieraus wird deutlich, dass der BGH sich dort inhaltlich nur mit dem Erfüllungsgeschäft befasst hat, denn dieses bewirkt erst die wirksame Übertragung der Marke.[59] Als Verpflichtungsgeschäft kommt neben dem Regelfall des Rechtskaufs (§§ 433, 453 BGB), der Schenkung (§ 516 BGB) und der Sicherungsabrede auch jedes andere Rechtsgeschäft in Betracht, das den Markeninhaber zur Herbeiführung des kompletten Übergangs wenigstens eines Teils der Marke (§ 27 Abs. 2 MarkenG) verpflichtet. Insbesondere kann die Verpflichtung, eine Marke zu übertragen, auch aus einem gesellschafts- rechtlichen Schuldverhältnis entstehen, denn Markenrechte können eine Sacheinlage dar- stellen.[60] Das Erfüllungsgeschäft ist stets eine Abtretung, §§ 398, 413 BGB,[61] denn das Markenrecht ist ein sonstiges Recht iSd. letztgenannten Vorschrift. Da § 27 MarkenG insoweit keine abweichende Regelung trifft, sind auch Bedingungen und Befristungen zu- lässiger Inhalt sowohl des Verpflichtungs- als auch des Erfüllungsgeschäfts. Eine Eintragung des Inhaberwechsels in das Markenregister ist für die Wirksamkeit der Markenübertragung nicht erforderlich (vgl. § 28 Abs. 1, 2 MarkenG; näher → Rn. 13). In Folge der Übertragung tritt der Erwerber hinsichtlich der Marke in die Rechtsstellung des vormaligen Inhabers ein, so wie dieser sie innehatte.[62] Dieser verliert alle Rechte an der Marke. Hierdurch kann er sie insbesondere nicht erneut wirksam an einen Dritten übertragen.[63] Es besteht kein Gutglau- bensschutz für den späteren Erwerber. An Lizenzen ist der neue Inhaber ebenso wie sein Vorgänger gebunden, sofern die Lizenzabreden keine abweichenden Regelungen enthalten (§ 30 Abs. 5 MarkenG) und die in Rede stehenden Lizenzen vor dem 1. Januar 1995 erteilt wurden. In diesem Fall bestimmt § 155 MarkenG, dass § 30 Abs. 5 MarkenG nicht anwend- bar ist. Sonstige schuldrechtliche Abreden des vorherigen Inhabers mit Dritten in Ansehung der Marke binden den neuen Inhaber hingegen nur, wenn diese von ihm vertraglich akzeptiert wurden.[64] Ein Beispiel für solche Abreden sind Abgrenzungsvereinbarungen.[65]

11   **3. Gesetzlicher Übergang, 2. Alt.** Der Markenübergang ist auch qua Gesetz möglich. Anschaulichstes Beispiel ist der Erbfall, § 1922 BGB.[66] Nicht anwendbar sind hingegen die

---

[54] BGH GRUR 2010, 828 Rn. 17 – DiSC; GRUR 2002, 972 (973) – FROMMIA; OLG München GRUR-RR 2006, 130 (132) – UltraMind; LG Mannheim NJOZ 2009, 1458 (1461 f.) – FRAND-Erklärung (zum Patentrecht); allg. Staudinger/Fezer/Koos IntWirtschR, 2010, Rn. 989.
[55] Fezer MarkenR Rn. 22; Fezer/Fammler HdB Markenpraxis II 1. Teil Rn. 734, 822; ders. WRP 2006, 534, 539 f. (zur Gemeinschaftsmarke); Ingerl/Rohnke Rn. 6; Hacker in Ströbele/Hacker/Thiering Rn. 11; v. Gamm in BDS Rn. 2; allg. Staudinger/Fezer/Koos IntWirtschR, 2010, Rn. 974; Martiny in Münch- Komm ROM-I VO Art. 4 Rn. 201, 221.
[56] BGH GRUR 2002, 972 (973).
[57] Fezer MarkenR Rn. 22; skeptisch insoweit Ingerl/Rohnke Rn. 6; Hacker in Ströbele/Hacker/Thiering Rn. 11 m. Fn. 14.
[58] Heute: Art. 4 der Verordnung 2008/593/EG (ROM I), Hacker in Ströbele/Hacker/Thiering Rn. 11, Fn. 14.
[59] Deutlicher dann auch BGH GRUR 2010, 828 Rn. 17 – DiSC: „[Es beurteilt sich nach deutschem Recht], ob die nationalen Marken der Bekl. auf die Kl. *übertragen wurden*. [...] Die Rechtswahl [...] des Vertrags [...] ist insoweit unbeachtlich", Hervorhebungen nur hier.
[60] Fezer/Fammler HdB Markenpraxis II 1. Teil Rn. 941.
[61] BPatG GRUR-RR 2008, 414 – Umschreibungsverfahren; v. Gamm in BDS Rn. 5; Fezer/Fammler HdB Markenpraxis II 1. Teil Rn. 734.
[62] Ingerl/Rohnke Rn. 15.
[63] Anders verhält es sich wegen Art. 17 Abs. 1 GMV bei der Gemeinschaftsmarke vor Eintragung des Inhaberwechsels in das Gemeinschaftsmarkenregister, Hacker in Ströbele/Hacker/Thiering Rn. 75.
[64] Pahlow in EKB Rn. 11.
[65] Allg. zu diesen Fezer MarkenR § 14 Rn. 1088; Ingerl/Rohnke § 30 Rn. 137.
[66] Fezer/Fammler HdB Markenpraxis II Rn. 697; V. Gamm in BDS Rn. 6 zur gesellschaftsrechtlichen Gesamtrechtsnachfolge.

Regelungen zum gesetzlichen Forderungsübergang über § 412 BGB, da es sich bei dem Markenrecht nicht um eine Forderung, sondern um ein sonstiges Recht handelt.[67] Auch der gesetzliche Übergang einer Marke führt zum Vollerwerb durch denjenigen, auf den sie übergeht. Insoweit bestehen keine Unterschiede zur rechtsgeschäftlichen Übertragung.

IV. § 27 Abs. 2 MarkenG: Vermutungstatbestand bei Übertragung des Geschäftsbetriebs

§ 27 Abs. 2 MarkenG enthält eine **widerlegbare Vermutung.** Hiernach ist im Zweifel **12** anzunehmen, dass bei einem Betriebsübergang die vorhandenen zum Geschäftsbetrieb gehörenden Markenrechte mit auf den Erwerber übergehen sollen. Hierbei handelt es sich letztlich um eine Auslegungsregel.[68] Unter Geschäftsbetrieb versteht man in Anlehnung an den im Arbeitsrecht geläufigen Begriff[69] jede verselbstständigte Organisationseinheit eines Unternehmens, durch die der Unternehmer einen bestimmten Zweck unternehmerischer Art verfolgt.[70] Maßgeblich ist insoweit keine formaljuristische, sondern eine wirtschaftliche Betrachtung. Dies gilt auch, wenn nur ein Geschäftsbetriebsteil übertragen wurde.[71] Offen ist, ob mit einer Ansicht für die Bestimmung des Betriebsübergangs auf die zu § 8 Abs. 1 S. 2 WZG 1936 ergangene Rechtsprechung zurückgegriffen werden kann. Zur Begründung wird angeführt, dass der Gesetzgeber den Begriff des „Geschäftsbetriebs" bewusst aus § 8 Abs. 1 S. 2 WZG 1936 in § 27 MarkenG übernommen habe.[72] Demgegenüber wird vertreten, dass ein solcher Rückgriff aufgrund des veränderten Schutzzwecks der Bestimmung nicht möglich sei. Während § 8 Abs. 1 S. 2 WZG 1936 dem Schutz des Verkehrs vor Irreführung gedient habe, bezwecke § 27 MarkenG lediglich, die Verkehrsfähigkeit von Markenrechten klarzustellen. Daher sei heute von einem Betriebsübergang schon auszugehen, wenn die Marke in einem solchen Sachzusammenhang mit dem Geschäftsbetrieb stünde, dass der Übergang der Marke bei verständiger Betrachtung des Vorgangs als angemessener Interessenausgleich zwischen den Parteien des Übergangs zu beurteilen sei.[73] Die Unterschiede, die in der Praxis zwischen beiden Auffassungen auftreten können, dürften gering sein. Zu einem (Teil-)Betrieb gehört eine Marke, wenn sie einem solchen zugeordnet werden kann, etwa weil der Inhaber des Unternehmens auch Inhaber der Marke ist.[74] Insoweit sorgt für Unsicherheit, dass das Bestehen eines Geschäftsbetriebs nicht Voraussetzung für die Inhaberschaft an einer Marke ist (§ 7 Nr. 1 MarkenG).[75] Hinsichtlich der rechtlichen Ausgestaltung des Übertragungsgeschäfts ist nur zu beachten, dass die Verpachtung des Betriebes nicht für einen Betriebsübergang iS v § 27 Abs. 2 MarkenG genügt:[76] Das Geschäft muss darauf gerichtet sein, den Geschäftsbetrieb tatsächlich von dem Veräußerer auf den Erwerber übergehen zu lassen und diesem nicht lediglich ein (qualifiziertes) Nutzungsrecht an dem Betrieb einzuräumen. Nach § 27 Abs. 2 S. 2 MarkenG, der im Zuge des MaMoG Art. 22 Abs. 2 S. 2 MRL wortlautgleich umsetzt, gilt die Vermutung entsprechend für die rechtsgeschäftliche Verpflichtung zur Übertragung des Geschäftsbetriebs oder eines Teils des Geschäftsbetriebs. Im Unterschied zu Art. 22 Abs. 2 S. 2 MRL und § 27 Abs. 2 S. 2 MarkenG, regelt das Unionsmarkenrecht demgegenüber in Art. 20 Abs. 2 S. 2 UMV

---

[67] Ingerl/Rohnke Rn. 19.

[68] Hildebrandt § 24 Rn. 5.

[69] Zu diesem zB BAG NZA 1990, 977 (978); BeckOK ArbR/Gussen BGB § 613a Rn. 3; ErfK/Preis BGB § 611 Rn. 194.

[70] EKB/Pahlow Rn. 23.

[71] BGH GRUR 2004, 868 (869) – Dorf Münsterland II; GRUR 2004, 790 (792) – Gegenabmahnung (zu § 23 HGB); GRUR 2002, 972 (975) – FROMMIA; Ingerl/Rohnke Rn. 23.

[72] Hacker in Ströbele/Hacker/Thiering Rn. 24 m. Fn. 31 unter Verweis auf Begr. EStrG, BlPMZ 1992, 213 (248).

[73] Pahlow in EKB Rn. 27; Fezer MarkenR Rn. 56.

[74] Fezer MarkenR Rn. 54; Ingerl/Rohnke Rn. 22.

[75] Hierzu Hacker MarkenR § 9 Rn. 75; Misoga in Ströbele/Hacker/Thiering § 7 Rn. 2; auch schon Kunz-Hallstein GRUR 1993, 439 (445).

[76] BGH GRUR 2004, 868 (869) – Dorf Münsterland II; Fezer MarkenR Rn. 56; Ingerl/Rohnke Rn. 24.

dass dies nur für die Übertragung des Unternehmens „in seiner Gesamtheit" und nicht auch für die Übertragung von Teilen des Geschäftsbetriebs gilt.

V. § 27 Abs. 3 MarkenG: Eintragung der Übertragung

13   **1. Bedeutung und Folgen der Eintragung.** Die **Eintragung** des Übergangs ist **nicht konstitutiv** für den Erwerb der Marke.[77] Dies gilt auch für Teilübertragungen der Marke (näher → Rn. 15).[78] Das Markenregister ist daher kein Rechtsscheinträger (näher → Rn. 8). Ein Erwerb einer Marke „außerhalb des Registers" ist problemlos möglich.[79] Die Eintragung ist nur Obliegenheit des Erwerbers mit der für ihn positiven Folge des § 28 MarkenG. Nach dieser Vorschrift wird im Verfahren[80] vermutet, dass der als Inhaber der Marke Eingetragene auch Inhaber des Zeichens ist (Beweiserleichterung, § 28 Abs. 1).[81] Zudem kann der Erwerber erst ab Anmeldung zur Eintragung seines Erwerbs Rechte aus dem Zeichen beim DPMA und in den weiteren genannten Verfahren geltend machen (§ 28 Abs. 2 MarkenG).

14   **2. Eintragungsverfahren.** Das Eintragungsverfahren richtet sich nach § 28 DPMAV. Nötig ist ein Antrag entweder des alten oder des neuen Markeninhabers zum DPMA. Dieser Antrag muss schriftlich erfolgen. Es soll das vom DPMA dafür vorgesehene Formblatt verwendet werden (§ 28 Abs. 1 DPMAV).[82] Gebühren fallen für den Antrag nicht mehr an. Eine Ausnahme besteht nur noch für die Eintragung einer Teilübertragung einer Marke (§§ 27 Abs. 3, 64a MarkenG i. V. m. Nr. 333 200 zu § 2 PatKostG) bzw. einer Markenanmeldung (§§ 31, 27 Abs. 3, 64a MarkenG i. V. m. Nr. 331 800 GV zu § 2 PatKostG). In diesen Fällen beträgt die Gebühr 300,00 EUR.[83] Für die Eintragung muss der Rechtsübergang gegenüber dem DPMA nachgewiesen werden. Die Prüfung erfolgt zunächst rein formal.[84] Das Amt prüft, ob ein Antrag vorliegt und ob alle Beteiligten diesen unterschrieben haben oder ob sonstige Unterlagen vorliegen, aus denen der Rechtsübergang hervorgeht (s. § 28 Abs. 3 DPMAV). Das DPMA hat keine generelle materielle Prüfpflicht hinsichtlich des Rechtsübergangs. Dies unterscheidet das Markenregister zB vom Handelsregister (§§ 8, 15 HGB): Für letzteres besteht je nach Eintragungstatbestand auch eine materielle Prüfpflicht für das Registergericht.[85] Die Prüfung der materiellen Wirksamkeit des Rechtsübergangs bleibt im Konfliktfall regelmäßig der ordentlichen Gerichtsbarkeit überlassen.[86] Das DPMA kann aber materiell prüfen bzw. weitere Unterlagen zum Beleg des Rechtsübergangs verlangen, wenn begründete Zweifel am Rechtsübergang bestehen (§ 28 Abs. 6 DPMAV). Falls diese nicht behoben werden können, muss es die Eintragung des Rechtsübergangs ablehnen.[87] Eine Rückgängigmachung im patentamtlichen Verfahren ist nur dann möglich, wenn die Eintragung auf einem schwerwiegenden Verfahrensmangel beruht. Als ein solcher kommt etwa die Verweigerung des rechtlichen Gehörs (§ 59 Abs. 2 MarkenG) gegenüber dem Antragsteller in Betracht, wenn diese kausal für die Eintragung war.[88] Der Regelfall ist demgegenüber aber die Rückgängigmachung der Eintragung im gerichtlichen Verfahren. Hierfür muss derjenige, der sich durch die Eintragung in seinen Rechten verletzt sieht, gegen

---

[77] BPatG GRUR-RR 2008, 414 (415) – Umschreibungsverfahren; Fezer MarkenR Rn. 60.

[78] Zum diesbezüglichen Streitstand ausführlich Brämer, Die Sicherungsabtretung von Markenrechten, 2005, 121 ff.

[79] Vgl. Brämer, Die Sicherungsabtretung von Markenrechten, 2005, 122.

[80] Fezer MarkenR § 28 Rn. 14 f.: „Prozessuale Natur" der Vermutung, sowohl vor Gericht als auch vor dem DPMA.

[81] Hacker in Ströbele/Hacker/Thiering Rn. 28.

[82] Fezer MarkenR Rn. 64.

[83] Näher Fezer MarkenR Rn. 65.

[84] BPatG GRUR-RR 2008, 414 (415 f.) – Umschreibungsverfahren.

[85] Preuß in Oetker HGB § 8 Rn. 83, 94 f.

[86] BPatG Beschl. v. 29.9.2004 – 26 W (pat) 116/03, BeckRS 2009, 00180– Union; Fezer MarkenR Rn. 63.

[87] Fezer MarkenR Rn. 63.

[88] BPatG GRUR-RR 2008, 261 f. – Markenumschreibung; GRUR-RR 2008, 414 (415) – Umschreibungsverfahren; näher Fezer MarkenR Rn. 67.

denjenigen klagen, der nunmehr als Inhaber der Marke in dem Register eingetragen ist. Zu erheben ist die Leistungsklage auf Zustimmung zur Umschreibung der Marke, sodass im Erfolgsfall § 894 ZPO Anwendung findet.[89]

VI. § 27 Abs. 4 MarkenG: Registerrechtliche Besonderheiten bei Teilübertragung

Gem. § 27 Abs. 1 MarkenG kann eine Marke auch teilweise übertragen werden bzw. **15** übergehen. Das bedeutet, dass sie nur für eine Teilmenge derjenigen Waren und Dienstleistungen auf einen Dritten übergeht, für die sie Schutz genießt (s. auch § 46 Abs. 1 S. 1 MarkenG). Eine territoriale Aufteilung der Marke ist nicht möglich.[90] Auch eine Aufteilung der Marke in ihre einzelnen Elemente – etwa in Wort- und Bildelement bei einer ursprünglichen Wortbildmarke – ist nicht gemeint.[91] Ein Teilübergang vollzieht sich ebenso wie ein Übergang des gesamten Markenrechts (→ Rn. 8). Auch hier ist insbesondere die **Eintragung der Teilübertragung** in das Markenregister **nicht konstitutiv** für deren Wirksamkeit.[92] Die Teilübertragung wird durch § 27 Abs. 4 MarkenG verfahrensrechtlich ausgestaltet. Die Vorschrift gilt nur für eingetragene Marken, nicht aber für notorisch bekannte Marken und Benutzungsmarken (§ 4 Nr. 2, 3 MarkenG).[93] Wenn die Teilung in das Markenregister eingetragen werden soll, kommt folglich zunächst § 27 Abs. 3 MarkenG zur Anwendung. § 27 Abs. 4 MarkenG hat nur ergänzende Funktion.[94] Dieser verweist auf § 46 Abs. 1, 3 S. 2 MarkenG, wo allgemein die Teilung einer vorhandenen Eintragung geregelt ist. Im Unterschied zu § 27 Abs. 3 MarkenG steht der Antrag auf Eintragung der Teilübertragung nur dem ursprünglichen Inhaber der Marke und nicht dem Erwerber zu (§§ 27 Abs. 4, 46 Abs. 1 S. 1 MarkenG). In der Teilungserklärung gegenüber dem DPMA ist anzugeben, welche Waren und Dienstleistungen fortan als „abgetrennte Eintragung" fortbestehen sollen (§§ 27 Abs. 4, 46 Abs. 1 S. 1 MarkenG). Die registerrechtliche Teilungserklärung ist unwiderruflich (§§ 27 Abs. 4, 46 Abs. 3 S. 2 MarkenG). Sie kann aber faktisch dadurch beseitigt werden, dass der Markeninhaber die anfallende Teilungsgebühr (→ Rn. 14) nicht entrichtet. In diesem Fall gilt der Antrag auf Eintragung des Teilübergangs nach Ablauf einer Frist von regelmäßig drei Monaten ab Einreichung des Antrags (Fälligkeit, § 3 Abs. 1 S. 1 PatKostG) als zurückgenommen (§ 6 Abs. 1 S. 2, Abs 2 PatKostG).[95] Die materielle Wirksamkeit der Teilrechtsübertragung wird hiervon aber nicht berührt.[96] Beide Teile der ursprünglichen Marke genießen nach vollzogener Eintragung dieselbe Priorität innerhalb des Registers (§§ 27 Abs. 4, 26 Abs. 1 S. 2 MarkenG).

B. Handelsvertreter

Für den Handelsvertreter gelten hier keine Abweichungen oder Besonderheiten. **16**

C. Vertragshändler

Für den Vertragshändler gelten hier keine Abweichungen oder Besonderheiten. **17**

---

[89] Zum Ganzen Fezer MarkenR Rn. 66.
[90] Brandi-Dohrn in v. Schultz Rn. 11; Starck WRP 1994, 698 (699).
[91] Ingerl/Rohnke § 46 Rn. 4; Starck WRP 1994, 698 (699); Misoga in Ströbele/Hacker/Thiering § 46 Rn. 2.
[92] Pahlow in EKB Rn. 30; Hacker in Ströbele/Hacker/Thiering Rn. 50; aA Brandi-Dohrn in v. Schultz Rn. 11.
[93] Pahlow in EKB Rn. 30.
[94] Hacker in Ströbele/Hacker/Thiering Rn. 51.
[95] Brandi-Dohrn in v. Schultz Rn. 11.
[96] Näher zum Ganzen Hacker in Ströbele/Hacker/Thiering Rn. 53 f..

D. Franchisenehmer

18   Für den Franchisenehmer gelten hier keine Abweichungen oder Besonderheiten.

E. Kommissionsagent

19   Für den Kommissionsagenten gelten hier keine Abweichungen oder Besonderheiten.

§ 30 Lizenzen

(1) **Das durch die Eintragung, die Benutzung oder die notorische Bekanntheit einer Marke begründete Recht kann für alle oder für einen Teil der Waren oder Dienstleistungen, für die die Marke Schutz genießt, Gegenstand von ausschließlichen oder nicht ausschließlichen Lizenzen für das Gebiet der Bundesrepublik Deutschland insgesamt oder einen Teil dieses Gebiets sein.**

(2) **Der Inhaber einer Marke kann die Rechte aus der Marke gegen einen Lizenznehmer geltend machen, der hinsichtlich**

1. **der Dauer der Lizenz,**
2. **der von der Eintragung erfassten Form, in der die Marke benutzt werden darf,**
3. **der Art der Waren oder Dienstleistungen, für die die Lizenz erteilt wurde,**
4. **des Gebiets, in dem die Marke angebracht werden darf, oder**
5. **der Qualität der von ihm hergestellten Waren oder der von ihm erbrachten Dienstleistungen**

gegen eine Bestimmung des Lizenzvertrages verstößt.

(3) **¹Der Lizenznehmer kann Klage wegen Verletzung einer Marke nur mit Zustimmung ihres Inhabers erheben. ²Abweichend von Satz 1 kann der Inhaber einer ausschließlichen Lizenz Klage wegen Verletzung einer Marke erheben, wenn der Inhaber der Marke nach förmlicher Aufforderung nicht selbst innerhalb einer angemessenen Frist Klage wegen Verletzung einer Marke erhoben hat.**

(4) **Jeder Lizenznehmer kann einer vom Inhaber der Marke erhobenen Verletzungsklage beitreten, um den Ersatz seines Schadens geltend zu machen.**

(5) **Ein Rechtsübergang nach § 27 oder die Erteilung einer Lizenz nach Absatz 1 berührt nicht die Lizenzen, die Dritten vorher erteilt worden sind.**

(6) **¹Das Deutsche Patent- und Markenamt trägt auf Antrag des Inhabers der Marke oder des Lizenznehmers die Erteilung einer Lizenz in das Register ein, wenn ihm die Zustimmung des anderen Teils nachgewiesen wird. ²Für die Änderung einer eingetragenen Lizenz gilt Entsprechendes. ³Die Eintragung wird auf Antrag des Inhabers der Marke oder des Lizenznehmers gelöscht. ⁴Der Löschungsantrag des Inhabers der Marke bedarf des Nachweises der Zustimmung des bei der Eintragung benannten Lizenznehmers oder seines Rechtsnachfolgers.**

Schrifttum: Bühling, Die Markenlizenz im Rechtsverkehr, GRUR 1998; Emde, Ausgleichsanspruch analog § 89b HGB für Markenlizenznehmer?, WRP 2003, 468; Fammler, Der Markenlizenzvertrag, 3. Aufl. 2014; Fammler, Die Gemeinschaftsmarke als Kreditsicherheit, WRP 2006, S. 534 ff.; Fammler, Möglichkeiten und Grenzen der vertraglichen Bestimmung des Schutzumfangs von Markenrechten, Festschrift für Karl-Heinz Fezer zum 70. Geburtstag, S. 633; Fammler, Anmerkung zu EuGH, Urt. v. 4.2.2016 – C-163/15 – Youssef Hassan/Breiding Vertriebsgesellschaft mbH, GRUR 2016, 372; Haedicke, Der Schutz des Unterlizenznehmers bei Wegfall der Hauptlizenz, Mitt. 2012, 429; Hacker, Das Markenmodernisierungsgesetz (MaMoG), GRUR 2019, 235; Jestaedt, Die Klagebefugnis des Lizenznehmers im Patentrecht, GRUR 2020 354; Loewenheim, Markenlizenz und Franchising, GRUR Int. 1994, 156; Martinek/Wimmer-Leonhardt, Steht auch dem Markenlizenznehmer der vertriebsrechtliche Ausgleichanspruch analog § 89b HGB zu?, WRP 2006, 204; Pagenberg/Geissler, Lizenzverträge, 6. Aufl. 2008; Pahlow, Keine Geltendmachung von Schadensersatz durch Markenlizenznehmer? Ein Plädoyer für mehr Kohärenz zwischen BGH und EuGH, GRUR 2019, 1126; Pahlow,

Kommt jetzt die Vertragseintrittslösung im Lizenzrecht? Schutzrechtsnachfolge und Sukzessionsschutz nach der neuesten Rechtsprechung des BGH, GRUR 2021, 24; Petry/Schilling, Der Schadensersatzanspruch des Lizenznehmers im Markenrecht, WRP 2009, 1197; Sack, Die Erschöpfung von Markenrechten bei lizenzvertragswidrigem Vertrieb, GRUR Int. 2010, 198; Werkmeister, Insolvenzfeste Lizenzverträge (Teil I), GRUR-Prax, 2021, 661; Werkmeister, Insolvenzfeste Lizenzverträge (Teil II), GRUR-Prax, 2021, 595.

Übersicht

A. Einleitung

I. Zweck der Regelung

Die Bestimmung regelt, allerdings nicht abschließend, einzelne wesentliche vertragliche **1** Beziehungen zwischen Lizenzgeber und Lizenznehmer einer Marke. Die Lizenzierung von Marken ist dabei eine der im Markengesetz ausdrücklich geregelten **Verwertungsmöglichkeiten der Marke.** In der Praxis stellt die Lizenzierung einer Marke neben dem Verkauf und der Übertragung die wichtigste Form der wirschaftlichen Markenverwertung dar. Die bei der vertraglichen Gestaltung von Markenlizenzen wichtigen Bestimmungen bspw. zur Erteilung von Unterlizenzen, Qualitätssicherung, Gewährleistung, Lizenzgebühren oder Vertragsdauer sind in § 30 nicht geregelt. Ergänzend zu § 30 gelten deshalb die allgemeinen vertragsrechtlichen Bestimmungen des BGB. Bei der Auslegung von § 30 kann ergänzend auf die Rechtsprechung und Literatur zum Patentlizenzvertrag zurückgegriffen werden.[1]

---

[1] Hacker in Ströbele/Hacker/Thiering Rn. 4.

2   § 30 Abs. 1 und Abs. 2 setzen Art. 8 MRL aF.[2] um, der **zwingende Vorgaben** enthält. § 30 Abs. 3–5 sind dagegen von der MRL aF. nicht vorgegeben worden und gingen bis zur Neufassung der MRL über die europarechtlichen Vorgaben hinaus.[3] In der neuen Fassung der MRL hingegen findet sich die Regelung in Art. 25, die sich dabei an Art. 25 Abs. 3 bis 5 UMV orientiert. Die Vorschrift des Art. 25 MRL n. F. kodifiziert in Abs. 3 und 4 die Prozessführungsmöglichkeiten des Lizenznehmers und normiert insbesondere in Abs. 3 S. 2 das Recht des Inhabers einer ausschließlichen Lizenz, ein Markenverletzungsverfahren anhängig zu machen, wenn der Inhaber der Marke nach förmlicher Anforderung nicht selbst innerhalb einer angemessenen Frist Verletzungsklage erhoben hat. Darüber hinaus, bestimmt Art. 25 Abs. 5 MRL n.F., dass Mitgliedstaaten ein Verfahren für die Erfassung von Lizenzen in ihren Registern vorzusehen haben. Mit in Kraft treten des MaMoG wurden diese Vorgaben in § 30 Abs. 3 S. 2 und Abs. 5 MarkenG umgesetzt

3   Das internationale und durch Staatsverträge geregelte Markenrecht (PVÜ, MMA und PMMA) enthält keine Regelung zur Markenlizenz. Gleiches gilt für das TRIPS-Abkommen, das lediglich eine Ermächtigung an die Einzelstaaten enthält, die Bedingungen für die Vergabe von Markenlizenzen festzulegen (Art. 21 TRIPS).[4]

II. Systematik

4   § 30 Abs. 1 regelt die wichtigsten **Gegenstände einer Markenlizenz.** Während Art. 1 MRL den Anwendungsbereich der MRL nur auf durch Registrierung entstandene Marken beschränkt, können im Rahmen des § 30 MarkenG Gegenstand einer Markenlizenz sämtliche Markenformen nach § 4 Nr. 1–3 MarkenG sein (durch Eintragung geschützte Marken nach § 4 Nr. 1 MarkenG, durch Benutzung im geschäftlichen Verkehr und dadurch erworbene Verkehrsgeltung geschützte Marken nach § 4 Nr. 2 MarkenG und notorisch bekannte Marken nach § 4 Nr. 3 MarkenG). Ebenfalls in § 30 Abs. 1 angesprochen ist der sachliche und räumliche Geltungsbereich einer Markenlizenz. Angesprochen ist schließlich auch der persönliche Umfang einer Markenlizenz (ausschließliche oder nicht-ausschließliche Lizenzen). Regelungsgegenstand vom § 30 Abs. 2 sind die Rechte des Lizenzgebers bzw. Inhabers einer Marke, bei qualifizierten Verstößen gegen einzelne Bestimmung des Markenlizenzvertrages, die Rechte aus der Marke selbst geltend zu machen. Weitere Regelungsgegenstände sind die Rechte des Lizenznehmers zur Verteidigung der Marke (§ 30 Abs. 3), insbesondere das neu aufgenommene Recht des ausschließlichen Lizenznehmers unter bestimmten Voraussetzungen selbst eine Verletzungsklage erheben zu können und der Beitritt des Lizenznehmers zu vom Inhaber der Marke erhobenen Verletzungsklagen (§ 30 Abs. 4). In § 30 Abs. 5 ist der sogenannte Sukzessionsschutz beim Rechtsübergang einer Marke (rechtsgeschäftliche Übertragung) oder bei Gesamtrechtsnachfolge (§ 27 Abs. 1 MarkenG) geregelt. Schließlich normiert der neu eingefügte § 30 Abs. 6 ein Verfahren zur optionalen Eintragung der Lizenz in das Register des DPMA.

III. Rechtsnatur der Markenlizenz

5   Über die **dogmatische Einordnung der Markenlizenz** als Rechtseinräumung mit dinglichem oder nur schuldrechtlichem Charakter besteht weiterhin Uneinigkeit. Klarzustellen ist zunächst, dass Marken nach Beseitigung des Akzessorietätsgrundsatzes Gegenstand dinglicher Rechte sein können. Unter Geltung des WZG waren Warenzeichen immer an einen bestimmten Geschäftsbetrieb gebunden, sodass nach der Rechtsprechung des Reichsgerichts eine Warenzeichenlizenz lediglich als rein schuldrechtliche Gebrauchs-

---

[2] Richtlinie 2008/95/EG zur Angleichung der Rechtsvorschriften der Mitgliedsstaaten über Marken (kodifizierte Fassung) vom 22.10.2008.
[3] Fezer MarkenR Rn. 3; Kur/v. Bomhard/Albrecht, BeckOK Markenrecht/ Taxhet, § 30 Rn. 1.
[4] Fezer MarkenR Rn. 5.

überlassung denkbar war, mit der der Lizenzgeber auf die Geltendmachung seiner Unterlassungsansprüche verzichtete.[5] In der Literatur wurde dagegen die Ansicht vertreten, dem Lizenznehmer könnte ein gegenständliches Recht eingeräumt werden, das nicht nur gegenüber dem Lizenzgeber als Vertragspartner, sondern auch gegenüber Dritten wirksam sei.[6] Die Rechtsprechung des Bundesgerichtshofs folgte unter Geltung des WZG der Auffassung, dass die Überlassung von Nutzungsrechten an Warenzeichen rein schuldrechtlich wirkende Gestattungen seien (sogenannte Negativlizenz).[7] Mit dem Erstreckungsgesetz 1990 wurde zunächst das bis dahin geltende Prinzip der Abhängigkeit der Marke vom Geschäftsbetrieb abgeschafft. Seither bestehen keine Bedenken mehr gegen die Anerkennung dinglicher Rechte an Marken, was sich im MarkenG unmittelbar aus § 29 Abs. 1 Nr. 1 ergibt.[8] Das beantwortet noch nicht die Frage, ob die Markenlizenz selbst dinglichen oder schuldrechtlichen Charakter hat.

Für eine Einordnung sowohl der ausschließlichen als auch der nicht-ausschließlichen **6** Markenlizenz als schuldrechtliches Institut spricht sich Hacker aus.[9] Fezer unterscheidet zwischen dinglichen Lizenzen einerseits, die in § 30 geregelt sind und rein schuldrechtlichen Gebrauchsüberlassungen, für die § 30 keine Anwendung findet.[10] Im Wesentlichen wird diese Ansicht damit begründet, dass nach § 30 Abs. 2 neben vertraglichen Ansprüchen wegen Verletzung des Lizenzvertrages auch Ansprüche aus der Marke selbst (dingliche Ansprüche) bestehen. Nach dem MarkenG und der jetzt gesetzlichen Regelung der Markenlizenz ist der Streit um die dogmatische Einordnung der Markenlizenz weitgehend hinfällig. Dinglichkeit ist so zu verstehen, dass der Lizenzgeber als Markeninhaber über einen Teil seines Markenrechts im Sinne einer beschränkten Rechtsübertragung verfügt.[11] Die Regelungen zum Sukzessionsschutz in § 30 Abs. 5, der den Weiterbestand einer Lizenzerteilung auch bei Übertragung der Marke regelt, und die Bestimmung in § 30 Abs. 2, nach der Verletzungen des Markenlizenzvertrages gleichzeitig markenrechtliche Ansprüche auslösen, stellen klar, dass Markenlizenzen weitgehend, wie die Übertragung des Markenrechts selbst, ausgestaltet werden können[12]. Auch bei **Anerkennung** der **dinglichen Lizenz** gilt, dass nicht alle Bestimmungen eines Markenlizenzvertrages dingliche Wirkungen haben, sondern einzelfallbezogen auch nur mit schuldrechtlicher Wirkung ausgestaltet werden können.

IV. Arten und Gegenstand der Markenlizenz (§ 30 Abs. 1)

1. Geltungsbereich. § 30 Abs. 1 regelt zunächst, dass die Lizenzerteilung nur für **7** Marken möglich ist. Andere Kennzeichenrechte im Sinne § 1 Nr. 2 MarkenG (geschäftliche Bezeichnungen) bzw. § 1 Nr. 3 MarkenG (geographische Herkunftsangaben) sind nicht von § 30 erfasst. Dagegen können Gegenstand einer Markenlizenz alle Markenformen nach § 4 Nr. 1 bis 3 MarkenG sein (→ Rn. 4). Die Erteilung einer Markenlizenz ist nur an Marken möglich, an denen dem Lizenzgeber Rechte zustehen. Die Lizenzerteilung an einem nur ähnlichen Zeichen ist nicht möglich, auch wenn die Benutzung solcher Zeichen Verbietungsrechte des Lizenzgebers auslösen würde.[13]

---

[5] RGZ 44, 71 – Viktoria; RGZ 87, 147 – Lanolin; ausführlich Fezer MarkenR Rn. 10; Hacker in Ströbele/Hacker/Thiering Rn. 16.
[6] Baumbach/Hefermehl WZG Anhang § 8 Rn. 1.
[7] BGH GRUR 1966, 375 (376) – Meßmer-Tee.
[8] Hacker in Ströbele/Hacker/Thiering Rn. 18.
[9] Hacker in Ströbele/Hacker/Thiering Rn. 24; so auch Bühling GRUR 1998, 196 f.; und Starck WRP 1994, 698 (702).
[10] Fezer MarkenR Rn. 7–9.
[11] Dazu aber kritisch Hacker in Ströbele/Hacker/Thiering Rn. 24.
[12] Fammler FS Fezer, S. 633 (636).
[13] BGH GRUR 2001, 54 (55) – SUBWAY/Subwear; OLG Hamburg GRUR-RR 2004, 175 (176) – Löwenkopf; OLG München GRUR-RR 2006, 130 (132) – UltraMind; OLG Hamburg Beck RS 2009, 99598 – Die Rückkehr der Shaolin.

8   Der **Geltungsbereich von Markenlizenzen** kann sachlich eingeschränkt sein, indem das Markenrecht für alle oder nur für einen Teil der Waren oder Dienstleistungen, für die die Marke Schutz genießt, lizenziert werden kann. Bei Marken mit umfangreichen Warenverzeichnissen, bspw. für Waren in Klasse 3 (kosmetische Erzeugnisse) und Waren in Klasse 25 (Bekleidung) ist die Lizenzerteilung eingeschränkt auf „Gesichtspflegeprodukte" möglich. Räumliche Beschränkungen der Lizenz sind insoweit möglich, als eine Lizenz nicht nur für das Gebiet der Bundesrepublik Deutschland insgesamt, sondern nur für einen Teil dieses Gebietes erteilt werden kann. Aus dem Erschöpfungsgrundsatz (§ 24 MarkenG) ergibt sich aber, dass die räumliche Beschränkung einer Lizenz nicht bedeutet, dass der Vertrieb von markierter Ware außerhalb des Lizenzgebietes untersagt werden kann. Die Beschränkung kann sich vielmehr nur auf das Gebiet beziehen, in dem der Lizenznehmer die Marke für die Ware oder für die Dienstleistung verwenden kann. Praktische Bedeutung hat die räumliche beschränkte Lizenz vor allem innerhalb von Franchisesystemen bei der Verwendung der lizenzierten Marke als Teil einer Geschäftsbezeichnung. Eine Vertriebssteuerung für bestimmte (Teil-)Regionen ist damit nicht möglich.[14]

9   **2. Ausschließlichkeit.** § 30 Nr. 1 erlaubt die Erteilung ausschließlicher und nicht-ausschließlicher Lizenzen. Der **Begriff Ausschließlichkeit** ist dabei nicht eindeutig geregelt. Zu differenzieren ist zunächst zwischen solchen ausschließlichen Lizenzen, bei denen der Lizenznehmer keinem Dritten das Recht zur Benutzung der Marke einräumt, sich selbst aber das Recht vorbehält, die lizenzierte Marke für dieselben Produkte wie der Lizenznehmer zu benutzen. Eine ausschließliche Lizenz liegt auch vor, wenn nur der Lizenznehmer (mit oder ohne Ausschluss des Lizenzgebers und Dritter) die Lizenzmarke für einen Teil der Produkte benutzen darf, für die die Marke geschützt ist, für einen anderen Teil der Produkte aber keine Ausschließlichkeit besteht. Für die Vertragspraxis ist es deshalb empfehlenswert, im Lizenzvertrag selbst den Begriff der Ausschließlichkeit zu definieren.[15]

10   **3. Unterlizenz.** Nicht in § 30 Abs. 1 geregelt ist die Möglichkeit der **Erteilung von Unterlizenzen.** Umstritten ist, ob das Recht zur Erteilung einer Unterlizenz einer ausdrücklichen vertraglichen Regelung bedarf. Jedenfalls bei einer einfachen Lizenz wird eine Zustimmung des Lizenzgebers erforderlich sein.[16] Auch hier empfiehlt sich deshalb eine ausdrückliche vertragliche Regelung.

11   Unterlizenzen sind von solchen Fallkonstellationen zu unterscheiden, in denen Dritte die vom Lizenznehmer hergestellten und mit den Lizenzmarken gekennzeichneten Produkte weitervertreiben. Da durch das erste Inverkehrbringen der so markierten Ware mit Zustimmung des Markeninhabers die Untersagungsrechte des Markeninhabers und Lizenznehmers erschöpft sind (§ 24 Abs. 1 MarkenG), kann die Marke deshalb nicht mehr zur Kontrolle der weiteren Vertriebswege eingesetzt werden. In Vertriebsvermittlungsverhältnissen, insbesondere Vertragshändlerverträgen, bei denen der Rechtsinhaber (Markeninhaber oder Lizenznehmer) bereits markierte Ware weiter vertreibt, bedarf der Abnehmer der Ware deshalb keiner Lizenz oder Gebrauchsgestattung zur Benutzung der Marke.[17] Unterlizenzen sind aber dann erforderlich, wenn Dritte, einschließlich verbundener Konzernunternehmen, eigene Benutzungshandlungen vornehmen. Das ist dann der Fall, wenn Dritte die Vertragsprodukte selbst mit den Lizenzmarken versehen und diese dann selbst oder über Dritte vertreiben. Die Unterlizenz kann als echte Lizenz oder als einfache schuldrechtliche Gebrauchsüberlassung ausgestaltet werden. In Fällen der Auftragsproduktion, auch im Ausland, also der Herstellung und Kennzeichnung von Produkten durch Dritte („verlängerte Werkbank"), sind grundsätzlich keine Unterlizenzen erforderlich.[18]

---

[14] Ingerl/Rohnke Rn. 38 f.

[15] Fammler, Markenlizenzvertrag, 2014, 82; Fezer/Fammler HdB Markenpraxis II 1. Teil Rn. 80.

[16] Für das Erfordernis einer Zustimmung auch bei einer ausschließlichen Lizenz Hacker in Ströbele/Hacker/Thiering Rn. 78; dagegen Ingerl/Rohnke Rn. 49.

[17] Fezer/Fammler HdB Markenpraxis II 1. Teil Rn. 90.

[18] Fezer/Fammler HdB Markenpraxis II 1. Teil Rn. 91.

Bei Erteilung von Unterlizenzen ist gesondert zu regeln, dass dem Lizenzgeber ein **12** Anrecht auf die oder ein Teil der vom Lizenznehmer erzielten Lizenzeinnahmen zusteht. Verstöße gegen die Bestimmung des Unterlizenzvertrages durch den Unterlizenznehmer lösen grundsätzlich vertragliche Ansprüche aus. Bei Ausgestaltung der Unterlizenz als dingliche Lizenz stehen dem Lizenznehmer/Unterlizenzgeber daneben auch die Ansprüche aus § 30 Abs. 2 Nr. 1–5 zu (→ Rn. 4).

4. Abgrenzung zur Firmenlizenz. Die Benutzung eines Zeichens als Firma oder **13** Bestandteil einer Firma ist von der Lizenzierung zur Benutzung als Marke zu unterscheiden. § 30 regelt nur die Markenlizenz. Allerdings gibt es in der Praxis zahlreiche typische Konstellation, in denen den Lizenznehmern auch das Recht erteilt wird, die Marke als Unternehmenskennzeichen zu führen. Im Lizenzvertrag sind deshalb ggf. ausdrückliche Regelungen zu treffen und im Zweifelsfall auszuschließen, dass der Lizenznehmer berechtigt sein soll, die Lizenzmarken als Bestandteil seiner Firma zu benutzen.

Nach der jüngeren Rechtsprechung des EuGH und des BGH stellt die Benutzung eines **14** Zeichens ausschließlich als Unternehmenskennzeichen keine markenverletzende Benutzungshandlung dar, weil es insoweit an der Voraussetzung der Benutzung „für Waren oder Dienstleistungen" im Sinne des Art. 5 Abs. 1 MRL (Art. 9 GMV bzw. § 14 Abs. 2 MarkenG) fehlt.[19] Während Marken zur Unterscheidung der Waren- und Dienstleistungen eines Unternehmens von denen anderer Unternehmen dienen, dient die Firma als Name des Vollkaufmanns (§ 17 HGB) zur Kennzeichnung seines Unternehmens.

Die Benutzung einer Marke als Firma birgt aus markenrechtlicher Sicht erhebliche **15** Risiken, die insbesondere in der potentiellen Schwäche der Kennzeichnungskraft einer Marke liegt. Die Benutzung der lizenzierten Marke auch als Firma oder Bestandteil einer Firma kann dazu führen, dass auch solche Produkte mit dem Lizenzgeber in Verbindung gebracht werden, die zwar nicht mit der Lizenzmarke versehen sind, aber ebenfalls im Unternehmen des Lizenznehmers hergestellt werden.

5. Form der Markenlizenzverträge. Markenlizenzverträge können grundsätzlich **16** **formfrei** geschlossen werden. Im kaufmännischen Geschäftsverkehr, im Rahmen dessen in der Regel eine Dokumentation des Vertragsschlusses erfolgt, wird zum Nachweis der Berechtigung zur Nutzung eines Zeichens aufgrund einer Lizenz jedoch regelmäßig eine schriftliche Dokumentation gefordert.[20] Die Vorlage eines schriftlichen Lizenzvertrages ist nicht zwingend erforderlich, vielmehr genügt bereits die Vorlage einer (schriftlichen) Dokumentation des Vertragsschlusses.[21] Daneben kann für die Begründung einer Lizenz auch eine ergänzende Vertragsauslegung herangezogen werden.[22] Fehlt es demgegenüber an einer solchen Dokumentation, wird in der Regel davon auszugehen sein, dass kein Lizenzvertrag vorliegt.[23] Eine Eintragung der Lizenz ist für die Wirksamkeit des Lizenzvertrages nicht erforderlich, sondern hat im Ergebnis lediglich-rein formal-informatorischen Charakter (→ Rn. 31).[24]

V. Einzelne Vertragsbestimmungen

Da in § 30 keine abschließenden Regelungen über den Abschluss, den Inhalt oder die **17** Beendigung von Markenlizenzverträgen getroffen sind und insoweit die schuldrechtlichen Regelungen des BGB gelten, hat sich in der Kautelarpraxis die Markenlizenz als sogenannter **verkehrstypischer Vertrag** entwickelt. Neben den bereits angesprochenen Regelun-

---

[19] EuGH GRUR 2007, 971 Tz. 21– Celine; BGH GRUR 2009, 772 – Augsburger Puppenkiste; GRUR 2008, 254 – THE HOME STORE; Vgl. dazu auch Fezer/Fammler HdB Markenpraxis II 1. Teil Rn. 61.

[20] BGH GRUR 2020, 57 Rn. 22 – Valentins.

[21] BGH GRUR 2016, 201 Rn. 33 – Escosoil.

[22] BGH GRUR 2020, 57 (64) mit Anmerkung von Pahlow.

[23] BGH GRUR 2013, 1150 Rn. 50 f. – Baumann I, BGH GRUR 2016, 201 Rn. 31 – Escosoil; BGH GRUR 2016, 965 Rn. 37 – Baumann II, BGH GRUR 2020, 57 Rn. 22.

[24] Hacker in Ströbele/Hacker/Thiering Rn. 3; Hacker, GRUR 2019, 235 (243).

gen über den Geltungsbereich, die Ausschließlichkeit und die Unterlizenz sind zahlreiche weitere markenrechtliche und schuldrechtliche Regelungen zu treffen. Dies gilt insbesondere für die typischen Fragen der Qualitätssicherung, Gewährleistung, Lizenzgebühren und deren Abrechnung sowie die Beendigung von Markenlizenzverträgen. Hier ist auf die zahlreichen einschlägigen Vertragsmuster zu verweisen.[25]

VI. Verletzungen des Lizenzvertrages (§ 30 Abs. 2)

18 § 30 Abs. 2 ist als Regelung formuliert, die dem Markeninhaber bei Verstößen gegen enumerativ aufgeführte Bestimmungen eines Lizenzvertrages die Geltendmachung der Rechte aus der Marke gestattet. Diese Regelung von Vertragsverletzungen stellt im Kern aber eine Regelung zur Auferlegung bestimmter Beschränkungen der Lizenz[26] oder die Möglichkeit zur gegenständlichen Festlegung des Benutzungsrechts[27] dar. § 30 Abs. 2 Nr. 1–5 bedeuten aber nicht, dass die vertraglichen Lizenzbestimmungen sich auf die aufgeführten Regelungen beschränken müssen. Die Vorschrift bedeutet vielmehr, dass der Lizenzgeber im Falle von **qualifizierten Vertragsverletzungen** die Rechte aus der Marke selbst gegen den Lizenznehmer geltend machen kann. Dies ist unabhängig von der Haftung der Parteien des Lizenzvertrages bei Verstößen gegen die Bestimmungen des Lizenzvertrages nach den allgemeinen schuldrechtlichen Bestimmungen. An dieser Stelle gewinnt wiederum die Unterscheidung zwischen einer schuldrechtlichen Gebrauchsüberlassung der Marke (einfache Lizenz) und der Vereinbarung einer dinglichen Markenlizenz Bedeutung. Die in § 30 Abs. 2 genannten Beschränkungen stellen Lizenzbestimmungen dinglicher Natur dar, da sie als solche den spezifischen Gegenstand des Markenrechts bestimmen[28]. Verstöße des Lizenznehmers gegen Bestimmungen des Lizenzvertrages über die Dauer der Lizenz (Nr. 1), die von der Eintragung erfasste Form, in der die Marke benutzt werden darf (Nr. 2), die Art der Waren oder Dienstleistungen, für die die Lizenz erteilt wurde (Nr. 3), das Gebiet, in dem die Marke angebracht werden darf (Nr. 4) oder die Qualität der vom Lizenznehmer hergestellten Waren oder der von ihm erbrachten Dienstleistungen (Nr. 5) stellen eine Verletzung des Markenrechts selbst dar. Die Aufzählung der Beschränkungen des § 30 Abs. 2 Nr. 1–5 ist abschließend. Zu Umfang und Grenzen der einzelnen gegenständlichen Beschränkungen der Markenlizenz wird auf die ausführlichen Kommentierungen verwiesen.[29]

19 Wesentliche Konsequenz der Verletzung der qualifizierten Vertragsbestimmungen ist es, dass die vom Lizenznehmer vertriebenen Waren nicht dem Erschöpfungsgrundsatz (§ 24 Abs. 1) unterfallen. Vielmehr kann der weitere Vertrieb von Waren, die unter Verletzung lizenzvertraglicher Bestimmungen hergestellt wurden, nicht nur dem Lizenznehmer, sondern auch dessen Abnehmern in der Vertriebskette untersagt werden, auch wenn diesen gegenüber keine vertraglichen Ansprüche bestehen.

20 In Vertriebsvermittlungsverhältnissen sind Regelungen über die Qualitätssicherung von besonderer Bedeutung. Die Produktqualität markierter Ware ist für den Ruf und den Wert der Marke von großer Bedeutung. Die Verletzung von Vereinbarungen über die Qualität der vom Lizenznehmer hergestellten Waren ist in § 30 Nr. 5 als qualifizierte Vertragsverletzung geregelt. Nach der Rechtsprechung des EuGH können auch bestimmte Fälle der

---

[25] Vgl. nur Fezer/Fammler HdB Markenpraxis II 1. Teil Rn. 56 ff.; Chroziel, Trademark License Agreement (Form. VIII. 4), in Münchener Vertragshandbuch, Band 4; Greuner/Reimann/Schmidt, ausschließlicher Lizenzvertrag der Wort-, Bild-, Marke und eingetragene Aufmachung mit Überlassung von Herstellungs Know-how (Form. X. 1) in Münchener Vertragshandbuch, Band 3; Groß, Marken-Lizenzvertrag in Heidelberger Mustervertäge, 1995; Harte- Bavendamm, Tademark License Agreement (Form. B. VIII) und Markenlizenzvertrag (Form. B. IX) in Pfaff/Osterrieth, Lizenzverträge; Schwayer Markenlizenzvertrag (Form. V. 11) in Beck'sche Formularsammlung zum gewerblichen Rechtsschutz mit Urheberrecht.

[26] Ingerl/Rohnke Rn. 26.

[27] Hacker in Ströbele/Hacker/Thiering Rn. 49 ff.

[28] Fammler FS Fezer, S. 633 (637).

[29] Ingerl/Rohnke Rn. 26 ff.; Hacker in Ströbele/Hacker/Thiering Rn. 49 ff.

Nutzung einer vertragswidrigen Vertriebsschiene einer Qualitätsverschlechterung der Ware gleichgestellt werden und somit **markenrechtliche Ansprüche** auslösen.[30] In der richtungsweisenden Entscheidung Copard/Dior stellt das Gericht fest, dass eine Qualitätsbeeinträchtigung auch durch Verstoß gegen die vorgeschriebene Vertriebsform begründet werden kann. Bei Vorgabe einer bestimmten Qualität der Ware (dort Luxussegment) sah der EuGH eine **Qualitätsbeeinträchtigung** auch dadurch als möglich, dass die Waren nicht in der vorgeschriebenen **Vertriebsform,** sondern über Discounter vertrieben wurden. Die Qualität von Markenwaren beruhe auch wesentlich auf ihrer luxuriösen Ausstrahlung, die wiederum durch die Darbietung in Verkaufsstellen aufrechterhalten, aber auch geschädigt werden könne. Obwohl die Vertriebsform nicht ausdrücklich im abschließenden Katalog des § 30 Abs. 2 genannt ist, kann deshalb ein vertragswidriger Vertrieb als Verstoß gegen die Qualitätsregelung des Lizenzvertrages markenrechtlich sanktioniert werden.[31]

Für die Vertragspraxis ist zu beachten, dass nach allgemeinen Grundsätzen auch bei **21** einem Verstoß gegen Vorschriften des Lizenzvertrages iSd § 30 Abs. 2 Nr. 1–5 eine Abmahnung des Lizenznehmers mit der Aufforderung zur Beseitigung des vertragswidrigen Zustandes anzuraten ist. Unabhängig davon, ob sich die Verpflichtung einer vorherigen Abmahnung aus den Regeln über die Ausübung des Kündigungsrechts nach Treu und Glauben (§ 242 BGB) ableitet, ist eine Abmahnung bei den typischerweise auf eine langfristige Zusammenarbeit angelegten Lizenzverträgen als Vorstufe für die Geltendmachung weiterer Rechte wie Unterlassungs- oder Schadenersatzansprüche sowie die Vertragskündigung aus kommerziellen Erwägung zu empfehlen.

VII. Klagebefugnis und Beitritt des Lizenznehmers zum Verletzungsprozess (§ 30 Abs. 3 und Abs. 4)

§ 30 Abs. 3 unterscheidet seit seiner Neufassung zwischen dem ausschließlichen und **22** dem nicht ausschließlichen Lizenznehmer (→ Rn. 9). Dabei richtet sich § 30 Abs. 3 S. 1 an den **nicht ausschließlichen Lizenznehmer** und bestimmt, dass dieser Klage wegen Verletzung einer Marke nur mit **Zustimmung des Markeninhabers** erheben kann. Dieses zwingende Zustimmungserfordernis kann in der Praxis sehr hinderlich sein. Die Regelung ist abdingbar, sodass in Markenlizenzverträgen typischerweise eine ausdrückliche Regelung zur Prozessführung durch den Lizenznehmer getroffen wird. Das Zustimmungserfordernis gilt auch für außergerichtliche Abmahnungen.[32] Geht der nicht ausschließliche Lizenznehmer aufgrund der Zustimmung des Markeninhabers gegen einen Verletzer vor, liegt ein Fall der **gewillkürten Prozessstandschaft** vor.[33] Die Zustimmung des Markeninhabers kann ferner mit Rückwirkung bis zum Schluss der letzten mündlichen Tatsachenverhandlung erteilt werden.[34]

§ 30 Abs. 3 S. 2 normiert seit Inkrafttreten des MaMoG das Recht des **ausschließlichen** **23** **Lizenznehmers,** eine Verletzungsklage **ohne Zustimmung des Markeninhabers zu erheben,** wenn dieser nach förmlicher Aufforderung nicht selbst innerhalb einer angemessenen Frist Verletzungsklage erhoben hat. Der deutsche Gesetzgeber setzt Art. 25 Abs. 3 S. 2 um und trägt dem Umstand Rechnung, dass dem ausschließlichen Lizenznehmer der vollständige und wirtschaftliche Nutzen der Marke gebührt, während der Markeninhaber nach Abschluss der Lizenz in die Rolle des Formalberechtigten zurückfällt.[35]

---

[30] EuGH GRUR 2009, 593 – Copad/Dior.

[31] Ausführlicher Fezer/Fammler HdB Markenpraxis II 1. Teil Rn. 147 ff.

[32] OLG München NJW-RR 1997, 1266 (1268) – 1860 München; Fezer/Hirsch HdB Markenpraxis I 4. Teil, Rn. 50; Hacker in Ströbele/Hacker/Thiering Rn. 98.

[33] Hacker in Ströbele/Hacker/Thiering Rn. 99; Ingerl/Rohnke Rn. 92; dazu auch BGH GRUR 2012, 630 – CONVERSE II, wonach die Zustimmung iSd § 30 Abs. 3 in der Regel nicht auch eine konkludente materiell-rechtliche Einzugsermächtigung enthält.

[34] BGH GRUR 2012, 630 Rn. 24 – CONVERSE II.

[35] Kur/v. Bomhard/Albrecht, BeckOK Markenrecht/Taxhet, § 30 Rn. 88.

24　Aus der Regelung ergibt sich aber nicht, dass der Lizenznehmer eigene Ansprüche aus der Marke hat. Für den Schadensersatzanspruch hat der BGH in seiner jüngsten Rechtsprechung – anders als der EuGH (→ Rn. 25) -nunmehr ausdrücklich entschieden, dass dem Lizenznehmer keine eigenen Verletzungsansprüche zustehen.[36] Der BGH rechtfertigt seine Rechtsauffassung mit dem Wortlaut des § 14 Abs. 5 und 6 MarkenG, wonach allein der Inhaber der Marke berechtigt sei, Unterlassungs- und Schadensersatzansprüche geltend zu machen.[37] Bei § 30 MarkenG handele es sich insoweit um eine rein prozessuale Vorschrift, welche ein Prozessführungsrecht gewähren soll, nicht jedoch einen eigenen materiell-rechtlichen Anspruch des (ausschließlichen) Lizenznehmers.[38] Demgegenüber ist im Patentrecht bereits seit längerer Zeit anerkannt, dass neben dem Rechtsinhaber auch der Inhaber einer ausschließlichen Lizenz einen eigenen Anspruch auf Unterlassung und Schadensersatz geltend machen kann.[39] Falls keine ausdrückliche vertragliche Regelung vorliegt, kann sich diese im Markenrecht auch bei einer ausschließlichen Lizenz nicht konkludent ergeben.[40] Schadensersatzansprüche ergeben sich für den Lizenznehmer vielmehr aus den Grundsätzen der Drittschadensliquidation. Inhaber des Schadensersatzanspruches ist der Markeninhaber, für den der Lizenznehmer mit Zustimmung den fremden Anspruch im eigenen Namen geltend macht.[41] Der Lizenznehmer kann somit grundsätzlich auf Zahlung an den Markeninhaber klagen, es sei denn, der Markeninhaber hat seine Forderungen bereits an den Lizenznehmer abgetreten oder diesen zum Einzug seiner Forderungen ermächtigt.[42]

25　Auf Grundlage der jüngsten Entscheidungen das EuGH zum Gemeinschaftsgeschmacksmusterrecht wird vertreten, dass dem Lizenznehmer aus den Art. 25 Abs. 3 und 4 UMV nicht nur eine bloße Prozessführungsbefugnis, sondern vielmehr auch das Recht zur Geltendmachung von Schadensansprüchen im eigenen Namen zusteht.[43] Gerechtfertigt wird diese Auffassung durch die analoge Anwendung der vom EuGH entwickelten Auslegungsleitlinien zu Art. 32 Abs. 3 und 4 GGV auf die inhaltlich deckungsgleichen markenrechtlichen Lizenzvorschriften der Art. 25 Abs. 3 und 4 UMV. In seiner Rechtsprechung Thomas Philipps/Grüne Welle rechtfertigt der EuGH auf Vorlage des OLG Düsseldorf die Annahme, dass der Lizenznehmer einen Schadensersatzanspruch im eigenen Namen geltend machen kann damit, dass Art. 32 Abs. 3 und 4 GGV ein „System von Rechtsbehelfen"[44] schafft, dass systematisch im Zusammenhang auszulegen sei und durch das dem Lizenznehmer ermöglicht werden soll, nach freier Entscheidung entweder Klage zu erheben, indem er entweder das Verletzungsverfahren mit Zustimmung des Rechtsinhabers des Geschmacksmusters anhängig macht bzw. im Falle des Vorliegens einer ausschließlichen Lizenz nach Aufforderung des Rechtsinhabers selbst anhängig macht, wenn dieser innerhalb einer angemessenen Frist nicht reagiert (Art. 32 Abs. 3 GGV) oder indem er einer vom Rechtsinhaber des Geschmacksmusters erhobenen Verletzungsklage beitritt. (Art. 32 Abs. 4 GGV). Der EuGH gelangt zu der Schlussfolgerung, dass wenn der Lizenznehmer den Ersatz seines eigenen Schadens geltend machen kann, in dem er einer vom Rechtsinhaber des Gemeinschaftsgeschmackmusters erhobenen Verletzungsklage beitritt,

---

[36] BGH GRUR 2007, 877 – Windsor Estate; entgegen der Rechtsprechung der Instanzgerichte, insbesondere OLG Hamm BeckRS. 2009, 23473 und der in der Literatur vertretenen Auffassung, insbesondere Fezer MarkenR Rn. 35 und 38.

[37] Pahlow, GRUR 2019, 1126 (1126).

[38] BGH GRUR 2007, 877 Rn. 32.

[39] Jestaedt, GRUR 2020, 354.

[40] BGH GRUR 2007, 877 – Windsor Estate.

[41] Zu den Einzelheiten Ingerl/Rohnke Rn. 97 ff.

[42] Kur/v. Bomhard/Albrecht, BeckOK Markenrecht/Taxhet, § 30 Rn. 97.

[43] EuGH GRUR 2016, 1163 – Thomas Philipps/Grüne Welle; EuGH GRUR, 2016, 372 – Hassan/Breiding [ARKTIS] mit Anm. Fammler; Kur/v. Bomhard/Albrecht, BeckOK Markenrecht/Taxhet, UMV 2017 Art. 25 Rn. 2; Pahlow, GRUR 2019, 1126, 1131 (a.A.: Jestaedt, GUR 2020, 355 f., nachdem sich der EuGH ausschließlich mit der Frage von der Geltendmachung von Schäden durch den Lizenznehmer befasst habe, sich jedoch nicht zur Inhaberschaft an einem eigenen materiell-rechtlichen Anspruch äußere)

[44] EuGH GRUR 2016, 1163 Rn. 28 – Thomas Philipps/Grüne Welle.

könne er den Ersatz dieses Schadens jedenfalls auch dann begehren, wenn er die Verletzungsklage selbst erhebt.[45] Einen Rückgriff auf das Institut der Drittschadensliquidation bedarf es nach der Auffassung des EuGH im Gemeinschaftsgeschmacksmusterrecht also nicht. Dies stünde auch in Einklang mit dem Ziel der Vorschrift, deren Sinn und Zweck es sei, Rechte aus einem Gemeinschaftsgeschmacksmuster in der gesamten Union wirksam durchzusetzen und dem Lizenznehmer prozessuale Mittel zur Verfügung zu stellen, um gegen die Verletzung vorzugehen und eigene Rechte zu wahren. Würde man dem Lizenznehmer das Recht verwehren, Schadenersatzansprüche im eigenen Namen geltend zu machen, mache man ihn hinsichtlich der Geltendmachung seines eigenen Schadens völlig vom Rechtsinhaber des Gemeinschaftsgeschmacksmuster abhängig und hindere ihn an der Ausübung seiner Rechte, wenn der Rechtsinhaber nicht tätig wird.[46] Dies steht jedoch diametral in Widerspruch zum Ziel dieser Vorschrift, als dass dies zu einer deutlichen Verschlechterung der Rechtsposition des Lizenznehmers führen würde.

Vor dem Hintergrund der Harmonisierung des Markenrechts und insbesondere der **26** Anpassung des § 30 Abs. 3 und 4 mit dem Wirksamwerden der MRL im Zuge des Markenmodernisierunggesetzes an die europäischen Rechtsgrundlagen, erfolgt nunmehr ein Gleichlauf des nationalen mit dem europäischen Gemeinschaftsgeschmacksmusterrecht, der es erforderlich macht auch den nationalen Markenlizenzrecht die Auslegungsgrundsätze des EuGH zu Grunde zu legen und damit dem Geschmacksmusterrecht entsprechend auch dem Inhaber einer ausschließlichen Markenlizenz die Geltendmachung von Schadensersatz- und Auskunftsansprüchen in eigenem Namen zu gewähren.[47] Hacker demgegenüber hält auch nach der jüngsten Rechtsprechung des EuGH an der Rechtsauffassung des BGH fest und lehnt ein eigenes Recht des Inhabers einer ausschließlichen Lizenz zur Geltendmachung von Ansprüchen auf Schadensersatz und Auskunft ab, da der Lizenznehmer lediglich „im Wege einer Art Ersatzvornahme" für den Markeninhaber handele.[48]

In § 30 Abs. 4 ist geregelt, dass der Lizenznehmer einer vom Inhaber der Marke **27** erhobenen Verletzungsklage beitreten kann, um den Ersatz seines Schadens mit geltend zu machen. Es handelt sich um eine reine Verfahrensvorschrift und nicht um die Regelung eines materiellen Schadensersatzanspruchs des Lizenznehmers. Durch den Beitritt wird der Lizenznehmer selbst Partei des Prozesses im Wege der einfachen Streitgenossenschaft nach § 59 ZPO.[49] Eine Zustimmung des Markeninhabers ist dazu nicht erforderlich.

VIII. Sukzessionsschutz (§ 30 Abs. 5)

§ 30 Abs. 5 regelt den so genannten Sukzessionsschutz. Danach ist der Lizenznehmer vor **28** einem möglichen Rechtsverlust durch die Übertragung der Marke durch den Lizenzgeber an einen Dritten geschützt. Entsprechend der patentrechtlichen Regelung des § 15 Abs. 3 PatG berührt ein Rechtsübergang oder die Erteilung einer weiteren Lizenz nicht die Lizenzen, die Dritten vorher erteilt worden sind. Die Regelung gilt sowohl **für einfache wie ausschließliche Lizenzen.**[50] Die Vorschrift bedeutet aber keinen Austausch der Vertragsparteien des Lizenzvertrages, der im Verhältnis zwischen dem ursprünglichen Lizenzgeber und dem Lizenznehmer weiter besteht. Rechtsfolge ist vielmehr, dass sich der Erwerber der lizenzierten Marken den bereits bestehenden Lizenzvertrag entgegenhalten lassen muss.[51] Die Auswechslung der Vertragsparteien erfordert die Zustimmung aller Beteiligten[52].

[45] EuGH GRUR 2016, 1163 Rn. 28 – Thomas Philipps/Grüne Welle.
[46] EuGH GRUR 2016, 1163 Rn. 31 – Thomas Philipps/Grüne Welle
[47] Pahlow, GRUR 2019, 1126 (1129, 1131).
[48] Hacker, GRUR 2019, 235 (243).
[49] BGH GRUR 2007, 877 (879) – Windsor Estate.
[50] Hacker in Ströbele/Hacker/Thiering Rn. 114.
[51] Ingerl/Rohnke Rn. 113.
[52] BGH GRUR 2016, 201 (205) – Ecosoil.

29   Die Wirkungen des § 30 Abs. 5 können im Lizenzvertrag abbedungen werden. Denkbar sind aber auch vertragliche Verschärfungen oder Erweiterungen der Regel, bspw. durch eine Verpflichtung des Lizenzgebers, den Lizenznehmer vor der Übertragung der Lizenzmarken zu unterrichten.[53] Eine andere Frage ist, ob und in welchen Umfang schuldrechtliche Verpflichtungen aus dem Lizenzvertrag tatsächlich auf den Rechtsnachfolger übergehen. Dies hängt vom Inhalt des Markenlizenzvertrages ab. Sinnvoll ist es dazu, eine ausdrückliche **Weitergabeverpflichtung** im Lizenzvertrag zu regeln.[54]

IX. Eintragung der Lizenz in das Register des DPMA (Abs. 6)

30   Während § 27 Abs. 3 MarkenG vorsieht, dass der Übergang des durch die Eintragung einer Marke begründeten Rechts auf Antrag eines Beteiligten in das Register eingetragen werden kann, war eine entsprechende Regelung für Markenlizenzen bisher nicht vorgesehen. Auch eine freiwillige Eintragung, wie sie im Patentrecht jedenfalls bei einer ausschließlichen Lizenz möglich ist, kannte das Markengesetz bisher nicht. Dies hat sich im Zuge des MamoG geändert.

31   § 30 Abs. 5 MarkenG, der Art. 25 Abs. 5 der MRL umsetzt, sieht nunmehr, wie im Unionsmarkenrecht Art. 25 Abs. 5 UMV, ausdrücklich die Möglichkeit zur fakultativen Eintragung der Lizenz an einer Marke in das Register vor. An die Eintragung bzw. Nichteintragung der Lizenz sind keine materiell-rechtlichen Konsequenzen geknüpft, sodass ihr im Ergebnis lediglich ein rein formal-informatorischer Charakter zukommt.[55] Die Eintragung erfolgt gem. § 30 Abs. 6 S. 1 auf Antrag des Inhabers der Marke oder des Lizenznehmers, wenn ihm die Zustimmung des anderen Teils nachgewiesen wird. Gleiches gilt nach § 30 Abs. 6 S. 2 für die Änderung einer eingetragenen Lizenz. § 30 Abs. 6 S. 3 bestimmt Art. 25 Abs. 6 UMV entsprechend, dass die Eintragung der Lizenz auf Antrag des Inhabers der Marke oder des Lizenznehmers gelöscht wird. Gegenüber dem Unionsmarkenrecht fordert § 30 Abs. 6 S. 4 allerdings für den Fall, dass der Markeninhaber die Löschung der Marke aus dem Register beantragt, die Zustimmung des bei der Eintragung benannten Lizenznehmers oder eines Rechtsnachfolgers.

32   Die §§ 42a bis 42c der Markenverordnung (MarkenV) bestimmen die (formalen) Anforderungen für die Eintragung der Lizenz an einer Marke in das Register (§ 42a MarkenV) sowie für deren Änderung und Löschung (§ 42b MarkenV). Darüber hinaus hat der Anmelder oder der im Register eingetragene Markeninhaber nach § 42c MarkenV die Möglichkeit dem DPMA gegenüber seine unverbindliche Bereitschaft zur Vergabe von Lizenzen oder zur Veräußerung des Markenrechts zu erklären. Diese Erklärung hat schriftlich zu erfolgen und wird nach § 42c Abs. 1 S. 2 in das Register eingetragen. Eine solche Erklärung nach Abs. 1 ist jedoch nur unter der Voraussetzung zulässig, dass im Register bisher kein Vermerk über die Einräumung einer ausschließlichen Lizenz eingetragen ist oder dem DPMA bisher kein Antrag auf Eintragung eines solchen Vermerks vorliegt.

X. Vertragsbeendigung

33   **1. Laufzeitregelungen.** § 30 enthält keine Vorgaben oder Regelungen zur zeitlichen Geltung von Markenlizenzverträgen. Die Ausgestaltung bleibt der Vertragspraxis überlassen, wobei im Wesentlichen ein Vertrag mit unbestimmter Laufzeit und Möglichkeit zur ordentlichen Kündigung und Verträge für eine bestimmte Laufzeit zu unterscheiden sind. Welche Laufzeitregelungen gewählt werden hängt ausschließlich von der wirtschaftlichen

---

[53] Fezer/Fammler HdB Markenpraxis II 1. Teil Rn. 150.
[54] Fezer/Fammler HdB Markenpraxis II 1. Teil Rn. 67.
[55] Hacker in Ströbele/Hacker/Thiering Rn. 3; Hacker, GRUR 2019, 235 (243); Pahlow, GRUR 2019, 1126 (1129).

Interessenlage der Vertragsparteien ab. Fehlt eine vertragliche Regelung über die Vertragslaufzeit und die Kündigungsfristen, finden die allgemeinen Bestimmungen Anwendung. Da
es keine auf Markenlizenzverträge anwendbare gesetzliche Regelung gibt, ist eine Analogie
zu den Vorschriften des Pachtrechts denkbar (§§ 581 Abs. 2, 543 BGB), die eine Kündigung des Vertrages nur für den Schluss eines Pachtjahres mit einer halbjährigen Vorlauffrist
vorsehen.[56]

2. Rechte der Parteien bei Vertragsbeendigung. a) Ende des Benutzungsrechts. 34
Mit Beendigung des Lizenzvertrages endet das Rechts des Lizenznehmers, die Lizenzmar-
ken zu benutzen.[57] Nach Ablauf des Lizenzvertrages kann der Lizenznehmer nicht geltend
machen, er hätte durch seine Benutzungshandlungen eigenen Schutz an der lizenzierten
Marke kraft Verkehrsgeltung erlangt.[58] Falls der Lizenznehmer die lizenzierte Marke nach
Beendigung des Vertrages weiter benutzt, begründet dies Schadensersatzansprüche des
Lizenzgebers. Wenn die Lizenz dinglich ausgestaltet ist, wird durch die Weiterbenutzung
der Marke nach Vertragsende die Marke selbst verletzt, sodass der Lizenzgeber die Rechte
aus der Marke selbst geltend machen kann (§ 30 Abs. 2) (→ Rn. 18). Aus den Grundsätzen von Treu und Glauben steht dem Lizenznehmer aber ein sogenanntes **Auf-
brauchsrecht** zu, das ihn berechtigt, die im normalen Produktionsgang befindlichen
Vertragsprodukte noch fertigzustellen und gem. den bisherigen Vereinbarungen weiter zu
vertreiben. Entsprechendes gilt für noch vorhandenen Lagerbestand.[59] Der Markenlizenznehmer darf seine Kunden über das Auslaufen eines Lizenzvertrages informieren und
darauf hinweisen, dass er dasselbe Produkt nun unter einer anderen Bezeichnung vertreibt.
Er muss sich dabei auf sachliche Informationen beschränken.[60] Trotz des sich aus allgemeinen Regelungen ergebenden **Abverkaufsrechts** empfiehlt es sich, ausdrückliche
vertragliche Regelungen vorzusehen. Dabei können ähnlich gelagerte Fallkonstellationen
bei der Beendigung von Vertragshändlerverträgen als Anhaltspunkt dienen (→ HGB § 89b
Rn. 371 ff.).

b) Ausgleichsanspruch des Markenlizenznehmers. Lange war umstritten, ob der 35
Lizenznehmer nach Beendigung des Markenlizenzvertrages einen Anspruch auf angemessenen Ausgleich analog § 89b HGB geltend machen kann.[61] Der BGH hat eine **entsprechende Anwendung des § 89b HGB** in den Fällen bejaht, in denen eine Einbindung des Lizenznehmers in die Absatzorganisation des Lizenzgebers sowie eine Verpflichtung des Lizenznehmers, dem Lizenzgeber seinen Kundenstamm zu übertragen,
besteht.[62]

Absatzmittlungsverträge zeichnen sich allerdings durch ein **Subordinationsverhältnis** 36
zwischen dem Absatzmittler und dem Absatzherrn aus. Demgegenüber sind Markenlizenzverträge dadurch gekennzeichnet, dass sie nicht als Vertikalverträge zwischen Unternehmen
auf verschiedenen Ebenen des Absatzkanals ausgestaltet sind, sondern vielmehr zwischen
Unternehmen auf horizontaler Ebene abgeschlossen werden. Ebenso fehlt es an einer
organisatorischen Eingliederung des Markenlizenznehmers mit handelsvertreterähnlichem
Aufgabenkreis sowie an der Übertragung des Kundenstammes nach Beendigung des Markenlizenzvertrages.[63] Eine derartige Gestaltung würde voraussetzen, dass die konkreten
Vertragsabreden zwischen Lizenzgeber und Lizenznehmern in ihrer Gesamtheit diese Anforderung, namentlich die Integration des Lizenznehmers in die Absatzorganisation und die

---

[56] BGH GRUR 2006, 56 (59) – BOSS-Club; Fezer/Fammler HdB Markenpraxis II 1. Teil Rn. 155.
[57] BGH GRUR 1963, 485 – Micky-Maus-Orangen.
[58] BGH GRUR 2006, 56 (58) – BOSS-Club.
[59] Diese Frage ist umstritten: dafür Ingerl/Rohnke Rn. 34, dagegen Hacker in Ströbele/Hacker/Thiering
Rn. 84; vgl. zur Patentlizenz der BGH GRUR 1959, 528 (530) – Autodachzelt.
[60] OLG Köln GRUR-RR 2007, 390 – Neuer Name – dasselbe Geschoß.
[61] Für eine analoge Anwendung Emde WRP 2003, 468 ff.; ders. WRP 2006, 449 ff.; dagegen Martinek/
Wimmer-Leonhardt WRP 2006, 204.
[62] BGH GRUR 2010, 1107 – JOOP!.
[63] Dazu ausführlich Fezer/Fammler HdB Markenpraxis II 1. Teil Rn. 162 ff.

Verpflichtung zur Übertragung des Kundenstamms, erfüllen. Der BGH stellt aber klar, dass diese Voraussetzungen in der Regel nicht gegeben sind, wenn der Markenlizenzinhaber oder Lizenzgeber auf dem Gebiet der vom Lizenznehmer vertriebenen Waren selbst nicht tätig ist.[64]

XI. Besonderheiten der Unionsmarkenlizenz

37   Sobald in einem Lizenzvertrag auch eine Unionsmarke (mit-)lizenziert wird, sind die Besonderheiten des Unionsmarkenrechts zu beachten. Gemeinsamer Ausgangspunkt ist, dass auch die Gemeinschaftsmarke vom Geschäftsbetrieb des Inhabers unabhängig ist (Art. 20 Abs. 1 UMV) und deshalb die Gemeinschaftsmarke nach Art. 25 Abs. 1 S. 1 UMV Gegenstand einer Lizenz sein kann. Wie nunmehr auch im deutschen Recht, kann eine Lizenz in das beim EUIPO geführte Register nach Art. 25 Abs. 5 UMV eingetragen werden. Art. 26 UMV enthält die verfahrensrechtlichen Regelungen zur Eintragung von Lizenzen und anderen Rechten in das Register. Falls die Eintragung der Lizenz nicht erfolgt, besteht aufgrund der negativen Publizitätswirkung des Registers das Risiko, dass ein noch eingetragener Nichteigentümer der Unionsmarke diese nach deren Veräußerung an einen dritten Erwerber erneut wirksam und lastenfrei übertragen kann. Es besteht das Risiko eines gutgläubigen Erwerbs von Unionsmarken.[65] Art. 27 Abs. 1 S. 2 UMV sieht jedoch diesbezüglich eine Ausnahme vor, wenn der dritte Erwerber zum Zeitpunkt des Erwerbs von der zuvor vorgenommenen Rechtshandlung wusste. Wissen setzt dabei weder konkrete positive Kenntnis noch konkrete Vorstellungen von der Rechtshandlung voraus[66]. Nach dem BGH reiche es vielmehr aus, dass der Dritte die Umstände kennt, die auf die Vornahme der Rechtshandlung schließen lassen. Dabei kann beispielsweise im Einzelfall genügen, dass aus den Umständen der Benutzung der Unionsmarke auf die erfolgte Rechtshandlung in Form der Erteilung einer Lizenz geschlossen werden kann. Die Klagebefugnis des Lizenznehmers einer Unionsmarke ist hingegen nur von der Zustimmung des Markeninhabers abhängig (mit Ausnahme der Voraussetzungen des Art. 22 Abs. 3 S. 2 UMV für den Inhaber einer ausschließlichen Lizenz) und nicht von der zusätzlichen Eintragung der Markenlizenz im Register[67]. Ebenso treten die Wirkungen einer erteilten Lizenz an einer Unionsmarke nach Art. 25 Abs. 2–4 UMV auch ohne Eintragung der Lizenz ein.[68] Art. 25 Abs. 2 UMV sieht vor, dass der Lizenzgeber auch gegen den Lizenznehmer die Rechte aus der Marke geltend machen kann, wenn Lizenzprodukte unter Verletzung des Lizenzvertrages hergestellt wurden. Eine Erschöpfungswirkung tritt in diesen Fällen nicht ein, sodass der Lizenzgeber auch gegen Dritte aus der Marke vorgehen kann, die die unter Verletzung des Vertrages hergestellten Waren von dem Lizenznehmer erwerben (→ Rn. 8).

38   Art. 25 Abs. 3 S. 2 UMV sieht wie nun auch § 30 Abs. 3 S. 2 MarkenG vor, dass der Inhaber einer ausschließlichen Lizenz selbst dann wegen Verletzung einer Unionsmarke Klage erheben kann, wenn keine Zustimmung des Lizenzgebers vorliegt. Im Unterschied zum deutschen Recht nimmt der EuGH allerdings an, dass aus Art. 25 Abs. 3 und 4 nur die Prozessführungsbefugnis des Lizenznehmers, sondern vielmehr auch das Recht des Lizenznehmers zur Geltendmachung eigener Schadensersatzansprüche im eigenen Namen folge (→ Rn. 25). Ebenfalls im Unterschied zum deutschem Markenrecht (§ 42 MarkenG) kann der Lizenznehmer nach Art. 46 Abs. 1 lit. a iVm Art. 8 Abs. 1 und 5 UMV mit ausdrücklicher Ermächtigung des Markeninhabers selbst Widerspruch gegen die Eintragung

---

[64] BGH GRUR 2010, 1107, 1109 – Joop!; so schon Martinek/Wimmer-Leonhardt WRP 2006, 204 und Fezer/Fammler HdB Markenpraxis II 1. Teil Rn. 164.

[65] Fammler, Der Markenlizenzvertrag, 20014, 105; Fammler WRP 2006, 534 (536).

[66] BGH GRUR 2016, 201 (206) – Ecosoil.

[67] EuGH GRUR 2016, 372 (373) – Youssef Hassan/Breiding Vertriebsgesellschaft mbH.

[68] Fezer/Niebel HdB Markenpraxis II 1. Teil Rn. 181.

einer jüngeren Unionsmarke erheben und nach Art. 60, 63 Abs. 1 lit. b. UMV die ältere Gemeinschaftsmarke als relatives Eintragungshindernis geltend machen.

XII. Lizenz in der Insolvenz

Bei Lizenzverträgen handelt es sich nach hM um Dauerschuldverhältnisse.[69] Nach **39** geltendem Recht sind Lizenzen grundsätzlich nicht insolvenzfest. Zu unterscheiden ist zunächst zwischen der Insolvenz des Lizenzgebers und der des Lizenznehmers. Ausgangspunkt bei der praktisch bedeutsameren **Insolvenz von Lizenzgebern** ist zunächst, dass dem Insolvenzverwalter nach § 103 InsO das Wahlrecht zusteht, den Lizenzvertrag fortzuführen oder Nichterfüllung zu wählen.[70] In seiner aktuellen Rechtsprechung hat der BGH[71] klargestellt, dass dieses Wahlrecht des Insolvenzverwalters nicht nur dem Schutz des Vertragspartners des Insolvenzschuldners diene. Vielmehr verfolge das Wahlrecht dem übergeordneten Zweck, zum einen dem Insolvenzverwalter zu ermöglichen, den Vertrag im Interesse der Gläubigergesamtheit auszuführen und zum anderen dem Vertragspartner des Insolvenzschuldners den durch das funktionelle Synallagma der §§ 320 ff. BGB vermittelten Schutz zu erhalten.[72] § 108 Abs. 1 S. 1 InsO sieht lediglich die Fortgeltung von Miet- oder Pachtverträgen über unbewegliche Gegenstände vor. Auf Lizenzverträge, einschließlich Markenlizenzverträge, ist die Vorschrift nicht anwendbar. Falls der Insolvenzverwalter gem. § 103 Abs. 2 S. 1 InsO die Erfüllung des Lizenzvertrages ablehnt endet die Lizenz. Der Insolvenzverwalter kann die Marke lastenfrei auf Dritte übertragen.

In der Literatur werden unterschiedliche Lösungen zur Vermeidung der für den Lizenz- **40** nehmer negativen Konsequenzen der Lizenzgeberinsolvenz erörtert. Vorgeschlagen wird die Übertragung der Marke auf einen Dritten, der diese für beide Parteien des Markenlizenzvertrages treuhänderisch verwaltet, sogenannte **Doppeltreuhand.**[73] Erwogen wird auch die Bestellung eines **Nießbrauchs** als Insolvenzabsicherung.[74] Weitere Anhaltspunkte sind die **Bestellung dinglicher Sicherheiten** an der lizenzierten Marke[75] oder die Verpfändung der Marke.

In Anbetracht der Risiken und Schwächen der Lösungsansätze hat der Gesetzgeber die **41** Einführung eines neuen § 108a InsO vorgeschlagen, der zunächst eine grundsätzliche Insolvenzfestigkeit von Lizenzverträgen vorsah.[76] Im Jahr 2012 wurde ein neuer Regierungsentwurf vorgelegt[77], der in einem § 108a InsO eine sogenannte **Novationslösung** vorsieht, deren Kern eine Pflicht der Parteien des Lizenzvertrages vorsah, den Vertrag neu zu verhandeln. Derzeitig ist nicht absehbar, ob und wann es zu einer Änderung der InsO kommt.

Unabhängig von den gesetzgeberischen Bestrebungen hat die Rechtsprechung unter- **42** schiedliche Ansätze entwickelt, die Stellung des Lizenznehmers bei der Insolvenz des Lizenzgebers zu verbessern. Anhaltspunkt ist dabei, zwischen unwiderruflich und zeitlich unbefristeten Rechtseinräumungen an gewerblichen Schutzrechten einerseits und noch nicht vollständig erfüllten (und pachtähnlichen) Verträgen andererseits zu unterscheiden. Sofern sich Lizenzverträge als Rechtskauf darstellen, sind die Voraussetzungen des § 103

---

[69] Kur/v. Bomhard/Albrecht, BeckOK Markenrecht/Taxhet, § 30 Rn. 9.

[70] Unter Geltung der früheren Konkursordnung waren Schutzrechtslizenzen wie Miet- und Pachtforderungen zu behandeln und damit nach § 21 Abs. 1 KO gegenüber der Konkursmasse wirksam. Ein Wahlrecht des Konkursverwalters nach § 17 KO bestand nicht.

[71] BGH, NJW 2019, 2166.

[72] BGH, NJW 2019, 2166, Rn. 21; Werkmeister, GRUR-Prax, 2021, 661 (662).

[73] Hombrecher WRP 2006, 219 (222).

[74] Dazu ausführlich Fezer/Fammler HdB Markenpraxis II 1. Teil Rn. 419 ff.

[75] Dazu Höller/Schmoll GRUR 2004, 830 ff.

[76] Entwurf eines Gesetzes zur Entschuldung mittelloser Personen, zur Stärkung der Gläubigerrechte sowie der Regelung von Lizenzen, BT-Drs. 16/7416 vom 5.12.2007.

[77] Regierungsentwurf vom 12.7.2012 becklink 1021433.

InsO möglicherweise nicht gegeben und die Lizenzerteilung damit insolvenzfest. Rechts-sicherheit besteht hier noch nicht.[78]

XIII. Kartellrechtliche Schranken von Markenlizenzverträgen

43   **1. Kartellrecht der Markenlizenz.** Abgesehen von Fällen, in denen Markenlizenz-verträge nicht ausschließlich erteilt werden und auch keine weiteren Beschränkungen für eine der Vertragsparteien enthalten, stellt sich grundsätzlich die Frage der kartellrecht-lichen Zulässigkeit von potentiell **wettbewerbsbeschränkenden Abreden in Markenli-zenzverträgen.** Prüfungsmaßstab ist dabei der prinzipiell strenge Ansatz des Unions-kartellrechts in Art. 101 AEUV. Das deutsche Kartellrecht spielt bei der Beurteilung von Markenlizenzverträgen eine geringere Rolle. Zum einen findet das GWB auf Sachverhalte mit zwischenstaatlichen Auswirkungen nur parallel zum europäischen Kartellrecht An-wendung und darf keine strengeren Regelungen als nach europäischem Kartellrecht enthalten (→ GWB § 1 Rn. 2 ff.). Zum anderen ist das deutsche Kartellrecht seit der 7. GWB-Novelle weitgehend mit dem europäischen Kartellrecht harmonisiert und spielt deshalb neben dem EU-Kartellrecht auch für Markenlizenzverträge eine untergeordnete Rolle.[79]

44   Art. 101 Abs. 1 AEUV untersagt Vereinbarungen zwischen Unternehmen, die eine Ver-hinderung, Einschränkung oder Verfälschung des Wettbewerbs (Wettbewerbsbeschrän-kung) bezwecken oder bewirken und die geeignet sind, den Handel zwischen den Mit-gliedstaaten zu beeinträchtigen (→ AEUV Art. 101 Rn. 18 ff.). Sowohl die Wettbewerbs-beschränkung als auch die Handelsbeeinträchtigung müssen spürbar sein. Liegt eine Wettbewerbsbeschränkung vor, kann ein Markenlizenzvertrag aber nach Art. 101 Abs. 3 AEUV unter bestimmten Voraussetzungen freigestellt sein. Zu diesen Voraussetzungen gehören unter anderem eine Verbesserung der Warenerzeugung und -verteilung aufgrund der Wettbewerbsbeschränkungsvereinbarung, eine angemessene Beteiligung der Verbrau-cher an dem entstehenden Gewinn, keine Auferlegung von Beschränkungen, die nicht unerlässlich sind, und keine Ausschaltung des Wettbewerbs für einen wesentlichen Teil der betreffenden Waren.[80] Sogenannte **Gruppenfreistellungsverordnungen** gibt es für Mar-kenlizenzverträge nicht. Insbesondere sind die Technologietransfer-Gruppenfreistellungs-verordnung und die Gruppenfreistellungsverordnung für vertikale Vereinbarungen nicht unmittelbar auf Markenlizenzverträge anwendbar. Eine analoge Anwendung der Vertikal-GVO und der TT-GVO kommt wegen des Fehlens einer planwidrigen Regelungslücke nicht in Betracht.[81]

45   In der Praxis müssen deshalb die Parteien eines Markenlizenzvertrages wegen der typi-scherweise nicht gegebenen primärrechtlichen Freistellung nach Art. 101 Abs. 3 AEUV und der fehlenden Gruppenfreistellungsverordnungen selbst beurteilen, ob die in dem Markenlizenzvertrag getroffenen Regelungen wettbewerbsbeschränkend oder gegebenen-falls freistellungsfähig sind.

46   Allerdings sind solche Wettbewerbsbeschränkungen vom Tatbestand des Art. 101 Abs. 1 AEUV ausgeschlossen, die sich auf die Ausübung des Inhalts oder des spezifischen Gegen-stands eines Schutzrechts beschränken, sogenannte **Immanenzlehre.** Danach sind im Rahmen der Warenverkehrsfreiheit solche Beschränkungen des Wettbewerbs hinzuneh-men, die sich unmittelbar aus dem Inhalt des betroffenen gewerblichen Schutzrechts

---

[78] Vergleiche aus der jüngeren Rechtsprechung BGH GRUR 2012, 916 – M2Trade; GRUR 2012, 914 – Take Five; GRUR 2009, 946 – Reifen Progressiv; GRUR 2006, 435 – Softwarenutzungsrecht; aus der instanzgerichtliche Rechtsprechung LG München GRUR 2012, 377 – Insolvenzfestigkeit; zur Auslegung der jüngeren BGH-Rechtsprechung Haedicke Mitt. 2012, 429 (432), der von einer Stärkung der Rechtsposition des Lizenznehmers durch die Entscheidungen ausgeht.
[79] Fezer/Niebel HdB Markenpraxis II 1. Teil Rn. 181.
[80] Fezer/Niebel HdB Markenpraxis II 1. Teil Rn. 218.
[81] Schultze/Pautke/Wagener, Vertikal-GVO Rn. 276a.

ergeben.[82] Das bedeutet, dass Regelungen in Markenlizenzverträgen zur Qualitätssicherung, Bezugsbindungen über Grund- und Rohstoffe, der Ausschluss der Vergabe von Unterlizenzen, Werbepflichten oder Ausübungsverpflichtungen und Mindestlizenzgebühren als nicht wettbewerbsbeschränkend vom Tatbestand des Art. 101 Abs. 1 AEUV ausgenommen sind.[83] Dagegen sind Regelungen über Gebietsschutz, zu Ausübungsverboten und Ausübungsbeschränkungen, aktive Verkaufsverbote, der Vorbehalt von Kunden oder Kundengruppen oder Nichtangriffsabreden typischerweise als wettbewerbsbeschränkend einzustufen[84] und bedürfen der Freistellung.

2. Kartellrecht der Gemeinschaftsmarkenlizenz.[85] Nach Art. 25 Abs. 1 UMV kann   47
eine Lizenz an einer Gemeinschaftsmarke auch nur für Teile der Gemeinschaft erteilt werden. Diese Regelung dient allerdings der Klarstellung der Gestaltungsmöglichkeiten für Lizenzgeber und Lizenznehmer und soll gerade nicht eine Aufteilung des Marktes bewirken.[86] Die für nationale Marken geltenden Regeln gelten folglich ebenso für Lizenzen über Gemeinschaftsmarken.

B. Handelsvertreter

Für den Handelsvertreter gelten hier keine Abweichungen oder Besonderheiten.   **48**

C. Vertragshändler

Für den Vertragshändler gelten hier keine Abweichungen oder Besonderheiten.   **49**

D. Franchisenehmer

Für den Franchisenehmer gelten hier keine Abweichungen oder Besonderheiten.   **50**

E. Kommissionsagent

Für den Kommissionsagent gelten hier keine Abweichungen oder Besonderheiten.   **51**

---

[82] Grundsatzentscheidungen EG-Kommission GRUR Int. 1990, 626 – Moosehead/Whitbread; GRUR Int. 1978, 371 – Campari; EuGH GRUR Int. 1996, 1144 – Bristol-Myers Squibb; GRUR Int. 1978, 291 – Hoffmann-La Roche/Centrafarm.

[83] Fezer/Niebel HdB Markenpraxis II 1. Teil Rn. 200.

[84] Fezer/Niebel HdB Markenpraxis II 1. Teil Rn. 202 ff.

[85] Zu der Frage, ob die Art. 56 I lit. a GMV und Art. 61 I lit. a UMV dahingenend auszulegen sind, dass eine Nichtangriffsabrede zwischen einem Dritten und dem Inhaber einer Unionsmarke unwirksam ist, ist zur Zeit ein Vorlageverfahren beim EuGH anhängig, siehe hierzu: BGH GRUR 2021, 478.

[86] Fezer/Niebel HdB Markenpraxis II 1. Teil Rn. 186.

Summary report: Litera® Change-Pro for Word 10.14.0.46 Document comparison done on 2.2.2022 10:17:25	
Style name: Default Style	
Intelligent Table Comparison: Active	
Original filename: Altauflage_MarkenG-MarkenG_Para_30_Fammler (401890720.1).docm	
Modified filename: Clean_Doc_Vertriebsrecht Kommentar_Fammler_Markenrecht.docx	
Changes:	
Add	1842
Delete	1262
Move From	29
Move To	29
Table Insert	0
Table Delete	0
Table moves to	0
Table moves from	0
Embedded Graphics (Visio, ChemDraw, Images etc)	0
Embedded Excel	0
Format changes	0
Total Changes:	3162

Achter Teil. Weitere Vorschriften

§ 4 ProdHaftG Hersteller

(1) [1]Hersteller im Sinne dieses Gesetzes ist, wer das Endprodukt, einen Grundstoff oder ein Teilprodukt hergestellt hat. [2]Als Hersteller gilt auch jeder, der sich durch das Anbringen seines Namens, seiner Marke oder eines anderen unterscheidungskräftigen Kennzeichens als Hersteller ausgibt.

(2) **Als Hersteller gilt ferner, wer ein Produkt zum Zweck des Verkaufs, der Vermietung, des Mietkaufs oder einer anderen Form des Vertriebs mit wirtschaftlichem Zweck im Rahmen seiner geschäftlichen Tätigkeit in den Geltungsbereich des Abkommens über den Europäischen Wirtschaftsraum einführt oder verbringt.**

(3) [1]**Kann der Hersteller des Produkts nicht festgestellt werden, so gilt jeder Lieferant als dessen Hersteller, es sei denn, daß er dem Geschädigten innerhalb eines Monats, nachdem ihm dessen diesbezügliche Aufforderung zugegangen ist, den Hersteller oder diejenige Person benennt, die ihm das Produkt geliefert hat.** [2]**Dies gilt auch für ein eingeführtes Produkt, wenn sich bei diesem die in Absatz 2 genannte Person nicht feststellen läßt, selbst wenn der Name des Herstellers bekannt ist.**

Literatur: Johannsen/Radermacher, Produkthaftungsrisiken im Handel und Lösungsansätze, BB 1996, 2636; Rieckers, Die Konzernmutter als Quasihersteller – Haftung für enttäuschtes „Konzernvertrauen"?, VersR 2004, 706; Wagener/Wahle, Hersteller, Quasi-Hersteller und Lieferant im Produkthaftungsgesetz, NJW 2005, 3179; Weller, Die Verantwortlichkeit des Händlers für Herstellerfehler, NJW 2012, 2312; Zoller, Die Produkthaftung des Importeurs, 1992.

Übersicht

A. Einleitung

1   Das Vertriebsrecht erfasst alle Handlungen, Vorgänge und Verhältnisse zwischen der Herstellung eines Produktes und seiner Konsumtion.[1] Der Vertriebsmittler kommt erst nach der Herstellung ins Spiel – er bearbeitet das Produkt idR nicht, sondern setzt es ohne Veränderung seiner Beschaffenheit ab. Nach § 1 Abs. 1 S. 1 haftet nur der Hersteller für Produktfehler, worunter der Vertriebsmittler nach dem herkömmlichen Verständnis dieses Begriffs zunächst nicht fällt. § 4 erweitert jedoch den Kreis der Verantwortlichen, so dass dem **Herstellerbegriff** auch Quasi-Hersteller (Abs. 1 S. 2), Importeure (Abs. 2) und Lieferanten (Abs. 3) unterfallen (allgemein zum Herstellerbegriff nach dem ProdHaftG → Rn. 4 ff.). **Vertriebsmittler** können demnach auch aufgrund des ProdHaftG haften, wenn sie als Hersteller iSd § 4 anzusehen sind. Daher ist mit Blick auf die Praxis stets zu prüfen, ob die einzelnen Vertriebsmittler Hersteller, Quasi-Hersteller, Importeur oder Lieferant sein können (→ Rn. 31 ff.). **Neben der Produkthaftung** können sie bei der Verletzung von Verkehrssicherungspflichten aufgrund der **Produzentenhaftung** nach § 823 BGB verantwortlich sein (zu den für die Vertriebsmittler relevanten Verkehrssicherungspflichten iRd § 823 BGB → Rn. 22 ff.).

2   Im Zusammenhang mit der Haftung für fehlerhafte Produkte können zusätzlich das Geräte- und Produktsicherheitsgesetz (GPSG), das Lebensmittel- und Bedarfsgegenständegesetz (LMBG), das Arzneimittelgesetz (AMG) und das Chemikaliengesetz (ChemG) Anwendung finden.

I. Regelungsgegenstand

3   **§ 4 definiert** den Kreis der nach § 1 Haftenden durch die Bestimmung des Begriffs des Herstellers. **Hersteller** ist in erster Linie derjenige, der das fehlerhafte Produkt hergestellt hat (Abs. 1 S. 1), aber auch der Quasi-Hersteller (Abs. 1 S. 2), der EWR-Importeur (Abs. 2) oder ersatzweise der Lieferant (Abs. 3) können als Hersteller gelten.

II. Hersteller (Abs. 1 S. 1)

4   Nach Abs. 1 S. 1 ist Hersteller, wer das Endprodukt, einen Grundstoff oder ein Teilprodukt hergestellt hat. Da der Vertriebsmittler nicht in den **Herstellungsprozess** im eigentlichen Sinne eingebunden ist, spielt die Haftung des Grundstoff- oder Teilprodukteherstellers im Zusammenhang mit Vertriebsmittlern keine Rolle. Relevant ist allein die Herstellung des Endprodukts, also des fertigen Erzeugnisses.[2] Entscheidende Bedeutung kommt dabei der Reichweite des Begriffs der Herstellung zu und insbesondere inwiefern Leistungen, die durch Vertriebsmittler erbracht werden, dem Herstellungsprozess zuzurechnen sind.

---

[1] Martinek ZVertriebsR 2012, 2 (3).
[2] Martinek/Semler/Flohr VertriebsR-HdB/Hess § 12 Rn. 105; Staudinger/Oechsler Rn. 13; Grüneberg/Sprau Rn. 3.

Herstellung ist die Schaffung einer neuen beweglichen Sache für eigene Rechnung.[3] **5**
Wann eine neue Sache vorliegt, beurteilt sich im Einzelfall nach der **Verkehrsanschauung.**[4] Eine neue Sache entsteht, wenn Eingriffe in die Beschaffenheit einer Sache vorgenommen werden, die ihre Funktion, Verwendung, Sicherheit oder Leistungsfähigkeit
wesentlich verändern.[5] Die vorgenommene Änderung darf bei wirtschaftlicher Betrachtung im Vergleich zur Gesamtsache nicht nur von untergeordneter Bedeutung sein und
muss als konstruktive Eigenleistung mehr darstellen als eine bloße Förderung des Absatzes.[6]

Herstellen liegt insbesondere in folgenden Konstellationen vor: **6**

– Hersteller kann sein, wer ein Produkt montiert. **Montage** ist das planmäßige Zusammenfügen der Komponenten eines Produkts. Die Montage ist Herstellung, wenn sie sich
  bei wirtschaftlicher Betrachtung als erhebliche Eigenleistung des Monteurs darstellt. Dies
  bestimmt sich durch den Umfang der Montage im Verhältnis zur Gesamtsache. Die
  Montage ist insbesondere dann Herstellung, wenn sie üblicherweise nicht beim Händler,
  sondern in einem Montagewerk vorgenommen wird[7] oder wenn die montierten Einzelteile aus verschiedenen Quellen stammen.

– Ein Unterfall der Montage ist das **Assembling.** Darunter ist das Zusammenfügen von
  am Markt eingekauften Teilen zu einem vom Assembler selbst konstruierten Endprodukt
  zu verstehen.[8] Der Assembler ist nach hM Hersteller iSd Abs. 1 S. 1,[9] weil das vom
  Assembler geschaffene Produkt eine andere Funktion und einen anderen Namen als die
  einzelnen Teile hat. Es wird im Verkehr als eine neue Sache aufgefasst. Ein Anwendungsfall des Assemblings ist der sog. Chassis-Aufbau. Hier werden ein verschieden verwend-
  bares Grundgerüst sowie ein spezieller Aufbau jeweils fertig von zwei verschiedenen
  Herstellern bezogen und zusammengefügt.

– Das **Tuning** eines Kfz fällt unter den Begriff des Herstellens, wenn es nicht nur optisch
  eine Veränderung bewirkt, sondern vielmehr die Fahreigenschaften, insbesondere
  die Leistungsfähigkeit des Kfz, wesentlich verändern.[10] Schwieriger zu beurteilen ist die
  Lage beim sog. **Chip-Tuning.** Darunter versteht man die Leistungssteigerung von Kfz-
  Motoren durch nachträgliche Änderung der elektronischen Motorsteuerung. Darin ist
  keine wesentliche Veränderung zu sehen, so dass auch kein Herstellen vorliegt. Es
  werden weder bauliche Veränderungen am Motor vorgenommen, noch wird im
  eigentlichen Sinne die Fähigkeit des Motors zur Erbringung von Leistung erhöht;
  vielmehr wird nur ein größerer Teil des ohnehin vorhandenen Leistungspotentials abgerufen.

– Reparatur oder Wartung einer Maschine sind nicht als Herstellung zu bewerten.[11] Die
  Generalüberholung geht aber über die bloße Überprüfung und Wiederherstellung der
  Funktionsfähigkeit hinaus; in ihrem Rahmen sind alle Einzelteile einer Gesamtsache, die
  Verschleißspuren aufweisen, zu ersetzen oder so herzurichten, dass sie Neuteilen mög-
  lichst nahe kommen.[12] Sofern damit eine wesentliche Verbesserung der Leistung oder
  Sicherheit einhergeht, liegt ein Herstellen vor.[13]

– Die Herstellung von **Speisen und Getränken** unter Verwendung von Konzentraten
  oder Extrakten ist auch dann eine Herstellung, wenn sich die Leistung auf das Auffüllen

---

[3] OLG Düsseldorf IHR 2012, 197 (201).
[4] Staudinger/Oechsler Rn. 36 ff.; v. Westphalen, Produkthaftungshandbuch, § 75 Rn. 17 ff.
[5] Martinek/Semler/Flohr VertriebsR-HdB/Hess § 12 Rn. 112.
[6] Staudinger/Oechsler Rn. 36 ff.; MüKoBGB/Wagner Rn. 12.
[7] Katzenmeier/Voigt Rn. 18.
[8] Katzenmeier/Voigt Rn. 13; MüKoBGB/Wagner Rn. 13.
[9] Katzenmeier/Voigt Rn. 13; Staudinger/Oechsler Rn. 20; MüKoBGB/Wagner Rn. 13; v. Westphalen,
Produkthaftungshandbuch, § 75 Rn. 15.
[10] Martinek/Semler/Flohr VertriebsR-HdB/Hess § 12 Rn. 112; Katzenmeier/Voigt Rn. 18; v. Westphalen, Produkthaftungshandbuch, § 75 Rn. 20.
[11] Staudinger/Oechsler Rn. 24; Taschner/Frietsch Rn. 12.
[12] BGH DB 1995, 771 (772).
[13] Martinek/Semler/Flohr VertriebsR-HdB/Hess § 12 Rn. 109.

bzw. Vermischen mit Wasser oder das Anreichern mit Kohlensäure beschränkt.[14] Denn hier entsteht ein neues Produkt mit wesentlich veränderten Eigenschaften. Insbesondere ist das neue Produkt im Gegensatz zu den Teilstoffen verzehrfertig, bspw. wenn in einem Schnellrestaurant aus Konzentrat, Wasser und Kohlensäure ein Erfrischungsgetränk hergestellt wird.

7   **Kein Herstellen** liegt insbesondere in folgenden Konstellationen vor:

– Die Montage von **Zubehörteilen** ist nicht Herstellung iSd Abs. 1 S. 1, sondern eine Serviceleistung des Händlers von untergeordneter Bedeutung im Verhältnis zur Gesamtsache und ohne erheblichen Einfluss auf deren Eigenschaften.[15] Dies ergibt sich auch daraus, dass der Kunde in derartigen Fällen die Montage selbst vornehmen könnte bzw. dies häufig tut.[16]

– Auch der **Make-ready**-Service des Kfz-Händlers, zB durch das Entfernen der Lackschutzschicht und die Einstellung der Aggregate, ist keine Herstellung, sondern bloße Serviceleistung des Händlers.[17] Gleiches gilt für andere Leistungen des Händlers von untergeordneter Bedeutung, wie zB das Entsperren, die Aushärtung von Lacken oder das Anschließen an das Stromnetz.[18] Auch der Fahrradhändler, der ein Elektrofahrrad transportbedingt von dem Hersteller in nicht montiertem Zustand erhält und dann nach Anleitung des Herstellers zusammenbaut, ist selbst kein Hersteller.[19]

– Das bloße **Verpacken, Abfüllen oder Umfüllen** von Produkten ist kein Herstellen, weil dabei nicht in die Substanz eingegriffen wird.[20] Daher ist auch die Weiterleitung eines nicht veränderten Produkts, zB Gas, Wasser oder Strom,[21] nicht Herstellung.[22]

III. Quasi-Hersteller (Abs. 1 S. 2)

8   Nach Abs. 1 S. 2 gilt auch als Hersteller, wer sich durch Anbringen seines Namens, seiner Marke oder eines anderen unterscheidungskräftigen Kennzeichens als Hersteller ausgibt.

9   **1. Regelungszweck.** Abs. 1 S. 2 bezweckt, den Geschädigten von den Mühen zu befreien, den tatsächlichen Hersteller zur Verfolgung seines Schadensersatzanspruches ermitteln zu müssen und ihn hinsichtlich des Insolvenzrisikos in Bezug auf diesen Hersteller zu entlasten, wenn der **Quasi-Hersteller** für das konkrete Produkt unter Herausstellen eines eigenen Renommees den **Anschein erweckt** hat, einen **Einfluss auf** die Qualität des Produktes und seinen **Herstellungsprozess** gehabt zu haben.[23] Der Quasi-Hersteller haftet neben dem tatsächlichen Hersteller voll, der Innenausgleich zwischen diesen richtet sich nach § 5.[24]

10   **2. Sich als Hersteller ausgeben.** Der Quasi-Hersteller muss sich als Hersteller ausgeben. Dies geschieht durch Anbringen eines Kennzeichens. Das **Anbringen des Kennzeichens** muss dem Quasi-Hersteller **zurechenbar** sein und den Eindruck erwecken, dass der Verwender des Zeichens das Produkt selbst hergestellt hat und sich für die Sicherheit verantwortlich erklärt.[25] Das bedeutet nicht, dass der Quasi-Hersteller das Kennzeichen selbst anbringen muss; vielmehr genügt es, dass er mit der Anbringung einverstanden ist

---

[14] Katzenmeier/Voigt Rn. 18 f.
[15] MüKoBGB/Wagner Rn. 13.
[16] Martinek/Semler/Flohr VertriebsR-HdB/Hess § 12 Rn. 120; Katzenmeier/Voigt Rn. 17.
[17] Staudinger/Oechsler Rn. 39; Taschner/Frietsch Rn. 24.
[18] Katzenmeier/Voigt Rn. 15.
[19] OLG Hamm BeckRS 2016, 16820 Rn. 29.
[20] Katzenmeier/Voigt Rn. 9.
[21] Elektrizität ist ein Produkt gem. § 2; Wasser und Gas fallen unter § 2, vgl. Grüneberg/Sprau § 2 Rn. 1.
[22] MüKoBGB/Wagner Rn. 23.
[23] BGH NJW 2005, 2695 (2696).
[24] Martinek/Semler/Flohr VertriebsR-HdB/Hess § 12 Rn. 113; MüKoBGB/Wagner Rn. 33.
[25] BGH NJW 2005, 2695 (2696); OLG Düsseldorf IHR 2012, 197 (202).

oder sie nachträglich genehmigt.[26] Das Einverständnis des Quasi-Herstellers muss den Vertrieb des konkreten Produkts umfassen.[27] Dem Eindruck der Herstellereigenschaft steht der bloße Verweis auf ein anderes Produktionsland („made in") nicht entgegen, weil die Herstellung in ausländischen Produktionsstätten für einen inländischen Hersteller heute üblich ist.[28] Eine Haftung des Quasi-Herstellers scheidet aus, wenn aus den Hinweisen auf dem Produkt klar hervorgeht, dass er nicht Hersteller ist.[29]

Quasi-Hersteller ist zB ein Versandhaus oder Handelsunternehmen, das von einem **11** Dritten Ware für sich herstellen lässt und diese unter eigenem Namen oder unter einer **Handelsmarke** vertreibt.[30] Hierunter versteht man Produkte, deren Markenzeichen sich im Eigentum eines Handelsunternehmens befinden und die idR nur in eigenen Betrieben oder im angeschlossenen Einzelhandel abgesetzt werden. Bisher wurde vertreten, dass das Anbringen von aufklärenden Zusätzen (zB „Vertrieb durch", „hergestellt für", „hergestellt von") die Haftung als Quasi-Hersteller ausschließe. Der EuGH hat in seinem Urteil vom 7.7.2022 diese Möglichkeit der Enthaftung jedoch eingeschränkt. Er begründet das damit, dass nach Art. 3 Abs. 1 der Produkthaftungs-RL die Anbringung der Marke für die Haftung als Quasi-Hersteller ausreiche. Der Quasi-Hersteller müsse in den Herstellungsprozess nicht involviert sein. Diese Rechtsprechung wird in der Praxis zu einer Erweiterung der Produkthaftung von Markeninhabern führen.

3. Quasi-Hersteller im Konzernverhältnis. Eine Konzernzugehörigkeit alleine be- **12** gründet noch nicht die Eigenschaft als Quasi-Hersteller; es gibt **keine allgemeine „Konzernvertrauenshaftung".**[31] Es müssen im Konzernverhältnis gleichermaßen die Voraussetzungen des Abs. 1 S. 2 erfüllt sein.[32] Das OLG Düsseldorf hat die Quasi-Hersteller-Eigenschaft der deutschen Vertriebstochter (GmbH) eines Herstellers von Medizinprodukten (amerikanische Inc.) verneint:[33] Die beiden Gesellschaften führten zwar bis auf den Rechtsformzusatz den identischen Namen, was grundsätzlich zu einer Haftung als Quasi-Hersteller führen kann, wenn nur der Name (ohne Rechtsformzusatz) oder das Konzernkennzeichen auf dem Produkt angebracht ist. Dies allein genügt aber noch nicht den Voraussetzungen des Abs. 1 S. 2. Es ist darüber hinaus **erforderlich,** dass sich die **Vertriebstochter** dem Gesamteindruck nach **als Hersteller ausgibt.** Die mit den Produkten gelieferten Unterlagen erweckten aber nicht diesen Eindruck, da in der Gebrauchsanweisung die Mutter als Hersteller bezeichnet war. Das Auftreten unter einer einheitlichen **Dachmarke** macht das Vertriebsunternehmen nicht zum Quasi-Hersteller.[34]

IV. Importeur (Abs. 2)

Nach Abs. 2 gilt als Hersteller ferner, wer ein Produkt zum Zwecke des Verkaufs, der **13** Vermietung, des Mietkaufs oder einer anderen Form des Vertriebs mit wirtschaftlichem Zweck im Rahmen seiner geschäftlichen Tätigkeit in ein EWR-Land (→ HGB § 92c Rn. 5–7) einführt.

1. Regelungszweck. Zweck der Haftungserweiterung des Abs. 2 ist die Erleichterung **14** der Rechtsverfolgung für den Geschädigten, indem ihm ein **Haftungspflichtiger im EWR** zur Verfügung gestellt wird.[35] Der Grund für die Regelung ergibt sich daraus, dass die Rechtsdurchsetzung, insbesondere die Anerkennung und Vollstreckung von Urteilen

---

[26] BT-Drs. 11/2447, 19 f.; Katzenmeier/Voigt Rn. 32.
[27] BGH NJW 2005, 2695 (2696).
[28] Katzenmeier/Voigt Rn. 36; MüKoBGB/Wagner Rn. 40.
[29] OLG Stuttgart ZWE 2010, 38 (39); Martinek/Semler/Flohr VertriebsR-HdB/Hess § 12 Rn. 116.
[30] Martinek/Semler/Flohr VertriebsR-HdB/Hess § 12 Rn. 113; Grüneberg/Sprau Rn. 6.
[31] OLG Düsseldorf NJOZ 2012, 1404 (1406).
[32] Rieckers VersR 2004, 706 (711 ff.); MüKoBGB/Wagner Rn. 40, 9.
[33] OLG Düsseldorf IHR 2012, 197 (202).
[34] AG Münster MPR 2021, 220 mAnm Pflüger.
[35] BT-Drs. 11/2447, 20; Katzenmeier/Voigt Rn. 43.

in Nicht-EWR-Ländern, durch den Geschädigten unsicher und mit erheblichem Aufwand verbunden ist.[36] Abs. 2 erfasst nicht nur den **Import,** sondern auch den **Reimport** eines Produkts, das zuvor aus dem EWR in ein Drittland ausgeführt wurde.[37] Die Haftung des Importeurs lässt die des Herstellers nicht entfallen, beide haften als Gesamtschuldner iSd § 5.[38]

15   **2. Wirtschaftliche Zielsetzung.** Die wirtschaftliche Zielsetzung muss zum **Zeitpunkt der Einfuhr** vorgelegen haben.[39] Wirtschaftliche Zielsetzung bedeutet **Einfuhr zum Zwecke des Vertriebs.**[40] Darunter fällt weder die Einfuhr zu rein privaten Zwecken, noch die Einfuhr zur gewerblichen Eigennutzung.[41] In diesen Fällen ist der Einführende nicht Importeur iSd Abs. 2 und er wird es auch nicht durch die spätere Entscheidung, die Ware doch zu vertreiben; das Inverkehrbringen der Ware macht ihn dann aber zum Lieferanten iSd Abs. 3.[42]

V. Lieferant (Abs. 3)

16   Nach Abs. 3 S. 1 **gilt,** wenn der Hersteller des Produkts nicht festgestellt werden kann, jeder Lieferant **als** dessen **Hersteller,** es sei denn, dass er dem Geschädigten innerhalb eines Monats, nachdem ihm dessen diesbezügliche Aufforderung zugegangen ist, den Hersteller oder diejenige Person benennt, die ihm das Produkt geliefert hat. Abs. 3 S. 2 erstreckt die Fiktion von Abs. 3 S. 1 auf in den EWR importierte Produkte, bei denen der Importeur nicht festgestellt werden kann.

17   **1. Regelungszweck.** Abs. 3 will verhindern, dass die Produkthaftung durch die Verwendung **anonymer Produkte** ausgehöhlt wird.[43] Daher stellt Abs. 3 dem Geschädigten im Wege der ersatzweisen Haftung einen Schuldner nach dem ProdHaftG auch dann zur Verfügung, wenn sich der tatsächliche Hersteller (Abs. 3 S. 1) oder Importeur (Abs. 3 S. 2) nicht ermitteln lässt.[44] Der Haftung des Lieferanten wegen Nichtfeststellbarkeit des Importeurs (Abs. 3 S. 2) steht es nicht entgegen, dass der Nicht-EWR-Hersteller bekannt ist.[45] Dies findet seinen Grund im Regelungszweck der Haftung des Importeurs (→ Rn. 14).

18   Abs. 3 ist gegenüber Abs. 1 und 2 **subsidiär.** Die **Ersatzhaftung** des Lieferanten kommt nur in Betracht, wenn nicht schon der Lieferant selbst oder ein anderer als Hersteller, Quasi-Hersteller oder als Importeur haftet.[46] Denn dann besteht keine Gefahr der Haftungsaushöhlung und eine Haftungserweiterung auf den Lieferanten ist nicht erforderlich.

19   **2. Begriff des Lieferanten.** Der Begriff des Lieferanten ist weit zu verstehen. Er bezieht sich auf **sämtliche Formen der Weitergabe mit wirtschaftlicher Zielsetzung.** Lieferant iSd Abs. 3 S. 1 ist daher jeder, der das Produkt vertreibt, ohne selbst Hersteller iSd Abs. 1 bzw. Abs. 2 zu sein.[47] Darunter fallen neben dem Verkauf auch andere Formen der entgeltlichen Abgabe von Produkten, zB Vermietung und Leasing.[48] Die unentgeltliche Weitergabe ist ebenfalls erfasst, sofern sie einen wirtschaftlichen Zweck verfolgt, bspw. bei

---

[36] MüKoBGB/Wagner Rn. 42.
[37] Martinek/Semler/Flohr VertriebsR-HdB/Hess § 12 Rn. 117; v. Westphalen, Produkthaftungshandbuch, § 75 Rn. 53.
[38] MüKoBGB/Wagner Rn. 44.
[39] Taschner/Frietsch Rn. 62; v. Westphalen, Produkthaftungshandbuch, § 75 Rn. 58.
[40] MüKoBGB/Wagner Rn. 46; v. Westphalen, Produkthaftungshandbuch, § 75 Rn. 56.
[41] Grüneberg/Sprau Rn. 7.
[42] Grüneberg/Sprau Rn. 7; v. Westphalen, Produkthaftungshandbuch, § 75 Rn. 58.
[43] BT-Drs. 11/2447, 20; BGH NJW 2005, 2695 (2697).
[44] v. Westphalen, Produkthaftungshandbuch, § 75 Rn. 68; Grüneberg/Sprau Rn. 8.
[45] Staudinger/Oechsler Rn. 104, 126.
[46] Molitoris/Klindt NJW 2008, 1203 (1206); Grüneberg/Sprau Rn. 8; MüKoBGB/Wagner Rn. 55.
[47] Staudinger/Oechsler Rn. 97.
[48] Staudinger/Oechsler Rn. 97; Rolland Rn. 67.

der Abgabe von Warenproben oder Werbegeschenken.[49] Abs. 3 S. 1 **erfasst die gesamte Vertriebskette,** also alle Stufen von Zulieferern, Groß- oder Einzelhändlern[50] und dabei in der Lieferkette nicht nur den letzten Lieferanten, sondern jeden einzelnen.[51] Nicht erfasst sind hingegen Transportunternehmer oder Logistikdienstleister.[52] Die **Lieferantenhaftung** ist damit der **typische Anwendungsfall** des nach dem ProdHaftG haftenden **Vertriebsmittlers,** da es dessen Kerntätigkeit ist, die Abgabe des Produktes zu wirtschaftlichen Zwecken zu organisieren, sei es auf eigene oder fremde Rechnung.

3. Nichtermittelbarkeit des Herstellers. Voraussetzung ist, dass der Geschädigte den **20** Hersteller nicht ermitteln kann. An die **Recherchetätigkeit** des Geschädigten zur Ermittlung des Herstellers sind **keine hohen Anforderungen** zu stellen.[53] Er ist nicht gehalten, sämtliche, objektiv zur Verfügung stehende Recherchemöglichkeiten auszuschöpfen, bevor er den Lieferanten nach dem Hersteller fragt.[54] Er muss nur die Informationen nutzen, die ihm aufgrund des Produkterwerbs zur Verfügung stehen.[55] Die Unkenntnis des Geschädigten muss gerade darauf beruhen, dass zum **Zeitpunkt des Inverkehrbringens** auf dem Produkt kein Hinweis auf den Hersteller angebracht war; ein späteres Abnutzen des Hinweises oder Entfernung durch einen Dritten löst nicht die Haftungsfolge des Abs. 3 aus.[56]

4. Nichterteilung der Auskunft trotz Aufforderung. Der Lieferant hat seine Oblie- **21** genheit zur Auskunft über den Hersteller innerhalb eines Monats nach Zugang der Aufforderung zu erfüllen. Die Aufforderung ist nicht fristgebunden, die zehnjährige Ausschlussfrist des § 13 ist allerdings zu beachten. Durch eine rechtzeitige, vollständige und richtige Auskunft über Name und Anschrift des Herstellers, Quasi-Herstellers, Importeurs oder Vorlieferanten hat der Lieferant die Möglichkeit der **Entlastung** und entgeht seiner Haftung. Die Benennung muss so detailliert sein, dass der Geschädigte gegen den Benannten gegebenenfalls klageweise vorgehen kann.[57] Es ist dann der zutreffend benannte Verantwortliche in Anspruch zu nehmen.[58] Ist der zutreffend Benannte seinerseits auch nur Lieferant, kann er wiederum durch die Benennung seines Vorlieferanten oder des Herstellers der Haftung entgehen (**„Rücklauf der Haftung"**).[59] Bei einem **importierten Produkt** kann der Lieferant nach Abs. 3 S. 2 der Haftung durch Benennung des EWR-Importeurs entgehen, nicht aber durch Benennung des Nicht-EWR-Herstellers.[60]

VI. Abgrenzung zur Produzentenhaftung nach § 823 BGB

Die außervertragliche Haftung für fehlerhafte Produkte ist zweigeteilt: Neben die **22** Haftung nach dem Produkthaftungsgesetz tritt in **Anspruchskonkurrenz** die **deliktische Produzentenhaftung** nach § 823 BGB. Die wesentlichen **Unterschiede** sind: Der Anspruch aus § 823 BGB ist nicht auf Verletzungen von Körper und Gesundheit sowie Beschädigungen von privaten Sachen beschränkt (so aber § 1 Abs. 1). Seiner Höhe nach ist der Anspruch aus § 823 BGB unbegrenzt, wohingegen der Anspruch aus § 1 Abs. 1 bei Personenschäden durch einen Haftungshöchstbetrag beschränkt ist (§ 10) und bei Sachschäden eine Selbstbeteiligung vorsieht (§ 11). Der Anspruch aus § 1 Abs. 1 ist nicht abdingbar (§ 14). Der Anspruch aus § 823 BGB erfordert im Gegensatz zum Produkthaf-

---

[49] Katzenmeier/Voigt Rn. 64; MüKoBGB/Wagner Rn. 51.
[50] Staudinger Rn. 98; MüKoBGB/Wagner Rn. 51.
[51] Rolland Rn. 67.
[52] Katzenmeier/Voigt Rn. 65; Staudinger/Oechsler Rn. 97; MüKoBGB/Wagner Rn. 51; aA v. Westphalen, Produkthaftungshandbuch, § 75 Rn. 70.
[53] BGH NJW 2005, 2695 (2697).
[54] BGH NJW 2005, 2695 (2697).
[55] BGH NJW 2005, 2695 (2697).
[56] OLG Düsseldorf BeckRS 2000, 11213; Staudinger/Oechsler Rn. 100.
[57] LG Lübeck VersR 1993, 1282 (1283); Grüneberg/Sprau Rn. 9.
[58] MüKoBGB/Wagner Rn. 56 ff.
[59] MüKoBGB/Wagner Rn. 59.
[60] MüKoBGB/Wagner Rn. 57.

tungsanspruch Verschulden, die Haftung für Vorsatz kann nicht im Voraus ausgeschlossen werden (§ 276 Abs. 3 BGB). Nach der „Hühnerpestentscheidung" des BGH aus dem Jahr 1968[61] profitiert der Verbraucher aber von einer Beweislastumkehr hinsichtlich des Verschuldens, wodurch in der Praxis der Anspruch nach § 823 BGB an die Gefährdungshaftung nach dem ProdHaftG herangerückt ist.[62] IRd deliktischen Haftung nach § 823 BGB ist nicht die Fehlerhaftigkeit des Produkts als solche Anknüpfungspunkt der Pflichtverletzung (so aber § 1 Abs. 1), sondern die Verletzung von Verkehrssicherungspflichten.[63]

23   Der **Vertriebsmittler** haftet nur ausnahmsweise wegen Produktfehlern nach § 823 BGB, weil er nicht Hersteller des Produkts ist.[64] Eine Gleichstellung mit dem Hersteller wie in § 4 sieht die deliktische Produzentenhaftung weder für den Quasi-Hersteller,[65] noch den Importeur[66] oder den Lieferanten vor.[67] Die Produzentenhaftung kann den Vertriebsmittler aber treffen, wenn er für einen Konstruktions- oder Fabrikationsfehler verantwortlich ist (selten). Häufiger ist der Fall, dass der Vertriebsmittler wegen der Verletzung von Produktbeobachtungs-, Gefahrabwendungs- oder Instruktions- und Warnpflichten gemäß § 823 BGB schadensersatzpflichtig ist.[68]

24   **1. Konstruktions- und Fabrikationsfehler.** Der Begriff des Fehlers iRd Produzentenhaftung nach § 823 BGB deckt sich mit dem des § 3.[69] Ein **Konstruktionsfehler** liegt vor, wenn das Produkt aufgrund von fehlerhafter technischer Konzeption der gesamten Produktserie nicht für eine gefahrlose Benutzung geeignet ist.[70] Ein **Fabrikationsfehler** liegt vor, wenn die Sicherheit einzelner Produkte aufgrund eines Fehlers bei der Fertigung oder aufgrund Mangelhaftigkeit des verwendeten Materials nicht den allgemeinen Sicherheitsstandards der Produktserie genügt.[71] Da diese Arten von Fehlern an den Vorgang der tatsächlichen Herstellung anknüpfen, führen sie nur ausnahmsweise zu einer Haftung des Vertriebsmittlers nach § 823 BGB, zB wenn er Assembler ist (→ Rn. 6). Ein Konstruktionsfehler unterläuft dem Assembler bspw., wenn er ein zu schwaches Verbindungsstück verwendet und ein Fabrikationsfehler, wenn die zum Zusammenfügen genutzte Schweißnaht schadhaft ist. Auch wenn der Assembler die Sicherheit des Gesamtprodukts gewährleisten muss, treffen ihn hinsichtlich der zusammenzufügenden Einzelteile nur reduzierte Überprüfungspflichten.[72] Der Umfang dieser reduzierten Pflichten richtet sich nach dem für das Zusammenfügen der Einzelteile erforderlichen Maß, bezieht sich also insbesondere auf die Geeignetheit der Einzelteile für eine widerstandsfähige und haltbare Verbindung.

25   **2. Verletzung von Instruktions- und Warnpflichten.** Eine Verletzung der **Instruktionspflicht** liegt in einer mangelhaften oder fehlenden Produktbeschreibung bzw. Gebrauchsanweisung oder fehlender Warnung vor gefahrbringenden Eigenschaften, die die Benutzung des Produkts als solches trotz seiner Fehlerfreiheit birgt.[73] Eine Instruktions-

---

[61] BGH NJW 1969, 269.

[62] Grüneberg/Sprau Einf. ProdHaftG Rn. 5.

[63] BeckOK BGB/Förster § 823 Rn. 687.

[64] BGH NJW 1994, 517; 1980, 1219 (1220); VersR 1977, 839; OLG Düsseldorf NJOZ 2011, 924 (925).

[65] BGH NJW-RR 1995, 342 (343); NJW 1994, 517 (519); OLG Stuttgart NZM 2010, 626 (629).

[66] BGH NJW 1980, 1219 (1220).

[67] Grüneberg/Sprau BGB § 823 Rn. 185; MüKoBGB/Wagner BGB § 823 Rn. 933 f.

[68] Bejaht zB in BGH NJW-RR 1995, 342; NJW 1994, 517; OLG Düsseldorf NJOZ 2011, 924; OLG Celle RuS 2003, 298.

[69] BGH NJW 2009, 2952 (2953); OLG Düsseldorf NJW-RR 2008, 411; OLG Schleswig NJW-RR 2008, 691; OLG Koblenz NJW-RR 2006, 169 (170); MüKoBGB/Wagner § 3 Rn. 3; Staudinger/Oechsler § 3 Rn. 1.

[70] Grüneberg/Sprau § 3 Rn. 8.

[71] Martinek/Semler/Flohr VertriebsR-HdB/Hess § 12 Rn. 46; Grüneberg/Sprau § 3 Rn. 9.

[72] MüKoBGB/Wagner BGB § 823 Rn. 927, 928; aA Erman/Wilhelmi § 823 Rn. 123, nach dem der Assembler auch dafür zu sorgen hat, dass die verwendeten Einzelteile sicher sind.

[73] Grüneberg/Sprau § 3 Rn. 10.

pflicht besteht grds. nur, wenn und soweit aufgrund der Besonderheiten des Produkts sowie der bei den durchschnittlichen Benutzern vorauszusetzenden Kenntnisse damit gerechnet werden muss, dass bestimmte konkrete Gefahren entstehen können.[74] Der Anspruch wegen Verletzung einer Instruktionspflicht besteht nur insoweit, wie die fehlende Information für den Schadenseintritt kausal geworden ist.[75]

Den Vertriebsmittler treffen **grds. keine besonderen Pflichten,** auch nicht, wenn er **26** eine enge kapitalmäßige Verbindung zu dem Hersteller aufweist, zB aufgrund von konzernmäßiger Verflechtung.[76] Eigene Instruktions- und Warnpflichten können für einen Vertriebsmittler jedoch **ausnahmsweise** aufgrund besonderer Umstände entstehen.[77]

Solche **besondere Umstände** liegen bspw. vor, wenn der **Vertriebsmittler** durch den **27** Hersteller mit der Weitergabe der Informationen an den Verbraucher **beauftragt** worden ist.[78] Eine Instruktionspflicht soll auch bestehen, wenn der Vertriebshändler des ausländischen Herstellers auf dem inländischen Markt eine **Monopolstellung** innehat und deswegen das Bindeglied zwischen Hersteller und Verbraucher darstellt.[79] Im **Konzern** besteht eine Gefahrabwendungspflicht, wenn Mitglieder der Geschäftsleitung oder andere verfassungsmäßige Vertreter des Vertriebsmittlers bei dem allgemeinen Erfahrungs- und Meinungsaustausch im Konzern Schwächen des Produkts oder Unzulänglichkeiten des Fertigungsverfahrens erkennen.[80]

Eine **besondere Pflichtenstellung** hinsichtlich der Warnung und Gefahrenabwehr **28** wurde in der Rechtsprechung auch daran geknüpft, dass der Vertriebsmittler **wie ein Hersteller auftritt.**[81] Ihn treffen zwar auch dann nicht dieselben Gefahrabwendungspflichten wie den Warenhersteller.[82] Ihm obliegt aber iRd § 823 BGB eine gesteigerte Produktbeobachtungspflicht.[83] Ferner trifft ihn eine Instruktionsverantwortung, weil er eine Ware als sein Produkt auf dem Markt vertreibt und sich als Hersteller ausgibt.[84] Die Hinweispflicht soll aber nicht bestehen, wenn der Händler annehmen darf, dass sein Produkt nur von Personen genutzt wird, die mit den Produktgefahren vertraut sind.[85]

Eine Pflicht des Vertriebsmittlers, vor Gefahren der Produktverwendung zu warnen, **29** kann sich aus einer **Pflicht zur Produktbeobachtung oder –überprüfung** ergeben. Eine Pflicht des Vertriebsmittlers, die Produktsicherheit erneut und eigenständig zu überprüfen, besteht allerdings angesichts der überlegenen Kontrollmöglichkeiten des Herstellers regelmäßig nicht.[86] Weitergehende als oberflächliche Untersuchungspflichten an der Ware treffen den Vertriebsmittler nur, wenn **zur Überprüfung besonderer Anlass** besteht, der eine diesbezügliche Erwartung des Verkehrs begründet.[87] Dies ist insbesondere der Fall, wenn der Händler weiß oder wissen muss, dass das Produkt nicht den an ein sicheres Produkt zu stellenden Anforderungen genügt oder ihm **Schadensfälle** bei der Verwendung des Produkts **bekannt** geworden sind.[88] Eine Vertriebsgesellschaft, die mit dem

---

[74] BGH NJW 1975, 1827 (1829); OLG Saarbrücken NJW 2014, 1600 (1601).

[75] OLG Düsseldorf NJOZ 2011, 924 (926).

[76] BGH NJW 1981, 2250; OLG Frankfurt a. M. NJW-RR 2000, 1268 (1269); Kullmann NJW 1997, 1746 (1750).

[77] BGH NJW 1987, 1009 (1010); OLG Frankfurt a. M. NJW-RR 2000, 1268 (1269).

[78] BGH NJW 1987, 1009 (1010) für ausl. Hersteller; allg. OLG Düsseldorf NJOZ 2011, 924 (925).

[79] BGH NJW 1994, 517 (519); 1987, 1009 (1010); OLG Düsseldorf IHR 2012, 197 (206); OLG Frankfurt a. M. NJW-RR 2000, 1268 (1270).

[80] OLG Frankfurt a. M. NJW-RR 2000, 1268 (1269).

[81] Teilweise unter Verwendung des Begriffs des Quasi-Herstellers auch in Bezug auf § 823 BGB, OLG Stuttgart NZM 2010, 626; OLG Celle RuS 2003, 298.

[82] BGH NJW 1994, 517 (519): diesem Umstand komme keine entscheidende haftungsrechtliche Bedeutung zu.

[83] OLG Celle RuS 2003, 298 (299).

[84] OLG Stuttgart NZM 2010, 626 (629); OLG Karlsruhe NJW-RR 1994, 798 (799).

[85] OLG Karlsruhe NJW-RR 1994, 798 (799).

[86] BGH NJW 1981, 2250; OLG Düsseldorf NJOZ 2011, 924 (925); IHR 2012, 197 (204).

[87] BGH NJW 1980, 1219; OLG Düsseldorf NJOZ 2011, 924 (925); OLG Hamm VersR 2005, 1444; Johannsen/Radermacher BB 1996, 2636 (2639); Weller NJW 2012, 2312 (2314 f.).

[88] BGH NJW 1980, 1219; OLG Düsseldorf NJOZ 2011, 924 (925).

Hersteller organisatorisch eng verbunden ist, muss **Produktkontrollen** durchführen, wenn ihr bekannt ist, dass solche beim Hersteller nicht erfolgt sind.[89]

30   Sobald **bekannt** wird, dass von einem fehlerhaften Produkt **Gefahren** ausgehen, muss der Vertriebsmittler den Hersteller zumindest bei dessen Warnung und ggf. Produktrückruf unterstützen; insbesondere kann vom Händler verlangt werden, dass er eine Kartei der zu warnenden Endkunden bereit hat.[90] Darüber hinaus kann er wegen seiner Funktion als unmittelbarer Ansprechpartner des jeweiligen Kunden verpflichtet sein, Kunden über ihm bekannt gewordene Gefahren der Produktnutzung zu informieren und vor ihnen zu warnen.[91]

B. Handelsvertreter

I. Hersteller

31   Der Handelsvertreter ist nicht Hersteller iSd Abs. 1 S. 1.

II. Quasi-Hersteller

32   Der Handelsvertreter haftet nicht als Quasi-Hersteller iSd Abs. 1 S. 2. Er bringt regelmäßig keine Kennzeichen an die Ware an. Wenn der Handelsvertreter Kennzeichen an die Ware anbringt, weisen diese nicht ihn, sondern den Unternehmer als Hersteller aus, weil der Handelsvertreter nicht in eigenem Namen handelt, sondern als Abschluss- oder Vermittlungsvertreter des Unternehmers auftritt.

III. Importeur

33   Der Handelsvertreter ist Importeur iSd Abs. 2, wenn er in die Vertriebskette dergestalt eingebunden ist, dass er als erster im EWR Besitz an den eingeführten Produkten erlangt. Beispiel: Der chinesische Hersteller verkauft seine Produkte an Kunden in Deutschland. Die Kaufverträge werden von einem Handelsvertreter vermittelt. Der Hersteller verschifft die Ware nach Deutschland. Am Hamburger Hafen wird sie in einem Lager des Handelsvertreters zwischengelagert, bevor sie an die Kunden ausgeliefert wird. Der Handelsvertreter ist dann Importeur iSd Abs. 2.

IV. Lieferant

34   Da der Begriff des Lieferanten weit auszulegen ist, kann der Handelsvertreter auch Lieferant iSd Abs. 3 sein.[92] Normalerweise vermittelt der Handelsvertreter lediglich das Geschäft zwischen dem Unternehmer und dem Kunden und der Unternehmer liefert daraufhin an den Kunden aus. Der Handelsvertreter ist idR in den Liefervorgang nicht eingebunden; Lieferant ist dann der Unternehmer.[93] Anders ist es nur, wenn der Handelsvertreter mit dem Produkt auf seinem Absatzweg in Berührung kommt, bspw. wenn er über ein Warenlager verfügt, von dem aus der Versand vorgenommen wird oder wenn er das Produkt selbst ausliefert.[94]

---

[89] BGH NJW 1981, 2250 (2251).
[90] v. Westphalen, Produkthaftungshandbuch, § 26 Rn. 44.
[91] BGH NJW 1981, 2250; OLG Düsseldorf NJOZ 2011, 924 (925).
[92] Martinek/Semler/Flohr VertriebsR-HdB/Flohr/Feldmann § 19 Rn. 67; Rolland Rn. 67.
[93] Taschner/Frietsch Rn. 73.
[94] v. Westphalen, Produkthaftungshandbuch, § 75 Rn. 70; Martinek/Semler/Flohr VertriebsR-HdB/ Flohr/Feldmann § 19 Rn. 67; Rolland Rn. 67; Taschner/Frietsch Rn. 73.

C. Vertragshändler

I. Hersteller

Soweit der Vertragshändler mit dem bloßen Verkauf der Vertragsware den Kernbereich **35** seiner Tätigkeit wahrnimmt, ist er nicht Hersteller iSd Abs. 1 S. 1. Er haftet aber, wenn er über diese Kerntätigkeit hinaus Serviceleistungen anbietet, die sich als Herstellung iSd Abs. 1 S. 1 darstellen. Zu denken ist an die Servicewerkstatt eines Kfz-Vertragshändlers, in der dieser nicht nur Inspektionen und Reparaturen anbietet, sondern auch Generalüberholungen und Tuning. Die beiden letztgenannten Leistungen sind als Herstellung zu qualifizieren, wenn sie die Eigenschaften des Kfz wesentlich verändern (→ Rn. 6).

II. Quasi-Hersteller

Ein Vertragshändler, der Produkte unter seiner Marke oder seinem Namen vertreibt, ist **36** Quasi-Hersteller iSd Abs. 1 S. 2.

III. Importeur

Der zum Zwecke des Vertriebs aus einem nicht zum EWR gehörenden Land importie- **37** rende Vertragshändler haftet als Importeur iSd Abs. 2.

IV. Lieferant

Durch die Auslieferung des von ihm verkauften Produktes wird der Vertragshändler **38** regelmäßig zum Lieferanten.

D. Franchisenehmer

Bei der Produkthaftung des Franchisenehmers ist zwischen dem Vertriebs-, dem Her- **39** stellungs- und dem Dienstleistungsfranchising zu unterscheiden. Beim **Dienstleistungsfranchising** scheidet eine Haftung nach § 1 aus, da die Dienstleistung als solche kein Produkt iSd ProdHaftG ist.[95]

I. Hersteller

Beim **Herstellungsfranchising** produziert der Franchisenehmer die Systemware. Die **40** Tatsache, dass er die Herstellung aufgrund der Lizenz des Franchisegebers und nach dessen Konstruktionsplänen oder Rezepten vorgenommen hat, steht der Herstellereigenschaft des Franchisenehmers iSd Abs. 1 S. 1 auch dann nicht entgegen, wenn die Pläne des Franchisegebers fehlerhaft waren.[96] Denn es spielt für den Begriff des Herstellers keine Rolle, wer die zugrunde liegende geistige Leistung erbracht hat.[97] Eine Haftung als Quasi-Hersteller, Importeur oder Lieferant muss daher nicht mehr geprüft werden.

Beim **Vertriebsfranchising** hat der vertreibende Franchisenehmer die Systemware nicht **41** produziert. Er haftet daher nicht als Hersteller iSd Abs. 1 S. 1.

[95] Martinek/Semler/Flohr VertriebsR-HdB/Hess § 12 Rn. 99.
[96] Metzlaff Franchising-HdB/Bräutigam § 13 Rn. 38.
[97] BT-Drs. 11/2447, 20; MüKoBGB/Wagner Rn. 14.

II. Quasi-Hersteller

42　　Beim **Vertriebsfranchising** bezieht der Franchisenehmer die Ware vom Franchisegeber und bringt keine eigenen Kennzeichen an. Die an der Ware vorhandenen Kennzeichen weisen allenfalls den Franchisegeber, nicht aber den Franchisenehmer als Hersteller aus.

III. Importeur

43　　Beim **Vertriebsfranchising** tritt die Haftung des Franchisenehmers als EWR-Importeur iSd Abs. 2 neben die des tatsächlichen Herstellers der Systemprodukte.

IV. Lieferant

44　　Beim **Vertriebsfranchising** ist es gerade die Aufgabe des Franchisenehmers, die System-ware an den Kunden weiter zu vertreiben. Er fällt damit zwar unter den Begriff des Lieferanten nach Abs. 3 S. 1,[98] eine Haftung wird ihn idR dennoch nicht treffen. Beim Franchising tritt der Franchisenehmer unter dem Franchisenamen auf. Der Franchisegeber ist demnach dem Endkunden bekannt. Wenn der Franchisegeber die Ware produziert hat, haftet er als tatsächlicher Hersteller iSd Abs. 1 S. 1, so dass eine subsidiäre Lieferantenhaf-tung des Franchisenehmers ausscheidet. Wenn der Franchisegeber in der Vertriebskette zwischen dem Hersteller und dem letztvertreibenden Franchisenehmer steht, liegt es am Franchisegeber, dem Endkunden seinen Hersteller oder Lieferanten zu benennen (vgl. → Rn. 21). Als Lieferant iSd Abs. 3 S. 1 kann den Franchisenehmer dennoch ausnahms-weise eine Haftung treffen, wenn die Systemware von einem Nicht-EWR-Hersteller (gleich ob es sich um den Franchisegeber oder einen Anderen handelt) stammt, und sich der EWR-Importeur nicht ermitteln lässt (Abs. 3 S. 2).

E. Kommissionsagent

45　　Für den Kommissionsagenten gilt das zum Handelsvertreter Gesagte entsprechend (→ Rn. 31 ff.). Zwar unterscheidet sich der Kommissionsagent vom Handelsvertreter inso-fern, als er in eigenem und nicht im Namen des Kommittenten auftritt; in Bezug auf die Eigenschaft als Quasi-Hersteller iSd Abs. 1 S. 2 macht dies jedoch keinen Unterschied, da er sich nicht durch entsprechende Kennzeichnung als Hersteller des vertriebenen Produkts ausgibt. Auch im Hinblick auf die Stellung als Importeur oder Lieferant ergibt sich keine abweichende Beurteilung, da an den tatsächlichen Import- oder Liefervorgang angeknüpft wird.

§ 254 ZPO Stufenklage

Wird mit der Klage auf Rechnungslegung oder auf Vorlegung eines Vermögens-verzeichnisses oder auf Abgabe einer eidesstattlichen Versicherung die Klage auf Herausgabe desjenigen verbunden, was der Beklagte aus dem zugrunde liegenden Rechtsverhältnis schuldet, so kann die bestimmte Angabe der Leistungen, die der Kläger beansprucht, vorbehalten werden, bis die Rechnung mitgeteilt, das Ver-mögensverzeichnis vorgelegt oder die eidesstattliche Versicherung abgegeben ist.

Literatur: Emde, Auskunftsanspruch eines Vertragshändlers zum Deckungsbeitrag I des Unternehmers zwecks Berechnung des Ausgleichsanspruchs, EWiR 2021, 15–16: Schäuble, Die Stufenklage gem. § 254 ZPO, JuS 2011, 506; Thume, Beim Ausgleichsanspruch kehrt keine Ruhe ein: Berechnung anhand der Unternehmervorteile gem. § 89b Abs. 1 Nr. 1 HGB, BB 021, 1672.

---

[98] Metzlaff Franchising-HdB/Bräutigam § 13 Rn. 41; MüKoBGB/Wagner Rn. 51.

Übersicht

A. Allgemeines

I. Einleitung

1. Entstehungsgeschichte. Die Bestimmung zur Stufenklage wurde durch das „Gesetz, **1** betreffend Aenderungen der Civilprozeßordnung" von 1898 eingefügt (RGBl. 1898, 256 (268)). Allerdings handelte es sich damals nicht um § 254 ZPO, sondern noch um § 230a CPO.[1] Der Wortlaut von § 230a CPO lautete:

„Wird mit der Klage auf Rechnungslegung oder auf Vorlegung eines Vermögensverzeichnisses **2** *oder auf Leistung des Offenbarungseides die Klage auf Herausgabe desjenigen verbunden, was der Beklagte aus dem zu Grunde liegenden Rechtsverhältnisse schuldet, so kann die bestimmte Angabe der Leistungen, welche der Kläger beansprucht, vorbehalten werden, bis die Rechnung mitgetheilt, das Vermögensverzeichniß vorgelegt oder der Offenbarungseid geleistet ist."*

Die zivilprozessrechtliche Regelung zur Stufenklage ist seither nahezu unverändert ge- **3** blieben. Zum einen wurde 2001 im Rahmen der Einführung amtlicher Überschriften durch das Gesetz zur Reform des Zivilprozesses (Zivilprozessreformgesetz, ZPO-RG[2]) der Begriff „Stufenklage" eingeführt[3] Zum anderen wurde 1970 die Formulierung „Leistung eines Offenbarungseides" durch die Formulierung „Abgabe einer eidesstattlichen Versicherung" ersetzt.[4]

2. Normzweck und Regelungsgegenstand. Gegenstand der Regelung des § 254 **4** ZPO ist die **Stufenklage.** Die Stufenklage hat in der vertriebsrechtliche Praxis vor allem für die Durchsetzung von Provisionsansprüchen von Handelsvertretern erhebliche Bedeu-

---

[1] Wieczorek/Schütze/Assmann Rn. 1, dort Fn. 1.
[2] BGBl. I 1887 (1927).
[3] Art. 2 Abs. 2 S. 3 ZPO-RG bestimmt, dass die Vorschriften der Zivilprozessordnung diejenigen Überschriften erhalten, die sich jeweils aus der (in der Anlage beigefügten) Inhaltsübersicht ergeben.
[4] Gesetz zur Änderung des Rechtspflegergesetzes, des Beurkundungsgesetzes und zur Umwandlung des Offenbarungseides in eine eidesstattliche Versicherung vom 27.6.1970 (BGBl. I 911 (912)); Wieczorek/Schütze/Assmann Rn. 1; Stein/Jonas/Roth Vor Rn. 1.

tung (→ Rn. 41 ff.). Die Stufenklage ist ein Sonderfall der objektiven Klagehäufung iSv § 260 ZPO. Alle Anträge werden rechtshängig, was insbesondere für die Verjährung des Leistungsanspruchs wesentlich ist;[5] allerdings wird über die einzelnen Anträge nicht gleichzeitig, sondern stufenweise entschieden.[6]

5   Die Stufenklage ist nach der Konzeption in § 254 ZPO (entgegen der Praxis → Rn. 7) in zwei Stufen unterteilt. Auf der ersten Stufe stehen nach dem Wortlaut des § 254 ZPO alternativ die „Klage auf Rechnungslegung", daneben die Klage „auf Vorlegung eines Vermögensverzeichnisses", und als dritte Alternative die Klage „auf Abgabe einer eidesstattlichen Versicherung". Mit dieser ersten Stufe kann dann nach der Konzeption von § 254 ZPO die Klage „auf Herausgabe desjenigen verbunden [werden], was der Beklagte aus dem zugrunde liegenden Rechtsverhältnis schuldet".

6   Die Regelung des § 254 ZPO dient ua der **Prozessökonomie**.[7] Sie hilft dabei, isolierte Prozesse zu den einzelnen Anträgen zu vermeiden.[8] Hierbei kann eine eventuelle Klagehäufung (§ 260 ZPO) nicht Abhilfe schaffen, denn ein Hilfsantrag, der auf Leistung gerichtet ist, würde nicht vom bloßen Erfolg der Auskunftsklage abhängen.[9] Soweit die Stufenklage zulässig ist, fehlt nach hM im Allgemeinen das Rechtsschutzinteresse für eine **(nicht als Teil der Stufenklage erhobene) Feststellungsklage;**[10] es fehlt dagegen nicht bei einer **isolierten Auskunftsklage,** denn die in § 254 ZPO bereitgestellte Möglichkeit einer einheitlichen Stufenklage hindert den Kläger nicht daran, sein Auskunftsverlangen gesondert geltend zu machen.[11]

7   In der Praxis stellt sich die Stufenklage **typischerweise** wie folgt dar: Auf der ersten Stufe wird Auskunft verlangt, auf der zweiten Stufe die Abgabe der eidesstattlichen Versicherung und auf der dritten Stufe die konkrete Leistung. Hierbei ist wichtig, dass erst der Leistungsantrag auf der dritten Stufe so präzise gestellt werden muss, wie es von § 253 Abs. 2 Nr. 2 ZPO verlangt wird.[12]

8   Die Stufenklage folgt keinem starren Schema; zum einen ist kein bestimmter Aufbau Pflicht, zum anderen kann die Anzahl der Anträge variieren (→ Rn. 41 ff.). So ist es auch nicht zwingend, dass auf der dritten Stufe ein Leistungsantrag erfolgt. Vielmehr kann unter Umständen auch ein Gestaltungs- oder Feststellungsantrag zulässig sein (→ Rn. 28 ff.).[13]

9   **3. Verhältnis zu anderen Vorschriften.** Zum Verhältnis der Stufenklage gemäß § 254 ZPO einerseits und der Feststellungsklage gemäß § 256 ZPO andererseits wird auf die vorangegangene Abgrenzung beider Klagearten verwiesen (→ Rn. 6 ff.). Dies gilt insbesondere für die Frage, ob und gegebenenfalls unter welchen Umständen ein Feststellungsinteresse bzw. Rechtsschutzbedürfnis für die Feststellungsklage angenommen werden kann.

10   Die Stufenklage gemäß § 254 ZPO stellt einen Sonderfall objektiver Klagehäufung dar.[14] Umstritten ist jedoch, ob die Vorschrift des § 260 ZPO zur Anspruchshäufung neben § 254

---

[5] BGH NJW 2012, 2180 (2182); die eintretende Verjährungshemmung erfasst den Leistungsantrag in beliebiger Höhe, vgl. BGH NJW 1995, 770 (771), beschränkt sich aber nach dessen Konkretisierung auch auf den konkretisierten Betrag, BGH NJW 1992, 2563; zur Verjährung des Anspruchs auf Erteilung eines Buchauszugs vgl. zuletzt BGH BeckRS 2017, 121447.
[6] Siehe etwa Schäuble JuS 2011, 506 (507) mwN.
[7] Dafür Saenger ZPO § 254 Rn. 2; Musielak/Voit/Foerste Rn. 1; differenziert MüKoZPO/Becker-Eberhard Rn. 2.
[8] BGH NJW 1994, 2895.
[9] Musielak/Voit/Foerste Rn. 1 mwN.
[10] BGH NJW 1996, 2097 (2098); 1994, 2896 (2897); Musielak/Voit/Foerste Rn. 1.
[11] So OLG Zweibrücken FamRZ 1969, 230 (231) ohne weitere Begründung; Musielak/Voit/Foerste Rn. 1.
[12] Musielak/Voit/Foerste Rn. 1; vgl. BGH NJW 2003, 2748 zur Ausnahme vom Bestimmtheitserfordernis des § 253 Abs. 2 ZPO.
[13] MüKoZPO/Becker-Eberhard Rn. 11.
[14] BGH NJW 2003, 2748, OLG Naumburg NJW-RR 2008, 317 (318); zur Klagehäufung vgl. auch → Rn. 4 f.

ZPO (parallel) zu prüfen ist oder eine Prüfung entbehrlich bzw. § 260 ZPO nicht anwendbar ist.[15] Die Stufenklage kann auch in Gestalt einer Widerklage erhoben werden.[16]

Anerkannt ist, dass Ansprüche gemäß §§ 87c, 89b HGB nicht nur im Wege einer selb- **11** ständigen Klage zur Forderung von Provisions- und Ausgleichszahlungen geltend gemacht werden können, sondern auch im Rahmen einer Stufenklage, indem Auskunfts- und Zahlungsansprüche verbunden werden.[17]

II. Tatbestand der Stufenklage

Die folgende Darstellung orientiert sich an dem in der Praxis typischen dreistufigen **12** Aufbau, auch wenn der Wortlaut des § 254 ZPO nur einen zweistufigen Aufbau vorsieht (→ Rn. 5, 7).

1. Erste Stufe. Auf der ersten Stufe der Stufenklage wird der Auskunftsantrag geltend **13** gemacht. Der **Inhalt** kann je nach Fall sehr unterschiedlicher Art sein, muss allerdings dem Zweck der Bezifferung bzw. Konkretisierung des Leistungsanspruchs dienen.[18] Der Inhalt des Auskunftsantrags geht dem Wortlaut nach auf Rechnungslegung (§ 259 BGB) oder auf Vorlegung eines Vermögensverzeichnisses (§ 260 BGB). Allerdings wird § 254 ZPO weit ausgelegt; auch andere Auskunftsansprüche sind umfasst.[19] Typisch sind Ansprüche wie zB im Falle von § 666 BGB zur Auskunfts- und Rechenschaftspflicht des Beauftragten.[20] Auch § 242 BGB kann Anspruchsgrundlage sein.[21] Im Bereich des Handelsvertreterrechts ist § 87c Abs. 2 HGB auf Erteilung eines Buchauszugs von besonderer Bedeutung. Ebenso sind § 86 Abs. 2 HGB und § 384 Abs. 2 HGB relevant, da der Unternehmer bzw. der Kommittent zur Sicherstellung seiner Interessen bzw. zur sachgerechten Wahrnehmung seiner Rechte und Pflichten darauf angewiesen ist, dass der Handelsvertreter bzw. der Kommissionär im Rahmen seiner Benachrichtigungs- und Rechenschaftspflicht die erforderlichen Nachrichten übermittelt (→ § 86 HGB Rn. 76 ff., → § 384 HGB Rn. 34 ff.). Insofern besteht eine Verbindung zum Auskunftsanspruch auf Basis von § 666 BGB (vgl. → § 86 HGB Rn. 79, 94, → § 384 HGB Rn. 34, 53).

Nicht umfasst werden von § 254 ZPO die nicht einklagbaren zivilverfahrensrechtlichen **14** Auskunftspflichten. Dabei handelt es sich insbesondere um §§ 20, 22 Abs. 3, 58, 97, 101 InsO und § 154 S. 2 ZVG.[22] Nicht umfasst ist dagegen die Thematik der Verschaffung sonstiger Informationen, die mit der Bestimmbarkeit als solcher in keinem Zusammenhang stehen.[23] Angenommen hat der BGH dies etwa für den Auskunftsanspruch aus § 84a AMG, der nicht für die Feststellung erforderlich war, ob ein Schadensersatzanspruch gemäß § 84 AMG besteht.[24]

Ferner kann nicht Auskunft über solche Informationen verlangt werden, die für die **15** Feststellung erforderlich sind, ob ein Anspruch dem Grunde nach gegeben ist (→ Rn. 13,

---

[15] Für (parallele) Prüfung neben § 254 ZPO: Wieczorek/Schütze/Assmann Rn. 5; vgl. auch BGH NJW 1994, 3102 (3103); für Entbehrlichkeit/Nichtanwendbarkeit von § 260 ZPO: OLG Naumburg NJW-RR 2002, 1704; Saenger ZPO Rn. 1; MüKoZPO/Becker-Eberhard Rn. 6; Musielak/Voit/Foerste Rn. 3.

[16] BGH NJW-RR 2011, 189 Rn. 23; OLG Koblenz NJW-RR 2016, 203; näher und insbesondere zu Fragen der Zulässigkeit eines Teilurteils über den Auskunftsanspruch insoweit BeckOK ZPO/Bacher Rn. 22.

[17] BGH NJW 1982, 235; NJW-RR 1992, 1021; NJW 2001, 2333; NJW-RR 2011, 189; Wieczorek/Schütze/Assmann Rn. 8.

[18] BeckOK ZPO/Bacher Rn. 4.

[19] BeckOK ZPO/Bacher Rn. 3; MüKoZPO/Becker-Eberhard Rn. 13; Saenger ZPO Rn. 4.

[20] Musielak/Voit/Foerste Rn. 2; Saenger ZPO Rn. 4; MüKoZPO/Becker-Eberhard Rn. 13 erwähnt in diesem Zusammenhang auch die Informationspflicht von Geschäftsbesorger und Geschäftsführer ohne Auftrag; Wieczorek/Schütze/Assmann Rn. 14 trennt zwischen selbständigen Informationsansprüchen wie § 666 Fall 1, 2 BGB und präparatorischen Auskunftsansprüchen wie § 666 Fall 3 BGB, wobei nur letztere von § 254 ZPO erfasst sein sollen.

[21] Vgl. BGH NJW 2007, 1806 Rn. 13; 1957, 669.

[22] MüKoZPO/Becker-Eberhard Rn. 14.

[23] BGH NJW 2012, 3722; 2011, 1815; 2000, 1645.

[24] BGH NJW 2011, 1815 (1816).

14). Ein solches Auskunftsverlangen dient nämlich ersichtlich nicht der Leistungsbezifferung bzw. Konkretisierung.

16   Die begehrte Auskunft kann jedoch auch dann Bedeutung für den Anspruchsgrund haben, wenn die Information zugleich für die Anspruchshöhe relevant ist.[25]

17   Aus dem Zusammenhang zwischen Auskunfts- und Leistungsbegehren folgt, dass diese sich gegen denselben Beklagten richten müssen. Daher kann nicht eine Partei im Wege des § 254 ZPO auf Auskunft in Anspruch genommen werden, um nachfolgend ein Leistungsbegehren gegenüber einem Dritten zu beziffern bzw. zu konkretisieren. Dies gilt auch dann, wenn die Beklagten als Gesamtschuldner in Anspruch genommen werden.[26]

18   **2. Zweite Stufe. a) Antrag auf Abgabe einer eidesstattlichen Versicherung.** Üblicherweise wird auf der zweiten Stufe der Stufenklage der Anspruch auf Abgabe einer eidesstattlichen Versicherung geltend gemacht. Dieser kann auch auf der ersten Stufe erfolgen, wenn der Auskunftsanspruch bereits vorprozessual erfüllt wurde.[27] Darüber hinaus kann es vorkommen, dass der Kläger auf die Auskunftserteilung verzichtet hat.

19   Primär wird eine eidesstattliche Versicherung verlangt, wenn **Zweifel an der erforderlichen Sorgfalt** (vollständig und richtig) hinsichtlich der Rechnungslegung bzw. des Bestandsverzeichnisses bestehen (§ 259 Abs. 2 BGB: „nicht mit der erforderlichen Sorgfalt gemacht worden").[28] Bei der Beurteilung, ob die Angaben mit der erforderlichen Sorgfalt gemacht worden sind, ist das Gesamtverhalten des Schuldners maßgeblich.[29] Dafür genügt es zB nicht, dass er zu einem früheren Zeitpunkt eine Rechnungslegung verweigert hat,[30] wobei es ausreichen soll, wenn der Schuldner versucht hat, sich der Rechnungslegung zu entziehen.[31] Nicht ausreichend ist ferner insbesondere, dass ein Fall entschuldbarer Unkenntnis oder eines unverschuldeten Irrtums vorliegt.[32] Dagegen reicht etwa die mehrfache Ergänzung bzw. Korrektur gemachter Angaben unter Umständen aus, um Grund für die Annahme der Nichteinhaltung der erforderlichen Sorgfalt zu geben.[33]

20   Es fehlt am Rechtsschutzinteresse bezüglich des Antrags, wenn sich der Kläger **auf anderem Wege leichter und besser** über die Vollständigkeit und Richtigkeit der Auskunft informieren kann (zB vertraglich zustehende Bucheinsicht).[34]

21   **b) Antrag auf Wertermittlung als Beispiel für einen abweichenden Aufbau.** Wie oben (→ Rn. 8) angesprochen, ist auch ein anderer Aufbau möglich; als Beispiel aus der Praxis sei hier angeführt der Antrag auf Wertermittlung durch einen Sachverständigen auf der zweiten Stufe[35] im Hinblick auf § 2314 Abs. 1 S. 2 BGB.[36]

---

[25] OLG Hamm NZM 2008, 850 (851); Saenger ZPO Rn. 5.

[26] BGH NJW 1994, 3102 (3103).

[27] MüKoZPO/Becker-Eberhard Rn. 10; BeckOK ZPO/Bacher Rn. 7.

[28] Eine Versicherung an Eides statt kann gemäß § 259 Abs. 2 BGB jedoch nicht verlangt werden, wenn keine rechtliche Verpflichtung des Beklagten zur Erteilung einer Auskunft bestand, OLG Karlsruhe NZG 2016, 137 (138).

[29] BGH GRUR 1960, 247 (248); OLG München BeckRS 2016, 01979; Grüneberg/Grüneberg § 259 Rn. 13; BeckOK BGB/Lorenz § 259 Rn. 26.

[30] BGH NJW 1966, 1117 (1119); Grüneberg/Grüneberg § 259 Rn. 13; MüKoZPO/Becker-Eberhard Rn. 16; BeckOK BGB/Lorenz § 259 Rn. 26; aA MüKoBGB/Krüger § 259 Rn. 39 (bei grundloser Weigerung).

[31] OLG Frankfurt a. M. NJW-RR 1993, 1483; Grüneberg/Grüneberg § 259 Rn. 13; BeckOK BGB/Lorenz § 259 Rn. 26; MüKoBGB/Krüger § 259 Rn. 39.

[32] BGH NJW 1984, 484; Grüneberg/Grüneberg § 259 Rn. 13; BeckOK BGB/Lorenz § 259 Rn. 26.

[33] BGH GRUR 1960, 247 (249); OLG Köln NJW-RR 1998, 126 (127); Grüneberg/Grüneberg § 259 Rn. 13; MüKoZPO/Becker-Eberhard § 254 Rn. 16; MüKoBGB/Krüger § 259 Rn. 39.

[34] Wieczorek/Schütze/Assmann Rn. 51; vgl. BGH NJW 1998, 1636 (1637); BGHZ 55, 201 (204 ff.); Grüneberg/Grüneberg § 259 Rn. 14; für ein Rechtsschutzbedürfnis Stein/Jonas/Roth Rn. 16: Selbsthilfe als Ergänzung prozessualer Möglichkeiten.

[35] Saenger ZPO Rn. 6; BeckOK ZPO/Bacher Rn. 8; MüKoZPO/Becker-Eberhard Rn. 9.

[36] BGH NJW 2001, 833; Saenger ZPO Rn. 6; BeckOK ZPO/Bacher Rn. 8.

Dazu hat der BGH ausdrücklich festgestellt, dass „der zunächst in der Klageschrift in **22** **zweiter** Stufe angekündigte Antrag auf Wertermittlung gemäß § 2314 Abs. 1S. 2 BGB (…) im Rahmen der auf Zahlung des Pflichtteils gerichteten Stufenklage nur die Funktion [hat], die gemäß § 253 Abs. 2 Nr. 2 ZPO erforderliche Bezifferung des für die letzte Stufe angekündigten Zahlungsantrags vorzubereiten.“[37]

Hiermit hat der BGH den Antrag auf Wertermittlung nicht nur expressis verbis als **23** Anspruch auf zweiter Stufe eingeordnet, sondern zugleich **von der letzten Stufe abgegrenzt.** Dies gilt jedenfalls dann, wenn man berechtigterweise davon ausgeht, dass es (in der Praxis) drei Stufen gibt (vgl. auch → Rn. 7) und die letzte Stufe somit gleichbedeutend mit der dritten Stufe ist.

3. Dritte Stufe. a) Leistung (Leistungsklage). Auf der dritten Stufe steht idR der **24** **Anspruch auf Zahlung** oder insbesondere auch auf **Herausgabe** bestimmter Gegenstände. Gemäß dem zu konkretisierenden Wortlaut ist der Hauptantrag nämlich auf Herausgabe der aus dem zugrunde liegenden Rechtsverhältnis geschuldeten Leistungen gerichtet.[38] Die Formulierung ist **weit** zu verstehen, insbesondere in Gestalt der Zahlung, der Übereignung, der Besitzverschaffung, der Forderungsabtretung, der Übertragung sonstiger Rechte, der Erteilung einer Gutschrift im Bankverkehr,[39] der Herausgabe von Wertpapieren, der Zahlung des Erlöses oder der Leistung von Schadensersatz[40] sowie der Teillöschung einer Hypothek.[41]

Umfasst sind deshalb auch solche Fälle, in denen der Kläger die Leistung nicht nur **nach** **25** **zuvor erteilter Auskunft beziffern,** sondern die **Leistung als solche bzw. deren** **Inhalt** auch **bestimmen** kann. Wenn dabei eine Mehrzahl von Gegenständen umfasst ist, deren Bestand allerdings im Einzelnen noch nicht bekannt ist (zB ein Wertpapierdepot)[42], dann kann der Antrag auch auf Herausgabe der noch nicht bekannten Sachen gerichtet sein. Zum Beispiel kann er im Fall einer Veräußerung statt auf Herausgabe des Erlöses auch auf Zahlung von Schadensersatz gerichtet werden.[43] Zwingend ist es, den Anspruchsgrund iSv § 253 Abs. 2 Nr. 2 ZPO zu bezeichnen, dh, den Tatbestand, aus dem sich der Hauptanspruch ergeben soll.[44]

Der Kläger kann in jedem Fall nicht nur die Anspruchshöhe bzw. den Anspruchsumfang **26** offen lassen, sondern auch die Bestimmung der Art der Leistung, die er beanspruchen möchte. Es genügt, auf der dritten Stufe zunächst einmal **allgemein** die **Herausgabe** des gemäß der Auskunft oder Rechnungslegung Geschuldeten **zu beantragen.**[45]

Es ist umstritten, ob eine verkürzte Stufenklage ohne Leistungsantrag zulässig ist.[46] In der **27** Praxis ist eine solche Stufenklage idR nicht empfehlenswert, zumal sie die Verjährung des Anspruchs auf Leistung nicht hemmt[47].

b) Gestaltung (Gestaltungsklage); Feststellung (Feststellungsklage). Es ist nicht **28** zwingend, dass auf der dritten Stufe der Stufenklage ein Leistungsantrag erfolgt. Vielmehr kann unter Umständen ein **Gestaltungs- oder Feststellungsantrag** zulässig sein. Hinsichtlich etwaiger **Gestaltungsanträge** ist insbesondere die Möglichkeit einer Vollstre-

---

[37] BGH NJW 2001, 833.
[38] BeckOK ZPO/Bacher Rn. 9; MüKoZPO/Becker-Eberhard Rn. 9; Saenger ZPO Rn. 7.
[39] BGH NJW 2003, 2748 (2749).
[40] BGH WM 2003, 1522 (1523).
[41] RGZ 56, 116 (119 f.).
[42] BeckOK ZPO/Bacher Rn. 9.
[43] BGH NJW 2003, 2748 (2749); vgl. BeckOK ZPO/Bacher Rn. 9.
[44] BGH NJW 2003, 2748 (2749); Saenger ZPO Rn. 7.
[45] BGH NJW 2003, 2748; MüKoZPO/Becker-Eberhard Rn. 9.
[46] Dafür KG FamRZ 1997, 503; Zöller/Greger Rn. 2; Stein/Jonas/Roth Rn. 4; BeckOK ZPO/Bacher Rn. 11; dagegen LG Essen NJW 1954, 1289; OLG Düsseldorf FamRZ 1986, 488; OLG Celle NJW-RR 1995, 1411; Wieczorek/Schütze/Assmann Rn. 41.
[47] BeckOK ZPO/Bacher Rn. 11.

ckungsabwehrklage (§ 767 ZPO)[48] oder auch einer Abänderungsklage gemäß § 323 ZPO umfasst.[49]

29 Eine **Abänderungsklage** im Sinne von § 323 Abs. 1 S. 2 ZPO setzt voraus, dass der Kläger Tatsachen vorträgt, aus denen sich eine wesentliche Veränderung der der Entscheidung zugrunde liegenden tatsächlichen oder rechtlichen Verhältnisse ergibt.[50] Sie ist sowohl zur Heraufsetzung als auch zur Herabsetzung der Leistungen zulässig.[51] Beispielsweise wurden sowohl Anpassungen von Unterhaltsansprüchen infolge von Änderungen des Einkommens[52] als auch die Dynamisierung von Rentenansprüchen aufgrund einer vertraglichen oder gesetzlichen Anpassungsregelung in der Praxis anerkannt.[53] Als Richtwert[54] für eine wesentliche Änderung gilt in der Praxis (aus dem Unterhaltsrecht)[55] eine Grenze von 10 %,[56] welche jedoch im Einzelfall (bei beengten wirtschaftlichen Verhältnissen) auch deutlich unterschritten werden kann[57] mit der Folge, dass Wesentlichkeit bei geringeren Veränderungen zu bejahen wäre. Eine **Vollstreckungsabwehrklage** im Sinne von § 767 ZPO kann sich zB dann als zulässig erweisen, wenn dem Kläger unbekannt ist, inwieweit die titulierte Forderung durch den Rechtsvorgänger erfüllt worden ist.[58] Von **eher dogmatischer Bedeutung** ist die unterschiedlich beantwortete Frage, **ob § 254 ZPO für Abänderungs- und Vollstreckungsgegenklagen unmittelbar oder analog gilt.**[59] Da beide Ansichten im Ergebnis zu einer Anwendbarkeit von § 254 ZPO auf die Gestaltungsklagen der Abänderung bzw. Vollstreckungsabwehr gelangen, kann der Meinungsstreit offen bleiben.

30 Darüber hinaus kann ausnahmsweise ein **Feststellungsantrag** auf der letzten Stufe zulässig sein.[60] Die Voraussetzungen sind indes eng. Denn soweit eine Leistung verlangt werden kann, fehlt bei einem Feststellungsantrag das Rechtsschutzinteresse (→ Rn. 6). Dh, es verbleiben nur Fälle, in denen der Gesichtspunkt der **Prozesswirtschaftlichkeit** relevant wird. Dabei handelt es sich um Fälle, in denen das Feststellungsbegehren zu einer **sinnvollen und sachgemäßen Erledigung** führt oder das **Ziel mit der Leistungsklage nicht gleichwertig erreicht** werden könnte.[61]

31 **4. Beispiel für den Grundaufbau einer Stufenklage.** Der Grundaufbau einer Stufenklage kann zB so (allgemein) ausgestaltet sein, dass beantragt wird, die Beklagte zu verurteilen, im Wege der Stufenklage nacheinander:

---

[48] MüKoZPO/Becker-Eberhard Rn. 12; Stein/Jonas/Roth Rn. 33; BeckOK ZPO/Bacher Rn. 10.

[49] BGH NJW 1985, 195; NJW-RR 1990, 323; OLG Hamburg FamRZ 1983, 626 (627); OLG München NJW-RR 1988, 1285 (1286); OLG Köln NJW 1990, 2630; aA OLG Hamburg FamRZ 1982, 935.

[50] BeckOK ZPO/Gruber § 323 Rn. 22 ff.; MüKoZPO/Gottwald § 323 Rn. 54 ff.; Musielak/Voit/Borth § 323 Rn. 19 ff.; Saenger ZPO § 323 Rn. 29 ff.

[51] MüKoZPO/Becker-Eberhard Rn. 12 mwN.

[52] BGH FamRZ 1990, 269 (271); OLG Zweibrücken FamRZ 1994, 1534; OLG Frankfurt a. M. NJW-RR 1998, 1699; MüKoZPO/Gottwald § 323 Rn. 57; Musielak/Voit/Borth § 323 Rn. 24; Saenger ZPO § 323 Rn. 33.

[53] BGH NJW 1981, 818 (820); Musielak/Voit/Borth § 323 Rn. 24; Saenger ZPO § 323 Rn. 33.

[54] OLG Hamm FamRZ 1990, 541 (542); 2004, 1051; Saenger ZPO § 323 Rn. 30; BeckOK ZPO/Gruber § 323 Rn. 26.

[55] BeckOK ZPO/Gruber ZPO § 323 Rn. 26.

[56] KG FamRZ 1983, 291 (293); OLG Hamburg FamRZ 1983, 932 (933); BeckOK ZPO/Gruber § 323 Rn. 26; MüKoZPO/Gottwald § 323 Rn. 64; Musielak/Voit/Borth § 323 Rn. 24; Saenger ZPO § 323 Rn. 30.

[57] BGH NJW 1986, 2055 (2056); OLG Stuttgart FamRZ 2000, 377; OLG Hamm FamRZ 2004, 1051; BeckOK ZPO/Gruber § 323 Rn. 26; MüKoZPO/Gottwald § 323 Rn. 64; Musielak/Voit/Borth § 323 Rn. 24.

[58] MüKoZPO/Becker-Eberhard Rn. 12.

[59] Für eine direkte Anwendung wohl BGH NJW 1993, 1920; BeckOK ZPO/Bacher Rn. 10; MüKoZPO/Becker-Eberhard Rn. 12; für eine analoge Anwendung Saenger ZPO Rn. 8; Musielak/Voit/Foerste Rn. 3; Stein/Jonas/Roth Rn. 33; differenziert Wieczorek/Schütze/Assmann Rn. 33 f.

[60] MüKoZPO/Becker-Eberhard Rn. 11, § 256 Rn. 55; BeckOK ZPO/Bacher Rn. 10; Zöller/Greger Rn. 2.

[61] MüKoZPO/Becker-Eberhard Rn. 11, § 256 Rn. 55.

dem Kläger Auskunft zu erteilen über … (erste Stufe);

erforderlichenfalls die Richtigkeit (und Vollständigkeit) der Auskunft an Eides statt zu versichern (zweite Stufe);

gegenüber dem Kläger die aufgrund der Auskunft zustehende Leistung zu erbringen (dritte Stufe).

Konkreter → Rn. 42, 49 f.

III. Rechtsfolgen der Stufenklage

1. Verfahren. Charakteristisch für die Stufenklage gemäß § 254 ZPO ist der Umstand, **32** dass eine **stufenbezogene Entscheidung** erfolgt. Es entspricht der hM, dass für jede einzelne Stufe verhandelt und entschieden wird, **nachdem die vorherige Stufe abgeschlossen** wurde. Ausnahmsweise kann eine gemeinsame Verhandlung und Entscheidung hinsichtlich mehrerer Stufen stattfinden, wenn schon die Prüfung des Auskunftsanspruchs ergibt, dass dem Hauptanspruch die materiell-rechtliche Grundlage fehlt.[62]

Regelmäßig ergeht ein **Teilurteil** bezüglich der ersten beiden Stufen, also hinsichtlich **33** der Anträge auf Auskunft und eidesstattliche Versicherung sowie ein **Endurteil** bezüglich der letzten Stufe. Ob dies jedoch ausnahmslos gilt,[63] ist zumindest umstritten. Nach dem BGH ist ein Schlussurteil bereits in der ersten Stufe möglich, wenn es dem Hauptantrag an der materiell-rechtlichen Grundlage mangelt.[64]

Ebenfalls umstritten ist, ob für den Übergang von einer Stufe zur folgenden Stufe als **34** allgemeine Voraussetzung Rechtskraft erforderlich ist. Der BGH bejaht dies,[65] ebenso die Literatur.[66] In der Literatur gibt es allerdings auch Stimmen, die sich differenziert zur Frage der Erforderlichkeit der Rechtskraft als Voraussetzung für den Übergang von einer Stufe zur folgenden Stufe äußern.[67]

Überwiegend Einigkeit besteht darin, dass das Verfahren nach einem Teilurteil nur auf **35** Antrag des Klägers fortgesetzt werden kann. Diese Ansicht vertreten sowohl der BGH[68] als auch die obergerichtliche Rechtsprechung[69] sowie die meisten Stimmen in der Literatur.[70]

Als **Rechtsmittel**[71] gegen das Teilurteil einer Stufe können Berufung[72] und Revision[73] **36** eingelegt werden. Bei Rechtsmitteln gegen ein Teilurteil bezüglich eines Auskunftsanspruchs bleiben die Anträge in den weiteren Stufen anhängig.

Das Rechtsmittelgericht kann im Fall der Ablehnung des Auskunftsanspruch in erster **37** Instanz **an die erste Instanz zurückverweisen,** wenn es zu dem Ergebnis kommt, dass

---

[62] BGH NJW 2002, 1042 (1043); MüKoZPO/Becker-Eberhard Rn. 20, 24; Stein/Jonas/Roth Rn. 22; Saenger ZPO Rn. 14; BeckOK ZPO/Bacher Rn. 19, wobei dies nach letzterer Ansicht auch dann gelten soll, wenn es in allen Stufen an einer Prozessvoraussetzung fehlt.

[63] So OLG Hamm NJW-RR 1990, 709; BeckOK ZPO/Bacher Rn. 17 f.; Wieczorek/Schütze/Assmann Rn. 45.

[64] BGH NJW 2002, 1042 (1044); Zöller/Greger Rn. 9; MüKoZPO/Becker-Eberhard Rn. 20, 24; Stein/Jonas/Roth Rn. 22; Saenger ZPO Rn. 14; Musielak/Voit/Foerste Rn. 5. Vgl. im Hinblick auf § 301 ZPO (Teilurteil) zu dem Fall, dass die positive Entscheidung über die erste Stufe erst in der Berufungsinstanz erfolgte, BGH NZG 2016, 796.

[65] BGH NJW 2002, 1042 (1044).

[66] Zöller/Greger Rn. 11; MüKoZPO/Becker-Eberhard Rn. 23; Musielak/Voit/Foerste Rn. 4; Saenger ZPO Rn. 13; Stein/Jonas/Roth Rn. 21.

[67] Vgl. Wieczorek/Schütze/Assmann Rn. 47.

[68] BGH NJW 2012, 2180 (2183); NJW-RR 2015, 188.

[69] OLG Karlsruhe NJW 1985, 1349 (1350); OLG Schleswig FamRZ 1991, 96 (97); OLG Koblenz FamRZ 2004, 1732 (1733); OLG Brandenburg FamRZ 2006, 1172.

[70] Zöller/Greger ZPO § 254 Rn. 11; BeckOK ZPO/Bacher Rn. 17; Stein/Jonas/Roth Rn. 21; Wieczorek/Schütze/Assmann Rn. 48; Saenger ZPO Rn. 13; Musielak/Voit/Foerste Rn. 4; MüKoZPO/Becker-Eberhard Rn. 23.

[71] BeckOK ZPO/Bacher Rn. 27 ff.; MüKoZPO/Becker-Eberhard Rn. 30 f.; Wieczorek/Schütze/Assmann ZPO Rn. 73 ff.; Stein/Jonas/Roth Rn. 36 ff.

[72] Saenger ZPO Rn. 17 f.; Musielak/Voit/Foerste Rn. 8.

[73] Vgl. BeckOK ZPO/Bacher Rn. 29, wonach unter Bezugnahme auf BGH NJW 1999, 1706 (1709) eine Entscheidung auch in der Revisionsinstanz möglich ist; BGH BeckRS 2016, 09347.

ein Auskunftsanspruch besteht.[74] Nach der Rechtsprechung des BGH kann die Rechtsmittelinstanz die **Stufenklage vollumfänglich durch Schlussurteil abweisen, wenn** sich der Auskunfts-/Rechnungslegungsanspruch aufgrund von Überlegungen als **unbegründet** erweist, die auch den weiteren, im Rahmen der Stufenklage geltend gemachten Ansprüchen die Grundlage entziehen.[75] Er hat ferner darauf hingewiesen, dass dies sogar dann gelte, wenn der Kläger zwischenzeitlich den Hauptanspruch beziffert und anderweitig geltend macht.[76]

38   2. Kosten. Im **Endurteil** ergeht eine einheitliche Kostenentscheidung.[77] Gemäß der hM ist der Umfang der Kosten gesondert für jede Stufe gemäß §§ 91 ff. ZPO zu bestimmen.[78]

39   Uneinigkeit besteht in der Frage, ob es auf die Summe der Einzelstreitwerte gemäß § 5 Hs. 1 ZPO oder auf den Streitwert des Anspruchs mit dem höchsten Wert nach § 44 GKG ankommt, wobei es sich idR um den Leistungsanspruch handeln wird. Für eine Addition[79] spricht der Umstand, dass es sich bei der Stufenklage um einen Sonderfall objektiver Klagehäufung handelt.[80] Die Gegenansicht zugunsten des höchsten Einzelstreitwerts[81] vertritt den Standpunkt, dass gerade bei wirtschaftlicher Identität[82] die Hilfsansprüche der Durchsetzung des regelmäßig werthöchsten Hauptanspruchs dienen.[83] Die dem freien gerichtlichen Ermessen unterliegende Streitwertschätzung bewegt sich bei Auskunftsverfahren im Bereich von $1/10$ bis $1/4$ des Leistungsanspruchs.[84] Der Wert ist umso größer, je geringer die Kenntnisse des Klägers von den zur Begründung des Leistungsanspruchs maßgeblichen Tatsachen sind.[85]

40   Es fällt eine **einheitliche Verfahrensgebühr** gemäß § 44 GKG an, die sich am höchsten Einzelstreitwert bemisst.[86] Zugrunde zu legen sind die Erwartungen des Klägers, allerdings ohne Berücksichtigung etwaiger übertriebener Einschätzungen.[87] Darüber hinaus entstehen gesonderte Gerichtskosten für das Rechtsmittelverfahren.[88] Anwaltsgebühren fallen für alle Stufen zusammen an.[89] Die Verfahrensgebühr gemäß § 23 Abs. 1 RVG richtet sich nach dem Wert des höchsten Anspruchs, die Termingebühr orientiert sich dagegen nach § 36 Abs. 1 GKG, § 15 Abs. 3 RVG am Wert derjenigen Verfahrensstufe, in der diese Gebühr anfällt.[90]

---

[74] BGH NJW 1995, 2229 (2230); 2006, 2626 (2627); wohl aA OLG Celle NJW-RR 1996, 430 (431).
[75] BGH NJW 1985, 2405 (2407); NJW-RR 1990, 390; OLG Celle NJW-RR 1995, 1021; Zöller/Greger Rn. 14; dagegen: MüKoZPO/Becker-Eberhard Rn. 31; Stein/Jonas/Roth ZPO Rn. 37; Wieczorek/Schütze/Assmann Rn. 74 f.; wohl auch Musielak/Voit/Foerste ZPO Rn. 8: bedenklich.
[76] BGH NJW 1985, 2405 (2407); NJW-RR 1990, 390.
[77] OLG Koblenz FamRZ 1994, 1607 (1608); OLG Brandenburg FamRZ 2007, 161; Saenger ZPO Rn. 21; BeckOK ZPO/Bacher Rn. 33; Schäuble JuS 2011, 506 (509).
[78] OLG München MDR 1988, 782; OLG Koblenz NJW-RR 1997, 7; MüKoZPO/Becker-Eberhard Rn. 32; vgl. BeckOK ZPO/Bacher Rn. 33; Zöller/Greger Rn. 5; Musielak/Voit/Foerste Rn. 6; Saenger ZPO Rn. 21; aA Wieczorek/Schütze/Assmann Rn. 77.
[79] OLG Schleswig FamRZ 2014, 689; OLG Brandenburg MDR 2002, 536; OLGR Düsseldorf 1998, 23; 1992, 294; Saenger ZPO Rn. 20.
[80] Schäuble JuS 2011, 506 (508).
[81] MüKoZPO/Wöstmann § 5 Rn. 21; Musielak/Voit/Heinrich § 5 Rn. 9; Stein/Jonas/Roth Rn. 39.
[82] BGH NJW-RR 1989, 381; NJW 1991, 186; NJW-RR 2004, 638; OLG Karlsruhe OLGR 2004, 388; Stein/Jonas/Roth Rn. 39.
[83] Zöller/Herget § 5 Rn. 8.
[84] BGH NJW-RR 2012, 130; NJW 1997, 1016; MüKoZPO/Wöstmann § 3 Rn. 40; Saenger/Bendtsen § 3 Rn. 15; vgl. auch OLG Koblenz BeckRS 2004, 30986825; Musielak/Voit/Heinrich § 3 Rn. 23 („teilweise weniger", dabei jedoch nähere Bezifferung).
[85] BGH BeckRS 2015, 18439; 2011, 03315; 2009, 29333; BeckOK ZPO/Wendtland § 3 Rn. 15.
[86] Saenger ZPO Rn. 26; MüKoZPO/Becker-Eberhard Rn. 34; Musielak/Voit/Foerste Rn. 10; Stein/Jonas/Roth Rn. 41; Wieczorek/Schütze/Assmann Rn. 87.
[87] BGH GRUR 2012, 959 Rn. 5; BeckOK ZPO/Bacher Rn. 34.
[88] BeckOK ZPO/Bacher Rn. 35.
[89] Musielak/Voit/Foerste Rn. 9; Saenger ZPO Rn. 26.
[90] Saenger ZPO Rn. 26; MüKoZPO/Becker-Eberhard Rn. 35; Wieczorek/Schütze/Assmann Rn. 87; Stein/Jonas/Roth Rn. 41.

B. Besonderheiten

I. Handelsvertreter

Für die Besonderheiten hinsichtlich einzelner Vertriebsformen ist auf diejenigen Vor-   **41** schriften bzw. Ansprüche abzustellen, die im Rahmen einer Stufenklage sinnvollerweise zur Anwendung gelangen können. Entsprechend den Ausführungen zum Verhältnis gegenüber anderen Vorschriften (→ Rn. 11) handelt es sich dabei insbesondere um § 87c HGB (Abrechnung über die Provision) und § 89b HGB (Ausgleichsanspruch).

Im **Handelsvertreterverhältnis** betreffen typische Auseinandersetzungen Restansprü-   **42** che auf Provision bzw. den Grund sowie die Höhe von Ausgleichsansprüchen.[91] Dabei sind zur Bezifferung der Ansprüche bestimmte Informationen erforderlich, die in Form einer Stufenklage gemäß § 254 ZPO geltend gemacht werden können.[92] Umfasst sind insgesamt idR die nachfolgenden Anträge, die im Wege der Stufenklage (nacheinander, vgl. hierzu jedoch → Rn. 43 ff.; zur konkreten Antragsfassung in der Praxis → Rn. 49 f.) gestellt werden können:[93]

- Abrechnung über die Provision und Erteilung eines Buchauszugs über die jeweiligen Geschäfte;
- Versicherung der Richtigkeit und Vollständigkeit der Abrechnung und des Buchauszuges an Eides statt;
- (erforderlichenfalls) nach Wahl der Beklagten entweder dem Kläger selbst oder einem vom Kläger zu bestimmenden Wirtschaftsprüfer oder vereidigten Buchsachverständigen **Bucheinsicht zu gewähren;**
- (erforderlichenfalls) die Richtigkeit und Vollständigkeit der **zur Einsichtnahme vorgelegten Bücher an Eides statt zu versichern;**
- aufgrund der Abrechnung, des Buchauszugs oder der Bucheinsicht zu beziffernde Provisionen/weitere Ansprüche auf Ausgleich nebst Zinsen zu leisten.

Dabei deutet die Formulierung „nacheinander" den **Stufenaufbau** der Klage nach   **43** § 254 ZPO an. Sie ist dagegen nicht so zu verstehen, dass stets der nachfolgende Anspruch zu erfüllen sei; denn zwischen den Ansprüchen kann Konkurrenz bestehen. So kann bspw. der Kläger **statt** Abrechnung und Buchauszug gemäß den Voraussetzungen von § 87c Abs. 4 HGB Bucheinsicht verlangen.[94] Es gilt insoweit ein sogenanntes Kumulierungsverbot.[95]

Die Informations- und Kontrollrechte[96] stehen zueinander in einer Rangfolge.[97] Zu-   **44** nächst[98] besteht ein Anspruch auf Provisionsabrechnung nach § 87c Abs. 1 HGB.[99] Nach Erteilung der Abrechnung[100] kann gemäß § 87c Abs. 2 HGB ein Buchauszug verlangt werden. Anstelle bzw. nach Erteilung des Buchauszugs kann schließlich der Anspruch auf Bucheinsicht (§ 87c Abs. 4 HGB) geltend gemacht werden. Im Einzelnen → § 87c Rn. 9.

Dh, **nur dann, wenn** die Abrechnung über die Provision bzw. die Erteilung des Buch-   **45** auszugs (jeweils erste Stufe) **nicht zum Erfolg** führt, kann ein Antrag auf Einsicht in die Bücher mit Erfolg geltend gemacht werden.

---

[91] Martinek/Semler/Flohr VertriebsR-HdB/Semler § 77 Rn. 47.
[92] Martinek/Semler/Flohr VertriebsR-HdB/Semler § 77 Rn. 47.
[93] Siehe hierzu BeckRA-HdB/Semler § 42 Rn. 119 ff.; Martinek/Semler/Flohr VertriebsR-HdB/Semler § 77 Rn. 47.
[94] BeckRA-HdB/Semler § 42 Rn. 123.
[95] BGH NJW 1971, 1610; 1959, 1964; Emde § 87c Rn. 174.
[96] Die Terminologie ist uneinheitlich; Emde § 87c Rn. 1: „Informationsrechte".
[97] Emde § 87c Rn. 24 spricht von Stufenfolge.
[98] Emde § 87c Rn. 25 bezeichnet das Abrechnungsrecht als Grundtatbestand.
[99] Emde § 87c Rn. 25.
[100] Vgl. auch Emde § 87c Rn. 25: „Neben der Abrechnung, genauer: nach ihrem Erhalt".

46 In der Praxis wird der Antrag auf Provisionsabrechnung/Buchauszug bzw. Bucheinsicht mit dem Antrag auf Abgabe einer Versicherung an Eides statt „verknüpft" (→ Rn. 42; → § 87c Rn. 11).

47 Im Rahmen der Antragstellung sollte zudem das Verhältnis von Ansprüchen innerhalb einer Ebene klargestellt werden, zB Abrechnung über die Provision einerseits und Buchauszug andererseits (→ Rn. 42). In dem Beispiel oben erfolgt dies durch die Formulierung **„und"**, wodurch beide Ansprüche miteinander verbunden werden.[101] In der Praxis ist aber ebenso zu beobachten, dass auf der ersten Stufe **nur der Buchauszug** geltend gemacht wird.

48 Richtigerweise muss Provisionsabrechnung und Buchauszug nicht stets gemeinsam beantragt werden, weil die Provisionsabrechnung dem Kläger bereits vorliegen kann (zu ihrer Erteilung ist der Unternehmer bereits kraft Gesetzes ohne besondere Aufforderung durch den Handelsvertreter verpflichtet) und der Buchauszug nur der Überprüfung der Richtigkeit der Abrechnung dient[102] (→ § 87c Rn. 9).

49 In der Praxis könnte daher zB folgender Aufbau bei der Antragsfassung einer Stufenklage gewählt werden:

50 *„Es wird beantragt, die Beklagte zu verurteilen, im Wege der Stufenklage **nacheinander**:*
*1. dem Kläger **einen geordneten und übersichtlichen Buchauszug gemäß § 87c Abs. 2 HGB** (→ § 87c Rn. 50 ff.) über alle Geschäfte zu erteilen, die in dem Zeitraum … zwischen der Beklagten und Kunden zustande gekommen sind und deren Lieferadresse in jenem Zeitraum innerhalb des von dem Kläger in diesem Zeitraum als Handelsvertreter der Beklagten betreuten Gebietes lag, wobei dieser Auszug **mindestens folgende Angaben**[103] zu enthalten hat:*
  * *Kundennummer, Kundenname und genaue Anschrift;*
  * *Auftragsnummer;*
  * *Datum der Auftragserteilung;*
  * *Umfang·des erteilten Auftrags;*
  * *Lieferwert in Euro;*
  * *Datum der Kundenzahlungen;*
  * *Höhe der gezahlten Beträge/Einzelbeträge/Teilzahlungen;*
  * *dem Kunden gewährte Skonti, Preisnachlässe und Rabatte und/oder sonstige Sondervorteile und Gründe hierfür;*
  * *Stornierung/Retouren mitsamt Begründung[104];*
*2. **erforderlichenfalls** die Richtigkeit und Vollständigkeit des gemäß Klageantrag … zu erteilenden Buchauszugs **an Eides statt zu versichern**;*
*3. dem Kläger die ihm noch **zustehenden Provisionen/weiteren Ansprüche auf Ausgleich** in einer nach Erteilung des Buchauszugs sowie etwaiger eidesstattlicher Versicherung gemäß Klageantrag … **noch zu bestimmenden Höhe nebst Zinsen** hierauf in Höhe von 9 Prozentpunkten über dem Basiszinssatz seit Rechtshängigkeit **zu zahlen**."*

51 Für den Fall des verweigerten Buchauszugs oder begründeter Zweifel an der Richtigkeit oder Vollständigkeit der Abrechnung oder des Buchauszugs (§ 87c Abs. 4 HGB) könnte die Stufenklage wie folgt formuliert werden:

52 *„Es wird beantragt, die Beklagte zu verurteilen, im Wege der Stufenklage **nacheinander**:*
*1. nach Wahl der Beklagten entweder dem Kläger selbst oder einem vom Kläger zu bestimmenden Wirtschaftsprüfer oder vereidigten Buchsachverständigen **Bucheinsicht zu gewähren**;*
  * ***erforderlichenfalls** die Richtigkeit und Vollständigkeit der gemäß Klageantrag … zur Einsichtnahme vorzulegenden Bücher **an Eides statt zu versichern**;*

---

[101] Hervorgehoben bei Martinek/Semler/Flohr VertriebsR-HdB/Semler § 77 Rn. 47.
[102] Emde § 87c Rn. 89, 126.
[103] Emde § 87c Rn. 137 ff. mwN.
[104] Siehe auch BGH NJW 2001, 2333.

- *dem Kläger die ihm noch **zustehenden Provisionen/weiteren Ansprüche auf Ausgleich** in einer nach Bucheinsicht sowie etwaiger eidesstattlicher Versicherung gemäß Klageantrag … **noch zu bestimmenden Höhe nebst Zinsen** hierauf in Höhe von 9 Prozentpunkten über dem Basiszinssatz seit Rechtshängigkeit **zu zahlen.***"

II. Vertragshändler

Für den Vertragshändler gelten die unter → Rn. 41 dargestellten Besonderheiten grundsätzlich nicht, § 87c ist auf Vertragshändler grundsätzlich **nicht analog anwendbar** (→ § 87c Rn. 118 f.). Der Vertragshändler erzielt regelmäßig keine Provision, sondern eine Vergütung auf Grundlage der Handelsspanne/Händlermarge. **53**

Allerdings könnte es theoretisch im Einzelfall anders liegen, soweit eine provisionsähnliche Vergütung vereinbart wird, zB eine Entschädigung für Direktgeschäfte des Unternehmers, die ohne Mitwirkung des Vertragshändlers zustande gekommen sind.[105] Dies wäre jedoch in aller Regel nicht sachgerecht. § 87c ist auf das Handelsvertreterverhältnis abgestimmt.[106] Der Umstand allein, dass die Parteien eine provisionsähnliche Vergütung vereinbart haben, bedeutet nicht, dass insoweit eine Vergleichbarkeit mit der Rechtslage im Handelsvertreterverhältnis vorliegt. Insbesondere wird zB eine monatliche Abrechnung iSv § 87c Abs. 1 S. 1 Hs. 1 HGB in der Regel nicht sachgerecht und auch nicht gewollt sein. Die analoge Anwendung würde hier ohne sachliche Rechtfertigung in die Vertragsfreiheit der Parteien eingreifen, sofern sie entsprechende Auskunftsansprüche gerade nicht vereinbart haben (→ § 87c Rn. 118). **54**

Jedoch können sich **Auskunftsansprüche** des Vertragshändlers aus den allgemeinen Regeln der § 242 BGB[107] und § 666 BGB[108] ergeben (→ § 87c Rn. 119). Derartige Auskunftsansprüche können insbesondere für die Berechnung eines etwaigen Ausgleichsanspruch des Vertragshändlers Relevanz haben (→ § 89b Rn. 129).[109] Nach tvA soll daher ein Vertragshändler berechtigt sein, zur Vorbereitung eines Ausgleichsanspruchs gem. § 242 BGB Auskunft hinsichtlich der letztjährigen bilanzrechtlichen Deckungsbeiträge des Unternehmers zu verlangen.[110] Der BGH teilt diese Auffassung nicht, weil der Rohertrag keine taugliche Grundlage für die Berechnung der Unternehmervorteile sei.[111] Nach Auffassung des BGH könne dahinstehen, ob in anderen Fällen ein Auskunftsanspruch als (nach-)vertragliche Nebenpflicht unter dem Gesichtspunkt von Treu und Glauben (§ 242 BGB) in Betracht zu ziehen sei.[112] Das OLG Düsseldorf verneint für einen solchen Anspruch (insofern weitergehend als der BGH) von vornherein jede rechtliche Grundlage.[113] Richtig ist, dass ein Auskunftsanspruch zur Vorbereitung der Berechnung des Ausgleichsanspruchs des Vertragshändlers regelmäßig nicht in Betracht kommt. **55**

III. Franchisenehmer

Im Franchiseverhältnis ist die Situation derjenigen im Bereich des Vertragshändlerrechts vergleichbar. Die obigen Ausführungen gelten entsprechend (→ Rn. 53 ff.). **56**

---

[105] Vgl. OLG Düsseldorf BeckRS 2013, 13370; Emde § 87c Rn. 18; Ebenroth/Boujong/Joost/Strohn/Löwisch § 87c Rn. 74; MüKoHGB/Ströbl § 87c Rn. 13.
[106] Oetker/Busche § 87c Rn. 37 mwN; vgl. auch Emde § 87c Rn. 18 und Hopt/Hopt § 84 Rn. 11; zu Abgrenzungsfragen siehe Martinek/Semler/Flohr VertriebsR-HdB/Manderla § 25 Rn. 4 ff.
[107] BGH BeckRS 2002, 30273044; LG Düsseldorf IHR 2015, 274 (275); Emde § 87c Rn. 19.
[108] LG Düsseldorf BeckRS 2008, 25159; Ebenroth/Boujong/Joost/Strohn/Löwisch § 87c Rn. 74; MüKoHGB/Ströbl § 87c Rn. 13.
[109] BGH ZVertriebsR 2020, 386 Rn. 12 ff.; OLG Frankfurt a. M. ZVertriebsR 2019, 327; LG Düsseldorf ZVertriebsR 2015, 362 (363); vgl. auch LG Düsseldorf BeckRS 2008, 25159 (Auskunftsanspruch eines „Beraters" im Rahmen eines Multi-Level-Marketing-Systems).
[110] LG Düsseldorf ZVertriebsR 2015, 362 (363); Thume BB 2021, 1672 (1677).
[111] BGH ZVertriebR 2020, 386 Rn. 19.
[112] BGH ZVertriebsR 2020, 386 Rn. 21; vgl. auch Emde EWiR 2021, 15 (16).
[113] In diesem Sinne wohl OLG Düsseldorf ZVertriebsR 2017, 111 Rn. 26.

IV. Kommissionsagent

57   Für den Kommissionsagenten gelten die §§ 87 ff. HGB grundsätzlich analog[114] (→ § 87c Rn. 122 f.) da er vergleichbar einem Handelsvertreter eine Provision erhält (→ § 87c Rn. 122 f.). Jedoch handelt der Kommissionsagent im eigenen Namen, sodass für den Provisionsanspruch des Kommissionsagenten solche Vorschriften nicht anzuwenden sind, die ihre Grundlage darin haben, dass der Unternehmer (anders als der Kommittent) das vom Handelsvertreter vermittelte Geschäft selbst abschließt (→ § 87c Rn. 122).[115]

58   Für die Praxis relevant ist primär der Anspruch des Kommissionsagenten aus § 87c Abs. 1 HGB über die Provisionsabrechnung (→ § 87c Rn. 123). Darüber hinaus können jedoch weitere Informationsansprüche des Kommissionsagenten bestehen. Dies gilt etwa dann, wenn der Kommissionsagent berechtigt ist, gemäß § 87 Abs. 2 HGB (analog) Bezirksprovision zu fordern, weil er ausdrücklich für einen bestimmten Bezirk allein bestellt worden ist und daher auch für solche Geschäfte eine Provision verlangen darf, die ohne seine Mitwirkung mit dem Kommittenten abgeschlossen wurden (→ § 87c Rn. 123). Um Gewissheit über Bestand und Höhe seiner Provisionsansprüche zu erhalten, könnte in diesem Fall der Kommissionsagent gemäß § 87c Abs. 2 HGB (analog) einen Anspruch auf Erstellung eines Buchauszugs geltend machen.[116]

59   Für die Formulierung der Anträge gilt somit das Beispiel für Standard-Anträge (→ Rn. 12 ff., → Rn. 31). Besonderheiten können im Falle der bezirksvertreterähnlichen Provision (→ § 87c Rn. 123) und bei Bejahung eines Anspruchs des Kommissionsagenten auf Buchauszug bestehen (→ Rn. 55). In den zuletzt genannten Fällen sind bei der Antragstellung dann die spezifischen Anforderungen an die Gestaltung von Anträgen im Handelsvertreterverhältnis (→ Rn. 42 ff.) entsprechend zu berücksichtigen.

§ 2 ArbGG Zuständigkeit im Urteilsverfahren

(1) **Die Gerichte für Arbeitssachen sind ausschließlich zuständig für**

1. **bürgerliche Rechtsstreitigkeiten zwischen Tarifvertragsparteien oder zwischen diesen und Dritten aus Tarifverträgen oder über das Bestehen oder Nichtbestehen von Tarifverträgen;**
2. **bürgerliche Rechtsstreitigkeiten zwischen tariffähigen Parteien oder zwischen diesen und Dritten aus unerlaubten Handlungen, soweit es sich um Maßnahmen zum Zwecke des Arbeitskampfs oder um Fragen der Vereinigungsfreiheit einschließlich des hiermit im Zusammenhang stehenden Betätigungsrechts der Vereinigungen handelt;**
3. **bürgerliche Rechtsstreitigkeiten zwischen Arbeitnehmern und Arbeitgebern**
   a) **aus dem Arbeitsverhältnis;**
   b) **über das Bestehen oder Nichtbestehen eines Arbeitsverhältnisses;**
   c) **aus Verhandlungen über die Eingehung eines Arbeitsverhältnisses und aus dessen Nachwirkungen;**
   d) **aus unerlaubten Handlungen, soweit diese mit dem Arbeitsverhältnis im Zusammenhang stehen;**
   e) **über Arbeitspapiere;**
4. **bürgerliche Rechtsstreitigkeiten zwischen Arbeitnehmern oder ihren Hinterbliebenen und**
   a) **Arbeitgebern über Ansprüche, die mit dem Arbeitsverhältnis in rechtlichem oder unmittelbar wirtschaftlichem Zusammenhang stehen;**
   b) **gemeinsamen Einrichtungen der Tarifvertragsparteien oder Sozialeinrichtungen des privaten Rechts über Ansprüche aus dem Arbeitsverhältnis oder An-**

---

[114] MüKoHGB/Häuser § 406 Rn. 28.
[115] Vgl. auch Schlegelberger/Hefermehl § 383 Rn. 96.
[116] So MüKoHGB/Häuser § 406 Rn. 29.

sprüche, die mit dem Arbeitsverhältnis in rechtlichem oder unmittelbar wirtschaftlichem Zusammenhang stehen,

soweit nicht die ausschließliche Zuständigkeit eines anderen Gerichts gegeben ist;

5. bürgerliche Rechtsstreitigkeiten zwischen Arbeitnehmern oder ihren Hinterbliebenen und dem Träger der Insolvenzsicherung über Ansprüche auf Leistungen der Insolvenzsicherung nach dem Vierten Abschnitt des Ersten Teils des Gesetzes zur Verbesserung der betrieblichen Altersversorgung;

6. bürgerliche Rechtsstreitigkeiten zwischen Arbeitgebern und Einrichtungen nach Nummer 4 Buchstabe b und Nummer 5 sowie zwischen diesen Einrichtungen, soweit nicht die ausschließliche Zuständigkeit eines anderen Gerichts gegeben ist;

7. bürgerliche Rechtsstreitigkeiten zwischen Entwicklungshelfern und Trägern des Entwicklungsdienstes nach dem Entwicklungshelfergesetz;

8. bürgerliche Rechtsstreitigkeiten zwischen den Trägern des freiwilligen sozialen oder ökologischen Jahres oder den Einsatzstellen und Freiwilligen nach dem Jugendfreiwilligendienstegesetz;

8a. bürgerliche Rechtsstreitigkeiten zwischen dem Bund oder den Einsatzstellen des Bundesfreiwilligendienstes oder deren Trägern und Freiwilligen nach dem Bundesfreiwilligendienstgesetz;

9. bürgerliche Rechtsstreitigkeiten zwischen Arbeitnehmern aus gemeinsamer Arbeit und aus unerlaubten Handlungen, soweit diese mit dem Arbeitsverhältnis im Zusammenhang stehen;

10. bürgerliche Rechtsstreitigkeiten zwischen behinderten Menschen im Arbeitsbereich von Werkstätten für behinderte Menschen und den Trägern der Werkstätten aus den in § 138 des Neunten Buches Sozialgesetzbuch geregelten arbeitnehmerähnlichen Rechtsverhältnissen.

(2) Die Gerichte für Arbeitssachen sind auch zuständig für bürgerliche Rechtsstreitigkeiten zwischen Arbeitnehmern und Arbeitgebern,

a) die ausschließlich Ansprüche auf Leistung einer festgestellten oder festgesetzten Vergütung für eine Arbeitnehmererfindung oder für einen technischen Verbesserungsvorschlag nach § 20 Abs. 1 des Gesetzes über Arbeitnehmererfindungen zum Gegenstand haben;

b) die als Urheberrechtsstreitsachen aus Arbeitsverhältnissen ausschließlich Ansprüche auf Leistung einer vereinbarten Vergütung zum Gegenstand haben.

(3) Vor die Gerichte für Arbeitssachen können auch nicht unter die Absätze 1 und 2 fallende Rechtsstreitigkeiten gebracht werden, wenn der Anspruch mit einer bei einem Arbeitsgericht anhängigen oder gleichzeitig anhängig werdenden bürgerlichen Rechtsstreitigkeit der in den Absätzen 1 und 2 bezeichneten Art in rechtlichem oder unmittelbar wirtschaftlichem Zusammenhang steht und für seine Geltendmachung nicht die ausschließliche Zuständigkeit eines anderen Gerichts gegeben ist.

(4) Auf Grund einer Vereinbarung können auch bürgerliche Rechtsstreitigkeiten zwischen juristischen Personen des Privatrechts und Personen, die kraft Gesetzes allein oder als Mitglieder des Vertretungsorgans der juristischen Person zu deren Vertretung berufen sind, vor die Gerichte für Arbeitssachen gebracht werden.

(5) In Rechtsstreitigkeiten nach diesen Vorschriften findet das Urteilsverfahren statt.

§ 5 ArbGG Begriff des Arbeitnehmers

(1) [1]Arbeitnehmer im Sinne dieses Gesetzes sind Arbeiter und Angestellte sowie die zu ihrer Berufsausbildung Beschäftigten. [2]Als Arbeitnehmer gelten auch die in Heimarbeit Beschäftigten und die ihnen Gleichgestellten (§ 1 des Heimarbeitsgesetzes vom 14. März 1951 – Bundesgesetzbl. I S. 191 –) sowie sonstige Personen, die wegen ihrer wirtschaftlichen Unselbständigkeit als arbeitnehmerähnliche Personen anzusehen sind. [3]Als Arbeitnehmer gelten nicht in Betrieben einer juristischen Person oder einer

Personengesamtheit Personen, die kraft Gesetzes, Satzung oder Gesellschaftsvertrags allein oder als Mitglieder des Vertretungsorgans zur Vertretung der juristischen Person oder der Personengesamtheit berufen sind.

(2) Beamte sind als solche keine Arbeitnehmer.

(3) [1]Handelsvertreter gelten nur dann als Arbeitnehmer im Sinne dieses Gesetzes, wenn sie zu dem Personenkreis gehören, für den nach § 92a des Handelsgesetzbuchs die untere Grenze der vertraglichen Leistungen des Unternehmers festgesetzt werden kann, und wenn sie während der letzten sechs Monate des Vertragsverhältnisses, bei kürzerer Vertragsdauer während dieser, im Durchschnitt monatlich nicht mehr als 1.000 Euro auf Grund des Vertragsverhältnisses an Vergütung einschließlich Provision und Ersatz für im regelmäßigen Geschäftsbetrieb entstandene Aufwendungen bezogen haben. [2]Das Bundesministerium für Arbeit und Soziales und das Bundesministerium der Justiz und für Verbraucherschutz können im Einvernehmen mit dem Bundesministerium für Wirtschaft und Energie die in Satz 1 bestimmte Vergütungsgrenze durch Rechtsverordnung, die nicht der Zustimmung des Bundesrates bedarf, den jeweiligen Lohn- und Preisverhältnissen anpassen.

Literatur: Germelmann/Matthes/Prütting et al., Arbeitsgerichtsgesetz, 9. Auflage 2017 (zit. GMP/Bearbeiter); Meyer, Die aktuelle höchstrichterliche Rechtsprechung im Vertriebsrecht 2015/16, ZVertriebsR 2017, 89; Müller-Glöge/Preis/Schmidt, Erfurter Kommentar zum Arbeitsrecht, 22. Auflage 2022 (zit. ErfK/Bearbeiter); Oehlschläger, Rechtswegzuständigkeit in „aut-aut-Fällen“: Anforderungen an Klägervortrag, jurisPR-ArbR 24/2021; Reinecke, Arbeitnehmer, arbeitnehmerähnliche und andere Selbständige in den Bereichen Handel und Vertrieb sowie Transport und Verkehr, ZVertriebsR 2014, 151.

Übersicht

A. Handelsvertreter

I. Überblick

Gemäß § 13 GVG gehören vor die ordentlichen Gerichte sämtliche bürgerlichen **1**
Rechtsstreitigkeiten, für die nicht entweder die Zuständigkeit von Verwaltungsbehörden
oder Verwaltungsgerichten begründet ist oder für die durch Bundesrecht besondere Gerichte bestellt oder zugelassen sind. Für Streitigkeiten aus einem Handelsvertreterverhältnis
begründet das Bundesrecht nicht die Zuständigkeit von Verwaltungsbehörden oder Verwaltungsgerichten und sieht keine besonderen Gerichte vor, sodass für diese Streitigkeiten
der Rechtsweg zu den **ordentlichen Gerichten** zulässig ist.

§ 2 ArbGG begründet eine von dieser Grundregel des § 13 GVG abweichende Sonder- **2**
zuweisung der aufgelisteten bürgerlichen Rechtsstreitigkeiten, für die ausschließlich die
Gerichte für Arbeitssachen zuständig sein sollen. So sieht § 2 Abs. 1 Nr. 3 ArbGG vor,
dass die wesentlichen bürgerlich-rechtlichen Streitigkeiten zwischen Arbeitnehmern und
Arbeitgebern von den Arbeitsgerichten beurteilt werden sollen. Den Arbeitnehmerbegriff
des ArbGG definiert wiederum § 5 ArbGG: Erfasst sind neben den klassischen Arbeitnehmern, Angestellten und Auszubildenden (§ 5 Abs. 1 S. 1 ArbGG) auch Heimarbeiter und
arbeitnehmerähnliche Personen (§ 5 Abs. 1 S. 2 ArbGG). Zudem erstreckt sich der
Anwendungsbereich des § 2 Abs. 1 Nr. 3 ArbGG gemäß § 5 Abs. 3 S. 1 ArbGG auch auf
einen festgelegten Kreis von Handelsvertretern, der jedenfalls prozessrechtlich Arbeitnehmern gleichgestellt werden soll.[1] Auf eine weitere Konkretisierung des Arbeitnehmer-
begriffs verzichtet § 5 ArbGG dagegen, weshalb die Definition des Arbeitnehmers in
§ 611a BGB maßgeblich ist.[2]

Keinen Einfluss haben die §§ 2, 5 ArbGG auf die **materiell-rechtliche** Bewertung des **3**
Handelsvertreterverhältnisses.[3] Die Einstufung des Handelsvertreters als Arbeitnehmer iSd
§ 2 Abs. 1 Nr. 3 ArbGG hat lediglich die Anwendung von Arbeitsprozessrecht, nicht aber
die Anwendung materiellen Arbeitsrechts oder arbeitsrechtlicher Grundsätze auf die Beziehung zwischen Handelsvertreter und Unternehmer zur Folge.[4]

II. Zuständigkeit der Arbeitsgerichte nach § 2 Abs. 1 Nr. 3 ArbGG

§ 2 Abs. 1 Nr. 3 ArbGG knüpft die Eröffnung des Rechtsweges zu den Arbeitsgerichten **4**
an zwei Voraussetzungen: In **personeller Hinsicht** muss es sich um eine (bürgerliche)
Rechtsstreitigkeit zwischen einem Arbeitnehmer und einem Arbeitgeber handeln. Während der Arbeitnehmerbegriff in § 5 ArbGG eine prozessrechtliche Definition erhält,
schweigt das Gesetz hinsichtlich einer eigenen Definition des Arbeitgeberbegriffs. Für
Letzteren gilt der allgemeine Arbeitgeberbegriff, wonach Arbeitgeber ist, wer wenigstens
einen Arbeitnehmer oder eine arbeitnehmerähnliche Person iSd § 5 ArbGG beschäftigt.[5]
Zum anderen setzt es in **sachlicher Hinsicht** eine Streitigkeit alternativ (i) aus dem
Arbeitsverhältnis, über das Bestehen oder Nichtbestehen eines solchen, (ii) aus Verhandlungen über die Eingehung eines Arbeitsverhältnisses, (iii) über dessen Nachwirkungen
sowie aus unerlaubten Handlungen, soweit diese mit dem Arbeitsverhältnis im Zusammenhang stehen, voraus.

1. Arbeitnehmer iSd § 2 Abs. 1 Nr. 3 ArbGG. a) Arbeitnehmer und Angestellte, 5
§ 5 Abs. 1 S. 1 ArbGG. Als Arbeitnehmer iSd § 2 Abs. 1 Nr. 3 ArbGG gelten zunächst
gemäß § 5 Abs. 1 S. 1 ArbGG iVm § 84 Abs. 2 HGB alle angestellten Handelsvertreter,

---

[1] Vgl. auch BAG NZA 2003, 668 (669); OLG Hamm BeckRS 2009, 87050.
[2] Vgl. BAG NZA 2020, 67 (68 f.); BeckOK Arbeitsrecht/Poeche ArbGG § 5 Rn. 1.
[3] Vgl. BAG NZA 2003, 668 (669).
[4] BAG NZA 2003, 668 (669); BAG AP HGB § 89 Nr. 3; GMP/Müller-Glöge § 5 Rn. 39.
[5] BAG NZA 2017, 1143; 2011, 653 (654); ErfK/Koch ArbGG § 2 Rn. 11.

also all diejenigen Handelsvertreter, die nicht im Wesentlichen frei ihre Tätigkeit gestalten und ihre Arbeitszeit bestimmen können. Für die Abgrenzung zwischen selbständigen und angestellten Handelsvertretern gelten die von der Rechtsprechung und Literatur im Rahmen des § 84 Abs. 1 S. 2 HGB entwickelten Kriterien[6] (→ HGB § 84 Rn. 26 ff.).

6   **b) Selbständige Handelsvertreter, § 5 Abs. 3 ArbGG.** Auch selbständige Handelsvertreter können als Arbeitnehmer iSd ArbGG gelten mit der Folge, dass der Rechtsweg zu den Arbeitsgerichten eröffnet ist. Nach § 5 Abs. 3 S. 1 ArbGG setzt dies (kumulativ) voraus, dass der Handelsvertreter zu dem in **§ 92a HGB** umschriebenen Personenkreis gehört (Einfirmenvertreter kraft Vertrags oder kraft Weisung; → HGB § 92a Rn. 4 ff.) und während der letzten **sechs Monate** des Vertragsverhältnisses, bei kürzerer Vertragsdauer während dieser, im **Durchschnitt monatlich** nicht mehr als **1.000 EUR** auf Grund des Vertragsverhältnisses an Vergütung einschließlich **Provision** und **Aufwendungsersatz** bezogen hat. Die bloß nebenberufliche Tätigkeit als Einfirmenvertreter soll der Fiktion des § 5 Abs. 3 ArbGG entgegenstehen.[7]

7   Ein **Abzug** für im Betrieb des Handelsvertreters entstandene **Aufwendungen** ist dagegen nach § 5 Abs. 3 S. 1 ArbGG nicht vorgesehen.[8] Liegen die Bezüge des Handelsvertreters unterhalb der in § 5 Abs. 3 S. 1 ArbGG normierten **Einkommensgrenze,** gilt der Handelsvertreter als Arbeitnehmer im Sinne des ArbGG, und zwar unabhängig von der Frage, ob er selbständiger Handelsvertreter iSd § 84 Abs. 1 HGB oder vielmehr angestellter Handelsvertreter iSd § 84 Abs. 2 HGB ist. Im Rahmen der Prüfung der Zuständigkeit der Arbeitsgerichte ist daher eine Abgrenzung dahingehend, ob es sich um einen (selbständigen) Handelsvertreter oder einen Arbeitnehmer iSd § 5 Abs. 1 ArbGG handelt, regelmäßig nicht vorzunehmen, wenn sich die Zuständigkeit ohnehin bereits aus der Einkommensgrenze des § 5 Abs. 3 S. 1 ArbGG ergibt.[9]

8   Nach ständiger Rechtsprechung sind bei der Abgrenzung des Rechtswegs zu den ordentlichen Gerichten vom Rechtsweg zu den Arbeitsgerichten alle **unbedingt entstandenen** Vergütungsansprüche des Handelsvertreters zu berücksichtigen.[10] Es ist daher ohne Bedeutung, welche Mittel dem Handelsvertreter nach Abzug von Aufwendungen und Kosten verbleiben; entscheidend ist sein **Bruttoverdienst.**[11]

9   Dabei ist nicht entscheidend, ob der Verdienst dem Handelsvertreter schließlich auch **tatsächlich** zugeflossen ist, also durch Zahlung erfüllt worden ist.[12] Nach § 5 Abs. 3 S. 1 ArbGG kommt es nur darauf an, in **welcher Höhe** innerhalb der letzten sechs Monate Vergütungsansprüche des Handelsvertreters entstanden sind, **unabhängig** davon, **ob** und **auf welche Weise** sie von dem Unternehmer erfüllt worden sind.[13] Nach dem gesetzgeberischen Willen soll die Regelung Handelsvertretern, die wegen der Höhe ihres Einkommens einem Arbeitnehmer vergleichbar sind, den Rechtsweg zu den Arbeitsgerichten eröffnen. Ein für die Bestimmung des Rechtswegs maßgeblicher allgemeiner Vergleich der Höhe des Einkommens eines Arbeitnehmers mit demjenigen eines Handelsvertreters kann nur auf der Ebene der Vergütungsansprüche erfolgen. Denn ob und auf welche Weise diese erfüllt werden, ist sowohl im Arbeitsverhältnis als auch im Handelsvertreterverhältnis eine Frage der Umstände des Einzelfalls. Andernfalls müsste auch der Handelsvertreter, der sich eines über der Vergütungsgrenze des § 5 Abs. 3 S. 1 ArbGG liegenden – vom Unterneh-

---

[6] BAG AP ArbGG 1979 § 5 Nr. 50.
[7] LAG Schleswig-Holstein ZVertriebsR 2017, 55 (56).
[8] BGH NJW-RR 2008, 1420; OLG Oldenburg NJW-RR 2015, 31 (33).
[9] Vgl. OLG Hamm BeckRS 2010, 08044.
[10] BGH NJW 2016, 316 (317); NJW-RR 2011, 1255 (1256); 2008, 1418 (1419) mwN; sowie 1420 f. mwN; NJW 1964, 497 (498); OLG Köln BeckRS 2009, 27276 mwN.
[11] BGH NJW-RR 2008, 1420.
[12] BGH NJW 1964, 497 (498); OLG Köln BeckRS 2009, 27276 mwN; Ebenroth/Boujong/Joost/Strohn/Löwisch § 92a Rn. 17; aA LAG Hessen NZA 1995, 1071 (1072); ErfK/Koch ArbGG § 5 Rn. 12.
[13] BGH WM 2015, 533 (534); NJW-RR 2008, 1418 (1419) und 1420 (1421); Meyer ZVertriebsR 2017, 89.

mer bestrittenen und deshalb nicht erfüllten – Provisionsanspruchs berühmt, diesen vor den Arbeitsgerichten geltend machen, obwohl er nach seinem eigenen Vorbringen von seinen Einkommensverhältnissen her gerade nicht mit einem Arbeitnehmer vergleichbar ist.[14] Zudem wäre andernfalls der Unternehmer in der Lage, durch Minder- oder Überzahlung die zuständige Gerichtsbarkeit **willkürlich** zu beeinflussen.[15]

Keine Vergütung iSd § 5 Abs. 3 ArbGG sind zunächst als vorläufige Zahlungen gewährte **10** **Provisionsvorschüsse,** die dem Handelsvertreter nicht auf Dauer verbleiben. Gezahlte Provisionsvorschüsse sind aber insoweit als Vergütung iSd § 5 Abs. 3 ArbGG zu berücksichtigen, als sie nachträglich durch unbedingt entstandene Provisionsforderungen gedeckt werden.[16] Auf diese Weise nachträglich gedeckte Provisionsvorschüsse sind in dem Monat anzusetzen, in dem die neuen Provisionsforderungen entstanden sind.[17] Soweit die Provisionsvorschüsse sich aufgrund eines bereits im Handelsvertretervertrag vereinbarten Erlasses der Rückzahlungsverpflichtung beim Ausscheiden des Handelsvertreters automatisch in unbedingt bezogene Vergütungen umgewandelt haben, sind diese ebenfalls bei der Ermittlung der durchschnittlichen Vergütung zu berücksichtigen.[18] Denn damit steht im Vorhinein fest, unter welcher Voraussetzung der Handelsvertreter die geleisteten Vorschüsse mit dem Eintritt der Bedingung bei seinem Ausscheiden nicht zurückzahlen muss.[19]

Die in dem Zeitraum der letzten sechs Monate des Vertragsverhältnisses angefallenen **11** **Provisionsstorni** sind ebenfalls zu berücksichtigen, dh **in Abzug** zu bringen und auch nicht rückwirkend auf die Vergütung der Monate zu verrechnen, in denen die Provisionsansprüche unbedingt entstanden sind.[20] Dies gilt auch dann, wenn sie vom Handelsvertreter selbst abgeschlossene und anschließend gekündigte Verträge betreffen.[21] Bei der Berücksichtigung von Provisionsstorni ist demnach der Zeitpunkt der **Entstehung des Rückforderungsanspruchs** des Unternehmers maßgeblich und nicht rückwirkend der des Entstehens des Provisionsanspruches des Handelsvertreters.[22] Das muss schon aus Gründen der Rechtssicherheit gelten, da sonst erst nach Monaten oder gar Jahren eine zuverlässige Bestimmung des zulässigen Rechtswegs möglich wäre.[23]

Aus dem Wortlaut des § 5 Abs. 3 S. 1 ArbGG folgt, dass die maßgebliche Verdienst- **12** grenze von 1.000 EUR im Durchschnitt der letzten sechs Monate des Vertragsverhältnisses auch dann maßgebend ist, wenn der Handelsvertreter nicht arbeitet und nichts verdient.[24] Es ist allein auf den **rechtlichen Bestand** des Vertragsverhältnisses abzustellen. Daher ist es unerheblich, ob die Verdienstgrenze deswegen nicht erreicht wird, weil der Handelsvertreter nur mangelnde Aktivitäten entfaltet oder seine Arbeit gar ganz eingestellt hat und sich somit durch seine Untätigkeit den Rechtsweg zu den Gerichten für Arbeitssachen „erschleicht". Dem Unternehmer bleibt dann jedoch die Möglichkeit, das Vertragsverhältnis zum Handelsvertreter zu kündigen, wenn dieser grob gegen seine Pflichten aus dem Handelsvertretervertrag verstößt, indem er die Vermittlungstätigkeit einstellt.[25]

---

[14] BGH NJW-RR 2008, 1418 (1419) und 1420 (1421).

[15] OLG Köln BeckRS 2007, 12858; OLG Düsseldorf BeckRS 2008, 11038.

[16] BGH NJW 2016, 316 (317); NJW-RR 2011, 1255 (1256); NJW 1964, 497 (498); Meyer ZVertriebsR 2017, 89.

[17] Die Aufrechnung neuer Provisionsansprüche des Handelsvertreters mit Rückforderungsansprüchen des Unternehmers aufgrund geleisteter Provisionsvorschüsse dient als Erfüllungssurrogat der Befriedigung der neuen Provisionsansprüche und ist daher bei der Ermittlung der Vergütung zu berücksichtigen, BGH NJW-RR 2008, 1418 (1419) und NJW-RR 2008, 1420 (1421).

[18] BGH NJW-RR 2011, 1255 (1256) mwN.

[19] BGH NJW-RR 2011, 1255 (1256) mwN.

[20] OLG Hamm BeckRS 2010, 08044 in Abgrenzung zu BGH NJW-RR 2008, 1418 und NJW-RR 2008, 1420, welche die Rückforderung von Provisionsvorschüssen zum Gegenstand haben.

[21] OLG Hamm BeckRS 2010, 08044; aA OLG München BeckRS 2008, 10729.

[22] OLG Hamm BeckRS 2010, 08044.

[23] OLG Hamm BeckRS 2010, 08044.

[24] Vgl. BAG NZA 2005, 487; OLG Hamm BeckRS 2015, 03482 mwN; GMP/Müller-Glöge § 5 Rn. 42.

[25] BAG NJW 2005, 1146 (1147); OLG Hamm BeckRS 2015, 03482; aA: OLG Frankfurt a. M. NZA-RR 1997, 399 (400); OLG Schleswig BeckRS 1997, 10221.

13   **c) Arbeitnehmerähnliche Personen, § 5 Abs. 1 S. 2 Var. 2 ArbGG.** Handelsvertreter können keine arbeitnehmerähnlichen Personen iSd § 5 Abs. 1 S. 2 Var. 2 sein. Für dessen Anwendung in Bezug auf Handelsvertreter ist kein Raum, da die **speziellere Regelung** des § 5 Abs. 3 ArbGG die allgemeine Bestimmung über arbeitnehmerähnliche Personen verdrängt.[26] § 5 Abs. 3 ArbGG enthält eine in sich geschlossene Zuständigkeitsregelung, die es verbietet, Handelsvertreter iSd §§ 92, 84 Abs. 1 HGB unter anderen als den genannten Voraussetzungen als Arbeitnehmer oder arbeitnehmerähnliche Personen iSd § 5 Abs. 1 S. 2 Var. 2 zu behandeln.[27] Der Kreis der prozessual einem Arbeitnehmer gleichgestellten, selbständigen Handelsvertreter ist somit in § 5 Abs. 3 abschließend geregelt.

14   **2. Streitgegenstand.** § 2 Abs. 1 Nr. 3 ArbGG definiert weiterhin den Rahmen der sachlichen Zuständigkeit der Arbeitsgerichte: So sind diese zuständig für Rechtsstreitigkeiten aus dem Arbeitsverhältnis (lit. a), über das Bestehen oder Nichtbestehen des Arbeitsverhältnisses (lit. b), aus Verhandlungen über die Eingehung eines Arbeitsverhältnisses und dessen Nachwirkungen (lit. c), aus unerlaubten Handlungen in Zusammenhang mit dem Arbeitsverhältnis (lit. d) sowie über Arbeitspapiere (lit. e). Letzteres ist für angestellte Handelsvertreter und Einfirmenvertreter deshalb relevant, da jedenfalls ihnen nach hM ein Zeugnisanspruch nach § 630 BGB zugesprochen wird.[28]

III. Entscheidungsgrundlage für Zuständigkeitsfragen

15   Hinsichtlich der Frage, welche Anforderungen an den Umfang des Klägervortrages zur Begründung der Rechtswegzuständigkeit zu stellen sind, werden in der Rechtsprechung in Abhängigkeit vom Klageziel drei Fallgruppen unterschieden:

16   **1. Sic-non-Fälle.** Um einen sog. „sic-non"-Fall handelt es sich, wenn die auf dem Klageweg begehrte Leistung oder Feststellung ausschließlich auf eine arbeitsrechtliche Anspruchsgrundlage gestützt werden kann, jedoch fraglich ist, ob deren Voraussetzungen vorliegen.[29] Dies ist zB dann der Fall, wenn sich die Klage auf Feststellung der Arbeitnehmereigenschaft[30] oder des (Fort-)Bestehens eines Arbeitsverhältnisses richtet.[31] In solchen Fällen sind die Tatsachenbehauptungen des Klägers **doppelrelevant,** da sie einerseits für die Begründetheit des Klagebegehrens ausschlaggebend sind, andererseits aber schon für die Rechtswegzuständigkeit maßgebend sind.[32]

17   Nach Auffassung des BAG soll in solchen Fällen der Vortrag des Klägers, er sei Arbeitnehmer, zur Annahme der arbeitsgerichtlichen Zuständigkeit ausreichen.[33] Selbst bei unschlüssigem Vortrag ist die Klage nicht als unzulässig, sondern als unbegründet abzuweisen.[34] Die Instanzgerichte hingegen schränken diese Ansicht zum Teil etwas ein: Im Rahmen einer (begrenzten) **Schlüssigkeitsprüfung** bleibt zwar das Vorbringen des Beklagten außer Betracht; auch eine Beweisaufnahme findet in solchen Fällen nicht statt, da die Richtigkeit des klägerischen Vortrags unterstellt wird.[35] Entscheidend ist jedoch nicht die rechtliche Wertung des Klägers; vielmehr kommt es darauf an, ob sich das Klagebegehren nach den zu seiner Begründung vorgetragenen Tatsachen bei objektiver Würdigung

---

[26] Zuletzt BAG NZA 2020, 1729 (1733); BGH NJW 2016, 316 mwN; GMP/Müller-Glöge § 5 Rn. 44.

[27] BGH NJW 2016, 316; WM 2013, 1702 (1703 f.); 1700 (1701); OLG Köln BeckRS 2016, 118319 Rn. 7; LAG Hessen BeckRS 2014, 70900.

[28] Staudinger/Preis BGB § 630 Rn. 3; MüKoBGB/Henssler § 630 Rn. 9; noch weiter Emde HGB vor § 84 Rn. 92.

[29] BGH NJOZ 2010, 2116 (2118).

[30] GMP/Schlewing § 2 Rn. 160: sog. Statusklage.

[31] Vgl. LAG Hamm BeckRS 2007, 47017; LAG Baden-Württemberg BeckRS 2007, 44703.

[32] BAG NZA 2020, 1729 (1730 f.); BGH NJOZ 2010, 2116 (2118).

[33] BAG NZA 2020, 1729 (1730 f.); BAGE 106, 273 (275); 85, 46 (54); 83, 40 (49 ff.); auch LAG Hamm BeckRS 2015, 68146; zustimmend GMP/Schlewing § 2 Rn. 161.

[34] BAGE 83, 40 (51).

[35] OLG Bremen BeckRS 2008, 17143; LAG Saarland NZA-RR 1998, 316 (317 f.).

aus einem Sachverhalt herleiten lässt, der nach arbeitsrechtlichen Vorschriften und Grundsätzen zu beurteilen ist.[36]

Zweck dieser vereinfachten Zulässigkeitsprüfung ist die hieraus resultierende beschleunigte **endgültige Erledigung** des Rechtsstreits.[37] Der Kläger hat es zwar in der Hand, die Wahl der für den Rechtsstreit zuständigen Gerichtsbarkeit durch gezielten Tatsachenvortrag zu beeinflussen. Er riskiert jedoch die endgültige Aberkennung des eingeklagten Anspruchs als unbegründet, falls sich seine Behauptungen nicht als wahr feststellen lassen, während er bei Abweisung der Klage als unzulässig das Klagebegehren vor dem tatsächlich zuständigen Gericht weiter verfolgen könnte.[38] Der Beklagte ist somit ausreichend geschützt: Bestreitet er doppelrelevante Tatsachen zu Recht, erhält er sofort ein klageabweisendes Sachurteil; andernfalls stellt es für ihn keinen Nachteil dar, dass das Gericht neben der Zulässigkeit zugleich die Begründetheit gegen ihn ausspricht.[39] Würde die Klage hingegen nach umfassender Prüfung durch das vom Kläger angerufene Gericht an ein anderes Gericht verwiesen, müsste dieses Gericht, sofern es den Ausführungen des verweisenden Gerichts folgt, die Klage automatisch als unbegründet abweisen.[40] **18**

2. Aut-aut-Fälle. Ein sog. „aut-aut"-Fall liegt vor, wenn der Kläger einen Anspruch **19** geltend macht, der entweder auf eine arbeitsrechtliche oder auf eine bürgerlich-rechtliche Grundlage gestützt werden kann, sich aber beide Anspruchsgrundlagen gegenseitig ausschließen.[41] Das kann zum Beispiel bei einer Klage auf Zahlung des vereinbarten Entgelts der Fall sein, wenn die klagende Partei das Vertragsverhältnis für ein Arbeitsverhältnis, die beklagte Partei es für ein (nicht arbeitnehmerähnliches) freies Mitarbeiterverhältnis hält.[42]

Nach Ansicht des BAG reicht die Rechtsauffassung des Klägers, er sei Arbeitnehmer, **20** nicht zur Begründung der arbeitsrechtlichen Gerichtsbarkeit aus; andernfalls stünde der zu beschreitende Rechtsweg zur Disposition des Klägers.[43] Bestreitet die beklagte Partei tatsächliche Umstände, die für die rechtliche Einordnung des Rechtsverhältnisses von Bedeutung sind, hat das zur Entscheidung berufene Gericht die zuständigkeitsbegründenden Tatsachen gegebenenfalls im Wege der Beweisaufnahme festzustellen.[44]

In der Rechtsprechung der Instanzgerichte ergibt sich kein einheitliches Bild. Zum Teil **21** wird die Prüfung des Gerichts auf eine **reine Schlüssigkeitsprüfung** beschränkt.[45] In anderen Fällen soll die bloße Schlüssigkeit des Klägervortrags im Bestreitensfall nicht ausreichen; schon im Rahmen der Zuständigkeitsprüfung muss in diesem Fall seitens des Klägers **Beweis** über die Arbeitnehmereigenschaft erbracht werden.[46] Schließlich wird auch ein Mittelweg vertreten: Trägt der Kläger schlüssig Tatsachen vor, die für die Zuständigkeit des angerufenen Gerichts sprechen, so kann sich der Beklagte nicht auf bloßes Bestreiten beschränken, sondern **muss seinerseits substantiiert vortragen,** warum das angerufene Gericht gerade nicht zuständig ist.[47]

---

[36] LAG Rheinland-Pfalz BeckRS 2011, 70596; so auch die ständige Rechtsprechung des BGH außerhalb des Vertriebsrechts, vgl. BGH NJW 1996, 3012; 1993, 1799 (1800); 1991, 1686 (1687).

[37] BGH NJOZ 2010, 2116 (2118).

[38] BGH NJOZ 2010, 2116 (2118).

[39] BGH NJOZ 2010, 2116 (2118); LAG Rheinland-Pfalz BeckRS 2008, 56555.

[40] GMP/Schlewing § 2 Rn. 159.

[41] BAG NZA 2020, 1729 (1730 f.).

[42] Vgl. LAG Berlin-Brandenburg BeckRS 2013, 74547; LAG Schleswig-Holstein BeckRS 2008, 55419; GMP/Schlewing § 2 Rn. 162.

[43] BAG NZA 2020, 1729 (1730 f.); BAG AP ArbGG 1979 § 2 Zuständigkeitsprüfung Nr. 4; Oehlschläger jurisRP-ArbR 24/2021.

[44] BAG NZA 2020, 1729 (1731).

[45] OLGR Köln 2005, 685 (687 f.); LAG Baden-Württemberg BeckRS 2020, 14226; LAG Niedersachsen NZA-RR 2000, 315.

[46] LAG Hessen NZA-RR 2019, 505 (506); LAG Schleswig-Holstein BeckRS 2008, 55419; KG NJW-RR 2001, 1509 (1510).

[47] LAG Hessen BeckRS 2012, 71980.

22 **3. Et-et-Fälle.** Schließlich gibt es noch den (praktisch eher seltenen) Fall, dass der geltend gemachte Anspruch sowohl auf eine arbeitsrechtliche als auch auf eine bürgerlich-rechtliche Anspruchsgrundlage gestützt werden kann, wobei diese sich nicht gegenseitig ausschließen (sog. „et-et"-Fall).[48] In diesem Fall muss das angerufene Gericht wenigstens für eine der Anspruchsgrundlagen zuständig sein und prüft den Rechtsstreit nach § 17 Abs. 2 S. 1 GVG dann „unter allen in Betracht kommenden rechtlichen Gesichtspunkten".[49] Ebenso für den et-et-Fall ist das BAG der Ansicht, dass für die Beurteilung, ob der Rechtsstreit in die Zuständigkeit der Gerichte für Arbeitssachen fällt, nicht allein auf das Klägervorbringen abzustellen ist.[50] Bestreitet die beklagte Partei tatsächliche Umstände, die für die rechtliche Einordnung des Rechtsverhältnisses von Bedeutung sind, hat das zur Entscheidung berufene Gericht die zuständigkeitsbegründenden Tatsachen gegebenenfalls im Wege der Beweisaufnahme festzustellen.[51] Auch der BGH will in solchen Fällen einen (schlüssigen) Parteivortrag nicht ausreichen lassen; vielmehr hat der Kläger die für die Begründung der Rechtswegzuständigkeit maßgeblichen Tatsachen zu beweisen, sofern der Beklagte diese bestreitet.[52]

IV. Zusammenhangsklage, § 2 Abs. 3 ArbGG

23 § 2 Abs. 3 ArbGG erweitert die Zuständigkeit der Arbeitsgerichte über den Katalog der § 2 Abs. 1 und 2 ArbGG hinaus. Danach können Rechtsstreitigkeiten auch vor die Arbeitsgerichte gebracht werden, wenn der Anspruch mit einer an einem Arbeitsgericht anhängigen oder gleichzeitig anhängig werdenden bürgerlich-rechtlichen Streitigkeit der in den § 2 Abs. 1 und 2 ArbGG bezeichneten Art in rechtlichem oder unmittelbar wirtschaftlichem Zusammenhang steht und nicht die ausschließliche Zuständigkeit eines anderen Gerichts gegeben ist. Vor allem aus Gründen der Prozessökonomie soll dadurch eine Teilung innerlich zusammenhängender Verfahren und die Möglichkeit divergierender Entscheidungen von ordentlichen Gerichten und Arbeitsgerichten vermieden werden.[53]

24 **1. Anhängige Klage vor dem Arbeitsgericht.** Eine Zusammenhangsklage setzt zunächst ein anhängiges oder anhängig werdendes Urteilsverfahren (Hauptklage) vor dem Arbeitsgericht voraus. Das BVerfG, das sich bereits mit der Verfassungsmäßigkeit des § 2 Abs. 3 ArbGG auseinandersetzen musste, hat allerdings darauf hingewiesen, dass die Gefahr einer Manipulation des gesetzlichen Richters besonders in solchen Fällen bestehen kann, in denen der Kläger eine Hauptklage erhoben hat, bei der die Rechtsbehauptung der Arbeitnehmereigenschaft bereits zur Begründung der arbeitsgerichtlichen Rechtswegzuständigkeit ausreicht (sog. „sic-non"-Fälle → Rn. 16 ff.).[54] Die Anforderungen an die arbeitsgerichtliche Rechtswegzuständigkeit könnten durch Erhebung einer Statusklage, die nur erhoben wird, um den Rechtsstreit vor die Arbeitsgerichte zu bringen, umgangen werden; dem Kläger wäre de facto die Wahl des Rechtswegs überlassen, was mit dem **Recht auf den gesetzlichen Richter** aus Art. 101 Abs. 1 S. 2 GG nicht zu vereinbaren wäre.[55] Aus diesem Grund soll § 2 Abs. 3 ArbGG nach weit verbreiteter Auffassung in der Rechtsprechung und Literatur derart **einschränkend ausgelegt** werden, dass die Norm auf Hauptklagen mit lediglich unterstellter, aber nicht gerichtlich festgestellter arbeitsgerichtlicher Zuständigkeit nicht anzuwenden ist.[56] Die umgekehrte Möglichkeit, eine arbeits-

---

[48] LAG Düsseldorf BeckRS 2019, 33162.
[49] GMP/Schlewing § 2 Rn. 164.
[50] Siehe BAG NZA 2020, 1729 Rn. 15, 20.
[51] BAG NZA 2020, 1729 Rn. 15.
[52] BGH NJOZ 2010, 2116 (2119).
[53] ErfK/Koch ArbGG § 2 Rn. 27; GMP/Schlewing § 2 Rn. 117.
[54] BVerfG AP ArbGG 1979 § 2 Zuständigkeitsprüfung Nr. 6.
[55] BVerfG AP ArbGG 1979 § 2 Zuständigkeitsprüfung Nr. 6.
[56] BAG AP ArbGG 1979 § 2 Nr. 85; LAG Baden-Württemberg BeckRS 2007, 44703; LAG Berlin BeckRS 2004, 40193; ErfK/Koch ArbGG § 2 Rn. 28; aA LAG Rheinland-Pfalz BeckRS 2004, 42164.

rechtliche Streitigkeit im Zusammenhang mit einer bürgerlich-rechtlichen Streitigkeit vor die ordentlichen Gerichte zu bringen, enthält die ZPO nicht.[57]

Nach dem Wortlaut des § 2 Abs. 3 ArbGG muss die Hauptklage schon **anhängig sein** 25 oder **gleichzeitig anhängig gemacht** werden. Nach hM reicht es aber auch aus, wenn die Hauptklage nach der Zusammenhangsklage anhängig wird – die zunächst fehlende Zuständigkeit wird dann geheilt.[58] Diese Ansicht verdient Zustimmung: Es widerspräche der bezweckten Prozessautonomie, wenn die zuerst anhängig gewordene Zusammenhangsklage zunächst wegen Unzulässigkeit abgewiesen würde, obwohl sie nach Erhebung der Hauptklage sofort wieder erhoben werden kann.[59] Die Zusammenhangsklage kann jedoch nur so lange erhoben werden, wie die Hauptklage noch in der ersten Instanz anhängig ist.[60]

Wird die Hauptklage **vor Beginn der streitigen Verhandlung** zurückgenommen, 26 entfällt die Zuständigkeit der Arbeitsgerichte für die Zusammenhangsklage.[61] Sonst wäre einer Rechtswegerschleichung Tür und Tor geöffnet, wenn eine Partei von vorneherein vorhatte, vor Beginn der Verhandlung und nach Erhebung der Zusammenhangsklage die Hauptklage zurückzunehmen.[62] Die Zuständigkeit der Zusammenhangsklage bleibt jedoch **nach einmal begründeter Zuständigkeit** der Hauptsache bestehen, selbst wenn diese später zurückgenommen, für erledigt erklärt oder durch Teilurteil rechtskräftig abgewiesen wird (vgl. § 17 Abs. 1 S. 1 GVG).[63]

2. Rechtlicher oder unmittelbarer wirtschaftlicher Zusammenhang. Die Zusam- 27 menhangsklage darf nicht unter den Zuständigkeitskatalog der § 2 Abs. 1 und 2 ArbGG fallen, muss aber mit einer solchen Klage in einem rechtlichen oder unmittelbar wirtschaftlichen Zusammenhang stehen.

Ein **rechtlicher** Zusammenhang ist in den in § 33 ZPO genannten Fällen gegeben, 28 folglich wenn Haupt- und Zusammenhangsklage aus demselben Tatbestand abgeleitet werden oder demselben Rechtsverhältnis entspringen.[64] Dabei genügt, dass der Zusammenhang zu den seitens des Beklagten vorgebrachten Verteidigungsmitteln besteht (zB zu einer Gegenforderung, die der Beklagte im Wege der Widerklage durchsetzen oder mit welcher er aufrechnen möchte).[65] Ein rechtlicher Zusammenhang ist insbesondere auch bei **gemischten Verträgen** gegeben, von denen einer ein Arbeitsverhältnis darstellt.[66] Geht es jedoch um die Beendigung des gesamten Vertragsverhältnisses, liegt lediglich ein einzelner Rechtsstreit vor, wobei sich die Rechtswegzuständigkeit nach dem Vertragselement richtet, welches das wirtschaftliche Schwergewicht des Vertrags bildet und eine wirtschaftlich sinnvolle Beendigung ermöglicht.[67]

Ein **unmittelbarer wirtschaftlicher** Zusammenhang ist anzunehmen, wenn Ansprü- 29 che auf demselben wirtschaftlichen Verhältnis beruhen oder wirtschaftliche Folge desselben Tatbestands sind; dabei müssen die Ansprüche innerlich eng zusammen gehören, also einem einheitlichen Lebenssachverhalt entspringen.[68] An einem solchen einheitlichen wirtschaftlichen Verhältnis fehlt es hingegen, wenn der zunächst als **Vertriebsassistent**

---

[57] GMP/Schlewing § 2 Rn. 117.
[58] LAG Rheinland-Pfalz BeckRS 2008, 50993 mwN aus der Rechtsprechung; GMP/Schlewing § 2 Rn. 121; aA ErfK/Koch ArbGG § 2 Rn. 31.
[59] GMP/Schlewing § 2 Rn. 121.
[60] Vgl. Wortlaut des § 2 Abs. 3 ArbGG: „bei einem Arbeitsgericht"; GMP/Schlewing § 2 Rn. 126; ErfK/Koch ArbGG § 2 Rn. 31.
[61] BAG AP ArbGG 1979 § 2 Nr. 90 mwN.
[62] GMP/Schlewing § 2 Rn. 124.
[63] LAG Köln AP ArbGG 1979 § 2 Nr. 37.
[64] BAG NZA 1997, 1362; LAG Rheinland-Pfalz BeckRS 2004, 42164; ErfK/Koch ArbGG § 2 Rn. 30.
[65] Vgl. BAG AP ArbGG 1979 § 2 Nr. 76 zur Wider-Widerklage; BAG BeckRS 2001, 30200928; LAG Hessen NZA 2000, 1304; GMP/Schlewing § 2 Rn. 118.
[66] Vgl. LAG Köln BeckRS 2011, 68725.
[67] BAG AP ArbGG 1953 § 2 Zuständigkeitsprüfung Nr. 32.
[68] BGH NZG 2011, 1023 (1024); BAG NZA 2003, 62; LAG Köln BeckRS 2011, 68725.

Angestellte zum selbständigen Handelsvertreter aufsteigt.[69] Auch einzelne **Provisions-rückzahlungsforderungen** stellen jeweils eigene Lebenssachverhalte dar; eine einheitliche **Kontokorrentsaldierung** reicht für einen wirtschaftlichen Zusammenhang nicht aus.[70]

B. Vertragshändler

I. Ausnahme: Vertragshändler als angestellter Vertriebsmittler

30   Die Zuständigkeit der Arbeitsgerichte für Streitigkeiten aus dem Vertragshändlerverhältnis ergibt sich aus § 2 Abs. 1 Nr. 3 iVm § 5 Abs. 1 S. 1 ArbGG, wenn der Vertragshändler nicht selbständig iSd § 84 Abs. 1 S. 2 HGB analog tätig wird, sondern lediglich die Stellung eines angestellten Vertriebsmittlers einnimmt. Ausschlaggebend hierfür ist, ob der Vertragshändler im Wesentlichen frei von Weisungen seine Tätigkeit gestalten und seine Arbeitszeit bestimmen kann (detailliert zu den Abgrenzungskriterien → HGB § 84 Rn. 77 iVm 26 ff.). Vertragshändler sind jedoch regelmäßig (und noch häufiger als Franchisenehmer) nicht in dem Umfang an Weisungen des Unternehmers gebunden, wie dies bei Handelsvertretern der Fall sein kann: Die Organisationsgröße hebt den Vertragshändler (insbesondere solche aus dem Bereich des Kfz-Vertriebs) regelmäßig entscheidend von Handelsvertretern ab und erfordert unternehmerische Freiheiten in wesentlichen Bereichen, insbesondere im Rahmen der Personalpolitik.[71] In der Praxis ist daher der selbständige Vertragshändler (wie auch der selbständige Franchisenehmer) der Regelfall, für den eine Eröffnung des Rechtsweges zu den Arbeitsgerichten nach § 2 Abs. 1 Nr. 3 iVm § 5 Abs. 1 S. 1 ArbGG nicht in Frage kommt.

II. Anwendbarkeit des § 5 Abs. 3 ArbGG auf Vertragshändler

31   Die Sonderregelung für Handelsvertreter in § 5 Abs. 3 ArbGG ist nicht analog auf Vertragshändler anwendbar.[72] Eine entsprechende Anwendung würde einerseits eine analoge Anwendung des § 92a HGB auf Vertragshändler voraussetzen, der schon seinem Wesen nach nicht auf Vertragshändler übertragbar ist.[73] Zudem passt der Wortlaut des § 5 Abs. 3 ArbGG nicht auf den Vertragshändler, da dieser keine „Leistungen des Unternehmers" erhält, sondern seine Umsätze durch Kundengeschäfte erzielt. Somit fehlt schon ein Anknüpfungspunkt für die normierte Vergütungsgrenze. Schließlich liegt im Hinblick auf den Tatbestand des § 5 Abs. 1 S. 2 Var. 2 ArbGG, der die Anwendbarkeit des ArbGG auch für arbeitnehmerähnliche Personen eröffnet, keine Regelungslücke vor, die durch eine analoge Anwendung des § 5 Abs. 3 geschlossen werden müsste. Der Weg zu den Arbeitsgerichten kann sich für Vertragshändler somit nicht aus § 2 Abs. 1 Nr. 3 iVm § 5 Abs. 3 ArbGG analog ergeben.

III. Arbeitnehmerähnliche Vertragshändler

32   Der Vertragshändler kann jedoch eine arbeitnehmerähnliche Person iSd § 5 Abs. 1 S. 2 Var. 2 ArbGG sein. Im Gegensatz zu Arbeitnehmern, die persönlich vom Unternehmer abhängig sind (→ HGB § 84 Rn. 21 f.), sind arbeitnehmerähnliche Personen zwar grundsätzlich selbständig. An die Stelle der persönlichen Abhängigkeit tritt bei ihnen jedoch das

---

[69] LAG Köln BeckRS 2011, 68725.

[70] LAG Köln BeckRS 2011, 68725 in einem Fall, in dem Rückforderungen einerseits aus der Zeit des Vertriebsmittlers als Angestellter und teils aus der Zeit als Handelsvertreter stammten; mangels wirtschaftlichen Zusammenhangs mussten Rückzahlungsforderungen aus der Zeit als Handelsvertreter an die ordentlichen Gerichte verwiesen werden.

[71] Martinek/Semler/Flohr VertriebsR-HdB/Wank § 16 Rn. 18.

[72] AA LAG Niedersachsen NZA-RR 2004, 324 (325 f.).

[73] Emde HGB vor § 84 Rn. 382; Ebenroth/Boujong/Joost/Strohn/Löwisch HGB § 84 Rn. 198.

Merkmal der **wirtschaftlichen Abhängigkeit,** die vorliegen soll, wenn der Selbständige auf die Verwertung seiner Arbeitskraft und die Einkünfte aus der Tätigkeit für den Unternehmer zur Sicherung seiner Existenzgrundlage angewiesen ist.[74] Zudem setzt die Einstufung von Selbständigen als arbeitnehmerähnlich voraus, dass diese nach den Umständen des Einzelfalls unter Berücksichtigung der Verkehrsauffassung einem Arbeitnehmer vergleichbar **sozial schutzbedürftig** sind.[75] Hierfür sollen insbesondere die Höhe der monatlichen Bezüge sowie die Pflicht des Beschäftigten, seine Dienste zumindest weit überwiegend persönlich zu erbringen, ausschlaggebend sein.[76]

Gerade im Hinblick auf Letzteres – die Verpflichtung, die Absatztätigkeit nur persönlich **33** erbringen zu müssen und sie nicht durch eigene Angestellte erbringen lassen zu können – erfüllen Vertragshändler, die (wie auch Franchisenehmer) typischerweise zur Beschäftigung eigener Angestellter berechtigt und hierauf auch angewiesen sind, nicht das Kriterium der sozialen Schutzbedürftigkeit.[77]

C. Franchisenehmer

I. Ausnahme: Franchisenehmer als angestellter Vertriebsmittler

Ist der Franchisenehmer (ausnahmsweise) nicht als selbständiger, sondern als angestellter **34** Vertriebsmittler tätig (§ 84 Abs. 2 HGB analog), so sind für Streitigkeiten aus dem Vertragsverhältnis zwischen Franchisegeber und Franchisenehmer die Arbeitsgerichte kraft Arbeitnehmerstellung gemäß § 2 Abs. 1 Nr. 3 iVm § 5 Abs. 1 S. 1 ArbGG zuständig.[78] Die Abgrenzung zwischen selbständigen und angestellten Franchisenehmern erfolgt nach dem Grad der persönlichen Abhängigkeit des Franchisenehmers vom Unternehmer (Franchisegeber);[79] angestellte Franchisenehmer sind hiernach – ebenso wie angestellte Vertragshändler – die (absolute) Ausnahme (→ HGB § 84 Rn. 81 ff.).

II. Anwendbarkeit des § 5 Abs. 3 ArbGG auf Franchisenehmer

Über die Spezialregelung für Handelsvertreter aus § 5 Abs. 3 ArbGG ergibt sich die **35** Zuständigkeit der Arbeitsgerichte hingegen nicht.[80] Wie schon beim Vertragshändler fehlt es hierfür sowohl an der analogen Anwendbarkeit des speziell auf Handelsvertreter zugeschnittenen § 92a HGB als auch an einem Anknüpfungspunkt für die normierte Vergütungsgrenze, da der Franchisenehmer seine Einnahmen aus dem laufenden Geschäft mit seinen Kunden bezieht und keine „Leistungen des Unternehmers" erhält.[81] Zudem fehlt es auch hier im Hinblick auf die Möglichkeit der Einstufung des Franchisenehmers als arbeitnehmerähnliche Person iSd § 5 Abs. 1 S. 2 Var. 2 ArbGG an einer Regelungslücke, die durch eine analoge Anwendung des § 5 Abs. 3 ArbGG geschlossen werden müsste.

---

[74] BAG NJW 2019, 1627 (1630); LAG Köln BeckRS 2015, 65188 und BeckRS 2013, 73946; BAG NZA 2011, 309 (310); 2007, 699 (700) mwN.
[75] BAG NJW 2019, 1627 (1630 f.); NZA 2011, 309 (310); LAG Nürnberg BB 2021, 1853 (1854); GMP/Müller-Glöge § 5 Rn. 34.
[76] Vgl. BAG NZA 2007, 699 (700); 2011, 309 (310); NJW 2001, 1373 (1374).
[77] Giesler/Witt/Klapperich § 1 Rn. 165; in der bisherigen Rechtsprechungsgeschichte ist die Einstufung eines Vertragshändlers als arbeitnehmerähnliche Person noch nicht vorgekommen.
[78] OLG Saarbrücken BeckRS 2011, 8611.
[79] Vgl. BGH NJW-RR 2003, 277 (279 f.); OLG Düsseldorf BeckRS 2009, 4213.
[80] Offen gelassen in BGHZ 140, 11, wobei der BGH sich die dogmatische Kritik gefallen lassen muss, dass § 5 Abs. 3 ArbGG als lex specialis zuerst hätte geprüft werden müssen, bevor (im Falle einer Ablehnung der analogen Anwendung) auf das Merkmal der arbeitnehmerähnlichen Person hätte zurückgegriffen werden dürfen.
[81] Giesler/Witt/Klapperich § 1 Rn. 162.

III. Arbeitnehmerähnliche Franchisenehmer

36   Die Eröffnung des Rechtswegs zu den Arbeitsgerichten kann sich hingegen aus § 2 Abs. 1 Nr. 3 iVm § 5 Abs. 1 S. 2 Var. 2 ArbGG ergeben, wenn es sich beim Franchisenehmer um eine arbeitnehmerähnliche Person handelt. Voraussetzung hierfür ist, dass der Franchisenehmer **wirtschaftlich** vom Unternehmer **abhängig** und nach den Umständen des Einzelfalls unter Berücksichtigung der Verkehrsauffassung gleich einem Arbeitnehmer **sozial schutzbedürftig** ist.[82] Entscheidend für die wirtschaftliche Abhängigkeit des Franchisenehmers ist, ob dieser durch das Vertragsverhältnis zum Unternehmer derart beansprucht wird, dass ihm eine anderweitige Tätigkeit rechtlich oder praktisch nicht möglich ist und demzufolge die Erträge aus der Tätigkeit für den Franchisegeber die alleinige Existenzgrundlage des Franchisenehmers darstellen.[83] Die soziale Schutzbedürftigkeit des Franchisenehmers hängt maßgeblich davon ab, in welcher Höhe er Erträge durch die Tätigkeit für den Unternehmer erzielt und inwieweit er zur persönlichen Leistung verpflichtet ist.[84]

37   Dabei zieht die Rechtsprechung im Wesentlichen Merkmale heran, die auch schon bei der Abgrenzung zwischen selbständigen und angestellten Franchisenehmern relevant werden (→ HGB § 84 Rn. 83 ff.).[85] Indizien für die soziale Schutzbedürftigkeit können folglich beispielsweise sein: umfangreiche Kontrollrechte[86], umfassende Weisungen und Vorgaben durch den Unternehmer (zB im Rahmen des Franchise-Handbuchs)[87], eine (auch nur faktische) Beeinflussung der Preisbildung seitens des Unternehmers und fehlender geschäftlicher Spielraum[88] sowie geringe Erwerbschancen[89].

38   Für die Abgrenzungsfrage ergibt sich somit eine **Skala zunehmender Selbständigkeit,** an deren Anfang der Arbeitnehmerstatus und am Ende der des selbständigen Franchisenehmers steht, während der arbeitnehmerähnliche Franchisenehmer dazwischen anzusiedeln ist.[90] Die Gerichte begnügen sich derweil regelmäßig mit der **Wahlfeststellung,** dass der Franchisenehmer jedenfalls kein unabhängiger Selbständiger ist; dann kann nämlich offen bleiben, ob er tatsächlich Arbeitnehmer oder lediglich arbeitnehmerähnlicher Selbständiger ist, da beides zur Zuständigkeit der Arbeitsgerichte führen würde.[91]

D. Kommissionsagent

I. Angestellter Vertriebsmittler

39   Auch für den Kommissionsagenten kann sich die Eröffnung des Rechtswegs zu den Arbeitsgerichten zunächst aus seiner Einordnung als abhängig beschäftigter Vertriebsmittler ergeben. Je nach Grad der persönlichen Abhängigkeit kann der Kommissionsagent nicht mehr als Selbständiger, sondern vielmehr als Arbeitnehmer einzustufen sein (es gelten insoweit die für den Handelsvertreter relevanten Abgrenzungskriterien → HGB § 84 Rn. 26 ff.). In diesem Fall sind für Streitigkeiten aus dem Verhältnis zwischen dem Unternehmer und dem Kommissionsagenten die Arbeitsgerichte nach § 2 Abs. 1 Nr. 3 iVm § 5 Abs. 1 S. 1 ArbGG zuständig.

---

[82] BGHZ 140, 11; BAGE 86, 178 – Eismann.
[83] BGHZ 140, 11; BAGE 86, 178 – Eismann.
[84] BGHZ 140, 11; BAGE 86, 178 – Eismann.
[85] LSG Baden-Württemberg BeckRS 2017, 150193; OLG Saarbrücken BeckRS 2011, 08611; OLG Düsseldorf BeckRS 2009, 05375; LAG Bremen BeckRS 2008, 53877; OLG Düsseldorf BeckRS 2005, 08772; LAG Nürnberg BeckRS 2002, 41256.
[86] OLG Saarbrücken BeckRS 2011, 08611; LAG Bremen BeckRS 2008, 53877.
[87] OLG Saarbrücken BeckRS 2011, 08611; OLG Düsseldorf BeckRS 2005, 08772.
[88] LAG Bremen BeckRS 2008, 53877; OLG Düsseldorf BeckRS 2005, 08772.
[89] LAG Bremen BeckRS 2008, 53877; LAG Nürnberg BeckRS 2002, 41256.
[90] Martinek/Semler/Flohr VertriebsR-HdB/Wank § 15 Rn. 20.
[91] Vgl. BGHZ 140, 11; BAGE 86, 178 – Eismann.

II. Arbeitnehmerähnliche Kommissionsagenten

Eine analoge Anwendung des § 5 Abs. 3 ArbGG auf den Kommissionsagenten kommt **40** mangels einer planwidrigen Regelungslücke nicht in Betracht; vielmehr ist auch hier auf den Tatbestand der „arbeitnehmerähnlichen Person" nach § 5 Abs. 1 S. 2 Var. 2 ArbGG zurückzugreifen.[92] Danach ist der Rechtsweg zu den Arbeitsgerichten für jene Kommissionsagenten eröffnet, die wirtschaftlich vom Unternehmer abhängig und ihrer gesamten Stellung nach gleich einem Arbeitnehmer sozial schutzbedürftig sind.[93] Dies setzt insbesondere voraus, dass der Kommissionsagent derartig durch das Vertragsverhältnis zum Unternehmer beansprucht wird, dass er daneben eine Erwerbstätigkeit in nennenswertem Umfang nicht ausüben kann, weshalb die Tätigkeit für den Unternehmer seine einzige Existenzgrundlage darstellt.[94]

Zur Beantwortung der Frage, ob der Rechtsweg zu den Arbeitsgerichten eröffnet ist, **41** genügt die **Wahlfeststellung,** dass der Kommissionsagent entweder Arbeitnehmer oder jedenfalls arbeitnehmerähnliche Person ist – in beiden Fällen führt dies zur Arbeitsgerichtsbarkeit, weshalb eine weitergehende Entscheidung in diesem Zusammenhang entbehrlich ist.[95]

§ 2 Nr. 9 SGB VI Rentenversicherungspflicht von Selbständigen

[1] Versicherungspflichtig sind selbständig tätige

1. **Lehrer und Erzieher,** die im Zusammenhang mit ihrer selbständigen Tätigkeit regelmäßig keinen versicherungspflichtigen Arbeitnehmer beschäftigen,
2. **Pflegepersonen,** die in der Kranken-, Wochen-, Säuglings- oder Kinderpflege tätig sind und im Zusammenhang mit ihrer selbständigen Tätigkeit regelmäßig keinen versicherungspflichtigen Arbeitnehmer beschäftigen,
3. **Hebammen und Entwicklungspfleger,**
4. **Seelotsen** der Reviere im Sinne des Gesetzes über das Seelotsenwesen,
5. **Künstler und Publizisten** nach näherer Bestimmung des Künstlersozialversicherungsgesetzes,
6. **Hausgewerbetreibende,**
7. **Küstenschiffer und Küstenfischer,** die zur Besatzung ihres Fahrzeuges gehören oder als küstenfischer ohne Fahrzeug fischen und regelmäßig nicht mehr als vier versicherungspflichtige Arbeitnehmer beschäftigen,
8. **Gewerbetreibende,** die in die Handwerksrolle eingetragen sind und in ihrer Person die für die Eintragung in die Handwerksrolle erforderlichen Voraussetzungen erfüllen, wobei Handwerksbetriebe im Sinne der §§ 2 und 3 der Handwerksordnung sowie Betriebsfortführungen auf Grund von § 4 der Handwerksordnung außer Betracht bleiben; ist eine Personengesellschaft in die Handwerksrolle eintragen, gilt als Gewerbetreibender, wer als Gesellschafter in seiner Person die Voraussetzungen für die Eintragung in die Handwerksrolle erfüllt,
9. **Personen,** die
   a) im Zusammenhang mit ihrer selbständigen Tätigkeit regelmäßig keinen versicherungspflichtigen Arbeitnehmer beschäftigen und
   b) auf Dauer und im Wesentlichen nur für einen Auftraggeber tätig sind; bei Gesellschaftern gelten als Auftraggeber die Auftraggeber der Gesellschaft,

---

[92] BAG AP ArbGG 1979 § 5 Nr. 38 geht (für einen Kommissionär) nicht einmal auf die Möglichkeit einer analogen Anwendung ein, sondern greift gleich auf das Tatbestandsmerkmal der arbeitnehmerähnlichen Person zurück.

[93] BAG AP ArbGG 1979 § 5 Nr. 38 in Bezug auf einen Kommissionär, wenngleich das BAG im Urteil von einer dauerhaften Vertragsbeziehung spricht, die auf ein Kommissionsagentenverhältnis hindeutet.

[94] BAG AP ArbGG 1979 § 5 Nr. 38.

[95] Eine genauere Einstufung des Rechtsverhältnisses ist nur dann entscheidungserheblich, wenn sie für die Entscheidung in der Sache von Relevanz ist, vgl. BAG AP ArbGG 1979 § 5 Nr. 38.

10. **Personen für die Dauer des Bezugs eines Zuschusses nach § 421 I des Dritten Buches.**

[2] Nach Satz 1 Nr. 1 bis 9 ist nicht versicherungspflichtig, wer in dieser Tätigkeit nach Satz 1 Nr. 10 versicherungspflichtig ist. [3] Nach Satz 1 Nr. 10 ist nicht versicherungspflichtig, wer mit der Tätigkeit, für die ein Zuschuss nach § 421 I des Dritten Buches oder eine entsprechende Leistung nach § 16 des Zweiten Buches gezahlt wird, die Voraussetzungen für die Versicherungspflicht nach dem Gesetz über die Alterssicherung der Landwirte erfüllt. [4] Als Arbeitnehmer im Sinne des Satzes 1 Nr. 1, 2 7 und 9 gelten

1. auch Personen, die berufliche Kenntnisse, Fertigkeiten oder Erfahrungen im Rahmen beruflicher Bildung erwerben,
2. nicht Personen, die als geringfügig Beschäftigte nach § 5 Abs. 2 Satz 2 auf die Versicherungsfreiheit verzichtet haben,
3. für Gesellschafter auch die Arbeitnehmer der Gesellschaft.

Literatur: Bayreuther, Sicherung der Leistungsbedingungen von (Solo-)Selbstständigen, Crowdworker und anderen Plattformbeschäftigten, Frankfurt/Main 2018; Brand, Praxis des Sozialrechts, München 2008; Deinert, Soloselbstständige zwischen Arbeitsrecht und Wirtschaftsrecht, Baden-Baden 2015; Flohr, Sicherstellung der Selbständigkeit des Franchise-Nehmers, WiB 1997, 281; ders., Rentenversicherungspflicht selbständiger Franchise-Nehmer, ZAP 2010, 383; ders., Der Einfluss des Sozialversicherungsrechts auf die Gestaltung von Franchise-Verträgen, Jahrbuch Franchising 2012, 192; ders., Rentenversicherungspflicht von Franchise-Nehmern, ZAP 2012, 261; ders., Anm. zur Entscheidung des BSG vom 4. November 2009 (B 12 R 3/08 R) SGb. 2011, 44; ders., Die Selbständigkeit von Vertriebspartnern nach deutschem Recht, ZVertriebsR 2012, 354; Fuchs/Preis, Sozialversicherungsrecht, 2. Auflage, Köln 2009; Gittermann, Arbeitnehmerstatus und Betriebsverfassung in Franchise-Systemen, Frankfurt/Main 1995; Kreikebohm, SGB IV, München 2008; Kreikebohm/Spellbrink/Waltermann, Kommentar zum Sozialrecht, München 2009; Metzlaff, Aktuelle Fragen zur Selbständigkeit und Rentenversicherungspflicht von Franchise-Nehmern, Jahrbuch Franchising 2008, 182; Plagemann/Radtke-Schwenzer, Franchise – Teure Rentenversicherungspflicht?, NJW 2010, 2481; Richardi, „Scheinselbständigkeit" und arbeitsrechtlicher Arbeitnehmerbegriff, DB 1999, 958; Rolfs, in: Erfurter Kommentar zum Arbeitsrecht, 11. Auflage, München 2011, § 2 Nr. 9 SGB VI Rn. 2; von Maydell/Ruland/Becker, Sozialrechtshandbuch, 4. Auflage, Baden-Baden 2008; Timmermann, Sozialversicherungsrechtliche Scheinselbstständigkeit im Vertriebsrecht de lege ferenda, ZVertriebsR 2017, 288; Weltrich, Zur Abgrenzung von Franchise- und Arbeitsvertrag, DB 1988, 806.

Übersicht

A. Vorbemerkung

Werden der Handelsvertretervertrag (§§ 84 ff. HGB) und der Kommissionsvertrag **1**
(§§ 383 ff. HGB) vom jeweiligen gesetzlichen Leitbild bestimmt, so ist der Franchise-
Vertrag schon immer als ein typengemischter Vertrag angesehen worden, also als ein
Vertrag, der sich aus einer Vielzahl von Regelungselementen anderer Vertragstypen, wie
zB des Handelsvertreter- oder Lizenzvertrages zusammensetzt und zu dessen Gestaltung
mangels einer gesetzlichen Kodifizierung des Franchiserechts in Deutschland auch auf
andere Rechtsgebiete, dh auf das Zivil-, Handels-, Gesellschafts-, Kartell-, Wettbewerbs-
und Arbeitsrecht abzustellen ist[1]. Zwar hat schon der sog. Jacques Wein Depot-Beschluss
des LAG Düsseldorf vom 27.10.1987[2] gezeigt, welche Bedeutung das Arbeitsrecht für die
inhaltliche Gestaltung eines Franchise-Vertrages haben kann, um die Arbeitnehmereigenschaft eines Franchise-Nehmers zu vermeiden. Dem Sozialrecht wurde dem gegenüber in
der Vergangenheit aber kaum eine Bedeutung für das Franchiserecht beigemessen. Dies hat
sich nunmehr grundsätzlich geändert, da für die Gestaltung von Franchise-Verträgen sowohl die Vorschrift des § 2 Nr. 9 SGB VI als auch die zwischenzeitlich wieder aufgehobene Vorschrift des § 7 Abs. 4 SGB IV aF zu berücksichtigen ist. Insofern haben die
Entwicklungen im Sozialrecht nunmehr auch Bedeutung für das Franchiserecht[3].

B. Rentenversicherungspflicht von Franchise-Nehmern

I. Scheinselbständigkeit und Auftraggeberbegriff

Die Diskussion um die Scheinselbständigkeit des Franchise-Nehmers, ausgehend von **2**
dem Kriterienkatalog des § 7 Abs. 4 SGB IV aF gehört seit dem 1.1.2003 der Vergangenheit an. Dieser Kriterienkatalog wurde durch das **Zweites Gesetz für moderne Dienstleistungen am Arbeitsmarkt** vom 23.12.2002[4] ersatzlos gestrichen. Damit erfolgt eine
Rückkehr zu dem Rechtszustand bis zum Erlass des sog. **Korrekturgesetzes** vom
19.12.1998.[5] Seit dem 1.1.2003 gilt daher wieder, dass der Sozialversicherungsträger im
Einzelfall den Nachweis dafür zu erbringen hat, dass der Franchise-Nehmer im sozialversicherungsrechtlichen Sinne abhängig und nicht selbständig tätig ist. Damit schien auch die
Frage der Vergangenheit anzugehören, ob der Franchise-Geber als einziger Auftraggeber
des Franchise-Nehmers anzusehen ist und damit bereits mit Abschluss des Franchise-Vertrages das erste Kriterium des § 7 Abs. 4 SBG IV aF als verwirklicht anzusehen war.[6]

Da damit auch das zweite Kriterium des § 7 Abs. 4 SBG IV aF entfiel, war es auch nicht **3**
mehr notwendig, für den Franchise-Nehmer verbindlich vorzuschreiben, dass neben diesem im Franchise-Outlet auch noch ein Mitarbeiter (Aushilfskräfte/Lebensgefährte) mitarbeiten musste, wobei die Beschäftigung von Familienangehörigen nicht ausreichte[7]. Zu
empfehlen war dies aber gleichwohl, da andernfalls der Franchise-Nehmer in der Ver-

---

[1] Zum Ganzen und zur Abgrenzung des Franchise-Vertrages von anderen Absatzmittlungsverträgen:
Martinek/Semler/Flohr VertriebsR-HdB/Martinek § 3 mit umfassenden Nachweisen; Flohr, Franchise-Vertrag, S. 27 ff. mit umfassenden Nachweisen.
[2] NJW 1988, 725.
[3] Zum Ganzen: Flohr Jahrbuch Franchising 2012, 192 ff.
[4] BGBl. 2002 I 4621 ff. (4623).
[5] BGBl. 1998 I 3843.
[6] Allerdings meinen Bauer/Krets NJW 2003, 537, 544, dass die alten Kriterien zumindest mittelbar
weiterhin die Prüfung der Selbständigkeit beeinflussen werden.
[7] Dazu umfassend Flohr/Petsche S. 140 Rn. 293 ff. mwN.

pflichtung stand, sich ausschließlich um sein Franchise-Outlet ohne anderweitige Umsatz- bzw. Verdienstmöglichkeiten zu kümmern. Ein so gebundener **Franchise-Nehmer** konnte dann wieder unter Berücksichtigung des Beschlusses des BGH vom 16.10.2002[8] zumindest **arbeitnehmerähnlich schutzbedürftig** iSv § 5 Abs. 1 S. 2 ArbGG sein.

II. Sozialrecht und Arbeitnehmerstellung

4   Trotz des Wegfalles des Kriterienkataloges des § 7 Abs. 4 SBG IV aF blieb es bei dem Grundsatz, dass die sozialversicherungsrechtliche Beurteilung eines Franchise-Nehmers keinen Einfluss auf dessen arbeitsrechtliche Arbeitnehmereigenschaft hat[9]. Allerdings führt eine zu enge Einbindung des Franchise-Nehmers und damit der Verlust an rechtlicher und wirtschaftlicher Betätigungsfreiheit zu dessen Arbeitnehmereigenschaft oder aber arbeitnehmerähnlicher Schutzbedürftigkeit, insbesondere wenn dem Franchise-Nehmer entsprechend dem Wertungsmodell des § 84 Abs. 1 HGB nicht mehr die Organisations-, Personal- und Preishoheit zusteht[10].

III. Auftraggeberbegriff und Sozialversicherungsrecht

5   Allerdings ist die zu § 7 Abs. 4 SGB aF geführte Diskussion vor dem Hintergrund der Rentenversicherungspflicht eines Franchise-Nehmers gem. § 2 Nr. 9 SBG VI wieder aufgelebt. Die Sozialversicherungsträger überprüfen nämlich nunmehr auf der Rechtsgrundlage von § 2 Nr. 9 SBG VI, ob selbständige Franchise-Nehmer der Rentenversicherungspflicht unterliegen. Den Ansatz dafür sehen die Sozialversicherungsträger darin, dass nach § 2 Nr. 9 SGB VI auch selbständig tätige Personen der Rentenversicherungspflicht unterliegen, „wenn sie auf Dauer und im Wesentlichen nur für einen Auftraggeber tätig sind" und „im Zusammenhang mit ihrer Tätigkeit regelmäßig keinen versicherungspflichtigen Arbeitnehmer beschäftigen, dessen Arbeitsentgelt im Monat € 450,00 (de lege ferenda € 520,00) übersteigt"[11].

6   Vor diesem Hintergrund sind die Sozialversicherungsträger zunehmend dazu übergegangen, auch selbständigen Franchise-Nehmern Rentenversicherungsbescheide zuzustellen. Dies wird damit begründet, dass das „Auftragsverhältnis" iSv § 2 Nr. 9 SBG VI nicht identisch ist mit dem Auftrag iSv § 662 BGB. Vielmehr sei der Begriff „Auftraggeber" umgangssprachlich zu verstehen. Damit sehen die Sozialversicherungsträger den **Franchise-Geber** als **Auftraggeber** des **Franchise-Nehmers** an, da dieser dessen Geschäftskonzept an seinem Point of Sale als Beauftragter umsetze[12].

7   Zunächst hatte das SozG Stuttgart mit seinem Urteil vom 25.3.2004[13] dieser Auslegung des Auftragsbegriffs der Sozialversicherungsträger eine Absage erteilt. Die dagegen beim LSozG Stuttgart[14] von der Deutsche Rentenversicherung Bund eingelegte Berufung wurde zurückgenommen. In entsprechender Weise stellte das Bayrische LSG im Urteil vom 17.10.2006[15] fest, dass zum einen der Auftragsbegriff im Sozialversicherungsrecht nicht gesetzlich definiert sei und zum anderen der Franchise-Nehmer im eigenen Namen und auf eigene Rechnung Verträge mit einer Vielzahl von Kunden abschließen. Entsprechende Feststellungen traf das LSG Berlin-Brandenburg in seinem Urteil vom 4.4.2008[16]; ließ aber

---

[8] WM 2003, 353 = NJW-RR 2003, 277 – VOM FASS; siehe auch BGH ZIP 1998, 2104 – Eismann; entsprechend schon BAG ZIP 1997, 1039 – Eismann.

[9] Siehe dazu insbesondere: Richardi DB 1999, 958; Flohr, Franchise-Recht, Recklinghausen 2002, Rn. 281.

[10] Grundsätzlich BGH WM 2003, 353 = NJW-RR 2003, 277 – VOM FASS; entsprechend LAG Berlin ZVertriebsR 2012, 381; grundsätzlich dazu: Flohr ZVertriebsR 2012, 354 mwN.

[11] Bis 31.12.2012: Arbeitsentgelt im Monat von 400,00 EUR übersteigt.

[12] Siehe dazu LSG Bayern ZVertriebsR 2016, 369 mAnm Flohr.

[13] S 9 RA 23/03, nv.

[14] L 9 RA 1676/04.

[15] L 6 R 125/06, nv.

[16] L 8 R 585/05, – KAMPS.

auch erkennen, dass der Franchise-Nehmer in einem erweiterten Sinne gegenüber dem Begriff des Auftraggebers im üblichen Sprachgebrauch „beauftragt" wurde, die Waren des Franchise-Gebers zu verkaufen.

Auf diese Rechtsprechung kann man sich allerdings nicht mehr berufen, da zwischen- **8** zeitlich das BSG mit Urteil vom 4.11.2009[17] festgestellt hat, dass der Franchise-Geber alleiniger Auftraggeber des Franchise-Nehmers ist.

C. Sozialversicherungspflicht von Franchise-Nehmern und Rechtsprechung des Bundessozialgerichts

I. Grundsatzentscheidung des BSG vom 4.11.2009

Das Bundessozialgericht hat in seiner Entscheidung vom 4.11.2009[18] zwei Leitsätze **9** vorangestellt:

Bei einem Franchise-System ist der Franchise-Geber grundsätzlich der alleinige Auftraggeber des **10** *Franchise-Nehmers i. S. v. § 2 Nr. 9 SGB VI, da der Franchise-Geber dem Franchise-Nehmer damit betraut, das Franchise-Konzept in seinem Franchise-Outlet umzusetzen.*
Ein Franchise-Nehmer ist dann nicht rentenversicherungspflichtig gem. § 2 Nr. 9 SGB VI, wenn er regelmäßig einen Mitarbeiter beschäftigt, dessen monatliches Entgelt € 400,00 übersteigt.

Insofern wird nunmehr davon ausgegangen, dass bei vielen Franchise-Systemen durch **11** diese **BSG-Entscheidung** vom 4.11.2009 eine **Rentenversicherungspflicht** der **sog. „stand alone" Franchise-Nehmer** begründet wird, also solche Franchise-Nehmer, die überwiegend oder fast ausschließlich allein das Franchise-Outlet betreiben und dazu nicht auf die Hilfe eines oder mehrerer fest angestellter Mitarbeiter zurückgreifen, deren monat- liches Entgelt (zusammen) 450,00 EUR übersteigt. Dabei gilt im Rahmen des § 2 Nr. 9 SGB VI der „Grundsatz der Summe der Arbeitsentgelte", dh die geringfügige Beschäfti- gung mehrerer Mitarbeiter genügt, wenn die Summe der Arbeitsentgelte 450,00 EUR monatliche übersteigt[19].

II. Grundgedanken der Entscheidung

Das Bundessozialgericht geht in seinem Urteil vom 4.11.2009 davon aus, dass der **12** **Franchise-Geber alleiniger Auftraggeber** des **Franchise-Nehmers** ist, da es Aufgabe des Franchise-Nehmers sei, das **Franchise-Konzept** an dessen **Point of Sale** umzusetzen. Insoweit werden also Gedanken aus der Entscheidung des LSG Berlin-Brandenburg vom 4.4.2008[20] aufgegriffen. Insofern sei der Auftragsbegriff des Sozialversicherungsrechts weiter auszulegen als der enge Auftraggeberbegriff des § 662 BGB, wonach Auftraggeber nur sein kann, wer „schwerpunktmäßig fremde Interessen verfolgt". Vor dem Hintergrund der Ent- scheidung des Bundessozialgerichtes ist demgemäß eine Rentenversicherungspflicht selb- ständiger Franchise-Nehmer iSv § 2 Nr. 9 SGB VI nicht anzunehmen, wenn diese nicht in ihrem Franchise-Outlet allein tätig sind, sondern regelmäßig mindestens einen rentenver- sicherungspflichtigen Mitarbeiter beschäftigten, der eine monatliche Vergütung von mehr als 450,00 EUR entsprechend dem RV-Altersgrenzenanpassungsgesetz vom 20.4.2007[21] erhält oder mehrere fest angestellte „Aushilfen" dauerhaft zusammengerechnet eine Ver- gütung von mehr als 450,00 EUR monatlich erhalten.

---

[17] B 12 R 3/08 R, SGB 2011, 44 mAnm Flohr

[18] NJW 2010, 3539 = ZAP Fach 6, S. 457 ff. mAnm Flohr; dazu auch Plagemann/Radtke-Schwenzer NJW 2010, 2481 ff.

[19] ErfK/Rolfs SGB VI § 2 Nr. 9 Rn. 2, mit Rechtsprechungsnachweisen.

[20] BeckRS 2008, 52572.

[21] BGBl. 2007 I 554.

13   Im Hinblick auf diese Rentenversicherung von „stand alone Franchise-Nehmern" sind bei vielen Franchise-Systemen **Strategien** entwickelt worden, wie ein solcher „stand alone Franchise-Nehmer" seiner **Rentenversicherungspflicht** entgehen kann, indem zB Ehepartner/Lebensgefährten mit einer monatlichen Vergütung von mehr als 450,00 EUR als Mitarbeiter eingestellt oder zwei Aushilfskräfte beschäftigt werden, deren monatliche Vergütung 450,00 EUR übersteigt oder aber die Franchise-Nehmer sich wechselseitig als Mitarbeiter des jeweils anderen einsetzen, weil diese zB Marketingkonzepte entwickeln. Voraussetzung für den Erfolg solcher Strategien ist aber immer, dass dann ein Vertrag abgeschlossen wird, der einem sog. Fremdvergleich standhält, dh dieser Vertrag einem Vertrag entspricht, der auch mit fremden Dritten abgeschlossen und durchgeführt worden würde[22].

D. § 2 Nr. 9 SGB VI unter wirtschaftlicher Betrachtungsweise?

14   Trotz der BSG-Entscheidung vom 4.11.2009 zeigt sich zumindest in den Entscheidungen der Instanzgerichte ein Vorrang einer wirtschaftlichen Betrachtungsweise gegenüber einer nur formellen, auf den Wortlaut des § 2 Nr. 9 SGB VI abzustellenden Betrachtungsweise.

15   Eine derartige Betrachtungsweise schließt auch das Bundessozialgericht in seinem Urteil vom 4.11.2009 nicht gänzlich aus. Insofern heißt es nämlich in den Entscheidungsgründen:

16   *„... Ob überhaupt und inwieweit für Franchise-Nehmer durch Ausgestaltung ihrer Tätigkeiten Optionen bestehen, eine Einbeziehung in die Rentenversicherungspflicht zu vermeiden, braucht der Senat hier nicht zu entscheiden ..."*

17   Aus dieser Formulierung folgt in der Umkehrung, dass es durchaus vertragliche Gestaltungen geben kann, bei denen ein selbständiger Franchise-Nehmer nicht der Rentenversicherungspflicht iSv § 2 Nr. 9 SGB VI unterliegt. Dies eröffnet auch eine wirtschaftliche Betrachtung.

18   **Entscheidend** wird also in **Zukunft** sein, ob die **rein formale** oder die **wirtschaftliche Betrachtungsweise** in der Rechtsprechung der Sozialgerichte den Vorrang erhalten wird. Führt die wirtschaftliche Betrachtungsweise zu einer sozialen Schutzbedürftigkeit, wird von einer Rentenversicherungspflicht gem. § 2 Nr. 9 SGB VI dieses Franchise-Nehmers auszugehen sein. Ist dessen Tätigkeit hingegen durch eine unternehmerische Tätigkeit gekennzeichnet, die der eines Unternehmers iSv § 14 BGB entspricht, so wird eine Rentenversicherungspflicht nach § 2 Nr. 9 SGB VI zu verneinen sein.

E. Rechtsprechung der sozialgerichtlichen Instanzgerichte

I. Urteil des SG Detmold vom 9.2.2010

19   Einen ersten Ansatzpunkt für diese wirtschaftliche Betrachtungsweise lieferte bereits die Entscheidung des SozG Detmold vom 9.2.2010[23].

20   In dieser Entscheidung verneint das SozG Detmold, dass der Franchise-Geber eines sog. selbständigen Schuldenberaters alleiniger Auftraggeber iSv § 2 Nr. 9 SGB VI ist. Das SozG Detmold geht in dieser Entscheidung davon aus, dass der **Begriff** des **Auftraggebers wirtschaftlich auszulegen** sei, dh dann nicht von einer Abhängigkeit von einem Auftraggeber ausgegangen werden könne, wenn dem Franchise-Nehmer sowohl eine wirtschaftliche als auch eine unternehmerische Freiheit verbleibe.

---

[22] Vgl. zum Ganzen: Plagemann/Ratke/Schwenzer NJW 2010, 2481 ff.; Flohr SGb 2011, 44 ff.
[23] S 20 R 169/08.

Dies korrespondiert auch mit vorliegenden nach der Entscheidung des BSG vom **21** 4.11.2009 ergangenen Bescheiden der Rentenversicherungsträger, bei denen eine Rentenversicherungspflicht selbständiger „stand alone Franchise-Nehmer" gem. § 2 Nr. 9 SGB VI verneint wird, soweit diese über einen umfassenden Geschäftsbetrieb verfügen und dieser Geschäftsbetrieb zugleich dokumentiert, dass es um unternehmerisches Handeln geht; diese Franchise-Nehmer also nicht einer Tätigkeit nachgehen, die der eines abhängig Tätigen gleicht, also insoweit eine wirtschaftliche Schutzbedürftigkeit nicht gegeben ist[24]. Genau diese Betrachtung entspricht dem Gesetzeszweck als Vorschrift zum Schutz wirtschaftlich abhängig Tätiger. Diese **ratio legis** wird damit zum **Beurteilungsmaßstab** für eine etwaige **Rentenversicherungspflicht – nicht** aber die Frage der **Auftraggebereigenschaft des Franchise-Gebers**.

II. Urteil des LSG Baden-Württemberg vom 4.3.2009

Dieser Entscheidung des LSG Baden-Württemberg vom 4.3.2009[25] lässt sich ebenfalls **22** entnehmen, dass bei der Auslegung des § 2 Nr. 9 SGB VI die wirtschaftliche Betrachtungsweise vorherrscht. Dies wird bereits mit dem ersten Leitsatz der Entscheidung ausgedrückt, wenn es dort heißt:

> *„Bei der Auslegung des § 2 S. 1 Nr. 9b SGB VI müssen im Hinblick darauf, dass der* **23** *Gesetzgeber den von dieser Vorschrift erfassten selbständigen Tätigen sozialen, namentlich wirtschaftlichen Schutz durch die gesetzliche Rentenversicherung zukommen lassen will, vor allem wirtschaftliche Gesichtspunkte berücksichtigt werden".*

Damit wird auch mit diesem Leitsatz hervorgehoben, dass die wirtschaftliche Betrach- **24** tungsweise bei der Anwendung des § 2 Nr. 9 SGB VI vorherrscht und nicht formell auf die Buchstaben des Gesetzes abzustellen ist – also die wirtschaftliche Betrachtungsweise bei der Beurteilung der Rentenversicherungspflicht Vorrang hat, deren Anwendung man in der Entscheidung des Bundessozialgerichtes vom 4.11.2009 vermisst.

III. Urteil des LSG Niedersachsen-Bremen vom 17.11.2010

In dieser Entscheidung hat das LSG Niedersachsen-Bremen[26] zum einen festgestellt, dass **25** gegen den Pflichtversicherungstatbestand des § 2 Nr. 9 SGB VI keine verfassungsrechtlichen Bedenken bestehen. Dieser Frage war das Bundessozialgericht in seiner Entscheidung vom 4.11.2009 nur am Rande nachgegangen.

Zum anderen wird aber auch vom LSG Niedersachsen-Bremen betont, dass eine wirt- **26** schaftliche Betrachtungsweise bei § 2 Nr. 9 SGB VI anzuwenden ist, insbesondere wenn es darum geht, die Umsätze eines Franchise-Nehmers zu erfassen, um daraus entweder auf eine wirtschaftlich abhängige Tätigkeit (dann Rentenversicherungspflicht) oder aber auf eine unternehmerische Tätigkeit (keine Rentenversicherungspflicht) schließen zu können.

IV. Urteil des SG Düsseldorf vom 18.4.2011

Das SozG Düsseldorf hat sich in seinem Urteil vom 18.4.2011[27] umfassend mit der **27** Rentenversicherungspflicht selbständiger Absatzmittler gem. § 2 Nr. 9 SGB VI befasst. Teilweise werden die Grundsätze der Entscheidung des Bundessozialgerichts vom 4.11.2009 wiederholt; teilweise wird aber auch klargestellt, die wirtschaftliche Betrach-

---

[24] Siehe dazu auch Fuchs/Preis, Versicherungsrecht, S. 754, insbesondere S. 760 ff.; Reinhardt SGB VI Rn. 20; Kreikebohm/Spellbrink/Waltermann/Berchtold SGB VI § 2 Rn. 15 f.
[25] L 5 R 6176/06, nv.
[26] L 2 R 445/10, nv.
[27] S 52 R 581/10, nv.

tungsweise sei für § 2 Nr. 9 SGB VI entscheidend, wenn es darum gehe, eine Rentenversicherungspflicht selbständiger Absatzmittler festzustellen oder nicht.

28   Diese Gedanken ergeben sich auch aus den drei Leitsätzen, die das SozG Düsseldorf in seinem Urteil vom 18.4.2011 seiner Entscheidung vorangestellt hat. In diesen Leitsätzen heißt es:

29   *Nach § 2 S. 1 Nr. 9 SGB VI unterliegen der Versicherungspflicht selbständig tätige Personen, die im Zusammenhang mit ihrer selbständigen Tätigkeit regelmäßig keinen versicherungspflichtigen Arbeitnehmer beschäftigen, und auf Dauer und im Wesentlichen nur für einen Auftraggeber tätig sind.*

§ 2 S. 1 Nr. 9 SGB VI bezieht selbständig Tätige in die Rentenversicherungspflicht ein, die nach Auffassung des Gesetzgebers nicht weniger sozial schutzbedürftig sind als die sonstigen von § 2 S. 1 SGB VI erfassten Selbständigen. Als kennzeichnend für diesen Personenkreis wurde nicht die Zugehörigkeit zu bestimmten Berufsgruppen, sondern wurden vielmehr typische Tätigkeitsmerkmale angesehen, und zwar insbesondere das Merkmal, auf Dauer und im Wesentlichen nur für einen Auftraggeber tätig zu sein (und seinerseits keinen versicherungspflichtigen Arbeitnehmer zu beschäftigen). Dieser Voraussetzung kommt eine Indizwirkung für die wirtschaftliche Lage des selbständig Tätigen zu. Ist der Betroffene (im Wesentlichen) nur für einen Auftraggeber tätig, dann ist typischerweise (von diesem) wirtschaftlich abhängig und bedarf damit – wiederum im Rahmen der vom Gesetzgeber zugrunde gelegten typisierenden Betrachtungsweise – des Schutzes durch die Rentenversicherung. Die Rentenversicherungspflicht setzt auch in diesem Zusammenhang nicht die individuelle soziale Schutzbedürftigkeit des Versicherungspflichtigen voraus, sondern beruht auf der Erfüllung des formalen gesetzlichen Tatbestandes, in dem nach Auffassung des Gesetzgebers die soziale Schutzbedürftigkeit typisierend verkörpert ist.

Es genügt auch eine tatsächliche – wirtschaftliche – Abhängigkeit im Wesentlichen von einem einzigen Auftraggeber. Für diese Frage ist nicht auf die eingesetzte Arbeitszeit, sondern auf das erzielte Einkommen des Betroffenen abzustellen, da hierin maßgeblich der Grad wirtschaftlicher Abhängigkeit zum Ausdruck kommt. Es kann dahingestellt bleiben, inwieweit eine für alle Fallgestaltungen gleichermaßen gültige, zahlenmäßige exakte Festlegung der (einkommensbezogenen) Wesentlichkeitsgrenze des § 2 S. 1 Nr. 9 SGB VI möglich ist. Es ist von wirtschaftlicher Abhängigkeit im beschriebenen Sinne auszugehen, wenn der Betroffene mindestens fünf Sechstel seiner gesamten Einkünfte aus den zu beurteilenden Tätigkeiten alleine aus einer dieser Tätigkeiten erzielt. Der Berechnung sind die Bruttoeinkünfte zugrunde zu legen.

30   Mit dem **ersten Leitsatz** bestätigt das Sozialgericht Düsseldorf den Anwendungsbereich des § 2 Nr. 9 SGB VI iSd Entscheidung des Bundessozialgerichtes vom 4.11.2009.

31   Durch den **zweiten** und **dritten Leitsatz** wird zum Ausdruck gebracht, dass aber nur dann von einer rentenversicherungspflichtigen Tätigkeit ausgegangen werden kann, wenn unter Zugrundelegung der wirtschaftlichen Betrachtungsweise festgestellt wird, dass der jeweilige Franchise-Nehmer einem abhängig Tätigen vergleichbar sozial schutzbedürftig ist.

32   Neu ist allerdings, dass das Sozialgericht Düsseldorf im **dritten Leitsatz** der Entscheidung betont, dass auch eine tatsächliche – wirtschaftliche – Abhängigkeit im Wesentlichen von einem einzigen Auftraggeber, dem Franchise-Geber, genügt, um eine Rentenversicherungspflicht nach § 2 Nr. 9 SGB VI anzunehmen. Soweit zur Beurteilung dieser wirtschaftlichen Abhängigkeit auf die sog. „⁵/₆-tel Regelung" abgestellt wird, ist dies eine Betrachtungsweise, die auch bereits das Bundessozialgericht in seiner Entscheidung am 4.11.2009 angestellt hat. Darin liegt nämlich ein Rückgriff auf die Anwendungsschreiben der Sozialversicherungsträger vom 3.2.1999[28] und vom 27.4.1999[29] der seinerzeitigen Regelung des § 7 SGB IV aF zur Rentenversicherungspflicht sog. Scheinselbständiger.

---

[28] BB 1999, 1471.
[29] BB 1999, 1500 (1552).

Dabei ist allerdings zu berücksichtigen, dass diese Vorschrift mit der Einführung der sog. Ich-AG im Sozialversicherungsrecht ersatzlos gestrichen wurde[30].

Diese **Überlegung** des **Sozialgerichts Düsseldorf** lässt **nur** eine **Entscheidung** zu: **33** In Franchise-Verträgen die Bezugsbindung des Franchise-Nehmers auf 80 % zu beschränken, so dass dieser mit sog. Diversifikationsprodukten mindestens 20 % seines Umsatzes erzielen, um so zu dokumentieren, dass der Franchise-Nehmer zum einen unternehmerisch tätig ist und zum anderen im Wesentlichen keine Abhängigkeit vom Franchise-Geber gegeben ist.

Die Entscheidung des Sozialgerichts Düsseldorf vom 18.4.2011 unterstreicht damit die **34** bei der Anwendung von § 2 Nr. 9 SGB VI jetzt wohl in der Rechtsprechung vorherrschende wirtschaftliche Betrachtungsweise bei der Beurteilung der Rentenversicherungspflicht.

V. Urteil des Landessozialgerichts Bayern vom 3.6.2016

Zuletzt hat sich das Landessozialgericht Bayern im Urteil vom 3.6.2016[31] mit dem Thema **35** befasst. Der Entscheidung hat das Gericht folgenden Leitsatz vorangestellt:

„… *Versicherungsmakler, der Versicherungsverträge fast ausschließlich im Rahmen einer Anbin-* **36** *dung an einen sog. Maklerpool vermarktet, ist auf Dauer im Wesentlichen nur für einen Auftraggeber tätig. …*"

In der Entscheidung werden zunächst die Grundsätze des Bundessozialgerichts vom **37** 4.11.2009[32] aufgegriffen. Allerdings ging das Bundessozialgericht noch von einer konkreten Schutzbedürftigkeit eines Franchise-Nehmers aus, um bei dessen Solo-Selbständigen-Tätigkeit eine Versicherungspflicht gem. § 2 Nr. 9 SGB VI zu begründen. Demgegenüber geht das Bayrische Landessozialgericht in einer typisierenden Betrachtung davon aus, dass Solo-Selbständige, dh Franchise-Nehmer, die keine versicherungspflichtigen Arbeitnehmer beschäftigen, typischerweise nicht in der Lage sind, so erhebliche Gewinne zu erzielen, dass diese sich außerhalb der gesetzlichen Rentenversicherung absichern können. Dabei kam noch hinzu, dass der betroffene Makler wirtschaftlich von einem sog. Maklerpool abhängig war und daraus seine Marktstellung und Besserstellung über einen singulären Makler herleitete.

Gerade diese Ausführungen im Urteil des LSG Bayern sind aber für solche Franchise- **38** Systeme von grundsätzlicher Bedeutung, bei denen Franchise-Nehmer, die als Solo-Selbständige tätig sind, neben dem Franchise-Vertrag einen sog. Dienstleistungsvertrag unterzeichnen, mit dem der Franchise-Nehmer entweder unmittelbar oder aber eine von diesem gegründete Service-Gesellschaft sämtliche organisatorischen Fragen abnimmt bis hin zur Rechnungsfakturierung gegenüber den Endverbrauchern. Bei solchen Solo-Selbständigen wird man vor dem Hintergrund der Entscheidung des Bayrischen Landessozialgerichtes zu überdenken haben, ob nicht hier in einer typisierenden Betrachtung von einer Rentenversicherungspflicht gem. § 2 Nr. 9 SGB VI auszugehen ist.

Soweit versucht wird, der Rentenversicherungspflicht dadurch entgegenzuwirken, indem **39** Ehegatten oder Familienangehörige als geringfügig Beschäftigte angestellt werden, werden von der Deutsche Rentenversicherung BUND strenge Anforderungen an ein solches Anstellungsverhältnis gestellt, die mit den Anforderungen vergleichbar sind, die die Finanzverwaltung für die Anerkennung eines Arbeitsvertrages unter Ehegatten oder mit Familienangehörigen verlangt, dh der insoweit vom Sololselbständigen Franchise-Nehmer abgeschlossene Vertrag muss einem sog. „Fremdvergleich" standhalten.[33]

---

[30] Vgl. dazu: Flohr, Franchise-Vertrag, S. 86 f.
[31] ZVertriebsR 2016, 347.
[32] NJW 2009, 3539.
[33] Vgl. aus der finanzgerichtlichen Rechtsprechung BFH BStBl. II 1996, 153.

F. Auftraggeberbegriff und wirtschaftliche Betrachtungsweise

40   Der Auftraggeberbegriff in § 2 Nr. 9 SGB VI ist, obwohl dies aufgrund der Entscheidung des BSG vom 4.11.2009 zu vermuten wäre, nicht nur formal, sondern aufgrund einer wirtschaftlichen Betrachtungsweise zu bestimmen[34].

41   Führt die wirtschaftliche Betrachtungsweise dazu, dass der Franchise-Nehmer unternehmerisch tätig ist, was sich etwa im Geschäftsbetrieb als solchem aber auch den erzielten Umsätzen aber auch seiner Organisations-, Personal- und Preishoheit ausdrücken kann, so liegt keine Rentenversicherungspflicht nach § 2 Nr. 9 SGB VI vor. Diese wirtschaftliche Betätigung wird insbesondere dann angenommen, wenn der Franchise-Nehmer einen Teil seines Umsatzes selbst bestimmen kann. Dies zeigt insbesondere die Entscheidung des SozG Düsseldorf unter Hinweis auf die sog. „$5/6$-tel Betrachtungsweise". Insofern sollte die Bezugsbindung eines Franchise-Nehmers grundsätzlich auf 80 % beschränkt sein und diesem 20 % Umsatz mit sog. Diversifikationsprodukten oder Diversifikationsdienstleistungen eingeräumt werden.

42   Zugleich löst man damit auch die Frage der kartellrechtlichen Zulässigkeit einer Bezugsbindung bei Franchise-Verträgen, die ebenfalls unter Rückgriff auf die EuGH-Entscheidung vom 28.1.1986[35] und die des OLG Düsseldorf vom 11.4.2007[36] nur 80 % des EK-Umsatzes des Franchise-Nehmers betragen sollte, um entsprechend Art. 4 der Vertikal-GVO ein Wettbewerbsverbot auch über 5 Jahre hinaus vereinbaren zu können.

G. Selbständigkeit des Franchise-Nehmers

43   Soweit es im Übrigen um die Selbständigkeit des Franchise-Nehmers geht, kann insofern iSd Entscheidung des Sozialgerichts Düsseldorf vom 18.4.2011 auf die Selbständigkeitskriterien des § 84 Abs. 1 HGB zurückgegriffen werden. Danach ist insbesondere ein Franchise-Nehmer selbständiger Kaufmann iSv § 84 Abs. 1 BGB, wenn diesem die Organisations-, Personal- und Preishoheit verbleibt. Dies ist bereits vom Bundesgerichtshof in der sog. Vom Fass-Entscheidung vom 16.2.2002[37] festgestellt worden. Zwar diente diese Entscheidung dazu, den Begriff eines Franchise-Nehmers von dem eines Arbeitnehmers abzugrenzen, doch kann auf diese arbeitsrechtliche Entscheidung auch zur Beurteilung der Selbständigkeit iSd Sozialversicherungsrechts und damit bei der Anwendung von § 2 Nr. 9 SGB VI zurückgegriffen werden.

44   Allerdings muss gesehen werden, dass dieser Rückgriff auf § 84 Abs. 1 HGB dann nicht greift, wenn sich die Betrachtung des Bayrischen Landessozialgerichtes im Urteil vom 3.6.2016 durchsetzt, wonach in einer typisierenden Betrachtung festzustellen ist, ob der Solo-Selbständige wirtschaftlich abhängig ist oder nicht. Dann kommt es nämlich nicht mehr auf die Frage der Organisations-, Personal- und Preishoheit des Soloselbständigen Franchise-Nehmers an.

H. Vermeidungsstrategien

45   Wird allerdings durch einen Franchise-Nehmer kein versicherungspflichtiger Mitarbeiter mit einem monatlichen Einkommen von mehr als 450,00 EUR beschäftigt, so stellt sich

---

[34] Insofern gelten für diese wirtschaftliche Betrachtungsweise die gleichen Grundsätze wie beim Steuerrecht. dazu: Tipke/Lang, Steuerrecht, 24. Auflage, Köln 2021, Rn. 5.116 ff. mwN.

[35] NJW 1986, 1415 – PRO NUPTIA.

[36] BB 2009, 2159 – BODY SHOP – dazu Flohr BB 2009, 2159.

[37] NJW-RR 2003, 277; dazu Flohr, Franchise-Vertrag, S. 79 ff. muN; siehe insgesamt zur Rechtsprechung: Giesler/Nauschütt Franchiserecht Kap. 10 Rn. 10–57; siehe auch aus der neueren Rechtsprechung: LAG Berlin ZVertriebsR 2012, 384.

für einen solchen „stand alone-Franchise-Nehmer" die Frage, wie hier durch Gestaltung des Franchise-Vertrages eine mögliche Rentenversicherungspflicht nach § 2 S. 1 Nr. 9 SGB VI vereinbart werden kann.

I. Beschränkung der Bezugsbindung

Schon im sog. Anwendungsschreiben der Sozialversicherungsträger vom 3.2.1999[38], **46** ergänzt durch das zweite Anwendungsschreiben vom 27.4.1999[39] zu § 7 Abs. 4 SGB IV aF musste der Franchise-Nehmer, um der Abhängigkeit vom Franchise-Geber als dem alleinigen Auftraggeber und damit der Einordnung als Scheinselbständigen zu entgehen, mindestens 1/6 seines Umsatzes mit selbst eingekauften Produkten oder Dienstleistungen erzielen.

Insofern könnte eine Lösungsmöglichkeit darin bestehen, dass die Bezugsbindung des **47** Franchise-Nehmers auf 80 % seines EK-Umsatzes beschränkt wird und dieser weitere 20 % seines Umsatzes mit von ihm selbst ausgewählten sog. Diversifikationsprodukten erzielen kann, also solchen Produkten, die der Franchise-Nehmer in eigener Verantwortung ein- und verkauft[40]. Ob allerdings diese Argumentation vor dem Hintergrund der Entscheidung des Bundessozialgerichtes vom 4.11.2009 greift, erscheint fraglich.

Das BSG geht nämlich davon aus, dass der Franchise-Nehmer deswegen als alleiniger **48** Auftragnehmer des Franchise-Gebers einzuordnen ist, weil dieser dessen Absatzkonzept an seinem Point of Sale umsetzt. Stellt man demgemäß ausschließlich auf die Überlassung des Franchise-Konzeptes als solchem ab, so ist es ohne Bedeutung, ob die Bezugsbindung des Franchise-Nehmers 100 % oder nur 80 % beträgt oder möglicherweise überhaupt keine Bezugsbindung für die vom Franchise-Nehmer abzusetzenden Produkte besteht. Entscheidend ist lediglich die Überlassung des Franchise-Konzeptes durch den Franchise-Geber an den Franchise-Nehmer auf der Grundlage des abgeschlossenen Franchise-Vertrages.

II. Beschäftigung von Mitarbeitern/Ehegattenverhältnis

Da eine Rentenversicherungspflicht iSv § 2 S. 1 Nr. 9 SGB VI dann nicht besteht, wenn **49** der Franchise-Nehmer einen rentenversicherungspflichtigen Mitarbeiter mit einer Vergütung von mehr als 450,00 EUR beschäftigt, ist zu überlegen, ob nicht, wenn fremde Dritte nicht beschäftigt werden, zumindest die Mitarbeit eines Angehörigen in Betracht kommt[41].

Rechtsgrundlage für den Ausschluss der Versicherungspflicht durch die Mitarbeit von **50** Angestellten ist § 2 S. 1 Nr. 9a SGB VI. Danach muss feststehen, dass es sich tatsächlich um ein Arbeitsverhältnis zwischen dem Franchise-Nehmer und den Familienangehörigen handelt. Insofern muss der Franchise-Nehmer gegenüber den Familienangehörigen weisungsberechtigt sein[42]. Ähnlich wie bei der steuerrechtlichen Beurteilung eines Familienarbeitsrechtsverhältnisses ist deshalb entscheidend, ob das Beschäftigungsverhältnis mit dem Angehörigen tatsächlich im Sinne eines Arbeitsverhältnisses gelebt wird[43]. Nur wenn dieses „tatsächliche Leben des Arbeitsverhältnisses" festgestellt werden kann, kann in entsprechender Weise durch Beschäftigung eines Familienangehörigen des Franchise-Nehmers dessen Rentenversicherungspflicht gem. § 2 S. 1 Nr. 9a SGB VI ausgeschlossen werden.

---

[38] BB 1999, 1471.

[39] BB 1999, 1500 (1552 ff.).

[40] Damit würde zugleich auch die kartellrechtliche Problematik einer 100 %igen Bezugsbindung gelöst – vgl. OLG Düsseldorf 11.4.2007 – VI-U Kart. 13/06, nv – Bodyshop; dazu Böhner Jahrbuch Franchising 2009, 262 ff.

[41] Siehe auch insoweit: Plagemann/Radtke-Schwenzer NJW 2010, 2481 (2482).

[42] Vgl. dazu: Gürtner in Kassler Kommentar zum Sozialversicherungsrecht, 63. Ergänzungslieferung 2009, SGB VI § 2 Rn. 9.

[43] Vgl. dazu statt aller Heinicke in Schmidt, EStG, 29. Auflage, München 2010, § 4 Rn. 520; Stichwort: Angehörigenverträge mit umfassenden Rechtsprechungsnachweisen aus der Rspr. siehe: BFH BStBl. II 1996, 153.

Nur dann hält dieser mit einem Familienangehörigen oder aber dem Ehegatten vom Soloselbständigen Franchise-Nehmer abgeschlossenen Vertrag dem sog. „Fremdvergleich" stand.

51   Natürlich ist zu beachten, dass eine gelegentliche Beschäftigung eines Angehörigen oder des Ehepartners oder Lebensgefährten, selbst wenn dieser eine Vergütung von mehr als 450,00 EUR monatlich erzielt, nicht dazu führt, dass die Rentenversicherungspflicht des Franchise-Nehmers entfällt. Vielmehr ist entscheidend, dass diese Beschäftigung **regelmäßig** erfolgt. Demgemäß entfällt die Sozialversicherungspflicht eines Franchise-Nehmers beim Beschäftigungsverhältnis mit einem Familienangehörigen oder einem Lebensgefährten oder Ehepartner dann nicht, wenn es am Kriterium der Regelmäßigkeit mangelt. Umgekehrt führt die nachträgliche Beschäftigung eines sozialversicherungsrechtlichen Arbeitnehmers oder eines Familienangehörigen/Ehegatten nicht ohne Weiteres dazu, dass die Rentenversicherungspflicht insgesamt entfällt. Vielmehr ist erforderlich, dass die Regelmäßigkeit ausdrücklich vorgetragen wird und für eine solche konkrete Anhaltspunkte bestehen.

52   Entsprechendes gilt, wenn etwa zwei Franchise-Nehmer sich wechselseitig untereinander beschäftigen und dem jeweils anderen Franchise-Nehmer dafür eine regelmäßig monatliche Vergütung von mehr als 450,00 EUR zahlen, zB für das Verteilen von Werbeflyern oder aber für die Ausarbeitung von Werbekonzepten für die regionale Werbung des jeweiligen Franchise-Nehmers. Auch hier ist entscheidend, dass dieses Anstellungsverhältnis dann tatsächlich besteht.

I. Entwicklungen in der Rechtsprechung

53   Für eine Rentenversicherungspflicht gem. § 2 Nr. 9 SGB VI ist entscheidend, dass die unternehmerische Selbstständigkeit eines Franchise-Nehmers feststeht, dieser also nicht als abhängig Tätiger im Sinne der Eismann-Beschlüsse des BAG vom 16.7.1997[44] bzw. des BGH vom 4.11.1998[45] eingestuft wird.

54   Für diese beiden Beschlüsse gelten nach wie vor die Leitsätze, die das BAG seinem Beschluss vom 16.7.1997 vorangestellt hat:

> „... *Ob eine Partei Arbeitnehmer oder arbeitnehmerähnliche Person ist, richtet sich ausschließlich danach, ob sie persönlich abhängig oder zwar rechtlich selbstständig, aber wirtschaftlich unabhängig und einem Arbeitnehmer vergleichbar schutzbedürftig ist.*
>
> *Dass ein Franchise-Nehmer den für ein solches Rechtsverhältnis typischen Bindungen unterliegt, schließt die Annahme eines Arbeitsverhältnisses nicht aus. ...*"

Seinerzeit begründete der BGH unter Ablehnung der entgegenstehenden Rechtsprechung des OLG Düsseldorf[46] damit, dass der Franchise-Nehmer nach dem abgeschlossenen Franchise-Vertrag verpflichtet gewesen sei,

- **seine Arbeitskraft ausschließlich für Eismann als Franchise-Geber einzusetzen, sodass keine Möglichkeit anderweitiger Einkünfte bestand,**
- **die Verkaufstätigkeit von vornherein darauf angelegt war, die Arbeitszeit vollständig in Anspruch zu nehmen,**
- **unter bestimmten Voraussetzungen Eismann als Franchise-Geber gestattet war, Kunden im Vertragsgebiet des Franchise-Nehmers, die dieser nicht beliefern konnte oder wollte, selbst zu beliefern,**
- **keine Angestellten beschäftigt wurden, die für den Franchise-Nehmer die Verkaufstätigkeit übernahmen, und**

---

[44] WiB 1997, 1197.
[45] ZIP 1998, 2104.
[46] ZIP 1998, 1039; siehe auch Bumiller NJW 1998, 2953.

- durch das sog. Eismann-Handbuch die Verkaufstätigkeit durch verbindliche Vorgaben geprägt war, angefangen von der Gebietserschließung über die Tourenplanung bis hin zur Beladung des Fahrzeugs und zur Gestaltung des Verkaufsgesprächs.

Diese Grundsätze haben sich mittlerweile im Zivil- und Arbeitsrecht durchgesetzt, insbesondere vor dem Hintergrund des Beschlusses des BGH vom 16.10.2002[47]. Danach beurteilt sich die Selbstständigkeit eines Franchise-Nehmers nach § 84 I HGB.

Wie wichtig die Feststellung der unternehmerischen Selbstständigkeit ist, zeigt die Entscheidung des LSG Nordrhein-Westfalen vom 9.2.2022[48]. **55**

Unter Anknüpfung der Entscheidung des BSG vom 4.11.2009[49] geht das LSG Nordrhein-Westfalen davon aus, dass in der Person eines sololselbstständigen Franchise-Nehmers die Voraussetzungen des § 2 Nr. 9 SGB VI erfüllt sind. Dieser sei

- **zum einen als selbstständiger Unternehmer tätig und**
- **beschäftigte zum anderen keinen sozialversicherungspflichtigen Arbeitnehmer.**

Insofern seien dann genau die Voraussetzungen gegeben, die bei Erlass des § 2 Nr. 9 SGB VI diskutiert worden sind.

Die Entscheidung des LSG Nordrhein-Westfalen erstaunt deswegen, weil nach der BSG-Entscheidung vom 4.11.2009 die Anwendung von § 2 Nr. 9 SGB VI auf Soloselbstständige Franchise-Nehmer als geklärt angesehen wurde. **56**

Nunmehr wird diese Diskussion erneut aufleben und damit die Frage: kann ein Franchise-Geber wirklich sozialversicherungsrechtlich als alleiniger Auftraggeber des Franchise-Nehmers angesehen werden?[50] Eine als beendet angesehene Diskussion wird also wieder aufleben – möglicherweise mit dem Ergebnis, dass der Franchise-Geber nicht alleiniger Auftraggeber des Franchise-Nehmers ist und damit solo-selbstständige Franchise-Nehmer nicht gem. § 2 Nr. 9 SGB VI rentenversicherungspflichtig sind.

Wie auch die vorangegangenen Sozial-Gerichte geht das LSG Nordrhein-Westfalen davon aus, dass eine komplette wirtschaftliche Abhängigkeit eines Franchise-Nehmers vom Franchise-Geber dann gegeben ist, wenn folgende Voraussetzungen auf Grundlage der Regelungen eines Franchise-Vertrages festgestellt werden können: **57**

- **keine Ausübung einer Tätigkeit außerhalb des Vertragsgebietes des Franchise-Vertrages;**
- **weder eigene Vorlieferungen für Betriebsmittel noch entsprechende Lieferbeziehungen;**
- **Anmietung der Räumlichkeiten für das Betreiben des Franchise-Outlets nur mit Zustimmung des Franchise-Gebers;**
- **Verlagerung des Standortes innerhalb des Vertragsgebietes nur mit Zustimmung des Franchise-Gebers;**
- **Beachtung der Empfehlungen des Franchise-Gebers für die Einrichtung und Ausgestaltung der Räumlichkeiten zur Erbringung der Leistungen;**
- **Verbot der Erbringung konkurrierender Dienstleistungen oder aktiven Marketings außerhalb des Vertragsgebietes;**
- **Möglichkeit zum Betreiben weiterer Betriebsstätten außerhalb des Vertragsgebietes nur bei Abschluss eines zusätzlichen Franchise-Vertrages;**
- **Beachtung des Know-hows des Franchise-Systems bei einer inhaltlichen Ausgestaltung des Leistungsangebots;**
- **Gebührenleistung von mehr als 40 % seiner Einnahmen;**
- **Vertragsdauer von 10 Jahren;**

---

[47] NJW-RR 2003, 277 – VOM FASS.
[48] ZVertriebsR 2022, 335.
[49] SGb 2001, 44 mAnm Flohr.
[50] Siehe dazu Flohr Jahrbuch Franchising 2011, S. 192 ff.; ders. ZVertriebsR 2022, 5, 11 ff. mwN.

- **Prüfung der Buchhaltung des Franchise-Nehmers und die Möglichkeit von Kontrollbesuchen durch den Franchise-Geber.**

Dies bedeutet, dass es auf eine Gesamtschau des abgeschlossenen Franchise-Vertrages ankommt. Dieser ist Maßstab für das verbleibende Ausmaß einer wirtschaftlichen Unabhängigkeit und des unternehmerischen Gestaltungsspielraums eines Franchise-Nehmers.

Im vorliegenden Fall ging das LSG Nordrhein-Westfalen auf der Grundlage der dargestellten Regelungen des abgeschlossenen Franchise-Vertrages davon aus, dass der Franchise-Nehmer weder rechtlich noch faktisch im nennenswerten Umfang unternehmerisch tätig werden konnte.

Es stellte demgemäß die wirtschaftliche Abhängigkeit des Franchise-Nehmers fest, die Grundgedanke des Erlasses von § 2 Nr. 9 SGB VI war und ist.

58 Es bleibt also nach wie vor bei soloselbstständigen Franchise-Nehmern nur die Empfehlung, dass dieser mind. einen sozialversicherungspflichtigen Arbeitnehmer beschäftigen muss, also eine/n Mitarbeiter/in, deren monatliche Vergütung den Betrag von € 420,– übersteigt.

Vor dem Hintergrund der Entscheidung des LSG Nordrhein-Westfalen muss man sogar empfehlen, dass mind. zwei oder drei Mitarbeiter beschäftigt werden, die in eigener Verantwortung vom Franchise-Nehmer ausgesucht werden, um so dessen unternehmerischen Gestaltungsspielraum zum Ausdruck bringen zu können.

59 Gleichzeitig zeigt die Entscheidung aber auch, dass keinesfalls in die Eigenorganisation des Franchise-Nehmers durch Regelungen des Franchise-Vertrages eingegriffen werden darf. Dies ist sozialversicherungsrechtlich aber dann auch insbesondere arbeitsrechtlich problematisch. Insofern problematisiert das LSG Nordrhein-Westfalen in seinem Urteil vom 9.2.2022 auch, dass keine eigene Gestaltung des Stundenplans durch den Franchise-Nehmer möglich gewesen wäre.

60 Einem Franchise-Nehmer muss daher die Möglichkeit gegeben werden:

- **seinen Geschäftsbetrieb im Rahmen des ihm zugewiesenen Vertragsgebietes selbst zu organisieren,**
- **grundsätzlich seine Arbeitszeit selbst festzulegen.**

Das letztgenannte Kriterium darf jedoch nicht restriktiv gehandhabt werden. Es versteht sich von selbst, dass in der Regel im Franchise-Handbuch Vorgaben zu den Öffnungszeiten enthalten sind, um so dem Franchise-Nehmer darzustellen, welche Öffnungszeiten für eine Umsatz- und Gewinnmaximierung zu beachten sind. Starre Richtzeiten sind hier unangebracht.

Das Maß der „Freiheitsgestaltung" in den Arbeitszeiten[51] muss entsprechend den Anforderungen der Geschäftsart eingeengt oder ausgeweitet werden. Entscheidend ist bei diesen Abreden immer das Gesamtbild der Vereinbarung. Abreden über Ort und Zeit und Leistung sind zulässig. So wird auch die Selbstständigkeit eines Handelsvertreters nicht berührt, wenn diesem feste Tourenpläne vorgegeben werden[52].

Betreibt der Franchise-Nehmer ein Einzelhandelsgeschäft, so müssen sich dessen Öffnungszeiten an den gesetzlichen Öffnungszeiten orientieren. Ebenso ist es für das Image und die Funktionsfähigkeit eines unter derselben Marke und Geschäftsbezeichnung operierenden Franchise-Systems mit zahl-reichen Verkaufsstellen notwendig, die Urlaubs- und Vertretungszeiten aufeinander abzustimmen. Dies liegt auch im Interesse des Franchise-Nehmers, da diese sich ja als Teil eines Verbundsystems verstehen[53].

61 Allerdings ist die Entscheidung des LSG Nordrhein-Westfalen vom 9.2.2022 noch nicht als Schlusspunkt zur Frage der Rentenversicherungspflicht eines Franchise-Nehmers, der Dienstleistungen anbietet, anzusehen. Genau darin liegt die besondere Bedeutung dieses Urteils. Vielmehr geht das LSG Nordrhein-Westfalen in seinem Urteil vom 9.2.2022 davon

---

[51] So Skaupy Jahrbuch Franchising 1990, 98, 108.
[52] Vgl. dazu BGH NJW 1982, 1758; OLG Stuttgart BB 1970, 1112.
[53] So zu Recht Skaupy Jahrbuch Franchising 1990, 98, 108.

aus, dass dem Verfahren grundsätzliche Bedeutung gem. § 160 II Nr. 1 SGG zukommt. Insofern wurde ausdrücklich die Revision zum Bundessozialgericht zugelassen.

Begründet wird dies damit, dass das BSG in seiner Entscheidung vom 4.11.2009 zwar Absatzvermittlungsverhältnisse für Waren und/oder Dienstleistungen anspricht, jedoch keine höchstrichterliche Entscheidung zu Dienstleistungen vermarkender Franchise-Nehmer vorliegt.

Es wird also das Revisionsverfahren vor dem BSG abzuwarten sein. Allerdings muss man sich nicht auf eine schnelle Entscheidung einstellen. Das Verfahren, das seinerzeit durch das BSG mit der Grundsatzentscheidung vom 4.11.2009 entschieden wurde, zog sich in der Revisionsinstanz über 2 Jahre hin.

In diesen Kreis der neueren Sozialgerichtlichen Entscheidungen passt sich das Urteil des **62** LSG Berlin-Brandenburg vom 29.6.2022[54] ein.

Diese Entscheidung befasst sich mit der Scheinselbstständigkeit eines Kurierfahrers und damit eines Solo-Selbstständigen. Das LSG Berlin-Brandenburg stellt fest, dass ein für ein Transportunternehmen tätiger Kurierfahrer sozialversicherungsrechtlich nicht selbstständig tätig, sondern abhängig beschäftigt ist, insofern also das Transportunternehmen Beiträge zur Kranken-, Renten-, Arbeitslosen- und Pflegeversicherung zu entrichten bzw. nachzuzahlen hat.

Bei dem Sachverhalt, über den das LSG Berlin-Brandenburg zu entscheiden hatte, **63** erstaunt diese Konsequenz nicht; von selbstständiger Tätigkeit des Kurierfahrers „keine Spur".

Der Kurierfahrer führte in den Jahren 2016 und 2017 Transportaufträge durch, die das Unternehmen ihm über ein Funksystem vermittelte. Nach Abschluss eines Rahmenvertrages unter Hinweis auf „organisatorische Tipps" und „Arbeitsanleitungen" in einem Handbuch hatte der Transportfahrer bei den Kunden des Unternehmens Transportgüter abzuholen und auszuliefern, nachdem ihm entsprechende Aufträge von der Unternehmenszentrale per Funk übermittelt worden waren.

Der Kurierfahrer hatte dazu selbst ein entsprechendes Gewerbe angemeldet, führte die Fahrten mit eigenem Fahrzeug durch, hat aber seinerseits weder eigene Mitarbeiter noch einen Betrieb. Ihm gegenüber erstellte das Unternehmen monatliche Abrechnungen auf der Grundlage der ermittelten Transportkilometer und zog von der Vergütung eine Verwaltungspauschale ab.

Das LSG Berlin-Brandenburg geht – zu Recht – unter Würdigung der Gesamtumstände **64** davon aus, dass hier die Tätigkeit des Kurierfahrers keine unternehmerischen Freiräume ermöglicht. Dieser habe den jeweiligen Einzelauftrag angenommen bzw. habe das Transportunternehmen diesen an ihn vergeben, er sei fortan fremdbestimmt in die Arbeitsorganisation des Unternehmens eingegliedert gewesen.

Während es in der Entscheidung des LSG Nordrhein-Westfalen vom 9.9.2022 nicht um **65** die Selbstständigkeit des betroffenen Franchise-Nehmers geht – diese stand nämlich außer Frage, da eine Rentenversicherungspflicht gem. § 2 Nr. 9 SGB VI nur für selbstständige Unternehmer besteht – geht es in der Entscheidung des LSG Berlin-Brandenburg darum, überhaupt erst zu prüfen, ob der Kurierfahrer selbstständig oder abhängig tätig ist.

Kommt man nämlich zum Ergebnis, dass keine Selbstständigkeit des Kurierfahrers vor- **66** liegt, so ist dieser nicht rentenversicherungspflichtig gem. § 2 Nr. 9 SGB VI, sondern ist in die Arbeitsorganisation des Transportunternehmens eingegliedert, dh dieser ist wie ein abhängig Tätiger (Arbeitnehmer) zu beurteilen, sodass Beiträge in die Rentenversicherung nicht nur von dem Kurierfahrer, sondern auch gleichzeitig von dem Unternehmen zu entrichten sind.

Auch bei Solo-Selbstständigen/Ein-Mann-Franchise-Nehmern würde keine Rentenver- **67** sicherungspflicht gem. § 2 Nr. 9 SGB VI bestehen, wenn diese aufgrund der Vorgaben des Franchise-Vertrages so stark in die Unternehmensorganisation des Franchise-Systems einge-

---

[54] ZVertriebsR 2022, 335.

gliedert sind, dass diese nicht mehr als Selbstständige (dann keine Rentenversicherungspflicht gem. § 2 Nr. 9 SGB VI) anzusehen sind, sondern als Scheinselbstständige mit der Konsequenz, dass Beiträge in die Rentenversicherung sowohl vom Franchise-Geber als auch vom Franchise-Nehmer zu entrichten sind – so als wenn dieser Solo-Selbstständiger/Ein-Mann-Franchise-Nehmer Arbeitnehmer des Franchise-Gebers wäre.

68   Beide Entscheidungen, dh die des LSG Nordrhein-Westfalen vom 9.2.2022 und die des LSG Berlin-Brandenburg vom 19.6.2022 beleuchten demgemäß zwei Aspekte eines Solo-Selbstständigen/Ein-Mann-Franchise-Nehmers:

- **Zum einen bei dessen anerkannter Selbstständigkeit und Nichtbeschäftigung von Mitarbeitern dessen Rentenversicherungspflicht gem. § 2 Nr. 9 SGB VI.**
- **Zum anderen: bei festgestellter Unselbstständigkeit und Eingliederung in die Unternehmensorganisation des Franchise-Gebers die Verpflichtung zur Leistung von Beiträgen in die Kranken-, Renten-, Arbeitslosen- und Pflegeversicherung sowohl durch den Franchise-Geber als auch durch den Franchise-Nehmer.**

Damit wird auch durch die Entscheidung des LSG Berlin-Brandenburg vom 29.6.2022 noch einmal klargestellt, dass zu enge Vorgaben eines Franchise-Vertrages dazu führen können, dass ein Solo-Selbstständiger/Ein-Mann-Franchise-Nehmer nicht mehr als selbstständig i. S. v. § 2 Nr. 9 SGB VI, sondern als Scheinselbstständiger mit der Konsequenz der Arbeitnehmereigenschaft einzuordnen ist.

69   Beide Entscheidungen zeigen also erneut auf, wie wichtig es ist, dass Solo-Selbstständigen/Ein-Mann-Franchise-Nehmern ein genügender unternehmerischer Freiraum verbleibt, damit diese überhaupt als selbstständige Unternehmer eingestuft werden können und gleichzeitig, um eine Rentenversicherungspflicht gem. § 2 Nr. 9 SGB VI zu vermeiden, weitere sozialversicherungspflichtige Arbeitnehmer durch diesen Solo-Selbstständigen/Ein-Mann-Franchise-Nehmer beschäftigt werden müssen.

J. Rentenversicherungspflicht von Handelsvertretern

70   Die Frage der Anwendbarkeit des § 2 Nr. 9 SGB VI bei Handelsvertretern stellt sich nicht, da die gesetzlichen Regelungen auf Handelsvertreter und damit auch auf Handelsvertreterverträge keine Anwendung finden. Insofern kann eine Rentenversicherungspflicht eines Handelsvertreters nicht gem. § 2 Nr. 9 SGB VI begründet werden.

71   Allerdings gilt die Nichtanwendung für § 2 Nr. 9 SGB VI nur für **echte Handelsvertreter.** Übernimmt ein Handelsvertreter unternehmerisches Risiko, zB durch den Aufbau einer Vertriebsorganisation, durch Aufbau eines Warenlagers, so ist dieser als sog. **„unechter Handelsvertreter"**[55] einzustufen. Ein solcher unechter Handelsvertreter ist aber wie ein Franchise-Nehmer anzusehen, dh dieser ist ein selbständiger Vertriebspartner. Auf einen solchen unechten Handelsvertreter findet § 2 Nr. 9 SGB VI Anwendung, dh dieser kann der Rentenversicherungspflicht für Selbständige unterliegen.

72   Allerdings zeigt die Entscheidung des SG Frankfurt/Main vom 3.8.2021[56], dass auch dieser scheinselbständig und damit sozialversicherungspflichtig sein kann – nämlich dann, wenn dessen Weisungslage so stark durch das Unternehmen ausgestaltet ist, dass durch die bewirkten Einschränkungen dessen unternehmerische Freiheit in ihrem Kerngehalt beeinträchtigt ist.

Dieser ist dann zugleich auch ein „unechter Handelsvertreter", sodass auf den Handelsvertretervertrag die EU-Gruppenfreistellungsverordnung für vertikale Vertriebsbindungen

---

[55] Siehe zur Differenzierung zwischen „echtem" und „unechtem" Handelsvertreter und zur Bedeutung dieser Differenzierung für die rechtliche Einordnung des Handelsvertreters und die rechtliche Beurteilung des Handelsvertretervertrages Semler ZVertriebsR 2012, 156 ff.; LFP/Petsche § 7 Rn. 41–46; siehe insgesamt Wank ZVertriebsR 2022, 207.
[56] ZVertriebsR 2022, 372 mAnm Happ.

(EU-VO 720/2022) zur Anwendung kommt und jegliche Preisbindung des Handelsvertreters kartellrechtswidrig ist.

K. Rentenversicherungspflicht von Vertragshändlern

Da Vertragshändler ebenfalls das Absatzkonzept wie Franchise-Nehmer an ihrem Point **73** of Sale einsetzen, ist insofern das Unternehmen im Verhältnis zum Vertragshändler auf der Grundlage der Entscheidung des BSG vom 4.11.2009 als alleiniger Auftraggeber anzusehen. Insofern wäre auch beim Vertragshändler die erste Voraussetzung des § 2 Nr. 9 SGB VI erfüllt. Ein Vertragshändlerbetrieb mit angeschlossener Kfz-Werkstatt beschäftigt aber in der Regel mehr als einen Mitarbeiter mit einer monatlichen Vergütung von mehr als 400,00 EUR. Insofern sind Vertragshändler – von Ausnahmen abgesehen – nicht als Solo-Selbständige anzusehen. Insofern kann über § 2 Nr. 9 SGB VI auch keine Rentenversicherungspflicht eines Vertragshändlers begründet werden.

L. Rentenversicherungspflicht von Kommissionsagenten

Da Kommissionsagenten idR für mehrere Kommittenten tätig sind, kommt § 2 Nr. 9 **74** SGB VI keine Bedeutung zu. Ist der Kommissionsagent aber nur für einen Kommittenten dauerhaft tätig, kommt § 2 Nr. 9 SGB VI zur Anwendung.

§ 7 Abs. 4 (a. F.) Scheinselbständigkeit von Vertriebspartnern

G17 § 7 IV SGB IV – i. d. F. vom 1.1.1999 bis 31.3.1999
Bisherige Fassung von § 7 Abs. 4 SGB IV i. d. F. des Gesetzes zu Korrekturen in der Sozialversicherung und zur Sicherung der Arbeitnehmerrechte vom 19.12.1998 (BGBl. I S. 3843 – eingefügt mit Wirkung vom 1.1.1999 –):

(4) [1] **Bei Personen, die erwerbsmäßig tätig sind und**

1. **im Zusammenhang mit ihrer Tätigkeit mit Ausnahme von Familienangehörigen keinen versicherungspflichtigen Arbeitnehmer beschäftigen,**
2. **regelmäßig und im Wesentlichen nur für einen Auftraggeber tätig sind,**
3. **für Beschäftigte typische Arbeitsleistungen erbringen, insbesondere Weisungen des Auftraggebers unterliegen und in die Arbeitsorganisation des Auftraggebers eingegliedert sind, oder**
4. **nicht aufgrund unternehmerischer Tätigkeit am Markt auftreten,**

wird vermutet, dass sie gegen Arbeitsentgelt beschäftigt sind, wenn mindestens zwei der genannten Merkmale vorliegen. [2] **Satz 1 gilt nicht für Handelsvertreter, die im Wesentlichen frei ihre Tätigkeit gestalten und über ihre Arbeitszeit bestimmen können.** [3] **Familienangehörige im Sinne des Satzes 1 Nr. 1 sind**

1. **der Ehegatte sowie**
2. **Verwandte bis zum zweiten Grade,**
3. **Verschwägerte bis zum zweiten Grade,**
4. **Pflegekinder (§ 56 Abs. 2 Nr. 2 des Ersten Buches) des Versicherten oder seines Ehegatten.**

[4] **Auftraggeber gelten als Arbeitgeber.**
G12 § 7 IV SGB IV – i. d. F. vom 1.1.2002 bis 31.12.2002

(4) [1] **Bei einer erwerbsmäßig tätigen Person, die ihre Mitwirkungspflichten nach § 206 des Fünften Buches Sozialgesetzbuch oder nach § 196 Abs. 1 des Sechsten Buches Sozialgesetzbuch (SGB VI § 196 G0) nicht erfüllt, wird vermutet, dass sie beschäftigt ist, wenn mindestens drei der folgenden fünf Merkmale vorliegen:**

1. Die Person beschäftigt im Zusammenhang mit ihrer Tätigkeit regelmäßig keinen versicherungspflichtigen Arbeitnehmer, dessen Arbeitsentgelt aus diesem Beschäftigungsverhältnis regelmäßig im Monat 325 Euro übersteigt;
2. sie ist auf Dauer und im Wesentlichen nur für einen Auftraggeber tätig;
3. ihr Auftraggeber oder ein vergleichbarer Auftraggeber lässt entsprechende Tätigkeiten regelmäßig durch von ihm beschäftigte Arbeitnehmer verrichten;
4. ihre Tätigkeit lässt typische Merkmale unternehmerischen Handelns nicht erkennen;
5. ihre Tätigkeit entspricht dem äußeren Erscheinungsbild nach der Tätigkeit, die sie für denselben Auftraggeber zuvor aufgrund eines Beschäftigungsverhältnisses ausgeübt hatte.

[2] Satz 1 gilt nicht für Handelsvertreter, die im Wesentlichen frei ihre Tätigkeit gestalten und über ihre Arbeitszeit bestimmen können. [3] Die Vermutung kann widerlegt werden.

G11 § 7 IV SGB IV – i. d. F. vom 1.1.2003 bis 31.3.2003

(4) [1] Für Personen, die für eine selbständige Tätigkeit einen Zuschuss nach § 421l des Dritten Buches beantragen, wird widerlegbar vermutet, dass sie in dieser Tätigkeit als Selbständige tätig sind. [2] Für die Dauer des Bezugs dieses Zuschusses gelten diese Personen als selbständig Tätige.

Abs. 4 neu gefasst mit Wirkung vom 1.1.2003 durch Art. 2 Nr. 2 des Zweiten Gesetzes für moderne Dienstleistungen am Arbeitsmarkt vom 23.12.2002 (BGBl. I S. 4621).

Literatur: Bauder, Zur Selbständigkeit des Franchise-Nehmers, NJW 1989, 78; Berning, Die Abhängigkeit des Franchise-Nehmers, Frankfurt/Main 1993; Buschbeck-Bülow, Franchise-Systeme und Betriebsverfassung, BB 1990, 1061; Flohr, Sicherstellung der Selbständigkeit des Franchise-Nehmers, WiB 1997, 281; ders., Rentenversicherungspflicht selbständiger Franchise-Nehmer, ZAP 2010, 383; ders., Der Einfluss des Sozialversicherungsrechts auf die Gestaltung von Franchise-Verträgen, Jahrbuch Franchising 2012, 192; ders., Rentenversicherungspflicht von Franchise-Nehmern, ZAP 2012, 261; ders., Anm. zur Entscheidung des BSG vom 4. November 2009 (B 12 R 3/08 R) SGb. 2011, 44; ders., Die Selbständigkeit von Vertriebspartnern nach deutschem Recht, ZVertriebsR 2012, 354; Gittermann, Arbeitnehmerstatus und Betriebsverfassung in Franchise-Systemen, Frankfurt/Main 1995; Höfpner, Kündigungsschutz und Ausgleichsansprüche des Franchise-Nehmers bei Beendigung von Franchise-Verträgen, Frankfurt/Main 1997; Metzlaff, Aktuelle Fragen zur Selbständigkeit und Rentenversicherungspflicht von Franchise-Nehmern, Jahrbuch Franchising 2008, 182; Plagemann/Radtke-Schwenzer, Franchise – Teure Rentenversicherungspflicht?, NJW 2010, 2481; Reinhardt, Sozialgesetzbuch VI, 2. Auflage, Baden-Baden 2010; Richardi, „Scheinselbständigkeit" und arbeitsrechtlicher Arbeitnehmerbegriff, DB 1999, 958; Rolfs, in: Erfurter Kommentar zum Arbeitsrecht, 11. Auflage, München 2011, § 2 Nr. 9 SGB VI Rn. 2; Semler, Echte und Unechte Handelsvertreter – Abgrenzungsfragen und kartellrechtliche Bedeutung, ZVertriebsR 2012, 156; Wank, Arbeitnehmer und Selbständige, München 1988; Weltrich, Zur Abgrenzung von Franchise- und Arbeitsvertrag, DB 1988, 806.

Übersicht

A. Vorbemerkung

Welche Bedeutung das Sozialversicherungsrecht für die Gestaltung von Franchise-Ver- **1** trägen haben kann, zeigte sich durch das **Gesetz zur Korrekturen in der Sozialversicherung und zur Sicherung der Arbeitnehmerrechte**[1]. Erstmals sah sich nun das Franchising damit konfrontiert, dass unter den im Korrekturgesetz festgelegten Voraussetzungen Franchise-Nehmer möglicherweise aus Arbeitnehmer der Sozial- und Rentenversicherung unterlagen. Dadurch wurden durch das Korrekturgesetz zwei auch für das Franchiserecht wichtige Begriffe in das Sozialversicherungs- und Rentenrecht eingeführt, und zwar

- **zum einen der Begriff der Scheinselbständigkeit (§ 7 Abs. 4 SGB IV aF)**
- **zum anderen der Begriff des arbeitnehmerähnlichen Selbständigen (§ 2 Nr. 9 SGB VI)**

Gleichzeitig wurde durch das Korrekturgesetz in das Sozialgesetzbuch ein Kriterienkata- **2** log eingeführt, anhand dessen beurteilt werden sollte, wann ein Unternehmer (und damit auch Franchise-Nehmer) selbständig oder aber scheinselbständig sein sollte. Aufgrund der Kritik gegenüber dem Korrekturgesetz wurde der Kriterienkatalog in § 7 Abs. 4 SGB IV aF dann durch das **Gesetz zur Förderung der Selbständigkeit** vom 20.12.1999[2] geändert. Nach wie vor galt der Kriterienkatalog des § 7 Abs. 4 SGB IV aF nicht aber für Handelsvertreter, da diese ihre Tätigkeit im Wesentlichen frei gestalten und ihre Arbeitszeit selbst bestimmen können. Insofern tasteten sowohl das Korrekturgesetz als auch das Gesetz zur Förderung der Selbständigkeit auch nicht die Abgrenzungskriterien des § 84 Abs. 1 HGB[3] an. Allerdings sah man eine Parallele zum Franchiserecht nicht, obwohl sich die Selbständigkeit eines Franchise-Nehmers nach den Kriterien des § 84 Abs. 1 HGB beurteilt, wie der Bundesgerichtshof ausdrücklich in seinem Beschluss vom 16.10.2002[4] festgestellt hat. Gleichwohl wurden Franchise-Nehmer nicht aus dem Anwendungsbereich des § 7 Abs. 4 SGB IV aF ausgeklammert.

Diese Diskussion gehört zwar mittlerweile der Vergangenheit an, dh der Kriterienkatalog **3** des § 7 SGB IV aF und der unternommene Versuch, einen Franchise-Nehmer als Scheinselbständigen zu bezeichnen – besser gesagt zu diskriminieren – gehört seit dem 1.1.2003 der Vergangenheit an. Der Kriterienkatalog wurde durch das **zweite Gesetz für moderne Dienstleistungen am Arbeitsmarkt** vom 23.12.2002[5] ersatzlos gestrichen. Damit erfolg-

---

[1] Sog. Korrekturgesetz, das zum 1.1.1999 in Kraft trat.
[2] BGBl. 2000 I 2 ff.
[3] Vgl. dazu K. Schmidt HandelsR S. 723 ff.
[4] NJW-RR 2003, 277 – VOM FASS.
[5] BGBl. 2002 I 4621 ff. (4623).

te eine Rückkehr zum Rechtszustand bis zum Erlass des sog. Korrekturgesetzes vom 9.12.1998.

4   Seit dem 1.1.2013 gilt wieder, dass der Sozialversicherungsträger im Einzelfall den Nachweis dafür zu erbringen hat, dass der Franchise-Nehmer abhängig und nicht selbständig tätig ist. Trotz des Wegfalls des Kriterienkataloges des § 7 Abs. 4 SGB IV aF bleibt es aber bei dem Grundsatz, dass die sozialversicherungsrechtliche Beurteilung eines Franchise-Nehmers keinen Einfluss auf dessen arbeitsrechtliche Arbeitnehmereigenschaft hat[6]. Allerdings führt eine zu enge Einbindung des Franchise-Nehmers und damit der Verlust an rechtlicher und wirtschaftlicher Betätigungsfreiheit zu dessen Arbeitnehmereigenschaft oder aber arbeitnehmerähnlicher Schutzbedürftigkeit.

5   Angesichts der Art und Weise, in der vom Bayrischen Landessozialgerichts im Urteil vom 3.6.2016[7] in einer typisierenden Betrachtungsweise geprüft wird, ob eine wirtschaftliche Schutzbedürftigkeit eines Soloselbständigen Franchise-Nehmers gegeben ist, kann man sich des Eindrucks nicht verwehren, als würde wiederum auf die Betrachtung zurückgegriffen, die die Anwendung von § 7 Abs. 4 SGB IV aF bestimmt hat.

B. Gesetz zu Korrekturen in der Sozialversicherung und zur Sicherung der Arbeitnehmerrechte (Korrekturgesetz)

6   Durch das **Gesetz zu Korrekturen in der Sozialversicherung und zur Sicherung der Arbeitnehmerrechte** wurden mit Wirkung ab 1.1.1999 Korrekturen an sozial- und arbeitsrechtlichen Regelungen vorgenommen, die für das Franchising deswegen von Bedeutung waren, weil Franchise-Nehmer nach den im Gesetz festgelegten Voraussetzungen möglicherweise als Arbeitnehmer oder als arbeitnehmerähnliche Selbständige der Sozial- und Rentenversicherung unterlagen.

7   Durch dieses Korrekturgesetz sollte die Scheinselbständigkeit bekämpft und zum anderen sichergestellt sein, dass arbeitnehmerähnliche Selbständige der Rentenversicherungspflicht unterliegen.

I. Arbeitnehmer im sozialversicherungsrechtlichen Sinne (Scheinselbständigkeit)

8   Durch das Korrekturgesetz wurde in das Sozialgesetzbuch ein Kriterienkatalog eingeführt, anhand deren beurteilt werden sollte, wann ein Unternehmer (und damit Franchise-Nehmer) selbständig oder aber scheinselbständig sein sollte. § 7 Abs. 4 SGB IV erhielt durch das Korrekturgesetz folgenden Wortlaut:

„... nicht selbständige Arbeit liegt auch vor bei Personen, die

1. im Zusammenhang mit ihrer Tätigkeit mit Ausnahme von Familienangehörigen keinen versicherungspflichtigen Arbeitnehmer beschäftigen,

2. regelmäßig und im Wesentlichen nur für einen Auftraggeber tätig sind,

3. für Beschäftigte typische Arbeitsleistungen erbringen, insbesondere Weisungen des Auftraggebers unterliegen und in die Arbeitsorganisation des Auftraggeber eingegliedert sind, oder

4. nicht aufgrund unternehmerischer Tätigkeit am Markt auftreten.“

9   Zunächst war davon ausgegangen worden, dass ausschließlich anhand des Kriterienkatalogs die Frage der Arbeitnehmereigenschaft zu entscheiden ist, dh automatisch von einer Arbeitnehmereigenschaft im sozialversicherungsrechtlichen Sinne auszugehen war, wenn zwei der vier Kriterien vorlagen. Es wäre dann Aufgabe des jeweiligen Unternehmers

---

[6] Siehe dazu insbesondere: Richardi DB 1999, 958.
[7] ZVertriebsR 2016, 347.

gewesen, gegenüber den Sozialversicherungsträgern den Beweis des Gegenteils zu erbringen.

Davon löste man sich, nachdem das erste Rundschreiben der Sozialversicherungsträger **10** vom 3.2.1999[8] insoweit für Verwirrung gesorgt hatte. Mit dem zweiten Rundschreiben vom 27.4.1999[9] gaben die Sozialversicherungsträger ihre ursprüngliche starre Haltung auf und präzisierten die Leitlinien zur Anwendung des § 7 Abs. 4 SGB IV aF, stellten insbesondere richtig, dass

- **§ 7 Abs. 4 SGB IV aF keinen eigenständigen Tatbestand der Versicherungspflicht schaffe,**
- **weiterhin der Amtsermittlungsgrundsatz des § 20 SGB X Vorrang habe, also die Vermutung nur greift, wenn der Auftraggeber oder aber der Arbeitnehmer es an der erforderlichen Mitwirkung mangeln lasse, dh Anfragen der Sozialversicherungsträger nicht beantworte oder ein Ausfüllen der Vordrucke ablehne.**

Zugleich wurden mit dem zweiten Rundschreiben der Sozialversicherungsträger vom **11** 27.4.1999 für bestimmte Berufsgruppen Kriterien für die Prüfung der Abhängigkeit vorgegeben.

Es sollte eine typisierende Betrachtung für: **12**

- **Dozenten/Lehrbeauftragte**
- **ehrenamtliche Rettungssanitäter**
- **Frachtführer/Unterfrachtführer**
- **freie Berufe**
- **Handelsvertreter**
- **Kurier-, Express- und Paketdienstfahrer**
- **Physiotherapeuten, Krankengymnasten**
- **Rendanten (Rechnungsführer in größeren Kirchengemeinden)**
- **Tagesmütter**
- **Taxifahrer**
- **Übungsleiter**

gelten.

Zu dieser **typisierenden Betrachtung** sah man sich deswegen veranlasst, weil die **13** Anwendung des § 7 Abs. 4 SGB IV aF zu einer gänzlich anderen Beurteilung bestimmter Berufsgruppen führte, bei denen in ständiger Rechtsprechung festgeschrieben war, dass deren Tätigkeit nicht in einem abhängigen Beschäftigungsverhältnis, sondern selbständig erbracht werden, so etwa für Dozenten und Lehrbeauftragte[10] oder aber Physiotherapeuten[11] oder letztlich auch für Handelsvertreter. Hier bestand sogar die Notwendigkeit zu einem gesonderten Rundschreiben der Sozialversicherungsträger vom 29.7.1999[12] für Handelsvertreter und für Abgrenzung selbständiger Tätigkeiten im künstlerischen und publizistischen Bereich vom 5.8.1999[13].

II. Arbeitnehmerähnliche Selbständigkeit

Gemäß § 2 Nr. 9 SGB VI konnten nach dem Korrekturgesetz Unternehmer als sog. **14** arbeitnehmerähnliche Selbständige in der Rentenversicherungspflicht versicherungspflichtig sein. Arbeitnehmerähnliche Selbständige waren diejenigen Unternehmer, die zwar selbständig waren, aber keine versicherungspflichtigen Arbeitnehmer beschäftigten und im Wesentlichen nur für einen Auftraggeber tätig waren. Solche Unternehmer wurden auch

---

[8] BB 1998, 471 ff.
[9] BB 1999, 1500 ff.
[10] BSG BB 1980, 1051; 1982, 806; BAG NJW 1993, 174; BB 1977, 488.
[11] BSG USK 8954.
[12] BB 1999, 1552 ff.
[13] BB 1999, 1609 ff.

dann, wenn die Arbeitnehmervermutung des § 7 Abs. 4 SGB IV aF widerlegt wurde, als Selbständige in der Rentenversicherung pflichtversichert.

15   Für diese als arbeitnehmerähnlichen Selbständigen bestand bis zum 10.6.1999 die Möglichkeit, sich von der Rentenversicherung nach Maßgabe des Befreiungstatbestandes des § 231 Abs. 5 Nr. 2 SGB VI befreien zu lassen.

C. Gesetz zur Förderung der Selbständigkeit

I. Gesetzeszweck

16   Das Gesetz zur Förderung der Selbständigkeit ersetzte das erst am 1.1.1999 in Kraft getretene Korrekturgesetz und erweiterte § 7 Abs. 4 SGB IV aF. Darüber hinaus wurden neue Regelungen in das SGB IV eingefügt, und zwar die Regelungen zu §§ 7a–c SGB IV. Danach kann nunmehr die Versicherungspflicht bzw. -freiheit in einem gesonderten Statusverfahren festgestellt werden. Daneben enthielt das Gesetz eine **„Amnestieregelung"**[14] für die Vergangenheit. Widerspruch und Klage gegen Beitragsbescheide hatte aufschiebende Wirkung. Die rückwirkende Nachforderung von Beiträgen war daher unter bestimmten Voraussetzungen ausgeschlossen.

17   Zugleich wurde die Definition des **arbeitnehmerähnlichen Selbständigen** in § 2 S. 1 Nr. 9, § 2 S. 2 SGB VI präzisiert.

18   Außerdem wurde die Möglichkeit für Existenzgründer geschaffen, sich in den ersten drei Jahren der Existenzgründung von der Versicherungspflicht befreien zu lassen[15]. Eine für das Franchising wichtige Regelung.

19   Entscheidend war aber auch, dass durch die Neufassung klargestellt wurde, dass allein das Vorliegen der Voraussetzung des § 7 Abs. 4 SGB IV aF keinen selbständigen sozialversicherungsrechtlichen Arbeitnehmerbegriff schafft, sondern nach wie vor der Amtsermittlungsgrundsatz gilt, dh die Sozialversicherungsträger verpflichten sich, den Nachweis dafür zu erbringen, dass eine abhängige Tätigkeit iSd Sozialversicherungsrechtes vorliegt[16].

II. Neufassung von § 7 Abs. 4 SGB IV aF

20   **1. Kriterienkatalog.** Der Kriterienkatalog des § 7 Abs. 4 SGB IV aF wurde neu gefasst. Nunmehr konnte bei drei von fünf Kriterien zu Lasten des Selbständigen (= Franchise-Nehmer) vermutet werden, dass dieser scheinselbständig war, und zwar

- **die Person beschäftigt im Zusammenhang mit ihrer Tätigkeit regelmäßig einen versicherungspflichtigen Arbeitnehmer, dessen Arbeitsentgelt aus diesem Beschäftigungsverhältnis regelmäßig im Monat 630,00 DM (400,00 EUR) übersteigt;**
- **sie ist auf Dauer und im Wesentlichen nur für einen Auftraggeber tätig;**
- **ihr Auftraggeber und ein vergleichbarer Auftraggeber lässt entsprechende Tätigkeiten regelmäßig durch von ihm beschäftigte Arbeitnehmer verrichten;**
- **ihre Tätigkeit lässt typische Merkmale unternehmerischen Handelns nicht erkennen;**
- **ihre Tätigkeit entspricht dem äußeren Erscheinungsbild nach der Tätigkeit, die sie für denselben Auftraggeber zuvor aufgrund eines Beschäftigungsverhältnisses ausgeübt hätte.**

21   Nach wie vor galt die Regelung nicht für Handelsvertreter, die im Wesentlichen frei ihre Tätigkeit gestalten und ihre Arbeitszeit bestimmen können. Hier blieb es bei den Abgren-

---

[14] So die Formulierung bei Bauer/Diller/Schuster NZA 1999, 1297.
[15] Insgesamt zur Neufassung Bauer/Diller/Schuster NZA 1999, 1297 ff.; Buchner DB 1999, 2540 ff.; Reiserer BB 2000, 94 ff.; Möllering, Scheinselbständige und arbeitnehmerähnliche Selbständige – die neuen Regelungen des Gesetzes zur Förderung der Selbständigkeit, Berlin 1999.
[16] So ausdrücklich Möllering S. 17 ff.

zungskriterien des § 84 HGB[17]. Damit war aber nicht ausgeschlossen, dass ein Handelsvertreter immer noch arbeitnehmerähnlicher Selbständiger iSv § 2 Nr. 9 SGB VI sein konnte. Allerdings konnte diese Ausnahmeregelung trotz der Vergleichbarkeit an der Tätigkeit mit der eines Handelsvertreters nicht auf Franchise-Nehmer angewandt werden[18].

2. Beschäftigung von Personen (§ 7 Abs. 4 Nr. 1 SBG IV aF). Gegenüber § 7 **22** Abs. 4 SGB IV aF wurde klargestellt, dass nunmehr auch mitarbeitende Familienangehörige berücksichtigt werden. Allerdings mussten die Familienangehörigen wie fremde Dritte eine Entlohnung von mehr als 630,00 DM (400,00 EUR) monatlich erhalten. Gerade bei „Existenzgründungsfranchisen" kam dieser Regelung große Bedeutung zu, da zu Beginn der Tätigkeit oft nur Familienangehörige mitarbeiten.

3. Tätigkeit für einen Auftraggeber (§ 7 Abs. 4 Nr. 2 SGB IV aF). Während es **23** nach § 7 Abs. 4 Nr. 2 SGB IV aF nur auf eine regelmäßige Tätigkeit im Wesentlichen für nur einen Auftraggeber ankam, war nunmehr eine Tätigkeit **auf Dauer und im Wesentlichen für einen Auftraggeber** entscheidend. Auf das Merkmal der Dauerhaftigkeit wurde abgestellt, um Existenzgründungen – und damit auch im Franchising – nicht zu erschweren.

Wie auch § 7 Abs. 4 SGB IV aF blieb allerdings unklar, wie das Merkmal zu erfüllen **24** war, wenn die überwiegende Zeit der Tätigkeit für einen Auftraggeber verwandt wird; mind. 5/6, wie die Spitzenverbände der Sozialversicherungsträger im ersten Rundschreiben vom 16.1.1999 meinten.

4. Beschäftigung bei einem vergleichbaren Auftraggeber (§ 7 Abs. 4 Nr. 3 **25** **SGB IV aF).** Das Kriterium, wonach ua für die Scheinselbständigkeit entscheidend sein sollte, ob der Auftraggeber oder ein vergleichbarer Auftraggeber entsprechende Tätigkeiten regelmäßig durch von ihm beschäftigte Arbeitnehmer verrichten lässt, war auch weiterhin bedenklich.

Der im Zivilrecht normierte Grundsatz der Vertragsfreiheit (§§ 241, 305 BGB) lässt es **26** zu, dass Tätigkeiten für einen Auftraggeber durch Selbständige oder aber durch Arbeitnehmer erbracht werden[19]. So stieß das Kriterium insbesondere bei Franchise-System auf Kritik, und zwar solchen Franchise-Systemen, die als Mischsysteme aufgebaut sind, dh der Franchise-Geber neben eigenen Filialen auch Franchise-Rechte vergibt, so dass Filialleiter und Franchise-Nehmer dem Grunde nach die gleiche Tätigkeit erbringen.

5. Typische Merkmale einer unternehmerischen Tätigkeit (§ 7 Abs. 4 Nr. 4 **27** **SGB IV aF).** Für ein Arbeitsverhältnis spricht, wenn die Tätigkeit keine typischen Merkmale unternehmerischen Handelns erkennen lässt. Hier sollte nun nicht nur die Kriterien für die einzelnen Berufsgruppen entsprechend dem zweiten Rundschreiben der Sozialversicherungsträger vom 27.4.1999[20] zurückgegriffen werden, sondern auch auf die Anhaltspunkte im gesonderten Rundschreiben der Sozialversicherungsträger vom 29.7.1999 für Handelsvertreter[21]. Allerdings unterblieb nach wie vor eine Gleichstellung von Handelsvertreter und Franchise-Nehmer, dh auch durch das Gesetz zur Förderung der Selbständigkeit wurde nicht die zivilrechtliche Rechtsprechung des BGH umgesetzt, wonach sich wie bei einem Handelsvertreter die Selbständigkeit eines Franchise-Nehmers anhand der Kriterien des § 84 Abs. 1 HGB beurteilt, weil diese auf eine allgemeine gesetzgeberische Wertung abstellen. Man setzte sich nach wie vor für das Sozialversicherungsrecht über den Beschluss des BGH vom 16.10.2002[22] hinweg.

---

[17] Vgl. zum Ganzen: K. Schmidt HandelsR S. 723 ff.; siehe dazu auch wieder umfassend: LAG Berlin-Brandenburg ZVertriebsR 2012, 381.
[18] AA zu § 7 Abs. 4 SGB IV aF: Beckmann/Zwecker NJW 1999; 1614.
[19] So zu Recht die Kritik bei: Hessler NWB Fach 26, 3655 (3658).
[20] BB 1999, 1500 ff.
[21] BB 1999, 1552 ff.
[22] NJW-RR 2003, 277 – VOM FASS.

28   **6. Vergleich zum vorhergehenden Beschäftigungsverhältnis (§ 7 Abs. 4 Nr. 5 SGB IV aF).** Mit dieser Regelung sollten die typischen Fälle des Outsourcing erfasst werden, dh die Fälle, in denen zuvor Angestellte Mitarbeiter zu Selbständigen gemacht werden. Offensichtlich hatte der Gesetzgeber hier den angestellten Fahrer eines Transportunternehmens im Auge, der seine Tätigkeit nunmehr als Selbständiger ausübt und dies ggf. noch mit dem gleichen Lastzug, den er von seinem vormaligen Arbeitgeber angemietet hat[23]. Insgesamt sollte durch die neueingefügten Merkmale Umgehungsversuchen entgegengewirkt werden. Diese sollten wirksamer als bisher erfassbar werden, wenn nach einem Wechsel von bisher abhängiger Tätigkeit zu behaupteter Selbständigkeit das äußere Erscheinungsbild der Tätigkeit unverändert blieb[24].

III. Vermutung eines Beschäftigungsverhältnisses (§ 7 Abs. 4 SGB IV aF)

29   Waren drei der fünf Kriterien des § 7 Abs. 4 SGB IV aF erfüllt, so bestand die Vermutung **eines Beschäftigungsverhältnisses.** Diese Vermutung konnte widerlegt werden. Allerdings wurde im Zusammenhang mit dem Nachfrageverfahren (§ 7a SGB IV aF) sichergestellt, dass nur dann die gesetzliche Vermutung griff, wenn der Selbständige seiner gesetzlichen Mitwirkungspflicht trotz der vom Rentenversicherungsträger gesetzten Fristen nicht nachkam[25].

IV. Status – Nachfrageverfahren iSd § 7a SGB IV aF

30   § 7a SGB IV aF normierte das sog. **Nachfrageverfahren zur Statusklärung.** Danach konnten die Beteiligten schriftlich eine Entscheidung der Bundesversicherungsanstalt für Angestellte darüber beantragen, ob eine Beschäftigung oder eine selbständige Tätigkeit vorlag.

31   Unklar war, wer **„Beteiligter"** iSv § 7a SGB IV aF ist. Das Gesetz definierte diesen Begriff nicht. Antragsberechtigte konnten daher sein:
- der Auftraggeber/potentieller Arbeitgeber/Franchise-Geber
- der Auftragnehmer/potentieller Arbeitnehmer/Franchise-Nehmer

32   Nicht antragsberechtigt war damit zum Beispiel ein Arbeitnehmer des Auftragnehmers, obwohl dieser ein erhebliches Interesse an einer Statusklärung besaß, um ggf. ein Arbeitsverhältnis mit dem Auftraggeber durchzusetzen[26]. Hierüber entschied ausschließlich der Rentenversicherungsträger, wobei der Amtsermittlungsgrundsatz (§ 20 SGB X) galt. Dies bedeutete:
- **die BfA teilte dem Beteiligten schriftlich mit, welche Angaben und Unterlagen für die Entscheidung notwendig sind;**
- **die BfA setzte eine angemessene Frist innerhalb der diese Angaben zu machen und die Unterlagen vorzulegen sind;**
- **die BfA wies zugleich darauf hin, dass die Vermutungsregelung des § 7 Abs. 4 SGB IV aF nach Fristablauf angewandt werden kann;**
- **vor einer Entscheidung war gem. § 7a Abs. 4 SGB IV aF den Beteiligten die voraussichtliche Entscheidung mitzuteilen und diesen Gelegenheit zur Stellungnahme zu geben (rechtliches Gehör). Soweit die BfA als Vorlage der Unterlagen und Nichtbeachtung der Fristen die Vermutungsregelung anwenden wollte, war dies den Beteiligten mitzuteilen und diesen zugleich eine angemessene Frist zur Angabe der Tatsachen zu Widerlegung der gesetzlichen Vermutung zu setzen.**

---

[23] Vgl. auch dazu Hessler NWB Fach 26, 3659.
[24] So auch Reiserer BB 2000, 94 (95).
[25] Siehe auch dazu Reiserer 94 ff.
[26] So zu Recht Hessler 3659.

Dieses Anfrageverfahren zur Statusklärung konnte zu jedem beliebigen **Zeitpunkt** also 33
auch nach Aufnahme der Tätigkeit des Auftragnehmers (= Franchise-Nehmers) eingeleitet
werden[27]. Diese Möglichkeiten nahmen auch sehr viele Franchise-Nehmer wahr, indem
zentral für die Franchise-Nehmer ein solches Verfahren zur Statusklärung durchgeführt
wurde. Dabei ergab sich aber, dass einheitliche Entscheidungen der Sozialversicherungsträger nicht zu erreichen waren. Entscheidungsbefugt war nämlich die jeweilige Landesversicherungsanstalt dessen Zuständigkeitsbereich der Franchise-Nehmer des jeweiligen
Systems seinen Firmensitz hatte, also seine das Franchise-System umsetzenden Tätigkeit
nachging. Teilweise gab es Fälle unterschiedliche Auslegungen, dh je nach Zuständigkeit
der Landesversicherungsanstalt wurden Franchise-Nehmer als Scheinselbständig und damit
Rentenversicherungspflichtig oder aber als freie Unternehmer eingestuft. § 7 Abs. 4 SGV
IV aF erwies sich damit nach wie vor als Hemmschuh für die einheitliche Gestaltung eines
Franchise-Vertrages.

V. Arbeitnehmerähnlicher Selbständiger (§ 2 S. 1 Nr. 9 SGB VI aF)

Zugleich wurde der Begriff des **arbeitnehmerähnlichen Selbständigen** unter Berück- 34
sichtigung des Kriterienkatalogs des § 7 Abs. 4 SGB IV aF neu gefasst.
Die Arbeitnehmerähnlichkeit lag vor, wenn   35

• **ein Selbständiger im Zusammenhang mit seiner Tätigkeit regelmäßig keinen
  nicht lediglich geringfügigen Arbeitnehmer für sich tätig werden lässt;**
• **er auf Dauer und im Wesentlichen nur für einen Auftraggeber tätig ist.**

Eine weitere Neuerung ergab sich gegenüber dem alten Recht: Auszubildende wurden 36
generell als Arbeitnehmer berücksichtigt; hingegen wurden Personen, die als geringfügig
Beschäftigte nach § 5 Abs. 2 S. 2 SGB VI auf die Versicherungsfreiheit verzichtet hatten,
nicht als Arbeitnehmer angesehen.

VI. Freistellung für Existenzgründer (§ 6 SGB VI)

Gemäß § 6 Abs. 1a SGB V VI werden Personen, die nach § 2 S. 1 Nr. 9 SGB VI 37
versicherungspflichtig sind, von der Versicherungspflicht für einen Zeitraum von **3 Jahren
nach erstmaliger Aufnahme einer selbständigen Tätigkeit** befreit. Dies gilt insbesondere für „Existenzgründungsfranchisen".
Diese Befreiung ist vorübergehend. Wobei für eine weitere Existenzgründung der 38
dreijährige Befreiungszeitraum erneut in Anspruch genommen werden kann.
Nach der Begründung steht dieses Befreiungsrecht auch solchen Selbständigen zu, die 39
sich bereits vor dem 1.1.1999 selbständig gemacht haben, soweit der Dreijahreszeitraum
nach Aufnahme der selbständigen Tätigkeit nicht überschritten ist[28].

D. Gesetzeshistorie

I. Gesetz zur Förderung der Selbständigkeit

Gemäß Artikel 3 Abs. 1 traten die Änderungen, die durch das Gesetz zur Förderung der 40
Selbständigkeit in das Sozialgesetzbuch eingefügt wurden, **mit Wirkung vom 1.1.1999 an
in Kraft.** Allerdings blieb § 7 Abs. 4 Nr. 1 SGB IV aF (also in der zum 1.1.1999 ver-
kündeten Fassung) bis zum 31.3.2000 in Kraft. Damit sollte die Möglichkeit eröffnet
werden, neue Verträge abzuschließen, bzw. die Verträge dem 630,00 DM (400,00 EUR)
Gesetz iSv § 7 Abs. 4 Nr. 1 SGB IV anzupassen.

---

[27] Vgl. zum Ganzen Hessler 3859 ff.; Reiserer 95 ff.
[28] Zum Ganzen Hessler 3663; Reiserer, 95 ff.

41 Soweit im Laufe des Jahres 1999 eine versicherungspflichtige Beschäftigung unanfechtbar festgestellt wurde, wurde durch die Neufassung des Gesetzes nicht in diese Rechtsposition eingegriffen. Dies bedeutete, dass derartige Bescheide nicht rückwirkend, sondern frühestens mit Wirkung vom 1.1.2000 aufgehoben werden konnten. Diese Aufhebung erfolgte allerdings nicht von Amts wegen, sondern nur aufgrund eines Antrages. Auch diese Regelung war nicht unproblematisch. Dadurch, dass nicht rückwirkend zum 1.1.1999 eine Korrektur vorgenommen werden konnte, wurden diejenigen Personen benachteiligt, die sich nach dem 1.1.1999 aktiv um eine Klärung ihrer Statusfrage bemüht hatten[29].

II. Zweites Gesetz für moderne Dienstleistungen am Arbeitsmarkt

42 Die Diskussion um die Scheinselbständigkeit des Franchise-Nehmers, ausgehend von dem Kriterienkatalog des § 7 Abs. 4 SGB IV aF gehört seit dem 1.1.2003 der Vergangenheit an. Dieser Kriterienkatalog wurde durch das **Zweites Gesetz für moderne Dienstleistungen am Arbeitsmarkt** vom 23.12.2002[30] ersatzlos gestrichen. Damit erfolgt eine Rückkehr zu dem Rechtszustand bis zum Erlass des sog. Korrekturgesetzes vom 19.12.1998[31]. Seit dem 1.1.2003 gilt daher wieder, dass der Sozialversicherungsträger im Einzelfall den Nachweis dafür zu erbringen hat, dass der Franchise-Nehmer im sozialversicherungsrechtlichen Sinne abhängig und nicht selbständig tätig ist. Damit gehörte auch die Frage der Vergangenheit an, ob der Franchise-Geber als einziger Auftraggeber des Franchise-Nehmers anzusehen war und damit bereits im Abschluss des Franchise-Vertrages das erste Kriterium des § 7 Abs. 4 SGB IV aF als verwirklicht angesehen wurde[32]. Allerdings ist diese Diskussion nunmehr wieder im Rahmen der Anwendung von § 2 Nr. 9 SGB VI aufgelebt.

43 Da damit auch das zweite Kriterium des § 7 Abs. 4 SGB IV aF entfiel, war es somit auch nicht mehr notwendig, für den Franchise-Nehmer verbindlich vorzuschreiben, dass neben diesem im Franchise-Outlet auch noch ein Mitarbeiter (Aushilfskräfte/Ehefrau/Lebensgefährte) mitarbeiten müssen. Zu empfehlen ist dies aber gleichwohl, da anderenfalls der Franchise-Nehmer in der Verpflichtung steht, sich ausschließlich um sein Franchise-Outlet ohne anderweitige Umsatz- bzw. Verdienstmöglichkeiten zu kümmern. Ein so gebundener Franchise-Nehmer könnte dann wieder unter Berücksichtigung des Beschlusses des BGH vom 16.10.2002 zumindest arbeitnehmerähnlich schutzbedürftig iSv § 5 Abs. 1 S. 2 ArbGG sein.

44 Trotz des Wegfalls des Kriterienkatalogs des § 7 Abs. 4 SGB IV aF bleibt es aber bei dem Grundsatz, dass die sozialversicherungsrechtliche Beurteilung eines Franchise-Nehmers keinen Einfluss auf dessen arbeitsrechtliche Arbeitnehmereigenschaft hat[33]. Allerdings führt eine zu enge Einbindung des Franchise-Nehmers und damit der Verlust an rechtlicher und wirtschaftlicher Betätigungsfreiheit zu dessen Arbeitnehmereigenschaft oder aber arbeitnehmerähnlicher Schutzbedürftigkeit.

E. Scheinselbständigkeit und Handelsvertreterrecht

45 § 7 Abs. 4 SGB IV aF ist für Handelsvertreter ohne Bedeutung. Diese waren gem. § 7 Abs. 4 S. 2 SGB IV aF aus dem Anwendungsbereich des Gesetzes ausgeklammert, soweit es sich um echte Handelsvertreter[34] handelte. Hier galten trotz der Regelung in § 7 Abs. 4

---

[29] So auch zu Recht Hessler 3664.
[30] BGBl. 2002 I 4621 ff. (4623).
[31] BGBl. 1998 I 3843.
[32] Allerdings meinen Bauer/Krets NJW 2003, 537, 544, dass die alten Kriterien zumindest mittelbar weiterhin die Prüfung der Selbständigkeit beeinflussen werden.
[33] Siehe dazu insbesondere Richardi DB 1999, 958; Flohr/Petsche Rn. 281.
[34] Siehe umfassend zur Abgrenzung zwischen echten und unechten Handelsvertreter: Semler ZVertriebsR 2012, 156.

SGB IV aF die Abgrenzungskriterien des § 84 HGB. Insoweit wurde ausdrücklich in § 7 Abs. 4 S. 2 SGB IV aF festgehalten, dass die Befreiung nur für solche Handelsvertreter eintritt, die ihre Tätigkeit im Wesentlichen frei gestalten und über ihre Arbeitszeit bestimmen können.

Diese gesetzliche Regelung ist nunmehr im geltenden Recht entfallen. Grundsätzlich **46** wird von der Selbständigkeit des Handelsvertreters ausgegangen.

F. Scheinselbständigkeit und Vertragshändler

§ 7 Abs. 4 SGB IV aF war auch für Vertragshändler ohne Bedeutung. Aufgrund der **47** Organisation und Struktur eines Vertragshändlerbetriebes mit ggf. angeschlossener Werkstatt stand fest, dass weder das Kriterium des § 7 Abs. 4 Nr. 1 SGB IV aF gegeben war noch die weiteren Kriterien des Kataloges des § 7 Abs. 4 SGB IV aF. Vielmehr ist zu keinem Zeitpunkt bezweifelt worden, dass die Tätigkeit eines Vertragshändlers entgegen der gesetzlichen Vermutung des § 7 Abs. 4 SGB IV aF die typischen Merkmale eines unternehmerischen Handelns erkennen lässt.

Insofern war der Anwendungsbereich des § 7 Abs. 4 SGB IV aF im Vertriebsrecht im **48** wesentlichen auf Franchise-Nehmer beschränkt, und zwar solche Franchise-Nehmer, die als Solo-Selbständige tätig waren und keinen versicherungspflichtigen Arbeitnehmer beschäftigten, dessen regelmäßiges Entgelt 630,00 DM im Monat überstieg.

G. Scheinselbständigkeit und Kommissionsagent

§ 7 SGB IV aF war auf den Kommissionsagenten anzuwenden, soweit dieser im Wesent- **49** lichen für einen Kommittenten tätig war.

§ 34d GewO Versicherungsvermittler, Versicherungsberater

(1) ¹Wer gewerbsmäßig den Abschluss von Versicherungs- oder Rückversicherungsverträgen vermitteln will (Versicherungsvermittler), bedarf nach Maßgabe der folgenden Bestimmungen der Erlaubnis der zuständigen Industrie- und Handelskammer. ²Versicherungsvermittler ist, wer

1. als Versicherungsvertreter eines oder mehrerer Versicherungsunternehmen oder eines Versicherungsvertreters damit betraut ist, Versicherungsverträge zu vermitteln oder abzuschließen oder
2. als Versicherungsmakler für den Auftraggeber die Vermittlung oder den Abschluss von Versicherungsverträgen übernimmt, ohne von einem Versicherungsunternehmen oder einem Versicherungsvertreter damit betraut zu sein.

³Als Versicherungsmakler gilt, wer gegenüber dem Versicherungsnehmer den Anschein erweckt, er erbringe seine Leistungen als Versicherungsmakler. ⁴Die Tätigkeit als Versicherungsvermittler umfasst auch

1. das Mitwirken bei der Verwaltung und Erfüllung von Versicherungsverträgen, insbesondere im Schadensfall,
2. wenn der Versicherungsnehmer einen Versicherungsvertrag unmittelbar oder mittelbar über die Website oder das andere Medium abschließen kann,
   a) die Bereitstellung von Informationen über einen oder mehrere Versicherungsverträge auf Grund von Kriterien, die ein Versicherungsnehmer über eine Website oder andere Medien wählt, sowie
   b) die Erstellung einer Rangliste von Versicherungsprodukten, einschließlich eines Preis- und Produktvergleichs oder eines Rabatts auf den Preis eines Versicherungsvertrags.

[5]In der Erlaubnis nach Satz 1 ist anzugeben, ob sie einem Versicherungsvertreter oder einem Versicherungsmakler erteilt wird. [6]Einem Versicherungsvermittler ist es untersagt, Versicherungsnehmern, versicherten Personen oder Bezugsberechtigten aus einem Versicherungsvertrag Sondervergütungen zu gewähren oder zu versprechen. [7]§ 48b des Versicherungsaufsichtsgesetzes ist entsprechend anzuwenden. [8]Die einem Versicherungsmakler erteilte Erlaubnis umfasst die Befugnis, Dritte, die nicht Verbraucher sind, bei der Vereinbarung, Änderung oder Prüfung von Versicherungsverträgen gegen gesondertes Entgelt rechtlich zu beraten; diese Befugnis zur Beratung erstreckt sich auch auf Beschäftigte von Unternehmen in den Fällen, in denen der Versicherungsmakler das Unternehmen berät.

(2) [1]Wer gewerbsmäßig über Versicherungen oder Rückversicherungen beraten will (Versicherungsberater), bedarf nach Maßgabe der folgenden Bestimmungen der Erlaubnis der zuständigen Industrie- und Handelskammer. [2]Versicherungsberater ist, wer ohne von einem Versicherungsunternehmen einen wirtschaftlichen Vorteil zu erhalten oder in anderer Weise von ihm abhängig zu sein

1. den Auftraggeber bei der Vereinbarung, Änderung oder Prüfung von Versicherungsverträgen oder bei der Wahrnehmung von Ansprüchen aus Versicherungsverträgen im Versicherungsfall auch rechtlich berät,
2. den Auftraggeber gegenüber dem Versicherungsunternehmen außergerichtlich vertritt oder
3. für den Auftraggeber die Vermittlung oder den Abschluss von Versicherungsverträgen übernimmt.

[3]Der Versicherungsberater darf sich seine Tätigkeit nur durch den Auftraggeber vergüten lassen. [4]Aufwendungen eines Versicherungsunternehmens im Zusammenhang mit der Beratung, insbesondere auf Grund einer Vermittlung als Folge der Beratung, darf er nicht annehmen. [5]Sind mehrere Versicherungen für den Versicherungsnehmer in gleicher Weise geeignet, hat der Versicherungsberater dem Versicherungsnehmer vorrangig die Versicherung anzubieten, die ohne das Angebot einer Zuwendung seitens des Versicherungsunternehmens erhältlich ist. [6]Wenn der Versicherungsberater dem Versicherungsnehmer eine Versicherung vermittelt, deren Vertragsbestandteil auch Zuwendungen zugunsten desjenigen enthält, der die Versicherung vermittelt, hat er unverzüglich die Auskehrung der Zuwendungen durch das Versicherungsunternehmen an den Versicherungsnehmer nach § 48c Absatz 1 des Versicherungsaufsichtsgesetzes zu veranlassen.

(3) Gewerbetreibende nach Absatz 1 dürfen kein Gewerbe nach Absatz 2 und Gewerbetreibende nach Absatz 2 dürfen kein Gewerbe nach Absatz 1 ausüben.

(4) [1]Eine Erlaubnis nach den Absätzen 1 und 2 kann inhaltlich beschränkt und mit Nebenbestimmungen verbunden werden, soweit dies zum Schutz der Allgemeinheit oder der Versicherungsnehmer erforderlich ist; unter denselben Voraussetzungen sind auch die nachträgliche Aufnahme, Änderung und Ergänzung von Nebenbestimmungen zulässig. [2]Über den Erlaubnisantrag ist innerhalb einer Frist von drei Monaten zu entscheiden. [3]Bei der Wahrnehmung der Aufgaben nach den Absätzen 1 und 2 unterliegt die Industrie- und Handelskammer der Aufsicht der jeweils zuständigen obersten Landesbehörde.

(5) [1]Eine Erlaubnis nach den Absätzen 1 und 2 ist zu versagen, wenn

1. Tatsachen die Annahme rechtfertigen, dass der Antragsteller die für den Gewerbebetrieb erforderliche Zuverlässigkeit nicht besitzt,
2. der Antragsteller in ungeordneten Vermögensverhältnissen lebt,
3. der Antragsteller den Nachweis einer Berufshaftpflichtversicherung oder einer gleichwertigen Garantie nicht erbringen kann oder
4. der Antragsteller nicht durch eine vor der Industrie- und Handelskammer erfolgreich abgelegte Prüfung nachweist, dass er die für die Versicherungsvermittlung oder Versicherungsberatung notwendige Sachkunde über die versicherungsfachlichen, insbesondere hinsichtlich Bedarf, Angebotsformen und Leistungsumfang, und die rechtlichen Grundlagen sowie die Kundenberatung besitzt.

[2]Die erforderliche Zuverlässigkeit nach Satz 1 Nummer 1 besitzt in der Regel nicht, wer in den letzten fünf Jahren vor Stellung des Antrages wegen eines Verbrechens oder wegen Diebstahls, Unterschlagung, Erpressung, Betruges, Untreue, Geldwäsche, Urkundenfälschung, Hehlerei, Wuchers oder einer Insolvenzstraftat rechtskräftig verurteilt worden ist. [3]Ungeordnete Vermögensverhältnisse im Sinne des Satzes 1 Nummer 2 liegen in der Regel vor, wenn über das Vermögen des Antragstellers das Insolvenzverfahren eröffnet worden oder er in das Schuldnerverzeichnis nach § 882b der Zivilprozessordnung eingetragen ist. [4]Im Fall des Satzes 1 Nummer 4 ist es ausreichend, wenn der Nachweis für eine im Hinblick auf eine ordnungsgemäße Wahrnehmung der erlaubnispflichtigen Tätigkeit angemessene Zahl von beim Antragsteller beschäftigten natürlichen Personen erbracht wird, denen die Aufsicht über die unmittelbar mit der Vermittlung von oder der Beratung über Versicherungen befassten Personen übertragen ist und die den Antragsteller vertreten dürfen. [5]Satz 4 ist nicht anzuwenden, wenn der Antragsteller eine natürliche Person ist und

1. selbst Versicherungen vermittelt oder über Versicherungen berät oder
2. ür diese Tätigkeiten in der Leitung des Gewerbebetriebs verantwortlich ist.

(6) [1]Auf Antrag hat die zuständige Industrie- und Handelskammer einen Gewerbetreibenden, der die Versicherung als Ergänzung der im Rahmen seiner Haupttätigkeit gelieferten Waren oder Dienstleistungen vermittelt, von der Erlaubnispflicht nach Absatz 1 Satz 1 auszunehmen, wenn er nachweist, dass

1. er seine Tätigkeit als Versicherungsvermittler unmittelbar im Auftrag eines oder mehrerer Versicherungsvermittler, die Inhaber einer Erlaubnis nach Absatz 1 Satz 1 sind, oder eines oder mehrerer Versicherungsunternehmen ausübt,
2. für ihn eine Berufshaftpflichtversicherung oder eine gleichwertige Garantie nach Maßgabe des Absatzes 5 Satz 1 Nummer 3 besteht und
3. er zuverlässig sowie angemessen qualifiziert ist und nicht in ungeordneten Vermögensverhältnissen lebt.

[2]Im Fall des Satzes 1 Nummer 3 ist als Nachweis eine Erklärung der in Satz 1 Nummer 1 bezeichneten Auftraggeber ausreichend, mit dem Inhalt, dass sie sich verpflichten, die Anforderungen entsprechend § 48 Absatz 2 des Versicherungsaufsichtsgesetzes zu beachten und die für die Vermittlung der jeweiligen Versicherung angemessene Qualifikation des Antragstellers sicherzustellen, und dass ihnen derzeit nichts Gegenteiliges bekannt ist. [3]Absatz 4 Satz 1 ist entsprechend anzuwenden.

(7) [1]Abweichend von Absatz 1 bedarf ein Versicherungsvermittler keiner Erlaubnis, wenn er

1. seine Tätigkeit als Versicherungsvermittler ausschließlich im Auftrag eines oder, wenn die Versicherungsprodukte nicht in Konkurrenz stehen, mehrerer Versicherungsunternehmen ausübt, die im Inland zum Geschäftsbetrieb befugt sind, und durch das oder die Versicherungsunternehmen für ihn die uneingeschränkte Haftung aus seiner Vermittlertätigkeit übernommen wird oder
2. in einem anderen Mitgliedstaat der Europäischen Union oder in einem anderen Vertragsstaat des Abkommens über den Europäischen Wirtschaftsraum niedergelassen ist und die Eintragung in ein Register nach Artikel 3 der Richtlinie (EU) 2016/97 des Europäischen Parlaments und des Rates vom 20. Januar 2016 über Versicherungsvertrieb (ABl. L 26 vom 2.2.2016, S. 19) nachweisen kann.

[2]Satz 1 Nummer 2 ist für Versicherungsberater entsprechend anzuwenden.

(8) Keiner Erlaubnis bedarf ferner ein Gewerbetreibender,

1. wenn er als Versicherungsvermittler in Nebentätigkeit
   a) nicht hauptberuflich Versicherungen vermittelt,
   b) diese Versicherungen eine Zusatzleistung zur Lieferung einer Ware oder zur Erbringung einer Dienstleistung darstellen und
   c) diese Versicherungen das Risiko eines Defekts, eines Verlusts oder einer Beschädigung der Ware oder der Nichtinanspruchnahme der Dienstleistung oder die

Beschädigung, den Verlust von Gepäck oder andere Risiken im Zusammenhang mit einer bei dem Gewerbetreibenden gebuchten Reise abdecken und

    aa) die Prämie bei zeitanteiliger Berechnung auf Jahresbasis einen Betrag von 600 Euro nicht übersteigt oder

    bb) die Prämie je Person abweichend von Doppelbuchstabe aa einen Betrag von 200 Euro nicht übersteigt, wenn die Versicherung eine Zusatzleistung zu einer einleitend genannten Dienstleistung mit einer Dauer von höchstens drei Monaten darstellt;

2. wenn er als Bausparkasse oder als von einer Bausparkasse beauftragter Vermittler für Bausparer Versicherungen im Rahmen eines Kollektivvertrages vermittelt, die Bestandteile der Bausparverträge sind, und die ausschließlich dazu bestimmt sind, die Rückzahlungsforderungen der Bausparkasse aus gewährten Darlehen abzusichern oder

3. wenn er als Zusatzleistung zur Lieferung einer Ware oder der Erbringung einer Dienstleistung im Zusammenhang mit Darlehens- und Leasingverträgen Restschuldversicherungen vermittelt, deren Jahresprämie einen Betrag von 500 Euro nicht übersteigt.

(9) ¹Gewerbetreibende nach den Absätzen 1, 2, 6 und 7 Satz 1 Nummer 1 dürfen unmittelbar bei der Vermittlung oder Beratung mitwirkende Personen nur beschäftigen, wenn sie deren Zuverlässigkeit geprüft haben und sicherstellen, dass diese Personen über die für die Vermittlung der jeweiligen Versicherung sachgerechte Qualifikation verfügen. ²Gewerbetreibende nach Absatz 1 Satz 1 bis 4, Absatz 2 Satz 1 und 2 und Absatz 7 Satz 1 Nummer 1 und die unmittelbar bei der Vermittlung oder Beratung mitwirkenden Beschäftigten müssen sich in einem Umfang von 15 Stunden je Kalenderjahr nach Maßgabe einer Rechtsverordnung nach § 34e Absatz 1 Satz 1 Nummer 2 Buchstabe c weiterbilden. ³Die Pflicht nach Satz 2 gilt nicht für Gewerbetreibende nach Absatz 7 Satz 1 Nummer 1 und deren bei der Vermittlung oder Beratung mitwirkende Beschäftigte, soweit sie lediglich Versicherungen vermitteln, die eine Zusatzleistung zur Lieferung einer Ware oder zur Erbringung einer Dienstleistung darstellen. ⁴Im Falle des Satzes 2 ist es für die Gewerbetreibenden ausreichend, wenn der Weiterbildungsnachweis durch eine im Hinblick auf eine ordnungsgemäße Wahrnehmung der erlaubnispflichtigen Tätigkeit angemessene Zahl von beim Gewerbetreibenden beschäftigten natürlichen Personen erbracht wird, denen die Aufsicht über die direkt bei der Vermittlung oder Beratung mitwirkenden Personen übertragen ist und die den Gewerbetreibenden vertreten dürfen. ⁵Satz 4 ist nicht anzuwenden, wenn der Gewerbetreibende eine natürliche Person ist und

1. selbst Versicherungen vermittelt oder über Versicherungen berät oder
2. in der Leitung des Gewerbebetriebs für diese Tätigkeiten verantwortlich ist.

⁶Die Beschäftigung einer unmittelbar bei der Vermittlung oder Beratung mitwirkenden Person kann dem Gewerbetreibenden untersagt werden, wenn Tatsachen die Annahme rechtfertigen, dass die Person die für ihre Tätigkeit erforderliche Sachkunde oder Zuverlässigkeit nicht besitzt.

(10) ¹Gewerbetreibende nach Absatz 1 Satz 2, Absatz 2 Satz 2, Absatz 6 Satz 1 und Absatz 7 Satz 1 Nummer 1 sind verpflichtet, sich und die Personen, die für die Vermittlung oder Beratung in leitender Position verantwortlich sind, unverzüglich nach Aufnahme ihrer Tätigkeit in das Register nach § 11a Absatz 1 Satz 1 nach Maßgabe einer Rechtsverordnung nach § 11a Absatz 5 eintragen zu lassen. ²Änderungen der im Register gespeicherten Angaben sind der Registerbehörde unverzüglich mitzuteilen. ³Im Falle des § 48 Absatz 4 des Versicherungsaufsichtsgesetzes wird mit der Mitteilung an die Registerbehörde zugleich die uneingeschränkte Haftung nach Absatz 7 Satz 1 Nummer 1 durch das Versicherungsunternehmen übernommen. ⁴Diese Haftung besteht nicht für Vermittlertätigkeiten, wenn die Angaben zu dem Gewerbetreibenden aus dem Register gelöscht sind wegen einer Mitteilung nach § 48 Absatz 5 des Versicherungsaufsichtsgesetzes.

(11) [1] Die zuständige Behörde kann jede in das Gewerbezentralregister nach § 149 Absatz 2 einzutragende, nicht mehr anfechtbare Entscheidung wegen Verstoßes gegen Bestimmungen dieses Gesetzes oder einer Rechtsverordnung nach § 34e öffentlich bekannt machen. [2] Die Bekanntmachung erfolgt durch Eintragung in das Register nach § 11a Absatz 1. [3] Die zuständige Behörde kann von einer Bekanntmachung nach Satz 1 absehen, diese verschieben oder eine Bekanntmachung auf anonymer Basis vornehmen, wenn eine Bekanntmachung personenbezogener Daten unverhältnismäßig wäre oder die Bekanntmachung nach Satz 1 die Stabilität der Finanzmärkte oder laufende Ermittlungen gefährden würde. [4] Eine Bekanntmachung nach Satz 1 ist fünf Jahre nach ihrer Bekanntmachung zu löschen. [5] Abweichend von Satz 4 sind personenbezogene Daten zu löschen, sobald ihre Bekanntmachung nicht mehr erforderlich ist.

(12) [1] Die Industrie- und Handelskammern richten Verfahren ein zur Annahme von Meldungen über mögliche oder tatsächliche Verstöße gegen die zur Umsetzung der Richtlinie (EU) 2016/97 ergangenen Vorschriften, bei denen es ihre Aufgabe ist, deren Einhaltung zu überwachen. [2] Die Meldungen können auch anonym abgegeben werden. [2] § 4d Absatz 2, 3 und 5 bis 8 des Finanzdienstleistungsaufsichtsgesetzes vom 22. April 2002 (BGBl. I S. 1310), das zuletzt durch Artikel 4 Absatz 76 des Gesetzes vom 18. Juli 2016 (BGBl. I S. 1666) geändert worden ist, ist entsprechend anzuwenden.

Literatur: Adjemian/Dening/Kürn/Moraht/Neuhäuser, Versicherungsvermittler: Erlaubnis und Registrierung nach § 34d GewO, GewA 2009, 137 ff. und 186 ff.; Beckmann/Matusche-Beckmann, Versicherungsrechts-Handbuch, 2. Aufl., 2009; Beenken, Die Handelsvertreter-GmbH in der Ausschließlichkeitsvermittlung von Versicherungsunternehmen, ZfV 2011, 533; Böckmann/Ostendorf, Probleme für Versicherungsvermittler bei ihrer Statusbestimmung als Vertreter oder Makler und den daraus resultierenden Informationspflichten nach dem neuen Recht, VersR 2009; Emde, Rechtsprechungsreport zum Vertriebsrecht 2009, BB 2010, 2315 und 2447; ders., Vertriebsrecht, 2. Aufl., 2011; Enke, (Un-)zulässige bAV-Beratung durch den Versicherungsmakler, VuR 2011, 257; Evers/Eikelmann, Alte Hasen & Co.: Nun geht es an deren Bestände, VW 2009, 863 ff.; Hansen, Anmerkung zum Urteil des OLG Schleswig vom 25.5.2010 (6 U 19/10, VersR 2011, 114) und vom 13.7.2010 (6 U 26/10, VersR 2011, 115) – Zur Frage der Zulässigkeit des Vertreibens von Produkten dritter Versicherungsunternehmen durch einen gebundenen Versicherungsvermittler, VersR 2011, 118; Hübner, Grenzüberschreitende Vermittlung von Versicherungsverträgen, EuZW 2007, 353; Jacob, Versicherungsvermittlung durch Banken und Sparkassen sowie im Strukturvertrieb, VersR 2007, 1164; Jahn/Klein, Überblick über das Gesetz zur Neuregelung des Versicherungsvermittlerrechts, DB 2007, 957; Koch, Der Versicherungsmakler im neuen Vermittlerrecht, VW 2007, 248; Lensing, Die Vergütung von Rechtsdienstleistungen des Versicherungsmaklers nach § 34d Abs. 1 S. 4 GewO, ZfV 2009, 16; Mattil, Gesetz zur Novellierung des Finanzanlagenvermittler- und Vermögensanlagenrechts, DB 2011, 2533; Mensching, Versichert mit beschränkter Haftung? – Plädoyer für ein neues Haftungsregime bei der Versicherungsvermittlung durch Versicherungsvertreter, VersR 2004, 19; Michaelis, Mittels Ventillösung in den Ruin, ZfV 2010, 362; Morath, Versicherungsvermittler/-berater – Erste gewerberechtliche Urteile und Beschlüsse zur Erlaubnispflicht und zum Widerruf der Erlaubnis, GewA 2010, 186; Reiff, Das Gesetz zur Neuregelung des Versicherungsvermittlerrechts, VersR 2007, 717; ders., Das Versicherungsvermittlerrecht nach der Reform, ZVersWiss 2007, 533; Ruttloff, Gewerberechtliche Zulässigkeit der Honorarberatung durch Versicherungsmakler unter Berücksichtigung des neuen Versicherungsvermittlerrechts, GewA 2009, 59 ff.; Schönleiter, Landmann/Rohmer, GewO, 86.EG, Februar 2021; Schönleiter, Das neue Recht für Versicherungsvermittler, GewA 2007, 265; Schwintowski, Honorarberatung durch Versicherungsvermittler – Paradigmawechsel durch VVG und RDG, VersR 2009, 1333; Ennuschat/Wank/Winkler/Heitzer, Gewerbeordnung, 9. Aufl., 2020; Waschbusch/Knoll/Schwarz, Die Handelsvertreter-GmbH in der Ausschließlichkeitsvermittlung von Versicherungsunternehmen?, ZfV 2011, 473; Weber, Beratungspflichten und Haftungsbeschränkung, VersR 2010, 553. Will, Beck-Online Kommentar GewO, 54. Edition, Stand 1.3.2021.

Übersicht

A. Handelsvertreter

I. Bedeutung

1   **1. Entstehungsgeschichte.** Die Regelung wurde mit dem Gesetz zur Neuregelung des Versicherungsvermittlerrechts **(VersVermG)**[1] in die GewO aufgenommen und trat im Wesentlichen 2007[2] in Kraft. Bis dahin war die Tätigkeit des Vermittelns von Versicherungen unreguliert. Der Versicherungsvermittler benötigte lediglich eine „Gewerbeanmeldung" (Anzeige gemäß § 14 Abs. 1).[3] Die Regulierung dieser Tätigkeit erfolgte in Umset-

---

[1] Gesetz zur Neuregelung des Versicherungsvermittlerrechts vom 19.12.2006, BGBl. 2006 I 3232.
[2] Art. 8 VersVermG: bzgl. § 34d – Abs. 8 aF trat am 23.12.2006 in Kraft, alle anderen Abs. am 22.5.2007. Mit Wirkung zum 23.2.2018 wurde § 34d neu gefasst (BGBl. I 2789). Abs. 9 S. 2 wurde neu gefasst mWv 15.12.2018 durch Gesetz vom 11.12.2018 (BGBl. I 2354).
[3] Reiff VersR 2007, 717; EWW/Heitzer Rn. 4.

zung der in Abs. 5 genannten EU-Richtlinie (**Versicherungsvermittlungs-RL,** sog. IMD[4]), die eine Umsetzungsfrist bis zum 15.1.2005 vorsah, vom deutschen Gesetzgeber aber erst zum 22.5.2007 umgesetzt wurde.[5] Geringfügige Präzisierungen/Ergänzungen des § 34d wurden 2008 und 2009 vorgenommen.[6] Eine Revision der Versicherungsvermittlung-RL, die aufgrund der Erweiterung des Anwendungsbereichs auf alle Vertriebswege nun Versicherungs-Vertriebs-Richtlinie genannt wird (Insurance Distribution Directive, IDD) ist am 2.2.2016 im EU-Amtsblatt veröffentlicht worden und 20 Tage später, am 22.3.2016, in Kraft getreten. In Deutschland wurde am 20.7.2017 das Gesetz zur Umsetzung der Richtlinie (EU) 2016/97 des Europäischen Parlaments u. des Rates v. 20.1.2016 über Versicherungsvertrieb und zur Änderung weiterer Gesetze (BGBl. I 2789, Umsetzungsgesetz) verabschiedet, das in erster Linie der Umsetzung der IDD-RL, und damit dem Verbraucherschutz sowie der Stärkung der Honorarberatung im Versicherungsbereich dient (BT-Drs. 18/11627, 1) und im Wesentlichen zum 23.8.2018 in Kraft getreten ist. Aufgrund dessen wurde § 34d (u. auch § 34e) inhaltlich wie systematisch neu geordnet (s. BT-Drs. 18/11627, 26)[7]

2. Zweck und Inhalt. Bereits die Versicherungsvermittlungs-RL[8] bezweckte eine teilweise Harmonisierung einzelstaatlicher Vorschriften in Bezug auf die Aufnahme und Ausübung der Tätigkeit von Versicherungsvermittlern. Dieses Ziel wird von der Versicherungs-Vertriebs-Richtlinie aufgegriffen und – auf breiterer Basis – weiter ausgeführt. In Europa soll flächendeckend ein hohes Niveau in der Vermittlungtätigkeit geschaffen werden.[9] Darüber hinaus wird die grenzüberschreitende Vermittlung von Versicherungsprodukten erleichtert. Dies soll einen Beitrag zur Vollendung des Binnenmarktes bei Finanzdienstleistungen und zur Verbesserung des Verbraucherschutzes leisten.[10] **2**

Hierzu stellt die Norm zunächst die Tätigkeit des Vermittelns von Versicherungen unter **Erlaubnisvorbehalt** (Abs. 1). Der damit verbundene Eingriff in das Grundrecht der Berufsfreiheit (Art. 12 Abs. 1 GG) der Versicherungsvermittler ist verfassungsrechtlich nicht zu beanstanden, da § 34d den Vorgaben des gegenüber dem Grundgesetz höherrangigen EU-Rechts entspricht und der deutsche Gesetzgeber bei der Umsetzung nicht über die Mindestanforderungen der IMD hinausgegangen ist.[11] In Form von Negativkriterien, die eine Erlaubniserteilung ausschließen, wird sodann bestimmt, welche **Voraussetzungen** für die **Erlaubnis** vorliegen müssen (Abs. 5: Zuverlässigkeit, geordnete Vermögensverhältnisse, Berufshaftpflichtversicherung oder gleichwertige Garantie, Sachkundenachweis). Der Vielfalt des Versicherungsvertriebs in Deutschland entsprechend behandelt die Regelung – unter Gebrauchmachen sämtlicher Ausnahmemöglichkeiten der EU-RL – bestimmte Sonderkonstellationen (Abs. 2 Versicherungsberater, Abs. 6 – produktakzessorische Vermittler, Abs. 7 – gebundene Vermittler und Abs. 9 – angestellte Vermittler) bis hin zur Erlaubnisfreiheit für Bagatellvermittlungen (Abs. 8). Damit nutzte der Gesetzgeber die von der Versicherungsvermittlungs-RL eröffneten Gestaltungsspielräume umfassend aus und wird den Anforderungen des Verbraucherschutzes und der Wirtschaft gleichermaßen gerecht.[12] Schließlich enthält die Vorschrift Bestimmungen zur Eintragungspflicht in das Register für Versicherungsvermittler (Abs. 10) und zur Tätigkeit von Vermittlern aus **3**

---

[4] Insurance Mediation Directive.

[5] Art. 16 Abs. 1 der Richtlinie 2002/92/EG des Europäischen Parlaments und des Rates vom 9.12.2002 über Versicherungsvermittlung, ABl. 2003 L 9, 3.

[6] Art. 1 Nr. 6 des Gesetzes zur Umsetzung der Berufsanerkennungsrichtlinie vom 12.12.2008, BGBl. 2008 I 2423; Art. 3 Nr. 5 des Dritten Mittelstandsentlastungsgesetzes vom 17.3.2009, BGBl. 2009 I 550; Details: Landmann/Rohmer/Schönleiter Rn. 1a.

[7] EWW/Heitzer Rn. 1.

[8] Gesamtüberbl.: Schönleiter GewA 2007, 265; Reiff VersR 2007, 717.

[9] EWW/Heitzer Rn. 1.

[10] 8. Erwägungsgrund der Versicherungsvermittlungs-RL.

[11] Böckmann/Ostendorf VersR 2009, 154 (158); EWW/Heitzer Rn. 4; Landmann/Rohmer/Schönleiter Rn. 14.

[12] Landmann/Rohmer/Schönleiter Rn. 10.

anderen europäischen Ländern in Deutschland (Abs. 7 Ziff. 2) sowie eine Ermächtigung der zuständigen Behörde zur Bekanntmachung von Entscheidungen (Abs. 11) und die Einrichtung eines Hinweisgebersystems (Abs. 12).

4   **3. Parallele ergänzende Regelungen.** § 34d stellt die gewerberechtliche Grundregelung für die Berufsausübung von Versicherungsvermittlern dar.[13] Weitere Bestimmungen in der GewO (vor allem §§ 11a, 34e, 156), im VVG (§§ 59 ff.) und im VAG (vor allem §§ 48, 48a, 48b) ergänzen diese. Der Gesetzgeber setzte die Versicherungsvermittlungs-RL mithin dezentral um, nicht in einem eigenen Gesetzeswerk für Versicherungsvermittler.[14] Vervollständigt wird die Regelungsmaterie durch die VersVermV.[15]

5   Details zum **Register für Versicherungsvermittler,** zB zu Zuständigkeit, Einrichtung, Eintragungs- und Auskunftsverfahren regelt unter anderem § 11a (s. auch Abs. 8–10 VersVermV). Die in § 156 aF vorhandene sog. „Alte-Hasen-Regelung" für Altvermittler erhielt durch Art. 1 Nr. 20 des Gesetzes zur Umsetzung der EU-Versicherungsvertriebs-RL vom 20.7.2017 mit Wirkung zum 23.2.2018 eine gänzlich neue Fassung: § 156 n. F. enthält die Übergangsregelungen zu den mit Wirkung zum 23.2.2018 überarbeiteten Erlaubnistatbeständen für diese Vermittler und Berater[16]. Der nunmehr außer Kraft getretene § 156 a. F. hat dementsprechend keine Relevanz mehr, nachdem die seinerzeitigen Übergangsfristen am 1.1.2009 abgelaufen sind[17]. Durch die Anordnung entsprechender Geltung in §§ 57 Abs. 2, 61a Abs. 2, 70a Abs. 2 und 71b Abs. 2 gilt die Erlaubnispflicht auch für das **Reise-** und das **Marktgewerbe.**[18] Einschlägige **Bußgeldvorschriften** enthalten §§ 144 Abs. 1 und 2 und 145. Die Vermittlung von Versicherungen ohne die erforderliche Erlaubnis und Registereintragung ist eine Ordnungswidrigkeit (§ 144).

6   Weitere gewerberechtliche Vorschriften finden sich in der VersVermV, die auf Grundlage der Verordnungsermächtigung in Abs. 8[19] aF erlassen wurde. Sie enthält zB Detailregelungen über das Erlaubnisverfahren, die **Sachkundeprüfung** und die Weiterbildungsverpflichtung (§§ 1–7 VersVermV), zum **Vermittlerregister** (§§ 8–10 VersVermV), zu den Anforderungen an die Berufs**haftpflichtversicherung** (§§ 11–13 VersVermV) der Versicherungsvermittler und zu ihren **Informationspflichten** (§ 15 VersVermV).

7   Ein großer Teil der Richtlinienvorgaben wurde in Deutschland nicht im Gewerbe-, sondern im **Versicherungsvertragsrecht** umgesetzt (§§ 59–68 VVG[20]).[21] In § 59 VVG werden zB die Begriffe Versicherungsvermittler, Versicherungsvertreter, Versicherungsmakler und Versicherungsberater definiert. Zur **Beratungsgrundlage** von Versicherungsvertreter und -makler enthält § 60 VVG die maßgeblichen Bestimmungen. Zentrale Norm ist hier § 61 VVG, der die **Beratungs- und Dokumentationspflichten** der Versicherungsvermittler konstituiert.[22] Bestimmungen über die Zusammenarbeit von Versicherern mit Versicherungsvermittlern enthält das **Versicherungsaufsichtsrecht** in §§ 48 ff. VAG. So ist der Versicherer nach § 48 Abs. 1 VAG zB gehalten, nur mit solchen Versicherungsvermittlern zusammenzuarbeiten, die den Verpflichtungen des § 34d gerecht werden, also insbesondere sachkundig und zuverlässig sind, sich regelmäßig weiterbilden sowie in geordneten Vermögensverhältnissen leben.[23]

---

[13] EWW/Heitzer Rn. 2; Landmann/Rohmer/Schönleiter Rn. 10.

[14] Landmann/Rohmer/Schönleiter Rn. 10.

[15] Versicherungsvermittlungsverordnung vom 15.5.2007, BGBl. 2007 I Nr. 20, 733; zuletzt geändert durch VO v. 17.12.2018 (BGBl. I 2483).

[16] Landmann/Rohmer/Schönleiter § 156 Rn. 1.

[17] Landmann/Rohmer/Schönleiter § 156 Rn. 1.

[18] Landmann/Rohmer/Schönleiter Rn. 12.

[19] Im Detail: Landmann/Rohmer/Schönleiter GewO § 34d Rn. 273 f.

[20] §§ 42a ff. VVG aF.

[21] Im Detail s. Reiff VersR 2007, 717 (723 ff.).

[22] Reiff ZVersWiss 2007, 533 ff.; Reiff VersR 2007, 717 (725 ff.); Weber VersR 2010, 553 ff.

[23] Das Rundschreiben 11/2018 der BaFin „Zusammenarbeit mit Versicherungsvermittlern sowie zum Risikomanagement im Vertrieb" veröffentlicht auf www.bafin.de, enthält konkrete Vorgaben hierzu.

II. Erlaubnispflicht und -inhalt (Abs. 1)

Das Erlaubnisverfahren nach Abs. 1 und 2 wird nicht von den Gewerbeämtern, sondern **8**
von der zuständigen Industrie- und Handelskammer nach §§ 9 ff. VwVfG durchgeführt
(Abs. 1 S. 1),[24] die dabei von der obersten Landesbehörde (idR Wirtschaftsministerium)
beaufsichtigt wird (Abs. 1 S. 5).[25]

1. Erlaubnispflichtige Tätigkeit: Versicherungsvermittlung. Das Vermitteln des **9**
gewerbsmäßigen Abschlusses von Versicherungsverträgen (auch von Rückversicherungsverträgen (Abs. 1)) ist die der Erlaubnispflicht nach § 34d unterfallende Tätigkeit. Der
Versicherungsvertrag ist ein Vertrag, der ein bestimmtes Risiko eines Vertragspartners
(des Versicherungsnehmers) oder eines Dritten durch eine Leistung absichert, die der
andere Vertragspartner (der Versicherer[26]) bei Eintritt des vereinbarten Versicherungsfalles
zu erbringen hat (§ 1 VVG). Das Vermitteln von Anlageprodukten unterfällt nicht dieser
Regelung, sondern § 34 f.[27] Versicherungsverträge hingegen, die eine Kapitalanlage in
Anlageprodukten zum Gegenstand haben (zB fondsgebundene Renten- und Lebensversicherung), fallen in den Anwendungsbereich der Norm, da auch über diese Produkte das
Todesfallrisiko abgedeckt wird.[28] Das Ziel der Tätigkeit muss auf den **Abschluss** solcher
Verträge gerichtet sein („Wer … Abschluss … vermitteln will …"), unabhängig davon,
wann der Abschluss in der jeweiligen Konstellation erfolgt und wer die den Versicherer
bindende Vertragserklärung abgibt. Auch auf ein bestimmtes Versicherungsprodukt oder
einen konkreten Vertragsabschluss gerichtete Vorbereitungshandlungen (Beraten, Empfehlen, Anbieten etc) und das Mitwirken bei der Vertragserfüllung (Verwaltung, Schadenbearbeitung etc) gehören zu dieser Zielrichtung, stellen jedoch uU keine Vermittlungstätigkeit dar, sondern lediglich eine (erlaubnisfreie) Tippgebertätigkeit.[29] Diese Tätigkeiten
können die Erlaubnispflicht nur dann auslösen, wenn das bewusste, finale Herbeiführen der
Abschlussbereitschaft des Versicherungsnehmers bewirkt werden soll.[30] Eine Vermittlungstätigkeit wird hingegen <u>nicht</u> entfaltet, wenn der Beauftragte dem Unternehmer lediglich
Personen benennt, die zu einem Vertragsabschluss bereit oder an einem solchen interessiert
sind (siehe dazu unten).

Eine bloße **Bestandsverwaltung,** bei der es nicht zum Abschluss neuer oder zur **10**
Modifikation bestehender Versicherungsverträge kommt und auch nicht kommen soll
(Absicht → Rn. 9), gehört jedoch nicht dazu, auch wenn der Versicherungsnehmer dabei
beraten wird.[31] Ebenso verhält es sich beim (bloßen) Bezug bzw. bei der Fortzahlung von
Bestandspflegeprovisionen (Folgeprovisionen), zB nach Beendigung des Vertretungsvertrages. Wenn aber die Bestandspflege mit der laufenden Anpassung/Änderung/Neubegrün-
dung von Verträgen verknüpft werden soll oder sich daraus die laufende Pflicht zur
betreuenden Beratung ergibt, handelt es sich um Vermittlung iSv § 34d.[32] Ferner ist eine
Versicherungsvermittlung zu verneinen bei der Besorgung von Versicherungsschutz für
Dritte (zB Abschluss eines Versicherungsvertrages iRd betrieblichen Altersversorgung für
einen Arbeitnehmer durch den Arbeitgeber; Ermöglichen des Beitritts zu einem Gruppen-
versicherungsvertrag),[33] bei der Anschlussgarantie eines Produzenten im Anschluss an die

---

[24] BeckOK GewO/Will GewO § 34d Rn. 137 ff.; Landmann/Rohmer/Schönleiter Rn. 24 ff.; EWW/
Heitzer Rn. 54 ff.
[25] Landmann/Rohmer/Schönleiter Rn. 24 ff.
[26] Vgl. Art. 2 Nr. 1 Versicherungsvermittlungs-RL.
[27] Mattil DB 2011, 2533.
[28] EWW/Heitzer Rn. 17.
[29] Art. 2 Nr. 3 Versicherungsvermittlungs-RL.
[30] BeckOK GewO/Will GewO § 34d Rn. 24 ff.; Landmann/Rohmer/Schönleiter Rn. 34 ff.; EWW/
Heitzer Rn. 18.
[31] BeckOK GewO/Will GewO § 34d Rn. 25.
[32] EWW/Heitzer Rn. 25; Landmann/Rohmer/Schönleiter Rn. 36.
[33] Adjemian ua GewA 2009, 137 (138 f.); Landmann/Rohmer/Schönleiter Rn. 41.

gesetzliche Gewährleistung[34] und bei reinen Werbemaßnahmen (zB Plakat in der Tierarztpraxis, Aushändigung von Informationen an der Supermarktkasse,[35] Werbebutton eines Versicherers auf der Internetseite eines Onlinehändlers ohne gleichzeitige Abschlussmöglichkeit über die Internetseite.

11   Folglich ist auch das Herstellen des Kontaktes zwischen einem Interessenten und einem Anbieter (Versicherer, Versicherungsvermittler) keine Versicherungsvermittlung. Diese Tätigkeit ist auf das sog. Namhaftmachen von Geschäftsmöglichkeiten[36] beschränkt und nicht auf den Abschluss eines konkreten Vertrages oder auf ein bestimmtes Versicherungsprodukt gerichtet (fehlende Konkretisierung).[37] Die umsatzsteuerliche Gleichbehandlung von Versicherungsvermittlern und Tippgebern[38] ist für die gewerberechtliche Einordnung ohne Relevanz. Entscheidend bei der Differenzierung zwischen Versicherungsvermittler einerseits und **Tippgeber, Namhaftmacher, Nachweisvermittler** etc andererseits ist der Grad der Konkretisierung des Geschehensablaufs in Bezug auf den potentiellen Vertragsabschluss. Ein typischer Beispielsfall ist die bloße Terminvereinbarung durch Call-Center-Unternehmen im Auftrag von Vermittlern (keine Versicherungsvermittlung).[39] Der Handel mit Namens- und Adressdaten ist zweifelsohne keine Vermittlungstätigkeit iSd § 34d. Kommt es zusätzlich zum Erheben und Weitergeben von Daten bzgl. des potentiell zu versichernden Risikos (zB Wohnungsgröße, bestehende Absicherung, Fahrzeugdaten), ohne dass ein konkretes Produkt besprochen oder der potentielle Versicherungsnehmer beraten wird, stellt dies ebenfalls keine Versicherungsvermittlung dar.[40]

12   In der Praxis ist die Feststellung des Überschreitens eines relevanten Grades der Konkretisierung mitunter schwierig.[41] Maßgeblich ist eine objektive Betrachtung aus Sicht des Empfängers, also die Erwartung des potentiellen Kunden in der konkreten Situation.[42] Ist aus Sicht des Empfängers klar, dass Vertragsabschluss und ggf. Beratung eines weiteren Schrittes bedürfen, hat die Phase der Anbahnung eines Vertrages aus Kundensicht noch nicht begonnen. Anders verhält es sich zB beim Verkauf eines Informationspaketes über ein Versicherungsprodukt an der **Supermarktkasse**.[43] Hier zeigt sich bereits der Wille des (zahlenden) Kunden zum Abschluss eines konkreten Vertrages und zumindest die Vertragsanbahnung hat bereits begonnen. Bei der gewerberechtlichen Bewertung von **Internetaktivitäten** sind Geschehensablauf und Kundenerwartung gleichermaßen entscheidend: Erheben zB **Vergleichsportale** lediglich Kundendaten, um mit diesen einen Preis- und Leistungsvergleich für den Kunden durchzuführen (anzuzeigen) und den Kunden dann zum Abschluss auf die Internetseite des Versicherers weiterzuleiten, beginnt aus Kundensicht die Vertragsanbahnung erst beim Versicherer.[44] In diesem Fall liegt noch keine Vermittlungstätigkeit vor, sondern eine bloße Tippgebertätigkeit. Dagegen handelt es sich um eine Vermittlungsleistung des Vergleichsportals, wenn konkrete Versicherungsprodukte empfohlen und die Möglichkeit eines Online-Abschlusses über den Internet-Auftritt des Vergleichsportals angeboten wird. Dabei wird die Vermittlungstätigkeit des Vergleichsportals nicht dadurch ausgeschlossen, dass auf den Internetseiten darauf hingewiesen wird, dass tatsächlich ein Vertragspartner des Internetseitenbetreibers den Vertrag vermittle. Wird der Online-Abschluss nicht auf den Internet-Seiten des Vergleichsportals angeboten, son-

---

[34] einschränkend: Landmann/Rohmer/Schönleiter Rn. 40, nur wenn der Produzent dem Kunden selbst haftet (und ggf. versichert ist), nicht bei direktem Anspruch des Kunden gegen den Versicherer.
[35] EWW/Heitzer Rn. 24.
[36] BT-Drs. 16/1935, 17.
[37] Adjemian ua GewA 2009, 137; Landmann/Rohmer/Schönleiter Rn. 42 f.
[38] BFH DStR 2007, 2322.
[39] EWW/Heitzer Rn. 23.
[40] Landmann/Rohmer/Schönleiter Rn. 43.
[41] Vgl. zB Rundschreiben 11/2018 der BaFin „Zusammenarbeit mit Versicherungsvermittlern sowie zum Risikomanagement im Vertrieb"
[42] Landmann/Rohmer/Schönleiter Rn. 34a.
[43] Sog. Penny-Markt-Urteil des LG Wiesbaden NJW-RR 2008, 1572.
[44] Landmann/Rohmer/Schönleiter Rn. 44 f.; EWW/Heitzer Rn. 27.

dern im Wege einer elektronischen Weiterleitung durch das Portal erst auf den Internetseiten dessen Vertragspartners, handelt es sich gleichwohl um eine Versicherungsvermittlung des Vergleichsportals, sofern für den Kunden aufgrund des objektiven Erscheinungsbildes des Internetauftritts der Eindruck entsteht, den Versicherungsvertrag auf der Seite des Portalbetreibers abzuschließen.[45] In diesem Fall bedarf der Seitenbetreiber der Erlaubnis nach § 34d.[46]

2. Erlaubnispflichtige Personen: Versicherungsvertreter und Versicherungs- 13 **makler (Versicherungsvermittler).** Als erlaubnispflichtige Personen nennt die Norm Versicherungsvertreter und Versicherungsmakler und bildet für diese den Oberbegriff Versicherungsvermittler. Für beide Vermittlertypen gelten die gleichen gewerberechtlichen Erlaubnisvoraussetzungen. Ausgenommen aus dem persönlichen Anwendungsbereich sind die Versicherer (vgl. § 6) und ihre Angestellten, da diese bereits der Aufsicht durch die BaFin unterliegen[47]. **Gesetzliche Krankenkassen,** die von der Ausnahmeregelung des § 194 SGB V Gebrauch machen und private Krankenzusatzversicherungen vermitteln, unterfallen nur dann nicht der Erlaubnispflicht aufgrund fehlender Gewerbsmäßigkeit der Tätigkeit, wenn sie auf ein Entgelt für ihre Vermittlungtätigkeit verzichten (→ Rn. 20 ff.).[48] Versicherungsvermittler können natürliche Personen, juristische Personen und Personengesellschaften sein.[49] Personengesellschaften kann eine Erlaubnis nach § 34d jedoch nicht direkt erteilt werden,[50] vielmehr bedürfen alle geschäftsführenden Gesellschafter der Erlaubnis.[51] Die GewO enthält keine Definition der in § 34d genannten Versicherungsvermittler, weshalb ein Rückgriff auf die entsprechenden Begriffsbestimmungen im VVG erfolgen muss, die zusammen in der VersVermV mit der gewerberechtlichen Regelung geschaffen wurden.[52]

a) Versicherungsvertreter. Versicherungsvertreter ist nach § 59 Abs. 2 VVG, wer von 14 einem Versicherer oder einem anderen Versicherungsvertreter damit betraut ist, gewerbsmäßig Versicherungsverträge zu vermitteln oder abzuschließen. Maßgebliches Unterscheidungskriterium zum Versicherungsmakler ist, dass der Versicherungsvertreter auf der Seite („im Lager") des Versicherers steht, dessen Interessen er wahrzunehmen hat.[53] Ein ständiges Betrautsein,[54] wie es § 92 HGB für den Versicherungsvertreter voraussetzt, ist nicht erforderlich. § 34d GewO und § 59 VVG erfassen also auch die Gelegenheitsvermittlung (Unterschiede im Übrigen → HGB § 92 Rn. 8), wenn diese gewerbsmäßig (→ Rn. 20 ff.) erfolgt.[55] Handelsvertreter, die Versicherungen ausschließlich im Auftrag eines Versicherers vermitteln, werden als Einfirmen-, häufiger aber als gebundene Vertreter bzw. **Ausschließlichkeitsvertreter** bezeichnet.[56] Für alle anderen Vertreter ist die Bezeichnung Mehrfach- bzw. **Mehrfirmenvertreter** etabliert.[57] **Gebundene Vertreter** sind Versicherungsvertreter auch dann, wenn sie zwar Versicherungen im Auftrag mehrerer Versicherer vermitteln,

---

[45] Sog. Tchibo-Urteil des LG Hamburg VuR 2010, 319.

[46] EWW/Heitzer Rn. 28.

[47] Art. 2 Nr. 3 Versicherungsvermittlungs-RL; Landmann/Rohmer/Schönleiter Rn. 52; EWW/Heitzer Rn. 31; Prölss/Martin/Dörner VVG § 59 Rn. 17; zu den Angestellten des Vermittlers (→ Rn. 46).

[48] EWW/Heitzer Rn. 14; Landmann/Rohmer/Schönleiter Rn. 53 f.; Adjemian ua GewA 2009, 137 (138).

[49] Prölss/Martin/Dörner VVG § 59 Rn. 11.

[50] Landmann/Rohmer/Schönleiter Rn. 15.

[51] Bei der GmbH & Co. KG die Komplementär-GmbH.

[52] Reiff ZVersWiss 2007, 533 (538); BeckOK GewO/Will GewO § 34d Rn. 21 ff.

[53] Landmann/Rohmer/Schönleiter Rn. 62 ff.; MüKoVVG/Reiff § 59 Rn. 26; Prölss/Martin/Dörner VVG § 59 Rn. 14.

[54] MüKoVVG/Reiff § 59 Rn. 27.

[55] Landmann/Rohmer/Schönleiter Rn. 79 f.; MüKoVVG/Reiff § 59 Rn. 28; Prölss/Martin/Dörner VVG § 59 Rn. 9.

[56] Adjemian ua GewA 2009, 137 (139); Landmann/Rohmer/Schönleiter Rn. 189 ff.; MüKoVVG/Reiff § 59 Rn. 33.

[57] EWW/Heitzer Rn. 38; MüKoVVG/Reiff § 59 Rn. 35.

diese aber nicht in Konkurrenz zueinander stehen (sog. unechte Mehrfirmenvertreter (→ Rn. 40)).[58]

15   **b) Versicherungsmakler.** Versicherungsmakler ist nach § 59 Abs. 3 S. 1 VVG, wer gewerbsmäßig für den Auftraggeber die Vermittlung oder den Abschluss von Versicherungsverträgen übernimmt, ohne von einem Versicherer oder Versicherungsvertreter damit betraut zu sein. Maßgebliches Unterscheidungskriterium zum Versicherungsvertreter ist, dass der Versicherungsmakler auf der Seite („im Lager") des Versicherungsnehmers steht, dessen Interessenwahrer und Sachwalter er ist und mit dem er ein entsprechendes Maklermandat vereinbart hat.[59] An der Eigenschaft des Versicherungsmaklers als treuhänderischer Sachwalter des Versicherungsnehmers ändert auch die verbreitete Übung nichts, dass der Versicherungsmakler sein Vermittlungshonorar als Courtage für den Abschluss vom Versicherer bezieht.[60] Als Versicherungsmakler gilt nach § 59 Abs. 3 S. 2 VVG auch, wer gegenüber dem Versicherungsnehmer den Anschein erweckt, er erbringe seine Leistungen als Versicherungsmakler (sog. **Pseudo-** bzw. **Anscheinsmakler**). Diese Personen haben die gleichen Pflichten und haften wie ein (richtiger) Makler.[61]

16   Die Versicherungsvermittler dürfen ihre Kunden als Nebenleistung zur Vermittlungstätigkeit auch rechtlich beraten, ohne dadurch gegen das RechtsdienstleistungsG zu verstoßen (§ 5 Abs. 1 RDG).[62] Maklern ist es auf Grund von Abs. 1 S. 5 darüber hinaus erlaubt, Nicht-Verbraucher[63] auch dann bei der Vereinbarung, Änderung oder Prüfung von Versicherungsverträgen rechtlich zu beraten, wenn dies keinen Zusammenhang mit einer konkreten Versicherungsvermittlung hat.[64] Bei der Beratung von Unternehmen zu einem bestehenden Versicherungsvertrag kann der Makler in die **rechtliche Beratung** auch die Beschäftigten des Unternehmens einbeziehen (idR bei Gruppenversicherungsverträgen).[65] Für diese Beratungsleistung kann der Makler ein gesondertes Entgelt verlangen. Die rechtliche Beratung darf aber nicht die Hauptpflicht des Maklers nach dem Beratungsvertrag sein.[66] Makler, die im Auftrag eines Versicherers Schadenregulierungen durchführen, begeben sich damit in den Bereich einer gemäß § 4 RDG unzulässigen Interessenkollision gegenüber dem Versicherungsnehmer. Jedenfalls im Bereich der (Textil-)Haftpflichtversicherung stellt dies eine nicht erlaubte Rechtsdienstleistung dar.[67]

17   **c) Unzulässige Vermischung von Vertreter- und Maklertätigkeit.** Bis zur Umsetzung der Versicherungsvermittlungs-RL gab es in Deutschland zahlreiche Mischformen im Versicherungsvertrieb, was oft die Feststellung erschwerte, ob eine Person als Makler oder Vertreter tätig war (idR Einzelfallwürdigung) und den Versicherungsnehmern oft eine Versichererunabhängigkeit suggerierte, die es nicht gab.[68] Das VersVermG (→ Rn. 1) etablierte eine klare Trennung zwischen beiden Vermittlertypen: Ein Versicherungsvermittler kann heute nur entweder Makler oder Vertreter sein (**Entscheidungszwang**).[69] Entsprechend sieht Abs. 1 S. 3 vor, dass die Erlaubnis nach § 34d auszuweisen hat, ob sie

[58] Landmann/Rohmer/Schönleiter Rn. 62; EWW/Heitzer Rn. 38.

[59] Koch VW 2007, 248 (249); Landmann/Rohmer/Schönleiter Rn. 66; MüKoVVG/Reiff § 59 Rn. 43; Prölss/Martin/Dörner VVG § 59 Rn. 65 ff.

[60] BGH 14.1.2016 – I ZR 107/14, BeckRS 2016, 10331 Rn. 20; BGHZ 94, 356 (359).

[61] Landmann/Rohmer/Schönleiter Rn. 68; MüKoVVG/Reiff § 59 Rn. 44 ff.; Prölss/Martin/Dörner VVG § 59 Rn. 147 ff.

[62] Kleine-Cosack RDG Anh. zu §§ 1–5 Rn. 160 ff.; Lensing ZfV 2009, 16 (20 ff.); Schwintowski VersR 2009, 1333 (1335 f.).

[63] Vgl. § 13 BGB.

[64] Landmann/Rohmer/Schönleiter Rn. 76.

[65] BeckOK GewO/Will GewO § 34d Rn. 56; EWW/Heitzer Rn. 57.

[66] OLG Karlsruhe NJW-RR 2010, 994; Enke VuR 2011, 257.

[67] BGH 14.1.2016 – I ZR 107/14, BeckRS 2016, 1033.

[68] MüKoVVG/Reiff § 59 Rn. 66; Prölss/Martin/Dörner VVG § 59 Rn. 10; Böckmann/Ostendorf VersR 2009, 154.

[69] BeckOK GewO/Will GewO § 34d Rn. 48; MüKoVVG/Reiff § 59 Rn. 56; EWW/Heitzer Rn. 34; Adjemian ua GewA 2009, 137 (139); Böckmann/Ostendorf VersR 2009, 154 (155).

einem Versicherungsvertreter oder einem Versicherungsmakler erteilt wird. Ein Wechsel der Tätigkeit setzt den Verzicht auf die bisherige und die Erteilung der „anderen" Erlaubnis voraus.[70] Auch ein sog. **Ab-und-zu-Makeln** ist unzulässig.[71] Die Regelung in § 60 Abs. 1 S. 2 VVG (Hinweis des Maklers auf eine eingeschränkte Versicherer- und Vertragsauswahl) stellt keine generelle Ausnahmeregelung dazu dar. Auch wenn der Makler seine Marktanalysepflicht im Einzelfall auf ein einziges Angebot beschränken kann, ist dies lediglich eine Ausnahmemöglichkeit, von der der Makler nur in Randbereichen seiner Tätigkeit Gebrauch machen darf[72], die er gegenüber dem Versicherungsnehmer gemäß § 60 Abs. 1 S. 2 VVG transparent machen muss und die ihn nicht von der Pflicht zur bedarfsgerechten Beratung (§ 61 VVG) befreit.

Umstritten ist, ob ein Versicherungsvermittler **in verschiedenen selbständigen** **18** **Rechtsformen** einerseits als Versicherungsmakler und andererseits als Versicherungsvertreter tätig werden darf. Das wäre etwa der Fall, wenn eine **natürliche Person,** die über eine Erlaubnis als Versicherungsvertreter verfügt, gleichzeitig Geschäftsführer einer **juristischen Person** ist, die ein Versicherungsmaklergewerbe betreibt. Dies wird teilweise mit Hinweis auf die verbraucherschützende Zielrichtung der Regelung und aufgrund der Gefahr, dass Kunden nicht hinreichend zwischen der natürlichen Person einerseits und der Stellung als Geschäftsführer einer juristischen Person andererseits unterscheiden können für unzulässig gehalten[73]. Bei formaler Betrachtungsweise liegt allerdings keine verbotene Doppelerlaubnis vor. Sofern der Vermittler eine räumliche, buchhalterische und werbliche Trennung seiner Vermittlungtätigkeiten vornimmt, darüber hinaus separates Personal für die Tätigkeit als Vertreter und die Tätigkeit als Makler beschäftigt und in der Beratungssituation gegenüber den Kunden jederzeit seinen Status offenlegt, kann eine derartige Aufspaltung der Tätigkeiten noch als übereinstimmend mit den Vorgaben des § 34d GewO angesehen werden.[74] Ausschlaggebend ist mithin die Statustransparenz in der jeweiligen Beratungssituation gegenüber dem Kunden (Anscheinsmakler → Rn. 15), die es dem Vermittler auch ermöglicht, weiteren gesetzlichen Anforderungen gerecht zu werden (zB Datenschutz).

Die handelsrechtliche Einordnung des Versicherungsvermittlers (Handelsmakler/Han **19** delsvertreter) und die Verpflichtungen gegenüber seinen Vertragspartnern haben für seinen gewerberechtlichen Status grundsätzlich keine Bedeutung. So kann zB ein Handelsvertreter, der sich gegenüber einem Versicherer zur Ausschließlichkeit verpflichtet hat, aus gewerberechtlicher Sicht ohne Weiteres die Erlaubnis als Mehrfirmenvertreter besitzen und für andere Versicherer tätig werden.[75] Auch bei der Beteiligung unterschiedlicher Vermittlertypen an einem Vermittlungsprozess (zB in **gestuften Vermittlungsverhältnissen**) ist zwischen der gewerbe- und der handelsrechtlichen Betrachtung zu unterscheiden. Die Gestaltung Versicherer-Makler-Vertreter-Versicherungsnehmer funktioniert gewerberechtlich nicht, weil der Vertreter von einem Versicherer oder einem anderen Versicherungsvertreter beauftragt sein müsste (→ Rn. 14), hier aber im Auftrag eines Maklers tätig wäre und folglich die Maklerpflichten gegenüber den Kunden erfüllen müsste.[76] Der **Untervermittler** eines Versicherungsmaklers muss selbst Versicherungsmakler sein, wobei aus handelsrechtlicher Sicht ein Handelsvertretervertrag zwischen ihnen bestehen kann (→ HGB § 92 Rn. 8).[77] Gewerberechtlich gestaltbar wäre die Vermittlungkette Versicherer-Vertreter-Makler-Versicherungsnehmer. Dazu müssen die beteiligten Vermittler die jeweilige gewerberechtliche Erlaubnis besitzen und dürfen handelsrechtlich nicht miteinan-

---

[70] BeckOK GewO/Will GewO § 34d Rn. 62; EWW/Heitzer Rn. 42.
[71] Adjemian ua GewA 2009, 137 (140); BeckOK GewO/Will GewO § 34d Rn. 62; EWW/Heitzer Rn. 48; aA Landmann/Rohmer/Schönleiter Rn. 64.
[72] Landmann/Rohmer/Schönleiter Rn. 69.
[73] BeckOK GewO/Will GewO § 34d Rn. 61; EWW/Heitzer Rn. 47.
[74] So auch Adjemian ua GewA 2009, 137 (139).
[75] MüKoVVG/Reiff § 59 Rn. 33.
[76] Möglich ist zB: Versicherer-Mehrfachvertreter-Ausschließlichkeitsvertreter-Versicherungsnehmer.
[77] Landmann/Rohmer/Schönleiter Rn. 75.

der verbunden sein (Handelsvertretervertrag zwischen Versicherer und Vertreter). Dadurch verliefe die Trennlinie zwischen „den Lagern" (→ Rn. 13 und 14), zwischen Vertreter und Makler. Der Untervermittler eines Versicherungsvertreters kann allerdings nur ein Versicherungsvertreter sein, nicht aber ein Versicherungsmakler.

20   **3. Gewerbsmäßigkeit.** Die Erlaubnispflicht nach Abs. 1 setzt eine gewerbsmäßige Tätigkeit voraus, dh eine **selbstständige** und erlaubte Tätigkeit, die auf **gewisse Dauer** angelegt sein und **Gewinne** erwirtschaften soll.[78] Die vermittelnde Tätigkeit im Rahmen eines Arbeitsverhältnisses (Angestellte/Arbeitnehmer) ist mangels Selbständigkeit stets erlaubnisfrei.[79] Wiederum erlaubnispflichtig ist jedoch eine vermittelnde Tätigkeit, die **neben** der beruflichen Tätigkeit (für einen Versicherer oder einen Vermittler) ausgeübt wird. Maßgebliches Abgrenzungskriterium ist die Eigenverantwortlichkeit[80] bei dieser weiteren Tätigkeit (keine Weisungsgebundenheit).[81]

21   Erlaubnisfrei – weil nicht gewerbsmäßig – ist eine vermittelnde Tätigkeit von nur geringem Ausmaß (sog. **gewerberechtliche Bagatelle**).[82] Die Grenze hierfür ist Einzelfallfrage,[83] wurde 2007 aber erstmals mit jährlich höchstens sechs Versicherungsverträgen bzw. 1.000 EUR (Gesamt-)Provisionen umschrieben,[84] ist seither unwidersprochen und wohl auch Verwaltungspraxis.[85] Diese Faustformel ist als praxistauglich zu begrüßen, sollte aber flexibel entsprechend der Einkommensentwicklung bei Versicherungsvermittlern gehandhabt werden.

22   § 194 Abs. 1a SGB V ermöglicht **Gesetzlichen Krankenkassen** (ausnahmsweise), ihren Mitgliedern/Versicherten private Zusatzkrankenversicherungen zu vermitteln und dafür einen Aufwandsersatz zu vereinnahmen. Die Krankenkassen handeln dabei nicht gewerbsmäßig. Es ist bereits fraglich, ob sie überhaupt die Absicht verfolgen, mit der Vermittlungstätigkeit Gewinne zu erzielen (erhalten Aufwandsersatz, keine Provision). Zwar kann auch die Wirtschaftstätigkeit von juristischen Personen des öffentlichen Rechts Gewerbe iSd GewO sein; letztlich ist ihre Vermittlungtätigkeit aber der hoheitlichen Leistungsverwaltung zuzuordnen, die die Anwendbarkeit des Gewerberechts ausschließt.[86]

23   **4. Erlaubnis mit Beschränkungen und Auflagen.** Soweit es zum Schutz der Allgemeinheit oder der Versicherungsnehmer erforderlich ist, kann die Erlaubnisbehörde (→ Rn. 8) die Erlaubnis bei Erteilung inhaltlich beschränken oder mit Auflagen versehen. Beide Möglichkeiten stehen in ihrem Ermessen.[87] Auflagen kann die Erlaubnisbehörde auch nach der Erlaubniserteilung noch aufnehmen, ändern und ergänzen. Auf einzelne Versicherungsprodukte oder -sparten kann die Erlaubnis durch eine inhaltliche Beschränkung, nicht aber durch Auflagen beschränkt werden.[88] Der inhaltlichen Beschränkung kommt – schon wegen der damit verbundenen Verstärkung des Eingriffs in die Berufsfreiheit – in der Praxis kaum Bedeutung zu.[89] Neben der Auflage (§ 36 Abs. 2 Nr. 4 VwVfG) ist als weitere Nebenbestimmung (§ 36 Abs. 1 Alt. 2 VwVfG) zB eine aufschie-

---

[78] Einzelheiten vgl. EWW/Winkler § 1 Rn. 12 ff.

[79] Landmann/Rohmer/Schönleiter Rn. 79; EWW/Heitzer Rn. 12.

[80] EWW/Winkler § 1 Rn. 28 ff.

[81] EWW/Winkler Rn. 29.

[82] Landmann/Rohmer/Schönleiter Rn. 80.

[83] BeckOK GewO/Will GewO § 34d Rn. 43.

[84] Wegweisend Schönleiter GewA 2007, 265 (267).

[85] Landmann/Rohmer/Schönleiter Rn. 80; EWW/Heitzer Rn. 12.

[86] EWW/Heitzer Rn. 11; OLG Brandenburg GRUR-RR 2013, 66; Rundschreiben des Bundesversicherungsamts Juni 2010 und 8.7.2009, Az. I1–4982-3810/2003, abrufbar unter www.bundesversicherungsamt.de; aA Landmann/Rohmer/Schönleiter Rn. 45; Adjemian ua GewA 2009, 137 (138); aA aus steuerrechtlicher Sicht: BFH DStR 2010, 645.

[87] EWW/Heitzer Rn. 99.

[88] EWW/Heitzer Rn. 155; die Möglichkeit einer inhaltlichen Beschränkung ablehnend: Landmann/Rohmer/Schönleiter Rn. 116.

[89] BeckOK GewO/Will GewO § 34d Rn. 155.

bende Bedingung (bis zum vollständigen Vorliegen der Erlaubnisvoraussetzungen) in Betracht zu ziehen.[90]

5. Erlöschen der Erlaubnis. Die Erlaubnis erlischt durch Verzicht oder Tod des **24** Erlaubnisinhabers (bzw. Wegfall der juristischen Person). Im Todesfall kann das Gewerbe durch einen geeigneten Stellvertreter (§ 45) mit Genehmigung der Erlaubnisbehörde (→ Rn. 8; § 46 Abs. 3) bis zu einem Jahr fortgeführt werden.[91] Erlöschen tritt auch bei Rücknahme oder Widerruf der Erlaubnis (→ Rn. 56) ein, nicht jedoch mit Betriebsaufgabe oder Abmeldung des Gewerbes (§ 14 Abs. 1).[92]

III. Versicherungsberater (Abs. 2)

1. Versicherungsberater und Versicherungsberatung. § 34d Abs. 2 S. 1 und S. 2 **25** enthält eine Legaldefinition des Versicherungsberaters, die sich weitgehend mit der Definition dieses Berufsbildes in **§ 59 Abs. 4 VVG** deckt. Auch der Versicherungsberater bedarf einer Gewerbeerlaubnis, sofern die Tätigkeit gewerbsmäßig erfolgt, dh auf Gewinnerzielung gerichtet ist.[93] Es handelt sich daher bei der Tätigkeit des Versicherungsberaters um keinen freien Beruf.[94] Inhaber freier Berufe wie Anwälte und Notare dürfen aber in den Grenzen des § 3 RDG eine Tätigkeit als Versicherungsberater ausüben, ohne dass hierfür eine Gewerbeerlaubnis nach § 34e erforderlich wäre.[95]

Während dem Versicherungsberater nach dem bis zum 23.2.2018 geltenden § 34e aF eine Vermittlungstätigkeit versagt war, ist dies unter der Neuregelung des § 34d Abs. 2 zulässig. Allerdings darf die Tätigkeit des Versicherungsberaters nicht auf den Abschluss eines Versicherungsvertrages ausgerichtet sein, sondern soll schwerpunktmäßig in der Beratung des Kunden und der Bewertung seiner versicherungsrechtlichen Situation liegen.[96]

2. Vergütung des Versicherungsberaters. Der Versicherungsberater darf weiterhin **26** wirtschaftlich nicht von einem Versicherungsunternehmen abhängig sein oder von diesem einen wirtschaftlichen Vorteil erhalten. Darüber hinaus ist es mit der Beratungsneutralität des Versicherungsberaters nicht vereinbar, wenn dieser finanzielle Vorteile von einem Versicherungsvertreter oder Makler annimmt.[97] Hierin liegt der entscheidende Unterschied zum Vermittler[98], insbesondere zum Makler, der gem. **§ 59 Abs. 3 S. 1 VVG** ebenfalls auf der Seite des Kunden steht, aber gleichwohl regelmäßig vom VU für die Vermittlungsleistung vergütet wird.[99] Der Versicherungsberater darf sich seine Tätigkeit nur von seinem Auftraggeber, dem Versicherungsnehmer, vergüten lassen (S. 3). Zuwendungen eines Versicherungsunternehmens, die im Zusammenhang mit der Beratung und insbesondere der Versicherungsvermittlung stehen, darf der Versicherungsberater nicht annehmen (S. 4). Vorrangig soll er dem Versicherungsnehmer sog. Nettopolicen anbieten, dh Versicherungsverträge, in die keine Kosten für die Versicherungsvermittlung einkalkuliert sind (S. 5). Nur in dem Fall, dass für den Versicherungsbedarf des Versicherungsnehmers keine Nettopolice verfügbar oder in gleicher Weise für den Versicherungsnehmer geeignet ist, darf der Versicherungsberater eine sog. Bruttopolice vermitteln, dh einen Versicherungsvertrag mit einkalkulierten Zuwendungen, die nicht dem Versicherungsvertrag zu Gute kommen. In diesem Fall muss er unverzüglich die vom Versicherer für die Vermittlung erhaltenen

---

[90] EWW/Heitzer Rn. 101.
[91] Landmann/Rohmer/Schönleiter Rn. 32.
[92] EWW/Heitzer Rn. 98.
[93] Prölss/Martin/Dörner GewO § 34d Rn. 44.
[94] Landmann/Rohmer/Schönleiter Rn. 88.
[95] Landmann/Rohmer/Schönleiter Rn. 92.
[96] Landmann/Rohmer/Schönleiter Rn. 96.
[97] Prölss/Martin/Dörner GewO § 34d Rn. 46.
[98] so die Ges.Begr. zu § 34e aF in BT-Drs. 16/1935, 21.
[99] Landmann/Rohmer/Schönleiter Rn. 99.

Zuwendungen nach § 48c Abs. 1 VAG an den Versicherungsnehmer auskehren (S. 6). Diese Auskehrung muss der Versicherungsberater über das Versicherungsunternehmen veranlassen, das die Durchleitung gem. § 48c VAG in Form einer Prämienminderung oder einer Gutschrift gegenüber dem Kunden vornimmt.[100]

IV. Verbot der Doppelerlaubnis (Abs. 3)

27   Eine Mischtätigkeit oder Doppelerlaubnis als Versicherungsberater und gleichzeitig als Versicherungsvermittler (als Makler oder Vertreter) ist nach Abs. 2 ausdrücklich ausgeschlossen. Damit soll die neutrale und objektive Beratung des Versicherungsberaters gesichert werden, die das Berufsbild des Versicherungsberaters kennzeichnet und diesem abverlangt wird.[101] Ein Gewerbetreibender darf daher auch nicht etwa in unterschiedlichen Rechtsformen oder Stellungen einerseits einer Tätigkeit im Bereich der Versicherungsberatung und andererseits im Bereich Versicherungsvermittlung nachgehen.[102] Dies bedeutet bspw. auch, dass der Geschäftsführer einer Gesellschaft, die nach **§ 34d Abs. 1** Versicherungen vermittelt, nicht zugleich ein im Einzelunternehmen tätiger Versicherungsberater iSd **§ 34d Abs. 2** sein kann.[103] Ebenso fehlt es – wie bereits nach der früheren Rechtslage – an der gebotenen Unabhängigkeit bei einer Versicherungsberatungs-GmbH (oder anderen Gesellschaft), deren alleiniger Geschäftsführer und Gesellschafter zugleich Geschäftsführer und Gesellschafter einer anderen Gesellschaft ist, die eine Erlaubnis als Versicherungsmaklerin innehat und auch als solche tätig ist.[104]

V. Inhaltliche Beschränkungen, Auflagen (Abs. 4)

28   Eine Erlaubnis gem. **§ 34d Abs. 1** (Versicherungsvermittler) und **Abs. 2** (Versicherungsberater) kann inhaltlich beschränkt werden, soweit dies zum Schutze der Allgemeinheit oder der Versicherungsnehmer erforderlich ist. Eine derartige Inhaltsbeschränkung ist keine in **§ 36 VwVfG** vorgesehene Nebenbestimmung. Sie steht im Ermessen der Erlaubnisbehörde u. kann im Gegensatz zu einer Auflage nicht nachträglich ausgesprochen werden.[105]

Da die Beifügung von Nebenbestimmungen nicht im Widerspruch zum grundsätzlichen Anspruch auf Erlaubniserteilung stehen darf, wäre eine Befristung, eine auflösende Bedingung und ein Widerrufsvorbehalt als unzulässig anzusehen.[106] Neben der Auflage kommt daher nur eine aufschiebende Bedingung in Betracht, etwa zur (nachträglichen) Erfüllung aller gesetzlichen Voraussetzungen zur Erlaubniserteilung.[107]

Eine nachträgliche inhaltliche Beschränkung ist dagegen nicht zulässig, sondern allenfalls eine nachträgliche Nebenbestimmung.[108]

VI. Erlaubnisvoraussetzungen, Versagungsgründe (Abs. 5)

29   In Abs. 5 werden die Erlaubnisvoraussetzungen – analog weiterer Erlaubnistatbestände der GewO (§§ 34 ff.) – negativ festgeschrieben, dh es werden einzelne Versagungsgründe genannt, bei deren Vorliegen die Erlaubnis zu versagen ist. Die Aufzählung ist abschließend, andere Gründe können von der Erlaubnisbehörde nicht herangezogen werden.[109] Das hat zur Folge, dass der Antragsteller Anspruch auf die Erteilung der Erlaubnis hat, wenn

---

[100] Landmann/Rohmer/Schönleiter Rn. 108.
[101] vgl. OVG Berlin-Brandenburg BeckRS 2017, 106878 Rn. 11.
[102] BeckOK GewO/Will GewO § 34d Rn. 95.
[103] BeckOK GewO/Will GewO § 34d Rn. 95.
[104] vgl. OVG Berlin-Brandenburg BeckRS 2017, 106878 Rn. 12.
[105] BeckOK GewO/Will GewO § 34d Rn. 99.
[106] Schulze-Werner in Friauf § 34d Rn. 139.
[107] Landmann/Rohmer/Schönleiter Rn. 115.
[108] BeckOK GewO/Will GewO § 34d Rn. 156.
[109] Landmann/Rohmer/Schönleiter Rn. 117.

in seiner Person keiner der explizit genannten Versagungsgründe vorliegt.[110] Die Behörde hat insoweit kein Ermessen (gebundener Verwaltungsakt). Unbestimmte Rechtsbegriffe in den Versagungsgründen (zB Unzuverlässigkeit, ungeordnete Vermögensverhältnisse) unterliegen der vollen gerichtlichen Überprüfung.[111]

1. Zuverlässigkeit. Der Antragsteller muss die für den Gewerbebetrieb erforderliche **30** Zuverlässigkeit besitzen.[112] Das Gesetz nennt beispielhaft Fälle, in denen die Zuverlässigkeit des Antragstellers nicht vorliegt: Bei seiner rechtskräftigen Verurteilung in den letzten fünf Jahren vor Antragstellung wegen eines **Verbrechens** (§ 12 Abs. 1 StGB) oder eines in der Vorschrift genannten Deliktes (hauptsächlich **Vermögensdelikte**[113]). Die Begehung einer solchen Straftat indiziert die Unzuverlässigkeit (widerlegbare Vermutung) unabhängig davon, ob diese einen unmittelbaren Bezug zur konkret beantragten Tätigkeit der Versicherungsvermittlung hat.[114] Liegt eines dieser Regel-Negativ-Beispiele vor, kann in Ausnahmesituationen (auf Grund besonderer Umstände) gleichwohl die Zuverlässigkeit des Antragstellers begründet werden.[115] Maßgeblich ist nämlich seine **Gesamtpersönlichkeit** im Hinblick auf die beabsichtigte Vermittlertätigkeit.[116] Andererseits lässt auch sonstiges Fehlverhalten des Antragstellers auf seine Unzuverlässigkeit schließen, wenn dieses einen relevanten Bezug zum Versicherungsvermittlungsgewerbe hat (zB laufendes Ermittlungs- oder Strafverfahren wegen eines im Regelkatalog genannten Delikts, dauerhafte Verstöße gegen Informations-, Beratungs- oder Dokumentationspflichten oder gegen aufsichtsrechtliche Bestimmungen (→ HGB § 92 Rn. 49 ff.)).[117]

Relevant ist ausschließlich die Zuverlässigkeit des Antragstellers, bei juristischen Personen **31** aber auch die der vertretungsberechtigten Personen.[118] Eine bereits bestehende Gewerbeerlaubnis des Antragstellers nach §§ 34c oder 34f indiziert (auch) die Zuverlässigkeit für die Berufsausübung als Versicherungsvermittler.[119]

2. Geordnete Vermögensverhältnisse. Der Antragsteller muss in geordneten Ver- **32** mögensverhältnissen leben.[120] Das Gesetz nennt beispielhaft Fälle, in denen die Vermögensverhältnisse des Antragstellers nicht geordnet sind: Bei Eröffnung des **Insolvenzverfahrens** über sein Vermögen oder seiner Eintragung in ein **Schuldnerverzeichnis**[121] nach § 26 Abs. 2 InsO oder § 882b ZPO. Relevant sind ausschließlich die Vermögensverhältnisse des Antragstellers, bei juristischen Personen aber auch die der vertretungsberechtigten Personen.[122]

Auch hier handelt es sich (nur) um Regel-Negativ-Beispiele, die in Ausnahmesituationen **33** gleichwohl die Annahme des Vorliegens geordneter Vermögensverhältnisse zulassen (zB Restschuldbefreiung steht kurz bevor,[123] schlüssiges Sanierungskonzept, nur eine Eintra-

---

[110] BeckOK GewO/Will GewO § 34d Rn. 102.
[111] EWW/Heitzer Rn. 102.
[112] „Guter Leumund" nach der IDD-RL (Art. 10 Abs. 3 UAbs. 1 S. 1); zum gewerberechtlichen Zuverlässigkeitsbegriff: Landmann/Rohmer/Marcks § 34c Rn. 76–85.
[113] Diebstahl (§§ 242 ff. StGB), Unterschlagung (§§ 246 ff. StGB), Erpressung (§§ 253 f. StGB), Betrug (§§ 263 ff. StGB), Untreue (§§ 266 ff. StGB), Geldwäsche (§ 261 StGB), Urkundenfälschung (§§ 267 ff. StGB), Hehlerei (§§ 259 ff. StGB), Wucher (§ 291 StGB) oder Insolvenzstraftat (§§ 283 ff. StGB).
[114] Landmann/Rohmer/Schönleiter Rn. 121.
[115] EWW/Heitzer Rn. 108.
[116] Landmann/Rohmer/Schönleiter Rn. 126.
[117] OVG Berlin-Brandenburg 19.8.2010 – 1 M 73.10, BeckRS 2010, 52005; EWW/Heitzer Rn. 111; Landmann/Rohmer/Schönleiter Rn. 130; weitere Beispiele: BeckOK GewO/Will GewO § 34d Rn. 116; Moraht GewA 2010, 186 f.
[118] BeckOK GewO/Will GewO § 34d Rn. 114.
[119] Landmann/Rohmer/Schönleiter Rn. 120.
[120] „Registereintrags- und Konkursfreiheit" nach IDD-RL (Art. 10 Abs. 3 UAbs. 1 S. 2 Alt. 2); zum Begriff „ungeordnete Vermögensverhältnisse": EWW/Heitzer § 34b Rn. 16 ff.
[121] Zur „erforderlichen" Anzahl von Eintragungen: Landmann/Rohmer/Schönleiter Rn. 142.
[122] BeckOK GewO/Will GewO § 34d Rn. 120.
[123] OVG Münster 8.12.2011 – 4 A 1115/10, BeckRS 2012, 45116.

gung im Schuldnerverzeichnis und sonst positive Gesamtumstände).[124] Andererseits kann auch bei anderen finanziellen Problemen des Antragstellers auf ungeordnete Vermögensverhältnisse zu schließen sein (zB Zwangsvollstreckungsmaßnahmen, Verzug mit Ratenzahlung zur Tilgung von Steuerrückständen, fehlende Abgabe von Umsatzsteuervoranmeldungen).[125] Auch hinsichtlich des Kriteriums „geordnete Vermögensverhältnisse" ist auf die **Gesamtumstände** abzustellen, die beim Antragsteller vorliegen, dh auf seine Fähigkeit, seine Finanzen „in Ordnung zu halten". Daraus folgt, dass die Höhe des Vermögens des Vermittlers oder seiner Provisionseinnahmen hier keine maßgebliche Rolle spielt:[126] Auch ein „vermögender" Vermittler kann zB das – hier inakzeptable – Verhalten an den Tag legen, ständig an einer Stelle „Löcher aufzureißen", um andere an anderer Stelle zu stopfen und somit potentiell zu einer Gefahr für das Vermögen seiner Kunden werden. Diese Gefährdung – die die Erlaubnisvoraussetzung „geordnete Vermögensverhältnisse" zu vermeiden sucht – kann im Übrigen auch eintreten, wenn der Vermittler keine Inkassoberechtigung[127] hat, zB durch provisionsgetriebene Fehlberatung.

34   Die Eröffnung eines Insolvenzverfahrens führt nur im Erlaubniserteilungsverfahren zur regelmäßigen – Versagungsentscheidung. Bei bereits erteilter Erlaubnis bzw. bislang erlaubnisfrei ausgeübter Tätigkeit[128] und später eröffneter Insolvenz hat der Vermittler auf Grund von § 12 die Möglichkeit, seine Vermögensverhältnisse mit dem laufenden Geschäftsbetrieb wieder in Ordnung zu bringen (Sperrwirkung: kein Widerruf der Gewerbeerlaubnis oder Untersagung des Gewerbes).[129]

35   **3. Berufshaftpflichtversicherung.** Der Antragsteller muss das Bestehen einer Berufshaftpflichtversicherung nachweisen (mittels Versicherungsbestätigung (§ 10 Abs. 1 VersVermV)).[130] Die Einbeziehung des Vermittlers in eine Gruppenversicherung (zB über Verbände) ist zulässig.[131] Die Versicherung muss den Anforderungen der §§ 8 ff. VersVermV gerecht werden, dh insbesondere Geltung im gesamten EU/EWR-Raum haben und derzeit[132] als Mindest-Versicherungssummen 1,276 Mio. EUR (je Einzelfall) bzw. 1,919 Mio. EUR (pro Jahr) vorsehen. Sie kann unter anderem einen Risikoausschluss für wissentliche Pflichtverletzungen des Vermittlers und auch Selbstbehalte (wirken nicht gegenüber Dritten[133]) enthalten. Jede Veränderung der Versicherung, die die vorgeschriebene Schutzwirkung für Dritte beeinträchtigen kann (zB Beendigung, Bedingungsänderung), meldet das Versicherungsunternehmen der zuständigen Behörde (→ Rn. 8).[134] Im Fall der Beendigung der Versicherung muss der Vermittler unverzüglich einen neuen Versicherungsvertrag abschließen, um den Entzug der Erlaubnis zu vermeiden.[135]

36   Natürliche und juristische Personen müssen den Versicherungsschutz „für sich selbst" nachweisen. Bei Personenhandelsgesellschaften ist inzwischen durch eine Gesetzesänderung geklärt, dass der Versicherungsschutz sowohl für die Personenhandelsgesellschaft als auch für alle geschäftsführenden Gesellschafter bestehen muss (§ 9 Abs. 3 S. 3 VersVermV).[136]

---

[124] Landmann/Rohmer/Schönleiter Rn. 142.

[125] Landmann/Rohmer/Schönleiter Rn. 142 unter Verweis auf Beschlüsse des VG und des OVG Koblenz; gerichtlich entschiedene Beispielsfälle auch bei Morath GewA 2010, 186 ff.

[126] EWW/Heitzer Rn. 115; Landmann/Rohmer/Schönleiter Rn. 134.

[127] Evers VV 15/2013, 53.

[128] Übergangsregelung bis zum 22.2.2018 für bereits tätige Vermittler in § 156 Abs. 1 S. 1 aF.

[129] EWW/Heitzer Rn. 117; stärker differenzierend: Landmann/Rohmer/Schönleiter Rn. 139.

[130] Gerichtlich entschiedene Beispielsfälle bei Morath GewA 2010, 186 (190 f.).

[131] EWW/Heitzer Rn. 119.

[132] § 9 Abs. 2 S. 2 VersVermV: Deckungssummen werden entsprechend der Entwicklung des europäischen Verbraucherpreisindex alle 5 Jahre angepasst, die nächste erfolgt in 2023. Die letzte nationale Anpassung erfolgte durch Bekanntmachung des BMWi im BAnz. 2018 Nr. 13.1.

[133] Landmann/Rohmer/Schönleiter Rn. 151.

[134] BeckOK GewO/Will GewO § 34d Rn. 128.

[135] Landmann/Rohmer/Schönleiter Rn. 147.

[136] Landmann/Rohmer/Schönleiter Rn. 148.

Als Alternative zur Berufshaftpflichtversicherung kann der Antragsteller den Nachweis einer gleichwertigen Garantie erbringen. Allerdings ist diese Alternative in § 11 VersVermV nicht aufgegriffen worden, sodass ihr in der Praxis keine Bedeutung zukommt[137].

4. Sachkunde. Der Antragsteller muss nachweisen, dass er die für die Versicherungs- **37** vermittlung erforderliche Sachkunde besitzt, dh er muss über Kenntnisse der versicherungsfachlichen (insbesondere zu Bedarf, Angebotsformen und Leistungsumfang) und rechtlichen Grundlagen und der Kundenberatung verfügen.[138] Dazu muss der Antragsteller eine entsprechende **IHK-Prüfung** bestanden haben. Als Ausnahmeregelung zur IHK-Prüfung werden durch § 5 VersVermV bestimmte **Berufsqualifikationen** als gleichgestellte Sachkundenachweis anerkannt (zB Versicherungs- oder Bankkaufmann, Versicherungs- oder Finanzfachwirt, Abschlusszeugnis eines betriebswirtschaftlichen Studiengangs der Fachrichtung Bank, Versicherungen oder Finanzdienstleistung mit einem Hochschulabschluss und mind. einjähriger Berufserfahrung im Bereich der Versicherungsvermittlung oder Versicherungsberatung).[139] § 2 Abs. 3 VersVermV enthält zudem einen – als „Alte-Hasen-Regelung" bekannten – Bestandsschutz für Personen, die ununterbrochen seit 31.8.2000 als Versicherungsvermittler oder Versicherungsberater (selbstständig oder unselbstständig) tätig waren. Sie bedürfen keiner Sachkundeprüfung.[140]

Der Antragsteller kann (natürliche Personen, Personengesellschaften)[141] bzw. muss (juris- **38** tische Personen[142]) den Sachkundenachweis durch natürliche Personen erbringen, die bei ihm beschäftigt sind und ihn rechtsgeschäftlich vertreten dürfen (**Delegation** des Nachweises). Sind beim Antragsteller mehrere Personen mit der Vermittlung von Versicherungen befasst, muss diese Delegation auf eine angemessene Anzahl von natürlichen Personen erfolgen, die der Antragsteller mit der Aufsicht über diese vermittelnden Personen beauftragt hat. Die Auslegung des unbestimmten Rechtsbegriffes „angemessene Anzahl" durch die zuständigen IHK führte zur Ausprägung der – bislang gerichtlich nicht beanstandeten – Faustformel „mindestens eine sachkundige Person pro 50 Angestellte".[143] Die in der Regelung genannte „Beaufsichtigung" setzt denklogisch einen „strukturierten Vertrieb" voraus,[144] weshalb 1:1-Situationen ausscheiden (zB der Antragsteller selbst wird von der sachkundigen Person beaufsichtigt). Eine „Kleinstruktur" erfordert mindestens drei Personen: Den – nicht mit der Vermittlung befassten – Antragsteller, die sachkundige und die beaufsichtigte Person.[145]

VII. Erlaubnisbefreiung für produktakzessorische Vermittler (Abs. 6)

Vermittelt ein Gewerbetreibender Versicherungen lediglich als Ergänzung zu einer **39** andersartigen Haupttätigkeit, hat er unter bestimmten Voraussetzungen die Möglichkeit, sich von der Erlaubnispflicht befreien zu lassen. Solche Vermittler werden produktakzessorische oder auch **Annex-Vermittler** genannt.[146] Hintergrund der Regelung ist, dass diese Vermittler nur ein sehr beschränktes Spektrum von Versicherungsverträgen vermitteln und dies zudem in einem Bereich tun, in dem sie über besondere Expertise verfügen.[147]

---

[137] Landmann/Rohmer/Schönleiter Rn. 155 f.
[138] Ausf.: Schönleiter GewA 2007, 265 (269 f.).
[139] Zur Anerkennung von ausl. Berufsbefähigungsnachweisen s. § 6 VersVermV.
[140] Adjemian ua GewA 2009, 137 (142).
[141] EWW/Heitzer Rn. 127; BeckOK GewO/Will GewO § 34d Rn. 135; Landmann/Rohmer/Schönleiter Rn. 162.
[142] Die juristische Person selbst kann nicht sachkundig sein, sondern allenfalls die für sie handelnden Personen.
[143] Landmann/Rohmer/Schönleiter Rn. 165.
[144] Zum Hintergrund iE: Landmann/Rohmer/Schönleiter Rn. 166 f.
[145] So auch Landmann/Rohmer/Schönleiter Rn. 167.
[146] EWW/Heitzer Rn. 130.
[147] BT-Drs. 16/1935, 19.

40   **1. Voraussetzungen der Erlaubnispflichtbefreiung.** Die zu vermittelnden Versicherungsverträge müssen akzessorisch zum Gegenstand der Haupttätigkeit des Vermittlers sein, wobei die Voraussetzung der **Produktakzessorietät** eng auszulegen ist. Die Vermittlung muss sich als „Service aus einer Hand" darstellen (zB Autohändler vermittelt Kfz-Versicherungen).[148] Seine Vermittlungstätigkeit muss der Vermittler **im Auftrag** mindestens eines Versicherers oder Versicherungsvermittlers (mit der Erlaubnis nach Abs. 1) ausüben. Seit Einfügen von § 8 Nr. 3a) bb) in die VersVermV ist insofern unstreitig, dass auch ein produktakzessorischer Makler die Erlaubnisbefreiung erhalten kann.[149] Dies kann aber nur für den „Untermakler" gelten, da ein Makler nicht „im Auftrag eines Versicherers" tätig wird (vgl. § 59 Abs. 3 VVG).

41   Auch der produktakzessorische Vermittler muss nachweisen, dass er **zuverlässig** und **sachkundig** ist sowie in **geordneten Vermögensverhältnissen** lebt (→ Rn. 26 ff.). Für die Nachweisführung genügt allerdings eine entsprechende Erklärung seines auftraggebenden Versicherers oder Vermittlers. In der Erklärung muss sich der Versicherer bzw. Vermittler verpflichten, dass er in Bezug auf seinen „Auftragnehmer" § 48 Abs. 2 VAG (→ Rn. 43) beachtet und dessen angemessene Qualifikation sicherstellt. In dieser vereinfachten Nachweisführung und in der auf das konkrete Produktspektrum beschränkten Qualifikation bestehen die gewerberechtlichen Erleichterungen für den produktakzessorischen Vermittler. Eine Berufshaftpflichtversicherung (→ Rn. 31) muss jedoch auch er in eigener Person nachweisen. Schließlich muss sich auch der produktakzessorische Vermittler in das Versicherungsvermittlerregister eintragen lassen (§ 34d Abs. 7 S. 1 GewO, § 8 Nr. 3a) bb) und b) cc) VersVermV).

42   **2. Wahlmöglichkeiten.** Die Art und Weise der vermittelnden Tätigkeit des produktakzessorischen Vermittlers ist vergleichbar mit dem in Abs. 9 Nr. 1 geregelten Vermittlertypus, der ebenfalls in Ergänzung zu einer andersartigen Haupttätigkeit vermittelnd tätig wird. Auf ihn – den sog. Bagatellvermittler[150] – sind im Ergebnis die Bestimmungen des § 34d nicht anzuwenden. Er kann also auch ohne Erlaubnis und ohne Registrierung tätig sein. Das macht eine Entscheidung für diesen Vermittlertypus in der Praxis interessant, wobei aber weitere Voraussetzungen vorliegen müssen, die die Annahme einer Bagatelltätigkeit rechtfertigen (Einzelheiten → Rn. 51). Alternativ steht es dem produktakzessorischen Vermittler frei, die Erlaubnis nach Abs. 1 zu beantragen. Zahlreiche Vermittler, die von der Erlaubnisbefreiung Gebrauch machen könnten, sind zudem als gebundene Vertreter nach Abs. 4 tätig (→ Rn. 39). Der produktakzessorische Vermittler spielt daher im Vermittlungsalltag nur eine untergeordnete Rolle.[151]

VIII. Gebundene Versicherungsvertreter (Abs. 7)

43   Die ganz überwiegende Anzahl der Versicherungsvermittler ist in Deutschland traditionell im Auftrag nur eines Versicherungsunternehmens tätig. Auch das Gesetz verwendet in Abs. 7 die Formulierung „im Auftrag" des Versicherungsunternehmens und beschränkt damit die Anwendbarkeit der Regelung auf Vertreter. Gebundene Vertreter (→ Rn. 40) befreit Abs. 7 per se von der Erlaubnispflicht, ohne dass es eines Antrags bedarf. Deutlich mehr als die Hälfte aller Versicherungsvermittler sind heute in Deutschland als gebundene Versicherungsvertreter im Versicherungsvermittlerregister eingetragen.[152]

44   **1. Voraussetzungen der Erlaubnisfreiheit. a) Ausschließlichkeitsverhältnis.** Die Erlaubnisfreiheit nach Abs. 7 privilegiert nur sog. **gebundene Vertreter** (auch „Aus-

---

[148] BT-Drs. 16/1935, 19; nicht bei Kfz-Schilderprägern: vgl. Moraht GewA 2010, 186 (192 f.).
[149] Landmann/Rohmer/Schönleiter Rn. 173.
[150] BeckOK GewO/Will GewO § 34d Rn. 217 ff.
[151] EWW/Heitzer Rn. 162 ff.
[152] Stand 30.9.2021: 114.173 von 194.533 = 59% (s. „Statistik" auf www.vermittlerregister.info) (s. „Statistik" auf www.vv-register.de).

schließlichkeitsvertreter" genannt), also solche, die Versicherungen ausschließlich entweder im Auftrag eines Versicherers vermitteln oder mehrerer Versicherer, deren Produkte nicht in Konkurrenz zueinander stehen. Die Verwendung des Begriffes **„Konkurrenz"** kann produktbezogen betrachtet werden (zB Produktgruppenbildung gemäß Anl. 1 Abschn. C der BerVersV[153] = keine Konkurrenz bei Vermittlung von Haftpflicht-, Unfall-, Feuerversicherung etc an verschiedene Versicherer)[154] oder streng **spartenbezogen** in Anlehnung an § 8 Abs. 1a VAG (Sach/Kranken/Leben).[155] Letzterem ist zuzustimmen, unter anderem, weil das Konkurrenzverständnis hier abstrakt versicherer- bzw. marktbezogen, nicht produktbezogen ist. **Ein Konkurrenzverhältnis ist nur bei Unternehmen zu verneinen, die nicht unmittelbar im Wettbewerb miteinander stehen.** Da Konkurrenz idS in einem **Konzernverbund** nicht besteht, kann ein Vertreter auch dann als gebunden gemäß Abs. 7 zum Register gemeldet werden, wenn er Versicherungen an mehrere Versicherer des Konzerns vermittelt, die ihr Geschäft in der gleichen Versicherungssparte betreiben oder gar gleichartige Versicherungen anbieten.[156]

b) Haftungsübernahme. Abs. 7 erfordert zudem die Übernahme der **uneinge-** **45** **schränkten Haftung** für die Vermittlertätigkeit des Vertreters durch das bzw. alle **Versicherungsunternehmen,** für die er vermittelnd tätig werden will. Die Haftungsübernahme ersetzt die für den Vermittler nach Abs. 1 erforderliche Berufshaftpflichtversicherung. Sie erfolgt – ohne ausdrückliche Erklärung – durch die Meldung des Vertreters an das Vermittlerregister,[157] die gemäß § 48 Abs. 4 VAG von jedem haftenden Versicherer vorzunehmen ist (Abs. 10 S. 3). Im Konzernverbund genügt die Haftungsübernahme durch einen Versicherer des Konzerns,[158] nicht aber durch die Konzernholdinggesellschaft, wenn diese nicht zugleich Versicherer ist. Auch „gebundene" Untervermittler bedürfen der unmittelbaren Haftungsübernahme durch den/die Versicherer des Obervermittlers.[159] Dadurch kommt es zum Auseinanderfallen der „Anbindung" des Untervermittlers aus Sicht des Gewerberechts (direkte Anbindung an den Versicherer) und des Handelsrechts (mittelbare Anbindung über den Obervermittler). Übernimmt der Versicherer des Obervermittlers nicht die Haftung für den Untervermittler des Obervermittlers, benötigt dieser eine eigene Gewerbeerlaubnis nach Abs. 1.

Die meldenden Versicherer haften umfassend für die versicherungsvermittelnden Tätig- **46** keiten des Vertreters (Außenverhältnis), dh ungeachtet etwaiger abweichender vertretungsvertraglicher Vereinbarungen (zB sog. Ventilgeschäfte → Rn. 44)[160] und selbst für Vermittlungstätigkeiten des Vertreters, die gegen Vereinbarungen im Vertretungsvertrag verstoßen[161] (Innenverhältnis).

c) Zuverlässigkeit, Vermögensverhältnisse und Sachkunde. Weitere Voraussetzun- **47** gen adressiert Abs. 7 an den Vertreter nicht. Allerdings verpflichtet § 48 Abs. 2 VAG den **Versicherer,** nur mit solchen gebundenen Vertretern zusammenzuarbeiten, die entsprechend Abs. 2 zuverlässig sind (→ Rn. 26 f.) und in geordneten Vermögensverhältnissen leben (→ Rn. 28 ff.). Der Versicherer **muss** zudem **sicherstellen,** dass der Vertreter angemessen zur Vermittlung der jeweiligen Versicherung qualifiziert ist und sich regelmäßig fortbildet.[162] Einzelheiten hierzu enthält ein Rundschreiben der Versicherungsaufsicht.[163]

---

[153] BGBl. 2006 I 622 (632).
[154] So GDV und IHK-Organisationen, vgl. Adjemian ua GewA 2009, 186.
[155] Landmann/Rohmer/Schönleiter Rn. 196; so wohl auch BeckOK GewO/Will GewO § 34d Rn. 195.
[156] BR-Drs. 303/06, 5; BT-Drs. 16/2475, 3.
[157] Jahn/Klein DB 2007, 957 (959).
[158] AA Jacobs VersR 2007, 1164 (1171).
[159] Landmann/Rohmer/Schönleiter Rn. 205.
[160] OLG Schleswig VersR 2011, 115; Landmann/Rohmer/Schönleiter Rn. 198.
[161] OLG Schleswig VersR 2011, 115 (117); Adjemian ua GewA 2009, 186 (187).
[162] Jacob VersR 2007, 1164 (1165).
[163] Rundschreiben 11/2018 der BaFin „Zusammenarbeit mit Versicherungsvermittlern sowie zum Risikomanagement im Vertrieb", veröffentlicht auf www.bafin.de.

48   **2. Ventilgeschäfte, Wahlmöglichkeit.** Für traditionelle sog. **Ventillösungen**[164] ist nach der Einführung des § 34d und auf Grund der Klarheit der Regelung in Abs. 7 kein Raum mehr.[165] Danach hatten idR Versicherer ihren Ausschließlichkeitsvertretern im Vertretungsvertrag erlaubt, Versicherungsverträge, die sie selbst nicht anboten oder nicht zeichnen wollten, an andere Versicherer zu vermitteln. Heute hat der Vertreter die **Wahl,** muss sich aber entscheiden: Entweder er macht von den gewerberechtlichen Vereinfachungen des Abs. 7 Gebrauch und verzichtet damit auf die Vermittlung von Ventilgeschäften oder er unterwirft sich dem Zulassungsverfahren nach Abs. 1, erwirbt die Erlaubnis als Mehrfachvertreter und kann somit den vertretungsvertraglich eingeräumten Spielraum nutzen.[166] Der als gebundener Vertreter registrierte Vermittler kann Ventilgeschäfte nur noch über „seinen Versicherer" zeichnen, der dazu direkt oder indirekt (zB über einen Makler) mit einem „Fremdversicherer" kooperieren muss.

IX. Ausländische Vermittler (Abs. 7 Nr. 2)

49   Die Vorschriften zur Erlaubnis bzw. Erlaubnisbefreiung gelten auch für ausländische Vermittler, die in Deutschland Versicherungen vermitteln wollen. Nach Abs. 7 Nr. 2 sind hiervon jedoch solche Vermittler ausgenommen, die im Versicherungsvermittlerregister[167] eines anderen EU-Staates oder Vertragsstaates des Abkommens des EWR-Wirtschaftsraums[168] eingetragen sind.[169] Sie müssen vor der Aufnahme ihrer Tätigkeit in Deutschland diese lediglich dem deutschen Vermittlerregister melden (idR über die Aufsichtsbehörde in ihrem Heimatstaat; vgl. auch § 11a Abs. 4 und 6).[170] Eine originäre Erlaubnis und Registrierung in mehreren Staaten scheidet praktisch aus (→ Rn. 54 f.).

X. Ausnahmen für Kleinversicherungen und andere Zusatzversicherungen (Abs. 8)

50   Die von Abs. 8 erfassten Vermittlungstätigkeiten sind im Wesentlichen durch ihre Geringfügigkeit gekennzeichnet (Umfang, Versicherungsrisiken und -beiträge), weshalb es aus Kundenschutzgesichtspunkten nicht gerechtfertigt erscheint, für diese Vermittler eine Gewerbeerlaubnis zu fordern.[171] Darüber hinaus treffen diese Vermittler gem. § 66 VVG keine Beratungspflichten, jedoch müssen die Statusinformationspflichten sowie die vorvertraglichen Informationspflichten beachtet werden.[172]

51   **1. Bagatellvermittler.** Bei den von Nr. 1 erfassten sog. Bagatellvermittlern[173] handelt es sich um eine Teilmenge der **produktakzessorisch**en Vermittler gemäß Abs. 6

---

[164] ZB Vorschlag einer Ventillösung des GDV an die Versicherungsunternehmen; Wortlaut s. Lau Das Wettbewerbsverbot in Versicherungsagenturverträgen, Peter Lang Verlag, 2010, 388.

[165] Adjemian ua GewA 2009, 186 (187); Michaelis ZfV 2010, 362; aA OLG Schleswig VersR 2011, 115 = Ausnahmen bis 3 % des Gesamtumsatzes zulässig; Entscheidungsbesprechung bei Hansen VersR 2011, 118; iErg wie OLG Schleswig auch Landmann/Rohmer/Schönleiter Rn. 115; krit.: EWW/Heitzer Rn. 96; offen mit praxisfernem Lösungsansatz: BeckOK GewO/Will GewO § 34d Rn. 100.

[166] Trennung zwischen der gewerberechtlichen (Erlaubnispflicht) und zivilrechtlichen (Vertretungsvertrag) Betrachtung; zur spiegelbildlichen Abbildung im Vertretungsvertrag ist der Versicherer bei gebundenen Vertretern nach Abs. 7 allerdings auf Grund von § 48 Abs. 2 Ziff. 1 VAG verpflichtet.

[167] Gemäß Art. 3 Versicherungsvermittlungs-RL.

[168] Derzeit Norwegen, Island und Liechtenstein, nicht jedoch die Schweiz, da diese dem EWR nicht beigetreten ist und mit ihr auch kein sonstiger entsprechender Kooperationsvertrag besteht, vgl. auch Landmann/Rohmer/Schönleiter Rn. 211 f.

[169] Niederlassungsfreiheit und freier Dienstleistungsverkehr gemäß Art. 3 Abs. 5 der Versicherungsvermittlungs-RL.

[170] Landmann/Rohmer/Schönleiter Rn. 210.

[171] BeckOK GewO/Will GewO § 34d Rn. 217.

[172] Landmann/Rohmer/Schönleiter Rn. 225.

[173] Beispiele für solche Bagatellvermittler nennt die Gesetzesbegr. zur Vorläuferregelung in § 34d Abs. 9 Nr. 1 aF (BT-Drs. 16/1935, 20); s. auch Landmann/Rohmer/Schönleiter Rn. 232.

(→ Rn. 35),[174] die zusätzlich durch bestimmte **Geringfügigkeitsmerkmale** gekennzeichnet sind. Die in a) bis c) genannten Voraussetzungen müssen kumulativ vorliegen.[175] Von der Regelung erfasst werden Gewerbetreibende, die Versicherungen **nebenberuflich** als Zusatzleistung zur Lieferung einer Ware oder zum Erbringen einer Dienstleistung vermitteln. Die Versicherung muss Güter gegen Defekt, Beschädigung oder Verlust bzw. Risiken im Zusammenhang mit einer gebuchten Reise absichern. Die maximale Prämie der begünstigten Versicherungen ist ggü. der Vorgängerregelung in Doppelbuchstabe aa von 500 auf 600 EUR erhöht worden. Diese Deckelung bezieht sich aber wie schon die Vorgängerregelung in Abs. 9 Nr. 1e) aF auf alle unter Nr. 1 fallenden Versicherungen und nicht nur auf Reiseversicherungen[176].

Versicherungen mit einer sog. Verlängerungsklausel[177] erfüllen die Voraussetzung nach f) nicht (Höchstlaufzeit vermittelter Versicherungsverträge von fünf Jahren).[178]

2. Vermittlung von Bausparverträgen und von Restschuldversicherungen. Nach   **52**
Nr. 2 ist die Vermittlung von **Bausparverträgen** durch Bausparkassen und Bausparkassenvertreter (→ HGB § 92 Rn. 10 f.) ebenfalls erlaubnisfrei, wenn diese Bestandteil eines Bausparvertrages sind und im Rahmen eines Kollektivversicherungsvertrages ausschließlich die Rückzahlung des Darlehens der Bausparkasse absichern. Solche Gestaltungen sind im Bausparwesen üblich. Der Versicherungsschutz ist Bestandteil des Bauspardarlehens und wird faktisch nicht iSd Abs. 1 vermittelt.[179]

Nach Nr. 3 ist die Vermittlung von **Restschuldversicherungen** erlaubnisfrei, wenn   **53**
die Vermittlung im Zusammenhang mit Darlehens- und Leasingverträgen erfolgt und die Jahresprämie maximal 500 EUR beträgt. Die Vermittlung muss zudem eine Zusatzleistung zur Lieferung einer Ware oder der Erbringung einer Dienstleistung sein (Produktakzessorietät). Solche „Versicherungen sui generis"[180] sichern Verbindlichkeiten des Versicherungsnehmers – idR in der Folge von Einzelhandelsgeschäften (Konsumentenkredite) – gegen Risiken wie zB Arbeitsunfähigkeit, Arbeitslosigkeit, Unfall und Tod ab.

XI. Qualifikation von angestellten Vermittlern (Abs. 9)

Auf angestellte Vermittler (Nichtselbstständige → Rn. 20) findet die Vorschrift keine   **54**
unmittelbare Anwendung, sie unterliegen mithin nicht der Erlaubnispflicht und müssen auch keinen Sachkundenachweis erbringen.[181] Gemäß Abs. 9 dürften Versicherungsvermittler nach Abs. 1, 2, 6 und 7 Abs. 1 S. 1 Nr. 1 allerdings nur dann Angestellte direkt bei der Vermittlung einsetzen, wenn sie sicherstellen, dass die Angestellten angemessen qualifiziert sind (entsprechend dem zu vermittelnden Produktspektrum) und sie deren Zuverlässigkeit geprüft haben. In welcher Weise der Vermittler dem gerecht wird, ist ihm überlassen (zB interne oder externe Schulungen, Führungszeugnis). Er – und im Fall des Abs. 7 „seine" Versicherer – haften für die Angestellten (§ 278 BGB).[182] Das Einsetzen von nicht qualifizierten bzw. unzuverlässigen Angestellten in der Vermittlung kann den Verlust der eigenen Erlaubnis des Vermittlers zur Folge haben (→ Rn. 26).[183]

---

[174] BeckOK GewO/Will GewO § 34d Rn. 220.
[175] EWW/Heitzer Rn. 163.
[176] So auch BeckOK GewO/Will GewO § 34d Rn. 223.
[177] Die Beendigung des Versicherungsvertrages setzt eine Kündigung voraus, anderenfalls verlängert er sich jeweils nach Ablauf automatisch um einen bestimmten Zeitraum.
[178] Adjemian ua GewA 2009, 186 (188).
[179] EWW/Heitzer Rn. 166.
[180] BT-Drs. 16/1935, 21; krit. Reiff ZVersWiss 2007, 533 (540).
[181] Adjemian ua GewA 2009, 186 (187).
[182] MüKoVVG/Reiff § 63 Rn. 7.
[183] EWW/Heitzer Rn. 173.

XII. Registereintragung (Abs. 10)

55 Die Versicherungsvermittler nach Abs. 1 S. 1, Abs. 2 S. 2, Abs. 6 S. 1 und Abs. 7 S. 1 Nr. 1 sind verpflichtet, sich und die Personen, die für die Vermittlung oder Beratung in leitender Position verantwortlich sind, unverzüglich (§ 121 BGB) nach Aufnahme ihrer Tätigkeit im Register nach § 11a Abs. 1 eintragen zu lassen. Durch das Register sollen vor allem Versicherungsnehmer und Versicherungsunternehmen die Zulassung sowie den Umfang der zugelassenen Tätigkeit der Versicherungsvermittler überprüfen können. Die Eintragung erfolgt auf Antrag des Vermittlers bei der örtlich zuständigen IHK (der idR gleichzeitig mit dem Erlaubnisantrag bzw. dem Antrag auf Erlaubnisbefreiung gestellt wird)[184] bzw. beim gebundenen Vertreter nach Abs. 7 durch entsprechende Mitteilung des haftungsübernehmenden Versicherers (S. 3 f., § 6 Abs. 2 VersVermV, § 48 Abs. 4 VAG; zugleich Haftungsübernahme (→ Rn. 41)). § 8 VersVermV bestimmt, welche Daten im Register erfasst werden. Es wird zentral vom DIHK geführt[185] (§ 11a Abs. 1 S. 3) und ist tagesaktuell im Internet abrufbar (öffentlich: www.vermittlerregister.info).[186] Auskunftseinschränkungen enthält § 10 VersVermV. Auch Änderungen sind der Registerbehörde unverzüglich mitzuteilen (S. 2 und § 9 Abs. 1 S. 2 VersVermV).

56 Bei Versicherungsvermittlern nach Abs. 1 und Versicherungsberatern nach Abs. 2 hat die Eintragung lediglich deklaratorische Wirkung.[187] Sie können die Vermittlungs- bzw. Beratungstätigkeit bereits nach positiver Erlaubnisentscheidung aufnehmen, mithin auch vor der Antragstellung auf Eintragung. Bei den gebundenen Vertretern nach Abs. 7 wirkt die Meldung zum Register konstitutiv, weil der Versicherer mit der Datenübermittlung zugleich die uneingeschränkte Haftungsübernahme erklärt, die wiederum Voraussetzung der Tätigkeitsaufnahme durch den gebundenen Vertreter ist.[188]

XIII. Bekanntmachung von Entscheidungen (Abs. 11)

57 Mit Abs. 11 wird Art. 32 der EU-RL umgesetzt. Sanktionen, die nach § 149 Abs. 2 in das Gewerbezentralregister einzutragen sind, können durch Eintragung in das Register nach § 11a Abs. 1 öffentlich bekannt gemacht werden. Dabei ist es das Ziel der öffentlichen Bekanntmachung im Sinne einer „Prangerwirkung", die Gewerbetreibenden insgesamt zu rechtlich einwandfreiem Verhalten zu veranlassen.[189]

XIV. Verfahren für Hinweisgeber (Abs. 12)

58 Nach Abs. 12 werden die IHKn verpflichtet, ein Verfahren für Hinweisgeber zur Annahme von Meldungen über mögliche oder tatsächliche Verstöße gegen die zur Umsetzung der EU-RL 2016/97 ergangenen Vorschriften einzurichten. Für die Einzelheiten des Verfahrens (Erhebung und Veröffentlichung personenbezogener Daten, keine Anwendung des Informationsfreiheitsgesetzes, Rechtstellung damit befasster Mitarbeiter und betroffener Personen) gelten die einschlägigen Vorschriften des Finanzdienstleistungsaufsichtsgesetzes

Verstöße gegen die Bestimmungen der Norm können den Verlust der Vermittlungserlaubnis bzw. der Erlaubnisbefreiung zur Folge haben. Für **Rücknahme** und **Widerruf** gelten die allgemeinen Bestimmungen des Verwaltungsrechts (§§ 48 f. VwVfG).[190] Eine Vermittlungstätigkeit ohne die erforderliche Erlaubnis kann die zuständige Behörde durch **Betriebsverhinderung** (§ 15 Abs. 2 S. 1) beenden. In Betracht kommt zudem die **Gewerbeuntersagung** wegen Unzuverlässigkeit nach § 35. Erfüllen Verstöße **Ordnungs-**

---

[184] BeckOK GewO/Will GewO § 34d Rn. 273.
[185] Details s. Schönleiter GewA 2007, 265 (271).
[186] Jahn/Klein DB 2007, 957 (959); Landmann/Rohmer/Schönleiter Rn. 254 f.
[187] EWW/Heitzer Rn. 187.
[188] Landmann/Rohmer/Schönleiter Rn. 256; EWW/Heitzer Rn. 186.
[189] Ausf. dazu Landmann/Rohmer/Schönleiter Rn. 259 ff.
[190] Detailliert: Friauf/Schulze-Werner Rn. 68 ff.

widrigkeiten-[191] oder **Straftatbestände,**[192] ist eine Ahndung durch Bußgelder, Geld- oder Freiheitsstrafen bis zu einem Jahr möglich.[193] Eine Vermittlungstätigkeit unter Verstoß gegen die Bestimmungen des § 34d kann von Wettbewerbern und Interessenverbänden auch als **unlauteres Wettbewerbsverhalten** nach dem UWG verfolgt werden (zB §§ 3, 4 Nr. 11 UWG).[194] Das gilt nicht nur für Verstöße gegen die Erlaubnis- und Statusrege- lungen,[195] sondern zB auch für Verstöße gegen die Registrierungspflicht.[196]

B. Vertragshändler

Für den Vertragshändler nicht einschlägig.   **59**

C. Franchisenehmer

Für den Franchisenehmer nicht einschlägig.   **60**

D. Kommissionsagent

Für den Kommissionsagenten nicht einschlägig.   **61**

---

[191] ZB § 144 Abs. 1 Nr. 1j GewO (Erlaubnispflichtverstöße), § 144 Abs. 2 Nr. 7 GewO (Registrierungs- pflichtverstöße), § 18 Abs. 1 VersVermV, § 144 Abs. 2 Nr. 1 GewO (Verstöße gegen VersVermV).
[192] ZB § 148 Nr. 1 GewO (beharrlich wiederholte Erlaubnispflichtverstöße), § 18 Abs. 4 VersVermV, § 148 Nr. 2 GewO (Gefährdung von Leben oder Gesundheit eines anderen oder fremder Sachen von bedeutendem Wert).
[193] Vgl. Landmann/Rohmer/Schönleiter Rn. 159 ff.
[194] Böckmann/Ostendorf VersR 2009, 154 (156).
[195] EWW/Heitzer Rn. 145 mwN.
[196] Landmann/Rohmer/Schönleiter Rn. 164 u. 142 mwN; aA EWW/Heitzer Rn. 146.

Neunter Teil. Vertriebsrecht und Schiedsgerichtsbarkeit[1]

Schrifttum: Kommentare und Gesamtdarstellungen:
Anders/Gehle (vormals Baumbach/Lauterbach/Hartmann/Anders/Gehle), Kommentar zur ZPO, 80. Aufl. 2022; Berger, Private Dispute Resolution in International Business: Negotiation, Mediation, Arbitration, 3. Aufl. 2015; Bishop/Kehoe (Hrsg.), The Art of Advocacy in International Arbitration, 2. Aufl. 2010; Blackaby/Partasides (Hrsg.), Redfern and Hunter on International Arbitration, 6. Aufl. 2015; Böckstiegel/Kröll/Naciemento (Hrsg.), Arbitration in Germany – The Model Law in Practice, 2. Aufl. 2015; Born, International Commercial Arbitration, 3. Aufl. 2021; Brödermann/Rosengarten (Hrsg.), Internationales Privat- und Prozessrecht (IPR/IZVR), 8. Aufl. 2019; Bühler/Webster, Handbook of ICC Arbitration, 5. Aufl. 2021; Carbonneau, The Law and Practice of Arbitration, 5. Aufl. 2015; Craig/Park/Paulsson, International Chamber of Commerce Arbitration, 3. Aufl. 2000; Derains/Schwartz, A Guide to the ICC Rules of Arbitration, 2. Aufl. 2005; Flecke-Giammarco/Boog/Elsing/Heckel/Meier, The DIS Arbitration Rules – An Article-by-Article Commentary, 2020; Fry/Greenberg/Mazza, The Secretariat's Guide to ICC Arbitration, 2012; Henn, Schiedsverfahrensrecht, 3. Aufl. 2000; Horvath/Wilske (Hrsg.), Guerilla Tactics in International Arbitration, 2013; Kreindler/Schäfer/Wolff, Schiedsgerichtsbarkeit – Kompendium für die Praxis, 2006; Leisinger, Vertraulichkeit in internationalen Schiedsverfahren, Diss., Heidelberg, 2011; Lew/Mistelis/Kröll, Comparative International Commercial Arbitration, 2003; Lionnet, Handbuch der internationalen und nationalen Schiedsgerichtsbarkeit, 3. Aufl. 2004; Mistelis/Shore/Brekoulakis (Hrsg.), Arbitration Rules – International Institutions, 2010; Moses, The Principles and Practice of International Commercial Arbitration, 3. Aufl. 2017; Musielak, Kommentar zur Zivilprozessordnung, 18. Aufl. 2021; Nedden/Herzberg/Herzberg, ICC-SchO/DIS-SchO, 2014; Newman/Sheppard, Take the Witness – Cross-Examination in International Arbitration, 2. Auflage 2019; Newman/Hill (Hrsg.), The Leading Arbitrators' Guide to International Arbitration, 3. Aufl. 2014; Prütting/Gehrlein (Hrsg.), ZPO, 13. Aufl. 2021; Salger/Trittmann, Internationale Schiedsverfahren, 2019; Trittmann, Die Wahrheit im internationalen Schiedsverfahren, IWRZ 2016, 255; Schardt/Trittmann, Art. 27–31, The DIS Arbitration Rules, Commentary, 2020; Schütze, Institutionelle Schiedsgerichtsbarkeit, 3. Aufl. 2017; 2009; Schütze/Thümmel, Schiedsgericht und Schiedsverfahren, 7. Aufl. 2021; Schwab/Walter, Schiedsgerichtsbarkeit, 7. Aufl. 2005; Stein/Jonas, Kommentar zur ZPO, Bd. 9, §§ 916–1066 EGZPO, 22. Aufl. 2002; Thomas/Putzo, ZPO, 42. Aufl. 2021; Verbist/Schäfer/Imhoos, ICC Arbitration in Practice, 2. Aufl. 2016; Wieczorek/Schütze, Zivilprozessordnung und Nebengesetze Großkommentar, Band 11: §§ 916–1066, 5. Auflage 2022; Zöller, ZPO, 34. Aufl. 2022; Zuberbühler/Hofmann/Oetiker/Rohner, IBA Rules of Evidence – Commentary on the IBA Rules on the Taking of Evidence in International Arbitration, 2012.

Formularbücher und Mustersammlungen:
Hoffmann-Becking/Rawert (Hrsg.), Beck'sches Formularbuch Bürgerliches, Handels- und Wirtschaftsrecht, 13. Auf. 2019; Hopt (Hrsg.), Vertrags- und Formularbuch zum Handels-, Gesellschafts-, und Bankrecht, 4. Aufl. 2013; Wachter (Hrsg.), Praxis des Handels- und Gesellschaftsrechts, 4. Aufl. 2017.

Aufsätze und Festschriftenbeiträge:
Baizeau/Kreindler (Hrsg). Adressing Issues of Corruption in Commercial and Investment Arbitration, Dossiers oft he ICC Institute of World Business Law, Vol. 13 (2016); Berger, Das neue deutsche Schiedsverfahrensrecht, DZWIR 1998, 45; ders., Die Ergänzenden Regeln für Beschleunigte Verfahren der Deutschen Institution für Schiedsgerichtsbarkeit, SchiedsVZ 2008, 105; ders., RIW 2001, 7; v. Bernuth, Noch einmal: Zur Erstattung von Zeithonorar in Schiedsverfahren, SchiedsVZ 2013, 212; Borges, Die Anerkennung und Vollstreckung von Schiedssprüchen nach dem neuen Schiedsverfahrensrecht, ZZP 1998, 477; Elsing, Procedural Efficiency in International Arbitration: Choosing the Best of Both Legal Worlds, SchiedsVZ 2011, 114; ders., Streitverkündung und Schiedsverfahren, SchiedsVZ 2004, 88; ders., Internationale Schiedsgerichte als Mittler zwischen den prozessualen Rechtskulturen, BB 2002, IDR-Beilage 2002, 19; Elsing/Townsend, Bridging the Common Law-Civil Law Divide in Arbitration, Arb. Int. 2002, 59; Gerstenmaier, Beendigung des Schiedsverfahrens durch Beschluss nach § 1056 ZPO, SchiedsVZ 2010, 281; ders., Zur Verzinslichkeit von Kostenerstattungsforderungen in Schiedsverfahren, SchiedsVZ 2012, 1 ff.; ders., The „German Advantage" – Myth or Model?, SchiedsVZ 2010, 21 (22); Hantke, Die Bildung des Schiedsgerichts, SchiedsVZ 2003, 269; Harris, Expert Evidence: The 2010 Revisions to the IBA Rules on the Taking of Evidence in International Arbitration, International Arbitration Law Review Nov. 2010, 212; Hobeck/Weyhreter, Anordnung von vorläufigen oder sichernden Maßnahmen durch Schiedsgerichte in ex-parte-Verfahren, SchiedsVZ 2005, 238; Horvath/Khan, Addressing Corruption in Commercial Arbitration: How Do Arbitral Tribunals Evaluate and Adjudicate Contractual Relationships tainted by corruption (Manuskript, SchiedsVZ 2017 (im Erscheinen); Huber, Das Verhältnis von Schiedsgericht und staatlichen Gerichten bei der Entscheidung über die Zuständigkeit, SchiedsVZ 2003, 73; Hunter, Arbitra-

---

[1] Der Verfasser dankt Herrn ref. iur. Kamil Kaplan für die wertvolle Unterstützung bei der Aktualisierung dieses Werks.

tion in Germany – A Common Law Perspective, SchiedsVZ 2003, 155; IBA Committee D, Interessenkonflikte in der internationalen Schiedsgerichtsbarkeit: „IBA Guidelines on Impartiality, Independence and Disclosure in International Commercial Arbitration", SchiedsVZ 2003, 263; Kasolowsky/Schnabl, Schiedsgutachten als Alternative zu Schiedsverfahren bei Streit über Rechtsfragen, SchiedsVZ 2012, 84; Kasolowsky/Steup, Révision au fond – Einheitliche europäische Maßstäbe bei der Überprüfung von Schiedssprüchen auf kartellrechtliche ordre public-Verstöße, SchiedsVZ 2008, 72;.Kaufmann-Kläsener/ Dolgorukow, Die Überarbeitung der IBA-Regeln zur Beweisaufnahme in der internationalen Schiedsgerichtsbarkeit, SchiedsVZ 2010, 302 (303); Kneisel/Lecking, Verteidigungsstrategien gegen die Anordnung der Document-Production – insbesondere nach den IBA-Regeln zur Beweisaufnahme in der internationalen Schiedsgerichtsbarkeit, SchiedsVZ 2013, 150 ff.; Kleinschmidt, Die Widerklage gegen einen Dritten im Schiedsverfahren, SchiedsVZ 2006, 142; Koch, Is there a Default Principle of Cost Allocation in International Arbitration? – The Importance of the Applicable Provisions and Legal Traditions, 31 J. Int. Arb. 2014, 485; Kohler/Bärtsch, Discovery in international arbitration: How much is too much?, SchiedsVZ 2004, 13; Kühner, The Revised IBA Rules on the Taking of Evidence in International Arbitration, 27 Journal of International Arbitration 667 (2010); Lörcher/Lörcher, Organisation eines Ad-hoc-Schiedsverfahrens, SchiedsVZ 2005, 179; Lotz, Der Sachverständige im Schiedsverfahren, SchiedsVZ 2011, 203; Meier, Pre-hearing Conferences as a Means of Improving the Effectiveness of Arbitration, SchiedsVZ 2009, 152; Meinhard/Ahrens, Wettbewerbsrecht und Schiedsgerichtsbarkeit in der Schweiz, SchiedsVZ 2006, 183; Mekat/Yadykin, Die Reform des Russischen Schiedsverfahrensrechts, SchiedsVZ 2015, 269; Moser, The 'Pre-Hearing Checklist' – A Technique for Enhancing Efficiency in International Arbitral Proceedings, 30 J. Int. l Arb. 155, 156 (2013); Münch, Zur Aufhebung eines Prozessschiedsspruchs, SchiedsVZ 2003, 41; Quinke, Säumnis im Schiedsverfahren, SchiedsVZ 2013, 219; Raeschke-Kessler, Neuere Entwicklungen im Bereich der Internationalen Schiedsgerichtsbarkeit, NJW 1988, 304;; Risse/ Altenkirch, Kostenerstattung im Schiedsverfahren – Fünf Probleme aus der Praxis, SchiedsVZ 2012, 5; Rose, Questioning the Role of International Arbitration in the Fight against Corruption, Jour, Int. Arb. 31 (2014), 183; Sachs, Use of documents and document discovery: „Fishing expeditions" versus transparency and burden of proof, SchiedsVZ 2003, 193; Sachs/Schmidt-Ahrendts, Expert Evidence under the 2010 IBA Rules, International Arbitration Law Review Nov. 2010, 216; Samaras/Strasser, Managing Party-Appointed Experts in International Arbitration – Analysis of the Current Framework and Best Practice Proposals, SchiedsVZ 2013, 314; Schlosser, Verfahrensrechtliche und berufsrechtliche Zulässigkeit der Zeugenvorbereitung, SchiedsVZ 2004, 225; Schmidt-Diemitz, Internationale Schiedsgerichtsbarkeit – eine empirische Untersuchung, DB 1999, 369; Sessler/Voser, Die Revidierte ICC-Schiedsgerichtsordnung – Schwerpunkte, SchiedsVZ 2012, 120; Schroeder, Zur Aufhebung von Scheinschiedssprüchen und anderen formellen Schiedssprüchen durch staatliche Gerichte – Ein Beitrag zur Auslegung des Begriffes »Schiedsspruch« in § 1059 ZPO, SchiedsVZ 2005, 244; Schroeder/Oppermann, Anerkennung und Vollsteckung von Schiedssprüchen nach lex mercatoria in Deutschland, England und Frankreich, ZVglRWiss 1999 (2000), 410; Schroeter, Der Antrag auf Feststellung der Zulässigkeit eines schiedsrichterlichen Verfahrens gemäß § 1032 Abs. 2 ZPO, SchiedsVZ 2004, 288; Schroth, „Ex-parte-Entscheidungen" bei vorläufigen Maßnahmen im österreichischen Schiedsverfahren, SchiedsVZ 2004, 72; Schütze, Die Ermessensgrenzen des Schiedsgerichts bei der Bestimmung der Beweisregeln, SchiedsVZ 2006, 1; ders., Schiedsgerichtsbarkeit und Rechtsvergleichung, ZVglRWiss 110 (2011), 89; ders., Einstweiliger Rechtsschutz im Schiedsverfahren, BB 1998, 1650; Sharpe, Drawing Adverse Inferences from the Non-production of Evidence, in ArbInt 4/2006, 549; Shore, Three Evidentiary Problems in International Arbitration: Producing the Adverse Document, Listening to the Document that does not Speak for Itself, and Seeing the Witness through her Written Statement, SchiedsVZ 2004, 76; Siegmann, Die Beweisführung durch gegnerische Urkunden, AnwBl. 2008, 160 f.; Stürner, Hilfspersonen im Schiedsverfahren nach deutschem Recht, SchiedsVZ 2013, 322; Trittmann, Die Auswirkungen des Schiedsverfahrens-Neuregelungsgesetzes auf gesellschaftsrechtliche Streitigkeiten, ZGR 1999, 340; ders., When should arbitrators issue interim or partial awards and/or procedural orders?, Jour. Int. Arb. 20 (2003), 255; ders. Art. 82 unf 83 EGV in der schiedsgerichtlichen Praxis, in: Böckstiegel u. a., Schiedsgerichtsbarkeit und Kartellrecht (2006), 57; ders., The interplay between procedural and substantive law in international arbitration, SchiedsVZ 2016, 7; ders. Das Zusammenspiel von Prozessrecht und materiellem Recht im internationalen Schiedsverfahren, in 100 Jahre Rechtswissenschaft in Frankfurt (Festschrift des Fachbereichs), 2014, 605; ders., Einschränkung der Ermittlung des Sachverhalts und der Beweiswürdigung des Schiedsgerichts durch Parteivereinbarung gem. § 1042 Abs, 3 ZPO, Festschrift für Siegfried H. Elsing zum 65. Geburtstag, (2015), 571; ders., Die Kostenerstattung im Schiedsverfahren – Gibt es einen nationalen/internationalen Standard, ZVglRWiss 114 (2015), 469 (473 ff.); Trittmann/Kasolowsky, Taking Evidence in Arbitration Proceedings Between Common Law and Civil Law Traditions, UNWS Law Journal Forum Vol. 14 No. 1, 43; Trittmann/Mekat, Standard of proof in international commercial arbitration, b-arbitra 2/2014, 351; Trittmann/Schroeder, Die Sachverhaltsermittlung im Schiedsverfahren: IBA Rules, Prague Rules und keine Alternative?, FS für Roderich C. Thümmel, 2020; Trittmann/Tebel, Geltendmachung von Kosten aus einem Schiedsverfahren in einem folgenden zweiten Verfahren nach Aufhebung des ersten Schiedsspruchs, FS für Volker Triebel, 2021; van Houtte, Adverse Inferences in International Arbitration, in: Giovannini/Mourre (Hrsg.), ICC Dossiers Written Evidence and Discovery in International Arbitration, New Issues and Tendencies, 2009, 195; Voser, Overview of the Most Important Changes in the Revised ICC Arbitration Rules, ASA Bulletin 2011, 783; dies., Interessenkonflikte in der internationalen Schiedsgerichtsbarkeit – die Initiative der International Bar Association (IBA), SchiedsVZ 2003, 59; dies., Wiebecke, The Procedure leading up to the Hearing: Memorials and written statements of witnesses and experts – Summary of the typical elements and procedural steps prior to the hearing under civil law, SchiedsVZ 2011, 123 (125),; Wirth, Ihr Zeuge, Herr Rechtsanwalt! – Weshalb Civil-Law-Schiedsrichter Common-Law-Verfahrensrecht anwenden, SchiedsVZ 2003, 9. Zekoll/Bolt, Die Pflicht zur Vorlage von Urkunden im Zivilprozess – Amerikanische Verhältnisse in Deutschland, NJW 2002, 3129 (3131 ff., 3134);

Rechtsprechungsübersichten:

Kröll, Die schiedsrechtliche Rechtsprechung 2020, SchiedsVZ 2021, 264 (Teil 2); ders., Die schiedsrechtliche Rechtsprechung 2020, SchiedsVZ 2021, 128 (Teil 1); ders., Die schiedsrechtliche Rechtsprechung 2019, SchiedsVZ 2020, 219; ders., Die schiedsrechtliche Rechtsprechung 2018, SchiedsVZ 2019, 188; ders., Die schiedsrechtliche Rechtsprechung 2016 und 2017, SchiedsVZ 2018, 201; ders., Die schiedsrechtliche Rechtsprechung 2012, SchiedsVZ 2013, 185; ders., Die Schiedsrechtliche Rechtsprechung des Jahres 2011 – Teil 2 –, SchiedsVZ 2012, 201; ders., Die Schiedsrechtliche Rechtsprechung des Jahres 2011 – Teil 1, SchiedsVZ 2012, 136; ders., Die schiedsrechtliche Rechtsprechung des Jahres 2010; SchiedsVZ 2011, 210; ders., Die schiedsrechtliche Rechtsprechung des Jahres 2010, SchiedsVZ 2011, 131; ders., Die schiedsrechtliche Rechtsprechung des Jahres 2009, SchiedsVZ 2010, 213; ders., Die schiedsrechtliche Rechtsprechung des Jahres 2009, SchiedsVZ 2010, 144; ders., Die schiedsrechtliche Rechtsprechung 2008 (Teil 2), SchiedsVZ 2009, 217; ders., Die schiedsrechtliche Rechtsprechung 2008, SchiedsVZ 2009, 161; ders., Die schiedsrechtliche Rechtsprechung 2007 (Teil 2), SchiedsVZ 2008, 112; ders., Die schiedsrechtliche Rechtsprechung 2007, SchiedsVZ 2008, 62; ders., Schiedsrechtliche Rechtsprechung 2006, SchiedsVZ 2007, 145; ders., Die schiedsrechtliche Rechtsprechung 2005, SchiedsVZ 2006, 203; ders., Die schiedsrechtliche Rechtsprechung 2004, SchiedsVZ 2005, 139; ders., Schiedsrechtliche Rechtsprechung 2003, SchiedsVZ 2004, 113; ders., Die Entwicklung des Schiedsrechts im Jahr 2020, NJW2021, 832; ders., Die Entwicklung des Schiedsrechts im Jahr 2019, NJW 2020, 1417; ders., Die Entwicklung des Schiedsrechts 2018, NJW 2019, 818; ders., Die Entwicklung des Schiedsrechts 2017, NJW 2018, 863; ders., Die Entwicklung des Schiedsrechts 2016, NJW 2017, 864; ders., Die Entwicklung des Schiedsrechts 2015, NJW 2016, 849; ders., Die Entwicklung des Schiedsrechts 2013 bis 2014, NJW 2015, 833; ders., Die Entwicklung des Schiedsrechts 2011 – 2012, NJW 2013, 3135; ders., Die Entwicklung des Schiedsrechts 2009–2010, NJW 2011, 1265; ders., Die Entwicklung des Schiedsrechts 2007 – 2008, NJW 2009, 1183; ders., Die Entwicklung des Rechts der Schiedsgerichtsbarkeit 2005/2006, NJW 2007, 743; ders., Die Entwicklung des Rechts der Schiedsgerichtsbarkeit in den Jahren 2003 und 2004, NJW 2005, 194; ders., Die Entwicklung des Rechts der Schiedsgerichtsbarkeit 2001/2002, NJW 2003, 791; Wilske/Markert, Entwicklungen in der internationalen Schiedsgerichtsbarkeit im Jahr 2020 und Ausblick auf 2021, SchiedsVZ 2021, 106; dies., Entwicklungen in der internationalen Schiedsgerichtsbarkeit im Jahr 2019 und Ausblick auf 2020, SchiedsVZ 2020, 97; dies., Entwicklungen in der internationalen Schiedsgerichtsbarkeit im Jahr 2018 und Ausblick auf 2019, SchiedsVZ 2019, 101; dies., Entwicklungen in der internationalen Schiedsgerichtsbarkeit im Jahr 2017 und Ausblick auf 2018, SchiedsVZ 2018, 134; dies., Entwicklungen in der internationalen Schiedsgerichtsbarkeit im Jahr 2016 und Ausblick auf 2017, SchiedsVZ 2017, 49; dies., Entwicklungen in der internationalen Schiedsgerichtsbarkeit im Jahr 2015 und Ausblick auf 2016, SchiedsVZ 2016, 127; dies., Entwicklungen in der internationalen Schiedsgerichtsbarkeit im Jahr 2014 und Ausblick auf 2015, SchiedsVZ 2015, 49; dies., Entwicklungen in der internationalen Schiedsgerichtsbarkeit im Jahr 2013 und Ausblick auf 2014, SchiedsVZ 2014, 49 dies., Entwicklungen in der internationalen Schiedsgerichtsbarkeit im Jahr 2012 und Ausblick auf 2013, SchiedsVZ 2013, 96; dies., Entwicklungen in der internationalen Schiedsgerichtsbarkeit im Jahr 2011 und Ausblick auf 2012, SchiedsVZ 2012, 58; dies., Entwicklungen in der internationalen Schiedsgerichtsbarkeit im Jahr 2010 und Ausblick auf 2011, SchiedsVZ 2011, 57.

A. Streiterledigung im Bereich Vertriebsrecht

Der Vertrieb von Waren und Dienstleistungen ist ein wesentlicher Bestandteil der Wirt- **1** schaft. Vertrieben wird über eigene Arbeitnehmer oder mittels Einschaltung von Vertriebs- mittlern. Diese haben schon immer eine wesentliche Rolle gespielt, während der Direkt- vertrieb vor allem in den letzten Jahren an Bedeutung zugenommen hat. Auch unter Berücksichtigung des steigenden Verkaufs über das Internet wird sich dies nicht grund- sätzlich ändern, wobei hier die Handelsstufen eine geringere Rolle spielen.

Der Vertrieb ist darüber hinaus auch nicht auf bestimmte Dienstleistungs- oder Industrie- **2** zweige beschränkt, weshalb sich zwar die Vertriebsformen verändern, nicht aber die Tätig- keit an sich. Im Rahmen der Globalisierung des Handels nimmt der grenzüberschreitende Handel und damit der Vertrieb laufend zu, was zur Komplexität beiträgt.

Vor diesem Hintergrund ist es nicht verwunderlich, dass auch Streitigkeiten im Bereich **3** des Vertriebsrechts auf nationaler wie auch internationaler Ebene vermehrt auftreten, auch wenn aus Sicht des Autors das Vertriebsrecht nicht per se „streitiger" ist als andere Bereiche der Wirtschaft. Dies ist statistisch nur schwer nachweisbar, da ordentliche Gerichte keine Statistiken führen, die eine entsprechende Zuordnung ermöglichen. Allerdings hat die weltweit bedeutendste Schiedsorganisation, der ICC Court of Arbitration mit Sitz in Paris Statistiken vorgelegt, aus denen sich die Bedeutung des Vertriebsrechts für die Internationale Schiedsgerichtsbarkeit (oder umgekehrt) ergibt. Bis zum Jahr 2010 gab es 55 veröffentlichte Schiedssprüche mit (vertriebs-)kartellrechtlichem Hintergrund, insbesondere EU-Kartellrecht. In den Jahren 2010–2014 hatten etwa 25 % aller ICC Schiedsverfahren einen kartellrechtlichen Hintergrund. Dabei handelt es sich auf Grund der internationalen Ausrichtung der ICC eher um grenzüberschreitende Streitigkeiten (Händlerverträge/Importeursverträge). Dieser Prozentsatz an Streitigkeiten mit vertriebsrechtlichem Hintergrund ist also erheblich und verdeutlicht, dass die Streiterledigung durch Schiedsverfahren im Bereich Vertrieb eine genauere Betrachtung verdient.

I. Streitgegenstände im Bereich des Vertriebsrechts

4   Klassische Streitigkeiten im Bereich des Vertriebes befassen sich mit Provisionen und Boni, insbesondere aber auch mit der Kündigung und den Kündigungsfolgen des Vertriebsverhältnisses.

5   Häufig sind aber auch kartellrechtliche Fragen Streitgegenstand. Gerade in jüngster Zeit und im Zusammenhang mit grenzüberschreitenden Verfahren stellen sich aber auch Fragen im Zusammenhang mit Korruptionsvorwürfen.

6   **1. Handelsvertreter, Vertragshändler, Franchisenehmer.** Streitigkeiten zwischen Handelsvertreter und Prinzipal sind häufig, generieren aber selten hohe Streitwerte. Anders verhält es sich bei Vermittlungen von Einzelaufträgen, insbesondere dann, wenn diese Vermittlungen von Geschäften grenzüberschreitend sind, zB im Zusammenhang mit Anlagenbauprojekten.

7   Eine größere Bedeutung haben Streitigkeiten zwischen Hersteller und Vertragshändlern, wobei hier die verschiedenen Handelsstufen einen direkten Einfluss auf die wirtschaftliche Bedeutung der Auseinandersetzung haben. Handelt es sich um einen Großhändler oder Importeur eines bestimmten Produktes, sind häufig die Streitwerte deutlich höher als bei Streitigkeiten auf der Ebene des Vertragshändlers. Dies hat auch Bedeutung für die Form der Streiterledigung wie unten näher ausgeführt wird.

8   Bei Streitigkeiten aus Franchiseverträgen ist zu unterscheiden, ob es sich um eine Streitigkeit aus dem individuellen Franchisevertrag oder um Fragen zum Master-Franchisevertrag handelt. Letztere sind seltener, jedoch häufig auch grenzüberschreitend und deshalb komplexer.

9   **2. Interessenlagen.** Die Interessenlage der beteiligten Parteien unterscheidet sich, je nachdem, ob es sich um eine Streitigkeit im laufenden Vertragsverhältnis handelt oder ob es um Kündigungsfolgen, zB Ausgleichsansprüche oder Schadensersatz geht. Während im laufenden Vertragsverhältnis die Parteien an einer „beziehungsschonenden" Streiterledigung interessiert sein könnten, die eine weitere Zusammenarbeit ermöglicht, mag dies bei der reinen Bewältigung von Kündigungsfolgen ohne Chance einer Fortsetzung des Vertragsverhältnisses anders sein. In letzterem Fall spielt auch die Dauer des Verfahrens eine geringere Rolle, wobei in der weit überwiegenden Anzahl der Streitigkeiten beide Seiten daran interessiert sind, die Streitigkeit schnell zu erledigen, weil jede streitige Auseinandersetzung auf beiden Seiten Kräfte bindet. Letzteres wird häufig am Anfang einer Auseinandersetzung unterschätzt; tatsächlich erfordert jede Auseinandersetzung für beide Seiten einen erheblichen Zeitaufwand für die Aufarbeitung des Sachverhalts, aber auch die inhaltliche Auseinandersetzung.

3. Nationale/Internationale Streitigkeiten. Im Fall einer Auseinandersetzung macht **10** es im Regelfall einen Unterschied, ob der Streitgegner im Inland oder im Ausland seinen Sitz hat. Handelt es sich um einen inländischen Partner, werden beide Parteien im Falle einer Streitigkeit diese unter Bedingungen austragen, die ihnen bekannt sind und mit denen sie entsprechend umgehen können. Dies umfasst das anwendbare (deutsche) Recht ebenso wie die deutsche Gerichtsbarkeit bzw. im Falle einer entsprechenden Vereinbarung ein mit deutschen Schiedsrichtern besetztes Schiedsgericht. Wo in Deutschland das Verfahren ausgetragen wird, ist im Grunde ohne Relevanz, auch wenn viele Parteien unter dem Eindruck stehen, dass es auch im Inland vorzuziehen ist, im Falle einer Streitigkeit am Heimatgerichtsstand, zu streiten.

Etwas anderes gilt im Falle einer Streitigkeit, wenn der potentielle Gegner im Ausland **11** ansässig ist. Dies führt bereits bei Vertragsschluss zu der Frage, welchem materiellen Recht der Vertriebsvertrag unterliegt und wer im Falle einer Auseinandersetzung entscheidet. Treffen die Parteien keine entsprechende Regelung, entscheidet das im Falle einer Streitigkeit angerufene Gericht sowohl, welches (materielle) Recht anwendbar ist, als auch, ob es für die Entscheidung überhaupt zuständig ist. Für den deutschen Vertriebspartner kann das unter Umständen bedeuten, dass er eine Streitigkeit im Ausland austragen muss, beispielsweise dann, wenn der ausländische Vertragspartner zuerst die Gerichte anruft.

Soweit es sich um das EU-Ausland handelt, ist zumindest die Frage, ob das spätere **12** Ergebnis des Verfahrens auch in rechtlicher Hinsicht vollstreckbar ist, heute im Wesentlichen mit der Situation im Inland vergleichbar. Etwas anderes kann jedoch gelten, wenn die Auseinandersetzung in einem Land außerhalb der EU ausgetragen oder ein ergehendes Urteil vor Ort vollstreckt werden muss.[2] Dort können die Rahmenbedingungen für den deutschen Vertriebspartner deutlich nachteiliger sein.

Vor allem dann, wenn ein Rechtsstreit vor einem Gericht ausgetragen werden muss, das **13** nicht im EU-Raum beheimatet ist, kann es zu großen Überraschungen kommen. Gerichte im Bereich des anglo-amerikanischen Rechtstreites folgen anderen prozessualen Regelungen als denen, die in Deutschland bekannt sind. Dies umfasst unter anderem im Rahmen der sogenannten „Pre-Trial Discovery" weitergehende Rechte der Parteien, Dokumente des Gegners einzusehen und „die Wahrheit auf den Tisch zu bringen".

Die Austragung einer Streitigkeit vor einem Gericht in einer europäischen Jurisdiktion **14** mit vergleichbarem Standard macht, abgesehen von der Sprache des Verfahrens, kaum einen Unterschied zu einer Auseinandersetzung vor einem deutschen Gericht. Anders ist dies jedenfalls dann zu beurteilen, wenn die Streitigkeit vor einem Gericht auszutragen ist, dass nicht im EU-Raum beheimatet ist.

II. Streiterledigungsformen

Die Schiedsgerichtsbarkeit ist von anderen Streitbeilegungsmechanismen, insbesondere **15** von der staatlichen Gerichtsbarkeit, von Mediations- und Schlichtungsverfahren und dem Schiedsgutachten, abzugrenzen.

a) Staatliche Gerichtsbarkeit
b) Schiedsverfahren

---

[2] Am 23.6.2016 hat die Bevölkerung Großbritanniens mehrheitlich für einen Austritt aus der europäischen Union gestimmt („Brexit"), welcher mit Ablauf des 31.1.2020 erfolgte. Als unmittelbare Folge des Austritts endete mit Ablauf der anschließenden Übergangsphase am 31.12.2020 auch die Anwendbarkeit der Verordnung (EU) Nr. 1215/2012 (Brüssel Ia-VO), welche bis dahin die Anerkennung und Durchsetzbarkeit englischer Urteile in der Europäischen Union regelte. Auch der im April 2020 beantragte Beitritt des Vereinigten Königreichs zum Lugano-Übereinkommen ist bisher erfolglos geblieben. Ob es über die Anwendbarkeit des Haager Übereinkommen und nationalen Rechts der einzelnen Mitgliedsstaaten hinaus zu einer Einigung zwischen der Regierung Großbritanniens und der Europäischen Union mit Hinblick auf die Anerkennung und Durchsetzung englischer Urteile kommen wird ist zum Zeitpunkt der Drucklegung nicht absehbar.

c) Mediations- und Schlichtungsverfahren
d) Schiedsgutachten

16   **a) Staatliche Gerichtsbarkeit.** Die Ausführungen zur staatlichen Gerichtsbarkeit können nachfolgend hier nur einen Überblick geben.

17   Treffen die Parteien eines Vertriebsvertrages keine Regelungen über die Streiterledigungsform, ist die Folge, dass die ordentlichen Gerichte zuständig sind. Ist dies nicht gewollt, so können die Parteien auch alternative Streiterledigungsformen wie ein Schiedsverfahren und/oder ein Mediations- und Schlichtungsverfahren bzw. ein Schiedsgutachten vereinbaren. Eine derartige Vereinbarung sollte möglichst bereits im Vertriebsvertrag selbst aufgenommen werden; eine spätere Vereinbarung ist aber auch möglich, wenn auch in der Praxis häufig schwieriger.

18   Bei grenzüberschreitenden Vertriebsverträgen sollte geprüft werden, inwieweit ein Urteil im Land des Vertragspartners gegebenenfalls in Deutschland oder umgekehrt vollstreckbar ist. Im Rahmen des Anwendungsbereichs der Brüssel Ia-VO[3] ist im Regelfall eine Vollstreckung eines deutschen Urteiles in vergleichbarer Weise möglich, wie dies in Deutschland der Fall wäre. Etwas anderes gilt jedoch außerhalb des Anwendungsbereichs der Brüssel Ia-VO bzw. des „LugÜ"[4]. Dort ist im Einzelfall zu prüfen, ob die Vollstreckung eines deutschen Urteils und eines multilateralen bzw. bilateralen Vertrages über die gegenseitige Anerkennung von Urteilen möglich ist. Einige der heute im Welthandel bedeutenden Jurisdiktionen wie China, Russland, aber auch Jurisdiktionen im mittleren Osten, Afrika und Asien erkennen deutsche Urteile mangels Gegenseitigkeit nicht an oder es kann jedenfalls eine Vollstreckung nicht als gesichert angesehen werden. In diesen Fällen bietet sich deshalb die Vereinbarung der Zuständigkeit eines Schiedsgerichts an.

19   Während sich in inländischen Verfahren die Zuständigkeit der Gerichte nach §§ 12–37 ZPO richtet, ergibt sich die Zuständigkeit in internationalen Streitigkeiten aus der Brüssel Ia-VO, dem „LugÜ", wobei die Beklagte ihren Sitz in einem Mitgliedsstaat der EU hat. Hat die Beklagte dagegen ihren Sitz nicht in den Vertragsstaaten der Brüssel Ia-VO bzw. „LugÜ", ergibt sich die Zuständigkeit aus eventuell bestehenden bilateralen Vorschriften, oder aus nationalem Recht. Möglich und in vielen Fällen auch empfehlenswert ist die Vereinbarung eines Gerichtsstandes. Innerhalb der Brüssel Ia-VO kann gemäß § 25 Abs. 1 Brüssel Ia-VO ein Gericht eines Mitgliedstaates als zuständiges Gericht vereinbart werden, was dann zur Folge hat, dass dieses vereinbarte Gericht ausschließlich zuständig ist, sollte es zu einer Streitigkeit kommen. In vertriebsrechtlichen Angelegenheiten sind gegebenenfalls Sonderregelungen zu beachten[5].

20   **b) Schiedsverfahren.** Die häufigste Alternative zu einer Konfliktlösung durch Anrufung der ordentlichen Gerichte ist die Vereinbarung einer Entscheidung durch Schiedsgerichte. Die wesentlichen Grundlagen der Schiedsgerichtsbarkeit ebenso wie eine Beschreibung der Abläufe ist Gegenstand dieses Kapitels und wird nachfolgend im Einzelnen beleuchtet.

21   Schiedsgerichtsbarkeit ist Rechtsprechung im weiteren Sinne[6], bedeutet also **Streitentscheidung durch einen neutralen Dritten.** Schiedsgerichte nehmen mithin anstelle der staatlichen Gerichte die Aufgabe der materiellen Rechtsprechung wahr.[7] Die schiedsrich-

---

[3] VO-Nr. 1215/122012 v. 12.12.2012 über die gerichtliche Zuständigkeit und die Anerkennung von Vollstreckung von Entscheidungen in Zivil- und Handelssachen, ABl. 2012 L 351, 1.
[4] Luganer Übereinkommen vom 30.10.2007 über die gerichtliche Zuständigkeit und die Anerkennung und Vollstreckung von Entscheidungen in Zivil- und Handelssachen, ABl. 2009 L 147, 5.
[5] Der BGH hat unter Verweis auf die EuGH-Entscheidung in Sachen Ingmar (EuGH Slg. 2000, I-9305 Rn. 26) entschieden, dass die Vereinbarung eines Gerichtsstands in einem außereuropäischen Drittstaat im Anwendungsbereich der Handelsvertreter-Richtlinie unwirksam ist, da damit im Ergebnis der Ausgleichsanspruch gem. § 89b HGB ausgeschlossen wurde (BGH ZVertriebsR 2013, 89).
[6] Vgl. BGH NJW 2005, 1125 (1126); 2004, 2226 (2227); ferner schon NJW 1976, 109 (110); vgl. BeckOK ZPO/Wolf/Eslami § 1025 Rn. 1.
[7] BGH NJW 1986, 3077 (3078).

terliche Spruchtätigkeit stellt somit einen Rechtsprechungsakt dar.[8] Die Entscheidungszuständigkeit des Schiedsgerichts setzt grundsätzlich[9] eine entsprechende **vertragliche Vereinbarung** zwischen den Parteien des Rechtsstreits voraus.[10] Durch den Abschluss dieser sog. Schiedsvereinbarung[11] verzichten die Parteien auf ihr in Art. 19 Abs. 4 S. 1 GG verfassungsrechtlich verbürgtes Recht auf Justizgewährung vor staatlichen Gerichten.[12] Die Schiedsgerichtsbarkeit kann aus diesem Grund auch als eine auf dem Grundsatz der Privatautonomie beruhende Privatgerichtsbarkeit bezeichnet werden.[13] Hingegen folgt die allgemeine Zuständigkeit staatlicher Spruchkörper in Zivilsachen einzig aus zivilprozessrechtlichen (§§ 12 ff. ZPO) und verfassungsrechtlichen Regelungen (insbesondere dem Justizgewährungsanspruch).

Im Hinblick auf die **Zusammensetzung des Spruchkörpers** bestehen zwischen der **22** Schiedsgerichtsbarkeit und der staatlichen Gerichtsbarkeit erhebliche Unterschiede. Während im staatlichen Gerichtsverfahren das Prinzip des gesetzlichen Richters (Art. 101 Abs. 1 S. 2 GG) Anwendung findet, richtet sich die Besetzung des Schiedsgerichts nach der jeweiligen Parteivereinbarung. Neben der Möglichkeit die Zahl der Schiedsrichter zu bestimmen, vereinbaren die Parteien regelmäßig das Recht zur Wahl eines Schiedsrichters. Alternativ können auch bestimmte Mitwirkungsrechte im Rahmen des Auswahlprozesses vereinbart werden.

c) Mediations- und Schlichtungsverfahren. Der Schiedsspruch entscheidet die dem **23** Schiedsgericht vorgelegte Rechtssache abschließend und verbindlich.[14] Dem Schiedsspruch kommt im Verhältnis zwischen den Parteien insoweit die Wirkung eines rechtskräftigen Urteils zu (§ 1055 ZPO). Dementgegen haben Mediations- und Schlichtungsverfahren zum Ziel, die Konfliktparteien unter Mitwirkung eines Dritten zu einer **gütlichen Einigung** zu bewegen.[15] Im Unterschied zu dem Schiedsverfahren wird also **keine autoritative Entscheidung durch einen Dritten** herbeigeführt.[16] Aufgabe des Mediators ist es vielmehr, die Parteien bei der Entwicklung einer einvernehmlichen Lösung zu begleiten und zu unterstützen. Seit dem 26.7.2012 wird das Mediationsverfahren in Deutschland durch das Mediationsgesetz (MedG) geregelt.[17]

d) Schiedsgutachten. Auch der Schiedsgutachter (§§ 317 ff. BGB) führt keine endgül **24** tige Entscheidung eines gesamten Rechtsstreits herbei. Vielmehr beschränkt sich seine Tätigkeit in einem Verfahren vor einem staatlichen Gericht oder Schiedsgericht auf eine die Parteien und das (Schieds-)Gericht **bindende Feststellung eines einzelnen sachlichen oder rechtlichen Elements des Rechtsstreits.**[18] Sofern die Parteien des Schiedsgutachtervertrages dies vereinbart haben, kann auch durch ein Schiedsgutachten eine Leistungsbestimmung getroffen werden.[19]

---

[8] Salger/Trittmann/von Schlabrendorff Int. Schiedsverfahren § 2 Rn. 2.

[9] Vgl. § 1066 ZPO.

[10] Salger/Trittmann/von Schlabrendorff Int. Schiedsverfahren § 2 Rn. 1.

[11] → Rn. 100 ff.

[12] MüKoZPO/Münch Vor § 1025 Rn. 7; Prütting/Gehrlein/Prütting ZPO § 1025 Rn. 1, 3.

[13] Vgl. Schwab/Walter, Schiedsgerichtsbarkeit, Kap. 1 Rn. 1.

[14] Vgl. Zöller/Geimer ZPO § 1055 Rn. 1; Prütting/Gehrlein/Prütting ZPO § 1055 Rn. 1; eingehend hierzu Böckstiegel/Kröll/Naciemento/v. Schlabrendorff/Sessler, Arbitration in Germany, § 1055 Rn. 1 ff.

[15] Vgl. Stein/Jonas/Schlosser ZPO Vor § 1025 Rn. 14; Salger/Trittmann/Salger Int. Schiedsverfahren § 3 Rn. 27; Lionnet/Lionnet, Handbuch der internationalen und nationalen Schiedsgerichtsbarkeit, S. 62 f.

[16] Duve/Eidenmüller/Hacke, Mediation in der Wirtschaft, S. 63, 87 ff.; Prütting/Gehrlein/Prütting ZPO § 1025 Rn. 22 f.

[17] BGBl. 2012 I 1577.

[18] Zöller/Geimer ZPO § 1029 Rn. 4; Stubbe SchiedsVZ 2006, 150 (152); Kröll SchiedsVZ 2012, 136 (137); Hopt/Trittmann/Pfitzner/Schmaltz, Vertrags- und Formularbuch zum Handels-, Gesellschafts- und Bankrecht, II. M.1. Rn. 4; Kasolowsky/Schnabl SchiedsVZ 2012, 84 (85).

[19] BGH NJW 1984, 43 (44); Salger/Trittmann/Wittinghofer Int. Schiedsverfahren § 27 Rn. 2 ff.; Schwab/Walter, Schiedsgerichtsbarkeit, Kap. 2 Rn. 3.

25   Die Feststellungen des Schiedsgutachters können von einem staatlichen Gericht oder Schiedsgericht **allein auf grobe Unbilligkeit überprüft** werden (§ 319 Abs. 1 S. 1 BGB). Abgrenzungsschwierigkeiten zur Schiedsgerichtsbarkeit können sich insbesondere dann ergeben, wenn für einzelne Sachverhaltsfragen ein Schiedsgutachterverfahren und im Übrigen eine Schiedsklausel vereinbart wird.[20]

B. Schiedsgerichtsbarkeit

I. Begriffsbestimmung

26   **1. Begriff des Schiedsverfahrens.** Infolge der voranschreitenden Globalisierung und der damit verbundenen Internationalisierung der Handels- und Wirtschaftsbeziehungen sind Rechtsstreitigkeiten von **zunehmender Internationalität und Komplexität** geprägt und erfordern oftmals spezielle Fach- und Sprachenkenntnisse der zur Entscheidung berufenen Richter.[21] In diesem Zusammenhang entschließen sich Vertragsparteien vermehrt dazu, ihre rechtlichen Streitigkeiten nicht von staatlichen Gerichten, sondern von **privaten, mit Spezialisten besetzten Schiedsgerichten** entscheiden zu lassen.[22] Vor diesem Hintergrund handelt es sich bei der Schiedsgerichtsbarkeit um eine **freiwillige, private Form der Streitbeilegung,** durch welche die Parteien eine bestimmte (Handels-) Streitigkeit der Zuständigkeit der staatlichen Gerichte entziehen und einem von ihnen gewählten, unabhängigen Schiedsgericht zur endgültigen und bindenden Entscheidung vorlegen.[23]

27   Die Schiedsgerichtsbarkeit beruht mithin maßgeblich auf den nachfolgenden Elementen:

- Freiwilligkeit
- Privatautonome Grundlage und Gestaltungsfreiheit (insbesondere freie Wahl der Schiedsrichter)
- Ausschluss der staatlichen Gerichtsbarkeit
- Endgültige und die Parteien bindende Entscheidung
- Unabhängigkeit des Schiedsgerichts

28   **2. Wichtige Prinzipien des Schiedsverfahrensrechts. a) Parteiherrschaft.** Grundsätzlich können die Parteien – vorbehaltlich der zwingenden Vorschriften des Zehnten Buches der ZPO – das Verfahren selbst regeln (§ 1042 Abs. 3 ZPO).[24] Zu den zwingenden Vorschriften gehören insbesondere die in § 1042 Abs. 1 ZPO normierten Grundsätze der Gleichbehandlung der Parteien und des Anspruchs auf rechtliches Gehör. Im Übrigen sind die Parteien in der Verfahrensgestaltung überwiegend frei. Sie können somit beispielsweise Regelungen zu dem anwendbaren materiellen Recht treffen und weitere Verfahrensmaximen, Art und Umfang der Beweiserhebung, sowie Formalien für die schiedsgerichtliche Entscheidung festlegen.[25] Gleichsam steht es den Parteien frei, das Verfahren durch Bezugnahme auf eine institutionelle Verfahrensordnung zu regeln. Soweit die Parteien von der ihnen eingeräumten Verfahrensgestaltungsfreiheit keinen Gebrauch machen, werden die Verfahrensregeln von dem Schiedsgericht nach freiem Ermessen bestimmt (§ 1042 Abs. 4 S. 1 ZPO). Der **Grundsatz der Parteiherrschaft** erlaubt es in diesem Fall jedoch, dass sich die Parteien auch nachträglich auf eigene Regelungen verständigen, welche die von

---

[20] Hopt/Trittmann/Pfitzner/Schmaltz, Vertrags- und Formularbuch zum Handels-, Gesellschafts- und Bankrecht, II. M.1. Rn. 4; vgl. hierzu auch Kröll SchiedsVZ 2012, 136 (137).

[21] Vgl. Trittmann FS Goethe-Universität, 2014, 605.

[22] Vgl. Hopt/Trittmann/Pfitzner/Schmaltz, Vertrags- und Formularbuch zum Handels-, Gesellschafts- und Bankrecht, II. M.1 Rn. 2.

[23] Zu den wesenstypischen Charakteristika der Schiedsgerichtsbarkeit vgl. auch MüKoZPO/Münch Vor § 1025 Rn. 4; Prütting/Gehrlein/Prütting ZPO § 1025 Rn. 1.

[24] → Rn. 200 ff.

[25] Schütze/Thümmel/Thümmel, Schiedsgericht und Schiedsverfahren, § 6 Rn. 19.

dem Schiedsgericht bestimmten Verfahrensregeln sodann verdrängen.[26] Diese dem Schiedsverfahren zugrunde liegende Flexibilität des Schiedsverfahrens ermöglicht insbesondere bei grenzüberschreitenden Verfahren eine Anpassung des Verfahrens an die Vorstellungen der Parteien im Hinblick auf den Verfahrensablauf.

b) Gleichbehandlung der Parteien. Die beiden wichtigsten Prinzipien der Schieds- **29** gerichtsbarkeit sind in § 1042 Abs. 1 ZPO und in ähnlicher Weise in den meisten Schiedsordnungen festgelegt. Es handelt sich um die **Gleichbehandlung der Parteien** und den **Anspruch auf rechtliches Gehör.** Die Ausübung des schiedsgerichtlichen Ermessens sollte sich daher an diesen Kardinalprinzipien orientieren. Beide Grundsätze sind in Deutschland verfassungsrechtlich abgesichert und strahlen jedenfalls in ihren Kernbereichen als ordre public auch auf ausländische Schiedssprüche aus, die in Deutschland vollstreckt werden sollen. Diese Prinzipien beeinflussen die bestehenden gesetzlichen Regelungen maßgeblich. Sofern ein Verstoß gegen diese Verfahrensprinzipien vorliegt und sich der Verstoß zudem auf den Inhalt der schiedsgerichtlichen Entscheidung ausgewirkt hat, ist der Schiedsspruch in Deutschland nicht vollstreckbar.[27] Dies kann im Bereich des Vertriebsrechts dann von Bedeutung sein, wenn zB ein Ausgleichsanspruch gemäß § 89b HGB durch Vereinbarung ausländischen Rechts ausgeschlossen werden soll.[28] Aus diesem Grund sollte das Schiedsgericht zu jedem Zeitpunkt darauf hinwirken, auch nur den Eindruck der Bevorzugung einer Partei zu vermeiden (zB bei der Gewährung von Fristverlängerungen oder auch im Rahmen der Beweisaufnahme). Ferner ist darauf zu achten, dass die Parteien stets in gleichwertiger Art und Weise über den Stand des Verfahrens und den Verfahrensablauf informiert werden.[29]

c) Gewährung rechtlichen Gehörs. Das Schiedsgericht hat in jeder Phase des Schieds- **30** verfahrens den Parteien rechtliches Gehör zu gewähren (§ 1042 Abs. 1 S. 2 ZPO). Dabei sind an die Gewährung des rechtlichen Gehörs dieselben strengen Anforderungen zu stellen wie in staatlichen Gerichtsverfahren.[30] Inhaltlich erfordert die Gewährung des rechtlichen Gehörs, dass das Schiedsgericht das **Vorbringen der Parteien zur Kenntnis nimmt und in Erwägung zieht.**[31] Insbesondere müssen die Erklärungen einer Partei der anderen rechtzeitig mitgeteilt werden, so dass die andere Partei **Gelegenheit zur Stellungnahme hat.**[32] Ferner muss den Parteien die Gelegenheit gegeben werden, sich zu verfahrensleitenden Entscheidungen des Schiedsgerichts zu äußern.[33] Weiterhin muss gewährleistet sein, dass die Parteien durch die Vorlage von Beweismitteln an der Beweisaufnahme mitwirken und im Anschluss zu dem Beweisergebnis Stellung nehmen können.[34] Hervorzuheben ist in diesem Zusammenhang, dass der Anspruch auf rechtliches Gehör nicht unmittelbar in schiedsgerichtlichen Hinweispflichten resultiert, wie sie für das staatliche Gerichtsverfahren insbesondere in § 139 ZPO geregelt sind. Mangels entsprechender einfachgesetzlicher Regelung existieren derartige Hinweispflichten im Schiedsverfahren nicht.[35]

---

[26] Vgl. Schütze/Thümmel/Thümmel, Schiedsgericht und Schiedsverfahren, § 6 Rn. 19 ff.
[27] Zur Aufhebung und Vollstreckung von Schiedssprüchen → Rn. 411 ff.
[28] → Rn. 431 ff.
[29] Lachmann, Handbuch für die Schiedsgerichtspraxis, Rn. 1290; Schwab/Walter, Schiedsgerichtsbarkeit, Kap. 15 Rn. 2.
[30] Schwab/Walter, Schiedsgerichtsbarkeit, Kap. 15 Rn. 1; Schütze/Thümmel/Thümmel, Schiedsgericht und Schiedsverfahren, § 6 Rn. 10; Salger/Trittmann/Trittmann Int. Schiedsverfahren § 10 Rn. 8.
[31] BGH RIW 1990, 493 (495); Schwab/Walter, Schiedsgerichtsbarkeit, Kap. 15 Rn. 2.
[32] Vgl. BGH RIW 1990, 493 (495).
[33] Schütze/Thümmel/Thümmel, Schiedsgericht und Schiedsverfahren, § 6 Rn. 11.
[34] Schütze/Thümmel/Thümmel, Schiedsgericht und Schiedsverfahren, § 6 Rn. 11; Für eine umfassende Darstellung des Inhalts der Gewährung rechtlichen Gehörs siehe Schwab/Walter, Schiedsgerichtsbarkeit, Kap. 15 Rn. 2.
[35] Schütze/Tscherning/Wais/Wais, Handbuch des Schiedsverfahrens, Rn. 332 f.; vgl. Schwab/Walter, Schiedsgerichtsbarkeit, Kap. 15 Rn. 5.

31 **d) Unabhängigkeit des Entscheidungsgremiums.** Die private Schiedsgerichtsbarkeit ist Teil der materiellen Rechtsprechung.[36] Aus diesem Grund müssen auch in Schiedsverfahren die für die staatliche Rechtsprechung geltenden Grundsätze Anwendung finden. Der Rechtsstreit muss mithin von einem oder mehreren unbeteiligten Dritten entschieden werden, um die **Unparteilichkeit der Rechtsprechung** zu gewährleisten („kein Richten in eigener Sache"). Die Rechtsprechung des Bundesverfassungsgerichts zur Neutralität und Distanz des Richters gegenüber den Verfahrensbeteiligten ist demnach im Grundsatz entsprechend auf die Schiedsgerichtsbarkeit (in Deutschland) anwendbar.[37]

32 **e) Präklusion von Rechten.** Auch der international anerkannte Grundsatz von Treu und Glauben gilt im Schiedsverfahren. Ausprägung dieses Grundsatzes in Form des Verbots widersprüchlichen Verhaltens ist insbesondere die in § 1027 ZPO geregelte **Rügepräklusion.** Rügt eine Partei einen ihr zur Kenntnis gekommenen Verfahrensverstoß nicht unverzüglich oder innerhalb der dafür vorgesehenen Frist, kann sie sich später nicht auf diesen Verstoß berufen. Umstritten ist in diesem Zusammenhang, wie der Begriff „unverzüglich" zu verstehen ist. Teilweise wird in Anlehnung an die Regelung in Art. 5 UNCITRAL-Modellgesetz vertreten, dass die Präklusion erst eintritt, wenn eine Partei angesichts eines Verfahrensfehlers die nächste Prozesshandlung vornimmt.[38] Hingegen wird insbesondere im deutschen Rechtskreis auch die Legaldefinition des § 121 BGB bemüht, wonach „unverzüglich" ohne schuldhaftes Zögern bedeutet.[39] Die Präklusionswirkung tritt hingegen nur ein, wenn der jeweiligen Partei der Verfahrensfehler positiv bekannt war. Selbst grob fahrlässige Unkenntnis genügt nicht. Allerdings muss sich die **Kenntnis** nach überzeugender Ansicht jedenfalls bei anwaltlich vertretenen Parteien nur auf die dem Verfahrensfehler zugrunde liegenden Tatsachen, nicht aber auf die rechtliche Bewertung beziehen.[40] Der Verlust des Rügerechts ist endgültig und das Rügerecht lebt grundsätzlich auch im Rahmen des Vollstreckungs- oder Aufhebungsverfahrens nicht mehr auf.[41]

33 **3. Ad-hoc- und institutionelle Schiedsverfahren.** Schiedsverfahren lassen sich abhängig von dem Grad der Selbstgestaltung in ad-hoc- und institutionelle Schiedsverfahren unterteilen.

34 **a) Ad-hoc-Schiedsverfahren.** Ad-hoc-Schiedsgerichte werden für einen individuellen Streitfall **ohne Rückgriff auf eine Schiedsorganisation** konstituiert (sog. Gelegenheitsschiedsgerichte).[42] Sie bilden gesetzessystematisch die Grundform des Schiedsverfahrens.[43] Das Schiedsgericht wird entsprechend der Parteivereinbarung oder nach dem dispositiven Gesetzesrecht gebildet. Sämtliche verfahrensbezogenen Fragen werden – vorbehaltlich der zwingenden Regelungen des Schiedsortes – durch **Parteivereinbarung** oder durch die Bezugnahme auf eine **schiedsrichterliche Verfahrensordnung** geregelt. In Ermangelung einer Parteivereinbarung werden die Verfahrensregeln von dem Schiedsgericht nach freiem Ermessen bestimmt (§ 1042 Abs. 4 S. 1 ZPO). Mit Blick auf die anwendbaren Verfahrensvorschriften vereinbaren die Parteien im Rahmen der ad-hoc-Schiedsgerichtsbarkeit häufig

---

[36] BGH NJW 1986, 3077 (3078); Salger/Trittmann/von Schlabrendorff Int. Schiedsverfahren § 2 Rn. 2.

[37] Zur Unparteilichkeit deutscher Richter siehe BVerfGE 21, 139 (145 f.); Lachmann, Handbuch für die Schiedsgerichtspraxis, Rn. 199 ff.

[38] Stein/Jonas/Schlosser ZPO § 1027 Rn. 3.

[39] Wieczorek/Schütze/Schütze ZPO § 1027 Rn. 12; Anders/Gehle/Anders ZPO § 1027 Rn. 5; Böckstiegel/Kröll/Nacimiento/Wagner, Arbitration in Germany, § 1027 Rn. 9.

[40] Saenger/Saenger ZPO § 1027 Rn. 3; Musielak/Voit/Voit ZPO § 1027 Rn. 4.

[41] Salger/Trittmann/Poseck Int. Schiedsverfahren § 22 Rn. 36, 40; Schwab/Walter, Schiedsgerichtsbarkeit, Kap. 16 Rn. 28.

[42] Salger/Trittmann/Trittmann/Salger/von Essen Int. Schiedsverfahren § 1 Rn. 17; Schwab/Walter, Schiedsgerichtsbarkeit, Kap. 1 Rn. 10; MüKoZPO/Münch Vor § 1025 Rn. 25.

[43] Wachter/Trittmann/Schroeder, Praxis des Handels- und Gesellschaftsrechts, Kap. 13 Rn. 17; MüKoZPO/Münch vor § 1025 Rn. 25.

die Anwendung der UNCITRAL Arbitration Rules[44] oder subsidiär gesetzlicher Vorschriften (zB in Deutschland das zehnte Buch der ZPO).[45] Vorbehaltlich einer abweichenden Vereinbarung der Parteien gelten bei einem Schiedsverfahren mit Schiedsort in Deutschland (§ 1043 ZPO) ergänzend zur Schiedsordnung die (verbindlichen) Regeln des Zehnten Buches der ZPO (§ 1025 Abs. 1 ZPO). Das zehnte Buch der ZPO fußt maßgeblich auf dem UNCITRAL Model Law on International Commercial Arbitration **(UN-CITRAL-Modellgesetz).**[46] Die erste Fassung des UNCITRAL-Modellgesetzes stammt aus dem Jahr 1985 und verfolgte das Ziel, Staaten eine Vorlage für die Überarbeitung ihrer nationalen Schiedsverfahrensgesetze zur Verfügung zu stellen. Da sich inzwischen eine Vielzahl nationaler Schiedsrechte an dem UNCITRAL-Modellgesetz orientiert hat, konnte das (im Jahr 2006 überarbeitete) UNCITRAL-Modellgesetz erheblich zu der globalen Rechtsvereinheitlichung im Bereich der Schiedsgerichtsbarkeit beitragen. Da jedoch viele nationale Schiedsrechte über das UNCITRAL-Modellgesetz hinausgehende Regelungen enthalten, ist eine vollständige Harmonisierung der nationalen Schiedsrechte nicht gegeben.[47]

b) Institutionelle Schiedsverfahren. In der Praxis werden zahlreiche Schiedsverfahren **35** unter Beteiligung einer Schiedsinstitution durchgeführt. Bei der Bestellung des Schiedsgerichts und der Verfahrensdurchführung sind die Parteien durch die **Schiedsordnung** der jeweiligen Schiedsinstitution beschränkt.[48] Die spezialisierten Schiedsinstitutionen übernehmen die **administrativen und logistischen Aufgaben** bei der Einleitung und Durchführung des Schiedsverfahrens.[49] Für diese Leistungen fallen **Gebühren** an. Die konkrete Ausgestaltung der Aufgabenbereiche und Gebühren richtet sich dabei nach den Regeln der jeweiligen Institution. Häufig werden die Beteiligten des Rechtsstreits durch die Bereitstellung von **Musterschiedsklauseln** und **Verfahrensvorschriften** sowie von **Räumlichkeiten und Personal** unterstützt. Ferner bieten die Institutionen regelmäßig Beratung bei der Auswahl der Schiedsrichter an und werden im Verfahren unterstützend tätig.[50] Die Rechtsbeziehung zwischen den Parteien und der Schiedsorganisation wird dabei durch einen von dem Schiedsrichtervertrag (§ 1035 Abs. 2 ZPO) zu trennenden Vertrag geregelt (sog. **Schiedsorganisationsvertrag).**[51]

Der in der Praxis oftmals ausschlaggebende Vorteil der institutionellen Schiedsgerichts- **36** barkeit liegt in der Bereitstellung einer vorgefertigten, erprobten und regelmäßig den letzten Entwicklungen angepassten Verfahrensordnung.[52] Diese ermöglicht einen strukturierten und für die Parteien vorhersehbaren Ablauf des Schiedsverfahrens. Auch institutionelle Schiedsverfahren enthalten allerdings noch viel Spielraum für eine Anpassung des Verfahrens an die individuellen Vorstellungen der Parteien.

4. Nationale und internationale Schiedsverfahren. In der Schiedsgerichtsbarkeit **37** wird häufig zwischen nationalen und internationalen Schiedsverfahren unterschieden. Insgesamt lassen sich in diesem Zusammenhang drei **verschiedene Ansätze** identifizieren, die in unterschiedlichen Rechtsordnungen zur Differenzierung zwischen nationalen und internationalen Schiedsverfahren eingesetzt werden.

---

[44] Abrufbar unter: https://uncitral.un.org/sites/uncitral.un.org/files/media-documents/uncitral/en/21-07996_expedited-arbitration-e-ebook.pdf.

[45] Vgl. Lörcher/Lörcher, Organisation eines Ad-hoc-Schiedsverfahrens, SchiedsVZ 2005, 179 (180).

[46] Wichtige Ergänzungen wurden beispielsweise im Hinblick auf Benennung und Ablehnung der Schiedsrichter, Sachverhaltsermittlung, Vertraulichkeit, Haftung und Kosten vorgenommen.

[47] Vgl. Stein/Jonas/Schlosser ZPO vor § 1025 Rn. 2; vgl. auch Böckstiegel/Kröll/Nacimiento, Arbitration in Germany, General Overview Rn. 3 f.

[48] Schütze/Schütze, Institutionelle Schiedsgerichtsbarkeit, Kap. 1 Rn. 1.

[49] Salger/Trittmann/Trittmann/Salger/von Essen Int. Schiedsverfahren § 1 Rn. 18; Schwab/Walter, Schiedsgerichtsbarkeit, Kap. 1 Rn. 10.

[50] Vgl. Schütze/Schütze, Institutionelle Schiedsgerichtsbarkeit, Kap. 1 Rn. 1 ff.

[51] MüKoZPO/Münch vor § 1034 Rn. 77 ff.

[52] Wachter/Trittmann/Schroeder, Praxis des Handels- und Gesellschaftsrechts, 13. Kap. Rn. 20; vgl. Schütze/Thümmel/Schütze, Schiedsgericht und Schiedsverfahren, § 1 Rn. 4 f.

38   Zunächst kann eine Unterscheidung der Schiedsverfahren nach dem jeweiligen **Streitgegenstand** vorgenommen werden. Dieser Ansatz wird beispielsweise im französischen Recht verfolgt. Danach liegt ein internationales Schiedsverfahren vor, wenn und soweit Interessen des internationalen Handels betroffen sind (vgl. Art. 1504 NCPC).[53]

39   Ferner kann – wie beispielsweise im schweizerischen Recht – eine Unterscheidung der Schiedsverfahren hinsichtlich der **Herkunft der Parteien** getroffen werden. Soweit mindestens eine Partei bei Abschluss der Schiedsvereinbarung ihren Sitz oder gewöhnlichen Aufenthalt in einem anderen Staat hat, handelt es sich demnach um ein internationales Schiedsverfahren (vgl. Art. 176 IPRG).[54]

40   Schließlich kann eine Unterscheidung nach dem **Ort des Schiedsverfahrens** vorgenommen werden. Dieses sog. **Territorialprinzip** ist beispielsweise im deutschen Recht verankert.[55] Danach ist das Zehnte Buch der ZPO anwendbar, wenn der Schiedsort im Inland belegen ist (vgl. § 1025 Abs. 1 ZPO).[56]

41   **5. Vor- und Nachteile von internationalen Schiedsverfahren.** Die Vor- und Nachteile der Schiedsgerichtsbarkeit sind seit jeher Gegenstand ausführlicher Diskussionen.[57]

42   **a) Sachkunde der Schiedsrichter.** Ein oftmals betonter Vorteil der Schiedsgerichtsbarkeit liegt in der Möglichkeit der Parteien, die Schiedsrichter nach **sachlichen Kriterien (Qualifikation, Reputation und Erfahrung etc)** im Hinblick auf den konkreten Streitgegenstand auswählen zu können.[58] Richter in staatlichen Gerichtsverfahren verfügen oftmals nicht über die für eine konkrete Streitigkeit hilfreichen Fach- und Branchenkenntnisse, wodurch zB die zeit- und kostenintensive Bestellung von Sachverständigen erforderlich wird.[59] Aufgrund der Benennung von Spezialisten können die Parteien somit eigenverantwortlich und aktiv zur Sicherung der Qualität des Verfahrens und der Entscheidung sowie einer zügigen Verfahrensführung beitragen.[60] Gerade im Bereich des Vertriebsrechts ist eine Kenntnis der einschlägigen rechtlichen Vorschriften und ihrer Anwendung durch die Gerichte ebenso wie die Kenntnis des Industriesektors von erheblicher Bedeutung. Dies gilt umso mehr, wenn zB kartellrechtliche Fragen eine Rolle spielen.

43   **b) Gestaltungsfreiheit der Parteien.** Neben der Wahl der Schiedsrichter haben die Parteien die Möglichkeit, die Anwendbarkeit einer bestimmten Verfahrensordnung, die Verhandlungssprache, den Verhandlungsort sowie weitere Einzelheiten des Verfahrensablaufs festzulegen. Die Parteien verfügen somit über **ausgeprägte Einflussmöglichkeiten,** um das Schiedsverfahren ihren **individuellen Interessen und Bedürfnissen an-**

---

[53] Lew/Mistelis/Kröll, Comparative International Commercial Arbitration, Rn. 4–29 ff.

[54] Lew/Mistelis/Kröll, Comparative International Commercial Arbitration, Rn. 4–34 f.

[55] Vgl. Stein/Jonas/Schlosser ZPO § 1025 Rn. 2.

[56] Vgl. Wieczorek/Schütze/Schütze ZPO § 1025 Rn. 2; Lew/Mistelis/Kröll, Comparative International Commercial Arbitration, Rn. 4–46 ff.

[57] Siehe nur Salger/Trittmann/Trittmann/Salger/von Essen Int. Schiedsverfahren § 1 Rn. 6 ff.; Henn, Schiedsverfahrensrecht, Rn. 12 ff.; Schütze/Tscherning/Wais/Schütze, Handbuch des Schiedsverfahrens, Rn. 1 ff.; Schwab/Walter, Schiedsgerichtsbarkeit, Kap. 1 Rn. 8 f.; Lionnet/Lionnet, Handbuch der internationalen und nationalen Schiedsgerichtsbarkeit, S. 76 ff.; vgl. allgemein zu Verbesserungsmöglichkeiten und Innovationen in der Schiedsgerichtsbarkeit Friedland/Mistelis, 2015 International Arbitration Survey: Improvements and Innovations in International Arbitration, S. 2 ff. (abrufbar unter http://www.arbitration.qmul.ac.uk/research/2015/).

[58] Schwab/Walter, Schiedsgerichtsbarkeit, Kap. 1 Rn. 8; Salger/Trittmann/Trittmann/Salger/von Essen Int. Schiedsverfahren § 1 Rn. 10, 12; MüKoZPO/Münch Vor § 1025 Rn. 119; Jagenburg FS Oppenhoff, 1985, 147 (161).

[59] Salger/Trittmann/Trittmann/Salger/von Essen Int. Schiedsverfahren § 1 Rn. 12; MüKoZPO/Münch Vor § 1025 Rn. 119; Ochmann, Das schiedsrichterliche Verfahren unter Berücksichtigung der gewerblichen Schutzrechte und seine Vor- und Nachteile gegenüber dem staatlichen Gerichtsverfahren, GRUR 1993, 255 (258); Stumpf FS Bülow, 1981, 217 (221 f.).

[60] Trittmann/Schroeder SchiedsVZ 2005, 71 ff.

zupassen.[61] Treffen die Parteien hierzu keine Regelungen, ist das Schiedsgericht berufen, das Verfahren zu gestalten und dabei die Vorstellungen der Parteien zu berücksichtigen. Insbesondere im Rahmen internationaler Vertragsbeziehungen ist das Schiedsverfahren aufgrund der privatautonomen Gestaltungsfreiheit eine weit verbreitete Streitbeilegungsmethode.[62] Aber auch in rein nationalen vertriebsrechtlichen Streitigkeiten wird von den Parteien häufig die Durchführung eines Schiedsverfahrens vereinbart, um bestimmte Nachteile eines staatlichen Zivilprozesses (beispielsweise die Gerichtsöffentlichkeit, aber auch eventuell fehlende Branchenkenntnisse und die Notwendigkeit von Übersetzungen in die (deutsche) Gerichtssprache) zu vermeiden. Einzige Grenze der Gestaltungsfreiheit sind die zwingenden Vorschriften am Schiedsort (vgl. § 1042 Abs. 3 ZPO).

c) Möglichkeit eines neutralen Forums. In internationalen Streitigkeiten kann es aus **44** Sicht der Parteien ferner von Bedeutung sein, einen möglichen „Heimvorteil" der jeweils anderen Partei (sog. home town justice)[63] zu verhindern und ein **neutrales Forum zu sichern.** Um die nach dem Sitzprinzip des internationalen Zivilprozessrechts regelmäßig gegebene Zuständigkeit der staatlichen Gerichte am Sitz der beklagten Partei auszuschließen,[64] kann die Vereinbarung der Zuständigkeit eines Schiedsgerichts mit Sitz in einem neutralen Drittstaat daher einen sinnvollen Kompromiss darstellen.

d) Nichtöffentlichkeit des Schiedsverfahrens. Ein in der Praxis häufig hoch bewer- **45** teter Vorteil der Schiedsgerichtsbarkeit ist die Nichtöffentlichkeit des Verfahrens liegen. Lediglich die Parteien und ihre anwaltlichen Vertreter sind – vorbehaltlich abweichender Parteivereinbarungen – zur Anwesenheit im Rahmen der mündlichen Verhandlungen berechtigt (sog. **Grundsatz der Parteiöffentlichkeit**).[65] Anders als staatliche (Zivil-)Verfahren, für die der Grundsatz der Verfahrensöffentlichkeit gilt (§ 169 S. 1 GVG), können Schiedsverfahren somit zur vertraulichen Behandlung von Details der Vertragsbeziehung oder Geschäftsgeheimnissen beitragen.[66] Der Schutz von Geschäftsinterna wird des Weiteren dadurch gefördert, dass Schiedssprüche lediglich mit Zustimmung der Parteien veröffentlicht werden können (vgl. zB Art. 44.3 S. 2 DIS-SchO).[67]

Ob neben der Nichtöffentlichkeit der Schiedsverhandlung weitere Geheimhaltungs- **46** pflichten der Parteien bestehen, ist sowohl im Grundsatz als auch in der Reichweite inhaltlich umstritten.[68] So steht eine etwaige Vertraulichkeitspflicht regelmäßig im Spannungsverhältnis zu **gesetzlichen oder vertraglichen Offenlegungspflichten** (zB Bilanzierungspflichten). Der Abschluss einer Schiedsvereinbarung begründet nach herrschender Auffassung für sich allein genommen jedenfalls noch keine Vertraulichkeits-

---

[61] Salger/Trittmann/Trittmann/Salger/von Essen Int. Schiedsverfahren § 1 Rn. 6 ff.; Ochmann, Das schiedsrichterliche Verfahren unter Berücksichtigung der gewerblichen Schutzrechte und seine Vor- und Nachteile gegenüber dem staatlichen Gerichtsverfahren, GRUR 1993, 255 (258); Stumpf FS Bülow, 1981, 217 (222 f.); MüKoZPO/Münch Vor § 1025 Rn. 128.

[62] Vgl. Schmidt-Diemitz DB 1999, 369; Salger/Trittmann/Trittmann/Salger/von Essen Int. Schiedsverfahren § 1 Rn. 1 f.

[63] Vgl. Craig/Park/Paulsson, International Chamber of Commerce Arbitration, S. 10; Salger/Trittmann/Trittmann/Salger/von Essen Int. Schiedsverfahren § 1 Rn. 10.

[64] Vgl. zB Art. 2 EuGVVO, Saenger/Dörner ZPO EuGVVO Art. 2 Rn. 12; Lachmann, Handbuch für die Schiedsgerichtsbarkeit, Rn. 140.

[65] MüKoZPO/Münch Vor § 1025 Rn. 122; Salger/Trittmann/Trittmann/Salger/von Essen Int. Schiedsverfahren § 1 Rn. 13 f.

[66] Schwab/Walter, Schiedsgerichtsbarkeit, Kap. 1 Rn. 8; MüKoZPO/Münch Vor § 1025 Rn. 122; Leisinger, Vertraulichkeit in internationalen Schiedsverfahren, Diss. Heidelberg, S. 37 ff.

[67] MüKoZPO/Münch Vor § 1025 Rn. 127, der zutreffend darauf hinweist, dass selbst anonymisiert veröffentlichte Entscheidungen in der Regel für Insider identifizierbar bleiben. Als Ausnahme zu dem genannten Grundsatz sind die Vienna Rules zu erwähnen. Hiernach ist das Präsidium nach Art. 30 Vienna Rules 2013 grds. berechtigt, einen Schiedsspruch in anonymisierter Form zu veröffentlichen, soweit die Parteien nicht innerhalb von 30 Tagen widersprechen (sog. opt out).

[68] Siehe dazu Wachter/Trittmann/Schroeder, Praxis des Handels- und Gesellschaftsrechts, 13. Kap. Rn. 89 ff. sowie eingehend Leisinger, Vertraulichkeit in internationalen Schiedsverfahren, Diss. Heidelberg, S. 129 ff.

pflicht.[69] Unabhängig von etwaigen Geheimhaltungspflichten dürften aber sowohl die Schiedsrichter – ebenso wie staatliche Richter – als auch mit dem Streitstoff vertraut gemachte Sachverständige zur Verschwiegenheit verpflichtet sein.[70]

47   **e) Fehlende Einbeziehungsmöglichkeit für Dritte.** Die Einbeziehung Dritter[71] in einen Rechtsstreit kann häufig sinnvoll sein (zB zur Vermeidung widersprüchlicher Entscheidungen durch unterschiedliche Gerichte). Anders als in staatlichen Gerichtsverfahren stellt sich die Streitverkündung im Schiedsverfahren häufig als problematisch dar.[72] Da die Einbeziehung Dritter eine **Änderung der Schiedsvereinbarung** bedeutet, ist sie grundsätzlich nur mit Zustimmung der Parteien und des Dritten möglich.[73] Eine etwaig erforderliche Einbeziehung Dritter sollte daher bereits im Stadium der Abfassung der Schiedsklausel Beachtung finden.[74] Soweit Dritte Unterzeichner der Schiedsklausel sind, können diese ggf. im Rahmen von Mehrparteienvorschriften nachträglich in ein Schiedsverfahren einbezogen werden. Insbesondere die ICC-SchO enthält hierzu ausdrücklich Vorschriften (Art. 7–10 ICC-SchO).

48   Soweit eine gegebenenfalls vereinbarte Schiedsordnung keine gesonderten Vorschriften vorsieht, ist eine Streitverkündung oder anderweitige Einbeziehung außerhalb der Schiedsvereinbarung stehender Dritter nicht ohne Weiteres möglich.[75]

49   **f) Vollstreckbarkeit.** Für die Beteiligten eines Rechtsstreits stellen sich aus praktischer Sicht zudem Fragen der Vollstreckbarkeit der erwarteten Entscheidung. In diesem Zusammenhang ist zu beachten, dass sich die **internationale Vollstreckung staatlicher Gerichtsurteile** – soweit keine vorrangigen internationalen oder supranationalen Rechtsakte existieren – inter alia nach dem Grundsatz der Reziprozität richtet. Danach sind staatliche Gerichtsurteile in einem ausländischen Staat lediglich dann vollstreckbar, wenn im umgekehrten Fall ebenfalls eine Vollstreckung möglich wäre (vgl. § 328 Abs. 1 Nr. 5 ZPO). Ob eine Gerichtsentscheidung letztlich vollstreckbar ist, kann daher bei Eingehung einer Vertragsbeziehung nicht immer mit Gewissheit vorausgesehen werden.[76]

50   Hingegen richtet sich die Anerkennung und Vollstreckung von Schiedssprüchen nach den einheitlichen Maßstäben des **New Yorker Übereinkommen über die Anerkennung und Vollstreckung von Schiedssprüchen vom 10.6.1958 (NYÜ)** (§ 1061 ZPO). Aufgrund des begrenzten Katalogs der im NYÜ normierten Vollstreckungshindernisse und der Tatsache, dass dem NYÜ derzeit **156 Staaten** angehören,[77] bietet ein Schiedsverfahren den Parteien hinsichtlich der Durchsetzung der Entscheidung ein vergleichsweise hohes Maß an Vorhersehbarkeit und Rechtssicherheit.[78] Im Ergebnis ist die Vollstreckung eines Schiedsspruchs von Schiedsgerichten mit Sitz in einem Mitgliedsstaat

---

[69] Lachmann, Handbuch für die Schiedsgerichtsbarkeit, Rn. 146; Wachter/Trittmann/Schroeder, Praxis des Handels- und Gesellschaftsrechts, 13. Kap. Rn. 89 ff., kritisch Leisinger, Vertraulichkeit in internationalen Schiedsverfahren, Diss. Heidelberg, S. 143 ff. vgl. ferner Sawang, Geheimhaltung und rechtliches Gehör im Schiedsverfahren nach deutschem Recht, Diss., Marburg, 2009, S. 244 ff.

[70] Lachmann, Handbuch für die Schiedsgerichtsbarkeit, Rn. 145; Salger/Trittmann/Salger Int. Schiedsverfahren § 3 Rn. 133.

[71] Zum Begriff des Dritten bzw. Non-Signatories und der in diesem Zusammenhang bisweilen vertretenen group of companies doctrine vgl. Born, International Commercial Arbitration, S. 1515 ff.

[72] Stretz, Die Streitverkündung im staatlichen Gerichtsverfahren und ihre Interventionswirkung im anschließenden Schiedsverfahren, SchiedsVZ 2013, 193 (194); Keilmann/Müller, Beteiligung am Schiedsverfahren wider Willen?, SchiedsVZ 2007, 113 (119); Elsing, Streitverkündung und Schiedsverfahren, SchiedsVZ 2004, 88 (90).

[73] Büchting/Heussen/Kreindler/Rust BeckRAHdB § 7 Rn. 45.

[74] Vgl. Salger/Trittmann/Salger Int. Schiedsverfahren § 9 Rn. 60 ff.

[75] Hierzu im Einzelnen → Rn. 189 ff.

[76] Vgl. Anders/Gehle/Schmidt ZPO § 328 Rn. 34.

[77] Eine aktuelle Liste der Vertragsstaaten ist online abrufbar unter: http://www.newyorkconvention.org/countries.

[78] Vgl. dazu auch Trittmann FS Goethe-Universität, 2014, 605 (606).

des NYÜ daher in der Regel wesentlich einfacher als die Vollstreckung eines gerichtlichen Urteils aus demselben Staat.[79] In der Praxis kann die Erlangung eines vollstreckbaren Titels aufgrund von Aufhebungs- und Vollstreckbarerklärungsverfahren allerdings durchaus erheblich verzögert werden.

g) Verfahrensdauer. Das Schiedsgericht erlässt im Grundsatz eine Entscheidung, die **51** zwischen den Parteien endgültig und bindend ist. Anders als vor staatlichen Gerichten fehlt in der Regel ein Instanzenzug.[80] Das Verfahren kann aufgrund des **fehlenden Instanzenzugs grundsätzlich schneller** zu einem rechtskräftigen Abschluss gebracht werden. Es ist daher nicht verwunderlich, dass viele Unternehmen die Verfahrensdauer als einen entscheidenden Vorteil der Schiedsgerichtsbarkeit ansehen. Allerdings werden die zeitlichen Vorteile des Schiedsverfahrens in der Praxis oftmals durch die **tatsächliche und rechtliche Komplexität** des Rechtsstreits sowie die wegen der grundsätzlich konsensualen Natur des Schiedsverfahrens bestehenden Verzögerungs- und Blockademöglichkeiten der Parteien (zB im Rahmen der Bestellung der Schiedsrichter), relativiert.[81]

Zudem kann das **Fehlen von Zwangsbefugnissen** des Schiedsgerichts zur Verfahrens- **52** verzögerung beitragen. Zwar nehmen Schiedsgerichte materielle Rechtsprechungsaufgaben wahr und können Maßnahmen im einstweiligen Rechtsschutz anordnen.[82] Schiedsgerichte verfügen aber regelmäßig nicht über Mittel zur zwangsweisen Durchsetzung ihrer Anordnung. Vor diesem Hintergrund sind Schiedsgerichte auf die **Unterstützung der staatlichen Justiz- und Vollstreckungsbehörden** angewiesen.[83]

Im Übrigen kann es von der unterlegenen Partei als Nachteil empfunden werden, dass **53** eine **Überprüfung des Schiedsspruchs nur in begrenztem Umfang** stattfindet. Inhaltlich beschränkt sich die Überprüfung des Schiedsspruchs im Rahmen des Aufhebungs- und Vollstreckbarerklärungsverfahrens lediglich auf die Prüfung, ob (abschließend aufgeführte) elementare materiell- oder verfahrensrechtliche Vorschriften desjenigen Staates verletzt wurden, in dem die Aufhebung oder Vollstreckbarerklärung begehrt wird. Eine erneute Tatsachenfeststellungen oder grundsätzliche Überprüfung der Rechtsanwendung findet hingegen nicht statt (sog. **Verbot der révision au fond**).[84]

h) Kosten. Als Vorteil der Schiedsgerichtsbarkeit werden in der Literatur schließlich **54** oftmals die geringeren Verfahrenskosten genannt. Dieser Punkt erfordert eine **differenzierte Betrachtung:** Der fehlende Instanzenzug führt bei hohen Streitwerten tatsächlich dazu, dass Kostenersparnisse erzielt werden können.[85] Allerdings können sich auch an Schiedsverfahren weitere Rechtsstreitigkeiten anschließen (zB Aufhebungsverfahren oder Widersetzung der Anerkennung und Vollstreckung).[86] Zudem tragen die Parteien eines Schiedsverfahrens neben etwaigen Bearbeitungsgebühren der Schiedsinstitutionen – anders als im staatlichen Zivilprozess – auch die Honorarkosten und Auslagen der Schiedsrichter. Schiedsverfahren mit geringen oder mittleren Streitwerten weisen hin-

---

[79] Born, International Commercial Arbitration, S. 5; Craig/Park/Paulsson/Reismann, International Commercial Arbitration, S. 1215 ff.; Raeschke-Kessler/Berger, Recht und Praxis des Schiedsverfahrens, Rn. 55 f.; Salger/Trittmann/Trittmann/Salger/von Essen Int. Schiedsverfahren § 1 Rn. 4, 43 f.
[80] Schwab/Walter, Schiedsgerichtsbarkeit, Kap. 1 Rn. 8; allerdings sind englische Gerichte im Gegensatz zu den Gerichten anderer Rechtsordnungen befugt, den Schiedsspruch zumindest eingeschränkt auf materielle Rechtsfehler zu untersuchen, vgl. Section 69 English Arbitration Act 1996, diese Vorschrift ist jedoch disponibel und soll beispielsweise schon durch die Vereinbarung einer Schiedsordnung grds. ausgeschlossen sein, vgl. Weigand, Das neue englische Schiedsverfahrensrecht, RIW 1997, 904 (910).
[81] Vgl. Lachmann, Handbuch für die Schiedsgerichtsbarkeit, Rn. 156, der das schiedsrichterliche Verfahren in einem Vergleich mit der Dauer des staatlichen Prozesses erster Instanz als „chancenlos" bezeichnet.
[82] → Rn. 382 ff.
[83] Vgl. § 1050 S. 1 ZPO.
[84] Lachmann, Handbuch für die Schiedsgerichtsbarkeit, Rn. 2147.
[85] Siehe den Kostenvergleich bei Lachmann, Handbuch für die Schiedsgerichtsbarkeit, Rn. 163; vgl. Schwab/Walter, Schiedsgerichtsbarkeit, Kap. 1 Rn. 8.
[86] → Rn. 411 ff.

sichtlich der Verfahrenskosten daher selten Vorteile gegenüber staatlichen Zivilverfahren auf.[87]

55   Die Schiedsgerichtsbarkeit als Streitbeilegungsmethode kann demnach eine Vielzahl von Vor-, aber auch Nachteilen mit sich bringen. Letztlich bedarf die Entscheidung für eine bestimmte Streitbeilegungsmethode in jedem Einzelfall einer sorgfältigen Abwägung der konkret verfolgten Interessen.

56   **6. Tendenzen des internationalen Schiedsverfahrens.** Die Globalisierung der Weltwirtschaft hat auch Auswirkungen auf die Ausgestaltung und Anzahl internationaler Schiedsverfahren. So ist die Anzahl der Schiedsverfahren im Bereich der internationalen Handelsschiedsgerichtsbarkeit über die letzten Jahre sowohl kontinuierlich als auch zahlenmäßig gestiegen.[88] Dies gilt auch für den Bereich des Vertriebsrechts. Nach statistischen Angaben des VIAC (Vienna International Arbitral Center) hatten im Jahr 2016 ca. 12 % der Schiedsverfahren vertriebsrechtliche Fragen zum Gegenstand.[89] Grund für diese stetige Zunahme ist der Umstand, dass nicht nur Großunternehmen, sondern auch der Mittelstand weltweit unternehmerisch aktiv sind. Dies gilt insbesondere für die deutsche, besonders exportorientierte Wirtschaft, die diese Waren meist über Vertriebsmittler vertreibt. Dabei ist zu berücksichtigen, dass der einheitliche Justizraum innerhalb des europäischen Binnenmarkts zwar immer weiter harmonisiert wird. Außerhalb der europäischen Grenzen stellen sich Rechtserlangung und Rechtsdurchsetzung jedoch häufig wesentlich problematischer dar. In vielen Ländern der Welt ist daher vor allem das Schiedsverfahren und dessen weitreichende Akzeptanz durch das NYÜ[90] als Mittel der Streitbeilegung zweckmäßig. Dies gründet zum einen in Zweifeln an Neutralität und Effektivität ausländischer Erkenntnisverfahren. Zum anderen ist die Vollstreckbarkeit von ausländischen Urteilen problematisch, da mangels Verbürgung der Gegenseitigkeit häufig die Vollstreckungsfähigkeit fehlt.

57   **a) Unterschiedliche Rechtskulturen und Prozesstraditionen in internationalen Schiedsverfahren.** Die Internationalisierung der Schiedsverfahren führt häufig zum Aufeinandertreffen von Parteien aus unterschiedlichen Rechtskulturen, zB einen deutschen Hersteller und einen Vertriebsmittler im Ausland (oder umgekehrt).[91] Entsprechend unterschiedlich können die Erwartungen an das Verfahren sein. Besonders deutlich fallen in diesem Zusammenhang die unterschiedlichen konzeptionellen Ansätze im Verfahrensrecht zwischen dem anglo-amerikanischen **(Common Law)** und dem kontinental-europäischen Rechtskreis **(Civil Law)** aus.

58   Es ist ein **Grundsatz des deutschen Zivilprozesses,** dass jede Seite die ihr günstigen Tatsachen mit bestimmten (Streng-)Beweismitteln beweisen muss. Dabei kann sich jede Partei grundsätzlich allein auf die Dokumente und Unterlagen stützen, auf die sie Zugriff hat. Umgekehrt besteht im Grundsatz **keine Pflicht, den Gegner bei der Sachverhaltsermittlung zu unterstützen** (dem Gegner „Waffen an die Hand zu geben").[92] Urkun-

---

[87] Vgl. Salger/Trittmann/Risse Int. Schiedsverfahren § 26 Rn. 21 f.; MüKoZPO/Münch Vor § 1025 Rn. 118. Zu den Kosten in internationalen Schiedsverfahren siehe Trittmann, Die Kostenerstattung im Schiedsverfahren – Gibt es einen nationalen/internationalen Standard, ZVglRWiss 114 (2015), 469 (473 ff.).

[88] Aufgrund der Nicht-Öffentlichkeit muss die Zahl der Verfahren geschätzt werden. Die Internationale Handelskammer (ICC) in Paris registrierte als eine der bedeutendsten Schiedsinstitutionen 2014 insgesamt 863 neue Verfahren, vgl. ICC Statistical Report 2014, veröffentlicht in ICC International Court of Arbitration Bulletin 2015, Issue 1.

[89] Abrufbar unter: https://www.viac.eu/de/ueber-uns/statistiken/2016.

[90] New Yorker Übereinkommen über die Anerkennung und Vollstreckung von Schiedssprüchen vom 10.6.1958.

[91] Weiterführend hierzu Elsing, Konflikte der Rechtskulturen bei der Beilegung internationaler Streitfälle, ZVglRWiss 2007, 123 ff.

[92] Vgl. J. Arens, Zur Aufklärungspflicht der nicht beweisbelasteten Partei im Zivilprozess, ZZP 96 (1983), 1 (4); Prütting, Gegenwartsprobleme der Beweislast, S. 137; Prütting, Discovery im deutschen Zivilprozess, AnwBl 2008, 153 (156); BGH NJW 1990, 3151 – Keine Partei ist gehalten, dem Gegner für seinen Prozesssieg Material zu beschaffen, über das er nicht bereits verfügt.

denvorlageanträge und Aufklärungspflichten bestehen nur in besonderen Fällen unter jeweils engen Voraussetzungen.[93] Auch die deutsche Rechtswirklichkeit macht von diesen Möglichkeiten nur zurückhaltend Gebrauch[94] und verbleibt bei dem als Grundsatz anerkannten **Verbot des Ausforschungsbeweises.**[95]

Im anglo-amerikanischen Recht sind Sachverhaltsermittlung und Beweiserhebung **59** grundlegend anders strukturiert **(Common Law).** Schon nach Klageerhebung ist in den USA zur Vorbereitung der mündlichen Verhandlung (pre-trial) im Rahmen der sog. **„pre-trial discovery"** eine umfassende Dokumentenvorlage vorgesehen. Hiernach haben die Parteien der Gegenseite umfangreich Beweismittel vorzulegen. Die Ausforschung gilt dabei nach dem US-amerikanischen Verständnis als Mittel zur Erforschung der Wahrheit. Discovery bzw. document disclosure sind daher im anglo-amerikanischen Rechtskreis generell akzeptiert.[96] Als Teile der discovery sind nach US-Bundesrecht unter anderem eine vorprozessuale eidliche Vernehmung von Parteien und Zeugen (depositions), Urkundenvorlageanträge, der schriftliche Austausch von Fragen und Antworten zu streitigen Themen (interrogatories) und die Aufforderung zur Abgabe eines schriftlichen Geständnisses (requests for admission of facts) möglich.[97] Die discovery wird dabei durch die Parteien mit nur minimaler gerichtlicher Involvierung durchgeführt.[98]

b) Konvergenz der Rechtskulturen und sog. hybride Verfahren. Die überwiegend **60** generalisierenden Verfahrensvorschriften in nationalen Schiedsrechten und institutionellen Schiedsordnungen, die dem Schiedsgericht ein weites Ermessen bei der Verfahrensausgestaltung einräumen, machen bei dem Aufeinandertreffen unterschiedlicher Rechtskulturen in internationalen Schiedsverfahren gewisse Kompromisse bzw. Harmonisierungen erforderlich.[99] Dies hat dazu geführt, dass sich sog. Best Practices herausgebildet haben, welche einen Mittelweg zwischen den unterschiedlichen Prozesstraditionen darstellen. Ziel dieser Best Practices ist es, die Schiedsgerichtsbarkeit „vorhersehbarer" zu machen und gleichzeitig die Vorteile einer flexiblen Verfahrensgestaltung beizubehalten. Die Best Practices sind als Soft Law verfasst und haben mithin keine unmittelbare rechtliche Wirkung, bilden aber gleichwohl häufig eine wesentliche Grundlage internationaler Schiedsverfahren. Sie vereinigen sowohl Elemente des Common Law als auch des Civil Law-Rechtskreises und können daher als „hybride" Verfahrenssysteme der internationalen Schiedsgerichtsbarkeit bezeichnet werden.[100]

Für den Bereich der Sachverhaltsermittlung in internationalen Schiedsverfahren hat bei- **61** spielsweise die International Bar Association **(IBA)**[101] Regeln zur Beweisaufnahme in der internationalen Schiedsgerichtsbarkeit (**IBA Rules on the Taking of Evidence Interna-**

---

[93] Zekoll/Bolt, Die Pflicht zur Vorlage von Urkunden im Zivilprozess – Amerikanische Verhältnisse in Deutschland, NJW 2002, 3129 (3131 ff., 3134); Siegmann, Die Beweisführung durch gegnerische Urkunden, AnwBl 2008, 160 f.

[94] Vgl. Stackmann, Richterliche Anordnungen versus Parteiherrschaft im Zivilprozess?, NJW 2007, 3521 und Prütting, Discovery im deutschen Zivilprozess, AnwBl 2008, 153; Becker, Die Pflicht zur Urkundenvorlage nach § 142 Abs. 1 ZPO und das Weigerungsrecht der Parteien, MDR 2008, 1309 ff.; speziell zu der Bedeutung im Schiedsverfahren Wirth SchiedsVZ 2003, 9 (11); Burianski, DIS-Conference: The Taking of Evidence in International Commercial Arbitration, SchiedsVZ 2010, 101 (102).

[95] Vgl. BT-Drs. 14/6036, 121: Keine Befugnis für das Gericht, unabhängig vom schlüssigen Vortrag einer Partei Urkunden anzufordern; siehe auch Zöller/Greger ZPO § 142 Rn. 2.

[96] Civil Procedure Rules (CPR), Rule 31.1–31.23; vgl. für einen Überblick der betreffenden US-amerikanischen und britischen Regelungen G. Kaufmann-Kohler/Bärtsch, Discovery in international arbitration – how much is too much, SchiedsVZ 2004, 13 (15 ff.).

[97] Federal Rules of Civil Procedure (FRCP), Art. 26–37; siehe auch Prütting AnwBl 2008, 153 (155).

[98] Born/Ruttledge, International Civil Litigation in United States Courts, S. 967.

[99] Vergleiche hierzu ausführlich Zuberbühler/Hofmann/Oetiker/Rohner, IBA Rules of Evidence, Rn. 6 ff.

[100] Trittmann FS Goethe-Universität, 2014, 605; vertiefend Voser SchiedsVZ 2003, 59 (65).

[101] Homepage: www.ibanet.org.

tional Arbitration, abgekürzt **IBA Rules**)[102] aufgestellt, die den heute in der internationalen Schiedsgerichtsbarkeit üblichen Standard reflektieren.[103] Dabei handelt es sich in den seltensten Fällen um eine Parteivereinbarung; vielmehr ziehen die Schiedsgerichte die IBA Rules im Rahmen ihres Verfahrensermessens als Leitfaden bzw. Guidelines heran.[104] Ziel der IBA Rules ist es nach deren Präambel, einen möglichst weltweit akzeptierten Standard für die Sachverhaltsermittlung bzw. die Beweisaufnahme zu schaffen.[105] Aus diesem Grund werden die IBA Rules auch als eine „Synthese von anglo-amerikanischem und kontinental-europäischen Rechtssystemen"[106] bezeichnet, durch welche ein eigenes globales „lex evidentia" der internationalen Schiedsgerichtbarkeit entstanden sei.[107] Als Alternative zu den IBA Rules wurden 2018 die Prague Rules on the Taking of Evidence **(Prague-Rules)** vorgestellt.[108] Während sich die IBA Rules einen hybriden Ansatz zwischen kontinentalem und anglo-amerikanischem Verfahrensmodell wählen, sollen die Prague Rules als Alternativmodell ein kontinental-europäisch geprägtes Regelwerk anbieten, das sich stärker auf den Inquisitorialgrundsatz stützt und versucht, die mit der Beweiserhebung verbundenen Kosten zu senken.[109]

62   Ferner werden mit den **IBA Guidelines on Conflicts of Interest in International Arbitration** weltweit anerkannte Grundsätze zu **Unparteilichkeit, Unabhängigkeit und Offenlegungspflichten von Schiedsrichtern** zusammengestellt. Dieses Rahmenwerk soll die Unparteilichkeit des internationalen Schiedsverfahrens gewährleisten. Die **IBA Guidelines on Party Representation in International Arbitration**[110] wiederum

[102] Abzurufen unter https://www.ibanet.org/MediaHandler?id=def0807b-9fec-43ef-b624-f2cb2af7cf7b. die aktuelle Fassung datiert von Dezember 2020, die erste Auflage stammt von 1999 – siehe zur überarbeiteten Version, Nettlau/O'Dell/Hackstein SchiedsVZ 2021, 315. Instruktiv zur Entstehungsgeschichte: Sachs SchiedsVZ 2003, 193 (196 f.); Zur Verwendung der IBA Rules in Schiedsverfahren vgl. Born, International Commercial Arbitration, S. 2375 ff.; Kaufmann-Kohler/Bärtsch SchiedsVZ 2004, 13 (18). Zur Überarbeitung der IBA Rules vgl. Kläsener/Dolgorukow, Die Überarbeitung der IBA-Regeln zur Beweisaufnahme in der internationalen Schiedsgerichtsbarkeit, SchiedsVZ 2010, 302 (303); Kneisel/Lecking, Verteidigungsstrategien gegen die Anordnung der Document-Production – insbesondere nach den IBA-Regeln zur Beweisaufnahme in der internationalen Schiedsgerichtsbarkeit, SchiedsVZ 2013, 150 ff.; Kühner, The Revised IBA Rules on the Taking of Evidence in International Arbitration, 27 Journal of International Arbitration 667 (2010); Wiebecke, The Procedure leading up to the Hearing: Memorials and written statements of witnesses and experts – Summary of the typical elements and procedural steps prior to the hearing under civil law, SchiedsVZ 2011, 123 (125).

[103] Paulus/Dethloff/Giegerich/Schwenzer/Krieger/Ziegkler/Talmon/Schack/Schwenzer, Internationales, nationales und privates Recht: Hybridisierung der Rechtsordnungen?, 2014, 188, 200 f.

[104] Siehe hierzu Trittmann FS Elsing, 2015, 571 (572) unter Hinweis auf Friedland/Brekoulakis, 2012 International Arbitration Survey: Current and Preferred Practices in International Arbitration, S. 6, 14 (abrufbar unter https://arbitration.qmul.ac.uk/media/arbitration/docs/2012_International_Arbitration_Survey.pdf) wonach nur in 7 % der Fälle eine bindende Vereinbarung vorlag, aber in 53 % der Fälle Schiedsgerichte ohne besondere Parteivereinbarung die IBA Rules herangezogen haben, siehe zu diesem Befund auch schon Sachs SchiedsVZ 2003, 193 (196).

[105] Die IBA Rules regeln beispielsweise das Verfahren zur Vorlage von Dokumenten in Art. 3, die Einvernahme von Zeugen in Art. 4, die Vernehmung von parteibenannten Sachverständigen in Art. 5, Vernehmung von vom Schiedsgericht benannten Sachverständigen in Art. 6, Art. 7 behandelt die Augenscheinsnahme, während Art. 8 die eigentliche Durchführung der Beweisaufnahme und Art. 9 die Frage der Zulässigkeit von Beweisanträgen und der Beweiswürdigung regeln.

[106] Kühner 27 Journal of International Arbitration 27, 36 (2010); Sachs SchiedsVZ 2003, 194 (196); vgl. aber Shore SchiedsVZ 2004, 76 ff., der die IBA Rules mit den Worten zusammenfasst: „....constitute a misguided combination of various aspects of different traditions".

[107] Zuberbühler/Hofmann/Oetiker/Rohner, IBA Rules, Preamble Rn. 8 ff.; vgl. auch Varga, Beweiserhebung in transatlantischen Schiedsverfahren, Diss. Saarbrücken 2006, 41 unter Bezugnahme auf Sachs SchiedsVZ 2003, 193 (198): „lex mercatoria processualis"; zur kontinental-europäischen Alternative, den Prague Rules on Taking of Evidence, siehe Salger/Trittmann/Trittmann Int. Schiedsverfahren § 10 Rn. 24 ff.

[108] http://arbitrations.ru/en/arbitration-association/working-groups/the-prague-rules-on-the-taking-of-evidence/; https://praguerules.com/prague_rules/.

[109] hierzu eingehend Trittmann FS Thümmel, 2020, 913 ff.; Salger/Trittmann/Trittmann Int. Schiedsverfahren § 10 Rn. 25 f.

[110] Online abrufbar unter: https://www.ibanet.org/MediaHandler?id=6F0C57D7-E7A0-43AF-B76E-714D9FE74D7F.

spiegeln allgemein anerkannte Grundprinzipien für Verhaltensregeln der Parteivertretung und der Kommunikation mit dem Schiedsgericht in internationalen Schiedsverfahren wieder. Danach sollen die Parteivertreter unnötige Verfahrensverzögerungen und Kosten vermeiden, um einen zügigen Abschluss des Schiedsverfahrens zu gewährleisten.[111] Hierdurch wird in erster Linie bezweckt, sog. Guerilla-Verhaltensweisen[112] zu verhinden.

Neben den IBA Rules und Guidelines haben sich zudem zahlreiche Praxisratschläge **63** entwickelt, welche ebenfalls zur Harmonisierung internationaler Schiedsverfahren beitragen (beispielsweise die **UNCITRAL Notes on Organizing Arbitral Proceedings,** der **ICC-Report Controlling Time and Cost in International Arbitration,** die **ICC Notes on the Conduct of the Arbitration,** im Zuge der COVID-19 Pandemie die **ICC Notes on Measures Aimed at Mitigating the Effects of the COVID-19 Pandemic** mit einer ergänzenden **ICC Checklist for a Protocol on Virtual Hearings, das Seoul Protocol on Video Conferencing in International Arbitration** und der **DIS Leitfaden zur Informationstechnologie in Schiedsverfahren**).[113]

Die als Soft Law ausgestalteten „Kompromisslösungen" zwischen Common Law und **64** Civil Law-Rechtstraditionen können durch Parteivereinbarung im Schiedsverfahren unmittelbar zur Anwendung gebracht werden. Aber auch ohne ausdrückliche Parteiabrede werden die IBA Rules sowie anderes Soft Law in der Praxis oftmals als Orientierungshilfe herangezogen, da sie den in dem Bereich der internationalen Schiedsgerichtsbarkeit üblichen Standard reflektieren.[114] Das Soft Law fördert mithin durch die Bereitstellung hybrider Systeme die Harmonisierung und Vorhersehbarkeit des Schiedsverfahrens. Gleichzeitig wird jedoch die für das Schiedsverfahrensrecht wichtige Flexibilität aufrechterhalten. Die Existenz hybrider Systeme ist somit grundsätzlich begrüßenswert.[115]

II. Internationale Schiedsordnungen

In vielen Fällen vereinbaren die Parteien schon im Rahmen der Schiedsklausel die **65** Anwendung der Regeln einer bestimmten Schiedsinstitution. Aufgrund der weitreichenden Disponibilität der gesetzlichen Schiedsverfahrensvorschriften haben die Vorgaben der jeweiligen Schiedsinstitution eine **große praktische Bedeutung.** In Deutschland ist die führende Organisation die **Deutsche Institution für Schiedsgerichtsbarkeit eV (DIS).** In internationalen Verfahren wird häufig die Zuständigkeit eines Schiedsgerichts nach den Regeln der **International Chamber of Commerce (ICC)** in Paris vereinbart. Daneben existieren zahlreiche weitere lokale bzw. nationale, regionale und internationale Institutionen. Die Schiedsinstitutionen unterstützen die Parteien bei der **administrativen Durch-**

---

[111] Präambel der IBA Guidelines on Party Representation in International Arbitration.

[112] Als Guerilla-Taktiken können solche Verhaltensweisen verstanden werden, die ethische Verstöße oder Straftaten darstellen und dem eigenen Vorteil der betreffenden Partei dienen, vgl. Horvath/Wilske/Rowley Guerilla tactics § 1.04 S. 21.

[113] Abrufbar unter https://uncitral.un.org/sites/uncitral.un.org/files/media-documents/uncitral/en/arb-notes-2016-e.pdf; http://www.iccwbo.org/Advocacy-Codes-and-Rules/Document-centre/2012/ICC-Arbitration-Commission-Report-on-Techniques-for-Controlling-Time-and-Costs-in-Arbitration/; https://iccwbo.org/publication/note-to-parties-and-arbitral-tribunals-on-the-conduct-of-the-arbitration-german-version/; https://iccwbo.org/publication/icc-guidance-note-on-possible-measures-aimed-at-mitigating-the-effects-of-the-covid-19-pandemic/; https://iccwbo.org/publication/icc-checklist-for-a-protocol-on-virtual-hearings-and-suggested-clauses-for-cyber-protocols-and-procedural-orders-dealing-with-the-organisation-of-virtual-hearings-german-version/ – weitere Praxisleitfäden der ICC aufrufbar unter https://iccwbo.org/find-a-document/?fwp_publication_subject=arbitration-adr&fwp_publication_type=dispute-resolution-rules-clauses-and-practice-note; https://sccinstitute.com/media/1708389/seoul-protocol.pdf; https://www.disarb.org/fileadmin/user_upload/Werkzeuge_und_Tools/Informationstechnologie_in_Schiedsverfahren_nach_2018_DIS-Schiedsgerichtsordnung.pdf – weitere Leitfäden der DIS aufrufbar unter https://www.disarb.org/werkzeuge-und-tools/practice-notes.

[114] Schwab/Walter, Schiedsgerichtsbarkeit, Kap. 15 Rn. 7; Wirth SchiedsVZ 2003, 9 (10, 15).

[115] Im Rahmen solcher hybrider Verfahren stellt sich jedoch eine Vielzahl von möglichen Folgefragen bei der Bestimmung von Beweislast und Beweismaß auf die an dieser Stelle hingewiesen werden soll, vgl. Trittmann SchiedsVZ 2016, 7 (8 ff.); Trittmann/Mekat b-arbitra 2014, 351 (370).

führung des Schiedsverfahrens.[116] Je nach Regelwerk nehmen sie auch im Stadium der Verfahrenseinleitung eine zentrale Rolle ein. Ein Vorteil der Schiedsinstitutionen ist deren **große Erfahrung** hinsichtlich der Verfahrensabläufe und ihre **personal- und sachmäßige Ausstattung,** die eine reibungslose Durchführung auch großer Schiedsverfahren gewährleisten.[117] Häufig verfügen die Schiedsinstitutionen zudem über umfangreiche **Datenbanken.**[118] Des Weiteren unterstützen Schiedsinstitutionen die Parteien auch beim Abschluss von Schiedsvereinbarungen, indem sie etwa Musterklauseln zur Verfügung stellen[119] und bei der Benennung von Schiedsrichtern Hilfestellung leisten.[120] Dabei prüft das Schiedsgericht das Vorliegen formeller Voraussetzungen, wie Unabhängigkeit und Unparteilichkeit des Schiedsrichters. Die Prüfung muss aber auch gesetzliche Genehmigungserfordernisse betreffen, wie etwa das Vorliegen einer Genehmigung nach § 40 DRiG, falls ein deutscher Richter als Schiedsrichter benannt wurde. Des Weiteren benennt die Schiedsinstitution ersatzweise Schiedsrichter für eine säumige Partei.[121]

66 Während des Verfahrens überwacht die Schiedsinstitution das Verfahren in unterschiedlichem Umfang.[122] Zuständig ist die Institution für die **Entgegennahme der Klage** und Weiterleitung an den Beklagten und die Zustellung des Schiedsspruchs, wobei sie für ihre Tätigkeit, je nach Regelung in der jeweils eigenen Schiedsordnung, **Vorschüsse** anfordert.[123] Darüber hinaus überwachen die Institutionen das Verfahren mit unterschiedlicher Intensität, so prüft beispielsweise die ICC als einzige der großen Schiedsinstitutionen den Entwurf des Schiedsspruchs auf seine inhaltliche Richtigkeit, wobei die schiedsrichterliche Entscheidungsfreiheit jedoch stets gewahrt bleiben soll (Art. 34 ICC-SchO).[124] Die institutionellen Regeln enthalten zudem oftmals **Regelungen zum Verfahrensablauf,** von denen die Parteien aber abweichen können. Weiterhin enthalten die Schiedsordnungen der Institutionen typischerweise Regelungen zu den **Kosten des Verfahrens** sowie **Haftungsbegrenzungen** zugunsten der Schiedsrichter sowie der Schiedsinstitution.[125]

67 Die Institutionalisierung verschafft den Schiedsgerichten eine gewisse Kontinuität, sowohl im Hinblick auf die Gestaltung des Verfahrens wie auch dessen Logistik.[126] Für die Wahl der Schiedsinstitution können neben dem jeweiligen institutionellen Regelwerk unterschiedliche Gesichtspunkte, wie etwa der Streitgegenstand, die Nationalität der Parteien, der Ort des Schiedsverfahrens oder das anwendbare Recht eine Rolle spielen.[127]

68 **1. International Chamber of Commerce (ICC).** Der internationale Schiedsgerichtshof der internationalen Handelskammer („der **ICC-Gerichtshof**" oder **„Gerichtshof")** mit Sitz in Paris ist in der internationalen Wirtschaftsschiedsgerichtsbarkeit die weltweit führende Schiedsinstitution.[128] Er wurde 1923, vier Jahre nach der internationalen Handelskammer (ICC), errichtet und ist damit eine der ältesten Institutionen auf

---

[116] Schwab/Walter, Schiedsgerichtsbarkeit, Kap. 41 Rn. 13 ff.; Schütze/Thümmel/Schütze, Schiedsgericht und Schiedsverfahren, § 1 Rn. 4 ff.; Salger/Trittmann/Trittmann/Salger/von Essen Int. Schiedsverfahren § 1 Rn. 18 f.

[117] Lachmann, Handbuch für die Schiedsgerichtspraxis, Rn. 3053; Wachter/Trittmann/Schroeder, Praxis des Handels- & Gesellschaftsrechts, Kap. 13 Rn. 20; Schütze/Schütze, Institutionelle Schiedsgerichtsbarkeit, I. Kap. Rn. 2.

[118] Schütze/Schütze, Institutionelle Schiedsgerichtsbarkeit, I. Kap. Rn. 2.

[119] So etwa die DIS; abrufbar unter: http://www.disarb.org/de/17/klauseln/uebersicht-id0.

[120] Schütze/Schütze, Institutionelle Schiedsgerichtsbarkeit, I. Kap. Rn. 3; siehe oben Abschnitt II.

[121] Schütze/Schütze, Institutionelle Schiedsgerichtsbarkeit, I. Kap. Rn. 4.

[122] Salger/Trittmann/Trittmann/Salger/von Essen Int. Schiedsverfahren § 1 Rn. 133.

[123] Schütze/Schütze, Institutionelle Schiedsgerichtsbarkeit, I. Kap. Rn. 7.

[124] Derains/Schwartz, A Guide to the ICC Rules of Arbitration, S. 5.

[125] Schütze/Schütze, Institutionelle Schiedsgerichtsbarkeit, I. Kap. Rn. 18, 21.

[126] MüKoZPO/Münch Vor §§ 1025 ff. Rn. 137.

[127] Hopt/Trittmann/Pfitzner/Schmaltz, Vertrags- und Formularbuch zum Handels-, Gesellschafts-, und Bankrecht, II. M.1. Rn. 9.

[128] Vgl. http://www.iccwbo.org/about-icc/organization/dispute-resolution-services/icc-international-court-of-arbitration/.

diesem Gebiet.[129] Entgegen seiner Bezeichnung entscheidet der Gerichtshof die Schiedsverfahren jedoch nicht selbst. Er **verwaltet** vielmehr die Entscheidung von Streitfällen durch für den Einzelfall konstituierte Schiedsgerichte im Einklang mit der Schiedsgerichtsordnung der ICC (Art. 1(2) S. 1 und 2 ICC-SchO). Im Gegensatz zu den meisten nationalen oder regionalen Schiedsorganisationen, die – nachdem das Schiedsgericht gebildet ist – eine eher zurückhaltende Rolle einnehmen, begleitet und kontrolliert der ICC-Gerichtshof aktiv den Ablauf des Verfahrens.[130] Insgesamt fördert die ICC-SchO einen zügigen Verfahrensablauf (etwa durch die Regeln zur Schiedsrichterbenennung), lässt den Parteien aber trotzdem weitreichende Freiheit in der Gestaltung des Verfahrens.[131]

a) ICC-Sekretariat. Bei der Administration der Verfahren wird der ICC-Gerichtshof **69** durch das **ICC-Sekretariat** unterstützt, welches unter Leitung des Generalsekretärs steht (Art. 1(5) ICC-SchO). Seit 2021 existieren Niederlassungen des ICC-Sekretariats in Hongkong, Sao Paulo, New York, Singapur und Abu Dhabi, die in diesen wichtigen Märkten unmittelbar vor Ort Unterstützung anbieten.

b) ICC-SchO. Die ICC-SchO wurde mehrfach überarbeitet. Die neueste Fassung **70** stammt aus dem Jahr 2021 und gilt für alle Schiedsverfahren, die nach dem 1.1.2021 schiedshängig wurden. Reformziele der letzten Komplettüberarbeitung waren insbesondere die Steigerung der Verfahrenseffizienz sowie die Kostensenkung.[132] Diese Ziele sollen unter anderem durch Existenz eines **Eilschiedsrichters (emergency arbitrator), Mehrparteien- und Mehrvertragsschiedsverfahren sowie die Möglichkeit einer Verfahrensverbindung (consolidation)** erreicht werden.[133] Zudem sind Schiedsrichter und Parteien gemäß Art. 22(1) ICC-SchO ausdrücklich verpflichtet, das Schiedsverfahren so zügig und kosteneffizient wie möglich zu führen. Um die Zielsetzungen der ICC-SchO wirksam durchsetzen zu können, ist das Schiedsgericht ermächtigt, den Beitrag jeder Partei zur **Verfahrens- und Kosteneffizienz** im Rahmen der Kostenentscheidung zu berücksichtigen (Art. 38(5) ICC-SchO).[134]

Die Parteien sind frei in der **Wahl der Schiedsrichter** (Art. 12 ICC-SchO), der **Ver- 71 fahrenssprache** (Art. 20 ICC-SchO), der Wahl des **Schiedsortes** (Art. 18 ICC-SchO) und des **anwendbaren Rechts** (Art. 21(1) ICC-SchO). Haben die Parteien einen oder mehrere dieser Umstände nicht geregelt, trifft das Schiedsgericht die notwendige Entscheidung nach eigenem Ermessen. Nachdem das Schiedsgericht konstituiert ist und die notwendigen Unterlagen von dem ICC-Gerichtshof erhalten hat, formuliert es aufgrund der Aktenlage oder in Gegenwart der Parteien seinen Schiedsauftrag („terms of reference"). Hierbei handelt es sich um eine Besonderheit der ICC-SchO. Diese prozessuale Verfahrensvereinbarung enthält unter anderem die Zustellungsdaten der Parteien sowie die zu entscheidenden Streitfragen und ist von den Parteien zu unterschreiben (Art. 23 ICC-SchO). Aus diesem Grund ermöglicht der Schiedsauftrag (terms of reference) deutlich weitergehende Regelungen als vom Schiedsgericht einseitig erlassene verfahrensleitende Verfügungen. Das Schiedsgericht führt ferner zwingend eine Verfahrensmanagementkonferenz durch und legt nach Anhörung der Parteien den Zeitplan für das Verfahren fest (Art. 24(1) und (2) ICC-SchO).

Das Schiedsgericht ist in der Sachverhaltsfeststellung frei. Es stellt den Sachverhalt in **72** möglichst kurzer Zeit mit allen geeigneten Mitteln fest (Art. 25(1) ICC-SchO). Der ICC-Gerichtshof überwacht die von ihm eingesetzten Schiedsgerichte während des gesamten

---

[129] Schütze/Reiner/Petkutei/Kern, Institutionelle Schiedsgerichtsbarkeit, II. Kap. Rn. 1; Born, International Commercial Arbitration, S. 196 f.

[130] Derains/Schwartz, A Guide to the ICC Rules of Arbitration, S. 5.

[131] Hopt/Trittmann/Pfitzner/Schmaltz, Vertrags- und Formularbuch zum Handels-, Gesellschafts-, und Bankrecht, II. M.1. Rn. 2.

[132] vgl. Born, International Commercial Arbitration, S. 2292; Salger/Trittmann/Trittmann Int. Schiedsverfahren § 10 Rn. 196.

[133] Born, International Commercial Arbitration, S. 2293.

[134] Born, International Commercial Arbitration, S. 2477; vgl. auch Bühler SchiedsVZ 2021, 230 ff.

Verfahrens und überprüft, ob diese das in der ICC-SchO vorgesehene Verfahren einhalten.[135]

73 Am Ende des Schiedsverfahrens überprüft der ICC-Gerichtshof den Schiedsspruch auf formale Fehler, bevor er ihn den Parteien übermittelt (Art. 34 ICC-SchO). Eine vergleichbare Prüfungskompetenz sieht keine andere der großen Schiedsinstitutionen vor.[136]

74 Durch die Bezugnahme auf die ICC-SchO vereinbaren die Parteien zugleich die streitwertabhängigen Honorare der Schiedsrichter und Verwaltungskosten, die vom ICC-Gerichtshof gemäß der ICC-Kostentabelle festgesetzt werden (Art. 38 ICC-SchO iVm Anhang III der ICC-SchO). Die Kosten eines Schiedsverfahrens lassen sich mit Hilfe eines Verfahrensrechners auf der Internetseite der ICC im Einzelnen berechnen.[137]

75 **2. Deutsche Institution für Schiedsgerichtsbarkeit (DIS).** Die **Deutsche Institution für Schiedsgerichtsbarkeit eV (DIS)** ist ein eingetragener Verein zur Förderung der Schiedsgerichtsbarkeit mit Sitz in Berlin.[138] Die Hauptgeschäftsstelle befindet sich in Bonn.[139] Mitglieder der DIS sind Wirtschaftsverbände, wissenschaftliche Einrichtungen und Praktiker in der Schiedsgerichtsbarkeit.[140] Die Institution entstand am 1.1.1992 durch den Zusammenschluss des Deutschen Ausschusses für Schiedsgerichtswesen (DAS) und des Deutschen Instituts für Schiedsgerichtswesen.[141] Ihre Hauptaufgabe war und ist es, eine institutionelle Schiedsgerichtsverwaltung und eine Schiedsgerichtordnung zur Vorbereitung, Unterstützung und Administrierung von Schiedsverfahren bereitzustellen sowie die Schiedsgerichtsbarkeit zu fördern.[142] Die DIS ist die bedeutendste deutsche Schiedsinstitution.[143] Im Jahr 2020 wurden der DIS insgesamt 151 neue Verfahren zur Administrierung übertragen, davon 50 % mit ausländischer Beteiligung auf einer oder beiden Seiten.[144]

76 **a) Organe der DIS.** Organe der DIS sind gemäß der Vereinssatzung die Mitgliederversammlung, der Vorstand, der Beirat, der Rat sowie die Ausschüsse.[145] Von besonderer Bedeutung ist der **Ernennungsausschuss,** zu dessen Aufgaben unter anderem die Abberufung und Ersatzbenennung von Schiedsrichtern gehört.[146] Kommt beispielsweise der Beklagte innerhalb der ihm gesetzten Frist der Benennung eines Beisitzenden nicht nach, so erfolgt auf Antrag des Klägers eine Ersatzbenennung durch den DIS-Ernennungsausschuss (Art. 12.1 DIS-SchO).[147] Ferner ist der DIS-Ernennungsausschuss für die Benennung der beisitzenden Schiedsrichter zuständig, wenn sich die Beklagten im Rahmen eines Mehrparteienverfahrens innerhalb einer verlängerten Frist nicht über deren Benennung einigen können (vgl. Art. 20.3, Art. 13.2 DIS–SchO). In solch einem Fall wird eine durch den Kläger zuvor vorgenommene Schiedsrichterbenennung gegenstandslos.[148] Im Jahre 2018 neu eingeführt wurde der DIS-Rat für Schiedsgerichtsbarkeit, der bestimmte Entscheidun-

---

[135] Hopt/Trittmann/Pfitzner/Schmaltz, Vertrags- und Formularbuch zum Handels-, Gesellschafts-, und Bankrecht, II. M.1. Rn. 2.

[136] Vgl. Born, International Commercial Arbitration, S. 2477; Derains/Schwartz, A Guide to the ICC Rules of Arbitration, S. 5.

[137] Abrufbar unter: http://www.iccwbo.org/products-and-services/arbitration-and-adr/arbitration/cost-and-payment/cost-calculator/.

[138] Schütze/Theune, Institutionelle Schiedsgerichtsbarkeit, III. Kap. Rn. 2.

[139] Vgl. Webseite abrufbar https://www.disarb.org/ueber-uns/organisation mit einer Vielzahl von weitergehenden Informationen.

[140] Hopt/Trittmann/Pfitzner/Schmaltz, Vertrags- und Formularbuch zum Handels-, Gesellschafts-, und Bankrecht, II. M.1. Rn. 9.

[141] Schütze/Theune, Institutionelle Schiedsgerichtsbarkeit, III. Kap. Rn. 1.

[142] § 1 Abs. 1 der DIS-Satzung.

[143] Schütze/Theune, Institutionelle Schiedsgerichtsbarkeit, III. Kap. Rn. 1.

[144] Statistiken abrufbar unter: http://www.disarb.org/de/39/content/statistik-id66.

[145] § 6 der DIS-Satzung.

[146] § 14 Abs. 3 und 4 der DIS-Satzung.

[147] Flecke-Giammarco/Boog/Meier/Gerhardt, The DIS Arbitration Rules – An Article-by-Article Commentary, § 2.03, S. 218 Rn. 8.

[148] Flecke-Giammarco/Boog/Sessler/Heckel, The DIS Arbitration Rules – An Article-by-Article Commentary, § 2.03, S. 314 Rn. 42.

gen trifft, die sich aus der DIS-SchO ergeben.[149] Der DIS-Rat entscheidet nunmehr ua, über Anträge auf Entscheidung durch Einzelschiedsrichter (Art. 10.2 DIS-SchO), über Anträge auf Ablehnung eines Schiedsrichters (Art. 15.4 DIS-SchO), über die Rücktrittsgesuche und Amtsenthebung von Schiedsrichtern sowie das Ersatzbestellungsverfahren (Art. 16.1 (ii), 16.2 und 16.4 DIS–SchO) und über die Herabsetzung von Schiedsrichterhonoraren (Art. 37 DIS-SchO).[150]

Die **DIS-Geschäftsstelle** übernimmt eine **Vielzahl administrativer Aufgaben,** die **77** sich aus der DIS-SchO ergeben. Hierfür ist in der Praxis der DIS auch die Bezeichnung **DIS Case Management Team** gebräuchlich. Nach Art. 6.1 DIS-SchO hat der Kläger die Schiedsklage bei der DIS einzureichen.

Schließlich nimmt die DIS-Geschäftsstelle auch **Aufgaben im Bereich der Kosten- 78 zahlung** für das Schiedsverfahren wahr. So hat der Kläger mit Einreichung der Klage die DIS-Bearbeitungsgebühr sowie einen vorläufigen Vorschuss für die Schiedsrichterhonorare nach der am Tage des Zugangs der Klage bei der DIS-Geschäftsstelle gültigen Kostentabelle (Anlage 2 zur DIS-SchO) an die DIS zu zahlen (Art. 5.3 DIS-SchO). Nach Art. 5.3 DIS-SchO bzw. Art. 7.6 DIS-SchO übersendet die DIS-Geschäftsstelle dem Kläger bzw. Widerkläger eine Rechnung über die DIS-Bearbeitungsgebühr sowie den vorläufigen Vorschuss und setzt dem Kläger eine Frist zur Zahlung, soweit diese nicht bereits geleistet wurde.[151]

Daneben informiert die DIS-Geschäftsstelle die Parteien über die Konstituierung des **79** Schiedsgerichts (Art. 14.1 DIS-SchO) und nimmt etwaige Ablehnungsanträge entgegen (vgl. Art. 15.2 DIS-SchO). Darüber hinaus übersendet die DIS-Geschäftsstelle den Parteien nach dem Erlass des Schiedsspruchs je ein Original des Schiedsspruchs (Art. 39.6 DIS-SchO).

b) DIS-SchO. Im Zuge der **Implementierung des UNCITRAL–Modellgesetzes 80** durch das Schiedsrechtsreformgesetz am 1.1.1998 (Reform des Zehnten Buchs der ZPO) wurde auch die DIS-SchO angepasst, eine vollständige Überarbeitung erfolgte in den Jahren 2017–2018; die zur Zeit aktuellen Regelungen traten am 1.3.2018 in Kraft.

Darüber hinaus empfiehlt die DIS allen Parteien, die in ihren Verträgen auf DIS–Regel- **81** werke Bezug nehmen wollen, die von ihr vorgefertigten **Musterklauseln** zu verwenden.[152]

Die DIS-SchO findet Anwendung, wenn die Parteien dies vereinbaren (Art. 1.1 DIS- **82** SchO). Ergänzend gelten bei einem Verfahren mit Schiedsort in Deutschland die Regelungen des Zehnten Buchs der ZPO (§ 1025 Abs. 1 ZPO).[153] Intertemporal findet die bei Beginn des schiedsrichterlichen Verfahrens gültige Schiedsgerichtsordnung Anwendung, soweit die Parteien nichts anderes vereinbart haben (Art. 1.2 DIS-SchO). Der Inhalt der DIS-SchO ist größtenteils mit den Vorschriften des Zehnten Buches der ZPO identisch, ergänzt diese jedoch entsprechend dem Verfahrensablauf und den zusätzlich nach der DIS-SchO existierenden prozessualen Möglichkeiten, wie zB einer Einbeziehung dritter Parteien (Art. 19 DIS-SchO).

3. LCIA. Der **London Court of International Arbitration (LCIA)** hat seinen Sitz in **83** London und befasst sich fast ausschließlich mit internationalen Streitigkeiten.[154] Gegründet wurde der LCIA im Jahr 1892 auf Initiative der Corporation of the City of London. Mit der Gründung des LCIA sollte die steigende Nachfrage der Geschäftswelt nach wirkungsvollen Alternativen zur staatlichen Gerichtsbarkeit, insbesondere auch für die Schlichtung

---

[149] Zu Funktionen des DIS-Rates im Einzelnen: Salger/Trittmann/Trittmann Int. Schiedsverfahren § 10 Rn. 182; vgl. Anlage 1 DIS SchO aufrufbar unter https://www.disarb.org/fileadmin//user_upload/Werkzeuge_und_Tools/2018_DIS-Schiedsgerichtsordnung_072021.pdf.
[150] Salger/Trittmann/Trittmann Int. Schiedsverfahren § 10 Rn. 182.
[151] Vgl. Flecke-Giammarco/Boog/Happ/Gerstenmaier, The DIS Arbitration Rules – An Article-by-Article Commentary, § 2.02, S. 160 Rn. 43.
[152] Online abrufbar unter: http://www.dis-arb.de/de/17/klauseln/uebersicht-id0.
[153] MüKoZPO/Münch § 1025 Rn. 10 ff.
[154] Schütze/Konrad/Hunter, Institutionelle Schiedsgerichtsbarkeit, VI. Kap. Rn. 4.

internationaler Streitigkeiten, adressiert werden.[155] Mit Gründung des LCIA-Court im Jahr 1985 und Eintragung des London Court of International Arbitration als Gesellschaft im Jahr 1986, erlangte der LCIA vollständige Unabhängigkeit von seinen Gründungsorganen.[156] Der LCIA-Court ist unter anderem zuständig für die **Überwachung der Einhaltung seiner Regeln, die Überprüfung der Schiedsrichterernennung/-ablehnung,** die **Kostenfestsetzung** und die **Einhaltung der Vertraulichkeit der Schiedssprüche.**[157] Die Kostenabrechnung findet bei dem LCIA – anders als bei ICC und DIS – auf der **Basis von Stunden- oder Tagessätzen** statt und ist daher nicht streitwertabhängig ausgestaltet.[158] Die Institution wacht in diesem Zusammenhang über Auslagen und Honorare der Schiedsrichter.[159]

84 Die erste Fassung der LCIA-Schiedsregeln stammt aus dem Jahr 1926. Die aktuelle Fassung der **LCIA-SchO** trat am 1.1.2021 in Kraft.[160] Seit 1999 existieren zusätzlich LCIA Mediationsregeln, deren Neufassung am 1.1.2021 in Kraft trat.[161]

85 2020 konnte der LCIA 444 neue Verfahrenseingänge verzeichnen und nimmt damit eine führende internationale Stellung ein.[162]

86 **4. Sonstige Schiedsinstitutionen.** Neben den in Deutschland weitgehend bekannten Schiedsinstitutionen wie der ICC, der DIS oder dem LCIA existiert eine **Vielzahl weiterer nationaler und internationaler Schiedsinstitutionen,** die ihre eigenen Schiedsordnungen erlassen haben.

87 **a) USA (AAA und ICDR).** Die **American Arbitration Association (AAA),** die ihren Hauptsitz in New York und weitere Zweigstellen in allen bedeutenden Wirtschaftszentren der USA hat, ist die wichtigste nationale Schiedsinstitution der USA. Die AAA wurde kurz nach dem Erlass des Federal Arbitration Act (1925) im Jahre 1926 gegründet. Der Schwerpunkt der AAA liegt in der Abwicklung von inneramerikanischen Streitigkeiten[163] nach den Commercial Arbitration Rules.[164]

88 Für internationale Verfahren gründete die AAA im Jahr 1996 das **International Centre for Dispute Resolution (ICDR).**[165] Das eigenständige Regelwerk für internationale Schiedsverfahren waren ursprünglich die am 1.3.1991 beschlossenen **International Arbitration Rules of the American Arbitration Association (IAR).** Die IAR gingen am 1.6.2014 in den **International Dispute Resolution Procedures (IDRP)** auf, um einen umfassenden Rahmen für Streitbeilegungen zu bieten.[166] Teil des IDRP sind ferner Mediationsregeln, Verfahrensregeln für beschleunigte Verfahren und verschiedene Verhaltensregeln.[167] Neben den IAR können auch die UNCITRAL- oder andere AAA-Regelwerke vereinbart werden.[168]

---

[155] Historie des LCIA, online abrufbar unter: http://www.lcia.org/LCIA/history.aspx.

[156] Schütze/Konrad/Hunter, Institutionelle Schiedsgerichtsbarkeit, VI. Kap. Rn. 4.

[157] Vgl. http://www.lcia.org/LCIA/organisation.aspx.

[158] LCIA Schedules of Costs for LCIA arbitration, Ad hoc arbitration, appointing only und ADR, abrufbar unter: http://www.lcia.org/Dispute_Resolution_Services/schedule-of-costs.aspx; Schütze/Konrad/Hunter, Institutionelle Schiedsgerichtsbarkeit, VI. Kap. Rn. 70.

[159] Schütze/Konrad/Hunter, Institutionelle Schiedsgerichtsbarkeit, VI. Kap. Rn. 65.

[160] Online abrufbar unter: http://www.lcia.org/Dispute_Resolution_Services/lcia-arbitration-rules-2014.aspx.

[161] LCIA Mediationsregeln vom 1.10.2020, online abrufbar unter: https://www.lcia.org/Dispute_Resolution_Services/lcia_mediation_rules_2020.aspx.

[162] LCIA Reports, Registrar's Report 2013, online abrufbar unter: http://www.lcia.org/LCIA/reports.aspx.

[163] Vgl. Schütze/Thümmel, Institutionelle Schiedsgerichtsbarkeit, XI. Kap. Rn. 2.

[164] Aufrufbar unter: www.adr.org/sites/default/files/CommercialRules_Web.pdf.

[165] Schütze/Thümmel, Institutionelle Schiedsgerichtsbarkeit, XI. Kap. Rn. 3.

[166] IDRP-Regeln vom 1.3.2021: https://go.adr.org/rs/294-SFS-516/images/ICDR_Rules.pdf; vgl. ebd. „Introduction", S. 5.

[167] MüKoZPO/Münch Vor §§ 1025 ff. Rn. 212.

[168] Schütze/Thümmel, Institutionelle Schiedsgerichtsbarkeit, XI. Kap. Rn. 3.

b) Schweiz (Swiss Arbitration Centre, ASA). Die im Jahre 2008 durch sieben **89** Schweizer Handelskammern (Basel, Bern, Genf, Lausanne, Lugano, Neuenburg, und Zürich) gegründete Swiss Chambers' Arbitration Institution (SCAI) wurde per Ende Mai 2021 in die Swiss Arbitration Centre AG überführt. Hauptaktionärin ist die Schweizerische Vereinigung für Schiedsgerichtsbarkeit (Association Suisse de l'Arbitrage, ASA), die zuvor zwar keine Schiedsverfahren administriert aber eine wichtige Rolle als Think Tank und Diskussionsforum erfüllt hat. Die übrigen Aktien werden von kantonalen Handelskammern gehalten. Dieser Zusammenschluss erfolgte im Rahmen der per 1.6.2021 erfolgreich abgeschlossenen Bestrebungen der ASA, unter dem Titel „Swiss Arbitration" (www.swissarbitration.org) eine zentrale Plattform für die Schweizer Schiedsgerichtsbarkeit zu schaffen, die neben der ASA und dem Swiss Arbitration Centre auch die Swiss Arbitration Academy und den Swiss Arbitration Hub umfasst und die Zusammenarbeit dieser Organisationen weiter ausbauen soll.[169] Im Zuge dieser Umwandlung wurde auch die **Internationale Schiedsordnung der Schweizerischen Handelskammern (sog. Swiss Rules oder Schweizer Regeln,** neu **Internationale Schweizerische Schiedsordnung des Swiss Arbitration Centre**) neugefasst.

c) Schweden (Stockholm Chamber of Commerce). Das **Schiedsgerichtsinstitut 90 der Stockholmer Handelskammer (SCC)** ist die zweitgrößte Schiedsgerichtsinstitution für Investitionsschutzverfahren.[170] Die SCC ist aber auch im Bereich der Handelsschiedsgerichtsbarkeit aktiv und verfügt über eigene Schiedsregeln, Regeln für ein beschleunigtes Schiedsverfahren, Regeln für ein Mediationsverfahren sowie ergänzende Guidelines für Schiedsrichter.[171] Die reformierten Regeln der SCC traten am 1.1.2017 in Kraft **(Stockholmer Regeln).** Die neuen Stockholmer Regeln zielen insbesondere auf eine effiziente und zügige Verfahrensführung ab.[172]

d) Singapur (SIAC). Das **Singapore International Arbitration Centre (SIAC) 91** wurde 1990 errichtet und verwaltet vorwiegend Verfahren nach den Arbitration Rules of the Singapore International Arbitration Centre **(SIAC Rules)**[173], den UNCITRAL-Arbitration Rules, den SIAC SGX-DC Arbitration Rules, den SIAC SGX-DT Arbitration Rules sowie den SIAC SGX-DC Arbitration Rules, die sich maßgeblich mit beschleunigten Verfahren im Bereich des Derivatehandels befassen.[174] Die überarbeiteten SIAC Rules, die seit dem 1.8.2016 in Kraft sind, fußen auf den UNCITRAL Arbitration Rules und der LCIA-SchO. Lediglich das schriftliche Verfahren wurde abgekürzt. Zudem wurde auf eine schnellere Abfassung des Schiedsspruchs durch die Schiedsrichter hingearbeitet,[175] wobei nichtsdestotrotz ein Überprüfungsmechanismus zur Qualitätssicherung vorgesehen ist.[176]

e) Österreich (VIAC bzw. Vienna Rules). Das **Vienna International Arbitral 92 Centre (VIAC)** mit Sitz in Wien ist eine der führenden europäischen Schiedsinstitutionen für handelsrechtliche Streitigkeiten. Seit der Gründung im Jahr 1975 administrierte die Schiedsinstitution mehr als 1.700 Schiedsverfahren.[177] Die reformierten Regeln des VIAC traten am 1.7.2021 in Kraft **(Wiener Regeln und Wiener Mediationsregeln 2021).**[178] Die Überarbeitung der Wiener Regeln erfolgte im Zuge der Erarbeitung neuer Schieds-

---

[169] ASA Bulletin 2020, 539 f.; 2021, 269 f.; Wilske/Markert/Ebert SchiedsVZ 2021, 106 (110 f.).

[170] http://sccinstitute.com/dispute-resolution/investment-disputes/.

[171] Schiedsregeln und Regeln für ein beschleunigtes Verfahren in der Fassung von 2017, Mediationsregeln in der Fassung von 2014, jeweils online abrufbar unter: https://sccinstitute.com/our-services/rules/.

[172] Vgl. ua Art. 2 Abs. 1 SCC-Schiedsordnung.

[173] SIAC-SchO in der Fassung vom 1.8.2016 (SIAC 2016 Rules), online abrufbar unter: https://siac.org.sg/siac-rules-2016.

[174] Salger/Trittmann/Trittmann Int. Schiedsverfahren § 10 Rn. 212.

[175] Salger/Trittmann/Trittmann Int. Schiedsverfahren § 10 Rn. 212.

[176] Vgl. Art. 32.3 SIAC-Rules.

[177] Siehe Homepage des VIAC abrufbar unter https://www.viac.eu/de/ueber-uns/7-gruende-viac.

[178] Online abrufbar unter https://www.viac.eu/de/schiedsverfahren/inhalte/wiener-regeln-2021-online-fassung.

und Mediationsregeln für Investitionsverfahren,[179] mit dem Zweck der Anpassung an neue Entwicklungen des Marktes. Aufgrund der Novelle des Wirtschaftskammergesetzes darf das VIAC, das Schiedsverfahren zuvor nur bei internationalem Bezug verwalten konnte, seit 2018, auch rein nationale Schiedsverfahren administrieren.[180]

93   **f) Französische Schiedsinstitutionen (CFA, CAP, AFA, CFACI).** In Frankreich existiert eine Reihe unterschiedlicher Schiedsinstitutionen. Hierzu zählen die **Chambre Arbitrale Internationale de Paris (CAP)** und die **Association Française d'Arbitrage (AFA),** welche jeweils über ein eigenes Schiedsregelwerk verfügen,[181] sowie das Mediationszentrum der deutsch-französischen Handelskammer (**Chambre Franco-Allemande de Commerce et d'Industrie,** abgekürzt: CFACI).[182] Erwähnenswert ist ferner als schiedsrechtliche Vereinigung das **Comité français de l'arbitrage (CFA)**[183] und die unter dessen Ägide entstandene **International Arbitration Institute (IAI).** Die Überarbeitung der Schiedsgerichtsordnung der CAP, die am 1.1.2021 in Kraft getreten ist, erfolgte ua mit den Zielen, den Parteien mehr Autonomie bei der Benennung der Schiedsrichter zu gewähren (vgl. Art. 10 CAP-SchiedsO), das Eilverfahren effizienter zu gestalten (vgl. Art. 40 ff. CAP-SchiedsO) und die Effektivität einstweiliger Maßnahmen zu gewährleisten (vgl. Art. 25 CAP-SchiedsO).

94   **g) Belgien (CEPANI).** Das Belgische Zentrum für Schiedsgerichtsbarkeit und Mediation (**CEPANI**)[184] wurde 1969 gegründet.[185] Die aktuelle Fassung der Schiedsregeln (**CEPANI Rules of Arbitration**) trat am 1.7.2020 in Kraft.[186] Zusätzlich gibt es spezielle Sonderregelungen für Mediation, Kleinverfahren, Schiedsgutachten und Vertragsanpassungen.[187]

95   **h) Russland.** Auch in Russland existieren zahlreiche Schiedsinstitutionen. Nach Schätzungen besteht die russische Schiedslandschaft aus derzeit mehr als 2.000 Schiedsinstitutionen.[188] Das **Internationale Handelsschiedsgericht der Industrie und Handelskammer der russischen Föderation (MKAS)**[189] und die **Maritime Schiedskommis-**

---

[179] Aufrufbar unter: https://www.viac.eu/de/investitionsverfahren/viac-schieds-und-mediationsordnung-fuer-investitionsverfahren-2021.

[180] https://www.viac.eu/de/ueber-uns; MüKoZPO/Münch Vor §§ 1025 ff. Rn. 183 f.

[181] Schiedsordnung der CAP (auch CAIP genannt) vom 1.1.2021, online abrufbar unter https://www.arbitrage.org/wp-content/uploads/2021/05/REGLEMENT_ARBITRAGE_CAIP_2021_EN.pdf; Schiedsordnung der AFA vom 1.1.2017, online abrufbar unter: http://www.afa-arbitrage.com/afa/uploads/2017/04/AFA_reglements_arbitrage_mediation_2017.pdf.

[182] Mediationsordnung des CFACI online abrufbar unter: https://mediafra.admiralcloud.com/customer_609/f768b7a2-7d86-49c3-a4a4-d4b90870cdcf?response-content-disposition=inline%3B%20filename%3DMediationsordnung-150921.pdf&Expires=1669213799&Key-Pair-Id=K3XAA2YI8CUDC&Signature=dQiCUwT12asMX92s-x4dKOWXJDjop9uY0gSV-bBciTFkilzRV9lFdBI-myDjsj~AQOVCN~VDb6sjUlqMz3YNlw4sxlI7~y~3pyZ8BVKiLqP0A1hDUBnwapfKyuFsiJI~wAMy-MimCWOfDGyv5JhSKdoQaloLQC7-JQ3VSv~XSqaseaiprgSRv3D0PlczivgYeIrdDVFaSjV6eUcY-OQCPStRpoDuMyZ3OIEjv77khmW-2E4r7TeG5YTJKCoxChmqQAEdP27a~WO0I~Xo-PaXXPWyl5V6-RVugWAi44ZsYYuFioT9cbzKg3~MzDTYZoljoudbmhHy~E2~GnM92OMYhShVdg..

[183] Online abrufbar unter: http://www.cfa-arbitrage.com/.

[184] Centre belge d' Arbitrage et de la Médiation.

[185] Verbist, Das Belgische Zentrum für Schiedsgerichtsbarkeit und Mediation (CEPANI) verabschiedet neue Regeln – Schwerpunkte der Änderungen, BB 2000, 6 (6 ff.).

[186] Online abrufbar unter: https://www.cepani.be/wp-content/uploads/2020/07/RULES2020ENGJULY2020-1.pdf.

[187] Aufrufbar unter https://www.cepani.be/rules/ – dort unter „Mediation" und „Other ADR"; MüKoZPO/Münch Vor § 1025 Rn. 171.

[188] Vgl. http://blogs.lexisnexis.co.uk/dr/the-future-for-arbitration-in-russia/.

[189] Das Internationale Handelsschiedsgericht der Industrie und Handelskammer der russischen Föderation, auf Russisch „Международный коммерческий арбитражный суд", international abgekürzt: ICAC (wobei auch die russische Abkürzung „MKAS" geläufig ist, Webseite online abrufbar unter: http://mkas.tpprf.ru/de/.

sion[190] **(MAC),** die jeweils bei der Industrie- und Handelskammer der Russischen Föderation angebunden sind, sind international bekannt. Die reformierten Regeln des MKAS **(The Rules of Arbitration of International Commercial Disputes)** traten am 27.1.2017 in Kraft.[191] Die weit überwiegende Zahl der russischen Schiedsinstitutionen ist hingegen wenig bekannt und dem Vernehmen nach von bisweilen zweifelhafter Reputation.[192]

Als weitere Besonderheit des russischen Schiedsmarkts kommt hinzu, dass eine Reihe **96** von russischen Unternehmen jeweils hauseigene Schiedsinstitutionen gegründet haben (sog. **„pocket arbitration courts"**).[193] Die Gründungsunternehmen stehen dabei zunehmend unter Verdacht, über die Schiedsinstitutionen erheblichen Einfluss auf die administrierten Verfahren auszuüben (bspw. durch die Finanzierung der Institutionen aufgrund der gesellschaftsrechtlichen Verbundenheit mit ihren Gründern).[194] Um diesen Entwicklungen entgegenzuwirken, wurde das russische Schiedsverfahrensrecht durch das russische Justizministerium zum Ende des Jahres 2015 umfassend reformiert.[195]

i) China. Die chinesische **Schiedsinstitution China International Economic and** **97** **Trade Arbitration Commission (CIETAC)** hat ihren Hauptsitz in Peking und unterhält Subkommissionen in Shanghai und Shenzhen. Sie verfügt über ein eigenes Schiedsregelwerk, dessen neuste Fassung am 1.1.2015 in Kraft trat.[196] Schiedsverfahren sind in China besonders wichtig, da mit der Volksrepublik China bislang keine bilateralen oder multilateralen Vereinbarungen bestehen, welche die Anerkennung und Vollstreckung ausländischer Gerichtsurteile in China zum Gegenstand haben.[197] Da China jedoch Mitgliedsstaat des New Yorker Übereinkommens ist, kann eine Anerkennung und Vollstreckung ausländischer Schiedssprüche in China hierüber erfolgen.[198] Als oberstes Organ der CIETAC fungiert die sog. Schiedskommission, die regelmäßig Listen mit für CIETAC-Verfahren zugelassenen Schiedsrichtern veröffentlicht.[199]

Außerdem wurde von europäischer Seite im Jahr 2008 das **Chinese European Arbitra-** **98** **tion Centre (CEAC)** gegründet. Die CEAC beabsichtigt weltweit insbesondere europäischen Marktteilnehmern eine **institutionelle Plattform für Schiedsverfahren mit chinesischen Parteien** zur Verfügung zu stellen. Grundlage der CEAC-Schiedsordnung sind die UNCITRAL Arbitration Rules. Die CEAC-Regeln wurden an die reformierte Fassung der UNCITRAL Arbitration Rules angepasst.[200]

j) Hongkong (HKIAC). Das **Hong Kong International Arbitration Centre (HKI-** **99** **AC)** ist eine weltweit bekannte Institution für Konfliktlösung und gehört zu den meist verwendeten Schiedsinstitutionen im asiatischen Raum.[201] Die **HKIAC Administered**

---

[190] Maritime Schiedskommission bei der Handels- und Industriekammer der Russischen Föderation, auf Russisch „морская арбитражная комиссия", international abgekürzt: „MAC".

[191] Aufrufbar unter http://mkas.tpprf.ru/en/documents/.

[192] Mekat/Yadykin SchiedsVZ 2015, 269 (270); Gesetzesbegründung zum Gesetzesentwurf Nr. 788111-6, S. 1.

[193] Mekat/Yadykin SchiedsVZ 2015, 269 (275).

[194] Vgl. bspw. Astakhova, Russian Arbitration Reform: A Leap into the Unknown?, online abrufbar unter: http://kluwerarbitrationblog.com/blog/2015/08/14/russian-arbitration-reform-a-leap-into-the-unknown/.

[195] Gesetzesentwurf Nr. 788111-6 zur Neuverkündung des bisherigen Rechts für nationale Schiedsverfahren; Gesetzesentwurf Nr. 788159-6 zur Änderung des Gesetzes „Über die internationale Schiedsgerichtsbarkeit" sowie diversen weiteren Gesetze, eingehend hierzu Mekat/Yadykin SchiedsVZ 2015, 269 (275).

[196] Schiedsordnung der CIETAC, online abrufbar unter: http://cn.cietac.org/index.php?m=Page&a=index&id=106&l=en; vgl. Wilske/Markert/Bräuninger SchiedsVZ 2015, 49 (56); zur alten Fassung Trappe SchiedsVZ 2006, 258 (264).

[197] MüKoZPO/Gottwald § 328 Rn. 142; Schütze/Brödermann/Etgen, Institutionelle Schiedsgerichtsbarkeit, VIII. Kap. Rn. 5.

[198] Schütze/Brödermann/Etgen, Institutionelle Schiedsgerichtsbarkeit, VIII. Kap. Rn. 7.

[199] Schütze/Brödermann/Etgen, Institutionelle Schiedsgerichtsbarkeit, VIII. Kap. Rn. 16 f.

[200] Abrufbar unter: https://www.ceac-arbitration.com/fileadmin/documents/rules/ceac-rules-2012-en.pdf.

[201] Mistelis/Shore/Brekoulakis/Moser/Ang, Arbitration rules – International Institutions: Guides to International Arbitration, HKIAC-1.

Arbitration Rules, welche auf den Swiss Rules basieren, wurden 2008 veröffentlicht und 2018 neu überarbeitet. Die Regeln sind sowohl auf internationale als auch in innerstaatlichen Schiedsverfahren anwendbar.[202]

III. Schiedsabrede

100   **1. Abfassung.** Der Abfassung der Streitbeilegungsklausel in internationalen Verträgen kommt im späteren Konfliktfall regelmäßig eine überragende Bedeutung zu. Nichtsdestotrotz findet dieses Thema im Rahmen der Verhandlungen zwischen den Parteien oft nur geringe Aufmerksamkeit. Die Schiedsklausel wird stattdessen oftmals als notwendigerweise zu regelnder Standardpunkt (boiler plate clause) behandelt. Dabei kann der wirtschaftliche Wert der jeweiligen Unternehmung für die Parteien je nach Ausgestaltung der Streitbeilegungsklausel erheblich zu- oder auch abnehmen. Ein Aufschieben der Verhandlungen über die Streitbeilegungsklausel bis zur letzten Gelegenheit oder tiefgreifende Änderungen ohne Beteiligung prozessrechtlicher Expertise kurz vor Abschluss des Vertragswerks (sog. **midnight drafting**), kann daher leicht zu **pathologischen Schiedsklauseln**[203] führen. So ist es in der Praxis nicht ungewöhnlich, dass die Parteien in der Schiedsabrede Schiedsordnungen oder Institutionen nennen, die es überhaupt nicht gibt oder die jedenfalls keine Schiedsverfahren administrieren.[204] Wird der Parteiwille, die Streitigkeit oder Teile der Streitigkeit auf ein Schiedsgericht übertragen zu wollen, jedoch nicht hinreichend deutlich, kann die Schiedsvereinbarung nicht durchgeführt werden.[205]

101   **a) Zustandekommen.** Nach der Legaldefinition in § 1029 Abs. 1 ZPO handelt es sich bei einer Schiedsvereinbarung um eine Vereinbarung der Parteien, alle oder einzelne Streitigkeiten in Bezug auf ein bestimmtes Rechtsverhältnis der Entscheidung durch ein Schiedsgericht zu unterwerfen.

102   Im deutschen Recht wird die Schiedsvereinbarung teilweise als **materieller Vertrag über prozessuale Beziehungen**[206] oder aber als **Unterfall eines Prozessvertrags** eingeordnet.[207] Die praktischen Auswirkungen dieser unterschiedlichen Einordnung sind jedoch gering.[208]

103   Eine Schiedsvereinbarung kann als **Schiedsklausel** einen unselbständigen Teil eines Vertragswerks oder als Schiedsabrede eine **selbständige Vereinbarung** zwischen den Parteien darstellen.

104   Schiedsabreden kommen üblicherweise im Wege vertraglicher Einigung zustande.[209] Eine Vereinbarung ist aber auch aufgrund von Handelsbräuchen oder im Rahmen gesellschaftsrechtlicher Satzungen möglich. Zudem kann ein Schiedsgericht auch durch letztwillige Verfügung angeordnet werden (§ 1066 ZPO).

105   **b) Mindestinhalt.** Der notwendige Inhalt einer Schiedsvereinbarung ergibt sich aus § 1029 Abs. 1 ZPO. Danach ist es ausreichend, dass die Parteien einzelne aktuelle oder künftige Streitigkeiten der Entscheidung durch ein Schiedsgericht unterwerfen.

106   **c) Musterklauseln.** Um die Vereinbarung möglicherweise undurchführbarer Schiedsklauseln (sog. pathologischer Schiedsklauseln) zu vermeiden, ist es empfehlenswert, so-

---

[202] Schiedsordnung der HKIAC online abrufbar unter: https://www.hkiac.org/arbitration/rules-practice-notes/hkiac-administered-2018.

[203] Vgl. BeckOK ZPO/Wolf/Eslami § 1029 Rn. 10; Saenger/Saenger ZPO § 1029 Rn. 10.

[204] Hoffmann-Becking/Rawert/Risse, BeckFormB Bürgerliches, Handels- und Wirtschaftsrecht XII.2 Rn. 4; vgl. auch Kröll, Die Entwicklung des Schiedsrechts 2011–2012, NJW 2013, 3135 (3137).

[205] Hoffmann-Becking/Rawert/Risse, BeckFormB Bürgerliches, Handels- und Wirtschaftsrecht XII.2 Rn. 4; Saenger/Saenger ZPO § 1029 Rn. 10.

[206] BGHZ 40, 320 (323); vgl. Böckstiegel/Kröll/Nacimiento/Trittmann/Hanefeld, Arbitration in Germany, § 1029 Rn. 11 f.; Lachmann, Handbuch für die Schiedsgerichtspraxis, Rn. 268.

[207] BGH NJW 1987, 651 (652); vgl. Saenger/Saenger ZPO § 1029 Rn. 1.

[208] Schwab/Walter, Schiedsgerichtsbarkeit, Kap. 7 Rn. 37.

[209] Musielak/Voit/Voit ZPO § 1029 Rn. 2 ff.

genannte **Musterschiedsklauseln** zu verwenden. Diese Musterschiedsklauseln werden von den gängigen Schiedsinstitutionen zur Verfügung gestellt und sind üblicherweise international anerkannt. Darüber hinaus enthalten die Klauseln ergänzende Empfehlungen, welche zusätzlichen Regelungen sinnvollerweise durch die Parteien noch zu treffen sind.[210] Die Verwendung solcher ergänzender Musterschiedsklauseln kann erheblich dazu beitragen, die Durchführung eines angemessenen Schiedsverfahrens sicherzustellen. Soweit sich die Parteien auf eine bestimmte Institution verständigen konnten, ist daher die Verwendung der jeweiligen Musterklausel zu erwägen. Für ad-hoc-Schiedsverfahren lässt sich beispielsweise die **UNCITRAL Musterklausel** verwenden.[211]

2. Wirksamkeit und Erlöschen der Schiedsvereinbarung. Gemäß § 1040 Abs. 1 **107** S. 1 ZPO kommt dem Schiedsgericht eine sogenannte **Kompetenz-Kompetenz** zu.[212] Das Schiedsgericht kann hiernach nicht nur über die betreffende Streitigkeit, sondern auch über das Bestehen oder die Gültigkeit der Schiedsvereinbarung entscheiden. Wenn das Schiedsgericht seine Zuständigkeit bejaht hat, ist den Parteien gegen einen entsprechenden Zwischenbescheid der Rechtsweg zu den staatlichen Gerichten eröffnet (vgl. §§ 1040 Abs. 3 S. 1 ZPO, 1072 Abs. 1 Nr. 2 ZPO). Diese **Kontrolle der staatlichen Gerichte** kann von den Parteien nicht abbedungen werden.[213]

Für die Formwirksamkeit von Schiedsvereinbarungen **ohne Verbraucherbeteiligung 108** ist nach § 1031 Abs. 1 ZPO jede Form der Nachrichtenübermittlung ausreichend, die einen Nachweis der Vereinbarung sicherstellt. Gemäß § 1031 Abs. 3 ZPO entsteht durch Bezugnahme eines Vertrags auf eine Schiedsklausel in AGB auch dann eine formwirksame Schiedsvereinbarung, sofern die Klausel durch die Bezugnahme Vertragsbestandteil wurde.[214] Sind hingegen **Verbraucher** an der Schiedsvereinbarung beteiligt, so gilt gemäß § 1031 Abs. 5 ZPO die Schriftform bei Notwendigkeit einer separaten und eigenhändig unterzeichneten Urkunde (§ 1031 Abs. 5 S. 1) oder alternativ die elektronische Form (§ 1031 Abs. 5 S. 2).[215] In der Praxis der vertriebsrechtlichen Streitigkeiten dürfte die Beteiligung eines Verbrauchers allerdings eher keine Rolle spielen. Jedenfalls können nach § 1031 Abs. 6 ZPO jegliche Formmängel im Wege der **rügelosen Einlassung** auf die schiedsgerichtliche Verhandlung zur Hauptsache geheilt werden.[216]

3. Schiedsfähigkeit. a) Allgemeine Schiedsfähigkeit. Voraussetzung einer wirk- **109** samen Schiedsvereinbarung ist auch die Schiedsfähigkeit, die sich nach objektiven und subjektiven Kriterien bemisst. Unter der **objektiven Schiedsfähigkeit** ist die Entscheidungsbefugnis des Schiedsgerichts über einen Streitgegenstand zu verstehen, über das der Staat sich kein Rechtsprechungsmonopol vorbehalten hat.[217] Darunter fallen zunächst nach § 1030 Abs. 1 S. 1 ZPO alle vermögensrechtlichen Ansprüche. Nichtvermögensrechtliche Ansprüche kommen grundsätzlich auch als Streitgegenstand infrage, soweit sie Gegenstand eines Vergleichs sein können. Die **subjektive Schiedsfähigkeit** meint die Fähigkeit Schiedsvereinbarungen zu schließen und erfordert die Rechts-, Geschäfts- und Prozessfähigkeit der Parteien der Schiedsvereinbarung.[218]

---

[210] Vgl. bspw. auf der Webseite der ICC https://iccwbo.org/publication/suggested-clauses-referring-icc-rules-administration-expert-proceedings-english-version/.

[211] Annex zu den UNCITRAL Arbitration Rules, online abrufbar auf: https://uncitral.un.org/sites/uncitral.un.org/files/media-documents/uncitral/en/arb-rules-revised-2010-e.pdf.

[212] MüKoZPO/Münch § 1040 Rn. 6.

[213] Vertiefend hierzu BGH SchiedsVZ 2005, 95.

[214] Zöller/Geimer ZPO § 1031 Rn. 9 ff.; Salger/Trittmann/von Schlabrendorff Int. Schiedsverfahren § 2 Rn. 82.

[215] Für den Verbraucherbegriff kann § 13 BGB herangezogen werden, wodurch zB Existenzgründer als Verbraucher ausscheiden. Umstritten ist, ob Gesellschafter einer Personenhandelsgesellschaft oder Geschäftsführer einer GmbH die Verbrauchereigenschaft erfüllen können, vgl. Saenger/Saenger ZPO § 1031 Rn. 10 f.

[216] BGH NJW-RR 2005, 1659.

[217] BGH NJW 1996, 1753.

[218] Salger/Trittmann/von Schlabrendorff Int. Schiedsverfahren § 2 Rn. 45.

110 **b) Schiedsfähigkeit von kartellrechtlichen Fragen.** Heute ist die Schiedsfähigkeit von (vertriebs-)kartellrechtlichen und zivilrechtlichen Fragen international weitgehend gesichert. Dies war jedoch keinesfalls immer so. Erst die Mitsubishi-Entscheidung von 1984[219] brachte insoweit die Wende, als der US Supreme Court für kartellrechtliche Streitigkeiten Schiedsverfahren zuließ, wobei betont wurde, dass im Rahmen der Vollstreckbarerklärung die Gerichte noch die Möglichkeit einer (eingeschränkten) Überprüfung haben.

111 In Deutschland wurde erst mit Wirkung zum 1.1.1998 § 91 GWB aF abgeschafft, der bis dahin für kartellrechtliche Angelegenheiten Schiedsvereinbarungen für unwirksam erklärt hatte. Noch später, nämlich erst 2005 wurde in Österreich § 124 öKartG abgeschafft, der mit § 91 GWB aF Vergleichbares geregelt hatte. Den eigentlichen Durchbruch der Schiedsfähigkeit in kartellrechtlichen Fragen brachte jedoch die Entscheidung des EuGH in der Entscheidung EcoSwiss[220], in der der EuGH entschied, dass ein nationales Gericht einen Schiedsspruch wegen eines ordre public-Verstoßes aufheben könne, soweit dieser verbindliches EU-Kartellrecht missachtet. Hierin lag indirekt die Anerkennung der Schiedsfähigkeit von kartellrechtlichen Fragen.

112 **4. Fakultativer Regelungsinhalt.** Daneben kommt als fakultativer Inhalt eine Vielzahl von prozessualen Ablauf- und Durchführungsvorschriften in Betracht. Der fakultative Inhalt unterliegt nicht der Formpflicht des § 1031 ZPO.[221]

113 **a) Anzahl Schiedsrichter.** Eine typische Regelung in Schiedsklauseln betrifft die Anzahl der Schiedsrichter. Üblicherweise werden entweder Einzelschiedsrichter oder ein Dreierschiedsgericht gewählt.[222] Nach § 1034 Abs. 1 S. 1 ZPO können die Parteien die Anzahl der Schiedsrichter frei vereinbaren. Fehlt eine entsprechende Vereinbarung, so gilt ein Dreierschiedsgericht als vereinbart (vgl. § 1034 Abs. 1 S. 2 ZPO). Dabei sollten die Parteien beachten, dass die Anzahl der Schiedsrichter naturgemäß **Auswirkungen auf die Höhe der Schiedsrichterhonorare** hat.

114 Hinsichtlich der Anzahl der Schiedsrichter wird häufig bei kleineren oder einfach gelagerten Streitigkeiten ein Einzelschiedsrichter vorgezogen. Oftmals ist jedoch **schwer abzusehen, wie kompliziert spätere Streitigkeiten tatsächlich werden.** In diesem Zusammenhang können auch konkrete Spezifikationen etwaiger Kandidaten, wie Alter, Nationalität oder berufliche Qualifikationen, zu erheblichen Einschränkungen führen und die Auswahl des Schiedsgerichts erheblich erschweren. Regeln die Parteien die Anzahl der Schiedsrichter nicht, tendieren die meisten Schiedsinstitutionen in der Praxis bei Streitwerten bis zu 5 Mio. EUR dazu, eher das Verfahren einem Einzelschiedsrichter zu übertragen. Die ICC sieht in Art. 30 ICC-SchO bis zu einem Streitwert von 2 Mio. USD bzw. seit dem 1.1.2021 von 3 Mio. USD zudem die Anwendbarkeit eines beschleunigten Verfahrens (Appendix VI) und damit ein verschlanktes Verfahren mit einem Einzelschiedsrichter vor.

115 **b) Schiedsort.** Insbesondere in internationalen Verfahren ist es zweckmäßig, einen Schiedsort festzulegen. Mit Bestimmung des Schiedsorts ergibt sich das anwendbare Verfahrensrecht und insbesondere die zwingenden Verfahrensvorschriften.[223] Fehlt eine entsprechende Vereinbarung eines Schiedsorts, so hat das **Schiedsgericht den Ort des Verfahrens zu bestimmen** (vgl. § 1043 Abs. 1 S. 2 ZPO). Liegt der Schiedsort in Deutschland, gelten zwangsläufig die zwingenden Vorschriften des Zehnten Buchs der ZPO, soweit diese nicht im Einzelnen disponibel sind und durch Parteivereinbarung abbedungen werden.

---

[219] Mitsubishi Motors Corp. vs. Soler Chrysler Plymouth Inc. 473 US 614 (1985).
[220] EuGH WuW 1999, 765.
[221] Zöller/Geimer ZPO § 1031 Rn. 18; Schwab/Walter, Schiedsgerichtsbarkeit, Kap. 7 Rn. 22 ff.
[222] Saenger/Saenger ZPO § 1034 Rn. 4; Anders/Gehle/Anders ZPO § 1034 Rn. 3.
[223] MüKoZPO/Münch § 1043 Rn. 17 ff.; vgl. auch Schwab/Walter, Schiedsgerichtsbarkeit, Kap. 15 Rn. 38.

Der Sitz des Schiedsverfahrens legt den **prozessrechtlichen Rahmen des Verfahrens** **116** fest und ist entscheidend für die etwaige Inanspruchnahme staatlicher Gerichte. Daneben bestehen regelmäßig Auswirkungen auf die Methodik der Sachverhaltsermittlung und Beweisaufnahme. Hiervon zu trennen ist der **Ort der mündlichen Verhandlung.**[224] Dieser ist nicht zwingend mit dem Schiedsort identisch. Von den Parteien kann vielmehr jeder geeignete Ort für die mündliche Verhandlung festgelegt werden (vgl. § 1043 Abs. 2 ZPO). Maßgebliche Kriterien für die Wahl des Orts der mündlichen Verhandlung können beispielsweise Reisezeiten der Parteien und des Schiedsgerichts sowie Tagungsmöglichkeiten und Ausstattung der jeweiligen Räumlichkeiten sein. Insoweit kann auch insbesondere technischen Erfordernissen sowie Vertraulichkeitserwägungen der Parteien bei der Wahl des Verhandlungsortes Rechnung getragen werden. Nicht nur durch den Einfluss der Covid-19 Pandemie ist in der Praxis ein Trend zu erkennen, mündliche Verhandlungen virtuell im Wege einer Video-Konferenz durchzuführen. Das bringt zwar insbesondere bei einer erforderlichen Einvernahme von Zeugen zusätzliche Maßnahmen zur Sicherung der Integrität des Zeugen oder Sachverständigen mit sich, führt aber auch durch den Wegfall von Reisekosten und verringertem Zeitaufwand zu Effizienzerhöhungen. Die meisten Schiedsinstitutionen bieten hierbei auch Unterstützung unter anderem durch die Zurverfügungstellung von Logistik und Leitfäden an (beispielsweise die **ICC Checklist for a Protocol on Virtual Hearings and Suggested Clauses for Cyber-Protocols and Procedural Orders Dealing with the Organisation of Virtual Hearings** und die DIS **Checkliste Informations- und Kommunikationstechnologie & Schiedsverfahren**).[225]

c) Weitere prozessuale Regelungen. Als weitere prozessuale Regelungen kommen **117** eine Vielzahl von Vorschriften in Betracht. So lässt sich etwa an die **Sprache des Schiedsverfahrens** denken. Soweit eine Vereinbarung fehlt, hat das Schiedsgericht nach seiner Konstituierung hierüber zu entscheiden.[226] Eine fehlende Bestimmung ist insoweit misslich, als diese im Hinblick auf die Auswahl der Schiedsrichterkandidaten sowie auf die Sprachqualifikation der Parteivertreter schon zuvor für die Auswahl der Parteien von erheblicher Bedeutung ist. Diese Entscheidungen sollten daher am besten in der Schiedsvereinbarung, jedenfalls aber vor der Konstituierung des Schiedsgerichts getroffen werden.

Im Hinblick auf die Verfahrenssprache lässt sich gegebenenfalls auch unnötiger **Über-** **118** **setzungsaufwand** vermeiden. Ferner lässt sich eine Regelung treffen, wonach Dokumente auch in einer weiteren Sprache vorgelegt werden können, wenn diese eine besondere Bedeutung im Zusammenhang mit der Streitigkeit hat (zB als Sprache am Sitz einer Partei oder Verwendung als maßgebliche Korrespondenzsprache).

Ebenso sinnvoll ist – soweit nicht bereits an anderer Stelle geschehen – eine **Verein-** **119** **barung des auf den Rechtsstreit anwendbaren materiellen Rechts,** da anderenfalls Unsicherheiten auftreten können.[227]

Gegebenenfalls kann es sich auch in internationalen Verfahren anbieten, **Zustellungs-** **120** **bevollmächtigte** in dem Staat zu bestellen, in dem das Schiedsverfahren durchgeführt wird. Hierdurch können spätere Komplikationen bei der Zustellung von Schriftsätzen vermieden werden.

5. Besonderheiten bei internationalen Schiedsverfahren. In internationalen Ver- **121** fahren können sich weitere prozessuale Regelungen anbieten. Gerade mit Blick auf Parteien aus dem anglo-amerikanischen Rechtskreis kann es zweckmäßig sein, ausdrückliche Bestimmungen über die Durchführung der Sachverhaltsermittlung und der Beweisaufnah-

---

[224] Saenger/Saenger ZPO § 1043 Rn. 5; Anders/Gehle/Anders ZPO § 1043 Rn. 3 f.; Schwab/Walter, Schiedsgerichtsbarkeit, Kap. 16 Rn. 43.

[225] Leitfäden der DIS aufrufbar unter: https://www.disarb.org/werkzeuge-und-tools/practice-notes; Leitfäden der ICC aufrufbar unter: https://iccwbo.org/?s=practice+note.

[226] Schwab/Walter, Schiedsgerichtsbarkeit, Kap. 16 Rn. 42.

[227] → Rn. 187 ff.

me zu treffen. Insbesondere im Hinblick auf die Möglichkeit der Gegenpartei, eine Vorlage von Dokumenten **(Document Disclosure)** zu verlangen, kann es zu großen Überraschungen für deutsche Parteien kommen.[228] Während das kontinental-europäische Recht im Grundsatz davon ausgeht, dass jede Partei für die Beschaffung der erforderlichen Beweismittel selbst verantwortlich ist, sind im anglo-amerikanischen Recht umfassende Vorlagepflichten mit Blick auf (elektronische) Dokumente üblich.[229] Im internationalen Schiedsverfahrensrecht hat sich insoweit ein Kompromiss zwischen kontinental-europäischen und anglo-amerikanischen Rechtstraditionen herausgebildet, welcher eine eingeschränkte Vorlage von Dokumenten vorsieht.[230] Vor diesem Hintergrund sollten die Parteien erwägen, inwieweit sie sich vor Entstehung der Streitigkeit ggf. auf einheitliche Vorgaben oder zumindest gewisse Beschränkungen verständigen können. Dabei kann auch das anwendbare materielle Recht eine Rolle spielen, wenn dieses Beweislastregeln enthält, die darauf aufbauen, dass die Möglichkeit, eine Herausgabe von Dokumenten zu verlangen, nicht existiert.[231]

IV. Die Konstituierung des Schiedsgerichts

122   Soweit die Parteien keine gesonderte Vereinbarung getroffen haben, bestimmt sich die Konstituierung des Schiedsgerichts nach dem anwendbaren Schiedsverfahrensrecht am Schiedsort. Soweit die Tätigkeit eines **Einzelschiedsrichters** vereinbart wurde, obliegt es den Parteien, sich auf eine konkrete Person zu verständigen. Soweit eine Einigung nicht möglich ist, kann jede Partei beim Oberlandesgericht, in dessen Bezirk der Schiedsort liegt, die Bestellung eines Einzelschiedsrichters beantragen (vgl. § 1035 Abs. 3 S. 1 ZPO).[232]

123   Soweit die Parteien keine Regelung für die Anzahl der Schiedsrichter getroffen haben, ist nach § 1034 Abs. 1 S. 2 ZPO ein **Dreierschiedsgericht** zur Entscheidung über den Rechtsstreit berufen. Freilich können die Parteien ein Dreierschiedsgericht auch vereinbaren. In diesem Fall benennen die Parteien jeweils einen Schiedsrichter. Sodann einigen sich die beiden Parteischiedsrichter auf den oder die Vorsitzende(n) des Schiedsgerichts. Soweit eine Einigung zwischen den Beisitzern nicht erfolgt, kann ebenfalls auf Antrag das Oberlandesgericht entscheiden.[233]

124   **1. Auswahl der Schiedsrichter.** Das Recht zur Auswahl der Schiedsrichter ist **Ausfluss des Grundsatzes der Parteiautonomie,**[234] welcher ein tragender Pfeiler des Schiedsverfahrensrechts ist. Die Möglichkeit zur Auswahl von Mitgliedern des Entscheidungsgremiums hat erhebliche Bedeutung sowohl für die Verfahrensdurchführung als auch für die Entscheidungsfindung des Schiedsgerichts. Dementsprechend wird die Möglichkeit der Parteien, ihr eigenes Entscheidungsgremium autonom zu bestimmen, als wesentlicher Vorteil der Schiedsgerichtsbarkeit gegenüber staatlichen Verfahren verstanden.

125   **a) Auswahlkriterien.** Der parteibenannte Schiedsrichter wird von den Parteien häufig als maßgeblicher Faktor für die **Berücksichtigung der eigenen Sach- und Rechtsposition bei der Entscheidungsfindung** verstanden. Daher versuchen Parteien typischerweise, einen Schiedsrichter zu benennen, der ihren Positionen gewogen ist oder diesen zumindest nicht ablehnend gegenübersteht.

---

[228] In diesem Zusammenhang können sich gesonderte Parteivereinbarung zur Verfahrensdurchführung anbieten, vgl. hierzu eingehend Trittmann FS Elsing, 2015, 571 (584 ff.) sowie zum Verhältnis von materiellem Recht und Beweisvorschriften auch schon Trittmann/Mekat b-arbitra 2014, 351 (370).

[229] → Rn. 57 ff.

[230] Vgl. Elsing SchiedsVZ 2011, 114 (121).

[231] Hierzu eingehend: Trittmann SchiedsVZ 2016, 7.

[232] Zöller/Geimer ZPO § 1035 Rn. 16; Prütting/Gehrlein/Prütting ZPO § 1035 Rn. 6 f.; Anders/Gehle/Anders ZPO § 1035 Rn. 7 f., Rn. 12.

[233] Anders/Gehle/Anders ZPO § 1035 Rn. 8; OLG München NJOZ 2009, 4781 zur Bestellung des dritten Schiedsrichters durch Gericht bei Uneinigkeit der beiden anderen Schiedsrichter.

[234] BeckOK ZPO/Wolf/Eslami § 1025 Rn. 1.1; vgl. auch Prütting/Gehrlein/Prütting ZPO § 1025 Rn. 1.

Als Kriterium für die Schiedsrichterwahl werden **neben der fachlichen Eignung** **126** **häufig die Nationalität oder bekannte fachliche oder sprachliche Qualifikationen des Schiedsrichterkandidaten** berücksichtigt.[235] Unter die relevanten Qualifikationen können beispielsweise technische Expertise oder Erfahrungen mit vertriebsrechtlichen Streitigkeiten fallen. Schwierig ist insoweit, dass sich – abgesehen von öffentlich verfügbaren Lebensläufen – selten öffentlich zugängliche Informationen zu den Schiedsrichtern und deren Arbeitsweise finden lassen. Dies betrifft insbesondere Informationen zu Erfahrungen mit der Art der Amtsführung oder der Verfahrensdauer bis zu einer Entscheidungsfindung. Die Parteien verlassen sich daher häufig auf Kenntnisse ihrer Prozessvertreter sowie auf informelle Empfehlungen. Mit Blick auf die hohe Bedeutung der Schiedsrichterauswahl wird diese Intransparenz zunehmend als kritisch beurteilt. Die ICC bietet inzwischen auf ihrer Webpage www.iccwbo.org die Möglichkeit, für einzelne Personen zu prüfen, ob und gegebenenfalls mit wem gemeinsam diese in anderen ICC-Verfahren tätig gewesen sind. Dies ist ein wichtiger Schritt, um die Nutzer der Schiedsgerichtsbarkeit mit verlässlichen Daten bei der Auswahl der Schiedsrichterkandidaten zu versorgen.[236]

Idealerweise sollte der parteibenannte Schiedsrichter möglichst über materielle vertriebs- **127** rechtliche Kenntnisse (ggf. über Einbeziehung des Vertriebskartellrechts) ebenso verfügen, wie über Kenntnisse des Schiedsverfahrens. Im besten Fall kämen noch Kenntnisse des relevanten Industriebereichs hinzu.

b) Höchstpersönlichkeit des Schiedsrichteramts. Aus dem **Grundsatz der** **128** **Höchstpersönlichkeit des Schiedsrichteramts** folgt, dass nur eine natürliche Person Schiedsrichter sein kann.[237] Dementsprechend kann eine Personengemeinschaft oder juristische Person nicht Schiedsrichter sein, soweit sich nicht zweifelsfrei ermitteln lässt, welche natürliche Person das Schiedsrichteramt wahrnehmen soll.[238] Aufgrund der Höchstpersönlichkeit des Schiedsrichteramts muss auch eine Delegation oder Vertretung bei der schiedsrichterlichen Spruchtätigkeit auf dritte Personen ausscheiden. Unterstützungsleistungen, beispielsweise durch administrative Sekretäre des Schiedsgerichts, sind jedoch möglich und finden in der Praxis häufige Anwendung.[239]

c) Unabhängigkeit und Unparteilichkeit. Voraussetzungen für die Aufnahme in das **129** Schiedsrichteramt sind außerdem die Unparteilichkeit sowie die Unabhängigkeit des Kandidaten (Art. 9.1 DIS-SchO; e contrario § 1036 Abs. 2 ZPO).[240] Dabei bezieht sich die **Unabhängigkeit** auf die äußerlich wahrnehmbaren Bindungen zwischen einer Partei und dem Schiedsrichter. Nur wenn eine solche Beziehung nicht vorliegt, ist die Unabhängigkeit des Schiedsrichters gegeben. Demgegenüber bezieht sich der Begriff der **Unparteilichkeit** auf die subjektive Seite der Bindung zwischen Schiedsrichter und Partei. Insoweit muss der Schiedsrichter eine neutrale gedankliche Distanz zu beiden Parteien bewahren.[241] Ob der Schiedsrichterkandidat diese beiden Anforderungen erfüllt, kann nur durch eine umfassende Prüfung des Einzelfalls und all seiner Umstände festgestellt werden.

Die hierauf beruhenden Amtspflichten eines Schiedsrichters werden im praktischen **130** Bereich insbesondere durch internationale Best Practices bzw. durch Soft Law, wie beispielsweise die **IBA Guidelines on Conflicts of Interest in International Arbitration**

---

[235] Vgl. BeckOK ZPO/Wolf/Eslami § 1034 Rn. 2; Musielak/Voit/Voit ZPO § 1035 Rn. 18.

[236] ICC Court announces new policies to foster transparency and ensure greater efficiency, Paris, 5 January 2016 auf http://www.iccwbo.org/News/ICC-Court-announces-new-policies-to-foster-transparency-and-ensure-greater-efficiency/.

[237] MüKoZPO/Münch Vor §§ 1034 ff. Rn. 21.

[238] Zum Streitstand siehe Schütze/Tscherning/Wais/Wais, Handbuch des Schiedsverfahrens, Rn. 177 f.; vgl. Zöller/Geimer ZPO § 1035 Rn. 7.

[239] MüKoZPO/Münch Vor §§ 1034 ff. Rn. 21.

[240] Dies gilt gleichermaßen bei der gerichtlichen Bestellung der Schiedsrichter, vgl. § 1035 Abs. 5 S. 1 ZPO.

[241] Zöller/Geimer ZPO § 1036 Rn. 1 ff.; zu weiteren Pflichten des Schiedsrichters Musielak/Voit/Voit ZPO § 1035 Rn. 24.

(2014)[242] und die **IBA Rules of Ethics for International Arbitrators (1987)**[243], präzisiert. Die Bedeutung dieses Soft Law ist umso größer, als einschlägige gesetzliche oder schiedsinstitutionelle Vorgaben nur in überaus abstrakter Form existieren.

131   Für die Zeit des Ernennungsverfahrens, aber auch für die gesamte Dauer des Schiedsverfahrens, tragen Schiedsrichter eines Schiedstribunals eine **Offenlegungspflicht** bezüglich aller Umstände, die ihre Unparteilichkeit oder Unabhängigkeit in Frage stellen könnten.[244] Diese Offenlegungspflicht entfällt lediglich, wenn die besagten Umstände bereits veröffentlicht und somit bekannt sind.[245]

132   Im Rahmen von Ernennung und gegebenenfalls Bestätigung müssen die Schiedsrichter eine **Unabhängigkeitserklärung** abgeben. Hierbei sind sämtliche Umstände offenzulegen, die gegen eine Unparteilichkeit oder Unabhängigkeit sprechen. Durch eine solche Transparenz sollen die Parteien frühzeitig über Ablehnungsgründe informiert und die Neutralität des Schiedsverfahrens gewährleistet werden.

133   Mit der Annahme der Schiedsrichter und dem Abschluss eines etwaigen Ablehnungsverfahrens ist das Schiedsgericht konstituiert. Mit der **Konstituierung** ist das Schiedsgericht für die weitere Verfahrensführung handlungsfähig.

134   **2. IBA Guidelines on Conflict of Interest.** Als Hilfestellung und Beitrag zu einem internationalen Kompromiss hat die IBA im Juli 2004 Guidelines on Conflicts of Interest in International Arbitration beschlossen **(IBA-Guidelines on Conflict of Interest),** die zuletzt im Jahr 2014 überarbeitet wurden.[246] Sinn dieser Guidelines ist, Parteien und Schiedsrichter aus eventuell verschiedenen Rechtskreisen mit gegebenenfalls unterschiedlichen kulturellen Hintergründen ein einheitliches Regelwerk zur Verfügung zu stellen, um einen gemeinsamen Maßstab für Offenlegungspflichten sowie Schiedsrichterunabhängigkeit zu geben.[247]

135   Bei den IBA-Guidelines handelt es sich um **Soft Law ohne unmittelbare Bindungswirkung.** Nichtsdestotrotz werden die IBA-Guidelines häufig bei der Beurteilung von Unparteilichkeit und Unabhängigkeit von Schiedsrichtern herangezogen.[248]

136   Die IBA-Guidelines sind zweiteilig aufgebaut. Nach einer kurzen, Einführung folgt ein erster Teil mit **General Standards.** Im Rahmen dieser allgemeinen Standards für Unparteilichkeit, Unabhängigkeit und Offenlegung werden sieben konkrete Verhaltenspflichten formuliert. Dabei lehnen sich die IBA-Guidelines bewusst an den Wortlaut des Art. 12 UNCITRAL-Modellgesetz an.[249]

137   Der zweite Teil betrifft die praktische Anwendung der allgemeinen Standards **(Practical Application of the General Standards).** In diesem Teil wird nach verschiedenen, nach Farben getrennten Listen unterschieden. In der nicht-dispositiven roten Liste **(non-waivable red list)** werden Fälle von berechtigten Zweifeln an der Unparteilichkeit und Unabhängigkeit eines Schiedsrichters mit Blick auf das Verbot des Richters in eigener Sache genannt. Die non-waivable red list umfasst beispielsweise Fälle, in denen der Schiedsrichter personengleich mit einer Partei des Schiedsverfahrens oder gesetzlicher Vertreter einer Partei ist. Ferner führt ein eigenes wirtschaftliches oder persönliches Interesse an dem

---

[242] http://www.ibanet.org/Publications/publications_IBA_guides_and_free_materials.aspx.

[243] http://www.trans-lex.org/701100/; siehe auch IBA Committee D on Arbitration and ADR SchiedsVZ 2003, 263.

[244] OLG Frankfurt a. M. SchiedsVZ 2008, 96 (100) zur Zurückweisung eines Ablehnungsantrags wegen beruflicher Kontakte zwischen Schiedsrichter und Parteivertreter mit Bezugnahme auf § 1036 Abs. 1 ZPO und § 16.1 DIS-SchO.

[245] BeckOK ZPO/Wolf/Eslami § 1036 Rn. 15; vgl. BGH NJW 1986, 3077 (3078); Gegen ein Entfallen der Offenlegungspflicht bei berufsrechtlicher Schweigepflicht BeckOK ZPO/Wolf/Eslami § 1036 Rn. 16; Anders/Gehle/Anders ZPO § 1036 Rn. 2; MüKoZPO/Münch § 1036 Rn. 23.

[246] http://www.ibanet.org/Publications/publications_IBA_guides_and_free_materials.aspx.

[247] BeckOK ZPO/Wolf/Eslami § 1036 Rn. 11 ff.

[248] Vgl. OLG Frankfurt a. M. SchiedsVZ 2008, 96; Schweizerischer Bundesgerichtshof ASA Bulletin 2008, 506.

[249] Voser SchiedsVZ 2003, 59 (60).

Ausgang des Schiedsverfahrens ebenfalls zu berechtigten Zweifeln an der Unparteilichkeit und Unabhängigkeit eines Schiedsrichters. Aus diesem Grund sind derartige Umstände in jedem Fall offenzulegen.

Daneben gibt es eine dispositive rote Liste **(waivable red list).** Diese disponible rote **138** Liste enthält Beispiele, welche im Falle einer Offenlegung wahrscheinlich zu einer Ablehnung führen können, jedoch von den Parteien in Kenntnis des Sachverhalts durch ausdrückliche Vereinbarung hingenommen werden können. Die waivable red list ist einschlägig, wenn der Schiedsrichter beispielsweise eine der Parteien in dem vorliegenden Rechtsstreit beraten hat oder sonst in den Rechtsstreit involviert war. Das Gleiche gilt, wenn der Schiedsrichter (mittelbar oder unmittelbar) Anteile an einer an dem Rechtsstreit beteiligten Gesellschaften hält oder ein naher Familienangehöriger des Schiedsrichters ein finanzielles oder persönliches Interesse an dem Ausgang des Rechtsstreits hat. Zudem sind bestimmte Beziehungen zwischen dem Schiedsrichter und den anwaltlichen Vertretern oder den Parteien auf der waivable red list aufgeführt, wie bspw. Aktien des Schiedsrichters an einer der Parteien oder Beratung der Rechtsanwaltskanzlei des Schiedsrichters gegenüber einer der Parteien.[250]

Bei der orangenen Liste **(orange list)** handelt es sich um eine nicht abschließende **139** Aufzählung von besonderen Situationen, welche Anlass zu berechtigten Zweifeln an der Unabhängigkeit und Unparteilichkeit von Schiedsrichtern geben können. In solchen Fällen hat der Schiedsrichter ebenfalls eine Pflicht zur Offenlegung. Soweit die Parteien nach der Offenlegung nicht innerhalb angemessener Frist Einspruch erheben, gelten die betreffenden Sachverhalte als akzeptiert. Eine Offenlegung bedeutet daher keinesfalls eine Disqualifikation des Schiedsrichters. Vielmehr sollen die Parteien in Kenntnis aller relevanten tatsächlichen Umstände eine informierte Entscheidung über die schiedsrichterliche Unparteilichkeit und Unabhängigkeit treffen können.[251] Die orangene Liste umfasst beispielsweise beratende Tätigkeiten des Schiedsrichters für oder gegen eine an dem Rechtsstreit beteiligte Partei innerhalb der letzten drei Jahre. Ferner sind bestimmte Beziehungen zwischen dem Schiedsrichter und anderen Schiedsrichtern oder den anwaltlichen Vertretern der Parteien sowie den Parteien des Rechtsstreits erfasst.

Schließlich enthält die grüne Liste **(green list)** eine ebenfalls nicht abschließende Auf- **140** zählung von besonderen Sachverhalten, in denen **kein hinreichender Anlass für Zweifel an der Unabhängigkeit und Unparteilichkeit** des Schiedsrichters vorliegt. Dementsprechend besteht keine Offenlegungspflicht des Schiedsrichters. Im Hinblick auf die Zeitspannen hinsichtlich der Sachverhalte in der orangenen Liste ist es einem Schiedsrichter jedoch nicht verwehrt, freiwillige Offenlegungen vorzunehmen, wenn er dies für angemessen hält.[252] Nach der grünen Liste ist es beispielsweise unerheblich, dass sich der Schiedsrichter öffentlich (zB in einem Beitrag oder einer Fachzeitschrift) zu einer in dem Schiedsverfahren streitigen Frage geäußert hat.[253]

3. Praxis der Schiedsinstitutionen. In der Praxis haben die gesetzlichen Regeln zur **141** Schiedsrichterernennung nur eingeschränkte Bedeutung, da in vielen Fällen **institutionelle Schiedsordnungen** von den Parteien gewählt werden. Vor diesem Hintergrund sollen die ICC-SchO[254] und die DIS-SchO[255] als in Deutschland weit verbreitete Schiedsordnungen kurz dargestellt werden.

a) ICC-SchO. Wenn die Parteien die Anwendung der ICC-SchO vereinbart haben, **142** entspricht die Schiedsrichterauswahl nicht dem üblichen Vorgehen nach dem zehnten Buch

---

[250] Vertiefend siehe IBA Committee D on Arbitration and ADR SchiedsVZ 2003, 263 (268).
[251] Vgl. BeckOK ZPO/Wolf/Eslami § 1036 Rn. 11 ff.; vgl. auch Prütting/Gehrlein/Prütting ZPO § 1036 Rn. 2 f., 5.
[252] IBA-Guidelines on Conflict of Interest, Part II, para. 7.
[253] Vertiefend siehe IBA Committee D on Arbitration and ADR SchiedsVZ 2003, 263 (268).
[254] Online abrufbar auf: https://iccwbo.org/dispute-resolution-services/arbitration/rules-of-arbitration/.
[255] Online abrufbar auf: https://www.disarb.org/werkzeuge-und-tools/dis-regeln.

der ZPO. Eine der Besonderheiten der ICC-SchO liegt in dem **besonderen Gewicht des ICC-Gerichtshofs.** Dieser kann – soweit erforderlich –Schiedsrichter ernennen. Daneben obliegt dem ICC-Gerichtshof die Bestätigung von Schiedsrichtern gemäß Art. 13 ICC-SchO. Damit soll sichergestellt werden, dass das Schiedsgericht von neutralen und zur Durchführung des Schiedsverfahrens fähigen Personen besetzt ist.

143 Soweit die Parteien keine Vereinbarung hinsichtlich Anzahl der Schiedsrichter getroffen haben, ernennt der ICC-Gerichtshof **im Grundsatz einen Einzelschiedsrichter.** Hiervon kann der ICC-Gerichtshof allerdings abweichen, wenn er aufgrund der Bedeutung der Streitigkeit eine Entscheidung durch drei Schiedsrichter für angemessen erachtet. Aus der Praxis des ICC-Gerichtshofs wird die Faustregel berichtet, dass ab einem Streitwert von 10 Mio. USD regelmäßig drei Schiedsrichter ernannt werden.[256] In diesem Fall kann jede Partei einen Beisitzer benennen. Der Vorsitzende des Schiedsgerichts wird durch den ICC-Gerichtshof ernannt.

144 Im Falle der Entscheidung durch einen **Einzelschiedsrichter** obliegt es den Parteien, innerhalb einer Frist von 30 Tagen ab Zustellung der Schiedsklage eine Einigung zu erzielen (vgl. Art. 12(3) ICC-SchO).

145 Haben sich die Parteien nicht auf einen Schiedsrichterkandidaten oder einen Bestellungsmechanismus verständigen können, ersucht der ICC-Gerichtshof die **Landesgruppe der ICC,** die er in dem konkreten Fall für geeignet hält, um einen **nicht bindenden Vorschlag** (vgl. Art. 13(3) ICC-SchO). Der zu ernennende Einzelschiedsrichter soll nicht dieselbe Staatsangehörigkeit wie die Parteien besitzen, sofern nicht ausnahmsweise besondere Umstände dies sinnvoll erscheinen lassen und keine der Parteien Einwendungen erhebt.

146 Daneben enthält die ICC-SchO Vorschriften für Sachverhalte mit mehreren Parteien auf Kläger- oder Beklagtenseite **(multi-party arbitration).**[257] Gemäß Art. 12(6) ICC-SchO müssen sich mehrere Kläger oder mehrere Beklagte jeweils gemeinsam auf einen Beisitzer verständigen. Andernfalls kann der ICC-Gerichtshof alle drei Schiedsrichter ernennen. Hierbei kann der ICC-Gerichtshof jede ihm geeignet erscheinende Person auswählen.

147 **b) DIS-SchO.**[258] Im Geltungsbereich der DIS-SchO entscheidet – soweit die Parteien keine abweichende Regelung getroffen haben – **im Grundsatz ein Dreierschiedsgericht** über den Rechtsstreit.[259] Soweit sich die Parteien in der Schiedsvereinbarung auf die Entscheidung durch einen Einzelschiedsrichter verständigt haben, obliegt es ihnen, innerhalb einer Frist von 30 Tagen einvernehmlich eine konkrete Person auszuwählen. Wenn eine Einigung nicht erfolgt, wählt der DIS-Ernennungsausschuss den Einzelschiedsrichter aus und benennt diesen gemäß Art. 13.2 DIS-SchO (vgl. Art. 11 DIS-SchO).

148 Soweit keine Entscheidung durch einen Einzelschiedsrichter vereinbart ist, hat der Kläger gemäß Art. 5.2 DIS-SchO seinen **parteibenannten Schiedsrichter schon mit Einreichung der Schiedsklage zu benennen.** Sodann fordert die Geschäftsstelle der DIS den Beklagten auf, innerhalb von 21 Tagen ebenfalls einen Schiedsrichter zu benennen (Art. 7.1 DIS-SchO). Soweit der Beklagte innerhalb dieser Frist keinen Schiedsrichter benennt, kann sich der Kläger für eine **ersatzweise Benennung** an den **DIS-Ernennungsausschuss** wenden (vgl. Art. 12 S. 2 DIS-SchO). Hierbei ist jedoch zu beachten, dass die DIS eine knapp verspätete Benennung akzeptieren kann, wenn der Ernennungsausschuss den beisitzenden Schiedsrichter noch nicht ernannt hat.[260] Die beiden benannten Beisitzer benennen sodann innerhalb von 21 Tagen nach Aufforderung durch die DIS, gemeinsam den Vorsitzenden des Schiedsgerichts (vgl. Art. 12.2 S. 1 DIS-SchO). Hierbei

---

[256] Vgl. Fry/Greenberg/Mazza, The Secretariat's Guide to ICC Arbitration, Rn. 3–440.

[257] → Rn. 189 ff.

[258] Die DIS-SchO wurde kürzlich überarbeitet; die zur Zeit der Drucklegung gültige Version datiert aus dem Jahre 2018.

[259] Vgl. Art. 10.2 DIS-SchO.

[260] Flecke-Giammarco/Boog/Meier/Gerhardt, The DIS Arbitration Rules – An Article-by-Article Commentary, § 2.03, S. 219 Rn. 10.

darf sich der jeweils parteiernannte Mitschiedsrichter, mit der Partei, die ihn ernannt hat, austauschen und Präferenzen zur Auswahl des Vorsitzenden erörtern (vgl. Art. 12.2 S. 2 DIS-SchO).[261] Dieses Vorgehen entspricht der internationalen Praxis.[262]. Soweit sich die beiden Beisitzer nicht gemeinsam innerhalb der Frist von 21 Tagen auf einen Vorsitzenden verständigen können, ernennt und bestellt der DIS-Ernennungsausschuss den Vorsitzenden (vgl. Art. 12.3 DIS-SchO). Hierbei wird einem gemeinsamen Fristverlängerungsgesuch der Parteien regelmäßig stattgegeben.[263]

Auch die DIS-SchO enthält Regelungen für **Mehrvertragsverfahren, Mehrparteien-** **149** **verfahren und die Einbeziehung zusätzlicher Parteien.**[264] Soweit die Parteien keine andere Vereinbarung getroffen haben, haben mehrere Kläger bereits in der Schiedsklage einen gemeinsamen Schiedsrichter zu benennen (vgl. Art. 20.1 (i) DIS-SchO). Im Fall von zwei oder mehr Beklagten müssen diese innerhalb einer Frist von 21 Tagen ihren parteibenannten Schiedsrichter benennen, sofern sämtliche Schiedsbeklagten bereits in der Schiedsklageschrift benannt wurden.[265] Soweit keine Einigung auf einen Schiedsrichter möglich ist und die Parteien nichts anderes vorsehen, benennt der DIS-Ernennungsausschuss nach Anhörung der Parteien die beiden Beisitzer (vgl. Art. 20.3 DIS-SchO).

4. Schiedsrichtervertrag. Die Parteien sowie alle Mitglieder des Schiedsgerichts schlie- **150** ßen gemeinsam jeweils einen **Schiedsrichtervertrag.**[266] Dieser mehrseitige Vertrag, überwiegend als materiell-rechtlicher Vertrag sui generis eingeordnet, enthält dienst- und geschäftsbesorgungsvertragliche Elemente.[267] Der Vertragsschluss erfolgt nach allgemeinen vertragsrechtlichen Bestimmungen (§§ 145 ff. BGB).[268] Der Schiedsrichtervertrag ist von der schiedsverfahrensrechtlichen Schiedsrichterernennung zu differenzieren, die eine Prozesshandlung darstellt.[269]

Regelungsgegenstand des Schiedsrichtervertrags sind die gegenseitigen **Rechte und** **151** **Pflichten** sowohl der Schiedsrichter als auch der Parteien. Charakteristisch für einen solchen Vertrag ist, dass er Regelungen zu **Art und Reichweite der Streitigkeit,** insbesondere bezüglich des Verfahrensrechts und des materiellen Rechts, trifft. Daneben können unter anderem das **Honorar,** die **Haftung, schiedsrichterliche Offenlegungspflichten** sowie **Mitwirkungspflichten der Parteien** im Rahmen des Verfahrens Regelungsgegenstand sein. Eine entsprechende vertragliche Regelung ist insbesondere im Bereich des ad-hoc-Verfahrens sinnvoll. Bei institutionellen Schiedsverfahren liegen zumeist schon auf Grundlage der jeweiligen Institutionsregeln ausreichende Regelungen vor.

V. Die Klageeinreichung

Hinsichtlich der Einleitung des Schiedsverfahrens ist zwischen ad-hoc-Verfahren und **152** institutionellen Schiedsverfahren zu differenzieren. Während bei ad-hoc-Schiedsverfahren durchaus erhebliche Probleme im Bereich der Verfahrenseinleitung und Zustellung des Vorlegungsantrags eintreten können, ist die Situation für die Klagepartei im Bereich der institutionellen Schiedsgerichtsbarkeit deutlich komfortabler.

---

[261] Schwab/Walter, Schiedsgerichtsbarkeit, Kap. 47 Rn. 20; Flecke-Giammarco/Boog/Meier/Gerhardt, The DIS Arbitration Rules – An Article-by-Article Commentary, § 2.03, S. 220 Rn. 15.

[262] Vgl. 8 (b) IBA Guidelines on Party Representation in International Arbitration, aufrufbar unter https://www.ibanet.org/MediaHandler?id=6F0C57D7-E7A0-43AF-B76E-714D9FE74D7F.

[263] Flecke-Giammarco/Boog/Meier/Gerhardt, The DIS Arbitration Rules – An Article-by-Article Commentary, § 2.03, S. 221 Rn. 18.

[264] Vgl. Art. 17–19 DIS-SchO.

[265] Flecke-Giammarco/Boog/Sessler/Heckel, The DIS Arbitration Rules – An Article-by-Article Commentary, § 2.04, S. 307 Rn. 8.

[266] Schwab/Walter, Schiedsgerichtsbarkeit, Kap. 11 Rn. 1.

[267] BGH NJW 1986, 3077 (3077 f.); Götz, Der Schiedsrichter zwischen Dienstleistungserbringung und Richtertätigkeit – Zum sogenannten Spruchrichterprivileg im System der Schiedsrichterhaftung, SchiedsVZ 2012, 311; Schwab/Walter, Schiedsgerichtsbarkeit, Kap. 11 Rn. 8.

[268] Vgl. Schwab/Walter, Schiedsgerichtsbarkeit, Kap. 11 Rn. 8 f.

[269] Hantke, Die Bildung des Schiedsgerichts, SchiedsVZ 2003, 269.

153 **1. Internationale Standards. a) Verfahrenseinleitung in ad hoc-Schiedsverfahren.** Im Rahmen von ad-hoc-Schiedsverfahren wird das anwendbare Verfahrensrecht allein durch die Parteivereinbarung sowie etwaige **Verfahrensregeln des Schiedsortes (lex loci arbitri)** bestimmt.[270] In der Praxis vereinbaren die Parteien in ad-hoc-Verfahren häufig die Anwendbarkeit der UNCITRAL Arbitration Rules. Soweit keine gesonderte Parteivereinbarung oder eine Bezugnahme auf die UNCITRAL Rules vorliegt, findet auf das Schiedsverfahren mit Schiedsort in Deutschland das zehnte Buch der ZPO Anwendung.[271]

154 Aus internationaler Perspektive beruht das zehnte Buch der ZPO im Wesentlichen auf dem UNCITRAL-Modellgesetz, was seinerseits Grundlage für eine Vielzahl nationaler Schiedsrechte ist. Insoweit besteht international eine weitgehende Übereinstimmung der Regelwerke für Schiedsverfahren bei den Staaten, die das UNCIRAL-Modellgesetz umgesetzt haben. Dieses zugrundeliegende Regelungswerk beschränkt sich jedoch auf allgemeine Rechtsgrundsätze, so dass Detailregelungen, die in institutionellen Schiedsordnungen zu finden sind, fehlen.

155 Gemäß § 1044 ZPO beginnt das schiedsrichterliche Verfahren mit dem Tag, an dem der Beklagte einen Antrag auf Vorlage einer Streitigkeit an ein Schiedsgericht (sog. **Vorlegungsantrag,** international **request for arbitration**) empfängt (vgl. § 1044 S. 1 ZPO). Dieser Antrag muss lediglich die Bezeichnung der Parteien, die Angaben des Streitgegenstands sowie einen Hinweis auf die Schiedsvereinbarung enthalten (vgl. § 1044 S. 2 ZPO). Bezeichnend an dieser Regelung ist der **geringe Mindestinhalt** eines Vorlegungsantrags.[272] Beispielsweise wird ein bestimmter Klageantrag, wie für die Schiedsklage nach § 1046 Abs. 1 ZPO vorgesehen, nicht vorausgesetzt. Daneben bedarf es im Grundsatz auch keiner Darstellung der anspruchsbegründenden Tatsachen. Vielmehr reicht es aus, wenn die Streitigkeit mit Blick auf die Schiedsvereinbarung hinreichend individualisiert ist. Selbst die Beifügung der Schiedsvereinbarung ist nur zweckmäßig und nicht zwingend erforderlich.[273]

156 Der Vorlegungsantrag in ad-hoc-Schiedsverfahren setzt die **prozessualen und materiellen Wirkungen** des Schiedsverfahrens in Lauf.[274] Nach deutschem Recht gehört hierzu beispielsweise die **Verjährungshemmung** nach § 204 Abs. 1 Nr. 11 BGB.[275] Gleiches gilt auch für den Eintritt des **Schuldnerverzugs** nach § 286 BGB sowie die Entstehung des Anspruchs auf **Prozesszinsen** nach § 291 BGB und die hierzu in Zusammenhang stehenden **Haftungsverschärfungen** der §§ 287, 987, 989, 996 BGB.[276]

157 Im Hinblick auf den **nachweisbaren Empfang des Vorlegungsantrags** können bei ad-hoc-Schiedsverfahren erhebliche praktische Schwierigkeiten auftreten. So kann es bei bestimmten Arten von Schuldnern allein schon in Deutschland schwierig sein, eine ladungsfähige Anschrift zu ermitteln und dort nachweisbar zuzustellen. In internationalen Schiedsverfahren potenziert sich diese Schwierigkeit, da ggf. Zustellungen in weniger entwickelten Ländern als der Bundesrepublik Deutschland vorzunehmen sind. Dies kann dazu führen, dass gerade bei der Nähe zum Fristende von einschlägigen materiell-rechtlichen Fristen ein Zustellungs- bzw. Empfangsnachweis tatsächlich nur mit Schwierigkeit zu erhalten ist.

158 **b) Verfahrenseinleitung in institutionellen Schiedsverfahren.** Soweit die Parteien im Rahmen der Schiedsabrede auf eine institutionelle Schiedsordnung Bezug genommen haben, bestimmen die institutionellen Regelungen regelmäßig die Verfahrenseinleitung.

---

[270] BeckOK ZPO/Wilske/Markert § 1044 Rn. 1–1.2.
[271] Vgl. § 1025 Abs. 1 ZPO; Anders/Gehle/Anders ZPO § 1025 Rn. 2 f.
[272] Zöller/Geimer ZPO § 1044 Rn. 2; Prütting/Gehrlein/Prütting ZPO § 1044 Rn. 3.
[273] BeckOK ZPO/Wilske/Markert § 1044 Rn. 3–3.1; Prütting/Gehrlein/Prütting ZPO § 1044 Rn. 3.
[274] Böckstiegel/Kröll/Nacimiento/Sachs/Lörcher, Arbitration in Germany, ZPO § 1044 Rn. 1 ff.; BeckOK ZPO/Wilske/Markert § 1044 Rn. 1–1.2; Anders/Gehle/Anders ZPO § 1044 Rn. 3.
[275] Anders/Gehle/Anders ZPO § 1044 Rn. 3.
[276] MüKoZPO/Münch § 1044 Rn. 43; Prütting/Gehrlein/Prütting ZPO § 1044 Rn. 4.

Im Rahmen der Verfahrenseinleitung übernehmen die Schiedsinstitutionen typischerweise eine maßgebliche Rolle. Dies gilt insbesondere auch für Schiedsinstitutionen, die nicht zwischen einem Vorlegungsantrag und einer Schiedsklage unterscheiden, sondern eine **unmittelbare Erhebung einer umfassenden Schiedsklage** erfordern (vgl. beispielsweise Art. 6 DIS-SchO).

In institutionellen Verfahren beginnt das Schiedsverfahren typischerweise mit **Eingang** **159** **der Schiedsklage bei dem Sekretariat bzw. der Geschäftsstelle der jeweiligen Institution** (vgl. Art. 4(2) ICC-SchO; Art. 6.1 DIS-SchO). Soweit eine ausreichende Anzahl von Abschriften der Schiedsklage beigefügt ist und die von der Institution zu bestimmenden Vorschüsse eingezahlt sind, übersendet die Schiedsinstitution die Schiedsklage an die beklagte Partei (Art. 4(5) ICC-SchO; Art. 5.5 DIS-SchO).

Jedoch führt schon der Eingang der Schiedsklage bei der Schiedsinstitution zur **Schieds-** **160** **hängigkeit** und mithin zur Verjährungshemmung, soweit die Zustellung an die beklagte Partei zeitnah erfolgt.[277] Als materiell-rechtliche Auswirkungen der Verfahrenseinleitung können **Verjährungshemmung, Verzugseintritt,**[278] **Prozesszinsanspruch**[279] sowie **Haftungsverschärfungen**[280] eintreten. Hinsichtlich der prozessualen Auswirkungen entsteht durch die Einleitung des Schiedsverfahrens keine entgegenstehende Rechtshängigkeit für andere Verfahren im Sinne von § 261 Abs. 3 ZPO.[281]

Im Hinblick auf den **Nachweis der Verfahrenseinleitung** ist der Schiedskläger in **161** institutionellen Verfahren um einiges bessergestellt als im Vergleich zu ad-hoc-Schiedsverfahren. Zunächst kann sich der Schiedskläger auf die Einreichung bei dem Sekretariat bzw. der Geschäftsstelle der Institution beschränken. Eine direkte Zustellung an den Schiedsbeklagten ist im Rahmen der institutionellen Regeln zu diesem Zeitpunkt üblicherweise nicht vorgesehen.[282] Die anerkannten Institutionen verfügen zudem über **große Erfahrung** im Umgang mit Schiedsklagen und deren Weiterleitung. Etwaige Schwierigkeiten – insbesondere für insoweit unerfahrene Parteien – werden insofern gemindert.

2. Formalien (notwendiger Inhalt). a) ICC-Schiedsverfahren. Das verfahrenseinleitende **162** Schriftstück sollte in einer den Empfang und Zustellungszeitpunkt **nachweisbaren Weise** übersandt werden (zB Kurier, Bote oder Einschreiben).[283] Nach Art. 4 Abs. 1 ICC-SchO hat das Sekretariat beide Parteien mit Datumsnennung über den Antragseingang zu informieren.

Die Schiedsklage ist unmittelbar an das **ICC-Sekretariat** in Paris zu richten (Art. 4(1) **163** ICC-SchO). Die ICC nimmt die Klage entgegen, stellt die Klage an die Gegenseite zu, verwaltet die Konstituierung des Schiedsgerichts, leitet die Akten an das Schiedsgericht weiter und überwacht das Verfahren.

Im Laufe der Zeit sind die **Anforderungen an eine Schiedsklage nach Art. 4(3)** **164** **ICC-SchO** erweitert worden. Die Parteien müssen mit vollem Namen, Rechtsform, Adresse und sonstigen Kontaktdaten genannt werden. Daneben sind auch die vollständigen Namen, Adresse und sonstigen Kontaktdaten der Prozessvertreter des Klägers anzugeben. Ferner muss eine Darstellung der anspruchsbegründenden Tatsachen und Umstände sowie der rechtlichen Grundlage, auf die die Ansprüche gestützt werden, erfolgen. Ferner bedarf es einer Stellung der Anträge unter Angabe der Höhe und soweit möglich des Geldwerts

---

[277] Zöller/Geimer ZPO § 1044 Rn. 4; MüKoZPO/Münch § 1044 Rn. 15 ff.; aA Berger RIW 2001, 7 (11) abstellend auf die Benennung des Schiedsrichters.

[278] Musielak/Voit/Voit ZPO § 1044 Rn. 6; BeckOK ZPO/Wilske/Markert § 1044 Rn. 2, 8.

[279] Böckstiegel/Kröll/Nacimiento/Sachs/Lörcher, Arbitration in Germany, ZPO § 1044 Rn. 7; Schwab/Walter, Schiedsgerichtsbarkeit, Kap. 16 Rn. 5; Wieczorek/Schütze/Schütze ZPO § 1044 Rn. 19; Salger/Trittmann/Sessler Int. Schiedsverfahren § 7 Rn. 23.

[280] Wieczorek/Schütze/Schütze ZPO § 1044 Rn. 19; Musielak/Voit/Voit ZPO § 1044 Rn. 6; Saenger/Saenger ZPO § 1044 Rn. 5; Schwab/Walter, Schiedsgerichtsbarkeit, Kap. 16 Rn. 5.

[281] Anders/Gehle/Anders ZPO § 1044 Rn. 3.

[282] So etwa im Rahmen von ICC-Schiedsverfahren, vgl. Derains/Schwartz, A guide to the ICC Rules of Arbitration, Article 4 (1), S. 42.

[283] Fry/Greenberg/Mazza, The Secretariat's Guide to ICC Arbitration, Rn. 3–85.

sonstiger Ansprüche, wobei ggf. eine Schätzung erforderlich ist. Nach Art. 4(3) e) ICC-SchO sind sämtliche einschlägigen Vereinbarungen zwischen den Parteien, insbesondere die Schiedsvereinbarung(en), vorzulegen. Soweit mehrere Schiedsvereinbarungen vorliegen, ist im Einzelnen anzugeben, auf Grundlage welcher Schiedsvereinbarung der jeweilige Anspruch geltend gemacht wird. Daneben sind nach Art. 4(3) g) ICC-SchO alle sachdienlichen Angaben und Anmerkungen sowie Vorschläge zur Anzahl und Bestimmung der Schiedsrichter zu machen. Gleiches gilt nach Art. 4(3) h) ICC-SchO auch hinsichtlich des Schiedsorts, des anwendbaren Rechts und der Verfahrenssprache.

165   Im Grundsatz kann das Schiedsverfahren in jeder gewünschten **Sprache** durchgeführt werden. Soweit eine Verfahrenssprache festgelegt ist, sollte die Schiedsklage in dieser Sprache abgefasst sein.[284] Fehlt eine Parteivereinbarung, kann das Schiedsgericht nach Konstituierung die Verfahrenssprache unter Berücksichtigung aller Umstände im Rahmen des Verfahrensermessens bestimmen (vgl. Art. 20 ICC-SchO).

166   Im Hinblick auf eine **Parteienmehrheit** stellt Art. 8 ICC-SchO klar, dass jede Partei gegen jede andere Partei Ansprüche geltend machen kann, die sich aus oder im Zusammenhang mit dem betreffenden Vertrag ergeben (sog. cross claims). Uneingeschränkt besteht diese Möglichkeit jedoch nur, solange der Schiedsauftrag (Terms of Reference) noch nicht unterzeichnet ist.

167   Nach Unterzeichnung des Schiedsauftrags ist die Stellung neuer, nicht in dem Schiedsauftrag enthaltener Anträge nach Art. 23(4) ICC-SchO nur noch mit Zustimmung des Schiedsgerichts möglich. Zu diesem Zweck werden in der Praxis häufig **Vorbehaltsklauseln** in die Schiedsklagen aufgenommen. Beispielsweise folgender Text:

168   Mustervorschlag:

169   *„Die Schiedsklägerin behält sich vor, ihre Anträge zu ändern, einzuschränken, zu erweitern, umzustellen, zu ergänzen oder neue bzw. weitergehende Anträge zu stellen, falls und soweit sie es für erforderlich hält.“*[285]

170   Die **Antragstellung** kann durch die Parteien selbst oder durch Bevollmächtigte erfolgen. Parteivertreter werden als Zustellungsbevollmächtigte behandelt (vgl. Art. 3(2) und (3) ICC-SchO). Daneben bestimmt der Antrag die Berechnung des Kostenvorschusses, ohne dessen Zahlung die Schiedsklage als zurückgenommen gilt (vgl. Art. 4(4) ICC-SchO).[286]

171   Eine Zustellung der Klage erfolgt nur bei Zahlung der **Einreichungsgebühr** von 5.000,00 USD sowie eines darüber hinaus gehenden vom Sekretariat vorläufig festgesetzten **Kostenvorschusses.**[287] Für die Zahlung wird eine Frist bzw. eine Nachfrist gesetzt, nach deren Verstreichen das Verfahren ohne Präklusionswirkung für die Schiedsklage als beendet erklärt wird (vgl. Art. 4(4) ICC-SchO). Eine Erstattung der Gebühr erfolgt nicht. Der Vorschuss wird auf die endgültigen Verfahrenskosten angerechnet.[288] Soweit die Schiedsklägerin den Vorschuss zahlt, ist es möglich, dass anschließend die Schiedsbeklagte ihre Zahlung verweigert. Um das Verfahren dennoch fortführen zu können, kann in diesem Fall die Schiedsklägerin den Vorschussanteil der Schiedsbeklagten zahlen. Sofern sie dies nicht tut, endet das Schiedsverfahren nach Art. 37(6) ICC-SchO.

172   Ein **Kostenantrag** ist in der Schiedsklage nicht erforderlich, da Art. 38 ICC-SchO eine umfassende Regelung der Kostentragungspflichten enthält.

173   Im Fall der **Säumnis** des Schiedsbeklagten oder bei Zuständigkeitsrügen entscheidet das Schiedsgericht nach Art. 6(3) ICC-SchO, wobei eine Vorprüfung durch den Generalsekre-

---

[284] Vgl. Schwab/Walter, Schiedsgerichtsbarkeit, Kap. 16 Rn. 42.

[285] Hopt/Trittmann, Vertrags- und Formularbuch zum Handels-, Gesellschafts- und Bankrecht, II. P.2 Rn. 10.

[286] Fry/Greenberg/Mazza, The Secretariat's Guide to ICC Arbitration, Rn. 3–121; Schütze/Reiner/Petkutei/Kern, Institutionelle Schiedsgerichtsbarkeit, Kap. II., Art. 4 Rn. 18.

[287] Anhang III, Art. 1 ICC-SchO, online abrufbar unter: http://www.iccwbo.org/products-and-services/arbitration-and-adr/arbitration/icc-rules-of-arbitration/#article_c1.

[288] Fry/Greenberg/Mazza, The Secretariat's Guide to ICC Arbitration, Rn. 3–1449.

tär stattfindet. Der Generalsekretär prüft, ob eine Zuständigkeitsrüge an den ICC-Gerichtshof weiterzuleiten ist. Typische Fälle, in denen eine solche Mitteilung erfolgt, betreffen pathologische Schiedsklauseln oder eine fehlerhafte Ausdehnung der Schiedsvereinbarung auf Dritte.[289] Bejaht der ICC-Gerichtshof nach Verweisung durch den Generalsekretär im Rahmen einer prima facie-Prüfung eine Schiedsvereinbarung, bleibt die endgültige Entscheidung über die Zuständigkeit dem Schiedsgericht vorbehalten. Umgekehrt obliegt es den Parteien, ein zuständiges staatliches Gericht anzurufen, wenn der ICC-Gerichtshof zu dem Ergebnis gekommen ist, dass das Schiedsverfahren hinsichtlich einzelner Parteien oder Ansprüche nicht stattfinden oder fortgesetzt werden kann.[290]

Es empfiehlt sich eine **möglichst umfassende Darlegung** der tatsächlichen und recht- **174** lichen Position der betreffenden Partei im Rahmen der Schiedsklage, da das Schiedsgericht häufig nur zwei Schriftsatzrunden vorsieht und die hierfür bestehenden Fristen bisweilen knapp bemessen sind.[291] Nach der aktuellen Fassung von Art. 4(3) e) ICC-SchO sind der Schiedsklage zudem nicht mehr sämtliche Unterlagen, sondern nur alle wesentlichen Vereinbarungen und die Schiedsvereinbarung beizufügen. Dennoch beschleunigt eine frühzeitige Dokumentenvorlage das Verfahren.

Die Wirkungen einer rügelosen Einlassung im ICC-Schiedsverfahren hängen von dem **175** jeweiligen nationalen Verfahrensrecht ab.[292] Jedoch gilt nach Art. 40 ICC-SchO ein Verlust des Rügerechts, soweit kein ausdrücklicher Vorbehalt erfolgt. Durch das Erfordernis der zeitnahen Rüge von (vermeintlichen) Verfahrensfehlern soll die Verfahrenseffizienz erhöht werden. Zudem ermöglicht eine zeitnahe Rüge eine bessere Überprüfbarkeit des geltend gemachten Fehlers. Damit werden Schwierigkeiten bei der Aufklärung möglicher Verfahrensfehler im fortgeschrittenen Verfahrensstadium oder auch erst im Anerkennungs- und Vollstreckbarerklärungsverfahren vermieden.[293] Letztlich steht Art. 40 ICC-SchO aber zur Disposition der Parteien und kann somit wirksam durch Vereinbarung abbedungen werden.[294]

Der Schiedsklage sind **Exemplare** für sämtliche beteiligten Parteien, für jeden der **176** Schiedsrichter sowie für die Schiedsinstitution beizufügen (vgl. Art. 4(4) ICC-SchO).

b) DIS-Schiedsverfahren. Der **notwendige Inhalt** einer Schiedsklage bestimmt sich **177** nach Art. 5 der DIS-SchO. Zunächst ist die Klage nach Art. 5.1 DIS-SchO bei der DIS-Geschäftsstelle einzureichen. Das schiedsrichterliche Verfahren beginnt mit Zugang der Klage bei der DIS-Geschäftsstelle (vgl. Art. 6.1 DIS-SchO). Die Zustellung an den Schiedsbeklagten ist für den Verfahrensbeginn nicht notwendig.[295] Der notwendige Mindestinhalt bestimmt sich nach **Art. 5.2 DIS-SchO** und umfasst (1) Namen und Adressen der Parteien, (2) die Namen und Adressen etwaiger Verfahrensbevollmächtigter des Schiedsklägers, (3) einen bestimmten Antrag, (4) den Betreff bezifferter Ansprüche und eine Schätzung des Streitwerts sonstiger Ansprüche, (5) Tatsachen und Umstände, auf welchen die Klageansprüche gestützt werden, (6) die Schiedsvereinbarung auf die sich der Schiedskläger beruft, (7) die Benennung eines Schiedsrichters, sofern dies gemäß der DIS-SchO erforderlich ist, sowie (8) Angaben oder Vorschläge zum Schiedsort, zur Verfahrenssprache und zu den in der Sache anzuwendenden Rechtsregeln.

---

[289] Vgl. Derains/Schwartz, Guide to the ICC Rules of Arbitration, S. 89 ff.

[290] Verbist/Schäfer/Imhoos, ICC Arbitration in Practice, S. 48 ff.; Fry/Greenberg/Mazza, The Secretariat´s Guide to ICC Arbitration, Rn. 3–196.

[291] Lew/Mistelis/Kröll, Comparative International Commercial Arbitration, Rn. 21–51 f.

[292] Fry/Greenberg/Mazza, The Secretariat's Guide to ICC Arbitration, Rn. 3–1521; Verbist/Schäfer/Imhoos, ICC Arbitration in Practice, S. 227 f.

[293] Fry/Greenberg/Mazza, The Secretariat's Guide to ICC Arbitration, Rn. 3–1523; Nedden/Herzberg/Herzberg, ICC-SchO/DIS-SchO, DIS-SchO § 39 Rn. 1; Verbist/Schäfer/Imhoos, ICC Arbitration in Practice, S. 227 f.

[294] Verbist/Schäfer/Imhoos, ICC Arbitration in Practice, S. 36; Nedden/Herzberg/Herzberg, ICC-SchO/DIS-SchO, DIS-SchO § 39 Rn. 16.

[295] Flecke-Giammarco/Boog/Happ, The DIS Arbitration Rules – An Article-by-Article Commentary, § 2.02, S. 151 Rn. 10.

178   Bis zur Benennung eines Schiedsrichters kann jede Partei bei der DIS eine Schiedsklage gegen eine zusätzliche Partei einreichen (vgl. Art. 19 DIS-SchO).

179   Im Fall der **Unvollständigkeit der Klage** hinsichtlich Art. 5.2 (ii), (iv), (vii) oder (viii) DIS-SchO, wird der Schiedskläger durch die DIS-Geschäftsstelle unter Setzung einer Frist zur Vervollständigung aufgefordert (Art. 5.4 DIS-SchO). Erfolgt die Ergänzung nicht innerhalb dieser Frist, kann die DIS das Schiedsverfahren gem. Art. 42.6 DIS-SchO mit der Folge beenden, dass die Anhängigkeit der Schiedsklage iSd Art. 6 DIS-SchO entfällt.[296] Ein in diesem Fall von Amts wegen zu erfolgender Beendigungsbeschluss des Schiedsgerichts oder der DIS ist nicht anfechtbar, insbesondere ist ein Aufhebungsverfahren nach § 1059 ZPO unzulässig.[297] Im Fall der Unvollständigkeit der Klage hinsichtlich Art. 5.2 (i), (iii), (v) oder (vi) DIS-SchO, verbunden mit einer fehlenden Behebung der Unvollständigkeit trotz Fristsetzung, kann die DIS die Verfahrensakte schließen (vgl. Art. 5.4 u. Art. 6.2 DIS-SchO). In diesem Fall bleibt das Recht des Klägers, seine Schiedsklage erneut einzureichen, unberührt.[298]

180   Nach den Vorschriften der DIS müssen regelmäßig alle Schriftsätze sowie die beigefügten Anlagen in mindestens so vielen **Exemplaren** eingereicht werden, dass jedem Schiedsrichter und jeder Partei ein Exemplar zur Verfügung steht (vgl. Art. 4.2 und 4.3 DIS-SchO). Soweit die Einreichung des betreffenden Schriftsatzes bei der DIS-Geschäftsstelle erfolgt (zB im Falle von Schiedsklage oder Widerklage), ist ein weiteres Exemplar zur Verfügung zu stellen.

181   **3. Konkurrierende Verfahren.** Durch die Einleitung des Schiedsverfahrens wird keine prozessuale Rechtshängigkeit vor staatlichen Gerichten begründet.[299] Dementsprechend können staatliche Verfahren ohne Weiteres eingeleitet werden. Insoweit obliegt es den Parteien, sich gegen ein solches staatliches Verfahren durch **Erhebung der Schiedseinrede nach § 1032 Abs. 1 ZPO** zu verteidigen.[300]

182   Wenn in diesem Fall das staatliche Gericht die Zuständigkeit des Schiedsgerichts verneint und das Schiedsgericht gleichwohl einen Schiedsspruch erlässt, ist dieser nach überwiegender Ansicht nichtig, mithin ein **Nicht-Schiedsspruch.**[301] Umgekehrt liegen die Fälle, in denen das Schiedsgericht zeitlich vor dem staatlichen Gericht eine Entscheidung fällt und das staatliche Gericht erst später die Entscheidungszuständigkeit des Schiedsgerichts verneint. In diesem Fall handelt es sich mangels wirksamer Schiedsvereinbarung um einen **aufhebbaren Schiedsspruch,** welcher mit den Mitteln des Aufhebungsantrags anzugreifen ist.[302] In der Praxis dürfte allein aus prozess-ökonomischen Erwägungen das Schiedsgericht häufig das Verfahren aussetzen und eine rechtskräftige Entscheidung des staatlichen Gerichts abwarten. Ein Zwang zur Aussetzung besteht indes nicht. Insoweit fehlt es an einer Verpflichtung des Schiedsgerichts.[303]

183   Daneben gilt bei konkurrierenden Zuständigkeitsentscheidungen zwischen Schiedsgericht und staatlichem Gericht ein **Prioritätsgrundsatz.** Das ordentliche Gericht ist zur

---

[296] Flecke-Giammarco/Boog/Happ, The DIS Arbitration Rules – An Article-by-Article Commentary, § 2.07, S. 627 Rn. 33 ff.

[297] Flecke-Giammarco/Boog/Happ, The DIS Arbitration Rules – An Article-by-Article Commentary, § 2.07, S. 627 Rn. 36.

[298] Flecke-Giammarco/Boog/Happ, The DIS Arbitration Rules – An Article-by-Article Commentary, § 2.02, S. 151 Rn. 11.

[299] Anders/Gehle/Anders ZPO § 1044 Rn. 3.

[300] Zum Feststellungsverfahren nach § 1032 Abs. 2 ZPO siehe eingehend Mann/Lumpp SchiedsVZ 2011, 323 (324 f.).

[301] Huber, Das Verhältnis von Schiedsgericht und staatlichen Gerichten bei der Entscheidung über die Zuständigkeit, SchiedsVZ 2003, 73 (75); Musielak/Voit/Voit ZPO § 1032 Rn. 14 f.; Zöller/Geimer ZPO § 1059 Rn. 17; aA verweisend auf die Aufhebbarkeit des Schiedsspruchs Lachmann, Handbuch für die Schiedsgerichtspraxis, Rn. 686; MüKoZPO/Münch § 1032 Rn. 40.

[302] BGH SchiedsVZ 2003, 39 (40).

[303] Vgl. Thomas/Putzo/Seiler ZPO § 1032 Rn. 6; MüKoZPO/Münch § 1032 Rn. 45; Zöller/Geimer ZPO § 1032 Rn. 26.

Beachtung der Rechtskraftwirkung eines (nicht aufgehobenen) Schiedsspruchs verpflichtet.[304] Hält es den Schiedsspruch wegen fehlender Schiedsabrede für angreifbar, hat das staatliche Gericht die **Verfahrensaussetzung anzuordnen** und der unterlegenen Schiedspartei die Möglichkeit zur Durchführung eines Aufhebungsverfahrens zu geben. Umgekehrt hat ein Schiedsgericht die **Rechtskraft eines staatlichen Urteils** zu beachten. Eine Aussetzung im Hinblick auf ein Aufhebungsverfahren kommt gegenüber einem rechtskräftigen staatlichen Urteil naturgemäß nicht in Betracht.[305]

VI. Die Klageerwiderung

Auf die Schiedsklage folgt als nächster Verfahrensschritt – parallel zur Konstituierung des   **184** Schiedsgerichts – regelmäßig die **Klageerwiderung,** wenn nicht zuvor abweichende prozessleitende Verfügungen des Schiedsgerichts ergehen. Soweit aus den schiedsinstitutionellen Regelungen keine konkrete Frist folgt, hat das Schiedsgericht eine gesonderte **Frist zu setzen.** Unter der ICC-SchO gilt gemäß Art. 5 Abs. 1 eine Frist von 30 Tagen nach Empfang der Schiedsklage. Nach Art. 7.2 DIS-SchO gilt grundsätzlich eine Erwiderungsfrist von 45 Tagen nach Übermittlung der Schiedsklage an die Schiedsbeklagte, die von der DIS auf Antrag um weitere 30 Tage verlängert werden kann. Im Ausnahmefall kann gemäß Art. 7.3 DIS-SchO auf begründeten Antrag der Schiedsbeklagten hin, die Frist auch über die 75 Tage hinaus verlängert werden.

Anders als die ZPO enthält die ICC-SchO in Art. 5 Abs. 1 detaillierte Vorgaben für die   **185** Klageerwiderung (in der ICC-SchO als **„Klageantwort"** bezeichnet). Nach den Vorgaben, welche sich eng an den Anforderungen der Schiedsklage orientieren, muss die Klageerwiderung die Parteibezeichnung (Art. 5 Abs. 1 lit. a ICC-SchO), die vollständige Angabe der Prozessvertreter (Art. 5 Abs. 1 lit. b ICC-SchO) und eine Stellungnahme zu dem Sach- und Rechtsvortrag des Beklagten sowie zu den Klageanträgen (Art. 5 Abs. 1 lit. c und d ICC-SchO) enthalten. Daneben hat die Klageerwiderung auch Ausführungen zur Schiedsrichterbenennung und zum Schiedsort, dem anwendbaren Recht und zur Verfahrenssprache zu enthalten (Art. 5 Abs. 1 lit. e und f ICC-SchO). Die DIS-SchO sieht in Art. 7.4 ebenfalls vor, dass die Schiedsbeklagte in der Klageerwiderung (i) die Namen und Adressen der Parteien, (ii) Namen und Adressen der Verfahrensbevollmächtigten des Schiedsbeklagten, (iii) Tatsachen und Umstände, auf die die Klageerwiderung gestützt wird sowie (iv) einen bestimmten Antrag, mitzuteilen hat. Zudem können Angaben zur Schiedsvereinbarung, zur Zuständigkeit des Schiedsgerichts und zum Streitwert gemacht werden.

Vom **prozessualen Ablauf** her schließen sich an die Klageerwiderung üblicherweise ein   **186** bis zwei weitere Schriftsatzrunden an, bevor eine mündliche Verhandlung stattfindet. Im Anschluss an die mündliche Verhandlung wird von den Parteien üblicherweise jeweils ein Post-Hearing Brief verfasst, mit dem die Parteien zu dem Ergebnis der Beweisaufnahme Stellung nehmen. Von diesem üblichen Vorgehen kann in komplexen Verfahren durch weitere Schriftsatzrunden abgewichen werden. Dies gilt insbesondere in Konstellationen, in denen bestimmte streitige Themen vorab gesondert zu klären sind. Hieraus kann auch eine Notwendigkeit mehrerer mündlicher Verhandlungen resultieren.

1. Widerklage. Mit der Erwiderung auf den Vortrag der Schiedsklage kann der Schieds-   **187** beklagte – parallel zum Vorgehen in einem staatlichen Gerichtsverfahren – eine **Schiedswiderklage** gegen den Schiedskläger erheben. Die hierfür erforderliche Konnexität ist schiedsverfahrensrechtlich schon dann gegeben, wenn die Widerklage einen Sachverhalt betrifft, der unter dieselbe **Schiedsvereinbarung** fällt.[306] Daneben muss ein **personell identisch zusammengesetztes Schiedsgericht** über die Widerklage entscheiden.[307]

---

[304] F. Schmidt, Der Schiedsspruch, SchiedsVZ 2013, 32 (38).
[305] Lachmann, Handbuch für die Schiedsgerichtspraxis, Rn. 652.
[306] Schwab/Walter, Schiedsgerichtsbarkeit, Kap. 16 Rn. 31; zur Drittwiderklage siehe Kleinschmidt, Die Widerklage gegen einen Dritten im Schiedsverfahren, SchiedsVZ 2006, 142 ff.
[307] Zöller/Geimer ZPO § 1046 Rn. 4; vgl. Prütting/Gehrlein/Prütting ZPO § 1046 Rn. 6.

Soweit ein Schiedskläger der Zulässigkeit der Widerklage nicht widerspricht, ist dies als konkludente Erweiterung der Schiedsvereinbarung zu bewerten.[308]

188 Im Übrigen gelten nach § 1046 Abs. 2 und 3 ZPO die Anforderungen an die Schiedsklage für eine Widerklage entsprechend. Die DIS-SchO enthält in Art. 7 eine inhaltlich im Wesentlichen § 1046 Abs. 2 und 3 ZPO entsprechende Vorschrift. Hingegen enthält die ICC-SchO in Art. 5(5) weitergehende Anforderungen an die Erhebung einer Widerklage. Gemäß Art. 5(5) ICC-SchO kann der Schiedsbeklagte Widerklage erheben, auf welche die Schiedsklägerin innerhalb von 30 Tagen zu antworten hat (vgl. Art. 5(6) ICC-SchO). Die Widerklage muss ebenfalls von der Schiedsvereinbarung umfasst sein. Die Widerklage ist nach Art. 5(5) S. 1 ICC-SchO zusammen mit der Klageerwiderung einzureichen. Hierbei handelt es sich jedoch praktisch um eine Sollvorschrift, so dass auch eine spätere Erhebung noch möglich ist.[309] Die sonstigen Voraussetzungen entsprechen im Wesentlichen denen der Schiedsklage. Nach Art. 5(6) ICC-SchO hat der Kläger auf die Widerklage des Schiedsbeklagten innerhalb einer Frist von 30 Tagen zu erwidern. Diese Frist kann nach Art. 5(6) S. 2 ICC-SchO durch das ICC-Sekretariat verlängert werden.

189 **2. Einbindung zusätzlicher Parteien.** Allgemein stellt die Schiedsvereinbarung die notwendige Grundlage eines jeden Schiedsverfahrens dar. Vor diesem Hintergrund können sich diverse Verfahrensfragen (beispielsweise im Rahmen der Schiedsrichterbenennung) stellen, wenn anfänglich oder nachträglich andere Vertragsparteien der Schiedsabrede in das schon eingeleitete Schiedsverfahren aufgenommen werden sollen **(Mehrparteienschiedsverfahren).** Eine solche Mehrparteienschiedsgerichtsbarkeit kann unter dem Gesichtspunkt der Prozessökonomie vorzugswürdig sein. Hierdurch kann verhindert werden, dass mehrere Verfahren über denselben Streitgegenstand geführt werden und gegebenenfalls widersprüchliche Entscheidungen entstehen. Die ICC-SchO enthält in ihren Art. 7–10 Vorschriften für solche **Mehrparteienschiedsverfahren** und erlaubt durch das Institut des Einbeziehungsantrags in größerem Maße als andere Schiedsregeln die **nachträgliche Erweiterung des Verfahrens auf Dritte.**

190 Nach Art. 7(1) ICC-SchO kann jede Partei einen Antrag auf Einbeziehung eines Dritten beim ICC-Sekretariat einreichen (sog. **Einbeziehungsantrag** oder **Joinder of Additional Parties**). Der Einbeziehungsantrag muss das Aktenzeichen, eine rubrumsmäßige Bezeichnung der Parteien und des Dritten sowie der Schiedsklage entsprechende Individualisierungsangaben enthalten (Art. 4(3) ICC-SchO). Das ICC-Sekretariat übersendet nach Erfüllung aller administrativen Voraussetzungen den Einbeziehungsantrag an den Dritten. Dieser muss hierauf wie auf eine Schiedsklage antworten (vgl. Art. 7(4) ICC-SchO). An der Bestimmung des Parteischiedsrichters auf Beklagtenseite kann der Dritte sodann teilnehmen.

191 In den DIS-Regeln ist die Einreichung einer Schiedsklage gegen eine zusätzliche Partei gemäß Art. 19.1 DIS-SchO bis zur Bestellung eines Schiedsrichters möglich. Die zu erfüllenden Voraussetzungen ergeben sich aus Art. 19.2 DIS-SchO. Die zusätzliche Partei hat nach Art. 19.3 DIS-SchO zur Bildung des Schiedsgerichts Stellung zu nehmen und eine Klageerwiderung einzureichen. Ist streitig, ob Ansprüche gegen die zusätzliche Partei geltend gemacht werden können, hat hierüber das Schiedsgericht zu entscheiden (Art. 19.5 DIS-SchO).

192 **3. Mehrparteien- und Mehrvertragsschiedsverfahren.** Die §§ 1025 ff. ZPO enthalten keine speziellen Regelungen zu Mehrparteienverfahren. Die institutionellen Schiedsordnungen der DIS und der ICC hingegen regeln die sog. „**Multi-Party Arbitration**". Art. 8 DIS-SchO ermöglicht es, ein Verfahren mit mehreren Parteien vor einem einzigen Schiedsgericht zu führen. Die Vorschrift dient insbesondere der Verfahrenseffizienz, wo-

---

[308] MüKoZPO/Münch § 1046 Rn. 40.
[309] Born, International Commercial Arbitration, S. 2387 f.; Nedden/Herzberg/Schilling, ICC-SchO/DIS-SchO, ICC-SchO Art. 5 Rn. 39; vgl. hierzu auch Schütze/Reiner/Petkutei/Kern, Institutionelle Schiedsgerichtsbarkeit, II. Kap. Art. 5 Rn. 8 f.; Bei späterer Einreichung besteht jedoch die Möglichkeit der Zurückweisung durch das Schiedsgericht, vgl. Verbist/Schäfer/Imhoos, ICC Arbitration in Practice, S. 44.

durch zudem Zeit- und Kostenersparnisse erzielt werden sollen.[310] Wie in der ICC-SchO finden sich in der DIS-SchO detaillierte Regelungen zum Mehrparteienverfahren in Art. 17–20 DIS-SchO. Art. 17 DIS-SchO regelt das Mehrvertragsverfahren, Art. 18 das Mehrparteienverfahren, Art. 19 die Einbeziehung zusätzlicher Parteien und Art. 20 DIS-SchO den Benennungsprozess der Schiedsrichter im Mehrparteienverfahren.[311]

Zwischen Mehrparteienverfahren vor staatlichen Gerichten und DIS-Mehrparteienver- **193** fahren bestehen teilweise deutliche Unterschiede. So muss in einem DIS-Mehrparteien- verfahren jede Partei Inhaber eines Anspruchs, Gegner eines Anspruchs oder von der Schiedsvereinbarung umfasst sein. Demgegenüber kennt die ZPO beispielsweise mit der Streitverkündung oder Nebenintervention Konstellationen, in denen diese Vorausset- zungen gerade nicht vorliegen müssen.[312]

Aus **kostenrechtlicher Sicht** erhöhen sich bei Verfahren mit mehr als zwei Parteien **194** gemäß Art. 34.2 und Art. 36.1 DIS-SchO iVm Ziff. 2.4 und 3.4 der Anlage 2, die Schieds- richterhonorare und die DIS-Bearbeitungsgebühr um jeweils 10 % für jede zusätzliche Partei. Da sich die Schiedsrichterhonorare aber höchstens um 50 % erhöhen, können in Mehrparteienverfahren aufgrund der Degression der Gebühren, deutlich geringere Kosten anfallen als dies andernfalls in Parallelverfahren der Fall wäre.[313] Dagegen werden die DIS- Bearbeitungsgebühren für eine Schiedsklage gegen eine weitere Partei gemäß Ziff. 3.2 der Anlage 2, gesondert anhand des jeweiligen Streitwerts der Ansprüche berechnet. Die Parteien kommen also nicht in den Genuss der degressiven Staffelung.[314] Die frühere Obergrenze von 60.000 EUR wurde abgeschafft und durch eine Obergrenze von jeweils maximal 20.000 EUR pro Partei ersetzt.

Auch die ICC-SchO regelt Mehrparteienverfahren (sog. **Multi–Party Arbitration,** **195** **Art. 7 ff. ICC-SchO**). Ziel dieser Regelungen ist eine Erhöhung der Verfahrenseffizienz durch die ermöglichte Geltendmachung von Ansprüchen unter mehreren Parteien in nur einem einzigen Verfahren.[315] Art. 8 ICC-SchO differenziert in diesem Zusammenhang zwischen Ansprüchen, die erhoben wurden, bevor das ICC-Sekretariat die Schiedsverfah- rensakten an das Schiedsgericht übergeben hat und Ansprüchen, die erst danach geltend gemacht werden. Im Fall der Geltendmachung vor Weiterleitung der Akten ähnelt das Verfahren im Wesentlichen dem Verfahren bei Erhebung einer Klage.[316] Sofern Ansprüche erst später geltend gemacht werden, entscheidet das Schiedsgericht über das Verfahren für die Geltendmachung von Ansprüchen.

Da die Geltendmachung zusätzlicher Ansprüche nach Art. 8 ICC-SchO auch eine **196** **Erhöhung des Streitwertes** bedeutet, erhöhen sich gleichsam die streitwertabhängigen ICC-Verwaltungskosten und die Schiedsrichterhonorare.[317] Dennoch kann ein Mehrpar- teienverfahren aufgrund degressiver Gebühren gegenüber der Einleitung von Parallelver- fahren vorteilhaft sein.

---

[310] Vgl. Flecke-Giammarco/Boog/Sessler/Heckel, The DIS Arbitration Rules – An Article-by-Article Commentary, § 2.02, S. 165 Rn. 3.

[311] Vgl. Flecke-Giammarco/Boog/Heckel/Sessler, The DIS Arbitration Rules – An Article-by-Article Commentary, § 2.04, S. 271 ff.; zu Mehrparteienverfahren siehe auch MüKoZPO/Münch § 1029 Rn. 75 ff. u. 82 ff.

[312] Zu Unterschieden und Gemeinsamkeiten im Einzelnen Flecke-Giammarco/Boog/Heckel/Sessler, The DIS Arbitration Rules – An Article-by-Article Commentary, § 2.04, S. 296 Rn. 8 ff., S. 297 Rn. 12 ff.

[313] Flecke-Giammarco/Boog/Elsing/Flecke-Giammarco/Gerstenmaier, The DIS Arbitration Rules – An Article-by-Article Commentary, § 2.06, S. 578 Rn. 19.

[314] Vgl. Flecke-Giammarco/Boog/Elsing/Flecke-Giammarco/Gerstenmaier, The DIS Arbitration Rules – An Article-by-Article Commentary, § 2.06, S. 578 Rn. 20.

[315] Born, International Commercial Arbitration, S. 2764; Nedden/Herzberg/Schmidt-Ahrendts/Nedden, ICC-SchO/DIS-SchO, ICC-SchO Art. 8 Rn. 1. Mit einem Überblick über die verschiedenen Konstellatio- nen Verbist/Schäfer/Imhoos, ICC Arbitration in Practice, S. 57 f.

[316] Gemäß Art. 8(3) ICC-SchO sind die Bestimmungen der Art. 4(4) b), Art. 4(5), Art. 5(1) – ausgenom- men Art. 5(1) a), b), e) und f) –, Art. 5(2), Art. 5(3) und Art. 5(4) auf jeden geltend gemachten Anspruch entsprechend anzuwenden.

[317] Siehe Anhang III der ICC-SchO.

197   Zudem können nach Art. 9 ICC-SchO Ansprüche, die sich aus oder im Zusammenhang mit mehr als einem Vertrag ergeben, grundsätzlich in einem einzigen Schiedsverfahren geltend gemacht werden (sog. **Multi-Contract Arbitration**). Für diese **Mehrvertrags-schiedsverfahren** ist es unerheblich, ob Ansprüche aufgrund einer oder mehrerer der ICC-SchO unterliegenden Schiedsvereinbarungen geltend gemacht werden. Auch diese Regelung dient der Verfahrenseffizienz und ermöglicht es den Parteien, Streitigkeiten beizulegen, die auf mehreren Verträgen oder mehreren Schiedsvereinbarungen beruhen.[318] Art. 9 ICC-SchO kodifiziert die bisherige Praxis der ICC-Schiedsgerichte im Umgang mit Ansprüchen aus mehreren Verträgen und/oder Schiedsvereinbarungen.[319]

198   **4. Verbindung von Schiedsverfahren (Consolidation).** Ferner ist nach Art. 10 ICC-SchO die Verbindung von Verfahren möglich (sog. **Consolidation**). Hierfür existieren drei Fallkonstellationen: (1) Ausdrückliche Parteivereinbarung, (2) alle Ansprüche werden aufgrund derselben Schiedsvereinbarung geltend gemacht oder (3) die Ansprüche beruhen auf mehreren Schiedsvereinbarung, bestehen aber zwischen denselben Parteien, die Streitigkeiten stammen aus demselben Rechtsverhältnis und der ICC-Gerichtshof hält eine Verbindung der Rechtsstreitigkeiten für miteinander vereinbar.[320]

199   Für eine Verfahrensverbindung bedarf es eines schriftlichen Antrags an das ICC-Sekretariat. Der **Antrag** sollte sämtliche Informationen enthalten, die für die Ermessensausübung des ICC-Gerichtshofs erforderlich sind.[321] Durch einen Antrag auf Verfahrensverbindung kann die Konstituierung eines neuen Schiedsgerichts verhindert und der Streit vor ein bestehendes Schiedsgericht zusammengezogen werden.

VII. Anwendbares Recht

200   **1. Anwendbares materielles Recht.** Das anwendbare materielle Recht in internationalen Schiedsverfahren bestimmt sich nach den maßgeblichen **kollisionsrechtlichen Regelungen.** Im deutschen Schiedsverfahrensrecht regelt § 1051 Abs. 1 S. 1 ZPO, dass die Parteien das auf den Rechtsstreit anwendbare Recht durch Parteivereinbarung bestimmen können. Mithin obliegt es der **Parteivereinbarung** festzulegen, welches Recht auf den materiellen Streitgegenstand anzuwenden ist.[322] Das Gesetz stellt insoweit klar, dass diese Auswahl – soweit die Parteien nichts anderes bestimmt haben – als **Sachnormverweisung** zu verstehen ist (§ 1051 Abs. 1 S. 2 ZPO). Vor diesem Hintergrund besteht kein Raum für die Figuren der **Rück- oder Weiterverweisung (renvoi)** aufgrund der kollisionsrechtlichen Bestimmungen des jeweils anwendbaren Internationalen Privatrechts.[323]

201   Kollisionsrechtlich ist hierbei zu beachten, dass das deutsche Recht insoweit eine freie Rechtswahl ohne Einschränkungen zulässt.[324] Daher können die Parteien im Grundsatz auch bei allein national gelagerten Sachverhalten **ein ausländisches Recht als anwendbar** bestimmen.[325] Für die ordentliche Gerichtsbarkeit ist gemäß Art. 3 Abs. 3 Rom I-VO eine solche Möglichkeit hingegen nicht eröffnet.[326]

---

[318] Born, International Commercial Arbitration, S. 2815 f.; Verbist/Schäfer/Imhoos, ICC Arbitration in Practice, S. 59 f.; Nedden/Herzberg/Schmidt-Ahrendts/Nedden, ICC-SchO/DIS-SchO, ICC-SchO Art. 9 Rn. 1; Fry/Greenberg/Mazza, The Secretariat's Guide to ICC Arbitration, Rn. 3–340.

[319] Fry/Greenberg/Mazza, The Secretariat's Guide to ICC Arbitration, Rn. 3–341; Nedden/Herzberg/Schmidt-Ahrendts/Nedden, ICC-SchO/DIS-SchO, ICC-SchO Art. 9 Rn. 2.

[320] Vgl. Born, International Commercial Arbitration, S. 2796 f.

[321] Verbist/Schäfer/Imhoos, ICC Arbitration in Practice, S. 60 f.; Fry/Greenberg/Mazza, The Secretariat's Guide to ICC Arbitration, Rn. 3–351.

[322] Vgl. Zöller/Geimer ZPO § 1051 Rn. 1, 3; Böckstiegel/Kröll/Nacimiento/Schmaltz, Arbitration in Germany, § 1051 Rn. 9 ff.; Prütting/Gehrlein/Prütting ZPO § 1051 Rn. 5 f.

[323] Vgl. Böckstiegel/Kröll/Nacimiento/Schmaltz, Arbitration in Germany, § 1051 Rn. 24 f.

[324] Vgl. auch Zöller/Geimer ZPO § 1051 Rn. 2 ff. zu Einschränkungen aus Art. 3 Abs. 3, 6 Abs. 2 und 9 Abs. 2 Rom I-VO.

[325] Vgl. BeckOK ZPO/Wilske/Markert § 1051 Rn. 6; Prütting/Gehrlein/Prütting ZPO § 1051 Rn. 6.

[326] Vgl. MüKoZPO/Münch § 1051 Rn. 23.

Dennoch bestehen Schranken für die Parteivereinbarung. So besteht das Risiko einer 202 Aufhebung eines Schiedsspruchs wegen Verletzung des **ordre public,** soweit die Partei-wahl die **Umgehung zwingender Schutzvorschriften bezweckt** (wie bspw. AGB-Vor-schriften[327] oder kartellrechtliche Regelungen, vgl. § 1059 Abs. 2 Nr. 2 lit. b ZPO).[328] In diesen Fallgestaltungen stellt sich für ein Schiedsgericht die Frage, inwieweit entgegen der Parteivereinbarung möglicherweise zwingende nationale und ausländische Rechtsvorschrif-ten zu berücksichtigen sind, um eine ordre public-konforme und vollstreckbare Entschei-dung zu gewährleisten.[329] Dies gilt besonders im Bereich Vertriebsrecht, wie unter 2. abgehandelt wird.

§ 1051 Abs. 1 ZPO verwendet – in Anlehnung an Art. 28 UNCITRAL-Modellgesetz – 203 nicht das Wort „Rechtsordnung" („Law"), sondern stattdessen die Bezeichnung **„Rechts-vorschriften" („Rules of Law").** Vor diesem Hintergrund wird die Regelung üblicher-weise dahingehend verstanden, dass auch transnationales Recht wie die Lex Mercatoria[330] oder die UNCITRAL Principles of International Commercial Contracts[331] wählbar sind. Daneben ließe sich unter dem Begriff der Rechtsregeln auch die Wahl von religiösem Recht verstehen.[332]

Die **Reichweite** einer Parteivereinbarung zur Rechtswahl ist im Einzelnen **durch** 204 **Auslegung zu ermitteln.** Dabei dürfte grundsätzlich von einer weiten Auslegung aus-zugehen sein, so dass üblicherweise auch konkurrierende außervertragliche Ansprüche aus Delikt- oder Bereicherungsrecht erfasst sind.[333]

Bei Fehlen einer ausdrücklichen Rechtswahl durch die Parteien hat das Schiedsgericht 205 gemäß § 1051 Abs. 2 ZPO die **Rechtsordnung desjenigen Staates** anzuwenden, der die **engste Verbindung** mit dem Gegenstand des Verfahrens aufweist. Hierbei sollen nach dem Willen des Gesetzgebers die üblichen **kollisionsrechtlichen Kriterien** berücksichtigt werden. Damit ist das Schiedsgericht nicht befugt, in Abwesenheit einer Parteivereinbarung nicht-staatliche Rechtsvorschriften zur Anwendung zu bringen, da von dem ausdrücklichen Wortlaut nur staatliche Rechtsvorschriften umfasst sind.[334]

Nach § 1051 Abs. 3 ZPO hat das Schiedsgericht eine rechtliche Entscheidung zu tref- 206 fen.[335] Eine **Entscheidung nach Billigkeit (ex aequo et bono)** ist hierbei ohne ausdrück-liche Ermächtigung durch die Parteien nicht möglich (vgl. § 1051 Abs. 3 ZPO).[336] Auch die institutionellen Schiedsordnungen erlauben **Billigkeitsentscheidungen** üblicherweise nur, soweit die Parteien das Schiedsgericht hierzu ausdrücklich ermächtigt haben.[337]

---

[327] Hierzu kritisch BeckOK ZPO/Wilske/Markert § 1051 Rn. 6, wonach bei reinen Inlandssachverhalten, solange kein Verbraucher beteiligt ist, eine Abwahl des AGB-Rechts möglich sei; vgl. ferner Pfeiffer, Die Abwahl des deutschen AGB-Rechts in Inlandsfällen bei Vereinbarung eines Schiedsverfahrens, NJW 2012, 1169 (1174) sowie Kondring, Flucht vor dem deutschen AGB-Recht bei Inlandsverträgen – Gedanken zu Art. 3 Abs. 3 Rom-I-VO und § 1051 ZPO, RIW 2010, 184 (189 ff.).

[328] Vgl. Böckstiegel/Kröll/Nacimiento/Schmaltz, Arbitration in Germany, § 1051 Rn. 33 ff. sowie kritisch Zöller/Geimer ZPO § 1051 Rn. 2; BeckOK ZPO/Wilske/Markert § 1051 Rn. 7 ff.

[329] Vgl. BeckOK ZPO/Wilske/Markert § 1051 Rn. 7.2; vgl. ferner Art. 41 ICC-SchO 2012.

[330] Vgl. Schroeder/Oppermann, Anerkennung und Vollstreckung von Schiedssprüchen nach der lex mercatoria in Deutschland, England und Frankreich, ZVglRWiss 99 (2000), 410; Böckstiegel/Kröll/Naci-miento/Schmaltz, Arbitration in Germany, § 1051 Rn. 20 ff.; Stein/Jonas/Schlosser ZPO § 1051 Rn. 2.

[331] Stein/Jonas/Schlosser ZPO § 1051 Rn. 13; vgl. ferner Schwab/Walter, Schiedsgerichtsbarkeit, Kap. 55 Rn. 6; vgl. Zöller/Geimer ZPO § 1051 Rn. 3.

[332] Vgl. hierzu Schroeder, Die Anwendung der Sharia als materielles Recht im kanadischen Schiedsver-fahrensrecht, IPRAX 2006, 77 ff.; Stein/Jonas/Schlosser ZPO § 1051 Rn. 13.

[333] Stein/Jonas/Schloser ZPO § 1051 Rn. 11; vgl. auch BeckOK ZPO/Wilske/Markert § 1051 Rn. 7 ff.

[334] Im Einzelnen streitig, vgl. die Nachweise bei BeckOK ZPO/Wilske/Markert § 1051 Rn. 9; Stein/Jonas/Schlosser ZPO § 1051 Rn. 2; Böckstiegel/Kröll/Nacimiento/Schmaltz, Arbitration in Germany, § 1051 Rn. 41 ff.; Schmidt-Ahrendts/Höttler SchiedsVZ 2011, 267 (271).

[335] Vgl. BeckOK ZPO/Wilske/Markert ZPO § 1051 Rn. 12–12.2; Zöller/Geimer ZPO § 1051 Rn. 1, 6; Stein/Jonas/Schlosser ZPO § 1051 Rn. 4, 11, 24.

[336] Vgl. Stein/Jonas/Schlosser ZPO § 1051 Rn. 24; Zöller/Geimer ZPO § 1051 Rn. 6 f.; Böckstiegel/Kröll/Nacimiento/Schmaltz, Arbitration in Germany, § 1051 Rn. 49 ff.

[337] Vgl. Böckstiegel/Kröll/Nacimiento/Schmaltz, Arbitration in Germany, § 1051 Rn. 57 ff.; Born, Inter-national Commercial Arbitration, S. 2987 f.

Art. 24.4 DIS-SchO und Art. 21(3) ICC-SchO enthalten entsprechende Regelungen. Im Hinblick auf die fehlende Vorhersehbarkeit von Billigkeitsentscheidungen dürfte eine solche Parteivereinbarung häufig wenig empfehlenswert sein. Der Entscheidungsmaßstab ist kaum fassbar und dürfte tendenziell in Kompromissentscheidungen ohne eindeutige Entscheidungsgrundlage münden.[338]

207 Schließlich hat das Schiedsgericht bei der Ermittlung des materiellen Rechts in allen Fällen bestehende **Vertragsbestimmungen und Handelsbräuche** zu berücksichtigen (§ 1051 Abs. 4 ZPO). Diese Regelung gilt für alle Varianten des § 1051 ZPO, also auch für den Fall der Rechtswahl oder Anknüpfung über die engste Verbindung oder die Entscheidung nach Billigkeit.[339] Hierdurch soll der Beachtung zwingender Regelungen und Handelsbräuche Vorrang im Rahmen der Entscheidung des Schiedsgerichts eingeräumt werden.[340]

208 Soweit eine Schiedsordnung vorgesehen ist, enthalten beispielsweise Art. 24 DIS-SchO und Art. 21 ICC-SchO gesonderte **kollisionsrechtliche Vorschriften.** Nach Art. 21(1) ICC-SchO ist es dem Schiedsgericht in Abwesenheit einer Parteivereinbarung erlaubt, dasjenige Recht anzuwenden, das es für **angemessen („appropriate")** hält. Diese Kollisionsregel wird überwiegend so verstanden, dass das Schiedsgericht nach freiem Ermessen entscheiden und eigene Kollisionsregeln entwickeln kann.[341] Das Schiedsgericht sollte in einem solchen Fall die Entscheidung jedoch überaus sorgfältig und nachvollziehbar begründen.[342] De facto dürften die Schiedsgerichte daher auf Argumentationsmuster zurückgreifen, die denen der Bestimmung der engsten Verbindung nach den einschlägigen kollisionsrechtlichen Vorschriften entsprechen. Eine willkürliche Entscheidung ohne nachvollziehbare Begründung ist unter Art. 21 ICC-SchO jedenfalls nicht gestattet.[343]

209 **2. Besonderheiten in vertriebsrechtlichen Verfahren.** Der EuGH hat in seiner Entscheidung „Ingmar" festgelegt, dass die Wahl eines nicht-europäischen Rechts mit dem Ziel der Umgehung zwingender Regelungen der Handelsvertreterrichtlinie 86/653/EWG die Unwirksamkeit der Rechtswahl zur Folge hatte.[344] Ähnlich hat das OLG Stuttgart eine Gerichtsstandsvereinbarung für unwirksam erklärt, weil sie dazu bestimmt sei, die handelsvertreterschützenden Vorschriften der EU-Handelsvertreterrichtlinie zu umgehen. Der BGH hat durch Nichtannahme des Beschlusses diese Rechtsauffassung bestätigt und weiter ausgeführt, dass die Rechtswahl mit dem Ziel einer Umgehung der EU-Handelsvertreterrichtlinie selbst dann unwirksam ist, wenn das gewählte Recht des Drittlandes einen wirtschaftlichen Ausgleich vorsieht.[345] Weiterhin zu bedenken ist auch, dass bestimmte Staaten ihrerseits zwingendes Vertriebsrecht in ihre Rechtsordnung aufgenommen haben, das nicht abgewählt werden kann. Dies gilt insbesondere für den Mittleren Osten und dort für Staaten wie die Vereinigten Arabischen Emirate, Bahrain und Kuwait, aber auch für einige Südamerikanische Staaten.[346]

---

[338] So auch Born, International Commercial Arbitration, S. 2992 f.; kritisch ebenfalls Böckstiegel/Kröll/Nacimiento/Schmaltz, Arbitration in Germany, § 1051 Rn. 58 f.

[339] Böckstiegel/Kröll/Nacimiento/Schmaltz, Arbitration in Germany, § 1051 Rn. 66 ff.; BeckOK ZPO/Wilske/Markert § 1051 Rn. 13 ff.; Prütting/Gehrlein/Prütting ZPO § 1051 Rn. 9; Stein/Jonas/Schlosser ZPO § 1051 Rn. 29; MüKoZPO/Münch § 1051 Rn. 46.

[340] Vgl. Zöller/Geimer ZPO § 1051 Rn. 10, der zwingenden Regelungen gegenüber Handelsbräuchen den Vorrang einräumt.

[341] Salger/Trittmann/Trittmann Int. Schiedsverfahren § 10 Rn. 198; Vgl. Derains/Schwartz, Guide to the ICC-Rules of Arbitration, S. 241; Fry/Greenberg/Mazza, The Secretariat's Guide to ICC Arbitration, Rn. 3 –753 ff.; Verbist/Schäfer/Imhoos, ICC Arbitration in Practice, S. 114 f.; Born, International Commercial Arbitration, S. 2827.

[342] Fry/Greenberg/Mazza, The Secretariat's Guide to ICC Arbitration, Rn. 3–755; Derains/Schwartz, Guide to the ICC-Rules of Arbitration, S. 241.

[343] Born, International Commercial Arbitration, S. 2828 f.; Vgl. Derains/Schwartz, Guide to the ICC-Rules of Arbitration, S. 241; zur Entscheidungsform eingehend Verbist/Schäfer/Imhoos, ICC Arbitration in Practice, S. 119.

[344] EuGH NJW 2001, 2007.

[345] BGH BB 2012, 3103.

[346] Vgl. Detzer/Ullrich, Internationale Vertriebsvereinbarungen, S. 52 ff.

3. Anwendbares Verfahrensrecht. Unter dem anwendbaren Verfahrensrecht versteht **210** man allgemein sämtliche Regelungen, welche die Durchführung des Schiedsverfahrens betreffen.[347] Maßgeblich für die Bestimmung des anwendbaren Verfahrensrechts ist zunächst als Ausgangspunkt das **Recht des Schiedsorts (lex loci arbitri).**[348]

Im Bereich des anwendbaren Verfahrensrechts gilt eine **pyramidenförmige Normen-** **211** **hierachie.**[349] Das Schiedsgericht ist in der Ausgestaltung des Schiedsverfahrens zunächst an die zwingenden Normen der anwendbaren lex arbitri, danach an die von den Parteien in der Schiedsklausel getroffenen Abreden, gegebenenfalls an die Regelungen der gewählten Schiedsordnung und subsidiär an die nichtabbedungenen Normen der anwendbaren lex arbitri gebunden. Schließlich folgt das Verfahrensgestaltungsermessen des Schiedsgerichts. Da die oben genannten Normenquellen die prozessuale Ausgestaltung des Schiedsverfahrens jedoch regelmäßig nur in Ansätzen regeln, verbleibt dem Schiedsgericht regelmäßig ein weitreichendes Ermessen hinsichtlich der Verfahrensausgestaltung.

Die **zwingenden Verfahrensvorschriften** am Recht des Schiedsorts sind für die **212** Parteien nicht disponibel und daher stets zu beachten.[350] Im deutschen Schiedsverfahrensrecht sind nur wenige Vorschriften zwingenden Charakters, wie beispielsweise das Recht auf **Gleichbehandlung der Parteien** und die **Gewährung rechtlichen Gehörs** sowie das **Recht auf anwaltliche Vertretung** (§ 1042 Abs. 1 und 2 ZPO).[351] Ein Verstoß gegen zwingende Verfahrensvorschriften kann die Aufhebung des Schiedsspruchs begründen, wenn sich der Verstoß **kausal auf die Entscheidung ausgewirkt** hat (§ 1059 Abs. 2 Nr. 1 lit. d ZPO). Mithin wird das Schiedsverfahren durch die Parteien und das Schiedsgericht gemeinsam in den Grenzen des jeweiligen zwingenden Rechts ausgestaltet.

Außerhalb der zwingenden Vorschriften des Schiedsortes steht es den Parteien frei, die **213** Verfahrensvorschriften des Schiedsverfahrens frei zu bestimmen (§ 1042 Abs. 3 ZPO). Soweit sich die Parteien für eine bestimmte **Schiedsordnung** entscheiden, werden deren Vorschriften durch Bezugnahme Vertragsinhalt.[352] In den international verbreiteten ICC-Schiedsverfahren wird insoweit üblicherweise davon ausgegangen, dass die **nicht institutionell geregelten Verfahrensfragen** nicht einem nationalen Recht entnommen werden, sondern anhand des konkreten Falles pragmatisch zu entwickeln sind. Vor diesem Hintergrund können beispielsweise im Rahmen der Beweisaufnahme erhebliche Abweichungen zum nationalen Recht auftreten (zB in Form von Witness Statements sowie der Durchführung einer Cross Examination).[353]

Soweit sich die Parteien nicht auf ein institutionelles Verfahren verständigen, können sie **214** entweder ad-hoc-Schiedsregeln, wie beispielsweise die UNCITRAL Arbitration Rules, für anwendbar bestimmen oder das Verfahren ohne vorformulierte Regeln durchführen.[354] In einem solchen Fall gilt ergänzend das **dispositive Recht am jeweiligen Schiedsort.**[355]

---

[347] Schwab/Walter, Schiedsgerichtsbarkeit, Kap. 15 Rn. 29 ff.; Schmidt-Ahrendts/Höttler SchiedsVZ 2011, 267 (268).

[348] BeckOK ZPO/Wilske/Markert § 1043 Rn. 1–1.3; Prütting/Gehrlein/Prütting ZPO § 1051 Rn. 3; Schütze/Thümmel/Thümmel, Schiedsgericht und Schiedsverfahren, § 8 Rn. 1.

[349] Vgl. Schmidt-Ahrendts/Höttler SchiedsVZ 2011, 267 (268); MüKoZPO/Münch § 1042 Rn. 9.

[350] Vgl. Zöller/Geimer ZPO § 1042 Rn. 1; vgl. Prütting/Gehrlein/Prütting ZPO § 1051 Rn. 9.

[351] Zwingende Verfahrensvorschriften finden sich etwa in §§ 1029–1031, 1046 Abs. 1, 1047 Abs. 2 und Abs. 3, 1048 Abs. 4 S. 1, 1049 Abs. 3, 1066 ZPO, vgl. Zöller/Geimer ZPO § 1042 Rn. 2 ff.

[352] MüKo/Münch ZPO § 1042 Rn. 101 ff.; Zöller/Geimer ZPO § 1042 Rn. 25; BeckOK ZPO/Wilske/Markert § 1042 Rn. 18; Musielak/Voit/Voit ZPO § 1031 Rn. 6.

[353] Zu dem Einsatz von Beweismitteln aus dem Civil Law- und Common Law-Rechtskreis, vgl. Böckstiegel (Hrsg.), Beweiserhebung im Internationalen Schiedsverfahren, 2001; Bühler/Dorgan, 17 J. Int. Arb. 2, 11 ff. und 22 ff. (2000); Wirth SchiedsVZ 2003, 9 sowie weiterführend Varga, Beweiserhebung Beweiserhebung in transatlantischen Schiedsverfahren: eine Suche nach Kompromissen zwischen deutscher und US-amerikanischer Beweisrechtstradition, Diss. Saarbrücken 2006, S. 26 ff.

[354] Vgl. MüKoZPO/Münch § 1042 Rn. 97 ff.

[355] Vgl. MüKoZPO/Münch § 1042 Rn. 98; vgl. BeckOK ZPO/Wilske/Markert § 1042 Rn. 17; Saenger/Saenger ZPO § 1042 Rn. 1, 14.

215   Aus deutscher Sicht handelt es sich insofern um das **zehnte Buch der ZPO.** Hierbei ist aus Sicht des deutschen Rechts zu berücksichtigen, dass die Bundesrepublik Deutschland zu den Rechtsordnungen gehört, die das **UNCITRAL-Modellgesetz** rezipiert haben.[356] Diese **internationale Harmonisierung** hat eine **erhebliche Konvergenz** der schiedsverfahrensrechtlichen Vorschriften unterschiedlicher Rechtsordnungen mit sich gebracht.[357] Die Vorschriften des zehnten Buchs stellen ein grobes Gerüst aus allgemeinen Vorschriften dar, welche im Wesentlichen dispositiver Natur sind. Auch die übrigen Vorschriften der ZPO (beispielsweise §§ 91 ff. ZPO) sind nicht unmittelbar, sondern allein im Rahmen einer Parteivereinbarung oder des Verfahrensermessens des Schiedsgerichts anwendbar. Dies gilt selbst bei Wahl eines deutschen Schiedsorts als Sitz des Schiedsgerichts. Die **Ausfüllung dieses groben Verfahrensrahmens** liegt mithin in den Händen der Parteien und des Schiedsgerichts, wobei eine Orientierung bei rein nationalen Schiedsverfahren an den nationalen Vorschriften durchaus möglich und naheliegend ist.

216   Soweit weder eine einschlägige Regelung durch Parteivereinbarung noch durch eine Schiedsordnung oder dispositives Recht vorliegt, kann das **Schiedsgericht nach eigenem Ermessen** das Verfahrensrecht bestimmen (vgl. § 1042 Abs. 4 S. 1 ZPO). Solche verfahrensleitenden Regelungen **(procedural orders)** haben bindende Wirkung für die Parteien (vgl. § 1042 Abs. 4 S. 1 ZPO). Aufgrund der notwendigen Lückenhaftigkeit der Regelungen, der Schiedsordnungen sowie der Parteivereinbarungen machen Schiedsgerichte in der Praxis von diesem Recht notwendigerweise häufig Gebrauch.[358] Solche Regelungen können unterschiedlichste Fragen des Verfahrensablaufs betreffen, wie prozessuale Fristen, Zustellungsvoraussetzungen, Durchführung der Beweisaufnahme, Übersetzungen und sonstige Themen.[359]

217   Die schiedsgerichtlichen Verfahrensbestimmungen stellen somit die unterste Stufe der Normenpyramide des anwendbaren Verfahrensrechts dar.[360] Im Einzelnen ist zu beachten, dass sich aufgrund der **Normenhierarchie** des § 1042 ZPO schiedsrichterliche verfahrensleitende Maßnahmen nicht in Widerspruch zu etwaigen Parteivereinbarungen oder sonstigen vorrangigen Vorschriften setzen dürfen. Insoweit ist auf den Regelungsgehalt der jeweiligen Maßnahme abzustellen, um zu ermitteln, ob ein Widerspruch vorliegt und wie dieser konkret zu lösen ist.[361] Aus der beschriebenen Verfahrensnomenklatur folgt praktisch ein weiter Spielraum, den die Parteien und das Schiedsgericht bei der Gestaltung des Verfahrens ausnutzen können. Dies führt dazu, dass der konkrete Ablauf und die Durchführung von Schiedsverfahren höchst unterschiedlich ausfallen können.

VIII. Verfahren bis zur mündlichen Verhandlung

218   **1. Verfahrensvorbereitung und –management.** Wesentliches Ziel verschiedener Schiedsinstitutionen ist es, die Zeit- und Kosteneffizienz von Schiedsverfahren gegenüber staatlichen Verfahren zu verbessern. Zu diesem Zweck können sich aus Sicht des Schiedsgerichts **Verfahrensmanagementtechniken** anbieten.[362] In **Anhang IV der ICC-SchO** findet sich eine **Vielzahl von prozessualen Techniken,** die im Hinblick auf ein zeit-

---

[356] Vgl. Stein/Jonas/Schlosser ZPO Vor § 1025 Rn. 2; Schwab/Walter, Schiedsgerichtsbarkeit, Kap. 41 Rn. 8; BeckOK ZPO/Wolf/Eslami § 1025 Rn. 16.

[357] Zur Auslegung der ZPO anhand des UNCITRAL-Modellgesetzes siehe BGH NJW-RR 2011, 570 (571); vgl. BeckOK ZPO/Wolf/Eslami § 1025 Rn. 16; Wagner/Bülau, Procedural Orders by Arbitral Tribunals: In the Stays of Party Agreements?, SchiedsVZ 2013, 6.

[358] Vgl. Wagner/Bülau, Procedural Orders by Arbitral Tribunals: In the Stays of Party Agreements?, SchiedsVZ 2013, 6.

[359] Schmidt-Ahrendts/Höttler, Anwendbares Recht bei Schiedsverfahren mit Sitz in Deutschland, SchiedsVZ 2011, 267 (268), vgl. ferner MüKoZPO/Münch § 1042 Rn. 121 ff.

[360] Vgl. MüKoZPO/Münch § 1042 Rn. 120.

[361] Vgl. zu einer Aufhebung eines Schiedsspruchs wegen Verstoß gegen Parteivereinbarung OLG Frankfurt a. M. SchiedsVZ 2013, 49 (50).

[362] Vgl. Anhang IV der ICC-SchO.

und kosteneffizientes Verfahren angewendet werden können. Anwendbare Techniken sind beispielsweise[363] die Aufteilung des Verfahrens in **Grund- und Betragsphase** oder der Erlass von **Teilschiedssprüchen** im Hinblick auf eine hierdurch zu erwartende Effizienzsteigerung. Daneben kommt auch eine organisatorische **Abschichtung der Fragen,** welche zwischen den Parteien oder deren Sachverständigen zu entscheiden sind, in Betracht. Soweit bestimmte Themen ohne mündliche Beweisführung oder rechtliche Erörterung alleine aufgrund der Aktenlage entschieden werden können, sind auch diese Themen zwischen dem Schiedsgericht und den Parteien miteinander zu erörtern. Ein weiterer Punkt, welcher mit den Parteien zu besprechen ist, ist im Rahmen der Beweisaufnahme die **Dokumentenvorlage** und der hierzu notwendige Verfahrensablauf. Daneben kommen als weitere Themen die **Ausgestaltung der Schriftsätze** nach Länge und Inhalt sowie weitere Fragen der **Beweisführung** in Betracht, um eine Konzentration auf die zentralen Fragen in zeit- und kosteneffizienter Weise zu ermöglichen. Dabei hat das Schiedsgericht auch den **Einsatz von Telefon- und Videokonferenzen** für Verfahrensfragen oder andere Themen, bei denen eine persönliche Anwesenheit nicht erforderlich ist, zu erwägen. Zudem ist der **Einsatz von Informationstechnologie** für eine Online-Kommunikation zwischen den Parteien und Schiedsgericht im Grundsatz zu ermöglichen. Insbesondere ist auch eine erste Besprechung der Parteien mit dem Schiedsgericht zur Vorbereitung der mündlichen Verhandlung als Technik zur Verfahrensplanung zu empfehlen (sog. Verfahrensmanagementkonferenz bzw. Case Management Conference). Im Übrigen hat das Schiedsgericht auch jederzeit eine vergleichsweise Beilegung von Streitigkeiten zu berücksichtigen.

In diesem Zusammenhang stellt sich auch bei weniger komplexen Fragen im Hinblick **219** auf den Streitwert die Frage nach einem **angemessenen Verhältnis von Zeit und Kosten** sowie der **Bedeutung des Verfahrens** für die Parteien. Art. 24 ICC-SchO sieht in diesem Zusammenhang eine verpflichtende Verfahrensmanagementkonferenz vor. Vor diesem Hintergrund empfiehlt es sich, bereits im Schiedsauftrag die Verfahrensmanagementkonferenz zu adressieren. Gleiches gilt auch – soweit institutionell wie in den meisten Schiedsregeln kein Schiedsauftrag vorgesehen – für eine prozessleitende Verfügung Nr. 1 des Schiedsgerichts, in welcher der entsprechende Inhalt eines Schiedsauftrags abgefasst wird.[364]

a) Verfahrensmanagementkonferenz (Case Management Conference). Möglichst **220** zeitnah nach der Konstituierung des Schiedsgerichts bietet es sich häufig an, ein **Treffen zwischen den Parteien, ihren Vertretern und dem Schiedsgericht** anzuberaumen. Ob dieses Treffen in Form einer physischen Zusammenkunft oder lediglich im Rahmen einer Telefonkonferenz erfolgen sollte, hängt in erster Linie von Bedeutung, Umfang und Komplexität des Falls sowie davon ab, ob sich die jeweiligen Akteure bereits kennen.[365] Ein physisches Treffen bietet dabei den nicht zu unterschätzenden Vorteil, einen ersten persönlichen Eindruck von den Schiedsrichtern und auch von den Parteivertretern der Gegenseite zu bekommen.[366] Gegenstand einer solchen Besprechung können sämtliche Fragen zur Durchführung des Schiedsverfahrens sein.

---

[363] Weitere mögliche Verfahrenstechniken sind darüber hinaus in den UNCITRAL Notes on Organizing Arbitral Proceedings (2012) (online abrufbar unter https://uncitral.un.org/sites/uncitral.un.org/files/media-documents/uncitral/en/arb-notes-e.pdf) sowie der ICC-Publikation „Techniques for Controlling Time and Costs Arbitration" enthalten (online abrufbar unter: http://www.iccwbo.org/Advocacy-Codes-and-Rules/Document-centre/2012/ICC-Arbitration-Commission-Report-on-Techniques-for-Controlling-Time-and-Costs-in-Arbitration/).

[364] Zur prozessleitenden Verfügung → Rn. 225 ff.

[365] Vgl. Art. 24(1) ICC-SchO sowie Anhang IV der ICC-SchO; Sessler/Voser SchiedsVZ 2012, 120 (122); Fry/Greenberg/Mazza, The Secretariat's guide to ICC Arbitration, Rn. 3–937; Nedden/Herzberg/Herzberg, ICC-SchO/DIS-SchO, ICC-SchO Art. 24 Rn. 11; Verbist/Schäfer/Imhoos, ICC Arbitration in Practice, S. 135 ff.

[366] Fry/Greenberg/Mazza, The Secretariat's Guide to ICC Arbitration, Rn. 3–936; Verbist/Schäfer/Imhoos, ICC Arbitration in Practice, S. 137.

221 Eine solche **Verfahrensmanagementkonferenz (Case Management Conference)** ist nicht in allen institutionellen Verfahren vorgesehen. Nichtsdestotrotz hat sich eine Verfahrensmanagementkonferenz auch in institutionellen Schiedsverfahren, in denen keine explizite Regelung hierzu besteht, etabliert und ist häufig anzutreffen. Eine ausdrückliche Regelung enthält insbesondere Art. 24 ICC-SchO, aber auch Art. 27 DIS-SchiedsGO. Hiernach ist spätestens im Zusammenhang mit der Formulierung des Schiedsauftrages oder wenn möglich früher, eine Verfahrensmanagementkonferenz einzuberufen, damit das Schiedsgericht mit den Parteien den verfahrensmäßigen Ablauf des Schiedsverfahrens besprechen kann. Hierbei sind insbesondere die in Anhang IV der ICC-SchO beschriebenen Verfahrensmanagementtechniken zu erwägen.

222 Während der Verfahrensmanagementkonferenz sollen die Parteien zu den geplanten Verfahrensmanagementtechniken sowie möglichen pragmatischen Verfahrensbeschleunigungsmaßnahmen **angehört** werden (vgl. Art. 24(1) ICC-SchO). Nach der Verfahrensmanagementkonferenz verabschiedet das Schiedsgericht sodann den **Verfahrenskalender,** anhand welchem das Verfahren durchgeführt werden soll. Hierin können Fristen für Schriftsätze und Beweisangebote, ein Termin zur mündlichen Verhandlung und sonstige zur Fortführung des Verfahrens zweckmäßige Maßnahmen getroffen werden. Der Verfahrenskalender und etwaige Änderungen sind neben den Parteien auch dem **ICC-Gerichtshof zu übermitteln** (Art. 24(2) und (3) ICC-SchO).

223 Zur fortwährenden Gewährung der Effizienz der Verfahrensführung kann das Schiedsgericht jeweils nach Anhörung der Parteien etwaige erforderliche **Änderungen sowie ergänzende Verfahrensmaßnahmen** beschließen. Daneben kann es sich anbieten, dem Vorsitzenden des Schiedsgerichts die Befugnis einzuräumen, nach formloser Abstimmung mit den Mitschiedsrichtern verfahrensleitende Verfügungen und Fristsetzungen allein im Namen des Schiedsgerichts zu entscheiden.

224 Im Hinblick auf die organisatorische Durchführung der Verfahrensmanagementkonferenz sind sowohl ein **persönliches Treffen** als auch andere Varianten wie **Video- oder Telefonkonferenz** möglich. Soweit keine bindende Parteivereinbarung vorliegt, hat das Schiedsgericht im Rahmen seines Ermessens über die Form der Verfahrensmanagementkonferenz zu entscheiden, wobei es die Parteien um Vorschläge zur Durchführung der Konferenz bitten kann. Vieles dürfte dafür sprechen, eine Konferenz mit persönlicher Anwesenheit durchzuführen. Die Parteien und das Schiedsgericht können wechselseitig einen persönlichen Eindruck voneinander erlangen. Das Wechselspiel der verschiedenen Beteiligten kann erhebliche Auswirkungen auf die Dynamik des weiteren Ablaufs des Schiedsverfahrens haben.

225 **b) Prozessleitende Verfügung Nr. 1 (Procedural Order no. 1, PO 1).** Eines der wesentlichen Instrumente des Schiedsgerichts zur Ausgestaltung des Verfahrens ist die **prozessleitende Verfügung,** im Englischen **procedural order.** Durch prozessleitende Verfügungen übt das Schiedsgericht das ihm zur Verfahrensführung eingeräumte Ermessen aus. Es handelt sich entsprechend im Gegensatz zum Schiedsauftrag um **einseitige Anordnungen,** zu deren Einhaltung die Parteien grundsätzlich verpflichtet sind.[367] Die Bindung der Parteien endet dort, wo die Anordnungen des Schiedsgerichts nicht mehr von der Verfahrensführungskompetenz gedeckt sind. Dies ist der Fall, wenn die Anordnungen über die reine Ausgestaltung des Verfahrens hinausgehen. Primärer Vorteil von prozessleitenden Verfügungen aus Sicht des Schiedsgerichts ist ihre **flexible Handhabung,** insbesondere ihre einseitige **Abänderbarkeit.**[368]

226 Eine **prozessleitende Verfügung** enthält anders als ein Schiedsspruch **keine Entscheidung über den Streitgegenstand bzw. einen Teil des Streitgegenstands.** Vielmehr ist der Inhalt einer prozessleitenden Verfügung eine **Regelung zur prozessualen Durchführung des Schiedsverfahrens.** Daneben fehlt der prozessleitenden Verfügung aufgrund

---

[367] Vgl. Art. 22(5) ICC-SchO.
[368] Vgl. Salger/Trittmann/Trittmann Int. Schiedsverfahren § 10 Rn. 9, 57 ff.

ihrer Abänderbarkeit auch die Verbindlichkeit für das Schiedsgericht. Das Schiedsgericht kann **prozessleitende Verfügungen im Rahmen des Verfahrensermessens einseitig aufheben oder ändern.** Die Wirkungen eines Schiedsspruchs hingegen können nur durch die Aufhebung durch ein staatliches Gericht oder durch Parteivereinbarung aufgehoben werden.

Häufig bietet es sich an, in einer prozessleitenden Verfügungen **Einzelheiten zur** **227** **Zustellung von Schriftsätzen** zu regeln. Insbesondere kann bestimmt werden, dass zur Fristwahrung ein Empfang per Email genügt und die Originale erst später per Kurier zugestellt werden. Ferner können in einer prozessleitenden Verfügung formale Anforderungen an die Schriftsätze (zB Einfügen von Randziffern) und Anlagen formuliert werden (zB Übersetzung fremdsprachiger Anlagen). Zudem können der weitere **Verfahrensfortgang** bestimmt (zB Fristen für Schriftsatzeinreichung) und **Regelungen zum Ablauf der mündlichen Schiedsverhandlung** getroffen werden (zB Ort der Schiedsverhandlung, Eröffnungsplädoyer, Reihenfolge bei der Zeugenbefragung, Art der Beweisaufnahme etc).[369] Procedural Orders können auch mündlich (zB im Rahmen von Telefonkonferenzen oder der mündlichen Verhandlung) ergehen.[370] In einem solchen Fall werden sie aber regelmäßig anschließend schriftlich bestätigt.

Prozessleitende Verfügungen sind schließlich **nicht mit einem eigenen Rechtsmittel** **228** angreifbar. Vielmehr erfolgt eine Überprüfung erst im Rahmen des Aufhebungs- oder Vollstreckbarerklärungsverfahrens des Schiedsspruchs.[371] Bei der Überprüfung der Endentscheidung sind die staatlichen Gerichte zudem auf die (engen) Aufhebungsgründe beschränkt.[372] Ferner ist eine etwaige Rügepräklusion zu beachten (vgl. Art. 40 ICC-SchO).

c) Schiedsauftrag (Terms of Reference) in ICC-Schiedsverfahren. Ein wichtiges **229** Mittel, welches in der ICC-SchO ausdrücklich vorgesehen ist, dem Schiedsgericht mit Zustimmung der Parteien aber selbstverständlich auch ohne Geltung der ICC-SchO zur Verfügung steht, ist die Vereinbarung eines Schiedsauftrags, im Englischen **terms of reference.** Sinn und Zweck dieses in der Praxis bewährten Dokuments ist es, Inhalt und Ablauf des Verfahrens soweit möglich und notwendig für alle Beteiligten verbindlich abzustecken. Es handelt sich mithin um eine **Verfahrensvereinbarung** in einem frühen Verfahrensstadium über den weiteren Ablauf des Schiedsverfahrens.

Zentral für die Rechtswirkungen des Schiedsauftrags ist es, dass dieser nicht nur von den **230** Mitgliedern des Schiedsgerichts, sondern auch von den Parteien unterzeichnet wird. Der Schiedsauftrag stellt damit eine **multilaterale Vereinbarung** da, die einerseits nicht einseitig vom Schiedsgericht geändert werden kann, andererseits aber auch Punkte zum Inhalt haben kann, die das Schiedsgericht nicht im Rahmen seiner allgemeinen Verfahrensführungskompetenz einseitig anordnen kann.

Entsprechend kann der **Inhalt des Schiedsauftrags** gemäß Art. 23 ICC-SchO die **231** folgenden Inhalte aufweisen: Zum einen lassen sich **organisatorische und prozessuale Inhalte** wie Namen und Adressen der Parteivertreter, die jeweiligen Zustelladressen und Namen und Adressen der Schiedsrichter, der Schiedsort, die Verfahrenssprache und einen Verweis auf die anwendbaren prozessualen Regeln finden. Zum anderen finden sich auch wichtige **materielle Inhalte,** wie eine Zusammenfassung der jeweiligen Streitpositionen der Parteien, eine Schätzung des Streitwertes und eine Auflistung der im Verfahren zu klärenden Sach- und Rechtsfragen. Insbesondere eine Zusammenfassung und Definition der letztgenannten Punkte in einem frühen Stadium, kann zur Straffung des weiteren Verfahrens beitragen.[373]

---

[369] Vgl. Schütze SchiedsVZ 2009, 241 (242); Blackaby/Partasides, Redfern and Hunter on International Arbitration, Rn. 6.52.

[370] Fry/Greenberg/Mazza, The Secretariats's Guide to ICC Arbitration, Rn. 3–726.

[371] Schütze SchiedsVZ 2009, 241 (242).

[372] → Rn. 411 ff.

[373] Born, International Commercial Arbitration, S. 2412 ff.; vgl. mit Blick auf Tatsachenfragen auch Art. 2 Abs. 3 lit. a IBA Rules.

232   Nach Art. 23(4) ICC-SchO dürfen die Parteien **nach Unterzeichnung des Schieds-auftrags** über die dort aufgeführten hinausgehende Ansprüche nur nach ausdrücklicher Genehmigung durch das Schiedsgericht geltend machen. In der Praxis wird diese Genehmigung jedoch meist erteilt.[374] Es mag sich dennoch empfehlen, die Auflistung der Sach- und Rechtsfragen mit einem Änderungsvorbehalt zu versehen.

233   **2. Die Ermittlung des Sachverhaltes.** Im Hinblick auf die Sachverhaltsermittlung ist zu berücksichtigen, dass im schiedsrichterlichen Verfahren – anders als in staatlichen Verfahren – üblicherweise nur ein **beschränkter Untersuchungsgrundsatz** gilt.[375] In Abweichung zu staatlichen Zivilverfahren, in denen der Verhandlungsgrundsatz gilt, ist das Schiedsgericht nicht an die Beweisanträge der Parteien gebunden. Vielmehr kann es zur Aufklärung des Sachverhalts weitergehende Erhebungen anstellen. Hierbei sind etwaige Parteivereinbarungen zu berücksichtigen und den Parteien bei Einführung neuer Tatsachen Gelegenheit zur Stellungnahme zu geben.

234   Nach typischem **deutschen Zivilprozessverständnis** gilt nach dem Beibringungsgrundsatz, dass es prinzipiell Aufgabe der Parteien ist, Tatsachen und Beweismittel in den Prozess einzuführen. Dem Gericht kommt lediglich eine Hinweispflicht im Rahmen des prozessordnungsgemäßen Verfahrens zu. Die Möglichkeiten zur Beiziehung von Beweismitteln von Amts wegen sind überaus beschränkt. Hierunter fallen üblicherweise die Urkundenvorlage, die Einholung von Sachverständigengutachten, die Augenscheineinnahme sowie die ergänzende Vernehmung einer Partei.[376]

235   In Schiedsverfahren finden die strengen Beweisgrundsätze der ZPO keine Anwendung.[377] Daher können die Parteien auch **durch andere Beweismittel** Beweis für streitige Tatsachenbehauptungen antreten. Insoweit ist nach der schiedsvertraglichen Praxis eine Vielzahl von Abweichungen zu berücksichtigen, beispielsweise in Form von schriftlichen Zeugenaussagen (Witness Statements). Daneben kommen als weitere Beweismittel auch amtliche Auskünfte, eidesstattliche Versicherungen sowie im internationalen Bereich auch Inspektionen bzw. Besichtigungen durch Sachverständige ohne Anwesenheit des Schiedsgerichts in Betracht (vgl. Art. 7 IBA Rules). Ferner können – nach deutschem Recht unproblematisch aber international nicht zwingend – Zeugen vom Hörensagen als Beweismittel in das Verfahren eingeführt werden.[378]

236   Vor diesem Hintergrund wird die Sachverhaltsermittlung in internationalen Schiedsverfahren erheblich von den **unterschiedlichen Rechtskulturen** der beteiligten Personen beeinflusst. Insbesondere Schiedsrichter und Parteivertreter sind erfahrungsgemäß durchaus davon geprägt, ob sie aus dem Rechtssystem Kontinental-Europas (Civil Law) oder dem anglo-amerikanischen Common Law stammen.[379]

237   Das **Civil Law** zeichnet sich typischerweise durch eine aktive Stellung des Gerichts im Rahmen der Beweisaufnahme aus. Aus dem Parteivortrag filtert das Gericht die beweiserheblichen Themen (beispielsweise im Sinne der deutschen Relationstechnik) heraus und führt anschließend die Beweiserhebung durch.[380] Insbesondere im Rahmen der Zeugenvernehmung lässt sich erkennen, wie das deutsche staatliche Gericht zuerst die maßgeblichen Themen in einem Beweisbeschluss formuliert und sodann die Vernehmung des

---

[374] Moses, The Principles and Practices of International Commercial Arbitration, S. 176.

[375] MüKoZPO/Münch § 1042 Rn. 149; Salger/Trittmann/Trittmann Int. Schiedsverfahren § 10 Rn. 68.

[376] Vgl. BeckOK ZPO/Bacher § 284 Rn. 34.

[377] MüKoZPO/Münch § 1042 Rn. 149 ff.; Salger/Trittmann/Trittmann Int. Schiedsverfahren § 10 Rn. 70; vgl. Trittmann FS Elsing, 2015, 571 (575).

[378] Musielak/Voit/Huber ZPO § 373 Rn. 2; MüKoZPO/Damrau § 373 Rn. 3 f. sowie § 396 Rn. 3; vgl. Zuberbühler/Hofmann/Oetiker/Rohner IBA Rules Art. 4 Rn. 9.

[379] Salger/Trittmann/Trittmann Int. Schiedsverfahren § 10 Rn. 71.

[380] Weiterführend zur Relationstechnik in der Schiedsgerichtsbarkeit Elsing SchiedsVZ 2011, 114 (117); Gerstenmaier, The „German Advantage" – Myth or Model?, SchiedsVZ 2010, 21 (22); Bietz, On the State and Efficiency of International Arbitration – Could the German „Relevance Method" be useful or not?, SchiedsVZ 2014, 121 (122) sowie zur Perspektive der Nutzer der Schiedsgerichtsbarkeit Sessler, Reducing Costs in Arbitration – The Perspective of In-house Counsel, SchiedsVZ 2012, 15 (16).

Beweismittels eigenständig durchführt. Die starke Position des Gerichts kann bisweilen zu einem Aktenprozess mit nur geringer Bedeutung der mündlichen Verhandlung führen.[381]

Umgekehrt nehmen die Parteien im **Common Law**-Rechtskreis tendenziell aktivere **238** Rollen bei der Sachverhaltsermittlung ein. Zeugen- oder Sachverständigenbefragung werden primär durch die Parteien betrieben. Dem Gericht kommt eher eine Vermittlerrolle zu. Es überwacht dementsprechend die Einhaltung von Verfahrensregeln bei der Sachverhaltsermittlung durch die Parteien.[382]

International lässt sich zunehmend ein Kompromiss feststellen, obgleich der Einfluss des **239** Common Law durchaus stilgebend ist. Als Best Practice hat sich als **internationaler Kompromiss** die Verwendung der **IBA Rules on the Taking of Evidence in International Arbitration** aus dem Jahr 2020 etabliert. Dieses Regelwerk soll einen ausgewogenen Kompromiss zwischen den unterschiedlichen Prozesstraditionen darstellen und zugleich die schiedsgerichtliche Flexibilität der Verfahrensgestaltung aufrechterhalten.[383] Die Geltung der IBA Rules wird gelegentlich zwischen den Parteien vereinbart. Aber auch ohne ausdrückliche Parteivereinbarung orientieren sich internationale Schiedsgerichte häufig an diesem Regelwerk und greifen auf dessen Erwägungen zurück.

a) Sachverhaltsermittlung durch die Parteien. Die Sachverhaltsermittlung durch die **240** Parteien ist Ausfluss der allgemeinen Verfahrensherrschaft der Parteien. Zwar gilt im Schiedsverfahren grundsätzlich kein Beibringungsgrundsatz, sondern ein eingeschränkter Amtsermittlungsgrundsatz. Nichtsdestotrotz obliegt es den Parteien, durch **Sachvortrag** und **Beweisanträge** zur Ermittlung des Sachverhalts beizutragen. Obwohl das Schiedsgericht regelmäßig nicht an die Beweisanträge der Parteien gebunden ist (vgl. Art. 28.2 S. 2 der DIS-SchO), wird bei der Gewährung des rechtlichen Gehörs davon ausgegangen, dass Beweisanträge grundsätzlich bei der Entscheidungsfindung zu berücksichtigen sind, auch wenn ihnen im Einzelfall nicht nachgegangen wird. Dem entspricht, dass Schiedsrichter in der Praxis üblicherweise sämtlichen Beweisangeboten nachgehen, welche als hilfreich bei der Ermittlung des Sachverhalts erachtet werden.[384] Soweit Beweisantritte jedoch für irrelevant, schon erledigt oder aus anderen Gründen von dem Schiedsgericht für unangemessen gehalten werden, wird es diese üblicherweise nicht berücksichtigen. Insoweit hat ein Schiedsgericht ein Gleichgewicht zu finden, um die Entscheidungsfindung nicht durch irrelevante Dokumente zu erschweren, wobei gleichzeitig jede Partei ausreichend Gelegenheit haben muss, ihren Standpunkt umfassend darzulegen.[385]

Der Sachvortrag und die Beweisanträge erfolgen im Schiedsverfahren wie auch im **241** staatlichen Verfahren in der Regel durch vorbereitende Schriftsätze der Parteien. Die hierfür geltenden Form- und ggf. Fristvorschriften ergeben sich – soweit keine abweichende Parteivereinbarung vorliegt – aus den für anwendbar erklärten institutionellen Schiedsregeln (vgl. beispielsweise Art. 4, 5, 6, 7, 12 DIS-SchO) oder den verfahrensleitenden Anordnungen des Schiedsgerichts.

b) Sachverhaltsermittlung durch das Schiedsgericht. Die Sachverhaltsermittlung **242** durch das Schiedsgericht zeichnet sich dadurch aus, dass das Schiedsgericht in der **Gestaltung der Beweisaufnahme freier und flexibler** als ein staatliches Gericht ist, zugleich aber keinerlei Zwangsbefugnisse für die Durchsetzung etwaiger Anordnungen besitzt.

Das Schiedsgericht stützt sich bei der Sachverhaltsermittlung auf die Schriftsätze der **243** Parteien und die vorgelegten Anlagen. Dabei kann es insbesondere die Parteien anhören

---

[381] Salger/Trittmann/Trittmann Int. Schiedsverfahren § 10 Rn. 72; vgl. zu den Unterschieden zwischen Civil Law und Common Law auch Trittmann SchiedsVZ 2016, 7 (8 ff.).

[382] Salger/Trittmann/Trittmann Int. Schiedsverfahren § 10 Rn. 73.

[383] Wirth SchiedsVZ 2003, 9 (13).

[384] Salger/Trittmann/Trittmann Int. Schiedsverfahren § 10 Rn. 74; Moses, The Principles and Practice of International Commercial Arbitration, S. 190.

[385] Moses, The Principles and Practice of International Commercial Arbitration, S. 190; vgl. auch Schwab/Walter, Schiedsgerichtsbarkeit, Kap. 15 Rn. 2.

sowie Zeugen und Sachverständige befragen. Regeln zur Sachverhaltsermittlung durch das Schiedsgericht sind in vielen **institutionellen Schiedsregeln** enthalten. So finden sich Vorschriften zur Durchführung der Sachverhaltsermittlung durch das Schiedsgericht in § 1042 Abs. 4 S. 2 ZPO, Art. 25 ICC-SchO sowie Art. 28 DIS-SchO. Diese Vorschriften enthalten allesamt die Regelungen, wonach jenseits gesonderter Parteivereinbarungen die **Entscheidung über die Art und Weise der Sachverhaltsermittlung** dem Schiedsgericht obliegt. Dieses hat im Rahmen seines **Verfahrensermessens** den Sachverhalt zu ermitteln.[386]

244   **c) Dokumentenvorlage (IBA Rules for the Taking of Evidence).** Der Dokumentenbeweis ist im Schiedsverfahren aus praktischer Sicht das mit Abstand wichtigste Beweismittel. Aufgrund des eingeschränkten Amtsermittlungsgrundsatzes kann ein Schiedsgericht auf Grundlage des deutschen Schiedsverfahrensrechts die **Vorlage von Dokumenten** auch dann verlangen, wenn diese bislang nicht in das Verfahren eingeführt worden sind. Rechtliche Grundlage ist insoweit das Verfahrensermessen des Schiedsgerichts, so dass es keines Rückgriffs auf (den ohnehin nicht unmittelbar anwendbaren) § 142 ZPO bedarf. Darüber hinaus finden sich hierzu auch ausdrückliche Befugnisse in den institutionellen Schiedsordnungen (beispielweise in Art. 28.2 DIS-SchO). Mangels Zwangsbefugnissen des Schiedsgerichts bedarf es bei Nichtbefolgung von Vorlageanordnungen der Unterstützung durch staatliche Gerichte.[387] Anstelle der Anwendung von Zwangsmitteln kann das Schiedsgericht ferner auch eine ausbleibende Vorlage im Rahmen der Beweiswürdigung berücksichtigen, indem es Schlussfolgerungen zum Nachteil der vorlagepflichtigen Partei zieht (vgl. § 1048 Abs. 3 ZPO).[388]

245   Vor diesem Hintergrund besteht im Schiedsverfahren im Vergleich zu Verfahren vor staatlichen Gerichten die Möglichkeit, deutlich weitergehenderen Zugang zu Dokumenten der Gegenseite zu erlangen. Maßgeblich ist hierfür letztlich, inwiefern das Schiedsgericht sein **Ermessen zur Regelung des Verfahrens** handhabt. Im deutschen staatlichen Verfahren wird das Verbot des Ausforschungsbeweises neben den Anforderungen an die konkrete Bezeichnung des vorzulegenden Beweismittels traditionell als maßgebliche Beschränkung verstanden.[389] Hingegen ist im Schiedsverfahrensrecht ein deutlich weitreichenderer Austausch von Dokumenten möglich. Dies gilt insbesondere, wenn die Mehrzahl der Schiedsrichter aus dem Common Law-Rechtskreis stammt. Dem steht auch (nach nicht unbestrittener Ansicht) die Anwendbarkeit deutschen Rechts nicht entgegen, so dass im Grundsatz auch eine Discovery nach US-amerikanischem Vorbild in Schiedsverfahren nach deutschem Recht mit Sitz in Deutschland potentiell denkbar wäre. Üblich sind derartig umfassende Vorlageverfahren vor Schiedsgerichten bei Anwendbarkeit deutschen Rechts jedoch nicht.[390]

246   In internationalen Schiedsverfahren lässt sich insbesondere im Bereich der Dokumentenvorlage der **Kontrast zwischen den unterschiedlichen Prozesstraditionen** erkennen. Während in Civil Law-Jurisdiktionen (wie dem deutschen Recht) eine Dokumenten- bzw. Urkundenvorlage traditionell nur in beschränktem Umfang möglich ist, ist diese Rechtslage im anglo-amerikanischen Common Law anders ausgestaltet.[391] Hier finden sich sowohl im

---

[386] BeckOK ZPO/Wilske/Markert § 1049 Rn. 1; Musielak/Voit/Voit ZPO § 1042 Rn. 21; vgl. auch Flecke-Giammarco/Boog/Trittmann/Schardt, The DIS Arbitration Rules – An Article-by-Article Commentary, § 2.05, S. 453 Rn. 3. Zu Parteivereinbarungen im Hinblick auf die Sachverhaltsermittlung siehe Trittmann FS Elsing, 2015, 571 (585 ff.).
[387] Flecke-Giammarco/Boog/Trittmann/Schardt, The DIS Arbitration Rules – An Article-by-Article Commentary, § 2.05, S. 467 Rn. 65; Trittmann SchiedsVZ 2016, 7 (10 ff.); Kaufmann-Kohler/Bärtsch SchiedsVZ 2004, 13 (21). So beispielsweise nach § 1036 ZPO; Section 43 English Arbitration Act 1996 oder Art. 27 UNCITRAL Modell-Gesetz.
[388] So zB in DIS-Verfahren, vgl. Flecke-Giammarco/Boog/Trittmann/Schardt, The DIS Arbitration Rules – An Article-by-Article Commentary, § 2.05, S. 467 Rn. 65.
[389] BT-Drs. 14/6036, 121; BGH NJW-RR 2007, 1393 (1394).
[390] Vgl. eingehend hierzu Elsing SchiedsVZ 2011, 114 (121 f.).
[391] Kaufmann-Kohler/Bärtsch SchiedsVZ 2004, 13 (16); Elsing SchiedsVZ 2011, 114 (122).

Rahmen der vorprozessualen Pre-Trial Discovery als auch im Rahmen der prozessualen Discovery eine Vielzahl weitreichender Vorlagepflichten, welche einen erheblichen Aufwand für die Parteien bedeuten und einen großen Teil des Prozessgeschehens ausmachen.[392] Die internationalen Schiedsverfahren verfolgen vor diesem Hintergrund eine **Kompromisslösung.** Die Berücksichtigung des kontinental-europäischen Ansatzes wird – aus Sicht des anglo-amerikanischen Verständnisses der Sachverhaltsermittlung – durch die Einschränkungen der Dokumentenvorlagepflicht deutlich. Nach kontinentaleuropäischem Verständnis obliegt es grundsätzlich den Parteien, alle Urkunden vorzulegen, die sie zur Unterstützung ihrer Ansprüche benötigen.

In der Praxis wird jede Partei bei dem Vortrag der jeweils anderen Partei entscheidende **247** Dokumente vermissen, die sich im Einflussbereich der Gegenseite befinden. In der Folge richten die Parteien typischerweise Anträge auf Vorlage von Dokumenten an das Schiedsgericht (sog. **Document Requests** oder **Requests to Produce**). Diese Anträge sind je nach dem Verfahrensverständnis der Parteivertreter von unterschiedlichem und bisweilen erheblichem Umfang. Die Gegenpartei wird zudem regelmäßig versuchen, die Abweisung des Vorlageantrags zu erreichen, so dass derartige Auseinandersetzungen einen erheblichen Zeit- und Kostenaufwand verursachen können. Letztlich obliegt es dem Schiedsgericht, zu bestimmen, welche weiteren Dokumente von den Parteien aufgrund von Vorlageanträgen der jeweils anderen Seite zu übermitteln sind. In diesem Zusammenhang kann es sinnvoll sein, schon im Vorfeld klare Richtlinien für die Durchführung dieses Verfahrensabschnitts zu geben. Schiedsgerichte orientieren sich dabei häufig an den IBA Rules, welche in Art. 3 und 9 IBA Rules Grundsätze für die Verfahrensdurchführung der Dokumentenvorlage enthalten. In rein nationalen Verfahren ließe sich daneben auch an die Vereinbarung der deutschen zivilprozessualen Vorschriften der §§ 142, 421 ff. ZPO denken.

Die IBA Rules setzten zunächst voraus, dass sowohl die Existenz eines spezifischen **248** Dokuments als auch dessen Relevanz und Entscheidungserheblichkeit von der die Vorlage begehrenden Partei dargelegt werden. Durch Art. 3 Abs. 3 IBA Rules sollen sogenannte „Fishing Expeditions" nach bislang unbekannten Beweismitteln verhindert werden.[393] Die **Beschreibung des Dokuments** erfordert demnach eine Genauigkeit, welche es erlaubt, das jeweilige Dokument hinreichend genau und zweifelsfrei zu bestimmen. Angaben „ins Blaue hinein" sind dabei nicht ausreichend. Es ist jedoch auch erlaubt, eine hinreichend spezifische Kategorie an Dokumenten zu formulieren. Daneben muss der Antragsteller jeweils darlegen, dass das Dokument relevant und entscheidungserheblich ist („relevant to the case and material to its outcome"). Ferner muss der Antragsteller erklären, dass er selbst keinen Zugriff auf das Dokument hat und warum es mit vertretbarem Aufwand nicht zugänglich ist. Schließlich ist es an dem Antragsteller darzulegen, auf welcher Grundlage er davon ausgeht, dass die Gegenseite Zugriff auf das beantragte Dokument hat (vgl. Art. 3 Abs. 3 IBA Rules).

Im weiteren Verlauf erhält die Gegenseite die Gelegenheit, Einwände geltend zu machen **249** und darzulegen, warum die benannten Dokumente nicht offenzulegen sind. Die IBA Rules sehen insoweit vor, dass sich zunächst die Parteien konsultieren, um eine einvernehmliche Regelung zu finden. Soweit keine Einigung erzielt wird, hat das Schiedsgericht zu entscheiden. Für die Durchführung des Verfahrens hat sich in der Praxis das Format einer sogenannten **Redfern Schedule** durchgesetzt, benannt nach dem englischen Schiedsverfahrensrechtler Alan Redfern. Die Redfern Schedule enthält vier Spalten. Die erste Spalte bezeichnet das Dokument oder die Kategorie an Dokumenten, deren Vorlage beantragt

---

[392] Zekoll/Bolt, Die Pflicht zur Vorlage von Urkunden im Zivilprozess – Amerikanische Verhältnisse in Deutschland, NJW 2002, 3129 (3133). Vertiefend siehe: Lord Woolf, Access to Justice, Final Report to the Lord Chancellor on the Civil Justice System in England & Wales, Kap. 21, online abrufbar auf: http://webarchive.nationalarchives.gov.uk/+/http://www.dca.gov.uk/civil/final/sec6.htm#c21.
[393] Commentary on the revised text of the 2020 IBA Rules on the Taking of Evidence in International Arbitration, S. 9, aufrufbar unter https://www.ibanet.org/MediaHandler?id=4F797338-693E-47C7-A92A-1509790ECC9D.

wird. Die zweite Spalte beinhaltet die Begründung für den Vorlageantrag, während die dritte Spalte eine Zusammenfassung der Einwendungen der Gegenseite gegen den Vorlageantrag umfasst. Die vierte Spalte ist für die Entscheidung des Schiedsgerichts zu jedem einzelnen Vorlageantrag vorgesehen. Diese Methode ist zur Effizienzsteigerung und Übersichtlichkeit des Vorlageprozesses anerkannt und auch Teil der ICC-Techniques for Controlling Time and Cost in Arbitration.[394]

250   Soweit eine Partei einem vom Schiedsgericht bewilligten Vorlageantrag nicht nachkommt, ziehen Schiedsgerichte häufig **negative Schlussfolgerungen (adverse inference)** aus der Nichtvorlage. Diese Möglichkeit nachteiliger Schlussfolgerungen – beispielsweise in Form der Richtigunterstellung des behaupteten Inhalts des Beweismittels – stellt in der Praxis ein scharfes Schwert dar.[395] Aus diesem Grund kommen Parteien und ihre Prozessvertreter der überwiegenden Anzahl von schiedsgerichtlich bestätigten Vorlageanträgen nach. Ein Grund hierfür mag auch sein, dass ein unmittelbarer Rechtsschutz gegen die Dokumentenvorlage kaum besteht und der Schiedsspruch selbst nur anhand des engen Maßstabs der New York Convention überprüfbar ist.[396]

251   **d) Schriftliche Zeugenerklärungen (Witness Statements).** Dem deutschen Zivilverfahrensrecht liegt grundsätzlich ein enger Zeugenbegriff zugrunde, welcher sich im Schiedsverfahrensrecht nicht findet. Vielmehr lassen sich bei dem dort geltenden **weiten Zeugenbegriff** auch Organmitglieder oder andere (nach deutschem Verfahrensverständnis) „Nichtzeugen" als Zeugen vernehmen. Dementsprechend können neben Mitarbeitern, Vertretern und leitenden Angestellten auch Organmitglieder Zeugen im Schiedsverfahren sein (vgl. Art. 4 Abs. 2 IBA Rules). Die Zeugen werden ganz überwiegend von der beweisführenden Partei gestellt, ohne dass eine eigene Zeugenladung durch das Schiedsgericht erfolgt. Das Schiedsgericht könnte eine entsprechende Ladung ohnehin nicht zwangsweise durchsetzen.[397] Insoweit sind bei einem Fernbleiben des Zeugen die staatlichen Gerichte um Unterstützung zu ersuchen.[398]

252   Der Zeuge hat **keinen Aussagezwang** vor dem Schiedsgericht. Das Schiedsgericht kann daher den Zeugen lediglich auffordern, freiwillig auszusagen.[399] Diese freiwillige Aussage hat jedoch keine Auswirkungen auf die Wahrheitspflicht des Zeugen, welche uneingeschränkt besteht. Auch vor einem Schiedsgericht, vor dem der Zeuge freiwillig aussagt, hat er demnach uneingeschränkt die Wahrheit zu bekunden. Auf diese Sachlage sollte das Schiedsgericht in seiner **Zeugenbelehrung** hinweisen.[400]

253   In internationalen Schiedsverfahren hat es sich etabliert, vor der mündlichen Verhandlung schriftliche Zeugenaussagen (sog. **Witness Statements**) einzureichen. Dies ist für die Parteien zwingend, wenn das Schiedsgericht eine entsprechende Anordnung getroffen hat oder die entsprechende Schiedsordnung (oder seltener eine konkrete Parteivereinbarung) dies vorsieht (vgl. Art. 4 Abs. 4 IBA Rules).[401]

---

[394] Online abrufbar unter: http://www.iccwbo.org/Advocacy-Codes-and-Rules/Document-centre/2012/ICC-Arbitration-Commission-Report-on-Techniques-for-Controlling-Time-and-Costs-in-Arbitration/. Vertiefend hierzu Trittmann SchiedsVZ 2016, 7 (13).

[395] Kläsener/Dolgorukow SchiedsVZ 2010, 302 (304). Vertiefend zur sog. Adverse Inference siehe van Houtte, Adverse Inferences in International Arbitration, in: Giovannini/Mourre (Hrsg.), ICC Dossiers Written Evidence and Discovery in International Arbitration, New Issues and Tendencies, 2009, S. 195 ff.

[396] → Rn. 412 ff.

[397] Kläsener/Dolgorukow SchiedsVZ 2010, 302 (308); zur Rechtslage nach der deutschen Zivilprozessordnung Zöller/Geimer ZPO § 1050 Rn. 1; MüKoZPO/Münch § 1050 Rn. 34.

[398] Vgl. Böckstiegel/Kröll/Nacimiento/Sachs/Lörcher, Arbitration in Germany, ZPO § 1050 Rn. 10; Zöller/Geimer ZPO § 1050 Rn. 8; Kläsener/Dolgorukow SchiedsVZ 2010, 302 (308).

[399] Zöller/Geimer ZPO § 1050 Rn. 1; Musielak/Voir/Voit ZPO § 1050 Rn. 2; Kläsener/Dolgorukow SchiedsVZ 2010, 302 (308).

[400] Lachmann, Handbuch für die Schiedsgerichtspraxis, Rn. 1493 ff.

[401] Commentary on the revised text of the 2020 IBA Rules on the Taking of Evidence in International Arbitration, S. 18; Bspw. Art. 27 Abs. 2 UNCITRAL Arbitration Rules; Art. 20 Abs. 3 LCIA-SchO; Art. 20 Abs. 5 AAA-SchO; vgl. Art. 4 Abs. 4 IBA Rules; vgl. Zuberbühler/Hofmann/Oetiker/Rohner IBA Rules Art. 4 Rn. 35.

Vorteil von Witness Statements ist, dass der **wesentliche Inhalt des Beweismittels** den 254
Prozessbeteiligten zuvor bekannt ist und diese sodann ihre Befragung daran ausrichten
können. Dies soll die Beweisaufnahme beschleunigen.[402] Zudem lässt für die Prozessbeteiligten das Schiedsgericht auch erkennen, welche einzelnen Punkte konkret zwischen den
Parteien und den Zeugen streitig sind und welche unstreitig bleiben dürften. Diese gerade
in internationalen Schiedsverfahren übliche Variante ist inzwischen auch national überwiegend gängige Praxis in größeren Schiedsverfahren.

Häufig kritisiert wird an der Verwendung der Witness Statements, dass die Parteivertreter 255
regelmäßig in erheblicher Weise an der Formulierung der schriftlichen Zeugenerklärungen
beteiligt sind.[403] Die Beteiligung der Parteivertreter dürfte häufig in der **Erstellung eines
Erstentwurfs** auf der Grundlage der Aktenlage bestehen, welcher sodann dem Zeugen zur
Überprüfung, Abstimmung und Unterschrift zugeleitet wird. Diese Verfahrensweise ist in
Schiedsverfahren anerkannt und sieht sich auch keinen berufsrechtlichen Bedenken ausgesetzt.[404]

Das Witness Statement als solches wird damit aber nicht zum Urkundsbeweismittel. 256
Gemäß Art. 8 Abs. 1 IBA Rules soll ein **Zeuge in der mündlichen Verhandlung
erscheinen,** wenn das Schiedsgericht dessen Anwesenheit anordnet oder eine Partei dies
beantragt. Folgerichtig haben schriftliche Zeugenerklärungen bei **Fernbleiben des Zeu-
gens aus der mündlichen Verhandlung** unbeachtet zu bleiben, sofern keine außergewöhnlichen Umstände vorliegen (vgl. Art. 4 Abs. 7 IBA Rules). Mithin ist das Schiedsgericht gegenüber etwaigen Bedenken hinsichtlich der Erstellungsweise von Witness Statements ausreichend geschützt. Auch bei fehlendem Rückgriff auf die IBA Rules kann das
Schiedsgericht im Rahmen der **Beweiswürdigung** etwaige Zweifelsmomente hinsichtlich
des Zeugen berücksichtigen.

Die **prozessuale Vorgabe** zur Einreichung von Witness Statements in ein Schiedsver- 257
fahren kann auf verschiedene Weisen erfolgen. In Abwesenheit einer Parteivereinbarung
erfolgt häufig eine Regelung im Rahmen einer prozessleitenden Verfügung (procedural
order) durch das Schiedsgericht. Teilweise wird auch die Einreichung von Witness Statements als Voraussetzung für die Vernehmung von Zeugen in der mündlichen Verhandlung
ausdrücklich geregelt. Dementsprechend findet sich häufig eine Regelung dergestalt, dass
ein Witness Statement unberücksichtigt bleiben soll („taken off the record"), wenn der
Zeuge in der mündlichen Verhandlung nicht erscheint oder abweichend aussagt (vgl. Art. 4
Abs. 7 IBA Rules).

Das Erfordernis von schriftlichen Zeugenerklärungen hat darüber hinaus eine **diszip-** 258
linierende Wirkung auf die Parteien, die zur Reduktion der angebotenen Zeugen und
zur **Konzentration auf Schlüsselzeugen** angehalten werden. Das Ziel ist eine besser
vorbereitete und strukturiertere Befragung der Zeugen, was zu einer **Verkürzung der
Beweisaufnahme** und dadurch zur **Beschleunigung des Verfahrens** sowie zu einer
Kostenreduktion durch Vermeidung unnötiger Anhörungen von Zeugen führen kann.
Diesen Vorteilen stehen Vorbehalte hinsichtlich der vorherigen Kontakte zwischen der
Partei bzw. den Prozessbevollmächtigten und dem Zeugen gegenüber. Wegen der angesprochenen Vor- und Nachteile empfiehlt sich eine möglichst frühe Abstimmung zwischen den Parteien und dem Schiedsgericht über die Einreichung von Witness State-
ments.[405]

---

[402] Born, International Commercial Arbitration, S. 2423 f.; Nedden/Herzberg/Stumpe/Haller, ICC-
SchO/DIS-SchO, DIS-SchO § 27 Rn. 25; Shore SchiedsVZ 2004, 76 (80); vgl. MüKoZPO/Münch § 1049
Rn. 65.
[403] Vgl. Böckstiegel/Kröll/Naciemento/Sachs/Lörcher, Arbitration in Germany, ZPO § 1047 Rn. 14;
Born, International Commercial Arbitration, S. 2425; Shore SchiedsVZ 2004, 76 (79); Bertke/Schroeder
SchiedsVZ 2014, 80 (84).
[404] Bertke/Schroeder SchiedsVZ 2014, 80 (84 f.); Born, International Commercial Arbitration, S. 2424;
Shore SchiedsVZ 2004, 76 (79).
[405] Vertiefend zu den Vor- und Nachteilen von Witness Statements, siehe Wirth SchiedsVZ 2003, 9 (13 f.);
Born, International Commercial Arbitration, S. 2423 f.

259   **e) Sachverständige.** Insbesondere bei technisch anspruchsvollen Verfahren hat der Sachverständigenbeweis besondere Bedeutung. Der Sachverständige kann dabei in verschiedenen Funktionen in ein Schiedsverfahren eingeführt werden. Zunächst ist es möglich, dass sog. **parteibenannte Sachverständige (Party-Appointed Experts)** eigene Parteigutachten als Sachverständigengutachten (Expert Reports) abgeben. Daneben lässt sich in der Praxis auch die Variante eines **schiedsgerichtlich benannten Sachverständigen (Tribunal-Appointed Experts)** finden. Bisweilen fungiert dieser schiedsgerichtlich benannte Sachverständige auch als Obergutachter über die jeweiligen Feststellungen der beiden Parteigutachter.[406]

260   Anders als im staatlichen Gerichtsverfahren handelt es sich bei dem Sachverständigengutachten des parteibenannten Gutachters nicht um einen lediglich urkundlich belegten Parteivortrag, sondern um ein **Beweismittel.**[407] Das Schiedsgericht kann einen Sachverständigen **auch ohne Antrag der Parteien** auswählen (vgl. § 1049 Abs. 1 ZPO). Dies entspricht auch der internationalen Sichtweise.[408] Nach Art. 6 Abs. 1 IBA Rules ist für schiedsgerichtlich benannte Sachverständige lediglich eine Erörterung mit den Parteien erforderlich. Deren Zustimmung ist für die Benennung nicht notwendig.[409] In der Praxis dürfte das Schiedsgericht jedoch üblicherweise versuchen, zuvor eine Einigung der Parteien hinsichtlich der Person des Sachverständigen zu erreichen. Im Zweifelsfall lässt sich auf das Wissen der Schiedsinstitutionen zurückgreifen, welche je nach Fachgebiet über **umfangreiche Listen von Sachverständigen** verfügen. Hinsichtlich der Ablehnung von schiedsgerichtlich bestimmten Sachverständigen gelten die schiedsrichterlichen Ablehnungsregeln entsprechend. § 1049 Abs. 3 ZPO verweist insoweit auf §§ 1036, 1037 ZPO. Die Auswahlentscheidung von Sachverständigen kann wesentlichen Einfluss auf das weitere Verfahren haben, denn es handelt sich üblicherweise um Themengebiete, in denen besondere Fachkenntnisse und eine jeweils fachspezifische Einschätzung notwendig sind, um dem Schiedsgericht bei der Entscheidungsfindung zur Seite zu stehen. Das Schiedsgericht muss sich aber in jedem Fall mit Sachverständigengutachten **intensiv und kritisch auseinandersetzen** und kann nicht deren Ergebnisse ohne eigene Bewertung übernehmen.

261   Im Zusammenhang mit der Erstellung des Sachverständigengutachtens kann es erforderlich werden, dass die Parteien einem Schiedsgutachter **bestimmte Auskünfte erteilen.** Darüber hinaus kann es möglich werden, dass ein Sachverständiger bestimmte Augenscheineinnahmen durchführt (Art. 7 IBA Rules). Hierbei handelt es sich um eine Augenscheinnahme des Experten unter Anwesenheit der Parteien, wobei die Anwesenheit des Schiedsgerichts nicht zwingend ist (Art. 5 Abs. 4 und Art. 6 Abs. 6 IBA Rules).

262   Die Parteien haben üblicherweise ein **Recht auf Anwesenheit** und **Befragung des Sachverständigen in der mündlichen Verhandlung.** In diesem Zusammenhang kann es auch zu Formen der Gegenüberstellung und gleichzeitigen Befragung der Sachverständigen kommen. Dieser Gegenüberstellung wird allgemein ein hoher Wert bei der Sachverhaltsermittlung zugesprochen. Die Technik der Gegenüberstellung wird international auch als **„confrontation"** bzw. **„expert conferencing"** oder auch gelegentlich etwas salopp als **„hot tubbing"** bezeichnet.[410] Dies führt erfahrungsgemäß dazu, dass die Sachverständigen tendenziell höhere Vorsicht an den Tag legen und kritische Aussagen vermeiden.[411]

---

[406] Kläsener/Dolgorukow SchiedsVZ 2010, 302 (308 f.); eingehend zur Thematik siehe Harris, Expert Evidence: The 2010 Revisions to the IBA Rules on the Taking of Evidence in International Arbitration, International Arbitration Law Review Nov. 2010, 212 ff.

[407] Zu dem hierzu bestehenden Streit siehe Salger/Trittmann/Wittinghofer/Mahnken Int. Schiedsverfahren § 13 Rn. 57, § 28 Rn. 171; Stein/Jonas/Schlosser ZPO § 1049 Rn. 1; MüKoZPO/Münch § 1049 Rn. 39.

[408] Zuberbühler/Hofmann/Oetiker/Rohner IBA Rules Art. 6 Rn. 15 ff.

[409] Vgl. Salger/Trittmann/Wittinghofer Int. Schiedsverfahren § 13 Rn. 77 f.

[410] Born, International Commercial Arbitration, S. 2465; Samaras/Strasser, Managing Party-Appointed Experts in International Arbitration – Analysis of the Current Framework and Best Practice Proposals, SchiedsVZ 2013, 314 (317).

[411] Hierzu siehe Art. 5.4 und 8.4 IBA Rules.

Gleichermaßen können sich Dialoge hinsichtlich einzelner Aussageinhalte oder Feststellungen entwickeln, welche dem Schiedsgericht eine differenzierte Beurteilung erlauben.

f) Sachverhaltsermittlung außerhalb des Schiedsverfahrens. Soweit aufgrund feh- 263 lender Zwangsbefugnisse des Schiedsgerichts eine Beweisaufnahme nicht umsetzbar ist, kommt eine gerichtliche Unterstützung nach **§ 1050 ZPO** in Betracht. Hiernach ist eine Unterstützung des Schiedsgerichts durch staatliche Gerichte möglich. Diese Regelung des deutschen Rechts beruht auf **Art. 27 UNCITRAL-Modellgesetz**[412] und kommt insbesondere dann in Betracht, wenn das Schiedsgericht die erforderliche Tätigkeit nicht selbst vornehmen kann. Dies dürfte insbesondere der Fall sein, wenn **Zeugen** einer Zeugenvernehmung fernbleiben oder **Urkunden im Drittbesitz** nicht freiwillig herausgegeben werden. Daneben kommt auch gerichtliche Unterstützung in Form von **Zustellungen,** der **Abnahme eidesstattlicher Versicherungen** oder **anderen Unterstützungshandlungen** in Betracht.[413]

Zuständig ist in Deutschland das **Amtsgericht,** in dem die konkrete richterliche Hand- 264 lung vorzunehmen ist (§ 1062 Abs. 4 ZPO). Über einen etwaigen Unterstützungsantrag entscheidet das Schiedsgericht durch Beschluss, wobei die jeweilige Gegenseite – also das Objekt der Unterstützungsmaßnahme – zuvor anzuhören ist. Der Beschluss ist anfechtbar. Nach Durchführung der staatlichen Unterstützungsmaßnahme ist die Beweiswürdigung wieder durch das Schiedsgericht vorzunehmen.

g) Zulässigkeitsschranken der Beweisaufnahme. Nach Art. 9 Abs. 1 IBA Rules 265 entscheidet das Schiedsgericht über die Zulässigkeit, Relevanz, Wesentlichkeit und das Gewicht von Beweismitteln. Vergleichbare Regelungen finden sich in einigen nationalen Schiedsrechten[414] und institutionellen Schiedsordnungen. Gemäß Art. 9 Abs. 2 IBA Rules hat das Schiedsgericht auf Antrag einer Partei oder von sich aus Dokumente, Erklärungen, mündliche Aussagen und Besichtigungen als Beweismittel auszuschließen, wenn einer der in Art. 9 Abs. 2 lit. a–g IBA Rules geregelten Gründe vorliegt.[415] Die **Ausschlussgründe** finden demnach sowohl auf Dokumentenvorlageanträge als auch auf die Vorlage von anderen Beweismitteln Anwendung. Während das Schiedsgericht nach dem Wortlaut von Art. 9 Abs. 2 IBA Rules bestimmte Beweismittel bei Vorliegen eines Ausschlusskriteriums auszuschließen „hat", steht die Frage nach dem tatsächlichen Vorliegen eines Ausschlusskriteriums gleichwohl im Ermessen des Schiedsgerichts.[416]

aa) Fehlende Relevanz oder Wesentlichkeit des Beweismittels. Nach Art. 9 Abs. 2 266 lit. a IBA Rules sind Beweismittel auszuschließen, wenn sie nicht von hinreichender Relevanz für den Fall oder hinreichender **Wesentlichkeit** für die Entscheidung sind.[417] Damit normiert dieser Ausschlussgrund ein in der internationalen Schiedsgerichtsbarkeit allgemein anerkanntes Prinzip im Hinblick auf die Erheblichkeit eines Sachvortrags bzw. die Ergiebigkeit eines Beweismittels.[418]

bb) Rechtliche Hindernisse oder Verweigerungsrechte (privileges). Einen in der 267 Praxis bedeutsamen Ausschlussgrund regelt Art. 9 Abs. 2 lit. b IBA Rules. Danach können

---

[412] Vgl. MüKoZPO/Münch § 1050 Rn. 31 sowie differenzierend Böckstiegel/Kröll/Naciemento/Sachs/Lörcher, Arbitration in Germany, ZPO § 1050 Rn. 1 f.

[413] Schütze/Tscherning/Wais/Wais, Handbuch des Schiedsverfahrens, Rn. 463; Lotz SchiedsVZ 2011, 203 (208); Zöller/Geimer ZPO § 1050 Rn. 8.

[414] ZB § 1042 Abs. 4 ZPO.

[415] Wobei der Katalog in Art. 9 Abs. 2 IBA Rules nicht abschließend ist, vgl. Zuberbühler/Hofmann/Oetiker/Rohner IBA Rules Art. 9 Rn. 18.

[416] Commentary on the revised text of the 2020 IBA Rules on the Taking of Evidence in International Arbitration, S. 28.

[417] Zur allgemeinen Konkretisierung des unbestimmten Rechtsbegriffs zur Wesentlichkeit vgl. Mekat, Der Grundsatz der Wesentlichkeit in Rechnungslegung und Abschlussprüfung, Diss. Heidelberg 2009, S. 254 ff.

[418] Commentary on the revised text of the 2020 IBA Rules on the Taking of Evidence in International Arbitration, S. 28; vgl. Zuberbühler/Hofmann/Oetiker/Rohner IBA Rules Art. 9 Rn. 36.

rechtliche **Hindernisse oder Verweigerungsrechte** (**„privileges"**), die sich aus Rechtsnormen oder berufsrechtlichen Regelungen ergeben, der Vorlage von Dokumenten oder der Zulässigkeit von Beweismitteln entgegenstehen. Gegenstand dieser Regelung ist insbesondere zum einen das sog. **attorney–client privilege** (bzw. die berufsrechtlichen Verschwiegenheitspflichten) und zum anderen das sog. **without–prejudice privilege** (welches auch als „Settlement privilege" bezeichnet wird).[419] Ferner regelt Art. 9 Abs. 4 IBA Rules unverbindliche Richtlinien zur Beurteilung der in Art. 9 Abs. 2 lit. b IBA Rules aufgeführten beweisrechtlichen Privilegien.[420] Danach „kann" das Schiedsgericht bestimmte Gesichtspunkte berücksichtigen, soweit dies nach den zwingenden Rechtsnormen und standesrechtlichen Regelungen zulässig ist.

268 Nach Art. 9 Abs. 4 lit. a IBA Rules kann der Schutz der Vertraulichkeit der **Kommunikation zwischen Anwalt und Mandant** einer Dokumentenvorlage entgegenstehen.[421] In Rechtsordnungen des Common Law wird diese Kommunikation als Beweismittel durch das „attorney-client privilege" geschützt. In Rechtsordnungen des Civil Law wird dieser Schutz grundsätzlich über die anwaltliche Verschwiegenheitspflicht und etwaige Beweisverwertungsverbote gewährleistet.[422]

269 Art. 9 Abs. 2, Abs. 3 lit. b IBA Rules schützt die **Vertraulichkeit von Vergleichsverhandlungen.** Insbesondere im Common Law wird diese Thematik unter dem Begriff des „without-prejudice privilege" (auch als „settlement privilege" bezeichnet) erörtert.[423] Im kontinental-europäischen Rechtskreis wird dem Schutz von in Vergleichsverhandlungen erhaltenen Informationen bislang hingegen nur rudimentäres Interesse gewidmet.

270 Art. 9 Abs. 2, Abs. 4 lit. c IBA Rules unterstreichen, dass es bei der Beurteilung eines beweisrechtlichen Privilegs auf die **Vorstellung der Parteien** und Parteivertreter zum Zeitpunkt, in dem das rechtliche Hindernis oder das Verweigerungsrecht entstanden ist, ankommt. Dabei werden sich die Vorstellungen und Erwartungen oftmals an den Regelungen der jeweiligen Heimatsrechtsordnung orientieren.[424]

271 Nach Art. 9 Abs. 2, Abs. 4 lit. d IBA Rules ist zudem ein **etwaiger Verzicht** auf beweisrechtliche Privilegien zu berücksichtigen. Gleichfalls kann im Einzelfall eine Verwirkung in Betracht kommen.[425]

272 Schließlich sollte sich das Schiedsgericht bei der Beurteilung der Verweigerungsrechte gemäß Art. 9 Abs. 4 lit. e IBA Rules an dem Prinzip der **Fairness** und **Gleichbehandlung der Parteien** orientieren. Dies soll insbesondere dann gelten, wenn die Parteien unterschiedlichen Rechtsnormen oder berufsrechtlichen und standesrechtlichen Regelungen unterliegen und somit keine einheitlichen Berufsstandards existieren.

273 **cc) Unverhältnismäßiger Aufwand.** Art. 9 Abs. 2 lit. c IBA Rules erlaubt es dem Schiedsgericht, bestimmte Beweismittel oder document requests auszuschließen bzw. abzulehnen, wenn mit der Beschaffung des herausverlangten Beweises ein **unverhältnismäßiger Aufwand** verbunden wäre. Die Unverhältnismäßigkeit der Beschaffung kann sich dabei aus verschiedenen Umständen ergeben. So ist Art. 9 Abs. 2 lit. c IBA Rules einschlägig, wenn die herausverlangten Beweismittel ihrem Umfang nach eine unverhältnismäßige Belastung der zur Herausgabe verpflichteten Partei bedeuten würden. Insbeson-

---

[419] Commentary on the revised text of the 2020 IBA Rules on the Taking of Evidence in International Arbitration, S. 28.

[420] Vertiefend zu den sog. privileges siehe Zuberbühler/Hofmann/Oetiker/Rohner IBA Rules Art. 9 Rn. 19 ff.

[421] Kläsener/Dolgorukow SchiedsVZ 2010, 302 (310). Im Rahmen der Rechtsordnungen des Common Law folgt dies aus dem Konzept des sogenannten attorney-client privilege, in Deutschland bspw. aus § 383 Abs. 1 Nr. 6 ZPO.

[422] Kläsener/Dolgorukow SchiedsVZ 2010, 302 (310). Zur Problematik bei Inhouse-Counsel siehe Zuberbühler/Hofmann/Oetiker/Rohner IBA Rules Art. 9 Rn. 24 ff.

[423] Commentary on the revised text of the 2020 IBA Rules on the Taking of Evidence in International Arbitration, S. 25.

[424] Kläsener/Dolgorukow SchiedsVZ 2010, 302 (310).

[425] Zuberbühler/Hofmann/Oetiker/Rohner IBA Rules Art. 9 Rn. 33.

dere wenn Daten (zB in Form von E-Mails) herausverlangt werden, kann dies die zur Herausgabe verpflichtete Partei vor erhebliche technische, logistische und auch finanzielle Herausforderungen stellen.[426] Ferner kann ein Fall der Unverhältnismäßigkeit vorliegen, wenn die herausverlangten Beweismittel schlicht tatsächlich nicht verfügbar sind oder wenn die herausverlangende Partei bereits über Beweismittel verfügt, die zum Beweis einer streitigen Tatsachenbehauptung geeignet sind.[427]

dd) Verlust oder Zerstörung. Weiterhin kann der Herausgabe eines Dokuments ent- **274** gegenstehen, dass dieses mit hinreichender Wahrscheinlichkeit zerstört oder verloren wurde (Art. 9 Abs. 2 lit. d IBA Rules). Sofern das Beweismittel mutwillig zerstört wurde, ist das Schiedsgericht jedoch in der Lage, Rückschlüsse aus der Nichtvorlage des Beweismittels zum Nachteil der zur Herausgabe verpflichteten Partei zu ziehen. Dies setzt allerdings voraus, dass (1) die Zerstörung eines Beweismittels nachgewiesen ist, (2) das zerstörte Beweismittel relevant für den Rechtsstreit war, (3) die Zerstörung vorsätzlich vorgenommen wurde, (4) die Zerstörung zu einem Zeitpunkt vorgenommen wurde, indem das Verfahren bereits anhängig oder aber jedenfalls absehbar war, (5) die Zerstörung der vorlageverpflichteten Partei zurechenbar ist und (6) eine Pflicht der vorlageverpflichteten Partei zur Abwendung der Zerstörung bestand.[428]

ee) Wirtschaftlich oder technisch begründete Verschwiegenheitspflicht. Art. 9 **275** Abs. 2 lit. e IBA Rules hat das allgemein anerkannte Verständnis zum Gegenstand, wonach **Geschäftsgeheimnisse** (zB Forschungsergebnisse, Vertriebsinformationen, Preiskalkulationen etc) besonders schutzwürdig sind. In diesem Zusammenhang regelt Art. 9 Abs. 5 IBA Rules, dass das Schiedsgericht notwendige Maßnahmen treffen kann, damit Beweismittel unter **geeignetem Vertraulichkeitsschutz** angeboten und ausgewertet werden können, wobei die Regelungen systematisch für den gesamten Art. 9 IBA Rules anwendbar sind.

ff) Politische und institutionelle Geheimhaltungsinteressen. Der in Art. 9 Abs. 2 **276** lit. e IBA Rules beschriebene Schutz für Geschäftsgeheimnisse wurde im Jahr 1999 um den **Schutz politischer und institutioneller Geheimhaltungsinteressen** erweitert (Art. 9 Abs. 2 lit. f IBA Rules). In diesem Zusammenhang ist ebenfalls Art. 9 Abs. 5 IBA Rules zu berücksichtigen.

gg) Sonstige Gründe. Schließlich sind nach Art. 9 Abs. 2 lit. g IBA Rules Erwägungen **277** der Prozessökonomie, der Verhältnismäßigkeit, des fairen Verfahrens und der Gleichbehandlung der Parteien zu beachten. Bei dieser Vorschrift handelt es sich um eine Art **Auffangtatbestand,** welcher das Ziel eines fairen und effektiven Verfahrensablaufs verfolgt.[429]

3. Vorbereitung der mündlichen Verhandlung. Als Ausfluss der Grundsätze der **278** Gleichbehandlung der Parteien und der Gewährung rechtlichen Gehörs sollen im Grundsatz alle Parteien mit ausreichend zeitlichem Vorlauf vor der mündlichen Verhandlung **Kenntnis und Zugang zu sämtlichen Beweismitteln** erhalten (vgl. Nr. 3 Präambel der IBA Rules). Dementsprechend sollen die Parteien sowohl das Schiedsgericht als auch die sonstigen Prozessbeteiligten über die Anwesenheit von Zeugen und Sachverständigen informieren (vgl. Art. 8 Abs. 1 IBA Rules).

Die meisten institutionellen Schiedsregeln setzen entweder eine mündliche Verhandlung **279** voraus oder erfordern eine solche, wenn eine der Parteien dies beantragt. In diesem Zusammenhang ist es zweckmäßig, wenn der **Termin der mündlichen Verhandlung**

---

[426] Zuberbühler/Hofmann/Oetiker/Rohner IBA Rules Art. 9 Rn. 39.
[427] Siehe dazu Zuberbühler/Hofmann/Oetiker/Rohner IBA Rules Art. 9 Rn. 38 ff.
[428] Zuberbühler/Hofmann/Oetiker/Rohner IBA Rules Art. 9 Rn. 41; vgl. Sharpe, 22 Arb. Int. 549, 558 (2006).
[429] Vgl. Zuberbühler/Hofmann/Oetiker/Rohner IBA Rules Art. 9 Rn. 48 („catch-all provision").

schon frühzeitig bestimmt wird. Dabei ist auch zu berücksichtigen, dass diverse Schiedsrichter aufgrund angespannter Terminkalender nur begrenzte Terminkapazitäten haben.
Dementsprechend bietet sich eine frühzeitige Festlegung im Rahmen eines prozessualen
Verfahrenskalenders an. In diesem Zusammenhang kann es Sinn machen, zur Sicherheit
großzügig zu planen und ergänzende Tage zu blockieren, falls im Laufe des Verfahrens
weitere Streitpunkte hinzukommen sollten.

280   Häufig ist der Sitz des Schiedsgerichts auch zugleich **Ort der mündlichen Verhandlung,** wobei dies nicht zwingend ist. Soweit es im Hinblick auf die jeweiligen Aufenthalts-
orte der Beteiligten sinnvoll erscheint, können Schiedsgerichte hiervon abweichen und
einen anderen Ort zur Durchführung der mündlichen Verhandlung auswählen.

281   **a) Beweisbeschluss.** Eine Beweisaufnahme setzt regelmäßig einen **förmlichen oder
konkludenten Beweisbeschluss** des Schiedsgerichts voraus. Formell können solche Be-
weisbeschlüsse im Rahmen von prozessleitenden Verfügungen ergehen. Inhaltlich hat eine
solche Beweisverfügung die betreffenden Beweismittel (zB Zeugen oder Sachverständige)
zu benennen sowie grob die **Themenkomplexe darzustellen,** zu denen die jeweiligen
Zeugen gehört werden. Im Bereich der internationalen Schiedsgerichtsbarkeit besteht im
Wesentlichen Einigkeit über den Grundsatz, dass jede Partei die **Beweislast** für die für sie
günstigen Tatsachen trägt.[430] Die Formulierung eines Beweisbeschlusses nach den Vorgaben und der Praxis in deutschen staatlichen Gerichtsverfahren – mit beispielsweise
Erkennbarkeit der jeweiligen Beweislast – ist in internationalen Schiedsverfahren jedoch
weder notwendig noch üblich.[431] Im Hinblick auf die Möglichkeit, dass neuer Sachverhalt
im Rahmen der Beweisaufnahme zutage tritt, bietet es sich für Schiedsgerichte regelmäßig
an, die Beweisverfügungen inhaltlich offen zu formulieren, so dass diese nach entsprechenden Aussagen der Zeugen oder Stellungnahme der Sachverständigen noch weiter verwertbar bleiben.[432]

282   **b) Wortprotokoll.** Die Vorschriften des zehnten Buchs der ZPO enthalten – anders als
viele institutionelle Schiedsverfahrensordnungen (vgl. zB Art. 29.2 DIS-SchO) keine Vorgaben zu Verhandlungsprotokollen. Auch die ICC-SchO enthält hierzu keine konkrete
Vorgabe. Gleichwohl handelt es sich bei der Erstellung von Verhandlungsprotokollen in
ICC-Verfahren mittlerweile um einen internationalen Standard. Insoweit steht es den
Parteien offen, ob diese ein reines **Inhaltsprotokoll oder ein Wortprotokoll** möchten,
wobei letzteres mit durchaus beachtlichen Kosten verbunden ist. Üblicherweise bevorzugen
die Parteien in Verfahren mit größerem Streitwert jedoch fast durchgängig die Erstellung
eines Wortprotokolls. Hierfür haben sich sowohl im deutschen als auch im internationalen
Bereich einige Dienstleister hervorgetan. Diese werden bisweilen schon geraume Zeit im
Voraus für die Durchführung von mündlichen Verhandlungen gebucht.

283   Als Alternative zur Erstellung eines Wortprotokolls ist grundsätzlich auch die akustische
Aufzeichnung im Wege eines **Tonbandmitschnittes** denkbar. In der Praxis genießt diese
Lösung aber nur selten Sympathie. Zum einen ist die spätere praktische Verwertbarkeit zur
Erstellung von sog. Post-Hearing-Briefs nur beschränkt gegeben. Zudem besteht keinerlei
Gewähr, dass während des Ablaufs der mündlichen Verhandlung die Aufzeichnung jeder-
zeit fehlerfrei funktioniert. Vor diesem Hintergrund bleibt das Wortprotokoll die in der
Praxis mit Abstand bevorzugte Variante.

284   **c) Zeugenvorbereitung.** Anders als im deutschen staatlichen Zivilprozess ist in Schiedsverfahren mit Sitz in Deutschland die **Zulässigkeit der Zeugenvorbereitung** allgemein

---

[430] Vgl. Trittmann SchiedsVZ 2016, 7 (12); Zuberbühler/Hofmann/Oetiker/Rohner IBA Rules Art. 9
Rn. 8; Redfern ua/Redfern, Standards and Burden of Proof in International Arbitration, 10 Arb. Int. 317,
320 (1994).
[431] Schwab/Walter, Schiedsgerichtsbarkeit, Kap. 15 Rn. 8.
[432] Lachmann, Handbuch für die Schiedsgerichtspraxis, Rn. 1542.

anerkannt.[433] Soweit die prozessuale Wahrheitspflicht eingehalten wird, bestehen auch keinerlei standesrechtliche Bedenken. Dieser Konsens besteht auch international.[434] So finden sich in den **IBA-Guidelines on Party Representation** vom 25.5.2013 ausdrücklich Hinweise zur Zulässigkeit der Vorbereitung von schriftlichen Zeugenaussagen durch die Parteivertreter (Nr. 20 und 21 der IBA-Guidelines). Noch deutlicher regelt dies Art. 4 Abs. 4 der **IBA Rules,** wonach es für eine Partei oder deren Rechtsanwälte nicht unzulässig ist, tatsächliche oder potentielle Zeugen zu befragen und den Inhalt ihrer etwaigen Zeugenaussage mit ihnen zu erörtern.

Die Formen der zulässigen Zeugenvorbereitung in internationalen Schiedsverfahren **285** sind vielgestaltig. Möglich sind zB ein Probelauf der erwarteten Befragung **(mock trial)** oder vorherige Befragungen des Zeugen durch die Anwälte zum Aussageinhalt (sog. **witness coaching**). Vor allem Probeläufe von Zeugenvernehmungen sind aus der heutigen internationalen Schiedsgerichtspraxis nicht mehr wegzudenken. Im Rahmen solcher mock trials darf dem Zeugen der formale Ablauf der Schiedsverhandlung erläutert werden. Aber auch die Vorbereitung auf Fragen, die während der Verhandlung von der gegnerischen Partei gestellt werden könnten, können Gegenstand eines solchen Probelaufs sein.[435] Einzig die Einflussnahme auf den Aussageinhalt des Zeugen ist nicht zulässig. Vor diesem Hintergrund ist es unproblematisch, dass der Zeuge in Vorbereitung auf seine Aussage vor dem Schiedsgericht von den Prozessbevollmächtigten inhaltlich befragt wird. Dadurch kann sichergestellt werden, dass einzig entscheidungserhebliche personale Beweismittel in das Schiedsverfahren eingeführt werden. Dabei ist im Rahmen des witness coaching besondere Aufmerksamkeit darauf zu verwenden, dass kein manipulativer Einfluss auf den Inhalt der Zeugenaussage genommen wird. Hinsichtlich nicht-inhaltlicher Formen der Zeugenvorbereitung bestehen keine Bedenken. Insbesondere wird durch die Einflussnahme auf Wortwahl, das Einstudieren von Verhaltensweisen oder auch Hinweise bezüglich der Garderobe nicht sachwidrig auf den Aussageinhalt des Zeugen eingewirkt.[436]

IX. Die mündliche Verhandlung

Den vorbereitenden Schriftsätzen der Parteien (sog. Submissions) im Schiedsverfahren **286** schließt sich in aller Regel eine mündliche Verhandlung (oral hearing) an, soweit die Parteien im Einzelfall nicht auf deren Durchführung verzichten (sog. Documents-only Arbitration).[437] In diesen Fallkonstellationen kann jedoch unter dem Gesichtspunkt des rechtlichen Gehörs die Durchführung einer mündlichen Verhandlung dennoch, trotz hierdurch entstehender Kosten, sinnvoll sein. In solchen Fällen kann bei beiden Parteien, soweit keine Verschleppungsabsicht vorliegt und die Durchführung einer mündlichen Verhandlung im Hinblick auf die Entscheidung des Rechtsstreits sinnvoll ist, durchaus die Durchführung einer mündlichen Verhandlung angeregt werden.[438]

International ist nicht einheitlich, ob eine mündliche Verhandlung nach den einschlägi- **287** gen Vorschriften zwingend ist. Üblicherweise wird in der Praxis jedoch eine mündliche Verhandlung durchgeführt. Dabei ist diese insbesondere dann zwingend, wenn die Parteien dies beantragen (vgl. § 1047 Abs. 1 ZPO, Art. 29.1 DIS-SchO).

Grundsätzlich setzt die **Ladung zur mündlichen Verhandlung** keine besondere Form **288** voraus. Die Parteien sollten hiervon jedoch rechtzeitig in Kenntnis gesetzt werden (vgl.

---

[433] Schlosser SchiedsVZ 2004, 225 (230); Bertke/Schroeder SchiedsVZ 2014, 80 (84); Eingehend zur Thematik Timmerbeil, Witness Coaching and Adversarial System, S. 129 ff.

[434] Born, International Commercial Arbitration, S. 2423; Bertke/Schroeder SchiedsVZ 2014, 80 (84 f.).

[435] Schlosser SchiedsVZ 2004, 225 (229); so im Grundsatz auch Bertke/Schroeder SchiedsVZ 2014, 80 (83).

[436] Vgl. Schlosser SchiedsVZ 2004, 225 (229); Bertke/Schroeder SchiedsVZ 2014, 80 (83).

[437] Vgl. Born, International Commercial Arbitration, S. 2368 f.

[438] Schwab/Walter, Schiedsgerichtsbarkeit, Kap. 16 Rn. 32; Salger/Trittmann/Risse Int. Schiedsverfahren § 12 Rn. 2; Henn, Schiedsverfahrensrecht, Rn. 320.

§ 1047 Abs. 2 ZPO, Art. 26(1) ICC-SchO). Die hierfür bisweilen vorgeschlagenen Mindestfristen von zwei Wochen bis einen Monat[439] erscheinen überaus knapp. In der Praxis wird im Hinblick auf die Terminkalender sämtlicher Beteiligter vielmehr mehrere Monate im Voraus ein Termin zur mündlichen Verhandlung bestimmt.

289   Im Fall der **Säumnis** kann eine mündliche Verhandlung auch in Abwesenheit einer Partei durchgeführt werden (vgl. Art. 26(2) ICC-SchO). Voraussetzung hierfür ist, dass diese ordnungsgemäß geladen wurde und ohne ausreichende Entschuldigung der Verhandlung fern bleibt. Als taktisches Mittel dürfte die Säumnis im Schiedsverfahren im Hinblick auf die Möglichkeit der Verfahrensfortführung daher selten zweckmäßig sein.

290   Zur Anwesenheit berechtigt sind in allen Verfahrensabschnitten die Parteien, ihre Vertreter sowie das Schiedsgericht. Dies gilt hinsichtlich des Rechts auf rechtliches Gehör auch für gesetzliche Vertreter, die als Zeugen in Betracht kommen (beispielsweise Geschäftsführer). Kein **Anwesenheitsrecht** haben im Grundsatz **sonstige Dritte,** die nicht Parteiangehörige sind. So dürften mittelbar beteiligte Dritte, wie beispielsweise Prozessfinanzierer oder Joint Venture-Partner einer Partei, nur mit Zustimmung der Gegenseite an der mündlichen Verhandlung teilnehmen. Dies mag bisweilen misslich erscheinen, da hierdurch Vergleichsgespräche erschwert werden können. Soweit aber von einer Nichtöffentlichkeit des Verfahrens auszugehen ist, ist die mündliche Verhandlung auf das Schiedsgericht und die Parteien einschließlich ihrer Vertreter zu beschränken.[440]

291   Als **Hilfsperson des Schiedsgerichts** darf ein administrativer **Sekretär des Schiedsgerichts** – so er vom Schiedsgericht bestellt ist – mit Einverständnis der Parteien an der mündlichen Verhandlung teilnehmen.[441] Sonstige Mitarbeiter einzelner Schiedsrichter dürfen dem Verfahren ebenfalls nur mit Einwilligung sämtlicher Parteien beiwohnen.

292   Neben den Plädoyers der Parteivertreter, die typischerweise die Kernpunkte der tatsächlichen und rechtlichen Argumentation wiedergeben, und der rechtlichen Erörterung mit dem Schiedsgericht stellt die Beweisaufnahme regelmäßig den Mittelpunkt der mündlichen Verhandlung dar.

293   **1. Ablauf.** Nach Vorbereitung der mündlichen Verhandlung durch das Schiedsgericht durch Festlegung eines Termins und eines Verhandlungsorts mit entsprechenden Räumlichkeiten sowie Bestimmung eines Protokollführers und etwaiger Übersetzung kann in die eigentliche mündliche Verhandlung übergegangen werden. Hierzu wird üblicherweise eine **Tagesordnung** mit konkretem Zeitplan aufgestellt, welche häufig im Rahmen eines **Pre-Hearing Conference Calls** mit den Parteien besprochen wird.[442] Insoweit lassen sich aber auch abweichende Lösungen finden.

294   In komplexen Streitigkeiten finden sich zur Vorbereitung der Verhandlung beispielsweise auch sogenannte **Pre-Hearing Briefs,** welche den Inhalt des Streits und die wesentlichen Beweismittel knapp darstellen. Zu diesem Zweck kann es auch sinnvoll sein, sog. **Hearing Bundles** zusammenzustellen, welche die wesentlichen Dokumente für die mündliche Verhandlung enthalten.[443]

295   Der weitere Ablauf der mündlichen Schiedsverhandlung richtet sich zudem stark nach dem **Verfahrensermessen des Schiedsgerichts.** Schiedsrichter mit einem Civil Law-Hintergrund bevorzugen häufig eine aktive Verfahrensführung bei der Beweisaufnahme,

---

[439] Lachmann, Handbuch für die Schiedsgerichtspraxis, Rn. 1597; Schwab/Walter, Schiedsgerichtsbarkeit, Kap. 16 Rn. 32.

[440] Siehe Art. 25 UNCITRAL-Modellgesetz, Schütze/Tscherning/Wais/Wais, Handbuch des Schiedsverfahrens, S. 203. Rn. 402; Schwab/Walter, Schiedsgerichtsbarkeit, Kap. 1 Rn. 8 sowie Kap. 16 Rn. 43.

[441] Vertiefend zu Hilfspersonen und insbesondere zum Schiedsgerichtssekretär Stürner SchiedsVZ 2013, 322 (327).

[442] Sehr ausführlich hierzu Meier, Pre-hearing Conferences as a Means of Improving the Effectiveness of Arbitration, SchiedsVZ 2009, 152.

[443] Moser, The 'Pre-Hearing Checklist' – A Technique for Enhancing Efficiency in International Arbitral Proceedings, 30 J. Int.l Arb. 155, 156 (2013); Nedden/Herzberg/Haller/Stumpe, ICC-SchO/DIS-SchO, ICC-SchO Art. 26 Rn. 17.

während Schiedsrichter aus der Common Law-Tradition sich passiver verhalten und die Beweisaufnahme üblicherweise mehr als Domäne der Parteivertreter verstehen.

Die Verhandlung beginnt üblicherweise mit einer kurzen Begrüßung durch den Vor- **296** sitzenden des Schiedsgerichts und der Feststellung der Anwesenheit sämtlicher Beteiligter. Sodann erhalten die Parteien Gelegenheit, ihre Standpunkte im Rahmen eines **Eröffnungsplädoyers (Opening Statement)** im Einzelnen darzulegen.

Anschließend folgt häufig eine **Einführung in den Sach- und Streitstand** durch das **297** Schiedsgericht, in welcher dieses, soweit nicht schon zuvor geschehen, auf die aus seiner Sicht relevanten Punkte hinweist. Hieran schließt sich üblicherweise die Sachverhaltsaufklärung durch die **Beweisaufnahme** an.

Die Beweisaufnahme orientiert sich häufig an folgendem **Ablauf,** welcher auch in Art. 8 **298** Abs. 4 der IBA Rules enthalten ist. Zunächst befragt der Kläger die von ihm benannten Zeugen, danach der Beklagte die seinerseits von ihm benannten Zeugen. Nachfolgend erhalten beide Parteien jeweils die Gelegenheit, die Zeugen ihres Gegners zu befragen (sog. Kreuzverhör oder Gegenbefragung), wobei die konkrete Reihenfolge durch das Schiedsgericht bestimmt wird. Anschließend kann die den Zeugen stellende Partei Fragen zur Ausräumung etwaiger Missverständnisse stellen. Das Schiedsgericht ist jederzeit berechtigt, den Zeugen Fragen zu stellen.

Nach Abschluss der Beweisaufnahme erörtert das Schiedsgericht mit den Parteien üb- **299** licherweise **weitere prozessuale Themen.** Hierbei handelt es sich beispielsweise um die Vergleichsbereitschaft der Parteien und den weiteren Verfahrensgang wie beispielsweise Fristen zur Erstellung von Post-Hearing Briefs. Wenn die Parteien dies übereinstimmend beantragen, kann das Schiedsgericht auch eine vorläufige Einschätzung zum bisherigen Ergebnis der Beweisaufnahme abgeben. Eine solche Einschätzung kann häufig helfen, weitere Kosten zu vermeiden oder gering zu halten und Vergleichsfenster für die Parteien eröffnen.

2. Opening Statement. Bisweilen wird die **Notwendigkeit eines Opening State- 300 ments** angezweifelt, da sich diese auf eine Wiederholung des bereits vorgetragenen Inhalts der Schriftsätze in komprimierter Form beschränkt. Nichtsdestotrotz kann ein Eröffnungsplädoyer sinnvoll sein, wenn es die wesentlichen Streitpunkte herausstellt und das Schiedsgericht auch gerade in komplexen Streitigkeiten durch die entscheidungserheblichen Anlagen führt.[444] Schiedsgerichte gehen zunehmend dazu über, keine Opening Statements zuzulassen. Hinsichtlich dieser Frage sollten jedoch die jeweiligen Einzelfälle betrachtet und Verallgemeinerungen vermieden werden.

3. Beweisaufnahme. Der Ablauf der Beweisaufnahme, insbesondere die Zeugenbefra- **301** gung, steht im Verfahrensermessen des Schiedsgerichts (vgl. Art. 8 Abs. 3 S. 1 IBA Rules, Art. 26(3) ICC-SchO). Das Schiedsgericht verfügt über **erhebliche Flexibilität** und ein **weites Verfahrensermessen** hinsichtlich der Ausgestaltung der Beweisaufnahme. In diesem Zusammenhang besteht im internationalen Vergleich eine **große Vielfalt von tatsächlichen Erscheinungsformen.**[445] Das Schiedsgericht kann im Rahmen seines Verfahrensermessens darüber entscheiden, ob die Zeugen durch das Gericht oder durch die Parteivertreter befragt werden, ob ein Kreuzverhör stattfindet, ob die Zeugen getrennt voneinander oder gemeinsam vernommen werden.[446]

Das Schiedsgericht ist **nicht zur Abnahme eines Eides befugt.** Dementsprechend **302** kommt auch eine Belehrung über die Folgen eines Meineides bzw. einer eidlichen Falsch-

---

[444] Vgl. ICC Commission, ICC Effective Management of Arbitration, S. 53, online abrufbar unter http://www.iccwbo.org/Advocacy-Codes-and-Rules/Document-centre/2014/Effective-Management-of-Arbitration-A-Guide-for-In-House-Counsel-and-Other-Party-Representatives/.

[445] Vgl. IBA Commentary on the 2020 IBA Rules, S. 24 f.; vgl. beispielsweise zur document production Zuberbühler/Hofmann/Oetiker/Rohner IBA Rules Art. 3 Rn. 20 ff.

[446] Böckstiegel/Kröll/Nacimiento/Sachs/Lörcher, Arbitration in Germany, § 1047 Rn. 16; Musielak/Voit/Voit ZPO § 1042 Rn. 23.

aussage nicht in Betracht. Soweit dennoch eine Beeidigung erfolgt, könnte dies im Grundsatz einen Aufhebungsgrund darstellen. Es dürfte jedoch höchst selten der Fall sein, dass der Schiedsspruch auf der Beeidigung beruht, so dass es sich hierbei um eine eher theoretische Fragestellung handelt.[447]

303   Soweit die Parteien oder Schiedsrichter aus verschiedenen Rechtskreisen stammen (insbesondere aus dem Common Law- und dem Civil Law-Rechtskreis), sollte das Schiedsgericht mit den Parteien erörtern, wie die Beweisaufnahme durchzuführen ist, insbesondere inwieweit eine US-amerikanische **Pre-Trial Discovery** bzw. britische **Disclosure** zulässig ist.[448] Es dürfte zweckmäßig sein, wenn das Schiedsgericht im Rahmen seines Verfahrensermessens hierbei einen **Kompromiss** zur Vereinbarung der unterschiedlichen Prozesssysteme erzielt. Anhaltspunkt für eine solche Kompromisslösung kann beispielsweise die Bezugnahme auf die IBA Rules on the Taking of Evidence sein.[449] Die IBA Rules sehen unter anderem auch Regelungen zur Vorlegung von elektronischen Dokumenten (sog. E-Disclosure) vor. Im Hinblick auf die international sehr unterschiedlichen Beweiserhebungs- und Beweismaßvorschriften sollte das Schiedsgericht frühzeitig auf die aus vorläufiger Sicht maßgeblichen beweiserheblichen Gesichtspunkte, die angenommene Beweislastverteilung und die zugelassenen Beweismittel hinweisen.[450]

304   Vor einem Schiedsgericht besteht nach deutschem Verständnis generell kein Aussagezwang für Zeugen. Nichtsdestotrotz lassen sich bei einem Fernbleiben des Zeugen nachteilige Schlussfolgerungen für die beweisführende Partei ziehen (sog. **Adverse Inferences**).[451]

305   Üblicherweise beginnt die Vernehmung von Zeugen oder die Befragung von Sachverständigen mit deren **Bestätigung des Witness Statements bzw. Expert Reports.** Soweit die Zeugen oder Sachverständigen der Verhandlungssprache nicht mächtig sind, werden Dolmetscher hinzugezogen. Bild- und Tonübertragungen der Beweisaufnahme sind tendenziell möglich, dürften aber zumeist nicht ratsam sein, da der Erkenntniswert regelmäßig nur beschränkt ist.

306   Das Schiedsgericht kann zeitliche Beschränkungen für die einzelnen Teile der Beweisaufnahme vorsehen.[452]

307   **a) „Cross-Examination".** Die Beweisaufnahme durch Zeugenvernehmung erfolgt im internationalen Schiedsverfahren üblicherweise auf Grundlage eines **Kompromisses zwischen anglo-amerikanischer Common Law- und kontinentaleuropäischer Civil Law-Tradition** (vgl. auch Art. 4, 8 IBA Rules). In der Regel hat die Partei, die einen Zeugen benannt hat, eine schriftliche Zeugenerklärung (sog. Witness Statement) zu den Akten gereicht. Basierend auf diesen Witness Statements findet dann die eigentliche Zeugenvernehmung statt.

308   Die Entscheidung über die **Zulässigkeit von Fragen** trifft das Schiedsgericht, wobei diese Aufgabe auch dem Vorsitzenden übertragen werden kann.[453]

309   Das Beweisverfahren beginnt traditionell mit der sog. **Direct Examination,** in welcher die jeweilige Partei, die den Zeugen stellt, diesen einleitend befragt. Hierbei werden typischerweise offene Fragen verwendet, mit welchen der Zeuge seine Wahrnehmung zu

---

[447] Böckstiegel/Kröll/Nacimiento/Sachs/Lörcher, Arbitration in Germany, § 1047 Rn. 18; vgl. Zöller/Geimer ZPO § 1050 Rn. 3.

[448] Vgl. Kaufmann-Kohler/Bärtsch SchiedsVZ 2004, 13 (17); Sachs SchiedsVZ 2003, 193.

[449] Veröffentlicht auf der Website der IBA www.ibanet.org.

[450] Vgl. Special Section: The Standards and Burden of Proof in International Arbitration, 10 Arb. Int. 317 (1994).

[451] Vgl. zur Rechtsfigur der adverse inference Kaufmann-Kohler/Bärtsch SchiedsVZ 2004, 13 (17); Kläsener/Dolgorukow SchiedsVZ 2010, 302 (304); vgl. Moses, The Principles and Practices of International Commercial Arbitration, S. 196.

[452] Böckstiegel, Assumptions regarding Common Law versus Civil Law in the Practice of International Commercial Arbitration, SchiedsVZ 2011, 113 (114); Böckstiegel/Kröll/Nacimiento/Sachs/Lörcher, Arbitration in Germany, § 1047 Rn. 17.

[453] Vgl. allgemein Lachmann, Handbuch für die Schiedsgerichtspraxis, Rn. 1508.

den Beweisfragen schildern soll. Insoweit gilt nach Art. 8 Abs. 3 S. 3 IBA Rules ein Verbot von Suggestivfragen bei der Befragung von eigenen Zeugen. Ferner besteht nach Art. 8 Abs. 4 lit. g IBA Rules ein jederzeitiges Fragerecht des Schiedsgerichts. In internationalen Schiedsverfahren hat sich insoweit als Standard etabliert, dass eine erste Befragung des Zeugen unterbleibt und dieser stattdessen zur Erhöhung der Effizienz und Zeitersparnis lediglich die Richtigkeit seines Witness Statements bestätigt (sog. Verzicht auf Direct Examination, vgl. Art. 8 Abs. 5 IBA Rules).

An die Direct Examination schließt sich die sog. **Cross Examination** (zu Deutsch **310** „Kreuzverhör") an.[454] Hierbei kann der Anwalt der Gegenseite den Zeugen befragen. Üblicherweise muss er sich bei den Fragen im Rahmen der schriftlichen Zeugenaussage halten, wobei die Gepflogenheiten in den Schiedsverfahren nicht einheitlich sind. Die Technik des Kreuzverhörs besteht in der Regel darin, **geschlossene Fragen („Closed Questions" bzw. „Leading Questions")** zu stellen. Üblicherweise kennt die Vernehmungsperson schon die Antwort auf die geschlossen gestellten Fragen. Hiermit kann der Vernehmende sicherstellen, dass er die ihm gewünschte Antwort erhält und seiner Partei nachteilige Aussagen möglichst vermieden werden. Zur besseren Verständlichkeit für das Schiedsgericht sollten die Fragen an den Zeugen kurz und prägnant formuliert sein. Ungewünschte Erklärungen oder Stellungnahmen jenseits der Reichweite der Frage sollte der Vernehmende versuchen zu vermeiden, um der gegnerischen Argumentation keinen weiteren Raum zu geben.

Das **Ziel des Kreuzverhörs** liegt insoweit darin, den Zeugen mit den unbestreitbar **311** vorliegenden, der Position seiner Partei **nachteiligen Tatsachen zu konfrontieren** und damit die Glaubhaftigkeit seines Aussageinhalts zu verringern. Daneben kann ein anderes Ziel darin bestehen, die Glaubwürdigkeit des Zeugen anzugreifen. Hierbei sind jedoch kulturelle Unterschiede zu beachten. Während in vorwiegend anglo-amerikanisch geprägten Schiedsverfahren eine höhere Toleranz an den Tag gelegt wird, reagieren personell Civil Law-dominierte Schiedsgerichte deutlich zurückhaltender. Ein hartes Angehen des Zeugen wird insoweit ungern gesehen und dürfte häufig zu einem Einschreiten des Schiedsgerichts führen.[455]

An die Cross Examination schließt sich die sog. **Re-direct Examination** an. In diesem **312** Abschnitt der Zeugenbefragung besteht die Möglichkeit, etwaige Widersprüche aufzuklären oder dem Zeugen Gelegenheit zur Klarstellung zu geben. Letzter Abschnitt im traditionellen Aufbau ist die sog. **Re-cross Examination,** welche sich auf die Fragen der Re-direct Examination bezieht. Hat der Parteivertreter der den Zeugen stellenden Partei auf Re-direct Examination verzichtet, findet üblicherweise auch keine Re-cross Examination statt.[456]

Der oben genannte Ablauf steht jedoch zur **Disposition des Schiedsgerichts** (vgl. **313** Art. 8 Abs. 4 lit. f IBA Rules). Alternativ ist insbesondere auch eine **Aufteilung nach Sachkomplexen** im Rahmen des Verfahrensermessens des Schiedsgerichts möglich (vgl. Art. 8 Abs. 4 lit. e IBA Rules). In den eher klassisch kontinentaleuropäisch orientierten Zielverfahren findet sich zudem häufig eine Abwandlung dergestalt, dass eine erste Befragung durch das Schiedsgericht stattfindet, woran sich dann jeweils Fragen der Parteivertreter anschließen. Im Zusammenhang der Fragen der Parteivertreter gelten die oben für die Direct Examination und die Cross Examination jeweils getätigten Ausführungen sinngemäß.

b) Witness Conferencing. Nach kontinental-europäischer Tradition werden Zeugen **314** oder Sachverständige vor den ordentlichen Gerichten üblicherweise getrennt voneinander

---

[454] Siehe weiterführend Newman/Sheppard/Sheppard, Take the witness, S. 3 ff.; Bishop/Kehoe/Kehoe, The Art of Advocacy in International Arbitration, S. 405 ff.

[455] Bishop/Kehoe/Cremades/Madalena, The Art of Advocacy in International Arbitration, S. 601 f.; Newman/Sheppard/Smit, Take the witness, S. 321 f.; Moses, The Principles and Practices of International Commercial Arbitration, S. 193.

[456] Nedden/Herzberg/Stumpe/Haller, ICC-SchO/DIS-SchO, DIS-SchO § 28 Rn. 40.

vernommen. Hierdurch soll eine gegenseitige Beeinflussung der jeweiligen Aussagen vermieden werden.[457] International hat sich jedoch zunehmend ein anderes Vorgehen durchgesetzt. Hiernach werden im Anschluss an die Einzelvernehmung die jeweiligen Zeugen oder Sachverständigen vermehrt gleichzeitig miteinander befragt. Bisweilen findet diese Form der Gegenüberstellung (**Witness Conferencing**- bzw. **Confrontation**) auch gänzlich ohne vorhergehende Einzelvernehmung statt.[458] In den als internationale Best Practice wahrgenommenen IBA Rules ist das Witness Conferencing dementsprechend auch für Zeugen und Sachverständige in Art. 8 Abs. 3 lit. f IBA Rules vorgesehen. Für parteibenannte Sachverständige kann das Schiedsgericht nach Art. 5 Abs. 4 IBA Rules als Vorstufe ein vorheriges Treffen der verschiedenen parteibenannten Sachverständigen anordnen. Im Rahmen dieser Zusammenkunft sollen die parteiernannten Sachverständigen versuchen, Einigkeit über die Punkte zu erzielen, in denen sie in ihren Gutachten unterschiedlicher Meinung sind.

315   Hinsichtlich des Witness Conferencing werden **vielfältige Vorteile** im Hinblick auf die Wahrheitsfindung, die Würdigung der Zeugenaussagen und die Verhaltenssteuerung der Beweispersonen gefolgert. Üblicherweise werden Widersprüche schneller offenbart. Zudem ist oft zu bemerken, dass in Gegenwart anderer sachkundiger Personen Aussagen qualifiziert oder abgeändert werden. Dies kann dem Schiedsgericht bei der Entscheidungsfindung enorm hilfreich sein und sich daher zur Beschleunigung des Verfahrens und besseren Sachverhaltsaufklärung empfehlen.[459]

316   **4. Schlussplädoyer (Closing Statement).** An das Ende der Beweisaufnahme schließen sich die Schlussplädoyers (Closing Statements) der Parteien an. Hierbei handelt es sich um eine **zusammenfassende Darstellung der aus der mündlichen Verhandlung gewonnen Erkenntnisse** aus Sicht der jeweiligen Partei.[460] In dem Plädoyer haben die Parteien die Gelegenheit, das für alle Beteiligten aktuelle Ergebnis der Beweisaufnahme zusammenzufassen. Ein Schlussplädoyer kann vor allem dann hilfreich sein, wenn sich eine Beratung des Schiedsgerichts unmittelbar an das Ende der mündlichen Verhandlung anschließt.[461] Nichtsdestotrotz wird in der Praxis zunehmend von einem Schlussplädoyer abgesehen und stattdessen auf sog. Post-Hearing Briefs verwiesen (hierzu sogleich).

317   **5. Post-Hearing-Brief.** Post-Hearing Briefs bezwecken eine **zusammenfassende Stellungnahme zum Ergebnis der mündlichen Verhandlung.** Hierin können auch die wesentlichen rechtlichen Argumente der Partei zusammengefasst werden. Keinesfalls dient ein Post-Hearing Brief dazu, nach Ende der Beweisaufnahme entgegen ausdrücklicher Ausschlussfristen neuen Sachvortrag vorzubringen. Gegebenenfalls kann das Schiedsgericht auch spezifische inhaltliche Vorgaben zu besonderen Punkten machen, zu denen die Parteien vortragen sollen.[462]

318   Auf eine Stellungnahme zum Ergebnis der Beweisaufnahme haben die Parteien grundsätzlich einen Anspruch, da es sich hierbei um eine Ausprägung des Grundsatzes der **Gewährung rechtlichen Gehörs** handelt. Bei komplexen Sachverhalten und umfangreichen Beweisaufnahmen kann ein Post-Hearing Brief zweckmäßig sein, um eine Bandbreite verschiedener Punkte herauszustellen. Die Unmittelbarkeit eines Schlussplädoyers ist mit einem Post-Hearing Brief jedoch nicht zu erreichen. Insoweit stellt sich auch die Frage, inwieweit beide Formen des Schlussvertrags nebeneinander eine Existenzberechtigung genießen.

---

[457] Prütting/Gehrlein/Trautwein ZPO § 394 Rn. 3; Anders/Gehle/Gehle ZPO § 394 Rn. 2.
[458] Salger/Trittmann/Risse Int. Schiedsverfahren § 12 Rn. 32.
[459] Vgl. Peter, 18 Arb. Int. 47 (2002).
[460] ICC, Effective Management of Arbitration, S. 54, online abrufbar unter http://www.iccwbo.org/Advocacy-Codes-and-Rules/Document-centre/2014/Effective-Management-of-Arbitration-A-Guide-for-In-House-Counsel-and-Other-Party-Representatives/.
[461] Nedden/Herzberg/Haller/Stumpe, ICC-SchO/DIS-SchO, ICC-SchO Art. 26 Rn. 43.
[462] Moses, The Principles and Practice of International Commercial Arbitration, S. 199.

Rein praktisch bestimmt das Schiedsgericht die Frist zur Erstellung der Post-Hearing **319** Briefs mit Blick auf die Verfügbarkeit des Wortprotokolls. Denn das Wortprotokoll spielt eine überaus wichtige Rolle für die Auswertung der Beweisaufnahme und die Erstellung des Post-Hearing Briefs. Üblicherweise ordnet ein Schiedsgericht – falls nicht ohnehin im Rahmen der Erstellung des Verfahrenskalenders durch ausdrückliche Fristen vorgesehen – einen **Ausschluss neuen Sachvortrags** an. Auch wenn ein solcher Ausschluss nicht vorhanden ist, wird ein Schiedsgericht solchen neuen Sachvortrag jedenfalls üblicherweise nicht berücksichtigen.[463]

X. Beendigung des Schiedsverfahrens

Die Hauptpflicht der Schiedsrichter aus den Schiedsrichterverträgen ist die **Entschei-** **320** **dung des Rechtsstreits** im Wege des Schiedsspruchs. Dies schließt allerdings andere Formen der Streiterledigung nicht aus.

Ein Schiedsverfahren kann im Grundsatz nur durch Schiedsspruch (entweder **Prozess-** **321** **schiedsspruch** oder **Schiedsspruch in der Sache**) oder durch einen **Beschluss des Schiedsgerichts nach § 1056 Abs. 2 ZPO** beendet werden.[464]

Als Ursache für eine Beendigung kommen neben der streitigen Entscheidung durch **322** das Schiedsgericht eine Vielzahl von möglichen prozessualen Varianten in Betracht. Insbesondere können die Parteien den Gegenstand des Schiedsverfahrens durch **Vergleich** beilegen (vgl. § 1053 ZPO,[465] Art. 41.2 DIS-SchO). In der Praxis wird in einem hohen Anteil der Schiedsverfahren ein Vergleich abgeschlossen.[466] Dabei können sich die Parteien, wie im staatlichen Verfahren außerhalb des Schiedsverfahrens oder aber in der mündlichen Verhandlung vor dem Schiedsgericht einigen.[467] Ein solcher Vergleich kann, soweit sein Inhalt nicht gegen ordre public verstößt, auch in der Form eines **Schiedsspruchs mit vereinbartem Wortlaut** festgehalten werden (vgl. Art. 41.1 DIS-SchO).[468]

Darüber hinaus sind im Schiedsverfahren auch **übereinstimmende Erledigungserklä-** **323** **rungen** möglich.[469] Im Falle einer solchen einvernehmlichen Beendigung des streitigen Verfahrens fasst das Schiedsgericht einen Beendigungsbeschluss gemäß § 1056 Abs. 2 Nr. 2 ZPO.[470] Ferner ist auch eine **einseitige Erledigungserklärung** durch den Kläger denkbar, die jedoch keinen Fall des § 1056 Abs. 2 Nr. 2 ZPO darstellt. Genau wie in staatlichen Verfahren handelt es sich dabei um eine Klageänderung mit Umstellung des Klagebegehrens auf eine Feststellungsklage hinsichtlich der Kostentragungspflicht des Beklagten.[471] In diesem Fall entscheidet das Schiedsgericht über den Feststellungsantrag sowie die Kosten des Rechtsstreits.

Eine weitere Möglichkeit zur Verfahrensbeendigung liegt in der **Rücknahme der** **324** **Schiedsklage,** welche jedoch in der Verfahrenspraxis gegenüber anderen Beendigungsformen vergleichsweise selten bleibt. Dies mag vor allem daran liegen, dass eine Klagerücknahme nach den meisten Kostenordnungen keine Kostenprivilegierung mit sich bringt.

---

[463] Salger/Trittmann/Borris Int. Schiedsverfahren § 17 Rn. 8 ff.

[464] Zöller/Geimer ZPO § 1056 Rn. 1; Salger/Trittmann/Hanefeld/Nedden Int. Schiedsverfahren § 20 Rn. 95; Musielak/Voit/Voit ZPO § 1056 Rn. 1.

[465] Streng genommen beendet ein Vergleich das Verfahren noch nicht. Der Vergleich stellt lediglich eine Vereinbarung iSd § 1056 Abs. 2 Nr. 2 ZPO dar, führt aber dazu, dass das Schiedsgericht zur Einstellung (Beendigung) des Verfahrens gezwungen ist, siehe eingehend Stein/Jonas/Schlosser ZPO § 1053 Rn. 2 ff.

[466] Böckstiegel/Kröll/Nacimiento/v. Schlabrendorff/Sessler, Arbitration in Germany, § 1053 Rn. 1.

[467] Vgl. Schwab/Walter, Schiedsgerichtsbarkeit, Kap. 23 Rn. 1.

[468] Vgl. Stein/Jonas/Schlosser ZPO § 1053 Rn. 1.

[469] Vgl. Prütting/Gehrlein/Prütting ZPO § 1056 Rn. 4; Stein/Jonas/Schlosser ZPO § 1056 Rn. 7; Zöller/Geimer ZPO § 1056 Rn. 5.

[470] Vgl. Prütting/Gehrlein/Prütting ZPO § 1056 Rn. 4; vgl. Zöller/Geimer ZPO § 1056 Rn. 1, 5.

[471] So auch MüKoZPO/Münch § 1056 Rn. 30.

325   Schließlich lösen auch **Anerkenntnis bzw. Verzicht** die gleichen prozessualen Wirkungen wie in einem ordentlichen Gerichtsverfahren aus.[472] Ein besonderer Schiedsspruch analog des zivilgerichtlichen Versäumnisurteils ist im Schiedsverfahren nicht zulässig (vgl. § 1048 ZPO).

326   Im Falle der **Säumnis des Klägers** beendet das Schiedsgericht gemäß § 1048 Abs. 1 ZPO das Verfahren.[473] Gemäß § 1048 Abs. 2 ZPO hat die **Säumnis des Beklagten** – anders als im zivilgerichtlichen Verfahren – keine Geständniswirkung. Vielmehr setzt das Schiedsgericht das Verfahren fort, ohne die Säumnis als Zugeständnis der Behauptungen des Klägers zu behandeln.

327   **1. Schiedsspruch.** Die **Wirksamkeit** des Schiedsspruchs verlangt die Einhaltung von Formerfordernissen. Gemäß § 1054 Abs. 1 ZPO ist der Schiedsspruch schriftlich abzufassen und von allen Schiedsrichtern zu unterzeichnen. Im Rahmen der schriftlichen Abfassung muss der Schiedsspruch grundsätzlich eine Begründung enthalten, soweit die Parteien hierauf nicht ausdrücklich verzichtet haben oder ein Schiedsspruch mit vereinbartem Wortlaut vorliegt (vgl. § 1054 Abs. 2 ZPO). Die Bekanntmachung des Schiedsspruchs erfolgt durch Übersendung (vgl. § 1054 Abs. 4 ZPO). Die gesetzlich aufgestellten Formerfordernisse sind unabdingbar für die Wirksamkeit eines Schiedsspruchs.[474]

328   Der Erlass eines Schiedsspruchs erfolgt im Falle eines Dreierschiedsgerichts nach **Abstimmung in geheimer Beratung** über die entscheidungserheblichen Tatsachen und Rechtsfragen.[475] Dabei entscheidet das Schiedsgericht mit der Mehrheit der Stimmen (vgl. § 1052 Abs. 1 ZPO). Soweit ein Schiedsrichter seine Teilnahme an der Abstimmung verweigert, können die verbleibenden Schiedsrichter ohne den sich weigernden Schiedsrichter abstimmen (vgl. § 1052 Abs. 2 S. 1 ZPO). Hinsichtlich der Einzelheiten der Beratung und der Abstimmung gilt das Beratungsgeheimnis. Nichtsdestotrotz finden sich in der Praxis gelegentlich Fälle einer **Dissenting Opinion,** soweit ein Schiedsrichter von seinen Mitschiedsrichtern in der Abstimmung überstimmt wurde.[476]

329   Eine genaue **Abgrenzung zwischen Schiedsspruch (inklusive Teil- oder Zwischenschiedsspruch) und prozessualen Verfügungen (procedural orders)** ist im Hinblick auf die gerichtliche Überprüfbarkeit sowie die Rechtswirkungen von wesentlicher Bedeutung.[477] Insoweit ist jedoch auch zu berücksichtigen, dass prozessuale Verfügungen erhebliche Auswirkungen auf die Parteien haben können, wie beispielsweise bei der Ablehnung von bestimmten Beweisaufnahmeformen.[478]

330   Bei dem **Zwischenentscheid nach § 1040 Abs. 3 ZPO** handelt es sich um eine besondere Entscheidungsform im Hinblick auf die Zulässigkeit des schiedsrichterlichen Verfahrens (vgl. § 1040 Abs. 3 S. 1 ZPO). Gegenüber dem Zwischenschiedsspruch unterscheidet sich der Zwischenentscheid durch die **Abwesenheit gesetzlicher Formvorschriften.**[479] Zudem bestehen andere **Rechtsschutzmöglichkeiten.** Während gegen einen Schiedsspruch allein der Aufhebungsantrag nach § 1059 ZPO zulässig ist, steht den Parteien gegen den Zwischenentscheid allein der Antrag auf gerichtliche Entscheidung

---

[472] Vgl. Schwab/Walter, Schiedsgerichtsbarkeit, Kap. 18 Rn. 15.

[473] Weitergehend zur Säumnis in Schiedsverfahren nach deutschem Schiedsverfahrensrecht: Quinke SchiedsVZ 2013, 129.

[474] Vgl. BGH NJW-RR 1986, 61; Zöller/Geimer ZPO § 1054 Rn. 2.

[475] Vgl. MüKoZPO/Münch § 1052 Rn. 3 ff.; wobei eine solche Beratung auch schriftlich oder telefonisch erfolgen kann, siehe hierzu Zöller/Geimer ZPO § 1052 Rn. 2; MüKoZPO/Münch § 1052 Rn. 2.

[476] Über die Zulässigkeit von Dissenting Opinions nach deutschem Schiedsverfahrensrecht: Bartels, Geheimnisverrat des Dissenters im schiedsrichterlichen Verfahren?, SchiedsVZ 2014, 133; für die Zulässigkeit nur bei ausdrücklicher Gestattung durch die Parteien: Zöller/Geimer ZPO § 1052 Rn. 5; Saenger/Saenger ZPO § 1052 Rn. 4.

[477] Vgl. beispielsweise Böckstiegel/Kröll/Nacimiento/Kröll/Kraft, Arbitration in Germany, § 1059 Rn. 17.

[478] Trittmann, 20 J. Int. Arb. 255 (2003).

[479] Vgl. Musielak/Voit/Voit ZPO § 1040 Rn. 9.

nach § 1040 Abs. 3 S. 2 ZPO zur Verfügung.[480] Zwar kommt dem Zwischenentscheid keine Rechtskraftwirkung zu.[481] Soweit die Parteien jedoch nicht innerhalb einer Frist von einem Monat nach schriftlicher Mitteilung des Entscheids einen Antrag auf gerichtliche Entscheidung stellen, tritt **Präklusion** ein. Den Parteien ist es nach Fristablauf verwehrt, sich in einem späteren Aufhebungsverfahren auf die Unzuständigkeit des Schiedsgerichts zu berufen.[482]

a) Teil- bzw. Zwischenschiedsspruch (Partial Award und Interim Award). 331 Der Erlass eines Zwischen- oder Teil-Schiedsspruchs ist grundsätzlich zulässig und steht im **Ermessen des Schiedsgerichts,** sofern nicht im Schiedsauftrag oder in anderen Vereinbarungen entgegenstehende Regelungen vorliegen.[483] Sofern dadurch bereits ein Teil des Streits endgültig entschieden wird, ist auch dieser Schiedsspruch der Vollstreckung zugänglich. Dies folgt sowohl für Teil- als auch für Zwischenschiedssprüche jeweils aus dem Tenor des Schiedsspruches, sei es in der Hauptsache oder hinsichtlich der Kosten.

Als **Anwendungsbereich** für einen Zwischenschiedsspruch (sog. Interim award) finden 332 sich in der Praxis verschiedene Fallgestaltungen.[484] Zum einen findet sich die Entscheidung über die **Zulässigkeit der Schiedsklage** als vorgelagerter Anwendungsbereich für einen Zwischenschiedsspruch.[485] Solche Fälle können vor allem eintreten, wenn Zweifel hinsichtlich der Reichweite der Schiedsklausel bestehen. Ein weiterer typischer Anwendungsfall eines Zwischenschiedsspruchs betrifft die Fälle der **Aufteilung in Grund- und Betragsphase** (sog. bifurcation).[486] In diesen Fällen wird zuerst über die Berechtigung des Anspruchs dem Grunde nach entschieden (sog. decision on the merits). Sodann wird gegebenenfalls in einer zweiten Phase über die Berechtigung des Anspruchs der Höhe nach geurteilt (sog. decision on quantum).[487]

Der **Teilschiedsspruch** (sog. partial award) betrifft im Gegensatz zu den oben erörter- 333 ten Konstellationen allein Fälle, in denen eine **endgültige Entscheidung über einen abgegrenzten Teil** getroffen wird.[488] Solche Fallgestaltungen finden sich beispielsweise im Rahmen von konkurrierenden Ansprüchen oder in umfangreichen mehrteiligen Sachverhalten mit unterschiedlicher Komplexität. In den letztgenannten Konstellationen ist beispielsweise auch denkbar, dass gewisse Themen schon nach den Schriftsatzrunden im Wesentlichen entscheidungsreif sind, wohingegen andere tatsächliche Fragen einer ausführlichen Beweisaufnahme zuzuführen sind.

b) Endschiedsspruch. Ein Endschiedsspruch (sog. final award) ist diejenige Entschei- 334 dung, mit welcher der Streit der Parteien insgesamt erledigt und das Verfahren beendet wird.[489] Der Endschiedsspruch stellt nach der Konzeption des zehnten Buchs der ZPO den Regelfall der schiedsgerichtlichen Entscheidung dar.

Ein Endschiedsspruch hat die **Wirkungen eines rechtskräftigen Urteils (§ 1055** 335 **ZPO).** Rechtsmittel sind aufgrund der Gleichstellung mit einem rechtskräftigen Urteil

---

[480] Vgl. Prütting/Gehrlein/Schneider/Prütting ZPO § 1040 Rn. 5.
[481] Stein/Jonas/Schlosser ZPO § 1040 Rn. 21: „Die Zwischenentscheidung wird materiell rechtskräftig und bindet das staatliche Gericht im Aufhebungsverfahren."; vgl. auch OLG München NJOZ 2011, 413 (417) = BeckRS 2010, 28877.
[482] Vgl. auch Zöller/Geimer ZPO § 1040 Rn. 20 mwN.
[483] Zöller/Geimer ZPO § 1042 Rn. 53.
[484] Zu verschiedenen Anwendungskonstellationen Schwab/Walter, Schiedsgerichtsbarkeit, Kap. 18 Rn. 9 ff.
[485] So auch OLG Frankfurt a. M. SchiedsVZ 2007, 278 (279).
[486] Schwab/Walter, Schiedsgerichtsbarkeit, Kap. 18 Rn. 12.
[487] Hierzu auch Schwab/Walter, Schiedsgerichtsbarkeit, Kap. 18 Rn. 12.
[488] Vgl. Schwab/Walter, Schiedsgerichtsbarkeit, Kap. 18 Rn. 6; Martinek/Semler/Habermeier/Flohr/Bredow Vertriebsrecht § 80 Rn. 168.
[489] Born, International Commercial Arbitrationm, S. 3261 f.; Böckstiegel/Kröll/Nacimiento/Kröll/v. Schlabrendorff/Sessler, Arbitration in Germany, § 1055 Rn. 9.

nicht möglich. Allein gangbar ist der Weg eines Aufhebungsverfahrens nach § 1059 ZPO.[490] Die Vollstreckbarkeit bestimmt sich nach §§ 1060, 1061 ZPO.

336   **aa) Mindestanforderungen.** Die **formellen und materiellen Mindestanforderungen** eines Schiedsspruchs bestimmen sich nach dem Ort, an dem der Schiedsspruch erlassen wurde **(lex loci arbitri).** Wurde der Schiedsspruch im Ausland erlassen, so ist das anzuwendende Schiedsverfahrensstatut für die Bestimmung der Voraussetzungen maßgeblich; ist der Schiedsspruch in Deutschland erlassen worden, schreibt § 1054 ZPO folgende Voraussetzungen vor:[491]
– Schriftform und (soweit nicht anderweitig vereinbart)
– Unterschriften der Schiedsrichter
– Angabe des Ortes und Datum des Erlasses
– Übermittlung an die Parteien

337   Rechtskräftig wird der Schiedsspruch mit Empfang durch die Parteien.[492] Jedoch herrscht Uneinigkeit, ob zur Bestimmung der **Rechtskraftwirkung** im Fall des nicht zeitgleichen Zugangs bei den Parteien auf den Empfang durch die erste oder durch die letzte Partei abzustellen ist.[493] Eine Formvorschrift zur Übermittlung eines Schiedsspruches gibt es nicht, jedoch wird der Schiedsspruch zur Wahrung der Rechtssicherheit typischerweise gegen Empfangsbekenntnis mittels eines Kuriers oder per Einschreiben mit Rückschein übermittelt.[494]

338   **bb) Typischer Aufbau.** Inhaltlich orientiert sich ein Schiedsspruch typischerweise an dem folgenden Aufbau, der jedoch nicht zwingend ist:
• Rubrum
• Darstellung der Parteien und des Streitgegenstands
• Prozessgeschichte
• Sachverhalt
• Rechtsansichten und Anträge der Parteien
• Rechtliche Würdigung
• Tenor (einschl. Kosten)
• Unterschriften der Schiedsrichter

339   **cc) Rechtliche Wirkungen.** Bezüglich der Rechtswirkung eines Schiedsspruchs ist zwischen dem Verhältnis der Parteien untereinander und dem Verhältnis der Parteien gegenüber Dritten zu differenzieren. Zwischen den Parteien entfaltet ein Schiedsspruch die gleiche **rechtskräftige Wirkung wie ein gerichtliches Urteil (§ 1055 ZPO).** Im Gegensatz zu Schiedssprüchen auf Leistung und Unterlassung haben feststellende und gestaltende Schiedssprüche sofortige Wirkung.[495] Schiedssprüche mit Verurteilungen auf eine Leistung müssen durch staatliche Gerichte für vollstreckbar erklärt werden, um Rechtswirkung entfalten zu können. Danach kann ein derartiger Schiedsspruch mithilfe staatlicher Vollstreckungsorgane zwangsweise durchgesetzt werden.[496]

340   Erfüllt ein Schiedsspruch die Voraussetzungen des § 1054 ZPO, so wird er formell rechtskräftig. **Materielle Rechtskraft** entfaltet der Schiedsspruch erst, wenn und soweit das Schiedsgericht endgültig und bindend über den Streitgegenstand entschieden

---

[490] Böckstiegel/Kröll/Nacimiento/Kröll/v. Schlabrendorff/Sessler, Arbitration in Germany, § 1055 Rn. 29.
[491] Zur Bedeutung des Schiedsortes siehe MüKoZPO/Münch § 1043 Rn. 17 f.; Prütting/Gehrlein/Prütting ZPO § 1043 Rn. 3.
[492] Vgl. Musielak/Voit/Voit ZPO § 1055 Rn. 3.
[493] Hierzu: MüKoZPO/Münch § 1055 Rn. 5.
[494] Vgl. Stein/Jonas/Schlosser ZPO § 1054 Rn. 26 f.
[495] Salger/Trittmann/Hanefeld/Nedden Int. Schiedsverfahren § 20 Rn. 89; MüKoZPO/Münch § 1060 Rn. 7; Zöller/Geimer ZPO § 1055 Rn. 1 ff.
[496] Zur Vollstreckung von Schiedssprüchen → Rn. 440 ff.

hat.[497] Gemäß § 1059 Abs. 1 ZPO kann ein Aufhebungsantrag gestellt werden. Der Schiedsspruch wird jedoch unmittelbar und unabhängig vom Ablauf der Frist zur Stellung eines solchen Antrags (§ 1059 Abs. 3 ZPO) rechtskräftig.[498] Dies hat zur Folge, dass eine nachträgliche Entscheidung durch ordentliche Gerichte oder eines anderen Schiedsgerichts bezüglich des gleichen Streitgegenstands nicht mehr möglich ist.

Ein Schiedsspruch kann **im Verhältnis zu Dritten** – insbesondere bezüglich der Mit- **341** glieder des Schiedstribunals, den Rechtsnachfolgern der Parteien des Schiedsverfahrens sowie sonstigen Dritten gegenüber – Rechtswirkung entfalten.[499]

Das **Schiedsrichteramt endet grundsätzlich mit Erlass des Schiedsspruchs** durch **342** das Schiedsgericht. Dies ist nur dann nicht der Fall, wenn die Kosten des Schiedsverfahrens noch nicht feststehen, der Rechtsstreit im Aufhebungsverfahren von einem nationalen Gericht an das Schiedstribunal zurückverwiesen wird oder ein Antrag auf Berichtigung oder Ergänzung des Schiedsspruchs gestellt wurde.[500]

Nach welchen Vorschriften sich die **subjektiven Grenzen der Rechtskraft eines** **343** **Schiedsspruchs** richten, ist hingegen streitig. Mehrheitlich ist man der Auffassung, dass sich die Wirkung der Rechtskraft nur insoweit auf Dritte erstreckt, als die Schiedsklausel auch diese bindet, was auf den Wortlaut des § 1055 ZPO gestützt wird („unter den Parteien").[501] Eine Bindung des Einzelrechtsnachfolgers auf Schuldnerseite lehnt die Rechtsprechung ab. Dementsprechend sollen die prozessualen Rechts- und Besitznachfolgeregelungen in den §§ 325 ff. ZPO nicht auf die Rechtskraftwirkung anwendbar sein.[502]

dd) Institutionelle Regeln. Der Schiedsspruch sollte auch nach der ICC-SchO fol- **344** **genden Mindestinhalt** haben: Namen und Anschriften der Parteien, deren Vertreter und Verfahrensbevollmächtigte, Namen der Schiedsrichter sowie Sitz des Schiedsgerichts. Darüber hinaus sollte der Schiedsspruch im Rahmen der Prozessgeschichte die wesentlichen Verfahrensschritte zum Nachweis über die Gewährung rechtlichen Gehörs wiedergeben. Eine Entscheidung über die Zuständigkeit und den Hinweis auf die zugrundeliegende Schiedsvereinbarung sollte der Schiedsspruch ebenfalls enthalten. Gleiches gilt auch für die Feststellung des anwendbaren materiellen Rechts sowie die Wiedergabe der wesentlichen Ansprüche und Einwendungen der Parteien und der hierzu bestehenden Streitfragen. Daneben sollte der ICC-Schiedsspruch die im Schiedsauftrag festgehaltenen Streitfragen abdecken und für jeden Klageanspruch und Gegenanspruch eine Begründung für Bestehen oder Abweisung liefern.[503] Ferner sollte der Schiedsspruch die Zinsen und Kosten (vgl. Art. 38(4) ICC-SchO) des Schiedsverfahrens und gegebenenfalls Anwaltskosten aufführen. Nach Prüfung durch den ICC-Gerichtshof erfolgt die Unterschrift der Schiedsrichter sowie die Datierung des Schiedsspruchs.[504]

Nach der ICC-SchO gilt eine **Frist für die Abfassung des Schiedsspruchs** von sechs **345** Monaten ab Unterzeichnung oder Mitteilung der Genehmigung des Schiedsauftrags (vgl. Art. 31(1) ICC-SchO). Der ICC-Gerichtshof kann die Frist gemäß Art. 31(2) ICC-SchO auf Antrag oder von Amts wegen verlängern, soweit dies erforderlich ist. Der ICC-

---

[497] Vgl. Böckstiegel/Kröll/Nacimiento/Kröll/v. Schlabrendorff/Sessler, Arbitration in Germany, § 1055 Rn. 7 ff.; Salger/Trittmann/Hanefeld/Nedden Int. Schiedsverfahren § 20 Rn. 92.

[498] Vgl. Zöller/Geimer ZPO § 1055 Rn. 5; Salger/Trittmann/Hanefeld/Nedden Int. Schiedsverfahren § 20 Rn. 92; Böckstiegel/Kröll/Nacimiento/Kröll/v. Schlabrendorff/Sessler, Arbitration in Germany, § 1055 Rn. 20.

[499] Vgl. Musielak/Voit/Voit ZPO § 1055 Rn. 7 f.

[500] Vgl. MüKoZPO/Münch § 1056 Rn. 38 f.

[501] BGH NJW 1975, 1121 (1122 f.); MüKoZPO/Münch § 1055 Rn. 23; Lachmann, Handbuch für die Schiedsgerichtspraxis, Rn. 1786; Wieczorek/Schütze/Schütze ZPO § 1055 Rn. 19.

[502] Vgl. hierzu Stein/Jonas/Schlosser ZPO § 1055 Rn. 34; abweichend Zöller/Geimer ZPO § 1055 Rn. 7.

[503] Art. 32(2) ICC-SchO; vgl. auch Salger/Trittmann/Hanefeld/Nedden Int. Schiedsverfahren § 20 Rn. 39 ff.

[504] Vgl. Fry/Greenberg/Mazza, The Secretariat's Guide to ICC Arbitration, Rn. 3–1215; Nedden/Herzberg/Manner/Nedden, ICC-SchO/DIS-SchO, ICC-SchO Art. 31 Rn. 11.

Gerichtshof hat bei dieser Entscheidung freies Ermessen und muss weder die Parteien hören, noch eine Begründung hierzu abgeben.[505] Umgekehrt haben die Parteien die Möglichkeit, durch Vereinbarung kürzere Fristen zu bestimmen, welche dann vom Schiedsgericht einzuhalten sind (sog. fast track arbitration).[506]

346   Die ICC-SchO weist mit der **Überprüfung des Schiedsspruchs** durch den ICC-Gerichtshof eine internationale Besonderheit auf. Im ICC-Verfahren muss das Schiedsgericht den Entwurf des beabsichtigten Schiedsspruchs vor Unterzeichnung dem ICC-Gerichtshof zur Überprüfung und Genehmigung vorlegen (vgl. Art. 34 ICC-SchO). Dieses Verfahren dient der Qualitätssicherung der schiedsrichterlichen Entscheidungsfindung.[507] Der ICC-Gerichtshof hat das Recht, seine Genehmigung zu verweigern, solange der Schiedsspruch **formelle Voraussetzungen** nicht erfüllt.[508] Hinsichtlich materieller Mängel hat der ICC-Gerichtshof jedoch nur beratende Funktion. Insoweit verbleibt die Letztentscheidung bei dem Schiedsgericht.[509] Diese Einschränkung sollte jedoch nicht über das weitreichende und auch in der Praxis genutzte Recht des ICC-Gerichtshofs täuschen.

347   Der Schiedsspruch wird mit dem Datum seines Erlasses **wirksam**. Eine Bekanntgabe an die Parteien erfolgt jedoch erst, wenn die Verfahrenskosten vollständig bezahlt sind.[510]

348   Im Fall von rechnerischen, sprachlichen oder ähnlichen Fehlern haben die Parteien das Recht, innerhalb von 30 Tagen eine **Berichtigung des Schiedsspruchs** zu beantragen (vgl. Art. 36(2) ICC-SchO). Gleichermaßen kann innerhalb derselben Frist jede Partei die **Auslegung des Schiedsspruchs im Hinblick auf Unklarheiten** oder Lücken beantragen (vgl. Art. 36(2) ICC-SchO). Spätestens weitere 30 Tage nach Ablauf der vorgenannten Stellungnahmefrist hat das Schiedsgericht seine Entscheidung dem ICC-Gerichtshof im Entwurf zur Genehmigung vorzulegen (vgl. Art. 36(4) ICC-SchO). Die Korrektur oder Interpretationsentscheidung ist im Wege des Nachtrags-Schiedsspruchs umzusetzen (vgl. Art. 36(4)(4) ICC-SchO).

349   Gemäß Art. 1(7) Anhang II ICC-SchO wird ein Original des Schiedsspruchs vom Sekretariat verwahrt.

350   **c) Schiedsspruch mit vereinbartem Wortlaut.** Wenn sich die Parteien über die Streitigkeit im Wege des Vergleichs geeinigt haben, besteht die Möglichkeit, diesen Vergleich durch das Schiedsgericht durch einen **Schiedsspruch mit vereinbartem Wortlaut** festzuhalten. Hierdurch erlangt der Vergleich die **rechtliche Qualität eines Schiedsspruchs** (§ 1053 Abs. 1 S. 2 ZPO). Ein solches Vorgehen kann zur **Erlangung eines Vollstreckungstitels** sowie zur Erzielung von **Rechtskraftwirkung** sinnvoll sein.[511] Gemäß § 1053 Abs. 1 S. 2 ZPO darf der Inhalt des Vergleichs nicht gegen den ordre public verstoßen. Der Schiedsspruch mit vereinbartem Wortlaut ist rechtskraftfähig[512] und – soweit ein gesetzlich anerkannter Aufhebungsgrund vorliegt – aufhebbar sowie nach §§ 1060, 1061 ZPO vollstreckbar (vgl. § 1053 Abs. 2 S. 2 ZPO).[513]

---

[505] Vgl. Nedden/Herzberg/Manner/Nedden, ICC-SchO/DIS-SchO, ICC-SchO Art. 30 Rn. 12.

[506] Born, International Commercial Arbitration, S. 3315, 3265; Fry/Greenberg/Mazza, The Secretariat's Guide to ICC Arbitration, Rn. 3–1507; Verbist/Schäfer/Imhoos, ICC Arbitration in Practice, S. 174 f. sowie ferner → Rn. 467 ff.

[507] Salger/Trittmann/Hanefeld/Nedden Int. Schiedsverfahren § 20 Rn. 55.

[508] Born, International Commercial Arbitration, S. 3289; vgl. Fry/Greenberg/Mazza, The Secretariat's Guide to ICC Arbitration, Rn. 3–1207 ff.; Verbist/Schäfer/Imhoos, ICC Arbitration in Practice, S. 182 ff.; Nedden/Herzberg/Manner/Nedden, ICC-SchO/DIS-SchO, ICC-SchO Art. 33 Rn. 8.

[509] Vgl. Fry/Greenberg/Mazza, The Secretariat's Guide to ICC Arbitration, Rn. 3–1207 ff.; Verbist/Schäfer/Imhoos, ICC Arbitration in Practice, S. 184; Salger/Trittmann/Hanefeld/Nedden Int. Schiedsverfahren § 20 Rn. 63.

[510] Siehe Art. 35(1) ICC-SchO; vgl. ferner Fry/Greenberg/Mazza, The Secretariat's Guide to ICC Arbitration, Rn. 3–1226 ff.; Verbist/Schäfer/Imhoos, ICC Arbitration in Practice, S. 187.

[511] Böckstiegel/Kröll/Naciemento/v. Schlabrendorff/Sessler § 1053 Rn. 1; Zöller/Geimer ZPO § 1053 Rn. 6.

[512] Vgl. Böckstiegel/Kröll/Naciemento/v. Schlabrendorff/Sessler § 1053 Rn. 37; Zöller/Geimer ZPO § 1053 Rn. 5.

[513] Vgl. Prütting/Gehrlein/Prütting ZPO § 1053 Rn. 10.

2. Beschluss. Das Schiedsgericht kann durch Beschluss nach § 1056 Abs. 2 ZPO die 351
Beendigung des schiedsrichterlichen Verfahrens feststellen, soweit einer der hierfür
genannten abschließenden Gründe vorliegt.[514] Der verfahrensbeendende Beschluss hat
konstitutive Bedeutung. Beschlüsse des Schiedsgerichts sind den Parteien mitzuteilen und
werden erst mit dieser Mitteilung wirksam.[515]

Nach § 1056 Abs. 2 Nr. 1 ZPO kann das Schiedsgericht die Beendigung feststellen, 352
wenn die Klagepartei unentschuldigt die **Einreichung der Schiedsklage versäumt**
(§ 1056 Abs. 2 Nr. 1 lit. a ZPO) oder die **Schiedsklage zurücknimmt, ohne dass der
Beklagte hiergegen widerspricht** oder das Schiedsgericht ein berechtigtes Interesse an
der Verfahrensfortsetzung erkennt (§ 1056 Abs. 2 Nr. 1 lit. b ZPO).

Das Schiedsgericht kann darüber hinaus die Beendigung des Verfahrens feststellen, wenn 353
eine **Parteivereinbarung zur Beendigung des Verfahrens** vorliegt (§ 1056 Abs. 2
Nr. 2 ZPO). Diese Variante der Beendigung des Schiedsverfahrens betrifft vor allem den
Abschluss eines außergerichtlichen Vergleichs (§ 1053 Abs. 1 S. 1 ZPO) oder die Erfüllung der Klageforderung nach Einleitung des Schiedsverfahrens.[516]

Schließlich kann das Schiedsgericht nach § 1056 Abs. 2 Nr. 3 ZPO die Beendigung des 354
Verfahrens feststellen, wenn die Schiedsparteien trotz Aufforderung des Schiedsgerichts
das Schiedsverfahren nicht weiter betreiben oder die Fortsetzung des Verfahrens aus
einem anderen Grund **unmöglich** geworden ist.

Wenn nach Beendigung des Verfahrens eine Kostenentscheidung erforderlich ist, hat 355
diese gemäß § 1057 Abs. 1 ZPO zwingend in der Form eines Schiedsspruchs zu ergehen.

3. Besonderheiten in vertriebsrechtlichen Schiedsverfahren. a) Vertriebskartell- 356
rechtliche Streitigkeiten. Nach der Entscheidung des EuGH in Sachen EcoSwiss China
Time Ltd. vs. Benetton Investment N.V[517] steht fest, dass ein nationales Gericht einen
Schiedsspruch aufheben kann, der verbindliches EU-Kartellrecht missachtet. Hierbei ging
es um die Wirksamkeit der Kündigung eines exklusiven Lizenzvertrages. Nach Abschluss
des Schiedsverfahrens berief sich die unterlegene Partei auf die vorher unbeachtete Kartellrechtswidrigkeit des Gesamtvertrages. Leider hat der EuGH den Kontrollmaßstab nicht
genau definiert, so dass Restunklarheiten blieben.[518]

Die Unklarheiten wurden noch vergrößert durch eine Entscheidung des Paris Cour 357
d'Appel vom 18.11.2004 (Thales Air Defense vs. GIE Euromissile)[519]. In dieser Entscheidung ging es erneut um die Kündigung eines exklusiven Vertrages. Weder von den
Parteien noch vom Schiedsgericht war im Schiedsverfahren Kartellrecht vorgetragen oder
angewendet worden. Im Anfechtungsverfahren machte die unterlegene Partei die Verletzung des französischen ordre public geltend und beantragte Aufhebung des Schiedsspruches. Der Cour d'Appel führte aus, dass die Aufhebung eines Schiedsspruchs in Frankreich nur bei einer „manifesten" Verletzung des ordre public in Betracht komme. Da
weder die Parteien, noch das Schiedsgericht eine solche Verletzung gesehen hätten, könne
von einem manifesten Verstoß nicht die Rede sein.[520]

Das Schweizer Bundesgericht dagegen vertritt in seiner Entscheidung vom 8.3.2006 die 358
Auffassung, dass EU-Kartellrecht kein Teil des Schweizer ordre public sei[521]. In dieser

---

[514] Vgl. MüKoZPO/Münch § 1056 Rn. 1.
[515] Schwab/Walter, Schiedsgerichtsbarkeit, Kap. 16 Rn. 56.
[516] Vgl. Zöller/Geimer ZPO § 1056 Rn. 5.
[517] EuGH Slg. 1999, I-3055 – Eco Swiss China Time Ltd./Benetton International.
[518] Trittmann, Art. 81 und 82 EGV in der schiedsgerichtlichen Praxis, 57, 58.
[519] Paris Cour d'Appel Rev.arb. 2005, 75 – SA Thalès Air Defense/G. I.E Euromissile.
[520] Vgl. hierzu Niggemann SchiedsVZ 2005, 265; Kasolowsky/Steup, Révision au fond – Einheitliche
europäische Maßstäbe bei der Überprüfung von Schiedssprüchen auf kartellrechtliche ordre public-Verstöße,
SchiedsVZ 2008, 72.
[521] BGE 4P.287/2005; vgl. hierzu Meinhard/Ahrens SchiedsVZ 2006, 183 (188) mwN; Trittmann, Art. 81
und 82 EGV in der schiedsgerichtlichen Praxis, 57, 61; vgl. auch Böckstiegel/Kröll/Nacimiento/Schmaltz,
Arbitration in Germany, § 1051 Rn. 39.

Entscheidung ging es erneut um eine potentiell kartellrechtswidrige Absprache zwischen den Parteien, die vom Schiedsgericht jedoch als wirksam erachtet wurde. Im Anfechtungsverfahren vertrat das Schweizer Bundesgericht die Auffassung, dass eine Verletzung von Kartellrecht nicht notwendigerweise auch eine Verletzung des Schweizer ordre Public darstelle. Zur Begründung wird insbesondere darauf verwiesen, dass Kartellrecht nicht Teil der allgemeinen Wertvorstellungen ist, die den ordre public bilden. Im Ergebnis hat das Schiedsgericht deshalb (EU-) Kartellrecht zu berücksichtigen, und zwar auch dann, wenn die Parteien selbst hierzu nichts vorgetragen haben. Tut es dies nicht, riskiert das Schiedsgericht eine Aufhebung des Schiedsspruchs durch die ordentlichen Gerichte.[522] Allerdings sind die Ermittlungsmöglichkeiten des Schiedsgerichts bei kartellrechtlichen Fragestellungen beschränkt. Vorrangig für das Schiedsgericht ist der Sachvortrag der Parrteien. Grundsätzlich ist aber eine Ermittlung des Sachverhaltes ex officio durch das Schiedsgericht möglich. Art. 27 DIS-SchO und Art. 25 ICC-SchO sehen eine begrenzte Untersuchungsmaxime vor. In der Praxis üblicher ist allerdings eher, dass ein Schiedsgericht die Parteien zur Stellungnahme auffordert. So ist das Schiedsgericht beispielsweise nicht berechtigt, die Kommission selbst bei der Verfahrenseinholung einzubeziehen, es sei denn, beide Parteien haben diesem Vorgehen zugestimmt.[523] Ob eine Informationspflicht des Schiedsgerichts an die Kartellbehörden bei möglichen Verstößen besteht, gehört ebenfalls zu den umstrittenen Problemen. Einerseits ist zu berücksichtigen, dass das Schiedsverfahren grundsätzlich vertraulich ist, was eine Mitteilung zunächst einmal auszuschließen scheint. Es sind allerdings Konstellationen denkbar, in denen sich beide Seiten für eine Mitteilung an die Kartellbehörden aussprechen, weil sie sich bei der Durchführung des Verfahrens Unterstützung erhoffen. Es besteht auch „technisch" keine Bindung des Schiedsgerichts an eine Entscheidung der Kartellbehörde. Faktisch wird sich die Bindungswirkung allerdings nicht leugnen lassen.

359   Ebenfalls relevant für die Wirksamkeit des Schiedsspruchs kann die Behandlung von Korruptionsvorwürfen bzw. die Berücksichtigung eines entsprechenden Verdachts durch das Schiedsgericht sein.[524] Es wird sogar die Auffassung vertreten, dass die Schiedsgerichtsbarkeit im Laufe der letzten 10–15 Jahre „the venue of choice" für Fälle im Zusammenhang mit internationaler Korruption geworden sei.[525] Hat das Schiedsgericht Grund zur Annahme, dass auf Korruption beruhende Gesetzesverstöße in dem Verfahren eine Rolle spielen, so muss es dies unabhängig vom Vortrag der Parteien berücksichtigen, da anderenfalls ebenfalls eine Aufhebung des Schiedsspruchs droht.[526] In der Praxis ist dies jedoch häufig nicht ganz einfach, weil die Möglichkeiten des Schiedsgerichts zur Sachverhaltsermittlung ebenso wie in kartellrechtlichen Fragen beschränkt sind.[527]

360   **4. Kostenentscheidung.** Nach deutschem Recht hat das Schiedsgericht eine **Entscheidung von Amts wegen über die Kosten** des Schiedsverfahrens zu treffen. Eines Kostenantrags bedarf es dazu nicht, auch wenn dieser (wie regelmäßig anzutreffen) von

---

[522] Trittmann, Art. 81 und 82 EGV in der schiedsgerichtlichen Praxis, 57, 61; vgl. auch Böckstiegel/Kröll/Nacimiento/Schmaltz, Arbitration in Germany, § 1051 Rn. 39.

[523] Trittmann, Art. 81 und 82 EGV in der schiedsgerichtlichen Praxis.

[524] Rose, Questioning the Role of International Arbitration in the Fight against corruption, Jour. Int. Arb. Vol. 31 (2014), 183; Horvath/Khan, Addressing Corruption in Commercial Arbitration: How Do Arbitral Tribunals Evaluate and Adjudicate Contractual Relationships tainted by corruption (Manuskript, SchiedsVZ 2017 (im Erscheinen); vgl., auch Report der ICC Task Force on Criminal Law and Arbitration, 2004.

[525] Rose, Questioning the Role of International Arbitration in the Fight against corruption, Jour. Int. Arb. Vol. 31 (2014), 183.

[526] Vgl. Ziadé, Addressing Allegations and Findings of Corruption, in Baizeau/Kreindler, Addressing Issues of Corruption, 2016, 114, 119 mit ausführlicher Analyse veröffentlichter ICC-Schiedssprüche; Harbst SchiedsVZ 2007, 22.

[527] Vgl. zu den Grenzen der Sachverhaltsermittlung durch ein in Deutschland ansässiges Schiedsgericht Trittmann FS Elsing, 2015, 571 (575 ff.); für Korruptionssachverhalte vgl. Marcenaro, Arbitrators' Investigative and Reporting Rights and Duties on Corruption, in: Baizeau/Kreindler, Addressing Issues of Corruption, 2016, 141 ff.

den Parteien gestellt wird.[528] Eine der deutschen entsprechende Rechtslage findet sich in ausländischen Schiedsverfahren nicht durchweg. Wo ausländische Rechtsordnungen die Formulierungen des UNCITRAL-Modellgesetzes in nationales Recht übernommen haben, ohne sie um eine Regelung zu ergänzen, die der des § 1057 ZPO entspricht, fehlt die schiedsgerichtliche Kompetenz, eine Kostenentscheidung von Amts wegen zu treffen. In diesen Fällen bedarf es eines ausdrücklichen Kostenantrags.[529]

a) **Maßstab der Kostenentscheidung.** Für den Fall, dass die Parteien keine Regelung **361** der Kostenerstattung vereinbart haben, regelt **§ 1057 ZPO** die Kostentragung. Nach dieser Vorschrift trifft das Schiedsgericht seine Entscheidung nach pflichtgemäßem Ermessen[530] unter Berücksichtigung der Umstände des Einzelfalles, wobei insbesondere der Ausgang des Verfahrens ins Gewicht fällt. Hierbei ist das in § 91 ZPO angelegte Prinzip der Kostenerstattung nach dem Verhältnis des Obsiegens und Unterliegens übertragbar.[531] Es stellt jedoch nur eine von mehreren Ermessenserwägungen dar. Da sich diese Kostenregelung an dem Ausgang eines Schiedsverfahrens orientiert, wird sie im internationalen Bereich vermehrt „**Costs follow the event-rule**" genannt.

§ 1057 ZPO greift daher letztlich nur bei ad hoc-Schiedsverfahren, da in den Schieds- **362** ordnungen der Schiedsinstitutionen regelmäßig vorrangige Regelungen enthalten sind.[532] Anders als in staatlichen Gerichtsverfahren gewährt Art. 33.3 DIS-SchO dem Schiedsgericht ein weitreichendes Ermessen hinsichtlich der Kostengrundentscheidung und dem Umfang der zu erstattenden Kosten[533], wobei es vom Unterliegensprinzip abweichen und die Umstände des Einzelfalles berücksichtigen kann, so zB die Effizienz der Verfahrensführung (**Unterliegensprinzip mit Einzelfallkorrektur**[534]). Die Vorschrift gewährt dem Schiedsgericht ein hohes Maß an Flexibilität und Rechtssicherheit, sodass es nun auf Grundlage einer ausdrücklichen Ermächtigung auf ein ineffizientes und das Verfahren verzögerndes Verhalten der Parteien im Rahmen der Kostenentscheidung reagieren kann.[535]

Die ICC als eine der bedeutsamsten Schiedsinstitutionen, folgt nicht der in § 1057 ZPO **363** vorgesehenen „Costs follow the event"-Regel, sondern überlässt die Kostenentscheidung gemäß **Art. 38(4) ICC-SchO** dem **Ermessen des Schiedsgerichts,** wobei dieses nach Maßgabe des Art. 38(5) ICC-SchO miteinbeziehen soll, inwieweit die Parteien das Verfahren angemessen und im Interesse einer schnellen Beendigung betrieben haben. Eine positive Entwicklung ist, dass diese Berücksichtigung des Parteiverhaltens, losgelöst vom Verfahrensausgang, sich insbesondere im Verfahren nach der ICC-SchO zunehmend durchzusetzen scheint.[536] Unter solches, bisweilen auch als Guerilla-Verhalten bezeichnetes „eye-brow raising behaviour"[537] der Parteien, können etwa Verzögerungstaktiken,

---

[528] Vgl. Stein/Jonas/Schlosser ZPO § 1057 Rn. 1; ferner Gerstenmaier, Zur Verzinslichkeit von Kostenerstattungsforderungen in Schiedsverfahren, SchiedsVZ 2012, 1 ff.

[529] Gerstenmaier, Zur Verzinslichkeit von Kostenerstattungsforderungen in Schiedsverfahren, SchiedsVZ 2012, 1 (1 ff.).

[530] So auch Stein/Jonas/Schlosser ZPO § 1057 Rn. 6.

[531] Zöller/Geimer ZPO § 1057 Rn. 2, Anders/Gehle/Anders ZPO § 1057 Rn. 3; BeckOK ZPO/Wilske/Markert § 1057 Rn. 7; Musielak/Voit/Voit ZPO § 1057 Rn. 3; vgl. auch BGH SchiedsVZ 2012, 154.

[532] BeckOK ZPO/Wilske/Markert § 1057 Rn. 1 mwN; von Bernuth, Noch einmal: Zur Erstattung von Zeithonorar im Schiedsverfahren, SchiedsVZ 2013, 212 (214).

[533] Flecke-Giammarco/Boog/Elsing/Flecke-Giammarco/Gerstenmaier, The DIS Arbitration Rules – An Article-by-Article Commentary, § 2.06, S. 527 Rn. 20.

[534] Vgl. MüKoZPO/Münch § 1057 Rn. 23.

[535] Flecke-Giammarco/Boog/Elsing/Flecke-Giammarco/Gerstenmaier, The DIS Arbitration Rules – An Article-by-Article Commentary, § 2.06, S. 526 Rn. 13.

[536] Born, International Commercial Arbitration, S. 351 ff.; ICC Commission, Controlling Time and Costs in Arbitration, 2nd edition 2012, ICC P-ublication No. 861 E, Nr. 82. Aus der ICC-Praxis Schiedsspruch No. 8486 of 1996, ICC Arbitral Awards, Vol. IV, 321, 331, zitiert bei Hanotiau; vgl. auch Wilske, Cost Sanctions in the Event of Unreasonable Exercise or Abuse of Procedural Rights – A Way to Control Costs in International Arbitration?!, SchiedsVZ 2006, 188 (190).

[537] Horvath/Wilske/Orlowski Guerilla tactics § 2.02 S. 55.

exzessive Dokumentenvorlageanträge oder andere unangemessene prozessuale Anträge fallen (bspw. auch überlange Cross Examination oder unbegründete Eilrechtsschutzanträge sowie ein unentschuldigter Verstoß gegen den Verfahrenskalender).[538]

364   Dem gegenüber steht die als **American Rule** bezeichnete Kostenverteilung mit dem Grundsatz „The legal costs lie where they fall". Nach dieser Regelung trägt grundsätzlich jede Partei – unabhängig vom Verfahrensausgang – die auf der eigenen Seite jeweils angefallenen Anwaltskosten.[539] Für Schiedsverfahren regelt beispielsweise Rule 47 (d) (ii) der AAA Commercial Arbitration Rules eine solche Kostenregelung. Interessant ist allerdings, dass die ICDR-Rules, welche internationale Schiedsverfahren regeln, von dieser American Rule abweichen und beispielsweise im Rahmen eines „Reasonableness-Test" den Verfahrensausgang berücksichtigen.[540] Vernünftigerweise angefallene Kosten werden danach der obsiegenden Partei in Abweichung von der American Rule erstattet.

365   **b) Regelung der Kostenerstattung durch Parteivereinbarung.** Durch Parteivereinbarung können die Parteien abweichend von staatlichen Verfahren bereits in der Schiedsklausel Regelungen zur Kostenverteilung bezüglich Verfahrens- und Parteikosten treffen, was jedoch in der Praxis nur selten vorkommt. Möglich ist jedoch eine Regelung, nach welcher eine hälftige Aufteilung unabhängig vom Verfahrensausgang vereinbart wird, was der Vorschusszahlungspflicht im Schiedsverfahren entspricht.

366   **c) Kostenerstattung nach Entscheidung durch das Schiedsgericht.** Gemäß § 1057 Abs. 1 und 2 ZPO hat das Schiedsgericht den konkreten Kostenerstattungsbetrag zu berechnen. Dies ist erforderlich, da anders als im deutschen staatlichen Verfahren kein dem Verfahren nachgelagertes Kostenfestsetzungsverfahren durchgeführt wird. Daher reicht eine Entscheidung über die Quotelung der Kostentragung allein nicht aus und der genaue Betrag der Kostentragung muss bereits im Schiedsspruch bestimmt werden.[541]

367   **d) Umfang der Kostenerstattung.** § 1057 ZPO ebenso wie Art. 32 DIS-SchO regeln, dass nur die den Parteien erwachsenen Kosten erstattungsfähig sind.[542] Im Schiedsverfahren fordert das Schiedsgericht die Parteien zum Ende des Erkenntnisverfahrens üblicherweise zur Einreichung ihrer Kostennoten auf (sog. **Costs Statements**).[543] Das Schiedsgericht entscheidet grundsätzlich mit dem Endschiedsspruch über das Bestehen und die jeweilige Höhe von Kostenerstattungsansprüchen. Es kann in DIS-Verfahren gemäß Art. 33.1 DIS-SchO jedoch auch bereits im Laufe des Schiedsverfahrens eine Kostenentscheidung treffen und so etwa auf sanktionswürdiges Verhalten der Parteien reagieren.[544]

---

[538] ICC Commission, Controlling Time and Costs in Arbitration, 2nd edition 2012, ICC Publication No. 861 E, Nr. 82; BeckOK ZPO/Wilske/Markert § 1057 Rn. 7, die unabhängig vom Ausgang des Verfahrens Parteiverhalten berücksichtigt wissen wollen, wenn eine Partei durch unsachgemäßes Verhalten, insbesondere des Einsatzes sog. Guerilla-Taktiken, vermeidbare Verzögerungen oder Mehrkosten verursacht hat.

[539] Siehe als Überblick Cohen, Congressional Research Service Report for Congress, Awards of Attorney's Fees by Federal Courts and Federal Agencies, June 20, 2008. Siehe auch Rule 54(d) Federal Rules of Civil Procedure.

[540] Art. 37 ICDR-Rules.

[541] Risse/Altenkirch, Kostenerstattung im Schiedsverfahren – Fünf Probleme aus der Praxis, SchiedsVZ 2012, 5 (10 f.); Böckstiegel/Kröll/Nacimiento/v. Schlabrendorff/Sessler, Arbitration in Germany, ZPO § 1057 Rn. 28; anders: Lachmann, Handbuch für die Schiedsgerichtspraxis, Rn. 1948.

[542] Vgl. Flecke-Giammarco/Boog/Elsing/Flecke-Giammarco/Gerstenmaier, The DIS Arbitration Rules – An Article-by-Article Commentary, § 2.06, S. 512 Rn. 42.

[543] Flecke-Giammarco/Boog/Elsing/Flecke-Giammarco/Gerstenmaier, The DIS Arbitration Rules – An Article-by-Article Commentary, § 2.06, S. 531 Rn. 33.

[544] Flecke-Giammarco/Boog/Elsing/Flecke-Giammarco/Gerstenmaier, The DIS Arbitration Rules – An Article-by-Article Commentary, § 2.06, S. 535 Rn. 47.

In diesem Zusammenhang genügt grundsätzlich die Glaubhaftmachung der entstande- **368** nen Anwaltskosten.[545] Konkrete Stundennachweise für einzelne Tätigkeiten unterliegen dem Anwaltsgeheimnis und sind daher nicht offenzulegen.[546] Die Nichtoffenlegung von Details der anwaltlichen Tätigkeit stellt auch keine Verletzung des rechtlichen Gehörs dar.[547]

Eine pauschale Auflistung von Kosten im Schriftsatz dürfte jedoch nicht genügen. **369** Vielmehr tragen die Parteien die **Pflicht zur Glaubhaftmachung,** dass die aufgestellten Kosten im Rahmen des Schiedsverfahrens entstanden sind. Dies umfasst auch die Erklärung, dass die Partei die aufgeführten Rechnungen bezahlt hat bzw. sie zu deren Zahlung verpflichtet ist. Dass sich einige Parteien in der Praxis hieran nicht immer halten, zeigt ein jüngst vom OLG Köln entschiedener Fall.[548] Da die Höhe der Erstattung nach herrschender Auffassung nicht wie in einem deutschen Gerichtsverfahren durch das RVG beschränkt ist, muss im Schiedsverfahren eine strengere Kontrolle erfolgen. Dies gilt auch für sonstige Kostenpositionen (beispielsweise für Auslagen und Sachverständige). Schiedsgerichte sollten dies bei der Aufforderung zur Kosteneinreichung stets beachten.

aa) Kosten des Schiedsgerichts. In deutschen nationalen Schiedsverfahren umfassen **370** die Verfahrenskosten auch die Kosten des Schiedsgerichts. Abhängig von der konkreten Art des Schiedsverfahrens (institutionell oder ad hoc) wird das Honorar der Schiedsrichter anhand der vereinbarten Vergütungsregelung der Parteien[549] oder anhand der Gebührenordnung der Schiedsinstitution bestimmt.

Die ZPO enthält keine Vergütungsregelungen für Schiedsrichter und auch das RVG ist **371** auf Schiedsrichter nicht anwendbar (§ 1 Abs. 2 RVG), so dass insbesondere für ad hoc-Schiedsverfahren Regelungsbedarf besteht. Bei ad hoc-Verfahren wird daher meist auf andere Gebührenordnungen zurückgegriffen, beispielsweise auf die der Schiedsinstitutionen, was jedoch individuell vereinbart werden muss.[550] In deutschen ad hoc-Schiedsverfahren kann die **Kostenordnung der DIS** entsprechend herangezogen werden. Allerdings wird teilweise auch ein reines **Zeithonorar** verwendet, wobei der Stundensatz meistens den üblichen Stundensätzen der Schiedsrichter in ihrer Anwaltstätigkeit entspricht.[551] Hierbei müssen jedoch auch die Tätigkeiten des Schiedsrichters im Hinblick auf die jeweiligen Aufgaben angemessen bleiben. Letztlich kommt – soweit die Vergütungshöhe variiert – auch eine Festlegung des Mittelwerts der verschiedenen Vergütungsordnungen von Schiedsinstitutionen in Betracht.

Im Rahmen institutioneller Schiedsverfahren wird regelmäßig ein streitwertabhängiger **372** Gebührenrahmen herangezogen, wobei andere Variablen bei der Berechnung hinzutreten können. Die DIS-SchO beinhaltet beispielsweise zwar eine mögliche Erhöhung des Honorars in Fällen „besonderer rechtlicher oder tatsächlicher Komplexität"[552] von bis zu 50 %. Dies dürfte in der Praxis jedoch eher eine Ausnahme darstellen. Hingegen sieht die LCIA Honorare bis höchstens 500 GBP pro Stunde vor und beinhaltet überhaupt keine starre Kostenordnung.[553]

---

[545] Vgl. Wieczorek/Schütze/Schütze ZPO § 1057 Rn. 43; OLG München SchiedsVZ 2012, 156; Saenger/Uphoff, Erstattungsfähigkeit anwaltlicher Zeithonorare, NJW 2014, 1412.
[546] Risse/Altenkirch SchiedsVZ 2012, 5 (11); von Bodungen ua/Pörnbacher, Taktik im Schiedsverfahren, S. 134.
[547] OLG München SchiedsVZ 2012, 156 (für DIS-Verfahren).
[548] OLG Köln FD-ZVR 2015, 371410.
[549] Vgl. Zöller/Geimer ZPO § 1057 Rn. 2, 4.
[550] Vgl. Stein/Jonas/Schlosser ZPO § 1057 Rn. 26.
[551] Zur Erstattung von Zeithonoraren in Schiedsverfahren: v. Bernuth SchiedsVZ 2013, 212.
[552] Vgl. Ziff. 2.5 Anlage 2 DIS-SchO.
[553] Die Übersicht über die einzelnen Kostenpunkte (Schedule of LCIA Arbitration Costs) kann abgerufen werden unter: https://www.lcia.org//Dispute_Resolution_Services/schedule-of-costs-lcia-arbitration-2020.aspx.

373 **bb) Auslagen der Schiedsrichter und Kosten der mündlichen Verhandlung.**
Auch die mit der Durchführung des Schiedsverfahrens selbst verbundenen Kosten sind
Teil der Verfahrenskosten. Darunter fallen die **Kosten der mündlichen Verhandlung**
inklusive Wortprotokoll, die durch das Schiedsgericht beauftragten Sachverständigen sowie
die Auslagen der Schiedsrichter.[554] Eine entsprechende Vereinbarung zu Beginn des Verfahrens ist insbesondere in ad hoc-Schiedsverfahren empfehlenswert, wobei es sinnvoll ist,
auf anerkannte Regelungen der Schiedsinstitutionen wie der DIS zurückzugreifen. Die
DIS-Kostenordnung enthält bspw. detaillierte Regelungen über die Maximalbeträge der
schiedsrichterlichen Auslagen (Anlage 2 DIS-SchO). Verfahren, die nach institutionellen
Schiedsordnungen durchgeführt werden, weisen daher regelmäßig keinen unmittelbaren
Regelungsbedarf bezüglich der Honorarhöhe und der Auslagen auf.

374 **cc) Erstattung von Anwaltskosten.** Eine Begrenzung der Anwaltskosten durch das
RVG wie im deutschen Gerichtsverfahren findet im Schiedsverfahren nicht statt.[555] § 1057
Abs. 1 ZPO bestimmt all solche Anwaltskosten als „notwendig", die eine vernünftige und
fachkundige Partei für eine anwaltliche Tätigkeit im Schiedsverfahren aufwenden würde.[556] Auch auf Stundenhonorarbasis abgerechnete Anwaltskosten können in der Praxis als
solche notwendigen Kosten eingestuft und somit ersetzt werden,[557] was in Deutschland
üblicherweise Stundensätzen zwischen 200 EUR und 600 EUR pro Stunde entspricht.[558]

375 **dd) Interne Kosten der Partei.** Relevant ist auch, ob und wie weit sich die Parteien
interne Verfahrenskosten erstatten lassen können. Der Kostenaufwand, der den Parteien
für interne Angelegenheiten wie zB die Aufbereitung des Sachverhalts entsteht, ist meist
hoch und schlägt sich im Kostenerstattungsanspruch häufig nicht nieder. Im deutschen
Gerichtsverfahren ist eine Kostenerstattung eines solchen „allgemeinen Prozessaufwands"
in der Regel nicht möglich.[559]

376 Ob die Parteikosten für die **Tätigkeit eines Syndikusanwalts** im Rahmen eines
Schiedsverfahrens erstattet werden, ist umstritten.[560] Als Ausgangspunkt sollte es nicht zu
Lasten einer kosteneffizient arbeitenden Partei gehen, dass durch die Einschaltung eines
Syndikusanwalts die externen Anwaltskosten gesenkt werden können. Hingegen handelt
es sich dabei jedoch um Kosten, die den Parteien möglicherweise sowieso auch ohne das
Schiedsverfahren entstanden wären.[561] Nichtsdestotrotz dürften mittlerweile Kosten für
Syndikusanwälte im Rahmen von Schiedsverfahren international anerkannt und erstattungsfähig sein, auch wenn dies vor den ordentlichen Gerichten nicht möglich ist.[562] Auch
in solch einem Fall sind jedoch zu erstattende interne Kosten detailliert und nachvollziehbar aufzuschlüsseln und dem Schiedsgericht der kausale Bezug zu dem konkreten Schiedsverfahren darzulegen, so dass dem Schiedsgericht eine genaue Überprüfung möglich ist.

---

[554] Vgl. Fry/Greenberg/Mazza, The Secretariat's Guide to ICC Arbitration, Rn. 3–1443 ff.; Verbist/
Schäfer/Imhoos, ICC Arbitration in Practice, S. 218; Nedden/Herzberg/Herzberg/Nedden, ICC-SchO/
DIS-SchO, Art. 37/Anhang III ICC-SchO Rn. 10.

[555] OLG München SchiedsVZ 2012, 156 (DIS-Verfahren); OLG München SchiedsVZ 2012, 282 ff.

[556] Risse/Altenkirch SchiedsVZ 2012, 5 (10).

[557] Siehe v. Bernuth SchiedsVZ 2013, 212 (213); Zöller/Geimer ZPO § 1057 Rn. 10; Saenger/Uphoff,
Erstattungsfähigkeit anwaltlicher Zeithonorare, NJW 2014, 1412 (1416); Schütze/Thümmel/Thümmel,
Schiedsgericht und Schiedsverfahren, § 13 Rn. 66; Wieczorek/Schütze/Schütze ZPO § 1057 Rn. 41 ff.
Vgl. zu Obergrenzen für die Erstattungsfähigkeit; BeckOK RVG/v. Seltmann RVG § 3a Rn. 38f, 40.

[558] Risse/Altenkirch SchiedsVZ 2012, 5 (11).

[559] MüKoZPO/Schulz § 91 Rn. 98; Weigand/Wagner, Practitioner's Handbook on International Arbitration, Germany, Rn. 397; Stein/Jonas/Bork ZPO § 91 Rn. 35 f.

[560] Vgl. zu dieser Frage auch: Flecke-Giammarco/Boog/Elsing/Flecke-Giammarco/Gerstenmaier, The
DIS Arbitration Rules – An Article-by-Article Commentary, § 2.05, S. 516 Rn. 35.

[561] Lachmann, Handbuch für die Schiedspraxis, Rn. 1991.

[562] Risse/Altenkirch SchiedsVZ 2012, 5 (13); Böckstiegel/Kröll/Nacimiento/v. Schlabrendorff/Sessler,
Arbitration in Germany, § 1057 Rn. 21 ff. sowie allgemein zur Erstattungsfähigkeit vgl. den Schiedsspruch im
ICC-Verfahren 8786, teilweise abgedruckt in: ASA Bull. 2002, 67; Weigand/Bühler/Jarvin, Practitioners
Handbook on International Arbitration, The Arbitration Rules of the ICC, Rn. 43; Kreindler/Schäfer/Wolff,
Schiedsgerichtsbarkeit, Rn. 1224 f.

Demnach ist der Standard gegenüber dem Nachweis zu erstattender Rechtsanwaltskosten deutlich strenger.[563]

ee) Angemessenheit der Kosten. Den Begriff „notwendige" Kosten zu bestimmen, **377** ist naturgemäß schwierig. In einem deutschen Schiedsverfahren kann § 91 ZPO herangezogen werden.[564] Internationale Schiedsinstitutionen gebrauchen hierbei den Begriff der Angemessenheit **(„reasonable"),** wobei das Schiedsgericht nach seinem eigenen Ermessen entscheidet, wann diese Voraussetzungen vorliegen.[565] Solange die gegnerische Partei keine Einwendungen gegen die aufgestellten Kosten erhebt, dürfte für das Schiedsgericht kein Anlass bestehen, diese als unangemessen oder nicht erforderlich zu bezeichnen. Auch die Parteien verhalten sich hier oft zurückhaltend, da vor Erlass des Schiedsspruches, also wenn die Kosten eingereicht werden, wohl auf beiden Seiten die Hoffnung besteht, die eigenen Kosten durch die gegnerische Seite erstattet zu bekommen.

Die Frage der Angemessenheit entstandener Kosten **aus Sicht des Schiedsgerichts zu** **378** **beurteilen,** und nicht aus der Sicht der Parteien, erscheint adäquat,[566] da der durch die Partei betriebene Aufwand häufig stark variiert. Geht es erst einmal um das eigene Verfahren, werden meist keine Kosten gescheut – obwohl die Schiedsgerichtsbarkeit oft wegen ihrer Kostenintensität kritisiert wird.[567] Dass die Anwaltskosten mit der Anzahl gestellter prozessualer Anträge steigen, ist allseits bekannt und sollte bei der Kostenentscheidung durch das Schiedsgericht beachtet werden.[568] Letztlich ist jeder Fall individuell zu beurteilen. Für den Fall, dass die eingereichten Kosten erheblich voneinander abweichen ist fraglich, inwieweit das Schiedsgericht eine solche Diskrepanz billigen sollte. Jedoch ist auch in diesem Rahmen jeder Fall unter Berücksichtigung der jeweils gewählten Art der Kostenverteilung individuell zu betrachten.[569]

ff) Internationale Sichtweise und Best Practices. Der signifikanteste Unterschied **379** zu deutschen Schiedsverfahren liegt im anglo-amerikanischen Raum, was insbesondere bei Verfahren mit Schiedsort in den USA sowie Schiedsrichtern aus einer anglo-amerikanischen Jurisdiktion der Fall ist. Hier ist die Anwendung der sogenannten American Rule sehr viel wahrscheinlicher, bei der jede Partei unabhängig vom Verfahrensausgang ihre eigenen Kosten trägt und die Verfahrenskosten unabhängig vom Obsiegen aufgeteilt werden.[570]

Diese „American Rule" wenden jedoch auch U.S.-amerikanische Schiedsrichter im **380** internationalen Verfahren nur noch mit Zurückhaltung an.[571] Trotz dieser Entwicklung hat sich die Methode des Kostenausgleichs im Verhältnis zum Obsiegen bzw. Unterliegen im Verfahren, welche insbesondere in Deutschland und Kontinentaleuropa bevorzugt

---

[563] Bühler, Cost of Arbitration – further considerations, in: Aksen/Böckstiegel/Patocchi/Whitesell (Hrsg.) Liber Amicorum in honour of Robert Briener, 2005, 179 (186); Karrer, Naives Sparen birgt Gefahren – Kostenfragen aus Sicht der Parteien und des Schiedsgerichts, SchiedsVZ 2006, 113 (115); Risse/Altenkirch SchiedsVZ 2012, 5 (13); Cavalieros, In-House Counsel Costs and Other Internal Party Costs in International Commercial Arbitration, 30 ARb. Int. 145, 152 (2014).

[564] Salger/Trittmann/Poseck Int. Schiedsverfahren § 21 Rn. 25; vgl. auch Zöller/Geimer ZPO § 1057 Rn. 2.

[565] Hierzu auch Stein/Jonas/Schlosser ZPO § 1057 Rn. 8 f.

[566] Vgl. Bühler, Cost of Arbitration – further considerations, in: Aksen/Böckstiegel/Patocchi/Whitesell Liber Amicorum in honour of Robert Briener, 2005, 179 (183 ff.).

[567] Vgl. hierzu ICC Commission, Controlling Time and Costs in Arbitration, 2nd edition 2012, ICC Publication No. 861 E, Nr. 82.

[568] Vgl. Bühler, Cost of Arbitration – further considerations, in: Aksen/Böckstiegel/Patocchi/Whitesell Liber Amicorum in honour of Robert Briener, 2005, 179 (186).

[569] Koch, 31 J. Int. Arb. 485, 492 (2014).

[570] Siehe Koch, 31 J. Int. Arb. 485, 491 (2014).

[571] Brooks W Daley, Correction and Interpretation of Arbitral Awards, 13 ICC Bulletin 66 (2002). Anders in ICSID-Verfahren, vgl. Kreindler, Final Ruling on Costs: The Loser pays all?, TDM Vol. 7, (2010), 1 (13) unter Berufung auf Walid Ben Hamida, Cost Issue in Investor State Arbitration Decisions rendered against the Investor, TDM Vol. 5 (2005).

Schiedsgerichtsbarkeit 381–385 Neunter Teil. Vertriebsrecht u. Schiedsgerichtsbarkeit

wird, bis jetzt nicht vollständig durchgesetzt.[572] Zwar wird diese Methode laut einer nicht repräsentativen Untersuchung veröffentlichter Schiedssprüche am häufigsten verwendet. Eine international akzeptierte einheitliche Praxis hat sich bislang jedoch noch nicht etabliert.

381 Auch im Bereich der Kostenerstattung existiert inzwischen „Soft Law". Zweck dieses Soft Law ist es, internationale Standards aufzustellen, um grenzüberschreitende Schiedsverfahren überschaubarer und vorhersehbarer zu gestalten. So behandeln die 2013 aufgestellten **IBA Guidelines on Party Representation in International Arbitration** auch die Kostenaufstellung seitens des Schiedsgerichts, unter Berücksichtigung des Verhaltens der Parteien im Schiedsverfahren.[573] Haben sich die Parteien auf die Anwendbarkeit dieser Best Practice geeinigt, gehen sie die Verpflichtung ein, bestimmte Verhaltensanforderungen bezüglich der Integrität des Verfahrens zu erfüllen.[574] Bei Verstößen gegen diese Standards, bspw. in Bezug auf den Austausch von Dokumenten mit der gegnerischen Partei, kann das Schiedsgericht dieses Verhalten in der Kostenentscheidung sanktionieren.[575]

XI. Einstweiliger Rechtsschutz

382 Der einstweilige Rechtsschutz ist geprägt durch ein **Konkurrenzverhältnis** zwischen dem Schiedsgericht und den staatlichen Gerichten (sog. kumulative Konkurrenz). Zum einen ist einstweiliger Rechtsschutz durch das Schiedsgericht nach dessen Konstituierung möglich. In diesem Fall ist jedoch die Vollziehbarerklärung der Maßnahme durch ein staatliches Gericht erforderlich. Zum anderen können die staatlichen Gerichte selbst einstweilige Maßnahmen erlassen. Die Parteien haben die **freie Wahl,** entweder das Schiedsgericht oder aber nach § 1033 ZPO ein staatliches Gericht zu bemühen.[576] Art. 25 der DIS-SchO und Art. 28 der ICC-SchO entsprechen dieser Konzeption und enthalten entsprechende Kompetenzen für das Schiedsgericht. Die Entscheidung für ein zweckmäßiges Vorgehen im Eilrechtsschutz hat insofern die unterschiedlichen Vor- und Nachteile der betreffenden Eilrechtsschutzvarianten zu berücksichtigen.

383 Die **Konzeption des einstweiligen Rechtsschutzes** in § 1041 ZPO entspricht im Grundsatz der Regelung in Art. 17 UNCITRAL-Modellgesetz.[577] Allerdings hat § 1041 ZPO durch die Ergänzungen in § 1041 Abs. 2–4 eine inhaltliche Erweiterung gegenüber dem UNCITRAL-Modellgesetz durch den deutschen Gesetzgeber erfahren.[578] Danach ist die Vollziehbarerklärung der schiedsgerichtlich angeordneten Maßnahme im Rahmen des einstweiligen Rechtsschutzes durch ein staatliches Gericht erforderlich.

384 **1. Einstweiliger Rechtsschutz vor staatlichen Gerichten.** Jede Partei kann bei den staatlichen Gerichten zunächst selbständig einstweilige Maßnahmen in Bezug auf den Streitgegenstand beantragen (§ 1033 ZPO). Diese Möglichkeit des staatlichen Eilrechtsschutzes ist **nicht disponibel** und besteht sogar in Fällen eines ausländischen Schiedsortes (vgl. § 1025 Abs. 2 ZPO).[579]

385 Alle nach der ZPO zulässigen Eilmaßnahmen können durch das Gericht angeordnet werden (zB Arrest, einstweilige Verfügung, selbständiges Beweisverfahren). Angesichts der

---

[572] Koch, 31 J. Int. Arb. 485, 492 (2014).
[573] Die einschlägige Richtlinie ist: Nr. 26 (Remedies for Misconduct) der IBA Guidelines.
[574] Vgl. Born, International Commercial Arbitration, S. 226 f.
[575] Hinweise auf die „Sanktionierbarkeit" bestimmter Verhaltensweisen über die Kostenentscheidung finden sich bei Stein/Jonas/Schlosser ZPO § 1057 Rn. 8 ff.
[576] MüKoZPO/Münch § 1041 Rn. 21.
[577] BT-Drs. 13/5274, 44.
[578] Böckstiegel/Kröll/Nacimiento/Kreindler/Schmidt, Arbitration in Germany, § 1033 Rn. 6 f.; MüKoZPO/Münch § 1041 Rn. 2.
[579] Zur internationalen Zuständigkeit deutscher Gerichte für den Erlass einstweiliger Maßnahmen in ausländischen Schiedsverfahren vgl. OLG Nürnberg SchiedsVZ 2005, 50 mAnm Geimer; abweichend Böckstiegel/Kröll/Naciemento/Kreindler/Schmidt, Arbitration in Germany, § 1033 Rn. 8 ff.

Tatsache, dass viele Schiedsordnungen und nationale Schiedsrechte keinen einstweiligen Rechtsschutz vor Konstituierung des Schiedsgerichts vorsehen, kommt dem staatlichen Eilrechtsschutz im Bereich der Schiedsgerichtsbarkeit traditionell eine wichtige **Auffangfunktion** zu. Diese Auffangfunktion hat mit der Novellierung der ICC-SchO im Jahr 2012 und der Einführung des Eilschiedsrichters (Emergency Arbitrator) an Bedeutung verloren. Trotz fehlender Vertraulichkeit des Verfahrens verbleibt im Hinblick auf die **unmittelbare Vollziehbarkeit** sowie die **Möglichkeit von ex-parte-Entscheidungen** weiterhin im System der Schiedsgerichtsbarkeit ein wichtiger Anwendungsbereich für den staatlichen Eilrechtsschutz.

Vorbehaltlich gesonderter Gerichtsstandsvereinbarungen richtet sich die sachliche und **386** örtliche **Zuständigkeit** nach den allgemeinen Vorschriften (§§ 919, 937, 942 ZPO). Folglich ist damit regelmäßig das Gericht der Hauptsache (§ 937 ZPO) oder das Amtsgericht am Ort der belegenen Sache (§ 942 ZPO) zuständig.

2. Einstweiliger Rechtsschutz vor dem Schiedsgericht. Soweit keine abweichende **387** Parteivereinbarung besteht, kann das Schiedsgericht auf Antrag einer Partei **vorläufige oder sichernde Maßnahmen in Bezug auf den Streitgegenstand** erlassen (vgl. § 1041 Abs. 1 S. 1 ZPO). Zahlreiche institutionelle Schiedsregeln sehen die Anordnung einstweiliger Maßnahmen vor (Art. 25 DIS-SchO, Art. 28 ICC-SchO). Durch diese Regelungen wird die Zuständigkeit ordentlicher Gerichte jedoch nicht ausgeschlossen (vgl. Art. 25.3 DIS-SchO, Art. 28 ICC-SchO). Diese Möglichkeit des staatlichen Eilrechtsschutzes ist **nicht disponibel.**[580] Umgekehrt steht es den Parteien aber frei, den einstweiligen Rechtsschutz durch Parteivereinbarung auf die staatlichen Gerichte zu beschränken. Die Dispositivität des § 1041 Abs. 1 ZPO wird bereits durch dessen Wortlaut klargestellt („soweit die Parteien nichts anderes vereinbart haben").[581] Der Charakter als dispositives Recht wird auch von Art. 25.3 DIS-SchO und Art. 28(1) ICC-SchO reflektiert, die insoweit mit dem Wortlaut des § 1041 Abs. 1 ZPO übereinstimmen.

Der Erlass einstweiliger Maßnahmen durch das Schiedsgericht stellt sich vor Einleitung **388** des Hauptsacheverfahrens jedoch als problematisch dar. Zu diesem Zeitpunkt ist das Schiedsgericht noch nicht konstituiert und kann dementsprechend keinen einstweiligen Rechtsschutz gewähren. Da je nach Einzelfall jedoch bereits in diesem frühen Stadium der Erlass von einstweiligen Maßnahmen erforderlich sein kann, weist das Verfahren nach § 1041 ZPO strukturelle Schwächen auf. In diesen Fällen ist vorbehaltlich einschlägiger institutioneller Regelungen der Rückgriff auf die staatliche Gerichtsbarkeit erforderlich. Dies kann einen erheblichen Zeitverlust bedeuten, welcher der Effektivität des einstweiligen Rechtsschutzes entgegenstehen kann. Diese Rechtschutzlücke kann – soweit nach der jeweiligen Schiedsordnung verfügbar durch das Anrufen eines Eilschiedsrichters nach dem Vorbild des Art. 29(1) ICC-SchO geschlossen werden.[582]

Der Vorteil schiedsgerichtlicher Maßnahmen des einstweiligen Rechtsschutzes liegt hin- **389** gegen darin, dass die von den Parteien häufig gewünschte Vertraulichkeit gewahrt bleibt und das mit der Sache vertraute Schiedsgericht in der Regel sachgerecht beurteilen kann, welche einstweiligen Maßnahmen in Bezug auf den Streitgegenstand erforderlich sind.[583]

a) Verfahren. Das Verfahren wird allein auf **Antrag einer Partei** eingeleitet. Dies **390** erfordert zwingend die Konstituierung des Schiedsgerichts.[584] Vor der **Konstituierung des Schiedsgerichts** ist der Antrag auf einstweilige Maßnahmen unzulässig.[585] Allenfalls

---

[580] Vgl. Flecke-Giammarco/Boog/Boog/Quinke, The DIS Arbitration Rules – An Article-by-Article Commentary, § 2.05, S. 409 Rn. 91.
[581] MüKoZPO/Münch § 1041 Rn. 10; BeckOK ZPO/Wolf/Eslami § 1041 Rn. 3; aA Wieczorek/Schütze/Schütze ZPO § 1041 Rn. 14.
[582] → Rn. 477 ff.
[583] BT-Drs. 13/5274, 45.
[584] Böckstiegel/Kröll/Nacimiento/Kreindler/Schmidt, Arbitration in Germany, § 1033 Rn. 3 f.; MüKoZPO/Münch § 1041 Rn. 8.
[585] Wieczorek/Schütze/Schütze ZPO § 1041 Rn. 23.

könnten die Parteien in der Schiedsvereinbarung das Institut eines Eilschiedsrichters vereinbaren (siehe zum Beispiel Art. 29(1) ICC-SchO).

391 Mangels besonderer Verfahrensregeln in § 1041 Abs. 1 ZPO findet § 1047 ZPO Anwendung.[586] Hiernach kann das Schiedsgericht, vorbehaltlich einer anderslautenden Vereinbarung der Parteien, entscheiden, ob mündlich verhandelt oder ob allein ein schriftliches Verfahren durchgeführt werden soll.

392 b) Rechtliches Gehör. Umstritten ist, ob einstweiliger Rechtsschutz auch in einem einseitigen Verfahren vor dem Schiedsgericht beantragt werden kann („ex parte") oder ob der gegnerischen Partei vor der Entscheidung **rechtliches Gehör** zu gewähren ist.[587] Der Wortlaut von § 1042 Abs. 1 S. 2 ZPO sieht die Gewährung rechtlichen Gehörs für die Durchführung des schiedsgerichtlichen Verfahrens ausdrücklich vor.[588] Nach wohl vorherrschender Ansicht ist die Entscheidung über Maßnahmen im einstweiligen Rechtsschutz jedoch auch ohne Anhörung der gegnerischen Partei möglich.[589] Dies sei erforderlich, um die **Effektivität des Rechtsschutzes** zu gewährleisten. Eine Ausnahme könne es allein aufgrund einer anderslautenden Vereinbarung der Parteien in der Schiedsvereinbarung geben.[590] Für ex parte-Entscheidungen wird jedoch vertreten, dass die gegnerische Partei sobald wie möglich nachträglich anzuhören ist.[591]

393 c) Glaubhaftmachung. Wie auch im Rahmen des einstweiligen Rechtsschutzes vor staatlichen Gerichten sind Verfügungsanspruch und -grund glaubhaft zu machen.[592] Auch für den einstweiligen Rechtsschutz vor Schiedsgerichten dürfte die Glaubhaftmachung als ausreichend erachtet werden, auch wenn eine § 920 Abs. 2 ZPO vergleichbare Regelung nicht vorhanden ist.[593] Grundsätzlich kommen daher alle Erkenntnis- und Beweismittel der ZPO in Betracht, soweit diese die Berechtigung des Erlasses von einstweiligen Maßnahmen ausreichend wahrscheinlich darstellen. Hierzu dürften vor allem **Urkunden, Privatgutachten und die anwaltliche Versicherung** gehören, die insbesondere im Rahmen eines schriftlichen Verfahrens vorgelegt werden können bzw. zu diesem Zeitpunkt bereits dem Schiedsgericht vorliegen.[594] Umstritten ist in diesem Zusammenhang, inwiefern **eidesstattliche Versicherungen** als Mittel der Glaubhaftmachung zulässig sind. Nach überwiegender Ansicht kann sich der Antragsteller eidesstattlicher Versicherungen nicht bedienen, da es sich bei dem Schiedsgericht nicht um eine zur Abnahme eidesstattlicher Versicherungen ermächtigte Stelle handelt (vgl. § 156 StGB).[595]

394 d) Sicherungsmaßnahmen. § 1041 Abs. 1 ZPO präzisiert keine konkreten Sicherungsmaßnahmen, sondern ist „vage und generalisierend" ausgestaltet.[596] Grundsätzlich

---

[586] Wieczorek/Schütze/Schütze ZPO § 1041 Rn. 26.

[587] Vgl. Leitzen, Die Anordnung vorläufiger oder sichernder Maßnahmen durch Schiedsgerichte nach § 1041 ZPO, 2002, S. 113 ff.; Bandel, Einstweiliger Rechtsschutz im Schiedsverfahren, 2000, S. 97 f.

[588] „Jeder Partei ist rechtliches Gehör zu gewähren".

[589] Böckstiegel/Kröll/Nacimiento/Schäfer, Arbitration in Germany, § 1041 Rn. 18 f.; Stein/Jonas/Schlosser ZPO § 1041 Rn. 21; Schwab/Walter, Schiedsgerichtsbarkeit, Kap. 17a Rn. 20; Musielak/Voit/Voit ZPO § 1041 Rn. 3; Saenger/Saenger ZPO § 1041 Rn. 2; Zöller/Geimer ZPO § 1041 Rn. 1; aA MüKoZPO/Münch § 1041 Rn. 28 ff.; dagegen: Wieczorek/Schütze/Schütze ZPO § 1041 Rn. 26; Prütting/Gehrlein/Prütting ZPO § 1041 Rn. 6.

[590] Vgl. Anders/Gehle/Anders ZPO § 1042 Rn. 11, 17.

[591] Zum Streitstand Schroth, „Ex-parte-Entscheidungen" bei vorläufigen Maßnahmen im österreichischen Schiedsverfahren, SchiedsVZ 2004, 72 (74) und Hobeck/Weyhreter, Anordnung von vorläufigen oder sichernden Maßnahmen durch Schiedsgerichte in ex-parte-Verfahren, SchiedsVZ 2005, 238; vgl. auch Anders/Gehle/Anders ZPO § 1041 Rn. 5, § 1042 Rn. 3, 5.

[592] Wieczorek/Schütze/Schütze ZPO § 1041 Rn. 24.

[593] MüKoZPO/Münch § 1041 Rn. 27.

[594] MüKoZPO/Münch § 1041 Rn. 27; Wieczorek/Schütze/Schütze ZPO § 1041 Rn. 25; vgl. BeckOK ZPO/Wolf/Eslami § 1041 Rn. 12.

[595] MüKoZPO/Münch § 1041 Rn. 27; Zöller/Geimer ZPO § 1041 Rn. 2; Musielak/Voit/Voit ZPO § 1041 Rn. 3; Stein/Jonas/Schlosser ZPO § 1041 Rn. 21; Wieczorek/Schütze/Schütze ZPO § 1041 Rn. 24; Thomas/Putzo/Seiler ZPO § 1041 Rn. 2; aA BeckOK ZPO/Wolf/Eslami § 1041 Rn. 12.

[596] Wieczorek/Schütze/Schütze ZPO § 1041 Rn. 9.

besteht Einigkeit darüber, dass das Schiedsgericht parallel zu den staatlichen Gerichten die **Sicherungsmaßnahmen der §§ 916 ff. ZPO** anordnen darf.[597] Namentlich gehören zu den möglichen Maßnahmen: **Unterlassungs-, Handlungs-, Duldungs-, Leistungs- und gestaltende Verfügungen** sowie **Arreste** und **selbstständige Beweissicherungsverfahren.**[598] In diesem Zusammenhang kann das Schiedsgericht auch eine **Sicherheitsleistung** anordnen oder die Vollziehung einer Maßnahme hiervon abhängig machen. Darüber hinaus ermöglicht § 1041 ZPO im Gegensatz zu dem staatlichen Verfahren auch **sonstige** Maßnahmen, die über den Kanon der §§ 916 ff. ZPO hinausgehen.[599] Dies gilt auch für solche Maßnahmen, die dem deutschen Recht unbekannt sind (zB freezing orders).[600]

e) Entscheidung. Die Entscheidung des Schiedsgerichts ist eine **Ermessensentschei-** **395** **dung** („kann"). Das Schiedsgericht entscheidet somit, ob überhaupt eine Maßnahme im einstweiligen Rechtsschutz ergriffen werden soll (sog. Handlungsermessen) und wie diese Maßnahme inhaltlich auszugestalten ist (sog. Auswahlermessen).[601] In welcher **Form** die Entscheidung über Eilmaßnahmen ergeht, lässt § 1041 ZPO offen. Ganz überwiegend wird aber davon ausgegangen, dass die Entscheidung durch Beschluss ergeht.[602]

Die **Sicherheitsleistung** nach § 1041 Abs. 1 S. 2 ZPO kann sowohl vom Antragsteller **396** als auch vom Antragsgegner verlangt werden.[603]

Sofern die Parteien dem Schiedsgericht eine entsprechende Entscheidungskompetenz **397** eingeräumt haben, ist zudem eine endgültige Vorabentscheidung des Schiedsgerichts für einen bestimmten Zeitraum anstelle einer einstweiligen Maßnahme möglich (sog. Interimsentscheidung).[604]

f) Vollziehbarerklärung durch ein staatliches Gericht. Da Anordnungen des **398** Schiedsgerichts **nicht unmittelbar vollstreckbar** sind, bedürfen sie zu ihrer zwangsweisen Durchsetzung einer vorherigen **Vollziehbarerklärung** durch die staatlichen Gerichte. Die gerichtliche Vollziehungsanordnung ist **zwingend** und steht nicht zur Disposition der Parteien.[605]

Das Verfahren wird **nur auf Antrag eingeleitet,** wobei keine strenge Antragsbindung **399** iSv § 308 Abs. 1 S. 1 ZPO besteht.[606] Das Oberlandesgericht, in dessen Bezirk der Ort des schiedsrichterlichen Verfahrens liegt, ist gemäß § 1062 Abs. 1 Nr. 3, Abs. 2 ZPO sachlich und örtlich zuständig. Dieses entscheidet durch unanfechtbaren Beschluss (vgl. §§ 1063, 1065 Abs. 1 S. 2 ZPO).[607] Stellt eine Partei einen Antrag auf Vollziehbarerklärung einer durch das Schiedsgericht angeordneten einstweiligen Maßnahme, so kann das staatliche Gericht die angeordnete Maßnahme des Schiedsgerichts in diesem Fall für vollziehbar erklären, den Antrag auf Vollziehbarerklärung zurückweisen oder die vom Schiedsgericht angeordnete Maßnahme abweichend fassen, wenn dies unter vollstreckungsrechtlichen Gesichtspunkten geboten ist.

---

[597] MüKoZPO/Münch § 1041 Rn. 15; Saenger/Saenger ZPO § 1041 Rn. 2; Wieczorek/Schütze/Schütze ZPO § 1041 Rn. 9.

[598] Wieczorek/Schütze/Schütze ZPO § 1041 Rn. 12.

[599] MüKoZPO/Münch § 1041 Rn. 19; Stein/Jonas/Schlosser ZPO § 1041 Rn. 27; Zöller/Geimer ZPO § 1041 Rn. 1; kritisch hierzu Wieczorek/Schütze/Schütze ZPO § 1041 Rn. 11.

[600] Berger DZWiR 1998, 45 (51); Saenger/Saenger ZPO § 1041 Rn. 2; ebenso Zöller/Geimer ZPO § 1041 Rn. 1.

[601] MüKoZPO/Münch § 1041 Rn. 25.

[602] MüKoZPO/Münch § 1041 Rn. 29; Musielak/Voit/Voit ZPO § 1041 Rn. 4; Stein/Jonas/Schlosser ZPO § 1041 Rn. 22; Wieczorek/Schütze/Schütze ZPO § 1041 Rn. 34; Thomas/Putzo/Seiler ZPO § 1041 Rn. 2; aA anscheinend OLG Saarbrücken SchiedsVZ 2007, 323 (Schiedsspruch).

[603] BT-Drs. 13/5274, 45.

[604] Zöller/Geimer ZPO § 1041 Rn. 6; Musielak/Voit/Voit ZPO § 1041 Rn. 5; Stein/Jonas/Schlosser ZPO § 1041 Rn. 8.

[605] MüKoZPO/Münch § 1041 Rn. 10.

[606] MüKoZPO/Münch § 1041 Rn. 34.

[607] Wieczorek/Schütze/Schütze ZPO § 1041 Rn. 39.

400   Nach § 1041 Abs. 2 S. 1 ZPO steht die Vollziehbarerklärung im **pflichtgemäßen Ermessen des Gerichts.** Dies ermöglicht dem Gericht, die Gültigkeit der Schiedsvereinbarung zu überprüfen und die Vollziehbarerklärung bei unverhältnismäßigen Maßnahmen zu verweigern.[608] Hinsichtlich der Frage, wie die gerichtlichen Prüfungskompetenzen inhaltlich konkret ausgestaltet sind, bestehen jedoch erhebliche Unsicherheiten. So wird vertreten, dass vor dem Hintergrund des Verbots der révision au fond lediglich das Vorliegen eines Verstoßes gegen den ordre public von dem staatlichen Gericht geprüft werden dürfe. Eine inhaltliche Überprüfung der Entscheidung (auch eine reine Schlüssigkeitsprüfung) finde hingegen nicht statt.[609] Auch die Rechtsprechung geht teilweise davon aus, dass im Grundsatz keine vollumfassende Prüfung auf Recht- und Zweckmäßigkeit durch das Gericht zu erfolgen habe. Allerdings sei die Vollziehbarerklärung in Fällen „greifbarer Gesetzwidrigkeit" und dem Schiedsgericht unterlaufener offensichtlicher Ermessensfehler zu versagen.[610] Nach anderer in Rechtsprechung und Schrifttum vertretener Auffassung darf die Entscheidung des Schiedsgerichts nur auf eine offensichtliche (Ermessens-)Fehlerhaftigkeit überprüft werden.[611] Weiterhin wird im Schrifttum vertreten, dass die gesetzlich eingeräumte Kompetenz zur Verweigerung der Vollziehbarerklärung unverhältnismäßiger Maßnahmen das Gericht dazu ermächtige, eine eigene Rechtsfolgenabwägung zu treffen.[612] Schließlich gehen Teile des Schrifttums von einer umfassenden Nachprüfungsbefugnis des Gerichts aus.[613] Diese soll insbesondere die Prüfung des Verfügungs- oder Arrestgrundes umfassen.[614]

401   Nach der hier vertretenen Auffassung ist die Prüfungskompetenz des Gerichts mit Teilen der Rechtsprechung und des Schrifttums auf ordre public-Verstöße sowie offensichtliche Fehler zu begrenzen. Dies ergibt sich aus der für das deutsche Schiedsverfahrensrecht geltenden Parallelität des vorläufigen Rechtsschutzes durch die staatlichen Gerichte und die Schiedsgerichte.[615] Die von dem Gesetzgeber vorausgesetzte Gleichwertigkeit der Möglichkeiten des einstweiligen Rechtsschutzes würde jedoch beeinträchtigt, wenn dem staatlichen Gericht im Rahmen der Vollziehbarerklärung eine umfassende Prüfungskompetenz hinsichtlich der Recht- und Zweckmäßigkeit der schiedsgerichtlichen Entscheidung zukommen würde. Die Überprüfung durch die staatlichen Gerichte sollte daher insgesamt restriktiv ausfallen. Dem entspricht der Grundsatz, dass sich die Parteien auf eine private Streitbeilegung verständigt haben, welche nur in Ausnahmefällen und mit eingeschränktem Maßstab der gerichtlichen Kontrolle unterliegen soll (Verbot der révision au fond).[616]

402   Gemäß § 1041 Abs. 2 S. 2 ZPO kann das Gericht die schiedsgerichtliche Anordnung abweichend fassen, wenn dies zur Vollziehung der Maßnahme notwendig ist. Dies gilt insbesondere im Hinblick auf den im deutschen Zwangsvollstreckungsrecht zur Anwendung kommenden Bestimmtheitsgrundsatz.[617] Für inhaltliche Änderungen über redak-

---

[608] BT-Drs. 13/5274, 45; MüKoZPO/Münch § 1041 Rn. 41, 43; Musielak/Voit/Voit ZPO § 1041 Rn. 7 f.; Thomas/Putzo/Seiler ZPO § 1041 Rn. 3; Böckstiegel/Kröll/Nacimiento/Schäfer, Arbitration in Germany, § 1041 Rn. 32; enger Zöller/Geimer ZPO § 1041 Rn. 3; Saenger/Saenger ZPO § 1041 Rn. 4 (Unwirksamkeit der Schiedsvereinbarung nur beachtlich, wenn sich der Antragsgegner darauf beruft und keine Präklusion eingetreten ist); vgl. Anders/Gehle/Anders ZPO § 1041 Rn. 7.

[609] Böckstiegel/Kröll/Nacimiento/Schäfer, Arbitration in Germany, § 1041 Rn. 32; MüKoZPO/Münch § 1041 Rn. 44 (Prüfung auf offensichtliche schiedsrichterliche Ermessensfehler).

[610] OLG Saarbrücken SchiedsVZ 2007, 323 (325).

[611] OLG Frankfurt a. M. NJW-RR 2001, 1078; Anders/Gehle/Anders ZPO § 1041 Rn. 7; Stein/Jonas/Schlosser ZPO § 1041 Rn. 29; Saenger/Saenger ZPO § 1041 Rn. 4; so im Ergebnis auch MüKoZPO/Münch § 1041 Rn. 44.

[612] Bandel, Einstweiliger Rechtsschutz im Schiedsverfahren, S. 220 f.

[613] Schütze SchiedsVZ 2009, 241 (244); Wieczorek/Schütze/Schütze ZPO § 1041 Rn. 46; ähnlich auch Prütting/Gehrlein/Prütting ZPO § 1041 Rn. 7.

[614] Schütze SchiedsVZ 2009, 241 (244).

[615] MüKoZPO/Münch § 1033 Rn. 2; Schütze SchiedsVZ 2009, 241 (243).

[616] Salger/Trittmann/Poseck Int. Schiedsverfahren § 22 Rn. 54.

[617] Zöller/Geimer ZPO § 1041 Rn. 3; Saenger/Saenger ZPO § 1041 Rn. 5.

tionelle Abweichungen hinaus bedarf es hingegen eines Antrags nach § 1041 Abs. 3 ZPO und einer veränderten Tatsachengrundlage.[618]

g) Aufhebung und Abänderung des Beschlusses. Nach § 1041 Abs. 3 ZPO kön- **403** nen Parteien die Anordnung des Schiedsgerichts zur Überprüfung stellen oder anpassen lassen. Auf Antrag kann das Oberlandesgericht nach dem **Rechtsgedanken des § 927 ZPO** die Vollziehungsanordnung aufheben oder ändern. Bei § 1041 Abs. 3 ZPO handelt es sich um eine zwingende Vorschrift, die nicht im Rahmen einer Schiedsvereinbarung abbedungen werden kann.[619]

Die Regelung des § 927 ZPO gibt dem Gericht die Möglichkeit, nachträglich auf **404** **veränderte Umstände** reagieren zu können, zB wenn der Grund für die einstweilige Maßnahme ganz oder teilweise entfallen ist.[620] Auch bei bloßer Unzweckmäßigkeit der angeordneten Maßnahmen ist eine Aufhebung oder Änderung möglich.[621]

Das Aufhebungs- bzw. Abänderungsverfahren wird von der ZPO nicht im Besonderen **405** normiert. Daher ist auf die allgemeinen Regeln zurückzugreifen. Zuständig ist das **Oberlandesgericht,** in dessen Bezirk der Ort des schiedsrichterlichen Verfahrens liegt (§ 1062 Abs. 1 Nr. 3, Abs. 2 ZPO). Den Parteien ist rechtliches Gehör zu gewähren.

Die Entscheidung ergeht durch **Beschluss** (§ 1063 Abs. 1 ZPO). Die Entscheidung ist **406** unanfechtbar (§ 1065 Abs. 1 S. 2 ZPO).[622] Unter Aufhebung ist die staatliche Beendigung der Vollziehungsanordnung zu verstehen. Weitere Vollstreckungsmaßnahmen sind einzustellen (§ 775 Nr. 1 ZPO) und bereits getroffene Maßnahmen von Amts wegen aufzuheben (§ 776 S. 1 ZPO).[623] Dagegen meint die Änderung als Minus zur Aufhebung die teilweise Rücknahme der Anordnung. Sie kann aber auch als Mehr ausgestaltet sein, indem weitergehende Vollziehungsmaßnahmen angeordnet werden sowie bei der Anordnung anderer Vollziehungsmaßnahmen als Aliud.[624]

h) Schadensersatzanspruch. Nach **§ 1041 Abs. 4 ZPO** ist die Partei, welche die **407** Vollziehung einer Maßnahme nach § 1041 Abs. 1 ZPO erwirkt hat, zum verschuldensunabhängigen **Schadensersatz** gegenüber der anderen Partei verpflichtet, wenn sich die Anordnung dieser Maßnahme als von Anfang an ungerechtfertigt erweist. Die Vorschrift ist eine materiell-rechtliche Anspruchsgrundlage der ZPO, die eine **entsprechende Regelung zu § 945 ZPO** enthält.[625] Bei § 1041 Abs. 4 ZPO handelt es sich ebenfalls um dispositives Recht. Die Schiedsvereinbarung kann daher hiervon abweichen. Allerdings kann ein Ersatzanspruch weiterhin vor staatlichen Gerichten eingeklagt werden.[626]

Die **tatbestandlichen Voraussetzungen von § 1041 Abs. 4 ZPO** sind (1) das Vor- **408** liegen einer Maßnahme nach § 1041 Abs. 1 ZPO, die sich von Anfang an als ungerechtfertigt erweist. Die andere Partei muss (2) die Vollziehung der Maßnahme erwirkt haben. Von Anfang an ungerechtfertigt meint, dass der zu sichernde Anspruch nicht bestand bzw. die nötigen Voraussetzungen für die Erteilung einstweiliger Maßnahmen nicht vorlagen. Bei der Beurteilung ist jedoch zu berücksichtigen, dass dem Schiedsgericht hinsichtlich der Maßnahmen ein breites Ermessen zukommt.[627] Hinsichtlich der **zeitlichen Komponente** wird einerseits darauf abgestellt, dass die Einleitung der Zwangsvollstreckung –

[618] OLG Saarbrücken SchiedsVZ 2007, 323 (327); Saenger/Saenger ZPO § 1041 Rn. 5.
[619] MüKoZPO/Münch § 1041 Rn. 12.
[620] Zöller/Geimer ZPO § 1041 Rn. 4; BeckOK ZPO/Wolf/Eslami § 1041 Rn. 19.
[621] Musielak/Voit/Voit ZPO § 1041 Rn. 11; Anders/Gehle/Anders ZPO § 1041 Rn. 9.
[622] Böckstiegel/Kröll/Nacimento/Schroeder/Wortmann, Arbitration in Germany, § 1065 Rn. 3; MüKoZPO/Münch § 1041 Rn. 48.
[623] MüKoZPO/Münch § 1041 Rn. 51; Zöller/Geimer ZPO § 1041 Rn. 3 f.
[624] Böckstiegel/Kröll/Nacimento/Schäfer, Arbitration in Germany, § 1041 Rn. 36 f.; MüKoZPO/Münch § 1041 Rn. 52.
[625] BeckOK ZPO/Wolf/Eslami § 1041 Rn. 23; BT-Drs. 13/5274, 46; Wieczorek/Schütze/Schütze ZPO § 1041 Rn. 55; Musielak/Voit/Voit ZPO § 1041 Rn. 13.
[626] MüKoZPO/Münch § 1041 Rn. 12.
[627] BeckOK ZPO/Wolf/Eslami § 1041 Rn. 6, 25 f.; MüKoZPO/Münch § 1041 Rn. 56.

nicht jedoch der Antrag auf Vollziehbarkeitserklärung nach § 1041 Abs. 2 ZPO – maßgeblich sei.[628] Andererseits wird vertreten, dass auf den Erlasszeitpunkt, namentlich den Zeitpunkt der schiedsrichterlichen Anordnung, abzustellen sei.[629]

409 Die **Haftung** der die Vollziehung der Maßnahme erwirkenden Partei ist **verschuldensunabhängig.**[630] Sie handelt auf eigene Gefahr und ist allein verantwortlich. Die **Rechtsfolge** richtet sich nach den §§ 249 ff. BGB.[631] Das Gesetz erkennt in diesem Zusammenhang zum einen den Vollziehungsschaden als ersatzfähig an. Hierbei handelt es sich um jeden adäquat kausalen Schaden, der auf der Vollziehung der einstweiligen Maßnahmen (unmittelbar oder mittelbar) beruht. Zum anderen hat die vollziehende Partei auch den Abwendungsschaden zu ersetzen. Dieser ergibt sich durch die gezahlte Sicherheitsleistung, um die Vollziehung abzuwenden.[632] Der **Schadensersatzanspruch** verjährt nach allgemeinen Vorschriften gemäß §§ 195, 199 Abs. 1 Nr. 1 BGB.

410 § 1041 Abs. 4 S. 2 ZPO gewährt der geschädigten Partei zudem die Möglichkeit, den Schadensersatzanspruch im Rahmen eines **Adhäsionsrechts** geltend zu machen. Dies erlaubt eine Geltendmachung in dem Schiedsverfahren, in dem auch die einstweilige Maßnahme erlassen wurde.[633] Die Einführung in das Schiedsverfahren erfolgt dann in Form einer **(privilegierten) Widerklage.**[634] Für ein solches Vorgehen spricht insbesondere auch die Sachnähe des Schiedsgerichts zu dem Verfahren. Allerdings dürfte die Befassung mit der Sache durch ein nicht vorher befasstes Staatsgericht zu mehr Neutralität führen.[635] Ob die geschädigte Partei bzgl. des Schadensersatzanspruchs ein staatliches Gericht anruft oder den Anspruch im bestehenden Schiedsverfahren geltend macht, bleibt ihr überlassen, da ihr ein dahingehendes Wahlrecht zusteht.[636]

XII. Die Aufhebung und Vollstreckung eines Schiedsspruchs

411 Der Schiedsspruch hat unter den Parteien die Wirkungen eines rechtskräftigen gerichtlichen Urteils (§ 1055 ZPO). Da es sich bei der Schiedsgerichtsbarkeit um eine private Form der Streitbeilegung handelt, das Vollstreckungsmonopol jedoch beim Staat liegt, ist der Schiedsspruch nicht aus sich heraus vollstreckbar. Vor diesem Hintergrund ist die obsiegende Partei bei der Vollstreckung eines Schiedsspruchs auf die Mitwirkung eines staatlichen Gerichts in Form der **Anerkennung und Vollstreckbarerklärung des Schiedsspruchs** angewiesen. In dem Vollstreckbarerklärungsverfahren werden jedoch nur bestimmte, gesetzlich normierte Gründe überprüft, die der Vollstreckbarerklärung entgegenstehen könnten. Neben dem Vollstreckbarerklärungsverfahren der (zumindest teilweise) obsiegenden Partei kann umgekehrt die unterliegende Partei die Aufhebung des Schiedsspruchs vor einem staatlichen Gericht beantragen.

412 **1. Das Aufhebungsverfahren.** Anders als in staatlichen Verfahren stehen den Parteien eines Schiedsverfahrens nicht die Rechtsmittel der Berufung und der Revision gegen einen Schiedsspruch zur Verfügung. Vielmehr kann nach dem Wortlaut des § 1059 Abs. 1

---

[628] Musielak/Voit/Voit ZPO § 1041 Rn. 14.

[629] MüKoZPO/Münch § 1041 Rn. 57; Risse/Frohloff, Schadensersatzansprüche nach einstweiligen Verfügungen in Schiedsverfahren, SchiedsVZ 2011, 239 (246).

[630] Böckstiegel/Kröll/Naciemento/Schäfer, Arbitration in Germany, § 1041 Rn. 39; BeckOK ZPO/Wolf/Eslami § 1041 Rn. 23; MüKoZPO/Münch § 1041 Rn. 53; Wieczorek/Schütze/Schütze ZPO § 1041 Rn. 55; Risse/Frohloff, Schadensersatzansprüche nach einstweiligen Verfügungen in Schiedsverfahren, SchiedsVZ 2011, 239 (240 ff.).

[631] MüKoZPO/Münch § 1041 Rn. 60; BeckOK ZPO/Wolf/Eslami § 1041 Rn. 29.

[632] Siehe zu beiden Schadensvarianten MüKoZPO/Münch § 1041 Rn. 58.

[633] Zöller/Geimer ZPO § 1041 Rn. 5; MüKoZPO/Münch § 1041 Rn. 53; BeckOK ZPO/Wolf/Eslami § 1041 Rn. 30.

[634] BeckOK ZPO/Wolf/Eslami § 1041 Rn. 30; MüKoZPO/Münch § 1041 Rn. 62.

[635] MüKoZPO/Münch § 1041 Rn. 63.

[636] Risse/Frohloff, Schadensersatzansprüche nach einstweiligen Verfügungen in Schiedsverfahren, SchiedsVZ 2011, 239 (246 f.); BeckOK ZPO/Wolf/Eslami § 1041 Rn. 34; MüKoZPO/Münch § 1041 Rn. 62.

ZPO gegen einen Schiedsspruch allein der Antrag auf gerichtliche Aufhebung nach § 1059 Abs. 2 und 3 ZPO gestellt werden.[637] Bei dem Aufhebungsantrag handelt es sich somit um den **einzigen statthaften Rechtsbehelf gegen einen Schiedsspruch.**[638] Sinn und Zweck dieses als „Notbehelf"[639] ausgestalteten Ausnahmerechtsbehelfs ist die Sicherstellung der Einhaltung grundlegender Rechtsregeln sowie die Verhinderung des Missbrauchs der den privaten Schiedsgerichten übertragenen Rechtsprechungsbefugnis.[640]

a) Verfahrensbeteiligte. Das Verfahren nach § 1059 ZPO setzt zunächst einen Auf- **413** hebungsantrag voraus.[641] **Antragsberechtigt** ist, wer durch die **prozessualen Wirkungen eines Schiedsspruchs beschwert** ist.[642] Eine Aufhebung eines Schiedsspruchs von Amts wegen kommt hingegen nicht in Betracht.[643] Der Antrag ist gegen denjenigen zu richten, dem Rechte aus dem Schiedsspruch zum Zeitpunkt der letzten mündlichen Verhandlung des Aufhebungsverfahrens zustehen.[644]

b) Antragsgegenstand. Gegenstand eines Aufhebungsverfahrens können einzig for- **414** mell wirksame (§ 1054 ZPO) inländische (§ 1025 Abs. 1 ZPO) Schiedssprüche sein.[645] Der Schiedsspruch muss mithin zwingend von einem **Schiedsgericht mit Sitz in Deutschland** erlassen worden sein.[646] Ob ein den Voraussetzungen entsprechender Schiedsspruch vorliegt, ist als Prozessvoraussetzung des Aufhebungsverfahrens von Amts wegen zu prüfen.[647]

Für **ausländische Schiedssprüche** besteht **keine Aufhebungszuständigkeit** vor **415** deutschen Gerichten.[648] Dies folgt aus dem Grundsatz, dass Schiedssprüche einzig in dem Staat angegriffen werden, in dem das Schiedsgericht seinen Sitz hat.[649] Für ausländische Schiedssprüche im Inland kommt daher allein eine Ablehnung der Anerkennung und Vollstreckung in Betracht (§ 1061 ZPO).

Auch Maßnahmen des Schiedsgerichts im laufenden Verfahren – insbesondere **prozess-** **416** **leitende Verfügungen (procedural orders)** und **Anordnungen im Rahmen des einstweiligen Rechtsschutzes** – können über den Antrag nach § 1059 ZPO nicht angegriffen werden.[650] Problematisch ist die **Aufhebbarkeit nichtiger oder wirkungsloser Schiedssprüche.** Nach allgemeiner Meinung entfalten solche Rechtsakte von vornherein keine Wirkung und bedürfen vor diesem Hintergrund grundsätzlich keiner formellen Aufhebung über das Verfahren nach § 1059 ZPO.[651] Aus Gründen der Rechtsklarheit

---

[637] Dies gilt auch für Schiedssprüche mit vereinbartem Wortlaut nach § 1053 ZPO, vgl. BGH NJW 2001, 373.

[638] Vgl. MüKoZPO/Münch § 1059 Rn. 1, siehe zum Aufhebungsverfahren auch Salger/Trittmann/Poseck Int. Schiedsverfahren § 22.

[639] MüKoZPO/Münch § 1059 Rn. 1.

[640] Vgl. Musielak/Voit/Voit ZPO § 1059 Rn. 1; MüKoZPO/Münch § 1059 Rn. 1; Saenger/Saenger ZPO § 1059 Rn. 1.

[641] Saenger/Saenger ZPO § 1059 Rn. 1.

[642] Stein/Jonas/Schlosser ZPO § 1059 Rn. 10; Zöller/Geimer ZPO § 1059 Rn. 3. Beschwert ist in der Regel die unterlegene Partei. Aber auch Dritte können ausnahmsweise antragsberechtigt sein (zB aufgrund Rechtskrafterstreckung).

[643] OLG München NJW 2007, 2129 (2130); Zöller/Geimer ZPO § 1059 Rn. 1.

[644] Stein/Jonas/Schlosser ZPO § 1059 Rn. 9.

[645] Zöller/Geimer ZPO § 1059 Rn. 1.

[646] Erfasst sind neben Endentscheidungen über Klage- und Widerklagebegehren auch Teilschiedssprüche und Prozessschiedssprüche, mit denen sich das Schiedsgericht für unzuständig erklärt, Zöller/Geimer ZPO § 1059 Rn. 12. Für weitere Antragsgegenstände siehe Saenger/Saenger ZPO § 1059 Rn. 4 ff.

[647] BGH NJW 2004, 2226.

[648] Vgl. Salger/Trittmann/Poseck Int. Schiedsverfahren § 23 Rn. 20; Zöller/Geimer ZPO § 1059 Rn. 1b, 14.

[649] Böckstiegel/Kröll/Naciemento/Kröll, Arbitration in Germany, § 1059 Rn. 21; Zöller/Geimer ZPO § 1059 Rn. 14.

[650] Wachter/Trittmann/Schroeder, Praxis des Handels- und Gesellschaftsrechts, 13. Kap. Rn. 249; Zöller/Geimer ZPO § 1059 Rn. 1.

[651] Böckstiegel/Kröll/Naciemento/Kröll, Arbitration in Germany, § 1059 Rn. 18 f.; Saenger/Saenger ZPO § 1059 Rn. 3; Musielak/Voit/Voit ZPO § 1059 Rn. 5.

können derartige Schiedssprüche jedoch ebenfalls Gegenstand eines Aufhebungsantrags sein.[652] In diesem Fall handelt es sich aber nicht um ein Gestaltungs-, sondern um ein Feststellungsverfahren.[653]

417 Der Antrag auf Aufhebung ist auf die **rückwirkende Vernichtung (ex tunc) des Schiedsspruchs** gerichtet.[654] Der Aufhebungsantrag wirkt somit rechtsgestaltend.[655] Eine Abänderung des Schiedsspruchs – als Minus des Aufhebungsantrags – ist nicht möglich.[656] Davon zu unterscheiden ist eine teilweise Aufhebung eines Schiedsspruchs. Diese setzt jedoch voraus, dass der Schiedsspruch über mehrere selbständige Ansprüche entscheidet und nur einzelne Ansprüche von einem Aufhebungsgrund betroffen sind.[657]

418 **c) Aufhebungsgründe.** Die Aufhebungsgründe sind abschließend in § 1059 Abs. 2 ZPO normiert.[658] Eine vertragliche Erweiterung der Aufhebungstatbestände ist nicht möglich.[659] Die Aufhebungsgründe sind sowohl nach ihrem Wortlaut als auch nach ihrer Struktur an die Aufhebungsgründe des **Art. V NYÜ** angelehnt.[660] Inhaltlich beschränken sie sich auf eine Überprüfung des schiedsrichterlichen Verfahrens. Eine Kontrolle der Sachentscheidung erfolgt hingegen nur in den (engen) Grenzen des ordre public.[661] Da das Schiedsgericht keine bloß vorgeschaltete Instanz ist, findet eine materiell-rechtliche Überprüfung des Schiedsspruchs grundsätzlich nicht statt (sog. **Verbot der révision au fond**).[662] Vielmehr müssen inhaltlich unrichtige Schiedssprüche im Grundsatz hingenommen werden.[663]

419 Liegt ein von Amts wegen zu berücksichtigender (§ 1059 Abs. 2 Nr. 2 ZPO) oder ein auf Rüge hin zu prüfender (§ 1059 Abs. 2 Nr. 1 ZPO) Aufhebungsgrund vor, muss das staatliche Gericht den Schiedsspruch aufheben.[664] Einen Ermessensspielraum räumt § 1059 Abs. 2 ZPO entgegen seinem Wortlaut („kann") nicht ein.[665]

420 **aa) Fehlen einer gültigen Schiedsvereinbarung (§ 1059 Abs. 2 Nr. 1 lit. a ZPO).** Die Schiedsvereinbarung kann wegen fehlender subjektiver Schiedsfähigkeit einer Partei (§ 1059 Abs. 2 Nr. 1 lit. a Var. 1 ZPO) oder aufgrund anderer gesetzlicher Vorschriften unwirksam sein (§ 1059 Abs. 2 Nr. 1 lit. a Var. 2 ZPO).

421 Ein Mangel der **subjektiven Schiedsfähigkeit** liegt vor, wenn eine Partei die Schiedsvereinbarung nicht wirksam abschließen konnte.[666] Die dafür erforderliche Rechts- und Geschäftsfähigkeit bestimmt sich nach dem für diese Person maßgeblichen Recht. In deutschen Verfahren sind bei natürlichen Personen die Art. 7 Abs. 1 S. 1, Art. 12 EGBGB einschlägig.[667] Für juristische Personen gilt das internationale Gesellschaftsrecht.[668]

---

[652] MüKoZPO/Münch § 1059 Rn. 78; Stein/Jonas/Schlosser ZPO § 1059 Rn. 8; zur Aufhebung von sog. Scheinschiedssprüchen Schroeder SchiedsVZ 2005, 244.

[653] Saenger/Saenger ZPO § 1059 Rn. 3.

[654] Böckstiegel/Kröll/Nacimiento/Kröll/Kraft, Arbitration in Germany, § 1059 Rn. 3; Wieczorek/Schütze/Schütze ZPO § 1059 Rn. 80; Stein/Jonas/Schlosser ZPO § 1059 Rn. 3.

[655] Salger/Trittmann/Poseck Int. Schiedsverfahren § 22 Rn. 71; Schwab/Walter, Schiedsgerichtsbarkeit, Kap. 25 Rn. 2; Thomas/Putzo/Seiler ZPO § 1059 Rn. 1.

[656] Schwab/Walter, Schiedsgerichtsbarkeit, Kap. 25 Rn. 14; Zöller/Geimer ZPO § 1059 Rn. 7.

[657] Schwab/Walter, Schiedsgerichtsbarkeit, Kap. 25 Rn. 14a; Zöller/Geimer ZPO § 1059 Rn. 7.

[658] BT-Drs. 13/5274, 58; jedoch leitet der BGH aus § 826 BGB im Wege der Analogie einen weiteren Aufhebungsgrund ab, BGH NJW 2001, 373 (374); aA Stein/Jonas/Schlosser ZPO § 1059 Rn. 30.

[659] Vgl. Schwab/Walter, Schiedsgerichtsbarkeit, Kap. 24 Rn. 1 Fn. 3.

[660] Nicht übernommen wurde Art. V Abs. 1 lit. e NYÜ.

[661] Salger/Trittmann/Poseck Int. Schiedsverfahren § 22 Rn. 54.

[662] Beispielhaft OLG Köln SchiedsVZ 2005, 163 (165) [II 2c]; BGH JZ 1957, 630; jüngst erst wieder OLG Saarbrücken SchiedsVZ 2012, 47 (50); weitere Rechtsprechungsnachweise bei MüKoZPO/Münch § 1059 Rn. 8.

[663] OLG Frankfurt a. M. SchiedsVZ 2005, 311 (312); OLG Düsseldorf SchiedsVZ 2008, 156 (159).

[664] Stein/Jonas/Schlosser ZPO § 1059 Rn. 14.

[665] MüKoZPO/Münch § 1059 Rn. 6; Böckstiegel/Kröll/Nacimiento/Kröll/Kraft, Arbitration in Germany, § 1059 Rn. 44; Salger/Trittmann/Poseck Int. Schiedsverfahren § 22 Rn. 1.

[666] Zöller/Geimer ZPO § 1029 Rn. 19.

[667] Musielak/Voit/Voit ZPO § 1059 Rn. 6; Borges ZZP 111 (1998), 487 (489).

[668] Prütting/Gehrlein/Raeschke-Kessler ZPO § 1059 Rn. 24.

Andererseits kann die Schiedsvereinbarung nach dem **von den Parteien gewählten** 422 **Recht** oder, falls die Parteien hierüber nichts bestimmt haben, nach deutschem Recht ungültig sein. Nach deutschem Recht sind die oben dargestellten Unwirksamkeitsgründe maßgeblich.[669] Das Fehlen einer wirksamen Schiedsvereinbarung ist von dem Schiedsbeklagten spätestens mit der Klageerwiderung zu rügen (§ 1040 Abs. 2 ZPO). Andernfalls ist die Partei im späteren Aufhebungsverfahren mit ihrem Vorbringen präkludiert.[670]

bb) Vorenthaltung des rechtlichen Gehörs (§ 1059 Abs. 2 Nr. 1 lit. b ZPO). 423 § 1059 Abs. 2 Nr. 1 lit. b regelt drei Varianten des **Verstoßes gegen das rechtliche Gehör.** Der Schiedsspruch ist aufzuheben, wenn der Antragsteller (1) von der Bestellung eines Schiedsrichters oder (2) von dem schiedsrichterlichen Verfahren nicht gehörig in Kenntnis gesetzt wurde oder (3) er aus einem anderen Grund seine Angriffs- oder Verteidigungsmittel nicht geltend machen konnte.[671] Der Gehörverstoß muss von der benachteiligten Partei im laufenden Schiedsverfahren **gerügt** werden. Andernfalls ist die benachteiligte Partei mit ihrer Rüge im Aufhebungsverfahren präkludiert (§ 1027 ZPO).[672] Im Aufhebungsverfahren muss die belastete Partei sodann darlegen, was sie bei Gewährung des rechtlichen Gehörs vorgebracht hätte und dass die schiedsgerichtliche Sachentscheidung ohne den Gehörverstoß anders ausgefallen wäre.[673] In diesem Zusammenhang ist jedoch die Möglichkeit ausreichend, dass der Schiedsspruch auf dem geltend gemachten Verstoß beruht.[674]

cc) Unzuständigkeit des Schiedsgerichts (§ 1059 Abs. 2 Nr. 1 lit. c ZPO). Im 424 Aufhebungsverfahren kann ferner geltend gemacht werden, dass das Schiedsgericht im Ganzen oder teilweise für die Entscheidung des Rechtsstreits unzuständig war. Dies ist der Fall, wenn der Streitgegenstand nicht unter die zwischen den Parteien bestehende Schiedsvereinbarung und stattdessen in den Kompetenzbereich der staatlichen Gerichtsbarkeit fällt. Der Umfang der Schiedsvereinbarung ist durch Auslegung zu ermitteln.[675] Eine lediglich teilweise Kompetenzüberschreitung des Schiedsgerichts führt zu einer teilweisen Aufhebung des Schiedsspruchs, wenn sich die Teile des Schiedsspruchs, denen keine wirksame Schiedsvereinbarung zugrunde liegt, klar von dem unwirksamen Teil des Schiedsspruchs abtrennen lassen.[676]

Daneben soll ein Verstoß gegen den Grundsatz „ne ultra petita" auch dann vorliegen, 425 wenn das Schiedsgericht über die Anträge des Schiedsklägers hinausgeht oder über nicht gestellte Anträge entscheidet.[677] In jedem Fall hat der Schiedsbeklagte eine etwaige Kompetenzüberschreitung des Schiedsgerichts bereits im Schiedsverfahren zu rügen, um eine Präklusion im Aufhebungsverfahren zu verhindern.[678]

dd) Fehlerhafte Bildung des Schiedsgerichts oder Fehler im Schiedsverfahren 426 **(§ 1059 Abs. 2 Nr. 1 lit. d ZPO).** Der Aufhebungsgrund des § 1059 Abs. 2 Nr. 1 lit. d ZPO unterscheidet zwischen Fehlern bei der Konstituierung des Schiedsgerichts und sonstigen Fehlern im schiedsrichterlichen Verfahren.

---

[669] → Rn. 100 ff.

[670] OLG Koblenz NJOZ 2011, 1241 (1242); Zöller/Geimer ZPO § 1059 Rn. 39.

[671] Für eine beispielhafte Aufzählung von Rügen aus der Rechtsprechung siehe Lachmann, Handbuch für die Schiedsgerichtspraxis, Rn. 2200 ff.

[672] Zöller/Geimer ZPO § 1059 Rn. 40a.

[673] OLG München SchiedsVZ 2012, 107 (110); Kröll SchiedsVZ 2004, 113 (118); Zöller/Geimer ZPO § 1059 Rn. 40.

[674] BGH SchiedsVZ 2009, 126 (127) zu Art. V 1b NYÜ.

[675] BGH NJW-RR 2002, 387; SchiedsVZ 2007, 215 Rn. 16 („grundsätzlich weit auszulegen"); Thomas/Putzo/Seiler ZPO § 1059 Rn. 10.

[676] Schwab/Walter, Schiedsgerichtsbarkeit, Kap. 24 Rn. 17; Zöller/Geimer ZPO § 1059 Rn. 7; vgl. auch Musielak/Voit/Voit ZPO § 1059 Rn. 15.

[677] Vgl. Musielak/Voit/Voit ZPO § 1059 Rn. 15; Schwab/Walter, Schiedsgerichtsbarkeit, Kap. 24 Rn. 17 mwN.

[678] OLG Koblenz NJOZ 2011, 1241; Zöller/Geimer ZPO § 1059 Rn. 39d.

427 Die **Bildung des Schiedsgerichts** ist nicht ordnungsgemäß, wenn das Schiedsgericht in Widerspruch zu den einschlägigen gesetzlichen Bestimmungen (zehntes Buch der ZPO) oder der Parteivereinbarung konstituiert wurde.[679] Dies ist insbesondere der Fall, wenn Ausschließungs- oder Befangenheitsgründe vorliegen.[680] Diejenige Partei, welche die Aufhebung begehrt, muss zuvor die ihr verfahrensrechtlich zur Verfügung stehenden Möglichkeiten ausgeschöpft haben, um die Besetzung des Schiedsgerichts zu korrigieren (§§ 1034 Abs. 2, 1037 Abs. 3, 1038 Abs. 1 ZPO).[681] Andernfalls ist sie im Aufhebungsverfahren mit ihrem Vorbringen präkludiert.[682]

428 Alle **übrigen Verfahrensfehler** können über § 1059 Abs. 2 Nr. 1 lit. d Fall 2 ZPO gerügt werden. Insbesondere kommen Verstöße gegen eine Verfahrensbestimmung der Parteien oder die Verfahrensgrundsätze des zehnten Buches der ZPO in Betracht. Als Verfahrensbestimmung ist dabei auch die Vereinbarung der Schiedsordnung eines institutionellen Schiedsgerichts zu verstehen.[683] Erfasst sind allerdings nur Fehler im Verfahrensablauf.

429 Inhaltlich können sich Überschneidungen zu den Aufhebungsgründen des § 1059 Abs. 2 Nr. 1 lit. b und lit. c ZPO ergeben (rechtliches Gehör und Unzuständigkeit des Schiedsgerichts).[684] Auch hinsichtlich etwaiger Verfahrensfehler ist eine frühzeitige **Rüge erforderlich,** um eine Präklusion zu vermeiden.[685] Schließlich muss der Antragsteller darlegen, dass die fehlerhafte Bildung des Schiedsgerichts bzw. die geltend gemachten Verfahrensfehler ursächlich für den Inhalt des Schiedsspruchs gewesen sind.[686] Ob die bloße Möglichkeit der **Ursächlichkeit** ausreicht, ist in diesem Zusammenhang umstritten.[687]

430 **ee) Fehlende objektive Schiedsfähigkeit (§ 1059 Abs. 2 Nr. 2 lit. a ZPO).** Gemäß § 1059 Abs. 2 Nr. 2 lit. a ZPO ist der Schiedsspruch aufzuheben, wenn der Verfahrensgegenstand nach deutschem Recht nicht schiedsfähig ist. Das **Fehlen der objektiven Schiedsfähigkeit** ist von dem staatlichen Gericht auch ohne ausdrückliche Rüge **von Amts wegen** zu berücksichtigen.[688] Der Aufhebungsgrund des § 1059 Abs. 2 Nr. 2 lit. a ZPO ist demnach einschlägig, wenn das Schiedsgericht über einen nach deutschem Recht objektiv nicht schiedsfähigen Anspruch entschieden hat (zB Patentnichtigkeitsverfahren) oder der Schiedsspruch einen nicht vermögensrechtlichen Gegenstand behandelt, über den die Parteien nicht vergleichs- oder verfügungsbefugt sind.[689] Insoweit können sich inhaltliche Überschneidungen zu dem Aufhebungsgrund des § 1059 Abs. 2 Nr. 1 lit. a ZPO (fehlende Schiedsabrede) ergeben. Dem Aufhebungsgrund des § 1059 Abs. 2 Nr. 2 lit. a ZPO kommt indes entscheidende Bedeutung zu, wenn die Schiedsvereinbarung einem anderen als dem deutschen Recht unterliegt und der Streitgegenstand nach diesem Recht schiedsfähig ist.[690] In diesem Fall wird durch die Regelung des § 1059 Abs. 2 Nr. 2 lit. a ZPO sichergestellt, dass ein von einem Schiedsgericht mit Sitz in Deutschland erlassener Schiedsspruch mangels Schiedsfähigkeit von einem deutschen

---

[679] Schwab/Walter, Schiedsgerichtsbarkeit, Kap. 24 Rn. 18; Thomas/Putzo/Seiler ZPO § 1059 Rn. 12 f.

[680] Lachmann, Handbuch für die Schiedsgerichtspraxis, Rn. 2251 mwN; dazu auch → Rn. 122 ff.

[681] Zöller/Geimer ZPO § 42; Salger/Trittmann/Poseck Int. Schiedsverfahren § 22 Rn. 40.

[682] OLG Frankfurt a. M. SchiedsVZ 2006, 219 (221); 2010, 52 (53).

[683] Musielak/Voit/Voit ZPO § 1059 Rn. 17.

[684] Für Beispiele siehe Lachmann, Handbuch für die Schiedsgerichtspraxis, Rn. 2264 ff. und MüKoZPO/Münch § 1059 Rn. 41 f.

[685] Zöller/Geimer ZPO § 1059 Rn. 43.

[686] Salger/Trittmann/Poseck Int. Schiedsverfahren § 22 Rn. 42; Beispiele für das Nichtvorliegen der Kausalität von Verfahrensfehler und Schiedsspruch in Kröll SchiedsVZ 2006, 203 (209); siehe auch Zöller/Geimer ZPO § 1059 Rn. 44 f. mwN.

[687] Bejahend: Schwab/Walter, Schiedsgerichtsbarkeit, Kap. 24 Rn. 30 mwN; ablehnend: Zöller/Geimer ZPO § 1059 Rn. 44 mwN.

[688] Prütting/Gehrlein/Raeschke-Kessler ZPO § 1059 Rn. 57.

[689] Lachmann, Handbuch für die Schiedsgerichtspraxis, Rn. 2297.

[690] Vgl. Musielak/Voit/Voit ZPO § 1059 Rn. 24.

staatlichen Gericht aufgehoben werden kann.[691] Vor dem Hintergrund dieser Zielsetzung steht § 1059 Abs. 2 Nr. 1 lit. a ZPO auch nicht zur Disposition der Parteien.[692]

ff) Verstoß gegen den ordre public (§ 1059 Abs. 2 Nr. 2 lit. b ZPO). Nach **431** § 1059 Abs. 2 Nr. 2 lit. b ZPO kann ein Schiedsspruch schließlich aufgehoben werden, wenn die Anerkennung oder Vollstreckung des Schiedsspruchs zu einem Ergebnis führen würde, das der **öffentlichen Ordnung (ordre public)** widerspricht (sog. allgemeiner Staatsvorbehalt).[693] Gegenstand der Kontrolle ist mithin nicht der Schiedsspruch als solcher, sondern das Resultat seiner Anerkennung und Vollstreckung im Inland.[694] Der Begriff des ordre public iSd § 1059 Abs. 2 Nr. 2 lit. b ZPO beschreibt die deutsche öffentliche Ordnung, die den internationalen ordre public umfasst.[695] Der internationale ordre public ist tendenziell großzügiger als der deutsche ordre public.[696]

Nicht jeder Widerspruch eines Schiedsspruchs zu zwingenden Vorschriften des deut- **432** schen Rechts stellt eine Verletzung des ordre public dar.[697] Der Aufhebungsgrund des § 1059 Abs. 2 Nr. 2 lit. b ZPO setzt vielmehr voraus, dass die Entscheidung „zu einem Ergebnis führt, das mit **wesentlichen Grundsätzen des deutschen Rechts offensichtlich unvereinbar** ist, d. h. wenn der Schiedsspruch eine Norm verletzt, die die Grundlagen des staatlichen oder wirtschaftlichen Lebens regelt, oder wenn er zu deutschen Gerechtigkeitsvorstellungen in einem untragbaren Widerspruch steht".[698] Die verletzte Norm muss dabei **„Ausdruck einer für die Rechtsordnung grundlegenden Wertentscheidung des Gesetzgebers"** sein.[699] Daher vermag eine falsche Rechtsanwendung für sich allein genommen einen ordre public Verstoß nicht zu begründen. Nach der Rechtsprechung des Bundesgerichtshofs kommt eine Verletzung des ordre public vielmehr nur in **„extremen Ausnahmefällen"** in Betracht.[700] Ein Verzicht auf den Aufhebungsgrund des § 1059 Abs. 2 Nr. 2 lit. b ZPO ist aufgrund seines Charakters als allgemeiner Staatsvorbehalt nicht möglich.[701]

Wie oben bereits erläutert, besteht in vertriebsrechtlichen Streitigkeiten ein erhöhtes **433** Risiko der Aufhebung des Schiedsspruchs wegen Verstoßes gegen den ordre public. Dies betrifft einerseits die Situationen, in denen zwingendes materielles Vertriebsrecht (im Inland oder Ausland) durch den Schiedsspruch verletzt wird, sowie weiterhin in Fällen, in denen Vertriebskartellrecht zu beachten war, sowie letztlich in Fällen, in denen wegen Korruption die Gefahr einer Aufhebung wegen Verstoßes gegen ein gesetzliches Verbot besteht.

Seit der Ingmar-Entscheidung des EuGH[702] kann die Missachtung der EU-Handels- **434** vertreterrichtlinie 86/653/EWG zur Aufhebung des Schiedsspruchs wegen Verstoßes gegen den ordre public führen, da zB § 89b HGB als korrespondierende deutsche Regelung der EU-Handelsvertreterrichtlinie als zwingendes Recht angesehen wird und durch eine Rechtswahl nicht ausgeschlossen werden kann. Missachtet das Schiedsgericht diese Auffassung des EuGH, kann es zu einer Aufhebung des Schiedsspruchs kommen.

Vergleichbares gilt bei der Missachtung von (EU-)Kartellrecht durch das Schiedsgericht. **435** Dies gilt unabhängig von dem Vortrag der Parteien, was für das Schiedsgericht allein

---

[691] Schwab/Walter, Schiedsgerichtsbarkeit, Kap. 24 Rn. 31.
[692] Vgl. Thomas/Putzo/Seiler ZPO § 1059 Rn. 15.
[693] Musielak/Voit/Voit ZPO § 1059 Rn. 25; für Einzelfälle siehe MüKoZPO/Münch § 1059 Rn. 52 ff.
[694] Salger/Trittmann/Poseck Int. Schiedsverfahren § 22 Rn. 52 ff.
[695] BT-Drs. 13/5274, 59.
[696] BGH NJW 2009, 1215 (1216).
[697] BGH NJW 2009, 1215; Prütting/Gehrlein/Raeschke-Kessler ZPO § 1059 Rn. 59 ff.
[698] BGH NJW 2009, 1215 (1216); siehe auch BGH SchiedsVZ 2014, 98; OLG München NJOZ 2011, 413 (420).
[699] BGH NJW 2009, 1215 (1216).
[700] BGH SchiedsVZ 2014, 98.
[701] Schwab/Walter, Schiedsgerichtsbarkeit, Kap. 24 Rn. 34.
[702] EuGH NJW 2001, 2007.

praktisch ein deutliches Erschwernis darstellt.[703] Nach der Entscheidung des EuGH in der Entscheidung EcoSwiss[704] kann die Missachtung von EU-Kartellrecht zur Aufhebung des Schiedsspruchs führen. Unklar ist jedoch, was hierbei der Maßstab ist. Richtigerweise sollte hier auf „manifeste" Verstöße abgestellt werden, da anderenfalls das Schiedsgericht das Risiko trägt, dass aus Sicht des im Rahmen der Überprüfung des Schiedsspruchs angerufenen ordentlichen Gerichts noch nicht feststeht, inwieweit Gerichte überhaupt berechtigt sind, Teile des Sachverhalts noch einmal neu aufzuklären.[705]

436   **Antragsfrist.** Der Aufhebungsantrag ist nach § 1059 Abs. 3 S. 1 ZPO innerhalb einer **Frist von drei Monaten ab Empfang des Schiedsspruchs** zu stellen. Ist ein Antrag nach § 1058 ZPO (Berichtigung, Auslegung, Ergänzung des Schiedsspruchs) gestellt worden, verlängert sich die Frist um höchstens einen Monat nach Empfang der Entscheidung über diesen Antrag (vgl. § 1059 Abs. 3 S. 3 ZPO). Der Antrag auf Aufhebung des Schiedsspruchs kann nicht mehr gestellt werden, wenn der Schiedsspruch von einem deutschen Gericht für vollstreckbar erklärt worden ist (vgl. § 1059 Abs. 3 S. 4 ZPO).

437   **d) Entscheidung des Gerichts.** Über den Aufhebungsantrag entscheidet das örtlich zuständige **Oberlandesgericht** (vgl. § 1062 Abs. 1 Nr. 4 ZPO).[706] Ist der Aufhebungsantrag erfolgreich, muss das Gericht den Schiedsspruch (teilweise) aufheben. Eine Abänderung des Schiedsspruchs ist nicht möglich.[707] Im Rahmen der Rechtsfolge kann das Gericht zwischen zwei Alternativen wählen. Sofern kein entgegenstehender Wille der Parteien erkennbar ist („im Zweifel"), endet durch die Aufhebung des Schiedsspruchs das Mandat des Schiedsgerichts. Als Folge lebt die Schiedsvereinbarung wieder auf (vgl. §§ 1059 Abs. 5, 1056 Abs. 3 ZPO).[708] In diesem Fall kann der Schiedskläger seinen Anspruch vor einem anderen „unbelasteten" Schiedsgericht geltend machen.[709] Alternativ kann das Gericht auf Antrag einer Partei[710] „in geeigneten Fällen"[711] die Sache unter Aufhebung des Schiedsspruchs an **dasselbe Schiedsgericht zurückverweisen** (vgl. § 1059 Abs. 4 ZPO). In diesem Fall endet das Mandat des Schiedsgerichts noch nicht (vgl. § 1056 Abs. 3 ZPO). Das Schiedsgericht hat dann in dem Fall der Zurückverweisung in der Sache neu zu entscheiden. Zwar ist die Entscheidung des staatlichen Gerichts für das Schiedsgericht nicht bindend. Die Schiedsrichter machen sich aber schadensersatzpflichtig, sofern sie denselben Verstoß erneut begehen.[712]

438   Ist der Aufhebungsantrag erfolglos, wird er abgewiesen. Die Rechtskraft einer ablehnenden Entscheidung bezieht sich nach vorzugswürdiger Auffassung in der Literatur lediglich auf die im Aufhebungsverfahren geltend gemachten Gründe, da anderweitiger Prozessstoff dem Gericht nicht als Entscheidungsgrundlage diente.[713]

439   **e) Rechtsmittel.** Gegen die Entscheidung des Oberlandesgerichts im Aufhebungsverfahren ist die Rechtsbeschwerde zum Bundesgerichtshof statthaft (vgl. § 1065 Abs. 1 ZPO).[714]

---

[703] Vgl. Lachmann, Handbuch für die Schiedsgerichtspraxis, Rn. 2351.

[704] EuGH WuW 1999, 765.

[705] Vgl. OLG Jena SchiedsVZ 2008, 44 (46); OLG Düsseldorf WuW 2006, 281.

[706] Örtlich zuständig ist das Oberlandesgericht, das in der Schiedsvereinbarung bezeichnet ist oder, wenn eine solche Bezeichnung fehlt, in dessen Bezirk der Ort des schiedsrichterlichen Verfahrens liegt.

[707] Schwab/Walter, Schiedsgerichtsbarkeit, Kap. 25 Rn. 14; Zöller/Geimer ZPO § 1059 Rn. 7.

[708] Salger/Trittmann/Poseck Int. Schiedsverfahren § 22 Rn. 71.

[709] Musielak/Voit/Voit ZPO § 1059 Rn. 43; Schwab/Walter, Schiedsgerichtsbarkeit, Kap. 25 Rn. 18; aA Zöller/Geimer ZPO § 1059 Rn. 87 ff., der eine Neubildung des Schiedsgerichts nicht zwingend für erforderlich hält.

[710] Schwab/Walter, Schiedsgerichtsbarkeit, Kap. 25 Rn. 19; aA Saenger/Saenger ZPO § 1059 Rn. 42.

[711] Siehe dazu Zöller/Geimer ZPO § 1059 Rn. 88; Böckstiegel/Kröll/Nacimiento/Kröll, Arbitration in Germany, ZPO § 1059 Rn. 97 ff.; Schwab/Walter, Schiedsgerichtsbarkeit, Kap. 25 Rn. 19; Prütting/Gehrlein/Raeschke-Kessler ZPO § 1059 Rn. 87.

[712] Schwab/Walter, Schiedsgerichtsbarkeit, Kap. 25 Rn. 20.

[713] Böckstiegel/Kröll/Nacimiento/Kröll, Arbitration in Germany, ZPO § 1059 Rn. 99; Schwab/Walter, Schiedsgerichtsbarkeit, Kap. 25 Rn. 16.

[714] Zur Rechtsbeschwerde siehe Schwab/Walter, Schiedsgerichtsbarkeit, Kap. 31 Rn. 20.

2. Anerkennung und Vollstreckung eines Schiedsspruchs im Inland. Die Voll- **440** streckung inländischer Schiedssprüche in Deutschland richtet sich nach § 1060 ZPO. Die Voraussetzungen für die Anerkennung und Vollstreckung ausländischer Schiedssprüche sind in § 1061 ZPO geregelt.

a) Inländische Schiedssprüche. Inländische Schiedssprüche sind nach § 1055 ZPO **441** zwischen den Parteien in ihrer Wirkung einem rechtskräftigen gerichtlichen Urteil gleichgestellt. Sie bedürfen daher **keiner gesonderten Anerkennung** durch staatliche Gerichte.[715] Da die Vollstreckungsgewalt ausschließlich beim Staat liegt, stellt der Schiedsspruch aber keinen vollstreckbaren Titel iSd § 794 Abs. 1 ZPO dar.[716] Es ist daher erforderlich, dass ein staatliches Gericht den Schiedsspruch für vollstreckbar erklärt (vgl. § 1060 Abs. 1 ZPO). Erst die **Vollstreckbarerklärung** ist ein **Titel iSd § 794 Abs. 1 Nr. 4 lit. a ZPO,** aus dem in der Folge die Zwangsvollstreckung betrieben werden kann.[717] Der Zweck des Vollstreckbarerklärungsverfahrens ist demnach die Vorbereitung des eigentlichen (staatlich durchgeführten) Vollstreckungsverfahrens und stellt eine letzte staatliche Kontrollmöglichkeit vor der zwangsweisen Durchsetzung des Schiedsspruchs dar.[718]

Die Vollstreckbarerklärung setzt einen inländischen, wirksamen und den Förmlich- **442** keiten des § 1054 ZPO entsprechenden **Schiedsspruch** voraus.[719] Nach vorherrschender Ansicht muss der Schiedsspruch keinen vollstreckbaren Inhalt haben. Auch verfahrensabschließende feststellende und gestaltende Schiedssprüche können somit für vollstreckbar erklärt werden.[720] Für eine Vollstreckbarerklärung ebenfalls nicht erforderlich ist die Fälligkeit der im Schiedsspruch zugesprochenen Forderung.[721] Ob und inwieweit Zwischenschiedssprüche für vollstreckbar erklärt werden können, ist umstritten.[722]

Das **Vollstreckbarerklärungsverfahren** ist kein Verfahren der Zwangsvollstreckung, **443** sondern ein dem Klauselerteilungsverfahren vorgelagertes **Erkenntnisverfahren eigener Art.**[723] Es erfolgt nur auf Antrag (vgl. § 1062 Abs. 2 S. 1 ZPO). Der Antrag ist bei dem nach § 1062 Abs. 1 Nr. 4 ZPO zuständigen Oberlandesgericht zu stellen. Er unterliegt keiner Frist.[724] Dem Antrag ist eine beglaubigte Abschrift des Schiedsspruchs beizufügen (vgl. § 1064 Abs. 1 S. 1 ZPO). Antragsberechtigt ist die (wenigstens teilweise) siegreiche Partei.[725] Ist die Forderung während des Schiedsverfahrens auf einen Dritten übergegangen, ist auch dieser antragsberechtigt.[726] Im Verfahren nach § 1060 ZPO kann ein Schiedsspruch unmittelbar für und gegen den Rechtsnachfolger für vollstreckbar erklärt werden.[727]

Gemäß § 1060 Abs. 2 S. 1 ZPO ist der Antrag auf Vollstreckbarerklärung begründet, **444** wenn ihm kein Aufhebungsgrund nach § 1059 Abs. 2 ZPO entgegensteht. Wie im Aufhebungsverfahren ist die Überprüfung des Schiedsspruchs auf grobe Mängel be-

---

[715] Vgl. BT-Drs. 13/5274, 61; MüKoZPO/Münch § 1060 Rn. 1.

[716] Stein/Jonas/Schlosser ZPO § 1060 Rn. 1; Prütting/Gehrlein/Raeschke-Kessler ZPO § 1060 Rn. 2; MüKoZPO/Münch § 1060 Rn. 3.

[717] Vgl. BT-Drs. 13/5274, 61; MüKoZPO/Münch § 1060 Rn. 3.

[718] Saenger/Saenger ZPO § 1060 Rn. 1; Musielak/Voit/Voit ZPO § 1060 Rn. 1.

[719] Vgl. BayObLG MDR 2003, 1132 (1133); Thomas/Putzo/Seiler ZPO § 1060 Rn. 1; Musielak/Voit/Voit ZPO § 1060 Rn. 5.

[720] BGH NJW-RR 2006, 995; SchiedsVZ 2009, 176 (177); Stein/Jonas/Schlosser ZPO § 1060 Rn. 8; Saenger/Saenger ZPO § 1060 Rn. 2; aA Zöller/Geimer ZPO § 1060 Rn. 5 f.; Musielak/Voit/Voit ZPO § 1060 Rn. 2, 5.

[721] OLG Naumburg SchiedsVZ 2010, 277 (278); Saenger/Saenger ZPO § 1060 Rn. 7.

[722] Offengelassen von BGH NJW-RR 2007, 1008 mwN; siehe dazu auch BeckOK ZPO/Wilske/Markert § 1060 Rn. 3.

[723] BGH NJW 2013, 3184, siehe auch Saenger/Saenger ZPO § 1060 Rn. 3.

[724] Musielak/Voit/Voit ZPO § 1060 Rn. 6.

[725] BGH NJW-RR 2007, 1366.

[726] Zöller/Geimer ZPO § 1060 Rn. 18.

[727] BGH NJW-RR 2007, 1366.

schränkt. Eine Kontrolle der inhaltlichen Richtigkeit findet nicht statt.[728] Der **konkrete Prüfungsumfang** hängt vom Einzelfall ab: So können Aufhebungsgründe im Vollstreckbarerklärungsverfahren gemäß § 1060 Abs. 2 S. 2 ZPO nicht mehr geltend gemacht werden, soweit im Zeitpunkt der Zustellung des Antrags auf Vollstreckbarerklärung ein auf sie gestützter Aufhebungsantrag rechtskräftig abgewiesen ist.[729] Da die Aufhebungsgründe des § 1059 Abs. 2 Nr. 2 ZPO von dem Oberlandesgericht von Amts wegen zu prüfen sind, sind die Gründe im Vollstreckbarerklärungsverfahren auch dann ausgeschlossen, wenn der vorangegangene Aufhebungsantrag nicht ausdrücklich auf diese Gründe gestützt war, da insoweit eine Prüfung von Amtswegen stattgefunden hat.[730] Eine Überprüfung der von dem Antragsteller geltend zu machenden Aufhebungsgründe nach § 1059 Abs. 2 Nr. 1 ZPO ist ferner dann ausgeschlossen, wenn die in § 1059 Abs. 3 ZPO bestimmten Fristen abgelaufen sind, ohne dass der Antragsgegner einen Antrag auf Aufhebung des Schiedsspruchs gestellt hat (vgl. § 1060 Abs. 2 S. 3 ZPO).[731] In diesem Fall beschränkt sich die Kontrolle des Gerichts auf die von Amts wegen zu prüfenden Aufhebungsgründe nach § 1059 Abs. 2 Nr. 2 ZPO (fehlende objektive Schiedsfähigkeit und Verstoß gegen den ordre public).

445 **Präklusionsregelungen** wie die des § 1060 Abs. 2 S. 2 und 3 ZPO stehen im Anerkennungs- und Vollstreckungsverfahren **für ausländische Schiedssprüche nicht zur Verfügung.** Durch die Regelungen des § 1060 Abs. 2 S. 2 und 3 ZPO werden die Einwände gegen die Vollstreckbarerklärung eines inländischen Schiedsspruchs im Vergleich zu den Einwänden gegen ausländischen Schiedssprüchen somit deutlich beschränkt (vgl. § 1061 ZPO).

446 Problematisch ist, ob **nach Erlass des Schiedsspruchs entstandene materielle Einwendungen** noch im Vollstreckbarerklärungsverfahren oder erst im Zwangsvollstreckungsverfahren Berücksichtigung finden dürfen.[732] Eine Beachtung von Einwendungen gegen den Anspruch im Vollstreckbarerklärungsverfahren würde letztlich auf eine inhaltliche Überprüfung des Schiedsspruchs hinauslaufen und damit einen Verstoß gegen das Verbot der révision au fond bedeuten. Aus diesem Grund ist eine Berücksichtigung jedenfalls ausgeschlossen, wenn der Antragsteller die Einwendung bereits im Schiedsverfahren hätte geltend machen können.[733] Nach vereinzelten Entscheidungen muss für Einwendungen, die erst nach dem Erlass des Schiedsspruchs entstanden sind, das Zwangsvollstreckungsverfahren abgewartet werden.[734] Der Einwendende müsste also im Anschluss an das Vollstreckbarerklärungsverfahren eine Vollstreckungsabwehrklage nach § 767 ZPO erheben. Nach vorherrschender Ansicht in Schrifttum und Rechtsprechung sind materielle Einwendungen aber im Interesse der Verfahrenskonzentration bereits im Vollstreckbarerklärungsverfahren zu beachten.[735] Hat der Einwendende Erfolg, so ist der Antrag auf Vollstreckbarerklärung abzuweisen.[736] Eine Aufhebung des Schiedsspruchs erfolgt hingegen nicht.[737]

---

[728] RGZ 105, 385 (387); BGH SchiedsVZ 2008, 40 (42); MüKoZPO/Münch § 1060 Rn. 24.

[729] Zöller/Geimer ZPO § 1060 Rn. 9 ff.; Böckstiegel/Kröll/Nacimiento/Kröll, Arbitration in Germany, ZPO § 1060 Rn. 36.

[730] Vgl. Musielak/Voit/Voit ZPO § 1060 Rn. 10, der eine Präklusion dieser Gründe nur für den Fall annimmt, dass sie Gegenstand des Aufhebungsverfahrens waren.

[731] Der Bundesgerichtshof erkennt in diesem Zusammenhang auch den Einwand der vorsätzlichen sittenwidrigen Schädigung nach § 826 BGB als tauglichen Aufhebungsgrund an, vgl. BGH NJW 2001, 373 (374).

[732] Vgl. Saenger/Saenger ZPO § 1060 Rn. 8.

[733] Schwab/Walter, Schiedsgerichtsbarkeit, Kap. 27 Rn. 12. Nach der Rechtsprechung des Bundesgerichtshofs soll dies jedoch nicht gelten, wenn über die erhobene Einwendung von dem Schiedsgericht mangels Zuständigkeit nicht entschieden wurde, BGH NJW-RR 2014, 953.

[734] BayOLG NJW-RR 2001, 1363 (1364); OLG Stuttgart MDR 2001, 595.

[735] BGH SchiedsVZ 2008, 40 (43); Schwab/Walter, Schiedsgerichtsbarkeit, Kap. 27 Rn. 12; Musielak/Voit/Voit ZPO § 1060 Rn. 12; Saenger/Saenger ZPO § 1060 Rn. 8; Zöller/Geimer ZPO § 1060 Rn. 9.

[736] Zöller/Geimer ZPO § 1060 Rn. 10.

[737] Musielak/Voit/Voit ZPO § 1060 Rn. 12; Saenger/Saenger ZPO § 1060 Rn. 8.

Das Gericht entscheidet durch **Beschluss** (vgl. § 1063 Abs. 1 S. 1 ZPO). Soweit keine 447
Aufhebungsgründe entgegenstehen, lautet der Beschluss auf Vollstreckbarerklärung des
Schiedsspruches. Der Beschluss ist seinerseits für vorläufig vollstreckbar zu erklären (vgl.
§ 1064 Abs. 2 ZPO). Die Leistung einer Sicherheit ist nicht erforderlich.[738]

Der Antrag wird abgelehnt, wenn ein Aufhebungsgrund vorliegt oder eine (nachträglich 448
entstandene) materielle Einwendung gegen den Anspruch besteht. In diesem Fall ist der
Schiedsspruch aufzuheben (vgl. § 1060 Abs. 2 S. 1 ZPO), wobei „im Zweifel" von dem
Wiederaufleben der Schiedsabrede auszugehen ist (vgl. § 1059 Abs. 5 ZPO).[739] Ebenso ist
eine Zurückverweisung an das Schiedsgericht analog § 1059 Abs. 4 ZPO möglich.[740]

Gegen den Beschluss des Oberlandesgerichts ist die Rechtsbeschwerde zum Bundes- 449
gerichtshof gemäß § 1065 Abs. 1 ZPO statthaft.

b) Ausländische Schiedssprüche. Die Anerkennung und Vollstreckung ausländischer 450
Schiedssprüche ist in § 1061 ZPO geregelt.[741] Sie richtet sich gemäß § 1061 Abs. 1 S. 1
ZPO nach dem **New Yorker Übereinkommen vom 10.6.1958 über die Anerkennung und Vollstreckung ausländischer Schiedssprüche (NYÜ).** Der Verweis gilt für
alle ausländischen Schiedssprüche. Es ist daher unbeachtlich, ob der ausländische Staat, aus
dem der Schiedsspruch stammt, zugleich Vertragsstaat des NYÜ ist.[742] Zur Aufhebung
eines ausländischen Schiedsspruchs ist ein inländisches staatliches Gericht allerdings nicht
berechtigt.[743]

Nach Art. III NYÜ sind ausländische Schiedssprüche für vollstreckbar zu erklären, 451
sofern kein Versagungsgrund nach Art. V NYÜ entgegensteht.[744] Die Anerkennung und
Vollstreckung setzt mithin das Vorliegen eines ausländischen Schiedsspruchs voraus, der
nach Maßgabe des Ursprungsstaates verbindlich geworden sein muss.

Ob eine einem deutschen Schiedsspruch vergleichbare Entscheidung eines Schieds- 452
gerichts vorliegt, ist vorrangig nach deutschem Recht zu beurteilen.[745] Problematisch sind
Fälle, in denen ein Spruchkörper nach ausländischem Recht als Schiedsgericht bezeichnet
wird, ohne dass dies dem Verständnis nach deutschem Recht entspricht.[746] Im Rahmen
der Bewertung der Frage, ob die Entscheidung einen Schiedsspruch darstellt, sind das
NYÜ sowie die rechtliche Einordnung im Ursprungsland des Schiedsspruchs zu berücksichtigen.[747] Unerheblich ist in diesem Zusammenhang, ob die formalen Anforderungen
des § 1054 ZPO vorliegen.[748] Zwischenschiedssprüche sind keine Schiedssprüche iSd
§ 1061 ZPO.[749] Dies trifft zwar eigentlich auch auf **Maßnahmen des einstweiligen
Rechtsschutzes** zu. Jedoch stellt **§ 1062 Abs. 2 ZPO** klar, dass nicht bloß von inländischen Schiedsgerichten erlassene Maßnahmen des einstweiligen Rechtsschutzes, sondern
auch entsprechende Maßnahmen von ausländischen Schiedsgerichten nach § 1041 Abs. 2
ZPO im Inland zwangsweise durchgesetzt werden können. Damit ist § 1041 Abs. 2 ZPO

---

[738] BGH NJW 1969, 2089; Saenger/Saenger ZPO § 1064 Rn. 2.

[739] Musielak/Voit/Voit ZPO § 1060 Rn. 15.

[740] OLG Köln SchiedsVZ 2012, 161 (166 f.); OLG Hamburg BeckRS 2008, 20097; Stein/Jonas/Schlosser ZPO § 1060 Rn. 22; aA Lachmann, Handbuch für die Schiedsgerichtspraxis, Rn. 2394.

[741] Wirkung entfalten ausländische Schiedssprüche im Inland, sobald sie nach dem für sie relevanten Recht verbindlich geworden sind, vgl. Musielak/Voit/Voit ZPO § 1061 Rn. 1.

[742] Der Vertragsstaatenvorbehalt in Art. I Abs. 3 S. 1 NYÜ wurde durch die Bundesrepublik Deutschland im Jahre 1999 zurückgenommen (BGBl. 1999 II 7), vgl. Saenger/Saenger ZPO § 1061 Rn. 1.

[743] Stein/Jonas/Schlosser ZPO Anhang zu § 1061 Rn. 146.

[744] Vgl. Zöller/Geimer ZPO § 1061 Rn. 2; Böckstiegel/Kröll/Naciemento/Kröll, Arbitration in Germany, § 1061 Rn. 8 f., 15 ff.

[745] OLG Düsseldorf SchiedsVZ 2005, 214; OLG Rostock IPrax 2002, 401 (403); Salger/Trittmann/Poseck Int. Schiedsverfahren § 23 Rn. 8.

[746] Siehe dazu BGH NJW 1982, 1224 (1225); vgl. auch Schwab/Walter, Schiedsgerichtsbarkeit, Kap. 30 Rn. 11.

[747] Lachmann, Handbuch für die Schiedsgerichtspraxis, Rn. 2512; Musielak/Voit/Voit ZPO § 1061 Rn. 3.

[748] Musielak/Voit/Voit ZPO § 1061 Rn. 3.

[749] Schwab/Walter, Schiedsgerichtsbarkeit, Kap. 30 Rn. 11 mwN.

lex specialis gegenüber § 1061 ZPO mit der Folge, dass auch Maßnahmen des einstweiligen Rechtsschutzes, die von Schiedsgerichten mit Sitz im Ausland erlassen wurden,
grundsätzlich im Inland vollstreckt werden können.[750]

453   Ein Schiedsspruch ist nach dem in Deutschland geltenden **Territorialprinzip**
(§ 1025 ZPO) ausländisch, wenn der Ort des Schiedsverfahrens nicht in Deutschland
liegt.[751]

454   Die Verbindlichkeit des Schiedsspruchs ist gegeben, wenn er nach dem maßgeblichen
ausländischen Recht nicht mehr mit einem Rechtsbehelf vor einem Schiedsober- oder
staatlichen Gericht angegriffen werden kann.[752] Das Erfordernis einer **formalen staatlichen Bestätigung (Exequatur)** steht der Verbindlichkeit des Schiedsspruchs entgegen.[753] Für die Verbindlichkeit ist es hingegen unschädlich, dass der Schiedsspruch durch
einen der deutschen Aufhebungsklage entsprechenden Rechtsbehelf nachträglich beseitigt
werden kann.[754]

455   Der Antrag ist grundsätzlich gegen den Gegner aus dem Schiedsverfahren zu richten. Im
Falle der Rechtsnachfolge kann der Antrag auch gegen den Rechtsnachfolger des Antrags-
gegners gerichtet werden. Für einen Antrag auf Anerkennung und Vollstreckung eines
Schiedsspruchs gegen einen **ausländischen Staat** fehlt es deutschen Gerichten grundsätzlich an der Gerichtsbarkeit. Etwas anderes gilt nur, wenn der Schiedsspruch keine
hoheitliche Tätigkeit **(acta iure imperii),** sondern eine wirtschaftliche Tätigkeit **(acta
iure gestionis)** betrifft oder der Staat wirksam auf seine Immunität verzichtet hat **(waiver
of foreign immunity).**[755]

456   Gemäß § 1063 Abs. 1 S. 1 ZPO entscheidet das nach § 1062 Abs. 1 Nr. 4 ZPO
zuständige **Oberlandesgericht** durch **Beschluss.** Im Rahmen des Anerkennungs- und
Vollstreckbarerklärungsverfahrens überprüft das Gericht den ausländischen Schiedsspruch
weder auf seine Vollstreckungsfähigkeit[756] noch auf seine inhaltliche Richtigkeit. Vielmehr
ist das Gericht auf eine Überprüfung des Vorliegens von Versagungsgründen beschränkt.[757] In diesem Zusammenhang ist das Gericht weder an die rechtlichen Beur-
teilungen noch an die tatsächlichen Feststellungen des Schiedsgerichts gebunden.[758]

457   Die Anerkennung und Vollstreckbarkeit des ausländischen Schiedsspruchs ist abzulehnen, wenn ein Versagungsgrund nach Art. V NYÜ vorliegt. Dabei sind die in Art. V
Abs. 1 NYÜ genannten Versagungsgründe von der Partei, gegen die die Vollstreckbarerklärung des Schiedsspruchs beantragt wird, darzulegen. Hingegen hat das Gericht die
Gründe des Art. V Abs. 2 NYÜ von Amts wegen zu berücksichtigen.[759] Stellt das Gericht
das Vorliegen eines Versagungsgrundes fest, muss es die Anerkennung und Vollstreckbarkeit ablehnen. Ein Ermessensspielraum steht dem Gericht nicht zu.

458   Die Versagungsgründe des § 1059 ZPO sind – mit einigen redaktionellen Abweichungen – Art. V Abs. 1 und 2 NYÜ nachgebildet.[760] Aus diesem Grund decken sie sich
inhaltlich mit den Versagungsgründen für inländische Schiedssprüche in § 1060 Abs. 2
S. 1 ZPO, welche ihrerseits auf § 1059 ZPO verweisen.[761] Es kann daher auf die Dar-

---

[750] Siehe dazu Schwab/Walter, Schiedsgerichtsbarkeit, Kap. 30 Rn. 12.
[751] Salger/Trittmann/Poseck Int. Schiedsverfahren § 23 Rn. 2; Schwab/Walter, Schiedsgerichtsbarkeit,
Kap. 30 Rn. 1, 5 ff.
[752] BGH NJW 2001, 1730; Thomas/Putzo/Seiler ZPO § 1061 Rn. 2.
[753] MüKoZPO/Münch § 1061 Rn. 10; Böckstiegel/Kröll/Naciemento/Kröll, Arbitration in Germany,
§ 1060 Rn. 15 ff.
[754] BGH NJW 1969, 2093; 1978, 1744; Thomas/Putzo/Seiler ZPO § 1061 Rn. 2.
[755] Vgl. Zöller/Geimer ZPO § 722 Rn. 63 f.
[756] BayObLG NJW-RR 2003, 502 (503).
[757] Zöller/Geimer ZPO § 1059 Rn. 9; Saenger/Saenger ZPO § 1061 Rn. 7.
[758] BGH NJW 1972, 2180; OLG Koblenz NJOZ 2013, 271; Zöller/Geimer ZPO § 1061 Rn. 20.
[759] Böckstiegel/Kröll/Naciemento/Kröll, Arbitration in Germany, § 1059 Rn. 45 ff.; Zöller/Geimer ZPO
§ 1059 Rn. 32 ff.; Saenger/Saenger ZPO § 1061 Rn. 8.
[760] Schwab/Walter, Schiedsgerichtsbarkeit, Kap. 30 Rn. 17.
[761] Thomas/Putzo/Seiler ZPO § 1061 Rn. 6.

stellung der Versagungsgründe verwiesen werden.[762] Besonderheiten ergeben sich lediglich für Art. V Abs. 1 lit. a und d NYÜ.

Art. V Abs. 1 lit. a NYÜ weicht in zwei Punkten von § 1059 Abs. 2 Nr. 1 lit. a ZPO **459** ab. Während sich die Form der Schiedsvereinbarung für inländische Schiedssprüche nach §§ 1029, 1031 ZPO richtet, ist die **Formwirksamkeit der Schiedsvereinbarung bei ausländischen Schiedssprüchen** nach Art. II NYÜ zu beurteilen. Insoweit werden durch Art. II NYÜ, der die „Schriftform"[763] erfordert, gegenüber § 1031 ZPO („Nachweis der Vereinbarung") strengere Anforderungen an den ausländischen Schiedsspruch gestellt.[764] Soweit die Schiedsvereinbarung jedoch nach § 1031 ZPO wirksam zustande gekommen ist, muss sie der Richter – selbst bei Unwirksamkeit im Ursprungsland – aufgrund des Meistbegünstigungsgrundsatzes nach Art. VII NYÜ als wirksam behandeln.[765] Die übrigen Wirksamkeitsvoraussetzungen der Schiedsvereinbarung richten sich im Aufhebungsverfahren nach deutschem Recht. Im Vollstreckbarerklärungsverfahren für einen ausländischen Schiedsspruch ist hingegen grundsätzlich das Recht des Landes maßgeblich, in dem der Schiedsspruch ergangen ist. Gleiches gilt für Art. V Abs. 1 lit. d NYÜ. Die Zusammensetzung des Schiedsgerichts und das schiedsrichterliche Verfahren sind somit nach ausländischem Recht zu beurteilen, sofern nicht die Anwendbarkeit deutschen Rechts vereinbart worden ist.[766]

Ferner ist die Anerkennung und Vollstreckung eines ausländischen Schiedsspruchs nach **460** Art. V Abs. 1 lit. e NYÜ, der nicht in das deutsche Recht übernommen wurde, zu versagen, wenn der Schiedsspruch für die Parteien noch nicht verbindlich geworden oder er von einer zuständigen Behörde des Landes, in dem oder nach dessen Recht er ergangen ist, aufgehoben oder in seinen Wirkungen einstweilen gehemmt worden ist.[767]

Die **Präklusionsregelung des § 1060 Abs. 2 S. 3 ZPO** ist nicht entsprechend auf **461** ausländische Schiedssprüche anwendbar.[768] Die Berufung auf Anerkennungsversagungsgründe bei ausländischen Schiedssprüchen ist – im Gegensatz zu einem Aufhebungsverfahren betreffend eines inländischen Schiedsspruchs – zeitlich unbeschränkt.[769]

Hinsichtlich materieller Einwendungen gegen den dem ausländischen Schiedsspruch **462** zugrunde liegenden Anspruch kann auf die Ausführungen zu der Vollstreckung inländischer Schiedssprüche verwiesen werden.[770]

Wird der Schiedsspruch, nachdem er im Inland für vollstreckbar erklärt wurde, im **463** Ausland aufgehoben, so kann die Aufhebung der Vollstreckbarerklärung beantragt werden (§ 1061 Abs. 3 ZPO).

Schließlich stellt § 1061 Abs. 1 S. 1 ZPO klar, dass die Vorschriften in anderen Staats- **464** verträgen unberührt bleiben. Aus dieser Vorschrift ergibt sich ein sog. **Meistbegünstigungsprinzip,** wonach das anerkennungsfreundlichste Regelungswerk für die Anerkennung und Vollstreckbarerklärung eines ausländischen Schiedsspruchs maßgebend ist.[771] Allerdings ist es nicht zulässig, nur einzelne günstige Regelungen aus verschiedenen Staatsverträgen herauszugreifen. Vielmehr ist im Anwendungsbereich des Meistbegünstigungsprinzips das günstigere Regelungswerk vollständig für anwendbar zu erklären.[772] Von praktischer Relevanz ist insbesondere das **Europäische Übereinkommen über die**

---

[762] → Rn. 441.
[763] Wobei auch der Brief- oder Telegrammwechsel ausreichend ist (vgl. Art. II Abs. 2 NYÜ).
[764] Schwab/Walter, Schiedsgerichtsbarkeit, Kap. 30 Rn. 18.
[765] BGH SchiedsVZ 2010, 332; Prütting/Gehrlein/Raeschke-Kessler ZPO § 1061 Rn. 24.
[766] Thomas/Putzo/Seiler ZPO § 1061 Rn. 6.
[767] Letztlich beschreibt dieser Anerkennungsversagungsgrund somit nichts anderes als eine der Voraussetzungen für den Anwendungsbereich des NYÜ, vgl. Schwab/Walter, Schiedsgerichtsbarkeit, Kap. 30 Rn. 9.
[768] BGH NJW 2011, 1290.
[769] Stein/Jonas/Schlosser ZPO § 1061 Rn. 1.
[770] Siehe auch Schwab/Walter, Schiedsgerichtsbarkeit, Kap. 30 Rn. 27.
[771] Schwab/Walter, Schiedsgerichtsbarkeit, Kap. 30 Rn. 2.
[772] Musielak/Voit/Voit ZPO § 1061 Rn. 7.

internationale Handelsschiedsgerichtsbarkeit vom 21.4.1961[773] **(EuÜ).**[774] Hingegen sind das Genfer Protokoll über Schiedsklauseln im Handelsverkehr vom 24.9.1923[775] und das Genfer Abkommen zur Vollstreckung ausländischer Schiedssprüche vom 26.9.1927[776] wegen des ausdrücklichen Außerkrafttretens nach Art. VII Abs. 2 NYÜ nur noch von geringer Bedeutung.[777] Eine inhaltliche Kollision zwischen NYÜ und EuÜ wird jedoch lediglich selten in Betracht kommen, da das EuÜ hauptsächlich Fragen der Schiedsvereinbarung, des Schiedsverfahrens und der Schiedssprüche regelt, während NYÜ die Anerkennung von Schiedssprüchen zum Gegenstand hat.[778] Im Rahmen der Anerkennung eines Schiedsspruchs kann die Anwendung des Meistbegünstigungsrechts aber dazu führen, dass die Aufhebung eines Schiedsspruchs im Ausland ausschließlich unter den in Art. IX EuÜ genannten Voraussetzungen in Deutschland beachtlich ist. Insbesondere kann es zu einer Einschränkung des Anerkennungsversagungsgrundes des Art. V Abs. 1 lit. lit. e NYÜ durch Art. IX Abs. 2 EuÜ kommen.[779]

465   Gegen die Entscheidung des Oberlandesgerichts ist die Rechtsbeschwerde zum Bundesgerichtshof statthaft.[780]

466   **3. Anerkennung und Vollstreckung eines Schiedsspruchs im Ausland.** Für die Vollstreckung eines Schiedsspruchs im Ausland ist die Anerkennung und Vollstreckbarerklärung in dem jeweiligen Vollstreckungsstaat erforderlich. Soweit die Anerkennungsvoraussetzungen vorliegen, erfolgt die Anerkennung ohne eigenes Verfahren. Die Vollstreckbarerklärung erfordert hingegen ein besonderes Verfahren vor dem im Vollstreckungsland zuständigen Gericht. In der Vielzahl der Fälle von Auslandsvollstreckungen wird das **NYÜ** maßgeblich sein.

XIII. Besondere Verfahrensformen

467   **1. Beschleunigtes Verfahren.** Schiedsverfahren führen typischerweise schneller zum Erhalt von rechtskräftigen Titeln als staatliche Gerichtsverfahren. Maßgeblich ist hierfür insbesondere, dass im Schiedsverfahren **kein Instanzenzug** existiert.[781] Es besteht allein die Möglichkeit eines Aufhebungsverfahrens mit einem überaus beschränkten Prüfungsmaßstab.[782] Vor diesem Hintergrund kommen Schiedsverfahren insbesondere dann in Betracht, wenn eine Rechtsstreitigkeit vergleichsweise zügig beigelegt werden soll.

468   Nichtsdestotrotz finden sich in der Praxis viele Fallgestaltungen, in denen die Parteien darüber hinaus noch eine **weitergehende Beschleunigung** wünschen, welche häufig auch mit dem englischen Fachterminus **„fast-track arbitration"** bezeichnet wird.[783] Zu typischen Streitgegenständen solcher beschleunigten Verfahren gehören beispielsweise Streitigkeiten in Zusammenhang mit einem Unternehmenskauf (sog. Post M&A-Arbitration beispielsweise im Zusammenhang mit dem Abschluss eines Closing). Daneben lassen sich aber auch in bank- oder börsenrechtlichen Streitigkeiten oder dem Anlagenbau sogenannte fast-track-Verfahren wiederfinden.[784]

---

[773] BGBl. 1964 II 425.

[774] MüKoZPO/Münch § 1061 Rn. 21 f.; Schwab/Walter, Schiedsgerichtsbarkeit, Kap. 42 Rn. 27; Musielak/Voit/Voit ZPO § 1061 Rn. 7.

[775] RGBl. 1925 II 47.

[776] RGBl. 1930 II 1068.

[777] MüKoZPO/Münch § 1061 Rn. 22.

[778] Schwab/Walter, Schiedsgerichtsbarkeit, Kap. 42 Rn. 34.

[779] Siehe dazu Schwab/Walter, Schiedsgerichtsbarkeit, Kap. 42 Rn. 35 ff.; Stein/Jonas/Schlosser ZPO Anhang zu § 1061 Rn. 442 ff.

[780] Wieczorek/Schütze/Schütze ZPO § 1061 Rn. 123.

[781] Hierzu auch Fröhlingsdorf SchiedsVZ 2015, 127.

[782] Vgl. die §§ 1060, 1061 ZPO; außerdem: Zöller/Geimer ZPO Vor § 1025 Rn. 2.

[783] So auch Nedden/Herzberg/v. Levetzow, ICC-SchO/DIS-SchO, DIS-ERBV § 1 Rn. 2.

[784] Zu den möglichen und typischen Anwendungsbereichen der DIS-ERBV: Nedden/Herzberg/v. Levetzow, ICC-SchO/DIS-SchO, DIS-ERBV § 1 Rn. 9.

Diverse Schiedsordnungen haben diesem Interesse an der beschleunigten Durchführung **469** eines Schiedsverfahrens Rechnung getragen. Beispielsweise sehen die sogenannten Swiss-Rules (Schweizer Regeln) bei einem Streitwert von weniger als 1 Mio. CHF die Durchführung eines beschleunigten Verfahrens als Regelfall vor (vgl. Art. 42 Abs. 2 Swiss-Rules). Aus deutscher Sicht ist besonders **Anlage 4 DIS-SchO** maßgeblich, die die früheren „Ergänzenden Regelungen für beschleunigte Verfahren" (DIS ERBV) ersetzt.[785]

Die ICC verfügte lange über kein eigenes Verfahrensgerüst für beschleunigte Verfahren. **470** Ein solches wurde aber mit Annex VI im Rahmen der Reform der Regeln im Jahr 2017 eingefügt. Genau wie Art. 42 Swiss-Rules, sieht auch Art. 30 ICC-SchO das beschleunigte Verfahren nach Annex VI bis zu einem bestimmten Streitwert als Regelfall vor. Nach Art. 1 Annex VI ICC-SchO liegt diese Grenze bei 2 Mio. USD, wenn die zugrunde liegende Schiedsvereinbarung an oder nach dem 1.3.2017 geschlossen wurde. Wurde die Schiedsvereinbarung an oder nach dem 1.1.2021 geschlossen, liegt diese Grenze nunmehr bei 3 Mio. USD.

Anlage 4 DIS-SchO ergänzt und modifiziert die Schiedsordnung in einer Vielzahl von **471** Punkten. Sie enthält unterschiedliche Regelungen, die eine Beschleunigung des Verfahrens bezwecken.

Bei der Verfahrensgestaltung, insbesondere bei der Fristbestimmung muss das Schieds- **472** gericht das Beschleunigungsinteresse der Parteien berücksichtigen (Art. 2 Anlage 4 DIS-SchO). Sofern dies mit Blick auf die Natur des Rechtsstreits angemessen ist, können Fristen weiter verkürzt werden. Dem müssen die Parteien zustimmen und das rechtliche Gehör darf nicht verletzt werden.[786] Zudem kann jede Partei neben Schiedsklage und Klageerwiderung nur einen weiteren Schriftsatz einreichen (Art. 3 Anlage 4 DIS-SchO). Außerdem findet nur eine mündliche Verhandlung einschließlich Beweisaufnahme statt (Art. 4 S. 1 Anlage 4 DIS-SchO). Wenn alle Parteien zustimmen, kann auch gänzlich auf eine mündliche Verhandlung verzichtet werden (Art. 4 S. 2 Anlage 4 DIS-SchO).

Der Erlass eines Schiedsspruchs hat spätestens sechs Monate nach Abschluss der Ver- **473** fahrenskonferenz zu erfolgen (Art. 1 Anlage 4 DIS-SchO). Bei Fristüberschreitung muss das Schiedsgericht die DIS sowie die Parteien schriftlich über die Gründe informieren und das Schiedsverfahren schnellstmöglich zu Ende führen (Art. 5 Anlage 4 DIS-SchO).

Das Institut des Eilschiedsrichters wurde allerdings nicht in die neue DIS-Schieds- **474** gerichtsordnung eingeführt. Ob entsprechende Regelungen aufgenommen werden sollen, wurde im Rahmen der Reform der DIS-SchO zwar diskutiert, letztendlich aber verworfen. Grund dafür war die parallel laufende Diskussion zur Reform des deutschen Schiedsrechts, der man nicht vorgreifen wollte.[787]

Art. 27.2 DIS-SchO verpflichtet das Schiedsgericht dazu, Anlage 4 DIS SchO zu **475** besprechen. Im Gegensatz zu anderen internationalen Schiedsordnungen, finden die Vorschriften zum beschleunigten Verfahren also nicht automatisch bis zu einem bestimmten Streitwert Anwendung.[788] Darüber hinaus findet Anlage 4 DIS-SchO auch Anwendung, wenn die Parteien dies vereinbaren, etwa durch Verwendung der dazu von der DIS entworfenen **Musterschiedsklausel** für beschleunigte Verfahren.

Im Grundsatz stellt Anlage 4 DIS-SchO eine sinnvolle Ergänzung dar, um eine Ver- **476** fahrensbeschleunigung zu gewährleisten. Die Parteien eines Schiedsverfahrens und deren Berater sollten in jedem Einzelfall jedoch sorgfältig prüfen, ob sich die potentiellen, aus dem jeweiligen Vertrag resultierenden Streitigkeiten auch wirklich für beschleunigte Verfahren eignen. Denn es darf nicht unterschätzt werden, dass die abgekürzten Fristen die **Möglichkeit zur Rechtswahrnehmung für die Parteien einschränken** und erheb-

---

[785] Schardt SchiedsVZ 2019, 28; Salger/Trittmann/Trittmann Int. Schiedsverfahren § 10 Rn. 181.
[786] Schardt SchiedsVZ 2019, 28.
[787] Flecke-Giammarco/Boog/Boog/Quinke, The DIS Arbitration Rules – An Article-by-Article Commentary, § 2.05, S. 388 Rn. 8; zum Eilschiedsrichter → Rn. 477 ff.
[788] Schardt SchiedsVZ 2019, 28.

lichen Zeitdruck ausüben.[789] Darüber hinaus dürfte es auch eine Vielzahl von Fällen geben, welche schon aus der Natur der Sache nicht für eine Beilegung durch ein beschleunigtes Verfahren geeignet sind. Daher ist bei der Abfassung der Schiedsklausel sorgfältig abzuwägen, ob wirklich sämtliche potentielle Sachverhalte für ein beschleunigtes Verfahren geeignet sind. Denn die gründliche Aufarbeitung des Rechtsstreits steht in einem **Spannungsverhältnis zu dem Beschleunigungsinteresse.**[790] Insoweit müssen die Parteien abwägen, welche Interessen in dem durch die Schiedsklausel zu regelnden Fall den Vorrang genießen sollen.

477   **2. Eilrechtsschutz (Emergency Arbitrator).** Im Jahr 2012 hat die ICC ihre früheren Rules for a Pre-Arbitral Referee Procedure (ICC-PAR-Regeln) überarbeitet. Der Eilrechtsschutz nach der ICC-SchO von 2021 sieht nunmehr das Regelungsinstitut des sogenannten **Emergency Arbitrator** vor (vgl. Art. 29 ICC-SchO).[791] Nach dieser Vorschrift kann eine Partei Eilmaßnahmen durch entsprechenden Antrag[792] nach besonderen Eilschiedsregeln begehren. Diese Regeln sind in Anhang V der ICC-SchO enthalten und umfassen die Einzelheiten des konkreten Verfahrensablaufs.

478   Per Definition umfassen die Eilmaßnahmen diejenigen Sicherungsmaßnahmen und vorläufigen Maßnahmen, welche nicht bis zur Konstituierung des Schiedsgerichts abwarten können. Für diese Zeit **vor Konstituierung des Schiedsgerichts** ist nunmehr – in Ergänzung zu dem Rechtsschutz vor staatlichen Gerichten[793] – ein Einzelschiedsrichter, der Emergency Arbitrator, zuständig.[794]

479   Der Eilschiedsrichter (Emergency Arbitrator) ist ein Einzelschiedsrichter, welcher von der Schiedsinstitution ernannt wird und die **Befugnis zum Erlass extrem dringender vorläufiger Sicherungsmaßnahmen** hat.[795] Dem Eilschiedsrichter obliegt es, innerhalb extrem kurzer Fristen tätig zu werden, um das Ziel des effektiven Rechtsschutzes vor Konstituierung des Schiedsgerichts zu gewährleisten.[796] Die Entscheidung des Eilschiedsrichters muss grundsätzlich spätestens 15 Tage nach Übergabe der Akten erfolgen (Art. 6 (4) iVm Art. 2(3) des Anhangs V der ICC-SchO).

480   Nach Art. 2(1) des Anhangs V der ICC-SchO erfolgt die **Ernennung des Eilschiedsrichters** durch den Präsidenten des ICC-Gerichtshofs so schnell wie möglich, normalerweise innerhalb von zwei Tagen nach Eingang des Antrags auf Anordnung von Eilmaßnahmen beim Sekretariat.[797]

481   Ein Antrag auf Ablehnung eines Eilschiedsrichters muss innerhalb von drei Tagen nach Benachrichtigung über die Benennung erfolgen (bei späterer Kenntnis innerhalb von drei Tagen nach Kenntniserlangung, Art. 3(1) des Anhangs V der ICC-SchO).

---

[789] Vgl. bezogen auf das ICC-Verfahren auch Fry/Greenberg/Mazza, Secretariat's Guide to ICC Arbitration, Rn. 3–1511 f.

[790] So auch Berger SchiedsVZ 2008, 105 (110).

[791] Born, International Commercial Arbitration, S. 2480; Zur Reform Fry/Greenberg/Mazza, The Secretariat's Guide to ICC Arbitration, Rn. 3–1051 ff.; Verbist/Schäfer/Imhoos, ICC Arbitration in Practice, S. 162 ff.; Nedden/Herzberg/Bassiri/Haller, ICC-SchO/DIS-SchO, Art. 29/Anh. V ICC-SchO Rn. 4 f.

[792] Zu Form und Inhalt eines solchen Antrags Fry/Greenberg/Mazza, The Secretariat's Guide to ICC Arbitration, Rn. 3–1065 ff.; Verbist/Schäfer/Imhoos, ICC Arbitration in Practice, S. 164 ff.; Nedden/Herzberg/Bassiri/Haller, ICC-SchO/DIS-SchO, Art. 29/Anh. V ICC-SchO Rn. 24 ff.

[793] Salger/Trittmann/Schäfer Int. Schiedsverfahren § 5 Rn. 109.

[794] Vgl. Fry/Greenberg/Mazza, The Secretariat's Guide to ICC Arbitration, Rn. 3–1051 f.; Verbist/Schäfer/Imhoos, ICC Arbitration in Practice, S. 163; Nedden/Herzberg/Bassiri/Haller, ICC-SchO/DIS-SchO, Art. 29/Anh. V ICC-SchO Rn. 1 ff.

[795] Vgl. Hauser, Eilrechtsschutz nach der neuen ICC-Schiedsordnung, RIW 2013, 364 (365); Horn, Der Eilschiedsrichter im institutionellen Schiedsverfahren, SchiedsVZ 2016, 22 (23).

[796] Vgl. Fry/Greenberg/Mazza, The Secretariat's Guide to ICC Arbitration, Rn. 3–1052; Nedden/Herzberg/Bassiri/Haller, ICC-SchO/DIS-SchO, Art. 29/Anh. V ICC-SchO Rn. 47 f.

[797] Zur Ernennung eines Eilschiedsrichters Fry/Greenberg/Mazza, The Secretariat's Guide to ICC Arbitration, Rn. 3–1058 f.; Nedden/Herzberg/Bassiri/Haller, ICC-SchO/DIS-SchO, Art. 29/Anh. V ICC-SchO Rn. 38 ff.

Als eine der ersten Amtshandlungen erstellt der Eilschiedsrichter so schnell wie möglich, **482** normalerweise innerhalb von zwei Tagen nach Erhalt der Akten, einen **Verfahrenskalender** für das Eilverfahren (Art. 5(1) des Anhangs V der ICC-SchO). Die Entscheidung des Eilschiedsrichters ergeht durch **Beschluss** (Art. 29(2) S. 1 ICC-SchO, Art. 6(1) des Anhangs V der ICC-SchO) spätestens 15 Tage nach Erhalt der Akten (Art. 6(4) des Anhangs V der ICC-SchO).

Der Beschluss bindet weder das Schiedsgericht in der Hauptsache[798], noch stellt dieser **483** Beschluss einen Schiedsspruch im Sinne des NYÜ dar.[799] Eine Vollstreckbarerklärung nach den §§ 1061, 1062 ZPO muss daher ausscheiden.[800] Vor diesem Hintergrund richtet sich die **Vollstreckbarkeit nach dem jeweiligen nationalen Recht am Sitz des Schiedsgerichts**.[801] Für deutsche Schiedsorte richtet sich die Vollstreckbarkeit demzufolge nach § 1041 Abs. 2 ZPO, so dass es auf die Vollziehbarerklärung der einstweiligen Maßnahme durch das staatliche Gericht ankommt.

Rechtspraktisch scheinen Zweifel an der Vollstreckbarkeit in unterschiedlichen Jurisdik- **484** tionen faktisch nur begrenzt Auswirkungen zu zeitigen. In ICC-Verfahren werden in der großen Mehrzahl der Fälle die Eilmaßnahmen des Schiedsgerichts und der Eilschieds- richter befolgt.[802] Als Erklärung hierfür wird allgemein die Vorsicht der unterlegenen Partei vor einem negativen Auftritt vor dem später zu konstituierenden Schiedsgericht und die **Möglichkeit negativer Schlüsse** aus einem derartigen Verfahren (sog. **adverse inference**) gezogen. Zudem handelt es sich aus schuldrechtlicher Perspektive um einen Vertragsbruch, welcher gegebenenfalls Schadensersatzansprüche auslösen kann.[803]

XIV. Zusammenfassung und Ausblick

Schiedsverfahren eignen sich sehr gut für die Bewältigung von Streitigkeiten im Bereich **485** des Vertriebsrechts. Besondere Expertise des Schiedsgerichts kann durch Einflussnahme auf die Besetzung des Schiedsgerichts sichergestellt werden. Schiedsverfahren sind in aller Regel schneller als die ersten beiden Stufen des Instanzenzuges des Zivilgerichts. Die Kosten für ein Schiedsverfahren sind in der Regel vergleichbar mit den Kosten für die ordentliche Gerichtsbarkeit, wenn für kleinere Streitigkeiten ein Einzelschiedsgericht und kein Dreier-Gremium gewählt wird. Unbestreitbare Vorteile hat die Durchführung eines Schiedsverfahrens bei Beteiligung von Parteien außerhalb des Geltungsbereiches der EuGVVO (Brüssel I-Verordnung), da die Vollstreckbarkeit des Schiedsspruches in den Ländern gewährleistet ist, die die New York Convention unterzeichnet haben.

Zur Sicherstellung eines reibungslosen Verfahrensablaufes sollte eine Schiedsinstitution **486** mit der Administration des Verfahrens in der Schiedsabrede beauftragt werden. Für Streitigkeiten mit Schwerpunkt in Deutschland bietet sich hierfür die Deutsche Institution für Schiedsgerichtsbarkeit (DIS) an, für internationale Auseinandersetzungen die ICC.

---

[798] Vgl. Fry/Greenberg/Mazza, Secretariat's Guide to ICC Arbitration, Rn. 3–1087 ff.; Horn, Der Eil- schiedsrichter im institutionellen Schiedsverfahren, SchiedsVZ 2016, 22 (23).

[799] Vgl. Nedden/Herzberg/Bassiri/Haller, ICC-SchO/DIS-SchO, Art. 29/Anh. V ICC-SchO Rn. 49.

[800] Vgl. Nedden/Herzberg/Bassiri/Haller, ICC-SchO/DIS-SchO, Art. 29/Anh. V ICC-SchO Rn. 58 iVm Nedden/Herzberg/Quinke, ICC-SchO/DIS-SchO, DIS-SchO § 20 Rn. 42.

[801] Vgl. Fry/Greenberg/Mazza, Secretariat's Guide to ICC Arbitration, Rn. 3–1086 f.; vgl. Salger/Tritt- mann/Schäfer Int. Schiedsverfahren § 5 Rn. 66.

[802] Vgl. Fry/Greenberg/Mazza, The Secretariat's Guide to ICC Arbitration, Rn. 3–1044, 3–1086.

[803] Vgl. Horn, Der Eilschiedsrichter im institutionellen Schiedsverfahren, SchiedsVZ 2016, 22 (29).

Stichwortverzeichnis

(fette Zahl = Paragraph/Artikel; magere Zahl = Randnummer)

Stichwortverzeichnis

Stichwortverzeichnis

Stichwortverzeichnis

Stichwortverzeichnis

Zusatzentgelte
- Abgrenzung zu Informationspflicht zu Fracht-, Liefer-, Versandkosten **312a BGB** 43
- Begriff **312a BGB** 44
- Erfordernis ausdrücklicher Vereinbarung **312a BGB** 45
- Rechtsfolge bei Verstoß gegen § 312a Abs. 3 BGB **312a BGB** 48 ff.
- Vereinbarung im Wege des Opt-in **312a BGB** 46
- Vereinbarung im Wege des Opt-out **312a BGB** 46
- Vereinbarung über **312a BGB** 43 ff.

Zusatzversicherungen 34d GewO 50 ff.

Zusendung
- von Kommissionsgut, Begriff **388 HGB** 3

Zuständigkeit der Arbeitsgerichte
- Franchise-Nehmer **2 ArbGG** 34 ff.
- Handelsvertreter **2 ArbGG** 4 ff.
- Kommissionsagent **2 ArbGG** 39

- Streitgegenstand **2 ArbGG** 14
- Vertragshändler **2 ArbGG** 30 ff.
- Zusammenhangsklage **2 ArbGG** 23 ff.

Zuständigkeitsentscheidungen zwischen Schiedsgericht und staatlichem Gericht
- Prioritätsgrundsatz **34d GewO** 183

Zuverlässigkeit
- des Versicherungsvermittlers/-beraters **34d GewO** 30 f.

Zuweisungsprämien 299a StGB 4

Zwang zu gleichförmigem Verhalten 21 GWB 75 ff.

Zwischenentscheid
- Abgrenzung zum Zwischenschiedsspruch **34d GewO** 330
- im Schiedsverfahren **34d GewO** 330

Zwischenschiedsspruch 34d GewO 331
- Anwendungsbereich **34d GewO** 332

Zwischenstaatlichkeit 102 AEUV 118

Zwischenverkauf vorbehalten 346 HGB 60